ローマ人の物語

罗马人的故事

01

ローマは一日にして成らず

罗马不是一天建成的

[日] 盐野七生 著 计丽屏 译

中信出版集团 | 北京

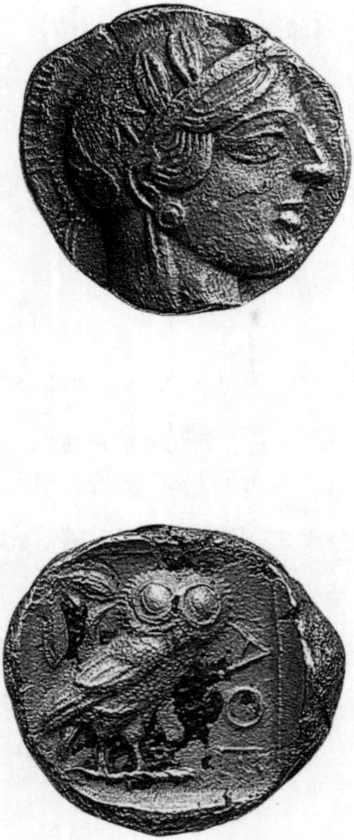

银币故事

公元前 527 年至前 430 年，古代希腊城邦雅典铸造的货币叫四德拉克马银币。银币正面是头戴皮盔的女神雅典娜头像，背面是雅典娜女神的象征，雅典城的守护鸟猫头鹰。

在实行民主政治、取得波斯战争的胜利以及在伯里克利统治下盛极一时的各个时代，这个图案的银币广为流传，它也是雅典城邦繁荣的象征。一想到苏格拉底也曾经使用过它，就不禁让人感慨万千。

然而，在同时代的罗马，别说是银币，就连铜币也见不到。更多的时候，罗马人是用奥斯提亚海滩制造的盐来支付需要的款项。“工薪族”一词的含义，追根溯源，在罗马人的语言拉丁语中是指“用盐来付款的人”。

盐野七生

2002 年 3 月于罗马

金币故事

这是亚历山大大帝发行的金币。这位马其顿年轻的征服者以其飘逸的长发而闻名。金币的正面是亚历山大大帝头戴战盔、长发及肩的形象，背面是胜利女神尼姬。铸造年代是在公元前 336 年至前 323 年之间，这一时期正是从这位年轻人做马其顿国王开始，经历战胜波斯国王大流士，又东征至印度河，后来返回西方，到其 33 岁时病逝于巴比伦结束。

“罗马不是一天建成的。”处于同时代的罗马当时还只是一个小国，还在为统一意大利半岛而战斗。应该说亚历山大大帝的目光投向东方是罗马的幸事。当时的罗马人正忙于扩大其势力范围，并不具有足够的经济实力，别说是金币，甚至连银币他们也不需要。

盐野七生

2003 年 3 月于罗马

推荐序 1　为什么是罗马？

这是一部 15 册的皇皇巨著，作者盐野七生写了 15 年，我曾整整读了一年。读后，逢人就推荐。我读的是台湾出版的繁体横排本，当时感到奇怪：为什么这样的书，在大陆却看不到？没想到，现在就有了简体中文版。大概是因为此前我在各个场合不遗余力地推荐，所以中信出版社希望我能为之写篇序言。

过去我也读过罗马史，比如《罗马帝国衰亡史》，但这类史书更多的是从政治、军事的角度来理解罗马帝国。盐野七生不同，她以现代史观的方法论来解读罗马，其间涉及了国家与民族、君主与公民、宗教与人性、权力与秩序、科学与技术、领导与公关等方方面面，视野极广，见人所未见。正如她自己所说："别的研究者是写自己知道的，而我则是写我想知道的。"

我是从事房地产行业的，所以对书中讲的罗马帝国的城市与建筑极为关心。在第十册《条条大路通罗马》中，作者专门讲了罗马的道路建设：与其说"条条大路通罗马"，倒不如说"条条大路起罗马"。罗马是这个庞大帝国的心脏，而这些四通八达的国家公路，有如血管脉络，把政令和资源高效率地传输到帝国的每个角落。

盐野七生说，东方帝国在修建长城的时候，罗马人正在修建罗马大道。接着，她告诉读者，2 000 年过去了，罗马修的大道现在还在使用。这时你会很自然地想：中国的长城现在除了收门票之外，还有没有用？我们现在能看到的长城，主要是明朝修建的，而且从工程的角度讲，也有很多质量问题。同样是国家主导的巨型工程，哪一个对国家和人民更有用？

当然，这些都是我的联想。为什么罗马修的大道现在还能用？作者展示了一张罗马大道的剖面图，告诉我们这条大道是怎么修的，为什么能连续使用上千年。这样的图示还有很多。作者很愿意从科学与技术的角度解释，罗马帝国有其与众不同的力量，而建筑在其中占有相当重要的地位，因为建筑给市民和士兵带来了极大的安全感。

在作者的描述之下，罗马帝国宛如一个强大的跨国企业，《罗马法》就好比这个企业的内部规章。这个企业有自己的核心价值、企业文化、思维惯性、话语系统、人力资源储备，甚至还有自己的保安系统。制度、人才、资源配置等等，都是罗马得以长盛不衰的原因。这也是为什么这部书会被国外一些研究者拿来当作领导者论、组织论、国家论的现成教材。

盐野七生贯穿始终地自我设问，并希望回答：为什么只有罗马人能成就如此大业？为什么只有罗马人能够建立并长期维持一个巨大的文明圈？一望而知，作者认为罗马帝国经久不衰的根本原因，与它所秉持的价值取向和施政目标有关。

作者认为，罗马的力量来自保障国民安全的基础设施和贵族行为理应高尚的传统。国民最需要的是安全系统，其次是尊贵和快乐的生活。罗马皇帝努力满足了国民的需要。一切政令、公共设施、对外战争，都是为了满足国民的安全感和享受需要。

另外，罗马人智力不如希腊人，体力不如高卢人，经商的本事不如迦太基人，却能一一打败这些部族，而且在战后还能与这些部族有秩序地和睦共处。为什么？你会发现，罗马帝国的强大，归根结底是因为它的宽容开放，它的兼收并蓄。

罗马帝国是多神教的国家，罗马人把被帝国征服的民族的神全部当作自己的神来供奉。这样的神有30万之众。罗马甚至赋予被征服者罗马公民权，历任罗马皇帝里都有很多被征服者。试想，这在东方帝国，可能吗？

这些分析让我非常受启发。对于国家来说，自由与宽容，这才是罗马帝国的立国之本；对于跨国企业来说，宽容开放、兼收并蓄应当是它的核心价值观念。正是这些基本的价值取向和目标，赋予了罗马帝国强大的力量，并成为西方文明的一个重要源头。这也是我向朋友们力荐这套丛书的原因。

作为一个先睹为快的中国读者，我只能谈一点浅见，算是对作者盐野七生的感谢。如果这篇小文又能够对读者有小小的帮助，会令我更加高兴。

是为序。

王石　万科集团创始人

2011年8月8日

推荐序 2　向往古罗马文明的精神特质

多年前，我在朋友处看到台湾出版的一本书，《我的朋友马基雅弗利》，借来后一口气看完。文笔的清美，布局的平实，让我印象深刻，特别是作者起笔的角度真是别开生面：

- ◇ 马基雅弗利看到了什么？由此展开了佛罗伦萨当时的历史背景和事件。
- ◇ 马基雅弗利做了什么？由此展示了马基雅弗利一生的经历和事变。
- ◇ 马基雅弗利想到了什么？由此发掘了马基雅弗利的成就和遗憾。

这是一本历史，也是一本游记，还是一本政论，更是一本优美的散文集。日本女作家盐野七生就这样让我铭记在心。她年轻时就爱上了意大利，一住就是大半生，写了很多书，获了很多文学奖，在日本有几百万的铁杆粉丝，近年来在英语世界也声名大振。大陆读者久闻大名，翘首以待。

感谢当年资深书友衣锡群兄专门从香港带回两大袋书，这便是台湾版的《罗马人的故事》丛书15本。我如饥似渴地读完，掩卷长思，深深敬佩。一位日本女人这样如痴如狂地写古罗马，发掘2 000年前的往事，娓娓道来。她的细腻描写让你身临其境，她的逻辑铺陈促使你遐思当下因缘。我读过许多不同作者的罗马史，只有盐野七生女士真正带我走进历史。

我去过意大利四次，也自驾游过西西里岛两次。曾带着盐野七生女士手绘的地图在佛罗伦萨四处寻觅马基雅弗利的故居。意大利作为政治国家的历史很短，不足200年，作为文化国家的历史却波澜壮阔地上溯到3 000年前。在维罗纳的一个酒店里，看到一幅将意大利历史描绘为一棵盘根错节的古树的画作，展示了几十个公国，几百个影响欧罗巴文明的政治、艺术、哲学、科学、军事等名流的来龙去脉。一瞬间，我体验到了卑微和崇拜，也叹服盐野七生女士把握历史的勇气与能力。

意大利有两个历史的骄傲：一个是古罗马的鼎盛，是当时世界上幅员辽阔的强盛帝国；一个是文艺复兴的辉煌，它直接启发并推动了全球现代文明的兴起，而这个复兴就是以回归古罗马为道德旗帜。此后一代代的意大利人梦寐以求地希望光荣历史得以重演，致力于统一意大利的民族英雄马志尼如此期许自己，不到40岁便一举颠覆了民主政府的墨索里尼也这样激励自己。此外，法国的拿破仑和德国的俾斯麦都以古罗马的恺撒大帝自居。“条条大路通罗马”，地球上各个角落的部落都这样厘清自己的文明坐标。

古罗马成为意大利人永久的图腾，也成为欧罗巴大陆高度默契的文明血脉。继承希腊文明的古罗马的法典、礼仪、艺术、建筑等构成了当下西方世界主流价值的表达，也潜移默化地影响着中华文明的演进。百年以来，中国知识界始终在希腊文明中捕捉思辨的知音，在印度文明中寻求失落的安慰，却是在罗马文明中锲而不舍地吸收普世价值体系。我饶有兴趣地注意到，日本作家盐野七生女士不断用东方的思维来探寻古罗马的蛛丝马迹，体现了类似的精神焦虑。

阅读盐野七生笔下的罗马史与罗马人，时空穿越 2 000 年，体验着人类文明中不断增强并趋同的精神动力。尽管语言、宗教、习俗、体质和自然环境千差万别，但内在的思辨、伦理、行为、愿景和组织制度是可以彼此熟悉和理解的。现代人往往以仍然蓬勃发展的中华文明与曾经衰落的罗马文明进行比照，发掘出许多文明之谜和文化冲突的理念。不过，从更高的时空立场上看，罗马文明仍然在一波波地前行，荡涤着不同社会形态的隔阂。同样，中华文明也是从另一个角度不断演化发展的，与前者共同汇成当下全球文明的主流。“青山遮不住，毕竟东流去。”

我读盐野七生的《罗马人的故事》，看到了主导当时文明的精神特质，也是传承至今的进化基因，更是鞭策中华文明的动力。我也希望读者能与我一起用心体验至少这样几点：

◇ 自信与宽容：罗马人的生活态度和对异教对外族的接纳与吸收。

◇ 竞争与开放：罗马人的生存立场和对制度对风险的尝试与面对。

◇ 人性与权利：罗马人的生命价值和对快乐对自由的追求与捍卫。

去年在东京本来有机会见到盐野七生女士。索尼集团的前董事长出井伸之先生与她是好朋友，愿意安排见面。得知她正在赶下一系列关于十字军故事的书稿，我惶恐无知会浪费她的时间，借口推脱了。感谢花了大气力将盐野七生女士的这部书稿介绍到大陆出版社的王宇女士，有机会写上几句，真是非常荣幸的事情。期待我能将这部中文版的《罗马人的故事》丛书亲手呈给盐野七生女士。

王巍　中国金融博物馆理事长

2011 年 8 月 6 日

给中国读者的序

对以成为一流强国为发展目标的当代中国来说，在欧洲历史上可作为借鉴的，唯有古罗马帝国了。

生活在当代中国的读者，如果读了我写的《罗马人的故事》，对书中的内容不知会做何感想呢？若细细品味读者的感受，必将看到中国未来的发展趋势。这也是作者我最关心的事情。

盐野七生

2011 年夏于罗马

致读者

据说在古罗马有为数极多的神，最多的时候达30万之众。这对于来自一神教国家的人来说，很难接受。但是对我来说，我的国家同样信奉众神，因而这种情形不但不会让我感到难以接受，反倒是兴趣盎然。

假如你正坐在古罗马的市中心——古罗马广场遗址倒塌的石柱上，翻看旅游指南或说明书，要是感觉背后有些怪异，那一定是幸存下来的诸神中某个爱捉弄人的神正探着脑袋偷看你的旅游指南呢。他们一定很想知道2 000年以后的人们是怎样书写他们的。

“当然，我会认真地书写。”

我不知道爱德华·吉本是否说过这样的话，但是，他是在到访古罗马广场后才决定撰写《罗马帝国衰亡史》的。而年轻的阿诺德·汤因比则为了追溯古代罗马历史，决定骑自行车环游整个意大利。

尽管与这两位伟大的历史学家相比，我们是如此的微不足道，但是只要我们到过罗马，不，只要我们寻访过古罗马人的足迹，寻访过他们留在北非、中东以及欧洲的足迹，就会很自然地提出一个问题：

古罗马人究竟是一些怎样的人?

其智力不及希腊人

其体力不及凯尔特人（高卢人）和日耳曼人

其技术不及伊特鲁里亚人

其经济不及迦太基人

但是，就像众多史料所显示的那样，罗马人为自己是罗马人而深感自豪。

然而，为什么只有罗马人能成就如此大业？为什么只有罗马人能够建立并长期维持一个巨大的文明圈呢？

还有，从单纯的意义上来说，它之所以能够拥有辽阔的疆土，并建立和长期维持大罗马帝国，难道正像我们通常认为的那样，只是缘于它强大的军事力量吗？

再者，他们终究未能幸免于衰亡，也像人们通常以为的那样，是因为统治者很难避免的骄奢造成的吗？

我不想随随便便解答这些问题。对于人类经过千辛万苦的努力构建起来的历史，如果轻易给出答案是极不负责任的，而且就我本人而言，对这些问题的了解也远远没有达到胸有成竹。随着对史实描述的逐步展开，我要思索，希望读者朋友也与我一起思索下面的问题。

“为什么只有罗马人能成就大业？”

现在我就要开始写了，您也将开始阅读了。在我们的意识里有一个相同的疑问，那就是：古罗马人究竟是一些怎样的人？

盐野七生

1992 年于罗马

目　录

序

公元前 167 年，有上千人质从正在走向衰亡的希腊被带到了罗马。这些人都是希腊上层社会的人物，36 岁的波里比阿也在其中。

当时的罗马人非常推崇希腊文化，所以，他们没有把这些被带到罗马的希腊人质关进监狱，也没有把他们软禁于某个地方，而是安排在罗马共和国境内城镇及村落的有权势的人家中。他们享有充分的自由——除了希腊，可以去任何想去的地方旅行。

在这些人中间，波里比阿受到特别的关照，待遇更为优厚。波里比阿曾经是坚守希腊独立的最后一个堡垒——阿卡亚同盟中的骑兵军团团长，地位仅次于最高司令官。同时，他还是罗马将军之一的西庇阿·埃米利亚努斯（小西庇阿）的朋友。波里比阿作为人质被带到罗马后，由于小西庇阿的积极争取，住进了小西庇阿在罗马的家中。

小西庇阿是一名武将，他是西庇阿·阿非利加努斯（大西庇阿）的长子的养子。大西庇阿曾经在扎马会战中打败汉尼拔，为罗马取得第二次布匿战争的胜利立下了汗马功劳。小西庇阿比波里比阿小 18 岁，因此，波里比阿到罗马时他还是个不满 20 岁的年轻人。但是作为罗马名门望族西庇阿家的男子，他在军事方面已经有过多次令人瞩目的战绩。小西庇阿是一个非常开明的人，和他的父亲一样，热爱希腊文化。一些素养很高的人经常到他家聚会，参加聚会的这个群体被称作“西庇阿派”，在当时的罗马非常有名气。不难想象，希腊名门出身、受过相应的教育、在现实生活中位高权重、经验丰富的波里比阿很自然地受到了“西庇阿派”真诚的欢迎。这时候的波里比阿在感慨祖国衰落的同时，悄无声息地度过自己的余生似乎还太过年轻。

17 年过去了。和小西庇阿的亲密关系使这位希腊人质有机会接触到罗马的核心事务，这越发加深了波里比阿对新兴国家罗马的关注。他去过距离迦太基最近的意大利南部旅行，也随同小西庇阿的军队到过西班牙。在又一次随同小西庇阿前往非洲的行军归途中，他做了一次长途旅行。他沿着汉尼拔走过的路，穿过法国南部，翻越了阿尔卑斯山脉。

公元前 150 年，希腊人质获释回归祖国。17 年前的 1 000 人此时只剩下 300 人。

和同胞们一起回国后的波里比阿和小西庇阿的友情依旧。他频频到访罗马，还和已经当选为执政官的小西庇阿一起参加了于公元前 149 年开始的、持续了三年的第三次布匿战争，见证了迦太基在经过顽强抵抗后终因不敌对手而于公元前 146 年 7 月 7 日夜里灭亡。这一年波里比阿 57 岁。

到 82 岁去世前的 20 多年里，他写下了篇幅长达 40 卷的《通史》。在之前的历史作品中，大多描写的是以希腊为中心的东地中海世界。而波里比阿的《通史》则把着眼点放在了罗马，这是最早一部以真实事件为内容的历史作品。第一部讲述罗马的真实可信的历史作品就这样由一个非罗马人——希腊人写作而成。

波里比阿深知前途渺茫的祖国——希腊所处的混乱局面。同时因为和西庇阿家的亲密关系，他对发展势头正旺的、年轻的罗马也看得很清楚。他发出了疑问：为什么？为什么希腊在不断自我瓦解，而罗马却在不断地兴旺发达呢？

这一问让他开始了《通史》一书的写作。波里比阿本人在序中有这样一段话：

> 只要不是太愚蠢，不是太懒惰，大概没有人不希望弄清楚罗马人为什么在短短的53年时间里，可以成就如此大业，可以处于任何政体之下。

波里比阿文中明确指出的53年时间，指的大概是第二次布匿战争因汉尼拔之战失败而告终的公元前202年，到因迦太基灭亡而告终的第三次布匿战争开始的第一年即公元前149年为止的这段时期。在这50多年间，罗马一跃成为地中海世界的霸主。此后的地中海世界的历史就是罗马的历史。

但是，罗马并非在53年前突然出现的。尽管没有希腊人注意过它，尽管没有哪个外国人打算写它的历史，但是它依然有一段相当漫长的“助跑”岁月，起点可以追溯到扎马会战以前500多年的过去，不是五十几年，而是五百几十年。罗马终究不是一天建成的。

本书作为《罗马人的故事》丛书的第一册，我要讲述的是从罗马建国到第二次布匿战争之前的500年的历史。这是一个饱经苦难的漫长岁月里的故事，即使在罗马的鼎盛时期，它都时常处于进一步退半步的状态，何况有时候是后退了 10 步甚至 20 步，要想重回鼎盛时期需要数十年的时间。而罗马后来之所以能成就大业的重要动因，基本上就是在这 500 年间萌生的，就好像一个人在青少年时期积蓄起来的力量到了三十而立之年才开始了解其真正的价值一样。

科莫湖
米兰
波河
亚
得
里
亚
海
阿尔诺河
佛罗伦萨
锡耶纳
阿雷佐
沃尔泰拉
森提努姆
佩鲁贾
丘西
奥尔维耶托
厄尔巴岛
台伯河
维泰博
塔奎尼亚
科西嘉岛
切尔维泰里
罗马
维爱
奥斯提亚
卢克利亚
加普亚
贝内文托
库马
韦诺萨
那不勒斯
萨勒诺
布林迪西
帕埃斯图姆
塔兰托
撒丁岛
第勒尼安海
墨西拿
巴勒莫
西西里岛
N
阿格里真托
迦太基
锡拉库萨
0
100
200km

第一章 罗马的诞生

逃亡者的传说

任何一个民族都有其传承或传说。对于人类来说，想弄清楚自己的根应该是一个自然而然的愿望。这是一个用科学几乎无法解释清楚的难题，而人们也并不要求科学对此做出解释。人们需要的是一个长篇故事，只要逻辑合理，同时符合他们的感情要求足矣。对罗马人来说，他们的故事就是围绕特洛伊沦陷这一件事展开的。

根据荷马的《伊利亚特》的描述（即便在21世纪的今天，这部作品依然不失为世界文学史上最杰出的叙事诗之一），阿伽门农和阿喀琉斯率领希腊军队来到小亚细亚西岸，攻打此地的城市——富饶的特洛伊。在经历了长达10年的攻防战后，终于迎来了最后的时刻。希腊武将奥德修斯设计制作了一个巨大的木马，并把它留在城门外，特洛伊人误以为这是希腊人准备放弃战斗，在撤退前给他们留下的礼物，就把它带进了坚守10年之久的城门之中。

就在特洛伊人以为胜利在握而安心沉睡的一个深夜，躲在木马中的希腊士兵一个接一个地走了出来。霎时间，特洛伊城陷入火海之中，在一片鬼哭狼嚎声中宣告沦陷。希腊人不分王族和庶民，对特洛伊人大开杀戒，侥幸活下来的特洛伊人被迫做了奴隶。只有特洛伊国王的女婿埃涅阿斯带着年老的父亲和儿子等极少数几个人成功逃离了沦陷的城市。据说埃涅阿斯是爱与美的女神维纳斯和凡间男子生的孩子，他的母亲维纳斯不希望看到自己的儿子和希腊士兵兵戎相见。

埃涅阿斯一行人分乘几条船，离开了火海之中的特洛伊城。逃亡

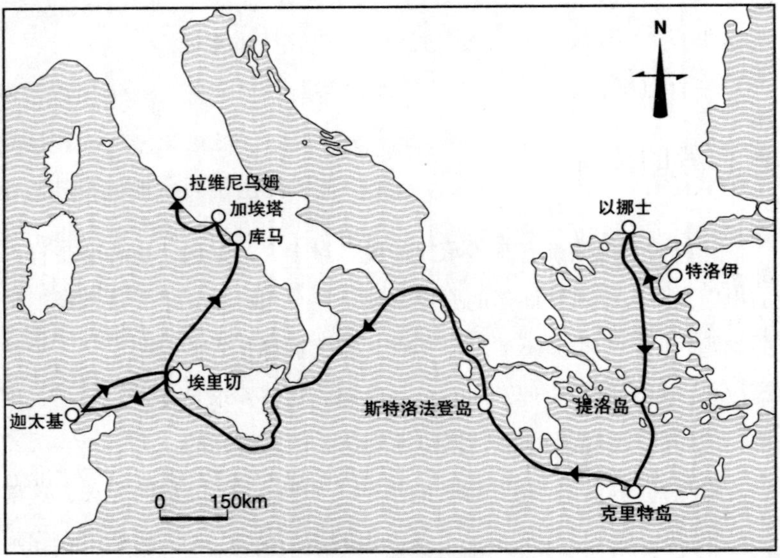

埃涅阿斯的逃亡路线

者们并未停留在希腊群岛，也没有止步于迦太基，而是在诸神的引导下，沿意大利西岸一路北上，一直到罗马附近的海岸，才终于结束逃亡之旅。此地的国王非常欣赏埃涅阿斯，将自己的女儿许配给他做妻子。逃难者终于有了落脚之地。

埃涅阿斯死后，一直跟随父亲一行逃亡的儿子阿斯卡尼俄斯继承了王位。然而，在位 30 年后的某一天，阿斯卡尼俄斯决定离开此地。他在另一个地方建造了一座名叫阿尔巴隆加的新城，也就是后来的罗马的前身。

自此，直到罗穆路斯建立罗马王国的漫长岁月里，无数传说中的国王不断地出现在历史舞台上，在这里我不一一赘述了。不是因为担心罗列一大堆不为人熟知的名字而使读者朋友感到兴味索然，而是因为这里有太多明显是罗马人生搬硬套编造出来的东西。

一直以来，罗马人都坚信是罗穆路斯在公元前753年建立了罗马王国，同时他们还认定罗穆路斯是从特洛伊城逃出来的埃涅阿斯的后代子孙。然而，在与希腊人开始有了接触之后，他们得知特洛伊城沦陷是公元前13世纪前后的事情，于是其间出现了长达400多年的空白期。当然对于罗马人来说，要填补这一空白期并非难事。在传承传说的世界里，与其追求合理性，远不如荒诞无稽的东西更受人追捧。就这样，在传说中度过了400年后，接下来，传说中的第一位公主登场了。

在阿尔巴隆加国王死后，一直觊觎王位的叔叔夺取了王位，他让国王的女儿带着处女之身做了专门服侍神的贞女祭司，使她不能婚嫁。因为做叔叔的十分清楚自己以不正当的手段得来的王位很脆弱，他害怕一旦公主有了孩子会对自己非常不利。

然而事与愿违。有一天，在祭神之余，公主躺在河边睡着了。恰逢此时，战神马尔斯经过她的身边，对她一见钟情。据说从天而降的马尔斯在公主熟睡之际占有了她的身体，而公主始终未醒。大概这就叫神奇吧。随后公主生下双胞胎，分别取名为罗穆路斯和雷穆斯。

公主的叔叔国王得知此事勃然大怒，把公主打入牢房，把双胞胎兄弟装进一个木桶里投到了台伯河里，任由他们自生自灭。木桶在台伯河上顺流而下，一直漂到河口附近，被河边的草丛挡住了去路。婴儿在桶里大声哭闹，哭声传到了正在附近徘徊的一匹母狼的耳朵里。这匹母狼把自己的乳头塞进两个婴儿的嘴里，把他们从死亡线上救了下来。

如果说由这匹母狼来抚养两个孩子，听上去总是不好，因此，随

给罗穆路斯和雷穆斯喂奶的母狼

后的情形是母狼在喂饱两个幼儿后就离开了，是一个羊倌发现了他们，并把他们抱回了家。现在从罗马市区前往莱奥纳多·达·芬奇机场的路边还经常可以看见一群群的羊，而在 2 800 年前的古代，它们是这个地方的主人公。

罗穆路斯和雷穆斯兄弟俩渐渐长大，成了这一地方的羊倌的主人。兄弟俩在与他们不断抗争的同时，扩大着自己的势力圈。随着势力圈的扩大，知道的事情也不断增多。他们因此知道了自己身世的秘密。

兄弟俩带领属下的羊倌们攻占了阿尔巴隆加，并杀死了阿尔巴隆加国王。他们的母亲不堪牢狱生活，好像已经不在人世了。兄弟俩没有留在阿尔巴隆加，也许他们认为坐落在山区的阿尔巴隆加不够开阔，尽管便于防守，却不宜发展势力。因为兄弟俩生长的地方位于台伯河的下游，所以他们决定在那里建一座新的城市，此地后来改名为罗马。附近的羊倌、农民以及类似身份地位的人纷纷追随战胜阿尔巴隆加国王之后的罗穆路斯和雷穆斯。

然而，在扳倒共同的敌人之后，兄弟俩的关系却开始恶化。关系恶化的主要原因在于他们是双胞胎，难以决定由谁来做王。于是他们只好分而治之，分别在帕拉蒂尼山和阿文庭山上设立各自的地盘。罗穆路斯在帕拉蒂尼山，雷穆斯在阿文庭山。但好景不长，没过多久，两人之间再次起了冲突，起因是雷穆斯越过了罗穆路斯挖掘的作为势力圈分界线的壕沟。这是侵犯他人权利的行为，以罗马人的看法，这是绝对不可原谅的。罗穆路斯杀死了雷穆斯。

据说以建设者罗穆路斯的名字命名的罗马就这样诞生了，时间是公元前 753 年 4 月。此时，在希腊每四年举行一次的奥林匹亚赛会也已举办 6 届，历史从此开始步入脱离神话传说的时代。

公元前 8 世纪的意大利

> 意大利半岛位于南国与北国之间。正因如此，它兼具南北两地的优点。这些优点因两地的相互作用而得以不断地放大，从而决定了位于意大利半岛居中位置的罗马，在地势上占有独一无二的优势。……于是智慧堪与神媲美的人类决定在这块地势优越、气候温暖的土地上建立罗马人之都。

这是在罗穆路斯建立罗马王国 800 年后的帝制初期，建筑师维特鲁威站在城市规划专家的立场上讲述的一段话。由此可以看出，罗马的地理位置的确优越。作为适宜国家发展的建都之地，可以说在意大利中部找不出一个地方能够与罗马相抗衡。由此看来，罗穆路斯不仅具备武将的才能，还兼备城市规划的能力。

但是我有一个疑问：作为城市建设之地，罗马享有如此有利的条件，而为什么在罗穆路斯之前就没有人在这里建立城市呢？根据近年来的考古发现，这里有一些简陋的坟墓和住宅遗迹，经过推算，是公元前 11 世纪前后留下来的。也就是说，在罗马建都之前，这里已经有人生活过。但是看不出可以称之为城市的遗迹，于是人们姑且认为第一个把目光投向这个地方的人就是罗穆路斯。假如罗穆路斯只是传说中的人物，他的真实性尚不能确定的话，那么把这第一个人说成是公元前 8 世纪中叶的任何人都无妨。

尽管如此，在公元前 8 世纪中叶的意大利半岛，至少有两个民族具备足够的经济实力和技术力量，在地理条件适宜的地方轻松建起一座雄伟壮观的城市。

他们是正在向意大利中部扩张势力的伊特鲁里亚人和开始在意大利南部进行殖民的希腊人。对于罗马，这两个民族的态度非常一致——他们都没有看中此地。尽管伊特鲁里亚人拥有排水开垦的技术，用来开发当时除了罗马七丘之外到处都是湿地的罗马并非难事。

在我的想象中，对于伊特鲁里亚人和希腊人来说，公元前 8 世纪中叶的罗马，甚至在其后相当长的一段时间里，也许都不是一块足以吸引他们的土地。

希腊人是一个通商民族，因而他们又是海洋民族，对他们来说，建设城市的必要条件是有临海的港口，因此，只有沿台伯河才能抵达的罗马，作为城市建设之地并不适宜。希腊人在意大利南部建了几个殖民城市，其中最具代表性的城市，比如锡拉库萨（又译叙拉古）、塔兰托和那不勒斯，都面向大海。

伊特鲁里亚人是一个以商业发展和通商为主的民族。关于城市建设，他们与希腊人的想法不同，他们更喜欢把城市建在微微隆起的小山上。即便是靠近大海的地方，如果不靠山，他们也是不会有兴趣的。他们从来没有想过要在平原上生活，他们更愿意生活在小山上且有城墙围绕的坚固城堡内。他们的这种性格，只要看看佛罗伦萨就能知道。佛罗伦萨的起源虽然始于伊特鲁里亚人，但是他们居住的地方在菲耶索莱山上。直到罗马人到来并建设之前，阿尔诺河畔并不存在今天依然完好无损的佛罗伦萨城。

对于伊特鲁里亚人来说，位于罗马的七个小山丘中的任何一个都过于矮小，而且让他们更不能接受的是这七个小山丘的间距又都太近。伊特鲁里亚人最后选择了扎根于意大利中部，因为这里山岭遍布，山与山之间的距离适中，而且山顶足够开阔。现在依然完好无损的中等城市锡耶纳、沃尔泰拉、佩鲁贾、丘西、奥尔维耶托等都是始于伊特鲁里亚人的城市。正因如此，当你坐火车来到这些城市，出了车站却不能马上踏进市区，至少不能马上进入老城区。你必须乘坐公共汽车，沿山脊线爬到山顶，才能真正走进这些城市的中心。

漫步在这样的城市里，我非常惊讶：他们究竟出于什么样的原因要选择在这样的地方建设城市呢？我想，在建设城市方面，除了水、气候等自然因素以外，不同的民族、不同的时代，其要求或许都不一样吧。

但是，在城市建设方面的想法不同，终究左右了这三个民族以后的命运：更愿意选择在防御上万无一失却因此容易阻碍扩张的山陵的伊特鲁里亚人；把城市建在防御不充分却因此可以向外扩张的地段的罗马人；在意大利南部，把城市建在沿海地区，虽然便于通商却忽略了敌人的存在的希腊人。

对于在工学院学习城市工程学专业的人，我强烈建议他们首先要学好哲学和历史等社会学。因为一个城市建在何处也许可以决定这座城市的居民的将来。

伊特鲁里亚人

现在，我们还无法完全解读伊特鲁里亚人的文字，因此，长期以来，人们都说它是个神秘的民族。我们尚不清楚伊特鲁里亚人是否特指某个固有的民族。即使在古代，伊特鲁里亚人似乎也是对居住在现在的托斯卡纳、翁布里亚和拉齐奥的人的统称，就好像美利坚合众国的公民都叫美国人一样。

我们也不知道这些伊特鲁里亚人来自何方。有历史学家说他们是从小亚细亚横渡大海而来，也有学者认为他们是从内陆南下而来。但是，不管怎样，他们在公元前 9 世纪就已经掌握了铁器的制造方法。

意大利中部有很多矿山，在此地定居下来的伊特鲁里亚人充分利用了这一大自然的恩赐，他们渐渐发展为拥有高超技术的民族。技术的提高同时带动了经济的发展，于是和同样经济高度发展的希腊人之间的交流出现了空前的盛况。考古学家在伊特鲁里亚人的遗物中发现了许多原产于希腊的陶器，其数量之多令人咋舌。而且，令人意想不到的是，这些东西竟都产自希腊本土，而非意大利南部的希腊殖民城市。伊特鲁里亚人除了制造业之外，还开始涉足海上贸易。他们虽然居住在山上，但是通常会有自己的港口，尽管距离可能有些远。因此，拥有丰富矿山资源的厄尔巴岛自不必说，他们甚至还到达过科西嘉和撒丁群岛上。环绕群岛的那个海现在仍叫第勒尼安海（Mare Tyrrhenum），而第勒尼安海的意思就是伊特鲁里亚人的海。第勒尼安海的名字来源于带领伊特鲁里亚先民来到亚平宁半岛的吕底亚王子第勒努斯（Tyrrhenus）。

公元前 8 世纪，他们的势力圈扩张到了北至流经佛罗伦萨的阿尔诺河、南及流经罗马的台伯河之间的整个区域。至今依然完好无损地矗立在这个区域内的城市就像前面所说，都始于伊特鲁里亚，因此，它们几乎都在山上。

古代伊特鲁里亚人采用联邦制，共有 12 个城邦。在这 12 个城邦中，我们知道的有阿雷佐、沃尔泰拉、丘西、维泰博、奥尔维耶托、塔奎尼亚、切尔韦泰里、维爱和佩鲁贾这 9 座城市，其中 7 座城市留存至今。然而，伊特鲁里亚人尽管采用了联邦制，但是各城邦的独立倾向非常明显，能做到统一行动的常常只是宗教上的事情，而在政治、经济及军事方面要采取统一行动则异常困难。究其原因，主要是这 12 个城邦基本上都旗鼓相当，没有一个城邦明显比其他的强大，因此，也没有哪个城邦可以占据主导地位。而正是这一点，后来成了它们的致命之处。

伊特鲁里亚人对死者采用的是土葬法，因此坟墓建得都很精致，感觉好像是把地面上的房子按比例缩小以后搬到地下一样。一个有权势的人的坟墓内，不仅壁画色彩斑斓，随葬品也极尽奢华。如果单看这些东西，人们一定会以为伊特鲁里亚人是一个爱好和平、不好战的民族，是一个纯粹靠技术和通商来构建繁荣的平和的民族。尤其是他们的雕像显示出的祥和，甚至可以让看到这些的我们心情变得平静起来。然而，遗憾的是，这一切只是生者为死者的死后生活提供的点

黑　海
达契亚
马赛
尼斯
波河
阿尔诺河
伊特鲁里亚人
台伯河
亚得里亚海
科西嘉岛
意大利人
锡诺普
特拉比松
撒丁岛
那不勒斯
塔兰托
第勒尼安海
科孚
小亚细亚
爱琴海
西西里岛
克罗托内
塞利侬特
墨西拿
迦太基
阿格里真托
锡拉库萨
爱奥尼亚海
科林斯
雅典
米利都
斯巴达
罗得岛
克里特岛
塞浦路斯岛
叙利亚
地　中　海
第一次殖民活动后
第二次殖民活动后
昔兰尼加
埃及
腓尼基人、迦太基人的势力范围
N
0 100 200km
希腊殖民势力扩张图

缀而已。真实的情况是，伊特鲁里亚人和其他民族一样，性情并不温和，他们对和平没有偏爱，也不厌烦战争。

围绕第勒尼安海的制海权，他们与迦太基和希腊有过冲突，他们也有用活人做祭品的习俗。让古罗马人痴狂不已、人兽间搏斗的各种角斗项目，原本也是伊特鲁里亚人热衷的竞技形式。如果仅仅根据坟墓内壁画上极尽享乐的生活场景，就认为这是个耽于享乐而难以自拔的民族，认为这是个好逸恶劳的民族，那无疑是错误的。既然他们拥有值得自豪的一流技术，那么可以断定，这是一个勤劳的民族，非常具有进取心。伊特鲁里亚人在很多方面对罗马都产生过影响，甚至其影响力是难以估量的。

公元前8世纪到前6世纪的伊特鲁里亚人，其势力已经非常强大，不是罗马等国能企及的。到其鼎盛期，他们的势力范围甚至逼近意大利南部。这一时期，从波河到意大利南部半岛，可分为两大势力：北部属于伊特鲁里亚人，南部属于希腊人。而罗马就诞生于这两大势力圈的夹缝之间。

在意大利的希腊人

公元前8世纪的希腊进入了由贵族统治的城邦时代。与曾经以农业和畜牧业为主的王政时代相比，由于开始从事工业、商业和海运业，经济得以突飞猛进的发展，人口随之大幅度增加。但是在贵族统治下，政治倾轧不可避免，由此引发的成败之争以及在经济发展过程中出现的富人和穷人之间的冲突不断增多。

在可耕地稀少的希腊，政治失势者和穷人的唯一出路就是离开祖国，去国外寻找生存之路。公元前 8 世纪是希腊人进行殖民运动的鼎盛时期。而他们的进取精神和喜欢冒险的性格加速了这一运动的兴起。

希腊人拓展殖民地的规模覆盖了整个地中海世界，东至黑海沿岸，西从法国到西班牙。西班牙的马拉加和法国的马赛都是源自这一时期的希腊殖民城市。由于意大利距希腊较近，这里的殖民城市发展盛况空前，其他地区难以匹敌。一直存在至今的意大利南部诸城市，除极少数源自迦太基外，可以说几乎都源自希腊的殖民城市发展。这些城市包括那不勒斯和塔兰托，以及如今只剩下遗迹的帕埃斯图姆、库马和西西里岛的墨西拿、锡拉库萨、阿格里真托等。它们被统称为“大希腊”（意大利语发音为“Magna Grecia”，德语发音为“Großgriechenland”）。

之所以叫“大希腊”，是因为这些城市发展迅速，在很短时间内就实现了繁荣与富强；是因为殖民者是已经具备高度文明的希腊人，所以他们在各个方面都尽力做到完美；是因为他们从不为如何与原住民相处而苦恼，就好像这里根本不存在原住民一样；还因为他们是抛弃了自己的国家来到这里的，一旦失败，他们将没有回头路。因此，实现急速发展简直可以说是万事俱备。

殖民城市和他们的祖国希腊之间的关系也反映出了希腊人独立意识很强的个性。

尽管是自己的祖国，但是对于塔兰托人来说，斯巴达是外国；同样，对于锡拉库萨人来说，科林斯也是外国，但是他们之间的交流十分密切。希腊人则不然。首先，希腊人是一个更愿意放松心情在海上扬帆航行而不愿意在内陆行走的民族。更何况，移居到意大利南部的希腊人终究还是希腊人，尽管他们拥有一切，却唯独与团

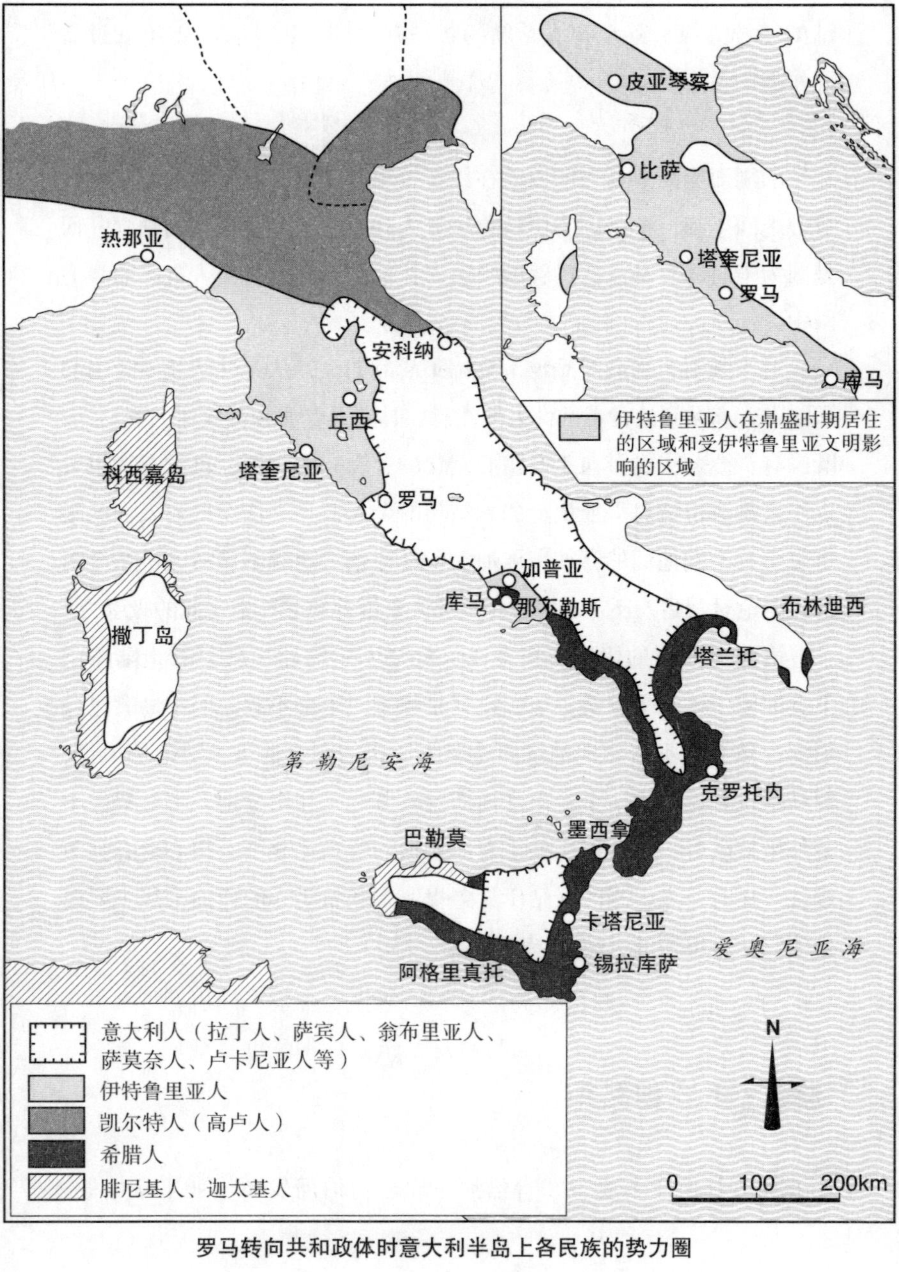

罗马转向共和政体时意大利半岛上各民族的势力圈

结的精神无缘。甚至在大希腊的各城邦之间，也从来不曾出现过共同作战的情形。

刚刚诞生的罗马之所以能在伊特鲁里亚和意大利南部的希腊两大势力之间生存，不是因为伊特鲁里亚人和希腊人尊重罗马的独立，而是因为当时的罗马没有足够的吸引力让他们试图把它纳入自己的势力圈中。

对于既不会制造商品也不会购买商品的人，从一开始就不会引起那些带着商品到处行走的商人的注意。只懂得农业和畜牧业的罗马人，既没有资金购买由雅典工匠精心制作的、漂亮的陶器，也没有货币可以用来购买伊特鲁里亚生产的、精巧的金属器具。这使得商人们的眼里完全看不到他们的存在，再加上罗马所处之地既不靠海又不适合防御，无论对希腊人还是对伊特鲁里亚人来说都缺乏扎根于此的吸引力。

由北向南去的伊特鲁里亚人，如果不走海路，就只有走陆路南下。即使中途到了罗马，他们也只是顺着河中毫不起眼的小岛渡过台伯河，然后毫不留恋地继续向希腊人所在的南方前进。对他们来说，罗马不过是途中的一个经由之地而已。既然是经由之地，那么只要不节外生枝就好。就这样，处于发展初期的罗马完全不必担心会有强敌侵扰。还有一点，当时联结伊特鲁里亚人和希腊人的通商干线主要还是他们从不惧怕的大海。

建国之王罗穆路斯

罗马七丘全部集中在台伯河东岸。台伯河发源于亚平宁山脉，全长300多公里。自罗马向前流经约30公里，经过奥斯提亚注入地中海。这条河虽然称不上大河，但是到了罗马附近，水量会大幅度增加。水量丰富的台伯河在罗马附近，首先向西拐一个大弯，接着转而向东，然后又折回向西，最后离开罗马。一旦这里发生洪水，这几个弯道也许很快就会被淹没，水流化作一条粗壮的直线，直奔地中海而去。

罗马七丘尽管位于台伯河附近，却不会受到洪水的侵袭。因为它们都集中在台伯河向东拐了一个大弯的地方。当人口增加到一旦发生洪水很快就会被水淹没的地带也住上人的时候，罗马的国体也稳固了，也有了展开大规模治水工程的实力，不必再为洪水灾害而惶恐不安。

罗马七丘从北向南依次是奎里尔诺山、维弥纳山、埃斯奎里山、卡匹托尔山、帕拉蒂尼山、西里欧山和阿文庭山。山丘与山丘之间的平地在当时还是一块又一块的湿地。

这些山丘都很低矮，连最高的卡匹托尔山海拔也不过50米。相比之下，伊特鲁里亚人建造城市的山，海拔都在300米到500米之间。

现在的意大利总统官邸位于奎里尔诺山，负责包括国政选举在内的事务工作的内务部则在维弥纳山。因此，我们在电视上看有关报道的时候，很少听到来自总统官邸的说法，而是说来自奎里尔诺山。同样，报道选举快讯的时候，也听不到来自内务部的说法，而是说这是来自维弥纳山的报道。

让我们重回2 800年前。从城市建设的条件来看，如果要说防御，那么罗马七丘中，卡匹托尔山无疑是最适合的。不只是因为它最靠近台伯河，还因为此山三面都是陡峭的悬崖。但是，这座山丘有一个明显的缺陷，就是山顶空地过于窄小。即便是现在，光是罗马市政厅宿

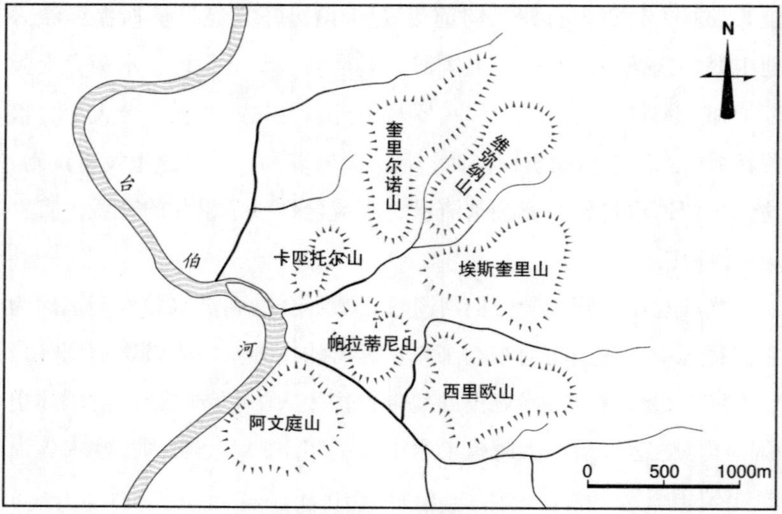

王政后期至共和制前期的罗马

舍和两座美术馆加上一座教堂，就已经占据了它几乎全部的空间。于是罗穆路斯最终选择了虽不是最高但山丘顶部面积有 10 公顷左右而且距台伯河又相对较近的帕拉蒂尼山。卡匹托尔山则作为诸神的住处。同样靠近台伯河而且也有足够的空间供人们居住的阿文庭山，因为处于罗马七丘中的最南端，所以远离中心。与罗穆路斯发生冲突而被杀的雷穆斯曾占据的就是阿文庭山。

雷穆斯死后，罗穆路斯成了罗马唯一的王。他首先在帕拉蒂尼山周围筑起城墙，意思是要在这里建设城市。他还举行了非常隆重的仪式，为诸神献上祭品。这一天是公元前 753 年的 4 月 21 日。就这样，作为罗马建国纪念日，这一天在随后一千多年的漫长岁月里，成了每年必不可少的一个节日。

这一年，罗穆路斯 18 岁。通过这位年轻人和追随他的 3 000 名拉丁人的努力，罗马建立了国家。

罗马建国后，作为第一代国王，罗穆路斯并没有独揽大权，他把国政分成三个机构，分别是国王、元老院和公民大会，并由这三方共同治理罗马。

作为宗教祭祀、军事和政治的最高领导人，国王由公民大会投票选举产生。曾经是羊倌和农民领袖的罗穆路斯本人一定认为自己这个王不是自封的，而是经过公民大会选举的。国王由公民大会选举产生的这种制度，不是君主政体，却是当时的罗马最为自然的选择。

罗穆路斯设立了元老院。他召集 100 位元老参加元老院。我不清楚为什么元老院的人数是 100 人。我猜想也许是当时把各家族的元老全部召集起来后，一共就这么多吧。元老院元老不是政府官职，他们的职责是向国王提出忠告和建议，因此不需要通过公民大会的选举。但是这些成员所属的元老院是官方机构。尽管这是个以听取有权势者的意见和建议为目的的机构，但是只要有助于政体确立，那么给他们一个官方的地位或许更有利吧。因为如果它只是一个民间机构，就无法明确它的作用和职责。向国王提供意见和建议的人在这种情况下，很容易被国王个人情绪左右。

元老院的元老又称“父老”，意思是父亲，也就是建国之父。据说这个词后来又衍生出了“贵族”一词。

公民大会由全体罗马公民组成。它的任务是选出以国王为首的各级政府官员。公民大会没有制定政策的权力，但是对国王听取元老院的建议后制定出来的政策有赞成或反对的表决权。此外，在对外关系上，是战是和，也必须征得公民大会的同意才可实施。

这就是罗马建国之初的国家基本形态。它一方面符合当时的罗马国情，同时它也是一种可能适用于将来的、简单而完美的、非常行之有效的政体。

那么，和罗穆路斯一起参与罗马建国的都是些什么人呢？

我们知道罗穆路斯当上罗马国王之前领导的羊倌和农民都是拉丁人，属于拉丁民族，使用拉丁语。但是，这些说拉丁语的人并不是带着家眷一起移居到台伯河沿岸，共同建设新国家的。事实是，刚刚诞生的罗马公民中，绝大多数都是单身男人。因为在政体确立以后，罗穆路斯着手进行的第二件大事就是掠夺其他民族的女人。

既然罗穆路斯及其属下的男人们不惜向其他民族诉诸武力以期补充女性，那么我们不得不对他们的来历表示怀疑。我们可以大胆地猜测，罗穆路斯和他的属下很可能是被他们所属的部族赶出去的。因为正常的部族迁徙应该会带上妻儿家人。当然，如果是这样，那么后来不断发展壮大的伟大的罗马建国者的故事就容易流于平庸，从而让他们的子孙感觉兴趣索然。因此，罗马人才编出了埃涅阿斯的流亡故事，说他是爱与美的女神维纳斯的孩子，同时又是特洛伊勇士，还生拉硬扯地把他和罗穆路斯联系到了一起。

神话传说的价值并非在于它们的可信度有多高，而是在于有多少人经过多么漫长的岁月依然对其深信不疑。罗马人始终坚信自己是特洛伊勇士的后代，而关于这一点，希腊人曾经也深信不疑。

因此，类似“萨宾女人被掠”之类的故事给后世画家普桑、鲁本斯等人提供了极好的绘画素材。根据古代历史学家的说法，事情的起始和结局是这样的：

罗穆路斯热情邀请了居住在附近的萨宾人参加罗马的祭祀活动。

当时，在祭祀诸神的日子里，一切战斗都是被禁止的。萨宾人于是接受罗穆路斯的邀请，全体出动来到了罗马。

就在祭祀活动达到高潮的时候，罗穆路斯一声令下，罗马的年轻人向萨宾人的年轻姑娘们发起了突然袭击。毫无防备的萨宾的男人只能护着自己的妻儿老小逃回自己的部落。

萨宾人自然不甘屈辱，他们不会忍气吞声地接受这一事实。他们强烈要求罗马归还被抢的姑娘们，而罗穆路斯对于这一要求自然是一口回绝。他告诉对方说罗马的男人将和这些女孩子正式结婚，娶她们为妻。不仅如此，他还率先举行了婚礼。如此看来，此时的罗穆路斯大概也还是个单身汉。然而，即便如此，不甘受辱的萨宾人依然无法平息心中的怒气，他们向罗马宣战了。

罗马人和萨宾人之间共发生了四次战斗，几乎都是罗马人占上风。据说其中的一次战斗是在帕拉蒂尼山和卡匹托尔山之间展开的，因此，罗马方面大概也曾陷入过被动吧。事情出现转机是在第四次战斗正打得难分难解的时候，被罗马人抢去的萨宾女人突然闯入战场。她们纷纷表示对于丈夫和亲兄弟之间的相互杀戮不能再坐视不管了。这些女人知道，虽然自己是被抢去的，但是她们并没有被逼为奴。她们不仅享有充分的作为妻子的权利，而且从罗马人丈夫那里得到了爱情。

罗马国王罗穆路斯和萨宾国王塔提乌斯一致认为应该听取这些女人的意见，两个部族于是开始了和平共处。

在欧美国家，现在还保留着一个习俗，就是男女结婚时，新郎要抱着新娘跨过新居门槛。这是在萨宾女人被掠事件发生后，作为罗马人的习俗沿袭至今的一个例子。

当然，罗穆路斯为后世的罗马人留下的习俗不只是新郎抱着新娘迈过自家门槛这一桩。

罗穆路斯向萨宾人提出了一个和平建议，不是建议在相互尊重的基础上和平共处，而是建议两个部族合并起来。这个建议实际上是要萨宾人放弃自己的领地，移居到罗马。而罗马七丘之一的奎里尔诺山被提供给他们作为新的居处。

萨宾人接受了这一建议，原因是在四次战斗中萨宾人都输给了罗马人，他们认为如果和强者合并，肯定利大于弊。再说，两个部族的合并完全是建立在平等的基础上的，并非罗马人吞并萨宾人。合并后的罗马由萨宾国王塔提乌斯和罗穆路斯共同治理，于是，罗马有了两个王。

两个部族合并后，萨宾全体自由人享有和罗马人完全相同的公民权利。在保证他们有关私有财产的种种权利的同时，他们也享有在公民大会上的投票权，而且，罗穆路斯还为萨宾长老提供了在元老院的席位。

对罗穆路斯来说，这也许是为了增加罗马人口和强化军事力量的一个策略，其结果却使当时的罗马取得了远远大于他们预期的效果。对此，普鲁塔克在《希腊罗马名人传》中是这样说的：

> 再没有比“同化败者”的做法更能使罗马强大的了。

作为建国之王，罗穆路斯成就的另一番事业也很理所当然，那就是依靠战争确保自己的领土。由于萨宾国王塔提乌斯在不久后的一场战斗中战死沙场，所以作战指挥权几乎都落在了罗穆路斯一个人的手中。在罗穆路斯长达 37 年的统治期间，有一大半时间都处在一个新生国家不可避免的宿命中，那就是始终都在和邻近部族作战。罗穆路斯制定了以 100 名士兵为一队的百人队制度。这是罗马军队中的最小单位，是战斗的核心。只要罗马存在一天，百人队制度就会一直存续下去。

接二连三的战斗造成的阵亡者应该不在少数，但是罗马的人口和它的战斗力在一点一点地增加。与萨宾人之间的合并，从短期来看也是成功的。

公元前 715 年，罗穆路斯的统治迎来了第 39 个年头。这一天，罗穆路斯和以往一样正在检阅军队，突然天空乌云密布，一场暴风骤雨不期而至。倾盆大雨遮住了人们的视线，震耳欲聋的雷鸣声压倒了一切。

等到雨过天晴，人们看到国王的座位空了，哪儿都不见罗穆路斯的身影。于是人们纷纷传言国王被神召到天上去了。

对于罗穆路斯的功绩，所有人都很认同。因此，当不幸突然降临时，人们在悲痛欲绝之余，决定认罗穆路斯为罗马“国父”，作为神来祭拜。

继罗穆路斯之后，第二任罗马国王并没有很快产生，其间的过程不太顺利。首先，在罗穆路斯死后，罗马人之间悄悄地在传播一个流言，说国王是被元老院的元老杀死的，原因是他们嫉恨他的权力日渐增大。其次，拉丁人想当然地认为新的国王应该从拉丁人中选出，而萨宾人则希望由萨宾人做国王。元老院受命负责协调此事，却没有能力完成这样一个重任。这时，元老院出现了两个派系：一派为亲罗穆路斯派，另一派则是反罗穆路斯派。也许杀害罗穆路斯的是元老院的某些人这一流言确有其事。

在这种情形下，找第三者做国王是较为现实的做法。人们把目光停留在了一个以人格优秀著称的人物身上。

第二代国王努马

在适当的时候，把适当的人放在适当的位置上施展其才华的事例，在各民族走向兴盛的历程中比比皆是。在漫长的罗马历史上，类似的例子就有很多，而努马的即位就是其中一例。

罗穆路斯在位期间，罗马和萨宾合并后有大量萨宾人移居罗马。而努马坚持留在祖先留下的土地上。他是一个喜欢哲学和冥想的人，晴天下地劳动，雨天在家学习，农耕之余努力探索知识。其道德之高尚、教养之深厚，罗马人早有所闻。

对拉丁派和萨宾派之间的王位之争束手无策的罗马元老院一致同意推荐努马为罗马国王。元老们来到萨宾的领地，找到努马，向他转达了元老院的决定，请求他继承罗马王位。最初努马拒绝接受这一请求，因为此时的他已年届四十。在当时，40 岁的年龄已经不再适合开启新的人生了。

然而，经不住元老们一次又一次的劝说，努马最终还是答应下来，随他们一起来到了罗马。努马进入罗马城的时候，没有穿军装，也没有随扈手举国王权杖束棒斧跟随其后，而是用托加长袍遮住头部的神官形象。

在征得公民大会的同意后，正式继承王位的努马并没有实施神权政治。

罗马国王既不同于集王与神为一体的埃及法老，也不同于带有浓厚神官色彩的、作为神和人之间的纽带的美索不达米亚国王，当然也不同于给人豪族首领印象的希腊国王。

罗马国王不是神的替身，他是罗马共同体意志的代表，他要率领罗马共同体不断进步。国王虽然是终身制，却不世袭，还要通过选举产生。罗穆路斯有孩子，但是没有一个罗马人想过请他的孩子来继承第二代王位。因此，与其说是国王，倒不如说是终身制总统更为准确。

历史学家李维在《罗马史》中关于努马的功绩是这样描述的：

就任王位后的努马，试图对依靠武力和战争打下建国基础的罗马进行立法和习俗的改革。

这里所谓的立法改革，不是要制定全新的法律，而是要建立秩序，要让当时喜欢逞强好胜的罗马人懂得做人的礼法。在了解自身力量的局限性的同时，让他们懂得要对超越自身极限心存畏惧。

战神雅努斯是大门及出入口的保护神，努马为他修建了一座神殿。大概是因为雅努斯表示出和入的意思，他的雕像有两个面孔，分别面向前后两个方向。在雅努斯神殿完工后，努马向人们展示了神殿的前后两个门。他说，这两个门要在战时打开，和平时期关闭。在努马统治罗马的 43 年间，据说这两个大门始终都是关闭的。

但是，在努马死后，这两个大门几乎一直都是开着的，很少关闭。公元前 240 年，第一次布匿战争结束后有过短暂的关闭，但是，没多久又被打开。在尤里乌斯·恺撒死后的内乱中，屋大维于公元前 31 年战胜安东尼和克娄巴特拉联军，终于第三次关上了这两个大门。

努马认为除了为防御的需要而战之外，这一时期的罗马不需要战争。他集中力量致力于振兴农业和畜牧业，目的是为了将来在战争取得胜利后，即使不对失败者进行掠夺也能做到自给自足。

努马还对罗马公民进行了职业分工，让每个人归属于有独立保护

战神雅努斯

神的团体。为此，罗马出现了许多团体，如木工公会、铁匠公会、染色工公会、陶艺工公会等。建立这些职业团体的目的，不仅让人们对自己的职业充满自豪感，还可以防止拉丁人和萨宾人之间的部族对立。当时的罗马除了这两个部族，还有其他民族的人大量涌入。伊特鲁里亚人甚至还成立了自治团体。罗马从建国之初就是一个多民族国家，在这样的国度，摩擦极易发生，如果没有一些预防措施，国家很难有所作为。

努马为了使人们的日常生活变得有序，还进行了历法改革。

罗穆路斯时代的罗马，每年的总天数不固定，为此，努马根据月亮的盈亏，把一年分成了 12 个月，规定总天数为 355 天，余下的天数每隔 20 年做一次调整。努马制定的历法延续了 650 年，规范了人们的日常生活。直到恺撒重新修正历法后才把一年的总天数定为 365 天。

努马对一年中每个月的顺序也做了调整，例如，原来的 3 月是每年的第一个月，努马把它换到了第三个月；原来的11月和12月调到最前面，变成1月和2月。只是对每个月份的称呼没有进行大的改动。大概是因为人们已经习惯了这些叫法，担心改动太大会引起混乱。但是，9月以后的称呼前后不一致。

下面列举的是每个月的称呼，分别用日语、拉丁语和英语表示。虽然英语的母体不是拉丁语，但是我也把它列入了其中。这是因为我希望读者朋友能从中了解英语和罗马文明有着千丝万缕的联系。

汉语	日语	拉丁语	英语	说明
1月	睦月	Ianuarius	January	据说词源是雅努斯神
2月	如月	Februarius	February	好像出自意为“洁净的”（purificatio）一词。宰杀家禽就在这个季节
3月	弥生	Martius	March	词源是战神马尔斯
4月	卯月	Aprilis	April	可能出自意为“开花的”（aperio）一词
5月	皋月	Maius	May	出自旅行和商业之神墨丘利（Mercurius）
6月	水无月	Iunius	June	词源可能是Iuno女神（朱庇特之妻朱诺），也可能是iuniores，意思是年轻人
7月	文月	Iulius	July	尤里乌斯·恺撒出生于这个月，这是为纪念他而取的。当然在恺撒遇刺的公元前44年之前不用这个称呼，而是叫Quintilius，意思是第五个月，即从3月开始数的第五个月
8月	叶月	Augustus	August	这也是为了纪念第一代皇帝奥古斯都而取的称呼。共和政体时代一直叫Sextilis，意思是从3月开始数的第六个月

（续表）

汉语	日语	拉丁语	英语	说　　明
9 月	长月	September	September	从 3 月开始数的第七个月
10 月	神无月	October	October	第八个月的意思
11 月	霜月	November	November	第九个月的意思
12 月	师走	December	December	第十个月的意思

努马还规定了一年中的节日和休息日。

每个月的第九天和第十五天为集市日。对罗马人来说，这两天就是休息日，他们会从田间劳作中解脱出来，拿着各自的作物前去赶集。除此之外，还有祭祀诸神的祭祀日。据说全年节假日共有 45 个。在这些节假日里，所有公务一律停止。

但是，在第二代罗马国王努马的功绩中，最值得大书特书的是有关宗教的改革。

在罗穆路斯时代，罗马人就已经有了很多神。努马即位以后，着手对这些神进行了整顿。尽管后来还是和希腊诸神混为一谈，但是，有一些神对罗马和希腊都同样重要，例如诸神之王朱庇特（希腊人叫宙斯，英语叫朱庇特）、其妻朱诺（希腊人叫赫拉）女神、专司美和爱的女神维纳斯（希腊人叫阿弗洛狄忒，英语叫维纳斯）、狩猎女神黛安娜（希腊人叫阿尔忒弥斯，英语叫黛安娜），还有学问和艺术之神阿波罗、智慧女神雅典娜、战神马尔斯等。此外，雅努斯等神则是拉丁民族自古就有的神。而先王罗穆路斯是在死后被罗马人神格化，加入罗马诸神行列里的。

努马为诸神设立了等级制度，但是没有规定哪些是罗马之神，目的是要让大家懂得尊重诸神的重要性。

以希腊、罗马为代表的多神教和以犹太教、基督教为典型的一神教的不同之处在于，多神教从不祈求诸神来匡正人类的道德行为，而这正是一神教中的神的专利特权。在希腊神话中我们会发现，多神教中的诸神有着和人类相同的缺点。既然他们的职责不是匡正人类的道德行为，有缺点自然无大碍。但是一神教的神不能有一丝一毫的缺点，因为神的职责是匡正人类的道德行为。

“摩西十诫”是由以下10条构成的：

1. 除了我以外，你不可有别的神。
2. 不可制造和崇拜偶像。
3. 不可妄称耶和华——你神的名。
4. 当纪念安息日，守为圣日。
5. 当孝敬父母。
6. 不可杀人。
7. 不可奸淫。
8. 不可偷盗。
9. 不可做假证陷害人。
10. 不可贪恋别人的房屋。

罗马人认为神无处不在，他们甚至把曾经的国王也当成神来供奉，因此第一条戒律对他们是不适用的。罗马人除了神像，还喜欢雕刻祖先像，因此第二条戒律也不适用于他们。至于第三条戒律，因为罗马人开口闭口朱庇特神或赫丘利之名来代替说“糟糕”，所以也不适用。第四条中的安息日，也就是罗马人的休息日，在这样的日子里，罗马人除了平时要做的事不做外，什么都可以做，而不只是祷告。

至于第五条至第十条戒律，无疑，罗马人也知道应该遵守。因为这六条戒律属于道德伦理的范畴，不是信不信宗教的问题，而是一个人愿意与野兽为伍还是愿意做人的问题。即使摩西不说，相信人们也会遵守吧。

其实，对照“摩西十诫”，从犹太教派生出来的基督教，也只有第一条忠于犹太教。尽管它是一神教，但其实基督教在很多方面都吸纳了多神教的方式，例如，和多神教一样，他们也刻雕像，也会开口闭口叫神或主的名字，他们一边说着“糟糕”，一边高喊“我的上帝”“我的基督”！甚至在安息日里，他们也会兴高采烈地做运动。也许正因如此，基督教才会成为世界性宗教吧。

第五条至第十条戒律都是用来规范人类行为和想法的，从宗教的角度看，基督教和犹太教没有区别。善于妥协意味着善于洞悉人类的心理，但是，基督教归根到底还是属于一神教。

那么，罗马人既然不祈求诸神来匡正自己的道德伦理，他们祈求的又是什么呢？

是保护神。他们祈求的是诸神的保佑。首都罗马的保护神是以最高神朱庇特为首的诸神。战场上，他们有战神马尔斯和雅努斯保佑；农业上，他们有谷物女神刻瑞斯保佑；葡萄酒酿造业中，他们有酒神巴库斯保佑；发展经济方面，他们有商业旅行保护神墨丘利保佑；生老病痛，他们有医神阿斯克勒庇俄斯保佑；而朱诺女神则是幸福婚姻和妇女的保护神。神的数量之多数不胜数。罗马人坚信这些神都在保佑自己。无数神寄宿于罗马，其数量之多就连以抽象思维见长的希腊人也自叹弗如。罗马之所以会有如此众多的神，原因自然在于罗马人具体而现实的性格。罗马人从不排挤其他民族的神，他们甚至还会积极主动地引进其他民族的神。也许他们认为保护神越多照顾到的地方就越大吧。

不过，在古罗马，保护神并非只是无原则地乐善好施。对于什么都不做、好逸恶劳的人，任何神都不会给予保佑。罗马人认为在一旁默默支持努力上进的人才是保护神应有的姿态。其中最有意思的是维里普拉卡女神，她是调解夫妻矛盾的保护神。

夫妻之间发生争吵，通常起因都是些鸡毛蒜皮的小事，这在任何一个国家都是一样的。例如，一对夫妻就是不是所有人都不吃狗肉的问题发生了争执。双方都认为自己是正确的，于是在争吵中声音也越来越大。因为一旦沉默下来就会让人感觉自己输了，而且为了压过对方的声音也只能不停地争辩。结果两个人越说越来气，要是继续下去非动起手来不可。为了不至于演变到无法收拾的局面，所以两人决定到女神维里普拉卡的神殿去寻求答案。

但是在神殿中除了女神雕像之外别无他人，连祭司的人影都看不到。因为罗马的神灵太多，如果每座神殿中都安排祭司的话，那么这恐怕是一个非常庞大的数字。而且罗马本身就没有专门的神职人员。也就是说，在女神维里普拉卡的神殿中，除了这对吵架的夫妻之外就再也没有别人了。因为罗马人与诸神之间的关系十分亲密，所以根本不需要派人值守神殿。而在维里普拉卡女神像前的倾诉，一次只能一个人进去。

于是，在一个人向女神倾诉的时候，另一个人即便不情愿也只能默默地倾听。而就在倾听的过程中，一方会发现另一方的话语中也含有一定的道理。同时在双方轮流倾诉的过程中，声音也逐渐变得平和下来，最后双方都认识到自己的错误，终于重归于好。但是如果这样也无法解决问题，那么只有离婚这唯一的选择，罗马人也将其看作女神维里普拉卡的裁决。

细细想来，其实希腊和罗马向神寻求保佑的想法是人性极其自然的一种愿望。与犹太教相比，更具灵活性的基督教，尤其是天主教，更关注这一点。但是，基督教终究是一神教。保护神的职责是保佑圣徒。如果要记录下每位保护神的职能范围，恐怕难以一一说清，因为就连和别人私通的男人都有保护神保佑。基督教不能把神看作保护神，所以就说圣人。现代国家意大利也有圣人，他是亚西西的方济各。但是，富有协调精神的基督教圣人似乎也管不了夫妻吵架。

努马还整顿了神官组织。神官专门为保护罗马人的诸神服务。神职人员之长由大祭司担任，下设5至10位祭司。此外还有负责保护圣火的神子，她们要连续工作30年，其间必须保持处女之身。另外，还设了10来位祭司，根据鸟飞的样子和啄食的方式等来占卜国事的吉凶。

每次作战前，祭司都要占卜。通常我们认为一旦卜到凶签，军队会因此而撤退。但是现实生活中的罗马人很少这样做。

首先，罗马人认为，只要不是亲眼所见，那么无论是凶签还是吉签都没有效力。因此，即便卜到了凶签，只要祭司在占卜的时候闭着眼睛做就行了。

其次，判断吉凶是祭司的职责，一个签是好是坏全凭他们的解释。对于祭司来说，让鸟给出军团指挥官希望得到的神示是轻而易举的事情。重要的是只要士兵相信卜到的是吉签就可以了。所以说，在任何一个时代里，位高权重的人总是最清醒的。

但是，我们观察罗马宗教，可以发现一个与其他民族很不一样的特点，罗马没有专职神职人员。罗马不设脱离凡尘俗世而只做神和人的纽带的神职人员。

罗马的大祭司和祭司不是神谕的代言人，也不是神在地球上的替身。要成为大祭司或祭司不需要特别的才能，也不需要为培养这种才能而进行特别的训练。除了神子，他们的生活和普通人完全一样。而且，从大祭司到祭司，都是由公民大会选举产生，和以执政官为首的政府官员的产生没有任何不同，说起来其实就是国家公务员。但是，如果这样说，他们的神秘感就会减少许多，当然好处也不少。

因为它不是一个固定的阶级，所以既不会对其他阶级或官职产生嫉妒，也没有必要为了保全自己所属的阶级而过分执迷于对宗教的尊重。在罗马，宗教和政治之间不会出现明争暗斗或相互利用的情形。自然状态下的政教分离也许是努马最重要的一个功绩。

生活在公元前后交界时期的希腊历史学家哈利卡纳苏的狄奥尼修斯在其著作《古罗马史》中说过这样一句话：

> 罗马强大起来的要因是宗教影响了罗马人的见解。

对罗马人来说，宗教不是指导原理，它只是精神寄托。因为有了宗教信仰，人性不再受到禁锢。尽管强有力的指导原理有很多优点，但是它也有一个不容忽视的缺点，就是拒绝一切与自己的宗教信仰不同的人。

根据狄奥尼修斯的说法，罗马人对宗教表现出来的不是盲目的迷信。罗马人的宗教既不排他也不自闭，与异教徒或邪教的概念相去甚远。虽然罗马人也发动战争，但是他们从来不进行宗教战争。

一神教和多神教的区别不只在于纯粹的神的数量，还在于是否认同他人信奉的神。认可他人的神，意味着认可他人的存在。尽管现在距离努马时代已经过去了 2 700 年，但是我们依然没有从一神教的束缚中解脱出来。

虽说如此，当愿意纠正人类道德伦理和行为的宗教没有出现的时候，只要我们不想沦落为与野兽为伍，那么个人也好，国家共同体也好，就必须有一套自我约束的体系。对罗马人来说，这种体系就是家长集权的家庭，以及由罗马人制定、不管你喜不喜欢罗马都不得不遵守的法律。

宗教在不同教派信仰的人之间是没有作用的，但是法律在没有相同价值观的人之间也能发挥其作用。不！正因为人与人之间没有共同的价值观，才需要有法律。罗马人比任何人更早、更强烈地意识到了法律的必要性。考虑到他们的宗教性质，我想这无疑是最自然的一个选择。

和罗马人一样从不向神祈求匡正人类伦理道德的希腊人转而在哲学中探索真理。哲学源自希腊，尤其苏格拉底以后的希腊哲学思潮正是希腊人思考自身的结果，而不可能是别的什么东西。

犹太人以宗教约束行为，
希腊人以哲学匡正行为，
罗马人以法律规范行为，
由此决定了他们各自的民族特性。

那么，在如此众多的领域里，努马的改革是如何取得根本性的成功的呢？

刚登上王位时，努马甚至还不是罗马公民，在罗穆路斯时代移居罗马、和拉丁人一样已经成为罗马中坚力量的萨宾人也没有给予他全力支持。也就是说，努马既没有支持他的势力，也没有血统的优势，只是一个异邦人荣幸地当上了罗马国王而已。他之所以能继承王位，是因为元老院的再三邀请，当然也得到了公民大会的一致通过。但是仅凭这两点，显然基础薄弱。因为，首先，如果元老院对他不满意，完全有可能像对待罗穆路斯那样暗杀他。其次，民众的支持充满变数。再者，就算用语言进行说教，能明白道理的人在任何时代都不会太多。还有，努马不像罗穆路斯在军事上有过辉煌的战绩，而这一点恰恰最难以让民众信服。

努马就任国王后，马上解散了由300名士兵组成的先王罗穆路斯的护卫队，然后脱去象征王权的紫衣，经常是一身白色的托加长袍，独自一人跑到森林中去。每当此时，人们纷纷传言，说努马正在森林深处和女神交谈。人们坚信努马在那里通过女神接受诸神的旨意。事实上每次从森林出来，努马都会向公民大会提出新的建议。对他的这些建议，不仅公民大会会无条件地采纳，而且元老院也会一致通过。可见，所谓权力并非只是单纯地依靠武力来行使的，努马就是一个很好的例子。

努马在统治罗马43年后，大概是受到了女神们的邀请，安详地去了另一个世界。

第三代国王托里斯·奥斯蒂吕斯

继努马之后，登上王位的是托里斯·奥斯蒂吕斯。他是拉丁系罗马人，和罗穆路斯一样，是个崇尚对外进攻的男人。通过努马的改革和整顿，内部得到充实的罗马，在这个男人的率领下，迎来了向外扩张的时代。

国王托里斯把进攻的第一个目标放在了阿尔巴隆加。因为这里被认为是拉丁民族的发祥地，所以也是罗马人的祖先之地。要找一个开战的理由很简单，当时生活在两国边界线附近的农民之间时有争端。阿尔巴隆加一方掠夺了对方的财物，阿尔巴隆加方面拒绝做出赔偿，这就是开战的理由。

但是，与仅有80年历史的罗马相比，阿尔巴隆加是一个拥有400年历史的独立国家，不是轻易就能打败的对手。托里斯借口强大的伊特鲁里亚就在附近，无谓的流血对两国都没有好处，因此他建议双方各派代表，以决斗的形式决定胜负。

两军都有三兄弟同时从军的士兵。他们是荷拉斯家的三个年轻人和居里亚斯家的三个人，分别代表各自的祖国和对方展开决斗。双方约定决斗失败的一方将无条件地接受获胜方的统治。

六个年轻人分别从各自的队伍中出列，站到了两军阵前。听到一声令下，在提心吊胆地观战的两军士兵面前，六名手执刀剑的骑士之间的决斗开始了。

经过激烈的交战，罗马方面有一人首先倒下，接着又有一人死在阿尔巴隆加骑士的剑下，剩下的唯一一名罗马骑士惊恐万状，他伺机逃离了决斗现场。他边跑边向后看，发现阿尔巴隆加三名骑士之间的距离也在不断拉大。于是，他瞅准时机勒住缰绳，转身打倒了第一名追来的阿尔巴隆加骑士，接着又成功撂倒第二个对手，这时对方也只剩一个人。在这种情形下，比拼的是各自的武力和体力，最后罗马骑士荷拉斯取得了胜利。

但是事情并未就此结束。阿尔巴隆加王无法接受一次决斗就决定国家命运这一结果。他不仅没有遵守承诺，还煽动邻近的部族起来反对罗马。为此，罗马不得不应付邻近各部族的挑衅，暂时顾不上要求阿尔巴隆加王履行诺言了。其间阿尔巴隆加王态度暧昧，一味地静观战局的发展，而这一极其愚蠢的错误最终导致了阿尔巴隆加的灭亡。

战况在罗马占绝对优势的状态下发展。但是亲率军队、战斗在第一线的国王托里斯真正的目标不是眼前这些部族，他始终没有忘记自己的目标是阿尔巴隆加。打败邻近各部族、成功制伏了他们之后的罗马军，一举向阿尔巴隆加发起了进攻。几乎不费吹灰之力，罗马军就占领了阿尔巴隆加，阿尔巴隆加王被生擒。

对于阿尔巴隆加未履行和罗马之间的约定，托里斯把所有责任都归咎到了阿尔巴隆加王的头上。他命人把阿尔巴隆加王的两只脚分开绑在两匹马上，策马向两个方向拉扯。这是罗马人最早的极刑。

阿尔巴隆加城遭到了毁灭性的破坏，居民们被强行移居到罗马。不过，托里斯没有逼他们为奴，而是给了他们罗马公民的身份，和罗马人享有同等的公民权。西里欧山成了这些人的新居所。昆提卢斯、塞尔维乌斯、尤里乌斯等阿尔巴隆加有权势的门第成了罗马贵族，他们中的代表人物得到了元老院的议席。如果这个时候的阿尔巴隆加人或被灭绝或被逼为奴的话，那么也就没有了后来出自尤里乌斯这一家族的尤里乌斯·恺撒了。

对罗马人来说，攻打阿尔巴隆加的意义绝不同于和邻近各部族之间的纯粹的交战，攻占阿尔巴隆加意味着罗马从此成为拉丁民族的祖国，罗马不再是被各部族赶出去的人聚集在一起建起来的、另立门户的城市，而是拉丁民族的大本营。罗马人继承了罗穆路斯“同化败者”的政策，同时也制定了严惩不守承诺者以及叛逆者的法规。

因萨宾人的加入得以倍增的罗马人口，又因阿尔巴隆加人的加入而进一步增多。给予被同化者以同等的权利，意味着他们有同等的义务。当时公民的首要义务是服兵役，罗马的战斗力因此增强了许多。

托里斯率领这一支军队一次又一次地出征，取得了比罗穆路斯更加辉煌的战绩。他的统治历时 32 年，根据历史学家李维的说法，他是死于雷击。

第四代国王安库斯·马尔西乌斯

托里斯死后，经过公民大会选举，安库斯·马尔西乌斯成为罗马第四代国王。他是萨宾人，出生于罗马，其母是努马的女儿。外祖父努马去世的那年他才 5 岁，因此，他登基的时候是 37 岁。也许人们会以为他和努马一样，也是个和平主义者，然而时代不允许安库斯做一位这样的国王。

在先王 32 年的统治期间，罗马始终在与母国阿尔巴隆加的拉丁人和萨宾人交战，因此，安库斯自然无法避免参加与拉丁部族之间的战斗。

不断的战斗表明罗马已经积蓄起力量，并发展成为周边部族不容忽视的强大国家。事实上，随着罗马整体实力大增，它已无法避免与周边部族的武力冲突。

居住在罗马的拉丁人和萨宾人，再怎么说毕竟还是拉丁人和萨宾人。罗马人不可能忘记自己的国家是由那些被赶出原住地的人以及希望移居在此的人共同建立起来的，因此，在罗马附近，拉丁人和萨宾人的“母国”依然存在。例如，说阿尔巴隆加是拉丁人的发源地，它也不过是其中的一个城邦而已。鉴于这样的背景，这些邻近部族和新兴罗马之间的关系，使得雅努斯神殿的大门再难关闭。

第三代国王托里斯并没有因自己是拉丁人，就倾全力与萨宾人交战。而第四代国王安库斯也没有因自己是萨宾人，就把作战的目标指向拉丁人。事实上，托里斯攻占的正是和他本人血脉相连的阿尔巴隆加。

他们都已经是罗马人了。如果一定要说出他们之间的不同，最多也就是拉丁系罗马人和萨宾系罗马人的区别，而这些“罗马人”并没有通过战争把战败的拉丁人和萨宾人以及其他民族看作被征服者而让他们臣服于自己，也没有逼他们为奴。最重要的是，他们并没有改变“罗马化”的做法。

他们只是强行要求战败者移居罗马，给他们和早期罗马人以同等的公民权，为他们中的有权势者提供元老院议席。但是，这个时期，罗马人对战败方的城市实施了毁灭性的破坏。爱国主义者李维满怀爱国主义情怀解释说，这是为了让被迫移居罗马的人死心塌地地留在罗马的一个策略。不过，战败方的那些村落似乎没有遭到破坏。因为其后，拉丁人和萨宾人都以独立部族的形态继续存在。也许罗马并不急于对这些村落采取行动。不，应该说，其实他们很希望尽早动手，只是此时的实力还不够强大而已。

尽管如此，罗马七丘正一个接一个地成为人的居住地。帕拉蒂尼山上住的是罗穆路斯以来的拉丁系罗马人，萨宾系罗马人把奎里尔诺山作为居住地也为时已久。阿尔巴隆加人被安排住在西里欧山，阿文庭山上住上了最新的移民。加上被用作诸神住地的卡匹托尔山，罗马七丘中有五个已经住上了人或神。大概是因为这些山丘的高度和开阔度比较适中，所以早早被利用上了。剩下的维弥纳山和埃斯奎里山因为顶部平地过于狭窄而且海拔偏低，所以首先需要解决排水问题。

在第四代国王安库斯长达 25 年的统治期间，除了战争，他还完成了以下几件大事：

第一件，他在台伯河上架起了第一座桥梁。目的是为了把位于西岸的贾尼科洛山丘和集中在东岸的罗马七丘联系起来。因为，他把贾尼科洛山用作了要塞，这只是出于防御上的考虑，桥梁是木造的。

第二件，他征服了位于台伯河河口的奥斯提亚，为此罗马终于得以和地中海直接连通。他还在奥斯提亚周边的海滩上发展制盐业，开始盐田事业，为罗马人提供了不是流通货币的货币。

对于人类来说，盐是不可或缺的东西。从此告别对外依赖，其好处自然很多。而对当时尚处于物物交换时期的罗马来说，其好处就更大了。因为有了盐就意味着有了流通货币。

从罗马向外延伸出去的大道中，有一条叫萨拉里亚的大道，直译就是“盐路”的意思，是罗马最古老的大道之一。这条大道的最大用途就是把产自台伯河河口的盐送往内陆各城市。

罗马就像很多农耕民族一样，缓慢而稳健地扩展着自己的势力范围。在巩固自己的地位时，他们这种缓慢而稳健的方式非常令人欣赏。不过，外来者的加入有时会导致腾飞的现象，就像化学反应一样。建国139年的罗马迎来了一次这样的腾飞。

第五代国王塔克文·普里斯库斯

安库斯在位期间，有一个外国人带着全家老小和全部财产来到了罗马，光是行李就装了好几辆牛车。这些人衣着华丽，头发很长，一看就知道他们是伊特鲁里亚人。

这个人叫塔克文，是一家之主。他不是血统纯正的伊特鲁里亚人，而是混血儿。他父亲是从希腊科林斯逃到伊特鲁里亚的希腊人，他母亲是伊特鲁里亚一个位高权重人家的女儿。伊特鲁里亚社会非常封闭，如果只是经济上的来往，他们不会过问你的民族。但是如果外族血统的人想进入他们的社会，他们是绝对不会答应的。

塔克文认为，在伊特鲁里亚永远都不可能改变自己异邦人的身份，也因此无法提升自己的地位，于是他决定到伊特鲁里亚以外的地方去试试运气。

因为身上流着科林斯人的血，所以去意大利南部科林斯殖民的锡拉库萨应该是一个不错的选择。在公元前 7 世纪末时，锡拉库萨已经相当繁荣，完全不是罗马能比的。但是塔克文没有选择去锡拉库萨，因为他知道希腊人和伊特鲁里亚民族一样，也是个崇尚纯血统论的民族。

混血儿塔克文选择了罗马作为改变自己命运的地方。那时，几乎所有人都知道，只要愿意在罗马定居，就可以拥有罗马公民权。而且，像努马和安库斯那样，尽管不是建国者拉丁人，却也坐上了罗马国王的宝座。想必正是这一点，对塔克文很有吸引力吧。于是，他决定带着一家老小，带着全部家当，投奔罗马而来。

这个外国人并没有找当时在罗马已有的几个伊特鲁里亚人社团，而是努力渗透到拉丁系和萨宾系的区别日趋淡薄的罗马人社会中。由于他从父母那里继承了庞大的财产，所以以他的财力和他本人的能力，相信进入罗马人社会应该易如反掌。不到 10 年的时间，这个曾经的外国人被指定担任国王安库斯的遗嘱执行人。

然而塔克文并不满足于当一个公证人。在国王死后，他毛遂自荐要竞选罗马国王。大概他是开展选举活动的第一个罗马人，对此，李维曾经这样写道：

根据传下来的说法，塔克文为了当选罗马国王，在全罗马进行了巡回演讲，说服公民把票投给自己。

选举演讲的内容是这样的：

虽然我自己从外国移居而来，但是在罗马，外国人登基王位是有先例的，而且，我是带着妻儿老小和全部家当前来罗马定居的，所以早就打算要终老于罗马。先王对我信任有加，而我的年龄也适合担此重任，我自信在敬畏罗马诸神、尊重法律方面从未落后于他人……

在公民大会上，塔克文以绝对的优势被选为新一任国王，元老院也一致通过。国王即位顺序在拉丁人—萨宾人—拉丁人—萨宾人的序列之后，伊特鲁里亚系的人第一次登上了罗马的王位。

成为罗马第五代国王的塔克文显示出了超强的领导能力。在 37 年的统治期间，他不仅使罗马的势力范围得到了进一步的扩张，而且罗马内部也发生了巨大的改变，同时公民的生活水平也得到了极大的提升，罗马一跃成为名副其实的罗马城邦。

他即位后做的第一件事情是增加元老院的人数。自从罗穆路斯设立元老院以来，人数一直维持在 100 人，而塔克文把它增加到了 200 人，理由是罗马人口大幅度增加了。当然，他的真正目的是为了稳固自己的权力。在罗马，只有元老院的元老由国王指定，而塔克文一定会选择他的忠实支持者当元老。因为如果有反对势力反对罗马新国王塔克文，那一定是固有势力——元老院在从中作梗。尽管塔克文是在民众的支持下登上王位的，但是他很清楚单纯依靠民众的支持是极不牢靠的。在稳固了大后方之后，新国王率领军队离开罗马，开始征战周边各部族。

因为历任国王的正确指挥和士兵的勇敢，当时的罗马军已经声名鹊起。但是罗马毕竟还太年轻，敌人即使并不强大，对于当时的罗马士兵来说，也需要经过一番激战才能取得胜利。塔克文和他的前任们不同。战斗结束后，他没有让战败者移居罗马，而是给他们罗马公民权，继而同化他们。胜利者则赶着战车，满载着从战败者那里掠夺来的战利品凯旋。

这一政策的改变，从以后罗马依然欢迎其他民族移居罗马的事实来看，可以认为是国王为了提高个人权威的一个策略。他的这一做法在很长一段时间里，让那些对罗马周边形成威胁的近邻各部族老实了许多。塔克文利用这段时间开始了对罗马的大规模开发。

他认为罗马人只住在罗马七丘上是对罗马资源的浪费，于是他把目光投向了山和山之间的湿地。

帕拉蒂尼山北侧的低地沟壑纵横，是一片非常开阔的湿地。如果在那里挖掘下水渠，把低地的水集中起来引到台伯河，就可以解决排水的问题。于是，大规模的下水渠网挖掘工程动工了。现在巨大的排水口遗迹还在台伯河的岸边张着大嘴呢。

通过排水开垦成为平地的这个地方最早被用作市场。与按部族居住的罗马七丘比起来，这里是一个中间地带。出于遮盖下水渠顶部的需要，这里还铺上了石板。接着，公共建筑物一点一点地占据了这里的空间。被称为罗马心脏的罗马公共会场、古罗马广场就这样诞生了。

用同样的方法对其他湿地进行排水开垦后，罗马七丘之间变得来去自如。最高的卡匹托尔山丘上建起神殿，专门供奉罗马诸神中的最高神朱庇特，其他诸神也都各得其所。

在伊特鲁里亚人和意大利南部的希腊人看来，并不适宜建城的罗马，通过有效利用地下水渠的排水开垦事业和位于台伯河河口的港口，一跃成为意大利前所未有的新型城市。一向被认为高度偏低、数量偏多的罗马七丘在多民族的罗马既保留了各自的特色，同时又形成了一个整体，从而优势尽显。

塔克文领导下的排水开垦事业不仅增加了可用土地资源，而且也为罗马形成统一体、促进各民族团体之间的交流，起到了不可磨灭的作用。此外，从景观方面来看，因为有罗马七丘，又有台伯河流经，与单纯的平原相比，罗马更富于地形变化之美。罗马的这种美就是从此时开始形成的。

在这一时期的开发过程中，劳动力就是罗马军队的士兵。根据李维的说法，国王让士兵参与劳动是“为了让士兵在平时也和战时一样工作”。在后来的罗马历史中，此类建设事业交由军队完成的事例很多，这一传统或许就始于这一时期。

有了负责开发规划的人，也有可实现开发的土地，还有可提供劳动力的群体，但是如果没有相应的技术则一切无从谈起。当时的罗马人并不具备开展如此大规模开发事业的技术。塔克文于是从生他养他的伊特鲁里亚引进了相关的技术。

这些技术包括排水开垦的技术、地下水渠工程所需的技术、道路铺设的技术、建造像神殿那样大规模石造建筑的技术等，所有的技术都从伊特鲁里亚引进。作为技术指导，伊特鲁里亚人也来到了罗马。当时的罗马突然之间多了许多长头发的伊特鲁里亚人。

这一时期的罗马人并没有停留在简单地引进伊特鲁里亚人的技术上，他们在伊特鲁里亚技术人员的指导下边劳动边学习，而这后来竟成了世界性的培养工程师的先例。罗马城因塔克文引进的伊特鲁里亚技术而面貌大变，这使原本从事农耕的罗马人意识到了技术的力量。

伊特鲁里亚文明对罗马产生的影响不只是在技术方面。

大规模的土木工程需要可提供材料的人。但是，让当时的罗马人负责这项工作实在过于勉为其难，于是，伊特鲁里亚人又有了用武之地。以前在罗马只限于家庭规模的商业和手工业开始在街头出现。经济活动变得频繁起来。工商业的活跃使人们的生活水平得到了空前的提高。作为城邦，罗马在很多方面开始具备了均衡发展的体系。

有一天，国王塔克文遇见一个伊特鲁里亚少年，此人出身不详，甚至有人认为这是个奴隶的孩子。但是不知为什么国王非常喜欢这个孩子，决定把他带回家和自己的孩子一起养育。

少年渐渐长大，成为一个非常优秀的年轻人。他的聪明与勇敢在罗马无人能敌，罗马贵族家的子弟无人敢和他一较高低。塔克文决定把自己的女儿嫁给这位叫塞尔维乌斯的年轻人。然而，国王对他的厚爱，让觊觎王位已久的、先王安库斯的两个儿子非常不安。如果现任国王塔克文决定死后让自己的女婿继承王位的话，那么他们的希望就会落空。因为此时已经统治罗马 37 年的塔克文在公民中的声望依然很高，元老院对他的评价也极好，所以只要有塔克文的推荐，就意味着此人一定能当选国王。安库斯的两个儿子决定先下手为强。

他们成功地暗杀了国王，但是他们就任王位的阴谋没有得逞。

因为从小把塞尔维乌斯带大的塔克文之妻在得知丈夫发生不测后，马上差人叫来塞尔维乌斯，劝说他尽快把王位抢到手。王后有两个亲生儿子，但是在国王遭到暗杀后，她第一时间叫来的却是女婿。

鉴于这一事态，塞尔维乌斯没有经过公民大会的选举，只通过元老院的决议就登上了王位，成为罗马第六代国王。对罗马公民来说，塞尔维乌斯的即位等于向他们承诺罗马将得到进一步的发展。先王塔克文的眼光确实过人。

第六代国王塞尔维乌斯·图里乌斯

罗马第六代国王塞尔维乌斯·图里乌斯作为享有美誉的先王的继承者，首先考虑的是要完成先王塔克文已经开启的事业。当时湿地的排水开垦事业和朱庇特神殿的建造工程已经完成，留给他的当务之急就是保卫全罗马的城墙建设。

这座城墙在经过了 2 500 年后的今天依然叫“塞尔维乌斯城墙”，在现代罗马，随处可见其断壁残垣。这是一项庞大的建设工程——城墙要把罗马七丘和中间的平地全部合拢起来。此时的罗马，通过排水开垦已经成为平地的区域也住上了人，因此，从防御的角度来看，建设城墙必不可少。

有了塞尔维乌斯城墙的保护，再加上军事上的节节胜利，这一时期的罗马很快脱颖而出，成为周边部族中的佼佼者。

塞尔维乌斯在阿文庭山丘上建了一座神殿，供奉狩猎女神黛安娜。这位女神是以畜牧业为生的周边部族的保护神。在罗马市内建这样一座气派的神殿用来供奉女神，意味着只要敬畏这位女神，不管是不是罗马公民，都可以来这里祭拜。当然，参拜神殿不能携带武器，这是惯例。

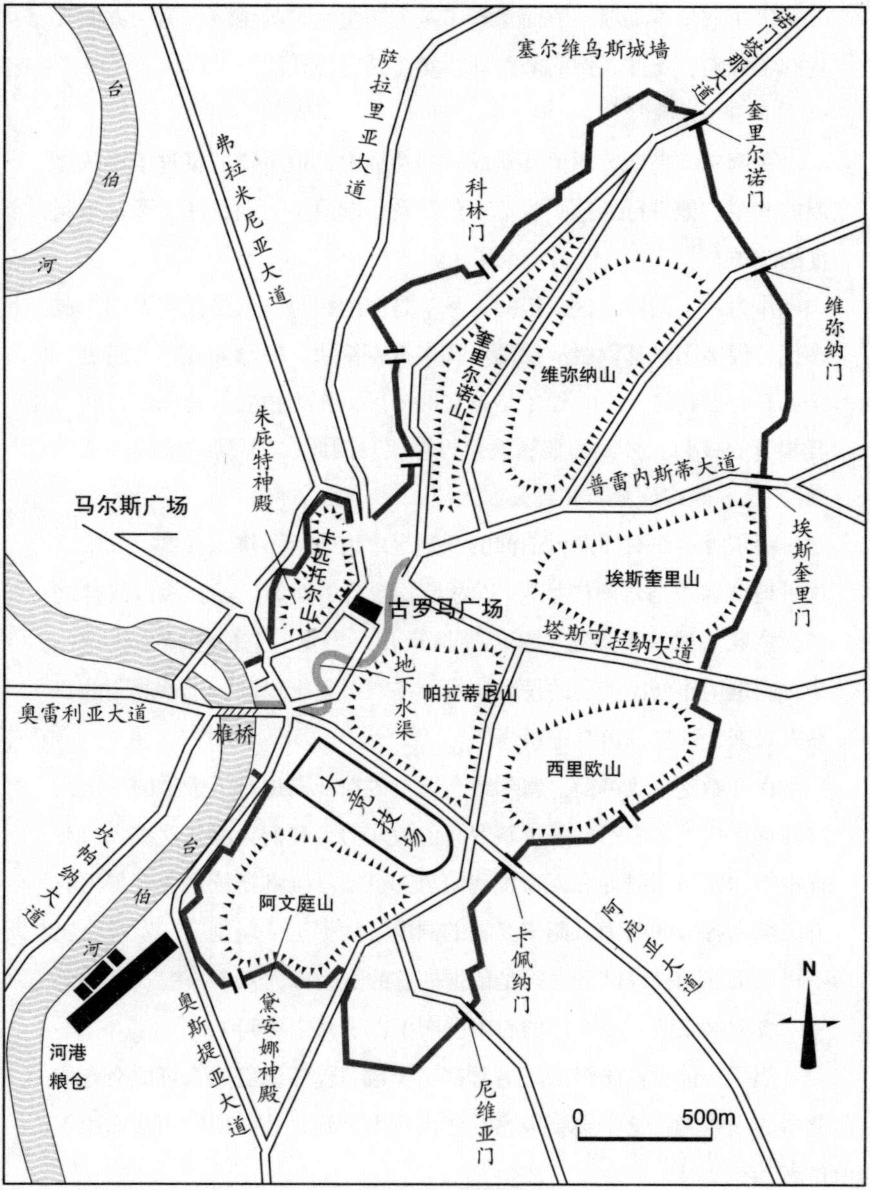

王政后期至共和制前期的罗马

国王塞尔维乌斯一方面建起了拒人千里之外的城墙，另一方面又建起了神殿，欢迎人们前来祭拜，实在是用心独到。

在塞尔维乌斯·图里乌斯成就的功绩中，最重要的莫过于军队体制的改革。他进行的这一改革不仅涉及税制改革，而且还涉及选举制度的改革。

作为一个国民，他承担的义务一是缴纳税金，二是保家卫国。在古代，很多国家都以服兵役的形式来抵直接税，罗马如此，希腊也一样。只有做到这一点，他才是独立的公民。作为独立的公民，自然会有相应的权利。公民的权利就是投票权。因此，“军制 = 税制 = 选举制”，这一等式成立，并且天衣无缝。

塞尔维乌斯对面向台伯河的开阔湿地也进行了排水开垦，并给这块平地取名“马尔斯广场”，意思是战神马尔斯的广场。冠以战神之名，意味着这块平地是为集结军队而用。当然，它的用途不止这一个，它也用作公民大会的投票场所。在“军制 = 税制 = 选举制”的罗马人看来，这样的组合理所当然。

在开始这一改革前，塞尔维乌斯首先在罗马进行了最早的一次人口普查，他的主要目的是了解罗马的战斗力。我们无法从这次人口普查中得知罗马当时的总人口，我们只知道塞尔维乌斯依据普查得出的公民数和各自的财力，制定了新的制度。根据这一新制度，罗马公民不再以贵族和平民区分，而是依据拥有的财力分为六个等级。

看到这张表，想必你的心中会产生以下几个疑问：

第一，最富裕阶级的人通常都是少数，仅靠他们怎么可能会有如此多的士兵呢？这个数字很容易让人产生怀疑，怀疑他们用钱雇用无产者。

塞尔维乌斯制定的罗马新制度

等级	财产 （货币单位：阿斯）	军制 （单位：百人队）	票数
第一等级	100 000 以上	骑兵 18 步兵 80	98
第二等级	75 000 ~ 100 000	步兵 20	20
第三等级	50 000 ~ 75 000	步兵 20	20
第四等级	25 000 ~ 50 000	步兵 20	20
第五等级	12 500 ~ 25 000	步兵 30	30
无产者	所谓的财产只有子女	步兵 5（预备役），仅限于在国家存亡的危急时刻，其余时候免兵役	5
合计		骑兵 18（1 800 人） 步兵 175（17 500 人）	193

这个疑问的答案有两个：第一个是罗马直到末期都不曾有过雇佣兵制。因为罗马人不喜欢把保家卫国的重任交给用钱雇来的外人。第二个是罗马有权势的人背后通常都会有后援，关于这一点将在以后细述。因此，以税制为依据，提供这个数量的士兵并不会有太大的困难。

第二，票数为何如此之少？关于这个疑问，答案在于罗马特有的投票方式。

罗马选举制实行的不是一人一票制，而是按军团的最小单位，每百人队一票。百人队中的 100 个人首先要在内部进行讨论，形成的统一意见就体现在这一票上。其实，它相当于小的选举区制。希腊雅典的选举采用的是一人一票制，而罗马一直坚持百人一票的投票方式。

第三，看到这张表的人大概都会脱口而出，说仅仅第一等级，票数就已经过半了。

的确如此。在公元前 6 世纪的罗马，人们普遍认同谁承担更多的义务，谁理所当然享有更多的权利。不承担义务的人，也就是免除相当于直接税的军务的人，是那些不满 16 岁的未成年男子和已经完成多年军务的 60 岁以上的老人、女人、奴隶及无产者，即除了孩子没有任何财产的人。其中女人如果没有孩子又死了丈夫，她每年也需要缴纳 200 阿斯，用作骑兵使用的马匹的饲养费，原因是她没有完成相夫教子的责任，也就是未尽到对社会共同体的义务。

还有，看到公元前 6 世纪的罗马竟然有近 2 万人的战斗力，相信你也会感到惊讶。事实上，这个数字包括了预备役的人数。对于由 25 岁至 45 岁的公民组成的实际战斗力，国王塞尔维乌斯通常按半数计算。指挥官没有年龄限制，和国王一样为终身制。

士兵的装备要根据其所属阶级的高低来定。等级越高装备也越重。重装步兵都是属于第一和第二等级的人。随着等级的低下，装备则越来越轻。到了第五等级的步兵，甚至连军装都可以自由选择，而他们需要准备的武器也变成了棍棒或投石器等弹子球类的东西。这是因为兵役相当于直接税，所以从服装到武器的所有一切都要由个人负担。顺便提一句，本章中提到的“无产者”很少在战时被征用，500 年间只征用过一次，相反，预备役却经常被征用。

塞尔维乌斯还制定了战略战术。

他把罗马军队分成前锋、主力和后卫三个部分。前锋最早与敌人相接，其任务是扰乱敌人的阵线。紧随其后，作为第二梯队整装待命的军队主力重装步兵冲锋陷阵。一旦出现战局不利，作为第三梯队的后卫立刻前去增援，加入战斗。而骑兵担当机动部队。

在当时，仓促应战的情况非常普遍，因此，按照塞尔维乌斯制定的战术、队列分明地发起攻击的罗马军威力无比，在和周边各部族之间的战斗中屡战屡胜。有理由认为，身世不详的国王塞尔维乌斯，其统治是在极度稳定的状态下结束的。

然而，任何一个社会、任何一个时代都免不了有反对者的存在。国王塞尔维乌斯的统治成效卓著，眼看就要进入第 44 年了。

最后一位国王“傲慢者塔克文”

先王塔克文·普里斯库斯遭暗杀后，他的女婿塞尔维乌斯取代他的亲生儿子继承了王位。罗马的王位不是世袭的，而且塞尔维乌斯的统治深得人心，功绩颇丰，因此，就是有反对者，他们也很难得到公民的支持。44 年就这样平静地过去了。这时，他的子女都已经长大成人，他们认为像塞尔维乌斯这样的治世方式不是稳重而是胆小。此外，国王塞尔维乌斯经过长年累月的忙碌，也已经难掩疲惫之态和衰老之势。

塞尔维乌斯有两个女儿，性格截然相反，一个逞强好胜，一个温和老实。先王塔克文有两个孙子，性格也全然不同，一个是性格暴烈的野心家，一个是性情稳重的人。

国王塞尔维乌斯让这四个人配对结了婚。他把争强好胜的公主嫁给了性情稳重的表兄，让温和老实的公主嫁给了野心勃勃的表兄。他希望通过这样的婚姻，中和一下他们的性格。

但是他失败了。争强好胜的公主图利娅非常看不起性情稳重的丈夫，她的口头禅是：“有你这种懦夫做丈夫，好运永远不会向我展露笑容。”她勾引和自己性格相似的妹夫。不久，性情温和的两个人不知何故先后死去，留下了寡妇图利娅和鳏夫塔克文，他们走到了一起。对于他们的结合，国王既没有表示赞成，也没有表示反对。也许性情温和的女儿突然离世给他的打击太大，使他意志消沉了吧。

但他是国王。在罗马，国王是终身制的，只要他还活着，王位就是他的。罗马的王位不世袭，即使是国王的女儿也不一定能成为下一任王后。

图利娅开始在她丈夫面前煽风点火。根据李维的说法，她是这样调唆她丈夫的：

> 如果你真是我心目中的男人，我就把你当丈夫看待，当一个男人来尊重。如果不是，我只有叹我命运不济。你为什么还不下决心？我并没有要求你到科林斯或者塔奎尼亚之类的他国采取行动，你在惧怕什么？如果你还下不了决心，你可以去科林斯，也可以去塔奎尼亚，你也可以重回你的过去。

本来就野心勃勃的小塔克文在图利娅的调唆下，首先收买了居住在罗马的伊特鲁里亚人。他们是他的祖父第五代国王塔克文·普里斯库斯请到罗马后在罗马定居下来的人。接着，他成功地得到了元老院中属于新兴阶级的元老们的支持。他们是一些在罗马开发事业和工商业发展中积聚起了财富的人。

塔克文带领一队全副武装的士兵在元老院进行了演讲。他说让一个来历不明的人当国王是罗马的耻辱。元老院的元老们并不同意小塔克文的这一说法，但是也没有把他赶出去。

这时国王塞尔维乌斯得到消息后赶了过来。但是，小塔克文没有给国王任何反驳的机会。他一把抱起国王，走到外面，把国王扔下了元老院门口的台阶。深受屈辱的国王塞尔维乌斯回到王宫，小塔克文的手下已经持剑等在那里。但是他没有死。于是，图利娅赶着马车从她那一息尚存的父亲身上碾了过去。就这样，小塔克文当上了罗马国王，图利娅成了王后。

罗马第七代国王小塔克文禁止为先王塞尔维乌斯举行葬礼。不仅如此，他还对他认为是先王指派的元老院元老大开杀戒。他继承王位没有经过公民大会的选举，也没有元老院的同意，因此，没有全副武装的卫兵保护，他绝不走出宫门一步。从他登基到被逐出罗马，他从来没有向元老院征求过任何意见或建议，也从来不问公民大会同意与否。公民们在背后称他为“傲慢者塔克文”。

在国内实行独裁统治的专制君主“傲慢者塔克文”在军事方面却表现出了卓越的才能。在与周边各部族的战斗中，罗马几乎是常胜军。小塔克文采取和战并用的策略，取得了一次次的胜利。他的做法确实高明，却也足够阴险。

对国内总是心生不安的统治者通常会努力把对外关系做到最好。小塔克文把目标锁定在了邻近的拉丁人以及伊特鲁里亚的各个城市。

在上百年前的第四代国王安库斯时代，罗马就和邻近的拉丁人建立了同盟关系。因为大家都使用同样的语言，敬畏同样的诸神，所以加深相互间的关系既自然又容易。

拉丁同盟在最初的时候仅限于共庆节日和祭祀日。渐渐地，这种关系发展到共同作战。还有，最初双方的同盟关系完全平等，随着罗马实力的不断增强，关系也发生了微妙的变化。共同作战的时候，即使兵力相当，指挥官必定由罗马人担任。不过，战利品的分配始终都是平等的。到了小塔克文时代，他改变了这一关系。他邀请实力远比拉丁人强的伊特鲁里亚人加入拉丁同盟。当然，也有为数不少的人认为不是加入，而是被罗马人拉进去的。

事实上，公元前6世纪后半叶的这个时期，在罗马的伊特鲁里亚人的势力已经非常强大，与以前不可同日而语。从第五代国王到第六、第七代国王，罗马已经连续出了三位伊特鲁里亚系的国王。后世的研究者中有人甚至认为，这个时期的罗马处于伊特鲁里亚人的统治之下。

尽管在罗马的伊特鲁里亚势力日益强大，但在罗马之外的伊特鲁里亚的势力从这个时期开始走向了衰败。不幸的是，“傲慢者塔克文”恰恰没有看清楚这一事实。他向伊特鲁里亚人示好，却没有意识到他们正在走向衰败。

急速发展起来的民族，其衰败的速度也很惊人。势力范围一度扩张到那不勒斯附近的伊特鲁里亚人不到100年的时间便开始进入了衰败期。

在一个人强大的时候丑闻不会招惹你，而一旦显出疲态，丑闻将毫不留情地击垮你。即使丑闻和你无关，但是作为有效武器，它的作用不可小觑。

国王有一个儿子叫塞克斯图斯。事情的起因是塞克斯图斯看上了亲戚科拉提努斯的妻子卢克丽霞。欲火中烧的年轻人趁卢克丽霞的丈夫不在家的一个夜里，来到了爱慕已久的女人家。因为没有随从相伴，又是亲戚关系，所以科拉提努斯的家人包括卢克丽霞都热情地招待了他。吃过晚饭后，还安排他到客房休息。

夜深人静，一家人都沉浸在睡梦中的时候，怀揣短剑的塞克斯图斯悄悄溜进了卢克丽霞的卧室。他用短剑相威胁，占有了女人的身体。但是，这个年轻人犯了一个这种情况下绝对不可以犯的错。他匆匆离开了那个房间，留下女人独自在床上哭泣。

当天夜里，卢克丽霞就给在罗马的父亲和正在阿尔迪亚出征的丈夫分别送去了一封急信。她在信中写道："有急事，速带可信之人前来。"父亲卢克莱修带着瓦莱利乌斯赶来了。丈夫科拉提努斯也和尤尼乌斯·布鲁图一起赶了回来。

坐在床上沉浸在悲愤之中的卢克丽霞向匆匆赶来的四个人哭诉完事情的经过后，拿出事先准备好的短刀刺向了自己的胸膛。她呼吸艰难地要在场所有男人发誓为她报仇，然后闭上了双眼。

卢克丽霞的遗体被送到了罗马，被安放在古罗马广场的演讲台上。面对这一惨状，人们纷纷指责国王和他一家的蛮横和傲慢。布鲁图向公民做了演讲，他说："我们绝不能让贞洁的、行为端正的女人再次成为这种兽性的牺牲品。"他让在场的人想起了国王"傲慢者塔克文"是如何杀害先王夺取王位的。他向公民提议把国王和他的家人统统逐出罗马。

一直以来深藏在罗马人心中的对"傲慢者塔克文"的不满爆发了。对布鲁图的提议，民众大声表示赞同，并积极响应布鲁图召集公民参军的号召。

正在阿尔迪亚出征的"傲慢者塔克文"得知了这一变故，立刻带着部队赶往罗马。然而，出现在他眼前的是罗马紧紧关闭的城门，并被告知他被放逐了。"傲慢者塔克文"于是只好带着追随自己的士兵，前去投奔伊特鲁里亚的一座城市卡厄瑞。王后图利娅早已逃离了罗马。他的三个儿子中有两个跟随在亡命的父亲左右。第三个儿子，也就是惹下祸端的塞克斯图斯，逃到了另一个城市，被以前受过他欺凌的人杀死了。

“傲慢者塔克文”的统治持续了25年。随着第七代国王统治的结束，罗马的王政时代也宣告结束，时间是公元前509年。从罗穆路斯于公元前753年建国到这一年，罗马已经走过了244年。随后罗马进入了共和政体时代，迎来了执政官统治的时代。和从前一样，执政官也由公民大会选举产生，任期由终身改为短短的一年。还有，原来由一位国王统治改由两位执政官共同治理。

如果你仅仅因为国王的集权统治而否定王政时代的罗马，我认为你没有正确理解历史。一个国家共同体在最初阶段，应该说更适用于中央集权制。因为当一个社会组织尚处于幼年时，如果不加以呵护，难免会中途夭折，所以在这种时候，由一个人做决策、一个人坐镇指挥显然有效得多。

罗马七位国王的历史是“在适当的时候，把适当的人放在适当的位置上”这一原则下完成的历史。正是由于国王们的努力，罗马才得以把它粗壮的根深深地植入大地。这些国王的寿命都很长，是非常值得庆幸的一件事。因为每位国王都有足够的时间把自己的设想付诸实施，并看到它最终变为现实。此时，即便国王换了，新的国王依然可以在先王的业绩上创造新的业绩，避免因中断而浪费了新兴罗马的活力。

罗马的王政也许在公元前6世纪末就已经完成它的使命了吧。卢克丽霞事件不过是在已经完成使命的王政体制的脖子上刺了一刀而已。

第二章　共和政体下的罗马

走向共和政体的罗马

罗马摇身一变，进入了共和政体时代。

历史学家李维在《罗马史》第二卷中对进入共和政体的罗马是这样描述的：

> 随后将要讲述的应该是赢得自由后的罗马人无论在战时还是平时，都是怎样生活的。罗马将在一年一度选出的官员的治理下，成为以法律取代个人治理的国家。

巧妙利用丑闻推翻王政的最大功臣是路奇乌斯·尤尼乌斯·布鲁图。他是随后延续了500年的共和制罗马的创始人。

布鲁图把国王逐出罗马后马上召集公民到古罗马广场。在那里，他要求全体公民起誓，从此以后的罗马，无论是谁都不得登基王位，无论是谁都不得侵犯罗马公民的自由。他创立了新的制度，规定每年由公民大会选举出两位执政官为国家最高权力者，取代曾经的国王。第一任当选为执政官的是布鲁图和自杀身亡的卢克丽霞的丈夫科拉提努斯。

路奇乌斯·尤尼乌斯·布鲁图是历史上难得一见的、兼具先见之明和行动力的人。因为他的母亲是被逐出罗马的国王小塔克文的姐妹，所以他和国王是甥舅关系。“布鲁图”这个姓不是他的原姓，而是他的外号，意思是“傻瓜”。据说他在专横跋扈的“傲慢者塔克文”

时代，一直隐忍着被蔑称为“傻瓜”。结果，这个外号就成了他的姓氏。

但是尽管被称作傻瓜，既然他是国王的外甥，他终究处在权力的近处，耳目自然少不了，也有机会冷静观察所有的一切。他的这种身份使他能有自己的判断。他认为罗马已经长大，完全可以废除效率很高但只受国王个人意志左右的王政制度。可见，改革的领导者往往来自旧的势力，而非新兴势力。

出于防止专制的目的，原本由国王一个人负责的事情改由两位执政官共同负责。执政官的任期只有一年，即使再次当选，任期依然只有短短的一年。因此，为了使这一制度更有效地发挥作用，需要一个既有权威又有权力的稳定机构。布鲁图于是进一步强化了王政时代就有的元老院。

罗穆路斯时代只有 100 位元老院元老，到了第五代国王塔克文·普里斯库斯的时候增加了一倍。现在又进一步增加到了 300 人。新任命的元老多为新兴势力中有权势家族的家长。

元老院集中了罗马有权势家族的家长，元老的任期为终身。事实上，因任期只有一年而不断更换的执政官辈出的机构就是元老院。权威和权力对于元老院来说是永远也不缺少的东西。

还有，只要享有罗马公民权，任何人都可以参加公民大会。

支撑罗马社会的国王、元老院、公民大会这三足之中，现在只有国王换成了执政官，而权力的三足鼎立结构并未改变。

共和政体时期的罗马在元老院进行演讲时的称呼从原来的“元老院诸位元老”，变成了下面的说法，并渐渐成为惯例。

“Patres Conscripti Insieme.”

直译的意思是：

“各位父老及各位新进者。”

这一称呼成为惯用语也始于公元前509年，即罗马共和国元年。因为布鲁图的改革，很多新参政者在元老院获得了一席之地。

尽管如此，按新老分别称呼元老院元老的做法，乍一听似乎是无药可救的旧弊，实际上却是相当高明的一个做法。先道一声“父老”，然后再提新兴势力的称谓不仅给足了旧势力面子，而且只要坚持提“各位新进者”，就使得随时有新人加入成为可能。

实际上，罗马的元老院不是由一群固执己见的老头儿组成的机构，“元老”这种译法让人容易产生这样的误会。我在想，在每逢演讲，所有元老必以“各位父老及各位新进者”作为开始，并慢慢成为习惯的过程中，大家对元老院为新参政者打开其门持有的抵触情绪是否也随之减弱了呢？当然这只是我的猜想，没有任何史料可以证明。但是，语言的力量终究不能小看。

话虽如此，经过250年的时间，人们早已习以为常的国王专制政体突然转变为共和政体，终究是一次重大的变革。在变革期内，事件会一桩接一桩地发生，因为变革带动变革。诞生于公元前509年的罗马共和政体也无法避免这一历史必然。

罗马有权势人家的年轻人中间，一股不满情绪正在抬头。新制度对他们的父辈是合适的，因为即使还不是元老院元老，他们也有机会被任命为元老，甚至有可能因此成为执政官，所以他们对新制度是满意的。但是年轻人的情况又是怎样的呢？首先元老院元老必须是一家之长，而要成为一家之长必须等到父亲去世以后。这和王政时代不一样。在王政时代，只要得到国王的赏识，谁都有可能得到提拔。出身

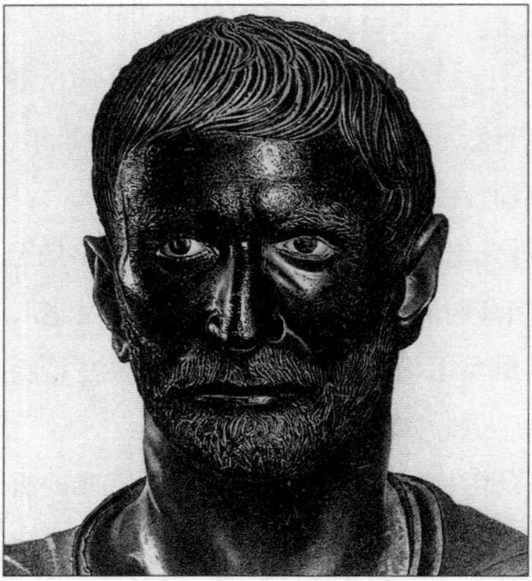

路奇乌斯·尤尼乌斯·布鲁图

名门的年轻人认为实行共和制的结果，使自己一显身手的机会大大减少，对此他们感到极度不满。

这些年轻人悄悄地相约来到其中一个人的家里，他们密谋请回被逐出罗马的国王小塔克文。决定王政复辟的他们甚至割破手指，在誓约书上血书他们的名字。然而，他们的谈话被这家的一个奴隶从头到尾偷听到了，此人随即向执政官告了密。

参与阴谋的年轻人无一例外被逮捕了，作为证据的誓约书也遭没收。然而，这次事件对负责审问的两位执政官来说，打击非常沉重。因为这些年轻人个个都是他们熟悉的伙伴，其中提供密谋场地的那个人还是执政官科拉提努斯的亲戚。还有，执政官布鲁图的两个儿子也在密谋王政复辟的这些年轻人中间。

在随即召开的公民大会上，宣读了由这些年轻人署名的誓约书。他们被控叛国罪，却无人为他们辩解。民众在默默地看着。有几个人可能猜到了布鲁图的心思，建议处以流放。他们之所以这样建议，是因为看到了执政官科拉提努斯脸上流下来的眼泪，因此认为这些人判不了死刑。因为两位执政官的意见必须一致，决定才有效，否则就无效。

但是，布鲁图没有以执政官的身份而是以家长的身份对此事做出了裁决。在罗马人家中，家长对自己的孩子拥有生杀大权。

布鲁图面对着被告席上的两个儿子，说：

"提图斯、提贝里乌斯，你们为什么不为自己辩解？"

两个年轻人一言不发。父亲重复了三次同样的问题，他们依然默不作声。布鲁图只好对卫兵说：

"下面的事情就交给你们了。"

刑罚当场执行。也许因为是主谋，布鲁图的两个儿子首当其冲被脱去衣服，双手反绑着接受鞭笞。在场的人没有一个敢正眼看这一残忍的场面，只有布鲁图的视线始终盯着他的两个儿子。两个年轻人被打得皮开肉绽，倒在了地上，被拉起来后，一斧头砍去了他们的脑袋。直到这时，他们的父亲才离开现场。

对于布鲁图的态度，赞许声不绝于耳。但是，另一位执政官科拉提努斯的举止开始令人生疑。公民们甚至对他在审判席上流下的眼泪也产生了怀疑。科拉提努斯也注意到人们看他的眼神起了变化，他无法接受这种改变，他知道自己当选执政官是因为他是受害者，他的妻子卢克丽霞为了贞节而自杀了，于是他主动辞去执政官，并和家人一起逃往了邻国。罗马有一条不成文的规定，对主动亡命国外的人不追究责任。继他之后，有权势但和先王小塔克文没有任何血缘关系的瓦莱利乌斯当选执政官，填补了这一空缺。

布鲁图有违人性的行为并不是为了炫耀他的家长权威。他有一种担心，而他的担心不幸成了现实。

先王小塔克文没有放弃夺回王位的决心。他一直不知疲倦地奔走于亡命地伊特鲁里亚各地，说服伊特鲁里亚各城市把军队借给他。从地理位置上来看，在伊特鲁里亚的城市中，距离罗马最近的是塔奎尼亚和维爱。正好这两座城市对罗马清除伊特鲁里亚势力怀着强烈的不满，它们答应了被流放的国王借用军队的请求。有了军队的小塔克文，其作为武将的才能早在他在位时已经得到充分的证明。

得知罗马名门望族出身的年轻人密谋王政复辟惨遭失败消息的小塔克文认为只能依靠武力夺回王位，于是他率军开始南下。迎战他的罗马军由两位执政官指挥，其中布鲁图率领骑兵团，瓦莱利乌斯指挥步兵团。

两军在距离罗马城墙尚有一天路程的地点相遇。这里丛林遍布，间或会有一些狭窄的空地，视野非常不好。布鲁图率领骑兵团行进在队伍的最前面，瓦莱利乌斯率领步兵团随后跟进。

指挥伊特鲁里亚军骑兵团的是小塔克文的长子阿隆斯。在确认迎面而来的就是罗马骑兵团后，阿隆斯策马来到队伍最前面，向罗马骑兵团建议，由两军指挥官进行一对一的决斗。这时布鲁图也策马来到了队列的最前面。

这是一场表兄弟之间的决斗。两人之间从来没有交过手，却满怀愤怒和绝望。阿隆斯对驱逐自己的罪魁充满了愤怒，布鲁图则为公私间的裂痕无法填补而满怀绝望。

在两军士兵的注视下，两位主将之间的激战持续了很久，两人势均力敌，难分胜负。最后，两人的长矛几乎同时深深地扎进了对方的胸口，他们从马背上滚落下来。

决斗的这一结果激起了两军士兵的斗志。他们顾不上保护主将的遗体，纷纷冲上前去，与敌军短兵相接。激烈的战斗迟迟没有决出胜负，随后赶来的罗马步兵团也加入了战斗。由瓦莱利乌斯指挥的罗马步兵对阵由曾经的国王小塔克文指挥的伊特鲁里亚步兵。他们同样势均力敌。

战斗一直持续到太阳下山，两军撤回到各自的领地内。当天夜里，两军营地传出一个非常奇怪的流言，说是在白天的战斗中，伊特鲁里亚方面的阵亡者比罗马军的阵亡者只多了一个人，战斗以罗马获胜而告结束。士兵们确信这是神的旨意。

第二天一早，罗马军再次来到战场，却不见了伊特鲁里亚军的踪影。于是，瓦莱利乌斯带着布鲁图的遗体回到了罗马。

瓦莱利乌斯为布鲁图举行了国葬，要求所有罗马女人像父亲去世时一样服丧一年。

一个身处领导地位的人迟早会遭人嫉妒、猜疑和中伤。瓦莱利乌斯也不例外。

共和政体的创立者布鲁图的壮烈牺牲让罗马人悲痛不已。然而他们的眼泪未干，就开始猜疑起了幸存的执政官瓦莱利乌斯。

首先，他们对瓦莱利乌斯乘坐四匹白马战车的凯旋仪式表示不满。战斗胜利后，举行凯旋仪式是始于罗穆路斯时代的罗马的一项传统。这一点没有问题，问题是瓦莱利乌斯第一次把凯旋将军乘坐的战车的四匹马全部换成了白马。虽然他这样做是因为富有，但是罗马公民认为他是为了炫耀他的王者风范。

其次，他们对瓦莱利乌斯家非常气派的建筑不满，因为他家建在一眼可望见古罗马广场的山丘上，在罗马人眼里更像是国王的居所。

再有，瓦莱利乌斯没有马上召集公民大会选举新的执政官来填补布鲁图死后出现的空缺。鉴于以上这些原因，人们开始谣传他已经不满足于执政官的身份，他在觊觎王位。

注意到这一动向的瓦莱利乌斯马上雇用大量工匠，仅一个晚上的时间就拆除了自己家的房屋。然后在土地价格相对便宜的罗马城墙附近，盖了一个非常简朴的房屋。他要让所有人都可以自由进出，让所有人都可以目睹他的生活状态。基于这一考虑，他家的门永远都是敞开的。

但是，这还只是个开始。在接下来的日子里，瓦莱利乌斯制定了一项又一项民众评价似乎还不错的法律。

首先，制定了有关国库管理的法律。在王政时代，国库由国王掌管，现在则交由财务官进行管理。作为政治军事最高权力者的执政官不干预国家财政的这一法律赢得了公民的喝彩。

其次，制定了有关诉讼的法律。凡是享有罗马公民权的人，对法务官做出的判决有权向公民大会提起诉讼。这一法律体现了对人权的尊重，它的制定为后世罗马留下了极其重要的法的概念。

但是，由于过度在乎舆论的支持，瓦莱利乌斯制定的法律中难免有一些偏离了正确的判断。

最典型的一条法律，直译的意思为：“凡是觊觎王位的人，无论是谁，其生命和财产将为诸神所有。”也就是说，即使杀了人，只要有证据证明被杀的人对王位有所企图，就可以赦免杀人者。对瓦莱利乌斯来说，制定这样一条法律显然过于轻率。虽然前提是有证据证明，但是这种情况下，所谓客观的证据，其可信度究竟有多高是很值得怀疑的。对于纯粹的怀疑，每个人的看法千差万别，自然有被拿来用作证据的危险。但是，这条法律在以后相当长的一段时间里，对罗马人起到了约束的作用。

在制定了一项又一项的法律之后，瓦莱利乌斯这才召集公民大会，从同僚候选人中选出了执政官。当选的是为了贞节而自杀的卢克丽霞的父亲。但是他因为年岁太大，不久就死了。这次，空缺很快就有人补上了。但是对于新当选的执政官荷拉斯来说，他在位的日子实在太短。因为执政官通常是两人同时当选同时改选。尽管因为一些原因，有人在此任执政官的任期内当选，但是其任期结束的日期是不变的。

不管怎么说，因为这一年中制定的几项法律，立法者瓦莱利乌斯的人气不断攀升。人们为瓦莱利乌斯取了个绰号叫“亲民者”（意思是重视公共利益的人），并开始这样称呼他。公元前508年，在第二年的执政官选举中，“亲民者”毫无悬念地再次当选。他曾经的合作者荷拉斯无缘连任，另一位当选的执政官是提图斯·卢克莱修。

这个时期，“亲民者”的怀柔政策也许是必要的。因为罗马刚刚实现共和制，以往在王政时代不曾有过的新问题不断出现。如果没有罗马人的团结，相信共和制一定会夭折在萌芽阶段。

曾经的罗马只关心如何提高国力。伊特鲁里亚系的国王连续出了三代，每一位国王都给罗马带来了大规模的开发事业和与此相随的工商业的发展。毫无疑问，为这些国王提供技术和经济支持的伊特鲁里亚人，在罗马的地位和势力得到了非常明显的提高。甚至有研究者认为，罗马从王政向共和政体的转变是以农牧业为主的土著罗马人对独占工商业的伊特鲁里亚系罗马人的排斥。

把国王小塔克文逐出罗马，迫使他投奔伊特鲁里亚的结果，一定使伊特鲁里亚系罗马人的立场变得非常微妙。而布鲁图增补上百名新兴阶级出身的人进入元老院，可以认为是为了留住这些人的一个策略，是为了向他们表示，国王被逐出罗马，完全是国王和他的家人咎由自取，是他们的专横暴虐造成的。与生活在罗马的伊特鲁里亚人无关。但是，这一策略实施的结果，只能说是成败参半。

对于没有足够的实力晋升为元老院元老的伊特鲁里亚人来说，生活在以伊特鲁里亚各城市为敌不断进行战斗的罗马感觉一定非常不爽。从来都是外国人移居而来的罗马，这时第一次出现了人口向其他国家外流的情况。拥有技术和经济实力的伊特鲁里亚系罗马人的外流使罗马的国力大大下降。可以说，这一时期的罗马再也不见了大规模的建设事业。

国力的低下同时威胁到了罗马在邻近各部族中的威望。

以拉丁同盟的名义结成的军事同盟中，加盟者是使用相同的拉丁语、祭祀相同的诸神的邻近各部族。而此时，由于罗马的政体已经改变，再加上国力下滑，他们不再把罗马看作同盟国了。也许早已习惯相互提供军事支持、由罗马国王担任军事指挥的同盟军，难以接受由罗马执政官执掌指挥权吧。毕竟各同盟国的国王是终身制的，要他们服从任期只有一年的执政官的指挥，自然会有抵触，而且已经走上下坡路的罗马也不再是一个人人仰视的国家。

结果，同盟各国也成了新生罗马的敌人。所谓的拉丁同盟不过是弱肉强食时代的产物。受罗马国力下降的影响，战斗也很少能取得决定性的胜利。罗马不得不处在和邻近各国的交战中。

共和政体诞生后出现的第三个问题是罗马彻底把伊特鲁里亚变成了敌人。尽管伊特鲁里亚已经进入衰退期，但当时的国力依然很强，不是罗马能比的。战场上，两军士兵身上的军装军容也真实地反映了这一点。相对于努力追求华美装束的伊特鲁里亚战士，罗马士兵的军装能用上铜或皮革已经非常难得了。

除了国力下降，罗马还有一个不利因素，就是伊特鲁里亚人出师有名，他们要求罗马方面同意小塔克文重回王位。暴君只是罗马人的看法，而对伊特鲁里亚等邻国来说，小塔克文是值得他们信赖的同盟者。被逐出罗马的小塔克文本人也充满了斗志，发誓要夺回王位。

公元前509年至前503年的6年间，“亲民者”瓦莱利乌斯共当选了四届执政官。除了提图斯·卢克莱修当选过两届以外，其余人都只当选过一次，也就是只做过一年的执政官。因此，这期间实施的政策可以认为基本上都出自这位“亲民者”的想法。

过去，奥斯提亚盐田出产的盐是由个人经营的，“亲民者”把这个经营权收了回来，改由政府经营。他试图通过这一改变来恢复因伊特鲁里亚人外流而日渐下滑的罗马经济。当时的罗马还没有流通货币，盐在交易外国商品时充当了货币的角色。“亲民者”的这一改革，与其说把生活必需品盐变成了国有化，不如说使货币国有化了。不管怎么说，确保国库收入才是首要问题。

但是，如果改革仅此而已，那么只能使用高价盐交易商品的商人对通商的兴趣就会大大减弱，对恢复经济于事无补。于是“亲民者”降低了向他们征收的间接税，因此还吸引了一些本不从商的人也开始纷纷从商。这样一来，不仅冲抵了减少后的间接税，而且即使不再依赖伊特鲁里亚人，罗马也得以避免重回农牧业国家的危机，还开始有了自己的技术。最重要的是，享受到优惠的新兴中产阶级转而支持共和政府也成了必然。

“亲民者”非常欢迎外国人移居罗马。在罗马邻近部族中，有人说同属拉丁民族的人之间、拥有相同语言和相同诸神的拉丁人之间相互争斗毫无意义。说这些话的人都是很有势力的人，“亲民者”于是向他们发出了邀请。在接受邀请的人中，最有名的是克劳狄乌斯。他带着一家人和5 000名“被保护人”（clientes）移居到了罗马。“亲民者”给这些人罗马公民权，向他们提供居住地，并邀请作为家长的克劳狄乌斯加入了元老院。昨天的移民今天就可以加入罗马领导阶级的这一事例加快了邻近部族的人移居罗马的脚步。“亲民者”的这一政策在填补因伊特鲁里亚人的外流而出现的空缺方面起到了极大的作用，同时也起到了削弱邻近拉丁民族力量的效果。

但是，伊特鲁里亚人毕竟是强邻。“傲慢者塔克文”为了夺回王位，甚至不惜卑躬屈膝恳求他们的帮助。

小塔克文率领伊特鲁里亚的塔奎尼亚和维爱两个城市的援军向罗马发起了反攻。战斗失利后，他逃到了同属伊特鲁里亚联盟的丘西国王身边。丘西国王波塞纳表示要为小塔克文夺回王位而战。国王宣称不光要提供援军，还要亲自率军攻打罗马。

波塞纳的名字在罗马几乎无人不知无人不晓。他不仅是位名君，同时也是一位才干出众的武将。罗马人陷入了一片恐慌。甚至有人提出回归王政也未尝不可。波塞纳的军队一路南下，很快占领了位于台伯河西岸的贾尼科洛要塞。波塞纳把指挥部设在了那里。

最初的战斗围绕着架设在台伯河河面上的桥进行。伊特鲁里亚方面努力要保住这座桥，而罗马方面不能允许他们的计划得逞。战斗的结果是，罗马方面获胜，桥被烧毁。

波塞纳于是改变战术，改进攻战为包围战。他征集了河面上的所有船只，命令伊特鲁里亚士兵乘船渡过台伯河，在环绕罗马七丘的罗马城墙外布下天罗地网。台伯河上的交通被伊特鲁里亚方控制，从南方水运来的小麦一粒也进不了罗马城内。

执政官"亲民者"决定分散敌人的战斗力。他安排一部分羊倌赶着羊群和牛群，从距离台伯河最远的埃斯奎里山门，假装逃出陷入包围圈的罗马城。这一消息很快在伊特鲁里亚士兵中传开了，他们争先恐后地放弃自己的阵地，去追赶那些轻松就能抢到手的家畜。就连驻扎在台伯河西岸的士兵也纷纷乘船过河，加入了掠夺的行列。

得知敌军动态的"亲民者"，按照事先制定好的作战计划，向指挥各部的将领下达了命令。

部分队伍从东门埃斯奎里山门向外冲，部分队伍从北门科林门出击。执政官卢克莱修令士兵冲出南门尼维亚门，"亲民者"则从东南门卡佩纳门出击。

正忙着追赶家畜的伊特鲁里亚士兵突然背后受敌，顿时乱作一团。他们从追逐者变成了被追逐者。这一天的混乱局面使波塞纳遭受了非常巨大的损失。

但是包围还没有解除。罗马城内的小麦库存已经殆尽，军粮告急。当时，有一个叫穆奇乌斯的年轻人认为要拯救罗马，只有杀死波塞纳。但是他担心自己擅自行动，可能会被大家误以为自己做了逃兵，因此，他来到元老院，向两位执政官和元老院元老提出了自己的想法，并得到了认可。于是，穆奇乌斯带着匕首，游到了台伯河西岸。

他成功混进了敌人的阵营，并接近了国王。当时，波塞纳正亲自给士兵发军饷。穆奇乌斯从来没见过国王，他看着一群人给士兵发钱，却不知道他们中的哪一个是国王。因为在罗马人看来，除了普通士兵，伊特鲁里亚人的穿着都非常高贵华丽，看上去个个都像国王。罗马的这位年轻人以为正在发钱的其中一个人就是波塞纳，于是对准那个人手持匕首撞了上去。他成功杀死了那个人，然而他杀死的不是国王，而是国王的秘书。

穆奇乌斯被士兵制伏，带到了国王的面前。他无所畏惧地挺起胸膛，对国王说：

“我是罗马公民，我的名字是盖乌斯·穆奇乌斯。我要杀敌却没有成功，我早已做好必死的准备，不怕死也是我们罗马人的性格。

“罗马的年轻人会告诉你我们绝不放弃对你的战斗。我死后，会有人再来。他再不成功，还会再有人跟上。我们会前赴后继，和你一战到底。我奉劝国王，你最好早做心理准备。”

气急败坏的波塞纳严刑拷打穆奇乌斯，试图从他口中了解他背后的情况。但是年轻人只是大声地告诉他：

“只有胆小鬼才会顾惜自己的肉体！”

说着，年轻人伸出左手一把抓住正在燃烧的火把，把它摁在自己的右手上。顿时，人肉烧焦的气味充塞了周围。波塞纳对年轻人说：

“行了。你已经让自己遭受了巨大的痛苦，我很欣赏你的勇气。在我的人民中，如果有你这样的年轻人就好了。我放你一条生路，没有任何附加条件。你走吧。”

盖乌斯·穆奇乌斯从此落了个“左撇子穆奇乌斯”的外号。因为被火烫过后的右手再也使不上劲了。

古罗马时代的孩子是两眼放着光、听着这样的故事长大的。那时的他们需要学习的历史还很有限，有充分的时间聆听英雄的故事。与此相比，2 000 年后的我们需要学习的历史知识大大增加，为了了解更多的历史，只能依靠枯燥乏味的死记硬背了。

闲话少说，在这一段插曲过后，波塞纳向罗马提出了讲和。

伊特鲁里亚王提出两个讲和条件，“亲民者”拒绝一个，接受一个。拒绝的是恢复小塔克文的王位，接受的是返还上一年的战斗中占领的维爱的领土。波塞纳表示满意。讲和谈判结束后，伊特鲁里亚军撤回到台伯河西岸的营地，并回到丘西。小塔克文知道夺回王位的希望再次破灭了。

但是，这并不表示罗马和伊特鲁里亚之间已经实现了真正的和平。与波塞纳之间的讲和只是暂时休战罢了，但给了罗马喘息之机。

公元前 503 年，罗马改为共和政体已经 6 年了。这一年，“亲民者”撒手人寰。此时的瓦莱利乌斯家已经散尽万贯家财，连丧葬费都拿不出来，是每个罗马人自发捐款，为“亲民者”举行了葬礼。和布鲁图死时一样，罗马女人服丧一年。

罗马共和政体由布鲁图播下种子，又在“亲民者”的施政中深深扎下了根。这两人之后的罗马再也没有出现过试图复辟王政的人。

出使希腊的考察团

要讲述最早的罗马人故事，只要讲述罗马周边的情况就可以了。即使把范围扩大一些，最多也只要触及伊特鲁里亚各地，而且还是和罗马国界相接壤的伊特鲁里亚南部地区就足够了。至于在意大利南部站稳了脚跟并早早享受起繁荣的希腊殖民城市群落的情况，对于当时的普通罗马人来说，只能通过偶尔出现在罗马的商人知道一些，因为这个时候的罗马和意大利南部之间，还间杂着一大片辽阔的土地和许多其他民族。

在公元前 6 世纪末到前 5 世纪前半叶的共和政体初期，罗马势力波及的范围只是从台伯河周边到河口的一个狭长区域，面积只有东京都的十分之一左右。

尽管当时的国界线不像今天这样明确，很难做出正确的比较，但是意大利南部的希腊殖民城市塔兰托和锡拉库萨坐拥的势力圈是当时罗马的 3 至 5 倍，雅典是罗马的 10 倍，迦太基是罗马的 10 倍以上。虽然自罗穆路斯建国以来已经过去了 300 年，但是公元前 5 世纪中叶的罗马，其势力仍然只局限于这个范围。

但是，在比例不够大的地图上甚至分不清领地的小城邦林立的那个时代，罗马和地中海世界中的先进国家希腊各城邦有了第一次接触，不是通过意大利南部的希腊殖民国家，而是和希腊本土各城邦，尤其是雅典和斯巴达之间的直接接触。

公元前 5 世纪中叶，罗马从王政转向共和政体而引发的诸多问题暂时得到了解决，无休止的以周边民族为敌的自卫战争也告一段落。罗马人终于开始要制定成文的法律了。

罗马之前的法律可以说是一些不成文规定的集成，熟悉这些规定的只有统治阶级。对此，民众极度不满，他们要求法律条文化。因为只有写成文字，所有人才有可能接触到。很多时候，民众要求权利，都是从要求法律成文化开始的。

最初，以元老院为代表的统治阶级极力抵制这一要求。这时的罗马自从确立贵族政体也就是共和政体以来还不到半个世纪。他们正意气风发，由他们站在最前线来保卫的共和政体的罗马边境安泰。

但是，罗马民众有一个非常有效的武器，那就是他们拒绝服兵役。在雅努斯神殿的大门始终没有机会关闭的战争年代里，对于年年从春到秋战事不断的罗马来说，公民拒服兵役的行为令他们深感头痛。元老院不得不做出让步，同意制定成文法律。为此，元老院决定派遣考察团到已经实行法治的希腊的先进城邦学习。考察团成员由元老院三位元老组成，条件是必须担任过政府要职。当然，他们也是罗马有权势家族的男人。

由三个罗马人组成的考察团在希腊逗留的时间达一年之久。从意大利到希腊，以当时的船速用不了一个月。关于他们出发和回国的日期，找不到史料记载，但是我想，他们在希腊的逗留时间应该有一年之久。至于考察团的所到之处，尽管历史学家李维只记录了雅典，但是，既然他们在并不辽阔的希腊逗留了如此之久，我想，他们一定翻山越岭，跋涉数天，从雅典去了斯巴达。雅典因梭伦改革而闻名，斯巴达则有来库古实施的改革。

《十二铜表法》就是根据该考察团的报告制定的，此内容以后再细述。编年史式的记述也到这里暂告一段落。接下来，我想说一说在公元前 5 世纪中叶，罗马第一次接触到的以雅典和斯巴达为中心的希腊。因为要讲罗马的故事，不能不提到希腊。

那么，早于罗马存在的希腊人，在迎来罗马考察团的公元前 5 世纪中叶之前，又是怎样一步一步走过来的呢?

希腊文明

希腊文明起源于公元前 2000 年前后的克里特岛而非希腊本土。因为克里特岛比希腊本土更靠近当时的先进文明之国埃及。新的文明往往出自自身的周边。关于克里特文明，历史学家修昔底德是这样描写的：

米诺斯王创建的船队使船只在克里特岛周边海域的航行变得安全。因为米诺斯利用船队征服了克里特岛周围的诸多岛屿，并成功清除了以这些岛屿为根据地的海盗。不必再担心海盗出没的克里特人财富大增，甚至建起了石板房。

克里特文明的鼎盛时期据说是在公元前1700年到前1500年前后。以公元前1350年前后为界，爱琴海的主人克里特文明急速衰退，不清楚是大地震的缘故，还是因为来自希腊本土的进犯。总之，到了公元前1350年前后，首都克诺索斯遭到破坏，优雅而华丽的克里特文明敲响了晚钟。其后的克里特历史一变而成为依附于希腊本土的历史。尽管如此，在19世纪考古学家亚瑟·埃文斯的发掘下，克里特昔日的繁华景象今天仍然依稀可见。

曾经的周边变成了中心，在它周围又形成了新的周边。位于希腊本土南部伯罗奔尼撒半岛的迈锡尼一带成了希腊文明新的中坚力量——历史上称为迈锡尼文明。

当时迈锡尼好像还是军人统治的国体。这些军人因荷马史诗《伊利亚特》和《奥德赛》而被后世的我们熟知。迈锡尼国王阿伽门农、斯巴达国王墨涅拉俄斯、色萨利国王阿喀琉斯、伊塔卡国王奥德修斯，他们统称为阿卡亚人，于公元前1520年前后崛起，是经历10年攻城战的、远征特洛伊的主人公。诗人荷马指出，特洛伊战争的起因是为了夺回王后。因为斯巴达王后海伦受特洛伊王子帕里斯的诱惑出走到了特洛伊。荷马史诗既是一部讲述倾城美女海伦故事的文学作品，同时又因为描写了希腊诸神分别向特洛伊派和希腊派提供支持，从而得到了世界文学史上最高杰作之一的评价。但是，如果想找出最接近的真相，那么史实应该是希腊人依靠武力远征特洛伊的目的在于掠夺财富吧。

不管怎么说，在特洛伊沦陷时奏响凯歌的迈锡尼文明，在仅仅过去半个世纪后的公元前1200年早早灭亡了。有一位喜欢历史的人说：

> 他们一心想要征服遥远的特洛伊，为此远离家乡长达10年之久，其间国内秩序一片混乱，国力大大衰退。因此，被外来民族轻而易举地征服了。

我认为这话即使说得不够准确也八九不离十。结束长达10年的特洛伊战争，满载着堆积如山的战利品回到国内的希腊联军总司令阿伽门农被王后和她的情人合谋杀死在浴室里。诗人荷马把袭击胜利者的这类悲剧归因于支持特洛伊派的诸神发怒所致。不管怎样，消灭迈锡尼文明的是从北方一路南下来到希腊的多利亚民族。

和位于小亚细亚西端的特洛伊一样，施里曼发掘出了迈锡尼文明的遗迹，证实荷马史诗不是纯粹虚构，而是史实。然而，以公元前1200年为界，迈锡尼文明也消失了。作为迈锡尼文明中坚力量的人或被杀，或被逼为奴，从而被彻底挤出历史舞台。多利亚人带来的破坏非常惊人，在这以后，整个希腊沉寂了整整400年。公元前1200年至前800年长达400年的沉寂时期，在希腊史上被称作“希腊的中世”（希腊黑暗时代），意思是一切归于沉寂的、夹在以活跃为特点的两个时代中间的时期。

所谓“中世”通常分为两个阶段：前一阶段是为医治伤痛而必要的平静时期，后一阶段则是趋向复原的时期。一旦进入恢复期，即使尚未出现萌芽状态，其根系却已经在地下蔓延开来。在希腊历史上，荷马笔下曾经辉煌的英雄们只拥有青铜器，而野蛮的多利亚人却已经有了铁器。

公元前 800 年前后，希腊人走出他们的“中世”，进入被统称为城邦的时代。由多利亚人建起来的斯巴达和因多利亚人入侵而出逃的阿卡亚人建立的国家雅典成为城邦的代表。随着城邦的诞生，希腊人开始了向海外的殖民运动。这一现象充分表明，此时的希腊已经获得重生。

随着人口的增加，希腊本土已经无力提供足够的生活必需品，于是就出现了殖民运动。除了色萨利，希腊没有肥沃的耕地。如果不依赖生产性较高的工商业来取代农业和畜牧业，希腊完全没有能力为新增加的人口提供足够的粮食。然而，公元前 8 世纪的希腊人还没有转型成为后来的以工商业为主的民族，而且，这个时期，雅典、斯巴达、科林斯、底比斯等城邦也刚刚开始形成。城邦的形式意味着诸多小国家各自为政。于是，为了争夺本来就不多的土地，各城邦之间争端不断。公元前 776 年，第一届奥林匹克运动会在希腊举行。之后，每隔四年休战一次，大家会聚在奥林匹克，一起欣赏体育竞技。它意味着除了这一时期，各城邦之间都处在战争的状态。但是，刚刚诞生的各城邦实力相当，即使在战斗中取得了胜利，也难以在短时间内扩大自己的领地。对于在本国无法获得足够生活资源的人来说，对于在政治斗争中败北的人来说，剩下的就只有去海外发展这一条路了。这个时期的希腊殖民，不仅仅限于希腊的一个地方，而是以全希腊为规模进行的。

希腊人的殖民运动分为两个时期进行：

第一次殖民运动是在公元前 9 世纪末到前 8 世纪初，殖民对象主要集中在小亚细亚西岸。爱琴海的意思是多岛的海。在小岛众多的爱琴海，沿着一个又一个的岛屿横渡到小亚细亚，在那里建设自己的城市对于当时的希腊人来说是极其自然的一个选择。罗得岛也是从这个时期开始成为希腊人居住的岛屿的。它意味着爱奥尼亚文明在小亚细亚西岸诞生。一路从克里特、迈锡尼迁徙而来的希腊文明的中心先于雅典，首先在爱奥尼亚地区开了花。哲学鼻祖泰勒斯、历史之父希罗多德、医学之父希波克拉底，还有荷马，据说都出生于这个地方。也许是因为第一次殖民运动的舞台爱奥尼亚与希腊本土相比更靠近东方，所以才率先积累起了财富。在当时，为了尽快积累财富，只能依赖通商。所谓通商就是要接触异国文明。通过接触，人们可以感受到信息带来的刺激。要把这种刺激转化为其他形式，财富无疑是最便利的一种东西。

希腊人进行的第二次殖民运动是在第一次殖民运动之后，即过去了约半个世纪的公元前8世纪中叶前后。这一时期的殖民范围不再局限于爱琴海海域，而是扩展到了整个地中海。而且，这次殖民运动也没有局限于希腊本土，连第一次殖民运动的舞台爱奥尼亚地区的各个城市也加入了此次殖民运动。因此，除了在本国无法生存或在政治斗争中败北的人成为殖民地主人公外，不能不说这是希腊人与生俱来的进取心的一次大爆发。实际上，第二次殖民地点选择的是那些或没有原住民或原住民力量相对较弱的地方。因此，这一次殖民运动很容易让人联想到现在的风险投资。

希腊本土的希腊人去得最多的地方是意大利南部。当然，他们在以马赛为中心的法国南部、西班牙东岸一带也建起了殖民城市。而爱奥尼亚地区的希腊人大概是相距较近的原因，殖民地网罗了从塞浦路斯岛至黑海的区域。经过第一次殖民运动，爱琴海变成了希腊人的内海，经过第二次殖民运动，希腊人的世界又扩展到了整个

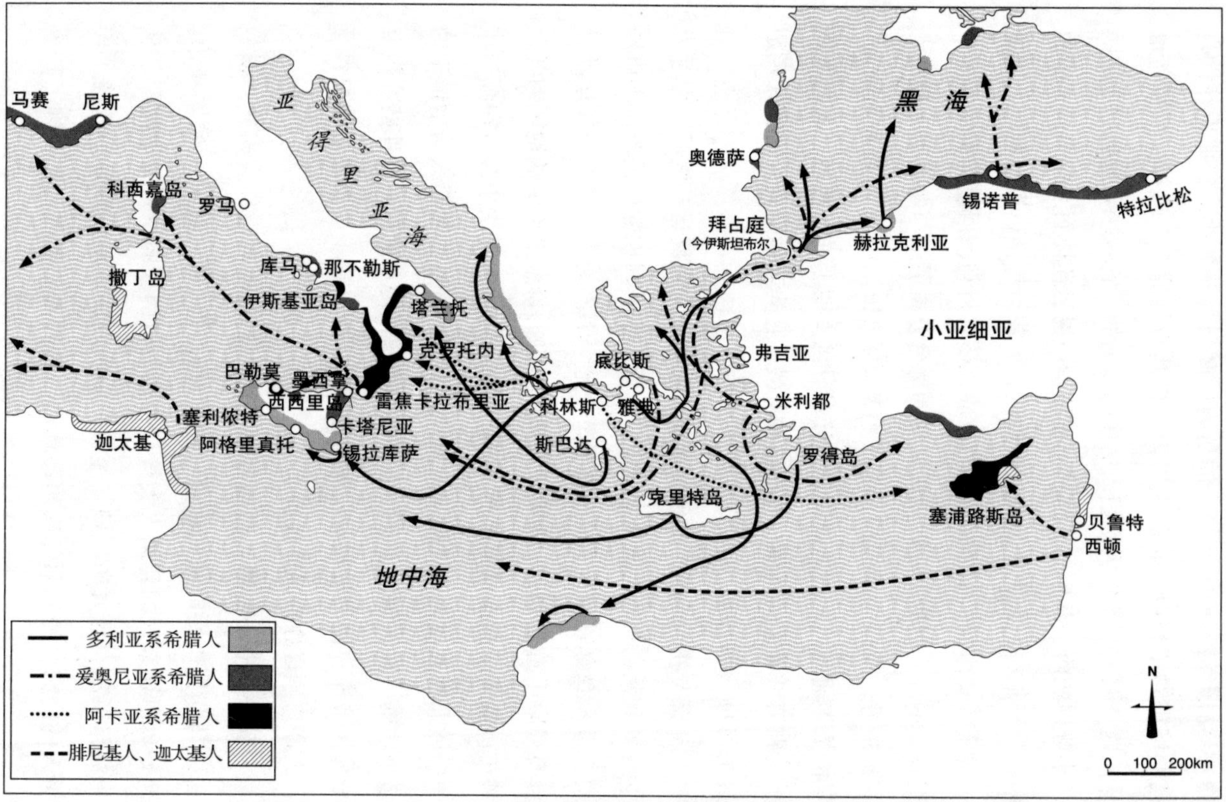

希腊人的第二次殖民运动

地中海。在海上可以与他们抗衡的，在当时只有由腓尼基人殖民而建起来的迦太基。

希腊人在短短的时间内进行的第一次、第二次殖民运动中，有两件事情引起了我们的思考。

首先是第二次殖民展现的活动舞台之大。腓尼基人也向外开展了殖民运动，但是建设迦太基的余波只波及西班牙，不像希腊人一直延伸到了整个地中海。

荷马史诗《奥德赛》是一部讲述用木马把特洛伊战争引向胜利的功臣奥德修斯在其后 10 年间的流浪故事。奥德修斯从位于地中海东岸的特洛伊出发，直到西岸的直布罗陀，足迹遍及了整个地中海。而他到过的大部分地方，都在公元前 8 世纪中叶的第二次殖民运动中希腊殖民地的附近。

荷马的另一部史诗《伊利亚特》中的舞台，经施里曼的发掘工作而证实不完全是诗人空想的产物。至于荷马在《奥德赛》中讲述的主人公奥德修斯到过的地方究竟是哪里现在还在研究之中。据说《奥德赛》也不完全是杜撰的、荒诞无稽的故事，对当时的希腊人来说，其活动的舞台似乎也不是未知的土地。在公元前 8 世纪，希腊人的目光大概已经扫到了整个地中海。

强大的希腊民族积极向外拓展的性格源自他们具有好奇心、冒险精神和独立性的特点。但是，正因为他们的这种性格，才使得他们的宗主国希腊与殖民城市之间的关系完全有别于罗马的情形。

希腊人的殖民运动引起我们思考的第二个问题就在这里。

例如，那不勒斯和相距不远的、希腊人在意大利的最早殖民地库马一样，最早也是因雅典人的殖民建设而出现的城市。“那不勒斯”的

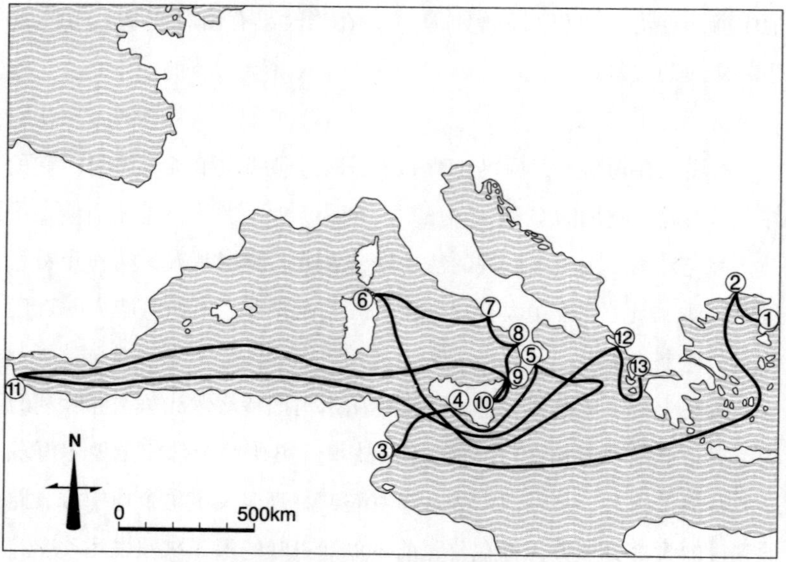

奥德修斯的流浪路线（根据荷马的《奥德赛》）

① 特洛伊 ② 西科尼亚人居住的地方 ③ 吃莲花的人居住的地方 ④ 独眼巨人居住的地方 ⑤ 风神居住的地方 ⑥ 食人肉的野蛮人居住的地方 ⑦ 美女喀耳克居住的地方 ⑧ 美声海妖居住的地方 ⑨ 变身海怪的美女岩 ⑩ 太阳岛 ⑪ 美女卡吕普索居住的地方 ⑫ 费阿刻斯人居住的地方 ⑬ 伊塔卡岛（奥德修斯的祖国）

意思是新城邦，希腊语为“Neapolis”。但是，在那不勒斯，即便在古代，也看不到任何带有雅典风格的东西，也没有爱奥尼亚风格的东西。这也许是这座城市的发展和其宗主国几乎没有发生任何联系的缘故吧。

塔兰托位于形似长筒靴的意大利半岛南部——从靴子后跟到脚掌心的位置上。在今天，因为拥有意大利最大的钢铁公司，又因为是面向地中海的军港城市而闻名于世。但是这座城市同样源自公元前 8 世纪斯巴达人的殖民建设。同样，在塔兰托从来也没出现过能让人联想到斯巴达的东西。

今天，位于西西里东海岸的锡拉库萨因为古迹和每年在这里上演的古典戏剧而闻名。而在古代，作为地中海屈指可数的城市之一，锡拉库萨不仅有名，而且还是一座极为重要的城市。柏拉图曾经多次到访这里，阿基米德就出生于此地。锡拉库萨同样源自希腊殖民，它的建设者是来自科林斯的殖民者。科林斯在希腊也是一个非常有实力的城邦，其地位仅次于雅典和斯巴达。而锡拉库萨和它的宗主国科林斯之间的关系也非常松散。

以这三座城市为首的源自希腊殖民的各个城市有一个共同点，就是它们和宗主国之间的关系非常松散。在那不勒斯城市发展中找不到任何雅典的影子，塔兰托也选择了和斯巴达完全不同的政体以及生活方式。至于远比宗主国科林斯繁荣的锡拉库萨与雅典之间的关系比与科林斯还要密切，而关系过于密切的结果甚至导致了战争。

以殖民形式向海外发展的希腊人从宗主国带去的只有希腊语和希腊宗教、希腊人的进取心和对独立的执着。母国和殖民城市之间的这种相处方式也是区别希腊和罗马的特点之一。因为罗马就像后面将要讲到的那样，建立的是非常密切又有机的联系。

对于希腊人来说，公元前 8 世纪是向海外发展的时期，也是充实国内的时期。正是在这个时期，形成了最能有效发挥希腊人活力的城邦。而希腊人发明的国体——城邦——的代表就是雅典和斯巴达。

雅典

希腊的阿提卡地区以雅典为首都，面积为 2 600 平方公里，虽然称不上沃野千里，但是在遍地岩石的希腊算得上很辽阔了。雅典附近还有一个天然良港比雷埃夫斯，是个面向海洋的开阔地带。由于此地躲过了多利亚人入侵时的劫难，因而在相当程度上保存了阿卡亚人血统的纯洁性。传说中雅典的创立者是推翻克里特暴君米诺斯王的忒修斯。当然与建国伊始的其他国家一样，雅典初期的政体也是王政。

雅典于公元前8世纪前后改为贵族政体。在该政体下，9位贵族出身的执政官在一年的任期内分管内政、军事和宗教，由其他贵族组成的长老会辅佐，自由公民组成的公民大会则形同虚设，没有发言权。

进入公元前7世纪，这种贵族政体渐渐地暴露出与雅典的现状不相适应。相对于经济基础建立在土地所有制之上的贵族阶级，依靠工商业强大起来的新兴阶级开始抬头。这一自由公民阶层对于有了经济实力却无法参与国政表示出了强烈的不满。同时，与拥有大量土地的贵族相反，只有少量土地、更多时候为债务所困的自耕农阶级也加入了反抗贵族的行列。

这些被称为“自由公民”的公民取得的第一个胜利是公元前620年的法律条文化。贵族阶级因此失去了司法权，无法像在法律不成文的时代里那样随心所欲。但是，仅此一点还不能消除“自由公民”的不满。于是，梭伦登场了。公元前594年，梭伦着手开始改革，他迫使原有统治阶级的贵族承认在实施改革中的强权。这就是历史上著名的“梭伦改革”。

梭伦自己既不属于新兴的工商业阶级，也不是出身于重债缠身的自耕农阶级，而是拥有大片土地、在雅典举足轻重的名门贵族之后。他大概也是历史上少有的有先见之明的人士之一。

梭伦首先制定了拯救被重债缠身的自耕农的政策并使之法制化，为此农民的债务被大幅度地削减。同时，他还废除了因无法偿还债务而被迫为奴的旧制度，彻底废除了在古代被认为理所当然地以人身偿还债务的制度。这是古代社会第一个尊重人权的例子。

梭伦自身似乎是个温和的自由主义者，他拒绝了激进派自由公民的提案，也就是没收所有私有土地为国有，然后将土地重新进行平等分配的提案。对此，梭伦这样写道：

> 我们给了公民适当的名誉。我们不剥夺他们已有的权利，但也不再新加任何权利。

梭伦改革的最大着眼点是政治改革。他首先开展了人口普查，并以调查结果为依据，制定了个人权利与其拥有的不动产成正比的政策。如此一来，人们参与国政的权利不再受出身左右了。

王政是一人专政的政治，从这个意义上讲，又叫作帝制。贵族政体是由选出来的若干人共同治理的政治制度，又叫财产政治。这是因为梭伦制定的资产与权利成正比的制度是以人口普查结果为依据的，所以才被安上了“财产权利制”的叫法。在日本有很多学者把它翻译成“财阀政治”，这种翻译很容易让人联想到用钱买选票的“金权政治”，因此，在这里我把它翻译为“财产权利制”。尽管如此，我想一定还会有很多人认为收入与权利挂钩没有道理。

但是，与之前非贵族出身就不得参政的贵族政体相比，这在当时无疑是相当进步的一种政体了。毕竟出身是无法改变的，而要获得财产可以靠个人的才能和运气。在古代，不，在法国大革命之前，即使有平等的理念，也只认为是那些理应是平等的人之间的平等，而且权利与农业收益的多少成正比的想法也不是没有道理的。通过工商业活动积攒起财富的人投资土地等不动产以保全已有财富的做法，在今天依然很普遍。

梭伦根据财产也就是资产的多少将雅典公民分成了四个等级。根据收入，从高到低依次为第一等级、第二等级、第三等级以及由无产者构成的第四等级。

首先是各等级的义务。属于第一、第二等级的公民有义务服骑兵兵役，自备军备、军装和马匹。属于第三等级的公民也有义务服兵役，并自备军备、军装，在经济上与马匹也必须自备的第一、第二等级相比，负担要轻一些，这个等级的人负责提供重装步兵。估计在人数上也是第三等级最多，因为古代军队的主力是重装步兵。属于第四等级的公民有义务提供轻装步兵或舰队成员。

其次是与义务相随的各等级的权利。政府要职由第一、第二等级的公民担任，第三等级做行政官僚，第四等级只有选举权而没有被选举权。

在地中海世界，率先实行梭伦改革使雅典从贵族政体中脱颖而出，令后人一提起城邦就立刻想起民主政治的城邦。就这样，因为梭伦改革，雅典迈出了发展的第一步。

但是，有一种宿命总是与改革相伴相随。因改革而提升了实力的人总是追求进一步的改革。梭伦改革也没能逃出这一宿命。

首先，雅典在比雷埃夫斯有一个天然良港。其次，雅典人在第一次殖民运动中大量涌入的位于小亚细亚西岸的爱奥尼亚地区，因通商而比雅典更早迎来了繁荣。雅典于是受到来自东方的影响。再有，因为梭伦改革，那些虽然不是贵族出身却有了资产的人担任国政要职不再是梦想。尽管梭伦改革重视的财力只限于农业收入，但是这一切都无法不使雅典公民对财产的想法发生改变。随着通商的兴起，雅典公民不再像以往那样把积攒起来的财富投资到土地上，他们转向投资海运和通商产业。希腊的土地原本就很贫瘠，因而从投资效益来看，自然不如投向蒸蒸日上的海运和通商产业来得快。

开始投资动产的雅典公民，迟早会对以不动产为基础的政体心怀不满。当然，在很长一段时间里，没有人敢于正面挑战梭伦的个人权威，从而避免了问题的表面化。但是，在梭伦离开政治舞台后不久，人们郁结在心里的不满爆发了。

在无人能将这种爆发力转化为秩序的雅典，等待它的只是权力的空白，也就是无政府状态。

雅典政体的变迁简直就是一部政治教科书。它在向我们展示所有政体这一点上确实非常有用。然而，此时的雅典也有了和希腊其他城邦同样的经历。无政府状态的结果就是暴政，也就是独裁政治。

厌倦了无政府状态的混乱和没有结果的权力斗争的雅典人，开始觉得只要能恢复秩序，怎么样都可以。但是他们自己又没有能力恢复秩序，于是把所有希望寄托在了一个人身上。

与梭伦一样，庇西特拉图也出身于名门贵族。但是，这个名门贵族没有把权力基座放在自己所属的贵族阶级上，而是放在民主派的新兴阶级上了。由工商业者构成的这一新兴阶级，与土地所有者的原有阶级相比，对经济的发展更加敏感，而且深知想要发展经济，政治的安定比什么都重要。

庇西特拉图于公元前 561 年实行第一次独裁，但很快被他的反对势力组成的统一战线赶下了台。15 年后的公元前 546 年，他吸取第一次失败的教训，凭借武力重返雅典。此后直到他去世的 20 年间，庇西特拉图一直将雅典置于他的独裁统治之下。

政体的变迁可以从教科书上学到，但是判断一种政体的好坏，有时和教科书不一样。庇西特拉图独裁的20年间，不仅给雅典带来了和平与秩序，还带来了经济上的空前繁荣。

考古学家的研究也证实了这一点。就在这个时期，制作精美的阿提卡陶器取代了之前占据地中海世界陶器市场的科林斯、萨摩斯、米利都和罗得产的陶器。以红绘和黑绘闻名的阿提卡陶器独占地中海高级陶器市场的时代开始了。

独裁者庇西特拉图开展的外交政策也很符合雅典“经济的时代”。

他把雅典军事力量的重心放在海军上。为确保爱琴海的制海权，他占领了一些非常重要的岛屿和地区。萨拉米斯和提洛岛重回雅典的统治之下，势力范围扩张到爱琴海上的诸岛屿和爱奥尼亚地区，对于无法置于统治之下的希腊其他城邦以及吕底亚王国、波斯帝国，则努力与它们建立友好关系。为了弥补第二次殖民运动时因不够积极而造成的损失，他在赫勒斯滂附近建造了中转基地，致力于振兴与黑海周边各国之间的通商。在国内则致力于开发矿山事业。

实际上，独裁政权的优劣完全取决于独裁者个人的才能与性格。雅典公民非常认可庇西特拉图的才能，愿意服从他的独裁统治。但是在庇西特拉图死后，却无法忍受作为其继承者的他的儿子们的独裁。公元前510年，雅典的独裁政权被斯巴达援助下的贵族推翻。

推翻独裁政权的贵族们和给他们提供后援的斯巴达都以为推翻独裁政权后的雅典该恢复贵族政体了。但是，带头推翻独裁统治的克利斯提尼认为，从雅典的现状来看，恢复贵族政体并不适宜。

庇西特拉图独裁的20年中建立起来的和平与秩序，提高了经营工商业的雅典公民的经济实力，雅典的经济中心已经明显从土地转向了工商业。在这种状况下，让以土地所有制为经济基础的贵族重登政治舞台，过于无视现实。因此，克利斯提尼没有止步于恢复梭伦的改革上，借用亚里士多德的话说，他“将体制改革得更加民主”。

克利斯提尼首先从行政改革入手。

雅典城邦的领地阿提卡一带被分成三大区：首都雅典和海港比雷埃夫斯一带为第一大区，整个沿海地带为第二大区，内陆为第三大区。每个大区划分为20个小区，各个小区根据人口密度再分为若干“居民区”。据说在整个阿提卡地区，这样的“居民区”有150到170个。这种“居民区”便是雅典城邦的行政基础。

这项改革实施后，雅典公民的正式姓名就按名字、姓氏和所在“居民区”名称的顺序构成。例如，苏格拉底就成了阿洛佩凯区索弗罗尼斯科斯的儿子苏格拉底，表示家族和门第的名称彻底消失。这就是克利斯提尼的改革被认为是民主改革的原因。

此外，被认为民主改革的另一个原因是按照行政区来分割整个雅典，从结果上看，这分割了贵族分布在不同区域的土地，由此削弱了贵族阶级的力量基础。克利斯提尼的这项改革是历史上第一个因单纯行政上的目的而将国土进行分割的例子。

克利斯提尼也进行了政治体制的改革，与梭伦进行的改革被称为“财产权利制”不同，克利斯提尼的改革出现的政体叫民主政体，意思是由自由民众治理的政体。雅典城邦终于在公元前6世纪末实现了名副其实的民主政体。

首先，公民大会的权力得以强化。20岁以上的所有雅典公民都有权参加公民大会。与罗马不同，在雅典实行一人一票制。

作为国家最高权力机构的公民大会每年召开若干次。从是否开战，是否缔结和约，是否与他国建立同盟关系，到政府首脑的选举产生，全部由公民大会决定。

克利斯提尼保留了梭伦改革中的重点——四个等级的制度，但划分等级的标准有了变化，不再依据梭伦时代的农业收入，而是无行业区别的收入。因此，从事工商业的人在政治上的发言权得到了进一步的强化。

克利斯提尼还设立了类似现在的省厅一样的机构，称“五百人会议”。五百人会议由各区以抽签方式选出的30岁以上的雅典公民组成，所以与出身、财产和才能全无关系。总共由500人组成的这个机构处理日常政务。五百人会议每月召开数次，每次会议的议长都以抽签的方式产生。

克利斯提尼还将梭伦时代由任期一年的9人组成的政府官员增加到10人，重新命名为“内阁”（stratēgos），该词派生出“战略”（stratēgia）一词，因此内阁成员也叫“国家战略官”。就任国家战略官的10个人每年由公民大会选出，这就是雅典城邦的内阁。

克利斯提尼进行的最后一项改革是被称为“陶片放逐法”的自我净化体系。很显然这是为了防止独裁而制定的。公民可以将自己希望放逐的人的名字写在陶片上，在公民大会上进行投票。每年只要过半数（有一种说法是只要够6 000块陶片），就有权把公民认为其权威和权力将会威胁到雅典的公民逐出国外10年。

但是放逐不会损害该公民的名誉，即使遭到陶片放逐，当事人也不会觉得羞愧。因为他既不会失去公民权，财产也不会充公，只是被逐出雅典后，需要在国外的任何地方住上10年而已。过了10年回到雅典，还有可能当选内阁成员。也就是说，通过陶片放逐法放逐一个被认为对雅典民主政治可能有威胁的人，他和他的支持者因此就有足够的时间冷静大脑。大概雅典人认为头脑要充分冷静下来需要10年时间吧。

不管怎么说，世界史上第一个由普通公民直接参与国政的政体就在这个时期诞生了，后世称之为“直接民主政治”。每一个公民都和权力的行使直接相关。这一时期的雅典，就民主政治在规模和重要性上对他国产生影响的国家中，至今仍然是最早也是唯一的一例。

当时雅典享有权利的人数，即成年男子的人数，有3万到4万人。因为距离雅典路途遥远，或者到海外经商办事而无法出席在首都雅典召开的公民大会的人估计不在少数，能经常出席公民大会的人数据说在1万人左右。

但是，1万也不是个小数目。不难想象，雅典人特有的旺盛的独立意识和擅长辩论的性格，每每使得议事进程十分缓慢。而且1万人是否都具备政治判断力也是个问题。关于这一点，在经过了2 500年后的今天，依然还是个未解的课题，因此深究无益。不过，有关那个时代的希腊人的想法，我们还是来欣赏一下名气仅次于民主政治的陶片放逐的愉快故事吧。

这是在陶片放逐法制定后不到20年的时候发生的一件事。雅典政界大人物阿里斯提德在一个已成惯例的陶片放逐投票现场，被一个男人叫住了。他好像来自远离首都的地方，并不认识阿里斯提德。他递上一块陶片说：

“对不起，能帮我写上阿里斯提德的名字吗？我不会写字。”

阿里斯提德问这个男人阿里斯提德做了什么坏事，那人摇摇头说：

“不知道。我都不认识他长什么模样，只是满世界听人说阿里斯提德是个大人物，是正义之士什么的，我只是听烦了。”

阿里斯提德二话没说，就在男人递过来的陶片上写下自己的名字后还给了他。那一年，阿里斯提德被雅典驱逐出境。

可是没过三年，他就被召了回来，原因是波斯大军打过来了。不用说，回国后的阿里斯提德协助总司令特米斯托克利斯，把雅典率先展开的抗击波斯的战争引向了胜利。有意思的是，波斯战争中的第一功臣特米斯托克利斯的名字后来也加入了陶片放逐法的牺牲者名单中。这个制度于公元前417年被废除，大概雅典人终于意识到这个制度存在许多有违国家利益的缺陷吧。

在雅典，无论多么无知，只要是公民，他的权利都受到绝对的尊重。但是不具备公民权的人则完全没有参政权。住在雅典的所谓非公民通常是指外国人和奴隶。因为工作或其他原因，当时的雅典生活着很多外国人，他们中的大多数是希腊人。他们说希腊语，信仰希腊宗教，有希腊人的性格，和雅典人没有任何区别，只是因为他们出生于雅典以外的城邦，就被和雅典公民区别对待。在雅典，父母必须有一方是雅典公民的人才能享有公民权。后来，到了伯里克利时代，雅典变得更加封闭，父母双方必须都是雅典人，才有资格取得公民权。

在希腊，并非只是雅典有这种倾向，说起来，希腊城邦社会的封闭程度确实出人意料。无论在雅典生活多少年，或生在雅典并将在雅典终老，只要你是外国人，通向公民权的路永远都是封闭的。想想雅典在经济文化领域的自由化程度，这种倾向实在令人不可思议。但是如果要给全体公民同等权利，也许就不得不限制公民数量了。

苏格拉底说过，祖国的法律即使不好也要遵守，为此他拒绝了让他逃亡国外的劝告，而被处以死刑。同是哲学家的亚里士多德则不愿殉法，早早就溜之大吉了。对于雅典公民苏格拉底来说，雅典是他的祖国。但是对于出生地不在雅典的亚里士多德来说，他没有义务为雅典的法律牺牲自己。

在这一点上，罗马也选择了与雅典不同的道路。希腊人普鲁塔克是这样写罗马的：

> 再没有比“同化败者”的做法更能使罗马强大的了。

但是，和公民缴纳同样的税金，非但没有被选举权，甚至连选举权也得不到承认的国家，在当今世界也不少见。

希腊与罗马的不同之处在对待奴隶的处置方式上也可见一斑。希腊的奴隶除了极少数例外，注定终身为奴。相反，罗马的奴隶中有解放奴隶。这一制度规定他们或者用攒下的钱赎回自由，或者在经过长年劳役之后，像获得退休金一样被授予自由。解放后获得自由的原奴隶叫作解放奴隶，其子孙可以获得与罗马自由公民完全相同的公民权。关于这一问题以后再细述。

雅典城邦确立了人类史上第一个民主政体，这一政体一直延续到公元前5世纪。那么在这个时期，与雅典并驾齐驱的希腊城邦的代表之一——斯巴达，实行的又是怎样的政治体制呢？所谓政治体制不是单纯的政治问题，因为选择什么样的政体和选择什么样的生活方式密切相关。

斯巴达

绝大多数的希腊城邦在雅典之后也步入了民主政体的行列。与此相反，斯巴达却坚守着自己特有的政体。

与面向大海的雅典不同，斯巴达位于伯罗奔尼撒半岛的中部，是需要翻过一座座山才能到达的内陆之地。它的居民构成从建国之初就与雅典有所不同。

公元前1200年前后，多利亚人挥师南下，征服了原住民后，建立了城邦——斯巴达。征服者多利亚人没有在斯巴达实行同化原住民的政策。像斯巴达这样，统治阶级和被统治阶级界限分明，并一直保持这种状态的城邦只此一个。在斯巴达，统治者和被统治者的区别不在于有无实力，而在于民族的不同。

首先是征服者的子孙，构成现有统治阶级的斯巴达人，他们是自由公民及其家人，共约1万人，集中居住在市中心。服兵役是这些血统纯正的斯巴达人的唯一工作，参与国政的权利也只有这些人能享有。

其次是从事工商业的阶级，皮里阿西人，他们既不是多利亚人，也不是斯巴达原住民，他们大概是追随征服者多利亚人而来的出生于其他地方的希腊人。

皮里阿西人是自由人，但没有公民权，当然也没有参与国政的权利。不享有公民权的他们自然没有选举权，但是有义务服兵役。古代国家公民权的概念是只要有服兵役的义务，自然就有参政的权利。但是斯巴达的皮里阿西人在服兵役时只能够作为兵卒，所以在军务方面的权利可能也有别于专职的斯巴达人享有的权利吧。

斯巴达城邦种姓制度的最后一个阶层是农奴——黑劳士，他们是多利亚人入侵前的斯巴达原住民。处于希腊青铜器文明中心的他们被使用铁器的多利亚人征服后，甘居农奴地位，虽然不是奴隶，却相当于奴隶。除了结婚，他们没有参政权、私有财产权和裁判权等公民享有的诸多权利，甚至连公民应尽的义务——服兵役——也没有。他们唯一的工作就是在斯巴达人的农场里劳作。

斯巴达人、皮里阿西人和黑劳士的人口比例约为 1∶7∶16。这一人口比例决定了斯巴达的一切。

斯巴达人专事军务而把农业和工商业交给被统治阶级的做法，大概是只占总人口二十四分之一的人口要统治余下人口的一个策略吧。尤其是被统治者中，打上了农奴身份烙印的黑劳士常常处于不稳定的状态。因此，以军事国家著称的斯巴达是从最初出于安定国内的需要而渐渐发展成为军事国家的。

成年后的斯巴达人，服兵役的年限是 20 岁到 60 岁，通常有数千人，极少超过 1 万人。少而精是斯巴达现状的结果。

有公民权的斯巴达人并非一成年便有权出席公民大会，行使自己的一票权。他们必须等到 30 岁才能享有这些权利。公民大会由 30 岁以上的斯巴达人组成。除此之外，还有长老会议。长老会议成员共 28 人，年龄都在 60 岁以上，由公民大会选出，任期为终身。另外加上 2 位国王，长老会成员的总人数是 30 人。

作为军事和政治的最高权力者，斯巴达有两位国王，分别由两家名门望族世袭。两位国王不是轮流执政，而是同时执政，这就是“二头政治”。这种政体与君主制的一位国王统治不同，这种由两位国王共同统治的政体，又叫“两党制”。

即使在全希腊所有城邦都受雅典民主政治影响的时代，斯巴达仍然保持了其独特的政体。不仅如此，在公元前 7 世纪后半叶，来库古进行的改革进一步稳固了这一体制，使得斯巴达的风格更加激进。

与梭伦改革决定了雅典的风格一样，来库古的改革也决定了斯巴达的风格，虽然这两个风格截然不同。

所谓“改革”，实在是一个令人深感恐怖的说法，因为改革失败会置一个民族于死地。即便成功，也会决定一个民族的风格，由此决定一个民族的未来，因此绝不可草率从事。

来库古的改革使斯巴达更加彻底地成为一个军事大国，斯巴达人的日常生活更是以军务为至高目的。

孩子一出生就要经过长老们的检查。经过检查，判断一个孩子是否能健康、平安地长大，被认为不够健壮的孩子当即会被抛弃或沦为奴隶。

被认为有希望成为强壮战士的婴儿由父母抚养到 6 岁，一到 7 岁便要离开父母开始集体生活。他们与同龄人一同生活，按照以培养合格战士为目的的严密计划接受教育。当然，肉体的训练是主要科目。在每四年举行一次的奥林匹克运动会上，想必金牌，不，准确地说是月桂冠，戴到斯巴达人头上的次数一定是最多的。

到了 20 岁，斯巴达人就开始服兵役，一直到 60 岁退役。30 岁之前有义务过集体生活，即使结了婚，晚上也必须回到兵营。

无论是少年的宿舍还是战士的兵营，都没有相应的建筑物，他们都要生活在帐篷里。这样做的目的是为了使斯巴达人可以忍受恶劣的环境。过了 30 岁才被认为是独立公民的斯巴达人，才可以和妻儿一起在有墙有屋顶的室内生活，也只有独立公民才能享有这种权利。

在斯巴达，除了参与国政和服兵役外，男女完全平等。女人和男人一样为了有一个健壮的体格，有义务吃好饭，当然也是为了可以生育健康的后代。为此有严格的体重管理，严禁甜食、酒和美食。和男人一样，女人也必须接受体育教育，并在一次次的运动会上接受检验，成绩优秀的比较容易嫁出去。如果在当时女子也能参加奥林匹克运动会的话，在女子项目上，斯巴达的女子大概要占绝对优势吧。

和男子一样，无论是训练还是运动会，女子都要以裸体进行。大概来库古认为越是掩饰就越容易产生邪念吧。在斯巴达，性生活不过是以生产身强力壮的战士为目的的一种手段，因此，单身会被人蔑视。丈夫战死后，已经养育了子女的寡妇，国家更是鼓励其再婚。斯巴达女人的义务是尽可能多地生育健康的孩子，同时料理好以纺织为主的家务事。

即便是男子，除了适合少年学习的读物外，绝不欢迎内容曲高和寡的书籍和喋喋不休的高谈阔论。至今在意大利仍将沉默寡言的人称为“斯巴达式的”人，斯巴达城邦所在的地方叫“斯巴达式的”地方。在古代斯巴达，夸夸其谈会遭到蔑视，在大会上发言也以简明扼要为佳。

作为斯巴达的战士，别说是埋头读书了，就连心存疑问或浮想联翩都是不被认可的。在广场上逮着一个人就与之辩论，直到对方承认自己的无知才放人走的苏格拉底要是到了斯巴达，一定是他还没收到一个弟子就被赶出去了。对于斯巴达人来说，美德就是勇敢、服从和有爱国心。

但是，建立了斯巴达体制的来库古深知，改革光靠嘴说是不够的，只有到了置之死地而后生的地步，改革才会成功，才会持久。

他废除了之前在斯巴达流通的金币和银币，决定以铁币作为流通货币。因为使用铁制货币，别国商人就不愿前来通商，于是，一切与艰苦朴素的生活无关的东西也就不会再进入斯巴达境内。而艰苦朴素的生活需要的东西在斯巴达境内可以做到自给自足。

从事农业的黑劳士每年只要把自己收获的农产品中的一半交给

斯巴达人就可以了，所以斯巴达人本来就不富裕，又因为使用铁币，他们更是没有了要储存粮食的兴致。但是，无论生活水平多么低下，只要大家都处于同样的水平，也就不会产生嫉妒，自然也就没有富人和穷人之间的阶级斗争。斯巴达因此以没有窃贼而闻名。斯巴达也没有雅典那种摆脱不掉的权力斗争，因此得以在政治上保持了长久的稳定。

由于斯巴达人一切都服从于军事目的，所以其军事力量之强大令人惊畏。尽管军队数量很少，但是其威名甚至远震波斯。在希腊，一提起精锐部队，指的就是斯巴达的步兵军团。

但是，斯巴达除了战士什么都不产。哲学、科学、文学、历史、建筑和雕刻，没有留下任何一样东西。非要说留下了什么东西，那就是一个词——“斯巴达式的”。

但是，在古代，斯巴达有强大的军事力量。随着他们的假想敌雅典实力的不断增强，斯巴达人也渐渐对自己固守斯巴达式山地感到不安。他们开始向外侵略，到了公元前6世纪末，整个伯罗奔尼撒半岛几乎都被斯巴达置于其统治之下。

斯巴达联合所有已经处于其统治之下的城邦，组成了“伯罗奔尼撒同盟”。加入这一军事同盟的条件之一是当斯巴达发动战争时要提供兵力援助，再就是实行贵族政体而不是民主政体。斯巴达没有要求同盟国每年进贡，因为对斯巴达来说，士兵远比金钱更重要。斯巴达把采用民主政体的城邦看作自己的敌人。

公元前500年前后，在多达150个的希腊城邦中，只有雅典和斯巴达异军突起，遥遥领先于其他各城邦。雅典靠的是经济实力，斯巴达倚仗的是军事力量。可是，在这一时期，生活方式截然相反的两强之间并没有发生冲突。如果此时希腊内部发生战争的话，其结果必定两败俱伤，因为大敌从希腊之外袭来。波斯战争开始了。

波斯战争

通过追踪战争是如何进行又是如何处理战后事宜的，我们可以了解到一个民族的风格。人们在讲述历史时多是在讲述战争，这不是说人类依然未能摆脱战争的恶魔，而是战争是讲述历史也是讲述人类的绝好素材。随后要讲到的波斯战争，虽然没有一个罗马人参与，却是理解罗马人的“绝好素材”，因为要理解罗马人，不能不首先理解希腊人。在内讧不断的希腊史上，波斯战争是第一次也是最后一次全希腊团结一致共同对敌的事例。

进入公元前 5 世纪前，成功征服了整个东方的波斯帝国，开始将视线转向西方。波斯扩张其势力的原因有以下两点：

其一是经济上的理由。当时叫爱奥尼亚地区的小亚细亚西岸和横亘在希腊本土之间的爱琴海一带是经济中心，波斯帝国企图把这一繁华地带据为己有。

其二是宗教上的理由。波斯人坚信以道德之神阿胡拉·马兹达为最高神的波斯宗教优于只有和人类同等道德水平的诸神的希腊宗教。波斯人认为信仰优等宗教的民族统治信仰劣等宗教的民族是理所当然的事情。

波斯国王自称其统治权为德高望重的阿胡拉·马兹达所授，因此，他不只是一国之王，而是“众王之王”。从这个“众王之王”的政体来看，内讧不断的希腊城邦，其民主政体低劣至极。波斯人认为救希腊人于水深火热之中是符合神的旨意的。

因此，波斯战争不只是一场出于经济理由的战争，更是一场意识形态的战争。

波斯战争首先在距离波斯最近的小亚细亚西岸爆发，因为波斯国王强迫位于这一带的城邦改民主政体为君主政体。当时的爱奥尼亚地区，经济比希腊本土发达，也进行了政体的改革，甚至比希腊更早实行民主政体。对于波斯国王的强硬要求，以米利都为代表的爱奥尼亚地区予以了坚决抵制。

米利都人向希腊城邦中军事力量最强大的斯巴达请求支援。根据希罗多德在《历史》中对波斯战争的描述，他们是这样请求斯巴达的：

> 爱奥尼亚的希腊人就要沦为奴隶。对于生活在爱奥尼亚的我们来说，这是最大的悲哀，这也是所有希腊人的悲哀，特别是对于你们斯巴达人来说更是如此。你们在希腊拥有最强大的军事力量。我们的身上流淌着和你们相同的血液，我们恳请你们把爱奥尼亚同胞从波斯的暴政中解救出来。

当时，正在和阿尔戈斯交战的斯巴达，对民主政体没有好感，所以没有答应爱奥尼亚民众的请求。最后提供援助的是雅典和埃雷特里亚，这两个城邦和爱奥尼亚同是阿卡亚人，因此关系比较密切。他们共派出了 25 艘战船和相应的士兵，但是这点力量不足以对抗波斯，仅仅不到 4 年时间，爱奥尼亚的希腊人的抵抗就被打垮了。这

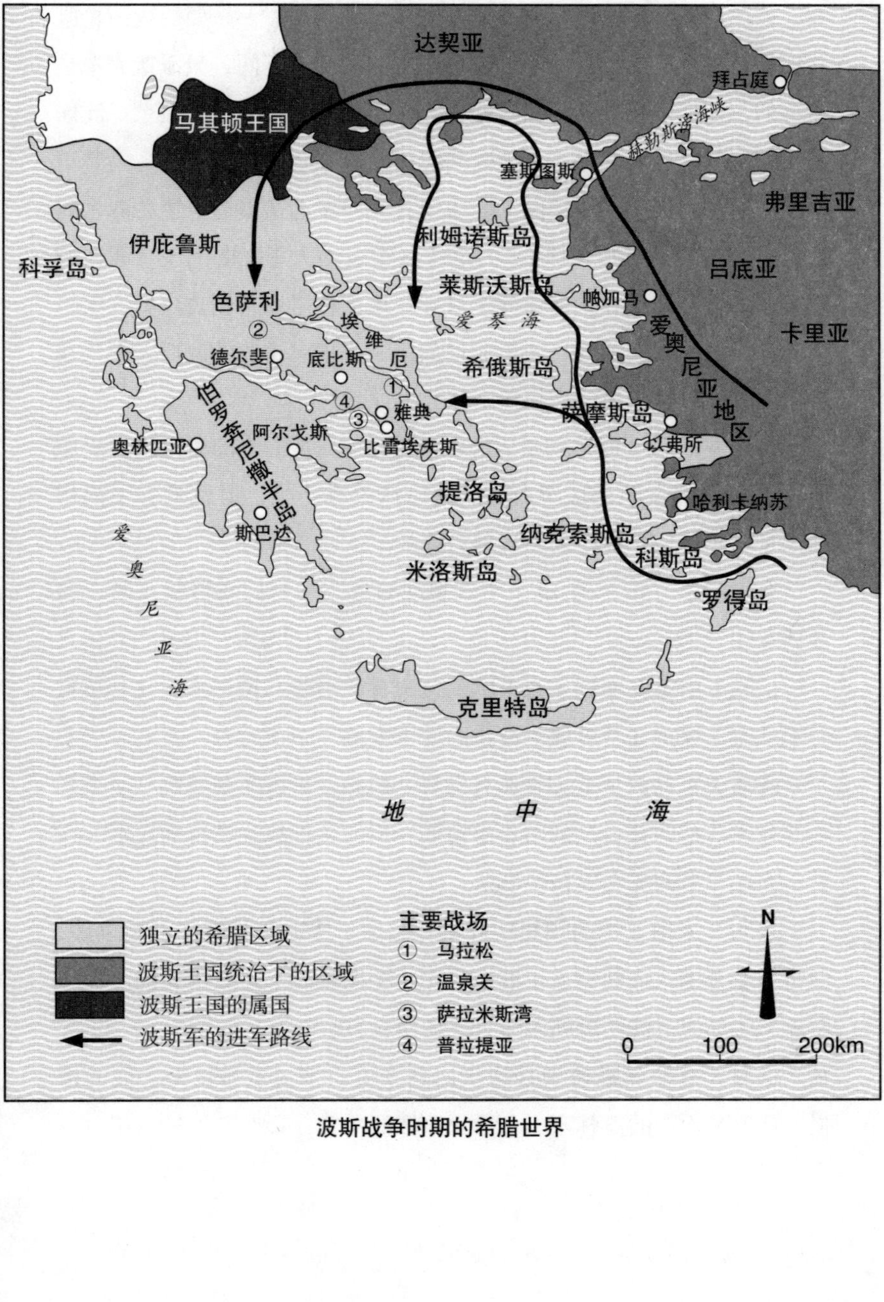

波斯战争时期的希腊世界

一年是公元前 494 年。

爱奥尼亚地区的经历使波斯国王认识到了一点——要想攻占希腊并把其置于自己的统治之下，与征服东方各民族不同，只派遣大军是不够的，还需要巧妙的外交策略，离间希腊各城邦之间的关系。波斯国王深信希腊各城邦将不会采取共同行动。

公元前 490 年，波斯国王大流士首先向援助过爱奥尼亚的两个国家派出了由陆、海军共计 2.5 万名士兵组成的大军，明确表示波斯的敌人是埃雷特里亚和雅典这两个城邦。埃雷特里亚很快被攻破，家园被破坏，公民被卖为奴。随后，把战争矛头指向雅典的波斯大军，在位于阿提卡地区东岸的马拉松平原登陆成功。

接到波斯军攻来的消息，雅典举国震惊。他们立即派出使者火速前往斯巴达请求派遣援军。这次斯巴达没有拒绝，但也没有采取行动。雅典只能依靠自己的力量独自迎战了。

所幸的是，雅典的 10 个“国家战略官”中恰好有极富决断力的米提亚德。

他马上组编并率领 1 万人的重装步兵团前往马拉松平原，并布置海军从海上保护几乎已成不设防的城市雅典。

波斯大军在数量上比雅典有优势。但是，米提亚德采取了一个有效的战术。他明知自己的力量更薄弱，但还是把战线拉得和敌军一样长，而在左右两翼布置精锐部队。

战斗在米提亚德的预想中开始并结束。雅典军尽管中部被攻破，但是左右合围，成功夹击了波斯大军。企图从海上强攻雅典的波斯海军也未能如愿。波斯海陆两军只好撤回东方。

这时，有一名雅典士兵跑步回到雅典，带去了马拉松之战的捷报。这就是现在的奥林匹克马拉松比赛的由来。

在马拉松战役中，雅典方面只有 192 人阵亡，波斯方面的损失要略多一些。波斯大军尽管吃了败仗撤回东方，但主力几乎完好无损。这场战斗的胜负，其意义在于精神。希腊人知道了在东方百战百胜的波斯军也不是所向无敌的常胜军。

但是，没有人认为波斯会就此罢休。对于刚刚战胜波斯军的雅典来说，制定对波斯的战略方针是尤其紧迫的任务。

尽管因马拉松战役的胜利而信心倍增，但是雅典在今后的战略方针上分成了对立的两派：稳健派和激进派。两派的对立除了具体想法上的不同以外，领导两派的领袖个人之间的竞争意识也是对立的原因之一。

稳健派的领袖是阿里斯提德，他曾接受过一个无知的家伙的请求，在陶片上写下自己的名字。激进派的领袖则是特米斯托克利斯。

激进派的想法总是比稳健派来得简单明了。特米斯托克利斯的想法也很简单明了，他主张通过增强军备提高自我防卫能力，强调雅典军事力量的重心应该放在海军上。对此，阿里斯提德并不同意。

特米斯托克利斯为了排挤这个政敌，按照雅典政界的惯例，有效地利用了陶片放逐法。由于收不齐 6 000 块陶片，陶片放逐法无效，因此自然有人要在私底下活动。也就是说，在民主政体下的雅典，想要排除政敌，陶片放逐法是非常有效的一个武器。阿里斯提德在无知且缺乏判断力的家伙递过来的陶片上写不写自己的名字，丝毫也不会影响结果。

利用陶片放逐法成功地挤走政敌的特米斯托克利斯，不必再担心受干扰。他开始把雅典引向自己认定的方向。他把之前从矿山得到的收益由全部分发给公民改为全部上交国库，以确保增强军备所需的财源。此时雅典的造船业已经发展到一年可造三层桨战船 200 艘的程度。到了这一时期，雅典完全超越了迦太基，一跃成为地中海世界实力最强的海军大国。

马拉松战役 10 年后的公元前 480 年，继承了先王大流士遗志的波斯国王薛西斯，亲自率领 30 万大军和 1 000 艘战船，向希腊杀来。

陆军渡过赫勒斯滂海峡（今达达尼尔海峡），经过达契亚、马其顿王国，然后南下。海军也与陆军配合行动，沿希腊海岸线，先向西绕了一大圈，然后一路向南。

雅典立刻进入临战状态，被放逐的人一一被召回。三年前遭陶片放逐而生活在国外的阿里斯提德也回到国内，成为曾经的政敌特米斯托克利斯的副将。

波斯以如此大规模的军队大举进攻，是为了显示波斯的实力，离间希腊各城邦之间的关系。不过，这次斯巴达并没有犹豫不决。

这是一次不同文明之间的对决。在国内以服从为美德的斯巴达人也拒绝服从波斯人的统治。有雅典和斯巴达领头，其他城邦也纷纷响应。在独立性很强而协调性欠缺的希腊，在捍卫希腊人的独立和自由的旗帜下，实现了第一次也是最后一次大团结。

希腊联军的作战方案是雅典人特米斯托克利斯制定的。他认为在色萨利平原迎战波斯大军不利，因此决定把迎战南下而来的波斯大军的第一道防线设在位于希腊中部的狭小且险峻的德摩比勒隘口（直译为温泉关）。斯巴达王列奥尼达率领 300 名斯巴达勇士和 4 000 名伯罗奔尼撒半岛出生的士兵据守此关。另一方面，以雅典海军为主力的希腊联军舰队前往优卑亚海峡，在那里设伏等候敌人的舰队，迎战波斯海军。

战术无懈可击，希腊舰队成功阻止了波斯海军继续南下。

但是，从斯巴达赶来的增援部队未能按时到达。其间，波斯国王为了避免因斯巴达军的顽强抵抗而造成无谓流血，决定放弃从温泉关强行突破的计划，改派精锐部队从山上迂回，从背后向斯巴达军发起进攻。

列奥尼达下令让 4 000 名来自伯罗奔尼撒的士兵撤退。他决定只带 300 名斯巴达勇士死守温泉关。为了颂扬坚持战斗到最后一刻的斯巴达勇士，后人在这里立起一块纪念碑，上面刻着这样一首诗：

异乡的过客啊，
请带话给斯巴达人，
为祖国献身的勇士们，
长眠在这里。

这是斯巴达勇士永远留下威名的悲壮且豪迈的故事。列奥尼达和 300 名斯巴达勇士的牺牲没有白费，因为他们让全希腊知道了连斯巴达人也会为了希腊的自由和独立而殊死战斗，面临危机的统一战线因而不再动摇。

然而，希腊领土的三分之二已经被波斯军征服。边烧杀抢掠边继续南下的波斯大军如入无人之境，不见希腊人阻挡。

一路杀向雅典的波斯国王薛西斯进入的是空无一人的雅典城。这里既没有奋起抵抗的士兵，也不见四处乱窜的女人和孩子，只有被气急败坏的波斯兵破坏的帕台农神殿高高扬起的烟尘飘荡在无人的雅典上空。

这正是特米斯托克利斯的战术。对他来说，尽管希腊领土的三分之二失去了，但是希腊的重装步兵和舰队还未上阵。他确信对于擅长陆地作战的波斯军来说，把胜利寄托在海战上，把握会更大。

因此，为了让雅典战士在保卫首都的战斗中无后顾之忧，他把雅典所有居民都送到了萨拉米斯岛上避难，然后满载士兵的舰队驶向萨拉米斯的海面上待命。

雅典士兵从船上看到了熊熊燃烧的雅典城，听到了波斯士兵肆无忌惮的叫喊声。他们个个义愤填膺，摩拳擦掌。这一切都在特米斯托克利斯的预料之中。

波斯军队因未费吹灰之力就占领了雅典城而自鸣得意。他们接到了国王薛西斯的命令，又向海上的雅典军发起了进攻。在胜负决出之前，他们感觉时间很长，而实际上却很短。迎战他们的雅典重装步兵和海军士兵的攻势非常猛烈。波斯国王薛西斯站在海岛上从头到尾目睹了自己军队彻底的失败。

历史上著名的"萨拉米斯海战"只用了一天的时间便宣告结束。薛西斯国王一路逃回波斯首都苏萨，爱琴海上从此不见了波斯的舰船。

第二年，波斯军再次挑起战争，以期一雪前耻。雅典在特米斯托克利斯的指挥下，再次采用海上作战的战术，雅典城内又一次唱起了空城计。这一次，希腊的其他各城邦行动也很迅速。波斯军沿着上一年的路线一路南下，总指挥斯巴达王普萨尼亚斯指挥 5 万希腊联军在底比斯附近的普拉提亚野外迎战。战斗异常激烈，最后以希腊获胜而结束。波斯军队和上一年一样，渡过赫勒斯滂海峡，逃回小亚细亚。

同年，希腊转守为攻。以雅典海军为主力编组而成的希腊联合舰队向东越过爱琴海，攻打小亚细亚。在陆战和海战中，希腊人都取得了辉煌的胜利，在其他地方也是节节胜利。至此确立了雅典人在海上、斯巴达人在陆上的绝对霸主地位。

波斯战争于公元前478年结束。米利都、以弗所以及历史学家希罗多德的故乡哈利卡纳苏等爱奥尼亚地区诸城邦回到了希腊人的手中。对希腊人来说，爱琴海再次成为自己的内海。

霸权国家雅典

尽管大敌波斯败退了，但是没有人认为威胁已经解除。对于迟早还会再来犯的波斯军队，希腊各城邦一致认为有必要建立一个永久的防御体系——“提洛同盟”由此诞生了。

同盟的主导权理所当然由雅典掌握，因为在波斯战争中起决定性作用的是雅典的海军。参加提洛同盟的除了希腊本土的城邦，还有爱琴海诸岛和爱奥尼亚地区的城邦，提洛同盟是一个有200多个城邦参加的联合体。这也充分表明当时希腊城邦的数量之多。同盟本部设在提洛岛，因为这里有供奉希腊民族共同爱戴的阿波罗神的神殿，提洛同盟的名称也由此而来。

参加同盟的各国拥有完全的内政和外交自治权，义务则根据各个城邦的实力不同而有所区别。同盟的主要参加者雅典和莱斯沃斯、希俄斯、萨摩斯、纳克索斯诸岛的城邦有义务提供战船和战士，其他城邦只需负担军费。同盟国提供的经费存放在提洛岛上的阿波罗神殿内。而同盟会议的议长权、同盟舰队的最高指挥权和资金的支配权由雅典一手独揽。

就这样，有了大规模常备海军的希腊的制海权不再局限于爱琴海，而是扩张到了小亚细亚南岸和塞浦路斯岛。波斯海军被压制在本国沿岸。地中海东半部分成了海上力量本来就强大的希腊人的内海。

但是，提洛同盟未能改变希腊人缺乏协调性的特点。一年前在波斯战争中表现出来的团结精神，未能保持下去。斯巴达不满雅典独掌主导权而拒绝加入同盟。斯巴达一边藐视因提洛同盟的结成而取得霸权的雅典，一边强化自己的伯罗奔尼撒同盟。

获得波斯战争胜利后的希腊，就这样，在海上雅典越来越强大，在陆上斯巴达越来越强大。这两个强国之间的冷战状态，在公元前431年伯罗奔尼撒战争爆发之前，持续了47年。与军事国家斯巴达不同，对于工商业国家雅典来说，这一时期应该是他们向往的和平时期。

大敌当前时团结一致打败了敌人之后的希腊，很快分裂成提洛同盟和伯罗奔尼撒同盟两大阵营。同样，在举国一致取得胜利后的雅典，摆脱不掉的政治斗争又开始了。这次的主人公还是特米斯托克利斯和阿里斯提德。

特米斯托克利斯的想法依然十分明了。

敌人是波斯，能够抵御敌人的决定性力量是海军，因此，特米斯托克利斯主张有必要今后继续加强海军力量，而且他还认为今后绝对不能再用空城计来对付波斯。因为若每次敌人一来就逃往海上的话，总有一天这个战术会失去作用。于是他想到了把雅典城区和比雷埃夫斯海港有机地连在一起的办法，那就是为了确保从雅典到比雷埃夫斯的通行安全，在道路两侧建起高高的城墙。

特米斯托克利斯坚信，对雅典来说，大海才是出路。为了更有效地利用驻扎在比雷埃夫斯海港的海军，有必要把雅典和比雷埃夫斯完整地连为一体。

要想得到雅典公民的同意并不困难，但是特米斯托克利斯的眼光看得更远。他认为敌人不只是波斯，和斯巴达之间的对决不可避免，因此，他还想把雅典已经得到的霸权伸向伯罗奔尼撒半岛。他暗示斯巴达统治下的伯罗奔尼撒半岛上的各城邦，只要它们建立民主政体，雅典将不遗余力地给予支持，以此调唆它们脱离斯巴达，促使斯巴达为盟主的伯罗奔尼撒同盟解体。

特米斯托克利斯还向斯巴达国内的被统治阶级——黑劳士——展示民主政体下的自由，鼓动他们起来暴动，试图从内部瓦解斯巴达的力量。

为了推行自己的这一系列政策，特米斯托克利斯需要更大的权力。虽然作为波斯战争中的第一功臣，他的威望很高，但是仅此一点远远不够。为了强化自己的权力基础，特米斯托克利斯许诺要厚待属于雅典第四等级的公民，试图以此来获得他们的支持。尽管没有财产，但是在波斯战争中作为海军起到了决定性作用的这些公民，因为胜利而意气风发，同时对指挥者特米斯托克利斯尊敬有加。只要把他们全部拉拢过来，特米斯托克利斯的权力可以说万无一失了。

然而，他的这一做法刺激了以阿里斯提德为首的稳健派。雅典的稳健派非常担心特米斯托克利斯的想法和做法会危害到自己所属阶层的利益。

于是，以阿里斯提德为首的雅典稳健派开始指责特米斯托克利斯，说他忘了大敌波斯，而敌视友邦斯巴达。为了将特米斯托克利斯赶下台，他们很自然地利用了陶片放逐法。大概这次不管谁来求阿里斯提德，他也不会在陶片上写下自己的名字了吧。

大败波斯大军后，仅仅过去 7 年之后的公元前 471 年，特米斯托克利斯被逐出了雅典。

即便如此，倔强的特米斯托克利斯依然没有停止告诫人们斯巴达的危险性。但是他提倡的反斯巴达主义，不仅是雅典，其他城邦也不接受。对他们来说，危险的不是斯巴达，而是特米斯托克利斯。危险人物甚至失去了安居之所，特米斯托克利斯最终向波斯请求避难。

波斯国王已经是因特米斯托克利斯而吃尽苦头的薛西斯的儿子。他礼节周全地欢迎前来避难的曾经的敌帅。在波斯，特米斯托克利斯受到了优厚的待遇，无须担心生活。然而在迎来亡命生涯第 10 年的公元前 460 年，这种平静的日常生活也难以为继了。

因为波斯国王提出要聘请他担任攻打雅典海军的波斯海军总指挥。

特米斯托克利斯很难拒绝在绝境中帮助了自己的波斯国王，又不愿意把矛头指向自己的祖国，时年 70 岁的他最终选择了服毒自尽。早在雅典和斯巴达开战前 40 年就已经预计到这两国将难以共存的男人的一生就这样落下了帷幕。

从驱逐特米斯托克利斯到他在波斯服毒自尽为止的 10 年里，雅典一直处于稳健派的统治之下。阿里斯提德正值盛名之时却隐退了，继承其领袖地位的是客蒙。客蒙是马拉松战役的胜利者米提亚德的儿子，也是一位优秀的海军将领。

特米斯托克利斯下台后的雅典，其战略只针对波斯。为了贯彻这一点，还对经济陷入危机的斯巴达提供过援助。

但是，就在特米斯托克利斯自杀的上一年，客蒙也遭到了陶片放逐。因为这时的雅典，激进派再次抬头。卷土重来的“自由公民”们并没有想把特米斯托克利斯请回国，毕竟 10 年的空白期太长了，而且雅典激进派有了新的年轻领袖，年龄只有特米斯托克利斯的一半。从此，历史上著名的伯里克利时代拉开了帷幕。

伯里克利时代

让民主政体发挥作用的，并不一定是民主主义者。

伯里克利出身于雅典的名门望族，拥有真正意义上的贵族性格——思想自由。

稳健派的客蒙遭陶片放逐被赶下台后，取而代之的是伯里克利。那一年是公元前 461 年，伯里克利当时的年纪在 35 岁左右。客蒙遭放逐或许与他脱不了干系，我们猜测他很可能暗中参与了这一事件，因为在客蒙被逐出雅典后不久伯里克利就上台了。拥立他的不是他自己代表的阶层，而是立场相对立的阶层。在获得权力以后，伯里克利并没有让权力只是服务于贵族阶层。

前面已经提到过，雅典城邦的最高执行机构由 10 位“国家战略官”构成。这 10 个人每年由公民大会选举产生。在雅典，掌握了国家政权意味着此后若干年将连续当选“国家战略官”，并且有可能出任最高执行机构的议长一职。

伯里克利做到了这一点。那么为什么只有他能做到这一点呢？

雅典民主政治是通过克利斯提尼改革实现的。伯里克利把雅典的民主政治贯彻得更加彻底。他规定除了必须拥有聪明才智和实践经验的军队和财政的重要负责人之外，其他所有政府官员、行政和军队的负责人统统在公民大会上通过抽签产生，还规定了所有这些公务员在担任公务期间政府要向他们支付日薪。

在这个当时颇具影响力的国家实行的抽签与日薪相结合的做法，成了历史上最早的直接体现民主政治的例子。它的思想十分完美，在当时是绝无仅有的。

理论上，之前的雅典也给了全体公民平等参与国家政治的权利。但是，他们面临的现实问题是需要用自己的双手去获取每天的口粮。所以对他们来说，即使当选了政府官员，也无法全心全意地从事公务。因为所有公职都是无偿的，而伯里克利却很好地解决了这一问题。

于是，无论在比雷埃夫斯港的造船厂工作的工人，还是只有少量土地的贫苦自耕农，或者是在雅典的海军船上工作的船员，都具有了名副其实的参政权利。由于无产者的参与，这一时期的雅典民主政治达到了巅峰。

伯里克利免费向公民开放了当时雅典公民最主要的娱乐场所——剧场，经费从国库中支出。

他还着手实施宏大的再建工程——要在波斯战争中遭破坏后尚未修复的雅典卫城原址上，建起比以前更漂亮、更壮观的神殿和剧场。公民对于他把国民的钱花在这类事上很不满，反对声一浪高过一浪。对此伯里克利没有采取回避的态度。他说：

“知道了。以后的工程费就从我的私有财产中支出。但是，我有一个要求，要在帕台农神殿的正面刻上我伯里克利的名字，大家没意见吧？”

这样一来，反对伯里克利的人无话可说了。以帕台农神殿为中心的雅典卫城一点一点地展现出了壮丽、堂皇的面貌，令来自外国的游客赞不绝口。外国游客的赞叹声越多，雅典人的自豪感也就越强。

伯里克利从进入雅典政界的这一年起，在长达30年的时间里，几乎年年当选“国家战略官”，并且大部分时间被选为议长。

雅典公民特别容易妒忌别人的成功，更何况雅典政界还有一个排除政敌的特殊方式——陶片放逐法。对于权力者来说这是一把双刃剑。但是伯里克利从来没有想过要废除这一方式。令人惊奇的是，在长达30年的时间里他竟然一次也没有被放逐过。

一位无作为的领袖有可能遭到离弃，却不会下台。但是伯里克利不是一位无作为的领袖。在希腊历史上，在民主政体下，能够连续30年大权在握的人，他是仅有的一个。也许正因为他不是民主主义者，所以他才能更好地利用民主政体吧。

对于自己施行的政策被指责为哗众取宠，伯里克利丝毫不在意。根据某些历史学家的说法，据说他还花钱买选票。究其原因，都是出于他对权力的热衷。伯里克利就像出色的演奏家渴望拥有称心如意的乐器那样，把强大的权力看作不可或缺的东西。

那么在当时的雅典，把只有由一个人拥有的权力完全变成自己的东西后，伯里克利奏出了怎样的“乐章”呢?

在雅典，作为无人质疑的激进派头目，伯里克利不仅没有废除阿里斯提德、客蒙等稳健派的做法，甚至还沿袭了他们的思路。他利用海军掌握制海权，以确保并扩大雅典市场，从而增强雅典的经济实力。为了实现这一目的，他努力维护与波斯、斯巴达之间的友好关系。

同时，他也继承了特米斯托克利斯提出却未能实现的政策。他也把斯巴达看作与波斯一样的假想敌。出于这一想法，他从不放弃寻找对付斯巴达的方法。他的策略是一方面尽可能避免和斯巴达之间的较量表面化，同时在这一时期想方设法削弱斯巴达的力量。为此，他和特米斯托克利斯一样，不择手段。

但是，伯里克利和特米斯托克利斯不同，他是一位不同寻常的政治家，同时也是一位有非凡学识的人。伯里克利野心勃勃，他理所当然要把雅典建设成为名副其实的希腊第一城邦。

伯里克利领导下的雅典，对于外来人，不问职业，只要是才智过人的人，尽管不授予他们公民权，一律以“内需”的名义酬谢他们。于是，哲学家、历史学家和艺术家等纷纷来到雅典，对他们来说，这是一条成功的捷径，因为在雅典获得承认意味着飞黄腾达的将来。希腊哲学中心从其诞生地爱奥尼亚转移到雅典就是在这个时代。雅典在政治、经济、海军力量以及文化方面成了希腊的代表性城邦。后世的我们满怀遐想和敬意提起的“希腊文化”时期就是指伯里克利统治希腊的 30 年里达到鼎盛的、先后持续不到 200 年的时期。

同时代的历史学家修昔底德告诉我们，伯里克利曾经说过这样一些话：

> 我们雅典人无须羡慕任何其他国家的政体。我们的政体不是模仿他国得来的。我们的制度要成为别人的模范。我们的政体之所以称为民主政体，是因为政权在多数公民手中，而非少数人手中。
>
> 在这一政体下，每个人在法律上都是平等的；担负公职的人能够得到的荣誉，不是因其出身，而在于他的努力和贡献。任何人，只要他能够对国家有所贡献，绝对不会因贫穷而默默无闻。
>
> 我们的日常生活和政治生活一样，享有充分的自由。雅典公民享有的自由程度之高，甚至连怀疑、妒忌都是自由的。……尽管如此，我们可以享受各种娱乐，丰富我们的精神世界，忘却日

间劳作的辛苦。每年在规定的日子里举行各种比赛和祭祀，不忘让我们的居所变得更加舒适。……

在教育制度上，我们的竞争对手（隐指斯巴达人）从孩提时代起，即加以最严格的训练，使其成为勇敢的人，而在我们的国家里，对孩子的教育没有他们那样严酷。但是，当危机来临时，我们表现出来的勇气不在他们之下。

我们不学习他们通过非人的残酷训练来应对考验，我们用每个人具备的能力，即决断力，来应对考验。我们的勇气不是产生于法律的要求，而是源于每个雅典公民在日常生活中各自的行为准则。……

我们爱美，但我们有度；我们尊重智慧，但绝不迷恋于此；我们追求财富，但我们只会尽可能地利用它，而不以此炫耀。在雅典，贫穷不可耻，可耻的是不为脱离贫穷而努力。

我们尊重个人利益，却是为了更加关心公共利益。这是因为在以追求个人利益为目的的事业中表现出的能力，同样可以服务于公共事业。在雅典，一个不关心政治的人，我们不会认为他爱好和平，我们认为他不具有公民的资格。

…………

总而言之，我们的城邦雅典在所有方面都是全希腊的榜样。我们每一个人都是雅典公民具有的荣誉、经验和德行的结合体，也就是说具有完整的人格。

这一切不是自我吹嘘，而是事实。因我们的思想、我们的生活方式而变得强大的现在的雅典证明了这一切。

上面的话虽然有夸张的成分，却是无人能反驳的实情，甚至完全可以作为自由主义者的“圣经”。历经 2 500 年，人类应该有了很大的进步。但是，生活在 21 世纪的我们，究竟有没有一位领导人能像伯里克利一样做简洁明了又体面的演讲呢？

从遥远的罗马来到希腊，在希腊逗留考察了近一年的三个罗马人看到的正是伯里克利时代的雅典。

社会上公认的“伯里克利时代”，指的是公元前 460 年至前 430 年的 30 年。而落后的罗马元老院三位元老为了考察先进国家希腊，在希腊逗留的时间据说是公元前 453 年到前 452 年的一年。

伯里克利时代到了最后一年，雅典和斯巴达之间战争的导火索终于被点燃，伯罗奔尼撒战争开始了。这是在公元前 431 年以后的事情，距离罗马人到访希腊已经过去了 20 年。正是从这个时候开始，被认为坚如磐石的伯里克利的权力也蒙上了阴影。罗马人没有看到在反对派射人先射马的策略面前，伯里克利为了爱女不被关进监狱而卑躬屈膝的情形。

也就是说，考察团的三个罗马人看到的是伯里克利在一片拥戴声中执掌政权时的雅典，看到的是可以随心所欲地指挥雅典人、一个接一个地实现自己的想法、像闪耀着光芒的大理石神像似的伯里克利。

通常我们会以为这三个罗马人一定会被伯里克利时代的雅典深深吸引，并成为雅典民主政体的拥护者，认为自己的国家应该引进这种政体。因为不需要伯里克利介绍，他们眼前看到的外国人的榜样——雅典人的生存方式产生的结果就是雅典繁荣的景象和他们强大的力量，甚至连波斯也自叹弗如。

但是，罗马没有模仿雅典，也没有模仿令强大的雅典时刻不敢放松警惕的斯巴达。

到一个开始进入衰退期的国家去，并把这些国家出现的问题当作反面教材是任何人都能做到的。但是，考察一个正处于鼎盛期的国家，却不学习它的优点不是一般人能做到的。这次考察不是大学生的毕业旅行，而来的是既有丰富实践经验又有一定阅历的元老院元老。和公元前 5 世纪中叶的希腊的接触，引起这些罗马人思考的不正是有别于要模仿的东西吗？

遗憾的是，找不到任何史实可以告诉我们，在希腊逗留的一年时间里，三个罗马人看到了什么，想到了什么，回国后又做了怎样的汇报。甚至对这一时期的罗马做了最详细描述的历史学家李维也只留下这样一句话："派遣考察团的目的是为了抄写著名的梭伦之法，了解希腊各城邦的现状、法律以及产生法律的过程。"关于他们回国后的情况也是一笔带过，只写了包括回国后的三个人在内的十人委员会（也叫十人团）编写了《十二铜表法》。当然也有一种可能，也许这三个人写过些什么，只是后来被遗失了。因为公元前 390 年凯尔特人攻下罗马的时候，罗马曾经陷入一片火海，据说很多史料都在这个时候被化为灰烬。不管怎样，要想找出三个罗马人关于考察希腊的只言片语，实在是难上加难。

但是，我们与学者、研究者不同，他们写历史必须有确凿的史料依据，而我们只是非专业人士。非专业人士有推测和想象的自由。

更何况我有自己的看法。我认为不模仿不表示没有受到影响。相反，不模仿难道不正表示他们受到了很大的影响吗？如果前去考察的是缺乏观察力和洞察力的人，那自然是另当别论。可是，罗马考察团的三个人从他们的先后政绩来看，无疑都是极优秀的人物。

自由和秩序的并存是人类永恒的课题之一。没有自由，就没有发展；没有秩序，也得不到持续的发展。然而这两者又是互相排斥、互不相容的矛盾体。要让这二者在现实生活中并存，是极其重要的政治命题。雅典和斯巴达虽然方法各不相同，却都解决了这一命题。考察公元前 5 世纪中叶的这两个城邦，即使不是罗马人，我想也都会受益匪浅吧。

那么，这三个罗马人看到的当时的斯巴达和雅典又是怎样的呢？

以军事为立国之本的斯巴达一定让税制等于军制的罗马人感到一种亲近。斯巴达人非常看重质朴和刚毅，而罗马人在 200 年后依然坚持把质朴和刚毅视作美德之本。仅此一点就足以让罗马人生出许多共鸣吧。

但是，斯巴达社会太故步自封了，不只是体现在与别国的关系方面，甚至在国内，各阶级的情况也是如此。斯巴达的这一国情在建国伊始就开始与其他部族互相融合的罗马人眼里，显得格格不入。

在军事方面，斯巴达的军事体制是以培养专业士兵为至高目的。相反，罗马士兵的生活和普通人几乎完全一样。虽然在罗马，服从也被认为是一种美德，但不是斯巴达那种涵盖全部生活的原则。在斯巴达，贪恋私有财产会遭蔑视，但罗马的法律从一开始就是以保护私有财产为目的而制定的。

也许罗马人认为，维持秩序无须像斯巴达那样剥夺一切自由，保卫国家也不必像斯巴达那样倾全力培养士兵。

我想，他们或许也注意到了斯巴达人的生活方式很适合防守，却容易阻碍发展。斯巴达虽然有秩序，却没有精神上的自由。

另一方面，在雅典，虽说有伯里克利本人的引导作用，但是他们的确看到了整个社会散发出的自由和秩序并存的精神。

当时的罗马虽然处于共和政体时期，但是与曾经的雅典一样，平民阶级正在迅速崛起，而考察团的希腊之行正是因为难以拒绝他们编写成文法的要求。公元前5世纪中叶的罗马与克利斯提尼时代的雅典极其相似。也就是说，即使实行雅典式的民主政治也丝毫不会令人觉得奇怪。然而，此时的罗马却让那些进步主义的罗马史专家非常遗憾地写下了“与实现民主政体的绝好机会擦肩而过”。

在雅典逗留了整整一年时间的三个罗马人一定有很多机会接触并观察到伯里克利的言行举止。看到了伯里克利卓越的才能，三个罗马人深切地感到人世间像他这样的非凡人才实在太少。然而，我在想，深感这一点的他们一定也看到了民主政体作为一个体系的弱点，那就是，必须有伯里克利这样的人物才能充分发挥体制的优越性。

公元前5世纪中叶的这个时期，三个罗马人没有看到20年后的伯里克利之死，也没有看到把伯里克利死后的雅典逼向灭亡的“群愚政治”。谁都清楚，在公元前5世纪中叶的雅典，自由和秩序得以并存，完全有赖于伯里克利的力量。

和伯里克利同时代并留下了《伯罗奔尼撒战争史》的历史学家修昔底德对伯里克利时代的雅典做的评价是：

> 表面上看实行的是民主政体，实际上是一个独裁的国家。

修昔底德认识到了这一点，而当时的三个罗马人也不见得没有认识到这一点。对于善于观察的人来说，没有什么东西可以逃得过他的眼睛。

罗马人因憎恶独裁而推倒王政后，确立共和政体还不到半个世纪，所以，罗马人对独裁有些神经质也很自然，即使施行独裁政治的人是一位具有超常平衡能力的人。独裁政治有很多缺陷，首先与施行独裁政治的人的个人能力密切相关。不知为什么，拥有超常能力的人极少连续出现。其次在于缺少监督机制，即使行为邪恶也无计可施，这是独裁政治的最大缺陷。

三个罗马人也许发现了伯里克利时代光芒四射的雅典民主政体其实也有阴影。这或许就是考察了处于鼎盛时期的雅典，却没有把雅典的“法”——也就是政体——照搬过来的理由吧。

了解希腊之后

至此，我非常希望接下来要写的罗马终于确立了自由和秩序并存的先进政体，既不同于重秩序的斯巴达，也不同于重自由的雅典。然而，史实并非如此。其后的罗马直到公元前 367 年，在漫长的 80 年里始终处于摇摆不定的状态，贵族和平民之争一直没有得到有效的遏制。造成这种情形的要因可以列举如下几个：

第一个要因大概要归咎于作为农牧民族的罗马人自古以来的保守性格吧。罗马人本能地厌恶改革，即使到了非改革不可的时候，进展也很缓慢。一旦改革成功，就不会轻易改变。因此，他们与希腊人相比，发展的速度也很缓慢，但是一旦开始发展了，又能保持长期的持续性。即使进入衰退期，大概也会是慢慢衰退的。

第二个要因是罗马贵族抗争的态度非常强硬。和雅典贵族不同，罗马的贵族阶级拥有强大的力量，足以和平民阶级一决高下。关于这一点将在后面细述。

第三个要因我想可以概括为这样一种情形：尽管罗马平民强烈要求少数人统治的政体下的机会均等，但是他们并没有要求改变少数人统治的政体，即寡头政治。尽管他们要求授予自己的代表以统治的权力，但是他们并没有要求让平民阶级的所有人都参与政务。

公元前 509 年，推翻王政后的罗马人高调宣布：罗马人自由了，罗马人绝不会让国王再次骑到自己头上了，由此开始了共和政制的新时代。接下来的一段时间里，罗马人在与支持图谋王政复辟的最后一位国王小塔克文的伊特鲁里亚人之间的战争中，以及在与伺机把刚刚诞生的共和政体罗马连锅端的邻近各部族之间的战争中度过。为了抵御这些外敌，这一时期的国内自然而然地处在了举国一致对外的形势之下。

其间，最后的国王和他的儿子们相继客死在亡命地或战死在战场上，王室没有了后继之人。而邻近各部族也在罗马军的顽强抵抗面前再次收敛起来。罗马暂时成功地渡过了新生期被侵扰的危机。

然而，与此同时，共和政体下的罗马出现了新的严重矛盾，那就是在以后长达一百多年的时间里，把罗马社会一分为二的贵族与平民之间的对立关系。

通常我们认为共和政体要比国王政体先进，可是为什么共和政体下反而会出现国王政体时代没有过的这类阶级矛盾呢？首先，从下面的图解来看一下这两种政体的权力构造有什么不同。

罗马国王是终身制的，由公民大会选举产生，经元老院确认同意。一位国王只要在王位上坐上三四十年，势必与元老院的关系变得很松散，权力的独立性也会很高。因为元老院的职责只剩下向国王提

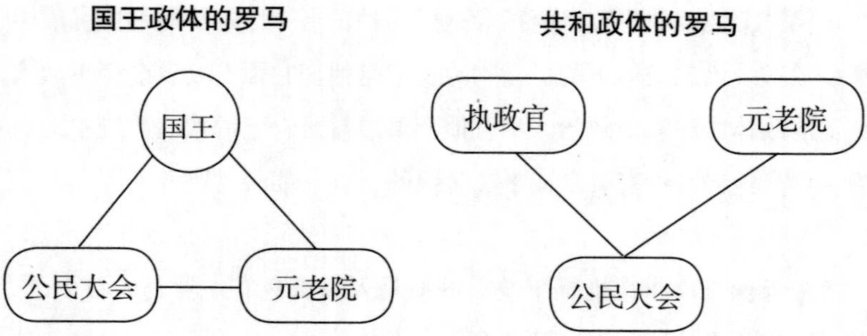

建议和劝告了。与此相反，所有罗马公民都可以参加的公民大会，因为有权对国王施行的政治策略和军事行动投票赞成或反对，从而维持了他们与国王之间的关系。

因此，国王政体的权力构造呈三足鼎立。三足鼎立的构造非常稳定，这也是我们的日常生活中三条腿的桌子总是很常见的原因。

但是，进入共和政体后的罗马，权力构造发生了变化。由两位执政官同时执政取代以前的国王，尽管可以多次当选，但每次的任期都是一年。两个人同时执政的目的当然是为了防止独裁，但任期只有短短一年的两位执政官除了祭祀，还承担所有以前由国王负责的工作，因此，他们需要具备相当强的能力和成熟的思想。而年年选择两位执政官的，就是由各派势力首脑组成的团体——元老院。

于是，执政官和元老院之间的距离自然是逐年缩短，渐渐地，三足中的两足出现重叠，直至合二为一。至于公民大会，虽然它的权力和以前一样，但是在罗马共和政体的权力构成从三足鼎立变成二足并立后，他们迟早会产生不安全感。这也是为什么我们在日常生活中从来也见不到两条腿的桌子。因为这一不安定的因素，所以罗马国内出现了王政时代没有过的这一结果。

共和政体诞生之初的十几年里，罗马不得不举国一致共同对外。但是与此同时，罗马的平民阶级也认识到了自己的力量。他们意识到，没有他们的参战，无休止的战争既不能取胜也无法坚持下去。

几乎连年不断的战事使他们不得不长时间地离开他们工作的农田、牧场、施工现场或商店，直接导致了平民阶级的经济状况越来越差。另一方贵族阶级有大片的农田、牧场做后盾，即使不劳动，经济也不至于很快衰退。因此，经济上的理由就像一根导火索，导致罗马平民阶级起来反抗贵族阶级。

有一天，古罗马广场来了一位平民老人，此人年近60岁，快到服兵役的上限年龄了。只见他身上穿着破衣烂衫，神情极度疲惫。从他被长长的头发和凌乱的胡子遮住的脸上看，他既不像是要饭的，也不像是奴隶。他那穷困潦倒的模样吸引了聚集在古罗马广场的人们。人们关切地问他怎么回事，老人紧闭的双唇终于慢慢地张开了。

他说为了保卫祖国罗马，曾经参加过无数次战斗，还当过百夫长。于是，人们就有了疑问：既然这样，为什么现在这样落魄呢？对于这个问题，老人的回答是这样的：

他曾经有一些农田，因为那里变成了战场，农田和家毁于一旦，没有烧死的家畜被偷被抢。为了重建家园，他不得不借钱。借款的利息非常高，而收获也不像预期的那样，少得可怜。实在没钱还债，所以根据法律，他就成了债权人的私有物。虽然是罗马公民，却落了个农奴身份，债主使用他比使用奴隶还狠。

说着说着，老人脱去身上的衣服让大家看他的身体。身上除了刀伤显示他曾经是一名战士外，还有数不清的鞭痕。

顿时群情激奋，他们一齐涌向位于古罗马广场一隅的元老院会场。两位执政官力劝大家镇静，但是没有一个人听得进去。为了商议对策，紧急召集元老院元老开会。但是吓得浑身发抖的元老们躲在家里不敢前来。由于参加者没有达到规定的人数，临时会议未能举行。

罗马城内充满了革命前夜的气氛。就在这时，传来了外敌来袭的消息。执政官们没有时间细细地思考对策，无奈之下，执政官之一的塞尔维利乌斯发布了一则通告，试图和平民达成妥协。

> 无论是谁，不得用禁闭或锁链阻止罗马公民响应执政官的号召自愿参军，不得在罗马公民执行军事行动期间出售或没收他们的私有财产。

对此，平民欣然接受，甚至有更多的平民响应执政官的号召加入军队。战斗以罗马的胜利而告终。接下来发生的另两次和不同部族之间的战斗也以罗马告捷而结束。

凯旋的罗马士兵想当然地认为塞尔维利乌斯发布的通告很快就要变成法制。然而另一位执政官阿庇乌斯·克劳狄乌斯拒绝同意这则通告的合法化，原因是塞尔维利乌斯事先没有征求他的意见。罗马执政官的权限规定任何决策必须两位执政官意见一致才能生效。元老院的大部分人大概已经忘记了被蜂拥而至的群众吓得不敢露面时的恐惧，赞成克劳狄乌斯依法行使否决权。

事态发展至此，民愤激昂，再也没有人响应执政官的号召，一致对敌，共同抵抗再次来犯的外敌。他们固守在埃斯奎里山和阿文庭山，拒不出来。这是罗马历史上最早的罢工运动。

元老院被迫认真讨论起对策来。平民的态度已经非常明朗，他们要实施罢工。对此贵族一次次地进行了商议，出现了斗争派和协商派。结果，以克劳狄乌斯为首的斗争派占优势。在这种情况下，只好由元老院做出裁决，最后决定推举一名独裁官。

推举独裁官意味着事态已经相当严重。虽然独裁官的任期只有短短6个月，但是对于他的决定，即便是执政官也无权提出异议。这是只有共和政体的罗马才有的一种制度。当罗马出现紧急事态时，推举独裁官，把平时两位执政官共享的权力集中到一个人手中，以此渡过危机。公元前501年，罗马在对萨宾人的战斗中曾经有过先例。

但是，这次的事态与公元前501年的那次不同。这一次独裁官的任务不是排除外敌，而是平定国内的动乱。因此，这次任命的独裁官没有从拒绝向平民阶级妥协的斗争派中产生，而推举的是与平民相处极其融洽的瓦莱利乌斯家族的马尼乌斯。他是第一代执政官“亲民者”瓦莱利乌斯的弟弟。

要让平民放弃罢工，这就足够了。在独裁官瓦莱利乌斯的号召下，平民走下山冈积极响应，很快就完成了10个军团的编组。

罗马人一方面对其他民族很宽容，另一方面又有很强的共同体意识。他们只要团结起来共同作战，要取得战斗的胜利并不困难。这次战斗同样取得了胜利。任期结束后的瓦莱利乌斯辞去独裁官的职务，他把权力交还给执政官后，提出了一项提案，禁止剥夺欠债公民的自由。

但是，他的提案遭到了公民大会的否决。因为“税制＝军制＝选举制”的制度规定，在罗马，经济实力越强，有义务提供的士兵数越多，能拥有的票数也越多。于是，在这种制度下，贵族阶级要在公民大会上左右一项决议并非难事。

尽管知道根据法律只能接受这一结果，但是，平民阶级认为自己的正当权利遭到了否决。因此，他们的愤怒不仅没有得到遏制，反而比以前更强烈了。这次他们转移到了比罗马七丘远很多的蒙特萨克罗山上拒不出来。他们进行了第二次罢工。

这种状况不能延续下去。以元老院为牙城的贵族也意识到了有必要从根本上解决这个问题。

贵族中的协商派和平民阶级中的稳健派成为解决问题的主要力量。时间并不宽裕，没人知道外敌何时来犯。因为罗马国内两个阶级对抗的消息，别说是邻近各部族，甚至已经传到伊特鲁里亚人的耳朵里了。

公元前 494 年，称为圣山的蒙特萨克罗一带响起了胜利的欢呼声。谈判结果是，决定设立一个专门以保护平民阶级利益和权利为目的的职位。这个职位叫作护民官（亦译保民官），就任该职位的必须是平民阶级出身，这是绝对条件。护民官不是在贵族阶级操控的公民大会上选举产生，而是另设了平民大会，由平民大会选举产生。最早的护民官人数为两人。

护民官有权对执政官做出的决定行使否决权，同时享有和今天的国会议员相同的人身不可侵犯权。

因为护民官既要维护平民的利益，同时又要向国家统治层反映平民阶级的意见，所以这一职位的设立从表面上看似乎是平民的全胜，但是仔细品味，实在有些微妙。

首先，执政官和元老院避免了与平民阶级面对面的交锋，以后他们只需要与两位护民官交涉就可以了。想象一下以群体为对象的交涉和以两个人为对象的交涉，它们的区别显而易见。

其次，护民官虽然有否决权，但是有附加条件，即战时不得行使这一权力。罗马树敌很多，几乎年年都处在战争之中，以致规定和平时期必须关闭的雅努斯神殿的大门总是敞开的。这就表明，护民官享有的最大权力——否决权——的行使机会是少之又少。

尽管如此，护民官的设立在短时间内还是给罗马带来了国内的安定。乘此时机，罗马元老院开始努力修复和邻近各部族之间因推翻王政而日趋恶化的关系，尽早结束因废除王政导致的与他们之间连年不断的战争，重建宗教、语言和军事一体化的拉丁同盟。

但是，这样的结果并不表明雅努斯神殿的大门可以关上了。因为在拉丁各国成为盟友之后，还会有其他部族出现，成为新的敌人。从战斗的结果来看，虽然还做不到屡战屡胜，但基本上都是罗马军占优势，所以在这一点上没有问题。问题恰恰就出在战斗中的胜利次数过多。

通常，罗马人在取得战斗的胜利后，不会把对方部族置于彻底的统治之下。他们更愿意接受根据具体情况分别处置的方式。虽然不是全部，但是很多情况下他们会接收战败方的部分“所有地”，把其中的一半作为同盟国赢得的份额分给它们，另一半留作自己的“公有地”用来出租给罗马公民。围绕这一公有地的出租份额比例，再次引起了贵族和平民之间的对立。

这个问题远比剥夺欠债平民人身自由的问题严重得多。欠债平民的人身自由可以通过设立护民官这一职权得到保护。但是，这个问题随着战斗的一次次胜利，对立逐步升级。

平民阶级认为公有地的出租分配偏向贵族阶级，而贵族阶级则以尊重私有财产的法律为挡箭牌，抵制平等分配。罗马人本来就是个农牧民族，对于他们来说，所谓的财产就是土地。对于视土地为根本的人来说，不是只要能分得土地就可以不在乎土地的好坏。土地有肥沃和贫瘠之分。由于肥沃的土地分配给了贵族，自己只能得到贫瘠的土地，平民阶级对此提出了强烈的抗议。

《土地法》造成的对立使得罗马像体内长了瘤子一样难以安生。就这样，在对立和摩擦中过了500年，直到尤里乌斯·恺撒的出现，才得以从根本上解决这一问题。

之所以这一问题迟迟得不到根本性的解决，究其原因，其中之一竟然在于该时代的罗马人具有的美德，这不免让人啼笑皆非。

围绕《土地法》，平民阶级始终在坚持不懈地抗争。他们举行过罢工，拒绝应征参军，即使应征参军，也是在战场上消极怠工，拒绝奋力拼杀。他们的种种行为绝对够得上被判死刑。但是他们终究没有取得斗争的胜利。原因不在于他们缺少凝聚力，而在于他们名誉至上的美德。

一听到敌人逼近国界，他们就会冰释前嫌，自愿参军；一得知友军陷入苦战，他们就无法坚持消极怠工或拒绝上前线。罗马最终还是能够赢得战斗。

还有，如果贵族阶级安于现有的权利而回避做出牺牲的话，平民阶级的不满就有了大义的名分。但是，当时的罗马贵族简直就是位高责重的榜样，处处以身作则。因此这也很不利于平民阶级。

在地里埋头耕作、安静地度过每一天的辛辛纳图斯，一接到独裁官的任命通知，马上扔下锄头，拿起权杖，率领国人，与入侵的外敌作战。取得这一战斗的胜利仅用了不到15天时间。战斗结束后，尽管离6个月的任期还很远，辛辛纳图斯却在第16天就奉还了独裁官的权杖，重新回到自己的地里，开始日常的百姓生活。只留下年幼的后代、带领一家人为保卫国家宁为玉碎的费边也是很好的例证，证明罗马贵族心怀强烈的使命感。

这只是一两个有名的事例，而没有在历史上留下任何痕迹的史实更是不胜枚举。因此，当战争结束，外敌来犯的担心刚消失，就开始浮出表面的贵族和平民之争始终得不到解决也就不难理解了。

但是，罗马平民阶级的力量在不断积聚。接下来他们提出的要求是法律的成文化。

法律只要还停留在口头约定上，在执行中就容易偏向握有法律制定权的贵族阶级。因此，平民阶级要求法律条文化合情合理。成文的法律谁都能看得到，执行起来就可以做到客观公允。正因为要求合理，所以贵族方面无法对其置之不理，而且，在这件事情上，贵族中的协商派也和平民意见一致。

为此，向希腊派遣了考察团，向希腊学习法律成文方面的经验。公元前5世纪中叶，三个罗马人带着讲述至此的罗马现状向雅典出发了。考察团带着罗马人尤其是平民阶级的满心希望离开了罗马。在考察团回国前的这一年里，平民阶级暂时停止了和贵族之间的抗争。

一年后，他们为编写成文法成立了十人委员会，由包括回国后的三个人在内的十位委员组成。这一机构有相当大的权力，为了编写罗马最早的成文法，它可以拒绝任何妨碍该项工作的事情，就好像委员会是无任期年限的独裁官。但是十人委员会的领导者不在从希腊考察回来的三个人之中，而是阿庇乌斯·克劳狄乌斯——这位一开始就明确要与平民进行斗争的人物。

公元前449年，《十二铜表法》出台。一条一条刻在铜板上的《十二铜表法》出现在古罗马广场的一角。对于它的内容，期待已久的平民自不必说，连协商派的贵族也不禁哑然。

没有一项内容是新的，真不知道他们去希腊都考察了些什么。这一定是大多数罗马人的内心困惑。

梭伦改革中，根据不动产的多少分配兵役比例的税赋和参加国政的权利这一制度，用不着向梭伦学习，罗马在王政时代就早已确立。在雅典，克利斯提尼在梭伦改革的基础上把不动产改成了动产。但是，罗马是农业国，和工商业国家雅典不同。如果把公民权利和义务的依据改成动产，不符合罗马的实情。这一点大概平民也有同感吧。罗马平民要求的不是把不动产改成动产，而是不动产的公平分配。但是《十二铜表法》丝毫也没有触及这个问题。

除了这个问题，还有一个平民最关心的问题，就是无法还清欠债时的人身自由问题。虽然这是在不得已的情况下，以自己的人身自由作为借贷担保而产生的问题，但是在《十二铜表法》中，对这个问题只是做了一点小小的改动而已。

借款人如果在约定的时间内无法还清欠债，则被拘留 60 天。60 天后依然不能还清，则或卖为奴隶，或用无偿劳动抵扣借贷的款额。但是，正在执行军务时除外。这几乎就是以前的翻版，不过是把曾经不成文的东西变成成文的而已。

而且，享有罗马公民权的人接受判决后，可以向公民大会提起上诉。如果公民大会否决上述判决，那么该公民将不被处以死刑。这一条文也不过是对共和政体诞生之初已有的法律进行了追认而已。此外，贵族和平民之间的联姻依然在禁止之列。

《十二铜表法》是因为共有十二条法律被分别刻在十二块铜板上才这样叫的。这是古罗马最早的一部成文法，据说今天研究罗马法律的专家也只能理解其中的三分之一左右。我想大概是评价实在太差，不断进行修订的缘故吧。

罗马人在重新制定法律的时候，通常不会采用对现有法律进行修改的方法。即使现有的法律很不合理，或者已经不适应新的时代，也要全盘保留，而重新制定新的、适用的法律。结果，旧法中与新法不符的部分自动失效。在外行人眼里，法律的这种重新制定方法一定很有吸引力。因为修改旧法，眼光容易盯着过去，而制定新法只要看现在和将来就可以了。

《十二铜表法》从出台之时就评价不佳。期待落空的平民阶级再次摆出了对抗的态势。效果很快显现。制定《十二铜表法》的主要领导人阿庇乌斯·克劳狄乌斯率领的罗马军队两战两败。但是，罗马人通常不会把战败的责任归咎于司令官身上。平民对克劳狄乌斯的不满爆发，不是因为这两次战斗的失利，而是因为他在一件事情上的做法。

阿庇乌斯·克劳狄乌斯爱上了一个美丽的姑娘，但是，他出身于克劳狄乌斯这一罗马的名门望族，姑娘却来自平民阶级。虽然这个女孩的父亲曾经担任过护民官，但平民终究还是平民。《十二铜表法》禁止贵族和平民通婚。

既然法律规定他们不能结婚，那么要想把平民姑娘占为己有，只能让她做自己的情人或奴隶。因为担心姑娘拒绝做他的情人，阿庇乌斯于是指使自己属下的一个人，让他对外宣称姑娘是自己家的女奴生的孩子。因为奴隶的孩子仍是奴隶。奴隶是奴隶主的私有财物，他们的孩子同样也归奴隶主所有。就这样，阿庇乌斯成功霸占了自己喜欢的姑娘。这一期间，姑娘的父亲，前护民官正在战场上英勇杀敌。

得知这一消息，她的父亲马上赶回罗马。看到被抢的女儿，这个男人忍不住失声痛哭。

“若要还你自由之身，除此之外没有别的办法。”

父亲这样说着，手上的短刀深深地扎进了姑娘的胸口。

这件事情不仅让留守罗马的平民愤慨不已，就连身在战场的平民也竞相表示愤怒。他们全体聚集到蒙特萨克罗山，抗议贵族阿庇乌斯的专横。贵族也意识到了事态的严重性，他们逮捕了企图率领属下和平民进行对抗的阿庇乌斯，并择日进行审判。就在判决的前一天夜里，顽固的保守分子、自尊心极强的阿庇乌斯无法接受被审判的耻辱，选择在狱中自尽。

这件事情之后，因为制定成文法而被授予绝对权限的十人委员会瓦解了。贵族阶级答应了平民的要求，规定今后没有平民方面的同意，不再设置任何机构。这也是小意外推动大进步的一个典型事例。

也许到了此时，共和政体下的罗马终于看似迎来了平民掌握政权的时代。因胜利而意气风发的平民在战场上表现得更加出色，与外敌的战斗屡战屡胜。罗马的平民阶级甚至把军事上的战绩也归功于自己。如果这时的罗马平民阶级和波斯战争后的雅典平民一样，宣布由“平民”负责国政，这也许更符合历史潮流。如果这个时候罗马的平民阶级真的这样做了，罗马也会经历民主政体。然而，罗马并没有这样做。

罗马贵族

罗马的贵族阶级和雅典的贵族阶级不同，他们并不软弱，没有因为不断兴起的新生力量而迅速退出历史舞台。事实上，他们是一股难以撼动的力量，这股力量不是单纯地依附于土地之上。如果仅仅是这样，他们的命运迟早会和雅典一样。罗马贵族除了他们拥有的土地，还有别的依托。

古罗马人的语言是拉丁语。拉丁语中有一个词叫“clientes”，它是意大利语“cliente”、英语“client”的词源。在英日词典和意日词典中，分别是这样翻译的：

client：（1）（律师等的）诉讼委托人；（2）（广告代理商等的）顾客、主顾；（3）（古罗马的）被保护者、（从属于贵族的）随从、家丁。

cliente：（1）主顾、顾客、常客、（律师及医生等的固定的）诉讼委托人、患者、熟客、眷顾者；（2）（在古罗马）接受特定贵族保护的平民；（3）给人跑腿的人、手下。

很多学者认为“clientes”与“patron”（保护者）的词源“patronus”之间的关系在罗马建国之初就已经存在了。第一代登基罗马王位的罗穆路斯召集 100 位家长创设了元老院，这 100 人就是保护者，是贵族的前身。

这些罗马贵族不是因为国王的青睐而进入贵族行列的，也不是因为他们身上流着象征高贵的蓝色的血液。罗马贵族是一族之长和他的家族，其门下是因血缘关系、地缘关系及其他原因而联系在一起的人。也就是说，罗穆路斯创设的元老院聚集了 100 个有实力的人。

克劳狄乌斯这一家族的首领决定移居罗马时，出现了多达 5 000 人的被保护者一起移居罗马的盛况。阿庇乌斯·克劳狄乌斯之所以在与平民的对立中表现得如此强硬，也是因为有被认为是当时罗马最大的家族克劳狄乌斯门下的被保护者在背后支持。还有，战死在战场上的费边一家人中，属于贵族费边家族的嫡系男丁有 306 人，其余 4 000 人则是费边门下的被保护者。

因为罗马的直接税是根据不动产收入的多少按比例提供兵员，所以拥有辽阔农牧地的大贵族有义务提供大量的兵员。如果没有被保护者，这是无论如何也难以做到的，因为在罗马没有出钱招募雇佣兵的习惯。

要明确定义贵族和被保护者之间的关系并不容易，因为没有任何规定说贵族要对被保护者提供保护。

贵族和被保护者之间相互依存。当贵族的财政状况出现问题时，被保护者会助其渡过难关。同样，当被保护者中的某一个人陷入财政危机时，贵族也会出手相助。

被保护者决定开始一项新事业的时候，贵族甚至会求助于关系不错的其他贵族，尽力促成该事业的成功。贵族被海盗抓走需要赎金的时候，被保护者会多方奔走筹集赎金。似乎这一切都是理所当然的事情。从被保护者的子女的婚姻问题到教育问题、就业问题，甚至是诉讼问题，保护者都有义务和责任提供意见，帮助他们解决这些问题。

另一方面，当他们的保护者竞选公职的时候，被保护者会全体赶往马尔斯广场参加投票选举。因为他们是罗马公民，是名副其实的权利人。

对于被保护者，《十二铜表法》明确规定了他们的保护者的责任和义务。大概是这一条的评价不错，一直被沿用了下来，而没有在重新制定新法的时候遭到废弃。

作为保护者，贵族家长每天早晨的例行事务就是在简单的早餐之后，马上和等候他的被保护者进行会谈。会谈结束才会见其他贵族或去元老院、官府工作。

保护者和被保护者之间的关系与其说是强者和弱者之间的关系，

不如说是更加隐秘的关系。两者之间最重要的是信义（诚信），背叛被认为是最恶劣的品行。

如果两者中的一方受到审判，不会要求另一方作证。因为在罗马做伪证也有罪，所以这样做的目的就是为了避免因关系密切而提供伪证，导致被问罪的结果发生。此外，保护者和被保护者之间的关系还是世袭的。

很久以后，渡过卢比孔河后的恺撒与庞培进行了异常激烈的决战。决战到紧要关头的时候，恺撒最信任的副将拉比埃努斯追随庞培而离开了恺撒。庞培得知这个消息后欣喜若狂。然而，拉比埃努斯不是因为政治信仰而抛弃恺撒选择庞培的，只是因为出生于皮切诺的平民拉比埃努斯是这方土地上的贵族庞培家祖祖辈辈的被保护者。

经历了八年高卢战争、成为恺撒左膀右臂的拉比埃努斯，因为长期跟随在恺撒左右，对恺撒作为武将具备的卓越才能一清二楚。他一定早料到了双雄之争的结果。但是，尽管如此，他依然义无反顾地选择了保全被保护者信义的生存之道。对于他的“背叛”，恺撒没有责备一句，他只是差人把拉比埃努斯的行李送了过去。因为拉比埃努斯是罗马人，才选择了离开恺撒，而恺撒也因为是罗马人，才不仅不怪罪，还为他送去了行李。

罗马贵族拥有的实力基础不是土地，而是人，因此，在数量上处于劣势的贵族可以和平民展开面对面的交锋。罗马贵族和平民之间的对立单纯地用现有势力和新兴势力的对立这一模式是无法解释的。应该说，贵族和属于被保护者的平民合二为一的势力与这一关系之外的平民之间的对立才是合理的观点。这一对立之所以迟迟得不到解决，原因也在于此。

这种关系需要有强烈的同伴意识才能发挥作用。同伴意识通常是在封闭的组织内养成的。但是罗马的保护者和被保护者之间的关系一点也不封闭。罗马的保护者非常热衷于扩大被保护者的人数。

奴隶获得自由后叫作解放奴隶，自然，他随后就会成为旧主人的被保护者。解放奴隶的子女可以获得罗马公民权，于是，他的旧主人又多了一个有参政权的被保护者。

如此一来，这似乎是对公职有野心的贵族为了提高自己一方的得票数的一种策略，但是，把“被保护者网”扩大到没有公民权的人身上，就不能用得票数来解释了。因为即使到了罗马称霸海外的时代，贵族也想把既不是罗马人也不是意大利人，即没有罗马公民权的人，吸收为被保护者。

在诸多方面表现极端开放的罗马，乍一看，构成其社会的重要因素似乎在于封闭的被保护者关系中，着实很有意思。但是，也许正因为每个人都有强烈的归属意识，所以作为一个国家，才有可能是开放的。

“被保护者”的存在是古代罗马共和政体的一大特点，这一词的翻译，我认为还可以译为“后援者”或者“支持者”。

贵族与平民的对立长期得不到解决的第三个要因是不是可以从罗马是一个重领土的国家这一点上去找呢？

罗马和海洋国家雅典不同，是一个以陆地生活为主的国家。这就意味着它和敌国有国界相接壤。既然有国界相接，那么出于防卫的目的，要避免战争是非常困难的。对于罗马人来说，战斗就像家常便饭，比雅典人多出许多。在罗马，除了孩子，一无所有的公民叫无产者，他们不需要缴纳直接税，意味着他们免除了兵役。除了这些无产者，其余人都是士兵。

对于指挥官的能力大小，没有人比士兵更敏感。在无能的指挥官指挥下，士兵会毫无意义地丢掉性命。同时，从成年到60岁结束预备役为止，漫长的战斗经历也告诉他们，没有指挥官，就没有战斗力。罗马人平素就知道，对于一个利益共同体来说，有能力的指挥者不可或缺。

在一次执政官选举时，平民方面提出了一个要求，要求两位执政官中要有一位是平民出身的人。对此，贵族方面担心国家最高官职的执政官之一如果让给平民，他们和平民的力量会变成均等。因此建议执政官由两个人增加到三个人。大概他们是考虑，即使选了一位平民出身的执政官，至少也是二对一。但是，投票的结果是，当选的三个人都是贵族。平民不能不承认平民阶级的人才严重匮乏。

不过，平民中人才匮乏的现象很快得到了改变。《十二铜表法》的制定仅过了四年，一项允许贵族和平民通婚的法律出台了。这一法律的出台对平民阶层的人才培养起到了积极的促进作用。因为在教育制度不健全的那个时代，出身和门第就是接受教育的标志。

尽管如此，公元前449年至前367年的80多年里，罗马一直处于摸索过程中。

其间曾经尝试过废除二人的执政官，代之以六人的军事指挥官。这就让人难免想起伯里克利时代雅典的十人“国家战略官”。或许是考虑到把两个人行使的权力分散到六个人的手上，这样就可以淡化寡头政治的倾向吧。

结果却一塌糊涂。每当需要统一指挥系统的时候，不得不一次次地任命独裁官。就像以后将要讲到的卡米鲁斯，光是他一个人就五次被任命为独裁官。

不久，罗马迎来了这种状况难以为继的时期。在希腊，一度陷入泥沼的伯罗奔尼撒战争终于有了结果，雅典不敌斯巴达。希腊于公元前404年进入斯巴达称霸的时代。在失去伯里克利，又败于斯巴达后，一直处于迷茫状态之中的雅典于公元前399年判处苏格拉底死刑。此时的落后国家罗马还处在“摸索”过程之中，文明先进的希腊也同样一片混乱。

凯尔特人的入侵

在南欧，平原被用来发展农业和畜牧业，商船满载着商品往来于海上的时代，北欧还被大面积的森林覆盖着。这片森林的主人就是凯尔特人。凯尔特人是希腊人取的名字，罗马人叫他们高卢人。今天虽然只剩下爱尔兰人，但是在古代，这个民族占据了欧洲最辽阔的土地。

公元前6世纪快要来临的时候，凯尔特人开始了迁徙。他们不是大规模地从居住地涌出，而是像后浪推前浪一样，从北方向东、向南、向西涌去。位于最北边的民族赶走离自己最近的部族，失去家园的这个部族又把距离他们最近的部族赶走，就这样他们开始了向东、南、西三个方向的推进。被赶到南方的凯尔特人翻过阿尔卑斯山，在今天的米兰到波河流域一带定居下来。

最初，凯尔特人并没有对罗马形成威胁。因为从罗马到那里，不仅有亚平宁山脉横亘其间，而且伊特鲁里亚人的势力范围也还在。当时的伊特鲁里亚人除了具有雄厚的经济力量和技术力量，还有强大的军事力量。

但是，随着罗马废除伊特鲁里亚系的国王，开始走上共和政体，伊特鲁里亚人变成了罗马的敌人。罗马敢于与伊特鲁里亚人为敌，表明了伊特鲁里亚人的实力已经大不如从前。开始走下坡路的伊特鲁里亚势力和处于上升期的罗马力量在这一时期应该是交叉的。

这一时期在意大利南部站稳了脚跟的希腊殖民城市群和二分意大利半岛的势力伊特鲁里亚，明显都变成了守势。虽然牢不可破的城堡建在山上，在防御方面无懈可击，但是伊特鲁里亚各城市间的同盟关系没有在军事上发挥应有的作用。即使各路军队会集到了一起，也往往因为指挥系统的失灵而无法团结一致。相反，罗马人非常清楚指挥系统的重要性，他们宁可牺牲其他部分也要确保指挥系统的正常运转。

就罗马而言，在有效利用拉丁同盟这一民族间的相互依赖关系方面，与伊特鲁里亚人的作战方式很相似。在战斗中，罗马人通常担任同盟军的作战主力，左右侧翼交由同盟国负责。战斗胜利后，战利品的分配坚持平等的原则，只有同盟军的最高司令官职位始终由罗马人掌握。在当时，伊特鲁里亚人在很多方面都凌驾于罗马人之上，但是他们与罗马人相比，最缺少的就是和同盟国之间的协调性，他们的指挥系统四分五裂。

但是，各个击破伊特鲁里亚的势力后，罗马却亲手毁坏了阻碍凯尔特人南下的防御线。公元前 396 年，罗马终于成功攻取了伊特鲁里亚非常强大的城市维爱。这是经过漫漫 10 年的战争才取得的胜利，为此，罗马举国欢庆。然而，在欢庆的同时，国内的战火再次点燃。

这一时期的罗马形成了只要和外敌作战就举国一致、共同对敌的体制，因此取得了一次又一次的胜利。然而，战斗一结束，贵族派和平民派就迫不及待地展开斗争也成了惯例。攻下维爱后，按照这一惯例，两派之争再次展开。此时，平民方面提出了一个新建议。

他们建议在刚刚攻取的维爱建设第二个首都，地位和罗马等同。这一建议的背后是对维爱雄伟的街道的赞赏以及只要留在罗马就要受贵族压制的思想。

对此，贵族派坚决反对。在贵族派中，作为独裁官，终于给长达10年的维爱攻城战打上休止符的卡米鲁斯成了反对另立第二个首都提议的急先锋。他说因为有诸神寄居在罗马，由他们保卫罗马，所以罗马才有了今天。二都并立是对诸神的背叛，对罗马人来说有百害而无一利。

但是，平民派表现得也很执着，他们认为维爱做自己的根据地是再理想不过了。那儿距罗马只有20公里，街上的建筑也非常好，虽然经过了长年的攻防战，但是拥有先进技术的伊特鲁里亚人建起来的这座城市，依然可以拿来就用。

卡米鲁斯的态度非常坚决，由于他是攻取维爱的最大功臣，他的态度的分量自然非同一般。平民方面意识到正面交锋毫无胜算，于是改变了策略。他们指出，在攻取维爱之后，作为战利品之一的钱去向不明，以此检举卡米鲁斯。

事实上，卡米鲁斯为了信守进攻前夜的誓言，把作为战利品之一的钱献给了位于希腊德尔斐的阿波罗神殿，以此感谢神助罗马取得战斗的胜利，因此，去向不明之说纯粹是无稽之谈。问题是在这件事情上，卡米鲁斯没有征求任何人的意见就擅自做出了决定，所以显得不够光明磊落。

罗马因为没有陶片放逐法，所以要排除政敌，使用最多的方法就是检举。在罗马，但凡有势力的人尽管没有“六法全书”，对法律却了如指掌。说他们这样做是为了保护自己免遭检举，一点也不为过。卡米鲁斯就是这样的一个人。

独裁官的任期结束了，卡米鲁斯成了一个普通公民，失去了不可侵犯的权力。当然，平民在检举的时候也是看准了这一时机。

卡米鲁斯把被保护者中的一些头面人物叫到自己家中，商议有关检举的事情。被保护者对卡米鲁斯说，如果要罚款，就交给他们来处理，但是，如果是为了在诉讼中取胜而拉票，他们不敢保证。

作为士兵，参加过维爱攻略战的罗马平民非常尊重司令官卡米鲁斯，但同时又非常恨他。作为武将，他们承认卡米鲁斯有杰出的才能，但是，他们无法忘记入冬之前被迫野外宿营的日子。以前，罗马军的惯例是夏季作战。但是，这次为了一举攻下维爱，卡米鲁斯把首次冬季作战的经历强加给了罗马士兵。当胜利的喜悦渐渐消失后，留在人们心里的只剩下不好的印象了。卡米鲁斯残酷地要求大家战斗到冬季，使得平民对他的评价非常不好。

卡米鲁斯意识到除了主动亡命国外别无选择。在罗马，有规定对主动亡命国外的公民既往不咎。在被保护者的护送下，卡米鲁斯在一个深夜悄悄离开了罗马。罗马对他进行了缺席审判，判决的结果是罚款，金额高达 1.5 万阿斯。

不用再顾虑他人眼光的平民一举迁移至维爱。这时的罗马，总司令的位置出现空缺，军队中有一半人脱离了队伍，不幸就要降临罗马。

公元前 390 年夏天，凯尔特人翻越亚平宁山脉后开始南下，他们沿着进军路线一路攻打伊特鲁里亚的城市。

凯尔特士兵的骁勇善战传到了罗马。他们使用的主要武器是剑、长枪和贴着皮的木质盾牌，身上披的是铜质铠甲。根据士兵在军队中的地位，通常盔甲上装饰有不同种类的羽毛。凯尔特军队由骑兵、步兵和战车组成，他们常用的战术是先用战车冲击敌军的阵营，然后步兵和骑兵再杀进去。他们的军队中还有这样一群人，每当战斗打响，他们就脱去身上的衣服，只戴着金项圈和臂环投入战斗。

凯尔特人有一个习惯，每杀死一个敌人，就割下此人的脑袋，串挂在自己的马脖子上。战斗结束后，回到家中，把脑袋浸泡在油中，向客人展示敌人的头颅是他们接待贵客的待客之礼。

公元前 390 年，凯尔特人的矛头指向了罗马。伊特鲁里亚的城市丘西首先遭到他们的袭击，于是向罗马派去使者请求援军。但是，此时的罗马自顾不暇。

从丘西到罗马相距 120 公里，中间既没有山脉相阻，也没有河流相隔，而且可以视为缓冲区的维爱也早被罗马灭亡。

罗马陷入了一片恐慌，担负起防御指挥的波比利奥斯 · 雷纳要求罗马人鼓起勇气与敌人决一死战。他说：

“尽管我们和拉丁人、萨宾人等战斗，但是战斗结束后，他们会成为我们的同盟国。因此，我们不应该把他们这样的民族看作敌人。可现在我们面临的敌人残暴至极，如果我们不杀死他们，他们就会把我们杀死。”

可是雷纳能够召集组织起来的罗马军队不仅为数少，而且难免有些仓促。

公元前 390 年 7 月 18 日，罗马军队在台伯河上游迎战来敌，结果很快被打得七零八落，残兵败将夺路而逃，四散逃命。

凯尔特人开进了毫无防御能力的城市罗马。据说环绕罗马的城墙城门大开，罗马沦陷。蛮族开始占领罗马，并持续了 7 个月。

罗马方面认为，即使举国一致共同对抗凯尔特人，要击败他们也是不可能的。于是，罗马决定让年轻人和壮年男子转移到卡匹托尔山上。在罗马七丘中，卡匹托尔山最高，但是山顶很狭窄，因而虽然易于防守，可容纳的人数非常有限。这座三面陡峭的山丘对罗马人来说，不仅适合防御，而且还是神圣之地。山上有几座祭祀以朱庇特为首的诸神的神殿和它们的附属建筑。他们认为如果这里被敌人占领，罗马也就走到尽头了。

由于卡匹托尔山山顶太过狭窄，可容纳的人数极其有限，因此有相当多的人不能上去。元老院元老、老年人都被留了下来，除了被选中上山守城的士兵的妻儿，其余妇女儿童也不能上卡匹托尔山，他们只能听天由命。

罗马完全失去了抵抗能力。凯尔特人在这里极尽残虐之举，他们不分男女老幼，不论地位高下，杀戮、强暴并掠夺罗马人，还逼迫他们为奴。他们野蛮地破坏、烧毁神殿、元老院议事厅、房屋及市场。而卡匹托尔山上的男人们只能远远地望着这一切。

这是罗马人自建国以来从未尝到过的屈辱。虽然有过被迫退至台伯河西岸的经历，但是集中在东岸的罗马七丘和古罗马广场还从来没有被外敌践踏过。公元前390年夏天，凯尔特人的入侵是第一次，而罗马第二次被敌人攻陷则是在800年之后，发生在罗马帝政末期的公元410年的蛮族入侵。

罗马人最看重的品德是名誉，凯尔特人的入侵深深刺伤了罗马人的自尊。这种伤痛不是单靠一次次击退敌人试图攻占卡匹托尔山而发起的强烈攻势才能治愈的。这时有能力重组军队夺回罗马的卡米鲁斯已被逐出罗马。就这样罗马人过了7个月的被占领生活。

罗马毕竟是幸运的。应该说凯尔特人都是优秀的战士，但他们是乡下人，没经历过城里人的生活。他们虽然占领了罗马，却不知道如何在罗马城里生活。

自来水里投入了死尸而无法饮用，小麦因为他们过于喜欢火攻而很快烧尽。更糟糕的是，不知道是不是尸体未能被及时处理的缘故，瘟疫开始流行。凯尔特士兵每天都有人死去，他们开始厌倦起了城市生活。

固守在卡匹托尔山上的罗马人也陷入了饥荒之中，不得不谋求结束僵局。

罗马人派出特使和凯尔特人谈判，他们提出以支付赎金为条件，让凯尔特人离开罗马。对罗马人来说，这样做无疑是雪上加霜，但是现状迫使他们不得不这样。凯尔特人拿着300多公斤的金块，解除了对罗马7个月之久的占领，离开了。

蛮族离去后，罗马人做的第一件事情是召回卡米鲁斯。卡米鲁斯在流亡之地仍心系祖国的安危，只因为没有接到正式的回国命令，无奈不能擅自回去。此时，卡米鲁斯在接到回国命令的同时，也接到了独裁官的任命通知。这是他第二次就任独裁官。

利用独裁官的权限，卡米鲁斯把迁居到维爱的平民也召集起来，组编了军队。卡米鲁斯率领罗马军，奋起直追正向北行进在归途中的凯尔特人，报了战败之仇。但是，凯尔特人的入侵使他们受到的打击实在太大，仅这样做还不能彻底治愈他们的伤痛。

城市遭到严重破坏，重建工作很快开始了。平民不再要求把首都设到维爱。他们觉得罗马之所以会遭此劫难，是因为保护罗马的诸神利用凯尔特人之手来惩罚试图抛弃他们的罗马。卡米鲁斯说，抛弃罗马的人不再是罗马人。他的这句话深深印在了经历过凯尔特人入侵后的罗马人的心中。

如果只是重建遭破坏的罗马和恢复罗马公民的团结，那么因凯尔特人入侵而受到的伤痛用不了多久就可以治愈。但是，罗马用了40年的时间才重新站立起来。因为邻近各部族看到罗马面对蛮族入侵而束手无策，只能屈服，于是纷纷离它而去。拉丁同盟也夭折了。不仅如此，昨天的同盟国转脸变成了罗马的敌人，他们试图乘机消灭罗马。建国360年，共和政体实行100年之后的罗马，不得不从头来过。

公元前509年确立共和政体的时候，罗马曾经被迫重修王政时代建立的同盟关系。那时，重修同盟关系是为了政体的改变，为了战胜伊特鲁里亚军，实现独立，是适应新局势的对策，不像公元前390年，是因为战败。

不管怎样，在当时，凯尔特人占领罗马绝对是一大新闻，甚至传到了希腊，几乎所有人都知道了罗马的惨败。公元前390年后的再次兴起比公元前509年无疑要困难得多。

与雅典、斯巴达及迦太基相比，为什么只有罗马能变得如此强大？是希腊人波里比阿提出了这一问题，并为了解答这个问题而开始执笔书写罗马史。他非常重视公元前390年凯尔特人的入侵，认为这是罗马开始走向强大的第一步。不小心跌入谷底后，唯一的办法就是爬上来。但是跌入谷底并坐以待毙的民族不在少数。尽管罗马人在公元前390年一度跌入了谷底，但是，罗马人终究是罗马人，尽管速度缓慢，他们还是一步一步地爬了上来。

走向衰亡的希腊

公元前390年，凯尔特人的入侵成了罗马人永远的伤痛。不过讲述从此往后的罗马历史，感觉好像是在飘忽不定中追踪了许久之后终于能够不再迷失。

公元前5世纪中叶，罗马人迎来了结束对希腊的考察的三个人后，知道了罗马既不能像斯巴达也不能像雅典那样。但是对于如何吸取这两国的精华，去其糟粕，他们肯定没有找到好的办法，因此，时间依然在贵族和平民的对抗中流逝。

80年的探索岁月看似漫长却又匆匆，其间罗马几乎不得不年年为自卫而战。

凯尔特人的入侵使罗马人意识到了祖国的脆弱，同时也给他们指明了增强祖国实力的道路。公元前390年以后的罗马人看到了自己前进的方向，也明白了怎样才能走好这条路而不把精力消耗在无谓的事情上。

使罗马人走出迷茫的直接原因是物质和精神的双重打击。凯尔特人的入侵不仅使他们在物质上蒙受极大的损失，而且也让他们深感耻辱。但是，同时代的希腊局势的变换告诉罗马人的应该更多。

公元前432年，雅典和斯巴达发生了面对面的冲突——伯罗奔尼撒战争爆发了。最初，战局是向着有利于雅典的方向发展。

公元前429年，瘟疫袭击了战争中的雅典，上一年下台的伯里克利染病而亡。伯里克利死后，寡头派和民主派之间激烈的政治斗争再次兴起，雅典进入了世人所说的“群愚政治”时代。

说是群愚政治时代，并不是说继伯里克利之后雅典就没有了人才。尼西亚斯、阿尔西比亚德斯、克里底亚等，我们随口就能说出几个当时叱咤雅典政坛的人物，他们个个都是资质极高的人，其中阿尔西比亚德斯和克里底亚还是苏格拉底的弟子，只是，他们缺少伯里克利那样的政治魄力。在长达 30 年的时间里，伯里克利成功地使民众相信是他们在推动国政，陶片放逐法没有降临到他身上，在确保政局稳定的同时，他按照自己的意志带领雅典前进。我不得不认为，群愚政治不是因为人才缺乏，而是制度缺陷浮出表面的结果。

有时候我会有一种冲动，非常想写一部题为“苏格拉底和他的弟子”的作品。

阿尔西比亚德斯，他是历史上独一无二的、魅力十足的变节者。

克里底亚，作为寡头派的领袖，对雅典实施暴政的他，看着喜剧作家阿里斯托芬在剧中揶揄自己而哈哈大笑。

阿伽松，背弃雅典前往马其顿的悲剧作家。

色诺芬，只有在波斯才能发挥他的武将才能，在当时的非小说作家中位列第一。

柏拉图，对陷于迷途而难返的雅典心生厌倦，选择了埋头做学问。

他们都是苏格拉底非常欣赏的、从心里到身体都非常健全的青年才俊。

探寻苏格拉底和他弟子的生活方式，我认为是刻画辉煌的城邦——雅典——光明与黑暗的极佳题材。

公元前 399 年苏格拉底在雅典接受审判时受到的指控是：

“亵渎神灵，腐蚀青年。”

如果仅仅因为“腐蚀青年”，雅典公民就对判处苏格拉底死刑投了赞成票的话，他们的想法就不像后世的我们对此事持有的看法那么简单了。在他的弟子中，有人给我们留下了优秀的作品，也有人活跃于雅典的舞台上，成绩骄人。但是没有一个人站出来挽救正在下坡路上滚落而下的雅典。不仅如此，他们做的事情甚至还加速了雅典下滑的速度。

这一现象是否要归因于时代，还是与时代无关？是伟人因为伟大而不经意间把毒害播撒到了周围？

当然，这不是苏格拉底个人的责任。不知为什么，仰慕伟人的人中很多人只对伟人的教诲这一面感受颇深，容易流于强调这一面的生活态度，而忘了一切事物都有正反两面，忘了真正的生活态度是取自正反两面的平衡。

但是，也许这就是伟人的宿命。如果这样去想的话，对判处苏格拉底死刑，就只能投反对票了。

也许因为伯里克利比苏格拉底年长 25 岁，所以虽然把他看作希腊哲学的天才，和他以朋友相交，却似乎没有醉心于他。政治家对民众的理解能力从来不抱幻想，相反，哲学家却把自己的一生奉献给了提高民众的理解能力上。这也许就是政治家和哲学家之间的区别吧。

公元前 404 年，伯罗奔尼撒战争以斯巴达的胜利宣告结束。人所共知的海上军事强国雅典在海战中极不光彩地输给了陆上军事强国斯巴达，给持续了 27 年的战争打上休止符。雅典从此再难称雄海上。

进驻雅典的斯巴达军队命令战败者雅典放弃民主政体，恢复寡头政治，拆除从雅典到比雷埃夫斯港的道路两侧的城墙。对于那天的情形，色诺芬写道：

> 就像值得庆祝的事情一样，城墙在乐曲声中被推倒，就好像

这一天是希腊自由的开始。

但是，“这一天”是雅典失去自由和独立的第一天。

这一天是斯巴达霸权主义时代的开端。这一天对雅典、斯巴达甚至整个希腊来说，是丧失自由和独立的第一天。

继雅典之后的斯巴达霸权并未持续很久。只有军事力量的斯巴达可以是一个强国，却无法成为长久的霸权国家。因为斯巴达人没有让失败者可以接受的生活哲学。除了斯巴达人，没有人能够接受他们的生活方式，也不会有人受“斯巴达式”生活方式的吸引。由于斯巴达社会很闭塞，士兵数量得不到增加，仅靠1万名斯巴达战士去控制不愿接受约束的雅典人是远远不够的。

公元前371年，斯巴达的霸权被底比斯取代。但是，底比斯的霸权也只维持了短短的10年。其间，雅典经济发展迅速，作为文明之国，雅典称得上很优秀。但是，政治上的持续低迷使它缺乏领导希腊的力量。光荣的城邦历史结束了。

公元前362年，希腊的主宰权落到了实行王政的非城市国家马其顿手中。

公元前356年，后来成为皇帝的亚历山大在马其顿降生。

当时的罗马还没有可以提供希腊局势变化的信息渠道。在当时，信息的传递一是沿商路，二是在希腊的德尔斐神殿。古希腊的德尔斐神谕据说是地中海世界最灵的神谕。罗马在战局不利的时候，经常派使节前去询问德尔斐神谕。为了祈求神谕，人们不分民族，从四面八方来到德尔斐神殿。因此，当时的德尔斐神殿是最好的信息交流场所。既然希腊人知道凯尔特人占领了罗马，那么希腊城邦的自然瓦解过程罗马人一定也都知道。

这件事情让罗马人了解到，无论是雅典还是斯巴达，只要是城邦，其寿命终究长不了。罗马人是一个善于向其他民族学习的民族，甚至被只看表象的人轻蔑地称作“模仿民族”。

罗马重振

在专门研究罗马史的学者，尤其是希腊的学者当中，有很多人注意到了罗马人提出问题的能力以及在解决这些问题时确定先后顺序的合理性。后来在英国人统治世界的时代里，为培养政治敏锐性，甚至要求学者对此加以特别关注。根据英国学者的研究，公元前 390 年以后的罗马人认为必须解决的是下面这些问题，按照罗马人排列的顺序列举如下：

第一，在注重防卫的同时，重建被毁的罗马。

第二，与叛离的旧同盟各部族作战，以此确保边境安全。

第三，消除贵族与平民之间的对立，实现社会安定和舆论统一。而这必然意味着政治改革。

在接受屈辱的条件，用赎金让凯尔特人离开的 7 个月后，罗马人终于着手重建被毁的罗马城。

环绕罗马七丘的城墙的重建没有按原样进行，全长达 8 公里的城墙采用了从维爱采石场运来的高度在 1 米以上的石块。在城墙要冲位置建了瞭望塔，上面有哨兵驻守。因为蛮族凯尔特人的行踪不定，很难预测他们什么时候会再次来犯。

城墙建成之后，下水道的整修工作放在了神殿重建之前完成。这次把以前没有铺的街道也铺上了，还用切割成四方形的石板盖在下水道的上面。接下来才是神殿的重建，当然也不会草率行事。为了不再出现两个都城的问题，罗马有必要强调这里是诸神的原住地。

但是，用国家财政重建公共设施后的罗马，已经很难顾及私人设施的重建工作。于是私人设施的重建问题就一股脑地甩给了公民自己。由于罗马人有非常强烈的重建愿望，结果导致罗马的城市建设毫无规划。见识过当时罗马的希腊人把罗马说得一无是处，指出罗马甚至没有公共设施区与住宅区之分。这就是急于重建的结果。罗马着手修建阿庇亚大道及阿庇亚自来水管道那样的建设事业是在“凯尔特冲击”带来的创伤彻底痊愈后的公元前 4 世纪后半叶以后。

坚固的城墙建成了，但是最好的防御是进攻。这时的罗马又在合适的时间和合适的位置上出现了合适的人才。

马尔库斯·弗里乌斯·卡米鲁斯是一位武将，曾经在公元前 396 年攻打维爱的战争中立过功。因凯尔特人的入侵，罗马的防御变得不堪一击，他总揽了防御的工作。普鲁塔克是这样描述卡米鲁斯的：

> 作为军事指挥官，他曾经连续担任重要职务，并用他辉煌的战绩为这一职务增添光色。能做到他这样的人几乎找不出第二个。他的经历非常特别，他曾五次担任独裁官，举行过四次凯旋仪式，被誉为仅次于罗穆路斯的罗马的第二个创建者，却没有一次当选过执政官。
>
> 这种状况反映了当时的罗马局势。与元老院展开激烈抗争的罗马平民阶级，不愿意支持二人的执政官，而选择支持六人的军

事指挥官。二人执政官和六人军事指挥官行使的权限固然相同，但是由于行使权力的人数多了，所以尽管还是寡头政体，多少也会给人以民主的印象。

就这样，卡米鲁斯始终无缘执政官。因为罗马再次实行二人执政官制度，是在卡米鲁斯去世的上一年。

但是，由于执政官必须两人意见一致，决议才能生效，所以，即使卡米鲁斯出生于执政官制度下的时代，从他的性格来看，或许他更适合当独裁官，尽管任期只有执政官的二分之一，却是一个人说了算。

卡米鲁斯出身于非名门的罗马贵族家庭。他很公正，重信义，对现状有出色的判断能力，更可贵的是有先见之明，还有很强的组织能力和执行能力。他对屈服于罗马武力的战败者也很宽容，性格一点也不张狂。把分崩离析的同盟国成员再次收于罗马羽翼下，不能不说卡米鲁斯的这种性格起了很大的作用。因为他在打败曾经的同盟者后，对待他们就好像从未被他们叛离过一样。尽管通过战斗已经充分显示了罗马的实力，但他依然平和地对待战败者。

但是，他也有一个不好的习惯，总是不顾及别人的反应而直言自己的想法。在平民提出在维爱设第二首都的时候，他坚决反对。遭检举后，他不得不主动流亡国外。这件事只是其中一例而已。固执己见的人容易遭人憎恨。他不是很容易被公民大会选中的人。

但是，无论是卡米鲁斯还是罗马，值得庆幸的是在他最活跃的时期，即公元前 410 年至前 360 年，罗马由六人军事指挥官取代两人执政官治理罗马。因此，每当六人意见不一致，又急于做出决定时，只有任命独裁官来打破僵局。而卡米鲁斯就是独裁官的最佳人选。

做过五次独裁官的卡米鲁斯，他的功劳首先是战功，他率领的罗马军几乎是屡战屡胜。一次又一次的胜利使得曾经遭蛮族践踏而失去了自信的罗马人重拾信心，也让背弃罗马的邻近各部族放弃了侵犯罗马边境的想法。

卡米鲁斯为了确保战斗的胜利，甚至还借用过凯尔特人的战术。在重视灵活性方面，罗马军的阵型改成了凯尔特方式。以前，军队以大长方形的阵型突击，他改成了小方形，由各路中队分头突击。考虑到长期作战的需要，他还注重建设坚固而舒适的营地。进攻策略也更加灵活，根据敌人的不同随时改变战术取代了以前单一的用力量压制敌人的战术。此外，武器和装备也得到改良。

其结果就是他举行过多达四次的凯旋仪式。一场小小的战斗获胜无权举行凯旋仪式，所以四次凯旋仪式意味着他的战绩很辉煌。对罗马人来说，一次凯旋仪式就是毕生的荣誉。因此，作为人们心目中仅次于罗穆路斯的罗马第二位建国者，卡米鲁斯即使在凯旋仪式上驾驶四匹白马拉的战车，相信也不会有人提出抗议。

如果是依靠军事力量就能解决的问题，“凯尔特冲击”过后的罗马因为卡米鲁斯的功劳，就能恢复到“冲击”之前的状态。至于依靠军事力量无法解决的问题，因为需要不受传统束缚的判断力，所以只能由比卡米鲁斯年轻的男人来解决了。

所谓根本性的改革，只有通过改革者的交替才能做到完善。

政治改革

波里比阿认为，罗马强大起来的第一要因在于罗马创造并实施的政治体系。他的理由如下：

> 我们已知的政体有三种，即国王政体、贵族政体和民主政体。如果你问罗马人，他们国家的政体属于其中的哪一种，估计无人能回答。
>
> 如果眼里只有执政官，看上去像国王政体；如果只注重元老院的作用，大概有人会说是贵族政体；如果只重视公民大会，这人一定果断回答是民主政体。……然而，罗马政体正是这三者的统一体。

有人认为只有这三种政体结合起来，才是接近理想的政治体系。其中一人就是文艺复兴时期的政治思想家尼科洛·马基雅弗利。

为了从公元前390年凯尔特人入侵而受到的打击中走出来，应急措施在经过了20年后暂告一段落。虽然城建杂乱无章，但是罗马再次成为适合人类居住的城市，在打败外敌后，重新变成边境相对安全的地方。尽管是在卡米鲁斯的领导下，重建罗马也用了20年的时间，可见“凯尔特冲击”带来的创伤有多么巨大，它迫使罗马倒退了10年甚至20年。但是，不管怎样，罗马终究恢复了最初的活力。

但是，问题还在后面。在关系国家存亡的危急时刻，贵族和平民之间的抗争暂时平息，一旦危机过去，内讧再次出现。战时团结一致，战争一停，国内斗争再起，成了实现共和政体以后的罗马的常态。

面对蛮族来犯束手无策的最主要原因正是国内不断的内讧。经历了公元前390年厄运的罗马人，已经不能允许这个问题无限期拖延。

这一点罗马人比任何人都有体会。

和 80 年前制定《十二铜表法》时的罗马人不同，公元前 4 世纪前半叶的罗马人已经具备了实施根本性改革的一切条件：

第一是希腊城邦的衰退。为此，坚持认为必须与平民斗争的顽固派保守势力也不得不承认斯巴达式的封闭社会具有危害性。同时也让一味要求权利的激进派平民阶级了解到雅典模式过于超前具有的危害性。

第二是平民阶级力量的增强，不是量而是质的增强。

公元前 445 年“解禁”的贵族和平民间的联姻成果此时开始显现。平民阶级开始人才辈出要归功于卡米鲁斯。独裁官可以任命骑兵长官一职的副官。卡米鲁斯提拔的平民出身的武将在战场上大显身手。在率领军队和领导国政一视同仁的时代，战场上表现出来的能力自然会转向国内的政治舞台。就连伯里克利，在人们的印象中，他是个爱好和平的人，但是当雅典发生战争，他毅然决然地执掌司令官之职参加战斗。战略也是政略，不！它必须是政略。

公元前 367 年，罗马史上划时代的法律《李锡尼法》得以实施。

在这部法律中，首先废除了六人军事指挥官制度，恢复二人执政官制度。明确今后罗马将实行寡头政治，即少数人领导的体制。

其次，规定共和政府的所有要职向平民出身的人开放。

不得不说这个决定非常高明，而且是以深厚的洞察力做保证的。

以前，平民要求的是两位执政官中平民占一个名额。现在，正如他们所希望的，向贵族和平民共同分担国家要职的方向发展了。平民出身的李锡尼制定了《李锡尼法》，贵族们为这一想法的法制化投了赞成票。他们选择了不以阶级分配要职，而是全面开放的方式。

这实在很了不起。如果按贵族和平民分配官职的话，首先有悖于机会均等。虽然以废除阶级差别为目的来分配官职，却反而会出现强化阶级差别的结果，而且，这种事情一经以机会均等的方式处理，就会一直延续下去。于是两派的利益代表就会时刻处在相互仇视之中。这样一来，罗马国内就会出现两个政府，必须实现有效利用举国之力的政治改革也就徒有虚名了，而且还在内部永远埋下了矛盾的种子。

但是，公元前367年的罗马人选择了全面开放。既然是全面开放，就意味着彻底的自由竞争。选举结果有时会出现两位执政官都是贵族，有时会出现两人都是平民。不管结果如何，都是自由竞争的结果。对此，两派都无话可说。而这一改革的最大好处就是消除了利益代表制度。

在《李锡尼法》实施若干年后，又出台了一部法律。

此法律规定，凡是担任过重要公职的人，不论是贵族还是平民，都有权取得元老院席位。就连以保护平民阶级权利为己任的护民官，在卸任后也可以成为元老院元老。

但是，经过法国大革命洗礼的现代历史学家中，有不少人对“开放元老院”的规定持批判态度。他们认为，连护民官在接受洗脑后也可以被纳入体制这一事例，恰恰证明了无法实现民主政治的罗马人，与实现了民主政治的雅典人相反，其政治意识低下。

对此我不能苟同。我认为由那些具备丰富的经验和出类拔萃的能力但不需要经过选举的人组成的机构是共和政体下不可或缺的机构。正因为他们远离选举，所以他们可以从长远的视角去制定一贯的政策。为了维护因选举年年发生变化的执行机构，他们也是不可或缺的。

以公元前 4 世纪中叶为界，共和政体下的元老院不再是贵族阶级的牙城，出身不再是成为元老院元老的门槛，经验和能力才是最基本的要求。因为元老院元老不再是世袭，所以这个机构成了纯粹的、具有丰富经验和杰出能力的人的集体。

从此罗马不再是贵族政体，而是变成了名副其实的寡头政体。所谓贵族政体是由贵族出身的少数人统治绝大多数人的政体，而寡头政体在少数人统治大多数人的这一点上与贵族政体相同，但是，对少数人的血统没有要求。罗马毫不犹豫地选择了这一条路：

公元前 367 年，《李锡尼法》实施

公元前 366 年，第一个平民出身的执政官选出

公元前 356 年，第一个平民出身的独裁官诞生

公元前 351 年，第一个平民出身的财务官选出

公元前 332 年，第一个平民出身的法务官选出

公元前 322 年，禁止因无法还清欠债而剥夺其人身自由

在这个世纪末期，平民出身的人获得了为保护罗马的诸神而举行祭祀活动的官职。

雅典和罗马在权力的二足结构方面是一样的。

雅典的二足结构采用了交替掌握权力的方式。我们可以把寡头政权和民主政权看成两大政党。

因此，雅典在政权交替的时候，利用陶片放逐法来排除异己就成了不可或缺的手段。即使没有陶片放逐制度，只要采用政权交替的方式，类似的“流血”事件总是难以避免。

罗马的二足结构没有采用贵族和平民交替执政的方式。旧势力拉拢新势力是罗马的惯用做法。

罗马的这种方式不仅可以避免政权交替时出现“流血”情形，而且还可以随时补充新鲜“血液”。可以说，这种体系对于有效利用人才资源非常有利。

当然，它也有缺陷。首先，不管怎样，改革的效果需要经过较长一段时期才能让人们看到。因此，如何赢得人们不改初衷地一直支持改革，是改革者必须牢记的任务。而未废除护民官制度的罗马，在这方面做得也很高明。在平民看来，护民官的存在意味着自己的想法有可能获得重视。不过，话虽如此，由于护民官在卸任后可以获得终身制的元老院席位，所以他们应该不会太过激进。

其次，当新势力成功进入体制内部后，还会出现新的势力，还需要把他们纳入体制内。也就是说，国家不得不无休止地拉拢新势力。直到公元前 1 世纪前的 300 年间，这种“拉拢方式”还是发挥了有效的作用。

现在的我们毫不怀疑地相信两大政党主义是上上之策。但是，它果真像我们坚信的那样是上上之策吗？寿命最长的组织——现在的天主教会是一个典型的惯用拉拢手段的组织。以罗马教皇为首的天主教会中的“新鲜血液”几乎都是被教皇领导下的教徒们“拉拢”来的。

现在还保存在罗马市内的遗迹古罗马广场曾经是古罗马的中心。从古罗马斗兽场的位置进入古罗马广场，沿着古代的帝国大道前行，可以到达协和神殿。该神殿是为纪念《李锡尼法》的实施而建，位于罗马最好的位置——古罗马广场内，只是现在神殿内已经见不到一根柱子了。

“协和神殿”这一名称就是一致、协调、和睦、合作之神殿的意思。通过建造神殿，所有人承认了《李锡尼法》，宣誓消除贵族阶级和平民阶级的对立，两者团结一致，相互协调，和睦相处，共同合作，为罗马尽心尽力。

通常建造神殿的目的是为了供奉神，而建造这座神殿的目的是为了消除阶级矛盾，供奉的是和睦之神——协和女神。可见，罗马人的多神教性格甚至连国内和睦也要神格化。对此我们只有一笑置之。但是，公元前367年的罗马人正是通过这一做法表达了他们实施《李锡尼法》的坚定决心。

田中美知太郎先生把柏拉图的“politeia”（理想国）翻译成了“国家”，而希腊语中，“politeia”的意思据说是城邦（城市国家、公民国家）的存在方式、组织、制度，因此，“国家”的翻译完全正确。

古代罗马人把“politeia”翻译成“res publica”（共和国）。它是意大利语中“republica”、英语中“republic”的词源。这一拉丁语的意思是“共同体”或“公共”，还有采用君主政体以外的政体的国家的意思，因此，“共和国”的翻译也是正确的。

在日本，“res publica”一词被翻译成“共和”或“共和国”，并一直沿用至今。我也采纳“共和”的译法，但是在写作的过程中，我总觉得会有一些不太协调的感觉。

我认为把“res publica”翻译成“国家”似乎更贴切，当然，如果觉得“国家”的译法不能表达你的心情，还可以翻译成“公共利益”或“国家利益”。而“共和”的译法尽管不算错，却难免让人感觉表达的意思不够明确。

“res publica”重视的是公共利益，在公共利益高于一切这一点上，每个人的想法惊人地一致。至于如何实现这一目标，却不是共和就能做到的。这一点历史已经予以证明。不，也许这就是人类的不同表现，即历史本身目标一致，但人类为实现目标的手段不尽相同。

为什么为实现目标而采用的手段会有如此不同呢？所谓的手段，我想大体可以分为以下两种：

第一是“民意优先”派。有此想法的人认为主权在民，所以在反映国民意愿的同时，应该实现公共利益。古代希腊和罗马都没有主权在民的说法，但是作为城邦，它们的特点都是以公民为共同体的主要支柱。如何看待民意的反应是他们的重要课题。

第二是“公共利益优先”派。这部分人认为公共利益必须高于一切，他们同时认为民意的反应不一定有利于提高公共利益。也有人说，属于第一派的人立足于性善论，而属于第二派的人则立足于性恶论。

虽然我们不能说美利坚合众国的两大政党现在仍沿用这个意思，但是仅看称谓，民主党和共和党都分别继承了上述两个传统。我想如果把民主党翻译成“民意优先党”，把共和党翻译成“公共利益优先党”，或许会更明白些。

在古代，民意优先派叫平民派，公共利益优先派叫贵族派。贵族只是在最初的阶段表示生来就是贵族的意思，后来普遍沿用“贵族”一词的词源“aristocraticos”的原意，即比百姓优秀的人，也就是“精英”的意思。因此，前者认为民主政体是好的政体，而后者选择的政体与其说是贵族政体，倒不如说是寡头政体更加贴切。

如果只是这样的两分法自然简单，但是由于他们各不相同，所以不能这样简单地进行区分。

人类社会中经常会出现有先见之明的人物，因为他们可以预知未来，所以他们知道当下应该做什么。但是如果他们只是普通的一员，那么他们不过是有先见之明的知识分子而已。如果想把自己看到并了解的事情付诸行动，需要权力。马基雅弗利说过："没有武器的预言者将自取灭亡。"特洛伊公主卡珊德拉预见到特洛伊将被希腊军队毁灭，于是她把破解的方法说给特洛伊人听，却没有人理会她。在欧洲，现在还把那些坚信只要劝说就会有人听的人叫作"卡珊德拉"。

因此，获得权力成了首先需要解决的问题。至于如何获得权力，则需要有洞察时代的能力，了解时代的潮流正在向哪个方向发展，这一潮流是否足够强大。如果这股大潮是民众，他必须成为平民派的领袖。如果他身处民主政治已经走到尽头的时代，他必须成为寡头政体的领袖。即使不是因为喜欢平民而成为平民派的，但是只要是同情者，也会有足够多的人听他吩咐，而作为一位领袖必须有效利用他的这些手下。权力对他而言不是目的，而是手段，是必不可少的手段。

公元前 4 世纪中叶以后，希腊民主政体逐渐瓦解，使时代潮流趋向既有经验又有能力的人实施寡头政治。即使不是寡头政体，也是马其顿那样的王权统治。但是罗马人不喜欢国王政体，他们认为即使不在国王政体或民主政体下，也能提高公共利益，那就是共和。这确实很符合罗马人的做法。

罗马政体

从国王政体转向共和政体后，有关古代罗马通史的历史书无一例外地采用了图示的形式来解释共和政体下罗马的政治体系。这样自然非常便于理解。但是我没有采用这一方法，因为我认为这一方法不能真正反映罗马当时的情形。

罗马实施共和政体之初，只是把国王政体时代的三足——国王、元老院和公民大会——中的国王改成了二人执政官，其余的都没有变动。因为罗马人更喜欢根据需要随时设置官职的做法。

因此，研究人员在解释共和政体初期业已完善的政体状况时，每说到一个官职，无论其是在哪一年设立，哪一年一度废除，还是到哪一年又重新设立，都必须提到公元前 509 年这一时间点。实际情形是，没有任何史料准确记录官职的创设、废除和重新设立的年限。因此，给人的感觉好像在公元前 509 年，罗马刚刚进入共和政体时代，就已经确立了井然有序的政治制度，而且，这一制度已经在有效地发挥作用了。但是，事实上，直到公元前 367 年，在这段漫长的岁月里，尽管种种条件并不完善，罗马人却一直在摸索中前进。

因此，我接受公元前 2 世纪的希腊历史学家波里比阿的看法，认为罗马共和政体开始全面发挥作用是在经历了公元前 390 年的凯尔特人入侵之后更符合历史，解释此后的罗马共和政体下的所有官职更符合实情。我把这部分内容放在这里进行说明也是基于这一理由，因为到公元前 4 世纪中叶，政体已经完善，而且要讲述以后的罗马历史，也可以有明确的起始线了。

与雄辩的希腊人相比，罗马人是一个现实主义性格很强的民族。要讲述他们的故事，我想结合现实或许会更合适。

首先是支撑政治制度的选举制。进入共和政体以后，罗马人依然继承了王政时代的这一制度。虽然前面已经介绍过，但我还想在这里重复一遍。

就像前面介绍过的那样，共和政体下的罗马也采用了按收入的多少纳税的做法。在没有直接税的时代里，以服兵役的多少来体现，并没有收入和所得的区别，因为当时还没有经费的概念。

百人队是罗马军队的核心。投票以百人队为单位，首先由百人队中的 100 名士兵进行讨论，达成一致意见后就体现在一票上。但是，实际上，有义务提供百人队的人投这一票也很正常。

与雅典的一人一票制相比，这是罗马投票制最独特的地方。

由于公民大会的总投票数是 193 票，所以只要有 97 票就过半数了。也就是说，只要第一等级意见一致，就控制了超过半数的票。很显然，这不是民主政体，而是寡头政体。

执政官

执政官取代了国王政体时代的国王，是共和政体下罗马的最高官职，由公民大会选举产生，经元老院批准后就职。其过程与国王一样，但国王为终身制，而执政官的任期只有短短的一年。执政官允许再选，年龄下限为 40 岁。

两位执政官相互有权对对方的想法或做法行使否决权。一项政策只要两位执政官都不同意，就不能付诸实施。

执政官的主要任务是召集公民大会。他们是内政的最高领导人，同时在战场上担当指挥重任。这一官职相当于现在的首相兼国防大臣兼总参谋长。不够，因为需要经常担任实战指挥，所以还要加上前线总指挥。

军务是执政官最重要的工作。罗马的军事力量通常一分为二，由两位执政官分别统领。当敌人很弱小、战斗力不强的时候，一位执政官出征，另一位执政官留在罗马保卫首都，同时处理内政。一旦与强

共和政体下的罗马政体

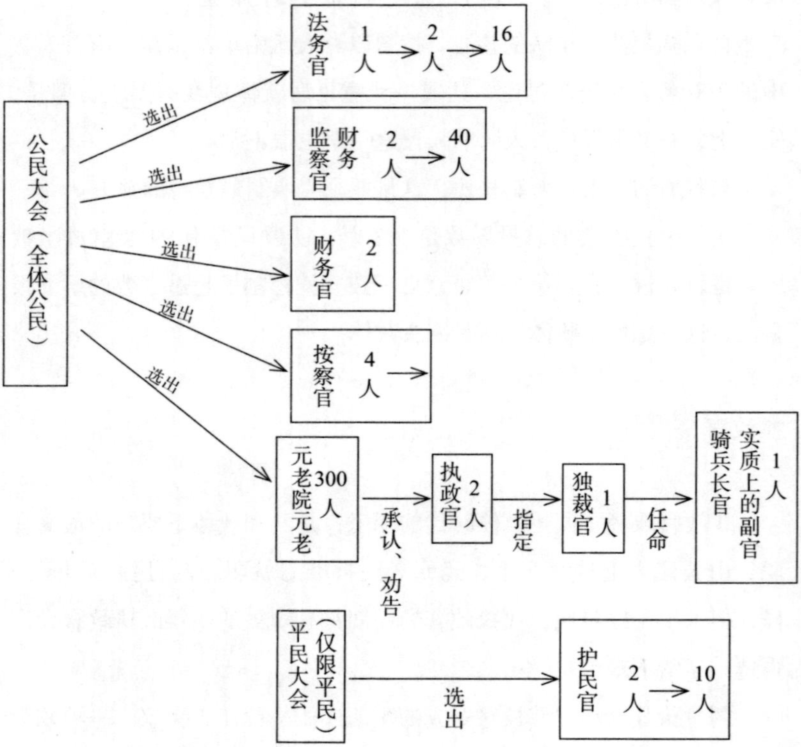

敌作战，两位执政官双双率领各自的军团共赴前线。于是，战场上就有了两位指挥官。每当此时，保卫首都的任务就落在了法务官领导的预备役士兵身上。

尽管战场上有两位指挥官，但是这个时期的罗马并没有出现不协调的情况。因为，一旦两位执政官各持己见，互不妥协，他们就会任命独裁官，一统指挥权。

但是，战争并不能够保证在执政官一年的任期内结束。假如在战争进行之中更换总指挥官，从战术上来说极不可取。

因此，罗马决定在必要的时候设置前执政官的官职。这样一来，战争会在执政官变身的前执政官指挥下继续进行。这样做还有一个好处，当罗马必须面对三方敌人时，不会出现指挥官空缺的情况。

到了罗马将其势力范围扩张到意大利以外的时代，前执政官指的是被派到各个行省担任总督的人。因为派去的是曾经的执政官，可见罗马对统治行省的重视。远征高卢的尤里乌斯·恺撒是以前执政官的身份被派遣去的，西塞罗作为前执政官被任命前去统治比提尼亚行省。当然，在罗马仍在意大利境内艰苦奋战的时代里，前执政官始终只是在执政官任务过重时才增设的一个官职而已。

手执束棒斧的随扈

由于执政官继承了王政时代由国王掌握的权威和权力，因此保留了王政时代国王的“开路先锋”，执政官也继承了让手执束棒斧的12名随扈做开道先锋的权力。这些随扈与其说是近卫兵，倒不如说是一种权力的象征。执政官走到哪里，12名随扈就要跟到哪里。因此，在路上遇见随扈做“开道先锋”的执政官时，大概会有人像波里比阿一样，忍不住问道：罗马是王政体制吗？在民主政体下的雅典，“国家战略官”没有这种习惯。

像这样，在共和政体时代的

罗马，执政官拥有极高的尊严和权力。现在的“领事”一词，词源就出于“执政官”一词，这实在是令人费解。

独裁官

与执政官不同，在今天，独裁官是只用于贬义的一个词的词源。在共和政体下的罗马，它是当国家处于非常时期时任命的一个官职，意思是临时独裁执政官。与其他官职通过选举产生不同，独裁官由两位执政官中的一人指定即可。

独裁官除了无权决定改变政体之外，在任何问题上享有绝对的决定权。对于独裁官做出的决定，任何人无权反对。独裁官的任期很短，为 6 个月。人数当然只有一人。因为他有权当机立断，决定因实施共和政体而出现滞后的决策，所以领命担任独裁官的人通常具备与执政官不相上下的水平和能力，而且经验丰富。

独裁官有权任命“骑兵长官”，相当于副官。两位执政官在任命独裁官的同时必须接受独裁官的命令。就像副官的名称叫“骑兵长官”一样，独裁官的任命通常是在战争的非常时期。当然，和平时期任命独裁官的情况也有，例如，因为瘟疫大流行，首都的功能处于瘫痪的时候，或者是必须尽早恢复秩序的时候，等等。

寡头政体也是个指挥者众多的体系，虽然没有民主政体那样多。这种政体的缺陷是面临紧急事态必须当机立断时，往往缺乏灵活性。独裁官制度恰恰弥补了这一缺陷。可以说，这是共和政体下罗马的危机管理体系。马基雅弗利说：“如果要保住一种政体，必要时必须有勇气做出有违这一政体理念的事。”如果不这样，将会招致该政体的瓦解。因此，只有共和政体才会有独裁官这一官职。

既然是危机管理体系，罗马当然不会随便任命独裁官。从共和政体实行之初的公元前509年至前390年凯尔特人入侵的119年里，据我们所知，只任命过7位独裁官。卡米鲁斯曾经担任过5次独裁官，就像普鲁塔克说的那样，他的经历充分显示了公元前390年前后罗马所处的严重危机和混乱。

一旦任命了独裁官，本来由两位执政官共同执掌的最高权力，在6个月内就由独裁官一人独占。共和政体下罗马独裁官可以有24名随扈做开道先锋，是执政官的开道先锋的2倍。

随着共和政体末期的邻近，独裁官的意义发生了变化。苏拉和恺撒成了终身独裁官。如此一来，独裁官就变成了独裁者。

法务官

法务官的任期为一年，最初由一个人担任，后来成倍增加，最后达到16人。增加人数的不只是法务官，除了执政官，几乎所有官职都有这种倾向。因为随着罗马领地的扩大，官职当然也要相应地增加。

既然叫法务官，负责的自然是司法事务。最初，当执政官上前线时，法务官负责管理后方，后来慢慢变身为司法责任人。这与罗马作为法治国家不断完善的过程一致。

担任该官职的人很多时候也要上战场。要求法务官年龄在40岁以上，也是基于一旦需要就可以代替执政官指挥军队的考虑。此外，执政官不在时，法务官要担任议长，召集在首都罗马举行的公民大会。

财务监察官

在日本，也有人把它翻译成财务官。但是，我把另一个官职翻译成了财务官，所以根据这个官职所从事的工作，我觉得翻译成财务监察官应该更贴切。

财务监察官的人数最初是 2 个人，到了共和政体末期增加到了 40 个人。任期一年，年龄要求在 30 岁以上。

财务监察官的任务中有一项是负责前线的财务，这是很重要的工作。在罗马攻打汉尼拔之前，老加图来到罗马军营地，因提出军费过于浪费而遭到罗马军总司令西庇阿的冷嘲热讽。他当时的官职就是财务监察官。

那一年，加图实际上才 30 岁，“老”是后人加上去的。时年 31 岁的西庇阿因为汉尼拔战争的胜利而被尊称为“阿非利加努斯”（意思是“非洲征服者”）。当时西庇阿是这样解答一心要忠实完成任务的财务监察官的：

“对于冲锋陷阵的人来说，财务监察官除了会指手画脚，毫无用处。我们为国家担负的不是金钱责任，而是行为责任。”

可见，担任这个官职的人如果不够强势是很难有所作为的。因此，让那些已经功成名就、不惧权威、能镇得住人的年长者担任此职应该更合适。但是在罗马正好相反。因为对财务监察官的年龄要求是 30 岁以上，所以作为有志于政治生命的年轻人来说，这是通向政坛的一条捷径。让他们年纪轻轻就学会吹毛求疵，掌握吹毛求疵的方法，这的确很有意思。

财务官

这一官职最初是为人口普查而设，因此在共和政体初期，不是每年而是每五年进行一次人口普查时才会选举。任期一年半以上，这与其他官职通常为一年有所不同。财务官人数是2人，年龄要求不明。考虑到这个官职拥有的强大权力，即仅次于执政官的权力，想必当选的人一定是超过40岁的、成熟稳重的人。

在罗马进行人口普查，不是调查总人口，而是调查户主的财政状况。对于未如实申报财政状况的人，无论是贵族还是其他什么人，财务官都有权告发。之所以说他们权力很大，原因就在于此。

除此之外，从国有土地的使用到国库的收支，都由他们进行严格监督，同时他们还有权决定公路及上下水道建设的开支，因此，说他们是国家财政的责任人未尝不可。大概和现在的大藏省（日本财政部。——译者注）差不多吧。掌握金钱收支的人就是掌握权力的人，这也许是古今中外亘古不变的现象吧。

按察官

在日本，按察官的译法已经固定下来。但是我不太明白“按察”一词的意思，查了词典才明白，好像是“监督”的意思。不过，按察官这一官职负责的领域更多、更广。

在所有官职中，只有这一官职从设立之初就明确了当选者所属的出身阶级——贵族和平民平分秋色，各选两个人，大概是担任这一官职的人需要直接且经常接触市民的缘故。任期一年，年龄要求在30岁以上。按察官和财务监察官一样，是年轻人也有机会担任的官职。

按察官的任务第一是策划组织庆典和祭祀活动，其中包括举办运动会的工作。

第二是与公安警察相关的工作。

第三是保障粮食的供给。由于农村地区是自给自足，所以按察官负责的是首都罗马的粮食供给。

第四是负责道路维修、交通整顿和上下水道管理。

第五是对各种违法行为做出罚款金额的决定以作为惩戒。

第六是对市场进行严格监管以保障市场的公平运行。在共和政体临近末期时，还负责向无产者无偿配送小麦的工作。因此，该官职又是负责有名的“面包 + 娱乐”双重事务的官职。

如此看来，该官职似乎是一个权威不高、涉及领域繁多、事务忙碌且报酬微薄的官职。但实际上并非完全如此。这一官职负责的领域大多又和民众的生活息息相关，因此，就争取民众支持而言，是一个非常理想的职位。当时，在那些对政治前途存有野心的人中，自筹经费组织民众喜爱的活动的人不在少数。

护民官

关于护民官，前面已经做过介绍，在这里就不再赘述。“护民官”一词的译法非常漂亮，意如其名，护民官是代表平民阶级利益的一个官职。因此，非平民阶级出身的人无缘这个官职。因为公民大会除了平民，贵族也有权参加，所以当选该官职的人不在公民大会上选举产生，而是在平民大会上选举产生。平民大会只有平民阶级出身的人才有权参加。护民官的任期为一年，对年龄没有限制。在古代，16 岁就算成年人。但是，只有 30 岁以上的男人才被认为可以独当一面，所以，当选直译为“平民司令官”的护民官的人，其年龄一定与该官职相符。

护民官最主要的任务当然是保护平民的权利，因此，他们有权对政府做出的决定行使否决权。但在战时不得使用这种权力。

因利害冲突，护民官有可能遭到某些行为过激的贵族的暗算，所以，为了防止此类事件的发生，护民官享有人身不可侵犯的特别权利。这一权利连执政官都不享受。

因为护民官是国家正式任命的官职，所以他的职责并非是领导平民与贵族做斗争，而是促进贵族和平民间的沟通。护民官往往身处权力斗争之中，原因就在于此。护民官任期结束后，通常转为元老院元老，享有元老院的席位。公元前 367 年《李锡尼法》实施以后，罗马虽然在形式上选择了一党独裁的方式，而非两大政党交替执政，但是内部人员则不断进行更替。

护民官的人数最初是2个人，后来不断增加，最后达到10人之多。

元老院

今天的罗马，街头巷尾依然可以看到“S.P.Q.R.”这四个字母。“此处禁扔垃圾”之类的罗马市政告示用这四个字母开头，井盖上也刻有这四个字母。

“S.P.Q.R.”是拉丁语“Senātus Populusque Rōmānus”的缩略语，意思是“罗马元老院与公民”。虽然现代罗马不再有元老院，但是，不知是否因为想把罗马市议会看作古罗马元老院的遗存，自西罗马帝国灭亡以后，经过了 1 500 年，这四个字母依然被广泛使用。

既然表示为“S.P.Q.R.”，也就意味着古代罗马的元老院是与这一城邦的核心群体——罗马公民——平起平坐的。这样看来，古罗马元老院的地位是无法与现代罗马的市议会相比的。

元老院在古罗马销声匿迹之后，被威尼斯共和国的“元老院”继承。即使在普遍采用议会制民主政体的现代，美国、加拿大、法国、意大利等国，两院中的上院（或参议院。——译者注）都是把拉丁语“Senātus”翻译成本国语言后称呼的。

日语中没有把现代的“Senātus”翻译成“元老院”，而是译成了“上院”。这个翻译非常贴切。因为议会制民主政体下的两院制中的“上院”与共和政体下的罗马和威尼斯共和国寡头政体中的“元老院”，虽然词源同为拉丁语，但是内涵完全不同。元老院既不同于英国的贵族院（上院），也不同于日本的参议院。

日语中把共和政体下的罗马的“Senātus”翻译成“元老院”，我有一点困惑。因为元老院的称呼容易给人这样一种印象，即许多功成名就的老人齐聚一堂，对年轻人指手画脚，品头论足。在日本，一说元老院，只会让人浮想起西园寺或山县之类的某个人。在现代，即使勉强去找，充其量只能找到当选过首相的人。

古罗马的元老院与议会制民主政体国家的两院制中的上院有所不同，与由引退后的元老组成的团体也不同。它是一院政体国家的元老院，机构内的人员都是现任官员。因为，过了30岁就可以在这里占据一席之地了。

中世纪、文艺复兴时代的威尼斯共和国的元老院最忠实地继承了共和政体下的罗马的元老院。当然有两点除外：

第一个不同点是，除了经济和文化活动，威尼斯出乎意料地闭关自守。这一点与古代雅典很相似。

威尼斯共和国元老院的元老非威尼斯贵族出身不能参选。行省的贵族也好，本国的平民也好，都无权享有元老院席位。该国的元老院元老构成最真切地反映了威尼斯共和国的纯血统主义倾向。

在这一点上，罗马完全相反。在罗马，元老院的组成是开放的。

其他部族的有势力者带着被保护者大举移居罗马后，很快就能够得到元老院的席位。罗马还主动邀请战败国的统治阶级加入罗马元老院。公元前 367 年的《李锡尼法》实施以后，平民出身的人只要担任过官职，元老院的门也向他敞开。因此，直到昨天还在与元老院针锋相对的平民代表护民官，今天一卸任就可以在元老院和大家友好地坐在一起。

罗马元老院举行演讲时的称呼从原来的“元老院诸位元老！”改为“各位父老及各位新进者！”

威尼斯元老院和罗马元老院的第二点不同是前者要通过选举，后者却不需要。

在威尼斯共和国很早就废除了公民大会，事实上的国会成员由成年后的贵族构成。元老院元老由国会选出，任期一年。

在罗马，作为国家最高决策机构——公民大会一直存在。除了护民官，以执政官为首的政府要职全部由该“国会”选举产生。

只有元老院元老不需要经过选举，但是这绝不意味着只要过了 30 岁就可以自动得到席位。正因如此，它不是世袭的。只有经过相当严格的甄别，确认其见识、责任心、能力和经验都符合的人才允许进入元老院。当然，出身罗马名门贵族的人相对多一些优势。但是，就像“新进者”这一演讲使用的称呼语显示的那样，这是一个向新进者开放的机构。

因为不需要经过选举，所以一旦成为元老院元老，任期就是终身的。这不能不使人心生不安，担心元老院会不可避免地出现倚老卖老或者思想僵化的问题。但是罗马元老院完全不存在这种可能性。因为在当时，一个人一旦生病，如果没有足够的体力，很快就会死去。同时战事像家常便饭一样，雅努斯神殿之门总是大敞着。因此，元老院元老的构成经常会有适度的调整。

罗马元老院和威尼斯元老院一样，一直都是寡头政体下的共和体罗马的心脏。

以执政官及独裁官为首的罗马要人几乎都出自元老院。任期一到，他们都会回到元老院。当时，两位执政官因为战事同时离开罗马几乎是罗马的常态，在此期间，从内政到外政、军事等所有方面，做决策的是元老院，作为领头人，带领罗马前进的也是元老院。当然，元老院没有依法制定政策的权力，只有提出建议、忠告、劝告的权力。

制造并向各部分输送血液的心脏要向头部及四肢发出“建议”，所以它是事实上的议决者。就算有人反对，毕竟有前护民官在这一机构中。而且在对待反对派的问题上，元老院从不掉以轻心。一旦反对声强烈，正面冲突有可能对自己不利时，元老院会暂时退让一步。

罗马人的灵活性远远超过生意人威尼斯人。在罗马，担任过执政官的人当选财务官，就会做好财务官的工作。没有人会认为曾居高位的人从事较低职位的工作是丢脸的事。无论在政界还是在军界都是如此。

这就是共和政体下的罗马元老院。如果说共和政体下的罗马＝元老院，那么这种说法并非言过其实。

只是这样的机构只能在少数人统治大多数人的寡头政体国家中才能发挥出作用。像雅典这样的直接民主政体国家，像现代众多国家那样的议会制民主主义国家，这种机构几乎难以生存。如果一定要让它存在，那么只有采用表面上为民主政体实质却是寡头政体的方式。

所谓寡头政体，不是主权在民。如果是主权在民，民众就必须有选择的自由权，因此才会有两大政党共存的情况。在少数优秀人才领导大多数民众的寡头政体下，不可能出现政权的交替。

其实，罗马元老院充分发挥了心脏的作用，现在，它的功绩已经成为西方历史的常识。作为上院的名称，美国、法国、意大利和加拿大，都愿意留下"Senātus"的称谓。就像历史学家波里比阿指出的那样，罗马在健全的元老院开始发挥作用以后，彻底摆脱了迷惘，勇敢地走上了繁荣之路。无疑人人都会对此心生羡慕。

公元前 509 年，随着罗马进入共和政体，元老院的重要性得到进一步提高。公元前 367 年《李锡尼法》实施以后，罗马元老院开始向体制内输送更多的新鲜血液，直到公元前 44 年尤里乌斯·恺撒实施改革。

恺撒改革是在公元前 1 世纪。由于形势发生了改变，元老院已经失去了心脏的作用。在元老院议事厅，元老院元老杀死恺撒一事颇具象征意义。发生在许久之后的这一事件表明在共和政体下的罗马元老院担负着何等重要的使命。

"政治建筑的杰作"

善于从失败中学习，并在此基础上挣脱旧有观念的束缚，提高自己，然后再重新站起来。这就是罗马人的性格。

这不是说失败是好事。失败没有什么好或不好，失败只是失败。重要的是如何从失败中站起来，也就是怎样对待失败。

公元前390年的凯尔特人入侵，给了罗马人从失败中学习的机会。最重要的一点是国内分裂是何等的愚蠢。正因为罗马有贵族派和平民派之争，才会造成被蛮族凯尔特人乘虚而入的机会。

直到公元前367年《李锡尼法》实施后，罗马才成功消除了派系之争。这一政治改革从一开始贵族就向平民阶级做出了巨大的让步，到了公元前300年，国内政坛的所有要职，包括祭司的职位，全部向平民阶级开放，贵族全面接纳了平民，贵族和平民之间曾经的对立关系消除了。效果很快显现出来，罗马得以确立新的体制，可以整合全体罗马人所有的能量，能最大限度地发挥罗马的国力。

希腊人波里比阿认为，罗马强大的第一要素在于罗马确立了其特有的统治体系。对于公元前390年的凯尔特人入侵，他写道："以此为界，罗马开始了它的复兴之路。"

这是一次根本性的改变，但是，它终究是一次内政改革。对外的政策问题依然没有得到解决。在这方面，惨遭凯尔特人入侵的罗马人没有忘记要把从中学到的教训变成现实。

这方面的改革反映出对与他国之间关系的重新认识，2 300年后的英国历史学家汤因比称之为"政治建筑的杰作"。

在王政时代，罗马已经和邻近各部族建立起同盟关系。尽管部族不同，但是，他们使用同样的拉丁语，信仰同样的宗教，风俗也很接近，因此统称他们为拉丁民族，各部族之间的同盟就叫拉丁同盟。

初期的拉丁同盟主要是一起祭祀共同信仰的诸神。同盟者的代表一年一度会集在阿尔巴诺山上，在朱庇特神殿举行祭祀活动；模仿希腊奥林匹克举办比赛，组织体育活动几乎是唯一的共同行为。

后来在罗马七丘之一的阿文庭山上建起了供奉狩猎女神黛安娜

的神殿。黛安娜女神也是拉丁民族共同的神，其重要性仅次于朱庇特。该神殿的建立加强了罗马在拉丁同盟中的主导地位。因为在祭祀女神的日子里，拉丁同盟的各加盟部族，都要带着妻儿老小来到罗马，参加祭祀活动。正是从这个时候开始，军事行动成了拉丁同盟的共同行动。

尽管罗马的主导地位加强了，但是，在当时，由于罗马的力量还没有凸显出来，所以拉丁同盟各部族之间的相互关系几乎是对等的，同盟关系并不牢固，同盟国之间也常有战事发生。公元前 509 年罗马转为共和政体后，这些同盟国纷纷背离罗马，显示了当时的拉丁同盟凝聚力之脆弱。站在同盟各国的立场上来看，他们一定认为他们的同盟对象不是罗马，而是统治罗马的国王。罗马废除王政意味着解除与其他邻国之间的同盟关系。

有了这一前车之鉴，罗马在稳固了共和政体后的公元前 494 年着手重建拉丁同盟。同盟的主要目的从宗教祭祀变成了军事行动。在同盟协议上明确规定要建立共同的队伍来对付共同的敌人。同盟军中罗马军队占一半，其他各同盟国的军队占一半。因为这个时候罗马的力量已经相当强大，罗马一国的领土甚至超过了拉丁同盟各国领土总和的三分之一。同盟军的构成也反映了拉丁民族当时的力量分布状况。

同盟军总指挥由罗马人担任，这也是因为罗马人的军事能力强于其他各部族，胜率较高。对此，同盟各国没有任何异议，他们一定认为这是理所当然的。除了这一点，拉丁同盟的利益分配完全平等。

每次打了胜仗后，在战争中获得的土地和俘虏等战利品一分为二，一半给罗马，另一半给其他同盟各国。

加入拉丁同盟的部族之间，公民权、结婚权及通商权完全平等。只要愿意，随时可以移居到其他部族统治的地方，享有和当地人同等的权利。当时，虽然罗马军队没有取得重大胜利，但是也没有经历大的失败，因此，即使不从长远去看，与罗马建立统一战线，对于其他拉丁民族来说，利大于弊。同盟各国一年一度在菲里蒂纳的森林开会商议，对于在此做出的决定，各国必须忠实遵守。

罗马遵守同盟协议是因为罗马有相应的利益在其中。当时的罗马提供六七千兵力已经备感艰难。但是，由于同盟国的加入，军队规模得以成倍增加，同盟的意义自然不可小觑。

当然，这一时期的拉丁同盟也有弱点。一旦主导国罗马陷入生死存亡的危机之中，其他同盟国就会看不到与罗马统一行动的好处，很容易背离罗马而去。公元前 390 年凯尔特人的入侵，使这一弱点暴露无遗。

这是一件生活在大海彼岸的希腊人都知道的大事，甚至连当时还没有出生的亚里士多德都要浓墨重彩写上一笔的大事件。这一惨剧严重打击了邻近罗马的同盟各国把自身的希望寄托于罗马命运之上的信心。结果，不只是一个国家背离了罗马，而是像雪崩一样，同盟各国纷纷离罗马而去。它们不仅抛弃罗马，甚至起了乘机瓜分罗马之心。为此罗马不得不用 20 年的时间来击退它们。尽管有卡米鲁斯这样的优秀将领，但是要确保边境安全，依然花费了 20 年的时光。

罗马对此极度失望。于是，在公元前 338 年，罗马着手进行对外关系的彻底改革。

解散形同虚设的拉丁同盟，重建新同盟是改革的主要内容。罗马之所以进行这样的改革，是因为此时的罗马已经完全恢复了元气。如果没有足够的实力，提这样的改革方案就是过于不自量力。

重建后的同盟体不再叫拉丁同盟，应该说，“罗马联盟”的称呼更符合它的性质。

毫无疑问，罗马人是保守的。但是，即便对保守的生活方式，难道不是该改的要改，不需要改的就不改吗？进入公元前 4 世纪后半叶，改变了对外关系形态后的罗马人，没有改变公元前 8 世纪罗穆路斯以来的罗马人的一个特点，即“同化败者”。《希腊罗马名人传》的作者普鲁塔克认为，罗马强大的首要原因就是罗马人的这种性格。但是，它为什么会与汤因比评价的“政治建筑的杰作”相联系呢？

罗马联盟

人类社会中，能早早预见到遥远的未来、据此确立下所谓的百年大计并把相应的计划付诸实施的人少之又少。正因为少，我们才称他们为天才。除了天才，普通人只会为了解决眼前的问题制订相应的计划，因此会出现两种结果：一种人只是为了解决眼前的问题，制订相应的计划并付诸实施，结果这个计划竟成了百年之计；另一种人只解决了眼前的问题，结果也只是暂时解决了问题而已。

问题看似都是偶然得到了解决，但是，后者的偶然的确是偶然，而前者的偶然却是必然。历史上的偶然成为历史必然都应该归因于人的作为。在后世的我们看来，被认为是历史必然的事件在当时几乎都是偶然。把这种偶然变为必然，很多时候都事在人为，因此，历史的创造者始终都是人。

对于公元前4世纪中叶的罗马人来说，眼前的问题是防止再次出现同盟各国众叛亲离的状况。

所谓联盟，是为了实现共同目标采取统一行动的联合体。加盟各国，包括主导国罗马，都是相互依存的关系。在这样单纯的联合体中，某个加盟国和罗马的关系与该国和其他加盟国之间的关系没有太大的区别。因此，当罗马强大时，它们和罗马联盟，一旦罗马出现衰退的迹象，它们就纷纷背离罗马而去。

因此，公元前4世纪中叶以后的罗马人把同盟国的关系限制在该国和罗马之间。我想，可以用如下图示来表示它们之间的关系。

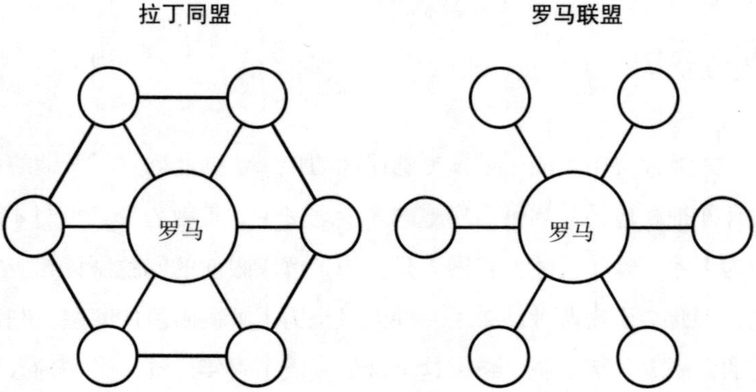

罗马联盟中的同盟协议规定，加盟国只许和罗马缔结协议，不许和其他加盟国缔结协议。加盟国之间出现问题，也不允许在当事国之间解决，必须由罗马仲裁解决。

罗马之所以可以单方面要求采用这一模式，是因为罗马是胜者，其他国家都是败者。罗马联盟的确把不平等的同盟关系强加给了失败者。但是，对失败者来说，在通行没收财产、逼战败国人民为奴的时代里，说罗马人的这种要求极其宽容一点也不为过。其实罗马人这样做并非因为他们宽容。不必引用普鲁塔克的话我们也能想到，罗马人只是忠实于自己的性格而已。

在拉丁同盟中，同盟成员只有罗马和其他加盟国两类。但是，在罗马联盟中，成员国却分为五类：

第一类是联盟之主罗马。在罗马，只要是自由民，不分贵族和平民，一律享有罗马公民权，因此，他们有服兵役的义务。这是享有自由的公民的义务，同时也是直接税的纳税形式。当然，他们同时享有投票权和罗马公职的被选举权，以及参与国政的权利。

第二类是旧拉丁同盟的加盟各国。它们是公元前390年一度背离罗马又被重振之后的罗马再度打败的国家。这些国家有着与罗马相同的语言、宗教和习俗。罗马毫不吝啬地给了这些国家的人民完全的罗马公民权。

应该说这是吞并，只是这种吞并建立在与胜者罗马完全平等的基础上。他们中甚至有人还当选过罗马执政官。

第三类是拉丁语叫“自治城市”。它在意大利语词典上的解释是地方自治体或市镇。对于这些城市的人民，罗马给了他们无投票权的罗马公民权。

所谓“无投票权的罗马公民权”，就是他们不享有罗马国政的选举权和被选举权，除此之外，他们在所有方面都享有和罗马公民同等的权利。这些人被要求学习拉丁语，以便在不久的将来成为享有完全的罗马公民权的人。他们是所谓的准罗马公民兵。事实上，只要经过三年，一般都可以得到罗马公民权。

因此，这一类无投票权的公民与罗马公民通婚也是自由的。罗马法律规定的私有财产权也有保障，而且承认国内自治。

第四类是科洛尼亚，我们把它翻译为“殖民地”。科洛尼亚和略早些的英国、法国、荷兰、西班牙的殖民地不同。罗马人建立殖民地不是出于经济上的理由，而是政治上的理由。当然，罗马人也不像希腊人，因本国人满为患，无处容身的人们自作主张组团去一个地方建立殖民城市，与本土的关系只是通商或文化交流。

只有被认为战略上非常重要的地方，罗马公民团才会开展殖民建设。由于他们享有完全的罗马公民权，所以有义务承担罗马军务。在殖民地的罗马人承担军务，只是为了保护自己居住的地方。就这样，在每一个战略要地，罗马人都要毫无例外地建造用作要塞的新城。

除了罗马公民团建立的殖民地外，“罗马联盟”的其他加盟国也有人建设殖民地。前者叫“罗马殖民地”，后者叫“拉丁殖民地”。它们只是殖民者不同，而建设的目的相同。对于罗马人来说，建设殖民地就是建设“要塞”，所以不太可能交给他们信不过的人。

第五类是历史上统称的“同盟国”。当然，同盟国是后世的人的叫法，在当时，罗马人称之为“同盟市”。“同盟市”就这样成了意大利语中的一个词，现在的意思是共同经营者。

同盟市和其他同盟国有所不同。虽然都是罗马的战败国，但是，旧拉丁同盟的加盟国是公元前390年之后的战败者，同盟市则要晚得多，是指公元前350年以后被罗马打败的各国。因此，同盟市和罗马的关系比较浅。

罗马承认同盟市享有完全的国内自治，允许它们保留自己的语言、宗教和习俗。尤其是使用希腊语的人，更不要求他们学习拉丁语。

因为在当时，与拉丁语相比，希腊语更加完善。罗马人即使在称霸地中海世界后，依然毫不介意地使用双语。

罗马人不要求同盟市（或同盟国）以贡金或年贡的形式缴纳税

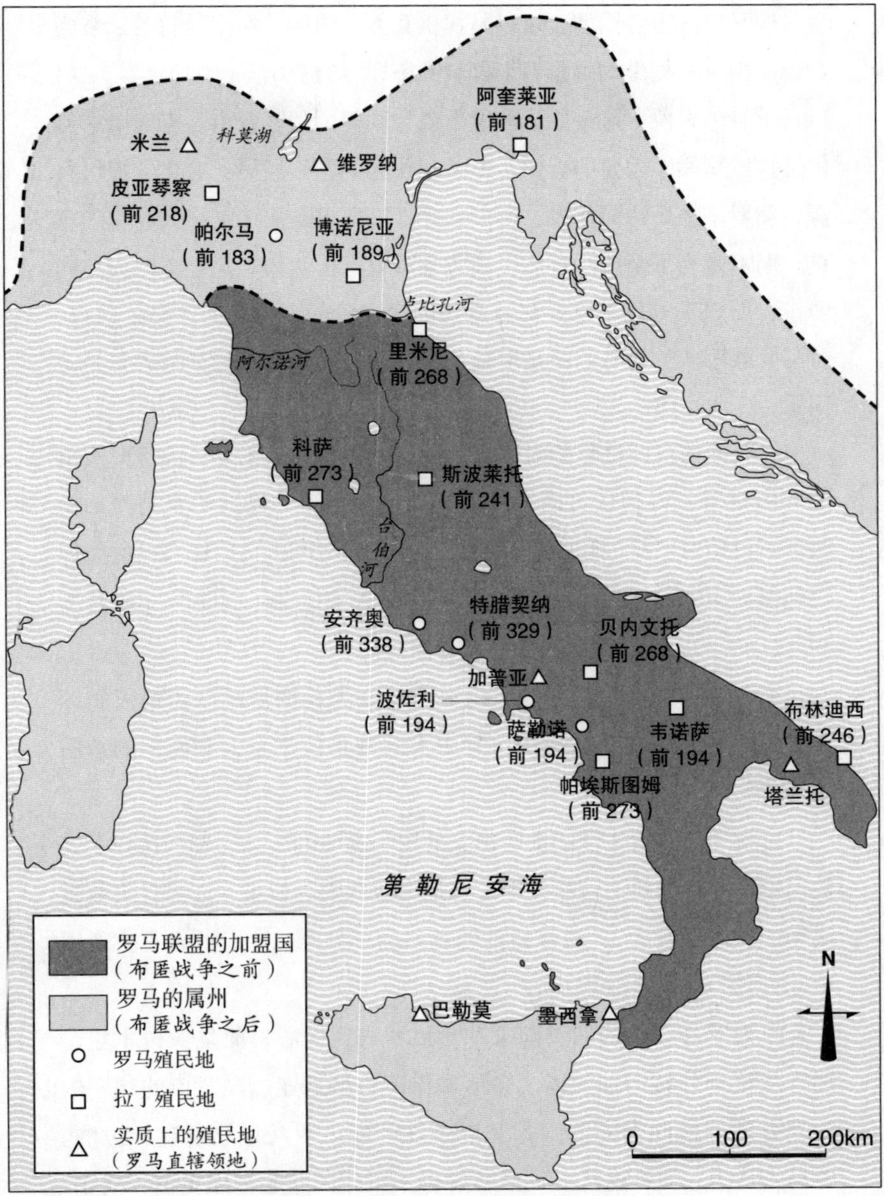

公元前 2 世纪中叶以前罗马建立的殖民地和建立年份

金。罗马对同盟各国的要求只是提供兵力。当然，在士兵自备武装为常识的当时，提供兵力相当于提供维持兵力的费用。

不管怎么说，这些原战败国、现为同盟国的同盟市没有被要求提供维持罗马联军需要的费用，但是，作为同盟国居民，有义务提供兵源，和罗马士兵一同作战。可以认为这一要求是出于对个人名誉的尊重，而不是为了金钱。自然，同盟各国也这样认为。但是，因为是同盟市，所以其人民不享受只有承担完全义务的人才有的罗马公民权。罗马联盟军队的核心始终是罗马公民，来自同盟各国的参战者只是协同军。

在公元前三四世纪的时候，这种情形没有什么不妥。因为同盟市的国内自治是得到认可的，所以其人民即使不去遥远的罗马参加投票，不行使对罗马国政的发言权，其人权和财产也可以按自己的意愿得到保护。罗马人为了保证这些非罗马公民的权利，还制定了被称为《万民法》的法律。实际上就是“外国人法”。

在公元前 4 世纪后半叶，以那不勒斯为首的罗马联盟第五类国家被逐一纳入罗马势力范围，其中大部分是位于意大利南部的希腊殖民地。

这就是公元前 4 世纪中叶确立的罗马联盟的实体。罗马选择了其他国家不存在的政治策略，即没有把失败者贬为奴隶，而是让失败者成为“共同经营者”。流传后世的有名的“分而治之”的思想就产生于此。

因为罗马以外的四类国家不是以罗马为中心，而是像树木年轮那样从里到外按旧加盟国、自治城市、科洛尼亚、同盟市的顺序依次划分的。这四类同盟国相互混杂在一起。罗马是故意这样做的。罗马人认为，只有这样，同盟各国将不可能团结起来建立统一战线，共同对付罗马。特别是散落在战略要地的殖民地，起到了阻碍同盟各国采取共同行动的作用。

这种混杂的方式优点很多，但是缺点也不少。最大的问题是来自罗马的指令传递迟缓，军队行动不够敏捷。为了解决这一缺陷，这一时期的罗马开始了有计划的道路建设。

道路建设

道路是国家的“命脉”，在今天，这是尽人皆知的常识。但是在 2 300 年前的古代，只有罗马人了解这一点。

只要有人聚居，就一定要修通道路。在罗马建国之初的公元前 8 世纪前半叶，路已经出现了。其中一条路是为了运输盐而铺设的，所以叫作盐路（萨拉里亚大道）；还有一条路与罗马人的祖籍拉蒂纳相连，叫作拉蒂纳大道，意思是通向拉蒂纳的路。

但是，到了公元前 4 世纪后半叶，道路建设状况为之一变。以公元前 312 年阿庇亚大道开通之时为界，新建道路不再是纯粹的行政道路，更多的是出于政治军事战略也就是政治、军事、行政的综合考虑。

罗马人完全认识到了这一点。新铺设的道路不再使用终点的地名来命名，开始习惯于使用道路提议者的名字来命名。按照之前的做法，用道路终点的地名来命名的话，一旦需要延伸这条路，原有的路名就不合适了。但是，如果用提议者的名字命名，例如阿庇乌斯要求铺设的路就叫阿庇亚大道，弗拉米尼乌斯要求铺设的路就叫弗拉米尼亚大道，自然延伸自如。

公元前 312 年，财务官阿庇乌斯提议铺设的阿庇亚大道从罗马出发，通向刚刚纳入罗马势力范围的加普亚。随着罗马势力范围的扩张，这条道路不断向外延伸，最后到达意大利最南端的布林迪西，成为罗马的干道。

继阿庇亚大道之后，罗马人又铺设了弗拉米尼亚大道、卡萨亚大道、奥雷利亚大道等。随着罗马势力范围向四面八方扩张，连接罗马和各地战略要冲的公路网也不断延伸，甚至产生一句谚语，叫“条条大路通罗马”。后来横跨欧、亚、非的罗马的道路就发端于这一时期开始的有意识的修建。以这一时期为界，罗马的道路在政治战略方面产生了深远的影响。人们称这些为军用道路，但是，我很想用政治道路来称谓它们。

在铺设这类道路之前，这些地方并非没有路。至少行人、马匹通行的路基本上已经有了。在此基础上，罗马人尽最大可能地把它们修直，同时拓宽路面，架设桥梁，开挖隧道，改善排水，使其变成坦途，也就是变身为“高速公路”。为了使罗马联盟更加有效地发挥作用，这些“高速公路”无疑是极其重要的命脉。

出身于罗马名门望族克劳狄乌斯家族的阿庇乌斯修建了阿庇亚大道，铺设了第一条具有罗马式意义的道路。不仅如此，他还开始了真正的上下水道建设工程。

他想通过完善道路和上下水道，使人口一味增长的首都罗马成为宜居的城市。同时代的希腊旅行家写过这样一句话：“希腊人热衷于建神殿，罗马人关注于完善公共设施。”

上下水道姑且不论，至于道路，一定是把双刃剑。对于己方来说，方便了相互间的联络和交通，但同时也给敌方收集情报以及进军提供了方便。实际上，数十年后的皮洛士、一百年后的汉尼拔就是

公元前 100 年前罗马铺设的大道

沿着罗马人铺设的道路一路攻来的。当时的情形着实让罗马人吃惊不小，甚至感觉心跳都要停止了。因此，以防御为主要目的的民族，无论是否具备道路建设的技术，都不会热衷于建造平坦而畅通的道路。古代的伊特鲁里亚民族和中世纪的欧洲就是很好的例子。相反，沿着笔直的一望无际的阿庇亚大道走去，宛如古代罗马人典型的外向型性格就在眼前。正因为铺设的道路对敌人来说也很方便，所以，我总有一种感觉，觉得罗马人似乎将会无休止地进行自卫战争。

不过话又说回来，从宗教、政治体系、对外关系到道路，罗马人不就是一个真正的开放民族吗？

雅典、斯巴达、伊特鲁里亚和罗马都起源于城市国家，自由公民是国家的栋梁。但是，雅典、斯巴达和伊特鲁里亚的各个城市始终止步于城市国家，只有罗马，尽管起源于城市国家，却超越了城市国家。它们成长的轨迹就体现在它们对公民权独特的构想之中。

公民权

英语中的“citizenship”源自拉丁语中的“civitas”，英日词典是这样翻译的：“公民、国民身份、公民权、国籍。”

查意日词典，要查“cittadinanza”，日文的翻译是：“公民权、国籍、公民地位乃至身份。”

因此，它们应该是一样的。

但是，翻看日语词典，里面对公民权的解释则是：“作为公民的权利、公民权、人权、民权。”

作为公民，其行动、思想、财产的自由受政府保护，享有所在国、地方自治体的参政权利。

于是，对“公民”的解释应该是：

居住在城市里的人、城市的居民。在西欧，指享有参政资格和地位的国民、公民。

尽管只是引用词典上的解释，但是，在日本，对公民及公民权的解释还是颇有意思的。

首先，公民权不含国籍的意思。其次，列举了公民享有的权利，却没有提到义务。也许日本的这种独特现象和日本宪法第九条不无关系。

要理解古罗马人用授予或不授予公民权来区分的想法，必须在这里明确罗马公民权的含义。为此，除了词典上的解释，根据是否拥有罗马公民权，列举各自具体的权利和义务也是一个方法。

权利

一、不论动产还是不动产，保障一切私有财产。允许私有财产自由买卖。

二、享有选举权和被选举权，有参与国政的权利。

三、有依法接受审判的权利。同时，在罗马，被判死刑后，有权向公民大会提出诉讼，也就是上诉权。事实上，有罗马公民权的人极少被执行死刑。

四、有证据证明是有独立、自由身份的成熟男子，才被授予罗马公民权。

在罗马，只有拥有公民权，且是社会生活的重要核心——家族一员——才会被承认是成熟的人。

义务

首先，罗马公民有义务服兵役。17岁至45岁为现役，46岁至60岁为预备役。

这项义务替代了公民的另一项义务，即纳税的义务。以间接税为主的古代税制中，直接税用兵役相抵的情况很普遍，因此，军务又叫“血税”。

法律并未规定公民不得用缴纳税款来逃避兵役，只是对于罗马人来说，这样做太可耻。在罗马，以经济行为纳税的只有不享有公民权因而不承担兵役义务的非公民以及经济富裕但没有孩子的女人。

同样，相比较以年贡的形式缴纳直接税，同盟国和行省都认为提供兵力支援更为体面。罗马当然很清楚，如果想要同化被征服者，与其希望提供资金援助，不如提供兵力支援更有利。

从罗马诞生之初，我就一直在讲，在本书“罗马联盟”一节中我也讲过，在给予外国人本国公民权方面，罗马人是非常大度的。原因在于，罗马军队的士兵必须有罗马公民权。因此，雅典及斯巴达的军事力量始终只有以万为单位的兵力，而罗马却有以十万为单位的兵力。

在雅典，要取得雅典公民权必须父母双方都是雅典人，即使在鼎盛期也是如此。斯巴达也一样。但是，在罗马则不同，只要生活在罗马就可以取得公民权，而且这一情形延续了相当长的一段时间。相反，在雅典，像亚里士多德，尽管长年生活在雅典，甚至开设学园，为雅典文化的进步尽心尽力，但是，终其一生，他也没能得到雅典公民权。

对于公民权，希腊人和罗马人的区别也体现在奴隶的处境上。

在希腊，奴隶终身为奴是普遍现象。但是，在罗马，奴隶是有路可选的。

希腊哲学家亚里士多德把奴隶与家畜做了比较，并写下了这样一段话：

> 在有用方面，两者几乎没有区别。奴隶和家畜用自己的肉体为我们人类所用，这一方面是一样的。

比亚里士多德早200多年的罗马第六代国王塞尔维乌斯·图里乌斯说过这样的话，尽管有传言说他本人就是奴隶出身：

> 奴隶和自由民的不同不是先天造成的，而是生来遭遇的命运不同而已。

在罗马，奴隶主为了回报奴隶长年的无偿奉献会还奴隶以自由，或者奴隶能够用自己积攒起来的钱赎回自由。获得自由的奴隶叫“解放奴隶”，他们的子孙可以取得罗马公民权。至于有了公民权后，他们能否在社会上出人头地，就看个人的才能和运气了。相反，在雅典，甚至在伯里克利时代，由于结婚对象不是雅典人，生下来的儿子就不享有雅典公民权，只有依靠破例才有可能取得雅典公民权。

对于公民权，罗马人的开放性同时体现在他们承认双重公民权，也就是双重国籍。在那个时期，罗马联盟的同盟国中，如果有人希望获得罗马的公民权，这是完全可以的。不仅如此，这个人不必为了罗马公民权而放弃自己属地的公民权。这种双重的公民权制度是罗马特有的，同时代的其他国家都没有这样的制度。

公元前753年，建立了罗马国的罗穆路斯召集的百人长老会是罗马元老院的前身。这100个人率领的家族被认为是罗马贵族的祖先。

500年后，贵族的人数减少到了五分之一。原因或是家族消亡，或是家族没有男性继承人。但是，元老院元老的人数增加到了300人。也就是说，元老院作为罗马共和政体的心脏，在其精英中自罗马建国以来的名门望族的比例减少到了十五分之一。之所以出现这种情形，是因为罗马无法避免连绵不断的战争，作为领导阶级的贵族要做出比其他人更大的牺牲。

尽管如此，属于罗马统治阶级的男性整体非但没有减少，反而有所增加。原因是政府要职和元老院席位都向平民开放，所以经常会有新鲜血液进入。毕竟，进入统治阶层的最基本条件是必须享有罗马公民权。

在随后就要讲到的与萨莫奈人长达40年的战争中，在与意大利南部希腊殖民国家长达10年的战争中，罗马公民流血不止。这一情形之后也不曾改变。第二次布匿战争期间，在坎尼会战中，罗马被汉尼拔打得一败涂地。6 000名罗马骑兵只剩下370骑，8万名罗马步兵只剩下3 000名。尽管如此，罗马还是重新站了起来。这就是罗马人时刻不忘随时补充新鲜血液的结果。

我想，这就是希腊、埃及、迦太基和伊特鲁里亚都认识到的罗马人的“哲学”。

但是，几乎在同一时期，除了罗马人，还有一个人意识到了补充新鲜血液的好处，并试图积极推广。公元前4世纪后半叶，罗马对内对外都刚刚确立以重建为目标的体制。所幸的是这个人的视线落在东方而不是罗马所在的西方。对罗马人来说，这几乎可以说是神助。

“想不到的路”

如果亚历山大大帝没有进攻东方，而是把目标锁定在西方，又会怎样呢？

提图斯·李维曾经编写了卷帙浩繁的编年体史书《罗马史》。他根据希腊人留下的史料，介绍了这样的一段历史。

罗马与迦太基之间发生过三次战争，史称“布匿战争”。这是发生在第二次布匿战争的最后一场战役——扎马会战，即双方决出胜负之后的事情，所以时间应该是刚进入公元前 2 世纪。扎马会战失利后，逃到东方的迦太基名将汉尼拔和战胜他的罗马将军西庇阿偶然在以弗所相遇了。由于二人曾经在扎马会战前夜有过一次会谈，后来作为双方的和谈代表，参与了和谈，所以他们自然互相认识。这二人在战场上互为敌人，但在战场之外，又互相很欣赏对方的才能。因此，西庇阿向比自己年长的汉尼拔表示了敬意，言谈也很有礼貌：

“您认为当今时代最优秀的将军是哪位？”

汉尼拔当即回答道：

“是马其顿国王亚历山大大帝。他不仅以寡敌众，击败波斯大军，而且一直打到遥远的地方，那里是远远超过我们所能想到的地界。只能用伟大来评价他了。”

西庇阿又问：

“那么，第二优秀的将军又是谁呢？”

汉尼拔再次毫不犹豫地回答道：

“是伊庇鲁斯国王皮洛士。作为战术家他最优秀，而且他从一开始就懂得建营地的重要性。”

西庇阿接着问：

“那么，您认为第三优秀的将军是谁？”

这位迦太基名将这次是理直气壮地回答了西庇阿的问题：

“毫无疑问，那就是我。”

因有功于扎马会战的胜利而被尊称为“阿非利加努斯”的西庇阿对此微笑着说：

“如果您在扎马会战中赢了我的话，又会怎么样？”

汉尼拔的回答好像很理所当然的样子，他说：

“如果是那样，我的排名会在皮洛士之上，也会在亚历山大大帝之前，当之无愧的第一。”

这段对话的趣味性另当别论，发生在公元前 3 世纪最后四分之一时期的第二次布匿战争，与其说是罗马对迦太基的战争，不如说是罗马对汉尼拔的战争更准确。早于汉尼拔 60 年，位于希腊北部的伊庇鲁斯国王皮洛士已经与罗马有过正面交锋，向意大利发动过进攻。汉尼拔列举的当时最优秀的三位将领中，只有亚历山大大帝没有在战场上与罗马人交过手。

罗马终于摆脱了公元前 390 年“凯尔特冲击”的阴霾，它在意大利中部确立了其领袖地位的时期与马其顿的伟大统帅在东方纵横捭阖的时期几乎相吻合。

罗马称霸意大利中南部的时间是公元前 340 年至前 326 年的 14 年间。亚历山大大帝开始远征东方到客死巴比伦的时间是公元前 334

年至前323年的11年间。

因此，这个时期，如果亚历山大大帝把他的天才和热情放在西方而非东方的话，想象一下，从时间上来看，也不是不可能。因为针对其后不断深入地中海世界的罗马军事力量，当时著名的将领中未曾与罗马交手的唯有亚历山大大帝一人。

历史不允许有“如果”，但是这种假设不能不刺激古人的想象力。如果亚历山大大帝的视线瞄准的不是东方而是西方的话，就不可避免地要与发展中的罗马发生激烈冲突，其结果会是亚历山大赢吗？抑或是罗马赢呢？

显然，马其顿的风云人物并不是靠抛掷金币来决定把目标锁定在东方还是西方的。亚历山大大帝攻打东方有其必然性。对于希腊人来说，他们的宿敌是波斯。想要维持独立并统一希腊，就必须敲打一下在历史上总是念念不忘染指希腊的波斯。但是，出乎意料的是，亚历山大把波斯打得一败涂地后，并没有急于退回西方，而是向更远的东方进军。这对罗马来说，实在是大幸。因为，当时的罗马军队与皮洛士和汉尼拔这样的天才将领苦苦鏖战几乎是常事。

在古代，讲述历史同样禁用“如果”，真实发生的事件或者亲耳听到的事情才是历史。“如果”出现在“历史故事”中，这种历史会被认为是野史。因此，古代历史学家没有人会用“如果”来讲述历史，只有李维写下了“想不到的路”：“如果罗马和亚历山大大帝交战的话，罗马的命运又会怎样呢？”

李维给出的结论是：“即使敌人是亚历山大，最终的胜利想必还是属于罗马。”

历史学家李维生活在公元前后交替时期。在他有生之年，罗马的发展达到了鼎盛，所以李维的说法难免会有赞美祖国历史的嫌疑。假如不得不勉强接受他的说法，听听他给出的罗马必胜的理由也很有意思。

第一，李维认为，之所以人们对亚历山大的评价如此之高，是因为亚历山大大帝年纪轻轻，命运尚未出现变化前就已经撒手人寰了。

亚历山大军队的指挥官只有他一个人。与此相比，同时代的罗马军中至少能列出 11 位优秀的指挥官。这是因为罗马的指挥官经常变动的关系。

第二，与亚历山大大帝的军规相比，罗马人的军规之严毫不逊色。同样，已经延续了 400 年的罗马和只用十几年时间建起来的马其顿相比，单从传统出发，士兵的士气也具有不可比拟性。因为士兵的斗志除了有指挥官的激励，他们本身的自信也必不可少。

第三，即使认同亚历山大本人在战略战术上的才能不允许他追随他人，毕竟罗马士兵与大流士士兵、印度士兵不同。因为，罗马人尚未习惯波斯人和印度人那样的奢侈生活。罗马人以质朴刚毅为美德。对手如此出色，亚历山大再优秀，也不可能像对付相对弱势民族那样百战百胜。

李维的第四个理由是，如果亚历山大大帝与罗马发生战争，将是个人与人才济济的团队之间的对决。在亚历山大统治的十余年间，最终的胜利终究属于能有效发挥集体作用的团队而非有才能的个人。李维说：

> 每一名战士都有他们各自的命运，或生存或死亡。在罗马，一名战士的死亡并不会与国家损失直接相连。

李维把第五个理由归结为马其顿军队与罗马步兵军团的性质不一样。

马其顿的重装步兵团擅长整体进攻和防御。与此相比，作为各中队联合体的罗马重装步兵军团则更富有灵活性，在战术上更善于随机应变。

根据李维的说法，第六个理由是亚历山大是在敌国领土上作战，罗马军却是在本国领土内。因此，罗马军显然要比亚历山大军有利得多。尤其是，罗马周围还有加盟罗马联盟的殖民地及同盟国。即便是亚历山大，想必也很难轻易冲破这张紧密相连的同盟大网。

至于李维给出的最后一个理由，他是这样说的：

> 对于亚历山大来说，战役的失利直接关系到战争的失败。相反，罗马军队的特点是战役的失利与战争的失败毫无关系。

以上是罗马人列举的罗马的优势。当然，如果罗马真的与亚历山大交手，结果如何大概只有神知道。

不管怎样，亚历山大在美索不达米亚不幸染上热病死了。如果在气候比希腊还暖和的意大利，他完全有可能不会染上热病。如果他选择攻打意大利，说不定亚历山大可以活得更久。

但是，亚历山大大帝还没有把目标指向西方就死了。然而，这并不意味着罗马就没有对手了。在亚历山大大帝客死巴比伦的三年前，罗马与统治意大利中南部山岳地带的萨莫奈人之间，已经开始了长达43年的战争。在好不容易征服了这个顽强的山岳民族后，几乎未加休整，又开始与伊庇鲁斯国王——汉尼拔称之为战术上的老师的皮洛士——展开对决。

与萨莫奈人的战争和与皮洛士的对决，关系到意大利半岛南半部分的霸权。为此，罗马人从公元前390年的“凯尔特冲击”中再次崛起算起整整用了120年。

亚历山大大帝远征东方用时只有10年。这就是罗马人与希腊人的不同。罗马人的征服尽管缓慢，却很稳健，虽然花费了很长时间，但是在维持征服地方面却很出色。

山岳民族萨莫奈人

萨莫奈人是一支生活在意大利中部到南部的山岳地带的民族，其都城地址不明。他们没有一个统一的国家，也没有自己特有的文明。尽管和阳光普照的那不勒斯处于同一纬度上，但这里很多时候被积雪覆盖，现在依然是意大利气温最低的地区之一。

萨莫奈人因为地处山岳地带，所以只能从事放牧业，与大海基本无缘，他们也没有向外扩张的野心。长期以来，罗马与这一山岳民族没有发生过任何关系。但是，当罗马把以加普亚和那不勒斯为中心的坎帕尼亚纳入势力范围以后，罗马人和萨莫奈人之间的冲突就不可避免了。

罗马人原以为这个对手很容易对付，却出乎意料地费了很大的气力和时间。原因是萨莫奈人的作战方式与罗马人业已习惯的战法截然不同。萨莫奈人善于游击战，但罗马军团的阵势更适合在平原作战。

深知自身优势所在的罗马军试图把敌人引到平原，却屡屡失败，因为萨莫奈人没有打垮罗马的野心。于是，罗马军不得不深入山岳地带。

战时的萨莫奈人采用的战术最适合在山岳地带作战，他们不编组大队，以小分队为单位神出鬼没。袭扰罗马军就是他们的战术。

因为处在山区，所以只有正面作战才能充分发挥优势的罗马骑兵队和重装步兵队威力大减，而且，萨莫奈士兵的斗志与当时公认为意大利第一的罗马士兵相比丝毫不逊色。正因如此，开始向意大利南部渗透的罗马人绝对不会因为他们是蛰居山区的民族而置之不理。

由于战场就在萨莫奈人的“家门口”，所以他们比罗马人更熟悉战场所在的山岳地带的地形。之所以凭借绝对优势发起进攻的罗马军团在第一战中就遭受重创，原因就在于萨莫奈士兵有效地利用了自己的这一优势。

罗马人和萨莫奈人之间的战争开始后的第五年，即公元前321年，南下与萨莫奈人作战的罗马军得到一个消息，说萨莫奈全军正在向普利亚集中。率领罗马军团的两位执政官对此确信无疑，他们认为这下可以在平原全歼敌人了，于是下令全军向西挺进。

不料，这是个假情报。萨莫奈军并没有在平原，而是在距平原不远的山区，等待罗马军团自投罗网。

进入山岳地带的罗马军团认为只要到了平原，粮食补给不是难事，所以只带了少量的粮食。通常，罗马军团出征要携带10天的粮食，如果需要携带更多的军粮，就要依赖马车。这次是在山区行军，所以，如果可以轻装上阵，自然是再好不过的事情了。

在山与山之间的狭窄小路上，罗马军一路西行，眼看就要通过考地乌姆峡谷了。

过了峡谷前的一段狭窄小路，进入峡谷的罗马军前锋再次踏上狭窄的通道，就在他们准备走出峡谷的时候，横躺在地上的树木挡住了他们的去路。惊恐不已的罗马士兵连忙转身，试图从入口离开峡谷，然而为时已晚，入口处也已被封死。

峡谷很窄，两侧是岩石裸露的陡峭、险峻的山岭，从这里往上爬简直比登天还难。峡谷两端被萨莫奈士兵从路障上面射出的箭阻挡，难以靠近。多达1万人的罗马军团困在了考地乌姆峡谷之中。

无须执政官解释，谁都知道形势的严峻。士兵无奈之下在没人下命令的情况下就开始动手建造营地。他们建起了用壕沟和栅栏为防御的罗马式营地。但是，这不过是暂时聊以自慰，因为萨莫奈人没有攻来。

几天过去了，萨莫奈军队还是没有进攻，因为他们深知罗马士兵在肉搏战中的勇猛。罗马士兵一次次地试图突围，都以失败告终。

敌人没有打来，饥饿却开始袭击他们。粮食早已吃光，他们杀马充饥，现在马匹也没有了。虽然峡谷内有水，但在满是石块的河床上寸草不生。罗马军团终于不战而降。

执政官的副官受命前去向萨莫奈军要求和谈，萨莫奈方面同意签署和谈条约，条件是罗马军撤离那不勒斯一带，放弃殖民地，永远尊重萨莫奈人的领土主权。此外，在实现和平之前，要扣留600名罗马士兵作为人质。这是因为在罗马，即使是国政的最高权力者执政官的决定，没有得到公民大会的同意也是无效的。

对于败退，罗马士兵早已习惯，但是他们还没有习惯投降。

70年前，凯尔特人入侵罗马是罗马人告诫自己必须牢记的唯一一次投降。对后来的罗马人来说，公元前390年凯尔特人入侵的耻辱和发生在公元前321年的这次“考地乌姆耻辱”绝不允许再出现。

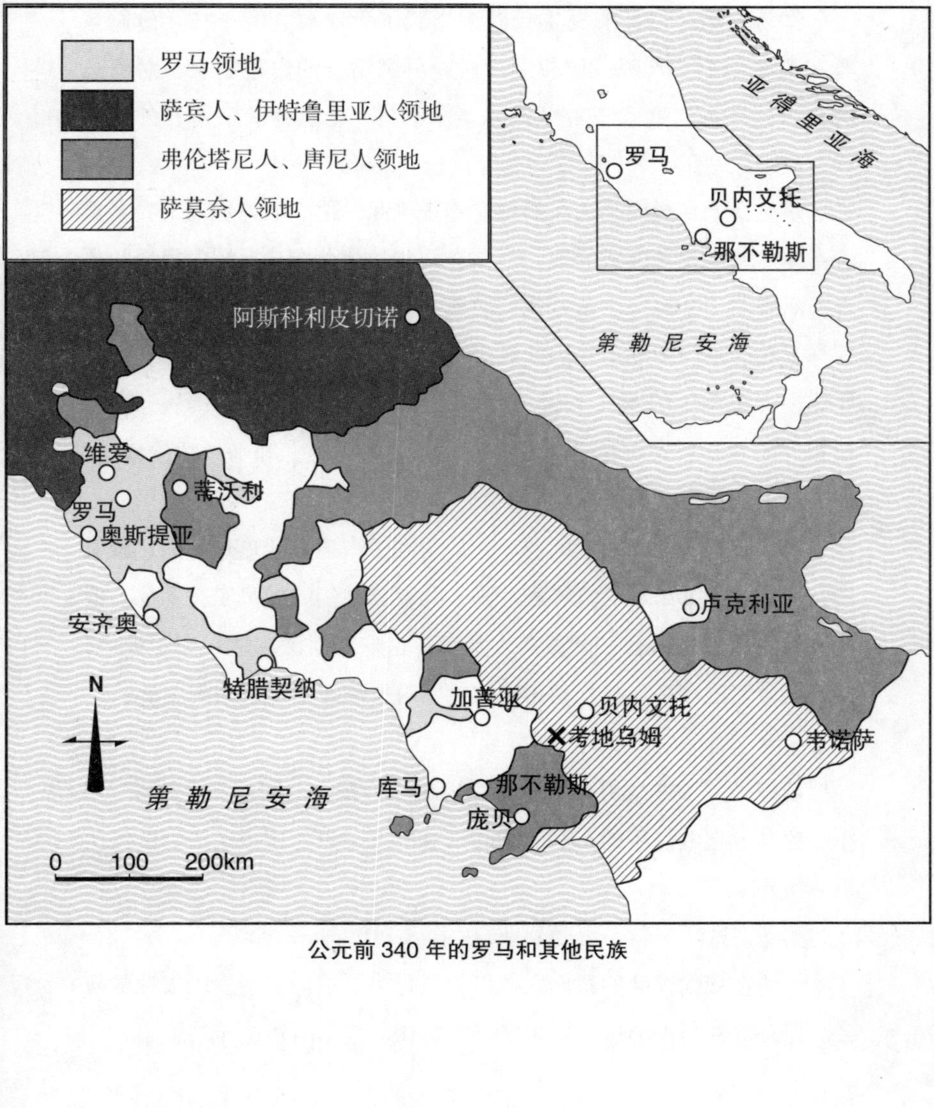

公元前 340 年的罗马和其他民族

全副武装的萨莫奈士兵进入峡谷，他们要求罗马士兵走出营地，不许带走长矛、剑和盾。作为战士，这是一次羞愧无比的投降。他们的武装被解除，执政官身上表示司令官的大红披风被取下。

作为自由公民，罗马士兵甚至尝到了无地自容的滋味，他们被要求脱去盔甲、衣服，像奴隶一样，只剩贴身的白色短衣。对罗马的自由民来说，这意味着半裸体。在罗马，着这种装束走在外面的只有奴隶。

萨莫奈士兵对罗马士兵的惩罚不止于此，他们强迫罗马士兵半裸着身体穿过用长矛架成的轭门。站在两侧的萨莫奈士兵用侮辱性的语言不断辱骂一个接一个走过他们面前的罗马士兵，有人甚至用长矛扎罗马士兵。不少罗马士兵因此或受伤倒地，或当即身亡。侥幸从这种屈辱中死里逃生的罗马士兵，还被要求以同样的装束回罗马。此外，被扣押的 600 名人质在得到罗马公民大会的同意、和平条约生效前，被关进了萨莫奈人的监狱。

终于回到同盟国之地的罗马士兵受到了当地人的热烈欢迎。说实话，萨莫奈人如果真的打算和罗马人共存，他们的做法实在不妥。罗马人最看重的是名誉，萨莫奈人不幸在这一点上深深地伤害了他们，罗马人会铭记在心。与胜利相比，他们对失败的记忆更深刻。

被称为“考地乌姆和平”的罗马和萨莫奈人之间的和平持续了 5 年。罗马人吃败仗后的态度归纳起来有以下三点，这一次的失败经历也不例外：

第一，败军之将不会受到惩罚。

生活在现代社会的我们大概以为这是为了给他一个挽回失地的机会。但是，罗马人不追究败军之将的责任，并非出于这样的想法。

在罗马人的意识中，个人的胜利只有在自己所属的共同体取得胜利后才能实现。因此，在共同体内，肩负重任却惨遭失败的人，内心会因为羞愧而备受煎熬。既然他已经承受了耻辱带给他的惩罚，也就没有必要免除他的职务或向他问罪了。对于罗马人来说，名誉是德行之最，失去名誉无异于最严厉的惩罚。

第二，经历了战败后的罗马人会引进新的战术。军团中的中级指挥官不是单纯地执行总司令的命令，也就是执政官的命令，而是根据需要，必须当机立断采取行动，从而提高了灵活机动性。他们还注意到萨莫奈士兵使用的武器——长矛，于是就引进了它。

第三，更加认识到此前的罗马基本政略的有效性，继续扩大和确立罗马联盟。扩大新的同盟者在为罗马军输入新的血液的同时，也延长了罗马军的补给线，其结果是对萨莫奈人的居住地形成了包围之势。

之前两位执政官通常各率一个军团，但是，这一时期以后，改成了分别指挥两个军团。罗马的战斗力得到了成倍的增加。这时五年来一直蛰居在山区的萨莫奈人，得知曾经把罗马军围困在考地乌姆的自己已经被肉眼看不见的包围圈围住了。

公元前316年，罗马人认为已经做好了再战萨莫奈人的准备。恰恰在这时，对方给了他们开战的口实。

某个同盟国离同盟而去，往往不是因为这个国家有了自力更生的力量，很多时候是因为它认为追随另一个强国对自己更有利，因此，霸权国家有必要时时展示自己的强大。罗马联盟的加盟国加普亚倒戈萨莫奈人，就是因为罗马在考地乌姆峡谷败给了萨莫奈人。

加普亚位于那不勒斯以北，自古被认为比那不勒斯重要得多。因为，是否控制了加普亚，关系到是否能控制意大利南部。就是这个加普亚选择脱离罗马联盟，投奔了萨莫奈人。对此，罗马自然不能置之不理。

罗马军首先成功击退了加普亚的援军萨莫奈军，继而进攻加普亚。攻陷几乎毫无抵抗能力的加普亚非常容易。加普亚的权贵全部被处以死刑。从此，直到第二次布匿战争中向汉尼拔倒戈为止的100年间，加普亚一直忠诚于罗马。

即使在当时罗马人对失败者的宽容人人皆知，但是罗马人并非无一例外地宽容所有失败者。失败者可以期待罗马人的一次宽容，却不可能一而再、再而三地得到宽容。因为罗马人把信义看得和名誉一样重，他们绝不原谅背信弃义的人。

收复了通向意大利南部的要塞加普亚后，罗马于四年后的公元前312年铺设了从罗马到加普亚的道路。这是通过有效利用道路，建立罗马式有机的战略通道的正式开始。

收复加普亚后的罗马没有乘胜追击，一举征服萨莫奈人，但是也没有停止从意大利中部到南部的势力渗透。

在常以四个军团的规模出征的罗马军面前，萨莫奈人统治的地方一个一个地被纳入罗马的势力范围内。此时的罗马依然不忘把失败者纳入罗马联盟，在重要地方建立殖民地，强化罗马联盟。

公元前304年，被一步步逼进深山的萨莫奈人与罗马签订了和平条约。和在考地乌姆时不同，这次和谈是用剑得来的。此时罗马人依然保持着“缓慢而稳健”的作风，就像研究者们在介绍这一时期的罗马时不厌其烦、不断重复的那样。

这次和平只维持了六年。因为居住在罗马以北的各个民族大概以为罗马此时把目光投向南方是个绝好机会，于是纷纷起兵。

在亚平宁山脉以北、波河一带定居已久的凯尔特人就是公元前390年一度占领过罗马的民族，他们蠢蠢欲动，再次觊觎罗马。

被罗马各个击破、不断遭到侵蚀的伊特鲁里亚人与凯尔特人结成了统一战线。

生活在亚平宁山脉亚得里亚海一侧的翁布里亚人也加入了反对罗马的战斗中。

除了这三个民族，被罗马一步步逼进大山深处的萨莫奈人也决定参战。

罗马军团同时受到来自东、南、北三个方向的围攻，不过他们已今非昔比，接受考验的时候到了。

公元前297年，罗马元老院宣布罗马进入紧急状态。除了17岁至45岁的公民，60岁以下、通常已经免除兵役的预备役也接到了征兵令。

出现这种状况时，执政官通常会任命独裁官，但是这一次没有。因为他们认为可以胜任独裁官的只有一个人选，此人是名门望族费边家族的成员。但是，执政官们不能确信他们的任命是否会得到平民的赞同。在需要举国团结、一致对外的时候，必须避免贵族和平民之间再次出现对立的状况。

也许罗马的平民阶级会反对费边成为拥有绝对权力的独裁官，却不反对选他当执政官。这一年选出的执政官之一就是这位昆图斯·费边（其孙子就是在第二次布匿战争中采用拖延战术对抗汉尼拔的“拖延者”费边。——译者注），另一位当选的执政官是年轻的沃卢姆尼乌斯。

但是丝毫不介意未被任命独裁官的费边对另一位执政官人选提出了异议。他来到公民大会会场，对大家说：

> 我已经是个老年人。对老年人来说，要与年轻人统一意见实在很难。作为执政官，我完全有决心为国家奉献自己的力量。但是，作为同僚，我希望大家选举德西乌斯。毕竟我与他曾经三次共掌执政官，有过在同一战场上共同作战的经历，而且脾气秉性也相互了解。

独裁官和执政官的最大区别不是六个月和一年的任期的区别，而是独裁官完全由一个人做决定，但是，一位执政官如果得不到另一位执政官的同意，就什么也做不了。因此，两位执政官是否合得来决定了执政官能否履行好职责。

听了费边的话，公民大会重新进行了投票。费边和德西乌斯当选执政官。在上一轮投票中，票数仅次于费边的沃卢姆尼乌斯成了前执政官，地位等同于执政官。他受命把敌人牢牢困死在萨莫奈。

在这次当选的两位执政官中，费边是第五次当选，德西乌斯是第四次当选。与出身名门望族的费边不同，德西乌斯出身于平民阶级。

罗马执政官选举结束后不久，传来了萨莫奈军正在向北行进的消息。费边和德西乌斯率领的罗马军团采用了最大限度发挥灵活机动性的战术。直到后世，这种战术依然不失为罗马军的最大特色。他们把军队改编成一个个小分队，开始了对以罗马为敌的四个民族彻底的歼灭战。这次坐镇指挥歼灭战并采用游击战术的罗马军团指挥官之一正是当年作为执政官在考地乌姆战役中被迫忍辱投降的考迪努斯。

不久，凯尔特、伊特鲁里亚、翁布里亚和萨莫奈的四支军队在亚平宁山脉以东的森提努姆集结完毕，罗马军团的主力也在距离敌军 6 公里处布下了阵。

敌方召开作战会议，决定四支军队分批对阵罗马军队。凯尔特和萨莫奈联军首先与罗马军交锋，翁布里亚和伊特鲁里亚军负责殿后。

费边很快得知了敌人的这一战术，是三个伊特鲁里亚人悄悄溜出营地向费边告密的。费边重重地谢过这三个伊特鲁里亚人后马上向发动歼灭战的部队送去了指令，命令部队集中兵力进攻伊特鲁里亚。原因是他预感到伊特鲁里亚内部出现了分裂。

效果很快显现出来。伊特鲁里亚人看到自己的国家遭受入侵的惨状心烦意乱，战斗尚未开始就匆匆撤离了前线。

战斗没有因为伊特鲁里亚军的退出而停止。敌军兵分两路，右路是凯尔特军，左路是萨莫奈军。罗马方面，费边率领第一、第三军团与萨莫奈军交战，德西乌斯率领第五、第六军团迎战凯尔特军，形成决战态势。第二和第四军团由沃尔姆尼乌斯率领前往南方，目的是阻止萨莫奈各路军队联合起来。

第一次战斗未见胜负，但是，战斗的进程始终有利于罗马军队。

费边知道，萨莫奈士兵与凯尔特士兵一样，第一次战斗时其战斗力非常强。但是随着时间的延续，他们的战斗力会逐渐减弱。因此，他率领的罗马军团采用的战术是战斗开始时避敌锋芒，待敌人的战斗力减弱后再全面出击。为此，负责给敌人致命一击的骑兵部队作为罗马军团的右翼保存实力。

德西乌斯则一开始就摆出决战的架势，这与他的性格有关。因此，罗马第五、第六军团在战场上与凯尔特军遭遇后很快展开了激烈的战斗。看到步兵之间战斗出现胶着状态，德西乌斯把骑兵队也投入了战场。

凯尔特骑兵的骁勇善战举世闻名，以致后来的恺撒只用凯尔特人组编、指挥罗马大军的骑兵部队，而且，发生在公元前297年的这场战斗，战场就在久居意大利的凯尔特人居住地附近。

凯尔特人带着保家卫国的气概投入战斗。面对凯尔特骑兵的猛烈进攻，德西乌斯指挥下的罗马骑兵部队毫无还手之力，军马一匹匹地倒下，骑兵被纷纷压在马下，连重装步兵也陷入了惶恐之中。

见此情形，德西乌斯大声地向诸神祈求，只要能让罗马赢得胜利，愿意奉上自己的性命。开始败退的罗马士兵听到他的祈求声，羞愧不已。他们重新振作精神，紧随冲在最前头的司令官之后杀向敌人。这时，费边派来的援军到了，形势开始逆转。

费边那边的战场上，整装待命的骑兵队投入了战斗，从敌人步兵团两侧形成围攻之势。乱了阵脚的萨莫奈士兵纷纷逃进友军凯尔特军中。费边叫住骑兵队，下令向凯尔特军队的背部发起进攻。萨莫奈军总司令战死，被包围的凯尔特军队试图从狭窄的出入口逃回自己的营地，却在围栏前被罗马士兵一一杀死。

在这天的战斗中，敌方损失2.8万名士兵，被俘达8 000人。

德西乌斯指挥的部队阵亡7 000人，费边指挥的士兵阵亡者也达1 700人。

执政官德西乌斯也不见了踪影，也许是被倒地的敌兵压在下面了，战斗结束后直到太阳落山，也没有找到他的遗体，直到第二天才找到。费边郑重地埋葬了他的遗体，并宣读悼词，盛赞德西乌斯英勇

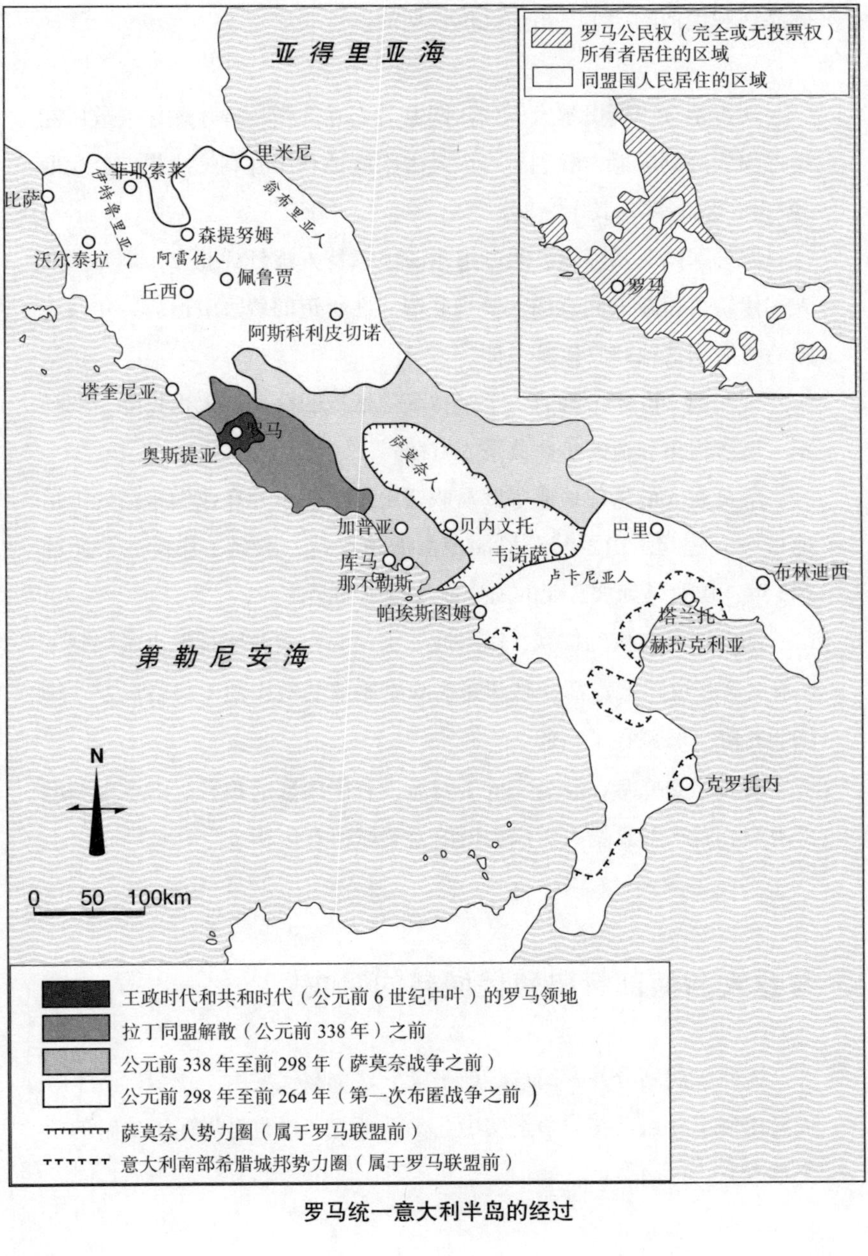

罗马统一意大利半岛的经过

的品格和生前的功绩，吊唁这位长期的亲密战友。

从古至今，历史学家一致认同罗马人有这样一种才能：失败后能够把损失降到最低，胜利后可以最大限度地利用胜利的成果。公元前297年的胜利就是其中一例。

罗马军团马不停蹄，乘胜追击。凯尔特人被赶到北方，翁布里亚人和伊特鲁里亚人同意加入罗马联盟。在年迈的费边引退后，年富力强的将军当选执政官接替了他。

公元前290年，最后一个坚持顽强抵抗的萨莫奈人也投降了罗马军。这次提出和谈的是萨莫奈人方面。

萨莫奈人的居住地成了罗马联盟中的同盟市。在他们生活的山岳地带中心建起了由罗马公民团殖民的殖民地，取名韦诺萨。公元前285年，从罗马到加普亚的阿庇亚大道延伸至此。

随着罗马霸权的扩张，以阿庇亚大道为代表的罗马大道增加到了6条。这些道路把首都罗马和建在战略要地的殖民地（科洛尼亚，德语叫科隆）联系在了一起。

公元前290年，罗马完成了对意大利中南部的称霸。沿意大利南部海岸，首次与希腊人引以为傲的繁荣城市直接相接。

与意大利南部希腊殖民城邦的对决

按照时代划分并言简意赅地记录下这个时代发生了什么，下个时代又出现了什么，在战争纪实中几乎不可能。这也是讲述历史时的一个难点。

原因之一是大部分事件是相互重叠的，原因之二是一个事件即使后来有了很大的意义，但是，最初往往始于偶然。因此，历史必然向前发展是真理，同样，历史是偶然事件的累积也是真理。

要想做历史的主人公，需要做到的是尽快解决和摆脱不好的偶然，把好的偶然引向必然。我想，与其他民族相比，在很多方面表现迟钝的罗马人在这个方面却表现得很出色，原因不正是他们在这方面具有的才能吗？

意大利半岛的形状像长筒靴，塔兰托位于这只长筒靴的鞋跟位置。公元前 283 年，塔兰托的海面上突然出现了 10 艘罗马船。一直都是陆地民族的罗马人，自从那不勒斯加入罗马联盟后，开始有了小规模的船队。或许是因为遭遇了暴风雨，这时船队中有 10 艘船驶入了塔兰托港。

塔兰托城邦在意大利南部希腊殖民城邦中处于领导地位。在罗马一心对付萨莫奈人的时候，它与罗马签署了互不侵犯协议。因此，塔兰托人认为 10 艘罗马船的突然出现违背了协议中的约定，于是不问青红皂白就对这些船动用了武力。

塔兰托是个通商民族，也是个海运国家，海上力量很强，罗马完全不是它的对手。转眼间，罗马的 5 艘船被击沉，船员全部被杀，余下的 5 艘船勉强逃脱。

罗马向塔兰托提出了赔偿要求，理由是这次靠港不是出于侵略的目的。但是，塔兰托人不仅没有接受赔偿的要求，还嘲笑前来谈判的罗马使节说希腊语怪腔怪调，甚至把他们赶了出去。于是，罗马决定向塔兰托开战。

塔兰托是一个天然良港，今天依然是意大利海军的主要军港。塔兰托作为一个城邦，“年龄”与罗马相差无几。罗穆路斯率领 3 000 名拉丁民族的弃男，在台伯河岸边建立罗马的时候，来自斯巴达的移民也在这里建起了塔兰托城邦。

以塔兰托和西西里的锡拉库萨为代表的意大利南部希腊殖民城市是由那些有城邦建设经验的人建起来的，发展非常迅速，呈现一派繁荣景象，与希腊本土的衰退形成了鲜明的对比。人们把这一带统称为“大希腊”。公元前 3 世纪前半叶，在希腊本土，雅典、斯巴达、底比斯等曾经实力雄厚的城邦纷纷衰落，臣服于马其顿王国的统治之下。因为亚历山大大帝的英年早逝，希腊又回到了从前的混乱局面。

进一步退半步是罗马的发展模式。在罗马缓慢却稳步发展的公元前五六世纪，事实上统治意大利半岛的是北方的伊特鲁里亚人和南方的希腊人。

罗马与伊特鲁里亚毗邻，所以两者早早就有了接触。但是在长达 500 年的时间里，罗马始终没有机会与在南方呈现出一片繁荣景象的希腊人直接接触。因为罗马不是通商民族，又位于意大利中部，与散落在意大利南部的希腊所属各城邦之间隔着许多其他民族和辽阔的土地。

罗马希望控制这些民族，并把他们一一纳入联盟，扩大自己的势力范围。经过漫长而艰苦的战争终于使萨莫奈人臣服，罗马这才与意大利的希腊人有了接触。

上文讲过，“大希腊”的希腊人与本土的希腊人之间没有政治上的联系。始于斯巴达人殖民的塔兰托与军事国家斯巴达截然相反，它是作为雅典式的通商国家成长起来的。但是，斯巴达人建起来的塔兰托和科林斯人建起来的锡拉库萨都继承了希腊的风格。

城邦诞生后始终保持着城邦的规模。除了作为国家中心的城市及其周边地区，这些城邦对扩张势力范围几乎不感兴趣。

也就是说，除了经济和文化的交流，这些城邦认为封闭社会更符合自己的生活方式。因此，虽然叫“大希腊”，但意大利南部的希腊各城邦从来没有出现过团结合作的时候。除了在波斯战争中之外，它们与本土各城邦从来没有采取过一致的行动。

尽管如此，因为希腊人有杰出的智慧，这些城邦的经济异常发达。种种迹象表明，罗马人丝毫没有想过要借故向其中最强大的城邦塔兰托宣战。事件发生之初，元老院中息事宁人的意见占了上风，多数人提出只要塔兰托对击沉的船只和被杀船员做出赔偿就可以了。当时，罗马刚刚结束萨莫奈战争，正处于恢复元气的时期，因此，尽管最后决定向塔兰托宣战，却没有马上派军队南下。

塔兰托非常重视罗马的宣战决定。尽管塔兰托人身上流的是斯巴达人的血，但是出乎意料，他们非常厌恶战争，习惯于把保卫国家的重任交给其他国家的雇佣兵。既然要雇用其他国家的士兵，自然需要早做准备。对于没有自卫能力的民族，这是他们的宿命。一直以来，塔兰托都是这样过来的，它有足够的经济实力这样做。

塔兰托选中的是希腊北部的王国——国王皮洛士统治的伊庇鲁斯。皮洛士在当时是地中海世界最著名的武将，可见塔兰托的经济实力非同一般。我们不清楚塔兰托向皮洛士提出“雇佣兵”的具体条件，只知道塔兰托答应皮洛士，会准备35万步兵外加2万骑兵协助其攻打罗马。

在地中海世界，特别是在东方，一种当时叫“亚历山大大帝综合征”的现象正在蔓延。从亚历山大大帝33岁去世的那年起，到现在还不足40年。通过曾经跟随他东征的人的口，他的丰功伟绩被传得神乎其神。只要是有野心的希腊男人，无不希望自己像他一样。但是，在如此众多的希腊人中，究竟谁可以继承亚历山大大帝的地位呢？大家一致认为，这个人就是皮洛士。

皮洛士本人当然也有这样的心思。他统治的国家伊庇鲁斯是亚历山大大帝母亲的家乡。自认为有血缘关系的皮洛士以亚历山大大帝为榜样，热爱荷马史诗中的英雄阿喀琉斯，迎娶埃及公主为妻，也不忘炫耀自己有继承亚历山大大帝事业的资格和能力。

据说塔兰托使者来的那一年，皮洛士 40 岁上下。作为武将，作为一个男人，那都是精力最充沛的年龄。对皮洛士来说，与罗马这个无名国家作战似乎兴趣不高，但是塔兰托答应的 37 万兵力引起了他极大的兴趣。

《希腊罗马名人传》的作者普鲁塔克介绍了这位有意思的男人的有意思的故事。

当时，皮洛士国王的亲信齐纳斯问皮洛士：

“罗马人是优秀的战士，有很多同盟部族共同参战。如果我们战胜了罗马人，您有什么打算？”

皮洛士听罢，当即回答说：

“这还用说嘛，齐纳斯，只要我们打败了罗马人，那里的其他民族就不会再有人与我们为敌了。广阔富饶的意大利成为我们的囊中之物只是时间问题。”

齐纳斯沉默了片刻，又开口问道：

“征服了意大利之后，您有什么打算？”

“西西里靠近意大利，我们当然不会放过这个岛。那里土地肥沃，生活富裕，人口众多。征服它应该轻而易举。阿加托克利斯离开以后，西西里各城市内外兵祸连连，现在依然处于不统一的状态。”

与亚历山大大帝同一时代的锡拉库萨僭主阿加托克利斯也是患有“亚历山大大帝综合征”的人。他不满足于西西里，曾挑战大国迦太基，一时间名震西地中海。他同时又是皮洛士其中一任妻子的父亲，只是9年前，阿加托克利斯已经病死了。

齐纳斯又问皮洛士：

“也许如您所说，征服西西里很容易。但是，称霸西西里后是不是标志着我们的远征就结束了呢？”

对于这一问题，皮洛士明确地回答说：

“如果众神赐予人类胜利，那么让胜利成为更大事业的基础是我们人类能做的最起码的答谢。夺取西西里后，利比亚和迦太基已经近在咫尺。阿加托克利斯能做到的事我们当然也可以。等到这些也完成后，该轮到我们的敌人闻风丧胆了。”

“当然，敌人会胆战心惊。”齐纳斯回答说，“等到我们拥有了如此强大的力量，无疑，马其顿，不，全希腊都会臣服于我们。但是，陛下，在那之后您做何打算？”

听到这里，皮洛士哈哈大笑：

“除了休息还能有什么？到时候就痛痛快快地歇个够。每天喝喝酒，开开心心地回忆往昔的战斗历程，你觉得怎么样？”

齐纳斯于是小心翼翼地问皮洛士：

“现在喝酒不行吗？又没有人禁止，而且令人愉快的战斗经历我们也有。即使我们不再流更多的血，吃更多的苦，冒更大的风险，也完全可以。我们再去加害别人，难免自己也会受伤。”

这个问题让皮洛士感到不悦，但是他并没有因此改变决定。

皮洛士命令齐纳斯先带3 000名士兵作为前锋横渡塔兰托。主力有2万名步兵、3 000名骑兵、2 000名弓箭手和500名投石兵，再加上 20 头大象，等塔兰托派来的运输船到达后，由皮洛士亲自率领大军向意大利进发。公元前 280 年的春天快到了。

天才战术家皮洛士

伊庇鲁斯位于希腊西北部，只要横渡亚得里亚海就可到达意大利。现在的渡轮深夜从布林迪西出发，日出之前也就到了。不久前，大量的阿尔巴尼亚难民乘船进入意大利，着实引起了意大利人的一阵恐慌。

到塔兰托必须绕过长筒靴的鞋跟处，所以航程略长一些。即便如此，不出一天也能到达。在 2 300 年前的古代，尽管船速和现在不可同日而语，但是，几天时间也足够了。因此，影响皮洛士西征的不是距离，而是春季有时会在海上出现的暴风雨。皮洛士为此失去了 2 000 名士兵和 2 头大象。

皮洛士到达后的塔兰托街头，丝毫看不出临战的样子。露天剧场和体育场挤满了人，约定的 37 万名士兵不见踪影。失望至极的皮洛士非常生气，下令封锁了剧场和体育场，却因此引起了雇用他们的塔兰托人的极度不满。

此时，适合作战的夏天已经临近。罗马军团南下的消息也传来了。皮洛士决定依靠自己从希腊带来的军队迎战罗马，总共有 2.65 万名士兵和 18 头大象。

但是，罗马军团尽管面对的是威震四方的皮洛士，却什么准备也没有。这个时候罗马人还没有认真想过要与塔兰托交战，他们把军队投入打压伊特鲁里亚上了。在接到皮洛士登陆塔兰托的消息后，可以派去南部的只有执政官拉埃维努斯率领的一半军队。

派往南部的这一半军队是从集中在北方的军队中分出来的。和皮洛士一样，罗马人也相信了塔兰托所说的准备37万名士兵的话。按照塔兰托的财力，除了西西里，从非洲招募雇佣兵也不是没有可能，因此，我们不能责备他们轻信塔兰托所说的。只是因为塔兰托人从来没有靠自己流血牺牲来保卫祖国，所以尽管国家存亡的危机已经迫在眉睫，但他们早已失去了感知这一危机的能力。

不正常的是塔兰托。在正常情况下，这个时候塔兰托不可能什么都不做。罗马人很担心名震天下的武将和37万兵力合二为一。阻止他们的唯一策略就是在他们集结前打败皮洛士。对罗马人来说，形势不允许他们等到全部加起来也不过四五万人的军队到齐后一起南下。

罗马和皮洛士的第一战在距离塔兰托不远的赫拉克利亚打响。这里是沿海的一片平地，罗马人没有意识到这样的地形对自己极为不利，而且此时的他们还是第一次看到大象这种庞然大物。

两军的战斗力不相上下。皮洛士有2.65万名士兵和18头大象，执政官拉埃维努斯率领的罗马军中，罗马士兵8 000人，同盟国士兵1.6万人，总共2.4万人。步兵与骑兵的比例两军都是9∶1。在古代，任何一个民族，战争的主力都是重装步兵。

同样采用密集型方阵作战的重装步兵，希腊叫方阵部队，罗马叫军团。军团中百人队是核心，作为组织，似乎更加牢固。但是，在当时，名震地中海世界的是方阵部队。这是利用马其顿的重装步兵团成功东征的亚历山大大帝的杰作之一。

皮洛士和罗马之间的战斗在军事上是固有势力方阵部队和新兴势

力军团之间的第一次交锋。

站在山顶上视察完罗马军的布阵后，皮洛士回头对站在一旁的齐纳斯说：

“从排兵布阵上看，那些蛮子似乎并不野蛮。结果会怎样，让我们明天拭目以待吧。”

希腊人除了自己，习惯称其他民族为蛮子或野蛮人。

部署在赫拉克利亚郊外的两军阵容反差极大。

罗马军摆出的是纵向阵型，大概他们还不能忘记萨莫奈之战的教训。事实上，这种阵型更适合山区而不是平原作战。皮洛士军摆出的是横向阵型。罗马人原以为18头大象会在最前面，皮洛士却把大象安排在左右两侧。他没有采用由象群攻破中部坚固的罗马重装步兵军团的战术，而是把罗马军团交给方阵部队，由相当于现代战争中的战车——大象——攻打敌人部署在两翼的骑兵。

战况按照皮洛士的设想展开。希腊步兵进攻罗马步兵的时候，象群把罗马骑兵队冲得七零八落。乘此时机，皮洛士亲自率领希腊骑兵队成功绕到了罗马军的背后。皮洛士不愧为被后来的汉尼拔称为“战术家”的那一类武将——既是一位骁勇善战的武将，又是一位沉着冷静的战术家。他能够在身先士卒、勇猛战斗的同时，不忘掌控时刻变化着的战场局势。

罗马军团被团团围住，在战场上留下了7 000名阵亡者后败退下来。皮洛士的损失也不小，仅阵亡者就达4 000人。罗马军的损失可以及时得到补充，皮洛士的士兵由于来自伊庇鲁斯，损失却无法及时得到补充。

罗马军吃了败仗的消息很快在意大利南部传开，因此，被纳入罗马势力范围却心存反意的人纷纷申请加入皮洛士军。皮洛士的队伍在人数上很快得到了补充，挽回了损失。因为初战的胜利和人员的及时补充而心情大好的皮洛士决定乘胜追击，北上攻打首都罗马。他预计在向罗马进军的途中，罗马联盟的加盟国完全有可能背叛其盟主罗马。

但是，这次皮洛士失算了。罗马联盟的加盟国并没有背叛罗马。那不勒斯、加普亚，甚至连与罗马经历过极其顽强的战斗、最终臣服于罗马的萨莫奈人，也拒绝了皮洛士的劝诱。

这大大打击了已经攻到距离罗马只有60公里的皮洛士的信心。

刚修成不久的阿庇亚大道平坦而笔直，沿着这条路北上，即使带着大象，行军也不会是一件难事。罗马人当然清楚这一点，因此，为了保卫首都，甚至把无产者也召集了起来，准备共同迎敌。被称为无产者的这些公民除了孩子一无所有，所以他们没有纳税的义务，自然也没有代替直接税的兵役义务。这是罗马建国以来第一次把这批人召集起来，这意味着罗马人已经充分意识到了自己面临的严重局势。

尽管如此，罗马人似乎并没有惊慌失措，也没有任命独裁官，因为他们有一半军队还没有用上。与从前一样，这时的罗马没有因为在与皮洛士的第一战中吃了败仗，而对执政官拉埃维努斯兴师问罪，也没有解除他的职务。

罗马人担心的事态并没有出现，原因是皮洛士虽然拥有一切，却独独缺少耐心。尽管已经到了距离罗马只有60公里的地方，但是，他借口罗马联盟没有解体，以首都罗马把无产者也召集起来为由，原路返回了。

回到塔兰托后，皮洛士向罗马提议和谈。不是他和罗马之间进行和谈，而是罗马和塔兰托之间进行和谈，由他充当和谈调解人。他派出亲信齐纳斯前往罗马，带去了和谈的条件。

他的条件是：

一、从此罗马尊重意大利南部的希腊人城邦，宣告其不可侵犯。

二、在希腊系各城市和罗马之间，设置双方均不得染指的中间地带。为此，把位于这一区域的萨莫奈人和卢卡尼亚人从罗马联盟中解放出来，宣布他们再次独立。

假如罗马答应了其中的第二个条件，就要撤去因战略需要而建在该区域的卢克利亚和韦诺萨两个殖民地。已经铺到韦诺萨的阿庇亚大道也就失去了政略上的意义。

作为和谈调解人，皮洛士还让齐纳斯带去了昂贵的礼物送给罗马的女人们。他的本意只是送一些礼物，毫无收买罗马女性的意思。但是，罗马女人不习惯这种关照，她们严词拒绝，说不能接受敌人的馈赠。

对于皮洛士提出的和谈，罗马男人似乎认真进行了讨论。本来这次战争就不是为了征服以塔兰托为代表的、富饶的意大利南部希腊系各城市。而且经历了与传闻中的皮洛士的精妙战术和大象部队的交锋后，罗马人非常沮丧。元老院的大多数人开始倾向于接受和谈。

因年事已高而早已引退的阿庇乌斯·克劳狄乌斯得知这一情况后勃然大怒。阿庇亚大道的铺设使罗马的道路具备了政治和战略意义。阿庇乌斯是罗马道路建设的第一人。在罗马的名门望族克劳狄乌斯家里，阿庇乌斯的名字是家传的，因此有这个名字的男人很多。为了把建设阿庇亚大道的阿庇乌斯区别于其他同名男人，人们称呼他为“财务官阿庇乌斯”或“瞎子阿庇乌斯”。因为年事已高，他的眼睛几近失明。

连走路也需要别人帮助的阿庇乌斯扶着别人的肩膀来到久未露面的元老院，痛斥元老院元老软弱。

他说，和谈的前提是皮洛士必须离开意大利，赖在自家院子的敌人不能做我们谈判的对象，无论是和谈还是其他。他的话使元老院里的气氛为之一变。

尽管如此，罗马似乎还难以下决心拒绝皮洛士的提议，于是，先派了一位特使，带着赎回俘虏的赎金前去塔兰托见皮洛士。皮洛士对这位特使说：

“我来意大利不是为了做生意。我和你们之间的事情就在战场上解决吧。不过，为了预祝和谈成功，我还罗马俘虏以自由。你可以把他们带回去。”

这位罗马特使就是第二年即公元前 278 年当选执政官的法布里基乌斯。因为皮洛士只是说预祝和谈成功，所以他没有过度地高兴。他提出先带 600 名俘虏回去，一旦和谈不成，就把他们送回到皮洛士这里。

法布里基乌斯回来后，罗马元老院又展开了讨论。最后一致同意拒绝皮洛士的提议。600 名罗马士兵不得不再次离别好不容易见到的家人，回到塔兰托，一个人也不少。

其间，有一个外国人悄悄来到罗马拜访了元老院，据说他是皮洛士的御医派来的秘密使者。他说，御医已经做好了毒死皮洛士的准备，只想问罗马会怎样报答他。元老院把这件事一五一十地告诉了皮洛士。深受感动的皮洛士作为回报把回去的 600 名罗马俘虏又送了回来。罗马方面也说自己不能无偿接受，于是送还了罗马军抓来的希腊俘虏。

就在双方你来我往的时候，新的一年到了，适合作战的春天来临了。既然和谈不成，就像皮洛士说的，只能在战场上见分晓。这一次罗马方面在战场的选择上谨慎了许多。

与皮洛士对决的战场选在阿斯库伦。此地位于卢克利亚和韦诺萨两大殖民地之间，是罗马势力范围的前沿地带，属于山谷地形。皮洛士的骑兵和大象无法驰骋自如。对罗马军来说，这是绝好的选择。

这次战斗两军力量同样不分上下。两位执政官率领的罗马军总共有 4 万人，皮洛士军因为有志愿兵的加入，也有 4 万之众。

与第一次战役不同，这里两侧被森林环抱，空间非常狭小。皮洛士根据这一地形改变了战术，使重装步兵团的行动更加灵活。尽管如此，高低起伏的战场严重妨碍了战马和大象的行动，第一天的战斗没有分出胜负。

第二天，皮洛士再次改变战术，他把罗马军团引诱到较为平坦的地带。也许因为他的骗术太过巧妙，罗马军团没有察觉到自己被骗了。

战场移至有利的地形后，皮洛士的战术开始显出了巨大的威力。战斗的结果与第一次战役一样，罗马军团损失惨重，一位执政官战死，阵亡者达 6 000 人之多。

皮洛士的损失也不小。战死者 3 500 人，其中大部分是他从伊庇鲁斯带来的希腊士兵。

罗马败退了，但是皮洛士一点也高兴不起来。他对一旁的亲信齐纳斯说：

“每胜罗马军一次，我军的战斗力就会大大降低。”

他本人也受了伤，虽然没有伤及要害，但是，对皮洛士的忍耐力考验已经足够了。

皮洛士没有乘胜追击，他回到了塔兰托。一位来自锡拉库萨的使节前来拜访，他说迦太基正在攻打西西里，希望皮洛士助那里的希腊人一臂之力。已经烦透了与罗马人作战的皮洛士甚至没有细问事情的原委就一口答应了下来。

只要得到西西里，下一个目标就是迦太基。大概这一想法使皮洛士的心情一下子由愁变喜。他对塔兰托人民说，西西里的攻防战用不了很久，自己很快就会回来，然后带着部下渡过了墨西拿海峡。

但是，得到西西里并非易事。三年里，让身处西西里的皮洛士心烦不已的不是迦太基人，而是他的同胞——西西里的希腊人。

虽然意大利南部的希腊殖民城市建立的时间和罗马建国的时间几乎相同，但是它们的繁荣维持了很久。从建国之初，它们的实力就远高于周边。但是，长期的繁荣使人们的心理变得很复杂。与罗马为敌时，皮洛士的骑士精神效果显著。但是，当敌人是在西西里盛极一时的希腊人时，他的骑士精神丝毫也派不上用场。不管在西西里生活了多久，希腊人始终丢不掉他们特有的强烈的独立意识。虽然都是希腊人，但是很显然，西西里人缺少协作精神。

皮洛士被这些人耍得团团转，或是被离间，或是遭背叛，甚至连生命都受到了威胁。皮洛士不得已放弃西西里，重回塔兰托。皮洛士的“收获”就是浪费了三年的时间和少了一半的部下。

塔兰托人与其西西里同胞的态度完全一样，除了在看皮洛士时多了些白眼，他们不愿意为重建军队提供帮助。

三年的时光让那些来自意大利南方、曾经追随皮洛士的士兵失去了再度尝试的勇气。

但是，罗马人没有浪费这三年时间，他们利用这段时间，不断巩固罗马联盟，使得所有加盟国更加坚定地站到罗马一边。

公元前275年夏天，此时的皮洛士刚从西西里回来，他决定把自己的运气再次压在与罗马之间的战斗上。

根据情报，罗马军兵分两路，其中两个军团已在贝尼温敦，另两个军团正行进在南部山区中。

皮洛士决定首先攻打停留在贝尼温敦的罗马军团。等打败这个罗马军团后，再回头攻打另一个罗马军团。这时的皮洛士的兵力与刚踏上意大利土地时相比只剩下了一半，他只能选择这样的策略。

贝尼温敦位于阿庇亚大道附近，沿大道北上不需要很长时间。对于皮洛士来说，最好能在两个罗马军团会合之前结束战斗，因此，行军的时间越短越好。

为了多少弥补以寡敌众的不利条件，皮洛士决定在黎明前向贝尼温敦的罗马军团发起进攻。

但是，在进入只铺设到韦诺萨的阿庇亚大道前，在山区中行军比预定计划多用了很多时间。为此，进入阿庇亚大道后一番急行军，北上到达贝尼温敦的时候，天色已经大亮。

罗马军团对皮洛士的进攻并不感到突然，因为被大象的叫声惊着的沿路居民早就来通风报信了。执政官马尼乌斯没有给皮洛士展开部署的时间就迎了上去。战斗异常激烈。战斗的进程始终有利于罗马方。罗马士兵成功捉住了几头大象。

得知皮洛士逼近的消息后，执政官马尼乌斯立刻向行进在较远山区的友军送去了告急信。友军的到来只是时间问题。皮洛士试图阻止罗马全部兵力会合的策略显而易见已经失败——快得就像太阳升起的速度。

皮洛士害怕自己一败涂地，于是命令军队撤退，以来时的速度退回塔兰托。

这年初秋，皮洛士悄悄离开塔兰托，回到了伊庇鲁斯。跟随伊庇鲁斯国王皮洛士西征的2.85万名士兵中，与国王一起回国的幸存者只有8 000名步兵和500名骑兵，大象回来几头不清楚。三年后，皮洛士在攻打斯巴达的战斗中阵亡。

把当时地中海世界最著名的将领皮洛士打回老家的这场战役，使罗马一跃成为世界闻名的国家。曾经只是拉丁民族一个部落的罗马，从此成为东地中海各国关注的国家。两年后，在地中海世界与迦太基齐名的大国埃及，其特使带着与罗马建立友好关系的任务来到了罗马。

但是，进入国际社会并没有让罗马人忘记自己的传统。他们把值得纪念的、战胜皮洛士的战场贝尼温敦改名为“贝内文托”，因为前者的意思是恶风，后者却有和风之意。

公元前272年，罗马开始攻打塔兰托。塔兰托试图得到外援的帮助，希望破灭后被轻易攻陷。

罗马把沦陷后的塔兰托纳入了罗马联盟，只是与罗马联盟的其他同盟国不同，塔兰托不享有完整的自治权。因为罗马打算把这个意大利南部最好的良港用作直辖的海军基地，并且也这样做了。1991年的海湾战争中，意大利曾经从如今依然是军港的塔兰托派出舰队前往中东。

阿庇亚大道很快延长至塔兰托，数年后又从塔兰托延伸至布林迪西。被称为“女王大道”的阿庇亚大道终于完成了。

公元前367年，罗马开始制造自己的流通货币。在这之前，每当需要的时候，罗马总是向意大利南部的希腊城邦借用货币。有了自己的货币意味着罗马开始有了对外关系。

在后世的我们看来，偶然发生的一次事件成了罗马统一意大利半岛的历史必然。在公元前 270 年前后的这一时期，罗马完成了对意大利半岛北自卢比孔河、南至墨西拿海峡的统一。从公元前 753 年建国算起，已过去了漫长的 500 年的悠悠岁月。

站在墨西拿海峡的本土一侧，西西里近在咫尺。就像皮洛士在西西里看迦太基一样，罗马人在西西里看迦太基是在此后不到 10 年的时候。

结　语

根据传说，罗马于公元前753年建国。根据史实，罗马于公元前270年完成了意大利半岛的统一。作为《罗马人的故事》丛书的第一册，《罗马不是一天建成的》就写了这500年间的故事。为了写这一册，我自以为应该看的研究文献、历史书籍我都已看过。不用说，我的很多知识首先是来自这些研究者。

虽然我搜集了上述信息，但是仅有这些还是没有办法动笔，真正开始写作是在我查阅了这些研究者用作原始史料的古代历史书籍之后。

在事件发生的同时代或距其较近时代里写的史书，学界称之为原始史料或第一手史料。有关本册的500年间的原始史料，必须提到以下四部：

一、李维的《罗马史》
二、波里比阿的《通史》
三、普鲁塔克的《希腊罗马名人传》
四、哈利卡纳苏的狄奥尼修斯的《古罗马史》

李维生于公元前59年，死于公元17年，是毋庸置疑的罗马公民。他一生中写了多达142卷的《罗马史》。当然，每一卷篇幅都不是很长。但是在经历了黑暗的中世纪之后，留下来的只有从建国之初到公元前293年间的10卷，加上公元前218年到前202年，即关于第三次布匿战争的9卷，以及公元前201年到前167年间的14卷，总计33卷。除此之外，只留下了一些片段。

尽管如此，这部著作的历史价值依然高不可估。作为生活在第一代皇帝奥古斯都时代、罗马处于鼎盛时期的罗马人，为了让同胞了解祖国伟大的过去，李维详尽地写下了《罗马史》。《罗马史》是一部典型的编年体史书，作者采用即时记录的方式书写下同时代发生的、复杂且众多的历史事件，尽可能地恢复历史原貌。因此，对于研究者来说，无疑难以找到比这更难能可贵的史料了，外行是很难看进去的。但是，我们从中可以看出罗马人是如何看待自己的历史的。

波里比阿生于公元前202年，死于公元前120年，是土生土长的希腊人。关于他写《通史》的动机，在本册开头已经讲过，在这里就不再赘述了。简单地说就是，为什么希腊早早地没落而罗马却不断兴起的疑问让他开始了《通史》的写作。

因《普鲁塔克英雄传》而被日本熟知的《希腊罗马名人传》的作者普鲁塔克，大概是四个人中后世唯一的一位畅销书作家。生于公元46年死于公元120年的他，虽然生活的时代不同，但是与波里比阿一样也是希腊人。

他想描述的似乎只是人物而非历史。《希腊罗马名人传》就是一部评论性传记，讲述的是希腊和罗马的伟人们。但是，如果仅仅因为书中充满了有意思的故事，就认为这只是一部有意思的读物，那就大错特错了。书中随处可见尖锐的批评，尤其对于革命家类型的人物，批评十分辛辣。作为历史学家，我不禁感叹其洞察之深刻。这部传记应该是在大量调查的基础上写成的，作为史料也非常有价值。

出生于哈利卡纳苏的《古罗马史》作者狄奥尼修斯，生于何年卒于何时我们不得而知。但是，这部书的出版时间非常明确，是公元前7年。因此，他和李维一样，可能是生活在奥古斯都时代的人。

《古罗马史》共有12卷，从罗马建国开始写到第一次布匿战争爆发的公元前264年。但是，保存完整的只有到公元前449年为止的9卷，剩下的都是一个个片段。

波里比阿在亡国后作为人质被带到罗马，从而有了观察现实罗马的机会。普鲁塔克尽管留在被罗马占领后的希腊，但是，他的目光始终没有离开过罗马。狄奥尼修斯和他们不同，他是带着明确的目的，为了写罗马的历史而移居罗马的。他在写作古代罗马史的同时，靠着教授希腊语和修辞学维持生计。

位于小亚细亚西侧的哈利卡纳苏（现在的博德鲁姆）曾经拥有比雅典更早的文明，但此时已为罗马占领。作为城市，它当时正趋于稳定。正因如此，出生于该城的狄奥尼修斯有了非常强烈的愿望，他要探究罗马兴盛的根源。

在同一时代，或相差不过百年左右的研究者的著作中，我总觉得还有许多不尽合理之处。于是，就像贴身穿的绢衣一样，很自然地引起我注意的就是上面提到的三位希腊人的历史观。

为什么生活在2 000多年前的古罗马人的历史观让我觉得更合理呢？这个问题困扰了我很久。我想或许可以归纳为以下四点：

第一，是这三个人的态度。他们都没有从精神层面去寻找罗马兴盛的原因。一直以来，我本人采取的态度也不是在感性事件中寻找兴衰的要因。这就是说，我不能接受的说法是：兴盛源自当事者的精神健全，衰退源于他们的精神堕落。

与此相比，罗马兴盛的原因我更倾向于当事者建立起来的体系。最容易动摇的是人的内心，你可以努力说服大家改变想法，但是，要所有人都如你所愿是不可能的。只有当大家觉得非改不可的时候，大家的想法才会一致。为此，只有体系是要害之所在。

第二，这三个人都生活在基督教普及之前，他们当然不会是基督教徒。只要不是基督教徒，就可以摆脱基督教的伦理和价值观。

耶稣说，有信仰才有幸福。我也认为，因信仰得到心灵安宁很重要。但是，我无法不追问这是为什么。虽然我懂耶稣的慈爱，他说穷人要幸福。但是，对于伯里克利的“贫穷不可耻，可耻的是安于贫穷”的说法我也深有同感。同时，我还认为，讲述不知基督教为何物的古代罗马人，用基督教的价值观去写古罗马史一定写不好。

深受中世纪影响的但丁在其《神曲》中说，言行有罪被打入地狱的，只是邪恶的基督教徒。异教徒如荷马、苏格拉底、亚里士多德，以及罗马共和政体的创始者布鲁图、恺撒，因为他们“生于基督教普及之前，未知真正的信仰就死了”，所以他们在地狱外的阳光下拥有一席之地。可见，连但丁也没有把古人和基督教徒相提并论。

第三，既然这三个人不知道何为真正的信仰，当然，他们也丝毫不会拘泥于法国大革命后提出的“自由、平等、博爱”的理念。不受理念的束缚，自然而然地就会正视现实，这样的态度会容易得多。在理念存在差异的体制中，即使这样的体制有好的一面，但是因所持理念存在差异，那么就很容易偏执于理念正误，而失去了对现实的正确认识。

尽管如此，哈利卡纳苏的狄奥尼修斯对伯里克利和奥古斯都一视同仁，予以赞美。他给出了一个很好的例子：英明的领导人治理的国家是怎样营造出幸福的。

现在，如果有学生对这二人做出同样的评论，想必历史老师会毫不犹豫地给出低分。因为伯里克利是雅典民主政体的旗手，奥古斯都却是罗马帝制的创始人。对革新和保守同等看待，这是不能容忍的。

但是，暂时把“自由”与“平等”这种无疑是高尚的理念搁置一边去思考，又会怎样呢？雅典民主政体之所以有效，是因为伯里克利领导有方，罗马建立的“罗马统治下的和平”也有赖于奥古斯都的能力。只要有利于民众的幸福，那就是善政，没有所谓的民主政体和帝制政体之分。我想古人大概就是这样认为的吧。

古代的伯里克利被评价为杰出的领袖，被视为民主主义的先驱，是法国大革命之后的事情。

就我本人而言，虽然生于法国大革命之后的现在，却总有一个疑问挥之不去，那就是：为什么我们越是高唱自由、平等、博爱，现实就越是远离自由、平等、博爱？历史显示了这样一个事实：高唱并热衷于追求这一理念的民族没有能够实现它，而选择了相反生活方式的民族尽管并不彻底，却实现了这一理念。我甚至在想，20世纪末的纷乱之象是不是源自法国大革命理念的自我毒害状态？

第四，对于2 000年前的三个希腊人的想法，我深有同感，原因在于识别问题能力的迫切感。

这三个人的立场各不相同，但是他们提出了同样的一个问题：为什么拥有如此高度文明的希腊会衰退，而罗马却得以持续发展？由于它们都属于衰落的希腊民族，所以这个问题自然有了非常迫切的意义。这就好像对于不久前还在不断飞跃发展的日本，欧美人提出了为什么日本会这样的疑问一样。在罗马人李维的著作中缺少了这种迫切的态度，其原因，我想，只要想一下日本人写的《日本人论》就可以了解。

如果有人问我是否有与三个希腊人相同的迫切感，我的回答是否定的。但是，在关注到为什么只有罗马能成就大业这一问题时，我与他们想法一致。我常常想，在漫长的1 000多年里，单凭军事力量不可能控制住如此众多的民族。为了解决这一疑问，最早给予我启迪的不是现代历史学，而恰恰是生活在2 000年前的这三个希腊人。

关于罗马兴盛的要因，三位希腊人分别是这样认为的：

哈利卡纳苏的狄奥尼修斯认为是宗教影响了罗马人的见解。罗马的宗教与其说是用来约束人类的，不如说是用来保佑人类的。这一宗教没有狂热崇拜的倾向，因此更容易与其他民族建立起相互包容的关系，而不是对立的关系。承认其他宗教就是承认其他的民族。

曾经是政治领袖的波里比阿认为罗马兴盛的要因在于罗马确立了独特的政治体系。像国王政体、贵族政体、民主政体，都比较容易倾向于代表共同体的一部分利益。但是，罗马人不执着于政体。波里比阿把罗马兴盛的要因归结为罗马共和政体特有的政治体系。那就是通过执政官制度、元老院制度和公民大会有效利用国王政体、贵族政体和民主政体的优势。由于确立了这一独特的政治体系，罗马消除了国内的对立关系，建立了统一的体制。

另一方面，普鲁塔克则明确指出罗马兴盛的关键在于其采取“同化败者”的生活方式。

在普鲁塔克的祖国希腊，对其他民族一律称为“蛮子”。不仅如此，尽管同为希腊人，生于斯巴达的人要取得雅典公民权简直就是异想天开。相反，在罗马，出生地不是问题，问题只是有无罗马公民权，而且还有放开的趋势。有一个时期，只要住在罗马，就可以取得罗马公民权。罗马人在这方面表现出来的宽容，不是因为赢不了，而是在赢了以后才让步的。

我认为这三位历史学家说的原因都对。不仅如此，我认为，罗马兴盛的关键在于这三点缺一不可。

狄奥尼修斯提出的宗教见解说、波里比阿提出的政治体系说，以及普鲁塔克的同化其他民族说，都反映了在那个时代无疑是特例的罗马人的开放性格。

其智力不及希腊人、体力不及凯尔特人（高卢人）和日耳曼人、技术不及伊特鲁里亚人、经济不及迦太基人的罗马人，之所以超越这些民族，最重要的一点就在于他们开放的性格。要说罗马人真正的个性，不就是他们的开放性吗？

军事和建设方面的成绩是充分展示其性格的现象。正因如此，在罗马士兵的军靴声早已远去、无数曾经的白色建筑已化作一片瓦砾的今天，人们依然对远古的罗马人满怀憧憬和敬意。

古代罗马人留给后世的真正遗产不是辽阔的帝国，也不是经过 2 000 年以后依然挺立的遗迹，而是不论宗教和人种肤色，一律予以同化的开放性。

但是，相距那个时代虽然已经过去了 2 000 年，现代的我们却始终不肯放弃宗教上的不宽容，总是拘泥于统治理念甚于统治能力，排斥其他民族和人种。因此，“罗马遥不可及”的说法不仅仅是时间的问题。

在日本有一句谚语说："伟人从小与众不同。"意大利也有一句意义相近的谚语："是玫瑰总会开花。"

在本册涉及的时代里，罗马已经成长。但是按照人类的年龄而论，罗马尚处于30岁之前。三十而立的罗马将面对怎样的考验，又将如何战胜这些考验，这些将在下一册中呈现在你们面前。

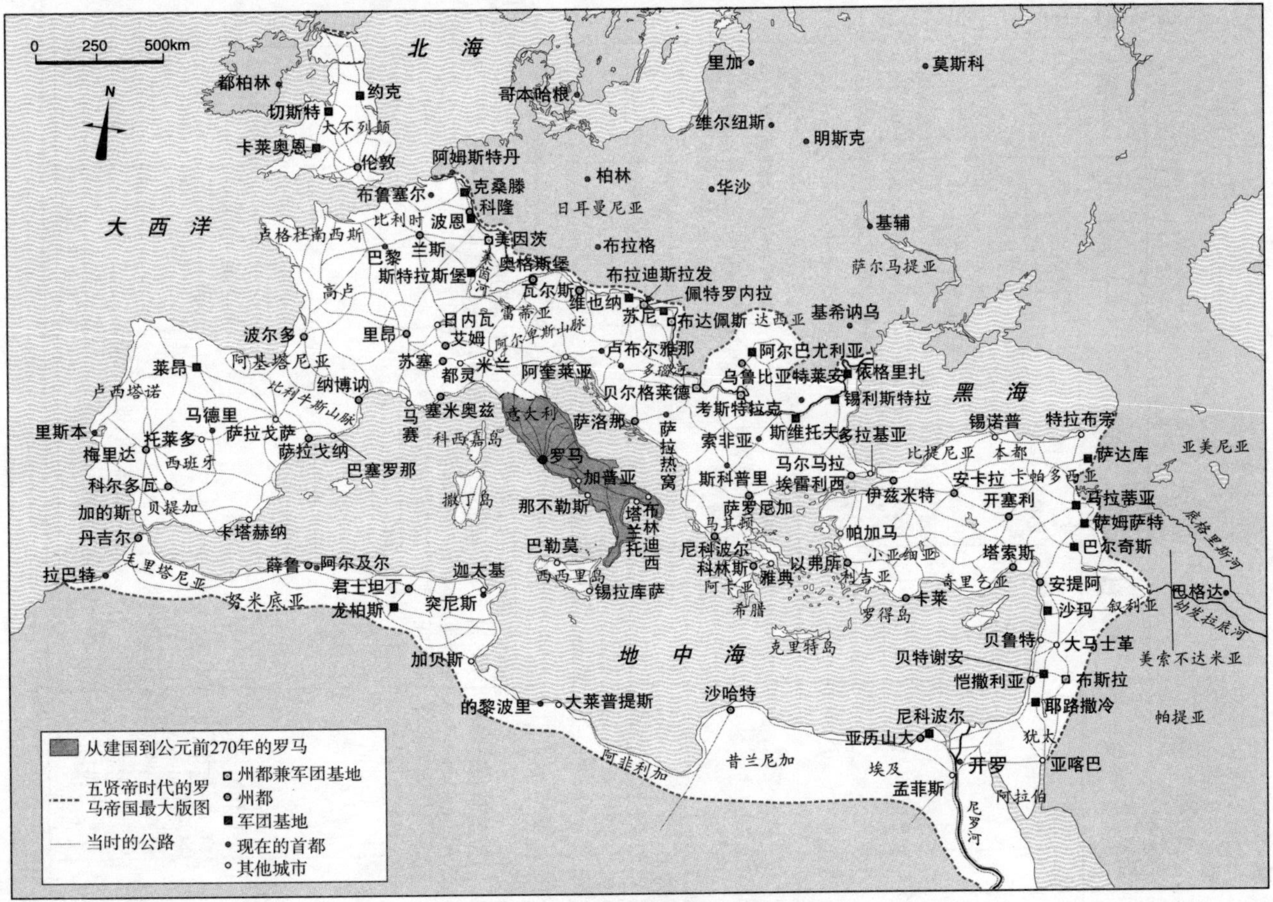

公元 2 世纪初的罗马帝国

大事年表

年代（公元前）	罗马	意大利	希腊	东方	中国	日本
2000		青铜器时代（1800—900）	克里特文明（2000—1400）	埃及新王国时及美索不达米亚、巴比伦王朝、亚述兴起 摩西出埃及		绳文时代
1500			迈锡尼文明（1600—1200） 特洛伊战争（1250年前后）		殷王朝确立（1400年前后）	
1200			中世纪古希腊（1200—800） 多利亚人南下（1200年前后）	犹太王国、大卫（1004）、字母表开始普及	周王朝建立（1120）	
1000						
900		铁器时代（900—）				
800	根据传说，罗马建国（753） 第二代国王努马（715—673）	伊特鲁里亚文明兴起 希腊殖民城市塔兰托、那不勒斯、锡拉库萨等出现在意大利南部（800—700）	诗人荷马活跃于该时期 殖民运动（800年前后—500年前后） 城邦时代开始（800年前后） 第一次奥林匹克运动会（776）	腓尼基人建立迦太基（810年前后）	春秋时代（771—403） 铁器普及	
700	第三代国王托里斯（673—641） 第四代国王马尔西乌斯（641—616） 第五代国王塔克文（615—579）	伊特鲁里亚全盛期	斯巴达来库古改革（620年前后）	亚述统一东方（680） 亚述灭亡（612）		

（续表）

年代（公元前）	罗马	意大利	希腊	东方	中国	日本
600						绳文时代
	第六代国王塞尔维乌斯（578—534）		雅典梭伦改革（594）	新巴比伦繁荣 犹太王国灭亡 巴比伦掳掠俘虏（586）		
	第七代国王"傲慢者塔克文"（534—509）		雅典庇西特拉图独裁政治（546—527）	释迦诞生（565年前后）		
		伊特鲁里亚进入衰败期	雅典克利斯提尼的民主政体（508）	波斯统一东方（550—525）	孔子诞生（551年前后）	
	废除王政，建立共和政体（509）					
500	贵族与平民之间的对抗开始			大流士一世执政（522—486）		
	设置护民官（494） 着手重建拉丁同盟（494）	伊特鲁里亚急剧衰退 意大利南部希腊各殖民城市继续繁荣	小亚细亚爱奥尼亚地区反波斯之乱（499—494） 第一次波斯战争爆发（492） 马拉松战役，希腊获胜（490） 结成反波斯同盟（481） 第二次波斯战争（480—478）			
			萨拉米斯海战，波斯败退（480） 结成提洛同盟（477） 雅典确立霸权 雅典国内分裂	波斯国王薛西斯攻打希腊（480）		
			特米斯托克利斯遭放逐（471）	特米斯托克利斯亡命波斯（471）		
	与邻近各部族作战；向希腊派遣考察团（453—452） 通过《十二铜表法》（449）		稳健派掌权（—460） 伯里克利上台（460） 伯里克利时代（460—430）	特米斯托克利斯自杀（460）		
	贵族与平民之间的对抗未结束；与邻近各部族之间的战斗继续	伊特鲁里亚急剧衰退	希腊文化的黄金时期（哲学、诗歌、剧作、历史、美术、建筑） 伯罗奔尼撒战争（雅典对斯巴达）（431—404） 伯里克利去世（429） 群愚政治时代（429— ） 喜剧作家阿里斯托芬大获成功 雅典投降斯巴达（404）			

（续表）

年代（公元前）	罗马	意大利	希腊	东方	中国	日本
400	攻占伊特鲁里亚城邦维爱（396） 凯尔特人入侵，占领罗马（390） 通过《李锡尼法》（367） 以此为界，贵族与平民间的对抗趋向平缓；开始进攻意大利中南部，拉丁同盟解体，罗马联盟成立（338） 与萨莫奈人之间的战争开始（326—290） 铺设阿庇亚大道（312）		斯巴达霸权时代（404—371） 苏格拉底被判死刑（399） 柏拉图创立学园（387） 底比斯称霸时代（371—362） 马其顿影响力出现；马其顿国王腓力遭暗杀（336） 亚历山大即位马其顿国王（336） 亚里士多德创立吕克昂学园（335） 亚历山大大帝东征并征服波斯（334—332） 称霸印度（330—324） 亚历山大大帝去世（323）	印度孔雀王朝（317—180年前后） 叙利亚塞琉古王朝（312—63）	进入战国时期（403—221）	绳文时代
300	通过《霍腾修斯法》（287） 贵族与平民之间的对抗彻底平息 塔兰托之战 与伊庇鲁斯国王皮洛士之间的战争（280—275） 称霸意大利南部希腊各城市，完成卢比孔河以南意大利半岛的统一（270）	阿基米德（287—212）	亚历山大大帝死后，帝国分裂（分裂成马其顿、叙利亚和埃及等）（301） 成立阿卡亚同盟（280）内讧不绝	埃及托勒密王朝（305—30） 科学发展迅速（以埃及亚历山大为中心）		弥生时代

参考文献

学习历史，首先必须面对的是用文字记录下来的史料。史料分为两种，即原始史料（或称第一手史料）和第二手史料。所谓第二手史料，是后世的学者、研究人员以及历史学家写的史书。之所以称作第二手史料，是因为它们都是基于原始史料，即第一手史料，写成的。

第一手史料是直接传递当时时代气息的史料，虽然它们被统称为原始史料，但是并非都出自当时人之手。怎样才能准确地描述几百年前的事情，这是一个非历史专家都会有的疑问。事实上，以编年体的方式写下《罗马史》的李维是帝政初期的人，他写的《罗马史》却始于比他生活的时代早 700 年的古代。

古代罗马有一个官职叫大祭司，是在公元前 509 年实施共和政体时设置的官职，他是宗教祭祀的最高负责人。就像本书中介绍的那样，这是一个普通官职，在公民大会上选举产生。除了是宗教祭祀的最高负责人，这个官职还有一项工作，就是书写每年的日志。他们要详细记录每一天里发生的一切与罗马有关的事情，比如有哪些人当选本年度执政官以下的官职，与哪个部族发生了战争，在哪里进行了和谈，等等。在实施共和政体之前的王政时代，大祭司由国王兼任，因此，书写日志想必也是国王的工作，因而留下来的史料不仅少而且很不清楚。但是，自从实施共和政体以后，这种日志式的记录工作得以延续下来。这项工作不是在官邸里进行的，也不是当即收纳于档案馆中的。在这一年里，记录下来的日志就放在官邸的前面向世人开放，一年过去后，才保存到档案馆中。这一做法一直延续到公元 5 世纪，因此，这意味着在古罗马存续期间，这样的记录从未中断。关于这一点，有史实可以证明。虽然历史学家李维指出，古罗马史料因公元前 390 年凯尔特人入侵被付之一炬，但是，这并没有改变以后的罗马人喜欢记录的习惯。

日志中记录的是每一天发生的事情，尽管详尽，内容却难免枯燥。生活在公元前 2 世纪的老加图在写历史的时候曾经这样说过：

> 我无意于像大祭司那样记录每一件事情。我绝不会写诸如食品价格几许、大雾笼罩罗马几日、何时满月、几时月亏等等。

但是，即便无意于书写日志式的历史，对于希望把历史写得生动有趣的人来说，再也没有比枯燥无味的、流水账式的记录更难能可贵的史料了。没有这种记录，生活在公元 1 世纪的历史学家李维大概写不出《罗马史》；同时代的狄奥尼修斯特意从小亚细亚的哈利卡纳苏移居到罗马，想必也是为了便于查阅收藏在罗马档案馆中的这些记录吧。

留存至今的大祭司的记录只有一些残篇，数量之少屈指可数。但是，只要读过古代罗马人及希腊人写的东西，就可以了解到这些记录的利用率相当高。正是因为这些记录的存在，即便是生活在公元 3 世纪的历史学家也可以写出 1 000 年前的古老历史。

一、原始史料

（凡是已有日文版的，在这里只记录日文版出处。）

有关希腊史的主要史料

荷马：《奥德赛》《伊利亚特》（高津春繁、吴茂一译，筑摩书房，1964 年）

希罗多德：《历史》（青木严译，新潮社，1968 年）

修昔底德：《伯罗奔尼撒战争史》（久保正彰译，岩波书店，1966—1967 年）

柏拉图：《全集》（代表作的责任编辑为田中美知太郎，中央公论社，《世界名著》第六卷，1966 年）

亚里士多德：《全集》（代表作的责任编辑为田中美知太郎，中央公论社，《世界名著》第八卷，1972 年）

阿里斯托芬：《喜剧全集》（《希腊喜剧全集》，田中美知太郎等译，人文书院，1961 年）

色诺芬：《全集》（只含《回忆苏格拉底》，佐佐木理译，岩波书店，1974 年）

普鲁塔克：《希腊罗马名人传》（《普鲁塔克英雄传》，河野与一译，岩波书店，1952—1956 年）

有关罗马史的主要史料

国王政体、共和政体时代（前 753—前 31 年）

波里比阿（Πολύβιος，Polybius，前 202—前 120 年）：希腊人，亡国后被带到罗马，了解了新兴罗马的真实情形。回国后，开始写以罗马为中心的地中海各国历史——《通史》（*Historiae*）。作为同时代的人，尤其他对布匿战争的描述，有着无与伦比的历史价值。

马尔库斯·波尔基乌斯·加图（Marcus Porcius Cato，前 234—前 149 年）：布匿战争时期罗马伟大的政治家、西庇阿·阿非利加努斯的政敌、罗马保守派重要人物。为了区别于恺撒时代的加图，又称他为老加图。他也是有关农业经营和历史的作品《农业志》（*De agricultura*）、《创始记》（*Origines*）等的作者。

瓦罗（Marcus Terentius Varro，前 117—前 27 年）：恺撒时代的罗马人，最初追随庞培，庞培失败后，投奔恺撒，受命设立国家图书馆。他因担任此项工作，写了很多著作，代表作有《拉丁语研究》（*De lingua Latina*）、《罗马人记》（*De gente populi Romani*）、《论农业》（*Antiquitates*）。

西塞罗（Marcus Tullius Cicero，前 106—前 43 年）：罗马知识分子的代表人物。因其好友阿提库斯从事出版业，所以他的著作基本上都被保留下来了，这也是学习拉丁语的欧洲高中生最憎恨他的原因。他的书信特别生动地描写了当时的罗马状况，对历史学家来说，无疑是一大宝库。只是在偏重思想哲学的日本，西塞罗和爱比克泰德、马可·奥勒留一样，只有一小部分作品被翻译成日语。(《全集》,《世界名卷》第 14 卷，中央公论社，1968 年。)

尤里乌斯·恺撒（Caius Iulius Caesar，前 100—前 44 年）：他是历史上罕见的人物，用简洁明了、典雅而独特的文体叙述了自己的事迹。如果他和丘吉尔生活在同一个时代，一定会早于丘吉尔获得诺贝尔文学奖。他的写作能力绝非丘吉尔等人能及，就连西塞罗都不惜溢美之词。其代表作为《高卢战记》（*De Bello Gallico*）。(《恺撒文集》,国原吉之助译，筑摩书房，1981 年。)

恺撒麾下的将军们：《亚历山大战记》（*Bellum Alexandrinum*）、《西班牙战记》(*Bellum Hispaniense*)。

科尔涅利乌斯·奈波斯(Cornelius Nepos，前100—前25年)：尽管他的洞察力不及普鲁塔克，但是他作为罗马公民特有的观点不容忽视，是当时开始在罗马出现的知识分子中的一个。其代表作为《伟人传》(*De viris illustribus*)。除此之外的著作还有若干。

萨卢斯提乌斯(Caius Sallustius Crispus，前86—前35年)：在不得已放弃政治生活后，开始了写作生涯。因此，作为历史学家，人们经常把他和马基雅弗利做比较。他留下了非常出色的著作。体现在文章中的热情和卓越的描写能力也经常被视为能够与马基雅弗利进行比较的缘由。其代表作为《喀提林阴谋》(*De Coniuratione Catilinae*)、《朱古达战争》(*Bellum Iugurthinum*)和《历史》(*Historiae*)。

西西里的狄奥多罗斯(Doidorus Siculus)：居住在西西里的希腊人，生卒年不详。据说他的著作《历史图书馆》(*Biblioteca*)完成于公元前30年前后，40卷中现存的只有15卷。他的著作中介绍了罗马初期的史料，这在有关史料消失后的现在实属难得。

提图斯·李维(Titus Livius，公元前59—公元17年)：从32岁开始一次10卷地撰写出版《罗马史》(*Ab urbe condita libri*)，他一生中一共写了142卷，这些著作又被罗马人赞誉为罗马历史研究的金字塔。这部《罗马史》记述了从罗马开国到公元前9年的史实，只是大部分在中世纪时散失了，现存的部分不到原书的三分之一，使得罗马史研究者扼腕叹息。

哈利卡纳苏的狄奥尼修斯(Dionysius of Halicarnassus)：生卒年不详，是奥古斯都大帝时代出生于哈利卡纳苏的希腊人。为了写《古罗马史》(*Antichita romane*)，移居到罗马，记述了从罗马建国到公元前264年为止的罗马历史，共20卷。

瓦莱利乌斯·马克西穆斯（Valerius Maximus）：生卒年不详。曾经把自己的著作《嘉言懿行录》（*Factorum et Dictorum Memorabilium*）献给罗马第二代皇帝提比略，因此，他应该是公元 1 世纪的人。写这部作品的目的大概是为了学习拉丁语修辞学的罗马学生。因为是逸事集，所以即使不是学生，读起来也很有意思，而且有用。

普鲁塔克（Plutarchus，46—120 年）：在此无须多说，是《希腊罗马名人传》的作者。

阿庇安（Appianus）：图拉真皇帝时代生于埃及亚历山大的希腊人。公元 160 年前后，写下了由 24 卷长篇构成的罗马和地中海世界史《罗马史》。如果全部被保留下来的话，内容应该是从建国开始直到共和政体结束为止。对两大历史学家的著作中散失的部分起到了补充作用。

卡西乌斯·狄奥·科克亚努斯（Cassius Dio Cocceianus）：生活在公元 2 世纪至 3 世纪，虽然是希腊人，却是罗马元老院元老。他留下了 80 卷本的《罗马史》，内容从建国开始到公元 229 年，但留存至今的只有第 36 卷至第 65 卷。尽管如此，由于李维也没有共和政体末期的史料，所以他的作品和阿庇安的著作一样，具有同等重要的历史价值。

诗文·剧作

普劳图斯（Titus Maccius Plautus，前 259—前 184 年）：是深受布匿战争时期的罗马民众喜爱的剧作家，对于希望了解那个时期的人来说，他提供了很好的材料。为了了解布匿战争时期的罗马，他的喜剧作品是必读的，就像为了了解雅典而必读阿里斯托芬的喜剧作品一样。

泰伦提乌斯（Publius Terentius Afer，前 190—前 159 年）：继普劳图斯之后出现的罗马喜剧作家。非洲奴隶出身，但是和历史学家波里比阿一样，是西庇阿家聚会上的常客。他写下了为数众多的喜剧作品。要了解布匿战争时期的罗马，他的作品也是必读的。

卡图卢斯（Caius Valerius Catullus，前 87—前 54 年）：恺撒时代的抒情诗诗人，留下了爱情诗的杰作《歌诗》（*Carmi*）。

碑文

沿着罗马大道，每隔一罗马里就有一块里程碑，无论在当时还是现代，它们无疑都是重要的历史信息来源。此外，墓碑和纪念碑也都是重要的史料。与帝政时代相比，共和政体时代留下来的碑文比较少，不超过 1 300 块。把这些碑文收集整理后出版的有以下两部：《拉丁碑铭集》（*Corpus Inscriptionum Latinarum*，Berlin，1861 年）、《罗马共和时代碑铭集》（*Inscriptiones Latinae Liberae Rei Publicae*，Roma，1972 年）。

莎草纸文献

莎草纸文献是指从埃及的沙漠中发现的书写于莎草纸上的希腊语史料。例如《古典文化研究导论》（*Introduzione Allo Studio Della Cultura Classica*，Roma，1975 年）。

金币 · 银币 · 铜币

这些也都是非常重要的史料。因为在苏拉以后，货币也被当时的掌权者用作非常重要的宣传手段。例如，为纪念战争胜利而制造的货币等。这种通用货币，即使看不懂罗马世界的通用语拉丁语或希腊语的人，每天也会拿在手上。这种宣传手段用得最充分的是恺撒，这位伟人常常会有出人意料的奇思妙想。

此外，除了尚存的罗马世界的建筑、遗迹、美术品和艺术品之外，其他所有遗存物作为史料也非常有用。

二、写于后世、以研究为主要目的的历史著作，即二手文献

T. Mommsen，*Romische Geschichte*，共 6 卷，Beilin，1854—

合著，*The Cambridge Ancient History*，第 4 卷以后，Cambridge University Press，London，1969—

合著，*Storia di Roma*，共 25 卷，Bologna，1954—

合著，*Storia di Roma*，共 8 卷，第 4 卷之前已出版，Torino，1988—

A. Toynbee，*Hannibal's Legacy: The Hannibalic War's Effects on Roman Life*. I: *Rome and Her Neighbours Before Hannibal's Entry*. Oxford University Press，London，1965 年，《汉尼拔的遗产》(秀村欣二等译，河出书房新社，1969 年)

G. De Sanctis，*Storia dei Romani*，共 8 卷，Roma，1979 年

J. Bayet，*La religione romana*，Torino，1959 年

G. Dumezil，*La religione romana arcaica*，意大利语翻译：Milano，1977 年

L. Pareti，*Storia di Roma*，共 6 卷，Torino，1952 年

T. Frank，*Storia di Roma*，意大利语翻译：Roma，1970 年

J. Vogt，*La repubblica romana*，意大利语翻译：Bari，1987 年

M. Grant，*Storia di Roma antica*，意大利语翻译：Roma，1981 年

S.I.Kovaliov，*Storia di Roma*，意大利语翻译：Roma，1982 年

C.Nicolet，*Rome et la conquete du monde mediterraneen*，Paris，1978 年

H. Wagenvoort，*Roman dynamism*，Oxford，1947 年

A. Piganiol，*Le conquiste di Roma*，意大利语翻译：Milano，1972 年

Ch. Wirszubski，*Il concetto politico di liberta a Roma tra Repubbulica e Impero*，意大利语翻译：Bari，1957 年

孟德斯鸠：《罗马盛衰原因论》《论法的精神》（井上幸治责任编辑，中央公论社，《世界名著》第 28 卷，1972 年）

以上这些都是综合描写关于罗马史的著作，关于每个事件、现象、人物均刊载于相关册的末尾。

日本人的著作

村川坚太郎、弓削达、吉村忠典、铃木一州、秀村欣二、吉野悟、青柳正规、长谷川博隆、北原理雄、柴田光藏、石本雅男、佐藤笃士、国原吉之助、大场正史、井上智勇、岛田诚、松本宣郎、船田享二、坂口明、市川雅俊、本村凌二、毛利晶、岛创平、后藤笃子、栗田伸子，以上各位学者的所有著作和研究论文。

作者按：以上各文献中，不仅仅限于国王政体和共和政体时代的罗马，也有一些涉及了帝政时代。从《罗马人的故事》第二册开始各册末的参考文献中只刊载未在这里提及的文献。

图片版权

银币、金币图　新潮社写真部

p.012　卡匹托利尼博物馆（罗马 / 意大利）© Archivo Alinari, Firenze

p.068　瀨户照绘

p.171　Cesare Vecellio, *Habiti antihchi et moderni*（《服装今昔》，巴黎，1960 年）

地图制作：综合精图研究所（p.005，p.010，p.018，p.021，p.024，p.053，p.086，p.088，p.107，p.189，p.193，p.207，p.215，p.241）

图书在版编目（CIP）数据

罗马人的故事：全15册/（日）盐野七生著；计丽屏等译.--2版.--北京：中信出版社，2020.8（2025.1重印）

ISBN 978-7-5217-0750-2

Ⅰ.①罗… Ⅱ.①盐… ②计… Ⅲ.①古罗马—历史 Ⅳ.①K126

中国版本图书馆CIP数据核字（2019）第126892号

罗马人的故事（全15册）

著　　者：[日]盐野七生

译　　者：计丽屏　等

出版发行：中信出版集团股份有限公司

（北京市朝阳区东三环北路27号嘉铭中心　邮编　100020）

承 印 者：北京通州皇家印刷厂

开　　本：787mm×1092mm　1/32　　印　　张：182.25　　插　　页：44　　字　　数：4 500千字

版　　次：2020年8月第2版　　印　　次：2025年1月第9次印刷

京权图字：01-2010-4502　　审 图 号：GS（2019）2414号

书　　号：ISBN 978-7-5217-0750-2

定　　价：760.00元（全15册）

服务热线：400-600-8099

投稿邮箱：author@citicpub.com

ローマ人の物語

罗马人的故事

02

ハンニバル戦記

汉尼拔战记

[日] 盐野七生 著 计丽屏 译

中信出版集团 | 北京

金币故事

我曾经手捧迦太基金币感慨万千，当时的情形时至今日仍历历在目，感觉就像昨天刚发生的事情。我不住地在想：那个被逼到狭窄的墨西拿海峡不得不起而反抗并由此引发了与罗马之间战争的国家，究竟是一个怎样的国家呢?

金币的正面是迦太基女神坦尼特的侧面像，头上的发饰是麦穗。由此得知，她是一位丰收之神。金币的背面是站立的体格健壮的马。它是女神的保护神。从金币不含杂质的纯金质地，到高超的铸造技术，这一切无不显示出在公元前3世纪迦太基已是地中海世界的强国。与此相比，当时的罗马刚刚开始独立铸造银币。布匿战争的两个当事国——迦太基和罗马之间的经济实力相差如此之大由此可见一斑。对罗马来说，持久的苦战在所难免。但是，如果追寻战争过程的话，那么显然布匿战争向我们揭示了持久战的结果并非经济大国就一定能赢得最后的胜利。

盐野七生

2002年4月于罗马

ROMA

银币故事

现在到了可以向大家介绍罗马货币的时候。因为到第二次布匿战争时，罗马终于有足够的经济实力和技术力量铸造优质银币了，并使之广泛流通。搞研究的学者一致认为，货币能反映一个国家的国力。此处介绍的银币，作为罗马货币的代表，尚属发展初期。也许正因如此，银币上的图案充分展示了当时罗马人的精神面貌。

银币的正面是罗马女神。喜欢神格化任何事物的罗马人把自己的首都罗马也神格化了，只是由于当时罗马一直处在战争状态，所以，尽管耳环显示出银币上的头像是女神像，却戴着头盔。银币的背面是骑士骑着马在战场上勇猛疾驰的图像。

盐野七生

2002 年 4 月于罗马

ROMA

银币故事

这是二德拉克马银币。大概因为这种银币在兑换时可以换两枚小额银币，所以才会有这样的名称。德拉克马原本是希腊的流通货币，罗马货币为什么也要叫这个名字？原因是罗马人对希腊有亲近感。罗马人在打败迦太基后，乘势把希腊也纳入自己的版图中。在此之后，希腊语的学习在罗马普及开来。罗马人对于使用双语的生活方式竟然相当适应。正因如此，罗马人也不反对用被征服者希腊的货币名称来命名自己国家铸造出来的货币。也许，这样的做法在当时更加务实，因为在地中海的东岸希腊语得到广泛使用，人们更习惯用希腊语来给自己的货币命名，并由此增强货币的认同感。

也许正是这个原因，银币的正面是希腊神话中的狄俄斯库里兄弟，是宙斯和勒达生的一对孪生兄弟：卡斯托尔和波鲁克斯。罗马人喜爱这位年轻的双子神，把他作为罗马货币的图案，合情合理。银币的背面是驱赶四马战车的主神宙斯，拉丁语叫朱庇特，与刻在下方的文字“ROMA”一起，显示出地中海世界的霸主——罗马人的气概。

盐野七生

2002 年 4 月于罗马

致读者

对历史所持的态度，除了热衷于研究个案现象的学者，我认为大致可以分为以下两派：

一派以马基雅弗利为代表。他们列举历史上的诸多事例，以期引起人们的反思。

《君主论》和《政略论》是马基雅弗利的代表作。其中，《政略论》是日文的译名，原名叫《基于提图斯·李维的〈罗马史〉进行论述》（中文译作《李维史论》。——译者注）。通过这部作品，我们可以了解马基雅弗利在提出自己的论点前，通读了李维、波里比阿、普鲁塔克的作品。有一点可以肯定，为了证明自己的观点，马基雅弗利选择了以李维的《罗马史》为核心的历史现象作为例证。像他这样选择“利用”历史的人中，最近的可以举出《大国的兴衰》的作者保罗·肯尼迪。此外，我认为名著《文明衰亡之时》的作者高坂正尧氏也属于这一派。

另一派以德国人蒙森和英国人吉本为代表。他们的作品内容仅限于罗马史，并被认为是该领域的经典之作。蒙森的作品内容始于罗马建国，结束于尤里乌斯·恺撒死亡。吉本的作品内容则始于五贤帝时代，一直到 1453 年东罗马帝国灭亡为止。

关于历史，我认为以他们二人为代表的一派只是对历史做了叙述。对他们来说，叙述历史只是目的而非手段。

在这里我不想评论这两派孰优孰劣，我只想说他们之间的不同。

那么，这两派的不同表现在哪里呢？说实话，他们的区别就在于著作的分量不同上。属于第一派的人，他们的著作通常只有一两卷。与此相对，属于另一派的人，他们的著作往往会超过十卷。

为什么会出现如此巨大的分量之差呢？我想这是因为属于第二派的作家认为历史就是过程。

如果只想了解结果，那么看一本打着考生必备旗号的历史概要书就足够了。日本高中生使用的世界史教科书，有关罗马史的记述不足十页。但是，如果追溯过程，分量就自然轻松地超过这一数字的几千倍。分量如此之重，不是因为作者偏好洋洋洒洒地写作，而是因为他们认为只有追溯过程，才有可能接近历史的真实。我属于第二派。

话虽如此，我却不赞成同属于第二派的巨匠级人物蒙森的看法。

这位生活在启蒙时代的德国人似乎把“由历史做出裁定”误解为“由历史学家做出裁定”了。在他盛年之时，他的《罗马史》一出版就获得了巨大的成功。然而，在写到恺撒死后，他就搁笔不再写了。也就是说，关于帝政以后的罗马，他只字未写。对此，连当时他的读者也深感遗憾。蒙森始终没有说出自己不再继续写下去的原因。但是，只要读了他写的《罗马史》，这一点便会不言自明。

作为启蒙时代人物的蒙森，在叙述历史的过程中自然会加入自己的评论。他给予共和国时代的罗马极高的评价。鉴于这样的认识，他自然很难下笔叙述帝国时代的罗马了。

与此相比，我更加欣赏马基雅弗利的观点——人类和人类成果体系都需要顺应时代的变化。如果让我对历史进行裁定的话，依据只有一个，那就是它是否顺应了时代的要求。

我把本丛书名定为《罗马人的故事》，如果把日语的这一书名翻译成拉丁语，我都不希望直接使用表示历史的“History”和表示故事的“Memory”这两个词，因此，选择了意思相同的“Gestae”一词。“Res Gestae Populi Romani”直译过来就是“罗马人的种种行为”。我不想裁定任何思想，也不想裁定任何伦理道德，我只想追溯命运无常的人类行为。

如果认为历史在于过程，那么战争就是书写历史的最好素材。因为，没有任何一件事情可以像战争那样让我们清楚地认识当事国的人民。

本书是丛书的第二册，讲述的是从公元前 264 年到前 133 年为止的 130 年间的故事。对罗马人来说，这是一个对外扩张的战争时期，其间主要与迦太基之间发生了布匿战争，同时也与希腊及叙利亚等国进行了交锋。

在丛书第一册《罗马不是一天建成的》中提到的希腊，在本书中您将看到它的终结，正式登场的迦太基也将走向灭亡。关于这一结果，生活在 2 000 年后的我们早已了然于胸。

尽管希腊人充满智慧，尽管迦太基人不但经济发达，而且有绝世名将汉尼拔，但是为什么他们都输给了罗马人呢？关于这个问题，在一点一点追溯历史进程的同时，如果能引起您的思考，作为作者的我将深感荣幸。因为在这一册讲述的这个时代里，您将有机会了解到在第一册中讲到的罗马人构筑起来的体系拥有的真正价值。

关于公元前 3 世纪至前 2 世纪的史料明显多了许多。只要看同时代的人写的史书，历史人物的面孔就会非常清晰，甚至让我忘记了以汉尼拔和西庇阿为首的本册出场人物与我们之间竟然相隔 2 200 年的岁月。在书写这一时期的历史时，我的心中充满了期待。读这段历史，您也有权对这一段历史心怀期待。这不是高中学生的教科书，这里要讲述的是历史的过程，这样的历史比什么都令人期待。

我非常理解学校里老师为什么必须在一年时间内教完全部的世界历史。我在本册中写的全部内容，在日本高中生使用的教科书中，可以用下面短短的几行文字进行概括：

> 罗马在统一意大利半岛之后，继续策划向外扩张，于是与迦太基之间发生了一场生死攸关的战争，这就是布匿战争。迦太基是腓尼基人的殖民城市，控制着地中海的制海权和通商权。在消灭迦太基并掌握了西地中海霸权之后，罗马将注意力转向东方，逐一征服了马其顿和希腊的各个城邦，攻占了叙利亚王国，把小亚细亚置于自己的统治之下。就这样，地中海成了罗马的内海。

这样描写的历史只重结果，是一名高中生必须掌握的，否则只有挂科。但是，为成年人书写的历史与此不同——那应该是过程，因此，不仅令人期待，而且还提供了引导人们进行思考的素材。

盐野七生

1993 年春于罗马

目　录

序

西西里岛位于形状如长筒靴的意大利半岛的“脚尖”上，感觉触手可及。夹在意大利本土和西西里岛之间的海峡，自古就叫墨西拿海峡。这一名称源自西西里岛最东端的一个叫墨西拿的城市。本土到西西里岛的最短距离只有3公里。从本土的轮渡码头圣乔瓦尼镇到墨西拿港也只有7公里。坐上往返其间的轮渡，要上一杯咖啡，慢慢地品，等这一杯咖啡见底的时候，船也就到了。

站在圣乔瓦尼镇，可以看到轮渡离开后不久便到了对岸的墨西拿，还可以看见对岸的人、汽车及列车都上了船，轮渡往回开的情景。整个情景犹如近在咫尺。到了现代曾有好几次计划在这一海峡架设桥梁。但是和濑户内海不同，墨西拿海峡没有可以用来打桥桩的小岛。如果一定要架桥，只能架吊桥。目前世界上最长的吊桥是日本的明石海峡大桥，1998年完工。据说这座大桥的中央间距是2公里，技术上可以达到3公里。因此，如果在墨西拿海峡架桥的话，也许日本的技术可以帮助其实现这一愿望。不过目前除了坐轮渡别无他法。

既然只能坐轮渡，那么墨西拿海峡的现状与2 200年前的古代应该不会有太大的不同。当您站在意大利本土眺望西西里的时候，心里冒出来的想法大概也相同吧。尽管有大海相隔，但是，这种距离和想法正是罗马和迦太基之间发生战争的起因。

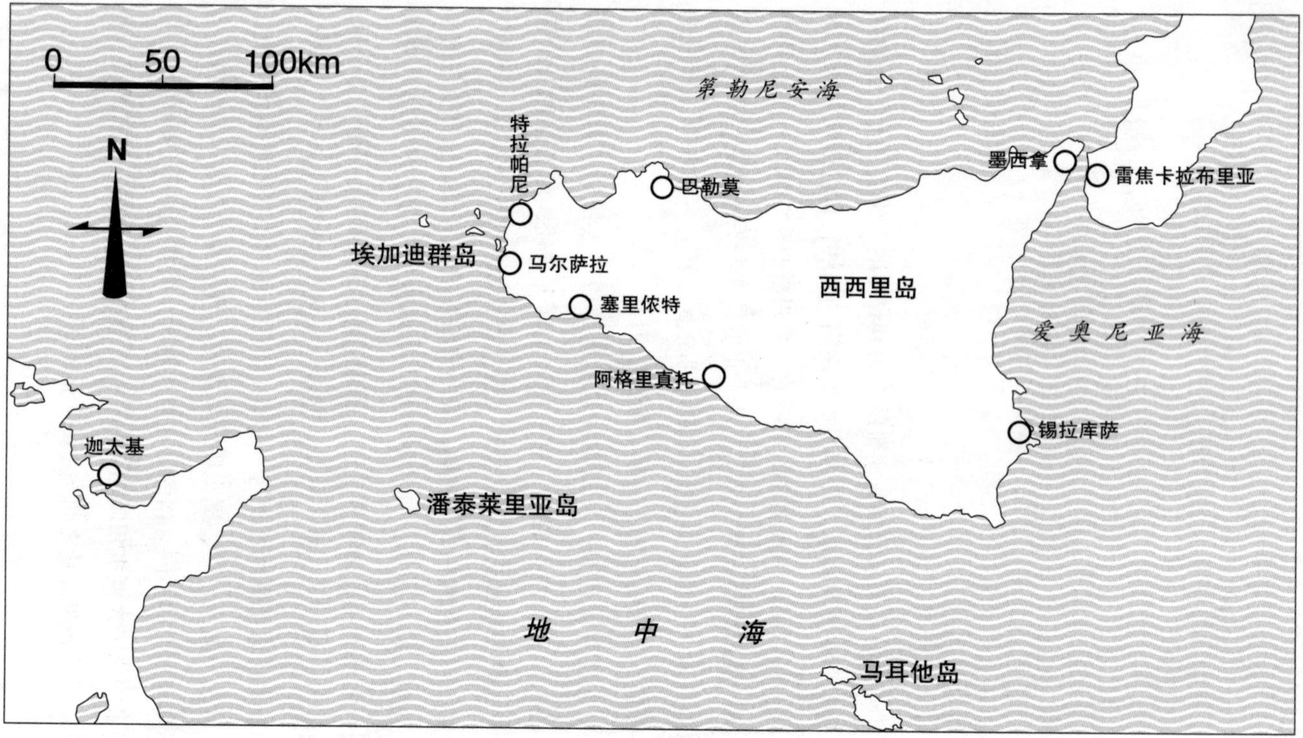
0
50
100km
N
第勒尼安海
特拉帕尼
巴勒莫
墨西拿
雷焦卡拉布里亚
埃加迪群岛
马尔萨拉
塞里依特
西西里岛
爱奥尼亚海
阿格里真托
锡拉库萨
迦太基
潘泰莱里亚岛
地中海
马耳他岛

西西里及其周边

第一章　第一次布匿战争

（前264—前241）

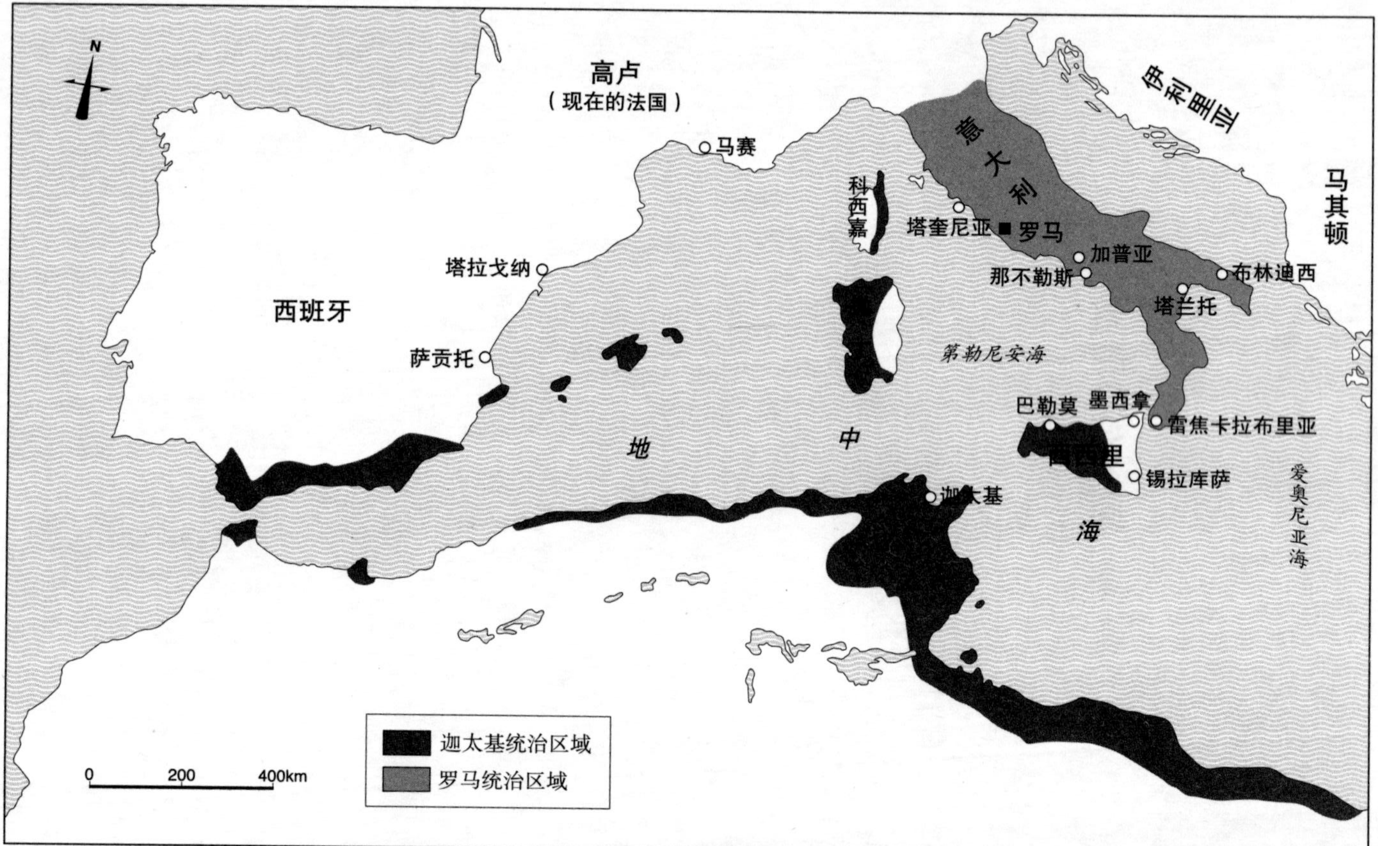

第一次布匿战争以前的罗马和迦太基

公元前265年，一个非常棘手的难题摆在了罗马元老院元老的面前，这是他们从未遇到过的问题。他们必须在极短的时间内答复前来寻求救援的墨西拿市民代表。

此时的墨西拿正陷入一场危机之中。因为西西里第一强国锡拉库萨（又译叙拉古）已经把进攻的目标锁定在这里了。墨西拿人认为，依靠自己的力量无法解除这一危机，必须依靠外力的帮助。但是，究竟是向迦太基寻求帮助，还是向罗马寻求救援，形成了两种不同的意见。最后，罗马派占了上风，原因在于近在眼前的雷焦卡拉布里亚。

雷焦卡拉布里亚现在是卡拉布里亚地方的首府所在地，位于墨西拿海峡的对岸，与墨西拿隔海相望。雷焦卡拉布里亚与墨西拿、锡拉库萨一样，都是源自希腊人的殖民城市。自从罗马统一了北自卢比孔河、南到墨西拿海峡的意大利半岛后，雷焦卡拉布里亚也进入罗马的保护伞之下。它是罗马联盟的同盟城市，享有完全的自治权。因此，一抬头就能看到雷焦卡拉布里亚的墨西拿人选择了放弃迦太基，转而向罗马请求救援。

然而，罗马人却非常犹豫。罗马人尊重法律。如果是建立了同盟关系的友邦请求救援，他们有义务提供支援。但是罗马和墨西拿没有同盟关系。

更何况，尽管海峡狭窄，但去墨西拿必须横渡大海。罗马军团还未曾有过横渡大海的经历。不要说战船，就是运输船，他们也拿不出来。迄今为止，如果有需要用到船只的地方，港口城市那不勒斯或塔兰托就会作为罗马联盟的同盟城市，代罗马完成使命。正因如此，就

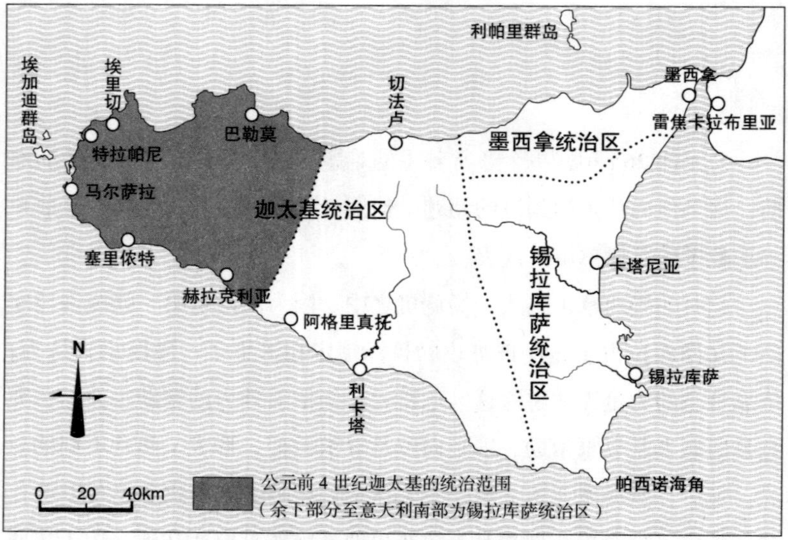

第一次布匿战争爆发前西西里的势力分布图

不难理解罗马人对于是否要亲自下海表现出的犹豫不决的态度。说到底，罗马人终究是一个农牧民族。

但是，如果罗马拒绝墨西拿的请求，无疑墨西拿会转而向迦太基寻求帮助。在公元前3世纪中叶的那个时候，迦太基已经把西西里的西半部分纳入自己的势力范围。此前的西西里历史可以说是希腊殖民城市间冲突不断的历史，迦太基坐收渔翁之利。位于西西里东半边的锡拉库萨和墨西拿，为罗马和迦太基之间发生冲突起到了缓冲作用。

但是，如果迦太基把墨西拿也收入其势力范围的话，情形就会大变，罗马失去的将不仅仅是缓冲地。在雅典开始衰落后的这一时期，迦太基是地中海的第一大航海国家。如果迦太基把墨西拿也变成自己的基地的话，不难想象，环绕南意大利的海域的制海权就是迦太基的了。这样一来就会严重威胁到以罗马为盟主的罗马联盟各城邦的安全。

对于拥有地中海最强大战船力量的迦太基来说，即使罗马人染指墨西拿，墨西拿海峡也不是问题。但是，对罗马人来说，把墨西拿拱手让给迦太基，意味着在意大利本土和西西里岛之间架起了一座无形的桥梁。

尽管如此，元老院元老们依然难以做出抉择，他们为此破例把这一问题直接交给了罗马的最高决策机构——公民大会进行议决。而之前的做法是，元老院首先讨论议定一个政策，再征求公民大会的同意。对于这一问题，由享有公民权的人——有义务服兵役的人——组成的公民大会给出的答案是，接受墨西拿的请求。

决定参战的罗马人万万没有想到，这次交战引发了罗马和迦太基之间的正式对决，以致第一次战争就持续了漫长的 23 年。

罗马最初的目的非常简单，就是保护连火把都看得清的、近在咫尺的墨西拿，使其不落入强国锡拉库萨或迦太基的手中。只要墨西拿加入罗马联盟，在墨西拿海峡上架“桥”的就是罗马。一旦做出决定便迅速行动的罗马人此时能派往墨西拿的只有一位执政官统率的两个军团，如果预计到与迦太基之间可能发生的激烈对抗，这一军队数量实在是太少了。

第一次布匿战争打响的第一年，即公元前 264 年，率领罗马军团前去支援墨西拿的执政官是阿庇乌斯·克劳狄乌斯。阿庇乌斯是建设阿庇亚大道的倡议人，来自克劳狄乌斯家族，这一家族是罗马实施共和政体以来的名门望族，在历史上以主张对平民阶级采取强硬路线而闻名。这一家族的男性都是集傲慢、强硬、不妥协、有先见、意志坚定、责任感强烈于一身的人，体格也很健壮。在民主政体下，他们绝无可能当选最高权力者。但是，罗马是少数人统治的国家，即寡头政体国家。在公民大会上当选的执政官，如果一人深受民众喜爱，另一个人完全可能是一个不受民众喜爱但能力极强的人。事实上，克劳狄乌斯家族是出执政官第三多的家族，仅次于同为名门贵族却深受民众喜爱的科尔涅利乌斯家族和瓦莱利乌斯家族。出身克劳狄乌斯家族的男人身上所有的缺点，到了领军作战的时候就都成了优点。

公元前 264 年，在执政官任期开始的 3 月 15 日，罗马军团在克劳狄乌斯的率领下离开了首都罗马。这是一次急行军，目的地是墨西拿海峡。罗马军团到达雷焦卡拉布里亚的时候，位于意大利南部的友邦城市提供的运输船队已经抛锚等候在雷焦卡拉布里亚港口。海面上，来自迦太基的舰队正在巡航，他们在监视墨西拿的动向。但是，执政官克劳狄乌斯没有因此而退缩，他下令让一名副官率领一小队士兵于夜间试探性地渡过海峡。

小部队顺利到达对岸。看到顺利到达的信号——对岸举起的火把后，克劳狄乌斯决定全军浩浩荡荡地于白天横渡海峡。为了避免被急流冲走，装载了 1.7 万名士兵的船队挤靠在一起。然而，奇怪的是，迦太基舰队对此并未加以阻击，而是视而不见。

到达墨西拿后，克劳狄乌斯没有耽搁，马上与前来迎接的市民代表签署了罗马和墨西拿之间的同盟协议。就这样，为了援助墨西拿，罗马军团介入军事行动就师出有名了。

正在进攻墨西拿的锡拉库萨感觉到了来自罗马军团的威胁。同样，驻扎在西西里的迦太基军队也对罗马军团登上西西里岛感到非常不安。于是，希腊民族国家锡拉库萨和腓尼基民族国家迦太基这两个长期处于敌对关系中的国家结成同盟军。锡拉库萨军自南，迦太基军自西，分别向罗马军团据守的墨西拿逼近。

执政官克劳狄乌斯在遭到包围后没有坐视不理，他也不是这样的人。他首先向锡拉库萨僭主希伦提出了和谈的要求，遭到了希伦的拒绝。和谈要求遭拒意味着军事行动不可避免了。克劳狄乌斯马上指挥罗马军团，向数量上占优势的锡拉库萨军队发起了进攻。

以雇佣兵为主体的锡拉库萨军队完全不是由公民兵组成的罗马军团的对手。城市很快被攻破，僭主希伦率先向南败走。但是，执政官没有乘胜追击，而是掉转头攻打在西边布阵的迦太基军队。向迦太基军开战的理由是他们要攻打自己的同盟国墨西拿。迦太基军队只是为了守卫西西里的迦太基殖民地而来的，与锡拉库萨军一样，他们一触即溃。

初战胜利后，执政官克劳狄乌斯继续施展他的闪电战。他在墨西拿留下一部分兵力，率领其余兵力向南进军。他的目标是西西里第一强国锡拉库萨的首都。进入锡拉库萨领地后，罗马军团的行军速度不减，一口气逼近了环绕首都的城墙。

这时冬季来临了。根据当时的习惯，即使在南国西西里，军队也要进入冬季休战期。在罗马，召开公民大会，选举新执政官也在冬季休战的这一时期。公元前 263 年，当选执政官的是马尼乌斯·瓦莱利乌斯和奥塔基利乌斯·克拉苏。

马尼乌斯是显赫的贵族，出身于瓦莱利乌斯家族。至于奥塔基利乌斯的名字，这是第一次出现在罗马史上。他出身于属于平民阶层的萨莫奈人，因此，之前没见过这个名字也是合情合理的。这个民族曾经是与罗马殊死奋战的对手，从公元前 326 年至前 284 年，战争持续了 40 多年。当然，中间也有过休战期。此时已经向罗马臣服的萨莫奈人自成为罗马联盟中的一员只过去了短短的20年。好在罗马人是一个热衷于“同化败者”的民族，因而他们不仅慷慨地把罗马公民权授予了这个民族的上层阶级，而且在仅仅过去20年后，就把曾经的敌人选为自己的最高领导者。对此我不能不专提一笔，因为罗马人的这一性格，对于走进布匿战争的罗马来说，确实带来了不少好处。

第一次布匿战争开始后的第二年，即公元前263年，元老院把瓦莱利乌斯和奥塔基利乌斯都派到了西西里战场。所谓执政官军团，指的是一位执政官指挥的两个军团。两位执政官同时被派去，意味着罗马投入了比上一年多一倍的兵力，也就是四个军团。

一个军团通常由罗马公民兵和罗马联盟各加盟城市的士兵组成。其中，罗马公民兵的数量为步兵4 200人、骑兵300人，来自罗马联盟各加盟城市的兵力与此相等或略少一些。因此，作为战斗单位，执政官军团的规模为1.8万到2万人。两位执政官同时出征，意味着罗马军团的战斗人员达到了3.5万至4万人。上一年的执政官克劳狄乌斯把战场移交给两位继任者后，带着属下的士兵回国了。当时的罗马每年都要更换总司令和士兵，因为士兵都是公民，不能让他们长时间地脱离自己的公民生活。

锡拉库萨僭主希伦不是世袭国王。所谓僭主，就是通过武力或其他手段夺取王位的人。此时的僭主年龄在35岁左右，是一个洞察力很强又非常现实的人。

希伦不认为地处要冲、防御万无一失的锡拉库萨会轻易被攻陷。他担心的是锡拉库萨在与罗马交战的时候，迦太基会乘虚而入，坐收渔翁之利。因为历史上希腊民族和腓尼基民族长期交恶，所以此时的希伦与墨西拿一样，必须在罗马和迦太基之间做出选择。

希伦派出使者来到罗马军阵营要求和谈，罗马的两位执政官接受了这一意外收获。和谈条件由罗马方面提出，内容不仅简单而且宽厚至极，让人很难相信对方是因大军逼近城下不战而降的敌人。

第一条：两国之间的同盟关系以 15 年为期，若无异议，则无限期更新。

第二条：罗马尊重锡拉库萨完全的自治权。

第三条：锡拉库萨有义务优先向罗马出售小麦。

第四条：锡拉库萨不承担向罗马联盟军提供士兵的义务。

第五条：作为赔偿金，锡拉库萨向罗马支付 100 塔兰特。在和平条约生效之时，首先支付 25 塔兰特，余下部分在 15 年内分期付清。

锡拉库萨僭主希伦在他有生之年一直坚守与罗马之间结成的同盟关系，即使在罗马陷入困境的时候，不仅没有背叛罗马，而且还倾力提供支援。和罗马之间的同盟，对于现实主义者希伦来说，不是被逼，而是经过深思熟虑后做出的政治选择。锡拉库萨在以后的 50 年间，充分享受到了和平与繁荣。

至此，罗马完全可以结束战争了。

首先，墨西拿作为罗马联盟的一员，已无须再担心海峡的狭窄。其次，西西里强国锡拉库萨也成了罗马的同盟国。位于西西里东部的两个主要城市——墨西拿和锡拉库萨——加盟罗马联盟，意味着西西里东部的海岸线和意大利本土的海岸线一样，因有罗马的友邦国家存在而得到了巩固。罗马意图巩固意大利南部边境的最初目的已经达成。事实上，在与锡拉库萨签订和平条约后，罗马已经撤回了两个军团。留在西西里的只剩下了另两个军团，在西西里的战斗力大为减弱。

与此同时，迦太基方面越来越强烈地感受到了压力。罗马与锡拉库萨建立同盟关系不只是挫败了迦太基进一步扩大其在西西里势力的企图，迦太基还担心自己在西西里的既得权利会受到侵犯。于是，迦太基决定与西西里阵线一战。迦太基派出了超过 4 万人的海陆大军，在位于西西里南端的阿格里真托登陆。与迦太基本国隔海相望的阿格里真托成了迦太基进攻罗马的前哨阵地。

至此，罗马和迦太基之间的正面冲突正式揭幕，历史进入了布匿战争时期。“布匿战争”的意思是与腓尼基人之间的战争。

在公元前 264 年第一次布匿战争爆发之前，罗马与迦太基并非没有打过交道。

史料表明，两国第一次签订条约是在罗马实施共和政体后的公元前 508 年。该条约规定，迦太基允许罗马船只在西西里西部及非洲北岸靠港，不允许在其他港口靠港，即便是为了躲避暴风雨也不行。同时，罗马有权决定是否让迦太基船只在以罗马为中心的拉齐奥地区的港口靠港，但无权过问迦太基船只在其他地方的港口靠港。

显然这是一个不平等条约。但是，考虑到罗马实施共和政体初期面临的种种困境，考虑到罗马与已是大国的迦太基之间的力量悬殊，签订这样的条约也就不难理解了。

史料还表明，两国之间的第二个条约是在罗马称霸意大利中部时期的公元前 348 年缔结的。该条约规定，迦太基禁止罗马和罗马联盟的所有加盟国在撒丁及科西嘉以西的西地中海全域进行通商。条约明确规定，迦太基承认罗马在位于这两个岛与意大利之间的第勒尼安海和从托斯卡纳到坎帕尼亚地区的港口的主权。但是，迦太基在其他地方的通商权为迦太基的自由行为。

这又是一个不平等条约。据说，当时的迦太基人说过这样一句话：“没有迦太基的允许，罗马人在海里连手都不能洗。”这反映出了当时两国之间实力悬殊的状况。

话虽如此，作为农牧民族的罗马人，在当时要处理的陆地上的事情有很多，还无暇顾及海上的事情。事实上，罗马甚至没有可以称之为船的运载工具。

罗马元老院意识到和迦太基之间的对决绝非易事，是在第一次布匿战争到了第三年的公元前 262 年以后。由于墨西拿和锡拉库萨已经成为自己的同盟，所以元老院以为西西里从此可以高枕无忧。没料到，就在这个西西里，来自迦太基的 4 万名士兵登陆了。而此时罗马留在西西里的士兵只有区区 1.5 万人。

位于西西里西南部的阿格里真托和那不勒斯、塔兰托、锡拉库萨及墨西拿一样，都是公元前 8 世纪希腊人在地中海开展殖民运动时期建起来的城市。即使是现在，阿格里真托依然以其宏伟的神殿遗迹闻名于世，虽然实力不及锡拉库萨，但是在其鼎盛期早已过去的第一次布匿战争爆发时，作为城市国家，那里的人口也达 5 万人之多。它是一个独立城邦，加入迦太基的阵营由来已久。当时的西西里分为两大部分，东部有浓重的希腊色彩，西部处于迦太基的统治之下。阿格里真托属于西半部分，但是，处在靠近分界线的位置上。认为西西里西半部分属于自己势力范围的迦太基，把前哨阵地设在了阿格里真托。

当得知迦太基大军登陆阿格里真托的消息后，元老院决定再次派出四个军团前往西西里。由两位执政官率领的罗马军团包围了阿格里真托。但是，随后出现的战况并不乐观，因为两位执政官都是平庸之辈。由于不熟悉地形，储藏粮食的地方遭到了敌人偷袭。如果没有希

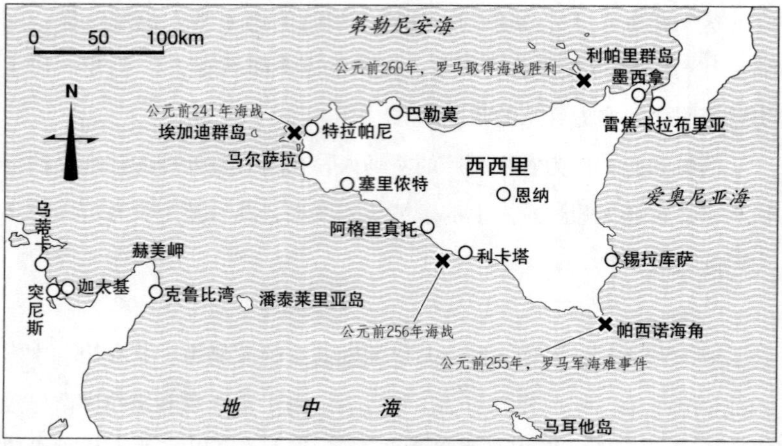

第一次布匿战争的舞台

伦的援军从锡拉库萨及时赶来，罗马军团会比困守在阿格里真托的迦太基军队更早地断绝军粮供应。

值得庆幸的是，罗马军团的失误却因迦太基军队不善抓住机会而得以弥补。与罗马军队一样，由雇佣兵组成的迦太基军队同样缺少善于用兵的统帅。就这样，战况开始一点点地向有利于罗马方面转变。

这一年的 12 月，对战局出现厌倦情绪的迦太基士兵乘着夜色逃出阿格里真托，逃到了安全的马尔萨拉。几天后，留下的当地居民打开了阿格里真托的城门。作为胜利者，罗马军队进城后大肆掠夺，多达 2.5 万的当地人被逼为奴。锡拉库萨市民以赊账的方式买走了罗马军队出售的大部分奴隶，并让他们回到阿格里真托。罗马军队在阿格里真托的所作所为没有起到好的作用，反而让原本徘徊在投靠罗马还是继续与迦太基站在一起的其他城邦的态度变得坚定起来。出生于阿格里真托的菲利努斯正是因为罗马军队的野蛮行径而成为反罗马阵线中的一员。他是记录第一次布匿战争的人之一。

长期以来无人质疑阿格里真托是迦太基势力范围中的一个城市。它的陷落使罗马再难回头，只能继续向前。也就是说，罗马必须与从未想过要放弃西西里的既得权利的迦太基进行全面战争。这场战争的结果一定是罗马和迦太基中的一方取得在西西里的全面霸权，否则争战将永无止境。就这样，第一次布匿战争在西西里战场上展开了。

第二年，即公元前 261 年，罗马和上一年一样，向西西里派去了两位执政官以及统率的四个军团。这一年，罗马军队凭借攻陷阿格里真托的势头所向披靡，一次又一次地成功攻占了迦太基领地西西里的各城市。但是，战果仅限于西西里的内陆地区，始终未能染指沿海城市。即使从内陆向沿海城市发起进攻，并取得胜利，也很难保卫胜利果实。因为这些城市得到了来自迦太基的支援。

罗马很清楚，只要不切断来自迦太基的补给线，就不可能实现称霸西西里的目标。就在这一年，农牧民族罗马人终于领悟到控制海洋的重要意义。

罗马人在陆地某处取得胜利后总是把这个地方作为要塞，建设殖民城市，并通过铺设联结这些城市的公路，建立防御网。既然他们是这样一个民族，所以很快意识到了制海权的重要性。

但是，要得到并保证制海权在手，没有海军不行。当时的罗马没有一艘战船，更不用说可以与迦太基战船相抗衡的蓬特战船了。加盟罗马联盟的海港城市拥有的战船，充其量也只是三层桨战船。因为希腊人即使在雅典最鼎盛的时候，也只有三层桨战船。

三层桨战船的特点是，划桨手一人持一根桨，并排坐在与船底平行的错落有致的三层台阶上划动船只，所以叫作三层桨战船。蓬特战船却有五层。

古代的战船和中世纪威尼斯的战船都是大的划桨船，但是它们之间也有很多不同之处：第一个不同之处是，古代战船上划桨手一人划一根桨，中世纪威尼斯的战船上三名划桨手同划一根桨。第二个不同之处是，古代战船的划桨手位于甲板下方，中世纪威尼斯战船的划桨手并排坐在甲板之上。原因是威尼斯人口稀少，当战斗发展到近身战的时候，划桨手也要放下手中的桨，投入战斗。在威尼斯战船上，士兵的数量一艘最多只有 40 人。

在古代，划桨手不需要参加战斗，因此，战船上参加战斗的士兵数量很多。

在需要 100 名划桨手的三层桨战船上，士兵有 100 人。在长度和高度都要大很多的蓬特战船上，划桨手达 300 人，相应地，士兵的数量也达 300 人。

在特拉法加海战发生以前，尽管都是海战，却常常不得不以近身战来决出胜负。因此，从高处向低处进攻显然更加有利。蓬特战船与三层桨战船相比，划桨手坐的台阶有五层，所以船身自然要高。而且，三层桨战船的划桨手人数只有 100 人，与此相比，蓬特战船的划桨手人数达 300 人。这就意味着，蓬特战船的马力相当于三层桨战船的 3 倍。

拥有多达 120 艘蓬特战船的迦太基自然而然地成了地中海首屈一指的海军强国。

如果要在海上与迦太基进行较量，罗马必须有自己的蓬特战船。既然无法依靠罗马联盟中只有三层桨战船的海港城市，那么罗马就只有一条路可走，即自力更生建造蓬特战船。

三层桨战船的断面图

没有任何造船经验的罗马人决定仿造迦太基的船。他们的手中有迦太基的蓬特战船，是在第一次横渡墨西拿海峡时缴获的。罗马人拆卸了这些船只，然后再组装起来，通过模仿建造出自己的战船。

就这样，罗马有了自己的战船。但是，还有一个问题尚未解决，即如何训练海战士兵。罗马公民虽然坐过河船，但从未坐过海船。在那不勒斯等海港城市市民的指导下，罗马公民首先在陆地上用模型叫着号子练习划桨。这和现在的大学划艇俱乐部训练新会员时使用的方法基本相同。我不清楚，罗马公民经过训练达到了怎样的水平，但是，至少罗马有了自己的划桨手。至于张帆和掌舵，就全靠同盟国中的海港城市提供支援了。

第二年春天，罗马船队迫不及待地下海了。对此不能不说罗马显得过于急躁。话虽如此，由100艘蓬特战船和200艘三层桨战船组成的罗马第一支海军就这样诞生了。

担任船队指挥的是后来的名将西庇阿·阿非利加努斯的祖父格奈乌斯·科尔涅利乌斯·西庇阿。在陆地不乏实战经验的他，指挥海军这是第一次。不，应该说，在没有一位海战指挥经验将领的罗马，无论对谁来说，这都是第一次。这一年，罗马把两位执政官都派往了西西里战场，海军就交给执政官之一的西庇阿指挥，另一位执政官杜伊利乌斯统率陆地上的军队。

但是，海运国家不是一日建成的。从陆地上一路南下的军队顺利到达了墨西拿。与此相对，从海上南下的海军，船只始终无法统一步调，拖拖拉拉，行进非常缓慢。

执政官西庇阿乘坐的战船行驶在船队的最前面。在等待其他船只的时候，他决定乘机实施一项计划。他带着已经跟上来的17艘战船，前去攻打利帕里岛。他认为只要占领了这个岛，从罗马到西西里的海路将畅通无阻。

利帕里只是一个小岛，攻取它易如反掌。但是，西庇阿的这一行动被身在巴勒莫的迦太基海军将领获悉。迦太基不愧为海运大国，深知利帕里岛在战略上的意义，马上派出20艘战船前去夺回利帕里岛。

迦太基人熟知在这种情况下应该采用怎样的战术。到达利帕里海面后，迦太基舰队于当天夜里封锁了这里的海港出入口。第一天一早，罗马士兵在停靠港口的船上醒来后意识到了自己的处境只能是二者选其一：要么不战而降，要么弃船逃跑。一些罗马士兵逃进了山中，包括执政官在内的大部分人则被捕了。

还未开战就成了俘虏的执政官，不久在罗马与迦太基交换俘虏时回到了国内。好在罗马从不惩罚败将，六年后他再次当选执政官，再次回到西西里前线。

虽然总司令被捕，但是随后跟进的舰队没有损失一艘，全部顺利进入墨西拿港口。这要归功于迦太基舰队。迦太基抓到罗马执政官后，认为应该优先把敌人的重要人物护送到巴勒莫，于是放松了对利帕里周边海域的监视。

担任陆地指挥的执政官杜伊利乌斯兼任海军指挥，他与西庇阿一样，对大海一无所知，但是，因为到达西西里的时间较早，他有时间搜集前线的情报。

执政官杜伊利乌斯想，虽然自己拥有与迦太基一样的蓬特战船，但是在海上，罗马肯定不敌迦太基。为了弥补自己的不足，他想出了一个方法，在船上安置一种新式装备，罗马士兵称它为“乌鸦吊桥”。这是迄今为止没有哪个民族使用过的战场装备。

所谓乌鸦吊桥，是用绳索固定在离船头最近的一个桅杆上的一种接舷吊桥。待船头靠近敌船时，解开绳索，乌鸦吊桥会直接落在敌船的甲板上。吊桥的前端是锋利的乌鸦嘴状的铁钩，因下落的惯力，扎进敌船的甲板，从而得以固定。随后，罗马士兵顺着乌鸦吊桥，蜂拥进入敌人的舰船。对操纵船只没有信心的罗马人利用乌鸦吊桥，把自己不擅长的海战变成了自己最擅长的陆战。这种乌鸦吊桥还可以移动，最大可以转动 180 度。无论敌船在左侧，还是在右侧，只要能成功接近敌船，就可以发挥出它的威力。

能想出乌鸦吊桥这样的装备，缘于罗马人没有海运的传统。因为海运国家的船员，除了在船只操纵方面自信满满，对船只的美观也很看重。当所有帆扬起，帆船呈现出来的美，让这些把自己的性命交给大海的男人备感自豪。对他们来说，乌鸦吊桥这样的怪东西安装在桅

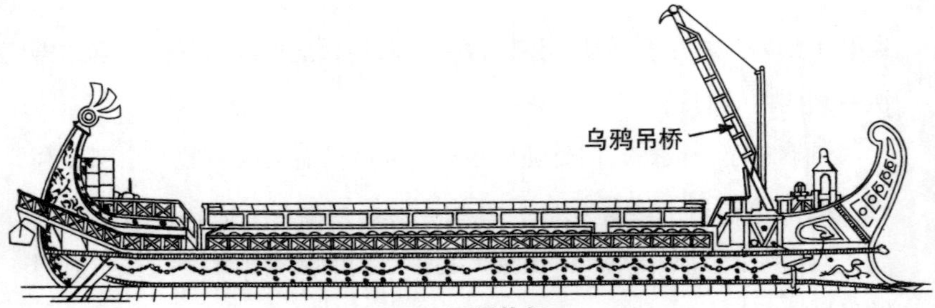

罗马战船

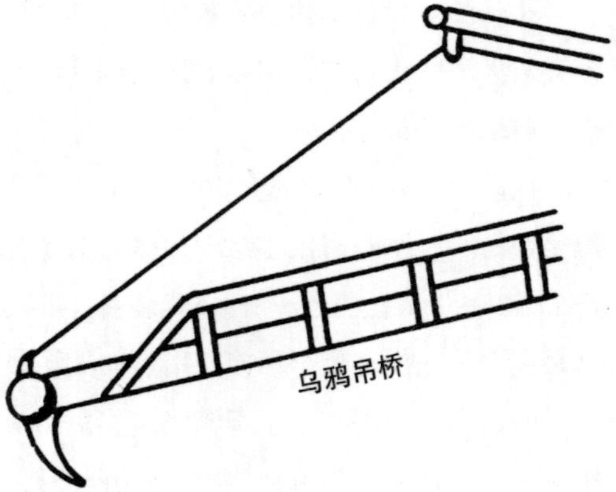

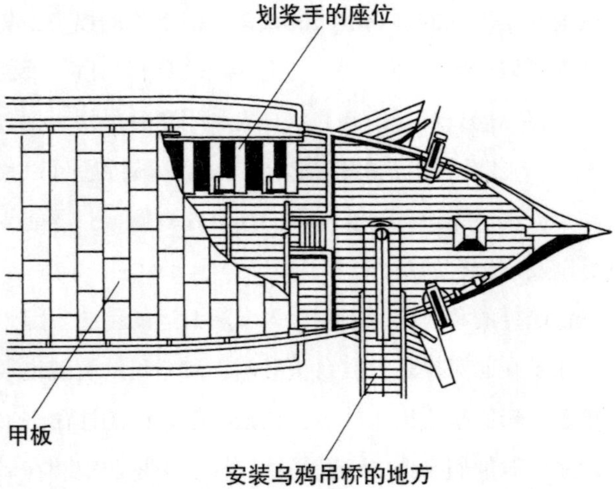

杆上，是对大海和船只的亵渎。但是，罗马人从来也不是大海之子，他们不会在乎船只是否好看。

在所有船只装备好了乌鸦吊桥后，执政官杜伊利乌斯率领船队，离开了墨西拿。他们得到消息，说迦太基舰队的100艘蓬特战船已经离开巴勒莫，正向墨西拿进发。

两支舰队在米拉佐海面相遇。这是发生在罗马和迦太基之间的第一次真正的海战。从战船的数量上看，迦太基是罗马海军的1.5倍。从两军对船只的操控能力上来看，两者的差距就连外行人也能一目了然。

罗马海军无论如何也无法使战船排成一条线，引得早早已经排好阵容的迦太基舰队传来阵阵嘲笑声。随着两军舰队越来越靠近，嘲笑声也越来越高。看到罗马战船的桅杆上像蝉一样的怪物，迦太基士兵忍俊不禁。

但是，好不容易排成一条线，不，实际上依然凌乱不堪的罗马舰队刚开始向迦太基舰队发起进攻，迦太基士兵脸上的笑意顿时消失得无影无踪。

罗马战船完全不顾撞断船头的危险，向迦太基船只猛撞上去。接着，乌鸦吊桥纷纷落下，发出一声声巨响。顺着已经嵌入迦太基战船甲板的乌鸦吊桥，罗马士兵蜂拥而至。他们是罗马军团的核心力量——重装步兵团。与这样的对手进行肉搏战，迦太基军的雇佣兵全然不是对手。由于罗马海军把海战变成了陆战，迦太基向来引以为傲的船只操控能力得不到发挥。可见，“扬我所长，克敌所短”的战术在海上一样可以通用。

战斗在罗马方面占优势的情况下继续。战斗结果是，迦太基方面多达 15 艘战船沉没海底，30 艘被缴获，其中包括迦太基海军总司令乘坐的旗舰。总司令逃到传令用的快艇上跑了，从而得以逃脱被捕的下场。在这次海战中，迦太基方面阵亡 3 000 人，被俘达 7 000 人。据说罗马方面的损失非常小，甚至不值得一提。就这样，迦太基派往西西里的海军在米拉佐海面与罗马的第一次海战中损失了三分之一。

捷报传到首都罗马，罗马公民欢天喜地。战战兢兢地首次下海的罗马海军与地中海最强大的迦太基海军交锋，并取得了胜利。获胜的将军杜伊利乌斯命令部下用白色大理石制作纪念碑，以纪念这次海战的胜利。他命人在纪念碑圆柱的两侧分别嵌入缴获的迦太基战船的船头，并把它送往罗马。罗马人把它立在古罗马广场的中心，庆祝海战的胜利。在布匿战争的第五个年头，与迦太基之间的战争似乎就要结束了。

所谓持久战，不是一年四季都在进行战斗。持久战同样有冬季的自然休战期。除此之外，由于种种原因，也有停战的年份。第一次布匿战争中，罗马于公元前 260 年取得了米拉佐海战的胜利。在此之后的两年间，即公元前 259 年至前 258 年，没有发生大的战斗。但是，罗马并未就此罢手。此时的西西里已经一分为三：锡拉库萨扎根东南部，罗马占据了东北部和中央地带，迦太基则不断向西部退却。与布匿战争开始前相比，迦太基在西西里的势力明显减弱。公元前 257 年，罗马又迎来了第二次海战的胜利。

这次海战的战场在西西里北部巴勒莫附近的海域，现为西西里首府所在地巴勒莫，与位于西西里西岸的海港城市特拉帕尼和马尔萨拉一样，都是迦太基控制下的西西里的城市。因为这次海战是在对方的城市附近，所以罗马海军的行动范围大了许多。在这次海战中，罗马又赢得了战斗。迦太基方面损失的具体情况不清楚，应该没有米拉佐海战时的损失大。无论如何，这已经让罗马人在海上树起了足够的信心，罗马决定把战场从西西里延伸到迦太基。攻打非洲，海军不可或缺。也许两次海战的胜利让罗马人认为自己俨然已是一个海上强国了。

这年冬天，在罗马的外港奥斯提亚以及那不勒斯、雷焦卡拉布里亚、墨西拿，造船工人夜以继日地建造战船。他们需要造出数量是以往两倍的战船，迦太基获悉了罗马的意图后，其造船厂也是一片繁忙景象。迦太基为了捍卫海上强国的荣誉，不能允许有一名罗马士兵踏上非洲的土地。

公元前 256 年春季来临的时候，罗马新造的 230 艘战船下水了。迦太基也有 250 艘战船驶入大海。两支军队新造的所有战船都是蓬特战船。如此众多的战船投入一个海域中，这在地中海的海战史上是前所未闻的。

此时的蓬特战船每艘配备划桨手 300 人，士兵 120 人，船员 100 人，每一艘都超过 500 人。按 230 艘战船计算，人数将近 12 万，而且这还不包括运输船上的人员。公元前 256 年，罗马的两位执政官领命共同指挥这支海军。第一次远征非洲，罗马投入了全部力量。

罗马舰队离开墨西拿港时，船上只有划桨手和船员。士兵走陆路，相约绕过西西里南端的帕西诺海角后，在埃克诺穆斯（现在的利卡塔）与船队会合。

为了阻挡罗马的进攻，迦太基舰队此时已经到达马尔萨拉。当接到罗马舰队正向利卡塔进发的消息后，他们离开马尔萨拉，驶向东南

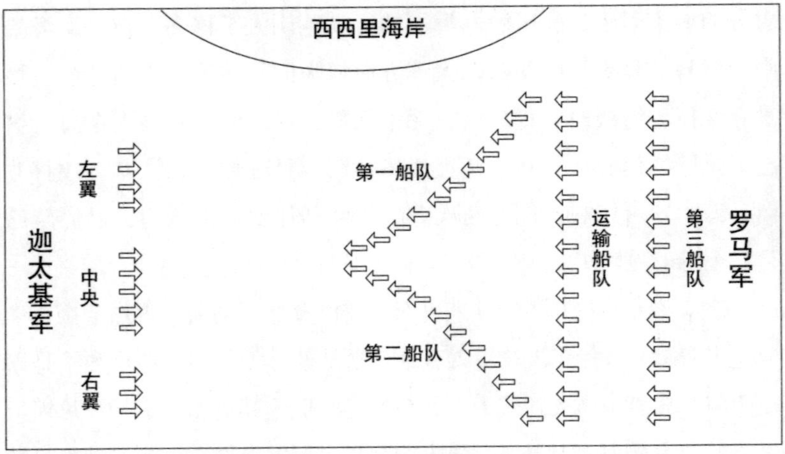

利卡塔海战中双方阵型

方向。迦太基舰队计划在罗马士兵登上战船之前，赶到利卡塔攻击只有船员而未载士兵的罗马舰队。然而，罗马人的行动比他们更快。

待到摆好阵型的迦太基舰队出现时，罗马士兵早已登上战船，正准备沿西南方向向非洲进发。此时，罗马的战船共计 230 艘，迦太基 250 艘。在这 250 艘战船上，迦太基船员充分展示了他们对船只的熟练操控能力，舰队采用了海战中常用的弓形阵型，分左翼、中央、右翼三队，同时向罗马舰队直逼而来。

面对迦太基舰队的进攻，指挥罗马舰队的两位执政官采用了前所未闻的圆锥形阵型迎战。

罗马执政官雷古鲁斯和乌尔索乘坐的两艘旗舰行驶在队伍的最前面。超过全部战船三分之二的 160 艘蓬特战船，分两队紧随其后，向左右斜向直线排开，形成圆锥的左右两条边。两艘旗舰是圆锥的尖头，直指敌阵。在相当于圆锥形底边的海面上安排了速度较慢又没有士兵的运输船队。运输船队的后面是第三船队，负责保护运输船队。相当于后卫的这个船队共由 70 艘战船组成。

在两艘旗舰的带领下，罗马第一和第二船队向敌人的中央发起了进攻。受到罗马舰队的突然袭击，迦太基舰队的中央船队没能支撑多久，很快开始后退。与此同时，迦太基军的左右两翼则向罗马舰队发起了进攻。左翼攻打行动滞后的罗马运输船队，右翼直逼罗马的第三船队。对操控船只充满信心、在数量上也占优势的迦太基采用了先隔离罗马舰队的各个船队再各个击破的战术。就这样，利卡塔海面的这场海战，战场被分割成了三块。战斗按迦太基方面预想的方案打响。

但是，罗马第一和第二船队攻势之凌厉超出了迦太基的预计。同时遭受两个船队进攻的迦太基的中央船队开始败退，罗马舰队并没有乘胜追击。在赶走敌人的中央船队后，罗马第一船队的 80 艘战船掉转船头，赶来支援在迦太基左翼的攻势下苦苦支撑的运输船队。同样，第二船队的 80 艘战船也掉头回到了第三船队正在作战的海域。迦太基军的左右翼都受到了前后夹攻，陷入困境。右翼船队作战的海域较开阔，因此得以逃脱。但是，左翼船队作战的海域靠近陆地，被罗马船队围住后没有了退路，最后全军覆没。船只或沉入海底，或被对方缴获。

战斗结果，罗马方面有 24 艘船沉入大海，迦太基方面有 30 艘沉入海底，63 艘被缴获。第三次海战，迦太基又输给了罗马。

迦太基于是摆出了背水一战的架势，从利卡塔海战中逃出来的 157 艘战船准备在面向迦太基首都的海面上与罗马军决一死战。但是，罗马方面并不贪恋海战。已经逼近非洲北岸的罗马军队，绕开敌军舰队整装待发的迦太基海湾，在位于迦太基海角东侧的克鲁比湾登陆。罗马军队攻占克鲁比湾后，就把非洲战场的大本营设在了这里，补给来自西西里，由三败迦太基舰队的罗马海军负责。此时，位于西西里和非洲之间的地中海岛屿——马耳他和潘泰莱里亚都已经被罗马军队攻占。

这一年，罗马军队在登陆非洲后，依然所向披靡。在短短的时间内，罗马军队就降伏了克鲁比湾周边的诸多城市，来自迦太基本国的军队也被击退。罗马军把这些战斗的胜利果实——多达 2 万人的俘虏送到了罗马。

大概是罗马因此对战况非常乐观，刚入秋罗马元老院就下令执政官中的一人带着一半以上的士兵回国。按规定，现任执政官要主持冬季举行的选举下一任执政官的公民大会，因此，这次召回一位执政官，应该就是为了此事。罗马军团是由公民兵组成的，因此，一年更换一批士兵，一定令这些公民兵异常高兴。就算是第一次海外远征，罗马人依然要按惯例行事。

在非洲越冬的是执政官雷古鲁斯属下的 1.5 万名步兵和 500 名骑兵以及 40 艘战船和船员。冬季的营地就设在现在的突尼斯附近。之所以把冬季的营地从安全的克鲁比湾转移到距离迦太基更近的突尼斯，是因为来年春天攻打首都迦太基的准备工作已经就绪，只等友军到来了。

罗马把冬季营地安置到了迦太基的首都附近，这让迦太基政府有一种异常强烈的危机感，于是决定求和，向执政官雷古鲁斯派出了和谈使节。雷古鲁斯接受和谈的请求，提出了如下条件：

第一，迦太基撤出西西里和撒丁两岛；

第二，解散海军，战船交予罗马。

迦太基认为这两个条件过于苛刻，于是拒绝接受。敌人虽然逼近首都，但是迦太基的海军和陆军实力尚存，还未到穷途末路的境地。为了备战来年春天必定打响的战斗，迦太基聘用了雇佣兵首领赞提帕斯，他曾经在埃及和叙利亚参加过战斗，是个作战经验丰富的斯巴达人。

迦太基军队有一个惯例，士兵和中下层指挥官由外国的雇佣兵担任，但是，总指挥权掌握在迦太基贵族的手中。尽管他们聘用了声名显赫的雇佣兵首领赞提帕斯，也没有打算改变以往的做法。但是，来到迦太基的斯巴达武将，在视察了迦太基军后，认为和这样一支军队共同作战，等不到拿佣金，自己和自己手下的性命就已经不保了。于是，他向雇主迦太基提出了自己的看法，他说，迦太基败于罗马，不是士兵的原因，而是指挥官的责任。听了这样的评价，因连战连败而信心全无的迦太基贵族伤到了自尊，他们负气地回答说："既然如此，你来指挥好了。"

赞提帕斯也不推辞，翌日，他就开始了对迦太基军队的训练。与此同时，他制定了切实可行的战术。为确保大象战队，还雇用了努米底亚骑兵。新年过后，适合作战的春季一到，这位斯巴达将军就向罗马军发起了挑战。

执政官雷古鲁斯犯了一个无法弥补的错误，他没有等友军到来就接受了敌人的挑战。

所谓寡头政体，和议会制、民主政体很相似，不同的只是它不需要通过选举。寡头政体要想充分发挥它的作用，必须尽可能地为位居领导层的人创造机会，让他们可以在国家政坛的第一线大显身手。

这种体系好处很多，但是缺点也不少。首先，作为军队总司令，执政官总是希望在自己的任期内可以收获战果。只要在战斗中取得重大胜利，他就是凯旋将军，回到国内就可以举行凯旋仪式。对罗马人来说，能在首都举行凯旋仪式是至高无上的荣耀。但是，如果执政官在任期内，作为军队总司令虽然尽到了自己的职责，却因为取得决定性胜利的战斗发生在下一任执政官任期开始以后，也就是3月15日以后，他就不能享受这一胜利果实。享受这一战果的是下一任执政官。这就使得执政官更愿意速战速决，更容易急功近利。这一缺点在第二次布匿战争中更加暴露无遗。此时，执政官雷古鲁斯想的就是要在下一任执政官到达非洲之前结束战斗，获得战斗的胜利果实。

非洲的春季比意大利的来得早。公元前255年，春季刚到，迦太基军队就出征了，步兵1.2万人、骑兵4 000人，大象100头。军队的规模只能算中等，但是，担任总指挥的是斯巴达人赞提帕斯。接受挑战的罗马军，其战斗力是1万名重装步兵加500名骑兵。罗马军的核心力量是重装步兵，都是精锐，但是没有大象。

古代大象相当于近代战争中的战车。大象御手骑在象背上指挥大象，三四名士兵在立于象背的高台上坐着进攻。因此，对于这场战斗，雷古鲁斯指挥下的罗马军无论多么精锐，多么勇敢，多么顽强，首先在步兵的人数上已经处于劣势，骑兵也只有敌人的八分之一。更要命的是，罗马军一头大象也没有。

在这种情况下，如果总指挥官采用出其不意的战术，或许战况会以另一种形式展开。遗憾的是，雷古鲁斯是一位不折不扣的正统将领，信奉的是以光明正大的方式与敌人面对面决战。

在第一次布匿战争开端第10个年头的初春，罗马军队被打得一败涂地，仅仅有2 000人成功逃到了有海军守卫的克鲁比，战场上留下了多达 8 000 具罗马士兵的尸体，包括执政官雷古鲁斯在内的 500 名罗马士兵成了迦太基的俘虏。

两位新任执政官在离开罗马前往非洲的途中得知了这一消息，此时他们已经到了锡拉库萨。他们尽管知道情况有变，依然坚持率军向非洲进发，因为他们不能不管还在克鲁比的 7 000 名罗马士兵和 40 艘战船及船员。

迦太基方面因为陆战的胜利而士气正旺，当得知罗马军队前来的消息后，决定与对手展开第四次海战。迦太基只要能够在这次海战中取得胜利，那么，西西里与非洲之间的地中海制海权就会重回自己的手中。

赫美岬（现在的卡本半岛）位于迦太基的东北方向，距离迦太基海湾较远。就在赫美岬海面上，罗马与迦太基之间的第四次海战打响了。这次海战的胜利者又是罗马人。迦太基共失去了 114 艘战船，有的沉入海底，有的被烧毁。究其原因，大概是随着海军大国希腊的衰退，地中海世界最强大的海军国家迦太基失去了竞争对手，没有再遇到过可以与之相抗衡的敌人。一支军队如果久疏战阵，自然会缺少实战经验，实力也随之大打折扣。公元前 3 世纪的迦太基虽然仍是航海国家，却已经不再是海军强国了。

第四次海战的胜利没有让罗马的两位执政官滋生骄气，他们率领罗马舰队进入克鲁比湾港口后，带上在那里的所有罗马人和同盟国士兵，准备扬帆撤回西西里。从前线驻地撤出意味着他们承认非洲作战的失败。

就在他们快要抵达西西里南岸时，狂风暴雨向他们袭来。前方是连绵不绝的海岸线，没有可供船只停靠的港口。在这种情况下，船只应该采取的措施是尽可能远离海岸。

罗马舰队的舵手来自罗马联盟加盟国中的海港城市。他们深知在海上遭遇暴风雨时如何才能把损失降到最低。不幸的是，不了解大海的罗马将军们完全听不进去他们的意见。

在一眼望不到陆地的海面上，船只在暴风雨中颠簸不定。恐惧到极点的罗马人命令船员向海边靠拢。不仅如此，他们还要求所有船只一起靠岸，不得分散。船员们自然不服，极力争辩，然而，争辩无效。试图向毫无经验的人做出解释只能是浪费时间。更可悲的是，没有经验的人还位居指挥官之职，是发号施令者。最后，由 230 艘战船组成的罗马舰队在暴风骤雨的咆哮声中从茫茫大海上不顾一切地向海岸靠去。

就这样，地中海史上最大的海难事件发生了。230 艘战船不是被冲到海岸上，就是相互碰撞，最终回到锡拉库萨港的只剩下为数不多的 80 艘。据说在船只靠岸的海域一带堆满了随波漂来的尸体。这次海难事件使罗马损失了 6 万人。两位执政官侥幸脱身，因为他们乘坐的是旗舰，船员的技术过硬。罗马人尽管赢得了海战的胜利，却未能战胜暴风雨的袭击。他们终究不是一个有航海传统的民族。

获悉这一消息的罗马国人悲痛万分。就在他们为死难者表示哀悼时，迦太基人却欣喜若狂。

这一年罗马人在悲痛中迎来了冬季，也迎来了来自迦太基的和谈使节。迦太基认为，对他们来说，此时正是和谈的最佳时机。随和谈使节同来的是被捕的雷古鲁斯。他的任务是帮助迦太基游说罗马元老院，争取让罗马全面放弃西西里。这也是迦太基提出的和谈条件。当然，他们也要求雷古鲁斯无论是否能够成功说服元老院都要回到迦太基。

然而，前执政官雷古鲁斯到了罗马后完全无视在场监督他的迦太基人，面对元老院元老，他说出了与迦太基的希望截然相反的话。他不仅没有游说元老院与迦太基签署和平条约，反而劝说他们不要与迦太基讲和。

因为进攻非洲失利，再加上空前的海难事件，元老院元老正意志消沉。他们听懂了雷古鲁斯的真实想法，明白如果此时答应和谈，那么之前的所有牺牲都将成为徒劳，而且，他们也没有忘记墨西拿海峡对岸的迦太基的威胁，因为敌人的气焰又开始变得嚣张起来。

罗马元老院拒绝了迦太基的和谈请求。守约回到迦太基的雷古鲁斯被塞进一个圆形笼子里，在大象的脚下像足球一样被踢得滚来滚去，最终惨遭虐杀。

迦太基方面提出和谈要求时自认为可以控制局面，因此提的是有利于自己的条件，可见他们对自己很有信心，士气也极其高涨。他们甚至觉得雇佣兵队长赞提帕斯的使命已经完成，于是解雇了这位斯巴达将军。决心依靠军事力量彻底称霸西西里的迦太基，向西西里送去了曾在与罗马军的战斗中显示出巨大威力的 140 头大象。

公元前 254 年春天，罗马军队兵分海、陆两路，在两位执政官和两位前执政官的率领下，浩浩荡荡地向西西里进发。与此同时，迦太基的象队已经抵达西西里西部的马尔萨拉。

这一年的执政官之一是西庇阿。在罗马刚刚成立海军的那一年，他在利帕里岛被迦太基抓获，又在两国交换俘虏时回到罗马。两位前执政官都是发生在西西里南岸的海难事件的直接责任人。因为在海难发生前他们拒绝听从船员的劝告，所以他们难逃其责。罗马起用曾经的被俘者和海难事故的责任人担当指挥，不是为了给他们挽回名誉的机会，而是相信他们会从曾经的失败中吸取教训。乍一想会觉得有些不可思议，但是，正因如此，才让上一年见识到大海威力的这两个人以前执政官的身份再次执掌了海军指挥权。

这一年罗马像变戏法似的，在短短的 3 个月里就有多达 220 艘船下水。而在 10 年前，这个国家连一艘战船都没有。这 200 多艘新船和上一年的暴风雨中幸存下来的 80 艘战船，在两位前执政官的率领下，浩浩荡荡地向着西西里北部进发了。

两位执政官率领 4 个军团也从墨西拿出发，开始向西行进。罗马方面的目的是在迎战迦太基海陆军进攻的同时，攻占迦太基军队在西西里的根据地——巴勒莫。

发起攻势的迦太基军士气高涨，但是战绩并不令人鼓舞，原因是他们的海陆军联合战线发挥不出应有的作用。与此相反，罗马方面就像二人三足一样，互相配合，气势逼人。他们早早攻占了位于墨西拿和巴勒莫之间的切法卢，保证了来自墨西拿的补给线。同时，来自罗马联盟的同盟城市锡拉库萨的另一条补给线，通过位于西西里中部的与罗马结盟的恩纳，也可以发挥作用。

现在的巴勒莫是西西里的首府，在当时，它是迦太基在西西里的根据地。正因如此，要攻占它并非易事。罗马军最终攻陷巴勒莫，已经是第二年的事了。当时，巴勒莫居民有两派，一派亲罗马，一派亲迦太基，最终亲罗马派占了上风。罗马军队在这些人的引导下进入城里，逮捕了亲迦太基派的 1.4 万名居民，告诉他们，只要拿出赎金，就还他们自由，如果拿不出赎金，就把他们卖为奴。结果，1.3 万人不幸沦落成了奴隶。当然，亲罗马派的 2.5 万名居民仍以自由人的身份继续生活在巴勒莫。

罗马军队的这一做法对周边各城邦居民产生了巨大的影响。西西里西部要塞巴勒莫落到罗马人之手的消息使他们大为动摇，最终选择了在罗马军攻入之前开门迎接。

西西里岛上，留给迦太基的只剩下位于南岸的赫拉克利亚和此地以西的塞留斯（现在的塞里依特）、利利巴厄姆（现在的马尔萨拉）、德雷帕纳姆（现在的特拉帕尼）。它们都是海港城市，位于西西里西部，处于便于接受来自迦太基本国援助的位置。

公元前 253 年，始于巴勒莫陷落的西西里战事就这样在罗马军团成功击退迦太基的攻势后离结束已经不远了。罗马方面计划于第二年春季攻打马尔萨拉的准备工作也已经完成。在巴勒莫沦陷后，马尔萨拉成了迦太基在西西里的主要根据地。

这时已到冬季。乘着冬季休战期，罗马舰队离开西西里，开始了回国的旅程。然而，就在沿意大利西岸刚刚开始北上的时候，舰队再次遭遇了暴风骤雨。指挥官们吸取上次的教训，听从了船员的劝告。无奈，舰队所在位置却是以地形复杂而闻名的海域，就像荷马在《奥德赛》中写的那样。在这里，罗马海军再次损失了近 150 艘战船和不计其数的士兵和船员。

公元前 255 年和前 253 年连续发生在海上的惨剧让罗马人沮丧不已，没有人愿意再提重整海军的事了。此时的罗马为维护西西里和非洲北岸之间的制海权，可派遣的战船充其量也只有 60 艘了。

于是，迦太基方面开始蠢蠢欲动。得知罗马遭遇第二次海难事件后，迦太基认为此时正是夺回巴勒莫的绝好时机。他们以大象队为先锋，从马尔萨拉出发开始向巴勒莫进军。此时，迦太基的大象队已经增加到了150头。

对于大象的威力，罗马人早已领教过。最早把大象带到意大利的是伊庇鲁斯的国王皮洛士。双方在第三次战役中，罗马军战胜了对手。但是，这已经是四个半世纪以前的事情了，再次面对大象，罗马人首先想到的是四年前雷古鲁斯的惨败。当时，竟有8 000名罗马士兵被象群践踏而死，更可怕的是，这次的大象头数比上一次多了近一倍。面对这种情况，罗马军队已经顾不上攻打马尔萨拉了。

一看到大象，罗马士兵再也无法向前迈出一步。无论将军怎样激励甚至斥责，他们就是不出战壕，在平原与迦太基军交锋已经没有可能了。海上惧怕暴风雨，陆上惧怕大象，这一年的罗马军队到了无药可救的地步。

迦太基军乘势向前挺进，就在他们到达巴勒莫附近时，罗马军终于停下了溃逃的脚步。

一位执政官为了第二年的执政官选举，已经回到首都罗马，因此，此时负责保卫巴勒莫的是另一位执政官梅特卢斯。面对罗马军的现状，梅特卢斯认为，自己首先要做的是消除士兵对大象的恐惧心理。

环绕巴勒莫城的城墙外有一条护城河可以防御敌人入侵。梅特卢斯对这条护城河进行了改造，命令士兵拓宽加深护城河，并且，越往下越窄，到了底部连人都很难行走自如。待护城河改造完毕，梅特卢斯指挥大部分兵力回到城墙内，他的这一做法和以往大不相同。迦太基军知道了现在的罗马军只有一位执政官坐镇指挥，因此，气焰更加嚣张，一路狂追而来。当他们看到巴勒莫城外的布防时越发狂妄，并立刻发起了进攻。

执政官梅特卢斯安排在城墙外侧的是轻装步兵而不是重装步兵，以投枪为主要武器的他们在等待迦太基军的先头部队大象越过流经巴勒莫附近的一条小河。就在象群和紧随其后的主力部队越过小河之时，轻装步兵开始投掷投枪，目标是象群而不是敌兵。投完手中的投枪后，他们一溜烟地逃进了城墙内。

大象这种动物一旦跑起来，要停下来很难，再加上被罗马士兵的投枪击中身体，象群因伤大怒。它们扬起滚滚尘土，发疯似的向前冲去，几乎震得地动山摇。大象一头接一头地头朝下落入护城河中，好不容易止住脚步没有落入护城河的大象，也因为伤痛不受骑手的指挥。紧随象队而来的迦太基士兵遭到了怒不可遏的象群的肆意踩踏。

这时梅特卢斯一声令下，重装步兵开始出击。就在他们对抱头鼠窜的敌人大开杀戒之时，回到城内的轻装步兵团出现在城墙上，对着城墙下面的护城河，向大象开始了又一轮投掷投枪。

巴勒莫攻防战，罗马军取得完胜。迦太基军的大象队，除了10头被捕获外，其余的都被罗马军杀死。迦太基方面阵亡人数达2万多人，只有极少数人得以和指挥官一起逃回马尔萨拉。

指挥这场战斗的迦太基将军被召回国后判处了死刑。自第一次布匿战争打响以来，这是第二位因战败被判死刑的迦太基将军，第一位是在战争第一年因为默许罗马军渡过墨西拿海峡而被处以死刑的指挥官。在这一点上，迦太基人和罗马人正相反，因为罗马人从不追究战败者的责任。

获胜将军梅特卢斯命人制造纪念银币，刻上大象的图案。的确，克服士兵对大象的恐惧比成功守住巴勒莫更值得纪念。

罗马人克服了对大象的恐惧后，也渐渐淡忘了对大海的恐惧。公元前250年，来自意大利各地造船厂的战船又有200艘下水。这一年罗马把新舰队和四个军团统统投入攻打马尔萨拉的战斗中了。

迦太基当然不敢松懈，在西西里，迦太基控制下的城市已经仅剩下马尔萨拉和特拉帕尼两个海港城市了。它们都位于西西里西岸，彼此相距 30 公里，是互相依存的关系，只要其中一个城市被攻陷，那么迦太基的势力就会彻底退出西西里。

迦太基向马尔萨拉派去了 1 万名雇佣兵，向特拉帕尼派去了庞大的舰队。同时，在迦太基本国招募 10 万名雇佣兵的工作也开始了。

因为有了来自迦太基本国大规模军队的加入，所以对罗马军队来说，马尔萨拉实在是一根极其难啃的骨头。

首先，罗马军队不知道采用什么样的战术来攻打这座要塞化的海港城市。其次，迦太基舰队在特拉帕尼附近的海面游弋，阻碍了罗马海军试图从海上封锁马尔萨拉。迦太基人的船只都很轻便，以他们的能力可以随心所欲地操控船只。再者，从特拉帕尼当天往返的迦太基骑兵队也给罗马陆军包围马尔萨拉造成了极大的困难。因为马尔萨拉是海港城市，一时又无法切断来自迦太基的粮食及武器补给。就这样，在马尔萨拉的战斗陷入了胶着状态。随之而来的是冬季休战期到了。

第二年，即公元前 249 年，第一次布匿战争迎来了第 16 个年头。罗马方面已经显现出了疲态。这一年，将要上前线的两位执政官中有一位是克劳狄乌斯·普尔克尔，他和阿庇乌斯·克劳狄乌斯同属一族。阿庇乌斯·克劳狄乌斯曾经在布匿战争的第一年，以其勇敢果断的进攻使罗马占尽了优势。

两位执政官做了分工，普尔克尔率领 220 艘战船，负责从海上攻打特拉帕尼，牢牢牵制住在此地的迦太基军队。与此同时，另一位执政官尤尼乌斯·普鲁斯向马尔萨拉发起全面进攻。罗马元老院之所以把打破胶着局面的决战任务交给了来自克劳狄乌斯家族中的男性，是因为这一家族的男性都有一个共同点——以胆大勇猛著称。普尔克尔率领全部罗马战船向30公里以北的特拉帕尼进发了。

但是，保卫特拉帕尼的迦太基将军面对罗马220艘蓬特战船发起的进攻，表现得异常镇定。他针对罗马海军在战斗中英勇无比却对大海心存恐惧的特点，制订了作战计划。

按照传统的打法，迦太基方面应该背靠特拉帕尼港迎击敌人。但是，这位将军颠覆了这一战术。接到罗马舰队逼近的消息后，他命令所有在特拉帕尼的迦太基战船离开港湾，到特拉帕尼以北的海面上静候由南而来的罗马舰队。当直扑特拉帕尼的罗马舰队到达港口附近的海域时，迦太基舰队才突然现身。原本打算包围在港口待命的迦太基舰队的罗马舰队，就这样被身后绵延不断的悬崖挡住了退路，反被迦太基舰队包围了。

指挥迦太基舰队的将军深知罗马士兵打近身战的厉害，同时，他也清楚，只要不靠近罗马舰队作战，战局一定会有利于擅长操控舰船的迦太基方面。

迦太基战船逼着罗马战船向海上撤退，却始终和其保持一定的距离。当罗马战船逃到桨使不上劲的深海时，迦太基方面像渔夫收网一样，一点一点地收紧了对罗马战船的包围圈。

罗马海军遭遇惨败，这是在以迦太基为对手的海战中，罗马海军的第一次失败。220艘战船中有93艘被缴获，30艘沉入海底。船上的士兵和船员除了一些人奋力游到岸边，沿陆路逃到正在攻打马尔萨拉的罗马军队营地外，多达2万名的罗马人葬身在茫茫大海之中。身上的盔甲妨碍了他们自救，再加上当时的罗马人不擅长游泳，才导致了这样一个结局。执政官普尔克尔率领成功突围的船只向南败退。

成了败将的执政官普尔克尔被召回首都罗马，受到了 1.2 万银币的罚款处罚。

这一处罚不是为了追究他使罗马海军遭受第一次失败的责任，而是因为他作为指挥官做了不该做的举动。

在攻打特拉帕尼之前，执政官普尔克尔按照罗马军的惯例，在出征前也进行了鸡啄食的占卜。

这是用鸡啄食的方式来占卜吉凶的方法。为了罗马军的战略不受鸡的好恶左右，从军的占卜师通常会让鸡饿着肚子。

这天，不知什么原因，饥肠辘辘的鸡就是不去啄食。在士兵们忐忑的守望中，那只鸡四处走了起来，始终不碰食物。争强好胜、性子又急的普尔克尔怒不可遏，一把抓住只顾散步的鸡，大喝一声："难不成你想喝水！"随手把它扔进了海里。看到这一幕的罗马士兵心里暗自嘀咕："他这样做行吗？"他们非常不安，但还是下海出发了。

信不信宗教是个人的问题，但是，在宗教信仰者众多的共同体中，作为统帅不能只考虑自己的个人信条。如果在特拉帕尼海战中，普尔克尔取得了胜利，也许他不会受到处罚。但是，首先是无视宗教，又在随后的战斗中败北，执政官克劳狄乌斯·普尔克尔必须接受惩罚，不为战斗失利而是为他作为统帅太欠考虑的行为。作为罗马屈指可数的名门贵族，付过巨额罚款后，据说他连一直生活其间的房屋也无法保全了。

尽管如此，公元前 249 年对罗马来说，实在是糟糕透顶的一年。甚至到了第二年，罗马军在西西里依然难有作为。只有锡拉库萨僭主希伦没有任何附加条件地续签了同盟条约，对罗马来说这还算是一个好消息。也多亏了他，罗马没有后顾之忧，可以专心对付马尔萨拉和特拉帕尼。

罗马每五年要进行一次人口普查。两年后的公元前 247 年，正是罗马进行人口普查的年份。普查内容包括从 17 岁到 60 岁享有罗马公民权的男性人数和财产状况。每次普查，成年男性的人数都会比上一次增加一成以上。但是这一年的普查结果是，成年男性人数剧减了 17%，就连罗马联盟的加盟城市也不可避免地减少了许多。当然，程度没有罗马联盟的核心——罗马那样严重。与陆战损失相比，海难事件造成的损失影响巨大。除了人员的损失，战船及运输船的损失也使得罗马的国库被掏空了。迎来第一次布匿战争第 18 个年头的罗马，在所有方面都已经消耗殆尽。

另一方迦太基在海战中失败的次数比罗马多，但是没有出现大的海难事件，而且，死于战场的士兵都是雇佣兵，来自外国，对本国的人口没有影响。两者相比，显然罗马方面的损耗远大于迦太基。更加重要的是，公元前 247 年，迦太基派出了一位富有才能的年轻将军前往西西里战场。

他就是哈米尔卡·巴卡，其姓“巴卡”在腓尼基语中意为“闪电”。这一年 30 岁刚出头的哈米尔卡正是后来成为罗马人噩梦的汉尼拔的父亲。战争史上被认为是最杰出的战术家汉尼拔就是在哈米尔卡领命前往西西里战线的公元前 247 年呱呱坠地的。

遗憾的是，身处布匿战争的迦太基人很不擅长利用有利于自己的好机会。这一年，虽然派出了才能卓著的指挥官，但是本该作为他有力后盾的本国政府出现了分裂。

在掌握经济的人管理国政方面，古代的迦太基与中世纪及文艺复兴时期的威尼斯很相似。除此之外，还有一个相似之处，就是它们都实行寡头政治。但是，它们之间的不同也是显而易见的，最明显的就是威尼斯作为海上城市耕地少得可怜，因此不得不全身心地投入与海外的贸易和国内的手工业中。与此相比，迦太基自古兼营农业。

现在的北非降水量越来越少，已经很难见到大片绿洲。但是，在古代情形截然不同，首先，迦太基人拥有非常出色的经营农场的能力，而且，他们有可以十二分地发挥这种能力的环境。

其次，迦太基人也继承了腓尼基民族的传统，是一个善于通商的民族。

由此可见，掌握迦太基国政的人分裂成“国内农业派”和“对外贸易派”，应该是非常自然的事。如果两派中有一方生产力下降，他们的发言权自然随之降低，就有可能达成意见的统一。然而，双方都维持了较高的生产力，因此，调和两派的意见非常困难。

由于没有足够的战斗兵力，哈米尔卡并未在迦太基控制的西西里的两个海港城市——马尔萨拉和特拉帕尼设立大本营。他担心自己若把这两个城市中的一个设为大本营，会遭到罗马军的包围。他讨厌行动受限制，想要确保主导权在自己一方，只要迦太基军守住了马尔萨拉和特拉帕尼，西西里西岸与迦太基之间的制海权就还在迦太基的手中。

哈米尔卡把军队的大本营设在了巴勒莫附近的一座山上。这座山现在叫佩莱格里诺山。

站在山顶上眺望，巴勒莫市区和港口一览无余。只要罗马南下的舰队在遥远的地平线上一出现，这里就会第一时间知道。山下，沿海岸线偏西的地方，还有一个被悬崖遮挡住的海湾，来自迦太基的船只可以神不知鬼不觉地抵达这里，即使罗马舰队就在巴勒莫港口也察觉不到。

从这里沿海岸线，虽然无路可绕，但是，把大本营设在山上的哈米尔卡保障了通往特拉帕尼的补给线，那儿有一大块平地直接伸向大海。埃里切的山上是唯一可以监视这块平地的地方。但是，埃里切距离海岸线太远，因此，尽管罗马军占领了埃里切，也只能眼睁睁地看着迦太基士兵在远处行动自如却束手无策。

哈米尔卡并没有老老实实地待在山上，而是频频率军队下山，从背后袭扰正在攻打马尔萨拉的罗马军队，却一次也没有与罗马军队交手。毕竟，双方的战斗力相差太过悬殊。

除了在陆地上，哈米尔卡的游击战还用在了海上。加盟罗马联盟的意大利南部的希腊城邦及意大利中部的伊特鲁里亚人，他们的商船成了哈米尔卡海上游击战的牺牲品。

哈米尔卡采用的战术非常巧妙，也很奏效。公元前 247 年至前 243 年的 4 年间，布匿战争完全按照哈米尔卡的预想发展。向佩莱格里诺山发起进攻的罗马军一次次地以失败告终。这一切都在哈米尔卡的预料之中，唯一出乎他意料的是，他始终没有等来罗马的和谈使者。

罗马始终在寻找打开胶着已久的西西里战况的方法，最后得出的结论是，必须切断迦太基对哈米尔卡的补给线。但是要做到这一点，必须先取得西西里西岸和迦太基之间海域的制海权。迦太基也很清楚，失去这一海域的制海权，意味着迦太基彻底失去了西西里，因此，迦太基一定会派出舰队拼命争夺。由于哈米尔卡的袭扰，罗马始终没有能够攻下马尔萨拉和特拉帕尼。于是罗马方认为，必须与迦太基舰队在海上一决雌雄。只要罗马取得海战的胜利，就可以使哈米尔卡和马尔萨拉、特拉帕尼同时陷入孤立无援的境地。罗马决定自布匿战争开始以来第四次组建舰队。这是因为罗马现有战船大多陈旧不堪，所以必须建造新的战船。

既然对手是迦太基，那么舰队的规模必须超过200艘。在迦太基，只有蓬特船才被认为是战船，因此，新造的这200艘船也必须是蓬特战船。这就意味着公元前242年的罗马，其时的国库就要被掏空。

元老院不认为提高税收是解决问题的办法。当然，也没有人想过一反以往的惯例，要求各同盟城市负担军费开支。于是，元老院元老决定发行战时国债。

条件是战争结束，经济一旦复苏即可赎回。要求购买战时国债的不是全体罗马公民，而是有产阶级和元老院元老以及位居政府要职的人。当财源得到保证后，罗马开始着手造船。200艘蓬特战船在执政官卡图卢斯的率领下，进军大海。

西西里西岸的战局并没有因为久未谋面的罗马舰队一经出现就为之彻底改变，因为直到这一年结束，迦太基都没有出动舰队。但是，情况已经开始发生了变化。由于罗马舰队从海上发起进攻，马尔萨拉港落到了罗马军队的手中。至此，罗马舰队终于可以利用马尔萨拉这一天然良港了。罗马人知道，一旦这一消息传到迦太基那里，迦太基不能不痛下杀手。

公元前241年3月，大概是对外贸易派成功说服了国内农业派，迦太基终于派出了舰队。迦太基舰队于3月的早春出动，是因为他们要利用罗马军队换防的这一时期。罗马的新执政官任期从3月15日开始，因此，罗马军队到达西西里最早也要等到4月末。迦太基方面就是想乘罗马军队兵力薄弱的这一时期，完成军粮的补给。但是，这次迦太基失算了。罗马方面非常清楚，战局已经到了紧要关头，因此，虽然陆军兵力在冬季休战期减了一半，但是海军和执政官卡图卢斯一起全部留在了西西里。

不仅如此，迦太基人还错误地认为，多年前的两次海难事件，再加上 8 年前的海战失利，罗马海军不会轻易挑起海战。因此，公元前 241 年春季，提前出动的迦太基舰队与其说是舰队，不如说是运输船队。船上满载着大量武器和充足的粮食，足够在西西里的迦太基军维持半年。

离开首都迦太基后，舰队向东北方向航行，在马雷蒂莫岛抛锚，伺机向西西里西岸靠拢。

马雷蒂莫岛是一个小岛，位于埃加迪群岛最西端，就在马尔萨拉和特拉帕尼之间的海域。迦太基舰队打算在特拉帕尼以北的埃里切附近海岸卸下军粮，因为他们担心特拉帕尼海面会有罗马舰队。

事实上，执政官卡图卢斯没有派舰队监视特拉帕尼港，他接到敌人舰队已经出动的消息后，下令全体舰队北上，集结地是埃加迪群岛中的一个岛，叫法维尼亚纳。马雷蒂莫和法维尼亚纳相距只有 10 公里，卡图卢斯就在这里等待敌军的下一个行动。

如果说迦太基舰队不知道罗马舰队就在法维尼亚纳，谁也不会相信。因为在那里，3 月份已经进入捕鱼期，200 艘蓬特战船不可能躲过渔民的眼睛。那么，剩下的就只有一个解释，那就是迦太基舰队明知罗马舰队就在 10 公里开外的附近，却没有改变预定的行动计划。

3 月 10 日早上，海面上刮起了西风，风力很大。埃里切位于马雷蒂莫的正东方向，从马雷蒂莫过去正好顺风。法维尼亚纳在马雷蒂莫偏东南的位置。卡图卢斯坚信，如此难得的风天，敌人一定会有所

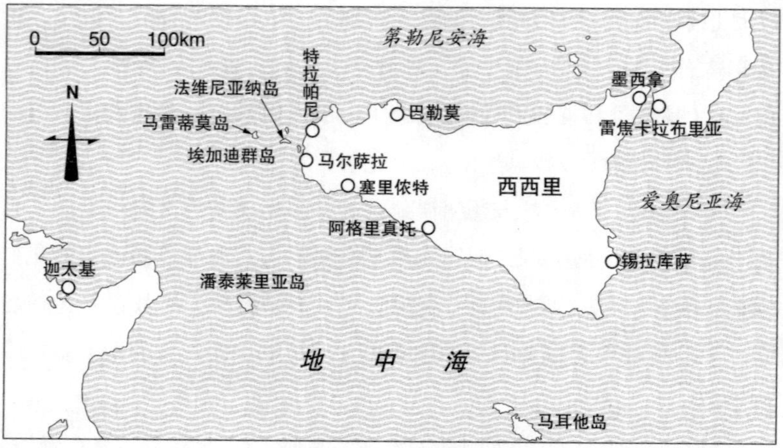

西西里及其周边

动作。但是，他很犹豫是否向敌人发起海战。

如果罗马舰队在迦太基舰队前往埃里切的途中进行堵截，就会正面迎风。这时，迦太基船队处于顺风，罗马船队处于逆风，在风大浪高的情况下，对罗马军不利。

思量再三，执政官卡图卢斯决定无视这些不利因素，向迦太基舰队发起海战。与满载军粮的沉重的敌船相比，罗马舰队的优势是灵活轻捷。

卡图卢斯下令所有船只降下船帆，靠划桨手划桨前行。全速向西的罗马舰队要去阻挡正要离开马雷蒂莫的迦太基舰队。当迦太基舰队看到已经进入战斗态势的罗马舰队时，也降下了船帆。海战中，只靠划桨操纵船只是惯例，因此，降帆表示迦太基方面接受了挑战。

强劲的西风依旧。尽管船帆已经落下，却因为船大，惯性大，加上顺风，在大风大浪的推动下，迦太基船只以惊人的速度冲向东面的罗马舰队。船与船猛烈相撞的声音此起彼伏。冲撞中，船与船卡在了一起，双方士兵纷纷跳到敌船上，一时间，喊杀声震耳欲聋。

战斗异常激烈，胜负很快决出。迦太基方面有50多艘船被击沉，70多艘船被缴获，余下的船只乘着风向改变，逃回了迦太基。

取得战斗胜利的罗马舰队损失也很惨重，想要乘胜追击已无可能，所有船只几乎都需要进行大修。关于罗马方面的损失和迦太基方面的死亡人数，史料上没有明确记载。但是，逃回国内的迦太基总司令被追究战败的责任，处以磔刑。这种刑罚在迦太基被认为是极刑。至此，自第一次布匿战争开始以来，因担负战败责任被处以死刑的迦太基司令官人数达到了3位。

迦太基政府没有等到冬季自然休战期，就向哈米尔卡派去了急使，命令哈米尔卡作为使者向罗马提出和谈。执政官卡图卢斯接受了哈米尔卡提出的和谈请求。就这样，在对战争状况有清醒认识的这两位将军之间，结束第一次布匿战争的和平谈判开始了。

共和政体下的罗马规定，作为军队总司令，一旦执政官接受任务并开始执行后，元老院不得再向他发号施令，也不得对战略战术提任何意见。在任一地点的战略、作战方案等，完全由执政官决定。不追究战败的责任，从一方面讲也是为了执政官可以毫无顾忌地专心于完成自己的使命。此外，无论是提出和谈，还是接受和谈，从和谈条件乃至谈判结果，全权由执政官处理。这一切正是马基雅弗利不吝溢美之词的方面。

国家最高决策机构公民大会需要做的只是对执政官已经达成的和谈内容表决同意或反对，至于执政官同意的和谈条件，只有经过公民大会投票通过才能成立。谈判进行期间为休战期。

卡图卢斯与哈米尔卡之间达成的和平条约内容如下：

一、迦太基撤出西西里，永久放弃对西西里的占有权。

二、迦太基承诺不向罗马的同盟国包括锡拉库萨发动战争。

三、两国同时释放俘虏，互不收取赎金。

四、迦太基以分期付款的方式，在10年内向罗马支付2 200塔兰特的赔款。

五、罗马尊重迦太基自治和独立的权利。

这份和约在公民大会上遭到了大多数公民的反对。这是一场长达23年的战争，即使不一一细算，罗马方面的实际牺牲也比迦太基方面大得多。罗马公民不能释怀，他们想不通，难道这就是胜利方缔结的和约吗?

在罗马，每当出现这种情形，通常会派遣10位元老院元老组成的调查团前去调查。调查团抵达西西里后，没过多久，他们就与卡图卢斯取得了一致意见。

他们对和约内容只做了一些细微的调整，赔偿金在2 200塔兰特的基础上，增加1 000塔兰特，变成了3 200塔兰特，增加部分不采用分期付款的方式，要求在和约生效后一次性付清。同时，在和约中明确规定，埃加迪群岛、马耳他岛、潘泰莱里亚岛等西西里周边岛屿为罗马所有。

关于赔偿金额，对迦太基来说不过是九牛一毛。因为在非洲，光是农场经营，一年的收益就达1.2万塔兰特。还有，在和约中明确马耳他岛及潘泰莱里亚岛为罗马所有，也不过是追认既成事实罢了。

罗马签署了一份让迦太基方面很乐于接受的和约。对于这份和约，罗马公民在听取了回国的调查团的报告后也投了赞成票。

从公元前264年开始持续了23年的第一次布匿战争于公元前241年宣告结束。卡图卢斯也在当年6月凯旋。罗马人沉醉于和平的气氛当中。自从公元前673年以来一直大敞着的雅努斯神殿的大门，在432年之后终于关上了。是应该让战神雅努斯好好休息了。

发生在罗马和迦太基之间的第一次布匿战争，战场在西地中海岛屿之一的西西里。因此，从形式上来说，这是一场局部战争。但是，大国迦太基和新兴国家罗马之间的这场对决，从投入的兵力来看，已经远远超过了局部战争的规模。在如此长的时间里，能够投入如此众多的兵力，在同时期的地中海世界，除了这两个国家，不可能再找出第三个。虽然战争已经结束，但是决定地中海未来的既不是埃及，也不是叙利亚，更不是马其顿，而是迦太基和罗马中的一个。

就在卡图卢斯在罗马乘坐着由四匹白马拉的战车举行凯旋仪式的时候，迦太基开始了从西西里的总撤退。迦太基本国军队离开了特拉帕尼和马尔萨拉，雇佣兵紧随其后。甚至在西西里从事殖民地经营的迦太基人也不得不离岛而去。大概是哈米尔卡指挥有方，总撤退井然有序，既没有出现混乱局面，也没有发生难民骚乱。迦太基军队撤离西西里，对于占西西里居民一半以上的希腊人来说，不过是从接受迦太基统治变为接受罗马统治而已。

就这样，迦太基花了400年时间争取来的在西西里的一切权益转眼间全部化为乌有，同时失去的还有其地中海的西半部分的海域主权。

第二章 第一次布匿战争之后

（前241—前219）

战争结束后做什么，怎么做，将决定这个国家的未来。胜负已成定局，再纠缠此事于事无补。问题是如何从中吸取教训。

生活在后世的我们知道，从公元前 241 年第一次布匿战争结束到公元前 218 年第二次布匿战争爆发，其间相隔了 23 年。在本章节中，我要重点讲述的是罗马人在这 23 年里是怎样度过的，迦太基人在这 23 年里又是怎样度过的。

对于所有罗马人和绝大部分迦太基人来说，这 23 年不是休战期。除了极少数迦太基人，罗马人和迦太基人做梦也没有想到，罗马和迦太基之间会再度爆发战争。

罗马与迦太基于公元前 241 年签署的和平条约，不过是战胜国和战败国之间的和约，并非罗马吞并迦太基成为霸权国家的和约。战败后的迦太基不同于位于意大利半岛的加普亚及塔兰托，它并未加盟罗马联盟，成为同盟国的一员；也不同于位于西西里的锡拉库萨，它不是罗马的友邦，不需要每 15 年更新一次同盟协定。

虽然迦太基因输掉战争不得不放弃在西西里的领土，并向罗马赔款，但是这丝毫没有改变它作为独立和自治国家的性质。如果一定要说对其“独立和自治”有影响的话，那也只是反映在和平条约中，因为和约明确规定了迦太基不得向罗马保护下的同盟国家挑起战争。但是，迦太基显然不会受制于这样的条约内容，因为不染指意大利或西西里，迦太基照样可以生存得很好。而且，第一次布匿战争后的迦太基人，既不希望与罗马再次发生战争，也从来没有想过会又一次爆发战争。

哈米尔卡在第一次布匿战争的最后 6 年，曾经英勇奋战。当迦太基海军在海战中惨遭失败后，他不得不代表迦太基政府向罗马求和。当时还不到 40 岁的他为此备感屈辱，时刻不忘报仇雪耻。哈米尔卡所属的巴卡家族是以通商为业的对外贸易派的代表，与以农业经济为主的汉农家族不同。对于他们来说，放弃西西里等于放弃西地中海，而这严重伤害了他们的情感。因此，哈米尔卡和追随他的迦太基人在心里埋下了一个愿望，希望有一天与罗马再决雌雄。

但是，与胜利方相比，战败方在战后的压力显然要大得多，这是没有办法的事情。罗马关闭了战神雅努斯神殿的大门、心满意足地享受起和平的同时，迦太基国内却被一种极不平静的气氛笼罩着。

在迦太基，看到成群结队的雇佣兵走在大街上并不稀奇，因为迦太基有委托别国来保卫自己国家的传统。雇佣兵之所以成群结队地出行，是因为他们有的来自高卢，有的来自西班牙，有的来自希腊或非洲等地，相互间语言不通。当然，还有一个原因就是，与罗马之间的战争结束后雇佣兵纷纷从西西里战场撤回到了迦太基。

战争结束意味着雇佣兵的任务已经完成，他们必须各自回各自的国家。他们也知道自己应该回国。但是，在回国前，他们必须首先从迦太基那里拿到雇佣金。

也许是因为战争失败，迦太基政府强烈地意识到有必要紧缩财政。迦太基政府没有按约定支付雇佣金。因为战争于春末夏初结束，按照从春到秋为一个战斗年度计算，这些雇佣兵参加战斗的时间只有二分之一年度，所以，迦太基人想当然地认为，只要支付一半雇佣金即可。对此，雇佣兵自然不服，而且他们有武器在身。

雇佣兵在科西嘉短暂停留后便出发离开此地，向首都迦太基进军。当2万名武装士兵逼近迦太基约20公里处时，迦太基这才答应坐下来谈判。雇佣兵代表最初提出的要求应该还算合理。但是，参与谈判的迦太基高官傲慢的态度激怒了他们，于是，条件越提越高。其间作为迦太基属地的利比亚也开始支持雇佣兵的行动，那里是雇佣兵主要的来源地之一。因为在布匿战争结束后，他们的税赋成倍地增加，公民的不满情绪日益加深。

对迦太基的战后政策深感不满的不只是利比亚。与罗马不同，在迦太基，虽然作为被统治者的其他民族和统治者迦太基人共同生活在迦太基领土上，却备受歧视，被统治者对统治者的不满使得叛乱的危险在迦太基随时存在。到了仅次于迦太基的第二大城市乌蒂卡也开始表示支持不满者的时候，雇佣兵队伍由最初的2万人增加到了5万人。

第一次布匿战争结束后的第二年，即公元前240年，迦太基政府已经把他们定性为叛军，决定以武力加以镇压。迦太基组织了1万名士兵，由哈米尔卡任总指挥。对哈米尔卡满怀崇拜的2 000名努米底亚骑兵也加入了镇压叛军的队伍。

以雇佣兵为核心的叛军在数量上占绝对优势，但是他们缺少一个统一的指挥者。面对哈米尔卡的进攻战术，他们全然不是对手，很快就有6 000人战死，2 000人被捕，余下的纷纷溃逃。在第二年，即公元前239年，哈米尔卡对叛军表示出的一次善意行为却严重受挫。迦太基政府派出一位高官与雇佣兵谈判，不料雇佣兵竟扣押了这位高官，砍去他的四肢，削掉他的耳鼻，最后竟将他生生活埋了。

至此，哈米尔卡也转而认为必须全歼这群人。但是，叛军在数量上依然占优势。于是，他避开大规模的正面交战，利用一次又一次的小规模战斗，逐步削弱敌人，并成功地把他们赶到一座不算很高的山上。接着，他用坚固的栅栏和壕沟团团围住这座山，等待叛军自生自灭。

饥饿难耐的叛军只好虐杀俘虏和奴隶，以人肉充饥，继续负隅顽抗。但是，摆在他们面前的路终究只有一条，就是投降。哈米尔卡乘机向他们喊话，说只要送 10 个人下山谈判，保证无生命之虞。

有 10 个人下了山，却没有一个能回到山上，因为他们遭到了杀害。但是，叛军并不知情，还以为这些人背叛了自己，于是他们再次拿起了已经扔掉的武器。

哈米尔卡等的就是这时候。他派出象群从四面八方围攻叛军，迫使他们纷纷掉入凹洼处。在象群无情的践踏下，叛军无一幸存。据说死者超过 4 万人。已经举起叛旗的乌蒂卡获悉这一消息，马上缴械投诚。公元前 238 年夏天，在历时 3 年零 4 个月之后，反迦太基的叛乱被彻底镇压。

迦太基对参与叛乱的属地和城市分别做出了加收租税的惩罚，增加的幅度各不相同，所依据的不是参与叛乱的程度，而是视其对迦太基来说的重要性如何。例如，乌蒂卡受到的惩罚就非常轻微。

罗马和锡拉库萨并没有趁火打劫，向迦太基发起进攻。不仅如此，它们还应迦太基的请求，向正遭受属地的叛离、粮食常常供不应求的首都迦太基出口小麦。这也说明了，第一次布匿战争的胜利者罗马和自古与迦太基交恶的锡拉库萨都无意灭掉迦太基。

当然，罗马并非没有一点偷腥行为。在迦太基殖民地撒丁岛上，沿海地区的岛民得知迦太基国内的混乱后也举旗造反。他们杀了迦太基总督，派使者前往罗马请求援军。在第一次布匿战争中，充分意识到了制海权重要性的罗马自然一口答应。派到撒丁的罗马军队只有一个军团，但是，用以终结迦太基在撒丁的统治已经足够。迦太基政府向罗马提出了抗议。由于国内局势的混乱，迦太基政府自顾不暇，不得不默认这一既成事实。撒丁于是归入了罗马的势力版图。

撒丁纳入罗马的势力范围后，位于它北面的科西嘉也自动成了罗马的地盘。就这样，罗马把西西里、撒丁和科西嘉统统置于了自己的统治之下，从而确立了罗马在意大利南部和西部的制海权。而且，西地中海的制海权距离迦太基的势力范围越来越远，这意味着迦太基也将成为罗马的囊中之物。

叛乱被镇压了，危机总算过去了，但是，第一次布匿战争结束后的迦太基还没有结束国内农业派和对外贸易派之间的矛盾。

对外贸易派领袖哈米尔卡决定离开国内农业派占上风的迦太基，去西班牙建立根据地。西班牙境内有迦太基的殖民地，但是，势力不大，仅限于以加的斯为中心的西班牙南部沿海地区。哈米尔卡要扩大这一殖民地。此时的哈米尔卡还很年轻，刚过40岁，他带上了已经9岁的长子汉尼拔。决定跟随他前往西班牙的迦太基人为数不少。

很久以后，汉尼拔说，是自己向父亲提出同去的要求的。于是父亲就把他带到了贝尔神庙，要他向神发誓终生以罗马为敌。之后父亲才答应带他一同前往西班牙。

现在的直布罗陀海峡曾经被叫作“赫丘利之柱”。渡过海峡，移居到西班牙的哈米尔卡发挥出了他优秀的组织才能。他率领追随他的迦太基士兵，攻打西班牙原住民，并把战败的西班牙原住民编入雇佣兵行列。在哈米尔卡高超的战术指挥下，这支西班牙的迦太基军队在与原住民的交战中连战连捷，竟不知失败为何物。

在到手的地域急速扩张后，迦太基人充分发挥了其特有的经营能力，于是这些地方出现了一个个具有高度发达的生产力的农场。西班牙众多的山脉也摇身变成了矿藏丰富的矿山，特别是银矿的开采为哈米尔卡成功统治殖民地起到了决定性的作用。其生产效率之高令 50 年后踏上西班牙土地的罗马人加图惊叹不已。它所创造的高收益成了哈米尔卡在西班牙的滚滚财源。

哈米尔卡移居西班牙 9 年后，迦太基在西班牙的统治范围扩大到了西班牙东南部。他们在这里获得的利益远远超过了自足，甚至开始把多出来的资金送往国内，投资国内的农场经营。迦太基得到这一殖民地，足以弥补失掉的西西里。但是，西班牙的迦太基殖民地与迦太基本国没有交集，相互独立。这足见巴卡家族的独立王国意识之强烈。

哈米尔卡移居西班牙后的第 10 年，即公元前 228 年，取名“迦太基新城”的西班牙东岸城市建设宣告结束。在这里，哈米尔卡建起了巴卡家族的城堡，看上去与王宫无异。在这里，汇集了来自西班牙各地的产物。迦太基新城（现在的卡塔赫纳）是巴卡家族统治西班牙的大本营，也是一种象征。

哈米尔卡没有看到新城的建成，因为他在一年前的一次战斗中不幸阵亡。他的继任者是跟随他为时已久的副将，也是他的女婿哈斯德鲁鲍尔。当时，哈米尔卡本人的直系继承人汉尼拔只有 18 岁。

哈斯德鲁鲍尔作为第二代统治者，也充分展示了自己的能力。岳父的事业得以巩固就是他的功劳。

迦太基在西班牙扩张势力的情况本该引起罗马的警惕，但是罗马对此熟视无睹，就像后人说的：一方面，罗马无暇顾及；另一方面，在迦太基本国，看不出一丝一毫要向罗马报仇雪耻的动向。迦太基依然用第一次布匿战争之前的方式在统治它的属地，在军事方面也没有

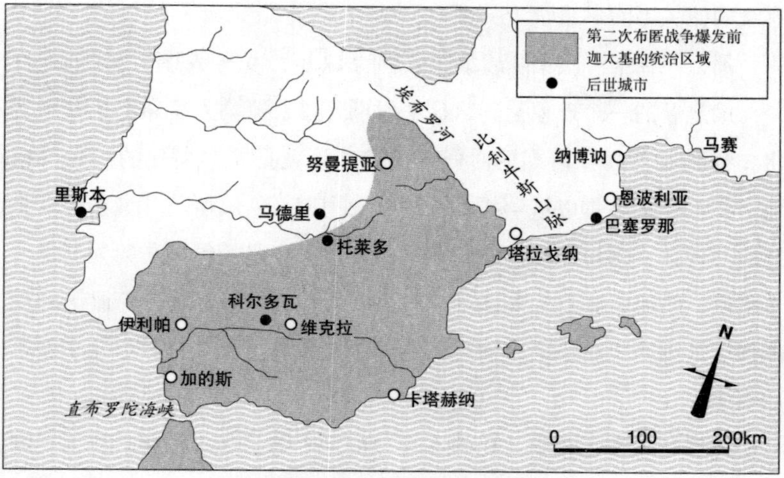

第二次布匿战争爆发前的西班牙

改变出钱招募雇佣兵的做法。

到了公元前 226 年，罗马和哈斯德鲁鲍尔签订了一份条约。条约规定，迦太基的势力范围不得扩张到自西向东流过西班牙北部的埃布罗河以北。

这份条约的订立表明罗马承认迦太基对埃布罗河以南的西班牙的统治。由于埃布罗河流经比利牛斯山脉南侧，所以事实上罗马承认了迦太基几乎对全西班牙的统治。

罗马签署这一条约的目的，与其说是为了阻止迦太基在西班牙的进一步扩张，不如说是为了保护长久以来一直都是罗马友邦的马赛的势力范围。就在这一年，与马赛隔海湾相望的恩波利亚也成了罗马联盟的同盟城市。与马赛一样，恩波利亚起源于希腊人殖民的城邦。西地中海的原希腊殖民地纷纷选择了接受罗马人的保护。因为罗马人更喜欢同盟关系而不是统治关系。

那么，在第一次布匿战争结束后的23年，罗马是怎样度过的呢？

最显著的一个现象是，从这个时期开始，罗马人执迷上了希腊文化。雅典城邦尚在盛期的时候，锡拉库萨就是希腊文化的一大根据地，其水平之高是以塔兰托为首的意大利南部希腊所属各城邦难以企及的。现在，锡拉库萨已经是罗马的友邦。罗马的世家子弟为了学习希腊语，纷纷来到意大利南部。在当时，作为一门语言，希腊语的规范程度远远高于拉丁语，而且，在整个地中海世界，希腊语几乎就是通用语。

当然，热衷于希腊文化的不只是世家子弟。这一时期，拉丁喜剧开始在罗马上演。但是，显而易见，这种喜剧模仿了希腊喜剧。喜剧的作者是李维乌斯·安德鲁尼库斯。他的喜剧在罗马首次上演的这一年，即公元前240年，甚至被认为是拉丁文学史的开启年。为了方便不懂希腊语的普通百姓阅读，安德鲁尼库斯还把荷马的叙事诗翻译成拉丁语出版。

此外，被认为是最早的拉丁喜剧作家的普劳图斯也在这个时期大显身手。他的作品虽然也模仿希腊喜剧，但毕竟有罗马自己的东西。普劳图斯开创了意大利喜剧之先河，他的喜剧作品影响了其后文艺复兴时期的喜剧，也对18世纪的威尼斯喜剧作家哥尔多尼产生过影响。

在普劳图斯以普通百姓为对象的喜剧中，随处可见希腊语。尽管如此，依然获得了巨大的成功，由此可见，普通百姓很有可能也懂一些希腊语。一想到这点，我不禁对罗马人的双语功夫深感钦佩。

深受这一时期罗马人喜爱的两位喜剧作家都不是罗马公民。从名字上看，安德鲁尼库斯显然是个希腊人。公元前272年，罗马占领塔兰托后，他被抓到罗马被逼为奴。幸运的是，他的主人李维乌斯非常欣赏他的才能，恢复了他自由之身。因为这一经历，他的正式名字也变成了李维乌斯·安德鲁尼库斯。

普劳图斯不是奴隶，也不是罗马公民，他是翁布里亚人，是罗马联盟的加盟者。他来到罗马后，曾从事过许多职业。后来，他当了演员，开始自己动手写剧本，并一举获得成功。为了寻找素材，他剖析了已有的悲喜剧作品，并加以利用。如果当时迦太基也有戏剧作品的话，相信他一定也会拿来利用的。但是，迦太基人只喜欢写实用类的书，例如汉农的《非洲航海志》、马可尼的《农场经营书》等等。普劳图斯在自己的作品中是这样评价迦太基人的：

> 那个男人通晓任何国家的语言。但是，除了本国语言，他要装出一无所知的样子，因为他是迦太基人。

我想，罗马人和迦太基人之间的最大不同，大概就在于是否乐于和其他民族进行交流与沟通吧。

第一次布匿战争结束后出现在罗马的“希腊热”，对于以元老院为牙城的罗马统治阶层来说，绝对是一个好现象，因为元老院正面临如何管理新得到的西西里的问题。

在西西里岛上，绝大多数城市源自希腊殖民，因此，西西里属于希腊语圈。与罗马建立了同盟关系的锡拉库萨，虽然是独立的国家，但是事实上是在罗马的保护之下的。可以说，锡拉库萨也是一个被征服国。更何况，西西里的其他地方都是罗马靠军事力量得来的。鉴于这一情况，如果征服者热衷于学习被征服者的语言，追随被征服者的文化，无疑会让被征服者感到些许的安慰。“希腊热”现象是元老院元老希望看到的，他们率先请被征服者担任家庭教师，或聘他们为秘书，还把自己的孩子送到被征服地留学。当然，他们这样做，也是缘于希腊文化足够优秀。

我们看看罗马人，会发现一个非常有意思的地方：几乎在所有事情上，他们都不亲力亲为，也从来没有想过自己必须在任何领域都是第一。例如，被罗马同化后的伊特鲁里亚人依然在土木工事上施展他们的才华；意大利南部的希腊人被委以通商的职责；西西里加入罗马的保护圈后，罗马开始全面引进希腊文化。但是，给人的感觉是，在艺术、哲学和数学领域，罗马完全把希望寄托在了希腊人身上。随着时代的变迁，罗马人的开放性格变得越来越开放。而且，他们从来不像有的国家，在颁发居留证时一味地强调“只限具备无可替代的技能型人才”。

话虽如此，统治异族对任何人来说都是一个难题。罗马人对现状进行了冷静的分析之后，确定了适合统治西西里的新体系。

请读者朋友回忆一下《罗马人的故事 01 · 罗马不是一天建成的》中提到过的罗马联盟中，盟主罗马与加盟各国之间的关系。

正像《罗马人的故事 01 · 罗马不是一天建成的》中说的那样，成立于公元前 4 世纪中叶的罗马联盟，不是简单的罗马和其他城邦的集合体。盟主罗马和加盟各国的地位并不相同，具体如下：

首先是联盟盟主罗马。

该国居民只要是自由民，不分贵族平民，一律享有罗马公民权。为此他们有义务用服兵役来代替缴纳直接税。当然，作为罗马公民，他们享有投票权，也有参与罗马公职的被选举权。也就是说，他们享有参与国政的权利。只有无产者因为免除了纳税的义务，所以不承担服兵役的义务。尽管如此，人数远远少于有产者公民的无产者，依然有权行使选举权，因为他们也是罗马公民。所谓无产者，就是他们的财产只有孩子，除此之外一无所有。他们是靠技能吃饭的人。

《罗马人的故事 01 · 罗马不是一天建成的》在讲述公元前 4 世纪中叶时，排在罗马之后讲到的是各部族。只是在一个世纪过去之后，他们几乎都得到了罗马公民权，与罗马人已无差别，因此，在讲述公元前 3 世纪的历史时，不再单独列出。总之，他们曾经是始于罗马王政时代的拉丁同盟的加盟国。公元前 390 年，当罗马因凯尔特人入侵而深受打击之时他们背叛了罗马，又在罗马重新站起来后作为战败者加盟罗马联盟。就像普鲁塔克说的那样：一个世纪过去了，多亏了罗马人同化异族甚至不计前嫌同化败者的性格，才使得那些部族拥有了完全的罗马公民权。

罗马联盟中的第二类城邦是排在第三位的自治城市。

罗马授予这些自治城市的居民“无选举权的公民权”，表示他们不享有罗马国政方面的选举权和被选举权，但是，除此之外在所有事情上都享有和罗马公民同等的权利。根据罗马法律，他们的私有财产也受到保护。同时，罗马承认他们完全的国内自治。在现代意大利，说到自治城市，依然是地方自治体的意思。

第三类是“科洛尼亚”，现代人把它翻译为“殖民地”。

这些地方通常被认为是战略要地。最多的时候曾经有 6 000 名罗马男性共同驻守一个殖民地。其中虽然不乏有人带家眷前往，但他们绝大多数是单身男性。他们和当地女子通婚，生下混血儿，这种同化当地人的方式，被理所当然地认为无须法律明文规定。

一个殖民地的殖民者如果是完全的罗马公民权所有者，这个地方就叫“罗马殖民地”。如果殖民者是无选举权的公民权所有者或其他人，则叫“拉丁殖民地”。就这样，罗马在每个战略要地都建立了永久性的要塞。但是，从社会性来看，这种“科洛尼亚”无异于建设新城市。顺便提一句，“科洛尼亚”的德语读音就是现在德国的“科隆”。

罗马联盟的第四类加盟国在历史学上是一些城市国家，叫“同盟城市”，或统称为“同盟国”。罗马人则把它们叫作“同盟市”。所谓“同盟市”，在现代意大利语中是“共同经营者”的意思。

同盟市有一点不同于其他同盟部族及城邦。尽管它们都是罗马的手下败将，但是，曾经加盟旧拉丁同盟的各部族是公元前 4 世纪中叶被罗马打败的，与此相比，同盟市臣服于罗马的时间要晚得多。源自希腊人殖民建立的意大利半岛中南部各城市都属于同盟市。

对于这些与自己建立了同盟关系但历史尚浅的城邦，罗马承认它们完全的国内自治。不仅如此，罗马还奖励这些城邦的统治者可以申请罗马公民权，却不要求他们同时放弃本国的公民权。也就是说，对于战败者，罗马允许他们拥有双重国籍。

罗马联盟中的自治城市及“科洛尼亚”、同盟市都没有义务向胜利者罗马缴纳年贡或租税。罗马对它们的要求就是提供兵力支援。在西欧思想起源地的古希腊和罗马，提供兵力支援被认为远比提供资金更为体面。

就这样，罗马与同盟者之间建立起了各不相同的关系。这种视对象来定关系的做法，说到底只是“区别”对待，并不存在“歧视”。主干道阿庇亚大道的修建足以证明这一点。

阿庇亚大道最先从罗马铺设到罗马殖民地特腊契纳，不久延伸至同盟市加普亚，接着又向拉丁殖民地贝内文托伸展，并继续南下，到达同属拉丁殖民地的韦诺萨。在塔兰托进入罗马势力范围之后，又延伸到了这座同盟市，最后到达拉丁殖民地布林迪西。至此，全线才告完成：

罗马→罗马殖民地→同盟市→拉丁殖民地→拉丁殖民地→同盟市→拉丁殖民地

很显然，罗马人铺设的道路网就像这条交通动脉——“高速公路”化的阿庇亚大道所示，是以军事为第一目的的。但是，如此完善的系统不可能用途如此单一。因为不收取过路费，任何人都可以利用公路出行。装满葡萄酒坛的马车、驮着柴火的驴也可以走在这些大道上。当然，若遇到行军途中的军队，必须礼让一旁。正是因为这些道路的存在，甚至连遭遇贼寇及强盗袭击的危险也大大降低。因为贼寇不可能出没于军队频繁往来的道路上。

我想，按现在的话说，罗马人大概是第一个注意到“完善基础设施”的重要性的民族。基础设施的完善直接关系到生产力的提高。同时，生产力的提高又与生活水平的提高密切相关。在当代，这一点已是常识，几乎无人不晓。

闻名于后世的所谓的“罗马化”，指的不就是包括法律在内的“完善基础设施”吗？值得罗马信赖的合作者，不正是那些通过“罗马化”而了解到在罗马保护之下能够得到好处的被统治民族吗？

但是，从迦太基手中夺取的西西里，对于罗马人来说却是全新的事物。

首先，罗马必须考虑如何防止迦太基再次涉足西西里。其次，除了锡拉库萨，西西里处于小城邦割据的状态，不适用罗马联盟的方式。西西里小城邦的历史是相互对抗的历史，要在这样的地方建立秩序，罗马联盟的方式很难奏效。因为，罗马联盟方式的前提是相互间的关系几乎对等。但是，如果在西西里不建立稳定的秩序，那么那里随时会有重落迦太基之手的危险。

罗马人考虑再三，决定在西西里建立行省。对罗马人来说，这是前所未有的做法。但是，罗马人并没有在西西里全岛实施行省制，他们依然采用了不同情况不同对待的做法。

首先，锡拉库萨是与罗马建立了同盟关系的国家，罗马尊重其独立和自治。锡拉库萨甚至不承担向罗马提供兵员的义务。相反，锡拉库萨得到了罗马的保护，无须再担心敌人来犯，特别是与其长期交恶的敌人迦太基来犯。锡拉库萨僭主希伦要承担的义务只是每 15 年更新一次同盟协议以及优先把小麦卖给罗马而已。锡拉库萨并不是罗马的行省。

第二个例外是墨西拿。第一次布匿战争的爆发地就在此地。在这个城邦里，统治阶级的基础较为薄弱，罗马把它归入了同盟市的行列，与那不勒斯同等待遇。作为罗马联盟的同盟市，在享有国内自治权的同时，有义务向罗马提供海军基地和战船维护设施。

此外，巴勒莫、塞杰斯塔、埃里切等城邦也享受到了和墨西拿同样的待遇。这些城邦虽然曾经是迦太基的属地，但是，自从臣服于罗马以后，一直没有二心。罗马允许它们享有完全的国内自治权，所以，这些城邦也不适用行省法。

锡拉库萨的管辖范围占西西里的近四分之一，墨西拿及巴勒莫等自由城邦的领地合计也在四分之一以上。因此，罗马建立行省的区域只剩下西西里的二分之一。尽管如此，建立行省对罗马来说，意味着采用超出罗马联盟方式的新型统治方式的开始。此外，罗马在撒丁和科西嘉无一例外地全部采用了行省统治的方式。

在这里，无论是独立的同盟国还是行省，罗马人在完善基础设施方面没有区别对待。因为，对他们来说，完善基础设施的主要目的在于使军队行动更加便捷。

一直以来生活在罗马统治下的人只有两种类型，即有罗马公民权的人和无罗马公民权的人。无论有无罗马公民权，只要是罗马同盟国的一员，两者都是以服兵役的形式来代替缴纳直接税。但是，第一次布匿战争结束后，加上行省的居民，罗马统治下的人就变成了三种类型。

"Provincia"（行省）是现代法语"Provence"的词源。那么罗马人是怎样开始最初的行省统治的呢?

罗马向行省派出法务官，他们享有与执政官同等的"统治权"，全权负责在行省的统治。不同的是，执政官有两人，作为行省最高统治者的法务官只有一人。法务官下面的财务监察官等事务官，人数不多，每年从罗马派遣。之所以每年派遣，是因为他们要经过公民大会的选举。被委以统治西西里行省重任的法务官，驻地设在西西里的马尔萨拉，因为这里是距离迦太基最近的海港城市，地处西西里的强邻迦太基最前沿的位置上，尽管此时的迦太基并非罗马的敌对国。

虽然行省法只适用于西西里二分之一的区域以及只开发了海岸地区的撒丁和科西嘉，但是，除了接受罗马的直属统治外，行省的最大特点是所有领地为罗马的直属地，行省的居民只能向罗马租借已成为罗马公有地的被没收土地来经营农业，并向地主罗马支付租地费。

事实上，罗马在打败那些后来成为罗马联盟的加盟国时，同样割占了它们的部分领土，因此，在向罗马政府支付租地费方面，它们与行省的居民一样。两者之间的不同只是反映在遭割占的土地是部分还是全部。

此外，罗马公民要经营农业，同样要向国家租借土地，因此在这一点上，所有人一律平等。而且，罗马不允许一个人想租多少就租多少，即使是元老院元老，租借土地也不能超过500尤格，相当于125公顷。在罗马，除了间接税，国库的主要收入就来源于这些公有土地的租地费。

行省的第三个特点就是行省居民有义务缴纳直接税，就像他们的别称叫“有义务支付租税的人”所示。

作为租税，行省居民必须向罗马缴纳收入或收益的10%。农牧民似乎是以实物纳税。直接税的别名因此又叫“什一税”。

除此之外，他们还要缴纳5%的关税。不过，这个税项不是只向他们收取的，罗马公民和同盟国公民也要缴纳。

直接税的税率定为一成，依据有二：一是锡拉库萨僭主征收的租税税率为10%；二是迦太基人在觊觎向西西里渗透势力的时候，对西西里网开一面，和对手锡拉库萨一样，只按10%的税率征收租税。尽管他们在非洲属地征收的税率非常高，通常为25%，有时甚至高达50%。因此，罗马在确定税率的时候考虑到了锡拉库萨和迦太基的因素。

行省居民有义务缴纳什一税，但是他们没有服兵役的义务。这一义务是罗马公民及同盟国公民必须承担的。也就是说，行省居民没有义务支付罗马公民和同盟国公民必须支付的直接税，即所谓的“血税”。

租地费一般控制在承租人可承受的水平上。如果罗马公民在行省经营农牧业，也必须租借农牧地。尽管在意大利本土不需要缴纳什一税，但是在气候宜人的西西里租借土地，即便付过租地费，缴纳过什一税后，收益仍然比在意大利本土做相同的事情高得多。

如果没有累进税制，一律按收入的十分之一纳税的话，今天的我也很乐意接受。但是在那时又是租借费，又是所得税，似乎表明人类已经启动了不好的那部分智慧。当然，如果税率真的统一为十分之一的话，国税局的规模或许可以减半了。

在古代罗马，国税局是私营的，由包税人——直译叫“公务代办人”——承包经营。每年包税人参照上一年的产量，预计出当年的产量，并参加征税权投标。如果包税人提出的税额远高于纳税人所能承受的，那么即使中标，他也有破产的危险。因此，税额通常稳定在一个比较合理的范围内。包税人应得的份额是什一税中的十分之一。此外，他们必须向行省总督提交有关征税事务的所有文件。

与个人承包征税业务相比，罗马更鼓励由行省的各城市承包这一业务。在西西里，没有一个包税人是外人。尽管只是直接税的1%，罗马还是希望回馈给当地的人。

第二次布匿战争爆发后，罗马面临了前所未有的危机，为此，曾一度把什一税临时增加到了五分之一。但是，即使在那种情况下，作为税项征收的依然是十分之一，另外十分之一则以收获物的形式缴纳，并由罗马政府买单。

接受了行省统治的西西里渐渐变身为罗马的粮仓，仅仅是作为税收上缴的小麦一项，每年据说也有200万摩第（约合1 800万升）。缴完税后，余下的小麦可以自由买卖。当然，买家由迦太基变成了罗马。

与意大利产的小麦相比，西西里产的小麦价格便宜近三分之一到二分之一。受此冲击，缺少耕地的罗马近郊农业最先失去了竞争力。

罗马周边的土地从小麦种植地变成葡萄和橄榄种植地就始于这一时期。

由于行省没有兵役义务，所以保卫行省的任务就落在了罗马这一强国身上。只是在第一次布匿战争结束后，罗马人认为和平时期已经到来，因此，罗马在西西里只驻扎了 4 200 名步兵和 200 名骑兵。既然防御针对的是迦太基，那么驻地自然选在了行省总督法务官所在的马尔萨拉。

行省统治后来也显露出了弊端，但是在公元前 3 世纪的时候尚进行得非常顺利。正像行省法规定的那样，居民享有充分的信教自由；如果认为统治方法有失公允，居民有权向罗马元老院提起申诉。就连他们使用的语言都是统治者罗马人热衷学习的，所以对于成为行省公民的希腊系西西里人来说，并没有感到任何不适。

在西西里建立行省之后，当地各城邦之间原本习以为常的冲突消失了。因适应了罗马人那种“完善基础设施”的统治方式，西西里的生产力不断提高。我想最早满足于“罗马统治下的和平”的居民，大概就是西西里的希腊人。

但是，罗马归根结底是霸权国家。作为霸权国家，罗马认为不仅有义务保护其势力范围内各国的安全，而且也有义务保护这些国家居民的利益。第一次布匿战争结束后，欢庆和平到来的罗马人关上了战神雅努斯神殿的大门。然而，在此后不到 10 年的时间，为了保护同盟者的利益，罗马再次打开了雅努斯神殿的大门。

意大利半岛东部面向亚得里亚海。如今属于前南斯拉夫和阿尔巴尼亚一带的地区在古代叫作伊利里亚，是伊利里亚人生活的区域。伊利里亚一带有很多复杂的海湾湖汊，在历史上常常成为海盗的巢穴。

伊庇鲁斯王国强盛时期，由担当清剿职责的军队看管这一地区。但是，在伊庇鲁斯王国衰败后，马其顿王国又无暇顾及此地时，亚得里亚海于是就成了海盗独霸一方的所在。最直接的受害者是以通商为立国之本的意大利南部希腊系各城邦。于是，罗马向伊利里亚派去使节，要求其停止海盗行为。

但是，在希腊鼎盛时期，依然是未开化民族的伊利里亚人，不仅不接受罗马使节提出的要求，甚至还蛮横地杀害了使节。罗马于是决定向伊利里亚人宣战。

公元前229年，由两位执政官率领的2万名步兵和2 000名骑兵乘坐200艘战船，离开了布林迪西。这是罗马第一次进军希腊。

在训练有素的罗马军队的攻击下，海盗很快被打得落花流水，他们的据点之一阿波罗尼亚陷落后，罗马军队就势把大本营安在了此地，最终伊利里亚人不得不前来求和。罗马军以割让阿波罗尼亚及其周边为条件，同意了讲和。就这样，以布林迪西和阿波罗尼亚为两根门柱的亚得里亚海出入口也并入了罗马的势力范围。从此以后，与希腊通商的意大利南部各城邦的船只解除了遭遇海盗的危险。

罗马通过打压伊利里亚人，确保了东部边境的安全。南部和西部的边境因得到西西里和撒丁，早已有了安全保证。

从边境安全的角度来看，现在只剩下北边了。生活在意大利北部的民族是高卢人。早期，按希腊人的称呼，这个民族叫凯尔特人，此时这一叫法早已弃用，改叫高卢人。罗马与高卢民族的边界线不直接接壤，但是，罗马的同盟国伊特鲁里亚和翁布里亚与高卢直接接壤。

尚未开化的高卢人不知道可以通过增收的方法来养活日渐增多的人口。当饥荒袭来的时候，他们采用的办法就是由军队做开路先锋，进行全民大迁移。高卢人就像公元前390年攻打罗马时一样，随时都会进行全民大迁移。他们的存在就好比火山，随时可能爆发。连马其顿王国也时刻不忘关注北边的色雷斯，目的就是为了不给在那儿的凯尔特人南下的机会。

高卢人并非总是对罗马北部造成威胁。在大丰收之年，粮仓充足时，他们会老老实实地待在自己的地盘上。再加上高卢人内部分为许多部族，各部族之间争斗不断，很多时候无法实施南下的行动。因此，当高卢人居住的整个地区出现饥荒的时候，以及高卢人各部族建立起共同体的时候，罗马需要提高警惕。公元前238年至前227年，尽管其间出现过危险的情况，但都是暂时性的，没有严重到罗马需要向那里派遣执政官并动用军队的程度。

但是，公元前226年的情形就大不一样了。隔着阿尔卑斯山，生活在意大利一侧的高卢人和生活在高卢即现在的法国一侧的高卢人之间，建立起了共同体。为了让饱受饥饿的族人吃上饭，他们只有南下攻打罗马属地。

第二年，即公元前225年，由5万名步兵和2万名骑兵组成的高卢军队横渡波河开始南下。迎战他们的罗马军队决心乘机从根本上解决北方问题，因此，罗马把2位执政官及其率领的4个军团送出了城。罗马公民兵有步兵2.1万人、骑兵1 200人，加上来自同盟国的步兵3万人、骑兵2 000人，共计步兵5.1万人、骑兵3 200人。这就意味着，罗马投入了这一年可以动员的几乎所有的现役兵力。

率领其中两个军团的执政官帕普斯前往里米尼，率领另两个军团的执政官阿蒂利乌斯·雷古鲁斯前往比萨。两地都处在北部最前线的位置，里米尼在东侧，比萨在西侧。

高卢军队南下途中，极尽抢掠之能事。他们南下的路线正好处于埋伏在东西两侧的罗马军队之间。罗马军队分别从里米尼和比萨发起进攻，对高卢军队形成了合围之势。战斗进行得异常激烈，执政官雷古鲁斯阵亡。尽管如此，这场战斗仍然以罗马军队的胜利而告终。高卢军队像以前一样，在战斗初期力量惊人。但是，随着战斗的持续，他们越来越弱。高卢方面，阵亡士兵达 4 万人，被俘上万人，余下的人逃向了波河以北。

一年以后，即公元前 224 年，罗马再次派出两位执政官率领四个军团北上。这一年，罗马军越过了卢比孔河。这条河经过里米尼北部，最后流入亚得里亚海。仍未从上一年的失败中恢复元气的高卢人只能以小规模的战斗来抵抗罗马军队的进攻。罗马军队采取的是瓦解高卢人的战术。几个有实力的部族同意与罗马和谈。

公元前 223 年，率领罗马军团的两位执政官之一是以性格果敢著称的盖乌斯·弗拉米尼乌斯。就在这一年，他率军渡过了波河，这充分反映了这位指挥官的性格。眼看罗马军打到家门口，高卢人奋起抵抗。他们召集了 5 万人的军队迎战罗马军团。一番激战过后，战斗再次以罗马军队的胜利而宣告结束。几个有实力的高卢部族选择了与罗马签署和平条约。

高卢人全都对此深感不安。刚进入下一年，高卢人会合了刚翻过阿尔卑斯山前来增援的部队，组成共计 5 万人的军队向罗马军团发起了攻势。由 2 位执政官率领的 4 个罗马军团击退了他们的进攻，不仅如此，还把他们一路追到了波河上游，攻占了高卢人位于阿尔卑斯山以南的老巢——现在的米兰。

在这次战斗中，高卢方面一个部族的酋长向罗马的 2 位执政官提出单独决斗的挑战。执政官克劳狄乌斯·马尔凯鲁斯接受了挑战。马尔凯鲁斯时年48岁，如果是一名普通士兵，无疑这个年龄已经退入了预备役。由于他非常敬佩高卢民族的个人作战能力，所以他无法不接受挑战，而且，他的性格也决定了他必定会接受挑战。

在两军士兵的注视下，一对一的决斗开始了。决斗结果是，罗马执政官胜出。这是关于马尔凯鲁斯的一段插曲，他在若干年后对汉尼拔的战争中，被誉为"意大利之剑"。

到了公元前220年，平定阿尔卑斯山以南高卢人的战斗暂告一段落。当然，这并非意味着所有阿尔卑斯山以南的高卢人都屈从了罗马，事实上，只是与罗马缔结和平条约的部族增加了。罗马决定把防线从卢比孔河移至波河。公元前218年，罗马在与波河相接的皮亚琴察和克雷莫纳建起了"拉丁殖民地"，并且铺设从里米尼到皮亚琴察的道路一事也提上了日程。在弗拉米尼乌斯的提议下，从首都罗马到里米尼的弗拉米尼亚大道已于四年前完成。罗马人准备在波河以南也实行"罗马化"。然而，汉尼拔没有给他们这样的机会。

第一次和第二次布匿战争相隔的23年里，罗马人除了在西西里实行了行省统治，击退了伊利里亚海盗，打败了高卢人外，还在第一次布匿战争结束后的公元前241年进行了一场意义深远的改革。这是在公元前6世纪中叶的王政时期第六代国王塞尔维乌斯推行税制、选举制、军事改革后相隔300年的又一次改革。

罗马已经不再是台伯河周边农民和羊倌们聚居的国家，也不再是版图仅限于意大利半岛的国家，它已经把西西里和撒丁等地纳入了自己的保护之下。很显然，塞尔维乌斯的体系不再适用这一现状，但是，罗马人并未实施大的改革。他们只是对塞尔维乌斯制定的制度做了一些调整，以适应现状。需要改的就改，不需改的则不做修改。如果拿公元前 241 年的改革与塞尔维乌斯的改革进行对比，具体的情况就反映在上面的两个表中。其中阶级的划分依据的是每五年进行一次的人口普查时登记的资产额。

公元前 6 世纪中叶的改革

等级	财产 （货币单位：阿斯）	军队 （单位：百人队）	票数
第一等级	100 000 以上	骑兵 18，步兵 80	98
第二等级	75 000 ~ 100 000	步兵 20	20
第三等级	50 000 ~ 75 000	步兵 20	20
第四等级	25 000 ~ 50 000	步兵 20	20
第五等级	12 500 ~ 25 000	步兵 30	30
无产者	所谓的财产只有子女	步兵 5 常常免除兵役	5
合计		骑兵 18（1 800） 步兵 175（17 500）	193

公元前 241 年的改革

等级	财产 （货币单位：阿斯）	军队 （单位：百人队）	票数
第一等级	100 000 以上	骑兵 18，步兵 70	88
第二等级	75 000 ~ 100 000	步兵 70	70
第三等级	50 000 ~ 75 000	步兵 70	70
第四等级	25 000 ~ 50 000	步兵 70	70
第五等级	12 500 ~ 25 000	步兵 70	70
无产者	所谓的财产只有子女	步兵 5 常常免除兵役	5
合计		骑兵 18（1 800） 步兵 355（35 500）	373

对上述两次改革进行对比，可以发现，最大的改变是罗马社会的中产阶级化。在王政时代，第一等级拥有的票数足以超过公民大会上的一半选票。但是，在第一次布匿战争以后，如果没有第二、第三等级的支持，仅靠第一等级的选票无论如何也过不了半数。这也表明，国家的意志体现为更加广泛的公民意志。中产阶级队伍的扩大，标志着这 300 年间，罗马人的社会已经发展成为一个健全的社会了。

投票权的扩大化是与兵役义务的扩大化相关联的。在由拥有罗马公民权的人构成的罗马军队中，公民兵的阶层人数变得更加广泛，在军团指挥官的任职上也不再有贵族和平民之分，这对强化罗马举国一致的体制起到了积极有效的作用。

罗马军团

无论什么事情，罗马人都喜欢规范化，他们的这种性格在罗马军团的编组上表现得最为彻底。为了做到随时能够应对危机，采用规范化的机制是最好的策略。但是那个时代的普遍状况是：一切以君王的号令为准，来调集军队或根据需要去招募雇佣兵。罗马人的做法显得与众不同。

首先，罗马公民权拥有者分属于 35 个行政区，每个行政区除了无产者，17 岁到 60 岁符合服兵役年龄的男性，根据其拥有的资产多少又分五个等级。在此基础上，再分现役和预备役。现役年龄是从 17 岁到 45 岁，叫“Juniors”，这是“Junior”一词的词源。46 岁到 60 岁为预备役，叫“Seniors”，这是“Senior”一词的词源。指挥官没有年龄限制，但是，只要不是无可取代的人物，过了 60 岁通常也要退役。

召开公民大会的时间是在自然休战期的冬季，地点是罗马的马尔斯广场。在这里首先选出两位担任次年度最高司令官的执政官，然后进行其他将领的选举。罗马军的作战单位是每位执政官统率 2 个军团，所以，2 位执政官统率 4 个军团。4 个军团需要 24 名军官。其中 10 人必须有 10 年以上的军旅经验，因此，年龄小于 27 岁，公民大会不承认其候选人资格。余下的 14 人至少要有 5 年的军旅经验，而且年龄必须在 23 岁以上才有资格参选。

选出的 24 名军官，根据得票数多少，依次分配职位。

前 14 个人依次为第一军团 4 人，第二军团 3 人，第三军团 4 人，第四军团 3 人。后 10 个人的分配不按得票数多少，而是按年龄大小。

根据年龄，从大到小依次为第一军团 2 人，第二军团 3 人，第三军团 2 人，第四军团 3 人。就这样，每个军团的 6 名上级指挥官分配完毕。从军官的分配结果可以看出,4 个军团中“领头羊”是第一军团。

执政官被选定，担任执政官辅助工作的军官也被选出并分配完毕后，35 个行政区通过抽签确定下一年度服兵役的区。一个区一个军团。如果这一年的军事行动只要 4 个军团就可以解决，那么八分之七以上的区民当时就可以回家。居住在这些区的居民，无论年龄大小，一律成为预备役。假如有的区运气太好，从来也没被抽中过，那么针对这种情况，公民大会会进行适度的调整。罗马人虽然喜欢循规蹈矩，但是他们的大脑并不僵化。

通过抽签选出担任军务的行政区后，居住在这些区的所有现役男子，要到卡匹托尔山集合。来这里的人并非个个都要承担军务，因为每个军团的人数是有规定的。

四个行政区分别列队，每个队伍各上前出列四个人，组成四组。要求年龄、体格相近，这是不成文的规定。

第一军团的军官首先带走第一组的四个人，编入自己的军团。接着按第二、第三、第四军团的顺序，在军官们的指挥下，每四人一组分别编入各军团。然后，从四个行政区的队伍中再次分别出列四个人，组成新的四组。这次从第二军团开始“分配”，依次是第三、第四、第一军团的顺序。这一轮结束后，接下来的四个组按第三、第四、第一、第二军团的顺序进行分配。随后的一次分配从第四军团开始，按第一、第二、第三军团的顺序进行。像这样不断循环，直到各军团达到规定的人数为止。看上去好像很复杂，容易造成混乱，但是做这种事情的是罗马公民，而且其中不乏服兵役达十数次之多的人。在卡匹托尔并不开阔的山上，已经习以为常的他们总能把分配工作做得井然有序。用如此复杂的方式分配士兵，目的当然是为了使各军团的士兵能力相当。

在罗马，一个军团的罗马公民兵的人数规定步兵和骑兵合计为4 500人上下，即使遇到和强敌对抗的年份，最多也只能增加到5 000人，因而4个军团加起来就是1.8万到2万人。因此，从每个行政区队伍中抽选“出列”的工作在达到这个人数后就结束了，余下的人回归预备役，各自回家。

罗马士兵都是普通的公民，因此，罗马非常厌恶无目的的征兵行动。罗马自有一套完整的士兵召集体系，即使出现突发情况，也能应对自如。担任这一年兵役的行政区中，作为预备役遣散回家的现役男性首先接受征召，然后是其他区的现役。如果还不够，再召集担任兵役的行政区中的预备役。总之，前前后后井然有序。只要不发生太严重的事态，不会召集免除兵役义务的无产者。因为这样会剥夺那些无法依赖资产收入的人赖以生存的粮食来源。

骑兵由资产最多的第一等级担任，4个军团共1 200骑的数量是固定的。因为数量少，所以在分配给各军团时，按惯例先于步兵进行，每个军团各300骑。

军团编组完成后，全体士兵与执政官及其他军官一起，面对神殿，向诸神发誓。作为自由的公民，为保卫自己的国家和家人，全心全意地完成兵役。

这一仪式结束后，执政官宣布集合的时间和地点。通常集合的时间定在每年的3月15日。在这一天到来之前，士兵可以待在自己家里。

罗马公民兵组编结束后，两位执政官这才向罗马联盟的各同盟国要求派遣士兵参加来年春季的军事行动。因为各同盟国享有自治权，所以选拔士兵的方式应该各不相同。但是，实际上，许多城邦都采用罗马的方式。

根据每个同盟国与罗马签订的条约，各同盟国参加相当于多国联军的罗马联盟军的人有一定的比例，按各同盟国成年男子的人口计算。根据历史学家李维的计算，公元前225年，符合罗马公民兵兵役要求的人数是28万。与此相对应，各同盟国合计达60万人。这两个数字中，罗马公民兵人数包括了现役和预备役，同盟国士兵的数量只是现役。

公元前225年，因连续与高卢人作战，罗马不得不对正常规模的4个军团进行补充。以这一年为例，战斗力分配情况如下：

罗马公民兵——步兵—20 800 / 骑兵—1 200——22 000

同盟国士兵——步兵—30 000 / 骑兵—2 000——32 000

保护西西里等行省的人（只有罗马公民兵）——步兵—8 400 / 骑兵—400——8 800

罗马公民兵合计：30 800

同盟国士兵合计：32 000

符合服兵役的罗马人中，现役和预备役的比例如果按 2∶1 粗略计算的话，罗马公民的现役人数约 20 万人，各同盟国的现役人数是 60 万人。每年动员的士兵人数基本相等。这就是说，具有盟主地位的罗马，其公民服兵役的次数是同盟国居民的 3 倍。

罗马军团的总指挥权通常由罗马人掌握。但是，这不仅仅因为罗马具有盟主的地位，应该说，罗马承担了比其他国家更多的牺牲吧。

按照执政官的要求，罗马公民兵和同盟国士兵在规定的时间、规定的地点集合完毕后，都要向作为最高司令官的罗马执政官发誓，在战斗中严守罗马军纪。至此，“罗马联军”正式开始履行职责。

来自各同盟国的士兵在集结地集合完毕后，分别由来自本国的指挥官率领。在执政官召集的作战会议上，这些同盟国的指挥官也要列席。

作为罗马联军核心的罗马公民兵，出于战术上的考虑和纳税义务的多少，又分以下五种（单位为正常时候的战略单位，即两个军团）：

第一是由 600 骑组成的骑兵，分若干小队，每小队 30 骑。第二是轻装步兵，由资产调查中认定属于第四或第五等级的公民构成，士兵数量为 2 400 名。只需要轻武器的他们，在多数情况下打前卫，或作为游击队作战。

普遍认为罗马军团等于重装步兵。事实上，罗马军的主力就是重装步兵，由罗马公民中出身于上、中等阶级的人组成。在资产调查中，第一、第二、第三等级出身的人全部编入重装步兵。属于第四等级的人有时候也会被编入重装步兵。

分前后三排横队作战的为常规战术的罗马军重装步兵，又分为以下三种：

第一排横队是最前面的“新兵”，由年龄17岁以上、缺乏战斗经验的年轻公民组成。士兵数为2 400人。

第二排是“熟练兵”，他们以罗马军团的核心而闻名。当前锋线被敌军冲破时，就需要他们挺身而出。因此，阻止溃败是他们的任务。年龄在30岁以上。士兵数也是2 400人。

第三排是“老兵”，由40岁上下到45岁的现役中年龄最大的公民构成。虽然他们体力上不占优势，但是他们作战经验丰富。由他们负责后卫是罗马的常规做法。士兵数为1 200人。

组成三排横队的罗马重装步兵中，如果新兵、熟练兵和老兵分别是中队的话，每个中队还会分成20个小队。这就是罗马军可以在战斗中做到机动灵活的原因。新兵和熟练兵的小队分别由120人组成，只有老兵由60人组成。这就是罗马军团的最小战斗单位“百人队”。率领小队的是以古罗马为题材的电影中必定出现的“百夫长”。

总司令、参谋长及中队指挥官均是由公民大会投票选举产生。与名门子弟及名声在外的将领比较容易当选军官不同，百夫长是由他所属的小队队员投票选举产生的。经过历练有经验的人通常会当选这些下级士官。

但是，鉴于他们的社会地位以及下面要讲到的理由，把下级士官翻译成“军曹”，感觉上总有些不妥。

第一个理由是罗马军重装步兵享有很高的社会地位。在当时的罗马，他们即便不属于精英之列，至少也属于中流以上的男性。在当时国家政体最高决策机构的公民大会上，他们掌握着半数以上的票数。

他们能够充满自豪地说自己作为公民兵，是罗马军队的主力。

第二个理由是两个军团加起来共 60 名的百夫长中，按照得票数，前 12 人可以参加由执政官召集的作战会议。与会者是 12 名将官和 1 个骑兵队队长以及列席参加的各同盟国指挥官。

罗马军团的百夫长不是纯粹的下级士官。与上级指挥官相比，作为下级指挥官的他们才是罗马军团的中坚力量，他们才是站在罗马军团最小战斗单位“小队”的前头、率领士兵冲锋陷阵的一线指挥员。

军团最高司令官的能力实际上体现在他可以让百夫长发挥出多大的作用。罗马的名将都是那些对百夫长知人善用、能够有效地指挥他们的帅才，恺撒是其中的佼佼者。

再来说一说罗马士兵的装备。公元前 3 世纪以前，在相当长的时间里，士兵的装备都由个人负担。到了公元前 3 世纪，罗马军出于统一军容的需要，改由国家配发装备。当然，配置装备的费用要从收缴的“经费”中扣除。

轻装步兵的装备是剑、投枪、盾以及简单的头盔、护胸和轻便的军靴。

盾是直径 90 厘米的希腊式圆形盾。头盔、护胸和鞋是皮质的。头盔上装饰有漂亮的饰物，是为了与日耳曼和高卢人相比个子略矮的罗马人看上去能够稍稍高一些。但是，不是冲锋陷阵的重装步兵是不允许戴有饰物的头盔的。

投枪细长，越往前越细，长度为 1 米左右。这种投枪一旦投掷出去，就不能再回收使用。即使到了敌人的手中，敌人也无法使用，因为细细的尖头扎过就断。

重装步兵虽然分前卫、中央和后卫队形，但是他们的装备都一样，都是罗马人想出来的重装备，与中世的重装备相比，轻便许多。

头盔为铁质或铜质，上面装饰有50厘米左右长的羽毛。胸甲不光用于护胸，也护背，是用薄铁片或厚重的皮革制成。护腿使用的材料也相同。

这一时期的盾是1.25米×1.5米大的椭圆形。考虑到可能被敌人砍伤，或出于立在地上的需要，25厘米宽的外周部分用铁皮增强坚固度，其余部分成弧形，中间凸起，便于躲避敌人投掷过来的石弹、投枪以及直刺而来的剑。倒扣碗状的中心部分也是为了避开敌人的攻击力而设计的。盾的基本形状是由两块木板合在一起，内侧一面贴麻布，外侧贴牛皮。我猜想，这样的盾应该很重。好在罗马人虽然个子不高，体格却足够健壮。

直到公元前250年西庇阿·阿非利加努斯对剑进行改良，在此之前罗马士兵使用的剑一直都是细长的，战场上通常采用砍杀而不是刺杀的方法。公元前250年，西庇阿终于引进了西班牙原住民使用的双刃短剑。

投枪可以投掷，也可以直刺。波里比阿在他的书中留下了这样的记载：他说，投枪的长度有3米，投程可达25米。年纪较轻的新兵和熟练兵每人规定携带一粗一细两支投枪，40岁以上的人组成的后卫老兵携带一支即可。但是，一支的重量也在1公斤以上。

在以重装步兵为主力的罗马军团中，骑兵数量较少，战斗力也较低。骑兵的装备由国家经费负担。不过，骑兵通常都是来自富裕阶层，这自有其原因。在古代，驾驭马匹本身就是一种技能。一个人从小没有骑过马，或者不习惯骑马，从头学起来会非常困难。

古代没有马鞍，马鞍是中世纪的发明。会骑马并不意味着有战斗力，因此，罗马军团的骑兵很多时候是用来传令或进行侦察的，最多也就是在战场上用来追击溃败的敌人。2 个军团加起来不过 600 骑，也是因为骑兵缺乏灵活性，不能充分发挥有效的作用，因此，这个数量已经足够。罗马军团的骑兵团给人印象最深刻的是作为名门子弟的“士官学校”。

与步兵的装备不断得到改良有所不同的是，罗马骑兵的装备模仿希腊骑兵的装备，只配备胸甲、头盔、剑、投枪和圆形的盾。

不幸的是，罗马军团对骑兵的使用方法后来竟成了被汉尼拔攻击的最大弱点。

在集结地集合完毕的罗马公民兵，已经就地完成了从中队到小队的编组和武器的配发等所有事务。来自各同盟国的士兵也完成了编队。他们的编队方法与罗马公民兵略有不同。

首先，由各同盟国推荐有资格的人组成执政官的近卫队，负责执政官身边的一切事务以及警卫任务。后面将要提到，在营地距执政官营帐最近的就是他们。罗马把保卫本国出身的最高司令官的任务交给了虽是同盟国却仍为外国公民的他们，而不是本国公民。各同盟国派出担任此任务的都是各国的指挥官预备队，因此，罗马也按士官的待遇给予他们在军团内的待遇。

其次，从同盟国士兵中挑选三分之一的骑兵和五分之一的步兵，组成精锐部队。这支同盟国精锐部队相当于罗马军团重装步兵的中坚力量——熟练兵。

同盟国士兵中余下的三分之二骑兵和五分之四步兵再分别组成两支部队，分别叫左翼和右翼，与罗马公民兵的第一军团、第二军团叫法不同。最小的作战单位是小队，由来自同一城市或同一地方的人组成，小队长也从他们中间产生。

所有这些编队全部在集结地完成，便于他们随时投入战斗。行军中的顺序也按单位行进。

走在最前头的是同盟国的精锐部队，随后是跟着警卫部队的执政官，也算先头部队。

第二支队伍是同盟国士兵中的右翼，他们的装运行李和物资的马车队紧随其后。

第三支队伍是罗马公民兵中的第一军团和紧随其后的装运行李和物资的马车队。

第四支队伍是罗马公民兵中的第二军团和他们装运行李和物资的马车队。

殿后的一支队伍是同盟国士兵中的左翼和他们装运行李和物资的马车队。

这是罗马军团常规的行军次序。按照这样的行军次序，即使中途遭遇敌人，也能迅速排好阵型。因为只要横向散开即可。

骑兵行进在自己所属的军团两侧，或行进在装运行李和物资的马车队的两侧。

如果事先预计到路上可能有敌人从背后突袭，这时，通常走在队伍最前列的执政官和同盟国的精锐部队转而殿后，走在行军队伍的最后。其余队伍行军顺序不变。

事实上，在无须担心敌人来袭的时候，行军途中也经常变换顺序，目的是为了让大家都能得到休息，补充水和粮食。

如果行军路线正好在铺就的既平坦又宽阔、易于行进的罗马大道上，或者在宽阔的平野上，队伍会排成三列或四列纵队前进。这种时候，装运行李和物资的马车往往与队伍平行前进。这样，即使出现突发情况，装运行李和物资的马车还可以起到盾牌一样的防御作用。

罗马军团一天的行程通常为25公里。

罗马军团的队形的确非常规范。看到罗马人在任何事情上都体现出井然有序的性格，我感到由衷的钦佩。不过，罗马人的井井有条远未到此结束。一天的行军结束之后，在搭建营地的时候，他们的规范化更是达到了登峰造极的地步。希腊人波里比阿写过这样一句话："在希腊，这种事情的处理要随心所欲得多。"

但是，罗马人有他们追求规范化的理由。因为从指挥官到士兵每年都要更换，如果没有规范化的规定，很容易出错。因此，为了在任何时候都能得到相同的结果，在所有细节上做出规定是很有必要的。

罗马人的确做到了尽善尽美，即使只使用一个晚上的营地，他们也忠实地按照规范来搭建。罗马人把规定定得非常细，即使到了帝政时代，这些规矩依然无须更改。不仅如此，罗马人把搭建营地的做法同样用在了建设新城市上。

行军至日落黄昏，值班的一名士官率领一个小队先行，寻找适合队伍当晚宿营的地方。一旦找到一个在防御方面没有什么问题、附近又有水源、可以容纳近2万名士兵的开阔地方，他们就会在中心位置竖起一面白色旗子，表示此地是执政官帐篷的位置。以此为中心，向外围搭建营地。当然，他们不用卷尺丈量间距，是靠步行测量的。一步的距离约30厘米。

就这样，长800米、宽600米的营地就定下来了。东、南、西、北四个方向都有出入口，从出入口往里是宽阔的通道，相交于中央。为了预防因突变发生混乱，这些主要通道都很宽。接着，他们一边步行测量间距，一边决定搭建帐篷及各方要冲的位置，分别插上旗子。

等这些准备工作完成的时候，大部队也到了。接下来的事情就由大家一起完成。营地的主要通道旁边会设一个圣火台，这里是奉上祭品向诸神祈求保护或进行鸡卜的地方。它的一侧是演讲台。在罗马军团，作为总司令的执政官向士兵做战前演讲，被认为是加强司令官和部属之间交流的一个非常重要的环节。

执政官的帐篷就在圣火台的后面，其帐篷的一侧是财务监察官的帐篷，他们属于军团的经济部门。为方便保护执政官，负责警卫的士兵的帐篷也在旁边。往外是 12 个将官的帐篷。此外，骑兵和同盟国指挥官的帐篷也在这一区域。营地余下部分是军团士兵的帐篷，各军团依次搭建。同盟国士兵也一样。各帐篷之间的距离必须等距，就像用线拉过一样。马棚搭在营地的外墙边上。最后，环绕四周，要挖一条壕沟或搭建栅栏。尽管只是一个晚上，但是在安全方面他们绝不掉以轻心。自此营地搭建才告结束。因为规定很具体，所以搭建营地用的时间出乎意料地短。大概士兵们早习以为常了吧。

罗马军队在搭建营地方面的用心在其他民族中是声名远扬的。人人都知道，罗马军队到达一个地方后，最先要做的事就是搭建营地。后来，西庇阿·阿非利加努斯还将计就计，很好地利用了罗马人的这一做法。

帐篷搭建完毕后，全体人员参与大扫除。他们在帐篷之间的通道上洒上水，用扫帚扫地。

晚饭要在这一切工作都完成以后才开始。按照帐篷，每个人把食材拿到一起，轮流做饭。吃完饭后的打扫和灭火事宜都严格按要求进行。早于其他民族建造地下水道的罗马人，在营地也建有同类设施。随地小便是绝对禁止的。

夜间的警戒，从日落到日出按四等份安排四个班次，轮流值岗。

史书中经常出现“轮到第三班值岗的时候悄悄出征”的记载，指的是午夜12点。日落和日出的时间因季节而不同。一个班的放哨时间约3小时，罗马公民兵和来自各同盟国的士兵无一例外，每四天都会轮到一次。

第二天天一亮就吃早饭。可见越是优秀的司令官，越关注士兵的温饱问题。早饭结束后，士兵不得擅自行动。等到第一声号声响起，全体人员立刻动手拆除帐篷，捆扎行李。等第二次号声响起，行李装上马车。第三次号声才是离开营地开始行军的号令。行军的顺序还是按前面讲到的那样。

在罗马军团的规定中，唯一没有涉及的是罗马军士兵的用餐内容。大概是因为士兵吃的东西和公民没有太大差别，没有必要做特别规定吧。

罗马人喜欢吃鱼，不喜欢吃陆地动物的肉。甚至有记载说，因为持续的战斗，小麦补给中断，罗马士兵不得不以肉果腹。罗马人的主食是小麦粉做的面包或是以小麦粉为主的粥。他们喜欢吃蔬菜和水果，也喜欢吃奶酪和牛羊奶。这些东西和鱼就是他们的蛋白质来源。

在饮食方面，罗马人和喜欢食肉的高卢人或日耳曼人不同。与高卢人和后来才开始接触到的日耳曼人相比，罗马士兵在体格上处于劣势，他们常常会因此感到自卑。为此，他们应该多吃肉，以提高他们的身体素质。但是，他们似乎对此不屑一顾。也许他们认为战斗的胜负靠的不是体力，也许他们离不开海产品、谷物、奶酪、橄榄油和葡萄酒等地中海世界的饮食习惯。罗马士兵在行军途中的餐饮是加牛羊奶煮成的粥、面包、奶酪、洋葱和一杯葡萄酒。他们就是靠这些东西征服世界的，这实在令人称奇。现代的欧美人喜欢吃肉，是因为他们的祖先不是高卢人就是日耳曼人。

罗马军队军规严明，奖惩分明，且规定得非常细致。这也是为了在指挥官每年更换的情况下始终能够做到公正。

首先是奖励。对于特别勇敢的士兵，奖以铁制的投枪或铁杯。对于在攻城战中，冲在最前面登上城墙的士兵奖以黄金锁。那些救出战友的士兵，将得到被救士兵赠送的、由橡树叶做成的冠。

在所有奖励中，最令人期待的是当选百夫长。铁杯、黄金锁和橡树叶冠只代表一个人的战斗经历，它们无论如何也比不上担任几次百夫长来得荣耀。在介绍一个人的时候，他们会说这个人担任过几次百夫长。如果担任过第一军团而且是第一小队的百夫长的话，那种荣耀完全是各类勋章不能替代的。

其次是惩罚。罗马军队的军规之严比每晚必规规矩矩搭建营地还出名。

士兵夜间值岗时打盹，或未及时完成任务等，将面临死刑的处罚。届时会有两排人站在他的两侧，挥舞棍棒朝他身上打。这种情形下能活下来几乎不可能。此外，偷窃、做伪证、集合迟到三次以上的士兵，也要被处以相应的惩罚。

作战不努力，或过早输于敌人，这些情况属于集体犯罪，军团或小分队所有人都要接受惩罚。最轻的惩罚是其他士兵吃小麦，受罚士兵只能吃大麦。因为大麦是马匹的饲料，所以这表示他们的待遇只能与马一样。惩罚稍微重一些的，是不许他们在营地内搭建帐篷，他们的帐篷只能搭在环绕营地的栅栏外面。

因为罗马人从不惩罚打了败仗的司令官，所以最重的惩罚不是因为战败。在罗马，被处以最重惩罚的是集体违反军规，也就是不服从总司令的指挥举旗造反。出现这种情况的时候，按十分之一的比例，从军团中抽签决定牺牲者。抽中的人要担负起其他人的罪责，在严刑拷打之后被处以斩首。这一刑法通常被称为“什一抽杀法”，在罗马军队中被认为是最严厉的酷刑。因为大家虽是同犯，却不得不亲手惩处同伴，所以，这也是一种精神惩罚，而且，没有比这种惩罚更残忍的了。

罗马军队的军规因其严厉而闻名，但是，其公正性也是有目共睹的。执政官处罚亲生儿子的故事就广为流传。

罗马国库的收入来源于国有土地的租地费和间接税以及行省的什一税。

除了行省公民外，直接税都以“血税”，也就是服兵役的形式来抵扣，因此，原则上公民在服兵役期间是没有报酬的。如果还要他们负担服兵役期间的经费，显然税负过重。因此，从战斗持续一个夏季以上的公元前 4 世纪初开始，罗马军队以日薪的形式向士兵发放津贴。

步兵（不分轻重装步兵）：一天 4 阿斯。

百夫长：一天 8 阿斯。

骑兵：一天 12 阿斯。

重装步兵是拥有 5 万阿斯以上资产的罗马公民，所以，4 阿斯的日薪显然过于低廉。在那个时代，即使是奴隶，只要聪明一点，一天也能挣到 12 阿斯。所以，这点钱与其说是收入，倒不如把它看作象征性的报酬。可见，作为一个自由公民，的确很不容易。来自各同盟国的士兵，他们的日薪好像由各自的国家负担。

另外，虽然军队士兵的粮食由罗马配给，但是罗马公民在分量上也不占优势。下面是一个月的口粮配给比较：

罗马公民步兵：6 摩第小麦。

罗马公民骑兵：18 摩第小麦，外加马吃的 63 摩第大麦。

同盟国步兵：6 摩第小麦。

同盟国骑兵：16 摩第小麦，外加马吃的 45 摩第大麦。

1 摩第相当于 9 升。分配给骑兵的量多于其他兵种，是因为他们有随从。此外，罗马公民兵和同盟国士兵也有区别。对于来自同盟国的士兵，罗马方面无偿提供粮食，但是对于本国的士兵，要从他们的“工资”中扣除相应费用。

服兵役是享有参与国政权利的自由公民的职责。从经济上考虑，缴纳什一税、免除兵役的行省公民要合适得多。

但是，对于比奴隶的日薪还低的日薪，正在服兵役的无论是罗马公民还是各同盟国公民无一持有异议。

因为有他们，罗马与迦太基之战取得了胜利，保证了西部和南部国境的安全；因为有他们，伊利里亚的海盗被击溃，东部国境也得以高枕无忧；因为有他们，北方安全有了保证，高卢人的骚扰得以暂时平息。

罗马人“完善基础设施”的网络在第一次布匿战争结束后的 23 年间越铺越大，越铺越密，甚至覆盖了波河以南暂时平定高卢人后的当地人居住的区域。

罗马与罗马联盟中的各同盟城邦、同盟民族，不只是军事上的同舟共济，在经济方面也成了相互依存的共同体。

在这样的罗马找不到一个主动要与迦太基再战的理由。对于罗马人来说，需要诉诸军事行动的只有生活在波河以北的高卢人。

第三章　第二次布匿战争初期

（前219—前216）

公元前221年，罗马北部的防御体系尚未巩固。就在这一年，总督哈斯德鲁鲍尔在迦太基统治下的西班牙遇害身亡。据说是他的仆人—— 一个高卢人——不堪他的侮辱，杀死了他。哈斯德鲁鲍尔是巴卡家的女婿，在巴卡家族的直系继承人汉尼拔长大成人前，他继哈米尔卡之后统治西班牙。这位继承人退出历史舞台的这一年，汉尼拔26岁。

父亲哈米尔卡去世的那一年，汉尼拔只有18岁。8年过去了，已经26岁的他，在所有方面都已经成熟起来。在西班牙的迦太基人一致推荐他就任总督，宗主国迦太基也同意他担任总督之职。

踌躇满志的汉尼拔上任第二年就计划征服埃布罗河以南的所有地区。西班牙原住民是未开化的民族，他们的骁勇彪悍远胜高卢人，因此汉尼拔要彻底统一西班牙并非易事。

一年过去了，到了公元前219年，是年28岁的汉尼拔开始要把长期以来的愿望付诸行动。当时，罗马和迦太基本国都未觉察到这位年轻人的真实意图，直到后来人们才恍然大悟。

这一年，汉尼拔首先向萨贡托城发起了进攻。萨贡托是港口城市，位于西班牙东海岸，与马赛一样，是希腊人殖民后建起来的城市，同样与马赛一样，是罗马的同盟城市。与意大利南部及西西里的希腊人一样，为了对抗大国迦太基，生活在西地中海的希腊人都与罗马结交，建立起友好的关系。

当受到汉尼拔的进攻后，萨贡托紧急向同盟国罗马派出使者求援。与之有同盟关系的城市遭遇麻烦时，罗马人绝不会袖手旁观。然

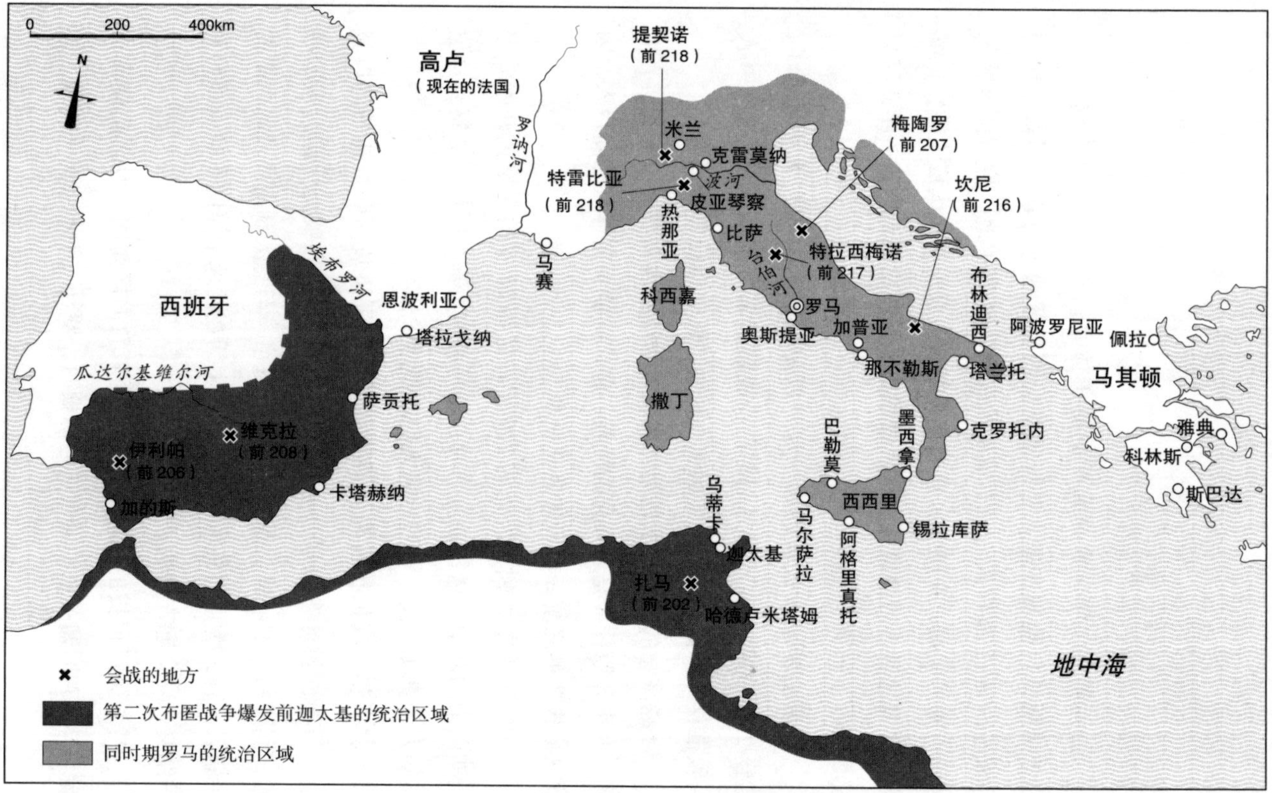

第二次布匿战争爆发前的地中海世界

而，这一年罗马的境况实在是心有余而力不足。

正是在这一年，罗马把北方防线推进到了意大利北部的波河。刚在波河河畔建起皮亚琴察和克雷莫纳两个新殖民城市。但是，通往这两个殖民城市的公路建设尚未动工。在相当于现代高速公路的道路铺设未完成之前，军队的行动速度受到限制。因此，这两个地方需要长期驻扎军团，以防止生活在波河以北的高卢人侵扰。在这种情形下，罗马无力派援军前往遥远的西班牙。

为此，罗马决定采用外交手段解决萨贡托问题。两位元老院元老以使节的身份动身前往萨贡托。

罗马的两位使节见到了正在攻打萨贡托的汉尼拔，抗议他攻打自己的同盟城市。但是，这位 28 岁的年轻人避重就轻，不予正面答复。他甚至扬言：自己没有信心保证两位使节的安全，如果他们一定要继续留在这里，不能够保证他们不被杀得正酣的士兵杀害。罗马的两位使节认为话已至此，多说无用，于是，他们决定离开萨贡托，直接去迦太基。然而，汉尼拔的信先于他们送到了迦太基。

罗马方面向迦太基政府正式提出抗议。遗憾的是，在萨贡托的问题上，罗马有难言之隐。

萨贡托位于埃布罗河以南。公元前 226 年，罗马与哈斯德鲁鲍尔签署了一份协议，协议中规定，迦太基不得染指埃布罗河以北。因为当时的罗马与西班牙没有直接接壤，这份协议是为同盟国马赛签署的。

为什么协议中一句也没有提到萨贡托呢？难道是因为公元前 226 年的时候，萨贡托还没有和罗马缔结同盟？又或是罗马认为萨贡托尽管位于埃布罗河以南，但是，既然它与罗马有同盟关系，相信迦太基会尊重它的不可侵犯的地位？不管怎样，萨贡托的处境非常微妙。

两位使节在迦太基本国同样没有得到满意的答复，便返回了罗马。元老院经过讨论研究，决定再次向迦太基派出五人使团，并把决定权交给了他们。这五位使节都是元老院中颇有影响的人，可见此时的罗马非常不希望发生战争。

然而，使团出行的目的依然没有达到。这时的迦太基统治者因为在西班牙殖民经营的成功已经完成财富积累，他们不仅不打算阻止汉尼拔攻打萨贡托，而且对罗马人提出引渡汉尼拔的要求也只是付之一笑。

只有国内农业派的代表人物汉农有不祥的预感。对自己的同胞终于为有机会伤害罗马名誉而得意扬扬这一点，他深感担忧，于是呼吁国人认清形势。他说：

> 那个年轻人性情刚烈，又是巴卡家的人，所以才更危险。我有预感，攻打罗马的同盟城市萨贡托会重开与罗马之间的战争。我们现在应该做的是立刻下令，要求汉尼拔马上撤离萨贡托。

但是，几乎没有多少人能听得进汉农的话。迦太基政府对罗马的五位使节说，汉尼拔攻打萨贡托完全是萨贡托挑起的。罗马人最憎恨别人睁着眼睛说瞎话，由此认为事已至此，已经无可挽回。于是，他们要求迦太基政府表明立场：或者从萨贡托撤兵，或者与罗马开战。对此，迦太基政府的回答很明确——“不能从萨贡托撤兵”。

不管是罗马人还是迦太基人，当时都没有料到这样一件小事竟然会与第二次布匿战争联系在一起。此时萨贡托攻城战还在继续。是否加入战争，要由罗马公民大会决定。

五位使节回到了罗马。几乎同时，萨贡托沦陷的消息也传到了罗马。公元前 219 年，时间已经进入秋季。在经历八个月的厮杀之后，萨贡托终于沦陷。幸存下来的居民全部沦为奴隶，包括他们在内的战利品售出后，汉尼拔把所得利益分成三份：一份分配给士兵，一份送到迦太基本国，剩下的三分之一留作了军费。接到萨贡托沦陷的消息后，罗马公民大会决定向迦太基宣战。

汉尼拔是这一时期的最杰出的战术家，这是罗马人也不得不承认的事实。但是，这样一位战术家竟花了八个月的时间才攻陷了萨贡托，因此，现代史学家有人评价汉尼拔，说他进行大规模会战时具备超常的战术才能，却不擅长攻城战。

凡到过萨贡托的人一定觉得攻打这个城市易如反掌。即使是不善攻城的日本乃木希典将军，同样可以轻而易举攻下这座城市。我不能不认为，汉尼拔是有意拖延时间。他的目的应该是通过延长攻城战的时间，迫使罗马向自己宣战。因为，罗马人不会允许自己眼睁睁地看着别人欺辱自己的同盟国。

因为萨贡托位于埃布罗河以南，所以如果只是攻打这个城市，很难指责他违反了公元前 226 年签署的协议。但是，如果进攻埃布罗河以北，显然违反了协议。对他来说，只要罗马向他宣战，就无所谓违约了。因为，一旦爆发战争，就意味着协议中的义务自动废除。

萨贡托只是一个小城，小到让罗马想不到应该在协议中特别声明。显然，汉尼拔想要的不是这个小小的城市，他等待的应该是罗马的宣战。他要让当时已经以遵守协议闻名的罗马人首先表态与自己为敌。

卡塔赫纳被称为新迦太基，是迦太基势力在西班牙的根据地。正在这里越冬的汉尼拔终于等来了他翘首以待的罗马宣战的消息。罗马人称作“汉尼拔战争”的第二次布匿战争就这样拉开了帷幕。这场战争的目的是什么，战场将在哪里，只有不满 30 岁的这位年轻人知道。

公元前 218 年 5 月，29 岁的汉尼拔率领全军，全副武装地离开了卡塔赫纳。

生活在后世的我们知道第二次布匿战争的全过程，但是在当时只有汉尼拔一个人知道。汉尼拔要率领他的军队一路向北横渡埃布罗河，翻过比利牛斯山脉，进入现在的法国——当时的高卢，再渡过罗讷河，横穿法国，最后翻越阿尔卑斯山，进入意大利。汉尼拔率领大军、带着象队翻越阿尔卑斯山的壮举，在历史上留下了浓彩重抹的一笔，在其后的 2 200 年里广为人知，即使对历史不感兴趣的人也有耳闻。

当然，他选择这一冒险的行军路线不是为了博取后人的赞誉。如果只是因为喜欢冒险而冒险，是不可能完成冒险的。既然这样，我们的脑海里不禁浮现出两个疑问：为什么他要选择这样一条路线？为什么他一定要冒险翻越阿尔卑斯山？

我想，答案是，汉尼拔没有其他选择。

虽说是为了继承其父哈米尔卡的遗志，但是，汉尼拔的终极目标是打败罗马。以西西里为战场的第一次布匿战争已经证实，在意大利以外的地方作战，不可能战胜罗马。要战胜罗马，战场只能在罗马的土地上，在意大利境内进行。

意大利半岛像一只靴子一样伸向地中海。南部与迦太基本国相距很近。无疑，从迦太基出发，在意大利南部登陆最为便利。但是，那里有西西里岛，岛上大多数地方是罗马行省的地盘，而且，第一次布匿战争以后，迦太基和西西里之间的制海权掌握在罗马海军的手中，因此，从这里进入意大利本土几乎没有可能。

那么，从东边进入又如何呢？首先，航海中的风险与航海距离成正比，西班牙和意大利相距太远。其次，即使顺利通过西西里附近的海域，后面还有意大利南部的海港城市及罗马联盟同盟国的海域。即使成功穿越所有这些海域，进入了亚得里亚海，同样还有危险存在，因为罗马已经把希腊西岸的伊利里亚地区纳入了自己的势力圈，遭遇罗马海军的概率非常高。

此外，从西班牙横渡西地中海也可以到达意大利。但是，从西侧进入意大利的可能性也非常小，因为撒丁和科西嘉都是罗马行省，虽然战斗力不强，但是罗马海陆军常驻这两个岛上。如果只有五六艘船，或许可以顺利通过，但是，运送大军的船队无疑会有多达数百艘船。很难想象，这样一个庞大的船队可以顺利从罗马海军的眼皮底下通过。

公元前 218 年，罗马在意大利东、南、西三面的防线几乎像铜墙铁壁一样坚不可摧。

从北方进入意大利是唯一可行的路线。但是，这条进攻路线不仅漫长而且困难重重，需要横穿辽阔的法国，翻越阿尔卑斯山。而且，生活在这一带的原住民高卢人虽然不是罗马人的友邦，但也不是迦太基人的友邦。

当然，这条路线也有有利因素。当时罗马防线虽然已经扩张到了波河，却尚未巩固。而且，皮亚琴察和克雷莫纳的殖民地建设虽已完成，但是与旧防线相连的公路尚未铺设。此外，生活在这一带的高卢人虽然和罗马签署了和平条约，那也只是战败后的权宜之计。他们并没有享受到“完善基础设施”带来的“罗马化”的恩泽。因为，这里的“完善基础设施”建设才刚刚开始，更何况他们并非心甘情愿地被罗马保护。

汉尼拔在意大利北部看到了突破罗马防线的可能性。

我想，汉尼拔应该清楚，虽然翻越阿尔卑斯山难关重重，代价很大，但不是不可能，只是当时的罗马人想不到这一点。

后面还会讲到，与同时代的人相比，汉尼拔之所以拥有出色的、超常的判断能力，是因为他知道情报的重要性。可以断定，他早就知道生活在意大利一侧的高卢人和生活在法国一侧的高卢人，经常赶着家畜往返于阿尔卑斯山两侧。数年前与罗马军交战的高卢军中，有一部分高卢人就来自罗讷河一带。汉尼拔要做的就是当地高卢人平常在做的事情。只不过他的规模更大——他要率领大军，还要带着大象。汉尼拔“翻越阿尔卑斯山”虽然冒险，却是在经过冷静观察和谋划之后实施的一次大胆行动。

现在的我们能够对汉尼拔的这次行动了解得一清二楚，得益于当时有记录员随行。或许这一点他是向亚历山大大帝学的吧。

担任记录员的是汉尼拔的一位希腊语教师，一个叫西勒诺斯的希腊人。

同一时期，罗马也有一名记录员，他是罗马元老院元老费边·皮克托，与汉尼拔同时代的人。

这两人的记述没有留存至今，但是古代有人看过他们的记述。汉尼拔 46 岁那年出生的希腊人波里比阿和 200 年后的罗马人李维的作品都参考了这两人写的原始史料。根据他们的记载，汉尼拔离开西班牙的根据地卡塔赫纳时，军队的组成是步兵 9 万人、骑兵 1.2 万人和大象 37 头。

与此同时，汉尼拔派出 2 万名士兵前往迦太基本国，在西班牙留下 1.2 万名步兵和 3 000 名骑兵以及 21 头大象。对他来说，西班牙是他的第二故乡，比迦太基本国还要重要。他把守卫西班牙的任务交给了二弟哈斯德鲁鲍尔，让小弟马可尼与自己率领的远征军一起远征。

9 万名步兵加上 1.2 万名骑兵的规模应该说非常庞大。骑兵以北非的努米底亚人为主，步兵是北非的利比亚人和西班牙人的混合军，比例为 2∶1。除了将官，全体士兵都是雇佣兵。这一点汉尼拔完全遵循了迦太基军的作战传统。

但是，这位年仅 29 岁的年轻人，从一开始就没有想过自己可以把所有人都带到意大利，也没有想过要把所有人都带去。这是一次深入敌后的行军，军粮供应是最大的难题。事实上，过了埃布罗河，汉尼拔已经留下 1 万名步兵和 1 000 名骑兵，守卫比利牛斯山脉至埃布罗河之间的地区。同时，他还慷慨允许不愿意去遥远意大利的西班牙士兵回家。像这样汉尼拔在行军途中同时选拔精锐士兵。翻过比利牛斯山脉，进入法国境内时，他的军队还剩下步兵 5 万人、骑兵 9 000 人以及大象 37 头。

汉尼拔刚过埃布罗河，就有使者紧急向罗马送去了急报。估计是位于埃布罗河以北的沿海城市、与罗马有同盟关系的塔拉戈纳及恩波利亚居民发现了汉尼拔的大部队。急报通过那一带实力最强的罗马同盟城市马赛被送到了罗马。

接到急报后，罗马一开始以为汉尼拔发动军事行动的目的，在于称霸比利牛斯山脉以南的西班牙全境，并认为，为了配合汉尼拔在西班牙起兵，迦太基国内一定也会有所行动，目标当然是西西里。因此，罗马预计这次同迦太基之间的战斗，战场将在西西里和西班牙两地。

这一年当选执政官的是贵族出身的普布利乌斯·科尔涅利乌

斯·西庇阿和平民出身的提比利乌斯·森普罗尼乌斯·隆古斯二人。为了加速推广“罗马化”的进程，二人最初定下来的任职地都在波河流域。接到“汉尼拔渡过埃布罗河”的消息后，元老院当即变更了二人的任职地，决定派科尔涅利乌斯·西庇阿前往西班牙，派森普罗尼乌斯·隆古斯前往西西里。

通常情况下，罗马每年都要编组四个军团，公元前 218 年也只编组了四个军团。因为罗马虽然向迦太基宣战，却没有想到会如此迅速地进入战争状态。接到来自西班牙的急报后，罗马决定在已经编组完成的四个军团的基础上，再增编两个军团。毕竟意大利半岛也需要有军队来保卫。

执政官科尔涅利乌斯指挥的两个军团组成如下：

罗马公民兵：步兵 8 000 人，骑兵 600 人。

同盟各国士兵：步兵 1.4 万人，骑兵 1 600 人。

合计步兵 2.2 万人，骑兵 2 200 人，共计 24 200 人。

执政官森普罗尼乌斯指挥的两个军团组成如下：

罗马公民兵：步兵 8 000 人，骑兵 600 人。

同盟各国士兵：步兵 1.6 万人，骑兵 1 800 人。

合计步兵 2.4 万人，骑兵 2 400 人，共计 26 400 人。

联盟规定，罗马联军在平时罗马公民兵和同盟各国士兵的比例为 5∶5。遇到突发事件，增加人口较多的同盟国的士兵人数。危机程度进一步提高时，每个军团中的罗马公民兵人数从平时的 4 000 人增至 5 000 人。

看得出来，接到“汉尼拔渡过埃布罗河”的消息时，罗马元老院的反应还只停留在警钟响起的程度。

执政官科尔涅利乌斯率领 2.42 万名士兵首先到达比萨。在这里，他们乘坐已等候于此的60艘蓬特战船，向西班牙进发了。

执政官森普罗尼乌斯和他的2.64万名士兵分坐160艘由三层桨战船和蓬特战船构成的混合船队，与20艘运输船一起，离开了罗马外港奥斯提亚，目的地是西西里。

森普罗尼乌斯的战船多于科尔涅利乌斯，而且还配备了运输船，因为他的任务不是单纯的保卫西西里。在科尔涅利乌斯和他的军团成功阻截汉尼拔的时候，他要登陆迦太基作战。由此可见，汉尼拔离开西班牙前向迦太基本国送去2万名士兵保卫迦太基的做法是多么正确。

然而，两位执政官分别向西、向南出发后不久，第二份情报送到了罗马，内容是"汉尼拔翻过了比利牛斯山脉"。

罗马猜不透这位29岁的年轻人想要干什么。既然翻过了横亘在西班牙和法国之间的比利牛斯山脉，可见，汉尼拔的意图显然不是称霸西班牙全境。那么，他率领如此大军，究竟想要干什么？难道是要征服以马赛为首的希腊系城邦居多的法国南部吗？不管怎样，从海上一路向西的科尔涅利乌斯和他的军团第一站就是友邦马赛，所以迟早他们会知道这位迦太基年轻人的真实意图。

另一方面，执政官森普罗尼乌斯到达西西里后，经与同盟国僭主希伦商议，进军西西里西部，并在马尔萨拉建起了大本营。他对西西里岛上平静祥和的气氛深感意外，于是亲自率领船队到迦太基近海视察，却没有看到迦太基本国有任何异常，甚至看不出他们在关注汉尼拔的动向。汉尼拔派来的2万名士兵也在街上游逛，一副无所事事的样子。尽管如此，森普罗尼乌斯依然命令属下海军加强对西西里至意大利南部沿岸的警戒。

执政官科尔涅利乌斯和他的军团乘坐的舰队顺利进入了马赛港。

然而，等候他们的是敌军已经翻越比利牛斯山脉的消息以及汉尼拔失去行踪的报告。没有人知道汉尼拔和他的5万大军去了哪里。

现在的法国，即当时的高卢，不像现在这样是一望无际的耕地。当时这里虽然是一片平原，却遍布森林和沼泽。假如是草原或是耕地，行进途中的一支大军不可能遁迹。因为行军会扬起尘土，即使离得很远，也能被发现。但是，遍地都是茂密的森林，这会妨碍视线，即使是大队人马也可以轻而易举地隐藏其行踪，更何况法国的腹地很深。

执政官科尔涅利乌斯派出300名骑兵，请马赛人当向导，搜索敌人的行踪。在找到汉尼拔军之前，大部队在马赛待命。

搜索极其不易。因为汉尼拔和他的军队不是在马赛附近消失的，而是在翻过比利牛斯山脉后突然就不见了踪影。当然，“去向不明”也是汉尼拔的行动计划之一。他之所以选择在内陆绕一大圈，故意避开罗马的同盟国马赛以及罗马势力所及的法国南部，就是为了避免无谓的牺牲。

罗讷河发源于阿尔卑斯山，流经里昂，在马赛附近注入地中海。虽然水流并不湍急，但是其水量丰富，即使在夏季也不见减少（据当地水文特征，夏季水位较低。——编者注），用波涛滚滚来形容罗讷河最贴切不过。去往阿尔卑斯山必须过这条河，但是，执政官科尔涅利乌斯当时还不知道汉尼拔的真实意图。

汉尼拔尽管年纪轻轻，只有29岁，却要做出前人未曾有过的伟业，他不会鲁莽行事。进入法国后，大多数情况下，他采用的是怀柔政策，用钱笼络部族众多的高卢人。只有在不得已的情况下，他才会采用武力。他很清楚，一旦罗马发现自己的行踪，一定会派军队阻截。汉尼拔需要找到一个合适的地点横渡罗讷河，既不会遭遇罗马军，也不会被马赛及其周边的希腊人发现。按惯例，他陆续派出侦察员侦察地形，并结合被收买的高卢人提供的情报，确定了过河地点。罗讷河的其中一处沙洲很多，水流由于受到河中沙洲的阻挡，变得很缓慢，非常适合大军和大象过河。这个地点应该是现在的瓦朗斯附近，位于罗讷河上流，距离马赛150公里。因此，遭遇罗马军的可能性非常小。

但是，这终究是一次达5万人之多的大部队过河。如果按小队依次过河，无论如何也要分几十次才能全部渡过。如果采用这样的方式过河，风险太大。因为生活在罗讷河以东的高卢人一定不会坐视他们过河。部队还没有过河，可能已经遭到高卢人的袭击了。实际情况是，汉尼拔的士兵刚刚开始砍树造木筏，河对岸就出现了高卢人的身影，他们带着明显的敌意，注视这边的动静。

汉尼拔于是命令一名部下带着骑兵队，到40公里开外的上游过河。因为是骑兵，过河相对比较容易。骑兵队的任务是，在上游40公里处渡过罗讷河，袭击并烧毁河对岸所有高卢人的部落。其余人专心制造木筏。

隔着河中沙洲遍布的罗讷河，看到对岸升起的火和烟，汉尼拔知道骑兵队的任务已经完成，因为火和烟就是信号。河对岸，怀有敌意的高卢人像潮水退去一样消失了。由于部落住处被烧毁，他们已经无力隔着罗讷河向汉尼拔军挥舞刀剑。

5万名士兵和马匹、辎重车、大象横渡罗讷河的大规模行动开始了。他们没有利用河中沙洲，而是首先在河中过河路线的上下筑起两道栅栏，以减缓水流的速度。接着拉起若干条绳子，两端分别固定在两岸的树上。但是尽管如此，还是有人和大象因为害怕或失足落水，或掌控不住木筏，顺流穿过栅栏，消失在河的下游。

横渡罗讷河的壮举终于结束，但此时的汉尼拔军仅剩下步兵和骑兵合计4.6万人。翻过比利牛斯山脉的时候，全军共5.9万人，进入高卢以后，因为横渡罗讷河，损失了1.3万人。好在这一切都在汉尼拔的预料之中。

横渡罗讷河需要很长时间。为了顺利完成渡河壮举，这位年轻的统帅派出后卫骑兵队到罗讷河下游巡逻。这支500人的骑兵队遭遇了前来搜索汉尼拔军的罗马骑兵队。

两支骑兵队战斗的结果是，罗马方面300名骑兵中损失了140名，迦太基方面500名骑兵中损失了200名。执政官科尔涅利乌斯因此终于掌握了汉尼拔的行踪。

然而，当科尔涅利乌斯紧急赶来时，得到的消息却是，汉尼拔全军已于三天前过河，一刻未停留，向阿尔卑斯山进军了。因为有步兵，三天行程的距离无论如何也难以追上。即使追上了，没有罗马军的主力——重装步兵也无济于事。

至此，汉尼拔的意图已经非常明朗。他要翻过阿尔卑斯山，自北攻入意大利。因为汉尼拔和他的军队过了罗讷河后，沿峡谷向东北直指现在的格勒诺布尔。从格勒诺布尔再往前，就是阿尔卑斯山。

执政官科尔涅利乌斯陷入了两难的选择。首先，他考虑带着自己的军团返回意大利，迎战从阿尔卑斯山上下来的汉尼拔军。但是，他身边只有2万兵力。因为在获悉高卢人骑兵的消息后，他向波河周边派出了部分士兵。同时，在离开比萨的时候，他又留下了一部分人守卫那里。

其次，他考虑把迎战汉尼拔的任务交给同僚森普罗尼乌斯，自己则按预定计划继续向西班牙进军，捣毁汉尼拔的大本营，摧毁迦太基在西班牙的势力。

问题是，森普罗尼乌斯已经到了西西里。从最南端的西西里到北端的阿尔卑斯山，相距太远，不可能在短时间内赶来。而且，此时的科尔涅利乌斯尚不清楚迦太基的情况，并不知道迦太基完全没有要与意大利交战的意图。对科尔涅利乌斯来说，从马赛去西班牙并不难。虽然马赛和恩波利亚之间隔着一个巨大的海湾，但是只要横渡这个海湾就可以到达罗马的同盟城市恩波利亚。从恩波利亚去西班牙无须翻越比利牛斯山。相反，如果率全军返回比萨，海上的距离就要多走两倍以上。话虽如此，罗马执政官是保卫意大利的最高责任者。如果置正在进军意大利的敌人于不顾，坚持率军去西班牙是极不负责任的行为。

考虑再三，执政官科尔涅利乌斯做出了一个相对折中的选择。

他把自己的军团交给同行的弟弟格奈乌斯·科尔涅利乌斯·西庇阿，让他率军继续前往西班牙，自己则只带高级指挥官们回意大利，率领在那里已经编组好的另两个军团，迎战从阿尔卑斯山上下来的汉尼拔。因为回意大利的人数不多，只要几艘战船即可，所以，尽管海上的距离在两倍以上，也不成问题。

四年后的战况证实他此时的选择是正确的。罗马元老院在接到科尔涅利乌斯送来的急报后，马上把编组好的两个预备军军团升格为现役军，让他们前往比萨等候执政官从马赛赶来。同时，元老院也向西西里的森普罗尼乌斯发去了指令，要求他紧急北上。很显然，和迦太基军交锋的战场不再是西西里，而是意大利北部了。

尽管已经过去了 2 200 年的岁月，尽管有为数众多的学者在努力探索，但是，汉尼拔和他的军队究竟在哪个地点翻越阿尔卑斯山，至今尚未弄清楚。各派学者得出的结论不尽相同，目前主要有六种说法，在古代也有两种说法。

希腊历史学家波里比阿认为，汉尼拔翻越阿尔卑斯山的地点是现在的圣伯尔纳铎山，罗马历史学家李维则认为是圣伯尔纳铎山以南的蒙吉内夫罗。

德国历史学家蒙森采用了波里比阿的说法。但是，自己也经历过率军翻越阿尔卑斯山的拿破仑则认为李维的说法更合理。

如果按波里比阿的说法，汉尼拔离开格勒诺布尔后，行军路线应该转向东北，从海拔 2 110 米的圣伯尔纳铎山进入意大利，自北攻入都灵。

如果按李维的说法，汉尼拔离开格勒诺布尔以后，应该向正东方向前进，在海拔 1 854 米的蒙吉内夫罗翻过阿尔卑斯山，之后沿苏萨的峡谷，向东攻入都灵。

拿破仑说过，汉尼拔在翻越阿尔卑斯山时，遭遇的真正困难是让象群翻过山。历史上，在汉尼拔翻过阿尔卑斯山的 160 年之后，尤里乌斯·恺撒也率领大军翻越了阿尔卑斯山，只是与汉尼拔的方向相反，他的出发地是意大利。

虽然我们至今也不清楚汉尼拔究竟在哪个地点翻越阿尔卑斯山的，但是，对于他如何翻越阿尔卑斯山，可以说，我们了如指掌。原因当然是归功于他的希腊语教师——同行的记录员西勒诺斯，是他为后人留下了详细的记录。波里比阿和李维的著作都参考了他的记录。

话说回来，这终究是一次大规模的行动。再加上有大象，其难度可想而知。甚至我在想，当时的罗马人认为汉尼拔绝无可能翻越阿尔卑斯山进入意大利并非没有道理。

自古以来，山地民族的性格大多封闭，因此多疑。尽管汉尼拔的大军已经到了阿尔卑斯山脚下，但是，影响汉尼拔军士气的不是高高耸立在面前的大山，而是高卢人。因为他们带着明显的敌意。他们手持明晃晃的剑，会从森林中的任一方向向汉尼拔军队袭来。

汉尼拔非常不喜欢无谓的牺牲。在这里，他依然采取了怀柔政策，笼络各部族的首领。他惯常的做法是，赠送金钱等财物，并告诉高卢人，自己的敌人是罗马人，到这里只是路过。怀柔政策使他成功化解了在阿尔卑斯山脚下的危机，各部族首领们甚至为他们送来毛皮斗篷，以抵御翻山途中的寒冷。毛皮斗篷自然难得，但是，对汉尼拔来说，他们提供的路线可以减少牺牲，更是难能可贵。但是，部族众多的高卢人，虽说都是高卢民族，生活在阿尔卑斯山脚下的部族和生活在山中的部族不同。事实上，汉尼拔从心里并不相信高卢人提供的情报。

开始上山了。汉尼拔安排象群走在最前面，目的是要唬住高卢人，让他们不要试图阻止自己的行军队伍。横渡罗讷河时，有一些大象不幸落水，此时尚存 30 头。紧跟象群后面的是运输军粮的辎重车和步兵军团。后卫由骑兵担任。29 岁的年轻统帅走在行军队伍的中间，尽管他是总司令。有山民不相信他们只是纯粹的路过，认为这是一支入侵的队伍。于是，他们在悬崖上堆起石块，在他们经过时，一块接一块地推落下来。也有人在转角处设下埋伏，等他们走近，射出手中的箭。每当这种时候，冲在最前面的总是总指挥官汉尼拔。

此时还是 9 月。但是，初雪已经开始在山上纷纷扬扬地飘落起来。不知是否因为第一次看到大象，吓着了，高卢人没有正面袭击汉尼拔军。但是，阿尔卑斯山中的气候对生于南国的大象来说应该很不舒服，象群经常表现出狂躁不安。安抚它们的骑手也是第一次走在雪花纷飞的地方。更可怕的是，山上只有狭窄的小路，往往是一侧是峭壁，一侧是悬崖，稍不留神就会坠入万丈深渊。

大象凭动物的直觉，遇到危险就停滞不前，全靠步兵从后面推它们前行。这样一来，掉入谷底的危险大大增加。失足的大象、侧翻的辎重车带着士兵，转眼消失在谷底。每次听到下面传来的绝望的叫声，让远远走在后面的骑兵也忍不住心惊胆战。

山上完全没有可以搭建营地让全军歇脚的地方，这种事情连想都不要想。当他们看到山民上山时使用的避难所或要塞，甚至觉得这是神的恩赐。很多时候因为找不到合适的地方搭建营帐，只好燃起篝火，用帐篷裹住身体，抵御寒冷和风雪，但是，这样仍然无济于事。总司令汉尼拔身先士卒，他和雇佣兵一样吃冰冷的食物，和雇佣兵一样，在峭壁下面小睡片刻。但是，他比雇佣兵辛苦得多，他要考虑雇佣兵不需要考虑的事情，他要根据情况迅速做出判断。

上山后的第九天，全军终于登上了山顶。此时，士兵、马匹和大象都已经疲惫不堪。幸好山顶附近有一块足以让全军休整的平地。汉尼拔下令全军休息两天。

尽管如此，士兵的情绪依然低落。于是，这位 29 岁的总司令集合全体士兵，指着东方给大家鼓气。他指的那个地方，虽然很遥远，但是在蓝天下，依稀可见。

> 那儿就是意大利。只要我们进入意大利，就意味着我们站在了罗马的城门前。接下来，我们走的都是下坡路。下了阿尔卑斯山，我们只需进行一两次战斗，意大利就会投降。我们将是意大利的新主人。

于是，士兵们满脸的疲劳和不满好像一下子消失了。不知道是不是研究过这段史实，2 000 年后，拿破仑攻打意大利时，也站在阿尔卑斯山的山顶，对着士兵讲了同样的一番话。

下坡比上坡还要困难。虽然高卢人终于明白汉尼拔只是路过而不再袭击他们，但此时阿尔卑斯山中已经完全进入冬季，寒冷一天比一天严酷，凛冽的寒风像针一样直往身上扎。白天下的雪，到了第二天一看，已经冻成冰。在冰路上往下走，别说是大象，对任何人来说都是考验。为了等待开路的士兵敲开冻住的路面，全军不得不常常停下前进的脚步。冻雪上面又落了新雪的地方，更加危险。敲开上面的第一层冰，以为可以走了，但是，往往刚迈出一步，就因下面的冰滑倒在地。一路上还经常遇到雪崩。一旦发生雪崩，前面的道路就会被堵住，全军不得不停下来开通前行的路，有时候甚至一整天都挪不了步。还有些地方，人和马可以通过，但是，辎重车和大象不能通过，这时就要开凿峭壁，拓宽路面。耐不住寒冷和疲劳一头栽倒在地再也没有站起来的人、失足坠入深渊的人，比上山时还要多。好几头大象遭遇了和这些士兵相同的命运。

汉尼拔从开始攀登阿尔卑斯山到走下阿尔卑斯山，据说共用了 15 天时间。根据汉尼拔自己留下来的记录，从阿尔卑斯山上下来，到达意大利一侧的平地上时，他的军队人数是步兵 2 万人、骑兵 6 000 人，共计 2.6 万人。

渡过罗讷河的时候，步兵和骑兵合计是 4.6 万人。这就意味着，翻越阿尔卑斯山，他付出的代价是损失了 2 万人。从走下比利牛斯山脉开始，一路上留下了多达 3.3 万人的尸骸。虽然他完成了前人未曾尝试的伟业，但是，付出的牺牲是巨大的。

我在想，这部分牺牲或许也在这个 29 岁的年轻人的预计之中。

对他来说，为了把战场设在罗马人的大本营意大利，即使牺牲再大，也必须自北向南翻越阿尔卑斯山。从卡塔赫纳出发，到进入意大利，已经过去了4个月。

下了阿尔卑斯山，脚下是一片开阔的峡谷。汉尼拔下令全军休息。这一歇就是15天。

有研究者指出，如果罗马军队早早等在阿尔卑斯山脚下，或许轻而易举就能打败精疲力竭外加饥寒交迫的汉尼拔军。我想，说这种话的人实在没资格评论历史，因为这是完全不可能的事情。这一年，罗马好不容易刚刚完成殖民地建设的皮亚琴察和克雷莫纳两地，距离汉尼拔下山的地方，向东有250公里之遥。而且，夹在皮亚琴察和阿尔卑斯山之间的区域还是高卢人的天下。汉尼拔毅然决定翻越阿尔卑斯山进入意大利，就是因为他了解这些情况。对罗马军来说，在山脚下设伏全无可能。

士兵们在山脚下休整期间，汉尼拔却没有闲着，他在笼络周边的高卢人。此时的目的已经不是为了让他和他的军队顺利通过，而是招募高卢人作为雇佣兵，加入其军队，与罗马人作战。

利用雇佣兵保卫国家是迦太基的传统。一直以来，迦太基的雇佣兵中不乏高卢人。近200年来，生活在意大利北部，也就是阿尔卑斯山南侧被称为内高卢的高卢人，一直受罗马的压制。他们时常有南下的企图，但是，像公元前390年入侵罗马这样的事情，已经是遥远的幻想。迄今罗马一直把卢比孔河作为北方国界线，现在这条线已经扩张到波河沿岸。还隔着波河，一南一北在皮亚琴察和克雷莫纳建起了殖民地。这些举动真实地反映了罗马的意图。生活在阿尔卑斯山以南的高卢人自然不能接受。他们一次次地挑起战端，但是，每逢重大战斗，胜利者总是罗马。因此，内高卢的高卢人虽然滞缓，却在不断前进的罗马人面前一步步地后退。

现在好像神兵从天而降一样，迦太基军来到了他们面前。而且，他们宣称要和高卢人一起，共同对付罗马。很快，几个高卢部族和汉尼拔结成了同盟。

但是，位于意大利一侧的高卢人也分很多部族，相互间内讧不断，对外族本能地怀有强烈的猜疑。当汉尼拔不能成功笼络一个部族的时候，他就毫不留情地用武力解决。高卢人的聚居地之一都灵就是在汉尼拔军的进攻下一天内沦陷的。不管怎样，生活在阿尔卑斯山以南的高卢人并未全体响应汉尼拔的号召。通过接触和观察高卢民族，汉尼拔认为，要把他们拉入自己麾下，只有一个办法，就是让他们看到自己打败罗马军队。于是在攻陷都灵后，汉尼拔转战向东，寻找真正的对手去了。

汉尼拔向意大利发起进攻的公元前 218 年，被迫迎战的罗马可动员的兵力是多少呢？

相信很多人都会问这个问题。对此，汉尼拔同时代的罗马元老院元老皮克托给了我们答案。我在前面提到过，此人的著述大概是罗马人最早的历史著作，遗憾的是，没有留存至今。但是，波里比阿及李维引用了他的著作，因此，我们得以知道这个问题的答案。

根据他们的记载，从卢比孔河到墨西拿海峡的所有罗马联盟加盟国中，可动员的兵力人数总计是 75 万人，其中罗马联盟盟主罗马的公民超过三分之一。

罗马因为是盟主，所以承担的义务比各同盟者多。罗马公民中可动员的兵力共计 28 万人。其中除了 17 岁到 45 岁的现役，还包括 46 岁到 60 岁的预备役。与此相比，同盟各国可动员的兵力都是现役，他们和罗马公民不同，即使出现紧急情况，也不会召集预备役。

细述起来非常繁复，所以我在这里不详述了。总之，第二次布匿战争的同时代见证人皮克托——记录下了罗马联盟的同盟各国及地方的可动员兵力。从他的记述中我们得知，普鲁塔克和历史学家汤因比的观点完全正确。前者说过罗马人甚至会同化战败者，后者则评价罗马联盟是政治建筑的杰作。例如，后世的我们以为，伊特鲁里亚人于公元前 4 世纪初被罗马打败后彻底销声匿迹了。事实却是，到了公元前 3 世纪末的这一时期，该民族已经是罗马联盟中强有力的一员，有步兵 5 万人、骑兵 4 000 人。还有萨莫奈人，虽然其间一度中断联系，但是，自公元前 4 世纪到前 3 世纪，曾经与罗马进行了长达 40 年的艰苦战斗。他们被罗马打败后，也成了罗马联盟的同盟者，拥有 7 万名步兵和 7 000 名骑兵。

对于这些战败者，罗马并没有把他们作为被统治阶层来统治，而是吸收他们成为罗马的同盟者。在现代意大利语中，“同盟者”的意思是共同经营者。正因如此，在建设以罗马大道为代表的“完善基础设施”方面，他们也充分享受了和罗马公民一样的待遇。这也是罗马在第一次布匿战争中取得胜利的原因之一。在和汉尼拔较量的第二次布匿战争中，他们也是罗马拥有的真正力量。

只从数字上看，汉尼拔以 2.6 万人的兵力攻打拥有 75 万人兵力的意大利，难免会认为他是个疯子，有勇无谋。但是，实际情况并非如此简单。

罗马联军的士兵，无论其出生地在罗马还是在同盟国，都是公民，具备缴纳直接税的经济实力。骑兵和重装步兵是共同体的核心，他们都是拥有中等以上经济实力的人。如果把这些核心力量全部动员起来，参加军队，共同体将成了空壳。事实上，无论是罗马还是同盟各国，公民都是轮流承担兵役义务的，而且尽可能做到平等。因此，进攻意大利的汉尼拔不可能同时与75万人交战。

公元前225年，罗马联盟不得不同时对付东部的伊利里亚人和北部的高卢人的时候，动员起来的全部兵力是62 800人。这个数字还包括西西里及撒丁等行省的驻兵。即使进入战争时期，罗马联军的兵力也就这么多。因此，可以认为，自北进入意大利的汉尼拔必须面对的敌人兵力大约是5万人。

对于只有2.6万人兵力的汉尼拔来说，这个数字也是他的两倍。尽管如此，汉尼拔军的实力却不一般。

汉尼拔军的2.6万人是在经历了一次次的考验后幸存下来的士兵。他们翻越比利牛斯山脉，在横穿法国时一次次击退高卢人的袭击，渡过了罗讷河，还翻越了阿尔卑斯山。用"精兵"一词来形容这支部队最贴切不过。在这个战斗集体中，士兵一个比一个勇猛顽强。

五个月来，他们同吃一锅饭，一起挨过千辛万苦，他们是患难与共的伙伴。尽管这个集体中有西班牙人、利比亚人、努米底亚人等，但是，他们已经建立起深厚的感情。更重要的是，他们有一位年轻的天才领袖。与此相比，罗马联军每年都要更换从总司令到士兵的所有人。我想，尽管在绝对数量上，汉尼拔的兵力只有意大利的二分之一，但是，在实力上毫不逊色。

从军队的构成来看，汉尼拔的2.6万名士兵中，步兵2万人，骑兵6 000人，步兵和骑兵的比例接近3∶1。与此相比，罗马联军向来以重装步兵为主力，所以，根据传统，步兵和骑兵的比例不会超过10∶1。

审视汉尼拔参加过的战役，我们可以清楚地看出，他很熟悉亚历山大大帝的战术，这一点从他有意识地强调步兵和骑兵的比例上可见一斑。亚历山大大帝攻打大国波斯时率领的军队是步兵3.1万人、骑兵5 000人，步兵和骑兵的比例为6 : 1。

与马其顿的年轻人率领的3.6万人相比，迦太基的年轻人率领的士兵数是2.6万人。虽然骑兵的战斗力占优势，但是整体战斗力不如亚历山大大帝的军队。不过，汉尼拔自有他的优势。亚历山大大帝进入波斯以后，缺少增强战斗力的手段。与此相反，汉尼拔能够招募高卢人加入自己的队伍。因此，综合各方面的因素，这位29岁的迦太基将领看似冒险进攻意大利，其实并非鲁莽之举。

决定战斗结果的所谓战术，既是哥伦布的鸡蛋，同时又不是哥伦布的鸡蛋。

所谓哥伦布的鸡蛋，是指用别人不曾想到的方法解决问题。但是，同样的方法，用的人不同，结果不一定相同。因此，它又不是哥伦布的鸡蛋。同样的方法是否有效，要看实际使用这一方法的人是否具备相应的才能。因为使用的人是亚历山大大帝，所以他成功了。但是，这不表示任何人都会成功。汉尼拔以亚历山大大帝的先例为参考，加上自己的独创思想，进行了灵活运用。

优秀的指挥官懂得如何有效利用主要战斗力量来决定战斗的胜利，懂得要有效利用主要战斗力量，同时也懂得辅助战斗力量不可缺少。2.6万人是汉尼拔的主要战斗力量。他之所以努力笼络居住在意大利一侧的高卢人，就是因为他需要辅助的战斗力量。

高卢人部族多，各部族间纷争不断，因此在战场上，他们表现出来的特点是爆发力特别强，但耐力有所欠缺。组织力的脆弱也影响了他们的社会凝聚力，因此，他们常常被看作蛮族、未开化的人。汉尼拔熟知高卢民族的这一特点，他没有把阿尔卑斯山以南的高卢人看作同盟者。虽然结成了同盟，但是，他只是把他们当雇佣兵看待。也就是说，他没有像罗马人信任同盟各国那样信任高卢人。但是，他需要辅助的战斗力量。高卢人并不清楚汉尼拔的真实意图，但是，出于对罗马的深恶痛绝，他们还是陆陆续续地赶来加入汉尼拔的队伍。成功翻过阿尔卑斯山后还不到一个月的时间，汇聚到汉尼拔旗下的高卢士兵已经超过 1 万人。2.6 万人变成了 3.6 万人。更让汉尼拔高兴的是，当时的高卢和北非的努米底亚一样，是骑兵的产地。

这一期间，罗马方面也做好了准备，迎战从出人意料的方向攻过来的敌人。

从马赛撤回来的执政官科尔涅利乌斯率领等候在比萨的两个军团，一路直奔皮亚琴察。这里已经成为迎战汉尼拔的最前沿阵地。但是，他还没有想好是否仅靠自己手中的两个军团与汉尼拔拉开战斗的序幕。

罗马的指挥官中只有科尔涅利乌斯对汉尼拔的才能有所耳闻。无论是横渡罗讷河的方法，还是成功翻越了谁都认为不可能翻越的阿尔卑斯山的壮举，以及在短短的时间内完成艰苦行军的方法，这一切都让科尔涅利乌斯有理由认为，汉尼拔绝对不是一个青涩的年轻人。

科尔涅利乌斯听说了高卢人纷纷加入汉尼拔军队。这就是说，汉尼拔军还在不断壮大。因此从人数上看，罗马的两个军团显然处于劣势。此时，同僚执政官森普罗尼乌斯率领两个军团已经离开当初的任职地西西里正在北上。科尔涅利乌斯决定等待友军的到来。时间已经是 11 月。在以往，这个时候已经进入冬季自然休战期了。

第一次战役：提契诺战役

迄今为止，罗马与其遇到过的敌人，一到冬季，双方就像约好了似的，自动进入休战期。这时罗马军队会留下少量士兵防守，罗马公民兵回罗马参加公民大会，来自同盟各国的士兵也各自回家。然而，这次面对的敌人是汉尼拔，是采取非常手段，甚至带着大象翻过了阿尔卑斯山的人物。面对这个年轻人，一切常规的方式都不再适用。于是罗马的两个军团全部留在了前线基地皮亚琴察。冬营地皮亚琴察的要塞建设尚不充分，也不知道敌人几时会打来。罗马军就在这种状况下准备越冬。

执政官科尔涅利乌斯认为有必要鼓舞一下士气。他召集起全体士兵，开始讲话：

> 士兵们，如果现在站在我面前的是我带到马赛去的战士们，我无须多说。因为他们知道，罗马军队和迦太基军队的第一次交锋是以罗马方面的重大胜利而告结束的。

事实上，那次交战只是骑兵间的小规模战斗，虽然敌人损失了200名骑兵，但是罗马军也有140名骑兵阵亡。这样的战果实在很难称得上重大胜利。但是，科尔涅利乌斯的目的只是鼓励即将见识汉尼拔的士兵。

> 但是，站在我面前的是你们。你们没有看到那场我们取得辉煌战绩的战斗。因此我想，我有必要把大家召集起来，对大家说几句话。

各位，我们将要面对的不是新的敌人，他们是23年前被我们大败的敌人余孽。我们战胜过他们，从他们手中夺取了西西里和撒丁。因此，我们和他们之间的这场战争，不是势均力敌的战争，而是败者挑战胜者的再次较量。

他们为了翻越阿尔卑斯山，已经失去了三分之二的兵力。他们的士兵忍受了饥寒交迫，浑身污垢，山上的岩石在他们身上留下了累累伤痕。他们的手脚冻裂，肌肉僵硬，兵不像兵，马不像马，他们就像毫无意志、随处飘游的幽灵。

23年的时间并没有让迦太基人洗心革面。他们是迦太基人，和那些在埃加迪群岛海域的海战中被我们打败后又被我们成功赶出西西里的敌人一样。

现在，这些迦太基人公然进入意大利挑战我们，因此，这场战争不是为了西西里的统治权，而是为了保卫我们的祖国意大利，保卫我们每一个意大利人的亲人。我们在战斗中的表现将决定他们的命运。要记住，诸神会保佑我们所有的人！

与此同时，在迦太基军营地，汉尼拔也召集了士兵，鼓舞士气。但是，迦太基的年轻人采用的方法和罗马的名门望族科尔涅利乌斯的方法大不相同。

为了方便大家观看，汉尼拔让全体士兵围成一个大圈，接着命人把翻越阿尔卑斯山的途中抓获的高卢人带到圆圈中央。一个个高卢人被沉重的锁链铐在一起。由于这些人被捕以后几乎没进食，所有人看上去弱不禁风。几近裸体的他们在严寒的山上一路走来，身上都是冻伤，连站立都非常困难。

汉尼拔命令部下解开他们身上的锁链，通过翻译，对他们说：

如果你们愿意，我允许你们进行决斗。胜出者我会给以武器和马，还会给予自由。

可怜的高卢人俘虏都要求加入决斗。惨烈的决斗开始了。随着决斗的进行，决斗中的高卢人和围观的士兵内心的感受有了共鸣。所有人为胜者鼓掌庆贺，也为失败而亡的高卢人送去更加热烈的掌声，因为他们终于得以结束残酷的人生。这场决斗结束后，年轻的指挥官对士兵说：

你们看到了高卢人刚才的表现。如果你们怀着与他们同样的心情去战斗，我可以肯定，胜利将属于我们。刚才你们看到的不是表演，而是真实地反映你们现状的一面镜子。

我们的左边和右边都是大海，这两个大海把我们阻隔在这里，我们没有船可以从这里逃出去。我们的前面是波河，这条河比罗讷河还要大，水流更湍急。我们的背后是高高耸立的阿尔卑斯山，是我们经过千辛万苦刚刚翻越过的山。我想，没有人愿意再次翻越这座山吧。

因此，摆在你们面前的只有一条路，那就是面对罗马军队勇往直前。战斗中要么胜利，要么失败而亡。如果战胜了他们，你们可以得到长生不老的诸神都不敢奢望的酬报。只要战胜罗马，不要说西西里或撒丁，罗马人所有的一切都将属于你们。你们将是罗马人统治的所有土地上的统治者。

我想，大家休息的时间已经够长，接下来的日子里，我们还会很艰苦。但是，与之前我们从西班牙出发，直到翻越阿尔卑斯山这一路上的千辛万苦不同，我们的辛苦将会有所回报。

现在，我还不知道敌人的统帅是谁。但是，无论是谁，都无法与生于军帐内、长于军帐中，还有位勇敢的父亲哈米尔卡的我相比。在罗马没有一位将领可以与率领军队完成从西班牙到意大利长途跋涉的我相提并论。

我们一定要赢得这场战争的胜利。战争结束后，你们可以去任何你们想去的国家，我将赠予你们当地的土地，无论是在迦太基，在西班牙，还是在意大利，并免除一切租税，直到你们的孩子那一代。如果你不要土地只要金钱，我会给你相应的金币。如果你想要迦太基公民权，我会授予你这一权利。

此外，汉尼拔还许诺跟随士兵一起来的奴隶，如果他们参加战斗就还他们自由。同时承诺，这些奴隶成为自由民后，将为他们的主人各配两个罗马人奴隶照顾他们的生活。总指挥官强烈的自信感染了在场的士兵。在士兵们震耳欲聋的呐喊声中，汉尼拔结束了演讲。

当汉尼拔获知罗马有两个军团就在皮亚琴察时，他马上率领全军离开营地，向东行军。目标直指皮亚琴察。

在皮亚琴察的执政官科尔涅利乌斯虽然不希望此时立刻开战，但是，他认为在友军到来之前至少应该视察一下敌情，因此，带着全体骑兵和少量轻装步兵，离开皮亚琴察，向西而来。

从皮亚琴察往西，过了波河上游的提契诺（现在的帕维亚），波河流域有一个最平坦的开阔地带，这里现在是意大利最大的稻谷种植区。罗马骑兵队在波河支流之一的提契诺河上架起桥梁后继续西行。然而，刚过桥不久就看见西边远处地平线上尘土飞扬。原来是汉尼拔带着骑兵也出来视察地形。他们似乎也发现了罗马的骑兵队。

两军的距离渐渐缩短。因为罗马执政官去任何地方都有手持束棒斧的12名随扈相伴，所以汉尼拔知道罗马的执政官也在敌人的队伍里。罗马人从渐渐临近的迦太基骑兵队的情形中也知道了汉尼拔就在其中。如此一来，双方别无选择，只有开战。

汉尼拔率领的骑兵兵力是多少，不是很清楚。罗马骑兵队人数为4 000人，据说应该比这个数量还多。罗马方面的轻装步兵在射出第一轮箭后，慑于敌人骑兵的突击力，很快躲到后面，已毫无战斗力可言。骑兵的这次交战成了罗马和汉尼拔之间的第一次战役。

汉尼拔一边迎着罗马军队而上，一边迅速部署好阵型。他把骑兵中最优秀的努米底亚骑兵放在两翼，中间是来自迦太基及西班牙的骑兵，由他亲自指挥。与此相反，罗马方面来自最值得信赖的罗马及同盟各国的骑兵组成了主力阵容，前卫由与罗马缔结了和平条约的高卢部族的骑兵担任。

战斗之初双方不分上下。但是，负责迦太基军两翼的努米底亚骑兵攻势非常凌厉，最早和他们发生激战的高卢骑兵眼看着一个个成了刀下鬼。努米底亚骑兵突破罗马军的前卫之后，直逼战斗力最强的罗马主力。罗马主力骑兵队担心被敌人包围，自乱阵脚，连执政官也无人护卫，迦太基骑兵乘机将罗马执政官团团围住。幸亏一名首次参加战斗的年轻骑兵从敌方骑兵的包围中拼命救出了身负重伤的执政官。

罗马骑兵围成一团，护卫着身负重伤的执政官且战且退。继续留在战场上，显然会被数量和战斗力都占上风的迦太基军队包围，难逃被全歼的厄运。罗马骑兵队无暇顾及轻装步兵，他们负责破坏刚刚在提契诺河上架起的桥梁，在骑兵过桥向东逃去后开始拆桥。他们中有上百人动作不够快，成了迦太基军的俘虏，有一些人逃进了草丛中。汉尼拔抓到的第一批罗马俘虏成了他极宝贵的情报来源。

这一天让差一点到手的罗马执政官逃脱了，令汉尼拔感到十分惋惜。但是，更加令他惋惜的应该是让那名救出执政官的年轻骑兵逃脱了。这名骑兵正是执政官的儿子，这一年刚满17岁。他和父亲同名，叫普布利乌斯·科尔涅利乌斯·西庇阿。16年后的扎马会战中，他将率领罗马军队与汉尼拔展开激烈的战斗。

逃回皮亚琴察的执政官科尔涅利乌斯尽管身负重伤，还是对敌人的兵力做出了正确的判断。既然弄清了迦太基军的骑兵战斗力高出自己许多，那么就要考虑尽可能地避免在平原地带宿营。刚刚建成的皮亚琴察防守能力还很薄弱，对自己手下的两个军团和来自西西里的两个军团共四个军团来说，作为营地，既不安全也过于窄小。

第二次战役：特雷比亚战役

特雷比亚河是波河的支流之一，源头在亚平宁山脉，自南向北，在皮亚琴察附近汇入波河。提契诺河也是波河的支流之一，源头在阿尔卑斯山，自北向南流入波河。但是，特雷比亚河流经的地域，因为靠近亚平宁山脉，所以地势高低起伏，非常不利于骑兵作战。

执政官科尔涅利乌斯选择了这一带最高却很开阔的山丘，在这里构筑起坚固的要塞。因为这个营地是为四个军团准备的，所以称之为城堡似乎更贴切。他考虑在这里越冬。

但是，汉尼拔并不打算无所作为地越冬。根据从俘虏口中得到的情报，他了解到附近的卡斯泰焦村不是单纯的村落，而是罗马军队的军粮储藏地。他当即命令步兵和象队向东进军，自己带着骑兵突袭了这个村落。就这样，罗马军队的军粮储藏地变成了迦太基军队的军粮储藏地。

有了粮食保障，就不必再掠夺周边高卢人的部落，这使汉尼拔用怀柔政策拉拢高卢人更有效了。再加上骑兵部队在提契诺之战中的胜利，要求加入汉尼拔军的高卢人越来越多。尽管如此，生活在意大利北部的高卢人中，实际上也只有一部分人追随迦太基军而已，大多数高卢人仍在观望。因此，汉尼拔希望在新年到来之前与罗马军再战一次，以增加高卢人对自己的信心，影响他们的取向。为此，他下令全军带上充足的军粮，继续东进。

森普罗尼乌斯率领两个军团自南向北纵贯整个意大利，这时终于到达翘首以盼的科尔涅利乌斯建好的营地。为了守卫西西里及其周边海域，战船全部留在了那里，因此未走海路北上的这两个军团只好全程步行。

营地在皮亚琴察以南 20 公里处，士兵们在这里休息，恢复体力。其间两位执政官多次进行了商讨。

科尔涅利乌斯的想法是就此越冬，营地建在要冲上，敌人轻易攻不上来。虽然卡斯泰焦落入敌人之手，失去军粮储藏地令人痛惜，但是皮亚琴察以东的高卢人是罗马的同盟者。不得不依靠罗马联盟的同盟国从里米尼到皮亚琴察只要走平原即可，因此，军粮补给并不困难。而且，尽管时间已经进入冬季最寒冷的 12 月，但是河道没有因阿尔卑斯山上刮来的寒风而封冻，因为这段河道的水流实在太湍急。

然而，执政官森普罗尼乌斯的想法与他的不同。

提比利乌斯·森普罗尼乌斯·隆古斯出身平民。这个时期，平民出身的罗马执政官大多表现得个性张扬，他们并不是为了个人的荣誉或是权力欲膨胀而显得个性张扬。在护民官时代，护民官只是平民

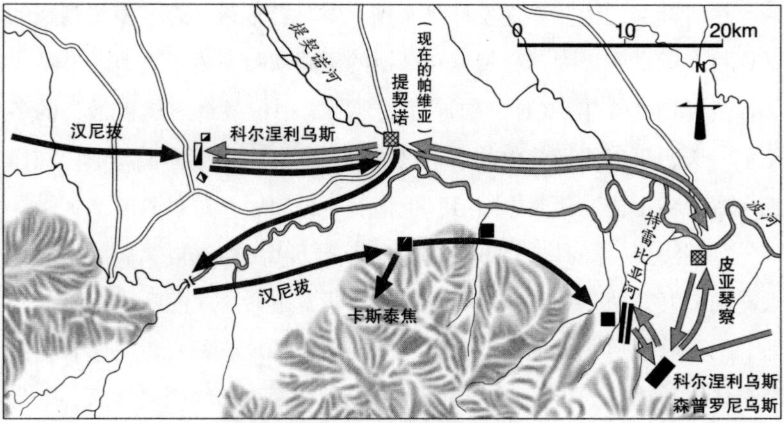

提契诺、特雷比亚周边地形

（选自Kromayer, *Antike Schlachtfelder*）

阶级的代表。但是，执政官是全体罗马公民的代表，其中包括贵族阶级。因此，平民出身的执政官身份意识更加强烈。他们为了自己出身的阶级，也为了继自己之后当选执政官的同一阶级出身的人，必须努力有所作为，因此他们显得个性十分张扬。

汉尼拔很重视情报的搜集，他因此似乎猜透了森普罗尼乌斯的心思。他想，自己或许可以挑逗一下此人。汉尼拔知道，在罗马的军队中，如果两位执政官在同一战线担任总指挥时，采用的是轮班制，一人一天。但是，如果其中一位执政官身负重伤，那么，在他伤愈之前，另一位执政官将全权担任指挥。此时科尔涅利乌斯身负重伤，因此汉尼拔判断他的对手应该只有森普罗尼乌斯一人。

白天，这位 29 岁的年轻人率领军队无所顾忌地来到特雷比亚河岸附近，并在此扎营。尽管中间隔着一条河，但是距离罗马营地只有 7.5 公里。不仅如此，汉尼拔还故意频频派出小队人马，袭扰周边地区，尽管此时的他并不需要筹集军粮。罗马营地内，森普罗尼乌斯的话语权一天比一天大，科尔涅利乌斯的说服劝阻失去了效力。

公元前 218 年 12 月，临近月底，一年中白昼最短黑夜最长的冬至前一天，汉尼拔带着他的小弟马可尼一同外出视察周边地形。在详细考察了特雷比亚河西岸之后，他指着一处灌木林对弟弟说：

“那儿就是你的位置。你挑选 1 000 名步兵和 1 000 名骑兵，明天天亮前离开营地，藏到那片树林中，在我发出命令之前就待在那里。”

回到营地后，汉尼拔下令让大家痛痛快快地吃顿晚饭。接着他命令全体士兵第二天天不亮就得吃完早饭，在篝火旁烤暖身体后，全身抹上油。

12 月 22 日，寒冷进一步加剧。早上起来，天色阴沉沉的，好像雨就要下下来了。天色未亮，罗马士兵被营地外传来的嘈杂声吵醒。原来是敌人的骑兵杀过来了。

执政官森普罗尼乌斯得知来的只有骑兵，马上命令属下全体骑兵回击。骑兵们穿戴完毕马上出击，还没有来得及吃早饭。步兵也没有时间吃早饭。他们甚至来不及取出御寒用的毛衣外套，仅在短衣外匆匆套上战甲，抓起剑和盾就跑出了营地。

步兵们眼前看到的一幕是，在己方骑兵的回击下，敌人不断后退。执政官森普罗尼乌斯和重装步兵没有参加提契诺战役，这是第一次与迦太基军队的骑兵主力努米底亚骑兵交锋。他们听说过努米底亚骑兵的战斗力远在罗马军队的骑兵之上，但是现在，敌人被逼得节节败退。不只是总指挥森普罗尼乌斯认为这是消灭敌人的最好机会，重装步兵也非常振奋。骑兵当然也希望一雪提契诺之耻。以骑兵为先锋的罗马军队等不及情绪高昂的总指挥官发出命令，就向退却中的敌人追去，一窝蜂地过了河。然而，在那里等待他们的是严阵以待的迦太基大部队。

虽然特雷比亚河只是一条溪谷，但是雨水使得河水大涨。涉河而过的罗马士兵肚子里没有一点食物，还被河水浸得浑身湿透。相反，汉尼拔的士兵不仅吃饱喝足，还在烤暖的身体上抹了油，做好了充分准备来抵御寒冷与雨水。罗马执政官森普罗尼乌斯没有时间考虑这些。罗马军在匆匆离开总司令身边的将官们的指挥下布好了阵型。一看就知道，他们没有吸取提契诺战役的教训。

罗马军队的兵力包括来自罗马和各同盟国的士兵合计有 4 万人。其中骑兵 4 000 人。

汉尼拔军队主力加上高卢士兵，共计 3.8 万人。由于高卢士兵的加入，骑兵达 1 万人。

应该说，步兵的战斗势均力敌，但是骑兵的战斗相差悬殊。

从阵型上来看，罗马方面按常规依然把军队的主力重装步兵部署在中央，以期突破敌人的中央。相反，汉尼拔把高卢步兵团部署在中央，在两翼，越往外战斗力越强。

根据汉尼拔军的阵型，他的意图一目了然。他要实施包围战，包围战意味着把敌人的主要战斗力量化解为非战斗力量。这是战术的根本。

只有辛辛苦苦带来的大象辜负了汉尼拔的期望。生于南国的巨大“战车”虽然越过了阿尔卑斯山，但是它们终究不敌意大利北部的寒冷。那些被罗马轻装步兵射出的箭刺伤而狂躁不已的大象，不仅没有打乱敌人的阵型，还把自己的骑手颠落在地，四处乱窜。好在除此之外，一切都在汉尼拔的掌控之中。

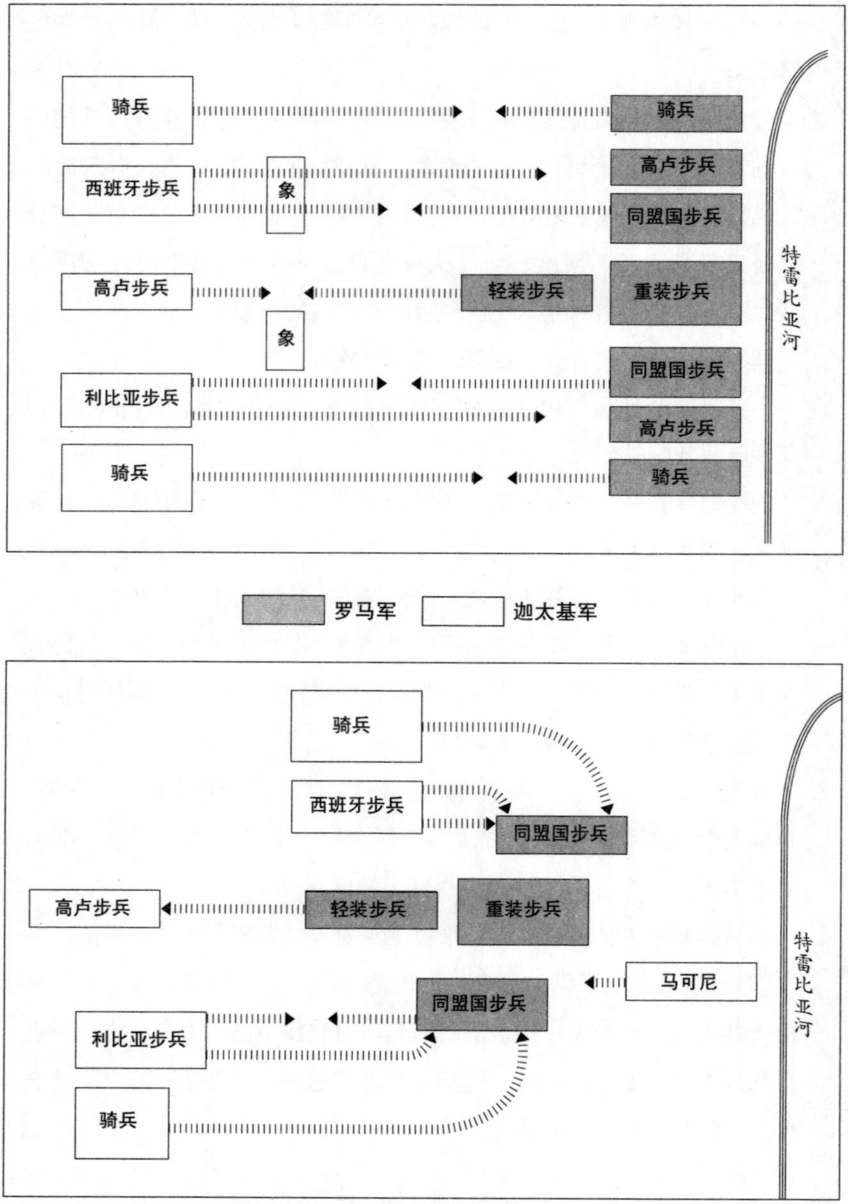

特雷比亚战役（上图：战役前期；下图：战役后期）

罗马军队引以为傲的重装步兵团尽管腹中空空，浑身湿透，条件险恶，但是他们的攻击力相当惊人。冒着夹雪的雨，他们奋力杀向敌人中央。很快，迦太基军的中央被击破。两侧是来自同盟各国的步兵，他们面对西班牙和利比亚步兵展开英勇的战斗。步兵之间的战斗在罗马军队占上风的情形下进行。然而，随着时间的推移，饥饿、浑身湿透、寒冷等不利因素向英勇奋战的罗马步兵袭来。同时，在两军骑兵的交锋中，罗马方面也渐显下风。

当骑兵被击退后，罗马军队完全暴露在敌人面前。汉尼拔步兵从两翼向他们包抄过来。接着，骑兵队在赶走罗马骑兵后，也从后面逼近。同时，一直藏在灌木丛中的马可尼，带着 2 000 人出现在罗马军的身后。虽然因为汉尼拔部署在中央的高卢步兵实在太弱，相反罗马重装步兵又过于强大，所以包围圈没有像图中描绘的那样完美，但是无疑 4 万人的罗马军被包围了。

包围圈一点点地在缩小，罗马士兵挥剑战斗的空间不断地在缩减。迦太基士兵从外侧开始一个接一个地血刃罗马士兵。要避免被全歼的结局，只有一条路，那就是突破敌人最弱的中央，逃出去。身处军队中心的执政官森普罗尼乌斯一声令下，罗马军队全力向前突围。高卢士兵战斗的爆发力很强，但是耐力极差，击溃他们并非难事。但是，敌人骑兵围住的背后几近铜墙铁壁。成功突破敌人中央，在下游渡过特雷比亚河逃回皮亚琴察的仅剩下区区 1 万人，2 万名士兵身陷重围。向他们发起进攻的迦太基士兵，已经不是在战斗，而是在杀戮。有不少人虽然突破重围逃了出来，但是在逃回营地的途中，跳入特雷比亚河时，大部分又被敌人骑兵追上杀死了。特雷比亚河河面被鲜血染红了。

提契诺战役之所以失败，是因为是两军骑兵偶遇发生的战斗，罗马可以不承认自己失败。但是，特雷比亚战役是两军的正式交战，全体步兵和骑兵都加入了战斗的行列，因此罗马不得不承认自己完败。应该说，汉尼拔在特雷比亚战役中的胜利，不是士兵战斗力的胜利，而是一次战术上的胜利。

作为失败方，罗马方面阵亡者达 2 万人，成功突破中央逃回皮亚琴察的士兵 1 万人，其中包括执政官森普罗尼乌斯。加上留下来守卫营地的士兵，罗马方面的幸存者人数据说不超过 1.5 万人。余下的人成了汉尼拔的俘虏。

相比，胜利者汉尼拔军的阵亡者中大多数是高卢人，汉尼拔从西班牙带来的士兵阵亡者人数少之又少，甚至不值一提。只是大象或是被杀，或是逃得无影无踪，留下来的只有一头。

尽管做了充分的准备，但是，在雨夹雪的恶劣天气条件下，长时间的战斗对于胜利者汉尼拔的士兵来说也是严酷的，汉尼拔不得不放弃继续追击敌人。因伤留在营地的科尔涅利乌斯也得以逃到只有小部分士兵守卫的皮亚琴察。这一次汉尼拔又让执政官那个 17 岁的儿子逃脱了。

两位执政官在皮亚琴察重逢后，一致认为不能在皮亚琴察久留。特雷比亚战役的结果很快在波河两岸的高卢人中传开。之前追随罗马的部族、还在观望犹豫的部族纷纷投奔胜利者的帐下。汉尼拔军很快扩充到了 5 万人。

罗马的两位执政官决定撤离，他们汇集残余兵力，离开殖民地皮亚琴察，奔里米尼而去。至此，罗马彻底放弃了几个月前正一步步实现称霸的意大利北部。但是，由于第二年开始战场南移，命运多舛的皮亚琴察和克雷莫纳这两个罗马殖民城市，成了周围都是高卢人的两个孤岛城市。从此时开始一直到第二次布匿战争结束的16年间，竟得以奇迹般地幸存下来，这不能不归咎于高卢人不懂利用好机会的性格缺陷。

远征的第一年汉尼拔就取得了辉煌的战绩。不过，他不会沉湎在已有的胜利之中。

面对接踵而至前来称臣、表示顺服的高卢部落首领们，汉尼拔丝毫没有表现出扬扬自得，军队人数的倍增也没有让他得意忘形。因为他始终认为，无论加入自己军队的高卢人有多少，都不足以战胜罗马。

在对待俘虏的问题上，汉尼拔也有自己的想法。从俘虏口中得到自己所需的情报后，他把俘虏一分为二：一边是罗马公民，另一边是同盟各国公民，并给他们完全不同的待遇。罗马公民兵得不到充足的食物，还要承受繁重的劳动，境遇非常艰难。相反，来自同盟各国的士兵不仅可以吃饱饭，甚至手脚也未被束缚起来，还可以在火堆旁取暖。一段时间后，他杀掉罗马公民俘虏，然后集合来自同盟各国的士兵，对他们说：

> 我的敌人不是罗马联盟的所有成员，我的敌人只有罗马。现在我还给你们自由，还不要求你们支付赎金。但是，条件是你们回到自己的国家后，要把今天发生在这里的事和我说过的话转告给你们的同胞。告诉他们，只要他们脱离罗马，投奔我，我汉尼拔保证你们国家的自由、独立和安全。

尚不满30岁的年轻人从未想过仅靠2.6万人攻打可召集兵员达

75万人之多的意大利。他要瓦解罗马联盟。他要在铁一样牢固的罗马联盟中插入楔子。罗马联盟的模式是第一次布匿战争中迦太基失败的最大原因。只要成功瓦解罗马联盟，双方力量就不再是75万人对2.6万人。翻越阿尔卑斯山，坚持把战场设在意大利，就是为了要挑动同盟各国背叛罗马。

汉尼拔认为，自己成功争取高卢人的策略同样适用于罗马联盟的加盟国。因此，他认为光靠释放俘虏远远不够。就像为了证明给高卢人看一样，他还需要挑战罗马军，让罗马的同盟各国看到他的实力。对汉尼拔来说，下一个战场，也就是充分展示他才能的舞台，必须在罗马联盟的领地上，卢比孔河以南。

第三次战役：特拉西梅诺战役

迦太基的惯例是用十字架处死负有战败责任者。相反，罗马人的传统是不处罚败将。文艺复兴时期的政治思想家马基雅弗利曾经不惜溢美之词盛赞罗马的这一做法。马基雅弗利认为，这样做的结果是指挥官没有了后顾之忧，他们可以专心在战场上指挥战斗。这一说法当然对。但是，我认为原因不仅于此。

共和政体下的罗马没有选择民主制雅典那样排挤贵族阶级、实行以平民为主体的政体。在共和政体下的罗马，贵族和平民相辅相成。把两个阶级的力量合二为一，是为了更有效地发挥国家的活力。既然选择了这样一种政体，就要时刻不忘把贵族和平民之间动辄出现的对立情绪掐灭在萌芽之中。以公元前367年《李锡尼法》出台为界，罗马确立了新的方针，所有国家要职向平民开放。为此，作为罗马最高统治者的执政官中，有平民出身的人当选已司空见惯。

在这种情况下，惩戒战败责任者难免会成为内乱的导火索。接受惩罚的是贵族，这会引起贵族阶级的不满。相反，如果惩罚的是平民，显然所有平民都会认为受罚的原因是因为他出身平民。要追究责任，却找不到客观的、能让所有人接受的标准。为此，罗马人决定不对任何人追究战败的责任。

如此一来，阵亡者岂不是难以瞑目吗？对个体来说，也许是。但若舍弃小我，为共同体的长远利益着想，则完全可以瞑目。因为一个国家，如果上下舆论不统一，会很难有效发挥国家的国力。只有国论统一，才能有效发挥国力，就可以减少牺牲。人是具备牺牲精神的，他可以接受自己牺牲，但是无法接受自己的子孙也成为统治阶级无能的牺牲品。

罗马人的这种做法与迦太基人和希腊人完全不同。也多亏罗马的这种做法，那些不幸成为败将的人有了报仇雪耻的机会。罗马人非常通情达理，如果战败的原因是指挥官能力不足，那么有兵役义务的所有罗马公民不会再选他担任执政官。但是，如果大家都承认总指挥官的能力，那么，即使成为败将，他依然有可能再次当选执政官。

特雷比亚战役期间的罗马军队统帅森普罗尼乌斯·隆古斯任期满后无缘再次当选执政官。相反，因重伤未能参加战斗的科尔涅利乌斯·西庇阿则被任命为前执政官，享有和执政官同等的绝对指挥权，领命率1万名士兵开赴西班牙。

前执政官的弟弟格奈乌斯率领两个军团还在西班牙与汉尼拔的二弟哈斯德鲁鲍尔交战。在对抗汉尼拔的过程中，罗马元老院起的是“总参谋本部”的作用。元老院非常清楚大后方西班牙对汉尼拔的重要性，因此把在西班牙的战事交给了科尔涅利乌斯兄弟俩。既然汉尼拔要离间罗马联盟的各成员国，罗马就要彻底铲平汉尼拔的大后方西班牙。

这次从比萨港前往西班牙的前执政官科尔涅利乌斯没有带年已满18岁的儿子同行。因为在罗马，贵族子弟的人生轨迹通常是，初次上阵要跟随父亲，以后就要在其他人手下学习了。贵族埃米利乌斯·保卢斯成了这个年轻人的第二任指挥官。

公元前217年是汉尼拔远征的第二年，这一年，罗马当选执政官的是贵族塞尔维利乌斯和平民盖乌斯·弗拉米尼乌斯。

塞尔维利乌斯性格温和谨慎。弗拉米尼乌斯与他正好相反，天性要强又很胆大。因为他力主攻打汉尼拔，因而获得候选人资格，并以比同僚多得多的票数当选执政官。他的出生年月不详。他曾经于公元前232年当选护民官，后来进入元老院，于公元前227年担任西西里行省的总督。公元前223年一度当选执政官，在与高卢人的战斗中取得了辉煌的胜利。公元前220年当选财务官，并提议铺设弗拉米尼亚大道，即现在的意大利国道三号线。

公元前217年当选执政官，是弗拉米尼乌斯第二次就任罗马这一最高官职。从他当选护民官那年开始推算，这一年应该在45岁上下。作为前线最高指挥官，正是最合适的年龄。

作为平民阶级出身的杰出代表，弗拉米尼乌斯被认为远比特雷比亚战役的败将森普罗尼乌斯优秀得多。他曾经提出国有土地租用上限规定为500尤格（约合125公顷），他制定了法律草案，禁止元老院元老从事通商事业。他制定这些政策，目的是缩小贫富差距。因此，事实上受到限制的大多数是贵族。尽管如此，反弗拉米尼乌斯的现象并没有表面化。这不是因为他制定的政策没有明确反贵族，而是因为罗马贵族深知这样做的危害性。当然，弗拉米尼乌斯本人还是强烈地感受到了贵族阶级对自己的不满。对他来说，公元前 217 年出任执政官，应该也是报复他们的绝好机会。

在共和政体下的罗马，执政官通常被派到最前线。此时汉尼拔已经到了博诺尼亚附近，准备在那里过冬。所有人都猜测第二年春天他会南下，只是没有人知道他会沿哪条路线南下。

平庸的指挥官一定会选择从博诺尼亚穿过平原地带到达里米尼，再从里米尼沿始于罗马的弗拉米尼亚大道，翻过阻挡在途中的亚平宁山脉南下意大利半岛的路线。弗拉米尼亚大道于三年前刚铺设完成，5 万大军同时翻越亚平宁山脉，走这条路应该最轻松。但是，无人能预测到汉尼拔的意图。

既然不知道汉尼拔走哪条路线南下，罗马只有把军队一分为二。执政官塞尔维利乌斯被派往里米尼，防止汉尼拔选择弗拉米尼亚大道。执政官弗拉米尼乌斯前往阿雷佐，阻止敌人从亚平宁山脉的某处下来，到达托斯卡纳。两位执政官各带两个军团，这一年军团增加了兵力，分别为 2.5 万名士兵。两位执政官约好，一旦发现汉尼拔的动向，立刻合兵一处。

公元前 217 年 4 月，已经 30 岁的汉尼拔率领全军离开了冬营地。他没有选择从越冬的博诺尼亚去里米尼，再从那里沿弗拉米尼亚大道南下的平坦大道，而是选择了从博诺尼亚直接挑战亚平宁山脉，翻过山直奔佛罗伦萨的路线。这条路线距离短一些，但是难度大为增加。

选择这条路线不是因为害怕与守候在里米尼的执政官塞尔维利乌斯之间发生战斗，而是他已经确定了下一个战场——就在伊特鲁里亚人居住的托斯卡纳。

如果伊特鲁里亚的各个城市叛离罗马，那么罗马联盟的一个角就会轰然倒塌。而骚扰弗拉米尼亚大道周边，受害的只是生活在那一带的翁布里亚人。在罗马联盟中，伊特鲁里亚的可动员士兵人数有5万人，与此相比，翁布里亚人不过2万人。如果以瓦解罗马联盟为目的，那么选择伊特鲁里亚人集中居住的托斯卡纳作为战场，取得战斗胜利会给伊特鲁里亚人留下更加深刻的印象，能够更有效地达到瓦解罗马联盟的效果。

但是，这样的理由只有在事情过后经过分析才能得出来。对当时的罗马人来说，他们完全猜不透汉尼拔的意图。主动权完全掌握在这位30岁的年轻统帅手中，他曾完成翻越阿尔卑斯山这一前人从未尝试过的壮举，紧接着又两度给罗马以重创。虽然罗马方面在里米尼和阿雷佐部署了军队，但是，在汉尼拔现身以前，没有人可以预知汉尼拔的动向。

翻越亚平宁山脉确实比翻越阿尔卑斯山容易许多。但是，翻过亚平宁山脉来到阿尔诺河流域的时候，等待他的却是不曾预料到的困难。

意大利处于地中海式气候带上，从冬季到春季，降水非常集中。公元前217年春季，雨水比往年还要多。源自亚平宁山脉的阿尔诺河是托斯卡纳当地最大的一条河，流经佛罗伦萨后汇集多条支流，浩浩荡荡地流向比萨，再从那儿注入第勒尼安海。如果连续下雨，支流流域的平原地区很容易受涝被淹。汉尼拔和他的军队刚下亚平宁山脉，就一脚踏上了已化作一片沼泽的地带。

汉尼拔耗用了四天三夜的时间才走出沼泽地。在沼泽地的行军顺序是利比亚和西班牙步兵团充当前卫，跟在他们后面的是高卢士兵，努米底亚骑兵为后卫。骑兵与其说是后卫，不如说是为了防止牢骚满腹的高卢士兵不堪艰难的行军离队逃跑。行军途中几乎找不到休息的地方，士兵只能倚在死去的马或辎重车旁小歇片刻。安稳地睡觉是不可能的，甚至想都不要想。汉尼拔骑在唯一的一头大象背上，此时的他因患眼疾苦不堪言，艰难的行军于他已经算不了什么。结果，一只眼睛完全丧失了视力，绝世战术家从此变成了独眼龙。

全军终于可以有机会好好休息，是在到达佛罗伦萨以后。就在兵马休整期间，汉尼拔派出了侦察兵，搜集情报。他不仅掌握了弗拉米尼乌斯的两个军团就在位于佛罗伦萨东南约 100 公里的地方——阿雷佐，也了解到了执政官盖乌斯·弗拉米尼乌斯的性格。在全军得到充分休息恢复了体力以后，汉尼拔下达了南下的命令。他没有选择直奔阿雷佐的路线，而是选择了阿雷佐西侧的路线。

行军不再是纯粹的行军，他们边走边烧杀抢掠。这里是一片开阔的平原，在丘陵众多的托斯卡纳地区非常难得。火着后升起的滚滚浓烟在很远的地方都能看见。阿雷佐是伊特鲁里亚人建的城镇，环绕着低矮的山丘，是罗马的同盟城市。从阿雷佐看过去，大火和浓烟似乎近在眼前。

执政官弗拉米尼乌斯确认来者就是敌军后，马上向里米尼派去了紧急使者，向友军通报敌军的动向，同时要求在里米尼的两个军团即刻南下。弗拉米尼乌斯考虑让同僚塞尔维利乌斯从里米尼出发，沿弗拉米尼亚大道前来和自己会合，对汉尼拔形成夹攻之势。他想，按这一计划追击汉尼拔，在佩鲁贾附近就可以和沿弗拉米尼亚大道南下的友军会合。执政官弗拉米尼乌斯要求在里米尼的塞尔维利乌斯让骑兵先行一步。

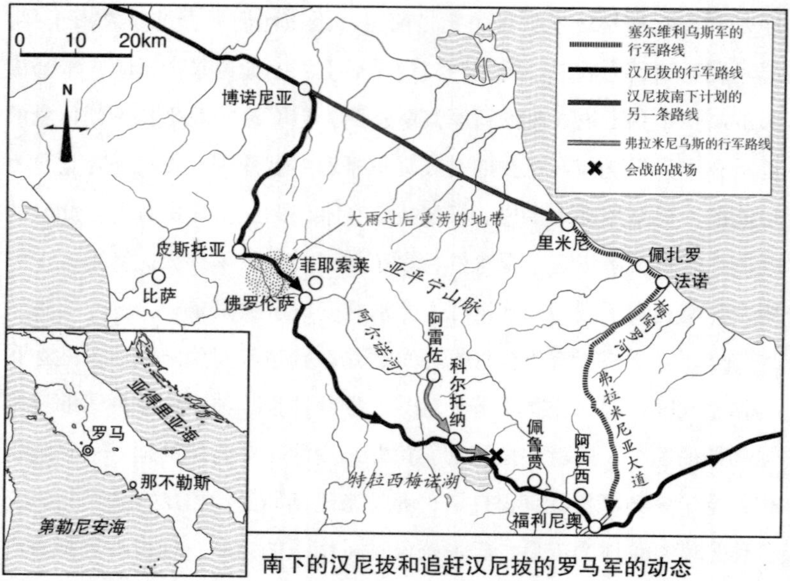

南下的汉尼拔和追赶汉尼拔的罗马军的动态

如果对手是平庸之辈，这一战术一定可以奏效。但是，身为统帅的年轻对手在搜集、分析、选择情报以及利用情报方面有过人之处。不仅如此，其行动之迅速也无人能及。他绝不会轻易让罗马的四个军团会合的。

只能追赶敌军却不能与之交锋，这一定让争强好胜的罗马军队指挥官非常痛苦。作为罗马联盟的盟主，罗马认为有责任保护联盟的加盟者。然而事实上，执政官弗拉米尼乌斯却只能眼睁睁地看着罗马忠实的同盟者伊特鲁里亚人惨遭烧杀抢掠，自己却什么也不能做。弗拉米尼乌斯作为罗马联盟最高官职的执政官，有比常人更强的责任感，加之其正当45岁左右的壮年。所以，对他来说，按捺住心中的愤怒实非易事。就像故意挑衅弗拉米尼乌斯似的，汉尼拔和他的军队牵着罗马军队的鼻子一路南下，并沿途继续做着野蛮杀戮的事情。

在佛罗伦萨和佩鲁贾之间有一个湖叫特拉西梅诺湖，视野非常开阔，这是意大利中部最大的一个湖。湖的北面是一块细长的平地，夹在丘陵和湖面之间，自西向东延伸。通过这个平地继续向东，就是弗拉米尼乌斯计划和友军会合的地点佩鲁贾。

这天，白天经过一番急行军，汉尼拔军于傍晚时分到达特拉西梅诺湖畔。由于事先已经派侦察兵侦察过周边地形，所以一到这里，汉尼拔就下达了指令。根据汉尼拔的指示，各大队分别散开，到指定的区域安营扎寨。当天晚上就在这里野营，但是禁止点火。

南下的路被湖阻断后向东拐去。拐角处是一片丘陵，骑兵部队就隐藏在丘陵的脚下。骑兵部队往东是高卢士兵，再往东是利比亚和西班牙的轻装步兵团。所有人都躲在丘陵脚下，等待第二天早晨的到来。重装步兵扎营在细长的湖畔尽头，堵住了自西向东的湖畔出口。

从下面的图来看，汉尼拔的意图一目了然。他要把敌人引入细长、狭窄的湖畔，待弗拉米尼乌斯全军进入湖畔后，骑兵、重装步兵和其他步兵分别从西、东、北三个方向夹击罗马军队。唯一没有部署兵力的南侧是一片湖水。汉尼拔最擅长的全歼敌人的包围战术，就连天然环境也利用上了。

入夜，执政官弗拉米尼乌斯和他的两个军团到了湖畔。没有人知道汉尼拔的军队在哪里扎营，弗拉米尼乌斯事先也没有派侦察兵侦察。湖畔没有一个人影，也没有篝火。罗马士兵因此以为汉尼拔军队已经通过特拉西梅诺湖畔，向着佩鲁贾方向去了。夜间行军遭遇敌人埋伏的可能性很大，应尽量避免。于是，弗拉米尼乌斯下令全军在湖畔西侧的平地上搭建营地。

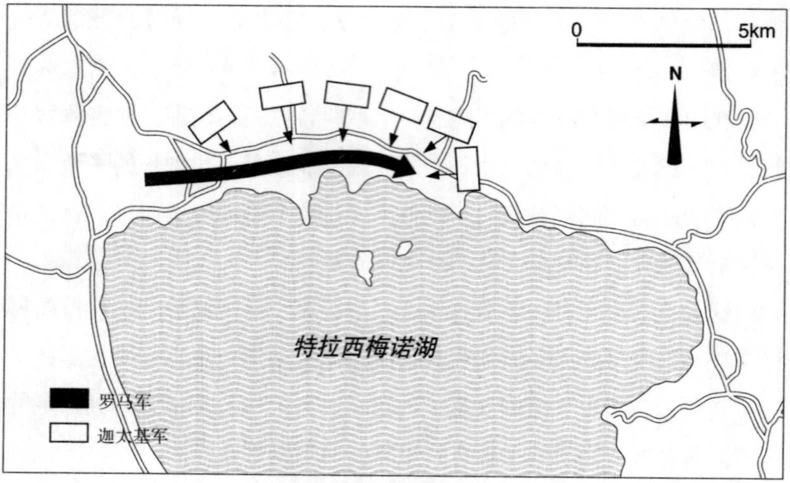

特拉西梅诺战役

公元前 217 年 4 月 19 日一早，浓浓的晨雾笼罩在特拉西梅诺湖畔上空。到了春季，这一带经常出现晨雾。雾中含有开阔的湖面上蒸发的大量水分，浓得让人很难相信这是晨雾，雾飘浮在地表上方久久不散。稍早一些时，目力所及不过 10 米。由此可见，汉尼拔甚至还掌握了此地的气象信息。

罗马军队幻想着今天可以追上敌人，他们早早收起帐篷，没有丝毫犹豫或怀疑，踏进了狭长的湖畔地带。能见度非常低，只能勉强看到行进在各队前头的队标。以为敌人在远处的罗马士兵，在浓雾中全速前进。全军 2.5 万人用了并不太长的时间就全部进入了狭长的湖畔地带。

最早发现异常的是罗马军队的前卫。因为他们走在最前面，最先遭遇到在湖畔东侧张网以待的敌人。于是，他们毫不犹豫地和面前的敌人展开了战斗。然而，因为晨雾浓厚，后续部队即使注意到了前面的异常，也弄不清楚是什么情形。就在他们尚未来得及弄明白的时候，对方的骑兵堵住了湖畔的西端。这时，隐藏在丘陵脚下林中的高卢士兵及轻装步兵也开始向被困于狭长湖畔的罗马军队发起攻击。

现代高速公路上常常发生多辆汽车连环追尾的事故，原因就是后面的汽车未注意到前面发生了事故。公元前 217 年春天，在特拉西梅诺湖畔，类似的情况不幸发生了。

这不是战斗而是杀戮。杀戮圈从西、北、东三个方向不断缩小。就连跳进湖里准备逃跑的罗马士兵也被沿湖追来的敌方骑兵掷出的投枪击倒，比投向到处乱窜的羊还要准。

面对 5 万名汉尼拔军队士兵，2.5 万名罗马军队士兵陷入了绝境，但是他们没有彻底放弃战斗。这场战斗，准确地说应该叫杀戮，持续了 3 个小时。执政官弗拉米尼乌斯已经无法指挥战斗。在这种情况下，他以一名骑兵的姿态英勇奋战，直至壮烈牺牲。战斗结束后，也未能找到他的尸体。因为堆积如山的尸体中，执政官和士兵完全没有了区别。当晨雾散尽时分，特拉西梅诺湖畔的惨状连迦太基士兵也不忍多看一眼。

2.5 万名罗马士兵中有 1.7 万人战死，6 000 名前卫士兵冲出敌阵后向东逃去，又被刚刚结束湖畔杀戮的敌军骑兵追上，悉数被捕。游过湖逃到山中，并最终逃回罗马的仅剩 2 000 人。意识到汉尼拔的强大后已经加强了其战斗力的整整两个军团，就这样消失了。

汉尼拔方面的损失只有区区 2 000 人，而且几乎都是高卢士兵。汉尼拔从西班牙带来的精锐主力几乎毫发未伤。

后世的战争史家认为，特拉西梅诺战役不能算是一场战役，而是暗算。但是，不管这场战斗是以怎样的方式进行的，当时的罗马人心甘情愿地承认了自己的失败，并且如实告诉了所有公民。

负责召集公民大会的执政官一个阵亡，另一个还在前线，不在罗马。因此，法务官代替执政官召集了公民大会。他面色阴沉，对着集合起来的公民毫不掩饰地说：

“我们是完败。”

公民大会上还公布了阵亡者和被捕者人数，以及经过确认后的相关人员姓名。

三天之后，法务官不得不再次召集公民大会，因为前方又传来了失败的消息。

在里米尼担任警戒的执政官塞尔维利乌斯，应弗拉米尼乌斯的要求派出 4 000 名骑兵先行出发。他们不知道特拉西梅诺湖畔发生的变故，沿弗拉米尼亚大道来到了福利尼奥附近，在这里离开弗拉米尼亚大道向西北赶往佩鲁贾，准备和追赶汉尼拔的执政官弗拉米尼乌斯军会合。然而，等候在那里的不是友军，而是努米底亚骑兵。无论数量还是战斗力都处于劣势的罗马骑兵很快被包围，2 000 人丧身战场，余下的 2 000 人彻底失去了战斗力，逃进附近的村落，后来全部被俘。正从里米尼南下的两个军团由此完全失去了其骑兵的战斗力。由于骑兵补充非常困难，所以对罗马来说，这一重创不是可以用简单的数字来计算的。

因为特雷比亚战役的失败，罗马不得不放弃内高卢（阿尔卑斯山南侧的高卢）；又因为特拉西梅诺战役的失败，罗马把托斯卡纳地区也拱手交到了敌人的手中。

但是，与波河沿岸的意大利北部不同，罗马人绝不会放弃夹在阿尔诺河和台伯河之间的托斯卡纳地区，罗马也绝对不能轻易放弃长期以来的同盟者伊特鲁里亚的各个城市。值得庆幸的是，尽管伊特鲁里亚人领教了汉尼拔的本事，但是没有一个城市因为罗马在特拉西梅诺战役的惨败而背叛罗马，倒向汉尼拔。以科尔托纳为首的伊特鲁里亚人的所有城市，在汉尼拔到来时，依然紧紧地关住城门。与生活在意大利北部的高卢人不同，居住在意大利中部的伊特鲁里亚人罗马化已经有 200 年历史了。

汉尼拔的 5 万大军就在离“高速公路”弗拉米尼亚大道三天行程的地方，他们正因胜利而士气高昂。与此同时，罗马做好了迎战敌人的准备。但是，虽然有保卫首都罗马的两个军团，加上在里米尼失去了骑兵的两个军团，罗马军队的兵力也不过和汉尼拔军相当。所有人都猜测汉尼拔会沿弗拉米尼亚大道直指罗马。时间刚刚进入 5 月。

然而，年轻的迦太基统帅没有像人们猜测的那样做——他没有选择直奔罗马的弗拉米尼亚大道，而是选择了前往亚得里亚海的路。其部下很多士兵对统帅的这一选择心有不解。因为他们不但无法去进攻能获得丰厚战利品的首都罗马，而且要离开已经成为自己地盘的托斯卡纳地区，沿亚得里亚海海岸转向意大利南部。汉尼拔的一贯做法是事先从来不向任何人，甚至不向其他将军透露自己的真实意图。将军和士兵需要做的就只有听命于这位战无不胜的年轻统帅。

我想，汉尼拔的计划大概是先打掉外围，再攻打对方的大本营罗马。在特拉西梅诺战役之后，对于抓获的俘虏，他依然采用了扣下罗马公民兵、释放来自各同盟国的士兵的做法。他在等待罗马联盟解体。托斯卡纳地区的伊特鲁里亚人没有叛离罗马，这让他颇感意外。

尽管如此，他认为罗马联盟的解体只是个时间问题。他将向生活在意大利南部的罗马同盟者希腊人充分展示其卓越的军事才能。虽然在特拉西梅诺取得了重大胜利，但是他并没有急于求成。到了战争爆发后的第二年，汉尼拔的战略企图已为大多数罗马人知晓。

第一步：他有目的地在罗马联盟加盟各国的领土上烧杀抢掠。

第二步：当罗马军无法容忍他们的行为主动出击时，他就挑起战端，并取得战役的胜利。

随着一次次战役的胜利，同盟国纷纷叛离罗马。

最后一步：当彻底打掉外围后，进攻并一举征服罗马。

他的这一战略构想非常合乎情理。

除了共和国罗马境内有罗马公民兵，罗马在全意大利的70多个殖民城市均有值得信赖的公民。在汉尼拔攻打首都罗马时，他们完全有可能出现在汉尼拔军队背后。尽管汉尼拔在两次战斗中取得了重大胜利，但是，现状不允许他虽距罗马仅三日之遥就轻率做出决定向罗马进军。

到了亚得里亚海沿岸，汉尼拔给了全军充分的休整时间。他还让士兵脱掉早已破烂不堪的衣服，换上从阵亡的罗马兵身上剥下来的衣服。这一情况后来一度让罗马军苦恼不已，因为他们分不清谁是敌谁是友。不得已，罗马军全体士兵被要求剃光胡须，因为汉尼拔军队中的迦太基人、西班牙人和努米底亚人都有蓄胡须的风俗。

汉尼拔的军队甚至给马也洗了澡，用的还是葡萄酒。在得到充分休整后，汉尼拔军队沿亚得里亚海右海岸，开始向意大利南部进军。途经的罗马同盟城市都饱受烧杀抢掠之苦，无一幸免。据说他们掠夺的物资多得甚至没办法带走。但是，满足5万人的餐饮本身就是一件大事。虽然烧杀抢掠的目的是诱发各同盟城市背叛罗马，但是，其中也有满足5万人胃口的重要目的。

在意大利南部的普利亚极尽恣意妄为之能事后，汉尼拔率领全军改变了行军方向，前往位于意大利南部的坎帕尼亚地区。与托斯卡纳地区一样，这里有很多罗马的同盟城市。除了阿庇亚大道必经的大城市加普亚，这里还有库马、波佐利、那不勒斯、索伦托等很多罗马的“海港同盟市”。对罗马来说，托斯卡纳地区的伊特鲁里亚人是非常重要的同盟者，同样，坎帕尼亚地区的希腊人，其重要程度丝毫不差。

虽然敌军进攻首都的危险性减小，但是罗马依然有必要重建防御体系。为此，罗马决定设立独裁官。自第一次布匿战争拥立独裁官以来，这是相隔32年后再次建立的危机应对机制。费边·马克西姆斯被指定担任独裁官，尽管任期只有6个月，却集大权于一身。这位出身罗马名门望族费边家族的独裁官，是年58岁。他曾经当选过两任执政官，在与意大利北部高卢人的战斗中有过光荣的胜利记录，战场上的成绩不比任何人差。在这位比30岁的汉尼拔几乎年长一倍的费边脑海里，有与迄今已知的其他罗马统帅完全不同的想法。

虽然费边率领从里米尼赶来的两个军团和新编的两个军团共四个军团在后面追踪汉尼拔，但是他的战略思想只有一个——那就是避免和汉尼拔正面交锋。

科尔涅利乌斯、森普罗尼乌斯、弗拉米尼乌斯，这些已与汉尼拔交过手的执政官都吃了败仗。58岁的费边不认为自己有获胜的机会，他认为如果与汉尼拔直接交手，自己同样会败。他甚至认为，当时的罗马将军中没有一个人有能力战胜汉尼拔。

为了不输给汉尼拔，只要不交手就行。因此，他率领4个军团，共计5万人马，虽然紧随在普利亚、坎帕尼亚等地极尽疯狂之举的敌军后面，却绝不回应汉尼拔的挑战。他的意图很明确，就是等待敌军自我消耗。

费边因此得到一个外号，叫“持久战主义者”。但是，表示这个意思是后来的事情，最初大家要表达的意思是“拖延者”。

费边采用的战术尽管有效，但是为此付出的代价实在很大。罗马联军中除了罗马公民，还有来自各同盟城市的公民。由于费边的不作为，他们只能眼睁睁地看着自己的城市遭受涂炭。就连罗马公民兵也同样咒骂自己的无能为力。对他们来说，因为未尽到联盟盟主的职责深感懊恼。

反对独裁官费边战术的声音一天高过一天，终于因为中了汉尼拔圈套一事而爆发。

公元前217年年初发生过特拉西梅诺战役。此时，这一年的秋天快过去了。在富饶的坎帕尼亚地区，汉尼拔军队没有受到罗马军队的任何阻挠，随心所欲地进行掠夺，而后带着足以越冬的军粮准备回普利亚地区。对汉尼拔来说，意大利南部的普利亚是让5万名士兵安全越冬最合适不过的地方。

独裁官费边觉得自己等待已久的机会终于来了。从坎帕尼亚到普利亚，必须翻过像脊椎一样纵贯意大利半岛的亚平宁山脉。只是不需要上下山来翻越山脉，沿山谷即可越过亚平宁山脉。费边把全军分为三个部分，分别部署在汉尼拔和他的军队可能通过的几个地点。一旦敌人进入山谷，就把他们一网打尽。

费边未预料到的是，年纪轻轻的迦太基统帅凭借着其卓越的情报搜集能力掌握了罗马军队的动向。汉尼拔来到山谷前，他命令士兵收集大量枯木。接着，他又挑选了 2 000 头拉辎重车的牛，把枯木绑在这些牛的牛角上。

士兵们按照命令完成这一切之后，汉尼拔把他们召集起来，指着远处高山之间的山涧，说：

“我们今晚要通过那里。”

他告诉全体士兵，罗马军队就埋伏在山谷两边的高山一侧。但是，他又说，今晚就要在等候自己到来的敌人面前通过那里。

太阳下山，夜幕降临时分，传令兵带着总指挥官的命令，与牛群一起来到待命中的士兵面前。当绑在牛角上的枯木点上了火后，在士兵们的驱赶下，牛群一边掉着火星灰，一边向罗马军队埋伏的相反方向跑去。惊恐万状的 2 000 头牛疯狂地奔跑，埋伏中的罗马士兵看到黑暗中沿山脊移动的火群，以为是敌人发起了进攻。因为远远看去，就好像无数士兵手举火把一起跑上了山丘。

一向性格沉稳的费边不希望夜间作战，而且看上去敌军似乎是为了占领一个山丘。失去一个山丘，对于在山谷设伏的战术思想没有任何影响。费边决定天亮前按兵不动。

就在这天夜里，汉尼拔和他的全体士兵，未损失一兵一卒，未丢失一件掠夺品，在罗马军队的眼皮底下顺利通过了山谷。第二天早上，等费边知道的时候，敌人已经越过了亚平宁山脉。匆忙间派出的骑兵队虽然追上了汉尼拔的后卫部队，却未能啃动著名的努米底亚骑兵。罗马军队虽说没有损失一兵一卒，却颜面尽失。

从此，罗马人对于无论受到怎样的阻碍也能成功的事，改用这样一句习语来表达了：

不管怎样，汉尼拔过去了。

独裁官6个月的任期尚未结束，费边就被召回首都罗马，理由是要举行祭祀仪式，实际上就是免职。

当汉尼拔悠然自得地在气候温暖的普利亚过冬时，在罗马，围绕下一年度担任前线总指挥的执政官选举，出现了支持费边主张的拖延战术派和相反的积极战术派。两派的对立愈演愈烈。

积极战术派指出，如果采用费边的拖延战术，那么在敌人消耗殆尽之前自己会先消耗尽了。相反，拖延战术派拿出了第一次布匿战争的先例指出，能把始终未能降伏的哈米尔卡赶出西西里，是因为罗马从迦太基人手中夺取了制海权，切断了迦太基方面的补给线。哈米尔卡是汉尼拔的父亲，他们采取的战略战术无论对父亲还是对儿子都同样有效。

事实上，拖延战术派的软肋不是在“牛角事件”中的失败，而是这一年来各同盟城市蒙受的损失。元老院当然希望避免可能导致同盟各国叛离的一切状况出现。

最后的结果是，下一年，即公元前216年，从两派中各选了一位作为前线总指挥官的执政官，他们分别是贵族出身的埃米利乌斯·保卢斯和平民出身的特雷恩蒂乌斯·瓦罗。前者与费边想法一致，后者则是积极战术思想的代表。

尽管选举的结果是两派中各选出了一位执政官，公民大会现场的气氛却是一边倒地支持积极战术派。

汉尼拔进攻意大利的公元前218年，罗马编组了6个军团，第二年，即公元前217年，增加到11个军团，到了公元前216年，又增加到了13个军团。罗马公民们为了向汉尼拔一雪前耻，尽管要增加自己的兵役义务，依然投了赞成票。对他们来说，翌年春季开始的公元前 216 年，应该是罗马与汉尼拔之间一决高下的一年。

通过会战决定胜负正是汉尼拔期待的。

尽管汉尼拔军队在特拉西梅诺战役中取得了胜利，以及在普利亚和坎帕尼亚两地汉尼拔军队未受任何阻挠地烧杀抢掠，让人们看到了罗马的软弱；尽管汉尼拔善待同盟城市的士兵，无偿释放他们回归故里，但是，罗马联盟的加盟者至今尚未有一个背弃罗马，投奔到汉尼拔的帐下。既然汉尼拔认为要让罗马彻底失败只能寄希望于罗马联盟解体，那么，对他来说，这个问题绝不能置之不理。他认为有必要进行一场决战。

第四次战役：坎尼会战

好像是 1991 年的 1 月，就在全世界都在紧张地关注着始于空袭的海湾战争进入地面战只是时间问题的时候，一天早上，我打开电视机，换到美国有线电视新闻台（CNN）看实况转播。结果，出现在电视画面上的不是沙特阿拉伯的基地，也不是遭受夜间空袭的伊拉克，而是呈现一派和平景象的麦田。站在麦田中央的记者说，今天早上播出的节目来自意大利。

这位记者说，战争迟早会进入地面战。虽然不知道会始于何时，但是，多国部队已经做好准备。在这里，他将向电视机前的观众介绍一场历史上最著名的地面战。这场战役也许对当天即将展开的地面战有所启示。

“我现在所在的位置是意大利南部的坎尼平原，距今 2 200 年前的公元前 216 年，这里曾是汉尼拔与罗马展开大会战的战场。”

美国有线电视新闻台记者指着电视画面上的战况展开图，对汉尼拔用什么战术战胜了数量占优势的罗马军队进行了说明。之后他又补充道：

“坎尼会战是战争史研究中必不可少的一场战役，因此，在军事学院都要学习有关这场战役的内容。这就意味着，和施瓦茨科普夫一样，伊拉克的将军也知道坎尼会战。”

听到这里，我忍不住笑了。发生在没有战斗机、直升机时代的一场会战，竟然会引起卫星转播时代的记者的关注，实在很有意思。接下来我要讲的，就是历史上著名的坎尼会战。我不知道日本国防大学的情况怎样，但是，欧美的军校一定会学习这部分内容。

公元前 216 年，罗马公民大会决定加强军队力量，编组军队，准备春季重启战事。

前面已经提到，罗马军团通常由罗马公民兵和来自同盟各国的士兵组成，其中，罗马公民兵为步兵 4 200 人、骑兵 3 00 人，来自同盟各国的士兵人数略多于这个数目。每位执政官率领 2 个军团，就是所谓的“执政官军团”，这是罗马军的作战单位。因为执政官有两位，所以罗马每年需要编组 4 个军团。因此，罗马联军的兵力通常在 3.8 万人左右。

进入战时，根据情况，会相应增加军队力量。兵力最多时曾经达到过 5.4 万人左右，这是不得不同时面对高卢人和伊利里亚海盗两方面敌人的那一年的事情。当时罗马公民兵和同盟各国士兵的比例是 2 : 3。

公元前 216 年，尽管敌人只有汉尼拔一方，但是罗马的兵力增加到了比以往任何时候都要多，只是增加的不是军团数。因为一位执政官指挥两个军团，两位执政官只能有四个军团，不能超过这个数。因此，与以往的“战时”情况相比，公元前 216 年罗马进一步扩大了每个军团的规模。增加的人员主要由罗马联盟盟主、担任总指挥的罗马提供，因此，由两位执政官每天轮流担任总指挥的公元前 216 年度的兵力构成情况如下：

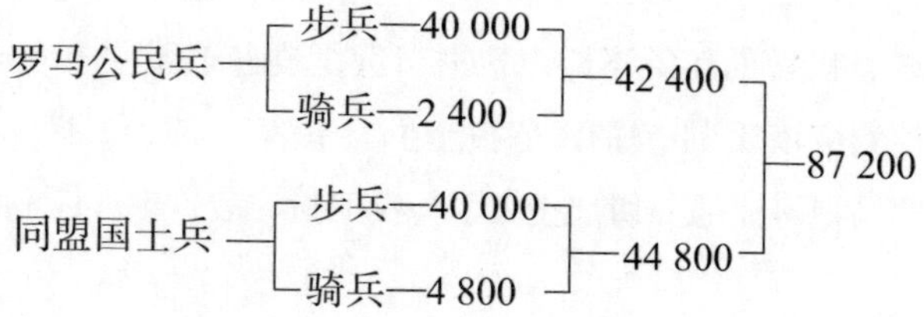

其中步兵 8 万人、骑兵 7 200 人，所以步兵和骑兵的比例是 11 : 1。

在普利亚越冬的汉尼拔军的构成如下：

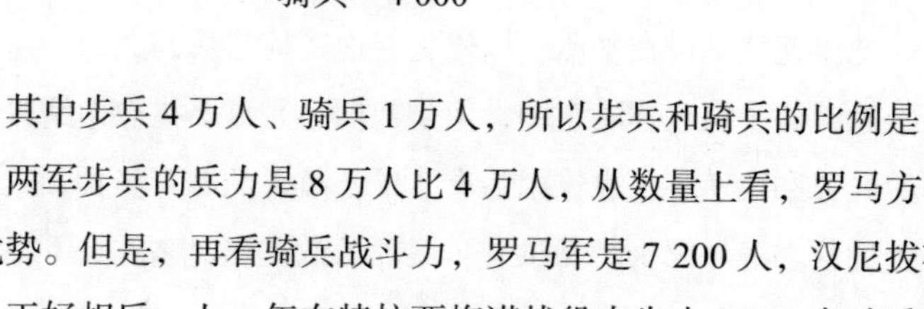

其中步兵 4 万人、骑兵 1 万人，所以步兵和骑兵的比例是 4 : 1。

两军步兵的兵力是 8 万人比 4 万人，从数量上看，罗马方占绝对的优势。但是，再看骑兵战斗力，罗马军是 7 200 人，汉尼拔有 1 万人，正好相反。上一年在特拉西梅诺战役中失去 7 000 名骑兵后，罗马方尚未补上这个缺口。

每天轮流担任总指挥、率领 8.72 万大军决战汉尼拔的两位执政官都没有与汉尼拔交过手。从战绩上看，执政官埃米利乌斯在汉尼拔进入意大利的上一年，作为执政官，曾率军队与伊利里亚人交战，有过胜利的记录。但是，执政官瓦罗在战斗中只是一名普通士兵，甚至没有担任过百夫长。他之所以能够当选军队总指挥官的执政官，是因为他提出的通过决战尽早解决战事的主张得到罗马大多数公民的支持。

两位执政官确切的年龄不详，根据当选执政官必须在40岁以上这一要求，他们应该比31岁的汉尼拔至少大10岁。不管怎样，公元前216年的罗马把可能的一切都投入了与汉尼拔一战。

和往年一样，于3月15日开始军事行动的罗马军队沿阿庇亚大道开始南下。过了加普亚快到贝内文托的时候，监视尚在过冬的汉尼拔动向的友军送来一个情报，说汉尼拔已经离开冬营地，没有北上，而是南下了。于是以两位执政官为先锋，罗马军的8.72万大军追踪着汉尼拔，进入了意大利南部的普利亚。

不清楚汉尼拔是如何知道的，也许是在审讯俘虏时了解到的。汉尼拔虽然尚未遭遇罗马军队，但是他已经掌握了追来的罗马军的规模。不仅如此，他甚至对罗马军队的构成、对两位执政官的性格都了如指掌。他想把战场设在平原，以便更好地发挥骑兵的威力。这时罗马方已经意识到了汉尼拔的意图，但是他们还是毫不犹豫地踏进了有大片平原的普利亚地区。也许因为有2倍于敌人的8万步兵，这给了他们充分的信心吧。因为罗马重装步兵的勇敢在当时名震天下，几乎无人能敌。

貌似为了躲开追来的罗马军队，汉尼拔的军队继续一路南下，直到位于奥方托河注入亚得里亚海的附近一片开阔平原，才终于停下前行的脚步，随即攻取了位于这条河附近的坎尼村。坎尼是罗马军队在同盟国内的粮食储藏基地之一。看重罗马联盟稳定关系的罗马人，严禁在同盟国内掠夺。

对汉尼拔来说，攻取坎尼村的目的，一是为了刺激罗马军队，二是为了补充军粮。尽管他们一路上不断掠夺，但是要让5万人吃饱饭终究是个巨大的工程。意大利南部所有的罗马同盟城市都很敌视汉尼拔。汉尼拔必须依靠武力才能迫使他们打开城门。至此尚未有一个城市主动向他提供军粮补给，而且，公元前216年，汉尼拔全年未得到来自迦太基本国的援助。同时，在西班牙，科尔涅利乌斯兄弟俩率领的罗马军队不断攻打迦太基军队，西班牙方面也没有能力支援在遥远的意大利的汉尼拔军队。此时，汉尼拔军队尽管得到了坎尼，但是储存在此地的粮食据说只够维持10天。

在坎尼得到粮食补充以后，汉尼拔没有率领军队继续前进，他在坎尼村后面的丘陵上建好了营地，一心等待罗马军队的到来。

一路追来的罗马军队在距离汉尼拔10公里左右的地方停了下来，开始扎营。罗马军队的营地建在野外，四周筑起高高的栅栏，挖好了纵深的壕沟，非常正规。两军隔着10公里的原野，开始了日复一日的对峙。

当然，在近两个月的对峙中，双方并非一次也没有动过手。

汉尼拔曾经派出2 000人左右挑逗罗马军队，罗马方面派出同样规模的队伍出来应战。在这两个月里，类似这样的小规模战斗发生频繁。随着小规模战斗的一次次展开，罗马方面的优势渐渐显现。有一次，罗马军队损失了近百人，但是，相比较而言，汉尼拔方面的战死者多达1 700人。当然，汉尼拔军队的阵亡者几乎总是高卢士兵。尽管如此，还是让罗马阵营中的士气不断高涨，所有人都觉得，照此下去，胜利一定属于自己。

然而，31 岁的年轻人就像职业赌徒在台球或扑克游戏中，常常对容易上当的生手施以骗术一样，先让对手小赢几次，然后再让对方输个精光。

罗马军队已经跃跃欲试，他们甚至把营地移到了奥方托河的左岸，随即汉尼拔也把营地移到了同一岸边。两军相距不足 2 公里。

两军并没有马上开启战端，他们分别在自己的营地内继续相互对峙。其间罗马军队渡过奥方托河，在对岸也建了一个小规模的营地。他们认为在河两岸建营地，可以更有效地利用数量占优势的兵力。对此汉尼拔没有做出任何反应。

就像特雷比亚战役和特拉西梅诺战役一样，汉尼拔总是在他希望的地点、希望的时间发起战斗。坎尼会战也一样。他先把敌人引到他所希望的地方。只是在坎尼，汉尼拔与罗马军队相隔 2 公里，进入对峙状态以后，没有采取任何积极的行动。不仅如此，他还装出因小规模战斗失利而萎靡不振、畏首畏尾的样子。

年轻的汉尼拔早就看穿了罗马指挥官们的心思——他们非常警惕，想方设法避免掉入他的圈套。为了让他们与自己进行会战，汉尼拔首先需要解除他们的戒备心。为此他故意装出主导权掌握在罗马手中的样子。

公元前 216 年 8 月 2 日，在执政官每天轮流担任总指挥的罗马军中，这天的总指挥官是特雷恩蒂乌斯·瓦罗。

这天早上东方刚刚开始泛白，接到总指挥官特雷恩蒂乌斯·瓦罗的命令，士兵们从奥方托河两岸的罗马军队两个大小营地中陆续出来，在河右岸集合。瓦罗选择右岸而不是左岸集合全军，是因为左岸是一片平原，有利于敌人骑兵驰骋纵横，危险度较高。右岸地势高低起伏，对骑兵力量较强的汉尼拔军来说，应该不太有利。

看到罗马军队布好了阵，汉尼拔也亲自率领全军过了河，在罗马军队的正面布下了阵。罗马军队的阵型是横向一条直线，与此相对，汉尼拔部署的阵型呈弓形，中间凸起。

罗马军队的阵型清楚地反映了担任这一天罗马军总司令的瓦罗的战术。部署在中间的步兵团阵型不是横向的长方形，而是纵向的长方形。目的是由罗马军队的主力重装步兵突破敌人的中央。正因如此，他选择了奥方托河右岸、环绕坎尼村后面的丘陵下比较狭窄的地方作为战场。但是这样一来，对于担任右翼的 2 400 名罗马骑兵来说，他们不得不在奥方托河与步兵之间的窄小地带，与 3 倍于自己的敌人作战，显然非常不利。

此外，瓦罗还留了 1 万名士兵在布满军队的战场后的小营地里待命。他的计划是：当骑兵顶住敌人的进攻，步兵又成功突破敌人中央的时候，再投入这 1 万兵力，争取一口气取得会战的胜利。

然而，阵型不同于特雷比亚战役的汉尼拔没有上他的当。

会战开始了。两军首先采用了常规的战术，分别与正面的敌人交战。汉尼拔的左翼对罗马的右翼，中央的轻装步兵对中央的轻装步兵，汉尼拔的右翼对罗马的左翼。第一回合是在汉尼拔弓形阵型中的高卢雇佣兵与罗马的轻装步兵之间展开。

会战之初，战斗的展开罗马方面占上风。见此情形，瓦罗下令负责步兵部队指挥的前执政官塞尔维利乌斯投入重装步兵团。由高卢雇佣兵组成的汉尼拔军前卫，在罗马全体步兵的凌厉攻势下，突起的弓形变成了凹陷的弓形。汉尼拔部署弓形阵型，目的在于尽可能地让罗

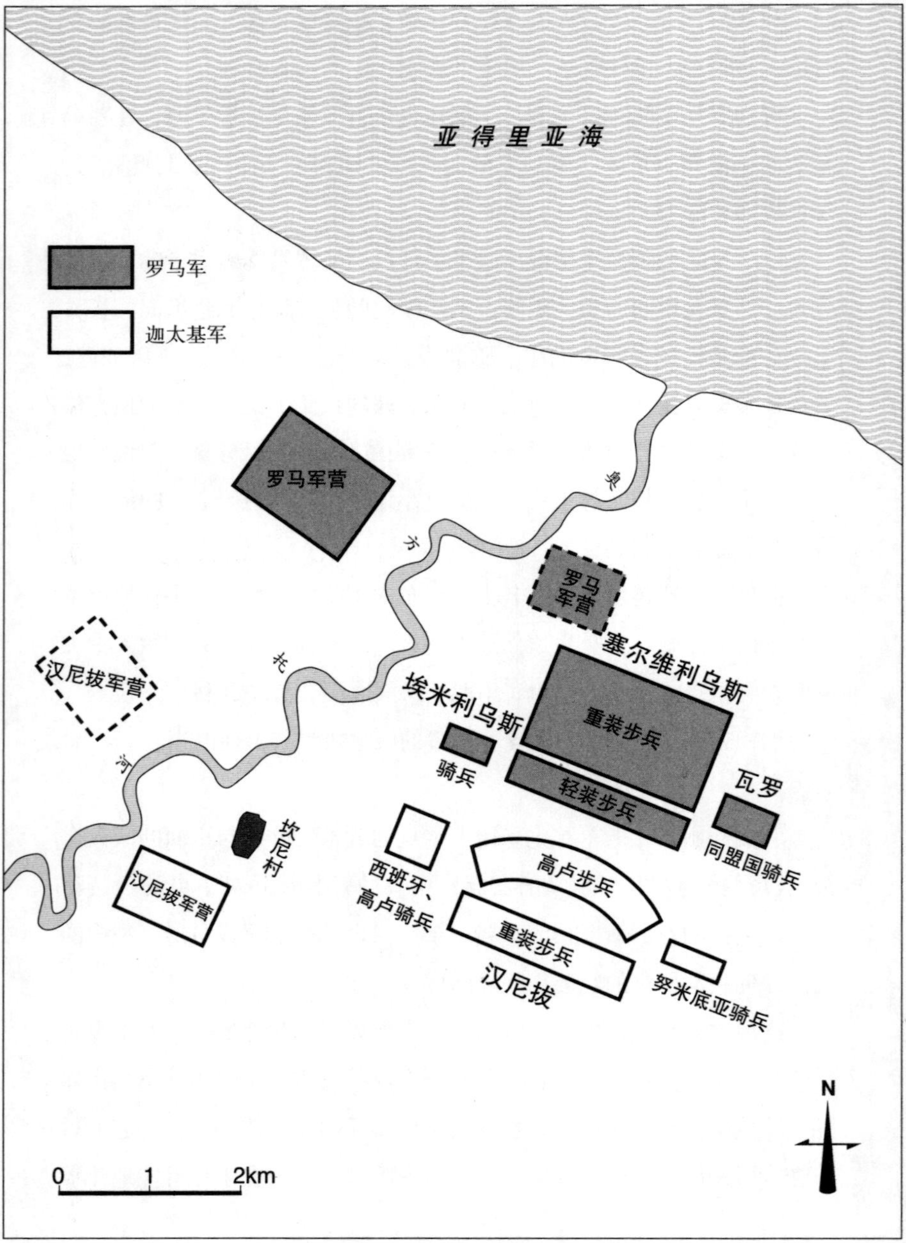
亚得里亚海
罗马军
迦太基军
罗马军营
奥
方
托
河
罗马
军营
汉尼拔军营
塞尔维利乌斯
埃米利乌斯
重装步兵
骑兵
轻装步兵
瓦罗
同盟国骑兵
坎尼村
汉尼拔军营
西班牙、
高卢骑兵
高卢步兵
重装步兵
汉尼拔
努米底亚骑兵
N
0
1
2km

坎尼会战（布阵后的阵型）

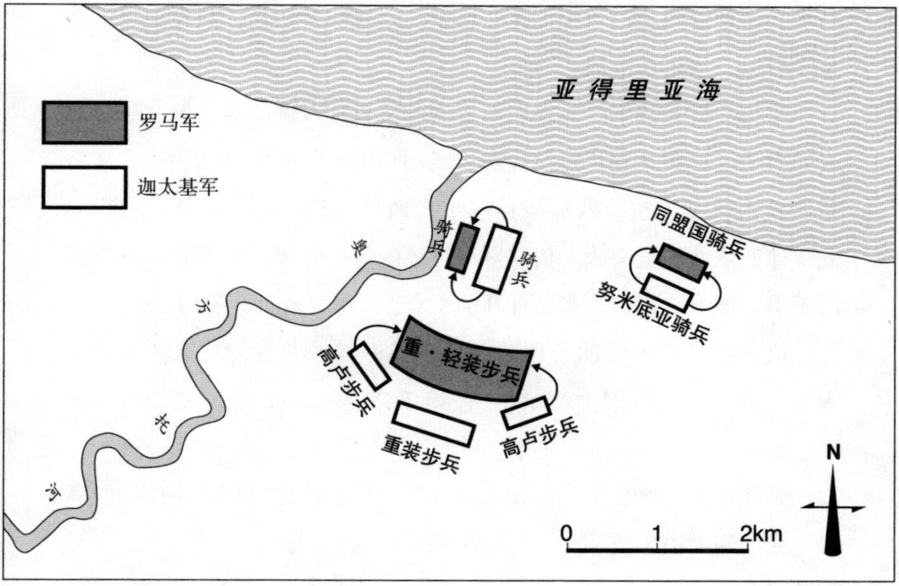

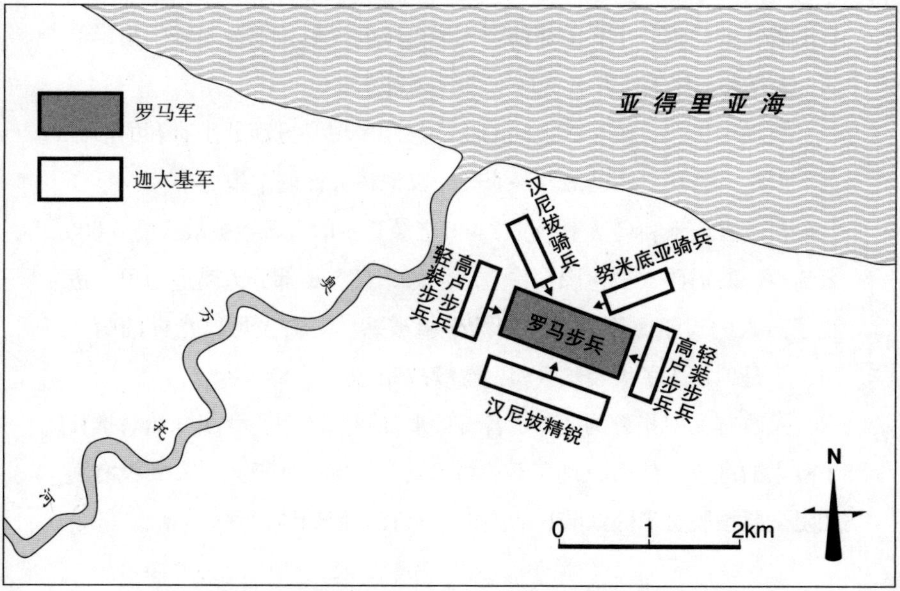

坎尼会战（上图：会战第二阶段；下图：会战最后阶段）

马步兵团把时间和精力都消耗在这里。效果非常明显，高卢士兵虽然步步后退，却还在抵挡。

步兵交战开始不久，左右两翼的骑兵也加入了战斗。近 3 倍于敌人兵力的汉尼拔军左翼对执政官埃米利乌斯率领的罗马骑兵队，从一开始就占尽了先机。罗马骑兵一步步地被逼到河边，但是，尽管如此，他们依然顽强奋战。构成罗马右翼的这些骑兵，很多是罗马贵族的子弟，换言之，他们都是候补的士官。

执政官瓦罗率领的是由同盟国骑兵组成的左翼，对抗敌人的努米底亚骑兵。也许因为数量相当，他们奋力作战，战斗之初没有后退一步。

其间在罗马重装步兵的猛烈进攻下，处于汉尼拔军中央位置的高卢士兵彻底失去了战斗力。气势越来越猛的罗马轻装步兵和重装步兵乘胜追击节节后退的敌人。

这时一直后退的高卢士兵突然向战线两侧散开，汉尼拔的重装步兵出现在罗马重装步兵的面前。不愧是跟随汉尼拔远征而来的精锐部队，2 万人抵住了 7 万名罗马士兵的猛烈进攻。

战场中央，重装步兵之间的激战显现了罗马方面处于有利的形势下。但是，骑兵之间的战斗一直处于汉尼拔方面的掌控之中。

执政官埃米利乌斯率领的 2 400 名骑兵中的大多数被敌人的 6 000 名骑兵切断退路，被包围在岸边后消灭，只有小部分人跳进河里，逃脱了敌人的追杀。埃米利乌斯的坐骑被杀，又失去可以指挥的骑兵团，于是他加入了重装步兵团，继续战斗。

执政官瓦罗指挥的 4 800 名骑兵来自同盟各国，会战开始时抵住了敌人的进攻。然而，终究不敌骑术高超的努米底亚人。左翼没有河相阻，要摆脱努米底亚骑兵的追击，只有一溜烟地快跑。

在罗马重装步兵和汉尼拔的主力激战的战场中央，汉尼拔的战术开始显出效果。在这里，每名罗马士兵的战斗意志和作战能力已经不起作用。

汉尼拔的精锐部队抵制住罗马重装步兵猛烈进攻的同时，看似已经撤离战线的高卢士兵及轻装步兵转移到了罗马军团的两侧。原来在这里的罗马骑兵已经被汉尼拔的骑兵击退。接着汉尼拔的左翼骑兵在击退罗马军的右翼骑兵后，也绕到了罗马步兵团的背后。最后，努米底亚骑兵赶走执政官瓦罗率领的罗马军骑兵后，也回到了战场。至此汉尼拔设计的包围圈已经完成。

就像图中画的一样，7 万名罗马步兵被汉尼拔的 5 万名士兵团团围住。

罗马公民兵是罗马联盟的核心，尽管遭到敌人的包围，但是他们绝不轻言放弃，举手投降。对汉尼拔来说，就像之前发生的所有战斗一样，对罗马军实施包围战，意味着实施歼灭战。

上一年度的执政官、指挥重装步兵部队的塞尔维利乌斯阵亡。坐骑被杀后，选择与部下共同战斗的执政官埃米利乌斯战死。担任独裁官费边副官的米努基乌斯被杀。加入骑兵队及重装步兵团的 80 位元老院元老几乎无一幸存，只有极少数人冲破汉尼拔的包围圈，得以逃生。坎尼会战就像非常完美的包围战一样，这场歼灭战打得非常漂亮。这一次汉尼拔又一次把敌人的主力，即罗马军团的精锐重装步兵的战斗力给化解了。

未接到总指挥官的命令、一直在营地待命的 1 万名士兵悉数被俘。

担任这一天总指挥官的执政官瓦罗只带着 50 骑，沿山路向西逃到距离坎尼数十公里开外的罗马殖民城市韦诺萨，侥幸逃脱。4 000 名步兵和 200 名骑兵向南逃到距离坎尼 10 公里的卡诺莎，已经 19 岁的科尔涅利乌斯·西庇阿也在其中。特雷比亚战役后，他的父亲被派往西班牙时就把自己的儿子托付给了埃米利乌斯。对于年轻的西庇阿来说，接触汉尼拔精妙的战术，这已经是第三次了。

得知执政官及将官逃了出来，坎尼会战的残兵也纷纷聚集到韦诺萨和卡诺莎来了。所有人加起来不到 1 万人。

坎尼会战中，如果相信古人的记载，罗马方面的牺牲人数多达 7 万人。胜利者汉尼拔方面的战死者只有 5 500 人，其中三分之二还是高卢士兵。

纵观整个历史，罗马军团遭受如此重创，坎尼会战是第一次，也是最后一次。

为了扒下死者身上值钱的东西，汉尼拔军队第二天用了整整一天的时间也没有完成。汉尼拔派去向迦太基本国通报胜利消息的弟弟马可尼在本国要人面前，据说用从阵亡罗马士兵手指上摘下来的金戒指堆成了小山。罗马公民手上的金戒指不是结婚戒指，而是他们的印鉴，不仅大还很重。把几万个这样的戒指堆起来，该是多高的山，我难以想象。

罗马平静地接受了完败的消息。以元老院元老为首的全体公民，到城门口迎接、慰问带着残兵败将回到首都的执政官瓦罗。阵亡者家族服丧的时间从以往的 1 年缩短至 30 日。

没有责备特雷恩蒂乌斯·瓦罗一句，就连最初反对他主张尽早解决问题的提议的人，现在也不再提起。特雷比亚战役、特拉西梅诺战役、坎尼会战，没有一个贵族抱怨惨遭失败的这些战斗的总指挥是平民出身。在其他民族常常发生的类似聚到古罗马广场抗议为政者的事情，在此时的罗马，完全看不到。

祸不单行，坎尼会战失败后，人们的服丧期还没有过去，又传来了在高卢的两个军团被歼的消息。

自从汉尼拔进入意大利后，高卢民族纷纷起兵。这一年，为了镇压起义，罗马向波河流域派去了两个军团，由法务官波斯图米乌斯率领。然而，在追击高卢士兵的时候，全军落入了敌人设下的圈套。他们犯了一个致命的错误——进入了森林之中。

高卢人事先已经把森林中沿途的树木砍倒，又照原样把它们立起来。为了追赶高卢士兵，罗马军进入森林，然而立着的树木就像多米诺骨牌一样，一棵接一棵地砸了下来。两个军团 8 600 人几乎全被树木压倒，动弹不得。躲在一旁的高卢士兵乘机把他们杀死。据仅剩的幸存者证实，法务官波斯图米乌斯也和士兵们一起共赴黄泉了。

几天时间，罗马相继失去了合计 8 万名士兵。元老院担心虔诚信仰宗教的罗马百姓的思想会产生波动，决定派使节去求神谕。派去希腊德尔斐求神谕的是后来记录了第二次布匿战争史的元老院元老费边 · 皮克托。这是罗马人对接踵而至的噩耗表现出动摇的唯一证据。

另一方面，在坎尼的汉尼拔营地，完胜之夜，将士们的喜悦之情一展无遗。将官们纷纷向汉尼拔进言，要求立即攻打罗马。他们中有一人扬言："若现在攻打罗马，5 天后，我们就可以坐在卡匹托尔山上吃晚饭了。"

但是，31 岁的胜利者汉尼拔对他们的话充耳不闻，他坚信只有罗马联盟分崩离析才能彻底消灭罗马。他说，现在攻打首都为时尚早。于是，指挥官中的一人对他说：

"您知道怎样取得胜利，却不知道怎样利用胜利。"

汉尼拔年纪尚轻，内心也许有过迷茫。但是，就像后来锡拉库萨及迦太基的例子显示的，攻打有坚固防御体系的大城市，必须做好持续两三年时间的心理准备。此外，一天时间就可以决出胜负的会战自然无关紧要，但是，攻城战不可能在短时间内结束。在这种情况下，高卢士兵首先难以信任，汉尼拔可以依靠的只有略多于 2.5 万人的部下，仅靠这点兵力强行攻打大城市，无异于自取灭亡。更何况，罗马作为一个国家，并非把所有的国家功能全部集中在首都。这也是汉尼拔不敢轻举妄动的一个原因。

罗马是由点、线、面构成的国家。坐落于同盟城市之间的殖民城市里，住着罗马公民及享有与罗马公民几乎同等权利的拉丁公民。他们是罗马公民权的拥有者，因此他们也是士兵。不难想象，他们一定会带着来自各同盟城市的士兵，袭击正在围攻首都罗马的汉尼拔军。

不管内心想法如何，汉尼拔绝不允许自己改变瓦解罗马联盟这一基本战略。这是在决定攻打意大利之初早已定下的。坎尼会战的重大胜利必须为实现这一基本战略思想服务。

坎尼会战之后，汉尼拔又把俘虏分成罗马公民兵和同盟国士兵，后者被无偿释放回国。当然，他们走的时候，汉尼拔要他们答应回去后转告他们的同胞，说汉尼拔的敌人只是罗马，不是罗马以外的意大利人。

汉尼拔本人也不浪费时间。他没有攻打首都罗马，也没有追击败兵，而是把自己的军队送往南方。他的目的很明确，他认为，由于罗马在坎尼会战中大败，意大利南部的城市一定会出现动摇。他要攻打这些城市，迫使它们脱离罗马联盟。

卡拉布里亚地区位于状如长筒靴的意大利半岛脚趾到脚尖的地方。汉尼拔首先在这一带发起了进攻，有一两个城市试图抵抗，但很快被攻占。之后几乎所有城市都在汉尼拔面前打开了城门。只有那些殖民城市，因为居民是罗马士兵，同时要塞化做得很充分，所以就像海面上到处露着脑袋的岛屿一样，依然属于罗马。这个地方的同盟国中唯一坚持站在罗马一方的是面向墨西拿海峡的雷焦卡拉布里亚。因为那里距西西里较近，可以得到西西里岛上亲罗马势力的援助。

罗马联盟在南方最先被削掉一角。

但是，对罗马来说，更沉重的打击是来自加普亚的背叛。

当时，在意大利中南部的坎帕尼亚地区，加普亚占据极其重要的地位，它比任何地方都重要，甚至比那不勒斯还要重要。它坐落在始于罗马的拉蒂纳大道与阿庇亚大道交会处，是具有“无投票权的公民权”的城邦。公民除了无权参与罗马国政以外，在法律上享有与罗马公民同等的权利，同时又有完全的自主权。加普亚是罗马联盟完全的同盟国，公民有义务参加罗马军队，至此公民一直与罗马公民兵一起，共同抗击汉尼拔。

然而，罗马在坎尼会战中败于汉尼拔之后，加普亚背弃了罗马。汉尼拔释放来自同盟国俘虏的策略终于结出了硕果。

加普亚派出公民代表前往汉尼拔营地，提出了讲和条件：

一、达成和谈后，加普亚不承担向汉尼拔军提供士兵的义务。

二、汉尼拔承认加普亚境内的完全自治。

三、汉尼拔向加普亚送去300名罗马公民兵俘虏，换回正在西西里战场服役的300名加普亚公民。

汉尼拔爽快地答应了所有这些条件。就这样，汉尼拔完成了与加普亚之间的和谈。

一个有实力的城邦，周边通常会有若干卫星城市。加普亚背叛罗马后，又有4个相邻的城市脱离罗马。罗马联盟在意大利中南部也被插上了楔子。

取得坎尼会战完胜的公元前216年，是汉尼拔和他的士兵们离开西班牙的第三年。这年冬天，他们终于不必睡在营帐内的地上越冬了，他们住进了有房顶有墙的房子里，可以舒舒服服地睡在床上了。公元前216年至前215年的冬季，汉尼拔率全军在加普亚度过。加普亚是伊特鲁里亚人建设起来的城市。即将告别31岁的汉尼拔在这个大城市里边过冬边等待罗马联盟的解体。

亚历山大大帝和汉尼拔

对于生活在现代的我们，如果想了解2 300年前的古人亚历山大大帝的成就，最容易找到的著作只有普鲁塔克的《希腊罗马名人传》。但是，在这部作品中，我们只能了解亚历山大的人性的一面，却几乎找不到他使用过的战略战术。原因是，公元前1世纪的希腊文化人普鲁塔克不关心这类东西，也没有写这类东西的专业知识。

好在书写亚历山大的古人不止普鲁塔克一个人。在亚历山大英年早逝以后，他成就的远征事业就征服了古代人的心。在当时，有关亚历山大的史料有不少，有很多历史学家提笔书写过这位年轻天才的丰功伟绩。

亚历山大远征时有两位记录员随行。在他死后，又有两位历史学家根据这两位记录员的记录，很快完成了有关他的传记的写作。

今天，我们已经找不到与亚历山大同行的两位记录员写的记录，以及在他死后两位历史学家写的著作。但是，在罗马时代，以这些作品为原始史料，普鲁塔克写下了《希腊罗马名人传》，库尔提乌斯·鲁夫斯写下了《亚历山大传》，以及阿里安写下了《亚历山大远征记》等著作。从这些著作中，我们依然可以看到亚历山大的真容。当然，与生活在大帝去世100年后的汉尼拔相比，从信息量上来说，前者的不足是显而易见的。

特别是有关战略战术的描述。在作品中，描述这类内容不仅需要对此有兴趣，同时必须具备必要的专业知识。古代历史学家中，不光是普鲁塔克，绝大多数人热衷于颂扬亚历山大大帝的丰功伟业，很少提及大帝是如何成就这些伟业的。虽然历史学家中有人有这样的资质，如色诺芬有过率领军队作战的经历，修昔底德参加过伯罗奔尼撒战争，波里比阿担任过阿卡亚同盟军骑士团团长。但是，除了当过兵的阿里安，没有一个人写亚历山大，实属可惜。

不过，任何时候都会有人关心先人的业绩，希望从中找到有用的东西，为己所用。我想汉尼拔应该是其中之一。很久之后，当西庇阿向汉尼拔提出问题时，他曾经回答说亚历山大大帝是最优秀的军事家。当然，汉尼拔认为自己同样也是优秀的军事家。如果只是道听途说，他不可能如此肯定地回答说是亚历山大位居第一。因为他很清楚，并且对大帝的才能心悦诚服。

汉尼拔在前往意大利的时候，带了一个希腊人。在第二次布匿战争期间，此人始终与汉尼拔同行。他是汉尼拔的亲信，叫西勒诺斯，担任远征意大利的记录员，同时教汉尼拔希腊语。当时，有关亚历山大大帝的书籍都是用希腊语写的，也许西勒诺斯的任务就是把亚历山大的故事读给汉尼拔听吧。当然，重点一定是这位迦太基年轻统帅最关心的大帝用过的战略和战术。

被后人尊称为“大帝”的亚历山大在22岁那年只带着3.6万名

士兵攻入了幅员辽阔的波斯。他靠这一支军队，与多达10万至20万名士兵的波斯国王大流士作战，两次战胜大流士。与波斯方面战死者多达10万人相比，亚历山大的损失只有两三百人。让看到这个数字的人忍不住以为少写了一个零。尽管古人有夸张的毛病，但是，毫无疑问这是完胜。

对此，常人只会感慨其伟大。但是一位将军看到这样的战况一定深受刺激，从而产生强烈的探知欲。为什么他能做到这样？尤其是汉尼拔，要以不到十分之一的兵力攻打总兵力达75万人的意大利，不难想象，他的探知欲会比别人更强烈。

亚历山大18岁那年，跟随其父马其顿国王腓力二世率领的军队，参加了喀罗尼亚战役，与底比斯—雅典联军作战。当时他任骑兵团指挥。马其顿军与底比斯—雅典联军在士兵数量上不相上下。战斗结果是，马其顿获胜。决定这场战斗结果的是马其顿骑兵。

古代希腊和罗马的军队主力都是重装步兵，由中上层公民构成。喀罗尼亚战役中，马其顿军的步兵与骑兵比例也是10∶1。

我想，年轻的亚历山大意识到骑兵的重要性的原因，缘于他亲自指挥骑兵，并因此决定了战斗结果的这一经历吧。两年后，他准备东征的时候，兵力是步兵3.1万人，骑兵5 000人。步兵和骑兵的比例缩小到了6∶1。同时，为了提高骑兵的战斗力和防御能力，甚至编组了重装骑兵队。

历史书中随处可见对亚历山大的溢美之词。随意地去翻看这些历史书，还以为是神仙下凡呢。但是，如果带着探知欲去读，有时候会看到有关战略战术的记述，例如“从敌军侧面进攻”，“绕到敌人背后”，等等。在讲述伊苏斯战役的内容中，面对5倍于己方兵力的敌人，“亚历山大知道，尽管自己的军队主力是重装步兵，但是，随着战局的展开，他确信由骑兵决出胜负的时候到了”。

这位马其顿的年轻统帅认为，重视骑兵的机动性，由步兵和骑兵构成的军队就能够更高效地发挥其战斗力，并通过有机发挥全军的力量，削弱敌人的有生力量。

在以往的战斗中，步兵对步兵，骑兵对骑兵，这已成作战惯例。骑兵的机动性往往用在追击败退的敌人。在这种情形下，决定胜负的是“量”。大流士并不是害怕亚历山大，只是因为他坚信只有在战场上投入大量的兵力才能体现大帝国君主的威力，所以在伊苏斯战役中，他才投入了15万人的大规模兵力。伊苏斯战役之前，亚历山大参加过的战斗中只有一次以波斯为对手。与大流士的交锋，伊苏斯战役是第一次。在亚历山大出现以前，所有的作战方式采用的都是加算。因此，波斯方面有理由派出浩浩荡荡的大军。但是，马其顿的年轻统帅彻底颠覆了以往的作战方式。

对亚历山大来说，步兵和骑兵都是棋子，要根据战术，相应地在战场棋盘上移动。他让骑兵攻打敌人的步兵，也会让步兵迎战敌人的骑兵。他不在乎贵族出身居多的骑兵的自尊心，他关心的首先是如何有效地发挥自己军队的力量。这也是他在战场上屡屡获胜的原因。

所谓天才，不是善于发现别人发现不了的新事物的人，天才之所以为天才，是因为他能够意识到别人没有意识到的已知事物的重要性。

面对数量占绝对优势的敌军，亚历山大总在思考的是如何有效地发挥出自己军队的每一份战斗力，如何能够赢得最后的胜利，因此战场的主导权总是掌握在他的手中，而不是坐等敌人出手。他经常说：“所谓战斗，就是呈现出激烈变化的一种状态。因此，战场上的一切行为都必须有变化地进行。”

亚历山大同时熟知战场之外必须谨慎。所以，在伊苏斯战役结束后，他没有穷追落败而逃的大流士，任凭波斯国王逃到内陆，自己先专心于控制地中海沿岸地区。因为对亚历山大来说，既然在敌国领土上作战，确保来自希腊的补给线是重中之重。后来在高加米拉战役中再次战胜大流士以后，他也没有追击大流士，而是转身攻取了巴比伦、苏萨以及波斯波利斯。对大流士实施追击，是在波斯的这些重要城市一一到手以后。

率领仅有的3.6万人远征东方的亚历山大，为了确保战争的胜利，在战斗中取得重大胜利后，放弃穷追猛打，改为攻占周边，使他的军队战斗力大大增强。随着不断向东方深入，沿途居民纷纷加入他的队伍，致使希腊的兵力比例逐渐减小。

亚历山大用过的上述所有战略战术，汉尼拔也都用上了。其中最后一项，一定更强烈地吸引了力促罗马联盟解体的汉尼拔的兴趣。问题在于，汉尼拔的对手不是习惯了波斯及其他专制君主制的东方民族，而是与罗马建立了平等的同盟关系、罗马化了的意大利伊特鲁里亚人及希腊人。通过“基础设施的完善”，他们已与罗马人在经济上连为一体。

汉尼拔无疑从亚历山大身上学到了很多，但他们毕竟是两个不同的人。与汉尼拔不同，亚历山大几乎从来没有向敌人发起过突然袭击，也从来没有用计谋置敌人于死地。这不能说是希腊人和迦太基人之间民族性的差异，只能说是亚历山大和汉尼拔个人性格的不同。荷马笔下的英雄中，亚历山大最喜欢的是既高贵又勇敢却对谋略一窍不通的阿喀琉斯。我们不清楚汉尼拔的偏爱，也许他说过自己喜欢用奸计攻陷了特洛伊的奥德修斯。

一个人的性格决定了一个战略战术是否能够成功。即使是经过缜密设计的战略战术，如果执行者的性格不适合该战术，也很难在战斗中取得成功。因为，人只会把适合自己的事情做到最好。公元前4世纪的阿喀琉斯从来没有想过要进行夜袭，但是，汉尼拔是公元前3世纪的“奥德修斯”。

为了把握时机展开战斗，必须有效利用骑兵，这一点汉尼拔一定是向亚历山大学的。那么，连续四次大败于汉尼拔的罗马人，为什么没有想到要加强骑兵战斗力呢？难道他们还没有意识到骑兵拥有的机动性吗？或者是因为不得已，罗马人尽管有想法，却始终无法提高骑兵的力量？

事实上，在提契诺战役后，罗马就已经注意到了汉尼拔骑兵战斗力的优势。当时，执政官科尔涅利乌斯率领的骑兵队第一次与汉尼拔的骑兵队遭遇，就惨遭失败。事后科尔涅利乌斯向元老院特别提及了这一点。还有，特拉西梅诺战役的败将执政官弗拉米尼乌斯，在决定追击正在南下的汉尼拔时，也曾要求同僚塞尔维利乌斯派骑兵队先行一步，从里米尼出发。罗马的指挥们非常清楚汉尼拔强大的原因之一就是因为他有强大的骑兵部队。尽管如此，罗马并没有马上着手增加骑兵兵力。

原因有二：

首先在于共和政体下罗马军队的构成上。当时，罗马军队的主力是重装步兵，由承担公民义务的、属于中上层阶级的公民构成。重装步兵体现了共和政体下罗马的精神。

蔑视重装步兵就是蔑视罗马的共和政体精神。例如，日本人提倡的是“和”的精神，如果因为这种精神在国际化时代不通用而放弃它，那么日本就不是日本了。同样，如果只看到骑兵的重要，而把重装步兵改编为骑兵，那么罗马人也就不是罗马人了。

近 500 年来，以重装步兵为主力的罗马军队足够优秀。对一直战绩卓著的军队进行改编不是一件容易的事。人很难对之前被证明为行之有效的事情实施变革。

其次是当时的罗马和地中海世界的其他国家一样，即使想扩大骑兵兵力，能够形成战斗力的骑兵也是少之又少。在意大利，马匹的集中产地在亚平宁山脉周边的山岳地带。也只有在这样的地方，才能培养出骑兵。

古人不知道何为马镫。可令人不可思议的是，罗马人作为工学天才，加上科学创始者希腊人，为什么也没有想到马镫呢？

被认为是医学鼻祖的希波克拉底和集古代医学大成者盖伦，都在他们的论著中指出：由于两脚长时间下垂引起淤血而导致的脚疾是骑士的职业病。

古代骑士和美洲大陆的印第安人一样，骑马时马背上只有简单的马鞍，两脚自然下垂，没有马镫的支撑。因为下垂的脚也能踢马肚子，所以有没有马镫不影响骑马。

但是，在马背上射箭、投枪就需要力的支撑点，为此，马镫就显得非常必要。然而，因为没有马镫，所以骑兵只能靠两腿夹紧马肚子，以保持身体的平衡。这样的特殊技能，只有从小开始训练才能学会。

如此一来就限制了骑兵队伍的人数。他们或者来自马匹的产地，从小骑着马漫山遍野地跑，或者出生于社会地位高、家境富裕的人家里。按照罗马税制，第一等级拥有的财产最多。鉴于这一原因，他们要承担罗马骑兵的义务。罗马人知道加强骑兵的战斗力是当务之急。

然而，由于这些原因，罗马一时也难以付诸实施。

与此相对，君主专制国家马其顿和实行雇佣兵制的国家迦太基，在加强骑兵战斗力方面显然有利得多。亚历山大东征之际，从北方的达契亚招募了大量骑兵，汉尼拔只要从北非努米底亚雇用就可以了。作为游牧民族，努米底亚人闻名地中海世界。

罗马军队改变了公民兵的性质以后，依然没有改变以重装步兵为主力的方针。因此，如何加强骑兵的力量，作为迫切需要解决的课题，一直保留下来了。后来，尤里乌斯·恺撒就从地中海另一个游牧民族高卢人中招募骑兵。应该说，作为游牧民族，高卢人和努米底亚人不相上下。但是，在第二次布匿战争的当时，高卢人是罗马的敌人，他们追随汉尼拔。这就意味着，通过学习亚历山大大帝，熟知骑兵战斗力之重要的汉尼拔，把努米底亚人和高卢人这两个地中海世界屈指可数的游牧民族都收入了自己的帐下。

因此，罗马要加强骑兵的战斗力，可谓困难重重。在坎尼会战完败之后，罗马人又等待了14年，终于等到亚历山大战略思想的继承者汉尼拔的继承者西庇阿出现时，这一问题才终于得到解决。

顺便提一句，马镫的普及是在公元11世纪以后。在中世纪，骑士得以进入黄金时代，原因之一就是马镫的出现。

第四章　第二次布匿战争中前期

（前215—前211）

每次看英国广播公司（BBC）的纪实节目，我总是惊讶于英国人对事物极其冷静客观的叙述。即使没有看到英国广播公司的名字，只要认真倾听纪实内容，也能知道这是英国广播公司的制作。他们的这种态度实在很适合讲述历史。法国、德国、意大利都有优秀的历史学家，但是，英国学者的著作最值得信赖。

但是，冷静得让人以为从没流过鲜血的英国人的叙事风格，有时候却会变得激情澎湃。每当这种时候，我都会苦笑着自言自语说：

“又想起了敦刻尔克以后的不列颠之战了吧。”

英国绅士一向以沉着冷静著称。但下面我要讲到的是令他们也会热血沸腾的、历史上的罗马人的故事——是被汉尼拔打得头破血流之后的罗马的人故事。然而，罗马没有美国的帮助，而英国在敦刻尔克大撤退后得到了美国的帮助才得以奋起并继续战斗。

坎尼会战之后，汉尼拔派往本国通报胜利喜讯的小弟马可尼，用从会战中阵亡的罗马士兵手指上摘下来的金戒指堆成山的时候，据说迦太基长老会会场内欢呼声一片。汉农却没有像其他人那样沉浸在向罗马复仇后的喜悦中，他是经常与汉尼拔所属的对外贸易派意见相左的国内农业派代表人物。汉农向马可尼发出了疑问：

“请问，在拉丁民族中有哪个部族投奔了我们？在多达 37 个拉丁殖民城市中，有多少殖民城市脱离战线，投降了汉尼拔军队？”

略显稚嫩的马可尼面对老谋深算、大权在握的汉农，略显紧张地回答：

“没有，一个也没有。”

汉农接着问：

“也就是说，敌人依然强大。那么，请问，罗马的殖民城市和同盟城市的公民中，有没有背叛罗马的迹象？”

“不清楚。”

“罗马人有没有向汉尼拔提出和谈请求？”

“还没有。”

“又是还没有吗？既然这样，现在的情形与汉尼拔翻过阿尔卑斯山的时候又有什么不同？坎尼会战胜利后，迦太基和罗马依然处在激烈的战争之中。各位，我提议现在与罗马讲和。”

但是，罗马方面并不希望讲和。

在意大利中南部最大的城市加普亚度过了舒适的冬季后，汉尼拔做了一件从未做过的事情。按惯例，他首先无偿释放了来自同盟各国的俘虏，然后去见留下来的罗马公民兵俘虏。他语气温和地对他们说：

> 我发起这场战争不是为了要灭绝罗马人，而是为了名誉和权力而战。在第一次布匿战争中，我父亲向诸位的父亲做了让步，现在由于我的智慧和诸神的恩赐，似乎该由你们一方做出让步了。

现在我宣布，各位只要拿出赎金，我就恢复你们的自由。

据说，此时的罗马公民兵俘虏仅有 8 000 人。因为汉尼拔为了避免成为行军途中的累赘，把之前四次战斗中抓获的罗马人都杀了，因此，坎尼会战后，罗马公民兵俘虏就只有这个数。汉尼拔要求俘虏选 10 个代表，随自己的一名亲信回罗马。

汉尼拔无偿释放来自同盟各国的士兵俘虏，目的是促使同盟各国脱离罗马联盟。但是，罗马公民兵俘虏获释回到罗马后，显然会再次成为罗马军队的一员与汉尼拔作战。既然如此，汉尼拔为什么还要这样做呢？我猜想，原因无外乎以下几个：

第一，确保全军的粮食供给，已经让汉尼拔深感力不从心。8 000 名罗马人，虽说是俘虏，却也有 8 000 张嘴。对汉尼拔来说，能少一张嘴吃饭都是好的。汉尼拔没有要求过高的赎金，接近无特殊技能的奴隶售价。作为赎金，远比正常的要求低。

在第一次布匿战争中，罗马和迦太基曾经频繁地进行过俘虏交换。如果一方人数不足，只要支付相应人数的赎金即可。第一次布匿战争期间，支付赎金的常常是迦太基方面。

坎尼会战后的情况与那个时代不同，坎尼会战后，罗马没有迦太基俘虏可以与汉尼拔进行交换，因此，罗马若想本国士兵获得释放，只能向汉尼拔支付赎金。也就是说，汉尼拔愿意释放俘虏，不是因为他特别宽容，也不是他要做一件缺乏常识的事情。

第二，这是汉尼拔进入意大利后第一次释放罗马公民兵俘虏。汉尼拔是要通过释放这些罗马公民权拥有者来试探罗马有无讲和的意向。站在汉尼拔的立场上，他认为，罗马经过四次会战的失败，应该信心尽失。这个时候如果罗马答应放弃西西里和撒丁两岛，以及加普亚以南的意大利南部，那么，他攻打意大利的目的已经在很大程度上得以实现。不仅重新夺回了第一次布匿战争中迦太基失去的一切，而且还得到了希腊人聚居的富饶的意大利中南部地区。

回到首都罗马的10名俘虏代表请求在元老院发言，很快获得允许。但是，和俘虏代表同去的汉尼拔的那位亲信没有被允许进入环绕罗马的城墙内，只能等候在外面。

在元老院元老面前，10名俘虏代表把汉尼拔说过的话转述了一遍。当然也说了赎金金额。元老院元老表情沉重地倾听他们的诉说。俘虏中有他们的亲属，也有坎尼会战中英勇奋战、最终被捕的元老院元老。在俘虏代表离开后，元老院元老们展开了讨论，结论是拒绝支付赎金。俘虏代表们与各自家人只见了一面，相拥片刻，就带着这一答案再次回到汉尼拔的身边。

罗马人从不认为被捕是可耻的事情。罗马不是不需要这8 000名战士，也不是付不起8 000名被俘战士的赎金。

8 000名公民兵相当于两个军团的兵力。在坎尼会战中遭受重创的公元前216年冬季，罗马太需要这8 000名士兵了。这一时期，罗马为了编组新的军团，已经极尽所能。除了无产者，甚至把预备役也召集起来了。尽管如此，缺口还是很大。为此，罗马不得不招募奴隶志愿者，由国家出钱，从奴隶主手中购买奴隶，约定费用于战争结束后支付。此时正在编组奴隶的两个军团。购买8 000名奴隶所需的费用与汉尼拔提出的8 000名俘虏的赎金几乎相等。按理说，既然要编组奴隶军团，不如把全体俘虏赎回来更好，而且俘虏中不乏经济宽裕的人。事实上，在元老院的讨论中，也有人提出有能力支付赎金的人自己出赎金，国家只负担无力支付赎金的俘虏的赎金。

但是，罗马拒绝了汉尼拔的提议——拒绝的不是赎回俘虏，而是汉尼拔讲和的试探。从俘虏代表的口中得知罗马给出的决定后，汉尼拔把8 000名罗马公民兵俘虏全部卖给了希腊人做奴隶。

既然表明了继续战斗的决心，罗马决定全体元老院元老除了不动产，要贡献出所有个人财产，并且真的这样实施了。为了确保战争经费，罗马发行了战时国债。除了无产者，所有公民必须根据家庭经济实力，购买相应的份额。

其时各同盟国也开始向罗马提供资金援助。那不勒斯送来了 25 个装满金币的壶，元老院只接受了其中一个，以示感恩，其余 24 个壶原封不动地退了回去。锡拉库萨也送来了大量小麦和一个军团的士兵。罗马接受了兵力援助。至于小麦，罗马表示要出钱购买。罗马希望同盟各国提供兵力援助，却不要求资金援助。

公元前 215 年，罗马的境况丝毫没有好转的迹象，不仅如此，还在继续恶化。

公元前 215 年春季，罗马最信赖的同盟者锡拉库萨僭主希伦以 90 岁的高龄去世了，继位的是他 15 岁的孙子。锡拉库萨拥立少年君主之后不久，开始出现内乱。汉尼拔于是派了很少一些人，进入锡拉库萨策反反对派。武装政变获得成功，少年君主被杀。不久，锡拉库萨撕毁与罗马之间的同盟条约，与汉尼拔结成了同盟。锡拉库萨政变派觉得自己咬到了美味的诱饵。因为汉尼拔答应，只要追随迦太基，就帮助锡拉库萨成为西西里全岛的最高统治者。

包括西西里在内的意大利南部重要城市中，现在有那不勒斯和巴勒莫。但是，在公元前 3 世纪的时候，是加普亚、塔兰托和锡拉库萨三大城市。第二次布匿战争开始后的第四年，罗马被汉尼拔抢去了加普亚和锡拉库萨。

还有一件事情大概是汉尼拔没有预料到的。马其顿国王腓力五世主动向汉尼拔提出加入同盟。就这样，第二次布匿战争与第一次不同，不再是罗马和迦太基之间的两国之争，而是正在呈现世界大战的色彩。

是年22岁的马其顿国王腓力，与亚历山大大帝同出一宗。因此，对于自己的皇室继承人有着非常强的意识。对于马其顿王国的年轻国王来说，他太想再次称霸全希腊了。但是，击退横行亚得里亚海的海盗、平定伊利里亚人并把势力扩张到了希腊西海岸的罗马，让他感到非常不安。马其顿国王知道罗马在坎尼会战中大败后，决定与胜利者汉尼拔站到一条战线上。国王派出使节，在汉尼拔控制下的意大利南端登陆。使节见到汉尼拔后，要求结成同盟。当然不是单纯意义上的同盟，而是马其顿国王与汉尼拔之间建立统一战线的同盟。同盟内容分三个阶段：

一、马其顿国王率领军队击退罗马在希腊西北岸伊利里亚地区的势力。

二、之后，马其顿军攻打罗马军位于希腊西北岸的阿波罗尼亚和都拉基乌姆基地，并占领此两地。

三、马其顿国王率领军队登陆意大利，与迦太基军共同作战，直至攻下罗马。

为了答谢马其顿参战，汉尼拔承诺，与罗马之间的战争结束后，汉尼拔率军登陆希腊，协助马其顿国王称霸全希腊，承认希腊西岸全部为马其顿领土。

汉尼拔无条件地接受了马其顿国王的提议。公元前215年年初，地中海世界的两大强国——迦太基和马其顿之间结成了同盟。

罗马很快获悉了同盟内容。因为以布林迪西为基地，警戒亚得里亚海的罗马海军抓到了告别汉尼拔后正走在返回马其顿途中的使节。当然，结成同盟的事实并未因此改变。

汉尼拔是否认真考虑过帮助马其顿再次称霸希腊，令人质疑。这是因为他把第一次布匿战争中迦太基如此觊觎的西西里全岛轻松许诺给锡拉库萨所有。对这位32岁的迦太基统帅来说，摆在他面前的首要问题是攻取罗马。攻取罗马以后，汉尼拔就有了力量。对他来说，锡拉库萨已经不是敌人。同时，他完全可以无视与马其顿国王之间的约定。有时候一纸空文也有利用的价值。这个时候锡拉库萨和马其顿的参战迫使罗马不得不加强对锡拉库萨和马其顿的防卫。

公元前215年以后的罗马四面受敌。

东边是马其顿，南边是锡拉库萨，西边是西班牙，北边是高卢民族。还有，最难对付的汉尼拔就在意大利境内。

这一时期的罗马元老院实际上行使起战时总参谋部的职责。为了打破面临的严峻局面，元老院并没有全面铺开战线，元老们纵观全局，从最紧迫的战线入手，在力所能及的范围内开始反击。

尽管汉尼拔以迦太基的名义与马其顿签署了同盟条约，但是因为马其顿使节落入罗马人手中，这使得汉尼拔和马其顿国王之间未能及时了解各自的信息，因此，整整这一年，马其顿军没有任何行动。罗马争取到了时间，强化了以布林迪西为基地的海军。布林迪西是始于罗马的阿庇亚大道的终点。罗马把这个便于从罗马调集军队的地方作为基地，努力维持亚得里亚海的制海权。这一措施对于防御必须横渡大海才能到达意大利的马其顿军非常有效。不过，在这条战线上，罗马并不打算依靠军事力量，而是选择了外交攻略。因为，此时的罗马没有能力调集大军前往希腊。

锡拉库萨倒向迦太基后，如果置之不理，会有失去西西里全岛的危险。失去西西里，意味着失去罗马和迦太基之间的海域的制海权。这样一来，南部战线等于拱手让给了敌方。

罗马没有马上攻打锡拉库萨，罗马考虑的是，首先要确保西西里的其他地方不要因为锡拉库萨的背叛而出现动摇。锡拉库萨虽然重要，但是，更重要的是不能允许迦太基国内向汉尼拔提供援助。为此，罗马必须保证制海权在握。为了确保制海权，无论如何不能交出西西里。

与锡拉库萨对垒的这一战线尚不需要马上开战。罗马派去的士兵都是坎尼会战的幸存者。这样做使得他们有报仇雪恨的机会。

汉尼拔的大本营是西班牙而不是迦太基。罗马在西班牙的战线，由科尔涅利乌斯兄弟俩负责。他们的战略已经开始奏效。渡过埃布罗河后，越向南进攻，罗马的优势越明显。对于因坎尼会战完败，又遭加普亚和锡拉库萨背叛而难掩低落情绪的罗马人来说，这是唯一一条可以让他们心情转好的战线。

北方战线，在罗马的两个军团中了敌人高卢人的圈套，进入森林并遭到全歼以后，罗马军队彻底从卢比孔河以北撤离。此时罗马必须警惕的是，阻止高卢新组建的军队与留在意大利南部的汉尼拔的军队会合。为此罗马派出曾遭受坎尼会战失利的指挥官瓦罗，前往位于亚得里亚海沿岸的皮切诺，这里是联结里米尼和意大利南部的要冲。瓦罗领命组织当地居民，编组成一个军团。因为罗马已经派不出多余的公民兵了。

坎尼会战以后，罗马采取的第一个策略是切断汉尼拔来自所有方向的补给线，把他孤立在意大利境内。假如做不到这一点，就无法指望持久战取得预期效果。

话虽如此，把汉尼拔孤立起来，等待他自我消耗的战术并不容易。罗马人在坎尼会战中见识了汉尼拔的才能。但是，他们一致同意继续坚持下去。当然，他们也知道，罗马方面有必要改变以往的战略。当罗马人重新认识了持久战的意义后，“拖延者”费边再次得到重用。

坎尼会战后的第二年，即公元前215年，元老院推荐费边为执政官候选人，并当选。但是，罗马始于这一年的持久战和独裁官时的费边采用的战术虽然同属持久战，内容却全然不同。曾经是两位执政官一同率领主力军团，与进入意大利的汉尼拔面对面交锋，现在则把主力军团分成了若干队伍。

罗马人已经知道敌方的可怕将领只有汉尼拔一人，因此，只要避免与汉尼拔会战即可。因为一旦与汉尼拔展开会战，必定导致失败。但是，遇到没有汉尼拔指挥的迦太基军队，就毫不犹豫地给予痛击。

罗马在坎尼会战失败以后，这一战略才显示出效果，这一点非常具有讽刺性。汉尼拔在坎尼取得胜利后，又占据了相当一部分意大利南部地区。由他统治的城市和地方多了，反而增加了他的负担。对于神出鬼没的汉尼拔来说，意大利南部实在太大。在这辽阔的地方，一个人要做到神出鬼没，终非易事。

坎尼会战以后，罗马决定采用群鼠戏猫的战术。但是，罗马人毕竟不是鼠，看见猫不会逃。他们一方面极力避免与汉尼拔发生正面冲突，同时对加固周边防御也不懈怠。只要有机会，还要咬一口猫尾巴。

第二次布匿战争期间，罗马最艰难的时候被认为是公元前215年至前211年的四年间，也就是罗马被迫专心打防御战的四年。这期间，有四位前线指挥官在后方元老院支持下，始终坚守在对阵汉尼拔的最前线。一旦有机会，罗马就要让士兵轮换上前线，尽量每年轮换一次。不过，指挥官却没有轮换过。

在共和政体下的罗马，执政官不能连续当选，但是，给他们冠以前执政官、法务官、前法务官之类的官名，就可以继续指挥军团。一方面因为战线的扩大和分散，需要更多的指挥官，同时还可以避免每年因更换指挥官带来的弊端。毕竟汉尼拔的优势是担任指挥官的始终只有他一个人。

费边·马克西姆斯（贵族）——公元前215年，这一年他60岁，正是从这个时候开始，他的外号由“拖延者”变成了对付汉尼拔的“意大利之盾”。

克劳狄乌斯·马尔凯鲁斯（平民）——公元前215年，这一年他55岁。在对待汉尼拔的问题上，他多采用主动出击的战法，为此，被称为“意大利之剑”。

森普罗尼乌斯·格拉古（平民）——公元前215年，这一年他42岁。他负责奴隶军团，训练奴隶成为士兵，并率领这个军团与汉尼拔作战。他承担的任务相当艰巨。

瓦莱利乌斯·拉埃维努斯（贵族）——当时的年龄在50岁上下。虽然出身行伍，他却更擅长外交攻略及行政管理。因此，元老院委任他负责马其顿战线。

在他们的名字后面分别注上了“贵族”或“平民”，这是为了表示罗马上下舆论一致。在这四位指挥官属下的军官们，也是贵族和平民相互搭配。平民出身的指挥官，其助手通常出身于贵族家庭。

很多国家在危机来临时常常出现意见分歧，但是，在罗马没有出现过这种状况。正因如此，在被汉尼拔打得一败涂地之后，罗马依然能够保持真正的强大。

虽然意大利南部大部分罗马联盟成员加入了汉尼拔的旗下，但是，加普亚背叛罗马后，在坎帕尼亚地区并没有出现令人担忧的多米诺骨牌效应。除了加普亚，其他罗马同盟城市及殖民地都没有背叛罗马，而是选择了继续留在罗马联盟内。这也是罗马依然强大的原因之一。

罗马的几个行省也没有背叛它。撒丁一度受到迦太基的进犯，因为迦太基国内认为夺回撒丁等岛的机会来了。但是，除了来自罗马的支援，当地居民同样奋起协助罗马军队，共同击退了迦太基军队的进攻。在西西里岛上，没有一个城市紧随锡拉库萨背叛罗马。这个时期，罗马在各行省施行的是仁政统治。即使在第二次布匿战争期间，也没有增加行省居民的什一税。虽然由于意大利南部倒向汉尼拔，出现了小麦短缺的情况，罗马不得已要求行省提供小麦，但是超过什一税的部分罗马照价付了钱。

罗马为自己的这种做法深感自豪，同时又深得人心，在一定程度上避免了同盟国及行省众叛亲离。罗马的这一目的完全达到了。只要汉尼拔不用武力强行攻取，罗马无须担心友邦叛离。

这就意味着罗马必须阻止汉尼拔更多地动用武力，因此，罗马既要避免大规模地与汉尼拔正面交锋的会战，同时也要防止敌人用武力攻打友邦。公元前 215 年至前 211 年，罗马的所有战略都是围绕这一难题设计的。

另一方汉尼拔自身危机重重。首先，他很担心自己会被困在意大利境内，因此，他非常需要设施完善的海港，以便来自迦太基的补给船队靠岸。加普亚是一个重要的城市，却不靠海。塔兰托依然是罗马的友邦。对汉尼拔来说，在坎帕尼亚地区夺取一个既有丰富的农作物产区，又面向大海的海港城市就显得极为迫切。如果能得到那不勒斯、波佐利和库马三个城市中的一个，那么来自迦太基的补给船队就可以到达这里而不被以西西里为根据地、掌握着制海权的罗马海军发现。如果没有这样一个港口，本来态度就不积极的迦太基国内，就会借口没有可以让船队安全抵达的港口，转而支援在西班牙的迦太基军队，无视在意大利的汉尼拔。汉尼拔的小弟马可尼在汇报完坎尼会战胜利的消息后，本该随援军返回意大利，本国政府却命令他随援意大利的军队一起改道去了西班牙。因为，从迦太基到西班牙，中间只有一个直布罗陀海峡，所以，公元前215年，汉尼拔的所有军事行动都围绕夺取坎帕尼亚地区的海港城市展开。汉尼拔的目标是那不勒斯和波佐利两个良港，这两个良港都有很深的海湾。

为了阻止汉尼拔的行动，罗马向坎帕尼亚派去了三位指挥官，他们分别是费边、马尔凯鲁斯和格拉古三人。

这三位指挥官对以加普亚为根据地的汉尼拔形成了三方合围的态势。

执政官费边率领两个军团在西北方向距加普亚20公里处扎营。这里既可以监视拉蒂纳大道，同时又可守卫首都罗马。东南方向距加普亚20公里处由前法务官马尔凯鲁斯的两个军团控制。同时，执政官格拉古的两个军团扎营在西南方向，这里可以把阿庇亚大道尽收眼底。如果汉尼拔试图进攻加普亚以南的那不勒斯或波佐利，马尔凯鲁斯和格拉古马上出击，围攻汉尼拔军。对汉尼拔来说，敌人唯一没有设防的只有东北方向，但是，这里有亚平宁山脉相阻。

汉尼拔从加普亚出征，分别向三支军队挑起会战，但是，没有一个人响应。这一年，在这种状态下，汉尼拔强行夺取海港城市过于冒险。因为，他把一半军队派去征战意大利南部了，只靠另一半兵力与罗马的六个军团交战实在太冒险。结果，这一年，双方始终以小规模的战斗相接触。冬天临近的时候，汉尼拔率领军队离开加普亚，向意大利南部出发了。

这一年，罗马军队对汉尼拔之战，虽然没有胜利，却也没有失败。对汉尼拔来说，尽管加普亚有坚固的城墙环绕，但是在这里越冬并不安全，即使顺利度过了冬季，随着春季的来临，不可避免地会被围困其中，而且，舒适的生活难免会让士兵丧失战斗意志。于是，汉尼拔在加普亚只过了一个冬季，其余时候都选择在意大利南部过野营生活。

第二年，即公元前 214 年，费边和马尔凯鲁斯二人连续当选执政官。这在共和政体下的罗马还没有过先例。尽管公元前 215 年，他们没有取得令人瞩目的战绩，但是，公民大会一致支持费边的战略。这一年，罗马编组了 20 个军团投到所有战线上，比上一年因坎尼会战的失败不得不减少到 14 个军团相比，又有所增加。

罗马已经很久没有向卢比孔河以北派遣军队了。为了加强对卢比孔河以北的防御，这次派去了两个军团。基地设在弗拉米尼亚大道的终点里米尼，任务是阻止高卢士兵参加在意大利南部的汉尼拔军队。

既然里米尼是北方最前线，那么为了切断里米尼和意大利南部之间的联系，皮切诺也成了一个重要城市，在这里部署了由瓦罗成功收编组成的一个军团。

两个军团留在罗马拱卫首都的安全。

因为在坎帕尼亚地区最有可能与汉尼拔再次相遇，所以在这里部署了由费边和马尔凯鲁斯率领的四个军团。

此外，前执政官格拉古率领的两个由奴隶组成的军团被派往现在的卡拉布里亚地区，相当于长筒靴脚尖的位置。原因是汉尼拔正想彻底占领这个地区的卢卡尼亚和布鲁提亚。

费边的儿子率领的两个军团被送往长筒靴鞋跟位置上的普利亚地

区，因为这里有当地最大的城市塔兰托，要防止它落入敌军之手。

在西西里岛上，以坎尼会战的幸存士兵为核心组成的两个军团正准备攻打锡拉库萨。

在西班牙战线，由科尔涅利乌斯兄弟俩率领的两个军团正同汉尼拔的两个弟弟展开激战。

若要确保意大利西部海域的制海权，撒丁岛必不可少。在完成击退迦太基收复撒丁岛的目标后，罗马方面也在此驻扎了两个军团。

公元前 214 年，罗马对马其顿的战争开始行动了。拉埃维努斯率领的一个军团一直负责这条战线。

这一年，共编组了 20 个军团的罗马军队，加上罗马公民兵和来自同盟各国的士兵，共多达 16 万人。如果所有罗马联盟都参加的话，应该可以达到 19 万人。但是，意大利南部有很多同盟城市未能参加罗马联军。总动员兵力为 75 万人的罗马联盟中，倒戈加入汉尼拔旗下的各地兵力共计 15 万人。罗马是在少了这 15 万人的情况下增加的军团数，因此不得不减少每个军团的士兵人数。

春天一到汉尼拔就开始北上。他在这一年的目标依然是夺取位于坎帕尼亚地区的海港，因此，他要求在意大利南部的另一半军队暂时离开那里北上。无论如何，他必须夺取海港。

迦太基的另一半军队在北上与汉尼拔会合途中遭遇格拉古率领的奴隶军团。格拉古事先已经向手下所有奴隶许诺，只要取得这次战斗的胜利，就给他们自由民的身份。奴隶军团精神抖擞，攻势异常凌厉。战斗结果是，准备和汉尼拔会合的那一半军队失去了一大半有生力量。

汉尼拔不得不改变战略。他很清楚，就算身边的军队留在坎帕尼亚地区，也会与上一年一样，不得不面对费边、马尔凯鲁斯和格拉古的六个军团。他能做的只是在对峙和小规模的战斗中空耗一年时光，因此，汉尼拔决定暂时放弃坎帕尼亚，率领军队南下前往塔兰托，因为塔兰托也是一个天然良港。士兵已经变成自由民的格拉古奴隶军团在后面紧追汉尼拔。

因汉尼拔南下而腾出手来的执政官马尔凯鲁斯向位于加普亚北侧的卡锡里纳城堡发起了进攻。加普亚位于平原地带。汉尼拔在加普亚时很担心遭到包围，因此，他在加普亚附近不易包围的要冲卡锡里纳建了一个可容纳整支部队的城堡。他考虑既要有效利用在坎帕尼亚地区越冬的优点，同时又要保证安全过冬。

在马尔凯鲁斯指挥的两个军团的猛烈攻势下，守在这里的汉尼拔部下没有能够支持很久，卡锡里纳很快被攻陷。就这样，每到冬季汉尼拔只能回意大利南部越冬了。

汉尼拔希望通过武力攻占塔兰托的尝试未能如愿，遭到了紧追而来的格拉古和在普利亚严阵以待的费边儿子率领的两个军团共计四个军团的阻挠。在这场攻守战中，两军没有展开大规模的会战，但是袭扰战不断。这一年，汉尼拔既没有攻取那不勒斯，也没有得到塔兰托。就在这种情形之下迎来了这一年的冬季。

在马其顿战线，军事和外交攻略并举的做法开始奏效。这条战线的指挥官拉埃维努斯只有一个军团，但是，他可以充分利用在布林迪西的 50 艘战船，战斗效率很高。马其顿国王在攻打罗马军队位于希腊西部的基地阿波罗尼亚时，被罗马军队击退，逃回自己的国家。

其实，拉埃维努斯的真正本事是体现在外交谋略上的。

罗马元老院刚获悉马其顿参战，就向埃及派去特使，与托勒密王朝缔结了同盟。叙利亚的塞琉古王朝也答应保持中立。同时，拉埃维努斯按照元老院的指示，煽动与马其顿边界线相接的埃托利亚人揭竿而起，反抗马其顿。

埃托利亚地区位于马其顿南边的中部希腊，长期以来饱受马其顿的欺扰。罗马决定利用该地民众的反马其顿情绪，承诺罗马从西边进军，再提供25艘战船，从海上给予支援。就这样，埃托利亚人决定向马其顿发起进攻。与此同时，罗马又成功说服帕加马王国从东边攻打马其顿。因为帕加马王国也时常担心马其顿向其扩张势力。

就这样，仅仅有一个军团的罗马军队，开始了封锁马其顿的战斗。罗马从未想过要攻下强大的马其顿王国，只要困住马其顿，使马其顿国王无法动弹就达到目的了。

转眼又一年过去了。公元前213年，格拉古和费边的儿子当选执政官。费边的儿子当选是因为其父费边不能连续三次当选执政官，所以带有代替父亲的意思。这样一来，62岁的费边作为副将，随执政官小费边率领的两个军团出征。这说明费边的持久战在这一年依然得到了公民的支持。

到了这一年，罗马又比上一年增加了2个军团，投入的全部兵力共22个军团。像是为了响应在东方希腊开始的封锁马其顿似的，南方战线也一下子变为采取积极进攻的战术。罗马军队中以勇敢善战闻名的前执政官马尔凯鲁斯是年57岁，他被派往西西里，其任务是攻占锡拉库萨，巩固南部防线。

两位执政官率领的四个军团和法务官雷必达率领的两个军团，共计六个军团，联手对付汉尼拔。希望拉长战线的罗马并没有把这六个军团投入一个地方。由于汉尼拔在意大利南部神出鬼没，所以罗马把意大利南部划分成普利亚和卡拉布里亚两个战区，由两位执政官分别负责。雷必达的两个军团前去支援费边父子负责的普利亚战区。

这一年，34 岁的汉尼拔已经没有心情与不响应会战要求的六个罗马军团继续周旋，为了配合马其顿军队的登陆，他必须攻取塔兰托。如果正面攻打塔兰托，罗马的六个军团势必会从背后发起袭击。通常采用正面强行攻城的方式很难速战速决，既耗不起时间又不愿损失过多战斗力的汉尼拔，决定放弃凭武力攻取塔兰托，而改为积极争取塔兰托。因为他有过先例。在锡拉库萨，他曾乘僭主交替，国内混乱，成功策动政变，让长期备受罗马信赖的友邦锡拉库萨倒向迦太基方面。

塔兰托与加普亚一样，是被罗马战胜后成为罗马联盟一员的同盟市，因此，有义务向罗马联军提供兵力。但是，塔兰托和其他同盟市又有所不同，不享有完全的国内自治权。塔兰托有意大利南部最好的良港，罗马想把它建成堪与布林迪西媲美的军港。以布林迪西为终点的阿庇亚大道途经塔兰托，为此罗马每年都要向塔兰托派遣总督，尽管只是军事上的，却由总督实施统治。

这不是塔兰托市民心甘情愿接受的待遇。布林迪西是罗马新建的城市，生活在其中的是无投票权的罗马公民权拥有者。与布林迪西不同，塔兰托是由斯巴达人建立起来的殖民城市，与罗马有着同样悠久的历史，是意大利南部最重要的城邦。虽说是罗马的战败国，却与新兴城市有同等待遇，这让当地居民难以释怀。长期处于压抑状态的塔兰托迎回了汉尼拔无偿释放的士兵，亲汉尼拔的情绪开始抬头，这种情绪更是在年轻人中间不断蔓延开来。

他们选出几名代表前去意大利南部拜访正在那里越冬的汉尼拔，同汉尼拔交换了想法。之后汉尼拔交给他们一个行动计划，送他们返回塔兰托。他们回去后开始到处散布谣言，说汉尼拔身患重病，却不说汉尼拔在哪里卧病，其间汉尼拔只带着精锐部队悄悄来到了塔兰托。

这一战打得非常完美。这天深夜，迦太基士兵在塔兰托青年人的接应下进入城门，没费多少时间，也几乎没有流血，就占领了市内几处要冲。由于汉尼拔事先要求在塔兰托市民的家门口标上记号，所以，大部分塔兰托市民直到早晨起床后才察觉到异样。一夜之间，塔兰托全市落入了汉尼拔的手中，只有罗马总督和 500 人坚守的要塞没有被迦太基军攻下。

要塞建在塔兰托港附近凸起的悬崖上，只要它还在罗马军的手中，船就会困在港口内，汉尼拔还是无法利用这里的港口。对于这一情况，汉尼拔考虑用其他方法来解决。有塔兰托人问汉尼拔用什么样的方法，他回答说：

“很多事情看上去没有可能，但是如果换一个视角，没有可能的事情就会变成有可能。”

塔兰托城周边都是平原。汉尼拔首先把停泊在港口的船送上陆地，把邻近的海湾改造成了港口。然后又命令塔兰托人对据守要塞的罗马士兵实施断绝军粮的战术。但是，汉尼拔的目的并没有达到，因为要塞有来自布林迪西以及雷焦卡拉布里亚的海上补给。原来，塔兰托居民没有执行汉尼拔的命令，同时在海上对要塞进行封锁。

大城市塔兰托的沦陷导致周边各卫星城市纷纷倒戈。除了布林迪西、卢克利亚、韦诺萨等罗马殖民城市以外，意大利南部几乎全部纳入了汉尼拔的控制范围之中。

得到塔兰托后，汉尼拔再次开始了频繁的军事行动。但是，罗马军队在执政官格拉古的指挥下坚守阵地。他们依然采用以前的战术——不响应会战。不过，在坚守的同时，又会见缝插针地打上一仗。只要汉尼拔一离开，罗马军队就袭击迦太基军队，每次都能获得胜利。

持久战的缺点是战绩不显著。公元前 213 年，在很多人眼里，这一年是汉尼拔等待罗马联盟解体的战术最见成效的一年。

意大利南部的三大城市，加普亚、塔兰托和锡拉库萨，已经全部归到汉尼拔的旗下。汉尼拔的军队中开始出现意大利南部的希腊人。与此相反，罗马没有取得令人瞩目的战果。前去攻打锡拉库萨的“意大利之剑”马尔凯鲁斯也遇到了难题，出乎意料地耽搁了很长时间。

然而，认真想来，其实罗马的情况虽然没有好转，却也没有继续恶化。

在意大利的汉尼拔只得到过一次来自迦太基本国的援助。因为，迦太基船队在罗马海军的阻截下，不得不一次次掉转船头，最终不得不放弃尝试。

同样，在西班牙，汉尼拔的两个弟弟始终被科尔涅利乌斯兄弟俩牵制，无力前往意大利支援他们的兄长。

高卢人加入汉尼拔军队后曾经因为战胜罗马而意气风发，但是坎尼会战以后，也被罗马军队阻挡在卢比孔河以北。

此外，马其顿国王腓力五世受到来自罗马、埃托利亚、帕加马三方面的进攻，被封锁在马其顿境内动弹不得，更不要说登陆意大利了。

元老院把汉尼拔孤立在意大利境内的战略尽管不显山不露水，却发挥出应有的作用。

罗马人称之为“汉尼拔战争”的第二次布匿战争就要进入第七个

坎尼会战以后罗马与汉尼拔交战的舞台

年头。由于已经不能指望意大利南部大部分城邦参战，所以公民兵的兵役负担大大增加。他们已经相当疲惫。公元前 212 年，罗马选举执政官的公民大会上，现场气氛出现异常，有点类似现在的首相辞职。

格拉古没有当选，是因为他是上一年的执政官。有可能当选的老费边、马尔凯鲁斯以及负责马其顿战线的拉埃维努斯也都没有当选。这一年选出的执政官是平民出身的弗尔维乌斯·弗拉库斯和贵族出身的克劳狄乌斯·普尔克尔两人。前者是第三次就任罗马这一最高官职，后者是第一次当选。其中弗尔维乌斯·弗拉库斯虽然第三次当选，但是，距离上一次当选执政官已经时隔 10 年。

但是，尽管感觉像首相辞职，罗马公民并没有对“内阁”表现出不信任。李维在其著作《罗马史》中，不仅罗列了每年当选的执政官的姓名，同时也列举了或在执政官之下或独立率领军团指挥大军的法务官的姓名。根据他的记载，普尔克尔在坎尼会战以后几乎每年都上战场。公元前 212 年，罗马决定编组 25 个军团，从而这一年成为自第二次布匿战争开始以来兵力最多的一年。马尔凯鲁斯继续担任攻打锡拉库萨的任务，拉埃维努斯继续坐镇指挥马其顿战线。同样，格拉古的任务也没变，继续对汉尼拔军队采用分片负责的行动模式。

公元前 212 年的罗马没有改变一贯的战略，只是换了几个抛头露面的人物而已。但是，有时候这样的情况也会出现意想不到的效果。

对罗马来说，勉为其难地投入 25 个军团是有原因的，因为这一年罗马的目标是收复加普亚。

所谓城邦，通常是先有一座城市，然后根据需要逐步向周边扩张领地。有实力的城市，周边除了有种植农作物的耕地，还会有许多与它有着千丝万缕联系的卫星城市。这些卫星城市又分别有自己的领地，因此，要攻打城邦中的主要城市，往往不能只盯着一个点，而是要对付整个面。加普亚、塔兰托和锡拉库萨的情形左右着其周围一带民众的态度。坐视这三大城市落入汉尼拔之手，是罗马绝不能容忍的事情。

公元前212年，为了收复加普亚，罗马派遣由两位执政官和一名法务官率领的共六个军团，为此加普亚感到大难临头，紧急派出使者去塔兰托向汉尼拔求救。然而，当汉尼拔和他的军队摆脱格拉古率领的奴隶军团的阻拦，进入坎帕尼亚地区的时候，加普亚已经被罗马的六个军团团团围住。

罗马人就连只睡一个晚上的营地都要按规矩建得很牢固，因此，为了攻城形成的包围圈自然密不透风。通常他们会挖一条相当深的壕沟，把高大的木桩密密麻麻地排列起来做成栅栏，再抹上泥巴。坚固得连一只蚂蚁也别想进出。这一年，在加普亚筑起来的包围圈同样是密不透风，甚至比以往更加牢固。

就连汉尼拔也无法突破这样一个包围圈。他能做的只是派努米底亚骑兵冒死进入加普亚，告诉被困其中的加普亚军队，他已经到了。

既然无法突破包围圈，汉尼拔不得不在平原地带布阵，向包围加普亚的罗马三支军队一一挑起会战。然而，罗马的三位指挥官完全无视他挑起的正面会战。当然，两军没有单纯地相互对峙。汉尼拔乘罗马的六个军团全部投入攻打加普亚的机会，尝试向那不勒斯、波佐利和库马等海港城市发起进攻。但是，作为罗马联盟的加盟国，这些城市都抵御住了汉尼拔的进攻。后来，罗马包围加普亚的六个军团中的其中一个赶来增援，致使汉尼拔无功而返。为了宣泄心中的愤怒，他只有在那一带烧杀抢掠。

在这些战斗中，罗马方面自然会有伤亡。同样，汉尼拔的部下也在一点一点地减少。自从塔兰托倒向汉尼拔后，汉尼拔几乎控制了意大利南部的所有地方。为了守住这些地方，汉尼拔不得不分出部分兵力。因为意大利南部的各城市没有一座可以靠自己的力量对抗罗马军队。

当然，分出兵力对汉尼拔来说并不难。因为他在自己控制下的各地招募士兵，补充了军队的有生力量。问题是，一支队伍如果没有一位优秀的指挥官，这支军队是没有战斗力的。在意大利的迦太基军中，除了汉尼拔，找不出第二位有才华的指挥官，这就是现实。只要汉尼拔一离开，迦太基军队就会成为格拉古的奴隶军团口中的肉，因此，汉尼拔看似所向披靡，事实上，不管是留在坎帕尼亚全力支援加普亚，还是试图攻占那不勒斯等海港城市，他都处于两难的境地。

公元前 212 年一整年，罗马军队和迦太基军队没有交手。与意大利本土情况相反，在西西里战线，局势明显有利于罗马方面。

罗马元老院把马尔凯鲁斯从汉尼拔战线上撤出来，派往西西里是有原因的。马尔凯鲁斯的外号叫“意大利之剑”，这缘于他主动出击、英勇顽强的战斗作风。他的任务是在攻打倒向敌方的锡拉库萨时阻击来自迦太基的军事增援。

如果说汉尼拔是在完全孤立无援的情况下坚持在意大利的战事，那么这种说法基本上是不真实的。尽管迦太基没有向罗马发动海战以争夺制海权，但是迦太基的确曾多次派出船队前往意大利增援汉尼拔。只是除了仅有的一两次，增援行动几乎都以失败告终，因为罗马海军在海上的作战能力非常强大。

向锡拉库萨提供援助远比向塔兰托派出船队支援容易得多。毕竟，从迦太基到锡拉库萨的海上距离只有到塔兰托的二分之一。首先，派遣的船队不可能只有一艘船；其次，船队在海上遭遇罗马海军的概率与海路的距离成正比；再者，支援锡拉库萨关系到对西西里全岛的控制，因此，在迦太基国内也更容易得到国内农业派的支持。事实上，从坎尼会战后的第二年开始，迦太基就匆匆向倒向迦太基方面的锡拉库萨送去了援助。

受命负责西西里战线的是马尔凯鲁斯所辖、共计4个军团的3万名士兵，其中2个军团是坎尼会战中的幸存者，因此得绰号“坎尼军团”，自坎尼会战失败后，一直驻守在西西里岛上。另2个军团则来自意大利本土。

早在公元前213年春天，罗马军队便南下进攻锡拉库萨。在对其招降失败后，罗马军队开始对锡拉库萨展开攻城战。然而，罗马军队很快遭受到严重挫折。这并不是因为锡拉库萨全城动员，誓死抵抗，原因之一是锡拉库萨的中心城市位于天然要冲之地。但是，原因不仅于此，更重要的原因是锡拉库萨有阿基米德，是他让罗马人领教了一个人的智慧有时可以与4个军团相匹敌。

指挥官马尔凯鲁斯的计划是从海陆两路同时对大城市锡拉库萨发起进攻。在锡拉库萨的陆地一侧，他部署了2万名士兵，同时指挥从巴勒莫赶来的100艘蓬特战船从海上封锁锡拉库萨靠海的一侧。因此，来自迦太基的支援船队只能无功而返。

完成对锡拉库萨的包围后，海陆两路同时发起了总攻，但遭遇到锡拉库萨方面的军队用各种奇形怪状、用途各异的兵器的顽强抵抗。在陆地一侧发起进攻的罗马士兵被伸出城墙外、能够发射石弹的新式兵器打得措手不及。这些新式兵器不仅射程伸缩自如，还能自由改变方向。无论罗马士兵转移到哪个位置，都能准确无误地打过来。城墙上只有探着脑袋观察并随时报告罗马军队动向的士兵。他们把身体压得很低，只露出两只眼睛，罗马士兵根本无法射中他们。别说爬上环绕锡拉库萨全城的城墙，罗马军队连靠近城墙的机会都没有。

靠海一侧的情况也好不了多少。罗马军队没有靠蛮力进攻，而是采取了一些策略。

锡拉库萨靠海一侧的城墙比陆地一侧的城墙略微简单些，只在临海的悬崖上建了一堵并不坚固的薄薄的城墙。在靠海一侧，罗马军的进攻计划是这样的：

首先，每两艘满载士兵的船用绳子拴在一起，在船的左右两侧用橹划向悬崖下。从船尾通过桅杆顶端直达船头的绳子前端绑着攻城用的梯子。船一到悬崖下面，就用滑车卸下梯子，士兵们顺着梯子爬上悬崖，再把梯子搭在城墙上，爬梯子登上城墙。即使敌人从城墙上方投下石块或射箭抵抗，只要坐在两艘战船上的士兵同时向上放箭，守兵就无法站到城墙上。以量取胜是罗马人的做法。

然而，罗马战船刚靠近悬崖，出现在城墙上的却不是敌人，而是奇形怪状的装置。这些装置伸出城墙，伸到悬崖上，钩住准备卸下来攻城的梯子扔进海里。这类怪东西不止一件，在靠海一侧的城墙上到处都是。它们把攻城用的梯子和顺着梯子准备爬上悬崖的罗马士兵一一拎起来扔进了海里。

射程伸缩自如又可以随意移动的投石器也用在了靠海一侧。不少船只被石弹射中后失去平衡，狠狠撞向悬崖而损坏。尽管如此，依然有士兵躲过阿基米德发明的新式兵器的攻势，攀上了城墙。但是，不知道从哪里反射过来的镜子的反光，让他们一个个头昏眼花，一头栽倒，掉到城墙下面去了。

无论是海上还是陆地，相持时间越久，人员和物资损失就越大。

因为看不见敌人的真面目，罗马士兵完全失去了斗志。看着在船上苦苦奋战的部下，性情豪爽的马尔凯鲁斯还对其周围的部下开玩笑地说：

“阿基米德好像把装满水的杯子扔出去一样，把船从海里捞起来又扔出去。我们的士兵就像是因为桑布卡的演技太差而从宴会上被赶出去的乐师似的。”

因为攻城用的梯子形状像桑布卡，所以就用这种乐器对其命名了。通常，演奏水平不高的乐师能够得到的报酬就是从宴会上被赶出去。

就这样，阿基米德的名声在罗马军队中传播开来。马尔凯鲁斯在另一个场合曾经感慨地说，自己“被一个老朽弄得团团转，这算什么事儿啊”。

这一年，阿基米德大约 75 岁，是一位数学家。数学虽然与罗马军队无关，却让 2 200 年以后的高中生苦恼不已。

就在马尔凯鲁斯开始感到要想勉为其难地打破胶着的战事是愚蠢行为的时候，他得到了一个消息：因为海上被封锁，迦太基的增援部队无法直接进入锡拉库萨，于是计划让援军在西西里中部的阿格里真托附近登陆。马尔凯鲁斯留下副手继续围困锡拉库萨，自己率领一半的士兵紧急赶往阿格里真托。

迦太基派了 2.5 万名步兵、3 000 名骑兵以及 12 头大象来到阿格里真托附近海面准备登陆。交战的结果是，以罗马军胜利而告终。迦太基派遣的满载士兵的船队不得不放弃登陆计划，返回迦太基。马尔凯鲁斯也回到了锡拉库萨城下。但是，公元前 213 年的这一年里，终因阿基米德，马尔凯鲁斯未能成功攻取锡拉库萨。

又一年过去了。公元前 212 年是罗马在意大利本土发动收复加普亚之战并落下帷幕的一年。这一年，马尔凯鲁斯也感到有必要尽快结束锡拉库萨攻城战。由于阿基米德发明的新式武器非常有效，锡拉库萨市民深受鼓舞，他们完全不再畏惧罗马军的进攻。而且，罗马方面不能指望等到锡拉库萨城中弹尽粮绝，因为锡拉库萨这座大城市的粮食储备非常充足。不难想象，继续相持下去，迦太基一定还会与上一年一样，派出大规模的部队前来增援。

马尔凯鲁斯左思右想，终于想到了手中的锡拉库萨俘虏。他马上叫人把他们带来审问。俘虏们的回答中有一件事引起了马尔凯鲁斯的注意，那就是阿尔忒弥斯神的祭祀日快到了。对于希腊民族的锡拉库萨人来说，狩猎女神阿尔忒弥斯的祭祀日是非常重要的日子。关于这一点，马尔凯鲁斯也知道。就像俘虏所说的，祭祀日这天锡拉库萨人通常要一醉方休。罗马人也喜欢喝葡萄酒，但是，不喝到烂醉不罢休的多是希腊民族。白天，阿基米德的新式兵器是防御的主角，夜间，守卫城墙的是锡拉库萨市民。马尔凯鲁斯判断，阿尔忒弥斯神的祭祀日之夜，他们一定经不住葡萄酒的诱惑。

马尔凯鲁斯挑选了 1 000 名精兵，命人把攻城用的大部分梯子事先藏在城墙附近的森林中，还在靠陆地一侧的每个城门附近部署了 1 万名士兵。所有人只等夜幕降临。

过了夜半时刻，1 000 名精兵悄无声息地靠近城墙，把藏在森林中的梯子搭在城墙外，开始攀越城墙。

城墙上的哨兵被悄悄干掉。进入城墙内的罗马士兵杀死烂醉如泥的城门守兵，从里侧一个接一个地打开了城门。在黑暗中，1 万名罗马士兵开进了锡拉库萨城内。天亮时，市区有一半已经落入罗马军的手中。

但是，锡拉库萨城邦的中心部分集中在岛上，这个岛面积很大，靠吊桥与本土相连。罗马军占领的只是建有神殿及半圆形剧场的本土部分，还谈不上占领整个锡拉库萨城邦。突破靠陆地一侧的城墙，等于夺取了阿基米德的新式兵器大显身手的场所，再加上海上的封锁依然严密，因此，中心部分因为涌入许多从本土逃过去的人，一时人满为患，弹尽粮绝只是个时间问题。

在意大利本土，罗马军队在对加普亚的包围战中击退了在加普亚的请求下赶来增援的汉尼拔援军，成功坚持到了冬季自然休战期。在这些好消息的鼓舞下，罗马人又拾起了信心。然而，就在这个时候，传来了一个令人意想不到的沮丧消息。

前执政官格拉古负责的是意大利南部的战线。汉尼拔留在这里的迦太基军队有一名军官派出使者向他表示愿意投诚，希望他前去面谈。格拉古信以为真，只带着一小队人马赶往指定地点。结果，格拉古和同去的全体骑兵被前后左右一拥而上的迦太基士兵杀死了。格拉古的奴隶军团得知这一消息，是在他们看到总指挥官的脑袋被扔进营地以后。

提比利乌斯·森普罗尼乌斯·格拉古作为指挥官在坎尼会战后，罗马陷入最困难的时期，率领以奴隶为主的军团英勇作战，出色完成了艰巨任务。他希望奴隶们成为真正的罗马战士，不过，他没有用鞭子威胁过那些并未表示对罗马效忠的奴隶。在他的奴隶军团内，无论是奴隶还是公民，待遇完全一样。他给奴隶们配备同样的武器，向他们提供同样的伙食，让他们在同样的营帐内睡觉。若在战斗中战胜了迦太基军队，他会平均分配战利品。

虽然这个军团被叫作“奴隶军团”，但此时他们已经不再是奴隶，因为在贝内文托与迦太基军队的战斗中取得胜利后，格拉古如约给了他们自由。尽管如此，他们没有一个人毁约，他们遵守了只要战争没有结束就留在军团的承诺。他们效忠的不是罗马，而是年龄在 45 岁上下的格拉古。

四年来同甘共苦的总指挥官死得那么突然，又那么悲惨，令他们难以接受。格拉古的死使这些士兵陷入了深深的绝望中。这种绝望只有失去过顶梁柱的人才能理解。四年里，以紧密团结为自豪的奴隶军团，随着总指挥官的被杀顿作鸟兽散。

罗马公民兵和来自同盟各国的士兵，即罗马联盟的正规军士兵，在战斗结束后一定会归队，因此，罗马军队在很大程度上可以正确把握死伤者的人数。对罗马来说，两个军团的士兵转眼消失得无影无踪，这还是第一次。该军团的军官和剩下的为数不多的正规军士兵向罗马通报了格拉古遇害和奴隶军团解体的情况。

就这样，罗马失去了坎尼会战以来坚守在罗马最前线的四位指挥官中的一位。在这四人中间，格拉古的年龄最小。

又是新的一年，即公元前 211 年，随着这一年春天的来临，攻陷锡拉库萨的消息传到了罗马。因为是在南方，所以马尔凯鲁斯没有无所作为地越冬，他没有等敌人弹尽粮绝就向锡拉库萨的中心所在岛屿发起了攻势，并在冬季结束了战斗。

罗马军队从海陆两路发起总攻，锡拉库萨海陆两面同时受敌，未能坚持很久。此时城邦已群龙无首，因此没有人出面主持交涉停战事宜，直到锡拉库萨方面再也没有人抵抗，战斗才告结束。在古代，一个国家如果拒绝劝降，坚持战斗，直至失败，该国家和国民统统归胜利者所有，这是惯例。胜利后的马尔凯鲁斯默许了手下士兵在城里大肆掠夺，为期三天。

马尔凯鲁斯虽然出身平民，但是他懂希腊语，对希腊文化尊崇有加。在手下士兵大肆掠夺之际，他没有忘记保护那些在掠夺中最易毁损的美术品和工艺品。他把锡拉库萨所有的这些东西集中起来，收归罗马国家所有。作为统帅，在首都罗马举行的至高荣誉的凯旋仪式中，马尔库斯·克劳狄乌斯·马尔凯鲁斯是第一位用无数美术品装点的罗马将军。罗马百姓也因此得以目睹希腊造型文化之美。

来自锡拉库萨的这些战利品精美至极。在此之前罗马人见识过的、来自意大利南部的美术品完全不能与之媲美。锡拉库萨的500年历史不同于其他城邦的500年，是鼎盛时期的雅典、斯巴达和迦太基都不得不自叹弗如的500年。虽然西西里东半部和意大利南部统称为“大希腊”，但是，大希腊的中心通常是指锡拉库萨。锡拉库萨也因为柏拉图曾经来访过而闻名。公元前211年，锡拉库萨失去了独立，成为罗马的一个行省。

马尔凯鲁斯虽然默许了士兵掠夺锡拉库萨市民的财产，却不允许他们掠夺市民的肉体，即不允许把他们卖为奴。全体市民保留了自由民的身份，只是他们所有的土地一律充公，成为罗马的国有土地，从此锡拉库萨市民只能向罗马租借土地耕种。同时，与西西里其他行省一样，要向罗马缴纳收获物的十分之一作为租税。十分之一直接税和上缴给锡拉库萨僭主的一样，增加的是租地费。

锡拉库萨沦陷时，在长达一年多的时间里，让罗马军队伤透脑筋的阿基米德依然埋首研究数学问题，后来在一片混乱中被一名不知其为何人的罗马士兵杀死。马尔凯鲁斯得知这个消息后感到非常遗憾。

公元前211年，同上一年一样，罗马投入了25个军团，在所有战线展开全面作战。也同上一年一样，负责加普亚攻城战的6个军团，其中的3名指挥官都没有更换。

尽管一到冬季，汉尼拔只能去意大利南部过冬。但是眼下正逢锡拉库萨沦陷又重新回到罗马手中，因此，守住加普亚显得越发重要。对他而言，无论如何必须把加普亚从罗马军队铜墙铁壁般的包围中解救出来。

汉尼拔认为，要想在短时间内解决这个问题，唯一的办法就是引诱敌人进行会战。他率领尽可能少的兵力，带上尽可能少的粮食，紧急北上前往加普亚，大部队随后跟上。当他突然出现在加普亚附近后，便向罗马军队的包围圈发起了突袭。

然而，他的突袭并未奏效。因为罗马军队对加普亚的包围圈是双向的。既包围了加普亚，同时还可以抵抗外来的进攻。汉尼拔向包围圈发动进攻，却无法引诱罗马军进行会战，他于是决定不等大部队到来便与罗马军一决胜负。他要赌一赌自己的运气。

兵力少自有兵力少的好处。汉尼拔带着自己的小部队，在未被对方觉察的情况下成功绕到了罗马军队包围圈的背后。接着，他率部队沿着不可能遇到罗马军的拉蒂纳大道一路北上，直奔首都罗马。在距离罗马城墙四五公里的地方，他命令士兵搭建营帐。自己只带着骑兵，继续沿拉蒂纳大道北上，一直来到可以看得见罗马城墙的地方。在这里，他离开大道，沿着环绕罗马的城墙外“悠闲”地走过了城墙全长的约三分之一，一直来到科林门外。

自公元前390年凯尔特人（高卢人）入侵以来的179年间，罗马还没有让敌人如此靠近过。这一公然的大胆举动成了罗马人的噩梦。罗马人挤上城墙，屏息静气地注视着城墙下面。因为不在箭的射程范围内，他们只能眼睁睁地看着这位时年36岁的迦太基统帅骑在白马上旁若无人地溜溜达达。

环绕罗马的城墙非常坚固，仅靠一个军团根本无法撼动，而且此时派往普利亚地区的两个军团刚刚组建完成，尚未出发。作为指挥官的执政官加尔巴也在首都。加上保卫首都的两个军团，在坚固的城墙之内驻扎了四个军团。元老院紧急召开会议，64 岁的费边建议，连一个军团也不要从加普亚的包围圈或其他地方抽调过来。这位拖延战术的倡导者忠告执政官加尔巴要尽量避免与汉尼拔面对面地作战。

加尔巴接受了费边的忠告。他虽然把整支部队带到城墙之外，毫不示弱地部署好阵地，但那不过是为了向汉尼拔展示一下罗马军队的威势而已。在随后的几天里，罗马军队和汉尼拔军队之间发生了几次小规模的战斗，也始终仅仅局限在小规模战斗的范围内。

汉尼拔希望引出罗马的守军展开会战，并战而胜之。他料想，一旦罗马失守，在加普亚的罗马军队一定会解除包围，赶回增援首都。这时再与增援部队展开会战，一举打败他们。然而，他的计划完全无法实现。

尽管如此，这一段插曲给罗马人留下了非常深刻的阴影。直至今日，母亲训斥孩子的时候还常说："汉尼拔已经到门口了。"

公元前 211 年的这次"罗马之行"，对于急切希望攻下罗马并为此心甘情愿承受任何牺牲的汉尼拔来说，是第一次也是最后一次目睹罗马。

汉尼拔没有伤到罗马一根毫毛，不得不离开南下。途中他也没有再绕道加普亚去挑衅罗马军队形成的包围圈，而是直接回到了意大利南部。他的大部队在半路与他相遇后，转而与他们的指挥官一起返回了在地图上位于长筒靴脚趾尖位置的卡拉布里亚。

加普亚得不到汉尼拔的支援，不久就在一场激烈的攻防战中沦陷。罗马军队指挥官之一、前执政官普尔克尔在这场战斗中阵亡。

沦陷后的加普亚失去了国内自治权，从罗马的同盟国变成了罗马的行省。市民没有被卖为奴隶。这是加普亚第二次背叛罗马。第一次是罗马苦战皮洛士国王的时候。加普亚在100年的时间里两次背叛罗马，对此罗马人不能原谅。他们对加普亚的处置远比对锡拉库萨严厉得多。掌握加普亚领导权的70个市民被处死刑。

就这样，坎尼会战以后，倒向汉尼拔的意大利南部三个主要城市继锡拉库萨之后，加普亚也被收复，只剩下塔兰托了。

收复锡拉库萨确保了西西里的统治权，加普亚的失而复得让罗马不必再担心坎帕尼亚地区。现在，罗马对汉尼拔的战线可以大大向前推进。也就是说，虽然意大利南部成为汉尼拔的根据地历时已久，但此时罗马有能力把战线推向这里了。罗马对汉尼拔的真正攻势就要展开了。

公元前211年，传来的似乎都是好消息。然而，夏天刚过，却传来了一个令罗马人意想不到的噩耗。自第二次布匿战争爆发以来，罗马不断开辟新战线。在所有战线中，唯一不断送来捷报的战线是西班牙战线。然而，正是这个战线遭遇到了毁灭性的失败。

公元前218年，当年的执政官科尔涅利乌斯未能阻止汉尼拔横渡罗讷河，于是把自己带到马赛的军队交给同行的弟弟格奈乌斯，并按计划把他们派往西班牙后，自己返回意大利，等候汉尼拔从阿尔卑斯山上下来。在汉尼拔与罗马的第一次交锋，即提契诺骑兵战中，科尔涅利乌斯失利并身负重伤。伤愈后，他又被派往西班牙。

科尔涅利乌斯的任务是，在西班牙与弟弟会合，并攻打汉尼拔的大本营西班牙，阻止西班牙前往意大利增援汉尼拔。罗马很清楚，既然汉尼拔越过围墙，进了自家的院子，要把他赶出去很不容易，因此，必须切断外部对入侵者的补给，把入侵者彻底孤立在围墙之内。

公元前 218 年至前 211 年的 8 年间，继弟弟格奈乌斯之后，哥哥科尔涅利乌斯也来到了西班牙。罗马在特雷比亚战役、特拉西梅诺战役、坎尼会战中接连败于汉尼拔的时候，负责西班牙战线的兄弟俩始终踏踏实实地恪守自己的职责。西班牙是汉尼拔 9 岁起一直生活的地方，是他所属的巴卡家族次优殖民地意识非常强烈的地方。但是，其间西班牙未能给汉尼拔提供任何援助。

在西班牙的科尔涅利乌斯兄弟俩把根据地设在了塔拉戈纳。塔拉戈纳靠近埃布罗河。埃布罗河是第二次布匿战争爆发之前，罗马和迦太基两国的国界线。每年春季一到，战斗重开之时，兄弟俩就率领军队渡过埃布罗河，向南发起进攻。罗马给了他们两个军团，兄弟俩分别带领一个军团作战，在战斗中取得节节胜利，成功地削弱了迦太基在西班牙的势力。公元前 212 年，进入自然休战期后的秋天，科尔涅利乌斯兄弟俩已夺取了迦太基统治下的西班牙三分之一区域。这是从最高指挥官到普通士兵一直坚持战斗、未回一次国的结果。

迦太基国内非常担忧西班牙的战况，把本该送到意大利增援汉尼拔的援军和汉尼拔的小弟马可尼送到了西班牙。当然这其中还有其他原因。首先，意大利海域的制海权掌握在罗马手中，有罗马海军相阻，迦太基的援助无法如愿到达意大利。与此相比，到西班牙只要横渡直布罗陀海峡即可，危险系数小很多。其次，出于经济上的考虑，西班牙矿藏丰富。对于迦太基国内来说，支援西班牙意味着“继续投资”，因此，国内农业派也表示同意。就这样，迦太基国内提供的援助，包括本该前去增援汉尼拔军的兵力，全部投入了西班牙。

迦太基是一个以雇佣兵制为传统的国家，因此，来自迦太基的支援，使西班牙的雇佣兵市场突然火爆起来。

同期的罗马无力增派军队前往西班牙，科尔涅利乌斯兄弟俩只有依靠现有的两个军团继续作战。虽然连战连捷，但是连续的战斗不可避免地造成了战斗力的减损。罗马军队没有雇用士兵的习惯，科尔涅利乌斯兄弟俩按罗马的方式补充自己的军队。他们没有用钱雇用当地居民，而是与被征服地的土著部族缔结同盟关系。条件是由被征服地提供作战兵员。

但是，西班牙当地居民不同于意大利中部的伊特鲁里亚人和意大利南部的希腊人，后两者加盟罗马联盟为时已久。如果有人把一堆金币放到他们眼前，他们会毫不犹豫地撕毁与罗马之间的同盟条约。到了公元前 212 年年末，当地士兵哗变，使一直以来战果辉煌的西班牙战线陷入了困境。

第二年，即公元前 211 年，迦太基军队用金币大大增强了战斗力。他们把全军分成三支军队：一支由汉尼拔的二弟哈斯德鲁鲍尔率领，一支由汉尼拔的小弟马可尼率领，另一支由迦太基国内派来的吉斯戈率领。罗马军队不得不以两个军团的规模应对敌方的三支军队，罗马军队中的当地士兵纷纷临阵脱逃。罗马军队兵力的削弱意味着迦太基军队兵力的增强。

对科尔涅利乌斯兄弟来说，兵力的削弱是绝对需要引起重视的事情。但是，尽管如此，他们还是没有改变两个军团单独作战的战略。

公元前 211 年初夏，普布利乌斯·科尔涅利乌斯率领的军团中，最多一次有 7 500 名西班牙士兵脱逃。得知这一情况后，普布利乌斯不管当时夜有多深，决定立刻把他们追回来。他要在逃走的士兵与迦太基军队会合前把逃兵的事情处理好。

然而，天色开始转亮的时候，出现在罗马军队面前的是前来迎接逃兵的努米底亚骑兵团。努米底亚骑兵团是由受雇于迦太基的努米底亚王子马西尼萨率领的。他们的攻势非常凌厉，罗马军疲于应付。这时马可尼率领的迦太基军队也加入了战斗。刚好在附近的哈斯德鲁鲍尔率领的军队也到了。兵力绝对处于劣势的罗马军队，其退路被切断，最后被一举消灭。指挥官普布利乌斯·科尔涅利乌斯·西庇阿也在一番激战之后阵亡。

迦太基的一支军队在打败了科尔涅利乌斯率领的罗马军队后，又袭击了正在不远处行军的格奈乌斯的军团。在遭到三倍于己的敌军进攻后，这支罗马军团与友军一样也被消灭了。公元前 222 年担任过执政官的格奈乌斯·科尔涅利乌斯·西庇阿同样战死。

罗马两个军团的残兵在高级指挥官全部阵亡的情况下，由一名百夫长带领逃到了埃布罗河以北。就这样，在西班牙的罗马军队兵力只剩下了三分之一。残兵逃回埃布罗河以北的塔拉戈纳后终于可以松一口气了。但是，科尔涅利乌斯兄弟俩花了整整 8 年时间取得的成果转眼间付之东流。

这个消息传到了在意大利境内的汉尼拔耳朵里。对于相继丢失锡拉库萨和加普亚的汉尼拔来说，这无疑是一个天大的喜讯。

如果说这个消息给汉尼拔带去了希望，那么对罗马人来说却是个噩耗。迦太基方面借此打开了一条向汉尼拔提供支援的补给线。这是罗马绝不允许的。攻陷加普亚后，罗马终于有了机动人才。元老院马上派出克劳狄乌斯·尼禄带 1 万名士兵紧急赶往西班牙。

克劳狄乌斯·尼禄出身于罗马首屈一指的名门望族克劳狄乌斯家族。前面已经提过，克劳狄乌斯家族的男性因为个性张扬而不受民众喜爱。但是，他们个个都很出色。作为将领，他们在战场上大多喜欢速战速决。尤其是尼禄，曾经在勇敢善战的马尔凯鲁斯手下作战，积累了丰富的作战经验。

他来到罗马已经失去了几乎所有地盘的西班牙，未加休整就向汉尼拔的二弟哈斯德鲁鲍尔挑起了战争，却上当受骗让哈斯德鲁鲍尔成功溜掉了。哈斯德鲁鲍尔是汉尼拔的弟弟，在他看来，诈胜也是胜利，因此，当尼禄追击他的时候，他向尼禄提出了讲和。尼禄信以为真，一心一意等待第二天进行和谈。不料，天亮后，哈斯德鲁鲍尔和他的军队早已消失得无影无踪。这件事让罗马元老院对尼禄的能力产生了怀疑，认为他不具备担任西班牙战线总指挥官的能力。元老院甚至没有让克劳狄乌斯·尼禄在西班牙过冬，就把他召回了罗马。四年后，尼禄终于把欺骗过自己的对手打得体无完肤，为自己报仇雪耻。

罗马绝对不能放弃西班牙战线，为此，需要一名统帅担任该战线的总指挥。但此时罗马已经向汉尼拔发起了正式攻势。在这种情况下，罗马没有可以动用的将领派往其他战线。又因为战线远在西班牙，不方便随时更换总指挥，所以，这个人必须有可能长时间待在西班牙。当然，这位将领还必须具备过人的才能，率领经历过失败的士兵，扭转西班牙战局。把谁派到西班牙战线去呢？元老院为此绞尽了脑汁。

西庇阿登场

一个年纪不大的年轻人推开了元老院的大门。在年已 64 岁的费边和 59 岁的马尔凯鲁斯眼里，这位 24 岁的年轻人看上去像个未成年人。他叫普布利乌斯·科尔涅利乌斯·西庇阿。他主动请缨，要求担任西班牙战线的总指挥，代替战死在西班牙的父亲完成任务。

对这位年轻人的话，在场的元老院元老几乎没有人当真。从年轻人的经历来看，他只在一年前担任过按察官，参加过的战斗也只有提契诺战役和两年后的坎尼会战。提契诺战役是他参加的第一次战斗，那年他 17 岁，其父是总指挥。坎尼会战时，在他父亲的安排下，加入了埃米利乌斯·保卢斯的军团。最主要的是，他不是元老院元老，因为，不到 30 岁是没有资格加入元老院的。把一个战略单位的两个军团交给这样一个人担任总指挥，在共和政体下的罗马尚未有过先例。更何况这位年轻人曾经有过的一次做法，已经让费边这样忠实的共和政体主义者心怀疑虑。

那是两年前的冬天，按惯例，这是罗马选举的季节。按察官的资格年龄是 30 岁以上，西庇阿的哥哥路奇乌斯被提名为候选人。但是，路奇乌斯是平庸之人。他们的母亲很担心路奇乌斯不能当选，因此，天天去神殿祭拜诸神保佑。有一天，年轻的西庇阿对他的母亲说：

“母亲大人，如果我们兄弟二人都当选上按察官，会怎样？”

母亲知道兄弟二人中，有一人资格年龄不到。但她还是笑着回答：

“真要这样，我会喜极而泣。”

选举当天一早，西庇阿穿上无任何装饰的纯白托加长袍，趁母亲不注意，悄悄出门了。在罗马，穿着纯白无装饰的托加长袍，站在选举会场马尔斯广场的演讲坛上，意味着此人是候选人。选举没有竞选演说。

与哥哥路奇乌斯并排站在演讲坛上的这位年轻人，赢得了有公民权的人的一片欢呼声。甚至无须按百人一组进行讨论和投票，全场一致同意他当选按察官。他知道，自己和哥哥并排站在演讲坛上会非常醒目，一旦自己当选，哥哥也一定会当选。结果如他所料，本来岌岌可危的路奇乌斯也顺利当上了按察官。年轻的西庇阿并没有特别辉煌的功绩，但他深受公民的喜爱。

兼任选举委员长的护民官以未到资格年龄为由，对西庇阿的当选提出了异议。对此，这位当时22岁的年轻人回答道：

“全体公民同意我担任按察官，这就是说，我的年龄足以胜任这一职位。”

共和政体主义者很看重论资排辈，因此对他的这种做法自然是很看不惯。但是，由于绝大多数市民支持他，所以离资格年龄尚差7岁的按察官就这样产生了。

在共和政体下的罗马，按察官是级别最低的一个官职，对其的选拔睁一眼闭一眼也未尝不可。但是，现在需要的是能指挥一个由2个军团共2.5万名到3万名士兵组成的作战单位的统帅。这类职位一直都是由执政官或法务官担任的，这两个官职的资格年龄都在40岁以上。一年后，西庇阿担任指挥官时年仅25岁，与当选按察官时相比，这次差的可不是7岁，而是足足15岁。

第二年，即公元前210年，罗马决定在各个战场投入共计21个军团，需要11位指挥官，已经确定10人（都在40岁以上），只差西班牙战线的指挥官尚未定下来。元老院一时找不到条件符合、年龄又在40岁以上的将领来担当这一重任。

最后元老院决定让西庇阿试试。但是，元老院摆出来的姿态好像是不便拒绝年轻人为战死在西班牙的父亲和叔叔报仇的心愿。因为年轻人的父亲和叔叔是元老院元老们的同僚，所以，他们破例答应了这位年轻人的请求。其中还有一层意思，就是由他做代表去为战死在遥远西班牙的同胞送行。

就这样，元老院把西班牙战线交给了这位年仅25岁的年轻人。

为此，首先任命他为前法务官，尽管他从未担任过法务官。然后授予他两个军团的绝对指挥权。尽管如此，元老院并不放心把这一大权完全交给他一个人，因此，又派了一个和他资历相同的监督官一起前往西班牙。此人名叫尤里乌斯·西勒诺斯，既没有实战经验，年龄也不大。他的任务是，一旦这位年轻的指挥官犯错，马上取代他担任总指挥。

元老院的决定得到了公民的一致好评。对于一直苦于与汉尼拔周旋的罗马人来说，西庇阿的年轻、开朗和果断的行动力给了他们希望。

就这样，第二次布匿战争的舞台上又涌现出一位天才的将领。我想，如果亚历山大大帝最优秀的弟子是汉尼拔的话，那么，汉尼拔最优秀的弟子不正是这位西庇阿吗？亚历山大没有机会见识弟子的才能，过早离开了这个世界，这是他的幸运。与此相比，汉尼拔就没有那么幸运了。

第五章　第二次布匿战争中后期
（前210—前206）

在罗马人称之为“汉尼拔战争”的第二次布匿战争中，只要看这一年的两位执政官被派往哪里，就可以知道罗马的主要战场在哪里。“汉尼拔战争”爆发的第九年，也就是坎尼会战罗马军队完败的第六年，即公元前 210 年，当选该年度执政官的两个人中，马尔凯鲁斯被派往意大利南部的普利亚地区，拉埃维努斯被派往西西里。

普利亚地区是对阵汉尼拔的最前线。执政官马尔凯鲁斯的任务是避免与汉尼拔正面作战，在此前提下主动出击，以此削弱汉尼拔的战斗力，同时也是为收复普利亚地区的要塞塔兰托做准备。马尔凯鲁斯因其习惯采用主动出击的战法被誉为“意大利之剑”，他曾成功收复锡拉库萨。对于任命他负责这一任务，元老院没有任何异议。

拉埃维努斯已经连续四年坚守马其顿战线，他成功地在外交和军事两方面对马其顿实行了封锁。他当选执政官后被派往西西里，上一年度的执政官加尔巴接替他负责这个战场。因为锡拉库萨已经收复，所以西西里战场看似已经安定，但事实并非如此。

在西班牙，科尔涅利乌斯兄弟俩于上一年相继败于迦太基军，两位指挥官均阵亡。逃到埃布罗河以北的罗马军队，兵力减少到了三分之一。这就意味着，迦太基国内派到西班牙的援军，很有可能转而前往西西里，因此，执政官拉埃维努斯在西西里的任务就是整顿刚刚收复的锡拉库萨统治机构，在锡拉库萨以外的西西里全岛，防止可能出现的迦太基的进攻。只要罗马没有彻底控制西西里，就很难孤立汉尼拔。因为意大利南部与西西里只有狭窄的海峡相隔。罗马必须彻底断绝敌人的补给线。对于强敌，这一点显得尤为重要。

公元前210年之前的8年间，第二次布匿战争的主导权一直掌握在汉尼拔的手中。但是，到了这一年，战争主动权开始明显向罗马方面转移。迦太基的统治者并不懂得把握时机，他们在不知不觉中把战争的主动权转让给了罗马。罗马非常担心西西里战场，甚至派去执政官坐镇指挥。与此相比，迦太基却没有采取任何积极的行动。

公元前210年，罗马改用攻势。这时其投入的兵力合计21个军团，与上一年的25个军团相比，减少了4个军团。从理论上来说，由守变攻应该增加军队的规模才对。但是，由于加普亚和锡拉库萨已经收复，在这两地不再需要投入兵力，尤其是曾经需要投入6个军团包围加普亚，但是现在只要驻扎一个军团就已经足够，而且好处不仅于此。在随后的日子里，罗马虽然没有给各级指挥官放假，但是，只要一有机会，就一定让公民兵回家休整，因为，不这样做就无法带领公民兵进行长期的战争。

虽然罗马可以要求罗马公民兵一次又一次地服兵役，却不能如此要求罗马联盟各加盟国的士兵。这一年，西庇阿申请担任西班牙战线总指挥的请求获得了批准，但是，动身离开罗马外港奥斯提亚港的时间已是夏末。因为要征集1万名步兵和1 000名骑兵，这需要花费不短的时间。虽然这一年罗马对汉尼拔的作战由守变攻，但是，在组编军团的时候，元老院必须考虑各同盟城市的实际情况，因此他们依然不轻松。

在公元前210年的一年里，西西里战场没有出现任何异常状况。西班牙战场的形势尚不明朗。在这一年里，战斗最激烈的是意大利南部的战场——汉尼拔与马尔凯鲁斯的交锋。

这个战场的战斗始终是围绕塔兰托展开的。罗马投入了由执政官马尔凯鲁斯率领的两个军团和前执政官森图马卢斯率领的两个军团，共计四个军团。

森图马卢斯的军团首先与汉尼拔交手，可惜不是汉尼拔的对手。罗马军队被打得狼狈不堪，战斗力损失了五分之四，前执政官战死。

但是，年已六旬的“意大利之剑”马尔凯鲁斯不会在年仅37岁的迦太基猛将面前服输。

得知友军失利的消息后，马尔凯鲁斯一边派人前往罗马通报战况，同时把森图马卢斯军团的残兵编入自己的军团中，而后率领全军向汉尼拔追去。汉尼拔的军队已经转移。但是，为了不让罗马军队靠近塔兰托，他们没有走出萨莫奈人居住的山岳地带。在奈米斯托罗附近，马尔凯鲁斯终于追上了汉尼拔。

这里有一片开阔地，这在重峦叠嶂的当地非常难得。汉尼拔在开阔地尽头的山丘上布下阵地，马尔凯鲁斯追到这里后向他挑起了会战。

至此两人之间已进行了无数次战斗，但是，面对面作战是第一次。对汉尼拔来说，在坎尼会战以后，这也是第一次与罗马军队展开正面作战。

为了不重蹈坎尼会战失败的覆辙，马尔凯鲁斯没有把全部兵力都投入战斗，而是把全军分成两部分，在战斗中交替上阵。汉尼拔又用上了象群，这些象是迦太基避开罗马海军，成功从本国送来的。

然而效果适得其反。由于大象完全不听指挥，汉尼拔军无法淋漓尽致地发挥其精妙的战术，处于苦苦应战的局面。战斗从早晨一直持续到日落，很难说哪方获胜。

第二天一早，离开营地在开阔地布阵的罗马军队，没有见到迦太基军从营地出来。不得已，马尔凯鲁斯只得命令士兵首先火葬了前一天的阵亡者。

没有月色的这天深夜，汉尼拔和他的军队已经悄悄离开营地。由于营帐前的火把都亮着，所以罗马军队没有察觉敌军的营地已成空巢。当他们发觉异常时，已是在天亮之后。

马尔凯鲁斯继续追击汉尼拔，在韦诺萨附近追上了他。对罗马来说，韦诺萨是个重要的殖民地，阿庇亚大道经过此地。这里没有平地，大规模正面作战绝无可能。但是，两军之间的战斗还是打响了。战斗结果是罗马占了上风。当天夜里，汉尼拔又离开了营地。马尔凯鲁斯依然继续追击。

就这样，夏天过去了，秋天也过去了。在首都罗马迎来了冬季选举第二年度要职的公民大会。公民大会必须由至少一位执政官主持，通常回国主持工作的是距离首都较近的执政官。但是这一年，尽管与远在西西里的拉埃维努斯相比，马尔凯鲁斯距离罗马近许多，回国的却是拉埃维努斯。因为，马尔凯鲁斯早就传话过来，说自己无法抽身。

公民大会选出了第二年度即公元前 209 年度的执政官，他们是老费边和弗拉库斯。马尔凯鲁斯以前执政官的身份继续负责对汉尼拔的战场。在组编下一年派往各个战场的军团时，罗马遇到了从未遇到过的难题。

150 多个罗马联盟的同盟城市及同盟殖民地中，有 12 个地方传来消息说，已无力提供兵员。

第二次布匿战争爆发后已经过去了 9 年，汉尼拔却仍在意大利境内，而且，公元前 210 年这一年，罗马方面没有取得实质性的战果。也许各同盟城市的负担已到极限，但是，元老院并未因此草草做出决定。与上一年一样，最终依然组编出了 21 个军团。之所以能做到这一点，是因为拒绝提供兵员的同盟城市一成不到。

虽然罗马向汉尼拔发起正式攻势后并非所有方面都顺利，但是至少在西班牙，一位完全不同于其前任的年轻指挥官登场了，并开始施展他的军事才能。

在以前的作品中，我曾经写到过要成为一位成功的领袖，最重要的条件在于能够在其周围营造出轻松的气氛，意大利语叫“SERENO”，“晴朗”之意。普布利乌斯·科尔涅利乌斯·西庇阿从年轻时候起就具备这样的天分。

西庇阿在讲坛上一站，就能吸引人们不自觉地把票投给他。在后来变成秃头前，西庇阿还是个美男子。还有，他出身于在科尔涅利乌斯这一罗马首屈一指的贵族世家。在罗马，科尔涅利乌斯家族超过瓦莱利乌斯、克劳狄乌斯、埃米利乌斯和费边家族，在担任罗马执政官等重要官职的人数上排名第一。

这位出身于名门又有能力的美男子，非常清楚自己在公民心目中的地位。他的这份自信得益于他天生的亲和力——从不会引起人们的反感。大家都很愿意接纳他。

面对众人时，他魅力四射；面对一个人时，他同样充满魅力。沿海路从奥斯提亚到西班牙东岸的恩波利亚的途中，他已经彻底征服了同行的监督官尤里乌斯·西勒诺斯。

西勒诺斯前往西班牙，享有和西庇阿同等的权威和权力。西庇阿太年轻，不足以让元老院信任，所以才派了监督官与他同行。但是，这样做的结果只会妨碍西庇阿做出决策。拿破仑曾经说过，两位优秀的指挥官在一起比不上一个平庸的指挥官。只有西庇阿的父亲和他的叔叔能够做到相互配合，推进战事。

25 岁的西庇阿请求年长他很多的西勒诺斯负责守卫埃布罗河以北的塔拉戈纳营地，自己负责与埃布罗河以南的迦太基军展开战斗。西勒诺斯答应了，不仅如此，他始终坚持对西庇阿的承诺。这是他的聪明之处。当然，年轻的西庇阿以后的种种表现，也无须这位监督官出马。

西庇阿在恩波利亚下了船，来到罗马军队在塔拉戈纳的营地。迎接他的是历经了 8 年的艰苦战斗幸存下来的士兵，他们失去了曾经是他们指挥官的、西庇阿的父亲和叔叔。

这位 25 岁的年轻统帅做的第一件事是要消除士兵的失败阴影。他把他们召集起来说，昨天的事情已经过去，一切从明天开始。他还说，虽然自己年龄不大，但是，海神波塞冬在保佑自己。他甚至让大家相信，自己真正的父亲不是战死在西班牙的科尔涅利乌斯，而是海神波塞冬。这不免让人想起亚历山大大帝。当他从埃及祭司那里听到自己的父亲不是马其顿国王，而是长生不老之人，即诸神中的一人时，虽然惊讶却深信不疑。那些军事奇才为了笼住部下士兵的心，经常会谎称自己的母亲与诸神中的一个发生了恋情。笃信诸神的罗马士兵听了这番话以后，开始觉得自己一方一定能获胜。

接着，这位年轻的统帅开始搜集包括来自友邦马赛在内的所有地方的情报。对他来说，西班牙还是个未知的地方。地形、气候、原住民部族的分布情况、迦太基军队所在的位置、兵力等等，他需要了解的东西很多。公元前 210 年至前 209 年的冬季自然休战期，西庇阿都在搜集和分析情报，并以此为依据，制订作战计划。

他知道了敌人还是分三支军队行动，这与自己的父亲、叔叔战败时的情形一样，没有变化。其中一支军队由汉尼拔的二弟哈斯德鲁鲍尔率领，一支由汉尼拔的小弟马可尼率领，另一支则由吉斯戈率领。每支军队的兵力都在 2.5 万人上下，合计超过 7 万人。此外，迦太基军队还有象队。

西庇阿率领的罗马军队中有他自己从意大利带来的 1.1 万人和上一年克劳狄乌斯·尼禄被紧急派往西班牙时带来的 1 万人，加上不成完整建制的 7 000 人，共计 2.8 万人。若与迦太基的一支军队作战，双方可谓势均力敌。但是，一旦迦太基方三支军队合而为一，那么罗马军队一定会寡不敌众。

迦太基的三支军队分别在相隔很远的地方越冬：一支在西班牙中部，距离迦太基军在西班牙的根据地卡塔赫纳有 10 天的行程；一支在西班牙南部直布罗陀海峡附近；另一支在现属于葡萄牙的塔沟的河口附近。三支军队彼此之间的距离都需要 10 天的行程。这就是汉尼拔在西班牙大本营的迦太基军队的状况。西庇阿接受的任务就是在这种形势下率领退回埃布罗河以北的罗马军队扭转被动的战局。

公元前 209 年，西庇阿在西班牙开始了行动。此时尚未到执政官费边和弗尔维乌斯二人始于 3 月 15 日的任期日。

西庇阿把防守根据地塔拉戈纳以及周边的任务交给西勒诺斯后，率领全体士兵向南渡过了埃布罗河。他的好友兼副将雷利乌斯率领满载士兵的 30 艘战船同时南下。清楚这次行动目标的只有西庇阿、雷利乌斯和西勒诺斯三个人。要想欺骗敌人，首先必须瞒过自己人。

从塔拉戈纳到卡塔赫纳通常需要 20 天时间。但是，经过一番急行军，西庇阿于 7 天后到达了卡塔赫纳的城墙前。直到此时，士兵们才弄明白总指挥官的意图。

迦太基的三支军队早已知道西庇阿到了西班牙，只是他们没有料

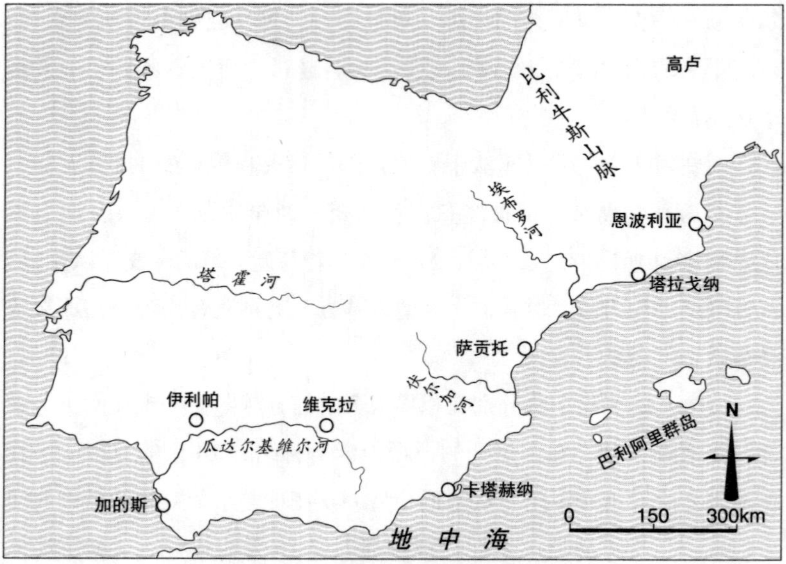

第二次布匿战争时期的西班牙

到西庇阿的行动如此之快，更没有料到他的第一个目标竟是自己的根据地。

迦太基的一支军队距离卡塔赫纳只有10天的行程。未满26岁的西庇阿是否能够成功实现他的战略意图，要取决于他的行动是否足够迅速。

当时的卡塔赫纳被称作“新迦太基”，它是汉尼拔的父亲哈米尔卡死后由其女婿哈斯德鲁鲍尔于公元前228年作为迦太基殖民地西班牙的首都建起来的。这座海港城市有效利用了周围达4公里的海角。西、南两侧面海，北侧是一个海湾，只有东侧与陆地相连。在西班牙开采的矿产及农耕作物都先集中到卡塔赫纳，而后从海路运往迦太基国内。这里同时也是汉尼拔一家越冬的地方。在城墙环绕的海角一端，有一座极尽奢华的城堡，令其周围其他景象黯然失色。汉尼拔从 19 岁开始直到进攻意大利，在这座城堡内度过了 10 年的时光。对汉尼拔一家来说，他们的家就在这里，而不是迦太基国内。卡塔赫纳由 4 000 名士兵防守。只留下 4 000 名士兵防守是因为这里三面临海，曾经在战斗中一直占优势的科尔涅利乌斯兄弟俩都未敢尝试攻打卡塔赫纳。

结束了一天的行军后，按规定，罗马士兵首先要做的事情是依照规矩搭建营地。这是众所周知的。因此，当卡塔赫纳守军看到敌军突然出现在城下，虽然很惊慌，但由于此时已日近黄昏，而略感心安。因为他们认为罗马军队一定会首先搭建营地。然而，他们想错了。

西庇阿一到卡塔赫纳所在的海角入口，未给全军休息的时间，马上就在海角东面，与城墙平行布下了一个长方形阵地，然后才开始搭建营地。此时，率领战船北上的雷利乌斯也已经完成对卡塔赫纳西、南两侧的海上封锁。只剩下位于海角北面尚无罗马军队出现。这里是一个海湾，非常开阔。城内的守兵认为自己无法从这里逃走，敌人也不可能从这里攻过来。但是，西庇阿不这样想。

第二天一早，在海角的东面，常规的攻防战开始了。防守的迦太基方面认为罗马军队只能从这个方向攻过来。因此，把所有战斗力都投入了东面的防御阵地上。隔着城墙的攻防战未决出胜负，下午战斗继续进行。

就在卡塔赫纳东侧的战斗展开之际，指挥官西庇阿亲自率领着 2 000 名事先挑选出来的士兵，神不知鬼不觉地绕到了海角的北面。

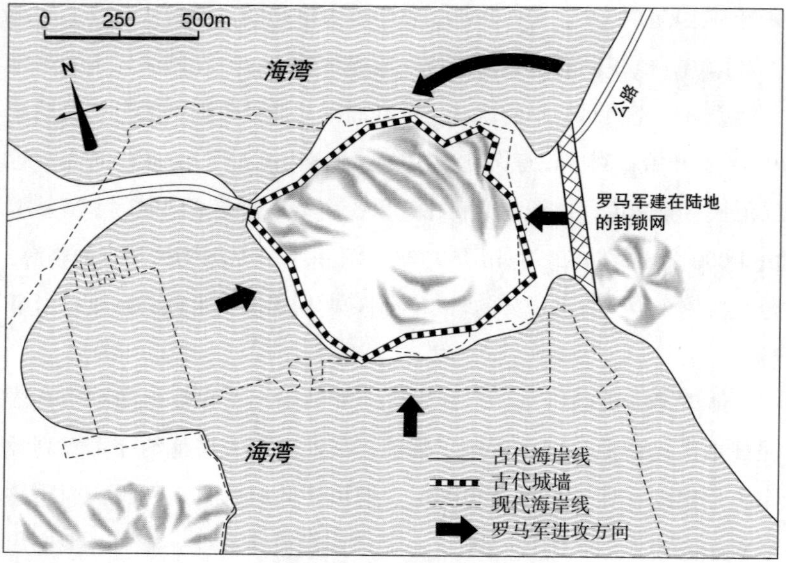

卡塔赫纳（新迦太基）

（选自Liddell Hart, *Scipio Africanus: Greater Than Napoleon*）

直到海湾出现在眼前，这位年轻的统帅才向士兵说明了自己的作战意图——穿过这个海湾，翻过北面防守薄弱的城墙，进入卡塔赫纳。

西庇阿对士兵说，昨晚海神波塞冬站在自己的床头，告诉自己如何通过眼前的海湾，因此，就让我们按神的指示去做吧。实际上，这个战术是他经过周密调查之后制定的。

这位26岁的年轻指挥官从搜集到的情报中获悉涨满卡塔赫纳北侧海湾的海水，因所处位置特殊，与潮水涨落无关，但与风向有关，不同的风向会引起海湾内的海水深度发生变化。风向合适，涉过海湾也完全可能。这天下午，海湾内的海水极浅，只有20厘米左右。

奇袭获得了成功。防守的迦太基士兵没有料到罗马军队会从海湾方向攻过来，彻底溃败下来。东面城墙也很快被攻破。看到蜂拥而入的罗马军队，困守在山丘上城堡内的守军忘记了战斗，只好投降。

仅一天时间西庇阿就攻克了敌人的根据地——卡塔赫纳，这座联结迦太基国内的要塞城市。这是一场非常典型的闪电战，迦太基的三支军队根本来不及赶来增援。

通过这场战斗的胜利，这位年轻人使罗马完全恢复了两年前因其父亲和叔叔失败而失去的在西班牙的势力。虽然攻占敌人根据地很难，但是要保持这一成果更是难上加难。迦太基在西班牙的三支军队还在，这位是年26岁的罗马统帅不能有一点点闪失。

来到西班牙，通过搜集情报，西庇阿知道了在西班牙的迦太基人和原住民之间的关系，他们不是采用高压手段，就是用金币争取合作。当然，汉尼拔在的时候，没有这样做过。他是迦太基人，又不是迦太基人。与亚历山大一样，既是希腊人，又不是普通的希腊人。但是，包括汉尼拔的两个弟弟在内，其余的迦太基人只是迦太基人。

西庇阿决定一改迦太基人的做法，对原住民采用怀柔政策。这也符合他的性格。

卡塔赫纳沦陷后，根据古代攻城战的惯例，人和财产都归胜利者所有。西庇阿下令居民交出所有财产，把物品分给罗马军队的士兵。这个城市是迦太基军队在西班牙的武器库和金库，包括600塔兰特金币在内的所有这些东西，全部归罗马国有，将来可以用作军费。

西庇阿还把投降的守军和全体居民集中起来分成三组，分别是男人组、匠人组和妇女儿童组。妇女儿童当即可以回家，无须赎金，也不必为奴。他的这一处置赢得了人们的感激。

他从男人组中只挑选年龄合适、体格健壮的人，要求他们作为罗马战船的划桨手，服务于罗马军队。同时，他向他们承诺把迦太基军赶出西班牙的那一天，他们就可以回家。老年人当时就可以回家。

匠人组据说有 2 000 人之多。西庇阿要求他们作为罗马军队的工兵，为罗马军服务。当然，在西班牙的战争结束后，他们也将从这项工作中解放出来。作为俘虏，被送往罗马的只有城内迦太基人中的有权有势者。

迦太基军队为了确保在当地雇用的西班牙原住民部族的忠诚，在卡塔赫纳扣押了约 300 名人质。他们中的大多数人是酋长的儿子或女儿。西庇阿一个个抚摸着这些孩子的脑袋，让他们给自己的父母写信，请求父母和罗马建立同盟关系。他还说，自己一定会送他们回到各自的父母身边。人质中还有不少酋长的母亲，西庇阿从战利品中挑选了一些金银首饰送给她们。

城里有一位年轻姑娘，长得很漂亮，非常引人注目。城里的长老们感谢西庇阿的仁厚，尽管这个姑娘已有婚约，还是要把她送给西庇阿。对此，这位 26 岁的胜利者微笑着说：

“作为个人，再也没有比这更令我高兴的礼物了。但是作为战争期间的指挥官，没有比这更令我感到为难的礼物了。”

他让这位姑娘回到了未婚夫的身边，为此，大家感激不尽。如果西庇阿年已古稀，说这番话另当别论，可他恰逢盛年，只有二十几岁，因此，此事造成了广泛的影响。在卡塔赫纳，罗马士兵甚至不带武器，一个人走在街上也绝对安全。

副将雷利乌斯带着捷报从海上回到了罗马，留下西庇阿继续在卡塔赫纳。他不允许士兵在胜利后胡作非为。因为，没有人知道迦太基的三支军队几时会打过来。出乎意料的是，这一年迦太基的三支军队没有采取任何行动。在迦太基，甚至可以将在战斗中失利的指挥官处以死刑，这让指挥官们做事非常谨慎，甚至时有消极。当然，根据地在一天的时间内沦陷，这对他们的打击大概也不小吧。西庇阿时刻关注着迦太基三支军队的动向，同时，在占领的城市里，对海陆军士兵进行他特有的训练。

加上缴获的船，罗马海军的战船由最初的30艘增加到了53艘，划桨手中意大利人和西班牙人各占一半。对他们的训练就在卡塔赫纳海面上进行。西班牙人非常配合。

在陆地上，西庇阿根据自己制订的计划表，按部就班地训练陆军。

第一天，陆军士兵全副武装，跑步6公里。罗马军队有规定，行军时要携带10天的粮食，加上武器，每个人负重达10公斤以上。

第二天，清理和保养武器装备。擦洗干净武器上的脏污，顺便把身体也洗干净。

第三天，休息。士兵的行动不受限制。

第四天，用皮带包住剑刃后，用剑或投枪进行肉搏战训练，并练习使用投枪。

第五天，按计划表从头来过。总之，西庇阿在胜利后，不给士兵们一醉方休的时间。

与此同时，西庇阿热衷于武器的改良，他把工匠分成若干小组，每30人一组，用所谓的流水线作业，制造兵器装备。整座卡塔赫纳城似乎成了一个大型兵工厂。

就在这个时期，西庇阿引进了西班牙原住民使用的双刃短剑，取代之前罗马重装步兵的主要武器单刃长剑。很久以后，这种剑还被叫作“西班牙剑”，后来成了罗马重装步兵的正式用剑。

从西班牙剑中可以看出，西庇阿改良兵器装备，追求的是更加轻便，在混战中更具攻击性。对西庇阿来说，在数量上，敌人的三支军队已经占了绝对的优势。要与他们交锋，无论是行军还是在战斗，都有赖于每个个体士兵的快速进攻。

夏季过去了，西庇阿在卡塔赫纳留下守军后率领全军，带着人质，渡过埃布罗河，回到了塔拉戈纳。他要在这里为第二年与迦太基三支军队之间必定会发生的战斗做好准备。

历史学家李维有过担任阿卡亚同盟军骑兵团团长的经历，很清楚军事方面的事情。他是这样评价西庇阿的：

"他对所作所为都有完美的理论总结。"

攻陷卡塔赫纳的消息使全罗马沉浸在一片欢腾之中。汉尼拔没有及时获知这一消息，因为此时的汉尼拔正苦于与罗马的三支军队周旋。

罗马的第一支军队由该年度的执政官、攻陷加普亚的功臣弗拉库斯担任指挥。战场是在卡拉布里亚地区，位于长筒靴的指甲盖到脚尖。这里完全在汉尼拔的控制之下。弗拉库斯的任务是在卡拉布里亚地区袭扰并牵制仅有一支军队的汉尼拔军队。

第二支军队由另一位当选该年度执政官的费边率领。作为年已六旬的拖延战倡导者，他的任务是见缝插针地攻打塔兰托。坎尼会战后倒向汉尼拔的意大利南部三个主要城邦中，罗马已经收复了加普亚和锡拉库萨，并希望在这一年把塔兰托也收回来。从汉尼拔手中夺回塔兰托，关系到把汉尼拔从普利亚全境赶出去。

前执政官马尔凯鲁斯统率第三支军队，任务和上一年一样，紧紧缠住汉尼拔，为费边率领的两个军团攻打塔兰托争取时间。马尔凯鲁斯的两个军团打的是游击战。总指挥官未换，士兵也和上一年是同一批人。因为他们需要协调一致的行动。

公元前 209 年，随着春天的来临，汉尼拔离开冬营地卡拉布里亚地区，开始北上。他知道这一年罗马军队的目标是攻占塔兰托。接到汉尼拔和他的军队离开卡拉布里亚的消息后，弗拉库斯马上率领两个军团攻入卡拉布里亚地区。因为他们知道，在意大利的迦太基军队中，可怕的只有汉尼拔一个人。汉尼拔当然担心自己的根据地卡拉布里亚，但是，塔兰托更令他不安，因此，他不能回头。汉尼拔要率军前去增援塔兰托，但是，马尔凯鲁斯的两个军团挡住了他的去路。

与上一年的情形如出一辙，汉尼拔和马尔凯鲁斯之间再次开始了你追我赶的战斗。马尔凯鲁斯的营帐外始终飘扬着红色短衣，这标志着战斗开始。这位 61 岁的“意大利之剑”执着地纠缠着 38 岁的迦太基对手，执着地向他挑起战斗。

两人之间的战斗结果是，汉尼拔以 3∶2 占上风。但是，汉尼拔始终无法从战斗中摆脱出来。即使罗马方面在战斗中死伤人数达数千人，第二天早上起来一看，马尔凯鲁斯的营帐外红色短衣还在迎风飘扬。见此情形，汉尼拔不禁仰天长叹：

> 啊，上帝。我真不知道该怎么对付那个家伙了。他好像毫不在意胜负的结果，赢了会继续追击，输了就好像没输似的，还会穷追不舍。
>
> 难道我永远也摆脱不掉这个罗马军队中唯一有血性的家伙吗？难道我只能和他进行无谓的战斗吗？他输了不服输，赢了更来劲，难道只是为了寻求战斗的刺激，却不在乎胜负吗？

一天早晨，在马尔凯鲁斯的紧逼之下，汉尼拔不得不迎战。他站在全军将士面前讲话，先是列数了取得的一次次胜利，鼓舞士兵的士气。最后又加了这样一段话，他说：

敌人还在紧追我们。每天早上我们都会看到罗马军队已经摆好的阵势，就像我们看到太阳一定会升起来一样准确。要阻止这个麻烦的家伙继续追击，只有一个办法——那就是给他们狠狠的打击，让他们想追也追不了。

也许士兵与统帅深有同感，这一天，汉尼拔军队的战斗攻势异常凌厉。而马尔凯鲁斯把全军分为两部分交替作战的战术，在这一天没有发挥出很好的效果，因此，经过两个小时的激战之后，汉尼拔的士兵趁罗马军队交替时出现的混乱，向罗马士兵发起了更加猛烈的进攻。罗马士兵一时乱了阵脚。大敌当前很少临阵脱逃的罗马士兵，一哄而散。阵亡者中罗马公民兵达 1 400 人，加上来自同盟城市的士兵 1 300 人，共计有 2 700 人，其中包括 2 名将官和 4 名百夫长。被敌人夺取的队旗达 6 面。

马尔凯鲁斯站在逃回营地的士兵面前，说道：

让我们向诸神祈祷，在今天的失败之后为我们带来胜利吧！但是，必须指出，今天的失败，责任在你们，你们因为恐惧而溃逃。如果敌人继续追击，你们是不是还打算丢弃这个营地而逃走？

你们今天的表现算什么！惊慌失措又是怎么回事！今天的敌人就是去年夏天你们一次次追击的敌人。他们并没有变。难道你们忘了，你们曾经不分昼夜不停地追击，又在战斗中一次次地打败了他们吗？可是今天，又是怎样一番景象。让你们懂得羞耻，这过分吗？我从去年一直带着你们，怎么也没有想到要对着和去年同样的士兵说这样的话。你们身体没变，手中的武器没变，精神上难道已经变成另一个人了吗？

这十年来，被汉尼拔杀死的罗马士兵的尸体足以堆积成山，他为此而自豪。尽管如此，罗马士兵从来没有在他面前仓皇而逃过。然而今天，你们让汉尼拔再次引以为傲，是你们成全了他第一次让罗马军队溃不成军。

士兵们垂头丧气地听着他训话。这时有人说话了：

前执政官，今天的事情我们无话可说，您就看我们明天的表现吧。

听罢此话，马尔凯鲁斯说：

那么，我再给你们一次机会。明天一早我就送你们上战场。是当胜利者还是失败者，全看你们了。

接着，马尔凯鲁斯宣布了处罚决定。被敌人夺走队旗的小队不能吃小麦做的饭，只能吃大麦做的。大麦是喂马的饲料。这些队的百夫长第二天不得携带挂剑的皮带。这意味着在战斗中他要一直手持出鞘的剑。惩罚的内容只有这些而已。

最后，马尔凯鲁斯说，明天早上大家要吃饱饭，在今天战败的消息传到首都之前，希望明天胜利的消息早一步送到罗马。

在第二天的战斗中，罗马士兵从一开始就展开了猛烈的攻势。激烈的战斗持续了整整一天。日落时分，战斗结束。汉尼拔军队战死者8 000人，与此相对，罗马军的战死者在3 000人以内。但是，罗马军队中伤者很多，以致无力追赶趁着夜色悄悄离开营地的汉尼拔。

马尔凯鲁斯的执着和士兵的牺牲没有白费。就这样，马尔凯鲁斯用牛皮糖战术阻止汉尼拔前进的时候，费边的两个军团成功攻取了塔兰托。当汉尼拔最终甩掉马尔凯鲁斯赶到塔兰托的时候，那里已经沦陷。

至此，罗马收复了倒向汉尼拔的意大利南部三大城邦。由于塔兰托的沦陷，汉尼拔失去了在普利亚地区的立足之地，被赶进了长筒靴的前端。

由于未能及时提供援助，汉尼拔不得不接受塔兰托沦陷的事实。现在唯一还在他手中的地方就是卡拉布里亚。他去了那里。然而，在那里等候他的却是卡塔赫纳沦陷的消息。那是迦太基军在西班牙的根据地，也是汉尼拔度过青春岁月的地方。攻陷了卡塔赫纳的是比他小12岁的罗马将军西庇阿，并且仅仅用一天的时间。在此之前，汉尼拔面对的罗马指挥官都比他年长。没有史料记载汉尼拔是以怎样的心情接受这个消息的。

发生在公元前209年的收复塔兰托和攻陷卡塔赫纳这两大战果，不是单纯的军事成果，它们对阻止罗马联盟各加盟城市拒绝提供兵员的多米诺效应，起到了很大的抑制作用，同时也意味着汉尼拔期待罗马联盟解体的战略基本上已经宣告失败。公元前208年，所有战场的情况与上一年一样，罗马又投入了21个军团。

当选这一年执政官的是“意大利之剑”马尔凯鲁斯、克里斯皮努斯，加上法务官克莱米奈斯，三位指挥官指挥共计6个军团将与汉尼拔对阵。目标是在这一年内把汉尼拔赶出“长筒靴的指甲盖”，逼他到“长筒靴的脚尖”。

当然，作为杰出的战术家，已经39岁的汉尼拔不会坐等罗马军队来驱赶自己，他要给罗马决定性的一击，以挽回被动的局面。不等春季到来，他就开始了行动。

在最前线越冬后刚回到首都不过数日的马尔凯鲁斯挡在了北上的汉尼拔军队前面。得知自己当选执政官的消息时，他还在冬营地韦诺萨。

马尔凯鲁斯和汉尼拔之间再一次展开了追逐战，重现追追打打的景象。但是，对汉尼拔来说，这一年他不能允许毫无结果的状况再现。

整整两年时间，在对付马尔凯鲁斯的追击战中，汉尼拔军伤亡不断。他的兵力明显减少，又得不到来自本国的增援，因此，汉尼拔考虑如何避开与马尔凯鲁斯的正面交战，用其他方法取胜。

与此同时，马尔凯鲁斯也很迷惘，他不知道今后是否应该继续这样追击下去。这位真正的、斗士中的斗士是年已经62岁。按理说，年龄的增长与谨慎是成正比的，却并非人人如此。费边的谨慎来自他的性格，而马尔凯鲁斯的个性是果敢而不是谨慎。公元前208年，马尔凯鲁斯已经相当不耐烦了。

公元前209年末的公民大会上，马尔凯鲁斯成了饱受公民争议的对象，作为指挥官，两年来，虽然不断追击汉尼拔，却始终未能取得实质性的进展，这使他备受质疑。虽然元老院力挺他，但是这位62岁的斗士性格固执，他无法忍受公民的谴责，特意赶回首都，就是为了在公民大会上向公民解释要速战速决地完成与汉尼拔之间的战斗有多么困难。

公民接受了他的解释——不但接受了解释，而且选他担任下一年度的执政官，把下一年，即公元前 208 年，对汉尼拔作战战场的指挥权也交给了他。虽然与汉尼拔的出发点不同，但是马尔凯鲁斯也希望尽早结束战斗，取得胜利。

实际情况未能如两位指挥官所愿。公元前 208 年上半年，意大利战场依旧在汉尼拔和马尔凯鲁斯之间僵持着。正因如此，他们两人各自心中想结束胶着状态的意愿都变得越来越强烈。

执政官马尔凯鲁斯请求另一位指挥官克里斯皮努斯北上会合，共同与汉尼拔决战。此时，克里斯皮努斯正在攻打汉尼拔的根据地卡拉布里亚地区，他率领属下的两个军团赶来了。两位罗马执政官会合后向汉尼拔发出了决战书。

然而，原本一直希望进行决战的汉尼拔却没有应战。罗马军队于是向前步步紧逼，继续挑衅汉尼拔。汉尼拔始终不做回应。

两军阵营中间有一座小山丘，周围是一片森林。此时，这座小山丘还不属于两军中的任何一方，汉尼拔决定利用这座小山丘，他让 300 名努米底亚骑兵乘着夜色靠近小山丘，在环绕小山丘的森林中隐蔽起来。

罗马军队也发现了这座小山丘。为了了解占领这座小山丘是否有价值，他们决定派侦察队前去侦察。两位执政官都坚信决战一定会发生，因此，他们认为有必要同时侦察周边整个区域的地形。于是，他们亲自出马，与侦察队的 220 名骑兵同行。由于是为决战做侦察，所以，同时叫上了同盟城市军队的两名最高指挥官一同前往。

马尔凯鲁斯离开营地前叫来副将克劳狄乌斯·尼禄，要求他随时做好准备，一旦得到消息，马上出兵占领小山丘。应该说，几乎出动了所有最高指挥官前去进行侦察，且只带了220名骑兵，这种做法实在过于轻率。

就在他们登上小山丘进行观察分析的时候，努米底亚的300名骑兵把他们团团围住了。罗马方面的220名骑兵中有一半是伊特鲁里亚骑兵，他们最先溃败。整个激战并未持续很久。

马尔凯鲁斯被敌人的投枪刺透胸部受伤，从马上掉下来后死了，保护执政官的12名随扈全部阵亡。同盟城市的两位指挥官战死。另一位执政官克里斯皮努斯身负重伤，马尔凯鲁斯的儿子也负了伤，他们两人一起侥幸逃脱。跟随他们的仅剩下20名骑兵。

汉尼拔早就预料到敌人会进入他的圈套，但是，他无论如何也没想到对方的执政官会在其中，并且，这个人不是别人，正是马尔凯鲁斯。汉尼拔难以置信，他叫手下把马尔凯鲁斯的尸体抬了回来。

39岁的迦太基将军久久伫立在62岁的罗马将军尸体前。他从尸体的手指上取下金戒指，上面刻着眼前这个男人的侧脸，还有他的名字——马尔库斯·克劳狄乌斯·马尔凯鲁斯。毫无疑问，他就是马尔凯鲁斯本人，无论自己是退却时还是进攻时，汉尼拔想，他就是始终缠着自己不放的“意大利之剑”。

马尔凯鲁斯身材高挑，全身没有多余的赘肉。他躺在执政官大红色的长披风上，身上还带着简陋的装备。过了许久，汉尼拔按照罗马的方式，郑重其事地火葬了这位敌帅，并用黄金小盒子装上骨灰，让部下给马尔凯鲁斯的儿子送去。

途中，对黄金小盒子产生了非分之想的士兵之间发生了争执。结果骨灰盒掉到地上，摔开了盒子盖。骨灰撒了出来，正赶上一阵风，骨灰被吹散了。汉尼拔知道后只说了一句：“不能埋进坟墓也是他的命。”

现在的韦诺萨城里还有马尔凯鲁斯的墓地。墓地略显古色苍然，墓碑上的文字不是古代的拉丁文，而是现代的意大利文。所谓历史遗迹，好像大多如此。

令汉尼拔头痛不已的人终于死了。但是这一年，汉尼拔依然未能取得更多的战果。因为，克里斯皮努斯虽然身负重伤，却没有忘记履行执政官的职责。

马尔凯鲁斯的死使他手下的士兵深受打击，他们就好像自己的父亲去世了一样，所以，克里斯皮努斯做的第一件事情是让这些士兵重新振作起来。他把这个任务交给了马尔凯鲁斯的副将尼禄。

克里斯皮努斯做的第二件事情是，因为马尔凯鲁斯的戒指落入了汉尼拔之手，所以他不敢懈怠此事。因为在罗马，戒指就是个人权力的印章。

他以执政官克里斯皮努斯的名义，紧急通告罗马所有同盟国，直至每个角落。通报马尔凯鲁斯阵亡的同时提醒大家，以马尔凯鲁斯的名义发布的任何命令都是敌人的圈套。因为行动迅速及时，普利亚地区的城市、乡镇及村庄没有一个中汉尼拔的计。事实上，汉尼拔确实送过盖有马尔凯鲁斯“印章”的文书，试图不战而取得这些城市。

尽管罗马军队失去了马尔凯鲁斯，但是，他们知道汉尼拔的目标是夺取塔兰托。执政官克里斯皮努斯决定放弃追击汉尼拔，把自己属下的两个军团和失去指挥官的两个军团全部投入保卫塔兰托上。这一决定非常英明，迫使汉尼拔到了塔兰托后不得不放弃强攻，率军折回卡拉布里亚去了。在塔兰托，克里斯皮努斯最终没有熬过重伤而亡。

这一年，两位执政官都死在与汉尼拔的战斗中，为此，罗马不得不提前进行次年度执政官的选举。

也在这一年，西班牙战场险象环生。在这个战场上，西庇阿于上一年攻占了迦太基军的根据地卡塔赫纳。迦太基军队发誓要报仇雪耻，罗马军队立志乘胜追击，两军都在磨刀霍霍。

第五次战役：维克拉战役

公元前 208 年，随着春季的到来，西庇阿开始行动了。他命令全军沿海陆两路离开根据地塔拉戈纳，渡过埃布罗河南下，进入卡塔赫纳。在这里，他遣散了被征用的卡塔赫纳划桨手和做兵器的工匠，早于约定的时间让他们回家，因为西庇阿分不出更多的士兵来守卫卡塔赫纳，他把保卫这座城市的任务交给了当地居民。这些当地居民对罗马已经产生了强烈的亲近感。西庇阿认为，用人不疑才会取得最大的效果。

这一年，西庇阿虽然无法把手中的兵力分成两路，但采用了两线作战的策略。毕竟敌军有三支军队，共 7.5 万人之多。

副将雷利乌斯从罗马回来后成为他的左膀右臂，继续负责海军方面的军事行动。西庇阿给他的任务是，率领战船绕到伊比利亚半岛南侧，牢牢困住汉尼拔的在加的斯附近的小弟马可尼的军队。西庇阿自己则率领全体陆军深入内陆，对手是汉尼拔的二弟哈斯德鲁鲍尔。

哈斯德鲁鲍尔就在距离卡塔赫纳 10 日行程的维克拉。他在那里坚守，是因为他打算和弟弟马可尼军会合后与西庇阿一决雌雄。他所处的位置背靠维克拉城，前面有一条河流过，非常适合与正面之敌交战。营地建在离维克拉城不算太远的一座小山丘上。无论敌人从哪个方向打来，这个位置都很有利。他一心一意地等着弟弟马可尼军到来，等来的却是在这一年依然准备采用速战速决战术的西庇阿。

西庇阿到后，只看了一眼建在河对岸坚固的敌方营地，就立刻知道自己在地势上非常不利。但是，他必须在敌人会合前决出胜负。从兵力上来看，哈斯德鲁鲍尔的军队与他率领的罗马军队不相上下。但是，迦太基军队有一些有利因素是罗马军队不具备的。除了相当于现代战车的大象，他们还有优秀的骑兵。

尽管所处的地势条件不利，兵力也略显劣势，西庇阿却不能不与对方放手一搏。不清楚是有意还是无意，他沿用了亚历山大大帝、同时也是汉尼拔的战术。这时他的副将雷利乌斯把困守马可尼军队的任务交给自己部下后也赶来了。西庇阿若要有效地发挥自己的战术，一个心领神会的搭档必不可少。

哈斯德鲁鲍尔从未怀疑过马可尼军队的到来，他希望尽可能拖延会战的时间，但是这样一来，他的行动大大地滞后了，西庇阿得到了战役的主动权。

27 岁的罗马军队总指挥官命令全体轻装步兵和受感召而自愿加入罗马军队的西班牙部族士兵首先过河，向在开阔地完成布阵的敌军前卫发起进攻。这是诱饵，目的是引诱敌军主力出阵。哈斯德鲁鲍尔上钩了。但是，西庇阿没有给敌军主力在开阔地展开部署的时间。

正在河这边待命的全体重装步兵和骑兵，潮涌似的开始过河。西庇阿指挥右翼，雷利乌斯负责左翼。两支军队绕到了仍在整理阵型的敌军主力侧面。军队尚未完成布阵时指令是无法顺利传达的。同时受到前方、右侧和左侧三方的进攻，迦太基士兵顿时乱作一团，彻底崩

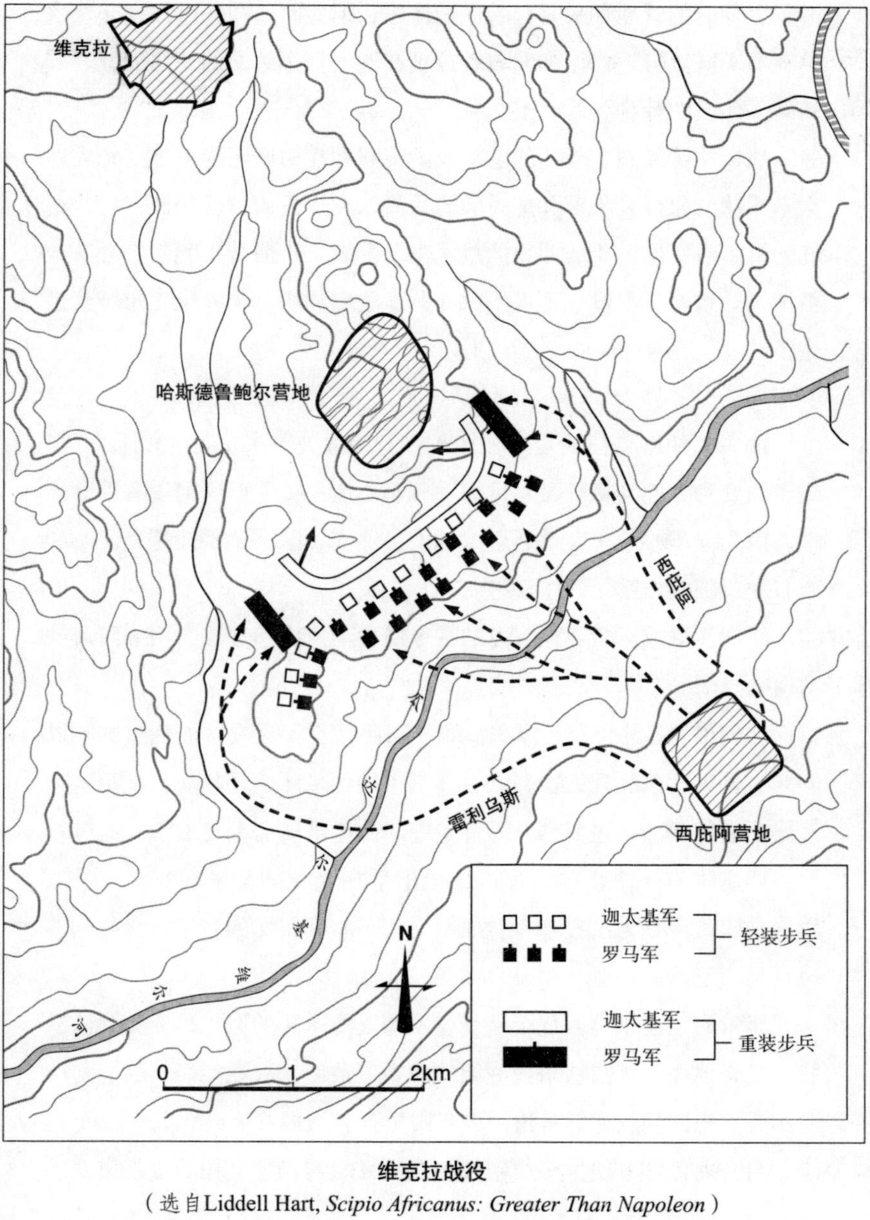

维克拉战役

（选自Liddell Hart, *Scipio Africanus: Greater Than Napoleon*）

溃了。背后的营地在平时起着保护作用，但此时，在一次次发起快攻的罗马军队攻势下，这个营地就像堵在迦太基军后面的一堵墙，严重妨碍了他们的行动。

战斗非常激烈。战斗的主动权始终掌握在西庇阿的手中。作为迦太基军队的象征，象群和优秀的骑兵尚未发挥作用就已经被击垮。西庇阿瓦解敌军的主要战斗力的战术十分奏效。哈斯德鲁鲍尔担心营地被围，导致全军覆没，不得不放弃营地脱离战场，未入维克拉城就逃走了。

这一天的维克拉战役中，迦太基方面战死 8 000 人，被俘 1.2 万人。西庇阿方面的牺牲微不足道，甚至不值一提。西庇阿没有乘胜追击，因为他担心途中会遭遇迦太基的另一支军队。他不能犯其父亲和叔叔犯过的同样错误。

然而，这成了持不同观点的古今历史学家或谴责或为西庇阿辩护的由头。

如何处置这 1.2 万名俘虏？西庇阿面临着汉尼拔曾面临过的相同问题。首先，西庇阿无偿释放了俘虏中的西班牙人。其次，他把迦太基俘虏送往罗马，在罗马，等待他们的命运是被卖为奴隶。

俘虏中有一个少年，据说，他出生在北非的努米底亚，父母双亡，来西班牙是为了投奔年轻的叔父。一问其叔父的名字，少年回答说是马西尼萨。

努米底亚王子马西尼萨是受雇于迦太基军队的努米底亚骑兵队队长，正是他在三年前伏击西庇阿的父亲，致使其战死沙场。西庇阿问少年想不想回到叔父的身边，少年眼里含着泪回答说“想”。

西庇阿让部下给这个少年披上罗马式短衣和带金扣的皮带以及一

匹马，又派了一队骑兵，把这个少年送到了他想去的地方。

这位年轻的罗马统帅下的这步棋是其他的罗马指挥官没有人愿意尝试的。对此，马西尼萨的反应会怎样，此时尚不得而知。

维克拉战役的失败给在西班牙的迦太基军队带来的打击比上一年更强烈。西庇阿的担心并非空穴来风。马可尼和吉斯戈急忙赶到了逃脱的哈斯德鲁鲍尔身边，关于今后的战略，三人展开了讨论。此时，汉尼拔在意大利已经处于守势，那里的情况不容乐观。三人的讨论结果如下：

哈斯德鲁鲍尔率领3万名精兵前往意大利增援汉尼拔，马可尼军和吉斯戈军合二为一，共同对付西庇阿。

迦太基人一旦做出决定，行动也很迅速。哈斯德鲁鲍尔带领3万名精兵和象队，为了避开西庇阿的追击和在塔拉戈纳的罗马军队的阻拦，在内陆绕了很大的一个圈后翻越了比利牛斯山脉。随后横穿高卢（现在的法国），翻过阿尔卑斯山，沿汉尼拔走过的同一条路线进入意大利。当然，这一计划已经通知了在意大利的汉尼拔。

哈斯德鲁鲍尔能够成功翻越比利牛斯山脉，这归咎于西庇阿。这也成了蒙森后来的历史学家谴责西庇阿的理由。西庇阿的父亲和叔叔曾誓死阻止哈斯德鲁鲍尔从西班牙向汉尼拔提供支援，西庇阿却让他得逞了，因此他难辞其咎。但是另一方面，现代学者中以战略战术家闻名的巴兹尔·利德尔·哈特为代表的一派则力挺西庇阿。根据这位英国人的说法，如果西庇阿坚持追击哈斯德鲁鲍尔，一定会遭到马可尼和吉斯戈联军的围攻，因此，放弃追击是不得已的选择。

不管怎样，汉尼拔的二弟就要进入意大利了。得知这一消息，西庇阿马上向罗马派去了急使。接到急报后的元老院为了迎战胆敢到意大利来的哈斯德鲁鲍尔，决定恢复 23 个军团。此时，因为罗马军队已经把汉尼拔逼得走投无路，其战斗力早已大为减弱。拖延战的倡导者费边主张切断汉尼拔的补给线，把他困在意大利境内。据说，在他听到“哈斯德鲁鲍尔即将进入意大利”的消息后，不禁怒从心起。这个费边到死都不再信任西庇阿。

话虽如此，这个时期的罗马军队已与汉尼拔进入意大利的公元前 218 年不同。因为当初通常只有 4 个军团，所以难免有些惊慌。但是，按照此时的体制，组编 23 个军团早已不成问题，而且，克劳狄乌斯・尼禄已经当选下一年度即公元前 207 年度的执政官，他被认为是马尔凯鲁斯手下最优秀的指挥官，继承了马尔凯鲁斯的主动进攻战术。这一年，作为执政官，尼禄的首要任务是要阻止汉尼拔兄弟会合。

到此为止，执政官都被送到与汉尼拔作战的最前线，但是公元前 207 年春天，前方战场由执政官尼禄和法务官弗尔维乌斯负责。另一位执政官李维・萨利纳托尔则被派往里米尼，去阻止哈斯德鲁鲍尔南下。李维只带了两个军团，因为此时元老院还不知道哈斯德鲁鲍尔会走哪条路线前去与他的哥哥汉尼拔会合。因此，元老院另派了两个军团前往托斯卡纳。南下意大利的另一条路线途经此地。

第六次战役：梅陶罗战役

历史上因为偶然事件使局势发生突变的事例很多。这一年发生在意大利战场的第一个偶然事件是，哈斯德鲁鲍尔横穿高卢和翻越阿尔卑斯山比预想的要顺利许多。

这一时期生活在现在法国一带的高卢人已经了解汉尼拔兄弟的目标是意大利。既然哈斯德鲁鲍尔对占领自己的地盘没有兴趣，自然他们也不为难迦太基军队通过。甚至还有很多高卢人作为雇佣兵加入了哈斯德鲁鲍尔率领的迦太基军队，再加上汉尼拔的名声早已在阿尔卑斯山的山岳民族中传开，因此，哈斯德鲁鲍尔几乎不必像他的哥哥汉尼拔在 11 年前那样，不得不面对又不得不解决的诸多困难。他面临的唯一难题只是如何让带着象队的 3 万名士兵越过冬季的阿尔卑斯山。

鉴于上述原因，哈斯德鲁鲍尔进入意大利的时间远比预计的早很多。这是汉尼拔没有料到的。根据自己的经验，汉尼拔预计弟弟到达意大利的时间还早得很。在与弟弟会合前，为了避免因与罗马军队作战而消耗战斗力，他尽可能地推迟离开卡拉布里亚地区的时间。

当然，推迟出发时间的原因不只如此。罗马派往意大利南部的军队，加上已在卡拉布里亚的两个军团，共有六个军团。一方面执政官尼禄率领的两个军团很有可能在路上的某个地方阻截汉尼拔；另一方面，另四个军团完全有可能乘虚而入，在他离开之际攻占卡拉布里亚。汉尼拔没有一个部下可以担负起保卫卡拉布里亚的重任。正因如此，他一方面要等弟弟来意大利，同时又担心自己离开后，卡拉布里亚被罗马占领，从而失去最后的根据地。因此，汉尼拔推迟了离开根据地的时间，也是为使自己尽可能不要远离卡拉布里亚。以后的发展证明，汉尼拔的担心是对的。因为执政官尼禄获悉汉尼拔离开卡拉布里亚后，马上派了两个军团前去攻打。

或许有人会想，既然这样，就在安全的根据地内一心等弟弟来意大利不就行了吗？但是，这样一来，等于帮助罗马军实现阻止兄弟会合的意图。尽管汉尼拔推迟了出发的时间，但是为了尽早与自北南下的弟弟会师，他有必要从意大利南端的卡拉布里亚北上。

离开卡拉布里亚后，汉尼拔开始北上。但是行军速度非常缓慢。在他的身后，尼禄好像阴魂不散的马尔凯鲁斯一样，率领罗马军队一路追踪袭扰。

一母所生的兄弟不一定具备同等的才能。哈斯德鲁鲍尔率领的军队没遇到什么阻碍，顺利进入意大利。整个队伍，加上没有费力就雇到的高卢士兵，共计 5 万人开始南下。他没有思考如何钻敌人的空当，而是选择了方便行军的平地。

沿着波河周边的原野向里米尼行进的途中，哈斯德鲁鲍尔给哥哥写了第一封信。在信中他告诉了哥哥自己的行军路线和预定会合的地点。信交给 6 名骑兵送去。

这 6 名迦太基骑兵在寻找汉尼拔的过程中遭遇了一队罗马士兵。罗马士兵把他们抓住后，没收了他们身上的信。信是用希腊语写的，百夫长看不懂。但是，他的直觉是这封信很重要，否则，哈斯德鲁鲍尔不会派 6 名骑兵护送。于是，他立刻把信送到了执政官尼禄的手上。

当时，在靠近亚得里亚海海岸的普利亚地区一角，汉尼拔建了一个坚固的营地，准备以静制动。尼禄正在汉尼拔的营地附近建营地。看了紧急翻译过来的信后，尼禄做了一个大胆的决定。作为共和政体下的罗马指挥官，他的这一决定显然是违反规定的。

在罗马，指挥官全权指挥前线的一切行动。按惯例，以执政官为首的每位指挥官，一经选出，便已经决定了各自负责的战区。没有元老院的允许，每位指挥官均不得擅离自己的战区，否则等于擅离职守。

执政官尼禄负责的战区是对阵汉尼拔的战区。他的任务是盯紧汉尼拔，阻止兄弟俩会师。但是，出身于克劳狄乌斯家族的尼禄完全继承了这一家族争强好胜的传统，是速战速决型的将领。此外，他与哈斯德鲁鲍尔之间还有过个人恩怨。

公元前 211 年，西庇阿的父亲和叔叔相继在西班牙战死。为了填补总指挥的空缺，被紧急派往西班牙的就是尼禄。哈斯德鲁鲍尔谎称要与尼禄和谈，使尼禄放松了警惕，安全逃脱。因为这件事，尼禄被元老院召回罗马，由年轻的西庇阿接替他去了西班牙。因此，克劳狄乌斯·尼禄认为这是报仇雪耻的好机会，也不难理解。

如果认为尼禄此时擅离职守纯粹是出于个人恩怨，这未免冤枉他了。因为从哈斯德鲁鲍尔给他哥哥的信中，尼禄得知哈斯德鲁鲍尔的军队因高卢兵的加入，已经增加到了 5 万人。负责迎战哈斯德鲁鲍尔的执政官李维率领的军队只有 3 万人，因此，尼禄有充分的理由前去支援友军。只不过他的方式有些不妥，但这是克劳狄乌斯·尼禄的行事风格。

尼禄挑选了年龄合适、体格健壮的 6 000 名步兵和 1 000 名骑兵，要求他们尽可能轻装上阵，甚至不许带粮食。临出发前，他已经通知行军途中的各同盟城市，准备好餐食，在路上等候他们到来。留守营地的部队交给法务官弗尔维乌斯负责。尼禄吩咐他要主动挑起小规模战斗以迷惑汉尼拔，不让他察觉自己不在。为了不引起其他士兵的注意，夜半刚过，他就率领 7 000 名士兵离开了营地。

这是一次连续的急行军，几乎没有睡眠时间。昼夜行军 100 公里以上，距离是 800 公里。通常罗马军队的行军速度是一天 20 至 30 公里。尼禄此次的行军速度纪录直到 150 年后才被恺撒打破。

从里米尼沿亚得里亚海海岸南下约 30 公里处，有一个始于罗马的弗拉米尼亚大道出口。通过亚平宁山脉的这条大道到了这一带感觉变得很开阔。因为，大道南侧有一条河，是注入亚得里亚海的梅陶罗河，该河流域有一片开阔的平原，弗拉米尼亚大道正好通过这片平原。在此出现的就是弗拉米尼亚大道，沿着海岸北上，就可以到达该大道终点里米尼。

被派往里米尼的执政官是李维，他把营地建在梅陶罗河的南岸附近。在这里，无论哈斯德鲁鲍尔沿亚得里亚海南下，还是选择走弗拉米尼亚大道，都在其视线之内，可以阻止他。执政官尼禄和 7 000 名士兵到达罗马军队的这一营地时，进入意大利境内的哈斯德鲁鲍尔早已在梅陶罗河北岸建好了营地。

假如没看到哈斯德鲁鲍尔写给他哥哥的信，没有人会知道他的意图。但是，尼禄已得知信中的内容。从尼禄的行动中可以猜想哈斯德鲁鲍尔原打算沿亚得里亚海南下。由于尼禄率领的 7 000 名士兵的加入，罗马军队一夜之间加强了战斗力。发现这一情况后，哈斯德鲁鲍尔改变了预定的路线，选择走弗拉米尼亚大道，进入意大利中部，再从那里直奔意大利南部。这条路线有些绕，却也能到达意大利南部。

哈斯德鲁鲍尔似乎并不知道弗拉米尼亚大道虽然在这一带很平坦，但是进入山区后一旦遇到敌军，因为带着大象会非常不利。与他的哥哥不同，他似乎并不重视搜集情报。

看到敌人的 5 万大军向弗拉米尼亚大道方向行进，罗马军队马上追了上去，在梅陶罗河口开阔的平原尽头，追上了敌军。哈斯德鲁鲍尔不得不转身应战。尽管罗马军队于一夜之间增加了战斗力，但是，他带领着 5 万大军，在兵力上依然占优势。

战斗在梅陶罗河以北展开。与梅陶罗河几乎平行的弗拉米尼亚大道居中，两边分别是梅陶罗河和靠着大道的山崖。对于在数量上占优势的一方，这种地形不太有利。

两军分别部署了对决阵型。罗马军队右翼由率领士兵急行军赶来的执政官尼禄指挥，面向河的上游。中央是由里米尼的驻军队长珀尔狄乌斯负责，左翼由执政官李维指挥，全军共 4 万人。

迦太基军队的阵型是象群在最前面，全军总人数达 5.5 万人。

战斗在罗马士兵的呐喊声中开始。呐喊声撞击山崖，回声一次比一次大。象群惊慌失措，非但没有冲向敌人阵地，反而转身在自己的军中狂奔乱窜。见此情形，哈斯德鲁鲍尔不得不下令象队撤离战场。骑手们用针扎大象耳朵后面，杀死了它们。

虽然没了大象，但因此卸去重负的迦太基军队开始了总攻。罗马军队右翼因为中间的小山相阻，无法攻打敌人左翼，因此，战斗在罗马军队中央和左翼与迦太基全军之间展开。

如此一来，在兵力上处于劣势的罗马军就越加不利。尼禄认为必须尽快打破这一局面，他当机立断，率领自己指挥的右翼离开战场，从罗马军队的后方绕到了敌人的右翼。在梅陶罗河岸边，从侧面向敌军的右翼发起进攻。

尼禄的这一行动决定了战斗的结果。迦太基军队正面和右侧同时受敌，左侧被小山阻挡，背后是弗拉米尼亚大道的上坡路。这一处境首先引发了高卢士兵的溃逃。随着包围圈的缩小，濒临死亡的叫声不绝于耳。哈斯德鲁鲍尔从西班牙带来的 3 万名士兵遭到全歼。在战斗结果已明朗的情况下，哈斯德鲁鲍尔换上迦太基总指挥官的正装，策马闯入敌阵。经过一番激战，最终战死沙场。

历史学家提图斯・李维这样写道：

> 作为哈米尔卡的儿子、汉尼拔的弟弟，哈斯德鲁鲍尔没有让他们蒙羞。

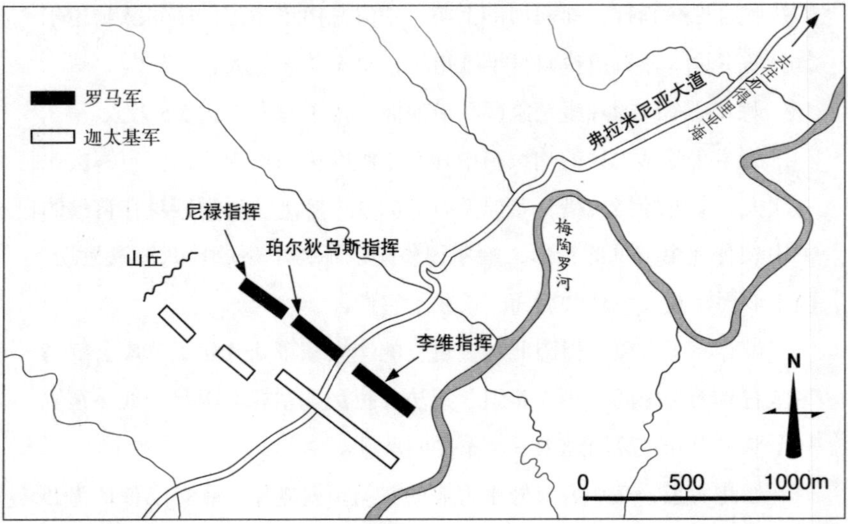

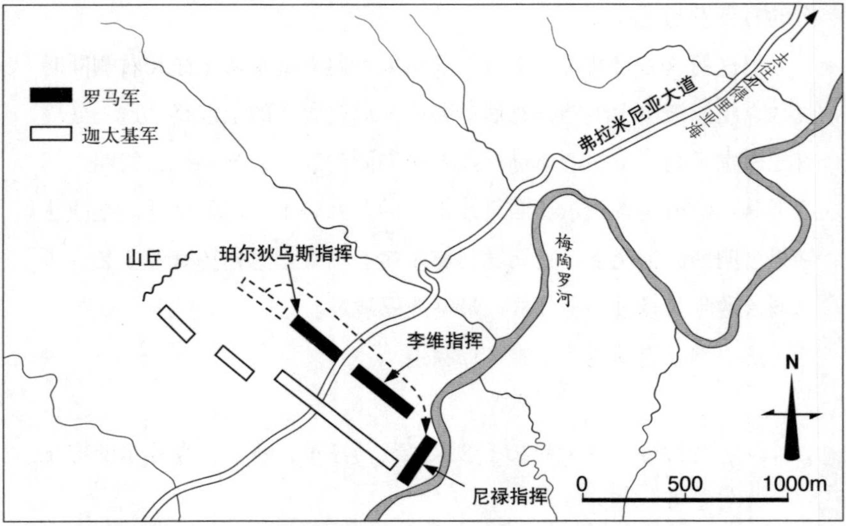

梅陶罗战役（上图：战役第一阶段；下图：战役第二阶段）

这一年，汉尼拔40岁，他的弟弟哈斯德鲁鲍尔应该只有30多岁。

战役结束后，尼禄把清理战场的事情交给执政官李维·萨利纳托尔，自己带领7 000名士兵再次不分昼夜地急行军回到南方。他悄悄离开营地，在梅陶罗河畔与哈斯德鲁鲍尔进行战斗，再急行军回到营地，用去的时间是14天。其间汉尼拔丝毫也没有察觉尼禄曾经离开过营地，他也不担心弟弟为什么一直没有消息。因为他认为，这个时候弟弟应该从阿尔卑斯山上往下走。

汉尼拔是在从环绕营地的栅栏外面扔进来的包裹中看到哈斯德鲁鲍尔的头颅后才知道发生的一切。这是汉尼拔相隔11年后与弟弟的再相会。

当天夜里，汉尼拔离开营地，回到了卡拉布里亚地区。此时刚刚入夏，因此，这一年的作战期还很长。但是，已经40岁的汉尼拔回到“长筒靴的脚尖”后再也没有出来，下一年他也没有出来。

因梅陶罗战役的胜利而欢欣鼓舞的罗马，在欢天喜地的气氛中举行了凯旋仪式。但是，驱赶四匹马拉的战车的凯旋将军是执政官李维。因为，战斗是在他负责的战区进行的。执政官尼禄没有因擅离职守被问责，但是，也没有分享到凯旋将军的荣耀。作为右翼指挥官，他只是骑着马跟在四匹马拉的战车后面。罗马公民都知道谁是真正的凯旋将军，这对盖乌斯·克劳狄乌斯·尼禄来说已经足够。

第七次战役：伊利帕战役

第二年，即公元前206年，在西班牙的迦太基军队决定全力反击。

公元前209年，他们的根据地卡塔赫纳被西庇阿攻占。

公元前208年，在维克拉战役中，哈斯德鲁鲍尔败给西庇阿。

公元前207年，哈斯德鲁鲍尔进入意大利，被尼禄打败阵亡。

马可尼强烈地感受到自己身上的责任，他必须保护巴卡家族在西班牙的势力。他决定集中迦太基在西班牙的所有力量进行总反攻。为此，他甚至向吉斯戈妥协，把总指挥权让给了他。

总指挥官吉斯戈指挥共计7万名步兵，马可尼指挥总共4 000名骑兵中的一半，另一半是努米底亚骑兵，由努米底亚人马西尼萨负责指挥。

这是一支由7.4万名士兵和31头大象组成的大军。他们在西班牙南部的伊利帕（现在的塞维利亚附近）集结，等待敌军的到来。因为兵力在敌人的两倍以上，所以对迦太基军队来说，战斗更占优势。伊利帕是一片平原，足以让人数众多的大部队、骑兵和大象充分施展。

西庇阿对迦太基方面的动向了如指掌。但是，这一年他并没有急于离开冬营地塔拉戈纳，就好像他故意要给敌人足够的时间，去集合尽可能多的兵力。

西庇阿首先去了卡塔赫纳，在那里稍做停留，然后才进军伊利帕，与严阵以待的敌人交战。西庇阿率领军队离开卡塔赫纳后先是进入内陆，穿过伊利帕平原。这里有一条流向大海的河流，西庇阿来到上游，沿河南下。选择这样的路线，目的是为了向地处内陆、尚持观望态度的西班牙原住民展示罗马军队的军威。当西班牙原住民意识到获胜的必将是罗马人时，他们纷纷加入罗马的阵营。这样一来，罗马军队增加到了拥有4.5万名步兵和3 000名骑兵。与汉尼拔一样，为了更加有效地利用主要战斗力，西庇阿同样需要辅助的战斗力。

尽管如此，4.8万人要面对的是7.4万人。除了勇敢战斗，即将迎来 29 岁的西庇阿还需要考虑更多的事情。

西庇阿没有在距离敌人较近的地方建营地，他绕了很大一个圈，绕到南侧后才停止行军，筑建坚固的营地。西庇阿之所以把营地建在南侧，是因为这里有非常适合建营地的小山丘，同时切断了敌人向伊利帕以南的海港城市加的斯逃跑的退路。

罗马军队和迦太基军队的营地分别建在两座小山丘上，它们分别位于伊利帕平原的南端和北侧，中间是开阔的平原。战斗就在这里展开。

迦太基军队迫不及待地进军平原地带，首先排兵布阵。西庇阿也命令全军马上下山布阵。

布阵结束后，迦太基方面却没有发起进攻，西庇阿也未下令进攻。两军对峙中，太阳开始西斜。好像经过一番激战似的，两军疲惫至极，分别回到各自的营地。

第二天又这样过去了。第三天同样是在对峙中结束。迦太基方面没有采取行动是因为总指挥官迟迟下不了决心，西庇阿没有采取行动是因为他早已心中有数。

每天在战场上布完阵，等到太阳下山，回到营地。这样的日子周而复始，还在继续。渐渐地，迦太基军队出现在战场上的时间越来越晚。终于，在太阳出来前，战场上再也看不见迦太基士兵的身影。

这天夜里，西庇阿第一次向全军下达命令，他命令所有人明天天亮前吃完早饭，披挂好装备，做好战斗准备。

第二天一早，迦太基军队看到密密麻麻等候在战场上的罗马军队，大惊失色。在指挥官的催促下，士兵们未吃早餐，匆匆出了营地。因时间太紧，来不及重新布阵，所以，除了象队来不及到最前面，只好部署在两翼外，其余阵型与之前完全一样。但是，罗马军队的阵型变了。

中央稍稍往后是作为辅助战斗力的西班牙士兵，罗马重装步兵作为主要战斗力分列左右两翼，加强两侧的防守来对抗西班牙兵团。

两支军队开始向前，相距 800 米的时候，双方同时下达了进攻的命令。

迦太基方面全线向罗马军队发起正面进攻。但是，罗马军队发起正面进攻的只是中央的西班牙步兵团。分列左右两侧的重装步兵团阵型突然斜向移动，从斜侧面开始攻打敌人的两翼步兵。这就是西庇阿的战术。他让自己最强的战斗力从既不利于守也不利于攻的斜侧面，攻打敌军最薄弱的部分。

在遭遇罗马军队轻装步兵射出的箭后，迦太基军队的象队不再听骑手的指挥。狂怒的象群非但没有冲向敌人，反而在自己的骑兵中间乱窜，妨碍了自己人。

趁着迦太基骑兵因大象乱窜而陷入混乱之际，罗马军队的骑兵向他们发起了进攻。名扬天下的努米底亚骑兵因为诸多的不利因素，无法发挥出他们应有的威力。一方面，两军在伊利帕战场上的骑兵数量不相上下；另一方面，迦太基骑兵部署在左右两翼步兵团的后面；再加上，这次战斗被罗马军队占了先机。与步兵不同，骑兵只有向敌人发起进攻，才能充分发挥兵马浑然一体的威力。在伊利帕战场上，充分发挥了威力的是罗马军队的骑兵。

太阳升高了。站在后方指挥的西庇阿清楚地看到迦太基军队疲态尽显。这时，在罗马军队从外到里再到中心的连续进攻下，迦太基军队中尚能坚持战斗的只剩下其主力非洲雇佣兵团。但是，无论他们怎么孤军奋战，前方和左右三面还是被敌人包围。这就是成功地瓦解对

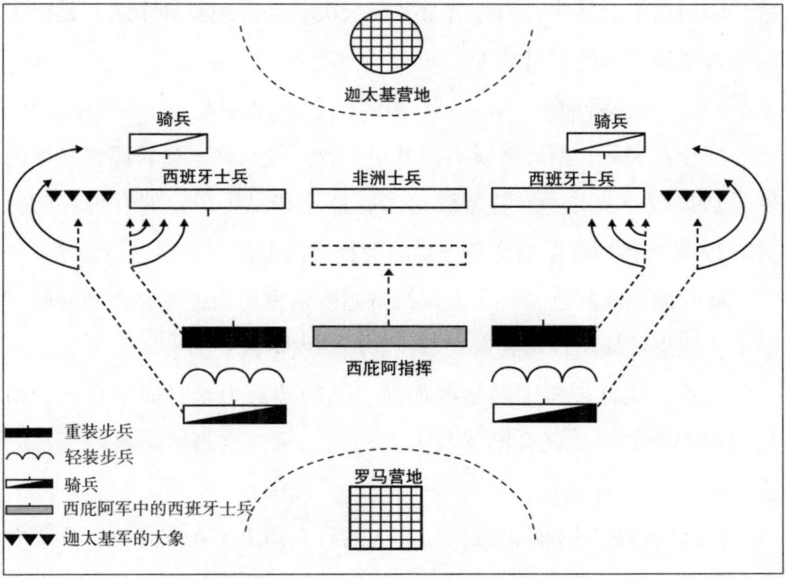

伊利帕战役当天的布阵（西庇阿的战法）

（选自 Liddell Hart, *Scipio Africanus: Greater Than Napoleon*）

方主要战斗力的结果。胜败已成定局，但是，没有一个雇佣兵束手就擒，他们开始向唯一没有被围的后方败退。

罗马军队乘胜追击溃败的迦太基军队。但是，很快不得不停止追击。因为突然而至的强雷阵雨阻碍了他们。得以逃进山中的迦太基军队，勉强还剩下 6 000 人。侥幸逃脱的西班牙原住民士兵人数不详。总之，7.4 万人就剩下了 6 000 人。

由于逃亡加的斯的路被切断，总指挥官吉斯戈和汉尼拔的弟弟马可尼向西逃到了遥远的大西洋海岸。只有率领努米底亚骑兵的马西尼萨突破敌方阵营，成功逃到加的斯。除了敌军三名指挥官逃脱，伊利帕战役的结果与坎尼会战的几无二致，虽然死者人数比坎尼会战少一些。因为坎尼会战中，失败方是罗马公民兵居多的罗马军队，是以不向敌人屈服为荣的罗马战士。

战斗胜利后，西庇阿没有离开伊利帕，他只派了哥哥路奇乌斯回罗马送捷报。他并不打算继续追击吉斯戈和马可尼，他有另外的打算。29 岁的胜利者派出使者去加的斯找马西尼萨，要求进行会谈。

此时的西庇阿已经到了汉尼拔翻越阿尔卑斯山进入意大利时的年龄了。他想把战场转移到迦太基在非洲的大本营。

为此，他首先考虑的是要加强自己的骑兵力量。如果自己的骑兵力量得到加强，就会削弱敌人的骑兵力量，这当然是再好不过的事情。

因此，西庇阿不计前嫌，向昨天的敌人伸出了和解之手。除了向马西尼萨，同时也向努米底亚的另一个国王西法克斯展开了外交攻势。西法克斯和马西尼萨同为努米底亚王室，两人动辄就会出现对立。西法克斯希望直接和西庇阿面谈，因此，西庇阿秘密从西班牙乘船去了相当于现在的阿尔及利亚领地。西庇阿非常想得到骑兵，而且是地中海世界最强大的努米底亚骑兵。

由于一直以来与迦太基的密切关系，努米底亚的两位国王没有马上答复西庇阿。但是，西庇阿建立同盟的牌已经打了出去，接不接这张牌只能由他们决定。

这一年即公元前 206 年的冬季，西庇阿在已经到手的西班牙境内留下两个军团守卫，自己带着长期在这里坚持战斗的老兵，走海路回罗马。他已经四年未回那里了。

第六章 第二次布匿战争后期

（前205—前201）

罗马此时虽是共和政体，采用的却是寡头政治，由少数人实施统治。这样的国家既不像君主政体国家，一旦政策定下来就会立刻付诸实施；也不像官僚制度完善的国家，只要事先把相关事情落实好，就可以在最短时间内付诸实施。共和政体下的罗马有元老院，集中了统治阶层的人。一个人若要让自己的想法变成现实，必须说服元老院同意。为此，在元老院展开辩论是决定成败的关键。拉丁语的特点是简洁明快。我确信，这是罗马人不得不把辩论当作武器的缘故。战场上擅长运用侧面进攻方式的西庇阿，面对与他一样的罗马精英们，选择的是正面进攻的方法——辩论。他有一个伟大的设想：他要通过汉尼拔战争改变战争策略。

回到罗马后，他首先向元老院申请给予他在元老院汇报战况的机会。因为此时的西庇阿还不是元老院元老，他距离元老资格年龄 30 岁还差几个月。获准在元老院汇报战况的西庇阿，在结束西班牙战况的汇报后，没有要求举行凯旋仪式。

在西班牙战场取得的战果足以让西庇阿享受到凯旋将军的荣耀。他的战绩无愧于凯旋将军的称号。但是，罗马是共和政体。在罗马，指挥一个战略单位，即两个军团的总指挥官资格必须是年龄为 40 岁以上的执政官、前执政官、法务官或前法务官。西庇阿是破例作为总司令被派往西班牙的，因为当时他的年龄只有 25 岁。即使在完成西班牙霸权的现在，他也只有 29 岁。在这个年龄上要求元老院为他举行凯旋仪式，似乎过于奢望。因为这样又会成为破例之举。其结果无疑会极大地刺激寡头政体的象征——元老院。因为寡头政体重视论资

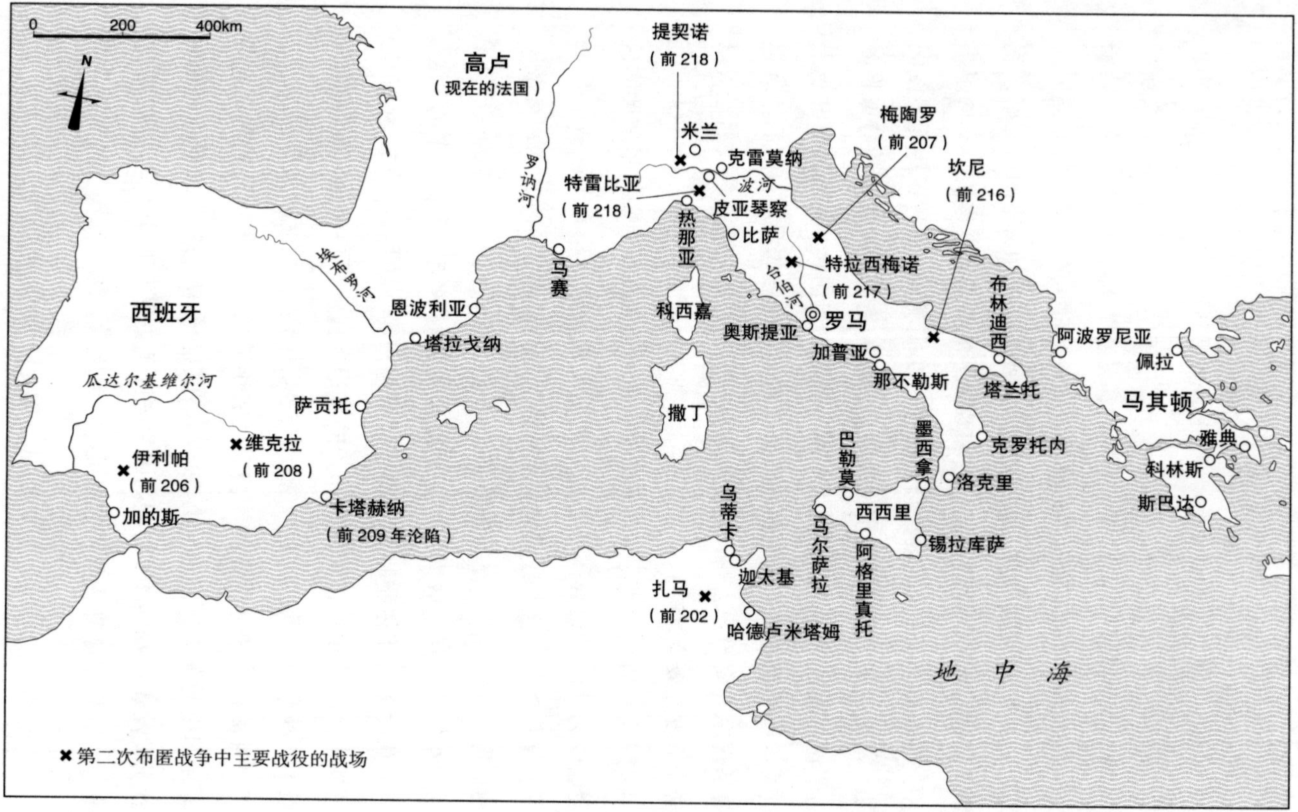
0
200
400km
N
高卢
（现在的法国）
提契诺
（前 218）
米兰
克雷莫纳
特雷比亚
（前 218）
皮亚琴察
波河
罗讷河
热那亚
比萨
梅陶罗
（前 207）
坎尼
（前 216）
特拉西梅诺
（前 217）
台伯河
罗马
奥斯提亚
科西嘉
马赛
埃布罗河
西班牙
恩波利亚
塔拉戈纳
瓜达尔基维尔河
萨贡托
维克拉
（前 208）
伊利帕
（前 206）
加的斯
卡塔赫纳
（前 209 年沦陷）
撒丁
加普亚
那不勒斯
布林迪西
塔兰托
阿波罗尼亚
佩拉
马其顿
雅典
科林斯
斯巴达
克罗托内
洛克里
墨西拿
巴勒莫
西西里
锡拉库萨
马尔萨拉
阿格里真托
乌蒂卡
迦太基
扎马
（前 202）
哈德卢米塔姆
地 中 海
✖第二次布匿战争中主要战役的战场

本书中出现的主要地名

排辈，认为只有这样才能发挥作用。

对罗马将军来说，凯旋仪式是至高荣誉，西庇阿放弃了这一荣誉，取而代之，他要求元老院推荐自己为第二年度即公元前205年度的执政官候选人。

执政官的资格年龄是40岁。即使到了第二年，西庇阿也只有30岁，依然差10岁。元老院元老的资格年龄是30岁，因此，他成为元老院元老，罗马元老院没有任何异议。但是，推荐他为执政官候选人，元老院表现出非常为难。

但是，元老院会场外面，也就是罗马广场上的情形与此截然相反。虽然没有举行凯旋仪式，但是，全意大利人都知道西庇阿的辉煌战绩。为了在罗马举行的公民大会上投他一票，生活在各殖民城市及同盟国的罗马公民权拥有者纷纷赶到罗马。为此，这一年参加公民大会的人比往年多出许多。罗马的选举方式不是一人一票，而是以组为单位，每百人一组，每组一票。公民大会尚未举行，已经有不少百人组公开表示，自己这组的票将会投给西庇阿。

元老院很清楚违拗民众的意志不是聪明的做法，因此不得不承认西庇阿的执政官候选人资格。结果，在公民大会上，西庇阿以压倒性多数的票数当选执政官。

但是，在决定新执政官西庇阿的任职地时，又出现了波折。西庇阿提出了自己的想法，对此元老院不仅表示为难，甚至明确表示反对。

执政官是共和政体罗马的最高官职，同时也是军队的最高司令官，由公民大会选举产生。但是，两位执政官的任职地原则上是通过抽签决定。但事实上，指挥一个战略单位即两个军团的所有总司令，包括两位执政官负责的战场都是由元老院决定的。

原因是战场的选定要根据战略需要，这就要求有足够的专业知识和经验。公民大会是普通公民参与的大会，他们没有这方面的知识和经验，只有元老院具备这种能力，因为这里集中了有从政经验和有过军官经历的人。

西庇阿请求元老院让自己负责北非战线，遭到了费边的极力反对。

坎尼会战大败以来，罗马一直采用费边提倡的持久战法。这一年他70岁。从最初被讥讽为“拖延者”、到后来转变为“持久战主义者”、直至最后被尊称为“意大利之盾”的他，在元老院享有不同一般的权威，深受尊敬。罗马元老院有一种制度叫“第一人”制度，意思是有一个人位居其他元老之上，拥有最高发言权。一直以来，费边就是这“第一人”。由于费边的发言，元老院内一场辩论开始了。

广场上，大家都说我反对西庇阿是因为我妒忌这位年轻的将军取得了辉煌战果。我声明，我没有任何理由妒忌比我儿子还要年轻的他。我反对他，完全是为国家的利益着想。

作为执政官，西庇阿的任务就应该是赶走长期盘踞在意大利的汉尼拔，而不是去北非。尽管他说只要攻打北非，汉尼拔就会撤出意大利。但是，没有人可以保证这一点。

费边还举例说明汉尼拔虽然被逼进“长筒靴的脚尖”，但是他的危险性丝毫没有减弱。他指出，迦太基国内一次次地尝试向他提供援助，虽然屡遭失败，却始终没有放弃。关于这一点，第二年汉尼拔的小弟马可尼率领增援船队，在罗马的制海权控制之外的热那亚登陆一事可为佐证。可见，老费边的担心并非没有根据。费边接着说：

你还年轻，可能不知道。在你还没有出生的时候，我们有过沉痛的教训，远征北非惨遭失败。那是第一次布匿战争期间，远征北非的是执政官雷古鲁斯。当时，我们在北非没有一个同盟国，现在这种状况依然没有改观。难道你真的敢说，你不会重蹈雷古鲁斯的覆辙吗？还有，你想过没有，就算如你所愿，汉尼拔离开意大利回到北非，到时候他会怎样？在这里，他的所有补给线被我们切断了，还如此顽强。回到他的地盘后，他会得到充分的援助。

我们抛开年龄大小，让年轻的西庇阿担任执政官，是为了罗马，为了意大利，不是为了帮助他满足个人的私心。罗马不需要英雄。

事实上，罗马不乏可能成为英雄的人物。但是，格拉古和马尔凯鲁斯已经战死沙场，梅陶罗战役的胜利者尼禄没有以前执政官的身份留任最前线，已在一年前离开战线，成了一名财务官，虽然有权，却是文官。因此，对元老院来说，同意西庇阿担任执政官意味着他们已经做出了很大的让步。

费边说，把汉尼拔赶出意大利已经只是时间问题了。他用下面的话结束了发言：

我们首先应该做的是恢复意大利的和平。去北非作战，那是以后的事情。

元老院内反对西庇阿的气氛本来就很强烈，又因为费边的这一席话就基本定调了。为回应这一情形，西庇阿要求发言。这位年轻人走到会场中央，努力控制住激动的声调，字斟句酌、简洁明了地开始阐述自己的意见。

费边·马克西姆斯以及元老院各位元老，首先，我丝毫不相信费边反对我是出于妒忌，而且，我也丝毫没想过要超越他的伟大。

尽管我还年轻，但是，我参加过的战斗无数，已经积累了丰富的战争经验。正因如此，我认为，迄今为止成功的做法是，在必要的时候应该进行变革。现在就是这个时候。

西庇阿说现在正是改变战术的时机是有道理的。一方面，罗马完成了称霸西班牙，西部战场因此得到安定；另一方面，这一年罗马和马其顿王国之间也实现了和谈。马其顿直到最后也未能突破罗马实施的封锁战术，非但没有登陆意大利与汉尼拔共同作战，还不得不选择与罗马缔结和约。

与意大利对外战事取得的战果相比，这一年意大利境内的战事没有丝毫进展，这样的状况没办法不受人们的指责。因为元老院把两位执政官都送到了卡拉布里亚地区，却没有啃动汉尼拔一丝一毫。西庇阿继续说：

五年前，就在这里，在元老院，大家都同意我的请求，没有一个人反对派我前往西班牙战场。与那时相比，现在的我又成熟了许多。可是，为什么大家要反对我呢？说实话，那时我遭遇的困难比现在大多了。父亲和叔叔相继战死沙场，西班牙战线几乎遭到了毁灭性的打击。但是，我不仅挽回了颓势，最终还实现了全面称霸西班牙。难道这样的战绩还不能令各位对我充分信任吗?

之前，是迦太基向罗马挑起战端。从今往后，应该由罗马向迦太基发起进攻。汉尼拔在意大利带给我们的伤害，我们罗马人要在北非统统还给他。攻打敌人大本营的效果如何，汉尼拔已经向我们做出了证明。

如果我们一味等待汉尼拔自我消耗，那么我们究竟要耗到什么时候？要知道他现在只有41岁。

30岁的年轻人又转向70岁的老人，说：

费边·马克西姆斯，正像您曾经忠告过我的一样，早晚我会和汉尼拔交锋。但是，这场交锋不是在他发动进攻的时候，我要主动出击，引他出动，让他不得不与我展开会战。战场不应该在卡拉布里亚已经毁了一半的城堡，而是在迦太基!

元老院会场内气氛出现了变化，但是并没有呈一边倒的态势。很多元老听了西庇阿的话深有同感，但与费边想法一致的人也依然很多。两种意见人数各占一半。

元老院分裂成两派，不是贵族对平民的两派。因为费边家族和西庇阿所属的科尔涅利乌斯家族都是罗马首屈一指的名门望族。元老院出现的两派与出身无关，却与年龄相关。上了年纪的人支持费边，年轻的元老倾向于赞同西庇阿的意见。

上了年纪的人不是因为年岁大才变得固执。如果是普通人，随着生理功能的衰退，或许会出现精神上的“动脉硬化”现象。但是，曾经有过辉煌业绩的年长者表现出来的固执与此不同。他们之所以变得固执，是因为曾经的辉煌业绩让他们跻身于成功者行列。他们变得固执，不是因为年龄，正是因为成功。因为成功，他们对自己充满信心。当情况发生变化需要变革的时候，这种自信妨碍了他们选择其他的道路。因此，要从根本上改革一件事情，只能依靠那些才能出众、且不受曾经的成功羁绊的人。改革往往由年轻的一代来完成，就是因为他们年纪轻，不会受到已有的成功的羁绊。

在对待汉尼拔的问题上，费边提倡持久战法，在一定程度上取得了成功。可以说，他是保持罗马不败的最大功臣。正是由于持久的战法，汉尼拔被逼进了“长筒靴的脚尖”，因此，费边反对西庇阿，这完全可以理解。

好在费边和站在他一边的元老，虽然固执却不缺乏灵活性，他们对现状有充分的认知。就当前的形势而言，他们也感觉有必要设法打破卡拉布里亚地区的胶着状态。最后，双方达成一个折中的意见，既不伤害元老院年长者的体面，又不违背年轻元老的变革意愿。

西庇阿的任职地定在西西里。执政官不宜派往意大利以外的地方，但是，西西里是罗马的行省，只要不打防御战，作为执政官的任职地完全没有问题。而且，西庇阿答应前往西西里的同时，争取到了元老院授予的一个权力——从国家利益出发，如有必要，第二年可以进军北非。

只是作为执政官，他必须放弃指挥在首都完成编组的两个军团的指挥权，也就是放弃执政官理应得到的指挥正规军的权利。取而代之的是，他有权在西西里招募志愿兵。元老院明确表示：将来西庇阿远征北非，不是元老院认可的军事行动，一旦远征失败，责任不在元老院，而在他个人。

换作其他人，这样的条件是不会接受的，但是，西庇阿接受了。公元前205年，未等春季来临，这位30岁的执政官就离开罗马，向目的地西西里出发了。同期的执政官李锡尼的任职地是卡拉布里亚地区，负责牵制汉尼拔。这一年，罗马投入18个军团的兵力，与上一年相比，减少了2个军团。罗马在最困难的时期曾经投入25个军团，但此时早已不见往昔的景象。应该说，汉尼拔被逼进“长筒靴的脚尖”的现在，如果决定改变战略，确实是绝好时机。

公元前205年春，这位早早来到任职地的年轻执政官，一到西西里，未加休整就开始着手组建军团。

元老院只向他提供招募7 000名志愿兵所需的费用。但是，西庇阿在西班牙取得的战绩、在元老院受到的“冷遇”，都为他招募士兵起到了作用。罗马公民、同盟城邦公民一方面认同他的能力，把打破现状的希望寄托在这位30岁将军的身上，同时对他深表同情。人们纷纷要求加入他的军团。很快，他的身边聚集了6 200名步兵和300名骑兵。其中有不少人是在西班牙一起参加过战斗的回国士兵。

除了志愿兵，很多罗马联盟的加盟城邦提出无偿提供远征北非所需的物资。以托斯卡纳地区为例，阿雷佐要捐赠小麦和5万支投枪，沃尔泰拉要提供造船用的木材，塔奎尼亚准备提供全部帆布，皮翁比诺答应提供铁。获得捐赠物资，可以节省经费，这对西庇阿来说自然求之不得。就这样，西庇阿带着已经招募到的6 500名士兵和大量物资，加上30艘战船，来到了西西里。

西西里驻扎着两个军团，士兵的主体是坎尼会战时的幸存者。也许是坎尼会战的失败给他们的惩罚，他们长期驻扎在西西里，一直没有得到允许回家。当然，坎尼会战时他们或许曾经是败军，但此时他们早已不是败军。曾经在马尔凯鲁斯的指挥下，他们参加了攻打锡拉库萨的战斗，不仅一扫失败的沮丧感，而且已经成长为作战经验丰富的战士。在被“流放”西西里 10 年后的这一年，他们迎来了新司令官西庇阿。

西庇阿与他们一样参加了公元前 216 年的坎尼会战，并从汉尼拔的眼皮底下逃脱了。还有，西庇阿当时新婚妻子的父亲就是坎尼会战时的执政官之一 ——在会战中英勇捐躯的埃米利乌斯 · 保卢斯。属于至今仍被叫作“坎尼军团”的这些老战士，一定怀着别样的心情，迎接年轻的西庇阿的到来。

尽管有来自意大利本土的志愿兵，并加上“坎尼军团”的士兵，西庇阿的兵力依然严重不足。国家不允许他动用国家的经费招募更多的士兵。作为执政官，西庇阿负责西西里战事，兼任西西里行省最高统治者。他决定利用自己的这一身份。

第一次布匿战争结束后，除了墨西拿等几个城邦，所有西西里岛上的城邦都成了罗马的行省。锡拉库萨在六年前被马尔凯鲁斯攻陷后，也加入了行省的行列。行省没有自治权，每年要向罗马缴纳收益的十分之一作为租税，为此不承担提供兵力的义务。但是，由于土地被罗马收归国有，从事耕作的人们必须支付租地费，向罗马租借耕地。行省的待遇和加盟罗马联盟的同盟城邦不同。

西庇阿把罗马没收的土地还给了西西里行省的居民。不清楚他是把土地还给了所有人，还是只还给了一部分有势力的人。也不清楚他是怎样钻了法律的空子。但是，有一点可以肯定，虽然他自作主张对土地进行了处置，但他没有违法。不管怎样，他成功了。他把远比物质利益更大的好处给了西西里人，西西里人不再需要向罗马支付租地费。西西里人为此感激不已。他们自己承担费用，志愿加入军队。就这样，西庇阿招募到了多达2.5万名士兵和1.2万名船员。

他把西西里人的东西归还给西西里人的做法带来的最大好处，与其说是招募到了士兵，不如说是他把西西里全岛变成了自己的后勤补给基地。罗马在北非没有同盟国，因此要成功实现远征北非，首先要确保有距离近的补给基地，并要确保该基地与前线之间的补给路线畅通，这点非常重要。

西庇阿没有忘记训练他的军团。由于他的士兵来自意大利各地，说得直截了当一点儿，其实就是一群乌合之众。西庇阿对这样一支新组建的部队展开了训练，与在西班牙曾经实施过的一样，按照日程表开始了对士兵的训练。无论是老兵还是新兵，总司令西庇阿要求他们都能成为自己心目中的理想战士，能够让他们把自己的战术发挥得淋漓尽致。

这位30岁的执政官每天和士兵摸爬滚打在一起，却没有因此忘记搜集有关北非的情报。西西里距离迦太基不远，岛上有不少居民对北非的情况了解甚多。每天晚上，西庇阿都会向人们了解各种事情。他还让好友同时又是副将的雷利乌斯负责到北非附近直接搜集情报。雷利乌斯率领舰队，经常在迦太基以外的北非沿岸游弋。除了搜集情报，雷利乌斯还有一项任务，就是分别与西法克斯和马西尼萨取得联系。因为他们是努米底亚骑兵的主要力量。

西庇阿一心一意做着远征北非的准备。他是一个善于抓住时机的人，绝不会让机会从自己的眼皮底下溜走。这一时期，他的这种性格特征同样得到充分发挥。

洛克里是卡拉布里亚地区的一个海港城市。迦太基船队曾经钻过罗马海军的空子，偶然有几次在这里靠岸，为汉尼拔提供增援。此时在内应的策动下，洛克里有可能重新回到罗马一边。西庇阿听到这个消息后，立刻带上 3 000 名士兵直奔洛克里。汉尼拔也听到了这个消息，但是等他赶到的时候为时已晚。洛克里相隔 10 年之后再次回到罗马的控制之下。被逼进“长筒靴的脚尖”的汉尼拔的包围圈因此又收紧了许多。

对洛克里进行的闪电战一举成功。但是，西庇阿的行动严重刺激了元老院那些上了年纪的人。在罗马，没有元老院的许可，军团指挥官不能擅自把军队带到自己任职地以外的地方作战。西庇阿因此受到谴责。元老院非常气愤，甚至准备派遣调查团对他进行审问，对此，西庇阿全然不放在心上。另一位执政官李锡尼负责对汉尼拔的战事，他有四个军团，却没有取得任何战果。汉尼拔尽管被逼进了死胡同，但是，迦太基的这只狮子不会给罗马的平庸将军提供任何动手的机会。这让元老院的谴责显得有些软弱无力。

第二年即公元前 204 年春天，西庇阿以前执政官的身份继续行使军团的绝对指挥权。他率领全军离开了位于西西里西端的马尔萨拉。在 40 艘战船护送下，2.6 万名士兵分坐在 400 艘运输船上，带着足够他们食用 45 天的粮食和淡水前往北非。其中前 15 日的军粮已经做成熟食。

现在，从马尔萨拉到突尼斯，坐船只要 8 小时即可到达。即使在 2 200 年前的古代，只要遇到顺风，船只航行一昼夜也已足够。

第一次布匿战争以后，这一海域的制海权一直掌握在罗马手中。但是，风向和制海权无关。西庇阿船队的目标是位于首都迦太基西侧的海角，第二天天亮后，船队已经到了东边突出的海角。也就是说，船队自东向西横越了首都迦太基前面辽阔的海湾，一路平安无事。因为迦太基没有出动舰队试图与他们挑起海战。迦太基人已经很久不曾见过罗马大军，当他们看到罗马大军时，只会表现出惊慌失措。西庇阿和他的军队无视这样的迦太基人，在迦太基第二大城市乌蒂卡附近成功登陆。

来到北非的西庇阿虽然完成了全军登陆北非的第一步，但是，等待他的都是些坏消息。

首先，努米底亚国王西法克斯非但没有接受西庇阿的结盟提议，甚至已经投靠迦太基。迦太基通过联姻成功把努米底亚国王西法克斯拉到了自己一边。嫁过去的是吉斯戈的女儿。吉斯戈是迦太基武将，在西班牙战场，曾经是西庇阿的手下败将。他的女儿是一位绝世美女，曾经和马西尼萨有婚约。但是，迦太基解除了她与马西尼萨的婚约，让她改嫁西法克斯。

其次，西庇阿对另一位努米底亚人寄予厚望，他就是马西尼萨。但是，马西尼萨在父亲去世后，王位被西法克斯夺走，现在未婚妻也被西法克斯夺走，是一个名副其实的没有王国的国王。

优秀的骑士产地努米底亚分裂出两个王国，实际上却等于一个王国，而且这个王国投靠了迦太基。

马西尼萨只带了200名骑兵出现在西庇阿面前。他看上去依然很精悍，让人不由自主地想到沙漠中的一匹狼。他盯着西庇阿的眼睛说：

“两年前，你曾经希望与我缔结同盟，现在我能给你的只有我自己。”

也许西庇阿在心里感到沮丧，但是脸上丝毫没有表现出来。与平时一样，他面带微笑，回答说：

“对我来说，这就足够了。”

就在这一瞬间，一个34岁的努米底亚人和一个31岁的罗马人之间结下了男人的友谊。

西庇阿没有把马西尼萨单纯地看作只是率领200名骑兵的外国人。此后，西庇阿的战略战术在西庇阿和马西尼萨，加上一直与西庇阿并肩作战的雷利乌斯这三个三十几岁的男人共同战斗中得以实现。这是西庇阿与汉尼拔之间最大的不同，汉尼拔一辈子都没弄明白什么是朋友。

西庇阿曾公开放出豪言：要把汉尼拔在意大利带给意大利人的伤害在北非统统还回去。但是，进入北非后的第一年，与汉尼拔相反，西庇阿战绩平平。攻打迦太基第二大城市乌蒂卡的攻城战也在第40天撤了下来。虽然马西尼萨指挥的骑兵在周边地区极尽烧杀抢掠之能事，但是，这些都称不上是真正意义上的战斗。

这一年战绩平平的最大原因是因为迦太基人，他们几乎没有迎战西庇阿的意愿。除了少部分人，迦太基人并不习惯自己从军。对他们来说，战争只有一次，就是发生在西西里的第一次布匿战争。第二次布匿战争的战场一个在意大利，还有一个在西班牙。普通的迦太基人并不知道有这样一场战争，因此，对迦太基人来说是幸运的。只是这样的幸运让迦太基人面临危机时不能把握实际情况。他们失去了找到解决问题的方法和能力。他们因为罗马军队登陆北非而大惊失色。他们为了组建军队迎战西庇阿花了好几个月的时间，原因也在于此。但是不管怎样，吉斯戈率领的3.3万名雇佣兵组成的迦太基军队和西法克斯率领的6万名努米底亚士兵的联军还是组建起来了。当然，时间已经进入公元前204年秋天将要过去的季节。也就是说，战斗将推迟到下一年进行。

西庇阿在北非的平平战绩没有引起元老院的过分注意，因为发生在意大利北部的事情吸引了元老院的注意力。

迦太基方面认为，由于制海权在罗马手中，受此阻碍向汉尼拔蛰居的意大利南部提供援助几乎没有可能。于是，在上一年即公元前205年秋季，迦太基派出援军，在罗马海军监控疏漏的意大利北部港口热那亚登陆。这是汉尼拔小弟马可尼率领的一支队伍，有1.4万名士兵以及大象和军粮。公元前204年春天，马可尼开始南下意大利，目的自然是和兄长会合。

元老院获悉这一情况后，与汉尼拔的二弟哈斯德鲁鲍尔进入意大利时一样，马上进入临战状态，紧急派遣由一位执政官和两位法务官率领的六个军团北上。但是，公元前204年的这一次和公元前207年哈斯德鲁鲍尔进入意大利的时候不一样了。由于在意大利的迦太基势力已经衰退，高卢人拒绝加入马可尼的军队。马可尼没有如愿加强战斗力，因此，尽管迎战马可尼的罗马三位将领都很平庸，但是他们还是打败了马可尼。这位身负重伤的汉尼拔小弟不得不退回热那亚，从此不再露面。

久居卡拉布里亚地区的汉尼拔也没有任何积极的行动。他没有让罗马军队靠近一步，自己也没有出来一步。

打破双方胶着状态的是北非战场。

汉尼拔进入意大利，开启第二次布匿战争是在公元前218年。这一年，西庇阿17岁。自公元前218年至前210年的8年时间里，战争的主导权一直掌握在汉尼拔的手中。公元前210年，西庇阿已经25岁。也就是说，西庇阿和他的副将雷利乌斯这一代人，完全是在汉尼拔的影响下长大的一代。

之前的罗马战士都崇尚公平竞争，他们以在公平竞争中取得胜利为自豪。但是，汉尼拔给罗马人上了非常生动的一课，让他们知道了用策略取胜也是胜利，也让他们知道了尽管可以坚持公平竞争，但是输了就是输了，说什么也没用。最切身体会到这一点的就是西庇阿这一代罗马人。

罗马军在北非越冬的营地叫“科尔涅利乌斯营地”，源自西庇阿所属家族的名称。与该营地相距 10 公里的地方，是迦太基—努米底亚联军的冬营地。

冬天过去就是春天。春天一到，战斗必将如期而至。西庇阿军队有 2.6 万名士兵，与此相比，迦太基—努米底亚联军的士兵数是 9.3 万人。已经 31 岁的罗马新一代指挥官决定好好利用冬季的自然休战期。

西庇阿在称霸西班牙的时候，曾经邀请努米底亚国王西法克斯和罗马缔结同盟，并且应西法克斯的要求，甚至秘密前往努米底亚与他进行面谈。最后不了了之。现在，西法克斯已经是迦太基方面的人，他就在相距 10 公里开外的地方。

西庇阿再次与西法克斯取得联系，他暗示说自己希望与迦太基和谈。但是为了顾及名誉，希望努米底亚国王居中协调。

西法克斯上当了。因为新婚妻子的关系，西法克斯投靠了迦太基方面。但是，赶走马西尼萨后，他是全努米底亚的国王。应迦太基要求参加战斗，对现在的他来说，没有任何好处，因此，西庇阿邀请他为迦太基和罗马这两个强国和谈进行斡旋，让拥有王国和绝世美女妻子的他虚荣心得到极大的满足。

西法克斯见过西庇阿派来的使节后，前往相距 2 公里开外的吉斯戈的冬营地，向他转达了西庇阿的意思。吉斯戈曾经在伊利帕战役中与西庇阿交过手，吃了败仗。现在，吉斯戈只是迫于政府的命令，不得不出征。从内心来说，他并不热衷迎战西庇阿，因此，对于西庇阿的提议，他自然乐于接受。于是，西法克斯兴致勃勃地做起了中间人。

努米底亚国王提出了和谈的内容，要求西庇阿撤出北非，同时汉尼拔撤离意大利。从此以后，罗马和迦太基在相互尊重主权的前提下，重建友邦关系。

乍一看似乎没有任何不妥，但是，这样的内容对于第一次被罗马军逼近城下的迦太基来说，或许可以接受，却不是罗马能认同的。经过长达 15 年的战争，罗马一半国土遭到破坏，10 万名以上的士兵战死沙场，而且，作为总司令，执政官级的阵亡者也多达 10 人。这样的和谈内容，罗马方面是无论如何也难以接受的。但是，西庇阿没有马上拒绝。他回答西法克斯说，准备派使节进行谈判。

西庇阿派出的使节开始频频往返于努米底亚军的冬营地和科尔涅利乌斯营地之间。西法克斯对西庇阿希望缔结和约的决心深信不疑，对使节全无戒备之心。西庇阿派出的使节是出身名门贵族的将军，但是，以随从和马倌的身份陪同使节前去的却不是真正的随从和马倌。虽然他们一身奴隶装束，其真实身份不是将官就是百夫长，个个都是身经百战、经验丰富的人。

因为西庇阿故意拖延，谈判的过程很长。首先，和谈期间，即使不是自然休战期双方也不能交火，因此无须担心敌人的进攻。其次，谈判时间越长，使节往返的次数就越多，装扮成随从和马倌的战争经验丰富的战士对敌人阵地的观察也就越准确。在西法克斯的营地，谈判使节一到，直接前往国王的营帐。但是，被认为是奴隶的随从和马倌们的行动不受任何限制。在等待使节的时候，他们可以在敌人营地内自由行走。

就这样，冬去春来的时候，西庇阿已经对敌人的情况了如指掌。他派出最后一名使节，带着一封信前去见努米底亚国王。信中写到，自己倾向于同意和谈的内容。但是，由于参加作战会议的大多数将官反对，不得不终止和平谈判。与此同时，他在乌蒂卡部署了包围圈，好像与上一年一样，准备再次向乌蒂卡发起进攻。只是攻打迦太基第二大城市乌蒂卡，投入的兵力只有全部兵力的三分之一。对此，吉斯戈和西法克斯都没有引起重视。

西庇阿和雷利乌斯加上熟悉地形的马西尼萨三个人共同制订了夜袭计划。除了他们，其他将官接到夜袭通知是在决定实施计划的当天下午。

留在营地守卫的是佯装攻打乌蒂卡的三分之一的兵力，其余兵力分成两支军队：一支由西庇阿亲自率领，夜袭迦太基军营地；另一支由雷利乌斯和马西尼萨率领，袭击努米底亚营地。

计划是由雷利乌斯和马西尼萨率领的军队首先发起夜袭的攻击。努米底亚营地使用的材料是木材和芦苇，不是石头或土，非常容易燃烧。双方约定，一旦这边的火点燃，等候在黑夜里的西庇阿军队开始攻打迦太基营地。两个营地之间虽然相距 2 公里，但是因为是平原，视野非常开阔。

从日落到第二天日出的夜间，罗马军团把它分成四等份，由四个班的哨兵轮流放哨。哨兵值岗的时间根据季节有所不同，通常是 3 个小时，因此，夜里的时间不说几点钟，而是说第一岗、第二岗、第三岗和第四岗。实施夜袭的这一天，总司令西庇阿向参加夜袭的全体指

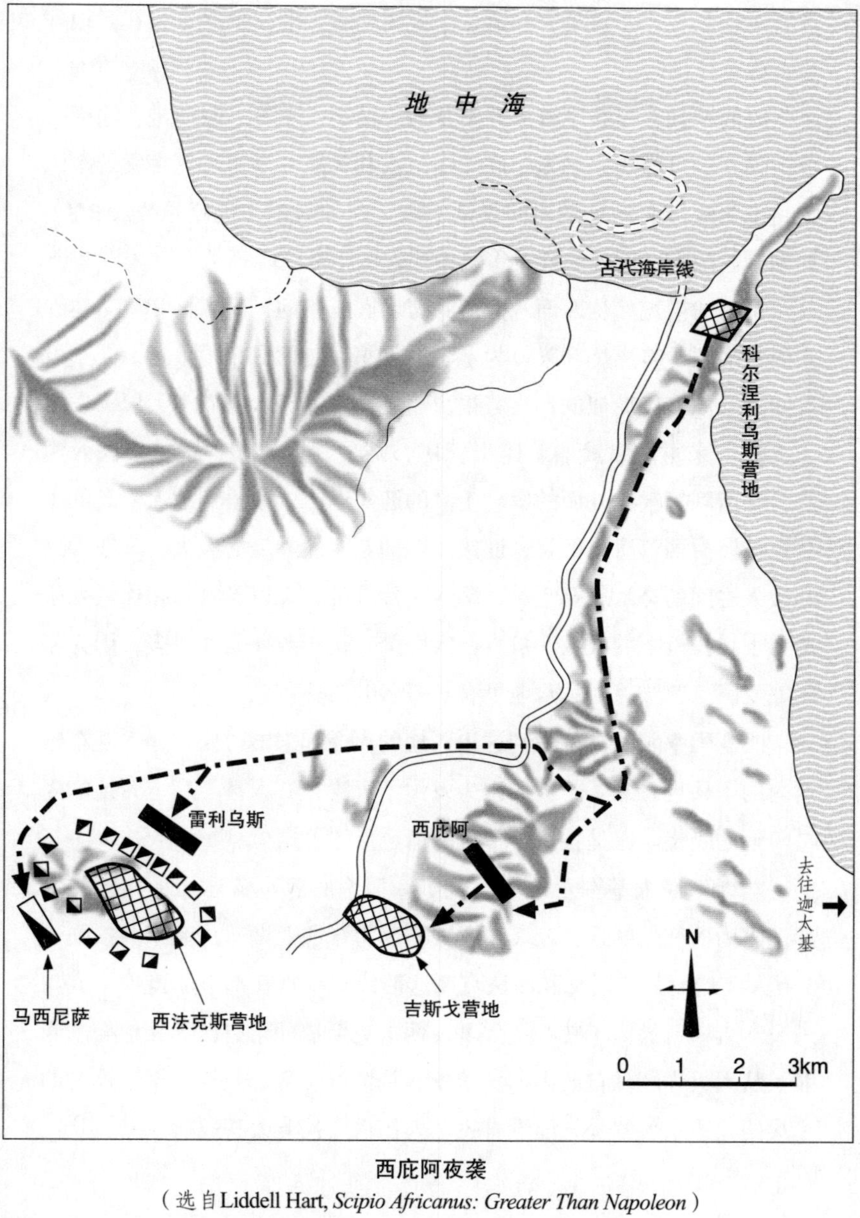

西庇阿夜袭

（选自 Liddell Hart, *Scipio Africanus: Greater Than Napoleon*）

挥官下达命令，要求第一和第二岗换岗之时，即夜里9点，在营地外集合好全体士兵。

时间一到，夜袭军就离开了营地。最初，全军一起前进，途中一分为二。经过计算，事先已经知道，雷利乌斯和马西尼萨率领的军队抵达努米底亚营地外的时间是第三岗下岗的时间，也就是凌晨3点。如期到达敌人营地外的这支军队很快包围了敌营。

带火的箭突然从四面八方落到努米底亚营地，用木材和芦苇建起来的营房眼看着燃烧开来。为了容纳大军，各营房相距很近，几乎没有间隔。如有风助似的，火势很快蔓延开来。努米底亚士兵以为发生了火灾，来不及拿武器就跑出营房，翻过营地的栅栏，纷纷向外逃去，却遭到等候在外面的罗马士兵的迎头痛击。醒悟到敌人来袭的士兵急忙转身回营房，但是，迎接他们的是熊熊燃烧的大火。夹在大火和敌人之间的努米底亚士兵，陷入一片混乱，无以形容。相比较死于罗马士兵投枪下的人数，被自己人踩踏、挤压致死的人更多，因为努米底亚国王西法克斯的营地里有6万名士兵。

西庇阿率领的军队看到这边营地的火燃起来的时候，迦太基军营地内的士兵也看到了。他们以为发生了火灾，有人甚至爬上营地的栅栏向远处眺望。但是很快，带火的箭也落到了这里。

随即，迦太基军营地内出现了和努米底亚军营地几乎相同的情形。因为西庇阿的这次夜袭，迦太基和努米底亚两军加起来共损失了3万人。然而，吉斯戈和西法克斯这两位司令官在部下的掩护下成功逃脱。吉斯戈逃回了首都迦太基，西法克斯逃回了自己的领地努米底亚。从大火中、从自己人的踩踏中、从罗马士兵的投枪下幸运逃脱的士兵四处逃窜。罗马方面没有一个人伤亡。夜袭大获成功。

迦太基在初春时遭遇罗马军队的突然袭击一败涂地，到了春季中期，已经恢复了元气。不仅四散逃窜的残兵回来了，而且，来自西班牙的 4 000 名新雇佣兵也已到达首都的港口，合计兵力达 3 万人。他们再次请求努米底亚国王出兵支援。难拒妻子的苦苦哀求，西法克斯再次答应率军加入迦太基方面的战斗。但是，他带的兵力大大减少。

夏初，在靠近努米底亚王国的内陆平原，迦太基军和努米底亚军会合了。两军在努米底亚领地附近会合，是因为西法克斯遭到西庇阿的夜袭，失去众多士兵后，虽然答应参战，却始终拖延出征的时间。再次领命担任迦太基军队指挥的吉斯戈只好用军队迫使他出阵。

获悉敌人会合后，西庇阿没有坐等敌人的进攻，他率领全军，向另一个地方撤去。罗马军队的兵力不及迦太基—努米底亚联军的一半，但是，他决定通过会战一决胜负。

两军布下的阵型看上去都是很常规的阵型，但是，战斗开始后，采用常规战术作战的只有吉斯戈和西法克斯率领的迦太基—努米底亚联军。

根据常规战法，战斗通常始于轻装步兵间展开的激战。但是这一天是在罗马骑兵的猛烈进攻下开始了战斗。西法克斯率领的努米底亚优秀的骑兵被抢了先机，战斗力大大下降。他们不由自主地向后退去，却遭到进一步的追击。位于迦太基—努米底亚联军中央的步兵军团两翼失去了保护。

西庇阿等待的就是这个时机。他一声令下，在西西里经过充分训练的步兵按照指令，齐刷刷地开始了进攻。

轻装步兵和重装步兵前卫新兵阻止敌人中央的进攻，与此同时，重装步兵中部的熟练兵绕到敌人步兵右侧，后卫老兵绕到敌人的左侧。敌人步兵三方被围，活动空间不断缩小，难以充分施展拳脚。刚

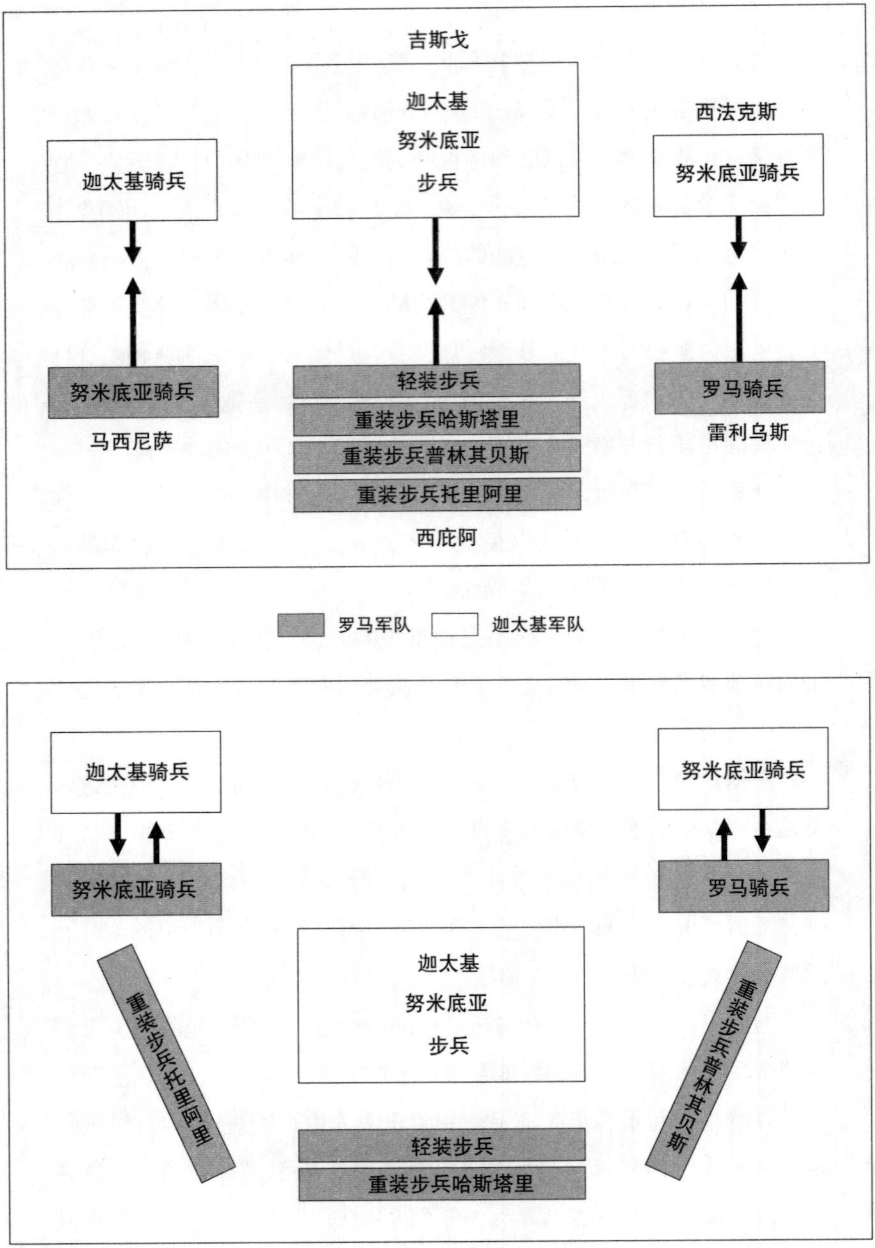

上图：会战第一阶段；下图：会战第二阶段

从西班牙来的 4 000 名雇佣兵被全歼。其他步兵中的大多数人战死，战场上堆起了尸山。

但是，迦太基—努米底亚联军的骑兵不愧是优秀的努米底亚骑兵。由于骑兵之间始终未能决出胜负，罗马军最终没有实现四面包围的战术。因为有一方未能合围，吉斯戈和西法克斯成功逃出了包围圈。吉斯戈逃回首都迦太基，西法克斯逃回了努米底亚领地内。

这一天，西庇阿没有停止战斗，他要乘胜追击。雷利乌斯和马西尼萨率领的罗马军骑兵追着西法克斯，长驱直入努米底亚境内，俘虏了努米底亚国王。

根据西庇阿的命令，两人抓住努米底亚国王后，没有停止继续前进的脚步。这是实现马西尼萨心愿的一次行动，西庇阿要乘机帮助马西尼萨恢复昔日的努米底亚王国。两人率领骑兵直奔努米底亚王国的首都。看到身带枷锁的西法克斯，首都市民打开了城门。

马西尼萨来到王宫，出现在面前的是西法克斯的王妃——他曾经的未婚妻。马西尼萨没有丝毫犹豫，当即与这位索芙妮丝芭举行了婚礼。他不再是没有王国的国王。

马西尼萨回到营地，西庇阿祝贺他恢复了自己的王国。但是他不同意马西尼萨与敌人的妃子结婚。32 岁的罗马将军对年长他 3 岁的努米底亚朋友说：

> 西法克斯没有履行曾经答应我的承诺，投靠了迦太基。因为他的这一罪行，他一定要被送到罗马去。国王成了罗马的战利品，意味着这个国王拥有的一切都是罗马的。我不能答应索芙妮丝芭可以例外，她也必须被送到罗马去。但是，她是你的妻子，

你又是我的好友，对她，我实在难以做出这样的处置。

听罢，马西尼萨一言不发地离开了西庇阿。他打发一个人带上他写给妻子的信，还有他不离寸步随身携带的毒酒，给他留在努米底亚的新娘送去。信中写道：

保护妻子是丈夫的首要责任，但是，这一点我已经无法做到。既然做不到这一点，我只能尽第二项责任，尽量不让妻子落入不幸。为此，我只有利用随信带去的东西。

索芙妮丝芭看完信后，只说了一句话："我接受丈夫给我的结婚礼物。"说完就喝下了毒酒。

为了让沉浸在痛苦中的朋友振作起来，西庇阿在全体士兵面前，宣布马西尼萨已经成为努米底亚王国的国王，今后，努米底亚王国就是罗马的同盟国。他还把执政官的红色帐篷送给了他。这帐篷只有他自己使用过。

接到来自西庇阿的报告后，罗马元老院和公民大会一致同意西庇阿的意见，庆祝北非第一个罗马同盟国的诞生。西法克斯被送到罗马后软禁在意大利的某小城，过起了隐居生活，直至自然死亡。

迦太基在本国境内的第一次会战中吃了败仗，尚不习惯这种事情的迦太基人陷入了深深的恐慌之中，由于内部意见不一，制定不出统一的应对策略。

有人主张积极的战术，提出动用舰队攻打罗马战船。

有人主张环绕首都修复城墙，准备守城战。

还有人提出与西庇阿和谈。

此外，把汉尼拔召回国内，与罗马军队一决胜负的呼声也很高。

大家各执己见，互不相让，始终不能决定上述几个方案中的一个。结果四种方案同时进行。时间已近秋季。

迦太基派出使节，带着要求立即回国的政府正式文书，紧急前往汉尼拔所在的意大利南部的克罗托内和马可尼所在的意大利北部的热那亚。

与此同时，迦太基向西庇阿也派去使节，表示了和谈的愿望，并希望开始和平谈判。西庇阿考虑了一天之后，向使节提了几个要求，作为谈判的前提。他表示，如果迦太基政府同意，自己会做好和平谈判的准备。西庇阿提出的要求如下：

一、罗马承认迦太基的独立自主和自治权。

二、全体迦太基军队撤离意大利及阿尔卑斯山以南的高卢地区。（意思是汉尼拔兄弟俩都要撤离。）

三、迦太基彻底放弃在西班牙的特权。

四、承认马西尼萨的王国，尊重马西尼萨王国的主权。

五、留下 20 艘战船，其余全部交给罗马。

六、和平谈判期间，迦太基负责向在北非的罗马军队提供军粮。

七、作为赔偿金，向罗马支付 5 000 塔兰特。

从这些条款中可以推断，这个时候的西庇阿应该认真考虑过和迦太基进行和谈的事情。因为他远征北非的首要目的，就是让汉尼拔离开意大利。战斗，尤其是在平原展开的面对面的会战方式的战斗，无论事先准备得多么周密，战术运用得多么娴熟，说到底还要靠运气。在与汉尼拔的赌局中，没有人愿意下注，而且，西庇阿不是力主靠武力解决问题的人，这一点在他以后的所作所为中得到了证实。他很善于掌握平衡，性格中没有狂信的趋向。

在西庇阿的心中从来没有复仇的想法，他甚至拉拢杀父仇人马西尼萨成为自己的搭档。另外，他提出的赔偿金 5 000 塔兰特，从购买力上粗略推算，相当于 50 亿日元。在当时，赔偿金通常以 30 年或 50 年为限分期偿还。对于迦太基来说，仅靠本国的农庄经营，一年就有 1.2 万塔兰特的进账，所以承担这一金额一定不是难事。问题只有一条，迦太基只能留下 20 艘战船，其余全部交给罗马。这一条实质上是要求迦太基解散海军。

我们不清楚迦太基政府对此是如何展开讨论的。结果是，和、战两手同时进行的迦太基政府接受了所有这些条款。就这样，罗马和迦太基进入了以和谈为前提的休战期。

在意大利的马可尼接到回国命令后，率领全军登船离开热那亚，向迦太基驶去。马可尼在上一年的战斗中身负重伤，一直没有治愈。就在南下的船队到达撒丁岛海面的时候，死在了船上，好在失去了总司令的军队还是顺利进入了迦太基港。

和弟弟一样，汉尼拔也接到了回国的命令。我们找不到任何描述他接到命令时内心波动的记录。这一年他已经 44 岁。自从他进入意大利，16 个年头快要过去了。

因为汉尼拔几乎没有为我们留下他的任何逸事，所以对后世的我们来说，实在无从捕捉他接到回国命令时的表情。我们找不到任何有用的记录，描述这 16 年里始终不离不弃追随他的士兵对他的看法。如果一定要说有，也就是在李维的著作中或许可以看到。因为在写到汉尼拔的时候，他参考了与汉尼拔同行的西勒诺斯的记录。它多少让我们有可能想象作为个体的汉尼拔是怎样一个人。把这部分内容直译过来是这样的：

> 严寒和酷暑他都默默地承受。餐饮内容和士兵的完全一样，但是，几乎从不按时进食，常常是感觉肚子饿了才想起来吃饭。睡觉也是一样。需要他处理的事情堆积如山，总也做不完，为此，他只好牺牲休息时间。对他来说，昼夜毫无意义，睡眠和休息并不意味着柔软的床铺和安静的环境。
>
> 对士兵来说，汉尼拔裹着士兵用的斗篷，在树荫下倒地而卧已是司空见惯的情形。士兵在经过他身边的时候，总是很小心地不让武器发出声响。

在离开西班牙之前，汉尼拔与当地一个土著部落首领的女儿结了婚，并生有一子。自从进入意大利以后，他一次也没有碰过女人。很长一段时间里，他一直都是胜者。不管他愿不愿意，以他这样的身份应该不会缺少女人。

罗马采用切断补给线的战术非常成功。就我们所知，16 年里，汉尼拔得到的补给只有两次。那么，在如此漫长的时间里，他是怎样解决全军 3 万人的生存问题的呢？

普利亚地区是富饶的小麦产地，汉尼拔控制这个地区的时候，补给当然不会有任何问题。但是，自从被逼进“长筒靴的脚尖”以后，他又是如何做到让士兵吃饱饭的呢？对于这个问题，迄今尚未有一位历史学家或学者给出答案。卡拉布里亚地区是个山岳地带，即使在现在，也是意大利土地资源最贫瘠的地方。这个地方在当时之所以富裕，是因为有克罗托内和洛克里等作为贸易港口非常繁荣的希腊殖民城市。虽然汉尼拔得到了这些海港城市，由于制海权掌握在罗马海军手中，所以他手中的这些港口毫无军事价值，甚至连出海通商都没有可能。而依靠对这些城市或郊外农村进行抢掠来长期满足 3 万人的生活实在不是一件容易事。

尽管如此，除了一次有 4 000 名士兵在罗马军队的进攻下投降罗马以外，没有一个人，真的是没有一个人，离开汉尼拔。

他的士兵分别来自非洲、西班牙以及高卢，他们语言互不相通。这就是汉尼拔率领的军队状况。随着罗马军队的包围圈越来越小，物资严重匮乏之时，汉尼拔甚至付不起酬金。作为公民兵，罗马士兵服兵役是尽公民的义务。但是，汉尼拔的士兵与他们不同，都是雇佣兵。司令官付不起工资，雇佣兵离他而去也无可非议。

西庇阿性格开朗，很有亲和力。与他打交道的人都会不由自主地被他吸引，即使是敌人也不例外。但是，汉尼拔与他不同，一点也不随和，更别说会与士兵打成一片。

既然如此，在任何时候都不失孤傲的汉尼拔被逼进弹丸之地以后，士兵依然追随于他，究竟是为什么呢?

也许像马基雅弗利说的那样，一方面可能是慑于他的威严，另一方面，对这位才能卓越却陷入困境的男人，也许有一种谅解的情感。就好像在他难得的休息时间里，士兵甚至非常自觉地尽可能不弄出声音，以免打扰到他。

一位领袖之所以优秀，不是因为他具备卓越的才能，而是他能让追随者觉得自己在这个集体中必不可少。人与人之间能长期维持的关系，一定是相互依存的关系。不是相互依存的关系，很难指望会长久。

汉尼拔接到回国命令时就在克罗托内。克罗托内是一个港口城市，向南延伸的一个海角上有一座神殿。这是一座宏伟的神殿，供奉的是这一带希腊人信奉的女神赫拉。现在，神殿只剩下一根圆柱，在古代却是一个因漂亮外形而闻名的神殿。以蓝色天空和大海为背景，矗立在海角最前沿的白色神殿，充分展示了这座神殿的建造者希腊人的审美意识。

接到回国命令后，44 岁的迦太基统帅命人在这座神殿祭坛的一面墙上，嵌入一块刻有文字的铜板。

铜板上记录了汉尼拔离开西班牙以后的所有战果。生活在后世的我们之所以能在一定程度上了解他离开西班牙时率领的士兵人数，以及渡过罗讷河时的兵力和成功翻越阿尔卑斯山进入意大利时的兵力，得益于 50 年后来到这里看到了刻在铜板上的文字的历史学家李维的叙述。罗马人对汉尼拔留下的这些东西一定恨之入骨，但是，直到 50 年后，这块铜板依然完好无损。这让人不免觉得罗马人很有意思。但是，更令我感兴趣的是刻在铜板上的文字种类。

根据波里比阿的描述，铜板分左右两个部分，刻在两边的内容完全相同，只是一边是用迦太基语言文字刻的，即腓尼基语，另一边是用希腊语言文字刻的，因此，对希腊人波里比阿来说，读懂这些内容没有任何障碍。那么，汉尼拔为什么要用两种文字刻呢？而且，其中的一种文字不是拉丁语，而是希腊语？

随拿破仑远征埃及的学者发现，在通称为“罗塞塔石碑”的上面，刻有埃及象形文字（圣书体）、埃及通俗体文字以及希腊文字三种文字，内容完全相同，它为我们解读古埃及的象形文字起到了很大的作用。我们知道这块非常有名的“罗塞塔石碑”建于公元前 196 年。汉尼拔用腓尼基语和希腊语刻下自己战果的时间是公元前 203 年。两者相距只有 7 年。

分别用象形文字、通俗体文字和希腊文字把诏书刻在“罗塞塔石碑”上，并不是为了帮助后人解读象形文字。因此，我不能不认为，当时的希腊语就相当于现代的英语。

罗马人让自己的子弟把希腊语作为第一外语来学习，并不是因为在第二次布匿战争后被征服的希腊人垄断了文化领域，而是因为罗马人的双语倾向非常强烈。即使到了公元前1世纪，拉丁语已经完全成为后世欧洲语言的典范，这种倾向也丝毫没有减弱。当时，他们是世界的统治者，但是，他们不仅没有强迫希腊语范围内的被征服民族学习拉丁语，相反，自己很热衷于学习被征服者的语言——希腊语。

让我们再回到汉尼拔的时代。皮克托是生活在那个时代的罗马元老院元老，曾经写过有关第二次布匿战争的战争史，罗马人称之为“汉尼拔战争”。由于皮克托是那个时代的人，所以，他称得上是同时代的见证人。他的著作被认为是罗马人写的最早的历史书。但是，他没有用自己国家的语言拉丁语来写，用的是希腊语，就好像日本学者用英语发表论文一样。

汉尼拔尚未完成打垮罗马的伟大理想，就不得不离开意大利。用腓尼基语和使用范围大得多的希腊语把自己的战绩同时刻在铜板上，难道不是因为他希望为后世留下他从29岁直到44岁之间的经历吗？这样一想，尽管现在这块碑文早已不见踪迹，我们似乎有可能从中推测汉尼拔内心的想法。

汉尼拔决定只带1.5万名士兵回迦太基。他从西班牙带来的士兵是2.6万名。在意大利16年的战斗中，只剩下了8 000人。这8 000人是一定要带回去的。另外7 000人是意大利南部的士兵，在他手下已经积累了丰富的作战经验。这1.5万人都是精兵，是汉尼拔信得过的士兵。

余下的士兵担心罗马军队报复，要求同行，遭到汉尼拔的断然拒绝。很多人甚至紧抓着船帮坚持上船。为此，汉尼拔命令船上的士兵举起手中的箭射向他们。

船队离开克罗托内港，向迦太基驶去。很长一段时间，可以从船上清楚地看到矗立在海角前端的白色大神殿渐渐远去，直到消失在遥远的地平线。没有史料记载快满 45 岁的汉尼拔是怀着怎样的心情遥望这座神殿的。也许他根本就没有看。

汉尼拔兄弟俩离开意大利的消息分别从意大利北部和南部同时送到了首都罗马，整个罗马为此沉浸在异常喜悦的气氛中。所有神殿挤满了前来向诸神表示感谢的人们。元老院元老们纷纷前往费边·马克西姆斯家，共同庆贺。

这位用持久战术支撑罗马度过最艰难时期的老将，在获悉汉尼拔撤离的一个月后，就像蜡烛燃尽了一样离开了人世，享年 72 岁。

第八次战役——扎马会战

西庇阿提出的罗马和迦太基之间的和谈内容，在罗马得到了元老院和公民大会的认可，只等迦太基长老会会议同意即可实施。其间西庇阿遵守和谈期间休战的规定，没有发起军事行动。

但是，休战期间发生了一件意外。罗马一支船队从撒丁岛出发，给西庇阿运送补给的途中，遭遇了暴风雨。为了避难，停靠在距离首都迦太基 40 公里开外的海岸。迦太基人乘机挟持了这支船队，并把船只拖到首都迦太基的港口内。得知这一消息后，西庇阿马上向迦太基政府提出抗议，要求立即归还船队。对于西庇阿的这一要求，迦太基长老会会议出现了两种不同的意见。就在这时，汉尼拔抵达迦太基的消息传到了长老会会议上。

为了避开罗马军队的阻挠，汉尼拔选择了在南部的哈德卢米塔姆（今苏塞）登陆。这里距迦太基很远。同一时期，马可尼的军队也回到了首都迦太基港。

这让迦太基人的态度变得强硬起来，长老会会议决定无视西庇阿的抗议和要求。当然也没有人再提和谈的事情。这样一来，西庇阿只好准备重开战端。

正在哈德卢米塔姆越冬的汉尼拔迎来了来自首都的马可尼军队。冬季过后，第二年即公元前 202 年春季，聚集在汉尼拔手下的战斗力增加到了步兵 4.6 万人、骑兵 4 000 人，以及 80 头大象。无疑这是一支大军。正像费边担心的那样，回到国内后的汉尼拔得到了充分的军力补充。

但是，汉尼拔本人并不满足，因为骑兵战斗力太弱。不仅人数少，质量更是难以令他满意。从前，迦太基的骑兵主要来自努米底亚，现在，统治努米底亚绝大部分领地的是马西尼萨，他早已与罗马结成了同盟，因此，汉尼拔不可能请马西尼萨帮忙。不得已，他只好派人前去努米底亚，请努米底亚前国王西法克斯的儿子带领全体属下骑兵参战。此时，西法克斯的儿子在马西尼萨的追击下正疲于逃命，他一口答应带 2 000 名骑兵参战。但是他还没有到。

因汉尼拔回国以及和谈破裂，西庇阿已经做好了与汉尼拔决一胜负的心理准备。他也派人请马西尼萨参战。马西尼萨在罗马军队的协

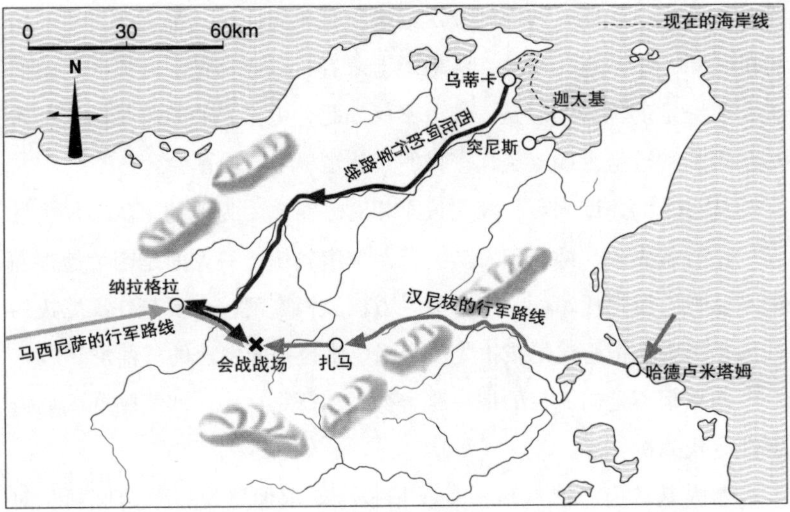

迦太基及其周边

（选自Liddell Hart, *Scipio Africanus: Greater Than Napoleon*）

助下，不仅恢复了父亲的王国——努米底亚王国，而且现在还在继续蚕食西法克斯的领地，因此，对于西庇阿的请求，他自然是一口答应。他让来人转告西庇阿，自己将带领 6 000 名步兵和 4 000 名骑兵前去支援。但是，加上这 1 万人，西庇阿的战斗力也不过 4 万人，况且，马西尼萨也还没有到。

这就是说，在新的一年，即公元前 202 年，汉尼拔和西庇阿的境况是一样的。在迎来春季作战期的同时，他们都在等待援军的到来。这就可以解释他们的行军路线不合常理的原因了。

笼统地说，西庇阿的大本营科尔涅利乌斯营地和汉尼拔的越冬地哈德卢米塔姆分别处于三角形的两个顶点上。如果纯粹为了与敌交战，两军应该相向而行，然后在联结这两点的三角形的这条边上的某个位置相遇。然而，西庇阿和汉尼拔没有相向而行，都选择进军三角形的最后一个顶点。当然，从地形上来看，双方都是沿河流向上游而去，有一定的优势。但是，理由不仅如此，更重要的原因是两人都希望尽可能靠近努米底亚领地，目的当然是尽早与援军会合。

从行军的速度来看，汉尼拔军相对较慢，因为他的军队不仅士兵多，还带着大象。西庇阿军队的行军速度较快，一方面是因为他率领的军队只有汉尼拔军的一半，另一方面，西庇阿一心要赶在汉尼拔的前面，因为他担心汉尼拔抢先后会阻止来自努米底亚的马西尼萨。

两军都不是向着目的地一路直行。在行军途中，西庇阿和汉尼拔都在寻找战机。

迦太基政府一次次地命令汉尼拔，要求他尽快打败西庇阿。对此，汉尼拔回答说：

“别的事情都可以由你们决定，但是，靠武力解决的事情，希望全权交给我，由我决定时间、地点和使用的武器。”

关于何时、何地、如何与享有绝世战术家声誉的对手交战的问题，西庇阿大概也在翻来覆去地思考。不管怎样，两人都在不断的思考中一步步向努米底亚靠近。

如果要列举古代 5 位名将，汉尼拔和西庇阿一定是其中的两位。如果要列举迄今为止历史上的 10 位优秀将领，他们二人无疑也会位列其中。虽然历史造就了无数优秀的武将，但是，发生在具备同等才能的人之间的会战，却少之又少。这少之又少的事情就要在扎马战场上演了。

汉尼拔到达扎马镇后得知敌人就在距此向西约百公里的纳拉格拉

西庇阿

汉尼拔

时，当即派了三名士兵前去侦察。不料这三人被罗马军队抓获，并被带到了罗马军队的营地。他们以为在罗马军营地等待自己的将是死刑或严刑拷问。

西庇阿得知抓获了汉尼拔侦察兵的消息后，下令把他们带上来，和颜悦色地问这三名侦察兵，汉尼拔交代他们的任务是什么。这三人认为反正是死，就理直气壮地回答说侦察敌情。于是，西庇阿叫来一位军官，让他带着这三个人去任何他们希望侦察的地方。

这位军官带着这三个人在营地内四处走动，所有地方都向他们敞开。第二天，他们甚至还看到了马西尼萨带领的努米底亚军在罗马军队士兵的一片欢呼声中到达营地。不仅如此，他们还获知了努米底亚军的人数。

第三天，西庇阿再次叫人带来这三个人，问他们对营地的侦察是否满意。三个人以为自己已经死到临头，但还是诚实地回答说如愿看到了一切。不料，西庇阿只说了一句："那就回去向汉尼拔报告这里的一切吧。”然后，安排骑兵队把他们护送到回程的途中。

这三个人回到扎马后向汉尼拔汇报了这几天的经历。除了有关罗马军队的情况，还报告了西庇阿的言行。汉尼拔默不作声地听完汇报，下令派使节去见西庇阿，要求会谈。

西庇阿答应了会谈，只是要求会谈的时间和地点由自己决定，定下来后会派人前去通知。

两军再次出发继续行军。这一次两军是相向而行。当两军的距离缩短到6公里的时候，西庇阿派去使节通知汉尼拔会谈的时间和地点。于是两军都停止了前进，开始搭建营地。西庇阿的营地建在距离河流较近、便于补充水的地方。与此相对，汉尼拔军的营地建在了远离河流的位置。

第二天，汉尼拔和西庇阿各带一队骑兵离开了各自的营地。西庇阿指定的地点位于两军中间一个低矮的小山上。两支队伍来到半山腰，骑兵留在这里，只有二将带着翻译继续前行。

具有同等才华的名将交战极为罕见，在交战的前一天，这样的两个人坐在一起会谈，在历史上也是空前绝后的。波里比阿和李维的著作参考了与汉尼拔随行的两位记录员写的东西，以及与汉尼拔和西庇阿同时代的罗马元老院元老皮克托写的《战争记》。根据他们的描述，这场历史上罕见的会谈是这样开始并结束的。我几乎全文翻译了波里比阿写的这部分内容。因为与李维相比，在波里比阿的叙述中，论点条理更清楚。

提出会谈要求的汉尼拔首先发言：

最幸福的选择大概是罗马人的手不伸向意大利以外的地方，迦太基人不走出非洲以外的地方。因为迦太基和罗马之争的起因是西西里，是撒丁，是西班牙。

但是，这一切都已经过去，问题是现在。现在，我们甚至准备赌上自己国家的存亡来决一胜负，这是极其危险的赌局。为了避免出现这种情况，我们只有停止两国之间的争端。我已经打算这样做了。因为我从自身的经历中已经领略到了命运是怎么回事，它就像对待幼儿一样，可以任意摆弄我们人类。

西庇阿，你还年轻，也许你还不能接受。因为直到今天，在西班牙，在非洲，你还没有尝到过失败的滋味，所以，对你来说，理解起来可能很难。但是，这种事情无须从历史上寻找先例，因为现在就有一个很好的例子。

坎尼会战以后，我曾经是意大利的主人，我甚至逼近过首都罗马。可以说在当时，汉尼拔是决定罗马人生死和罗马国家存亡的法官。但是现在，我回到了非洲，我在与你—— 一个罗马人——就救赎迦太基的问题进行会谈。

我希望你不要把我看成一个傲慢的男人。我想说，我们还有将来，虽然将来的事情现在无法预料。我们能做的只是尽可能让好事情多一些，坏事情少一些。

面对步步逼近的危险，一个谨慎的人不会选择迎头而上。在你和我的交锋中，即使你赢了，也不会提升你的名气，更不会提高罗马的声誉。相反，如果你输了，不仅西庇阿迄今为止的辉煌战绩一笔勾销，还可能导致你身败名裂。

因此，我有一个建议。把罗马和迦太基之间争夺的西西里、撒丁及西班牙等所有这些地方都归属罗马，迦太基人发誓绝不再诉诸武力，试图重新夺回这些地方。我相信这样的条件不仅可以保证迦太基有一个安全的未来，同时，你和所有罗马人也能享受到极大的荣誉。

汉尼拔说完了，现在轮到比他小 12 岁的西庇阿开口了：

挑起这场战争的不是罗马人，而是迦太基人。这一事实，汉尼拔，你比谁都清楚。如果是诸神在帮助罗马人一步步走向胜利，那一定是诸神知道错在哪方，所以他愿意庇护为保卫自己而奋起的人。

我也知道命运无常，而且，我自以为了解一个人的能量最大限度可以做到什么程度。

如果在罗马进军北非之前，你主动离开意大利，或者在我提出的和谈没有破裂之前，你提出这样的建议，也许你会得到满意的答案。

遗憾的是，你离开意大利不是出自你的本意。因为罗马进军北非取得了重大的胜利，你不得不撤离意大利。既然这样，和谈条件自然要变。请你不要忘了，在罗马，公民大会已经同意了和谈内容。但是，遗憾的是，由于迦太基方面的原因，和谈破裂了。

请问，你有什么资格要求我做什么？你换位站在我的立场上，请问，你会怎么做？总之，不管你和迦太基政府多么不愿意，都不可能改变我提出的和谈条件。

汉尼拔，你能做的只有好好备战明天的会战。因为迦太基人，尤其是你，实在太不擅长在和平环境中生存了。

两位将领分别从左右两侧下了山。历史上著名的扎马会战将在明天一早开始。

这是一次迦太基对阵罗马的会战，是一次5万大军对阵4万人的会战，从战略战术的角度上来说，也是师生之间的第一场交锋。

坎尼会战是战术上的最佳杰作。与坎尼会战不同，那一次罗马人未能通过自己的坚持决定战争的走向。但是，扎马会战不仅将决定这场战争的走向，同时也将决定地中海世界的未来。

公元前202年，秋日的阳光柔柔地照在扎马和纳拉格拉之间开阔的平原上。两军分别在这里布下了阵型。

迦太基军队的总指挥是汉尼拔，战斗力为步兵4.6万人，骑兵4 000人，合计5万人，此外，还有80头大象。西法克斯的儿子答应带2 000名努米底亚骑兵参战，此时，还没有抵达。

罗马军队由西庇阿担任总指挥，雷利乌斯负责左翼，马西尼萨负责右翼。加上马西尼萨带来的努米底亚士兵，战斗力为步兵3.4万人，骑兵6 000人，合计4万人。

两军的兵力，总体上来说，迦太基军明显占优势。但是，比较骑兵兵力，罗马有6 000人，迦太基只有4 000人，罗马占优势。从步兵和骑兵的构成比例来看，迦太基军队为11∶1，罗马军队为6∶1。罗马军队的这一比例构成打破了罗马军的常规，这不是罗马的风格，应该说是汉尼拔的风格。相反，扎马会战中的迦太基军队是罗马军队的常规构成比例，不是汉尼拔风格的构成比例。

已经45岁的绝世战术家汉尼拔不可能不注意这一情况。骑兵战斗力机动灵活，在有效利用全军战斗力方面不可或缺。然而，扎马会战时，迦太基军队的骑兵战斗力不足却是现实。这就意味着，汉尼拔在扎马会战中很难施展他擅长的非常有效的战术。

但是尽管如此，汉尼拔还是部署了一位平庸武将做梦也想不到的阵型，希望借此争取战役的胜利。这种阵型让现代战争史学家不惜溢美之词，盛赞汉尼拔不愧是古代武将中最杰出的战术家。

80 头大象部署在阵列的最前列。

第二列部署的是由 1.2 万名步兵组成的混合雇佣兵。

第三列部署的是少数迦太基公民兵和来自非洲及马其顿的 1.9 万名步兵雇佣兵。步兵团的两翼各有 2 000 名骑兵固防。

在相距 200 米的后方，部署了从意大利带来的 1.5 万名亲兵。

我想，汉尼拔的设想大概是这样的：

首先，由 80 头大象发起突然攻击，扰乱敌人中央的步兵团。接着，投入第二列和第三列雇佣兵团，在敌人因大象突然袭击而惊慌失措之时发起进攻。汉尼拔预计，在这一阶段，两军投入的战斗力应该是，迦太基军队 3.1 万人，罗马军队 3.4 万人。这样，即使罗马军队在战斗中暂时占优势，战斗还是有可能坚持一段时间。等到罗马军队的主力部队——重装步兵团在战斗中开始显出疲态，这时再投入尚未投入战斗的主力，即 1.5 万人的亲兵，一举夺取战役的胜利。前提是骑兵团虽然不占优势，但是只要他们不离开步兵两侧就可以。

如果不是出于这样的考虑，很难解释汉尼拔为什么要把自己的主力部队部署在距离战场 200 米远的后方。既然在扎马会战中，汉尼拔无法依靠骑兵力量来“确保胜利”，那么这个任务就应该交给主力，也就是他的亲兵。也许汉尼拔的想法是，以部署在第二和第三列的雇佣兵为诱饵，拖垮罗马军队，即使遭到全歼，也在所不惜。

如果对手是他在以前的会战中遇到过的罗马武将，也许这一战术会取得成功。但是，他的对手是西庇阿，一个罗马人却又不像罗马人的西庇阿。他利用了迦太基人曾经对罗马人使用过的战术，而且，一个真正优秀的弟子，不会单纯地模仿老师的所有手法，他一定会根据情况进行创新，举一反三，活学活用。

加上努米底亚士兵，罗马军队的步兵有3.4万人。与以往一样，他把这支步兵军团部署在了中央。只是在扎马，他采用的战术是他从未尝试过的战术。

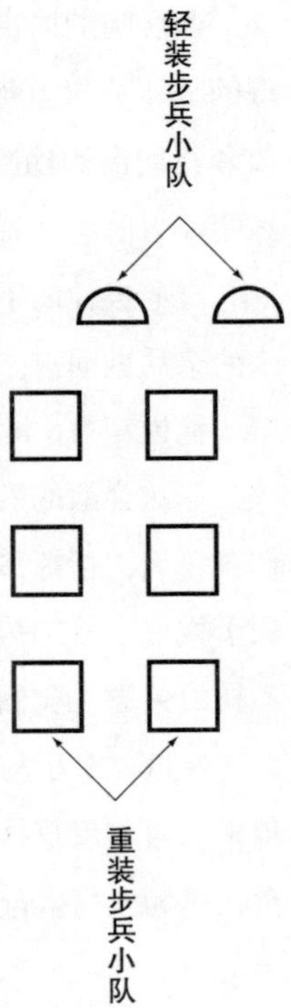

罗马军队重装步兵的常规布阵是从前往后依次为新兵、熟练兵和老兵三支纵队。轻装步兵通常部署在最前列，他们或者是不承担重装步兵役义务的、资产较少的公民，或者是第一年服兵役的新人。此外，重装步兵三个纵队还要各自分成小队，每小队由60至120个人组成。轻装步兵相当于游击部队，不分小队作战。但是，在扎马会战中，西庇阿把轻装步兵也分成了小队，安插在重装步兵的小队之间。

在以往，罗马军的战斗队列按小队部署，一目了然。但是，在扎马，这一队列看上去就像一条连贯的横线，小队之间没有间隔。虽然，由于插入了轻装步兵的小队，重装步兵各小队之间的间距加大了。但是，由于插入了轻装步兵的小队，敌人在远处很难分辨。

西庇阿还把6 000名骑兵分成两部分，部署在阵列的右翼和左翼，分别由雷利乌斯和马西尼萨率领。此时的战术就是他们三个人一起研究出来的。西庇阿担任步兵团的指挥。

为了提振士气，两军布好阵后，两位总司令分别做了动员。

西庇阿的演讲很简单。他引导士兵回忆起曾经在西班牙和北非取得的战斗成果。他说："好运在向我们微笑。今天要与之战斗的是希望和我们讲和的敌人。"他还特别对坎尼会战的幸存者、担任重装步兵团主力的士兵说："今天将是最后一场决战。"

汉尼拔让属下将军对雇佣兵进行演讲，自己只对自己从意大利带来的亲兵做演讲。

他说："16 年漫长的岁月里，在意大利的领土上，我们取得了一次又一次会战的胜利。没有一支罗马军队或一位罗马将军可以战胜我们。今天，指挥敌军的是提契诺战役和特雷比亚战役的败将之子，是死于坎尼会战的执政官的女婿。今天，为了汉尼拔和汉尼拔的战士们不朽的荣誉，我们要乘胜追击，打他个片甲不留。"

在这 1.5 万人的精锐部队中，想必汉尼拔的这段话一定引起了 16 年来一直与汉尼拔同甘共苦的 8 000 名老兵的强烈反响。他们群情激奋，愿为汉尼拔赴汤蹈火。

部署在罗马军队左右两翼的骑兵突然发起进攻，战斗由此开始。汉尼拔立刻下令象队出击。突然冲出来的 80 头大象卷起滚滚尘土遮天蔽日，一时间，双方甚至看不清楚敌人的位置。

但是，罗马军队的轻装步兵忠实地执行了西庇阿制订的作战计划。按照指令，随着卷着尘土猛冲而来的大象临近，他们按小队进入了重装步兵的各小队之间。于是，原先像一条横线的罗马军战斗队列，在各小队之间出现了通道。

这条通道为避开大象冲力起到了很大的作用。因为考虑到大象的因素，在扎马，西庇阿加大了各小队之间的间隔，所以绝大多数大象只是在罗马轻装步兵轻轻闪开后出现的中间通道上一路通过而已。汉

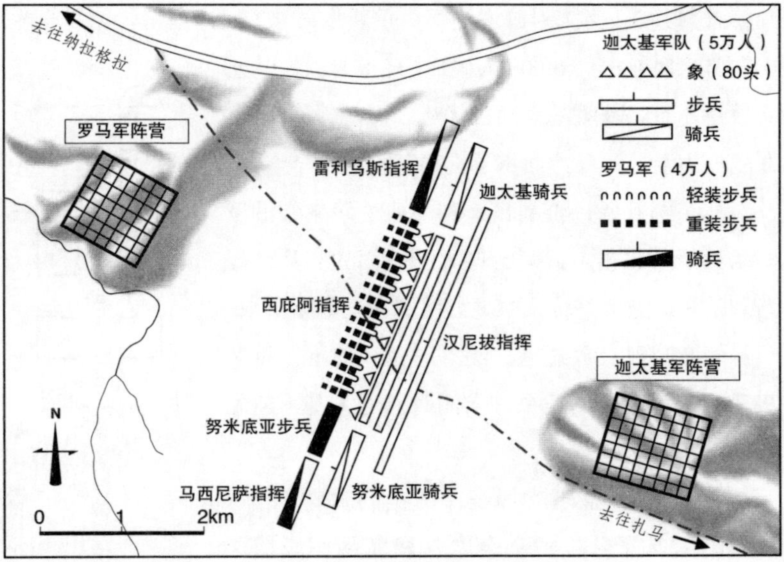

扎马会战（布阵后的阵型）

（选自Liddell Hart, *Scipio Africanus: Greater Than Napoleon*）

尼拔计划利用大象的袭击来扰乱敌军步兵阵型的战术，被西庇阿轻松破解，未能奏效。

大象有一个缺点，一旦跑起来，轻易不会停下脚步。战车就没有这样的问题。大象通过罗马军队各小队之间的通道后，继续狂奔。当御手们千辛万苦终于成功让大象停下脚步的时候，罗马军队的轻装步兵吹响号角、敲起锣鼓，还纷纷向象群投射投枪。受此一击，迦太基军的象群有点疯狂，奔跑起来，有的被抓，完全脱离了汉尼拔的控制。

与此同时，战场中央，步兵间的战斗开始了。汉尼拔投入了第一和第二列共3.1万人对阵罗马军由重装步兵2.2万人和努米底亚士兵6 000人组成的2.8万人。从士兵数量上看，迦太基方面占优势。但是，相比较，在战斗力上，罗马方面占了优势。

战斗刚开始，雷利乌斯和马西尼萨率领的罗马骑兵果断出击。此时，迦太基方面的骑兵已经渐露败相。迦太基军队中央的两翼完全暴露出来。

西庇阿没有放过这一绝好时机，他下令重装步兵从正面和两侧三个方向同时向迦太基军队发起攻击。

看到罗马军队主力从三个方向同时攻来，可以说迦太基军队中的乌合之众雇佣兵彻底慌了神，眼看正面和左右都被包围，无法脱身，只有转身向后，那是唯一没有被包围的方向。然而，汉尼拔的老兵早已持剑等候在那里。汉尼拔有令，试图临阵脱逃的士兵，无论是谁，格杀勿论。

逃跑路线被切断，他们只剩下拼死一战了。然而，在战场上，留下无数尸体的依然是他们一方。西庇阿引进的西班牙剑，在战场窄小的混战中发挥了极大的威力。

有人从罗马军队三方合围的包围圈中逃了出去，西庇阿对他们置之不理，没有追击。因为一路溃败的敌人队形混乱，早已失去了战斗力。

战死的敌人身上流出来的血使草地变得很滑。堆积如山的敌人尸体甚至妨碍了罗马军队前行的脚步。

汉尼拔计划在罗马士兵出现疲态时投入自己的主力。此时，时机

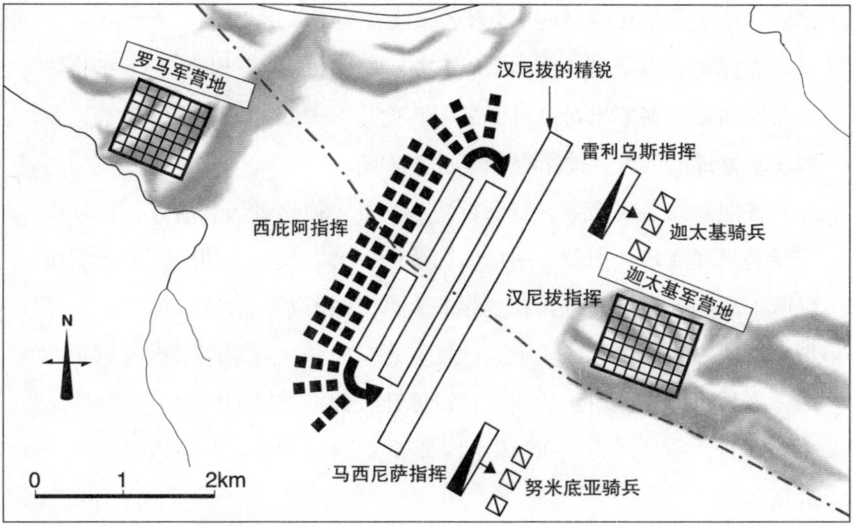

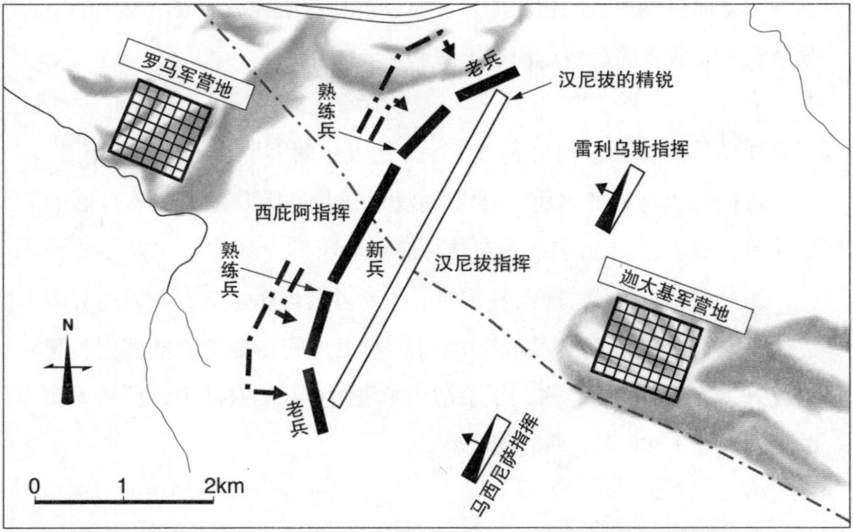

扎马会战（上图：会战第二阶段；下图：会战最后阶段）

（选自Liddell Hart, *Scipio Africanus: Greater Than Napoleon*）

已到，他下令正在待命的1.5万名亲兵，编好队形出击。

看到迦太基新投入的主力从200米开外的地方逼近，33岁的罗马将军西庇阿决定出奇制胜，采用其他将军做梦都想不到的战术。面对步步紧逼的敌人，他下令全军重整阵型。

按照总司令的命令，罗马重装步兵首先把伤者运到后方，轻装步兵及努米底亚步兵把敌人的尸体归拢到一旁。然后，西庇阿把之前按纵队作战的新兵、熟练兵和老兵如上页下图所示，布置成横队，呈弓形。对西庇阿来说，虽然士兵已现疲态，但是，对于刚刚投入战斗的敌人老兵，他要采用新的战术，以便让人数占上风的优势充分发挥出来。同时，还可以为正在追击敌人骑兵的自己的骑兵队争取时间回到战场。

罗马轻装步兵和努米底亚步兵回到战场后，全体步兵再次完成了从三个方向包抄敌人的包围圈。这时，雷利乌斯和马西尼萨率领的骑兵队在击溃敌人骑兵后也回到了战场。

扎马平原重现了14年前坎尼平原上发生的事情，只是对象变了。

古代屈指可数的名将、45岁的汉尼拔只有眼睁睁地看着自己的亲兵纷纷被杀，1.5万名战士在扎马遭到全歼。

加上这1.5万人，迦太基方面的战死者远远超过2万人，还有多达2万人被捕。余下的人向着10日行程之外的首都迦太基逃去。汉尼拔只带着数名骑兵，逃到了哈德卢米塔姆。扎马会战中，罗马方面的战死者是1 500人。西庇阿完胜。

在《罗马人的故事01·罗马不是一天建成的》中我曾经提到过一段插曲，在这里我想再说一说。在这次会战过去几年后，汉尼拔和

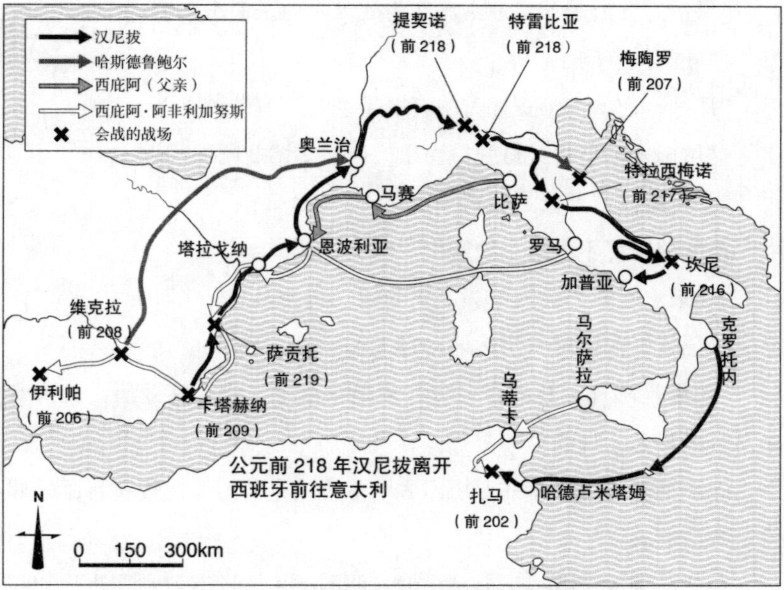

第二次布匿战争中著名战役的战场和四位将领的行军路线

西庇阿在以弗所偶然相遇，他们之间有过一段对话。对于年长 12 岁的汉尼拔，西庇阿使用了非常礼貌的语言，他说：

“您认为当今时代最优秀的将军是哪位？”

汉尼拔当即回答说：

“是马其顿国王亚历山大大帝。他不仅以寡敌众，击败了波斯大军，而且一直打到遥远的地方。那里是远远超过我们所能想到的地界。只能用伟大来评价他了。”

西庇阿又问：

“那么，第二优秀的将军又是谁呢？”

汉尼拔再次毫不犹豫地回答道：

“是伊庇鲁斯国王皮洛士。作为战术家他是最杰出的。”

西庇阿接着问：

“那么，您认为第三优秀的将军是谁？”

这位迦太基名将又是脱口而出，回答了西庇阿的问题：

“毫无疑问，那就是我。”

西庇阿听罢不由自主地露出了微笑，他说：

“如果您在扎马会战中赢了我的话，又会怎么样？”

汉尼拔好像很理所当然地回答说：

“如果是那样，我的排名会在皮洛士之上，也会在亚历山大大帝之前，是当之无愧的第一。”

先不论是否可以排在亚历山大大帝之前，我想汉尼拔对自己的评价是合适的。

在扎马他成了败将。但是，他发明的战术，即有效利用步兵和骑兵、包围并全歼敌人的战术，虽然应用并取得成功的是罗马将军，却是再一次证明了其有效性。不可否认，面对汉尼拔，西庇阿成功利用了这一战术，这是因为西庇阿也是天才。但是不管怎样，发明这一战术的终究是汉尼拔。

在古代罗马，除了卢奇安，没有人不认为汉尼拔作为将领，其才能在救国英雄西庇阿之上。汉尼拔之所以不幸，是因为他遇到了优秀的弟子。

而且，作为战略家，汉尼拔犯了很大的一个错——他以为罗马联盟很容易解体。在迦太基，社会阶层相对固定，因此作为迦太基人，汉尼拔很难理解罗马人的生活态度。他们可以在胜利后变得非常宽容，甚至可以把失败者吸纳为合作者。

扎马会战失败后，汉尼拔亲身体验到了罗马人的宽厚。因为，作为和平谈判的代表，罗马方面是西庇阿，迦太基方面是汉尼拔。

汉尼拔是迦太基的最后一张王牌，这张王牌在扎马会战中吃了败仗，这让迦太基人大惊失色。他们以为，罗马军队会乘胜追击，一举逼近城墙之下。就在这时，逃到哈德卢米塔姆的汉尼拔回到了首都。面对长老会会议上惊慌失措、不知所以的各位长老，这位败军之将说，除了与罗马和谈，别无选择。

扎马会战胜利后，正当西庇阿在回科尔涅利乌斯营地的途中，请求和谈的使者到了。西庇阿接受了和谈请求。在共和政体下的罗马，决定是否接受和谈，权力在公民大会。但是，和平谈判的权力掌握在有绝对指挥权的总司令手中，因此，西庇阿担任了与迦太基和谈的罗马方面的首席代表。迦太基方面的首席代表是汉尼拔。曾经在战场上打得你死我活的两个人，为了走向和平，这次要相对而坐。

两人经过讨论，罗马和迦太基之间达成的和平条约有如下内容：

一、从今以后，罗马视迦太基为独立的同盟国，尊重迦太基国内的自治权。不在迦太基境内设基地，也不驻扎罗马军队。承认第二次布匿战争爆发前属于迦太基领地的非洲一带的领属。

二、迦太基全面放弃在西西里、撒丁以及西班牙的海外领地占有权。

三、迦太基正式承认以马西尼萨为国王的努米底亚王国。

四、从今以后，迦太基不再向与罗马有同盟关系的国家或城邦挑起战端。

五、迦太基释放所有罗马俘虏。罗马在和约签订后释放迦太基俘虏。

六、迦太基留下 10 艘三层桨战船，其余战船和参战用的大象全部交给罗马。

七、在非洲内外，没有罗马的同意，迦太基不得发动战争。

八、和约生效前，罗马军队驻留非洲的费用由迦太基承担。

九、作为赔偿金，迦太基向罗马支付 1 万塔兰特，以 50 年为限，分期支付。

十、在确保迦太基遵守与罗马签署的和约前，作为人质，由西庇阿挑选 100 名 14 岁至 30 岁的迦太基人送往罗马。

比较扎马会战前后西庇阿提出的和谈条件，我们不禁为两者之间的差距之大而深感震惊。

第一、第二和第三项与会战前西庇阿提出的第一、第三和第四项完全相同。第四项是罗马对以前所有战败国都会提的条件，不只针对迦太基。

第五项也是与任何国家之间签订的和约中必定会有的一项。

第六项的意思是解散迦太基海军。只是扎马会战前，迦太基留下 20 艘，扎马会战后改成留下 10 艘，其余战船全部交给罗马。

问题应该是第七项。这才是扎马会战失败的真正后果。迦太基不得发动任何战争，即使是自卫，也必须得到罗马的许可。也就是说，迦太基失去了主动交战的权利。这样一来，迦太基称不上是一个完全独立的国家。

第八项与扎马会战前的第六项完全相同，也是和约中必定会有的一项。

至于有关赔偿金的第九项，比扎马会战前翻了一倍，从 5 000 塔兰特增加到了 1 万塔兰特。但是，因为期限是 50 年，折合成每一年，迦太基需要支付给罗马的只有 200 塔兰特。换算成日元相当于一年 2

亿日元。

第十项是向罗马送100名人质。后来这成了罗马人常用的一种手段，只是这些所谓的人质除了不能按自己的意愿随时回国，其余方面和享受奖学金的留学生完全一样。挑选年轻人也是出于这样的目的。罗马人喜欢挑选曾经的敌国的统治阶层的子弟，也就是曾经的敌国的统治阶层预备军，让他们在罗马学习，把他们培养成亲罗马者。说是人质，与牢狱没有任何关系。罗马人心目中的人质就是把他们安置在合适的人家里，像对待家人一样对待他们，让他们和这家的孩子一起在家庭教师的教授下学习。

作为日本人，我最感兴趣的是，在这里只有胜者和败者这一事实，没有正义和非正义之分。他们不会认为战争是犯罪。如果对战犯进行审判的话，汉尼拔当之无愧应该是头号战犯吧。

的确，和约的内容有些苛刻。但是迦太基不像有些加盟罗马联盟的罗马同盟国，不仅部分领土遭到没收，成为罗马的国有土地，必须向罗马支付租地费才能耕种这些土地，而且还要承担为罗马联盟军提供兵力的义务，也不像西西里那样变成罗马的行省。虽然迦太基交战权利受到限制，海军事实上也被解散，但是，作为自治国，其余的一切都保留下来了。对于迦太基的内政，罗马也不加干涉。从后来罗马与马其顿、叙利亚之间缔结的和约内容来看，很难说罗马只对迦太基苛刻。

罗马人把第二次布匿战争叫作“汉尼拔战争”，可见，第二次布匿战争是迦太基方面挑起的。尽管首先宣战的是罗马，那也是因为汉尼拔设下的圈套太高明。考虑到16年间，罗马付出的代价——超过10万人的阵亡者、多达10人以上的执政官级武将的死，迦太基作为战败国，补偿的分量实在太轻，轻得让人难以相信。由此可见，罗马人在与失败国缔结和平条约时从来没有报复的念头。我想，这多少受西庇阿为人的影响吧，因为，和谈条件是他提出来的。当然，我们也不能忘记罗马人的性格。他们在公民大会上对这一和谈条件也没有提出任何异议。

罗马与迦太基之间缔结的和平条约或许有些苛刻，但是，它既不是为了报复，也不是正义者对非正义者做出的惩罚。因为在古代，战争从来没有正义与非正义之分。战争不再是胜者与败者的区分，而是定义为正义与非正义，不知道是什么时候开始的。但是，即使战争被定义为正义与非正义，也并没有因此消失。战争是人类难以摆脱的噩梦。

对于这一和谈内容，迦太基方面有不少有权势的人表示难以接受，其中态度最鲜明的是和西庇阿有过两次交锋却都吃了败仗的、未参加扎马会战的吉斯戈。

吉斯戈站在议会厅的讲坛上准备驳斥和谈内容。这时，汉尼拔腾地从议席上站起来，走近吉斯戈，一把揪住吉斯戈的衣服前襟，把他拖下了讲坛。看到汉尼拔这一野蛮的举动，在场的所有人不禁大吃一惊，会场出现了短暂的静寂。汉尼拔大概也意识到自己做得有些过头，放开了吉斯戈。他说：

“我在9岁那年离开祖国，到今天已经36年。这36年里，我的人生是在营地和战场上度过的。我不懂城市生活，但是，我很清楚在战场上应该怎么做。”

汉尼拔为什么如此希望与罗马讲和，我们不清楚。因为，他没有留下只言片语，我们只能依靠我们的想象。

我想，也许所有亲兵无一幸免地战死沙场，不仅让他深陷绝望之境，而且他也因此成了光杆司令。还有，汉尼拔早已习惯对战场上的情形做出冷静客观的判断。此时的他已经意识到，失去了精锐士兵的迦太基，仅靠雇佣兵这样的乌合之众，绝无可能战胜西庇阿。

汉尼拔没有再动手，但是，他也没有停止继续发言：

“现在，你们能做的事情不是玩弄舆论，而是接受。考虑到我国的现状，你们应该觉得西庇阿的提议并无不妥。”

迦太基有势力的人只好点头称是。迦太基方面接受了和谈内容。在罗马，元老院和公民大会也一致通过，没有要求额外追加条件。相隔 16 年后，两国再次迎来了和平。

看到和约已经签订，西庇阿率领属下全体罗马士兵，离开了迦太基，走海路，先到西西里，然后横渡墨西拿海峡，登陆意大利本土。在本土，沿陆路直奔罗马。

年轻的凯旋将军西庇阿骑着白马一路向前。沿途的人们在他经过的时候，纷纷向他献上鲜花，欢呼声此起彼伏。一路上，迎接他的人群络绎不绝，直到他回到首都。与胜利相比，罗马人和意大利人更是为和平回归而庆贺。

普布利乌斯·科尔涅利乌斯·西庇阿从此被人们尊称为“阿非利加努斯”，意思是“征服非洲的人”。我想，对于 33 岁的西庇阿·阿非利加努斯来说，从战胜汉尼拔的公元前 202 年到凯旋罗马的公元前 201 年大概是他一生中最风光的时候。第二次布匿战争就这样结束了。

第七章　布匿战争以后

（前200—前183）

现代研究者中，除了那些幸福的人一口断定古代 = 奴隶制社会 = 榨取，因此认为古罗马不好以外，几乎没有人认为公元前 200 年以前的罗马人不好。

我在《罗马人的故事》丛书第一册《罗马不是一天建成的》中提到，从台伯河畔的 7 座小山丘到卢比孔河以南的意大利半岛，罗马人用了 500 年的时间才得以统一。与现代意大利版图相比，那不过只是一半领土而已。根据这一情况，我们不能把他们统一意大利半岛的行为看作侵略。还有，对于那个时代的罗马来说，对外关系采用的是罗马联盟。无须汤因比的赞誉，罗马和各同盟城邦之间的关系，不是统治与被统治的关系，而是共存共荣的关系，因此，罗马才能够在第一次和第二次布匿战争中取得最终的胜利。在第二次世界大战后，英国的研究者中甚至有人把英国和旧殖民地各国之间缔结的英联邦关系等同于此。

在本书一开头我就提到过，从意大利半岛和西西里的地势上来看，把第一次布匿战争定义为侵略战争也有些勉为其难。至于第二次布匿战争，罗马方面完全是出于自卫。任何民族都有权抵御入侵本国的敌人而进行自卫。

接下来，我要说的是公元前 200 年以后的罗马人。对于此后的罗马人，谴责派要开始横加指责了。

谴责派的理由是公元前 200 年以后，罗马选择了帝国主义路线。“帝国主义”这个词让人感觉很熟悉，日语词典的解释是，出于政治、经济和军事目的，图谋本国发展的侵略主义。

“Imperialism”一词的意思是“帝国主义”。最早使用这个词是在进入19世纪以后，也就是产业革命以后。古代没有这种说法，甚至遭到罗马“侵略”的民族之一希腊人也从来没有用过这个词。

拉丁语“Imperium”的意思是“绝对主权”。以此词为词源，造出来的词就是“Imperialism”。那么，罗马人的“帝国主义”究竟是什么？他们是怎样开始帝国主义的？还有，这一时期罗马人的“帝国主义”与后来的“帝国主义”是否是风马牛不相及？

扎马会战的功臣西庇阿的凯旋仪式欢庆气氛尚未结束，以雅典为首的希腊城邦的代表来到了罗马。他们访问罗马的公开目的是祝贺第二次布匿战争的胜利，但是，在元老院的议事厅，他们除了向罗马元老院表示祝贺外，更是控诉了马其顿王国的行为，说它侵略自己，希望依靠罗马的力量阻止它。

罗马元老院有一种制度叫“第一人”制度。占据这一位置的人不是议长，而是元老院300名元老中有权最先或最后发言的那个人。也就是说，在掌握罗马国政的元老院中，影响力最大的就是这个“第一人”。直到公元前203年去世，费边一直占据“第一人”的位置。年龄70岁上下，又是针对汉尼拔的战争，提出了持久战术的首创者，因此，费边占据“第一人”的位置顺理成章。但是，第二次布匿战争结束后，被选为“第一人”的是34岁的西庇阿。元老院在授予这位救国英雄“阿非利加努斯”的尊称的同时，还把他选作了元老院的“第一人”。当然，如此年轻的“第一人”是个特例。在此后的近15年里，罗马元老院的对外政策几乎都是在这位西庇阿·阿非利加努斯的主导下展开的。

虽然受到战争胜利的鼓舞，但是罗马的对外政策并没有一下子变为霸权主义。西庇阿知道，在他回罗马时，沿途等候的人们向他投掷鲜花，不只是庆祝罗马的胜利，同时也是庆祝和平回归的一种表现。因此，希腊城邦的代表们提出军事帮助的要求，让元老院非常为难。

以西庇阿为首的元老院决定先通过对话解决这个问题。

在第二次布匿战争的16年间，埃及保持了善意的中立。为了向托勒密王朝表示感谢，元老院派遣由四位执政官级的元老组成的使团正前往埃及。元老院当即命令其中一人转而前往马其顿王国首都佩拉，希望通过与腓力国王直接对话来阻止马其顿采取军事行动，但是，对话没有成功。马其顿军队开始南下，很快逼近雅典。事已至此，罗马必须立刻做出决断。

除了马其顿，在罗马苦战汉尼拔的时候，希腊各城邦都是坚定的同盟者。公元前216年坎尼会战后，马其顿国王腓力曾经向胜利者汉尼拔提出结成统一战线的愿望。在他们缔结同盟后，希腊各城邦响应罗马的号召，参与了在第一线封锁马其顿军队的战斗。同盟国有难，前去支援，这是罗马不可更改的法则，而且，此时受敌威胁、陷入困境的是希腊各城邦，它们是罗马在困难时期给过帮助的国家。罗马肩负着双重的帮助职责。

同时，元老院也认为有必要给马其顿一点教训。马其顿曾经与汉尼拔结成统一战线，好在最后没有实现。但是，如果实现了，罗马会是怎样的呢？而且，马其顿国王腓力后来尽管与罗马缔结了和约，但是，扎马会战时，应迦太基的请求，马其顿派去了雇佣兵。只是，罗马既然可以承认迦太基作为一个独立的国家存在，自然不会想过要消灭马其顿，因此，元老院全体元老达成的一致意见是有必要给马其顿一点教训。

但是，公民大会反对元老院的这一决定，理由是本国安全并未受到威胁。虽说是为了支援同盟国，公民大会还是持反对态度，投赞成票的百人组一个都没有。可以看出，第二次布匿战争刚刚结束的这个时期，罗马人从心底里希望和平。

但是，掌握国政的元老院没有因此退让。当选公元前200年度执政官的加尔巴走上演讲坛，向公民发出了呼吁。演讲的主要内容如下：

> 如果汉尼拔攻打萨贡托的时候，我们立刻前去支援，第二次布匿战争的战场一定不会是意大利而是西班牙，就像我们应墨西拿的请求立刻赶去支援，使得第一次布匿战争的战场留在了西西里一样。当我们的同盟城市萨贡托向我们请求支援时，罗马希望通过与汉尼拔对话解决问题，结果贻误了时机，使意大利变成了战场。我相信，在场的每一个人都不会忘掉这漫长而艰难的16年。
>
> 马其顿国王腓力现在对雅典的所作所为，与19年前汉尼拔对萨贡托做的事情如出一辙。汉尼拔从成功攻占萨贡托，到入侵意大利，用了5个月的时间。但是，如果我们坐视马其顿国王攻占雅典，他从科林斯到意大利，在海上的时间只需要5天。问题已经出现，我们要尽早解决。等敌人进入自家的院子，一切都为时已晚。

执政官加尔巴的演讲结束后，公民大会重新进行了投票。这次公民大会以多数票赞成通过了向马其顿宣战的决议。只是这一决议有附加条件，就是派往希腊的军团为志愿兵。由此可见，不是所有人都同意这次军事行动。

马其顿国王得知罗马军事介入的消息后，撤回了已经逼近雅典的军队。当然，他不是要终止军事行动，而只是把侵略的目标从南部的雅典转移到了东部的帕加马和罗得岛。

对罗马来说，情况没有因此改变。罗马对马其顿实行封锁策略的时候，雅典是罗马的同盟国，同样，帕加马和罗得岛也是罗马的同盟国。

罗马没有理由拒绝军事介入。就这样，罗马开始一点点地向希腊境内深入。这在某种意义上不能不说想法单纯的罗马人被工于心计的希腊人利用了。

希腊化诸王国

公元前 323 年，是亚历山大大帝英年早逝的一年。这一年他 33 岁。他用短短 10 年的时间实现了横跨欧亚地区的称霸。在他死后，他那幅员辽阔的帝国被他手下的部将们分割了。

由此诞生了马其顿的安提柯王朝、叙利亚的塞琉古王朝，以及埃及的托勒密王朝，还有规模略小的王朝帕加马。此外，在希腊，照例是众多城邦分而治之。

在文化方面，后世的我们知道，以埃及的亚历山大为中心，这一时期，留下了灿烂的文化遗产。甚至我们称这一时期为“希腊化时代”。但是，在政治方面，从公元前 323 年直到被罗马征服的 200 多年间，这些希腊化王国是在一次次缔结同盟又一次次对立中度过。首先是刻在纪念币上的诸王侧脸，他们的容貌出奇地相似，不能不让人感到惊讶。其次是“克娄巴特拉”这一女性的名字。除了埃及，叙利亚和帕加马人中取这个名字的人也出奇地多。应该说，这是各王国之间频频通婚的结果。

希腊化诸王国的统治者终究是希腊人，即使他们超越国界，相互间的交流盛极一时，在国内却始终保持了东方的特点，国民等级依然森严，没有丝毫改变。亚历山大大帝曾经希望加强各民族之间的交流。但是，令人啼笑皆非的是，当希腊世界的主角还是与大帝一样的希腊人时，他的这一宏伟意图没有能够实现。

在希腊人统治的埃及和叙利亚等地，被统治的东方民族由于习惯于接受统治，所以没有出现任何问题。但是，在马其顿王国，被统治者是希腊人，是尚不习惯被统治的民族，因此，统治者和被统治者之间的关系一直都很紧张。因为，作为被统治者的希腊人是一个有一百个人就会有一百种意见的民族。

希腊人见证了雅典的衰落，也未能维持斯巴达霸权。在亚历山大大帝父亲的时代，希腊曾经一度屈服于马其顿的军事力量。但是，到了公元前 3 世纪至前 2 世纪的这个时期，希腊南部诸城邦结成了阿卡亚同盟，希腊中部各城邦也结成了埃托利亚同盟。它们与统治者马其顿王国之间的对立关系始终没有得到改善。同时，由于斯巴达和雅典时而加入同盟时而退出同盟，所以也从来没有出现全希腊人团结一致、共同对抗马其顿的局面。当然，即使他们团结起来，仅靠他们自己的力量，也不足以战胜马其顿。尽管如此，希腊人独立自主的精神不允许他们心安理得地生活在马其顿王国的统治之下。

于是，希腊人把视线转向了新兴的罗马。他们想，如果罗马帮助他们赶走马其顿，他们就可以恢复自由和独立。只是罗马人虽然有心教训马其顿，却无意彻底灭亡马其顿。这一出发点的不同，使得始于公元前 200 年的希腊战争变得错综复杂。

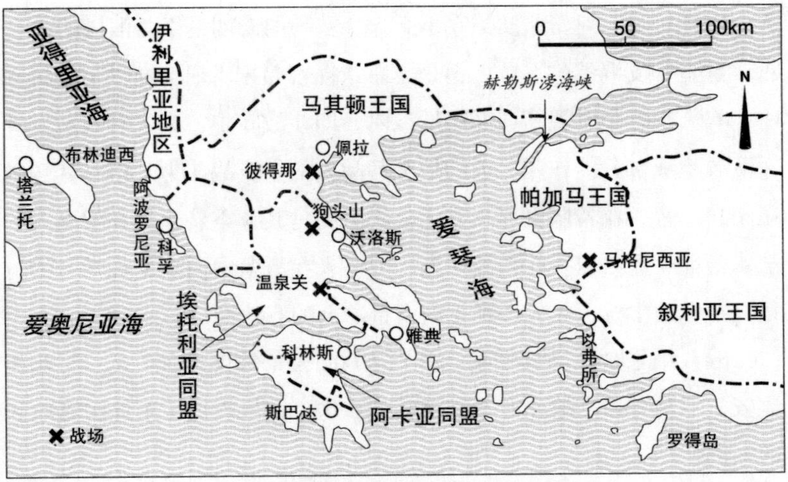

公元前3世纪至前2世纪的希腊世界

罗马人对希腊文化的热爱也导致了罗马在希腊的军事介入变得越加复杂。西庇阿和昆克蒂乌斯・弗拉米尼努斯都是罗马人中有名的希腊迷，他们一个在元老院已经拥有无形的势力，一个是第一次希腊战争的直接参与者。对他们来说，正因为抗击马其顿的是雅典，所以他们甚至有意加入义勇军，从马其顿的压迫下解放希腊诸城邦。刚过30岁的最高司令官弗拉米尼努斯好像从心底里相信这一点。

马其顿军队和罗马军队之间的第一场战斗发生在公元前197年，战场是色萨利地区的狗头山（希腊语为基诺斯山。——译者注）。罗马军队的总兵力是2万人，其中一半士兵来自罗马和罗马联盟，另一半士兵来自希腊各城邦。马其顿军队的兵力是2.6万人。此时距离罗马决定军事介入已经过去了3年，参加战斗的罗马士兵只有区区1万人。由此可见，对希腊实施军事介入，罗马的态度是极其消极的。

这是一支混编的军队。但是，总指挥官弗拉米尼努斯手下的将领中，有人很好地掌握了西庇阿的战术，即在战斗中，通过有效地发挥军队各组成部分的作用，成功地瓦解敌人的主要战斗力。由马其顿国王亲自率领、在希腊世界享有无敌之名的马其顿重装步兵在罗马人的战术面前一退再退。在西地中海，罗马人在战争中向汉尼拔学习的时候，在东地中海，无人怀疑正面力量冲突的有效性。

战斗结果是，马其顿军队阵亡 8 000 人，被俘 5 000 人。与此相比较，罗马方面的战死者不过 700 人。这一结果震惊了东地中海地区的人们。

马其顿国王腓力五世逃回马其顿领地后，提出了休战的请求。一方面是为了埋葬战死者，另一方面他希望进行和谈。罗马最高司令官弗拉米尼努斯接受了他的这一请求。但是，参加罗马军队的埃托利亚同盟诸城邦不满他的决定，它们主张乘胜攻打马其顿领地，彻底消灭马其顿王国。它们还抗议说，罗马人在开战前还能听取希腊人的意见，战斗结束后却要独断专行。对此弗拉米尼努斯回答说：

“罗马人的传统在于包容失败者。我们对扎马会战的败将汉尼拔的态度，已经证明了这一点。

“彻底消灭失败者不是罗马人的做事风格。对待武装的敌人，我们要用武装起来的决心对付他们。但是，对于主动解除武装的失败者，我们也应该解除他们心里的武装。这是我们一直遵循的做法。作为我来说，既然被授予了罗马军队指挥权，现在的任务就是要继承这种做法。

“如果我们消灭了马其顿王国，那么，面对时常威胁希腊北部的凯尔特人和达契亚人，谁来保卫希腊？我认为希腊人应该心胸开阔地寻找与马其顿王国共存的道路，以确保马其顿今后不再侵犯希腊。”

这年冬天，罗马与马其顿签订了和平条约。内容如下：

一、彻底恢复希腊人居住的城市完全自治，马其顿国王尊重它们自治。

二、马其顿把自己统治下的马其顿王国之外的领地全部交给罗马，第二年入春前，全部撤离驻扎在这些地方的马其顿军队。

三、马其顿留下 5 艘战船，其余的全部交给罗马。

四、今后，马其顿军队的士兵不得超过 5 000 人。

五、没有罗马的允许，马其顿不得在本国领土以外的地方作战。

六、作为赔偿金，马其顿向罗马支付 1 000 塔兰特，和约签订之时支付 500 塔兰特，余下的分 10 年付清。

七、不得向罗马同盟国帕加马和罗得岛发动战争。

八、国王的次子德米特里乌斯作为人质被送往罗马。

九、承认雅典对利姆诺斯等岛屿的管辖。

和平回归了，而且，正像大多数希腊人希望的那样，在阻止马其顿王国侵略行为的前提下，和平得到了回归。但是，希腊人对此依然半信半疑。罗马是胜利者，打败了亚历山大大帝光环下的马其顿。随后罗马会怎样对待希腊呢？说是承认希腊自治，但是这会是真的吗？在东地中海，胜利者就是法律。

第二年，即公元前 196 年，根据惯例，科林斯将举办盛大的体育赛会。罗马的得胜将军弗拉米尼努斯将出席这一盛会的消息很快传遍了全希腊。

科林斯体育赛会不是纯粹的体育竞技活动，它同时也是一次峰会。希腊诸城邦有权势的人将会聚一堂，讨论各种问题。现在，弗拉米尼努斯竟然要来参加这样的活动。希腊人都认为，负责希腊战事的罗马军最高司令官来科林斯不可能只是为了观看比赛。

接下来的内容，我想根据那一年刚满 7 岁的波里比阿后来写的《通史》来进行描述。阿卡迪亚是阿卡亚同盟的加盟城市。波里比阿出身在阿卡迪亚一个有权势的人家，因此，即使他没有参加当年的体育赛会，也有可能从出席者那里听到许多事情。

这一天，科林斯露天体育场里挤满了观众，全希腊有权势的人都来了。他们和往年不同，对眼前正在进行的比赛丝毫没有兴趣，只是坐在观众席中专注于谈话。

罗马人说过承认希腊人自治。但是，他们应该会驻扎军队吧？如果不让他们在有名的城邦驻扎军队，他们也许不会放弃战略要地吧？年贡的要求会是怎样呢？希腊的独立会是什么样的？希腊人的自由又会是什么样的？

他们翻来覆去地重复着这些问题，凭臆测讨论来讨论去，没有任何结论。

竞技比赛结束后，提图斯·昆克蒂乌斯·弗拉米尼努斯所在的正面观众席里站起来一个人。他带着司号手，要向在场的所有人传达指令。号声传遍了体育场的每个角落，他要求全体观众肃静。整个体育场一片寂静，只有这个人的声音在体育场的上空响起。

罗马元老院及总司令弗拉米尼努斯在这里向各位宣告如下事宜。

从即日起，希腊人彻底恢复自由。希腊各城邦对罗马不承担缴纳年贡和租税的义务。依据各自的法律，享有完全的自治。不承担向罗马提供军事基地的义务，罗马军队撤出全希腊。

刹那间，体育场爆发出一片欢呼声，盖住了此人的声音。有人坐在体育场的角落，没有听清这番话，有人怀疑是自己的耳朵听错了。他们要求此人重复一遍他说过的话。于是，这个人站到体育场中央，重复了弗拉米尼努斯的告示。

这太出乎希腊人的意料了，他们难以置信。他们不敢相信，身为异族的罗马人，为了拯救深陷危机的希腊人的独立和自由，自己出资，流血战斗，最后却无任何要求，撤出全部军队。

以往的体育赛会上，竞技比赛结束后，人们会拥向赢得比赛的人，向他表示祝贺。这是人们已经见惯了的情景。然而，这一天没有一个人前去祝贺胜利者。出乎他们意料的告示内容，竟然让平时不苟言笑的老人变成了欢天喜地的少年。所有人都兴高采烈，欣喜若狂。

人们纷纷拥向弗拉米尼努斯。如果没有罗马士兵牢牢守在他身边，也许他难逃被挤扁的厄运。这一年弗拉米尼努斯34岁，他的希腊语讲得很地道。所有人都希望尽可能地靠近他，希望一睹这位罗马统帅的风采，他们甚至希望能触碰到他的身体。弗拉米尼努斯被挤得东倒西歪，好不容易才从体育场脱身。

罗马人遵守自己的承诺。两年后，最后一批罗马士兵撤离了希腊。与此同时，弗拉米尼努斯的愿望也得到了实现。这是他拜托希腊人做的唯一一件事。

20 年前的坎尼会战中，被汉尼拔俘虏的罗马士兵，因为罗马拒绝支付赎金被悉数卖到希腊为奴。他希望希腊人为罗马找回这些俘虏。希腊方面想尽一切办法，最终找到了 1 200 人。20 年前的 8 000

人，在希腊经过20年的奴隶生活，只剩下了这1 200人。此时他们的身份是奴隶，需要向奴隶主赎买。希腊各城邦为了向罗马和弗拉米尼努斯表示感激之情，承担了这些费用。弗拉米尼努斯凯旋罗马，并带回了坎尼会战的老兵——他们在20年后重新踏上了祖国的领土。

罗马以为希腊的问题就算解决了。因为罗马已经狠狠地教训了马其顿，希腊各城邦不必再担心马其顿的威胁。

但是，所谓介入，无论是政治的还是经济的，或者是军事的，还是其他什么，与对方之间的关系都会很深，而且这种关系不可避免地会持续下去。

根据现代学者的研究，在西庇阿·阿非利加努斯的影响下，这个时期的罗马元老院采取的对外方针称得上是稳健的帝国主义，与迦太基和马其顿签署的和约内容充分显示了这一倾向。理由如下：

一、罗马掌握霸权。

二、为此，其他强国的军事力量下降到仅满足自卫的水平。

三、但是，因为罗马不是军事占领，所以罗马不设军事基地，也不驻扎军队。

四、承认各国完全的国内自治。

五、同时，希望各国在和平的环境下，保持经济上的繁荣。

这个时期，地中海世界的所谓强国，除了霸权国家罗马，还有迦太基、马其顿以及叙利亚和埃及。西庇阿提倡的“稳健的帝国主义”，是指在罗马的霸权下，所有独立的国家共存共荣，因此出现了一个概念叫“罗马统治下的和平”。只是罗马的统治始终采用稳健的形式。

美中不足的是，不管什么事情，采用稳健的做法必须双方态度一致，如果一方不同意，稳健就无法实现。各强国对于承认罗马霸权，并遵从罗马霸权的要求，是如何想的呢？迦太基是如何想的？马其顿是如何想的？还有尚未与罗马交过手的叙利亚和埃及又会怎样想？

迦太基在第二次布匿战争中失败后，开始恢复国内的经济建设。汉尼拔一马当先。

自古以来，迦太基习惯于用增加税收的办法来弥补财源的不足。汉尼拔没有沿用这样的传统，他采用了节流的方式。一方面节约经费，同时调整开支，以此施行经济重建政策。这一做法效果显著，却也为他树立了敌人。汉尼拔虽然只担任过军队的最高司令官，却是个自信心十足的人。这样的人通常会犯一个毛病，即习惯采用强制手段，即使他的做法是正确的。汉尼拔也犯了这样的毛病。迦太基人从来不擅长制造统一国家的舆论，经过 6 年时间，他们终于不愿意再忍受汉尼拔严厉的做法。

反汉尼拔派向罗马投诉。据说，投诉的理由是汉尼拔与叙利亚国王内外勾结。

罗马决定派考察团前往迦太基，名义是考察非洲现状。汉尼拔不相信这一说法，于是年已 51 岁的汉尼拔只身离开了祖国。他趁着夜色策马来到海边，登上了事先准备好的船，目的地是叙利亚。据说他要投奔叙利亚国王安条克。也许这个流言是真的。不管怎样，汉尼拔离开后的迦太基再也没有人对祖国置于罗马霸权下心怀不满。

屈服于罗马军事力量的另一个强国马其顿，其国王是腓力五世。这个人物的性格非常有意思。

他出生于公元前237年，比西庇阿年长2岁。在与罗马将军弗拉米尼努斯交战中落败后，与罗马签订了和约，承认罗马霸权。这是公元前197年的事情，那一年，他40岁，登基王位已经超过20年。在处理复杂的希腊化诸王国关系问题上，他可以说是驾轻就熟，同时，他又具备对现状敏锐的洞察力。当然，他表现出来的敏锐洞察力和丰富的经验只是表象，内心还怀有极高的自豪感。他为自己是亚历山大大帝之后的继承人深感自豪。

他在与弗拉米尼努斯率领的罗马军队作战中，一败涂地，不得不与罗马签订和约，承认胜利者提出的条件。当时，他曾经说过这样的话：

> 独立的公民人数越多，这个国家就越强大，耕地会修整得更彻底，国家会更加富裕。但是，希腊的现状与此相去甚远。
>
> 我们最好看一看罗马，它推行自由的社会形态。在那个国家，连奴隶都是社会的一员。一旦需要，可以授予他们公民权。不仅授予他们公民权，还会选举他们担任公职。常常是，我们以为某个人是根红苗正的罗马公民，却不料他的父辈还是奴隶身份。
>
> 因此，我们不得不随时面对新的罗马人，就好像他们是从地下突然冒出来的一样。通过采用这样的方式，罗马已经变得非常强大。对于这样的罗马人，又有谁可以战胜他们呢？

马其顿国王腓力在公元前216年坎尼会战之后，曾经向胜利者汉尼拔提出结成统一战线，共同对抗罗马。应该说，那是非常失策的一件事情。但是，这件事情已经过去了20年，腓力也早已成为希腊君主之首。然而，遇到罗马军队，刚一交手就一败涂地。为此，腓力不得不甘居罗马的霸权之下。这位英明的男人应该很清楚前因后果。甚至在和谈的会场，他对罗马方面的首席代表、坐在对面的弗拉米尼努斯说的话从不反驳，他很清楚自己只能承认弗拉米尼努斯的话很有道理。同时在他的内心深处，他对这位不需要翻译可以直接用希腊语谈判的罗马胜将颇有好感。但是，他依然难以平息心中的恼怒。与马其顿相比，罗马只能算是一个新兴国家。他恼怒自己作为马其顿的国王，竟不得不向新兴国家罗马做出让步。

腓力始终不能消除这种扭曲的心理。王子德米特里乌斯曾作为人质被送往罗马，回到国内时成了彻头彻尾的亲罗马者，他的这种心理终于爆发了。留在马其顿的长子珀尔修斯好像看透了父亲的内心，从不掩饰自己对罗马的反感情绪。好在腓力在世期间执行的是务实政策，罗马和马其顿总算一直和平相处。

打破罗马霸权下这种稳定局面的，不是屈服于罗马的迦太基或马其顿，而是罗马恢复了其独立和自由的希腊。这实在很有讽刺意味。

埃托利亚人生活在希腊中部，北方边界与马其顿王国接壤。公元前 197 年，罗马和马其顿实现和谈的时候，他们就心存不满。他们不能容忍罗马善待马其顿。他们甚至认为罗马背叛了自己，因为他们加入了罗马军队作战。只是以他们自己的力量无力抗衡马其顿。在这种情况下，寻求其他国家的帮助是希腊人的传统做法。

埃托利亚人向叙利亚国王安条克请求帮助。安条克看到马其顿王国的实力已经开始衰退，认为此时正是打击长期以来的对手马其顿、向希腊展示自己国家实力的好机会。看到同伴力量衰退，乘机落井下石是希腊化诸王国惯用的做法，而且此时叙利亚有汉尼拔。

针对罗马的策略，汉尼拔是这样向叙利亚国王进言的：

首先，主战场应该设在意大利境内。

为此，叙利亚国王向汉尼拔提供100艘战船、1万名步兵以及1 000名骑兵。汉尼拔带领这支队伍回迦太基，说服迦太基政府进军意大利。

与此同时，安条克率领余下的军队攻入希腊，乘着征服希腊的势头，登陆意大利。然后，汉尼拔自南向北，安条克自东向西，同时攻打罗马。

这一战略构思非常宏大，只是听起来可行性微乎其微。汉尼拔是否真的这样建议过，没有确凿的证据。不管怎样，叙利亚国王安条克做好了进攻希腊的准备。

最初，罗马希望通过外交途径解决这一事态，并于公元前193年派遣了以西庇阿·阿非利加努斯为团长的三位元老院元老组成的使团前往叙利亚。三人在小亚细亚西岸的以弗所见到了叙利亚国王。

交涉没有取得任何实质性的成果，但是，好像也没有战争一触即发的气氛。因为，罗马方面无意再次进行军事介入，而已50岁的叙利亚国王刚与一位年轻女子结婚，上战场的心情并不急迫。

据说就是这个时候，汉尼拔和西庇阿之间有了那样一段对话，即西庇阿问汉尼拔谁是最优秀将领的那段对话。如果这段插曲是史实，那么，这一年汉尼拔应该54岁，西庇阿42岁。距离扎马会战已经过去了9个年头。

当时，54岁的汉尼拔第一次在叙利亚宫中供职，各方面都不自由，而且自己的想法也不能如愿实施，为此他深感绝望。西庇阿比他小12岁，好像身患重病的样子。从年轻时候开始，西庇阿就时常大病缠身，不像汉尼拔身体壮实得像一块铁。以他们两人为主人公的时代帷幕正一点一点地落下。

两年之后的公元前 191 年，叙利亚国王安条克终于开始行动了。在希腊化诸王国中，叙利亚的塞琉古王朝拥有最大的领土。这一年，国王率领 6 万大军开始横渡赫勒斯滂海峡（今达达尼尔海峡），准备从亚细亚进入欧洲。

罗马已预计到与叙利亚之间的战争不可避免，因此，早已向公民大会提出，希望在不可避免的情况下同意罗马派遣军团实施军事介入。军事介入的理由有两个：一是埃托利亚人违反了同盟协议，二是为了阻止叙利亚国王对罗马在希腊的同盟诸城邦实施侵略行为。同时，元老院请求各国把军粮卖给罗马。既然要在海外作战，确保军粮供应是重中之重。

埃及答应提供小麦，但是，不通过意大利，准备直接出口到希腊。迦太基也传来消息，答应出口大量小麦和大麦，此外再无偿赠送 6 400 吨小麦和大麦。但是，元老院拒绝接受馈赠，说："罗马公民习惯使用自己付款购买的东西。"结果，这部分粮食所需的费用也付给了迦太基。

努米底亚国王马西尼萨也提出无偿提供军粮。元老院以同样的理由拒绝接受，选择了付款购买。但是，作为来自同盟国的参战者，罗马接受了努米底亚国王送来的 500 匹马和 20 头大象。

那么，马其顿国王腓力是怎样对待罗马提出的请求的呢？这是人们非常关心的问题。与大多数希腊人的预测相反，马其顿国王不仅答应出口军粮，甚至还要求提供经济援助和兵力支援。

对于马其顿国王提出的经济援助，罗马元老院拒绝了，理由与对迦太基及努米底亚一样。至于兵力和军粮，罗马接受了，并说如果能直接送到已出征希腊的执政官那里，将不胜感激。

有意思的是，第二次布匿战争结束后，迦太基以50年为限分期向罗马支付的赔偿金，还剩40年尚未付清。迦太基方面提出，这部分钱已经准备好，可以乘此时机一次付清，元老院竟然一口回绝了。这就充分证明，赔偿金分期付清与其说是出于经济上的理由，不如说是出于政治上的目的。因为只要战败方未付清赔偿金，就有希望继续维持和平。

罗马的准备工作可谓周密详尽，却似乎没派上用场。安条克到了希腊，与埃托利亚人会合后，军队的总兵力远远超过罗马军队，却在兵力处于劣势的罗马军面前，很快溃不成军。两军在德摩比勒隘口（直译为温泉关）交战，没用多久，罗马军队就已经胜出了。希腊化诸王国相信只要人数占优势，必能在战斗中胜出。但是，在西庇阿之后的罗马年青一代将领们灵活机动的战术面前，它们的军队只剩下失败一途。当罗马人因为汉尼拔而焦头烂额的时候，这些人只是在贪图享乐。结果，安条克在仅剩的500名骑兵的保护下，乘船逃回了小亚细亚。

没有人认为战争就这样结束了，因为安条克虽然吃了败仗，却是在本国领土以外的战场上。罗马有必要在亚细亚，也就是安条克的领土内，与安条克展开会战，最终彻底结束这场战争。

这是罗马军队第一次横穿亚细亚。尽管对手输给了自己，但是毕竟这个对手是叙利亚，是希腊化诸王国中最大也是最强的国家。为此，罗马决定抛出手中最重要的一张王牌。第二年，即公元前190年，罗马把西庇阿·阿非利加努斯派到了叙利亚战场。

安条克为了在亚细亚的土地上一雪前耻，正在集结超过8万人的大军，并借此显示作为塞琉古王朝之主拥有最大领地的气派。罗马事先得到了这一情报。此时的罗马无论怎样努力，最多只能派出3万人的军队。万一敌人的总指挥是汉尼拔，对罗马来说，情况将非常不乐观，因此，它不得不抛出西庇阿这张王牌。

四年前的公元前194年，西庇阿·阿非利加努斯第二次当选执政官。自从第二次布匿战争结束后，罗马认为紧急事态已经解除，于是，恢复了从前的体制。同一个人在10年内不得两次就任执政官。罗马采用的寡头政体，是少数人统治的政体。这种制度的特点是，一方面可以防止权力集中在某个人手中，同时，通过最大限度地使用统治阶层的少数人，可以充分发挥其作用。在苦战汉尼拔的年代里，罗马不得不对很多事情睁一只眼闭一只眼。幸运的是，那一切已经成为过去。

元老院不能破例推荐西庇阿再次就任执政官，于是决定采用第二次布匿战争中曾经对费边用的方法。费边曾经连任两届执政官，这在罗马是绝无仅有的一次。第三年，元老院没有理由让他再次连任，于是推选了费边的儿子就任执政官，费边作为参谋随行。总指挥权事实上由费边掌握。

现在元老院遇到了相同的问题。既然不能推荐西庇阿，就让他的兄长路奇乌斯就任执政官，西庇阿作为参谋随行好了。但是，路奇乌斯是个非常平庸的人，作为候选人，他几乎没有可能当选执政官。于是元老院公开宣称，推荐他为候选人是因为要派遣他伟大的弟弟西庇阿随军出征，因此，公民大会才同意路奇乌斯担任执政官。该年度的另一位执政官是雷利乌斯，他作为西庇阿的左膀右臂，曾经和西庇阿一起，从西班牙一直打到扎马。看得出来，直到这个时期，西庇阿对元老院和公民大会依然有影响力。

这一年，西庇阿·阿非利加努斯已经45岁，作为执政官路奇乌斯兄长的参谋，随军队离开了罗马。军队首先沿阿庇亚大道一路南下，目的地是布林迪西，全军将从这里离开意大利。西庇阿离开罗马的时候，军队只有步兵1.3万人，外加骑兵500人，计划到达希腊后，与上一年在温泉关大败安条克的罗马军会合。但是，得知西庇阿多年后再次出征的消息，曾经的部下早已在沿途等候，志愿加入西庇阿的军队。为此，士兵数增加了2 000人，此外还有50艘战船。

后世的我们受好莱坞制作的历史影片的影响，一说到罗马军队，往往以为加入军队的只有罗马人，在战场上作战的也只有罗马人。但是，事实上没有一个民族可以像罗马人那样，会吸纳其他民族加入自己的军队共同作战。当然，总指挥权掌握在罗马人手中是事实。还有，罗马公民兵一直都是主力也是事实。但是，大多数时候，罗马军队是一支“多国部队”也是事实。在意大利境内，有意大利中部的伊特鲁里亚人及意大利南部的希腊人参加；在北非有努米底亚人参加；在希腊，因为敌人是马其顿，所以有马其顿以外的希腊人参加；等等。

形成“多国部队”的原因之一是，在这一时期，符合服兵役条件的罗马公民权拥有者，也就是从17岁到60岁的罗马公民的绝对人数非常少，甚至不足30万人。还要减去无产者的人数。因为在罗马，服兵役等于公民的直接税，无须缴纳直接税的无产者不承担服兵役的义务。再加上，17岁到45岁的公民虽然是现役公民兵，但是，罗马不能让所有这些人连续数年都在服兵役。罗马必须有效地利用这有限的兵力。

第二个原因是，罗马希望通过抗击共同的敌人，使同盟诸国的人民从心底里产生与罗马同命运的一体意识。

此外，罗马人也知道，保障治安，建设公路和殖民城市，“完善基础设施”，提高生活水平，也是最好的防御。

因此，与行省相比，罗马人更喜欢同盟关系。因为，行省需要缴纳租税却没有提供兵力的义务，有同盟关系的国家不需要缴纳租税和年贡，却有义务提供兵力参加作战。现代研究者提到的“稳健的帝国主义”，既符合这一方针的推动者西庇阿的性格，同时也符合这一时期罗马的实际需求。

事实上，如果在附近没有同盟者的话，罗马不可能进军东方，与东方大国叙利亚作战。在远征东方与叙利亚国王作战的时候，除了来自罗马联盟加盟国的士兵，罗马军还有马其顿国王腓力和帕加马、罗得岛等同盟者。而且，在希腊，马其顿一手担负起了罗马军远征之际的军粮补给，在到达亚细亚以后，这一任务由帕加马接了过去。

到达希腊以后，西庇阿没有利用军队的威力一意孤行。在与叙利亚国王决战前，他必须避免兵力遭到损失，为此，他展开了外交攻势。扎马会战胜利者的名声在这个时候也起了很大的作用。

首先是对埃托利亚人。埃托利亚人是挑起这场战争的罪魁祸首。作为希腊民族之一的这个部族，在叙利亚国王于温泉关被罗马军战败逃回亚细亚后在希腊被彻底孤立起来。但是，他们的居住地是希腊中部一带。罗马军前往亚细亚，只要不走海路，这里是必经之地。西庇阿没有动用武力试图强行突破他们，而是决定把他们笼络过来。

只是埃托利亚人的罪孽实在太深重，当着其他同盟国的面，马上与他们签订和约不是明智之举，因此，西庇阿和他们签署了 6 个月的休战协议，理由是为了展开和谈。他要求埃托利亚方面派代表前往罗马进行谈判。对西庇阿来说，最重要的是确保与意大利之间有一条安全的补给线。

当然，他也没有忘记协调与马其顿国王之间的关系。

他派去了属下年轻的武将格拉古作为使节。格拉古是第二次布匿战争期间率领奴隶军团勇敢战斗的老格拉古的儿子。西庇阿本人则在马其顿方面提供军粮和武器的“事务层面”达成共识后，为了表示感谢，专程前往马其顿首都佩拉拜访了国王。

腓力和西庇阿年龄相仿，他们一个是承认罗马霸权的国家的国王，一个是霸权国家鼎鼎大名的统帅。据说，他们超越了这样的关系，在一起度过了亲密友好的时光。尽管已经人到中年，但是，西庇阿依然不失年轻时豁达、平易近人的特点，连性格并不外向的腓力也能够向他敞开心扉。就这样，在到达亚细亚前，西庇阿首先确保了自己队伍的稳定。

因为中间隔着爱琴海，所以，与叙利亚国王安条克之间的战争始于海战，目的是确保海路通畅。

这年夏季，罗马舰队与罗得的海军会合后，与叙利亚舰队展开了战斗。指挥叙利亚舰队的不是别人，正是汉尼拔。这场海战两军都投入了 100 艘战船。

不知道是因为汉尼拔不擅长海战还是其他什么原因，总之，叙利亚舰队输了这场战斗。后来双方又发生了一场海战，结果又是以罗马方的胜利而告结束。在第二次海战中，指挥叙利亚舰队的不是汉尼拔。但是，由于第二次海战的失败，叙利亚国王安条克失去了一直掌握在自己手中的爱琴海的制海权。通向亚细亚的道路在罗马军队面前打开了。

通过赫勒斯滂海峡，进入小亚细亚后，西庇阿和罗马全军就要开始南下。这时叙利亚国王派来的求和使者到了。原来安条克向黑海沿岸的比提尼亚国王请求支援，遭到拒绝后，失去了仅靠叙利亚一国与罗马作战的信心。这是西庇阿外交策略的一个成果。因为西庇阿事先已经带信给比提尼亚国王，说服他不要追随叙利亚。

叙利亚国王的使者就和谈问题提出了叙利亚方面的条件：

一、叙利亚放弃对小亚细亚地区与罗马有同盟关系的希腊诸城邦的领有，撤出军队，就像叙利亚国王安条克从希腊撤军一样。

二、赔偿罗马军战争费用的一半。

罗马军举行了作战会议，执政官路奇乌斯担任议长。会议认为这些条件不够充分，于是提出了罗马方面的条件：

一、无论和罗马是否有同盟关系，叙利亚国王全面放弃爱琴海全域和小亚细亚西岸所有希腊系城邦。

二、为了在希腊系城邦和叙利亚领土之间设立中立地带，叙利亚军撤离托罗斯山脉以西的小亚细亚全域。

三、作为战争的挑起者，叙利亚国王全额赔偿战争费用。

对于这些条件，叙利亚国王的使节回答说无论如何不能接受。他按照国王的命令，要求与西庇阿单独会谈。因为，躺在病床上的西庇阿没有出席作战会议。

见到西庇阿后，叙利亚使节转达了国王的意思，并说叙利亚将无偿释放之前海战中被叙利亚俘虏的西庇阿的儿子。希望利用西庇阿的威望放宽和谈条件，还答应将献上高额谢礼。

对于送回自己年轻的儿子，西庇阿表示感谢。但是，他没有接受谢礼。他说，作为送回儿子的回礼，也作为朋友，他要送给国王几句忠言。他说，与其在战场上解决问题，不如按照罗马方面提出的条件，订立和约，这样对叙利亚国王更有利。然而，安条克没有听从他的忠告。

罗马军队于是再次开始南下。叙利亚军开始北上。从小亚细亚西岸的以弗所进入内陆的地方是马格尼西亚平原。这里成了两军遭遇的战场。

原本汉尼拔和西庇阿有可能在马格尼西亚会战中再次相遇，却因为历史上并不少见的阴差阳错，使得这两位名将无缘二度交锋。

西庇阿因病没有参加战斗，汉尼拔被叙利亚国王安条克远远调离了战场，因为安条克没有能力用好汉尼拔，同时也因为汉尼拔不容易接受他人的指挥。

但是，从规模上来看，罗马军队在东方的第一场大战符合会战的条件。其时以马其顿雇佣兵为主力的叙利亚军队，加上从叙利亚全国征集来的士兵，组成了一支 6 万人的大军。此外，这支队伍还有 54 头大象。

另一方，以罗马重装步兵为主力的罗马军队，除了阿卡亚同盟，还有来自马其顿的希腊士兵，来自帕加马、罗得、努米底亚的骑兵，共 3.4 万人，此外还有努米底亚送来的 16 头大象。

尽管罗马方面的兵力只有叙利亚的一半，但是，最终的胜利还是属于罗马。这场会战的两军指挥都是二流战术家，都没有太出彩的战术。罗马军队之所以获胜，是因为将官们的战法灵活机动。罗马将官们熟悉西庇阿的战术，就连只负责指挥 2 000 人的将官也能运用自如，这不能不令人感叹。

这种情形与罗马军队和马其顿国王腓力之间进行会战时的情形一样。当时，因亚历山大大帝而闻名的马其顿重装步兵依然非常强悍，但是，马其顿的重装步兵只有面对正面进攻的敌人时才能发挥出威力。因为只要他们围成团，就会竖起长长的投枪，变成一只巨型的刺猬。从正面进攻，很容易被“刺猬”刺到。但是，被认为东方最强大的他们，对于来自侧面和背后的进攻就显得软弱无力。以西庇阿为榜样的罗马年轻指挥官们利用了他们的这一弱点。巨大的“刺猬”无法用上他们的刺，很快被击破。

叙利亚军队大败，步兵和骑兵的阵亡人数共计达 3.3 万人，罗马军队的损失不过 324 人。

叙利亚国王安条克勉强逃到了内陆的萨迪斯。塞琉古王朝尊称大帝的安条克成了没有士兵的国王，彻底失去了提和谈条件的资本。国王派出使节表示愿意无条件投降。这时西庇阿已经病愈，他对使节说：

> 我们罗马人知道，自己不过是在完成诸神交给我们的任务而已。因此，我们知道，无论诸神交给罗马人的事情结果是好还是不好，依靠的不是我们自己的力量，因此，结果好的时候，我们不会狂妄自大，结果不好的时候，我们也不会灰心丧气。如果你要了解我们罗马人的性格，最好的证人就是在你们阵营中的汉尼拔。
>
> 罗马军队通过赫勒斯滂海峡进入亚细亚的时候，正是罗马军队与叙利亚军队面临战斗冲突的时候，双方都表示了和谈的意愿。遗憾的是，叙利亚国王没有接受和谈的条件，这才导致了会战的发生。结果大家都已经知道了，就是现在这个情形。
>
> 双方的关系已经从对等的关系变成了胜者与败者的关系。但是，罗马人依然愿意用之前同样的条件，与叙利亚国王进行

和谈。

第一，罗马把叙利亚看成同盟国，承认叙利亚独立和自治，罗马军全部撤离叙利亚，前提是叙利亚军必须全部撤离欧洲。

第二，在亚细亚，以小亚细亚的托罗斯山脉为界，叙利亚承诺不侵犯西北部。

第三，作为战争赔偿，叙利亚向罗马支付1.5万塔兰特。（这里的塔兰特是埃维厄岛的塔兰特，与阿提卡地区的塔兰特相比，只有三分之二的价值。因此，与迦太基的1万塔兰特的赔偿金差不多同等价值。——引者注）1.5万塔兰特中500塔兰特要在和约签订之时付清，2 500塔兰特在和约内容取得罗马元老院和公民大会同意，和约开始生效后支付。余下的1.2万塔兰特以12年为限，分期付清。

第四，向帕加马支付400塔兰特的赔偿金。

第五，为了确保两国继续维持和平，作为人质，由罗马方面挑选20名叙利亚人的子弟送到罗马。

第六，对罗马来说，叙利亚国王保护下的汉尼拔是个危险人物，因此把他和埃托利亚的3位首领引渡到罗马。

说完这些条件后，西庇阿又补充道：一旦和约签订，叙利亚就是罗马的同盟国。今后，罗马将为尊重叙利亚国王和王国的安全负起责任。

叙利亚国王安条克接受了所有条件，只是汉尼拔在尚未被引渡到罗马就已经逃亡了，最初的目的地是克里特岛。西庇阿知道了这件事，但是，他没有派人追捕。

汉尼拔大概觉得漂浮在地中海的岛屿克里特并不安全，不久又亡命投奔了位于黑海沿岸的比提尼亚国王。罗马的势力发展到这里已是6年以后的事了。

在始于公元前264年的第一次布匿战争和公元前218年至前202年的第二次布匿战争中，罗马降伏了西地中海强国迦太基。公元前197年和前190年又分别成功制伏马其顿和叙利亚这两个东地中海世界的强国。埃及在当时盛况不再，在布匿战争期间已经成为罗马的友邦。

地中海世界的霸权已经完全属于罗马。首都罗马超越了罗马联盟盟主罗马的首都，变成了“世界的首都”。既然已经成为地中海世界的首都，各王国及城邦一旦有问题，就会派代表前来罗马请愿，要求霸主罗马做裁决。

作为战术家，西庇阿或许不如汉尼拔，但是，作为政治家，我认为他要优秀得多。

请读者朋友回顾一下我在《罗马人的故事01·罗马不是一天建成的》中讲到的“保护者”与“被保护者”之间的关系。那种保护者与被保护者之间的关系在罗马社会中根深蒂固。保护与被保护是相互的，保护者有时候也会变成被保护者。这就是罗马人非常现实又极其灵活的人际关系。

从公元前201年到前180年前后，西庇阿在元老院的影响力是毋庸置疑的。这个时期，西庇阿推行并实施的对外关系，我想大概就是“保护者”与“被保护者”的关系。

保护者当然是已经成为霸权国家的罗马，被保护者是承认罗马霸权并在罗马霸权下享受独立和自治的同盟国。罗马的责任是保护这些“被保护者”。

而且，就像罗马人社会中这一关系得以成立的基本要素是“信义”一样，罗马和同盟各国之间的关系同样既不是榨取，也不是利用，一定是信义。因此，后世的研究者们，特别是对统治的概念非常敏感的英国研究者，把这一时期罗马的对外政策称作“稳健的帝国主义”。

但是，这种稳健的帝国主义路线也有缺陷，那就是“保护者”和“被保护者”必须想法一致。也就是说，只要出现下列情形，这种关系就无法成立：

保护者说：政治、外交、军事方面的自由可能会受到限制，但是，绝对保证秩序和安全。

被保护者反驳说：自由，不然，死。

人类社会从西庇阿时代算起已经过去了2 200多年。直到现在，关于这两者想法的对或错尚无定论。

“稳健的帝国主义”在与其想法不同的“被保护者”们发生对立之前，罗马人内部先有了变化。这种变化的表面化的起因是这一方针的首倡者西庇阿·阿非利加努斯的下台。

审判西庇阿

一个成绩骄人因而位居最高地位的人，很少能避免别人的嫉恨，只是这种嫉恨不会一开始就以弹劾或中伤的方式表面化。嫉恨往往深藏在心里，等待时机的来临。这种时机往往就在对方暴露出软肋的时候，即便其实质原本无伤大雅。丑闻从来不会侵扰强者。

西庇阿被尊称为“阿非利加努斯”，长年占据元老院“第一人”的位置。每当出现突发事件时，他总被认为是罗马的最重要的一张王牌。他的软肋就是健康状况的恶化。

公元前 187 年，西庇阿打败叙利亚回到国内后，遭到了两位护民官的检举。最初，检举的对象不是西庇阿，而是他的兄长路奇乌斯。理由是，叙利亚国王安条克在和约签署当时支付的赔偿金 500 塔兰特用途不明。因为前面提到过的原因，罗马军队在叙利亚战场的最高司令官，虽然事实上是西庇阿，表面上却是路奇乌斯，西庇阿只是参谋。因此，表面上的责任人路奇乌斯成了被检举的对象。

西庇阿从一开始就知道，被送到被告席上的虽然是兄长路奇乌斯，但是，检举者真正的目标是自己。

对于检举者来说，他们并不在乎 500 塔兰特的用途如何，他们真正的目的是要把西庇阿赶下台。以公款用途不明作为检举理由，一方面可以让元老院内的西庇阿派不得不沉默，同时也最容易引起大众的关注。作为赶走政敌的策略，这确实是一个妙不可言的战术。

正因如此，此举更容易激起西庇阿的愤怒。本来他就比常人自尊心更强，再加上健康状况日益下降，使他的忍耐力大大降低。

元老院传讯证人的当天，路奇乌斯拿着军团出纳账簿来到会场，西庇阿和他一起也走进了会场。看到兄长翻着账簿准备解释，西庇阿阻止了他，并在元老院全体元老面前一把夺过用莎草纸订成的厚厚的账簿，嚓嚓几下就撕碎了，然后对着坐满元老院会场的人开口说：

“现在有人要检举我，普布利乌斯·科尔涅利乌斯·西庇阿。我不认为听信他们起诉的理由是罗马人应有的行为。不要忘记，如果没有西庇阿，检举他的这些人岂止是检举的自由，甚至连血肉之身也许早已不在了。”

战争史学家利德尔·哈特评价西庇阿此时的言论和做法时说，政治上极不明智，却是人类的本性。

西庇阿作为共和政体下的罗马公民，并不要求特别的地位，如王位。因为在征服西班牙的时候，曾经有原住民主动向他献出王位，但是，他拒绝了。他要求的只是希望大家尊重自己，尊重自己为祖国做出的贡献，而不是以追究500塔兰特的用途为名，试图赶他下台。

然而，扎马会战已经过去了15年。罗马人好了伤疤忘了痛的性格没变。人们把他的这番话看作他傲慢的表现。此时的西庇阿虽然年仅48岁，却因病痛的折磨难掩老态。

反西庇阿派乘机掉转方向，不再追究路奇乌斯有关赔偿金用途不明的事情，把检举的目标明确指向了西庇阿。会场内从传讯证人变成了审判。

元老院会场变成了审判西庇阿的法庭。第二天，两位护民官开始揭发被告西庇阿。当然，所有在场的人都知道，这两位护民官的背后有人在操纵事态的发展，此人就是一直反对西庇阿的反西庇阿派领袖马尔库斯·加图，即历史上所称的老加图。

两位护民官轮流发言，弹劾西庇阿。他们从公元前205年，即17年前，在西西里越冬的那个时期开始揭发。

当时，西庇阿作为执政官正在西西里一心一意地准备远征北非。有一天，西庇阿得到一个消息，说意大利南部城市之一的洛克里可能要揭竿起义，摆脱占领卡拉布里亚地区的汉尼拔的控制。于是西庇阿立刻率领3 000名士兵，紧急赶往洛克里，与洛克里城中的反汉尼拔市民里应外合，成功收复了汉尼拔据点之一的港口城市洛克里。

由于执政官西庇阿的任地在西西里，所以这次行动是他的一次越权行为。在当时，以费边为首，相当一部分人向他提出了质疑。后来，因为西庇阿在扎马会战中取得了辉煌的战果，人们淡忘了他的这一过错。相反，人们盛赞西庇阿是救国英雄。再加上，洛克里事件虽然属于越权行为，但是，收复洛克里毕竟是战略上的一次成功，因此，后来再也没有人提及这件事。然而，经过了17年以后的现在，检举者却旧事重提。护民官继续说：

叙利亚国王无条件释放了西庇阿被俘的儿子，让人很难不认为这件事情背后有什么交易。请问，真的是无条件吗？

还有，安条克有事情总要求直接和西庇阿谈判，从不理会其他人。我们知道，在叙利亚战场，西庇阿的职位不过是参谋，然而他却撇开总司令路奇乌斯，也不理会罗马的公民大会才是决定战争或战或和的主体，他的这种独断专行的做法除了独裁又是什么？

西庇阿自以为是的言行早在西班牙、在高卢、在西西里、在北非就已经很引人注意了。这次在希腊、在叙利亚同样表露无遗。

西庇阿有什么理由参加叙利亚战争？难道不是为了向东方所有王国的国王、所有民众显示，霸权国家罗马的主人就是他，是他一个人在支撑罗马吗？他参加这次战争，不就是为了向其他国家的人炫耀，已经成为地中海世界霸主的罗马，事实上不过是他西庇阿的影子吗？就好像要告诉人们，只要他一开口，罗马元老院就会按他的意思达成决议，只要他一眨眼，罗马公民就要驰骋沙场。

像这些没有事实根据的检举，与其说是检举，不如说是弹劾。审判的第一天在两位护民官的轮番揭发中结束。第二天由被告为自己做辩护。

第二天，两位护民官早早来到会场，在座位上等候被告的到来。在前一天的检举中，西庇阿只是默默地听着，始终没有反驳，这让两位护民官底气十足。这一天元老院会场挤满了人。人们纷纷赶来，准备听一听西庇阿将如何为自己辩护。但是，西庇阿没有做辩护。

这一天，西庇阿迟到了。他带着一大群朋友和被保护者（后援者）来到会场，挤满会场的人不由自主地为他们让出了一条路。他沿着这条通道向护民官走去，在护民官的座位前，西庇阿停下脚步，回头环视了一下会场。会场内一片寂静，人们在静静地等待他开口。病痛还没有伤及他在战场上练出来的洪亮的声音：

两位护民官及罗马各位公民，今天是我在北非扎马与汉尼拔和迦太基军队作战有幸取得胜利的第15个纪念日。在这样一个值得纪念的日子里，我建议让我们忘掉一切争执，大家团结一心，向诸神奉上我们的感恩之心。

现在我就要出发前往卡匹托尔山，向供奉在那里的以最高神朱庇特和朱诺女神及密涅瓦女神为代表的诸神表示感谢，感谢他们给了我和参加那次战役的所有罗马公民为祖国罗马的自由和安全竭尽全力的机会。

各位，如果你们愿意，我诚心邀请各位与我同行。希望各位和我一样对诸神心怀感激之情。因为从我17岁开始到已显老迈的现在，是罗马的各位公民给了我打破常规的机遇，让我有机会发挥自己的才能。

说完，没等人们开口回答，西庇阿就离开了会场。他的身后不只是他的朋友和被保护者，因为所有罗马人终于都想起来了。元老院元老站起了身，旁听的公民离开了会场，连书记员也放下了铁笔，跟随在西庇阿之后。会场里只剩下两位护民官和加图三个人。

以西庇阿为首的罗马公民组成的长长的队伍，遮住了从古罗马广场前往卡匹托尔山的平缓的坡路。

历史学家李维写道：这一天，身着托加长袍的西庇阿已经不见昔日的风采。他脑袋秃顶，身体羸弱。但是，公民对他的敬爱之情胜过第二次布匿战争结束从北非凯旋时，当时人们向三十几岁的年轻胜将发出喝彩声，并送上鲜花。李维还说：

“这一天，成了西庇阿灿烂辉煌的最后一天。”

第二天，西庇阿离开了罗马。在利特卢诺的别墅里过起了隐居生活。这座别墅是以前就有的，位于前往那不勒斯途中的沿海地区。他没有理会元老院的传唤，拒绝接受审判。

审判当天，兄长路奇乌斯代替西庇阿来到元老院，请求元老院因健康的原因允许西庇阿缺席审判。但是，护民官的态度非常强硬：

元老院及各位公民，现在，你们亲眼见识了西庇阿的妄自尊大。在他担任总司令、担任执政官的时候，你们一直被他看不起。现在，他已经是一个普通的人，可是，他仍然蔑视你们。不接受传唤就是无视元老院和公民。正是这无耻的西庇阿，才是共和政体罗马的耻辱。

护民官要求全体元老决定再次传唤西庇阿，还说，如果他不答应，就强行把他带来。

这时，年轻的元老格拉古站了出来，人们以为格拉古会声讨西庇阿。格拉古是坎尼会战以后，在罗马苦战时期，与费边和马尔凯鲁斯共同战斗过的一位将领的儿子，是曾经率领不服别人统率的奴隶军团艰苦奋战直至身亡的前执政官的儿子。罗马人中有很多人认为，抗击汉尼拔的人应该不只是西庇阿一个人。他们常常因为人们把罗马取得第二次布匿战争的胜利看作西庇阿一个人的功劳而心怀不满。格拉古也是其中一人。

然而，格拉古说出来的话出乎人们的意料，他试图说服元老院元老，没有必要继续追究西庇阿：

> 在诸神的庇护下，西庇阿为祖国做出了重大贡献。在共和国罗马，他拥有了最高的地位，深受人们的感激和敬爱。对于这样的一个人，现在，我们竟然想把他送上被告席。我们竟然想把他押到演讲坛下，强迫他倾听我们对他的弹劾和声讨，甚至想让他接受无心少年的恶骂。
>
> 这种事情不仅玷污了西庇阿的名誉，更是玷污了我们罗马公民的名誉。

格拉古的这一席话打动了元老院元老的心，他们决定停止弹劾西庇阿。

这一年到公元前 183 年的 4 年间，西庇阿就在利特卢诺的别墅里度过，没有再走近罗马一步。后来成功挤走政敌西庇阿的加图把持了罗马。

西庇阿把自己的女儿科尔涅利娅嫁给了公然为他辩护的年轻人格

拉古，生下了两个儿子提比利乌斯和盖乌斯。在我计划的《罗马人的故事 03 · 胜者的迷思》中，他们将作为主人公正式登场。他们是名将西庇阿的外孙，他们试图从根本上改革罗马社会。

公元前 183 年，西庇阿 · 阿非利加努斯在利特卢诺的别墅中去世，享年 52 岁。

巧的是，同一年，汉尼拔也在远离意大利，同时也距离迦太基非常遥远的黑海沿岸的国家比提尼亚去世了。原来，罗马军队的一个队长急于立功，向比提尼亚国王提出了引渡汉尼拔的要求。汉尼拔获知这一消息后，喝下了片刻不离身的毒药。就这样，绝世战术家在 64 岁的那一年走向了死亡。

汉尼拔最好的弟子，同时也是最大的敌人西庇阿，拒绝葬在阿庇亚大道沿线的西庇阿祖祖辈辈的墓地里，原因是墓地在罗马境内。西庇阿留下遗言，直译过来是这样的：

“不知感恩的祖国，你有何资格拥有我的遗骨。”

就这样，西庇阿和汉尼拔都退出了历史舞台。经历过第二次布匿战争的罗马人，除了身壮如铁、一直活到 84 岁的加图，已经没有第二个人了。罗马就要进入新的时代。

顺便提一句，西庇阿下台的导火索是用途不明的 500 塔兰特，直到最后，这些钱的去向也没有弄清楚。好像是兄长路奇乌斯在马格尼西亚会战后，在军团内举行了盛大酒宴，钱就用在了此处。但是，证明西庇阿蒙冤，贪污公款的罪名得到平反、西庇阿的冤屈得到澄清是在西庇阿去世两年以后的事情了。

那么，弹劾西庇阿的主谋加图为什么如此执着地要赶西庇阿下台呢?

当时，马尔库斯·波尔基乌斯·加图作为一个“新人”，是从地方的平民出身成功跻身首都政界的人物。这个年轻人曾经是位农民，当地的大地主、贵族瓦莱利乌斯·弗拉库斯发现了他，并把他推上了中央政界。这位年轻人学识丰富，而且能言善辩。瓦莱利乌斯想利用他与西庇阿所属的科尔涅利乌斯家族争夺主导权。

加图比西庇阿小 1 岁，在瓦莱利乌斯家族的支持下，顺利开始了他的事业。

公元前 205 年，当选财务监察官的加图前往西西里，视察正在为远征北非做准备的西庇阿的营地，提出西庇阿率领的军团用钱太过随便，于是检举了责任人西庇阿。只是，没过多久，西庇阿就去了北非，取得了扎马会战的胜利，成了救国英雄。为此，加图的检举不了了之。处女作的重要性是为以后所有作品打基础的，这一原理并非只适用于作家，也适用于其他领域。政治家加图使出的手法是继续弹劾当时的实权者。

加图即使在战场上战绩辉煌，也难与西庇阿相提并论，更何况，加图的战场只是元老院的会场，他的“战绩”是靠辩论取得的。

加图的演讲技巧无人能及。他不像西庇阿，演讲的对象是奔赴战场的士兵以及其他国家的统治者，他的演讲对象是元老院元老以及聚集在公民大会上的公民。他用来吸引人倾听他演讲的最好的方法有二：

首先是攻击他人，尤其是攻击有权势的人；其次是迎合罗马人的性格，罗马人喜欢意外和幽默。

例如，第二次布匿战争期间，罗马制定了一条法律，即《禁止奢华法》。取得第二次布匿战争胜利后，取消这一法律的议题提到了日程上。从法律上来说，《禁止奢华法》这一法律剥夺的是女人享受的权利，因此，加图反对取消这一法律。他的演讲是这样开始的：

“我不知道已经成为地中海世界霸主的罗马人，上面还有妻子这个霸主。”

会场内顿时一阵哄笑。

还有一个例子。有一位元老院元老在人前与妻子亲昵，遭人检举，说他的行为有损元老院元老的身份。加图赞成这一检举。于是，其他元老问他：“你和你妻子难道不接吻吗？”对此，加图的回答是这样的：

“当然接吻。但是仅限于打雷的时候，因此我非常喜欢雷鸣。”

会场内又是一阵哄笑。不过，话虽如此，结果又是怎样呢？元老们虽然喜欢听加图演讲，因为幽默，很有意思。但是，听归听，投票的时候则另当别论。因为战争已经结束，《禁止奢华法》最终还是被取消了。因为在人前和妻子亲昵遭到非议的元老，后来还是元老院元老。加图令人捧腹的演说出乎意料地与投票没有关系。不过，只有两件事情上他没有用他的幽默，这在他是很少见的：一是成功挤走西庇阿，二是迦太基灭亡成为现实。

西庇阿精通希腊语，有很高的希腊文化教养，非常人能及。他对希腊的热爱众所周知。但是，加图讨厌希腊，而且，他对希腊的厌恶与西庇阿对希腊的热爱同样出名。

他憎恨希腊文化传入罗马，认为这样有损罗马人原有的质朴刚毅。但是，在古罗马广场建起的第一座希腊式会堂，是他担任财务官时提议的。既然希腊的建筑式样好，当然可以引进，但是，希腊文明的精神再好也要拒绝，这就是加图的想法。这就好像日本精神与西方文化不能融为一体一样。他极力提倡罗马人不需要希腊哲学、美术和诗文。移居大国罗马的希腊人，除了希腊语教师，应该禁止其在其他领域渗透。

但是，他的强烈主张只是逆时代潮流而已。无论是希腊人还是出身非洲的奴隶，曾经有学识的人聚在一起、非常引人注目的西庇阿圈子，对罗马下一代的影响非常大。尽管加图成功赶走了西庇阿，却未能成功逆转时代的潮流。

我认为这个男人是反西庇阿阵营中唯一坚定的人，因为只有他是真心担心西庇阿身上表现出来的罗马新思潮。

首先，他坚信以西庇阿为代表的人倾心于希腊文化对罗马的将来有害。

其次，他相信始于西庇阿的个人英雄主义倾向会给罗马共和政体带来害处。

在废除王政改由少数统治者决策的寡头政体下，个人主义抬头会导致王政的抬头，这是极其危险的。即使西庇阿本人没有这种想法，但是，他的存在本身就隐藏着这种危险。对加图来说，本来很可能以一个局外人的身份终结一生，但是，既然现在有了机会，他自然更看重罗马的共和制度，希望罗马一直维持这种制度。历史上有很多局外人热衷于维护旧的体制，加图是其中一例。他从心底里相信，罗马共和政体的有效性，因为该政体的基础是元老院不足300人的精英商议的制度，他相信为了维护这一政体，毁灭偶像是神授予自己的天命。

加图反对西庇阿的第三个理由是瓦莱利乌斯家族反对第二次布匿战争结束后西庇阿影响下的元老院的对外政策，也就是反对西庇阿实施的“稳健的帝国主义”。瓦莱利乌斯家族是加图的后台，他们试图利用他的能言善辩，击败西庇阿家族。

通过与迦太基、马其顿及叙利亚之间的和谈，我们可以看出，“稳健的帝国主义”路线是由以下几个要素构成的：

第一，战败国承认罗马霸权，成为罗马的同盟国，因此，没有罗马的许可，不得发动对外战争。

第二，战败国的军备力量控制在自卫的水平上。

第三，罗马承认战败国的国内自治，因此，战败国国民不承担向罗马缴纳租税的义务。

根据这些内容，战败国不失为独立的国家，不是罗马的行省，因此，罗马在签订和约的同时，从这些国家撤军。

但是，西庇阿并非对所有战败国都采用“稳健的帝国主义”路线，即使在西庇阿的威望没有受到任何伤害的时期，罗马采用这一路线的也只有迦太基以及包括马其顿在内的希腊和叙利亚而已。

像意大利北部的高卢人，因为帮助过汉尼拔，所以，罗马对他们实施的就不是“稳健的帝国主义”。还有在迦太基势力被逐出后的西班牙，罗马也没有采用“稳健的帝国主义”路线。屈服于罗马的武力后，高卢人和西班牙人都没有得到独立的同盟者的待遇，他们成了罗马的行省，受罗马派遣的总督统治，有义务每年向罗马缴纳相当于一成收益的租税。相应地，罗马负责以铺设公路网为主的“完善基础设施”和防御，也就是所谓的“罗马化”。

那么，在地中海西部和东部，罗马人对失败者的待遇为什么会不同呢？

研究者们说，高卢人和西班牙原住民是蛮族，因此，罗马人要对他们不客气。迦太基以及包括马其顿在内的希腊、叙利亚在当时比罗马的文明程度高，因此，罗马对这些文明下的众生非常宽容。

也许这也是原因之一。但是，从希腊人占多数的西西里变成行省的过程以及后来的罗马史进程来看，我认为理由不仅于此。

当时，意大利北部的高卢人和西班牙原住民部族众多，始终没有统一起来。同时，作为文明的民族，生活在西西里的希腊人城邦林立，相互间不断抗争也是不争的事实。在这样的状态下，罗马很难确定谈判对象。

没有明确的谈判对象，外交关系就无从建立。在意大利北部的波河周边，高卢民族没有统一的一个国家。西班牙在殖民者迦太基人离开后，各部族也没有统一。如果罗马打算放弃这些地方另当别论，但是，如果想把它们纳入自己的控制之下，我想办法也就一个，那就是行省化，即“严厉的帝国主义”。这才是这个时期受西庇阿影响的罗马元老院在地中海东部和西部采用不同路线的主要原因。

“稳健的帝国主义”路线因为不驻扎军队，所以只要对方心有不甘，就有失败的危险。可以这么认为，加图与西庇阿唱反调的真正原因是，一旦这一路线失败，罗马将会付出巨大的牺牲。加图没有忘记第一次布匿战争结束后，罗马与迦太基签署了条件优厚的和约，结果，仅仅过了 20 年，第二次布匿战争爆发。汉尼拔攻入意大利的那一年，加图 16 岁。

同年代的西庇阿，因为迦太基人失去了父亲和叔父，岳父也死在迦太基人的手中。但是，他的性格不允许他沉湎于过去，他只会一往直前。相反，加图总是沉湎于过去，以此来纠正当下自己的行为。

从任何一个方面来看，这两个人的对立，我认为都是宿命的。

与加图相比，我更喜欢西庇阿。但是，对于像我这样的人来说，感到非常遗憾的是，西庇阿死后仅仅 4 年，加图担心的事情还是发生了。

公元前 179 年，承认罗马霸权并接受罗马“稳健的帝国主义”路线的马其顿国王腓力五世死了，继承王位的是他的长子珀尔修斯。在任何事情上，珀尔修斯都是坚定的反罗马者。

马其顿开始加强军事力量。消息从东方传来，罗马立刻绷紧了神经。令人担心的是，马其顿新国王珀尔修斯不仅自己着手增强军事力量，还开始煽动希腊各城邦举旗反对罗马。战争的乌云再次笼罩在希腊的上空。

第八章　马其顿衰亡

（前179—前167）

假如，不，几乎可以确切地说，从输给罗马的公元前197年到前179年去世的18年间，马其顿国王腓力五世心中，始终纠结于下面两个方面：

一方面，他具备对现实很强的洞察力，因而他认识到，马其顿王国只有在新兴国家罗马的霸权之下才能继续生存；另一方面，在他的内心深处非常抗拒这一现实。

亚历山大大帝死后，他的下属分割了帝国，建立各自的王朝，时间已经过去了120年。但是，在希腊化的这些王国的眼中，世界只有自己生活在其中的东地中海世界。对他们来说，西地中海地区算不上是世界。虽然，西地中海也有强国迦太基，但是，与西方相比，它和马其顿、叙利亚、埃及等东方诸国的关系更加密切。

这就可以解释为什么在罗马和迦太基之间发生第一次和第二次布匿战争期间，希腊化诸王国完全有可能乘机抓住这两个国家激战正酣的有利时机，却没有采取任何举动。当罗马因坎尼会战失利、国家危机四起的时候，只有马其顿向汉尼拔提出了共同作战的要求。那也是因为马其顿是在围绕亚得里亚海东岸的伊利里亚地区与罗马有直接接触的唯一国家。布匿战争的40年间，是消灭新兴罗马的最佳时机，但是，大国叙利亚和埃及都无条件地接受了罗马要求保持中立的请求。因此，我们不能不认为那个时候，它们的眼睛还没有看到西地中海地区。亚历山大大帝的继承者们只是在相互不断的联姻或战争中度过了120年。当他们醒悟的时候，罗马已经站在了他们的背后。

120年来，他们早已习惯了这种状态，因此，无论是希腊各城邦还是希腊化诸王国，面对罗马，都没有可能结成统一战线。

公元前 197 年，马其顿军队败于罗马军队。当时，马其顿以外的希腊人和位于希腊化诸王国中间位置的帕加马加入了罗马军队。叙利亚保持中立。

公元前 190 年，叙利亚军队败于罗马军队，此时，埃托利亚和斯巴达以外的希腊人以及马其顿王国加入了罗马军队。帕加马和罗得也追随罗马，打击附近的敌人叙利亚。埃及与罗马有同盟关系，苦于叙利亚一次次的进犯，因此，在当时，埃及人大概是怀着相当不错的心情坐视叙利亚国王的失败吧。同时代的希腊人历史学家波里比阿曾经这样写道：

> 希腊民族不应继续希腊人之间的争斗，我们希腊人应该团结起来，时刻关注发生在西地中海世界的战争。
>
> 罗马和迦太基之间的战争岂止是局部战争，应该说是大规模的全面战争，是生活在希腊世界的希腊人业已习惯的争斗无法相提并论的。罗马在战争中打败迦太基，一跃成为军事大国，其军队好比高效、精巧的战争机器。可以想象，这个战争机器迟早会进入东地中海世界。
>
> 我们希腊人相互抗争，只是为了得到战争还是和平的决定权。其结果，希腊民族失去了这一决定权，没有一个人拥有这一权力。

有权决定战争还是和平意味着独立与自主。或许，和波里比阿同时代的马其顿国王腓力五世对现实的认识也基于这一点吧。

腓力五世 40 岁那年被罗马打败后，不得不在承认罗马霸权的基础上与罗马缔结同盟关系。在其后的18年里，他从来没有揭竿而起反对罗马，哪怕一次也没有。我想这应该归因于他的谨慎吧，因为这样做他可以避免最终失去对事物的决定权。

波里比阿和腓力五世是同时代的希腊人，但是，波里比阿不过是阿卡亚同盟的加盟城邦之一阿卡迪亚的一个有势力者而已。与他不同，腓力五世是希腊世界的强国之一马其顿王国的国王。身为王者，他一定满怀自豪感，因此，不得不根据对现实的认识来决定自己的态度，他一定心有不甘。从40岁臣服于罗马的那一年直到去世的18年间，他的内心始终很复杂。这应该就是原因吧。

腓力五世非常喜欢次子德米特里乌斯的才能和性格，而且，德米特里乌斯又是正室夫人所生，因此，对于自己死后是否让妾生的长子珀尔修斯继承王位相当犹豫。

德米特里乌斯作为人质曾经在罗马生活很久。因为罗马人心目中的人质实际上相当于全额奖学金的留学生，所以在罗马，他住在有权势的人家里，接受教育。这位年轻的王子回到国内的时候已经是一个不折不扣的亲罗马者。看到儿子这个样子，父亲的内心非常复杂。长子珀尔修斯因为是妾生的，所以对自己能否继承王位一直心存不安。于是，他决定利用腓力五世的这一矛盾心理。

珀尔修斯在父王的耳边吹风说，德米特里乌斯准备和罗马秘密订立和约，把马其顿出卖给罗马。国王虽然心存几分疑惑，但还是听信了他的话。年轻的王子被认定是叛国者，被判死刑，饮毒而亡，连辩护的机会都没有得到。

不久，德米特里乌斯的叛国罪得到昭雪，但是，已经于事无补。马其顿国王腓力五世非常后悔杀了自己最喜爱的儿子，身心备受折磨，于58岁那年，离开了人世。

珀尔修斯继承了王位。他从父亲腓力五世身上继承了作为马其顿国王的自豪感，但是，没有继承对现实的洞察力。他是典型的希腊式君主，娶了叙利亚国王安条克的女儿为妃，又把妹妹嫁给了比提尼亚国王。在珀尔修斯的统治下，马其顿王国公然着手增强军备力量，对罗马解释说是为了防止北部的凯尔特人入侵。这虽然引起了罗马的警觉，罗马却选择了静观其变。然而，不到五年的时间，马其顿王国的军事力量已经大大增强，让人很难相信只是单纯为了抵御北方蛮族的入侵。

军备力量增强后，马其顿把矛头直指东方国界接壤的帕加马王国。帕加马火速派出使者向罗马求援。罗马决定通过外交手段解决此事。名为视察团的特使一次又一次地前往马其顿与珀尔修斯交涉，就像海浪一波推一波似的。但是，珀尔修斯总是顾左右而言他，始终没有明确的答复。其间，帕加马国王的弟弟为了阻止马其顿的侵略行为，直接到访罗马，请求罗马军事援助。珀尔修斯则开始策动希腊诸城邦的不满分子。

罗马已经看出战争将不可避免，决定对马其顿采取行动。首先向希腊及亚细亚各国派去使节。在希腊，西部的伊利里亚地区、中部的埃托利亚各同盟城邦以及雅典和阿卡亚同盟各加盟城邦都表示站在罗马一边。帕加马王国和罗得，甚至珀尔修斯王妃的娘家叙利亚的塞琉古王朝也答应站在罗马的一边。对于在希腊的第二次军事介入，罗马的态度慎而又慎。

珀尔修斯的妹夫比提尼亚国王也表明立场，保持中立。珀尔修斯彻底孤立了。但是，马其顿是一个矿藏丰富、农业发达的国家。作为马其顿军队主力的重装步兵名声在外，再加上从东方全域招募来的雇佣兵，马其顿的兵力也达到近 5 万人。

罗马还是采用多国部队的形式。所有兵力加起来只有 3 万人出头。不是罗马没有能力输送更多的兵力，而是不想过分大张旗鼓。因为马其顿王国并非直接攻打罗马，而且，公元前 171 年的这次军事介入与公元前 197 年的第一次军事介入不同。当时，因为在第二次布匿战争中，马其顿与汉尼拔结成了统一战线，企图从背后捅罗马一刀，所以，罗马有心要给马其顿“扎针”。

不知道是不是罗马人思想的反映，公元前 171 年，登陆希腊的罗马军在战斗中的表现非常消极，总让人感觉像是在窥视对方的态度。第二年的情形也一样，始终限于对峙和消极的小规模战斗。由于罗马送来的执政官一年一换，这让珀尔修斯认为罗马方面没有展开大规模作战的想法，因而气焰更加嚣张。在与罗马军队的交战中，珀尔修斯甚至杀死了 4 000 名罗马士兵。

至此，借用历史学家波里比阿的描述，希腊人中间出现了这样的情形：

> 面对绝对优势的擂主，众人一致认为绝无可能取胜的挑战者，竟然出乎人们的意料，勇敢出击。看到这一情形，观众转身开始狂热地支持挑战者，痛骂擂主。

希腊诸城邦开始看好马其顿。波里比阿曾担任过骑士团团长的阿卡亚同盟，事先答应过罗马要加入罗马军队参加对珀尔修斯的战斗。然而，看到交战双方力量出现变化，开始消极对待罗马的请求，迟迟不肯出兵。其他希腊人好像也忘记了自己曾经是反对马其顿的，开始冷眼观看罗马军队。

出现这样的情形，罗马知道自己不能再等闲视之。然而，公元前170年和第二年的公元前169年，罗马未能采取适当的措施。

罗马有一个规定，率领两个军团以上的军队指挥官是执政官。在平时，这一原则被严格遵守。执政官在一年一度举行的公民大会上选举产生。辅佐最高司令官即执政官的高级指挥官，在共和政体下的罗马，同样由公民大会选举产生。这样一来，很难保证每次都能选出合适的人选。而且这个时期，罗马普通公民的心中还不能理解为什么要派遣军队前往希腊。

但是，元老院知道希腊的状况已经非常危险，元老们一致认为有必要尽早解决，于是，决定推荐埃米利乌斯·保卢斯为公元前168年度的执政官候选人。

这一年，埃米利乌斯·保卢斯62岁。到目前为止，他在希腊、叙利亚、西班牙积累了丰富的战场经验，取得过辉煌的战绩。他是在坎尼会战中阵亡的执政官老埃米利乌斯·保卢斯的儿子；他的姐姐嫁给了西庇阿·阿非利加努斯，因此，他又是名将西庇阿的内弟。

埃米利乌斯家族和科尔涅利乌斯家族都是罗马的名门望族，实力不相上下。在爱好希腊文化方面，埃米利乌斯同样不亚于西庇阿，他为两个儿子请的家庭教师，除了希腊语教师，连雕刻家都是希腊人。只是，埃米利乌斯虽然是名门望族，经济却不富裕，因此为了儿子们的将来，他把两个儿子都送到别人家做养子，一个在费边家，另一个是名将西庇阿的儿子的养子。

在西庇阿家做养子的这个儿子，是第三次布匿战争中促使迦太基灭亡的罗马军总司令。这个儿子的名字中有两个名门望族的姓，叫西庇阿·埃米利乌斯。在名将西庇阿之后，继承“西庇阿圈子”的也是这位西庇阿·埃米利乌斯。“西庇阿圈子”是罗马希腊文化爱好者的中心沙龙，历史学家波里比阿曾经是这里的常客。

公元前 168 年，埃米利乌斯·保卢斯知道自己当选执政官，作为罗马军总司令将前往对阵珀尔修斯的战场时，在公民大会上提了个要求：

“大家选我一定是因为罗马需要将军对阵珀尔修斯。既然这样，我希望，除了战略战术，请各位把直属军官的人选权也交给我。”

这个要求不合常规，但是，公民大会同意了。于是，埃米利乌斯·保卢斯挑选了能完全领会自己意图的男人担任副官。其中就有在费边家做养子的大儿子、在西庇阿家做养子的小儿子、女儿的丈夫（加图的儿子）以及名将西庇阿的女婿森普罗尼乌斯·格拉古。对罗马人来说，“士官学校”就是实战的战场。

这位时年 62 岁的将军受命解决希腊事态，首先从搜集详尽的情报开始入手。在离开罗马前，对于希腊全域的地势、气候、希腊诸城邦的动向、民心变化等等有关希腊的所有情报，他都已经了然于胸。

他知道了率领马其顿军队的珀尔修斯还很年轻，只有三十几岁，是典型的希腊美男子。他还知道许多希腊人把他看作亚历山大大帝再世。他也知道这三年来，由于他在与罗马军队的战斗中英勇善战，希腊人的心正在不断向他倾斜。埃米利乌斯·保卢斯认为，必须尽早给这个珀尔修斯以漂亮的一击。因为军事介入的时间拖得越久，对介入一方就越不利。

公元前 168 年 6 月，埃米利乌斯率领增补的军团离开布林迪西港，经由科孚岛，在希腊西岸登陆。登陆后的埃米利乌斯，一路横穿希腊中部，直指马其顿。这是一次急行军。对罗马军队来说，这样的急行军已经是很久以前的事了。罗马军队需要在敌人进入马其顿山岳地带前截住他们。罗马执政官登陆希腊的消息尚未传到珀尔修斯的耳朵里，埃米利乌斯和他的军队已经出现在了珀尔修斯正在宿营的彼得那平原。

对阵的两军兵力分别是马其顿方面 4.4 万人，罗马方面加上以前派到希腊的军队，仅有 3 万人。得知自己在兵力上占绝对优势，珀尔修斯毫不犹豫地决定与罗马军队进行会战。

会战的前夜发生了月食。埃米利乌斯年轻时担任过占卜官，他对这一现象非常了解。所以，事先告诉全军，傍晚 6 点左右到夜里 9 点，月亮会被吃掉，这是正常现象，无须担心。但是，马其顿军队没有这样的人才，看到月亮被吃掉，所有人大惊失色，认为这是凶兆。会战尚未开始，士气已经一落千丈。

第二天一早，会战在彼得那平原展开。从两军投入的兵力规模来看，结果让人难以置信。开战仅一个小时胜负就已经决出。原因是：一方面，看到月食的马其顿军队以为凶兆临头，在战场上的表现非常消极；另一方面，也是更重要的一个原因，是埃米利乌斯有得力的下属军官，他们对统帅的意图心领神会，使埃米利乌斯充分利用各部队作用的战术发挥得淋漓尽致。最终，包围、粉碎并彻底消灭了正面进攻的马其顿军队。

公元前 168 年，埃米利乌斯对珀尔修斯采用的战术与公元前 197 年，昆克蒂乌斯·弗拉米尼努斯对腓力采用的战术相同，都是西庇阿·阿非利加努斯的战术，同时也是汉尼拔使用过的战术。追根溯源，还是腓力和珀尔修斯敬仰的伟大的祖先亚历山大大帝始创的战术。

这是希腊化诸王国长期以来停滞不前的一个例证。它们与其说是输给了敌人，不如说是输给了自己。

彼得那会战的结果是，投入4.4万兵力的马其顿军队战死者达2.5万人，被俘6 000人。相比之下，罗马军队的战死者人数不足100人。正像同时代的波里比阿写的那样，汉尼拔以后的罗马军队是高效而精巧的战争武器。

败将珀尔修斯逃回自己国家的首都佩拉城下。看到他回来，居民们关上了城门，无论如何也不肯打开。不得已，马其顿国王逃到了萨莫色雷斯岛。在这里，他同样遭到了背叛，被追踪而至的罗马士兵抓获。马其顿最后的国王被送到罗马，成为埃米利乌斯·保卢斯凯旋仪式上的一个点缀，后来与家人一起在意大利的小镇阿鲁巴度过了余生。这里也是努米底亚国王西法克斯度过隐居生活的地方。对于希腊化的三大王国之一的马其顿，罗马终于下定了决心要消灭它。罗马的“帝国主义”开始一步步成熟起来。

这个时候，罗马还没有想过要把希腊变成直辖统治的行省。为了起到警示作用，只在支持马其顿军的70多个城镇实施抢掠，逼使部分居民为奴。包括波里比阿在内的1 000位希腊高官，作为危险人物被送到罗马，安置在罗马有权势的人家里，过起了人质生活。波里比阿住进了埃米利乌斯的家里。

马其顿灭亡了。但是灭亡的只是王朝，王国的领土分裂成四个国家，以联邦的形式继续存在。罗马承认它们自治，并允许它们拥有自卫力量。只是要求它们把从前向国王缴纳的租税中的一半交给罗马，另一半留作四个自治国的国内经费。来自矿山的收益同样要交给罗马二分之一，马其顿人留下另二分之一。因为马其顿王国不服罗马的霸权统治，所以罗马消灭了它，但是，尊重马其顿人自治。

人们对事物的看法因人而异。罗马对马其顿的处置足够宽容，但是，在马其顿人看来，罗马人给予他们的权利毫无用处。

与其他希腊人不同，马其顿人没有城邦的概念，只知道国王统治，却不懂公民自治。

但是，罗马希望尽早结束这次军事介入的行动。在重新确认了马其顿以外的希腊诸城邦的自治权后，不到三个月的时间就全军撤离了希腊。除了因为关系到亚得里亚海的制海权，在阿波罗尼亚设立了军事基地以外，没有一个地方设立军事基地。

此后的 20 年里，希腊社会大体还算稳定。希腊承认罗马霸权，享受自由和独立。

罗马在希腊没有铺设罗马式的公路，不是因为希腊已经有了高速公路式的公路，而是罗马认为希腊无须公路以方便军团的移动。也就是说，罗马在当时没有想过要对希腊再次实施军事介入。

然而，迫使罗马人考虑这个问题的正是希腊人自己，就像波里比阿所承认的一样。

第九章　迦太基衰亡

（前149—前146）

有人习惯站在后世的角度去看世界。这样的人常犯的错误是，他们认为每个历史现象自始至终都是按部就班向前发展的，也就是必然的趋势。

但是，真正的历史现象不是按部就班向前发展的，它是在不断重复错误、因彷徨而停滞，或者是因偶然而改变方向的过程中出现的结果，在后世看来，好像是必然。

本来打算只给一个教训，却导致了一个王国的灭亡。这一事例已在有关马其顿灭亡的章节中讲过。只是，马其顿王国的灭亡是自己搬起石头砸了自己的脚，并不值得人们同情。但是，说到迦太基人，那还真是可怜。因为在第二次布匿战争败给罗马以后的 50 年间，迦太基人在罗马霸权下老老实实地过着平和的生活。

只能说，迦太基灭亡是一连串不幸的偶然导致的结果。

罗马人叫作“汉尼拔战争”的第二次布匿战争结束后，迦太基没有变成罗马的行省，依然是一个独立的自治国家，只是降到二等国家的行列，这是显而易见的。

它只能拥有极少的军事力量，只够对付弱小国家。没有罗马的准许，不能行使与他国的交战权。

失去了西班牙、西西里和撒丁等所有海外领土后，迦太基只能把经济基础放在发展本国北非的农庄经营上。矿山经营等已是昔日的梦想，发展工业的希望变得非常渺茫。在这一点上，罗马在意大利境内有托斯卡纳地区，意大利之外有西班牙，现在又得到了马其顿的矿山，优势非常明显。

迦太基作为通商国家，昔日的盛况不再。由于农庄的收获成了主要的产物，所以可交易的物品也受到极大限制。而且还有罗马的同盟国，位于意大利南部及西西里的希腊人这样强大的竞争对手。

但是，迦太基人经营农庄的经验非常丰富，农庄生产力极高。甚至他们还出版了有关农庄经营的书，罗马人把它翻译成了拉丁语。在古代，北非是一个土地肥沃的地方，耕地辽阔肥沃，非常适宜农庄经营。加上迦太基人善于耕作，生产力高也是理所当然。

但是尽管如此，我还是无法相信导致迦太基灭亡的第三次布匿战争爆发的原因在于罗马妒忌迦太基的经济实力。

的确，迦太基在“汉尼拔战争”失败后，经济很快得到振兴。但是，如果只比较经济实力，在战后已经过去 50 年的这个时期，迦太基还谈不上是一个富可敌罗马的经济大国。

加图力主消灭迦太基，其中有一个插曲非常有名。说的是，加图从迦太基带回非常漂亮的迦太基产无花果，拿到元老院展示给大家看，说能生产如此丰饶果实的敌人就在相距三日海路的地方。加图是一个巧舌如簧、非常具有煽动性的人，他不过提出了最容易说服人们的事实，以此打动人们。

经济获得重生的迦太基，其经济实力还不致引起罗马的担心。但是，迦太基毕竟有过引发“汉尼拔战争”的“前科”。

一个国家有了经济实力，招募雇佣兵不是难事。谁又敢断言迦太基不会再出现第二个“汉尼拔”呢？

在讲述西庇阿·阿非利加努斯和加图这两个人的时候已经说过，拘泥于过去导致心灵无法自由的人和超越过去的人之间的不同。此时，西庇阿早已离世，加图依然健在，尽管已经 80 岁高龄。

加图反迦太基的态度异常执着。无论谈论什么事情，最后他总是不忘加上这样一句话：

“但是，我认为迦太基应该被消灭。”

在决定罗马国策的元老院中，不是所有元老都赞同加图的观点。正因如此，加图才需要反复重申上面的这句话。在西庇阿·阿非利加努斯去世以后，元老院内依然有不少人认同西庇阿生前推行的“稳健的帝国主义”路线。其代表是西庇阿的女婿西庇阿·纳西卡。无论在战场上还是在政界，他都是一等一的人物。为了表示反对老加图的论点，在所有发言中，他总是用这样一句话作为结尾：

“但是，我认为迦太基应该继续存在。”

然而，打破罗马这一微妙平衡关系的一击竟来自迦太基。

第二次布匿战争后，迦太基成为罗马的“clients”，即被保护者，却深受同为罗马的“clients”——努米底亚王国势力扩张的困扰。

作为同盟国，迦太基和努米底亚的立场是相同的，都承认罗马的霸权。按理说，罗马人对这两个国家应该一视同仁，然而事实并非如此。当然，这也无可非议。因为，努米底亚原国王马西尼萨曾经协助西庇阿·阿非利加努斯在扎马会战中打败汉尼拔，立下过汗马功劳。

还有，在希腊战线和叙利亚战线的罗马军队中，也有努米底亚士兵的身影。迦太基尽管也向罗马提供了支援，却仅限于提供小麦而已，而且，罗马还不接受无偿支援，一定要支付粮款。曾经有一次，迦太基使节在罗马元老院说过这样的话：

“我们迦太基人和你们罗马人一起打败了马其顿国王腓力、叙利亚国王安条克和马其顿国王珀尔修斯三位国王。”

听了这话，元老院内差一点响起一片嘲笑声，甚至在会场的一角传来了奚落声：

"血都没流一滴，敢在这里胡说！"

因此，尽管都是罗马霸权下的"clients"，努米底亚和迦太基受到的待遇截然不同。

当时，努米底亚王国已经一跃成为强国，写过有关地中海世界的《历史学》和《地理学》的斯特拉波说："在国王马西尼萨的统治下，从游牧民族一变成为农耕民族。"因此，迦太基人担心努米底亚，已经不纯粹是强加给自己的一种念头，而是现实。

为了抵御努米底亚势力的渗透，迦太基决定招募雇佣兵。很快，6万名雇佣兵来到了迦太基。

当然，罗马第一时间就知道了迦太基的这一动向，马上派出以加图为首的调查团。迦太基向调查团控诉了努米底亚的侵略行径。但是，有加图在，迦太基说什么都是没有用的。罗马方面很清楚这一点，于是，第二年向迦太基派去了以西庇阿·纳西卡为首的调查团。

西庇阿·纳西卡成功地让努米底亚军队退回到努米底亚境内，于是很多人相信迦太基的危机已经过去，历史学家波里比阿就是其中之一，他甚至准备回自己的祖国希腊，并已经走在了前往布林迪西的路上。

迦太基人尽管在经济方面很有才能，在政治上却极为幼稚。他们认为西庇阿·纳西卡采取的妥协策略证明了罗马的软弱。此时，迦太基国内有雇佣兵6万名。在迦太基政府的授意下，雇佣兵突破努米底亚国界，直逼努米底亚王国首都90公里处。

获悉这一消息，罗马元老院被激怒了。汉尼拔战争结束后签署的和约中明文规定，没有罗马的许可，迦太基不得对他国行使交战权，攻打努米底亚的行为显然违反了和约的规定。

以加图为首的反迦太基强硬派的话语权大大增强。以西庇阿·纳西卡为首的稳健派不得不沉默。罗马决定立即组编四个军团派往迦太基。

迦太基政府马上领会了罗马的意图。攻入努米底亚境内的迦太基雇佣兵遭到努米底亚军队的迎头痛击，吃了败仗。因为轻率，无谓地违反和约的规定，迦太基政府知道自己闯了大祸，紧急向罗马派出使者，许诺立即遣散雇佣兵，处死指挥官，努力平复罗马元老院的愤怒。元老院相信了他们的话，暂停派遣军团，改派调查团。

调查团的任务是现场监督迦太基是否履行了承诺。然而，迦太基政府再次犯了迷糊，并没有痛痛快快地履行承诺，而是在罗马调查团到来后，像挤牙膏似的一点一点地履行约定。调查团送回的报告使元老院对迦太基产生了信任危机。

首都迦太基没有意识到眼前这种状态的危险性，反而是以迦太基第二大城市乌蒂卡为首的迦太基国内其他城市的居民感觉到了危机。他们向罗马派去代表，声明一旦罗马和迦太基再次发生战争，自己将站在罗马一边。

得到这样的声明，罗马元老院成了反迦太基强硬派一枝独秀的舞台。公元前 149 年，元老院决定两位执政官的任职地都在北非。这无异于提出宣战。

迦太基大吃一惊，紧急向罗马派去五位特使，极力解释自己的行为。但是，罗马元老院只是告诉这五位特使，说执政官已经离开罗马。罗马向迦太基宣战的理由是，没有罗马的允许，迦太基擅自对罗马的同盟国努米底亚采取了敌对行为。对此，五位特使拼命解释，说迦太基愿意无条件全面投降，并提出，为了证明自己的诚意，将送来

300 名人质。元老院接受了，马上派人向已经前往北非的两位执政官带去指令，授予他们全权与迦太基交涉。

五位特使回国后，这次迦太基政府没有再挤牙膏，马上把 300 名人质送到了科尔涅利乌斯营地。此时，执政官们已经登陆北非，来到半个世纪前西庇阿·阿非利加努斯作为攻打迦太基的基地建造的科尔涅利乌斯营地。执政官把这 300 名人质送到了西西里，然后向迦太基政府提出了罗马方面的要求，以避免战争的爆发。

他们要求迦太基交出所有攻城器械和武器，这意味着彻底解除迦太基的武装。迦太基接受了。2 000 件投石器加上 20 万套盔甲被送到了科尔涅利乌斯营地。对此，两位执政官表示满意。他们还向迦太基政府建议，派遣由 30 个有权势的公民组成的代表团前往罗马，听从元老院的发落。迦太基政府照做了。

然而，迦太基的运气实在太差，就在同一个时期，希腊发生了一件大事，让罗马的态度变得非常强硬。

在以马其顿为中心的希腊，先王珀尔修斯有一个庶子，叫腓力。希腊人内心有反罗马的情结，这一时期，腓力成了这些希腊人的核心。事实上，珀尔修斯的庶子之说纯属子虚乌有。公元前 2 世纪的希腊人自由和独立的意识仍然非常强，但是，他们为实现并维持独立和自由的政治能力早已随伯里克利的去世消失得无影无踪。他们对政治毫不关心。柏拉图曾经感受过的绝望越来越成为现实。不断向反罗马的腓力倾斜的希腊人，即使在正式场合，也会无所顾忌地说：

“我们欢迎罗马人以朋友的身份到希腊来，而不是以主人的身份来希腊。”

这话赢得满堂喝彩，是因为他们听说罗马进军北非了。在他们看来，现在罗马的注意力放在了迦太基身上，这是推翻罗马霸权的绝好机会。希腊人波里比阿也这样写道："希腊人利用了这个机会。"

与西庇阿·阿非利加努斯和昆克蒂乌斯·弗拉米尼努斯时代相比，罗马人对希腊人的看法早已不同。在这半个世纪里，对于伯里克利时代盛极一时的希腊文明，罗马人依然尊敬有加。但是，对现在即公元前 2 世纪的希腊人，他们充满了不屑。

和伯里克利时代一样，公元前 2 世纪的希腊人一有情况，就会高喊自由和独立，这一点没有变。但是，在实现自由和独立的行动上，此时的希腊人只会仰仗其他国家或利用其他国家的危机。

这就是罗马人蔑视希腊民族的原因。尽管他们是那么地热爱希腊人创造的美术品和建筑，尽管他们是那么地努力学习希腊文学和历史，尽管他们从不要求希腊人学习拉丁语，宁愿自己学习希腊语。但是，公元前 2 世纪的希腊人早已与公元前 5 世纪伯里克利时代的希腊人不一样了，他们失去了创造力，再也拿不出超越新时代的、有震撼力的作品。

公元前 148 年，罗马决定派遣军团对希腊实施第三次军事干预。自从战胜汉尼拔以来，罗马在战场上几乎百战百胜，对于用军事力量解决问题信心十足。失去了政治头脑的希腊人刺激了罗马。

就在罗马为希腊人的动向焦头烂额的时候，迦太基代表来到了罗马。只能说他们实在太不走运。因为，与此前相比，焦虑的罗马人再也没有精力反对加图执着而强硬的反迦太基路线。

宽厚对待其他民族却常常出现相反的结果，为此，罗马统治者们深受打击，开始考虑应该改变从前的做法。再加上对军事力量充满自信，在这样一种氛围中，罗马向迦太基提出了非常强硬的最后通牒。

迦太基代表来到罗马，请求罗马元老院给出指示。他们表示，只要能避免与罗马之间发生战争，做什么事情都愿意。然而，对于迦太基的这 30 名代表，罗马元老院却提出了最后通牒。具体要求是：

拆毁首都迦太基，全体居民迁至距离海岸线 10 罗马里（约合 15 公里）的内陆地区。

代表中有一人表示异议，说："这无异于置迦太基于死地。"但是，元老院坚持不改初衷。不得已，30 名代表只好接受了这一条件。在回国的途中，有几个人选择了逃亡。

事到如今，包括波里比阿在内的很多人都认为第三次布匿战争不会再爆发。波里比阿在布林迪西登船准备回希腊。

这时，好友西庇阿·埃米利乌斯紧急派来的信使赶到了波里比阿身边。波里比阿下船和信使一起再一次走在阿庇亚大道上，赶往西庇阿·埃米利乌斯正在做出征准备的奥斯提亚港。

代表们带着罗马苛刻的要求回到国内后，迦太基民众认为这一切都是缘于统治阶层的无能。他们奋起反抗罗马。统治阶层的软弱一次次地激起了民众的民族主义情结。带着罗马的要求回到国内的代表遭到民众的唾骂，被扣上卖国贼的帽子，被狂怒的民众打死。

首都迦太基变成了武器制造厂。为了准备守城，迦太基人一方面从近郊大量调集粮食，同时召回被放逐的反罗马强硬派和他们带领的雇佣兵。女人们剪下头发，用来做投石器的绳子。贫富差别不见了。以参加首都保卫战为条件，解放了犯人和奴隶。有人预见到船只终将沉没，就事先逃了出去，为此，迦太基的人口比往常少了许多。但是，据说还有 6 万人留在了首都迦太基。其中，将要参加守城战的兵力也有 2 万人。

就这样，罗马和迦太基迎来了最后的时刻。

那么，这“最后的时刻”是否真的不可避免了呢？直到现在，我依然对此心存疑问。尽管罗马元老院给来自迦太基的30名特使下的最后通牒是拆毁首都迦太基，所有居民迁至距离海岸线10罗马里的内陆地区。但是，认为最后通牒的要求过于苛刻的只是后世的历史学家，古代历史学家并没有这样认为。

经过中世纪，李维的《罗马史》中已经不见了有关这个时代的篇章，我们不清楚他是如何评价这最后通牒的。至少《通史》的作者、同时代的波里比阿认为，罗马提出的最后通牒不是违背道德的行为。还有，有幸参考古代所有史料的狄奥多罗斯和阿庇安对于罗马提出的最后通牒只评价说强硬，没有说苛刻。也许后世的历史研究者只是囫囵吞枣地理解了迦太基特使中的一人在接到最后通牒时说的一句话——“这无异于置迦太基于死地。”

罗马元老院逼迦太基政府二选一：要么让迦太基所有居民离开首都，移居到内陆建设新城市；要么接受战争。元老院没有指定建设新城市的地点，只要求距离海岸线10罗马里的内陆地区。至于在距离海边10罗马里的哪个地方建设新城市，由迦太基人自己决定。

为此，我查阅了当时地中海世界有名城市到海边的距离。

西西里的锡拉库萨、巴勒莫，意大利南部的塔兰托，迦太基人在西班牙建起来的城市卡塔赫纳、加的斯，埃及的亚历山大，小亚细亚的以弗所等，和迦太基一样，都是临海的海港城市。迦太基的第二大城市乌蒂卡因为海岸线后退，现在成了内陆城市，在古代也是临海的城市。

叙利亚首都安提阿建在内陆，必须沿河流上溯22公里才能抵达。而且，这条河流不大，连当时的大船都无法航行。作为通商产业城市极尽繁荣的雅典也不临海，距离外港比雷埃夫斯有8公里的路程。雅典和比雷埃夫斯之间没有河道相连，所以，雅典的物产必须先运到比雷埃夫斯才能装船。为此，根据特米斯托克利斯的提议，雅典到比雷埃夫斯建有一条通道，两边有平行的城墙相护。

罗马也不临海，只有一条台伯河。罗马和外港奥斯提亚之间可以利用台伯河，但是台伯河不适宜大船自由航行，因此，通常利用的是一条几乎笔直的公路，距离是 22 公里。

罗马没有要求迦太基人把城市建在撒哈拉大沙漠的中心，居民移居到那里，只是要求他们离开海岸线 15 公里。在古代，北非植被丰富，河流很多。就算不能利用河道，也可以采用特米斯托克利斯的办法，用高而坚固的围墙围一条“走廊”，这条“走廊”的长度不到雅典至比雷埃夫斯之间的距离的两倍。此外，不要忘了，罗马元老院还有西庇阿派——坚定地支持迦太基的温和派。还有，以加图为首的反迦太基派都是罗马公民，他们认为，无论沿河而下还是两条腿步行，要看到大海，走 22 公里理所应当。

只是，迦太基人从来都是一出家门就要坐船。因此，对他们来说，即使只有 15 公里的路程，也“无异于死”。

我想，正是这种价值观的不同，才是民族之间纷争和摩擦不断的原因。在罗马人看来，迦太基人不能接受罗马提出的要求——在仅相距 15 公里的内陆地区建设新城市，并迁居那里——就是正面挑战罗马的霸权。

总之，公元前 2 世纪中叶的迦太基人还不能改变他们的想法。也许正因为首都迦太基地处天然要地，所以，他们无法想象自己可以迁居到其他地方。也可能作为拥有大国历史的民族，不能为了生存而做出如此大的让步吧。

迦太基沦陷

迦太基城建在了天然要塞的位置，位于突尼斯湾西侧突出的海角前端。整个海角面积很大，三面向海。迦太基城北侧有山阻隔，东侧有大海相守，从这两个方向进攻几乎没有可能。西侧有高 40 米、宽 10 米的三重城墙防御，从这里突破也不太可能。

唯一有可能攻取这座海港城市迦太基的只有正面门户，也就是港口一侧。罗马全军集中从这里向城内发起进攻，是在公元前 147 年，西庇阿・埃米利乌斯担任总指挥以后。向迦太基宣战后的两年里，罗马方面一直没有作为，原因是担任总司令的执政官们都是非常谨慎的人。战争之初，罗马方面的准备也不够充分。不管怎样，对于迦太基这样的大城市实施攻城战，花上几年时间也很正常。只是，希腊的事态发展促使罗马人加快了结束迦太基攻城战的进程。

罗马自从决定对希腊实施第三次军事干预以后，不到一年时间，就成功镇压了冒充马其顿国王庶子的家伙率领的叛军。至此，罗马不再尊重马其顿人的独立。分裂成四个自治国的旧马其顿王国领地失去了自治权，降格成为罗马的行省。

对于其他希腊诸城邦，罗马原打算继续尊重其独立和自治。遗憾的是，希腊人没有把罗马的这一姿态看作当权者的宽容，误以为罗马人对希腊文化有自卑感，是软弱的表现。出访希腊城邦科林斯的罗马元老院元老们在科林斯受到了无礼的待遇。这一事件挑战了罗马人宽容的极限。

罗马紧急向科林斯派出军队，彻底摧毁了科林斯。甚至掘地三尺，不留片瓦。美术品遭没收被送到罗马，居民无论男女老幼一律被卖作奴隶。科林斯的下场给了桀骜不驯的全体希腊人一次严重的警告。

罗马人对三天期限过后仍然不听劝降坚持战斗到最后的城市实施过掠夺，也曾经把这些城市的居民卖作奴隶。

自建国以来，罗马还从来没有过让一座城市从地球上消失的举动。继雅典、斯巴达之后，一直位居希腊第三重要城市的科林斯的灭亡足以让希腊人的大脑冷静下来。此后的希腊，虽然没有像旧马其顿那样成为罗马的行省，但是在罗马的霸权下确实老实了许多。最看重自由和独立的希腊失去了自由和独立，尽管取而代之的是获得了秩序和稳定。

公元前 146 年是罗马人从“稳健的帝国主义”路线转变为“严厉的帝国主义”路线的一年。同年，迦太基迎来了最后的时刻，不幸的偶然带来不幸的结果。

因为迦太基人要求的既不是自由也不是独立，仅仅是安全，所以，这样的结局更让人觉得可怜。同时代的历史学家波里比阿认为，希腊失去独立，责任在希腊人。但是，他没有认为迦太基灭亡是迦太基人自己的责任。

如果一定要说迦太基人有错，大概是他们拒绝罗马的劝降，选择了和自己的城市共存亡的道路吧。他们让罗马士兵俘虏列队站在城墙上，当着罗马军队的面，一个一个地被杀死。如此残忍的举动在当时的战场上还从来没有发生过。他们敢于这样做，只能认为他们要把自己逼进绝路。迦太基人自己决定了自己最后的命运。

公元前 147 年到前 146 年的冬季自然休战期间，罗马军队总司令西庇阿·埃米利乌斯向罗马元老院派去一名使者，请示元老院如何处置迦太基的首都。

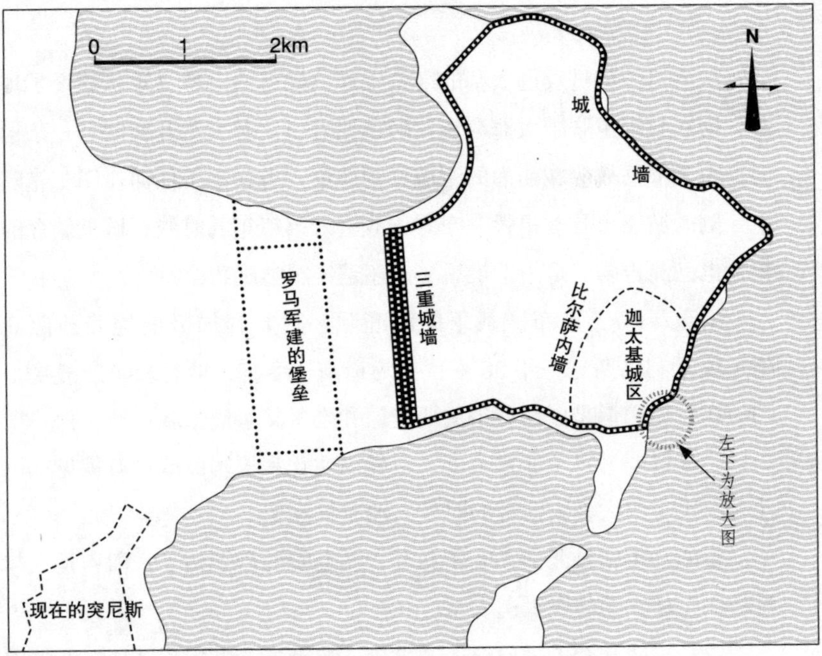
0
1
2km
N
城
墙
罗马军建的堡垒
三重城墙
比尔萨内墙
迦太基城区
左下为放大图
现在的突尼斯

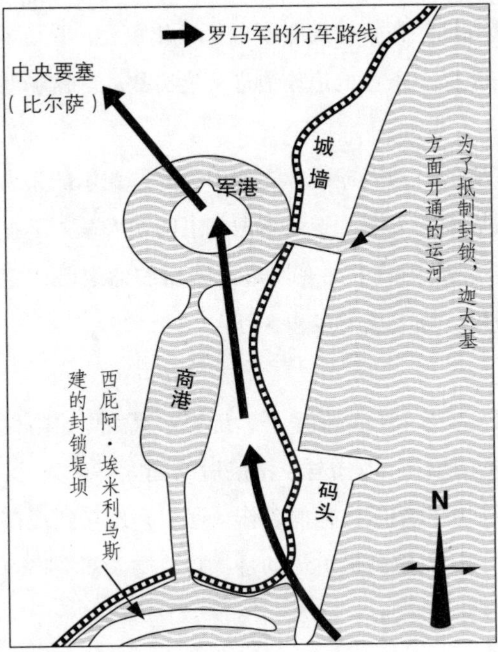
罗马军的行军路线
中央要塞
（比尔萨）
军港
城
墙
为了抵制封锁，迦太基方面开通的运河
商港
西庇阿·埃米利乌斯建的封锁堤坝
码头
N

迦太基首都

从港口外侧进攻迦太基的准备工作已经就绪。罗马军队建设了堤防，彻底封锁了联结大海与港口的运河入口。迦太基开通的另一条运河，由于罗马战船在前面的海域频频巡逻，也起不了任何作用。靠陆地一侧的城墙多处被损毁。在守城战进入第三年的时候，城里储存的粮食也已经告罄。是给予最后一击还是再次尝试和谈？

结束了第二次布匿战争的西庇阿·阿非利加努斯的养孙西庇阿·埃米利乌斯这一年 38 岁，作为最高司令官，他有权决定战场上的一切行动。但是，与养祖父西庇阿和亲生父亲埃米利乌斯·保卢斯一样，这位罗马将军非常大度，对异国文化和异国民族没有偏见。因此，在决定迦太基人命运的时候，他非常犹豫。

新的一年即公元前 146 年春天，元老院的命令到了，内容是：与科林斯一样，彻底毁灭迦太基。

罗马军队开始了来自海上的进攻，防御一方点燃了排列在外港周围的仓库和造船厂，负隅顽抗。在一片火海中，巷战开始了。罗马军队一座房屋一座房屋、一条街一条街地边攻边进，追击敌人。这场巷战持续了整整六天六夜。

第七天，摧毁迦太基城的行动因神殿林立的中央要塞比尔萨失火而告结束。纵身跳进神殿周围的火海、宁死不做奴隶的迦太基人不在少数。因为拒绝劝降，坚持战斗的市民在城市沦陷后的命运已成定局。被逼为奴的迦太基城民，算上孩子多达 5 万人。

因为与总司令西庇阿·埃米利乌斯关系好，历史学家波里比阿也来到了迦太基沦陷的现场，他详尽地描写了沦陷后的迦太基。只是，令人感到遗憾的是，经历了中世纪后，他的著作《通史》留存到现在的已不足三分之二。但是，让人感到最可惜的是，有关迦太基沦陷的场面只留下一些断断续续的片段。为此，我只好引用公元前2世纪的希腊人阿庇安的著作，因为他参考了波里比阿的著作：

西庇阿·埃米利乌斯久久地凝视着脚下广阔的迦太基城。这个经历了建国以来700年的岁月、其间长期保持了极度繁荣的大都市，一陷入敌手，就化成了一堆堆小山一样的瓦砾。

在700年的漫长岁月里，迦太基拥有广阔的土地、众多的岛屿，以及属于其支配的海洋。迦太基所拥有的数量庞大的武器装备、战船、象群以及雄厚的财富，与之前人类历史上任何一个强大的帝国相比，都毫不逊色。

而且，与任何一个强大帝国相比，迦太基人的勇气和气概更令人称道。他们在屈从于罗马人的要求、被迫交出全部武器和战船的情况下，还能够坚守三年，抵御罗马军对迦太基城的强大攻势。今天城市陷落，并遭受了彻底的破坏，迦太基城从地面上消失了。想到对手的这种命运，西庇阿·埃米利乌斯不禁潸然泪下。

西庇阿·埃米利乌斯心潮起伏，他此刻的思考已经超乎一个军事胜利者的惯常思维。他想到的是，不仅限于人类，城市也好，国家也好，包括强盛的帝国，谁都逃避不了灭亡的命运，特洛伊帝国、亚述帝国、波斯帝国，还有20年前的马其顿王国，无不遵循了历史展示给人们的“胜者必衰”的规律。

不知是有意还是无意，这位得胜之师的最高长官吟诵起《荷马史诗》中特洛伊主将赫克托耳的一句名言：

“归根结底，特洛伊大概也会随着国王普里阿摩斯和追随他的战士共同死亡吧！”

站在他背后的历史学家波里比阿询问他何出此言，西庇阿·埃米利乌斯回过头来，注视着波里比阿这个20年来的亲密朋友，拉着他的手回答：

“波里比阿，我们刚刚消灭了一个曾经盛极一时的帝国，赢来了这一‘伟大的瞬间’，但是现在充满我胸怀的，却不是胜利的喜悦，我反而有些伤感——我担心我们的罗马也会在某一时刻遭遇与此相同的命运！”

根据罗马元老院的命令，迦太基城的宗教建筑和城市建筑，不管是城墙、神殿，还是普通房屋、市场建筑物、码头、仓库，全部遭到了摧毁，仅仅剩下满布石块和土块的地面，也被罗马人用犁犁平，然后按罗马人的习惯，在地面上撒上盐，让众神来诅咒这个地方。

迦太基被定为寸草不生、人类不可居住的不毛之地，人类再次生活于此是在100年之后。尤里乌斯·恺撒下令在这里进行殖民地建设，虽然因他遭到暗杀而半途而废，到了奥古斯都大帝时代，才最终得以完成。因此，留存至今的迦太基遗迹大都是罗马时代建的，极少有迦太基人的东西。

自从公元前753年建国以来，长达600多年的岁月里，罗马从来没有实施过把失败者从地球上彻底抹去的行为。然而，公元前146年，科林斯和迦太基相继被夷为平地，而且，在迦太基灭亡13年后，西班牙的努曼提亚也遭遇了和迦太基同样的命运。此时的总司令与迦太基灭亡时是同一人——西庇阿·埃米利乌斯。

大多数现代研究者认为，毁灭这三座城市的行为无疑是野蛮行径。对于他们的这一看法，如果我也能接受，那该多好啊。

如果这只是野蛮行径，结果又会怎样呢?

科林斯的灭亡和科林斯市民奴隶化对刺激希腊人的大脑是有效的。因为这是一个有一百个人就有一百种意见、从来形不成统一意见的民族。其后，雅典和斯巴达作为自治城邦被保留下来，并且，以这两个城邦为首的全希腊在承认罗马霸权的基础上，享受起了有秩序的和平。希腊人从未想过的“完善基础设施”的潮流也波及希腊。在阿庇亚大道的终点布林迪西隔海相望的希腊，埃格纳提亚大道破土动工。“罗马化”开始在希腊出现。

那么，毁灭西班牙的努曼提亚是不是单纯的野蛮行径呢?

对任何人来说，西班牙原住民都是极其不易征服的民族。汉尼拔家族在西班牙建设殖民地的时代，迦太基人也曾经受困于原住民的一次次骚乱。不是因为西班牙人与希腊人的意识形态相同，他们不顺从的性格缘于险峻的地势。

每当西班牙发生骚乱，罗马就会派出军队前去镇压。罗马人移居西班牙后致力于开发各项事业，到了奥古斯都大帝时代，终于彻底平定西班牙。在这一点上，西班牙人也不同于高卢（现在的法国）人，他们被认为是被“罗马化”的高一等级的民族。

公元前133年，彻底毁灭努曼提亚，毫不留情地把居民卖作奴隶，暂时为平定西班牙起到作用。而且，对受到制裁的西班牙通过“完善基础设施”，也开始了“罗马化”的进程。始于罗马的公路横穿现在的法国南部一直延伸到西班牙。作为“罗马化”的象征，罗马式的公路，即当时的高速公路，在这个时期延伸到了希腊、意大利、法国和西班牙。马基雅弗利说过，就算必须严厉处置，那也应该在某个时期集中实施。

迦太基灭亡是否与这两例一样，非如此不可吗？

我倒觉得毁灭迦太基是一次极其愚蠢的行为，这一野蛮行径实在没有必要。这只能说是罗马人未能摆脱过去的阴影才导致的结果。

罗马消灭迦太基得到的好处只有一点，就是无须再次与汉尼拔这样的人物进行作战。如果在第二次布匿战争结束不久的当时，这种感情也许会困扰着罗马人。但是经过了 50 年，为什么罗马人还要这样做呢？古代北非是个物产丰富的地方，作为北非物产的集结地，迦太基又是最合适的地方。它并没有主动挑战罗马霸权，导致它举起反旗的，正是把它逼到绝境的罗马。

迦太基灭亡后没多久，罗马又出现了新的问题，因为罗马亲手毁灭了这个本来可以遏制努米底亚（现在的阿尔及利亚）日趋强大的国家。

西庇阿·纳西卡始终主张应维持迦太基的存在。这不仅仅是出于宽容，更是想到了对付努米底亚王国的策略。但是他的这一务实路线输给了加图的强硬路线。非常不幸的是，他的想法未被接受，原因不在于迦太基人，而是同一时期希腊人挑起的事端殃及了迦太基。

假如西庇阿·阿非利加努斯和加图调换一下：早死的是加图，长寿的是西庇阿·阿非利加努斯的话，如果同一时期希腊没有出现骚乱的话，历史或许会改写。而且，我坚信历史一定会改写。特别是看到留存至今的、罗马人在 100 年后重建迦太基时开展的大规模水利工程的遗迹后，想到罗马人为了重建迦太基，在“完善基础设施”上下了如此大的功夫，使重建后的迦太基在罗马存续期间，一直位居非洲数一数二的城市后，我的这一想法变得越发强烈。

迦太基于公元前 146 年灭亡，它曾经的领土后来成为常驻乌蒂卡的总督统治下的罗马行省。成为罗马行省后的旧迦太基的名称不再是迦太基，而是“阿非利加行省”。

“我们的海”

从此，迦太基成为行省，西班牙成为行省，希腊也成了事实上的行省。还有，帕加马国王由于没有继承人，临死留下遗言，把自己的王国托付给罗马。于是，帕加马所在的小亚细亚西岸一带也成了罗马的行省。就这样，罗马仅靠管辖土地的辽阔就成为地中海世界毋庸置疑的巨无霸国家。地中海对罗马人来说已经是“我们的海”。

这一切开始于公元前 264 年的第一次布匿战争。但是，如果第一次布匿战争彻底终结了罗马和迦太基之间的战争的话，如果第二次布匿战争的展开不是罗马人称作“汉尼拔战争”的形式的话，罗马人称霸地中海一定不会在 130 年这样短暂的时间内完成。

从战胜迦太基成为西地中海霸主的“汉尼拔战争”结束算起，罗马完成全地中海霸权所用的时间不足 70 年，就连波里比阿都对此惊叹不已。想必在当时大多数人也有同感吧。

一切都源自汉尼拔。在跨越这 130 年岁月的本册中，只用了 16 年时间的第二次布匿战争就占据了本册三分之二的篇幅。回顾历史学家李维在其著作《罗马史》中用于“汉尼拔战争”的篇幅，不由得让我重新认识了这场战争带给罗马人的影响之大。罗马人称霸地中海，包括灭亡迦太基，都是“汉尼拔战争”的余波。

以消灭罗马为终生夙愿的汉尼拔给了罗马变得比其他任何人、任何国家更加强大的力量。只能认为，正是汉尼拔让罗马人在如此短的时间里把整个地中海变成了“我们的海”。

但是，成功者在获得成功后需要付出代价，罗马人也不例外。我将在《罗马人的故事 03 · 胜者的迷思》中描述罗马人成为霸主后的所作所为。

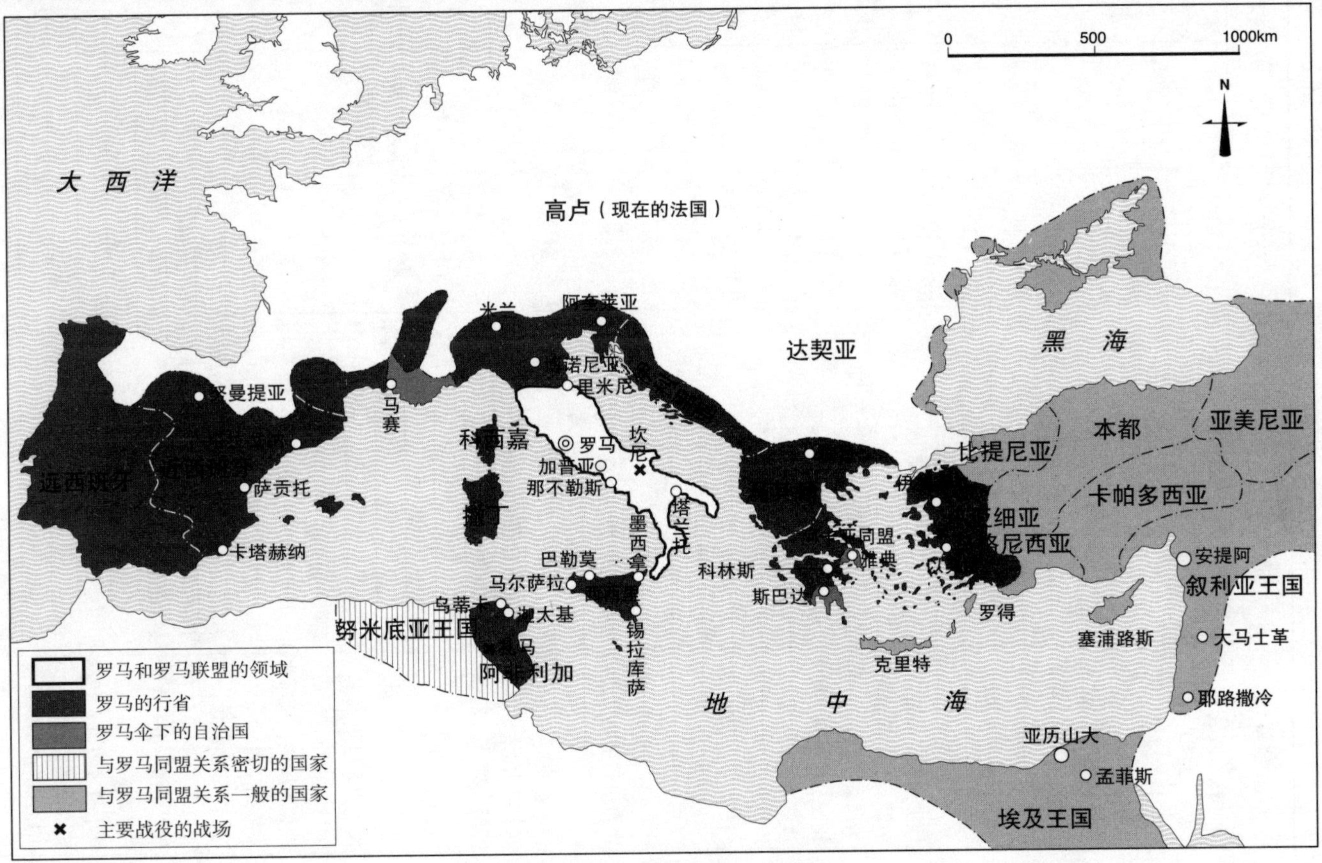

公元前130年前后的地中海世界

大事年表

年代（公元前）	罗马	迦太基	希腊·马其顿	东方	中国	日本
	第一次布匿战争（264—241） 与锡拉库萨结成同盟（263）	迦太基军队登陆西西里（263）	斯多葛派创始人芝诺去世（264）	孔雀王朝的阿育王即位（268）		弥生时代
260	米拉佐海战（260） 巴勒莫海战（257） 利卡塔海战（256） 赫美岬海战（255）					
250	埃加迪群岛海战，战争结束，将西西里收为属领（241） 税制、选举制、军事改革（241）	哈米尔卡出任司令官（247） 汉尼拔出生（247） 哈米尔卡镇压迦太基叛军，移居西班牙（238） 国内农业派与对外贸易派之争（237—230）		伊朗帕提亚王国（247） 阿育王去世，孔雀王朝分裂（232）	嬴政（秦始皇）即位（247）	
230	攻打伊利里亚（229） 攻打并击退高卢军队（225—222）	哈米尔卡阵亡，女婿哈斯德鲁鲍尔成为将军（229） 在西班牙建设卡塔赫纳（228） 汉尼拔就任总督（221）	天文学家阿里斯塔克斯去世（230）	安条克登基叙利亚王位（223）		
220	第二次布匿战争（218—201） 提契诺战役、特雷比亚战役（218） 特拉西梅诺战役（217） 坎尼会战，罗马军大败（216） 汉尼拔攻占意大利南部诸城邦（213） 锡拉库萨成为罗马行省（211）	汉尼拔翻越阿尔卑斯山，攻入意大利（218） 与锡拉库萨、马其顿结成同盟（215） 几乎全歼在西班牙的罗马军队（211）	希腊同盟战争（220—217） 马其顿国王腓力五世与迦太基结成同盟（215）	埃及托勒密王朝与罗马结成同盟（214）	秦始皇统一天下（221）	

（续表）

年代（公元前）	罗马	迦太基	希腊·马其顿	东方	中国	日本
210	收复塔兰托（209） 西庇阿攻占卡塔赫纳（209） 维克拉战役（208） 梅陶罗战役（207） 伊利帕战役，西庇阿征服西班牙（206） 西庇阿就任执政官（205） 扎马会战，西庇阿大破汉尼拔（202） 战争结束，罗马掌握西地中海霸权（201）	哈斯德鲁鲍尔（汉尼拔二弟）离开西班牙，翻越阿尔卑斯山，进入意大利（208） 哈斯德鲁鲍尔战死（207） 马可尼登陆热那亚（205） 汉尼拔回到迦太基（203） 与罗马讲和（202）		努米底亚王国与罗马结成同盟（203）	建立汉王朝（202）	弥生时代
200	与马其顿作战，罗马军胜利（197） 叙利亚战争开始(191)	汉尼拔亡命叙利亚（195）	马其顿开始南下（200） 罗马将军昆克蒂乌斯·弗拉米尼努斯宣布希腊诸城邦自由（196）	努米底亚国王马西尼萨开始进攻迦太基（195） 汉尼拔在以弗所与西庇阿会谈（193）		
190	马格尼西亚会战，击败叙利亚军队（190） 西庇阿被送上审判席（187） 西庇阿去世（183） 马其顿战争，马其顿失败，分裂成四个自治国（171—168）	汉尼拔亡命比提尼亚（190） 汉尼拔自杀（183）	腓力国王去世，珀尔修斯登基（179） 马其顿王国灭亡（168）	叙利亚败于罗马海军，失去制海权（190） 叙利亚败于罗马，求和(190)	吴楚七国之乱（154）	
150	第三次布匿战争开始（149） 阿卡亚同盟国中心科林斯灭亡（146） 迦太基灭亡，战争结束（146） 消灭西班牙的努曼提亚，占领西班牙全境（133）	迦太基城备战罗马的进攻（149） 迦太基灭亡，成为罗马的行省，称为阿非利加行省（146）	旧马其顿王国领土成为罗马行省（146）	迦太基雇佣兵攻打努米底亚（150）	汉武帝即位（141）	

参考文献

历史是胜利者书写的，因此，很多人认为历史都是胜利者为自己歌功颂德的事情。但是这样的情况只是在小国家或许有可能。因为它们对其他国家不具备影响力。当然，在言论管制极为严厉的特务国家也有可能。除了这样的一些国家，故意篡改历史通常不太容易做到。

失之偏颇也许不可避免，但是，失之偏颇和无中生有的谎言完全是两回事。

罗马人是胜利者，但是，直到西罗马帝国灭亡，在长达 1 200 年的历史中，除了最初时期，罗马人一直作为双语民族生活在各个时代。在罗马时代，胜利者的语言——拉丁语和被征服者的通用语——希腊语，它们的地位完全相等。被征服者希腊人、犹太人、东方的人都会发表用希腊语写的作品。他们的作品拥有作为胜利者的罗马人读者。对于大多数罗马家庭的子弟来说，希腊语是必修科目。

叙事诗人荷马，哲学家柏拉图、亚里士多德，三大悲剧作家，喜剧家阿里斯托芬，历史学家希罗多德、色诺芬，他们用希腊语写成的作品翻译成拉丁语出版，在古代已是接近末期以后的事情。这不是因为罗马人不关心这些人的成果，而是因为对他们的作品有兴趣的罗马人都可以读懂希腊语。在古代，翻译的数量和关心的程度不成正比。

就像本书讲述的那样，可以认为古代希腊语相当于现代的英语。“罗塞塔石碑”证明了这一点，汉尼拔留下的碑文也显示了这一点。甚至不少罗马人也用希腊语写作。记录第二次布匿战争的罗马人费边·皮克托的作品，就没有使用他的母语拉丁语，而是用的希腊语。后来的马可·奥勒留皇帝也选择了用希腊语写作。

扎马会战前夕，汉尼拔与西庇阿有过一次会谈。因为是正式谈判，双方都带了翻译。我想翻译之间使用的语言大概就是希腊语。如果真是这样的话，因为西庇阿精通希腊语，汉尼拔也学过希腊语，所以，不管现场有没有翻译，想必双方都能理解对方的意思。两人在以弗所的那次交谈，属于私下聊天，没有翻译。这个时候使用的语言应该也是希腊语。可以想象，恺撒和克娄巴特拉之间的私房话应该也是希腊语吧。

叙述历史不能完全按照胜利者的意愿来做的另一个原因是，有能力确认事件真伪的人很多。

在印刷技术尚未出现的古代，有类似于出版社的机构，只是因为不能印刷，所以采用手书的方式。因为靠人一字一句地抄写，自然每一卷的价值都很高。到了帝政时代，虽然出现了图书馆，但是读者的人数依然受到限制，只能拥有有限的读者。这也表明了读者都是一些对叙述的内容相当了解的人，即使不是全部，至少也会了解部分。

叙述历史是一件非常烦琐的工作。首先要搜集、整理史料；其次要在此基础上，写成文理通顺的文章，便于读者理解。我想，应该不会有太多人愿意把自己的精力耗费在胡编乱造的事情上吧。

拉丁语有句格言：“VERBA VOLANT，SCRIPTA MANENT.”（“说过的话会忘，写下的东西会留下来。”）写作这项工作，像历史学家萨卢斯提乌斯说过的那样：“ARDUUM RES GESTAS SCRIBERE.”

(“写作很难。”)既然如此辛苦，还有谁会故意书写歪曲事实的历史呢？还有，很难让第三者任意发挥的第三个理由是，写作开始前的调查阶段，历史的叙述已经萌芽。

写于后世的历史研究书可以给我们知识。但是，作为知识的历史容易停留在平面的理解上。若想立体地去了解，只有阅读写于同时代或较近时代的作为原始史料的史料。一旦开始阅读这些史料，历史不仅变得立体，甚至还能感受到丰富的色彩。体会到这种妙处后，任何作者都希望把它传达给读它的人。

一个尝试写历史（故事）的人，知道在整理汇总史料的阶段，已经需要求助于想象力。同时他也知道过于依赖想象力会自掘坟墓。只要不是写虚构的东西，历史真相也好，脱离历史也好，都不是明确下结论即可的命题。

我认为，书写历史就是与历史的交锋，甚至可以说是赌上自己所有智慧和一切展开的决战。当然，这样的说法也许不太完全。但是，故意歪曲历史，相应地，会很难。因为选择用自己的表现习惯去写的人知道，人的性格更多体现在他或她写或说的语言中（普鲁塔克），而不是容貌上。

关于参考的史料，在这里不再重复《罗马人的故事 01 · 罗马不是一天建成的》文末提到的作品。

图片版权

金币图　新潮社写真部

银币图　罗马国家博物馆 © Museo Nazionale Romano

p.293 右　意大利总统官邸（palazzo Quirinale）© Archivi Alinari

p.293 左　濑户照（刻于公元前 2 世纪初金质戒指上的图像——收藏于那不勒斯国家美术馆）

地图制作:综合精图研究所（p.002, p.004, p.006, p.014, p.044, p.057, p.094，p.125，p.138，p.140，pp.156 –157，p.194，p.224，p.226，p.241，p.250，p.255，p.260，p.277，p.280，p.291，p.301，p.303，p.305，p.321，p.383，p.391）

图书在版编目（CIP）数据

罗马人的故事：全15册/（日）盐野七生著；计丽屏等译．--2版．--北京：中信出版社，2020.8（2025.1重印）

ISBN 978-7-5217-0750-2

Ⅰ.①罗… Ⅱ.①盐… ②计… Ⅲ.①古罗马—历史 Ⅳ.①K126

中国版本图书馆CIP数据核字（2019）第126892号

罗马人的故事（全15册）

著　　者：[日]盐野七生
译　　者：计丽屏　等
出版发行：中信出版集团股份有限公司
　　　　（北京市朝阳区东三环北路27号嘉铭中心　邮编　100020）
承 印 者：北京通州皇家印刷厂

开　　本：787mm×1092mm　1/32　　印　　张：182.25　　插　　页：44　　字　　数：4 500千字
版　　次：2020年8月第2版　　印　　次：2025年1月第9次印刷
京权图字：01-2010-4502　　审 图 号：GS（2019）2414号
书　　号：ISBN 978-7-5217-0750-2
定　　价：760.00元（全15册）

ローマ人の物語

罗马人的故事

03

勝者の混迷

胜者的迷思

[日] 盐野七生 著 刘锐 译

中信出版集团 | 北京

银币故事

罗马铸造的第纳尔银币（denarius），是当时地中海世界最有信用的货币。即使是能够铸造出这种优质货币的罗马，在共和政体时代，银币表面的雕像也很少见到凡人，多是神话中诸神的形象。元老院体制这种“少数派领导制”的政体，突出个人的现象并不多见。

这里展示的这枚第纳尔银币就是一个例子。银币的正面是头戴胜利者标志月桂冠的阿波罗；银币的背面是正在指挥士兵的骑马将领，其下方的文字是铸造此银币那一年的两位执政官中其中一人的姓名 Publius Crepusius，这就使确定银币的铸造年代成为可能。这就是罗马货币被当作一级文献史料的原因。顺便告诉大家，这枚银币铸造于公元前 82 年。

盐野七生

2002 年 7 月于罗马

银币故事

罗马共和政体时代末期，是个人主义明显抬头的时期。

这里介绍的是为了纪念“前三头政治”的其中一人——庞培的功绩而铸造的第纳尔银币。

银币的正面雕刻的是仅用三个月的时间就将在地中海横行霸道的海盗扫荡一空、确立了地中海和平的大将庞培的形象；银币的背面是庞培本人因为此次的成功而将其作为自己守护神的海神及跟随海神的两位神明。这位海神的希腊文名字叫作波塞冬，拉丁文名字叫尼普顿（Neptunus），传到西方英文就成了 Neptune（海王星）。

由于古代人的谦虚性格，他们能够如此之快速而且漂亮地将地中海海盗扫荡一空，相信这一定是得到了神明的帮助。

盐野七生

2002 年 7 月于罗马

目　录

序

无论多么强大的国家，都不可能保持长久的国泰民安。即使没有来自外敌的威胁，国家内部也会产生敌对者。

这就如同人体一样，强健的体魄可以抵御外来疾病的入侵，但是内脏器官的疾患却会制约身体的健康成长，并使人饱受折磨。

——汉尼拔（引自李维《罗马史》）

从（公元前202年罗马和迦太基之间的第二次布匿战争中）战败降服于罗马的迦太基名将汉尼拔口中，预言似的说出了上面这两段话。半个世纪之后，历史走到了公元前147年，发生在罗马和迦太基之间的第三次布匿战争也已经进入了第三年。就在这一年的某一天，一个年轻人从罗马来到迦太基城，出现在罗马军队围攻迦太基城的前沿阵地上。

这个年轻人经意大利渡海被送到了前线，但他并不是作为主力部队的一员被派到这里来的。他刚满16周岁，在数月前才举行过成人礼，完成了从一个只能穿长及膝盖、被称为“短衣”的儿童服装的少年，到一个可以穿长及脚踝、被称为“托加长袍”的正式服装的成人的转变。尽管如此，在罗马年满 17 岁以上者才能够服兵役，这个刚满 16 岁的少年还不能成为军人。实际上这个少年是应罗马军总司令普布利乌斯·科尔涅利乌斯·西庇阿·埃米利亚努斯（Publius Cornelius Scipio Aemilianus Africanus，公元前 185—前 129 年，通称小西庇阿）的邀请，作为有交情的特别客人来到前线的。他被安排住在总司令的营帐内，享受特殊的礼遇和周到的招待。

这个年轻人就是提比利乌斯·森普罗尼乌斯·格拉古（Tiberius Sempronius Gracchus，约公元前 169—前 133 年），也就是罗马历史上有名的政治家格拉古兄弟中的哥哥。格拉古兄弟的母亲也出身于西庇阿家族，他们的姐姐又嫁给了小西庇阿。这样论起来，在迦太基城前线指挥战斗的小西庇阿总司令既是这个年轻人的姐夫，又是他的表兄。在罗马的上流社会中，贵族们常常把家族中即将进入服兵役年龄的男孩送到战场上，让他们像战士一样在军营中生活，体验战争的种种经历，并把这种体验作为他们即将到来的新的人生的第一课。

此刻在这个 16 岁的年轻人看来，将迦太基城团团围困起来的罗马军队中并没有即将攻陷一个大国首都前夜的那种紧张气氛。

在迦太基城内，被围困其中的人超过 5 万。从公元前 149 年这个城市被包围开始，这些守城者已经顽强地坚守了两年多。但是，身处现场的人们都很清楚，迦太基城的命运已经清晰可见。

迦太基城三面环海，地处天然要塞的位置，但罗马军的包围网也堪称完美无缺。迦太基城的西面是陆地，建有高 14 米、宽 10 米的三层城墙作为守城的屏障，但很多地方已被攻破。罗马军从港口方向进攻的准备工作也已经就绪。城内储藏的粮食在围城进入第三年时已经见底。罗马方面万事俱备，现在就等转过年来即公元前 146 年春天，从海陆两面发动强大攻势。然而，总攻的命令一直没有发出。

在古罗马，最高司令官有权做出战场上的一切决定。此刻迦太基城的命运就取决于小西庇阿的一念之间。然而，从他的养祖父普布利乌斯·科尔涅利乌斯·西庇阿·阿非利加努斯[Publius Cornelius Scipio Africanus（major），公元前 236—前 184 年，人称大西庇阿，小西庇阿是大西庇阿的长子的养子]到他的生父，对于罗马以外的其他民族及其文化都持一种比较开放、无偏见的态度。38 岁的总司令小西庇阿在这一点上显然与他的养祖父和生父持有相同的立场。他对迦太基人的命运就这样由他决定，似乎有些踌躇。况且他的伯父（养父的哥哥）在罗马元老院中属于对迦太基温和派的元老，与主张让迦太基城毁灭的马尔库斯·波尔基乌斯·加图（Marcus Porcius Cato，老加图）一派针锋相对。

利用公元前 147—前 146 年这个冬季的自然休战期，年轻的总司令小西庇阿派出专使到罗马元老院，对于是给予迦太基城最后一击，还是尝试和谈，请求元老院最终指示。在等待罗马元老院答复的期间，小西庇阿经常与几年后开始写布匿战争史的希腊历史学家波里比阿同桌就餐交谈，提比利乌斯·森普罗尼乌斯·格拉古虽然年轻，但由于和总司令的特殊关系，他也会时常坐在餐桌的末席共同就餐。也就是说，希腊历史学家与罗马将军之间的餐桌对话，这个 16 岁的年轻人能够有幸聆听。

公元前 146 年初春，小西庇阿得到了罗马元老院的最终命令：让迦太基城消失！经过六天六夜悲壮的激战，迦太基城陷落了。尽管迦太基守军拒绝投降而苦战，但战败的命运还是降临到迦太基人的头上，被俘虏成为罗马人奴隶的迦太基人，包括孩子，达 5 万人之多。

对于长期称雄地中海世界的强大国家迦太基的悲惨命运，就连作为胜者的罗马人也颇多感慨。历史学家波里比阿用他那传神之笔，给后人留下了这样的战场花絮：

西庇阿·埃米利亚努斯（小西庇阿）久久地凝视着脚下广阔的迦太基城。这个经历了建国以来700年的岁月、其间长期保持了极度繁荣的大都市，一陷入敌手，就化成了一堆堆小山一样的瓦砾。

在700年的漫长岁月里，迦太基拥有广阔的土地、众多的岛屿，以及属于其支配的海洋。迦太基所拥有的数量庞大的武器装备、战船、象群以及雄厚的财富，与之前人类历史上任何一个强大的帝国相比，都毫不逊色。

而且，与任何一个强大帝国相比，迦太基人的勇气和气概更令人称道。他们在屈从于罗马人的要求、被迫交出全部武器和战船的情况下，还能够坚守三年，抵御罗马军对迦太基城的强大攻势。今天城市陷落，并遭受了彻底的破坏，迦太基城从地面上消失了。想到对手的这种命运，西庇阿·埃米利亚努斯不禁潸然泪下。

西庇阿·埃米利亚努斯心潮起伏，他此刻的思考已经超乎一个军事胜利者的惯常思维。他想到的是，不仅限于人类，城市也好，国家也好，包括强盛的帝国，谁都逃避不了灭亡的命运，特洛伊帝国、亚述帝国、波斯帝国，还有20年前的马其顿王国，无不遵循了历史展示给人们的“胜者必衰”的规律。

不知是有意还是无意，这位得胜之师的最高长官吟诵起《荷马史诗》中特洛伊主将赫克托耳的一句名言：

“归根结底，特洛伊大概也会随着国王普里阿摩斯和追随他的战士共同死亡吧！”

站在西庇阿·埃米利亚努斯背后的历史学家波里比阿询问他何出此言，西庇阿·埃米利亚努斯回过头来，注视着波里比阿这个20年来的亲密朋友，拉着他的手回答：

“波里比阿，我们刚刚消灭了一个曾经盛极一时的帝国，赢来了这一‘伟大的瞬间’，但是现在充满我胸怀的，却不是胜利的喜悦，我反而有些伤感——我担心我们的罗马也会在某一时刻遭遇与此相同的命运！”

根据罗马元老院的命令，迦太基城的宗教建筑和城市建筑，不管是城墙、神殿，还是普通房屋、市场建筑物、码头、仓库，全部遭到了摧毁，仅仅剩下满布石块和土块的地面，也被罗马人用犁犁平，然后按罗马人的习惯，在地面上撒上盐，让众神来诅咒这个地方。

人们骤然见到成为不毛之地的迦太基城，实在无法想象在这块土地上曾经矗立着地中海地区最繁荣富足的大都市。也只有身在城毁国亡现场之人，方能发出意味深长的感慨，方能体会到“伟大的瞬间”的深刻含义。

16岁的提比利乌斯·森普罗尼乌斯·格拉古，此刻会有怎样的感慨呢？现存史料上没有记载。可以确信的是，由于他的外祖父就是在公元前202年的扎马会战中大破汉尼拔、为罗马取得第二次布匿战争胜利的著名军事家大西庇阿，纵令西庇阿家族的姓氏不能出现在他的名字里，他也属于西庇阿家族的一员，这是不争的事实。面对眼前发生的一切，面对因第三次布匿战争战败而导致的迦太基城的毁灭，他肯定会比普通的罗马人有更强烈的感触。

那个时候，提比利乌斯·森普罗尼乌斯·格拉古年仅16岁。16岁的他，会不会与56岁的波里比阿和38岁的小西庇阿一样，怀有“胜者必衰”的伤感呢？还是有其他一些思考呢？譬如，他会不会在想，罗马绝对不会重蹈特洛伊帝国、亚述帝国、波斯帝国、马其顿王国，特别是迦太基帝国的覆辙……

迦太基在经历了700年的历史后灭亡了，而这一年，罗马从建国算起，已经度过了600年的岁月。

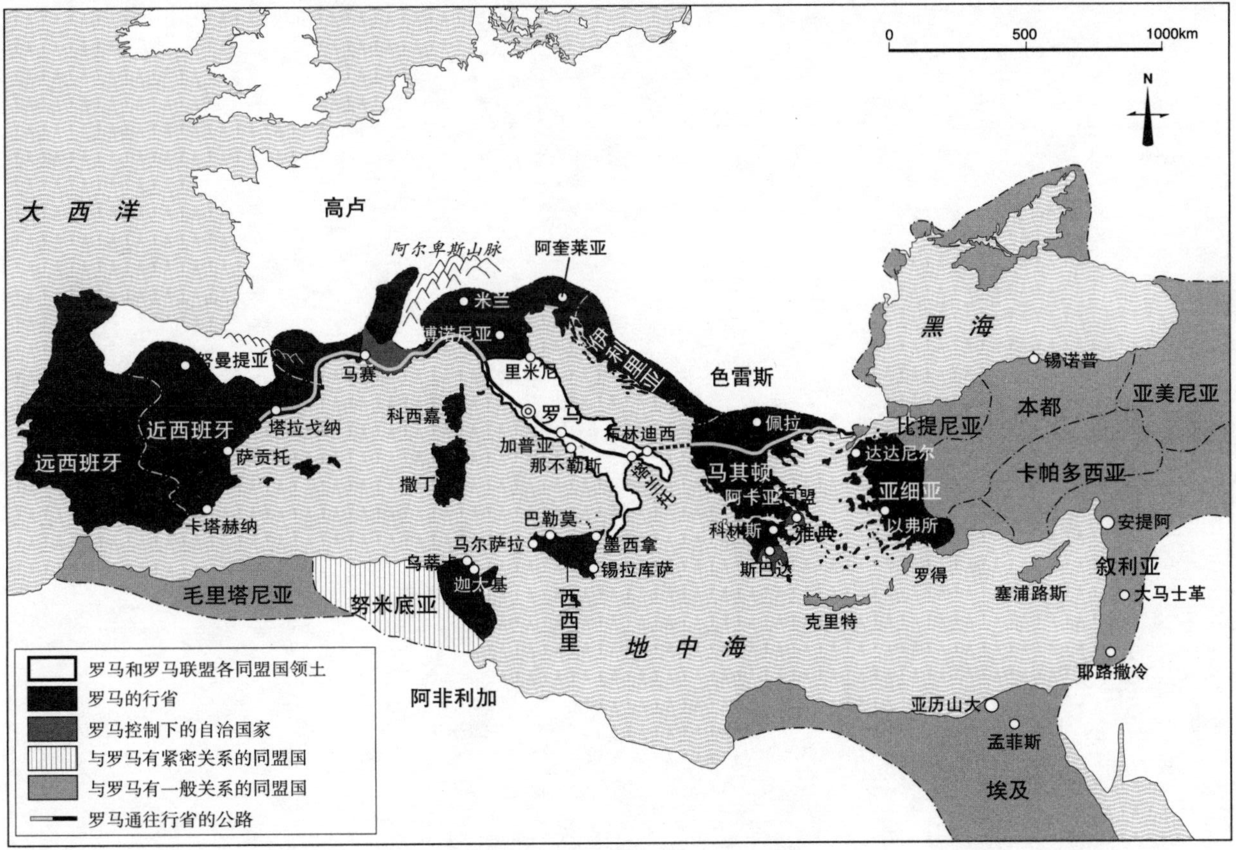

布匿战争后罗马统治下的地中海世界

第一章　格拉古兄弟时代

（前133—前120）

在西欧，有“含着金钥匙出生”的说法，特指那些出生于物质条件和社会地位十分优越的家庭的孩子。如果用这个形象的说法来形容历史上有名的格拉古兄弟［提比利乌斯·森普罗尼乌斯·格拉古和弟弟盖乌斯·森普罗尼乌斯·格拉古（Gaius Sempronius Gracchus，约公元前 160—前 121 年）］，是再恰当不过了。

两兄弟的外祖父，如前所述，是罗马将军大西庇阿。他们的祖父提比利乌斯也是罗马名将，曾率领奴隶军团，在罗马防卫的最前线对抗不可一世的迦太基将军汉尼拔，40 来岁时即已成为名满战场的勇将，并以身殉国。两兄弟的父亲提比利乌斯（按照格拉古家族的规矩，家中长子承袭父亲的名字，故本书提到的祖孙三代都以提比利乌斯为名）是公元前 2 世纪前半叶活跃于罗马政坛的知名政治家。在元老院主导的共和政体下，他们父亲的作为是值得特书一笔的。

格拉古兄弟的父亲生年不详，从其生平经历推算，大约出生于公元前 220 年。公元前 190 年，由于与叙利亚国王的战争，大西庇阿决定率罗马军队前去迎战，这是他第一次踏足东方（地中海东岸地区），根据大西庇阿的命令，格拉古兄弟的父亲接受了出使马其顿的任务，敦促马其顿国王腓力承担起支援前线罗马军队的后勤保障任务。这是在历史上有记载的格拉古兄弟的父亲第一次担任公职。

公元前 187 年，格拉古兄弟的父亲被选为护民官。当年，罗马发生了著名的“西庇阿审判”，即反对派抓住大西庇阿在职务上有 500 塔兰特（古希腊货币单位）公款用途不明的把柄，挑起针对大西庇阿的审判。以老加图为首的反西庇阿派的真正意图，并不是要追回这

500塔兰特的下落，而是要在政治上使大西庇阿失势，以达到清除政敌的目的。由于老加图实力强大，加之这一政治背景，当时无人敢出面为大西庇阿辩护。格拉古兄弟的父亲时年33岁，不畏权势，勇敢地站出来为大西庇阿进行了辩护。

在辩护中，他是这样说的：

> 在诸神的庇护下，西庇阿为祖国做出了重大的贡献。在共和制罗马，他取得了最高的地位，深受人们的感激和敬爱。对于这样的一个人，现在，我们竟然想把他送上被告席；我们竟然想把他押到演讲台下，强迫他倾听我们对他的弹劾和声讨，甚至想让他接受无心少年的恶骂。
>
> 这种事情不仅玷污了西庇阿的名誉，更玷污了我们罗马公民的名誉。

反对派试图强行逮捕大西庇阿的提案在元老院被否决了。但是，他们使这位扎马会战的胜利英雄在政治上失势的目的达到了，大西庇阿极度厌恶反对派的阴谋诡计，愤而离开罗马，从公众生活中引退。

尽管从公众生活中引退，但这位在罗马唯一拥有战胜迦太基名将汉尼拔战绩的大英雄，是不可能忘记自己处于命运低谷时勇于力排众议、为自己辩护的那位年轻人的。他把自己的女儿科尔涅利娅许配给格拉古兄弟的父亲，此后二人结婚，才诞生了提比利乌斯和盖乌斯两兄弟。说格拉古兄弟身上流淌着名将西庇阿家族的血，就是源于这一重关系。

公元前182年，也就是为大西庇阿辩护的5年后，38岁的格拉古兄弟的父亲被选为罗马的按察官。按察官的职责包括对大型庆典活动的组织与策划。他亲自组织的体育竞技大会华丽精彩，且规模达到了令人吃惊的程度，引起了元老院的重视。很多自费参加活动的格拉古兄弟的父亲的政治“被保护者”（后援者，类似于今天的“拥趸”“粉丝”，但有一定的经济实力），为竞技大会提供了赞助，因此，这次体育竞技大会不仅展现了格拉古兄弟的父亲的能力和富裕程度，而且显示出他已经成为能够统领众多“被保护者”的政治“保护者”。

格拉古家所属的森普罗尼乌斯家门，本出自平民阶级。就是在第二次布匿战争时期，他家还是平民。但就是从那个年代开始，为了打赢这场战争，需要贵族、平民团结起来，于是允许担任过执政官的人所属的家门成为罗马的统治阶级，即贵族阶级。换句话说，就是罗马打开了平民精英成为贵族的通道。从公元前 3 世纪起，森普罗尼乌斯家门出了位执政官，此家门即刻成了贵族。由于这个措施，在公元前 2 世纪，贵族和平民的区别已不是那么明显了。

当然，历史悠久的贵族豪门还是存在的，例如小西庇阿所属的科尔涅利乌斯家门，建造罗马第一条大道——阿庇亚大道的费边・克劳狄乌斯所属的克劳狄乌斯家门，主张用持久战术对抗汉尼拔的法比乌斯・马克西姆斯所属的法比乌斯家门，罗马成为共和国时就已是显贵的瓦莱利乌斯家门，以及后来赫赫有名的盖乌斯・尤里乌斯・恺撒所属的尤里乌斯家门。相对这些名门望族，因不屈服于汉尼拔威势而享有“意大利之剑”美称的马尔凯鲁斯和格拉古家族这些原属平民但后来拥有权势的新豪门，则被称为“平民贵族”，以与原有的老贵族相区分。

需要说明的是，这只是后世研究者喜欢使用的分类方法。当时的罗马人似乎并不执拗于这种分类。以当时的通例，每年选出的两位执政官中必有一位是平民出身。这样的话，理论上每年都会有一个平民家庭进入贵族的行列，罗马的“贵族阶级”已不再仅仅是封闭的世袭制。而拥有广阔的土地、统率众多“被保护者”的政治“保护者”成为平民贵族，也不再是什么稀罕的事。

担任按察官职务两年后，即公元前 180 年，格拉古兄弟的父亲被选为法务官。他的当选得益于按察官任上以出色的体育竞技大会主办者为看点的周密的选前宣传，还得益于众多“被保护者”亲临现场投票，还得益于“西庇阿审判”前后他果敢和仗义执言的一贯表现带来的选民们的敬意，或许是这一切综合作用的结果。当选为法务官还意味着他具有了指挥两个战斗单位（两个军团）的资格。

翌年，41 岁的格拉古兄弟的父亲以前法务官的身份被派到西班牙东部地区，负责当地行省的军政事务。（法务官任职期满后，通常都会到海外行省任最高长官或统率军队打仗。）他面对的是原住民不满罗马统治而举行的起义。

在西班牙东部行省任职期间，格拉古兄弟的父亲充分施展了自己的军事与政治才能。他率领的是由奴隶组成的军队，指挥这支军队，他从不用皮鞭，而是给士兵们与自由公民同等的待遇。格拉古兄弟的爷爷是在对抗迦太基名将汉尼拔的战斗中阵亡的，格拉古兄弟的父亲拿出爷爷的事迹激励士兵，将士同心，终于平息了这场起义。格拉古兄弟的父亲还在西班牙建立了原住民能够接受的、符合实际的、公正的统治制度，使过去一直执拗地反对罗马统治的西班牙获得了此后长达半个世纪的和平。为表彰他的功绩，在他返回罗马时，元老院特地为他举行了凯旋仪式。

两年后，即公元前 177 年，格拉古兄弟的父亲被选为罗马政坛上的最高官——执政官。大约两三年后，格拉古兄弟的父亲与大西庇阿的女儿科尔涅利娅结婚。从大西庇阿将女儿许配给格拉古兄弟的父亲到二人完婚，中间经历了 12 年。由此推算，指定婚约时的科尔涅利娅，还是个幼女。可见，夫妇二人的年龄差距是很大的。

公元前 169 年，格拉古兄弟的父亲当选为监察官，负责全面监察罗马人的道德行为。这虽不是最高官职，但在罗马共和国时代是个非常重要的职位。监察官的职权中还包括国家公共财产的管理及与公共事业建设相关的合同的处理。格拉古兄弟的父亲在任监察官期间，促使国家通过了关于禁止公共事业建设被少数人垄断的法律。

格拉古兄弟的父亲自费买下了岳父大西庇阿在罗马广场的公馆，在这块地皮上建造了一座希腊式的长方形会堂（basilica），被称为“森普罗尼亚会堂”。后世的恺撒又在同一场所建造了尤里乌斯会堂。

格拉古兄弟的父亲在监察官任上值得一书的另一大贡献，是作为法案提案人，促成了一部重要法律的通过。根据该法律，凡家中已有 5 岁以上孩子、持有价值 3 万阿斯以上资产的解放奴隶，有权成为罗马公民。这就使原来的奴隶获得自由后无须等到第二代就有可能成为罗马公民。解放奴隶中很多人经营街边小店，或从事手艺人的工作，这部法律使他们可以和从事同样职业的罗马人享有同样的权利和义务。当时，首都罗马出现了特别多的这类新公民，他们可以根据自己住所的不同，选择在罗马 4 个选区中的任何一个进行公民登记。

6 年后，即公元前 163 年，57 岁的格拉古兄弟的父亲再次被选为执政官，获得投票权的解放奴隶几乎全部把选票投给了他。在此前后，他还两次担任视察团的团长，巡视东方（地中海东岸地区），显示罗马对同盟国叙利亚的塞琉古国王的支持。此后，叙利亚王位继承出现纠纷时，由罗马进行裁定。

格拉古兄弟的父亲逝世于公元前 153 年前后。有一种说法是他和妻子科尔涅利娅共生育了 12 个孩子，但由于那个年代婴幼儿死亡率很高，成人的只有提比利乌斯、盖乌斯两兄弟和嫁给小西庇阿的女儿。提比利乌斯 10 岁丧父，弟弟盖乌斯比他小 9 岁，格拉古兄弟的父亲给兄弟俩留下了丰厚的遗产，包括巨大的物质财富、在政界和民间享有的良好口碑以及众多的政治“被保护者”，但兄弟二人连父亲的面也没见到。

科尔涅利娅年纪轻轻即成为未亡人，对她来说，再婚是一个很容易实现的相当不错的选择，因为按照当时罗马的风俗，女子再婚，特别是有过生育经历的女子再婚，是很受夫家欢迎的。何况科尔涅利娅还是“伟大的西庇阿”的女儿呢！实际上，求婚者络绎不绝，就连埃及的托勒密王朝也想迎娶她为王妃。

然而科尔涅利娅拒绝了这一切，她的理由是，她想专心养育这两个儿子。

她把提比利乌斯和盖乌斯这两个儿子称为“我的两颗宝石”。为了给予两个儿子最好的教育和成长环境，科尔涅利娅做了周到的考虑与安排。她深知母亲自身的素质对孩子成长的重要性，自己就拥有当时罗马的“教养人”资格，并且能够使用希腊语阅读和会话。她还特地从希腊请来学者，做两个儿子的家庭教师。她认为，绝不能将孩子全权托付给家庭教师和用人，“孩子不仅从胎儿时期就要在母亲的腹中开始接受教育，母亲还要全面掌管孩子的教育，甚至不应放过通过餐桌上的交谈会话对孩子进行教育培养的机会”。科尔涅利娅和恺撒的母亲奥雷利娅并列，被誉为罗马妇女的偶像。提比利乌斯和盖乌斯二人就是这样沐浴着母亲的关爱，在身心两方面都得到了健康成长。

提比利乌斯·森普罗尼乌斯·格拉古从迦太基灭亡现场归国后的那几年做了什么，史料没有记载，应该是像罗马上层社会的良家子弟一样，居住在当年罗马富人聚集的帕拉蒂尼山上公馆林立的高级住宅区，并曾在军队中服兵役。20岁那年，他被选为祭司。

正像我在《罗马人的故事01·罗马不是一天建成的》中描述的那样，古罗马没有设置专门的“祭司”这个职务，敬奉众神的祭祀活动，由从各行各业选举出的祭司来主持。罗马由于是个多神教的国家，所以需要祭司的场合非常多。比如军队出征需要祈求众神护佑，军队凯旋又要感谢众神的帮助，军事之外的公众祭祀活动也有很多。为此，即便是年轻的祭司，也有可能在祭祀活动中接触到一些大人物，包括元老院中的重量级人物。

在公众场合，提比利乌斯引起了元老院首席元老（类似于当代议会中的议长）克劳狄乌斯的注意。有一天，克劳狄乌斯一进家门就像出了什么急事似的呼喊他的妻子，连声说：“女儿的婚事定下来了！”

女儿的婚姻大事不和母亲商量就决定下来，克劳狄乌斯的妻子当然不高兴：“女儿的婚姻大事怎能这样草率！除非女婿是提比利乌斯·森普罗尼乌斯·格拉古。”

经克劳狄乌斯一解释，妻子自然由嗔转喜。母亲心目中女儿的结婚对象，古今标准都是差不多的。罗马发生社会革命以前的提比利乌斯，是所有母亲心目中女婿的最佳人选。

公元前137年，26岁的提比利乌斯被选为派遣至西班牙军团的财务监察官，随军去了西班牙。根据其弟盖乌斯的转述，提比利乌斯在去西班牙的路上，中途经过托斯卡纳地区，亲眼看到耕作农田的并不是当地的原住民伊特鲁里亚人，而是从外国来的奴隶，这种情景使责任感很强的年轻精英极为惊愕。在西班牙期间，提比利乌斯一直没有中断对这一问题的思考。

财务监察官的职能主要是军中的财务管理，从军队所需的一切必要的物资筹措，到士兵军饷的支付，以及其他除战斗指挥之外军队运营所需的一切杂务，都由其负责。军队回国后，他还要负责写出财务报告。罗马统治者们有意识地把这样的任务交给准备提拔为领导者的年轻后备干部，使之掌握军队运营的经验。大概他们认为，即使是肩负战斗指挥任务的总司令官，也只有具备了通过财务进出如实反映军队状况的经验，方能更加得心应手地指挥调动军队。

提比利乌斯随军的军团此次被派遣到西班牙的任务，是对付当地民众时隔 40 多年之后再次发生的叛乱。

格拉古兄弟的父亲在西班牙时期，实施的是在充分考虑当地民众诉求基础上制定的统治方针，实践证明很成功，使西班牙半个世纪以来持续保持平稳状态。

时隔多年，这回被派遣到西班牙镇压叛乱的罗马军遭到惨败，狼狈不堪。罗马军先是在战斗中败北，继而在溃败中又遭到敌军围困，交出武器和全部辎重后才被允许以停战为名的不光彩的撤退。公元前 2 世纪后半叶，罗马官兵的素质已到了眼不见心不烦的程度。军队战斗力的低下也成为年轻的提比利乌斯深刻思考的问题。

为这次西班牙战败善后的重任又落到了打赢第三次布匿战争的将军小西庇阿肩上。实际上，小西庇阿也根本不信任正规编制的罗马军团，他招呼他的“被保护者”们出钱，自己征集了一支军队，率领着这支军队开赴西班牙。

对罗马来说雪上加霜的是，就在提比利乌斯归国的公元前 135 年，罗马史上第一次奴隶起义爆发了。而被派到西西里岛的正规军团与起义的奴隶们交锋并不占优势，陷于持续苦战的境地。

“好像什么都开始不对劲儿了。”面对这些坏消息，人们自然会这么想。在地中海世界的霸主罗马人中，到底发生了什么事？

罗马于公元前509年选择共和政体以来，一直面临着贵族与平民抗争这样一个难题。后来通过了两部法律，成功地化解了这个难题：一部是公元前367年通过的《李锡尼法》，根据这部法律，一切公职都面向平民开放，即普通公民都可以通过竞选或其他合法程序而成为各级官吏。另一部是公元前287年通过的《霍腾修斯法》，根据这部法律，平民大会通过的决议可以成为国家的法令。此外，代表平民利益的护民官，在任期届满后可以进入元老院。尽管这些护民官在元老院中仍微不足道，是罗马实行的“少数派领导制”中的“少少数”，但在防止元老院封闭化、防止出现倡导分裂的国民舆论方面多少还是能起到一定作用的。

既然平民大会可以议决国家大事，那么公民（包括平民和贵族）大会更没有理由对大事不做决定。像对外国宣战和停战这样的大事，决定权都属于公民大会。公民大会还具有人事决定权，以执政官为首的重要官职，都要通过公民大会选举产生。

有权利就得有相应的义务，战争需要的资金依据公民资产的多少按比例分担，从社会正义的角度看，这种分担办法还是体现了公平、公正原则。

这种根据资产按比例分担战争资金的办法，相当于现代的“战争特别国债”，因为资金的募集采取强制的形式，偿还则要根据国家的财政状况，国家有钱时才能偿还。资金的偿还期都在20年以上，而且不付利息，因此，这种国债实质上属于临时征收的直接税。

罗马公民承担的义务不仅是要出钱支持战争，还要出人去打仗。被罗马人称为“汉尼拔战争”的第二次布匿战争打了17年，战争期间，作为国家最高行政长官的执政官，前后有25人战斗在最前线，其中有 8 人战死。执政官在战场上是唯一的最高司令官，尚且有这么多人牺牲，身为普通公民当兵上战场而牺牲生命者，就更多得不计其数。正是由于不同阶级的罗马人上下一心，团结对外，才最终取得了第二次布匿战争的胜利，使享誉世界战争史的迦太基名将汉尼拔俯首称臣。

听来令人称道的这一切，却从公元前 200 年，即第二次布匿战争结束后发生了改变。

首先，罗马军队开始不断打胜仗，可以夸口“屡战屡胜”了。最高司令官战死沙场的故事再也没有发生。这对罗马当然是好事，但任何事物都有正负两面，负面的东西正在显现出来。前面提到过，第二次布匿战争时期开始实行允许担任过执政官的人的子孙成为贵族阶级的政策，其本意是想防止统治阶级的封闭化，但这个意图并没有实现。

从公元前 200 年到迦太基灭亡的公元前 146 年，共经历了 54 年，按共和制罗马的规定，每年选举产生两位执政官，不考虑有人 10 年后再次当选的个案，其间共产生了 108 位执政官。在这“一百单八将”里，家门中从未有人当过执政官的当选者仅有 8 人，其余百人全部集中于科尔涅利乌斯、瓦莱利乌斯、格拉古家所属的森普罗尼乌斯等 28 个家门。这一时期贵族与平民的关系不再体现为相互抗争的阶级对立，二者之间的通婚也有了较长时间的历史，像日常便饭一样不再稀罕。但是，同为罗马公民，属于元老院阶层的和不属于元老院阶层的两大人群的区分与对立日益明显，且有固定化的趋势。

本来元老院只是一个向最高决策者进言的咨询机构，对几乎所有的国事都没有决定权。所谓的“元老院劝告”，是指将在元老院讨论议决的事项作为来自元老院的“建议”提交给决策者，元老院没有将其建议政策化的权力。罗马的“共和政体”，从理论上说是彻底的“主权在民”。

但这个规矩被汉尼拔战争时期的“非常事态”破坏了。由于汉尼拔统率的迦太基军队大兵压境，为了度过这一罗马共和国历史上从未有过的非常时期，很多重要事项需要随机应变，迅速决策。迫于这种压力，这一时期的“元老院劝告”被原样照搬地成为国家的政策。不幸的是，这种不正常的决策方法在“非常事态”结束后被延续下来。由于这种变通做法在第二次布匿战争中发挥了积极的作用，尽管有人质疑其有效性，但反对意见长时期没有成为主流，而且在这期间，国政大权不断向理应只有“劝告”权力的元老院集中。第二次布匿战争胜利后，罗马的霸权从意大利半岛逐渐延伸到整个地中海地区，元老院集中权力的过程恰巧与之重叠，致使权力向元老院的转移没有遇到什么阻力，元老院权力的集中达到了令人吃惊的程度。

第一是外交权。罗马霸权范围所及的海外行省和同盟国派到罗马的使节，必须是接受元老院的邀请才可成行。也就是说，是元老院而不是执政官在代表国家行使外交权。当海外行省和同盟国出现需要罗马出面解决的问题时，也是由元老院元老组成的视察团行使处置权，并已成为惯例。

第二是人事权。主要公职人员仍由公民大会选举产生，但其候选人要由元老院决定。

第三是财政权。海外行省的税制由元老院决定，国库的支付也是由元老院元老担任的监察官决定。监察官还是每五年对公民做一次资产调查的责任人。对于罗马公民来说，监察官就像国家税务局的工作人员。公共建设事业的合同的管理也是由监察官负责。

第四是司法权。法律认可罗马公民有控告权，行省居民有检举权，但审判机关的最高长官则是身为元老院元老的法务官，审判时的陪审团成员全部由元老院元老担任。

军事权实际上也在元老院手上。带兵打仗的执政官虽由公民大会选举产生，但每年选出的两位执政官的任职地点，则由元老院决定，而且，执政官任期届满后，通常都要被派去管理行省，具体去哪一个行省，仍由元老院做出决断。

如此程度的权力集中，假如没有和社会动荡联系起来，对于罗马来说还不是什么重大的问题。罗马人的观念与希腊人不同，对于“少数派领导制”这一罗马独有的共和政体，罗马人往往只注重体制机能的有无，而很少去操心体制本身正确与否。

下面我们来看两张表。表 1 是按罗马公民拥有资产数额而做出的等级划分。表 2 统计的是负有兵役义务的罗马公民的数字，这个数字仅包括 17 岁至 60 岁的男子中拥有资产达到规定数额以上、能够以服兵役形式支付直接税者。

从表 1、表 2 可以看出：第一，在没有发生大规模战争并且第五等级的资产下限不断降低的情况下，应服兵役的公民（第一至第五等级）数量却在持续减少。这是很多家庭在有人从军后家庭拥有的资产难以维持生活，达不到第五等级以上的标准，免服兵役的无产者不断增多的缘故。第二，罗马社会的贫富差距明显扩大。在公元前 241 年，第一等级与第五等级的差距不足 10 倍，到了公元前 146 年，这个差距已超过 500 倍。与以前平民要求与贵族政治权利平等而发生的抗争不同，公元前 2 世纪后半叶开始的困扰罗马的社会动荡，主要表现为追求社会正义与公正，抗争的双方转为穷人与富人。

表 1　按公民拥有资产数额划分的六个等级

等级	第一次布匿战争后（前 241）（货币单位：阿斯）	第三次布匿战争后（前 146）（货币单位：阿斯）
第一等级	100 000 以上	1 000 000 以上
第二等级	75 000 ~ 100 000	300 000 ~ 1 000 000
第三等级	50 000 ~ 75 000	100 000 ~ 300 000
第四等级	25 000 ~ 50 000	50 000 ~ 100 000
第五等级	12 500 ~ 25 000	6 400 ~ 50 000 不久资产下限降至 4 500 阿斯，公元前 130 年时已降至 1 500 阿斯
无产者	资产在 12 500 阿斯以下者为免税阶级，免服兵役	资产在不同时期不足 6 400、4 500、1 500 阿斯者为免税阶级，免服兵役

表 2　具有罗马公民权的应服兵役者人数及其变化

年份（公元前）	人数	备　注
241	260 000	第一次布匿战争结束
225	291 200	第二次布匿战争开始七年前
204	214 000	第二次布匿战争结束两年后
189	258 318	叙利亚战争结束一年后
179	258 794	这个时期派遣到西班牙的军队人数可能未统计在内，因此与 10 年前的数字差别不大，实际上这一时期人口应该是增长的
169	312 805	马其顿王国灭亡
159	328 316	没有大规模的战争
147	322 000	第三次布匿战争期间
136	317933	没有大规模的战争

为什么会发生这样的事情呢？表 1 显示出，罗马作为地中海世界的胜者，其富裕阶级的财富大幅度地增长，第一等级的起点已从 10 万阿斯上升至 100 万阿斯，但作为罗马共和国中坚力量的一般公民的人数，却处于减少的状态。

社会的动荡往往体现为经济的萧条，而经济的萧条又表现为失业人数的增加。罗马人本来是农耕民族。农民的特点是勤劳并富有进取心，一种有定论的说法是，罗马农民的劳动生产率明显优于邻国的高卢人。从事农业，对当时的罗马人而言，是个高尚的职业。据说公元前 5 世纪被推选为罗马独裁官的辛辛纳图斯打仗时放下锄头拿起权杖就去指挥战斗，得胜归来放下权杖又拿起锄头务农。农业生产以家庭规模的自耕农为主要形态，有的家庭即使拥有奴隶也就有一两个。

其后农耕地和奴隶的数量略有增加，但自耕农的主流地位没有改变。这些自耕农，按资产规模来看属于第四、第五等级，他们以服兵役的形式来代替直接税，为罗马成就霸权发挥了重要作用。除了“士”和“农”的区别不那么明确之外，那个时期的罗马就已经有了士、农、工、商各个阶层。

然而，由于意大利中部地区经济结构的变化，这些中产阶级受到了直接打击。

在公元前 240 年第一次布匿战争结束后，西西里成为罗马的一个新的行省，要向罗马纳税。西西里用大量的小麦来缴纳直接税，大量小麦流入市场对罗马小规模农家的小麦生产造成严重冲击。由于自耕农生产的小麦不具备价格竞争力，农民们转为生产橄榄油、葡萄酒，或从事畜牧业。在以小规模自耕农为主要形态的时代，农家及时转型是成功的。因为随着罗马国力不断增强，社会资本充实，城市建设投资规模扩大，带动了包括同盟城市在内的整个意大利地区生产水平的提高，对橄榄油、葡萄酒等消费品的需求增长强劲。

这一切在公元前 150 年前后发生了变化。

首先在公元前 187 年，罗马政府将其在第二次布匿战争期间以战争国债形式向人民筹借的款项全部偿还完毕。

继而在公元前 167 年，上述这种实质上为向罗马公民征收直接税的筹集战争资金的做法被宣布废止。

这是因为，罗马统治下的西起西班牙、东至希腊的幅员辽阔的国土上各个行省都要向罗马缴纳什一税（直接税）和矿山收益，再加上国有土地租金和港口使用费等的间接税入账，没有必要再向罗马公民征收直接税。

我把战争国债意译为“直接税”，是因为它是按公民所拥有资产的多少来课征的。这种税全部取消，受益最大的是富裕阶层。此时罗马出现了资金过剩的“钱多状态”（有点像现在经济学家常说的“流动性资金过剩”），取消直接税是导致资金过剩的第一个原因。

第二个原因是随着罗马的霸权扩张、市场扩张而导致的骑士阶级的兴起。

拉丁语中的“equites”被直译为“骑士阶级”，他们负有向罗马军队提供骑士的义务，意味着他们拥有的资产额按表 1 的划分不低于第一等级，即贵族阶级。但为了和担当国政的贵族阶级以至元老院阶级相区别，他们被称为骑士阶级。由于祖上没有人担任过执政官，与名门望族和平民贵族相比，从政对他们来说是个难关，所以他们选择了经商之路。根据法律，元老院阶级的人士被禁止经商，使得骑士们在这个领域得以大显身手，而罗马的不断强大又使他们的市场持续扩大。

骑士们的“业务”门类非常多，最初主要从事的业务是承包代理征收租税，以从中收取手续费作为收入来源。应缴纳租税的人们往往会为纳税而临时借款，于是贷款又成为骑士们的业务。他们贷款给这些纳税人，以后再催讨欠款本息。罗马元老院对于以恶劣手段从事金融业的人虽没有听之任之，但在共和政体时期也没有对其进行整顿。后来暗杀恺撒的主谋布鲁图，放贷的利息高达48%，令见多识广的西塞罗也大吃一惊。当时正常的贷款利息，年利率仅为12%。

军需品的采购也成为骑士们的业务。这项生意怎么品味都是个“肥差”，即使现在谁能做这项生意，也能使人产生丰富的联想。

公共事业的建设也由骑士们来承包。与罗马成为富足国家相伴，这个时期发明了用石灰和火山灰混合而成的水泥，促进了建筑的繁荣。从公元前190年到前140年期间，以提供用于审判、会谈和公民集会的场所为目的，相继建设了霍里亚会堂、埃米利亚会堂和森普罗尼亚会堂，还重建了8座神庙。公元前179年修建了横跨台伯河的石桥。公元前144年修建了工程规模前所未有的梅西亚水渠。此外还上马了重新铺设道路和填海造地等建设工程。这些大规模的公共事业建设工程，由于投资巨大，骑士们就采用寻找合作伙伴、组织合伙公司的办法来承担。

这些与现代公司相似的经济组织，在罗马以外的地区灵活地从事各种经济活动。它们将总部设在罗马，在行省和同盟国设立分部。分部中活跃的多是那些原本就具备较强经商能力且有希腊血统的意大利人。

这些人能够在经济领域如鱼得水，与元老院阶级有人暗中支持密不可分。元老院元老经商在法律层面是被禁止的，但法律常常会有漏洞。很多元老院元老让自家的奴隶恢复自由，成为“解放奴隶”，把资产放在这些解放奴隶的名下加以运用。弹劾西庇阿事件暴露出，老加图就是通过自家的奴隶投资经商的。总而言之，富人越来越富。

如果财富的增长超过自己所需要的额度的话，几乎所有的人都会考虑投资。而最合适的投资对象是土地，这在从古至今都是通例。本来未拥有不动产、放弃从政而选择经商的骑士们，同样把土地作为首选的投资对象。

但是，罗马还有能够用于投资的土地吗?

罗马共和国在称霸意大利半岛的时代，对于败在自己手下的国家，保留其城市和人民，使之成为同盟者，但要从战败国手中没收一部分土地，变为罗马的国有土地。据学者推算，公元前 140 年的国有土地总计为 50 万公顷，相当于罗马全部领土的七分之一。

这些国有土地租借给公民耕种，租金根据土地用途的不同划定不同标准，种植小麦按年收益的十分之一，种植橄榄或葡萄按年收益的五分之一。与租种地主土地支付的地租相比，这个租金标准是相当优惠的了。

而且，国有土地的租借权可以由子孙来继承，但不得向其他人转让。从可继承这一点来说，这种租借来的土地，实质上可以被视为私有土地，只不过在法律上仍是国有土地。

这些国有土地成了剩余资金投入的对象。如果从事畜牧业或从事橄榄、葡萄的栽培，可以期待数年后获得好的回报，但需要先期投入资金。而且，从规模效益的角度讲，能够使用的土地越多收益就会越高，先期投资也就越大。由于罗马在公元前 2 世纪前半叶连战连胜，奴隶作为廉价劳动力大量流入罗马。奴隶作为劳动力的魅力，不仅在于因供给超过需求而导致奴隶的价格下跌，还在于与身为罗马公民的罗马农民不同，不是罗马公民的奴隶没有服兵役的义务，可以专心务农。

假如一家中有一个公民服完兵役回到家乡，看到的是家属劳动所得的收获物，在与使用大量奴隶大规模生产同类农作物的农庄的价格竞争中败北，卖不出去只能削价处理。为了渡过难关，他们只好靠借款维持生计，但终究还是陷入窘境，难以自拔。出现这种现象，问题不在于罗马农民的勤劳意愿发生了变化，而是罗马的农业出现了结构性变化。

不管怎么说，罗马的军事力量是建立在自耕农这类中产阶级基础之上的。罗马的统治者对此心知肚明，他们没有理由对土地向少数人集中的现象不闻不问。早在第二次布匿战争前（那时土地集中现象还不是那么明显）就通过了一项法律，规定每人租借国有土地的上限为 500 尤格（约合 125 公顷）。

但这种规定仍有漏洞。被禁止经商但可以堂堂正正从事农业的元老院元老们，虽然以自己的名义只能租借 500 尤格，但他们可以用家属和亲戚的名义大量租借国有土地。经历了一个世纪以后，这项法律已是有名无实了。

由于奴隶无须担心服兵役，是稳定而廉价的劳动力，大量使用奴隶来经营大规模的农场，其收益的增长是显而易见的。农业结构的这种变化促进了罗马农业生产的扩大和劳动生产率的提高，对于国家来说是好事，但是，片面的经济增长不一定能给社会带来好的效果。那些借款耕作而产品又缺乏价格竞争力的自耕农，由于经营失败，无力偿还贷款，被当作贷款抵押的土地就被债主收走了，成为失去土地的失业者。

这些失去土地的原自耕农大量流入财富集中地——首都罗马，据研究者推算，大约占首都罗马人口的 7%，成为严重的社会问题。

这个问题不是仅靠完善社会保障、充实国民福祉就能够化解的。对于失业者来说，不单单是失去了职业，丧失了生存手段，更重要的是在社会上失去了自己的存在理由。希腊哲学家第欧根尼整日睡在木桶中仍能保持做人的尊严，这种人物毕竟是极少数。大多数的普通人是把自己的尊严和从事的职业相联系的。人之所以为人，有必要保持对自身价值的肯定。这种自我肯定意识一旦丧失，绝对不是仅靠社会福利就能够恢复的，只有恢复他们的职业才行。

对这些“失业者”来说，失去土地导致他们成了无产者，以往服兵役来代替缴纳直接税的义务被免除了，岂不是挺好的事吗？持这种看法的人不了解公元前 2 世纪罗马人的心理。这些“失业者”难以舍弃罗马公民的荣誉感，失业会让他们觉得自己不再是罗马人了。

根据罗马的人口调查（表 2 所示），直到公元前 159 年，义务服兵役的人数都是持续增加的，以这一年为转折点，人数逐年减少。其实 17 岁至 60 岁男人的人数没有减少，具有服兵役资产资格的公民人数却在持续减少。即使把第五等级的资产下限从 12 500 阿斯降到 6 400 阿斯，具备服兵役义务的公民人数还是在减少，以致征兵成为一项很难完成的任务。与之相对，免除兵役的无产者的人数却在增多。降低资产下限的结果，是把以前不属于服兵役阶层的人驱赶到了战场上。与其说这些士兵在战斗力上不如西班牙原住民和西西里的叛乱奴隶，还不如说他们缺乏责任感。在西班牙和西西里的战斗中，他们不是为保卫自己的家园而战，而只是为维持罗马的霸权而战。

公元前 134 年夏，29 岁的提比利乌斯 · 森普罗尼乌斯 · 格拉古当选为护民官。他的任期是第二年（前133），那时他才刚满30岁。尽管年轻，但他在第一次演讲时，以其关心平民百姓的视角和独特的抑扬顿挫的声音，深深地打动了罗马人的心。

山中的野兽、林中的飞鸟，尚且有自己的巢穴，劳累之后回到巢中，能够尽情地休养生息。而为国浴血奋战的罗马公民，除了阳光和空气之外，一无所有。他们没有房屋，没有土地，只能带着妻子和孩子四处流浪。

在战场上，面对敌兵的袭击，指挥官会用“你们要保卫自己的家族和先祖的墓地”这样的话来激励士兵，这不过是虚伪的谎话。为什么是谎话？因为士兵们家中不仅没有可供祭拜的先祖陵墓，甚至连祭祖的祭坛都没有。

这样说来，士兵们勇敢地战斗，甚至牺牲，却不是为了他们自己，而是为了守护别人的富裕与幸福。

罗马公民，现在是胜者，被称为世界的霸主，然而现实中的罗马公民，却连属于自己的土地都没有！

护民官的任期从当年12月10日开始，就好像等得不耐烦了似的，提比利乌斯·格拉古提出了有关土地改革的法案。

他的《土地法》与现代的土地改革法不同。对于罗马人来说，保护私有财产是毋庸置疑的基本权利，不论多么广阔的土地，只要是私有的就不能成为《土地法》调整的对象。提比利乌斯属于森普罗尼乌斯家门，他提出的法案被称为《森普罗尼乌斯土地法》，这个法案，只以国有土地为对象。

《森普罗尼乌斯土地法》有如下内容：

一、租借国有土地的上限仍为500尤格（约合125公顷）。如果再以儿子的名义租借国有土地，一个儿子名下不能超过250尤格。但是，全家租借国有土地的总额不得超过1 000尤格。从事畜牧业的家畜总数以600头为上限。

二、国有土地的租借权可以继承，但不得让渡他人。

三、已借用国有土地超过1 000尤格者，要将1 000尤格以外的土地退还给国家，国家根据退还土地的数量，支付补偿金。国家设立常务委员会把收回的土地以租借的形式再分配给需要土地的农民。

严格说来，这不是一项追求平等的改革法案，最多是一项追求公正的改革法案。因为大多数农民租借的土地只有30尤格（约合7.5公顷）。提比利乌斯·格拉古提倡的土地改革，不过是把百年前已经法制化而后处于有名无实状态的事物，再度还原到原来的形态。租金的标准也没有变化。向被租借的国有土地、事实上的私有土地征收的租金，类似于现在的固定资产税（物业税）。这个法案的真实意图，是在纠正那些富有者以亲属和解放奴隶（即主人给予其自由，使之成为自由人，但并不离开主人家庭的原奴隶）的名义过度占有国有土地的行为。

提比利乌斯的《土地法》提出之后，元老院方面没有公开表示反对，因为这个法案维护公正的立场非常清楚。提比利乌斯·格拉古的岳父、元老院中最有实力的费边·克劳狄乌斯，著名法律专家、当年度的执政官姆奇乌斯·杰奥拉，对年轻的护民官的做法都积极表示赞同。那些多占土地的元老院元老，由于法案会侵害到他们的既得利益，在内心是抵制的，但鉴于中产阶级人数减少导致军队质量下降的现实，他们也没有理由唱反调。

提比利乌斯·格拉古的思路是清晰的。

救助从农民沦落为无产者的那些人，给予他们土地，使之复归自耕农，由此可稳定罗马社会中间阶层的基础。在救济失业者的同时，化解社会的不安定因素。只有中间阶层经济基础牢固，由罗马公民组成的罗马军队的质量才能提升。提比利乌斯·格拉古的思路是，借鉴雅典的模式，在不涉及其他阶级的前提下完成改革，尽力避免阶级斗争。在这个阶段，就是那些担心失去既得利益的元老院元老，也无法以图谋分裂国家为口实对他进行责难。

问题是，仅仅分配农用土地还是不能把这些失业者培育成自给自足的自耕农。意大利是个山地国家，不具备大平原的优势，更适合种植橄榄、葡萄，或从事畜牧业。罗马最早的有关农业著述的作者老加图也是这样论述的。不论种植橄榄、葡萄，还是从事畜牧业，都需要一定数额的前期投资，而目前流浪在城市里的无产者显然没有这个财力。为解决这个问题，提比利乌斯·格拉古在他的法案中又追加了一项内容，即除了发给这些人能够回到分配给他们的土地上的救济金之外，还要再资助他们复耕所需的启动资金，这笔资金由国库支出。

这样一来，本来一直未公开表示反对的那些元老院元老，现在转为明确反对。他们反对的理由是，国库资金的支出不得用于资助私人的开支。当然，基于《土地法》分配给农民的土地租借权具有可以继承这个特性，将其视为私有土地也没有错。很显然，拿出这个反对理由只是反对派的一种策略，他们从根本上是反对将他们多占的土地收回，而这个真正的动机又无法拿到桌面上来。

反对派成功地将另一名护民官，以思想保守著称的马尔库斯·奥塔维斯，拉拢到自己的阵营。根据法律规定，只要现任四名护民官中有一人反对，他就可以行使否决权，使法案不能付诸投票表决。

提比利乌斯·格拉古与马尔库斯·奥塔维斯同年出生，从少年时代起就是很要好的朋友。二人都出身于上流社会，年少时按良家子弟的规矩，每天上午都要在家中跟着家庭教师努力学习，下午到城墙之外马尔斯广场的体育场上刻苦锻炼身体。幼时的玩伴现在要对他的提案行使否决权，这对提比利乌斯是一个未曾想到的打击。

提比利乌斯·格拉古进行土地改革的决心是不可动摇的，他决不肯暂时妥协后退，重新等待时机。如果采取私下沟通的做法，把马尔库斯·奥塔维斯拉到自己这边来，又不符合提比利乌斯的性格。他选择了与马尔库斯·奥塔维斯公开辩论，试图以堂堂正正的理由光明正大地说服对方。

二人之间连续几天进行了白热化的辩论。尽管论战十分激烈，但双方没有不登大雅之堂的污言秽语，没有抓住对方小辫子不放的奚落羞辱，甚至连高分贝的粗声粗气都没有。尽管分为正方反方，但双方都保持了礼貌与风度。马尔库斯·奥塔维斯在辩论中屡屡落于下风，但躲在后面的反对派在背后给他打气助威。

看到马尔库斯·奥塔维斯执意要行使否决权，提比利乌斯·格拉古决心使出最后的撒手锏——解除马尔库斯·奥塔维斯的护民官职务。这是在罗马历史上前所未有的非常处置手段。提比利乌斯判断，只要能够提交公民大会表决，他的土地改革法案显然能够以多数票得以通过。为了使《森普罗尼乌斯土地法》能够成为法律，他只有使用这个撒手锏了。“既然护民官忘记了维护平民权利的职责，平民们没有理由再维护他的护民官位置！”提比利乌斯的这番话得到了平民们的响应，解除马尔库斯·奥塔维斯护民官职务的动议获得通过。没有了行使否决权的人，《森普罗尼乌斯土地法》在公民大会上以压倒性的多数获得通过。

负责将收回不正当占用的国有土地再分配给无产者的“三人委员会”也开始运转。三名委员中，提比利乌斯自任委员之一，其余两名委员分别由他的弟弟盖乌斯·格拉古和他的岳父费边·克劳狄乌斯担任。但是其弟盖乌斯加入了小西庇阿率领的镇压西班牙叛乱的军队，即将离开罗马，岳父费边·克劳狄乌斯年老体衰正在患病，提比利乌斯只好孤军奋战。这项工作耗费了他大量的时间与精力，连睡眠的时间都没有了，好在他只有30岁，还能坚持下来。

《森普罗尼乌斯土地法》生效后，希望租借土地的人非常多，那些反对土地改革的人就不断搞一些如拒绝提供谈判场所之类的小动作来妨碍法案的实施，但这些都不能阻挡年轻的护民官推进改革的进程。《土地法》生效后与生效前相比，提比利乌斯对于“身居护民官职位，就要保护民众利益”有了更强的意识。但与此同时，元老院中的稳健派，那些开明且一直支持他的人开始疏远他。

这些人在做出收回多占土地并支付补偿金的决定时，对提比利乌斯是支持的。他们一方面不能容忍不法行为，另一方面，对提比利乌斯为了得到解除马尔库斯·奥塔维斯护民官职务而必需的赞成票所表现出来的反富裕阶级的行为，也看得非常清楚。他们承认土地改革的必要性，但他们不同意把国家应得的收入变成实施《土地法》所需的资金来源。

当时正值帕加马国王去世，根据国王的遗言，帕加马王国并入罗马，成为罗马的一个行省。提比利乌斯提出议案，打算把帕加马上缴的租税作为实施土地改革的资金来源。那些过去支持提比利乌斯改革的元老院元老对此也不赞成。

把那些新近纳入罗马霸权的国家或地区重组为罗马的行省，这是一件大事。元老院把持这个权力已有70年的历史。按照程序，先要由10名元老院元老组成视察团对拟成为新行省的地区进行实地考察，基于考察结果形成关于其统治模式的提案，提交元老院审查通过，形成最终决策。提比利乌斯的提案被认为侵犯了元老院的权威。

为了推进土地改革，提比利乌斯太需要钱了。若想让流民们不再是流民，必须先给他们生活费，还要给先期所需的投资资金，并把他们送到新分配的土地上。如果做不到这一点，这些流民将重新进入“不得不借款→然后无力偿还贷款本息→再次失去土地→重新沦为流民”的恶性循环。尽管法律规定土地租借权不得转让，但流民们为了糊口也实在没有其他办法。提比利乌斯·格拉古为了实现自己的改革目标，在使出各种手段的同时，更加意识到确保财源是改革成功的先决条件。这笔钱的确很难从国库支出，主管公共财物的监察官也会很棘手。恰在此时，得知没有儿子的帕加马国王愿将王国送给罗马公民的消息，提比利乌斯将此视为众神赐予的希望之舟。

然而，护民官提比利乌斯的这一做法被认为是公然挑战元老院的权威，引起了元老院的强烈反对。而提比利乌斯一步也不退让，他说：“帕加马国王的遗嘱，记载的是将王国送给罗马公民，而罗马公民如何处理这笔遗产，没有任何法律规定必须由元老院决定。”提比利乌斯利用了法律的这一漏洞，他的提案不是提交给公民大会，而是提交给平民大会来表决。因为根据《霍腾修斯法》，平民大会通过的决议无须再经过其他机构认可即可成为国家的法律。

这样一来，土地改革开始演变为公开反对元老院主导的寡头政治的行为。以元老院为大本营的罗马统治阶级，感觉到他们安居了70

年的统治制度正在被强烈地撼动，而撼动他们统治的这个人，还是属于自己阶级的一分子——提比利乌斯·森普罗尼乌斯·格拉古。

一直对自己的做法给以热心支持的人们，现在渐渐转变立场，对此提比利乌斯不可能没有察觉，但这反而使他意志更为坚定，他要坚决推广实施《土地法》，无论什么理由都不能使他半途而废。“只要将土地改革坚持下去并取得成果，就能够夯实共和制罗马的基础，罗马就不会重蹈已经灭亡的那些国家的覆辙。”正是16岁时形成的这种危机意识，支撑着日渐孤立的提比利乌斯·格拉古。

为了使自己主导的改革不致中途停顿，他就不能离开护民官的位置，30岁的提比利乌斯决心竞选连任。他的任期从上年12月10日开始，至此已经过半，护民官的选举在每年7月举行，如果7月份其他人当选，则他的任期还有半年。假如新当选者与他政见不同，他必须在剩下的半年任期内完成改革。提比利乌斯对此非常担心。

汉尼拔战争之后，战时的“非常事态”终结，罗马恢复了执政官不得连选连任的制度，其他官职也不再允许连任。但对护民官连选连任没有禁止性的法律，这是因为当初创设护民官制度时，只是将护民官当作平民阶级的代表，或者说是国家一部分利益者的代表，并未将其视为国家公职人员。

然而事物总是发展变化的。公元前4世纪已经实施了一项法律，规定有过护民官任职经历者自动享有元老院议席。对于那些虽未出身于名门望族仍属于平民贵族的从政者来说，护民官任职期满后进入元老院，而后经过法务官的台阶后问鼎执政官的道路，是最稳当快捷的“精英之路”。即便护民官连选连任没有什么问题，但相比之下，选择放弃连选连任尽快进入元老院，对仕途更为有利。况且，法律意义上护民官虽不属于公职，但实际上，该职务的诸多特征使人们认为该职务在不能连选连任问题上与其他公职没有区别。

反复权衡之后，提比利乌斯认为，既然法律上没有禁止性规定，他就决心一搏。

那个时候聚集在提比利乌斯周围的，几乎都是和他同样出身于罗马富裕阶层的年轻人，他们狂热地支持他。为了探讨提比利乌斯连选连任的可能性，他们做了大量选情分析和预测。出乎意料的是，从搜集到的信息分析，得出的竟是很难获胜的结论。

在元老院内，因土地改革而伤害到既得利益的人持反对态度，是一开始就预料到的。即使赞成改革，同时又维护元老院主导的寡头政治的元老院元老们，此时反对土地改革的立场也日趋明显。当然，护民官由平民大会选举产生，平民大会既独立于元老院，又独立于公民大会。提比利乌斯在平民大会上能否当选之所以难以把握，是由于平民对他的支持也是勉勉强强。

民主政体采用直接选举方式选举领导人，而直接选举方式的一个缺陷，就是选举结果会更多反映的是亲临投票现场的人的意见。例如在首都罗马召开平民大会，左右大会决议的不会是住在远离罗马的平民，而是住在罗马的平民。提比利乌斯的不利之处在于，住在罗马的平民大多从事工商业，以国家给予农耕地、培育健全的自耕农为主要内容的土地改革，与他们没有直接关系。

当然，关注国事、政治意识强的平民会赞成土地改革，由于平民阶层比富裕阶层有更多机会接触到无产者，他们更能感受到失业者增多会成为社会不安定的根源。

罗马的平民有点儿当家做主的意思，他们有自己的平民大会，可以选举中意的护民官。在这个制度安排下，罗马平民没有劣等阶级的感觉。代表他们利益的，就是护民官。每年都要选出四名护民官，这四人地位、权限不相上下。提比利乌斯断然解除同僚的职务，不说冒天下之大不韪，至少也是没有先例的出位行为。有些平民虽然投了赞成票，但对于代表自己利益的护民官就这样被解除职务，总是心存芥蒂，短时间内难以消化，这些人怎么说也不愿意提比利乌斯连选连任。反提比利乌斯派正好可以利用这一点。

提比利乌斯争取连选连任，目的是向自己个人集中权力，反对派就在这个问题上大做文章。一般来说，视野狭隘的普通人在考虑政治取向时，往往把私利私欲掺杂其中，这种社会现象不是今天才有。但罗马是实行共和政体的国家，非难提比利乌斯想当独裁者，这一招不容易捕获民众的心。实际上，确定要对提比利乌斯连选连任投赞成票的平民，以直接受惠于土地改革的城市无产者为主。问题是，罗马的选举制度是以投票者资产的多少来确定其票数，虽然无产者人数众多，但票数有限。如果在罗马召开平民大会，即使集中了全部有利因素，提比利乌斯获得的票数仍不能满足连续当选的要求。

看到选情分析的结果不理想，提比利乌斯并没有灰心，他的思路又转向如何争取有产平民的支持。他发现，有一定资产的平民就有服兵役的义务，这个义务过多就成为负担，而且还有很多有产平民将市场扩展到海外来从事经济贸易活动，他们的利益也应该得到保护，应该在这两方面做些工作。

提比利乌斯提出了缩短服兵役的时间和关于司法改革的两个法案。后一个法案的主要内容是，将目前陪审团成员全部由元老院元老组成，改为元老院元老和骑士阶级即富裕平民各占一半。他希望能借此争取到连选连任的选票。这两个法案迅即在平民中广为传播，虽然还未议决，但平民们对提比利乌斯的好感确实再度提升。这样一来，反提比利乌斯派的危机感进一步增强。

很快就到了护民官选举日，平民大会如期在罗马的卡匹托尔山举行。有选举权的平民很早就挤满了会场。当提比利乌斯来到现场时，人们以狂热的欢呼迎接他的到来。护民官连任之路似乎就在他的脚下。会场上聚集了比往年都要多的准备投赞成票的民众，支持者众多当然是好事，然而这次却出现了事与愿违的结果。

卡匹托尔山是罗马七丘中最高的一座，但山顶面积比哪一座山丘都要狭窄。在这个狭窄的山顶上，以供奉最高神朱庇特的神殿为首，共建有大小五座神庙。平民大会的会场就设在朱庇特神殿前的广场上，这个广场也是卡匹托尔山最大的场所，此时已被聚集的民众挤得水泄不通。距此处大约 80 米的地方，建有供奉“信义女神”菲德斯的神庙，被危机感笼罩着的元老院会议正在这里举行。

有选举权的民众超出常规数量聚集在选举现场，致使按照正常的程序进行选举变得非常困难。除了支持提比利乌斯的民众之外，反对他的民众也聚集到了一起，更加剧了现场的混乱。这些反对提比利乌斯重新当选的民众成群结队地向提比利乌斯站立的神庙正面的台阶上涌来，支持提比利乌斯的民众则试图把他们推回原地。此时，支持提比利乌斯的元老院元老富维斯·弗拉库斯，为了将元老院开会的情况通知给提比利乌斯而迅速赶到这里，但由于人多拥挤不堪，他根本无法接近提比利乌斯。他只好登上附近神庙的台阶，向提比利乌斯打手势。提比利乌斯看到后让群众让开一条道，二人才得以见面。弗拉库斯告诉提比利乌斯，元老院元老中的强硬派要求执政官使用武力，执政官没有首肯，这些强硬派元老就声称要把武器发给自己的侍从和奴隶，摆出一副靠自己的力量阻止提比利乌斯连选连任的架势来。

得知这一消息后，提比利乌斯的支持者也强硬起来，他们一齐把托加长袍的下摆撩起来，别到腰间，拿起原本指挥疏散用的木棍，做出一副武力抵抗的架势。远处的民众注意到了这种反常的举动，他们大声地询问提比利乌斯到底出了什么事。提比利乌斯想向他们解释，但他意识到声音根本传不到那么远，为了让群众知道危险正在靠近，他就做了一个用手掌指向头部的动作。

看到这个场景，反提比利乌斯的民众迅速跑到元老院开会的菲德斯神庙，告诉元老院说提比利乌斯要求平民给他戴皇冠。

这个消息使元老院会场顿时哗然，大祭司西庇阿·那西卡高喊，为了打倒暴君，把国家从专制者手中解救出来，必须赶快动用武力。他逼迫执政官马上下令。

执政官杰奥拉不慌不忙，平静地回答说：“那些人并没有采取暴力行动，而且不经审判不能对公民执行死刑。假如平民们被提比利乌斯胁迫，非法选举他为护民官，在法律上也是无效的。”

听到这里那西卡霍地从自己的座席上站起来说道：

“各位元老院元老，诸位都看到了，我们共和国的最高领袖已经背叛了祖国，我们不能指望他了。捍卫罗马法的人，跟我走！”

说完，那西卡掀起自己托加长袍的前襟蒙上自己的头，这是祭司捧着牺牲祭祀众神的姿势，那西卡端着这个姿势，背对菲德斯神庙，向平民大会的会场朱庇特神殿前的广场走去，跟在这位大祭司后面的，是那些强硬派的元老院元老，他们左手撩起托加长袍的前襟，右手举着从椅子上拆下来的铁质椅子腿。

很多平民被以大祭司率领的元老院元老的阵势吓住了。原本站在前面阻挡反对派的人，开始掉头逃跑，由于跑得过急，有人被绊倒，其他人就踩着伙伴的身体继续奔逃。

这样一来，局势变得谁也无法控制，就在祭祀罗马守护神的神庙前，拥护土地改革的民众和反对土地改革的势力发生了正面冲突。就像两支持不同政见的示威队伍发生肢体冲突那样，双方一刹那好像忘掉了一切，只剩下失去理智的相互憎恨。提比利乌斯这一方，尽管人员年轻且占有地利，但手中只有木棍防身，终归不敌挥舞着铁质椅子腿的元老院一方，于是败下阵来。就连为保护提比利乌斯而紧紧围绕在他身边的人也逃走了。提比利乌斯只好逃离现场，路上不知被谁抓住了托加长袍，他只好放弃托加长袍，沿着从卡匹托尔山通往罗马广场的坡道逃跑，但途中又被尸体绊倒。刚想爬起来的提比利乌斯被追上来的人一袭击中，那人继而又抡起铁棒再次重击，提比利乌斯当场死亡。当天被杀死的提比利乌斯的支持者达 300 人之多，无一例是刀剑所伤，全部是被殴打致死。

反对派对提比利乌斯及其支持者的憎恨，并不因将人打死而停止，他们拒绝了死者家属收尸火葬的要求，将包括提比利乌斯在内的 300 多具尸体，全部扔进了台伯河。

这一以悲惨结果而告终的事件，令元老院中的开明派惊愕不已，从现场一溜烟逃跑的民众也后悔莫及。虽然后来帝政时期的罗马，在王位交替时发生过流血事件，但在共和政体至此近 400 年的历史上，从未有过因政治斗争而导致流血冲突的事件发生。

令人扼腕叹息的是，为保护平民权利，为平民争取不可侵犯的切身利益的护民官竟在任期内被打死。提比利乌斯的任期被人为中断。按说即使他连选未获成功，他的任期也应该到当年的 12 月 9 日。

为平息平民们的愤怒情绪，元老院采取了一些安抚民众的措施。首先是以去行省进行祭祀活动为由，把平民们最为憎恶、成为众矢之的那西卡派到遥远的东方（地中海东岸地区），实际上是放逐了他。

其次是决定《土地法》继续有效，负责没收不正当占用的国有土地再分配给农户任务的三人委员会继续工作。三人委员会中，因提比利乌斯去世形成的空缺，选举其弟盖乌斯的岳父里奇尼乌斯·格拉斯担任，其他两名成员仍由从西班牙回来的盖乌斯以及提比利乌斯的岳父费边·克劳狄乌斯二人担任。不久，费边·克劳狄乌斯因病去世，接替他的仍是提比利乌斯的亲友富维斯·弗拉库斯。元老院通过以上措施向平民们表态：尽管提比利乌斯已死，但土地改革继续进行。

当时很多罗马人把这次动乱当作一场不幸的事故，以为它会随着时间的流逝而淡去。然而，发生在公元前 133 年的这场悲剧，却不幸地成为其后持续百年的“罗马内战”的开端。所谓“内战”，不仅仅是指发生在庞培和恺撒之间的故事。希腊历史学家阿庇安写了一本书——《罗马史》，共 24 卷，其中第 13 至 17 卷是记述罗马内战的，这一部分记述了从公元前 133 年开始，中间经历庞培和恺撒的争斗，到公元前 31 年屋大维战胜安东尼和克娄巴特拉联军为止，长达一个世纪之久的罗马历史。这一部分作者使用了突出多次内战这一主题的标题，直译为“内战史”。这 100 年对于罗马人来说，是战争的百年，然而与三次布匿战争时期的百年不同，那 100 年的敌人是迦太基这样的外敌，而这 100 年却是自身的内斗。

虽然罗马经历快速扩张而迅速成为大国，但这个大国已经罹患疾病。30 岁即已辞世的提比利乌斯，担任护民官实际只有 7 个月，可就是这个年轻人第一次将罗马罹患的“疾病”公之于世。不重蹈过去那些大国的覆辙，尽快治疗“疾病”，是摆在罗马人面前最重要的事情。

临死瞬间，提比利乌斯想的大概只有英雄无奈的感慨。但至少有一个事实可以让他感到宽慰，那就是——自公元前 159 年起持续下降的应服兵役的公民数量，也就是构成罗马社会中坚力量的中产阶层的数量，以这个时期为转折点，开始不断增加。罗马共和国的人口调查，显示了如表 3 所示的结果。

表 3　土地改革后具有罗马公民权的应服兵役者人数及其变化

公元前 136 年	317 933 人	当年创下最低纪录
公元前 131 年	318 823 人	提比利乌斯改革 2 年后
公元前 125 年	394 736 人	提比利乌斯改革 8 年后

提比利乌斯·格拉古主导的土地改革，被实践证明是有效的。

提比利乌斯死后，从法律意义上来看土地改革是在继续进行。三人委员会也没有解散，然而 3 名委员中元老院实力派费边·克劳狄乌斯很快病死，接替提比利乌斯的里奇尼乌斯·格拉斯在东方战死，剩下的盖乌斯·格拉古，此时还是 20 岁出头的年轻人。罗马共和国时期，普遍认为毛孩子不好控制，不成熟，因此规定 30 岁以上者方能担任国家公职。提比利乌斯的《土地法》虽然没有成为作废的法律，但由于欠缺具有坚强意志的领头人鼎力推进，处于半死不活状态是难以避免的。聊以自慰的是，公元前 133 年提比利乌斯被杀之后的数年间，罗马倒是过了几年安定、富足的好时光。

被赋予全权带兵镇压西班牙原住民叛乱的小西庇阿，此时已经攻下了叛军的大本营努曼提亚，并且实施了像对待迦太基城那样的屠城，至此彻底平息了叛乱。攻陷努曼提亚与提比利乌斯被杀，差不多发生在同一时期。第二年，小西庇阿胜利回到了罗马。

发生在西西里的奴隶起义，公元前 132 年也被完全镇压下去。罗马历史上第一次真正意义上的奴隶起义，没有发生在意大利半岛，而是西西里岛，这与西西里岛的农业普遍为大规模的农庄经营有关。在家族规模的自耕农经营形态下，主人和奴隶共同劳动，也容易给予奴隶比较人道的待遇。而大规模农庄的主人和奴隶的关系本就疏远，很容易忽视奴隶的权益，往往给予不人道的待遇。

成功镇压奴隶起义后的罗马政府，设立了一些旨在改善奴隶待遇的法律。政府也明白，奴隶起义的导火索往往是因不满严苛控制的奴隶一时愤怒杀死主人的事件。

西班牙恢复平稳，西西里也安定了。由于罗马一直没有在行省常驻军队的习惯，军队需要的人数减少，裁掉了不必要的军团。军队不缺人了，继续推进土地改革的热度自然减退。

提比利乌斯改革初期，元老院中的开明派之所以赞成改革，固守既得利益的反提比利乌斯派也不能公开反对，就是因为军队质量下降的问题非常突出。现在应服兵役的公民数量逐年增多，加之各行省局势平稳，军队减少编制，对兵员的需求自然下降。人就是这样，只要没有火烧眉毛的事，对根本性的问题往往健忘。罗马恢复了和平，制约自身发展的根本性问题不突出了，早该解决的事就又被推迟了。

即使没有那么紧迫，但也不能忘记需要解决的根本性问题，持这种清醒认识的不止提比利乌斯的弟弟盖乌斯一人，元老院那些当初支持提比利乌斯改革的开明派，也都认为应该纠正罗马社会不断扩大的贫富差距。然而令他们意想不到的是，提比利乌斯在推行改革的半年间没有碰到的障碍，现在让他们碰到了。

提比利乌斯·格拉古的土地改革，简单地说就是将超出法律规定多借用的国有土地予以没收，再借给失去土地的城市无产者化的平民。这个改革建基于权利公正，因此没有问题，但随着《土地法》的实施推进，另一个问题冒头了。

国有土地的借用已经推行了几个世纪之久，其间土地租借权的广泛转让是可以想象得到的。禁止转让是提比利乌斯《土地法》的关键点之一。

租借权仅在罗马公民之间转让，这个问题好办，如果不正当地多租借土地，遵照《土地法》没收就是了。既然是罗马公民，就有遵守罗马法律的义务。

然而，土地租借权如果转让给罗马公民以外的人，即转让给了加盟罗马联盟的其他城市国家的公民，怎么处理？当发现这种情况多得出乎意料时，问题就来了。

如同《罗马人的故事 02 · 汉尼拔战记》所述，以罗马为盟主的罗马联盟各邦国之间，除了军事同盟关系之外，由于道路等基础设施也是同盟各邦国共有，各邦国的关系已经超越了防卫上的命运共同体，在经济方面也成为命运共同体。不仅在共度布匿战争“国难”时期，就是在罗马的霸权遍及地中海世界期间，军事、经济上的罗马联盟都在发挥作用，而且联盟关系有越来越紧密的倾向。

然而，罗马公民和同盟城市的公民还是有区别的。可以要求罗马公民承担罗马公民的义务，但不能要求同盟城市的公民承担这种义务，因为不具备同等权利者，不能要求其承担同等的义务。假如要求承担同等的义务，就必须给予同等的权利。向不享有权利者要求承担与权利相应的义务，就是干涉内政。罗马联盟是以各邦国互不干涉内政为前提建立起来的战略同盟，因此，如果出现了成员国被干涉内政的情形，联盟就会解体。

罗马联盟是一个有效的防卫体系，这已经被汉尼拔战争的实践证明。罗马元老院那些开明的领导者不愿意破坏这个同盟，在他们看来，罗马联盟相当于“罗马之盾”，维持这个同盟远比土地改革重要。

公元前146年消灭迦太基、公元前133年摧毁努曼提亚以及成功平定西班牙叛乱后胜利归国的小西庇阿，是当时罗马最有影响的重要人物。本书序中已经介绍过，在扎马会战中战胜汉尼拔、赢得第二次布匿战争胜利的军事首领是大西庇阿，小西庇阿是大西庇阿的养孙。为便于区分，人们才将他们分别称为“大西庇阿”和“小西庇阿”。

作为军事家，小西庇阿自然知道罗马联盟的分量，他在听取了同盟各邦国的“陈情”后，明确表态反对提比利乌斯的土地改革。就在他预定在元老院发表反土地改革演说的那天早上，他被发现已经死在了自己的卧室里。有风言风语说他是被提比利乌斯的余党杀害的，但其身体上并无外伤，脖子上亦无勒痕。小西庇阿极其肥胖，且人已进入中老年，由此可以断定为心脏病致死。公元前129年，第三次布匿战争的功臣小西庇阿去世了，享年57岁。从他表弟提比利乌斯遇害的那一年算起，已经过去了4年。

小西庇阿除了是一位优秀的军事家之外，还具备文明开放的包容心态和良好的教养。他与希腊历史学家波里比阿、罗马剧作家泰伦提乌斯都有很深的交往，他喜欢从战败的希腊人和迦太基人中聘请具备丰富学识者为其所用。然而，具备一定学识的领导者，其知识有时反而会妨碍其思想的转变与飞跃。提比利乌斯的改革虽未被废止，但屡受挫折，这里起作用的，恐怕不只是富裕阶层太过自私这一个原因。

提比利乌斯怀着英雄无奈的感慨英年早逝那年，弟弟盖乌斯不在罗马，21 岁的他从军去了西班牙，第二年才回国，在哥哥遗留下来的三人委员会中担任委员的工作。如前所述，三人委员会作为土地改革的执行机关，当时的状态是每况愈下。两兄弟的性格截然相反：哥哥比较内敛，即使在内心充满坚强的斗志和火热的激情的状态下，表面上仍是平静如水；弟弟盖乌斯则是表里如一的性情中人，但在当时的复杂局势下，懂得应该做好充分的准备，等待时机。

其后 10 年盖乌斯 · 格拉古重复着罗马共和国领导人后备军都要走的人生轨迹。在罗马，从政者必须有军队工作经历，这意味着盖乌斯还要经历一段军旅生活。公元前 126 年，盖乌斯随军被派遣至撒丁岛，当了 3 年的财务监察官。这 3 年盖乌斯没有虚度光阴，他发挥自己的聪明才智努力工作，留下了一些堪称美谈的逸事。

寒冷的冬天来了，军中冬用衣被不足，先是向中央政府申请调拨，无奈中央政府以冬季航海过于危险为由，不肯从罗马向撒丁岛运送，让部队自行筹措。军团司令请来岛上的财主协助解决，但这些财主在和司令会谈时环顾左右而言他，搪塞敷衍，问题一点儿也没有得到解决。前面介绍过，随军财务监察官的主要职责之一，就是筹措军队所需的一切军需物资，盖乌斯作为第一责任人，只好承担起“搞掂”这些财主的“艰巨”任务。他是怎么说服这些“不问国事”的财主的，我们不得而知。不看过程只看结果，盖乌斯是成功了——这些不给司令官面子的财主，不仅痛快地解决了军队所需的冬装，而且还主动把这些东西送到军营。由于盖乌斯的出色工作，士兵们免去了挨冻之苦。

另外一件逸闻也很有意思。当时士兵的主食小麦粉快没有了，可撒丁岛不是传统的小麦产区，如果在当地征粮，岛民们只能把自己的口粮交出来。为解决军粮问题又不致扰民，这回该从罗马调粮了，可罗马的粮食也没有运到。

这可怎么办？军中不可一日无粮！盖乌斯紧急求助于北非的努米底亚国王，从努米底亚运来了大量小麦。年轻的财务监察官再次出色地履行了职责。努米底亚国王的父亲，老国王马西尼萨与盖乌斯的外祖父大西庇阿是当年共同与汉尼拔作战的战友加朋友，出于这层关系，努米底亚王国成了西庇阿家族坚定的政治“被保护者”。老国王马西尼萨指定的遗嘱执行人，就是大西庇阿的养孙小西庇阿。“保护者”和“被保护者”之间的关系，应该是基于道义和情理、遇到困难时互相帮助的关系。

公元前 124 年，盖乌斯 · 格拉古终于年满 30 岁，如期当选为护民官。他不是以最高票当选，而是排在当选者的最后一位。此时盖乌斯展示给选民的印象是，对国政改革的必要性没有那么强的认识，故而支持率不高。但是人们没想到的是，盖乌斯与他哥哥提比利乌斯一样，并不想把护民官这一职务作为其仕途的出发点。

当年 12 月 10 日任期刚刚开始，盖乌斯就接二连三地提出法案。仅从其提出法案的数量之多，就可知他绝不是当选护民官后才考虑这些国家政务问题的，而是经历了长时间的准备、深思熟虑后才采取的行动。

首先是把他哥哥提比利乌斯 · 格拉古遗留给世人的《土地法》进行司法程序上的再确认。由于经历了 10 年坎坷，《土地法》已名存实亡，需要再次召开公民大会重新表决，使它起死回生。实施土地改革的执行机关——三人委员会也需要重新运转起来。《土地法》的目的是以给予土地的方式救助那些失去土地成为失业者的原自耕农，由此扩大中产阶级的比例，巩固罗马社会的基础。当然，把这个目标落到实处还需要时间。但具有罗马公民权的应服兵役者人数在持续增加，前面已经用数字表述过，这是可以看到的成果。盖乌斯认为，不仅要推进自耕农奖励政策，还要考虑福利政策。

《小麦法》就是这样一个产物。该法案提出，由国家收购一定数量的小麦，再将其以低于市场的价格配售给穷人。当然这不是要实行统制经济，国家收购以外的小麦仍由自由市场交易定价。据后世研究者考证，盖乌斯的《小麦法》规定的国家收购价大约为市场价的二分之一。配给对象为居住在罗马的贫民，每一户主每月配给 5 摩第（1 摩第约等于 9 升，合计为 45 升左右）小麦，1 摩第小麦的配给价是 6.3 阿斯。

盖乌斯的视野不仅限于失业者。受贫富差距扩大的影响，应承担兵役义务的罗马公民的资产下限降到 1 500 阿斯，这损害了大批本不该承担此项义务的中下层民众的利益。为减轻这些人的经济负担，他又提出了《军队法》草案，规定任何紧急情况下都不得征调 17 岁以下的男子当兵。而且，针对目前士兵使用的武器装备等项开支从士兵的军饷中扣除的现象，法案规定军人的一切开支，包括口粮和物资装备，均由国家负担，不得再从士兵军饷中扣除。

随着罗马的农业逐渐农庄化，自耕农未来的前景不容乐观，有些失业者也不愿意再重新务农。盖乌斯意识到，要从根本上解决失业问题，仅靠自耕农鼓励政策是不够的。他又提出了《公用事业法》草案，试图通过兴建公路、桥梁、上下水道、港口等基础设施，在振兴公用事业的同时，统筹解决失业问题。盖乌斯的《公用事业法》对罗马乃至整个环地中海地区的基础设施建设都具有开创性的意义。例如后来建设的以罗马为中心，联通欧洲、中近东、北非的公路网，再如从首都罗马开始每隔一罗马里（约合 1.5 公里）修建一座标明此处距罗马距离的圆柱形大理石里程碑，这些设想都是在《公用事业法》中首次明确提出的。

当然，盖乌斯推进基础设施投资、振兴公用事业的目的，不仅仅是为了解决失业问题，他认为，还应该利用不断充实的社会资本，建设能够承载活跃经济的有效载体。体现他这一思想的法案，就是《殖民城市法》。

此前罗马建设了殖民城市，主要是出于战略方面的考虑，每个殖民城市大约要从罗马移民 3 000 人，城市建设的目的是满足军事需要，故而建设的其实是一些军事要塞。当然，修建这些“要塞”和以军事为目的修建的道路一样，客观上具有经济意义，产生了殖民城市的派生效果。现代欧洲的很多城市，经研究证实，都是在古罗马殖民城市的基础上发展起来的。

盖乌斯是第一位从发展经济的角度建设殖民城市的政治家。他建设的，或者说他想建设的殖民城市，选址都在沿海地区，其中在迦太基城旧址上建设的“朱诺殖民城市”最能体现他的想法。尽管盖乌斯延续了哥哥提比利乌斯的自耕农奖励政策，但他理想中的罗马不应是农业国。建设殖民城市，一方面可以让希望拥有土地的人得到土地，继续务农，一旦遇到紧急军情，他们又可以马上成为军人；另一方面还可以选一些人在殖民城市中从事工商业，完善城市功能。

前面提到过，经济结构的调整已经对罗马社会造成了一些冲击。盖乌斯并不想制止经济结构的变化趋势，但他想利用这个变化趋势，顺势而为。既然社会不安定的根源在于失业者增多，那就想办法搞活经济，靠经济的发展来吸纳失业人口。

盖乌斯要想实现自己的政治抱负，就不能忽视日益兴起的骑士阶级，而应该很好地利用他们。

罗马建国以来的名门望族和祖上有人当过执政官的平民贵族，共同形成了以元老院为大本营的统治国家的贵族阶级，如果把他们称为“血统贵族”，那么向国家提供骑士、经济富足的骑士阶级就可以被称为“财富精英”。盖乌斯打算提高骑士阶级的社会地位。

第一是把这些“财富精英”的入门门槛从30万提高至40万阿斯。根据资产划分的罗马六个等级中（包括无产者，参见表1），第二等级的资产额是30万至100万阿斯，只要拥有的资产可以进入这个等级，他们就被称为“骑士”。骑士并不一定真的去打仗，只是为了从称谓上与贵族相区别。

盖乌斯还打算提高这些经济上的领导者的政治地位，让他们可以享受到政治精英才能享有的待遇，那就是给予他们元老院席位，当然与“士、农、工、商”的排序相适应，给他们的只能是后排的席位。

第二是将其兄曾提出但没能法制化的司法改革进一步完善，盖乌斯提出了更为激进的《陪审员改革法》。

罗马共和时代的司法体系，是由法务官承担下令搜查和法庭审判的职权，原告方的辩护人充当检察官的角色，被告方的辩护人负责辩护，判决则由陪审团合议后做出。格拉古兄弟改革前，陪审员全部由元老院元老担任。

《陪审员改革法》除了要提高经济阶层的政治地位，也是为了更好地体现司法公正。在原有法律框架内，执政官本身就是元老院元老，他们任职期满后，往往到海外行省去担任总督。总督们的专横与不公，动辄成为舆论非难的对象。虽然法律赋予了行省公民控告总督的权利，但由于陪审团成员都是元老院元老，总督总是被判无罪。针对这种弊端，提比利乌斯·格拉古在任时，提出的改革法案是将陪审团成员改为由元老院元老和骑士各占一半组成，盖乌斯的法案则更为激进，陪审员全部由骑士担任。

第三是重修《行省法》，根据盖乌斯的法案，以租税征收权为代表的一切经济活动，变得对骑士阶级更为有利。盖乌斯·格拉古用一连串优待经济阶层的政策，彻底颠覆了共和制罗马沿袭多年的“士、农、工、商”的排序。

任何改革都离不开资金的支持，不论是土地改革，给贫苦人民配给小麦，还是发展公共事业、建设殖民城市等，都需要大量的资金。如果不能确保财源，改革很难取得成功。

30 岁的护民官盖乌斯在《行省法》改革方案中要重新制定行省中较富裕的小亚细亚地区的税收制度：一是计划把从这些地区征收的被称为“什一税”的直接税作为改革的资金来源；二是考虑到直接税这笔财源可能还不足，他又提议将间接税中的“港口使用费”改为关税，港口使用费很大程度上是凭感觉征收的，不精确，关税则是按通关的每一货品来征收，更为科学，也能收到更多的税款。

年轻的护民官没有忘记还要改革选举制度。公元前 137 年，罗马已经将选举时举手表决改为无记名投票，此举使投票人不必看权贵的眼色行事，能表达自己的真实意愿。但是王政时期养成的尊卑有序的投票惯例一直未改，即先由第一等级投票，如果达到过半数就算投票结束，只有达不到半数票时才轮到其他等级的公民投票。大多数情况下，中下等级的公民连投票的机会都没有。盖乌斯的改革方案是，不论是公民大会还是平民大会，从第一等级到无产者同时投票。

盖乌斯刚刚当选时，人们对他的支持率很一般，经过他这一段时间的表现，人们给予了他全面的支持。盖乌斯则满腔热情地不断向人民宣讲国政改革的必要性。

哥哥提比利乌斯演讲时站在讲台上基本不动，用抑扬顿挫的语调平静地说理。弟弟盖乌斯则不同，讲话时慷慨激昂，不停地从讲台的一边走向另一边，不知疲劳地持续演说。他也知道音调过高会冲淡说理的效果，于是常常在讲台的后面安排一名脑筋灵活的解放奴隶，当盖乌斯过于激动、音调太高时，这个人就用手中的乐器发出低声，以提醒盖乌斯控制情绪。

没有演讲时的盖乌斯一直忙于工作，连憎恨他的人都不得不叹服他的精力之充沛。他已经提出了很多法案，由于这些法案需要陆续开会表决，年轻的护民官不得不做的工作堆积如山。但工作难不倒盖乌斯，凭借优异的组织能力，他都能妥善安排，迅速处理。在他的工作场所，承包商、工程技术人员、外国使节、政府官吏、文臣武将等，从早到晚络绎不绝。对这些帮助自己推行新政的合作者和其他来访者，盖乌斯以其出众的才能、良好的家世、完备的教育背景倾倒了来访者。他亲自款待来宾而不失品位，充分尊重来访者具备的各种能力，在该做决断时又绝不拖泥带水。一个能力卓越的领袖形象展示在罗马人面前。

盖乌斯的外祖父大西庇阿，是罗马人中第一位与异族努米底亚国王马西尼萨缔结对等的共同作战关系的领导者，并且凭借这种同盟关系打败了汉尼拔。盖乌斯的父亲的重要贡献则是全力促成了一部重要法律，使家中已有 5 岁以上孩子、持有价值 3 万阿斯以上资产的解放奴隶们成为有选举权的罗马公民。外祖父和父亲在处理外族和奴隶问题上的平等意识，对盖乌斯有着重要的影响。到他这一代，马西尼萨的儿子、努米底亚现任国王是他的政治“被保护者”，他又在雄心勃勃地准备在迦太基遗址上建设罗马的殖民城市，把一部分罗马公民迁移到迦太基去。元老院元老们陈旧思想中的“国界”，在这个男人心目中根本不存在。

就是这样一位护民官盖乌斯·格拉古提出了《公民权改革法》。罗马公民权是个敏感的问题，就连像小西庇阿那样的位高权重的元老院开明派即使碰到也会选择回避，盖乌斯此举是真正的“巅峰对决”。

罗马的公民权分为两类：具有从选举权到控告权的公民，为“完整公民权”，未被认可全部权利的，为“不完整公民权”。前者被称为“罗马公民权”，后者被称为“拉丁公民权”。在具有这两种公民权的人民之外，还有加盟罗马联盟的各同盟城市国家的人民，这些人被称为“意大利人”。除这三类人之外，就是罗马下属各行省的人民。罗马公民、拉丁公民、意大利人都无须向罗马政府缴纳直接税。

本来罗马人对于把自己国家的公民权给予他人甚为“大气”，只要在罗马境内居住，就能够得到罗马公民权。这个政策实行多年，移民到罗马的人虽然不少，但远未达到让统治者担心的程度。这是因为，那时拥有罗马公民权没有什么特别的好处，而且在罗马联盟军队中，作为盟主，罗马公民的兵役负担更重。罗马公民从军，连军队中的伙食费都要自掏腰包，从应发的军饷中扣掉，而对拉丁公民和意大利人则是免费供应。此外，在七八十年以前，罗马联盟军队打了胜仗，战利品是平等分配，因此，那时的罗马公民权吸引力不强。

第二次布匿战争结束后，情况发生了变化。

首先，随着罗马霸权遍及地中海世界，战利品不再平等分配，全部归罗马籍士兵所有。

其次，随着行省税收的增加，从公元前 168 年起，原来对罗马公民征收的兵役之外的直接税（我所说的类似战时国债）全部被取消。而拉丁公民、意大利人所在国家的税收没有被取消，照常征收。如此一来，就出现了罗马公民与其他公民的差别，罗马公民权的吸引力大为增强。这也从侧面证明，各行省上缴的租税全部进了罗马的国库。

不仅如此，从经济角度来看，随着罗马霸权的扩大，罗马的市场也随之扩大，这对从事经济活动的罗马人更为有利。

对于移民涌入罗马首先提出非议的，不是罗马政府，而是拉丁公民居住的市、镇、村。理由是，那么多拉丁人都跑罗马去了，他们原先居住的地区出现了人口过于稀少的问题，这些市、镇、村就要求罗马政府采取措施予以控制。罗马政府应它们的要求首次立法限制移民，规定罗马之外的人民移住罗马不再给予罗马公民权，仅在公元前2世纪前半叶，就两次出台这方面的法律。那时候罗马公民权已经成为“香饽饽”了。而已经享受到罗马公民权好处的罗马公民变成了既得利益者，再让他们与别人分享这些既得利益，罗马公民就变得“小气”了。

公民权改革不仅会遭到来自元老院的反对，还会招致普通罗马公民的抵制，盖乌斯对此十分清楚。但他更清楚的是，由于人民之间存在不同公民权的差别，土地改革也好，其他改革也好，都不可能顺利实施，为此必须启动公民权改革。但公民权改革是触及罗马共和体制深层次问题的根本性改革，不可能一蹴而就。或许盖乌斯认为，只有选择阶段性推进才是实现公民权改革的捷径，故而他实际上推出的改革方案，是相当平和的。

方案的主要内容是：认可拉丁公民具有的选举权和控告权，使之获得完整的罗马公民权。意大利人则取得拉丁公民权。

这个方案不严密的地方在于，既然拉丁公民能够升格为罗马公民，那么意大利人升格为拉丁公民后，终究还是能再升格为罗马公民。于是，不论是不愿意丧失既得利益的罗马公民，还是确信罗马联盟是最优防御体系的元老院，都不能接受这个方案。

元老院认为，如果照这个方案实施改革，罗马公民权拥有者人数的扩增，会导致作为一个城市国家的罗马不复存在，罗马联盟随之解体，这是对以元老院为主体的罗马共和政体的挑战。元老院的危机感极其强烈，不管是开明派还是强硬派，一致对外，结成了反盖乌斯的统一战线。但是，盖乌斯·格拉古的威望仍然很高，他提出的法案，除《公民权改革法》外，都已经获得通过成为法律。盖乌斯还提前做出安排，使认可护民官连选连任的法案获得通过并成为法律，从而在公元前 123 年夏天的护民官选举中成功获得连任。鉴于此，元老院反盖乌斯运动的手段集中在如何破坏人民对盖乌斯的支持上，而且这回做得很巧妙，使出了“两面作战”的谋略。但反盖乌派对无关百姓痛痒且不能公开的元老院体制危机绝不触及。

“两面作战”之第一面，是对提比利乌斯·格拉古用过的、什么时候都有效的手段——污蔑中伤。反盖乌派鼓噪说盖乌斯的改革完全是为了拉选票，拢人心，向自己集中权力，把权力私有化。现代英国有一位学者曾写过如下的经典名言：

> 所谓无知大众，就是偏激地把一切出于政治目的的行为（即使是很高尚的行为）都视为被私利私欲驱使的那类人。

“偏激”不仅限于无知大众，我联想到，就连 70 年后罗马史上出现的最具有学问的知识分子，按我的想法属于“最高级的媒体工作者”——西塞罗先生，也是这种“偏激人种”中的一员。这种偏激与教养高低、时代差异、文化差别都没有关系，人们只要不能正确区分目的和手段，把手段目的化，就容易被利用。从这个意义上来说，反格拉古派的做法是有效的。

盖乌斯连选获得成功，人们对他的支持空前稳固，他的对手也明白，仅靠中伤效果有限，于是使出了“两面作战”的另一面，这是没有对他哥哥提比利乌斯·格拉古用过的谋略。

盖乌斯也知道，元老院正团结起来，谋划让自己垮台，他的回应是以持续的政绩确保选民的支持。由于连选获胜，盖乌斯赢得了多一年的施政时间，他把全部精力都投入在迦太基城旧址上建设殖民城市中。

进入第二个任期的盖乌斯·格拉古充分运用护民官的权力和自己旺盛的精力，使在迦太基城旧址上新建的殖民城市在各方面都超越了罗马以前建设的殖民城市。

首先，殖民人数突破了惯例，达到6 000人，而且这6 000人还只是户主。被选择的殖民者不仅包括失去土地的城市无产者和退役军人，还包括工匠、技术人员、商人等。盖乌斯设计的殖民城市，不是军事基地，而是经济“基地”。

其次，过去罗马建设殖民城市，每一户主分配的土地都没有超过50尤格，而在迦太基城旧址上建设的“朱诺殖民城市”，给予殖民者的土地增加到了200尤格（约合50公顷）。这也证明，盖乌斯实行的并不仅仅是自耕农奖励政策。

然而原迦太基城一带，在公元前146年迦太基灭亡之后的25年间，逐渐成为没有人烟的荒地。刚刚灭亡时，尽管城市毁了，耕地还是一片绿油油的景色，不幸几年后遭遇蝗灾，就只剩下裸露的土地。这次再度恢复人气、土地变绿自是可以期待的了。假如殖民成功，将会进一步扩大罗马的市场——建起城镇，周边的耕地也会得到整备，相隔不远又会出现新的城镇……北非本就是富饶的地方，殖民城市的波及效果将会十分明显。

做出如此殖民规划的盖乌斯，在殖民前先要决定土地的分配和基础设施的用地，他几乎是把办公室迁到了北非，在罗马的留守时间不足 70 天。这段时光元老院那帮人可是没荒废。

与盖乌斯·格拉古同被选为公元前 122 年度护民官的，有一个名叫李维乌斯·德鲁苏斯的，此人成为反盖乌斯运动的急先锋，当然背后是元老院那帮人在操纵。

护民官拥有提出政策议案的权力，李维乌斯就利用这个权力相继提出了一些近乎荒唐的法案。

根据提比利乌斯·格拉古的《土地法》，农民得到新分配的土地，要按照以前国有土地租借法的有关规定，向国家缴纳租金（近似于缴纳固定资产税）。李维乌斯提出了一个法案，该法案规定土地租金全免。这个法案得到了再次获得土地的城市无产者的喝彩。

提比利乌斯·格拉古的《土地法》禁止将国有土地的租借权转让他人，李维乌斯提出的法案则是允许土地租借权转让。按李维乌斯的政策，不想当农民者只需把国家分配给自己的土地租借权转让就可以发财。李维乌斯的法案博得了想卖地者的好评。

根据盖乌斯的《殖民城市法》建设的殖民城市有 3 个，意大利半岛建 2 个，迦太基旧址建 1 个。根据李维乌斯提出新的法案，仅意大利半岛就建了 12 个殖民城市，而且被选择的殖民者只限失去土地的城市无产者，土地租金全部免除。法案中甚至还加上了国家支付必要的安家费的条款。

盖乌斯的《殖民城市法》规定，殖民者仅限户主，意大利半岛内的殖民城市各 3 000 人，迦太基殖民城市 6 000 人，因此，意大利半岛新建殖民城市能够救济 6 000 名失业人口。而按照李维乌斯的法案，仅意大利半岛就要安排 3.6 万人。在那个大多数罗马人不愿意离开意大利半岛到其他地方定居的时代，6 000 人和 3.6 万人的政策差异很大，能在半岛内殖民，谁还愿意去迦太基呢？

对于盖乌斯给予拉丁公民罗马公民权的《公民权改革法》，李维乌斯提出比盖乌斯更为宽松的法案，不仅给予拉丁公民罗马公民权，而且对在军中严重违反军纪者应该处以的“棒刑”（乱棍打死，实为死刑）全部废除。

李维乌斯还公开声明拒绝出任新殖民地建设执行委员会的委员职务，以表示自己对新殖民地建设执行委员会委员长盖乌斯的厌烦之情。然而无知大众也好，有教养的文化人也好，都理解为此举表明李维乌斯没有权力欲。虽然不参与殖民地建设工作未必博得民众好感，但护民官李维乌斯获得了“弱势群体的保护人”和“清廉官员”的好评。

看到李维乌斯这些过于讨好民众的荒唐法案相继成为法律，后世的我们不禁要问：隐身其后的元老院不觉得这样会使执政者陷入困境吗？其实，奠定人类历史上第一个法治国家理念的罗马人并没有把法律当成是永远不变的东西，他们认为，如果某部法律不合适，把它改过来就是了。至于改正的方法，却不是直接修改原来的法律文本，因为要是真想修改哪部法律的时候，总会有些犹豫不决，而犹豫不决可能就会贻误改正的最佳时机。

那怎么办？罗马人有他们的高招，那就是不在原来的法律文本上做文章，重新设立一部适应现状的新法律，旧法中与此抵触的部分自然就被覆盖了。如此一来，如果编辑一套集中罗马全部法律的“六法全书”，恐怕要堆成一座山，和非成文法国家不相上下。

如此之多的法律不断产生，每一部法律取什么名都是个问题。罗马人有办法，他们的法律不是以《土地法》《行省法》这种方式命名（因为仅关于土地的法律就有好几个，这样命名难以区分），而是以法案提案人的姓氏来命名，例如盖乌斯·格拉古提出的法案成为法律，该部法律就以他们家门的姓氏命名为《森普罗尼乌斯法》，盖乌斯·尤里乌斯·恺撒提出的法案成为法律，就命名为《尤里乌斯法》。如果某人提案的法律不止一部，那么就加上个主题词，如《关于国有土地的森普罗尼乌斯法》《关于行省的森普罗尼乌斯法》，以示区别。

这种命名方法，除了立法者可以留名后世外，还有明确责任的作用。在现代官僚主导的体制下，这是一种不可思议的做法。罗马的街道也采取类似的方法命名，如阿庇亚大道和弗拉米尼亚大道，均是以出资修建人的名字命名。

我们把话题拉回公元前 122 年，护民官李维乌斯的法案相继成为法律，但操纵他的元老院一点也没有执行这些法律的意思，只要能实现让盖乌斯倒台的目的，李维乌斯这些“搅局”用的法律以后再用新的法律覆盖就是了。

盖乌斯完成在迦太基城旧址上建设殖民城市的工作回到罗马后，发现公民大会的气氛发生了对己严重不利的转变。为挽回危局，他把自己的家从帕拉蒂尼山上的高级住宅区搬到罗马广场附近的庶民居住的街区，以获取平民的好感，此举虽有些成效，但还达不到足以令他第三次当选护民官的支持率。至此元老院还不肯放手，担心盖乌斯赋闲一年后第三次竞选护民官仍有很大可能获胜，而且盖乌斯的任期还有 5 个月，元老院唯恐盖乌斯在这 5 个月里还会有什么作为，决意干扰甚至打击盖乌斯在剩余任期内的活动。这次，元老院打算利用潜伏在罗马人内心深处的迷信心理。

在迦太基城旧址测量土地的过程中，测量用的标杆恰巧被强风吹倒。新殖民城市建设之际，用于祭祀神灵的牺牲残余被突如其来的狂风吹跑，飘散到新城市边界之外。用来标明城市边界的立柱也遭到狼的袭击，狼扑断了固定立柱的绳索，致使立柱倒塌。

在罗马人看来，这些都是不吉利的征兆。盖乌斯的反对者还四处传播流言，说迦太基在灭亡时曾被诅咒过，在罗马人诅咒过的地方建设罗马人居住的城市，罗马人自身也会遭到诅咒。迷信的罗马人动摇了，有人提出了撤销在迦太基城旧址建设殖民城市的议案，提交公民大会表决。公民大会由执政官主持，而当年的执政官是人所共知的强硬保守派人士奥皮米乌斯。

由于第三次竞选护民官失利，盖乌斯的任期到当年的 12 月 9 日截止。这令 32 岁的他很是焦躁，而他的支持者们焦躁情绪更甚。绝望的人很容易走向偏激，而且聚拢在领袖人物周围的人往往会做出比领袖更为偏激的行动。此刻的盖乌斯正在被态度凛然的支持者左右。

盖乌斯的护民官任期结束后，很快就进入了公元前 121 年，投票决定迦太基殖民城市命运的公民大会如期举行。当天从早上开始，卡匹托尔山就挤满了赞成派和反对派的民众，按照罗马的传统，公民大会这种正式的公共活动首先要捧着牺牲祭祀神灵，祭祀仪式进行得很顺利，仪式完毕后需要有人收拾祭祀用剩下的动物内脏，那天负责这件事的工作人员叫安迪利乌斯，当他端着盛内脏的盆子穿过人群时，出大事了。

由于会场太过拥挤，安迪利乌斯就用手臂扒拉开支持盖乌斯派的民众往外走，大概是人太多让他比较烦，于是他振臂高呼："坏人们，快给好人让路！"

这小子的下场可想而知，愤怒的人们用在木板上刻字用的那种铁笔将他杀死。

这一下，两派民众紧张地对峙起来，盖乌斯高声呼喊，斥责自己的支持者，在这种场合打死人不啻授人以柄。执政官奥皮米乌斯则煽动民众“以暴力对暴力”。恰在此时下雨了，只好将会议改在第二天继续举行。

第二天从早晨起就是好天气，执政官奥皮米乌斯首先召开元老院会议，讨论审议法案。会议开始后，有人用担架将昨日被杀的安迪利乌斯的尸体运到元老院门前，从会场出来的元老院元老们见此情景，连连叹息不已。等他们再度回到会场时已茫然失措。元老院决定采取紧急应对措施，于是形成了罗马史上第一次“元老院终极劝告”，意译为“紧急事态公告”，授权执政官对所谓“反国家行为者”可无须审判，格杀勿论。

元老院发表了措辞严厉的声明，声称要镇压“暴徒”，捍卫罗马共和国。

从法律上讲，元老院对国政大事只有“劝告”的权力，无权宣布国家处于紧急状态。虽然在布匿战争期间“元老院劝告”具有行政法律效力，但战争结束进入和平时期后就不应再这样做，何况就是在战争期间也从未使用过“终极”这样宣示最后通牒的字眼。加上这两个字后，单纯的“劝告”就变成了戒严令。法律授权元老院自作主张的这个矛盾，一直到罗马共和国消亡也没有得到解决。其实不仅在古罗马，这个问题也一直延续到了今天。一个国家什么情况下属于“紧急状态”，并没有明确的客观标准，宣布国家处于紧急状态时，更多的是靠执政者的主观判断。

被元老院认定为“暴徒”的盖乌斯及其追随者们，知悉元老院的决定后群情激愤，他们谁也没有去参加公民大会，盖乌斯的志同道合者中有名骨干叫弗拉库斯的，此人的性格比盖乌斯还要急躁，立场也更为偏激，支持者们就聚拢在弗拉库斯周围。当他们得知执政官奥皮米乌斯发布命令，让元老院元老和骑士们第二天早上全副武装集合的消息后，更是怒不可遏。激愤之余，他们决心在阿文庭山坚守，与元老院誓死一拼。此时的盖乌斯已无力制止这些曾经的支持者。

这些人聚在弗拉库斯的公馆里，举行了盛大的酒宴。而 33 岁的盖乌斯却将自己关在家中，满腔的绝望和英雄无奈的感慨，加上几分看透世事的达观，种种思绪混杂在一起，彻夜未眠。

第二天一早，执政官奥皮米乌斯从克里特和希腊调来的重装步兵集合在罗马广场，盖乌斯的支持者们则聚集在平民阶级时常集会的阿文庭山。只佩带短剑的盖乌斯出现在这里，他找到弗拉库斯商议对策，强调应该尝试与执政官谈判。他们派出的谈判使者是弗拉库斯的小儿子。

这个尚未成年的少年找到元老院和执政官，流着眼泪表达了和解的意愿，在场的很多人也都倾向于和解。然而执政官开出的条件是：政府不派谈判代表，盖乌斯一方派代表下山来谈，承担造成动乱的罪责，服从政府的处罚。以此作为能否和解的前提条件。

回到阿文庭山的少年传达了执政官的意见，盖乌斯提出自己充当谈判代表，但其他人都不同意，于是这个少年再度成为谈判使者。少年怎么谈的我们不得而知，但至少是执政官奥皮米乌斯根本不给他们相互磋商摸底的时间，并将这个少年当场逮捕投进牢房。

军队从罗马广场出来，经由帕拉蒂尼山南侧，从大角斗场侧面走过，就到了通往阿文庭山的坡道起点，此处距离阿文庭山只有 1.5 公里。执政官跟在手持弓弩的克里特士兵和马其顿重装步兵之后，在他后面就是元老院元老的队伍，元老们还都率领着众多自备兵器武装起来的奴隶。

占据阿文庭山抵抗的盖乌斯支持者们，在执意要镇压他们的执政官和正规军面前不堪一击，政府军瞬间即控制了局面。执政官奥皮米乌斯宣布，谁能将盖乌斯和弗拉库斯的人头拿来，就可获得与人头同等重量的黄金。于是，近乎疯狂的杀戮开始了。

弗拉库斯和他的长子躲进了一个熟人家里，很快就被发现，当场被杀并被砍下脑袋献给了执政官。

现场没有人看见盖乌斯·格拉古，他不忍加入罗马人之间的自相残杀，走进建在阿文庭山上的戴安娜神庙中，准备自杀以结束生命，但被追进来的两名友人夺去了他的剑，劝他不要轻生，不如暂避一时以图东山再起。

从阿文庭山北坡下来，有一座跨越台伯河的桥，他们跑到这里时被追兵追上，两名友人抵挡追兵让盖乌斯快逃，盖乌斯只带着自己的一名奴隶逃到了河对岸，但没有遇到愿将马匹借给他们的人，主仆二人只好钻进了河边的小树林。

追兵蜂拥而至，但是只在小树林中发现了两具尸体。最后跟着盖乌斯逃跑的奴隶名叫费罗克拉斯，从名字上看他是个希腊人，估计是一看无路可逃，奴隶先杀死了盖乌斯，然后自尽。

遵照执政官奥皮米乌斯的命令，盖乌斯和弗拉库斯的人头被摆在罗马广场的演讲台上示众，尸身和其他被杀者的尸体一起被扔进了台伯河。

与公元前 133 年提比利乌斯·格拉古被杀那次不同，公元前 121 年盖乌斯·格拉古被杀后，对其支持者的追杀并未在当日结束。被视为盖乌斯同党的人相继被株连，他们被捕后未经审判即被处死，被杀害者人数高达 3 000 人。尚未成年的弗拉库斯的小儿子在牢内被杀。盖乌斯及其支持者的财产被没收拍卖，甚至盖乌斯妻子的陪嫁也被没收了。就连遗属们想穿丧服以寄托哀思，竟也被当成“反国家行为”而遭到禁止。

提比利乌斯·格拉古和盖乌斯·格拉古两兄弟死后的境遇不同，还体现在对二人政治遗产的处置。

公元前 133 年提比利乌斯被杀后，元老院慑于人民可能的反抗，不敢将提比利乌斯的《土地法》废黜或出台更正性的法律，只能采用不公开的釜底抽薪的手段让法令难以落实。而弟弟盖乌斯被杀后，元老院则是明目张胆地翻案。

首先是废止了预定在迦太基城旧址上建设“朱诺殖民城市”的计划。盖乌斯生前极力推进的位于马赛西南位置的纳博讷殖民城市虽于 3 年后（前 118）建成，但这个殖民城市之所以能够建成，主要原因是其位于罗马通往西班牙行省的中继位置，军事基地的作用十分突出。元老院这帮人还是不能理解盖乌斯兴建殖民城市对于罗马长治久安的经济和政治意义。

其次是用分步否定的方法将格拉古兄弟改革的核心成果《土地法》废掉。第一，认可国有土地租借权可以转让。第二，对超出《土地法》规定上限违规多占用的土地，只要支付租金即可，不必交还国家。第三，废除了租借国有土地应缴的租金。本来根据反盖乌斯急先锋李维乌斯的提案形成的法律，免除租金只限合法租借国有土地者，盖乌斯被杀后，元老院索性将其改为适用于全部租借国有土地者。

这样一来，自耕农奖励政策彻底夭折，一切回归到原本的自发状态，土地向少数人集中已成不可抵挡之势。

但不管怎么说，完全无视民意的元老院也将难以生存，因此，一部分获得好评的政策法律还是被保存了下来。例如给城市无产者配给小麦，军人的全部支出由国家负担，陪审团成员全部由骑士阶级人士担任，提高经济阶层的社会地位，等等，都继续有效。随着经济阶层力量的日益壮大，客观上也不容许元老院忽视这股力量。而《公民权改革法》由于开启了意大利人成为罗马公民之路，招致了既得利益者罗马公民的不满，所以元老院不必担心民意，就将其废除了。

公元前120年时的罗马元老院元老仍然沉迷于100年前刚刚战胜汉尼拔时元老院的思维定式，尽管已经历百年沧桑，他们还是坚信：

意大利是整个地中海世界当然的支配者
罗马是整个意大利地区当然的主宰者
元老院是全体罗马公民当然的统治者

这是一种锁国主义的狭隘意识，取得布匿战争胜利的罗马人，在精神上已经步入锁国主义。

后世很多研究者在分析格拉古兄弟改革失败的原因时，将其归结为“过于超前”。的确，人是关注短期行为的动物，超越大多数人认识水平的改革不容易成功。意大利学者马基雅弗利有一句名言：“没有武力做后盾的先行者难以避免失败的命运。”他这一思想的例证之一就是格拉古兄弟。实际上，他的观点在70年后被用武力做后盾——拥有可以强制国家机器按照自己的意图运作——的恺撒证实。

然而我不愿意放弃另外一种看法。假如格拉古兄弟不是在护民官的位置上，而是在执政官或者监察官的位置上推进改革，结果会是怎样呢？

从格拉古兄弟的祖父和父亲的经历可以看出，以兄弟二人的条件，假以时日，不管是罗马的最高官职执政官，还是有过执政官经历才能担当、权威和权力均不逊于执政官的监察官，兄弟二人都有几乎百分之百的可能当选。因此，兄弟二人如不急于改革，熬10年当个执政官，或者执政官期满后隔几年再当个监察官，那时就有更强大的能力推进改革。在执政官或监察官作为政策提案者的情况下，其改革政策更容易得到元老院的支持。有了这个背景，他们的提议案在公民大会上获得通过几乎没有问题。

格拉古兄弟的失败不仅因为他们失去了民众的支持，还因为他们与元老院中的开明派貌合神离。为什么这些有识之士也会与他们分道扬镳呢？

后文将要介绍到的苏拉，他在改革中异常坚决地削减护民官的权力，而且与苏拉同样信奉共和制的西塞罗，对格拉古兄弟也有过严厉的批评。后世对于格拉古兄弟的评价，在共和时期很差，到了帝政时期又好起来了。为什么？

护民官是平民阶级的代表，如果其势力过于强大，有识之士就会产生元老院主导的罗马式共和政体会被摧毁的恐惧。每当贵族与平民的抗争白热化之际，罗马人极度担心会出现两个政府，这种对于国家分裂的恐惧达到近乎神经质的地步，为此，他们尽力将开放给平民的职务——护民官的获选者拉进元老院内，就是希望他不要与元老院对抗。从这个角度考虑问题的人们，即使赞成格拉古兄弟的改革内容，也不赞成兄弟二人推进改革的方式。如果由执政官或监察官提出改革，再怎么着也是寡头政治下的共和政体“体制内”的改革。

帝政时期对格拉古兄弟的评价之所以提高，是因为共和政体下人们对体制崩溃的那种担心与帝政时期的人无关，而格拉古兄弟为官清廉无私，自然值得赞赏。

由此我又想到的问题是，格拉古兄弟不是以执政官或监察官身份，而是以护民官的身份进行的改革，岂不是完全没有意义了吗？

我认为还是有意义的。公元前 2 世纪后半叶的罗马必须进行根本性的改革，这一点就连体制内的人士也明白。但是，对改革的尝试，在当时元老院的体制框架内是不可能成功的。这样说是因为，僵化的元老院欠缺对现状灵活处置的治理能力。

共和制罗马的兴盛，非一英雄之力，乃国家体制之功，在国家治理模式上形成了不断试错不断完善的良性机制。这在研究者中是有定论的。既然国家兴盛不是靠个人而是靠体制，国家陷入“迷思”状态，也不是因为哪个人能力衰竭，显然是国家赖以运行的体制出了问题。由于年龄过于年轻的局限，格拉古兄弟自身也许并没有清醒地意识到，他们在护民官职位上发动的改革是在当时的时代条件下唯一超出元老院范围、站在社会的立场上进行的改革。他们留给后人的，是对元老院主导的共和政体的深深质疑。

提比利乌斯·格拉古担任护民官只有七个月，盖乌斯·格拉古也不过两年，尽管在职时间短暂，尽管在职期间两兄弟实行的改革措施大都无疾而终，但对于行将结束一路高歌猛进的繁华时代、走向新的历史时期的罗马来说，格拉古兄弟起到了具有转折意味的路标和里程碑的作用。

这就是格拉古兄弟在罗马历史上的存在理由。之所以这么说，是因为两兄弟去世后，罗马人前进的路途尽管曲折反复，但最终还是沿着两兄弟立下的路标指示的道路行进。

不能理解格拉古兄弟改革真正意义的罗马公民，对两兄弟却抱有一种痛惜与哀怜之情，就在盖乌斯死去的地方，人们自发地建造了格拉古兄弟的塑像和颂扬他们生平事迹的石碑。每到祭祀的季节，人们就像祭拜自己亲人的墓碑一样，来到这里向格拉古兄弟的塑像和石碑敬奉时鲜供品。

由于提比利乌斯的儿子未成年即已夭折，盖乌斯又无子，格拉古家的血脉到他们这辈就断绝了。毕竟是伟大的西庇阿·阿非利加努斯（大西庇阿）的女儿，元老院没有没收格拉古兄弟的母亲科尔涅利娅的资产。科尔涅利娅在那不勒斯湾西边的米赛建造了一栋别墅，在这里过着引退的生活。说是“引退”，实际上这样一个人物不可能真正从公众生活中遁出。科尔涅利娅并不孤寂，她那座面海的别墅访客不绝。东方和北非的王侯们访问罗马时，总会拜访她以表示敬意；文人学者不分国籍，在她这里都会受到欢迎。科尔涅利娅的餐桌和她抚育两个儿子时没有任何变化，仍是知识的沙龙。

餐桌上的话题难免会涉及她的两个儿子，儿子尸骨未存，连墓碑都被禁止修建，这对母亲何其残忍，但没有人见到过科尔涅利娅落泪。当她听说人们为她的两个儿子修建了颂扬生平事迹的石碑时，她说：“这是最适合我的孩子的墓碑。”罗马人还为科尔涅利娅建造了塑像，虽然现在只剩下底座，但刻在底座上的“阿非利加努斯的女儿，格拉古兄弟之母科尔涅利娅”的字迹仍清晰可见。在妇女地位低下的共和时期的罗马，这是极为罕见的。

提比利乌斯·格拉古和盖乌斯·格拉古两兄弟的雕像，一尊也没有遗留下来。他们分别死于 30 岁和 33 岁，生前制作雕像的可能性很小，而且在罗马共和时期对兄弟二人的评价毁誉参半，估计他们不属于时常被人们供奉雕像的人物类型吧！经过 2 000 多年的岁月能够遗留下来，由现代各国美术馆收藏的罗马人雕像为数不少，其中占压倒性多数的是第一代皇帝奥古斯都的雕像。正因如此，本书出场的主要人物中，只有格拉古兄弟没有留下雕像。

有一次我在罗马卡匹托尔美术馆参观的时候，在一尊大理石雕像前驻足，那是一尊刻画年轻人头部的雕像，大约是公元前后一世纪时的作品，凝望这尊雕像的时候，我开始想象提比利乌斯·格拉古可能就是这样一副容颜。

我在《罗马人的故事 02·汉尼拔战记》中使用了罗马共和国创始人尤尼乌斯·布鲁特斯的青铜塑像，假如没有拍下这尊青铜塑像的照片，我可能不会把这尊不知名的年轻人的雕像插入书中。这尊雕像直截了当地显示出富有坚强意志力的容貌，恰好可以表现以“罗马不是一天建成的”为书名的《罗马人的故事》丛书第一册的内容。

以“汉尼拔战记”为书名的第二册中使用的青年时期西庇阿·阿非利加努斯（大西庇阿）的侧面像，那张充满朝气且嘴角浮现出几分狡诈的英俊的面庞，表现的正是那个时代前赴后继地与军事天才汉尼拔斗智斗勇的罗马男人的神态。

以“胜者的迷思”为书名的第三册，即本书，虽然此书出场的马略、苏拉和庞培的雕像现在都有留存且已验明正身，但相比之下，我还是决定使用在卡匹托尔美术馆发现的那尊不知名的年轻人的雕像。这尊雕像既透出坚忍不拔的意志，又体现出良好的教养和气质。其嘴角泛出的性感和淡淡的忧愁，又昭示着这个年轻人完全不是冷血汉子，而是有血有肉的完整男人。用他来表达本书的内容再好不过了。

本书我使用这尊不知名年轻人的雕像，也是想说明罗马从格拉古

一尊不知名的年轻人的雕像

兄弟开始陷入迷思的原因，正如很多研究者指明的那样——胜者罗马人没有骄奢，没有颓废，他们也有很多的苦恼想诉说。所谓“迷思”，不是来自外敌，完全是源于自身。

第二章　马略与苏拉时代

（前120—前78）

在本书第一章中我们描述了出身高贵、家境富裕的格拉古兄弟，他们为了既不高贵又不富裕的大多数人的权益，其生命过早地凋零了，令人扼腕叹息。10年之后，一个连先祖是谁都不知道的男人，成了罗马政界的中心人物，他就是盖乌斯·马略。

盖乌斯·马略的出生地不在罗马。联结罗马和那不勒斯的干道有两条：一条是沿着海边走的阿庇亚大道，另一条是穿过内陆南下的拉蒂纳大道。从拉蒂纳大道南行，走到一半的地方转入山间小道再往内陆方向行走，就到了阿鲁匹，这就是盖乌斯·马略的出生地。这个镇子上的居民在公元前188年，即盖乌斯·马略出生前30年，才获得了拥有选举权的罗马公民权。

正如希腊思想家、作家普鲁塔克写的那样，一个不希望过贫乏生活而偏偏又出生在充满野性的地方的人，会把从军当作职业首选，因为战场是显示实力的地方。盖乌斯·马略的经历也是从军队开始的。

和一般的罗马人不同，盖乌斯·马略的姓名由两部分组成，“盖乌斯”和“马略”。而身为自由公民的罗马男性，其姓名一般由三部分组成：个人名（praenomen）、家门名（nomen）、家族名（cognomen）。

我们以提比利乌斯·森普罗尼乌斯·格拉古为例，“提比利乌斯”是他的个人名，“森普罗尼乌斯”是其家门名，“格拉古”则是其家族名，也就是姓。再如，普布利乌斯·科尔涅利乌斯·西庇阿，表示的是“出生于科尔涅利乌斯家门、姓西庇阿的普布利乌斯”。同样的，路奇乌斯·科尔涅利乌斯·苏拉，表示的是“出生于科尔涅利乌斯家门、姓苏拉的路奇乌斯”。英语中读作“尤里乌斯·恺撒”的那位古罗马名人，其姓名在拉丁语中也是由三部分组成——“盖乌斯”“尤里乌斯”“恺撒”。假如盖乌斯·尤里乌斯·恺撒回家，他妈妈招呼他吃饭时会说：“吃饭了，盖乌斯！”

在这三部分之外，有些人姓名中还有第四部分，即表示尊称和敬意的绰号，这部分甚至还有人继承。如扎马会战中击败汉尼拔、取得第二次布匿战争胜利的大西庇阿，就在姓名中加上了具有“非洲征服者”意思的“阿非利加努斯”，之后人们普遍称呼他为“西庇阿·阿非利加努斯”。类似的情形还有，大西庇阿的弟弟在姓名中加上“亚细亚迪库斯”，梅特鲁斯在姓名中加上“马其顿尼库斯”等。后面要出场的庞培，在姓名中加上了表示“伟大”意思的“马格努斯”，而且还将之作为自己的姓氏使用，甚至在签署文件时自己就签“庞培·马格努斯”（意译为“伟大的庞培”）。

这个方法用多了，仅靠个人名和家门名来识别一个人就有点儿困难。因为“被保护者”们总爱在自己的姓名中加入他们追随的“保护者”的家门名，得到自由的解放奴隶，也能在自己的姓名中得到原主人的家门名。顺便说一下，罗马解放奴隶的姓名通常也由三部分组成：原主人的个人名、原主人的家门名和他在当奴隶时期使用的个人名。

而且，罗马人喜欢用一些响亮的名字作为男人的个人名，像盖乌斯、提比利乌斯、格涅乌斯、费边、路奇乌斯、普布利乌斯、马尔库斯等，这样一来就容易重名。如果妈妈喊一声“盖乌斯，吃饭了”，估计街坊四邻会有好几个叫盖乌斯的小孩子跑过来。话虽如此，具有音乐天赋、创造了很多幻想曲但驾驭语言的能力一般的罗马人，自有补救办法。既然创造新的名字比较麻烦，他们就用简单好识别的，比如有五个男孩子，就分别取名为肯托斯、赛克斯托斯、赛迪乌斯、奥克塔乌斯、德西乌斯，就相当于日本男人叫五郎、六郎、七郎、八郎、十郎等。即使家中没有第十个儿子，也要有一个叫德西乌斯的。用久了，这些词就超越了原来的意思，成为独立的个人名字。

给女性取名字更为省事。本来女性就没有个人名，把家门名的词尾稍做变化，就成了她们的名字。如格拉古兄弟的母亲出身于西庇阿家族科尔涅利乌斯家门，她的名字就叫科尔涅利娅；科尔涅利娅的母亲、大西庇阿的妻子出身于埃米利亚努斯家门，她的名字就叫埃米利娅；尤里乌斯·恺撒母亲的娘家是奥雷利乌斯家门，她的名字就叫奥雷利娅。家门有好几个女儿的情况下，也都这样取名字，于是姐妹们就都用同一个名字。女孩出嫁后，则姓夫家的姓。

在罗马还有少数像马略这样名字只有两部分的人，至于他们的名字为什么比大多数人少了一部分，到现在还没有完全弄明白。分析盖乌斯·马略，“盖乌斯”应该是个人名，假如“马略”是家族名，即姓氏，欠缺的就是家门名，连家门名都没有，盖乌斯·马略显然出身于平民阶级。盖乌斯·马略也说过自己是平民出身。

按时间顺序排列，格拉古兄弟之后罗马史上的主要人物就是盖乌斯·马略，看来马略是一个生活在各种“被保护者”之类政治关系网之外的平民。假如真是这样的话，没有任何政治关系的马略要想出人头地，当然会选择到战场上去展现个人能力，搏个前程。这个名字只有两部分、出生于那样一个有野性的小地方的人物开始引人注目是在西班牙的努曼提亚战场上。

对西班牙原住民的反叛感到十分棘手的罗马，只能再次派遣当时最高等级的武将、灭亡迦太基的主帅、众望所归的小西庇阿为努曼提亚攻防战的最高司令官。有一次，在最高司令官营帐内的宴席上，有人问小西庇阿："在您之后，谁将是统率罗马军队的将军？"

小西庇阿拍着身边一位年轻将官的肩膀说："大概就是这个男人吧！"这个男人就是马略，当时他才23岁。两年后，即公元前132年，马略跟随小西庇阿班师罗马。其后13年间，马略没有成为人们议论的主角，他大概是在各地军团服役和调防中度过军旅生涯的。

公元前119年，盖乌斯·马略在盖乌斯·格拉古被杀两年后就任护民官。但是，以平民阶级的顶尖人物为目标的盖乌斯·马略很少使用护民官的地位和权力。时年38岁的盖乌斯·马略，可能只是把护民官当作他进入元老院的通行证。

在平庸地度过护民官任期后，盖乌斯·马略竞选按察官，但不幸落选。按察官在罗马政界属于较低级别的官员，连这个职务都没有选上，没有背景的盖乌斯·马略在政界的前途十分黯淡。年过四十，盖乌斯·马略才结婚，妻子是恺撒家族尤里乌斯家门的女儿，论辈分相当于此时尚未出生的盖乌斯·尤里乌斯·恺撒的姑姑。当时恺撒家族的经济、社会地位在罗马处于二流，由于这次婚姻，马略在元老院的处境发生了很大变化。

两年后，即公元前115年，盖乌斯·马略成功当选为法务官。法务官是接近执政官的高级别官员，只有两名，马略能够当选，恺撒家的关系网起到了一定作用。第二年，以前法务官的身份，马略被派到西班牙行省担任总督。不管是在法务官任上，还是在总督任上，马略的业绩都与他在护民官任上相同，属于"无可无不可"一类。

盖乌斯·马略得以发挥作用、大显身手的机会5年后再度来临，这次是从被称为"朱古达战争"的努米底亚战事开始的。已年届48岁的马略，作为罗马军最高司令官梅特鲁斯的副将，被派到了北非。

让罗马元老院很伤脑筋以致下决心采取军事介入行动的努米底亚

马略

问题，要追溯到公元前109年以前。马西尼萨国王当政时的努米底亚与罗马早在第二次布匿战争期间即已结成紧密的同盟关系，并在抗击汉尼拔的战斗中发挥了重要的作用。公元前149年，89岁的老国王马西尼萨去世，他把王国交给三个儿子继承。但是王权不可能一分为三，老国王就委托小西庇阿为遗嘱执行人，决定由长子米奇普萨继承王位，国政大权由次子古鲁萨和小儿子玛斯塔纳巴鲁继承，和罗马的同盟关系维持不变。依赖与罗马的紧密关系，加之北非大国迦太基的灭亡，努米底亚王国迅速扩张，成为东与埃及接壤、西邻毛里塔尼亚的北非第一强国。

玛斯塔纳巴鲁有个妾生了个儿子，取名朱古达，这个小王子聪明伶俐，招人喜爱。他长大后，恰逢西班牙发生原住民反叛，罗马派小西庇阿率军平叛。由于努米底亚王国与罗马是同盟关系，有义务为罗马军提供兵力，加之西庇阿与努米底亚王国是“保护者”与“被保护者”的关系，有困难互相援助是一条“铁律”，朱古达的伯父即国王米奇普萨就把朱古达派到西班牙的努曼提亚前线，在小西庇阿指挥下参加了努曼提亚攻防战。

年轻的小王子朱古达在西班牙前线的表现引人瞩目，总司令官小西庇阿应该是比较满意，他特意给米奇普萨国王写信，信中表达了对米奇普萨国王的感谢和赞赏。米奇普萨国王认为维护与罗马的良好关系对本国的存续意义重大，既然朱古达能让罗马人满意，在朱古达从西班牙回来后，就把他过继为自己的养子。其实国王自己已有两个亲生儿子，只不过当时尚年幼。问题出在14年后，米奇普萨国王的两个弟弟先于自己辞世，米奇普萨也行将驾崩。更坏的事情是，以努米底亚王国为“被保护者”的小西庇阿已于11年前去世，小西庇阿没有子嗣留下，与其有血缘关系、有资格可以接替小西庇阿充当努米底亚王国追随的“保护者”的盖乌斯·格拉古也在3年前死去。米奇普萨处于在罗马“无人可依”的状态。

米奇普萨国王在遗言中请求罗马元老院为保证人，把努米底亚王国的王权分成三份，分别由两个亲生儿子和养子朱古达继承。然而，在公元前149年马西尼萨国王逝世之际功能健全的“保护者”与“被保护者”关系，由于小西庇阿等联结罗马与努米底亚两国之间关系的“牵线人”相继辞世，在公元前118年已经不复存在。

所谓“被保护者”关系，依我看有点像是一种特殊的“沙龙”。在“沙龙”里碰头的时候，罗马的“保护者”要充分体察“被保护者”的想法，然后不辞辛苦地到元老院和公民大会做工作，说服元老院和公民大会做出相关决议。不仅如此，“保护者”还要居间向“被保护者”们通报信息和动态，对哪些事情可以做，哪些事情暂且不动为好，向“被保护者”发出忠告或建议。现在“保护者”死了，联结两国友好关系的“牵线人”不在了，罗马与努米底亚两国之间的紧密关系开始松动也是自然的了。

米奇普萨国王死后不到一年，对王权“三分割”不满的两个亲儿子与养子朱古达起了纷争，继承人之间的争斗转瞬间演变为国家的内战。刚一交锋胜负立分，胜者是朱古达。米奇普萨国王的两个亲儿子一个战死，另一个叫阿泰鲁巴雷的被追得走投无路，只好跑到罗马去求助。

这回感到为难的是罗马元老院。努米底亚王国是确凿无疑的独立国家，罗马不能干涉具有同盟关系的国家的内政，这是结盟时就定下的铁的原则。而本可以在罗马和同盟国之间充当润滑作用的“被保护者”关系，在努米底亚也不存在了。

不得不发挥仲裁作用的元老院，提出了把努米底亚王国一分为二的方案，西部归阿泰鲁巴雷所有，东部归朱古达所有。但这种局面只持续了 5 年，对自己的军事力量有自信的朱古达攻占了阿泰鲁巴雷的领土。阿泰鲁巴雷被追得走投无路而战死，站在他这边与朱古达作战的人全部被杀掉，很多以经商为目的常驻努米底亚的意大利人也惨遭杀害。

消息传到罗马，人民群情激愤，一贯奉行不干涉内政原则的元老院这回也不能再静观不动了，公元前 112 年，罗马对朱古达宣战。

被罗马超出预期的强硬态度震惊的朱古达，马上向罗马派出使节，想向罗马做出解释：“争夺王位，说到底是我们努米底亚的内政；而意大利人被杀，纯属一次意外的不幸事故。”但是，罗马人将使者拒之于城门之外。没有了“被保护者”这层关系，失去了联结两国的“牵线人”，给努米底亚带来了负面的影响。

第二年，即公元前111年，罗马军登陆北非，然而等待罗马大军的不是朱古达率领的努米底亚部队，而是朱古达派来的投降使者。使者表达了朱古达的投降条件，只要罗马认可他的努米底亚国王王位，他就愿意臣服并继续保持在罗马霸权之下的同盟关系。率领罗马军队的是执政官贝斯蒂亚，他认为，所谓认可朱古达的王位不过是承认既成事实，就接受了朱古达的投降申请。作为讲和的条件，贝斯蒂亚要求朱古达本人拜访罗马阵营。投降文件签署之后，贝斯蒂亚就率大军从北非回国了。

然而，朱古达继先前杀害意大利人之后，又犯了一个错误，他派人在罗马暗杀一个相当于他的堂兄弟的人物，暗杀成功了，凶手也被抓住。罗马人最讨厌鬼鬼祟祟在背后搞暗杀的行径，于是再度掀起镇压朱古达的舆论。第二年，即公元前110年，罗马再次把军队开到了北非。

这回迎接罗马军队的，是全副武装的努米底亚士兵，因出乎意料而准备不足的罗马军很快就被包围。罗马军陷入两难处境，要么全军战死，要么接受朱古达提出的停战条件——解除武装，10日内撤出北非。罗马军被迫选择了后者，屈辱地回到了罗马。

这样一来，人民情绪更加激愤，罗马人认为，因失败而缔结和约，绝不是自己的传统，而且这回是交出武器后被轰回来的，更觉耻辱。朱古达又犯了一个侮辱罗马人的错误。

骑虎难下的罗马这回决意认真对待与死敌朱古达的战争。这次担任罗马军总指挥的是已选出的公元前109年度的执政官昆图斯·凯奇利乌斯·梅特鲁斯，梅特鲁斯家族在当时的罗马元老院具有最高的权威和影响力，昆图斯自身具有贵族出身的优越感和高贵的品位，也具备武将的才能，又是一名清正廉洁的绅士。元老院可以说是打出了手中最好的牌。为司令官梅特鲁斯配的副将，是虽无高贵出身但属久经历练型人才的佼佼者——时年 48 岁的盖乌斯 · 马略。

公元前 109 年夏，从原迦太基领土向西边的努米底亚进军的梅特鲁斯部队，与在努米底亚境内迎敌的朱古达军队之间爆发了第一场战斗。

梅特鲁斯率步兵，副将马略率骑兵投入战斗，这一仗以罗马的胜利而告终。朱古达混在四处逃窜的己方士兵中得以逃脱。

尽管输了第一仗，朱古达一方还是有两个有利条件：第一，详知地形地势，占据地利之便。第二，由于具有以前随罗马军打仗的体验，熟知罗马军的战法及各个方面。朱古达决定充分发挥这些有利条件实施游击战术。他甚至还采用时不时提出讲和的伎俩以避开罗马军的锋芒。但是，在最后这一点上梅特鲁斯没有上他的当。

梅特鲁斯并不穷追朱古达，他的谋略是把周边一带的部落拉拢到自己这一边来，以使逃散的朱古达军难以重新集结。为了尽早与朱古达决战，也为了防止朱古达打游击战，梅特鲁斯把军队分为两部分：第一军由自己指挥，第二军由马略指挥。

这个战术大体上是成功的。第二年（前 108）开始的会战，朱古达又被打败逃跑了。然而，这个战术的不利之处是不能尽快对朱古达实行决定性的打击。为了避免消耗过多的战斗力，梅特鲁斯又想通过外交途径，离间周边部落与朱古达的关系。但由于朱古达在当地威望较高，这一招非一朝一夕能够奏效。战争有被拖长的迹象。

副将马略劝说上司梅特鲁斯改变战术，但梅特鲁斯听不进去。限于自己不掌握总指挥权，不能够按照自己的意图打仗，又担心拖延下去会使自己和士兵困在北非，马略决心自己竞选执政官。

由于门第的差别，梅特鲁斯始终未将马略放在眼里，他认为，根据马略的指挥官才能，充其量也就是个副将，现在马略想竞选执政官，他当然很不高兴。为了竞选执政官，马略向梅特鲁斯提出申请要求退役，梅特鲁斯答应得极不爽快。非但如此，梅特鲁斯还看着站在旁边的20岁的儿子讽刺马略说："想当执政官吗？不要着急。你可能会同这个孩子一起当选，还有的是时间。"在当时的罗马，没有任何背景的平民即使能当上法务官，但要当选为执政官还是非常难的。到了距选举日还剩12天时，梅特鲁斯总算批准马略退役了。从罗马军的营地到港口乌迪卡还有很长的路，马略快马加鞭跑了两天两夜，从乌迪卡乘船四天后赶回罗马，终于赶上了公民大会的开会时间。在罗马召开的公民大会上，马略不仅明确表达了当选执政官志在必得的态度，而且还要和选民订立明确的公约——生擒朱古达，拉回罗马处决，早日终结朱古达战争。

公元前108年年末，公民大会的气氛对平民候选人马略十分有利。这五六年来罗马军苦战已成为常态，就是保持苦战，想取胜也不容易。

在马其顿，执政官加图率领的军队被从北方入侵的色雷斯人打败。在欧洲，执政官卡尔波涅斯率领军队抗击从北欧入侵的蛮族，首战即负。罗马人更不能容忍的是在北非，执政官率领的罗马军竟打不过对手朱古达，屈辱地缴械讲和才得以逃脱。指挥这些战斗的无一不是属于元老院阶级的执政官。由于划定公民服兵役义务的资产下线不断下降，兵役义务增加，而战事败绩不断，应服兵役的罗马公民陷入了几近绝望的境地。

公民大会不仅选举了没有任何背景的“新人”马略为公元前107年度的执政官，而且还通过决议由马略负责北非战事。“由马略负责北非战事”的决议本不应由公民大会做出，哪位执政官负责哪方面的事务，这历来是由元老院决定，现在公民大会通过这样的决议，明确表达了对元老院的双重不信任。元老院方面这回领教了公民大会的实力，对此居然没有做出任何反应。

到了50岁才第一次就任执政官的盖乌斯·马略，此前这么多年基本上是在军队中度过的。对罗马军队的内情和士兵的状况，他极为清楚，因此，他痛切地感到要采取必要的措施来改变军队的现状。

当选后，马略向公民发表了演说。罗马没有竞选演说的习惯，当选后的演说实际上就是施政方针演说。小地方出生的平民执政官盖乌斯·马略站在罗马广场的演讲台上，向人民说道：

公民们，据我所知，大概有那么一些执政官，当选前展示给公民的，是一副谦虚的公仆的形象，但当选后，马上变为傲慢的懒汉。而我不会那样做，为什么这样说？因为我的理念是，为国家服务，与是否就任执政官、法务官这类官职毫无关系！

感谢大家对我的信任，我既然被选为执政官，就会尽职尽责，鞠躬尽瘁，但我深感困难重重。执政官是罗马的最高官职，也是军队的最高责任者。在准备战事的同时，还不能忘记要保证国家财政的健全。在征招士兵的同时，不能忘记士兵也是公民，他们不仅仅是奋不顾身为国家服兵役的人，这一点必须牢牢记住。而且，我不得不在反对派的质疑声中履行我的职责，我遇到的困难会超出各位选民的想象。

那些与我出身不同的人，拥有做出伟大业绩的祖先，拥有无论任何情况下都会支持他们的有地位的亲朋好友，还拥有众多的“被保护者”。当他们遭受挫折的时候，这些“被保护者”会保护他们。

而我，保护自己的，只有我的能力和我诚实的品质。但我认为，圆满完成选民们交给我的任务，有这两条已经足够。其他那些——诸如伟大祖先的影响呀，亲朋好友的地位呀，“被保护者”们的势力呀——对于真正为国家尽职尽责的人，对于早已习惯于艰苦奋斗与危险的人，只不过是无用的装饰！

我就要率领大家去参加镇压朱古达的战争了，可是，贵族们对我的批评似乎还没有停止。他们的批评有什么根据吗？

他们对于战争的一知半解，是读来的和听来的，而我的战争知识，却是亲眼所见，亲身所为，在战场上学来的。至于军事战术，他们只知道理论，而我却亲历战场，通晓战争实务。

我一直确信所有的人都是生而平等的；我更确信，能够为更大的共同体做出贡献的人，才是更高贵的人！

没有久负盛名的祖先，更没有可彰显的祖先的形象，平民出身的我为进入罗马领导层而经历的曲折困难，恍如昨日。但此刻我想告诉各位的是，与那些滥用、玷污祖先流传下来的名声的行为相比，靠自己的努力不断构筑自己的良好口碑，更加难能可贵。

他们靠立下丰功伟绩的祖先的形象来彰显自己出身高贵，我只能靠自己身体上的刀剑伤疤来证明自己身经百战。对于我来说，名誉、地位与艰苦、危险相生相伴。我可以问心无愧地告诉大家，我是靠自己的努力得到这一切的！

我没有学希腊语，因为我不理解学它有什么特别的必要。我认为，说希腊语，写希腊语，读希腊语，对培养男人的力量与体魄，基本上没什么用！

不学希腊语，我们可以学习别的知识，可以培养对国家更有用的能力，比如杀死敌人的能力、保家卫国的能力、不惧各种各样污言秽语的能力、不惧天寒地冻露营的能力、忍受军伍中劳累与饥饿的能力。

我要告诉各位公民的就是以上这些。这不是作为最高司令官居高临下的讲话，而是作为一个普通公民倾诉给全体公民的肺腑之言。

马上就要成为士兵的公民们，让我们同甘苦共患难，拯救国家，拯救罗马！

不论在行军的时候，还是在战斗的场合，我都会与诸位在一起，我是你们的指挥官，我又是和诸位平等地分担危险的战友！

我确信，有众神的时时守护，胜利、名誉、赞赏，全部属于我们！

没有受过高等教育，也不是什么修辞高手，但盖乌斯·马略的这番演讲的确十分出色。历史学家撒路斯提乌斯在《朱古达战争》一书中完整地记述了这次演讲，我从中删除了重复的部分，翻译成现在的模样。《朱古达战争》记载的马略演说词对属于元老院阶级的人士进行了近乎偏执的反复批判，虽然具有说服力但显得欠缺涵养。但在任何一个世俗社会，普通大众都喜欢听对权贵富豪的批判。

这一年的马略还创下了罗马史上的一项纪录，他前无古人地征招了一支属于自己的部队。

提比利乌斯·格拉古，公元前 163 年出生

盖乌斯·马略，公元前 157 年出生

盖乌斯·格拉古，公元前 154 年出生

这三位是属于同一时代的人。既然是同代人，不用说都会与当时罗马的体制发生冲突。

那个时代的罗马已成为地中海世界的霸主。生长于共和制罗马统治阶级中心的格拉古兄弟能够以更为宽阔的视野，从政治的高度揭示出霸主罗马不能回避的种种问题，并试图破解这些难题。

而生长于共和制罗马周边小镇的马略，尽管缺少从政治高度思考问题、研究对策的训练与修养，但他是一位颇为优秀的职业军人，能够从自身的实践中敏感地捕捉到必须正视的罗马军队素质低下的问题。

结果三个人都触及了棘手的失业问题。格拉古兄弟是意图明确地拿出失业对策，马略则是无心插柳地“巧遇”失业对策。格拉古兄弟的构想因他们英年早逝而胎死腹中，马略却轻而易举地实现了充分就业。

执政官拥有组建正规军团的权力，组建过程如《罗马人的故事 02·汉尼拔战记》所述，先在全国 35 个选区中抽选出当年应出兵役的选区，然后将该选区资产符合服兵役条件者中 17 岁至 45 岁的男子抽出来组成军团。虽有男丁但资产达不到要求者被视为无产者，免除其兵役。那是个兵役等于直接税的年代，免除兵役即是免税。

第一次布匿战争之后，公元前 241 年修改了这个政策，明确规定只有资产在 12 500 阿斯以下者方能免除兵役。其后百年间，为了满足日益增长的兵力需求，这个“免税线”不断下降，先是在第二次布匿战争的“苦战”时期降到6 400阿斯，其后降到4 500阿斯，继而竟然降到1 500阿斯。这样一来，本属于无产者可免除兵役的公民陆续被驱赶到战场上已成为常态。

在军队中摸爬滚打多年、久经历练的马略，对罗马军队总吃败仗的原因看得很清楚，正是本属于免除兵役的低收入者被陆续驱赶到战场上，才导致了军队质量下降。这些人本不是失业者，他们有自己的职业，只是由于被迫服兵役才不得不放弃了职业。家中多了个当兵的，却少了个挣钱的，剩余资产又不足以养活全家，这些兵上了战场后当然会士气低落。

而且，随着可免除兵役的资产额不断下降，从统计数字来看，流入城市的无产者人数在减少，但这并没有化解社会不安定的问题，因为此时的城市无产者已不再是免除兵役意义上的“无产者”，而是名副其实的无产者了。

执政官马略在行使自己组建正规军团的权力时，将历来的征兵制改为志愿兵制。由此罗马的兵役不再是公民的义务，而成了一种职业。响应马略召唤来当志愿兵的，大部分是失去了土地的失业者。

以前的征兵制国家需要支出的士兵经费全部转为志愿兵的工资。但原来的经费和现在的工资两者之间没有富余，不能再给士兵长工资。尽管如此，新政策颇受无产者欢迎，他们宁愿放弃作为城市失业者可以享受到的低价配额小麦的福利，也要选择做一名堂堂正正的公民。

失业问题不是仅靠充实福利就能够化解的。我在本书有关格拉古兄弟的上一章中已经讲到过，对失业者来说，失业不仅仅是失去了谋生手段，更重要的是失去了作为一个有尊严的人的存在理由。格拉古兄弟想靠给失业者分配土地、建设新殖民地、振兴公共事业来解决失业问题，结果却是两兄弟英年早逝，良好愿望未能实现。马略的招数则是把失业者吸收进军队。

根据马略的志愿兵制创建的罗马军队，实质上成了职业军人集团，这个集团不可能游离于罗马的其他社会阶层。

第一个理由是，志愿兵不再是失业者，而是成为和农民、商人相提并论的一部分人志愿从事的职业。

第二个理由是，有志于在共和制时期的罗马政界发展的人，必须有10年以上的军队工作经历。关于这一点我还坚持一个看法，在古罗马，特别是共和制时期的罗马，能够成为国家领导人的，没有一个是“低能儿”，这种现象与他们拥有的军队工作经历不无关系。共和制罗马的领导者们，几乎全部拥有军界、政界的丰富经历，唯一的例外是那个既是哲学家又是律师还是以写文章为职业的西塞罗。

不管怎么说，马略进行的军事改革毕竟是触及罗马体制根基的重大改革，但这项改革并没有遇到多大阻力，因而得以顺利实施。为什么？

第一，当时罗马对外进行的战争，要么连吃败仗，要么深陷泥潭，左右为难，老百姓对率军打仗的元老院诸公的指挥能力深感怀疑。就是在元老院内部，认为必须改变现状的呼声也很强烈。

第二，马略的改革没有涉及土地的重新分配，也就不会招致多占土地的富裕阶层的反对。

第三，解除了被服兵役困扰的下层人民，能够安居乐业，重过有尊严的生活，这些“原失业者”对马略政策的评价是相当高的。

我认为还有第四个理由，格拉古兄弟在护民官职位上发动的改革是“体制外”的改革，而马略则是在担任执政官后进行的“体制内”改革。

但是，如果罗马元老院认为马略的改革是体制内的改革，可以安心放行，那就太愚蠢了。由于进行了这项改革，作为改革的设计者和实施者的马略获得了广泛的支持。本来由于出身寒微，此前马略一直没有自己的“被保护者”队伍，实行志愿兵制后，那些志愿参加马略率领的军团的无产者自然成为马略的“被保护者”，就连那些虽未从军但受益于改革的下层人民也成为马略坚定的“被保护者”。于是，格拉古兄弟时代不曾有的、可以戏称为“民众党”的党派诞生了，而原本不属于政客的马略却被推举为这个“政党”的头目，真是造化弄人。

马略的军政改革体现了他“实践派”的性格特点，刚开始时稳步推进，故而没有一下子完成。托北非战局的福，改革才得以取得成功。在竞选执政官时，马略曾与公民们订有尽早解决朱古达战争的公约，但他当选后，北非战局并没有马上改观。

尽管如此，公民大会上并没有非难之声，马略的“被保护者”们对他们的“保护者”给予了坚定不移的支持。

虽说北非战局没有马上改观，但擅长果敢速攻战法的马略总司令的到来还是给罗马军队带来了活力。来自无产者的志愿兵作战更为勇敢，罗马军相继攻占了朱古达实行游击战的众多基地，当年深秋时节，罗马军已控制了努米底亚的一半国土。

但朱古达还健在，战争还未结束，即将结束的却是马略的执政官任期。于是马略向公民大会提出要求，如果北非战事继续进行，就要给予他绝对的军事指挥权。公民大会通过了给他的继续授权，第二年，即公元前106年，马略能够继续在北非指挥军队。这个授权能够获得通过，士兵们从北非前线写给国内家属的信起到了一定的作用。志愿兵们在信中不断称颂他们的总司令和士兵们吃同样的伙食，与士兵们一起修筑营帐，战斗中身先士卒、一马当先。对平民执政官的高度评价，远远领先于战场上的实际战果。

然而日益明朗的现实是，要想结束朱古达战争，仅靠战斗的胜利还不够。而马略擅长的果敢速攻战法也由于朱古达基地太多，东躲西藏而难以奏效。如果不能切断朱古达与其最大同盟者毛里塔尼亚国王的关系，完全孤立朱古达也是不可能的。要想孤立朱古达，外交上的才能比军事上的能力更为重要。马略对外交并不擅长，需要给他配备一名具备外交才能的助手，于是路奇乌斯·科尔涅利乌斯·苏拉从罗马来到了北非战争前线。

罗马史上另一个主人公登场了。那一年，苏拉年仅32岁。

被派到军团中的财务监察官，如前所述，要负责除军事指挥以外的一切军中杂务。这个职务在罗马政界被视为“登龙门”的起点，所以在公民大会上当选财务监察官者以年轻人占压倒性多数。被选为财务监察官后，苏拉没有马上到任，他先去罗马同盟国征集援兵，然后率领征集来的骑兵来到了北非，此时正值朱古达战争十分关键的时刻。

路奇乌斯·科尔涅利乌斯·苏拉与马略不同，他出身于科尔涅利乌斯这一名门，但由于祖上无能人，日渐式微，说是贵族也是不大为人所知的家族。这一点与平民贵族格拉古家完全不同。

因此，苏拉家较为贫穷。在罗马，把独门独户的住宅称为“多莫斯”（domus），把租赁用的公寓称为“茵斯拉”（insula）。虽说出身贵

苏拉

族，但苏拉家是住在“茵斯拉”的普通住户。苏拉的母语是拉丁语，他不仅拉丁语非常优秀，还能熟练地使用希腊语。他的母亲可能早逝，据说是妓女们供养他完成学业的。关于苏拉的这些传闻，我判断应该是真实的。“刻苦学习”这个词用在苏拉身上，恰如其分。

苏拉由于在罗马历史上一手制造了独裁时代，留给后人的雕像以非常恐怖的面庞而出名。提起苏拉，让人联想到的就是威严冷酷。实际上的苏拉并非如此，特别是年轻时的苏拉，性格开朗，喜欢与士兵们开开玩笑以润滑关系，能够深入士兵中听取他们的意见与要求，口碑还是不错的。对于身份地位比自己高的人，苏拉持礼甚恭而又不卑不亢，该说的话都能够清晰地表达出来。苏拉脸上的麻子是后来才有的，年轻时是个肤色白皙、身材挺拔的美男子。他举手投足间风流倜傥，从不因自己年少时的经历而自卑。苏拉是个野心家，但他不是个卑鄙猥琐的野心家。

32 岁的财务监察官苏拉到任后很快就展现出自己的才能，让马略和士兵们觉得离不开他。除了军团的后勤事务外，苏拉还率领骑兵到前线参战，他尽管缺少作战经验，但取得了上乘的战绩，得胜回营。这期间，与朱古达结盟在会战中大败罗马军的毛里塔尼亚国王向罗马军秘密发出讲和的试探，也是苏拉最先做出反应。

身为总司令的马略并不擅长外交事务，于是就将与毛里塔尼亚国王布克斯谈判的任务全权委托给了苏拉。由于布克斯已娶朱古达的女儿为妃，为使媾和谈判不致太露痕迹，布克斯委婉地提出："为了毛里塔尼亚人民与罗马公民的相互利益，请派两名总司令信赖的人进行商谈。"

苏拉与另一名同僚到达毛里塔尼亚国王布克斯的营地后，向布克斯陈述讲和的有利之处，但布克斯态度暧昧，导致第一回合的谈判破裂。看到布克斯难以决断，苏拉也没有强求。之后，朱古达和布克斯的联军与罗马军再战，被罗马军打败。于是布克斯再次提出讲和，请罗马军再派代表，马略答应了他的请求。

罗马军与朱古达的战事处于拉锯状态，胜负不明，此时去敌方的营地谈判，是件很危险的差事。苏拉这回是只身前往，见到毛里塔尼亚国王布克斯后，苏拉要求与布克斯单独密谈，他们二人加翻译在密室里会谈了很久，总算有了结果。苏拉要求布克斯诱捕朱古达，并以此作为和解的条件。第二天，布克斯派人给朱古达送去宴请的邀请，应邀前来赴宴的朱古达被当场拿下，戴着枷锁就交给了苏拉。

常年困扰罗马的朱古达问题，终于获得圆满解决。罗马人把功绩都记在了马略头上，他人还在北非，公民大会即已选举他为下一年度即公元前104年度的执政官。此时又传来消息，蛮族从阿尔卑斯山北边逐渐接近。

公元前104年1月在罗马举行了马略的凯旋仪式，披枷戴锁的朱古达被杀死在罗马广场附近的牢狱内。努米底亚仍和从前一样，作为承认罗马霸权的独立国家继续存在。元老院选定朱古达的内弟担任新的国王。事实上，罗马从来也没有将努米底亚变成行省的打算，朱古达强行采取错误的做法，结果是丢掉了自己的王位和性命。

历史学家撒路斯提乌斯倾注热情撰写的《朱古达战争》一书指出，朱古达战争的历史价值仅仅体现于催生了马略的军队体制改革。随着原迦太基领土变为罗马的行省，努米底亚王国继续作为罗马的同盟国，毛里塔尼亚王国也成为罗马的同盟国，罗马的霸权已经尽数覆盖了西地中海地区。

朱古达战争还促使搅动罗马历史的另一个人物——苏拉粉墨登场。

路奇乌斯·科尔涅利乌斯·苏拉出身于名门望族，但又不属于当政的权贵阶层。他和马略，以及后来的恺撒，论出身，与掌握权力和财富的元老院阶级有相当远的距离。论家族历史，格拉古家虽比苏拉和恺撒家更浅一些，两兄弟却是出身于被称为“平民贵族”的家庭中，生长在当时的权力阶层中心。而苏拉、恺撒纵使祖上是名门望族，但他们在罗马政界仍属于“新手”。随着这些“新手”的陆续登场，罗马的“迷思”也越来越呈现出“革命的世纪”的模样。

人类在一个地方觉得生存难以为继的时候，总是要向他们想象中更易于生存的地方迁徙，这是古今东西不变的现象。这种民族迁徙在古代被称为“蛮族入侵”，在现代被称为“难民潮”。在古代罗马，这种民族迁徙形成了罗马存续过程中难以忘怀的记忆。

在原生活地区生存难以为继导致的人口迁徙，其方式可能是和平的方式，也可能是暴力的方式。即使是和平方式的迁徙，也不可能不给迁入地现行社会秩序带来冲击，因此民族的迁徙或多或少也是带有暴力色彩的。

罗马人多次面对这个难题，又不断采取各种措施试图解决这个难题。关于这方面的记载，在整个罗马史中几乎随处可见。

公元前 390 年，凯尔特人（高卢人）曾短时间占领首都罗马，有这样一次痛苦经历的罗马人，对蛮族的入侵首先采用的办法就是武力解决。后来随着罗马的富裕与强盛，罗马人开始站在长远的角度上更为从容地对待蛮族入侵问题，并改变了策略。他们不再被动地等待入侵之敌，而是主动杀向蛮族聚集的地区，征服他们。征服之后在当地实行“罗马化”，即修建罗马式的公路网，完备基础设施，建设殖民城市，让这些尚未开化的民族接受罗马的文明，使之在自己的地盘上自食其力。

高卢人居住的卢比孔河以北的意大利北部地区，就是这样被罗马化的。而且，同属高卢人聚居、现在法国南部的普罗旺斯地区，也是这样被罗马化的，并被改变为罗马的一个行省。“普罗旺斯”这个地名，拉丁语发音是“普罗温洽”，在拉丁语中的意思就是“行省”，“普罗旺斯”不过是这个拉丁词的法语发音。

这种罗马式的做法如果放在现代，就会被当作奉行侵略路线的帝国主义而遭到负面的评判。在现代遇到这类问题，总想用人道主义的方法来解决。然而现实却是，越是想用人道主义方法解决就越是解决不了。

朱古达战争总算在公元前 104 年结束了，但罗马国内还有很多问题，而且这些问题解决起来可没有前面说得那么“从容”。公民大会把本不是执政官候选人的马略再次选为执政官，也是迫于蛮族从北方步步逼近，寄希望于马略能打败蛮族的入侵。实际上，北方未开化民族从现在的丹麦、德国一带南下的8年间，已经和派去试图阻止他们的罗马军发生了5次冲突，5次都是罗马军吃败仗。开始时，罗马按加强行省防卫的级别派遣军队，但由于连吃败仗，且高卢人也与蛮族合流，声势更加浩大，让罗马人越发感到危机来临，于是公元前105年派出了正规军团。假如再被打败，法国南部行省（今法国南部）被蛮族侵占，那么连被阿尔卑斯山这个天然屏障护卫着的意大利也就危险了。

这些败仗不过是当时罗马军队质量低下、元老院阶级的军事指挥人才告罄的实例而已。不难想象，此时正是马略展示“新人”实力的绝佳机会。而更幸运的是，众神似乎也格外眷顾马略，为了让他能够更好地利用这个机会，又给了他充足的准备时间——南下的蛮族不知什么原因停止了南下，向西杀奔西班牙而来。

盖乌斯·马略于公元前107年实行了将征兵制改为志愿兵制的军事改革。由于当时他必须马上承担起朱古达战争的指挥责任，军事其他方面的改革都没有来得及进行。公元前104年是相对平稳的一年，他可以趁机操作这些改革。这一年还有一个便利条件，就是与公元前107年一样，马略也是该年度的执政官。

马略改革前的军制与改革后的军制对比如下图表所示。图表中的“执政官军团”指罗马军队中由执政官指挥的一个战略作战单位，或者说是执政官直接担任总司令的军团的规模。

马略的改革有以下几项：第一，总司令指挥的军团人数可以伸缩自如了。由下图表可以看出，以前执政官军团的规模约为2万人，包

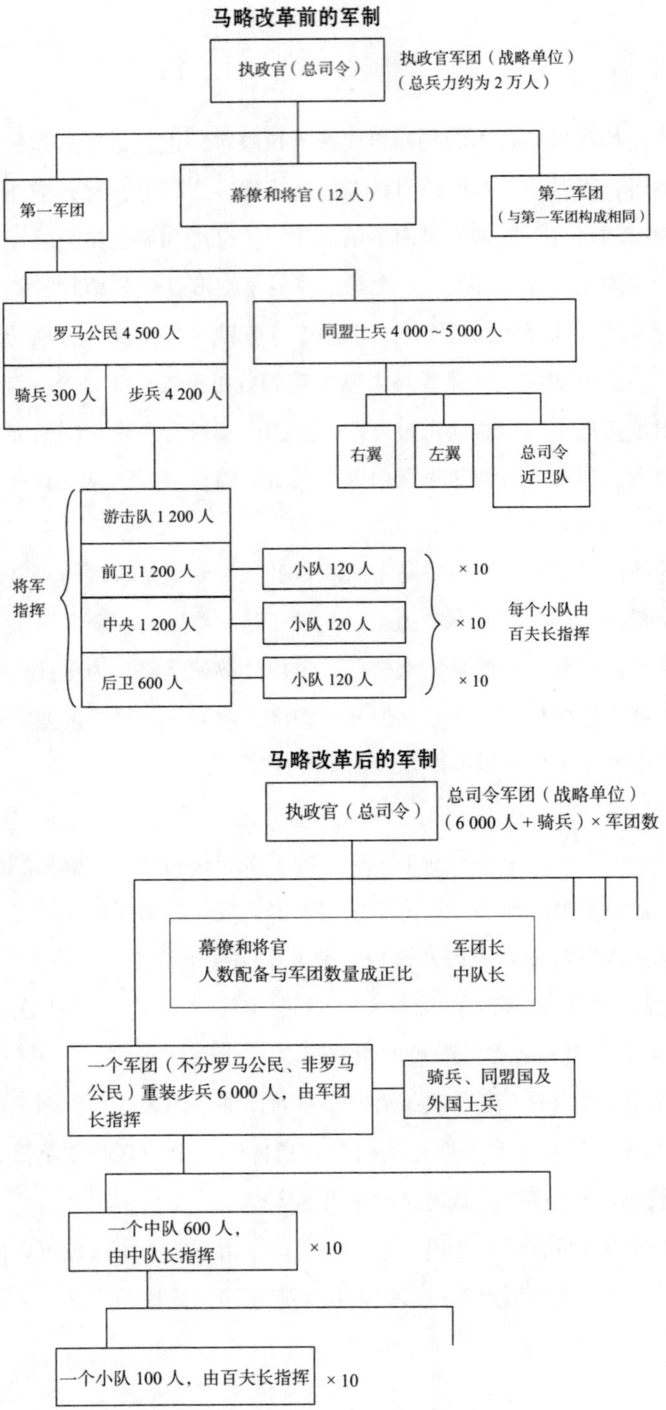

马略改革前与改革后的军制对比示意图

含两个普通军团，但这是执政官能够掌握的最大兵力；改革后每个军团的人数降为6 000人加骑兵，但执政官可以根据需要设立若干个军团，增强了执政官掌握军队数量的能力。以前的军制是建立在以防卫为基本原则的基础之上的，随着罗马霸权覆盖整个地中海地区，新军制变得更加富有攻击性。

第二，旧军制下，公民从军后从事什么兵种，是按其资产等级划分的。由于不再按资产等级征兵，而是改为不问资产的志愿兵制，原方法不再适用，故而将其废除。

第三，旧军制下，罗马公民兵与罗马联盟各同盟国的士兵分别编队，改革后的军制取消了分别编队的办法，改为士兵不问国籍，一律统一编队。

第四，以前军团中的将官和幕僚也要由公民大会选举产生，这显然影响军团的指挥效率，因而在马略之前即逐步推进军队首长用人权改革，马略改革中将此加以明确，即将官和幕僚改由总司令任命。从提升军队战斗力和快速反应机制角度看，这项改革也是必然结果。

第五，实行志愿兵制后取消了步兵各兵种之间的差别，在此基础上又取消了步兵配备武器的差别。只要是步兵，统一配备投枪、盾和剑。剑是当年大西庇阿选定的双刃短剑，这种短剑有利于近身战的优势已被一个世纪的战争史证明。

第六，废除了原来步兵中按资产等级划分的各兵种各自的队旗，取而代之的是全军团统一的以银质的鹫为标志的队旗。鹫成为罗马的象征就从这时开始。

第七，重装步兵团发生了这样大的变化，骑兵团自然也要变。当时罗马军队中的骑兵已不是上流社会子弟的“士官学校”，就连拥有的资产达到一定规模可以承担军务、担当骑士、被称为骑士阶级的富裕阶层子弟，也仅限于不过问军务、没有政治野心的人才能当骑兵。骑兵中没有特别的志愿者。马略改革后的骑兵团则是由骑术精湛的来自努米底亚、西班牙、高卢和希腊的士兵组成的团体。

第八，总司令近卫队组成人员的选拔，由过去只从罗马联盟各同盟国士兵中选拔改为从包括罗马士兵在内的全军团所有士兵中选拔，近卫队的职能也如其字面意义所示，承担起总司令身边的护卫任务。

以上这些，是马略改革后罗马军队形式上的变化。形式上体现不出的变化，我认为还有如下几点：

一、改为志愿兵制，吸收了失业者，意味着这些士兵可以长期使用。

二、军队中彻底消灭了根据资产划分的等级制度。

三、在军队中稀释了罗马公民与各同盟国公民的区别。

四、可根据需要增减军团数量以及可任命手下带兵的将官，增大了最高司令官的权力。

五、以最高司令官为顶点的军官阶层与普通士兵的关系更为紧密。

然而，一切事物都有正负两面。只有正面而无负面作用的体制之类的东西，就是神仙也造不出来。何谓改革？在本来就是坏体制的基础上进行一些改动，这不是改革。当初是好的体制，经过一段时间后负面因素逐渐显现出来，设法改正这些负面因素的举动，才能称为改革。马略改革后的军队体制在提升罗马军的功能和战斗力方面成效显著，但即使这样的改革也很快显现出负面的作用，即很多历史学家批评的“军队私人化”。可以说，正是马略的军事改革才使此后的苏拉、庞培、恺撒这些独裁者登上了历史舞台。

但在马略实施改革的时期，就连元老院中“铁杆”的“捍卫共和派”都没有反对。不仅如此，从公元前 104 年度开始，马略连续五次被选为执政官，体现了人民和政界对他的信任。包括马略在内的几乎所有人都没有留意这次改革的政治意义！也有研究者认为，在当时的背景下，即使马略没有进行这项改革，也会有别人出来从事这项改革。换句话说，与其认为马略的军事改革满足了他的个人野心，不如归结为是马略顺应了时代的要求。

公元前 103 年，军事改革后的罗马军队在其创建者马略的率领下，越过阿尔卑斯山进入法国南部行省。此时从北欧大举南下的日耳曼人，还没有把目标指向意大利，但是罗马对纳入其霸权下的同盟国和法国南部行省有防卫义务，而且，如果放任不管，罗马会担心已经被罗马化的法国南部行省日耳曼化，于是马略率军一直开到了罗讷河河畔。

这一年蛮族盘踞在高卢（现法国）中西部地区没有什么动向，军中暂时无战事。为了防止等待战机中的士兵会因无所事事而疲沓软弱，马略就让士兵去修建运河工程。罗讷河水量充沛，在汉尼拔时代即已知渡河困难，马略让士兵在河口附近开凿运河。这条运河被后世称为“马略运河”，它对马赛与法国内陆地区之间的商品流通发挥了重要作用。由此可见，马略率领的罗马军队在等待战机时也不忘致力于基础设施建设，从此以后，确定了驻扎各地的罗马军队无战事时从事土木工程的惯例。

临近年末，马略判断今年不会再有战事，他临时回了趟罗马，公民大会又把他选为下一年度即公元前 102 年度的执政官，这是 54 岁的马略第四次被选为执政官。

就在此时，蛮族又开始蠢蠢欲动，得到消息后的马略急速从罗马出发，沿第勒尼安海北上，经过热那亚到达罗讷河河畔的军营。

这个时期已经完成了从首都罗马联结同盟国马赛、法国南部行省，直至西班牙行省的公路网。马略到达前线后，在严阵以待中进入了公元前 102 年。

再次开始移动的日耳曼人，仅能够充当作战人员的男子数量就已达到 30 万人，再加上女人、儿童、家畜、装行李的马车，堪称浩浩荡荡的民族大迁徙。由于整个欧洲也只有意大利生活最为富足，因此庞大的人群开始了以意大利为目的地的移动。

如此庞大的人群难以全体统一行动，于是日耳曼人把各个部落分开，打算从三个方向侵入意大利——条顿部落沿法国南部行省的海岸从西边侵入；辛布里部落越过阿尔卑斯山脉从北边侵入；迪克利尼部落则向东越过阿尔卑斯山脉后，从东面侵入。

罗马方面迎敌阵容是：马略负责抵挡西面；与马略同为执政官的卡图鲁斯负责对付从北面侵入的辛布里部落；东边的侵入之敌由于要从绕过潘诺尼亚的道路过来，尚需时日，暂且先迎击西、北两股入侵之敌。

这年夏天，首先现身在严阵以待的罗马人面前的，是从西边来的条顿部落。马略率领不足 3 万人马守候在罗讷河东岸的营地上，条顿部落仅男人就超过了 10 万人。敌众我寡，马略没有急于冲出营地与敌交锋，而是采取了暂且让过敌人的战术。日耳曼人见罗马人缩在坚固的营地里没有出战，极为蔑视，连罗马人的营地也没有攻击一下就从营地前扬长而去。

蛮族长长的队列缓缓地移动着，他们还和守卫在营地门前的罗马士兵开起了玩笑："我们打到罗马后见到你们的家属，会告诉他们你们这些小子都挺好。"看到己方士兵都很焦躁，马略就劝告士兵少安毋躁，"展示我们新生罗马军实力的机会很快就会来临"。

蛮族长龙般队伍的队尾即将消失在平原尽头的时候，马略下达了全军出战的命令。一般来说，不知战争为何物的人群在行进时，后队必然薄弱，马略以数量上处于劣势的己方军队在敌人背后发起了猛攻。

以“埃奎亚塞克斯提亚之战”而闻名的、在马赛以北20公里处的地方进行的这场战斗，罗马军队取得了完胜。超过10万的日耳曼人或死或被俘，悉数被歼。经此一役，同盟城市马赛和法国南部行省被从日耳曼人的威胁中解救了出来。

但是，以马略的同事执政官卡图鲁斯为总指挥、苏拉为幕僚之一的北部战线的战况大不相同。卡图鲁斯与马略不同，他采取了面对面的攻坚战，面对辛布里部落南下的10万多人，以己方2万人正面激战，肯定是非常吃力的。可笑的是他们不是被打败的，2万名罗马士兵被身高体壮的10万日耳曼人吓住了，不战而逃。就在这个危急时刻，卡图鲁斯做出了符合总司令身份的举动。

卡图鲁斯率领近卫队全速驱动战马，出现在败走士兵的面前，他的左侧是高举银鹫旗的骑士，如此一来，稳住了队形，士兵们因恐惧而溃败变成了战术撤退。卡图鲁斯命令将官们整好队形，罗马军一丝不乱，得以安全撤退到波河南岸。意大利北部地区土地肥沃，物产丰富，那一年那里到处都是日耳曼人，似乎也不必再担心他们南下了。

但是，蛮族的三分之一已经进入意大利境内。为参加南法大捷凯旋仪式而回到罗马的马略，在分析敌情后认为，必须趁日耳曼人还沉浸在可以吃饱喝足的梦境中的时候采取迎击的态势。他决定推迟举办凯旋仪式，再次率手下士兵北上。而罗马的公民大会又把他选为公元前101年度的执政官。马略的军队在波河南岸与卡图鲁斯的队伍会合，待第二年春与日耳曼人决战。即使现任执政官与前执政官两军合一，罗马军的人数也不过5万人，而日耳曼人则超过10万人。

公元前101年春天，不等蛮族开始南下，马略和卡图鲁斯的军队就越过波河，在靠近河北岸的维尔切利等待敌人接近。维尔切利地处图里诺和米拉诺之间，是一块宽阔的平原，117年以前，汉尼拔军和罗马军的骑兵战就发生在这里。说不清为什么，尽管时代变了，战争却仍在同一场所进行。

得知罗马军已到，辛布里部落的首领派来使节，要求与罗马军约定决战的时间和地点，这是他们的习惯。马略对使节说：

“罗马人在战场上从没有听取敌人要求的习惯。话虽如此说，我还是给你们辛布里部落开个特例，决战的地点就在维尔切利，决战时间定在三天后。”

马略属下的士兵有3.2万人，卡图鲁斯属下有2.03万人，两军合起来5.23万人，战斗却以罗马军完胜而告终。马略改革后的罗马军队，不管是中队还是小队，在战场上就像棋盘上的棋子一样，按照指挥官的意图进退有序，指哪儿打哪儿，漂亮精彩。罗马军的胜利是自己的战斗力得到更有效率发挥的结果，而日耳曼人尽管占有人数上的优势，但由于战斗没有章法，只能处于被动挨打的局面。

战斗是惨烈的，包括不愿投降自杀身亡的妇女在内，共12万日耳曼人死亡，6万人被俘。得知日耳曼人在法国南部行省和意大利北部地区接连战败，迪克利尼部落放弃了从东面侵入的打算，逃回北欧。马略和卡图鲁斯回师罗马，首都罗马为他们举行了隆重的凯旋仪式，马略和卡图鲁斯二人都享受到了最高待遇，乘着四匹白马拉的战车接受人们的迎接与欢呼。

意大利也从蛮族入侵的恐慌中解放出来。

一般来说，一个 56 岁的男人，身体状况如何姑且不论，大脑思维应该还不到衰退的时候，然而马略却以 56 岁为转折点，开始走下坡路。因久经历练而运筹帷幄，马略主导设计了罗马的军事改革方案并使之得以实现，从征兵制改为志愿兵制，把下层人民从服兵役义务中解放出来，让失业的人民有了新的职业。由于他的改革，罗马军的机能得以恢复，战斗力大为提升。新生的罗马军两次大胜日耳曼人，就是马略军事改革成功的实证。

成功击败日耳曼人后，马略的声望达到了无与伦比的高度。公民大会又把他选为公元前 100 年度的执政官，这是马略第六次获选这一职务，其中从公元前 104 年开始不间断地五次连任。一个在罗马之外的小地方出生的“新人”，创造了建国以来名门望族出身的人也无人能及的辉煌，获得了极高的声誉和地位。然而，从公元前 100 年开始，马略身边的环境发生了变化，一年前极高的支持率不知消失到哪里去了。

德国历史学家蒙森对马略有过一个评价，直译为：“政治教养的欠缺对马略是致命的。”

接下来，蒙森对马略的评价还是很有趣的，如果理解了他所谓的“政治教养”是什么，就会觉得更加有趣。蒙森说：

“马略不具备超人一等的能力，但他偏要做出不正确或违反常识的举动，令人感到恐怖。”

盖乌斯·马略具备超强的组织能力和战术素养，足以令他成为一名出色的将军。尽管他有些粗野，但为人正直而朴实，打了胜仗后，战利品都分给部下的士兵，他自己几乎什么都不要。对其他国家的国

马略战胜日耳曼人的纪念银币

王试图收买他的试探性举动，他从来不为之所动。他军规严格但执法公正，注重和士兵的交流，临敌时具有不可撼动的英雄气概，把握战机的能力也非常出色。

不懂希腊语而成长起来的马略，其自身可以说没有什么缺陷。但是，未学希腊语意味着他没有受过高等教育，尽管这并未影响他成为举世罕有的军事指挥人才，他自己却陷入一种不必要的自卑感而难以自拔，他靠极强的自尊和自负来防止自己坠入被自卑感困扰的“地狱”。不过，过度的自卑感尚不至于影响他对外界状况的判断。

马略凯旋罗马，但他随即发现，他主导的军事改革虽然取得了成功，却派生出另一个重大问题等待他解决。

由于实行了志愿兵制，罗马军队的士兵成了职业军人，这些士兵跟着马略在北非、法国南部行省和意大利北部冲锋陷阵，所向披靡，连续获胜。但是，由于战争打胜了，罗马进入了和平时期，和平时期不需要那么多军人，作为职业军人的士兵就失去了工作。

在罗马共和时代，没有常备军的制度。把服兵役当作公民义务是一种延续下来的传统思维，因此，当国家需要时，就迅速组建新的军队，不需要时就解散军队。跟随马略战斗了七年的士兵们，在凯旋之后就面临被解散的命运。

在过去的征兵制时代，军队解散后士兵可以回到原来的工作岗位上继续就业，而改为志愿兵制后，军队解散就等同于士兵失业。罗马政府给这些原来的士兵发放“退职金”，并帮助他们联系新的职业，在未找到工作之前，国家发给他们失业补贴。

尽管战争结束了，马略还是被选为公元前100年度的执政官，除了感谢他击退日耳曼人的功劳之外，也含有依赖马略解决退役士兵去向问题的期望。因为士兵本身也是有选举权的公民。

马略对解决这一问题有着比其他人更为强烈的责任感与紧迫感。作为一个久经艰苦磨炼才登上政治舞台的“新人”，马略享受到了前所未有的荣誉，这与他手下的这批士兵前赴后继、英勇战斗密不可分。由于出身寒微，马略无缘成为与生俱来的“保护者”，祖上没有给他留下任何一个能在政治上帮扶他的“被保护者”，这七年追随他的士兵成为他在政界最大的“被保护者”，让他们退伍后能够安居乐业，是自己作为“保护者”不可推卸的责任与义务。

既然是志愿兵制，那么国家与志愿兵之间的关系实际上是一种契约关系。但在共和政体时代，还没有对志愿兵退役后的出路做出任何书面的保证。因此，马略认为责无旁贷的事并没有法律上的规定，只是一种人情上的责任。

其实不仅限于马略，一直以来，所谓的“后援者关系”对罗马人的人际关系有着强有力的影响，这本身就说明，义理人情在罗马人的内心世界里占有一定的位置。

那么，罗马人创造出来的“法”的概念，难道与所谓“义理人情”没有矛盾吗？我认为，想透了就会发现其实并不矛盾。法律执行得越严格，就越容易与人性发生摩擦，为了防止这种摩擦的发生而能够起到润滑剂作用的，我认为就是所谓的“义理人情”。确立了“法”的概念的罗马人，是能够理解润滑剂的重要作用的。

马略、苏拉，还有庞培和恺撒，都是能够理解“义理人情”的男子汉。近现代几乎所有的研究者都把这四位领袖和士兵的关系简单定义为“军队私人化”，因为这些人是不理解或不太理解“义理人情”重要性的欧美学者。

马略的想法是，在罗马人的社会里对这些退役的士兵进行妥善的照顾安置。但正如普鲁塔克所说，马略“是战时的领袖而不是和平时期的领袖”。他只是感觉到有责任和义务安置这些士兵，但不懂得如何才能把自己的想法政策化。此时的他开始犯糊涂，竟然把自己的大脑交给护民官萨图纽斯执掌了。

护民官路奇乌斯·萨图纽斯是格拉古兄弟的崇拜者。很多事例表明，崇拜者往往比被他崇拜的人物更为偏激。路奇乌斯就是这样一个偏激的人，而且他还利用了广大人民对马略的广泛支持。

首先，路奇乌斯成功地修改了关于以补贴性价格向穷人配给小麦的法律。从盖乌斯·格拉古时期以来，小麦的配给价格一直都是 1 摩第小麦 6.3 阿斯。路奇乌斯将其降至 1 摩第小麦仅需 0.83 阿斯，基本上等于白送。对马略来说，这等于给他的老部下发放“失业补贴”，因而马略也积极赞同这一法案。

其次，路奇乌斯又提出了在意大利半岛之外建设殖民城市的法案。他选定的殖民城市建设用地，除当初盖乌斯·格拉古选定但没有建成的迦太基城旧址之外，又增加了北非地区。在他的方案里，到新殖民城市定居的新移民中，排第一位的就是马略的那些老兵。这些退役士兵每人可以领到100尤格（约合25公顷）土地。假如该法案能获得通过，马略的那些老兵的“养老金”也得到保证了。

但是，得悉这些的元老院坚决表示反对，反对的理由是国家财源不足。实际上也的确如此。在这方面，路奇乌斯·萨图纽斯远不如盖乌斯·格拉古，他连如何确保殖民城市建设资金来源的对策都筹划不出来。

然而，路奇乌斯自恃有马略和支持马略的公民做后盾，把来自元老院的抗议当成了耳旁风。不仅如此，他还把原属马略手下的那些退役兵召集到罗马，在这些人占据优势的公民大会上通过了一项与元老院对着干的法案。这个法案规定：今后公民大会通过的法案，元老院必须全部认可，并在法案通过五天之内宣誓遵守该法律，拒绝宣誓者，视同放弃元老院席位。

元老院采取强硬态度是可以预料到的。这就形成了元老院与护民官的公然对立。罗马共和政体的三根支柱分别是元老院、公民大会和执政官。当护民官与元老院形成对立时，充当仲裁职能的只有执政官。当年的执政官是马略，而马略对这种调解谈判极不擅长。

马略自身也是元老院元老，不等他开始仲裁，路奇乌斯在元老院元老中第一个找到他，要求他率先宣誓遵守该法律，这一招让马略无计可施，其他元老也极不情愿地跟在马略后面进行宣誓。到最后拒绝宣誓的，是朱古达战争中曾担任马略上司的梅特鲁斯。身为贵族的这个男人不仅离开了元老院，还自我流放，离开了罗马。从此以后，本来因马略是位优秀的武将而敬重他的元老院元老们与马略疏远了。

护民官路奇乌斯·萨图纽斯沉醉于使元老院屈服于自己的胜利之中。由于已经拥有了一支数量庞大的支持者队伍，他打算连选连任护民官。但是他遇到了强有力的竞争对手，路奇乌斯居然派人暗杀了这名竞选者。元老院等待已久的时机终于来临。

元老院以“对难以容忍的无政府状态做出处置措施”为由，通过了“元老院终极劝告”，也就是宣布国家处于“紧急事态”。这项决议通过后，不惜诉诸武力也要致力于恢复秩序的执行责任，就落到政府最高长官执政官的肩上。护民官路奇乌斯认为马略不应该执行元老院的决定，为了阻止马略，他召集支持者们声势浩大地聚拢在卡匹托尔山上，这一下可把马略逼入绝境。

“元老院终极劝告”就是“紧急事态公告”，假如马略承担起执行者的角色，就必须忠实地履行职责，但这无异于给自己挖掘了政治坟墓。这样说是因为，“元老院终极劝告”与法律之间的矛盾，马略自己并没有搞明白，无法利用这之间的矛盾解决问题；而站在对立的双方之间进行调停的政治能力，马略也不具备。

茫然失措良久，马略选择了履行执政官职责，站到了镇压“暴徒”军队的前头。镇压并不费事，路奇乌斯和他的同党投降了。马略既没有杀他们，也没有把他们投入监狱，只是把他们关在了罗马广场附近的一所房子内。但是憎恨路奇乌斯的那帮人马，把那所房子的屋顶砸开，向关在里面的人投掷石块和瓦片，把他们活活砸死。这期间马略也没有采取行动阻止这起不法的杀人行为。

此次事件之后，平民们对曾视之为自己的代表并充满信任的马略失望了。马略特地将自己的家搬到市中心，以方便接受人民来访，听取他们的意见与要求。但是来拜访他的人锐减。回想一年前，马略还是位人民爱戴的英雄，只要他一走出家门，就会得到人们的欢呼与敬仰。马略对下一年度即公元前99年度的执政官选举，也彻底绝望了。

就像要嘲笑马略似的，元老院以压倒性多数通过一项决议，把自我流放的梅特鲁斯请回罗马。与梅特鲁斯不合的马略以战胜日耳曼人之后须向众神还愿为由，离开罗马去了希腊。谁也不相信他这个理由。

就在同一年，马略的妻子尤利娅的娘家，降生了一个男孩。曾严厉批评马略“欠缺政治教养”的历史学家蒙森，却极为赞赏这个男孩，称赞他为“罗马诞生的唯一天才”。这个刚出生的男孩，叫盖乌斯·尤里乌斯·恺撒。

又8年过去了，对罗马来说，这是表面上和实际上都算平稳的8年。

外敌没有来威胁罗马，各行省也能确保稳定。蛮族在马略的坚决打击下吃了苦头，没有移动的迹象。马略依然隐居。护民官的势力自路奇乌斯被害以来，持续处于无声无息的状态。连那个才能出众的苏拉，这一时期也没有什么值得一书的事情。罗马过了平稳的8年。

但在平静的水面下，暗潮涌动。

靠奖励自耕农来巩固社会基础的政策，因土地改革一时受挫而不断拖延。对失去土地、流入城市的无产者的问题，没有任何根本性的解决对策。护民官路奇乌斯虽然被杀，但他力推并已通过的向贫民以象征性价格配给小麦的法律没有被废除。这也是由于元老院除了严防死守自己的既得权力与利益之外，对任何事情都比较懒怠，面对可能引发社会动荡的失业问题，元老院能够想到的也只是靠福利政策来缓解。

另外，解决失业问题的一个积极对策，就是新建殖民城市计划，在把马略的退役兵当作稳定对象优先安置，在北非殖民城市建成后，也不再有新的动向。在当时唯一能够迅速吸收失业人口的途径就是军队，但这个时期没有战争，军队也不可能扩充。总之，这个时期罗马人享受到的和平，是把一切社会矛盾都搁置起来的和平。不过，罗马还是有明白人，对现实有清醒透彻的认识。

和平期进入第九年，即公元前 91 年，这一年当选的护民官中有一位叫马尔库斯・李维乌斯・德鲁苏斯，时年 39 岁，此公就是 30 年前破坏盖乌斯・格拉古改革的那位叫李维乌斯・德鲁苏斯的护民官的儿子。李维乌斯・德鲁苏斯当年接受元老院的旨意，提出很多比盖乌斯・格拉古更为讨好民众、意在“搅局”的法案，最终成功地使盖乌斯・格拉古在政治上垮台。德鲁苏斯家族与元老院过从甚密，属于家境富裕的权贵阶层，但这个儿子走了一条与其父完全不同的道路。

护民官马尔库斯再度提出了以前盖乌斯・格拉古提出但未获通过的给予罗马联盟各同盟国的人民罗马公民权的法案。盖乌斯・格拉古的法案是先给予拥有拉丁公民权（即无投票权的公民权）的人罗马公民权（有投票权的完全公民权），对居住在意大利半岛的拉丁公民以外的其他人，给予拉丁公民权，也就是说这是个分步实施的方案。而马尔库斯的方案则是一步到位，给所有意大利人民罗马公民权。

新护民官马尔库斯尽管年轻但教养深厚，是个与元老院中最出色的人相比毫不逊色的人物。他虽不是元老院元老，但以将来就任元老院元老即国家的领导者作为自己的目标。那个时候也只有他能够看透罗马平静下潜伏的危机。

实际上，同盟国的人民的罗马公民权问题，自最早发现这一问题的盖乌斯・格拉古以来，已经日益成为罗马国政改革的关键。如果这一问题不解决，土地改革也好，经济结构变化应对政策也好，军事改革也好，都不能彻底解决罗马的问题。

罗马人把加盟罗马联盟各同盟国的人民统称为“意大利人”，这些人与罗马公民的关系已经和第二次布匿战争时期完全不同。

首先，布匿战争结束后以保卫自己的家庭和财产为目的的防卫战几乎没有了，马略指挥的反击日耳曼人入侵的战争是这么多年来罕有的战例。以共同防卫为目的的罗马联盟失去了其本来的意义，但由于罗马联盟还存续，这对同盟各国的人民来说，意味着参战义务仍旧存在。

其次，布匿战争结束后发生的战争，同盟国家出于同盟者的义务而参加，但战争的结果只是罗马霸权的扩大，这些国家没有什么直接的好处。而且，随着罗马霸权扩大带来的一个变化是，原来罗马公民需要认购的“战时国债”完全废止，继而实施的是由马略主导的军事改革带来的志愿兵制，罗马公民连服兵役的义务都没有了，被称为“血税”的直接税也不用缴了。而各同盟国的人民却照旧要承担服兵役的义务，也就是说，他们仍然要持续地缴纳“血税”。

还有，马略改革后的军队中，罗马公民的志愿兵和同盟国人民的义务兵完全变成同等待遇了。两种性质的士兵同在一个中队战斗，同在一个小队侦察。而在布匿战争时期，只有罗马公民组成的军团才是主力部队，“主力”就意味着牺牲的概率更大。

这样的话，在罗马联盟百年后的今天，如果站在同盟国家士兵的角度看，牺牲的概率对大家来说是均等的，其余的一切都是不均等的，对自己来说服兵役是义务，而对于罗马公民来说当兵就是职业。根据不干涉同盟国内政的原则，罗马实行的义务兵制只限于罗马公民。就算同盟各国学习罗马也实行了志愿兵制，但与罗马霸权扩大相随的市场扩大而带来的经济利益，也是罗马公民得到的更多。

以上这些只是简单的算计，我们可以假设一个实例来说明两者之间的差别。

公元前 146 年迦太基灭亡时，包括妇女、儿童在内的俘虏有 5 万人之多，他们都会被当作奴隶卖掉，我们假设其中有一个面目清秀、聪明伶俐的少年，这个假设应该是成立的。

这个少年是幸运的，他被某位元老院元老买去做家奴。在这个人家里，该少年除了干活之外，还可以和主人的孩子一起接受教育。在古罗马以及更早一些的古希腊，人们愿意给予外国的小孩子一定程度的教育。

这个少年很快成长为年轻人，此时他已经能够熟练地运用拉丁语和希腊语，主人让这个年轻的奴隶承担与希腊人通商的工作。由于法律不允许元老院元老经商，现实状况是很多元老就以家中的奴隶或解放奴隶的名义经商。

由于身为元老院元老的主人有了不便公开的经商收入，于是这个迦太基出生的奴隶对其主人来说便成为不可缺少的重要角色。主人给他自由身，他就应该效忠、报答主人。鉴于法律不允许无偿解放奴隶，于是主人就会给这些奴隶一些报酬。这个迦太基奴隶就可以将自己的工资储蓄起来，当凑够一定数额时用来支付购买人身自由的费用。不管怎么说，他都会成为解放奴隶，获得自由身。他的姓名也就变为“罗马式”的，由三部分组成——原主人的个人名、原主人的家门名、他在迦太基时的家族名（姓氏）。姓氏能够体现出身，这是他们与传统罗马人的区别。在当时的罗马，使用希腊、东方、西班牙姓氏的居民相当多。

只要成为解放奴隶，就离成为罗马公民不远了。根据格拉古兄弟的父亲当政时通过的一项法律，只要是拥有3万阿斯财产且有5岁以上儿子的解放奴隶，均被允许获得罗马公民权。这项法律通过的时间比迦太基灭亡还要早20年。

这样算来，这个当初10岁的小男孩，此时已经65岁了，他已经具有罗马公民权的假设应该是成立的。和他相比，当初跟着罗马军参加迦太基城攻坚战的同盟国家士兵们的儿子，却还是同盟国家公民身份，得不到罗马公民权。这个假设的例子足以说明，同盟国家的公民长期忍受着不具备罗马公民权的不利处境。

“不管怎么说这都是不公平的。”意大利人当然会这么想。盖乌斯·格拉古当初提议逐步开放罗马公民权时，他们对这件事的认识还没有那么清楚，其后30年间又发生了一些变化，使得拥有罗马公民权成为更为有利的事情，他们对这件事已经看得很清楚了。

然而，罗马联盟的盟主说到底还是罗马，意大利人要求的不是一个简单的平等待遇问题，而是在拥有罗马公民权上的平等待遇，因此，如果罗马不同意是做不到的。但每当这个问题在罗马成为提案时，就会导致提案者护民官被杀而引发社会动荡。问题的关键在于，只要一涉及开放罗马公民权，就会遭到罗马的无产者等既得利益者的坚决反对。

但是在意大利人心中，由公民权问题引发的不满就像烧到99摄氏度的热水，再有1摄氏度就沸腾，已经有人要动员1万名意大利人到罗马进行游行示威，后来由于自己的动摇而只停留在口头上。护民官德鲁苏斯与各同盟国权势者经常接触，他对这些情况很了解。出于一种强烈的危机意识，他决定提出给予意大利人罗马公民权的法案。

然而，法案一出，讨论此法案的公民大会立即陷入混乱，护民官德鲁苏斯关于法案说明的演讲屡次被怒吼声打断。公元前91年度的执政官菲利普斯针对德鲁苏斯的法案提出了反对的动议。在进入表决之前，护民官可以行使否决权，以使法案不必诉诸表决。德鲁苏斯是名知识分子，不是那种胆大蛮干之人，为了避免正面冲突，他选择了行使否决权。行使否决权后，他离开会场回家了，在护送他的支持者中混进了一个反对派的人，当时谁也没注意到。

正向自己的住宅行走的德鲁苏斯突然发出一声惨叫，倒在地上，在他的身边扔着一把鞋匠用的短刀。德鲁苏斯咽气前最后一句话是："什么时候罗马能够多一些像我这样的人……"

按说出身社会底层的人应该欢迎社会变革，然而不幸的是，身处贫穷阶层而顽固守旧的所谓"贫穷白人"，在任何时代都存在。

德鲁苏斯的死恰如最后一把火，给意大利人已经烧到 99 摄氏度的不满情绪加了最后 1 摄氏度，不满情绪沸腾了。本来寄希望于能以平稳的方式解决罗马公民权问题的"同盟者"绝望了，各部落开始秘密串联。在罗马这边，由于消灭了德鲁苏斯，开放公民权问题尚在萌芽状态即被扼杀，罗马人感到安心了。就连统治者元老院也懈怠了，他们对意大利人的动向没有给予应有的关注。

没有等到公元前 90 年，以"同盟者战争"而在史上留名的战争爆发了。恰如平原各处同时点燃火舌，意大利半岛中部和南部各部落统一行动，同时起义。起义者均为加盟罗马联盟的同盟者，它们在当了罗马 250 年的同盟者之后，举起了反抗盟主的大旗。

从北向南，意大利半岛临亚得里亚海那一侧居住着皮琴特部落、维斯蒂诺部落、马尔基诺部落，由此往内陆去，居住着派力诺部落、马尔西部落，再往南的亚得里亚海沿海地区居住着普林塔诺部落，此外还有山区的萨姆尼乌姆部落、意大利南部的比尔皮诺部落，最早起义的是这 8 个部落。

卢比孔河以南的罗马联盟全境中，靠近最北部的伊特鲁里亚部落和温布罗部落还未决定站在哪一边，意大利南部的普利亚地区和卡拉布里亚地区则是在战争进入第二年后才卷入其中的。

在罗马作为战略要地修建的殖民城市中，如果迁入殖民城市的是罗马公民，他们当然站在罗马一边。而迁入者是“拉丁公民权”拥有者的殖民城市，即通称为“拉丁殖民城市”中，除唯一的例外维努吉亚，其余的殖民城市都站在罗马一边。这些拉丁殖民城市居民和其他拉丁部落一样，已经拥有“无投票权的公民权”，他们没有理由成为那些因得不到罗马公民权才起义的部落的同盟者。

除上述这些部落外，留在罗马阵营的同盟者还有生活在罗马领土南面广阔的坎帕尼亚地区的希腊裔居民。这里的人虽不具有罗马公民权，但是，坎帕尼亚地区有富饶的耕地，而且希腊人长于工商业，加之那不勒斯、庞贝、帕埃斯图姆这些富裕的城市也都聚集在那一带。在这里生活的人在很多方面都与罗马人不相上下，而且，城市国家的自治也能够得到保证。他们没有必要非要得到罗马公民权。

简言之，公元前 91 年年末爆发的同盟者战争，参加起义的基本上都是罗马联盟中较为贫穷地区的居民。然而，对于罗马来说，这已是晴天霹雳。

在 130 年之前的第二次布匿战争期间，罗马联盟发挥了积极的作用，以致汉尼拔曾发出悲壮的誓愿——“让罗马联盟解体。”这一誓愿在当时并没有实现，但 130 年之后，他的这个誓愿终于实现了。130 年前，罗马在特雷比亚战役、特拉西梅诺战役、坎尼会战等与汉尼拔的战争中屡遭败绩的情况下也没有抛弃罗马联盟的那些同盟者，而 130 年之后那些同盟者却抛弃了罗马。此举对罗马不仅具有政治上

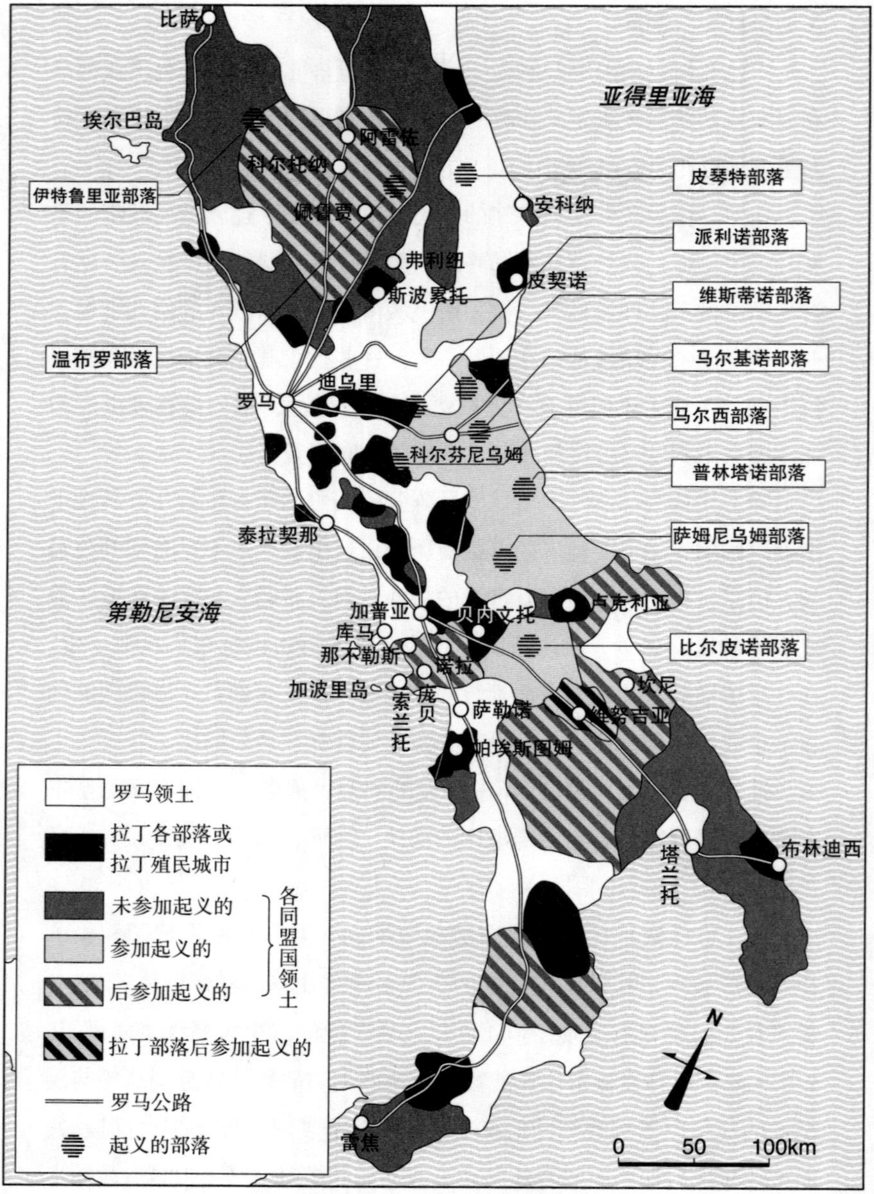

同盟者战争时的意大利东南部

的打击意义，就是在军事上，罗马在同盟者战争中只能算是打了个勉勉强强的平手。

东北、东方、东南三个方向同时开始起义。北边的伊特鲁里亚部落和温布罗部落也没有理由一定站在罗马一边，不仅如此，还有他们开始集结兵力的情报传来。在西南和南面，起义军控制了第勒尼安海。尽管距离尚远，但起义军不论从哪个地方起兵，利用罗马铺设的大道，十几天即可到达罗马城下。

联合举起反罗马旗帜的 8 个部落，决定组建新的国家，国名就叫“意大利”，首都设在亚平宁山麓的科尔芬尼乌姆。国家政体也已经确立，最高权力机关是公民大会，由 500 名有资历者组成元老院，每年选举 2 名执政官、12 名法务官，承担军事、政治要务。法定语言是拉丁语，一般通用语言是萨姆尼乌姆语和其他方言。为纪念意大利建国，他们还铸造了纪念币，纪念币上的图案是 8 名战士将剑交叉在一起，誓约结盟。

罗马与同盟者之间的关系有点像结合多年的夫妻，而同盟者战争就像是妻子一方要断绝关系。从双方感情破裂这一点看，很像老夫妻闹离婚；而从同盟者要求罗马认可其公民权、否则就要行使武力这一点来看，又不像老夫妻闹离婚。

成为“意大利国”首都的科尔芬尼乌姆与罗马的距离只有 120 公里，而且早在公元前 4 世纪罗马就修建了联结两地的瓦莱利亚大道。

同盟者战争在所有的意义上都是罗马遭到不断打击的事件，从此前罗马军队中来自同盟者的士兵数量来推测，此次估计有一半的士兵退出了罗马联盟军而变成了起义军。对罗马的打击不仅限于退出的士兵，在罗马执政官手下担任将官幕僚的士官中有很多来自同盟者，

8 个部族的 8 名战士将剑交叉在一起，誓约结盟

象征意大利的女神

象征罗马的狼被象征意大利的公牛压倒在地

其中甚至有不少人已经拥有罗马公民权，这次他们选择站在家乡一边，和自己的父老乡亲共同反对罗马。就在昨天还是共同战斗、同睡一个营帐、同吃一锅饭菜的战友，现在却分成了敌方和我方进行厮杀。

意大利人从将官到士兵，对罗马人的战略战术都是熟知的。他们的起义表明，同盟者与罗马之间长期建立起来的相互信赖关系，发生了前所未有的动摇，罗马陷入了要与过去的同盟者交战的窘境。

罗马人被同盟者战争惊醒了，他们马上就准确地了解到事件的严重性。可以预料到，四处同时燃起的烽火，无一不指向首都罗马。由于罗马与各处起义地点都有公路联结，向罗马进攻是很容易的。好在作为战略要地在公路边建设的一些殖民城市，在防止敌人沿公路攻向首都、包围罗马方面还能起到一定作用。这些殖民城市，除阿庇亚大道边的维努吉亚之外，全部都站在罗马一边。起义军要想进攻罗马，必然要先攻打殖民城市。

公元前 90 年，罗马方面急急忙忙做了迎敌准备。

在坎帕尼亚地区画一条线，分为南部战区和北部战区。当年的执政官普布利乌斯·鲁迪利乌斯·鲁普斯负责北部战区，另一位执政官路奇乌斯·尤里乌斯·恺撒为南部战区总指挥。这位路奇乌斯执政官有个 10 岁的侄子，就是被历史学家蒙森称赞为“罗马诞生的唯一天才”的盖乌斯·尤里乌斯·恺撒。在这两位执政官下面，南北战区各配备了 5 名军团长，军团长指挥的军团安排在预计会与起义军发生激战的地区。习惯上，罗马不采取总司令坐镇后方指挥的作战方式。两位执政官也亲率军团，承担机动任务，以在必要时迅速赶往有需要的地方投入战斗。把执政官直接指挥的军团称为“游击军团”可能更为贴切。被迫与曾是自己军队中的一半士兵和很多将官为敌，迫使罗马人不得不对自己的政治作为进行反思。

看一看军团长人选的配备，就可知道为了和自己以前的盟友作战，罗马人已经打出了自己能打出的最好的牌。

执政官鲁普斯为总指挥的北部战区，战胜日耳曼人的常胜将军、即将年满 67 岁的马略再披战袍；日后曾主宰罗马政坛的庞培的父亲格涅乌斯·庞培乌斯·斯特拉波站到了最前线。以执政官恺撒为总指挥的南部战区，48 岁年富力强、风头正劲的苏拉勇为先锋；年仅 24 岁，日后与庞培、恺撒结为“前三头联盟”的克拉苏也被任命为军团长。

使罗马人目瞪口呆的是，意大利方面派出的阵营与罗马方面完全一样。北部战区总指挥是马尔西部落出身的昆迪乌斯·侯裴迪乌斯·西罗，南部战区总指挥是萨姆尼乌姆部落出身的盖乌斯·帕匹鲁斯·姆迪鲁斯。和罗马方面一样，在他们二人之下各配备大约 5 名军团长。使罗马人惊愕的是，这些军团长的个人名字都是罗马人常用的名字。如此亲密的关系却成为战场上的对手，令人情何以堪！同盟者战争完全是罗马政治上的失策造成的。

各处展开的战斗相继投入的总兵力，双方都达到了 5 万人。由于对抗起义军的兵力不足，罗马只能邀请高卢和努米底亚派兵支援。

战争进入第二年的战况是，前半年是意大利方面占优势，后半年则是罗马方面占优势。按古代历史学家所说，这是一场“连对手身上有多少汗毛孔都熟知”的战争。各地战场激战不断，罗马方面的北部战区总指挥、执政官普布利乌斯·鲁迪利乌斯·鲁普斯战死，南部战区也战死了两名军团长。意大利方面的牺牲也是巨大的。罗马军阵亡将士的遗体连运回罗马举行安葬仪式的机会都没有，只好就地埋葬。

在这场战争中，罗马方面表现最突出的当属苏拉。他采用的果敢速攻战术很奏效，意大利方面居然没有一个能对抗这种战术的指挥官。马略的指挥风格则和以前大不相同，变得保守了，但只要马略一现身，意大利方面的将士就会联想到过去跟随马略与日耳曼人战斗的情景，立即退缩不前。因此，马略指挥的军团虽未取得什么决定性的胜利，但也没吃败仗。

很快进入公元前 90 年冬天，两军暂且进入休战期。执政官路奇乌斯·尤里乌斯·恺撒因另一位执政官鲁普斯战死，自己必须赶回罗马承担主持公民大会的义务。他这次回去可不仅仅是主持会议，他还向公民大会提出了一个法案。在这项被称为《尤里乌斯公民权法》的法案中，他提议，接受同盟者战争之前各同者提出的要求，给所有同盟者的人民罗马公民权。

但这个法案附加了一个前提条件，即各同盟者结束对罗马的战争。执政官恺撒提案的《尤里乌斯公民权法》在公民大会上顺利获得通过。历次关于开放罗马公民权的法案都会掀起风波，只有这次很平静，既没有怒吼，更没有暗杀。

以前罗马人在政治上出现失误时往往采取军事压服的做法，其结果是陷入泥潭不能自拔。这次他们终于选择了用政治上的调整来修复政治上失误的正确做法。当然也可看出，这次开战，“理”本就在意大利人一边。

《尤里乌斯公民权法》的效果马上就显现出来，一直未决定站在哪一边的伊特鲁里亚部落和温布罗部落，现在明确地站在了罗马一边。在北部战区，原已定为首都的科尔芬尼乌姆被罗马军占领后，“意大利国”处于连首都都不知在哪里的尴尬处境。《尤里乌斯公民权法》正式成为法律后，意大利人失去了战争的口实，士气衰落也是必然的。在北部战区被打败的马尔西部落的酋长西罗加入了南部战区主力萨姆尼乌姆部落继续顽强战斗，致使南部战区的战争在公元前 89 年还在继续进行。战争的名分虽然没有了，但战争中形成的相互仇视与憎恶仍然存在，如果点燃战火的指挥官存有这种仇视与憎恶，战争就会继续。尽管如此，除山区还有部分起义军继续抵抗外，同盟者战争实质上在公元前 89 年已经结束。南部战区的英雄苏拉也在这一年年末回到了罗马。原以为同盟者战争会使罗马深陷泥潭的那些东方国家的君主，看到战争超出预期地快速结束，还感到有些失落。

《尤里乌斯公民权法》是在长期的亲密关系刚刚破裂时出台的，这个法案对结束战争起到了重要的作用。不仅如此，我认为该法案的重要意义可与公元前 367 年的《李锡尼法》匹敌，《李锡尼法》实现了国家公职向平民开放，结束了两个阶级的长期抗争，《尤里乌斯公民权法》则对罗马的国家转型具有划时代的意义。

持续了 200 年以上、堪称“钢铁联盟”、从汉尼拔开始很多国家都认可的罗马联盟终于解体了。不管是住在那不勒斯的希腊裔居民、住在托斯卡纳地区的埃托鲁尼亚人，还是住在可称为意大利半岛脊椎的阿尔卑斯山脉的山民，全部都成了罗马公民。意大利人不存在了。意大利人的再次崛起，要再过 1 950 年之后，作为现代国家的意大利在地球上诞生。

需要加以说明的是，公元前 90 年罗马联盟的解体，不是以 130 年前汉尼拔希望的方式被动解体，而是采取了一种可称为“为发展

为纪念同盟者战争结束制造的银币。银币图案是罗马人和意大利人握手言欢

而消亡”的方式主动解体。正是由于支撑城市国家罗马的罗马联盟的解体，使罗马得以超越了“城市国家”这种国家形态而进入新的历史时期。

以雅典为代表的所谓“城市国家”，其核心特征是国家以居住在城市的居民为中心而运转。由此，市民自治是不言自明之理。不管是民主政体下的雅典，还是王政时代、共和时代的罗马，都把对外宣战、停战这类象征国家主权的最高决策权赋予公民大会，政体尽管不同，但雅典、罗马都属于城市国家。

然而，这种“主权在民”的政体也会带来另一方面的问题，那就是越尊重公民的权利，就越有可能导致对外的封闭性。这样说的道理很简单，因为作为国家主人的公民会要求每一个成员具有的权利必须平等，而为了维护这种平等，最好的办法就是把国家封闭起来，排斥“外人”，防止“外人”来分享公民已有的各种权利。

在实行“民主政体”的雅典，只要父母双亲有一个不是雅典人，孩子就得不到雅典公民权。就连像亚里士多德那样长期居住在雅典、在雅典创办了名为“吕凯昂”的学园、致力于提升雅典文化的伟大人物都未能得到雅典公民权。在日本也有反对外国人流入日本的“锁国论者”，同样不能把他们一概斥之为顽固、守旧，因为他们也是信奉国家全体成员一律平等的狭隘的“主权在民主义”者。

假如一个共同体内部的全体成员都把绝对平等作为“金科玉律”，他们就不可能不排斥“外人”。尽管在罗马这个共同体内部，也会存在各种人与人之间的区别，如名门望族、平民贵族、骑士阶级，普通平民、无产者，得到自由的解放奴隶、奴隶，“保护者”“被保护者”等各种各样、五花八门的区别，但想在接纳“外人”问题上形成什么决议，就会遭到各阶层的一致抵抗。这说明，共同体内部不同等级之间的“区别”和共同体内部人与“外人”的差别是两种不同性质的矛盾。但是，如果过分关注内部人与“外人”的“差别”，就会忽略共同体内部各阶层间的“区别”，甚至放弃为防止“区别”演变为对立而应该做出的努力。罗马发生的社会问题，更主要的还是各阶层之间难以流动与融合而导致的阶级对立。

雅典人心目中的“同胞”，是具有共同的血统、在同一块土地上出生的人。

罗马人心目中的“同胞”，只有一个标准——拥有“罗马公民权”的人。至于是原来的奴隶也好，迦太基出生的也罢，完全没有关系。拉丁语说得好不好也没有关系。从取得“罗马公民权”的瞬间起，这个人就是“同胞”了。

罗马人对给予“外人”罗马公民权本来是很大方的。本书第一章叙述的那个时代的罗马公民权没有太多的好处，因此那时罗马联盟各同盟者的人民对取得罗马公民权没有太强的欲望。其实任何国家在处于发展时期时，在接受“外人”方面都是很宽容的，可一旦成为霸权国之后，对“外人”还能持宽容态度的就很少了。

罗马也是如此。如前所述，成为霸权国之后，罗马公民权的吸引力大为增强，罗马人在给予“外人”罗马公民权问题上就变得非常不宽容，从盖乌斯·格拉古首次提出开放罗马公民权的法案到《尤里乌斯公民权法》生效为法律，经历了30多年的蹉跎岁月。

尽管如此，罗马人在经历曲折反复后，总算是迈出了这具有第二个里程碑意义的关键一步。对于参加同盟者战争的各部落酋长，在他们降服罗马后并未受到任何处罚，这也从一个侧面证明罗马人并未简单地把这次起义视为反叛。

原加盟罗马联盟的各城市国家及部落的根据地，自此以后成为罗马国家内部的地方自治体，但居住在那里的人民在民族、文化等方面的独立性并未因此而消亡。后世有位研究者曾写下过这样的文字：

> 罗马留给人类的一个启示是，在保持各地方独立性的同时，可以实现整体的统一，这是可以确立的普遍规律。

随着《尤里乌斯公民权法》的生效，罗马联盟实现了“为发展而消亡”。借用本书序中引用的汉尼拔的比喻，内脏器官的疾患会制约身体的健康成长，同盟者战争促进了罗马内脏器官的健康，成为罗马从“城市国家”向“世界国家”蜕变的孵化器，从这个意义上说，将士们的血没有白流。

罗马对意大利半岛之外其霸权所及的地区采取两种不同的统治方

式：一种是明确纳入自己统治范围的直接管辖的行省，另一种则是保留其独立国家地位的同盟国。同盟国又分为两类：

第一类是紧密的同盟关系，就像努米底亚王国那样，与罗马保持着类似"保护者"与"被保护者"关系的同盟国。还有一些罗马统治下的自治城市国家，如雅典、斯巴达、马赛，虽不是"王国"，但也属于这种同盟关系，实质上是罗马的附属国。这些王国和城市国家不是罗马的行省，因此无须向罗马缴纳作为行省应该缴纳的税收，其义务是在罗马有战事时，根据其所长（如努米底亚的骑兵、马赛的战船等）派出军队参战。

第二类是和罗马保持普通同盟关系的国家，其中既有被罗马打败后结成同盟的国家，如塞琉古王朝统治下的叙利亚，也有未和罗马发生过战争的国家。在罗马刚刚进入"迷思期"即公元前 133 年这个时点上，这类同盟国有小亚细亚的比提尼亚、本都、卡帕多西亚，以及其东邻的亚美尼亚，还有继承亚历山大大帝一部分遗产的埃及王国。这些同盟国都是位居东方且采取君主政体的国家。也许是受亚历山大大帝的影响，这些国家的王室继承的是希腊的血统，统治国家的方式却都是亚洲式的专制主义。

本都就是这种类型的国家之一，当时的国王是米特拉达梯六世，即位于公元前 115 年。他本应于 7 年前其父王去世时继承王位，但被其母将王位夺去。米特拉达梯只能在小亚细亚四处流浪，最终于 17 岁时成功夺回王位。米特拉达梯是个冷酷无情的男人，但又是一个有能力、有作为的君主。现存的一枚纪念币上，雕刻着米特拉达梯的侧面头像，那头像似乎在模仿亚历山大大帝，一头篷乱的鬈发随风飘逸。由此可以看出，米特拉达梯是个潇洒的美男子。这个美男子看到罗马进入了"迷思期"，无暇东顾，决意利用这个间隙创建自己的帝国。

为掩人耳目，本都王国十分慎重地进行了战争的准备工作。本都王国的首都是锡诺普，起源于希腊人建在黑海沿岸的殖民城市。受此影响，这个国家财富的很大部分来源于贸易，更大的来源则是矿山收入。在专制国家，一切财富都属于王室，米特拉达梯储存了巨额的金银财宝，这些财富不仅储存在首都，他还在国内很多地区，特别是内陆地区，修建了大量的城堡，这些城堡既可当作军事要塞，又可储藏财宝，还能分散风险。在东方国家普遍实行的是佣兵制，只要有钱，随时随地可以招募士兵，组建军队。在做这些准备的同时，米特拉达梯在耐心等待时机。

公元前 92 年，米特拉达梯 40 岁的时候，机会来临。

那一年，本都王国的邻国比提尼亚王国的国王去世，王位继承者们开始了争斗，米特拉达梯暗地插手其内部纷争，把自己一派的继承者推上了王位。紧接着，他又在另一个邻国卡帕多西亚王国安排自己的一个儿子登上了王位。被驱逐的两个国家的王室成员跑到罗马去控告米特拉达梯。

强国也有为难的事。由于本都、比提尼亚、卡帕多西亚都不是罗马的行省而属于各自独立的国家，尽管不能置之不理，但也只能视情况相机处理。于是罗马派遣了由元老院元老组成的视察团进行仲裁。视察团所做的仲裁暂时是见效了，米特拉达梯收回了自己的做法，把两国的王位还给了两国各自正统的继承人。

然而，此后不足一年，罗马与其意大利半岛上的那些同盟者之间爆发了同盟者战争。米特拉达梯判断这场战争将使罗马深陷泥潭，罗马再向国外派遣兵力已没有余地。他想抓住这个机会，实现多年来创建自己帝国的愿望。

米特拉达梯悍然率军西征。号称 30 万人的本都铁骑蹂躏了比提

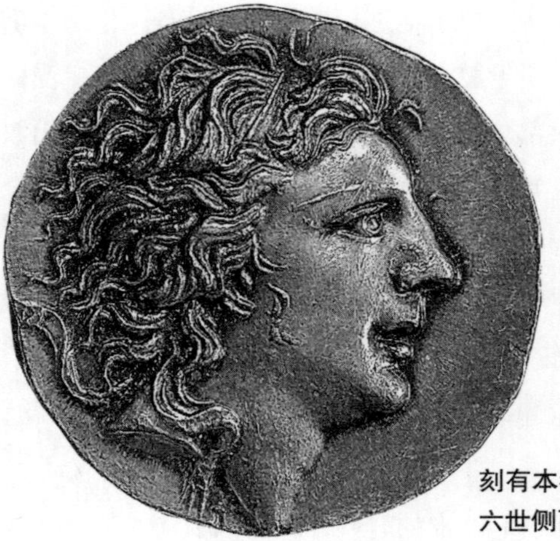

刻有本都国王米特拉达梯六世侧面像的纪念币

尼亚，又侵入了西邻的原帕加马领土，而原帕加马领土早已变成了罗马的行省，米特拉达梯是在与罗马公然叫板。罗马急于结束同盟者战争，与米特拉达梯的军事入侵也有一定关系。

同盟者战争未能如米特拉达梯之愿，两年时间就结束了。同盟者战争结束后，罗马该集中精力对付米特拉达梯了。但是，和 15 年前日耳曼人越过阿尔卑斯山大举入侵那次相比，尽管敌人同为 30 万人，两次危机给罗马人的感觉却并不相同。如果说上次是举国同仇敌忾，一致对外的话，这次给人的感觉是罗马人的步调并不一致。

同盟者战争结束于公元前 89 年冬季。路奇乌斯·科尔涅利乌斯·苏拉的军事指挥能力在同盟者战争中大放异彩，回到罗马后，他就被选为公元前 88 年度的执政官，并且如愿获得了东部战线军事行动的指挥权。年届 50 岁的苏拉在开始自己的执政官生涯的同时，着手组建剿灭米特拉达梯的军队。他在位于坎帕尼亚的一个城市诺拉开始了志愿兵的招募工作。

然而，迎来 67 岁的老将盖乌斯·马略也有出征东方的雄心，他希望是由自己亲率大军征讨米特拉达梯，而且尤其不愿意让苏拉抢到这份功劳。不幸的是，两位声名远播的勇武将军之间的矛盾，因被当年的护民官利用而变得复杂化了。

公元前 88 年度的护民官是普布利乌斯·苏尔皮基乌斯·鲁弗斯，他为了使自己拟推行的政策成为法律，需要在政治上得到马略及其庞大的“被保护者”队伍的支持，为此他在自己能够施加影响力的平民大会上支持马略，二人形成了政治联盟。

罗马共和时期，全国共有 35 个选区，其中首都罗马有 4 个。选举制度规定，按公民拥有的资产数额划分选举人拥有的票数，并且以“百人队”为单位进行投票，每个选区票数汇总后形成该选区的选举结果，即每个选区算一票，35 个选区选举结果汇总后形成最终选举结果。我觉得在这一点上很像现代美国总统选举的计票制度。在这个选举制度下，如何安排各选区的选民成为当时“元老院派”和“平民派”争斗的焦点。

如果把《尤里乌斯公民权法》生效前拥有罗马公民权的公民称为“老公民”,《尤里乌斯公民权法》生效后取得罗马公民权的公民称为“新公民”，老公民与新公民的比例约为一比二。假如把新公民按居住地划分到就近的选区的话，除了首都罗马的 4 个选区老公民占压倒性多数外，在其他各个选区老公民都成了少数派。也就是说，只要沿袭原来的选举制度，新公民将决定罗马的国政大事。

意识到这一点的老公民决意在选区的选民安排上做一些限定，以捍卫他们自诩的“纯种罗马人”的权利。他们举出一个先例来大做文章，即以前罗马的解放奴隶在取得罗马公民权后，只能在全国35个选区中的4个选区投票。既然有这个先例，那么对新公民也可以做出类似安排。他们提议，在现有35个选区中指定8个选区，新公民只能在这8个选区中的任何一个投票；或者新设9个选区，新公民只能在这9个新选区中的任何一个投票。老公民希望，把以上两种方法中的任何一种作为法律予以通过。老公民的意图很明显，就是要尽量压低新公民能够反映自己的诉求，进而决定国政大事的比重。

护民官苏尔皮基乌斯抢占先机，率先提出了名为《苏尔皮基乌斯法》的法案，提议新公民们居住的每个居住区，可选择在全国35个选区中的任何一个选区投票。他认为，从维护社会公平与正义的角度，既然都是罗马公民，不应再区分为“老”与“新”。他这样考虑绝对是正确的，但由于因公民权问题而刚刚发生过同盟者战争，他的想法分步实施可能更为妥当。

尽管时机不妥，《苏尔皮基乌斯法》还是获得了通过，而且在平民大会上还通过了任命马略为东征军总司令的决议。

但是法案和决议都没能顺利生效，因为法案通过地是在首都罗马，这里占压到性多数的是老公民，老公民不愿意，于是拥护和反对《苏尔皮基乌斯法》和“任命马略为东征军总司令”决议的两派民众发生了冲突，并发展为流血事件。出席会议的两位执政官也被卷了进去。苏拉躲到马略家才得以逃过一劫。让苏拉觉得不能忍受的是，选举制度的改革竟会剥夺他已经执掌的兵权。

苏拉逃离罗马回到诺拉正在组建的军队中，他马上召集将士集合，告诉他们：“你们的总司令的名誉受到了侮辱，现在我要杀回罗马，用武力来挽回自己名誉上的损失。”将士们大部分都是这两年跟着苏拉在同盟者战争中浴血奋战的热血男儿，也就是被一些研究历史的学者诟病的“私家军”，他们异口同声地表示，为挽回“老板”的名誉不惜牺牲一切。军中有一位幕僚认为，正规军杀回首都是一件不妥的事情，他拒绝参加这次行动并离开了军队。除这一个人之外，3.5万名将士都表示听从苏拉的调遣。不仅如此，就连与苏拉同为当年执政官的鲁弗斯也逃离罗马，投入苏拉军中。

诺拉位于维苏威火山的北边，从那里到罗马，首先要穿过加普亚，从那里取道拉蒂纳大道，只需几天行程。但是身在罗马的马略和苏尔皮基乌斯一派毫不在意，他们一是觉得行军距离并不短，二是做梦也没有想到罗马的执政官会真的统率军队攻打自己国家的首都。

苏拉率军来到没有任何防御准备的首都，只需几个小时小规模的战斗，苏拉军即控制了首都的局面。马略逃往伊特鲁里亚，护民官苏尔皮基乌斯被抓获后处死。苏拉还下令，把苏尔皮基乌斯的头颅放在罗马广场的演讲台上示众。就在首都居民还没有弄明白怎么回事时，苏拉成功地完成了一次政变。公元前88年发生的这次事件，成为罗马人用武力夺取罗马的第一个先例。

把罗马控制于自己手中的路奇乌斯·科尔涅利乌斯·苏拉在罗马广场召集公民开会，向公民陈述自己不得不动用武力的事情原委。

说实话，苏拉的“陈述”一点也不恳切，他的言行往往还带有“瘆人”的效果，特别是此时，护民官苏尔皮基乌斯的人头就在旁边，更是让人不寒而栗。苏拉提出了自己的法案，提议凡公民大会和平民大会通过的法案，未经元老院认可不得实施。这个法案在没有任何反对声中获得通过。本来在公元前287年生效的《霍腾修斯法》明确规定，即使没有得到元老院的认可，公民大会和平民大会议决的事项也可以成为国家的政策。《霍腾修斯法》已实行200年之久，现在被苏拉颠覆了。为追求新公民和老公民平等的《苏尔皮基乌斯法》也因此而成为“废案”。苏拉还胁迫公民大会通过了把马略和苏尔皮基乌斯等所谓“平民派”领袖定为“国贼”的法案，凡协助他们者与之同罪。由于这个法案的通过，暂且逃到伊特鲁里亚的马略又被追杀，马略被迫又逃到了北非。马略的逃亡生涯充满了凄惨与屈辱。

苏拉倒也没有更过分的举动。被选为第二年度即公元前87年度执政官的是屋大维和秦纳二人。以法学家知名的屋大维对乱立法规导致社会秩序大乱的现实感到不满，但对苏拉不构成什么威胁。而秦纳40来岁，血气方刚，使苏拉感到有一定危险。恰在此时，传来东方不稳的军情。

本都国王米特拉达梯判断，即使罗马已经解决了同盟者战争问题，但仍然没有余力向东方用兵。他在占领了位于小亚细亚半岛西海岸的原帕加马领土现为罗马的行省后，把很多住在当地的罗马人和意大利人（同盟者战争结束后已经全部为罗马人）及其家属与奴隶以“血祭”为名全部杀死。如果相信古人的说法，这次被杀的人数达8万之众。

米特拉达梯还打出了“把希腊民族从罗马的暴政下解放出来”的旗帜，自我标榜为希腊人民的“解放者”。米特拉达梯很聪明，他首先想办法让雅典倒向己方。当时的雅典在军事上和经济上虽不是很强大，但在精神、文化上的影响力不容忽视。即便已沦为三等国家，雅典仍是希腊的象征。当时有位哲学家与米特拉达梯会谈后，醉心于米特拉达梯的主张，经这位哲学家一煽动，雅典公民决定举起反罗马的旗帜。有雅典带头，希腊全境反罗马的气势逐渐兴起。

在做出罗马史上第一次强行“进军罗马”的行动后，苏拉来不及完成对罗马政局的全面安排，就不得不率军出征了。他很清楚解决各类政治问题的先后顺序，他是个一旦做出决定就不会左右摇摆的男人。在出征之前，苏拉把即将开始任职的执政官秦纳约到卡匹托尔山上，在最高神朱庇特的神殿中，让秦纳宣誓遵守由苏拉提案、公民大会通过并已生效的各项法律。

自己强行发动军事政变，却要求别人宣誓遵守法律，这的确不太公平。在苏拉看来，这也是为了恢复秩序不得已而为之。尽管苏拉会做出违背常理的举动，但他骨子里是个沉着冷静的男人，从本质上说他还是属于较为保守的一类人。

让米特拉达梯没有想到的是，就在这一年的年末，苏拉已经率领5个军团加上骑兵共3.5万人的罗马军，从布林迪西渡海到了希腊。

苏拉刚去希腊，秦纳就违背了自己的誓言。本来秦纳未被人们视为属于马略和被杀的苏尔皮基乌斯一派，不知为什么他在苏拉走后忽然改变了政治立场，也许他一直是马略、苏尔皮基乌斯隐蔽的支持者。公元前87年，执政官秦纳召集公民大会，通过了为被苏拉定为“国贼”的马略及其一派平反昭雪、恢复名誉的法案，继而又使《苏尔皮基乌斯法》重新生效，新公民可以在全国35个选区中选择任何一个选区投票。

对秦纳的这些做法，另一位执政官屋大维行使了否决权。为此罗马发生了武力冲突，在这场冲突中败下阵来的秦纳从罗马逃走。得知罗马形势变化的马略，率领6 000名士兵回到罗马。

这回用武力把罗马收入囊中的是马略和秦纳一方，但这次武装政变把很多无辜的人牵扯进来。马略难以忘怀逃避追捕时饱尝的凄惨与屈辱，并将之转化为刻骨铭心的深仇大恨。这位70岁的老将军开始了他那疯狂的复仇之战。

现任执政官屋大维拒绝好心人让他赶快逃亡的劝告，死在了元老院的执政官座位上。秦纳逃离罗马后刚被选为执政官的梅鲁拉，被捕之后竟被切断血管，因失血过多而死亡。公元前 102 年马略的执政官同事，第二年与他共同成功击退日耳曼人、二人均乘坐 4 匹马拉的战车参加凯旋仪式的卡图鲁斯，被捕后被投入密封的牢房中因缺氧致死。公元前 91 年度的执政官、同盟者战争第二年的总司令、《尤里乌斯公民权法》的创建人路奇乌斯·尤里乌斯·恺撒，尽管与马略的妻子还有亲戚关系，也未能幸免于难。路奇乌斯·尤里乌斯·恺撒的弟弟、同盟者战争时与马略同为军团长的盖乌斯·尤里乌斯·恺撒也被杀害。

若干年后罗马“三头政治”中的“两头”——庞培与克拉苏的父亲也分别在这一年被杀害。刚刚 19 岁的庞培因不引人注目而得以脱险。27 岁的克拉苏则逃至西班牙避难。苏拉的妻子逃到希腊。用来示众的被杀要人的头颅竟然多到在罗马广场的演讲台上已经放不下的程度。

据说死于马略的残杀中的，有元老院元老 50 人，属于骑士阶级的人士 1 000 人。马略的杀戮持续了 5 天 5 夜，由于要杀的人太多，他以恢复自由为诱饵，使用了一队奴隶来帮他完成这项“工作”。这队奴隶在完成杀人“工作”后，竟也被为满足发泄怨恨欲望的马略杀死。

看看死难者的名单就可知道，这些人并不全是苏拉的同党。按马略的逻辑，这些人的罪过在于，当苏拉提出将马略定为“国贼”的法案时，他们没有反对，等于是帮助苏拉通过了该法案。马略疯狂复仇的结果是元老院中的很多优秀人才惨遭杀戮。而在马略疯狂杀人的时候，秦纳既没有帮助马略杀人，也没有出面阻止。

随着马略的怨恨发泄告一段落，罗马也大体平静下来。公民大会选举马略和秦纳为第二年度即公元前 86 年度的执政官，这是马略第七次担任执政官职务。当他的这次任期开始后的第 13 天，也就是公元前 86 年 1 月 13 日，这个卓越的武将与世长辞，终年 70 岁。

马略死后空出的执政官位置，由秦纳派的弗拉库斯补上，秦纳的独裁统治从这一年开始。

秦纳首先修改了《苏尔皮基乌斯法》，将新公民可在全国 35 个选区的任何一个选区投票改为在居住区域的选区投票。修改后的法案在公民大会上顺利通过。由此，过去罗马联盟加盟国的居民，即被称为“意大利人”的新公民，已经与老公民享有完全同等的权利。《尤里乌斯公民权法》也终于因此而修成正果。新公民自然感激秦纳的恩惠，他们“报恩”的方法，就是支持执政官可以连选连任的体制不变，并持续投秦纳的赞成票，让秦纳可以连续担任执政官，维护秦纳事实上的独裁统治。

取代已死的马略成为平民派利益代表者的秦纳，没有忘记救济那些难以偿还债务的下层人民。他促成了一项法律，要求债主必须放弃原有贷款本金的四分之三。这些债主虽然可以照常收取利息，但本金只能收回四分之一。

这种做法显然是过于无视经济理论的表现。债务人因被豁免了四分之三的债务而欢天喜地，而放出贷款的金融业者从属的骑士阶级则开始与秦纳离心离德。

秦纳还利用可以掌握新公民和下层公民选票的有利条件，顺利通过了解除苏拉担任的东征军总司令职务的决议。他不仅解除了苏拉的军职，还决定没收苏拉及其同一派系所有人员的财产，并将这些人驱除出境。

由于苏拉受到了解除职务、驱逐出境的处分，他统率的军队也失去了罗马正规军的名分。按说此举无异于放纵本都国王米特拉达梯控制希腊的行为，是置罗马的安全于不顾的荒唐做法。秦纳也不是不清楚这个道理，但他更惧怕苏拉的军事实力。他更清楚的是，以苏拉超群的军事才能，仅仅流放是不足以消灭苏拉的。于是，秦纳派另一名执政官弗拉库斯统率罗马正规军远征米特拉达梯。弗拉库斯的正规军于该年年末从布林迪西出发，打算不经希腊直接登陆小亚细亚。苏拉因过于相信秦纳的誓言而深陷敌地，处境艰难，难免感到孤立。这种境遇换了别人恐怕很难坚持下来。但正因为他是苏拉，他的对手才没有那么好的运气。

自公元前 87 年从意大利渡海来到希腊的一年时间里，罗马发生的事情苏拉都很清楚。那时虽不像现代可以做到信息瞬间传递，但信息一定会被传递到理解其重要性的人手中。苏拉完全知道罗马的局势，但他没有采取任何行动。

与本都国王米特拉达梯一样，苏拉也明白，雅典的动向对控制希腊具有十分重要的意义。因此，登陆希腊后他首先着手的就是对雅典的攻坚战。尽管他尽知罗马发生的一切，但这并未干扰他攻城的决心。他没有撤出阵地，攻城的力度丝毫未减，就像罗马什么都没有发生一样。

但是，苏拉不能指望援军，也不能指望来自后方的军需物资补给，他必须想办法自己解决这一切。

尤其是缺乏海军，成为苏拉心中之痛。雅典有一个距城市 8 公里的外港——比雷埃夫斯，如果不能控制比雷埃夫斯，雅典就难以攻下。而要想攻打比雷埃夫斯，使用海军更为有利。而且，米特拉达梯买通了奇里乞亚的海盗，将其当作自己的海军来使用，掌握了爱琴海的制海权。如果不能夺回爱琴海的制海权，对米特拉达梯的大本营小亚细亚的远征也有半途而废的危险。

登陆希腊的第一年，苏拉就把自己的一个幕僚卢库鲁斯派出去筹办海军事宜。卢库鲁斯访问了罗得和塞浦路斯两个岛国及埃及，请求它们派遣海军助战。

陆军方面，苏拉也只能充分利用自己手头仅有的兵力。被米特拉达梯赶出来的原罗马行省总督手下的士兵投奔到苏拉门下，但那个时候罗马不在行省派驻军队，总督手下的这些士兵战斗力极差。本指望这些士兵能够增强军队的战斗力，现在看来也指望不上。结果能够使用的兵力还是自己从意大利带出来的5个军团，即3万名步兵加上5 000名骑兵。

在战争经费的筹措方面，苏拉瞄上了希腊各地有名的神庙中的金银财宝。希腊的厄庇道鲁斯、奥林匹亚、德尔斐等地，都有闻名地中海世界、引来很多信徒朝拜的著名神庙。这些“神的居所”自然会收到很多贡品，其中有不少是金币、银币，就连海盗也把神庙当作打劫的首选目标。苏拉想好就做，派兵去把这些金银财宝都给没收了。

然而，这些金银财宝都是贡品，贡品的所有者是“神”，希腊的“众神”是希腊文化的重要组成部分，可以说希腊众神就是希腊文化。把神的东西据为己有，苏拉的行为难免招致非议。严谨的普鲁塔克就曾哀叹：“西庇阿·阿非利加努斯（大西庇阿）、弗拉米尼努斯和埃米利亚努斯·保卢斯这样的罗马人已经消失了。”这三位都是罗马的将军，但又都迷恋希腊文化，他们在征伐希腊时，以绝对不破坏希腊的传统文化而闻名。

其实苏拉对希腊文化也有很深的理解，只不过他的做法与众不同。在没收神庙的贡品时，他并不是二话不说就强行抢夺，而是预先给神庙的祭司送去一封信，信中说他只是借用这些金银财宝，请祭司称一下重量登记入账，以后定当奉还。

这个过程中还出现了一些有趣的“花絮”。有个承担没收工作的部下是希腊人，他进入神庙后，听到从神庙深处放神圣典籍的地方传出一些声响，就问祭司这是什么声音，祭司告诉他那是阿波罗神弹奏里拉琴（古代希腊的一种乐器）的声音。这个人慑于神的威力，不敢动用属于神的金银财宝，空着手就回来了。他把事情经过向苏拉做了汇报，苏拉听后，压制住怒火对他说：

“你这小子完全误解了神的意志，令我十分失望。神发出声音，不代表不赞成，而是对你取走那些金银财宝表示非常高兴，这才弹奏出悦耳的琴声。你放心取回来便是！”

苏拉的确反应敏捷，也真会嘲弄人。这件事过去不久，又流传如下的“花絮”：

苏拉要求雅典无条件投降，雅典方面派来了商谈具体细节的使臣，这位使臣在苏拉面前长篇大论地演说雅典历史悠久的文化。苏拉是这样回答的：

“贵使臣的确能言善辩，我劝你还是带着你的舌头回去吧！身为罗马公民，我不是派到雅典来学习文化的学生，由于雅典举起了反罗马的旗帜，我是奉命前来镇压造反者的罗马将军。”

话虽强硬，可对于打开城门无条件向罗马投降的雅典人民，苏拉表现出了极大的宽容，他说：“为了少数的优秀人才，我们要赦免大多数的人民；为了故去的卓越死者，我们要体恤仍然活着的人民。”尽管是“无条件投降”，但苏拉并没有按照对付投降者的惯例行事，没有把雅典人民当作俘虏，更没有把他们作为奴隶来处理。

而且，后世的我们能够拜读亚里士多德的作品，也是苏拉之功。当发现了被尘土掩埋的这位哲学家的著作集后，是苏拉把它们带回罗马保存起来，才得以流传后世。可在另一件事上，他又表现得冷漠无情。为了制作攻城用的器械，苏拉下令把亚里士多德创办的“吕凯昂”学园周围的森林全部砍倒。毁掉了这片有文化意义的森林，苏拉却没有丝毫的惋惜之情。

不管雅典在军事上如何软弱无力，攻陷一个城市一般都需要相当长的时间，况且雅典还有比雷埃夫斯这样一个外港，攻城时必须分出一半的兵力对付比雷埃夫斯。派出去筹组海军的卢库鲁斯一直未回，请同盟国派遣海军助战这件事也没有结果。特别是埃及，每次都答应得好好的，可就是不肯发兵。究其原因，还是自公元前 133 年以后近 50 年的时间里罗马持续处于“迷思”状态，连一些常年的友好国家都开始重新审视与罗马的军事同盟关系。在援军不到位的不利情况下，苏拉统率的军队还是完成了对雅典的征服，这与苏拉知己知彼、不失时机地向雅典果断施压密不可分。刚刚拿下雅典，又传来了紧急军情，号称 12 万人的本都军队已经渡过达达尼尔海峡，进入了希腊领土。

由于雅典已重回罗马阵营，时年 52 岁的路奇乌斯 · 科尔涅利乌斯 · 苏拉不再采用防守待敌的战术，而是挥师北上，在希腊中部地区迎击经过色萨利南下的本都军。面对来势凶猛的本都军，苏拉必须留下 5 000 人镇守雅典，只能率 3 万人与敌交锋。面对数量上占压倒性优势的敌军，采取主动出击战术往往比消极防御更为有效。

苏拉还有一个不利因素，他预定的战场是希腊中部的城邦底比斯，但底比斯出乎意料地早早归顺了米特拉达梯一方，苏拉不得不在敌方的地盘上与 4 倍于己的敌军战斗。

底比斯西北方向 15 公里湖边的喀罗尼亚，是一片广阔的平原，公元前 86 年春，苏拉与米特拉达梯两军在这里相遇。

本都军步兵 10 万人，骑兵 1 万人，战车 90 辆，在平原上排得满满的。就像要显示米特拉达梯的军威似的，派出的阵势是手持长矛的希腊式重装步兵和东方式装有巨镰的战车的混合体。军队总指挥是出身于卡帕多西亚的阿尔凯洛斯。与之相比，罗马军只有用短的投枪和短的双刃剑武装起来的 2.5 万名重装步兵和 5 000 名骑兵，乍一看，让人感到罗马军胜负难卜。

但是，苏拉最擅长的就是在会战刚刚打响时亲率骑兵团冲入敌阵，掌握战斗的主动权。本都军的战车一边转动着巨大的镰刀一边行进，尽管看起来威力巨大，但就像扎马会战中汉尼拔的象群一样，转身不方便，灵活性差，只要对方能够灵巧地躲闪，战车就会疲于奔命而发挥不出应有的威力，而且还容易掉队。

本都军的重装步兵阵容严整，长矛排成整齐的一条线，目中无人地向前行进。但这个阵容的缺陷是正面强大，两翼和背后依然薄弱，弥补这一缺陷应该是骑兵的职责，但本都的骑兵团只会依赖数量上的优势猛打猛冲。面对苏拉军以中队为战略单位的灵活战术，这些骑兵很容易落入圈套，远离己方的重装步兵，使其主力阵容出现漏洞。

马略实行军事改革后，罗马军按纵三、横十配备中队的传统阵型没有改变，这个阵型的长处是可以根据战况的进展随机应变，可使军队的战斗力得到更有效率的发挥。

本都国王米特拉达梯军与罗马军之间展开的第一次真正交锋的结果是，本都军方面战死和被俘者达10万人以上，逃掉的不足1万人。而罗马军方面战后点名时缺少了14人，太阳落山后又有2人回到军营，战死者仅有12人。这个战绩超越了亚历山大大帝和汉尼拔曾经取得的战果，创造了新的纪录。

这次会战后，对于归顺本都方面的城邦底比斯，苏拉给予了没收其二分之一领土的惩罚，他将这一半没收的领土分给了厄庇道鲁斯、奥林匹亚和德尔斐，作为当初从神庙借走金银财宝的补偿。

东方国家的君主没有亲临战场的习惯，并常常把战败的责任归咎为指挥官能力欠缺。在专制君主看来，是自己把军队委托给一位总司令来指挥，这位总司令不过是一个臣子而已。喀罗尼亚大败之后，米特拉达梯认为只要换一位更能打仗的总司令，就能够战胜苏拉统率的军队。

数月之内，本都军8万人马再度越过达达尼尔海峡。而苏拉在喀罗尼亚之战后没有返回雅典，而是率军继续北上。两军第二次对垒的结果又是苏拉完胜。这次战斗共杀死敌军1.5万人，少于第一次战役，这是因为奉苏拉之命、手下士兵尽可能活捉敌兵的结果。由于苏拉的军费要靠自己筹措，他就把这些俘虏的敌兵当作奴隶卖掉，其收入成为军费的重要来源。在罗马指定的自由港、经济振兴基地提洛岛上，有个活跃的奴隶市场，据说自从苏拉在那里大量出卖奴隶后，有很多商人从希腊和亚洲远道而来购买奴隶，致使提洛岛的经济非常繁荣。

罗马军在希腊人的眼皮底下连续两次大胜本都军，起到了让希腊人清醒头脑的作用。当时希腊正在进行以修建横贯东西的埃格纳提亚大道为主的基础设施建设，长于经商的希腊民族已经意识到，当初盲目相信米特拉达梯鼓吹“把希腊民族从罗马的暴政下解放出来”的蛊惑已经给他们带来了很多的不利之处。

尽管苏拉已经控制了希腊的局势，但本都国王米特拉达梯仍然占据着位于小亚细亚西海岸、与希腊隔海相望、可挟制爱琴海的罗马行省。由于海军未到，苏拉无法乘胜追击，越过达达尼尔海峡去攻打小亚细亚。就在等待海军的日子里，苏拉得到了消息，秦纳派遣的弗拉库斯指挥的军队已经从小亚细亚的南端登陆。

苏拉在达达尼尔海峡边等待卢库鲁斯率战船归来，这期间又得到了一些新的消息。尽管弗拉库斯的罗马“正规军”已经登陆小亚细亚，但总司令弗拉库斯与副将芬布洛斯在战略上意见不合，加之士兵对弗拉库斯的昏庸无能强烈不满，军中发生了骚乱，弗拉库斯被杀，军队改由芬布洛斯统领。芬布洛斯率罗马军与前来迎战的本都军发生了战斗并取得了胜利。

同时面对两方面的敌兵，这让苏拉很苦恼。不仅苏拉苦恼，米特拉达梯也同样苦恼。米特拉达梯在反复权衡来自两方面的两支罗马军的实力之后，决定与更强大的一方讲和。他派出喀罗尼亚之战的败将阿尔凯洛斯作为谈判代表，来到了苏拉军营。

苏拉提出如下讲和条件：

一、本都国王放弃一切侵略得来的领土，退回本都境内。

二、停战以后，本都再度成为罗马的同盟国。

三、阿尔凯洛斯指挥下的海军战船，全部移交给苏拉军。

四、本都军的俘虏、逃兵、奴隶，全部返还给本都方面。

五、本都国王向罗马方面支付 2 000 塔兰特的赔偿金。

阿尔凯洛斯与苏拉军有过战场对决的经历，深知苏拉的厉害。作为谈判代表，他对这些条件没有异议。但国王米特拉达梯并没有下定决心，他判断苏拉急于讲和，又觉得苏拉的条件过于苛刻，因此并不急于答复。在此期间，谈判代表阿尔凯洛斯病了。苏拉周到地安排阿尔凯洛斯在罗马军营中接受治疗。由于在罗马军营中的所见所感，这位出生于卡帕多西亚的将军被苏拉的人格魅力倾倒。苏拉也试探性地劝诱阿尔凯洛斯归顺罗马。就在这个关键时刻，苏拉苦等多时的卢库鲁斯终于率领着他组建的海军船队回来了。埃及最终还是打破了以往总是协助罗马作战的先例，宣称保持中立，没有给卢库鲁斯任何帮助。倒是罗得岛向卢库鲁斯提供了战船方面的帮助。

得知苏拉有了自己的海军的消息后，米特拉达梯决心认真对待与苏拉的讲和谈判。他还是希望能够获得对自己更为有利的条件，但又摸不清苏拉的底牌。于是他准备打出自己手中最硬的一张"牌"，那就是苏拉以被正统的罗马政府驱逐流放之身，没有资格合法地代表罗马政府。米特拉达梯要求与苏拉直接谈判，两人约定于公元前85年春在划分欧亚两大陆的达达尼尔海峡东侧的海港小镇达达尼尔举行会谈。

一般来说，两国首脑会谈如果没有事先约定地点的话，通常应该选择在中立地带举行。达达尼尔尽管位于小亚细亚最西端的位置，但毕竟还是属于小亚细亚。虽说希腊在苏拉掌控之下，渡过狭窄的海峡很容易，可当时小亚细亚还是在本都的势力范围。会谈地点定在达达尼尔之后，米特拉达梯想成功地营造一个欢迎苏拉前来求和的"舞台"气氛，加之东方的君主一般都喜欢炫耀自己的力量，米特拉达梯率领了2万名步兵、6 000名骑兵和一队战车出现在达达尼尔。

苏拉则显得比“演员”米特拉达梯轻松并技高一筹，他只带了2 400名步兵和200名骑兵轻装渡过海峡。一到达达尼尔，苏拉就立即命令士兵快速搭建罗马式的营帐，坐等米特拉达梯前来。这样就把本都国王迎接前来求和的罗马将军的阵势一下子逆转过来。

米特拉达梯在臣子和骑兵的簇拥下进入了罗马军营，他身着镶嵌着宝石的豪华礼服，其耀眼的装束的确吸引了罗马士兵的眼球。而站在军营正中迎接米特拉达梯的苏拉却只穿着普通的罗马将军军服，披着一件总司令专用的大红斗篷，连头盔都没有戴。47岁的本都国王米特拉达梯牛高马大，以浑身长满健壮的肌肉闻名。53岁的苏拉则属于瘦高身材，有几分儒雅。米特拉达梯下马后亲热地边伸出右手边走向苏拉。

迎接他的苏拉把他让到椅子上，却没有理睬他伸过来的右手，开口的第一句话就是：

“你是按照我提出的条件来讲和的吗？”

没想到苏拉如此无视外交礼节。米特拉达梯在愤怒的同时，更强烈的感受是出其不意。由于苏拉的突然袭击，把米特拉达梯事先想好的谈判策略全部打乱，他竟然沉默不语。苏拉不给他思考的时间，马上又说：“被问话的一方应该回答呀，只有胜者才能无言！”

米特拉达梯试图辩解，他把发动侵略战争的原因归结于神的旨意和罗马派驻行省的统治者身上。但苏拉不给他申辩的时间，马上用犀利的语言封住了他的口：

“早就听说本都国王米特拉达梯是个出色的演说家，果然名不虚传，我今天已经领教了。然而今天这个场合没有听你演讲的时间，对我已经开出的条件，我只想听你说‘行’还是‘不行’。”

没有防备苏拉的再次出其不意，本都国王米特拉达梯未假思索地

米特拉达梯六世雕像

脱口而出“行”。

苏拉立即换了一副面孔，伸出双手拉住比自己小 6 岁的米特拉达梯，不仅和他握手，还搂着他的肩膀一同走到签署协议的桌子前。

米特拉达梯精心准备的一手“好牌”被苏拉打飞了，关于谈判的话一句都没能说出来。双方的谈判就这样在还没有开始就已经结束了。

停战协议签署后，米特拉达梯足不点地地跑回了本都，驻扎在小亚细亚西部罗马行省的本都军全部撤走，被米特拉达梯赶跑的比提尼亚、卡帕多西亚的国王也都复归王位。本都军的 70 艘海军战船全部归属苏拉军，编入了卢库鲁斯指挥下的海军。本来卢库鲁斯征集到的战船很少，虽说自称海军舰队，但其规模小得可怜，现在才真正成为整齐威武的海军之师。这还要得益于苏拉在与米特拉达梯交手时面不改色地坚持自己的条件，终于取得了谈判桌上的胜利。

然而，苏拉手下的士兵却不情愿按这个条件与米特拉达梯讲和，他们的理由是，米特拉达梯在侵略以原帕加马王国领土为中心的罗马行省时，杀死了 8 万名罗马公民及其奴隶，对这个如此残杀自己同胞的恶魔，就这样放过他太过于宽容了。

苏拉把士兵集中起来对此事做出了说明。他站在全军的角度，循着如何对己方有利的思路，耐心地对士兵做说服解释工作，他说：

“如果我们不能与米特拉达梯缔结和约，米特拉达梯就会与芬布洛斯讲和，假如他们两军联手，我们很难应付，将处于危险的境地。”

士兵们听了苏拉的解释后非常信服，拥护苏拉的做法。

成功征服本都国王米特拉达梯后苏拉的军事力量有所增强，现在手中也有了海军，进军小亚细亚的条件已经成熟，于是苏拉率军东渡，越过达达尼尔海峡，进入小亚细亚。本都军撤走后，小亚细亚的政治格局急需重整，有大量工作要做。但苏拉首先要对已经陈兵小亚细亚且首战战胜本都军、由芬布洛斯指挥的罗马“正规军”做出妥善处理。

秦纳派遣的现由芬布洛斯指挥的罗马军有 2 个军团，加上骑兵，总兵力为 1.5 万人，苏拉指挥的“非正规军”现在有 3.5 万人，实力比对手更为强大，但苏拉这个时候还不想两支罗马军在境外打内战。

苏拉率大军沿小亚细亚西岸南下，一直开到严阵以待的芬布洛斯军驻地附近，然后开始安营扎寨。罗马式的军营是要在周围挖出战壕，竖起围栏。一般来说，在敌人眼皮底下开挖战壕，十之八九是要开战了。但苏拉的士兵干活时却是优哉游哉，芬布洛斯的士兵受苏拉士兵的情绪感染，不由得也松懈下来。进而他们换上便衣，不带武器靠近正在干活的苏拉的士兵，苏拉的士兵就邀请他们过来聊天，芬布洛斯的士兵就边聊边帮苏拉的士兵干起活来。苏拉的士兵就请他们一起吃饭，既然饭都吃了，苏拉的士兵又邀请他们过来睡觉。

一来二去，很自然地就形成了芬布洛斯的士兵集体脱逃、加入苏拉军队的现象。等芬布洛斯意识到这个问题时，已是一座空营。这时苏拉的代表来拜会芬布洛斯，称已经为他准备好了回罗马的船。芬布洛斯是个性格刚烈的男人，他自知无颜返回罗马，拒绝了苏拉的"好意"，独自走进帕加马的宙斯神殿，自杀身亡。秦纳为了遏制苏拉而派出的罗马"正规军"，非但未能削弱苏拉的势力，反而被苏拉的"非正规军"悉数吸收，苏拉的队伍更为强大。

但苏拉并未因此而率军回师意大利，去推翻把自己污为"国贼"的政府。苏拉是位善于把握轻重缓急的政治家，他先要在被米特拉达梯侵害过的东方恢复罗马的威严，把罗马的霸权再度覆盖至小亚细亚全部地区。由于这里被米特拉达梯统治了5年之久，原有秩序早已荡然无存，若要彻底恢复罗马的霸权，就要重新构筑罗马对这一地区的统治模式。

苏拉在以下几个方面重新构筑了对小亚细亚的统治模式：

第一，容易成为小亚细亚纷争根源的是卡帕多西亚、本都、比提尼亚三个王权国家，苏拉让这三国缔结互不侵犯条约，并且三国各自同罗马重新签订同盟条约。条约的主要内容是：这三国中无论哪一个侵略其他国家，不仅是违反了互不侵犯条约，而且被视为与罗马为敌。此举的目的是在与罗马行省相邻的同盟国增大罗马的威慑力，以弥补不在行省常驻军队的缺欠。

第二，结束被米特拉达梯占领期间的无政府状态，恢复以原帕加马领土为中心的小亚细亚西海岸地区的社会秩序。这一带成为罗马的行省已有半个世纪以上的历史，当地居民有缴纳行省税的义务，但由于此地的居民以希腊人居多，米特拉达梯想把他们拉拢到自己这边来，于是把各种租税全部废除。“英明”的米特拉达梯也知道，光靠一句“把希腊民族从罗马的暴政下解放出来”的口号是笼络不住希腊人的。

由于维持军队的开支很大，必须在当地筹措，苏拉决定恢复征收行省税，而且命令以前5年未缴纳的税款必须一并补足。催缴欠税的做法也是“苏拉式”的。

苏拉不让自己的士兵集中居住在统一的军营内，而是分别住到居民家中，每个家庭要负担一名士兵的食宿和服装，如果摊上一名军官住在自己家中，还要负担其两套服装，一套外出用，一套在家中穿。行省居民都盼着驻军尽快撤走，只好按规定赶快缴税，2万多塔兰特的巨额税款很快就收上来了。

苏拉把原芬布洛斯属下的2个军团并入卢库鲁斯指挥的海军，并决定把这支军队留在小亚细亚。时年54岁的苏拉，最为赏识的是自己幕僚中的武将卢库鲁斯，曾极其信任地把组建海军的任务交给了他，此番又把维护小亚细亚安定的重任托付给了年仅32岁的卢库鲁斯。

安排好这些事情后，苏拉离开小亚细亚，渡过爱琴海从比雷埃夫斯登陆，进入希腊，不用说跟着他的还有那3.5万名即使去地狱也愿意追随他的将士。但出乎大多数人意料的是，苏拉并未从那里马上向意大利进军，他在雅典待了将近一年，公开的理由是他要在雅典治疗痛风病。就是在雅典居住的这段时期，苏拉发现了被遗忘的亚里士多德的全部著作。如果说苏拉变成了学习雅典文化的学生，谁也不会相信，他滞留希腊自有其战略上的考虑。

假如本都国王米特拉达梯有什么不稳的动向，从雅典外港比雷埃夫斯去小亚细亚西海岸，只有三天的海路。苏拉留在雅典，对米特拉达梯是一种无形的震慑力。而从雅典走陆路向西到希腊西海岸，再走海路去意大利半岛，两天即可到达。只要苏拉持续驻扎在雅典，对于执罗马政府牛耳的秦纳，也构成一种“无言的压力”，使秦纳感到政权不稳。

秦纳不仅感受到了“无言的压力”，还受到了“有言的压力”。罗马元老院收到了来自苏拉的书信，其中有这样的话：

> 考虑到我在希腊和小亚细亚的功绩，公民大会把我认定为国家之敌并做出将我流放国外、没收财产的处分决定是不能令人接受的。因同样的借口将很多无辜的人杀害，也是极其无理的。我将与我忠实的部下一道，坚决铲除这些不公现象！

事到如今，一切都明朗了。苏拉根本无视罗马关于出国打仗的将军回国后就要解散军队的法律，他不但不解散军队，还要率这支军队推翻秦纳领导下的正统政府。

把这封书信送到罗马元老院后，苏拉召集将士，告诉他们自己要杀回意大利的决心。他还对将士们说，此行会面临 10 名以上的将军和 20 万人以上的军队的迎击。将士们一致表态，誓死跟随苏拉冲锋陷阵。不仅如此，将士们还主动要求拿出自己的积蓄作为军队打仗的经费。将士们都知道，苏拉尽管在筹措资金时措施强硬，但他从不往自己怀里放一个第纳尔（古罗马货币单位，1 个第纳尔相当于 4 阿斯）。苏拉感谢将士们的忠心，他说：“兄弟们的情我领了，但你们的钱来得不容易，我不能收。我是个幸运者，打仗方面的经费凑合着还够用。”将士们当然对自己统帅的话深信不疑，也就不再坚持。这个时候已经临近公元前 84 年年末。

苏拉是在公元前 87 年离开意大利的。在这三年多的时间里，秦纳可不会什么都不干地虚度时光。秦纳的全名是路奇乌斯·科尔涅利乌斯·秦纳，说起来与苏拉还同属科尔涅利乌斯家门。在当初马略被个人恩怨驱使疯狂复仇、大开杀戒时，秦纳一直冷眼旁观，马略死后，罗马却出乎意料地出现了相对稳定的政治局面。

但是，秦纳在实施自己经过深思熟虑的、以元老院为敌的政策时，却毫不含糊。他严格地实施了将新公民分配到全国 35 个选区的法律。当然了，核定 50 万新公民的资产，再将新公民划分为 5 个阶层和无产者，工作量相当大，绝非一朝一夕之功。但不管怎样，《尤里乌斯公民权法》还是有其积极作用的。根据公元前 85 年的人口普查，拥有罗马公民权的成年男子数量，和以前相比增长了近 2 倍，不考虑新公民一次性增加的因素，成年男子是以平均每年 5 000 人左右的幅度在增加。

为贫民阶层低价配给小麦的政策仍在继续，但由于财政资金紧张，秦纳就削减公共事业开支以保证小麦补贴的资金来源。在秦纳统治时期，罗马没有什么说得出的公共事业建设。这件事以及借款冲销四分之三的政策，被普遍认为不过是秦纳的选举政策而已，因此成为反对者非难秦纳的口实。

秦纳靠他能够掌握公民大会的选票来支撑其独裁统治。除上面谈到的之外，他没有再出台任何激进的法律。秦纳独裁的三年间，罗马也好，其他地方也好，都没有发生流血性的骚乱。秦纳以其政治上的老道，确保了元老院中开明派的支持，以致苏拉刚刚登陆意大利时，元老院并没有马上要抛弃秦纳的迹象。

秦纳把自己刚刚完成"成人式"的女儿嫁给了时年16岁、后世成为大英雄的恺撒。恺撒这个16岁的少年，不仅与马略是姑父与内侄的关系，还是同盟者战争时期的执政官路奇乌斯·尤里乌斯·恺撒的侄子。现在秦纳把自己的女儿嫁给恺撒，既是增强与"平民英雄"马略的亲缘关系，也是为了表示与元老院中的"开明派"和解的姿态。在那个时代的罗马上流社会中，政治通婚已经很普遍。

在双方蓄势即将爆发激烈冲突的对峙阶段，敌我双方都必须忍受各种压力。有人能够在确信是最好的时机时（即错过这次时机将不会有更好的时机出现）做出开始行动的决策；而有人则耐不住压力，在错误的时机发起行动。秦纳自以为是前者，但他实际上是后者。他没有担任军团总司令的经历，没有带兵打仗的经验，在战机的把握上不及苏拉。

秦纳开始行使执政官组建军团的正当职权。这一年与秦纳同为执政官的是马略的儿子，二人决定用武力对付"无法者"苏拉。如果事后回过头来看，秦纳应该在意大利以逸待劳，但他被苏拉"有言""无言"的压力困扰得不知如何是好，居然采取了离开罗马本土前往希腊挑战苏拉的鲁莽行动。

秦纳军队的集结地设在意大利中部面向亚得里亚海的海港小镇安科纳，从意大利各地来的志愿兵陆续向这里集中。如果要想把这些志愿兵迅速组建成军团，需要总司令组织一批中级将官开展有效的编队工作。由于秦纳没有这样做，志愿兵只好就像无组织的普通群众那样游荡在小镇的各个地方。在这种状态下，秦纳率领着临时组建的军团登上了横渡亚得里亚海的战船。

然而，按照预定安排随后陆续来到安科纳的志愿兵，却没有跟着秦纳离开安科纳。秦纳只好又率领已经出发的军队返回安科纳。这一来，小镇的状况进一步恶化，像流民一样没有规矩的士兵混乱不堪，离暴动只有一步之遥。努力想带好这支混乱军队的秦纳，又不具备一现身即可让场面安静下来的人格魅力与能力。如果能融入士兵中间取得他们的支持还好，但这一点他似乎也很难做到。眼看这盘棋是做不活了，路奇乌斯·科尔涅利乌斯·秦纳却因很小的一次意外事故而丢掉了性命，终年不满 50 岁。这是发生在公元前 84 年年末的事。

公元前 83 年初春，苏拉率军从雅典出发，强行军横穿希腊，渡过亚得里亚海，从意大利南端城市布林迪西登陆。布林迪西的居民们打开城门喜迎被定为“国贼”的苏拉及其统率的军队。对苏拉来说，这意味着好的兆头和全新的开始。从阿庇亚大道的终点布林迪西到罗马，即使大队人马行军，有半个月时间就绰绰有余。而苏拉为了消化一些不利因素，足足花费了近两年的时间。也正如苏拉预料到的那样，前来迎击他的罗马正规军，数量相当庞大。

从布林迪西上岸后，苏拉首先做的事是向公众表明自己的态度，即自己下决心采取军事行动来解决罗马的问题，这是一种政治行为。

从路奇乌斯·科尔涅利乌斯·苏拉在其后进行的国家政治体制改革可以看出，他骨子里是个保守的人。在他看来，意大利半岛是罗马霸权所及的地中海世界的中心；在所有意大利居民中，占主导地位的必须是罗马公民，而罗马公民的领导者必须是元老院阶级。对秦纳实行的“罗马公民”和“罗马新公民”同等待遇的政策，他本能地反对。但苏拉又是一个现实主义者，他知道，迎击自己的罗马正规军中的很多士兵，正是那些“新公民”，他们是因不愿失去刚刚获得的罗马公民权才参战的。

苏拉从布林迪西发出公告，表态要充分尊重新公民已经得到的权利，然而由于以下三个原因，这个公告的效果并不理想：

第一个是当时缺乏将信息发布到整个意大利的手段；第二个是人们不相信被视为保守派的苏拉做出的承诺；第三个也是最重要的原因是新公民中有很多贫民，他们认为秦纳及其一派是致力于改善贫民待遇的，自己应该报答这份“恩义”。在这个现实面前，苏拉也只好延续他的老做法，即按兵不动，等待时机。他过了两年才沿阿庇亚大道北上，原因即在于此。

年满 54 岁的苏拉率领着他的 3.5 万名老兵以及在希腊加入其部队的 5 000 名士兵共计 4 万人，沿阿庇亚大道开始了北伐。为了对周边地区产生威慑作用，部队从容不迫地缓慢行进。过去 4 年间在秦纳统治下忍气吞声、低调生存的一些人，纷纷投奔苏拉麾下。

阿尔卑斯山以南高卢地区驻屯军总司令梅特鲁斯·皮乌斯率领两个军团从意大利北部远道而来与苏拉会合。父兄均被马略杀死后逃到西班牙的克拉苏也从西班牙赶了回来。父亲被马略派杀死的庞培，也从隐居的皮契诺飞速赶来。当时只有 23 岁的庞培出身于大地主世家，他率领着自费组建的 3 个军团来到苏拉身边，苏拉不由得大喜过望。

这样一来，苏拉的军力从公元前 88 年的 5 个军团变成了 11 个。新增的 6 个军团是：在希腊时增加的 1 个军团，梅特鲁斯·皮乌斯的 2 个军团，庞培的 3 个军团。总兵力为步兵 6.5 万人，骑兵 1 万人，总计 7.5 万人。

得知苏拉从布林迪西发出的布告后，罗马的执政官们紧急从全国各地征召军队，就连村镇都未能幸免，终于组成了总计 12 万人的罗马正规军。

指挥这支军队的是这一年度的两位执政官诺尔巴努斯和科尔涅利乌斯，还有前执政官西庇阿·那西卡和马略的儿子，以及当过马略副将的塞多留这5个人。面对苏拉军分4路北上，罗马正规军兵分5路，5个人各率一路。

持续了两年的这场战争，激战不断。西庇阿·那西卡对苏拉誓将复仇而自己必死感到恐惧，早早地就投降了。他统率的部队被苏拉的军队吸收。和同盟者战争中罗马公民与非罗马公民的战争不同，这次双方都是罗马公民。战争是个邪恶的东西，且邪恶的程度与战争持续时间的长短成正比。随着战争的持续进行，交战双方的士兵中本来不曾有的相互憎恶也会抬头，以致在前线厮杀的战士只是被相互憎恶驱使，连为何而战都不清楚。内战的最悲惨之处，就在于交战者不知目的何在。

这场殃及意大利全境的战争，在公元前82年11月1日，以罗马城下之战为标志，终于结束了。

诺尔巴努斯逃到了北非，塞多留逃往西班牙，马略的儿子战死，正规军的指挥官们全线崩溃。苏拉马上命令年轻的庞培奔赴北非追杀诺尔巴努斯。因不知逃往西班牙的塞多留的具体去向而暂时停止了对他的追捕。但没想到此人后来会给罗马招来严重后患。

56岁的路奇乌斯·科尔涅利乌斯·苏拉成了罗马的统治者，他现在没有任何后顾之忧了，于是开始了横扫政敌的战斗。

与马略因个人恩怨而大开杀戒不同，苏拉的目的则是将反对派全部消灭，但二者的结果是一样的。

苏拉首先把因大军兵临罗马城下被迫放弃抵抗的4 000名萨姆尼

刻有苏拉侧面像的纪念币

乌姆部落的士兵集中到大角斗场全部杀死。死者临终时发出的痛苦的惨叫，连在神庙中开会的元老院元老都能听到。看到参加会议的元老院元老们面色苍白，心神不定，苏拉冷冷地说："这是接受正当惩罚者发出的声音，没有听的必要。"苏拉解放了1万名具有强健体魄的奴隶，并允许他们在姓名中使用自己的家门名"科尔涅利乌斯"，这些获得自由的奴隶被称为"科尔涅利乌斯别动队"，成为苏拉清洗反对派的实际操刀者。他们掘开了马略的墓，将遗骸扔进了台伯河，为马略战胜朱古达和日耳曼人而建立的胜利纪念碑也被毁坏，马略的养孙被虐待致死。

对于与马略和秦纳有关联的那些平民派人士，苏拉做成了一部"处罚者名录"（"黑名单"），将他们登记在册，不管这些人躲到哪里，都很容易被抓获。苏拉还实行了"悬赏密告"制，即用秘密举报有赏金的办法来抓捕这些人。最厉害的一手是，如果谁杀死了这些人，可以得到被杀者的财产作为奖赏。苏拉的“黑名单”上包括近 80 名元老院元老、1 600 名骑士，总人数据说高达 4 700 人。这些人被抓后，或不经审判即被处死、财产被没收，或留下性命、没收财产。他们的子孙后代不得担任罗马的公职。没收的财产被拿去拍卖，由于拍品众多，拍卖价格很低，有些人就借此低价买进，发了大财，其中就有后来成为罗马“三头政治”之一的克拉苏。

苏拉对平民派的清洗不仅限于罗马的知名人士，意大利各地也多有涉及。曾参加罗马正规军抵抗苏拉的意大利中部的伊特鲁里亚、南部的萨姆尼乌姆和卢卡尼亚的人们，不仅不能取得《尤里乌斯公民权法》保证的罗马公民权，而且其中的主导人员还被处以死刑，没收其土地。苏拉这样不留情地清洗是想彻底摧毁平民派的地盘。

苏拉的“黑名单”上还有一个年轻人的名字，那就是马略的内侄、秦纳的女婿——恺撒，苏拉认为恺撒是应予清洗的平民派的一名出色的干将。

然而苏拉周围的一些人一再为恺撒说情，说他父亲已死，他就成了尤里乌斯家门的唯一继承人，而且他只有 18 岁，没有任何政治上的举动，劝苏拉手下留情，放过恺撒。一开始苏拉不为所动，经不住很多人屡次求情，才勉强同意，从“黑名单”上把恺撒的名字去掉。苏拉还说：

“你们懂什么？ 100 个马略也不及这个年轻人！”

只有天才才能洞悉天才啊！

尽管赦免了恺撒，但苏拉提出了一个要求，让恺撒和秦纳的女儿离婚，还说这是命令。苏拉的这种命令不仅针对恺撒一人。庞培自掏腰包组建 3 个军团，协助苏拉夺回罗马，并且追到北非成功消灭平民派余党，可说为苏拉立了大功，但因其岳父属于被杀死的平民派，也服从苏拉的命令，与其妻子离了婚。庞培离婚后，又按照苏拉的意见，与苏拉妻子娘家的一个女孩再婚。

但恺撒不是庞培，他拒绝与秦纳的女儿离婚，这可激怒了苏拉。18岁的恺撒赶快离开罗马，跑到意大利中部躲了起来，但人在意大利还是很危险，为了避免被继续追杀，他又逃到了遥远的小亚细亚。

和马略复仇后很快就死去不同，时年57岁的苏拉在清洗完政敌之后仍然健在，而且他还想做一件大事，即实行政治体制改革。但要施展他的抱负，他必须先取得合法的地位。当时两位合法选出的执政官均已亡故，人们普遍认为，苏拉想占据他们空出的执政官位置。按照罗马的法律，不论出于什么原因，当国家最高职位的两位执政官均出现空缺时，元老院的首席元老将承担起重新安排选举执政官事宜的职责。我把这个职责意译为“内阁选举管理人”，当年的内阁选举管理人是出身于名门望族的瓦莱利乌斯，他在公元前100年与马略共同担任过执政官，公元前97年担任过监察官。就在他准备召集公民大会选举新的执政官的时候，收到了苏拉的一封信。信中说道：

> 众所周知，国家处于非常危险的状态。为了更好地应对目前的状态，必须采用非常时期的对策。如果还是按照平常的执政官体制是不够的，必须按非常时期的做法设置独裁官，而且独裁官的任职期限不能像从前那样只有6个月，而是要给予其足够解决国家非常状态的充足时间，独裁官的任职应是无期限的。如果能孚众望，我愿担此重任。

根据共和制罗马的制度设计，独裁官是危机管理体制的产物。当共和政体的三大支柱——公民大会、元老院、执政官——不能合作共事、正常履行职责时，就会任命一名被赋予极大权力的独裁官来处理国政事务。由于只是在特定情况下才有的官职，故其任期只有短短的6个月。与执政官等国家官职须由公民大会选举产生不同，独裁官无须选举，而是由一位执政官任命即可。

但是在公元前81年，具备独裁官任命资格的两位执政官都已战死，按法律程序办事的话，这一年谁也当不了独裁官。

苏拉当然明白这些，但他还是明确表明了要当独裁官而且是无任职期限的独裁官的意志，虽然这个意志只是通过一封信做出委婉的表达。信不是命令，不过是一种“启发式的点拨”，但苏拉的“点拨”是以近10万大军为后盾的，瓦莱利乌斯也好，元老院也罢，只能按苏拉“点拨”的意图去做。

于是，《瓦莱利乌斯法》被提交给公民大会表决，由瓦莱利乌斯提出的这个法案的主要内容是，选举苏拉为无任职期限的独裁官。公民大会通过了这个法案，苏拉被选为独裁官。如此一来，苏拉就不算是无视国法，用武力夺取独裁官位置，而是依照法律民主选举产生的罗马史上第一位无任职期限的独裁官。公民大会还选举产生了公元前81年度的两位执政官，不用说都是苏拉一派的人士。

做完这一切后，苏拉才开始举行庆祝两次战胜本都国王米特拉达梯的凯旋仪式。凯旋仪式历时两天，规模宏大，华丽无比。恰巧这一年是希腊第165届奥林匹克运动会之年，所有运动员都被邀请到罗马，在奥林匹亚举办的这届运动会因此而延期。

在公元前81年1月27日至28日举办的凯旋仪式结束后，苏拉马上启动了国家政治体制改革。

按罗马法律，执政官、监察官、护民官提出的法案，须经公民大

苏拉凯旋仪式纪念金币

会表决通过后方能生效。但独裁官提的法案则无须公民大会表决，苏拉的想法可以立即成为政策法规。苏拉在以下几个方面进行了政治体制改革：

一、关于公民权和选举制度

苏拉认可把罗马公民权赋予意大利半岛全体居民的《尤里乌斯公民权法》，并表示遵守这项法律的约束。而且，对于由护民官苏尔皮基乌斯提案、公民大会通过、后由秦纳推行的《苏尔皮基乌斯法》即新公民可以在全国 35 个选区中的任何一个投票的法规，也予以认可。苏拉想以此来证明自己不是单纯的保守派。

但是，苏拉废止了秦纳关于解放奴隶也可以在 35 个选区中的任何一个行使投票权的法案，恢复了解放奴隶只能在指定的 4 个选区投票的规定。

而且，苏拉还修改了《尤里乌斯公民权法》的部分内容，明示了“不与罗马为敌者”这个前提条件，即意大利半岛居民中只有“不与罗马为敌者”方可取得罗马公民权。以这个条款为撒手锏，苏拉剥夺了参加罗马正规军阻挠苏拉向罗马进军的伊特鲁里亚人和意大利南部很多部落居民的罗马公民权。

二、福祉问题

苏拉废除了40年前由盖乌斯·格拉古开始实行的以低于市场价格向贫民配给小麦、后配给价格不断下降的《小麦法》。在保守派的苏拉看来，和福利政策相比，国家财政的健全化应放在更为优先的位置。而且，根据《小麦法》受益的无产者成了平民派的地盘，选票都投给了平民派，现在废除这个法案，也是为了阻断无产者对平民派的支持。也许苏拉已经意识到，用军队来吸纳失业者会更有效率。

三、失业对策

苏拉重新启动了停顿已久的新殖民城市建设。对苏拉来说，新殖民城市建设的首要目的是安排属下的那些“老兵”，其次才是解决失业问题。苏拉主导兴建的8个新殖民城市，安置的几乎都是他的“老兵”。顺便说一句，现在意大利旅游城市佛罗伦萨的起源，就是始于苏拉的新殖民城市。

四、元老院改革

从公元前509年罗马由王政时代进入共和时代开始，元老院元老的编制就是300人，此后一直未变。那时罗马的领土比现在的东京还要小，而此时已大不相同，成为称霸全地中海地区的大国。具有公民大会投票权的公民数量也已经增加了近10倍。苏拉认为，元老院元老的规模也应适应现状。

5年来，经历了马略和苏拉两次杀戮，应为300人的元老院元老中已经减少了近百人。苏拉首先把缺额补齐，进而把元老院300名元老的编制扩大至600人。根据苏拉的安排新得到元老院席位的很多人，既不是建国以来的名门望族，也不是因祖上有人当过执政官而进入贵族行列的平民贵族，而是属于被称为有经济实力的骑士。随着罗马霸权的扩大，经济活动也随之扩大，这些“有经济实力的人”的实力大为增强。苏拉有意把这些人拉入政治领域，让他们参与国政，分担社会责任。苏拉认为，若想控制护民官率领的平民势力的冲动行为，强化元老院的力量是最优的政策选择。

五、司法改革

共和时代罗马的司法体系，是由法务官承担下令搜查和主持法庭审判的职权，原告方的辩护人充当检察官的角色，被告方的辩护人负责辩护，判决则由陪审团合议后做出。由此，陪审员成为法庭判决裁定的关键因素。陪审团是全部由元老院元老组成，还是加上经济界人士和平民代表，一直以来都是政治斗争的焦点。

苏拉将其改为陪审员一律由元老院元老担任，即恢复到格拉古兄弟改革以前的状态。苏拉的理由是，元老院元老中已经有了很多骑士阶级人士，因此，实质上陪审员的组成还是可以做到贵族和骑士各占二分之一的比例。总之，强化元老院的作用是苏拉认为最重要的事情。

六、行政改革

苏拉清楚地认识到，罗马已成为强大国家，必须确立与之相适应的统治能力。但同时他又对元老院主导的寡头政治，即所谓“少数派领导制”共和政体的有效性深信不疑，不想破坏这项基本原则。

如此一来，苏拉主导的行政改革的方向就归结为按“年功序列”原则重塑权力架构。既然坚持“少数派领导制”，就要建立一个能让这“少数人”均等地分享“领导”机会的体制，尽量避免出现靠武力夺取权力的特例。苏拉推行的行政改革措施，是严格按照任职程序来安排的：

财务监察官，由8名增至20名，任职年龄为30岁以上。有财务监察官任职经历者，即可获得进入元老院的资格。

法务官，由6名增至8名，任职年龄为39岁以上。只有具备法务官任职经历者，方有资格成为执政官候选人。

执政官，仍为2名，任职年龄为42岁以上。

按照这个安排，如果30岁被选为财务监察官，一年任期结束后，就可以等待元老院空出的元老席位，由于元老死亡的事情时常发生，经常会有空出的席位，有空位即可替补为元老院元老。成为元老院元老后可以参与国家大事，增长经验。经过8年就39岁了，可以竞争法务官，当上法务官后干满一届（一年），可以以前法务官的身份被派去行省承担管理职责。有了行省治理经验且年满42岁之后，就获得了被提名为执政官候选人的资格。如果当选为执政官，一年任期结束后又可以以前执政官的身份被派到行省担任总督。总督任期结束后再回到元老院。由此可以确保元老院是由实务经验丰富的人员组成的机构。执政官一年任期届满后，若想再度获选为执政官，必须经过10年的间隔，由于这个规定，原国家高级官员将逐步成为元老院的主体。

苏拉还对行省的管理体制进行了周密的制度化改革。法务官增至8名后，每年可以有8名卸任法务官和2名卸任执政官，当时罗马统治下恰好有10个行省，这10个人可以分别被派到各个行省任总督一年。由此确保了行省总督后备人选的数量充足。

当时的10个行省是：

1. 西西里行省

2. 撒丁行省

3. 西班牙东部行省（又称为近西班牙行省）

4. 西班牙西部行省（又称为远西班牙行省，大致是现在的葡萄牙一带）

5. 法国南部行省（现在的法国南部普罗旺斯地区，也被称为阿尔卑斯山以西高卢行省）

6. 马其顿行省（希腊的马其顿地区）

7. 亚细亚行省（小亚细亚西部地区，亚细亚行省是当时的称谓）

8. 奇里乞亚行省（小亚细亚南部的奇里乞亚地区）

9. 阿非利加行省（原迦太基领土的一部分）

10. 意大利北部行省（距罗马最近的行省，领土相连，位于卢比孔河以北的意大利北部地区，也被称为阿尔卑斯山以南高卢行省）

这10个行省都需要罗马派总督去管理。

七、军事改革

苏拉坚信，政治力量和军事力量的分离，对国家机器正常运行、国家健康发展至关重要，他的军事改革的重点就是政军分开。

可能有人会问，靠武力得到独裁官位置的苏拉，这样做不是和自己的行为相矛盾吗？其实也正因为苏拉两度率兵强行“进军罗马”，他比任何人都能更深刻地理解政军不分的弊端。

苏拉立下的规矩是：国内有资格统领军队的只限两名在任的执政官，他们能够统领四个军团，超过四个军团的常备军一律不得在国内驻扎。超出执政官指挥规模的军队（即四个军团）指挥权，只授予现职担负行省保卫职责的前执政官或前法务官，但他们调动军队必须得到元老院的许可。在北至卢比孔河、南至墨西拿海峡的意大利半岛即罗马本土内，绝对不允许率领军队进入。这些安排都是为了防止有人对首都罗马和元老院滥用武力。即使是最高司令官，在军务结束后也负有立即解散统率的军队的义务。对于与军队关系最密切的各行省总督，严格限定其一年的任期，防止因总督任期过长容易导致的军队“私有化”现象。

执政官和法务官尽管是由公民大会选举产生的，但他们任期届满被派到行省时，其具体去哪个行省任职由元老院决定。这本来是个不成文的惯例，苏拉把这个惯例制度化了。总之，苏拉在这方面的一切改革措施，都是为了完善、充实“文官统治”的体制，从制度设计上防止用武力“进军罗马”的事情再度发生。

八、地方改革

罗马联盟是实行了多年的一种邦联制的同盟关系，联盟解体后，一切意大利人都成了罗马公民，罗马政府也没有了尊重各同盟者国内自治的义务。过去的同盟者现在变成了罗马国内的地方自治体。苏拉改革后，中央政府向各地方自治体派遣行政长官，各地方自治体由居民选举产生 100 名议员组成地方议会，议会议员和行政长官的任期均为 5 年，负责地方自治体的行政事务。由于地方自治体的居民都已拥有罗马公民权，他们也被免除了缴纳直接税的义务，只需缴纳间接税。这个时期各地方自治体的财务方面是个什么状况，因史料太少，不得而知。

不管怎么说，和罗马联盟时代相比，向中央政府的集权更为明显。另外，罗马作为一个统一的国家，官方使用的语言表面上仍是拉丁语，但与之并行的是，希腊语也被广泛使用。尤其是作为一种地方语言，希腊语在那不勒斯等城市应用非常普遍，人们普遍将这些城市视为“希腊人的城市”。

九、关于护民官制度

有关护民官制度的改革措施，其实并没有充分反映苏拉真实的想法。苏拉认为，格拉古兄弟光天化日被杀害以后，罗马进入了“迷思”期，而“迷思”恰恰是元老院统治能力日渐衰退和护民官权力日益增大造成的。苏拉不认可护民官权力增大是平民对日益蔓延的社会不公现象不满情绪的发泄口的说法。

在苏拉看来，从质和量两个方面强化元老院的力量是解决目前存在的社会问题的万全之策。既然要强化元老院的权力，自然要相应地弱化护民官的权力。但是，苏拉具有超强的政治敏感，他深知，在目前状况下不能完全按照自己的想法去做，不能采取废除护民官制度的激进举措。权衡之下，他还是保留了护民官制度，但采取了很多限制措施，让护民官不能像以前那样发挥强大的作用。

公元前 4 世纪中叶以来，护民官制度首次为平民贵族以及平民出身者打开了一扇通往罗马政界之门。由于元老院最初是直接面对国王的智囊机构，权贵云集，出身于名门望族者步入元老院比较容易，而那些出身于平民阶级的人士（那个时候其祖先想当执政官也当不上）

要想成为元老院元老则要受很多不利因素的限制。公元前 4 世纪中叶的那次改革，允许有护民官经历者自动成为元老院元老，消除了对平民阶级出身者进入元老院的不利因素。成为元老院元老对仕途是非常有利的，若想当选执政官、法务官、监察官等共和制罗马的重要公职，候选者必须是元老院元老已经成为一个不成文的重要前提条件。由于这个原因，几乎所有出身于平民家庭或平民贵族家庭的执政官，都曾担任过护民官。对进入元老院完全不感兴趣者如格拉古兄弟，绝对是例外中的例外。

为了弱化护民官的作用，苏拉设立了一项有关护民官制度的法律，这项法律保留了有护民官经历者方可进入元老院的制度，但特别限定其不得获选为其他官职。这项法律实施后，对于以政治家为人生目标的年轻人来说，当选护民官对仕途的顺畅多少会带来一些不利影响，不如去尝试其他的途径，比如去军队当财务监察官也可实现进入元老院的目标，却不受不得转任其他职务的限制，自然对仕途更为有利。这样一来，对那些志存高远、前途有望的优秀年轻人来说，护民官不再是从政的最佳路径，自然会对竞选护民官失去兴趣，从而使护民官的整体素质降低，护民官率领平民与元老院对抗的能量也就不足了。

对于像格拉古兄弟那样不把护民官职位当作进入政界的跳板而是一心想为民众做点好事的人，苏拉也设计了相应的对策，独裁官苏拉在法律中明确规定，护民官和执政官一样，任职期满后必须相隔 10 年方可再次竞选同一职位。

以上这些构成了罗马史上第一位无任职期限的独裁官决心推进的国家政治体制改革的主要内容。苏拉从公元前 81 年开始操作，到第二年，这些改革措施已全部付诸实施。

从上述改革措施可以看出，路奇乌斯·科尔涅利乌斯·苏拉是在努力维护以元老院体制为代表的罗马共和政体。如果把这个体制比喻为一个“皮口袋”，由于年代久远，这个皮口袋已经是破旧不堪了。苏拉试图用一些结实的皮革尽力修补，只要补好的这个皮口袋还能装入新的葡萄酒，苏拉就坚信它还能够正常使用。对此坚信不疑的不仅苏拉一人，连当时有罗马“媒体代表”形象的西塞罗也是属于“皮口袋修补派”。也就是说，当时的罗马人尽管认识到他们社会中存在的诸多问题必须予以解决，但如果要他们扔掉原来的“皮口袋”，去创造新的体制，还是超出了他们的理解能力。但是，有一人除外。

公元前 80 年接近年末的时候，在罗马的中心——罗马广场，按惯例召开了选举下一年度执政官的公民大会。在选出下一年度的两位执政官之后，独裁官苏拉登上了演讲台，时年 58 岁的他在没有任何先兆的情况下，向公民宣布辞去独裁官职务。

对此丝毫没有精神准备、一时反应不过来的人们，只是默默地注视着苏拉。苏拉在演讲台上环视了一下听众，又宣告将象征独裁官权威、日夜不离的 24 名随扈解聘。他不仅放弃了独裁官的绝对权力，也放弃了保卫自身安全的警卫，由此，苏拉回归为一个普通的罗马公民。

身材颀长、穿着托加长袍的苏拉走下演讲台，从无言地注视着他的人中间走过，几位朋友陪着他，沿着罗马广场中间的道路边聊天边散步。突然，在场的群众中有一人发出非议苏拉的声音，指责苏拉在独裁官任上的不当行为。听到这些话，苏拉只是缓缓地转过头去，向发出声音的地方瞟了一眼，指责苏拉的人立即闭上了嘴巴。

苏拉的无任职期限的独裁官职位是经国家最高权力机关公民大会正式认可的，在完成各项改革后，只要他愿意，仍然可以继续坐在独裁官的位子上。因此可以判断，他是真心地主动辞去这个职务的。就连那些将苏拉的改革斥责为“保守、反动”的历史研究者，大多也都认为苏拉主动辞去独裁官职务，是“不执着于权力的廉洁行为”，给予了极高的评价。和这些研究者相比，我的确更欣赏苏拉，但在他辞去独裁官职务这件事上，我和他们看法不同。

苏拉进行政治体制改革的目的，是重建立足于“少数派领导制”原则上的固有的共和政体。而以元老院为象征的“少数派领导制”没有认可独裁官这种现象的职能。苏拉出任独裁官，是为了在失去既有秩序的罗马社会中恢复秩序，而他中意的秩序，就是元老院主导的秩序。

由于这个原因，苏拉如果长期坐在独裁官位置上，就变成了突出个人能力、反对“少数派领导制”的行为，与他致力的国家治理模式相矛盾。在这个意义上，若想国家政治体制改革顺利完成，苏拉必须辞去独裁官职务。当然，不贪恋权力的领导者也会得到大众的鼓掌喝彩，由此带来的好处也不少，但这并不是苏拉刻意追求的东西。

在人类世界，真正参透真理的人往往是少数，由此就出现了一个现象——任何改革若想获得成功，在手段的选择上往往不能随心所欲。

苏拉在 58 岁时辞去了独裁官职务，并从政界引退。尽管他还是元老院元老，但他离开了元老院举行会议的城市——罗马，在那不勒斯以西的海滨小城库马过起了隐居生活。库马是希腊人在意大利半岛最早建设的殖民城市，那里处处体现出希腊人的审美趣味——大海、森林、河流和凉爽的西风。

由于积蓄了足够的个人财富，苏拉可以做到衣食无忧。他在库马建造的别墅不算简朴但也绝对称不上奢华。在这栋别墅里，他钓鱼、散步，撰写回忆录。苏拉的回忆录毁于中世纪而没有流传下来。苏拉在回忆录里多次把自己的成功归为运气，他说自己是“幸运者”（Felix），而且他还将“Felix”当作自己的尊称放在姓名的姓氏之后，其姓名全称就变为“路奇乌斯·科尔涅利乌斯·苏拉·菲利克斯”。

在这栋别墅里，苏拉与35岁的年轻妻子瓦莱利娅为伴。苏拉的前三次婚姻都是娶不知名的家门的女子为妻，第四次婚姻，娶的是罗马政界有影响的梅特鲁斯家门的姑娘，名叫梅特拉。梅特拉在苏拉任独裁官时期亡故，给苏拉留下了一对双胞胎儿子和女儿。瓦莱利娅是个离过婚的女人，关于这个女人与鳏居的最高权力者之间的邂逅，据普鲁塔克的记载，有如下的浪漫“花絮”：

在举行角斗士比赛的角斗场，苏拉正在观看角斗士比赛，瓦莱利娅从苏拉座位后经过时用手触碰了一下苏拉的肩，从他身上穿的托加长袍上抽出一根断丝，然后若无其事地回到自己的座位上。她的举动使苏拉大为惊诧，苏拉注视着这个不可思议的女人。瓦莱利娅没有离开自己的座位，她转过头来面对苏拉说：

“不要觉得我的行动很可笑，我真想像您一样幸运，哪怕是只从您身上得到一点点。”

后来，出身于名门望族瓦莱利乌斯家门的这个女人，成了苏拉的第五任妻子。

谈个题外的趣闻。在以《纽约故事》为题目的一部集锦式电影中，马丁·斯科塞斯执导的第一部的结尾处，一个年轻女孩在一位名画家作品展览会门前对这位画家所做的事、所说的话，与普鲁塔克记载的瓦莱利娅对苏拉做的事、说的话如出一辙。我在观看这部电影时忍不住笑了起来。估计现代名导马丁·斯科塞斯也阅读过普鲁塔克先生的书吧！当然，瓦莱利娅的言行是大家闺秀充满自信的得体举止，因而能在苏拉身上奏效。如果换一个除了年轻什么都不具备的女孩子，想用这种方法获得成功男人的青睐，恐怕难以奏效。

应该指出的是，普鲁塔克是位严谨耿直、有道德家之称的大家，他写出上述花絮绝不是在赞赏苏拉，因为随后他又写到，苏拉的举动是与其身份地位及年龄不符的轻佻之举，给予了负面的评价。大概普鲁塔克这个人对于苏拉在公众场合是斯多葛派信徒式的克己禁欲者、在私生活中又是一个彻头彻尾的享乐主义者的做人方式始终不能理解，站在他的立场，对苏拉进行抨击就是理所当然的了。

在担任独裁官之前和之后，苏拉并未改变自己将公共生活与私生活截然分开的生活态度与生活方式。在公共场合，他总是保持严肃端正的态度，一旦回到家中，他就变成一个喜欢开玩笑甚至喧哗打闹的普通罗马人。假如他餐桌上的常客是希腊的历史学家和哲学家，他也许会得到普鲁塔克的赞赏。而苏拉餐桌上的常客是喜剧演员、喜剧作家、喜剧诗人等人物，严酷、冷静的政治家的餐桌上总是哄笑连连。喜剧的主旨是嘲笑伪善，调侃人生，这也许正契合了苏拉的性格吧！

这样的隐居生活过了一年有余，苏拉就去世了。临终前两天，他大量吐血，但那天他还在撰写回忆录，写完第 22 章后才不得不搁笔。意识到死期将至的苏拉急忙书写遗嘱，他把和第四任妻子梅特拉生的双胞胎儿子和妊娠中的瓦莱利娅将要分娩的儿子的将来托付给卢库鲁斯。除此之外，继承人是谁、葬礼怎么办这些问题，遗嘱中一概未做交代。苏拉至死也是一名通达事理的罗马共和国的优秀公民。

获知苏拉死讯后，罗马政界在如何为苏拉举行葬礼的问题上分为两派。当年（前 78）的执政官是雷必达和卡图鲁斯二人，卡图鲁斯和庞培等人属于苏拉一派，主张在首都罗马举行国葬。而雷必达则以苏拉已经没有现任职务为由，主张葬礼应是私人式的，不同意举行国葬。但就在这时候，全意大利的老兵开始向库马集中，而且就像参加凯旋仪式那样，全副武装。在这种无形的压力下，罗马元老院决定为苏拉举行国葬。

苏拉的遗体被安放在涂满黄金的灵床上，承载灵床的车由 8 头牛拉着缓缓前行，从库马沿海岸到泰拉契那后北上，从那里沿阿庇亚大道向罗马行进。走在灵车前为先导的是一队军乐手，灵车后是沉默的老兵长长的队伍。有些老兵是等在送葬路线的途中加入送丧队伍的，因此越接近罗马，队列就越长。而且这些老兵还不是简单地排队了事，而是按他们当初在苏拉手下时的编队排列，完全就像军团行军打仗一样。所不同的只有一点——走在队伍前面的，不再是活着的苏拉。

进入罗马城门后，军团旗、大队旗、中队旗全部被整齐地举了起来。根据罗马的习俗，对逝者感恩的人们和各市、镇、村以及行省赠送的黄金冠达 2 000 个之多，也加入了送葬队伍。军旗生辉，金冠耀眼，使原本严整肃穆的送葬队伍又增加了华丽的色彩。送葬队伍以大祭司为首的男祭司和女祭司为先导，到达罗马广场。全体元老院元老都在那里肃穆等待，两位执政官站在元老们的最前面。

颂扬逝者丰功伟绩的悼词由谁致的，历史学家阿皮亚努斯和普鲁塔克都没有记载流传下来。一般是由与逝者有最亲密关系的直系亲属来致悼词，但苏拉的儿子尚未成年，大约是其他什么人代为执行这个任务的吧！

致词仪式完成后，元老院元老中的身强力壮者用肩膀扛起苏拉的遗体，送葬队伍离开罗马广场，走出环绕着城市的围墙，向马尔斯广场行进，乐队在此期间一直不停地吹奏哀乐。

在罗马人供奉战神马尔斯的广场举行的国葬，吸引了很多市民，其中一部分人是为了表达对死者的哀思前来送行，其他人则只是好奇，看热闹。苏拉的骨灰埋葬在安葬历代君王的马尔斯广场中央墓地。

苏拉临终前对葬礼没有提出任何要求，仅仅对下葬的方式提出了要求。在当时的罗马，火葬还是很稀罕的事，科尔涅利乌斯家门的传统是将遗体直接土葬。但苏拉的这个愿望难以满足。元老院诸公难以忘怀马略被掘墓扬尸之事，担心苏拉的遗体不知何时也会遭到亵渎，不同意直接土葬。因此，苏拉的遗体是先火化，然后再将骨灰下葬。望着苏拉遗体燃烧的火舌，此时不管是仰慕苏拉的人，还是仇视苏拉的人，想法都是一致的——下葬方法是正确的，国葬礼仪是壮观的，前所未有的。苏拉直到死后都是一个幸运的男人。

在苏拉的墓碑上雕刻着苏拉自己在生前就已定下的碑文：

对朋友来说，没有比苏拉更好的人；
对敌人来说，没有比苏拉更恶的人。

直至生命的最后一刻，苏拉都在调侃世人，真是个玩世不恭的男人！

第三章 庞培时代

（前78—前63）

对于人类来说，活着的时候能够把自己想做的事情做成，离开这个世界的时候能够寿终正寝，这就是幸福。路奇乌斯·科尔涅利乌斯·苏拉就把自己称为“幸福的人”。但有些人，特别是被宿命安排为公职人员的人，即使生前不能完成自己的理想，又不幸非正常死亡，但他为其所属的共同体指明了将来的方向，起到了铺路者和路标的作用，令人怀念。如果把这样的人定义为“幸福的人”的话，那么路奇乌斯·科尔涅利乌斯·苏拉显然又属于“不幸的人”。

近现代著名的历史书在记述苏拉之死后，接下来的章节几乎都是以“苏拉体制的崩溃”为标题，如实描述了苏拉死后的体制变化。苏拉逝世不久，他努力修复的以元老院为主导的罗马共和政体这个“皮口袋”已经再度“开绽”。在苏拉独裁之下正常运转的这套体制，苏拉去世后并非毁于其反对派，因为反对派能量不够，恰恰是苏拉本派系的人葬送了“苏拉体制”。

为什么苏拉本派系的人要破坏苏拉体制呢？如同很多历史研究者分析的那样，大概是这个体制毁灭了苏拉手下将领们的个人野心。而更深层次的原因是，连苏拉本派系的人都不能坚守的苏拉体制，实际上已经无法解决公元前1世纪罗马面对的现实问题。

那么，在苏拉逝世的公元前78年，罗马两派的班底是怎样一个状况呢？

先看反苏拉阵营。经过苏拉对反对派的残酷镇压，反苏拉阵营已经没有什么值得一书的人物。公元前78年度的执政官雷必达是反苏拉阵营的头面人物，这个人之所以能在苏拉独裁下生存且能当选执政官，是因为他总是打着“亲苏拉派”的幌子。在苏拉将没收的反对派的财产进行拍卖时，雷必达还趁机低价买进，大赚了一笔。就这么一个人物，看到苏拉辞去独裁官职务后，马上发表谴责苏拉的演说，也许后世的研究者因此将他的举动誉为敢于向苏拉挑战的行为，但在当时的罗马公众看来，这是极其滑稽可笑、令人难以忍受的小丑行为。以这个人的人品，他是不可能起到反苏拉派领袖的作用的。

另一个人物是塞多留。他长期在马略手下做军官，在苏拉率军从希腊杀回罗马而引发的内战中败给了苏拉，战败后逃往西班牙，后因不知去向，苏拉将其从“黑名单”中撤销才得以保住一条命。塞多留出身平民，与马略一样，姓名只有两部分。他也不是一个能成为“小马略”的领军人物。

除这二人之外，当初胆敢摸苏拉逆鳞、不肯听从苏拉让其与秦纳女儿离婚的命令、逃命到东方的恺撒倒是具备反苏拉领袖的素质。恺撒是得到苏拉的死讯后才敢回到罗马的，此时的恺撒只有 22 岁，无地位，无金钱，无权力，尚不具备集结起来反抗苏拉派的号召力。作为一个富家子弟，恺撒以勇敢驰名于世，且为人正派，如果再经历一段时间的准备，待时机成熟，“大器晚成”型的恺撒是唯一能挑此重任的人。

反苏拉阵营的班底就是这么一个状况，靠他们是不可能破坏苏拉体制的。

再说说苏拉体系中的这些人物。这一派的首脑人物首推路奇乌斯·李锡尼乌斯·卢库鲁斯。苏拉当初率大军离开小亚细亚的时候，曾委托他管理小亚细亚事务；苏拉临终时他又是手捧苏拉的《回忆录》、被苏拉指定为遗嘱执行人的最信赖的亲信。卢库鲁斯生年不详，从他的任职经历来推算，苏拉死时他大约 38 岁。

仅次于卢库鲁斯的，是当年36岁的马尔库斯·李锡尼乌斯·克拉苏。秦纳独裁时代他逃往西班牙，得知苏拉杀回意大利，他又回到苏拉麾下参战，说起来算是苏拉的股肱之臣。相对于军事和政治，克拉苏更擅长赚钱。

苏拉另一位股肱之臣，应该是比克拉苏年轻8岁的格涅乌斯·庞培乌斯·斯特拉波。苏拉死时庞培年仅28岁，他登上政治舞台的时间较早。前面已经说过，苏拉杀回意大利时，年仅23岁的庞培就率领自费组建的3个军团前来助战，令苏拉大喜过望。3个军团共有步兵1.8万人，骑兵2 000人，总兵力达到2万人，如此规模的军队能够自费组建，得益于其家族的财富与势力。庞培家族在意大利中部面向亚得里亚海的皮契诺地区有大片的土地、巨额的财富和为数众多的“被保护者”。庞培的父亲当过执政官，死于与马略派的抗争。庞培和卢库鲁斯、克拉苏对元老院来说，都不属于“新人”，这是元老院对保守的苏拉能够放心的重要原因之一。

庞培具有军事上的天赋，其军事才能早就被同为军事天才的苏拉洞悉，内战告一段落时，苏拉即派出年轻的庞培去追剿逃到非洲的反苏拉派余党，圆满完成任务回国时，庞培还不足25岁。苏拉还答应了庞培有些过分的要求，特别批准为他举行了凯旋仪式。25岁成为凯旋将军，这是大西庇阿当初也没有享受到的殊荣。

就在那种场合，苏拉半开玩笑地送给这位年轻的凯旋将军一个尊称——“马格努斯”（“伟大的”之意），而此前使用这个尊称的只有亚历山大大帝一人。被后世人们意译为“大帝”的那个词，就源于拉丁语的“马格努斯”。苏拉生前，庞培一直未敢使用这个尊称，苏拉去世后又过了一段时间，庞培才开始使用“庞培·马格努斯”作为自己的签名。虽说当时苏拉是开庞培的玩笑，但也说明苏拉对庞培还是

青年时代的庞培

极为赏识的。

和反苏拉派相比，苏拉体系中的确人才济济，他们要想让苏拉体制坚如磐石，在当时也是能够做到的。然而，苏拉体制还是走向了崩溃，而崩溃的主要推手正是苏拉门下的这些英雄才俊。

如同要证明反苏拉派人才不济似的，苏拉死后不到一年，发生了一起反对派对苏拉体制的攻击，但就像线香花火一样，刚一点着就销声匿迹了。然而，这次不成功的攻击却成了苏拉体制崩溃的“前哨战”。

公元前 77 年，卸任执政官雷必达被派到阿尔卑斯山以西高卢行省即法国南部行省担任总督。在执政官任上，雷必达提出了一项议案，但被否决了。他就借当总督的机会试图靠武力来实现自己的想法。他被否决的议案有以下四项内容：

一、将被苏拉整肃的所有牺牲者已被国家没收的土地归还给原主人。

二、召回被苏拉流放国外的人士。

三、恢复对贫民阶级的福利政策，让《小麦法》重新生效。

四、恢复护民官的权威和权力。

由于苏拉尸骨未寒，而且当年度的另一执政官也发表了强硬的反对其议案的演说，雷必达的议案被公民大会否决。雷必达心中不服，就想靠武力来转变自己在政治上的不利地位，他在去行省赴任途中顺便在意大利中部开始组建规模超过行省总督指挥权限的军队。说起来他组建的军队还算是罗马的正规军，现在这支军队站在了反苏拉的立场上，于是，以前因反对苏拉而获罪并被剥夺了土地和罗马公民权的人纷纷投靠雷必达麾下。

元老院得悉这一事件后，担心在意大利爆发内战，迅速通过了关于共和国防御的“元老院终极劝告”。因为只有发布了这种形式的“紧急事态公告”，执政官才能承担起用武力镇压的义务。

在意大利中部的伊特鲁里亚地区（现在的托斯卡纳地区）发生的两军冲突，简单一战即分出胜负。执政官卡图鲁斯将军队的指挥权委托给庞培，在庞培的果敢速攻战法面前，雷必达的军队不堪一击。被打败的雷必达逃到撒丁岛，并很快病死在那里。雷必达的副将布鲁图被庞培军抓获，依庞培之命被处死。后世暗杀恺撒的主谋布鲁图 7 岁丧父，其父就是这个被庞培处死的布鲁图。雷必达军的残部逃到了西班牙，与在当地举起反苏拉体制旗帜的塞多留会合。

雷必达的反叛就这样轻而易举地被镇压下去了，但由此产生了一个副产品。

在共和制罗马，一旦确立了军团总司令、向其授予指挥权后，军团在战场上的一切行动都由总司令决定，也就是说，统率军队的总司令具有绝对指挥权。而有资格统率军团以上规模的军队并获得绝对指挥权的，只有执政官和法务官，或者是担任过执政官、法务官的人员。而苏拉在进行政治体制改革时，进一步明确了执政官和法务官的最低任职年龄分别为42岁和39岁。

在内战这种非常时期崭露头角的庞培，只有二十几岁，且完全没有在罗马政界的任职经历，就连罗马上流社会“良家子弟”仕途必经的财务监察官、按察官这种较低级别官吏的任职经历都没有。但由于当时元老院阶级中尚无军事才能超越庞培的人才，不得不授予庞培实质上的军事指挥权。

这个问题在镇压雷必达叛乱时尚未表面化。因为名义上的绝对指挥权授予了执政官卡图鲁斯，实际上的军事指挥权由庞培行使。由于庞培只有29岁，他名义上的职务只是最高司令官卡图鲁斯的幕僚。根据最高司令官的授权指挥作战，作为一种变通措施，在较短时间能解决问题的战役中使用没什么问题，但如果战事拖长，就不能再采用这种名实不符的做法了。

雷必达军的残部跑到西班牙后与在西班牙行省举起反罗马旗帜的塞多留会合，使塞多留的实力大为增强。罗马元老院对此不能置之不理。苏拉在世时就已派出梅特鲁斯·皮乌斯率军镇压。但是，梅特鲁斯·皮乌斯率领的罗马军被塞多留的“游击战法”搞得无计可施，西班牙战事处于变幻莫测的状态。元老院认为必须给予实质性的增援才行，但是从现有的39岁以上、担任过法务官职务和42

岁以上、担任过执政官职务的人选中很难找出值得信赖、可以授予绝对指挥权的武将。

这时毛遂自荐担此重任的，是29岁的庞培。按共和制罗马的规定，年满30岁者方可担任财务监察官，庞培连财务监察官都没有干过，当然也不可能是元老院元老了。有资格率领军团的指挥官的最低年龄是39岁的法务官，庞培距这个要求整整差了10岁。自告奋勇要为国效力的庞培对这些规定愤愤不平，因为罗马共和国历史上曾有大西庇阿的先例。但那是在第二次布匿战争这种前所未有的非常时期的特例，当时大西庇阿的父亲和伯父相继阵亡，大西庇阿请求兴兵打一场告慰亡灵的复仇之战，这个请求打动了罗马人重视祖先和家族荣誉的心弦，出于“大义名分”，将这场战事的绝对指挥权授予了年仅25岁的大西庇阿。庞培显然也不具备这方面的条件。

元老院陷于“鱼与熊掌不可兼得”的两难选择中——是严守苏拉体制，还是允许改变常规、认可特例？是崇尚“年功序列”，还是尊重实力的价值？

两年前派到西班牙前线的梅特鲁斯·皮乌斯不属于凡庸之将，当初决定把塞多留战事的绝对指挥权交给他时，并不存在异议，都相信他能够取得胜利。但是，在他取得战果之前，需要多长时间，需要付出什么样的牺牲，谁也无法预料。至于罗马在付出的时间与牺牲的代价方面的承受力有多强，元老院元老们也只好问自己了。

事实上，能够权衡考虑的时间是有限的。苏拉生前老老实实的本都国王米特拉达梯再度出现不稳的动向。从各方面看，元老院都不能再犹豫不决，必须尽快做出决断。在这种情况下，元老院做出决定，授予29岁的庞培绝对指挥权，派他到西班牙与梅特鲁斯·皮乌斯一起，尽快解决“塞多留之乱”。这个决定成了导致苏拉体制崩溃的第一步。由此也暴露出苏拉体制的局限性，苏拉本以为靠元老院席位“倍增”就可以在质和量两方面加强元老院的力量，没想到还是不能适应现实的需要。

发生在西班牙行省、被称为“塞多留之乱”的这场战争，并不是西班牙人为民族自治而战。自从公元前 133 年小西庇阿摧毁努曼提亚之后，西班牙作为罗马的行省，已经平稳地度过了半个世纪。让罗马军深陷西班牙 8 年之久的这场战争，不过是马略和苏拉的“身后战”转移到了西班牙而已。

本书第二章曾经说过，普通罗马人的姓名由个人名、家门名、家族名三部分组成。盖乌斯・马略的姓名只有两部分，而昆图斯・塞多留的姓名也只有两部分。和马略一样，塞多留也是平民出身，靠自己努力，经过艰苦磨炼而成长为军事将领。他出生于意大利中部的温布利亚地区，而不是生于罗马，这一点也和马略相似。塞多留作为志愿兵加入马略的部队，在与日耳曼人作战时崭露头角，20 岁时即已担任统辖 600 名士兵的中队指挥官，属于在军队中提拔较快的。公元前 83 年开始的苏拉与罗马正规军的内战中，塞多留自然会站在平民派一边与苏拉为敌。然而，随着苏拉的大获全胜，塞多留的名字也上了苏拉的“黑名单”，不得不从意大利逃走。

塞多留逃亡的第一个目的地是北非的毛里塔尼亚王国，在那里潜伏了一段时间之后，越过希腊神话中被称为“赫丘利之柱”的直布罗陀海峡，来到了西班牙。到西班牙后，塞多留迅速组建了一支 4 700 人的军队，并率领这支军队与西班牙西部行省总督打了一仗，居然取得了胜利。

这场战斗发生在塞多留 43 岁那年的秋天，他由此而声名大噪。

塞多留身上有数不清的刀疤，并且失去了一只眼睛，于是就有西班牙人开始将其称为“汉尼拔第二”。也由于这场胜仗，到当年年末，跟随他的士兵达到了 8 000 人。

苏拉派出梅特鲁斯·皮乌斯去讨伐塞多留。公元前 79 年，罗马军与塞多留首次交手，塞多留战败。以此次败仗为契机，塞多留改变了战法，开始用游击战术来对付罗马军。

西班牙地形复杂，众多的部落分散居住，游击战术很容易产生效果。对于正规军来说，一场战斗不胜即为负，而对于游击者来说，却是不负即为胜。塞多留反正也没有什么比西班牙更为适合的地方可去，他就打算在这里建设独立国家，甚至开办了元老院和军官的培训学校。西班牙原住民的立场也倾向于塞多留，这使他更加具备与罗马军打游击战的优势。

塞多留的英勇善战使其对手罗马正规军无计可施，塞多留的名声几乎传遍了整个地中海地区。其后，唯一能够在地中海世界发挥威慑作用的苏拉去世，这使本来风平浪静的地中海骤起波澜。

首先是苏拉脚下的意大利出现了前执政官雷必达反苏拉体制的叛乱，此事前文已经述及。虽然很快被镇压下去，但逃到撒丁岛的雷必达追随者又逃到西班牙与塞多留合兵一处，这支队伍由雷必达的一个幕僚佩佩那率领，共有步兵 2 万人，骑兵 1 500 人。

这 21 500 名经过训练的士兵投到塞多留麾下，使塞多留的兵力在数量上、质量上都获得了实质性的提升。但塞多留并未因此而放弃游击战术，事实也说明他的战术是正确的。在庞培未到西班牙之前，罗马军几乎在西班牙全境都受到游击战的骚扰，无法进行决战，战事呈现出陷入泥沼的状况。

风头正劲的塞多留收到了来自本都国王米特拉达梯希望结成统一战线的邀请。米特拉达梯被苏拉制伏后一直在窥伺时机以图东山再起，现在他认为机会来了。他提出的统一战线方案的主要内容有：米特拉达梯从东边、塞多留从西边进攻罗马；为提高本都王国军队的素质，塞多留派军官帮助本都训练士兵，作为回报，本都为塞多留提供所缺的海军战船。

出生在罗马以外的地方但已经是罗马公民的塞多留，反对的是苏拉体制支配下的罗马政权，并非对这个国家有什么深仇大恨，如果让他联合外族来攻打自己的祖国，他是无论如何都不会答应的。他拒绝了米特拉达梯结成统一战线的邀请，但派了几名手下的军官去担任本都军队的教官。不管内部怎么争斗不断，罗马人也不愿呼应外族做出危害自己国家的事情。在这一点上，罗马民族与当时的其他民族完全不同。

在塞多留的势力尚未越过比利牛斯山脉时，罗马已经派出庞培来镇压塞多留。但庞培没有急于求成，这位30岁的总司令没有犯不管不顾地急于赶到前线与敌决战的低级错误，他首先做的事情是确保自己的补给线。

在现代，利用高速公路从意大利的热那亚到达法国南部，必须穿越一个又一个数不清的隧道。古代的“高速公路”也就是罗马修建的大道，是从帝政时期（共和制罗马之后）才开始使用隧道的，而且也仅限于如果不挖掘隧道就无法到达山对面的情况下。现代的高速公路与古代罗马修建的大道相比，有三点不同——隧道众多、有效利用环形线路、收费。

从意大利经过法国南部行省到达西班牙的大道已经于公元前188

年随着德米狄亚大道的铺设完成而全线贯通。然而这条路几乎全程都是俯瞰大海、盘山而行。从热那亚到现在的戛纳，一路上悬崖峭壁不断。庞培在他写给元老院的信中提出了自己的设想——要重新修建一条“不是汉尼拔当年走过的路，而是一条对罗马更有利的路”。

这条路从上游穿过现在的都灵到苏萨的峡谷，越过阿尔卑斯山，进入高卢后继续向西，直到距现在的里昂南 30 公里处的罗讷河边。沿着这条路就可以顺罗讷河南下到达马赛湾，与德米狄亚大道会合。从德米狄亚大道西进到纳博讷后，距比利牛斯山脉就只有 100 多公里了。庞培所说的“对罗马更有利的路”，实际上指的是对军队的移动更为有利的路。

从意大利到西班牙这段距离，一般来说行军只需两个月左右，庞培却走了一年。他率军开山铺路，在阿尔卑斯山中建设军事基地，监视比利牛斯山脉南侧塞多留的动向，使塞多留军的士气有所动摇。庞培还把法国南部地区的居民按照罗马行省的方式进行管理。庞培认识到，由于塞多留成功的游击战术，想在西班牙就地解决军队的补给是不现实的，如果强行在当地征收军需物资，就会逼迫西班牙的民心完全倒向塞多留一方。为避免这一问题的发生，就只能先行建设从意大利到西班牙的军事补给线，使之快捷通畅，并使沿途的高卢地区安全稳定。

由于这些因素，庞培真正介入西班牙战事的时间，实际上是从公元前 75 年春天开始的。对于罗马来说幸运的是，负责镇压“塞多留之乱”的梅特鲁斯·皮乌斯，如其名字中的尊称“皮乌斯”代表的含意一样，是个慈悲宽仁的君子，和新来的年轻将军之间从未发生过争强好胜、固执己见的事情。老将和小将采用分兵合围战术，把塞多留包围起来。尽管已被包围，但使用游击战术的塞多留仍很顽强。

两军对阵，如果是正面相遇的会战，不论结果好坏，总是可以迅速分出胜负。但若是游击战的打法，双方之间没有正面会战的机会，就会长时间胜负不明，且容易把整个战区化为焦土，就会出现生活无着的人群，其中的男人就会加入军队以解决饥饿问题。此时在西班牙发生的战争，对抗霸权国罗马的是塞多留，而西班牙原住民对把塞多留驱赶出来的苏拉体制并没有什么仇恨或敌意，双方的战争与他们本来毫无关系，但是因塞多留对抗其罗马统治者的战争而成为难民者，很容易就会加入塞多留阵营。尽管罗马方面盼望庞培在进入西班牙的第一年就能果断发起攻势，早日结束这场战争，但现在看来这个梦想破灭了。

当年冬天，庞培给罗马元老院写了一封要求增援的信，这封信的最后四分之一是这样写的：

我军和敌军的状态完全相同，罗马军没有给士兵支付军饷，塞多留军也没有给士兵支付军饷。这样下去，要么我们放弃西班牙回国，要么塞多留舍弃只剩下饥饿的西班牙到意大利来。不论是哪一种情况，意大利都将被置于被拖欠军饷的军队来袭的危险之中。

为此，我忠告你们，并恳请你们理解，我不能停止这场战争，我们不能出现不得不放弃西班牙战线的被动局面。由于罗马军和塞多留军的连续战争，整个西班牙东部地区已近荒芜。至此未遭到敌人毁坏的只有沿海各城市，这些对罗马友好的城市的居民也难以承受再增加的战争经费的负担。法国南部的高卢行省去年已经负担了梅特鲁斯军队的战争经费和军粮，且今年农作物歉收，收获的粮食只够自己勉强维持口粮之用。

为了军团的运行，我不仅花费了自己的全部积蓄，并已经为筹措军费而债台高垒。

现在，我只有向你们请求支援这一条路了。如果元老院否定我的意见，不能做出支援在西班牙的罗马军的决断，那就只有一个后果——战场从西班牙转到意大利！

这封信在第二年年初的元老院会议上被宣读后，由于当时米特拉达梯日渐暴露侵略意图，元老院必须商讨对策，所以对是否支援庞培，元老院内赞成者与反对者两派意见互不相让，后在苏拉体系的“第一把手”卢库鲁斯的坚持下，元老院接受了庞培的请求，向西班牙增派了 2 个军团，即 1.2 万名步兵和 2 000 名骑兵，军费也得到了补充。

即使这样，镇压“塞多留之乱”的战争又耗费了两年时光方才结束。这场战争除了证明塞多留的战术才能和在地势复杂地区进行游击战的有效性之外，没有留下什么值得记忆的东西。最后，被罗马军穷追不舍的塞多留军内部发生了分裂，沉湎于嗜酒之中的塞多留被佩佩那暗杀，这才导致了战争的结束。

除了反对苏拉之外，对罗马一直忠诚的塞多留 50 岁那年死了。没有了塞多留，他手下的这支军队根本不是罗马军的对手，一败涂地。公元前 72 年入冬之前，梅特鲁斯·皮乌斯和庞培两位将军终于能够向元老院报告战争结束的喜讯了。

元老院得悉“塞多留之乱”结束的消息后，与其说是大喜过望，不如说是终于可以安心了。因为就在罗马脚下的意大利半岛内，一年前即公元前 73 年爆发了大规模的奴隶起义，这就是历史上有名的角斗士起义——“斯巴达克斯起义”。

出生于后世的我们接触到的希腊罗马文明，是历经 2 000 多年留下来的壮丽的遗迹，即收藏在美术馆中的造型艺术，以及作为文化教养被传承的哲学、史学、文学等。一旦接触到这些人类智慧的结晶，无论谁都会发出赞叹，赞叹这些伟大、卓越的创造。但在赞叹之余，我们也会产生疑问——创造了如此优雅、高尚的文化文明的希腊、罗马为什么还要实行非人道的奴隶制度呢？

首先必须说明的是，耶稣基督说人在“神”面前都是平等的，但他并没有说信奉不同“神”的人群之间也是平等的。按历来的历史观，中世纪应该比古代更进步，而从中世纪开始形成的基督教文明也没有全部废除奴隶制度，只不过是禁止把基督教徒变成奴隶。因此，将犹太教徒关进强制收容所的做法，从人道的角度来说是错误的，而在基督教看来，就不能说是完全错误的。就像奥斯维辛集中营的大门上写的那样，把“不信仰基督就没有自由”的精神演绎成“劳动带来自由”的歪理邪说。

不管信不信基督教，人类有“人权”这个概念始于 18 世纪的启蒙思想。从 1772 年的英国到 1888 年的巴西，主张废除奴隶制度的法律在这 100 多年时间里集中出现。需要指出的是，尽管法律上取缔了奴隶制度，但人类心目中让他人隶属于自己的潜意识是不能完全去除的。

我们把话题再转回到古代。首先以公元前 5 世纪全盛时期的希腊为例，把研究者们对雅典人口的推算成果介绍如下：

拥有雅典公民权的雅典市民——4 万人（这只是父母双亲都出生在雅典且本人拥有投票权的自由公民的人数，不包括住在雅典的外国人和女孩子）。

在店铺或农庄劳动的成年男性奴隶——3.5 万人。

从事家务劳动的男女奴隶——2.5 万人。

由奴隶所生或买来在家中做杂务的未成年男女奴隶——1 万人。

在矿山劳动的男女奴隶——2 万人。

在希腊的雅典，不认可给予奴隶自由使之变成“解放奴隶”的做法。就连出生于雅典的自由民，只要父母双方有一方是斯巴达人或其他国家的人，就不能获得雅典公民权。这就是在公民权问题上的“雅典方式”。这样一来，即使是获得自由的解放奴隶及其后代，想要获得有投票权的雅典公民权，也只能是梦想。

在雅典，技能不同的奴隶，买卖价格是不一样的。现把奴隶价格按从高到低的顺序排列如下：

一、掌握熟练专业技术者——医生、技师、制作高级制品的高级工匠，例如在陶器上绘画的手艺人。

二、具有一般技能者——店铺的掌柜、一般工匠、艺人。

三、掌握舞蹈和奏乐技能的女奴隶。

四、从事家务劳动的男女奴隶。

五、非熟练工人——在农庄、矿山劳动的男女奴隶。

六、未成年的奴隶。

上面从一到五的奴隶价格，最高与最低的差距可达到 40∶1。掌握熟练技术的男性奴隶的价格，大约是最下层雅典市民年收入的两到三倍。

公元前 1 世纪的罗马正处于从城市国家向领土国家转变的时期，自然与雅典有很大的区别。关于公元前 1 世纪前半叶的罗马人口，研究者们有如下的推算结果：

拥有罗马公民权的成年男子——90 万人。

居住在意大利半岛（即罗马本土），包括 60 岁以上老人和女孩子的自由民总数——600 万到 700 万人。

奴隶——200 万到 300 万人。

以上数字不包括各行省，特别是奴隶众多的西西里岛。

这 200 多万奴隶在哪个领域从事什么劳动的具体情况并不清楚，但奴隶的价格是知道的，现将其从高到低排列如下：

一、教师——为罗马中上阶层的“良家子弟”教授希腊语和雄辩术的家庭教师。

这是一个被希腊人垄断的市场。这种奴隶的卖价很高，大约相当于罗马市内独栋住宅或那不勒斯近郊海滨别墅的价格。买者既然花大价钱做了这样的投资，虽说是奴隶，但自然也要厚待他们，把他们奉为上宾。假如他们有个头疼脑热，也会受到周到的照顾。在罗马教师体罚学生是不能宽恕的，但诸如学生在学习希腊语时如出现句子结构错误，教师偶尔拽拉一下学生的耳朵，家长也不会提出抗议。这些都是为了树立教师奴隶的威信。

二、掌握熟练技术者——医生、建筑师、雕刻师、画师。

罗马人自身就有很多工程技术人员，但他们把建筑和雕刻、绘画、马赛克等造型艺术的工作交给掌握相关技术的奴隶去做。在这一点上，罗马人与希腊人不同，希腊人是由自己而不是奴隶来从事这类技术工作。

三、具备一定的高级技能者——指从事交易活动、经营农庄、给主人当秘书等具备一定头脑和知识的奴隶。

承担罗马国政要务的政治精英们开销都很大。一切高级官吏都是由公民大会选举产生，因此肯定需要花钱拉选票。比拉选票更需要花钱的，是那些为了得到当权者的欢心而不得不做的事情，例如主办一个精彩的竞技会，或者修复一条公路等公共事业方面的捐赠与支出。

但是，对元老院元老又有除经营农庄之外不得从事其他方面经营活动的禁止性规定，于是很多元老就把被禁止经营但能够赚取利润的贸易及其他经营活动以可信赖的奴隶或解放奴隶的名义去做。发展到后来，奴隶们不仅仅是把名字“借给”主人，而且也承担经商的具体实务。因此，具备经商才干的人，即便是奴隶，在罗马也是受欢迎的。

奴隶的作用不仅限于经济活动，在其他方面能够成为主人得力助手的奴隶，也是高价交易的。顺便说一下，就连罗马首屈一指的大学问家西塞罗著作集的编辑工作，也是由承担西塞罗秘书工作的奴隶完成的。

四、一般手艺人——店铺的掌柜、工匠、艺人、角斗士等。

五、具有舞蹈和演奏乐器技能的女奴隶。

六、从事家务劳动的男女奴隶。

但如果是有名的厨师，则被视为掌握熟练技术者，被以高价进行交易。同属于在家中从事劳动的奴隶，管家以及担当主人孩子养育工作的乳母和保姆，在奴隶中也是地位较高、价格亦较高的。

七、非熟练工人——在农庄、矿山从事劳动的奴隶。

如果是家庭规模的农庄，农业奴隶往往被当作家庭中的一员来看待，待遇会稍好一些。而在大规模的农庄及矿山劳动的奴隶，就会像希腊的雅典那样，被强迫从事繁重的体力劳动并受到严苛的待遇。由于西西里有很多大农庄，所以两次奴隶起义都发生在那里。而起义的原因，一是对苛刻残酷的待遇感到绝望，二是奴隶们在牧羊时，可以在山野里自由散步，在领略到自由的美好时，就会更强烈地感受到被限制自由的痛苦。

八、未成年的奴隶。

罗马奴隶的最高价与最低价的差别可达到100∶1，比雅典的40∶1要高出很多，这是由于担任家庭教师的希腊裔奴隶价格高企造成的。另外，公元前1世纪时罗马已成为地中海世界的霸权国家，在奴隶的供给增加、购买奴隶更为方便的同时，有很多的人将购买奴隶当作一项投资，很多资金投入奴隶交易中来，导致对奴隶的需求增加得更快，抬高了奴隶的价格。

根据上面的分析可知，在罗马社会，奴隶数量已经达到了自由民的三分之一到二分之一，有如此众多的奴隶，却很少发生奴隶起义，这使我们感到惊讶。而导致军队介入镇压的大规模奴隶起义，只有公元前135年、公元前104年的奴隶起义以及公元前73年的斯巴达克斯起义。而前两次都发生在大规模农庄较多的西西里岛，只有斯巴达克斯起义是发生在意大利半岛罗马境内。

罗马社会很少发生奴隶起义有这样几个原因：第一，前面已经说过，很多罗马人把奴隶当作家庭的一分子，关系较和睦。第二，奴隶之间划分为不同阶层，像那些被主人奉为上宾、享受优厚待遇的家庭教师奴隶，是不可能与牧羊的奴隶结成统一战线的。第三，罗马能够实现不同阶级之间的流动转换。在罗马社会，奴隶成为解放奴隶并不是什么特别难的事。如果成为解放奴隶，只要再有一定的资产和继承人，就能够取得投票权，成为罗马公民。即使是没有资产的解放奴隶，到其儿子那一代也可以成为完全的罗马公民。

与希腊人不同，罗马成年男子总是留短发，把胡须剃得干干净净，仪表整洁。而每天为主人剃须就是充当保姆的奴隶的工作。格拉古兄弟和尤里乌斯·恺撒的事例说明，忠实的奴隶到最后时刻都会和主人共命运。

人与人之间亲属般的关系，在社会上可以找到自己的位置，发挥积极的作用，奴隶之间划分阶层，获得自由并取得公民权的可能性，主人和奴隶之间重信守义的精神，等等，可以说这些因素构成了罗马社会中特有的奴隶特征。

古代罗马人对奴隶的定义是“不能自主决定自己命运的人”。按照这个定义，罗马各行省的人民也可以说是半个奴隶。因为他们虽然拥有“自主决定自己命运”的权利，但在服兵役时和奴隶一样不能志愿参加罗马军。与奴隶不同的是义务，行省人民要缴纳行省税，以纳税的形式承担防卫的义务。而奴隶因为不拥有“自主决定自己命运”的权利，自然也没有纳税的义务。

然而在奴隶中还是有人宁愿承担纳税的义务，也要争取“自主决定自己命运”的权利。

阿庇亚大道和拉蒂纳大道交会处的城市加普亚，以集中了很多角斗士训练营而知名。这些角斗士训练营是私营的，其商业模式是：经营者从奴隶市场买来体格健硕的奴隶，将其训练成角斗士，然后出租这些角斗士参加在罗马及其他城市举办的角斗士比赛以收取租金，赚取利润。角斗士比赛野蛮而激烈，虽然斗败的一方不一定死在角斗过程中，但如果观众认为角斗士的姿势、动作等不够精彩，不够刺激，就会叫嚷着让角斗的胜利者将失败者杀死。角斗士不全都是奴隶，也有自由人选择角斗士为职业的。

角斗士出租的准确价格不详，但应该是比较高的。西塞罗的一位好朋友、同样也是当时知名的学问家阿提库斯就在加普亚经营角斗士训练营。阿提库斯是个精明人，他参与的文化活动姑且不论，如果是经济活动，他只染指那些在经济上可行的项目。由此可见，这是个赚钱的生意。其实经营角斗士训练营与经营其他正规的行业没有什么区别，就像西班牙人喜爱斗牛、美国人痴迷拳击一样，罗马人大概是继承了伊特鲁里亚民族的传统，热衷于角斗比赛。

就在加普亚的角斗士训练营里，有一个按拉丁语发音叫“斯巴达克斯”的角斗士，他是出生于色雷斯的奴隶。色雷斯南与希腊的马其顿接壤，东临黑海，罗马的霸权那时还未到达那里。马其顿变为罗马的行省后，罗马要承担马其顿北方防卫的义务。在那一带，时常有未开化民族从难以生存的地方向容易生存的地方迁徙的情况，那些民族与试图阻挡他们的罗马军之间屡屡爆发冲突。斯巴达克斯就是在这类武装冲突中战败被俘的。

传说中说斯巴达克斯是色雷斯王子，这不大可能。由于色雷斯地区那时尚未统一，他最多也就是众多部落中某个部落酋长的儿子而已。尽管不是王子，但斯巴达克斯的确是个具有领导素质的男人。

以斯巴达克斯为首的 74 名角斗士突然从训练营集体脱逃，开始了历史上有名的“斯巴达克斯起义”。被强迫生存在死亡边缘上的这群奴隶发动的起义，在浩瀚的历史长河中形成了独具特色的一段插曲，引起了现代人强烈的兴趣。以“斯巴达克斯起义”为主题的小说和电影都很有名。《斯巴达克斯》这部电影中主角斯巴达克斯由柯克·道格拉斯饰演，讨伐斯巴达克斯的罗马军队指挥官克拉苏由劳伦斯·奥利弗饰演。这部电影不太忠于史实，加入了很多现代元素，并且从人道主义的角度对史实进行诠释。片中的反面角色自然是由劳伦斯·奥利弗饰演的克拉苏。这部电影自然能给观众带来愉悦，但历史细节的错误相当多。例如，当时仅有 27 岁、不可能成为元老院元老的尤里乌斯·恺撒却端坐在元老院元老的座位上。更可笑的是由查尔斯·罗顿饰演的每每与克拉苏对立、同情斯巴达克斯的元老院元老的名字，居然叫格拉古。

描绘角斗士斗豹子的马赛克

格拉古兄弟年纪轻轻即已辞世，并未留下子嗣。二人去世后，格拉古家族即已绝后。现代欧美人在想要把罗马人描绘成对被残害的人如何具有同情心时，特别爱把“格拉古”这个名字拿出来，“格拉古”成了古罗马好人的代名词。这确实比较有趣，格拉古兄弟年纪轻轻即遭横死，却能名传后世，这与人们的同情心不无关系。

公元前 73 年，从加普亚的角斗士训练营集体逃出的斯巴达克斯等 74 名奴隶，携带着训练营的武器逃进了庞贝城后面的维苏威火山。

维苏威火山发生毁灭庞贝城的那场大喷发是在 150 年之后。当时的维苏威火山还没有成为后来那样的秃山，山顶一带林木葱葱，适合隐蔽与防守。

在维苏威火山据守的奴隶角斗士的首领，自然是色雷斯人斯巴达克斯，相当于副头领的是高卢人克里克斯和奥诺马乌斯。74人中以日耳曼人居多。

尽管来自不同种族，但他们都是些经受过长期角斗训练的男子汉，拿起武器，可以以一当百。他们开始成群结队地下山来，到附近的农庄去掠夺财物。

罗马政府一开始并未对斯巴达克斯率领的奴隶起义予以足够的重视，只是派出了不足3 000人的讨伐队去平定起义，结果轻而易举地败给了斯巴达克斯。角斗士们战胜罗马正规军的消息在传到元老院之前已经传至四面八方。维苏威火山南面广阔的坎帕尼亚地区散布着很多大的农庄，在那里劳动的奴隶扔掉锄头和铁锹，纷纷投奔维苏威火山。

这回罗马政府不能不当真了，派出了执政官率领的两个军团镇压奴隶起义，然而还是败给了斯巴达克斯。好不容易逃回来的几名士兵带回来了两个军团几乎全部被歼灭的惨痛消息。斯巴达克斯等起义者还逼着被俘的罗马士兵像奴隶那样举行角斗比赛，以作为对罗马人的报复。

两次战胜罗马军的斯巴达克斯在意大利南部名声大噪，投奔起义军的已不再局限于从农庄跑出来的奴隶，还包括很多像奴隶一样日复一日地劳动却得不到温饱的下层农民。第二年即公元前72年春，起义军发展壮大，据说已达7万人。斯巴达克斯和克里克斯可以兵分两路对付罗马军了。

队伍规模的扩大本来是对起义军有利的好事，但如果指挥系统不能统一，部队规模大反而会带来一些不利因素。斯巴达克斯并不想对抗罗马、征服意大利，他希望能够向北越过阿尔卑斯山回归故乡，但克里克斯只满足于掠夺富饶的南意大利。两人之间的争执日渐增多。

而罗马政府却在公元前72年年中痛下决心，要全力剿灭斯巴达克斯起义。

公元前72年的2位执政官全都投入了镇压斯巴达克斯起义军的行动。2位执政官各率2个军团1.5万人，以4个军团3万人的总兵力来对付兵分两路的斯巴达克斯和克里克斯。

克里克斯率领的起义军被罗马军成功地逼进了加尔加诺的山中，被追得走投无路的起义军败给了罗马军，克里克斯战死。斯巴达克斯则巧妙地避开了罗马军的围攻，率领4万名兄弟沿亚得里亚海海岸从意大利半岛北上。2位执政官率4个军团紧追不舍，在皮契诺附近追上了斯巴达克斯。

斯巴达克斯的军事才能远在平庸的罗马将军之上。他才不会犯与4个军团同时开战的低级错误。这个出生在色雷斯的角斗士，先率部下与其中一位执政官率领的2个军团战斗，击败对方后，马上挥师袭击另一位执政官率领的2个军团。打了胜仗后，他并没有止步而是继续北上，一直到达卢比孔河附近，途中恰好遭遇南下的意大利北部行省总督率领的军队，又把总督的军队打败了。对罗马而言，真是脸面失尽，奇耻大辱。而对于斯巴达克斯来说，则意味着返回故国的道路已经开通。

然而，就在这个关键时刻，不知为何斯巴达克斯又改变了主意。如果他此时想越过阿尔卑斯山北逃的话，已无人再能阻挡，他却突然掉头率军南下。也许是他不能无视部下兄弟们的意愿——由于阿尔卑斯山以北均是未开发的贫瘠土地，与其向北回到色雷斯，不如南下去征服富足的西西里岛后在那里定居。但他没有想到的是，罗马绝对不肯让他占领西西里岛的。

不管是什么原因，反正斯巴达克斯率领 4 万人起义军又往南方打，终于杀到了意大利的南端。这一路上，他的队伍不停掠夺路过的村镇。尽管又有一些奴隶和下层农民加入他的队伍，但意大利境内的所有村镇没有一个站到斯巴达克斯一边。

斯巴达克斯尽管到了意大利半岛的南端，却难以渡过墨西拿海峡。罗马政府派出的由法务官马尔库斯·李锡尼乌斯·克拉苏率领的 8 个军团 5 万人的军队，正沿海峡一带张网以待。

克拉苏没有什么值得夸耀的军事才能，且这一年已 42 岁了，他深感受委托率领 8 个军团的庞大兵力镇压起义责任重大，而且，他对比自己小 8 岁的庞培一直有一种强烈的对抗意识，并为此焦躁不安。他已经得知西班牙的“塞多留之乱”结束的消息，庞培凯旋只是时间问题。假如庞培凯旋，对斯巴达克斯起义感到棘手的元老院，肯定会让镇压“塞多留之乱”得胜的将军取代自己这个没有明显战绩的将领。克拉苏对此深感恐惧。

尽管手上掌握着 8 个军团 5 万人马，克拉苏在与斯巴达克斯的第一场战斗中，虽说损失不大，但还是吃了败仗。背靠墨西拿海峡的下一场战斗，对克拉苏的仕途来说生死攸关，意义重大。

克拉苏决定用重典治军。他拿第一次战斗中临敌而败走的一个中队开刀，严惩这个中队以震慑全军。他命令使用以“什一抽杀法”而闻名的最残酷的刑罚，即从这个中队的 600 人中抽签选中倒霉的 60 人，并由运气还不算太坏的其余 540 人用棍棒将这 60 人击毙。这种残酷的刑罚在罗马军队中只在出现反叛行为时才加以施用。克拉苏无奈之下滥用严刑，没想到却在全军起到了提振士气的作用，居然把想渡过墨西拿海峡的斯巴达克斯起义军逼进了山里。

斯巴达克斯军逃进了被称为“险峻之山”的山岳地带。在现代的意大利，这一带因成为拐卖人口犯罪团伙的藏身之处而闻名。这里紧贴大海，地势险要，如果想出动军队进山搜捕是件非常困难的事情。

2 000 年之前的克拉苏费尽心机和军力想把斯巴达克斯及其起义部队从崇山峻岭中赶出来，但没有奏效。好在幸运终于降临到克拉苏头上，斯巴达克斯自信手中有 4 万雄兵，而且屡胜罗马军，因此比较轻视对手，竟然自己率军从山里出来了。还有一种说法是斯巴达克斯与奇里乞亚的海盗达成协议，海盗们为他们备好船队，让他们绕到布林迪西后逃往小亚细亚。

不管是什么原因，反正斯巴达克斯是率领起义军下山了，并且与等待已久的罗马军发生了大规模的激战。这回斯巴达克斯彻底失败了，4 万人几乎全部战死。堆积如山的尸体中没有发现斯巴达克斯的遗体。被俘的 6 000 人被处以罗马社会的极刑，即被绑在十字架上，不给吃不给喝，让他们历经长时间的痛苦后死去。根据克拉苏的命令，阿庇亚大道沿线竖立的这种十字架，从加普亚一直排到罗马。

从克拉苏接受 8 个军团重托之日起，6 个月后终于实现了剿灭斯巴达克斯奴隶起义的战果。2 个月后，庞培自西班牙凯旋。

任何体制都有正负两面。如果是正面的因素发挥作用，不论谁负责执行，都能获得一定成果；如果是负面的因素发挥作用，就可能出现因得到少量的成果而导致全面失败的情形。在后一种情况下，整个共同体（如一个国家、一个民族、一个集体）就可能会蒙受过大的实质性损害。

在正常情况下人们能够忠实于体制，但在非常时期则可能会出现即使想忠实于体制但现实情况不允许的事态。因此，只有确立科学而适应性较强的体制，才能避免体制与现实冲突。有冲突就会产生“例外”，而第一次的“例外”总是难逃制造下一次“例外”的宿命。

例如，若想维持苏拉努力修复的元老院体制，就不能过于突出某个人的作用，前线的总司令就必须每年更换一次。

这个制度在当年罗马军越过墨西拿海峡，以西西里岛为战场的第一次布匿战争中不是问题，在以本土为战场的第二次布匿战争中也不是问题。在第一次布匿战争时期，总司令也好，士兵也好，每年都能更换。第二次布匿战争的 17 年间，为对抗迦太基名将汉尼拔，罗马每年平均要投入 10 名高级将领，这些具有前执政官或前法务官身份的高级将领须“轮流坐庄”似的行使“绝对指挥权”，坚守在前线，也能够做到让“少数派领导制”充分发挥机能，不使某个人的力量过于突出。第二次布匿战争进入后半场后出场的大西庇阿，因其取得了卓越的功绩而使其个人显得格外突出，但战争结束恢复到平常时期后，大西庇阿马上就在政治上垮台了。而且，在汉尼拔战争取得最后胜利、“非常时期”结束后，罗马马上恢复了执政官任职期满后再次获选必须间隔 10 年的做法，并坚持了一个世纪。

然而，此后发生在北非的朱古达战争却使马略在担任一任执政官的情况下获取了北非战争连续 3 年的最高指挥权。而在日耳曼人大举入侵之际，又不得不让马略连续 5 年当选为执政官。

此外，因“塞多留之乱”而被派到西班牙的梅特鲁斯·皮乌斯，在西班牙前线当了 8 年的最高指挥官，派去支援的庞培也 5 年未能归国。还有，为了对付苏拉死后再度蠢蠢欲动的本都国王米特拉达梯而被派到小亚细亚的卢库鲁斯，在公元前 71 年这个时点上连何时回国的日程表都还没有，结果他在东方连续驻扎了7年。为什么会连续出现违反过去的体制规定的事情？道理很简单，有能力的指挥官可以更有效率地提升军队的作战能力。如果还是拘泥于老的体制，指挥官频繁更换，军队的战斗力得不到有效发挥，就会在实质上损害罗马这个共同体的利益。

罗马的霸权已经覆盖了整个地中海地区，但随着霸权的扩大，想要坚守元老院主导的罗马独特的共和政体就变得越来越困难了。

而且，苏拉体制不符合现实需要的情况不仅发生在领导阶层，就连被领导阶级也遇到同样问题。

总司令如果长期在外，其手下的士兵也只能长期驻扎在外。因为军团换防走陆路大约需要两个月，如果坚守苏拉体制，一年来回就要折腾两次。而且，军队的特点是指挥官一声令下，士兵应该像指挥官的手足那样协调一致，令行禁止，只有官兵长期在一起同甘苦共患难，才能达成默契，军队才能更有战斗力。

另外，尽管实行了志愿兵制，但由于常年执行维护自己国家利益的任务，导致士兵的话语权也不断增强。如果过于强化元老院主导的体制，这些士兵就容易在公民大会上形成反元老院的势力，而护民官就成为他们话语权的代表。而苏拉体制导致了护民官素质降低，自然也会引起中下层人民的不满。

苏拉以降低护民官素质为目的而制定的“有护民官任职经历者不得再转任其他官职”的法律，收到了明显的效果，在这个时期，没有出现一位具备汇集民意、代表民意能力的护民官。结果反而是元老院元老中的开明人士直视现实，意识到了其中的问题，认为有必要解除对护民官任职的这些限制。

现在我们回到公元前75年，当时镇压西班牙“塞多留之乱”的战争尚未见分晓。被选为这年度执政官的是盖乌斯·奥雷利乌斯·科塔。奥雷利乌斯家门以学者之家著称，家中的女性都懂得希腊语，尤里乌斯·恺撒的母亲奥雷利娅就出身于奥雷利乌斯家门。在当时的罗马社会，哲学和数学等方面的学者都由希腊人把持，身为罗马人而能被称为学者的，只有法学家。科塔就是一位颇具学识的法学家。

奥雷利乌斯家门与格拉古兄弟所属的森普罗尼乌斯家门同属于“平民贵族”。奥雷利乌斯·科塔也算得上是元老院阶级的成员，但其本人一直被视为开明派。苏拉在整肃政敌时能够放过科塔，与他的学者地位有很大关系。

这位学者出身的执政官科塔，在说服了元老院元老们之后，相继向公民大会提出了自己的法案：

第一个法案提出，有护民官经历者在经过公民大会选举通过后可以再担任其他官职。苏拉以降低护民官素质为目的而制定的“有护民官任职经历者不得再转任其他官职”的法律，由此被颠覆。

第二个法案是，规定西西里产的小麦出口到罗马，必须确保一定的数量，并将其作为一项义务来承担。被苏拉定为“废案”的《小麦法》得以重新生效。

奥雷利乌斯·科塔被认为是个稳健派。他预先设定了因《小麦法》而获得利益的人数上限，即接受补贴的人数不得超过4万人。每个月的配给量是每一户主5摩第（约合45升）小麦，这个数量大体上相当于当时罗马囚犯的口粮。根据科塔的法案，1摩第小麦的配给价是6.3阿斯。这个价格没有恢复到苏拉废除《小麦法》前的象征性价格，而是与当初盖乌斯·格拉古时代的价格基本持平，大约相当于市场价格的二分之一至三分之二之间。

学者执政官科塔更为稳健的一个政策是，尽力消解社会上因苏拉整肃政敌而聚集不散的怨气与不平。

苏拉在整肃政敌时曾将列入“黑名单”的那些人的财产没收并予以拍卖。按说竞买者支付的拍卖价款应该上交国库，但苏拉通过设立相关法律的形式免除了竞买者的上交义务。竞买这些财产的几乎都是苏拉的解放奴隶或类似克拉苏这样的属于苏拉派的人士。苏拉就这样把应该进入国库的资金当作了给这些人的“奖金”。随心所欲地做这类荒唐事似乎是苏拉的恶癖。

针对这个问题，执政官科塔提出议案，决定废除苏拉豁免上交拍卖收入义务的法律，这个议案在公民大会上顺利通过。因当初竞买而大发横财的克拉苏等人，只能将购买价款上交国库。科塔还在公民大会上向公众承诺，收上来的这笔资金将专款用于镇压西班牙“塞多留之乱”的经费。

尽量消除因被苏拉整肃而成为牺牲品的人们的怨气，避免罗马社会发生分裂，这是奥雷利乌斯·科塔努力去做的事。他又提出了新的法案，为那些被苏拉定为“国家公敌”的人恢复名誉。对于已经死去的人，也只能恢复他们生前的名誉；而对于尚活在世上的人，除恢复名誉之外，还可以担任公职。实际上，这些人在得知苏拉死讯后，已经陆续回到了罗马，现在以科塔家门名命名的这部《奥雷利乌斯法》生效后，他们可以光明正大地回归社会了。这部法律的受益者中就包括时年 25 岁的尤里乌斯·恺撒。

很快，盖乌斯·奥雷利乌斯·科塔的执政官任期结束了。公元前 74 年，他以前执政官的身份赴小亚细亚的比提尼亚行省担任总督。但是，这位具有良知、学识丰富的学者，在战场上就有点玩不转了。面对本都国王米特拉达梯的攻势，也只能仰仗武夫卢库鲁斯了。

就这样，苏拉体制在苏拉去世后不足三年的时间里就土崩瓦解了，而导致苏拉体制崩溃的最后一次重击，恰恰来自公认的苏拉得意门生——庞培与克拉苏，特别是在苏拉幕僚中最年轻、最有才干的庞培，成为葬送苏拉体制的最关键人物。

公元前 72 年“塞多留之乱”被镇压后，罗马的两位带兵将军采取了不同的做法。温良敦厚的梅特鲁斯·皮乌斯忠实地执行苏拉定下的法律，在率军回到罗马边界的卢比孔河时，将率领的军队解散。而与梅特鲁斯·皮乌斯同样率领部队回国的庞培，却从西班牙到达阿尔卑斯山以西高卢（法国南部行省），从那里越过横断高卢的阿尔卑斯山，于公元前 71 年夏天到达阿尔卑斯山以南高卢（意大利北部行省），从西北向东南到达卢比孔河。但他不仅没有在这里解散军队，反而率军渡过卢比孔河，一直开到罗马郊外宿营。他向元老院提出了如下要求：

一、给自己指挥的在西班牙战斗的士兵分配土地。

二、给自己举办凯旋仪式。

三、提名自己为下一年度即公元前 70 年度的执政官候选人。

其实庞培早在公元前 81 年就已经享受过举行凯旋仪式的荣誉，是经当时具有绝对权力的独裁官苏拉批准的特例。那时庞培才 25 岁，成了罗马史上最年轻的凯旋将军。凯旋仪式是罗马男人最为看中的最高荣誉，十分难得。就连第二次布匿战争中的救国英雄大西庇阿，也是在扎马会战中战胜汉尼拔之后归国时才第一次享受到这种殊荣。那时大西庇阿已经 34 岁了。拉丁语中有一个词“adolescentia”，有“年轻”“思春”等意，指从 16 岁举行成年礼后到 30 岁这个年龄段的年轻人。在罗马人看来，这个年龄段的男子尚不是一个成熟完整的男人。

公元前71年时的庞培已经35岁了，仅从年龄上看，他具备了可以举行凯旋仪式的资格，但问题在于庞培的要求与苏拉进行的改革大相抵触。

根据苏拉改革后的制度，30岁方可获得财务监察官候选人的资格。当选为财务监察官后有一年的任期，任期结束后31岁，获得进入元老院的资格。其后要担任8年元老院元老，39岁时获得法务官候选人资格，当选法务官后可获得一个战略单位即两个军团的绝对指挥权。一年任期结束后，会去10个行省中的某一个任总督，负责行省的治理与防务。历练两年就42岁了，此时才能够获得最高官职——执政官候选人资格。这些是苏拉费尽心机为修复元老院体制而进行改革的核心架构。

与雅典实行的民主政体不同，共和制罗马的政体是被称为“少数派领导制”的寡头政治。虽说担任国家公职要经过公民大会选举的“考验”，但这些官职的候选人是由元老院这个未经过选举“考验”的机构推举。苏拉认为，如果将国家比作人体，元老院就是心脏。为了强化元老院的功能，苏拉把元老院元老的人数从300人增至600人，翻了一倍。随着元老队伍的扩大，如果不能严格遵守前述的“年功序列”制度，元老院就不能有效地发挥作为一个组织的功能。如果庞培于公元前70年就任执政官，他只有36岁，距42岁以上才能担任执政官的资格要求，足足差了6岁。

庞培缺乏的不只是年龄，由于连财务监察官的任职经历都没有，他连元老院元老都不是，更不用说法务官的任职经历了。西班牙战事中按视同前法务官的资格授予庞培绝对指挥权，派他统率军队，是因为当时没有更合适的指挥官，他是作为一个特例得到认可的。

然而，这次庞培没有要求元老院为自己再开特例，他说自己已经具备了与举行凯旋仪式相匹配的辉煌战绩，凭此战绩，他具备了担任执政官的资格。

庞培的逻辑很简单，有实力就有足够的资格！这下可让元老院为难了。如果承认实力主义，那么靠“年功序列”制才能发挥作用的元老院体制就只有崩溃这一条路了。面对庞培以军队相要挟的“无理要求”，元老院最初并没有答应，而是找到刚刚平定斯巴达克斯起义、被认为与庞培同属苏拉一派的头面人物克拉苏。当时克拉苏正率领着在意大利境内唯一合法集结的军队，元老院期待手握重兵的克拉苏能够努力说服庞培收回自己的要求。

令元老院没有想到的是，以前对庞培显赫一时、出尽风头一直心怀嫉妒的克拉苏，这回却借着让他游说庞培之机提出了他也想当执政官的要求，而且与庞培一样，克拉苏也把镇压斯巴达克斯起义后本应解散的 8 个军团带到了首都附近。庞培也好，克拉苏也好，在率兵“进军罗马”这件事上，倒真是苏拉名副其实的徒弟。

克拉苏本身是元老院元老，又有法务官的任职经历，年龄 43 岁，作为下一年度执政官的候选人，从年龄和资历上都是不成问题的。问题在于，此人口碑甚差。

克拉苏出身于称得上“平民贵族”之家，属于元老院阶级。既然身为元老院阶级，那么除农庄经营之外的一切经营活动都是被禁止的，但克拉苏家的经营活动涉猎广泛，不用说都是借用奴隶或解放奴隶的名义进行的。在克拉苏父亲那一代，他们家就已经被称为“罗马首富”了。到他这一代，在家族本已拥有的巨额财富之外，又增加了大量的位于首都罗马的房地产。被独裁官苏拉列入“黑名单”的人被没收的房产，很多都在拍卖中被克拉苏低价收买，大赚一笔。

在罗马有这么一个流传甚广的说法："如果谁家发生了火灾，比消防队来得更快的是克拉苏的马仔。"先行赶到火灾现场的克拉苏家的人，会给后到的消防队一些金钱方面的好处，让他们推迟救火行动。这个期间，克拉苏的手下人会在燃烧着的房子前与这家的主人谈生意，经过讨价还价达成交易后，才开始救火行动。

克拉苏在首都罗马有很多房产，他如果把所有属于自己的房屋改造为既防火、坚固又美观的住宅，也算是为首都的住宅建设贡献了一份力量，但是具有经济头脑的克拉苏不会那样做。罗马成为霸权国家后，对首都罗马的住宅需求旺盛，但若将破旧房屋改造为结实、美观的住宅需要花费大量资金，而这些房子的租赁价格却达不到能收回投资的水平，因此不划算。因为付得起高额租金的人还是少数，需求最多的，是那些低租金的普通住宅。于是，"罗马首富"克拉苏在首都的房产大部分都是晃晃悠悠的陋房旧屋。

这种人是不可能在人民中间享有威望的。然而克拉苏却固执地认为，自己具有罗马第一的财富地位，也应该具有罗马第一的政治地位。而实际上他尽管能当选每年度有 8 个名额的法务官，但要想当选每年度只有 2 个编制的执政官，即便动员了所有的"被保护者"，仍感觉悬悬乎乎。克拉苏太想当执政官了，为此他把长年以来与庞培的对抗之心暂且搁置一边。

在就任执政官问题上同样具有负面评价的庞培与克拉苏之间达成了秘密协议：身为元老院元老的克拉苏承诺在元老院内为提名庞培为执政官候选人进行疏通。作为回报，庞培要在军队中帮克拉苏拉票，因为庞培在军队中甚至在克拉苏手下的士兵中，都享有很高的威望，庞培可动员士兵投票支持克拉苏。在那个年代，不具备罗马公民权的人是不能作为志愿兵加入罗马正规军的，因此，谁拥有士兵，谁就等同于拥有了选票。二人达成协议后，各自解散了自己的军队。

即使没有了军队的压力，元老院的软弱无力状态还是没有改变。对不具备候选人资格的庞培进行的质询，除了一场闹剧之外什么实质性内容都没有。元老院的元老负责质询庞培：

“阁下可有参战的经验？”

35 岁的庞培充满不屑地回答：

“参战的经验？我只有指挥打仗的经验。”

元老院会场当即一片哄笑。

公元前 71 年年末召开的公民大会上，庞培和克拉苏的得票数远远多于其他候选人，双双当选为公元前 70 年度的执政官。由此，苏拉体制又坍塌了一角。

至此，元老院阶级的唯一指望，是希望身为富裕阶层的庞培和克拉苏两位执政官能够为富人的“要塞”元老院阶级谋一些利益。但事情没有那么简单。

庞培和克拉苏的确是富人，现在也的确有政治地位。但他们二人想得到更为广泛的支持，进一步扩大在政治上的影响力与话语权，而绝不会满足于只做一年的执政官。为了维护以后的权力，他们不能脱离支持他们的阶层。在公元前 70 年二人任期内提出的法案的内容，足以令保守的元老院元老们绝望。这些法案的要点如下：

一、完全恢复护民官的权威和权力

不管是贵族还是无产者，或者是拥有相当于中等阶层公民的财产和 5 岁以上的男孩子的解放奴隶，只要已成为拥有投票权的罗马公民，都有权利参加公民大会。公民大会的召集权在执政官手中。执政官因军务不在首都时，由法务官代其行使召集权。但是，选举执政官以下官职的公民大会，则由护民官主持。此外，除世代传承的名门望族外，包括平民贵族在内的所有平民都能参加的平民大会，也是由护民官主持。自公元前287年《霍腾修斯法》生效后，平民大会通过的决议，即使没有得到元老院的承认，也可以作为政策而实施。是苏拉否定了《霍腾修斯法》，改为平民大会通过的任何决议，没有得到元老院的认可均不得生效。

庞培和克拉苏提出的法案主张废除苏拉制定的相关法律，公民大会通过了二人的法案，由此《霍腾修斯法》重新生效。

二、改革陪审员制度

司法审判中陪审团成员的构成由于能够决定审判的方向与结果，对罗马公民有着直接的利害关系，所以成为各方关注的焦点。从格拉古兄弟提出改革陪审员制度以来已经经历了几次反复。

罗马变为共和政体后，陪审团成员长期由元老院元老垄断。公元前133年提比利乌斯·森普罗尼乌斯·格拉古提出的改革方案是，将陪审团成员全部由元老院元老组成改为由元老院元老和骑士阶级的人士各占二分之一。但是，他死后，这项改革未能形成法律。公元前122年，提比利乌斯的弟弟盖乌斯·森普罗尼乌斯·格拉古提出新的《陪审员改革法》法案，将陪审团成员改为全部由骑士阶级的人士组成。这个法案在公民大会上获得了通过。到了公元前82年，独裁官苏拉又将其改回为陪审团成员全部由元老院元老组成。

公元前70年，奥雷利乌斯·科塔的弟弟在得到庞培和克拉苏两位执政官积极支持后，提出了陪审员制度改革的新法案，把陪审团成员的组成改为由元老院元老、骑士和平民三大阶级各占三分之一组成。

由这个改革法案可以看得很清楚，在公元前70年庞培与克拉苏已成为各自支持阶层的利益代表，庞培代表的是以士兵为主体的普通平民，克拉苏则代表着日渐兴起的经济界人士。

关于庞培与克拉苏二人的政治目标和政治取向，历史研究者众说纷纭。从这二人日后的行为来看，我怎么也看不出他们二人有始终如一的明确的政治取向。特别是庞培，日后又变成了元老院体制的“守护神”，因此，他在这个时期的所作所为，并不是真的以保护民众利益为目的。

我这样说并不是诽谤庞培。以他的性格，他只做他认为必要的事情。尽管他确实做了一些有益于民众的好事，但这也不过是为了证明他的“善举”。说穿了，庞培做那些他认为“必要的事”，都是为了选举，也就是争取更多的选民支持。因为在共和制的罗马，不管决定什么事情都需要公民手中的“票”。

苏拉是个善恶分明的人，为此他常常招致憎恨，但没有人蔑视他。苏拉有自己明确的政治目标，那就是让元老院体制具备应有的功能，再度发挥领导作用。为了达到这个政治目标，苏拉清楚不能太在意“选票”。他坚信只要再度确立以元老院为核心的共和政体，就能够解决罗马面对的各种问题。苏拉的确有些怀旧情结，但他把问题看得很透彻——如果不能坚持己见，稍有懈怠，顺从所谓的“民意”而置国家利益于不顾，改革就会半途而废，共和政体就会坚持不下去，那就只有实行君主政体了。在这一点上，苏拉其实是个罕见的现实主义者。

希腊历史学家修昔底德评价伯里克利统治时期的雅典是“外观是民主政体，实际是由一人支配的国家”。但是，不仅是后世的我们，就连古代的罗马人也知道，“独裁者”伯里克利死后，雅典沦为由无知大众左右的政治格局，做出了很多愚蠢可笑而痛苦不堪的荒唐事，以致流传下来“众愚政治”这个专有名词。对当时的雅典政治感到绝望的，不仅是哲学家柏拉图，修昔底德在其著作《伯罗奔尼撒战争史》中，甚至说出了“民主政体不适合治理大国”这样的名言。民主政体并不是绝对的“善政”，与其他政治制度一样，民主政体也有正负两面，听其自然往往会成为危险的政体。

苏拉是位清醒的政治家，由于自己实施了独裁统治，他更加致力于架构一个能够在将来排除独裁危险的政治体制。在共和制的罗马，也只有独裁官能够不受选票的左右自主制定政策。

历史学家和政治学家都要求政治家有明确的政治目标，这自有其道理。如果统治者想维持一个没有明确政治目标的政治格局，其实行的政策就会左右摇摆，结果是徒增国力的消耗。

但如果把视点转移到被统治者这一方面来又会如何呢？被统治者可能会这样评价——我不管你有没有明确的政治目标，只要你把国家治理得还不错就可以了。

苏拉于公元前 83 年决意登陆意大利，用武力来推翻秦纳执牛耳的政府时，曾公开发表声明，表示自己一定会遵守关于在意大利半岛居住的自由民与罗马公民享有同等权利的法律。身为保守主义者的苏拉，内心深处肯定不认可这项政策，但在当时需用武力征服意大利的形势下，没必要因固守自己的政治信念而实行与全体意大利人为敌的愚蠢政策。苏拉违心做出的声明，当时对苏拉似乎不是个好事。但从结果来看，这个声明对苏拉，对意大利半岛上居住的大多数人，对整个罗马国家来说，都是好事。

庞培和克拉苏实行的政策，目的可能是为了拉选票，但带来了好的结果。恢复护民官的权威和权力，可以让苏拉体制下离心离德的民众增强自豪感，看到了希望。而陪审团成员制度的改革，也使行省人民产生了“罗马的司法制度正在逐步走向公正”的好印象。

根据罗马的法律，在罗马行省居住的人民对罗马派来的总督的治理感到不满时，有权控告总督。但实际上，陪审团成员由于均由元老院元老担任，难免袒护总督，控告者大多败诉。而就在庞培与克拉苏统治时期，即公元前 70 年，发生了一起与以往的结果完全不同的审判。

公元前 70 年春，西西里行省总督盖乌斯·威勒斯任期届满回国。他在总督任上的恶行在罗马早已传得沸沸扬扬，西西里行省的人民向罗马法庭对盖乌斯·威勒斯提出了控告。

盖乌斯·威勒斯也是元老院元老，很多有影响力的元老都是他的朋友。这场官司被告方的辩护人由昆图斯·霍腾修斯担任，昆图斯·霍腾修斯是当时罗马最高级的律师，人民对他的评价很高，而且基本上可以确定能够当选第二年度（前 69）的执政官。除昆图斯·霍腾修斯之外，被告方的辩护阵营中还能看到科尔涅利乌斯、梅特鲁斯等有势力的名门望族的身影。

担任原告方辩护人的，是时年 36 岁的西塞罗。西塞罗这次辩论的全文在审判结束后由他的朋友——经营着类似于现在出版社营生的阿提库斯——刊行于世，而且有幸没有被毁于中世纪，使现代的我们能够读到。那真是一篇与 36 岁的少壮派律师相匹配的、洋洋洒洒、充满力度、逻辑清楚、精彩绝伦的辩护文章。我不能不佩服此人具有的媒体业者的才能。

比起在美国法庭上听美国律师的辩护，你会觉得西塞罗的辩护更加生动有趣，公元前1世纪的西西里仿佛历历在目。在罗马广场的会堂内旁听这场审判的普通百姓，也会从西塞罗的描述中对发生在西西里的事情如同身临其境。

然而，决定审判结果的不是旁听者，而是陪审团。假如苏拉体制不变，陪审团成员全是元老院元老，让他们对被列为被告的自己人做出不利的判决，恐怕是相当难。但发生在公元前70年的这次审判，坐在陪审员席上的却是元老院元老、有经济实力的骑士阶级和平民阶级的代表各三分之一。

审判的结果成为传遍罗马所有行省的重大新闻。西西里行省的人民最终胜诉，被告盖乌斯·威勒斯被判处将总督任上搜刮来的财产全部退还，并且自请流放处分，勉勉强强才免去了牢狱之苦。

这次审判使既非贵族、祖上又没有人当过执政官的“新人”西塞罗名声大振，为野心家西塞罗打开了通往政界之门。

就这样，公元前70年成了苏拉体制的落幕之年。苏拉去世仅仅8年，他精心构筑的体制彻底崩毁。破坏苏拉体制的诸多人物，除了奥雷利乌斯·科塔之外，都不是有意识地要颠覆这个体制。应该说，一个不能适应现实要求的体制，必定要退出历史舞台，只不过借助了这些大人物的力量而已。

苏拉具备领袖的全部素质，只是在预见能力方面有所欠缺。

破坏了苏拉体制才得以当上执政官的庞培，在一年任期将满时并没有表示出“恋栈”的动向。在这一点上，他倒是忠实地执行苏拉制定的制度。执政官任期届满后，作为前执政官要转到行省去担任总督，这也是苏拉制定的制度。但在这个问题上，庞培不是苏拉制定的政策的忠实执行者了，他拒绝去行省任职。正是由于庞培在这些事情上的举动，他被批评为没有确定的政治目标。

而站在庞培的立场上，也不是不能够理解。在当时的罗马，庞培是公认的最优秀的武将。在公元前 69 年这个时点上，庞培能够发挥作用的行省，只有小亚细亚。也就是说，当时需要罗马派军队去解决问题的地方，只有东方。其他行省不用庞培也能搞定。但是，同属苏拉门下、相当于庞培“大师兄”的卢库鲁斯，已经于公元前 73 年率军去了东方，至今未回。庞培自然不好再去了。

军队的统帅大致可分为以下三种类型：

第一种类型，自己作为指挥官开启了一场战争，自己有能力将其圆满结束。

第二种类型，由其他统帅开启了一场战争，战争中途接手这场战争的指挥权后能够将其圆满结束。

第三种类型，自己作为指挥官开启了一场战争，并且作战勇敢，冲锋陷阵，但无力将战争顺利结束，只能够靠其他统帅来结束战争。

苏拉、庞培，还有后来的恺撒，属于第一种类型。

马略可说是属于第二种类型。

朱古达战争前期的指挥官梅特鲁斯、镇压“塞多留之乱”的梅特鲁斯·皮乌斯只能归为第三种类型。卢库鲁斯虽然是一名优秀的武将，但也只能属于第三种类型。他担纲指挥的第二次米特拉达梯战争从公元前 73 年一直到公元前 66 年，足足打了 7 年。其间虽然打了一些漂亮的战役，但他只能算是取得了“战斗的胜利”，却没能取得“战争的胜利”。

路奇乌斯·李锡尼乌斯·卢库鲁斯出身于有名的平民贵族李锡尼乌斯家门。同属于这家门的克拉苏以不择手段攫取财富而出名。卢库鲁斯却是一个非常有贵族风度的男子，他可以熟练地使用希腊语和拉丁语写文章，并能讲一口漂亮的希腊语和拉丁语，学识教养深厚，并有很好的审美眼光。

卢库鲁斯年轻时就已被苏拉赏识。他的政治履历是从同盟者战争时期担任苏拉的幕僚开始的。此后苏拉为了东征米特拉达梯渡海到希腊，他也追随苏拉离开了意大利。苏拉将筹组海军的大任交给了年仅二十几岁的卢库鲁斯，他在非常困难的条件下出色完成了任务。在率领辛辛苦苦组建的海军船队赶往苏拉身边时，途中经停港口城市以弗所时还出了一段小插曲。卢库鲁斯在以弗所遇到了被秦纳派来与苏拉为敌的罗马正规军将领芬布洛斯，芬布洛斯劝诱卢库鲁斯及其船队投靠自己一方，“弃暗投明”。当时苏拉被秦纳主导的政府作为“国贼”指名通缉，处境极其不利。身为罗马公民的卢库鲁斯如果背叛苏拉也是有正当理由的。

但是，刚刚进入30岁的卢库鲁斯冷淡地拒绝了芬布洛斯劝诱，离开了以弗所，赶往焦急地等待海军军船归来的苏拉身边。假如卢库鲁斯的海军船队投靠了芬布洛斯，苏拉对米特拉达梯之战，绝不可能那么快并且以那么精彩的方式取得胜利。卢库鲁斯对比自己年长22岁的苏拉一直怀有仰慕之心，忠贞不贰。

苏拉对卢库鲁斯坚信不疑。在米特拉达梯问题解决之后，苏拉即将返回意大利与秦纳决一死战，他把留守小亚细亚地区的任务留给了卢库鲁斯。苏拉很清楚，回到意大利后，与秦纳一派发生内战是难以避免的。如果仅从这一点考虑，让英勇顽强的卢库鲁斯共同返回意大利是有利的。但是，要想在民心上征服意大利，一个受到不公平待遇的、米特拉达梯战争的胜利者形象是苏拉能够打出的最好的“牌”。而为了确保这张“牌”的有效性，他离开后小亚细亚必须保持一个稳定的局面。卢库鲁斯的留守实际上是肩负了更重的责任。

卢库鲁斯没有辜负苏拉的重托，完成了在小亚细亚“维稳”的任务。等他再度回到罗马，已经是公元前 80 年，此时正是苏拉独裁最鼎盛的时期。当年年底，这个构筑苏拉体制的独裁者自请辞去独裁官职务。次年，苏拉去世。卢库鲁斯当年 38 岁，他已经成为元老院中有势力的人，如果他想现实一点，为自己谋取政治上的更大权势，应该是能够做到的。但是，卢库鲁斯忠实地维护苏拉确立的体制，没有因个人得失而做出破坏制度的事。直到他年满 42 岁，达到苏拉规定的执政官任职年龄资格后，才被推举为执政官候选人，公元前 74 年，卢库鲁斯当选当年度的执政官。

卢库鲁斯执政官任上在政治上几乎没有任何作为。上一年度的执政官奥雷利乌斯·科塔对苏拉体制进行了一定程度的破坏，但卢库鲁斯接任执政官后也没有将被破坏的体制予以修复。看来卢库鲁斯对政治上的事不太在行。

第二年，即公元前 73 年，以前执政官的身份，卢库鲁斯赴奇里乞亚行省任总督。由于米特拉达梯兴兵起事，第二次米特拉达梯战争爆发，卢库鲁斯这一去足足待了 7 年才返回罗马。如果说，是苏拉承担了第一次米特拉达梯战争的指挥责任的话，那么卢库鲁斯则始终活跃在第二次米特拉达梯战争的最前线。

公元前 73 年，看到罗马的军事力量被不同的战事分散，本都国王米特拉达梯再度开启了他的侵略战争。这一年对罗马来说，的确是“多事之秋”。

在西班牙进行的镇压“塞多留之乱”的战争中，梅特鲁斯·皮乌斯迟迟不能取胜。罗马又把庞培派过去，还是处于胜负未分的不明朗状态。雪上加霜的是，国内又爆发了斯巴达克斯起义。真是内忧外患。

米特拉达梯认为这是千载难逢的好机会，他以 12 万名步兵、1.6 万名骑兵、100 辆 4 匹马拉的双巨轮战车的庞大阵容，入侵了邻国比提尼亚。比提尼亚位于小亚细亚北部，与本都同样面对黑海，比提尼亚国王已留下遗嘱将国家赠送给罗马，此时比提尼亚已经是罗马的行省。米特拉达梯此举已是直接挑战罗马的霸权。当时的比提尼亚总督是当过执政官的奥雷利乌斯·科塔，科塔指挥的第一场战斗输给了本都军。

在战争开始的时候陷入苦战，似乎已成为罗马军的宿命。卢库鲁斯到任后，战况发生了转变。卢库鲁斯只有 3 万名步兵、2 500 名骑兵，却独自承受了本都大军的全部压力，但卢库鲁斯率领的罗马军取得了胜利。这也能够证明卢库鲁斯是一名优秀的武将。本都败军重新整合后再度发起攻势，结果还是败给了卢库鲁斯。罗马军在与采取游击战术的对手打仗时，常常陷于“苦战”状态，短期内难以取胜，但对付正面会战之敌时，却是能打善战的强者，在战略和战术两方面都占有优势。第二次战胜本都军后，卢库鲁斯没有立即去追击本都军，而是选择了治理被米特拉达梯破坏的小亚细亚地区的内政事务，以展示自己作为行政长官的能力。

罗马负责对各行省征税的具体事务的不是官办机构，而是被称为“包税人”（Publicanus）的专门从事税收代理事务的私营中介机构，这些人中的成功人士拥有的财富可相当于甚至超过元老院元老。罗马社会把介于元老院阶级与普通平民阶级之间的人士称为“骑士阶级”，意思是可以承担为国家提供骑士义务的有产阶级。骑士阶级经营的一项业务就是接受罗马政府的委托，代为征收各行省应缴的赋税。他们经营此项业务的收益，是收上来的行省税的十分之一，由于各行省要按收入的十分之一向罗马政府缴纳直接税（也称“什一税”），所以他们的收益是行省收入的百分之一。

“包税人”的好处并不仅限于相当于代收业务的手续费的这百分之一。假如某个地区出现天灾或不幸成为战场，致使农作物严重歉收，此时计税依据仍是以上一年的收成为基准。也就是说，歉收之年并不能豁免应纳赋税的义务。那么缴不起税的人怎么办呢？可以借款缴税。向谁借呢？这些“包税人”可以向纳税人提供贷款。贷款成为这些人更赚钱的一项业务。那时候的贷款利率也没有什么基准，假如没有个“为民做主”的好总督来过问这件事的话，贷款利率可就没谱了。

第一次米特拉达梯战争之后，苏拉向小亚细亚的罗马各行省公民征收的一次性上缴的租税为 2 万塔兰特，假定当时全部以借贷支付，10 年后，即卢库鲁斯治理行省内政的这一年，本息相加会达到 12 万塔兰特。卢库鲁斯治理小亚细亚内政的第一步，就是要把行省人民从高利贷中解救出来。

作为行省总督，卢库鲁斯以自己手中掌握的行省治理上的绝对主权为后盾，果断实行了“金融”方面的改革：

一、规定付给“包税人”的贷款利率为月息 1%，即年息 12%。

二、不管按放贷者的计算方法应该收取多少贷款本息，借款人最多只支付年收益的四分之一，放贷者对超出部分不得主张权益。

由于卢库鲁斯的这套改革，四年以后，小亚细亚地区罗马各行省人民不再受高利贷盘剥之苦，借款人当初用于借贷抵押的资产，大部分也都解除抵押回到了自己手中。行省的民心也因此而回到罗马这边。

然而，卢库鲁斯因此而与以前在行省大发横财的高利贷者结成仇敌。这些人开始秘密地向元老院反映情况，告卢库鲁斯的黑状。其结果对卢库鲁斯相当不利——也许是罗马确实没有多余的兵力，反正在第二次米特拉达梯战争期间，卢库鲁斯基本上没有得到来自母国罗马的任何支援。

卢库鲁斯可以调动的兵力相当于 5 个军团，只有步兵 3 万人、骑兵 2 500 人。其具体构成是：从意大利带出来 1 个军团；在小亚细亚任行省总督，属下的士兵凑起来大约有 2 个军团；另外 2 个军团本来是秦纳派到小亚细亚对付苏拉的，结果归顺了苏拉，他们的指挥官芬布洛斯自杀，苏拉把这 2 个军团留给卢库鲁斯镇守小亚细亚。原芬布洛斯手下的这 2 个军团的士兵已经 15 年以上没有回到故国了，这些士兵的心境如何是可以想象的。

比这些士兵更不幸的是卢库鲁斯。尽管具有武将的才能，也具备一定的行政管理能力，但卢库鲁斯在得到女人垂青和得到部下拥护这两方面运气欠佳。

卢库鲁斯的家庭生活终生不幸。在没有基督教时代的罗马社会，离婚应该尽量避免，但离婚不算是罪恶。特别是在上层人士之间，因政治策略结成婚姻很普遍，苏拉、庞培、恺撒都曾经历过几次结婚、离婚。但结婚、离婚、再结婚，并不代表他们的家庭生活都不幸福，在婚姻存续期间，他们仍可能会有幸福的男女之爱。经历了幸福的婚姻生活之后，即使离婚，也不会有“往事不堪回首”的苦涩之情。总之，他们选择配偶，就像政治斗争中选择盟友一样。由于这个原因，即使结婚几年后再离婚，女方仍可以堂堂正正地再婚。

但卢库鲁斯的情况就不一样了，他是真的不幸福。成为他妻子的女人没有一个是真正爱他、与他同心的，以致长年留驻在东方，对他来说似乎也没有什么不方便。

卢库鲁斯遇不到好的女人，也没有遇到好的下属，这二者之间似乎是相通的。

人类的幸福不存在客观标准。假如将其限定在精神层面，能够充分地与他人交流沟通的人是幸福的。但是，所谓交流沟通并不是说在一起的时间越多，交流沟通的程度就越高，效果就越好。由于标准是主观的，能让对方感觉到交流沟通很充分才能达到效果，具备这方面能力的才是交流沟通的高手。

卢库鲁斯很注意与士兵的交往，行军打仗都身先士卒。遇到必须露营的时候，作为总司令的他，与士兵按同一标准共同在野外就寝。尽管这样，士兵对他还是不满意。好在卢库鲁斯每战必胜，士兵即使心里不情愿也不得不跟随着他。

卢库鲁斯不仅能打胜仗，而且常常是用只有对方十分之一的兵力，灵活运用精彩的战术，取得令人叫绝的胜利。

两次败给卢库鲁斯后，本都国王米特拉达梯从公元前 70 年起，采取了和亚美尼亚国王结盟的对策。两国结盟并不仅仅因为亚美尼亚王妃是米特拉达梯的女儿，身为一国之王，亚美尼亚国王不会因为一个女人而与罗马为敌，他们是因利益而结成盟友的。双方商定，赶走罗马人的势力后，两国瓜分这一带的领土，希腊归本都所有，亚美尼亚则分得叙利亚和巴勒斯坦。战败的米特拉达梯逃到亚美尼亚后，卢库鲁斯提出引渡米特拉达梯的要求，却被亚美尼亚国王拒绝。卢库鲁斯又遇到了新的敌人，他只能以自己本来不多的兵力，分兵应对两个敌国。

亚美尼亚国王率军迎战前来进攻的罗马军，看到罗马军正在眼前的平原上布阵，就加以嘲笑：

“罗马派来的如果是求和的谈判使团，人数是多了一些；如果是来打仗的军人，这点人数可就太少了。”

然而，拥有 12.5 万人的庞大的亚美尼亚军，被只有 1.2 万名步兵和 2 500 名骑兵的卢库鲁斯军打得狼狈不堪。高效利用手中较少的兵力，灵活突击敌阵，把敌军主力兵团孤立后再对其实施打击，这套战术是自大西庇阿以来罗马将军经常使用的战法。这场战斗的结果是，亚美尼亚方面死者达 10 万人以上，而卢库鲁斯指挥的罗马军却只有 5 人战死，不足百人受伤。卢库鲁斯取得了不逊于其师傅苏拉的骄人战绩。而与师傅相比，卢库鲁斯不止一次以少胜多，更加难能可贵。常胜将军卢库鲁斯大败亚美尼亚后继续东征，一直打到了里海。自亚历山大大帝以来，欧洲人率领军队踏足这个地方，这还是第一次。

不用说，卢库鲁斯也是罗马公职人员到达这里的第一人。

但卢库鲁斯还是未能把给罗马造成“东方之乱”的米特拉达梯彻底消灭，因为他手下的士兵说什么也不肯再往前走了。既然不能继续征讨，卢库鲁斯只好率领军队撤回到位于底格里斯河上游的亚美尼亚首都提格拉诺凯尔塔。由此，命运不再关照卢库鲁斯了。

卢库鲁斯对自己卓越的能力和优秀的素质充满自信，这本不是坏事。问题在于他认为优秀的自己能够做到的事情，士兵应该也能做到。按理说，当需要士兵忍受在夏天的沙漠、冬天的雪山中行军的艰难困苦时，有必要采取一些措施让士兵能够充分理解这样做的意义，但是卢库鲁斯不懂得这种沟通的重要性，以致战略战术方面的一些细节，他也觉得没必要向士兵做出说明解释。长此以往，当士兵感到自己被指挥官日益疏远时，再想沟通就很难取得预期效果了。优秀的卢库鲁斯对自己能够把任何事情都做到完美有着过强的自信，因此，他忽略了如何让士兵与自己同心协力，如何调动士兵的主观能动性，让士兵成为自己战略意图的积极参与者。

卢库鲁斯与士兵未能形成融洽的上下级关系，还有一个原因是战利品的分配令士兵不满。和西欧相比，那个时候的东方（现在的中东地区）更为富有，战利品的质量与西班牙和高卢相比，差别相当大。这些战利品包括：受“希腊主义”文明的影响，中东地区各国都能见到的希腊工艺美术品；东方国家君主们拥有的奢侈用品；金币、银币；等等。

卢库鲁斯将银币分给了属下的士兵，但艺术品都留给了自己。他觉得身为庶民的普通士兵不懂这些艺术品的价值。卢库鲁斯的判断可能是正确的。而且，即使懂得这些艺术品价值的卢库鲁斯把它们送到了罗马，这些属于全人类财富的艺术品又有哪一件能够流传后世呢?

作为指挥官，在分配战利品的时候，应该做到尽可能不使士兵产生不满情绪。例如，不要死板地执行罗马军队关于战利品分配的严格规定，时不时让士兵多得到一些好处等。

可卢库鲁斯不这么做。不仅如此，他还把应上交国库之外的金币据为己有，当成总司令应该得到的报酬。当然，多次以十分之一的兵力取胜对手，肯定离不开指挥者的才能。但是太拘泥于死理，严苛地对待下属，就会导致一个命运共同体内缺乏顺畅的沟通与和谐的关系。事实上已经发生过满载艺术品的运往罗马的车队遭到士兵袭击的事情。

到了这一步，卢库鲁斯仍然对自己抱有自信，对自己做的事情的正确性坚信不疑。他简单地认为，自己想做什么，跟士兵说一下，士兵就应该明白。于是他把士兵集合起来，认真地做战前动员，说现在是彻底剿灭米特拉达梯的最好时机，大家要再接再厉，等等。然而士兵满脑子想的都是总司令如何中饱私囊，坚决不肯再跟着卢库鲁斯继续打仗了。结果是，卢库鲁斯军尽管已经进攻到了里海，但由于担心士兵哗变，只好撤退再撤退。一仗未负却不断退却，卢库鲁斯这也算是创造了罗马军的一项纪录。得知卢库鲁斯军撤退的消息后，米特拉达梯由于儿子叛逆，处于想出击又不敢出击的犹豫不决状态，这等于是救了卢库鲁斯。这一年卢库鲁斯 49 岁，持续了 7 年的第二次米特拉达梯战争，就这样未分胜负地结束了。

此时在罗马的庞培 39 岁了。过了几年安宁而锦衣玉食的生活后，他再度在政治上活跃起来。

地中海虽面积广阔，但毕竟是个内海。内海的特点是风向多变，加之周边地形复杂，形成许多海湾，顺风时非常便于航行。在地中海，海不会阻止人类出行，反而更方便通行。货运航行的便利给那些以袭击抢劫货船为生的海盗也提供了方便条件，致使海盗横行。在地中海，可以说海盗与海水同生共存，自古以来代代不绝。

对不是海洋民族的罗马人来说，海盗问题在一个相当长的时间里都不是什么了不起的大事。这倒不是因为在此期间海盗不存在，而是因为罗马人自己很少有机会出海。自从将环地中海各国收入自己霸权之下后，罗马人出海的次数日渐增多。在公元前 1 世纪的上半叶，与罗马人出海次数增多相伴的是，本来至少能在本国近海海域对海盗具有威慑力的沿地中海各国的国力不断衰退，致使海盗日益猖獗。

海盗的大本营在小亚细亚东南部的奇里乞亚，选在那里绝非偶然，因为那里是权力的真空地带。

曾经将奇里乞亚置于自己霸权之下的叙利亚塞琉古王朝已见不到昔日辉煌的踪影。此时奇里乞亚已成为罗马的一个行省，罗马每年向这里派遣总督。卢库鲁斯虽担任奇里乞亚总督，但他的主要精力都用于对付米特拉达梯，腾不出手来清剿海盗，而且海盗把自己藏身的要塞建在面向大海的狭窄绝壁上，从陆地上很难进攻。此外，由于从小亚细亚到叙利亚、巴勒斯坦的中东一带纷争不断，战事频发，一败涂地的人很多都跑去投奔海盗，又给海盗队伍输送了人才。

随着海盗的发展壮大，其组织化的程度也日渐提高，他们具有收集信息的便利条件，能够把握地中海世界发生的各种变化，并利用这些变化兴风作浪。如策划在西班牙从事反罗马战争的塞多留和在意大利境内领导奴隶起义的角斗士斯巴达克斯之间建立反罗马联盟，就是海盗比较知名的手段。

海盗不仅袭击船舶，抢夺物品，还绑架船员、水手、乘客，以收取赎金。能交来赎金的可以恢复自由，付不起赎金或规定时间内未收到赎金的，都被当作奴隶卖掉。

如果仅仅是靠上述“纯粹的”海盗营生赚钱，尚不致达到令罗马政府下决心要将其荡平的程度，关键是海盗想发展为更大规模的集团并与罗马作对。为他们提供资金支持的是本都国王米特拉达梯，米特拉达梯扶植海盗的目的，是想让海盗袭击从罗马向东方运送士兵和武器的船舶，使罗马方面吃点苦头，不再积极向东方用兵，他在东方就可以更加为所欲为。

由于充沛的资金供应，海盗“鸟枪换炮”，海盗船一律换成了快船，并雇用了长于航海的专业人士来驾船，这样冬天也可以出海了。

海盗装备升级，苦了沿海地区的人们，过去冬天海盗来不了，现在冬天也能登岸，一年到头再也不能过踏实日子。除了奇里乞亚的大本营外，海盗还在环地中海全部地区设立了众多的根据地，其完整的组织和庞大的规模已经与一个军事集团不相上下。

海盗不仅袭击罗马船舶，罗马友好国家的船舶也屡遭袭击。由于海盗船靠岸更加方便，海盗对意大利半岛也开始无所顾忌，阿庇亚大道离海岸很近，一队行走在阿庇亚大道的行李马车居然也被海盗打劫。离首都罗马只有 22 公里的外港奥斯提亚港停泊的船只经常遭到海盗的袭击，众目睽睽之下，海盗公然把船上的货物洗劫一空，乘船的客人全部被劫持而去。引人瞩目的是，就连罗马上流社会人士乘坐的船只也遭到海盗劫持，支付了赎金后总算把人释放了，其中就有年轻的恺撒。

由于海盗的猖獗，行省需要的士兵和武器送不到，地中海的物资流通也陷于停滞，就连罗马需要进口的小麦数量都得不到保证。打击海盗已成为令罗马不能忽视的紧迫问题。

公元前 67 年，在讨论海盗问题的公民大会上，当年度的护民官加皮亚阿斯提出了肃清海盗的提案，提案中提出的清剿海盗构想具体而周密，很有说服力。以一位护民官的知识结构和经历很难提出这样有水平的构想，或许这个构想是庞培自己在背后秘密筹划出来的。

护民官加皮亚阿斯提案中列出的作战规模及其他事项如下：

一、投入 12 万名重装步兵、5 000 名骑兵，即 20 个军团的作战部队。

二、配备战船 500 艘。

三、总司令以下的军官由总司令任命，为总司令配备 14 名有元老院元老资格的幕僚。

四、总司令的作战实施区域不仅限于海上，还包括从海岸进入陆地 80 公里纵深的地带。

五、此次作战行动需要支出的资金为 1.44 亿阿斯。

六、选举庞培为总司令。

七、给予总司令三年的指挥权，直至完成肃清海盗的作战任务。

看来庞培总是要干一些史无前例的大事情。他几次破罗马官场先例的事情尚未淡出人们的记忆，现在庞培的形象又出现在人们的脑海中，而且这次的破例更是前所未闻。

据研究者的推算，当时罗马的国家预算每年也就 2 亿阿斯，现在国家预算的一大半都要拿来用于肃清海盗。罗马人具有尊重决定的品性，一旦做出决定就坚决执行，但真要做出这样的重要决策还是要下大决心的。而且，将这样大的权力在三年的时间内授予一人，元老院从维护共和政体的角度出发，也会断然反对。元老院反对的理由如下：

一、授予一个人如此大的权力，违反了排斥独裁的元老院体制，苏拉确定的法律也禁止这样做。

二、这样大的权力只应该授予独裁官，而且三年的任期也太长。

三、即使认可总司令为独裁官，独裁官在境外（意大利半岛之外）行使实权也是没有先例的。

四、庞培才 39 岁，他上次破格当选为执政官已经是例外，这次还要制造新的例外，而罗马的法律是不允许例外的。

五、庞培若想再度当选为执政官必须再等 7 年，现在这个清剿海盗的提案是为满足庞培个人野心而精心炮制出来的产物，不应该认可。

然而元老院也不是铁板一块，元老院元老中有人就持赞成态度，因“威勒斯审判”获胜而名声大振的西塞罗就赞成这个提案，刚刚步入政界、时年33岁的恺撒也赞成这个提案。而拥有投票权的普通民众对罗马政府则抱有一种“看你怎么办”的心态。

护民官加皮亚阿斯的提案在公民大会上以压倒性多数获得通过。消息一出，罗马市场上原本高涨的小麦价格立即暴跌，而苏拉体制也因此而被彻底埋葬。

由庞培主导的清剿海盗之战，虽未受到后世军事家的一致好评，但仍称得上可作为军事战略范例的杰作。

庞培首先把地中海全部地区划分为13个作战实施海域，每个海域配备由正副军团长指挥的实战部队。庞培将60艘战船作为自己直接指挥的机动部队，在需要时驰往相关海域投入战斗。他的身影总是出现在最前线。

这13个作战实施海域，不用说都是海盗的根据地及其周边海域。整个作战方案分前后两期实施，前期的重点在西地中海地区。先消灭疲弱之敌，这也符合一般军事战略战术的基本要求。

对海盗的打击方式是海上、陆地相结合，先海战后陆战。在海上遇到海盗船就当场痛击，侥幸落荒而逃的海盗逃往根据地时，陆路守候的军队将逃回的海盗连同其根据地连锅端掉。西地中海海盗出没频繁、活动猖獗的区域集中在西班牙近海、利比亚近海、希腊和撒丁岛近海，以及厄尔巴岛附近的第勒尼安海。庞培仅用了40天就把这一带的海盗全部消灭了。

肃清西地中海海盗的罗马舰队恰如开始收网的渔夫，把逃遁的海盗船全部装进了东地中海。紧接着，北至爱琴海，南至埃及，东至叙利亚、巴勒斯坦的海盗根据地全部落入罗马军之手。不断收紧的大网包围了小亚细亚南部的奇里乞亚。

从战线转移到东地中海开始，到摧毁海盗的大本营奇里乞亚，耗时 49 天。庞培在地中海全部海域实现罗马强权下的和平，一共只用了 89 天。

在肃清海盗的战斗中，共缴获海盗船 400 艘，烧毁击沉 1 300 艘，把海盗设在根据地的造船厂、要塞全部破坏烧毁，超过 1 万名海盗被击毙，俘虏了 2 万多名海盗。被海盗劫持绑架的人全部恢复了自由。这一年即公元前 67 年初夏，地中海上的航行完全恢复了正常的安全状态，意大利的小麦进口也恢复到原本的数量。

庞培的声誉在罗马急剧上升是可以预料到的。在希腊，被海盗袭击神庙、掠夺城市闹得近乎绝望的希腊人，更是把庞培当作神来称颂。

庞培被授予的绝对指挥权有 3 年的行使期限，而他仅仅用了 3 个月就出色地完成了肃清海盗的目标。如果他忠实于元老院体制，就应该在回到罗马后交回绝对指挥权。公元前 5 世纪的辛辛纳图斯曾被任命为只有任期 6 个月的独裁官，他在 15 天的时间里打败敌人后立即交回了独裁官的绝对指挥权，回到自己原来的“晴耕雨读”的生活中。假如他不那样做，由少数精英组成的元老院主导的共和政体就不能存续下来。

但是，39 岁的庞培不那样做，而且时代也不要求他那么做。

可能又是身在奇里乞亚的庞培的授意，身在罗马的护民官加皮亚阿斯再次向公民大会提出议案：

解除中东、近东战线最高责任者卢库鲁斯的职务，由庞培接任。如果庞培接任卢库鲁斯的职务的议案被公民大会通过，还要根据战事的需要延长授予庞培的绝对指挥权，直至彻底消灭本都国王米特拉达梯。

这个提案还是遭到了元老院多数元老的反对，反对的理由与当初他们反对肃清海盗提案的理由相同。赞成的元老院元老还是西塞罗和恺撒。而公民大会以 35 个选区全部投赞成票的结果通过了加皮亚阿斯的提案。对卢库鲁斯在小亚细亚强制推行的金融改革不满的骑士阶级，这次完全站到平民阶级一边，投了赞成票。与上一次一样，元老院还是既孤立，又无力阻止。

从奇里乞亚弃舟登岸，沿小亚细亚向黑海方向北上，途中的内陆地区是卡帕多西亚，卡帕多西亚西邻有个被称为卡拉迪亚的地方。在这里，卢库鲁斯和庞培会合，新旧总司令要进行指挥权的移交。年长 10 岁的卢库鲁斯还是同属苏拉门下的庞培的师兄。二人之间的交谈，尽管形式上都是外交辞令，但确实是在友好的气氛中开始的。卢库鲁斯赞扬庞培肃清海盗的高超指挥艺术，庞培则称颂卢库鲁斯作为罗马公职人员第一个率军打到里海的历史功绩。但聊着聊着，二人的自我约束全都失灵，话语变得坦率直白，毫不客气。庞培非难卢库鲁斯的吝啬与贪欲，卢库鲁斯则谴责庞培前来抢夺自己即将收获的胜利果实。不管二人怎样相互指责，有公权力支持的是庞培，二人之间的争斗从一开始就已清楚地分出胜负。

卸任后，卢库鲁斯准备踏上回国的旅途，庞培说卢库鲁斯归国后肯定要举行凯旋仪式，就以此为由，从接收的原卢库鲁斯手下的士兵中挑选了 1 600 人，允许卢库鲁斯带着这 1 600 名士兵一起回国。卢库鲁斯到港口准备登船时发现，这 1 600 人中不是失去战斗力的老弱士兵，就是重伤在身的伤残之兵，而且都是人所共知的比海盗还要劣质、不服从管理的“兵油子”。年纪轻轻即获得成功、不知失败与挫折痛苦的庞培，在新老交替这样的场合下仍然不顾情面，能够做到坦然与冷酷。

公元前 66 年，在外 7 年之久的卢库鲁斯回到罗马，凭他做出的功绩，当然要为他举行凯旋仪式。在举行凯旋仪式那天的马尔斯广场上，展览着在与本都国王和亚美尼亚国王战斗中缴获的各种东方华丽的武器和铠甲，仅这些稀罕物就已经让罗马人目不暇给。

凯旋仪式以 10 辆从东方君主手中缴获的装有双巨镰的战车为先导，其后是被俘虏的 60 名本都及亚美尼亚高官，接着是一队牛车拉着的 110 艘缴获的军船的巨大彩绘模型，再后面是近 2 米高、与真人一般大小的米特拉达梯铜像，作为未能抓到的米特拉达梯的替代品。接下来是数量众多的各种战利品，用 20 副担架抬着排成一队，其中有国王专用的镶嵌着宝石的盾牌、众多的银壶和 33 个金杯。再就是 8 头驴拉的黄金制造的轿子，轿子上堆放着 56 块银锭和 270 万德拉克马（希腊货币单位）的金币。观看凯旋仪式的市民看得目瞪口呆。

在这些队伍之后是一队举着大牌子的士兵，这些牌子上宣示着卢库鲁斯的各项成绩。其中有一块牌子上记载着卢库鲁斯在向庞培移交指挥权后剩余军费的金额，另一块牌子上记载了卢库鲁斯结束远征后从战利品中上交国库的金银币的金额，还有一块牌子上记载着卢库鲁斯给属下士兵每人支付了 95 德拉克马的奖金。卢库鲁斯乘坐 4 匹白马拉着的战车出现后，凯旋仪式结束。当天晚上，卢库鲁斯自费举办了一个大型宴会，招待市民。

深受庞培之苦的元老院喜迎卢库鲁斯归国，期待着苏拉门下坐第一把交椅的卢库鲁斯能够为巩固元老院体制发挥重要作用。实际上，由于担心权力向庞培集中，有些人已经结成了被称为“元老院派”的党派。时年40岁的西塞罗和29岁的加图都是这个党派的活跃分子。这个加图与当初大西庇阿的政敌马尔库斯·波尔基乌斯·加图同属一个大家族，历史上为了区分这两个人，就把公元前2世纪的加图称为“老加图”，把公元前1世纪的加图称为“小加图”。老小加图都是狂热的共和政体主义者。

50岁的卢库鲁斯开始时还打算积极参与元老院派的活动，但是，卢库鲁斯具有认清政治现状的能力，大约他很快就看明白了，西塞罗和小加图尽管有思想、会演说，但要把纲领转化为行动，仅靠他们的力量是不够的。不久，卢库鲁斯就离开了政界。

卢库鲁斯的妻子是小加图的姐姐，过去卢库鲁斯因为妻子是朋友的姐姐一直勉强维持着婚姻，现在他无所顾忌，终于与小加图的姐姐离了婚。从此以后，卢库鲁斯虽然还在元老院有席位，但几乎不再参加政治活动。

对国政的关心和私人生活的愉悦，是一种反比例的关系。离开政坛后，卢库鲁斯的私生活开始多姿多彩。为了陈列从中东带回来的艺术品，卢库鲁斯在各地修建自己的宅邸，在罗马市内，在那不勒斯近郊的海边，在意大利内陆地区绿树包围的山野，都有他精心建设的漂亮住宅。

和后来的帝政时期相比，共和时代的罗马人的住宅还是比较质朴的。帝政时期曾经当过皇帝老师的塞内加曾造访过大西庇阿的别墅，对于这位既富且贵的大英雄居所的简约程度表示吃惊。按塞内加的说法，能与帝政时期的豪宅相媲美的，只有卢库鲁斯的住宅。由此可以想象得到卢库鲁斯宅邸的豪华与奢侈。他在海边的别墅还专门修建了引入海水养鱼的水池。

离开了政坛的卢库鲁斯不再有政治婚姻的必要，他随着季节的变换住在不同地方的私宅中。这个独身的优雅贵族把自己收集的艺术品和书籍对外人开放，让大家都能享受到欣赏的愉悦。卢库鲁斯宅邸内的图书馆成为热衷于文化的罗马人和侨居罗马的希腊人聚会的沙龙。

使卢库鲁斯留名后世的是他身体力行的饮食文化，至今在西欧，人们还把豪华的美食宴席称为“卢库鲁斯式”宴席。

严谨的普鲁塔克曾对卢库鲁斯的奢侈生活有“暴发户之常态”的恶评。其实对富豪的这类生活方式也没有必要太过在意。卢库鲁斯在美食方面的造诣令今天的美食家也难以望其项背。

卢库鲁斯在美食方面的一些做法令人联想到他是当过军队统帅的人。他按所需费用的高低把宴席进行分类，不同级别的宴席安排在不同的房间里，各房间取不同的名字以便于区分。为了保持食材的新鲜和优质，他在自己的农庄里养鱼养鸡，种植蔬菜和水果，还自制奶酪。美食对卢库鲁斯而言，绝不单纯是一个“吃”字，餐厅如何布置，用餐时弹奏什么音乐，朗诵哪些诗文，交流怎样的话题，邀请什么类型的客人，这一切的巧妙搭配、和谐完美，才是卢库鲁斯追求的美食境界。

有一次，卢库鲁斯一个人在家里用餐，用人觉得就他一个人吃饭，于是安排了一些简单的饭食。卢库鲁斯得不到美食的满足感，很不高兴，他唤来用人，斥责道：“你怎么连这么点事都弄不明白？今天是卢库鲁斯到卢库鲁斯家来赴宴！”

还有一次，西塞罗和庞培看到了在罗马广场散步的卢库鲁斯。共和时代的罗马人有一个优点，不管在元老院中如何唾沫星子乱飞、大喊大叫地激烈辩论，也不管政治信仰如何针锋相对，一旦到了私人聚会的场合，都会坦诚相见地交往应酬。西塞罗和庞培自然也不会装着看不见而不理卢库鲁斯。

二人耳语道 :“卢库鲁斯常邀请客人到他家用餐，他款待客人的豪华宴席都是事先周到地准备好的，卢库鲁斯自己的日常饮食一定不会那么复杂，肯定是非常简朴的，咱们去看看如何？”二人商量好以后就走近卢库鲁斯，寒暄了一阵后说 :“今晚去你家好不好？”西塞罗紧接着又说 :“不要为我们做什么特殊安排，把你的晚餐拿来我们一起吃就可以了。”

卢库鲁斯刚开始还劝二人另选别的日子，定好时间再来，可这二位就是不同意，非要今晚就去。卢库鲁斯只好不再坚持自己的意见，同意当晚招待这两位不请自到又不便拒绝的客人。他对二人说 :“请允许我告诉跟随我的奴隶咱们今晚在哪个房间吃饭。”二人回答说 :“那当然可以。”卢库鲁斯就告诉奴隶说 :“今晚在阿波罗的房间用餐。”西塞罗和庞培哪里知道，按卢库鲁斯的等级划分，以阿波罗神的名字命名的房间的宴席是最高等级的。据说在“阿波罗”的房间安排的宴席，一次所需费用为 5 万德拉克马，而那个时候普通人民的年收入只有 5 000 德拉克马左右。

不难想象，庞培和西塞罗二人当晚一定会被卢库鲁斯的美食水准惊得瞠目结舌。而卢库鲁斯如此破费招待这二人，恰恰是想以此表示对二人的轻蔑。如果再次借用普鲁塔克的话，那就是 :“在饮食上如此地挥霍和炫耀，就像战争中被俘虏的野蛮民族。”

尽管激烈的政治斗争朝朝暮暮始终不断，但共和时期罗马人的价值观仍是崇尚质朴、刚健，蔑视豪华奢靡的私人生活。卢库鲁斯的生活态度与生活方式只能引起人们的惊讶，不会获得人们的尊敬。

然而，不留恋政界的卢库鲁斯已经毫不在意别人如何评判。在经历了 10 年充分享受私人生活的愉悦之后，路奇乌斯 · 李锡尼乌斯·卢库鲁斯告别了这个世界。那个时候的罗马已经是庞培和恺撒的天下了。

卢库鲁斯的葬礼自始至终没有在公民中掀起特别的感情波澜。据说卢库鲁斯唯一的一个真挚的愿望是希望能安葬在长眠于马尔斯广场的苏拉身边，但因为没有人积极为他争取而未能实现。这个在做副将时最能充分发挥自己能力的男人就这样走完了他的一生。

从卢库鲁斯手中接过东方战线总指挥权后，庞培手中的兵力有10个军团6万余人的陆军和由270艘战船组成的海军，相当于卢库鲁斯能够掌握的兵力的2倍。但这个“2倍”意义重大。

卢库鲁斯用高超精湛的军事指挥艺术干净利索地战胜了兵力10倍于己的本都国王米特拉达梯和亚美尼亚国王迪古拉斯的军队，震慑了东方的君主们。这个战绩就连亚历山大大帝都会自叹弗如。当初亚历山大大帝率3.6万名士兵果敢东征，汉尼拔靠2.6万人就敢在意大利横冲直撞。卢库鲁斯与他们使用的是同样的战略战术，即以较少的兵力压制住大军集结的敌人，掌握战场上的主动权，最终大获全胜。但是连续地以少胜多也会令人产生敌方征召军队能力太弱的印象。

但是，无论是怎样的军事天才，率领一支战斗力不足的军队总是会有缺失，主要是没有余力去做政治、外交等方面的努力，以达到“不战而屈人之兵”的目的。两军交战，如能给予对方“无形的压力”，可抵得上千军万马。

无论从财政能力，还是从专制君主对国家的控制能力上来说，东方这些国家的君主征集10万大军不是什么问题。但庞培如果能像在肃清海盗之战时那样统率20个军团的大军，对这些东方的君主就会构成“无形的压力”。现在庞培只有肃清海盗时的一半兵力，即10个军团，但还是比卢库鲁斯当时的兵力多了一倍。而且，和卢库鲁斯相比，庞培能够选择的战略幅度也更为宽阔。在能力上，庞培不说远在卢库鲁斯之上，但至少他能够更为自如地驾驭和利用这种“幅度”。

能力超群的人做事会瞻前顾后，统筹安排，能够让前一阶段做的事情成为后来需要解决的问题的铺垫和出发点。

庞培用不到3个月的时间就肃清了地中海的海盗，这期间俘虏了2万多名海盗。按一般的做法，会把他们押到奴隶市场卖掉。然而庞培没有这样做，他了解到，这些人中的大多数是由于东方国家的纷争内战致使其失去家园才投身海盗职业的。

庞培不仅恢复了这些人的自由，还给了他们土地。当时的小亚细亚不像西班牙、法兰西那样尚未开发，而是已形成村镇的布局，但由于诸王之间的争斗不断，战火频仍，很多村镇已经无人。庞培把这些原来的海盗移到这些无人的村镇落户，但特意关照一点，即一定是远离大海的内陆地区。因为希腊裔居民已经在沿海地区定居，如果这些原海盗移住附近，会招致希腊裔居民的反对。庞培还把原海盗落户的其中一个小镇取名为“庞培小镇”。

安排好这些原海盗的生计之后，马上就到了公元前66年夏，迎来40岁的庞培此刻已没有后顾之忧，他指挥的东方之战正式开始，史称“第三次米特拉达梯战争”。

为了攻击被卢库鲁斯打跑又回到本都的米特拉达梯，庞培率军从小亚细亚北上，向黑海沿岸的本都进军。米特拉达梯没想到庞培这么快就发动攻势，急忙征召了3.3万名士兵出战，被庞培轻而易举地就打败了。老奸巨猾的米特拉达梯只好又使出成功对付卢库鲁斯的老办法，即逃往东方的山岳地带，使追讨他的罗马军队疲于奔命却一无所获，最终罗马军总司令顶不住士兵的压力不得不撤兵回到西方。米特拉达梯期望这一招在对付庞培这个新对手时也能奏效，但庞培不上他的当，并没有穷追不舍，而是积极地开展了外交战。

本都国王米特拉达梯一而再、再而三地败给罗马军后仍能东山再起，不是米特拉达梯自身能力有多强，关键在于他与亚美尼亚国王之间的同盟关系。

卢库鲁斯当时也意识到了破坏本都与亚美尼亚同盟关系的重要性，而且他也知道，如果亚美尼亚发生内战或者亚美尼亚东邻的帕提亚王国有什么动向，都可能导致本都与亚美尼亚联盟解体。

实际上卢库鲁斯在东征到里海的时候曾经提出与帕提亚王国结盟的意向。但是，不管卢库鲁斯怎么能打胜仗，毕竟只有 3 万人马，不足以让帕提亚国王心动。如果是现代，遇上这种杀敌 10 万、己方只牺牲 5 人的前所未闻的战绩，可以立即把战争全过程的录像送到帕提亚的王宫内一睹为快，可那个时候做不到。既然不是亲眼所见，口耳相传的冲击力、震撼力就差了很多。有鉴于此，在得知米特拉达梯也在争取与帕提亚结盟的消息后，庞培抓紧与帕提亚国王谈判结盟事宜，他把自己的军事实力描述为“两倍于卢库鲁斯的作战能力”。

庞培向帕提亚王国提出的结盟内容和以前卢库鲁斯的提法相同，主要有以下两条：

一、罗马公民和元老院承认帕提亚王国在美索不达米亚一带的领土主权不可侵犯。

二、以幼发拉底河为边界，划定帕提亚和罗马两国霸权的势力范围。

帕提亚王国是东方的一个大国，也被称为“波斯”。对于本都国王米特拉达梯不断向罗马挑起事端的做法，帕提亚王国一直不大关心，但当米特拉达梯与帕提亚西部邻国亚美尼亚结成军事同盟后，就不能不关心了。帕提亚对米特拉达梯的举动一直抱有怀疑的态度，而米特拉达梯却一直想把帕提亚拉入反罗马同盟。

如果帕提亚、亚美尼亚、本都三个强国结成军事和政治同盟，地中海对罗马来说，就不再是“我们的海”了。但是，中东各国不能团结起来一致对外的局面并非始于现代。在西欧，“同盟”的含义是团结弱小国家来对抗强国；而在东方，“同盟”的含义则是拉拢强国来欺负弱小国家。

帕提亚王国最终还是抛弃了维持守势的米特拉达梯，选择了处于攻势的罗马结成同盟。但当时谁也没有考虑到的是，两国以幼发拉底河为界划定势力范围，给后世留下了很多隐患。

帕提亚王国倒向罗马一边，动摇了其邻国亚美尼亚与本都继续结盟的决心。具有强烈危机感的一名亚美尼亚王子举起了反对父王迪古拉斯的旗帜，不仅造了父亲的反，他还派出使节到庞培军中来，说要放弃与本都的同盟关系，转而与罗马结盟。

这一下使亚美尼亚国王迪古拉斯陷入窘境，他与本都国王米特拉达梯结盟的目的，本不是支持米特拉达梯反抗罗马、确保独立和自由，而是为了借机扩大自己的势力范围。本都、亚美尼亚结盟的主要内容就是本都向西、亚美尼亚向南扩张势力范围。现在本国因反对与米特拉达梯结盟而产生内战，不论从正义还是从国家利益上来说，亚美尼亚都没有继续维持与米特拉达梯结盟的道理。

于是，亚美尼亚国王迪古拉斯派人给庞培送信，告诉庞培说，为了和平谈判及缔结和约，国王自己想亲自去拜访罗马的将军。不等庞培回信，他就以国王的名义在国内发出布告，悬赏通缉米特拉达梯，如有抓获或杀死米特拉达梯者将给予巨额奖赏。

两次败于庞培后，米特拉达梯还想逃到亚美尼亚境内。以前他逃命的时候，卢库鲁斯曾经向亚美尼亚提出引渡米特拉达梯的要求，那时亚美尼亚国王迪古拉斯被米特拉达梯迷惑，拒绝了卢库鲁斯的要求。但这回不同了，亚美尼亚和帕提亚均已没有了米特拉达梯的容身之地。米特拉达梯以66岁之身，在少数忠臣的守护下，只能逃进高加索山中躲避追杀。庞培派来的舰队严密监视着黑海各处，米特拉达梯根本无法在黑海沿岸现身。

庞培靠军事和外交两面作战，完全取得了这场战争的胜利。帕提亚国王在这场各方较量的“牌局”中只不过是庞培利用的一张“牌”，而亚美尼亚国王对庞培的拜访，则成为庞培取得这场战争胜利的标志性事件。

前面提到过，苏拉曾像开玩笑似的送给了庞培“马格努斯”（意为“伟大的”）这个尊称，但因苏拉尚在，庞培有所顾忌，一直未用。经历了平定海盗、征服东方后，庞培已经无所顾忌，他在签署文件时，开始使用“庞培·马格努斯”作为自己的署名。在言行方面，庞培都在模仿之前被人们唯一冠以这个尊称的亚历山大大帝。在接待前来拜访的亚美尼亚国王时，他的言行举止与当初亚历山大大帝接见败国之君时一模一样。

亚美尼亚国王迪古拉斯戴着东方君主特有的高帽子，上面再加上王冠，出现在罗马军营前。在军营入口处，他应罗马警卫的要求下马，随身携带的黄金宝剑也被收走。然后他走向站在军营正中、身穿军装、披着大红斗篷的庞培。走到庞培面前时，亚美尼亚国王按照东方国家战败者的习惯跪倒在罗马将军脚下，而且他还取下头戴的王冠，送到庞培手中，以示完全臣服。

40 岁的庞培满脸洋溢着胜军之将的微笑，拉住还跪在自己脚下的国王的手，让他站起来。然后把王冠还给了国王，说："我接受你的求和。"

事已至此，亚美尼亚国王迪古拉斯当然会完全接受庞培要求的讲和条件。具体内容如下：

一、亚美尼亚向罗马支付 6 000 塔兰特的赔款。

二、亚美尼亚赠送给庞培手下的士兵每人 50 第纳尔。

三、亚美尼亚将侵占的奇里乞亚、卡帕多西亚、腓尼基、叙利亚的一部分以及幼发拉底河东岸的索菲地区全部归还给其原来的所有者，放弃对这些地区的领土主权。

四、亚美尼亚与罗马恢复友好同盟国关系。

举起反对父王旗帜、率先与罗马讲和的那位王子，从父亲手中接过赠送给战胜国的礼品，转交给庞培。

庞培把卡帕多西亚的王位还给了被米特拉达梯、迪古拉斯联军赶跑的卡帕多西亚国王。然后他没有再继续追捕逃到高加索山中的米特拉达梯，大概他认为米特拉达梯已不再是什么心腹之患了。之后，庞培率自己的军队向东、向南方向开进。

庞培将队伍分兵两处，自己率领三分之二的兵力向幼发拉底河西岸进军，他率大军到那里是为了向罗马霸权所及的地区宣示主权，展示军威。我这样说的证据是，庞培遵守与帕提亚王国的协议，没有渡过幼发拉底河。庞培的军队在水量充沛的幼发拉底河西岸安营扎寨，在那里度过了公元前 66 年至前 65 年的那个冬天。

庞培手下的另一支部队作为别动队开往南方，进入因被亚美尼亚侵略而一片荒芜的叙利亚，预定在那里等待庞培向帕提亚展示罗马军威后过来会合。当然，这支军队也不能等在那里什么都不干。当时的叙利亚名义上是由塞琉古王朝统治，但实际上处于无政府状态。庞培的部队迅速控制了当地的局面，静候庞培。

自从苏拉死后，米特拉达梯一直在耍弄罗马的将军，现在轮到他被耍弄了。这位 67 岁的东方君主在与 41 岁的庞培的心理较量中，完全处于下风。

米特拉达梯豁出全部家当，将藏在各处的金银财宝全部拿了出来，动员了包括奴隶在内的人民从军，总算又凑起一支 3.6 万人的队伍。但庞培的剑锋所指根本不是北边，就像没他这个人似的。米特拉达梯又向庞培提出讲和，条件是承认罗马的霸权，甘居同盟国地位，并支付赔款。庞培的回答是，只要求米特拉达梯自身臣服。这下可伤了一心想做希腊式帝国君主、与罗马抗争了半个世纪之久的米特拉达梯的自尊。他没有再派出回话的使者。

米特拉达梯再次呼吁与帕提亚王国建立同盟关系，却没有得到回应。绝望之余，他离开亡命的高加索山，鼓动黑海沿岸的部落一起参加西征。米特拉达梯游说，说要以手中的 3.6 万名士兵为主力，率领他们经过色雷斯、马其顿、潘诺尼亚向西方进军，并且雇用居住在多瑙河附近的凯尔特人，越过阿尔卑斯山进攻意大利。然而，事到如今，谁也不再相信这个又老又孤立的男人的幻想。雪上加霜的是，连米特拉达梯的儿子法尔纳克也对父亲绝望了，公开和米特拉达梯决裂，造父王的反。米特拉达梯此前因怀疑儿子加害于己已经杀死了四个儿子。在高加索山中一直没有什么作为的米特拉达梯，如今到了黑海沿岸已不能再杀人了，而且本都国王的高官们此时也明确表示抛弃国王，站在了王子一边。法尔纳克王子派使者去向庞培表明了本都国王愿臣服于罗马、请罗马接纳的请求。

看到本都国王米特拉达梯的惨状后，庞培没有了后顾之忧，立即率军进入叙利亚。经由安提阿进入大马士革后，未流一滴血就让已徒具虚名的塞琉古王朝从历史上消失了。亚历山大大帝的遗产只剩下了另一个继承国埃及的托勒密王朝。从此叙利亚变成罗马的行省，罗马派出总督驻在大马士革，行使管理职权。

叙利亚变成罗马的行省后，国王被强制退位，但其国家政体的支持系统并未解体。既然未解体，就需要人员更替，庞培就把国家政体支持系统的主要成员全部换成年轻人。能够让历时 250 年的塞琉古王朝未流一滴血而灭亡，与庞培这一招有很大关系。

中东地区不是未开发之地，已经有较为发达的城市文明。庞培就以城市为主体来恢复当地的秩序。当时叙利亚的五个主要城市，从南向北依次为安提阿、塞琉古城、《圣经》语言（希伯来语）的发源地比布鲁斯、贝鲁特和大马士革。庞培设计了以城市为主体、各城市相对独立的治理模式，各中心城市享有一定的自主权，承担起本城市的治理职责。各城市之上设置罗马派来的总督。庞培这样安排也是为了避免叙利亚的内战，因为内部纷争从来就是招致外来入侵的最主要原因。

在叙利亚这些城市与幼发拉底河之间的中间地带居住着贝都因部落，庞培率军平定了那里，然后与贝都因人缔结了同盟协议。庞培这样做是为了在叙利亚行省与幼发拉底河之间设置一个缓冲地带。

庞培在大马士革忙于重整中东格局，恢复罗马霸权下的秩序。这期间，很多有地位的犹太人前来拜访他。犹太的内战时有发生，常依赖罗马进行调停。庞培就命他们重新考虑是否还要坚持“政教合一”的统治模式。然而这却遭到了虔诚的犹太教徒的强烈反对。于是耶路撒冷成为罗马军的下一个进攻对象。

攻下耶路撒冷城并不费力，但由于该城市内街区密集，建筑物众多，如果防守者占据神庙林立的地区进行抵抗，进攻者需要进行三个月的巷战。攻下耶路撒冷后，庞培独自一人去了犹太神庙。由于在罗马、希腊等多神教的神庙有不能携带武器进入的规定，庞培就遵守这个规矩，去犹太神庙连武器都没带。由于在希腊、罗马的神庙中，参拜者可以进到神庙深处的圣所向神祈祷，庞培以为犹太神庙也如此，就信步走进了神庙深处的不对普通参拜者开放的地方。进入后他才发现，犹太神庙内的圣所内，不像希腊、罗马神庙那样摆有神的雕像，而是什么也没有。庞培对此很诧异，因为诧异，他什么也没有做就赶快出来了。

庞培不知道，犹太神庙内的圣所一年只有一次且只限大祭司一人进入。庞培在不知情的情况下并无恶意地进入犹太神庙内的圣所，但在犹太人的眼里，这是亵渎神灵的行为。这就是多神教的罗马人和一神教的犹太人之间最早的文化摩擦。从此以后，犹太成为罗马的半行省，由叙利亚总督管理。

耶路撒冷再往南，是以佩特拉为中心扩展势力的纳巴泰部落。纳巴泰人因与印度的贸易而繁荣，他们向庞培提出了与罗马建立友好关系的请求，由此庞培没有再继续南下。到此为止，地中海东南方的叙利亚、巴勒斯坦地区，包括塞浦路斯已全部统合于罗马的霸权之下。

本都国王米特拉达梯因孤立、绝望，最终选择了自杀。他的儿子法尔纳克将其遗体送到了庞培军中。

庞培与法尔纳克缔结了和约，把他安排到位于比原本都领土更往东、黑海东岸的地方当国王。庞培打算将原本都领土变为罗马的行省。至此，因米特拉达梯作乱而使罗马人烦恼了半个世纪之久的小亚细亚地区终于安定了下来。

被儿子送来的米特拉达梯的遗体，奉庞培之命，葬在锡诺普埋葬历代本都国王的陵墓中。这个顽固执拗地与罗马作对的男人就这样结束了他的一生。

因无望而服毒自尽的本都国王米特拉达梯六世，给世人留下了一封书信。

米特拉达梯自杀 20 年后开始写作的罗马历史学家撒路斯提乌斯，在其历史著作中收录了一些著名历史人物的书信，其中就包括米特拉达梯写给帕提亚国王阿尔萨凯斯的这封信。这封信稍长一些，但因其集中反映了当时反对罗马帝国主义路线的代表性观点，我还是想全文介绍给读者。介绍完这封信之后，我想再介绍一下罗马人自己对罗马帝国主义问题的看法。这就像法庭调查那样，原告、被告都应有证人出庭才能体现公平。

米特拉达梯的信全文如下：

本都国王米特拉达梯谨向帕提亚国王阿尔萨凯斯致以问候。

任何国家的执政者，为了维护和平，都可能会选择与他人结成同盟。但这个同盟是否建立在公正的基础之上，将决定同盟的最终结果——是受人尊重，还是贻笑大方。

假如您正处于永久享受和平的状态，没有被邪恶的敌人包围，或者来犯者是虽然邪恶但很容易击败的敌人，那么战胜罗马人，对您的声誉不会有什么积极的影响。如果是那样的话，我也不会向您提出结盟的请求，让您的幸运来填补我的厄运。

然而现实并非如此。看看亚美尼亚国王迪古拉斯吧！他的事例已经说明了现实状况是如何的险恶。我的惨状也足以证明这一点。在这万分危急的时刻，我们之间建立同盟，对我们各方都是不可欠缺的。

在亚美尼亚国王迪古拉斯方面，不论您提出您认为合适的任何结盟条件，他都会同意的。在我这方面，命运虽然夺走了我的很多财富，但我具备和罗马人战斗的丰富经验，因此我有能够向您提出有益的建议的自信。事到如今，我的确不像以前那样强大，但我确信我能够为您和您的国家提供例证和忠告。

实际上，罗马人自古以来就是把与其他国家的战争作为唯一目的的民族，他们对别人的财富和领土有着强烈的无穷尽的欲望。

他们最初是以马其顿国王腓力为目标，尽管罗马在迦太基的威胁没有消除之前，与马其顿之间曾结有同盟关系。他们在攻击腓力的时候，为了阻断叙利亚国王安条克向腓力提供的支援，就向安条克承诺叙利亚在小亚细亚的领土不可侵犯，成功离间了叙利亚和马其顿的关系。

然而，腓力刚刚败北，安条克就成了罗马攻击的目标。安条克也被罗马打败，叙利亚在托罗斯山脉以北地区的领土和 1 万塔兰特被罗马强行夺走。

接下来轮到腓力的儿子珀尔修斯。开始的几次战斗有利于马其顿方面，但最终结局还是败北。在萨莫色雷斯岛尽管缔结了和平协议，但等待珀尔修斯的还是死亡。狡猾、虚伪、欺诈是罗马人的长项，协议条文中保证珀尔修斯的生命，但罗马人让这位马其顿王朝最后的国王，因患失眠症而“自然死亡”。

罗马人在相当长的岁月里，大肆宣扬他们与帕加马国王的友好关系，但实际上他们对待帕加马国王就像当初对待叙利亚国王安条克一样——他们给了安条克一片面包，却从安条克手中获得了大片领土；他们让帕加马国王担当从叙利亚掠夺来的领土的看守人，而其下场却比奴隶还要悲惨。

他们连无中生有地捏造遗书这种连神灵也惧怕的事情也干得出来，靠这种卑鄙的手段，他们把帕加马王国变成了罗马的行省。帕加马国王的儿子刚想要主张自己的权利，就被强行带到了罗马。罗马人就这样将自己的铁蹄踏进了亚洲。

最近还有比提尼亚王国的例子。国王尼科美德死后，留下遗言把国家赠予罗马，变成罗马的行省。让人生疑的是，尼科美德并非没有后嗣，他尚有一个庶出的王子健在。

那么再说说我吧！我的王国和罗马霸权所及领土并不直接相连，但是，他们知道我有很多的财富，而且对谁也不服从，于是他们就利用尼科美德挑起对我的战争。

我看透了他们狡猾的伎俩，于是我先下手为强，夺取了比提尼亚国王的王位，驱逐了尼科美德，解放了小亚细亚。接着我又把希腊从罗马人的统治下解放出来。但由于我的臣下阿尔凯洛斯和军队的背叛，我的理想未能实现。

罗马人为了应付国内的内战而与我讲和，但我知道他们不是发自内心地要和我建立友好关系，因此，我稍事整备后立即再度对其宣战。在陆地上，我战胜了罗马总督奥雷利乌斯·科塔；在海上，我成功地击溃了罗马海军。但是，我得不到近邻各国的军粮支援，经由黑海运输，又因为恶劣天气而未能如愿。得不到给养而不得不撤退的军队又遭遇风暴，船队沉没，牺牲了很多优秀的士兵。

其后我并未放弃，而是重整了军队，与入侵的卢库鲁斯展开了几次战斗。但他能够得到来自卡帕多西亚国王的军粮补给，而我的国土一片荒芜，军粮得不到补充，在不得已的情况下，我只能逃到亚美尼亚。

罗马人并没有追我，他们常用的手法是把军队攻占的地方变成荒地，使我无法再征召部队。现在，就连亚美尼亚国王轻率的举动（与庞培缔结讲和条约），也被他们当作自己的胜利而沾沾自喜。

我强烈地请求您，请求您能充分地设想一下我们成为失败者的情形。因为现在您比其他任何国王更具备对抗罗马军的力量，只有您才能终结与罗马人的战争。

毋庸讳言，您拥有众多的士兵、武器和资金，这些对我来说，是接近您、争取与您结盟的理由；而罗马人接近您则只有一个目的，就是为了夺取您的这一切！

您所不知的是，罗马人早就觊觎着我们的国土，因为他们的西边是大海，阻碍了他们向西方的扩张。罗马人拥有的一切——房子、妻子、耕地等，都是抢夺周边住民的结果。

罗马人过去也是难民，没有国家，没有家庭，不过是一群流浪者的团伙。他们的国家是构筑于周边人民的牺牲之上的。无论什么样的法律，什么样的人间伦理，什么样的神灵，都不会允许抢夺友人和同盟者并将其毁灭的行为，都不会允许用充满邪恶的眼光歧视其他民族，并将其变成奴隶的行为。

在普通民众中，盼望自由的是极少数，绝大多数无知民众更期盼遇到一个公正的主人。我们东方的君主们在做出重大决策时常常会遇到臣下怀疑的眼光，怀疑我们或是违反国民利益，或是为了复仇而做出不慎的举动。这个因素也会影响您的决策。

您拥有亚洲第一大城市，而且，因具有无穷财富而闻名于世的波斯也在您的手中。您作为这一切的拥有者，罗马人能不动心吗？他们现在是在哄骗您，是在阻挠您和我们的结盟。当罗马人消灭了我之后，接下来除了战争您还能期待什么呢？

罗马人把他们的剑指向一切民族。但是，哪个民族可供掠夺的财富最多，他们在与这个民族的战斗中也就会最勇猛。他们反复运用战争和欺诈的手段，建立起了他们自己的帝国。照他们的这种逻辑发展下去，要么是毁灭除他们自己以外的一切民族，要么是他们自身毁灭……

罗马尽管强大，但我们没有必要绝望，我们能够阻止他们侵略的步伐。如果您能从美索不达米亚出兵，我从亚美尼亚出兵，共同包围罗马军，他们就会陷入没有军粮也得不到支持的困境，我们就能取得胜利。之前我们没能实现这一目标，一是因为他们的运气太好，二是因为我们在持续地犯错误。

假如您能接受我的请求，采取行动去帮助东方的君主们，您将作为消灭罗马侵略者——这些全人类的强盗——的胜利者而令后人景仰。

我恳求您，发自内心地劝您采取行动。如果您选择了让我和其他东方的君主灭亡，也就是选择了您的灭亡的延期到来。与其您这样选择，不如我们联起手来，一致对外，奋力一搏，我们一定会取得战胜罗马人的伟大胜利！

尽管米特拉达梯的信写得很悲壮，但如前所述，他渴望与帕提亚国王阿尔萨凯斯结盟的愿望没有得以实现。

下面再来介绍一下罗马方面的看法，但绝不是为了与米特拉达梯辩论。我选择的是罗马哲学家、律师、政治家西塞罗去奇里乞亚行省任总督时写给他弟弟的信的节录。信中表达的看法不应视为只是西塞罗的个人见解，因为以西塞罗在当时罗马的地位及影响力，他的见解足以代表罗马方面的主流意见。

西塞罗去奇里乞亚赴任是在公元前 62 年，庞培平定东方是在一年前的公元前 63 年，也就是说，西塞罗是在东方刚刚平定后去奇里乞亚上任的。

西塞罗在信中是这样说的：

> 必须正视的一个事实是，我们罗马把亚洲（罗马人所说的亚洲指小亚细亚和近东、中东地区）从无休止的战争和内战中解救了出来，不应该抱怨说罗马人把亚洲人牺牲的部分财富当作维持罗马霸权体制的费用。正确的说法应该是——亚洲人的这种牺牲，是为了保持这个地区持久和平必需的经费支出。

公元前 61 年，元老院在罗马为庞培举行了盛大的凯旋仪式。凯旋仪式过程中也有士兵高举宣示庞培业绩大牌子的这一幕，若干个大牌子上记录了庞培自公元前 66 年至前 63 年间为罗马成就霸业建立的功绩：

一、在从黑海到里海以至红海的全部地区，确立了罗马的霸主地位。

二、把 1 200 万人口纳入罗马霸权的统治之下。

三、把 1 538 个城市列入罗马的管辖范围。

四、罗马的国库收入和以前相比翻了一番。庞培自己上交国库的货币形态的战利品高达 2 亿阿斯。

五、分配给庞培手下的士兵的报酬总计为 2 900 万阿斯。

六、与埃及、帕提亚、亚美尼亚等国缔结和平友好条约，以保证与之相邻的罗马行省的边境安全。

以上这些业绩绝非胜者的夸张之词。43 岁的庞培取得上述成绩，对罗马的确是厥功至伟，他使用的“马格努斯”这个尊称，不再是徒有其名，这回真的是实至名归。在公元前 1 世纪 60 年代，罗马最有名气的人物，也是地中海世界所有民族里最有名气的人物，非庞培莫属。

庞培自己也在增强“马格努斯”的自我意识。平定东方之后，在返回罗马途中，庞培经停罗得岛，专程探望了卧病在家的著名哲学家波希多尼。这一尊重知识、尊重人才的举动与当年亚历山大大帝拜访哲学家第欧根尼十分相仿。

公元前 1 世纪的“大帝”——庞培，把被地中海波涛涤荡的所有地方统统变成了罗马的行省或同盟国。在这个时期，地中海实际上已成了罗马的“内海”。

熟知从希腊到文艺复兴时期历史的瑞士文化史家布克哈特的代表作《意大利文艺复兴时期的文化》，其中有一卷题为“关于世界史的思考”，本卷中有这样一段话：

历史有时候会突然聚焦到某一个人物身上，并按照这个人物指示的方向行进。普遍与特殊、静止与变动，被集成为这个伟大的个人的人格特征。国家、宗教、文化和社会危机，全部体现于他们的存在上。

…………

危机时期，现存事物与新生事物的矛盾与融合，在这些伟大的个人身上达到顶点。这些伟人的存在，是世界史的一个谜。

公元前63年平定东方后的庞培，年仅43岁，从年龄上看，此后可以对他有更多的期待。

庞培具备的不仅仅是正值壮年的身体，也具备了应该有的一切——政治能力、军事能力，以及民众对他的支持。如果说，在当时的罗马人当中，找出一个符合布克哈特定义的“某一个人物”“伟大的个人”的人，没有谁比庞培更合适，至少在能够看到的人物中，除了庞培没有第二人。而且，当时的罗马尚未从“迷思”状态中走出来，还需要继续变革，克服汉尼拔形容的“内脏疾患”，以适应身体的正常生长，这的确需要伟大的人物发挥重要作用。

尽管如此，“伟大的庞培”（庞培·马格努斯）还是没能成为布克哈特定义的“某一个人物”。罗马史上的“伟大的个人”不是庞培，而是其他的人。

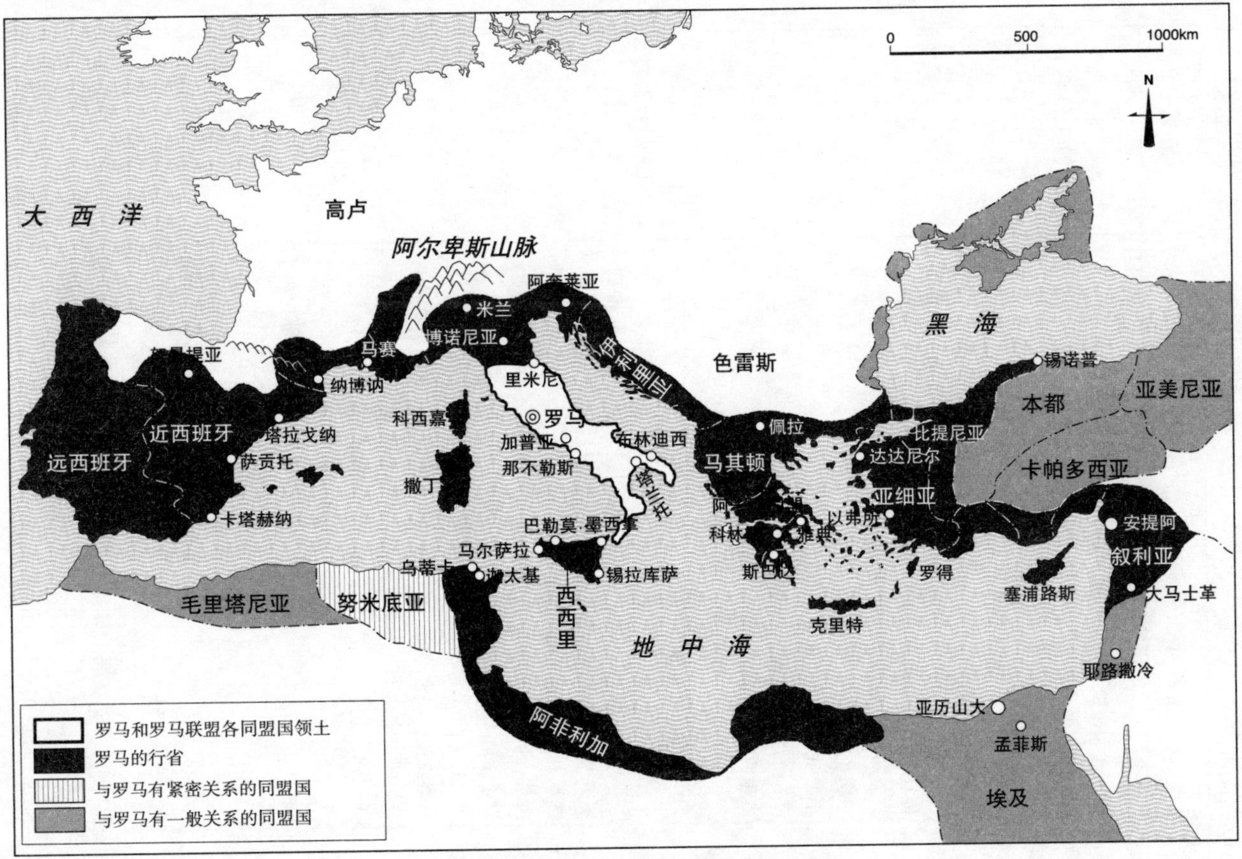

庞培平定东方后（前63）的地中海世界

大事年表

年代（公元前）	罗马	近东、中东地区	中国	日本
150				弥生时代
	第三次布匿战争结束（前146） 马其亚水渠动工（前144）		汉武帝即位（前141）	
140				
	西西里岛第一次奴隶起义（前135—前132）			
	提比利乌斯·格拉古就任护民官，投身土地改革，被反对派杀害（前133） 小西庇阿镇压西班牙原住民叛乱，摧毁努曼提亚（前133），占领西班牙全部领土	叙利亚国王安条克七世即位（约前138）		
130				
	小西庇阿去世（前129）		汉武帝开始攻击匈奴（前127）	
	盖乌斯·格拉古就任护民官，继承其兄遗志，继续推进各项改革，因被反对派追杀而被迫自杀（前123—前121）	叙利亚国王安条克八世即位（约前125）		
120				
	马略就任护民官（前119） 在纳博讷建设新殖民城市（前118）	努米底亚国王米奇普萨去世，由两个亲儿子和侄子朱古达共同治理国家（前118） 罗马将努米底亚一分为二，东部由朱古达、西部由阿泰鲁巴雷统治（前117）		
		米特拉达梯六世就任本都国王（前115）		
	罗马向朱古达宣战（前112）	朱古达占领努米底亚西部，杀害阿泰鲁巴雷和意大利商人，朱古达战争爆发（前112）		

（续表）

年代（公元前）	罗马	近东、中东地区	中国	日本
110	马略当选执政官，进行军事改革（前107） 西西里岛第二次奴隶起义（前104—前100） 马略出征普罗旺斯（法国南部行省）（前103） 马略指挥“埃奎亚塞克斯提亚之战”，战胜日耳曼人条顿部落（前102） 马略指挥“维尔切利之战”，战胜日耳曼人辛布里部落（前101）	朱古达战争结束（前105） 朱古达被捕，被押至罗马处死（前104）		弥生时代
100	护民官萨图纽斯修改小麦配给法，提出新殖民城市法，被反对派杀害（前100） 尤里乌斯·恺撒诞生（前100） 马略赴小亚细亚（前99） 护民官德鲁苏斯提出给予所有意大利人罗马公民权的法案，被暗杀（前91） 同盟者战争爆发（前91）	米特拉达梯六世攻占比提尼亚和原帕加马领土（前91）	司马迁完成《史记》（前91或前87，有不同说法）	
90	罗马同意给予所有意大利人罗马公民权（前89） 同盟者战争实质上结束（前89） 苏拉当选执政官，苏拉与马略交恶，罗马陷入内战状态，马略被迫逃往北非（前88） 苏拉远征希腊，马略和执政官秦纳控制罗马，与苏拉的政治斗争激化（前87） 马略去世，秦纳开始事实上的独裁（前86） 秦纳意外死亡（前84） 苏拉与罗马正规军发生内战（前83—前82） 苏拉就任无任职期限的独裁官，着手国家政治体制改革（前81）	米特拉达梯六世占领位于小亚细亚西海岸的罗马行省，第一次米特拉达梯战争（前88—前84）	汉武帝去世（前87）	

（续表）

年代（公元前）	罗马	近东、中东地区	中国	日本
80	“塞多留之乱”开始（前 80） 苏拉去世，庞培渐得势（前 78） 罗马派遣庞培镇压“塞多留之乱”（前 76） 斯巴达克斯起义（前 73—前 71） “塞多留之乱”结束（前 72） 克拉苏镇压斯巴达克斯起义（前 71）	第二次米特拉达梯战争（前 74—前 67） 米特拉达梯六世败于卢库鲁斯，逃往亚美尼亚（前 71）		弥生时代
70	克拉苏和庞培双双当选执政官（前 70） 庞培肃清海盗，开始征讨米特拉达梯（前 67） 庞培率军进入大马士革（前 65） 庞培控制东方，东征结束，环地中海全部地区纳入罗马霸权之下（前 63）	米特拉达梯六世夺回本都（前 68） 第三次米特拉达梯战争（前 66—前 63） 叙利亚塞琉古王朝灭于庞培之手（前 64） 米特拉达梯六世自杀，米特拉达梯战争结束（前 63）		

参考文献

可能有读者认为，书中的地名、人名、官职名以及其他没有确切对应日语词语的发音，好像没有统一？因此，笔者试着在这里稍做说明。

我想说的是，毕竟作为执笔者的我来说，希望自己完全以不偏向任何一种国家的语言发音来翻译各种人名地名，但是即便如此，也有一些身不由己的情况发生。

第一，有很多地名，古代罗马人并不这样叫，确实是用意大利语、法语、西班牙语甚至德语来记录的。

如果古代是重要都市但现在仅剩遗址的地名，我就将它的古代名称以拉丁语忠实记录，但是这种例子屈指可数。实际上其他很多地名，在 2 000 年之后的今天，仍然发挥着城市的功能，保存到现在。

但是，如果将马赛写作马西利亚、那不勒斯写作奈普里斯、不列颠写作布伦第西、米兰写作麦蒂奥拉努姆、伦敦写作伦蒂尼姆、巴黎写作卢坦茨阿、波恩写作波恩那、维也纳写作维多波纳，将古代地名的发音忠实地描述出来，又会怎么样呢？

在今天的罗马，如果你对出租车司机说“我要去弗朗姆罗马努姆”，即使是教养高深到懂拉丁语的司机，也会把你当外星人看待。

你只能将它改为意大利语的“佛罗罗马诺”（罗马广场）。所以我用拉丁语表述的地名，都是现在仅残留遗迹的荒村野地。

与此相反，人名和官职名，或为希腊语，或为拉丁语，遵循了忠实原语言的方针。但拉丁语的部分仍存在发音问题。也就是说，在日语中的外来语中，德语式发音经过一个世纪已经基本固定下来了。用拉丁语发音来记述，确实妥当吗？

在日本出版的拉丁语教材中并没有针对“为什么德语式拉丁语发音更好”这个问题做出说明。我不是拉丁语专家，略做推测，之所以德语式发音占据主要地位，是因为日本的研究者从事罗马研究是从德语开始入门的。另外，也许是由于古代德国地处罗马帝国边境，意外地保留了最纯粹的发音状态。而且，一直以来对古代罗马的研究热情较高的地区，就是古罗马边境的德国和希腊了。

但是，意大利作为古代罗马世界的中心，拉丁语并不用德语式的发音，其中有以下的原因。

其一，因为没有录音机，古代的罗马人对自身的语言——拉丁语，并没有绝对正确的定义，所以意大利的拉丁语学者只能凭借推测，推测的根据便是残留在建筑、墙壁上的涂鸦。

庞贝遗迹周围残存的这些涂鸦文字，因为是乱写乱画，比起教育水平高的人来说，教育水平较低的人留下这些文字的可能性更大。教育水平低的人在无意中一般会用口语而不是书面语来写字，而且从这些涂鸦推测发音，意大利语式发音比德语发音更妥当。这就是得出结论的第一原因。

其二，从古罗马时代到现代一直延续的唯一组织是基督教会，教会使用的拉丁语发音也非德语式发音，而是意大利语式发音。圣歌自不必说，教皇的讲道中不使用拉丁语的也只有现任教皇，因为他是归属德语圈的波兰人。

其三，是语言的发音状况。如果有人对古罗马人遗留的拉丁语文章使用音读，便会认同这一原因。

柔美的卡图鲁斯抒情诗，宏大的维吉尔叙事诗，我个人非常喜欢的普劳图斯喜剧，满场都是哇啦哇啦的西塞罗的辩论，以及无与伦比的恺撒的文章。这些如果用德语式拉丁语音读出来，就会变得生涩拗口，失去了语言的流畅和快感。

如果将德语式发音和意大利语式发音匹配起来，就如同以下的样子：

维鲁格里斯——维吉尔

可开罗——西塞罗

卡埃萨鲁——恺撒

马古那·古来可亚——马尼亚·古来齐亚

普罗文可亚——普罗文齐亚

穆尼可比亚——穆尼齐比亚

斯可比奥——西庇阿

日本将中世纪英国《大宪章》(Magna Carta）发音为“麻古那·卡鲁塔”，这也是德语式发音，意大利语式发音作“马尼亚·卡鲁塔”。

上面写到的以一个词为例，发音的不同似乎不算什么大问题，但是文章是词汇的连续。这时候，无论是文章的节奏还是连贯性，都不能忽视当时拉丁语的普及程度带来的影响。

即便如此，无法抛弃对拉丁语的德语式发音是否恰当的质疑的我，还是会遵从在日本已经固定下来的拉丁语德语式发音，将人名写作西庇阿、西塞罗、恺撒等。

当时还未产生的意大利语、拉丁语、西班牙语来表述的地名，对于不是写学术论文的我来说，最希望的是尽量让日本人看明白。同样的道理，日本人已经习惯的词语，我会按照德语式发音；而对日本人来说很可能是初次听到的词语，我会按照意大利语式或者天主教会式的发音来记述，以后也会如此。

这可能有不统一之嫌，但从文章的节奏和连贯性的重要性来考虑，或者从应该保留最贴切的拉丁语发音的角度来考虑，我想这么做应该更加妥当。

而且，我不是学者，对我来说最重要的课题，是让异域文化圈的日本人充分感受、了解西欧文明的一大要素——罗马文明。

参考文献中，《罗马人的故事》第一、第二册已经列出的参考文献，在本册中再次使用时不再重复列出。

后世的历史书籍和研究著作

ADCOCK, F.A., *The Roman Art of War under the Republic*, Cambridge, 1940.

ASTIN, A.E., *Scipio Aemilianus*, Clarendon Press, Oxford, 1967.

AYMARD, A. & AUBOYER, J., *Roma e il suo impero*, Firenze, 1958.

BADIAN, E., *Foreign clientelae 264-70 B.C.*, Oxford, 1958: *From the Gracchi to Sulla*, 《Historia》 11, 1962; *Roman Imperialism in the Late Republic*, Pretoria, 1967; *Lucius Sulla—The Deadly Reformer*, Sidney, 1970; *Roman Politics and the Italians* (*133-91 B.C.*), 《Dial. di Arch.》4-5 (1970-71), Roma, 1972; *Publicans and Sinners. Private Enterprise in the Service of Roman Republic*, Blackwell, Oxford, 1972; *Tiberius Gracchus and the Beginning of the Roman Revolution*, 《Aufstieg und Niedergang der römischen Welt》 I-1, pp. 668-731, De Gruyter, Berlin-New York, 1972.

BARBAGALLO, C., *Classi, partiti e legge nella repubblica romana*, Pisa, 1974.

BARBIERI, G. & TIBILETTI, G., *Dizionario epigrafico di Antichità Romane.*

BARNARD, S., *Cornelia and the women of her family*, 《Latomus》 49, pp. 383-392, 1990.

BELL, M.J.V., *Tactical Reform in the Roman Republican Army*, 《Historia》 14, 1965.

BENNET, H., *Cinna and His Times*, Menasha, 1923.

BERNSTEIN, A.H., *The Rural Crisis in Italy and the Lex Agrariae of 133 d.C.*, Cornell University Press, Ithaca, 1970; *Tiberius Sempronius Gracchus*, Cornell University Press, Ithaca, 1978.

BERVE, H., *Sertorius*, 《Hermes》 64, p. 199, 1929.

BLAZQUEZ, J.M., *Historia social y economica de la España Romana*, Madrid, 1975.

BLOCH, G. & CARCOPINO, J., *Des Gracques à Sulla*, Paris, 1929/35; Histoire romaine, Paris, 1935.

BOREN, H.C., *Livius Drusus, t.p. 122 and his Anti-Gracchan Program*, 《Classical Journal》 53, pp. 27-36, 1956; *The Urban Side of the Gracchan Economic Crisis*, 《American Historical Review》 63, pp. 890-902, 1958; *The Gracchi*, Tuayne, New York, 1968.

BRISCOE, J., *Supporters and Opponents of Tiberius Gracchus*, 《Journal of Roman Studies》 64, pp. 125-135, 1974.

BRISSON, J.P., *Problémes de la guerre à Rome*, Paris, 1969.

BROUGHTON, T.R.S., *The Magistrates of the Roman Republic*, New York, 1951.

BRUNT, P.A., *The Army and the Land in the Roman Revolution*, 《Journal of Roman Studies》 52, pp. 69-86, 1962; *Amicitia in the Late Roman Republic*, 《Proc. of the Cambr. Phil, Soc.》 11, 1965; *The Equites in the Late Republic*, 《The Crisis of the Roman Republic》, pp. 83-118, (ed. by SEAGER, R.), Heffer, Cambridge, 1969; *Italian Manpower 225 B.C.-A.D. 14*, Oxford, 1971; *Classi e conflitti sociali nella Roma repubblicana*, Bari, 1972; *Free Labour and Public Works at Rome*, 《Journal of Roman Studies》 70, pp. 81-100, 1980.

BUWAENE, M.V.D., *L'opposition à Scipion Emilien après la mort de Tiberius Gracchus*, 《Phoibos》 5, 1951.

BURDESE, A., *Studi sull'ager publicus*, Torino, 1952.

CALABI, I., *I commentari di Silla come fonte storica*, 《Att. Acc. Linc.》, 1950.

CANTALUPI, P., *La guerra civile Sillana in Italia*, Roma, 1892.

CAPOZZA, M., *Le rivolte servili di Sicilia nel quadro della politica agraria romana*, 《Atti Ist. Ven.》 115, Venezia, 1956-57.

CARANDINI, A., *Schiavi in Italia*, La Nuova Italia Scientifica, Roma, 1988.

CARCOPINO, J., *Autour des Gracques*, Les Belles Lettres, Paris, 1928; *L'Afrique au dernier siècle de la République romaine*, 《Rev. H.》 162, p. 88, 1929; *Sylla ou la monarchie manquée*, Paris, 1931; *Points de vue sur l'impérialisme romaine*, Paris, 1934; *Les secrets de la correspondence de Cicéron*, Paris, 1947.

CARDINALI, G., *Il regno di Pergamo*, 《Studi di storia antica》 5, 1906, Roma; *La morte di Attalo III e la rivolta di Aristonico*, 《Saggi di storia antica e di archeologia》, pp. 269-320, Roma, 1910.

CARNEY, T.F., *A Biography of C. Marius*, Chicago, 1970.

CÀSSOLA, F., *I gruppi politici romani nel III sec. a.C.*, Trieste, 1962.

CHAPOT, V., *La province romaine proconsulaire d'Asie*, Paris, 1904; *La frontière de l'Euphrate, de Pompée à la conquête arabe*, Paris, 1907.

CIACERI, E., *Roma e le guerre servili in Sicilia*, 《Processi politici e relazioni internazionali》, p. 55-, Roma, 1918 .

CICCOTTI, E., *La guerra e la pace nel mondo antico*, Torino, 1901.

CLEMENTE, G., *I Romani nella Gallia meridionale* (*II-I sec. a.C.*), Bologna, 1974.

CLERC, M., *La bataille d'Aix: études critiques sur la campagne de Marius en Provence*, Paris, 1906; *Aquae Sextiae. Histoire d'Aix-en-Provence dans l'antiquité*,

Aix-en-Provence, 1916; *Massalia: histoire de Marseille dans l'antiquité vol. II*, Marseille, 1929.

COARELLI, F., *I figli dell'Africano*, 《Index》 6, Trieste, 1975; *Public building in Rome between the Second Punic War and Sulla*, 《Papers of the British School at Rome》 45, pp. 1-23, 1977.

CORRADI, G., *Caio Gracco e le sue leggi*, 《Studi italiani di filologia classica》, pp. 235-297, 1927; 《Studi italiani di filologia classica》, p. 55- & p. 139-, 1928.

CORSETTI, R., *Sul prezzo dei grani nell'antichità classica*, 《Studi di storia antica》 2, p. 63, 1893.

DE FRANCISCI, P., *Storia del diritto romano vol. I*, Roma, 1926; *vol. II*, parte I, Roma, 1929.

DE MARTINO, F., *Storia della costituzione romana*, Napoli, 1972-75; *Storia della costituzione romana II*, Jovene, Napoli, 1973; *Storia economica di Roma antica I*, La Nuova Italia, Firenze, 1979; *Gromatici e questioni graccane*, 《Nuovi studi di economia e diritto romano》, pp. 163-187, Editori Riuniti, Roma, 1988.

DE SANCTIS, G., *Dopoguerra antico*, 《Atene e Roma》 1, pp. 3 & 73, 1920; *Rivoluzione e reazione nell'età dei Gracchi*, 《Atene e Roma》 2, p. 209, 1921; *Quinto Cecilio Metello Numidico*, 《Atti del 2° Congresso Nazionale di Studi Romani》 1, p. 343, Roma, 1931 (Reprinted in *Problemi di storia antica*, p. 215-); *La guerra sociale*, Firenze, 1976.

EARL, D.C., *Tiberius Gracchus: A Study in Politics*, Latomus, Bruxelles, 1963; *Tiberius Gracchus' Last Assembly*, 《Athenaeum》 43, pp. 95-105, 1965.

ENSSLIN, W., *Appian und die Liviustradition zum ersten Bürgerkrieg*, 《Klio》 20, p. 446, 1926.

FERRERO, G., *Grandezza e decadenza di Roma*, Milano, 1902.

FRACCARO, P., *Studi sull'età dei Gracchi*, L'Erma di Bretschneider, Roma, 1967.

FRANK, T., *Storia economica di Roma*, Firenze, 1924; *An economic survey of ancient Rome*, Baltimore, 1933; *Storia di Roma*, Firenze, 1974.

FREDERIKSEN, M.W., *The Contribution of Archaeology to the Agrarian Problem in the Gracchan Period*, 《Dialoghi di Archeologia》, pp. 330-367, 1970-71; *I cambiamenti delle strutture agrarie nella tarda repubblica: la Campania*, 《Società romana e produzione schiavistica》 1, pp. 265-287, Laterza, Roma-Bari, 1981.

FRIEDLAENDER, L., *Studi intorno agli usi e costumi dei Romani*, Milano, 1921.

GABBA, E., *Le origini dell'esercito professionale in Roma: i proletari e la riforma di Mario*, 《Athenaeum》 27, 1949; *Le origini della guerra sociale e la vita politica romana dopo l' 89 a.C.*, 《Athenaeum》 32, 1954; *Appiano e la storia delle guerre civili*, La Nuova Italia, Firenze, 1956; *Mario e Silla*, Berlin, 1972; *Esercito e società nella tarda repubblica romana*, Firenze, 1973; *Considerazioni sulla decadenza della piccola proprietà contadina nell'Italia centromeridionale del II sec. a.C.*, 《Ktema》 2, pp. 269-284, 1977.

GABBA, E. & PASQUINUCCI, M., *Strutture agrarie e allevamento transumante nell'Italia romana (III-I sec. a.C.)*, pp. 64-73, Giardini, Pisa, 1979; *Il tentativo dei Gracchi*, 《Storia di Roma》 2, pp. 671-789, Einaudi, Torino, 1990.

GARDNER, R., *The Siege of Praeneste*, 《J.P.》 35, p. 1, 1919.

GARNSEY, P. & RATHBONE, D., *The background to the grain law of Gaius Gracchus*, 《Journal of Roman Studies》 75, pp. 20-25, 1985.

GELZER, M., *Die nobilität der römischen republik*, Berlin, 1912; *Pompeius*, München, 1949.

GEYER, F., *Mithridates VI Eupator*, 《Pauly-Wissowa-Real Encyclop.》 15, Stuttgart, 1932; *Tigranes*, 《Pauly-Wissowa-Real Encyclop.》 6, Stuttgart, 1936.

GIANNELLI, G., *La repubblica romana*, Bologna, 1937.

GIUFFRÈ, V., *Aspetti costituziorali del potere dei militari nella tarda res publica*, Napoli, 1973.

GREENIDGE, A.H.J., *Roman Public Life*, London, 1911.

GRUCBER, H.A., *Coins of the Roman Republic in the British Museum* (3 vol.), London, 1910.

GRUEN, E.S., *Roman Politics and Criminal Courts 149-78 B.C.*, Cambridge, Mass., 1968; *The Last Generation of the Roman Republic*, Berkeley-Los Angeles, 1974.

HALL, U., *Notes on M. Fulvius Flaccus*, 《Athenaeum》 55, pp. 280-286, 1977.

HARMAND, J., *L'armée et le soldat à Rome*, Paris, 1967.

HARRIS, W.V., *Rome in Etruria and Umbria*, Clarendon Press, Oxford, 1971.

HARTMAN, L.M. & KROMAYER, G., *Storia romana*, Firenze, 1952.

HATZFELD, J., *Les trafiquants italiens dans l'Orient Hellénique*, Paris, 1919.

HAWTHORN, J.R., *The Senate after Sulla*, 《Gr. a. Rome》 9, 1962.

HEITLAND, W.E., *Agricola: a study of agriculture and rustic life in the Greco-Roman world from the point of view of labour,* Cambridge, 1921.

HELLEGOUARC'H, J., *Le vocabulaire latin des relations et des partis politiques sous la république,* Paris, 1963.

HERMON, E., *L'impérialisme romain à l'époque des Gracques,* 《Ktema》 4, pp. 249-258, 1979; *Le programme agraire de Caius Gracchus,* 《Athenaeum》 60, pp. 258-272, 1982.

HILL, H., *The Roman Middle Class in the Republican Period,* Oxford, 1952.

HOLROYD, M., *The Jugurthine War: Was Marius or Metellus the real victor?* 《Journal of Roman Studies》 18, p. 1, 1928.

JONES, A.H.M., *The Cities of the Eastern Roman Provinces,* Oxford, 1937.

LAFFI, U., *Sull'organizzazione amministrativa dell'Italia dopo la guerra sociale,* 《Akt, VI Int. Kongr. fuer gr. u. lat. Epigr.》, München, 1973.

LANZANI, C., *Le battaglie di Fidentia e di Placentia nella guerra civile Sillana,* 《Rend. Linc.》 ser. VI, vol. II, p. 7, 1926.

LEVI, M.A., *La costituzione romana dai Gracchi a Giulio Cesare,* Firenze, 1928; *Società e costume: Roma antica,* Torino, 1963.

MAGIE, D., *Roman Rule in Asia Minor,* Princeton, 1950.

MARINO, R.E., *Aspetti della politica interna di Silla,* Palermo, 1974.

MARROU, H.I., *Storia dell'educazione nell'antichità,* Roma, 1950.

MARSH, F.B., *A History of the Roman World from 146 to 30 B.C.* (rev. by H.H. Scullard), London, 1953.

MAZZARINO, S., *Il pensiero storico classico I-III,* Bari, 1966-72.

McCRACKEN, G., *The Villa and Tomb of Lucullus at Tusculum,* 《American Journal of Archeology》 46, 1942.

MEYER, E., *Caesars Monarchie und das Principat des Pompejus,* Stuttgart-Berlin, 1919.

MILLAR, F., *The Political Character of the Classical Roman Republic 200-151 B.C.,* 《Journal of Roman Studies》 74, pp. 1-19, 1984; *Politics, Persuasion and the People before the Social War,* 《Journal of Roman Studies》 76, pp. 1-10, 1986.

NICOLET, C., *L'Inspiration de Tibérius Gracchus,* 《Revue des Etudes Anciennes》 63, pp. 142-159, 1965; *L'ordre équestre à l'époque républicaine I,* De Boccard, Paris, 1966; *Les Gracques,* Julliard, Paris, 1967; *L'ordre équestre à l'époque républicaine II*, De Boccard, Paris, 1974; *Rome et la conquête du monde méditerranéen I, Les structures de l'Italie romaine 264-27 a.C.*, Paris, PUF, 1977; *Il mestiere di cittadino nell'antica Roma*, Editori Riuniti, Roma, 1980; *Demokratia et aristokratia. A propos de Caius Gracchus: mots grecs et réalités romaines*, Publications de la Sorbonne, Paris, 1983.

OLIVER, E.H., *Roman Economic Conditions to the Close of the Republic*, Toronto, 1907.

OOTEGHEM, J.V., *L.L. Lucullus*, Namur, 1959.

ORMEROD, H.A., *Piracy in the Ancient World*, Liverpool, 1924.

PANI, M., *Potere di iudicatio e lavori della commissione agraria graccana dal 129 al 121 a.C.*, 《Ann. Fac. Lett.》 19/20, Bari, 1976-77.

PAOLI, U.E., *Vita romana*, Firenze, 1951.

PARETI, L., *I supposti 'sdoppiamenti' delle guerre servili in Sicilia*, 《Riv. Fil.》 55, p. 44, 1927.

PARKER, H.M.D., *The Roman Legions*, Oxford, 1928.

PASSERINI, A., *Condottieri romani*, Milano, 1935; *Caio Mario*, Milano, 1971.

PEKÁRY, T., *Untersuchungen zu den roemischen Reichsstrassen*, Bonn, 1968.

PERELLI, L., *Il movimento popolare nell'ultimo secolo della Repubblica*, Paravia, Torino, 1982.

PLATNER, S.B., *A Topographical Dictionary of Ancient Rome* (revised by Ashby, T.), Oxford, 1929.

RATHBONE, D.W., *The Development of Agriculture in the Ager Cosanus during the Roman Republic*, 《Journal of Roman Studies》 71, pp. 10-23, 1981.

REINACH, T., *Mitridate Eupatore*, Milano, 1960.

RICE HOLMES, T., *The Roman Republic and the Founder of the Empire I*, pp. 138-153 & pp. 369-284, Oxford, 1923; *The Roman Republic*, Oxford, 1923.

RICH, J.W., *The supposed Roman manpower shortage of the later second century B.C.*, 《Historia》 32, pp. 287-331, 1983.

RIZZO, F.P., *Posidonio nei frammenti diodorei sulla I guerra servile di Sicilia*, 《Studi di storia ant. off. dagli alunni a Eugenio Manni》, Roma, 1976.

ROMANELLI, P., *Storia delle province romane dell'Africa*, Roma, 1959.

ROSSI, R.F., *Dai Gracchi a Silla*, Cappelli, Bologna, 1980.

ROSTOVZEV, M., *Storia economica e sociale dell'impero romano*, Firenze, 1933.

ROTONDI, G., *Leges Publicae Populi Romani*, Milano, 1912.

SALMON, E.T., *The Cause of the Social War*, 《Phoenix》 16, 1962; *Roman Colonization under the Republic*, Thames and Hudson, London, 1969.

SALVIOLI, G., *Il capitalismo antico*, Bari, 1929.

SAUMAGNE, C., *Colonia Iulia Karthago*, 《Bulletin archéologique du Comité des Travaux historiques et scientifiques》, p. 131, 1924.

SCULLARD, H.H., *Roman Politics 220-150 B.C.*, Oxford, 1951.

SEAGER, R., *The Crisis of the Roman Republic*, Cambridge, 1969.

SHERWIN WHITE, A.N., *The Date of the Lex Repetundarum and its Consequences*, 《Journal of Roman Studies》 62, pp. 83-99, 1972; *The Lex Repetundarum and the Political Ideas of Gaius Gracchus*, 《Journal of Roman Studies》 72, pp. 18-31, 1982.

SHOCHAT, Y., *The Lex Agraria of 133 B.C. and the Italian Allies*, 《Athenaeum》 48, pp. 25-45, 1970.

SORDI, M., *La tradizione storiografica su Tiberio Gracco e la propaganda contemporanea*, 《Sesta miscellanea greca e romana》, pp. 299-330, Istituto Italiano Storia Antica, Roma, 1978; *La sacrosanctitas tribunizia e la sovranità popolare in un discorso di Tiberio Gracco*, 《Religione e politica nel mondo antico》, pp. 124-130, Vita e Pensiero, Milano, 1981.

STERN, C.M., *Lucullus und die mithridatische Offensive in der Propontis*, Lipsia, 1922.

STOCKTON, D., *The Gracchi*, Clarendon Press, Oxford, 1979.

SYME, R., *La rivoluzione romana*, Torino, 1962.

TAYLOR, L.R., *Party Politics in the Age of Caesar*, Berkeley-Los Angeles, 1949.

TERRUZZI, P., *Studi sulla legislazione agraria di Roma. Enigmi graccani e post-graccani*, 《Archivio giuridico》 97 (quarta serie), 8, p. 3, 1927.

TIBILETTI, G., *Il possesso dell'ager publicus e le norme de modo agrorum sino ai Gracchi*, 《Athenaeum》 26, pp. 173-236, 1948; 《Athenaeum》 27, pp. 3-42, 1949; *Lo sviluppo del latifondo in Italia dall'epoca graccana ai principi dell'Impero*, 《Relaz. X Congr. Intern. Sc. Storiche》 2, pp. 235-292, 1955.

VILLORESI, M., *Lucullo*, Firenze, 1939.

VITUCCI, G., *Il regno di Bitinia*, Roma, 1953.

VOGT, J., *Homo novus: ein Typus der römischen Republik*, Stuttgart, 1926; *L'uomo e lo schiavo nel mondo antico*, Roma, 1969.

WARDE FOWLER, A., *Social Life at Rome in the Age of Cicero*, London. 1908.

WESTERMANN, W.L., *The Slave Systems of Greek and Roman Antiquity*, Philadelphia, 1955.

WISEMAN, T.P., *New Men in Roman Senate 139 B.C.-A.D. 14*, Oxford, 1971.

WORTHINGTON, I., *The Death of Scipio Aemilianus*, 《Hermes》 117, pp. 253-256, 1989.

ZANCAN, P., *Mitridate Eupatore*, Venezia, 1933.

图片版权

银币图　新潮社写真部 © ARSANTIQVA London（Auction Ⅱ Catalogue）

p.071　同上

p.079　梵蒂冈美术馆 © Archivi Alinari

p.093　慕尼黑古代美术馆 © Archivi Alinari

p.106　大英博物馆 © British Museum

p.120 上　罗马国家博物馆 © Museo Nazionale Romano

p.120 中　同上

p.120 下　大英博物馆 © British Museum

p.125　同上

p.130　同上

p.147　卢浮宫美术馆 © Archivi Alinari / Giraudon

p.157　大英博物馆 © British Museum

p.161　罗马国家博物馆 © Museo Nazionale Romano

p.180　那不勒斯国家考古博物馆 © Archivi Alinari

p.197　贝佳斯美术馆 © Scala, Firenze

地图制作：综合精图研究所（p.007，p.118，p.253）

图书在版编目（CIP）数据

罗马人的故事：全15册/（日）盐野七生著；计丽屏等译.--2版.--北京：中信出版社，2020.8（2025.1重印）

ISBN 978-7-5217-0750-2

Ⅰ.①罗… Ⅱ.①盐… ②计… Ⅲ.①古罗马—历史
Ⅳ.①K126

中国版本图书馆CIP数据核字（2019）第126892号

罗马人的故事（全15册）

著　　者：[日]盐野七生
译　　者：计丽屏　等
出版发行：中信出版集团股份有限公司
（北京市朝阳区东三环北路27号嘉铭中心　邮编　100020）
承 印 者：北京通州皇家印刷厂

开　　本：787mm × 1092mm　1/32　　印　　张：182.25　　插　　页：44　　字　　数：4 500千字
版　　次：2020年8月第2版　　印　　次：2025年1月第9次印刷
京权图字：01-2010-4502　　审 图 号：GS（2019）2414号
书　　号：ISBN 978-7-5217-0750-2
定　　价：760.00元（全15册）

服务热线：400-600-8099
投稿邮箱：author@citicpub.com

ローマ人の物語

罗马人的故事

04

ユリウス・カエサル　ルビコン以前

恺撒时代（上）

[日] 盐野七生　著　计丽屏　译

中信出版集团 | 北京

银币故事

共和国时代的罗马对个人主义很排斥，因此，很长时间里，流通货币上只有众神的头像。到了公元前 1 世纪，个人主义开始抬头，流通货币上开始出现苏拉、庞培等个人头像。只是，他们是最高权力者，同时又是共和政体的拥趸，因此，他们没有大张旗鼓地铸造刻有自己头像的硬币，也因此，刻有他们头像的硬币数量极少。苏拉时代铸造的这枚银币，正面是戴着头盔的罗马女战神，背面才是举行凯旋仪式时驾驭驷马战车的独裁官苏拉。从刻于上面的执政官姓名推测，这枚银币的铸造年份是公元前 83 年，其时，苏拉正处于权力的顶峰。这个时期，因为抗拒苏拉，恺撒的青年时期的生涯充满了坎坷。

盐野七生

2004 年 6 月于罗马

CAESAR

银币故事

据说，“恺撒”这个姓来源于一个绰号。在第一次布匿战争中，罗马军队和迦太基军队之间展开了生死之战。当时，面对迦太基的大象军团，尤里乌斯家门里有一位男性勇敢善战，从而赢得了“恺撒”这一绰号。在迦太基语中，“恺撒”的意思是“大象”。用绰号作为家族名的现象在罗马并不少见。

本书的主人公充分利用了这一绰号。这枚银币上雕刻着大象图案，大象下面刻着“CAESAR”的字样。这样的设计很容易让人联想到竞选用的海报。恺撒的最终目标是在罗马建立帝制，但是，他要在共和政体下的罗马推动这一改革。在这样的罗马，为实现自己的目标，他需要地位和权力，而能否拥有地位和权力则取决于享有投票权的公民是否投赞成票。

盐野七生

2004 年 6 月于罗马

CAESAR

银币故事

雕刻有众神头像的流通货币很常见，而头像出现在银币上的最高权力者少之又少，仅有苏拉和庞培等极少数几个人，连名声越来越响的恺撒的头像也没有出现在流通货币上。但是，在恺撒手下一败涂地的高卢败将韦辛格托里克斯的头像却出现在了流通货币上。这是为什么呢？应该说，这是恺撒的深谋远虑。他希望当时的罗马人每次使用这枚银币时都会想起被恺撒征服后成为罗马行省的地域辽阔的高卢。银币的背面是疾驰的战车和立于战车之上的战士，好像在炫耀成就这一伟业的罗马军事力量。

这枚银币不是高卢战争一结束就发行的，它的铸造时间是公元前48年，即恺撒为推翻元老院体制而越过卢比孔河的这一年。因为恺撒点燃了内战的导火索后，有必要宣传自己为国家做出的贡献。

盐野七生

2004年6月于罗马

目　录

序

我住在佛罗伦萨期间，认识一位男性朋友，曾是佛罗伦萨警署刑侦科科长。不同于一般意大利人对公众事务的冷漠，他是难得的一位称职的公仆。他调换过几次工作地点，在那些地方与黑帮和绑匪打过交道。现在，他是意大利北部中型城市帕多瓦的警署署长。

他还在佛罗伦萨警署任职时曾来过我家，看着我家中的书架，对我说："我现在对恺撒突然产生了兴趣，能不能借我一本有关恺撒的书？"于是，我选了一本《恺撒传》借给他。这本书足有5厘米厚，是研究近现代罗马史的学者中享誉极高的杰罗姆·卡尔寇比诺所著。

大约一个月后，他来还书，我请他谈谈读后感。他没有多说什么，只是说：

"如果我和恺撒生活在同一个时代，他一定是我最想见的人。"

"那么，你若见到他，会跟他说些什么？"

"我会请求他，让他在军团中给我安排一个职位，哪怕只是名百夫长！"

世人皆说恺撒是受幸运之神眷顾的人，殊不知这位非凡的人物虽然拥有许多优秀品质，却并非没有缺点，他甚至还有过劣迹。

然而不管怎样，他终究是一位常胜将军，无论率领怎样一支军队，胜利都属于他。不管怎样，不管他生于哪个国家，他终究都会成为领袖。

——孟德斯鸠

我不知道修昔底德的《历史》讲述的是怎样的一种情形，至少《希腊罗马名人传》中的英雄都是政治家。当然，作者普鲁塔克不可能像现代人那样，认为英雄应该是政治家类型的人。他应该是根据当时的社会现状认为，有德又有很强行动力的人必定是政治家……

搞政治不是一种职业，也不是一种技术，而是高度紧张的生活。因此，普鲁塔克笔下的人，无论身处何地、何种情形，看上去似乎都在展示各自的一切经验。……

空谈政治和对政治毫无兴趣等的言论表述，对那个时代的有识之士来说，完全无法理解。这是值得重新思考的问题。

——小林秀雄

一位领袖必须具备五种素养，即睿智、说服力、隐忍、自律和刚毅。这五种素养，唯有恺撒全部具备。

——意大利普通高中使用的历史教科书

莎士比亚深谙人性弱点，却无法探知尤里乌斯·恺撒等英雄人物的伟大。《李尔王》虽堪称杰作，《恺撒大帝》却并非佳品。

——萧伯纳

人不管是谁，都无法看清现实中的一切，大多数人只想看到自己想要看到的现实而已。

——尤里乌斯·恺撒

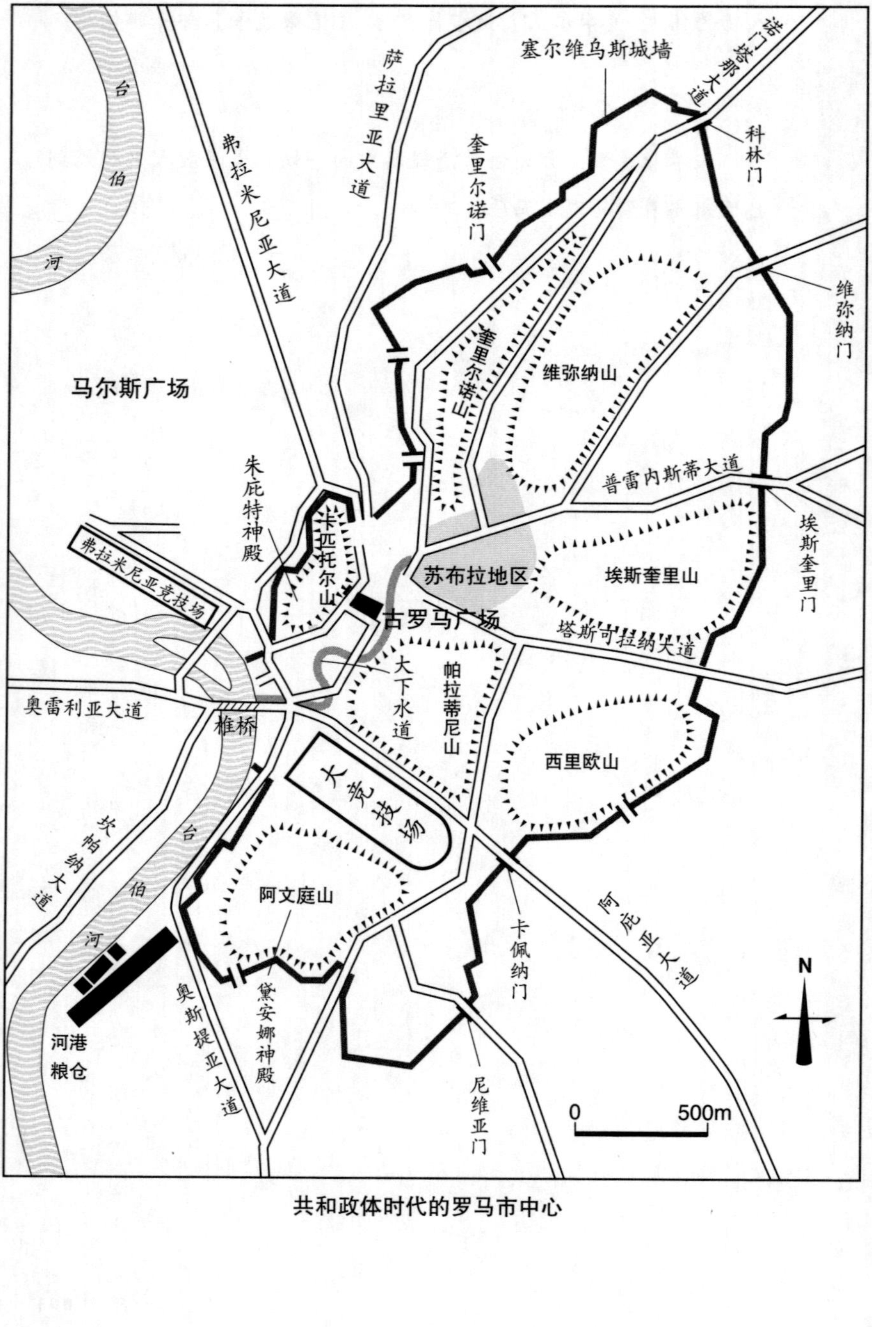

共和政体时代的罗马市中心

第一章　幼年时期

（前100—前94，恺撒6岁之前）

恺撒的出生地

罗马广场南侧有一座山叫帕拉蒂尼山，如今早已被建筑物覆盖，再也不见昔日风貌。然而，2 000 年后的今天，站在帕拉蒂尼山顶，依稀可辨罗马七丘的所在。

罗马广场是古罗马的心脏，以此为中心，西侧是卡匹托尔山，北侧自西向东依次是奎里尔诺山、维弥纳山、埃斯奎里山和西里欧山四座小山，帕拉蒂尼山与阿文庭山隔着大竞技场遥相呼应，它们就是历史上有名的“罗马七丘”。环绕七座小山有一堵城墙，叫“塞尔维乌斯城墙”，是罗马第六任国王塞尔维乌斯·图里乌斯于公元前 6 世纪中叶建的，到了恺撒时代，这座城墙依然高高耸立。

塞尔维乌斯城墙以内是罗马人的首都，其面积相当于东京大手町、丸之内、霞之关以及永田町的面积总和。

七座小山中，卡匹托尔山面积最小，却是最高的一座。只是，说是最高，海拔也不足 50 米。罗马建国之初，罗马人把此处作为众神的居所。因此，其余的六座山就成了人们的生活场所。

严格来说，罗马的七座小山并非自成一体，而是彼此相连。谷底不深，也不窄。人们很自然地选择了地势相对较高的位置用作住宅区，低洼处排去积水后，兴建公共设施。于是，低洼处出现了古罗马广场，建起了大竞技场，台伯河沿岸有了码头，形成了市场。此外，罗马是多神教国家，神殿数量之多非卡匹托尔一座小山所能容纳。于是低洼处也出现了许多供奉诸神的神殿。因为在罗马人眼里，神殿也

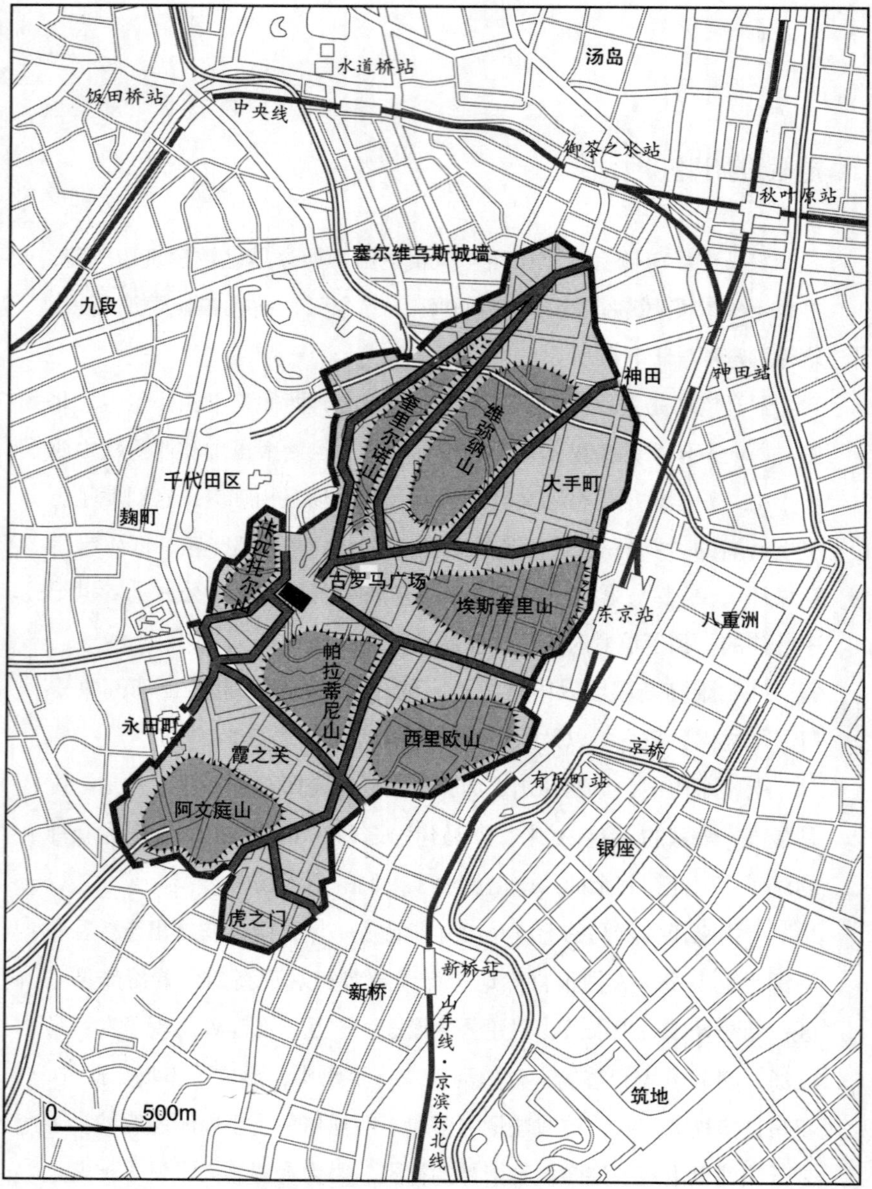

现代东京中心和古代罗马中心重合图

现代罗马街道与古罗马城墙重合图

是公共设施的一部分。希腊人总是把神殿建于高处，神殿通常地基较高，需要爬20层楼高的台阶才能进入殿内。既然是神殿，这很自然。

总体来说，除了卡匹托尔山，罗马市中心地势相对较高的地方用作人们日常生活的场所，而低洼处则用于公共场所。而六座小山中，地理位置最好的当属帕拉蒂尼山，这是罗马开国者罗穆路斯最初的居住地。

帕拉蒂尼山山顶很开阔，面积达10公顷，山上水源丰富。倘若去位于市中心的古罗马广场，只需顺着缓坡下行即可到达。帕拉蒂尼山紧靠台伯河，西风越过台伯河上空，吹在身上很是惬意。罗马冬暖夏热，在罗马选择居住地首先需要考虑夏季的炎热问题。而帕拉蒂尼山无疑是最理想的选择。即使在今天，在强烈的阳光下参观古罗马广场遗址，随后登上帕拉蒂尼山，你会惊讶地发现，同是罗马，竟会有如此凉爽、如此绿荫蔽日、如此别有洞天的地方。这里与低洼处的喧嚣形成了鲜明的对比。罗马开国始祖罗穆路斯把帕拉蒂尼山作为自己的住处。有此先例，罗马第一任皇帝奥古斯都在此修建了自己的住宅，之后的历任皇帝也将宫殿建于此处。当然，这绝不是唯一的理由。而在共和政体时代，帕拉蒂尼山又成了高档住宅区，权贵人家或富贵人家的豪宅鳞次栉比。

罗马历史上著名的瓦莱利乌斯、阿庇乌斯、克劳狄乌斯、法比乌斯、科尔涅利乌斯、埃米利乌斯等名门望族，都在帕拉蒂尼山上有自家的宅邸。像格拉古这样的平民贵族中的佼佼者，住宅当然也在帕拉蒂尼山上。克拉苏是罗马的首富，理所当然是帕拉蒂尼山上的居民之一。来自地方上的哲学家西塞罗，作为律师取得了傲人的业绩后，不惜借款也要在帕拉蒂尼山上占据一席之地。

除了帕拉蒂尼山，只要是高处，另几个小山也都盖满了豪宅。考虑到罗马的气候，这完全可以理解。庞培在马尔凯地区拥有大片土地，而他在罗马的宅邸就在西里欧山上。现在，意大利总统官邸就坐落在奎里尔诺山上，它曾是中世纪罗马教皇在昔日罗马贵族大宅邸的基础上改建的宫殿，意大利统一之时，被政府接收。

那么，贫困的百姓又住在哪里呢？

普通百姓的住宅紧贴山脊线平缓的山丘下面，充斥在罗马七丘的山脚下。即便是众神居住的卡匹托尔山脚下，同样盖满了百姓的住宅。也就是说，从一个山脚直到另一个山脚的低洼地带，布满了百姓的住宅。

此外，还有一个区域集中了百姓的住宅，这个区域叫“苏布拉”，范围很大，自古就很出名。在所有百姓住宅区中，这里距市中心最近，几乎与古罗马广场接壤。

住在山顶高档住宅区的人们，在清脆委婉的鸟啼声中开始新的一天，而生活在“苏布拉”的人们，新的一天则始于日出而作的匠人们在作坊中发出的声响。

接着，经营日常用品的商店开门迎客，进出商店购物的人群中，包括来自山顶豪宅中的奴隶。因此，穿梭于狭窄街道上的人流，随着太阳越升越高，不断增多。在这里，商店临街而设，匠人的作坊同样面向街道。“苏布拉”的喧嚣程度当属罗马之最。正因为这是一条平民街，所以拔牙的、理发的、出售稀奇古怪的东方香料的，所有在这里行商的人都无须担心遭到豪宅中用人的驱逐。他们可以专注于自己的生意。就连没有正当营生的人，在这里也不会担心遭人白眼。这就是“苏布拉”，一个鱼龙混杂又充满活力的地方。

古罗马广场是皇帝奥古斯都下令兴建的，如今只剩下残垣断壁，在其背后，人们仍依稀可以想见连绵高耸的石壁。“苏布拉”地区火灾频发，石壁是为了防止火势蔓延而建的。2 000 年后的今天，尽管“苏布拉”改名为加富尔大道，却依然是一个平民区。就连西班牙广场附近餐厅的套餐价格也高于这里 3 倍。

这里就是尤里乌斯·恺撒的出生地。他 37 岁当选大祭司，移居古罗马广场内的官邸之前，一直生活于此。

环境

罗马共和政体时代，担任国家要职的人大多出身于数代为官的官宦之家。西庇阿·埃米利乌斯和格拉古兄弟就不用说了，他们的祖父和父亲都曾是执政官。克拉苏和庞培也一样，父亲都担任过执政官。他们的祖辈是元老院元老，属于元老院阶级。没有官宦之家背景的是马略和他的同乡西塞罗等。马略出生于地方，因战功赫赫而七度当选执政官，西塞罗则是一位成功的律师。人们称他们这样的人为“新贵”。

说到没有门第背景的人，还有一人不得不提，那就是苏拉。苏拉并非“新贵”，他与罗马名门科尔涅利乌斯有些渊源，西庇阿也属于这一名门。但“苏拉”这一家族名在罗马历史上几乎无人知晓，直到他成名。他家大概是没落的贵族。

而尤里乌斯·恺撒既不是元老院元老之后，也不是新贵，更不是没落的贵族。

尤里乌斯家门是名门望族，历史悠久，堪比科尔涅利乌斯、法比乌斯、克劳狄乌斯等名门。罗马建国者罗穆路斯的母亲是阿尔巴隆加国王的女儿，而尤里乌斯家门是阿尔巴隆加势力雄厚的权贵。

公元前753年，罗穆路斯建立国家之后，罗马国力日盛。一个世纪以后，到了公元前650年前后，罗马决定攻打阿尔巴隆加——罗马人的祖先生活过的地方。说是攻打别国，相距不过30公里。而这个距离不过是当时罗马人活动的半径范围。

攻打阿尔巴隆加这一所谓的远征，不过是郊游的距离。在第三任国王托里斯·奥斯蒂吕斯的指挥下，罗马军队大获全胜，阿尔巴隆加亡国，其居民被迫移居罗马，好在他们没有被逼为奴。其时，罗马人已开始实施一种政策，即后来普鲁塔克盛赞的"同化败者"的做法。阿尔巴隆加人虽然被迫移居罗马，但他们作为罗马市民，获得了和胜利者同等的公民权。罗马七丘中的西里欧山成了他们的居住地。阿尔巴隆加权贵昆提利乌斯、塞尔维乌斯、尤里乌斯等家门加入了罗马贵族行列，这些家门的领袖获得了元老院席位。在罗马，身上是否流淌着"失败者"的血液，完全不是问题。结束国王政体进入共和政体以后，可以说，罗马历代统治者身上几乎都流着曾经的"失败者"的血液。

共和政体时代初期，尤里乌斯家门好像活跃过一段时间。但直到公元前3世纪初的300年间，却一直无声无息。尤里乌斯家门名出现在罗马官方记录《大祭司记录》中，已是第二次布匿战争开始以后的事了。

罗马军团和汉尼拔之间曾历经殊死决战。那个时候，尤里乌斯家门出了一位将才，力克迦太基军，因其战功卓著，人称"恺撒"。其后，这一绰号成了该家族的名称。所谓"恺撒"，在迦太基语中，意思是"大象"。以绰号为家族名，在罗马并不少见。

此后，尤里乌斯家门和恺撒家再次陷入沉寂。整整一个世纪，尤里乌斯家门仅出过一位执政官。与那个时代执政官辈出的科尔涅利乌斯、克劳狄乌斯、法比乌斯等大家门形成鲜明对照。执政官每年选出两人，而尤里乌斯家门始终不见有人上位。

到了公元前1世纪，尤里乌斯家门终于又有人当选执政官，他就是路奇乌斯·尤里乌斯·恺撒。只是，他并非盖乌斯·尤里乌斯·恺撒的父亲，而是他的伯父。我们的恺撒，他的父亲只担任过法务官。

在共和政体时代的罗马，法务官的重要性仅次于执政官，每年由公民大会选出6人，任期一年。参选资格年龄是满40岁，同时必须是元老院元老，任期结束后，作为前法务官，出任罗马行省总督前往任职地就职。总督任期满后，才有资格成为执政官候选人。

我们的恺撒，其父亲的最高官职是法务官，只能认为他尚未就任行省总督就离开了人世。总之，恺撒不是权倾一方的权贵后代。当然，和苏拉不同，他家是有渊源的。毕竟恺撒的父亲曾当过法务官，母亲娘家也是名门，而苏拉甚至没有人知晓他父母姓甚名谁。恺撒的母亲奥雷利娅是著名的法学家，也是当选过执政官的奥雷利乌斯·科塔的妹妹。

恺撒家的经济条件不富裕，原因大概是长期得不到名门中的权力者的垂青，没有机会敛财。尽管如此，尤里乌斯家门终究是罗马为数不多的名门之一。（凭借自已的实力登上历史舞台的马略，为了提高身价，迎娶了恺撒的姑姑尤利娅。）虽说奥雷利乌斯·科塔家的人多为学者，却也不乏担任罗马要职的人，包括担任执政官。这样的家庭不会把女儿嫁到家道中落的贵族家庭里去。在这点上，我们只能听取古代历史学家的说辞，即恺撒家和苏拉家不同，尽管不富裕，没有足够的经济实力在帕拉蒂尼山上占据一席之地，却也不穷。

还有，尽管住在“苏布拉”，但他们的住宅、他们的生活水平和普通百姓不能相提并论。如今，城墙之外新开发的城镇，人们通常根据经济实力选择居住地，而在古代的罗马市中心，即现在的老城，经济实力不同的人家相邻而居并不稀奇。打开大门，映入眼帘的室内景象可能天差地别。原因是很多人家都是祖辈传下来的基业。不过话虽如此，祖祖辈辈住在帕拉蒂尼山上和祖祖辈辈住在“苏布拉”，彼此间的差距也是显而易见的。

公元前1世纪，罗马成了地中海世界的霸主。首都罗马常常为接纳移居而来的人们而束手无策。当时尚存的塞尔维乌斯城墙内的面积只有东京大手町、丸之内、霞之关以及永田町面积之和大小。为了满足财力不济的人们的需要，只有兴建高层建筑。用来出租的四五层楼高的建筑拔地而起，罗马人管这种集体住宅叫“岛”（insula，“茵斯拉”）。直到青年时代，苏拉一直都住在这里。

没有任何史料显示，恺撒也住在这样的建筑中。因此，我们可以推断，尽管他住在“苏布拉”，但应该是独门独户的宅邸，这种宅邸被称为“多莫斯”（domus）。因为，如果他住在高层建筑里，一定会有人在书写历史时提到这一点。只是，我们对恺撒的成长环境并不了解，因此只能凭我们的想象，而我们想象的依据则是研究者们提供的罗马市内独门独户的住宅的平面图。

现在罗马住宅和古代罗马住宅最大的不同大概是房门向内开还是向外开。古代罗马住宅房门都是向内开的，而现在罗马住宅一半房门向内开，另一半则利用外墙开窗的方式与外界联通。

古代罗马房门向内开的理由有四：一是为了在有限的空间内容纳更多的人，即使是独门独户的住宅，外墙也必与邻家相连；二是为了安全；三是因为罗马的气候；最后一个原因是为了保持家中的安静，尽管外面是喧闹的街市，只要关上门，就可以与外界隔绝开来。

事实上，文艺复兴以后，罗马住宅就开始在外墙开窗，且一楼的窗户外侧还会装一层铁护栏。而楼上的暴露在阳光下的窗户，在

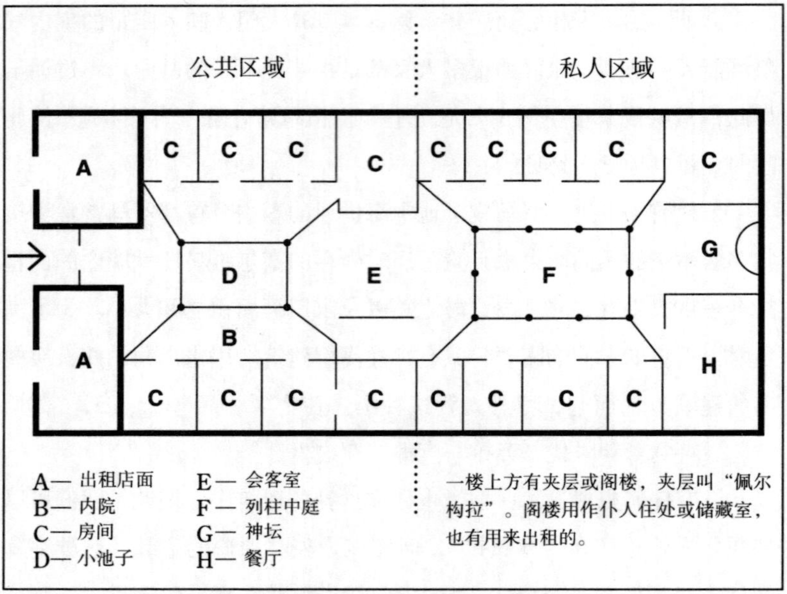

古罗马市内典型的独门独户住宅平面图

夏季里，一到早晨 9 点就要关闭。不仅如此，连百叶窗也都要关上，直到太阳落山。这就是夏日的罗马。建筑墙壁的厚度至少 50 厘米以上，因此，只要能遮挡住阳光的直射，室内还是很凉爽的。我想这也是房门向内开的古罗马式住宅样式能延续到现在的一个原因吧，尽管只有一半。

古代罗马市内的独门独户的住宅建筑外墙极厚，即使是石结构建筑普及之前的砖结构建筑，也是如此。而外墙内的房间，结构基本都是对称的。左右对称可以使生活在此的人保持心理平衡，同时，对称美也是古代美学的首要条件。

在古代罗马，中产阶级以上的人家，住宅内通常有店面出租。也许是为了忠实地表现匀称美，这些店面也以对着大门的中心线为轴，左右对称。房东是这个家的主人，他们在盖房子时就考虑到要将店面出租，因此，住宅区和店铺之间有墙壁相隔。这堵墙的厚度与外墙相差无几。在罗马市内，几乎所有独门独户的住宅都是楼上为住宅区、楼下是商铺的结构。当然，坐落于帕拉蒂尼山上的豪宅，其结构自然不同。还有，像位于西里欧山上的、以豪华著称的庞培府邸，一定不会把宅邸的某一部分租出去。但是，恺撒家在“苏布拉”，几乎百分之百可以断定楼下是商铺。

大门开在商铺的中间，从这里进去，先是一个内院，叫“atrium”，这是“atelier”（画室）一词的词源。说是内院，实际上并没有庭院，只是在屋顶中央开一个口子，阳光可以从这里照进室内罢了。在圆柱支撑的屋顶中央开了一个口子，因此一旦下雨，室内就会一片汪洋。所幸的是，在罗马，雨天很少。内院中央通常会有一个小池子，这个小池子不是为了雨天聚水，而是出于美观的需要。池子四周由走廊环绕，房间的门分别对着走廊左右。因为没有窗户，所以采光全靠投射在内院的光线。因为罗马的阳光很强烈，所以这点光源完全可以满足采光需要了。

正对着内院有一个房间，叫“tabularium”，是这家主人的会客室。在罗马，只要是名门贵族或权贵，通常都会有非常重要的人际关系，即保护者和被保护者乃至支持者的关系。他们几乎每天早上都要接待被保护者，倾听他们的需求，帮助他们解决困难。为此，他们需要这样一个空间。也因此，我们可以认为，从大门通过内院，直到会客室的部分，是家中的公共区域。

对所有事情都持开放态度的罗马人，其住宅有这样的构造，与罗马的气候不无关系。会客室没有门，只有门帘。需要会客的时候，前后左右拉上门帘即可。平时门帘都是敞开的。因此，进到内院的人通过会客室便可以看到另一个内院，这里可能鲜花盛开，绿意浓浓。从会客室门楣下方看过去，就好像画框中的一幅画。

像这样，在罗马，有点条件的人家里，公共区域和私人区域并不是完全分离的。当然，虽然没有完全分离，但有分隔。在私人区域同样有走廊环绕堂屋，房间位于走廊背后。而小池子所在的中央部分是一个院子，所以给人的印象要柔和得多。中庭四周立有很多的圆柱，圆柱旁边则是女人们做事的场所。还有一个开放的空间，叫“exedra”（神坛）。这里设有祭坛，供奉这家的保护神。在恺撒家供奉的是代表美的女神维纳斯。祭坛旁边设有尤里乌斯家祖先的牌位。日本人对神龛和佛坛同处一室早已司空见惯。与现代欧美人相比，日本人对列柱中庭这样的私人区域，接受起来要容易得多。因为尽管只是巴掌大的一块地方，上面也种有草木，甚至在一角还有流水淙淙的喷水池雕塑。

与欧美人相比，日本人更容易接受罗马人住宅结构的另一个原因是古代罗马住宅的室内装饰。欧洲有一位学者这样写过，如果古代罗马人看到现在欧洲人家里充斥着各种家具的房间，一定会认为那是储藏室。在古罗马，放在房间的家具极少，即使在卧室，也只有床、小桌子和椅子。当然，因为古希腊人和古罗马人习惯躺着用餐，所以在餐厅，环绕中央，放有床式餐桌。

罗马人在家中只摆放日常生活中必不可少的东西，但是他们很重视墙面和地面的装饰。地面或者铺上尺寸相同、表面光滑的石块，或者用颜色各异的马赛克铺出不同的图案。铺大理石或使用彩色马赛克，是在进入帝政以后，在共和政体时代，马赛克只有黑白两色。

墙面绘有壁画，通常是风景画而非人物画。即使画中有人物，也只是装点风景的一部分。那么，壁画中的风景画是怎样的一种画风呢？罗马市内西班牙广场附近，有一个酒店叫德印格希尔特拉酒店（罗马英格兰酒店）。这家酒店历史悠久，《你往何处去》的作者亨里克·显克维支曾经入住此酒店。酒店餐厅取名“罗马花园”，不同于古代罗马式庭院。餐厅位于地下一层，不过是用墙壁围起来的一个角落而已。但是，四个墙面都被壁画覆盖。画中有爬满常青藤的石墙和雕像，对着石墙和雕像，好像是坐落于山顶的神殿。也就是说，在罗马花园吃饭，你会以为自己置身在古代罗马的庭院之中。

古代罗马住宅室内的壁画也是这种风格。采用透视画法创作的壁画上，甚至会有海滨别墅的图样等。因此，即便身处罗马市内，也能感受到城外世界的风光。在日本，澡堂墙壁上通常画有富士山或松岛。而在私人住宅中，则讲究榻榻米镶边的图案，另外，屏风上也有屏风绘。这是日本的传统。从这个意义上来说，也许，日本和罗马有异曲同工之处吧。对于日本人来说，家具不多，又身处自然风景包围中的罗马式住宅，自有一种亲近大自然之感吧，尽管那些自然风景是人类创作的画作。

市中心的独门独户住宅通常没有二楼，但是有夹层和阁楼。在意大利，屋顶高度低于 2.5 米，就不算是房间。因此夹层和阁楼只能算作住宅的一部分，而不是房间。屋顶和天花板之间有空当，可以缓解冬日的严寒和夏季的酷暑。除了内院和列柱中庭部分，也就是堂屋和环绕堂屋的屋顶部分，这些阁楼覆盖了整个长方形住宅。阁楼通常用作仆人即奴隶的住处或储藏室，放置室内多余的物品；也有用来出租的。历史学家狄奥尼修斯从希腊刚到罗马的时候，就租住在这样的阁楼里。

这就是罗马市内独门独户住宅的概况。有钱人家的内院和列柱中庭面积较大，相应的，房间数也多；有的还会在私人区域后面设一个开阔的庭院，只是这种情形非山顶之上的高档住宅难以做到。当然，那些大宅邸的基本格局是一样的。因为考虑到居住时的舒适度，这种构造既符合罗马的气候，也符合罗马人的性格。不仅冬暖夏凉，而且与外界一隔为二，可独享安静。在北欧，罗马人会在住宅中增设地暖或壁暖。但罗马位于南欧，无此需求。

家境并不富裕的人家通常在距离市中心二三十公里处会有山庄，我想，他们并非为了享受绿意盎然的田园生活，只是难以抛舍农业国的传统和习惯。对于生活在城市中的人来说，山庄也是他们农业生产的基地。自产的橄榄油、葡萄酒、奶酪、水果等最受欢迎。恺撒家不富裕，但似乎也有一两处山庄。虽然没有史料证明他买过山庄，但有史实证明他曾经在山庄里生活过。

公元前 100 年 7 月 12 日，距离罗马建国 653 年之后的这一天，盖乌斯・尤里乌斯・恺撒降生在罗马“苏布拉”的一个家庭中。没有听说在他出生时有天象异动等异常现象出现，尽管我们常常听说一个伟人诞生时会有异象呈现。和当时罗马普通男婴诞生一样，他受到了父母、年幼的姐姐、亲戚以及家奴们的祝福。几年后，他有了一个妹妹，因此恺撒是三姐弟中的老二，独生子。

也许正因如此，母亲非常宠爱他。纵观他的一生，乐观是他最大的特点；即使身处绝境，也不失乐观之心。他的乐观源于他坚定的信心，源自他母亲给予他的母爱。一个人从小在充满母爱的环境中长大，必然会变得自信，并在不知不觉中开始放眼未来。

第二章　少年时期

（前93—前84，恺撒7岁至16岁）

家庭教师

在古代罗马，孩子通常六七岁开始接受教育。当时没有公立学校，普通人家的孩子通常上私塾。如果父母有一定的文化程度，则父母中的一方在家负责教育孩子，这种现象在当时的罗马并不少见。11岁以前的初级教育，主要是读、写和算盘。所以，像这样的启蒙教育，父母完全可以胜任。

恺撒的母亲奥雷利娅出身于奥雷利乌斯·科塔家，这个家庭以学者之家著称，而奥雷利娅本身也是众人眼中修养甚高的一位女性。少年恺撒的初级教育很可能是由他母亲负责的。一起学习的有他的姐姐、妹妹，还有家中奴隶的孩子。希腊雅典的女子没有机会接受教育。但是，罗马的传统是，女子也要接受初级教育。还有，允许自家奴隶的孩子一起接受教育的做法，在罗马很正常，而且，越是体面人家越认为这样做理所应当。

有家庭背景的男性成年后注定要担任公职，行政秘书是必做的工作。他们往往追随在一个重要人物的左右，直至其生命的最后，这样的人中奴隶居多，原因大概是主仆自小一起学习，一起长大，同甘共苦。罗马人让自家奴隶接受同等教育，不是出于人道的考虑，而是出于现实的需要。

孩子到了八九岁，初级教育告一段落。此后，家境较好的人家便雇请家庭教师，专门负责子女的教育。

热衷于教育、经济上又比较宽裕的人家，通常会雇用希腊人，乳

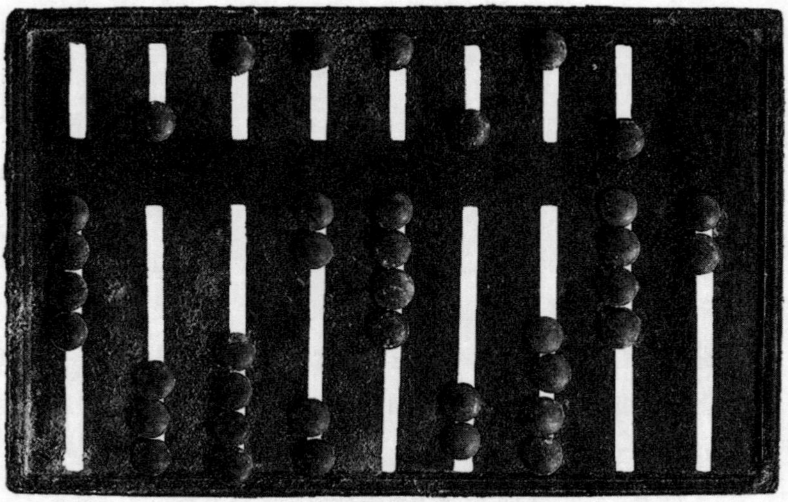

罗马时代随身携带的铜“算盘”

母是希腊人，家庭教师是希腊人。当然，这位家庭教师一定是长期在雅典接受过教育的人。在罗马，能长期雇用希腊人的人家极少，也只有格拉古家、埃米利乌斯家等这样既有财力又重视教育的人家。例如克拉苏家，作为罗马首富，出于面子上的考虑，会高薪雇请多名希腊人担任家庭教师。当时的家庭教师几乎都是希腊人，其中最受青睐的是在雅典完成学业的希腊人，其次是在以帕加马为中心的小亚细亚西岸、罗得岛或埃及完成学业的希腊人。格拉古兄弟、克拉苏和庞培的家庭教师自然都是希腊人，而恺撒家既没有他们的家世背景，也没有他们的财力，自然无法与他们相提并论。

少年恺撒的家庭教师是高卢人，毕业于埃及亚历山大大学。这大概是会希腊语的母亲奥雷利娅出于现实需要的一个选择吧。就这样，少年恺撒在高卢人的教授下，母语拉丁语至臻至美，当时世界通用的语言希腊语也达到了与母语同等的水平。

9 岁到 16 岁之间，孩子要接受初级教育后期到高等教育初期的教育，所学科目如下：

拉丁语和希腊语。

修辞学——通过有效运用语言，学习如何思考的技巧。

辩护学——学习如何展开辩论的能力。

还有数学、几何学、历史和地理。

以上七门学科是“文科”，直译叫“自由学科”，意译就是一个成年人应该具备的人文学科。在现代意大利语中叫“Arte Liberer”，英语叫“liberal arts”。

七门学科的教师是同一个人。这不是因为经济的原因，而是出于教学上的考虑。

最初的启蒙教育完成后，罗马的课程内容是学习前人留下来的文章。文法、修辞学、辩护学、历史、地理都是通过学习荷马、修昔底德、柏拉图、老加图等人的文章来习得。也就是说，“教科书”是前人留下来的文章。学生用的“笔记本”是涂了蜡的木板，用铁笔或象牙笔书写。这种笔记本不仅学生使用，成年人也用来当“备忘录”。因为莎草纸和羊皮纸都很昂贵。

一名教师担任所有科目的教学，可以综合施教，不分科目。这样做有一个好处，就是方便学生理解各科目之间的关联性。当然，对教师来说，难度大大提高。而家庭教师的地位之高以及酬劳之高，无疑反映了罗马社会对具备这种素质的家庭教师的需求。

受希腊的影响，除了人文学科七科目，有时也教天文学、建筑学和音乐。希腊人重视音乐教育不是为了学习乐器演奏技能，而是为了培养协调感。

从上往下：笔记本、莎草纸、墨水壶以及铁笔（复原图）

当时的罗马人上大学，要去雅典、帕加马以及罗得岛留学，学习的主要科目是更加深奥的修辞学、辩护学和哲学，没有法学。在罗马，法学是餐桌上的日常话题，却没有一所大学教授法学，不免令人感到奇怪。事实上，罗马人认为，作为一门具体学问，法学需要在著名律师的指导下习得。因此，有志于成为律师的年轻人，为了进一步学习法律技能，必定要经历在著名律师指导下学习的过程。

体育

无论是师从家庭教师还是上私塾，学习人文学科的时间都在上午，下午是体育活动的时间。这时，学生离开家庭教师，前往公共竞技场附属的体育场进行体能锻炼。体育场随处可见，叫大竞技场或运动场。大竞技场内的观众席下大多设有室内体育馆，赛跑和赛马在场内跑道进行。根据恺撒家所在的位置，下午进行体能锻炼、学习搏击的地方大概是帕拉蒂尼山对面的大竞技场或建于城墙之外的弗拉米尼亚竞技场——曾遭汉尼拔突袭的弗拉米尼乌斯修建的运动场。

上午一起学习的“同学”，下午也一同去运动场。对于小主人来说，他们既是“同学”，又是玩伴，也是仆人。身材瘦小的恺撒能够承受如此严酷的环境，以致后来竟可以战胜牛高马大的战士，全是得益于少年时代听从母亲的教诲，坚持去运动场。

少年恺撒最擅长的是御马术。在没有马镫的那个时代，双手抱住马脖子，一下跃上马背，只有熟知马这种动物的人才能做到。恺撒的这种才能为他在以后的战斗生涯中一次次取得胜利起到了很大的作用。没有缰绳，徒手骑在马背上的少年恺撒得意扬扬，却让母亲一次

弗拉米尼亚竞技场（想象复原图）

次感到心惊胆战。

恺撒没有出生在富贵人家里，成长环境也并不优越。少年恺撒不过是当时罗马一个家教不错的人家的孩子，和普通少年一样成长。就在他迎来 9 岁的那个时候，开始经历家庭教师不教、运动场上也学不来的体验。从他出生的公元前 100 年到公元前 92 年的 9 年间，罗马没有出现外患内乱，难得和平。然而，公元前 91 年，叛乱再次袭击罗马，“同盟者战争”爆发。

潜移默化

如果恺撒出身于一介公民之家，这次叛乱留给少年恺撒的印象，充其量只是父亲应征参战。这是当时的罗马公民必须承担的义务。然而，他出身于一个生活虽然清贫却是罗马为数不多的名门望族之家。罗马军团负责平定叛乱的最高司令官之一是他的伯父路奇乌斯·尤里乌斯·恺撒。恺撒姑妈的丈夫，即姑父马略，也是参战的司令官之一。恺撒的父亲盖乌斯·尤里乌斯·恺撒的名字没有出现在官方记录的司令官名单中，但上前线参加作战的可能性很大，毕竟"同盟者战争"是一场罗马联盟各同盟者揭竿而起反对盟主罗马的一场战争。罗马联盟在长达200年的时间里，各部落相互团结，甚至在汉尼拔战争中，合力作战，取得了完胜。（详情请读者朋友参阅《罗马人的故事03·胜者的迷思》。）在这场战争中，从领导者到普通公民，罗马集全国之力参加战斗。当然，这件事也成了恺撒家餐桌上常常谈论的话题。

从表面上看，少年恺撒从9岁到11岁之间的生活似乎与往日并无不同。在罗马，无论战争形势多么严峻，绝对不会征用17岁以下的男儿参战。同时，45岁以上的预备役士兵也只负责保护首都，而不会被送往前线。奴隶和解放奴隶也没有兵役义务，即使在兵役制改用志愿兵制以后也一样。想必"苏布拉"地区一如既往地喧嚣，而恺撒家中，在母亲奥雷利娅的操持下，也维持了平静而正常的生活；别说上午的学习，连下午恺撒也照常去运动场。早已习惯了战争的罗马人，即使在战争期间，也会尽可能保证生活不受影响。即使在"汉尼拔战争"期间，祭祀诸神的节日活动以及相关的运动会也如常举行，尽管"汉尼拔战争"堪称前所未有的一场国难。

所幸，公元前89年，恺撒迎来11岁的那一年，"同盟者战争"结束了。这场叛乱并非通过军事镇压而平息。罗马尽管军事上占尽优势，还是选择了和谈，接受了叛乱者提出的授予他们罗马公民权的要求。提议并促成此项立法的是少年恺撒的伯父、公元前90年的执政官路奇乌斯·尤里乌斯·恺撒。

《尤里乌斯公民权法》于公元前90年冬季，经过公民大会决议成为国法。这一法律不是以结束意大利境内战争状态为目的而制定的妥协之策，而是堪与公元前367年确立的《李锡尼法》相匹敌的法律，为罗马国家的未来奠定了基础。《李锡尼法》规定贵族和平民享有就任国家要职的同等权利，从而结束了长期困扰罗马的阶级之争。与此相对，《尤里乌斯公民权法》则规定了北自卢比孔河、南至墨西拿海峡的意大利半岛所有自由民享有罗马公民权，确定了罗马联盟盟主和同盟者享有平等地位。权利相同，机会均等，纷争自然涣然冰释。这一法律的确立使罗马人不再有别于罗马以外的意大利人，所有人都成了罗马公民。

"同盟者战争"虽然只持续了短短两年时间，但战斗异常激烈，致使一名执政官战死疆场，付出了昂贵的代价。然而，《尤里乌斯公民权法》的确立，使罗马迈出了超越城邦形态的第一步。胜者没有采用军事手段来统治并剥削战败者的方法，而是采用"同化败者"的手段，以期共生共存。

我认为这也是罗马人不同于希腊人的一个方面。无论是在雅典还是在斯巴达，希腊人的阶级之争一定会持续到一方认输并归顺另一方为止。斯巴达的阶级之分是稳固不变的，而在雅典，一旦平民阶级获胜，平民独裁的民主政体就会抬头。相反，一旦贵族阶级反击成功，平民只能默默顺从贵族的独裁统治。与希腊人不同，罗马人的纷争尽管会持续一段时间，但最终会选择共生共存的道路。这会不会就是罗马人建立帝国并能够长期维持帝国存在的一个重要原因呢？顺便提一句，在一定要决出胜负的希腊人中，我想，亚历山大大帝应该是个唯一的例外。

每个人的成长经历各不相同。如果尚不谙世事的幼年是在和平的环境中度过，到了懂事的年龄，又有很多机会获得各种信息，促其思考，那么即使身处乱世也未必就是一件坏事。在这里，我要再次强调，恺撒不是出身于一介普通公民之家。他的信息渠道不仅来自他的伯父——《尤里乌斯公民权法》的促成者——还有很多生活在他周围的人。

正如《罗马人的故事 03 · 胜者的迷思》中介绍的那样，因格拉古兄弟改革，罗马一时陷入动荡不安之中，而在兄弟俩死后，则维持了 10 年左右的平静。之后，从公元前 110 年至前 78 年的 30 余年，罗马进入了“马略和苏拉的时代”，马略和苏拉成为这个时代的主角。这个时期相当于恺撒出生前到 22 岁之间，而斗争一方的领袖马略，又是恺撒的姑父。

马略来自地方，又是平民出身，虽有这诸多不利，却是战功卓著的武将。生于公元前 100 年的恺撒并不能感知马略作为武将的辉煌业绩。他曾经在北非朱古达战争中取得了胜利；在迎头痛击汹涌南下的日耳曼民族的战斗中，同样完胜。但这些事都发生在恺撒出生以前。当然，名震天下的这位姑父，在恺撒家的餐桌上，一定是最常被提起的人。然而，公元前 100 年，马略的声望已经开始下降。刚懂事的少年恺撒看到的马略，已是一位快满 70 岁的老将，此时的声望远不及过去光鲜。而马略曾经的部下，在“同盟者战争”中取得辉煌战绩，并因此当选执政官的苏拉，此时才 50 岁，正处于人生中的上升阶段。

当然，马略并没有因此无声无息。罗马军的征兵制长期以来都以有产公民为征兵对象。而他则在罗马军中引入了志愿兵制，允许无产者加入军队。因为这一改革，罗马军队的兵役从公民义务变成了一种职业。小市民因为小有资产，曾经不得不尽兵役义务。马略的改革把他们从兵役中解放出来了。而失业者通过志愿兵制加入军队，从而得到了士兵的工作。马略的这一军事改革同时又成了一项社会改革。理所当然，罗马的百姓阶层成了马略的有力支持者。即使在马略本人的实力明显下降的时候，民众还是一如既往地支持他。而马略本人也未能彻底放下东山再起的念头，总想着只要让他指挥军队，就可以挽回不断下滑的威望，同时还有对曾经的部下的嫉妒。这个曾经的部下和他一样，以军事上的战绩正不断巩固自己的声望。

尽管马略是曾经的上司，但苏拉完全没有让步的想法。“同盟者战争”结束后，罗马下一个要解决的问题是如何对付本都国王米特拉达梯在东方发起的反罗马战争。由谁来掌握远征东方的指挥权，是马略和苏拉之争的导火索。

公元前 88 年，苏拉当选执政官，同时，公民大会推选他担任总司令，征讨米特拉达梯。然而，马略与护民官联合，在只有平民才有参会资格的平民大会上，推翻了这一决议。公元前 287 年确立《霍腾修斯法》以后，该法规定，平民大会通过的决议同样可以成为法律。但是，苏拉毫不退让，也不肯就此罢休。这时，对十分崇拜格拉古兄弟的护民官苏尔皮基乌斯偏袒民众的政策心生不安的元老院派，暗中给了苏拉支持。

苏拉率领为远征东方而组建的 3.5 万兵力的军队，向首都罗马进军。马略和苏尔皮基乌斯都认为，作为一国之首的执政官，绝不会率领军队攻打自己国家的首都，因此没有采取任何防守措施。仅仅数小时的冲突，罗马就被苏拉和他的军队控制。马略成功逃脱，而护民官苏尔皮基乌斯被捕并惨遭杀害。大多数首都居民尚未来得及反应，军事政变就已经结束了。曾唯马略马首是瞻的平民派领袖们，以“叛国者”的罪名被捕遭杀。苏拉甚至颁布法律，给予其帮助者以同罪论处。老马略在意大利待不下去了，只能远逃到非洲。恺撒家虽然没有直接受到牵连，也必须小心翼翼地度日。

发生在恺撒12岁那年的这一变故并没有就此终结。夺得了远征东方总指挥权的苏拉离开罗马以后，受托处理日常事务的、当选第二年度即公元前87年度的执政官的秦纳揭去了苏拉派的面具。执政官秦纳在公民大会上倡议并通过法案，恢复被指控为“叛国者”的马略及其同党的名誉。对此，属于元老院派的另一名执政官屋大维行使了否决权。得知罗马形势变化的马略，带着仰慕他的6 000名士兵，从逃亡之地非洲回到了罗马。

这次通过武力掌控了罗马的是马略和秦纳，然而，这次军事政变牵连面极广，甚至波及无辜。马略忘不了自己凄惨而屈辱的逃亡生活，心中满是怨愤。这位年届70岁的老将开始了疯狂的报复。

老马略大开杀戒，据说元老院元老50人、骑士阶级多到1 000人惨遭杀害。他派遣了一队奴隶兵，进行了5天5夜的大杀戮。

元老院元老是共和政体罗马的领导阶级。惨遭屠杀的50位元老中，包括了这一年的执政官屋大维。自格拉古兄弟以来，罗马人对护民官不幸遇害之事早已司空见惯，但是，现任执政官没有死在战场上，而是死在罗马人之手，这是首例。卡图鲁斯也是这次屠杀行动的牺牲者。公元前102年，卡图鲁斯曾与马略同为执政官，和马略一起成功击退了南下而来的日耳曼人，在凯旋仪式上同乘四匹白马拉的战车。另外，公元前90年度的执政官、“同盟者战争”中的最高司令官、《尤里乌斯公民权法》的立法者路奇乌斯·尤里乌斯·恺撒也在这场杀戮中未能幸免，尽管他是马略的妻兄。还有，牺牲者名单中还有他的弟弟盖乌斯·尤里乌斯·恺撒的名字。这些人的“罪状”不过是没有公开反对苏拉提出的法案——以“叛国者”的罪名判处马略及其同党死罪的法案。马略没有对这些人进行审判，抓起来后直接杀死。不仅如此，他还割下他们的头颅，放到古罗马广场的讲坛上示众。

对于 13 岁的恺撒来说，这是第一次让他深受震惊的事件。姑父杀死了两位伯父。“苏布拉”距离古罗马广场不远，即使他不去现场，大概也能闻到血腥味儿。后世有一位研究者写过，尤里乌斯·恺撒一生都很讨厌血腥味儿，也许起因就是 13 岁那年发生在他身边的这件惨案吧。

马基雅弗利是文艺复兴时期的现实主义政治思想家。我记得在写马基雅弗利的时候，写过他 9 岁那年目睹了“帕兹事件”，而这一事件影响了他的一生。我曾经对此深感吃惊。对于敏感的人来说，少年时代的经历必定会左右他日后思考的角度。少年马基雅弗利只是一个局外人，而对少年恺撒来说，当事人双方都是他身边的亲人。

老马略发泄完他心中的怨愤，罗马这才恢复了表面上的平静。公民大会推选了马略和秦纳为第二年度即公元前 86 年度的执政官。这是马略第七次当选执政官。然而，公元前 86 年 1 月 13 日，刚刚就任执政官才 13 天，这位具有卓越军事才能的男人就死在了床榻之上，享年 70 岁。苏拉得知了马略大屠杀的暴行，也得知了他的死讯，但是这一年，视马略为仇敌的他无意回意大利，因为他很清楚事情的轻重缓急，他必须首先解决东方的问题。其间，秦纳在意大利开始了独裁统治。

说是独裁统治，却不是独裁官一人的统治。共和政体下的罗马规定，独裁官虽大权在握，任期却只有 6 个月。秦纳恪守这一传统，但他用变通的方法，即连年当选执政官，行事实上的独裁政治。享有罗

青年时期的恺撒

马公民权的人都有资格参加公民大会，执政官就是由公民大会选举产生的。拥戴平民英雄马略的罗马百姓成了马略的继承者——秦纳的支持者。秦纳独裁统治期间发布了一个又一个备受支持者欢迎的法案。对此，元老院元老能做的就是保持沉默。他们无须担心自身的安危，因为缺少军事才能的秦纳，没有能力实施武力镇压的统治。

少年恺撒虽然身处独裁统治之下，日子却过得很平静，过了14岁，又过了15岁，迎来了16岁。这一年，父亲死了，好像是自然死亡。父亲没有太高的社会地位，甚至可以说完全不为世人所知。父亲一死，刚过16岁生日的恺撒成了一家之主。在罗马，生养过孩子的上层阶级的女性再婚，只会受到欢迎而不会遭到非议。但是，恺撒的母亲奥雷利娅一反罗马的这种风俗，完全不提再婚之事，继续操持家务，给了年轻的一家之主极大的帮助。这一年，恺撒卷入了平民派与元老院派之争，也就是马略派和苏拉派之争。

结婚

马略的继承者秦纳得知苏拉在东方成功击败米特拉达梯的消息后，料定苏拉迟早会回到罗马，他深感有必要考虑如何应对苏拉。他相信民众一定会支持自己，毕竟他制定了多项利民的法案。但是，在"多数人独裁"的三年间，元老院阶级不赞成多数人独裁，他们自然视秦纳为敌人，而且，元老院元老中的六分之一成了老马略泄愤的牺牲品。当时，秦纳虽然没有协助马略，却也没有阻止被仇恨冲昏了头脑的老马略。

为了对付即将回国的苏拉，秦纳设法笼络元老院阶级。他手中的第一张王牌是他的政绩。马略死后，是他使意大利恢复了正常的秩序。另外，他还促成了年轻的恺撒和自己的女儿科尔涅利娅的婚事。

保守的人最害怕出乱子。尽管是多数人独裁，但秦纳的统治并无不当。其间，无论是在首都罗马还是在其他地方，都不曾发生过流血事件，仅此一点，元老院元老中对秦纳心怀好感的人就有不少。

还有，秦纳为女儿选的结婚对象——年轻的恺撒，虽然是马略的内侄，却也是惨遭马略杀害的原执政官恺撒和他弟弟的亲侄。这两位《尤里乌斯公民权法》的立法者，在以保守派为主的元老院中也有很高的声望。为他们的死而深感惋惜的元老不在少数。在他们看来，秦纳欲促成的这桩婚事，是秦纳向元老院谢罪的一种表示。

而对于秦纳来说，这桩婚事是一举两得之事。因为他知道，在自己的支持者罗马百姓的眼中，意味着自己和他们心目中的平民英雄马略之间的联系更加密切。

这就是秦纳要把女儿嫁给马略的内侄而非马略的儿子的深意。因为他知道，如果选择马略的儿子，虽然不会动摇民众的支持，却无法博取元老院派的好感。就这样，恺撒的第一次婚姻变成了政治联姻。当时罗马上流社会的婚姻普遍是政治联姻。但是，尚未举行成人礼，尚不到17岁就早早结婚，这在罗马也算个例。因为新娘的父亲有不得已的原因。暂时平息了东方之乱的苏拉，已经到达希腊，只需渡过亚得里亚海即可回到意大利。

我们并不清楚新郎为何会同意这么早就结婚，大概是他母亲奥雷利娅大力促成的。恺撒很尊重母亲的意见，即使步入壮年后，就政务问题，依然会征求母亲的意见。

《尤里乌斯公民权法》规定，居住在意大利境内的所有自由公民均享有罗马公民权。这是一个划时代的法案，立法者就出自恺撒家。仅从这一事上就可以看出，恺撒家虽然属于名门贵族，属于元老院阶级，却不是冥顽不化的守旧派，而母亲奥雷利娅的娘家奥雷利乌斯·科塔家，也是以沉稳、进取的家风而闻名，再加上，罗马百姓心中的传奇人物马略还是恺撒的姑父。因此，他们认为恺撒家的人偏向平民派。

还有，在母亲看来，既然恺撒出生在这样一个家庭，注定此生必担任公职。她考虑到独子的将来，接受这桩婚姻是很自然的选择。在罗马，自格拉古兄弟之后，元老院派和平民派这两大派别并立。若想出人头地，就必须站队，表明立场。作为母亲，奥雷利娅为自己的儿子选择了平民派。既然是马略的内侄，在世人眼里，恺撒本就该是平民派的一员，而迎娶秦纳之女，则进一步表明了他的立场。

在与秦纳的女儿谈婚论嫁之前，恺撒已有未婚妻，是父亲为他定下的。此女出身于骑士阶级，社会地位不及恺撒家，却是罗马屈指可数的富贵人家。对于俭朴的名门贵族恺撒家来说，这实在是一个不错的选择。然而，为了与秦纳家联姻，恺撒家必须放弃这桩婚约。和平之时，先不论这样的选择是否妥当，而在动荡之时，这一选择就是一场豪赌。也许，恺撒传奇人生中的赌徒性格就源自他的母亲。

成人礼

和现代人的婚礼一样，古代罗马人举行婚礼时，新人要在神灵前宣誓并交换戒指，邀请亲朋好友参加婚宴，新郎把新娘抱进家。也许应该说，现代人举行基督教的教会婚礼，是继承了罗马式的结婚仪式，因为基督教的教会婚礼采用的是古罗马式的婚礼。不管怎样，在母亲奥雷利娅——这位后人眼中的罗马妇女楷模的指点下，少年夫妻开始了在“苏布拉”的婚后生活。16 岁的新郎，日常生活与婚前无异，每天上午跟家庭教师高卢人学习，下午去运动场锻炼体能。在恺撒所属的那个阶层，举行成人礼之前成婚，被认为是不正常的。通常要等到 17 岁才举行婚礼。但他们的婚礼提前了近一年。同时，作为一家之主，作为名门恺撒家的一员，作为有妻室的人，却只能穿着未成年人穿的长及膝盖的短衣，显得很不正常。

古罗马人的正装叫托加长袍，英语叫“toga”。托加长袍很难穿，不同于穿西装。

托加长袍

短衣

女性服装

托加长袍是用一块白色毛料剪成椭圆形而成。季节不同，所用面料的厚度不同。元老院元老的托加长袍可以用红色镶边装饰椭圆的圆周。椭圆长轴的长度根据身高来定。因为穿托加长袍非常麻烦，通常需要仆人帮助。毕竟，和笔挺的西装一样，托加长袍穿得是否整齐，反映了一个人的仪容。

穿着托加长袍时，仆人首先要把椭圆的短轴对折成不均等的两部分。目的是为了托加长袍上身时，可以露出全部的红色镶边。接着，从穿着短衣站立的主人的左肩开始穿，折线绕到脖子上，然后放下

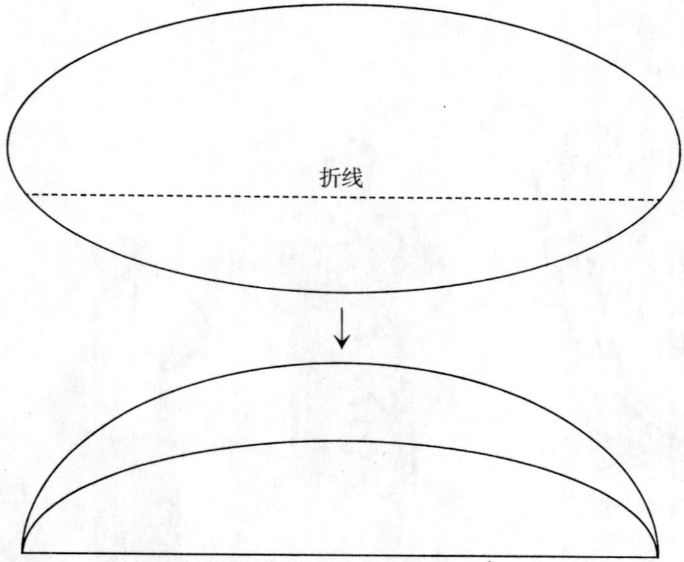

托加长袍的折法

来。托加长袍下摆必须长及脚踝。至此，完成了穿着托加长袍的三分之一。余下的三分之二，从左肩绕到背后，通过右腋下方，再绕到左肩。然后，像围围巾似的，从左肩围向后背，再放下来就算完成了。只是，因为面料的量较多，从左肩放下来的部分，需要用左手臂撑住。

长度三倍于身高的毛料要在身上绕两圈，所以穿的时候，如果不注意随时整理面料上的褶，穿着穿着就会没了形。把椭圆部分的折痕、数不清的褶在前一天晚上熨烫好，这也是仆人重要的工作之一。电熨斗之类的东西当然不会有，但具有熨斗功能的器具是有的。

重重叠叠的衣褶位于身体的什么位置，哪部分多哪部分少，决定了穿上托加长袍后的形象是整洁还是邋遢。因此，好打扮的人很讲究衣褶的处理。恺撒从年轻时起就很重视短衣系腰带的位置和托加长袍的褶，对自己的形象是出了名的讲究。

托加长袍穿起来如此麻烦，穿好以后也需要十分小心，然而它依然深受罗马领导阶层男性的喜爱。只是因为身上包裹了又长又厚的毛料，言谈举止自然就会稳重，外形看上去也会显得庄重。罗马男性很喜欢“庄重”这个词。

话虽如此，庄重的形象只需要在公共场合保持。回到家，像托加长袍这种穿起来麻烦、行动也不便的衣服就会脱下来。通常，罗马人脱去长袍，就穿短衣。男式短衣袖子很短，两条胳臂裸露在外。长袖短衣为女式衣服，即使在冬天，男性也不穿长袖短衣。如果感觉冷，就加一件短袖短衣，或披一件披风。

16 岁的恺撒在家奴的帮助下，大概也认真学习过托加长袍的穿法。穿上托加长袍是从少年时期进入青年时期的标志。

但是，犹如过家家般的婚后生活、学习穿上托加长袍后的言谈举止等，这般平静的生活很快被打破。暴风雨提前到来了。

公元前 84 年，秦纳全身心准备迎击苏拉，却在组建军团时发生混乱，被杀身亡。第二年，即公元前 83 年春天，苏拉率领 4 万大军，从意大利半岛南端的布林迪西登陆。

第三章 青年前期

（前83—前70，恺撒17岁至30岁）

独裁者苏拉

路奇乌斯·科尔涅利乌斯·苏拉最大的特点是爽快。爽快的人总是被人们所喜爱，因为爽快给人的印象是勇于承担责任。只要不与他为敌，和这样的人在一起，可以很开心。

苏拉身上虽流淌着首屈一指的名门科尔涅利乌斯家门的血液，却出生在罗马史上默默无闻的一个家庭中，连父母姓名都不为后人所知，而且他在青年时代，生活也很清贫。尽管如此，他身上依然散发出贵族气息，无论是肉体还是精神。身材高挑的他，穿托加长袍一定很帅。他不像马略那样，与士兵平等相处，但部下对他钦佩有加。原因不仅仅是他指挥下的胜仗每每漂亮收场，更重要的是他的行事作风让属下折服。一个人如果仅仅有能力，人们只会承认他的能力却不一定对他心悦诚服。苏拉还有一个特点，就是不惧怕别人的言论。他不是一个在乎别人看法的人。

共和政体下的罗马规定，没有元老院的许可，凯旋将军从北方回国时不得率领军团渡过卢比孔河进入意大利本土，从南方回来时在登陆布林迪西前必须解散军团。得胜回国的军团必须在边境约定好在首都罗马举行的凯旋仪式上再度会集，然后解散军团。而凯旋仪式举行之前，已成光杆司令的军团司令官禁止进入城墙内，只有遵守这些规定，才算忠实于罗马的法律。

但是，苏拉是一个不按常理出牌的人。五年前的公元前 88 年，平定东方之乱的远征军总司令一职原属苏拉，却被马略无端抢走。为

苏拉

此，他采取了前所未闻的胆大行动，率领组建中的远征军，武力攻打首都罗马。这就是苏拉。举行凯旋仪式对于罗马男子来说是最高的荣誉，而苏拉凭借着在东方的战功，完全有资格举行凯旋仪式。然而，东方之乱已被平定，公元前 83 年，他率领的军团已经登陆布林迪西，尽管他从来没有享受过这份殊荣，却丝毫不贪恋这种仪式。因为苏拉决意要打垮马略和秦纳建立起来的平民派势力。不用说，他登陆布林迪西后也没有解散军团。

假设恺撒进入盛年以后的政敌不是庞培而是苏拉，历史将会如何改写呢？如果只是把历史当成一种兴趣而不是一门学问的话，那么这是一个人们很想知道答案的假设。当然答案不会那么容易得到。真实情形是，公元前 83 年，苏拉 55 岁，恺撒 17 岁。对人类来说，这也是幸事之一。

在布林迪西登陆后没有就地解散军团以此表明决心的苏拉身边，很快来了一些逃离马略的屠杀又在秦纳独裁统治下忍气吞声的人。梅特鲁斯·皮乌斯是梅特鲁斯一门之长，是元老院派的重要人物，也是位于阿尔卑斯山脉以南的高卢地区驻军司令官。他带着下属的2个军团来到了布林迪西。31岁的克拉苏，其父亲和兄长惨遭马略杀害，自己逃到了西班牙，这时也从逃亡之地来到苏拉的身边。23岁的庞培大地主出身，父亲也被马略派所杀。他带着自费组建的3个军团从藏身之地皮契诺火速赶来，加入了苏拉的阵营。苏拉因此喜出望外。

至此，苏拉的战斗力达到了11个军团，包括公元前88年组建的5个军团、来自希腊的1个军团、梅特鲁斯·皮乌斯的2个军团和庞培带来的3个军团。这些军团组成了一支合计兵力达7.5万人的大军，其中步兵6.5万人，骑兵1万人。

另一方面，平民派为迎击苏拉而征召的战斗力合计12万人。老马略的儿子以前执政官的身份担任指挥。另外，这一年的两位执政官也联名担任司令官。因此，站在罗马国家的立场上，这才是正规军。平民派之所以能征召到12万名士兵，是因为百姓纷纷志愿加入。因为他们没有忘记老马略，没有忘记秦纳推行的多项政策为自己带来了福祉。只是，平民派有一个最致命的弱势：担任指挥官，可以找到塞多留这样的人才，但是，作为关键的总司令，却找不出一个可以对抗苏拉的人。

尽管如此，耗时两年的战争中激战频发。一方面，这是一场元老院派和平民派之间的阶级斗争。另一方面，老马略为泄私愤曾对元老院派大开杀戒。有前车之鉴，平民派害怕苏拉报复，因此他们在战斗中殊死奋战。

波及意大利半岛全域的这场内战，最后一役的战场在罗马城墙附近。发生在公元前 82 年 11 月 1 日的这场战斗，以公敌苏拉取得压倒性的胜利而结束，也宣告了这场内战的终结。老马略的儿子战死，一名执政官逃往北非，塞多留也亡命西班牙。平民派指挥层和军团全面溃败。第二天清晨，苏拉率领军团从首都罗马的城门入城，随即下令清肃反对派。罗马城内因未发生战斗而完好无损。

马略杀戮是为了泄私愤，而冷静的苏拉大开杀戒则是为了消灭平民派。他们的目的不同，结果却同样惨烈。泄私愤总有头，但若出于政治上的理由，不仅牵扯面广，而且必须有组织地进行。马略实施报复，用的是奴隶。因为他认为让一名罗马公民去杀另一名罗马公民，会下不去手。苏拉和马略一样，也用奴隶实施杀戮，只是，他知道马略事后把那些奴隶也杀了，因此，如果只是用奴隶实施杀戮的话，他们会不服从。于是，苏拉挑选了远超马略所用奴隶数量的 1 万名体格健硕的奴隶，给了他们自由的身份——解放奴隶，同时授予他们自己的家门名——科尔涅利乌斯，以免他们再次沦为奴隶。之后，命令这支队伍开始清算反对派。被称为“科尔涅利乌斯帮”的这些人，挖开马略的坟墓，把他的骨灰撒进台伯河，砸了纪念马略战胜朱古达、日耳曼人的纪念碑，杀了马略收养的孙子。

为了将平民派的人、与马略和秦纳有关系的人赶尽杀绝，56 岁的苏拉甚至列了一个“黑名单”，只要上了这个黑名单，就难逃一死。因为苏拉公布了带悬赏金的告密制度，而且，告密者如果杀了黑名单上的人，还可以从夺来的此人的资产中得到高额奖赏金。因为这一制度，苏拉对平民派的屠杀更增添了一分悲凉。为了得到悬赏金，甚至连黑名单上人的儿子、亲戚和仆人都被列入了杀戮的行列。当然也有不少感人的故事。例如，奴隶为了保护主人，无论怎么威逼利诱，也不肯透露一点风声。再比如，妻子勇敢地站出来，帮助丈夫成功逃跑。

苏拉的黑名单上据说有 4 700 人，包括近 80 名元老院元老和 1 600 名骑士。苏拉略去审判过程，直接处死他们，并没收了他们的财产。即使有人侥幸保住了性命，财产也被充公。不仅如此，他们的后代也被革去公职。被没收的财产贱价拍卖，从中获利的自然是苏拉派的人，甚至还有苏拉家的解放奴隶。

苏拉清肃平民派的行动，不只针对住在首都罗马的权贵，还波及了意大利各地。生活在意大利中部地区的伊特鲁里亚人、南部地区的萨莫奈人和卢卡尼亚人，因加入正规军抵制苏拉而受到了严厉的处罚，即使受《尤里乌斯公民权法》保护，秦纳授予他们的罗马公民权也被剥夺，权贵被处死刑，财产遭没收。苏拉要彻底摧毁平民派的势力。

苏拉列出的黑名单中还有一个年轻人的名字——恺撒。既然是马略的内侄、秦纳的女婿，在苏拉眼里，年轻的恺撒自然也是必须清除的平民派一员。

好在苏拉身边的人纷纷为恺撒求情。他们认为，没了父亲的恺撒虽然是恺撒家的一家之长，但年纪不过 18 岁，从未参与过政治活动，应该放过他。最初，苏拉根本不听。罗马贵族子弟有一个惯例，长到 13 岁后就要去朱庇特神殿担任少年祭司。恺撒作为名门贵族之后，自然也在朱庇特神殿任此职务。祭祀仪式上，苏拉多次见过这位年轻人。后来，在罗马深受人们敬重的女祭司长也加入了求情的行列，专制的苏拉只好勉强答应，从黑名单上删去了恺撒的名字。当时，苏拉说了这样一句话：

“你们懂什么？100 个马略也不及这个年轻人！”

苏拉虽然放过了恺撒，却对年轻人提了一个要求。他要求，不，应该说他命令恺撒离开秦纳的女儿。庞培自费组建3个军团，协助苏拉参加作战，并在北非成功剿灭平民派，回国之际，苏拉甚至特许他举行了凯旋仪式，尽管他只有24岁。这时的庞培也因为苏拉的要求，与被杀的平民派一员的女儿离了婚，然后听从苏拉的建议，娶了苏拉妻子的拖油瓶女儿。苏拉把恺撒的名字从黑名单上删去了，恺撒就应该对苏拉感激万分，更何况秦纳已死，平民派已被肃清，这时与平民派之首的女儿离婚，理所应当。苏拉就不用说了，为他求情的人们也都这样想。也因此，他们想当然地认为，这位18岁的年轻人应该会服从独裁者苏拉的命令。

然而，尤里乌斯家门的这位年轻人给出的答案却是“不”。这个答案大大出乎苏拉的预期，他被激怒了。但恺撒的名字没有再次出现在黑名单上，自然也不能对他格杀勿论。但是，苏拉派遣了“科尔涅利乌斯帮”前去捉拿恺撒。18岁的恺撒于是逃离了罗马，亡命于意大利境内，甚至有一次发着高烧，躲到洞穴里，逃过了一死。然而，苏拉抓捕恺撒的决心很大，恺撒在意大利境内亡命险象环生。不得已，恺撒经由希腊又逃到了小亚细亚，这才躲过了苏拉的追捕。

那么，年仅18岁的年轻人为什么拒绝56岁的绝对独裁者的要求呢？恺撒本人没有留下任何解释，因此，史学家们只有反复进行推测。纵观恺撒的一生，婚姻于他只是一种策略，和秦纳的女儿科尔涅利娅结婚是政治联姻。既然这桩婚姻已不符合形势需要，那么离婚也是一种策略。若真的这样，当时也不会有人谴责他听从苏拉的命令，与妻子离婚。

然而，恺撒却说“不”。

有一位史学家说，恺撒年轻时就已胆识过人。还有一位现代学者说，恺撒想成为平民派的领袖，他不能做出背叛平民派的事。还有学者说，父亲惨遭横祸，年轻的妻子心中一定很悲伤，再加上有孕在身，恺撒不忍心抛弃她。

我认为这些推测都很有道理。但是，从恺撒后来的言行推测，应该还有一个原因，那就是恺撒认为，尽管苏拉是绝对独裁者，却无权干涉他人的私生活。拒绝苏拉的命令，只是他坚持己见的一个举动。后来，恺撒成为绝对独裁者后，对布鲁图的私生活、对其他人的私生活都不曾干预。不仅如此，连这种念头他都不曾有过。尽管布鲁图娶的是反恺撒的强硬派一员的女儿。苏拉是一位持之以恒的人，而恺撒尽管年龄和观点与苏拉不同，在这一点上却很相似。

逃亡之旅

因为拒绝离婚而开始了逃亡之旅的恺撒，应该有两三个曾一起学习、一起去运动场健身的同龄家奴相随。他们虽然身为奴隶，但自幼和恺撒一起长大，因此，在这个时候，他们成了恺撒最信赖的随从。为了将来万一出现不测，罗马有身份的人家会把主人的孩子和奴隶的孩子放在一起养育。

到了小亚细亚，苏拉也就鞭长莫及了。之后的恺撒一定和以前有了很大的不同。虽说是逃亡之旅，对于年轻的恺撒来说，这是他第一次真正意义上离开母亲。他不可能不快乐。钱的方面，虽然不允许他铺张，但坚强的母亲奥雷利娅还是给了他无须依赖别人援手的经费。而且，年轻就是资本，就连不幸也充满希望。何况，恺撒的性格从来不是消极的。

逃亡时的恺撒 19 岁，此时苏拉已经 57 岁。当然，恺撒可以动员家门所有的亲朋好友，为他回国努一把力。但是，虽然身在国外，这个过程必定还是充满惊险。恺撒认为，与其如此，不如躲在外国，默默等待时机。当然，他等待的是苏拉的死亡，只是，苏拉虽然干瘦干瘦的，身体却很硬朗，从不知疾病为何物。因此，恺撒决定等，却不知要等多久。这也是一次赌博。

按照恺撒的性格，他不可能忍受无聊的生活。逃亡中的他有两个选择：一是上“大学”深造，提高学业水平；二是利用这个机会，体验军团生活，因为他已过了服兵役的最低年龄 17 岁。

对于公元前 1 世纪的罗马人来说，“大学”不是在雅典，就是在罗得岛，因为罗马有身份的人家送孩子前去留学的地方仅此两地。苏拉是超凡的政治家，又是杰出的武将，还有过人的学识，尽管他从不炫耀。正是他在雅典逗留期间，有幸得到了被人遗忘的亚里士多德的著作集，认识到这些著作的重要性，并将其带回罗马出版发行。因此，恺撒去雅典或罗得岛，很有可能被苏拉察觉到。

因此，年轻的恺撒选择了从军。军队需要行军打仗，没有固定的落脚点。只要混入军团之中，既能积累经验，增长见识，又不失为一个藏身的好去处。

19 岁的恺撒找到了小亚细亚西岸一带的行省总督米努修斯。尽管恺撒因抗命触怒最高权力者而出逃在外，却仍大大方方地报上自己的姓名，要求加入军团。苏拉远征东方时，米努修斯曾经是苏拉的部下，属于苏拉派。但他似乎不是一位一心向上爬的官僚，而是个很有长者风范的人。他接受了恺撒的申请，把他安排在向元老院元老子弟开放的参谋本部任职。就这样，年轻的恺撒成了地位最低的幕僚，随他逃亡的随从奴隶也变身为年轻将领的随从。

总督米努修斯统辖的区域包括爱琴海诸岛，这些岛屿散落在小亚细亚西岸附近，在历史上和民族性上都属于希腊文明圈。莱斯沃斯岛是爱琴海诸岛中的一个，很有实力，常常挑战罗马的霸权。要维持罗马霸权下的这一区域的秩序，作为最高责任人的行省总督，自然不能放任不管。莱斯沃斯岛占据很重要的地理位置，控制着从黑海通往地中海的航路。

总督米努修斯决定采取军事行动攻打莱斯沃斯岛，并开始着手准备。但是，莱斯沃斯岛四面环海，富足的岛民自古就在首都四周建有坚固的城墙。首都位于岛屿的东端，因此，攻打莱斯沃斯岛的军事行动只能两路作战。一路采用陆地战，在岛屿西侧登陆，向首都发起进攻。另一路从海上发起进攻，如此一来，就需要正规的海军，于是决定请求比提尼亚王国派遣战船。比提尼亚王国位于小亚细亚面向黑海的区域，和罗马是同盟关系。罗马和同盟国之间的盟约规定，罗马保证同盟国的安全；相应的，在罗马需要的时候，同盟国以各自的优势，向罗马提供协助。这些同盟国形式上是独立的国家，事实上是罗马的属国。去比提尼亚请求战船支援，并不是一项艰巨的任务。

也许是因为这项任务不难，米努修斯派去了尚不满 20 岁的恺撒。但是，总督派往比提尼亚的这位使者，并没有在使命感的驱使下尽早完成任务，带着战船船队回来。他借口要等待战船集结完毕才能返回，其间在比提尼亚宫廷充分享受起了东方的奢华。很可能比提尼亚国王尼科美德对他喜爱有加。据说宫廷几乎夜夜歌舞升平，恺撒混迹于国王的男宠之间，斟酒作乐。甚至传出了他和国王同性相恋的传闻。和希腊人不同，当时的罗马对男同性恋持否定态度。这是一桩极大的丑闻。真实情形如何，我们不得而知，我们只知道这一传闻伴随了他一生。纵观他的一生，恺撒对外奉行禁欲主义，私下却是享乐主义者。就算不曾和比提尼亚国王发生同性恋，也一定充分领略了东方宫廷的奢华和放纵。尽管如此，既然对外他是禁欲主义者，他自然不会忘记自己的任务。恺撒率领准备停当的战船船队，从黑海穿越博斯普鲁斯海峡，经过马尔马拉海，出现在了总督米努修斯翘首以盼的海面上。莱斯沃斯岛攻防战开始了。

恺撒参加的生平第一次战争就是莱斯沃斯岛攻防战。我们不清楚他手下的士兵究竟有多少，但可以确定，他没有坐在参谋本部专心工作，因为他获得了一个“勋章”——“公民冠”。公民冠是用叶片茂密的橡树枝编制而成，是授予不顾自己性命也要救出同伴的战士的勋章。用橡树枝编制的公民冠出自被救士兵们之手。这在罗马军团中被认为是第二大荣誉。获此殊荣的人允许在平时的节庆日佩戴公民冠，因此，为了便于保存，大概找人用银或其他材质重新打造了公民冠。当然这需要自掏腰包。

莱斯沃斯岛攻防战结束后，恺撒转而担任行政工作。没过多久，恺撒请求总督米努修斯更换工作地点，于是他去了位于小亚细亚南岸的奇里乞亚地区，时间好像是公元前 78 年。此时，苏拉在罗马强制推行元老院主导下的共和政体后，虽然卸下了独裁官的头衔，却依然健在。因此，已经 22 岁的恺撒想去奇里乞亚地区，协助正为海盗猖獗而头痛不已的行省总督塞尔维乌斯剿灭海盗。他大概还是偏爱前线作战。总督塞尔维乌斯知道了莱斯沃斯岛攻防战，热烈欢迎荣获公民冠的这位年轻人。

然而，恺撒刚到奇里乞亚军团驻地不久，一位使者从罗马火速来到军团基地，带来了苏拉的死讯。

恺撒立即向总督提出辞呈，火急火燎地向罗马出发。犹如刚刚起锚的船，还没确定目的地就匆匆起航。

恺撒直达罗马的可能性很小。从小亚细亚南岸前往罗马需先到希腊，接着横穿希腊，经过亚得里亚海，登陆布林迪西，最后沿阿庇亚大道一路北上，历时两个月。等他回到罗马，苏拉隆重的国葬已经结束，追随苏拉并加入送葬队伍的全体老兵，也已经全部从罗马消失。尽管如此，这位四年后回到罗马的年轻人，尚无机会崭露头角。此时，活跃在古罗马广场上的主人公是苏拉派的重要人物卢库鲁斯、克拉苏及庞培。只有母亲奥雷利娅、妻子科尔涅利娅和尚未见过面的女儿尤利娅在“苏布拉”的家中，等待他的归来。

回到国内

迎回恺撒后的罗马，民众尚在，平民派却已被抽筋剔骨，了无生气。无论是被独裁者苏拉列入黑名单的平民派，还是平民派的支持者，悉数被苏拉斩尽杀绝。再加上其后的“苏拉国政改革”进行得很彻底，导致平民派的根基——护民官——也人才难寻。（关于苏拉的国政改革详情，请读者朋友参阅《罗马人的故事 03 · 胜者的迷思》中的“马略和苏拉的时代”章节。）可以说，为了防止平民派东山再起，苏拉对平民派实施了斩草除根的策略，只是，有一棵幼苗幸存下来了。

三年过去了，这棵幼苗成长起来了。尽管如此，可能是其母亲让恺撒认识到，此时的自己还只是一棵幼苗，因此，得知苏拉死讯后匆匆回到国内的恺撒，没有任何作为。

在希腊，女性无缘教育，也不能参加宴会，能参加宴席的女人只有被叫作妓女的人。与希腊不同，在罗马，有教养的女性可以出席宴会，而不会遭到冷眼。恺撒的母亲奥雷利娅的学识在罗马女性中更胜一筹，是罗马女性中的佼佼者。这是古代史学家的一致看法。独子即使在留学期间也能把握国内形势，就是因为她有这样的能力，又身处这样的环境。

受马略的牵连，恺撒家的两位当家人被杀，其后陷入了沉寂。但是，奥雷利娅的娘家奥雷利乌斯家还在。三年后的公元前 75 年，奥雷利娅的哥哥奥雷利乌斯·科塔当选执政官。和恺撒家一样，在元老院内，奥雷利乌斯家属于开明派。执政官奥雷利乌斯·科塔以其稳健的作风，立法修正了苏拉的复古体制。正因为身处罗马高层，他成了向亲妹妹提供准确而现实的信息的最佳人选。

“苏拉体制”被认为坚如磐石。然而，在恺撒回国不久，罗马发生了第一次推翻“苏拉体制”的运动。公元前 78 年的执政官雷必达，率领前往行省任总督之际组建的军团，欲靠实力推翻“苏拉体制”。恺撒是苏拉屠刀下的幸存者之一，雷必达一定向他发出过邀请，但是，恺撒没有参加。事后证明，恺撒的选择完全正确。雷必达的反叛轻易遭到了镇压。雷必达本人也逃到了撒丁岛，最后病死于当地。这次反叛活动犹如刚刚升空就落下的烟花瞬间熄灭。

雷必达失败的原因有二：一是雷必达缺少声望。苏拉疯狂屠杀平民派，没收并拍卖被害人的资产时，雷必达贱价买入，从中获利无数。先不论他的政策如何，这样的人在苏拉死后，就算借平民派之名，首先他的人品就让人裹足不前。二是因苏拉而重掌大权的元老院镇压这次反叛的态度非常坚决。元老院发布了非常事态宣言——“元老院终极劝告”，其中附加了“为保卫共和国”的条款。为此元老院派出了军团镇压雷必达，担任指挥的是年仅 30 岁正值而立之年的庞培。他指挥得当，不多日就把雷必达军打得落花流水。平民派再次陷入沉寂。

开设律师事务所

雌伏期间，已经23岁的恺撒决定以律师立身。正如《罗马人的故事03·胜者的迷思》中介绍的那样，在罗马，律师不仅替被告辩护，还有很多机会为原告服务，担任检察官的角色。一旦遇到涉及名人的案件，并在辩护中获胜，便立时名声大振。因此，对于有意从政的人来说，这个职业很有吸引力。毕竟在罗马，主要官职都是公民大会投票决定的。

律师事务所开业了。但恺撒尽管出身名门，毕竟年轻，又缺少相关经验，没有人委托他做辩护律师。因此，恺撒接到的第一个案子一定是为原告做辩护。不清楚他的第一个对手是谁，总之，结果是败诉。

第二次他瞄准了一位大人物，是多拉贝拉。多拉贝拉是苏拉的亲信，当选过执政官，以前执政官的身份担任过小亚细亚行省的总督，在元老院也很有话语权。恺撒检举他的理由是，管理行省期间，以不正当手段敛财。

然而，恺撒的这一次辩护同样以败诉收场。可以说，23岁的他毕竟不够成熟。还有，苏拉恢复的格拉古兄弟以前的体系，即陪审员由元老院元老独霸一方的体系，也是他败诉的原因之一。当然，原告方恺撒的辩护过程与司法殿堂——罗马的法庭格格不入，也是导致他败诉的原因之一。毕竟，被告多拉贝拉在管理行省期间，其滥用职权之严重，早已引起了元老院中有良知的元老的不满。

罗马时代的律师统称演讲者，即说话的人。无论是为被告辩护，还是站在原告方的立场，只要最后判决是由陪审员做出的，那么，他就需要具备说服陪审员的辩论技巧。但是，正如成功的律师西塞罗坦承的那样，说是陪审员做出判决时完全不受旁听席上人们的反应的影响，是不可能的。因为他们和旁听席上的人们一样，都是第三者。因此，演讲者在辩论时，必须设法打动旁听者。

鼎盛时期的雅典也有律师行业。雅典式的辩论犹如希腊古典时期的雕刻一样，言之有物，没有废话。后来，随着城邦雅典的衰落，在位于小亚细亚西岸的帕加马王国，诞生了辞藻华丽的辩论术。古代罗马人称之为“鬈毛”的这种辩论术被引进了罗马，在公元前1世纪的罗马法庭上，这种言论过度包装的辩论占据了大部分。这一流派被称为“亚细亚派”，其代表人物是霍腾修斯。他素有“法庭王子”之称，享誉极高，甚至因此当选了执政官。而恺撒举报多拉贝拉，担任被告首席辩护律师的正是这位霍腾修斯。

此时，西塞罗刚好从“大学留学”回来，他运用了新的辩论术。这一辩论术被认为是雅典式和亚细亚式的折中方式。就文章而言，我完全同意。但是，后面我会翻译恺撒的辩词和西塞罗的辩词，我希望读者朋友试着比较一下。我认为，西塞罗的辩论始终只是站在律师的立场上进行辩护。也就是说，他的目的是说服陪审员，打动旁听席上的人们。为此，与其开门见山不如从旁迂回，以获取人们的同情，争取酌情量刑。这就是西塞罗在法庭上的战术，也是现代欧美律师最常用的方式。因此，即使到了2 000年后的今天，人们依然称他为“律师之父”，也是可以理解的。

相反，恺撒的性格让他很难用“鬈毛”式的辩护方式，甚至连“鬈毛”式的开场白都说不出来。恺撒的文章和演讲常常直指要害，这是他的特点。而且，按照他的性格，要求酌情量刑，他是死也做不出来的。既然如此，那么他的辩护应该接近“雅典派”。然而，以理服人也需要设法打动听者，后来的恺撒在这方面有了心得。不能说恺撒的辩论就是简单沿袭雅典派，就是这个原因。或许，当时23岁的恺撒在辩论中尚缺少这方面的尝试。

不管怎样，23岁的恺撒开设的律师事务所惨淡经营，以致关张。他不得不放弃以律师立身进入政界这条路。他无法像霍腾修斯和西塞罗那样，作为成功的律师，名利双收，进而入主政界。然而，第二次败诉并没有因为他退出律师行而结束。尽管在辩护中败诉，尽管法庭早已做出判决，但是把苏拉派的大人物多拉贝拉告上法庭，对于恺撒来说，余波未消。

罗马权贵想起了四年前拒绝苏拉命令的年轻人就是此时的原告。尽管苏拉已死，但此时的罗马依然是苏拉派的天下。恺撒因没有参加雷必达反叛而不曾染上污点。尽管如此，他还是意识到了平息这场余波的必要性。一旦被认为是平民派而受到关注，就太过危险。

恺撒想到距离首都罗马二三十公里处的山庄里暂避风头。然而，事态似乎比他想象的要严重。再加上，躲在乡下过无聊的日子也非他所愿，他毕竟还没有到向往田园生活的年龄。因此，恺撒决定再次远走国外。因为这次没有人抓捕他，所以他没有选择从军，而是决定上“大学”。他选择了罗得岛，在当时，它是与雅典齐名的“最高学府”所在地。

远走国外

对于出身良好的恺撒来说，为平息那场余波，24岁留学海外是非常自然的一个选择。共和时期的罗马，担任公职的年龄始于30岁。因此，20岁至30岁之间，被认为是充电期。如果恺撒是个在乎别人看法、对他人飞黄腾达心有不甘的人，在20多岁的充电期里，大概不会过得很舒心。在恺撒不得不远走国外的同一时期，仅年长他6岁的庞培被任命为总司令，率领4万罗马正规军威风凛凛地出征西班牙。因为马略派的塞多留接收了雷必达的残部，在西班牙掀起了反罗马的运动。30岁出任总司令，是苏拉制定的罗马公职体系的破例之举。这位早熟的军事天才，23岁指挥3个军团，25岁举行凯旋仪式，30岁当上总司令，在仕途上飞黄腾达。同样是离开祖国，恺撒与庞培竟如此天差地别。

所幸，恺撒天性乐观，知道凡事需要等待。但是，他应该做梦也没想到，在进“大学”深造前，竟然会遇上海盗。在前往目的地罗得岛的海面上，恺撒搭乘的船只遭遇海盗攻击，恺撒被海盗俘虏。

海盗

小亚细亚西南部和散落在附近的爱琴海诸岛，从地形上来说，多海湾。再加上这里是黑海通往叙利亚、埃及的航道，因此，这里是一个素以海盗出没频繁而闻名的海域。海盗的大本营在奇里乞亚地区，位于小亚细亚东南部。奇里乞亚地区虽处于罗马霸权之下，却令罗马当局头痛不已。只要一提到奇里乞亚，人们的第一反应就是海盗。穷凶极恶的海盗对船上的每一个人都标出了赎金金额。恺撒值20塔兰特。塔兰特是希腊流通货币。这个地方属于希腊经济圈，因此，赎金以希腊流通货币为单位。20塔兰特换算成罗马流通货币第纳尔（denarius，古罗马的银币，1第纳尔等于4阿斯。——译者注），相当于30万第纳尔。这是士兵年收入为70第纳尔的时代，20塔兰特

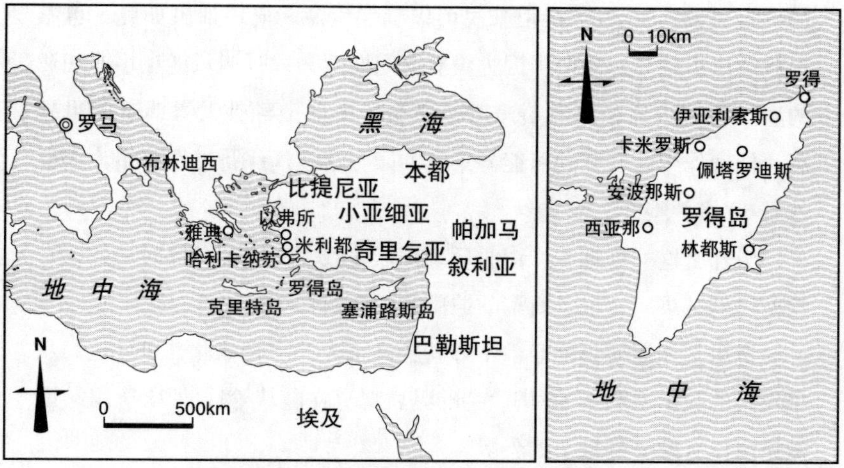

恺撒遭遇海盗的奇里乞亚周边及留学地罗得岛

相当于 4 300 名士兵的年收入总和。

然而，听到海盗报出的赎金金额，年轻人大笑起来。他说："你们根本不知道你们抓的是个什么人。"然后，他主动把赎金提高到 50 塔兰特，并派出随从去筹钱，自己和一位好友、两名随从留在海盗中间。

20 塔兰特已是一个相当可观的金额，恺撒却主动将赎金提高到了 50 塔兰特。这件事据说最早出现在李维著的《罗马史》中，依据是恺撒写给好友的信。史学家们对此事的评论通常是为年轻的恺撒的胆识而感动，同时恺撒强烈的表现欲自年轻时就非同一般。我也深有同感，但是我也在想，把 20 塔兰特提高到 50 塔兰特的背后，会不会有他的深意呢？

首先，奇里乞亚海盗的暴虐尽人皆知，他们从不计后果，杀人如麻。既然落到这种人的手中，最重要的首先是保住性命。年近 25 岁的恺撒判断，20 塔兰特很难说可以确保生命无虞。话虽如此，也不是赎金出得越高越安全。因为没有时间回罗马筹钱，只能在小亚细亚的罗马行省内靠借高利贷来筹措赎金，因此金额越大筹钱难度也越高。把确保生命安全和可能筹集到的赎金数权衡一番之后，结论大概就是 50 塔兰特。

为什么这样推理呢？因为后来恺撒花钱的方式都和此时一样，是权衡过的结果。这也是所谓的恺撒的“金钱哲学”。

奇里乞亚海盗只要心情不好就会乱杀人。尽管如此，也许他们从年轻人的脸上看到了 50 塔兰特的巨款吧。在随从筹钱的 38 天里，恺撒完全没有感受到被杀的恐惧。

而且，这 38 天，他不是在提心吊胆中度过，而是很蛮横。他想睡觉的时候，听到海盗吵闹不止，甚至会派随从前去要求他们安静。另外，他还和海盗们一起参加武术训练和娱乐活动。这一方面是因为他觉得有趣，最重要的是为了锻炼身体。他还要求海盗做他的听众，听他读自己写的诗，听他演讲。若有人心不在焉，就骂他是野蛮人。此时的恺撒完全不像是海盗手中的人质，倒像是被保镖簇拥着的重要人物。而且，这个人质还不止一次地威胁海盗说，早晚要砍下他们的脑袋。海盗们听他这样说，只当作年轻人在开玩笑，一笑而过。也许他们只想到了 50 塔兰特吧。

随从带着赎金回来了，恺撒自由了。刚脱离海盗的控制，他就去了附近的城市米利都。他借来船，召集了人马，率军队讨伐海盗。海盗船就停泊在米利都附近的海湾，恺撒突袭了海盗船，俘虏了全体海盗，缴获了海盗的财宝。当然，也如愿拿回了属于自己的 50 塔兰特。

双方角色互换，这回海盗成了阶下囚。恺撒将他们收入监牢，然后前去向小亚细亚行省总督报告。但是，总督只关心恺撒缴获的海盗的财宝，至于如何处置海盗，他说这是胜利者的权力，听凭恺撒处理。恺撒回来后，把海盗们从牢里拉出去，全部绞死。海盗们这才知道年轻人说的不是玩笑话。随后，恺撒到了罗得岛，就好像什么事也没发生过一样，开始了他的学生生活。

留学

地中海地区气候宜人，而罗得岛更是数一数二的好。冬天不冷，盛夏也很少超过 25 摄氏度。终日微风习习，大大缓解了冬日的寒意和夏季的暑气。“罗得岛”的意思是蔷薇盛开的岛。这个岛不仅气候宜人，而且占尽地势之便。岛屿北端有一天然良港，岛民略加整修，将其一分为二，从此有了两个港口。罗得岛与小亚细亚西岸各城市相距较近。这些城市以以弗所、米利都和哈利卡纳苏等为代表，因通商而发达；顺着爱琴海上的一个个岛屿，可以直抵雅典；西面有克里特岛，东侧有塞浦路斯岛。自古以来，这两个岛都占据着很重要的地位。此外，罗得岛位于重要的航线上，东面通往叙利亚、巴勒斯坦，南面通向埃及。在这里，财富不断增加，信息交流频繁，学术之风自然也很兴盛。罗得岛的鼎盛期是波斯被亚历山大大帝击退并从东地中海海域撤走的希腊文化时代。

到了罗马成为地中海霸主以后，罗得岛实力依旧。因为通商立国，所以罗得岛早早就意识到了进入罗马安全保障体系下的好处。罗得岛以提供海上军事力量的形式，担负起了罗马军队中的重要任务。罗马的海上军事力量很薄弱，因此，对罗马来说，罗得岛提供海上军事力量，那么它就是值得信赖的同盟者。如果这是一个既不值得信赖又不安全的国家，无论这里的高等学府拥有多么著名的教授，也不可能把自己国家的领袖后备军送去学习。

罗马忠实的同盟者罗得岛，在公元前1世纪时，有两位影响力超大的教授，一位是斯多葛学派的哲学家阿波罗尼奥斯，另一位是《地中海通史》的作者波塞多尼奥斯。《地中海通史》在中世纪遗失，未能流传到现在，但是这本书在当时影响了许多历史学家。西塞罗曾留学雅典，其后又去了罗得岛留学。后来暗杀恺撒的布鲁图也是先去雅典，后到罗得岛留学的。恺撒与这两人不同，他不是一心搞学问的人。应该说，不管什么事，就算他爱上了，也不会沉迷其中。

尽管如此，恺撒的留学生活断断续续地持续了一年。关于阿波罗尼奥斯和波塞多尼奥斯，因为他们的著作保留下来的只是只言片语，很难判断他们的成就。我们只能根据这些只言片语展开想象。可以认为，他们天分很高，但思考问题循规蹈矩，不是能给有创造性思维的人施以影响的学者。好在恺撒留学的目的主要是为了平息众议。

25岁左右的恺撒在罗得岛逗留期间，时间更多地花在了享受温暖的气候和美丽的自然环境上。他前往矗立在林都斯海角的神殿，参观停泊在港口的、罗得岛引以为傲的战船船队，欣赏一件件出自岛上艺术家之手的精湛的雕刻作品等。现在作为梵蒂冈美术馆至宝之一的《拉奥孔群像》，也是这个时代的罗得岛人留给人类的一件杰作。

在罗得岛逗留期间，恺撒有时会离岛。小亚细亚距离罗得岛坐小船只需几小时。每当那儿发生骚乱，恺撒就会组织起一支队伍匆匆赶去。本都王国曾经遭到过苏拉的镇压。在苏拉死后的第三年，塞多留在西班牙发动了反罗马的叛乱，罗马为此焦头烂额。本都王国的国王米特拉达梯利用这一机会又揭竿而起。小亚细亚一带又开始出现了动荡的局面。

当时恺撒前去平定小亚细亚的骚乱，属于个人行为。因此，短暂的行动结束后，他只能回到罗得岛。然而，到了公元前 74 年，他已没必要再回罗得岛，因为他的舅父奥雷利乌斯·科塔作为比提尼亚行省总督走马上任了。

19 岁那年，恺撒曾以使者的身份去过比提尼亚王国，当时的国王尼科美德已经去世。尼科美德死前把比提尼亚托付给了罗马。比提尼亚控制着连接黑海和爱琴海的博斯普鲁斯海峡这一战略要地。罗马决定将比提尼亚改为行省，并任命公元前 75 年度的执政官奥雷利乌斯·科塔为该行省总督。得知舅父即将到任，恺撒决定马上离开罗得岛。这位阳光、无所畏惧的年轻人带着包括所有奴隶在内的 10 个人，毫不留恋地抛弃“大学”，沿着小亚细亚西岸，向着比提尼亚一路向北而去。

管理一个刚改为行省的地区，本身已是一项艰巨的任务。在外国人行省总督的领导下，首先必须改变王政时代的统治方式。但是，考虑到那些留恋王政时代的人们的心情，以免引起他们的不满，罗马的做法是对王政时代的东西能保留的尽可能保留下来。特别是税制，这是人们最敏感的问题。出于政治上的需要，减税在所难免。同时，出于经济上的需要，必须确保统治行省所需的经费。在这两者中要找到平衡，进而制定新税制，是第一任总督的任务。

奥雷利乌斯·科塔于公元前 75 年担任执政官期间，以其稳健的作风，改变了苏拉的保守体制，被高度评价为政治改革大家。之所以派他前往刚改成行省的国家担任总督，是因为众人皆认为他是最合适的人选。然而，科塔的不幸在于他全身心开展政治改革之前，不得不首先采取军事行动。位于比提尼亚东侧的本都王国向刚成为罗马行省的比提尼亚发起了进攻。也许本都国王米特拉达梯认为，大敌来到了邻国。

奥雷利乌斯·科塔是著名的法学家，也是优秀的政治家。然而，法学家的名声和政治家的业绩在战场上毫无用武之地，科塔很快败于本都军队，身为总督，他不得不从比提尼亚逃出去，更糟的是，在逃亡途中不幸病故。初战失利，罗马不得不认真思考对付米特拉达梯之策。最后决定派遣执政官任期未满的、苏拉派重要人物卢库鲁斯。因和总司令的亲属关系而当上了幕僚的恺撒，再次失去了容身之地。然而，情势突变，使他无须再回罗得岛。因为他接到了来自罗马的紧急通知，通知他就任奥雷利乌斯·科塔死后空缺的祭司一职。

回到国内

罗马祭司阶层的等级制度自上而下分别是大祭司—祭司—家族祭司—占卜师。女祭司另有一套体系。恺撒在 13 岁那年曾经担任过少年祭司。自《李锡尼法》之后，罗马平民在政界、军界、宗教界任职也有了平等的机会。但是，祖辈在元老院拥有席位，再加上名门出身，这样的人与平民相比，在竞争公职时依然享有先天的优势，尤其是“苏拉改革”以后，这一倾向更加明显。因为“苏拉改革”重在强化元老院阶级。任命恺撒就任因舅父去世而空缺的职位，就是缘于上述情况。就这样，27 岁的恺撒当上了祭司。当然，他并非终日以祭司的面目示人。正如我在《罗马人的故事 01 · 罗马不是一天建成的》中介绍的那样，在罗马，祭司阶层并非自成一体，祭司只是主持祭祀仪式的人，平时他们与普通公民无异。这个时期的大祭司是梅特鲁斯·皮乌斯，此时他正在西班牙和庞培一起，指挥军团平定“塞多留之乱”。

对于27岁的恺撒来说，出任祭司一职，意味着他在祭司界占据了一席之地。但是，意义不仅于此。出任祭司一职，同时意味着昔日的危机已经过去。相隔三年回到国内的恺撒，身披纯白色的托加长袍，在公民大会上，可以堂而皇之地站在古罗马广场的讲坛上了。“Candid”的意思是纯白，在今日的欧洲，这个词是“候选人”一词的词源。

在罗马，30岁是晋升官职的最低年龄。因此，年仅27岁的恺撒，说是候选人，但不是晋升官职的候选人，而是军团大队长的候选人。在军团中，大队长相当于高级将领，下面有6名百夫长，指挥由600名士兵组成的一个大队。一个军团中，这样的大队长有10人。

恺撒成功当选大队长，从此，他无须再倚靠亲属关系成为幕僚中的一员。他不管加入谁统率的军团，都可以得到大队长一职。

但是，虽说有了地位，但是，作为祭司，他只是15名祭司中的一名。在2个军团为一个作战单位的军队中，他不过是20名大队长中的一名，这次晋升完全不值一提。已经27岁的尤里乌斯·恺撒，晋升速度不过如此。

别说在世间不受瞩目，就连在统治阶级内部，恺撒也不出众。同年爆发“斯巴达克斯起义”时，刚刚晋升为大队长的恺撒，没有参加平定叛乱，就是最好的证明。“斯巴达克斯起义”是出生于色雷斯的奴隶、角斗士斯巴达克斯发动的大规模奴隶或农奴起义。他们击溃执政官亲自指挥的罗马正规军团，直逼首都罗马，成为当年一大事件。就这样，发生于公元前73年的“斯巴达克斯起义”，持续到了公元前72年。

苏拉门下的庞培是破格提拔的英才，为镇压“塞多留之乱”，领命前往西班牙。或许是塞多留神出鬼没的游击战卓有成效，庞培始终未能拿下这场战斗，和军团一同被牵制在了西班牙。还有，苏拉麾下第一人卢库鲁斯也受命前去镇压本都王国的国王米特拉达梯，因为他再次开启了军事行动。面对发生在眼皮底下的“斯巴达克斯起义”，罗马元老院已无人可派。不得已，元老院只有启用苏拉派一员、军事才能未受重视的法务官克拉苏。就这样，克拉苏率领 8 个军团，浩浩荡荡地开始了镇压“斯巴达克斯起义”之行。

8 个军团意味着有 80 名大队长。总指挥、42 岁的克拉苏据说是罗马首富，也是刚刚走上晋升之路的恺撒的最大债权人。克拉苏对庞培嫉妒不已，对他来说，这次镇压“斯巴达克斯起义”之战，是一场不惜一切代价也必须成功的战斗。

尽管如此，恺撒从 28 岁到 29 岁的这个时期一直留在首都，没有上前线，尽管他身强体壮，甚至晚年依然如此。只能认为，就算需要 80 名大队长，也没有人要恺撒成为其中之一。

到了公元前 71 年，罗马公民终于可以安心度日了。“斯巴达克斯起义”以犯上作乱的 6 000 名奴隶被钉在阿庇亚大道两旁的十字架上而宣告结束，西班牙的“塞多留之乱”也历经 7 年而宣告结束。总司令梅特鲁斯·皮乌斯和庞培二人得胜回到意大利。在东方，卢库鲁斯去了以后，一举扭转战局，罗马掌握了主动权。这些问题解决之后，罗马公民的关注点集中到了风头正劲的庞培和克拉苏两人的权力之争上了。

庞培和克拉苏

庞培从西班牙凯旋的那一年，35 岁；同年，克拉苏平息“斯巴达克斯起义”，43 岁。庞培第一次率领军团作战，并取得了成功，他信心倍增。庞培和克拉苏都是苏拉手下的得力干将，但是两人关系不和。庞培对克拉苏很不屑，认为他敛财不择手段。克拉苏嫉妒庞培年纪轻轻便声名显赫。以马略和秦纳为代表的平民派垮台后，12 年间，罗马一直是苏拉派的天下，也就是元老院派的天下。苏拉派出现内部分裂在所难免。然而，苏拉派内部的这一权力之争，导致了苏拉辛苦重建的、元老院主导的罗马共和政体逐渐分崩离析。

从西班牙回来后，庞培要求元老院提名他为第二年度即公元前 70 年度的执政官候选人。在罗马，执政官由公民大会选举产生，有罗马公民权的人都有投票权。但是，推举候选人是元老院元老的权力。

一开始，元老院大多数元老对庞培的要求不予支持。因为，答应他的要求意味着对“苏拉改革”的不尊重。正如我在《罗马人的故事 03 · 胜者的迷思》中介绍的那样，苏拉不惜施行独裁统治进行的改革，其核心内容就是恢复以元老院为主导的、少数人统治的罗马共和政体。既然如此，必须给元老院元老尽可能均等的领导机会。如果出现以实力上位的特例，就无法维持这一体系的正常运行。因此，苏拉为政治精英的晋升制定了严格的论资排辈制。

根据苏拉制定的论资排辈制，30 岁才有财务监察官候选人资格，当选后，任期一年。31 岁可以进入元老院，在元老院元老任上，任期 8 年。39 岁有了法务官候选人的资格，同时，可以得到“绝对指挥权”，指挥以 2 个军团为一个战斗单位的 1.5 万人以上的兵力。法务官任期一年，届满后，直接升任行省总督，统治 10 个行省中的一个，负责行省政务，保护行省安全，任期一至两年。也就是说，有了两年“绝对指挥权”的经验后，到 42 岁才有可能得到罗马最高官职执政官的候选人资格。苏拉把元老院元老的人数提高到了原来的 2 倍，为 600 人。因此，就算根据个人才能、实力进行选拔，苏拉认

庞培

为，在这个过程中依然能确保罗马的统治能力。

执政官的任期是一年，始于 1 月 1 日。庞培的生日在 9 月，如果他当选执政官，意味着，公元前 70 年的前三分之二时间，罗马将处于这位年仅 35 岁的执政官的统治之下。罗马人没有按周岁计算的习惯，因此就算他 36 岁，显然这也是违反法律规定的。庞培 22 岁投靠苏拉，之后一直担任军职，25 岁举行凯旋仪式，享受了一次次破格待遇。正因如此，庞培没有财务监察官的经历，因为屡获战功的他没有必要特意去体验进入政界的第一道门槛——财务监察官。也因此，他尽管已经 35 岁，甚至连元老院元老都不是。在派他前往西班牙战场时，元老院给了他前法务官的资格，尽管他从未担任过法务官。因为不这样就无法授予他“绝对指挥权”，指挥2个军团以上的军队。原因是元老院元老虽然多达600人，却没有一人具备当时只有32岁的庞培那样的军事才能。庞培自然没有辜负元老院给他的特殊待遇，得胜而归。然而，庞培回到国内，竟然给元老院出了一个难题。既不到资格年龄又不是元老院元老的他，竟然要求元老院提名他为执政官候选人。他未解散军团，给了元老院无形的压力。

苏拉以法律的形式规定，一旦结束任务，即刻解散军团。但是，庞培没有遵守这一法律，同样，克拉苏也没有遵守。因为他也在惦记执政官的位置，从资历和年龄上来说，克拉苏成为执政官候选人名正言顺。虽然不清楚他是否担任过财务监察官，但他是法务官。在领命镇压“斯巴达克斯起义”时，他已达到了“绝对指挥权”要求的资历和年龄。此外，他还是元老院元老。根据公元前509年罗马共和政体确立以后的法律规定，执政官候选人必须是元老院元老。在这一点上，克拉苏同样符合要求。只是，克拉苏有克拉苏的问题，那就是，在罗马公民中，他没有威望。他贵为罗马首富，却因为过度的拜金主义而不被人尊重。相反，庞培是年轻的凯旋将军，在公民中享誉甚高。然而，尽管如此，元老院依然不打算对他的要求给出令他满意的答复。

于是，曾互为对手的两人决定联手，两人暗中达成了协议。克拉苏设法让元老院同意提名庞培为执政官候选人，庞培则说服自己的支持者投票给克拉苏。就这样，公元前71年初冬，两人顺利当选第二年度即公元前70年度的执政官。无视元老院意见的做法，自公元前75年奥雷利乌斯·科塔当上执政官之时起，已经开始明目张胆。而这一年度的执政官选举则成了“苏拉体制”崩溃的决定性事件。当然，普通百姓不会考虑这些问题，他们只是觉得一向不和的两人，在这一年竟联手参加选举，有点意思。

不清楚是公元前70年还是第二年的公元前69年，恺撒当选了财务监察官。在罗马，服兵役和担任行政职务是有报酬的，但是从财务监察官到执政官的国家要职是无偿的。无偿献身公职的人，在罗马叫"Cursus honorum"，意译是"光荣的公职人员"。我们的恺撒到了31岁，终于站到了"光荣的公职人员"的起跑线上。

但是，财务监察官每年有20人当选。这次恺撒只是20人中的一人。他的任职地既不在首都，也没有随军团上前线。当选财务监察官后第二年一整年，恺撒都是在伊比利亚半岛南部度过的，人们称此地为"远西班牙"。他的上司、这个地区的统治者行省总督也是没有什么名气的人。也就是说，他去了一个庞培镇压"塞多留之乱"后不再有麻烦的地方。

话虽如此，我们不能认为时年30岁的恺撒只是名不见经传的一个人，应该说30岁的恺撒相当出名。尽管只是20人中的一人，他当选过大队长，又当选了财务监察官。作为以当上"光荣的公职人员"为目标的名门之后，恺撒得到这些大概无须大费周章。但是，让30岁的他成名的不是这些，而是他奢华的生活方式以及由此带来的巨额债务。

第四章　青年后期

（前69—前61，恺撒31岁至39岁）

起跑线

据说，当选财务监察官之前，恺撒累计借款总额高达 1 300 塔兰特。这个金额相当于 11 万多名士兵 1 年佣金的总额，可用来举办卢库鲁斯那样的极尽豪华和奢侈的宴会 150 次。既然如此，恺撒当初把海盗要求的赎金提高到 50 塔兰特，在心理上可能没有太大的负担。

那么，恺撒把钱用在什么地方了呢？因为这是进入政界之前的借款，所以不可能是用于选举，也不是为争取民心而用于举行角斗比赛或维修公路等。恺撒家的经济并不富裕，钱都是向外人借的。根据各类史料，我们可以略知其消费内容，主要有以下三大类。

恺撒巨额借款一是为了自己用。

恺撒的读书量之大，连当时公认为知识分子第一人的西塞罗也不得不承认。当时的读物都是书卷，写在昂贵的莎草纸上，价格自然不菲，而他读书的兴趣并非经济条件好转后才开始的。

此外，年轻的恺撒也以注重自己的形象而闻名。也许有人会说，托加长袍不过是把白色布料裹在身上而已，有什么可讲究的。这是不知打扮为何物的人说的话。白色毛料厚薄不同，托加长袍上最重要的衣褶的做法也不同，而且，面料越薄价格越贵。

脱下正装托加长袍，里面是相对随便的短衣。短衣是短袖的，长度在膝盖之上，款式很简单。但是，仅仅为了穿出效果，就有很多讲究。首先，要在腰部系一条腰带，腰带得有扣。其次，还可以把短衣的袖口装饰得很漂亮。穿短衣出门的只有未成年的少年、普通百姓和

护民官和平民的服装

元老院元老的服装

奴隶。因此，有点身份的成年人都要披一件披风。因此，在左肩或右肩固定披风的别针也是讲究打扮的人很看重的一件饰物。还有，短衣通常是白色的，所以，披风最好带颜色，为此需要染色。最贵的是紫色的，接近紫红色的紫色。要染一件披风，需要 1.5 万只可提供染料的贝，因此，紫色披风只允许凯旋将军使用。进入帝国时代以后，紫色变得更加贵重，甚至被认为是皇帝的专用颜色。

仅次于紫色的第二贵的是红色，这个颜色只允许用在元老院元老穿的托加长袍上的边饰和总司令的披风。顺便提一句，好莱坞制作的历史题材的影片中，普通罗马士兵都披红色披风，那只是为了色彩效果，并非史实。比较廉价的是用天然颜色的线织的布料。共和政体时代的罗马还不知丝为何物。

鉴于这样的一些原因，在男性服装只有短衣、托加长袍和军装的罗马时代，只要有心打扮自己，是有无限可能性的。当然，衣着越讲究花钱也越多。

根据史学家的说法，恺撒巨额借款二是交际用。他的交际方式太过慷慨，除了好友，名门一定会有“被保护者”。对于名门“保护者”恺撒来说，代代为“被保护者”的人，也是他坚强的后援。作为名门之家的一家之主，重视这种关系既是责任，又是进入政界必不可少的条件。

恺撒巨额借款三是用作送给情人们的礼物开销。在这方面，他的大方也是出了名的，不仅送的礼物昂贵，而且还是他亲自挑选的。

恺撒出身名门，却不是有钱人。当时，恺撒并没有把辉煌的职业生涯看作他的理想，而且，在以长相端庄如女性的男子为美男子的古代，他也算不上出众的美男子。但是，高挑的身材、匀称的体格、灵动的眼睛和有品位的言谈举止，使他即使混迹于同龄的年轻人中间，也很引人注目。再加上他的谈吐诙谐幽默，令人愉快。想必，他即使不送昂贵的礼物，也同样深得女性垂青吧。但是，收到礼物，女人会很高兴。因此，恺撒送礼物大概不是为了俘获芳心，而只是为了让女人高兴。一个男人送礼物是为了俘获芳心，还是只为让女人高兴，女人是分得很清楚的。

不管怎样，负债累累的他走马上任去了西班牙。因为任职地并非多事之地，所以一年的任期平平淡淡地过去了。只是，他身为财务监察官，负责的是行省经济。因此，他好像在任职地西班牙南部各地转了一圈，也去了靠近直布罗陀海峡、古代叫“赫丘利之柱”的加的斯。关于他在加的斯的事，史学家们记录了这样一段插曲：

贸易港口加的斯自迦太基统治西班牙之时起开始发展繁荣。这里有一个供奉赫丘利的神殿，恺撒“出差”途中，顺便去了这座神殿。

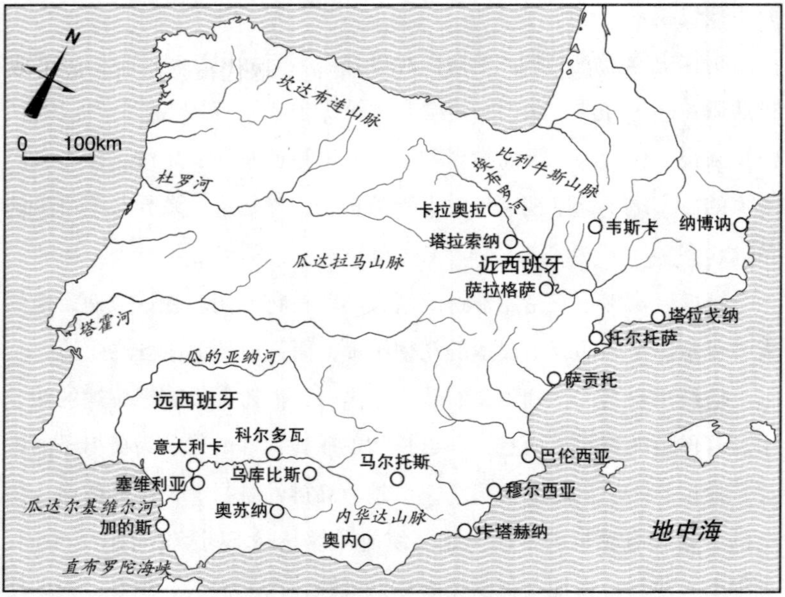

恺撒时代的伊比利亚半岛

神殿中有一座亚历山大大帝的雕像，相比于赫丘利神，这座雕像留给人的印象更加强烈。站在雕像前，他喃喃自语：

“在我这个年纪时，亚历山大已经称霸世界，而我却依然碌碌无为。”

这也是恺撒的自我反省。作为他的随行和“被保护者”，他们大概希望恺撒至少应该反省一下自己的行为。从他们的立场上来看，恺撒或许没有必要将亚历山大大帝作为比较的对象。但是，他们看着活跃于同时代的罗马人庞培和西塞罗，一定希望恺撒振作起来。庞培仅年长恺撒 6 岁，就已经当上了执政官，同时，也已经举行过两次凯旋仪式。同样年长他6岁的西塞罗，因在三年前把古罗马广场闹得沸沸扬扬的瓦莱利乌斯官司中胜诉，取代霍腾修斯，成了罗马的首席律师。

书写共和制末期罗马史的主人公们，几乎都已悉数亮相，除了一个人——恺撒。

然而，恺撒虽然反省了自己，但任期结束回到国内以后，他的生活方式表面上看来与以前没有任何不同，依然举债度日，依然挥金如土，除了收获“花花公子”之名，完全看不出他有任何反省或振作的样子。要说变化，只是他结束财务监察官任期后，得“苏拉改革”之幸，自动被授予元老院席位，进入了元老院，全白的托加长袍允许带红色镶边了。他是一个很注重个人形象的人，一定认真研究过如何使用红色镶边。

但是，表面上看起来，恺撒的生活方式似乎没有任何改变。但是，如果注意研究，就可以看到有一条很清楚的脉络，他进入青年后期以后，言谈举止变化的这条脉络更加清晰，契机是他的姑母尤利娅的葬礼。

暗示

罗马人素以家族为重，又是一个多神教民族，因此，当这两种特性合一时，自然就会对祖先产生敬畏之心。在罗马社会，葬礼远比婚礼更受重视。尤其是担任过国家要职的人，也就是曾经是“光荣的公职人员”的人的葬礼，即使不是国葬也很隆重。按照惯例，送葬队伍要从自家出发，前往市中心，在古罗马广场或马尔斯广场举行追悼仪式。近亲代表为死者致悼词，为故人歌功颂德。除了亲属，路过的百姓也会参加追悼仪式，倾听悼词。这一惯例不仅适用于要人，同样适用于要人的妻儿。

从西班牙回来后，恺撒主持了姑母的葬礼，为姑母致悼词。姑母是父亲的姐姐，是平民英雄马略的遗孀。通常，致悼词的是死者的直系亲属，但马略的儿子在和苏拉的内战中被捕遭杀。马略没有别的子女，于是就由内侄恺撒担任了。

关于当时恺撒的致辞，根据古代史学家留下来的资料，我们只知道个大概。32岁的恺撒的致辞内容非常大胆，他说，姑母尤利娅的母亲娘家曾是王族。姑母尤利娅的父亲家，向上追溯，与长生不老的诸神有关。也就是说，向上追溯，姑母的娘家即恺撒所属的尤里乌斯家门与美丽女神维纳斯有关联。他还说，特洛伊沦陷时，落荒而逃的维纳斯的儿子埃涅阿斯，带领失败者来到意大利。他们是罗马人的祖先。可以说，出生于罗马及罗马周边地区的人们，都是特洛伊逃亡者的子孙，而尤里乌斯家门则是孕育罗马的阿尔巴隆加的名门贵族。尽管他说，自己的身上流着女神维纳斯的血液，但古代罗马人对诸神怀有强烈的亲切感，没有嘲笑他的荒诞无稽。因此，在姑母尤利娅的葬礼上，恺撒的大胆举动，不是说了上面这些话，而是另有他事。

非常重视祖先和家族的罗马人，在葬礼上，除了死者遗体，还会仿照祖先和家属的形象，制作蜡像或面具，陪伴死者。恺撒仿照姑母的亡夫马略，制作了蜡像，并把它带到了姑母的葬礼上。平民英雄马略被苏拉定为叛国者，此时罪名尚未被解除。就算已成故人，把国家公敌的蜡像放在遗体一旁，终究是一个极其大胆的举动，因为尽管苏拉已死，但罗马依然是苏拉派的天下。

马略的死已过去了18个年头，看到曾经的偶像的蜡像，罗马百姓很是激动。在苏拉实施独裁统治的14年间，他们连马略的名字都不能提。当然，马略的内侄恺撒在致辞中也没说一句有关姑父的话，毕竟太危险了。但是，马略蜡像出现在人们的眼前，暗示了一个事实，就是恺撒要重振被苏拉摧毁的平民派。

同一时期，恺撒的妻子科尔涅利娅也撒手人寰。恺撒为她举行了符合罗马名门女子身份的葬礼。在致悼词中，他没有提及岳丈秦纳，也没有制作秦纳的蜡像。因为，秦纳生前虽是平民派的重要一员，马略却是平民派的象征。

然而，恺撒暗示重振平民派的这一举动，没有引起苏拉派掌控的元老院的任何反应。尽管恺撒已在元老院获得席位，但是，罗马权贵完全没有把这个年轻的花花公子放在眼里。同样，对以举债度日、追求时髦、好色而闻名的恺撒，这个装模作样用一根手指挠头的32岁的年轻人，不放在眼里的，还有百姓，尽管他们在看到马略的蜡像时一度热泪盈眶。罗马是苏拉派的天下，苏拉门下的英才、被所有人看好的庞培，除了辉煌的战绩，在政界也如日中天，不仅集元老院的期望于一身，他也是百姓仰慕的对象。庞培有望成为超越社会各阶层的国民英雄的机会在一年后降临，那就是彻底剿灭海盗。在这次行动中，不仅罗马，甚至全地中海世界的人们，都把目光集中到了这位年仅39岁的庞培身上

庞培崛起

罗马成为大国以后，按照罗马人的性格，不会只依靠本国公民去处理所有事情，他们会根据其他民族的特点，让他们负责各自擅长的

领域。能解决海上问题的，只有希腊民族。腓尼基人也是地中海世界中的海洋民族，但是，迦太基灭亡后，腓尼基人成了活跃于叙利亚和埃及之间海域上的本地水手。纵横地中海全域的依然是希腊人。

希腊人既然是水手，自然知道可随时停靠的港口的重要性。自公元前 8 世纪，希腊殖民运动盛行。其结果是，希腊人的海港城市遍布全地中海。即使在母国希腊国力衰败屈居于罗马霸权之下以后，在通商和航海方面，希腊人依旧十分活跃。国破山河在，希腊人是善用山河的典型。此后不久，也是希腊水手，在到达印度洋后，发现了季风现象。

但是，“国破”的影响终究存在，那就是，他们失去了海上安全保障力量。他们所属的共同体在他们离开港口、进入海上航行以后，无力保护他们的安全。如果敌人是暴风雨，他们尚有能力应对，但如果敌人是海盗，仅凭航海技术终究难以抵挡。

还有，地中海不同于大洋，海域不仅狭小，风向也随时会发生改变。不管你的航海技术如何高超，在这里，因为地势的关系，只能选择沿海岸线航行。

但是，越靠近陆地航行，遭遇海盗的风险就越大。只要船体结构没有太大的不同，那么，普通船和高速船的速度差与船体重量成正比。从附近岛屿后面突然冒出来的海盗船，其速度与不装任何无用东西的赛艇相近。因此，就算希腊水手航行技术超群，也难敌他们。

对于霸权下的各民族，霸权国家有责任保障他们的安全。罗马人原是农牧民族，一旦在海上遭遇暴风雨，他们也只能听天由命。这样的罗马人不得不对海盗采取行动，这也是因为地中海已经进入他们的霸权之下。

15 年前，海盗开始猖獗，罗马曾向海盗大本营奇里乞亚地区派兵征讨，然而，始终未见成效。甚至，海盗船开始在意大利半岛近海出没，肆无忌惮地在那里横行霸道。尤其是对罗马怀有敌意的本都王国的国王米特拉达梯向海盗提供帮助以后，海盗的装备更加精良，甚至在冬季也可以出海航行了。罗马仅向行省输送士兵和武器，已经不足以震慑海盗。地中海上的物资流通深受其害。在罗马，甚至无法保证进口的小麦数量。对付海盗已成为关乎罗马民生的问题了。

公元前 67 年，在任的护民官盖比尼乌斯在公民大会上提议武力剿灭海盗。他提出的不只是一个建议，而是从大局到细节的非常周密的作战方案。这很可能最早是庞培的构思。这样具体的方案很有说服力，普通公民很容易做出判断。根据护民官盖比尼乌斯的提议，剿灭海盗行动的规模如下：

一、在这次行动中，投入由 12 万名重装步兵和 5 000 名骑兵组成的 20 个军团。

二、投入战船 500 艘。

三、设立 14 名幕僚，从元老院元老中选出，且由总司令任命。

四、作战区域，除了海上，包括距离海岸 80 公里范围内的陆地。

五、拨款 1.44 亿塞斯特斯（sesterce，古罗马青铜铸币，1 塞斯特斯等于 4 阿斯。——译者注）用于此次行动。

六、推选庞培为总司令。

七、行动期限为三年，其间，有关此次行动的一切事务，总司令享有“绝对指挥权”。

大权集中于一人手中，对于寡头政体下的共和国来说，这是需要警惕的事情。元老院元老相信庞培是自己人，但他们还是担心给庞培的权力过大。多数元老开始倾向于反对总司令享有“绝对指挥权”。于是，少数元老开始做其他元老的工作，争取他们的同意。他们是39岁的西塞罗——自瓦莱利乌斯案胜诉以来，他对罗马舆论的影响力非常大——和33岁的恺撒。

由于海盗危害已经开始波及自身，罗马人产生了强烈的危机感。社会舆论一边倒，在这种情况下，尽管元老院反对，护民官盖比尼乌斯的提议以压倒性的多数票获得通过。一旦此提议通过，居高不下的小麦价格急速下滑。至此，600名元老院元老主导的所谓的集体领导制，被一个能力超群的人破坏掉了。这表明了苏拉煞费苦心坚持重建的、元老院主导下的罗马共和政体，已经不再适合公元前1世纪的罗马社会，难以应对罗马面临的现实问题。

公民大会不惜侵犯元老院的权威，把希望寄托在了庞培一人身上。而庞培也不负众望，圆满完成了任务。海盗巢穴遍布地中海全域。在庞培率领的罗马战船船队的猛烈进攻下，从西地中海海域到东地中海海域的海盗巢穴纷纷被捣毁。最后，随着大本营奇里乞亚地区的沦陷，海盗彻底消亡。这次胜利有赖于荡平海盗的决心、全力的投入和周密的战术，以及迅速果断的出击。耗时89天。短短的89天时间，庞培在地中海确立了“罗马统治下的和平”局面。这一年，即公元前67年入夏，人们可以在地中海上安全航行了，而意大利进口小麦的数量也恢复了正常。

在罗马，庞培的声望急速上升是在情理之中。而神庙屡被海盗毁坏、城市屡遭海盗抢掠而陷入绝望的希腊人，甚至盛赞庞培是神。

授予庞培“绝对指挥权”三年期限，他只用了三个月。

尽管如此，他还是圆满地达成了目的。如果他是忠于“元老院体制”的人，那么，他应该返回罗马，交出“绝对指挥权”。公元前5世纪，辛辛纳图斯曾经出任独裁官，任期6个月，一度大权在握。但是，他仅仅用了15天，就成功赶走外敌，并随即交出“绝对指挥权”，回归到了晴耕雨读的生活。如果没有他这样的人，由元老院这一精英群体主导的罗马共和政体就不可能维持下来。

然而，39岁的庞培没有交出“绝对指挥权”，而公元前1世纪的罗马，也不需要他交出“绝对指挥权”。

成功剿灭海盗后，庞培并没有回到首都罗马。因为返回罗马，意味着他将再次获得荣誉，举行凯旋仪式。但同时，也意味着他必须交出“绝对指挥权”。因此，庞培没有回首都，但是公民大会收到了一个提议，提议者依然是护民官盖比尼乌斯。没有人怀疑，此时的他早已是庞培的代言人。这次他甚至没有征求元老院的意见。

“免除卢库鲁斯中近东最高负责人的职务，任命庞培接任。同时，延长庞培手中的‘绝对指挥权’的时效，委派他镇压中近东之乱的罪魁祸首本都王国的国王米特拉达梯。”

对此，元老院元老中的大多数人表示反对。除了对权力集中于一人身上的担忧，还有被接任的卢库鲁斯是公认的苏拉门下的“践行者”，是“苏拉改革”的忠实执行者。

的确，自公元前74年，卢库鲁斯被派往东方，7年时间快过去了，然而，镇压米特拉达梯的战争还是没有结束。我在《罗马人的故事03·胜者的迷思》中已有介绍，在这件事情上，作为最高负责人的卢库鲁斯难辞其咎。因为他虽有军事才能，却官僚习气很重。战争一旦陷入泥潭，任谁都会厌倦。公民希望尽快扭转这一战局，他们把希望寄托在了庞培身上。但是，作为元老院派的重要一员，多数元老院元老不希望卢库鲁斯被撤。这次赞成护民官盖比尼乌斯提案的，依然是西塞罗和恺撒。结果，公民大会 35 个选区都投了赞成票，通过了免除卢库鲁斯的职务、庞培继续掌握大权的决议。这也表明了元老院已被孤立，影响力不再。

出任按察官

公元前 65 年，海盗问题解决了，商业活动也恢复了，东方有庞培坐镇，只需等待捷报传来。罗马生气勃勃，一派和平景象。这一年，35 岁的恺撒进入“光荣的公职人员”的第二阶段，也就是政治职业生涯的第二个阶段，他当选了按察官。35 岁就任这个官职，完全不值得四处宣扬。说好听了，不过是顺理成章。只是，恺撒决定要好好利用这个也可称作“营造官”的职务，可以直接接触民众。

刚刚就任按察官的恺撒无视另三位同僚，接二连三地开始了重大工程建设。阿庇亚大道铺设于公元前 312 年，此后，人们越来越认识到此大道的重要性，甚至称之为“罗马大道女王”。恺撒对这条大道进行了大规模的整修。

同时，他也没有忘记举办盛大的角斗比赛，他的目的很明显，就是为了赢取民心。为此，他雇用了 320 组 640 名角斗士，而且还让他们戴上用纯银制作的护甲保护右臂，目的是为了营造选手进入赛场后，在阳光的照射下，护甲闪闪发亮的效果。要论独创性，恺撒从来就不缺。角斗比赛，他一定乐在其中。元老院上层自然对此颇有不满，但是，他极大地满足了民众的娱乐需要。

担任按察官的一年里，由于各种开销，恺撒个人的负债已经从巨额变成了天文数字。然而，恺撒依然我行我素，从未担心过负债会毁了自己。

恺撒的债务之所以加大，是因为开展上述活动都是自掏腰包。当然，作为国家罗马，无论是维修公路，还是为公民娱乐而举办角斗比赛，费用都可以从国库中出。但是，元老院上层喜欢简单稳健，即使他们同意出资，金额也会受到限制，更何况，这很可能会流产。恺撒不喜欢这样，他决定自掏腰包。自费进行公共建设是一个人的自由，在罗马，有钱人主动请缨承担公共事业，也是有传统的。

因整修公路、举办盛大的角斗比赛，恺撒受到了人们的欢迎。利用这个机会，恺撒在原址上重建了16年前被苏拉毁坏的马略胜利纪念碑。修复古建筑和纪念碑也是按察官的职责。但是，马略“叛国者”的罪名尚未被平反，重建他的胜利纪念碑已变成一种政治行为。元老院再次表示了不满，但也仅此而已，因为他们不能在民众的眼皮子底下再次推翻胜利纪念碑。而民众在久违的纪念碑前热泪盈眶，怀念自己心目中的英雄。

此举让罗马百姓在恺撒身上看到了希望。就这样，恺撒迎来了第一个重要官职的任期届满。虽然没有突出的政绩，但他赢得了百姓的心，同时他也为此背上了更大的债务。

37岁，开始发力

恺撒不像亚历山大大帝、西庇阿·阿非利加努斯和庞培，他们是早熟的天才，成名很早。但是，一个男人到了30岁依然一事无成，通常再难有所作为。然而，恺撒“崛起”是在40岁以后。对于传记作者来说，没有比他更难写的人物传记了。

而且，一起步，罗马世界就开始围着他来转。如此特例，也增加了传记作者写作的难度。

事实上，近现代历史学家笔下的罗马史，几乎没有提及40岁以前的恺撒。如此一来，又如何写他的传记呢？尝试写恺撒传记的历史学家，不得不寻找这位一起步就成为世界中心的男人出生时的时代背景。结果，恺撒“崛起”前的罗马史占据了恺撒传记的前三分之一的篇幅。

本系列丛书的题目是“罗马人的故事”，也就是“罗马人的所作所为”。正如这一题目所揭示的那样，我的目的是在介绍人物的同时，阐述那个时代的罗马历史。因此，关于恺撒传记作者笔下的前三分之一的部分，即“他出生时的时代背景”，我已在《罗马人的故事03·胜者的迷思》中介绍完毕。但是，刚崛起就让世界围着他转的男人，在“崛起”前一定是不重要的。因此，尽管有重复，在这里，仍需要从恺撒的角度再次介绍《罗马人的故事03·胜者的迷思》中的相关内容。也就是说，接下来才是《罗马人的故事04·恺撒时代（上）》的内容。《罗马人的故事03·胜者的迷思》用了前三分之一的篇幅介绍了格拉古兄弟，他们是生活在恺撒出生前二三十年的时代，但是，并非与恺撒毫无关联。天才之所以为天才，就因为他们超越了他们的时代。而之所以能超越时代，是因为他们是杰出的时代之子。在我的意识中，《罗马人的故事03·胜者的迷思》和《罗马人的故事04·恺撒时代（上）》就是以这样的形式相互关联的。

站在通史的角度，从“崛起”时开始书写并无不妥。但是，传记必须尽可能全面记录一个人。因此，自然也不能忽略“开始发力”的时期。对于恺撒来说，这个时期始于公元前63年，他37岁，是乍一看很平静的罗马爆发闻名的“喀提林阴谋”导致社会动荡的那一年。

这一事件显示了因格拉古兄弟改革而浮出水面的罗马社会矛盾，经过 60 年以后，依然没有得到根本的解决。

大祭司

公元前 63 年，大祭司梅特鲁斯·皮乌斯去世，他是苏拉派的元老级人物，是元老院派的重要一员。自公元前 83 年起，他选择了投靠强行登陆意大利的苏拉后，经历了内战，后又协助庞培镇压了“塞多留之乱”。他是一位老将，但是，既然外号叫皮乌斯（Pius，意为“慈悲之人”），显而易见，他是一位人格完美的贵族。大祭司位居神官之首，统领主持宗教仪式的女祭司和祭司等。在罗马，只要举行国家典礼，祭祀仪式必不可少。因此，这一空缺必须马上填补。

37 岁的恺撒盯上了这一空缺。但是，大祭司是一个荣誉职位，只有功成名就的人才有机会担任。他的竞争对手有两人，都非等闲之辈。其中一人是塞尔维利乌斯·伊扫里库斯，是公元前 79 年度的执政官，举行过凯旋仪式。另一人是鲁塔提乌斯·卡图鲁斯，也当选过公元前 78 年度的执政官，是元老院中的“第一人”，是“院内总管”。两人年龄都在 60 岁上下，而对 37 岁的恺撒来说，他的劣势不仅于此。

根据“苏拉改革”，公元前 82 年以后，大祭司的产生由祭司“讨论”决定。苏拉的目的很明确，就是提高元老院阶级的权力和权威。能成为祭司的人，大多自出生起就属于元老院阶级。由他们讨论决定大祭司人选，实际上就是为了让元老院阶级独霸此职位。因为，根据法律，自公元前 367 年《李锡尼法》确立以后，这个职位也向平民开放了。

10 年前，恺撒就是祭司了，因此他有权参加祭司的讨论。但是，如果忠于“苏拉改革”，对他显然很不利。相对于两个竞争对手辉煌的经历，他只做过财务监察官和按察官，而此时，年轻也成了一个不利因素。

于是，恺撒让他的朋友、护民官拉比埃努斯提议一个法案，即重新提议公元前 104 年确立的《图密善法》。根据这个法案，大祭司的产生由 35 个选区中的 17 个选区投票决定。当然，这 17 个选区是由抽签决定的。表面上的提议者、护民官拉比埃努斯在公民大会上向公民说明了提议的理由。他说负责宗教祭祀的大祭司一职应该结束由元老院独霸的局面，回归全体公民。对此，公民自然不会有异议，提案获得了通过。

尽管如此，依然不能保证恺撒当选。两年前，他担任按察官期间，因为举办盛大的角斗比赛，收获了人心。但是，他的地位毕竟没有两个竞争对手重要，于是，他开始了竞选活动。在罗马，并没有竞选演说的习惯，而恺撒采取的竞选活动方式，大体可分为以下四种：

一、走访家庭——也就是逐门逐户拜访，进行劝说。

二、街头拜票——享有罗马公民权的成年男性手中都有选票。在他们去古罗马广场或市场等处工作时，与他们边走边聊，劝说他们。

三、街头拉票——第二种方式是在人们上班途中进行的，第三种方式则是在人们下班的途中进行。助选人员等候在市中心，看到回家的公民，就把他送回家，路上对其进行劝说。

四、名人效应——有影响力的人，在任何时候都不缺，设法争取这样的名人支持。

这种竞选活动方式不是恺撒的独创。上一年，即公元前 64 年，竞选公元前 63 年度执政官的西塞罗就开展了同样的竞选活动。

西塞罗正当盛年，又是罗马最出色的律师，名扬天下，但他并非没有弱点，那就是他的出身。他是“新贵”，出生在外地，来首都罗马后才取得成功的，再加上他的祖辈没有出过元老院元老。对于这样的新贵，对自己的血统引以为傲的元老院阶级，多少会心存疑虑。而且，与同乡前辈马略不同，西塞罗不是一个战功赫赫的凯旋将军，他没有让百姓狂热崇拜的条件。他不得不展开竞选活动。

从事律师职业大获成功的西塞罗，经济上有足够的能力雇用大量助选人员。但是，家境俭朴、从事律师行惨遭失败、一有官职在身即一掷千金的恺撒没有这样的实力，竞选经费只能依赖借贷，因此负债金额有增无减。

选举当天，作为候选人，恺撒穿上了纯白托加长袍，母亲奥雷利娅把他送到门口。这时，恺撒对母亲说：

“如果我落选了，就请您不要等我回家了。”

他的意思不是一旦落选，就要自杀。他是在告诉母亲，既然自己敢于冒险，与两个大人物竞争罗马最高荣誉职位，那么一旦落选，将很难在罗马立足，他需要暂避风头，再次远走国外。但是，幸运女神从来都会眷顾置之死地而后生的人。这天晚上，37 岁的恺撒以大祭司的身份回到了家中。

那么，恺撒又是如何年纪轻轻就当上大祭司的呢？事实上，没有人预料到他会竞选此职。知道他参加竞选后，元老院元老震惊不已。大祭司是一个荣誉之职，是无缘权和利的公职，不是野心勃勃的年轻精英不惜借钱也要争取的公职。当然，这个职位也有一些好处：

一、大祭司是宗教界最高领袖。

二、在罗马，一个公职通常都是两人以上担任，就连执政官也不例外。但是，大祭司只有一个人。

三、大祭司可以兼任其他公职。

四、在罗马，公职都有任期年限，而大祭司是唯一的终身职务，没有任期年限。

五、在罗马的官职中，大祭司是唯一提供公馆的职位。

无论做什么事，恺撒的目的不会只有一个。在他身上，私利和公益都可以很自然地融合在一起。就任大祭司就是其中一例。恺撒认为，元老院体制这一以往的集体领导方式，早已没有了统治能力。而解散元老院，建立新秩序，需要权力，同时也需要权威。如果采用以往的集体领导方式，那么，只要元老院元老穿上红色镶边的白色托加长袍，就足以显示领导者的权威，毕竟元老有600人。但是，如果领导只有一个人的话……大概从不相信迷信、比常人更具理性思想的恺撒，也认为宗教是统治的重要因素之一吧。

一就任大祭司，恺撒就搬进了公馆，这样做并不是为了逃离平民区“苏布拉”的喧闹。公馆位于古罗马广场附近，这里的喧闹程度丝毫不亚于“苏布拉”。特别是召开公民大会时，尽管罗马式住宅在构造上与外界隔绝，但是，声音依然穿过墙壁，通过内院堂屋，传入室内。还有，虽说是大祭司公馆，但规模并不是很大，而且简朴，完全不能与帕拉蒂尼山上的豪宅相提并论。官邸与王政时代国王的宅邸同处一地，因此，沿袭了罗马国力较弱时代的格局。

但是，不管怎样，在罗马市中心古罗马广场拥有宅邸的只有大祭司一人。如果说他没有想过，住在这里对聚集在古罗马广场的大多数罗马公民没有心理上的影响，那是骗人的。而且，住在古罗马广场附近，也方便来访者。政治家的家必须对所有人开放。此后，尤里乌斯·恺撒一直住在这个公馆里，直到遭暗杀。

反元老院派第一步

就任大祭司的同一年，恺撒再次通过好友、护民官拉比埃努斯告发了元老院元老拉比留斯，罪名是，他是 37 年前，即公元前 100 年，杀害当时的护民官萨图纽斯及其派系的主犯。关于这一事件，我已在《罗马人的故事 03 · 胜者的迷思》中做了介绍。当时，护民官萨图纽斯欲强行推动激进的改革。他打算再次竞选护民官，却因元老院的干预而失败，元老院发布了类似非常事态宣言的“元老院终极劝告”。

被告发的元老院元老拉比留斯在 37 年前带兵镇压护民官，因此，37 年后的公元前 63 年，他已是一个垂暮之人。在元老院已是一个可有可无的普通元老。

公民没想到 37 年前的事情会重新翻出来，对这位老人充满了同情。“新贵”西塞罗当选执政官后，希望成为平民的代言人。他很快察觉到了这一形势。执政官亲自上阵，为这位元老院老元老辩护。若恺撒和拉比埃努斯不想败诉，就必须改变策略。

审判在位于古罗马广场的一个长方形会堂内进行。正当公民进入会堂之时，突然有人跑进来，大声告诉在场的人，说贾尼库鲁姆山上有红旗飘扬。

自王政时代，受到邻国伊特鲁里亚入侵以后，罗马立了一个规定，一旦有外敌入侵，就在台伯河西岸的贾尼库鲁姆山上插上红旗，以此通知公民有敌人来袭。同时，公民得知红旗飘起，即刻抛下公务，放下工作，回家专心备战。当然，罗马霸权已经遍及地中海全域的公元前 1 世纪，这样的事态已有好几百年不曾出现。但是，这个惯例一直保留下来了。因此，为参加审判而聚集到古罗马广场的公民、担任律师的西塞罗和被告拉比留斯，一获悉这个消息，也不管情报是否属实，都离开法庭，回到了各自的家中。

当然，这只是一场虚惊，不出一天，人们就知道了真相。然而，真相大白后，始作俑者却装出一副毫不知情的样子，而审判也稀里糊涂地结束了。

后世学者认为，这是恺撒察觉形势对自己不利而演的一出闹剧。的确，对他来说，形势发展已经开始偏离他想要的效果，于是匆匆决定以闹剧结束这场审判。但是，如果因此认为这是年轻的恺撒幼稚的行为，那就大错特错了，因为，他的目的远非只为弹劾一位元老院元老。

58 年前的公元前 121 年，当时的护民官盖乌斯·格拉古制定了一项法律，即《森普罗尼乌斯法》。这一法律将之前默许的约定变成了明文规定。根据这一法律，罗马公民权所有者即使被判死刑，依然有权向公民大会提出申诉。

但是，正如我在《罗马人的故事 03·胜者的迷思》中所述，这项法律因元老院在罗马史上发出的第一份“元老院终极劝告”而遭到践踏。这种非常事态宣言给了执政官无须经过审判即可杀死具有叛国行为者的权力。最早的牺牲者是盖乌斯·格拉古以及他的同党，罪名是“暴徒”。

立法者有时也会成为牺牲者，《森普罗尼乌斯法》后来无疾而终。与此相反，“元老院终极劝告”却频频发布，因此，恺撒的真正用意是为了让人们认识到“元老院终极劝告”的不合法性。

罗马的政体中元老院是唯一不需要经过选举就组成的机构。王政时代，这是由一族之长构成的机构，向国王进言是其职责。到了共和政体时代，它只是个劝告机构，没有决定权。但是，与大国迦太基之间爆发战争的时候，元老院发挥了极大的作用，从此有了决定权，而且这种色彩有增无减。以格拉古兄弟为首，护民官们一次次尝试反抗元老院的强权，但是都以失败告终。因为元老院有一个最强大的武器——“元老院终极劝告”。

恺撒指出，萨图纽斯和他手下的罗马公民，收到“元老院终极劝告”后，未经审判也没有得到申诉权，即遭杀害。恺撒把主犯老拉比留斯推上法庭，旨在提醒公民“元老院终极劝告”的不合法性。如果顺利的话，也许还可以从元老院手中夺下这一最强大的武器。恺撒不得不拿出 37 年前，也就是自己出生那一年的陈年旧事，是因为那是元老院针对平民代表护民官发出“元老院终极劝告”的最后一年。

然而，结果却以闹剧收场，但是，以闹剧收场并不意味着失败。元老院原本只有进言权而没有决定权，因此，元老院是否有权发出非常事态宣言，是否有权不经过审判即可杀死罗马公民，这个问题不久又出现在人们面前。起因是公元前 63 年余下的四分之一的时间里，让罗马公民陷入极度恐慌的“喀提林阴谋”。

“喀提林阴谋”

公元前63年，路奇乌斯·塞尔吉乌斯·喀提林45岁，正值壮年。他出身于一个没落贵族家庭，很有武将的才能，年轻时候起，就在苏拉手下崭露头角。而让苏拉最看重的是，他执行起命令来丝毫不含糊。在苏拉强行展开的清肃“马略派”的行动中，一线的指挥之一就是喀提林。只是，他虽有武将之才，却缺少包容之心。苏拉死后，他被性格豪爽的同辈富家贵公子庞培远远地甩在了后面。

然而，喀提林也是天之骄子。公元前 1 世纪，已是地中海世界全域霸主的罗马，经济极度活跃，经济规模甚至超过了战胜迦太基后的那个时代。各式各样的商品，尤其是奢华的非日常生活必需品，源源不断地从东地中海海域流入罗马。一向以简朴稳健著称的罗马男子，也被卷入了这股潮流之中。对于年轻人来说，这是一个多少钱都不够花的时代，借钱成了家常便饭，即使在统治阶级的子弟之间，也成了非常普遍的一个现象。

如何看待负债，其结果和造成的影响截然相反。喀提林出身于没落贵族家庭，经济很不宽裕，因此，如果他想满足自己的物欲，只能借钱。但是，他认为负债会毁了一个人，因而，他心理上备受折磨。比喀提林小 8 岁的恺撒，负债金额远远大于他，却仍然活得轻松自在。

结果，有才华的喀提林把自己的痛苦归罪于这个社会，对这个社会充满了仇恨，性格和言谈举止越来越孤僻。西塞罗弹劾喀提林，指责他是流氓、杀人犯、强奸犯、背信弃义者等，对此我并不全信。因为这是西塞罗在辩护中常用的方法，为了达到目的，他常常不择手段，文过饰非。我想喀提林很可能是一个固执己见的人。如果他只是一个流氓，不可能有多达 3 000 人追随他，愿意与他同生共死。而罗马史上著名的“喀提林阴谋”，事实上就源于他的固执己见。

两年前，即公元前 65 年冬季，选举次年度执政官的日子临近了。这一年，喀提林 43 岁，已到竞选执政官的资格年龄，他盯上了这个职位。他也发表了自己的竞选诺言，那就是所有负债一笔勾销。但是，选举是在公民大会上进行，候选人却由元老院推荐。喀提林提出了冒进的、违反经济原理的竞选诺言，因此，大多数元老院元老都不同意提名这样的人为候选人。当然，反对需要理由，理由是他身上还有一个诉讼案件尚未了结，那就是有人检举他在担任阿非利加行省总督期间有渎职行为。不久，对这一案件进行了审判，结果判喀提林无罪。然而，此时候选人登记期限已过。这次审判有故意拖延之嫌，但是不管怎样，喀提林未能得到竞选执政官的资格。

但是，他没有死心，第二年又参加了竞选。这次元老院没有找到反对推荐他为候选人的理由。喀提林顺利获得了公元前 63 年度执政官的候选人资格。和上一年一样，他的承诺仍是所有负债一笔勾销。

然而，这一年的两个竞争对手都非等闲之辈，其中一个是西塞罗。西塞罗是律师，以善辩著称。作为来自地方上的人，他要利用自己的知名度当选执政官。西塞罗是“新贵”，祖辈没有出过元老院元老，但此时的他有一个有利条件，那就是元老院并不讨厌提名他为执政官候选人，尽管他和元老院缘分较浅。原因是无论是从出身方面，还是属于苏拉派的人方面，喀提林无疑属于元老院派。但是他提出的政策太过激进，元老院感受到了危险。

另一个竞争对手是盖乌斯 · 安东尼。此人才能平平，为人也一般，但他有一位好父亲。他的父亲是著名的法学家、律师，早于西塞罗一代。他父亲的盛名至今还留在百姓的记忆里，而且，还有罗马首富克拉苏为安东尼提供充足的竞选资金。

结果，当选的是西塞罗和安东尼，喀提林只能屈居第二位。

但是，尽管如此，喀提林依然没有死心。公元前 63 年 10 月 20 日，选举次年度即公元前 62 年度的执政官时，他第三次参选。与上一年相比，这一年的竞争对手容易对付得多。他们是尤尼乌斯 · 希拉努斯和李锡尼乌斯 · 穆列纳。然而投票结果却是，喀提林再次屈居第二。但是，已当选的次年度即公元前 62 年度的执政官之一的穆列纳被举报违反了选举法。如果穆列纳被判有罪，那么位居第二的喀提林自然递补，担任执政官。这时，元老院派出面了，他们一致认为，无论如何也要避免喀提林提出的所有债务一笔勾销的激进政策。他们授意西塞罗为穆列纳辩护，尽管此时，他还在执政官任上。

穆列纳违反选举法的事情好像是真的。但是，为他辩护的是西塞罗——罗马首席律师。把黑的说成白的，在他这里犹如家常便饭。穆列纳被判无罪，喀提林递补的美梦破灭了。

绝望会让一个人走向极端。越死心眼越钻牛角尖的人越容易陷入疯狂。

支持喀提林的不满分子，大体可分为两类：

第一类是和喀提林一样的人。他们出身良好，但是要维持与良好的出身相符的生活水平，只能不断借债，为此，他们苦不堪言，于是想用过激的手段打破现状。经济的活跃进一步加大了贫富差距，并不是所有人都像克拉苏一样圆滑老练。

第二类是士兵，曾经的苏拉部下。他们退役后，苏拉曾把土地分配给他们，他们成了自耕农。而聚集到喀提林身边的士兵都是未能成功变身农民的人。如果士兵得到的土地位于那不勒斯近郊、辽阔的坎帕尼亚平原上，自然很庆幸。但是，如果得到的土地在丘陵连绵的托斯卡纳地区，把刀剑换成锄头就没那么容易了。

苏拉在提高士兵综合战斗力方面抓得很紧，但是对各军团是否团结，军团士兵是否友好相处，不太关心。也许因为他是一位才能超群的武将，所以他很自信。总之，苏拉这个男人，除了他认为重要的事情，在其他事情上往往很大条。

苏拉的老兵来到以佛罗伦萨为中心的托斯卡纳地区后，没有可以相互帮衬的同伴，他们不得不面对种种不适，面对艰难的农务。天长日久，他们的脾气变得越来越暴戾，与邻近农民之间的冲突成了家常便饭。他们对这块土地没有感情，随随便便就可以把土地拿去做借款抵押。他们为了偿还债务，必须劳动，但是他们早就厌倦了务农，也无心工作。他们失去了土地，再加上欠债有增无减，这种无计可施的绝望，和被债务压得喘不过气来的贵族没有两样。

聚集在喀提林身边的人中没有生活在城市里的无产者。要说对现状不满，他们也是其中一分子，这是因为他们没有资产可用作借款抵押，他们不能借款，也因此，他们没有债务。而受债务之苦的人中还有意大利各地的自耕农，但是他们还有土地，不会为了投票特意跑到罗马来。

不用说，被称为骑士阶级的有钱人是不会参与喀提林“阴谋”的，因为他们是债权人。

因此，“喀提林阴谋”并非像西塞罗大肆宣扬的那样，集结了罗马所有的不满分子，他们只是作为罗马公民权所有者、享有投票权的苏拉的老兵。他们为了给喀提林投票而大举来到罗马，还是很引人注目的。就算他们不穿军服，他们走路的姿势也会暴露他们的身份。为此，西塞罗利用现任执政官的权限，组织了近卫队，又在托加长袍下面穿戴胸甲，还故意露出来让人知道，以此煽动人们的危机感。而“主犯”喀提林，虽然心中揣着“阴谋”，却大大方方地走在街上，还正常去元老院上班。

喀提林的政变计划是以首都罗马发起暴动为开始，以托斯卡纳地区举义的军队进军首都而结束。此外，似乎还准备在加普亚集合移民至此的苏拉的老兵和角斗士举旗；在意大利南部的卡拉布里亚地区，农民揭竿而起；在意大利北部的波河以北，农民发起暴动。意大利南部和北部的起义，是因那些尚未取得罗马公民权的人反抗苏拉而发起的。

这个阴谋一看就很不严谨，而且，主谋中除了喀提林，只有负责托斯卡纳地区起义的原苏拉的部下蒙利乌斯。事实上，无论在加普亚还是在意大利南部或北部，都找不出可担当重任的人，而负责在罗马起义的主谋成员，也人才不济。

首先是雷托鲁斯。他曾经是公元前71年度的执政官，后来因其行为被认为有违元老院元老的身份而被赶出元老院。为了挽回失地，他当选了公元前63年度的法务官。除他之外，还有两名前法务官、一位年轻的元老院元老，以及来自贫穷贵族、骑士阶级的年轻人各一人。他们都是被债务压得抬不起头来的人，也都是没有声望的人。

发动政变的时间定在10月28日，这一天是苏拉胜利纪念日，罗马人的注意力将集中在庆典活动上。他们计划在这一天首先杀死执政官西塞罗，然后在罗马市内各处纵火，制造混乱，并在混乱中夺取罗马，同时，迎接来自各地的起义军。不料，阴谋提前败露了。

主谋中位居最后的一个人也许认为此次政变必定成功，因此他志满意得地告诉了他的情人。不曾想，这个女人悄悄去了执政官西塞罗的家，把听到的消息透露给了西塞罗。

西塞罗马上召开元老院会议，告诉大家谣传中的“喀提林阴谋”确有其事，要求为镇压政变发布“元老院终极劝告”。喀提林也是元老院元老，也出席了会议，一部分元老听闻此事略显紧张，而大多数元老以没有证据为由，拒绝了执政官西塞罗的要求。

这天的元老院会议，有一位元老迟到了，他解释说夫人刚生了儿子。这一天是9月23日，他夫人刚生的儿子正是屋大维，也就是后来罗马的第一位皇帝奥古斯都。

还有一个月时间，距政变之日越来越近。但是，不见喀提林有任何引人注意的行动。元老院苦于没有证据，而无法果断出手。日子就这样一天天地过去了，但是，阴谋的传闻已传遍大街小巷。在元老院，在罗马市内，一时成为人们热议的话题。

元老院元老中高度评价喀提林才能的人很少，更多的人认为其幕后另有其人。

被怀疑是幕后主使的，首当其冲的是克拉苏。被克拉苏看作竞争对手的庞培，在成功剿灭海盗之后，转战东方，又取得了辉煌战绩，逼得宿敌米特拉达梯国王自杀，计划近期凯旋。庞培和克拉苏关系交恶这件事，在罗马尽人皆知，就连孩子也知道。眼看带着辉煌的战绩、踌躇满志地率领大军的庞培就要回国了，克拉苏忧心忡忡，想在对手回到国内前抢先控制罗马，于是，在背后煽动喀提林。这一推论似乎无懈可击，而且，搞阴谋也需要资金，而克拉苏又是罗马首富。

另一个被怀疑是幕后主使的人是恺撒。要说因负债累累而喘不过气来，恺撒犹在喀提林之上，因此，元老院元老认为，负债一笔勾销，应该是他希望的。尤其是近来，恺撒反元老院的言行越来越大胆。如果趁机把他赶下台，对元老院派来说，可谓一举两得。

事实上，作为元老院派的雄辩家，崭露头角的32岁的加图，年轻气盛，倾其全力，执着地揪住恺撒不放。

虽说只是谣传，克拉苏和恺撒都认为若放任不管，有可能引火上身。只是，为了澄清谣言，两人的做法不尽相同。

10月20日深夜，不速之客敲响了西塞罗家的门。西塞罗开门一看，原来是51岁的克拉苏在元老院中有势力的元老克劳狄乌斯·迈提鲁斯和梅特鲁斯・西庇阿的陪同下来访。西塞罗把他们让进屋内，克拉苏拿出了一个包裹。他说：

“这是放在我家门前的一沓信。我看了写给我的这封，里面写着惨案发生前请速速离开罗马的字样，上面没有写信人的姓名。这里还有写给其他人的信，我想应该一起拿来交给执政官您。”

第二天，10月21日，西塞罗紧急召开了元老院会议。站在会场中央的执政官西塞罗，手中拿着一沓信，叫着一个个名字，把信分给了众人。他要求收到信的人大声念出信中的内容。克拉苏第一个读，其他人也都读了信。内容一样，也都没有写信人的姓名。

其间，恺撒在自己的座位上匆匆写了一封信，交给仆人奴隶。奴隶拿着信，离开了元老院会场。这一切都被坐在远处的加图看在眼里。此加图是《罗马人的故事02・汉尼拔战记》中的加图的曾孙，为了加以区别，历史学家称他为“小加图”。

没过多久，奴隶回来了，交给主人一封信。恺撒在座位上默默地看了起来。

没等他看完信，小加图从座位上站了起来，指着恺撒，大声说：

“大家看见了吗？那是恺撒和外面的喀提林一派串通一气的证据！”

对此，恺撒只是静静地说了一句：

“这只是我的一封私信而已。”

但是，小加图坚持说那是喀提林一派送来的。恺撒装出不得已的样子，把信给了小加图。小加图看着信，脸变得通红。他把信扔回给恺撒，恼羞成怒地说：

“你这个风流鬼！”

在场的元老院元老哄堂大笑，恺撒风流成性众所周知。他们忍不住笑，是因为小加图的冒失。因为，信是塞维利娅写给恺撒的回信，

小加图

字里行间充满了爱恋之情。塞维利娅是小加图的嫂子，恺撒的情人。在当时的罗马，此事无人不知无人不晓。此女性也是时年 22 岁的布鲁图的母亲。甚至连严肃稳重的布鲁塔克也写道："塞维利娅为恺撒神魂颠倒。"

仅此一事，恺撒的疑点彻底消除了。德国作家布莱希特也写道："若论这种事，恺撒无人能敌。"

与此同时，喀提林决定实施政变的日子——10 月 28 日临近了。他接到来自托斯卡纳地区的消息，蒙利乌斯已经在集结兵力。西塞罗召开元老院会议，向元老诉说事态紧急，强烈要求发布"元老院终极劝告"。但是，与会的喀提林提出反驳，谴责执政官无中生有。然而，这次在元老院不知情的情况下，集结兵力已是不争的事实。元老院决定发布“元老院终极劝告”。

执政官全权负责解决此次危机。但是，在没有确凿证据的情况下，他不能逮捕喀提林。喀提林一如平常出入元老院，去古罗马广场。想要指责他破坏秩序，也苦于没有证据。不仅如此，他甚至主动要求禁足于元老院元老梅特鲁斯家中，就好像要让他人来证明自己的清白。在这种情况下，10月28日平安无事地过去了。

然而，11月6日，喀提林开始行动了。这天夜里，他偷偷离开梅特鲁斯府邸，急匆匆去了一个同伙的家，以法务官雷托鲁斯为首的党羽正等候在那儿。

席上讨论了什么不清楚，好像决定要杀死执政官西塞罗。密谈很快结束，喀提林若无其事地又回到了梅特鲁斯家。

第二天，即11月7日，执行刺杀任务的两个人将短剑藏在托加长袍下面，去了西塞罗家。罗马有实力的人家按惯例，早上都要接待来访的客人，听取他们的陈情。两个人为了实施刺杀计划，想混在访客之间进入西塞罗的宅邸。然而，进入警戒状态已久的西塞罗家，已经有一段时间没有进行这种例行活动了。连这种情况都没做事先调查，不能不说，这次阴谋太不周密。但是，一个月来始终心存怀疑的西塞罗因此证实了喀提林阴谋确有其事。这一天，西塞罗紧急召开了元老院会议。

11月8日，应执政官西塞罗的要求，在罗马的全体元老院元老来到了会场。恺撒、克拉苏、小加图以及喀提林也在其中。

此时，倾注全力拯救的已不是以往的单纯的被告，而是国家罗马，43岁的西塞罗坚信这一点。会上，他慷慨陈词，越说越激动。这就是著名的西塞罗“弹劾喀提林”第一弹。以下是其摘录，在现代欧洲，经常要求高中生必须翻译此部分：

喀提林，你究竟要我们忍到什么时候？对你轻率的行为，你究竟要装傻装到什么时候？为了实现你无限的野心，下一步你又想怎么做？

帕拉蒂尼山上的夜警、罗马市内的巡警、百姓的恐惧、认真的公民一致的反对声、在座各位元老忧心忡忡的表情，以及出于安全的考虑，元老院会议甚至不得不在此地（帕拉蒂尼山）举行。这一切难道还不能使你觉醒，让你恢复理智吗？

你的阴谋已经不言自明。难道你还没有察觉你的阴谋早已尽人皆知了吗？昨晚你做了什么？去了哪里？召集了哪些同谋？决定了什么？你敢说这些事实只有你一人知道吗？

啊，辉煌的过去，光辉的传统。曾经的元老院为了恢复秩序，不曾迷失。然而今天，却还有人试图破坏秩序。此人不仅活着，还参加元老院会议，带着杀气的眼神看着我们每一个人，想着这个人是生还是死。元老院元老们享有世上无与伦比的权力，元老院元老们为了祖国不惜献身。这样的元老院元老能否躲过此人的憎恨和短剑，竟然由他来决定。让我们情何以堪。

该死的只有你，喀提林。执政官应该早早制裁你。在你结党营私之前制裁你。

曾经，大祭司那西卡在没有元老院和执政官命令的情况下，强行镇压了攻击共和政体的提比略·格拉古。现在，对于试图通过杀人放火来破坏罗马社会秩序的喀提林，执政官难道会置若罔闻吗？……对于喀提林，你这样的人，我们有严厉的临时措施（指“元老院终极劝告”）。这是罗马共和国授予元老院的贤明的

遭到西塞罗（左）弹劾的喀提林（右下）（绘于19世纪的想象图）

权限。在这里，我要明确表示，如果不行使这一权力，包括我在内的两位执政官不具备坐在这个位置上的能力。……

此时，我说这番话，不是出于憎恶，而是对喀提林充满了怜悯，虽然他没有资格接受这份怜悯。喀提林，你进入会场的时候，这么多元老院元老中的亲朋好友，有一人问候你吗？这样无礼的行为，从不曾有过。那么，你在等待什么？是在等待众人的谴责吗？你没搞错吧。大家已经用沉默对你进行了谴责。你想想，你刚坐下，附近的人们是不是纷纷起身，坐到别的座位上了？你看看，你周围的座位是不是都空着？我不知道，这样的耻辱，你是如何承受的？……

喀提林，难道你要反击我吗？我说过建议把你驱逐出去。如果元老院同意，你要说你愿意接受。不，我什么建议都不会提。因为那样有违我的做法。实话告诉你吧，你已经被驱逐了。

你要离开罗马，喀提林。让共和国从恐怖中解放出来吧。我只想求你一件事，求你速速离开罗马。

你还在等什么？难道你没发现元老们都在沉默吗？他们把发言权给了我。难道你在等待我命令你吗？难道你不知道元老们的沉默就是他们的意志吗？……

我的朱庇特神！如果罗穆路斯是按您的预言建设的这个城市，那么我们要向您请求。请求您让这个男人和这个男人的同党离开罗马，离开罗马人的家，离开环绕首都的城墙，离开葡萄园，离开一切资产，离开所有居民，离开一切的一切吧。他们是正直之人的公敌，是意大利的破坏者，是筹谋恶毒计划的人，是厚颜无耻的恶徒集团。这个男人和他的同党让诸神深感绝望，给我们人类带来无尽的烦恼。我们请求您把他，把他们从罗马统统赶出去吧。

当天晚上，喀提林离开了罗马。次日，即11月9日，西塞罗在元老院会议上，好像宣告胜利一般，沾沾自喜地报告了喀提林离开罗马的消息，但是，他的“同党”还在罗马。而执政官西塞罗尚不掌握逮捕他们的证据。

这一天之后，相安无事度过了20天。喀提林离开罗马后去了蒙利乌斯所在的托斯卡纳地区，即当时的伊特鲁里亚。在那里，蒙利乌斯还在招募人马，尚未开展军事行动。罗马元老院也向驻扎在意大利北部的军团下达了随时出征的命令，但是，没有下令要针对喀提林。因为，没有任何证据证明他要发动反国家的政变。

西塞罗

然而，刚进入 12 月的一个晚上，一群穿着不像罗马人的人来到了西塞罗的家。他们是生活在法国南部行省的高卢某部落代表，来自阿尔卑斯山脉以北。他们此次来罗马，是要求罗马授予其罗马公民权的。但是，事情进展很不顺利。就在他们认为没有希望只能回去的时候，雷托鲁斯找到了他们。他们告诉西塞罗，雷托鲁斯向他们许诺，只要协助喀提林，起来反对罗马，事成之后就授予他们罗马公民权。高卢人的反应是，加入反罗马的行列，想想都觉得害怕，所以选择了告诉执政官。

西塞罗决定引诱敌人上钩，他让高卢人回复雷托鲁斯，说愿意加入政变队伍，但此事要征求部族首领的同意，因此，需要有包括雷托鲁斯在内的起事代表联合署名的誓约书。西塞罗拿到这件物证的时间是12月2日到3日的深夜。随即，西塞罗逮捕了誓约书上署了名的雷托鲁斯、凯提古斯、伽比尼乌斯、斯塔提利乌斯和另外一人共5人。6个署名人中，卡西乌斯这天晚上碰巧离开罗马，逃过了一劫。

12月3日，执政官西塞罗召开元老院会议，向元老们出示了带署名的誓约书，并命人将5个人带上来，确认署名的真伪。5人都承认是自己的署名。

到了这时，西塞罗才宣布这是一场阴谋。因为现任法务官、元老院元老被捕，全罗马一片哗然。法务官雷托鲁斯家中，奴隶们为救主人而集结起来准备行动。在匆匆赶来的亲属的劝说下，他们才作罢。喀提林此时正在佛罗伦萨附近的菲耶索莱，他不可能抛下同伙不管不顾。人们陷入了恐慌。谣言四起，说喀提林为了救出同伴，一定会进军罗马。因此，有必要尽快处置5个罪人。

为此，12月5日，元老院再次召开会议。进入会场的元老们的耳朵里充斥着汇聚在会场外的百姓的喊声——“判处罪犯死刑！”

作为非常事态宣言，“元老院终极劝告”已经发出。这就意味着，在维护国家秩序的大名义下，执政官有了无须经过审判即可处死罗马公民的权力。但是，西塞罗是“法律界人士”，也许在他心里，对于“元老院终极劝告”的合法性，多少有些疑虑。毕竟有了“元老院终极劝告”，对罗马公民的处置既无须经过审判，同时也剥夺了公民的申诉权。于是，在这一天的会上，执政官西塞罗请求在场的元老进行讨论。他说，判决由讨论结束后投票决定。也就是说，他把实施“元老院终极劝告”的责任转移给了元老院而非执政官。

第一个发表意见的是已当选次年度执政官的希拉努斯。下任执政官的意见是即刻判处5人死刑。接着，是下任执政官中的另一人穆列纳发表了意见。同样，他也提出判处5人死刑。第三个发言的是已当选第二年度即公元前62年度的法务官，也就是恺撒。这位37岁的下任法务官，与前两人的意见不同。他的发言有点长，我对全文做了翻译。在保留至今的恺撒发表过的言论中，这是他的“处女作”。“处女作”通常对一位作家来说比较重要，表示它是其后所有作品的萌芽，但我认为这并不一定只限于作家。而恺撒在18岁那年，给了当时的绝对权力者苏拉一个看似欠考虑的答案后，他的言行始终如一。

各位元老院元老，对于包括你们在内的所有人来说，要对一件尚存疑惑的事情做决定时，我认为暂时抛开仇恨、友情、愤怒和慈悲，在此基础上做出判断才是正确的做法。要认清重重迷雾下的真相并非易事，尤其是要认清一件哪怕只是暂时能让人们感到满意又对共同体有利的事情，难上加难。如果理性对待一件事，我们就会用大脑思考。但是，如果受感情支配，理性将无计可施。

在这里，我想请各位回顾一下历史。曾经，许多国王和人民因愤怒或慈悲，结果惨遭灭亡。而我怀着喜悦和自豪的心情，想到的是我们祖先的所作所为。我们的祖先从不感情用事，他们对待任何事情，依据的都是“公正”二字。对待马其顿战争中的佩鲁修斯国王如此，对待繁荣富足的罗得岛发起的反抗也是如此。战争结束后，我们的祖先没有惩罚他们。为什么？因为发动战争本身不应该惩罚任何人。布匿战争发生了三次，我们的祖先也没有改变他们的做法。尽管迦太基人一次次违反和平条约，罗马却没有对他们处以极刑。

因此，各位元老，我们现在要做的是不让我们的祖先蒙羞，不辱我们的名声。那么现在的问题是，什么样的处罚才是妥当的？他们的罪孽之深重已经超出了所有的想象。因此我认为，越是这样，我们越应该在已有法律的范围内寻找惩处方法。

在我之前发言的各位，慎重地选择措辞，说明了我们共和国面临的危险。战争的残虐、失败者的命运、被掳掠的少男少女、从父母怀中被抢走的幼儿、惨遭胜利者蹂躏的女性、宝物遭掠夺的神殿。一句话，让我们看到了只有武器、鲜血和眼泪的惨景。

那么，我们在这里进行辩论的目的，又是什么呢？难道是为了加深我们对阴谋的憎恶吗？难道是要挑起对可能发生的事情的恐慌吗？他们可是什么都还没有做呢。

不会是这样的吧。如果是这样，我们人类不能不对自己的言行感到羞愧。

但是，各位元老院元老，并非所有人都可以平等地享有言行自由。生活在社会底层的人因恼怒而做出不当行为，是可以原谅的。但是，生活在社会上层的人是不允许为这样的行为辩护的。因此，越是高居庙堂，越应该约束自己的行为。也就是说，上层社会的人既不能过分心慈好善，也不可有仇恨之心，最重要的是，不能被憎恨蒙蔽住双眼。普通人可以动怒，对于权贵来说，动怒就是傲慢，就是暴虐。

各位元老，我是这样想的。针对一个人所犯的罪行，所有刑罚，在量刑时都应该适度放宽。大多时候，我们意识到量刑是否恰当，是在事情过去以后。因为人们在讨论刑罚的时候，往往会忘记犯罪事实的本质，而只考虑量刑过重还是过轻。

众所周知，希拉努斯是有器量的人，也是值得尊重的人。我毫不怀疑他提出的意见缘于他对国家的热爱。我也不怀疑他提出的意见并非因憎恨蒙蔽了双眼，我相信他提出的意见是出于客观的事实。我很清楚他是一个公正的人。但是，对于可怜之人，如果他的意见不算残忍，怎样做才算残忍呢？因此，即使我不说这个意见残忍，至少我认为它有违国家的法律。

当然，我知道希拉努斯准执政官是因为担心会给国家带来恐慌，所以才提出处以极刑的。但是，在这里讨论是否会发生恐慌，是没有意义的。因为现任执政官果断采取了措施，所以即使武装政变爆发，也已经得到了妥善的处置。

关于刑罚，按照我的想法，我只想说，在眼泪和不幸中死去，不是惩罚而是得救。人类的宿命是死亡。但是，人只要活在世上，就要承受各种喜怒哀乐。而死亡虽不值得高兴，却不必再承受痛苦。

希拉努斯，为什么你没有提议首先处以鞭刑呢？难道是因为《波路奇乌斯法》规定，禁止对罗马公民采用鞭刑吗？如果是这样，其他法律也有规定，若罗马公民权所有者选择流放，就不能处以死刑。如果不是这样，难道是你认为鞭刑比死刑还重吗？

对于犯下大罪的人，什么样的刑罚更残酷？什么样的处罚更重？相反，什么样的惩罚更轻呢？关于这一点，希拉努斯，参照罗马国法，你的依据又在哪里呢？

希拉努斯，你可能会说，这是叛国者应有的下场。但是，民众的命运往往取决于领袖、机缘巧合和时代大环境。不管结局如何，这就是他们存在的价值。但是，各位元老，你们不是。正因为如此，你们必须思考，如果今天开了先例，它会给以后带来怎样的影响。

当然，不管多么不好的事例，其动机通常出于善意。但是，如果权力落到一个不成熟的、欠缺公正之心的人手中，好的动机也会带来坏的结果。最初用来惩处罪犯的死刑，会渐渐演变成处死无辜者。

斯巴达人打败雅典人以后，强烈要求由30个统治者来统治雅典人。这30个人对反体制者采取了极端的手段：不经审判，一律处死。雅典公民对此举表示欢迎。他们说，对这些人应该判处极刑。然而，遭到30个统治者迫害的人越来越多，最后无辜者遭捕被处死。恐怖笼罩了全市，公民们纷纷变身为奴隶，来为自己的轻率赎罪。

到了我们这个时代，这样的情形依然存在。苏拉掌握绝对权力后，对反对派大开杀戒。一开始，罗马公民不是也说这些人被杀天经地义吗？然而，这正是罗马人人心涣散的开始。被欲望蒙蔽了双眼的人们，不仅想霸占他人的宅邸，甚至连壶具、衣服这样的东西都想占为己有。结果，他们揭发自己的主人，使进入苏拉黑名单的人越来越多。然而，令他们意想不到的是，最初认为与己无关，第二天却在黑名单上看到了自己的名字。这种状况终于在苏拉用财富喂饱自己一派的人后，才宣告结束。

这次，执政官是西塞罗，因此，我们无须担心。但是，大城市里生活着很多性格迥异的人。如果以后的执政官遇到类似事件，对假阴谋信以为真，从而滥用手中权力，结果会怎样？如果这次开了先例，因为有先例可循，届时的执政官，届时的“元老院终极劝告”出剑的时候，谁来提醒他权限范围？谁来阻止他鲁莽行事呢？

各位元老院元老，我们的祖先是勇敢的，也有高度的判断能力。他们不傲慢，他们善于学习他国先进的东西。他们从萨莫奈人那儿引进了可攻可守的武器，从伊特鲁里亚人那儿引进了官职徽章。也就是说，无论是同盟者还是敌对民族，只要他们认为好，就会毫不犹疑地加以引进。他们选择仿效而不是拒绝。

共和国创立之初，罗马继承了希腊人的做法，常常实施鞭刑，也曾大开杀戒。但是，随着国家越来越强大，公民话语权越来越大，我们的祖先意识到这种做法可能会滥杀无辜。于是，就有了《波路奇乌斯法》，为罪犯打开了一扇选择自我流放的门。各位元老，这就是我反对采取紧急措施的依据。因为我们的祖先有智慧，有美德，所以罗马从曾经的一个小国成长为今天的泱泱大国。今天的我们手中掌握着强大的权力，如何合理运用这一权力，需要我们进行远比他们更加周密的思考。

那么，结论是什么呢？是因为担心对将来有影响而释放犯人吗？荒唐。释放他们，只会助长喀提林一伙的气焰。因此，我的结论是，没收5人的资产，把他们分别送到不同的地方城市，监禁起来。同时，剥夺他们在元老院和公民大会上发言的权利。如果有人违抗这一判决，就判此人为国家公敌，处以相应的刑罚。

元老院几乎都偏向于立即执行死刑，然而恺撒的这一席话让元老院的气氛为之一变。首先，准执政官希拉努斯收回了自己的意见。对恺撒的提案深表赞同的元老中还包括西塞罗的弟弟。甚至连被认为是不折不扣的元老院派一员、顽固的保守分子克劳狄乌斯·尼禄也提议判决延期进行。而担任议长的执政官西塞罗内心的挣扎更是显而易见。毕竟，此时政变尚未发生。然而，小加图见此情形，要求发言。这位32岁的元老院派辩客，言辞激烈地开始反驳恺撒：

各位元老院元老，我的想法和恺撒正相反。我们现在急需解决的问题是一个重大问题。恺撒和他的支持者完全没有理解到这一点。他们忘了这5个人犯的罪是对国家、对父母、对神殿、对每个人的家园发动战争。我们辩论的重点首先应该是如何预防这种大案发生，而不是如何惩罚。

如果是其他罪行，当然是先有犯罪事实后才惩罚，但是，此案不同。既然要预防大案发生，就应该在大案发生前采取措施，对罪犯进行处罚。我要在永生之神前宣誓，我要提醒你们。说实话，比起国家利益，你们心中装的更多的是你们的宅邸、别墅、雕像和绘画。如果你们希望安享你们如此看重的东西，至少应该关心一下国家的前途。我不是要说物品税或特别税的话题，我只想唤起你们的注意，我们的自由、我们的生活已经被放到火上烤了。……

我认为，企图造反本身就是犯罪，就可以进行处罚。……毕竟，各位，我们现在的问题既不是我们的祖国多么伟大，也不是我们的祖先多么贤明，而是我们现在拥有的一切是继续留在我们的手中，还是任它落入敌人的手中。我很惊诧，有人竟然在这里宣扬宽容和慈悲，把浪费他人财物叫自由，称制造阴谋为勇气。简直是一派胡言。你有没有想过，这样会让共和国处于毁灭的边缘。如果你想称赞浪费他人财物的人是自由人，如果你想说容忍挪用税金的人是我们的传统，请便。但是，关乎我们性命的时候，我绝不允许有人说三道四，绝不允许因为原谅少数恶徒而将大多数善良的人逼入绝境。

刚才，恺撒讲到了生与死。按我的理解，他似乎想说明身处黑暗的、寂寞的、粗暴的、恐怖世界中的善人和恶人不同的命运。他提议没收罪犯的资产，把他们送到地方上拘禁。显然，他认为如果把罪犯留在罗马，就无法切断他们和阴谋支持者乃至容易被收买的下层百姓之间的联系。恺撒似乎认为，阴谋只会发生在首都，而不会发生在首都以外的地方。他似乎认为防御力量不强的地方本就不会有阴谋。……

但是，从防御的角度来看，恺撒的想法显然不够缜密。各位，你们要审判的不是雷托鲁斯几个人，而是喀提林和他的所有同党。你们应该记住，坚定的信念运用得当，可以打击敌人的气焰。相反，如果有所忌惮，敌人就会变得嚣张，变得强硬。

我们的祖先蒙利乌斯·特鲁库瓦图斯曾大义灭亲，惩处了亲生儿子。因为他违抗司令官父亲的命令，强行发起进攻。结果，鲁莽的年轻人，因为愚勇而断送了生命。

而你们呢？明知这些人的品性之恶劣远在蒙利乌斯之上，却不知该如何处置。……就在我们犹豫不决中，也许，我们已被包围。喀提林和他的军队正准备取我们的首级，他的同党在市内制造阴谋，甚至公然发起行动。这就是现状，我们必须尽快制定对策。

暴徒们制造阴谋使国家面临危机，他们试图采取残暴的手段对国家和公民实施烧杀抢掠。我们已经掌握了物证，这些证据足以判他们死刑。因此我提议，判他们死刑。为了忠于我们的祖先，应该判他们死刑，死刑！

因为小加图的慷慨陈词，元老院元老的心中再掀波澜。多数元老夸他态度坚决。投票前进行总结性发言是执政官西塞罗的职责，但是，从他的发言中，显然他并不确定自己的判断。他提到了恺撒口中的《森普罗尼乌斯法》，说到了在不经审判、不予申诉权的情况下不得处死罗马公民的法律，质疑是否应该承认反罗马的叛贼也是罗马公民等。可见，法律界的专业人士西塞罗非常犹豫。最后，让西塞罗做出决定的不是野心而是虚荣心。西庇阿·阿非利加努斯、马略和庞培身披盔甲抵御外敌，保卫祖国。同样，作为罗马政府的一员，西塞罗身着托加长袍也想要保卫祖国。他的总结性发言非常冗长，在这里我只翻译最后的部分：

我愿意牺牲一切，只为保卫我们的共和国。我对你们只有一个请求，我请大家记住今天这个日子，记住我担任执政官的这一年。只有你们把这一年的记忆留在心中，我才能确信我背后有铜墙铁壁在保护我。但是，万一恶徒拒绝我的要求，我想把我的儿子托付给你们。只要你们能想到这个年轻人有一个这样的父亲，一个为保护国家、为救你们于危险之中而牺牲自己的父亲，那么他的人身安全和前途也就有了保障吧。

此时就是你们表明态度的时刻，请拿出讨论开始时的严肃、坚定的态度，庄严地投出你们手中的一票。不要忘记，问题始终关乎罗马人和你们的妻儿的安全，关乎城市，关乎千家万户，关乎神殿，也就是关乎罗马共和国的命运。你们有我这个执政官，我将毫不犹豫地将你们的决定付诸行动。我这个执政官只要还活着，就一定会担负起保护国家利益的责任。

公元前 63 年 12 月 5 日，在元老院会议上，以压倒性的票数决定判处这 5 人死刑，同时授予执政官西塞罗实施“元老院终极劝告”的权限。西塞罗和小加图走出会场时受到了人们的欢迎，犹如凯旋的将军。而恺撒就没有这般幸运了，他刚走出会场，等候在外的人群就将他围起来，一阵痛打。如果不是朋友急急赶来，把他救出来，很可能他就要命丧群殴之下。13 年后，当恺撒越过卢比孔河的时候，元老院派懊恼不已，直后悔当时没把他杀死。

这天晚上，西塞罗亲自带领行刑人员来到牢房，下令对喀提林同党雷托鲁斯等 5 人处以死刑，没有审判，也没有给他们申诉的机会。

12 月的最后一天，执政官任期的最后时刻，西塞罗在盛赞声中度过。他收获了“国父”之誉。相反，恺撒为了不遭围殴，没敢出门，就躲在家里。

喀提林得知 5 名同党被处死刑后，并没有采取任何行动。然而，西塞罗依然实施了“元老院终极劝告”。以反国家罪之名，由西塞罗的同僚、另一位执政官安东尼率领 2 个军团自南北上，由梅特鲁斯率领 3 个军团自北南下，总兵力 3 万人，合围镇压喀提林。与此相对，集结在喀提林旗下的只有 1.2 万人，而且大部分是奴隶和贫民，他们既没有武器也没有装备，喀提林把他们遣散回老家了。决定和喀提林一起坚守到底的大概有 3 000 人，而这 3 000 人是有武器和装备的。

我们不知道喀提林率领这 3 000 人准备做什么，也不清楚他们打算去何处，因为所有人都战死了，没有人可以证明。从他们自佛罗伦萨附近离开，沿阿尔诺河到达皮斯托亚来看，很可能打算翻越阿尔卑斯山脉，逃往高卢，只是，他们到达皮斯托亚后，就遭到了罗马正规军团的包围。

战斗很惨烈，但是持续时间不长。喀提林和手下的 3 000 人虽然勇猛，却遭到全歼，甚至没有一个人被生擒，也没有一个人死于背后被袭，所有人都是在正面迎战中死于胸部、头部被刺。据说，时间是公元前 62 年 1 月底。这就是“喀提林阴谋”的结局。

西塞罗曾四次弹劾喀提林，他请他在出版界的朋友阿提库斯为他出版了这四次弹劾文。在西塞罗的心里，它相当于文官赢了武官的纪念品。当然，知道有必要将辩论内容以某种形式保留下来的，在当时的罗马人中为数不多，西塞罗算是其中的一个。

“伟大的庞培”

公元前 62 年，所有棘手的问题已经解决。对于罗马人来说，这一年应该是风平浪静的一年。事实上，无论是在首都罗马，还是在意大利境内其他地方，表面上看来，人们的日常生活既平静又正常。但是，在这平静的表面下暗流涌动。元老院派为防患于未然，成功粉碎了“喀提林阴谋”，他们为此次胜利而欢呼。然而，庞培的动向又成了他们的心头之患。此时，庞培已解决完在东方的所有问题，即将回国。还有，以西塞罗为首的元老院派对喀提林和他的党羽采取了强制的措施。对此，当初曾经拍手叫好的普通公民，在 5 人被处死、喀提林和 3 000 名追随者全体战死后，开始后悔当初是否有必要做得如此决绝。这一年刚满 24 岁的撒路斯提乌斯也是其中一人，他是后来撰写《喀提林阴谋》一书的作者，这本书被认为是历史杰作。而这一年，以 38 岁的年龄就任法务官的恺撒则开始利用人心的这一变化。

话虽如此，在“苏拉改革”以后，法务官的人数增加到了 8 人。恺撒既然只是 8 人中的一人，其影响力可想而知，但是，打击陶醉在胜利中的西塞罗和元老院派绰绰有余。

法务官恺撒指出，元老院派的元老、长期占据元老院“第一人”位置的卡图鲁斯年事已高，常常缺席元老院会议。恺撒以职务懈怠为由，向公民大会提议撤换元老院“第一人”，并建议由庞培担任此职，对此，元老院派坚决反对。他们反对的不是撤换卡图鲁斯，而是由庞培接任此职，因为庞培背后有军团和公民的支持。军团因胜利而意气风发，公民为他们的胜利而喝彩。元老院派认为把元老院“第一人”的权力和权威交给庞培，太过危险。

但是，如果贸然处之，难免会引起公民运动，因此，坚持元老院主导下的集体领导制的元老院派，只能制定新的法律以稳定民意，即使这种法律有违以往的政策。《小麦法》规定了享有特权的人数，他们可以用低于市场的价格购买小麦，小加图在公民大会上提议取消人数限制，对此，下层公民自然表示欢迎。但是，一旦此法成立，至此享有特权的 3 万人，将增加 10 倍，即 30 万人，为此产生的费用，一年高达 750 万第纳尔银币，必然会导致国库亏损。然而，对于奉行财政平稳原则的元老院派来说，这也是不得已而为之。而此时已平定东方并将地中海沿岸收入罗马霸权之下的庞培，犹如亚历山大大帝转世一般，意气风发地率领军团，不急不躁地向西行进。

在小亚细亚西岸城市以弗所，庞培在固定的薪酬之外，向全体将士发放了奖金，作为 5 年军务的奖励。他们从公元前 67 年围剿海盗开始，之后又跟随他来到东方，镇压动乱。奖励的具体金额如下：

士兵每人 6 000 塞斯特斯铜币，百夫长每人 12 万塞斯特斯铜币，大队长每人 100 万塞斯特斯铜币，财务监察官每人 500 万塞斯特斯铜币，军团长每人 1 800 万塞斯特斯铜币。

如此大手笔的做法在罗马史上闻所未闻，犹如在证明，当时的地中海世界中，与西方相比，东方的富庶程度竟有如此之高。庞培平定东方，使之成为罗马行省，此举让罗马的国家岁入一下增加了两倍。43 岁的庞培，在普通百姓眼里，形象自然更显高大。而且，庞培路经莱斯沃斯岛时参加了诗歌座谈会；到了罗得岛，他又和哲学家们聚集一堂；在雅典，他为修复露天剧场慷慨捐赠。因此，在归途中，他也收获了无数赞叹和荣耀。

而这一切，对于国家罗马来说自然可喜可贺，但是对于元老院派来说，这只会增加他们的担忧。年少成名的天才庞培尽管只有43岁，却早已举行过凯旋仪式，也担任过执政官，而且，在长达5年的时间里，从剿灭海盗开始，再到东方镇压动乱，他始终手握军队总司令的大权。这样的男人，刚刚40多岁的壮年男子，接下来会要求什么呢？元老院派忧心忡忡。

登陆意大利半岛南端的布林迪西后，庞培是忠实执行“苏拉改革”的规定解散军团，还是无视“苏拉改革”的规定，与20年前的苏拉一样，毅然带领军团进军首都罗马，实行独裁呢？毕竟他是庞培，尽管有“苏拉改革”的规定，却一次次破例享受了各种荣誉和权力。如果庞培有此心，公元前63年时，他已具备发动军事政变的条件。因为深知这一点，所以绝不允许个人独裁、坚持以集体领导制为宗旨的元老院派，在忐忑中等待庞培回到国内。

然而，庞培回到国内之前，发生了一件让元老院元老的注意力，不，是让所有罗马公民的注意力暂时离开庞培的事件。

丑闻

克劳狄乌斯家门出过阿庇乌斯，此人于公元前312年铺设了阿庇亚大道，作为基础设施，这是罗马道路建设的代表。该家门在罗马名门贵族中被认为是卓尔不群的。如果只是名噪一个时代，还可以列举出曾出过西庇阿·阿非利加努斯的科尔涅利乌斯家门、出过法比乌斯·马克西姆斯的法比乌斯家门，以及共和时期初期以来的瓦莱利乌斯家门和埃米利乌斯家门。而克劳狄乌斯家门的男性在罗马史上，始终跻身领导阶层，好像从未断过，克劳狄乌斯家门就是不容置疑的名门望族。普尔克尔家属于这一家门，主人是33岁的普布利乌斯·克劳狄乌斯·普尔克尔。因为这个男子爱恋上了庞培娅，从而引发了一起丑闻。庞培娅是秦纳之女科尔涅利娅死后恺撒的后续之妻。

每年临近12月，担任执政官、法务官等国家要职的人家中，女人们都要开始准备祭祀女神波娜的节庆活动。此活动于12月1日晚上举行，因为是祭祀掌管生育女神的，所以只允许女性参加，男性即便是这家的主人，也严格禁止参加。举行祭祀活动的人家中，包括奴隶在内的男性，这天夜里只能做客别人家。

担任法务官的恺撒家里，在母亲奥雷利娅的指挥下，包括妻子庞培娅在内的罗马上流社会的贵夫人们齐聚一堂，而克劳狄乌斯男扮女装，就混在这些女人中间。

祭祀活动开始后，家中略显昏暗。这个年轻人迷了路，在家中转来转去，引起了路过的恺撒家女奴的注意，而且，这个女奴发现他是个女装打扮的男人。

得知这一变故，奥雷利娅立即中止祭祀活动，命女奴将这个可疑之人赶出家门。只一眼，奥雷利娅就认出此人是谁，所以，她没有把他送到警卫手中。但是，就算奥雷利娅什么都不说，参加活动的其他女人还是从大声嚷嚷的女奴口中知道了这位不速之客的名字，回家后又告诉了她们的丈夫。

这俨然已是一件丑闻。这一祭祀活动严禁男性参加，却有男人敢冒天下之大不韪，仅此一举就是对神的亵渎，而且，他闯入的不是普通的官宦人家。因为这一年，恺撒不仅是法务官，还是上一年当选的大祭司。亵渎神明的行为竟然发生在罗马宗教界最高领袖的官邸中。反恺撒派蠢蠢欲动，他们扬言，这已经超越单纯的丑闻，也是大祭司渎职所致。这一事件不仅刺激了恺撒的同僚元老院元老，也激发了普通公民的看热闹的兴致。之前，一直与他人之妻私通的男人，这次被人戴了绿帽子（可能），所有人都在看他的笑话，而恺撒选择了与妻子离婚。

反恺撒派所有人都说这件事情不能就这样不了了之。结果，装扮成女性闯入恺撒家的贵族子弟被送上了法庭。然而，作为证人，奥雷利娅说，当时光线太暗，没看清是谁，恺撒家的女奴们也一致咬定不知道是谁。

恺撒也被传唤，上了证人席，他的回答是，那天晚上自己不在场，所以无法提供证词。于是，担任检察官的法务官质疑他：既然如此，为何与妻子庞培娅离婚？对此，恺撒是这样回答的：

“做恺撒的妻子，绝不允许有任何被人诟病的事情。”

众人哑口无语，之后，再也无人要求恺撒做证了。

我觉得很可笑，这样的话他也说得出口，他也不想想自己胡作非为的行径。但是，元老院大人物之所以没有继续质疑恺撒，是有一定理由的。在罗马，越是上层社会，女子越强势，因为她们不仅有财产权，而且政治联姻也很普遍。因此，堪称世界霸主的罗马领导层中，惧内的人比例相当高，甚至汉尼拔时代的老加图有一次在演讲中当着元老院元老的面，也说过这样的话：“你们堪称世界霸主，但是在你们的上面还有一个霸主，那就是你们的妻子。”众人听后忍俊不禁。也许此时，他们觉得恺撒说出了自己想对妻子说又不敢说的话吧。不

上流社会妇人的服装

管怎样，这一句话让恺撒化解了被赶下大祭司位置的危机。而克劳狄乌斯因为证据不足，眼看就要被无罪释放，然而，西塞罗的出马，使情势急转直下。

被告方的辩护依据的是克劳狄乌斯家奴隶的证词。证词说，那天晚上，被告身在距离罗马百公里开外的山庄。然而，西塞罗却做证说，那天早上，克劳狄乌斯曾拜访过自己家，半天时间，不可能走到百公里外的山庄。是相信奴隶的证词，还是相信前执政官的证词，陪审员不得不做出选择，他们倾向于相信西塞罗的证词。这时，克拉苏出面了。作为罗马首富，又是经济界举足轻重的代表人物，克拉苏利用经济上的特权，收买了陪审员。大多数史学家认为，克拉苏此举是为了救克劳狄乌斯，但是，我认为他要救的对象是恺撒，理由我将在后面进行阐述。不管怎样，投票结果是 31 票对 25 票，贵族子弟被无罪释放。克劳狄乌斯发誓要报复西塞罗。

丑闻事件过去了，恺撒作为前法务官将被派往行省任职。公元前 61 年，他前往西班牙南部行省担任总督，任期一年。西班牙南部行省被称作“远西班牙”，这是恺撒第二次到这里任职。因为他在财务监察官任上曾被派往过这里，只是这次他被授予了“绝对指挥权”，享有指挥两个军团以上的指挥权。尤里乌斯·恺撒终于成为一名“光荣的公职人员”，在罗马政界迈出了重要的一步。他不像庞培，从年轻时候起就一次次享受破例待遇。但是，有了统治行省的经历，凯旋仪式和执政官之职也就触手可及了。

然而，本该意气风发前往西班牙赴任的恺撒连家门都出不去，因为债主们堵在他家门口，扬言不把钱还清，就不让他离开。债权人的要求完全可以理解，毕竟此时恺撒的累计负债金额已经达到天文数字。如果他和喀提林一样，是个为债务而苦恼不已的固执之人，也许早已发动上百次政变了吧。但是，恺撒背后有克拉苏。他最大的债权人是克拉苏，这是史学家的定论。此时又是克拉苏出面为恺撒做担保，希望债权人宽限恺撒还债的期限。既然有罗马首富、罗马经济界的代表克拉苏做担保，债权人也就不再为难恺撒了，行省总督阁下恺撒终于向任职地出发了。

关于恺撒，在从古到今长达 2 000 多年的时间里，尽管历史学家和学者致力于研究，却依然有两个谜尚未解开。这两个谜就是尤里乌斯·恺撒和女人的关系，以及恺撒和金钱的关系。我认为研究考察这两个谜应该很有意思。我想，如何对待这两个方面，是检测当事人为人之道的标尺。因为，女人和金钱常常是丑闻的源头。

恺撒和女人

阅读古今历史学家和学者的著作，你会发现一个共同的特点，那就是他们无一例外地为恺撒而倾倒。用基督教史观描写恺撒的人，不能说他不好，因为耶稣出现在他之后；用马克思主义史观阐述恺撒的人，因为他的存在感太强，所以他们也不敢说经济基础决定上层建筑。德国作家布莱希特笔下的恺撒，生动形象，甚至让我觉得，他对恺撒生涯的介绍如此全面，我还有什么可写的呢？在这里，我不想一一列举这些人为恺撒倾倒的理由。我认为，要全面了解恺撒，只能着眼于他的“一言一行”，简单的语言无法概括他的人生。在这里我就说一点吧，那就是古今历史学家、学者和作家从未明确提到过的一件事，也从未出现在他们著作的字里行间的一件事，即恺撒为何如此受女人青睐，而且没有一个女人对恺撒心怀怨恨。

古代罗马美男子的标准是容貌像哈德良皇帝宠溺的安提诺乌斯一般，姿态优雅堪比女性。年轻时候的庞培是美男子，人们评价他“秀色可餐”。第一代皇帝奥古斯都是美男子，他有无与伦比的美貌。我想，这大概是受希腊雕塑的影响吧。按照这一标准，恺撒绝对算不上是美男子，年轻时脸上就已经有了刀刻般的皱纹。45 岁以后，发际线明显后移，甚至为了掩盖谢顶越来越严重的额头，他不得不将头顶部的头发往前梳。还有，在成为世界注目的中心以前，也就是 40 岁以前，他是靠借债度日的，并不富裕，同时也没有可以满足女人虚荣心的权力。然而尽管如此，他还是非常讨女人喜欢。

根据大多数历史学家的描述，恺撒瘦削高挑，言谈举止儒雅大方，因此，我想他应该属于气质型美男吧。在当时的罗马，气质好、容貌出众的男人有很多，而他却是一位说话很有意思的男性，这一点从他的著作中就可以看出。他的著作充满了学识、讽刺和幽默。不过，如果没有自吹自擂的癖好，西塞罗应该也是一个很有意思的聊天伙伴。

借用某位作家的话，罗马上流社会贵妇人愿意排队等候临幸的，只有恺撒，仅列举出现存记录中的人已很可观，如借钱给他的克拉苏之妻提多利娅，在东方指挥作战的庞培夫人慕琪娅，也在东方征途中的庞培的副将盖比尼乌斯之妻罗利娅。甚至有历史学家指出，三分之一元老院元老的夫人都和恺撒有过一腿，这听起来让人很难相信。恺撒的情人中除了后来的克娄巴特拉，应该就是塞维利娅了，她是后来暗杀恺撒的主谋布鲁图的母亲。为了继续做恺撒的情人，她甚至拒绝再婚。

这些女人都来自罗马上流社会，她们在美容院或高档服饰店常常碰面。但是，她们之间既没有相互嫉妒，也没有钩心斗角，她们只是乖乖地等着恺撒来找自己。她们相处融洽，有任何消息也会很快传到每个人的耳朵里。

当然，并非是女人恺撒都要插一脚。至少，当时罗马社交界最出风头的克劳狄娅，他就没有染指过。

克劳狄娅是克劳狄乌斯的妹妹。克劳狄乌斯就是女神波娜节那天晚上乔装成女性闯入恺撒官邸的那个人。克劳狄娅出身于罗马首屈一指的名门之家，她身材苗条，学识丰富。她与卢库鲁斯离婚后很快嫁给了梅特鲁斯。她的两任丈夫都是元老院有实权的人。同时，她又被认定是诗人卡图鲁斯笔下女主人公拉拉（女同性恋者）的原型。与苏格拉底时代的雅典女子不同，罗马女性可以参加宴席。但是，在宴席上跳舞是舞女的事，上流社会贵妇人是不会走下舞池的，而克劳狄娅却无视这一传统，毅然加入舞者的行列，并因此成为全罗马街谈巷议的一个人。有学者认为，她是公元前 1 世纪的罗马女权主义者。

克劳狄娅喜欢有名的男人，她曾对西塞罗暗送秋波，因“喀提林阴谋”而名声大噪的西塞罗自然欣然接受。恺撒是罗马有名的“花花公子”，不可能不引起她的注意，但是，恺撒对她没有不轨之心，她也没有成为恺撒的情人。也许太张扬的女人不合恺撒的胃口吧。实际上，10 年后，因年轻的情人狠心地抛弃了克劳狄娅，她一怒之下，控告这位情人贪污和毒杀。审判时，为被告辩护的正是西塞罗，胜诉的当然是他，而他对克劳狄娅的举动也只是付之一笑。从这一件事上可以想象，恺撒并非只要是女人都会喜欢，他是有选择的，他的情人都是他执着追求得来的。只要是女人，总是难以抗拒男人锲而不舍的追求。此外，恺撒对待女人也很有策略，他从不招惹未婚女性，因为对方有可能要求自己离婚与她结婚，因此他只找有丈夫或有过婚史的女人做情人。

不管怎样，恺撒的确在女人中很有人缘。但是，如果仅仅讨女人喜欢，想必历史学家和学者不至于如此羡慕吧，因为角斗士和演员同样极受欢迎。让杰出的男人羡慕的，大概是恺撒的情人中没有一个对他心怀怨恨。有女人缘是男人的梦想，但是，没有一个女人怨恨自己，才是所有男人心中的愿望。

因为，一个成熟的男人不会自找丑闻，丑闻只出现在女人发怒的时候。那么，女人为什么会发怒？发怒是因为她受到了伤害。那么，什么情况下女人会受伤害呢？

前面提到的克劳狄娅控告情人一事，当时为被告辩护的是西塞罗。只要看一看“审判克里乌斯案件”中西塞罗的辩词，就可以知道，让这个女人失去理智，甚至不惜出丑，是因为她供养的男人无情地抛弃了她，对她恩断义绝。克里乌斯完全不了解女人的心理，但是恺撒则不然。

第一，恺撒会对心爱的女人用礼物展开攻势，而且常常价值不菲，这也是他欠下巨额债务的原因之一。担心负债增加，所以主动不要礼物的只有妻子。除此之外的女人毫无例外都喜欢礼物，并且为收到礼物而感到自豪。恺撒送给塞维利娅的珍珠，价值 600 万塞斯特斯，一时间成了首都女人热议的话题。如果此事属实，这个金额足可以在帕拉蒂尼山上买下两座豪宅了。

第二，恺撒从不隐瞒自己有情人的事实，他的情人是公开的秘密。不，甚至根本谈不上秘密，因为连她们的丈夫也都心知肚明。在东方征战的庞培和盖比尼乌斯都知道自己的妻子有婚外情，但是没有引起丑闻。因为，既然公开了，女人也就不会在意情人的身份了。

根据史料记载，第三个理由是，尽管恺撒情人遍地，却从未与其中任何一人结束情人关系。也就是说，他从来没有和她们一刀两断。

恺撒和塞维利娅保持了 20 年的情人关系。情人关系结束后，恺撒依然尽一切可能满足塞维利娅的需求。她的儿子布鲁图支持庞培，尽管他把剑指向了自己，但是，战斗结束后，他依然担心布鲁图的安危，得知他还活着，马上派人告诉塞维利娅。当公开的情人换成克娄巴特拉后，恺撒甚至假公济私，将国有土地廉价出让给塞维利娅，为保证她生活无忧。当然，作为塞维利娅的儿子，布鲁图是怎么看待这一切的，另当别论。

对待其他女人也一样，恺撒应该没有彻底断绝与她们的来往。例如，偕妻子参加晚会或其他活动时，恺撒与曾经的情人碰上了。因为属于同一个阶层，所以碰面的概率应该很高。这种时候换作一般的男人，可能会不知所措，结果只好假装不认识。但他是恺撒，他不会这样做，他会让妻子等一下，而自己则在众目睽睽之下，走到曾经的情人身边，轻轻托起她的手，问候她："怎么样呀？你还好吗？"对于女人来说，无视才是最大的伤害。

也许有人会问，他这样对情人也许可以，对妻子又是怎么做的呢？他对妻子也一样。既然是妻子，自然名正言顺，他给妻子送礼时也与情人没有区别。回家后，他会对妻子说这一天发生了什么，有什么趣闻，等等。他也会对妻子说西塞罗在元老院会议上的夸张演说等。这时候妻子又怎会生气，说他不把自己当回事。还是那句话，对女人来说，最大的伤害莫过于无视她的存在。

根据意大利一位作家的说法，恺撒“不仅讨女人喜欢，而且从未被这些女人怨恨过。他就是有这样的本事”。关于这样的恺撒，以上是我的推测。在这一点上，女人和大众没有什么不同，因为如何洞悉人类的心理，无关性别和数量。

恺撒和金钱

对于古今历史学家和学者来说，尚未解开的另一个谜团，不是恺撒负债的数额究竟有多大，而是这些巨额欠款是如何产生的。

进入正题前，有必要首先确认一个事实，那就是尽管恺撒负债累累，但是查阅任何记录、任何史书，都没有发现他在“苏布拉”的私宅和在拉比寇的山庄被债主收走。按照当时罗马上流社会的经济规模，这些不动产早已资不抵债，因此，我们只能认为，恺撒没有用这些不动产做抵押。恺撒的母亲奥雷利娅被誉为家庭妇女的楷模，也许是她的教育方法得当，恺撒在家里的生活方式非常朴实。也许负债不能影响家庭生活是他的原则吧。只是，没有抵押物的借款在古代只能依赖高利贷或者通过特殊关系，对于恺撒来说，他的“特殊关系”好像是克拉苏。

关于恺撒何以备受女性爱慕，却又不遭嫉恨，根据历史学家和学者的研究，这个问题是解释不清的。因为他们认为，男人为大是那个时代的特点，所以关于这个问题，只有站在女性的立场上，才有可能解释清楚。同样，为什么手中无权的恺撒可以借来如此巨额的钱呢？关于这个问题的研究，如果仅仅凭借身在外地的、富裕的知识分子普鲁塔克和现代由大学提供研究经费的学者做的研究，停留在他们学究式的研究材料来寻找答案的话，我想是不可能弄清楚，也不可能解释清楚其中的缘由的。也就是说，债权人和债务人之间的关系，也需要首先了解双方的心理，才有可能解释清楚。

对于恺撒来说，最大的债权人是马尔库斯·李锡尼乌斯·克拉苏。除了他本人的债权，他还为恺撒做担保人，向其他债权人保证恺撒必定偿还债务，因此可以说，他几乎是恺撒唯一的超级债权人。克拉苏年长恺撒 14 岁，从父辈起就是罗马首富，到了他这一代，资产甚至达到了国家预算的一半。至于他是如何积累了如此惊人的财富的，我在《罗马人的故事 03·胜者的迷思》中已有介绍。他用超低价买入没收的死刑犯的资产，以及因火灾即将倒塌的宅邸等，不断增加财富。那么，像他这样只会从经济的角度来看待钱的人，对于金钱的态度会怎样呢？我想，恺撒一定抓住了债权人的心理。若欠债不多，强势的是债权人，债务人是弱者。但是，随着欠债金额的增加，这一关系就会逆转。恺撒深谙这一点。

借钱不多时，那就只是欠债，不能成为债务人的保证。但是，一旦欠债加大，情况就会发生变化。大额欠债相当于让债务人得到了“保证”。大额欠债，与其说是债务人的烦恼，不如说是债权人的苦恼。因为作为不良债权，想要舍弃，金额实在太大，因此，为了使债务人不至于败落，倾注全力自保的人变成了债权人。恺撒前往西班牙就任行省总督时，因为债权人堵在门口而无法成行，这时为恺撒出面做担保从而使恺撒得以成行的不是别人，正是克拉苏。后来，虽然情非所愿，但帮助恺撒摆脱一次次困境的总是克拉苏。只是，对于像克拉苏这样的债权人来说，幸运的是，在古代罗马像恺撒这样的债务人毕竟是少数，更多的是像喀提林这样固执己见的人，认为负债会毁了自己，并为此烦恼不已。

现代学者中有不少人认为，在那个时代，恺撒受制于克拉苏，因为他被巨额债务压得喘不过气来。对此，我明确表示，错。因为，恺撒比克拉苏更自由，而且也有证据证明。恺撒写过《内战记》，直译其中一段，内容如下：

> 恺撒把借自大队长、百夫长的钱，作为奖金发给了全体士兵，这为他带来了一举两得的效果：指挥官们为了要回自己的钱而努力工作，士兵们为总司令的慷慨而感激不尽，他们全身心投入战斗，勇敢无比。

对于银行来说，恺撒也许是一个极不受欢迎的人。但是，从上面几句话中我们可以看出，已经“数额大到不能让他败落”程度的借款都用在了何处。给女人送礼物的花销不过是沧海一粟。恺撒之所以负债金额如此巨大，是因为他把钱用在了维修公路、主办角斗比赛和选举活动中了。恺撒借钱只是用来举行这样的大型活动，却没有用于增加自己的资产。他没有像西塞罗那样，不惜借钱也要在罗马最好的地段帕拉蒂尼山上拥有豪宅，在意大利各地购置 8 处山庄。恺撒关心的不动产仅限于以扩张罗马心脏地带古罗马广场为首的公共事业。甚至就连建于台伯河西岸的私人庭院，也在遗嘱中表示赠予罗马公民。这个男人完全不关心自己死后葬在哪里。事实上，也没有他的墓地。

也因此，反对派很难利用金钱丑闻来指责他。在金钱方面，反对派无话可说，因为他从未用于谋取个人私利。他虽为借贷者却是“强势的债务人”。克拉苏能做的只有源源不断地借钱给他。后世有一位学者这样写道：“尤里乌斯·恺撒用别人的钱实现了他的革命。”

如果被债权人掐住了脖子，就不可能走上以改革国家政体为最终目标的权力之巅。

第五章　壮年前期

（前60—前49年1月，恺撒40岁至50岁）

40 岁，崛起

祭祀波娜女神之夜，一个莽撞的年轻人因擅闯恺撒家而受到了审判。恺撒为了等待这一事件的审判结果，同时也因为债主堵在家门口出不了门，所以出发前往西班牙南部就职的日期大大延迟，也因此，恺撒统治西班牙南部行省的时间，从公元前 61 年春开始到公元前 60 年年初，不足一年，也就是恺撒从 38 岁步入 39 岁的这个时间。任职不到一年就回到国内，是因为他很清楚，行省总督需要做的事情是什么。更重要的是，他也很清楚，有了这一经历之后，自己想要做的事情又是什么。

恺撒担任行省总督期间，远西班牙（西班牙南部）既没有发生当地原住民叛乱事件，也没有出现其他麻烦事，一派祥和。统治这样的行省，对他来说易如反掌，只要有一支忠实执行命令的队伍，即使总督不在，照样可以维持秩序。

作为行省总督，恺撒推行了“某种意义上的”税制改革。之所以说是“某种意义上的”税制改革，是因为他没有从根本上改革税制，他只是根据行省法的规定，将有义务缴纳行省税的人和无须缴纳行省税的人区别开来而已。无须缴纳行省税的是殖民城市中享有罗马公民待遇的人。之前的行省总督们并不关心这两者之间的区别，他们只考虑通过增加税收来增强罗马的国力。那时，没有一套公开的税制，包税人的权力很大。罗马征收的行省税税率是收入的十分之一，显然不算高，但是，行省的百姓依然觉得课税太重，究其原因，在于行省的税收体系。因为，人们需要缴纳的税额是由包税人决定的，由他们酌情征收。包税人采用投标制，而有权决定中标人选的是行省总督。他们认为，税收增加后，自己有权支配增加的部分，于是，私吞税款成了历代总督的惯例。这是一个只要就任行省总督原本再穷也会变富的时代。谁都知道东方富庶，可以征得更多的税款，因此，大家都想去东方的行省任职，而被派往西方行省的人只能叹息自己抽到了一支穷签。

恺撒就抽到了这样一支穷签，但是，尽管依然债台高筑，他也没有增加西班牙南部行省的税收，反而通过实施税制改革，限制了包税人随意增加税额的权力，结果，自然是税收减少。罗马是一个以法立国的国家，甚至在政治斗争中也采用法律辩论的方式，因此，恺撒对税制进行了改革，这就意味着今后将按新税制执行。税制公开了，透明了，人们或减轻了税负，或无须纳税，他们因此欢欣鼓舞，并纷纷向总督献上礼金，以表感谢。不清楚礼金的金额是多少，但是，恺撒的负债金额确实减了不少。

为了将新政策付诸实施，恺撒积极任用当地人才，路奇乌斯·科尔涅利乌斯·巴尔布斯就是其中的佼佼者。此人出生于伊比利亚半岛南端的港口城市加的斯，享有罗马公民权。从汉尼拔家族统治西班牙的那个时代起，这个家族就已经很兴旺了。关于他的祖先是移居西班牙的罗马人，还是取得了罗马公民权的迦太基人，研究者的意见并不统一。不管怎样，他不属于罗马上流社会的人，但很有教养。他不仅能力强，学识也很丰富，与西塞罗这样的饱学之士进行交流，完全没有障碍。恺撒卸任回罗马时把他带去了，此后，巴尔布斯成了恺撒的亲信和朋友，一直和恺撒并肩作战。巴尔布斯是一位不可多得的谈判专家，一直负责对外交涉。恺撒遭暗杀后的第四年，他甚至当上了执政官。

正是因为像这样大量任用当地人才，恺撒才有时间和精力亲率军团，前往伊比利亚半岛大西洋沿岸实施扩土拓疆之举。伊比利亚半岛相当于现在的葡萄牙，那一带民众没有任何反罗马的举动，只是此地尚未纳入罗马的统治之下，因此，他希望通过称霸这个地区来实现举行凯旋仪式的梦想。

恺撒公开宣称自己是马略派的一员，他也举办过大规模的角斗比赛，因此，他知道自己在罗马公民中有一定的声望，但是，他也很清楚，拥有声望不等于获得支持。凯旋仪式是一种荣誉，只有在成功打败罗马的敌人、扩张罗马势力方面建功立业的人才有资格享有。他计划在总督任期结束后，回罗马竞选执政官，所以，他必须把握机会，用自己的声望来赢得民众的支持。他没有对伊比利亚半岛西部一带实施真正意义上的占领。因为，对他来说，有了举行凯旋仪式的资格，就达到目的了。出征伊比利亚半岛的时候，恺撒第一次见识了大西洋。

就这样，恺撒在做了他认为该做的事情后，即刻卸任回到了罗马。然而，此时的罗马完全不是他在西班牙时设想的情形了。此时在罗马，元老院派风头正劲，他们对恺撒的要求不屑一顾。至于元老院派何以变得如此志得意满，还要追溯到一年前，庞培回到意大利的时候。

公元前 62 年接近年末，在百姓的欢呼喝彩和元老院的惴惴不安中，庞培率领 10 个军团 6 万名士兵登陆布林迪西。“苏拉改革”以后，总司令率领罗马军团自北向南回国之际，必须在到达卢比孔河以后解散军团；自南向北回国之际，则必须在到达布林迪西以后解散军团。总司令下令，让士兵暂时回归故乡，等到在首都罗马举行凯旋仪式时再度集合。总司令本人则带着少数随从前往罗马。但是，在举行凯旋仪式之前，总司令不得进入首都城墙之内。庞培此时才 45 岁左右，他不仅剿灭了海盗，还成功收服了东方各国。此时凯旋，他会乖乖解散军团吗？这就是让元老院派惴惴不安的原因，因为20年前的记忆还清晰地留在他们的脑海里。当时，苏拉在布林迪西登陆后，不仅没有解散军团，还率领军团直接进军罗马，铲除马略派，实施独裁政治。

当时的苏拉有一个明确的目标——重建元老院主导下的寡头政治。但是，庞培虽然是苏拉门下的英才，却只是军事天才，不擅长政治。现代有一位英国学者对他的评价是："与其说他是位野心家，倒不如说他是个爱慕虚荣之人。"所谓野心，是实现某一愿望的决心，而虚荣只希望得到别人的肯定。

作为成名较早的军事天才，庞培从二十几岁起就已习惯了喝彩声和赞誉声，所以此时他没有多想，在布林迪西登陆后不久就解散了军团，带着不足50人的军团长和大队长，离开布林迪西，沿阿庇亚大道一路北上，直奔罗马。据说，为了一睹鼎鼎大名的将军风采，沿途站满了慕名而来的人，甚至在到达罗马之前，民众的队伍几乎没有断过。快到首都的时候，人们更是成群结队地跟在庞培身后。看到此情形，西塞罗甚至感慨地说，如果庞培有意，无须军团支持，也能成功发起政变。公元前61年1月末，庞培到达罗马城外。

然而，元老院派做了一个错误的决定。庞培解散军团后，他们高估了自己的实力。相隔5年，庞培凯旋，他遵守规定，留在了罗马城外。这时，他向元老院提了以下几个要求：

一、允许他举行凯旋仪式。

二、同意推荐他为公元前60年度执政官候选人。

三、向属下士兵分配耕地，作为他们的"退职金"。

四、承认庞培成功收服东方后，对东方各行省、各同盟国进行整改的方案。

关于第一个要求，元老院欣然接受。庞培提出要举办一场声势浩大的凯旋仪式，需要充足的准备时间，对此元老院也没有异议。凯旋仪式决定于同年9月举行。

关于第二个要求，元老院派没有直接拒绝，只是给他出了个难题。他们把选举公元前60年度执政官的公民大会提前到了公元前61年夏季举行。参加执政官竞选的申请必须由本人提出，这是规定，而受理候选人申请的机构是国家档案馆，位于卡匹托尔山上。这就意味着，举行凯旋仪式之前不得进入罗马城内的庞培，只要不想放弃凯旋仪式，就无法提交候选人申请。

至于第三个要求，元老院派的答复模棱两可，因为明确拒绝，会让总司令庞培在部下面前颜面扫地。既然元老院没有明确表示拒绝，庞培和士兵们对此事一直心存幻想。

关于第四个条件，元老院派同样摆出一副顾左右而言他的态度。总司令有权对收服后的地区进行整改，但是，整改方案必须征得元老院的同意。对于庞培来说，得不到元老院的支持，意味着在那些地区他将颜面无存。元老院派之所以如此强势，就是因为庞培解散了军团，没有威胁了。

当然，元老院派的理由也很充分。前面多次提到过，公元前509年，罗马开始实施共和政体，这是少数人领导的政体。真正的统治者是元老院，一个由数百个30岁以上、无须经过选举、既有才能又有经验的人组成的机构。在这种寡头政体下，他们的领导机会必须尽可能均等，一旦其中一人独霸领导权，这一体制将无法正常运转。庞培总是享受到破例待遇：29岁那年，他还不够进入元老院的资格，却被授予了“绝对指挥权”；5年前，为了剿灭海盗，“绝对指挥权”的期限破例给了他 3 年；成功剿灭海盗以后，为收服东方，又授予了他没有期限的大权。坚守集体领导制的元老院派认为，此时应该适当压一压他的风头了，持这种观点的代表是小加图。

元老院元老们对小加图的想法深表赞同，只是他们在大方向上一致，而真实的想法却不尽相同。元老院派的实权人物卢库鲁斯（我在《罗马人的故事 03 · 胜者的迷思》中介绍过此人），他对庞培怀恨在心，对他来说，只要能伤到庞培的面子，做什么决定他都会举双手赞成。

西塞罗是元老院派的另一个实权人物，他同意打压庞培的真实想法是，文官优于武将。他认为之所以成功镇压“喀提林阴谋”，是因为“文官的领导”。没有动用军事力量，仅仅依靠文官，也就是非军事力量，就成功阻止了政变的发生，这让以辩才立身的西塞罗备感自豪。庞培是军事力量的象征，因此，对西塞罗来说，打压庞培自然不会感到不快。尽管想法各不相同，但是，元老院的三个实权人物都希望打压因胜利而志得意满的庞培。

罗马有一个传统，就是结束远征得胜荣归的将军要在公民大会上做远征汇报演讲。虽然法律规定，举行凯旋仪式前，将军不得入城，但是，凯旋仪式定在 9 个月以后。在这 9 个月里，元老院不可能拒绝庞培这样得胜荣归的将军与民众进行接触，因为民众早已迫不及待地想把掌声、欢呼声和赞美声献给为自己带来胜利的人。

公元前 61 年 2 月，元老院为庞培和民众提供了这样的机会。考虑到举行凯旋仪式之前庞培不能入城，公民大会会场设在了城墙外的弗拉米尼亚竞技场。对于庞培来说，这应该是他抗议元老院恩将仇报的绝好机会，然而，庞培很不擅长演讲，再加上此时的他，因为荡平海盗、收服东方，为国家做出了无人能及的贡献，很自豪，很骄傲。过分骄傲容易导致一个人缺少与他人沟通的愿望。根据在场的西塞罗的说法，他的演讲既没有给贫穷者以希望，也没有给富人以宽慰，他对平民派的谴责不痛不痒，缺少攻击性，因此没有得到元老院派的信任，人们对他的演讲也反应平平。当然，对于普通民众来说，战功辉煌的将军依然充满魅力。但是，对于元老院派来说，他的这次演讲让他们彻底看透了他。

恺撒前往西班牙任职地是在这次演讲过后不久。一年后，恺撒回到国内，看到庞培的处境几乎没有变化。奢华的凯旋仪式让庞培心满意足，回味无穷。这次凯旋仪式持续了两天，让罗马人一度为之疯狂。而关于他提出的第三个和第四个要求，依然悬而未决。

当然，这一年，庞培并非没有做任何努力，他曾经尝试笼络小加图，一个正不断接近元老院派核心的人物。还在东方时，庞培就风闻了妻子和恺撒有染，因此，回国途中，庞培与妻子慕琪娅离了婚。恢复单身的庞培提出想迎娶小加图的妹妹为妻，却遭到小加图的拒绝。这位时年 45 岁的凯旋名将虽然威震整个地中海世界，却被一位 34 岁的元老院元老轻慢，此事成了民众的一个笑柄。庞培心灰意冷，离开首都，躲进了阿尔巴的山庄。

公元前 60 年，恺撒早早卸任回到国内。他的目标很明确，他要竞选下一年度的执政官，但是，选举将在这一年的夏季进行。他必须在选举前提交候选人申请，同时必须得到元老院的认可。法律规定，候选人申请必须由本人提交，因此，为了合法进入城内，他必须在此之前举行凯旋仪式。于是，一回到国内，按要求留在城外的他，立即派代表进城，要求元老院同意他举行凯旋仪式。

上一年，元老院派让庞培当选执政官的梦想破灭了。这一年，他们对恺撒也采取了同样的手段。

在元老院派眼里，庞培是个危险人物，尽管理由不同，他们同样认为恺撒也是一个危险人物。此时的恺撒背后尚没有军事力量，但是，从5年前担任公职开始，他的言行始终如一，都是推翻“元老院体制”，元老院派很清楚这一点。三年前发生“喀提林阴谋”的时候，恺撒和小加图的辩论结束后，西塞罗在做总结性发言时说过这样的话：

> 各位元老院元老，大家的意见已经都摆出来了，我想，我们有必要讨论一下哪个意见更妥当。首先，我们来讨论恺撒的提议。他属于平民派，如果采纳他的意见，我想可以减少普通民众暴力抗议的风险。

也就是说，37岁上下的恺撒，身为元老院元老，已被看作反元老院派的代表人物，因此，3年后，元老院派对他的要求冷漠以待也很自然。

恺撒陷入了和庞培一样的两难处境：如果想举行凯旋仪式，只能放弃竞选公元前59年度的执政官；如果想当执政官，只能牺牲凯旋仪式，尽管对罗马男子来说，这是最高的荣誉。恺撒必须二选一。上一年，庞培如果得偿所愿，举行凯旋仪式是第三次，当选执政官是第二次。但是，和庞培不同，无论是举行凯旋仪式，还是当选执政官，对于恺撒来说都是第一次。恺撒犹豫不决中，提出申请的截止时间迫近了。

恺撒终于下定了决心，他选择了骑白马进城，这多少表明了他对凯旋仪式的眷恋。凯旋将军进城骑乘的是白马，策马穿过城门的他直奔卡匹托尔山，提交了执政官候选人的申请。元老院只好承认他的候选人资格。因为他担任过法务官，作为前法务官，又出任过行省总督，再加上，他还有足以举行凯旋仪式的军功战绩，元老院没有理由不承认他的候选人资格。在虚名和实权、荣誉和权力之间，40 岁的恺撒舍弃荣誉，选择了权力。

但是，有了候选人资格，不一定就能当选。因为元老院派虽然承认恺撒的候选人资格，却又推荐了两位实力雄厚的候选人。对于平民派的恺撒来说，他仰仗的是普通民众的支持。而现阶段，由于他放弃了获得民众支持的凯旋仪式，所以在普通公民心中，他只是一个受欢迎的人。恺撒很清楚这一点。他认为即使身穿纯白托加长袍，站在古罗马广场上演讲，也难以保证自己当选。

“三头政治”

不知道恺撒是在何时、何处又是如何与庞培发生交集的，也许是恺撒去了阿尔巴的山庄。两人相差仅 6 岁，彼此一定认识，只是两人的知名度尚有云泥之别。但是，庞培很可能对恺撒心存好感。因为 7 年前，庞培受命剿灭海盗，紧接着去东方远征时，元老院中绝大多数元老反对将大权交给庞培，只有两个人表示同意，其中一个就是恺撒，另一个是西塞罗。只是，在庞培远征期间，恺撒和庞培的妻子慕琪娅发生了私情。不知道是不是因为庞培对慕琪娅还有留恋之情，这件事没有成为两个男人之间交流的障碍。

两人达成了秘密协定，庞培动员旧部下，用他们手中的选票助恺撒当选。作为交换条件，恺撒当上执政官以后，要满足庞培的要求：一是给他的旧部下分配耕地，二是同意庞培对东方进行整改的方案。

就这样，恺撒当选似乎已成定局。

然而，庞培和恺撒两人结盟，他们的力量对比过于悬殊，庞培的实力高出太多。于是，恺撒提议把克拉苏也拉进来，变成三人结盟。大多数研究者认为，恺撒之所以推荐克拉苏，是因为恺撒不能忽略这个最大债权人。但是，正像在本书“恺撒和金钱”一节中介绍过的那样，我不同意这个观点。我认为，作为最大债权人，克拉苏不能弃恺撒这个“不良债务人”于不顾，他只能选择继续对恺撒施以援手。恺撒推荐克拉苏，只是想借助克拉苏的实力来平衡自己和庞培之间的力量关系。邀请克拉苏加入应该很容易，因为克拉苏对庞培充满敌意。只要庞培参与的事情，他都想插一手，否则会寝食难安。但是，让庞培接受克拉苏，可能有点难度。庞培十分看不起克拉苏，两人之间的不和尽人皆知，只是克拉苏是经济界的代表人物。庞培很清楚，自己能否顺利对东方实施统治，有赖于经济界的帮助。而克拉苏当然也知道，此时向庞培提供帮助，可以扩大以自己为代表的骑士阶级（经济界人士）的势力范围。

就这样，公元前 60 年春夏之交时节，史上著名的“三头政治”（又称“三头同盟”）正式形成。刚刚 40 岁的恺撒以压倒性的多数票当选了执政官。得票第二多的是比布鲁斯，也当选了执政官，他是元老院派推送的两个候选人之一。恺撒当选执政官后有近半年时间，元老院派全然不知“三头政治”的存在。恺撒就任执政官之前，“三头”需要保守这个秘密。因为，“三头政治”和罗马人早已熟悉的政体截然不同。

古今历史学家一致认为，“三头政治”是恺撒的创举，但是，对它的评价，则众说纷纭。从古至今，有一种意见占了上风，即这是利用三人的实力，以达到利益互换为目的而结成的同盟关系。关于庞培和克拉苏，我完全同意这个说法。至于恺撒，他的目的则一半是为了眼前利益，也就是他的个人利益，因此，我也很愿意同意这个意见。

但是，正如本书“恺撒和女人”“恺撒和金钱”章节中所说，恺撒这个男人做任何事都不会只为一个目的。

也就是说，结成三人同盟的时候，恺撒把个人利益和他人利益乃至公共利益联系在了一起。在他的意识里，追求个人利益和实现个人利益，必须有利于他人利益乃至公共利益，这才算完美。这就是恺撒。

不是因为恺撒是个天才，他才会这样想，也在这样做，事实上，大多数凡人每天在不经意间也在这样做。我们只要踏踏实实地做好自己应该做的事，就可以使我们的个人利益为他人利益乃至公共利益服务。对于人的本性来说，这是很自然的行为。文艺复兴时期的政治思想家马基雅弗利也非常认同这一观点。他认为，即使是公职人员，也应该允许他们追求个人利益，因为，只有允许有个人利益，才可以为实现公共利益提供更加健全、更加恒久的基础。

因为确立了“三头政治”这一新体系，恺撒得到的个人利益是当选执政官和确保执政官任期内有一个强有力的“执政党”。当然，这个“执政党”一定会遭到元老院派的反击。而他人利益自然是指满足庞培和克拉苏的利益。那么，在恺撒的想法中，公共利益又是什么呢?

从此前恺撒的诸多言行中可以看出，从年轻时候起，他就是反元老院派的人物。一直以来，他的意图都很明显，就是推翻元老院派固守的、元老院主导的共和政体。但是，如果你因此认为恺撒只是单纯反体制，只能说明你没有真正理解他的意图，因为，自格拉古兄弟以来，“反体制”的都是护民官的势力。

尤里乌斯·恺撒出身于名门望族，没有资格担任护民官。护民官的官职最早出现在公元前494年，其目的是保护平民的权利。既然这是一个针对平民的职位，贵族自然无权担任。但是，平民贵族，也就是祖先出过执政官的平民，则有资格竞选护民官。格拉古兄弟和塞多留、庞培和克拉苏都是平民贵族，因此，他们是有资格的。

那么，如果恺撒出身平民阶级，有资格担任护民官的话，他会不会发起反体制运动呢？我想不会。因为他很清楚，反对现行体制只有在这一体制已经僵化而体制的力量尚很强大的时候才有意义。格拉古兄弟时代，布匿战争胜利的影响力尚在，"元老院体制"很坚固。对于格拉古兄弟来说，以护民官的身份反对、动摇僵化的体制，十分有意义。但是，70 年过去了，现行体制的当局者正变得越来越软弱，甚至呈现出无能的状态。一旦发生异常，只能仰仗马略、苏拉和庞培这样杰出的个人。

究其原因，大体有两个：首先，元老院阶级出现僵化的现象；其次，罗马的统治疆域大大扩展，早已今非昔比。共和政体是罗马特有的政体。在刚刚引入元老院主导的共和政体时代，来自罗马和罗马近郊的罗马公民，也就是有投票权的人们，在公民大会上投票选举执政官等公职，是有意义的，同时也是可行的。但是，从公元前 90 年前后开始，罗马的疆域已经扩大到了整个意大利半岛，生活在那儿的自由民都有了罗马公民权。这时，在公民大会上选举公职的意义已经不大，而且也很不现实。后来，罗马公民居住的地域继续扩大，分散于地中海全域的罗马公民数也不断增加。这些人中间，究竟有多少人会为了一年一度的执政官选举、为了一年一度的护民官选举，特意来到罗马呢？公元前 1 世纪的现实情形是，只有居住在首都和首都附近的罗马公民，才有可能行使公民权。

还有，长期维持一成不变的体系，必然导致当局者的才能和力量走向衰退。也许恺撒认为，表面上"元老院体制"依旧稳如磐石，实际上早已非常脆弱，不值得反体制方集中力量发起攻击。苏拉之所以要改革，就是为了强化“元老院体制”。既然现实如此，与其领导反体制势力攻击现有体制，不如建立新的体制更有意义。

我甚至认为，“三头政治”就是现代的高峰会议。只要是国家，无论大小，都有权参加联合国大会。但是这不现实。于是，又增设了安全保障理事会，享有 VETO 的权利。VETO 是拉丁语，意思是否决权。联合国大会和安全保障理事会并存，但是，现在的联合国，别说是控制，甚至连协调能力也不能令人信服。另外，高峰会议是发达国家的会议，不承认否决权。如果为了适应冷战后的变化，作为一个手段，把现在的峰会变成政治峰会的话，就有可能恢复控制能力。如果是这样，那么，峰会的意义和恺撒成立“三头政治”的想法就有了异曲同工之处。“三头政治”和现代峰会一样，不是官方机构。按民主的、共和的想法，任何事情只要群策群力，就可以做得更好。而“三头政治”则正好与此相反。顺便提一句，罗马现有政体下，享有否决权的只有执政官和护民官。因护民官滥用否决权，导致罗马的国家政事不能正常开展的情况时有发生。

恺撒以建立新秩序为目标的国家政体改革，不是始于公元前 48 年，即战胜庞培的那一年，也不是始于公元前 49 年，即越过卢比孔河的那一年，而是始于“三头政治”成立的这一年，即公元前 60 年。在现代研究者中，有一些人明确指出：“元老院主导下的罗马共和政体，因‘三头政治’的出现而瓦解。”

但是，能意识到这一点的同时代人，在任何一个时代都不多。我想，庞培和克拉苏尽管加入了“三头政治”，却未必清楚这一体系的真正意义。好在他们知道，在罗马现有体制下，“三头政治”是个异类，因此，他们知道要尽可能保密。事实上，在长达半年的时间里，“三头”没有任何异常表现，连自诩消息灵通的西塞罗也没有察觉，不仅如此，他还被恺撒刻意收敛的言谈举止所迷惑。对于恺撒以最高票当选执政官，元老院派心存戒备。西塞罗是元老院派的代言人，因此，恺撒早早对他采取了预防措施。他让心腹巴尔布斯前去拜访西塞罗。关于这件事，西塞罗在给好友的信中是这样写的，直译如下：

> 巴尔布斯来找过我，他说，恺撒很希望得到我的支持。恺撒是这样对巴尔布斯说的，不管什么事，自己都愿意服从西塞罗和庞培的决定，也打算尽力改善庞培和克拉苏的关系。果真如此的话，我们元老院派就有可能修复和庞培之间的关系，和恺撒建立良好关系也不再是梦想。仇敌之间将重归于好，民众也会安分，我们老后也可以安享晚年了。

巴尔布斯的来访使西塞罗解除了戒备之心。他还写道：

“我们连庞培都制伏了，制伏恺撒还不容易吗？”

然而，公元前 59 年 1 月 1 日，恺撒一就任执政官就展现出了他的真实面目。

就任执政官

一日之计能否成为百年之计，是衡量一个统治者才能的尺码。对于已经步入不惑之年的恺撒来说，公元前 59 年，除了借债和勾引女人之外，他让罗马普通公民认识到，他还有别的能耐。

在人们的心目中，尤里乌斯·恺撒是激进派人士，因此，不仅元老院派，连稳重的公民也都怀着忐忑不安的心情，迎来新的执政官——恺撒。因此，恺撒首先要做的事，是让人们放心，他要让人们相信自己不是破坏罗马传统的人，为此，他恢复了共和政体初期的惯例。两名执政官，无论获得的票数多少，一人一天轮流执掌军团总指挥权。如果两人都在首都，则一人一个月轮流执掌政务。同时，他还恢复了共和政体初期的传统，即不担任最高领袖的那个月，跟随执政官左右的 12 名随扈不得手持象征公权力的权杖束棒斧。

就这样，恺撒成功消除了人们的担心。紧接着，他又推出的一项新举措大大出乎人们的预料，那就是实行“执政官通告”制，当时叫“阿库塔·迪乌鲁那”（Acta Diurna）和“阿库塔·塞那托斯”（Acta Senatus），直译就是《每日纪闻》和《元老院纪事》，即“日报”制度。新举措规定，所有在元老院会议展开的议题、讨论和决议等，都要在会议次日张贴于古罗马广场一角的墙上。当时的罗马以口述笔记为主，速记技术已经很普及，因此，只要想做，实施起来非常容易。后世研究者们说，这是新闻传播的开始。按今日的解释，更像是把有线新闻网（CNN）搬进了元老院会场。

之前，元老院会议就像会员制俱乐部，在这里展开讨论或做出决定都在封闭的大门内进行，普通民众只能从元老们会后的言谈中，或是在公民大会上提出来时，才有机会知道其内容，而恺撒则公开了所有信息。实施执政官通告制的理由是，有投票权的公民有权知道发生的一切事情，这个理由冠冕堂皇，无人可以反驳，因此，元老院也只能默默接受。

“阿库塔·迪乌鲁那”制度的实施，对元老院来说是一种冲击，对西塞罗来说更是打击。西塞罗有一个习惯，对于落实到笔头的文字

持权杖束棒斧的随扈的服装

都会反复进行推敲。会上的发言用在其他场合时，他会反复斟酌修改后再发表；朋友阿提库斯经营的出版社为他出版《论辩集》的时候，他也对其内容进行了反复修改。曾经有一个受到审判的人请西塞罗为他辩护，结果因为败诉而主动选择流亡到了马赛，此人看了西塞罗《论辩集》中为自己辩护的辩词后，说了一句很有名的话，此人感慨地说："如果当时西塞罗像《论辩集》中写的那样为我辩护的话，我也不会在这种地方净以鱼为食了。"一旦开始像有线新闻网那样实施实时报道的做法，有些人在发表言论时就不能再像以往那样随心所欲了，他们需要斟词酌句、推敲润色了。因为"日报"制度，恺撒撼动了元老院手中的一个特权。

作为最高领袖不主持内政的那个月，恺撒也没闲着，他利用平民派的护民官巴第纽斯，以护民官的身份提出了一项法案。庞培收服东方后提出的整改东方各国的方案，因为元老院的反对，至今悬而未决，于是，恺撒采用护民官立法的方式，最终解决了这一问题。

护民官立法的依据是《霍腾修斯法》，该法规定，即使元老院反对，只要在护民官召集的平民大会上通过，就可以立法。时隔三年，庞培终于可以扬眉吐气了。表面上看，这个方案只符合庞培和克拉苏的个人利益，但是，尽管"二头"的利益不同，把他们的利益结合起来，却可以促进行省的经济发展，而行省的经济发展，又关系到包括首都在内的罗马世界的发展。

轮到恺撒主持政务的月份，他也没有浪费手中的权力，他以执政官的身份提出了很多法案，其中之一，直译叫《尤里乌斯案例法》，意译则是《尤里乌斯国家公务员法》。这一法律，条款多达百余条，为所有在罗马统治区域内担任公职的人的行为做了具体规定。600 年以后，此法被收录于查士丁尼皇帝组织编写的、罗马法律的集大成者《罗马法大全》中。由此可见，国家罗马存续期间，此法始终是有效的。

制定这一法律的是恺撒。我多次提到过，他做任何事情不会只为一个目的，从这个法案中也可以窥知他的深谋远虑。

法律规定，凡是担任公职者，不得收受超过1万塞斯特斯的馈赠。1万塞斯特斯相当于一名士兵35年的薪酬总和。由此可见，这一规定与其说是为了净化中低层公职人员的公共观念，不如说是为了切断高层公职人员的敛财之道。因为长期以来，以行省总督为首的高层职位都被元老院元老霸占。设上限为1万塞斯特斯，是因为规定公职人员不得接受任何礼物这不符合人性。法律同时规定，违反此规定者，不仅会被判受贿罪，而且一旦罪名成立，甚至将被剥夺元老院元老的身份。显而易见，恺撒的目的在于削弱元老院手中的权力。话虽如此，这项法律既然被收录于《罗马法大全》，足以说明这是一个长期有效的法律。

还有，净化公职人员的行为，并不表示统治就会顺利，被统治者的想法也很重要。那么，被统治者的想法受什么因素左右呢？从古至今都离不开税制。恺撒在西班牙担任行省总督时，作为统治的重要事项，修改了税制。现在，作为罗马全域的最高统治者，他再次提出了这个问题。《尤里乌斯公民权法》中有一项内容，可以看出他对税制公正的重视，不能不引起现代人深思。

根据这项规定，在行省担任公职的国家公务人员有义务公布纳税人名单，并把纳税人一览表张贴于行省内的两个主要城市和首都罗马共三个地方的墙上，以便人们监督。此举的目的，一是为了避免以行省总督为首的公务人员在决定行省居民纳税金额时收受贿赂。因为只有税务公开，才能避免现场执行人滥用职权，徇私舞弊。同时，公布纳税人名单，也会让放高利贷的人知难而退。有人靠高息借款给无力纳税的人而大发横财。布鲁图对外借贷的利息甚至高达48%，连西塞罗都惊得目瞪口呆。恺撒在法案中规定，年息最高不得超过12%，目的也是为了消灭高利贷。

违反规定者将被赶出元老院，因此，恺撒要削弱元老院权力的想法不言自明。

面对一连串的打击，元老院派自然不会乖乖就范。这一派的重要人物卢库鲁斯知道，自己的反对意见只要上了《每日纪闻》，就会尽人皆知。尽管如此，他还是提出了反对意见，指出恺撒的法案显然是不尊重元老院。我在《罗马人的故事03·胜者的迷思》中介绍过一个小插曲，说的是执政官恺撒应邀参加卢库鲁斯家的一次著名宴会。在这次宴会上，恺撒假装不经意地嘟囔说，他有证据可以证明卢库鲁斯在小亚细亚担任行省总督时的不当行为。时年57岁、曾是苏拉手下第一勇将的卢库鲁斯，从此再也没有在元老院会议上发表过意见。

年轻的小加图是元老院派的雄辩家，他当时36岁，没有担任过行省总督，因此，这样的威胁手段对他无效。而小加图仗着年轻，常常在会上侃侃而谈，试图用妨碍议题进行的方法来表示抗议。但是，执政官有责任保证议题的顺利进行。换句话说，执政官有权命令随扈带走妨碍议题进行的人。恺撒下令，让随扈把口若悬河的小加图带出会场，关闭起来，等议事全部结束后，再把他放出来。

《土地法》

公元前59年3月，恺撒就任执政官进入第三个月，这时，他终于提出了他魂牵梦萦的法案，那就是格拉古兄弟以来的《土地法》。

对政治家来说，总有一些不愿意触碰的事情，在罗马，那就是有关公民权和土地改革的法律。一方面，《公民权法》和《土地法》一定会遭到既得利益者的反对；另一方面，对新法的获益者来说，正因为是新法，他们既不清楚自己的利益将体现在什么方面，也不知道如何利用新法使自己获得最大的利益，因而他们的支持也不会很坚定。因此，每次涉及这两个方面的改革时，总会引发社会动荡，甚至发生流血冲突或暗杀事件。

公元前 90 年，因为“同盟者战争”，《公民权法》得以成立，留下的难题就是《土地法》了。自公元前 133 年格拉古兄弟以来，每当提及《土地法》，就会发生流血事件。公元前 100 年，护民官萨图纽斯甚至因此惨遭暗杀，此后 41 年间，再无人敢提这一议题。但是，尤里乌斯·恺撒决心改革此法。

共和政体下的罗马要制定一项法律，可以采用两种方法：一种是公元前 509 年确立的方法，即经元老院同意，公民大会表决通过；另一种是依据《霍腾修斯法》，这是公元前 287 年制定的法律，即无论元老院支持还是反对，只要公民大会通过即可立法。现代意大利语中保留了“国民投票”这个词的拉丁语，意思是“公民大会决议”，属于第二种方法。话虽如此，曾经的元老院决议和现代的国会决议是不同的，因为，现代的国会是由选举产生的议员组成，而古代罗马元老院的元老不需要经过选举。

从公元前 133 年提比利乌斯·格拉古以来，《土地法》常常将国家舆论一分为二。这是因为，一方面，《土地法》会威胁到有权者的既得利益，另一方面，为了实现改革此法，常常采用第二种方法，即由护民官领头，不顾元老院的反对，将改革方案直接提交公民大会进行表决。

恺撒对改革《土地法》一事念念不忘，为了实现这一改革，他首先尝试了第一种方法。因为他和格拉古兄弟、萨图纽斯不同，他们是护民官，在元老院没有席位，而恺撒是执政官，兼任元老院会议的议长。

恺撒向元老院提出的《尤里乌斯土地法》，相当于70年前让格拉古兄弟失去生命的《森普罗尼乌斯土地法》修正案，此法案以土地改革为最终目标。但是，根据罗马法的精神，私有财产权应得到保障。只要是私有财产，无论拥有多么庞大的私有土地，都不会成为改革的对象，改革的对象仅限国有土地。也就是说，改革后，人们得到的土地是向国家租赁的。

租赁国有土地的上限，户主为500尤格（约合125公顷）。此外，还可以儿子的名义租借，上限是一个儿子250优格，只是，全家合计租赁的上限不得超过1 000优格。

此前已租用的土地面积超过1 000优格以上的部分，则要归还给国家，国家根据归还土地的面积，支付相应的补偿金。

为此，还成立了常设委员会，负责受理申请，为民众办理租赁土地的相关事务。

以上这些内容与格拉古兄弟的《土地法》是一样的，恺撒做了修正的部分是如下内容：

一、20年内不得转让国有土地租赁权，但是，后代可以继承。

农民稳定是土地改革的关键，因此，格拉古兄弟的《土地法》规定，租赁的土地不得转让，恺撒对此做了修正，规定20年以内不得转让，20年以后可以自由转让。也许他认为这样做更现实吧。

二、有资格申请租赁国有土地的人，首先是在庞培的军团服兵役达 5 年以上的人，其次是家中有 3 个孩子的无产者。

向庞培的旧部下发放“退职金”，是“三头政治”成立时的条件，因此，这是给庞培的利益。但是，恺撒尽管满足了庞培的要求，却没有忘记《土地法》的基本精神，即帮助流入城市、成为无产者的旧自耕农重归家园。小加图的《小麦法》只是用来收买人心的，尽管受益人数增加到了 30 万，但是，失业问题依然存在。这就是罗马社会的现实。

三、所租土地超出 1 000 优格的部分归还国家时，国家支付相应的补偿金。还有，民众得到土地后需要前期投资，因此，恺撒决定从国库中支出 2 亿塞斯特斯铜币，用于这两部分的开支。这是庞培从东方回国时上交国库的钱。

以往提到《土地法》时，元老院派常常以财政吃紧为由，表示反对，这次，他们不能再用这个理由来反对了。

四、归还租赁土地多出部分时，由财务官决定补偿金额。

正如我在《罗马人的故事 01 · 罗马不是一天建成的》中介绍的那样，财务官除了负责人口调查以外，还负责国库的出纳，其性质与日本的大藏省（日本政府的财政部。——译者注）类似。因此，由他们决定补偿金额理所当然，只是恺撒把这项工作交给财务官还有别的目的。财务官通常是元老院元老，有过执政官的经历，是元老院中的显贵。对于恺撒来说，“由财务官决定”这一条规定，实际上是对元老院元老的一种怀柔手段。

五、常设委员会具体实施租赁土地再分配，常设委员会由 20 名委员组成。提出此法的人不能参加。

格拉古兄弟的《土地法》规定，委员会由三人组成。因为兄弟二人也在其中，所以土地改革显然是护民官领导下的反体制运动。

相反，恺撒的《土地法》却不同：首先，他本人不是委员会中的一员；其次，委员人数增加到了20人。西塞罗是委员会中的一员，他是元老院派的人物。也就是说，恺撒想由此表明，土地改革与党派无关。

坎帕尼亚地区不在再分配的国有土地之列。因为，以那不勒斯和庞贝为中心的这个地区，土壤之肥沃堪称意大利第一。元老院中的权贵大多在这里租了土地，建了很多大农庄。这里已经成为事实上的私有土地。

为了不刺激元老院，恺撒的《土地法》尽可能照顾到各个方面。但是，尽管如此，在元老院会议上进行讨论时，反对意见依然占了上风。对于固守元老院主导的共和政体的元老院派来说，《土地法》改革等同于反体制运动。西塞罗也表示反对。至于小加图，又采用了喋喋不休的辩论手段，试图妨碍议事的进行。第一天，恺撒任由小加图侃侃而谈。当小加图冗长的发言结束时，太阳早已日落西山。随着他的发言结束，元老院会议也随之解散。

第二天，小加图再次准备侃侃而谈时，执政官恺撒叫来随扈，下令把他带出了会场。然而，小加图离开了会场，元老院元老们消极的抵抗并没有消失，他们很不配合议事的进行。恺撒终于对着在场的元老院元老发话了：

> 各位元老院元老，对国家来说，《土地法》重要至极。我希望各位认真讨论《土地法》。因为我希望，在把它提交公民大会前，首先在元老院展开充分的讨论。现在看来，你们没有这样的意愿，也没有这样的能力，那么，我只能把它交给公民来决定了。

恺撒决定强行打破这一僵局。而目前一直处于保密状态的“三头政治”，此时也露出水面，暴露在了罗马的阳光之下。

关于第二天公民大会上的情形，以现场证人西塞罗的书信为主要依据，重现一下当时公民大会的情形：

> 南国罗马，尽管刚进入3月，强烈的阳光已经肆无忌惮地洒落下来。古罗马广场中心偏北的位置上，有一个长24米、宽10米、高3米的讲坛。前面是开阔的露天广场。这一天，庞培动员他的旧部下，早早聚集于此。对于他们来说，这天的议题关系到他们今后的生活，因此，即使庞培不动员，他们自然也会来。围绕露天广场而建的神殿及教堂的柱廊和台阶上，坐满了身穿短衣的贫穷的公民。占据讲坛前面和左右的，是罗马的统治阶级。从白色托加长袍上的红色镶边上便知他们都是元老院元老。

这天公民大会上担任议长的是执政官恺撒。两位执政官轮流主政，一人一个月。他选择了3月举行公民大会，因为这个月由他主政。当然，另一位执政官比布鲁斯也出席了公民大会。比布鲁斯属于元老院派，反对《土地法》改革。70年间，只要触及《土地法》改革，必定发生流血事件。而这次《土地法》能否通过，将在今天见分晓。根据眼前的情形，赞成派和反对派之间的对立，大有一触即发之势。

执政官的着装和元老院元老一样，恺撒身着红色镶边的白色托加长袍，站上了3米高的讲坛，高度正好和聚集在神殿柱廊上的人的高度差不多，但是，露天广场上的人们只能仰视他了。站在这个位置上，恺撒说：“不管你的想法如何，今天人人都可以上来发言。”他点名请小加图第一个发言。

小加图站上讲坛，准备再次施展自己雄辩家的本事，用侃侃而谈来妨碍议事的正常进行。但是，这次无须恺撒亲自出马，当人们意识到他想用冗长的发言来阻止法案的通过时，立即拥到讲坛前，甚至有几个人跑上讲坛，将演说中的小加图拖了下去。幸好有身体强壮的元老院元老护着他离开会场，否则，眼看流血事件就要发生了。

不需要自己出面就成功赶走小加图后，恺撒请同僚、另一位执政官比布鲁斯发言。自1月1日就任执政官之日起，比布鲁斯就一直受制于恺撒。当他看到公民对小加图表现出的敌意后，心里非常害怕，他说话的声音很小，刚说了一句“根据占卜今天不宜讨论此事”，就招来公民一阵嘲笑和嘘声，只好讪讪走下讲坛。

接着，恺撒又请克拉苏上台发言。克拉苏是“三头政治”中的一员，他的发言也很简短，只说了句同意《土地法》就走下了讲坛。公民报以热烈的掌声。因为克拉苏表示同意，就意味着骑士阶级（经济界人士）赞成此法案。

接下来发言的是庞培，不用说，他绝对支持该法案。恺撒没有请他做演讲，而是用了更直接有效的方法请他发表意见。面对着“三头政治”中的这一位，恺撒逐条朗读了《尤里乌斯土地法》，每读一条就问庞培是否同意。庞培不擅长长篇大论，他知道这是恺撒为照顾自己采用的方法。

恺撒每读一条就问庞培是否赞成，每次庞培都回答说同意，人群中就响起如雷般的掌声和欢呼声。等所有条款都问完以后，恺撒没有让庞培离去，他说，此法案仅仅获得通过还不够，在其后的实施过程中，还需要有人负责监督。他说他希望庞培担当此任。不等庞培回答，恺撒又对着公民说：

“各位，如此重要的职责，难道我们不应该请求伟大的庞培来担任吗?”

公民们高声叫好。

庞培不是野心家，却是个虚荣心很强的人。在一片欢呼声中，他有点忘乎所以，甚至忘记自己不擅演讲，而开始侃侃而谈。他说：“受到执政官和公民们如此厚爱，我深感荣幸。”他还极力说明制定《土地法》的必要性。最后，庞培用这样一句话做结束：

“如果有人拿剑指向这个法案，我庞培必定化身为盾加以阻挡！”

人群中再次响起一片欢呼声。

眼看形势的展开对自己越来越不利，元老院派把另一位执政官比布鲁斯推上了讲坛。就在他准备行使执政官的权限——否决权的时候，恺撒用盖过比布鲁斯的声音，大声说道：

“各位公民，只要没有执政官比布鲁斯的同意，无论各位的希望多么强烈，这个法案也无法通过。”

群众自然不会等他说出“否决”二字。看到向讲坛冲来的群众，比布鲁斯只好放弃行使否决权，选择了逃之夭夭，直奔家门而去。古代有一位历史学家，用一句不知道是讽刺还是幽默的话概述了这一场面结束的情景：

“至此，比赛因对手全部退场而告结束。”

《土地法》一如恺撒的预想得以确立，然而，对元老院派来说，他们受到的打击还没有结束。恺撒强行将《土地法》诉诸公民大会，并在公民大会上获得了通过。之后，他又提出补充修正案，也获得了通过。补充的内容是：

一、元老院元老必须宣誓，尊重公民大会的决议。

二、增加对坎帕尼亚地区进行土地改革的条款。因为原法案中没有提到坎帕尼亚地区。这就是说，该地区和其他地区一样，租赁的土地面积超出部分，也要归还给国家。

元老院派接二连三受到打击，小加图怒火中烧，起而反抗，扬言即使遭到流放也绝不宣誓同意决议。然而，在西塞罗的游说下，他最终屈服了。其他元老院元老不管心中真实想法如何，都宣了誓，表示尊重公民大会的决议。因此，和格拉古兄弟的《土地法》不同，《尤里乌斯土地法》不是反体制运动的成果，而是“执政党和在野党一致同意”的政策。在此法案的确立过程中没有发生流血事件。

西塞罗在给朋友的信中说，自己在罗马似乎已经无事可做，或许应该去山庄，专心笔耕。执政官比布鲁斯尽管尚在执政官任期内，也因屡遭挫败而心灰意冷，从此躲在家里闭门不出。

在罗马，纪年方法用的不是建国多少年，而是用谁和谁是执政官的那一年纪年。公民们笑称这一年（公元前59年）是“尤里乌斯和恺撒是执政官”的一年，而不是“恺撒和比布鲁斯是执政官”的一年。《土地法》规定了常设委员会由20人组成。公元前59年4月，这20个人开始行动。因另一位执政官退出“战场”，公元前59年4月至12月的9个月间，即执政官任期结束之前，恺撒一人独掌了国政。

高卢行省总督

公元前59年后半年，事实上只有恺撒一人执政，他自然不会浪费执政官任期内的时间，他还没有完成对克拉苏的利益承诺。恺撒提出了《行省法》中关于承包行省税征收业者法的修正案。征收罗马行省税的业者采用竞标制度，私营业者可以参加竞标，中标的人叫“publicains”（包税人）。私营业者中标后，必须向国家预交税收的三分之一。包税人属于骑士阶级（经济界人士），骑士阶级的代表人物克拉苏很早就提出，要求废除这种预交税制度。但是，由于元老院的反对一直未能实现，恺撒要实现他的这一愿望。元老院反对的理由是，废除三分之一的预交税，只是减轻了征收业者的经济负担而已。因此，恺撒需要另找理由。

恺撒提出的理由有如下两条：

一、以往，因为包税人申请投标时会对预交税的税额做一个估算，加到标的中，于是，相应地就增加了行省税的税额，行省居民就要多纳税。如果废除预交税部分，就可以保证行省税的公正。

二、废除预交税后，包税人已收税额中剩余的部分由克拉苏负责奖励投资公共事业。如果这一法案能够通过并付诸实施，还可以促进经济的发展。

结果，元老院会议通过了承包行省税征收业者法修正案。克拉苏在骑士阶级（经济界人士）面前成功地表现了一把。

接下来的事情又跟庞培有关。庞培收服东方世界后提出了整改东方各国的方案，此方案已经获得通过。还有，作为奖励，将土地分配给他的旧部下的事，也因《土地法》的确立而得以解决。因此，这次是庞培第三次得到好处。当然，这件事不仅对庞培个人有好处，也关系到罗马国家的利益。恺撒要解决的这件事情，兼顾了他人利益和国家利益。

庞培成就的伟大事业之一，是把地中海沿岸的东方世界纳入了罗马的统治之下。但是，他没有进军埃及，原因是，长期以来，埃及一直是罗马的友好国家。埃及的托勒密十二世是克娄巴特拉的父亲，这一年，她 10 岁。托勒密十二世是“罗马的友人及同盟者”，这是元老院授予他的荣誉。当时，他被首都亚历山大居民赶出祖国，亡命到了意大利境内。对于埃及的这一变故，罗马自然不能坐视不管。对于罗马的安全保障来说，埃及的地位也十分重要，于是，恺撒决定派罗马军队帮助这位国王夺回王位。在庞培旧幕僚率领的军团保护下，国王回到埃及，夺回了王位，庞培因此把埃及变成了自己的“被保护者”，即“client”。埃及国王为了表示感谢，承诺送庞培和恺撒各 3 000 塔兰特。恺撒将 3 000 塔兰特中的一半给了克拉苏，用来还债，另一半留在埃及，作为埃及王室欠自己的债务。

因执政官恺撒的努力，除了埃及国王，还有一个外国的首领也得到了“罗马的友人及同盟者”的称号，此人就是日耳曼民族的首领阿利欧维斯图斯。此时，已有不少日耳曼人越过莱茵河，定居到了莱茵河以西。为了让罗马承认这一既成事实，他希望和罗马建立友好关系。

恺撒帮他达成了此愿望，然而，在始于次年的“高卢战争”中，正是这位阿利欧维斯图斯，成了恺撒第一个真正的敌人。

至此，恺撒终于有时间顾及自己的个人利益了。只是，在公开他的目的之前，他必须首先稳固自己的势力基础。

恺撒有一个女儿，叫尤利娅，是他和第一任妻子科尔涅利娅生的，已经订婚。他退了这桩婚约，把尤利娅嫁给了庞培。一时间，这桩婚姻成了罗马人热议的话题。这桩婚姻之所以引起人们的热议，不是因为新娘和新郎之间年龄相差悬殊——当时，尤利娅 22 岁，庞培已经 47 岁，在罗马，老夫少妻并不稀奇——而是因为庞培此时还是单身汉，说到底这还是由恺撒造成的。庞培有过妻室，只因妻子和恺撒有染，才选择离婚的。当然，人们热议此话题并非要谴责谁，他们更多的只是出于消遣。恺撒这个男人在女人问题上绝对称得上是个天才，他的情人中既没有人恨他，也没有人为难他。还有，他的艳闻一旦曝光，人们也只是热议一番，从不会谴责他。

三年前，祭祀波娜女神的那一天，闹得沸沸扬扬的恺撒官邸遭夜半闯入事件后，恺撒故作姿态。他说："做恺撒的妻子，绝不允许有任何被人诟病的事情。"为此，他选择了离婚。因此，在担任执政官期间，他也是单身，他想迎娶元老院中有实力的元老路奇乌斯·卡尔普尼乌斯·皮索的女儿卡尔普妮娅为妻。不清楚此女的年龄，卡尔普妮娅嫁给恺撒时，是她第一次结婚，所以，大概和恺撒女儿尤利娅的年纪相仿。恺撒的老丈人皮索没有什么才能，只因为他性情温和，又颇有学者的风度，所以树敌很少。对于恺撒来说，这又是一次政治联姻。有人说政治联姻总是不幸的，我认为这个结论未免下得太早。庞培和尤利娅的婚姻就很幸福。而恺撒生性热情，不管遇到什么难题，始终能保持良好的心态，也从不转嫁责任，在这个意义上，他是一个难得的好丈夫。当然，庞培心里只有妻子一个人，与他相比，恺撒显得过于花心。

借此稳固了根基之后，恺撒授意忠实的护民官巴第纽斯，提出了《巴第纽斯法》，内容是关于恺撒的行省统治权。

恺撒当时提出参加执政官竞选申请时，元老院派曾对他百般刁难。关于当时的情形，前面已经做了介绍。然而，在承认他执政官候选人资格以后，元老院派并没有停止刁难他。在罗马，选举执政官之前，元老院要提前决定下一年度执政官在任期结束后的任职地，这又是"元老院体制"中的一个特权，目的是为了防止当选的执政官利用手中的权力，随意挑选任职地。元老院为恺撒选定的"任职地"直译叫"森林和公路"，负责管理意大利境内的森林和公路。这是属于建设部门和农林部门管辖的范围。负责这项工作，不需要军事才能，这一职务前所未闻。元老院派之所以特别为他设了这样一个职务，就是为了恺撒一旦当选执政官，可以在他卸任后，失去指挥军团的权力。最初，恺撒没有提出异议，因为，当时他的首要任务是当选执政官。此时，执政官任期已经过去一半，解决6个月后的任职地问题已经迫在眉睫。提出《巴第纽斯法》的目的是要变更他的任职地。而此时恺撒已经有足够的实力向“元老院体制”发起挑战，也有足够的实力让这个法案得以通过。

有关恺撒行省统治权的《巴第纽斯法》一经提出，执政官任期结束后，恺撒的任职地就从管理森林和公路变更为“山南高卢”（阿尔卑斯山脉以南的高卢行省），也就是意大利北部行省和伊利里亚行省，相当于位于现在的斯洛伐克和克罗地亚的两个行省，同时提议任期五年，授予他三个军团的指挥权。

对此，元老院派自然表示反对。元老院中摇摆不定的中间派，因为恺撒的岳父皮索的劝说，都投了赞成票，只是，以小加图为首的“坚定的元老院体制派”则坚决反对。在元老院会议上，小加图甚至当面谴责恺撒利用女人达成自己的目的，卑鄙至极。

这时，“三头政治”开始发力，庞培和克拉苏明确表示赞成。遗憾的是，他们的意见并没有影响元老院中的大多数人。不得已，恺撒又采取了极端的手段——交由公民大会决定。公民大会上，庞培和克拉苏的意见占了上风，《巴第纽斯法》得以通过。而元老院因为《霍腾修斯法》，也只能接受公民大会的决议。《霍腾修斯法》规定，即使元老院反对，公民大会决议也可以成为法律。

然而，不出一个月，“山北高卢”（阿尔卑斯山脉以北的高卢行省），也就是现在的法国南部行省，总督梅特鲁斯突然去世，于是，恺撒抓住机会，提出了有关恺撒行省统治权的《巴第纽斯法》修正案，要求恺撒的任职地中增加法国南部行省，元老院没有理由反对。就这样，恺撒在执政官卸任后将成为三个行省的最高负责人。根据《巴第纽斯法》，42 岁的恺撒享有如下权力：

一、任意大利北部高卢和伊利里亚、法国南部高卢三个行省的总督，负责此三个行省的安全保障和统治。

二、任期五年。

三、三个军团加上驻扎在法国南部的一个军团，可以指挥四个军团。

四、全体幕僚的任命权归总司令恺撒。

元老院派无计可施，只能听凭恺撒大权在握，就连热衷政治的西塞罗也在其后的三个月间躲在山庄里，专心笔耕。恺撒则每天忙于处理各种事务，为离任后做准备。

亲信

赴任前，恺撒首先必须考虑的是，找到一个可以远距离遥控罗马政界的方法。去高卢担任行省总督以后，只要在任上，手中就会有军团指挥权。但是，他不能越过母国和行省的分界线卢比孔河。一旦越过此界线，回到首都，即自动放弃行省总督的职位，同时失去军团指挥权。因此，如果不能掌握首都的情况，不能远距离操控，难免会沦为第二个庞培。庞培在东方征战五年，回到国内后，不仅权力尽失，甚至答应给旧部下的退职金——土地的承诺也差一点成为泡影。好在庞培毕竟是苏拉的门下，而苏拉曾经致力于强化元老院体制，因此，元老院派对他没有敌意。但是，恺撒不同，在元老院派眼中，他就是敌人。因此，对恺撒来说，远距离操控罗马远比庞培更需要。

“三头”商议，决定推荐皮索和盖比尼乌斯二人为次年度即公元前58年度执政官。皮索是恺撒的岳父，但是两人年纪相差不大，属于姻亲关系。盖比尼乌斯是公认的庞培的左膀右臂。庞培有旧部下，平民派的恺撒有普通公民的支持，因此，这两部分选票加起来，完全可以左右公民大会的结果。就这样，经三人商议推荐的两个候选人在公民大会上顺利当选，元老院派推荐的竞争对手惨遭败北。

下年度的执政官属于自己一派，但是，仅此还远远不够。因为，就算皮索和盖比尼乌斯对恺撒绝对忠诚，毕竟两人都缺少政治能力。说到政治能力，“三头”中的其中一员克拉苏几乎没有。而新婚的庞培沉浸在和年轻妻子的幸福生活中，住在阿尔巴山庄的时间远比住在罗马的时间多。在这种情况下，要远距离掌控罗马，需要一个年轻有为的人，既能在年龄上与元老院派的急先锋小加图相抗衡，又有果断的行动力，可以对西塞罗造成威胁。不清楚恺撒是从什么时候开始就注意此人的。但无疑，他找到了一个最适合担当此任的年轻人。

他就是克劳狄乌斯·普尔克尔，三年前在祭祀女神波娜的那天夜里，乔装打扮成女性闯入恺撒家，从而引发大丑闻的主角。对他进行审判时，恺撒作为证人，坚持说不知情，因此，他对恺撒只有感恩没有仇恨。但是，西塞罗就不一样了，西塞罗戳穿了他的不在场证明，因此，他对西塞罗怀恨在心，发誓此仇非报不可。这个年轻人属于罗马首屈一指的名门克劳狄乌斯家门，非常聪明能干，只是，他有一个很不好的毛病，做事缺少目的性，聪明常常用错地方。假扮女人，擅闯禁止男子进入的祭祀活动，就是很好的一个例证。此时，他虽然已经过了35岁，却依然很不成熟。他的下一个目标是竞选护民官，为此，甚至不惜抛弃贵族的身份，做平民的养子，再次成功制造了一件闻所未闻的丑闻。

认为这是丑闻的是元老院派，他们以罗马领导阶级自居，认为只有元老院阶级才是罗马的领导阶级。在他们眼里，名门望族是元老院阶级最纯粹的要素。对他们来说，抛弃这一身份去做平民，太过轻率，想想都觉得可怕。在罗马，无论是平民收名门望族为养子，还是名门望族收平民为养子，都需要大祭司的认可。大祭司是终身职务，三年前，恺撒当选此职。元老院派认为，就算是大祭司恺撒，也不可能同意克劳狄乌斯的请求。然而，结果却大大出乎他们的意料，恺撒同意了。接下来，在公民大会上进行表决时，克劳狄乌斯的请求也顺利通过。普布利乌斯·克劳狄乌斯·普尔克尔的名字于是改成平民的称呼，叫普布利乌斯·克劳狄乌斯。他以此身份参加护民官的选举，因为有"三头"的支持，顺利当选。就这样，恺撒在执政官任期内的亲信巴第纽斯任期满后，又有了听命于自己的下任护民官。只是这个名门出身的护民官与平民出身的巴第纽斯不同，用他的时候，需要小心。因为，恺撒利用克劳狄乌斯对抗元老院派，采用的策略是以毒攻毒。

公元前59年，执掌国政的只有恺撒一人，所以，人们把这一年称为"尤里乌斯和恺撒是执政官的那一年"，而这一年快要过去了。不管什么事，人们总有先入为主的观念，人们认为，无论是"三头政治"，还是公元前59年恺撒执掌的政治，都是庞培在背后操纵。虽然两人年龄相差只有6岁，但是，庞培显然比恺撒更有威望，年轻时就已经声名显赫，即使到现在，恺撒依旧难以企及。因此，元老院派中血气方刚的年轻人欲行刺的对象不是恺撒而是庞培。

三年前发生“喀提林阴谋”事件的时候，西塞罗曾经有一个密探，此人找到任期即将结束的护民官巴第纽斯，告发了暗杀庞培的阴谋。听到此消息，巴第纽斯第一时间告诉了恺撒。恺撒看了告密者所列图谋不轨者的名单，发现几个年轻元老院元老名字的后面，现任执政官比布鲁斯、元老院派泰斗卢库鲁斯以及西塞罗的名字赫然在上。看着这份名单，恺撒不禁哑然失笑。他问护民官巴第纽斯，只有这些人吗？护民官说还有一个人，并说出了此人的名字，他就是时年27岁的布鲁图。护民官之所以隐瞒布鲁图的名字，是因为众所周知的事实，即布鲁图的母亲塞维利娅是恺撒的情人。

执政官恺撒将此事压了下去，没有惊动元老院。告密者拿到了赏金，却也被送进了监狱。不仅如此，恺撒还公示了对告密者的处罚。他这样做，目的当然是暗示参与者，他们的计划已经败露，暗杀没有实施。知道母亲的情人获悉自己的阴谋，不知道布鲁图是怎样的一种心情。在这种事情上，布鲁图的思想比较传统。

《高卢战记》

高卢战争发生于公元前58年至前51年，长达8年时间。要介绍这场战争，一定要参考这场战争的主人公——恺撒亲笔写的《高卢战记》。从古至今，还没有一个人可以抛开恺撒的《高卢战记》来介绍高卢战争。《高卢战记》不仅是参考资料，也是最基本的史料。关于书中内容的客观性，我打算在下一册参考文献中进行介绍，在此略过不谈。整个高卢战争期间，总指挥都是恺撒。我想，在开始讲述这场战争前，首先介绍一下恺撒的《高卢战记》，也不失为一种乐趣。不是说“文如其人”嘛，我打算在介绍高卢战争进程时尽可能引用恺撒的原文，因此，在此我只介绍人们对《高卢战记》的评价。2 000 年来，关于恺撒的功过是非，历史学家的意见是有分歧的。但是，说到恺撒的文章，所有人的评价几乎如出一辙，都说好，甚至 2 000 年后的现在一再重版此书。能不断重版自己的作品，是无数作家的梦想，恺撒实现了这样的梦想，也因此对于此书的评论数不胜数，我只能择其中一部分进行介绍。古今各选一人为代表，我想，西塞罗和小林秀雄应该堪当此任。

西塞罗——写于公元前 51 年：

所有文字都充满了魅力，犹如脱去一个人身上所有衣服后暴露在阳光下的裸体，如此真实，又如此鲜明。

也许恺撒撰写此书的目的，只是为了给后人书写历史提供史料。未曾想，却让那些贤明之士失去了写作的欲望。结果，受益的只剩下那些靠罗列各种事件来粉饰历史的笨蛋。

小林秀雄——写于公元 1942 年：

我知道尤里乌斯·恺撒写过一本《高卢战记》。不久前，日本终于有了日译本，是近山金次先生翻译的。我终于有机会通读这本著名的战争记。这本书非常引人入胜，以至于我刚看几页就忘记了一切，一口气把它看完了。事实上也是因为罗马军队几乎不间断的战斗，吸引我不忍释手。我看完后没有什么特别的感想，只觉得心满意足。这是一部非常理想的文学作品，是我近期欣赏到的难得的好作品。……

我自然没有忘记要写《高卢战记》的评论，然而，这部文学作品犹如古代美术品，让我不知如何下笔。根据研究者们的调查，据说已经证实恺撒的记录是准确的。他们在调查之际，从地下发掘出了罗马胜利纪念碑碎片。就像这些令他们感慨不已的碎片一样，呈现在我眼前的《高卢战记》也令我感慨不已。现代文学总让人觉得粗拙、浅薄，我总觉得《高卢战记》像是在告诉我们，文学这种东西，它的文学性并没有你们想象的那么强。古时候，语言或刻在石头上，或烙在砖瓦上，或用笔写下来，就像一种器物，被小心呵护。那个时候，文字一定相当有分量。如今，我们生活的这个时代，因为有了铅字，有了滚轮印刷，语言已经失去它原有的本质，化身为一种概念符号，在人们的空想中畅通无阻。不为取悦读者，只为表达自己内心的、形式优美的表达方式，在文学中出现的频率开始变得稀少了。如此一来，文学必定与读者的解释和批判发生冲突，并在双方的妥协中苦闷而死。因此，思考过去，很有益处。

据说《高卢战记》只是恺撒在戎马倥偬间隙，匆匆写给元老院的实况报告书，不用说，它是一部叙事诗般的杰作。译文很晦涩，却丝毫不影响我对这部作品的喜爱。它就像刚从地下挖掘出来的一尊雕像，尽管表面锈迹斑斑，但我很快意识到，原作是怎样的一部名作。作为一个战争达人，他执掌过政治，指挥过战斗，甚至做过冲锋陷阵的一介士兵。对于他来说，战争本身就是一个巨大的创作源。他对高卢战争这一创作源了如指掌。不掺杂个人的感伤和空想，用了如指掌的材料辛勤创作，这也是伟大诗人的写作理念。《高卢战记》像诗一般打动我，并不奇怪，我仿佛听到了士兵前进的脚步声，感受到了时间的飞逝。

泰伦提乌斯是著名的戏剧作家，出生于迦太基，幼年被带到罗马，沦为奴隶，后因为其才华出众，成为解放奴隶，并享誉罗马。关于他的作品，在一次宴会上被当成了助兴的素材，大家玩接龙游戏，西塞罗第一个说，恺撒接他的句子，说：

> 光芒四射的泰伦提乌斯，在最杰出的文人中，可与米南德相提并论，只因他是喜欢简明文体的人。

“Puri sermonis amator”，即喜欢简明文体。这不是应该献给恺撒的赞美词吗？我认为恺撒的文体可以用下面三个词来概括：

简洁、明了、精练

不知为何，莎士比亚、布莱希特，以及美国作家索托·怀尔德都写过其他时期的恺撒，却没有人写高卢战争时期的恺撒。莎士比亚可能只看过普鲁塔克的作品，另当别论。而现代作家布莱希特和怀尔德显然读过《高卢战记》和《内战记》。他们不写高卢战争期间的恺撒，究竟是不想成为西塞罗口中的“笨蛋”呢，还是因为恺撒的文章简洁、明了、精练，没有给他们留下可以发挥的空间？

但是，我想尝试介绍高卢战争。我顾不上自己是否会成为西塞罗口中“靠罗列各种事件来粉饰历史的笨蛋”。《高卢战记》是恺撒写给同时代人看的，他们了解当时的情况。但是，2 000 年后的我们，对当时局势的理解很难和恺撒同时代的人一样。还有，东方文明和西方文明也不一样，西方文明以罗马文明为基础，因而要求东方人对当时局势的理解，做到和西方人一样也不现实。因此，尽管只是罗列各种事件，我还是尽最大努力去接近恺撒的叙述方式以及真实的他。我要写的是恺撒这个人，既然写他，就要在文章中反映真实的他。

《高卢战记》没有前言，也没有序，直接就用下面这句话作为开头：

> 全高卢分三个部分：比利时人生活的区域、阿奎塔尼亚人生活的区域以及凯尔特人即我们所说的高卢人生活的区域。

看到这样直白的开头，让几乎所有历史学家、研究者以及作家都会产生挫败感。对于从事写作的人来说，没有前言和序，直接切入主题，最为理想，然而，人们通常都做不到。希罗多德、修昔底德、波里比阿、李维、撒路斯提乌斯、普鲁塔克等，总要在文章的开头或文章的某处，说明写作的目的。以文章为表现手段的作家知道，如何理解自己的作品，取决于读者，无须在文章中说明。尽管如此，却总也做不到。他们虽然知道读者不一定按自己的希望去理解作品，但是，不提示一下总觉得不踏实。他们只有在说明自己的写作目的后，才能继续写下去。也就是说，无论是前言还是序，说是为了帮助读者理解，其实更多的是为了自己。

前言和序如此重要，恺撒却没有写，文章的开头没有写，文章中也没有提及。不仅《高卢战记》如此，其后不久写的《内战记》也一样，没有前言，没有序，直接进入主题。

为什么呢？

是如同某位研究者说的，恺撒是“真正具有贵族精神的人”吗？

是如同西塞罗说的，恺撒偏爱“真实、鲜明”的文体吗？

抑或如同小林秀雄说的，恺撒“不在乎读者的看法，只顾自己称心快意”吗？

根据文如其人的观点，虽然三个人分别是三种不同的说法，但我认为他们说得都没有错。然而，尽管他们说得都对，我却不能不认为还有其他的可能性，即恺撒不是不想写前言或序，而是他没办法写。他是一位很好的作者，所写文章意思通达，所以我想，他没办法写前言或序，不是因为写作能力的问题，应该另有原因。关于这一点，我想，结合他要求在意大利北部、法国南部和伊利里亚三个行省担任总督的任期是三年的原因，或许可以接近真相。

接着《高卢战记》的开篇，恺撒在文章中指出，对于罗马来说，高卢问题并非始于他就任总督的公元前 58 年，三年前就已经有了征兆。

恺撒说的高卢，是指莱茵河流域以西辽阔的地区，相当于包括现在的法国大部分（除了法国南部）、比利时、卢森堡、荷兰南部、德国西部及瑞士在内的一带，也就是现在的西欧。

恺撒将这个地区分成了三个部分。在恺撒时代，这个地区尚未开发，其原始程度是现代人难以想象的。森林、沼泽、河流所占面积远比耕地多得多。只是因为这里水源充足，气候温润，所以根据研究者的推算，可提供的农产品和家禽数量，足以养活 1 200 万人，也因此，尽管尚未开发，这里却很富裕，人口也多，只是，这里没有一个统一的政权。包括小部族在内，有近百个部族分而治之，其中实力较强的部族就有 10 多个。统一只是遥远的梦想，这就是公元前 1 世纪高卢的现状。

对于高卢人来说，他们的威胁不是来自南方，即早已成为罗马行省的、希腊化时代的城市马赛尚在的地方。南部高卢人业已被罗马同化，头发也像罗马人一样，剪去了长发。而生活在中部和北部的高卢人，依然留着长发，被罗马人称为“长发高卢人”。对于这些高卢人来说，他们的威胁来自东方，即来自生活在莱茵河以东森林深处的日耳曼人。尽管同样是森林、沼泽密布，莱茵河以东的气候条件却比莱茵河以西要恶劣得多。日耳曼人没有足够的粮食养活一味增长的人口。他们食不果腹，自然会把眼光盯向富庶的地方。只要一闹粮荒，他们就会越过莱茵河，“蛮族入侵”就成了家常便饭。

恺撒笔下的属于比利时人居住的地区，即高卢的东北部，在公元前1世纪前后，几乎已经被越过莱茵河的日耳曼人占据。像这样，莱茵河下游地区的民族迁移非常频繁，而莱茵河中游及上游地区，自东向西越过莱茵河的日耳曼人也有增无减。

一想到2 000年后，日耳曼人依然对西欧造成威胁，我不禁感慨万千。日耳曼人入侵莱茵河以西很容易，一部分原因在于高卢人的性格，因为他们各自为政，互不团结。居住在莱茵河以西的日耳曼首领阿利欧维斯图斯，之所以能够势力大增，究其原因，就在于高卢人部族之间纷争不断。因为，一旦获胜无望，他们就会向日耳曼人求助。因为阿利欧维斯图斯的势力太强，所以，当他要求罗马元老院授予他“罗马的友人及同盟者”称号时，罗马元老院选择了同意。利用高卢人的内斗，日耳曼人逐步侵占了莱茵河以西地区。

赫尔维西亚人忍受不了日耳曼人的不断入侵。“赫尔维西亚”这一称呼现在仍在使用，指的是瑞士人，生活在日内瓦湖以东。在与日耳曼人的战斗中，他们屡遭失败，犹如被东方人赶出去一样，他们决定逃往布列塔尼地区，一个与大西洋相邻的高卢最西部的地区。

不列颠
泰晤士河
多佛尔海峡
肯特地区
伊提乌斯
摩利尼人
伊布洛斯人
西卡恩布利人
莱茵河
海尔德河
涅尔维人
乌斯河
乌比人
高卢东北部
亚眠
特雷维利人
日耳曼
斯贝比人
苏瓦松
兰斯
摩泽尔河
塞纳河
巴黎
马恩河
歇诺内斯人
桑斯
林贡斯人
多瑙河
高卢中部
奥尔良
蒙塔日
阿莱西亚
多日山脉
侏罗山脉
贝桑松
大西洋
卢瓦尔河
布尔日
德西滋
比布拉克特
（欧坦）
塞卡尼人
皮克顿人
比都里吉人
阿列河
埃杜伊人
赫尔维西亚人
阿尔卑斯山脉
萨恩托尼人
格尔戈维
里昂
日内瓦
奥斯塔
阿奎莱亚
毕耶恩努
奥弗涅人
意大利北部行省
苏萨
特里诺
波河
摩德纳
加龙河
罗讷河
塞文山脉
亚得里亚海
拉文纳
卢比孔河
热那亚
卢卡
里米尼
阿奎塔尼亚
法国南部行省
尼斯
比萨
阿尔诺河
马赛
比利牛斯山脉
纳博讷
西班牙行省
地中海
第勒尼安海
罗马

高卢全境

这是一次部族大迁移，包括妇孺在内的全体族人，再加上邻近小部族的人们，总计达 36.8 万人左右，其中，作为主要战斗力的强壮男性 9.2 万人。迁移的准备工作从两年前就开始了，他们准备了可以吃两个月的粮食。为了不再对此处有所留恋，他们烧毁 12 个城镇和多达 400 个村落。接下来的问题是，选择哪条路线去西方。

路线有两条：一条是从集结地杰内瓦（现在的日内瓦）出发，径直向西。另一条是从杰内瓦出发，沿罗讷河一路向南，进入以罗讷河为界的罗马行省。接着，穿过现在的法国南部行省的北端，当时叫“阿尔卑斯山北高卢”，经由奥弗涅地区，再次进入高卢，最后沿加龙河北上，直达目的地布列塔尼地区。

第一条路线径直向西，路程短，但是有危险，因为沿途有强大的部族，如埃杜伊人。要通过这些部族居住的地带，战争在所难免。选择第二条路线，就要绕道南部，距离大大增加。好处是，只要得到罗马行省总督的许可，可以减少因战斗造成的人员伤亡。

赫尔维西亚人首领决定于公元前 58 年 4 月开始实施民族大迁移。他向罗马行省总督提出申请，希望经由行省境内。这一年的行省总督已经是恺撒了，他的任期是五年，他一口拒绝了赫尔维西亚人首领的要求，理由有二：一是可以明说的理由，二是不能明说的理由。

可以明说的理由是，30 万人加上行李车、家畜，如此声势浩大的队伍通过行省时，不可能不发生意外。作为行省总督，他有责任保护行省，保障行省百姓的安全，因此，他只能拒绝。

不能明说的理由是，恺撒反对这次民族大迁移，因为赫尔维西亚人迁移的目的地是布列塔尼地区，那个地方不是无人之地。在那里，常年生活着皮克顿人和萨恩托尼人。对于赫尔维西亚人的这次部族迁移，他们并没有表示出欢迎，因此，即使沿途顺利通过，到达目的地后，战争也在所难免。一旦发生战乱，就有可能波及多达上百个部族的全高卢，从而出现大批难民。为了躲避战乱，难民势必逃向没有卷入战争的南方。因为，作为南方的罗马行省总督，恺撒自然不能同意赫尔维西亚人借道自己统治的区域。

只是，此时的恺撒不得不承认，一年前在执政官任上时，接受日耳曼人首领阿利欧维斯图斯的请求，授予他“罗马的友人及同盟者”的称号之举，效果适得其反。当时，授予阿利欧维斯图斯“罗马的友人及同盟者”的称号，目的是要将他纳入罗马的统治之下。然而，这个日耳曼人却认为，有了这个称号就可以对高卢人为所欲为，其结果是，赫尔维西亚人不堪日耳曼人的威胁，不得不选择离开祖祖辈辈生活过的地方，即今天的瑞士。

遭到恺撒的拒绝后，赫尔维西亚人并没有打消部族迁移的念头。尽管出于无奈，他们决定走第一条路线，从杰内瓦径直向西。然而，迁移尚未开始，与居住在沿途的其他高卢部族之间的冲突就已经发生了。于是，他们再次改变计划，决定走第二条路线。此时，恺撒尚未抵达任职地，他是在罗马接到报告的。

高卢战争第一年（公元前58年，恺撒42岁）

在罗马，执政官任期满后，通常会以前执政官的身份就任行省总督。在前往行省赴任时，他们会在罗马连日举办庆贺宴，之后，在家人、亲戚及众多被保护者的欢送下，踌躇满志地离开罗马。行省总督肩负保卫国家罗马的重任，如果在任上建立战功，对于家族中的其他男性及被保护者来说，就有可能跟着他一荣俱荣。再加上，罗马男子钟爱“庄重”，既然是就任行省总督这一重任，仪式自然必须庄重，更何况，恺撒的任期是五年。因此，出发之际，有一个庄重且盛大的欢送仪式理所应当。然而，快满42岁的恺撒有一个他生命中最重要的人——母亲奥雷利娅。离开罗马前，他把时间和精力花在了照顾母亲上，当然，他也向亲朋好友分别做了道别，结果，不要说庄重、盛大，甚至没有引起普通罗马人的注意，他就出发赴任了。他是在拒绝赫尔维西亚人的请求后，带着数名骑兵，匆匆离开罗马北上的。

他带领的数名骑兵中，除了恺撒准备任命为副将的拉比埃努斯，其余都是年轻人。在罗马，家境较好的人家有一种惯例，他们会把家中的儿子托付给某个人从戎，因此，这些年轻人都是恺撒受托带去的人。他们中有“三头政治”中的一员克拉苏的长子、与恺撒有姻亲关系的德奇姆斯·布鲁图、恺撒的侄子昆图斯·佩提乌斯。这些人都很年轻，年龄在25岁到30岁之间。他们因为出身贵族，所以都是将官身份，只是，这些年轻人刚刚从军，还不能赋予重任。于是，恺撒准备提拔平民出身的拉比埃努斯，让他担任将官头领。拉比埃努斯和恺撒年龄相仿，与恺撒同心同德。五年前，即公元前63年，恺撒开始涉足政坛，同年，拉比埃努斯也开始崭露头角。在元老院派的眼里，拉比埃努斯是个只会惹麻烦的人，因为他是当年的护民官。

公元前58年春，一到任职地，恺撒就下令下属的四个军团紧急集合，他们是第七军团、第八军团、第九军团和第十军团。第十军团相距较近，另一个军团驻扎在阿奎莱亚，古代的重要军事基地，位于现在的意大利东北部。四个军团的全部兵力加起来只有2.4万人，于是，恺撒下令新组建两个军团，分别命名为第十一军团和第十二军团。组建新的军团需要元老院的许可，但是他认为时间紧迫，等不及元老院的指示，所以没有征求元老院的意见。他既没有等候来自阿奎

莱亚的三个军团，也没有坐等两个新军团组建完成，只下令三个军团一到就去追他，同时命令新军团组建一完成就出发，自己则先行带着第十军团越过阿尔卑斯山，很快出现在了罗讷河沿岸。罗讷河是从日内瓦湖流经日内瓦的一条河，是罗马行省和高卢的分界线。他没有越过这条界线，就等候在边界之处。

然而，此举足以威慑赫尔维西亚人，他们派出使节，再次恳请恺撒允许他们借道罗马行省境内。这是 3 月底的事情。恺撒没有明确回答使节，只说需要考虑一下，请他们半个月以后再来。事实上，这是他的拖延术，他需要时间。为了阻止赫尔维西亚人从中部高卢向南进入行省，他命令第十军团士兵在罗讷河南岸筑起了长达 28 公里、高 4.8 米的屏障，屏障外侧还挖了一条壕沟。半个月过去了，4 月 15 日，使节又来了，这一次，他明确拒绝了赫尔维西亚人的要求。

赫尔维西亚人再度陷入混乱，他们知道自己只能走第一条路线，一路向西了。于是，他们向埃杜伊人寻求帮助，请他们出面说服沿途的塞卡尼人。埃杜伊人是中部高卢最强大的部族，位于塞卡尼人以西，是罗马的友邦，该部族中的权贵甚至享有罗马公民权。

埃杜伊人的首领得知赫尔维西亚人的窘境后，说服了塞卡尼人允许他们借道通行。然而，30 万人的大移动不可能不节外生枝。虽然借道者和被借道者都不是有意为之，小摩擦还是发生了。接着，小小的摩擦很快演变成一场大混乱，甚至波及了埃杜伊人的领地，让埃杜伊人后悔不已。其间，恺撒和他的军团只是在南方关注着这次大迁移。因为，在文官统治的元老院体制下，国防的基本国策是，国境未遭入侵，不得出动军队。

然而，赫尔维西亚人借道造成的混乱，已经超出局部混乱的范围，出现了战乱扩大的趋势。埃杜伊人是罗马的同盟者，互相之间有义务提供帮助。他们的领地遭毁，于是向罗马求援，也就是向距离高卢最近的罗马总督请求派遣援军。

即使在这种情况下，行省总督恺撒也需要征求元老院的意见，但是，他没有等待元老院的指示就采取了行动。就这样，公元前 58 年 5 月，恺撒和他的军团越过法国南部行省的边界，进入了高卢。继而在鲁古都努（现在的里昂）见到了埃杜伊人的代表，双方决定罗马和埃杜伊人联合起来，发起高卢战争。但是，与高卢人联合作战，并不是基于相互间的信赖，对于恺撒来说，与高卢人联合容不得他掉以轻心。在战场上，双方敌对的关系很明确，但是政治不同。政治有时候需要假装仁义。在高卢，恺撒决定同时开展政治活动和军事行动。

阿拉乌河（现在的索恩河）是塞卡尼人和埃杜伊人的界河，是自北向南流入罗讷河的一条支流，水流缓慢，用木筏就可渡河。恺撒派出了侦察兵，根据侦察兵带回来的消息，赫尔维西亚人此时还停留在这条河的沿岸，四分之三的人已经过河，四分之一的人还留在河流这边。当天夜里，刚过半夜，恺撒带着三个军团离开了营帐。

赫尔维西亚人分隔阿拉乌河两岸，又遭到恺撒的突然袭击，自然不敌罗马军队。尚未过河的赫尔维西亚人大多数被杀，幸免于难的人四处逃窜，已在对岸的赫尔维西亚人束手无策，只能眼睁睁看着同胞惨遭杀害。

恺撒没有浪费时间，战斗一结束，他就下令在河面上建桥，军团士兵摇身一变成了工兵，仅一天时间，桥就建好了。

看到罗马人的技术和效率，赫尔维西亚人大为惊讶，他们派出使节求和，愿意移居到恺撒指定的地方。恺撒提出了两个和谈条件：一是送来人质，二是赔偿埃杜伊人的损失。使节不接受这些条件，他说自己的部族从来只有接受人质的习惯，没有交出人质的习惯，说完扬长而去，和谈破裂。已过河的赫尔维西亚人向北行进，恺撒率领6个军团紧追不舍。尽管双方相距只有8公里左右，恺撒却用了半个月的时间。其间，恺撒遇到了一个难题，盟友埃杜伊人提供的军粮总是延误，对此，恺撒摆出一副对盟友坚信不疑的态度，取得了埃杜伊人的信任，从而解决了这一问题。埃杜伊人还提供了4 000名骑兵，罗马军队的骑兵战斗力非常薄弱，因此，这支骑兵队对罗马军队来说，非常难得。埃杜伊人素以马背上的民族著称，对于恺撒来说，和他们联合作战，这支战斗力重要至极。此时，恺撒是在对方的境内作战，军事家和政治家的手腕缺一不可。

对于总司令来说，在对方领土上作战，最直接也是最重要的问题之一是确保军粮。军粮的重要性与指挥战斗几乎可以相提并论，因为，战争的目的不是为了毁灭而是为了生存。如果战争的目的是为了毁灭，人就会失去理智，失去居所，结果，一切都会陷入混乱。只有了解战争的目的是为了生存，才可以维持组织的健全。最直接的方式就是确保粮食，恺撒始终谨记此事的重要性。

罗马军团规定，每隔 15 天发放一次粮食，每人每天约 1 公斤，其中，主食小麦 850 克，猪油 150 克，奶酪 20 克，外加少量醋。士兵领到粮食后，以 10 人左右为单位，分别烹制。如果粮食没有按时发放，连普通士兵也会意识到，这是因为军粮不足了。赫尔维西亚人改变大迁移路线后，恺撒对其紧追不舍。然而，就算出现极好的作战机会，他也不得不放弃。因为，距离发放粮食的时间只剩下两天，却还没有筹集到足够的军粮。

东北方向 18 罗马里（约合 27 公里）处，是埃杜伊人的首都比布拉克特（靠近现在的欧坦）。为了筹措粮食，恺撒率领军队往东北方向而去。罗马军队中的一名高卢骑兵暗中向敌人通风报信，将罗马军队的行动告诉了他们，赫尔维西亚人于是掉头而来。不知道是因为罗马军队一直没有把握战机，让赫尔维西亚人过低估计了他们的战斗实力，还是赫尔维西亚人想切断罗马军队的粮食补给，他们向罗马军队挑战，突袭了罗马军队的后卫。遭到敌人的攻击，恺撒立刻掉头迎战。

恺撒下令所有步兵前往附近的山丘，同时派出骑兵团迎战敌人。利用骑兵和敌人交战的时间，在山丘的半山腰部署了作战阵营。按照罗马军队的传统，老兵组成的四个军团排成三列，在他们的背后是新编的两个军团以及由罗马公民以外的士兵组成的机动队伍。为了避免妨碍士兵作战，装有帐篷等所有物资的运输车队，被安排在山丘上方。

罗马军队的阵型是按中队、大队和军团的顺序排列的，指挥官各司其职。与此相反，高卢人采用密集阵型，类似希腊的战阵。他们从山丘脚下发起了猛烈的进攻。

在这场战斗中，恺撒部署的阵型无疑是背水之阵。阵地在山丘斜坡上，非常不利于逃跑。当然，当形势不利的时候，骑兵是有机会扬鞭策马逃跑的。但是，这个时候，恺撒会弃马加入战斗。看到指挥官如此，骑兵们也和他一样，下马加入步兵的行列。恺撒这样写道：自己身先士卒，是“为了表明和士兵们同生共死的决心，为了不让他们有逃跑之心”。

战斗已经在所难免。步兵的主要武器之一投枪，从山丘斜坡上方纷纷投向敌人。因为敌人采用密集型进攻的战术，命中率极高，也因此，密集的队伍被各个击破。罗马第一排士兵拔剑刺向了溃败的敌人。

高卢士兵由攻势变成了守势。战斗中，对高卢士兵来说还有一个不利的因素，那就是罗马军队使用的是经过改良的投枪。罗马的投枪只要穿透敌人的盾牌，前端就会自动弯曲，很难拔出来。在这场与赫尔维西亚人的战斗中，这种投枪优势尽显。挂着长达 2 米的投枪，盾牌顿时失去了用武之地，高卢人不得不丢弃盾牌。

就这样，在恺撒 3 万人的战斗力面前，赫尔维西亚人尽管兵力多出 3 倍，却被逼得步步后退，最后不得不选择撤离。他们向距离 1.5 公里处的山丘退去，罗马军队紧追不舍，不料，却遭到了随赫尔维西亚人迁移的其他高卢部族的攻打。赫尔维西亚人见此情形，立即掉

现在	罗马时代
6时（午前）	黎明
7时	第1时
8时	第2时
9时	第3时
10时	第4时
11时	第5时
12时	第6时
13时（午后1时）	第7时
14时	第8时
15时	第9时
16时	第10时
17时	第11时
18时	日落
19时	第一夜警时或第一岗哨时
20时	
21时	第二夜警时或第二岗哨时
22时	
23时	
24时	第三夜警时或第三岗哨时
1时	
2时	
3时	第四夜警时或第四岗哨时
4时	
5时	
6时	黎明

罗马人的一天（计时器——水时计、沙时计、日时计）

头，从山丘上冲下来，再次加入了战斗。罗马军队不得不同时迎战两路敌军，这种时候，三列阵型的优势显现出来了。第一列和第二列迎战赫尔维西亚人，第三列迎战新加入的敌军。第二场攻防战开始了。

直到日落以后才决出胜负，高卢人在战斗中表现得很勇敢。从第7时（下午1点）直到太阳下山，整个战斗中没有一个人逃跑。夜里，幸存的高卢人败走东北方向。

恺撒没有乘胜追击。他写到，医治伤员，埋葬阵亡者，整整用了三天时间。第四天，全军再次出发追击敌人。或许这三天时间是恺撒让士兵们好好休息的，毕竟这场鏖战持续了五小时。恺撒之所以如此体谅士兵，是因为恺撒率领的这支军队不是他一手带出来的。第七、第八、第九、第十军团是前任留给他的军团，士兵不是他亲自挑选的。第十一军团和第十二军团虽然是他下令新组建的，但是，士兵也不是恺撒亲自挑选的。这些军团真正获得恺撒的信任，是在高卢战争期间。恺撒不是会挑选士兵的领袖，却是善用士兵的领袖，要用好部下，必须适时给予部下想要的东西。

恺撒也许认为，给士兵三天休息时间，应该不会影响大局。比布拉克特一战，使赫尔维西亚人受到重创，再难重整旗鼓，幸存的士兵欲投奔林贡斯人，却被恺撒抢了先。恺撒派出使者，警告林贡斯人，凡是帮助逃亡者，和逃亡者一样，被视为罗马的敌人。经过三天时间的休整，罗马军队再次展开追击时，赫尔维西亚人已经陷入两难境地，他们既不能向南去，也不得向西行，甚至东北方向也无处可逃，还有，没有人为他们提供粮食。他们只剩下一条路，就是请求恺撒的宽恕。

赫尔维西亚人送去人质，交出武器后，和谈达成了。恺撒命令他们重返被他们抛弃的故土，只是，在他们抛弃故土的时候，为了不再留恋此地，他们烧毁了这片土地上的家园和田地，现在回去只有挨饿。于是，恺撒要求生活在法国南部的高卢人，向他们提供粮食援助，帮助他们渡过难关，重建烧毁的城镇和村落。恺撒说，他这样做的理由是，如果赫尔维西亚人的土地变成无人之地，就会有日耳曼人越过莱茵河，霸占此地。

赫尔维西亚人开始大迁移的时候，加入这支队伍的共有 36.8 万人，此时回到故土的只剩下 11 万人。但是不管怎样，瑞士人在瑞士定居下来了。如果不是这样，也许法国会有一个叫瑞士的地方。如果不是这样，也许，瑞士人已经从这个世界上消失了。

日耳曼问题

解决了赫尔维西亚人的问题，恺撒回到营地后，高卢各部族首领纷纷前来道贺。征得恺撒的同意，他们在比布拉克特召开了高卢部族首领会议。因赫尔维西亚人大迁移造成的混乱已经平息，此时，他们需要讨论的是，今后高卢应该何去何从。担任会议议长的是埃杜伊人的首领迪比奇阿库斯，此人是众所周知的亲罗马派。恺撒没有参加会议，但是，很可能恺撒在背后操控了这次会议。不管怎样，高卢部族首领会议结束后，代表们拜见了恺撒，向他通报了会议的结果，并请求恺撒接受会议的决定。

会议做出的决定是请恺撒替高卢人敲打敲打日耳曼人。越过莱茵河，定居于莱茵河以西的日耳曼人，最初只有 1.5 万人，现在已经达到了 12 万人。一想到莱茵河以东严酷的生存环境，这个数字显然还会继续加大。不仅如此，已经入侵莱茵河以西的日耳曼首领阿利欧维斯图斯，因为他的实力很强，经常欺压邻近的高卢部族，甚至连高卢民族中最强大的埃杜伊人，也被要求送去人质，还要向他交纳年贡。这就是高卢的现状。对于高卢人来说，使日耳曼问题变得错综复杂的原因，在于同为高卢民族的埃杜伊人和奥弗涅人总想一较高下。为了胜出，奥弗涅人通过居住在高卢东部的塞卡尼人，把日耳曼人请进了高卢。以罗马盟友埃杜伊人为首，高卢各部族首领希望乘此机会，请恺撒出面帮助他们解决日耳曼问题。埃杜伊人的首领迪比奇阿库斯用下面这段话结束了对恺撒的请求。他说：

> 如果恺撒和罗马不能提供帮助，高卢全民族只能和赫尔维西亚人一样，逃往远离日耳曼人的地方。
>
> 但是恺撒，因为您和您属下军队的声望，因为几天前的大胜和罗马的威望，我们相信，您一定可以阻止更多的日耳曼人越过莱茵河。我们相信，您一定可以帮助我们全体高卢人摆脱阿利欧维斯图斯带给我们的屈辱！

埃杜伊人的首领说完后，其他部族的首领也纷纷请求恺撒。对此，恺撒首先对他们进行安慰，接着表示："我答应你们，我会妥善处理此事的。"他说的"妥善处理"，不是日本人理解的那个意思，恺撒的真实含义是："交给我吧。"

恺撒答应"妥善处理"的理由，按照他惯用的方式，以条目的形式写成：

一、埃杜伊人是罗马的友人，却受制于日耳曼人，甚至不得不送去人质，这有损罗马的声誉。

二、日耳曼人越过莱茵河，大举进犯高卢，对罗马来说，是一种威胁。日耳曼人不及高卢人开化，却比高卢人好战。如果他们侵占高卢，早晚他们会入侵意大利。金布利人和铁脱尼人就是很好的例子。还有，与日耳曼人交好的塞卡尼人的居住地和法国南部的罗马行省仅一河之隔。

三、阿利欧维斯图斯的实力过大，已经超出了周边区域原住民可以忍受的极限。

话虽如此，恺撒还是决定用谈判的方式来解决日耳曼问题。为此，他派去了和谈使节，然而，阿利欧维斯图斯却对使节说：

> 如果我认为有必要谈判，我会去找恺撒。但是现在，是恺撒要求谈判，所以，应该他来找我。还有，恺撒的军队在高卢，不带军队我是不会去的。而出动军队不是一件容易的事。

这位日耳曼人首领假装很吃惊的样子，又说了这样一些话：

> 高卢是我们日耳曼人打下来的，恺撒是罗马的将军，我不明白他为什么要管这个地方的事呢？

于是，恺撒再次派去使节，这次，他逐条写好和谈条件，让使节带了去。条件是：

一、不允许更多的日耳曼人越过莱茵河，移居高卢。

二、释放埃杜伊人的人质。

三、不得羞辱埃杜伊人和他们的同盟部族，不得向他们挑起战争。

如果接受这些要求并付诸行动，阿利欧维斯图斯以及属下日耳曼人就是恺撒和罗马的友人，如果拒绝接受这些条件，根据罗马的法律，身为法国南部行省的总督，自己将果断采取行动，来保护罗马国家的利益和罗马友人的利益。尤其是欺压埃杜伊人的人，恺撒绝不会放任不管。

对此，阿利欧维斯图斯很快送来了他的答复。他说：

> 胜者可以任意处置败者，这是战争的规则。我知道罗马人常常按自以为是的方式统治失败者。关于罗马人如何对待失败者，我从不发表意见，因此，罗马人对我指手画脚，我深感意外。
>
> 埃杜伊人试图用武器来解决我们之间的问题，结果他们失败了。既然战败了，他们自然应该交纳年贡。恺撒已经给我带来了莫大的损失，因为他来到高卢，导致我们的年贡收入减少了。我没有释放埃杜伊人的人质的打算。只要他们按要求交纳年贡，我也不会向他们开战。但是，如果给了我口实，他们就算打出罗马盟友的旗号，也毫无用处。恺撒扬言，对于欺压他们的人绝不会放任不管，他应该想到，迄今为止，与我作对的人，还没有一个不自取灭亡的。
>
> 如果恺撒想打尽管来吧。14 年来，我们不曾因为有了安居乐业之处而忘记天天习武练兵。我们会让恺撒看到我们日耳曼民族的实力。

阿利欧维斯图斯的这个回答无疑是最后通牒，而且，不知是不是为了响应日耳曼首领的强硬态度，形势突然出现了变化。恺撒接二连三接到报告，称前些时候刚越过莱茵河的日耳曼人开始蠢蠢欲动。尚在莱茵河以东的斯贝比人正大举集结，准备横渡莱茵河。斯贝比人号称是日耳曼民族中最强大的一支。恺撒认为此时再用书信交涉，就是浪费时间。他不能允许已定居在高卢的日耳曼人和新来的日耳曼人会合，他下令全军出击，目标是阿利欧维斯图斯的所在地。行军速度为第二种方式。

我在《罗马人的故事 02 · 汉尼拔战记》中已做过介绍，任何事情，罗马人都喜欢采用标准化管理，就连军队的行军速度也做了规定。行军速度分三种方式，因为是数万人的军队行军，所以速度不按时速，而是按一天的行程进行分类：

第一种为正常行军速度—— 一天行军 5 小时，行程 25 公里。

第二种为急行军—— 一天行军 7 小时，行程 30 至 35 公里。

第三种为强急行军——日夜兼程，能走多快就走多快。

行军途中，士兵必须身负重达 40 公斤重的武器和粮食等一应装备。罗马军队的主力重装步兵身高不如高卢人，更比日耳曼人矮，但是，他们的身体都很强壮。如果身体不够强壮，这样的行军很难坚持下来。

恺撒率领军队一路向东，出发之初，行军速度是第二种方式，即急行军，三天后，不得不做出调整。因为，阿利欧维斯图斯已经发兵，开始向贝佐提欧（现在的贝桑松）进军了。贝桑松是塞卡尼人的根据地，粮食和武器都很充足。还有，该城市位于丘陵之上，下面如同圆规画了一个圆一样，一条河流环绕四周。这个地方绝不能落入敌人之手，一旦此地落入敌人之手，恺撒军队的粮食补给就只能依靠百里开外的埃杜伊人了。于是，恺撒将行军速度提到第三种，不久就到达了贝桑松，并轻松占领了此地。塞卡尼人对高卢人和日耳曼人采取两面讨好的方针，他们参加高卢各族首领的会议，却又和日耳曼人保持着密切的联系，但是，恺撒的闪电战术打得他们措手不及。这也是恺撒决定强急行军的另一个原因。

为了备战和休整，恺撒军队在贝桑松逗留了数日，其间，与日耳

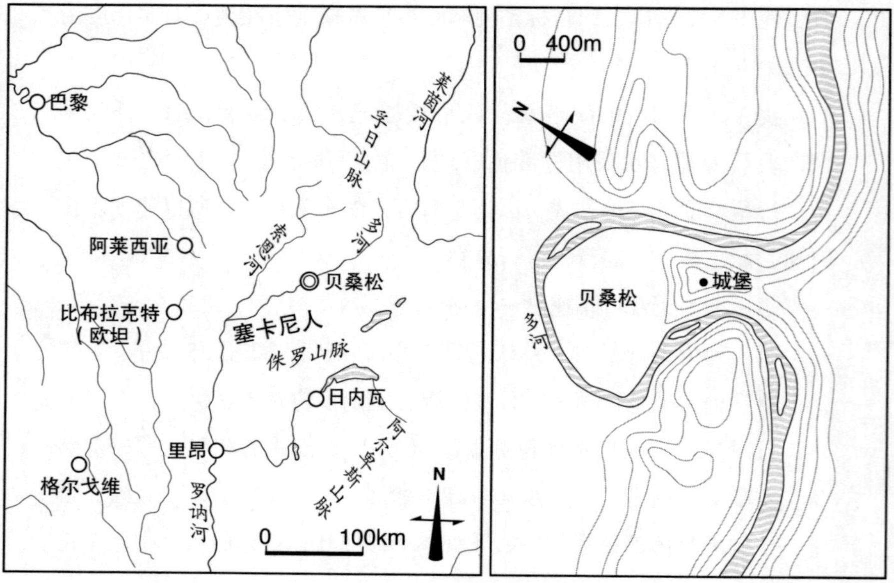

贝桑松位置图

曼人有生意往来的高卢商人不断向士兵吹风说，日耳曼男子体型魁梧，善用武器，勇猛无比，在战场上与他们交战的高卢人看到他们高大的体型、犀利的目光，都会吓得一动不敢动，等等。恐慌情绪迅速在军中蔓延。罗马士兵和日耳曼人直接交战的历史要追溯到马略的时代，这已是40年前的事了。罗马男子体型矮小，连高卢人也敢嘲笑他们。关于当时的情形，我想用直译的方式，引用《高卢战记》中的相关内容，文章的字里行间充满了讥讽和幽默，恺撒的写作水平堪称一绝：

恐慌最先出现在年轻将官中间，他们是恺撒受托带来的罗马富贵人家的子弟，没有战斗经验。还有几个人借口有急事，向恺撒请假离去，选择留下的人，也只是害怕被别人看成懦夫。他们虽然人留下来了，却一个个心事重重，不是坐在营帐内独自流泪，就是和同伴一起感叹命运不济，还纷纷写下了遗书。

恐慌情绪渐渐感染到了身经百战的老兵、百夫长以及骑兵团团长。有人故作镇定，说日耳曼人并不可怕，可怕的是征战日耳曼人的途中必须穿越险峻的道路和深不可测的森林。他们说，在那种路上运送军粮很不容易，令人担心。有人甚至对恺撒说，如果总司令恺撒下令离开营地，向日耳曼人进军，士兵们极有可能拒绝接受命令，拒绝在军旗的指挥下冲锋陷阵。

于是，恺撒召开了作战会议，全体中队长和百夫长都列席了会议。

参加作战会议的通常是军团长和大队长，至于百夫长，只有指挥第一大队第一中队的首席百夫长才允许参加，其余百夫长都没有资格参加。这一年，恺撒率领的军团有 6 个，所以，列席参加这天作战会议的百夫长有 300 人。正常情况下，参加作战会议的人在 130 人左右，这一天多达 430 人。恺撒之所以要求百夫长列席会议，是因为希望自己在这次作战会议上的讲话可以迅速传达到全军。相关内容翻译如下：

作战会议上，恺撒首先提出了严厉的批评，他批评大家怀疑、指责恺撒制定的战略。接着他又说道：

“在我担任执政官的那一年，阿利欧维斯图斯曾强烈要求和罗马建立友好关系。既然如此，他为何毫无理由地要破坏这种友好关系呢？我确信，确信他如果充分了解我的要求，理解这些要求的公正性，就不会撕毁我和罗马公民给他的承诺。但是，如果他丧失理智，向我们挑起战争，你们又何须惊慌？你们为什么要怀疑自己的勇敢和我的判断呢？

“我们的父辈时代，罗马和日耳曼民族曾经交过战，当时，马略彻底打败了金布利人和铁脱尼人。后来又发生了奴隶战争（日耳曼人居多）。他们和罗马军队作战时采用的战术和军规，都是向我们罗马人学的。由此可见，只有不屈不挠的意志，才是胜利的最大武器。长期以来，罗马人毫无缘由地对日耳曼人心存恐惧。然而，事实又如何呢？事实是，一开战我们就打败了他们。赫尔维西亚人在和他们的战斗中也时有胜利，更何况赫尔维西亚人还是我们的手下败将。……

“有人借口路途艰险和粮食不足来掩饰内心的恐惧，我只能说他们没有摆正自己的位置，只能说他们缺少对总司令责任心的信任，胡乱发表一些对总司令来说毫无用处的忠告。身为总司令，这些都是我考虑的事情，而我对此早已做了安排。现在正是农作物收获季节，塞卡尼人、雷乌契人和林贡斯人将负责为我们提供军粮。至于行军路线的路况，等行军开始后你们就知道了。

“此外，我还听说，即使我下达出征命令，士兵也很有可能不服从，拒绝在军旗的指挥下冲锋陷阵。对于这样的谣言，我一点儿也不放在心上。因为一名将军如果不能调动士兵，只能说，这名将军不是因为战略错误而不幸被抛弃，就是因为贪恋金钱、行为不端导致士兵不愿意追随。我的前半生已经证明了我的公正和无私，而战胜赫尔维西亚人也充分表明了幸运与我相随。

“因此，我决定提前宣布我的决定，明天晚上出发时间一到，我将离开营地，届时我会知道在你们的心中究竟是耻辱感和责任感占上风，还是恐惧感占上风。到那时，就算没有其他人随我出发，我也会带着第十军团准时离开营地。第十军团的忠诚是毋庸置疑的，也许以后第十军团会成为我的近卫军团。”

这番话充分显示了恺撒对人心的洞察力。这样的口才，女人又何以抗拒？

恺撒的这番话很快传遍营地的每个角落，全军将士士气大振。第十军团的士兵为恺撒对自己的信任而感动，他们通过自己的指挥官，转达了他们的感激之情，并表示已经做好出征准备。其他军团也派来了指挥官，只是他们向恺撒表达的是歉意，表示以后绝不再对总司令的决策说三道四。恺撒接受了他们的道歉，表示不会对他们另眼相看。

士气高涨的时候必须善加利用。根据埃杜伊人的首领迪比奇阿库斯的建议，恺撒选择了一条坦途，绕行距离达 75 公里，并在作战会议上宣布的时间，准时离开营地出发了。经过 7 天时间的强行军后，侦察兵带回消息，说阿利欧维斯图斯就在前方 36 公里的地方。

日耳曼首领得知恺撒已率军前来，派去使节，说既然恺撒来到了自己的地盘，举行会谈未尝不可，恺撒答应了。会谈的地点定在两军之间开阔的高地上，时间定在 5 天后。阿利欧维斯图斯又提出，届时两位首领只带骑兵不带步兵，恺撒也同意了。阿利欧维斯图斯之所以有此要求，是因为日耳曼人对闻名遐迩的罗马重装步兵心存恐惧。日耳曼人的军队，其主力是骑兵而不是步兵。恺撒的骑兵团以埃杜伊人为首，是由高卢骑兵组成的。要在高卢人的保护下与敌方将领会谈，恺撒有些不放心。于是，他换下高卢骑兵，让第十军团的重装步兵骑上马，随自己同去。第十军团的士兵们开玩笑说："恺撒说要升我们为近卫军团，现在却让我们直接升骑兵团了。我们的地位岂不是更高了？"罗马人的确喜欢开玩笑。

两人分别从两个方向接近会谈现场，在距离高地还有 300 米的地方，恺撒命令骑兵团停下待命，阿利欧维斯图斯也一样。之后，根据日耳曼方面的要求，双方只带 10 名骑兵随行。到了约定的地点，两人就骑在马上开始了谈判。这又是阿利欧维斯图斯的要求。会谈所用语言大概是高卢语，阿利欧维斯图斯在高卢生活了 14 年，应该通晓高卢语。恺撒则由一个高卢人做翻译，这个高卢人是恺撒的好友。

恺撒首先开口，他说的内容和之前通过书信向阿利欧维斯图斯提出的要求一样。恺撒用这样的话结束他的发言：

> 眼睁睁看着自己的同盟者、和自己建有友好关系的民族走向衰落，不是罗马人的传统。不仅如此，罗马人会努力帮助他们变得更加昌盛、更加体面。现在，我们的同盟者埃杜伊人正在遭受欺凌，他们的财物被掳掠，对此，我们罗马人绝不会熟视无睹。我再重复一遍让你的使节带回去的要求：不要向埃杜伊人和他们的同盟部族挑起战争；释放他们的人质和俘虏。我不会要求遣返已经移居高卢的日耳曼人，但是至少你要发誓阻止更多的日耳曼人越过莱茵河。

对此，阿利欧维斯图斯提出了反驳，内容也和之前书信中的内容一样，只是，他强调，日耳曼人并非擅自越过莱茵河入侵高卢的，而是应高卢人之邀才过河的。总之，除了已经成为罗马行省的高卢南部，他让恺撒不要插手高卢的事。如果非要插手，那就只有打了。他说：“恺撒你说了，一旦开战，就会破坏我们和罗马之间的友好关系，我却不这样认为。”这个日耳曼人还说：“如果恺撒战死在沙场上，罗马大多数贵族只会高兴，他们只会感谢我。”看来他确实消息灵通，就连元老院派和恺撒之间不和的事也一清二楚。

恺撒正要反驳，就在这时，他看到阿利欧维斯图斯手下的日耳曼骑兵开始向恺撒属下的骑兵接近，并向他们投掷石块，形势变得十分危急。恺撒当机立断，回到自己的骑兵团中，下令立即离开。如果对方是步兵，第十军团自然是战无不胜，但敌人是纯粹的骑兵。让临时骑兵做无谓的牺牲，是死要面子的指挥官才做得出来的事情。

谈判开始前，恺撒应该已经料到可能会发生冲突。尽管如此，他依然答应谈判。因为，他要让将士和远在罗马的人们知道，为了避免战争，他已经尽力了，战争是不得已而为之的。不出他的预料，两军之间的战争一触即发。

只是，阿利欧维斯图斯并不急于在自己的领地内发起正面冲突。他派出骑兵，试图切断恺撒军队的粮食补给。恺撒自然不会束手就范，他在敌人阵营附近建起阵地，主动寻求作战。然而，尽管恺撒已经逼近，敌人却没有应战。于是，恺撒再建第二个阵地，继续挑战。尽管如此，敌人也只派了小部队兵力，假装应战，就是不肯全军出击。

恺撒不清楚是什么原因，审问俘虏后才恍然大悟，原来日耳曼民族有一个习惯，出战前他们会请有过生育史的女人抽签，占卜最佳出战时机。据说抽签结果是，没有月亮的朔日不易作战。知道了这一原因，恺撒自然要好好利用一番，他决定第二天一早发起决战。

恺撒没有说明日耳曼人的战斗力情况究竟如何，但是，前面他提到过 12 万人，再加上恺撒笔下“相对于敌军大规模的战斗力，我军兵力少得可怜”这句话，可以推测，双方实力相差悬殊，尤其是骑兵，恺撒的骑兵来自高卢，只有 4 000 人，相反，敌人则有 6 000 名骑兵，优势明显。还有，和罗马人不同，日耳曼民族常常会把妇女儿童带上战场。一方面可能是因为他们不是定居民族，另一方面也可能是为了在妇女儿童的激励和哀号下，激发士兵们的斗志，奋起抗敌。面对恺撒坚持不懈的挑战，阿利欧维斯图斯不得不应战，他让妇女儿童坐上马车，带到战场，以此切断士兵的退路。他摆出了背水一战的架势。

另一方面，恺撒布下的阵型非但不是背水一战的阵势，他甚至给了士兵很大的自由。他给 6 名军团长布置了特殊的任务，不是要求他们担任指挥官，因为这场战斗的指挥是恺撒，恺撒交给他们的任务是监督每名士兵的作战情况。因此，士兵们很清楚，只要自己勇敢作战，恺撒一定会知道，他们会带着这样一份信念走向战场。

在高卢战争的第二场战斗中，恺撒虽没有采用背水一战的阵势，但他在准确把握敌情的前提下，灵活运用战术，见敌阵右翼较弱，他首先指挥军队向那儿发起进攻。因为他知道，只要对日耳曼人的薄弱之处来个先发制人，他们就可能还顾不上掷出手里的投枪即告溃败。而且，日耳曼人还有一个弱点，他们和高卢人一样，战斗刚开始时攻击力很强，但是，随着战斗的展开，会逐渐变弱。恺撒自然不会忘记他们的这一特点。还有，日耳曼人习惯采用希腊式的大规模密集阵型，这也和高卢人一样。这种阵型，尽管正面的攻击力很强，两翼却很薄弱。此外，日耳曼骑兵的个人能力都很强，但是，当他们集体作战时，日耳曼人的指挥官不知道如何有效发挥他们的灵活机动性。恺撒之所以能做到灵活运用战术，是得益于罗马军队的编制，罗马军队的编制依次是百人队、大队和军团，即使战术改变，各队也很容易做出相应的调整。恺撒没有改变罗马军队的这一传统，只是更有效地加以利用。

尽管如此，大多数时候数量还是会成为决定性的因素。罗马军队右翼受到两倍于己的敌人的进攻，一时间陷入了被动。解救他们于危难的是年轻机智的小克拉苏，他是“三头”之一克拉苏的长子。这位青年将领担任骑兵团的指挥，但是，当他看到第三阵列的士兵没有在战斗中发挥出应有的作用，于是就带着他们赶去支援右翼，从而决定了胜负。

敌军转身逃跑，他们逃向距离战场7.5公里处的莱茵河，恺撒亲自率领罗马骑兵团紧追不舍。骑兵的后面是队形整齐的步兵军团。能找到木筏或小船逃到莱茵河对岸的日耳曼人很少。阿利欧维斯图斯的两个妻子和一个女儿被杀，另一个女儿被俘。被他们抓去的高卢人重获自由。

一得知这场战斗的结果，正在向莱茵河边集结的斯贝比人，打消了迁居高卢的念头，回到了自己的故乡。阿利欧维斯图斯逃到了莱茵河以东，一年后孤寂而死。

此时刚到9月中旬，进入冬营为时尚早。但是，高卢战争第一年就连打两场胜仗的恺撒，决定让全军提前进入冬营期，开始长时间的休整。罗马军队在高卢的第一个冬营地定在塞卡尼人的根据地贝桑松。目的很明确，从这里可以监视莱茵河对岸。恺撒任命副将拉比埃努斯为冬营地最高负责人，自己则向南越过了阿尔卑斯山脉。他是三个行省的总督，从法国南部穿过意大利北部，直到现在的斯洛伐克，都是他统治的范围。在巡视三个行省的途中，还有行省总督的另一项工作在等着他，即有关内政和司法的工作。

公元前 58 年，这一年的战斗有很多方面甚至影响到了后世，其中特别值得一提的是罗马人第一次明确表示，罗马人所说的雷努斯河，即莱茵河，为国家罗马的基本防线。它意味着罗马人最初的战略基础发生了变化，即与山脉相比，河流和大海更适合做防线。

这一时期的罗马

把身后的事情托付给别人，不同的人做法不同，有人事无巨细，一一做出指示，有人只交代任务，不说明细节。这和信任与否无关，只是性格或想法不同而已。前者认为说得越详细，对方做起来越容易，后者则相反。恺撒无疑属于后者。只是，后者的做法有风险，出差错的概率也很高。一旦出现问题，委托人必须设法善后。话虽如此，“出错”也分情况，有时候可能是所有事情都出了差错，有时候可能是部分出了差错，部分做得很好。在设法善后时，必须具体情况具体分析，需要立即处理的则马上处理，可以暂时放一放的，就暂时放下。有资格参加护民官竞选的只有平民或像格拉古兄弟这样的平民贵族。为此，名门望族出身的克劳狄乌斯甚至甘愿自降身份，做平民的养子。在恺撒的帮助下就任护民官后，他处处与元老院作对。对于恺撒来说，克劳狄乌斯也属于后者。

出发前往高卢时，恺撒对克劳狄乌斯的要求是，盯紧元老院派。然而，这位护民官却自作主张，做了很多出格的事。他针对的第一个目标就是西塞罗。

克劳狄乌斯仇视西塞罗，出于以下两个理由：

一、波娜女神节晚上，克劳狄乌斯男扮女装闯入恺撒公馆案的审判中，西塞罗戳穿了他不在场的假证据，险些让他获罪，他因此怀恨在心。

二、出身名门的克劳狄乌斯认为西塞罗是暴发户，从内心里很看不起他。西塞罗来自地方，祖先没有出过执政官，属于非元老院阶级。他只是罗马人口中的“新贵”，却俨然摆出一副元老院派代表的嘴脸，还在罗马最高档住宅区帕拉蒂尼山上买下了克拉苏的府邸——以超级豪宅闻名的豪宅，并以此扬扬自得。

这些都是他的真实想法，当然这些想法不能被外人知道，否则，他的目的就会很难达成。恺撒给了他任务，要求他盯紧元老院派，同时也教给了他应对的方法。罗马的法律规定，受到审判的罗马公民有申诉权，因此，他提出，不经审判即判罗马公民死刑为非法行为。“喀提林阴谋”发生时，恺撒曾经提出过这个问题，却未被采纳。

克劳狄乌斯成为平民养子后，西塞罗就有一种不祥的预感。当时恺撒还在罗马，西塞罗把自己的担心告诉了恺撒，问他自己应该怎么办。西塞罗和恺撒虽然政治上对立，但在学识方面，两人非常投缘。明知恺撒是克劳狄乌斯的幕后人，西塞罗还找他商量，我只能感慨他是个好人。

听了西塞罗的担忧，恺撒建议他跟自己去高卢避一避，恺撒还承诺会任命西塞罗为幕僚。恺撒早就想过让元老院派的另一个碎嘴子小加图离开罗马，他让小加图去塞浦路斯，负责将塞浦路斯变成罗马的行省，以此把他和罗马隔离开来。此时的塞浦路斯，埃及国王已经放手。如果能让西塞罗也离开罗马，那么，盯紧元老院派的目的就可以达成。小加图的威力在于他正直的名声以及惊人的体力，一旦开始演讲，就会滔滔不绝，不知疲倦。西塞罗的威力则在于赢得众人喝彩的雄辩之才。如果能除去这两个人，就可以大大削弱元老院派的力量。

但是，西塞罗嘴上感谢恺撒的盛情相邀，却没有接受他的建议。因为他相信，万一出现什么情况，庞培会帮助他。

公元前58年3月，护民官克劳狄乌斯提出了新的法案，即把未经审判就处死罗马公民权所有者的人处以流放。他虽没有提西塞罗的名字，但是，谁都知道，他针对的就是西塞罗。五年前，“喀提林阴谋”发生时，喀提林的五个党羽未经审判就被处死了，当时的责任人就是当年的执政官西塞罗。面对克劳狄乌斯的打击，为了自保，48岁的西塞罗向同龄的庞培求助。西塞罗去了阿尔巴山庄，庞培却不肯见他。“三头政治”中的另一位克拉苏也是顾左右而言他，受“三头”控制的两名执政官更是闭门不见西塞罗。元老院其他元老也只是对他表示同情而已。深感绝望的西塞罗心想，公民或许会站在自己一边，于是，他披头散发、穿着丧服去了古罗马广场，叫住来来往往的公民，向他们倾诉。然而，五年前曾经把他视为救国英雄的公民，为了躲他，宁可改道而行。

对克劳狄乌斯提出的这项法案进行投票表决的日期定在3月20日。前一天晚上，西塞罗离开了罗马。他以为，尽管小加图不在，元老院派也不可能任由克劳狄乌斯提出的法案顺利通过，因此，他去了一个距离罗马不算太远的地方等待结果，然而，他等来的却是更加冷酷的结果。克劳狄乌斯听说西塞罗逃跑后，又追加了新的条款，并获得通过。结果是，没收西塞罗的财产，将他驱逐出罗马，不得进入距国界线750公里以内的区域，否则就予以逮捕。因为这一要求，西塞罗甚至不能逃往意大利北部或西西里岛，他只有含着眼泪依依不舍地告别家人，从布林迪西走海路前往希腊。其间，护民官一声令下，西塞罗在帕拉蒂尼山上的豪宅化为了灰烬。在这块土地上，根据克劳狄乌斯的提议，决定建一座神殿，祭祀自由之神。西塞罗名下的另两处山庄也被没收，用来拍卖。

西塞罗酷爱写信，流放期间，他写了无数信寄往各地。身在罗马的庞培不用说了，就连在高卢征战的恺撒也收到了他的信。所有的信内容都相同，都是倾诉自己的不幸遭遇，为自己遭到流放而感到委屈，同时请求大家帮助他早日回到罗马。“爱哭的西塞罗”这一绰号就源于这一时期他写的信。中世纪末的意大利诗人彼特拉克曾在僧院书库发现了西塞罗的书信集。彼特拉克是中世纪文艺复兴时期的文人代表，醉心于西塞罗的哲学论。他坦言，当他看到西塞罗的书信，特别是流放期间的书信时，对西塞罗的印象发生了变化。就连《希腊罗马名人传》的作者、对西塞罗崇拜至极的普鲁塔克也说，面对逆境，西塞罗的承受力实在很差。不过，换个视角，也可以说他表现出了“真实的人性”。

高卢战争第二年（公元前 57 年，恺撒 43 岁）

塞纳河东北

后世的殖民帝国在划定疆域时通常不考虑当地居民的差异和生活方式的不同，只是简单地用一条线来划分。与他们不同，恺撒将整个高卢划分为三个部分时考虑到了语言、风俗习惯和居民的不同以及自然环境等因素。

以这些因素为依据进行划分后，第一部分是现在的法国西南部，阿奎塔尼亚人的居住地，从流向大西洋的加龙河以南到比利牛斯山脉一带。这里距离罗马法国南部行省很近，与西班牙行省也是近邻，仅隔比利牛斯山脉。与北部高卢相比，该地区和西班牙之间的关系更紧密。

第二部分是中部高卢，希腊语系的凯尔特人、拉丁语系的高卢人比较集中的区域。北边以塞纳河为界，东面以摩泽尔河为界，南边则与法国南部行省和阿奎塔尼亚地区接壤，按现在的地理分布，即法国的大部分加上德国西部和瑞士一带。生活在这片广袤之地的人们和文明世界有所接触，在古代，他们与希腊和罗马都有联系。法国南部有城邦马赛，于罗马建国的同一时期，由希腊人殖民后所建。希腊人擅长经商，而马赛繁荣的原因之一就是与生活在内陆地区的高卢人有通商关系。随着罗马国力越来越强大，他们通过生活在阿尔卑斯山脉以南意大利北部行省的高卢人，和罗马人的关系也日渐密切。埃杜伊人和罗马建有同盟关系，部族中的权贵甚至享有罗马公民权。恺撒指挥的高卢战争第一年，战场就在中部高卢东侧一带。

最后一部分是现在的法国东北部和从比利时到荷兰南部一带。这个区域南边以塞纳河和摩泽尔河为界，自西北到东北，以多佛尔海峡、波罗的海和莱茵河为界。恺撒把这一带归为比利时人的居住地。比利时人原是日耳曼人，来自莱茵河对岸，在此定居时间已久，人数也比高卢人多得多。生活在此地的比利时人被认为是高卢人中最善战的。恺撒认为他们最善战的理由首先是，“比利时人生活在遥远的北方，距离文明的南方罗马行省最远，没有商人去那儿，他们很少有机会接触可能腐蚀人类心灵的奢侈品”。其次是，因为他们和生活在莱茵河以东的日耳曼各部族之间的纷争犹如家常便饭。虽然原属同一个民族，但是他们移居此地已久，早已稳定下来，对他们来说，新的入侵者就是敌人。高卢战争第二年，这些比利时人成了恺撒的敌人。

公元前58年至前57年的冬营期间，恺撒专心处理法国南部和意大利北部这两个行省的统治事务，其间，不断传来有关比利时人蠢蠢欲动的消息。正在贝桑松越冬的副将拉比埃努斯也送来了报告，恺撒以此证实了消息的可靠性，并决定再组建2个新军团。征募新编军团士兵的工作在恺撒统治的意大利北部行省进行，因为此次军团组建也未征求元老院的意见，所以他不能从卢比孔河以南的意大利本土进行征兵。和前一年新建的2个军团一样，这次又是恺撒自掏腰包。元老院交给他的4个军团加上自费组建的4个军团，恺撒手下有了8个军团。此外，还有一些具备特殊技能的外国雇佣兵，作为援军，也加入了他的队伍，其中包括努米底亚骑兵和克里特弓箭手等。除此之外，根据罗马军队的传统，恺撒还积极吸纳当地士兵。参加高卢战争的当地士兵以埃杜伊人为首的来自高卢境内的亲罗马部族。至此，恺撒军队的兵力总数达到了 5.7 万，其中包括 8 个军团 4.8 万人、外国雇佣兵 5 000 人、当地的高卢骑兵 4 000 人。然而，与恺撒的军队相比，比利时人的主要战斗力总数多达近 40 万。

恺撒筹集完军粮并确定军粮补给计划后，把尚未组建完成的 2 个新军团交给幕僚佩里阿斯，要求他在组建完成后率领新军团前往前线，自己则匆匆翻过了阿尔卑斯山脉。到了副将拉比埃努斯驻守的贝桑松冬营地后，恺撒首先开展的就是不惜一切手段，搜集尽可能详尽的情报。

根据得到的情报，恺撒弄清了罗马人从未接触过的比利时人发生异动的原因：

一、他们认为，既然高卢中部已经进入罗马的统治之下，那么罗马军队的下一个目标就是自己位于高卢东北部的领土。

二、既然不允许日耳曼人入侵，自然也不能允许罗马人侵入。

三、他们担心罗马势力进入这里后，以往弱肉强食的做法就会行不通。在这里通行的始终是以强欺弱，弱者服从强者。

对这些问题达成共识以后，比利时人团结起来。他们推举苏威西翁内斯人的首领盖尔巴为总司令，计划从入侵高卢中部开始，向罗马军发起攻势。

了解到这些情况以后，恺撒认为如果不当机立断，后果将非常严重。于是，他率领军队，很快离开营地，经过 15 天的强行军，来到了与比利时接壤的边境地区。

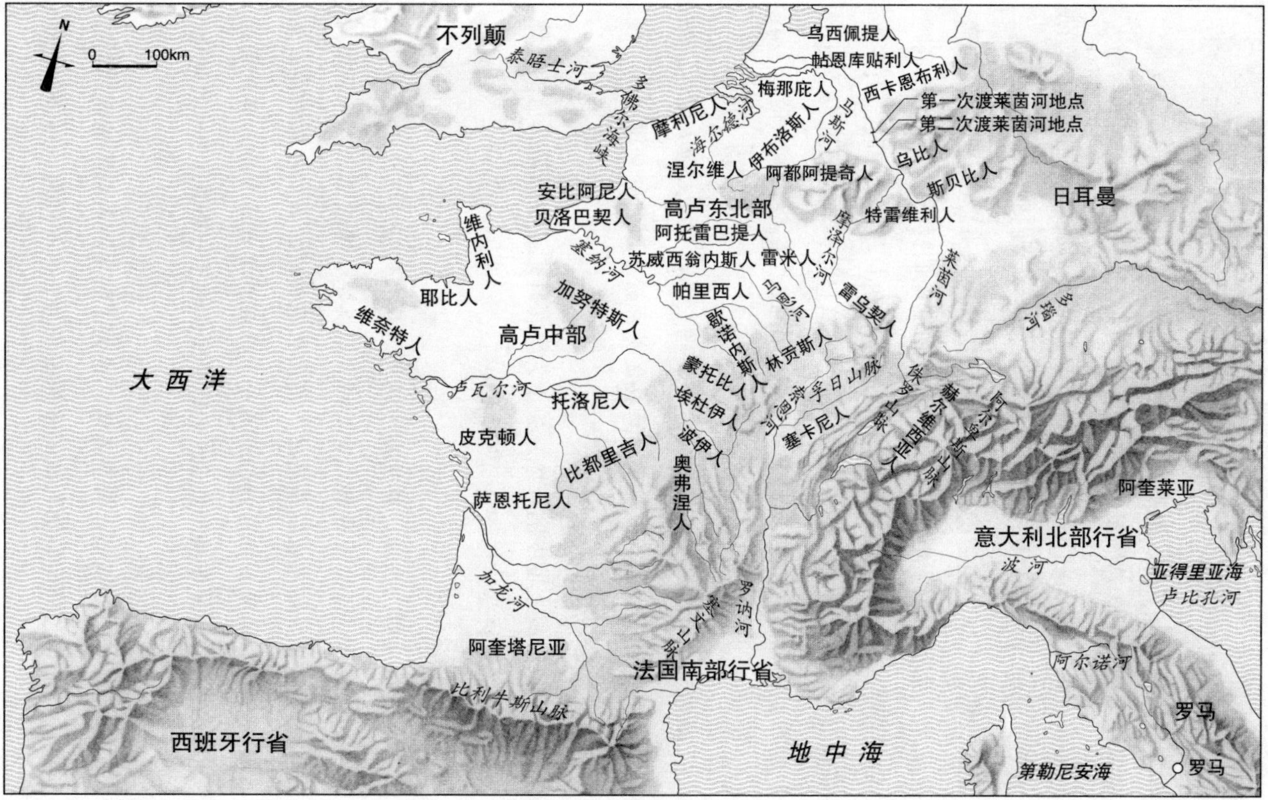
N
0
100km
不列颠
泰晤士河
多佛尔海峡
乌西佩提人
帖恩库贴利人
西卡恩布利人
梅那庇人
第一次渡莱茵河地点
第二次渡莱茵河地点
摩利尼人
海尔德河
伊布洛斯人
马斯河
乌比人
涅尔维人
阿都阿提奇人
斯贝比人
安比阿尼人
高卢东北部
日耳曼
贝洛巴契人
阿托雷巴提人
特雷维利人
维内利人
塞纳河
苏威西翁内斯人
雷米人
摩泽尔河
莱茵河
耶比人
帕里西人
乌影河
雷乌契人
多瑙河
加努特斯人
维奈特人
高卢中部
歇诺内斯人
林贡斯人
蒙托比人
索恩河
孚日山脉
侏罗山脉
赫尔维西亚人
阿尔卑斯山脉
大西洋
卢瓦尔河
托洛尼人
埃杜伊人
塞卡尼人
皮克顿人
波伊人
比都里吉人
奥弗涅人
阿奎莱亚
萨恩托尼人
意大利北部行省
波河
亚得里亚海
加龙河
罗讷河
塞文山脉
卢比孔河
阿奎塔尼亚
阿尔诺河
法国南部行省
比利牛斯山脉
罗马
西班牙行省
地中海
第勒尼安海
罗马

高卢部族分布图

没有人想到恺撒的军队会来得如此神速。最先感到害怕的是住在距边境最近的雷米人。雷米人很快派出使节，表示愿意归顺罗马，并愿意协助罗马军队筹措军粮。不战而胜乃兵家之本。苏威西翁内斯人的盟友雷米人的倒戈，对恺撒来说是非常难得的事，他把他们送来的人质，即部族权贵的儿子送到罗马留学，给了他们非常优厚的待遇。此后，雷米人作为恺撒的同盟者，远比埃杜伊人更忠诚，也因此恺撒从雷米人那里得到了更加准确的情报。根据他们提供的情报，比利时人的主要战斗力，在雷米人退出后，尚有 29.6 万人。同时，仍在莱茵河以东的日耳曼人也答应联合作战。好消息是，联合反抗罗马的比利时军队是一支临时拼凑起来的军队，由 12 个部族构成。但是，不好的消息是，这 30 万大军将倾巢出动。

恺撒没有坐等敌人攻来，决定先发制人，首先攻入敌人境内。他率领全军越过流经诺维欧杜努（现在的苏瓦松）以北的马恩河，一过河，就着手修筑阵地。

这是筑于敌人境内的阵地，关于为何将阵地建在靠近河流的高地上，恺撒的解释是这样的：

> 从地势上来说，阵地建于此处有几大优势：首先，正面迎敌时背靠河流，则无须担心背后遭袭。其次，来自雷米人及其他盟友的军粮补给可以安全送达。河面上有桥梁，我们在桥对岸设置要塞，派幕僚萨比努斯指挥 6 个大队在那里负责警备。阵地前的低地左右各建了两个高 3.5 米的屏障，挖了一条宽 5.4 米的战壕。

显而易见，在高地上修筑阵地，是为了防止敌人对阵地四周形成包围。巧的是，阵地前面开阔的平原中央是一大片湿地，可以起到削弱敌人攻势的作用。就在这个阵地上，恺撒等待 5 倍于自己的敌人。

比利时军队自北向南要途经雷米人的城镇，这里与恺撒的阵地相距 12 公里。比利时军队首先向这个城堡化的城镇发起了进攻。

恺撒写到，高卢人和比利时人的战术很相似，都是全军蜂拥而上，向屏障内投掷石头，趁对方士兵躲避之际，以盾牌护头接近屏障。接着点火焚烧屏障门，同时进入屏障内。这种战术对于大规模军队来说非常有效，比利时人攻打雷米人的城镇时就采用了这一战术。雷米人感受到了防守的压力，马上派人向恺撒告急。

恺撒自然不会置之不理，一方面，他不能助长敌人的气焰，同时他要让刚刚成为盟友的雷米人知道，归顺罗马是有好处的。恺撒立刻派出努米底亚和克里特的弓箭手以及来自马洛卡群岛的投石手，他们的加入改变了攻防战的局面，不仅增强了雷米人的防守能力，同时大大削弱了敌人的攻击力。比利时军队于是放弃攻占雷米人的城市，转而南下，直指恺撒的阵地。从罗马军队的阵地上可以看到宽达 12 公里的开阔平原上，布满了比利时军队的营帐和冉冉升起的炊烟。

恺撒不希望一开始就展开决战。看到密密麻麻的敌军士兵以及他们的气势，他认为决战的时机尚不成熟，于是，他只派出骑兵与敌人展开小规模的战斗，以观察情势，结果取得了非常好的效果，步兵士气大振，这时他才决定展开决战。当然，恺撒很理性，不会仅仅利用高涨的士气来获取胜利，他还有阵地左右的屏障和壕沟，以防止战线的扩大。而比利时军队要发起进攻，必须绕过大面积的湿地，战线不得不分散。狭小的战场，对于大规模的军队来说，原本的优势会一改而变得不利。战斗按恺撒的设想展开。

新编的 2 个军团作为后备军留在后方，负责保护营地，6 个军团约3.6万人杀入战场，而敌人则投入了30万人的全部兵力。

结果，比利时军队蒙受重大损失，因为自己人造成的混乱而踩踏致死的人数远多于被罗马人杀死的人数。于是，他们放弃正面进攻，兵分左右，开始指向河道。他们打算过河攻占罗马军队阵地的后方要塞，再从背后攻打恺撒的大本营。恺撒立刻将6个军团召回阵地，同时，自己率领努米底亚骑兵和全体轻装步兵，抢先来到河的对岸。过桥来到河的对岸后，恺撒马上布阵，准备迎战来自河对岸的敌人。如此大规模的敌军不可能同时过河，他们只能分批分次过河，每批规模都很小，因此，恺撒只需稳扎稳打即可。

尽管正面进攻和背后突袭的战术没有取得预期的效果，比利时军队可以不间断地从正面和背后发起进攻，而这种可能性早在恺撒的预料之中。

关于军粮筹措和战时的军粮补给，罗马人都会提前做好安排，而高卢人、比利时人和日耳曼人则依赖在当地筹措。公元前57年，比利时人各部族都在远离自己领土的地方作战，原先设想打败敌人后夺取敌人的军粮，然而，他们的这一梦想因为罗马人的顽强作战而破灭。此时小麦尚未成熟，而军队规模过大，也使这一问题变得更加严峻。这时，恺撒事先布置好的策略也开始发挥作用，他让盟友埃杜伊人趁自己和比利时人交战之际，进入贝洛巴契人领地进行抢掠。比利时各部族中贝洛巴契人最为强大。面对战场失利、军粮不足，再加上担心自己的领地遭抢劫，比利时人各部族一致决定暂回各自属地，保持联络，以图再战。

比利时人达成了共识，他们选择了深夜出发。他们因为选择了深夜，所以给人的感觉更像是败走，而不是撤离。恺撒自然不会放过这个机会。第二天一早，得知敌人撤离后，恺撒就发出了追击命令。他让佩提乌斯和科塔率领骑兵团走在队伍最前面，让副将拉比埃努斯率领3个军团紧随其后。遭到罗马军队的追击，比利时人的后卫部队勇敢应战，但是，走在前面的主力部队却惊慌失措，士兵四散逃窜。见此情形，罗马士兵大开杀戒，毫不手软。罗马士兵掌握了绝对的主动权，在完成杀戮后，按恺撒的要求，于日落前回到营地。

这时，恺撒终于可以实施各个击破了。实施这一战术必须趁敌人的恐惧感尚未消失之时。第二天早上，恺撒就离开了营地，目的地是诺维欧杜努，比利时军队总司令盖尔巴所属的部族、苏威西翁内斯人的根据地。恺撒下令军团用第二种速度行军。

急行军到达目的地后，恺撒希望尽快占领这个城市，但是，败退的比利时士兵已经退入城里，只能打攻城战了。没有时间优哉游哉地准备攻城战，恺撒决定有效利用罗马军队的技术力量。

“移动回廊”是一种移动式战车，长4米，宽2.5米，高2米，带轮子。战车车顶用泡过水的皮或布罩盖，目的是为了防止被火箭（箭头带火）点燃。战车的移动靠士兵在里面推动。在移动式战车的掩护下，士兵们可以安全接近敌人。多个“移动回廊”同时向前，看上去很像成群的独角仙向前爬行。除此之外，还有叫“移动塔”的攻城器械。正如这一名称所示，是移动式的塔，高度和城墙高度相当，士兵们可以顺着梯子向上爬。

生活在现在的法国东北部地区的高卢人第一次见到这样的攻城器械。罗马人竟然可以在如此短暂的时间里制造出如此众多、如此庞大、如此令人望而生畏的器械，高卢人感到惊恐万分，再加上被罗马士兵追杀时的恐惧场面犹在眼前，于是，高卢人派出使者，向恺撒表示投诚。此时，攻城器械尚未建造完毕。

恺撒假装因雷米人的力劝才接受他们投降的。在高卢权贵送来包

攻城器械

括首领盖尔巴的两个儿子在内的子弟作为人质并交出武器后，和谈达成了。就这样，各个击破的第一个目标达成了。恺撒未做休整，立即又进军贝洛巴契人的领地。在比利时人中，贝洛巴契人被认为是最有实力的部族，他们的领地位于现在的巴黎以北 100 公里处。

行军至距目的地尚有 5 罗马里（约 7.5 公里）的时候，贝洛巴契人全体长老已经等候在那里，他们双手向前伸着，这是他们表示恭顺的姿态。长老们向恺撒解释说，自己从来没有要和罗马为敌的想法。罗马军队在城市附近安营扎寨后，部族中的女人和孩子也都向前伸着双手，前来乞求和平。与恺撒同行的埃杜伊人的首领迪比奇阿库斯也为他们说情，他说，贝洛巴契人是埃杜伊人的友邦，因为有些部族对埃杜伊人成为罗马的同盟者非常不满，在他们的挑唆下，贝洛巴契人才加入比利时人的联合军队，参加到反罗马行动中的。但是，比利时人的联合军队被恺撒打败后，那些坚持反对接受罗马统治的强硬派人士已经逃往不列颠（现在的英国），留下来的都是温和派，因此，希望恺撒接受他们的求和。

事实上，恺撒也希望尽快达成和约，于是，他再次假装为了给中间人埃杜伊人一个面子，勉强接受了贝洛巴契人的求和。如果不了解人性，如果对人的心理缺少敏锐的洞察力，很难做到这样。这些行为充分显示了恺撒是位优秀的政治家。贝洛巴契人是一个强大的部族，因此，恺撒要求的人质也多，达600人。接着，在他们保证交出所有武器以及境内要塞后，恺撒率领罗马军队指向了下一个目标。接受了安比阿尼人的归降后，等待他的是素以高卢东北部最强部族之称的涅尔维人。在以骑兵为主要战斗力的高卢人中，这是一个以步兵为主要战斗力的部族。

根据得到的情报，该部族的生活方式和从前的斯巴达人很相似。他们不允许商人进入境内，禁止进口葡萄酒、奢侈品等，男子每天的任务就是习武。他们军队的主要战斗力有5万人，此外，他们无意与恺撒讲和。

恺撒率领罗马军队转而向东北方向进军，穿越现在的法国国境，进入了比利时境内。这里不要说商人，甚至没有一个罗马人来过。这里多森林和沼泽，即使在夏季，也常常大雾弥漫。根据雷米人提供的情报，敌人的战斗力有7.5万人，正在某处严阵以待。

进入涅尔维人的领地，又经过三天的行军，从当地居民口中恺撒知道了敌人的所在，他们就在距罗马军队所在地不足15公里处的一条河流对岸。敌人是一支联合军队，以涅尔维人为主，召集了邻近的中小部族。各部族已经把女人、孩子和老人送到沼泽地避难——那是一个罗马士兵不可能进入的地带。由此可见，涅尔维人已经做好了战斗的准备。

恺撒派出侦察兵和百夫长组成的一队人马做先锋，寻找适合安营扎寨的地点，自己率领余下的全军紧随其后。然而，投降后加入恺撒军队的比利时人中，也可能是高卢人中，有人暗中向涅尔维人传递消息，泄露了罗马军队的行军方式。告密者说，罗马军队的行军顺序通常是“军团—装载军用物资的运输车队—军团”，因此，只要攻打运输车队，胜利便唾手可得。

综合考虑军队的构成、所处的地势以及以往采用过的方法，不用说，涅尔维人自然会接受告密者的建议。涅尔维人的军队以步兵为主要战斗力；这里的地势多森林和沼泽，能见度极差；以往采用的方法成功阻止了以骑兵为主要战斗力的日耳曼人的入侵。这个方法指的是经过加工的天然屏障，即为了促使树枝的生长，每年砍下新长出来的树木顶端的树枝，同时，依靠人工，横向固定下方的树枝生长方向。接着，在树枝下方种上带刺的灌木。年复一年，这堵天然屏障越来越茂密，不仅可以阻挡骑兵通行，还可以躲在天然屏障另一侧，敌人很难发现，它起到了非常完美的防护墙的作用。因此，如果罗马军队按正常的罗马式行军方式，即第一军团、第一军团运输车队、第二军团、第二军团运输车队……如果按这种顺序行军的话，利用天然屏障突袭薄弱之处的计策将会非常有效。

然而，恺撒是一个非常有理性的人，在无须担心遭敌人偷袭时，他会采用罗马军队传统的行军方式。但是，率领军队深入敌方领地时，他不会墨守成规，他会优先考虑作战的需要。正常行军时，士兵通常要背负近 40 公斤重的行囊。此时，他让 8 个军团中的 6 个军团士兵将行囊放上运输车，轻装走在队伍最前面。运输车队集中紧随其后。新编的 2 个军团走在队伍最后面，负责后卫兼保护运输车队。这样一来，即使遭遇敌人出其不意的进攻，士兵也无须担心运输车队，立即可以投入战斗。关于告密者的事，恺撒是后来才知道的，因此，这次行军顺序不是因为知道有人告密才改变的。

打前站的侦察兵和百夫长选择的设营地点没有错，他们只是没有发现不足一米深的河对岸，敌人就藏在灌木丛生的丘陵之中。骑兵团走在步兵军团前面，首先到达备选的营地位置。骑兵团到达后发现河对岸有敌人的骑兵，立即过河发起了进攻。应战的只有骑兵，因此，他们没有想到敌人骑兵的背后还隐藏着敌人的步兵大军。骑兵为先锋是所有军队通行的传统，因此，迎战的敌人骑兵也以为和他们一样，这是一支先头部队。

结果是，罗马军队遭到了出其不意的突然袭击。6个军团到达后，双方骑兵正在激战。但是，他们的当务之急是马上着手修筑营地，其间，运输车队陆续抵达。运输车队一出现，就是涅尔维人联合军队发起进攻的信号。他们从藏身之处齐齐亮相，7万名士兵如汹涌的波涛奔向河边，把河边草原上正在作战的恺撒的骑兵团冲得七零八落。敌人大军向罗马士兵涌来，迅速凶猛。很快，正在修筑营地的罗马士兵前方和右侧都挤满了敌人。

恺撒必须同时应对一切情况。他需要举起红色战旗，命令士兵立刻跑向武器所在地，拿起武器。他需要吹响集结号，命令士兵暂停修筑营地，立刻集合。他需要召唤前去寻找筑营所需材料的士兵。他需要吹响号角，整理队伍。他需要做战前动员以鼓舞士气。他需要吹响冲锋号，下令士兵投入战斗。然而，在遭到敌人突然袭击的时候，这一切几乎没有可能完成。既然不可能，恺撒自然不会墨守成规。得益于两件事，缓解了罗马军队的困境：一是士兵有丰富的作战常识和经验。经历过训练、参加过实战的士兵，在这种情况下，即使没有总司

罗马最高司令官的服装

令的命令或指示，也知道应该怎么做。二是军团指挥官们的准确判断。恺撒指示他们，在筑营期间不得离开自己指挥的军团，因此，一旦察觉到形势的严峻性，就算没有总司令的命令，他们也已经指挥士兵准备投入战斗。

见此情形，恺撒认为，自己只需应对最危急的情况即可。做出指示后，他就策马追赶已在战斗最前线的第十军团。他用寥寥数语激励士兵，然后就下达了作战命令。此时，第十军团和敌人之间只剩下投枪的距离。看到第十军团发起了反击，其他军团也投入了战斗。

罗马士兵的服装

A. 百夫长　B. 重装步兵　C. 骑兵　D. 轻装步兵

高卢战士

和士兵们一样，恺撒一直在最前线指挥战斗。鼓励过第十军团后，他又来到旁边的第九军团。由于敌人攻势太猛，罗马士兵来不及举队旗，来不及穿盔甲，甚至来不及拿掉盾牌的罩，就匆匆拿起剑，也不管身边是否是自己所属的大队，就加入了战斗，没有丝毫犹豫。因为他们担心，寻找自己所属的部队会错失战机。

就这样，我军布下了战阵，不是利用学校教授的战术，而是根据战场的地势和情况的紧迫性。为了对抗眼前的敌人，各军团分别作战。前面介绍过的天然屏障甚至遮挡了友军的身影。至于预备军，既不能选择安排他们作战的位置，也不能适时将他们送入所需战线。也就是说，无法保证指挥系统的统一性。在这场极度不利的战斗中，只能采取不同的方法来争取战斗的胜利。

在这场战斗中，恺撒军队第一次出现了逃兵。骑兵和轻装步兵选择了逃跑。也不管后面战况如何，罗马士兵逃跑的消息很快传开，甚至传到了高卢东北部一带。

恺撒不能留在后方向全军发出一个个指令，他只能策马纵横战场，随时对分别作战的军团做出调整。激战中的士兵看到的只有面前的敌人，即使没有天然屏障的阻碍，也看不到友军的行动。因此，总司令必须放眼整个战场，在适当的时候，将士兵调到最合适的位置，最大限度地发挥军队作战的效率。根据战场上的情形，认为圆阵比传统的方阵更有利时，恺撒当即下令改变了阵型，他甚至担负起了首席百夫长的职责。恺撒没有盾牌，他骑在马上，经过正在苦苦激战的军团时，随手夺过一名后卫的盾牌，冲到最前线，叫着一个个百夫长的名字，激励大家冲锋陷阵。看到这样的总司令，士兵们备受鼓舞。他们勇敢奋战，局面开始对罗马方面越来越有利。而负责后卫和保护运输车队的两个军团现身战场，以及成功攻陷敌人阵营的副将拉比埃努斯送来刚腾出手的第十军团，使这一有利局势更加明朗。

有了左右两侧的支援，已经有些力不从心的士兵们精神为之一振，就连受伤倒在战场上的士兵也拄着盾牌站起来，继续投入战斗。一度溃逃的骑兵、轻装步兵也回到了战场上，甚至随军的奴隶也加入了战斗。然而，涅尔维人毫不退缩，他们是比利时人中最勇猛的战士，他们前面的人倒下了，后面的人就站在同伴的尸体上继续战斗。

只是，高卢人尽管进攻力很强、很猛，但是在耐力上，罗马人尤胜一筹。战斗到了后半阶段，罗马军队更是锐不可当。激战中，涅尔维的男人们在其他部族的盟军纷纷逃离后，坚持战斗，留下了一具具尸体，堆积如山。

激战中，涅尔维的成年男子几乎全部战死。得知这一结果，在沼泽一带避难的涅尔维的老人、女人和孩子派出使节，向恺撒投降。根据使节所说，600 位部落权贵中仅 3 个人幸存，6 万名士兵中只剩下 500 人。

恺撒接受了和谈，允许他们回故乡，也没有要求他们送来人质。

不仅如此，他还要求邻近部族不得攻打涅尔维人，不得羞辱他们。在恺撒的意识中，发动战争本身并没有罪。

涅尔维人彻底失去了战斗力，但是，还有逃离战场的其他部族。如果对他们放任不管，那么占领比利时人的居住地和高卢东北部的行动就会半途而废。因此，他留下一部分士兵埋葬战死者，治疗伤员，自己率领余下的士兵，继续向东北进军。响应涅尔维人的号召参战的阿都阿提奇人派出 1.5 万名士兵，此时他们已经逃回自己的领地，因此，根据雷米人提供的情报，预计他们的兵力在 2 万人左右。他们的城寨所在不愧是天险，易守难攻，周围都是悬崖峭壁，只有一处是斜坡，宽 300 米，是进出城寨的门户。敌人躲在天险内不肯出来。恺撒认为，要打破现状，只能利用罗马军队的技术。于是，军团士兵摇身变成工兵，开始制作大型攻城器械。“移动回廊”“移动塔”，还有叫“公羊”的破城槌，一个个出现在军中。在城寨上方看到罗马人制作的这些器械，阿都阿提奇人报以讥笑。他们大声说：

“罗马人，如此庞然大物，你们打算如何用你们矮小的身体移动它们呀？”

高卢人常常嘲笑罗马人个子矮小，然而，看到攻城器械开始向城墙接近时，他们的叫声和嘲笑声顿时消失。不仅如此，第一次见到如此大规模的器械，他们吓得脸色发白。

结果，还未用上这些攻城器械，攻城战就结束了。阿都阿提奇人派来了求和使者。他们的理由是，能制造并移动如此大型器械，一定是有神在暗中帮助罗马人。他们听说恺撒宽恕了涅尔维人，因此，他们寄希望于恺撒也会对自己网开一面，于是提出了一个投降条件，就是不解除武装，使者强调了确保自卫能力的必要性。

对此，恺撒是这样回答的：

我宽恕敌人，不是因为敌人有被宽恕的资格，那只是我个人的做法。如果你们在“公羊”未敲打城门前就投降的话，我或许会接受你们的要求，不解除你们的武装。既然事实并非如此，因此，你们要求和谈，必须首先解除你们的武装。不过，我会和对待涅尔维人一样对待你们。我会警告其他部族不得趁机攻打你们。你们可以告诉他们，攻打与罗马缔结了和约的部族，就是对抗罗马。

带着这个答复，使者回到了城寨，很快，大量武器从城寨里扔了出来。只是，后来才知道他们留了一手，还有三分之一的武器没有扔出来。恺撒信守承诺，当天就与阿都阿提奇人缔结了和约。

然而，当晚刚过半夜时分，一群男人拿着留在城寨内的武器跑下城寨，袭击了正在营地睡觉的罗马军队。一场激战过后，4 000 个阿都阿提奇人被杀，剩下的逃回了城寨。

第二天早上，城门无人看守，罗马军队长驱直入，抓住了所有躲在城寨内的士兵和居民，把他们全部卖为奴隶。根据买卖奴隶的商人送来的报告，被卖为奴隶的人数达 5.3 万。

罗马人，其中罗马人意识尤其强烈的恺撒，格外重视承诺。罗马人属于多神教，他们信守承诺不是因为和诸神之间有契约，他们重视的是人与人之间的约定。就算人种不同，只要同是人类，都应该信守承诺。日本有一句话叫“武士言出必行”，相对于习惯信奉一神教契约的欧美人，日本人更能理解罗马人看重的人与人之间的契约精神。

恺撒认为，发动战争本身并没有罪，但是，撕毁协定，攻打对方，则罪孽深重。在他看来，背信弃义的人只配做奴隶。

收服了高卢东北部一带后，恺撒接到了来自小克拉苏的报告。恺撒给了小克拉苏一个军团，把他派去了大西洋沿岸的高卢地区。报告称，以维奈特人为首的七个部族已经全部归顺罗马，并分别送来了人质，发誓接受罗马的统治。

就这样，借用恺撒的话，全高卢实现了“和平”。恺撒的战果也传到了莱茵河以东，那些地方也纷纷派出使者，表示愿意送上人质，归顺罗马。恺撒因为还有统治行省的职责，就急于翻越阿尔卑斯山脉，于是，他让这些使节等次年春季再来。

这一年军团的越冬营地，恺撒选在了高卢中西部，生活在这里的是加努特斯人和托洛尼人。为在最前线越冬的士兵安排好越冬军粮后，恺撒就向南出发了。

罗马元老院收到恺撒送来的关于公元前 57 年的战报后，决定举办庆祝活动，以感谢诸神，历时 15 天。恺撒以此作为《高卢战争记》第二卷的结尾，他写道：“迄今为止，从未有人获得如此高的荣誉。”当年，庞培打败本都王国的国王米特拉达梯时，为褒奖他的战绩，元老院举行了庆祝活动，历时 12 天。当然，恺撒很重视文风，他不会写有失风度的话。比如，以前的庆祝活动最多只有 12 天，而这次为自己举办的庆祝活动长达 15 天之类的话。他是这样写的：“历时 15 天的庆祝活动，这是第一次。”尽管如此，字里行间流露出来的满足感，还是让我们不能不为之会心一笑。所谓满足感，是期待得到别人肯定的一种心理。

前面介绍过，庞培与其说是野心家，不如说是爱慕虚荣的人。而恺撒与其说是爱慕虚荣的人，倒不如说是野心家。这并不是说恺撒的虚荣心不如庞培强。他的虚荣心非但一点也不小，甚至和庞培不相上下。不，也许应该说比庞培还要强。只是，恺撒的野心比他超乎常人

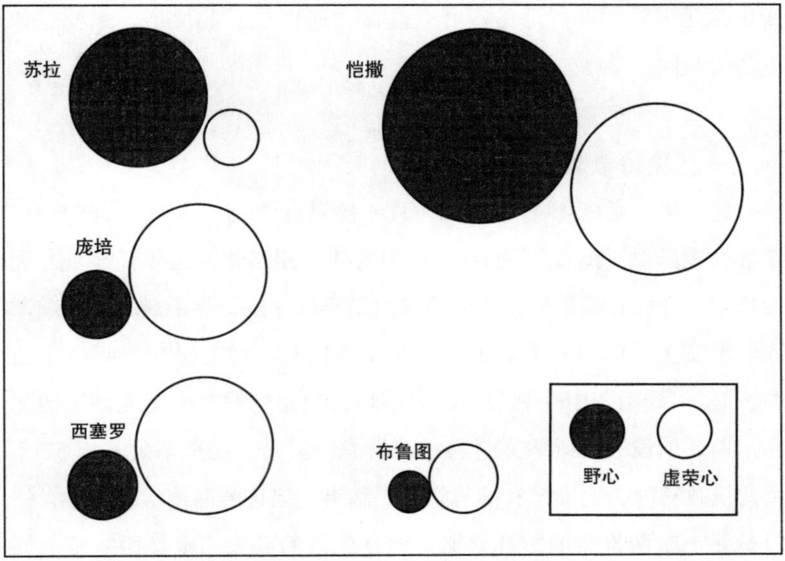

的虚荣心更大。上图是我随意画的。我希望读者朋友看着上图想一想，期待他人肯定的心情和得不到别人肯定也要达成目标的想法之间的关系。不要只看消极的一面，也要看积极的一面。

这一时期的罗马

公元前 58 年，也就是高卢战争的第一年，这一年，“三头政治”开展得很顺利，两位执政官都是“三头”的人。利用护民官克劳狄乌斯盯紧元老院派的策略初见成效，赶走了元老院派的两位雄辩家。雄辩家之一的小加图被派往塞浦路斯，另一位雄辩家西塞罗被流放到了国外。然而，高卢战争的第二年，即公元前 57 年，形势发生了变化，元老院派开始反击。元老院派之所以能发起反击，主要有如下几个原因。

一、庞培表现消极

这一年，庞培 49 岁。虽然生理年龄只有 49 岁，但是，他的心理年龄好像已过了退役年龄 60 岁。因为他和相亲相爱的年轻妻子尤利娅长相厮守而心满意足，这样的理由是不成立的，那不过是他自欺欺人。事实上，庞培有心隐退，他很少去罗马。他心里始终有一个猜忌，“三头政治”中获利最多的是恺撒，只是恺撒是妻子尤利娅的父亲，因此他没有明确表露过自己的猜忌。但是，在选举公元前 57 年度的执政官时，他也没有参与意见，结果，当选的两位执政官中，一位是元老院派推举的雷托鲁斯，他是庞培的敌人，也是西塞罗的好友。另一位是梅特鲁斯，属于恺撒派。

二、护民官克劳狄乌斯行事鲁莽

克劳狄乌斯假公济私赶走西塞罗后，依然没有严守恺撒的指示。别说是盯紧元老院，他甚至无视元老院，出台了一个又一个过激的政策。首先是《小麦法》。这是一项社会福利政策，原先是向贫民阶级低价配给小麦，克劳狄乌斯把低价配给改成了免费配给。其次是为了护民官任期结束后继续拥有自己的势力，他自费组建了私人警卫团。再者，罗马自古就有行会，他把不同职能的行会改成了政治行会。因为这样一来，方便他统一各行会的行动，左右公民大会和平民大会的决定。

这些政策受到了民众的热烈欢迎，却在 10 年后被独裁官恺撒一一废除。恺撒属于平民派，连恺撒都要废除，更别说元老院派以及西塞罗所说的“贤达之士”，他们对成立这三个法案非常反感。克劳狄乌斯的鲁莽行为不仅让庞培眉头紧锁，也让稳重、有良知的人离他而去。结果，获利的是元老院派。

三、小加图的归任，西塞罗流放令的解除

仅仅小加图归任还并不足以让元老院派东山再起。小加图的曾祖父老加图曾经弹劾过西庇阿·阿非利加努斯，西庇阿是打败汉尼拔的英雄。带“老”字的那个加图，以话锋犀利著称，但是，他的辩词很幽默，对听众很有吸引力。而他的后代小加图，话锋虽然同样犀利，却毫无幽默感。和老加图一样，他也以正直清廉的政治家著称，却因为缺少幽默感，并不太受欢迎。38 岁的他自恃体力好，常常侃侃而谈，长篇大论，结果，只是让听众不胜其烦。和希腊人相比，罗马人喜欢幽默，大多数人很有幽默感。

西塞罗的演讲和小加图不同，他会随时随处展示他的幽默感。他擅长在需要的时候让听众热泪盈眶；他擅长引经据典，令听众钦佩不已。最有说服力的是，西塞罗心中有着永不熄灭的忧国忧民的热情。对于大多数人来说，他如何把自己的热情投入行动中并不重要，重要的是他有一颗忧国忧民的心。

9 个月后，对 49 岁的西塞罗发出的流放令解除了，原因是：首先，赶走他的克劳狄乌斯声誉一路下滑。其次，半年后，庞培开始后悔当初借口不在家拒绝会见西塞罗。再次，就任公元前 57 年度执政官的雷托鲁斯为好友西塞罗积极活动。而身在高卢的恺撒也来信表示，同意解除流放令。当初，恺撒的目的只是希望这位“舆情代表”离开罗马，为此，他甚至盛邀西塞罗来自己统治的行省做幕僚。如果当时西塞罗答应了，在战场上，他只会成为累赘，因此，不能带他上

战场，但是他可以留守行省，帮助恺撒管理行省。然而，西塞罗拒绝了恺撒的邀请，结果，只落得在希腊哀叹自己无故遭到流放。对于西塞罗的朋友恺撒来说，这件事就算告一段落了。不管怎样，反对解除流放令的，只有行事鲁莽、声誉不断下滑的克劳狄乌斯一个人，因此，解除流放令的决定很快付诸实施了。

公元前 57 年 8 月初，两位执政官以共同提案的形式，向公民大会提出解除西塞罗流放令，并获得了通过。同样的公民大会，9 个月前，以绝对多数票赞成通过的决议，不到一年的时间，又以绝对多数票赞成，通过了推翻此前决议的提案。西塞罗接到朋友送来的消息说，解除流放令的可能性很大，因此，他早早等候在允许踏足的、距离意大利最近的地方，以便流放令一解除，马上回到国内。8 月 5 日，他就登陆了布林迪西，可想而知，他回国的心情是多么迫切。他沿阿庇亚大道，几乎一路跑步北上。阔别 9 个月回到首都的那一天，西塞罗沉浸在民众的一片欢呼声中，犹如凯旋将军。

既然人都到齐了，对“三头政治”展开的反击也就开始了。公元前 60 年，元老院派一方面置庞培于尴尬处境，同时对恺撒也采取了权宜之计。元老院派得意之际却遭到以恺撒为首的“三头政治”的迎头一击。此时，元老院派绝对不能重蹈曾经的覆辙，他们不能再放弃公民的支持，这是因解除西塞罗流放令而赢得的。元老院派甚至没有表现出一丝一毫要修正克劳狄乌斯制定的三个法案的意图，只因为民众非常支持这三个法案。公元前 57 年，元老院派采取了一个非常漂亮的策略，他们没有正面反击“三头”，而是采取了离间“三头”的策略。“三头”中的克拉苏可以无关痛痒，他们要离间的是庞培和恺撒。

元老院派认为，只有元老院主导下的共和政体才是罗马的政体，而恺撒却一贯坚持反对这一原则，指责统治能力僵化。庞培从来没有明确提出过自己的政治理念，但是，有一点确定无疑，他是在苏拉手下步步高升的，而苏拉是一心重建元老院主导下的共和政体的人物。因此，对于元老院派来说，与恺撒相比，他们更容易接受庞培。最重要的是，恺撒是个危险人物，而庞培没有任何威胁。再加上恺撒此时身陷高卢战争，对元老院派来说，此时占尽了天时地利。

西塞罗首先向元老院提出了一个议案，征得元老院同意后，又向公民大会提了出来。议案的内容是，委任庞培负责今后五年内首都罗马及意大利所需粮食的筹措工作。自从公元前 241 年第一次布匿战争中，罗马战胜迦太基，占领西西里岛，使其成为罗马行省以后，作为主食的小麦不再依赖自给自足。但是，如果认为此提案只是任命庞培为“粮食厅”最高长官的话，那就大错特错了。罗马的小麦进口自海外的行省及同盟国，必须通过海上运输，因此，负责筹措粮食的最高负责人，意味着同时也是罗马海上军队的最高负责人，必要时，他甚至有权征用商船。

在罗马，这个职位是前所未有的，调集粮食一直都是年轻按察官的工作。这样一个职位，再加上海军总司令的权限，目的就是为了引庞培上钩。庞培就任此职位后，享有一个作战单位即两个军团的指挥权，当然，是“绝对指挥权”。10 年前，在剿灭海盗时，庞培取得了重大的胜利，这样的战绩让他在这一次以确保粮食安全为名，很自然地担负起了海军统帅之职。

罗马不是凭借海军立国的国家，没有海运传统，因此，几乎没有自己的海上军队。一旦需要海上军队，罗马只能依赖同盟国或行省派遣海上军队来支援，或委托他们建造船只。一旦西塞罗的提案得以通过，庞培就是罗马人中可以组建海上军队的唯一人选。这一提案让年近五旬的庞培的虚荣心得到了极大的满足。

西塞罗提出的议案得以顺利通过。庞培充满感激地接受了罗马史上前所未闻的大权，表示将努力完成这一重任。

元老院派没有正面向“三头政治”发出反击，这样效果却不断显现。只要在坚定的恺撒和庞培之间出现裂痕，就可以促使原本就不适合在政界混的庞培进一步远离政治。事实上，这一年夏季，选举下一年度执政官时，元老院派推举的候选人以最高票当选，而“三头政治”推荐的马修斯·菲利普斯勉强当选，差一点两位执政官的位置都被元老院派独占。

执政官选举中，以几票之差屈居次席的耶诺巴尔布斯甚至扬言，一旦当选执政官，就解除恺撒高卢行省总督的职务。还有，法务官选举中，属于“三头”派的也只有两人当选，占四分之一。

这种情况下，对西塞罗的损失做出补偿的决定，自然很容易获得通过。西塞罗遭到克劳狄乌斯的驱逐后，财产被没收，帕拉蒂尼山上的豪宅被烧毁。此时，被没收的财产自然全部归还西塞罗，豪宅原址也还给了他。不仅如此，重建豪宅的费用也由国家承担。此外，西塞罗提出另两处山庄也受了损，要求补偿修缮费。对于这一要求，元老院也欣然同意。西塞罗再度成为首都罗马最有威望的人物。

或许是因为重返政治舞台而意气风发，庞培决定兴建罗马第一个永久性剧场，这是他远征东方时的梦想。罗马人认为希腊人喜欢戏剧，是性格软弱的表现，并对此表示蔑视。因此，在罗马，每当有演出需要时，只有用木材搭建的临时剧场。在建设其他公共建筑方面，罗马人总是很积极。然而，直到公元前 1 世纪中叶，还没有一座永久

庞培剧场想象复原图（上图：从舞台看过去的观众席；下图：从观众席看过去的舞台）

性剧场。庞培在希腊看到宏伟的石结构半圆形剧场后，很想在罗马也建一座。为了避免有软弱之嫌，他在大剧场正面观众席的最上方，建了一座献给女神维纳斯的小神殿。这样，庞培建造的罗马第一座永久性剧场，就可以借神殿之名了。在罗马城外开阔的马尔斯广场上，工程动工了。建成后的这座大规模建筑取名为“庞培剧场”。

公元前 57 年，一切都如元老院派的预想发展，但是，有一点他们大意了。就算是为了抗衡克劳狄乌斯组织的私人性质的暴力集团，他们也不应该允许一个叫米罗的无知家伙去组织暴力集团与之抗衡。

同一个地方有了两个暴力组织，冲突一定不可避免。双方分别打着平民派和元老院派的幌子，因此，他们之间的冲突比起单纯的暴力集团之间的冲突，性质更为恶劣。在首都罗马市中心，暴力事件成了家常便饭。也因为如此，给了恺撒反击的理由。恺撒虽然身在高卢征战，却从未放松对首都情况的及时了解。不能维持首都治安，反映了“元老院体制”严重欠缺统治能力，再也没有比这一理由更有说服力了。

“卢卡会谈”

现在的意大利北部，当时叫“阿尔卑斯山南高卢”，是罗马的行省。行省总督负责这里的统治，并保障其安全，总督官邸设在拉文纳，位于卢比孔河以北约 35 公里处。卢比孔河是国家罗马和行省的分界线。公元前 57 年至前 56 年的冬季，恺撒在巡视行省中度过。进入公元前 56 年以后，恺撒就留在了拉文纳。在那儿，他时刻关注着罗马国内的政局变化。

公元前 56 年 3 月，恺撒邀请“三头”之一的克拉苏来到了拉文纳。根据研究者的说法，这一时期恺撒已经自费组织了4个军团，因此，此时的他非但无力向克拉苏偿还以前的债务，甚至还需要继续向他借贷。债务人把债权人请来，就恺撒而言，两人的关系很有些特殊。罗马人有尊重长者的传统，恺撒当然也不例外。43岁的恺撒给57岁的克拉苏送去了一封言辞恳切的邀请函，克拉苏接受了。克拉苏沿着弗拉米尼亚大道一路北上，来到了拉文纳。临近月底，他又随恺撒一同离开了拉文纳。他们首先沿埃米利亚大道向西北到达罗马军队基地所在的摩德纳镇，接着，他们从这里翻越亚平宁山脉。翻过山脉就是卢卡。

卢卡位于阿尔诺河偏北的位置。阿尔诺河是从佛罗伦萨流经比萨最后汇入第勒尼安海的一条河。即使在现代，卢卡也是一个幽静的小镇，有漂亮的罗马式教堂。罗马与行省的界线，亚得里亚海一侧是卢比孔河，第勒尼安海一侧是阿尔诺河。卢卡位于行省一侧。只要越过界线，恺撒就会自动失去行省总督的权力，因此，为了和来自罗马的庞培会面，这是他能去的最远的地方。

会谈地点选在卢卡，时间在4月初，这是双方协调决定的。庞培已经就任“粮食厅”长官，他计划去撒丁岛考察。撒丁岛是罗马小麦的进口地之一。行期定在4月，这是可以开始出海的时间。出发港口定在比萨。卢卡位于比萨以北，平地距离只有20公里。庞培让船前往比萨港等候，自己则从罗马沿奥雷利亚大道一路北上，如约前往卢卡。

历史上，以“卢卡会谈”闻名的“三头会谈”，和四年前，即公元前60年的那次“三头会谈”不同。前一次会谈是秘密进行的，而这次却是公开的。据说，因为这次“会谈”来到托斯卡纳地区小镇卢卡的警卫人员达120人，他们都手执权杖，是罗马要人的随扈。也就是说，除了“三头”，还来了很多要人，其中，仅元老院元老就来了200人。这一盛况与高峰会议极其相似。元老院派已经开始反击，对此，恺撒要光明正大地予以回击，只是参加会谈的只有庞培、克拉苏和恺撒三人。会谈结束后也没有举行所谓的“新闻发布会”，因此，“卢卡会谈”中达成的共识，只能根据其后罗马政局的变化进行推测。

会谈结束后，“三头”分三个方向离开了卢卡，克拉苏往南回了罗马，庞培向西去了撒丁岛，恺撒要回高卢战场，他向北翻越了阿尔卑斯山脉。

从后来的政局变化来看，“卢卡会谈”做出的决定大概有以下内容。从内容上推测，应该都是由43岁的恺撒提议、49岁的庞培与57岁的克拉苏表决通过的。这是研究者们一致的意见。

一、庞培和克拉苏同时竞选公元前56年度的执政官。动员曾经的旧部下，再加上罗马普通公民的票数，庞培当选毫无悬念。克拉苏是经济界的代表，却没有声望。为了确保克拉苏当选，恺撒决定让属下军队士兵休假，回罗马参加投票。只是，为选举执政官而举行的公民大会通常在夏季举行，而夏季是作战的季节，军队士兵不能离开战场。因此，三人决定，由庞培和克拉苏负责，将这一年的选举时间拖延至冬季。

庞培和克拉苏都曾经做过执政官，时间同是公元前70年。因此，此次参选并不违背“苏拉改革”的规定。规定中称，前执政官再次竞选执政官，必须间隔10年以上。也因此元老院派没有理由反对。也就是说，在元老院派找不到反对理由的前提下，恺撒要让“三头”中的“两头”竞选罗马最高官职执政官，再利用执政官的地位来制衡元老院派。当然，“卢卡会谈”的真正目的是下一个内容。

二、执政官任期一年，卸任后，以前执政官的身份前往行省担任行省总督。这是罗马政界的惯常做法。而行省虽然同为罗马的行省，却有尚未开发的西方和富庶的东方之别。几乎所有前执政官都希望去富裕的行省。曾经在执政官任期内，利用强权决定自己下一年任职地的人不在少数。为了解决这一弊端，盖乌斯·格拉古制定的《森普罗尼乌斯法》规定，执政官任期满后的任职地，必须在当选前决定。因此，无论谁当选执政官，他下一年的任职地都是事先定下的，如马其顿行省等。通常，任职地由元老院提出草案，公民大会表决通过。

“卢卡会谈”中，“三头”决定了两人任期满后的任职地。到了公元前 54 年，作为前执政官，庞培将统治“远西班牙”和“近西班牙”两个行省，也就是现在的西班牙全域。克拉苏将前往叙利亚行省，也就是现在的叙利亚和巴勒斯坦地区。按照惯例，他们的行省总督任期只有一年，但是，“卢卡会谈”中决定了两人的任期都是五年。为了和他们保持一致，会议同时决定恺撒担任高卢行省总督的任期，顺延四年，直到公元前 50 年年末，和他们同时结束任期。

会谈中还决定了“三头”任行省总督时可以指挥的军团数分别为 10 个军团。恺撒就任行省总督之初，元老院只给了他 4 个军团，加上他自费组建的 4 个军团，现在有 8 个军团。如果新建的 4 个军团能得到元老院的承认，那么，不仅可以名正言顺地成为正规军，而且维持军团所需的经费也将由国家承担。除此之外，他还可以再组建 2 个军团。

公元前 60 年结成的“三头政治”，是庞培的军事力量、克拉苏的经济实力和恺撒的民众支持相结合的小团体。直到公元前 50 年年末，总督任期结束前，“三头政治”中每个人都可以自由支配 10 个军团的强大战斗力。三人都将掌握军事力量，因此，公元前 56 年的“卢卡会谈”中达成共识后的这个小团体，军事同盟的色彩更浓。恺撒的目的非常明确。

一、北方有恺撒，西方有庞培，东边有克拉苏，他们各自统领10个军团，必定给首都罗马带来无形的压力。元老院派不可能意识不到这一点。

二、庞培统治远近两个西班牙行省，并非只负责维持罗马统治下的和平。他的任务还有收服伊比利亚半岛，进而控制北非。克拉苏统治的叙利亚行省也很重要，在这里，通过制约相邻的大国帕提亚，可以确立幼发拉底河作为罗马在这个地区的防线。而莱茵河以北的防线则由恺撒负责。

通过“卢卡会谈”，“三头政治”得到了进一步的强化。认识肤浅的人可能会认为，这只是三位实力人物为谋求私利而结成的同盟。毫无疑问，“卢卡会谈”的结果确实加强了这三个实权人物的个人利益。因为，在元老院体制外，他们可以各自为政了，但是，他们的个人利益和公共利益又是密不可分的。因为，他们肩负着确立罗马国家防线的任务。为了达成这一目标，需要5年的任期和10个军团的强大战斗力。统治，为了实现国家罗马的这一公共利益，三人的权力必须均等。

“卢卡会谈”中决定的第三件事是“控制媒体”。庞培答应说服西塞罗，只是，恺撒认为靠庞培一个人把握不大。

从流放地回来后，西塞罗经常把熟人朋友介绍给恺撒，请他在高卢给他们安排职位。西塞罗来自地方，在首都获得了成功，因此，外地有志向的年轻人常常去罗马投奔他，西塞罗于是将这些有前途的年轻人托付给了恺撒。在前线的恺撒在写给他的信中，还拿这件事开玩笑：

只要您认为不错的人就都送过来吧。如果他们愿意，我可以让他们做高卢的头领，也可以记录在雷普塔耶（不清楚此为何意。——引者注）的账上。如果您认为他们在我身边会有好运，就统统送过来吧。我一定照单全收。

这是恺撒写给西塞罗的回信。因为西塞罗是求恺撒为来自地方的无名小辈安排工作，所以信写得非常婉转。而恺撒既要征战，又要统治行省，事实上也很需要事务官。但是，对于来自地方的成功人士西塞罗来说，如果能用上恺撒这个关系，也是很有面子的一件事。

恺撒对付西塞罗的方法是提拔西塞罗的弟弟昆图斯。作为幕僚，委他以军团长的大任。这个弟弟娶了好友阿提库斯的妹妹为妻，但夫妻关系不好。在政界和律师界，昆图斯的名字也鲜为人知。兄弟两人是典型的贤兄愚弟。但是，西塞罗很看重手足之情，总想为他做些什么。昆图斯·西塞罗已经四十好几了，身体也不好，尽管如此，恺撒还是任命他为最受人羡慕的前线指挥官之一。

高卢战争中，恺撒取得了一次又一次的辉煌胜利，连元老院也不得不为他举行历时长达 15 天的庆祝活动，以感谢诸神，尽管元老院中反恺撒派的势力很强。胜利的消息让罗马的年轻人热血沸腾，上层阶级子弟中，渴望加入恺撒的军队参加战斗的年轻人与日俱增。参加高卢战争，一时间成了年轻人追求的时尚。

这个时期，恺撒好像还承担起了一项特殊的任务，那就是培养曾经的情人们的儿子成为将官。出现在恺撒属下的军团长和大队长等将官名单上的年轻人中，很多人的母亲曾是恺撒的情人。无论是写给元老院的报告书中，还是《高卢战记》中，对于部下的战功和与他们之间的这种关系，恺撒都不曾隐瞒。曾经的情人将儿子托付给他，而他也不负她们所望，结果自然是皆大欢喜。恺撒没有亲生儿子，也许他把自己当成他们的父亲了吧。

不管怎样，高卢战线聚集了不少出身于罗马上流社会的年轻人。恺撒的军队利用越冬驻营期间，还上演希腊悲剧，邀请高卢人前来观看。但是，接受西塞罗的弟弟加入高卢战线，却源于恺撒理性的思考。表面上，通过厚待弟弟来博取西塞罗的好感，实际上，他是将西塞罗的弟弟当成了人质。恺撒的目的是，利用这个人质让西塞罗在首都罗马的言行有所顾忌。

从西塞罗留下来的数量众多的信中，他从未怀疑过弟弟被恺撒当成人质，相反，西塞罗发自内心地感谢恺撒。对恺撒信中所提弟弟立功之事，更是由衷地感到高兴。这件事再次证明，恺撒这个男人做一件事绝不会只为一个目的。话虽如此，他的成功也应该得益于他的乐观。他深信，不管什么事情，只要想做就能做成。为了对付西塞罗，恺撒把西塞罗的弟弟当成了人质。而西塞罗弟弟的表现却也出乎他的意料，他的勇敢善战，不仅让西塞罗备感惊喜，恺撒同样既惊又喜。如果弟弟在战场上表现平平，估计恺撒的意图不可能瞒过西塞罗。毕竟，西塞罗也是一个很有头脑的人，就算情绪波动再激烈，头脑始终是清醒的。

在“卢卡会谈”决议付诸行动前，也就是会谈结束不到一个月的时候，“卢卡会谈”的影响力开始显现。类似高峰会议的“卢卡会谈”光明正大地进行本身就是无声的号角。元老院元老中立场不稳的人开始偏向“三头”。结果，只有极少数人反对将选举次年度执政官的公民大会推迟到12月举行。事实上，推迟到12月举行是为了等待恺撒军队的士兵。然而，又因为战事吃紧，这一年进入冬营的时间推迟了，导致执政官选举的时间又推迟到了第二年的1月中旬。公元前55年1月，正如“卢卡会谈”达成的共识，庞培和克拉苏顺利当选执政官。元老院派推荐的候选人惨遭淘汰。

因为选举时间推迟，庞培和克拉苏一当选就走马上任了。一上任他们就着手开始实施“卢卡会谈”的决议。

3月，恺撒派的护民官特雷波尼乌斯提出了《特雷波尼乌斯法》，提议第二年，即公元前54年，庞培和克拉苏分赴西班牙行省和叙利亚行省任总督，任期5年，统率10个军团。小加图表示反对，没有人响应。元老院会议上，此提案顺利通过。

接着，执政官庞培和克拉苏以共同提案的形式，提出了《庞培—李锡尼法》。此法提议，高卢行省总督恺撒的任期延至公元前50年年底，统领10个军团。同样，反对的只有小加图。元老院会议上，提案顺利通过，甚至省略了举手表决的环节。

“三头政治”彻底控制了国政。2名执政官、8名法务官、10名护民官中的8名都属于“三头”派，而“媒体”也沉寂了。关于“卢卡会谈”以后首都罗马的政局，西塞罗在给好友雷托鲁斯的信中大发牢骚。雷托鲁斯是上一年度的执政官，已前往行省赴任。

> 掌握军队和金钱的那些人，之所以可以为所欲为，不是因为他们强大，而是因为他们的敌人太无能，不果决。他们在元老院甚至没有受到任何阻力，就得到了他们想要的一切。也因此，在恺撒任期将至时，元老院甚至无须是在延长任期还是选派后任之间做出选择。

西塞罗也是元老院元老，因此，他也是自己笔下既无能又缺少决断力的一人。当然，关于这一点，他只字未提。西塞罗是罗马史上最优秀的知识分子，是辩论家、作家。这是 2 000 年来人们对西塞罗的一致评价，但同时，他又是一个不善自我批评的男人。

公元前 56 年和前 55 年，这两年因为“卢卡会谈”的影响巨大，罗马呈现出一派和平景象。庞培兴建的大剧场完工了，赠予了罗马公民。为庆祝罗马第一座石结构露天剧场建成，罗马连日举行了豪华的马戏表演，极大地满足了民众的娱乐需求。恺撒也无须操心首都政局的变化，可以全身心地投入高卢战争中。唯一不幸的是，这个时期，身在战场的恺撒接到了母亲奥雷利娅的死讯。

高卢战争第三年（公元前 56 年，恺撒 44 岁）

20 世纪 70 年代末，我曾带着年幼的儿子去阿尔卑斯山滑雪。阿尔卑斯山横亘在意大利和法国之间。经过特里诺之后，我发现原本宽敞的道路渐渐收窄，越来越不方便通行。我觉得很奇怪。我想，难道是因为我们已经走在阿尔卑斯山上了？如果不是，又或者是为了防止他国入侵故意为之？如果答案是后者，显然太落伍，毕竟现在已经是航空时代了。当然，空中轰炸不是决定性的因素，征服只能由陆地军队完成，因此，这种做法也不是完全不能理解。然而，刚进入 20 世纪 80 年代，这一条道路就得到了修缮，不仅变宽了，也变得方便了，与国内的道路别无二致。这时我才深切体会到，欧洲联盟是真的。

尤里乌斯·恺撒用公元前 57 年的战役，即“由此，高卢实现了和平”作为《高卢战记》第二卷的结尾。从后来的情形来看，他说此话为时尚早。但是，站在他的角度，连没有交战的部族也送来人质，表示恭顺了，不正说明和平已经实现了吗?《高卢战记》第三卷记录的是公元前56年的战役，始于进入冬营前，幕僚盖尔巴前去阿尔卑斯山区镇压生活在那儿的山岳部族。之所以出兵阿尔卑斯山区，是为了确保意大利和高卢之间的通商自由和安全。意大利和高卢之间隔着阿尔卑斯山脉，这些山岳部族常常拦路抢劫商品，或索要高额关税。

从现在的特里诺北上，到达奥斯塔，再从奥斯塔翻越阿尔卑斯山脉。盖尔巴奉命率领第十二军团和骑兵团前去实施镇压的，就在这条道路的沿线。恺撒每年春天翻越阿尔卑斯山脉时，走的是从特里诺向西经由苏萨山谷的路线，这条路在当时已是主干道。每年冬天，我去滑雪走的也是这条路。也许恺撒是想在意大利和高卢之间开通三条路，一条以南边的热那亚为起点，另两条以特里诺为起点，一条向西，一条向北。古时候，汉尼拔率领大军翻越阿尔卑斯山脉时，被认为最有可能走的就是后两条路线。

不管怎样，罗马军队向高卢进军的路线已有两条，因此，正如恺撒所写，确保这两条路线以北的路线，目的是为了确保通商的自由和安全，我认为是可信的。经济入侵意味着文明入侵，因此，被入侵的一方常常会有过激反应。尽管如此，恺撒的这一行动已经超越了罗马人自古以来的想法，即阿尔卑斯山脉为北方防线的想法。在恺撒的意识里，阿尔卑斯山脉早已不是边界。

短期来看，恺撒的这次行动是失败的。因为，盖尔巴率领罗马的一个军团成功完成镇压任务后，刚在当地建营准备越冬就遭到了多达3万人的山岳部族住民的袭击。为了减少牺牲，盖尔巴当即选择了撤退。所幸，这次行动在军事上并非必不可少，而且，因为“卢卡会谈”而推迟上战场的恺撒，还有必须优先处理的事情在等着他。

大西洋

恺撒把冬营地设在了高卢西部，生活在这里的各部族都已经归顺罗马，送来了人质。冬营地的负责人是普布利乌斯·克拉苏，他是“三头”之一克拉苏的长子。父亲只知道赚钱，眼红别人，而他却是身心都闪烁着光芒的优秀青年。罗马人说他们父子的关系是鸢生了只鹰。恺撒重用他，不是因为他的父亲，也不是因为他的母亲。把他托付给恺撒的是小克拉苏的父亲，而他的母亲曾是恺撒的情人之一。恺撒之所以重用这位年轻人，是因为他看上了小克拉苏的能力，他爱他的才能。《高卢战记》中常有“青年克拉苏”“年轻的克拉苏”等称呼，恺撒只要说到这位年轻将领，字里行间总透着对这位年轻部下的喜爱之情。而“年轻的克拉苏”也没有辜负恺撒的信任，他向身在远方的总司令送去大量准确的情报，就是其中之一。

在大西洋沿岸一带，高卢各部族出现了异动。恺撒身在意大利，对此情况了如指掌，只是此时的他首先需要做的是巩固“三头政治”。“三头”中的其中“一头”——庞培已经开始动摇，恺撒必须等着他离开罗马赶来。此时的庞培另有非做不可的工作在身。“卢卡会谈”一结束，恺撒直接去了高卢。到达小克拉苏负责的冬营地时，恺撒已经有了决定。

冬营期间，最困难的事莫过于粮食补给，无论安排得多么周到，也常常出现粮食不足的情况。在刚刚归顺的高卢，确保粮食补给有困难，而从法国南部行省调集军粮，距离又太远。因此，最初的设想是，向归顺后的高卢西部各部族购买小麦。粮食不足是个大问题，因此，负责冬营地的小克拉苏和第七军团，派队长们前往周边部族购买。

不料，前往维奈特人的两名队长被抓。维奈特人是一个强悍民族，生活在现在的布列塔尼地区，在大西洋沿岸一带很有势力，与不列颠也有联系。他们正因为强大，所以很嚣张。他们提出，用罗马的两名队长换回自己部族的人质。不料，小克拉苏尚未答应，这个消息就在高卢西部一带传开了。按照恺撒的说法，“高卢人做事情总是很冲动”。于是，其他部族也纷纷效仿维奈特人，把前来购买小麦的罗马士兵抓了起来。维奈特人派出使者，呼吁周边一带部族，联合起来对抗罗马军队。他们集体向小克拉苏提出，要求交换人质。

这一经过恺撒在意大利时就已经知道了，只是“卢卡会谈”绊住了他的脚，他只能命令小克拉苏在维奈特人边界南侧、注入大西洋的卢瓦尔河河口建造大量船只，同时从法国南部行省征集划桨手和船员。至于交换人质一事，等恺撒回去再做处理。

恺撒到达时，小克拉苏已经按要求在做了。他知道，以维奈特人为首的高卢西部各部族已经决定联合起来向罗马军队挑起战争。恺撒如实记录下了他们的想法：“为了祖先传下来的自由，绝不做罗马人的奴仆。”当然，高卢西部各部族决定联合发起战争是有他们的理由的。

一、他们已经想到，仅仅因为抓了前来购买小麦的罗马士兵，罗马军队就不会轻易饶了他们。

二、这一带河流众多，沼泽地也多，这样的地势对当地人有利。

三、罗马人不是航海民族。

四、在军粮难以保证的地方，不可能打持久战。可以预见，罗马军队迟早会撤离。

五、他们推测，响应维奈特人号召的，除了大西洋沿岸各部族，生活在高卢北部及西北地区的摩利尼人、梅那庇人，还有隔着多佛尔海峡的不列颠人，也会派援军前来支援。

然而，令他们没有想到的是，恺撒接受挑战的决心远比他们要和罗马军队交战的决心大。无论困难多大，罗马军必须应战的理由也有五个：

一、绝不能饶恕非法抓捕罗马人的行为。

二、他们一方面表示恭顺，却又出尔反尔，背信弃义。

三、他们的行为是对自己送出的人质的背叛。

四、他们有召集更多部族共同谋反的危险。

五、处理此事态度不坚决，会对高卢其他地区造成恶劣影响。

下面是恺撒制订的作战计划。和庞培、克拉苏一样统率 10 个军团，是两年以后的事情。因此，此时的兵力只有 8 个军团，不足 5 万人，他就利用这支战斗力，分 5 条战线展开行动：

一、副将拉比埃努斯率领骑兵团前往东北高卢，目的地是特雷维利人的所在地，位于莱茵河和摩泽尔河之间。任务是，途经罗马同盟部族雷米人地盘时，看他们是否有异动。同时，如果有日耳曼人欲利用这个时机越过莱茵河，则全力阻止。

二、小克拉苏率领 12 个大队 7 000 余名步兵和所有恺撒的随身骑兵向南，目的地是阿奎塔尼亚地区。任务是阻止这一地区派遣援军沿大西洋沿岸北上，支援维奈特人。

三、幕僚萨比努斯率领 3 个军团前往西北高卢，目的地是现在的诺曼底地区。任务是控制住生活在这一地区的维内利人。

四、德奇姆斯 · 布鲁图率领战船团——此时船已经建造完毕，从

海上攻打维奈特人。德奇姆斯·布鲁图和小克拉苏一样，深得恺撒器重，在《高卢战记》中常称呼他为“年轻的布鲁图”。当然，此布鲁图不是马库斯·布鲁图。

五、恺撒本人率领余下的所有兵力向西，从陆路攻打维奈特人。

从这样的安排可以看出，恺撒对高卢全域的地理情况了如指掌。这场战役充分表明，只要有准确的情报，合理的战术，足够的兵力，以及在此基础上允许发挥各战线的独立性，即使没有恺撒亲自出马，各军团长也能发挥出他们的才智。至于生平第一次独立负责一个战线的德奇姆斯·布鲁图，此时年仅28岁。

五条战线中，恺撒率领的步兵队伍和敌人作战的次数最少。因为，到达目的地后，经过调查发现，由陆路接近敌人藏身的城寨非常困难，他们只能等待海上军队到达。维奈特人修筑的城寨大多在海角最边缘的位置，涨潮时，无法通行，退潮时，船又容易搁浅。因此，无论从陆地还是从海上攻城，都行不通。为了打破这一现状，罗马军队大兴土木，试图接近他们的城寨。然而，一旦他们接近，敌人就带着武器、粮食等，坐上大船，转移到附近地势相同的城寨。如此反复，眼看着就快到夏末了，罗马的海上军队迟迟没有出现，一方面是因为气候恶劣，船队被困在港口出不来；另一方面，在辽阔的大西洋上航行，本身就不是一件容易的事。大西洋非常辽阔，遇到狂风卷起汹涌波涛，可以避险的港口少之又少。尽管如此，就在夏季快过去的时候，罗马海上军队终于出现在恺撒面前了，此时，恺撒已经放弃利用土木工程接近城寨，一心等待罗马海上军队的到来。看到罗马海上军队的出现，维奈特人坐上事先准备好的220艘船，离开港口，准备迎战。

恺撒站在悬崖上方观战，此时的他也许会想，与高卢人的船相比，自己的战船是多么不适合在大洋中航行。说得通俗点，高卢人的船犹如对中切开，挖去里面瓜瓤后的圆形西瓜。而罗马军队的船则像椭圆形的香瓜。恺撒只下令建造船只，而造出来的船数量虽多，却都是平底大帆船，只适合在地中海上航行，而不适合在大洋上航行。而维奈特人的船很结实，受到罗马船只的撞击后，纹丝不动。只是，他们的船船身很高，只能靠帆航行。也就是说，罗马船有“桨”，起到马达的作用，而高卢的船只能依靠船帆前进。28岁的年轻指挥官决定利用这一点。不知道读者朋友是否还记得，第一次布匿战争期间，为了对抗海军大国迦太基，罗马人制造了“乌鸦吊桥”（参见《罗马人的故事02·汉尼拔战记》）。罗马人不是海洋民族，他们对船没有特别的概念，因此，在船上加些奇怪的装备，不会让他们觉得有任何不妥。

维奈特人是布列塔尼地区的海洋民族，前来支援的摩利尼人、梅那庇人和不列颠人，造船技术同样很高。他们不仅能建造既结实船身又高的船只，同时还有高超的驾船技术。他们的船可以承受北方海洋的瞬息万变，他们的技术可以战胜波涛汹涌的大洋。海战的前半段，敌人熟练地驾驶大船，箭不断地从高处射向罗马战船。而罗马一方因担心自己的船只受损，不敢撞击敌船。站在悬崖上观战的罗马士兵见此情形，心里一定紧张至极。然而，抱着决一死战的想法，罗马船不断向敌船靠近，直到新兵器开始投向敌船，战况才发生了变化。新兵器并非新发明的兵器，是罗马人善于改良的结果。

新兵器是一种投掷式镰刀，是一种攻城兵器，一端系着一条既长又结实的绳索。攻城时，镰刀只要钩住石墙或屏障即可，因此，无须磨得太锋利。但是，公元前56年的海战中，使用的镰刀却很锋利，因为，要用它割断敌船上的帆索。船只接近敌船后投出镰刀，当镰刀钩住敌船桅杆上的绳索后，迅速划桨离开，以此割断桅杆上的绳索。高卢人的船不像罗马军队的船有桨，他们的船只能靠船帆前进，一旦帆索被割断，船帆就会落下来，不能再用。又因为高卢人的船船身太高，无法靠划桨前进。

船帆不能用了，高卢人的大船抛锚了。罗马的中型平底帆船一拥而上，包围了他们的船。只要上了敌人的船，就和地面作战一样了。正如恺撒所写：“每名士兵的作战能力是决定胜负的要素。”一旦展开近身战，罗马士兵之强大无与伦比。

看到形势如此变化，帆索尚未被割断的高卢船只欲乘风逃跑。然而，不巧的是，此时海上风平浪静，就算满帆前进，也会被全速划桨而来的细长平底帆船追上。数量上，罗马战船明显占优势。就这样，高卢人的大帆船成了罗马军队的牺牲品，罗马在大西洋上的第一场海战取得了重大胜利。这场战斗从上午10点持续到日落时分，得以逃脱的敌船仅有几艘。自此以后，年纪轻轻的布鲁图被人们看成了海战专家。

在这场海战中，维奈特人投入了部族中能作战的所有男性。这场海战不仅彻底摧毁了维奈特人的战斗力，同时也大大削弱了前来支援的沿岸其他各部族的力量。他们不仅失去了士兵，也失去了船只。从大西洋沿岸到北海的部族纷纷派出使节，送上归降书，臣服于罗马的统治之下。

维奈特人是挑起这场战争的主谋，恺撒决定从严处置他们，理由是，"要让野蛮人知道，不尊重外交关系，将有怎样的后果"。对恺撒来说，非法拘捕和背信弃义都是违背不同民族交往中必不可少的规则的行为。他在介绍高卢人的宗教和习俗时从未说过他们的宗教和习俗落后于罗马，他只说这是他们特有的东西，是他们的文化，应该尊重。四年后，恺撒在与高卢人的一次战斗中第一次选择撤退。那个时候，他的剑丢在了战场上，高卢人将这把剑当成战利品，供奉在神庙里。次年，再度征战此地的恺撒看到了它，他的亲信们认为，这有辱恺撒的名誉，建议他拿下来。恺撒没有听从，他说，既然它已经成为高卢人的信仰寄托，就放在那儿吧。文化属于个人，怎样理解是每个人的自由。但是，文明是规则，是不同人种、不同肤色、有不同习俗的人交往时必不可少的，不能任意而为。因此，文明虽然只是生存的规则，却被冠以夸张的称呼。这次在处理战败者时，恺撒一如既往，干脆利落，在他身上，完全没有现代人常有的优柔寡断。恺撒笔下的野蛮人——维奈特人的长老们被处死，其余族人悉数沦为奴隶。

其间，恺撒派往东、北、南三条战线的军团也出色地完成了任务。在这三个战场上，恺撒唯一放心的，大概只有副将拉比埃努斯一人，他负责东方莱茵河战线。恺撒非常信任这位年龄与自己相仿的平民出身的将领。担任北部诺曼底战线的萨比努斯和南部阿奎塔尼亚战线的小克拉苏，尽管他们的作战风格不同，也都出色完成了任务。萨比努斯采用了非常谨慎的战术，他故意夸大罗马军队处境困难，以此麻痹敌人，同时做好万全准备，迎战发起猛烈攻击的敌人。虽然耗时较长，却取得了战斗的胜利。而小克拉苏积极主动，对分散在阿奎塔尼亚地区的各个部族实施了各个击破的战略。这个地区面积狭小，人口却占全高卢人的三分之一。

他们和恺撒一样，没有血洗战败部族，而是接受了他们的投诚，让他们分别送来人质，缔结了和平条约。按照罗马人的惯例，这些青少年人质将被送往意大利各地有权势的人家中接受教育，培养他们成为亲罗马人士，同时学习罗马文化。他们回国以后，将活跃在各个领域。这就是罗马人的“富布赖特留学政策”。2 000 年后，参议院议员富布赖特的想法大概就源于此吧。

因为属下幕僚任务完成得很出色，夏末，处理完维奈特人的事情后，恺撒决定在进入冬营前再做一件事。海军全力作战，使恺撒率领的步兵军队毫发无损，体力尚存，他决定率领这支军队前去镇压摩利尼人和梅那庇人。他们生活在现在的比利时至荷兰南部一带，曾派军队支援维奈特人。在高卢全境内，也只有他们没有派使节向恺撒表达投诚。时间已经入秋，恺撒预计能轻松拿下这两个部族。然而，此时攻打高卢最东北部，却没有预想的那么容易。因为，敌人深知和罗马军队正面冲突必败无疑，于是，他们采取了其他战术。

莱茵河下游一带有比利时和荷兰，现在它们是发达国家，因此开发很好，现代化程度很高。但是，公元前1世纪，这里到处是茂密的森林、不知深浅的沼泽或湿地。生活在这一地区的日耳曼系高卢人得知罗马军队接近，带上财物，带着居民躲进了森林深处，罗马军队抵达后不见敌人踪影。然而，罗马军队刚开始修筑营地，敌人就打来了。于是，恺撒下令，从一端开始，依次砍伐森林树木。

砍倒后的木材立即用来修筑屏障。这样，一旦敌人攻来，他们可以随时逃进屏障内。他们边伐树边建屏障，几天后，一条长长的通道，在屏障的保护下，直通森林深处。

沿着这条在森林中辟出来的路，罗马军队找到了敌人的藏身之处，缴获了粮食和家畜。敌人只有往森林更深处逃。这个地区原本天气就不好，而降雨频繁、狂风大作的季节已经到了。士兵们在皮帐篷内难以入眠，而继续在林中伐树筑屏障也已然很困难，于是，恺撒决定撤离。这次远征，恺撒一定弄清了莱茵河以西高卢的问题，说到底是日耳曼的问题，而这一问题又与下一年的战役息息相关。

高卢战争第四年（公元前55年，恺撒45岁）

公元前55年，一如“卢卡会谈”的决定，庞培和克拉苏双双当选了执政官。每年冬天，向南翻越阿尔卑斯山脉，在统治行省的过程中，送走冬季的恺撒，因为“三头政治”开展顺利，这一年提前翻越阿尔卑斯山脉，回到了高卢。他需要尽早和在高卢冬营地里的军队会合，因为他获悉日耳曼人中有两个较弱的部族越过莱茵河，正在向西行进。也因为这件事，恺撒知道了，“日耳曼人”其实是各部族的联合体。各部族之间的力量不均衡是这两个日耳曼部族横渡莱茵河进入高卢的缘由。

日耳曼民族中最强大的部族是斯贝比人，这个部族位于莱茵河中游地带的东部。部族下面有上百个小部落，每年由每个小部落抽调 1 000 名士兵组成军队，总兵力可达 10 万人。这 10 万人是侵略别国的主要战斗力。留在族内的人，除了自己家人以外，有义务供养在外出征的士兵家属。第二年，留守的人和在外征战的人互换角色。利用这种制度，保障了族人生活和战斗两不误。斯贝比人的共同体不承认私有土地，也不允许在同一地方居住一年以上。他们的主食是牛奶和肉，因此，男人的主要工作是狩猎而不是耕作，也因此，流浪生活是他们的自然状态。

也许是因为肉吃得多，他们的体格又高又结实，再加上每天习武，他们的勇猛是出了名的。当然，他们的生活方式不像以前的斯巴达人那么有规律。尽管生活在寒冷地区，他们身上穿的只有毛皮。又因为毛皮数量不足，身体裸露的部位很多。在罗马人眼里，他们的身体是半裸的。他们洗澡也在河里。

他们并不排斥商人，但是，商人只卖抢来的东西，而不是自己生产的东西。葡萄酒是禁止进口的，因为葡萄酒会让人变得软弱。他们喜欢本地饲养的马，个头小却很结实。他们不喜欢其他地方产的、看上去既漂亮又高大的马。他们可以熟练驾驭没有安装马具的马，必要时还随时可以下马作战。

斯贝比人在战斗中取得胜利，征服其他部族后，不会像罗马人那样，兴建殖民城市，也不会融入当地人中间，他们会明确区别征服者

和被征服者。他们常常放任自己领地的周围成为荒地，他们认为，正是荒芜的土地才是自己强大的证明。恺撒听说这片无人之地宽达 900 公里，不允许其他部族进入。

生活在莱茵河以东的日耳曼人中，乌比人不是最强却是最大的一个部族。乌比人也位于莱茵河中流一带，在斯贝比人的下方。因为这个部族生活在莱茵河附近一带，与高卢人的交流很多，文明程度较高。斯贝比人曾多次攻打乌比人，终因对方人口太多，无法将他们全部赶走，于是，退而求其次，满足于收取年贡。他们放弃征服乌比人，继续入侵莱茵河下流，也就是集中在北方的部族。乌西佩提人和帖恩库贴利人就是斯贝比人的下一个目标。为了避免被征服后沦为奴隶，他们选择了横渡莱茵河，进入高卢。

了解这些情况后，恺撒认为，公元前55年的敌人只能是日耳曼人。他的目的不是要占领莱茵河以东，真正的目的是要让善变的高卢人不敢再有异心。恺撒说过，高卢人轻信传言，还会给传言披上自己想要的色彩。当然，恺撒没有向高卢人透露自己的真正用意，他只是要求高卢人提供骑兵。因为日耳曼人骑兵力量很强，和他们作战，骑兵必不可少。同时，恺撒判断，提前采取行动，防止事态扩大很重要，于是率领军队，早早开始向东进军。他的行军路线是，离开诺曼底的冬营地，跨越塞纳河后继续向东北前进，然后横穿比利时，经过荷兰南部，再从德国西北部到达莱茵河。很显然，目标是日耳曼。

得知恺撒临近的消息，乌西佩提人和帖恩库贴利人急急派出使者，他们甚至哀求恺撒，说是因为遭到斯贝比人的驱逐，这次部族迁移是不得已而为之，他们只能来莱茵河以西。语气中表明了他们的决心，万不得已之时，宁与罗马军队一决生死。对此，恺撒是这样回答的："连自己的领地都守不住，这样的日耳曼人，自己是不会允许他们移居莱茵河以西的。如果你们说没地方可住，我可以说服乌比人，请他们割让土地给你们。"正好这时为斯贝比人的蛮横头痛不已的乌比人的使节来到恺撒的营地，他答应把恺撒的意见带回去，与族人商量。这一天，乌比人的使节回去后，恺撒与日耳曼人的两个部族的使节进行了第二次谈判。其间，恺撒没有停止行军，只是减少了一天的行军路程。他还命令走在最前面的骑兵团不得与任何人发生冲突，因为恺撒不想在谈判期间有军事行动。

究竟是和还是打，情况尚不明朗。就在这微妙的时刻，日耳曼骑兵袭击了罗马骑兵。受到出其不意的打击，罗马方面损失了 74 名骑兵，于是，恺撒放弃了和谈。他不能再把时间浪费在谈判上，他马上召开了军团长会议。这一天，距离敌人 12 公里。

可怜的是日耳曼两个部族的长老们。第二天一早，为了解释前一天的过失，为了赔罪，他们来到恺撒营地，却被恺撒抓了起来。同时，恺撒下令全军出动。前一天遭袭受挫的骑兵团担任后卫。离开营地时，已经摆出罗马军队特有的三列阵型。

平时没有战事的时候，罗马军队的行军速度是每小时 5 公里。此时，不出两小时，他们就到达了日耳曼两个部族的所在地。一切都在日耳曼人的意料之外。罗马军队突然出现。日耳曼人没有首领，无人指挥战斗。同行的女人、孩子大声哭叫。因为前一天战友被杀，狂怒的罗马士兵涌入了惊慌失措的日耳曼人营地。日耳曼人的营地不同于罗马人的营地。罗马人的每一个营地都很坚固，有壕沟和屏障相护。他们的营地却非常简陋，帐篷四周只是用运货马车相围。营地内乱作一团，有人试图拿剑抵抗，也难以施展。在这种情况下，日耳曼人能做的只有扔下武器和军旗，四散逃窜。逃出来的人向莱茵河跑去，遭到恺撒的骑兵队追杀。因为前一天的事件，他们心中充满了仇恨。就在河边，他们大开杀戒，大多数日耳曼人被杀。罗马军队除了少数人受伤，没有人阵亡。

恺撒没有说明当天逮捕了多少日耳曼人。日耳曼两个部族总数 43 万人中有的被杀，有的逃到了遥远的地方。关于这次与日耳曼两个部族的战斗，恺撒没有用“战斗”这个词，而是用了“杀戮”一词。面对超过 10 万人的敌人，不曾交战就达到了目的，这是一个成功的例子。

恺撒一贯的方针是，保障外交使节的安全是文明人必须遵守的规则。既然如此，为何他还攻击这两个部族呢？这不是自相矛盾吗？事实上，通过杀戮取得胜利的消息传到罗马后，小加图在罗马元老院会议上就对他进行了弹劾，说他谈判期间突袭敌人，有违外交礼仪，应该把他引渡给日耳曼人。好在这一年的执政官是庞培，以他为首的高层都表示反对。理由是，和平谈判在我方74名骑兵惨死在敌人骑兵剑下时，已经结束。恺撒也这样写道，第二天长老们前来谢罪，“对我们来说，乃一大幸事”。但是，不管怎样，这次进攻是在未宣告和谈破裂的情况下发起的。

姑且不论是否有违文明人的礼仪。对于当事人来说，无论是政治上，还是军事上，这个问题都很难处理。罗马骑兵认为，双方正处于休战期间却有自己的74名战友无辜遭到杀害。他们不是罗马公民，他们是高卢人。他们所属的部族接受罗马统治，与罗马建有同盟关系。但是，只要参加罗马军队，就要对他们和恺撒指挥下的罗马公民一视同仁。因此，面对属下74名骑兵被杀，为了军队的凝聚力，总司令恺撒也不会允许结果尚不明了的谈判继续下去。还有，如果知道恺撒对己方士兵惨遭日耳曼人杀害而置之不理，一定会影响高卢各部族的心理，毕竟，被杀的骑兵是他们提供的。恺撒和日耳曼人作战时，眼睛不会只盯着日耳曼人，他还要随时关注背后的高卢人。

不管怎样，公元前55年，是恺撒继公元前58年之后第二次大胜日耳曼人。高卢人在与日耳曼人的战斗中，几乎都以失败收场，因此，罗马人取得的两次重大胜利，对高卢人应该影响很大。恺撒比谁都清楚宣传的重要性，因为“人都会轻信传言，还会给传言披上自己想要的色彩”。

结束了对日耳曼人的杀戮，回到营地后，恺撒下令释放被抓的长老们。然而，得知自己部族的命运后，长老们恳请恺撒让自己留下来。他们担心自己一旦离开罗马军队，周围的高卢人会乘机报复，因为他们曾经掠夺过高卢部族。恺撒答应了。恺撒未做休整就开始实施横渡莱茵河的计划，对于罗马军队来说，这是第一次，当然对于罗马人来说，也是头一回。

恺撒这样写到，用小船或木筏渡河，无论对恺撒还是对罗马来说，都是既不安全又不体面的事情。这很令人感到意外，不知道是因为他不愿意学当年的迦太基人汉尼拔，还是不愿意用野蛮人的方法。当年汉尼拔横渡罗讷河时就是靠木筏和小船渡的河，野蛮人日耳曼人入侵高卢时也是用木筏和小船横渡莱茵河的。总之，他要利用横亘在日耳曼人和高卢人之间的莱茵河，进行一次大宣传。只有采用出人意料的方法，才会达到最大效果。对待未开化民族，只要利用罗马人的技术，就可以制造出出人意料的效果。

横渡莱茵河

恺撒设想要在这条河道既宽、水流又急的河面上架一座桥，然后从桥上过去，攻打日耳曼人。他的这一设想是史无前例的。为了实现这一体面的过河方法，关于所建桥梁的构造和建造方法，恺撒的笔墨非常生动，极尽详细，犹如现场指挥。后世的人根据他的记录，制作了很多模型。莱茵河上第一座桥被认为建于现在德国的波恩和科隆之间。

> 建桥工程按如下程序进行：首先将直径45厘米粗的木材根据河道的深度，分别锯成不同的长度，然后削尖前端，两根一组，间隔60厘米固定住。接着，用滑车将绑好的两根木桩送入

恺撒建造的莱茵河桥（建设中的想象图）

河中，再利用打桩机将其固定在河床上。为了减小水流的阻力，打桩时，木桩不是垂直向下，而是像屋顶那样，略有倾斜。相距12米的位置，与这组木桩平行，以同样的方法固定另一组木桩。两组木桩之间，架设粗60厘米的桥桁，两端用活栓锁固定在两组木桩上。这样的桥墩，因为所用材料是木头，水中浸泡时间越久越结实。又因为这种造桥的方法可以保证桥墩非常稳固，足以承受水流的冲击。

桥墩建好后，上面用横木相连。横木上面垫木柴，最后铺设桥面。至此，桥就算建成了。此外，为了缓解水流的压力，同时防止敌人利用圆木或船撞击桥墩，破坏桥梁，最后还在桥墩脚下四周，围了一圈木栅栏。

建材备齐后，仅用了10余天时间，莱茵河上第一座桥就建成完工了。恺撒分别在桥的两端安排了守桥的部队，然后率领军队跨过了莱茵河。

这里就产生了一个疑问：恺撒为什么把桥建在这里呢？他在书中没有提，所以我们只有靠推测。我猜想，有以下三个理由：

一、距离杀戮日耳曼两个部族的地点较近。为追杀这两个部族的残余势力，选择在这里过河最合适。日耳曼两个部族因为越过莱茵河，入侵高卢而被消灭。

二、莱茵河的源头是阿尔卑斯山脉，到了这一带进入平原。这里视野开阔，可以看到对岸日耳曼人的活动，减少过河时遭遇敌人突袭的危险。

三、距离西卡恩布利人的领地较近。遭杀戮的日耳曼两个部族的生还者就逃到了这个地方。

一个世纪以后，到了帝国时代，这一带的莱茵河西岸犹如珍珠串一样，出现了无数个罗马军事基地，实现了恺撒以莱茵河为罗马防线的设想。“波恩”一词的词源是拉丁语“Bonna”。按德语的发音，“Kolonia”是科隆。这条防线就以科隆为起点。顺便提一下，第二次世界大战后，德意志联邦共和国定都波恩，一方面是因为柏林属于德意志民主共和国，另一方面，我想或许希望与希特勒一刀两断的德国人，更愿意把自己归为莱茵河以西的人吧。温斯顿·丘吉尔在谴责希特勒领导下的德国人时，犹如古代以莱茵河作为防线的古罗马人，常常说莱茵河对岸是未开化的民族。

回到2 000年前。两年后，恺撒决定再次横渡莱茵河，这次渡河地点也在波恩和科隆之间，只是比第一次往上，距波恩更近一些。选择这个地点，是基于对这一带地势的充分了解。

不管怎样，对于日耳曼人来说，在莱茵河上架桥之举，前所未闻。因此，利用罗马技术的此举，效果显著。甚至在桥梁建设过程中，也没有日耳曼人前来干扰。他们只是躲进了森林，再也没有出来。过了桥，到了莱茵河以东，罗马军队首先攻打的是西卡恩布利人。这个时候，已有不少日耳曼部族派来使者，向恺撒求和。恺撒提出，和谈的前提是人质。恺撒在西卡恩布利人的领地逗留了数日。西卡恩布利人逃走了，他把这里的村落夷为平地。其间，乌比人的长老来访，恺撒向他们表示，一旦斯贝比人攻打乌比人，罗马军队定会施以援手。恺撒要离间生活在莱茵河以东的日耳曼民族。

根据乌比人送来的情报，日耳曼民族中最强大的斯贝比人得知恺撒渡过莱茵河以后，已退至森林深处，正在那里严阵以待。恺撒横渡莱茵河的目的已经达成，他决定回高卢。罗马军一过河就把桥拆毁了。

多佛尔海峡

也许是想利用罗马军队第一次架桥进入日耳曼之地的影响，这一年临近夏末，恺撒决定再采取一次出人意料的行动，横渡多佛尔海峡，攻打不列颠。对于罗马人来说，这又是首开先河之举。

恺撒攻打不列颠的理由是，高卢战争中，不列颠常常派军队支援高卢，因此，有必要切断来自不列颠的支援。但是，恺撒没有把多佛尔海峡对岸的不列颠人和莱茵河以东的日耳曼人同等对待。横渡莱茵河，只是为了震慑日耳曼人和高卢人。而横渡多佛尔海峡，攻打不列颠，则是想将其纳入罗马的统治之下。关于这年后半年实施的这一行动，恺撒是这样写的：

考虑到季节的因素，真正发起进攻，时间不够。但是，上岛（恺撒已知英国是个岛了。——引者注）可以了解当地居民的特点、地势和港口等情况，而这些情况连高卢人也不清楚。

恺撒利用了商人搜集的相关情报。然而，只要有生意哪儿都去的商人提到不列颠，也只知道与高卢隔海相望的坎提乌姆（现在的肯特）。除此之外，关于不列颠岛的面积、居民特点、人口、他们的作战方式和统治方式、大船可以停泊的地点等等，一概不知。公元前 1 世纪的英国太遥远，连商人也不涉足，因此，只能亲自去实地了解。

横渡莱茵河，目标是日耳曼人。之前已经有过两次大胜，但是，和不列颠人，恺撒还没有交过手，没有可用来威慑敌人的胜利战果。因此，他派部下波尔歇努斯先去侦察。波尔歇努斯是一个适合担任此类任务的人。出发前，恺撒叮嘱他，不要冒险，不要暗中摸索。在等候侦察兵的同时，恺撒率领军队进军法国最北部——摩利尼人的领地。因为隔着海峡，这里和不列颠相距最近。这个海峡后来才取名多佛尔海峡，要跨越这个海峡只能用船。如果当时罗马人拥有建造海底隧道的技术，从恺撒对不列颠的觊觎来看，他会毫不犹豫地挖出一条海底隧道来。因为和横渡莱茵河不同，攻打不列颠不是为了示威。前去侦察的波尔歇努斯从船上对不列颠进行观察，所得情报有限。五天后，他带着有用的情报回来了。而登陆作战所需船只也已经开始集结。

不列颠各部族听闻恺撒准备攻打不列颠后，在恺撒尚在组建船队的时候，纷纷派来使节，表示愿意承认罗马统治，送来人质。恺撒接受了。使节带着恺撒的答复返回不列颠时，恺撒让高卢人寇米乌斯同行。他很信任寇米乌斯，两年前，曾帮助他坐上了部族之长的位置。

他交给寇米乌斯的任务是，将恺撒不日攻打不列颠岛的消息传播开去，把尽可能多的部族拉到罗马阵营里来。幸运的是，生活在现在法国最北部的大多数摩利尼人部落，都发誓归顺恺撒。停靠前往不列颠船队的港口就在他们的领地内，因此，恺撒横渡多佛尔海峡，少了后顾之忧。

第一次远征不列颠，带去的军队是第七军团和第十二军团，外加骑兵。运送这支军队的共 98 艘船，其中 80 艘船负责运送 2 个军团，另 18 艘负责运送骑兵团。因为风力的影响，18 艘船停泊在相距 12 公里外的港口。此外，还有几艘战船。尽管带去的士兵都是高卢战争开始后一直跟随恺撒的老兵，但是，2 个军团 1 万名士兵的规模，只能认为，恺撒从一开始就没有打算正式远征。此行的目的只是为了摸清不列颠的情况。8 个军团中，他把 6 个军团留在了高卢，因为，他要防止军队越过海峡后，回来没有港口可以登陆。他把 6 个军团分别派往他认为需要的地方。一个是出发港口的周边，由军团长鲁弗斯率领 3 个军团驻守。另 3 个军团由军团长萨比努斯和同僚科塔率领，负责监督摩利尼人和梅那庇人，他们生活在靠近现在比利时一侧的海边，熟悉大洋。目的是不让他们干扰罗马军队横渡多佛尔海峡。

至于船队是从何处出发的，恺撒没有写。一直以来，人们普遍认为应该是伊提乌斯港。这是摩利尼人的港口，伊提乌斯港（凯尔特）高卢语的意思是内港。如果是这样，虽然我不是很确定，很可能就是现在法国的布洛涅。总之，既不是敦刻尔克，好像也不是距离最短的加来。他们只是利用了高卢人的现有港口，而没有为这次远征选择地势合适的地方新建港口。

半夜后，风向一转南，船队就离开了港口。恺撒下令，运送骑兵团的船队随后跟上。第二天上午 10 点，第一艘罗马船抵达不列颠海岸。时间是公元前55年8月26日，温斯顿·丘吉尔称大英帝国的历史从此时开始，只是，作为大英帝国历史的开始，这一步走得似乎不够有风度。

船队到达的地点偏离了预定的位置，这里的地势和计划中的登陆地点很相似，但是更靠北。海滨很狭窄，背后是高耸的山崖，上面全副武装的不列颠人正严阵以待。山崖不是很陡，足以让他们投掷的投枪和射出的箭命中站在下方的人们。恺撒没有写船队到达的地点究竟是哪儿，因此也只能推测。我想，他们很可能到了那个著名的多佛尔白色断崖的下方。这里并不适合登陆，因此，恺撒没有命令士兵登陆，而是在这里等待后续船队到达，直到下午3点。等待期间，他召开了作战会议，除了军团长和大队长，还让前来进行过侦察的波尔歇努斯参加了。会议的主题是讨论战术。这里的潮汐出乎预料地多变，因此，制定战术时必须把这个因素考虑进去。总司令恺撒要求部下，无论在陆地还是在海上，在任何情况下，一接到命令，所有人都必须迅速行动，并且保证行动正确。

下午临近3点，风向和潮汐都适合航行了，罗马军团包括后续船队，再次起航。事先已经了解到，相距约11公里处有一个海滩与平地相连，于是，决定在那里登陆。然而这里等待他们的又是一个考验，不同于背靠峭壁的海滩的考验。

丘吉尔的祖先不列颠人是恺撒笔下的蛮族，他们一定从陆地上一路追踪在海上航行的罗马军队。罗马军队准备登陆时，他们派出擅长平原作战的骑兵和双马战车打了过来。以下几个因素使罗马军队陷入了困境：

一、运送士兵的船只吃水很深，只能停靠在远离岸边的海上。

二、指挥官和士兵都不得不在地势不甚了解的地方登陆作战。

三、士兵们必须高举沉重的武器，跳入海中，靠近海滩。

四、不列颠士兵的战法很积极，他们从岸边攻入海中，阻止罗马士兵上岸。

结果，在陆地上所向披靡的恺撒属下军队的士兵，在这里，他们的勇猛和机敏失去了用武之地，只剩下呆站着了。见此情形，恺撒想到了一计。

随运输船队一起来的战船此时也停在海面上，恺撒决定让这些战船投入战斗。战船不同于运输船，运输船是帆船，而战船可以划桨前进，比较灵活，而且，战船吃水较浅，可以接近海滩。恺撒下令，所有靠桨划动的平底战船，包括小型通信船，全部投入战斗。按照恺撒的命令，士兵们将石弩和石弓搬上战船，与海岸线平行前进，从船上攻打敌人。这一战术果然奏效，不列颠人第一次见到单甲板平底战船，也第一次见到石弩、石弓这样的兵器，他们惊慌失措，节节后退。

尽管如此，罗马士兵还是不敢跳下海。见此情形，第十军团军旗手叉开双腿，站在船头，高举双手，祈求诸神让自己的决心给军团带来幸运。之后，他大声喊道："战友们，如果你们不想把这面银鹫旗交到敌人手中，就勇敢地跳下去吧！至少，我愿意为国家，为总司令，完成我的任务。"

说完，军旗手跳进海里，举着军团旗，游了起来。同船的士兵紧随其后，跳入了海中。见此情形，其他船上的士兵也纷纷跳了下去。

隔着海岸线，激战开始了。罗马士兵在海中既不能编队，也不能集中到自己的队旗下，甚至没有稳定的立足之处。在这种情况下，他们依然奋力作战。所有人都向距离最近的队旗靠拢，以最近的船为盾，勇敢战斗。但是，由于不列颠人熟悉海底地势，一看到不知深浅的罗马士兵犹豫不决，就适时地攻来。看到士兵们陷入苦战，恺撒又心生一计。他让之前装载兵器的所有单甲板平底战船送士兵们上岸。战船划桨进入浅滩，士兵们跳下船，这才开始展开登陆战。现代战争中，登陆战依然是常用的战术。只要到了陆地上，战斗就属于罗马士兵了。他们迅速编好阵型，明确了指挥系统，随后，进攻就开始了。他们逼得不列颠人不得不选择逃跑。他们没有乘胜追击，因为追击敌人的必不可少的骑兵团船队，此时尚未到达。

逃走的不列颠人派来使者向恺撒求和，表示愿意送来人质，听从命令。和使者一起来的，是高卢人的首领寇米乌斯。他是恺撒派来劝说不列颠人归顺罗马的。但是，到了不列颠后，他就被抓起来了，更别提开展外交活动了，此时，算是被释放回来。

对于不列颠人的求和，本该慎重处理，因为，他们连使节都敢随意抓捕。但是，恺撒接受了他们的求和。原因是，运送骑兵团的 16 艘船眼看就要接近不列颠的海滩，却因为遭遇暴风雨，随潮流漂向西南，结果又回到了大陆。恺撒只带着 2 个军团的 1 万名士兵留在了不列颠，而没有骑兵团。这是登陆后第四天发生的意外。

然而，厄运并未就此结束。这是一个满月的夜晚，大洋上，满月的夜里，潮水落差最大。但是，罗马人不知道。恺撒下令停泊在岸边的平底战船，被突然涨起来的潮水冲到了海上。停在海面上的运输船队也遭到狂风巨浪的袭击，而士兵又无计可施。结果，很多船只受损，或锚被扯断，或绳索被冲走，无法航行。

回家的船没有了，修船的工具也消失在海中了，士兵们神情沮丧。再加上原计划要回高卢冬营，因此，所带军粮不多，也没有计划补给方法。更何况，身处精于骑马和善用战车的不列颠人之地却没有骑兵。得知罗马军队的窘况后，不列颠各部族一致决定，撕毁和约，举全力击退罗马军队，让他们不再有攻打不列颠之心。

恺撒没有向大陆（高卢）要求增派援军，决定依靠现有力量摆脱这次危机。因为，对于陷入孤立无援的人来说，什么也不做，一味等待会更痛苦。因此，他只是通知大陆方面，用高速战船，把修船所需工具送来。

此时，罗马军队面临的首先是安全问题。罗马人无论在何时何地，即便只是一个晚上，宿营地也会按要求，修筑坚固的方形营地。正因为罗马人重视标准化的传统，营地的岗哨也严格按照要求，四方形的营地四边各有一个门，战时分别安排一个大队（600 名士兵）负责岗哨。因此，防守方面，无须担心。

其次是粮食问题。罗马军队通常会带足一个月左右的粮食，因此，暂时不会出现粮食短缺的问题。再加上，只要时间和人力允许，恺撒就会让士兵出去筹粮。因为，只有粮食充足，人才会有安全感。同时，也不管工具是否送到，士兵们就开始着手修理受损船只了。因为没有时间准备新材料，所以只能舍弃受损严重的船只，把这些船上可用的东西用来修复其他船只。就这样，80 艘船中仅牺牲了 12 艘，余下的 68 艘船可以继续在海上航行了。

船只修复工作尚未结束，不列颠人向罗马军队发起了进攻。他们没有攻打营地，却袭击了外出筹集军粮的第七军团。接到这一消息，恺撒在营地四个大门各留下半个大队的兵力，自己带着四个大队立即出发，同时命令余下两个大队，等装备一齐，立即跟上。罗马士兵到达正在收割小麦的地方，看到第七军团士兵被不列颠骑兵和战车围在了中央。

不列颠人用战车的方法与东方人和希腊人不同，双马战车一上来，首先在战场上驰骋一番。车轮发出刺耳的声音，再加上从车上投掷过来的石头，仅此挨打的一方就会陷入混乱。等战车闯入敌人阵地，士兵们就从战车上下来，作为步兵，投入战斗。这时，战车就回到后方等候。一旦战况不利，士兵们可以跳上战车，轻松逃跑。这种战法不仅能发挥骑兵的灵活性，同时又能发挥步兵的持久性，可谓巧妙。

然而，恺撒出现得非常及时。他率领第十军团，勇敢作战，在他们面前，不列颠人的战车也难以阻挡。不列颠士兵跳上战车跑了。恺撒没有骑兵团，只能眼睁睁看着他们逃走。此时，守卫营地的只有两个大队 1 000 人，他必须率领全军尽快回到营地。

考虑到敌人有可能再次来袭，恺撒向高卢人首领寇米乌斯借用了 30 名高卢骑兵。这是他来不列颠时带的。这 30 名骑兵，加上恺撒和幕僚的马，组成了一支骑兵队。尽管不到 60 人，至少下次可以有骑兵上战场了。

不出所料，不列颠人再次发起了进攻，这次攻击的目标是罗马军队的营地。恺撒投入了两个军团的几乎全部兵力，在营地前布阵迎战。这次战斗从一开始罗马军队就占据了优势。敌人败走，罗马士兵尽最大可能追击，杀了很多不列颠人，烧了他们的粮仓。

这场战斗结束后，不列颠人再次派来使者求和。恺撒提出人质数加倍，并要求把他们送到高卢。而这也给了恺撒离开不列颠的机会和理由。他真正的意图是，尽早回到高卢，在进入气候恶劣的冬季之前，横渡多佛尔海峡。

恺撒在书中写到，因为风向和潮流合适，起航时间定在半夜以后。但是我想，应该还有一个理由，那就是，这个时间不会有不列颠人出来扰乱。不管怎样，回程很顺利，除了两艘船向南偏离，只能停靠在其他港口。余下船只全部安全回到了伊提乌斯港。

此时的高卢，因为军团长们的努力，各部族都很安稳。恺撒决定把公元前 55 年至前 54 年的冬营地设在塞纳河以北的亚眠地区——根据他的划分，这里是比利时人居住的地方。选择在这里越冬，一方面是为了监视高卢全域，另一方面也考虑到了次年作战的双方的情况。在翻越阿尔卑斯山脉前往行省前，他命令驻守冬营地的军团长们，在冬季里建造尽可能多的船只，同时修复远征不列颠时受损的船。

为了实地考察不列颠，第一次远征充满了惊险。实地考察的目的达成了，只是，作为远征却是一次失败的行动。恺撒写得很坦率。按要求，将人质送到高卢的只有两个部族。但是，无论是横渡莱茵河，攻入日耳曼人境内，还是远征不列颠，这一年恺撒取得的战绩足以使远在罗马的人们震撼，让他们欣喜若狂。当时，罗马人甚至鲜有人听说过不列颠。元老院决定举行庆祝活动，以感谢诸神，并决定破例延时 20 天，充分表达了人们的狂热之情。

公元前 55 年，随着战争季的结束，一位有能力的武将离开了恺撒，他就是小克拉苏。作为出身于富贵人家的子弟，他是恺撒的幕僚。他能力超群，甚至让人们因此忘记了他的出身。因为父亲要赴叙利亚行省任总督，小克拉苏必须随父同往东方。在东方，等待罗马军队的是和大国帕提亚之间的战争。因此，作为总司令的长子，他必须随军。还有，老克拉苏虽然已经年届六旬，却从未参加过真正意义上的远征，所以，对他来说，在高卢战争中积累了丰富经验的儿子，是不可替代的坚强后盾。

恺撒从属下的骑兵中抽调 1 000 人，给了这位还不到 35 岁的年轻将领。罗马军队中骑兵的力量时常不足，因此，恺撒一直很热衷培养高卢骑兵。尽管如此，他属下的骑兵总数也只有 5 000 人左右。考虑到这个情况，抽调其中的 1 000 名骑兵，绝非寻常。提供 1 000 名骑兵不是恺撒的义务，不是法律的规定，也不是双方商量的结果。跟随小克拉苏前往遥远东方的1 000名高卢骑兵，不仅是恺撒送给这位年轻将领的厚礼，也是给老克拉苏的回馈。后者是“三头政治”中的一员，是源源不断借钱给自己的人。翻越阿尔卑斯山以前，恺撒和小克拉苏同行。在这里一别，两人从此再也无缘重逢。

恺撒从此无缘再见的，还有母亲奥雷利娅。关于母亲的死讯，恺撒大概是从不列颠回来后接到的。但是，尽管知道母亲去世，身为行省总督，恺撒却不能越过卢比孔河，回罗马奔丧。母亲一心扑在儿子身上，专心养育儿子，甚至为此拒绝再婚。母亲让他不要有后顾之忧，让他自己选择人生，甚至在政治上为他出谋划策。比起罗马大多数母子，恺撒和他的母亲的关系要亲密得多。然而，母亲从此离他而去了。

恺撒40岁那年前往西班牙南部就任行省总督时，一天晚上，梦见自己和母亲交媾，他大吃一惊。为此，他难得地请占卜师为他解梦。恺撒是个理性主义者，占卜算卦的事通常不会做。根据占卜师的解释，说这是恺撒迟早将征服世界的预兆，他这才放心。《高卢战记》中关于母亲的死，恺撒一句话也没提。这一点和喜怒哀乐挂在脸上的西塞罗不同，恺撒不太爱流露个人感情。

首都改造第一步

上一年的秋末到第二年初春，属于冬营时期。但是，恺撒身兼法国南部、意大利北部和伊利里亚（现在的斯洛伐克和克罗地亚一带）三个行省的总督，自然不可能停留在一个地方休息。一年中他在行省的时间非常少。尽管如此，行省统治依然开展得很顺利，一切都按部就班，非常正常。这要归功于他的组织能力。在行省，恺撒积极任用当地人。在非罗马行省的中部和北部高卢各部族都和恺撒结有同盟关系，但是，他一概不干涉这些部族的内政。在首都罗马，他也果断录用来自行省的人才做自己的私人秘书。行省出身的人虽然享有罗马公民权，却很难真正进入政界。巴尔布斯和奥庇乌斯是他私人秘书中的佼佼者。公元前 54 年，恺撒终于在拉文纳的冬营地踏实下来后，这两个人就常常过来找他。

这个时期，恺撒决定实施城市改造计划，扩建古罗马广场。他之所以大兴土木，大概是因为受庞培的影响吧。因为庞培兴建了罗马第一座永久性剧场和配套的大回廊。此时的恺撒是行省的总督，任期已经延至公元前 50 年，和庞培、克拉苏同年卸任，因此，此后 5 年内，他都不能回首都。不在首都，却要实施如此大规模的计划，必须有一支高效的队伍。这个时期，奥庇乌斯频频前往拉文纳，就是为了这项计划。

古罗马广场是罗马的政治中心，随着时代的进步，广场内的神殿和教堂已经改造得非常宏伟壮观。然而，古罗马广场的规模与 500 年前第五代国王塔奎尼乌斯的时代相比，没有明显的不同。塔奎尼乌斯是把此地定为罗马中心的国王。此时，罗马正在成为“世界之都”。作为“世界之都”的中心，古罗马广场显得过于寒酸，与它的地位严重不符。因此，恺撒决定向北扩建古罗马广场。之所以选择向北扩建，是因为南面有帕拉蒂尼山、西边有卡匹托尔山相阻。在这样的地理条件下，只能向北扩建。至于东侧，是取得战争胜利的凯旋将军入城之路，又因为处于古罗马广场相对次要的东半部延长线上，不适合作为扩建区域。在这个位置上，后来建起了罗马竞技场。

只是广场北侧并非空地，这里商铺、住宅林立。因为恺撒生长的平民区“苏布拉”，此时已经扩至古罗马广场邻近区域。

恺撒计划在扩建后的区域内新建神殿和配套的回廊。在罗马，卡匹托尔山是众神的居所。除了这座山上的神殿，建于其他地方的神殿大多与商业街毗邻，川流不息，既不宁静，又缺少神圣感。恺撒的目的是扩建古罗马广场，同时，兴建一个以神殿为中心的商业街。因为，扩建完成后，这个区域内正面是神殿，另外三面建附设的回廊。回廊中是鳞次栉比的商店，感觉很像威尼斯的圣马可广场。当然，这次扩建的目的是为了使古罗马广场符合“世界之都”中心的地位。因此，不能像“苏布拉”地区的商店那样，前店后家。如此一来，就出现了购买用地的问题。关于这个问题，西塞罗在给好友阿提库斯的信中是这样说的：

> 保卢斯对古罗马广场内的会堂进行的修复工程基本已经完成（这个会堂是埃米利乌斯·保卢斯于公元前2世纪兴建的。他的子孙为翻修该会堂所需的工程费，是恺撒帮忙筹集的）。现在，恺撒自作主张，又要大兴土木。如果这项工程顺利完工，他不仅会赢得民众的赞叹，也因此会获得很高的荣誉。因此，恺撒的朋友们，尤其是奥庇乌斯，竟出资6 000万塞斯特斯用来购买用地。你是不是觉得很好笑。不过，这也证明了，生活在从古罗马广场到自由回廊一带的人们，不肯廉价出售土地。

在帕拉蒂尼山上的高档住宅区，西塞罗用350万塞斯特斯从罗马首富克拉苏手中买下一座豪宅，为此，西塞罗既自豪，又不满。不满是因为他觉得350万太贵了，因此，在他看来，用6 000万塞斯特斯购买用地，实属浪费。在这封信中，他还透露恺撒此时已经有了另一个设想，即在城墙外的马尔斯广场建一个大回廊，用作选举会场，命名“尤利娅回廊”。公元前2世纪中叶，罗马人在布匿战争中战胜迦太基人以后，罗马开始出现公共事业建设热潮。而公元前1世纪中叶的此时，这股热潮再度掀起，主角是庞培和恺撒。

庞培出身于富裕之家，又是征服远东富庶之地的胜利者，因此，他兴建大规模公共事业所需的经费来源，大家都能想象得到。但是，恺撒的钱来自哪里呢？

恺撒最大的债权人是克拉苏。有一天，克拉苏做了一个梦，梦见自己战胜了帕提亚。于是，尽管执政官任期尚未结束，公元前55年的秋天，他就从布林迪西出发，走海路前往叙利亚赴任了。“三头”中庞培是罗马最杰出的武将，声名显赫。恺撒也在战场上大显身手，直追庞培。因此，作为“三头”之一，克拉苏急于在任职地取得辉煌战绩。对于年届60岁的克拉苏来说，远征东方是他最后的机会。为了把握这最后的机会，他甚至不惜拿出了私人财产。恺撒向克拉苏借的债此时尚未还清。不仅没有还清，事实上还差很多，再借已经没有可能。对于恺撒来说，如果克拉苏不能再为他提供帮助，意味着借贷巨款的路被堵住了。因为之前，或者是克拉苏直接借给他，或者是克拉苏为他做担保，从别人那儿借。

难道恺撒和苏拉、卢库鲁斯一样，财物也是从被征服者那里掠夺来的吗？苏拉后来对被征服者做了赔偿，卢库鲁斯没有。恺撒正在征服的高卢地区，不同于苏拉和卢库鲁斯征服的希腊和中近东，这里没有德尔斐或埃皮扎夫罗斯那样的神庙，因此，没有信徒带着财宝从地中海各地前来祭拜。这里是落后的高卢。虽然部族的权贵人家有黄金制品，但是，普通民众的经济条件，与富裕的东方人不可同日而语。高卢战争结束后，恺撒向高卢全境征收的税金，一年是4 000万塞斯特斯，只是购买古罗马广场扩建工程用地所需费用的三分之二。就算再榨，金额也有限。再说，恺撒有意想把这个地区纳入罗马的统治之下，因此，向被征服地区课以重税，压得他们喘不过气来，实属愚蠢之举。

既然在高卢筹不到钱，难道是靠卖战俘得到的钱吗？但是，被恺撒卖作奴隶的战败者，只是那些撕毁和约再次向他挑起战事的人。普鲁塔克在他的著作中这样写道："高卢战争后，沦为奴隶的人数高达百万。"然而，研究者们却一致表示，这个数字不真实。他们认为，公元前55年，高卢战争的中期，10万左右的数字比较可信。如果按当时每个奴隶的平均售价为200塞斯特斯计算，要达到购买建筑用地所需费用，至少要卖出30万人。因此，卖奴隶筹钱的说法也难以令人信服。

那么，恺撒是如何筹措所需经费的呢？我们必须注意到这样一个史实。去高卢前，曾经负债累累的恺撒，随着高卢战争的展开，不知何时，手头开始变得宽裕了。在高卢，掠夺行不通，苛捐杂税金额有限，依靠卖奴隶也不够支付购买用地的费用。然而，只能在高卢施展拳脚的恺撒，经济状况却明显好转，这究竟是为什么呢？

也许因为这个问题太俗，不宜作为学术问题来研究吧。研究者中没有人提到过这个问题，因此，只能从古罗马时代的书籍中寻找蛛丝马迹，并以此为依据进行推理。我的猜想是，在高卢，他把特权商业化了。这不是我一个人的观点，以《三分钱歌剧》(*Die Dreigroschenoper*)闻名的德国剧作家贝尔托·布莱希特，在他的《尤里乌斯·恺撒的经营之道》(*Die Geschafte des Herrn Julius Caesar*)中也有这样的推论。

高卢位于莱茵河以西。恺撒欲在高卢全域开展罗马化运动，用恺撒自己的话说，就是"文明化"运动。尽管他本人才智超群，不，正因为他才智超群，所以他知道，利用经济可以推动一个民族走向文明。而且这样做，远比读西塞罗优美的散文和卡图鲁斯充满感情的韵文有效得多。因此，恺撒积极鼓励罗马人和高卢人进行通商。

古往今来，商人对新兴市场的反应总是很敏锐。生活在意大利半岛的罗马商人，其中大部分是意大利南部行省享有罗马公民权的希腊人，他们大举越过阿尔卑斯山脉，向北进入高卢。恺撒向商人们开放了自己用军事力量征服后的高卢。只是，在高卢的通商权不是无偿的，毕竟这是他辛辛苦苦打下来的地方。因为恺撒的经济状况不是突然得到改善的，所以通商权可能是有期限的。他很可能通过每年更新通商权，从而保证了其稳定的收入。

特权这种东西一旦放手，就有可能失控。确保特权不被滥用，是政治的事情，恺撒自然不会忘记。尽管高卢全域尚未完全收服，但是，他已经制定了详细的统治政策，包括税制。他要防止为追求利润而滥用特权，只是他没有限制回扣。

下面是我推测的两个依据：

一、他无法再向克拉苏求助，因为一年后，克拉苏死了。正好这个时期，恺撒的经济状况开始得到长期稳定的改善。岂止是改善，从来只向别人借钱的恺撒，甚至有钱可以借与他人了。

二、五年后开始的内战中，法国南部的马赛，作为庞培阵营的一分子，与恺撒刀剑相向，究其原因，是马赛人对他怀恨在心。传统上，和中部及北部高卢之间的通商，从来都是马赛商人独霸一方。但是，因为高卢战争，罗马商人取代他们，掌握了和高卢人之间的通商权。

不管怎样，恺撒开发了一条生财之道，既不是通过掠夺，也不是征收苛捐杂税。布莱希特通过对史料进行深入研究，并以此为依据，撰写了小说《尤里乌斯·恺撒的经营之道》。该书写到公元前60年恺撒当选执政官为止。不清楚布莱希特是否想过再续写高卢战争时期的恺撒。因为，布莱希特在写完《尤里乌斯·恺撒的经营之道》的那一年，离开了人世。这位作家是个现代意义上的共产主义者，充满了批判精神。布莱希特通过和恺撒关系密切的一个人——此人最初是恺撒的债权人，后来是恺撒的一位秘书——之口，将恺撒和金钱的关系概括如下：

> 每次看到他应对债权人的姿态，我都会从心底升起一股敬意。我觉得他对金钱的态度非常超脱。
>
> 他并不渴求金钱，也没想过要将他人的钱据为己有，他只是把别人的钱和自己的钱混为一谈，不分彼此罢了。他所有行为的前提是，所有人生而为他。我常常感慨于他对金钱的超然。他的这种态度往往会感染债权人，让他们放下心中的担忧。他总是这样泰然自若，这就是著名的恺撒。

高卢战争第五年（公元前 54 年，恺撒 46 岁）

公元前 54 年春，恺撒越过阿尔卑斯山，来到军团的冬营地。上一年冬天离开冬营地时，他曾对属下士兵分配了一系列任务。此时，看到士兵们完成得很好，恺撒非常满意。远征不列颠的运输船建造得也很完美。考虑到登陆作战及气候变化等因素，他要求建船时要降低船身高度。所建运输船只共 600 艘，单甲板平底战船 28 艘。因为可以划桨前进，所以平底战船的灵活度较高。总司令把士兵集合起来，大大地夸奖了一番。他说：“此地材料调度如此不易，你们的任务却完成得非常出色。”受到总司令的夸奖，军队士气大振。恺撒接着下令，将备好的船只集中到伊提乌斯港，上一次远征时的出发港。他估算，从伊提乌斯港出发，到达不列颠，航行距离约 30 罗马里（约合 45 公里）。现在看来，他的估算非常正确。同时，他预计航行所需时间为七八个小时。

前往港口前，恺撒必须优先解决一个问题，那就是生活在莱茵河附近的特雷维利人。这个部族没有归顺罗马，也不再参加一年一度的全高卢各部族首领会议了。不仅如此，恺撒还接到情报，说他们正在号召莱茵河以东的日耳曼人，要他们渡过莱茵河共同作战。为了避免罗马军去了不列颠以后失去返航登陆地，因此出发前必须对特雷维利人采取行动。

特雷维利人的骑兵战斗力号称是高卢最强悍的，同时，他们的步兵战斗力也不容小觑，只是，他们尚未与恺撒的军队交过手。该部族是高卢人，由很多小部落构成。统领这些小部落的，是契恩杰托利库斯和茵多提欧马鲁斯两人。得知恺撒的军队接近后，契恩杰托利库斯联合属下各小部落，首先向恺撒提出了和谈要求。在对待罗马的态度上，茵多提欧马鲁斯属于强硬派，但是，当他知道契恩杰托利库斯已经表示归顺罗马后，担心自己被孤立，于是也表示希望进行和谈。

恺撒并不十分相信他们的诚意，但是，他的目的是阻止特雷维利人图谋不轨，因此，他同意和谈，并提出，为了表示他们和谈的诚意，特雷维利人必须送来 200 名人质，与其他部族相比，人质人数多了许多。在对方送来人质、签署完和约后，恺撒这才率领 4 个军团和 800 名骑兵，向伊提乌斯港出发了。600 艘运输船中有 50 艘因为遭遇风暴尚未到达，其余 550 艘运输船和 28 艘单甲板平底船已经在伊提乌斯港内集结完毕。

这是恺撒第二次远征不列颠。第一次只带了2个军团，没有骑兵。与上一次相比，第二次远征不列颠时，恺撒决定带5个军团和2 000名骑兵。2 000名骑兵中大多数来自高卢各部族。一方面，骑兵战斗力必不可少，另一方面，高卢骑兵团是由高卢统治阶级成员组成的，带他们参加远征不列颠，事实上，也是把他们当成了人质。对于恺撒来说，远征不列颠期间，高卢的稳定至关重要。

但是，埃杜伊人的权贵杜姆诺利库斯认为，此次远征规模过大，他请求恺撒允许自己留在高卢，理由是，他害怕大海。同时，出于宗教上的理由，也不允许他参加这次远征。恺撒当然不会答应。杜姆诺利库斯深感绝望，于是召集其他部族骑兵队的队长，说恺撒带他们去不列颠，是想借机杀了他们。考虑到埃杜伊人在高卢是举足轻重的一个部族，因此，听说此事以后，恺撒决定耐心劝导杜姆诺利库斯。正巧这期间刮起了西北风，船出不了港。恺撒就利用这个时间，对他们展开了说服工作。高卢的骑兵队队长好像被说服了。

25天后，西北风终于转成了西南风。恺撒下令，全军立刻登船。然而，杜姆诺利库斯趁着登船出现的混乱，带着自己部族的骑兵逃走了。得此消息，恺撒立刻中止上船，命令骑兵追捕逃兵。恺撒明确指示，如果对方拒绝回营，只需杀死杜姆诺利库斯。这位埃杜伊人的骑兵首领，死前还高喊自己是自由人。结果，除了被杀的杜姆诺利库斯，其余高卢骑兵全体返回了营地。恺撒再次下令，全体士兵登船。

恺撒给副将拉比埃努斯留下3个军团和2 000名骑兵，负责以下任务：

一、保护出发港口周边的安全。

二、监视高卢全境，如果发现异动，立即采取相应行动。

三、确保远征军的补给。

一切准备停当，恺撒率领5个军团和2 000名骑兵，于傍晚时分离开了港口。5个军团中第七军团和第十军团参加过第一次远征。此时海上刮的是西南风，很平稳。因为有过上一次的教训，这一次骑兵和步兵没有分船而行，而是混坐一条船上。运送士兵的船有578艘，紧随其后离开港口的，还有200多艘私用船，也就是商人们搭乘的船。

恺撒对这次远征用的运输船只进行了全面的改良，为了方便登陆作战以及便于停靠海岸，降低了船身高度，而且，改造过的船不仅可以用船帆前进，还可以靠划桨前行，不再是大洋上只能靠船帆前进的船。我想，这应该算是地中海型帆船吧。因为没有记录显示，只能依靠划桨的时候，是平底战船用绳索拉动运输船的，而且，靠28艘平底战船用绳索拉着550艘运输船靠岸，也不现实。

傍晚时分离开港口的远征军一开始非常顺利，然而，到了半夜，风停了，船队无法按预定航线行进，只能在海浪的推动下漂浮。黎明时分，到达不列颠岛屿的东侧。仔细观察之后，发现这里正是上一年夏天计划登陆的地点。在这里，轮到桨发挥作用了，士兵们拼命划桨。他们非常努力，甚至笨重的运输船和细长的单甲板平底战船几乎同时靠岸。接近正午时分，所有船只全部靠岸。这次登陆地点好像在上一次登陆地点的南边一点。

没有看到敌人的踪影，后来从抓到的俘虏口中恺撒才知道，原来不列颠人看到这一次和上一年不同，船队数量竟有如此之多，非常惊恐，纷纷躲到内陆去了。

第二次远征不列颠

登陆不列颠后，恺撒最初的设想是深入内陆，在那里修筑正规营地，并以此为根据地，攻打不列颠人。然而，很快他不得不修改这个计划。对于恺撒来说，远征不列颠，真正的敌人不是不列颠人，而是与地中海完全不同的北方海洋以及气候。

顺利登陆之后，恺撒下令用绳索将所有船只连在一起，拖上平缓的海滩。之后，留下 10 个大队 6 000 名步兵和 300 名骑兵，负责保护这些船只，自己则率领余下的全军将士进入内陆。

走了约 18 公里后，遭遇了敌人的大军，他们正在背靠森林的河边严阵以待。面对敌人的进攻，恺撒的军队果断应战。他采用积极的战法，让第七军团打先锋，成功击退了敌人。第七军团和不列颠人有过作战经验，他们没有一名士兵阵亡，伤者也很少。但是，恺撒没有乘胜追击。在不熟悉的地方，又是在敌人的领地内，乘胜穷追很危险。

第二天一早开始新一轮进攻。然而，就要到达敌人所在之处时，负责保护船只的阿托利乌斯派来了急使。根据他的报告，前天晚上，受到强暴风雨的袭击，船队受损严重。恺撒立即下令撤退。带着军队回到海边，看到眼前的惨状超乎想象，想必恺撒一时呆若木鸡了吧。

夏季暴风雨如此频繁，在地中海非常罕见。北方大洋不仅风急浪高，而且潮水涨落速度极快。还有强降雨也是地中海难以见到的。

大概负责船队安全的阿托利乌斯认为，船只被拖上岸后，只要把锚放下来，不需要大木桩做支撑就可以固定。地中海气候条件很温和，这样做自然足够安全。但是，这种固定方法在北海狂暴的风和雨面前，不堪一击。更糟糕的是，停靠船只的海滩形成了一个平缓的斜坡。

经过检查，有 40 艘船不能再用了，其余船只虽然受损严重，但是经过修理，应该可以继续使用。我猜想，一个冬天就建起600艘船，这些船应该不会很结实，即使没有偷工减料，想必也是按地中海的气候标准建造的，应该很难承受北海的恶劣气候。在北海，船只的首要条件是结实，而不是速度，也不是灵活度。

此时，修复船只成了最迫切的事情。恺撒从军团士兵中挑选了擅长这方面作业的士兵，将这个任务交给了他们。接着，他向大陆派出急使，要求留在那里的副将拉比埃努斯选派适合做工兵的人过来，同时着手建造新船。还有，为了船只修复工作能顺利进行，也为了保护所有船只的安全，他下令在海滨建造巨大的停船场，把拖上海滩的船只全部围在里面。他一定也考虑到了同来商人的船只的安全，所建停船场足够容纳700艘以上。为了修筑这个停船场，恺撒的本领大概也发挥到极致了吧。罗马士兵不仅找来了大量材料，技术也超常发挥。利用罗马人的技术，不分昼夜突击施工，结果，建成巨大的四方形停船场，耗时仅10天。

停船场建成后，恺撒留下修船的士兵和保护停船场的一个军团及300名骑兵，自己率领余下的全军将士再次进军不列颠岛的内陆。地点是接到船只受损消息时的位置，也是第一次遭遇敌人的地点，距离海滨18公里处。罗马军队到达此处后，遇到了敌人大部队的阻挠。这一次敌军规模远比第一次大得多。因为罗马军队在冬营期间，在高卢各地大兴造船工程，因此，不列颠人早已预料到罗马军队会打过来，也因此和上一年不同，各部族事先已经结成了作战联盟，总指挥是一个叫卡西贝拉努斯的男子，此人在部族之间的纷争中以骁勇善战闻名。

如果忠实于《高卢战记》的叙述顺序，在这里，应该介绍不列颠人的风俗习惯了。普通将领在描述战争时，只会介绍地势和敌军规模等。但是，恺撒不同，他有一个习惯，除了地势和敌军规模以外，他还会介绍看似与战争毫无关系的民族特点、宗教和风俗习惯等。甚至让人分不清，他写的是战记，还是游记。他写到高卢人时是这样，写到日耳曼人时也对这些方面做了详尽的介绍。当然，罗马人对高卢人是有所了解的，而日耳曼人因为有过入侵的历史，因此，对他们也不是全然不晓。只是，关于不列颠人，恺撒在写作前可以说是一无所知。

恺撒关心这些事情，一方面缘于他强烈的好奇心，另一方面应该是他有明确的统治意识。如果只是杀敌、抢掠，之后如一阵风离去，实在无须了解敌人的生活习惯。但是，恺撒不是这样，他会描述与敌军的遭遇，写出敌军的最高指挥官姓甚名谁。读者屏声静气准备接下来看战斗如何开始、如何展开时，他却突然笔锋一转，介绍起敌国的风俗习惯来，这种写作手法实在很高明。因为已经勾起读者对战斗的好奇心，所以即使读者只关心惊心动魄的战斗场面，也会继续往下看。为了向这位别具一格的作家表示敬意，我对这部分做了翻译，括号内是我的解释：

如果传言可信，那么，居住在不列颠内陆地区的是原住民。相反，生活在沿海地区的则是来自高卢东北部的比利时人。他们为了作战或掠夺来到这里，定居下来后，从事耕作。大多数人的名字都是地名，这就很好地显示了他们的出生地。

这里人口非常多，住房也很密集，和高卢很相似。不同的是，家畜数量极多。

流通货币是金币或用秤计重的铁棒。内陆产锡，沿海地区仅出产少量的铁。没有铜，只能依赖进口。除了山毛榉和枞树，森林中的树木种类大致和高卢相似。饲养的兔子、鸡和鹅只是宠物，不能食用，否则，就是犯罪（它们产下的蛋，大概可以吃）。气候比高卢温和，冬天也没有高卢那么冷（恺撒的比较对象很可能是高卢东北部）。

不列颠全岛呈三角形。（恺撒的地理感觉源自不列颠、高卢和西班牙的位置关系，不太准确，因此，关于这部分描述，在此略过不提。但是，他已经知道此时的所在地是曼岛，位于现在的英国和爱尔兰之间。）

根据某书的记载，据说不列颠的北方，冬季有30天时间是持续的黑夜。根据我们搜集到的情报，我们无法判断这一说法的正确性。我们用滴漏做了试验，只得出夜间比大陆短这一结论。

不列颠居民中最人性（最文明）的是生活在坎提乌姆（现在的肯特）地区（多佛尔海峡沿岸）的人们，他们的风俗习惯和高卢人几乎没有什么不同。相反，生活在内陆地区的大部分人没有耕种小麦的习惯。他们吃的是肉和奶，衣服也只是用毛皮遮体而已，而且，不列颠人还习惯把身体染成蓝色。在战场上看到他们，会让人觉得特别恐怖（后来的绅士，在2 000年前也和印第安人一样）。

这里的人普遍都留长发，但是，除了头部和唇上的胡须，身体其他部位的毛发都要剃除。这里实行一妻多夫制，兄弟、父子同有一个妻子的现象很普遍。第一个和处女行房事的男人，为这个女人所生所有孩子的父亲。

接下来该是令读者屏息静气的战斗场面了。不列颠人没有如恺撒的设想，在平原上布阵，和罗马军队展开会战，而是采用了游击战术。未开化民族和文明人之间的战争常采取这种方式。不列颠人是多部族的集合体，再加上当时虽然没有高山，却到处是森林、沼泽和河流。这样的地势，在文明的现代，我们很难想象，却非常适合游击战。

他们常常从森林中突然现身，袭击正在修筑营地的士兵，或突袭正在筹集粮草的战士，罗马军队为此不胜其烦。还有，相比较身体染成蓝色的、半裸的、动作轻盈的不列颠士兵，罗马士兵身负沉重的武器装备，行动笨拙。幸运的是，罗马军队有一位出类拔萃的总司令。他的适应能力极强，又重视搜集情报，善于做出正确判断。尽管敌人在总指挥卡西贝拉努斯的统一指挥下开展游击战，但是不列颠人终究是多部族拼凑在一起的联合军队。恺撒就利用这一点，找到了突破口。

恺撒一改以往骑兵团为前锋的行军方式，采用了步兵和骑兵混合作战的战术。这种战术让游击战中必然采用的小部队波状攻击难以奏效。罗马军利用这一战法，此后每次遇到敌人的袭击都能获胜。当然，恺撒的军队并非毫发无损。他明确写到，阵亡者只有大队长拉比留斯及其他数人，而战斗没有因为埋葬阵亡者和治疗伤者而中断。由此可见，罗马方面阵亡的人应该不多。而不列颠方面，阵亡的人数却只增不减。这也成了导致多部族集合体最后解体的原因，也从侧面证明了恺撒的预测是多么正确。

敌人走出森林，突袭罗马军队的次数大幅度减少。可以看出，敌人的军队已经开始出现分裂。而不列颠人最擅长的战车部队被恺撒的步兵和骑兵彻底击败，这成了各部族决裂的决定性事件。恺撒自然不会放过这个机会，他开始进攻不列颠总指挥卡西贝拉努斯的领地——塔梅西斯河（现在的泰晤士河）以北地区。

对于罗马军队是在哪个地点横渡泰晤士河的，古代人也不确定。恺撒只写了在这条河流上，只有一个地点可以渡河。卡西贝拉努斯的领地位于现在的白金汉郡一带，因此，渡河的地点很可能是伦敦。不管怎样，既然是外人眼中唯一可以渡河的地点，那么，对于当地人来说，确定阻击地点自然不难。事实上，罗马军队刚到泰晤士河河畔，就发现对岸已经集结了敌人的大军，阻止罗马军队上岸的屏障也已建好。

屏障是用一端削尖的木桩依次插入河岸而成，除了看得见的，还有不少没入水下的木桩。根据逃跑者和俘虏的供词，恺撒已知这一情况。只是，敌人也要渡河，因此，木桩和木桩之间的间隔应该不是很密。横渡开始了，罗马军队没有分批分次，而是大举渡河。恺撒让骑兵先行，步兵紧随其后。尽管河水没过头顶，步兵还是举着武器过去了，骑兵也顺利到达了对岸。在迅速且大举而来的罗马军队面前，严阵以待的敌人抵挡不住，只好放弃河边作战，四散逃窜。

在敌人攻打自己领地的这场战斗中，卡西贝拉努斯重视防御胜过进攻。他解散军队，只留下4 000名士兵藏身于森林，开始了游击战。这一战术一时让罗马军队头痛不已，但是，终究不敌罗马军队，卡西贝拉努斯不得不撤回自己的根据地。

说是根据地，并不是高卢人建于山顶的、用城墙围起的要塞。不列颠人心目中的要塞，指的是全部森林。他们把家畜和粮食等运进外人看不见的森林深处，藏身其间，等待敌人。不管怎么说，这里是罗宾汉的国家。

尽管如此，因为罗马人特有的顽强，不列颠人终究没有抵御住罗马士兵来自两个方面的进攻。很多不列颠士兵被杀，侥幸逃脱的士兵逃出森林，像无头苍蝇一样四处乱跑。而按照卡西贝拉努斯的命令攻打罗马军队在海边停船场的肯特地区的族长，受到训练有素的罗马士兵的防守阻击，也失败而归。这次失败和卡西贝拉努斯的逃跑，彻底摧毁了不列颠人的斗志。

有部族派遣使者来到恺撒营地，希望和谈，对此，恺撒欣然接受，条件只有两个，送来人质和提供军粮。由于遭到其他部族抛弃，又在自己领地惨遭失败，并且在攻打罗马军队在海边的停船场也以失败收场以后，卡西贝拉努斯也通过高卢的首领寇米乌斯，向恺撒派来使者，表示投诚。

至此，恺撒认为，这次远征不列颠可以告一段落了。他接受了不列颠联合军队的总司令卡西贝拉努斯的求和，要求是送来人质，交纳一定金额的年贡，同时禁止侵略其他部族。如此大规模的远征，和谈条件却如此简单，恺撒是有理由的：

一、因为需要把控高卢的局势，他没有考虑在不列颠越冬。

二、适合作战的季节已临近末尾，不宜继续远征。

带着人质和俘虏，罗马军队只能分两次横渡多佛尔海峡。恺撒是第二批回高卢的。恺撒要等船队从高卢返回，因此，他离开不列颠的时候快到秋分了。恺撒回高卢的途中，一切顺利。

英国人热衷于研究古代罗马，正因为如此，关于恺撒远征不列颠的意义，成了英国人自古以来争论不休的一个课题。据说，热衷于研究古代罗马的还有德国人。我们从英国学者的意见中多少可以看出他们对德国人很介怀，让作为局外人的我忍不住苦笑。

他们说，像丘吉尔指出的那样，大英帝国的历史始于恺撒登陆不列颠。德国人敢说，德国的历史始于恺撒横渡莱茵河吗？如此言论，非常幼稚，却不是笑话。首先，跨越多佛尔海峡之难，和横渡莱茵河相比，不可同日而语。其次，远征不列颠，并非因为不列颠人入侵高卢。再者，远征之时，恺撒带了很多商人同行。可以说，横渡莱茵

河只是为了展示罗马的军事力量，而跨越多佛尔海峡却不是为了炫耀。征服不列颠需要时间。对恺撒来说，此时最重要的是要稳住高卢。恺撒远征不列颠，不是为了彻底征服不列颠，把它变成罗马行省，留给后人，而是因为他相信，知道了不列颠这个国家，后世一定会有人了解征服不列颠的价值，后人早晚会完成把不列颠变成罗马行省的事业。

恺撒横渡莱茵河，是为了阻止生活在东岸的日耳曼民族入侵高卢。在莱茵河东岸，森林深处连白昼也昏暗无光，攻取这样的地方几乎没有可能，因此，恺撒认为对用罗马方式教化日耳曼民族是不现实的。相反，虽然隔着一个海峡，但是南部肯特地区的不列颠人和西北部的高卢人之间，互有往来。如果他们抱成团，共同对抗罗马军队，将会是一件很麻烦的事。但是，如果把高卢人纳入罗马统治之下，那么，他们之间的交往就可能转变成文明交流。恺撒很可能从这里看到了用罗马方式教化不列颠人的可能性。

恺撒为罗马的未来指明了方向。一个世纪后，罗马皇帝克劳狄乌斯继承并实现了他的愿望，也因此，像丘吉尔这样的英国知识分子，面对德国时怀有一种莫名其妙的优越感。甚至丘吉尔还说过，德国人是河对岸的野蛮人。我很想说，即便在不列颠成了罗马世界的一员之后，它仍然只是一个靠近边境的偏远地区，实在没有必要孤芳自赏。事实上，德国有四分之一的国土位于莱茵河以西，在古代也属于文明世界。尽管如此，研究者有时候出乎意料地幼稚。不过，正因为他们保留了赤子般的纯真，才能保持热情，继续从事研究吧。

结束不列颠远征之行，恺撒平安归来了。然而，这一年高卢的状况不允许他安心翻越阿尔卑斯山脉。问题不是出在高卢人叛乱，而是源于这一年高卢的小麦收成大不及往年。

15 个大队被灭

高卢战争开始以来，罗马军队的冬营地都设在最容易出现问题的地方。全军集中在一个地方越冬，这是恺撒的方针。尽管冬营地的最高指挥官每年更换，但是，在刚征服的地方筑起大规模的坚固营地，全军同在一个地方越冬的方针没有变过。8 个军团 4.5 万人以上的战斗力集中在一起，可以防止高卢人或日耳曼人前来捣乱。然而，公元前 54 年至前 53 年的冬天，全军却不得不分散越冬。因为高卢全域小麦收成欠佳，仅靠一个地方难以满足如此众多士兵的粮食需求。恺撒决定将冬营地分成8处，平均每处安排一个军团越冬。当然，为了避免过于分散，所有营地都集中在高卢东北部，即塞纳河以北，比利时人居住的区域，也就是现在的法国北部、比利时、荷兰南部以及德国西部一带。总之，虽然冬营地分散了，但是，设在容易发生问题的地方这一方针没有改变。各冬营地之间相距都在150公里以内，这个距离，即使在冬季，互相联系或往来都只需几天时间。

法比乌斯率领一个军团，在摩利尼人的领地越冬。

昆图斯·西塞罗（西塞罗的弟弟）率领的军团在涅尔维人的领地越冬。

洛西欧率领的军团在耶斯比人的领地越冬。

副将拉比埃努斯和他率领的军团在雷米人的领地越冬。雷米人对罗马绝对忠诚，不可能发生异动，因此，把冬营地设在这里，显然另有目的。从冬营地所在位置可以看到特雷维利人的所在地。这是刚刚向恺撒表示恭顺不久的一个部族。因此，备受恺撒信赖的拉比埃努斯，真正的任务是监视特雷维利人的动静。

克拉苏的长子随父亲去了东方以后，克拉苏的次子接替了长子的位置。虽然他还是名财务监察官，但是，恺撒也交给了他一个军团。此外，军团长普兰库斯和特雷波尼乌斯也作为冬营地的指挥官，分别筑营越冬。

还有一个冬营地设在最靠近莱茵河的伊布洛斯人领地。一个军团6 000人，外加5个大队3 000人，共9 000名士兵。由于士兵人数多，又处于最前线，因此，这个冬营地的指挥官有两人，分别是军团长萨比努斯和科塔。恺撒留在上一年的冬营地亚眠。他计划等全军分别到达目的地，筑好营地，并从当地筹措好军粮后，向南越过阿尔卑斯山脉，像往年一样，视察行省的统治情况。

恺撒接到女儿尤利娅的死讯，大概就在这个时期。尤利娅嫁给庞培已经5年，虽然是政治联姻，但是夫妇感情十分融洽，令旁人羡慕不已。大概是因为上一年流产后，她身体虚弱，难以承受再次怀孕生育。结果，不仅自己丢了性命，产下来的孩子没过几天也夭折了。

和以前一样，恺撒没有流露自己的感情。《高卢战记》中不仅没有提及此事，甚至字里行间也感受不到一丝信息。后世的人们是从西塞罗写给年轻的托勒巴提斯的信中知道此事的。西塞罗的信写于这一年的10月，托勒巴提斯是他推荐给恺撒的年轻人。在信中，西塞罗是这样写的："对于恺撒的此次不幸，我写信告诉了亲信巴尔布斯，却没有勇气直接写信给恺撒，以表哀悼之情。"

这是继上一年母亲去世后，恺撒失去的第二位亲人。庞培因为爱妻去世而悲痛欲绝，决定把她葬在充满甜蜜回忆的阿尔巴山庄。但是，罗马民众一方面为两大实权人物之间的纽带尤利娅之死扼腕叹息，同时，考虑到职务上的原因，不能回罗马奔丧的父亲恺撒的心情，决定把她葬于历代伟人的墓地。这个墓地位于马尔斯广场。作为一个普通人，这是特例。

在亚眠的大本营，恺撒陆续接到来自各军团的报告，说越冬营地已经准备完毕。但是，恺撒没有立刻动身前往南方行省。推迟出发时间的原因是，根据高卢东北部局势的变化，他需要变换特雷波尼乌斯负责的冬营地点。就在这时却传来了一个令他始料不及的消息。

萨比努斯和科塔率领15个大队的9 000名士兵，抵达目的地伊布洛斯人的领地后，两位首领前来迎接，表示欢迎，并答应提供军粮。之后，营地修筑完成，军粮也送到了营地。事情发生在他们抵达后的第 15 天。伊布洛斯人受特雷维利人的挑唆，突然反目起兵。这一年，恺撒在远征不列颠前曾经攻打过特雷维利人，特雷维利人不敌罗马军队，向恺撒求和，表示愿意归顺罗马。此时，该族首领看到罗马军队分散越冬，认为机会来了。

伊布洛斯人向萨比努斯和科塔负责的冬营地发起了进攻，但是，在罗马士兵的拼死抵抗面前不得不退却。但是，他们并没有离去，还派人来到营地外，希望通过会谈恢复友好关系。

罗马的两名使者从营地出来了。伊布洛斯人的首领很狡猾，他首先感谢恺撒，说恺撒在很多地方都有恩于他们，说他们愿意对罗马军队以诚相待。这位首领告诉罗马的两名使者说：

> 攻打罗马军队的冬营地不是我们的本意，我们是受人挑唆的。我们只是一个弱小的部族，我们不认为我们能打败罗马军队。但是，高卢人雇了很多日耳曼人，他们已经越过莱茵河，只需两天时间就能到达这里。所以，我认为，在他们到达之前，此地的罗马军队拔营转移到昆图斯·西塞罗负责的冬营地或拉比埃努斯负责的冬营地，和他们会合才是上策。我们可以保证你们在我们领地内行军的安全。希望你们明白，我告诉你们这些消息，只是为了报答之前恺撒对我们的厚待。

罗马方面的两名使者回到营地，向萨比努斯和科塔做了汇报。两位指挥官正在纳闷儿，他们想，伊布洛斯人这样一个弱小的部族不可能平白无故地攻打罗马军队的营地。这时，听到日耳曼人不日将抵达的消息，才恍然大悟。然而，在随后召开的作战会议上出现了两种不同的意见。

萨比努斯和科塔都是军团长。萨比努斯出身于贵族阶级，科塔出身于平民阶级，因此，在冬营地，最高指挥官是萨比努斯，科塔位居次席。科塔认为，就算日耳曼人打来，也不能放弃营地，理由是：首先，营地很坚固，军粮也充足。只要 9 000 名士兵严加防守，就可以坚持到援军到来。其次，没有恺撒的命令，不能擅自撤离冬营地。科塔的意见得到了多数大队长和首席百夫长的支持。

冬营地首席指挥官萨比努斯则强烈主张撤离冬营地，理由是，担心错失时机。恺撒肯定已经出发前往行省，各部族因此开始出现了异动。萨比努斯强调，如果日耳曼人到达之前不抢先争取主动，等待我们的不是饿死就是战死。因为得不到与会将官的支持，萨比努斯转而向普通士兵寻求支持，结果，士兵中也出现了动摇。有人意识到意见分歧可能带来的不利，于是居中调解。激烈的争论一直持续到半夜，最后，科塔让步。撤离时间定在第二天一早。

然而，在做转移准备时，指挥官之间再次出现相左的意见。没有人给出明确的指示，什么都舍不得放弃，结果，什么都带上了。为了整理行装，士兵们甚至没有时间睡觉，就这样，迎来了第二天早上。

撤离此地后，是前往 75 公里外的昆图斯·西塞罗负责的冬营地，还是去稍远的拉比埃努斯负责的冬营地，尚未达成一致意见。最后，他们决定相信伊布洛斯人的首领，选择了前往昆图斯·西塞罗负责的冬营地。因为伊布洛斯人的首领说过，他们可以保证在他们领地内行军的安全。然而，这却成了导致不幸的原因之一。

距离冬营地约 3 公里处，道路延伸进入深谷。拉着沉重的行李车在峡谷间行军，队伍势必拉得很长。快要走出峡谷时，先头部队发现了敌军的埋伏。几乎同时，后卫部队也受到了敌人的袭击。为了把军队集中起来，萨比努斯大声呼喊。他只是在大声地喊叫。好在还有科塔，他一一叫着大队长和百夫长的名字，下令立刻编队，围成圆阵。他想用行李车作为外围，士兵们在里面进行防守。但是，在这种状态下，把纵列长队的行李车编成圆阵非常困难。同时，士兵们舍不得行李车上的东西，结果，为了拿自己的行李，士兵们争先恐后拥到行李车前。局面非常混乱，大大耽误编圆阵的时间。

好不容易圆阵编好了。以大队为单位，轮流出战的波状攻击开始了。但是，埋伏在这里的敌军采用投石战术，攻势非常猛烈。罗马军眼看着回到圆阵内的士兵越来越少，战斗从一早持续到下午两点。激战中有两名首席百夫长被投枪刺穿身体，军团长科塔被石块击中脸部，身负重伤。

萨比努斯惊慌失措，派出使者，请求敌方首领放过罗马军队。敌人首领接受了和谈的要求，信誓旦旦地说，绝对保证罗马士兵的人身安全。于是，萨比努斯去找科塔，说服他和自己一起去和敌人会谈。但是，科塔虽然血流满面，却拒绝和战斗中的敌人和谈。

萨比努斯只好命令在附近的几名大队长和首席百夫长，随自己同去。迎接他们的是伊布洛斯人的首领安比奥里吉斯，他要求罗马将官在会谈开始前首先解除武装。萨比努斯答应了，并要求随行将官照办。休战谈判中不知何时，他们被包围了，等待他们的就是杀戮。杀死他们以后，敌人在胜利的欢呼声中再次向守在圆阵内的罗马军队发起了进攻。科塔战死，无数罗马士兵的鲜血染红了寒冷坚硬的土壤。幸存者逃回冬营地。但是，区区兵力根本不足以抵御敌人的进攻。军团旗手找不到人接过银鹫旗，于是举着军旗冲向敌人，战死了。穿越森林，跋涉在险峻的山路上，侥幸逃脱的，仅有数人。他们来到了拉比埃努斯负责的冬营地。

这是高卢战争开始以来，恺撒受到的第一次重创。他失去了三年前新编的第十四军团中的10个大队，以及为增强第十军团的战斗力而从各军团调来的5个大队。根据研究者们的意见，加上这次一次性失去的9 000名士兵，至此，恺撒共损失了1.44万名士兵，相当于失去了整整2个军团。此前，恺撒一直为自己军队牺牲较少而自豪，然而，这次却给了他沉重的一击。

另一方面，伊布洛斯人的首领把9 000名罗马士兵赶尽杀绝后，没有停止其行动，他率领骑兵队，昼夜不息，来到相邻的阿都阿提奇人领地。他告诉阿都阿提奇人，他们打败了罗马军队，并煽动阿都阿提奇人起来共同反抗罗马。接着，又是马不停蹄，于次日赶到涅尔维人的领地，告诉涅尔维人，他们杀了罗马军队的两名军团长，摧毁了罗马军队的冬营地，并劝说涅尔维人共同作战。他们说，联合起来攻打昆图斯·西塞罗负责的冬营地，轻而易举。涅尔维人是比利时人中最强大的部族，被恺撒打败后，向恺撒求和，双方签署了和约。听闻此事，他们将和约之事抛诸脑后，决定起兵攻打罗马军队。他们总计6万名士兵的大军，向着昆图斯·西塞罗负责的冬营地进军了。在这个冬营地只有6 000人，还不足一个军团的兵力在防守。

此时，昆图斯·西塞罗对外面的情况尚一无所知。拉比埃努斯最先得知这一惨案，他派来了使者。但是，使者到达昆图斯·西塞罗负责的冬营地时，周围已经被比利时大军占领。使者也许无法进入，也许被敌人发现后惨遭杀害，总之，昆图斯·西塞罗没有接到这个消息。昆图斯·西塞罗获悉敌人来袭的消息，是外出寻找木材的骑兵遭遇敌人后，火速回营向他报告的。

昆图斯·西塞罗立刻派急使前往亚眠向恺撒报告。然而，他不知道急使在途中被敌人抓获了，还以为急报已经送到恺撒手里。来到高卢以后，昆图斯·西塞罗的身体状况不是很好，甚至可以说是重病缠身。但是，作为冬营地的指挥官，责任感驱使他积极行动起来。他命令士兵们昼夜不停，建起了120座防御塔。防御塔刚建成，敌人就发起了进攻。罗马军队白天防守，夜间修复因敌人的进攻而损坏的地方，连病人伤员都得不到休息。敌人还用投石器将点燃的木棍掷入营地，营地内还需要有人灭火。

比利时军队以为可以轻松拿下这个营地，却遭到了意想不到的顽强抵抗，于是，他们决定试一试欺骗的方法。他们曾经用这个方法成功诱杀了萨比努斯。涅尔维人的权贵中有昆图斯·西塞罗的熟人，他们派出此人，提出停战。他们提出停战的理由如下：

一、高卢东北部全域都已经起来反抗罗马了。

二、日耳曼人将大举越过莱茵河。

三、恺撒和他属下军团长的冬营地都受到了攻击。

四、萨比努斯和科塔已经战死。

因此，他建议昆图斯·西塞罗撤离冬营地，前往同盟军队的所在地，行军途中，保证他们的安全。他还补充说，他们唯一的要求是，罗马军队在高卢境内越冬，不要成为每年的惯例。

对此，昆图斯·西塞罗回答如下：

一、听从敌人的建议，决定自己的行动，不是罗马人的做法，更何况，敌人还全副武装。

二、只是，既然你们愿意停止进攻，解除武装，那么，我可以派使者去找恺撒，接受他的指示。我相信，基于公正的判断，恺撒或许会接受比利时人的请求。

阴谋没有得逞，比利时人只有继续展开进攻。他们效仿罗马人，开始建起攻城体系来了。他们要在营地四周筑一道高 3 米的屏障，挖一条宽 4.5 米的壕沟。他们没有合适的工具，只能用剑敲，用手挖，用上衣运土。尽管如此，因为人多，仅仅用了 3 个小时，就建成了一个周长 22.5 公里的包围网，围住了罗马军队的冬营地。之后几天里，他们又学着罗马人的攻城方法，制造了高台和移动式龟甲车。困在冬营地内的罗马士兵面对的，不再只是 10 倍于自己的敌人，还有高效的攻城战术。

昆图斯·西塞罗负责的冬营地被困的第七天，强风袭击了这一带。比利时人认为时机已到，于是，向营地发起了总攻。但是，防守方很勇敢。既然没有退路，既然只能战斗，士兵们自然不再心猿意马。既然决心已下，心也就定了，尤其是率领中队冲在最前面的百夫长们，更是锐不可当。激战整整持续了一天，罗马士兵守住了营地。

但是，这种状况不可能持续多天。派人出去求援，却迟迟不见援军到来。他们这才意识到，派去搬救兵的人应该都在途中被俘了。于是，他们决定接受一个涅尔维人——逃到罗马阵营来的人——的建议，让他的奴隶带着信去找恺撒。因为是高卢人，只要混进附近农民中间，就不会被认出来。给这个奴隶的承诺是，若成功将信送到，就解除他的奴隶身份。

求援这才成功。直到此时，恺撒才知道昆图斯·西塞罗负责的冬营地正在遭受敌人的攻击，也才知道萨比努斯和科塔率领的 15 个大队已经全军覆没。副将拉比埃努斯应该派人通知他了，很可能信使也在途中被捕。冬天已临近，恺撒和拉比埃努斯、昆图斯·西塞罗之间隔着 250 公里的距离。

收到告急信的时间是下午 5 点左右，太阳快要下山的时分。恺撒立刻派人前往 22.5 公里外的冬营地。这是距他最近的冬营地。他要求财务监察官克拉苏半夜前离开冬营地，率领军团前来亚眠。同时，传令正在摩利尼人领地越冬的军团长法比乌斯，命令他率领军团迅速赶往阿托雷巴提人领地。恺撒计划在前往昆图斯·西塞罗负责的冬营地途中会合。接着，他发出第三道命令，是给副将拉比埃努斯的，内容是，如果冬营地暂时没有危险，就率领军团迅速前往涅尔维人领地。余下三个冬营地，没有送去这样的指令。因为，一来他们相距太远，二来需要他们防止高卢东北部其他部族出现异动。恺撒原打算回南方的行省过冬，因而身边没有军团。尽管如此，他还是组织了一支由 400 名骑兵组成的骑兵队。

第二天早上 9 点，恺撒接到报告，说克拉苏的军团快到了，于是带着 400 名骑兵离开亚眠，在距离亚眠约 30 公里处，和克拉苏一行会合。他命令刚满 30 岁的财务监察官克拉苏去亚眠，保护罗马军队在高卢的大本营。这时，带着副将拉比埃努斯回信的信使也到了。拉比埃努斯在信中向恺撒报告了发生在萨比努斯与科塔军团的悲惨事件。他说，特雷维利人乘胜已经逼近自己的营地，此时距离冬营地只有四五公里，因此，他认为，自己最好守在冬营地。恺撒同意他的意见。但是，这样一来，原计划派 3 个军团救援，现在只能依靠 2 个军团了。迅速的行动将决定一切。

恺撒率领一个军团和 400 名骑兵一路强急行军，途中和法比乌斯率领的一个军团会师。两个军团会合后，军团重装步兵和 400 名骑兵继续强急行军。到达涅尔维人领地后，恺撒抓到一名独自行动的涅尔维士兵，从他口中知道了昆图斯·西塞罗负责的冬营地作战的情形和现状。于是，恺撒许以重金，派一名随行的高卢骑兵给昆图斯·西塞罗送信，告知昆图斯·西塞罗恺撒已到，并指示，如果进不了营地，就把信绑在投枪上，扔到营地内。为了不让高卢人知道信中内容，信是用希腊文写的。

营地被敌人团团围住，高卢骑兵未能进入营地。根据恺撒的指示，他把信绑在投枪上，扔了过去。环绕冬营地的屏障各个关键位置都建有高塔，投枪扎到了其中一座上。整整两天，没有人发现这支投枪，第三天，终于有人看到了。昆图斯·西塞罗在全军面前宣读了这封信。得知援军即将到达，罗马士兵精神大振，他们以焕然一新的面貌抵御敌人。

以涅尔维人为主的比利时军队，也从侦察兵口中知道恺撒正在赶过来，于是，他们撤离包围圈，将攻击目标转向了恺撒。困在营地内的昆图斯·西塞罗知道围困解除后，用上一次成功送出消息的方法，派高卢人的奴隶带着信，突破敌人的队伍，将营地围困解除、敌人正在向恺撒方向进军的消息，通知了恺撒。

恺撒坚信，只有迅捷的行动才是打破现状的关键。因此，这次行军没有带太多的物资，也没有带运输车队。士兵们各自只带了数天的粮食和必需的帐篷。从总司令恺撒到普通士兵，事实上都处于露营的状态。临近半夜时分，高卢人的奴隶带着昆图斯·西塞罗的信来到了正在打盹的恺撒面前。知道敌人大军正在靠近，恺撒马上召开作战会议，告诉大队长和百夫长，明天开战。

第二天拂晓，恺撒和2个军团迎着敌人出发了。走了6公里后，看到流经峡谷中央的溪流对岸，已经有敌人大军等在那儿。根据昆图斯·西塞罗的报告，恺撒知道敌人有6万大军。恺撒有2个军团，却只有7 000名士兵，远远低于军团的定员。因为一个军团的定员是

6 000 人。尽管如此，因为恺撒的到来，敌人对昆图斯·西塞罗负责的冬营地形成的包围之势已经解除，因此，冬营地暂时是安全的。恺撒决定先不与 10 倍于己的敌人对决，他要优先寻找适合作战的地点，并在那儿筑营。

因为只有 7 000 名士兵，又没有运输车队，所以营地规模很小，恺撒要利用这一不利条件。他要求士兵将营地建得尽可能小，帐篷与帐篷之间的通道也比正常的营地窄。他这样做的目的是为了诱敌作战。

第一天，只有骑兵之间发生了小规模的冲突，因为敌人也在等待全军到达。其间，恺撒继续引诱敌人，他早早让骑兵撤回营地，让营地内的士兵东跑西奔，以此制造假象，让敌方以为罗马军队面临大敌压境，惊慌失措。

涅尔维人和伊布洛斯人的联合大军，合计 6 万人，看到恺撒营地内的情形，他们中计了。第二天一早，士兵们争先恐后，没有编队就开始大举越过溪流。他们过了溪流，直扑罗马军队的营地。从溪流边到恺撒的营地，地势呈缓坡上行。高卢人过了溪流之后，开始编队。罗马军队没有人走出营地迎战，高卢士兵继续向前。恺撒还是没有发出战斗的信号，不仅如此，他还命令士兵，脑袋不得露出营地安全屏障。

高卢人彻底放松了警惕，他们向罗马军队的营地内扔投枪、放箭，营地内依然毫无反应。高卢人决定继续向营地靠近，向罗马人喊话劝降，甚至有人大声说："3 小时内投降者，可饶不死。超过 3 小时，格杀勿论。"

这时，恺撒才下令打开营地的四个大门，吹响冲锋号。罗马士兵冲出营地，冲散了成群的敌人。场面犹如罗马人驱散了羊群。敌人是北方的高卢人，身披毛皮，在罗马士兵眼里，他们更像是羊而不是人。受到出其不意的攻击，敌人顾不上迎战，四散逃窜。罗马士兵满怀信心地杀向他们。欲越过溪流逃跑的敌人被后面绕过来的罗马骑兵和正面猛攻而来的步兵夹在中间，他们选择了放下武器投降。罗马方面竟没有出现士兵阵亡。

恺撒没有穷追败退的敌人。一方面，在森林、沼泽遍布的地方，深入追击有危险。另一方面，他也看到敌人损失巨大，战斗力已经大大减少。最重要的是，他需要去救援昆图斯·西塞罗负责的冬营地。

恺撒带领军团当天到达昆图斯·西塞罗的冬营地。看到敌人撤离时留下的攻城武器数量之多、质量之高，恺撒惊讶不已。而最让他吃惊的是，列队迎接他的守城士兵，10 个人中几乎找不出一个完好的人。

恺撒首先表扬了冬营地的负责人昆图斯·西塞罗，接着，逐一叫着每名士兵的名字，盛赞他们的勇敢。但是，令士兵们感动的不只是这个，还有他们看到一向十分注重仪表的恺撒，此时胡子拉碴，头发蓬乱。

第一次在高卢越冬

恺撒胜利的消息以惊人的速度迅速传遍高卢全境。特雷维利人正在向副将拉比埃努斯负责的冬营地接近，一听到这个消息，他们立刻掉头返回。罗马的同盟者雷米人得知此消息后，特意来到拉比埃努斯的营地，表示祝贺。

尽管如此，恺撒还是决定这个冬天留在高卢。高卢战争开始以来，这是他第一次在高卢越冬，原因是，此时高卢东北部的形势还不容乐观。冬营地依然分散在各地，只是在大本营所在的亚眠周边，配备了 3 个军团。因为他要随时准备率领军团，救援需要救援的地方。

然而，损失 15 个大队的 9 000 名士兵和 2 位军团长不是小事，对恺撒来说，这意味着战斗力锐减。这个损失必须设法填补。

话虽如此，恺撒首先要做的是安抚士兵。因为突然失去 9 000 名战友，他们所受的打击非同一般。他召集士兵进行了演讲。无法前来的士兵则通过他们的指挥官，传达恺撒的讲话。恺撒说："这次不幸，皆因军团长萨比努斯判断失误造成，我们只能接受。但是，我们必须保持一颗平常心，毕竟，在诸神的帮助下，以及各位的英勇奋战，我们已经为他们报了仇。"勇往直前的最高司令官的演讲感染了每一名士兵。他们理解了。

这个冬天唯一没有停止反抗的是特雷维利人。最后，副将拉比埃努斯把他们打败了，逼得首领茵多提欧马鲁斯自尽。此后，在东北高卢一带，罗马军队和高卢士兵在相互提防中度过，其间，身在亚眠的恺撒已经想好了次年的战略计划，下一年，必须彻底制伏高卢最好战的那几个部族。

这一时期的罗马

公元前 54 年，恺撒前半年远征不列颠，后半年为镇压高卢东北部的叛乱而奔波。而首都罗马也不是风平浪静。公元前 55 年，庞培和克拉苏"两头"占据了执政官的位置，"三头政治"体制坚如磐石。然而，元老院派的反击也很顽强，公元前 54 年度的执政官选举中，他们成功将自己派系的一个人推上了执政官的位置。而在公元前 53 年度的执政官选举中，当选的两名执政官都来自元老院派。"三头"推荐的候选人全部落选，"三头"沦为在野党。庞培的消极表现是"三头"失败的原因，此时的他正满足于曾经的荣耀和罗马第一个永久性剧场建设者的名声。当然，作为当代最伟大的武将，庞培对普通民众的影响力依然巨大。元老院派反对“三头”，主要目标是恺撒，因此，他们要离间庞培和恺撒。以前也曾做过尝试，只是因为恺撒利用“卢卡会谈”成功回击，迫使元老院派不得不退让。但是这次，他们认为机会到了，原因是庞培的妻子、恺撒的女儿尤利娅死了。公元前 54 年冬天，他们再次尝试离间“两头”，但又没有成功。一方面，庞培因为爱妻之死，悲痛欲绝。另一方面，庞培有武将的自尊，他不允许自己在维系双方关系的纽带尤利娅刚刚离世，就做出背叛之举。再加上，“三头”之一的克拉苏正在东方备战大国帕提亚。因此，公元前 54 年和前 53 年的大部分时间，首都罗马的政局处于“三头”和元老院派相互抗衡的对峙状态。

如果相互敌视的两派中有一派擅长政治，罗马也不会出现问题。但是，在这一年半的时间里，无论是“三头”之一的庞培，还是元老院派的首脑层，都没有显示出他们的政治才能。尤其是元老院派，占着两位执政官的位置，更暴露了他们统治能力的欠缺，空有“执政党”的名声。因为这个时期，罗马有两个“院外团”，分别由克劳狄乌斯和米罗擅自组织的。这两个团伙把罗马搅得天翻地覆，暴力事件屡见不鲜。克劳狄乌斯以平民派自居，因此，如果庞培想要约束他，并非没有可能。但是，庞培无心这样做。米罗自称属于元老院派。然而，对于米罗，连元老院派的权威人物西塞罗也只是感叹世风日下。因为担心再次遭克劳狄乌斯的报复，西塞罗不敢站出来，而采取了姑息迁就的态度。在罗马市中心，即使非选举期间，也充斥着暴力，流血事件频频发生。稳重而有良知的元老院元老为罗马的未来忧心忡忡，却没有办法改变现状，也缺少为改变现状而采取行动的意志力。他们很有学识，尤其是西塞罗更是才华出众。但是，包括西塞罗在内，他们能做的只是追忆过去，感慨“那个时代”才是理想的罗马。

他们口中的“那个时代”，是在元老院主导的共和政体之下，领导阶级和普通民众团结一致，共同对抗迦太基的战争时代，是西庇阿·阿非利加努斯和西庇阿·埃米利乌斯不为私利只为国家建立功勋的时代。“那个时代”勾起了他们的悲观情绪。

任职地受到敌人攻击时，行省总督有责任率领军队迎战。因为保护行省安全，是他的职责。而攻打别国，则需要得到元老院的许可。但是，恺撒攻打高卢中部和北部、横渡莱茵河，甚至跨越多佛尔海峡远征不列颠等，都没有征得元老院的同意。仅此，他的举动已经超出了元老院可以容忍的范围。话虽如此，恺撒属下的士兵没有拒绝作战，因此，元老院不能像对待卢库鲁斯那样，撤去恺撒的职务。还有，因为恺撒取得的一次又一次胜利，令罗马民众欣喜若狂。如果此时元老院决定召回恺撒，只会引起众怒。再有，公民大会通过决议，将恺撒的行省总督任期延到了公元前50年，和庞培、克拉苏同时离任。虽然这个决议没有通过元老院，但是，公民大会的决议也是严肃的决议，因此，元老院也不能以法律的名义，拿恺撒开刀。关于这一点，恺撒比谁都看得清楚。正因为他看得很清楚，所以他才把公元前53年的战线集中到了离首都罗马最远的高卢东北部。至于上一年冬天失去的兵力，他也擅做主张，没有征求元老院的意见，大张旗鼓地招兵买马，以补充战斗力。不管罗马的情况如何，高卢战争必须继续下去。

高卢战争第六年（公元前53年，恺撒47岁）

战争进入第六个年头，这个时候，恺撒统率的军力情况大概是这样的：

首先，恺撒就任高卢三个行省的总督时，罗马国家政府给了他4个军团，即第七、第八、第九和第十军团。为了阻止赫尔维提人（瑞士人）的大规模迁移，他新组建了2个军团，即第十一和第十二军团。因为他没有事先征求元老院的同意，所以这2个军团的经费他自掏腰包。也就是说，战争第一年，恺撒手中的兵力是以上这6个军团，共计3.6万人。

战争第二年，即公元前57年，恺撒又招募了2个军团，同样未事先征得元老院的许可，因此费用自负。这2个军团就是第十三军团和第十四军团。就这样，恺撒有了8个军团，其中4个军团是正规军，可以从罗马国内，也就是从北自卢比孔河、南至墨西拿海峡的意大利半岛招募志愿兵。而新组建的4个军团，因为未征得元老院的批准，所以只能在意大利北部行省，也就是“阿尔卑斯山南高卢”进行招募。当然，他们都是罗马公民。因为罗马有规定，军团士兵必须是罗马公民。意大利人称阿尔卑斯山南高卢为“穿托加长袍的高卢”。和其他行省相比，这里受罗马影响的程度很高，因此，享有罗马公民权的人也很多。只要解决了钱的问题，在这里招募志愿兵应该不是难事。

公元前56年春，“三头”在卢卡举行会谈，决定了恺撒、庞培和克拉苏三人的行省总督任期都是5年，统率的军队都为10个军团。只是这一年，恺撒还不能将名下的军团增至10个，因为，“卢卡会谈”的这一决定此时还是秘密。只有在次年，即公元前55年，“三头”中的两人就任执政官后，才能拿到公民大会上进行表决，况且，这个决定在公民大会上获得通过后，必须等到再下一年，即公元前53年，庞培和克拉苏以前执政官的身份就任行省总督时，恺撒的任期才能再延长，同时获得10个军团的指挥权。因此，在公元前56年

和前55年，他只能率领4个正规军团和4个自费组建的军团，共8个军团参加战斗。

到了公元前54年，他才正式有了10个军团的指挥权。但是，恺撒没有急于扩充军队，而是保持了8个军团的战斗力。他只是将其中4个自费组建的军团变成了正规军，也因此，军费变成了由国家负担，而无须再自掏腰包了。恺撒不扩充军队，大概有两个原因：首先，来自高卢各部族的士兵是可以信任的，因为他们所属的部族都和罗马建有同盟关系，承认罗马的统治，其中包括埃杜伊人。也就是说，位于高卢中部和北部的埃杜伊人和雷米人等部族，都与罗马保持了友好的关系。罗马人称意大利北部行省为“穿托加长袍的高卢”，称法国南部行省为“穿裤子的高卢”，意思是依然穿高卢式服装的高卢。和这两个行省不同，罗马人称中部和北部高卢为“长发高卢”。

其次，士兵人数未必越多越好。恺撒认为，素质不如敌人的士兵，越多反而对自己越不利。最重要的是，士兵人数少，军粮的问题就相对容易解决。

然而，公元前54年临近年末，第十四军团外加5个大队的9 000名士兵全军覆没，2位军团长也未能幸免。加上之前的阵亡者，恺撒合计已经损失了近1.5万名士兵，相当于2个军团加2个大队的兵力，因此，此时恺撒手下实际上只有6个军团的兵力。罗马男子普遍留短发，中部和北部高卢的男子留长发。也就是说，中部高卢和北部高卢还没有被罗马同化。虽然他们承认罗马的统治，也为恺撒提供兵力，但是很难保证他们不会变心。在亚眠，刚进入越冬期，恺撒就派了3名军团长前往意大利北部行省，交代给他们的任务是新组建2个军团。同时，恺撒给庞培去了一封信，向他借一个军团。庞培没有前往西班牙，此时还留在罗马近郊。但是，他是远近两个西班牙行省的总

督，行省总督有权组建军团。

庞培答应了恺撒的请求，他把自己组建的一个军团送到了恺撒身边。这个军团和恺撒新组建的两个军团就要进入高卢，因此，需要有3名军团长分别率领这3个军团。

恺撒本人有权组建10个军团。为什么他不行使这个权力，却大费周章地向庞培借他组建的军团呢？难道这是向元老院派打出的牵制球？因为此时元老院派已经开始在谋划离间这“二头”了。

冬季快结束的时候，3个军团来到了亚眠，恺撒将这3个新加入的军团分别命名为第六、第十四和第十五军团。曾经的第十四军团惨遭全军覆没，用它来命名新军团，恺撒一点也不在意，新第十四军团的士兵们也没有顾忌。他们似乎没有吉不吉利的想法。

除了第十四军团，其他军团尽管没有遭到全军覆没，但是，军团士兵人数应该远远低于一个军团的定员人数6 000人。假设旧第十四军团按定额满员，那么，其他军团中已经有7 000名士兵阵亡。7 000人相当于12个大队。也就是说，各军团的兵力平均减少了六分之一。在这种情况下，罗马其他将领通常会把新兵补充到各军团。但是，恺撒没有这样做，他把新兵编成独立的军团，理由是，他很重视军团的同一性，也因此，恺撒的士兵对自己所属的军团有非常强烈的归属感，他们很以自己的军团为荣，军团就是他们的名片。只要报上是恺撒属下第几军团的士兵，甚至在别国的国王、部族首领那里，也一样好使。

就这样，高卢战争进入第六年的这个时候，尽管每个军团人员严重不足，恺撒终于有了10个军团。而调集军粮的事情，也在已经征服的地方有了稳定的来源。假设新编的3个军团满员，为1.8万人，其他7个军团，假设是定额的六分之五，则为3万余人，那么，步兵

战斗力加起来就是5.3万多人。骑兵号称有4 000骑，因为，骑兵战斗力在相当程度上需要依赖高卢各部族。

在恺撒的字典里没有“复仇”一词，对他来说，复仇这种感情只有复仇方和被报复方实力相当才能成立。但是，士兵们要为死去的9 000名战友报仇也在情理之中。只是善于利用士兵这种感情的人，必须时刻保持头脑清醒，因为感情一旦越过理性的界限，常常会失去控制。对于士兵来说，公元前53年的战争就是复仇之战。毕竟，诱骗罗马军队离开营地的罪魁祸首，伊布洛斯人的首领安比奥里吉斯还活着。但是，对于恺撒来说，这一年则是彻底征服高卢东北部并给莱茵河以东的日耳曼人以决定性一击的时候。而恺撒在高卢地区越冬，使得这一年的作战时间提前了。

恺撒没有等到10个军团到齐，只召集了在亚眠附近越冬的4个军团。冬季尚未过去，他就率领这4个军团的2万人开始出击了，目标是涅尔维人。这是上一年让西塞罗的弟弟负责的冬营地陷入困境的部族。涅尔维人常备兵力有5万人，出其不意受到攻击后，他们只会四处乱窜。恺撒俘虏了很多人，也抓了很多家畜，犒赏士兵们。之后，他们在涅尔维人领地继续烧杀抢掠，直逼得涅尔维人不得不送上人质请求讲和。借用恺撒的话：“早早解决问题后就撤离了。”撤离后，他让4个军团回冬营地休息，自己则召开了全高卢部族首领会议。高卢战争之初，恺撒只是让和罗马建立了友好关系的部族首领主持，召集高卢部族首领开会，自己没有列席。但是，这一年，恺撒不仅亲自主持召开了高卢部族首领会议，还亲自担任了议长。由此证明，恺撒要在高卢中北部以统治者自居了，就好像在自己担任总督的罗马行省一样。

高卢的部族首领大多出席了会议，但是也有缺席的，他们是中部高卢的歇诺内斯人、加努特斯人和特雷维利人。特雷维利人生活在莱茵河附近，常常勾结对岸的日耳曼人，蠢蠢欲动。恺撒认为，缺席会议意味着不愿意承认罗马的霸权，于是，他把开会地点改在了靠近歇诺内斯人居住地的路特提亚。路特提亚是帕里西人的聚居地，也就是后来的巴黎。意大利语中，“巴黎”的发音至今依然是“帕里西”。

部族首领会议转移到巴黎的第二天，恺撒就向歇诺内斯人领地进军了。得知罗马军队接近的消息后，歇诺内斯人求埃杜伊人从中调停，为缺席会议向恺撒赔罪，并表示归顺。恺撒以送上 100 名人质为条件，接受了他们的臣服。100 名人质暂时留在埃杜伊人住地。加努特斯人已经不需要出兵了，因为他们通过雷米人前来求和，并送来了人质，因此，恺撒也接受了和加努特斯人之间的和谈。这时，恺撒才宣布全高卢部族首领会议结束。恺撒之所以将部族首领们留到这个时候，是因为他希望他们能目睹自己的行事风格，回去后可以告知他们的族人。就这样，恺撒没有付诸战斗就确保了后方的安全。之后，恺撒开始向东征讨特雷维利人，以及讨伐士兵们发誓要报复的对象——伊布洛斯人首领安比奥里吉斯。

恺撒采取了两面作战的方式。副将拉比埃努斯一直坚守在雷米人的领地，恺撒把 2 个军团和整个运输车队派到了他那儿。恺撒自己率领 5 个军团，不带运输车队，首先前往梅那庇人领地。因为，安比奥里吉斯藏身此地的可能性很大。恺撒率领军队急行军前进。他的计划是，镇压梅那庇人，运气好的话还能俘虏安比奥里吉斯，之后，与拉比埃努斯率领的军队会合。恺撒一方面因为没有运输车

队的拖累，另一方面因为要从现在的法国出发，向东北方向行进，需要通过比利时，绕道德国西部，所以，必须采取急行军的方式。特雷维利人和莱茵河对岸的日耳曼人联系密切，恺撒必须抢在他们会合前与拉比埃努斯会合。

恺撒把自己率领的5个军团一分为三，分别由他本人和军团长法比乌斯、财务监察官克拉苏各带一队。三支队伍早早架好桥，从三个方向同时进攻梅那庇人领地。他们火攻村落，毁坏村庄，抓捕居民，掠夺家畜。梅那庇人只剩下向恺撒求和一条路了。恺撒要求他们送来人质后，签署了和约。只是在和约上恺撒附加了一个条件，即一旦发现他们帮助伊布洛斯人的安比奥里吉斯，则和约作废，他们依旧是罗马的敌人。之后，恺撒把5个军团集中起来，向东南方向开始进军特雷维利人领地。此时，特雷维利人已经准备向副将拉比埃努斯率领的军队发起进攻。

特雷维利人以为自己攻打的只是和拉比埃努斯一起越冬的一个军团，然而，在距离拉比埃努斯的冬营地还有2天行程的时候，他们得知恺撒派出的2个军团已经接近。他们不想独自与罗马的3个军团的士兵交战，于是，他们决定推迟进攻，等待日耳曼援军。他们筑起营地，蓄势待发。但是，深受恺撒信任的副将拉比埃努斯不愧是优秀的指挥官，他很快察觉到了敌人的意图，没有坐等2个军团和运输车队的到达，就率领旗下的1个军团离开冬营地前去和他们会合了。3个军团共30个大队，拉比埃努斯留下其中5个大队保护运输车队，自己则率领其余25个大队向敌人营地进发。

拉比埃努斯率领军队来到距离敌人1.5公里处就停下来了。他这样做自然有他的理由，因为，不出他的预料，特雷维利人的营地设在一个易守难攻的地点。拉比埃努斯决定要在日耳曼人渡过莱茵河前决

出胜负。他想从这个易守难攻的地点把敌人引出来。

特雷维利人也发现罗马军队已经在距离营地 1.5 公里的地方了。根据侦察兵带回来的情报，他们知道河对岸的罗马军队战斗力不足 3 个军团。特雷维利人胆子大了起来，他们离开安全的营地，向罗马军队发起了进攻。拉比埃努斯向后退，特雷维利人过河追击，拉比埃努斯继续后退。特雷维利人因此信心大增。退到运输车队所在地后，拉比埃努斯让运输车队离开以减少累赘。接着，包括保护运输车队的 5 个大队在内，3 个军团一齐掉头迎向敌人。在这里，地势变得对罗马军队有利。

战斗开始前，副将拉比埃努斯激励将士们：

> 战友们，我们等待的作战时机到了。现在，敌人处于很不利的位置，他们将是你们的囊中之物。你们经历了无数次战斗，在总司令面前，表现出了你们的勇敢果决。今天，请你们一如既往，发挥你们勇猛作战的精神。此刻，尽管总司令没有和我们在一起。但是，我相信，他一定会为你们骄傲的。

特雷维利人一味沉浸在追击败兵的情绪中。他们没有想到罗马军队会突然发起反击。他们来不及布阵，完全没有还手之力，纷纷逃向了森林。拉比埃努斯下令，以骑兵队为首，追击敌人。特雷维利人很多士兵或被杀或被俘虏。几天后，特雷维利人的求和使者来到了拉比埃努斯的所在地。因为，正准备过河支援的日耳曼人，得知罗马军队胜利的消息后，掉头返回自己领地去了。没有了援军，特雷维利人只有投降。

再渡莱茵河

和拉比埃努斯的 3 个军团会合后，恺撒带着 8 个军团，决定再渡莱茵河。理由有二：

一、震慑那些应特雷维利人之邀欲横渡莱茵河入侵高卢的日耳曼人。

二、讨伐逃至河对岸的伊布洛斯人的首领安比奥里吉斯。

恺撒命令士兵在河面上架桥。日耳曼人只会用小舟或木筏渡河。与他们不同，即使是大河，罗马人也会选择架桥过河。罗马人在展示架桥技术这一点上，这次的做法和上次的相同，只是这次渡河的地点位于两年前第一次建桥的位置上游，相距不远，也在现在德国的波恩和科隆之间，离波恩更近一些。变换渡河地点，是为了给日耳曼人来个措手不及。

在莱茵河上架桥，上次已经有过一次经验。承担工程作业任务的军团士兵，为过河进攻日耳曼而兴奋不已。因此，筑营工程也比上次快，上一次花了 10 天时间。

恺撒写到，在高卢一侧和桥的两端留下了足够的兵力，因此，我推测，在恺撒的率领下，渡过莱茵河的兵力大概是 5 个军团。只是因为日耳曼人骑兵战斗力很强，所以恺撒应该把骑兵都带去了。

乌比人生活在莱茵河东岸河畔，他们和罗马建有友好关系。一看到罗马军队到来，他们就迅速出迎。在这里，恺撒知道了应特雷维利人之邀欲横渡莱茵河入侵高卢的正是斯贝比人。恺撒请乌比人派人去斯贝比人处侦察，同时，委托他们帮忙解决在日耳曼的军粮补给。乌比人都一一答应了。

几天后，罗马军队到来的消息传开了。日耳曼人中最强大的斯贝

比人，一得知罗马军队渡过莱茵河的消息，连人带家畜全部退至他们领地的最东端，在那儿枕戈待旦。这是一片森林地带，森林广袤而幽深，罗马人称之为“贝切尼斯大森林”，感觉犹如天然形成的城墙。贝切尼斯大森林好像是现代的图林根森林。

看到这里，读者一定会以为，接下来《高卢战记》中该出现和日耳曼人之间激烈战斗的场面了。然而，恺撒突然笔锋一转，比较起了日耳曼和高卢。这样的写作手法实在高明。也许恺撒希望罗马人对高卢和日耳曼的民族性有所了解吧。毕竟，高卢是要被纳入罗马统治之下的，而日耳曼又是高卢的近邻。

高卢人和日耳曼人

“我想，行文至此，介绍高卢人和日耳曼人这两个民族的风俗，比较这两个民族的不同，并无不妥。”恺撒对两个民族的比较由此开始。首先介绍的是高卢：

> 在高卢，每个城镇，每个村落，甚至可以说在家庭内部，都存在若干派别。每个派别都有他们的领头人，派别内部的任何事情皆由此人决定，属于该派别的人受首领的保护。他们唯一要做的，就是服从。
>
> 派别倾向是高卢所有部族的共同特点。恺撒来高卢前，高卢的两大强族是埃杜伊人和塞卡尼人。塞卡尼人之所以强大，是因为他们有日耳曼人做靠山。有一个时期，甚至连埃杜伊人也不得不臣服于塞卡尼人。而恺撒的到来一举改变了这一状况。因为恺撒的进攻，在阿利欧维斯图斯的率领下，和塞卡尼人联合作战的

日耳曼人节节败退，直退至莱茵河东岸。高卢各部族之间的力量关系随之发生变化，但是，派别倾向没有改变。随着塞卡尼人的衰落，雷米人取而代之，成为和埃杜伊人比肩的强大民族。这两个部族都承认罗马的统治。

在高卢，统治者有两个阶级。平民阶级几乎等同于奴隶，他们不能有自己的意志，也无权出席大会，但是要负担沉重的赋税。

至于两个统治阶级，首先是祭司阶级，叫“德鲁伊特”。除了宗教，他们还掌管教育和司法。祭司的权力很大，只要他们有此想法，你就可能被彻底孤立。教育方面，重视死记硬背，而不是理解。语言文字用的是希腊语中的表记字母，不属于希腊语。

另一个统治阶级是骑士阶级，他们负责军事。是否属于这个阶级，由出身决定。

高卢有一个用活人献祭的制度，用作祭品的通常是犯人。但是，当犯人人数不足时，难免会牺牲无辜的人。高卢人信仰的诸神，首先是墨丘利，其次是阿波罗、马尔斯、朱庇特、密涅瓦等。高卢人的历法始于夜间，年月日也从夜间开始计算。妻子的地位取决于陪嫁的金额，她们有经济上的权利，但是，和她们的子女一样，生死权归属丈夫。高卢人相信灵魂不灭，因此，他们的丧礼非常隆重，和高卢人的文明程度极不相称。不久前，还有陪葬活人的习惯。除了日常用品，平时服侍死者的仆人奴隶也是死者的陪葬品。

统治较好的地方，法律相应比较健全。他们的法律规定，道听途说的消息不得随意散播，只能上报给统治者，由统治者决定

是否告知部族民众。统治者只公布可以告诉部族民众的事情，有关整个部族的事情只能在会上说。

日耳曼人的风俗和高卢人的截然不同。

高卢有祭司阶级德鲁伊特来掌管祭祀活动，日耳曼则没有。至于献祭活物，日耳曼人也不像高卢人那么执着。他们信仰的诸神仅限看得见的、可以带来好处的事物，如太阳、火山、月亮等。除此之外，他们没有信仰对象。

日耳曼男人的一生在狩猎和作战中度过，他们自小接受严格的训练。在他们中间，和女人发生性关系的时间越晚越受尊敬。因为他们相信，没有性爱体格会更强壮，意志会更坚定。20岁前就和女性有亲密接触，是有损名誉的一件事。话虽如此，日耳曼人并不避讳性。因为，他们男女同在河里洗澡，身上也仅以野兽毛皮遮挡敏感部位。

日耳曼人的饮食以乳类、奶酪和肉为主。他们对农耕没有太大兴趣，也没有人拥有私人土地，因为他们每年都要迁移。至于迁移到何处，去什么地方狩猎，都由各地区首领决定。他们的生活不以家庭为单位，而是以家族或更大规模的共同体为单位。

他们这样做是有理由的。他们认为，定居会让人习惯于农耕而疏远战斗。承认私有土地，会产生贫富差距。贫富差距会导致有的人拥有舒适的家御寒避暑，而有的人则没有。但是最大的弊端是，为了金钱可能会引起社会不稳。因此，只要杜绝贫富差距，就可以避免平民阶级的不满，社会就可以保持稳定。

对于日耳曼人来说，他们最自豪的事情是，自己的领地周围有辽阔的荒芜之地。他们的理由一是为了表示他们赶走周边部族

后无意和其他部族交往，二是出于安全保障的考虑，可以避免受到出其不意的攻击。

按照日耳曼人的传统，战时，他们会推选指挥官，一切听从指挥官的指示，所有人的生死也掌握在指挥官的手中。相反，和平时期，日耳曼人不设统治机构。因此，同一件事，不同的共同体往往会有不同的结论或处理方法。

在共同体外偷窃不算犯罪。不仅如此，他们甚至认为这是为了不让年轻人懈怠练武而必要的训练。一旦决定实施掠夺，所有人都有义务服从。不参加的人等同于逃兵，会被看作叛徒，从此再也得不到族人的信任。

不管来访的人从何处来，为何而来，日耳曼人都会把他迎进家门，甚至一起用餐。这也是日耳曼人的习惯。不遵守这种习惯，就是破坏了规矩。

因为耕地少，粮食匮乏，满足不了人们的生活。因此，过去是高卢人越过莱茵河攻占日耳曼，以保证人们有足够的土地可以生活。甚至，高卢人还从法国南部来到黑林山大森林地带（从现在的斯特拉斯堡向东方延伸的辽阔地带）殖民。

现在（公元前 1 世纪），日耳曼人和从前一样，依旧贫穷。所有人吃着配给的粮食，住在指定的房子里，过着简朴的生活。相反，高卢人的生活水平却有了很大的提高。一方面，他们距离罗马行省近；另一方面，他们利用大海之便开展通商。因此，商品丰富了，他们的生活也变得舒适了。然而，习惯了舒适生活的他们，在与日耳曼人的战斗中常常落败。在这一点上，他们有较强的自卑感，他们甚至不愿意和日耳曼人攀比。

黑林山大森林很大，从南向北穿越这个森林，需要 9 天时

间。至于东西方向，由于日耳曼人不懂测量距离的方法，所以不清楚东西两端相距究竟多远。西端从赫尔维人（瑞士人）的居住地开始，沿达努毕乌斯河（多瑙河）向东延伸，进入达奇亚人生活的地方后，离开河边，向北延伸。就我们罗马人所知，日耳曼人也不知道这片大森林的尽头在何处，也没有人到过那里。有人曾经走了 60 天，结果依然未能走到尽头。

除了这些内容，恺撒又历数了栖息于这片大森林地带的珍稀动物。有大鹿，有野牛。他提到的独角兽，多少有些不太可信。不管怎样，这就是恺撒了解到的有关高卢人和日耳曼人的信息，这是他想告诉自己同胞的信息。

那么，恺撒的意图真的只是为了传递正确的信息吗?《高卢战记》前面的部分，多次出现雷努斯河（莱茵河），到了这一部分，达努毕乌斯河才开始出现。作为结论，写完日耳曼人和高卢人的现状后，恺撒的心中大概已经得出了明确的结论，那就是：

一、如果放任不管，传统上，部族割据倾向严重的高卢迟早会被日耳曼同化。

二、一旦高卢被日耳曼同化，将严重威胁到罗马的安全保障。

三、为了防止发生这一切，最好的方法是在高卢开展罗马化运动。高卢人是定居民族，以农牧业为主。他们和非定居民族、以狩猎为主的日耳曼人不同，接受罗马化的可能性很高。

四、如果东方以莱茵河为防线，那么，这条防线继续延伸，应该就是多瑙河了，再继续延伸，则应该是幼发拉底河。

也许，恺撒想告诉同胞罗马人的是这些内容。

第二年，即公元前 52 年，发生了一起大事。如果没有发生这件

事，如果高卢全域维持了稳定的局面，那么，从这一年到公元前50年的任期里，恺撒或许会沿多瑙河向东进攻。如果可以平定多瑙河以南，那么，伊利里亚行省和北方蛮族之间就有了缓冲地带，可以大大提高行省的安全保障。而且，沿多瑙河继续向东是马其顿行省总督的管辖区域。只要确立以多瑙河为防线，那么无论谁当总督，多瑙河都是罗马行省的防线。而以幼发拉底河为最东端防线的任务将由“三头”之一的克拉苏承担。

因为恺撒把莱茵河和多瑙河这两大河流联系到了一起，在他心目中，欧洲才真正开始形成。小林秀雄这样写道：“作为一个战争达人，他执掌过政治，指挥过战斗，甚至做过冲锋陷阵的一介士兵。对于他来说，战争本身就是一个巨大的创作源。”尤里乌斯·恺撒试图创造欧洲，他也付诸行动了。然而，以西塞罗为代表的首都罗马的知识分子却认为，恺撒只是为了追求私欲。由此可见，先入为主的偏见与知识和教养无关。

就在读者以为恺撒和日耳曼之间的战斗就要开始时，恺撒突然笔锋一转，比较起了高卢和日耳曼。然而，冗长的比较结束后，恺撒依然没有开始描写战斗。这是因为，恺撒和日耳曼民族之间没有发生战斗。斯贝比人逃进大森林后，恺撒放弃了追击。他的这一决定也反映了他没有要对日耳曼民族开展罗马式教化的想法。话虽如此，他也不是单纯地撤离，因为他横渡莱茵河的目的很明确，他要告诉所有人，罗马人绝不宽恕越过莱茵河入侵高卢的人。

因为是非农耕地带，在当地筹措军粮（罗马士兵的主食为小麦）很困难。因此，恺撒放弃了在莱茵河东岸穷追敌人的念头。但是，为了震慑日耳曼人，在他们心中埋下恐惧罗马军队再次来袭的种子，也

为了阻止他们西渡莱茵河，全军回到莱茵河西岸后，他命令士兵从东岸60米的地点开始破坏桥梁，并在没有全毁的桥上靠高卢一侧修建高达4层的监视塔，派12个大队6 000多名士兵驻守。同时，作为他们的宿营地，也建筑了坚固的营地。这一切完成时已进入秋季，而恺撒却率领全军继续北上。他没有错失以讨伐安比奥里吉斯之名，彻底征服高卢东北部的机会。

安比奥里吉斯是对罗马军团长萨比努斯使诈的元凶，因为他，罗马军队一次性失去了9 000名士兵。但是，对他的追剿没有成功，因为安比奥里吉斯熟知莱茵河河口附近的地形。这里有广漠的浅滩、幽深的森林，以及白昼也让人不寒而栗的沼泽。但是，尽管安比奥里吉斯成功逃脱，却也失去了东山再起的根基。因为他的部族几乎遭到了毁灭性的打击，他的靠山日耳曼人的入侵行动也被阻断了，高卢东北部各部族被彻底制伏了。此前没有明确表示归顺的其他部族，也纷纷向恺撒表示了归顺。公元前53年后半年，恺撒放弃正面作战，采用了突袭的战法。甚至连高卢民族中最好战、与对岸的日耳曼人勾结最频繁的部族，这一次也只能选择向恺撒投降了。

和军团一起回到雷米人根据地兰斯后，恺撒召开了全高卢部族首领会议，恺撒担任议长。他的言谈举止表现出了他担任会议议长理所应当。会上，部族首领们对歇诺内斯人和加努特斯人的主谋进行了审判。因为这一年春天，他们串通合谋对抗恺撒。当然，后来遭到了恺撒的镇压。部族首领会议决定判处主谋亚克死刑，恺撒要求采用罗马古代的行刑方式。这是数百年前的行刑方式，在罗马已经看不到了。行刑过程是，首先将受刑者绑在木桩上，头部套一个熊掌状的罩具，然后用力鞭打受刑者，直至打死，最后，砍下他的脑袋。行刑很可能是当着部族首领的面执行的。至于逃亡的人，则判处永久流放于边境

地带。按罗马人的说法，这些地方都是缺饮水少烟火的地方。

部族首领会议结束后，恺撒定下了公元前 53 年至前 52 年的冬营地。2 个军团在特雷维利人的领地越冬，也就是现在的德国西部、靠近莱茵河的地方。其余军团都在现在的法国越冬，其中 2 个军团在林贡斯人领地，即现在的第戎附近。余下 6 个军团在歇诺内斯人的根据地桑斯越冬，这个部族刚被征服不久。让 8 个军团再次在高卢中部越冬的理由，恺撒没有写，因此只能靠想象。那么，究竟是因为经过公元前 53 年的彻底征服，恺撒认为高卢东北部有 2 个军团驻扎就足够

了，因此把 8 个军团安排在春季发生暴动的两个部族所在地呢？还是因为，恺撒发动高卢战争以来，从来没有起来反抗过的现在法国中部一带，却在 5 年后第一次举起了反旗，因此，对主谋处以酷刑并驻扎 8 个军团，是为了警示中部高卢？不管怎样，恺撒对军团这样的安排在公元前 52 年发生那件事的时候挽救了罗马军队。

安排好军团的冬营地后，恺撒向南翻越了阿尔卑斯山脉。这个冬天他可以安心回行省了。我想，就在秋末这个时候，他才获悉震惊首都罗马的重大惨案——克拉苏率领的罗马军队全军覆没。此事发生在这年夏季，但到了秋天才报知罗马。

克拉苏

马尔库斯·李锡尼乌斯·克拉苏是“三头政治”中的一员。公元前 56 年春，在意大利中部城镇卢卡举行了“高峰会议”。他忠实执行了会谈的决定。首先，公元前 55 年，他和庞培一起就任了执政官，第二年出任了叙利亚行省总督，任期 5 年。只是，前往任职地叙利亚的时间是公元前 55 年秋末，行省总督的任期尚未开始，年近六旬的克拉苏却急于上任。作为罗马首富，他缺少军事上的战绩。庞培早已战功赫赫，恺撒也在奋起直追。行省总督的任务之一是保护行省的安全。叙利亚东侧有大国帕提亚。帕提亚尚未承认和罗马之间的界线是幼发拉底河，因此，作为叙利亚行省总督的克拉苏的任务是远征帕提亚，迫使其承认幼发拉底河为两国界线，从而确保罗马行省的安全。此外，和贫穷、未开化的高卢不同，东方有高度的文明，而且很富裕。对于克拉苏来说，仅凭其经济界翘楚的身份，去这样的地方任职，就有足够的吸引力。未等执政官任期结束，克拉苏就匆匆离开意

大利本土，充分反映了他远征帕提亚的迫切心情。

然而，和克拉苏的想法正相反，罗马公民反对这次远征。不是因为他们惧怕帕提亚，而是因为他们不相信克拉苏的军事才能。

作为总司令，克拉苏指挥过的战斗只有18年前镇压“斯巴达克斯起义”。当时，作战的对手是聚集在角斗士斯巴达克斯身边的奴隶和农奴，人数虽多，却未接受过军事训练。也因此，当时没有一名部下称他是“Imperator”，即“凯旋将军”，也没有举行凯旋仪式。虽然在苏拉手下担任过指挥一个军团的军团长，但是军团长和总司令不同，二者不能相提并论。军团长只需要执行总司令制定的战略战术即可。

总司令需要具备的不只是战略思想，还有他本人的人格魅力和声望，可以让士兵们心甘情愿地追随他奔赴战场面对死亡。然而，这一切却是克拉苏身上不具备的。

罗马公民很清楚这一点，因此，他们极力反对远征帕提亚。然而，尽管如此，“三头”中的另外两头——庞培和恺撒——明知成功的可能性很小，却还是把这一重任交给了克拉苏。两人熟知战场，对军事上的事情一清二楚。因此，如果明知不可为而为之，那么，他们的罪责不可谓不重。但是，事实上，庞培和恺撒都是有了准备后才把他送去前线的。

普布利乌斯·克拉苏是克拉苏的长子，他很优秀，在亲缘关系较多的幕僚中，甚至让人忘记了他的出身。恺撒让他和他的父亲一同前往叙利亚，还从仅有的5 000名骑兵中抽调了1 000名给他。这是善骑民族高卢的1 000名精锐骑兵。虽然只有1 000人，却是不可小觑的战斗力。传统上，以这1 000名骑兵为主力的骑兵团，都由副将担任指挥。而35岁左右的小克拉苏已有足够的能力担当副将，协助作为总司令的父亲。

庞培也没忘记帮助克拉苏，他派遣自己的旧部下、作战经验丰富的欧古塔乌斯以军团长的身份，随克拉苏前往叙利亚，同时，还让卡西乌斯同行。卡西乌斯30岁左右，因为年轻，此时还只是一位财务监察官。卡西乌斯后来和马库斯·布鲁图合谋，暗杀了恺撒。只是他和布鲁图不同，他很有军事才能。此外，庞培和恺撒还派去了战场经验丰富的人才作为下属指挥官，协助这三位幕僚。总之，庞培和恺撒为克拉苏建好了指挥系统后才把他送上战场的。即使克拉苏不行使主导权，这些指挥官也可以承担起他们各自的职责。

远征帕提亚

公元前55年11月末，克拉苏从布林迪西走海路，到达希腊后横穿希腊，进入小亚细亚，继续向东。第二年春天未到，克拉苏就已经进入叙利亚。他从前任叙利亚行省总督盖比尼乌斯手中接过了2个军团，又新组建了6个军团，合计有8个军团。通常，一个军团由10个大队构成。但是，克拉苏的一个军团只有8个大队。按人员编制，8个军团应该有4.8万名步兵，但是，克拉苏的8个军团只有3.84万人，原因是国家提供的军费不足。行省总督的任务只是保护行省的安全。攻打他国，仅限于他国对行省安全构成威胁之时。而克拉苏就任行省总督时，帕提亚并没有侵犯罗马领域的举动。

在这种情况下，要确保军队的战斗力，只能自掏腰包。但是，越有钱的人往往越吝啬。克拉苏虽然拿出了钱，却并不大方。只要他愿意，完全可以组建常规的10个军团，然而，他却以军费资金不足为由，只组建了8个军团，一个军团只有8个大队。

不仅如此，他还想方设法把自己拿出去的钱收回来。到了叙利亚

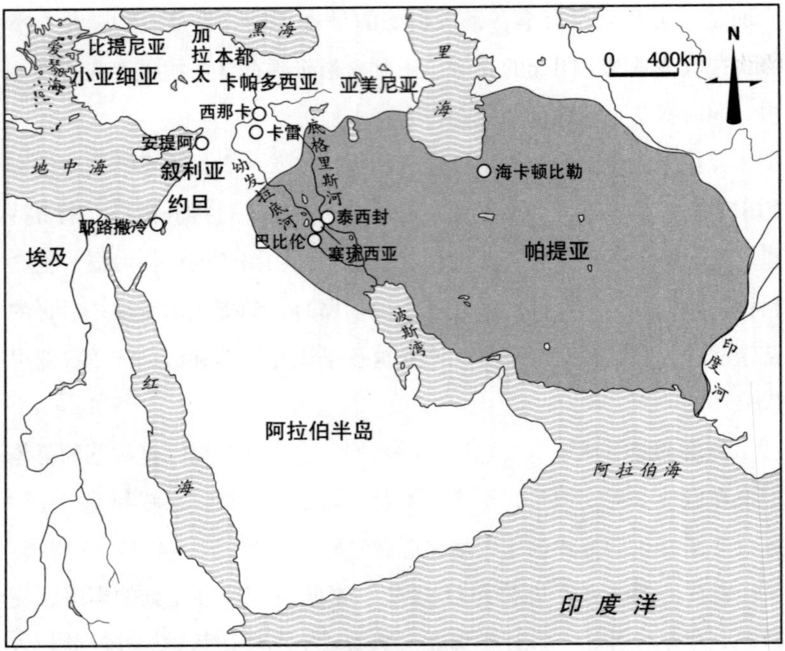

帕提亚及其周边

后，克拉苏最热衷的事是在叙利亚、巴勒斯坦一带，在以耶路撒冷大神殿为首的神殿中掠夺宝物。苏拉也有过掠夺之举，但是，后来做了赔偿。此时的克拉苏完全没有想过苏拉的前车之鉴，只沉浸在掠夺的快意中。有钱人最不能接受的就是自己的财产变少。

热衷抢掠之举自然会忽略军事训练。同时，总司令的行为也感染了士兵，克拉苏军团的士兵不再是吃苦耐劳的战士，他们成了梦想通过掠夺来积聚财富的一群男人。

公元前 54 年，克拉苏来到叙利亚不久就向帕提亚发起了进攻。这次出击出乎意料地顺利，轻松就取得了胜利。成功取胜的原因，一

方面是因为敌人没有准备，最重要的是这次进攻只是浅尝辄止。然而，这次成功却让上至总司令、下到普通士兵都认为帕提亚人不堪一击。同时，这也使他们的掠夺行为变本加厉。

克拉苏完全不像恺撒那样重视情报工作。一方面他不懂搜集情报的重要性，另一方面他又很瞧不起敌人，连唾手可得的情报也懒得搜集。他了解的既不是帕提亚的现状，也不是帕提亚的风俗习惯，他心目中的帕提亚是三年前的帕提亚王国。那时，帕提亚国王被杀后，内乱迭起，无暇顾及对外事务。而这也正是让克拉苏确信远征帕提亚可以成功的原因之一。

庞培和恺撒从来不会忘记关心幕僚。也许你会想，克拉苏的幕僚们都在做什么呢？但是，军团长不是总司令，而且，在叙利亚，克拉苏行使主导权的方式远比庞培和恺撒专横。

首先，第二年，即公元前 53 年，军队没有经过充分的训练，克拉苏就早早地开始了远征帕提亚。恺撒从来不会让新兵一开始就投入战斗，他通常会让新兵负责保护运输车队，待习惯战场环境后再上阵。克拉苏有 8 个军团，其中 6 个军团的士兵还是新兵，他们没有经过艰苦的训练，自然谈不上成为有效的战斗力。克拉苏完全不需要如此急于行动，他的任期还有 4 年，而且此时，帕提亚也没有打过来。

然而，克拉苏还是决定远征。据说，作战会议上，克拉苏和幕僚之间发生了激烈的争论。关于远征的时间，史料没有提是否有两种意见。但是，关于远征路线，有史料显示，克拉苏的意见遭到了幕僚们的强烈反对。因为克拉苏有两条路线可进军帕提亚的重要都市塞琉西亚。

第一条路线是，从叙利亚安提阿出发，径直向东直抵幼发拉底河。然后，沿着幼发拉底河向东南方向进军，到达和塞琉西亚同一纬

度的地点。塞琉西亚位于底格里斯河以西。走这条路的好处是，可以利用河道运送运输车队。运输车队是行军途中的一个累赘。到了这个地点后，离开幼发拉底河向东横穿沙漠。从这里横穿沙漠只有10余公里的距离。这条路线也是东方和地中海沿岸之间的通商之路。

另一条路线是，首先到达幼发拉底河，然后，离开此河，向东南方向横穿美索不达米亚的沙漠地带，直到底格里斯河。之后，再沿底格里斯河直指塞琉西亚。

罗马军队的向导是阿拉伯的一名贵族，克拉苏接受他的建议，决定走第二条路线。因为亚美尼亚国王说，他将亲自率领军队参战。只要亚美尼亚军队由北而来，这条路线确实方便两军会合。

但是，幕僚们反对走这条路线，反对的理由是，这条路线需要穿越美索不达米亚的沙漠地带。经过激烈的争辩，最终总司令的意见占了上风。

克拉苏留下1个军团保护行省安全，其余兵力，包括7个军团共2.96万名重装步兵、使用投石或弓弩的4 000名轻装步兵和4 000名骑兵在内，全部出征。此外，克拉苏还带上了随从和仆人奴隶。因此，军队总人数也达到近4万人。作为前执政官，克拉苏带了很多随从和仆人奴隶。

那么，帕提亚的现状究竟如何呢？克拉苏并不知道。帕提亚已经不是三年前的帕提亚了。

帕提亚王国通过贸易积累了巨大的财富，一跃成为一个幅员辽阔的大国，领土面积直追曾经的波斯帝国，西侧以幼发拉底河为界。只是因为在幼发拉底河和地中海东岸一带之间有叙利亚沙漠，界线并不十分清晰，而这正是和罗马之间常常发生纠纷的一个原因。其北部有三分之一和亚美尼亚王国接壤。亚美尼亚常常为是站在帕提

亚一边还是罗马一边而犹豫不决。但是，在经历了两次来自罗马的征服后，公元前 1 世纪中叶的这个时期，亚美尼亚已经成为罗马的同盟国。这两次率领罗马军队攻打亚美尼亚的，第一次是卢库鲁斯，第二次是庞培。帕提亚北部的另三分之一与里海相连，最后三分之一则与生活在里海以东的高原民族领土相接。南边是波斯湾，东边的边界是现代的阿富汗。因为亚历山大大帝东征，帕提亚曾经进入过希腊文明圈，只是后来由于塞琉古王朝的政权衰弱，出现了空白。其间，曾经的北方高原民族乘机征服此地，建立了帕提亚王国，相当于现代的伊朗与伊拉克。因此，它们继承的是被亚历山大大帝所灭的波斯文明，而不是以希腊为代表的西方文明。它们的制度也和波斯相似，是绝对的君主制。

帕提亚王国的经济基础是两河流域的农业与工商业，工业和商业发展水平很高。统治国家的是国王和贵族阶级，没有类似罗马的骑士阶级（经济界人士），也没有公民的概念，像希腊和罗马那样。在这种社会制度下，军事力量自然也由统治阶级掌握。主要战斗力是重装骑兵，他们的主要武器是长矛。正因为他们的祖先生来与马为伍，所以他们的御马技术极高，他们的重装骑兵战斗力非常强。在尚未出现马镫的那个时代，没有骑马传统的国家骑兵需要依靠肩部和手腕的力量进行攻击。但是，习惯用双腿夹紧马腹的骑马民族，他们的攻击力除了骑士的肩膀和手腕的力量，还有催马疾驰的突击力。此外，自波斯以来，帕提亚还有效发挥了作战用的马车的作用。

在政治、经济和军事领域工作的人只能是统治阶级出身的人，因此，作为战斗力，从平民中招募的步兵和轻装骑兵（弓弩手）并不受重视。亚历山大大帝正是利用了这一点，才成功打败波斯的。此时，

亚历山大大帝的敌人波斯虽然换成了如今的帕提亚，但是，以重装骑兵为主的战法依然没有改变。

在专制国家，王位继承权之争往往很难避免。公元前 57 年，帕提亚国王弗拉特斯三世遭暗杀，他的两个儿子之间就发生了王位之争。结果，哥哥奥罗德斯获胜，当上了国王。弟弟米特拉达梯王子则亡命罗马行省。

克拉苏只要利用这个机会就可以成功战胜帕提亚，毕竟他的任期有 5 年，实在没有必要急于发起进攻，而且，他可以利用的不只是流亡中的王子一个人。帕提亚疆域辽阔，统治有辽阔领土的国家，通常都是多民族国家。帕提亚王国也不例外，被统治者中有波斯人，也有希腊人。希腊人大多定居于王国的西半部分，他们因亚历山大大帝的殖民政策移居而来，和生活在罗马统治下的东地中海世界的同胞之间有密切的通商往来。对于脱离帕提亚人的统治转而接受罗马人的统治，他们并不抵触。他们的人口数量不是很多，但是，普遍素质很高。在帕提亚王国，他们是一股不容忽视的力量。克拉苏没有想到要利用生活在其东面的希腊人群体，也是他的一大失策。

克拉苏是帕提亚西面的强国罗马的三大实权人物之一。当他亲自率领军队攻打帕提亚时，迎战一方有这样一位年轻的贵族：作为东方国家的贵族公子，住豪华宫殿，着华美服装，被一群美女簇拥，虐待被统治者……样样不落人后。但是，此人思维清晰，不受传统的束缚，也没有偏见。在这方面，堪称帕提亚宫廷最出色的一位。历史上，我们只知道他的名字，按希腊语的叫法，是苏雷纳斯。他出身于帕提亚地位最高的家族，在国王即位典礼上，该家族负责为国王加冕。据说，奥罗德斯挤走弟弟，登基王位，很大程度上得益于苏雷纳

斯的帮助。这位刚满 30 岁的年轻贵族，在罗马和帕提亚首次交锋时，负责制定帕提亚方的作战计划。

根据苏雷纳斯制定的战略，国王奥罗德斯率领军队，攻打北方邻国亚美尼亚。这次行动帕提亚几乎投入了全部军队，目的是为了牵制亚美尼亚国王，使其无法脱身率领军队支援罗马军队。与此同时，苏雷纳斯对阵克拉苏，只是，苏雷纳斯率领的军队只有 1 万名骑兵，而克拉苏的军队有步兵 3.4 万人，骑兵 4 000 人。面对这样一支队伍，区区 1 万名骑兵，他打算如何战斗呢？

帕提亚的这位年轻贵族把传统的主要战斗力重装骑兵也交给国王攻打亚美尼亚了，他只有私人军队。拥有私人军队是贵族才有的权力。除去少数重装骑兵，几乎都是以弓箭为武器的轻装骑兵。东方各国之所以不重视轻装骑兵，就是因为他们携带的箭一旦用完，就失去了战斗力，因此，敌人只要耐心等他们箭射完即可。轻装骑兵不会使用长矛，因此，一旦箭全部用完，轻装骑兵就只是坐在马背上的普通人。

但是，苏雷纳斯想到了解决这个问题的办法。他找来 1 000 头骆驼，把箭袋装在骆驼背上一同上战场。轻装骑兵箭袋中的箭用尽，随时可以到骆驼背上来取，然后携带装满箭的箭袋，重回战场，以此防止轻装骑兵过早失去战斗力。

轻装骑兵不受重视的原因还有一个，那就是石弓是固定的，很重。与此相比，弓箭是骑在马背上使用的，所以很轻。因为轻，射程自然就短，穿透力也弱。罗马士兵常用的盾呈椭圆形，很结实，箭射到上面，就会弹回来。于是，帕提亚的这位贵族公子为了解决这个问题，改良了弓弩。改良后的弓弩，大小和重量与普通弓弩一样，但是，攻击力大大提高，接近石弓射出的箭。改良的方法好像很简单，

帕提亚的轻装骑兵

只是将单弓改成复合弓，装上铁片，以增加弓弦的强度。改良后，帕提亚轻装骑兵射出的箭，射程提高了三倍。和重装骑兵相比，轻装骑兵的社会地位很低。但是，对于苏雷纳斯——出身于帕提亚首屈一指的贵族家庭的年轻人来说，却是一个可以任意使用的战斗力。他就带着这 1 万名骑兵，等待克拉苏的到来。

克拉苏率领罗马军队刚越过幼发拉底河，就接二连三遇上了麻烦。首先，接到亚美尼亚国王送来的消息，说不能和克拉苏军队一同作战了，理由是，他要保卫自己的国家。因此，罗马最高司令官自然不能强求。接着，担任行军向导的阿拉伯贵族不见了，也许是听到亚美尼亚不参战的消息，他不看好罗马军队会赢吧。还有一个说法，说这个阿拉伯人本就是奸细，他的任务就是把罗马军队诱骗到沙漠地带。总之，这次出征一开始就出现了很多不利的因素。

沙漠地带横亘于幼发拉底河和底格里斯河之间。斜向穿越这个沙漠地带终究不是上策。既然和亚美尼亚军队会合已经无望，只要想回去，完全可以回到第一条路线上。也就是说，只要向后退一小段路程，再沿幼发拉底河向东南方向行进即可。但是，因为已经进入沙漠地带，作为总司令的克拉苏只想尽快走出去。

每一天的行军都变得非常严苛。中东的 5 月不是地中海的 5 月，而且，到达幼发拉底河时，克拉苏也没有给士兵休息的时间。炎炎烈日下，罗马士兵背负 40 公斤重的行装，行进在燥热的沙漠地带。由于士兵没有经过充分训练，不守纪律的情况不断发生。沙漠、炎热、干渴，让他们忘了自律，让他们备感绝望，而且，他们也不可能到达现在伊拉克的塞琉西亚了。因为，他们离开叙利亚，还没有走出 300 公里远，前方沙丘上就出现了敌人的踪影，此时，渡过幼发拉底河不过几天。按现在的地理区划，他们还在叙利亚境内，尚未进入伊拉克。刚到这里，行军就已经受阻，因此，过于深入敌人领地的辩解是不成立的。

看到敌人出现后，克拉苏马上布置阵型：左翼是 3 000 名骑兵，由财务监察官卡西乌斯指挥；中央是全体步兵，由军团长欧古塔乌斯率领；右翼是 2 000 名骑兵，其中，主力是 1 000 名高卢骑兵，由自己的儿子小克拉苏负责。克拉苏注意到，中央的步兵队列横向拉得太长，纵向又太单薄。他担心会被敌人的重装骑兵（他还不知道敌方是轻装骑兵）轻松突破。于是，为了有效抵御来自两侧的进攻，他把长方形阵列改成了正方形阵列。沙丘有起伏，正方形阵列的优势发挥不出来。而且，在起伏不平的地点布阵，非常耗时。当敌人攻来时，布阵尚未完成。

在沙漠里，马奔跑时扬起的沙尘会给人一种错觉，让人以为敌人

很多。同时，强烈的阳光照在敌人骑兵持有的圆形小盾牌的金属表面，反射回来，也影响了对敌人士兵人数的判断。再加上帕提亚士兵敲击小鼓发出的令人毛骨悚然的声音，这一切都让士兵惶恐不安。罗马军队就在这样的情形下等待东方军队的主力重装骑兵的进攻。然而，打过来的敌人不是罗马人预想的重装骑兵。

看到罗马军队的布阵，苏雷纳斯认为，突破罗马军团的方形阵列没有可能。于是，这位帕提亚贵族公子命令手下的轻装骑兵发起进攻，目的不是为了突破敌人的阵列，而是通过进攻，诱使敌人自乱阵型。

罗马军队中的弓箭手属于轻装步兵，不是主要战斗力。他们通常在战斗开始时用射箭来阻止敌人的攻势。箭的射程大约 50 米，然而，帕提亚骑兵用苏雷纳斯改良过的弓射出的箭，射程距离是罗马的 3 倍。敌人从罗马士兵的箭远远达不到的地点，准确地射过来。罗马士兵以为只要坚持一阵子，敌人的箭就会用完，然而，箭雨源源不断地落下来。一股莫名的不安终于使罗马军队原本坚固的方形阵列开始溃散。

于是，战斗主动权完全掌握在苏雷纳斯的手中了。他坚持保持距离作战的策略，帕提亚轻装骑兵完全胜任这一战术。他们驰骋于沙漠中，不断向聚集在一处的罗马士兵放箭，犹如围着羊群边跑边杀死一只只羊的狼群，也像是射靶练习。经苏雷纳斯改良后的弓箭攻击力很强，甚至可以穿透罗马士兵的盾，胸甲之类的装备也难以抵挡。而罗马士兵训练的欠缺使得混乱的局面更加惨不忍睹。

骑兵的灵活性远远优于步兵。但是，面对苏雷纳斯的战法，罗马的骑兵也无计可施。他们的武器是矛和剑，只要接近不了敌人，就发挥不出威力。但是，敌人的箭如雨点般不断落下，他们完全无法靠近

敌人。和防御中的步兵一样，罗马的4 000名骑兵也陷入了苦战之中。

罗马军队对阵东方的军队，这不是第一次。姑且不论亚历山大大帝，苏拉就曾经两胜本都国王米特拉达梯。苏拉的属下卢库鲁斯也曾完胜过亚美尼亚国王，而且，当时敌人的兵力是己方的10倍。亚美尼亚人的战法和帕提亚人的战法很相似。面对不曾预料的情况，决定胜负的是最高司令官随机应变的能力。然而，这个时候，克拉苏依然坚持常规战法。

克拉苏命令负责右翼的儿子率领2 000名骑兵发起冲锋。此时，要打破现状只能主动出击。因此，发起进攻的命令本身并没有错，但是，他应该同时命令卡西乌斯率领的2 000名骑兵共同发起进攻。当然，因为步兵需要骑兵的保护，所以让卡西乌斯留下来也未尝不可。但是，他至少应该命令儿子小克拉苏集中力量打乱敌人轻装骑兵的进攻，争取给士兵们喘息的时机，同时严厉禁止穷追敌人。恺撒总是坚持避免骑兵因为穷追而陷入孤立。但是，儿子小克拉苏一方面因年轻气盛，缺少自制力，另一方面又因帕提亚士兵出乎意料的战法而怒不可遏。

看到罗马年轻将领率领2 000名骑兵发起了攻势，帕提亚的贵族公子自然不会放过这个机会，他命令部下所有骑兵佯装败退。由于败退的样子非常逼真，小克拉苏信以为真地追了上去。等他意识到其中有诈的时候，已经追出去太远，想回也回不来了。帕提亚的1万名骑兵包围了罗马军队的2 000名骑兵。箭雨毫不留情地落下来，高卢骑兵纷纷中箭，恺撒送给克拉苏的高卢骑兵全部战死。小克拉苏带着幸存的士兵躲在沙丘的背后。当这位年轻的罗马将领看不到可以突破敌人包围的任何希望时，他不想被生擒活捉，于是选择了自杀。他手下

的将官们也纷纷效仿，自杀而亡。所剩无几的士兵成了帕提亚骑兵的俘虏。

帕提亚骑兵撤退了，罗马军队终于有了喘息的机会。利用敌人不在的间隙，他们埋葬阵亡者，治疗伤员，调整阵型。就在他们调整阵型的时候，敌人再次出现了。他们扔过来一个东西——小克拉苏的首级。

恐惧和绝望的情绪在罗马军队中蔓延开来。这时，克拉苏才意识到，罗马之所以伟大，在于不屈的精神。这位总司令跳下马，奔走在士兵们之间，大声疾呼。他说："我的儿子死了，身为父亲，我是不幸的。我很心痛，但是，我们不能因此失去理智。为了罗马的名誉和荣耀，现在我们必须战斗。"然而，他的这番话来得太迟了，而且，克拉苏不像恺撒，既缺少人格魅力，又缺乏表达能力。不管任何时候，恺撒总能表现出信心百倍。即使一言不发，仅仅展示他自信的态度，就可以让士兵们找回自信。士兵们是看着指挥官作战的，同样是大声疾呼，效果也因人而异。

总司令的呐喊没有起到预期的效果。因对死亡的恐惧，罗马军队阵型大乱。虽然有不少将士为了罗马的名誉和荣耀冲向了敌人，但是，由于队形太过松散，大多陷入了孤军作战的状态。在这种情形下，扭转局势只是一句空话。战斗在继续，战死者越来越多。

随着夜幕的降临，一边倒的杀戮终于结束。东方国家帕提亚的士兵绝对不会在夜间发起进攻的。帕提亚骑兵团向着沙丘的另一个方向撤去了。罗马军队终于有时间考虑接下来的对策了。

然而，罗马军队的混乱局面始终不见好转。最高司令官克拉苏躲在营帐中，一味地哀叹儿子的死和自己的不幸。欧古塔乌斯和卡

西乌斯试图安慰他，同时，提醒他必须设法自救。但是没有效果。营帐外面百夫长喊着下属士兵的名字，召集自己的队伍。大队长们围着两个走出最高司令官营帐的幕僚请求下达指令。敌人营地相距不是很远，这个时候，如果夜袭敌人营地，就算军事上的意义不大，但是，对于稳定士兵的心理还是有积极意义的，只是，要采取这样的行动，最高司令官必须有坚定的意志，否则很难实施。结果，在克拉苏的默许下，欧古塔乌斯和卡西乌斯非但没有发起夜袭，反而下令连夜撤退。

罗马军队开始撤退，士兵们没有埋葬阵亡者，甚至抛下 4 000 名伤员，争先恐后地离去了。撤退的目的地是卡莱，方向偏北。这是帕提亚的城市，希腊人在此定居已久。克拉苏在这里留下了一支小规模的守备队。

这次败退毫无秩序可言。太阳在沙漠边际升起的时候，还没有完成撤离。逃到卡莱前，罗马军队被帕提亚骑兵追上，走在后面的队伍再遭杀戮，又失去了很多士兵。好在最终逃到卡莱躲过一劫的士兵还有 1 万多人。1 万多人的兵力相当于 2 个军团，如果可以留在卡莱的话，完全可以对抗敌人。然而，生活在卡莱的当地居民希腊人好像并不欢迎他们，在提供军粮方面表现得很不积极。毕竟是生活在异乡的人们，他们对情势的变化总是很敏感。因此，他们的这种态度也无可厚非。既然不能留在卡莱进行抵抗，罗马军队只有继续向北，前往 50 公里开外的西那卡。他们认为，这个城市比较大，适合军队驻扎。

欧古塔乌斯带领 5 000 人先行，克拉苏率领余下的士兵紧随其后。而卡西乌斯却带着 500 名骑兵，脱离队伍，往西逃向了安提阿。欧古塔乌斯的 5 000 人顺利进入西那卡，克拉苏一行却迟迟不见到达。卡西乌斯的逃离在士兵中间产生了极坏的影响，跟随克拉苏的士兵一路

递减。然而，和卡西乌斯带走的500名骑兵不同，步兵逃跑正合敌人的心意，他们不是被杀就是被俘。

公元前53年6月12日，克拉苏和苏雷纳斯开始交战第三天，厄运来临。幕僚长欧古塔乌斯率领5 000名士兵等候在西那卡，总司令克拉苏带着只剩约3 000人的残军，也终于接近西那卡。这时，苏雷纳斯出现了。看到敌人的1万名骑兵，克拉苏躲到了附近的山丘中。敌人没有马上发起进攻，这位帕提亚的贵族公子想活捉罗马军队的总司令。他认为与罗马军队的这一战已经胜券在握。为了给这次胜利锦上添花，他要活捉罗马最高司令官献给国王。帕提亚骑兵包围了克拉苏藏身的山丘。

一方面，以生擒为目的和以掠杀为目的进攻方式是不同的，另一方面，因为有欧古塔乌斯率领的军队增援，罗马军队的反击第一次取得了成功。帕提亚骑兵的进攻也第一次被击退。

但是，苏雷纳斯并不着急，他释放了几名罗马俘虏，要求他们前去传达他的意思。他说，自己的目标是罗马总司令，只要交出他，绝不追究罗马士兵。当这个消息在士兵中传播开来后，这位帕提亚的贵族公子看准时机，向罗马最高司令官提出了当面和谈的要求。

谁都猜得到他这一要求的真正目的。克拉苏也察觉到了，他不想接受，但是，他的士兵团团围住了他，要求他接受会谈。于是，克拉苏对幕僚们说："如果我死了，请告诉大家，那是因为敌人的欺诈，而不是因为自己人的背叛。"他说完，离开军队，一个人走向了敌人阵地。欧古塔乌斯不想让他一个人去，于是，率领一些将领与他同行，这才有了与罗马前执政官身份相符的阵势。

苏雷纳斯郑重其事地迎接了克拉苏，他首先用高雅的希腊语对自己坐在马背上迎接徒步而来的罗马军队最高司令官之举表示歉意。接着，他提出，此处不适合举行会谈，也不方便签署和约。他说，自己已在距河边不远处准备了会谈的地方，请他上马同去。他让马夫牵马过来。马只有一匹，却印证了欧古塔乌斯的担心。幕僚长拔剑杀死了马夫。

罗马的将官们也因此下了决心。在士兵的注视下，双方发生了小冲突，罗马方面只有将领加入这场小冲突之中。克拉苏和欧古塔乌斯当场被杀。据说，克拉苏不是死在帕提亚士兵手中的剑或箭下，而是死在罗马军团自己人的一种双刃剑下。这种剑叫西班牙短剑，自从西庇阿·阿非利加努斯引进以来，一直是罗马军队的正式用剑，此剑剑身较短。大概是欧古塔乌斯或哪名幕僚，为了防止罗马最高司令官被生擒活捉而痛下杀手的。指挥官们被杀后，除了少数人逃脱，罗马军队的其余士兵全部被俘。

“三头政治”中的其中一员——罗马首富、罗马“经济界”的代表克拉苏——就这样在61岁那年走向了死亡。他的头颅和右腕被砍下来，作为礼物献给了帕提亚国王。他们还找了一个和克拉苏的肥胖体型相仿的俘虏，让他男扮女装，在帕提亚人的嘲笑声中游街示众。

克拉苏远征军近4万人中，包括同卡西乌斯一起出逃的500名骑兵，以及用各自的方法成功逃脱的人，加起来近1万人，另有1万多人被俘。被俘的1万名罗马士兵，虽然保住了性命，却被送到了帕提亚王国最东北的防卫基地木鹿（今天的梅尔夫），终生服役。木鹿不属于现在的伊朗，而是位于原苏联的土库曼斯坦，因此，被送到这里等于发配此地。其余约2万人战死。与帕提亚之间的战斗仅仅数日，

罗马就失去了7个军团的战斗力量，其中包括总司令、军团长、大队长、百夫长和银鹫旗。在共和政体罗马长达700年的历史上，罗马人经历过的刻骨铭心的惨败，曾经有过三次：

第一次是公元前390年的痛苦经历。首都一度被凯尔特人（罗马人叫高卢人）占领。

第二次是公元前321年的“考地乌姆耻辱”。罗马军队败给萨莫奈人，罗马士兵被迫解除武装，半裸着身体被迫从敌人用长矛架成的轭门下穿过。这是一次极不体面的失败。

第三次是公元前216年的坎尼会战。在汉尼拔的进攻下，罗马军队被打得体无完肤，直接损失了7万名士兵。

后来，罗马屡屡攻打高卢人，让罗马终于可以忘记曾经的屈辱了。“考地乌姆耻辱”的罪魁祸首萨莫奈人也成了罗马的属臣。坎尼会战的失败，因为西庇阿·阿非利加努斯在扎马会战中战胜汉尼拔而一雪前耻。按照罗马人的性格，导致克拉苏和他的军队灭亡的“卡莱之败”，早晚必定要雪耻。只是，公元前53年秋，得知“卡莱之败”的当时，罗马还顾不上报仇。因为，有能力一雪此耻的两个人物庞培和恺撒分别在首都罗马和高卢，抽不出身来。

雪耻不只是感情上的问题，帕提亚打败罗马一事影响了整个东方地区。原来亲罗马的亚美尼亚王国倒向了帕提亚，士气大振的帕提亚军队向罗马行省叙利亚发起了攻势。好在卡西乌斯召集可用士兵，奋勇抵抗，才阻止了帕提亚军队入侵叙利亚。但是，这次胜利不是卡西乌斯率领的罗马军队残余兵力奋力抵抗的结果，而是因为帕提亚方面缺少了苏雷纳斯的指挥。

这位帕提亚贵族公子得胜回到塞琉西亚后得意忘形，在庆功宴上喝得酩酊大醉，不省人事之际，他遭到了暗算。幕后指使是国王奥罗

德斯，他担心苏雷纳斯功高盖主，于是，指使下面的人制造意外，把他杀了。这位年轻的武将把轻装骑兵改造成为高效的战斗力量，自己却在30岁时结束了生命。随着苏雷纳斯的死去，帕提亚人也遗忘了把骆驼和轻装骑兵组合起来的有效战术。发明人一死，其发明随之被淡忘，是东方人的一大缺点。如果在西方，发明人死了，他的发明常常是会被继承下来的。

首都罗马陷入混乱

首都罗马的元老院得知克拉苏的死讯后，首先想到的不是报仇雪耻，而是因克拉苏之死坍塌了一角的“三头政治”将何去何从。虽然都知道克拉苏并非因为有能力才成为“三头”中的一员的，但是，不容否认，因为有克拉苏，“三头体制”才得以稳定。元老院很少有人会认为余下的“两头”能够继续维持同盟关系，因为恺撒表现得过于强大了。元老院派坚信，只有元老院主导的寡头政治，才是可以继续保护罗马的政体。他们认为，克拉苏之死是拉拢庞培、离间庞培和恺撒关系的绝好机会。

庞培总觉得“三头政治”中获利最多的是恺撒，自己帮他太多了。他迎娶的妻子，恺撒的女儿尤利娅已经离世，因此，他们之间的姻亲关系也结束了。爱妻刚死的时候，因为太过悲伤，庞培没有想过要和恺撒断交，但是，时间已经过去一年了。虽然庞培的政治理念不一定和元老院派相近，但是，他也不像恺撒那样，坚信元老院主导的现有的罗马政体已经没有效率。从本质上来说，庞培这个男人不适合在政界混，“三头政治”也不是他提出来的。只能说，公元前60年当时，因为元老院庞培丢尽了颜面，所以他才接受恺撒邀请的。对庞培

来说，克拉苏死后，已经没有理由维持这个实力派的联盟了。

但是，不知几时起，53 岁的庞培变得优柔寡断了。当年剿灭海盗时的那种果敢已荡然无存。对于元老院派的邀请，他没有表示明确的态度，只是在罗马政界，他的名声依然占据第一位。元老院派看好这一点，总想把他拉进自己的派系。而这位首屈一指的实力派人物暧昧的态度，却成了放任私人警卫团暴力事件的一个原因，而私人警卫团就是造成首都罗马秩序混乱的原因。

克劳狄乌斯一派以平民派自居，米罗一派则打着元老院派的旗号。两派之争愈演愈烈。为了选举下一年度的执政官，公民大会本应于公元前 53 年夏举行大会，却一再延期，原因是暴力集团之争导致选举执政官的公民大会无法如期举行，结果选举执政官的公民大会延到了第二年。尽管如此，执政官选举依然未能如期进行。想博取庞培欢心的元老院派和需要在高卢开展军事行动的恺撒，都希望首都政局稳定。在这一点上，双方利益高度一致，于是双方达成一致意见，公元前 52 年度的执政官决定由庞培一个人续任，此事这才告一段落。但是，元老院派希望守住寡头政治，对于他们来说，苏拉的独裁官时代是一场噩梦。他们对独裁官过于敏感，因此，这一年虽然只有一位执政官，他们却不以独裁官相称，而是新取了一个名称，叫“一人执政官”，以此混淆视听。

混乱的局面有望得到解决，是因为克劳狄乌斯被米罗一派杀死了。为救助贫民，克劳狄乌斯将低价配售小麦改成了免费配送小麦，因此，他深得民众之心，他的意外之死引起了平民极大的愤怒。在古罗马广场为克劳狄乌斯举行葬礼时，差点发生暴动。必须设法控制这种情况的发生，这个时候能让民众接受而元老院派和恺撒也认可的人物，只有庞培。

罗马公民对于克劳狄乌斯被杀一事愤怒至极，甚至连西塞罗出面为米罗辩护也无济于事。西塞罗属于元老院派，因此，他担任了米罗的辩护律师。辩护中他主张米罗无罪。他指出，米罗并无杀人之意，克劳狄乌斯之死，只是在双方争执中失手造成的。但是，陪审员不接受他的说辞。最后，米罗主动亡命马赛，逃过了刑罚。

克拉苏死了，克劳狄乌斯也死了，执政官只有庞培一个人。如果当时有报纸，想必公元前 53 年至前 52 年的罗马，绝对不会缺少头版头条。而恺撒的情况不允许他凑这个热闹，因为他接到驻守冬营地的军团长们送来的报告，说高卢中部开始出现异动。确认庞培就任执政官后，恺撒终于可以动身向阿尔卑斯山出发了。

恺撒一直留在意大利北部，直到确认罗马政局稳定下来后，才出发前往出现异动的高卢。对于异常状况的出现，看法不同，采取的行动也可以不同。而恺撒推迟出发的时间也未必不可行。因为，异动开始出现后，首先需要弄清暴乱的目的、参加的部族、统帅是谁等情况。弄清楚这些情况后，可以方便制定战略战术，而且，恺撒出发并没有晚很多。因为他出发时阿尔卑斯山上依然白雪皑皑。暴动方早早采取了行动，而恺撒的行动也不算迟缓。

高卢战争第七年（公元前 52 年，恺撒 48 岁）

历史上，公元前 52 年的这次大叛乱，因是高卢民族第一次团结起来一致反抗罗马而闻名。但是，高卢人不是一个抱团的民族，他们只是因为一个偶然事件，犹如滚雪球似的聚在一起的。因此，联合所有部族反抗恺撒的这次大叛乱，并没有周密的计划，也没有充分的准

备，因此，在高卢中部两个地方越冬的罗马军团长，没有及时掌握这次叛乱的全貌。因为高卢人发动叛乱时完全没有计划性，局外人无从判断。这一次恺撒也没有及时采取行动，因此，当这个雪球滚大以后，才看清了这次叛乱的全貌。

这次叛乱的起因是上一年亚克被处极刑一事。亚克是加努特斯人的首领，加努特斯人要为他报仇。隆冬季节，他们开始游说周边部族的首领们，说亚克的结局就是他们明天的结局。他们的话激起了各部族首领心中的不安，各部族首领们纷纷表示，要起事现在是最佳时机。理由是：

第一，只有恺撒在，罗马军队才会无往不胜。只要阻止在高卢越冬的 10 个罗马军团和恺撒会合，胜算就很大。

第二，首都罗马政局不稳，恺撒很难抽身，短时间内回高卢可能性不大。

第三，日耳曼人被恺撒赶到了莱茵河对岸，不敢入侵高卢。因此，现在正是反抗恺撒的大好时机。

到现在为止，中部高卢之所以一直保持稳定的局面，是因为高卢人害怕日耳曼人入侵。然而，恺撒让他们摆脱了日耳曼人入侵的威胁，当来自日耳曼人的威胁消除后，高卢人对身处罗马统治之下的不满情绪就抬头了。如果他们只是要求自由和独立，那么两三年前恺撒全身心投入远征高卢东北部和不列颠时，他们就可以揭竿而起。但是，如果只是因为加努特斯人的煽动而发起叛乱，那么，各部族能否自始至终保持同心协力就值得怀疑了。加努特斯人对于他们的信誓旦旦自然不会全信，因此需要想办法让他们陷入无路可退的境地。

加努特斯人的聚集地是现在的奥尔良，按拉丁语发音，叫契那布

姆。在那里，有很多罗马公民因商品交易而来，他们是在恺撒鼓励通商的政策下取得了在高卢通商权的罗马公民。其中也有人是受恺撒之命专为军队购买小麦的。加努特斯人首先向这些罗马公民开刀。尽管他们知道，罗马，尤其是恺撒，绝对不会原谅他们的这种行为。在高卢，传播消息的方法是口口相传。这件事情从一个村落传到另一个村落，很快传遍了全高卢。日出时分，发生在奥尔良的这一事件，晚上9点前，甚至传到了240公里开外的奥弗涅人那里。

韦辛格托里克斯

在“长发高卢”人中，奥弗涅人生活在最南端，隔着山岳地带，与罗马的法国南部行省相接。这是一个强大的民族，却从未反抗过恺撒，原因是，部族内有亲罗马和反罗马两个派系。两派争斗中亲罗马派胜出，公开处死了反对派的头领。此时的部族首领是反对派首领的弟弟，属于亲罗马派。在这位亲罗马的部族首领统治下，奥弗涅人很安稳。

但是，被处死的头领有一个儿子，叫韦辛格托里克斯。得知奥尔良事件后，这位年轻人立刻来到广场发表演讲。他说，此时正是反抗罗马的最好时机。亲罗马派察觉到了危险，于是，将这位年轻人，也就是现任部族首领的侄子，赶出了奥弗涅人的首府日尔戈维亚。但是，韦辛格托里克斯虽然被赶出了首府，却没有放弃召集志同道合的人，准备反抗罗马。他带领召集起来的人，发动了政变，赶走了亲罗马派的部族首领——他的叔父，自己坐上了奥弗涅人首领之位。

他以奥弗涅人首领的名义，派使者前往高卢各部族，煽动各部族起来反抗罗马。以加努特斯人为首，各部族纷纷响应。中部高卢大多

数部族也应声而起，最终没有响应号召的主要部族只有埃杜伊人。

韦辛格托里克斯年龄只有35岁左右，却拥有高卢民族中难得一见的领导能力，结果，他当选了高卢叛军的总司令。他认为，胜败的关键在于高卢民族是否团结。为了保证团结一致，他下达了统一的命令。

首先，他命令各部族送来人质，以保证各部族履行盟约。

其次，他命令各部族按要求迅速派出军队。军队人数、武器生产和供给，都根据部族的实际情况进行分摊。

此外，韦辛格托里克斯尤其重视加强骑兵战斗力。罗马的主要战斗力是重装步兵，他计划有效利用高卢传统的主要战斗力骑兵，来应战罗马的重装步兵。

为了实现上述事宜，这位年轻的总司令选择了严惩制度而不是说服动员的方法，对于行动不积极或不配合的部族成员，处以火烤、割耳、挖眼等酷刑。在高卢历史上，不是因为战斗胜利而对其他部族成员处以如此酷刑，尚属首例。但是，正因为奥弗涅人这位年轻人的严酷，才把一盘散沙的高卢人聚到在一起。

翻越阿尔卑斯山脉进入高卢前，恺撒就已经知道了这些情况。但是，如何与下属的军团会合，他还没有想好。

是否应将分散于三个地点越冬的所有军团集中到南部的罗马行省，即法国南部行省呢？

但是，这样做，这些军团在中部高卢行军途中，难免会受到韦辛格托里克斯率领的高卢军队的袭击。

那么，能否由恺撒率军前往军团冬营地呢？但是，恺撒只带了一

个临时组建起来的军团，事实上，没有战斗力。在这种情况下，进入反抗罗马气势正盛的中部高卢，太过冒失。

恺撒走的大概是往年的路线。首先从特里诺向西，越过苏萨山谷，翻过阿尔卑斯山脉，到达法国南部行省东端的罗讷河河畔。然而，到了罗讷河河畔以后，恺撒好像还是没有下定决心。对他来说，唯一的好消息是叛乱只发生在中部高卢。塞纳河以北的东北部和加龙河以南的阿奎塔尼亚地区，都没有加入叛乱中去。

此时的恺撒本该一心考虑如何与军团会合，他却利用翻越阿尔卑斯山脉的间隙，为《类推论》一书撰写了比较论考。一写完，他就把它送往罗马，发行了抄写本。他把此书送给了西塞罗。尽管政治理念上他属于恺撒的对立面元老院派，但是，在简明、畅达的文风方面，两人很是惺惺相惜。

像这样，在有效利用闲暇的过程中，敌人给了他选择的机会。韦辛格托里克斯指挥下的中部高卢人向罗马的法国南部行省发起了进攻。韦辛格托里克斯攻打法国南部行省的目的，是阻止恺撒和他的军团会合。因为他认为，若法国南部行省受到攻击，恺撒就不得不留下来保护此地的安全。韦辛格托里克斯的战略是对的，但是，对象错了，因为他的对手是恺撒。

得知敌军向法国南部行省逼近后，恺撒放弃了其他选项，直奔纳博讷，并在那儿迅速建立了防卫体系。他整合行省内各部族的兵力，并对从意大利北部行省带来的军团进行了重新配置。他没有选择防守，而是选择了主动出击。

恺撒的反应如此迅速，令率领韦辛格托里克斯指派的军队、负责攻打法国南部行省的鲁库帖利乌斯始料未及。他害怕了，心生怯意的这个高卢人放弃了攻打法国南部行省，和属下士兵一起开始向

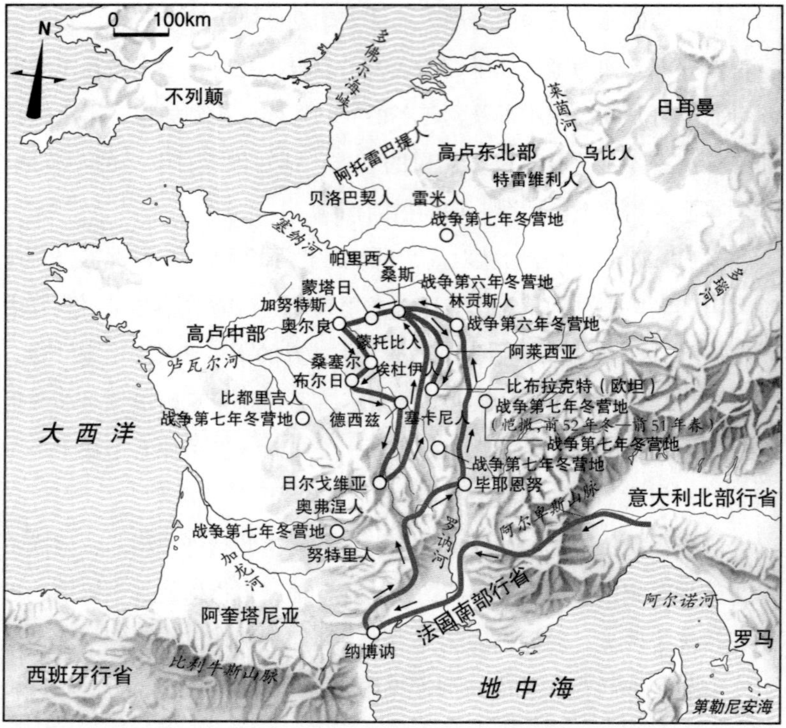

北退去。

一得知敌人退去，恺撒马上采取了下一步行动。他决定只带骑兵，翻越积雪尚存的山脉。也就是说，最高司令官要变被动挨打为主动出击。法国中部和法国南部之间，群山连绵，层峦叠嶂，犹如在保护南方行省免受北风侵袭。春季到来之前，这个地方连商人也不会涉足，而恺撒带着骑兵要翻越这里。他们在深达2米的积雪中开道前行。事实证明，艰辛的付出是值得的，因为，奥弗涅居民刚获悉从西边发起的进攻失败的消息，敌人已经在东边从天而降。结束了艰难的

行军后，恺撒命令骑兵团对周边地区大肆进行烧杀掠夺。

奥弗涅人向韦辛格托里克斯送去了急报，此时，韦辛格托里克斯正准备攻打正在高卢中部驻营越冬的罗马军团。接到急报，韦辛格托里克斯终究不能无视本部族居民的哀求。他暂停攻打罗马的冬营地，率领军队开始南下。情况一如恺撒的预料。

《高卢战记》一开始就对高卢的地理做了介绍，这表明了当时所能知道的高卢地理知识，已经印在尤里乌斯·恺撒的脑海里。看着中部高卢这个“棋盘”，他可以正确判断对方的下一步棋。正因如此，他才有可能充分发挥他的实力。相反，韦辛格托里克斯虽然是高卢民族中难得一见的领导者，在很多方面出类拔萃，但是他心中缺少一个“棋盘”，他读不懂恺撒的下一步棋。

高卢军队从中部向南边的奥弗涅人的大本营行进。当然，恺撒不会坐等敌军到来。在奥弗涅人的聚居地，他亲自指挥的毫不留情的攻击仅持续了两天，之后，他就交给了下属德奇姆斯·布鲁图。只是他严令年轻的布鲁图，掠夺行为严格限定在距离营地 3 天的行程之内，同时，命令他一旦敌人主力部队接近，就马上停止掠夺行为，去追赶恺撒。

当时的情形好像是，韦辛格托里克斯率领军队从西边南下，恺撒则带着少数骑兵北上。当然，恺撒是轻装行军，他很快来到了毕耶恩努。毕耶恩努是罗讷河河畔的一个小镇，位于里昂南边，两地相距约 30 公里。这个小镇相当于高卢的门户，位于从特里诺翻越阿尔卑斯山脉的路线上，距离特里诺约 300 公里，是法国南部行省最北端的小镇。上一年冬天，恺撒曾经在这里留下指示，要求雇用 400 名日耳曼骑兵守护此地。此时，他把这支队伍收入麾下，准备开始下一步行动。

和奥弗涅人一样，埃杜伊人也是高卢中部一个强大的部族。此时，他们还没有响应韦辛格托里克斯的号召，但是，恺撒并没有因此放松对他们的警惕。从毕耶恩努前往林贡斯人的领地，埃杜伊人的领地是必经之路。在林贡斯人领地内有两个罗马军团驻营越冬。尽管穿行在友好部族的领地内，恺撒还是采取了谨慎的策略，集中骑兵，昼夜兼程。

对于恺撒来说，要瞒过敌人，行动谨慎的同时，还必须做到迅速。就这样，恺撒成功到达林贡斯人的领地，和冬营地中的2个军团会合了。一到这里他就传令，要求在莱茵河西岸特雷维利人领地内冬营地的2个军团到桑斯集合，同时，自己率领刚刚会合的2个军团赶往桑斯。在那儿，还有6个军团正处于越冬期间。韦辛格托里克斯获悉罗马10个军团已经全部在恺撒指挥下了，罗马军队集结完毕。

高卢全面叛乱

高卢人叛乱之初，最大的目标是把恺撒和军团分隔开来，但是，这个如意算盘落空了。韦辛格托里克斯知道南下已无必要，于是，选择再次北上。在他心中已经有了下一个计划。

恺撒有10个军团，韦辛格托里克斯想号召中部高卢所有部族参加起事。如果他的想法得以实现，就可以拥有10倍于恺撒军团的兵力。同时，因为恺撒在自己的领地孤军作战，所以他们还可以对恺撒军团实施切断粮草的战术。因此，韦辛格托里克斯没有急于和恺撒交锋，而是攻打了波伊人的聚居地日尔戈维亚。波伊人受埃杜伊人的保护，而埃杜伊人又和恺撒建有友好关系。韦辛格托里克斯判断，恺撒

不会前来救援。他认为，恺撒不会在寒冬季节派大军离开军粮充足的冬营地进行战斗。韦辛格托里克斯的设想是，只要恺撒不来救援，就表示他抛弃友好部族。届时，别说是波伊人，就连埃杜伊人也会离开恺撒参加叛乱。

战争中往往谁掌握主导权，谁就会获胜。恺撒一得知韦辛格托里克斯的行动，就当即决定出击。恺撒抛却心中的不信任感，委托埃杜伊人安排军粮补给，同时又向波伊人派去使者，告诉他们，自己将尽早赶去救援，希望他们不要放弃希望，专心防守。在桑斯，恺撒留下 2 个军团和所有运输车队，率领 8 个军团的纯粹战斗力，离开了冬营地。

只是，恺撒没有马上赶去救援，因为，他已经猜到这位年轻的奥弗涅人统治者的真实意图。他认为，要阻止对方的计划实现，有必要展示一下罗马的军事实力。到达蒙塔日只有一天的行程，在这里，恺撒只进行了两天时间的攻城准备，就吓到了当地居民，他们投降了。第三天，恺撒到达加努特斯人的大本营奥尔良。为了震慑敌人，也为了提振罗马士兵的斗志，不能不在这里为被害罗马百姓报仇。结果，奥尔良遭到严重破坏，当地居民被抓，战利品悉数分给了士兵。之后，恺撒才率领军队向南，前往地处比都里吉人领地的要塞桑塞尔。一听闻罗马军队势如破竹地攻占了其行军路线上所有敢于抵抗的城市，桑塞尔就不战而降了。

在这里，恺撒军队第一次和韦辛格托里克斯的骑兵部队相向而遇。知道恺撒军队接近后，这位年轻的奥弗涅人首领放弃攻占林贡斯的想法，转而准备迎战恺撒。恺撒率领的日耳曼骑兵作战勇猛，两军骑兵之间的战斗很快决出了胜负。这对恺撒来说，无疑是一件值得高兴的事。因为，高卢举起反旗后，恺撒不能再依靠高卢骑兵了。恺撒

继续向敌人进军，他的下一个目标是比利时人的根据地布尔日。也就是说，他要攻打高卢叛乱地区的中心。

连续失去蒙塔日、奥尔良和桑塞尔后，叛乱一方召集部族首领召开作战会议，研究以后的战略。韦辛格托里克斯主张采取焦土化战术，目的是，高卢中部化成焦土后，罗马军队将陷入无处筹粮的困境。韦辛格托里克斯说，一旦筹措军粮出现问题，罗马军队势必派士兵从远方调粮，这样，攻打起来就会容易得多。同时，军粮问题解决不了，也会逼得罗马军队不得不退回法国南部行省。

按照韦辛格托里克斯的设想，所谓的焦土化战术，并非只是烧毁田地上的作物。他说："为了达到目的，必须烧毁一切欲投靠罗马的人居住的城镇、要塞；是牺牲自己的财产来换取自由，还是成为罗马人的奴隶，我们只能二选一。"结果，参加作战会议的全体部族首领都同意了他的意见。

这项计划的实施有点虎头蛇尾。一开始很严格，但是，很快就开展不下去了。原因是，按照计划，布尔日也是应该化作焦土的城市之一，但是，在当地居民的恳求下，韦辛格托里克斯放过了这里。而恺撒好像知道他们在作战会议上的决定一样，则把下一个进攻目标定在了布尔日。

古时候，布尔日叫阿瓦利库斯。布尔日居民向韦辛格托里克斯保证，他们将坚守自己的城市，即使遭到罗马军队的攻打，也绝不会落入他们手中，因此没有必要烧毁。事实上，好像为了印证他们做的保证一样，这里是一个天然要塞。河流环绕小城四周，两岸沼泽密布，进出小城只有一条狭窄的通道。

恺撒决定攻下这个要塞。但是，他要面对的不只是前面的敌人，还有韦辛格托里克斯。因为，韦辛格托里克斯的营地就在距离布尔日24公里处。他的营地四周有森林和沼泽环绕，他要在这里阻止恺撒军队的士兵外出筹粮，同时，他还有可能从后面袭击恺撒的军队。

在这种情形下，军粮补给只能依靠外部。然而，埃杜伊人和波伊人虽然接受了恺撒的委托，却没有尽到同盟者的义务。波伊人是小部族，没有足够的粮食提供给罗马部队，而埃杜伊人的懈怠则暴露了他们静观其变的态度。

罗马军团士兵出征时有规定：正常情况下，士兵每人携带7天的粮食，远征时则带15天的粮食。此时的恺撒在出征前把所有运输车队都留在了桑斯，因此，应当带够了15天的粮食。还有，攻下蒙塔日、奥尔良和桑斯之后，粮食应该也得到了补充。但是，在为攻打布尔日而做准备期间，就只有坐吃山空了。时间已是冬末，春天终于临近，但是，距离收获的季节尚远。因为韦辛格托里克斯的焦土化战术，邻近的城镇村庄悉数被毁，所以无法就近获得冬储粮食。想从远处筹粮，又会受到韦辛格托里克斯手下骑兵的袭击。小麦已经所剩无几，只能食用好不容易到手的数量不多的动物肉。对于食肉民族日耳曼骑兵来说，这是享受。但是，对于以小麦为主食的罗马士兵来说，却大倒胃口。还有，人要吃，马也要喂。但是，大麦饲料也很难弄到。尽管如此，攻城准备还在继续。根据周围地形，想筑起环绕全城的攻城栅栏绝无可能。但是，在唯一可以通行的位置上，带两座瞭望塔的攻城栅栏工程还在进行。

在这种情况下鼓励士兵是普通指挥官的做法，恺撒却反其道而行之，通过大队长、百夫长告诉士兵们说，总司令考虑到士兵们的难

处，有心放弃攻城。结果，士兵们都不同意，他们说：

> 我们跟随恺撒征战多年，学会了承受各种磨难，学到了不能半途而废的精神。如果现在我们放弃了，退却了，只会玷污我们的名誉。由于高卢人的背叛，我们的同胞在奥尔良惨遭杀害。不管承受怎样的苦难，至少我们要为他们报仇雪恨。

部下充满了斗志，但是，如果指挥官随意利用他们的决心，那么他充其量只能算一个普普通通的将领。攻城准备工作开展到一定程度时，有一天，恺撒从俘虏口中得知韦辛格托里克斯率领骑兵，准备伏击外出筹粮的罗马士兵，因此不在营地。于是，恺撒乘着夜色悄悄出发，第二天一早，来到了敌人的营地前。到了看得见敌人的地点，恺撒下令进入战斗状态。士兵们斗志高昂，甚至要求恺撒早早下达进攻命令。恺撒没有答应，他把自己的理由告诉了士兵。

要发动进攻，我们所处的地势很不利。在不利的地形下要取得胜利，会付出高昂的代价。最高总司令接着说：

> 我知道大家斗志昂扬，我也知道为了我的荣誉，你们愿意做出任何牺牲。但是，如果我将自己的荣誉看得比你们的生命更重要，那我就不配做你们的指挥官。

说完，恺撒命令士兵回到了自己的营地。士兵们跟在恺撒的后面，对最高司令官的敬重之情又增添了几分。

尽管没有交战恺撒就撤退了，但是，罗马军队竟然曾经如此接近营地，让其他部族的首领们怨声载道。他们严厉追究起了韦辛格托里

克斯的责任，指出韦辛格托里克斯没有指定一个人代替他担任临时总指挥官，就带着全部主力骑兵离开营地，是渎职的行为。他们甚至谴责韦辛格托里克斯，说他想做全高卢之王。韦辛格托里克斯解释说，要把罗马军队赶出高卢，只能对他们采取断绝粮草的战术，这才平息了大家的不满。但是，对于韦辛格托里克斯来说，他面对的最大问题并没有解决：高卢人不擅长合作，不擅长统一行动。如何让这样的高卢人团结起来，就是韦辛格托里克斯面对的最大难题。韦辛格托里克斯是高卢人中唯一有战略思想的人。只要有想法，他不是不能救援布尔日。尽管他心中有想法，却迟迟不见行动，我想，他可能是把布尔日的命运交给布尔日当地居民了吧。

看到罗马军队完成攻城准备后，深感绝望的布尔日守军主动发起了进攻。布尔日攻防战正式开始。但是，按照恺撒的命令，时常保证有两个军团负责警戒的罗马方面并不惊慌。战斗发生在深夜，高卢士兵冲出城门果断出击，罗马方面积极应战。黎明时分，战斗结果渐趋明朗。守城方留下堆积如山的尸体，逃回了城墙内。对于这一夜的战斗结果，他们深感绝望，对于接下来的守城，他们也很悲观。这时，韦辛格托里克斯派人前来，劝说他们弃城去和自己会合。但是，能逃出去的只有壮年男子，而且必须乘着夜色的掩护才有可能成功。女人们知道这一消息后，哀求男人们不要弃她们而去。她们在城内哭天喊地，罗马士兵在城外听得真真切切。原本应该秘密进行的出逃计划因此暴露。

第二天一早大雨滂沱，攻城准备已经全部完成。恺撒认为这样的天气正适合发起总攻。最高司令官动员全体士兵，他说：

“经过长时间的艰苦准备，今天终于到了收获成果的时刻。”

恺撒承诺，第一个登上环绕布尔日城墙的士兵有奖赏。接着，他

恺撒建造的布尔日攻城设施（想象复原图）

向全军发出了进攻的命令。这是一次大总攻。士兵们因恺撒的命令而不得不压抑住的求战欲望彻底释放出来了。整条战线上，士兵们争先恐后地冲向了城墙。

因为大雨，守城的布尔日人放松了警惕，受到了出其不意的进攻。当他们得知罗马方面发起总攻，急急忙忙赶去守护城墙时，罗马士兵已经站在城墙之上了，只是，他们听从恺撒的指示，没有从城墙上下来。环绕城市的城墙上，站满了罗马士兵，包围了布尔日居民。绝望的人们甚至丢下武器，在城内左冲右突，纷纷逃向没有罗马士兵的一角，其间竟踩死了不少人。

这时，恺撒才发出命令攻入城中，男女老幼，格杀勿论。没有一名罗马士兵去抢掠财物，长时间忍饥挨饿的记忆和同胞在奥尔良被杀的仇恨，让他们变成了杀人狂魔。4 万名布尔日居民中只有 800 人在总攻刚开始时逃了出去，逃向了 24 公里开外韦辛格托里克斯的

营地。据说，他们是在半夜里分批分次被接进营地的。因为韦辛格托里克斯担心，布尔日沦陷的消息会让麾下的部族首领们感到不安，甚至叛离。

攻下布尔日后，恺撒让士兵们休整了几天。士兵们有了充足的粮食，又可以睡在屋里，足以恢复体力和精神，投入下一次战斗。而恺撒自己却时刻关注着韦辛格托里克斯营地内的动静。恺撒攻下了布尔日——高卢人坚信攻不破的城池——按照高卢人的性格，仅此就可以动摇他们的信心，让他们质疑韦辛格托里克斯的领导能力，从而导致高卢统一战线的解体。恺撒不惜让士兵们忍受苦难，坚持攻打布尔日，就是为了看到布尔日沦陷后，形势发生变化。然而，高卢阵营没有发生变化，非但没有变化，还出现了相反的结果。

原因是：其一，韦辛格托里克斯没有回避问题。其二，他提醒族长们，坚信布尔日可以守住的是部族首领们，而不是他。其三，他指出，罗马军队的胜利仰仗的不是士兵的勇敢，而是他们的技术。只要模仿他们的技术，高卢人也有胜利的可能。他的这番话给了部族首领们希望。他又说，战场上没有常胜将军。最后，这位奥弗涅人的年轻统治者强调，以罗马为敌的战斗，胜负取决于高卢民族是否团结。

韦辛格托里克斯的这番话打动了高卢部族的首领们，他们在不为失败而气馁的韦辛格托里克斯身上，看到了远比自己优秀的气魄、洞察力和领导力。对于远在首都罗马的元老院元老来说，韦辛格托里克斯和其他野蛮民族一样，不过是一个长发高卢人。但是，身在前线的恺撒不这样认为，他在《高卢战记》中用不少笔墨盛赞了这位敌方统帅，同时也坦率指出了自己的判断失误。

多数情况下，战败会让部下对总司令失去信任。但是，韦辛

格托里克斯不同，吃了败仗以后，下属对他的信任更加坚定。高卢人相信，只要听从他的指挥，尚未决定去留的其他部族会加入他的旗下，消灭罗马军队也不再是梦想。

事实上，要求加入韦辛格托里克斯队伍的部族数量不断增加，完全背离了恺撒的预期。在此情况下，恺撒有必要打破现状。

高卢战争第七年，恺撒第一次棋逢对手。其余的人不过是普通的棋子而已，而韦辛格托里克斯却是一位不好对付的敌方将帅。但是，无论是日本象棋还是国际象棋，游戏和战争在本质上是不同的。游戏中的棋子只是任人摆布的木块，战争中的棋子却是有血有肉有感情的人。因此，在战争“游戏”中必须把肉眼看不见的因素也考虑进去。

我想，很可能攻陷布尔日后，恺撒才真正理解韦辛格托里克斯的意图，即敌方的这位年轻指挥官要采用割肉断骨的战术。但是，恺撒在敌人的领地不可能补充兵力，因此，恺撒不能采用相同的战术，他必须尽可能做到不割肉而断敌人之骨。

恺撒不可能没有注意到，坐在棋盘对面的对方再强，真正的对手只有一个人。而称霸高卢这样部族林立的地方，这样的现状完全可以转化为有利因素。同时，在建立统一的指挥系统方面，文明的国家远在蛮族之上。我想，恺撒一定知道这一点，并想出了下一步好棋，即他要将对方的军。恺撒把下一个目标定在了日尔戈维亚，那是韦辛格托里克斯所属部族奥弗涅人的首府。

恺撒撤退

如果你问：年轻的高卢指挥官是否早已看出恺撒的下一步棋？答

案只能是“否”。恺撒必须面对有感情的“棋子”抛出的问题。但是，他给了敌人猜测自己意图的时间。恺撒素以行动迅速闻名，韦辛格托里克斯也不甘落后。

裹住恺撒前行的脚步的，是中部高卢最大的部族、罗马的同盟者埃杜伊人。时间终于进入4月，到了适合作战的季节。下一个目标已经明确，然而，恺撒却被束缚住了手脚。虽然遗憾，但是，如果把埃杜伊人的问题交给韦辛格托里克斯去解决，可能会出大问题。于是，原本应该从布尔日南下前往日尔戈维亚的恺撒，决定取道东南，先去埃杜伊人长老聚集的、名叫德西兹的地方。

埃杜伊人的问题是，围绕选举首领出现了两个派系，他们互不相让。恺撒去了以后采取了强硬的态度，要求未经合法程序当选的人交出权力，从而制止了一场内斗。接着，他希望全体埃杜伊人冰释前嫌，同时向罗马军队提供帮助。他请埃杜伊人为罗马军队提供粮草补给，并提供1万名步兵和骑兵。恺撒没有能够彻底结束埃杜伊人的内讧，因为对他来说，他的当务之急是解决军粮和战斗力的问题。

在这里，恺撒做了一个决定。近现代研究者一致认为，他做了一个错误的决定。他把军队分成了两部分：副将拉比埃努斯率领4个军团向北而行，威慑歇诺内斯人和帕里西人。这4个军团中2个是留在桑斯的军团，2个是从恺撒率领的军团中选出来的。恺撒自己率领6个军团南下，前往奥弗涅人的领地。也许研究者的意见是对的。但是，对于恺撒来说，既然是在敌人的领土上作战，就必须时刻防止敌人从背后袭击。不管怎样，他率领6个军团3万名重装步兵、2 000名骑兵和1万名埃杜伊人的士兵，计划直捣韦辛格托里克斯的老巢。时间已经进入5月。

与此同时，奥弗涅人的年轻统治者已经做好万全准备来迎战恺

撒。也许，在恺撒离开布尔日取道德西兹时，他已经看清楚恺撒的意图。海拔 700 米高的日尔戈维亚城周围还有城墙相围。韦辛格托里克斯下令在这个城墙外侧接近平原的高地上，再建一圈 2 米高的石墙。命令下达以后，韦辛格托里克斯率领军队，开始追踪已离开德西兹的恺撒和他的军队。此时，恺撒正沿阿列河东岸南下。好像是故意让恺撒看见似的，韦辛格托里克斯率领军队沿阿列河西岸前进。日尔戈维亚位于阿列河西岸。隔着河流，韦辛格托里克斯紧追不舍，他的目的是不让恺撒有机会架桥。阿列河虽然流水不急，但是，春季水量大增，不架桥无法过河。

韦辛格托里克斯在河对岸紧追不舍。见此情形，恺撒心生一计。他让 4 个军团浩浩荡荡地前进，让敌人误以为全军还在行进。自己带着 2 个军团藏匿于森林之中。看到奥弗涅人的年轻将领经过以后，2 个军团士兵摇身一变成为工兵，开始架桥。对于架桥技术，他们早已烂熟于心，再加上阿列河的河道远比莱茵河窄得多。只要没有敌人的干扰，在这条河上架桥轻而易举。桥架好后，恺撒首先让这 2 个军团过河，确保对岸的安全，然后命令 4 个军团返回来过河。就这样，罗马的 6 个军团顺利进入了西岸。奥弗涅人的年轻将领得知恺撒已经过河，不想在未做任何准备的情况下展开决战，于是带领军队急急赶回了日尔戈维亚。5 天后，恺撒看到了奥弗涅人的首府。

日尔戈维亚位于现在克莱蒙费朗以南 6 公里处。根据研究者的说法，恺撒看过此地的地形后，就知道要攻下日尔戈维亚难度很大。山并不高，但是，建于高地上的这座城市背靠大山，四周有城墙环绕，城墙外侧还有一道石墙屏障，而且，城墙和屏障之间的山脊地带还布满了敌军的营帐。要攻入城内几乎没有可能，而采用围城战，又很难完全相信埃杜伊人会及时提供军粮补给。

韦辛格托里克斯被困日尔戈维亚后，不忘整合麾下各部族。为了不让部族首领们胡思乱想，他几乎每天都召集部族首领们，给他们各种指令，还常常派骑兵挑衅罗马军队，以此避免士兵想东想西。

恺撒同样没有闲着，他找到一个高地，既能远眺日尔戈维亚，又能容纳 6 个军团，在这里筑起了坚固的营地。营地和日尔戈维亚之间有一个不太高的小山，已被敌人占领。恺撒看上了这个地方，夜里发起突袭，赶走了敌人，把此地据为己有。作为前哨阵地，恺撒又在这个小山丘上筑了一个副营地，安排 2 个军团驻守。接着，为了方便士兵在主营地和副营地之间调动，他命令士兵挖了两条宽 3.6 米的壕沟。打持久战的决心，由此可见一斑。

奥弗涅人和埃杜伊人以阿列河为界，东北部属于埃杜伊人，西南部属于奥弗涅人。对于正在围攻奥弗涅人首府的恺撒来说，如果位于东北部的埃杜伊人能提供军粮补给，那么，打持久战不是没有可能。但是，正因为两个部族相邻而居，一旦埃杜伊人投靠敌方，军粮补给就不只是困难，而是大麻烦了。而这个麻烦正在逐渐变成事实。

在恺撒的调解下，埃杜伊人的内讧暂时得到了平息。埃杜伊人的内讧最初只是权力之争，后来却上升到了高卢民族意识。亲罗马派坚持维持现状，接受罗马的保护，理由是，到现在为止，恺撒和罗马对本族不薄。反罗马派则认为，韦辛格托里克斯领导下的其他高卢部族在反罗马起事中失败，究其原因，在于同为高卢民族的埃杜伊人没有参加。他们觉得自己这样做是对高卢民族的背叛。亲罗马派向恺撒报告了这一情况，但是恺撒没有任何表示。因为他担心，谴责反罗马派，会让埃杜伊全族的人倒向敌人。然而，恺撒的这种态度反而助长了反罗马派的气焰，他们采取了强硬的手段。和加努特斯人一样，无

辜杀害在埃杜伊人领地逗留的罗马商人，没收他们的财物。这样一来，他们知道自己已无路可退，于是越发变本加厉。这个时候，恺撒才意识到，无论是提供兵力还是军粮补给，埃杜伊人彻底指望不上了。既然指望不上埃杜伊人，那么，日尔戈维亚攻城战只剩下撤退一条路了。毕竟，这里和布尔日不同，只能打持久战。但是，什么也不做就撤离，太便宜敌人了。

恺撒在高卢苦心经营了7年，因此，他不可能就此彻底放弃高卢。虽然不得不放弃攻打日尔戈维亚城，但是，他要和敌人决一死战。他决定先向北撤退，和拉比埃努斯的4个军团会合。对恺撒来说，此时唯一的问题是，怎样才能让撤退看上去不像败退。他找到了机会。

韦辛格托里克斯下令建了一道石墙屏障，但是，他认为仅此守城还做不到万无一失。屏障附近有一座小山丘，他下令占据这座小山丘，并派军队严守此处。

恺撒就利用了这个地方。半夜时分，他派出几队骑兵，在这座小山丘附近策马奔跑。天亮前，又让运输粮草的骡马在同一区域来回移动。目的当然是为了引起敌人的注意。敌方果然上当了，他们派出军队主力，开始向此地集结。与此同时，恺撒则让自己的军队通过壕沟，从主营地向副营地移动。为了不让处于高处的敌人发现，他甚至把军旗藏了起来。接着，召集各军团团长，强调了统率士兵、不让士兵穷追猛打的重要性。随后，恺撒下令全军发起进攻。

从副营地到敌人的屏障距离不远，罗马军团士兵一口气冲了过去。翻越2米高的屏障也不是难事。恺撒已经把敌人的大部分兵力引出去了，所以，进入布满敌军营帐的山脊地带后，面对罗马军团的突袭，对方只有少数人仓促应战。毁坏敌人的营帐，杀死守营的士兵

后，恺撒下令鸣号撤退。军团长以下的指挥官们忠实执行恺撒的命令，大声呼叫士兵撤离。然而，已经冲到了城墙下的士兵没有听见，而倾巢而出的高卢士兵，却听到了罗马士兵的呼喊声和城内居民因突如其来的攻击而发出的惊恐的声音。他们迅速返回，战况为之一变。

高卢士兵从山脊的高处攻下来。罗马军队只能从低处攻上去，再加上，支援恺撒的1万名埃杜伊人士兵消极怠战，一改刚发起进攻时的优势，罗马军队开始陷入劣势。恺撒在后方指挥，第十军团在他的附近。危急时刻，第十军团出手，一举扭转了失败的局面。恺撒的第十军团威名远扬。同时，保护副营地的塞斯提乌斯也派出几个大队。他们及时采取行动，让开始逃跑的士兵重新回到了队伍中。罗马军队在平原布好了阵型。此时，韦辛格托里克斯还是不想展开会战，他把自己的军队叫回了屏障之内。

恺撒原打算只给敌人制造一点混乱就撤退，不曾想却牺牲了包括46名百夫长在内的近700名士兵。第二天，恺撒召集全军，严厉批评了士兵。当然，他只是批评，没有大发雷霆。恺撒不是一个容易大发雷霆的男人。

最高司令官痛批士兵们的冒失和自以为是；痛批他们擅做主张，以为自己可以决定何时进军，何时开始进攻，何时结束战斗；痛批他们不顾大队长和百夫长的命令，趁势而为的做法超出了一名士兵的权限范围。他以布尔日为例，说在不利的地形下作战，牺牲必然很大。不让士兵做无谓的牺牲，正是总司令的责任。

一味地指责容易挫伤士兵的斗志，因此，尽管他们的冒失导致了巨大的损失，恺撒依然没有忘记夸奖他们的勇敢。只是，他接着说，自己不允许士兵自高自大，不允许士兵自以为对于战斗的展开以及战斗的结果看得比最高司令官更正确更透彻。最后，他用这样一句结束

了他的训话："我希望你们有勇气，有崇高的自豪感。同样，我也希望你们是谦虚的，会严守纪律。"

本想虚张声势一下就撤退，却出现了意外结果。马上撤退是没有可能了，于是，尽管撤退的决心没有改变，恺撒就连日在平原布阵，欲引出敌人，展开会战。然而，韦辛格托里克斯依然不想展开会战，始终没有派兵走出屏障，最多只是双方骑兵之间发生一些小冲突。获胜的常常是罗马方面。恺撒认为，军队的士气因此得到恢复，这才发出了撤退的命令。而埋葬阵亡者、治疗伤员等战后处理工作，此前都已经完成。

军队里要求士兵列队、有序前进的训练很严格，因此，常常成为我们文人取笑的对象。然而，我们实在不应该嘲笑他们的这种训练。因为，如果队伍散乱，那么无论行军还是布阵，都无法正确执行指令。为了用最小的牺牲换取最大的胜利果实，军队必须纪律严明。为此，首先需要有明确的指挥系统。一旦指挥系统确立，那么，下达的指令，通过军团、大队、中队，有序传递，就能传达到每一名士兵那里。恺撒军队撤离日尔戈维亚，是撤离而不是败退。罗马各军团有序撤离，高卢军队甚至没有展开追击。原因是，追击不容易。撤离开始后第三天，恺撒军队重新架桥渡河，来到了阿列河的东岸。架桥期间也没有受到来自韦辛格托里克斯的袭扰。

因为这位奥弗涅人的年轻统治者一点儿也不着急，他也无须着急，因为此时的胜利者是他。他打破了恺撒常胜将军的神话，迫使恺撒不得不撤退，足以说明自己的胜利。而且，面对恺撒的进攻，他守住的是自己的大本营。也就是说，恺撒"将军"的这步棋失败了。

恺撒撤退的消息迅速传遍高卢全域，一直摇摆不定的部族也因此态度明朗起来，甚至埃杜伊人的反罗马派也占据了上风。恺撒划分的

高卢三个部分中，塞纳河和马恩河两河以北为东北高卢，这里生活着比利时人。加龙河以南是阿奎塔尼亚地区。而塞纳河和加龙河之间辽阔的区域，就是中部高卢。就在这个地区，高卢人全面起来反抗罗马，继续留在罗马阵营的部族只有自愿选择罗马的雷米人、林贡斯人和惧怕日耳曼人入侵而不敢妄动的特雷维利人。一向分裂倾向严重的高卢民族终于发起了全面叛乱。恺撒和6个军团四面楚歌，却坚持继续急行军。副将拉比埃努斯得知事变，也率领4个军团急急赶往集结地。两支军队终于在桑斯成功会合。

恺撒手中再次有了10个军团，但是，形势并未出现转机。高卢人的主要战斗力是骑兵，和他们作战，恺撒的骑兵力量明显处于劣势。以往，恺撒军队中的骑兵主要来自埃杜伊人，而此时，恺撒的手中只有这一年雇用的400名日耳曼骑兵和因崇拜恺撒而追随于他的少数高卢骑兵。恺撒派急使前往莱茵河东岸，请求盟友乌比人支援骑兵。在盟友的骑兵到达之前，恺撒束手无策。

这个时间长达一个多月，其间恺撒一筹莫展。苏瓦松落入敌方之手，有心救援却无能为力。在苏瓦松存放的罗马军队的东西几乎都是公文书。在韦辛格托里克斯的指挥下，一旦高卢各部族团结一心，忠实执行这位奥弗涅人年轻统治者的战略，共同反抗罗马，那么，恺撒和10个军团的命运将岌岌可危，因为他们甚至已经失去了苏瓦松—— 一个可以退避的地方。而在首都罗马，得知恺撒撤离日尔戈维亚的消息时，元老院派已经开始得势。同时，庞培因为前妻、恺撒的女儿尤利娅去世，恢复了单身，他娶了元老院派的重要人物梅特鲁斯·西庇阿的女儿。这时，他已经明显偏向元老院派。此时受困于桑斯的恺撒，即使向首都要求增援，想必也得不到支持。

如果韦辛格托里克斯的战略全面付诸实施，那么因为焦土化战

术，恺撒军队将无法顺利得到军粮补给，迟早只能选择退回法国南部行省。如果附近没有可以提供粮食补给的部族，就只能远距离调集。但是，只要派人出去筹粮，就会受到韦辛格托里克斯的袭扰，每次都会有牺牲。此时，韦辛格托里克斯有30万兵力可以调遣。耗时7年，牺牲了无数将士，如果不能成功征服高卢，就算顺利回到首都罗马，恺撒的政治生涯也会画上句号。

好在这些“如果”都没有发生，原因不在于高卢有部族反对焦土化战术，而在于奥弗涅人这位年轻的、有能力的统治者身上。

此时，高卢方面的战斗力是9万名步兵，外加1.6万名骑兵。除此之外，还有近30万战斗力可以征用。而恺撒只有10个军团，每个军团的人数远低于定额，合计不足5万人。这时，日耳曼产的瘦弱的马匹终于来了。恺撒把马交给将官们，终于建起了一支不足1 000人的日耳曼骑兵团。尽管如此，恺撒并不想一味地进行防守。离开桑斯后，他让军队向东南进发，自己则前往法国南部行省。正如他在《高卢战记》中所写的，这是经过衡量后做出的有利选择。韦辛格托里克斯对生活在法国南部行省的高卢各部族大肆展开拉拢工作，但是失败了。这个时候，恺撒的心中，作为选项之一，大概也想过暂时撤回法国南部吧。然而，敌人却帮他摆脱了如此窘境。

得知恺撒军队的行军路线后，韦辛格托里克斯心中窃喜。因为，还没有将高卢中部地区全部变为焦土，罗马军队就已经向南转移了。这位奥弗涅人的年轻人召集部族首领开会，信心十足地动员大家。他说，罗马军队正在向南撤退，如果放任不管，他们必会养精蓄锐，伺机再来。为了防止他们再次来犯，必须乘现在彻底打垮他们。恺撒精通战术的盛名远扬，韦辛格托里克斯一直都在回避和恺撒决战，然而这次他不打算回避了。

然而，会战方式比的是精湛的战术运用。恺撒身经百战，经验丰富。在这样的战斗中，奥弗涅人的年轻武将明显不敌恺撒。虽然他下令对罗马军队形成四面包围之势，从三面发起进攻。虽然投入了占绝对优势的高卢全部骑兵，韦辛格托里克斯看到的却是，在河对岸，三个方向的进攻都被恺撒一一击退。战斗中，日耳曼骑兵也发挥了超常的作用。韦辛格托里克斯于是率领全军撤退，进入了位于阿莱西亚高地的城内。他甚至没有让步兵团整理队形便投入了战斗。

阿莱西亚攻防战

韦辛格托里克斯对罗马军队采取的消耗战一直都很成功。那么，他为何放弃消耗战，决定和罗马军队展开决战呢？阿莱西亚是蒙托比人的城市，不属于周边任何一个部族，是高卢人眼中的圣地。此前，韦辛格托里克斯始终坚持合理的战术思想。难道来到这里后他受到了圣战思想的影响？韦辛格托里克斯是高卢方面唯一有卓越才能的将领，远在罗马普通将领之上。那么，他为何在这个时候选择退守阿莱西亚城呢？《高卢战记》中关于他在这一时期的言行的记录，很可能是在战斗结束后，恺撒从被俘高卢部族首领那儿听来的。韦辛格托里克斯改变战略，可以认为出于以下理由：

首先，决定和恺撒正面对决的几天前，发生在双方之间的那次会战，高卢方面败北。这位奥弗涅人的年轻人对此印象深刻。

在那场会战中，高卢方面投入了绝对优势的骑兵战斗力，而且韦辛格托里克斯采取了完美的围歼战法。他充分利用骑兵的灵活机动性，让骑兵率先发起冲锋，从左翼、右翼和前方三个方向同时攻打行进中的罗马军队。自己则率领 8 万人的步兵部队，在河对岸负责切断

罗马军队的退路。1.5 万名骑兵中大多数曾长时间参加过与恺撒军团的作战，是经验丰富的老兵。然而，即便是这样一支战斗力量，在战斗力处于劣势的恺撒有效利用骑兵和步兵的战术面前，竟然毫无招架之力，落荒而逃。恺撒没有追求大胜或完胜，因为韦辛格托里克斯及时撤离，让他难以实现大胜或完胜。恺撒也没想过要乘胜追击，因为一旦深入追击，必定会有牺牲。他不希望出现更多的牺牲者。而士兵们在日尔戈维亚受到恺撒痛斥后，这次也严格遵守命令，压制住了追击的冲动。

这次会战让奥弗涅人的年轻统治者认识到，与每一名士兵的素质相比，战斗的胜利更取决于指挥官的素质。

其次，既然不能展开会战，就只有继续打消耗战。但是，即使消耗战成功，恺撒被迫退回法国南部行省，过不了多久，他一定还会打回来。在大雪封山的冬季，恺撒也敢跋山涉水，因此他也不会挑选季节，重整军队，再回高卢吧。那个时候，高卢方面是否还能以现在的态势迎战他呢？

韦辛格托里克斯是高卢人，深知同胞的性格特点。在部族林立的高卢，要统领各部族，必须充分展示自己的实力。奥弗涅人是中部高卢的一个强大部族，作为该部族的首领，他被推举为高卢联合军队的统帅，不是因为他打败了其他部族，而是因为此前他表现出来的智慧和胆量得到了认可。但是，在高卢，仅此不足以确保地位的稳固。事实上，另一个强大的部族埃杜伊人撕毁与罗马的盟约回到高卢方面后，就以提供兵力多为由，要求担任高卢联合军队总司令。当时，因为其他部族首领的力挺，韦辛格托里克斯才保住了统帅的地位。但是，他不能确保埃杜伊人是否会一直听从他的命令。多部族联军只有其中一个部族的实力远在其他部族之上，才能统一指挥系统，才能发

挥联军的作用。但是，奥弗涅人的实力不足以完全压制住埃杜伊人。

因此，当恺撒卷土重来之时，高卢联合军队完全有可能已经解体。原本淡定的韦辛格托里克斯，此时有点急了。

再者，一旦失去淡定，人往往会效仿成功的前例。对于这位奥弗涅人的年轻将领来说，那就是日尔戈维亚防守成功的先例。也许他认为，就算结果不是最好，至少可以做到和彼时一样。

此外，这位奥弗涅人的年轻统治者认为，不抓住现在这个时机，将不会再有获胜的机会。而他之所以选择阿莱西亚作为决战战场，不是因为阿莱西亚就在附近，而是因为阿莱西亚是所有高卢人心中的圣地。他认为留在这里号召全高卢，可以唤起高卢人的民族共同意识。

此时，他手中有 8 万名步兵和 1 万名骑兵，他不打算仅靠这些兵力迎战恺撒。因此，进入建于高地的阿莱西亚后，在恺撒完成对阿莱西亚的包围圈之前，他命令大部分骑兵返回各自的家乡。

韦辛格托里克斯要求他们在各自的家乡征募尽可能多的士兵，只要达到服役年龄的，尽量都征来。同时，他让骑兵广为宣传自己此前的功绩。他强调如果不来救援，他会落入残忍的敌人之手，和他在一起的 8 万名高卢士兵也将遭遇和他一样的命运。他还让骑兵告诉自己的族人，阿莱西亚储备的军粮虽然省着点吃，可以多维持些时日，但是仅够 30 天食用。下达完这些指令，他让属下几乎所有骑兵于晚上 9 点趁着夜色出发了。选择骑兵担任这项任务，一方面是因为粮食只够维持 30 天的，所以，希望救援的请求可以早日送达。更重要的是，在高卢，骑兵都出身于上层阶级，他们可以影响部族的决定。这也是他选择他们担任这项任务的目的。

那么，相对于韦辛格托里克斯的想法，恺撒对战场移至阿莱西亚又做何想呢？关于这一点，他只字未提。但是根据《高卢战记》关于

这部分的描述，大胆进行推测，我认为一看到敌人刚躲进去的阿莱西亚，他已经确定胜利将属于自己。

为什么我会这样认为呢？因为此后恺撒交代部下执行的各项指令中，看不出他有一丝一毫的犹豫，也没有任何无用功。无论是面对大事小情，他都基于始终如一的战略。这种一贯性，只有心中已有笃信的人才能做到。那么，为什么战斗尚未开始，恺撒就确定自己能赢了呢？

首先，阿莱西亚的地势与日尔戈维亚似是而非。日尔戈维亚所在的高地背靠群山，三面面向平原，因此，不可能建起包括山在内的包围圈。阿莱西亚也位于高地，四周有城墙环绕。在这一点上，两地很相似。但是，阿莱西亚所在的高地，背后不是山而是河。没有河流的另三面，是 4.5 公里宽的开阔平原。这样的地势完全有可能建立跨河的包围圈，也就是可以开展全面的包围战。

其次，恺撒常常亲自询问当地居民，审讯俘虏，因此，他对阿莱西亚城的现状和敌人的行动了如指掌，他知道敌人只剩少量骑兵。高卢骑兵是罗马军队最忌惮的战斗力量。至于步兵，罗马军团的士兵在恺撒手下积累了丰富的经验，面对高卢步兵，他们可以以一敌十。无须派太多兵力阻止敌人的袭扰，包围圈就建起来了。

再者，恺撒早已料到敌人会有援军到来。如果韦辛格托里克斯的战术是，城内军队和救援军队对恺撒军队实施内外夹击，那么恺撒的设想就是将计就计。他确信，下出“将军”这步棋的一定是自己。

接下来，恺撒在《高卢战记》中介绍的是这个包围圈。他对包围圈的规模和建设工程做了详尽的记录，完全把自己当成了总工程师。无论是《高卢战记》还是《内战记》，只要一看到这类描述，没有理

工背景的我，只剩下自叹弗如了。尽管后面会回到和战斗相关的事情上，但是在和战斗毫无关系的事情上，他也如此用心，想来很有些不可思议。仅列举一个事例，就让我觉得罗马军团，尤其是恺撒麾下的军团，即使是在日常生活方面也具备必要的智慧和技术。

欧洲有很多城市都起源于罗马军团的基地。很多现代城市的名称用的都是拉丁语，就充分说明了这一点。当然，这些城市的发音不再是拉丁语，而是改成了各国的语音。撇开科隆、维也纳这样的大城市不说，起源于退役军团士兵以殖民方式建设起来的中小城市就为数不少。作为“退职金”，退役的士兵得到了居住的土地，他们就在这些土地上建设城市。服兵役期间，他们学会了分析地势，深知城市应该建于何处，如何建，才利于防守。同时，他们也学会了建筑技术。尤其是在恺撒这样既务实又有创新精神的总司令手下服役的军团士兵，在恺撒手下积累了丰富的经验。他们成长为优秀的城市规划者、建筑师和技术工人，也是顺理成章的事情。

后来，恺撒指示退役的旧部下，以所属军团为单位，开展殖民建设。于是，他们不仅有过硬的技术，还有了共同体内统一的指挥系统。在统一的指挥系统下，他们开始建设新城市。他们建起来的城市，过了 2 000 多年依然存在，这要归功于他们在服役期间掌握的工程学知识和实际训练。曾经的军团士兵以殖民方式建城后，就娶当地女子为妻，这在罗马时代是很普遍的现象。无论是建设城市还是娶妻生子，都属于世俗活动。在这两个方面，他们的“罗马化”工作也开展得非常好。

恺撒把他的军团士兵一个个都培养成了建筑“工程师”。而他在工学方面的素养，通过阿莱西亚包围圈的建设，也得到了充分的印证。1 800 年后，拿破仑三世主持的考古发掘中，证实了《高卢战记》

记录的真实性。恺撒在《高卢战记》中对阿莱西亚包围圈的建设做了详尽的介绍。

阿莱西亚是勃艮第地区的一个小城市。如果不是因为公元前 52 年夏秋期间，成了恺撒和高卢联合军队的决战之地，它不可能出现在历史舞台上。阿莱西亚坐落在一个丘陵地带上，该丘陵地带位于第戎和奥尔良的联结线上，更靠近第戎。所有丘陵的海拔高度都在 150 米以上，犹如翻滚的波浪层层叠叠。在这个丘陵地带，只有阿莱西亚被高卢人尊为圣地，这不是没有道理的。虽然它所在的山丘，高度和其他山丘一样，却是一个独立的山丘，前面是开阔的平原，可以睥睨四周。

阿莱西亚虽有城墙环绕，但是，韦辛格托里克斯躲进此地后，还是决定借鉴日尔戈维亚的成功经验，于是，在高地的脚下，除了面向河流的断崖部分，又建了一道屏障。没有人不认为这是一场包围战。然而，决定以自己为“诱饵”的恺撒，却不打算开展常规的包围战，他要把罗马军队封闭起来，而不是封锁被围攻的韦辛格托里克斯和 8 万人的高卢军队。

根据恺撒的意图，跨河而建的包围圈不仅要把阿莱西亚所在的高地团团围住，而且，必须有内外两道屏障。内侧屏障全长 11 罗马里（约合 16.5 公里）。外侧屏障，出于战略的需要，有效利用了周边高地的山脊线，因此，长度为 14 罗马里（约合 21 公里）。

两道屏障保护下的中间地带，宽 120 米，罗马军队就守在这个地带内。至于宽度为何是 120 米，恺撒的理由有以下两个：第一，士兵人数有限，而防护线却很长，因此不可能在全线配置兵力。鉴于这一现状，除了搭建营帐，还必须保证士兵移动时不受阻碍，为此，需要有这样的宽度。第二，建设过程中，即使受到来自阿莱西亚方面的干

扰，士兵们依然可以在弓箭射程范围外安全作业。因此，宽达 120 米的安全地带两侧的包围圈是按以下顺序进行的：

一、在最外侧挖一条宽 6 米的“U”形壕沟。通常罗马式的壕沟是“V”形的。将“V”形改为“U”形，也就是将倾斜式改成垂直式，目的是为了增加敌人攀爬时的难度。

二、在最内侧平行挖两条宽度和深度都是 4.5 米的壕沟。这两条壕沟中，里侧的一条在所有工程完毕后，从河中引水入壕沟。

三、完成这些工程后，开始建防护墙。防护墙高 3.6 米，采用野战工事上方增建屏障的方式，再利用胸墙屏障（后来，中世纪的城墙沿袭了这种方法）加固防护墙。此外，在野战工事和屏障相连的外侧部分，埋下鹿角状的木桩。尖端削得比鹿角还尖，防止敌人爬上来。防护墙建好后，全线再建监视塔，监视敌人，以提高防守效率。塔与塔之间的距离平均 24 米。

至此，防御性能已经很高，但是恺撒并不满足。他考虑在此基础上进一步提高防御效果。为了调集建筑工程材料和军粮，罗马军队需要把士兵派往远处。因此，在工程建设过程中，面对来自阿莱西亚的高卢士兵发起的一次次进攻，可以予以回击的只有留下来的士兵。恺撒考虑的是，在士兵人数不多的情况下，依然可以进行有效防守的策略。

四、首先，找来大量树干和粗壮的树枝，把一端削尖备好。接着，沿壕沟外侧挖 1.5 米深的沟。然后，把树干或树枝尖头朝上埋在沟里。埋之前先把它们一根一根连起来，防止被轻松拔起。这种尖桩共埋了五列，遍及全线。敌人一旦进入这里，就会被尖锐的木桩刺中。士兵们给这里取了一个外号，叫“墓碑”。当然，是对敌军而言。

五、恺撒又让士兵在“墓碑”外侧挖了许多 90 厘米深的坑，和

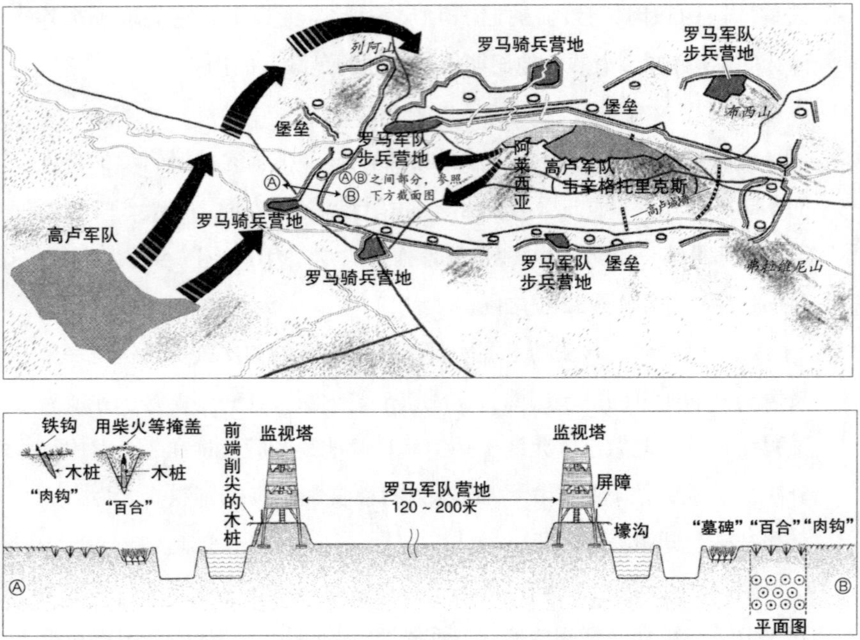

包围阿莱西亚的模型图（上）和罗马军队阵地周边截面图（下）

捕狼用的陷阱很相似，越接近底部越窄。陷阱中同样埋入削尖的木桩，只露出四指宽的长度。陷阱深度的三分之一以下用土固定木桩，表面则用树枝或柴火掩盖。

陷阱的设置和五点骰子（罗马时代已经有了）的形状一样，错落有致。每个点之间的距离为 90 厘米，共设了 8 列。也就是说，8 列“五点骰子”散布于整个战线。士兵把给这里也取了一个外号，叫“百合”，因为形状和百合相似。

六、恺撒考虑在“百合”外侧再建一层防护设施。那就是分布于全线的铁钩。铁钩下面是长 30 厘米的木桩，埋于地下。地面只露出

铁钩。铁钩和肉铺挂肉的挂钩相似，因此，士兵也给它们取了个外号，叫“肉钩”。当然，他们期待被钩住的是敌人的肉。

可以想象罗马军队修筑包围圈的场景。一方面是充满自信的将领们不时呵斥士兵，同时不断给出新的指令。另一方面，士兵们一边说着外号取乐，一边不忘紧锣密鼓地作业。这一年，恺撒 48 岁，而士兵们大多在 24 岁至 32 岁之间。

和内侧一样，外侧的七层防御工程以相同的顺序进行。这是一个战争史上前所未闻的包围圈。完成这个包围圈共耗时一个月。在所有工程结束后，恺撒这才允许士兵们休息。他预测胜负将在一个月内见分晓。于是，他下令全军贮备 30 天的粮食和喂马的饲料，之后，和士兵一样，开始等待时机。

困在阿莱西亚的人们可等不了。尽管韦辛格托里克斯实行了配给制，但是，粮仓已经开始见底。恺撒严密的封锁，使他完全没有机会外出调粮。除了 8 万名士兵，还有阿莱西亚的居民需要吃饭，而援军却迟迟不见踪影。困在阿莱西亚的韦辛格托里克斯甚至没有办法派出侦察兵，外面的情况传不到里面。他甚至不知道援军是否已经组建起来。此时想来，将几乎所有骑兵派去求援，太过轻率。此时，虽然还有一些骑兵，但是，要展开决战以突破包围圈，需要搜集情报。为此，至少需要一定数量的骑兵。考虑到可能会被罗马人俘虏，还需要分批分次派出去侦察。在很多方面，韦辛格托里克斯表现出了不同凡响的才能。但是，面对情报被切断的局面，他似乎有些不知所措。

和粮食储备不断减少相反，对外部情况一无所知而产生的不安情绪不断增加。韦辛格托里克斯召集的作战会议上，出现了缴械投降和冒死出击两种意见。讨论结果是，决定坚持到援军到达。但是，粮食

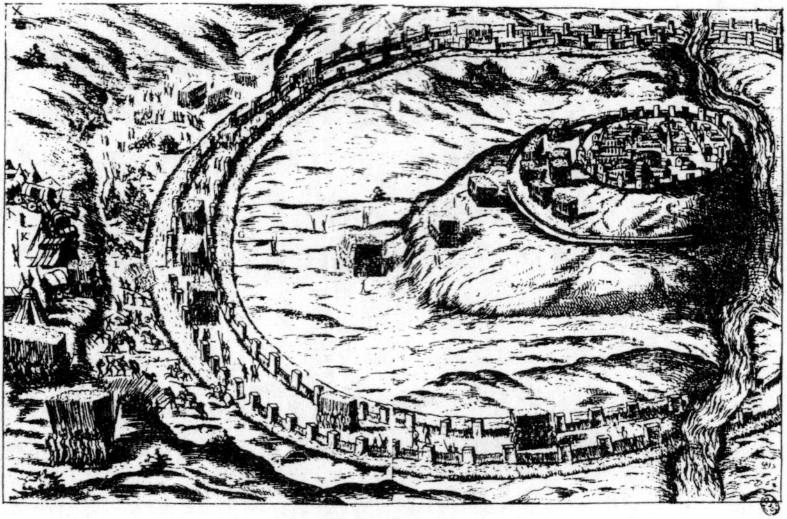

阿莱西亚攻防图

（摘自文艺复兴时期建筑师安德烈·帕拉迪欧绘《高卢战记》插图）

在不断减少。于是，韦辛格托里克斯把阿莱西亚全体居民赶出了城。至少超过 1 万人的男女老幼，被赶出城后大概哀求过罗马军队，愿意卖身为奴，只求给一口吃的。但是，决战之前，恺撒无暇顾及他们。他命令在防护墙担任守卫的士兵，拒绝阿莱西亚居民的请求。遭到拒绝后，人们沿着河流进入山野。好在此时还是夏季，难民们尚不至于穷途末路。

困在城里的人们有所不知，其间，援军已经组建起来了。只是，韦辛格托里克斯要求召集所有可能加入战斗的高卢人，却因为部族首领们各自的考虑，未能达成。因为部族首领们认为，兵力越多军粮越难保证。尽管如此，决定参加救援的部族总数接近 50 个，而按要求提供的兵力总数达 25 万名步兵，8 000 名骑兵。事实上，除了阿奎塔

尼亚地区，几乎全高卢都起来反抗恺撒了。甚至，高卢战争第一年，被恺撒打败的赫尔维西亚人（瑞士人）也派出了 8 000 人。还有，寇米乌斯这次也参与了反抗罗马的行动。三年前第一次远征不列颠时，因为深受恺撒的信任，作为外交使节，寇米乌斯曾经被派往不列颠。因此功劳，恺撒免除了他向罗马军队提供军粮的义务。这位年轻的奥弗涅人统治者唤醒高卢人民族意识的基本策略终于开花结果了。

25 万名步兵和 8 000 名骑兵的总兵力，由 4 位司令官分别担任指挥。他们是来自埃杜伊人的毕利多马罗斯和耶波利杰尼库斯、来自奥弗涅人的韦尔卡西维拉努斯——韦辛格托里克斯的一个堂兄弟，还有一个是寇米乌斯。各部族中提供兵力最多的是埃杜伊人和奥弗涅人，都是 3.5 万人。寇米乌斯是小部族阿托雷巴提人的首领，提供的兵力仅 4 000 人。因此，他能够成为 4 位司令官之一的原因，一定是因为他了解恺撒。全体援军在埃杜伊人领地集结完毕后，在这 4 位将领的率领下，由法国中部浩浩荡荡地向阿莱西亚进发了。

公元前 52 年 9 月 20 日，此时，恺撒的历法改革尚未进行，所以还是夏季。这一天，高卢的援军来到了阿莱西亚附近，指挥官们在高地安营。因为和阿莱西亚高度相同，所以困于阿莱西亚的军队很快发现援军已经到达。韦辛格托里克斯和 8 万名被困士兵欣喜万分，一个多月的被困日子终于要结束了。他们跃跃欲试，准备里应外合，发动总攻。

恺撒的战斗力不足 5 万人，敌人里外相加近 34 万人。

战斗和管弦乐演奏会一样，成功与否，七分取决于上舞台前的准备，三分取决于登上舞台后的临场发挥。我想，在上舞台前，没有十

足把握而心神不宁的只能是普通的指挥者。和演奏会一样，战斗需要长时间的准备，而决出胜负只需数小时或数日。阿莱西亚攻防战准备工作历时 30 多天，而决出胜负，仅仅用了 3 天时间。

前来救援的高卢大军把大本营设在距罗马军队的包围圈不足 1.5 公里处的高地上。高地通往平原的山脊上部署了所有步兵，弓弩手补充进了骑兵团。很快，他们向平原派出全体骑兵，发起了进攻。恺撒也立刻派出骑兵应战，步兵部署在事先定好的包围圈各处，以应对突发情况。就这样，恺撒和全高卢的第一场战斗在骑兵之间展开了。

在双方步兵的注视下，骑兵战斗从正午一直持续到日落。高卢骑兵社会地位很高，为了荣誉，他们奋力作战。而恺撒的日耳曼骑兵也不惧敌众我寡的局面，勇敢厮杀。随着战斗的进行，高卢的弓弩手，也就是步兵，首先遭到围杀。而骑兵只要不想死，只能逃回自己的营地。还有，高卢步兵也从阿莱西亚发起了进攻，尽管他们来势汹汹，却始终无法接近恺撒的包围圈，试图接近的人也被来自防护墙上射出的箭射中而倒下。他们获知骑兵败退的消息后，也不得不选择撤回阿莱西亚。第一场战斗以罗马方面的胜利告终。

第二天日落以前，高卢人没有发起进攻，他们在制作梯子和抛钩等攻城器械。后半夜，攻城器械制作完成后，他们从平原方向向罗马军队的包围圈发起了进攻。他们大声呼叫，以鼓舞自己，同时也告诉被困在阿莱西亚的同胞们，战斗开始了。韦辛格托里克斯也派步兵团走出城墙，参加战斗。但是，尽管在深夜，恺撒并没有惊慌失措，所有士兵都知道自己防守的位置在何处。即使没有命令，他们也会跑向自己的防守地点，用事先准备好的投石器，向敌人投掷石头、铅弹和木桩等。

由于防护墙外设置了好几重障碍，高卢方面始终无法接近。但是，他们没有停止从安全地带射箭。因为人多，射出的箭犹如雨丝连绵落下。罗马方面在黑暗中看不见敌人，只能苦于应付。恺撒写到，相对于看得见的危险，不可见的危险更令人不安。尽管如此，在恺撒身边积累了丰富战斗经验的军团长们，无须最高司令官的指示，也自觉地把机动部队送到了需要的地方。尽管夜色浓重，在战斗中，年仅30岁的马克·安东尼还是正确无误地把援兵送到了最需要的地点。

结果，无论是从内侧还是从外侧，高卢士兵都未能突破恺撒的防护网。天快亮的时候，他们留下战死者，拖着伤者，回到了营地。与罗马方面的损失相比，高卢方面的损失尤为惨重。韦辛格托里克斯也一样不得不撤退。第二场战斗，恺撒再次击退了高卢方面来自内外两个方向的进攻。

两次进攻失败后，外侧的高卢军队首领们举行了作战会议，寻找新的对策。这时他们才意识到，有必要了解阿莱西亚周边的地形。他们找来当地居民，询问周边地形和罗马军队包围圈的情况等。结果，他们获悉看似天衣无缝的罗马包围圈有一处并不完善，那就是流经阿莱西亚北面的河对岸、位于阿莱西亚背后的一座山丘。因为把这个山丘纳入包围圈内实在太大，所以，尽管战略上很不利，恺撒还是把堡垒建在此山中部了。第三场战斗，高卢方面决定集中火力攻打恺撒防卫体系上的这个漏洞。

恺撒自然知道这里是防守的弱点，因此，他在这里安排了2个军团即1万人的兵力，也就是他手中兵力的五分之一。敌人决定挑选6万名士兵投入此地作战，指挥由韦辛格托里克斯的堂兄弟韦尔卡西维拉努斯负责。而在此前的战场上，即南面和西面平原上，余下的军队同时发起进攻。还有，他们确信，阿莱西亚的8万人也一

定会参加战斗。就这样，高卢方面决定第二天正午从三个方向同时向恺撒发起进攻。

奥弗涅人的将领带着 6 万人的精锐部队，于晚上 9 点悄悄离开营地，为了不引起罗马军队的注意，他们向北方绕了一大圈。他们到达预定地点的时间是第二天黎明。韦辛格托里克斯下令休息，等待正午时刻来临。

正午，阿莱西亚攻防战最大一场激战在三个方向同时拉开帷幕。

恺撒早已察觉到这一天非同寻常，他登上可同时看到三个方向的瞭望塔上指挥战斗。指挥决战时，恺撒总是身披红色大披风，这是他的一贯做派。虽然这样会引起敌人的注意，增加危险，但是让士兵们随时随地都能看到自己的最高司令官，远比自身的危险更重要。只要看到恺撒的红色大披风开始迎风飘动，就意味着决战已经打响了。

只要战场尽收眼底，就可以判断出这场战斗的性质。高卢军队试图从内侧和外侧突破恺撒的包围圈，罗马军队一步也不退让。胜败取决于谁先达成目标。恺撒把机动部队一一派往需要支援的地点。机动部队以大队为单位（一个大队不到 500 人）组成，由军团长级别的将官率领前去增援。

最激烈的战场在北面的山丘上，这一点从战斗之初就已显现。在那儿，高卢军队从高处攻下来。相反，罗马军队只能利用建于低处的堡垒、壕沟进行防守。高卢的 6 万名精兵一起投出石头，乘着罗马士兵躲闪之际，用盾牌连成龟甲队形攻来。他们采用波状进攻的战法，6 万名精兵没有同时发起进攻，而是交替上阵。罗马军队不足 1 万人，没有能力采用这样的战术，士兵们只能坚守自己的岗位进行防守。箭和投枪快用完了。

恺撒派副将拉比埃努斯率领6个大队，增援战斗最激烈的这个战场。他指示拉比埃努斯，真到了守不住的时候，就率领士兵离开堡垒、壕沟进行反击。但是，只要有可能，就不要采取这样的行动。

在战场尽收眼底的高处指挥战斗的阶段已经过去。恺撒走下瞭望塔，骑上马，奔走于包围圈内的各个防御点，鼓舞拼死防守的士兵。最高司令官声嘶力竭地激励大家："这么多年的战斗结果就看今日这一战了。"

来自阿莱西亚的进攻，在韦辛格托里克斯的指挥下，这一天也异常猛烈。那儿埋有捕狼式的陷阱。来自外侧高卢军队的攻击，其激烈程度远甚上一次。这是发生在夏日阳光下的一场战斗。蜂拥而上的敌人大军突破恺撒布下的重重障碍，掷钩挂住屏障，屏障出现缺口。尽管如此，考虑到处于防卫状态的罗马士兵的数量，恺撒设计的七重障碍包围圈惊人地牢固。恺撒一一将援军送到陷入苦战的地点。德奇姆斯·布鲁图率领几个大队赶去一处增援，其他地方由法比乌斯带领几个大队前去支援。恺撒本人也率领身边的士兵前去援助，因为，他把可派遣的军团长和大队都派出去了。由于适时而迅速地派去了机动部队，陷入苦战的罗马士兵重拾斗志。甚至已经险象环生的地方，罗马军队也扭转局面开始反击了。

见此情形，恺撒认为，此时可以前往战斗最激烈的战场了。在那儿，他已经派拉比埃努斯前去增援。他决定投入新的战斗力量，一劳永逸地解决那个地方的危险。于是，他命令在附近保护防守据点的4个大队随自己同去。同时，他将骑兵一分为二，自己率领一半骑兵，命令另一半离开包围圈，从背后攻打敌人。然而，前往北边战线的途中，遇到了拉比埃努斯派来的士兵。副将拉比埃努斯派士兵前来报告，说阵地已然很难守住，已经反攻，进行最后一搏。可见，支援拉

比埃努斯已经刻不容缓。

看到红色大披风，6 万名高卢士兵和他们的指挥官韦尔卡西维拉努斯立刻知道是恺撒来了。因为恺撒的到来，战斗变得越发激烈。双方喊声震天，开始反击的罗马士兵扔掉投枪，挥剑力战。和恺撒同来的 4 个大队也立即投入了战斗。肉搏战打得正酣的时候，恺撒下令绕到背后进行突袭的罗马骑兵团出现在了敌人背后的山丘上。

6 万名高卢士兵齐齐看向后面。在那里，罗马骑兵团发起了进攻。高卢军队腹背受敌，士气大挫。高卢军队的副将阵亡，准备逃跑的主将韦尔卡西维拉努斯被生擒。6 万人的高卢军队全面崩溃，只有极少数士兵逃回大本营。

被困于阿莱西亚的 8 万名士兵看到同胞溃败，也丧失了斗志。他们没有等韦辛格托里克斯发出命令，就退回到了城内。南方平原上，为突破罗马军队包围圈而激战中的高卢军队主力，得知北方战线溃败的消息，甚至忘记回营，开始四下逃窜。恺撒的写作风格一向冷静，此时却难得地没有掩饰内心的激动。他这样写道：

> 如果不是因为这一天连续不断的激战，我方士兵疲惫不堪，也许，我们可以彻底消灭敌军。

尽管如此，刚过午夜，恺撒还是派骑兵团展开了追击。罗马骑兵攻击了败退的敌军的后卫部队。或死或被俘虏的士兵无数。幸免于难的高卢士兵逃回各自的故乡去了。

以不足 5 万人的战斗力，打败了来自内侧的 8 万敌人和来自外侧的 26 万敌人。仅以双方战斗力之比，这次胜利堪比亚历山大大帝。但

是，这次战斗在同时面对前后两个方向的敌人的情况下而获胜，在战争史上还是首例。对于它的意义，体会最深的当属韦辛格托里克斯。他目睹了前来救援的大军完败，继而溃逃。战斗失败后的第二天，他举行了作战会议。

这位年轻的奥弗涅人统治者在会议上说，动员全高卢团结起来和恺撒决战，不是出于自身的利益，而是为了全体高卢人的自由。他接着提议，既然命运不可抗拒，为了幸存的人们，要么杀了自己，要么把自己交出去，以求恺撒的宽恕。恺撒以交出武器和全体部族首领为条件，接受了投降。

战斗结束了。包围圈内，战后的气息还很鲜明。韦辛格托里克斯全副武装，身披华丽的高卢服饰，骑马出现在包围圈附近，恺撒已在那里等候。年轻的奥弗涅人统治者下马，与端坐在将军椅上的恺撒相见。在这里，他们终于第一次见到了对方。恺撒非常欣赏这位敌人将领的才能，但是，关于这次见面的情形，恺撒在《高卢战记》中只写了这样一句话：

"韦辛格托里克斯主动送上门来了。"

高傲的高卢人放下武器，跪在了罗马胜利者的面前。

根据西塞罗的说法，恺撒很喜欢这位和自己年轻时的性格很相似的年轻人。奥弗涅人的这位年轻人大概是恺撒需要的人才，恺撒需要他这样的人才担当军团长。然而，历史上，这样的人才往往都属于敌人一方。

参加阿莱西亚攻防战的高卢权贵中，沦为阶下囚的只有韦辛格托里克斯一个人。恺撒尊重这位奥弗涅人的年轻人以牺牲自己来解救同胞的决定，当然，也有对今后开展政治活动的考虑。

韦辛格托里克斯向恺撒投降

韦辛格托里克斯被送到首都罗马，关进了位于古罗马广场一角的监狱，并于公元前 46 年恺撒的凯旋仪式结束后被杀。恺撒的凯旋仪式因为内乱不得不延期至公元前 46 年举行。杀死韦辛格托里克斯是因为他太有才能，让他活着太过危险。他的形象只有货币上的一个浮雕像，这是为纪念恺撒征服高卢而发行的银币。银币上雕着这个男人的侧脸，上面标注着他的名字。浮雕上的他面容很憔悴，很可能是这位年轻的奥弗涅人统治者经过 6 年牢狱生活后的形象。他是唯一得到恺撒认可的高卢人中的人才。

《高卢战记》的出版

阿莱西亚攻防战取得完胜后进行善后处理时，恺撒也没有失去冷

静。作为战利品，他把俘虏分给了每一名士兵。只是，出于政治上的考虑，属于高卢最大两个部族埃杜伊人和奥弗涅人的俘虏另行处置。因为每名士兵只分到一名俘虏，所以，可以认为，将近一半的俘虏被释放了。这也是出于政治上的考虑。

离开阿莱西亚，恺撒的军队首先向埃杜伊人的领地进军。埃杜伊人闻讯后，马上赶来表示投诚。恺撒接受他们的投降，释放了被俘的埃杜伊人的权贵和士兵。奥弗涅人也派使节前来表示归降，同样，恺撒接受了投降，释放了俘虏。像这样，被释放的俘虏，仅这两个部族就达 2 万人。

时间是秋季。恺撒因为有自己的考虑，所以早早定下了各军团的冬营地。

副将拉比埃努斯带领两个军团和骑兵，在高卢东部的塞卡尼人的领地越冬。

军团长法比乌斯和巴基鲁斯两人率领两个军团，在高卢东北部雷米人的领地越冬。雷米人的忠诚在阿莱西亚攻防战中已经得到证明。但是，雷米人附近有贝洛巴契人，他们没有停止反罗马的行动。

军团长安提斯提乌斯带领一个军团前往高卢西北部的安比雷巴提人的领地。

军团长塞克斯提乌斯带领一个军团去中部高卢的比都里吉人的领地。

军团长科尼尼乌斯率领一个军团，在南部高卢的鲁特尼人的领地越冬。

西塞罗的弟弟也是军团长，他和苏尔皮基乌斯负责在埃杜伊人的领地筹措军粮。

恺撒本人则带着余下的士兵，在埃杜伊人的首府驻营越冬。他没

有回意大利北部行省，也没有回法国南部行省，他要彻底巩固并有效利用阿莱西亚攻防战的胜利果实。

恺撒亲自撰写的《高卢战记》共七卷。第七卷记录的是公元前52年的战斗，书的结尾是这样一句话：

> 得知这一年的战果，首都罗马当即决定举行为时20天的庆祝活动，以感谢诸神。

很难相信这就是“The End”。

生于后世的我们，只觉得这个结尾很符合恺撒的风格，冷静、淡然。但是，对于当时的罗马人来说，应该找不到更好的语言，可以用来结束对公元前52年波澜壮阔的高卢战争的描述。“三头”之一的克拉苏率领4万人的罗马军队，在帕提亚完败只是一年前的事情。当时的罗马人想到被杀的2万名同胞和被发配边境、终生服役的1万名同胞，只会唉声叹气。元老院中大多数元老虽然明确反对恺撒，但是，也不得不举行长达20天的庆祝活动，以感谢诸神。因此，恺撒在这句话中隐含了他的讥讽之意。

根据研究者的说法，这一年临近年末，恺撒出版了《高卢战记》，共七卷，而这又触动了元老院的神经。

任期内，行省总督有义务向元老院汇报发生在行省内的一切情况，包括战争，因此，恺撒每年也会向元老院呈送报告。庞培从剿灭海盗到征服远东的5年间，大概也一样，每年年末都会向元老院呈送报告。只是，庞培没有以这些报告为基础汇编成书，而恺撒却撰写成书。与庞培等同时代的人不同，恺撒很看重来自公民的支持，而非元老院的。

我想请读者朋友回忆一下，公元前59年，恺撒第一次就任执政官的这一年，他实施的第一项政策是什么。是“日报”制度，是“阿库塔·迪乌鲁那”，即每天要把元老院讨论的事项张贴于古罗马广场内的建筑物墙上。我把它比喻成了有线新闻网式的报道，把曾经在封闭的空间里元老院阶级内部进行的讨论事项，及时进行公告。恺撒认为，只向元老院呈送报告还不够，于是，他以报告书为基础，撰写了独立的作品问世。著作的出版完全基于他的这种做法。他再次有效利用了“媒体”，他利用这个“媒体”形式来抗衡反恺撒派的西塞罗和小加图利用的“媒体”。他们的“媒体”是古罗马广场上的讲坛。恺撒在高卢作战，无法利用讲坛，他就利用自己超强的写作能力来抗衡反恺撒派。而他的写作能力甚至连反恺撒派也不得不钦佩。

当然，说是“出版”，在那个时代，也只有手抄本且数量有限。但是，当时去古罗马广场听演讲的罗马公民也只是少数。而出版的著作虽然只是手抄读物，但是看过的人“口口相传”的宣传力，也不容小觑。更何况，这是一部让人爱不释手、充满激动人心情节的作品。

但是，不管这一做法多么像他的风格，恺撒写《高卢战记》却不是只为了取悦民众。

第一，他希望准确记录这场战争，因此，他不仅忠实地记录下了自己犯的错误，也公正地写下了敌人采取行动的理由。因为恺撒知道，正确的描述是让别人充分理解自己想法的最好方法。因为只要有一个谎言，读者就不会再相信其他内容。还有，他没有用第一人称，而是用第三人称单数“恺撒”进行叙述。这也是基于同样的考虑，即让记录下来的内容更客观。

第二，就算是为了追求普通公民的支持，他也没有改变自己的写

作风格。要说迎合大众，西塞罗式的夸夸其谈、哗众取宠的辩论方法更有效，更适合。2 000 年后的今天，在采用陪审团制度的法庭上，很多辩护律师在为委托人进行辩护时，犹如西塞罗重生，足以证明西塞罗的辩护方式现在依然有效。

但是，尽管面向普通百姓，恺撒并没有改变自己实实在在的风格。一个人只有采用符合自己特点的做法，才能做到最好。无论是口头辩论还是文章写作，恺撒就是恺撒。

报纸杂志的宗旨是对事件的描述必须客观。但是，辩论和文章不是报纸或杂志，要做到客观，并不容易。必须对自己足够尊重，在这个前提下才有可能实现。这不是出于职业道德，而是基于当事人的自尊。就算为了寻求支持，恺撒也拒绝自甘堕落。

恺撒亲笔撰写的《高卢战记》，写到高卢战争第七年。战争持续了八年。关于第八年的战争，是恺撒的秘书、他的亲信希尔提乌斯执笔撰写的。至此《高卢战记》才算完成。《高卢战记》以一年的战争为一卷，共计八卷。之所以第八卷由希尔提乌斯来写，是因为恺撒没有时间。此时，内乱已经开始，而内乱结束后不到半年，恺撒就遭到了暗杀。《高卢战记》虽然少了最后一年的记录，恺撒还是出版了亲笔撰写的前七卷。一方面，他需要对抗反恺撒派的势力，这是武器之一。另一方面，尽管只有七卷，他并不认为作品尚未完成。而且，作为读者，我们也不觉得这是一部未完成的作品。理由是，经过阿莱西亚攻防战，一切都已成定局，第八年只是处理战后的相关事宜而已。当然，行军途中，只要有时间，恺撒还是会用在写作上。如果该做的事情已经全部完成，也许他会再次提笔，亲自撰写高卢战争第八年发生的事件。然而，历史没有给他这样的时间。

高卢战争第八年（公元前 51 年，恺撒 49 岁）

《高卢战记》最后一卷，希尔提乌斯为其撰写了序文。序文采用了写给恺撒的另一名亲信巴尔布斯的形式，原因是力劝希尔提乌斯续写第八卷的正是巴尔布斯。我将序文全文翻译如下：

> 经不住你情真意切的劝说，也担心你会认为我每一次的拒绝，都是出于我的怠惰而不是害怕此任务太过艰巨。因此，巴尔布斯，我决定接受这个困难至极的任务。也就是说，我要写《高卢战记》的续篇。我要补充恺撒撰写的从《高卢战记》进入《内战记》的叙述中欠缺的部分。我要写《内战记》中没有写到的亚历山大战争以后的内乱，尽管这场内乱尚未结束。我要写恺撒遇害。只是，我希望阅读这部分的人，至少可以理解我对于接受这个任务是如何不情愿。只有了解了我的心情，才会原谅我续写恺撒作品这一愚蠢又狂妄的做法。
>
> 众所周知，这两部作品简明、精练，没有一位作家的作品可以超越它们。这两部作品为历史学家书写如此伟大的业绩提供了准确的史料。然而，正因为这两部作品得到了不同领域、不同国度的人们的盛赞，反而使历史学家们失去了提笔的勇气。
>
> 我们这些在他身边的人，感受比其他人更深。因为仅仅阅读文章，我们就已经被文章清晰、简练的文风折服。更何况，在他身边的我们知道，如此精彩的文章是那么轻松又那么迅速写下来的。
>
> 恺撒不仅有写作才能，还有常人难以企及的、清楚表达自己思想的才能。我没有参加亚历山大战争和非洲战争，但是，从恺

撒口中我了解到这些战争的情况。当然，出于好奇而倾听和为了写作而倾听，两者是不一样的，

我一再声明，不要拿我和恺撒做比较。也许有人会觉得我不自量力，因为这样的声明表明我很在意有人会拿我和恺撒进行比较。不管怎样，我决定试试。

战后处理第一阶段

希尔提乌斯写的《高卢战记》第八卷，内容始于阿莱西亚攻防战以后恺撒着手处理战后事宜。高卢境内部族林立，包括极小的部族，总数达上百个。和大流士统治下的波斯帝国不同，高卢没有统一的指挥系统，因此，在高卢不能采用亚历山大大帝的作战方式，因为他的敌人只有波斯帝国。高卢有四大部族，分别是埃杜伊人、奥弗涅人、林贡斯人和塞卡尼人。他们深知阿莱西亚攻防战失败意味着什么，因此，早早派出使者向恺撒表示了归顺。恺撒宽恕统治阶层，再次和他们缔结了盟约。但是，中等部族本就对大部族心怀戒意，再加上参加阿莱西亚攻防战的战斗力少，阿莱西亚攻防战的失败对他们的伤害不大，而且，他们知道恺撒任期将满。因此，解决这些部族的问题，就成了战后需要处理的第一阶段的问题。

阿莱西亚攻防战结束后，恺撒只给了士兵两个月的休息时间。随后，早早就开始了战后第一阶段问题的处理。公元前52年的12月，镇压行动开始了。最初只派了3个军团，由他本人或指定军团长率领，而没有投入10个军团。这是因为经过阿莱西亚的激战，士兵们要恢复体力需要足够的时间。当然，恺撒自己并没有休息。

镇压行动以奥尔良为中心，向高卢各地呈放射状展开。这次武力

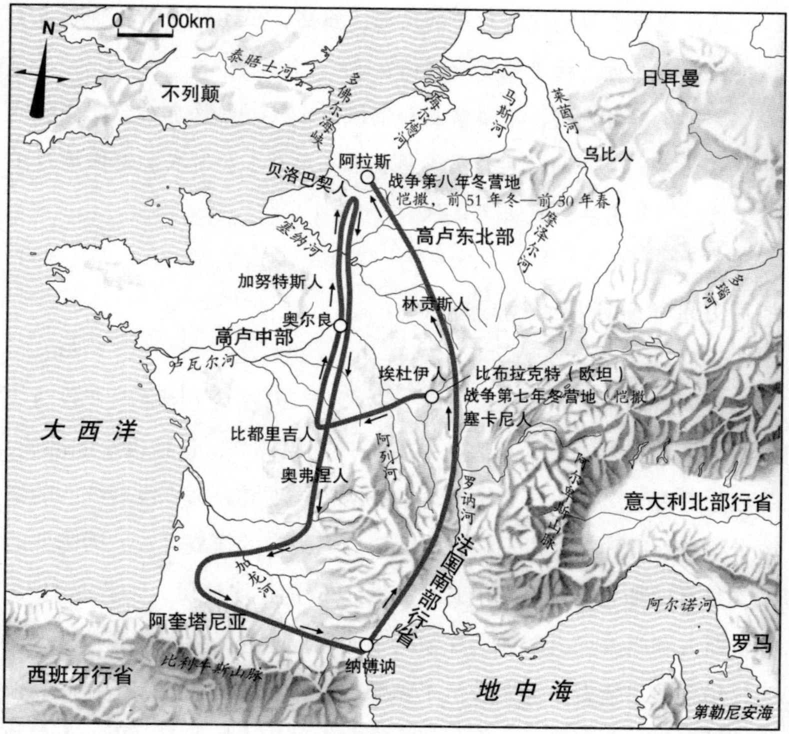

镇压的对象都是参加阿莱西亚攻防战的各部族。他们因为参加这场战斗，所以事实上背弃了和恺撒之间的盟约，而且，此时他们尚未停止反抗。因为恺撒急于在任期结束前彻底解决高卢问题，所以这一时期的镇压行动非常残忍。他纵容士兵烧杀掳掠，无恶不作，甚至不放过流落街头的妇女儿童。对于固守城内坚持反抗的部族则采取水攻法。承受不住罗马军队的攻打、出来投降的所有士兵，都被砍去了双手。恺撒要让他们牢记，反抗恺撒意味着什么。

像这样，阿莱西亚攻防战结束后处理战后事宜的第一阶段于公元

前 51 年夏结束。夏末，恺撒决定视察阿奎塔尼亚地区。这种做法很符合恺撒的风格，因为他还没有到过阿奎塔尼亚地区。阿奎塔尼亚地区位于加龙河和比利牛斯山脉之间，自五年前归顺恺撒后，从未举起过反旗。巡视完此地后，恺撒又去了纳博讷。法国南部行省是他的任职地之一。迅速处理完行省总督的政务后，他向法国南部行省居民表示了感谢。因为在长年的高卢战争中，他之所以能够坚持到底，原因之一就是法国南部行省的人们对罗马不变的忠诚。随后，恺撒回到北部高卢，他要开展处理战后第二阶段的工作。为此，他牺牲了回意大利北部越冬的机会。

战后处理第二阶段

在罗马，“前执政官”也是行省总督乃至最高司令官的别称，是担任两个军团以上的军队指挥官，是保卫行省安全的责任人。通过军事行动成功征服一个地区后，前执政官有义务提出在罗马统治下对该地区进行重组的方案。他们提出的重组方案经过元老院和公民大会的认可后成为国家政策。但是，由于后面将要介绍的内乱，恺撒提出来的高卢重组方案，未能在元老院和公民大会上进行审议。尽管如此，在内乱中胜出后，他还是把重组方案变成了法律，直到帝国时代依然有效。

恺撒提出的重组方案，主要有如下几条：

一、除法国南部以外，高卢全域的边界确定为：西南为比利牛斯山脉，西边为大西洋，北边为多佛尔海峡，东边为莱茵河。

二、埃杜伊人、奥弗涅人、塞卡尼人和林贡斯人这四大部族为罗马同盟者，缔结盟约。以这四大部族为中心，有望统一全高卢。

三、承认高卢各部族自治，包括中小部族。

四、高卢社会分祭司、骑士、平民和奴隶四个等级。允许高卢保留这种社会制度。

高卢的社会制度和希腊、罗马式城邦不同。希腊、罗马式城邦是以城市为中心，向周边扩张形成的。在恺撒的重组方案中，允许高卢保留原有的社会制度。与日耳曼相比，他认为在高卢实现罗马化的可能性很大。理由有三：

一、高卢人有尊重私有财产的传统。

二、高卢人信仰的诸神和希腊、罗马的诸神相似，是人格化的神，因此对于罗马诸神比较容易接受。

三、高卢人追求舒适的生活。

相反，日耳曼人不允许土地私有，他们只崇拜太阳、月亮和火，不追求舒适的生活。日耳曼人严格区别征服者和被征服者，讨厌把两者混为一谈。

就这样，在保证高卢各部族主体性的同时，恺撒把高卢部族纳入了罗马的统治之下。除了几个特例，罗马人在高卢境内几乎没有新建罗马式的城市。各部族首府和聚居地在进入罗马统治之下后依旧保留了原貌。而象征“基础设施”的罗马式大道则把各城市联系起来，形成了交通网络。

我在描写高卢战争的时候，用现代法语指称了几乎所有的城市名称，理由是这些城市现在依然存在。聚居地还在，意味着部族的固有文化尚存。高卢人按希腊语的叫法也就是凯尔特人，他们没有从现代的法国和比利时消亡，或者说高卢人不只是逃到现在的爱尔兰的高卢人。在高卢享受罗马文明的同时，诞生了有高卢特色的高卢，即罗马化的高卢，这就是后来的法国文明。

具体地说，恺撒在高卢开展的罗马化运动，始于以下几个方面：

一、根据罗马一贯的做法，将部族统治阶级的子弟送往罗马或法国南部行省学习。形式上他们是人质，实际上他们是寄宿留学生。恺撒成为独裁官后，甚至为统治阶级中有权势的人提供了元老院席位。他还到处授予尤里乌斯的家门名，结果出现了很多名字第二部分为“尤里乌斯”的人。

二、尽管以往的高卢战争中祭司常常是反罗马的导火索，尽管罗马没有专门的祭司阶级，但是恺撒没有拿高卢的祭司阶级（德鲁伊特）开刀。保留祭司阶级，意味着他把高卢人的宗教和普通教育交给了高卢人自己负责。

三、奖励通商，促进矿山开发，振兴经济。为此，恺撒降低了在高卢的商品流通间接税。在罗马国内商品流通间接税是 5%，在高卢只有 2.5%。

四、最后是直接税的问题。这是关系到善政还是劣政的问题，是人们最敏感的问题。

罗马人缴纳的直接税用作安全保障费用。帝国时代的塞内加也说过：“不在防守上下功夫，就不能保证安全。致力于防守需要费用，因此，税收是必需的。”

享有罗马公民权的人可以免除直接税，是因为罗马公民有服兵役的义务。即使兵役改成志愿兵制以后，有志愿兵资格的也是罗马公民。因此，没有罗马公民权的行省居民，在免除兵役义务的同时需要缴纳行省税，即直接税。至于行省税的征收方法，长期以来共和政体下的罗马都采用承包制，由私营征税业主，即“包税人”负责。直接税的税率是收入的十分之一，因此也叫“什一税”。税额根据当年的收入计算。这个税制貌似很合理，也照顾到了纳税人方面的因素。因

为，遇到干旱或多雨的年份，作物会歉收，由此导致收入减少。这时，税金也会相应减少。然而，这种税制依然不完美。它的问题是税额往往由包税人“酌情”决定。税额由征税人决定，那么，只要是包税人必须交纳占税额一成的手续费，为了自己的利益，他们必定会提高税额。

关于这个问题，早在10年前担任西班牙行省总督时，恺撒就已经注意到了。他认为只有公开税制，消除包税人的“酌情而定”部分，才能使税制公正合理，因此，他决定在高卢不采用“什一税”。“什一税”根据收入的高低会上下浮动。他决定征收固定金额的税，全高卢纳税总额定为4 000万塞斯特斯。这样一来，包税人的工作只剩下征收规定的税金。如果“三头政治”的其中一员克拉苏还活着，想必这个制度不会如此轻易得以实施吧。因为，克拉苏是罗马骑士阶级，即经济界的代表，而构成罗马经济界基础的正是包税人。只是，克拉苏已经死于帕提亚战争。

但是，古往今来，按规定如实纳税的人一定会有这样的疑问：如果不按收入多少，而是缴纳固定的税额，那么岂不是忽略了收入的变化，是不合理征税吗？还有，取消征税手续费，包税人没有了好处，他们难道不会失去收税热情，从而导致收税效率低下吗？

恺撒应该想到了这两个问题，于是，他利用降低税额的方法一并解决了这两个问题。课以重税，会增加税务方面的人员和费用。与其如此，不如规定一个合适的或偏低的税额，让纳税人不会感到有负担。不敢说纳税人会自觉自愿纳税，但是至少他们缴得起税金。在高卢，规定一年4 000万塞斯特斯的税额，应该是恺撒做出的判断。

那么，4 000万塞斯特斯究竟是怎样一个概念呢？因为生活物质资料不同，所以，将古代货币的金额换算成现代货币的价值，说实

话，是不可能的。因此，我不采用换算的方法，而是用不同的金额，请读者朋友想象它的价值。单位为罗马流通货币塞斯特斯。

一、根据研究者的估算，公元前 67 年，罗马的国家预算总额为 2 亿。

二、同年，庞培作为最高司令官，在剿灭海盗的行动中投入的总额为 1.44 亿。

三、公元前 63 年，庞培结束对东方的征服，从小亚细亚和叙利亚带回来存入罗马国库的行省税和间接税，总计约 2 亿。

四、公元前 61 年，举行凯旋仪式时，庞培向部下士兵发放的奖金总额为 2 900 万。

五、罗马首富克拉苏的资产总额为 1.704 亿。

六、就任财务监察官那年，也就是恺撒政治生涯开始的那一年之前，32 岁的恺撒累计借款总额为 3 120 万。

七、以律师身份获得成功后，西塞罗购买克拉苏位于罗马最高档住宅区帕拉蒂尼山上的豪宅时，金额为 350 万。这还是朋友价。

八、公元前 58 年，西塞罗在流放期间，财物遭到克劳狄乌斯的毁坏。第二年，放逐令解除，回到首都后，西塞罗从国家那儿获得的赔偿金额为 200 万。西塞罗为此还感慨，比买下豪宅时的价值还要低。同样遭到破坏的另两处山庄，赔偿金额分别为 50 万和 25 万。就这样，西塞罗还抱怨国家吝啬。

九、公元前 54 年，为扩建古罗马广场，恺撒向公民征用工程用地时，花费了 6 000 万。

十、同一时期，埃米利乌斯 · 保卢斯在维修祖先建于 120 年前的埃米利亚会堂时，恺撒以 2.5%（通常为 6% 到 12%）的年息，借给他的金额是 3 600 万。

根据研究者的估算，高卢战争时期，全高卢人口在1 200万人左右。人口比想象的多，是因为高卢的气候、土壤适合农牧业，所以高卢很富裕。也正因为富裕，日耳曼人才会屡屡尝试入侵。如果普鲁塔克的记述可信，那么，恺撒发起的长达8年的高卢战争中，有100万高卢人被杀，100万高卢人沦为奴隶。对这样的高卢，征收4 000万塞斯特斯的直接税，税负是重还是轻，研究者无须推测也能做出判断。总之，被恺撒征服以后，高卢人彻底变安分了。

不是因为有军团驻守，不是因为有军事管制。公元前49年，内乱爆发以后，也就是恺撒离开高卢以后，不到一年的时间，因恺撒的命令，恺撒手下的各军团也离开了高卢。高卢不再有罗马一兵一卒。这个时期，恺撒正专注于和庞培之间的争斗，这是高卢推翻罗马统治的最好时机。而且，有实力的部族中，除了两三个人，所有实权人物都还活着。以往总是扮演煽风点火角色的祭司阶级也健在。因为恺撒的姑息，高卢也不缺少点燃民族独立之火、率领军队实现民族独立的统治阶级。然而，没有人起来反对恺撒。恺撒攻打马赛时，他们不仅没有支援马赛，甚至应恺撒的要求，还向他提供了攻城物资和军粮。内战期间，马赛是庞培阵营中的一分子。在西班牙和庞培派作战时，向恺撒输送军粮的也是高卢人。

为什么罗马的军队撤离后，高卢人没有遂庞培的心愿，而继续听命于恺撒呢？唯一一次叛乱是高卢最好战的部族贝洛巴契人于公元前46年发起的。但是，无须罗马出兵，周边部族就解决了这次叛乱。此后，可以说，高卢人再也没有出现过反罗马的武力行动。在整个罗马帝国时代，高卢始终是“罗马化”的优等生。

有一套系列漫画，叫《阿斯泰利克斯历险记》，是比利时人画的，

在法国出版。这套漫画的成功之处在于作者对罗马的优等生——自己的祖先，极尽讽刺之能事。这套《阿斯泰利克斯历险记》系列漫画的基本故事内容是，恺撒征服全高卢并不属实，因为还有一个小村庄没有屈服于恺撒。为什么这个小村庄没有屈服于恺撒呢？因为，该村有一位祭司，他用药草调制了一种药水，村民只要喝下去，就会力大无比，甚至比吃了菠菜的大力水手还要厉害。他们把罗马军团打得溃不成军。也因此，恺撒对高卢的征服是留有遗憾的。

正因为这套漫画深受成年人的喜爱，所以它对细节的描绘非常细致。首先，既然这种药水效果如此神奇，如果让高卢所有部族的人都喝的话，高卢应该可以推翻罗马的统治。但是，喝药水的只有一个部族。其次，大力水手化的高卢人，屡屡打败前来镇压的罗马军团，而罗马军团的指挥官也不是恺撒。像这样，如果这种细小之处不忠实于史实的话，那么讽刺就会流于闹剧。

尽管法国人有些以自我为中心，却是一个理性的民族。在法国人喜爱的《阿斯泰利克斯历险记》中，完全看不到阴暗的一面。如果对统治阶级心怀仇恨或怨念，如果有被害妄想症，就很难避免阴暗的东西。至于恺撒，虽然把他当作了嘲笑的对象，却把他刻画成了一个值得尊敬的、让人恨不起来的征服者。显而易见，作者对历史事实非常清楚，也熟读过《高卢战记》。给我的感觉是，法国人不能不承认自己免于被他们从心底里憎恶的日耳曼人同化，都是因为有恺撒。

看着《阿斯泰利克斯历险记》，想象高卢战争以后高卢人的意识很有意思。对高卢人来说，罗马化是什么？保持高卢特色又是什么？喝下祭司调制的药水，在阿斯泰利克斯的率领下，把无敌的恺撒军团打得溃不成军的高卢人，不屈服于罗马的武力，自然也不接受罗马的文明。他们拒绝和罗马相关的一切，维护高卢特有的东西。

（摘自《阿斯泰利克斯历险记》，R. 戈西尼创作，A. 乌德佐绘制）

例如，罗马人剪短发，剃胡子。与此相反，高卢人的头发留得很长，甚至需要编成小辫，胡子也不剃，被罗马人叫作“长发高卢”。罗马人穿短衣，外罩披风。与此相对，高卢人坚持着裤装，被罗马人称为“穿裤子的高卢”。罗马人的主食以小麦为主，喝浓汤（或者喝粥）。高卢人鄙视这样的食物，他们大口吃高卢传统的烤全猪。高卢人冷眼看周围的森林被开垦，沼泽被填埋，都市建设轰轰烈烈地展开。而他们和以前一样，依旧住在栅栏内用木头和泥土搭建的房子里，忍受着不曾铺设的路面上飞扬的尘土。他们鄙视其他高卢人，因为有了自来水，因为水直接接入了广场和家中而兴高采烈。而他们依旧从河里、从涌泉处挑水。他们认为，森林就在旁边，这样的村庄生活不需要自来水。

但是，如果你认为快乐的阿斯泰利克斯和伙伴之间的对话，表达的是被统治者高卢人（凯尔特人）对统治者罗马人的抗拒，作者首先会惊讶于你的这种理解。同时，喜爱这一系列漫画的法国人也会忍不住笑话你。一个自卑的民族不可能创作出这样的讽刺作品。这种幽默只有从小学习史实为何物的他们才能充分理解。据说日本翻译了《阿斯泰利克斯历险记》的两部作品，也引进了动漫，却很不成功。我想，只要罗马史没有成为日本人的普遍常识，这样的结果在所难免。

话说回来，历史上，恺撒“介绍”过的大国是今日的法国和英国。2 000 年后，法国诞生了这样的讽刺作品，而英国却没有。这是为什么呢？我想原因大概在于，最早将英国引入文明世界的是恺撒。但是，不列颠真正实现罗马化是在帝国时代以后。其中的原因大概在于推动不列颠罗马化的人缺少写作才能，写不出足以和《高卢战记》相媲美的作品。相反，法国人却给后世留下了他们的“罗马化”成果——谁都看得懂的、优美的文学作品。因此，作为高卢人，有话要

说也很正常。只是，他们创造的文学不是被征服者高卢对征服者恺撒的抗拒，而是讽刺文学。高卢人，也就是法国人，做不到全盘接受丘吉尔的说法。丘吉尔说："大英帝国的历史，始于恺撒横渡多佛尔海峡。"在高卢人眼里，恺撒撰写的《高卢战记》和对高卢的战后处理方式，完全是一种"罪孽"。

公元前 58 年就任行省总督后，拒绝赫尔维西亚人借道时，恺撒就没有想过此事会平静收场。也许，公元前 59 年，在罗马，赫尔维西亚人准备迁移的消息成为尽人皆知的事实时，他已经预计到，该部族的迁移将在高卢全域掀起风浪。正因为如此，他才希望去风浪必起的高卢任职，同时要求 5 年任期。也许正如小林秀雄指出的那样，野心家恺撒等待的是"创造高卢战争"的机会。小新秀雄只看过《高卢战记》，但是，他的说法一针见血。当然，这个"创造"将给罗马这个国家指明方向，而这也许就是《高卢战记》中不能写前言的原因。因为如果在前言中写了，不仅会受到元老院派的强烈反对，而且，最重要的是，他得不到同时代人的理解，因为他们缺少恺撒那样的前瞻性。但是，现代英国有一位研究者这样写道：

> 阿莱西亚攻防战决定了包括不列颠在内的、从比利牛斯山脉到莱茵河的辽阔地区今后的历史发展脉络。

结束历时 8 年的高卢战争，完成处理战后事宜之后，恺撒翻越阿尔卑斯山脉，前往意大利北部行省，这是公元前 50 年入夏以后的事情。在适合作战的季节，恺撒可以离开高卢，标志着在高卢战争已经彻底结束。留在高卢的军队只有中部高卢由法比乌斯率领的 4 个军团，以及高卢东北部由特雷波尼乌斯率领的 4 个军团。为了优先解决

高卢问题，恺撒在公元前 52 年至前 51 年的冬季和公元前 51 年至前 50 年的冬季，两次在不宜作战的季节留在了高卢越冬。但此时，他不能再放任在首都的反恺撒行动。意大利北部行省的总督府在拉文纳，他必须尽早回到那里，去面对因专心解决高卢问题而暂时搁置的、来自首都的攻击，也就是元老院的攻击。

前往意大利北部行省的途中，恺撒听到了一个消息，说元老院派试图拉拢拉比埃努斯。高卢战争的 8 年间，副将拉比埃努斯一直和恺撒齐心协力，风雨同舟。恺撒对他信任有加，甚至把驻扎在意大利北部行省的军团的指挥权也给了这位副将。

理由之一，单纯是为了犒赏。恺撒在意大利北部行省越冬的那几年，拉比埃努斯始终留在高卢，恺撒想让他在意大利北部行省好好休养休养。因为在这里，他无须担心敌人。因为在这里，罗马化程度最高，甚至被称为“穿托加长袍的高卢”。理由之二，是出于选举的考虑。恺撒意在再次竞选执政官。意大利北部行省是他的选区，在这里组建的并在他指挥下参加高卢战争的军团士兵都有投票权。他们在选举中都会投他一票。对于恺撒来说，把拉比埃努斯送到意大利北部行省，意味着把最值得信任的人送到了选区。

然而，他却听到庞培多次派人和拉比埃努斯接触的消息。关于恺撒接到这一消息时的反应，在恺撒身边的希尔提乌斯在《高卢战记》第八卷中是这样写的：

> 对于这个消息，恺撒置若罔闻。

高卢战争结束后，没有片刻喘息，恺撒又投入了新的战斗。这场战斗不同于高卢战争，是以法律和言论为武器。

越过卢比孔河之前

两年前，即公元前 52 年，以元老院派为靠山的米罗和自称平民派的克劳狄乌斯之间的武力冲突不断。在米罗杀死克劳狄乌斯时，双方的冲突达到了高潮。这时就任“一人执政官”、结束这种无政府状态的是庞培。因为自己的代言人克劳狄乌斯被杀，民众怒不可遏。正是庞培的声望和来自庞培曾经的部下的无声压力，才平息了民众的愤怒。庞培曾经的部下得到土地后，已定居于新的土地上。恺撒也认为在这种形势下，庞培出任“一人执政官”是最好的办法。于是，为了对付韦辛格托里克斯领导的、发生在高卢的叛乱，恺撒放心地离开了意大利北部行省。然而，就在恺撒在高卢与韦辛格托里克斯交战正酣之际，在首都罗马，元老院派和庞培走到了一起。

罗马的执政官制度是两位执政官同时执政，此时的“一人执政官”属于特例。元老院派希望尽早结束这种状态，元老院派深信，只有元老院主导下的罗马式寡头政治，才是保护罗马的政体。对他们来说，执政官只有一人，有走向独裁的危险。苏拉曾经实行过强力的独裁政治，目的是为了强化元老院体制。尽管如此，只因为作为最高权力者，掌握权力的只有苏拉一个人，所以，这就成了元老院派的一场噩梦。西塞罗、小加图、马尔凯鲁斯、阿赫诺巴尔布斯等元老院派对“一人执政官”非常敏感。庞培没有政治野心，他理解元老院派的顾虑，同意再选一位执政官。选出的是庞培再婚妻子的父亲梅特鲁斯·西庇阿，此人是出身于名门望族的元老院元老。因此，对于元老院派来说，由他担任执政官是再好不过的事情。然而，对于“恺撒派”来说，则意味着“三头政治”之一的庞培，已经彻底倒向元老院派。

“三头政治”现在只剩下了两位。一直以来，元老院派都想推翻“三头”体系。对他们来说，采取离间恺撒和庞培的策略无可非议。拉拢的对象选择庞培而不是恺撒，也是明智的决定。因为，“三头政治”的发起者是恺撒，他的目的很明确，就是要改革元老院主导下的寡头政体。

庞培不止一次接受“三头同盟”的决议。他有辉煌的战功，从年轻时候起就笼罩在罗马第一勇将的光环中，早已习惯了“第一人”的待遇。只要笼络住这样的庞培，对于共和主义者元老院派来说，就无须再担心他会变成独裁者了。

元老院派坚持拉拢庞培，首先是为了孤立恺撒，其次是为了利用庞培的声望。元老院派中缺少有魅力的领导者，可以让普通民众为之倾倒。西塞罗是知识分子，受人尊敬。但是，他评论家式的言行并不受民众欢迎，也因此，担任过公元前 63 年的执政官以后，无缘再次当选。小加图生活清廉，尽人皆知。但是，他那悲观的言论让民众反感，因此，他只做过法务官，虽然一度成为执政官候选人，却无缘执政官之职。其他人同样，就算当上了执政官，但是，无论是作为政治家还是作为将帅，都缺少激起民众热情的才能。因此，对于元老院派来说，他们需要庞培。毕竟，只要庞培一出现，民众就会自觉给他让路。而且，庞培没有政治野心，他不是个危险人物。

我在前面提到过，我个人认为，虚荣心是希望获得他人肯定的一种心理，而野心却是要实现目标的意志。只希望得到他人肯定的人，权力可有可无。但是，想达成大事的人，权力——达成目标过程中必要的力量——必不可少。人们常常把有虚荣心而无野心的人看作无欲之人，是没有危险的人。因此，被利用的常常是这种“没有危险的人”。

不在乎别人的看法，也没有想要做成大事，这样的人实际上是过着闲居生活，不会给人类社会造成危害。古代称这种生活方式为“伊壁鸠鲁主义”。相反，积极参与人类社会活动的生活方式，叫作“斯多葛主义”。庞培的不幸在于他 44 岁那年完成征服东方回到国内后，从积极的斯多葛主义者变成了不彻底的斯多葛主义者。如果他能像前辈卢库鲁斯和西塞罗的好友阿提库斯那样，做个彻底的伊壁鸠鲁主义者，完全可以安稳、优雅地度过后半生。但是，他有虚荣心，他希望成为国家秩序的守护者。正是这个虚荣心，把年届五旬的庞培推向了元老院派。

西塞罗是促成他倒向元老院派的人之一。这个时期，西塞罗已经开始执笔《论国家》。第二年年初，他就出版了这部著作。在书中，他指出，一个国家若由超越党派、忠于国家法律、站在最上面的人来统治，是最为理想的。很显然，他在暗指庞培。西塞罗的《论国家》为庞培和推选他的元老院派提供了理论依据。

得到庞培以后，元老院派活跃起来，他们首先策划独占公元前 51 年度两名执政官的位置，只是结果并不理想。马尔凯鲁斯当选，小加图却落选了。恺撒派无缘该年度执政官之位。另一位当选的是法学家鲁弗斯，他属于中间派。尽管如此，元老院派反恺撒的攻势还是加强了许多。

后来，发生在元老院派和恺撒之间的斗争非常复杂。我想，首先弄清他们的真正目的是什么，可以帮助我们了解他们之间的对抗。罗马人是尊重法律的民族，即使是政治斗争，他们也一定会以《六法全书》为依据。

简单概括起来是这样的。

元老院派坚持由元老院主导下的少数人来统治罗马共和政体。对于他们来说，无论采用何种手段，必须坚决把恺撒赶下台。因为恺撒的目的很明确，就是推翻现有体制，建立新秩序。眼前，他们的首要任务是阻止恺撒再次当选执政官。公元前 59 年，恺撒曾就任执政官。只要一想到恺撒当时的统治方式，就算恺撒是二人执政官中的一个，他们依然心有余悸。

恺撒自己则认为，从公元前 6 世纪延续至今的罗马式寡头共和政体，已经不适合公元前 1 世纪的罗马现状，此时的罗马已经是超级大国。他深切地体会到，有必要建立新的秩序，取代以往的寡头政体。只是他希望在现有体制内寻求改革之道，即利用高卢战争中获得的声望当选执政官。因此，眼前他的首要任务是当选公元前 48 年度的执政官。为恺撒续写《高卢战记》最后一年战争篇的希尔提乌斯，也是这样写的 :“只要有一丝希望，可以通过法律，用稳妥方法实现改革，即使牺牲一切可以牺牲的东西，恺撒也会选择这条路。”

恺撒第一次担任执政官是在公元前 59 年，因此，公元前 48 年他第二次当选执政官，并不违反此时依然有效的“苏拉之法”。“苏拉之法”规定，两次当选执政官之间，必须间隔 10 年以上。庞培是公元前 55 年度的执政官，公元前 52 年，他再次当选执政官，是一个特例。当时只有他一位执政官，目的是为了平息民众的愤怒，是权宜之计。而恺撒希望按惯例，再次合法地当选执政官。他也可以参加公元前 49 年度的执政官竞选。只是这样一来，他必须在公元前 50 年夏季参加竞选，这样就会影响他处理战后事宜。

同样，公元前 48 年度的执政官选举，也要在上一年的夏天进行。按惯例，候选人必须前往罗马市内卡匹托尔山上的国家档案馆，亲自

提交候选申请书。如果不想破坏这一规定，恺撒必须在公元前 49 年入夏前举行凯旋仪式。他在高卢取得的战功，足以让他举行一场声势浩大的凯旋仪式。有资格举行凯旋仪式的，是掌握军队最高指挥权的前执政官。掌握这一大权的人，也就是前执政官，在行省总督任期内，不能穿越首都城墙，进入城内。这是罗马的法律。但是，在凯旋仪式结束后，以普通人的身份进入罗马城墙内提出候选申请的话，就不会违犯罗马的国法，也不会违背惯例。

但是，这样做恺撒无疑会遭到元老院派的算计。恺撒的行省总督任期是到公元前 50 年年底，而正式离任要在继任者到任以后。因为行省总督同时负责军务，所以理所当然要等继任者到任。按照这个惯例，行省总督结束任期往往是在下一年的春季。

决定继任者人选的是元老院。而元老院又掌握在元老院派的手中。因此，他们提早决定继任者的可能性很大，也因此认为恺撒的任期结束于公元前 50 年年末，也是真实可信的。按照惯例，离任后他必须解散属下军团，相约在凯旋仪式上再会。如果恺撒要竞选公元前 48 年度的执政官，他的旧部下都会把票投给他，他一定可以当选。但是，即便如此，有 6 个月时间，他不得不做“光杆司令”。等恺撒成了“光杆司令”，元老院派一定会把他告上法庭。因为在罗马禁止起诉有公职的人。因此，卸下行省总督的职务，一回到首都就遭到起诉的公职人员很多。

那么，反恺撒派的人是否掌握恺撒的“罪行”，可以把他告到法庭上呢？对照罗马法律，他的“罪行”还真有不少呢。

一、行省总督只有保护任职地安全的任务，而恺撒却越过任职地行省的边界，远征北部和中部高卢，横渡莱茵河攻打日耳曼人的领地，甚至越过多佛尔海峡远征不列颠。行省总督率领军队越过任职地

边界，按惯例，必须征得元老院的同意。而恺撒非但没有得到元老院的同意，甚至从未征求过元老院的意见。

二、除了分配给他的4个军团以外，恺撒还自费组建了4个军团，同样没有征得元老院的同意。公元前56年春，在卢卡举行的“三头”会谈中做出决定，并于公元前54年生效之前的三年间，恺撒第一年带领6个军团，第二年率领8个军团作战，同样，也未向元老院提出过申请。

三、高卢战争结束后，恺撒把家门名“尤里乌斯”赐给了被征服者高卢的权贵，擅自建立“client团队”（被保护者团队）。

四、债权人克拉苏死后，恺撒的财务状况越来越好，他的资金来源令人起疑。一旦判明他以振兴高卢经济为名，向开拓新兴市场的罗马商人收取手续费，就可定受贿罪。

打败百战百胜的汉尼拔、解救罗马于布匿战争泥潭的西庇阿·阿非利加努斯，因为500塔兰特（约合1 200万塞斯特斯）的不明开销而被赶下了台。恺撒的钱主要用于公共事业上，比如扩建古罗马广场等工程，所以，用在哪里是清楚的。但是，钱的来源不明。把救国英雄西庇阿·阿非利加努斯赶下台时，检举人是老加图，而继承了老加图血统的小加图，心中也怀有坚决打倒恺撒的执念。

因此，一旦失去公职这个挡箭牌，恺撒必定遭到密集而来的检举攻击。而且，元老院完全有可能以等待审判结果为名，不接受他的候选申请。这样的先例，包括喀提林在内，不在少数。

但是，他是恺撒，他有办法。护民官通常属于恺撒派。他让护民官提出了一个法案，即允许恺撒提交不在场候选申请的法案。该法案规定，无须恺撒本人前去罗马提交申请，由代理人提交即可。这种情况有过先例。马略因为在北非和努米底亚国王朱古达作战，无法

回国，但是，元老院接受了他的候选申请。恺撒也有理由，他的理由是正在高卢作战。只是不能保证公元前 49 年以后，这个理由是否依然管用。因为这一年，高卢战争已经结束，他的行省总督任期也已届满。考虑到恺撒为国家做出的贡献，完全可以对他特殊对待。然而，事实上，已经开始有人反对他享受这一特权。

《行政官法》是公元前 52 年，庞培被元老院派成功拉拢后提出来的。罗马的法律规定，候选人必须亲自到首都提出候选申请。而《行政官法》又规定，在此基础上要求进行二次确认。此法案是接到恺撒从日尔戈维亚撤军的消息后提出来的，有很强的针对性。攻打敌人时，挑选敌人的弱势是正确的策略，只是他出手太早。因为三个月后，传来了罗马军队在阿莱西亚反败为胜的消息。后世历史学家一致认为，正是阿莱西亚攻防战，决定了不列颠和高卢的历史。而当时的罗马普通公民同样正确领会了这次胜利的意义。直觉告诉他们，漫长的高卢战争已经结束，民众陷入了狂热之中。在狂热的民众面前，元老院不得不决定举行为期 20 天的庆祝活动，以感谢诸神。元老院不得不奖赏恺撒的功劳，不得不在《行政官法》中增加补充条款，将恺撒视为特例。提出补充条款的人是庞培。

恺撒利用了这个机会。他趁机提出把自己的任期延至公元前 49 年年末的要求，理由是战后处理需要充分的时间。他的真实意图是，他知道给自己的特殊待遇随时会被取消。如果任期延至公元前 49 年年底，那么，在公元前 49 年夏季的执政官选举中，他就不会以“光杆司令”的身份面对危险了。

元老院派认为，拒绝恺撒提出的延长任期的要求，有违公民的感情，因此，他们没有马上答复恺撒。而转年刚进入公元前 51 年，他们就向恺撒射出了第二支箭，那就是《庞培行省总督法》。这个法案

于上一年年底在元老院通过，到了公元前 51 年，由具有选票号召力的庞培向公民大会提出。

该法案规定，被任命为行省总督的前执政官和前法务官，必须在结束执政官或法务官任期 5 年后才可以赴任。此法一出，使得担任过执政官或法务官却没有行省工作经历的人，都被动员前往行省任职了。甚至不愿意去行省任职的西塞罗，也不得不于公元前 51 年夏，前往任职地奇里乞亚行省。西塞罗不擅长军事，幸运的是，他任职的、位于小亚细亚的奇里乞亚行省，在当时还算太平。也许正因为这里没有问题，所以才会派知识分子去的吧。但是，内政方面，西塞罗却是一个尽职尽责的总督。

乍看之下，《庞培行省总督法》针对的似乎是恺撒。但是，在尊重法律的罗马人中，元老院元老对法律的了解更多更深。正因为是这样一群人想出来的法案，所以其意义没有如此简单。

被任命为行省总督后，前往行省赴任，必须等到 5 年以后。因此，担任公元前 52 年度执政官的庞培，在公元前 51 年必须辞去远近两个西班牙行省总督之职。一旦卸任，他和担任高卢三个行省总督的恺撒之间，力量关系自然会出现不平衡。因为，恺撒有军事力量，而庞培却没有。

于是，元老院派决定把庞培在远近两个西班牙行省的总督任期再延长 5 年。当然，他们的做法很巧妙。他们决定，庞培延期后的任期从公元前 52 年年末开始，而不是任期届满的公元前 50 年年末。为什么是公元前 52 年年末呢？因为庞培担任“一人执政官”是在公元前 52 年，尽管只是前半年。如果任期从公元前 52 年年末开始，那么庞培的任期结束就是公元前 47 年年末。也就是说，即使迫于公民的压力，不得不同意恺撒任期延至公元前 49 年年末，而庞培的任期期满

也是在恺撒结束任期的两年以后。

这样一来，两个实力派之间的力量对比就变得对恺撒不利了。不要忘了，在罗马，有权率领军队的是被授予绝对指挥权的行省总督。即使是执政官，绝对指挥权也只有在元老院认为非常时期时才能拥有。因此，行省总督的任期结束，意味着必须交出军事力量。元老院派一心要打倒恺撒，因此，在所掌握的军事力量上，自然希望超过恺撒。这一点在拉拢庞培时也很有效，因为这可以满足庞培的虚荣心。他是一个习惯了没有竞争对手、拥有"第一人"名声的人。

但是，元老院派的劲儿用得有些大了。公元前 51 年的执政官、明确反恺撒的马尔凯鲁斯，在元老院会议上提出一个议案。他提议解除恺撒最高司令官的职位，把他召回国，因为此时高卢战争已经结束。

这一提议引发了在场的元老院元老的同感。他们打算免除恺撒最高司令官的职位，把他召回国。尽管就在不久前，他们刚刚决定为恺撒举行为期 20 天的庆祝活动，以感谢诸神，嘉奖他的功劳。的确，从战略上来说，高卢战争在阿莱西亚攻防战中已经落下帷幕。恺撒本人撰写的《高卢战记》也以第七卷为结尾。希尔提乌斯执笔续写的第八卷，记录的是阿莱西亚攻防战以后彻底征服高卢的情形。也就是说，这个时期的恺撒，诚如第八卷中所述，纵横于高卢各地，正一步步征服整个高卢。而《高卢战记》前七卷的抄写本已经出版，并开始流传。

执政官鲁弗斯反对这一提案，他不属于恺撒派。元老院内有两派：一派是强硬的元老院派，一派是稳健的元老院派。鲁弗斯是法学者，属于稳健的元老院派。执政官鲁弗斯反对的理由是，恺撒作为最高司令官非常称职，所以保留他的职位，直到任期结束才是稳

妥之举。在前线作战期间，被免除最高司令官之职召回国内的有卢库鲁斯的先例，那是发生在 17 年前的事。当时做出这一决定是出于无奈，是因为卢库鲁斯失职造成的。当时，卢库鲁斯在和本都国王米特拉达梯交战期间被免除职务并被召回国内，同时把指挥权交给了继任者庞培。事情是这样的：卢库鲁斯率领军队，一度打到了里海，因此，他在军事上的战绩是得到认可的。只是后来士兵们闹起了罢战，拒绝出战，而他未能解决好这个问题。因此，作为最高总司令，这就是失职，无可辩解。但是，恺撒的士兵没有罢战。执政官马尔凯鲁斯的提案，对恺撒的憎恨过于露骨，最后在元老院没有通过。

强硬的元老院派不能掉以轻心的是，对于执政官马尔凯鲁斯的提案，庞培表现出了不快。庞培还在远近两个西班牙行省总督的任上，只是他让心腹们前往行省实施统治，自己却留在了罗马。行省总督任期内不得进入首都城内的规定，同样适用于他，因此，他住在位于罗马以南的阿尔巴山庄，他从阿尔巴山庄表达了自己的不快之意。我想，庞培的不快纯粹只是出于一位军人的立场。习惯首都舒适的生活，在首都养尊处优的元老院元老们，不知道率领 5 万大军，长期投身战争是怎样一种情形。他们把最高司令官的位置当成皮球一样投来掷去，让庞培难以接受。在军事经验方面，没有人比得上他。庞培虽有很多缺点，却是个正直的男人。

知道庞培反对，强硬的元老院派不得不改变策略。因为他们知道，如果再次出现“卢卡会谈”，反恺撒的行动就会回到原点。于是，他们采取了迂回的战术，不再那么露骨地反对恺撒。他们的策略就是在第二年，即公元前 50 年，独占两个执政官的位置。

恺撒还在高卢继续征服行动，因此，这一次元老院派成功占据

了两个执政官的位置。因为战争尚在继续，恺撒不可能为了帮助自己一派的候选人当选执政官，而让手下士兵休假回首都参加投票。这样一来，当选的都是元老院派的人，一个是盖乌斯·马尔凯鲁斯，一个是埃米利乌斯·保卢斯。前者是上一任执政官、强硬的反恺撒派马库斯·马尔凯鲁斯的堂兄弟。和堂兄弟一样，这位新执政官也反恺撒。埃米利乌斯·保卢斯在修复祖先所建埃米利亚会堂时，恺撒曾经为他解决了经费问题，因此，从感情上来说，他不会反恺撒，只是这位出身名门的贵族是个老实人，不能指望他成为恺撒在首都的利益代言人。

在这个过程中，恺撒完成了彻底征服整个高卢的目标。他不惜连续两年在高卢过冬，在一心一意实现征服计划后，于公元前 51 年的冬天，恺撒开始着手内政方面的战后处理工作。

如前面所述，恺撒做的这一切都从根本上决定了罗马将来的发展方向。同时，这个时候他已经可以回过头来应对首都的局势了。借用西塞罗的表达方式，“恺撒的长手”再次伸向了首都罗马。

恺撒的情报搜集能力，以及对来自各个派驻地搜集到的情报加以有效利用的能力，无人能及。无论是在作战期间，还是在距巴黎 150 公里以北的阿拉斯专心处理战后事宜时，他对首都形势的变化也了如指掌，而且，他也不耽误对法国南部行省和意大利北部行省的统治，其能力着实令人称奇。在组织能力方面，他大概也是一个出类拔萃的人吧。

恺撒采用彻底的中央集权方式。他派驻各地的人都和他直接联系，所有情报都集中在他这里，最基本的指示也都由恺撒下达。派驻各地的负责人，同时又是经济方面的负责人，他们就像恺撒的左膀右臂，接到恺撒的指示后，忠实地执行命令。

说起来，这个系统属于非常时期的系统。也许对恺撒来说，和平时期的政治斗争和战时一样吧。战时只是典型的非常时期。

因此，尽管还在法国北部处理战后事宜，恺撒对庞培的动向和元老院派的计谋也知道得一清二楚。也因此，他知道把自己一派的人推上执政官的位置几乎没有可能。话虽如此，如果放任罗马统治阶级日益巩固反对他的势力，那么等待他的就只有灭亡。因此，即使元老院和执政官都站到了自己的对立面，恺撒也需要寻找一个可以做他左右手的人选。满足这一要求的人，恺撒看上的人竟是现任护民官之一——一个35岁左右的年轻人。按常人的想法，他应该避开这样的人物。

“恺撒的长手”

因为父亲是强硬的反恺撒派，因此，人们自然而然地把盖乌斯·森普罗尼乌斯·古里奥也看成元老院派的一员。不仅如此，年轻的古里奥思维逻辑性很强，擅长表达，口才也好，因此西塞罗等人不吝赞美之词，称他是元老院派的希望之星。然而，“长手恺撒”却钓到了这位古里奥。

为什么恺撒会注意到这位显然属于敌对一方的古里奥呢？

首先，青年古里奥是现任护民官。罗马政体下，除了两位执政官外，只有护民官有行使否决权的权力。

尽管如此，还有一个疑问没有解开。护民官有10人，恺撒为什么单单选择一个属于敌对一方的人呢？

也许恺撒知道，年轻的古里奥之前曾经攻击过自己，对他的能力非常认可。面对来自元老院派中古里奥父辈的元老和执政官的攻击，

恺撒必须保护既有利益，一步不能退让。这样的任务，崇拜恺撒却能力平平的护民官难以胜任。也就是说，恺撒看中的是年轻的古里奥的才能。

那么，和家人一样，同为反恺撒一派的这个年轻人，怎么会转向恺撒派呢？按照我们普通人的想法，这种可能性几乎为零。但是，恺撒或许从古里奥以往的演讲和其他方面的表现中，察觉到这个年轻人很有热情，有成就大业的强烈愿望。对于这样的年轻人，只要采用正面接触的方法，向他表明自己的远大理想，晓之以理动之以情，说服他不是没有可能。而恺撒又很擅长写这样的信。

年轻的古里奥追求奢华的贵族生活，因此负债累累，负债总额高达 6 000 万塞斯特斯。看得出来，他借钱的本领竟在年轻时的恺撒之上。恺撒决定替他偿还债务，毕竟空手套白狼不太好。按照西塞罗的说法，恺撒喜欢这位像极了自己年轻时候的年轻人。对于 50 岁的恺撒来说，古里奥的巨额债务不仅不是瑕疵，反而是值得高兴的事情。

我猜想，和古里奥直接接触的，应该是在首都罗马的“恺撒事务所”主任巴尔布斯。这件事必须悄悄进行，去做这类试探性接触的事情，通常是恺撒的这位亲信、出身于西班牙的巴尔布斯的任务。

很长时间里，没有人注意到年轻的护民官已经改变立场，因为护民官古里奥按照恺撒的指示，尽量谨慎行使自己的权限，连向来喜欢打探消息的西塞罗发现这一变化也是在公元前 50 年入夏以后。西塞罗去了奇里乞亚行省任职后，仍不放松及时了解首都的情况。因为行使否决权，罗马政界终于知道古里奥已经“变节”。罗马政界一片哗然，纷纷指责这是一件丑闻。对于元老院派来说，大有希望的人才被对手收买了。元老院强硬派谴责古里奥屈服于恺撒的金钱，有良心的元老院元老也感慨这个年轻人道德沦丧。

但是，认为谁都可以用金钱收买的人，本身就有被钱收买的可能性。所谓谴责大多数时候反映的是谴责者的心理而非被谴责者的心理。从此以后，年轻的古里奥一直都是恺撒忠实且满怀热情的忘年交。

那么，公元前 50 年 12 月 9 日，护民官任期结束之前，古里奥是如何维护恺撒的利益的呢？此时的恺撒尽管离开了高卢，但是还在意大利北部行省不能回首都。

恺撒要求将任期延至公元前 49 年年底。元老院派不希望在元老院会议上讨论这个要求，只想直接拒绝。他们甚至打算免去恺撒的职务，责令其回国。只是因为内部的稳健派和庞培的反对，元老院派未能达到目的，于是，元老院派不得不改变策略。他们首先决定设法独占两个执政官的位置，这个计划在公元前 50 年度的执政官选举中基本获得成功。而在这一年夏天举行的下一年度执政官的选举中则大获成功。当选公元前 49 年执政官的，都是强硬的反恺撒派。一个是马尔凯鲁斯，一个是雷托鲁斯。马尔凯鲁斯家的人连续三年当选执政官，得益于克劳狄乌斯家门举全力助选。在克劳狄乌斯家门中，马尔凯鲁斯家反恺撒的态度尤其强硬。此外，已成为元老院派一员的庞培的选票号召力也是一个重要的原因。庞培的选票号召力主要来源于他曾经的部下，而不是住在罗马的公民。他的旧部下都是有选票的人，他们因为在距罗马不远的那不勒斯周边殖民定居，所以方便前来首都投票。

元老院派成功独占第二年度的执政官位置后，下一个计划就是尽早决定恺撒的继任人选。继任人选一定，就让他尽早前往任职地。这样一来，公元前 50 年年底以后，恺撒就不能再留在行省了。行省总督一卸任，必须交出兵权。因此，“变节”的护民官古里奥此时的任

务就是尽可能干扰元老院决定高卢行省总督的继任人选。

关于高卢行省总督继任人选的问题，早在公元前 51 年已经由元老院提出，提出这一议题的是执政官马尔凯鲁斯。只是当时，对于持久的高卢战争刚结束就决定继任一事，元老院颇有些顾虑，于是，暂时把这个问题搁置起来，等下一年再定。公元前 50 年，新任执政官盖乌斯 · 马尔凯鲁斯在就任第一天，即 1 月 1 日，就早早提出，他要把这个问题作为自己任期内最重要的议题来处理。

如何才能拖延元老院做出决定呢？最初，古里奥是以元老院派一员的身份开展行动的。为了不让别人发现自己已经投向恺撒派，这样做比较有利。

首先，他全力支持一个提案。这是经过元老院派和庞培同意后提出来的提案，那就是，因克拉苏远征失败，叙利亚行省的防卫力量大大削弱。为增强叙利亚行省的防卫力量，决定从恺撒和庞培掌握的军队中各抽调一个军团，派往叙利亚。庞培提出，就派自己早在公元前 53 年借给恺撒的那个军团。这就意味着恺撒将同时失去两个军团的兵力：一个是向庞培借的，一个是他的议案规定的。这项提案的目的，显然在于削弱恺撒的军事力量。因为，自从苏雷纳斯死于非命以后，来自帕提亚的威胁微乎其微，完全无须紧急增派兵力。

按照元老院的决议，恺撒送回了驻扎在意大利北部行省的第十五军团。同时，他从高卢召回第十三军团取代第十五军团驻扎在此地。而他自己需要提供的一个军团，决定为第十四军团，此时正驻扎在高卢。他命令该军团离开高卢返回罗马。在付清薪酬送他们回国前，他表扬了这两个即将离开的军团士兵，盛赞了他们的勇敢精神。

就这样，恺撒手中的军团减到了 8 个。而送回罗马的 2 个军团，也如恺撒所料，非但没有被派往叙利亚，竟然是留在了庞培旧部下的

殖民地区——意大利南部的加普亚。

对于这一结果，恺撒没有提出抗议。但是，尽管没有提出抗议，他却在未征得元老院同意的情况下，又在法国南部行省擅自征募志愿兵了。这些志愿兵不是罗马公民，而是高卢人，因此，新组建的军团不能像正规罗马军团那样，以第某某军团命名。他为新组建的军队取名“云雀军团”。新军队共有 22 个大队，相当于 2 个军团。之所以取这个名字，是因为法国南部行省有很多云雀。

不管怎样，恺撒的态度很诚恳，完全服从元老院的决议。但是，只要庞培有 10 个军团，他也必须有 10 个军团的想法没有变。

就这样，护民官古里奥一方面假装自己是元老院派一员，同时以法律辩论的方式开始干扰决定高卢总督的继任人选。当法律辩论不能左右元老院的决议时，他行使了护民官的否决权。由此，人们知道了古里奥已经转向恺撒一派。但是，行使否决权是护民官的正当权力。元老院派没有办法，只恨得咬牙切齿。他们咬牙切齿地等待公元前 50 年 12 月 9 日，古里奥任期结束。然而，恺撒已经准备好了对策来粉碎他们的计划。

护民官安东尼

护民官的任期是从 12 月 10 日到次年的 12 月 9 日。选举护民官和选举执政官在同一时期，只是，选举执政官和其他公职人员的是公民大会。只要享有公民权，人人都有投票权。与此不同，选举护民官的是平民大会，只有平民才有投票权。平民大会上，元老院派的影响力很小，因此，这是恺撒的地盘。恺撒是公认的平民派领袖。在平民大会上，恺撒推荐的候选人当选护民官很容易。作为古里奥的继

任者，恺撒推荐了安东尼。莎士比亚的作品《安东尼和克娄巴特拉》中，马克·安东尼也是其中一个人物，当时只有 32 岁。他曾在恺撒手下担任过军团长，有军事经验，但是，从政却是第一次。好在恺撒此时已经回到意大利北部行省。意大利北部行省总督驻地拉文纳到罗马的距离是三天的行程，派急使的话，时间更短，与在高卢时相比，接发指令容易多了。安东尼当选护民官后，从古里奥手中接过了接力棒。就这样，恺撒利用护民官可以继续对付元老院了。

尽管护民官古里奥的任期即将结束，但是，他做的一切足以让身在拉文纳的恺撒感到满意。学者写历史并非只会使用严肃的词语，有时他们也会使用通俗的语言，因为通俗的表达方式更能说明事实。有一位研究罗马史的权威就写过这样一句话："古里奥虽然价高，却物有所值。"

然而，古里奥还是没有能够帮恺撒将任期延长到公元前 49 年年底，因为庞培反对。但是，同样因为庞培反对，元老院派免除恺撒职务、把他召回国内的目的也没有达成。对于元老院的决议，古里奥拿起了否决权。正是因为护民官古里奥行使了否决权，元老院未能做出任何决定。

恺撒在拉文纳稳定下来后，做了一些策略上的调整。为了在罗马现有政体下当选执政官，实现改造国家的目的，他决定在行省逗留到公元前 49 年夏季直至当选执政官为止。根据《护民官法》，他有权不在场也能参加执政官选举。尽管元老院派使出了种种手段，但是，这个法案还没有被废除。如果公元前 49 年夏天当选执政官，就任的时间是公元前 48 年 1 月 1 日。不过，一旦当选，即便尚未正式上任，也与已经在任无异，因为元老院讨论任何议案，都要首先征求下任执政官的意见。而且，一旦当选执政官，就算从行省总督的位置上退下

马克·安东尼

来，他也不是普通人。罗马有规定，不能起诉有公职的人，因此，他也可以避免遭到反恺撒派集中火力检举的危险。恺撒之所以可以继续留任行省总督，是因为他的继任者迟迟没有定下来。当继任者有了人选后，又因为护民官行使否决权，使一切又回到了原点。这就是元老院当时的情形。

两派对立，不可能不引起首都罗马人心不稳。年长者想到马略和苏拉时代的内乱，害怕历史会重演。西塞罗喜爱的卡埃里乌斯等年轻人则表现出了缺乏责任心，他们只想知道庞培和恺撒一旦斗起来，谁会是赢家。他们只是想早一点弄清楚谁可能会赢。而恺撒认为，一味行使否决权，会导致元老院陷于瘫痪的状态，对自己并不利。护民官

不仅有否决权，也有立法权。他决定利用护民官手中的这一权力。

执政官马尔凯鲁斯在元老院发表演讲，谴责恺撒，几乎成了常态。公元前 50 年 12 月 1 日，他又在元老院发表演讲，谴责恺撒。他指责恺撒破坏现有体制，试图成为独裁者乃至国王。演讲结束后，马尔凯鲁斯向元老院元老提出了两个议案，内容是：

一、是否有必要决定恺撒的继任者？

——元老院元老投票结果是，认为有此必要的占大多数。

二、是否也应该解除庞培的最高指挥权？

——多数元老投了反对票。

这时护民官古里奥提出了反对动议。

“根据公元前 55 年制定的《庞培—李锡尼法》，高卢行省总督恺撒和远近两个西班牙行省的总督庞培，应于公元前 50 年年末结束任期，解散军团。”

这是恺撒提出的妥协提案，也是非常高明的一个提案。庞培没有理由反对自己制定的法律。既然庞培不反对，元老院派自然也不能有所作为。

而且不仅内容，提案的方式也很巧妙。因为古里奥的提案获得通过，意味着执政官马尔凯鲁斯提出的两个议案自动失效。古里奥提出，既然马尔凯鲁斯的两个提案都采用当场表决的方式，对自己的提案也应当场进行表决。

投票结果是，370 票赞成，22 票反对。这样一来，剥夺恺撒军事力量而保留庞培军事力量的决议就流产了。

执政官马尔凯鲁斯怒不可遏，当即宣布散会。他向元老院元老丢下一句话就离开了会场。他说：“你们的主人会变成恺撒！”

公民因为担心投票结果，聚在元老院会场外。当看到古里奥走出会场，他们给了他热烈的掌声和欢呼声。连西塞罗也认为内战因此已经避免，也松了一口气。

然而，就在第二天，即 12 月 2 日，元老院元老接到了执政官马尔凯鲁斯的紧急召集令。他们匆匆赶到元老院会场。马尔凯鲁斯传达了一个消息：

“我得到一个情报，恺撒的 10 个军团越过阿尔卑斯山脉正一路南下，向罗马进军。”

护民官古里奥不等允许他发言，就站起来喊道：

“这个情报是假的！”

在元老院占有席位的，只有担任过财务监察官和护民官的人，因此，元老中大多数都是上了年纪的人，经历过马略和苏拉的内战时期。他们很害怕，也没有多想，就答应了执政官马尔凯鲁斯的要求，对古里奥前一天的提案进行重新表决。结果，和前一天相反，古里奥的提案遭到了否决。

古里奥立刻派人去拉文纳，向恺撒报告此事，恺撒急忙派秘书官希尔提乌斯赶到罗马。12 月 6 日日落前，希尔提乌斯进入首都，见到正等着他的古里奥和保卢斯并问明了情况。第二天一早，他去见了庞培的岳父梅特鲁斯·西庇阿，提出了恺撒的第二个妥协方案，转达了恺撒的意见，即只要同意他作为意大利北部行省和伊利里亚行省总督，拥有两个军团的指挥权，只要保留他不在场竞选执政官的资格，他就接受元老院任命法国南部行省总督的继任者人选。只是希尔提乌斯没有完成恺撒交代的最重要的任务，即见到庞培，向他转达恺撒的意思，因为希尔提乌斯认为已无此必要。由于得到了和前一天完全不同的元老院的决议后，执政官马尔凯鲁斯立刻采取了决定性行动。

庞培是远近两个西班牙行省的总督，按照法律，他不能进入首都。于是，马尔凯鲁斯带着元老院派元老，去了庞培位于阿尔巴的山庄，把国家之剑交给了庞培。他说：

“元老院请求您做维护国家利益的盾牌，向恺撒出兵。为了这一大义之举，我们授予您编组军队的权力，您可以在全意大利组建军队。我们授予您军队最高指挥权。您可以指挥一切需要的军事力量，包括驻扎在加普亚的两个军团。”

就在不久前，庞培还在养病。但是，这位当时公认的罗马第一勇将、时年 56 岁的庞培接过了国家之剑。他回答说：“如果没有更好的对策，我就把执政官的要求当作命令来接受。”

梅特鲁斯·西庇阿是现场证人。希尔提乌斯从他口中获悉了这一情况后，只在罗马逗留了 24 小时，即于 12 月 7 日夜里，沿弗拉米尼亚大道北上，赶回了拉文纳。大概三天后，恺撒知道了这一消息，于是，他命令在高卢的 8 个军团中的第八军团和第十二军团离开冬营地，前往意大利北部行省。在拉文纳，他手中只有第十三军团。

预计到恺撒和庞培将发生正面冲突，罗马陷入了恐慌和混乱状态。就在这种氛围中，12 月 10 日如期而至。护民官古里奥任期结束，新护民官安东尼接任。把接力棒传给安东尼后，古里奥向拉文纳出发了。目的是为了和恺撒见面，向他汇报所有情况，并请示下一步的指示。在罗马，护民官卸任后，几乎自动可以得到元老院的席位。因此，古里奥以后要以元老院元老的身份来完成任务。虽然不能再使用否决权，但是，他可以通过辩论来影响决议的形成。

虽然元老院派把国家之剑交给了庞培，但是，授予庞培大权需要以法律的形式使之合法化。他们不敢耽误时间，就在古里奥前往拉文纳不在首都的期间，梅特鲁斯·西庇阿向元老院提出了议案。议案中

没有提及庞培，只要求恺撒解散军团。如果恺撒不服从，则视其为叛国者。

提议者梅特鲁斯·西庇阿知道恺撒送来的第二个妥协方案，但是，在会上，他完全没有提及，他只要求元老院审议自己的提案。

恺撒军南下的传闻使全罗马一片哗然。而庞培离开阿尔巴山庄，在首都罗马城外等待元老院的决议，这也足以让元老们心生不安。新任护民官安东尼与另一位属于恺撒派的护民官一同进入会场，他们警告说，如果元老们同意梅特鲁斯·西庇阿的提案，护民官们将不惜行使否决权。大概这句话奏效了，当天没有进行表决。

但是，庞培采取行动了。当晚，他邀请了元老院的重要人物到他位于城墙外的府邸。他说，一再拖延表决，对我们、对国家都不是好事。他表示自己已经做好再次亮剑的准备。元老院中不反对恺撒的元老建议派代表去拉文纳，说服恺撒，却只得到极少数人的支持。因为护民官安东尼在自己召集的平民大会上激昂飞扬的演讲，引起了元老院元老们的关注。在 12 月 21 日举行的平民大会上，安东尼严厉谴责了元老院和执政官忘恩负义，说他们否定恺撒征服高卢为国家罗马做出的巨大贡献。他明确表示，护民官打算行使否决权。如果他们无视护民官的否决权，就是无视平民的权利。平民大会一致支持安东尼等护民官。

尽管庞培表明了态度，但是，面对护民官如此强硬的态度，元老院还是不敢迈出决定性的一步。就这样，公元前 50 年年末临近了。恺撒的任期就要结束，继任人选却尚未决定。因为，元老院担心，如果强行决定继任人选，护民官必定动用否决权，甚至还会把平民阶级推向对立面。

在这种状态下，古里奥从拉文纳回到了罗马。公元前 49 年 1 月 1 日，马尔凯鲁斯（公元前 51 年度的执政官的弟弟）和雷托鲁斯作为执政官的任期第一天如期而至。两人都是强硬的反恺撒派。

在元老院会场举行的新任执政官就任仪式一结束，已是元老院元老的古里奥就要求发言，他说他想宣读恺撒交给他的一封信。执政官马尔凯鲁斯说，此事暂时放一放，先进入议题。但是，以护民官身份参加会议的安东尼，要求先宣读恺撒的信。恺撒是当事人，这是他写给元老院的信，元老院里要求宣读的人很多，执政官最终只能同意。

恺撒亲笔写的信有三部分内容：

首先，他客观陈述了到现在为止自己立下的一次次战功。其次，他指出，只剥夺他的权力，而允许庞培保留权力，有失公允。因此，提出了第三个妥协方案，即他愿意辞去高卢行省总督的职务，条件是庞培也要辞去远近两个西班牙行省总督的职务。最后，恺撒提出，对于自己的提案，希望元老院经过充分讨论后，采用无记名投票的方式做出决定。

身为议长的执政官马尔凯鲁斯完全无视恺撒信中的第三部分内容。对于恺撒提出的第三个妥协方案，他不仅让元老们经过讨论，甚至还采用了当场举手表决的方式。结果，同意恺撒提案的，只有古里奥和西塞罗的爱徒卡西乌斯两个人。近 400 名元老院元老中，几乎都拒绝了恺撒的妥协方案。不是反对提案本身，而是他们觉得这个提案像是最后通牒，出于反感，他们投了反对票。就内容而言，属于元老院稳健派的西塞罗，大概也会认为这是很现实的解决方法。

护民官安东尼果断行使了否决权，因此，这个结果未能形成决议，于是，决定第二天再行表决。第二天，元老院还是否决了恺撒的提案，于是，护民官安东尼再次动用了否决权。第三天再次进行表

决，结果还是一样。

其间，庞培的旧部下来到元老院会场外开始施压，连护民官们的生命都受到了威胁。就这样，时间到了 1 月 7 日。

“元老院终极劝告”

公元前 49 年 1 月 7 日，担任议长的执政官马尔凯鲁斯在元老院会场再次要求对恺撒的提案做出表决。自1月1日开始进行表决以来，由于护民官坚持行使否决权，表决结果始终未能形成决议。几乎所有元老院元老都已经对恺撒的提案投了好几次否决票，当然这一天，安东尼和另一位护民官又行使了否决权，只是这一天两位执政官的态度都很强硬，好像无视护民官的否决权一样，要求元老逐项举手表决，来推动议事的进行。

一、高卢的行省总督恺撒应该服从元老院的命令，即刻回国。

二、决定公元前 54 年度的执政官多米提乌斯·阿赫诺巴尔布斯为恺撒的继任人选，并授予他在意大利境内招募 4 000 名志愿兵的权力。一旦军队组建完成，即刻出发前往意大利北部行省任职。

三、恺撒应回到首都，亲自递交执政官候选申请。

反恺撒一派欲强行做出上述决议，护民官安东尼自然不会退让。他一次次地行使否决权予以反对。然而，这一天的反恺撒派一步也不退让。

他们祭出了“元老院终极劝告”。一旦发布这一非常事态宣言，护民官就不能再行使否决权了。同时，两位执政官又要求投票决定授予元老院和庞培无限大权力的法案。凡是不服从元老院和庞培决定的人，就视同国家公敌，也就是叛国者，无须经过审判，即可判处死

刑。在要求投票表决前，执政官马尔凯鲁斯警告安东尼和另一位护民官，如果不想成为“元老院终极劝告”的第一个靶子，就离开会场。于是，护民官们提出抗议，说他们践踏护民官的权力，却又不得不离开会场。元老院元老古里奥也只能以退场来表示抗议。

当天晚上，安东尼、另一位护民官和元老院元老古里奥三人，乔装打扮成奴隶的模样，逃离了首都，目的地自然是恺撒所在的拉文纳。而在他们之前，巴尔布斯早已送出急使，沿着弗拉米尼亚大道一路北上了。恺撒派出急使，会在事先约定的地点更换马匹。因此，在三人到达前，恺撒已经知道自己被视为叛国者了。

就这样，以恺撒为目标的“元老院终极劝告”成了既定事实。出席会议的西塞罗充满讥讽地评价道：“这是把权力交给这个人还是那个人的选择。”但是，我认为，同样出席会议的小加图的评价更加确切，他说：“这是一场赌上了统治体系的斗争。”因为，这一天决定的非常事态宣言，是恺撒和已是元老院派一员的庞培之间展开抗争时后者攻击前者的武器。

元老院派认为，形势发展至此，恺撒已经完了。因为到现在为止，只要元老院拿出看家法宝“元老院终极劝告”，反对现行体制的运动基本都以失败告终。

公元前121年，格拉古兄弟中的弟弟盖乌斯·格拉古因此被当成叛国者遭到杀害，兄弟俩开展的国政改革也不得不宣告结束。

公元前100年，利用马略的声望欲将下层公民优惠政策付诸实施的护民官萨图纽斯，也因为“元老院终极劝告”，被当成叛国者而血洒古罗马广场。

还有，只要是元老院元老，想必没有人会忘记，公元前63年，喀提林因为阴谋发动政变遭到弹劾，元老院为此发布了“元老院终极

劝告”。面对元老院派来的罗马军队，喀提林选择了自行了断。这只是13年前的事。

而这次，公元前49年，“元老院终极劝告”，这个到现在为止成功击垮了一个个目标的利器对准了恺撒。

针对“喀提林阴谋”，恺撒曾在元老院发表了演讲。从他的演讲中可以看出，他自始至终不承认“元老院终极劝告”的合法性。恺撒认为，冠以“元老院终极劝告”之名的这个非常事态宣言，是元老院的越权行为。因为根据法律，元老院只是一个提建议和提劝告的机构。恺撒明确指出，借此名义，无视罗马公民权所有者承认的审判权和申诉权，允许滥杀的行为，都是违反罗马国法的行为。而现在，这个宣言落到了他的头上。因为恺撒始终如一的态度，元老院派预测恺撒不会接受“元老院终极劝告”。只要他不接受，他就是叛国者，追随叛国者的军团就是叛军。庞培将率领罗马政府军镇压叛军，从而一举解决所有问题。这就是元老院派的如意算盘。

只是，打着“元老院终极劝告”旗号的罗马军队有一个不利因素，那就是时间问题。庞培手下的军事力量只有恺撒送回来的两个军团。而被任命为恺撒继任者的阿赫诺巴尔布斯尚在征募志愿兵，还没有形成军事力量。但是，元老院派很乐观，他们认为，时间可以争取。

第一，他们知道恺撒手中只有一个军团。

第二，时间刚进入冬季。虽然是1月上旬，但当时尚未采用尤里乌斯历法，因此，实际上是12月上旬。这个时期，即使在南国的意大利，也是河水暴涨，气候多变，不宜作战。地中海型气候冬天是雨季，而且，恺撒的军团几乎都在高卢越冬。即使恺撒下令把军队调回意大利北部行省，要在冬季穿越高卢，翻越阿尔卑斯山脉，进入意大利，

并非易事。元老院派认为，春季来临前，恺撒也不可能有所行动。

元老院判断恺撒不会提前行动，还有一个很重要的原因，那就是到现在为止，恺撒对待法律所持的态度。对于元老院的权限，恺撒完全不放在眼里，因此，他会擅做主张，攻打高卢，组建军团等。但是，对于国家的法律，他从未违犯过。既然卢比孔河是本国和行省的边界，那么，越过卢比孔河，进军罗马本国，就是违犯国家法律的行为。违犯过此法的是苏拉，他曾经率领军队登陆意大利南部的布林迪西后，攻打了罗马。苏拉有进军自己国家首都的“前科”，而恺撒没有。

基于这样的判断，庞培认为，即使发生战斗，也是罗马政府军首先向卢比孔河以北发起的。他们认为可以用一整个冬天来做准备，所以，庞培和元老院派组建军队的速度非常缓慢。总之，反恺撒一派虽然向恺撒发出了最后通牒，但是行动实在很慢。

恺撒也很犹豫。当然，他犹豫的原因并非庞培和元老院所想的那样。

站在卢比孔河前

路奇乌斯·科尔涅利乌斯·苏拉是《罗马人的故事》丛书第三册《胜者的迷思》中的主人公。盖乌斯·尤里乌斯·恺撒是《罗马人的故事》丛书第四册和第五册《恺撒时代》中的主人公。两人虽然相差38岁，却有很多共同点：

一、两人都属于罗马首屈一指的名门。苏拉属于科尔涅利乌斯家门，恺撒属于尤里乌斯家门。只是他们都不是出身长嫡，在历史上几乎鲜有有作为的非长嫡者。

二、因为经济上的原因，两人接受教育时的家庭教师都不是希腊

人。但是，他们都是智力超群的人，也是一流的知识分子。

三、两人都是瘦高体型，言谈举止都很有气质。无论在何时何地，都很引人注目。

四、两人都不属于年少成名的类型，都是进入40岁以后才崭露头角的。

五、两人都知道金钱的重要，却很少关心个人财产的多少。

六、两人都会实现自己的明确目标，因此，深受属下士兵的爱戴和尊敬。

七、两人都看出元老院已经失去统治能力。不同的是，苏拉采用了保守的做法，他想通过改革元老院机构来复兴元老院的统治能力。相反，恺撒属于革新派，他认为仅通过改革机构来复兴统治能力是不可能的。

八、两人的行动都很大胆，不受传统思想的束缚。不同的是，苏拉从未流露过不安或迷惘，而恺撒表现得很犹豫。

苏拉登陆布林迪西以后没有解散军团。对于违犯国家法律，进军罗马，他大概不曾有过丝毫犹豫或疑惑吧。但是，站在卢比孔河前，恺撒却犹豫了。姑且不论违犯国家法律是可为还是不可为，他想到的是，不惜触犯国法去采取的行动，会出现怎样的结果。

因为他知道，一旦自己采取行动，势必导致内战的发生。苏拉不在乎罗马人和罗马人之间发生内战。但是，恺撒不能不在乎。因为，在青少年时代，他经历过内战。

当时，姑夫马略一声令下，五天五夜就杀了以时任执政官为首的元老院元老50人和属于骑士阶级（经济界人士）的1 000人。这是恺撒13岁那年的事情。被杀的人中有恺撒的伯父，也就是他父亲的兄长。古罗马广场讲坛上甚至放不下被杀的重要人物的首级。少年恺

撒当时居住在“苏布拉”，到古罗马广场仅有不到五分钟的距离。

苏拉使用武力向马略率领的平民派发起了反扑。他率领军队登陆了布林迪西。两年后他在内战中胜出，开始清洗平民派。苏拉亲自制作的“黑名单”上包括 80 名元老院元老、1 600 名骑士，人数多达 4 700 人。他们中的大多数没有经过审判即遭杀害，财产全部被没收。幸免一死的人，资产也遭没收，同时失去了担任公职的权利，包括他们的子孙。被杀的重要人物的首级堆满古罗马广场讲坛的情形，和五年前没有任何不同。这一切 18 岁的恺撒都看在了眼里，而且，他的名字也上了苏拉的黑名单，差一点也成了牺牲品。这位 18 岁的年轻人命是保住了，却不得不在此后的四年里，忍受流亡生活之苦。

内战造成的真正的不幸，不是牺牲者的人数，而是因为杀戮产生的仇恨、怨愤和憎恶，这些情绪是不会轻易消失的。“喀提林阴谋”发生时，时年 37 岁的恺撒就在演讲中指出，这种情形对于罗马这一共同体来说有多么不利，尽可能避免这种事态的发生有多么必要。

而且，内战常常会使父子、兄弟和朋友反目。恺撒做事光明正大，讲话直截了当，在高卢又有辉煌的战绩，因此深得首都罗马许多年轻人的仰慕。其结果是，在罗马有权有势的人家中，不顾在元老院享有席位的父亲的担心，公开表示要追随恺撒的子弟越来越多。元老院派，也就是“反恺撒派”中，几乎所有的重要人物都遇到了这个问题。西塞罗年仅 15 岁的儿子和外甥也成了恺撒的忠实追随者。家庭内部之争不至于出现极端的结果，但是，一旦恺撒渡过卢比孔河，家庭内部之争就有可能演变成悲剧。

但是，恺撒又是一个为自己的理想而活的男人，他要改造罗马国体，建立罗马世界新秩序。如果不渡过卢比孔河，如果屈服于“元老院终极劝告”，交出军团，或许可以避免内战，但是，建立新秩序就

只能是一场梦。如果是这样，活了50年又有何意义？他的傲气不允许他让自己的人生变得毫无意义。他的名誉已经受损。元老院完全不顾他在高卢战争中的表现，向他宣告，若不服从“元老院终极劝告”，就是罗马这个共同体的敌人，就是叛国者。他的名誉彻底被玷污。

对于恺撒来说，这段日子只要一闭上眼睛，浮现在眼前的一定是卢比孔河。此外，他还有一件闹心的事，那就是副将拉比埃努斯的去留问题。

两个男人的戏

还有一个男人，为是否渡过卢比孔河而烦恼。

关于恺撒烦恼的理由，我们可以找到很多背景史料。首先是恺撒亲自撰写的《内战记》，还有就是西塞罗和友人之间的信件。通过这些信件，我们可以了解到当时元老院的动向和反恺撒派的主张。再有就是普鲁塔克、阿庇安、卡西乌斯和迪奥等人写的史书，尽管这些史书写于数百年以后。毕竟，发生罗马史上最大危机的公元前1世纪中叶，第一主角是恺撒。拉比埃努斯是配角。因为拉比埃努斯是配角，所以和恺撒相比，推测他的心理所需的依据，也就是史料，少得可怜。《内战记》中提及不多，西塞罗也只说到表象的事情。就连帝政时期写的其他史料中，也只说他是第一个背叛“神君恺撒”的人，恺撒因此与他一刀两断而已。但是，如果想探究恺撒当时的心境，关注另一人物，不能说没有用处。当时，两人都处于人生中需要做出决定性选择的时刻。

恺撒早已超越了憎恶、仇恨和复仇的心理状态，但是，唯有一个人让他内心深处的愤怒难以平息，因为这个人是拉比埃努斯。前面说

过，《内战记》中言及拉比埃努斯的地方很少，而且，恺撒一贯坚持如实记录的态度。那么，为什么恺撒要把自己对拉比埃努斯的愤怒特意写进书中呢？他为什么要提及坚持反抗恺撒的拉比埃努斯呢？而且，字里行间还透露着终于把这件事放下了的意思。

《内战记》和《高卢战记》不同，通篇流露的都是恺撒对敌人的藐视。只要认定自己比对方优秀，就可以超越憎恶、仇恨和复仇的心理。也就是说，憎恶、仇恨和复仇心理会让位于不屑一顾。但是，只有一个人恺撒想鄙视他却做不到，这个人就是拉比埃努斯。那么，为什么唯独拉比埃努斯他做不到不屑一顾呢？还有，拉比埃努斯又是怎样看恺撒的呢？

提图斯·拉比埃努斯和恺撒同岁，出生于意大利半岛靠近亚得里亚海一侧的一个名为珍古里的小村，距港口城市安科纳不远。罗马人的姓名通常由三部分构成，即个人名、家门名和家族名，而拉比埃努斯和马略、萨图纽斯一样，也是平民出身，姓名只有两个部分，即个人名和家族名。只是，他的出生地那一带是大地主庞培家的私有土地。也许因为这个原因，拉比埃努斯和他的祖先一样，是庞培的“client”（被保护者）。关于“client”，我在《罗马人的故事 01 · 罗马不是一天建成的》中介绍过，后来也多次提到过这种关系。在共和政体下的罗马，“patronus”（保护者）和“client”之间是一种互助关系，对于“patronus”来说，“client”是非常重要的人脉关系。因此，用“后援者”来称呼“client”，或许更能准确地反映这种关系。

拉比埃努斯 17 岁那年，比他年长 6 岁的庞培带着自费组建的 3 个军团，匆匆赶到布林迪西，投奔了苏拉。3 个军团就是 1.8 万名士兵。在罗马，17 岁可以开始服兵役。虽然我们找不到确切的记录，但是，拉比埃努斯第一次上战场，很可能就是在庞培的军团里，在庞

培的指挥之下。因为，有史实证明，年轻的庞培组建的3个军团是由他的“client”组成的。

没有证据证明，拉比埃努斯其后的军事经验是在庞培手下积累起来的。但是，至少有一点可以肯定，当公元前63年庞培完成对东地中海一带的统治时，他没有全程参与。因为，这一年拉比埃努斯在首都罗马任护民官之职。

他和恺撒的关系清楚地呈现在史实中，也是始于这一年。

公元前63年，因为喀提林事件，首都罗马自上而下陷入一片混乱。时年37岁的恺撒和拉比埃努斯为了反元老院，联手做了一件事。在恺撒的授意下，护民官拉比埃努斯作为原告，起诉了元老院元老拉比留斯，罪名是，37年前（公元前100年），拉比留斯杀害了当年的护民官萨图纽斯及其同党。当然，重提37年前的旧事，不是为了让此时已经老迈的元老院元老拉比留斯获罪，而是为了借此攻击“元老院终极劝告”的非法性。西塞罗看出了恺撒的真正意图，不顾在任执政官的身份，为被告辩护。因为，为此时的被告辩护，意味着为元老院主导下的罗马共和政体辩护。这次事件，正如前面描述的那样，最后以闹剧收场。也正是从这个时候开始，恺撒和拉比埃努斯开始了密切的合作。

接着，始于公元前60年的“三头政治”登上了历史舞台，其结果是：公元前59年，恺撒当选了执政官。公元前58年，高卢战争拉开了帷幕，恺撒就任行省总督，任期5年。因此，很容易想象到，他的任期不会流于平庸。恺撒赴任时，拉比埃努斯追随恺撒，也离开了罗马。拉比埃努斯是恺撒就任行省总督时唯一亲自挑选的属下。除他以外，恺撒的部下都是在战场上并肩作战的过程中成为他真正的部下的。

拉比埃努斯也没有辜负恺撒的期望。按照当时罗马的传统，军中

的幕僚和军团长大多是来自罗马有背景家庭的子弟。高卢战争期间，在他们中间，恺撒不需要派援兵增援的，只有拉比埃努斯指挥的战线。把兵力分成两部分的时候，恺撒必定把其中一部分交给拉比埃努斯指挥。恺撒越过莱茵河、横跨多佛尔海峡远征时，负责后方安全的也是拉比埃努斯。恺撒回行省过冬的季节，拉比埃努斯也会留在高卢。可以说，恺撒能够寄予全部信任的将领，只有拉比埃努斯一个人。

还有，恺撒是一个有福共享的人，自己有钱赚的时候，也不会忘记为他人寻求致富之路。他应该也给了副将拉比埃努斯这样的机会。拉比埃努斯因此有了积蓄。这个出身平民的男人，衣锦还乡，把自己积攒的钱用来建设家乡。高卢战争结束后，恺撒又任命他为意大利北部行省的军团指挥官。前面说过，他这样做，一方面纯粹是为了犒赏拉比埃努斯，另一方面，他打算当选执政官后，把这里托付给拉比埃努斯。可以这样说，对于拉比埃努斯来说，和庞培的关系是先天联系在一起的，而和恺撒的关系则是后天培养起来的。

然而，庞培盯上了拉比埃努斯。

公元前 50 年夏天以后，恺撒已经风闻庞培方面正在试图拉拢拉比埃努斯。根据《高卢战记》第八卷的作者、恺撒的秘书官希尔提乌斯的描述，对于这一传闻，恺撒完全不予理会。拉比埃努斯回到意大利北部行省后，庞培方面跟他的接触一定更加频繁。公元前 50 年秋，恺撒也进入了意大利北部行省。这就是说，两人也许是在同一个地方，即在位于拉文纳的意大利北部行省总督官邸的那一带，一起度过“横渡卢比孔河前”紧张的三个月时间的。这是前后 13 年的跨度。从 37 岁到 50 岁之间的 13 年里，两个人同甘共苦。难道是恺撒和拉比埃努斯之间没有进行过交流吗？难道这两个同龄的男人之间没有互相坦露过各自的心声吗？

按恺撒的性格，我想他是不会主动询问的。当然，如果拉比埃努斯主动提起来，则另当别论。那么，拉比埃努斯会说吗？他会征求恺撒的意见吗？

从拉比埃努斯的言行来看，这位武将并不关心恺撒和元老院派之争的原因。他是因为平民出身才当上护民官的，他关心的只是平民阶级的权利。他认为元老院阶级统治能力衰退，这是政治斗争的问题。以他的素养很难上升到这个高度，因此，对他来说，就算站到庞培的阵营，也只是出于他重视和庞培之间的“client”关系，而不是投靠元老院派。

就算他留在恺撒阵营，也不是出于对恺撒的理念，即建立新秩序的必要性的理解，而只是为了尊重与恺撒之间的友情。因此，拉比埃努斯的烦恼是选择先天的缘分，还是看重后天的关系，这不是敞开心扉，或者征求意见，就能解决的问题。

我想，两人之间应该没有经过深入的交流。有一位史学家也提到过，这“两个男人的戏”，是两个盛年男人沉默的戏。在一起度过的紧张的三个月时间里，他们从未提及此事。

庞培方面依靠“client”的关系坚持劝说拉比埃努斯。13 年前，庞培解散军队，为部下争取到土地以后，此时最需要的是既可靠又有实力的将领。庞培是一位杰出的武将。通过阅读《高卢战记》，他对拉比埃努斯的军事能力给予了高度的评价。而且，拉比埃努斯是恺撒的左膀右臂，如果能成功把他拉拢过来，对恺撒来说，无疑是一个沉重的打击。庞培方面想借机达到一石二鸟的效果。

这场“戏”上演的同时，恺撒和元老院之间以法律为武器的斗争趋向白热化。恺撒提出的三个妥协方案均遭拒绝。1 月 7 日来临。如果不服从“元老院终极劝告”，恺撒将被视为叛国者。然而，庞培有

两个军团，而恺撒身边只有一个军团。但是，如果现在开始准备，意味着也给了敌人准备的时间，于是，恺撒下令，集合士兵。

对恺撒来说，第十三军团并无特别之处。第十三军团不像第十军团，是最值得恺撒信赖、最优秀的精锐部队。尽管如此，从公元前57年组建以来，在长达7年的高卢战争中，士兵们自始至终追随恺撒，出生入死。面对这些部下，最高司令官开始了他的演讲。

这些士兵都是罗马公民。他请求士兵们与同是罗马公民的敌人作战。普通政治家在这种时候一定会长篇大论，宣扬自己的理念，说明正义属于自己，以此表明发动内战不是为了私利，而是为了公众利益。但是，恺撒没有这样做。

首先，他谴责了反恺撒派对他的不公。他说，他们利用一切机会试图诋毁自己，为此他们拉拢庞培，让他和自己作对。他还指责元老院派品行低下。其次，他谴责元老院侵犯护民官行使否决权的权力。平民代表护民官手中的这个权力，连苏拉也不曾侵犯过。恺撒指出，格拉古兄弟和萨图纽斯的牺牲，不只是过去时，现在很有可能再次发生。他说，现在的罗马和那个时代没有任何不同。演讲的最后是最重要的内容。

他说，高卢战争从第一年到现在的9年时间里，总计作为你们的最高司令官，经历了无数次战斗，征服了高卢，也成功阻止了日耳曼人入侵高卢，为国家做出了巨大贡献。他呼吁士兵起来保护最高司令官的名誉和尊严。听了恺撒的话，第十三军团的士兵齐声高呼："为了洗刷最高司令官和护民官受到的侮辱，我们愿意追随恺撒到底！"于是，恺撒下令，深夜集合。跟随恺撒越过卢比孔河，意味着士兵们也将被视为叛国者。而百夫长下面的话颇能反映了这些士兵的心理：

"只有结束这场内战，恢复恺撒的名誉，我们才能恢复自由。"

恢复自由，意味着每一名士兵完成对恺撒的誓约后可以从军队中退役。正因为相信士兵们的这个想法，恺撒才敢以一个军团的力量采取行动。庞培和元老院以为会有人因为不愿意被视为叛国者而离开恺撒，然而，他们的如意算盘再次落空。脱逃者只有一个人，而且还是因为其他理由。

“孤注一掷！”

如何渡过卢比孔河的，恺撒没有说。《内战记》在记录士兵表明决心后，只写了一句话：“知道他们的想法后，就带着军团向里米尼出发了。”恺撒不喜欢戏剧性的场面，也不喜欢戏剧性的表现手法。我尊重他的这种风格。但是，在此我想根据其他比较接近事实的史料，尝试重现当时的情形。

拉文纳和里米尼相距 50 公里。从拉文纳出发，一路南下，有一条平坦的道路，左侧看得见亚得里亚海。行军至 35 公里处，卢比孔河就出现在眼前了。2 000 年后的今天，卢比孔河分成了三条支流，我们无从知晓哪一条支流是历史上的卢比孔河。但是，有一点可以肯定，和现在一样，公元前 1 世纪时，卢比孔河可以涉水而过。卢比孔河是罗马本土和意大利北部行省之间的界线，但是，因为河水很浅，所以，只是象征性的分界线。恺撒的军队出发的时间是半夜，因此，早晨 7 点一定已经到达卢比孔河。因为罗马军团的行军时速是 5 公里。

站在卢比孔河的岸边，恺撒没有马上渡河。他在岸边默默地站立了许久。追随他而来的第十三军团的士兵，也默默地注视着最高司令官的背影。终于，恺撒转过身对身旁的部下说道：

“渡过此河，人世间将有一场悲剧发生。不渡过此河，我将遭到

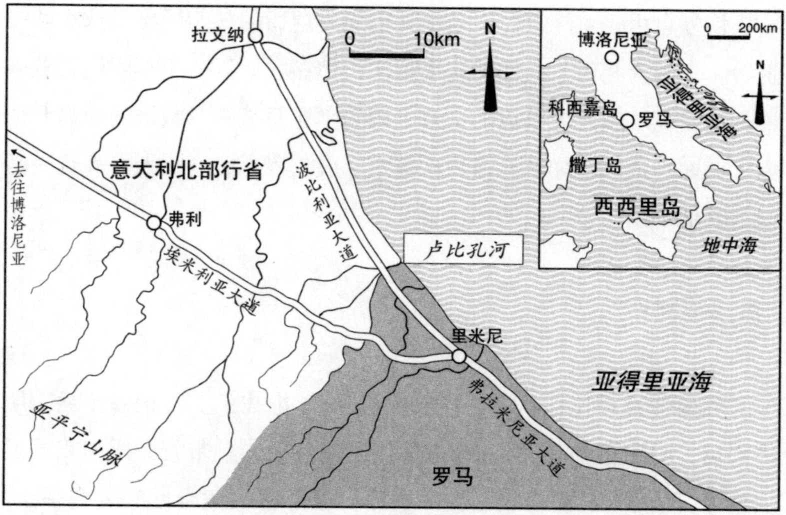

现代卢比孔河周边

彻底毁灭。”

接着，他面对注视着自己的士兵们，斩钉截铁地喊道：

“前进吧！向着诸神的所在，向着侮辱我们的敌人所在，破釜沉舟！”

士兵们齐声呼应。就这样，恺撒策马走在队伍最前面，带领第十三军团士兵渡过了卢比孔河。时间是公元前 49 年 1 月 12 日，恺撒时年 50 岁又 6 个月的一个早晨。

5 天后，另一个男人也渡过了他的“卢比孔河”。这位恺撒曾经的副将，为了避免与恺撒相遇，没有从亚得里亚海一侧越过国界，而是选择了与此相对的第勒尼安海一侧越过国界。也许，他打算沿阿庇亚大道南下，去投奔在罗马的庞培吧。

总之，拉比埃努斯离开了恺撒。他在恺撒渡过卢比孔河后才渡过

他的“卢比孔河”。他没有如庞培和元老院的愿，因为他没有离间恺撒手下的士兵，他只带着儿子和仆从奴隶离开了恺撒。他把所有东西都留在了营地，净身离去。这是缺少政治头脑的军人拉比埃努斯唯一能做的事情。得知曾经的副将离开后，恺撒下令把拉比埃努斯留在营地的所有东西送还给了他。这是对追随自己 13 年的部下离去时，恺撒做的唯一一件事。

就这样，两个男人分别渡过了自己的“卢比孔河”。两人都没有了回头路。骰子已经掷出。不靠舆论，也不依据法律，而是凭武力来决定胜负的时刻到了。

图片版权

银币图　新潮社写真部

p.024　罗马文明博物馆（罗马 / 意大利）© Scala, Firenze

p.026　Luigi Canina, *Vedute dei principali monumenti di Roma antica*, Sugarco Edizioni, 1990

p.035　法多利亚考古学遗址（意大利）Arturo Fratta, *Campi Flegrei*, Alte Tipografica, 2001

p.039　Cesare Vecellio, *Habiti antichi et moderni*（《服装今昔》), 1860

p.046　大英博物馆（伦敦 / 英国）© Copyright The Trustees of the British Museum

p.070　威尼斯考古学博物馆（意大利）© Archivo Iconografico, S.A. / CORBIS / CORBIS JAPAN

p.076　那不勒斯国家考古博物馆（那不勒斯 / 意大利）© Archivi Alinari, Firenze

p.103　卡匹托利尼博物馆（罗马 / 意大利）© Archivo Alinari, Firenze

p.106　马达马宫（现意大利共和国上议院议事堂，罗马 / 意大利）© Bettmann / CORBIS / CORBIS JAPAN

p.108 卡匹托利尼博物馆 © Archivo Iconografico, S.A. / CORBIS / CORBIS JAPAN

p.124 Cesare Vecellio, *Habiti antichi et moderni*（《服装今昔》), 1860

p.152 同上

p.214 峰村胜子绘

p.218 罗马市议会议事堂（罗马 / 意大利）© Bettmann / CORBIS / CORBIS JAPAN

p.219 Cesare Vecellio, *Habiti antichi et moderni*（《服装今昔》), 1860

p.220 卡维美术馆（阿维尼翁 / 法国）© Musée Calvet, Avignon. Crédit Photographique André Guerrand

p.231 Luigi Canina, *Vedute dei principali monumenti di Roma antica*, Sugarco Edizioni, 1990

p.369 峰村胜子绘

p.371 Giulio Cesare, *La guerra gallica* (con le figure in rame di Andrea Palladio), 1619

p.379 Goscinny and Uderzo, *LE DOMAINE DES DIEUX*, 1971, 巴黎 © 2004-LES EDITIONS ALBERT RENE / GOSCNNY-UDERZO

p.394 Goscinny and Uderzo, *ASTÉRIX LE GAULOIS*, 1961, 巴黎 ©2004-LES EDITIONS ALBERT RENE / GOSCNNY-UDERZO

p.415 梵蒂冈博物馆（梵蒂冈）© Archivo Alinari, Firenze

地图制作：综合精图研究所（p.004，p.008，p.009，p.016，p.061，p.078，p.178，p.182，p.194，p.207，p.209，p.245，p.252，p.285，p.317，p.321，p.343，p.386，p.434）

图书在版编目（CIP）数据

罗马人的故事：全15册/（日）盐野七生著；计丽屏等译. -- 2版. -- 北京：中信出版社，2020.8（2025.1重印）

ISBN 978-7-5217-0750-2

Ⅰ.①罗… Ⅱ.①盐… ②计… Ⅲ.①古罗马–历史 Ⅳ.①K126

中国版本图书馆CIP数据核字（2019）第126892号

罗马人的故事（全15册）

著　　者：[日]盐野七生
译　　者：计丽屏　等
出版发行：中信出版集团股份有限公司
（北京市朝阳区东三环北路27号嘉铭中心　邮编　100020）
承 印 者：北京通州皇家印刷厂

开　　本：787mm×1092mm　1/32　　印　　张：182.25　　插　　页：44　　字　　数：4 500千字
版　　次：2020年8月第2版　　印　　次：2025年1月第9次印刷
京权图字：01-2010-4502　　审 图 号：GS（2019）2414号
书　　号：ISBN 978-7-5217-0750-2
定　　价：760.00元（全15册）

ローマ人の物語

罗马人的故事

05

ユリウス・カエサル　ルビコン以後

恺撒时代（下）

[日]盐野七生 著　谢茜 译　陈涤 校

中信出版集团 | 北京

CAESAR·IM

L·AEMILIVS
BVCA

银币故事

得到这枚银币花了我整整 10 年的时间，最主要的原因是这种刻有恺撒侧面像的硬币数量非常之少。从恺撒渡过卢比孔河到被暗杀，其间一共经历了 6 年时间。公元前 46 年，恺撒举行了同时庆祝内战结束和高卢战争胜利的凯旋仪式。在此前内战的 4 年时间里，恺撒并不是唯一的最高权力者，而在他将绝对权力握于手中之后，不到两年就被暗杀了。因此，与奥古斯都执政 40 年可以享受的权力比起来，恺撒能够铸造货币的时间并不多。

另一个原因是，即使在 2 000 年后的现代，恺撒的崇拜者也多不胜数。银币只要一拿出来拍卖，立即就被抢购一空，而且买到银币的人绝对不会轻易脱手，这就令得到这枚银币变得非常艰难。也正因如此，这枚刻有头戴帝王桂冠的恺撒形象的硬币，虽然是银质的，价格却比刻有奥古斯都形象的金币还要贵上 3 倍。即使这样，最后我竟然也有幸得到了一枚，也就是在这里介绍的这枚。它的正面刻着罗马帝国实际上的创始人——相貌堂堂的恺撒，背面刻着尤里乌斯家门的守护女神维纳斯。

盐野七生

2004 年 6 月于罗马

BRVTVS

AHALA

银币故事

虽然雕刻着“BRUTUS”字样，但银币上的肖像并不是暗杀恺撒的布鲁图。因为公元前1世纪时的罗马精英都流行剃光胡须，所以即使刻有“BRUTUS”字样，这个也不会是因暗杀恺撒而闻名于历史的公元前1世纪那个布鲁图。他倒有可能是公元前6世纪确立罗马共和制、《罗马人的故事01·罗马不是一天建成的》中介绍的那位路奇乌斯·布鲁图。虽然两者并无血缘关系，但500年后暗杀恺撒的布鲁图还是把这位前辈作为自己真正思想意义上的祖先。在暗杀恺撒成功后，他特地在发行的纪念银币上刻着路奇乌斯·布鲁图的形象，而不是自己的形象。公元前6世纪确立的共和政体，虽然在公元前1世纪得到复兴，但仅仅两年就失败了。因为他们虽然消灭了恺撒的肉体，却无法清除恺撒的精神。

盐野七生

2004年6月于罗马

IMP

铜币故事

有一类人，自身也许并无独创的见地，却能将前人的构想加以淋漓尽致的发扬。在我看来，这也不失为一种能力。罗马帝国的开国皇帝屋大维正是这一类人的典型代表。这里介绍的铜币是屋大维发扬恺撒的统治思想——“货币是统治的最好宣传品”——的产物，也是证明屋大维拥有上述能力的典型例子。铜币正面刻有恺撒和屋大维两人的侧面像。恺撒头像一侧刻有代表“神君”之意的单词“DIVI”，屋大维头像另一侧则刻有代表“神君之子”意思的单词——“F · DIVI”。铜币背面刻有屋大维在亚克兴角海战中战胜安东尼和克娄巴特拉联军时乘坐的船只。正面的“神君之子”表明屋大维权力来源的正统性；背面的船只则表明自己拥有统治的实力，即有“名”有“实”之意。已经成为最高统治者的屋大维，借由这枚与日常生活密切相关的铜币给民众加深自己是“天命所归”的印象。

盐野七生

2004 年 6 月于罗马

目　录

序

我住在佛罗伦萨期间，认识一位男性朋友，曾是佛罗伦萨警署刑侦科科长。不同于一般意大利人对公众事务的冷漠，他是难得的一位称职的公仆。他调换过几次工作地点，在那些地方与黑帮和绑匪打过交道。现在，他是意大利北部中型城市帕多瓦的警署署长。

他还在佛罗伦萨警署任职时曾来过我家，看着我家中的书架，对我说："我现在对恺撒突然产生了兴趣，能不能借我一本有关恺撒的书？"于是，我选了一本《恺撒传》借给他。这本书足有5厘米厚，是研究近现代罗马史的学者中享誉极高的杰罗姆·卡尔寇比诺所著。

大约一个月后，他来还书，我请他谈谈读后感。他没有多说什么，只是说：

"如果我和恺撒生活在同一个时代，他一定是我最想见的人。"

"那么，你若见到他，会跟他说些什么？"

"我会请求他，让他在军团中给我安排一个职位，哪怕只是名百夫长！"

世人皆说恺撒是受幸运之神眷顾的人，殊不知这位非凡的人物虽然拥有许多优秀品质，却并非没有缺点，他甚至还有过劣迹。

然而不管怎样，他终究是一位常胜将军，无论率领怎样一支军队，胜利都属于他。不管怎样，不管他生于哪个国家，他终究都会成为领袖。

——孟德斯鸠

我不知道修昔底德的《历史》讲述的是怎样的一种情形，至少《希腊罗马名人传》中的英雄都是政治家。当然，作者普鲁塔克不可能像现代人那样，认为英雄应该是政治家类型的人。他应该是根据当时的社会现状认为，有德又有很强行动力的人必定是政治家……

搞政治不是一种职业，也不是一种技术，而是高度紧张的生活。因此，普鲁塔克笔下的人，无论身处何地、何种情形，看上去似乎都在展示各自的一切经验。……

空谈政治和对政治毫无兴趣等的言论表述，对那个时代的有识之士来说，完全无法理解。这是值得重新思考的问题。

——小林秀雄

一位领袖必须具备五种素养，即睿智、说服力、隐忍、自律和刚毅。这五种素养，唯有恺撒全部具备。

——意大利普通高中使用的历史教科书

莎士比亚深谙人性弱点，却无法探知尤里乌斯·恺撒等英雄

人物的伟大。《李尔王》虽堪称杰作，《恺撒大帝》却并非佳品。

——萧伯纳

人不管是谁，都无法看清现实中的一切，大多数人只想看到自己想要看到的现实而已。

——尤里乌斯·恺撒

第一章　壮年后期

（前49年1月—前44年3月，恺撒50岁至55岁）

渡过卢比孔河后

从卢比孔河到边境小城里米尼，直线距离不过 15 公里，以罗马军团 5 公里的行军时速，从半夜出发，大约早上 10 点就能到达。里米尼说是边境城市，实际上却位于早在 150 年前就已经罗马化的意大利北部行省与罗马之间，因此罗马中央政府在此只布置了一支不到 600 人的警卫队。当恺撒率领第十三军团到达时，几乎没有遇到任何抵抗就顺利入城了。身为护民官而不能迈出国界的安东尼与另一位护民官卡西乌斯正在等待恺撒，而与安东尼一起逃离首都的库里奥因是元老院元老，不受出入国境的限制，很快就与在拉文纳的恺撒会合，并跟随恺撒一道渡过了卢比孔河。

尽管恺撒兵不血刃地进入了里米尼，但此时他手上只有第十三军团的 10 个大队，由于无法补充兵员，原本 6 000 人规模的军团实际只有 4 500 人左右。庞培和元老院派本以为恺撒不可能以如此疲弱的兵力，置国家法律于不顾，冒着严冬渡过卢比孔河。可是也正因如此，恺撒出乎对手的预料，在“践踏国法”后的行动中没有表现出丝毫犹豫。

恺撒将 5 个大队——相当于其一半兵力——交给安东尼，命令他率军越过亚平宁山脉，进攻阿雷佐。恺撒将 3 个大队交给刚归来的库里奥，命令他率军进攻分布在亚得里亚海沿岸要道上的佩扎罗、法诺和安科纳。恺撒自己则率领剩下的 2 个大队驻守里米尼。这个安排具有重要战略意义：占领阿雷佐，意味着控制了首都罗马向北的主要道

路之一卡萨亚大道；占领佩扎罗、法诺和安科纳，则意味着将罗马向南的主要道路阿庇亚大道纳入囊中；而驻守里米尼，则意味着控制了另一条前往北方的交通要道——弗拉米尼亚大道。

33岁的安东尼和年龄相仿的库里奥都没有辜负恺撒的信任。在渡过卢比孔河、进驻里米尼的当晚，也就是公元前49年1月12日，恺撒就收到捷报：库里奥率领的3个大队已攻占30公里以南的佩扎罗，第二天接着传来占领法诺的消息，第三天拿下了百公里外的安科纳，第四天安东尼率领的5个大队也顺利地攻下阿雷佐。恺撒军队势如破竹，很大程度上要归功于庞培派事先的判断失误和事后的迟缓应对。还有，被攻占城市中的民众对早已在高卢战争中声名显赫的恺撒表现出了无比狂热的拥护，不仅不抵抗，反而热烈欢迎恺撒军队的到来。恺撒迅速控制了卡萨亚大道、弗拉米尼亚大道以及罗马南面的交通要道，无论从哪个方向出发，恺撒军队都能在3天内直达首都罗马。

因《内战记》没有明确记载日期，只能根据前后内容推测，大约在1月15日前后，恺撒正在里米尼等待安东尼和库里奥战报时，两位传达元老院决定的罗马公使赶到了里米尼。元老院的意思是：我们之所以现在还不动声色，是因为恺撒你的每一步都在我们的掌握之中。庞培和元老院担忧恺撒践踏国法渡过卢比孔河，而他们认为现在警告恺撒的程序和时机都恰到好处。不过，两位公使原本应当在卢比孔河以北的拉文纳（国界外）提出警告，结果现在却出现在了卢比孔河以南的里米尼（国界内）。

两位公使中一位是现任罗马法务官罗西乌斯，另一位是恺撒年轻的堂弟但归顺了庞培的路奇乌斯·恺撒，这两人带给恺撒的是1月7日元老院会议的“元老院终极劝告”，内容为：命令恺撒解散军队，

立刻回国，否则将授权庞培实施“元老院终极劝告”，即宣布国家进入紧急状态，宣布恺撒为“叛国者”，并敦促其将手中权力移交给庞培。阿赫诺巴尔布斯将接替恺撒成为高卢总督。不过，和恺撒有着亲属关系、属于庞培派的路奇乌斯之所以一同前来，是因为他带来了一封庞培写给恺撒的亲笔信。这封信的主要内容大意如下：

庞培已经决定接收恺撒的军事指挥权，但希望恺撒不要以为这是他和恺撒之间的私人恩怨所致。他庞培平生一向是把国家的利益放在私人关系之上的，也希望恺撒能够顾及目前的地位，以国家利益为重，摒弃个人的嫌怨，不要被愤怒驱使，做出伤害国家的举动。

庞培在信中并没有提出任何具体的解决办法，其口吻完全是在以一个资历深厚的长者教训不懂事的年轻人。不过，尽管形式上是私人信件，但也是经元老院决议产生的事实上的独裁官庞培的亲笔信。针对庞培来信，恺撒写了一封回信，嘱托罗西乌斯和路奇乌斯转交。按照恺撒条文式的书写习惯，回信的大意是：以庞培为榜样忘记私人恩怨，怀着公共责任的崇高理想，把罗马从悲惨境地中拯救出来。他在信中将自己“拯救罗马”的建议进行了分项列举：

第一，庞培前往任职地西班牙。

第二，庞培和恺撒都解散各自的军队，意大利实现非军事化。罗马恢复和平时期的政治体制，即不以武力威胁公民，公民可以自由地参加公民大会，一切政治活动恢复正常。

这一条的真正意思是，一旦政治体制回到正常程序，庞培和元老院必须承认恺撒的候补执政官职位。

第三，如果庞培对以上建议感兴趣，双方可以进一步磋商细节的实施，并以合同形式立约。因此，庞培有必要前往恺撒所在地，或者恺撒前往庞培所在地进行会谈。

第三条提议被称为“卢卡会谈”。这个重新以峰会形式解决冲突的提案，印证了10年前的“三头政治”体制并不是恺撒的一时兴起。这也是恺撒的反对派最为反对的一点。

可是，当法务官罗西乌斯和路奇乌斯·恺撒两位公使带着恺撒写给庞培的回信，从里米尼出发沿着弗拉米尼亚大道赶回罗马时，已经没法把信交给任何人了。因为庞培和当任两位执政官以及多数元老院的贵族早已逃离了罗马。

庞培逃离首都罗马

就在庞培派法务官罗西乌斯和路奇乌斯·恺撒两位公使前往恺撒驻地后，罗马形势剧变，种种意外纷至沓来。

先是传来恺撒率军渡过卢比孔河进驻里米尼的消息，接着又收到恺撒军团陆续占领佩扎罗、法诺、安科纳、阿雷佐的战报。罗马向来有非战时不设防的传统，因此，当恺撒大军进攻的消息传到罗马时，不管是庞培还是两位执政官，都是两手空空，无兵无将，而另一位元老院推选出的恺撒接替者阿赫诺巴尔布斯才刚开始在意大利南部招募军队。面对渡过卢比孔河的恺撒，可供调遣的只有驻在加普亚的两个军团，还是此前以出兵叙利亚为由从恺撒手中接收过来的。

恺撒渡过卢比孔河已是既成事实，庞培自然不能在几乎不设防的罗马等待恺撒对自己此前发出的亲笔信做出回应了。他决定撤往有两个军团驻守的加普亚。1月17日，庞培逃离了首都罗马，此时两位公使正带着恺撒给庞培的回信，一路快马加鞭，沿着弗拉米尼亚大道南下。

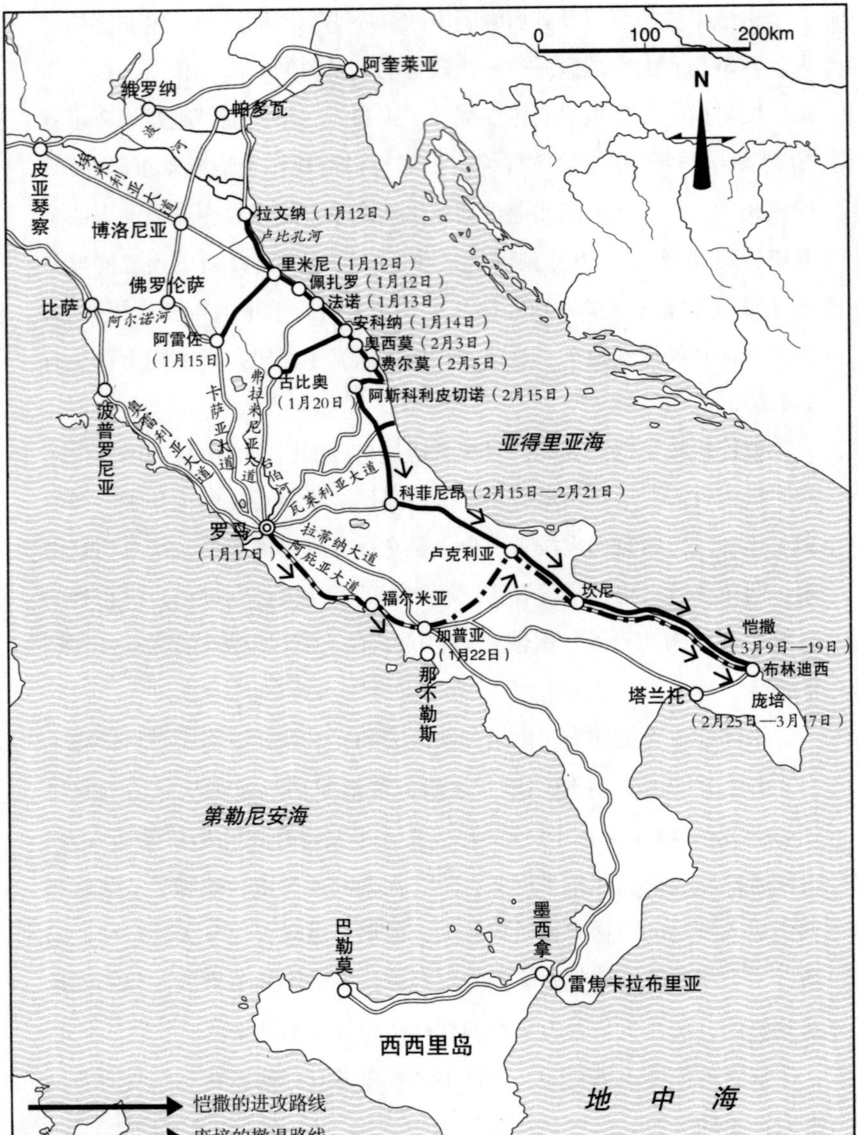

渡过卢比孔河后恺撒的进攻路线和庞培的撤退路线

被恺撒强势渡河及其后续闪电攻势吓得望风而逃的，绝非庞培一人。两位彻底的反恺撒派——执政官马尔凯鲁斯和雷托鲁斯，在“靠山”庞培撤离之后也无心留在罗马，第二天一早，他们赶紧逃离了首都罗马。此外，在庞培“继续留在罗马将被视作亲恺撒派予以惩罚”的威胁下，许多元老院元老也随庞培撤离了。这些放弃罗马的人的脑海中肯定浮现出了30年前苏拉进攻罗马的情形。此时贵族也同样是拖家带口、驱使奴隶，到处都乱作一团；需要带走的行李堆积如山，为此他们到处搜罗拖车。这些逃亡的人名义上是难民，实际上都是有钱有势的人。

就连执政官也是如此，只想着运送自己的财产，等想到国库中还有大批物资需要运送出城时，整个罗马已经没有可用的拖车了。即便到了这种危急时刻，也没有一个人愿意放弃自己的财产，把车捐献出来。两位执政官也丝毫没有为国库物资的运送问题而推迟自己行程的打算，他们匆匆而去，留给守城者的只有一道“设法将物资运出城”的命令。

沿阿庇亚大道往南，出逃的执政官和元老院元老拖家带口排成了一条长长的队伍。在他们离开之后，首都罗马只能听从命运的安排了。公元前49年1月18日，即恺撒大军渡过卢比孔河后的第六天，占领卡萨亚大道、弗拉米尼亚大道、瓦莱利亚大道，控制了从北面和西面进入罗马的交通要道后第三天，庞培弃城后仅仅一天，罗马“陷落”了。国库物资仍完好无损地保存着。不但因为负责的人找不到运送物资的办法，更是因为掌权的官员已经集体出逃了。

高官的集体出逃行为，暂且不说军事意义如何，首先在政治上是非常严重的失策。

第一，身为比行省总督恺撒官职更高的执政官，尽管本应在首都

充分发挥其权力，却都主动放弃了，这无异于自动放弃了正统政府的地位。

第二，罗马的公民，也就是国家最高权力机关公民大会的投票主体，都认为庞培和支持他的元老院贵族抛弃了他们。

两位公使回到罗马，发现执政要员都走光了，也赶紧沿路去追赶庞培。他们沿着阿庇亚大道一直追到加普亚，才见到庞培和两位执政官，这时已经是1月23日了。

拉比埃努斯也是这样。当他抵达罗马时才发现自己要找的人已经出逃，只好在后面不停追赶。拉比埃努斯以前是恺撒的副将，他到达加普亚终于见到了庞培。这位恺撒的“左膀右臂”的到来，让庞培喜出望外。

西塞罗虽然跟随庞培一起逃离罗马，但对庞培的态度模棱两可。沿着阿庇亚大道行走两天后，他就在福尔米亚的别墅停下不走了。西塞罗和庞培都是56岁，因此以年龄为理由实在很勉强。但西塞罗毕竟是西塞罗，他肯定是在半路上绞尽脑汁想出某种“中途下车”的理由的。

而恺撒这一方，在回信中提出解决建议后，军事行动的速度却丝毫未见减慢。

1月20日，库里奥率领3个大队攻下安科纳之后，杀入内陆，直取古比奥城。从里米尼沿着亚得里亚海南下到达法诺，就进入了直达罗马的弗拉米尼亚大道，而古比奥城正是这条大道上的军事要地。掌握了古比奥城，就意味着不论是从弗拉米尼亚大道还是卡萨亚大道，恺撒大军到达罗马都只需两天时间。

但恺撒并没有挥师进入首都，因为他早就收到报告，知道庞培和执政官已经逃走。于是，恺撒又一次抢先行动了。

直到此时，恺撒才从一直坐镇的后方司令部里米尼开拔，由于不想前往罗马，所以没有取道库里奥控制的弗拉米尼亚大道。在命令库里奥与安东尼会合后，自己亲率军队经由库里奥控制的佩扎罗、法诺、安科纳向亚得里亚海的南部进发。大概在进入安科纳前后，恺撒收到了庞培的回信。

庞培的回信，与其说是庞培的个人意愿，倒不如说是他身边保守的执政官及元老院派的集体意志。信的内容大致有如下四点：

一、恺撒军队即刻从所占城池撤退，率军退回卢比孔河以北，在那里解散部队，交出兵权。

二、在上述事项完成前，庞培及元老院派会继续增强军事力量。

三、待上述事项完成后，恺撒会当选为候补执政官，并在首都为其举行凯旋仪式。

四、一切完成之后，庞培离开首都，前往任职地西班牙。

虽然是匆忙逃离，但庞培在信中依然语气强硬，显示了元老院派即现行体制的支持派仍然对“元老院终极劝告”这把尚方宝剑的威力深信不疑。但对恺撒而言，信中内容都是他无法接受的。

首先，恺撒提出的和庞培举行会谈的建议被无视。其次，元老院派要求恺撒单方面放弃兵权的立场并没有改变。而且，虽然规定了庞培要离开首都前往西班牙，但是并没有明确出发的具体时间。这只能说明庞培仍然可以保持现有兵力继续住在国内。如果接受这些条款，那么恺撒冒险渡过卢比孔河就变得毫无意义了。大概在庞培和元老院派眼里，恺撒渡过卢比孔河只是一种走投无路的冒险行为。总之，庞培此时的这封回信反而更加坚定了恺撒继续进军的决心。

2 月 3 日，恺撒从安科纳出发，进入南面 10 公里外的奥西莫。奥西莫往南的进攻需要恺撒亲自出马。因为那里分布着庞培的领地，

也是“保护者”（patronus）庞培世世代代紧密联系的“被保护者”（clientes）的聚居地。恺撒亲率军队南下的目的，除了想抢在前头拦截庞培外，也想借机摧毁庞培赖以补充兵员的地盘。

实际上庞培也确实打算回到自己的地盘。在给恺撒回信后，庞培舍弃了路程短且较为安全的阿庇亚大道，取道亚得里亚海附近的卢克利亚。但是恺撒的快速攻势，完全打乱了庞培的原定计划。

安东尼和库里奥都还没有跟上来，因此进入庞培根据地的恺撒身边仅有 2 个大队约 900 人兵力。恺撒骄傲地认为自己的存在就足以匹敌数个军团，所以他敢于将手中的 5 个大队和另 3 个大队分别派给了安东尼与库里奥，身边只留下 2 个大队。

恺撒的判断是正确的，而步步落后的庞培也证明了恺撒的正确。

如果庞培自 1 月 17 日逃离首都时，就派人在行省开始重新招兵买马的话，恺撒的进攻或许就不能如此轻松，但庞培没有这么做。他的迟缓行动不仅在后来没法组织起兵力，也让一直支持他的被保护者感到被抛弃的绝望。

接下来，庞培启用了他一手调教出来的两位大将来守卫自己领地的大门奥西莫城。这两位大将，一位是担任过阿非利加行省总督的特伦提乌斯·瓦罗，一位是原首席百夫长、曾追随庞培参与东方战事的路奇乌斯·普比。在庞培未下令之前，两位大将就意识到了事态紧急，已经开始自发地招募士兵。但那时正值隆冬，两人都没预料到恺撒敢在冬天跨过卢比孔河。

当恺撒突然出现在奥西莫，不仅两位大将，连城中的居民都大吃一惊。居民认为从形势上看，庞培是靠不住了，因此选出代表前去与两位守城大将摊牌。居民主要认为：庞培和恺撒之间的争斗孰是孰非自己判断不了，但是不能将在高卢战争中为国家立下赫赫战功的恺撒

拒于城门之外，因此，居民希望瓦罗慎重考虑自己将要面临的危险，然后决定自己的行动。

瓦罗当然明白居民代表的言外之意，于是他和普比带了刚刚招募的士兵匆匆离城了。恺撒自然不会任由他们逃走，两位将军和手下的士兵只有少数人稍做抵抗，随后便被全部俘虏。

恺撒让被俘的士兵自由选择去留，大多数士兵是临时加入军队的，因此都选择了解甲归田，也有部分人愿留在恺撒军中效力。后来恺撒并没有记录这次留用的具体人数，或许是因为这个数量并不多吧。恺撒也给予了瓦罗和普比自由选择权，这两位由庞培一手调教出来的守城将军，最后还是选择回到庞培的身边。

此时恺撒和在高卢战争中完全不同，这是面对本国人的战争，在处理俘虏的问题上，当然也采取了不同做法。恺撒兵不血刃入城之后，立刻召集了奥西莫城的居民，表达了自己对他们的感激之情。

离奥西莫不远，有个叫钦库利的村庄，是拉比埃努斯的故乡。这位恺撒以前的副将用自己的钱财帮助村庄发展，认为这就等同于平民出身的自己衣锦还乡了。钦库利的百姓听说了恺撒宽厚对待奥西莫之后，也派了代表与恺撒商谈。钦库利的代表转达了他们归顺恺撒的意愿，恺撒则希望钦库利能够为自己提供兵力援助。其实恺撒也知道，钦库利只是一个小村庄，并不能提供太多士兵，他这么做，不过是对拉比埃努斯背叛自己投靠敌人的一次报复，因此，恺撒没忘记写下这么一句话：

“他们信守诺言，把士兵送来了。”

两天后，也就是2月5日，恺撒率军进入了奥西莫南面40公里外的费尔莫城。恺撒离庞培的地盘越来越近了。

此时，高卢中部冬营地的第十二军团——恺撒在渡卢比孔河之

前招募的两个军团之一——经过长途跋涉已与他会合了，于是恺撒率领着一直跟随他的第十三军团和刚到的第十二军团向阿斯科利皮切诺进发了。有10个大队守卫的阿斯科利皮切诺是庞培领地的中心，也是庞培派的雷托鲁斯——公元前57年的罗马执政官——所驻守的要地。恺撒之所以舍弃沿海平坦的道路，却紧盯着位于内陆的阿斯科利皮切诺，就是因为他不能对这个有10个大队守卫的庞培的老窝置之不理。

接下来的形势出奇地顺利。雷托鲁斯收到恺撒逼近的消息后，赶紧逃走了。他原本想带着驻城的10个大队离开，但大多数士兵不愿意逃离，最后只带走了几十个人。逃跑途中，他遇上了庞培派来支援的维布里乌斯·鲁弗斯。鲁弗斯将雷托鲁斯身边的士兵收编到自己麾下，却任由雷托鲁斯逃走了。

被恺撒逼近的消息吓走的，不只是雷托鲁斯一人，与6个大队士兵一起逃走的，还有庞培派去招兵的官员，也和招募到的士兵一起逃走了。尽管如此，鲁弗斯还是把13个大队重新收编，带着他们前往科菲尼昂。因为接替恺撒成为高卢总督的阿赫诺巴尔布斯计划率领20个大队赶来这里。庞培派终于要在离罗马不到两天路程的瓦莱利亚大道上的小城科菲尼昂，对渡过卢比孔河的恺撒进行真正的还击。

庞培这边有33个大队，规模相当于他手中的3个军团。而正向科菲尼昂逼近的恺撒的兵力也不差，有自横渡卢比孔河时期就跟随他的第十三军团，有从高卢中部赶过来的第十二军团，加上在之前各战役中的降兵以及招募的新兵（具体数量是多少，恐怕连恺撒自己都不清楚）。总之，等恺撒率领着训练有素的2个军团和数量不确定的新兵赶到科菲尼昂时，已经是2月15日了，此时已经进入真正的寒冬

时节。不过，对于冬天曾在北方高卢打过仗的恺撒部将来说，意大利南方的冬天并不怎么可怕，所以，一进入科菲尼昂，恺撒的官兵就开始为构筑工事忙碌起来。

科菲尼昂开城投降

阿赫诺巴尔布斯在城中等待与恺撒军团决战，他的内心忐忑不安。他对自己能否以 33 个大队阻挡住恺撒的进攻没有信心。而此时，接到恺撒命令从高卢北部跋山涉水而来的第八军团，已经进入了意大利境内。一旦他们会合，恺撒手中的兵力就将达到 3 个军团，将近 30 个大队，攻守双方的兵力将旗鼓相当。

忧心忡忡的阿赫诺巴尔布斯急忙请求庞培增派援军，此时庞培正在科菲尼昂南面 120 公里外的卢克利亚。庞培有 2 个从恺撒手中收编的军团，加上新招募的士兵，大约有 30 个大队。原本阿赫诺巴尔布斯认为，自己的 30 个大队，加上庞培的 30 个大队，如果分进合击、左右夹攻恺撒，那就胜券在握了。

但是，庞培在得知恺撒逼近科菲尼昂后，准备将北上支援的行军路线改成南下，开往科菲尼昂南面 60 公里处的坎尼。被蒙在鼓里的阿赫诺巴尔布斯正精神振奋地在城中积极备战。他不仅加固城墙，还对士兵许下诺言，战争胜利后，每个人都可以从他在南意大利的领地分得 15 犹格（约合 3.75 公顷）的土地。

恺撒的军队从 2 月 25 日抵达后，积极进行进攻准备，一天也没有休息过。在这期间出现了一个插曲。科菲尼昂 10 公里外的斯尔摩那的居民想投奔恺撒，可是城中有庞培 7 个大队兵力驻守而不能实

现。恺撒听说这个消息，立刻派了安东尼带 5 个大队前往。斯尔摩那的居民听说恺撒的部队来了，立刻开城欢迎。最后连庞培安排的 7 个守城大队的士兵也加入了欢迎的队伍，他们的两位指挥官成了安东尼的俘虏。这两名俘虏当天就被安东尼带回了恺撒营地，随后被恺撒释放。恺撒毫不费力地占领了斯尔摩那城，还收编了庞培留在城中的 7 个大队。

恺撒军队依然积极准备攻打科菲尼昂，准备工作除了构筑包围网，还有筹集军粮。恺撒自渡过卢比孔河，也就是发动内战以来，一直禁止士兵掠夺等暴力行为，因此军粮的筹集至少也是出资向百姓购买的。

就在准备工作进行时，继第八军团后，由法国南部行省的高卢人组成的“云雀军团”的 22 个大队也到达科菲尼昂。恺撒于是下令构筑一个新的军事阵营，这不仅是解决容纳部队的问题，也有战略指挥上的考虑。这个第二阵营的负责人是库里奥，这里也可以看出，比起安东尼，恺撒更加器重库里奥。

此时，被实力倍增的恺撒吓得胆战心惊的守军得到了更为糟糕的消息。庞培送来的回信说，在科菲尼昂迎敌根本不是自己的计划，而是阿赫诺巴尔布斯擅自做主，因而他拒绝派兵增援，不仅如此，他还命令守军全线撤退，前来与自己的其余部队会合。

此时，恺撒构筑的包围网只差一步就合拢了。在这种情况下，带领 33 个大队近 2 万名士兵撤退已经是不可能的事。而面对强敌恺撒，在无援兵的情况下，阿赫诺巴尔布斯也毫无胜利的把握。阿赫诺巴尔布斯难道要和城中政要们一起带着家眷偷偷溜出城？阿赫诺巴尔布斯跟指挥官们诉说了自己的烦恼。结果流言开始像水波一样在城中迅速扩散，而阿赫诺巴尔布斯暧昧不明的态度似乎更成了流言的佐证。军

队里人心浮动，三五成群地聚集在一起议论纷纷。有人提议，既然司令官阿赫诺巴尔布斯都做好准备要自己逃命了，那么我们只有自己掌握自己的命运了。

于是士兵围困并逮捕了阿赫诺巴尔布斯，并派代表前往恺撒军营，表明他们的决定。他们愿意打开科菲尼昂城门，服从恺撒的命令，交出阿赫诺巴尔布斯。

能够不花代价地达成目的，对任何人来说都是件好事，对于必须赶着南下的恺撒而言更是喜出望外。不过，恺撒还是不能轻信这些深夜来访的守军代表，但他仍装作无比相信的样子，对他们的决定表示赞赏。同时他还说，因为怕深夜率军入城会引起混乱，所以要求这些士兵仍旧驻守城中等待天明。

前往恺撒驻地投诚的，不仅是士兵代表，城中政要也派了使节前来。而这位政要代表正是不久前在兵不血刃的阿斯科利皮切诺战役中逃跑的指挥官——雷托鲁斯。这位雷托鲁斯逃出后，本想赶往庞培所在地，途中在科菲尼昂歇脚，不料又碰上了与恺撒的对决。不过这一次他可真是无处可逃了。雷托鲁斯在恺撒面前做了冗长的辩解，解释自己此行是受科菲尼昂城中政要及其家属委托前来求饶的。他同样也没有得到恺撒的答复，被连夜放回城里了。

第二天，即 2 月 21 日一大早，恺撒首先命人把城中的政要及其家属带到自己的驻地。为了防止士兵对这些人施暴，恺撒不得不命令自己的士兵前去迎接他们。

这些政要包括：元老院元老、雷托鲁斯、鲁弗斯、财务监察官、包括阿赫诺巴尔布斯在内的罗马贵族青年，还有被称为“骑士”的商人和将领。恺撒只简短地跟他们讲了几句话，就将他们全部释放了。而士兵则宣誓愿意留在恺撒麾下，恺撒就把他们编入了军队。所有事

情完成后，当天午时刚过，恺撒再度拔营，挥师南下。

在之前的叙述中也提到过，从战争开始，恺撒总是将庞培方的俘将如数释放。而到科菲尼昂，连他最强大的敌人——被称为恺撒接替者的——驻守科菲尼昂的阿赫诺巴尔布斯，也释放了。这些事情在百姓心中留下了极好的印象。

知道这件事之后，西塞罗在给朋友的信中写了这么一句话：

“这是多么不同，对敌人宽厚的恺撒和抛弃自己人的庞培！”

大概是意犹未尽，西塞罗又给恺撒写了封赞扬信。在行军途中的恺撒收到信后也即刻写了回信。

致西塞罗：

因为您深刻地了解我，所以您说我的行为无论从何种角度来说都无残暴可言。这是令人信服的。尽管我已经对自己的所作所为感到满意，可当收到您的赞许，我还是不胜欣喜。

从我手中重获自由的人，哪怕再次用剑指向我，我也绝不后悔。不管面临何种状况，我始终要求忠实于自己的内心而活，因此我也认为别人也当以此为准则。

庞培放弃本国

尽管没想到科菲尼昂会以这种“献城”的方式被占领，但从拒绝增派援军那一刻起，庞培一直未能明确的策略终于明确下来了。或许他也曾想在科菲尼昂稍稍坚持一下，但接到消息后，庞培、两位执政官和元老院元老就没有停止过逃往布林迪西的脚步。2 月 25 日，也

就是科菲尼昂投降的四天后，他们总算到达了通往希腊的主要港口布林迪西。而预想到庞培计划的恺撒之所以在将科菲尼昂纳入囊中后马上挥师南下，就是希望在本国与庞培一决高下。

恺撒双管齐下，在调动军队的同时，不忘使用外交手段。恺撒军中有位庞培派的降将，在恺撒给予自由选择权时，他选择追随恺撒。于是恺撒令这位将领给庞培送去一份亲笔信，内容如下：

> 到目前为止，我和您都没有进行过面对面的磋商。现在我也正往布林迪西赶去。我认为，不管是为了国家的未来，还是为了你我二人的将来，我们有必要坐下来好好谈一谈。与其远距离依靠使节传达意思，不如见面对话，这样对彼此的意思才能了解得更透彻。

恺撒在用外交手段进行交涉时，军事行动上也丝毫没有迟缓。训练有素的第八军团、第十二军团、第十三军团、“云雀军团”及收编的庞培派降兵，此刻直逼布林迪西的恺撒军实力已达到了 6 个军团，即 60 个大队之众。反观庞培军，从开战起足足有 9 个大队投降了恺撒，现在军中所剩兵力只有 50 个大队了。在庞培派里，无论是谁，脑海中只剩下一件事，那就是赶快逃离意大利。

3 月 4 日，到达布林迪西仅仅一周，庞培和元老院派就已经从逃离首都进而沦落到逃离国土的地步。可是，全军将士多达 3 万人，他们没能找到足够的船只渡海。庞培显然已经没有继续等待的耐心。要想逃离意大利本土就只能将军士分成两批，分别运送出国。首先是两位执政官率领 30 个大队起航，横穿亚得里亚海；而庞培则率领剩下的 20 个大队留在布林迪西，等待第一梯队的船到达希腊西海岸后，

再折返回来接他们。

等待中的庞培给恺撒写了一封回信，信中明确地拒绝了恺撒提出的双方会谈的建议。庞培的理由是："如果我这么做，对那些追随我到今天的人而言是一种背叛，因此绝无可能！"

在庞培的第一梯队渡海5天后，也就是3月9日，恺撒也赶到了布林迪西。恺撒再次派了使节，向在港口附近驻扎的庞培发出首脑会谈的邀请，这一次庞培仍旧拒绝。但这次庞培拒绝的理由是："没有和两位执政官商量，因此无法决定。"

或许庞培是在担心，如果两人商谈，结果是否会像曾经的"卢卡会谈"那样，最终顺应恺撒的意志行事。或许庞培也担心恺撒要求的首脑会谈方式，会打破罗马现行的、一直由元老院主导的少数人的领导体制。抑或庞培是在反省，正如西塞罗、小加图等共和政论者说的那样，10年前的"三头政治"也好，6年前的"卢卡会谈"也好，都只是一时的政治决策，而不是一种能够经常化的方式。不管庞培内心做何考虑，结果总是恺撒反复地发出邀请，而庞培则反复地拒绝。

虽然恺撒一直在使用外交手段和庞培交涉，但事实上，他在到达布林迪西的第一天就下令构筑营地，之后又下令修建封锁港口的工事。不过由于船只几乎都被庞培征用，恺撒所谓的港口封锁实际上也只能是阻止出港，而管不了海上。在有船的情况下，恺撒军只需在海港出入口沉上几艘船，就可以达到封港的目的。但现在只能在港口边埋一些石头、木头、栅栏之类的，还常受到庞培军队的阻挠。就在恺撒的封港行动进行时，运送第一梯队的船回港了。船队一回来，庞培脑海中只剩下"起航"一个念头了。

3月17日，庞培率领剩下的20个大队在日落之后全部登上了船，当天半夜，船只成群结队同时起航。恺撒军利用构筑中的堤防努力阻

挡，但都被大型船只冲破。手中无船的恺撒无法出海追击，他想迅速结束内战的愿望，像梦一样破灭了。

望着船尾渐行渐远的灯火，恺撒意识到，和30年前苏拉与马里乌斯在意大利半岛上的战争不同，这恐怕会是场旷日持久、波及面极广的内战。庞培已经远走，再留下来也没什么意义，两天后，恺撒离开布林迪西，沿着阿庇亚大道朝罗马疾驰。恺撒和庞培，这两位当代头号将领的正面对决就此拉开了帷幕。

大战略

罗马霸权下的“罗马世界”可谓疆域辽阔：东起幼发拉底河，西至直布罗陀海峡，北沿莱茵河直抵北海，南到撒哈拉沙漠。这一版图的中心就是名副其实的地中海。罗马人称之为“地中海”，或“内海”“我们的海”，这些称谓应该是他们当时头脑中地理感觉的真实反映。无论是从布林迪西逃走的庞培，还是想阻止他却未能成功的恺撒，都以这样的地理认知作为其今后的战略依据。在地理认知之外，他们还有一个确立宏大战略不可或缺的因素，正式的说法叫作“同盟者”。不过用更贴近当时罗马人的词语，叫作“clientes”。

在翻译过程中，再也没有哪个词能像“clientes”这样令我头痛。这个源于拉丁语的词在现代英语中的意思是“客户”，广告行业称之为“赞助商”，如果是律师的话，那就是“委托人”。还有一个“consul”也很典型，“consul”源于拉丁语，在现代英语中仅指“领事”，而它的拉丁语同源词，放在古罗马则是指“执政官”。词源虽一致，但现在的意思已经大相径庭了。

不同于“consul”在历史上已经有明确的统一译法，“clientes”这个词更加复杂，我不能按照字典的意思把它简单地直译成“被保护者”，把“patronus”直译成“保护者”。因为根据古罗马的历史，这二者并不是简单的保护与被保护的关系，而是从罗马建国到本书记述的阶段以来的700多年间，代表人际关系和外交关系的重要用语。

罗马人对外征服时并不是风卷残云般地杀戮和掠夺，然后再风卷残云般地离去，他们是把每一个被征服地都纳入自己的世界。一方面，他们和附属国结成同盟，派出总督对其实行直接统治；另一方面，就像一神教民族重视对神的誓言一样，多神教的罗马人特别注重人与人之间的契约。这种生存方式，是文明发展的必然结果。

经布匿战争击败迦太基后的罗马，正是高速发展的时期，既然是高速发展期，那么其政治体制有时会跟不上国力的发展。在这样的大背景下，相比国与国之间的约定，人与人之间的关系更容易操作，所以当国家关系出现问题时也可以用人与人之间的私交来弥补。因此我们也可以用“patronus”和“clientes”来形容人际关系和国家关系。这样的形式和罗马人“一言九鼎”的民族性格，弥补了体制的不足，顺应了高速发展时期的时代要求。

不过，从现代人的平等观念来看，这种关系完全是过去的遗物，可以完全抛弃。但是如果正视现实的话，也就是从当事人的角度看，这种关系自有其道理。

自从庞培肃清地中海一带的海盗，在地中海确立了“Pax Romana”（“罗马统治下的和平”）之后，庞培就成了地中海沿岸各城邦的“patronus”，而地中海沿岸各城邦则成为他的“clientes”。另外，在成功称霸东方之后，东方诸国也成了庞培的“clientes”。

而恺撒则在称霸高卢后，与高卢诸城邦建立了“patronus”和

“clientes”的关系。

对“patronus”来说，最重要的就是尽责保护“clientes”，使他们的权益不被罗马中央政府侵害。这两者间关系中的“保护”就是“保障安全”。庞培也好，恺撒也罢，都像长辈关心孩子一样，关注当地的秩序和经济发展。

那么，“clientes”又有哪些义务呢？

最主要的就是为“patronus”提供其所需的支援。我虽然把两者翻译成“保护者”和“被保护者”，但是在大多数的时候仍然使用原文“patronus”和“clientes”，原因就在此。因为他们两者之间的关系并不是单方面的，而是互相扶助的。在遇到困难时，“patronus”和“clientes”是福祸与共的，因此两者不是风卷残云般地杀戮与被杀戮、掠夺与被掠夺的关系，而是自然形成的支配与被支配的关系。

至于行省向罗马缴纳的行省税，则是另一个范畴的问题。罗马公民都有服兵役的义务，而行省居民不需要服兵役，因此，行省居民要缴纳行省税用来支付服兵役人士的军费开支。从本质上看，行省税其实更接近于“安全保障费”。

随着罗马国力的高速发展，原来的政治体制已经不再适应国家发展的需要。为解决这个问题，罗马共和国时期，“patronus”与“clientes”的关系不再仅仅局限于人与人之间，而是上升到了国家与国家之间。比如，原本以独立国家姿态与罗马结盟的埃及，其王室在庞培帮助下成功复位之后，埃及就成了罗马的“clientes”。

我们再来看庞培和恺撒的对决大战略。

庞培一路逃跑，并不是因为害怕打仗。恺撒渡过卢比孔河以及随后的一系列快速进攻确实是庞培没有预料到的，与其如此匆忙地应战，不如一边撤退一边动员自己的“clientes”筹备战事，等到条件成

熟后再与恺撒正面对决。而恺撒之所以想方设法阻止庞培，也是看出了这一点。毕竟，只要超越意大利半岛，将整个地中海纳入视野，庞培就拥有了压倒性的优势。

军事力量的强弱，不能仅从作战兵力的多少进行判断，还要对兵力的维持能力、补充能力、对战局有决定作用的其他因素等进行综合考虑。

恺撒的“clientes”除了有曾经支持他在高卢 8 年作战的意大利北部行省和法国南部行省，还有高卢。即使以行省税计算，高卢也能够为恺撒提供金额为 4 000 万塞斯特斯（sesterce，古罗马青铜铸币，1 塞斯特斯等于 4 阿斯。——译者注）的经济支持。

而庞培拥有比恺撒更多的“clientes”，他们可以缴纳的行省税金额高达 2 亿塞斯特斯，其中首先包括富裕的小亚细亚、叙利亚，其次是经济力量丝毫不差的希腊，然后是巴勒斯坦以及埃及，还有和地中海东部地区相比可能稍微逊色但在提供兵员方面不容忽视的西班牙行省，庞培是现任西班牙行省总督，所以也算他的地盘。尽管庞培没去西班牙赴任，但是他安排了 3 名大将率领 7 个军团驻守在伊比利亚半岛。另外，历届阿非利加行省的总督都是由庞培派亲信担任的，因此阿非利加行省也可以看成庞培的地盘。

并且，自肃清海盗战役后，地中海沿岸的马赛等港口城市也成了庞培的“clientes”。这些“海上的 clientes”能够为庞培提供出海的船只和港口基地。

尽管付出了放弃本国的代价，但一个更宏大的战略计划已经在庞培脑海中酝酿。那就是用东方行省、西班牙行省、阿非利加行省的力量，从东、西、南三个方向围攻仅拥有意大利和高卢地区的恺撒。庞培在海上也拥有绝对优势，他有能力实现这个战略计划。

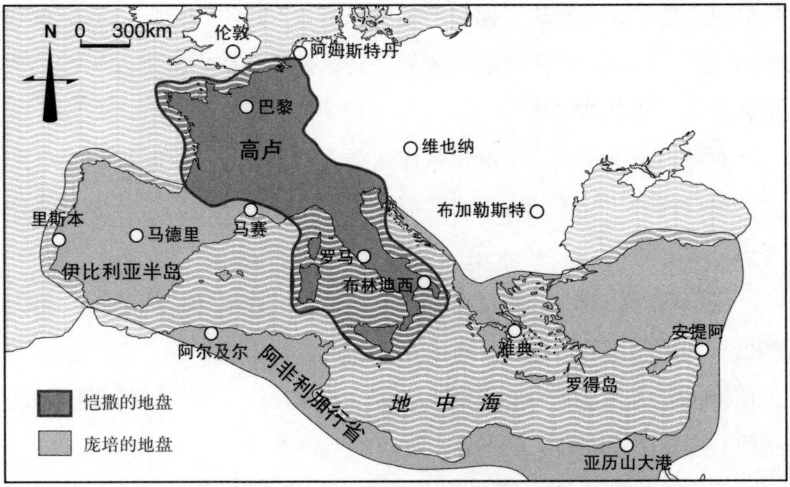

公元前 49 年时恺撒和庞培各自的地盘

但是，政治也好，军事也罢，只要包含人为因素的事，都不可能像数学那样永恒不变。有时候 1 加 1 并不一定等于 2，有可能是 3，有可能是 4，也有可能只有 0.5。相对于庞培的辽阔领土，恺撒手中只有从卢比孔河到墨西拿海峡的罗马本土。表面上看是完全没有胜算的，然而正因为罗马是本土，所以也拥有其特殊的有利因素。这一点，无论是庞培，还是以后刺杀恺撒的布鲁图，或者是打败布鲁图的安东尼，都没有意识到。这种——即使有电脑也无法估量的——重要的无形的优势，只有恺撒和后来的屋大维看到了。仅从这一点看，屋大维是当之无愧的“恺撒继承人”。

现在恺撒只能遥望庞培船队远去的灯火。不过，在向罗马进发前的两天时间里，他在布林迪西为以后的战争完成了可以做到的一切准备。

首先是船。附近能够使用的船只都被庞培征用完了，恺撒只有两个选择：要么从遥远的高卢调集船只到布林迪西，要么建造新的船只。在这样的形势下，还剩唯一一个有利因素，那就是布林迪西的民众都是恺撒的支持者，因此，恺撒命令他们在半年内建造足以运输10个军团的渡海船。恺撒知道，是否拥有船队，是能否打败庞培这个海上霸主、保卫罗马的重要条件。

其次是粮食。需要筹备的不仅仅是军粮，还有普通百姓的口粮。虽然罗马本国的范围，涵盖了从卢比孔河到墨西拿海峡的意大利半岛，但从200年前的第一次布匿战争结束起，罗马本土的粮食就满足不了本国需要了。罗马人的主食小麦大多是依赖西西里岛、撒丁岛以及阿非利加等三个行省提供。这些地方都与罗马隔海（地中海）相望，而此时，整个地中海的制海权都在庞培手里。

从渡过卢比孔河以来，恺撒不费一兵一卒在两个月内就掌握了整个意大利半岛。然而，恺撒知道，是否真正能得到人民的拥护，取决于两个因素：一是安全，二是粮食。

“安全”问题。恺撒公开宣布“我不是苏拉”，并下令严禁虐待留在罗马的庞培派，以及严禁士兵掠夺等暴力行为。只要士兵严格遵守命令，“安全”问题就算解决了。

“粮食”问题。这个问题不尽早解决，就等于给敌人帮忙。因为早在公元前57年，庞培担任“粮食局长”后，便派出自己的亲信前往西西里、撒丁及阿非利加三个行省进行统治。这个决策在当时只是为了确保粮食供应，并非针对恺撒，而现在却成了威胁恺撒的一把利器。

恺撒先派小股部队占领了撒丁岛。而西西里岛上的守将小加图是坚定的反恺撒派，于是恺撒派亲信库里奥前往西西里岛。不过，在这

个以控制产粮区为第一目标的军事行动中，恺撒并没有派出自己的嫡系部队。随库里奥出发的士兵都是两个月来收编的庞培降兵。而战斗力强大的嫡系部队都跟随恺撒去执行更为艰巨的任务了。

在庞培远走后的两天里，恺撒下令进行全方位的备战准备。随后恺撒率领主力军团沿着阿庇亚大道，朝首都罗马进发。公元前49年3月19日，内战的第二阶段拉开了帷幕。

从布林迪西到罗马——其距离大约等于半个意大利的直线距离——恺撒率领部将只用了12天时间。

恺撒3月25日到达贝内文托，26日到达加普亚。马不停蹄赶往罗马的同时，恺撒心中已经对内战有了全盘的计划。综合考虑到所有因素，包括庞培的性格和行事方式，他认为，最好的计划就是——西进。

加普亚是首都罗马南面的两条主干道——拉蒂纳大道和阿庇亚大道——的交会城池。恺撒进入加普亚后，向元老院元老发出召集令，将于4月1日在罗马召开大会。之后，在阿庇亚大道上疾驰的恺撒，途中只休息了一次，就急忙赶往罗马。

西塞罗的对策

古罗马出色的雄辩家西塞罗，同时也是位热心于哲学和政治的人。从个人感情上来说，相比于庞培，西塞罗更加欣赏恺撒，并且还视恺撒是自己文学上难得的知音。但是，作为古罗马最有见地的知识分子，西塞罗和恺撒的政治立场则完全不同。西塞罗认为，元老院主导的少数人领导制——传统的寡头政治——是符合罗马国体的。但虽

然立场不同，西塞罗并不是坚持“元老院政体”的顽固派。作为知识分子，西塞罗认为罗马应当恢复布匿战争前的政体，即由无私的、一心为国的优秀人才领导国家。此时的西塞罗最希望看到的是罗马的两强——庞培和恺撒能够携手合作，共治罗马。

然而，满腹牢骚的元老院派却对恺撒发出了“终极劝告”，意欲置恺撒于死地而后快。走投无路的恺撒拒绝接受“元老院终极劝告”，并率军跨越卢比孔河，结果西塞罗的理想灰飞烟灭。元老院给恺撒发出“终极劝告”时，西塞罗也投了赞成票，因此恺撒渡过卢比孔河后，西塞罗想要言行一致，就只能跟随庞培出走。但是在逃离罗马的途中，西塞罗只跟随庞培走了一小段路——不到阿庇亚大道的十分之一——就与他分道扬镳了。后来从他留下的许多手稿中看得出，西塞罗认为，国家与社会绝不能将庞培当成大树来依靠。他倒不是认为庞培不值得信赖，相反，他认为这个世界上没人比庞培更诚实，连他本人也非常尊敬同龄的庞培。那么庞培的问题在哪里呢？西塞罗认为，是“力量”。自东方战争胜利后，西塞罗反而对庞培的力量越来越没有信心。

尽管西塞罗意识到了庞培的问题所在，但是从政治立场上看，他也没法接纳恺撒。为此苦恼不已的西塞罗站在中立的立场上，躲进了福尔米亚的别墅。不过，有关恺撒和庞培的消息他一点也没漏掉。与其说住在临海别墅里的西塞罗在等待朋友传来外界信息，倒不如说是他主动频繁地写信，向朋友询问外界的消息。以西塞罗的性格，他也不可能真的隐居起来不问世事。就在这个时候，西塞罗收到了恺撒的来信。

致西塞罗：

我与我们共同的朋友弗尔尼乌斯（恺撒的秘书）见面的时

间很少，因此，我虽然很想了解您的近况，却总没有时间向他打听。

总是收到您的来信，我目前虽亲率大军在急行的途中，但总想着能有时间给您回信。在此，我想拜托您一件事：我现在正快马加鞭赶回罗马，也很期盼能在罗马与您相见。我迫切地盼望着能得到您的指点，借助您的权威，在各方面得到您的帮助。匆匆数语，请见谅。容见面后再详叙。信中未尽之意，已请弗尔尼乌斯代为转达。

接到信后，西塞罗大吃一惊。在庞培逃往希腊后，恺撒已经是意大利的武力主宰者了。而自己虽偏居鄙乡，却也听说了他将于4月1日在罗马召开元老院大会。那么恺撒在信中说“期盼罗马相见”，不就是“请务必出席元老院会议”的意思吗？如果前去罗马，庞培肯定会认为自己已经投靠了恺撒；如果不去，又得罪了掌握着意大利军事大权的恺撒。西塞罗可谓是进退两难。慌乱中的西塞罗只好写信向恺撒的好友马提乌斯请教解决办法。当然，西塞罗也马上给自己无话不谈的好友阿提库斯写了封信，不管怎么说，这件事可谓十万火急。恺撒信中提到了“未尽之意”，这封“未尽”的信显然是恺撒将要拜访西塞罗的预先知会，表明他将就信中未能言尽的内容与西塞罗进行面对面的详谈。

致阿提库斯：

今天，3月27日，我一边给您写信，一边在等托尔帕提乌斯（西塞罗年轻的老乡，之前因西塞罗推荐成为恺撒的秘书），我打算听听他的建议，再综合马提乌斯的回信，想想怎么对付恺撒的

要求。现在我真是度日如年啊！恺撒肯定是不惜动用武力也要逼我去罗马。4月1日在罗马召开元老院大会的公告已经发到福尔米亚了。我该怎么办才好，拒绝吗？拒绝的话，后果又将如何？无论什么状况，我都会再跟您逐一叙述详情的。早知如此，还不如离开这里回阿尔比尼姆去。太多烦心的事，我已经受不了了。

西塞罗的别墅所在地福尔米亚，面朝大海，背靠阿庇亚大道，是个稀缺的别墅宝地，在这里进行别墅房产投资，有很高的经济价值。但是现在，西塞罗被这个极具经济价值的投资给害苦了。阿尔比尼姆是西塞罗的出生地，位于拉蒂纳大道往内陆腹地的一处山脉中。现在，无论眼前的海景多么美丽，西塞罗也已无心欣赏了。

恺撒拜访西塞罗的预感三天后成了现实。两人见面时，一路急行军的恺撒大概没来得及换掉军装，而西塞罗应该也穿着象征元老院元老身份的红色镶边托加长袍。因为这一次的会面不是文学上的切磋，所以两人在穿着和谈话内容上都不敢随意。56岁的西塞罗和50岁的恺撒，素来亲厚，而这次交谈的内容，我们可以从随后西塞罗写给阿提库斯的信中分析出来。西塞罗担心的武力威胁丝毫没有出现在这次会面中。

致阿提库斯：

充分听取您的忠告后，我和恺撒进行了会谈。我不去罗马的决心丝毫没有动摇。但是您还记得吗？在恺撒上位之初，我们曾经认为，在驯服庞培之后，也能轻易地驯服恺撒。事到如今，我不得不承认，当初这个预测是错误的。

他跟我这么说："您应该知道，如果您不去罗马，不仅意味

着不同意我的行为，还会对元老院其他元老产生重要的影响。”

我辩解道：“我有我不去的理由，其他的同僚如果不同意，也自有他们的理由。”

在这一点上，我和他争论一番之后，他最后说：

“那么，以和平之名，重邀您到罗马任职，如何？”

“那么，我可以按照自己的意志做事吗？”

“难道恺撒还需要担任西塞罗的讲话老师？”

“既然这样，恕我直言。元老院不会同意恺撒派兵攻打身在西班牙的庞培三将领，元老院同样也不会同意恺撒向庞培逃往的希腊进攻。至于我个人，则对庞培将来的命运深感悲哀。”

“哦，不，我可不想听您这么说。”

“我猜也是，所以我才不会去罗马。以我的立场，我一定会这么说，而且会说出让您无法沉默的内容。那会形成什么样的局面？所以，我还是不去的好。”

恺撒站起来对我说：“请您再好好考虑考虑。”

他言及于此，阿提库斯，我真的无法拒绝。他对我的态度肯定是不满意的，之后他就出发了。但是我已经给自己打了高分，这种满意的感觉，很久都没有感受到了……

而恺撒的那些年轻的追随者却令我无比地感慨。这些豪门望族出身的年轻人，心甘情愿地跟随恺撒，把手中长矛指向庞培阵营里的父母亲人。恺撒的威望已经根植于他们每个人的心中，根植于军队的每个角落，但是对向来决策大胆的恺撒，我并不觉得会有好结果在等着他。或者真的像您说的那样，我该引退了吧。对我这样的人来说，这是个越来越超出想象的时代。

读完这封信的前半部分，你会觉得西塞罗真不愧是罗马的第一雄辩家，即使面对恺撒也不遑多让，而且考虑得更为周详。就连西塞罗自己也对此甚为得意，认为自己赢了。他多次在信中写道："我不去罗马的决心丝毫没有动摇。""我对自己的表现感到很满意。"

我们通过这件事可以看出，恺撒始终是言行一致的。这个时期的西塞罗在支持元老院主导的共和政体这点上，也算是言行一致的。但如果西塞罗坚决忠实于自己的主张，而且想避免兵刃相见的话，那么他就应该出现在罗马元老院会议上，堂堂正正地论述反对恺撒的理由。因为对恺撒来说，最坏的情形就是遭到罗马舆论权威西塞罗的公开反对。

虽然仅用两个月的时间就兵不血刃地控制了意大利半岛，但始终直面现实的恺撒清醒地知道，他与庞培的正式对决才刚刚开始。他也知道，与庞培政治信念相似的西塞罗不可能立刻改变主意。恺撒拜访西塞罗时，虽然口口声声希望西塞罗去罗马出席会议，但实际上他根本就不希望西塞罗参加元老院会议。

事实上，恺撒根本就是虚晃一枪，而罗马最优秀的雄辩家西塞罗并没有意识到自己上了当。对恺撒来说，如果西塞罗能够在元老院替自己说话，那当然是最好不过的。但是如果西塞罗仍然为庞培说话，那么对恺撒而言就是最糟糕的，所以，干脆让西塞罗保持中立，也就是到另一个远离主大道的地方待着，闭口不言，这样反而对自己有利。

表面上看，西塞罗始终掌握了会谈的主动权，直把恺撒说得哑口无言，失望而归，实际上却完全相反。既达到了自己的目的又让西塞罗得到了心理满足的恺撒，无论是心理战上还是演技上都更胜一筹。

首都罗马

按照公告的原定计划，公元前49年4月1日，元老院大会正式召开。为了让手握兵权、身任高卢总督的前执政官恺撒能参加会议，此次的元老院会议改在城外神庙的回廊一侧召开。根据古罗马法律，手握重兵的前执政官是不能进入罗马市内的。虽然已经宣布了阿赫诺巴尔布斯为高卢总督，但并未举行交接仪式，因而此时的恺撒依然是高卢的总督。顺带解释一下，那时的元老院并没有固定的会议场地，只要是祭司进行过祝圣仪式的地方都可以开会。

恺撒并不想步苏拉恐怖政治的后尘，因此，他既遵守法纪不入城，又把军队置于罗马城外，几乎是“赤手空拳”地进入会场。而他这么做，得到的结果显然和苏拉不同。

自去高卢任职后，9年没回过首都的恺撒，在元老院元老面前先进行了一番自我辩解。他首先解释了自己不得不渡过卢比孔河的理由，接着阐明自己在渡河后为与庞培进行会谈所进行的努力。最后他申辩，自己的行为并不是为了追求个人特权，而是作为一个为国尽忠的罗马公民，拿回自己应得的权益。辩解后，他提出要求，即参与罗马共和国的国政。不过，他是这么说的：“如果你们拒绝这个要求，我也不会推卸这个重任的，那么国家就由我一个人来治理。”

恺撒说完之后就要求元老进行当场表决，并以寻求和平的名义派使节向庞培通报表决结果。对于恺撒参与国政的表决，元老院全票通过，但接下来，在派出使节的问题上元老出现了很大分歧。在鹿死谁手尚未可知的当下，成为使节也就意味着要被庞培派当成敌人。没有跟随庞培一起撤离的元老，也并不是就愿意支持恺撒。这些元老既不愿被当成恺撒派，更不愿意跟随庞培逃离首都。其实这些人值得同

情，当今世界仍旧有很多这样的人。元老的精神支柱西塞罗没有出席会议，最终这次元老院会议成了一场马拉松式的、议而不决的会议，恺撒为此付出了三天时间。

会议期间，海上传来战报。撒丁岛的庞培派总督望风而逃，撒丁岛兵不血刃就被恺撒占领了；接着，西西里岛又传来了守将小加图未待开战就逃往希腊的消息。这样，恺撒手中就控制了撒丁岛和西西里岛这两大小麦产区，不用再担心本国的粮食问题了。现在粮食输入地只剩下阿非利加行省了。恺撒命令成功拿下西西里岛的库里奥，整顿军队后即刻率军前往北非。

现在只剩下安全问题了。前面说过，由于两位执政官和庞培都逃走了，罗马乃至整个意大利半岛的安全和秩序的维持都面临着很大的问题。像粮食问题上有库里奥这个帮手一样，在安全问题上，恺撒也找到了得力助手，那就是为效忠恺撒不惜与父为敌的元老世子们。得不到元老院帮助的恺撒，开始实行他“一人治国”的策略。

不过，恺撒还是启用了一个人来担任国家大法务官这一国内最重要的职务。这个负责管理国家内政的年轻人就是雷必达。这个雷必达就是公元前 78 年的执政官雷必达之子，一直以来都是恺撒的忠实支持者。雷必达的父亲曾在苏拉死后拉起平民派起义的大旗，但最后失败了。而雷必达自己则是后来与屋大维、安东尼齐名的“后三头”政治家之一。

恺撒没有在国内设置军队，因为他认为依靠军事威慑对罗马公民进行统治是行不通的。他给雷必达的任务就是既不依靠军事力量，又能维持好国内的秩序。

负责对外防御的是护民官安东尼，此人也是“后三头”中的一位。和安东尼负责本土防御相对应，恺撒任命了两人负责夺取亚得里

亚海的制海权，一个是安东尼的弟弟，另一个则是名门之后，西塞罗的女婿多拉贝拉。连女婿都愿意为恺撒效力，这也是上文中西塞罗无限感慨的原因之一。

恺撒给二人少量的船队和20个大队。他们的任务是夺取亚得里亚海的制海权，同时确保恺撒前往希腊时的海上安全，以及阻止庞培从海上夺回意大利半岛。

虽然恺撒运筹帷幄、力求面面俱到，但难免会有不如意之处。庞培虽然放弃了意大利本土，但凭借地中海“clientes”给予的海军支援，在本土之外的地方拥有绝对的优势。另一方面，代表现行体制的庞培，身边聚集的是一批和领导层同龄的保守派，这些经验丰富、正当壮年的将领构成了庞培军队的中坚力量。而以改革派自居的恺撒，麾下将领几乎都是属于领导层预备队的年轻人。安东尼、库里奥、多拉贝拉都是30多岁的军官，跟庞培军相比，虽在体力和精力上有优势，但毕竟临阵经验不足。于是恺撒不得不事事亲临，这也正是他对高卢战争中的左膀右臂拉比埃努斯投靠庞培感到痛心不已的原因。

但是，世上的事总是福祸相依的。虽然恺撒在战事上不得不事必躬亲，但这也有一个好处，那就是他和他的士兵总是一起共同接受战争的考验。而庞培和他周围的将领纵然经验丰富，但是除拉比埃努斯外，都有15年没有亲临战场了。

有时候，当一个人不能完全信赖他人，却又不得不依靠他人，此时唯有孤注一掷。在没能阻止庞培出海后，恺撒面临的大概就是这种情况吧，既已行动，唯有全力以赴。当时，意大利从气候上看已进入4月，但实际上才刚刚3月。原本要再过半年才到适合打仗的季节，但恺撒已经迫不及待要进行“西进”了。他命令驻守在阿尔卑斯山北

部高卢地区的6个军团南下，朝西班牙进发。

在全面展开军事行动后，又有一个问题困扰着恺撒，那就是资金问题。财务官巴尔布斯向恺撒报告说，金库已经空了。不过同时他又告诉恺撒，萨托鲁努斯神殿下的罗马国库还完好无损。恺撒本以为罗马金库早就被两位逃跑的执政官搬空了，现在听到这个消息，不禁喜出望外。

接下来发生的事恺撒在《内战记》中并没有记载，我们从普鲁塔克的《希腊罗马名人传》中找到一些内容。该书中虽有丰富的史料，但是对这件逸事记述得真实与否，到现在也没弄清。因为事件发生地萨托鲁努斯神殿位于罗马市内，而有着前执政官身份的恺撒，按照法令是不能进入罗马市内的。他进入罗马市内的条件只能是卸任高卢总督并担任独裁官，然而根据历史记载，恺撒到年底才出任独裁官。但是从历史学家的观点来看，虽然当时存在客观条件限制，但是依据恺撒的性格，这件事又确实可能发生，因此有必要对之进行介绍。这件事是这样的：

恺撒进入罗马集会广场后在市民的注视下走向神殿，在神殿前遭到了护民官梅特鲁斯的阻挡，护民官抗议说，除了执政官外，任何人不得动用国库，这是罗马国法的规定。对此，恺撒回答道：

> 依靠武力的时代不同于依靠法律的时代。如果你对我的行为感到不满，那你也要闭上嘴。在战争年代，不是对什么都有言论自由的。等到我和庞培都放下武器和解时，对我的所作所为你无论说什么都可以。

而此时，有部下跟恺撒汇报说，神殿中找不到打开国库的钥匙。

可能庞培逃走时，谁把钥匙带走了。于是恺撒叫来铁匠，准备强行开库。护民官梅特鲁斯再度抗议，周围有不少百姓也加入了抗议的队伍。

恺撒第一次表现得怒不可遏，他厉声对护民官说，如果不停止抗议，杀无赦。之后他又压低了声音说："年轻人，你应该知道，对我来说，要你的命比说话还简单。"一句话已足够，年轻的护民官吓得面色苍白，噤声不语。

这次掠夺，恺撒总共获得了 1.5 万根金条、3 万根银条和大约 29 吨价值 3 000 万塞斯特斯的铜币，立刻就解决了军费问题。

因为那个时代还没有纸币，所以不仅是苏拉、恺撒，古代人都很热衷于获得金银。发军饷，筹军粮，修道路，乃至中央和地方公务员的薪水，都是用金、银打造的硬币支付。

3 月 17 日深夜，庞培从布林迪西出海。

3 月 31 日傍晚，恺撒抵达罗马。

4 月 7 日早上，恺撒从罗马出发。

在率军前往西班牙前，在恺撒的影响下，元老院通过了一项法案，即对卢比孔河以北的意大利北部行省，也就是罗马人口中的高卢人（指阿尔卑斯山南部的高卢人），赋予他们罗马公民权的法案。由于这个法案是由大法务官罗西乌斯提呈的，所以后来也称其为《罗西乌斯法》。实际上，这是恺撒报答那些在高卢战争中全心全意支持过他的意大利北部行省人民的一项法案，也是恺撒笼络民心的一个手段。通过这项法案，除西西里和撒丁两岛外，罗马本国的版图和现代的意大利领土几乎重合，卢比孔河也不再是中意大利、北意大利的界河了。

西进

要想从意大利本土奔袭庞培属下三员大将镇守的西班牙，只能走陆路。前面说过，地中海的制海权掌握在庞培手中，而恺撒手中连足够的船只都没有。地中海大战堪称整个内战的第二阶段。恺撒出动了一路跟随自己渡过卢比孔河、称霸意大利本土的 3 个精锐军团，另外命令在高卢中北部过冬的 6 个军团全部出动。他拿出高卢战争中的全部家当，试图一举肃清庞培的势力。而在西班牙严阵以待的，是分属三位庞培方大将的 7 个军团及当地武装共 9 万人。

然而，意想不到的事情发生了。恺撒自 4 月 7 日离开罗马以来，沿着奥雷利亚大道一路北上，经过热那亚，到达了法国南部行省后，向西进发。军队一路高歌，到达马赛时已经是 4 月 19 日了。迦太基灭亡后，马赛成了地中海西部的第一大港口，在这里，恺撒遇到了行军以来的第一个障碍——马赛人紧闭城门，他被拒之门外。

古代称之为马西利亚的马赛港，是个起源于希腊殖民的海港城市，拥有比罗马更悠久的历史。希腊民族可不是仅有叙事诗、哲学和悲喜剧，他们在商业和海运上也相当卓越。希腊人统治下的马赛，虽在文化上没有太高的成就，却也是个繁荣的商业都市。作为商人，马赛人对时代的变化自然很敏感。早在罗马与迦太基竞争的时代，马赛就投靠罗马。罗马击败迦太基，成为西地中海霸主后，虽然把马赛置于自己的军事管辖范围内，但仍允许其以独立国家的形态存在。此外，法国南部行省也承认马赛的独立地位。由于庞培曾肃清海盗，实现地中海的“罗马统治下的和平”，以贸易立国的马赛也受益匪浅，因此马赛也是庞培“clientes”网的组成部分。

不过偏向庞培并不是马赛拒绝为恺撒开城的唯一原因，更重要的

还是因为马赛人是商人，不会轻易为感情所动。他们之所以在恺撒面前紧闭城门，是期待恺撒失败。早在高卢战争结束、统治高卢中北部后，恺撒就一直积极发展当地经济。而因此获得最大利益的，是那些住在意大利的有希腊血统的罗马公民。这些人既继承了希腊人的经济才能，又享有罗马公民特权，成了马赛人最大的商业竞争对手。马赛人认为是恺撒打破了他们一直以来在高卢中北部的垄断地位，因而对恺撒没有好感。在马赛人看来，庞培和恺撒之间的战争，是帮助他们扫清海盗的英雄和夺取他们商业收益的人之间的战争，所以，给恺撒来个闭门羹简直是理所当然的，并且马赛人也毫不怀疑庞培对自己的支持。因为当“clientes”遇到危机时，“patronus”有责任和义务提供帮助。马赛人心中仍然保留着庞培当年扫荡海盗时果敢勇猛的雄姿。

可是在恺撒看来，这是未曾预料到的情形。不过他也不能放弃有如此重要战略意义的城池。恺撒的“西进”计划，不仅要打击庞培在西班牙的势力，还要在讨伐庞培所在的希腊之前拿下西地中海，以解决后顾之忧。而从马赛出发，尽管行程遥远，但只要横跨海湾就能直达西班牙，如此重要的城池恺撒志在必得。

马赛地处海港，恺撒考虑用海陆夹击的办法发动进攻。不过处于半岛顶端的马赛，本就占了易守难攻的地理优势，加上丰厚的经济实力，不管是海上还是陆路都是一座坚固的要塞。按照常理，应当以持久战的战略攻城，不过恺撒已经等不及了。

马赛战役

以罗马军队的技术构筑陆地封锁线需要两周时间。这期间，恺

撒在马赛附近的阿尔勒城建造了用于海上封锁的 12 艘船。5 月 4 日，恺撒军的陆地攻坚准备就绪之后，马赛战役拉开了帷幕。

对战争早有预见的马赛人已经提前储备好了武器和粮草，又从外部补足了精兵强将。与恺撒预计的快速战相反，战争逐渐向持久战方向发展。庞培也履行了他作为“patronus”的义务，派阿赫诺巴尔布斯前来出任防卫总指挥。这位总指挥与恺撒有过交战经验，曾经在科菲尼昂战役中被恺撒擒获后又被释放。此次随他前来的还有 16 艘战船的援军。

庞培本人虽未在前线出现，不过在他的脑海中早已谋划好了整个地中海地区的战略规划。

马赛战役相持了大约一个月，恺撒认识到再这么耗下去，自己将无力前往西班牙与庞培军队进行大决战了。法比乌斯麾下的 3 个从高卢赶往西班牙的军团如果继续滞留敌阵的话也很危险。

于是，恺撒命令由托雷波尼乌斯带领 3 个军团留下来，负责继续从陆上进攻。海上的攻坚由军团长德奇姆斯·布鲁图担任，此人在高卢战争中战胜大西洋沿岸的维奈特人以后，俨然已成为一名海战专家。

恺撒自己率领从意大利开始便跟随他的 3 个军团和 900 名骑兵，从马赛城向西挺进，途经纳博讷，翻越比利牛斯山，到达巴塞罗那以西 130 公里处的莱里达时，已经是 6 月 22 日了。在这里，恺撒和法比乌斯的 3 个军团成功会合。

庞培派来驻守莱里达的将领，也是曾在科菲尼昂战役中被恺撒先擒后纵的鲁弗斯。鲁弗斯将庞培原来分散为两股的 5 个军团合而为一，形成了与法比乌斯 3 个军团相对峙的局面。正在此时，恺撒到了。若无马赛城的顽强阻挠，恺撒本打算用 9 个军团速战速决的。此

时他麾下仅有6个军团，从军团数量上看，仅比敌方多出一个军团。但是敌方的一个军团定额是6 000人，与此相对，恺撒的一个军团自8年前的高卢战争后，最多也就4 500人。此外，敌方还有由西班牙原住民组成的80个大队，共4.8万人。内战第二阶段中最重要的西班牙战争，双方兵力情况如下：

——庞培方——

5个军团3万名重装步兵加上4.8万名当地兵，共计7.8万名步兵，另外还有5 000名骑兵，由亚弗拉尼乌斯和佩托雷乌斯两将代替总司令庞培行使指挥权。此外，另有瓦罗将军率领2个军团在西班牙南部待命。

——恺撒方——

6个军团共计2.7万名重装步兵，3 000名骑兵。没有当地兵，因为当地兵的家乡西班牙全境都归敌方庞培所有。

恺撒在此役中喊出了“攻打无将之师”这样的豪言壮语，但是豪言壮语无济于事。这里再次引用我在《罗马人的故事04·恺撒时代（上）》中曾引用过的《内战记》中的一段话：

> 恺撒把借自大队长、百夫长的钱，作为奖金发给了全体士兵，这为他带来了一举两得的效果：指挥官们为了要回自己的钱而努力工作，士兵们为总司令的慷慨而感激不尽，他们全身心投入战斗，勇敢无比。

然而恺撒的金库里是否真的空空如也，这一点很值得怀疑。他从罗马国库中强行取走的大部分财物，又怎么可能在半年内就消散于无形呢？除此之外，这里再援引一下《内战记》中的叙述：小麦价格上

涨了 50 倍的时候，恺撒虽然也唉声叹气，却仍然有财力购买。他不是谎称没钱，还从将领那里借钱度日了吗？之所以如此行事，无非是为了达到上段引文中所说的“一举两得”的目的。

意大利的教育制度规定，在进入大学接受专门教育前，五年的普通高中文科必须学习一些教养课程，这是效仿吕凯昂（Lykeion）学园的普通高中设置的——该学园是亚里士多德创设的。这些课程中的两大重要科目就是希腊语和拉丁语。恺撒的文风简洁易读，堪称拉丁语散文中的典范，因此是教科书中不可或缺的内容。一般而言，老师会在二年级时要求学生进行翻译。然而，其文章字句固然简单易懂，但是对 15 岁左右的孩子来说，要透彻理解文章背后的内涵恐怕不容易。《高卢战记》还算简单，若以《内战记》为例，学生就不是仅看恺撒的文章就能理解的。无论如何，像恺撒这样的一代枭雄，纵使不会写下谎言，也不会将事实完完全全地和盘托出。

总之，我们看到，当恺撒面对着眼前三倍于己的敌军时，他就一边说着“攻打无将之师”这样的豪言壮语，一边却又在做着借钱发奖金这样的事。

此时的恺撒就连骑兵的战斗力也处于以 3 000 对敌方 5 000 的绝对劣势。不过他对此倒不担心。这 3 000 名骑兵中一部分是恺撒亲自从高卢骑兵中挑选出来的，经历了高卢战争最高潮的阿雷佐攻坚战，另一部分是随恺撒浴血奋战的日耳曼骑兵。高卢人和日耳曼人虽然民族特性各异，但是同样忘记了自己是被征服者。他们跟随恺撒出生入死，比起由罗马人组成的军团，他们的忠诚和勇敢有过之而无不及。当然，恺撒也没有忘记他们的忠诚，内战结束后，不单是高卢骑兵，连日耳曼骑兵一起，恺撒都赐予了罗马公民权，还给予了他们可以加以统治的封地。

比恺撒先进入西班牙一个月的法比乌斯拥有 3 个军团和 2 100 名骑兵，共计约 1.5 万人。在面临 9 万名近在咫尺的敌军时，他们做的事只能是“等待恺撒”。此外，他们利用“等待恺撒”的这段时间，一面加固营地，一面顺便在阵前的塞格雷河上架起两座长达 6 公里的渡桥。

西班牙战争

发源于比利牛斯山脉的塞格雷河注入埃布罗河，注入点以北 40 公里处是隶属于西班牙加泰罗尼亚地区的莱里达。该城地势既高且峻，塞格雷河从其东侧湍急流过，河上架有罗马式的坚固石桥，这座桥将其与罗马的军事基地塔拉戈纳联通，也使其与马赛及法国南部诸行省相连。庞培选择在比利牛斯山脉附近，也就是西班牙入口处，对志在夺取西班牙的恺撒进行迎头抗击，自有其道理。此外，庞培还将原本分为三股的军事力量整合为两股，制定好击溃恺撒的战略，早早地严阵以待。

负责指挥作战的两位将领都是正当壮年的战争老手。亚弗拉尼乌斯是公元前 60 年便有执政官经历的人，6 年之前便代表庞培成为西班牙行省的总督。他比庞培还要年长一两岁。担任副将的佩托雷乌斯的年龄也差不多，他不属于元老院阶级，而是出身于行伍。

除了在西班牙北部会师的这两位将军外，在西班牙南部还有瓦罗率领的 2 个军团。此人时年 67 岁，比起武将的声威，更闻名的是他的文采。在庞培方的上层将领里，壮年和老年者占了大部分，瓦罗就是一例。

在莱里达准备迎击恺撒的亚弗拉尼乌斯和佩托雷乌斯两位将军，

统率将近 9 万人的武装。他们并没有在城中空自等待，而是在莱里达城南 1 公里处的高地上修筑工事。与此相应，同样静候恺撒的法比乌斯则在莱里达城北修筑营地。为了应对城郊敌人筑的渡桥，恺撒还在塞格雷河的上游建造了两座木桥。

但是，那年冬天的雪特别大，春天又阴雨连绵。塞格雷河的水流量只下了一天雨便大涨。两座木桥已经有一座被冲走了，另外一座通过士兵的拼命抢修，只能算是勉强能用。此时，恺撒率领着 3 个军团浩浩荡荡而来，时间是公元前 49 年的 6 月 22 日。

在马赛浪费了一个月时间的恺撒已经没有充分的时间休整军队。他一边命令建桥以保证从高卢运送军粮补给的道路，一边率领除修桥和守卫营地的 6 个大队之外的所有人，早早地着手军事行动。恺撒知道庞培军队的军粮补给完全依靠莱里达城，于是率军绕过莱里达城前，在城南 1 公里处的高地上的敌方阵地出现，试图挑起战斗。

但是，早已布阵于有利地形的亚弗拉尼乌斯并没有理会。恺撒虽极尽挑衅之能事，但其实他也压根儿不打算进行于己方不利的以低打高的进攻。恺撒的本意是在难以轻易攻陷莱里达城的情况下，首先将其和亚弗拉尼乌斯阵地间的联系切断。

恺撒麾下的军团士兵和高卢战争时如出一辙，迅速地又变成了工兵。为了切断敌方的补给线，他们开始挖掘深达 4.5 米的壕沟工事。

这个任务在第二天便已完成。不料塞格雷河又开始涨水，裹挟着泥沙的急流把恺撒这边架的两座桥也给冲垮了。泥沙浊流并没有冲毁敌方莱里达近郊的石桥，这使他们在军队补给方面占据了明显的优势。实际上，恺撒方的从高卢运送补给的运输车队在渡过石桥时遭到敌兵的迎头痛击，甚至根本无法靠近石桥。尽管恺撒的军队仍然在敌人阵前努力坚持着，但是他们意识到，照这样下去所有人迟早都要陷

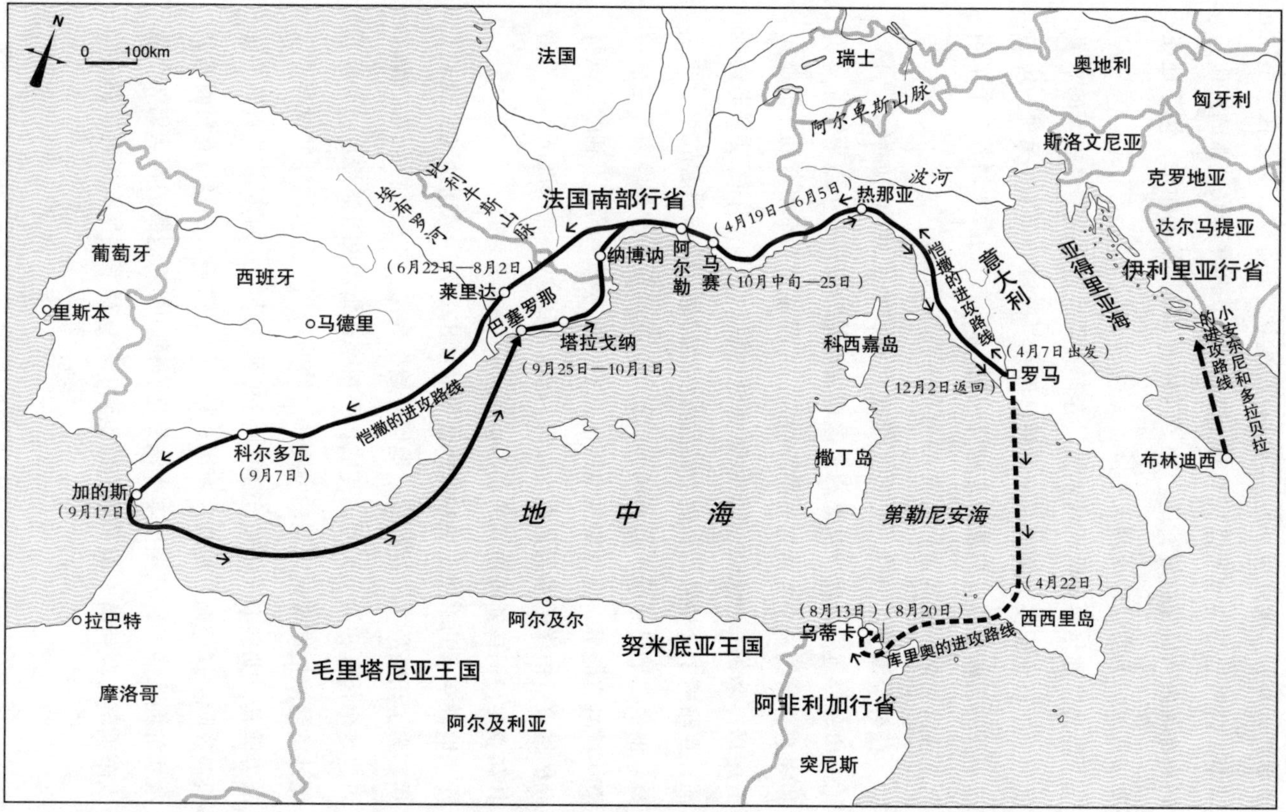

公元前 49 年恺撒的“西进”路线

入饿死的绝境。

若不尽早解决这个问题，比起肠胃空空来，士气的衰竭将成为更可怕的灾难。面对浊流湍急的塞格雷河，骑兵勉强还可以通过，步兵则完全没有办法。而在这期间，大雨一刻不停地下着。

在获悉了恺撒军队困境的敌营里，爆发出阵阵欢呼声。亚弗拉尼乌斯和佩托雷乌斯两位将领向首都罗马和身在希腊的庞培各发了一封急报，内容为 ：“恺撒已走投无路，我们已经胜利在望。”

在希腊的庞培派大概是一片欢腾 ；在首都罗马，许多一直伪装中立的元老院元老一听到这个消息就表态了，西塞罗便是其中之一。

听到该消息的第一时间，西塞罗就决定动身前往庞培身边。他意识到在恺撒士兵的监视下从布林迪西出海是不可能的，于是不得不走一条行程多 6 倍的道路。他从福尔米亚的别墅出发，首先通过陆路到达库马，然后再南下，从那里坐船通过墨西拿海峡进入爱奥尼亚海，再从那里北上到希腊的西海岸上岸。这对优柔寡断的西塞罗来说，可是人生第一次的重大决断。但是在西塞罗的脚即将踏上希腊土地之前，事情发生了大逆转。

自渡过卢比孔河以来的最大困难，此时正摆在恺撒的面前。他现在的状态之差，连自己的 51 岁大寿都无心庆祝。越是到这种时刻，士兵越发注意最高司令官的神色。恺撒麾下的 6 个军团都是经过高卢战争血火考验的精锐。而在高卢战争中，恺撒都能在他们眼前一而再、再而三地摆脱困境，反败为胜。

但是，恺撒今天走进的是死胡同，绝非仅靠一次计谋就能够全身而退。

首先，恺撒军队被困于 45 公里之外的塞格雷河两条支流形成的三角洲上。这两条支流都因浊流湍急而无法泅渡。当然，从高卢运送

来的补给车队也被困在对岸，一筹莫展。恺撒想就地筹粮，可是粮食也一点不剩地全部被亚弗拉尼乌斯征用了。

既然没有小麦果腹，弄点肉来维持也不失为一个选择。然而预感到战祸的居民早已带着家畜逃进山林。此外，天气实在太恶劣了，暴风雨持续不断，完全不见好转。在食物储备丰富而充足的庞培军中，将军和士兵都在悠然地准备打持久战和消耗战了。反观恺撒阵营，从将军恺撒到普通士兵，都平均分配仅有的粮食，同时无望地等待着天气转晴。

当然，恺撒不可能只是袖手等待天气好转。即使水流再如何湍急，他的军队也毫不停歇地在尝试着架设桥梁。就这样，他借鉴自己在布列塔尼之战中的经验，在上游 30 公里处用小船连缀架起了一座浮桥。这座桥虽然无法渡运骑兵，身负重荷的 6 个军团的重装步兵也无法全部通过，但是足以帮他摆脱现在这种完全孤立的状态，和法国南部再度取得联系。此后的 6 月 18 日，从法国南部传来了消息，阿赫诺巴尔布斯率领的庞培与马赛的联合船队，与德奇姆斯·布鲁图率领的恺撒船队展开了一场海战，恺撒方大获全胜。恺撒的阵营里为此欢声雷动，长久不息。

尽管数量较少，但粮食供应已经开始恢复，加上友军大获全胜的消息，士兵士气开始高涨。恺撒感到反击的时机成熟了。但是仅靠军事实力还无法左右战局，决定胜负更为关键的因素是将领的想象力。

逆转

虽然实际上已是 7 月的天气，但按照日历来算还在 6 月上旬。即

使如此，夏季还是到了。按往年规律推算，雪山融水和地中海雨季形成的河流汛期，自冬而夏至此打住，地中海地区将进入干旱季节。河流水位大幅降低的地中海之夏已经来临。但是今年一反常态，阴雨连绵，河中水量不减反增。虽说恺撒面对的只是一条支流，但是河中的急流裹挟着泥沙，连涉足入水都令人胆战心惊。

眺望着连日裹挟着浊流的大河，恺撒一筹莫展。他转念一想，与其旷日持久地架桥与自然条件艰苦抗争，不如顺应和利用大自然的威力。于是，在最高司令官振臂一呼之下，士气高涨的士兵开始修建新的土木工事。

那就是——挖掘运河。他们挖出来的运河多达数条，每条都宽达9米左右。将恺撒阵营深陷其中的塞格雷河的一条支流叫作辛卡河，改变它的流向是第一目标。第二目标是要让辛卡河的河水变得浅缓，好让步兵容易渡河，骑兵的行动也将不受阻碍。在恺撒日夜不停地现场监督下，即使是大雨滂沱，士兵仍夜以继日加紧施工。

早在工事完成前，庞培方的两位将领就对此事有所耳闻，他们立刻体会到事态的严重性。他们原本打算将恺撒赶入死胡同，没想到最终受困的反而是自己。由于恺撒修筑运河网工事，补给线被切断的将是庞培方。一旦补给线被切断，他们将陷入绝境之中无法自拔。因为不管怎么说，恺撒军只有3万人，他们却有9万人等着吃饭。虽然此时此刻的粮食储备还不足为虑，但是人性总是如此，在逆境还未真正到来之前，人们就会因为预见它的来临而变得动摇不定。首先动摇的是那些原住民的参战士兵，他们开始像血崩一样逃走了。而一旦没有当地兵的助力，亚弗拉尼乌斯也没有信心以5个军团的3万名士兵与恺撒相抗衡。

庞培方的两位将领决定南撤。庞培的名望在西班牙境内隆盛稳

固，只要能够摆脱孤立状态，军队就必定可以获得支援。此外，在西班牙的南部还有瓦罗率领的 2 个军团。亚弗拉尼乌斯和佩托雷乌斯的战略是，朝着有充分军事力量和充分补给力量的南西班牙战线转移，在那里和恺撒一直相持到冬天，再寻找战机。

自 7 月 25 日开始，庞培军连续 6 天趁着夜色悄然从阵地撤退。根据情报人员的线报，恺撒很快就侦获了这一敌情。他本应即刻予以追击，但是此时深河虽已经变成浅滩，但是水流量依然很大，而且非常湍急。骑兵倒是无妨，重装步兵将会被淹到胸部以上。如若强行渡河，恐怕很多士兵将会牺牲。

但是，在得知恺撒无法决断的消息之后，士兵们主动通过指挥官表达自己的意愿："我们的劳累和牺牲不足为虑，全体人员已做好了和骑兵一道渡河的准备。我们将沿着骑兵渡河的路线泅渡来确保安全。"

听闻此言的恺撒这才下定决心对庞培军进行穷追猛打。与此同时，他也想到了一条渡河妙计。他将骑兵在河流中排成两行，让步兵从骑兵队列的中间通过，以保证他们安全渡河。步兵上游的骑兵起到了阻挡水流的作用，下游的骑兵则如同防护栅栏一般，这样被湍急水流冲倒的步兵就不会被冲走。此外，他还为此行动选择了一批身强体壮的士兵，让身体不够强壮的士兵留守营地。就这样，没有一名士兵因渡河而牺牲，他们剩下的就只是奋勇追敌了。

西班牙战争打响已过了月余，这期间，战争主导权并不在恺撒手中。他除了与庞培军偶尔发生些小战役之外，大多数时间都在和大自然做斗争。但是托运河工事的福，战争的主导权终于回到了恺撒手中，于是他开始施展自己惯用的快速作战法。

恺撒的目标是阻止庞培军渡过埃布罗河。这条河自西而东流经西

班牙北部，注入地中海，与北部连绵的比利牛斯山脉并排而列，挡住了恺撒自北向南对伊比利亚半岛的进攻。敌人如果渡过了这条河，那么战争就不可避免地要向持久战方向发展了。恺撒军队日夜不停地继续行军，想要追上敌人。因为他们企图想在莱里达城到埃布罗河的40公里范围内和敌人一决胜负。

日夜不停的急行军终于奏效，他们在抵达埃布罗河前追上了敌人。两名近乎绝望的庞培方将领带着孤注一掷的决心准备开战。但是，此时的恺撒并没有积极应战，因为经过了持续长途奔袭的士兵需要休整。两位将领见状又开始继续撤退。恺撒又开始了毫不放松的追击。不过这次的追击并非为了和敌人进行战斗，而是牵制敌人的撤退行动，所以他只派出了骑兵。此计收效堪称完美。庞培军的两位将领被逼中止了行军，就地筑营。恺撒也在他们的营地不远处安营扎寨。

这两位将领打算继续舍弃营地，在夜色掩映下撤退。但是一切准备就绪之后，恺撒从俘获的庞培军的士兵口中获得了这个消息。他命令士兵在营地里大声欢呼，制造出剧烈的声响。两位将领以为恺撒要进行夜袭，即刻又令士兵迅速回营。

第二天，佩托雷乌斯亲自率侦察兵出去勘察地形，恺撒这边也对地形进行了勘察。而两边得到的地形报告如出一辙：距此地7.5公里内净是平原，但是再继续往前走就是崇山峻岭；越过崇山峻岭之后，可以看到流淌着的埃布罗河。掌握这一情况之后，任谁都会得出同一个结论，那就是谁最早到达山岭，谁就掌握了翻越山岭的主导权。如果引用恺撒的原话来说，那就是：“事情已经演变成了行军速度的较量。”

首先到达决胜地点的是恺撒的部队，他们一抵达此处，这场战事

便已一锤定音。

从这里开始，恺撒军对庞培军的战争已经变成了猫追老鼠的游戏，即等待机会，咬定追击，等老鼠再次逃跑时再度追击。亚弗拉尼乌斯和佩托雷乌斯率领的庞培军一方，士气已经完全颓败下来了。

庞培军的士兵中间开始出现各种诸如怀疑将领能力等愤愤不平的流言，但是恺撒一点也不急于剿敌，他留了足足一个军团镇守营地。此时他拥有的所有兵力是 5 个军团外加 3 000 名骑兵，共计 2.5 万人。

虽说被恺撒追得团团转，但是敌人终究是一支拥有 8 万人战斗力的庞大军队。一旦正式开战，恺撒或许可以侥幸得胜，但是肯定也会有不少人牺牲。他手下的将士都以为这是剿灭敌军的最好时机，一致要求总司令下令开战，但是恺撒对此置若罔闻。他将自己如此行事的理由记录下来了。和以往一样，他写到自己时用的是第三人称“恺撒”单数。

> 恺撒认为：这场战役可以不用开战、不用流血就可以获得胜利。因为敌人的补给线已经完全被切断。
>
> 既然这样就能获得胜利，为什么要让手中的士兵做无谓的牺牲呢？又有什么必要让对自己忠心耿耿的士兵忍受刀兵之苦呢？难道不能试试不动刀兵只用计谋和思想取胜的总司令的能力吗？不试试又怎知运气如何呢？
>
> 此外，在恺撒的心中，对虽为敌人但也同是罗马公民的对手也怀着无限的同情。如果一旦战争开始，恺撒知道，他们的血也会不可避免地挥洒流淌。因此，如果能够避免会战的话，也就没有流血的必要了。

尽管如此，恺撒的想法却得不到士兵的赞同。他们旗帜鲜明地公开宣称，如果此役不打，那么他们也不会为恺撒以后下的命令而战斗。为什么这么说？因为如果是连这样好的时机都不知道掌握的司令，他们也没有什么义务和必要跟随他。

恺撒不仅无视士兵求战的声音，还禁止士兵擅自离营。他这样做一方面是想先稳住敌方，防止他们做困兽之斗，另一方面，好不容易喘了口气的庞培军的两位将领，此时向南撤退的道路已经被堵截。从安全第一的角度出发，他们唯有选择折返位于莱里达城南 1 公里处的军营。既然南撤行动可以说完全是白费力气，他们也只有这条路可以走了。从开始撤退到最终决定撤回原地，他们用了 3 天时间。而在相应的时间内，恺撒面对着回撤莱里达城南军营的敌人，已经在安全防卫距离之内将自己的阵地尽可能地靠近对方，以此对庞培军形成了完美的包围圈。

亚弗拉尼乌斯和佩托雷乌斯两位将领为了确保士兵的饮用水，亲自到营地后面通往河边的道路上监督防御工事的修筑。此时，他们的一些将领和士兵悄悄离营，进入恺撒军的营地附近，呼唤着恺撒军中熟人的名字。

恺撒军中的士兵也积极进行回应。他们从营地里走出来，和庞培军的士兵不分彼此地握手言欢，共叙情谊。

老实说，他们的脱逃是情有可原的。恺撒军的士兵是怀着为了洗刷恺撒不公名誉的决心而战，而西班牙庞培军的士兵不过是西班牙本地的自愿服役的居民。虽然自己的总司令庞培是行省的总督，但是他们服役并非为了与恺撒军开战。从百夫长到普通士兵都是这么想的。

而且他们心中清楚，自己已经到了无路可逃的境地。庞培军的士

兵都异口同声地说，恺撒抢先到达埃布罗河和此前的崇山峻岭的时候，他们就已经绝望了。至今仍未开战，真是侥幸。他们来寻访恺撒手下的士兵，想打听他们的司令是不是一个信守承诺的人。士兵回答说，自己的老大绝对一言九鼎。庞培军的士兵表示，如果果真如此，他们就拜请恺撒军的士兵代为转告恺撒，他们全体人员愿意投降，条件是保住亚弗拉尼乌斯和佩托雷乌斯的命。如果能够遵守这样的约定，他们就正式派代表前来投降。士兵迅速地向恺撒报告，恺撒等的就是这一刻，于是马上对他们做出了承诺。

庞培军的士兵自不必说，连恺撒军中的士兵也欢呼不已。应庞培军的士兵的邀请，恺撒军的士兵得以到敌营里去进餐。相应的，庞培军的士兵也开始出现在恺撒军的阵营中就餐，两个阵营简直就有亲如一家的感觉了。连亚弗拉尼乌斯的儿子都成了其中的一员，请求恺撒饶过自己父亲一命。

在工地监督饮用水工程的亚弗拉尼乌斯听说了这一消息，绝望地停止了工事，回到营地。老实说，他对这种情形的发生早已有了心理准备，但是佩托雷乌斯并没有放弃希望。和前执政官亚弗拉尼乌斯不同，佩托雷乌斯是庞培指挥下成长起来的武将，对庞培有极高的忠诚度。虽然和亚弗拉尼乌斯是一同回到营地的，但是佩托雷乌斯迅速将精兵强将聚拢帐下，主张继续以战争的方式与恺撒抗争。在作战会议上，他要求全体出席者集体宣誓，并命令他们对恺撒军只要见到则格杀勿论。但是接到这一命令的士兵不为所动，还是将营中俘获的恺撒士兵悄然释放了。

不过，司令坚决的态度依然在一些士兵的心中又燃起了战斗的火花。这些人原本就对投降后的命运颇为担忧。而在恺撒方，恺撒一边刺探着敌方阵营内的变化，一边宽宏大量地将敌方俘虏送还。对大队

长和百夫长等将官俘虏，恺撒则根据他们本人的意愿，任其选择是否愿意留在恺撒麾下。回到自己的阵营的士兵像血崩一样逃走了。

投降

尽管眼前还算安全，但亚弗拉尼乌斯和佩托雷乌斯营地的粮食已经消耗殆尽，饮用水更是令人绝望，因此，他们最后决定放弃这个营地。结果是，恺撒的追击行动再度开始。然而虽说是追击，恺撒也不想让对方的士兵牺牲，因此只是为敌人的行动制造障碍，将敌人压迫到对其不利的地方。如果在现在的情况下开战，对恺撒来说是易如反掌的。但是他不愿让双方士兵伤亡的初衷一直不变。在很多人逃亡之后，对方的军队仍然有 7 万人之多。而恺撒手中兵将仅有 2.5 万人。这可不是在棋盘上较量输赢，恺撒的追击虽然缓慢，但是一直持续着，从未中断。而庞培军中的士兵已经出现少量牺牲了。

庞培方的军队已经逐渐逐渐、一点一点地被逼入了绝境，他们已经连饮用水都快没有了。即使这样，恺撒仍在等待。在诉诸战争和等待处于无水可饮的艰苦状态下的敌人投降之间，恺撒选择了后者。

绝望中的敌人终于发起了挑战。恺撒虽然也布下了相应的应战队形，但还是不想升起标志着开战的红旗。这令亚弗拉尼乌斯这方也难以下定决心。到日落时，两方军队又各自鸣金收兵了。

翌日凌晨，恺撒命日耳曼军团迂回到敌人的背后。这一战术令三天无粮无水状态下的敌人又陷入了腹背受敌的境地。不久，亚弗拉尼乌斯委派议降使者前来拜见恺撒，他提出了秘密会谈的要求。然而恺撒虽然接受投降，但主张要进行公开化的会谈。于是两军的最高首脑

在全体士兵面前开始了谈判。亚弗拉尼乌斯是公元前60年度的罗马执政官，恺撒是明年即将上任的罗马执政官，这两个有罗马国家最高官职经验的人的会谈，首先是由亚弗拉尼乌斯开口陈述的。因为是公开的会谈，所以他不仅是对着恺撒，而且也是对着两军的全体将士说了下面的一席话：

尽管是为庞培而忠于职守，坚持战斗，这本身并不是罪。因为我们只不过是单纯地行使自己的责任而已，而且已经历经艰辛竭尽全力了。现在，我们处于无水、无粮、无退路的绝境，对肉体上的艰辛和精神上的屈辱已经到了无法再承受的地步，因此，我们不得不投降。

在这段话的最后，亚弗拉尼乌斯还表明了一点，希望恺撒考虑不要在同胞身上行使胜者的权利。也就是说，希望恺撒能够给他们一条生路。

恺撒也没有把回应对象局限于亚弗拉尼乌斯，他更是针对亚弗拉尼乌斯属下的官兵做出了以下回答：

我们所有的人都是在忠诚地履行自己的义务，在这一点上，我们双方没有任何差别。目前战局对恺撒纵然有利，但还是要寻求不流血的和平的可能。不仅是我，我方军队的士兵也是如此。即使我们的善意一次次地遭到背离，但复仇的机会来临时依然克制自己。另外，在和平的契机到来时，亚弗拉尼乌斯手下的士兵也表示出了他们的欢迎之心。反而是将军自己由于双眼被仇恨和傲慢蒙蔽，对这样的现实视而不见。结果令很多本不必丧命的士

兵丧失了性命。

对我个人而言，此情此景，我也绝不会行使所谓的理所当然的胜者权利。亚弗拉尼乌斯麾下的全部人马，都可以按退役处理。因为你们只是保卫西班牙，根本没有必要保留这么多的兵力。在西班牙有家有眷者可以留下来，其他的人到法国南部和意大利北部交界处之后就可以解散，自由还乡。

接着恺撒又表明立场，说自己与同为罗马军人的对方兵戎相见实为身不由己。亚弗拉尼乌斯手下的士兵，自庞培就任远近两个西班牙行省总督那年起就开始服兵役，他们离开故土已经长达 6 年之久。对恺撒和庞培之间的战争，他们仅能知道从庞培方传来的信息，都认为恺撒只凭渡过卢比孔河就已经破坏了共和国法律。而他们都是拥有罗马公民权的人。对恺撒而言，如果他们都怀着对恺撒的憎恶之情退役回乡，那实在是很不好办的事。

恺撒接着谴责庞培和元老院，说他们迫使自己不得不越过卢比孔河，最后恺撒用以下的话结束了演讲：

我方的条件只有一个，就是大家在出了西班牙行省之后解散武装。只要这个目标实现了，谁的性命都不会受到伤害。

不论对哪位士兵来说，退役都是一件令人不胜欣喜的事。现在他们没有受到任何惩罚，也不用被编入恺撒军中，而是可以回到故乡，他们不禁大声欢呼。同样保全了性命的将领内心的忐忑不安也烟消云散了。

亚弗拉尼乌斯麾下5个军团里有三分之一的人因为和西班牙女子结婚等，选择了留下。士兵如约行至法国南部和意大利北部的交界处解散。恺撒许诺，在他们到达边境前都一直为其供应粮食。当然，西班牙当地的士兵则就地遣散回家。至于亚弗拉尼乌斯和佩托雷乌斯，以及其他庞培派的将领，恺撒让他们自由决定去留。最后亚弗拉尼乌斯和佩托雷乌斯选择前往庞培所在的希腊。

这一天是公元前49年8月2日。从大军抵达莱里达到战争结束的一个月又一个星期里，恺撒掌握战争主导权的时间仅有一个星期。在这一个星期之内，他就成功地将在西班牙的庞培军队解散了。虽然庞培军还剩下瓦罗率领的两个军团占据着埃布罗河以南，但在至关重要的战斗中获胜，意味着可以在其他事情上获得更多的决定权。在此之后，为了控制整个西班牙，恺撒于9月17日抵达加的斯，9月25日从那里走海路从北方进入塔拉戈纳。恺撒花了大约两个月的时间，至此收服了西班牙全境。恺撒以后与其说是在进攻，倒不如说是近乎善后处理。

但是这个善后处理必须更加小心谨慎。西班牙是庞培的"clientes"，也就是庞培的地盘。如果恺撒行使胜者的权利，只能强化民众对庞培的依赖。恺撒想让西班牙人觉得他们有必要站在自己这一边。只有这样，当他朝着庞培所在的希腊奔杀过去时，就不必担心西班牙出现问题，可以全力投身到与庞培的战斗中去。战后处理所花的时间是正式战争的两倍，原因正在于此。

统率着两个军团镇守西班牙南部的瓦罗在恺撒接近之后就投降了，恺撒依然允许他自由决定去留。瓦罗也和亚弗拉尼乌斯、佩托雷乌斯一样，选择了奔赴希腊回到庞培身边。对这两个军团的士兵，恺

撒采取了与之前投降的友军一样的政策，有亲人在西班牙的就留下，其余的到法国南部指定地点就地解散。

如此一来，庞培在西班牙的7个军团就全部瓦解了。这意味着庞培从东、南、西三个方向包围恺撒的“宏大战略”，已经早早地在西方露出了破绽。

后人一致认为，《高卢战记》和《内战记》这两部作品，虽然都是出自恺撒的手笔，但是作为文学作品进行评价的话，前者比后者更成功。因为在《高卢战记》中的恺撒，无论是他自身的行动，还是描写行动的文章，都能令人感到他英姿飒爽的风范。而《内战记》中的恺撒虽然不能说不英姿飒爽，但程度上可谓一落千丈。在《内战记》中，恺撒的形象显得有些苦涩。

《高卢战记》中恺撒的敌人是高卢人、日耳曼人和不列颠人。恺撒和这些外邦民族战斗的原因，在于他心中为之战斗的既定目标是国家利益，他要使莱茵河成为国家事实上的防线。

而《内战记》中的恺撒不得不与之为敌的，是同为罗马人的同胞。这场战争虽然也有既定目标，那就是为罗马共和国建立一个新的秩序，这个新秩序将成为罗马向未来前进的指针。但是为了达成这个目标，恺撒可能要选择一条最困难的路，即尽可能不令同胞出现流血牺牲。在莱里达，一次真正意义上的大仗也没打过。尽管在战争最后一个星期里，恺撒如果愿意的话，完全可以实行围歼战，但是他并没有这么做，而是选择一忍再忍，直到对方自行解体。因为他想尽可能地避免同胞在内战中出现血流成河的惨状。

上文中曾经提到过，恺撒给西塞罗的信中曾这么写道：

不管面临何种状况，我始终要求忠实于自己的内心而活，因

此，我也认为别人也当以此为准则。

拥立庞培的那些坚持现有体制的顽固派，不得不将试图打破现有体制的恺撒视为敌人。但是他们从没有考虑过，不应当虐杀那些持不同立场的人。从这点上来看，这正是恺撒和苏拉的不同之处。虽然他们都因为“忠实于自己的内心而活”而令祖国陷入内战之中。

苏拉的做法是，但凡是反对他的人，不论青红皂白一律杀掉。这个苏拉内心一点也不苦涩。他痛快无比地追杀敌人，不会为此有丝毫歉疚。

与他相反的是，恺撒极力避免随意发动战争，即使是对自己想杀就杀的俘虏，他也不行使胜者的权利，而是将其全部释放。恺撒一边清楚地认识到这些人可能会再度成为他的敌人，一边还是会释放他们。

从我手中重获自由的人，哪怕再次用剑指向我，我也绝不后悔。不管面临何种状况，我始终要求忠实于自己的内心而活，因此我也认为别人也当以此为准则。

这个实际上等同于“人权宣言”了。尊重个人的人权这件事，并不是 1 800 年以后的 18 世纪才兴起的启蒙思想家的特权。

但是，要在尊重他人人权的同时又忠实于自己的内心，其实是极为艰难的事。如果上述恺撒的名言被苏拉听见的话，他肯定是不以为然地付诸一笑。但正是由于苏拉只会对此付诸一笑，才会死在了床上。

恺撒完成了对西班牙的讨伐，回到马赛的时候 10 月已经过半。

马赛战役的胜利如同熟透了的果实，只差掉入袋中了。在7月31日进行的第二次海战中，德奇姆斯·布鲁图大获全胜。失败的庞培方将领阿赫诺巴尔布斯逃走以后，攻陷马赛就只是时间问题了。

10月25日，马赛被攻下。从战斗开始的5月4日算起，战役持续了5个月零20天。这是在以3个军团1.5万人攻打地中海最强大的海港城市，与迦太基历经3年方能攻下马赛相比，这样的战斗被称为神速绝不过分。这是恺撒战略上的胜利。从进入攻坚战阶段伊始，恺撒就及时认识到了从海陆两方面发动进攻的必要性，并为此做出了不懈的准备。

对攻陷下来的马赛城中的居民，恺撒也没有行使胜者的权利。他没有把居民变成奴隶，也禁止士兵在市内掠夺。此外，因为马赛光辉的历史，他还允许其继续以独立城邦的身份存在。但是它在首都马赛城外拥有的大部分领土，恺撒都予以没收，将其纳入了法国南部行省。这样，马赛和雅典、斯巴达一样，都成了内政自治的自治城邦了。

如此这般的战后处理完成后，恺撒开始向意大利本土进发。在西班牙战斗过的军团、攻陷马赛的军团全部成了开往北意大利的先头部队。在首都罗马，恺撒还有些不得不解决的事情正等待着他。虽然他已经完成了对西班牙和马赛的控制，西方的问题已经解决，但是其他战线上委任的都是些年轻将领，他们的情况不容乐观。

可是，在不得不想出对策解决这些问题之前，有一个出乎意料的难事出现在他的面前。这是恺撒第一次遇到的难题——手下的士兵拒绝从军。

罢战

拒绝从军就是罢战，既不是起义，也不是叛乱。但是，如果应对不当，它也有演变成起义或叛乱的危险。恺撒接到第九军团军心不稳的报告之后，立刻改变了沿着奥雷利亚大道一路南下到达首都的计划，匆匆赶往士兵休整的皮亚琴察。这样的情形不容小觑，恺撒一定要将其扼杀在萌芽状态。

有一个事实不能忘记，那就是不论是古希腊还是古罗马，士兵都不是社会的底层人民。在当时的罗马社会，每一位公民都有服兵役的义务。这是拥有资产的罗马公民以对共同体履行兵役义务的方式来代替直接税，因此，奴隶是不需要服兵役的。罗马长久以来就有征兵制度，自马略实行军事改革以来，服兵役就成了自愿的事情。但是，服兵役的人必须是拥有罗马公民权的个人，这个大前提并没有改变。其他民族参军的士兵，不管数量有多少，都被称为“辅助兵”，而不能被称为“军团兵”。拥有重装步兵的军团兵一直是罗马军的主力，也一直是罗马的传统。这一政策也是重视公民阶层思想的反映。

在恺撒进行改革之后，士兵的薪水获得了成倍的增长。他们一年拥有约 124 第纳尔（denarius，古罗马的银币，1 第纳尔等于 4 阿斯。——译者注），接近一般公民的年收入。恺撒之所以成倍地增加士兵的薪水，是因为他要依靠士兵与庞培军作战，也是他对自己不能允许的诸如掠夺、俘虏、奴隶贩卖等以往战争中的“额外收入”做出的补偿。除了这一部分之外，士兵还将在退役后被赐予一些土地。这种“退职金”制度，在其他职业里是没有的。此外，参加凯旋仪式的士兵还能获得凯旋将军给予的额外奖金。这种奖金制度也是其他职业没有的特权。即使从经济收入方面看，士兵也是社会的中坚力量而非

底层人民。

正因如此，士兵在思想意识层面也自视甚高。除了汉尼拔和苏拉外，几乎没有总司令没遭遇过部下拒绝从军的突发状况。即使尊贵如亚历山大大帝和大西庇阿，也有过士兵罢战的经验。对总司令而言，士兵罢战并不是发生与否的问题，而是如何处理更为恰当的问题。

恺撒本打算回到意大利之后向南直行，现在他不得不改道往北方出发。如果他知道拒绝从军的是第九军团的士兵的话，心里是不是能够接受呢?

第九军团是从高卢战争第一年开始就跟随恺撒战斗的第七、第八、第九、第十这四大军团中的一个。与第十军团一样，他们是恺撒像培养孩子一样亲手培养出来的，是他最值得信任的军团。所以我在猜想，他如果知道了这一情况，心里是不是能够接受？值得一提的是，无论亚历山大大帝，还是唯一一次决定性地击败汉尼拔的大西庇阿，他们手下拒绝从军的也都是最深得他们信赖的部下。

恺撒经历这次事件两年之后，再一次发生了罢战事件，那时参加罢战的是比其他任何一个军团都更得到恺撒信任的第十军团。前线指挥的司令和他属下的战斗精锐之间的关系，通常是同甘共苦的时候越多，信赖度就越高，同时亲密程度也越高。

但是，这种信赖和亲密一旦因故超出正当界限，就会变成“恃宠”的心态。“恃宠而骄”如果再往前推进一点点的话，就会变成人们所说的“得意忘形”。正因如此，司令官对罢战事件的处理，的确隐含着从单纯的罢战变成叛乱的危险。

突入意大利北部城市皮亚琴察的第九军团士兵要求即时退役。当然，他们也知道恺撒控制了西方之后正要面对庞培，他这个时候是不

会让一名士兵退役的，因此，虽说是提出即时退役，但实际上本意是要求增加军饷。

恺撒到达皮亚琴察之后出现在他们的面前。他和之前一样单刀直入地对他们说：

诸位战友：

我想成为诸君爱戴的司令，像我这样为着诸君的安全着想、不忘让你们得到丰厚的经济收益、不忘提高诸位作为战士的名誉的人，再也没有了。但是，或者说正因如此，我不能允许诸君如此为所欲为。

这世上有两种人：指挥者和被指挥者。指挥者对被指挥者有责任，被指挥者对指挥者也有义务，就像老师和学生、医生和病人、船长和船员一样。无论如何，我们只有各自完成好各自的任务，才能期待得到好的结果。

和庞培之间的抗争，你们要相信，公正是在我们这一方的。正因如此，诸位才会跟随我。然而虽则占据了公正的立场，如果在实施阶段忘记了公正的话，又将何去何从呢？难道不是会令我们失去指责庞培方不公正的资格吗？诸位都是罗马公民，而正因为你们是罗马公民，我才不允许你们忘记自己所持的公正。

接下来，恺撒像投石击水一般面对着沉默以对的士兵，斩钉截铁地说："我拒绝接受你们的要求。"恺撒不仅拒绝了他们的要求，甚至还要对他们施以"什一抽杀法"这一罗马军中最严厉的惩罚。

所谓"什一抽杀法"，就是通过抽签的方式选出十分之一的人，而剩下的十分之九的人则用棍子将这十分之一的人殴打致死。即便是

在军规森严的罗马军中，也是仅有极重的罪过才会处以这种刑罚。沉重不堪的沉默笼罩着全军。恺撒对这样的气氛好像视而不见，他命人拿出士兵的名单，准备抽签决定被施以死刑的人。

事已至此，与“剧本”中预先设置的完全一样，幕僚出场了。幕僚劝说恺撒，这些都是长年跟随他身边出生入死的人，还希望他能原谅他们一时犯浑，云云。但是恺撒丝毫不为所动，幕僚唯有叹气而返。军团长、大队长也开始再三向绷着脸的恺撒求情。第九军团的士兵顿时失去了之前的气势，面色凝重地看着恺撒。刚刚三十而立的他们和已进入50岁的恺撒之间，毕竟有着15岁甚至20岁的差距。

最后，总司令终于开口了。但是他并没有说取消施行“什一抽杀法”，而只是说：“刑罚延期执行，在下一个集结地布林迪西能不能再看到诸君，就要看诸君的表现了。”

言毕，他就向首都进发了。所有在意大利北部行省休整的恺撒军官兵则向着南意大利的港口布林迪西开拔。到达布林迪西时，第九军团的士兵一个也没有少。自不待言，“什一抽杀法”就这样中止了。

以最少的牺牲就掌握了罗马世界西半部分的恺撒，这个时候第一次蒙受了真正的损失。这场损失发端于南方，即北非战线。

北非战线

在元老院，库里奥曾频繁而活跃地与以两位执政官为首的庞培派针锋相对。这位30岁的青年贵族，如果在恺撒身边有参加高卢战争的经验的话，大概能培养成军团长级的优秀人才吧。然而库里奥的不幸就在于，他没有那样的经验，却被任命为一线战场的总指挥。因为

此时总司令恺撒并不是在高卢一个地方，而是不得不将罗马全域都作为战场。为了坐镇指挥所有分散的战线，他不得不任命战场经验尚浅的人担任指挥官。恺撒命令库里奥的第一目标是控制西西里，库里奥没怎么战斗就做到了。恺撒命令库里奥的第二个目标是拿下阿非利加行省，这个年轻人也以为可以手到擒来。

为了拿下被称为罗马粮仓的西西里，恺撒配给库里奥 4 个军团。在攻下西西里后，恺撒命令他趁热打铁，率领这支部队进攻以庞培手下大将为总督的阿非利加行省（现在的突尼斯）。

年轻的库里奥接受了命令，但是他没有像高卢战争时恺撒手下的军团长们学到的那样，逐步执行恺撒命令，而是加上自己的臆断来执行命令。他认为，只需 2 个军团的重装步兵和 500 名骑兵就足以对北非发起进攻。他决定将剩下的 2 个军团按兵不动，用以保卫西西里，这样他的军队在西西里和北非被分成了两股力量。而在西西里和北非之间横亘着的，并不是简单的架一座桥就能渡过的河，而是地中海。尽管是只需两天时间的航程，尽管罗马人称之为“我们的海”，但它毕竟是海，而不是一个适合把兵力分散成两部分的地方。

而且配给库里奥的 4 个军团并不是恺撒一手调教出来的亲信，而是在科菲尼昂战役中投诚的原庞培的士兵。他是率领着这些士兵向庞培派驻守的阿非利加行省进攻的。攻破科菲尼昂之后，恺撒允许其自由选择时放走的几位将领也已在阿非利加行省会合。正是出于对这种特殊情况的考虑，恺撒才认为有必要用 4 个军团进攻由 2 个军团驻守的阿非利加行省。

不仅如此，库里奥还有另外一个失误，那就是他对原迦太基领地内阿非利加行省以西的邻居努米底亚王国的动向缺乏深刻观察。

努米底亚王国从布匿战争时期就协助罗马与迦太基开战，从那时

起就是与罗马有着同盟关系的独立国家。在庞培扫清海盗称霸东地中海之后，它成为庞培的“clientes”已经很久了。仅凭这一点，也不能不将其纳入庞培方势力。另外，一年前库里奥还是护民官时，曾经向元老院提过一个议案，要求向已经名副其实是罗马属国的努米底亚王国课征行省税。虽然这个议案由于庞培派的反对最终未被采纳，但消息早已传到努米底亚国王的耳中。因此，当努米底亚国王尤巴听闻库里奥大举来犯，而阿非利加行省总督又请求援助时，他认为这是消灭库里奥的绝好时机，便毫不犹豫地接受了请求。库里奥即使是以 4 个军团全力进犯，面对这种复杂的状况，战斗力恐怕也并不占上风。

公元前 49 年 8 月 11 日，库里奥率领 2 个军团和 500 名骑兵在北非登陆。登陆并未遇到障碍。此外，登陆后库里奥军队攻击了敌方的补给部队，并夺走了全部物品。狂热的士兵称赞库里奥为“大将军”，因此，库里奥自认为这些士兵也尽在自己掌握之中了。在登陆后的第二天，他就大胆地在乌蒂卡城前摆下阵势。乌蒂卡是迦太基灭亡后北非最大的海港城市，也是罗马的行省总督驻地。总督的 2 个军团也在乌蒂卡驻守。在最开始的战斗中，库里奥初尝胜果。

正当此际，乌蒂卡阵营前的库里奥士兵中间开始流行一种奇怪的疫病。接着又传来了携象群的努米底亚王军正在逼近的消息。库里奥这时才决定调集驻守在西西里的另外 2 个军团过来。但是在他们抵达之前，驻守乌蒂卡的总督军队已经再次展开了攻击。

库里奥拼命说服已经动摇的士兵。有几名士兵逃走了，但是绝大多数士兵仍然重整旗鼓，准备在总督军和努米底亚王军会合之前出击。然而库里奥在打退敌人的进攻之后，就开始坐等西西里过来的 2 个军团。紧接着，为了等待援军和防止士兵脱逃，他从乌蒂卡的前沿阵地撤军，搬到位于该城东面的科尔涅利乌斯营地。

科尔涅利乌斯营地是第二次布匿战争时大西庇阿安营扎寨的地方，位于狭长半岛的最前端。只要制海权不被敌方掌握，这里就是一个颇为安全的基地。这时从西西里过来的2个军团抵达了。库里奥手中的兵力倍增，总兵力为4个军团加800名骑兵。

这个时候，库里奥接到了从努米底亚逼近的军队掉头回国的消息。该消息其实是一个计谋，但是库里奥误以为敌军大半已经真的撤退，决定率军袭击剩下的努米底亚敌军。从西西里赶来的援军和恺撒已经成功占领西班牙的消息，刺激着年轻的库里奥追求功名的心。

他命5个大队驻守科尔涅利乌斯营地，亲率其余的全部军队离开了营地，向巴古拉达河进发。那里应该有努米底亚尚未撤离的剩余部队。事实上，敌人确实在那里。但是在离此大约9公里的地方，国王亲率大军也正在张网以待。

库里奥率军从科尔涅利乌斯营地前行了才9公里，就与折回的先锋骑兵团会合了。骑兵团是偷袭努米底亚兵营后带着俘虏凯旋的。在审问完俘虏后，库里奥对士兵训话说：

> 战友们，大家听到了没有？这些俘虏的语气不是和逃兵的语气一模一样吗？他们的王距此十万八千里，敌人已是不堪一击了。敌军被我们的骑兵追赶得七零八落就是最好的明证。名誉和金钱在等待着我们，出征的时候到了！

但是，参加夜袭的骑兵团已经很疲惫，他们落在了梦想着金钱和荣誉而强急行军的步兵团后面。

夜袭的消息很快就传到了努米底亚国王尤巴那里，于是尤巴率领着60头大象、2 000名骑兵以及1万名步兵不退反进。库里奥还以为

敌人正在忙于逃散，他刚刚收起会战阵型，却正好遭遇到迎面而来的敌人。

库里奥除了守在营地的 5 个大队外，手上应该只带了 2 万名重装步兵，后面的骑兵也还没有到达，而且，他对敌人的突袭全无防备。努米底亚的 2 000 名骑兵从两翼对他进行包抄。

两翼被敌人骑兵包抄，正面有象群踩踏，库里奥无路可逃，甚至连伤员都没法运出去，士兵陷入一片混乱，即使后来己方的骑兵赶到助阵也无济于事。

匆匆赶来的骑兵队队长劝库里奥撤回科尔涅利乌斯营地，身为司令官的库里奥正骑在马上，骑兵队队长告诉他说，如果只以骑兵突围的话，就可以逃出生还。但是年轻的指挥官掷地有声地回答道：

"如果失去了恺撒交给我的军团，我哪有脸回去面见恺撒！"

库里奥一边这样说，一边舍弃盾牌，手执长矛，杀入敌阵中。经常被庞培方恶意中伤说被恺撒用金钱收买了的库里奥，就这样失去了他刚刚 30 多岁的生命。在 8 月 20 日的这场战斗中，库里奥麾下的 3 个半军团共 2 万名士兵，一个也没有活下来。

负责镇守科尔涅利乌斯营地的 5 个大队 3 000 名士兵，从逃回的骑兵的报告中知道了这一惨状，也陷入了一片恐慌之中。恺撒在《内战记》中如此描述："一旦陷入混乱，库里奥军中的每个人都变得只考虑自己。"停留在岸边的运输船也顾不上同胞了，纷纷带上抢先登船的人驾船掉头逃往大海，而赶到岸边的士兵也为了登船一片混乱。终于，剩下的士兵望着运输船消失在海平面上，只能向行省总督派使者纳表投降。

这些士兵在科菲尼昂投降前都是庞培手下的士兵。总督虽然想帮

助他们，但是努米底亚国王毫不动摇地主张行使胜者的权利。投降的士兵除了部分被国王选中带回努米底亚外，剩下的都被杀了。此后，努米底亚国王尤巴以胜利者的姿态进入乌蒂卡。在国王的身后亦步亦趋的，是逃到阿非利加行省的庞培派的元老院元老，其中还出现了公元前 51 年度的执政官苏尔皮基乌斯·鲁弗斯的面孔。

8 月 11 日登陆后仅过了 10 天，库里奥率领的恺撒军队在北非的攻城战就以完败告终。对恺撒来说，自己的军队第一次遭遇惨败的同时，也意味着他不得不将北非——也就是从南面对意大利的攻击地点——让给庞培方先进攻。但是，恺撒从不对部下进行指责，或将责任转嫁到部属将领的身上。他对库里奥也是如此。

他在《内战记》中只是平静地记述了自己军队的失败，他是这么写的：

> 他的年轻，他的勇气，他在历次战斗中的胜利，相较于执行任务他更加看重战斗结果的责任感，以及他从恺撒这里接受军令的强烈的自觉，使他过早地做出了判断。

然而在返回久别了 8 个月的罗马的途中，恺撒收到的不仅仅有库里奥失败的消息。

在控制西方后，恺撒打算一门心思对付庞培所在的东方。为此，从庞培手中夺取横亘于意大利半岛和希腊之间的亚得里亚海制海权，是决战前不可或缺的一项准备。在前往西班牙之前，恺撒就将这个任务交给了安东尼的弟弟盖乌斯·安东尼（下文称他为小安东尼。——译者注）和多拉贝拉二人。小安东尼当年 29 岁，多拉贝拉刚好 30 岁。两人属于名门科尔涅利乌斯一脉，都是以放荡闻名的美

男子，又都才华横溢，因此很得恺撒的赏识。多拉贝拉还是西塞罗的爱女图利娅的丈夫。如果抛开多拉贝拉放荡不羁、挥霍妻子的嫁妆引起西塞罗憎恶这一点的话，西塞罗和这个年轻人的关系还是不错的。尽管如此，备受西塞罗疼爱又有着美好前途的年轻人，从库里奥开始，到这个多拉贝拉，再到卡埃里乌斯，乃至他的亲侄子、儿子都悄悄地追随恺撒走了。他们是促使西塞罗这个57岁的老头如此悲观厌世的一大根由。因为就连还没有到服兵役年龄的侄子和儿子，也一声不吭地离开了罗马。

恺撒给予了多拉贝拉和小安东尼两人20个大队共1.2万名士兵，委以夺取亚得里亚海制海权的重任。当然，恺撒也从本已不多的船队中给他们划拨了必需的40艘船。这相当于2个军团的20个大队和1.2万兵马，应该是恺撒在法国南部行省编组成的“云雀军团”中的士兵。这个军团中的精英指挥官之一，就是后来历史传记《喀提林阴谋》的作者——撒路斯提乌斯。那时已经37岁的撒路斯提乌斯也是西塞罗所说的“恺撒帮罗马青年激进派”中的一员。

分别为30岁和29岁的两员大将根据恺撒的命令，率领的1.2万兵马分成两路行动。小安东尼领兵朝希腊北部亚得里亚海东岸的达尔马提亚（现在的克罗地亚）进发，想在此处建造基地，多拉贝拉率船队在海上予以协助作战。

为了对付这两个人，不让恺撒方渡过亚得里亚海，庞培方派出了身经百战的精兵强将。海军将领黎波是个50多岁、战场经验丰富的老手，从肃清海盗时期起就跟随庞培。他审时度势，对两员小将采取了各个击破的战法。

黎波的首要目标就是海上的多拉贝拉。多拉贝拉的船队被黎波的船队穷追猛打，只好逃往达尔马提亚的海岸。但是亚得里亚海靠近意

大利的一侧都是连绵的沙滩，连接原南斯拉夫的东岸却是被山峦挤压的海湾。这里地形蜿蜒曲折，船队只要进去了就很难找到出口。多拉贝拉的 40 艘战船被追杀得无路可逃，终于败北。逃出来的多拉贝拉和几艘战船想去和小安东尼的部队会合，但黎波又抢先改变攻击的目标，将矛头转向了小安东尼。小安东尼的部队也被赶到了一个小岛上，除了小安东尼和撒路斯提乌斯的几个大队抛弃船只，仅带着军粮成功逃脱之外，其他士兵悉数被俘。

海军将领黎波告知被俘的 15 个大队 9 000 人，只要站到庞培这边向恺撒宣战就能保全性命，大多数士兵都接受了这个选择，也有少数几位百夫长因拒绝而被杀。虽然此后也出现过这样的事情，但在此时，这件事对恺撒而言还是头一遭。为了表示对恺撒的忠诚而宁愿选择死亡的这些人甚至不是罗马公民，而是高卢人。

对恺撒来说，这次失败损失的不仅是 9 000 兵马和 40 艘战船，更重要的是失去了亚得里亚海的制海权。在此情况下要攻打在亚得里亚海对岸严阵以待的庞培，形势确实非常不利。

处于这种状态下的人，通常有两种反应：一种人会努力收拾残局，挽回由于失败带来的不利形势；另一种人会将既有情况置之不理，转而另辟蹊径继续努力，最后一举挽回败局。可以说，恺撒就是第二种人的典型代表。

恺撒出任执政官

从高卢战争时期开始，恺撒就养成了固定的习惯：即使在行军过程中，他也照样接受各地的情况汇报，发布指令。他在各地配备的

“恺撒事务所”是拥有完美机能的组织，可以完成传送情报的任务，忠实地执行他的指示。因此，恺撒能够在到达某个地方时，立刻就能着手处理行政事务。恺撒12月2日到达首都，因为事先就已发出各种指示，也得到了忠实的贯彻执行，结果他在10天之内就完成了所有需要处理的事项。

首先，就是让自己得到独裁官的提名。

不过相对独裁官，恺撒内心其实更希望当选为执政官。不过，问题在于，只有现任执政官才有权召集公民大会，选出下一任执政官。公元前49年选出来的两位现任执政官早已随庞培一起逃往希腊。因此恺撒四处活动，想授予大法务官雷必达大会召集权，但是遭到元老院的反对而未能成功。于是恺撒授意雷必达，令其提出任命恺撒为独裁官的法案。这同苏拉的老办法如出一辙，所以恺撒并不喜欢采用，但是他再也没有时间跟元老院那帮推诿搪塞、消极抵抗的人继续相持下去了。该法案经公民大会通过后，恺撒正式就任独裁官一职。

罗马共和国的独裁官是一种负责国家危机管理政策的职位，因此广义上有收拾残局的任务。执政官二人因某种原因不在首都的情况下，独裁官有权召集公民大会，选出下一任执政官。因为罗马人把避免政治空白看得比什么都重要。

恺撒行使了这个权力，以选举执政官为目的召开了公民大会。我们无从得知第二年度，也就是公元前48年度的执政官候选人有几位，总之会议召集人，同时也是会议主席，当然也是候选人之一的恺撒在公民大会上以最高票第二次当选为罗马的执政官。另外一位当选者是温和厚道的恺撒派元老院元老伊扫里库斯。至此，恺撒终于达到了当选独裁官的目的。不过作为独裁官他还有很多事情要做。和执政官

不同的是，护民官就算对独裁官有异议，也不能行使否决权。尽管如此，手中握有独裁权力的恺撒所行之事和苏拉截然不同，他并没有对那些反对自己的人大开杀戒。

他做的事情包括：

一、废除了由苏拉定下的国法中反苏拉派的子孙永远不得担任公职这一条。

二、允许流放国外的人回国。但这一条并非对任何人都有效，必须获得大法务官或者护民官认可，并通过公民大会表决通过才行。

三、为罗马各行省任命总督。任命如下：雷必达继续担任近西班牙行省总督，卡西乌斯继续留任远西班牙行省总督，德奇姆斯·布鲁图出任法国南部行省总督，亚里埃努斯担任西西里总督，佩多凯乌斯担任撒丁总督。当然毋庸赘言，所有的人都是恺撒的人。这也是确保将西地中海区域牢牢掌握在自己手中的人事安排。

四、恺撒认为要继续掌控罗马本土，除了一定要解决政治上的空白和社会的无序这一问题，他更加了然于心的是，经济混乱会导致人心不稳，只有保证了经济的安定和繁荣，那些不关心政治的普通公民才会成为最好的伙伴。

内战爆发以后，罗马人对未来前景普遍感到不安。每个人都成了以自我为中心的利己主义者，因此经济也变得衰弱无力。欠债的不还钱，放贷的如果放出去的钱收不回来，那么他也不会再放贷。金钱如果不流通的话，经济就唯有停滞一途了。这种情况如果继续放任不管，下层人民会比富裕阶层的人先忍受不了，不满情绪将有爆发的危险。

因此，恺撒行使了不论谁反对都无法禁止他使用的独裁官特权，强制性地贯彻实施如下政策：

债务人首先有义务委托第三方介入，按照内战爆发前的标准，评估自己拥有的资产的价值。这一评估完成后，除去已付的利息，剩下的所有债务，债务人应当以这个评估为基点，以现金或者资产的方式偿还债务。

之所以按照内战爆发前的标准评估现有资产价值，是因为战乱的不安因素，导致物价全面上涨了四分之一，因此，恺撒的这项政策主要是想抑制通货膨胀。

根据恺撒实施的这项政策，债权人实际上损失了将近四分之一的债权。但是，由于减去了四分之一的债务，让债务人还债还得少一些了，结果债权人索回四分之三的债务也相应地变得更容易。从经济上来看，将债权的评估价值冻结到内战爆发前的水平，看来是一条颇为高明的可行之道。

五、这项政策还禁止拥有 6 万第纳尔以上的现金。换句话说，就是禁止拥有超过这个额度的现金存放。

六、除此之外，恺撒还全面废除了告密制度。他禁止了在苏拉独裁统治时期一度泛滥的告密行为。被钱蒙住了双眼的人曾经极为热衷于此。这样一来，恺撒在结束了人们内心恐惧的同时，也自然而然地让资金的流通更有活力。

七、为了让资金更好地流通，以及扩大军用资金来源，恺撒发行了新的货币。由于在准备西班牙战争期间，他强行夺取了国库中的大部分资金，因此仅用国库中的金银是无法保证新货币的铸造的，于是恺撒又到了使用独裁官强权的时刻了。恺撒下令取出罗马城中供奉神殿的黄金供品，将其铸成金币。

这枚新硬币的正面是“慈祥”的恺撒头像，背面刻有恺撒的名字和“INPERATOR”的字样。针对那些既不喜欢听演讲又不喜欢看书

的人，利用每天都必须接触的硬币做宣传媒介，恺撒是最早想到这一方法的罗马人。

这些政策全部得以实施后，恺撒辞去了独裁官一职。接下来，他以下任执政官的身份，主办了罗马人的重要祭典拉蒂娜祭祀。通过祭祀仪式以及体育竞技活动，整个罗马的人连续数日都沉浸在狂热的气氛里，目的是给罗马公民留下罗马社会已经恢复正常的印象。因为公民本以为这一年两位现任执政官都不在罗马，这一祭祀最高神朱庇特的盛典很可能无法进行了。恺撒的想法是，为稳定人心，在首都罗马乃至整个意大利境内，所有的事情都应该和平常一模一样。

在出发和庞培决战前，恺撒委托了自己的人来负责这些政策的实施。恺撒安排在马赛战役中指挥陆路进攻的特雷波尼乌斯、高卢战争中一直在恺撒麾下担任军团长的佩提乌斯以及西塞罗的爱徒凯里乌斯三人做法务官，辅佐同为执政官的伊扫里库斯。这样恺撒就等于设置了一个“留守政府”，因为他不知道自己和庞培的决战究竟什么时候才能结束。

恺撒在首都罗马仅仅停留了 10 天，于 12 月 13 日集合士兵，向布林迪西进发。自从他渡过卢比孔河，至此尚不足 11 个月，从他成功掌控罗马世界的西半部开始算，更是不到一个半月时间。

可是，与 11 个月之前相比，恺撒的身份已经大不一样了。渡过卢比孔河之时，恺撒因不服从戒严令一样的“元老院终极劝告”而被视为“叛国者”，追随他的士兵也被当成叛军或贼军。然而现在，恺撒身居罗马执政官这一国家最高职位，拥有正统的法定地位。跟随这样一位由法律认可的领袖的士兵，也已成为伟大的正规军。

9 个月之前，恺撒没能阻止庞培出海，令庞培和他的军队成功逃往希腊，使得恺撒尽早解决内战的梦想化为泡影。可是当时正是因为

成了叛国者，所以他坚持要尽早解决战事。如果迅速解决的希望变得渺茫，那就需要修订法律，使之与自己的立场相一致。前面反复提到过，罗马人非常重视法律。恺撒想让罗马人接受自己，必须在法律上获得合法的支持。就任执政官之后的恺撒依法获得了正统的执政者地位，有了统领军队的正当权力，可以冠冕堂皇地对庞培及其军队予以追击。他这场化不利为有利的逆转之战，堪称“力挽狂澜”的恺撒式胜利的典范。也正因如此，恺撒才成功地控制住了国内形势，令其向着更好的方向发展。

恺撒知道这种手段的效力，并将之完美地运用起来。相比较而言，只知在军事上求“实”却抛弃了本国资源的庞培，在这种“虚”招的应用上无疑是失败的。

当然，这些至多只是在法律层面上加以诠释，至于公民的情感则是另一回事。由于恺撒实施了以上利民政策，普通公民确实都倾向于支持恺撒派。对这些人来说，内战不过是庞培和恺撒之间的权力之争。虽说事实确实如此，但是还是要将法律上的胜利和实际上的胜利一起展示给他们看，才能成为明确无疑的“胜利”。也就是说，用武力说话的时代还没有结束，因此，只有明确无疑地“获胜”才是真理。在恺撒的命令下，12 个军团的重装步兵和 1 400 名骑兵在布林迪西集结。

如果以赛马为喻的话，庞培从比赛开始一直都处于领先位置。而恺撒则在最初仅与其他的马匹并驾齐驱，后来逐渐地脱离马群取得领先，直到即将进入最后的直线跑道时，他才从外圈切入内道，首次占据领先位置。现在，这个直线跑道才是两雄相争的胜负关键。

战斗力的比较

恺撒在《内战记》中记述如下：

> 庞培既没有战斗的必要，也没有在其他方面受到敌人的骚扰，他几乎用了一整年的时间来准备。

舍弃了意大利本土之后的庞培，对马赛和西班牙的支援也很消极，唯有在希腊地盘上迎战恺撒的准备工作却毫不懈怠地进行着。

首先，他从意大利带走了 5 个军团共 3 万名重装步兵。如果是恺撒，当兵团人数不足时，只要军团建制还在，他就不会急于补充人员，也不会将两个军团合并为一个。而庞培在这方面非常“务实”，他手下的一个军团必定要满 6 000 名士兵的定额。

此外，庞培还集结了由罗马公民兵组成的 4 个军团，其中一个军团是驻守奇里乞亚的老兵，是由 4 个残缺不全的军团合成的一个军团。这个军团庞培称之为“双胞胎”军团。另一个军团是由从罗马行省克里特和马其顿两个地方集结的士兵编成的。剩下的 2 个军团是公元前 49 年度的执政官雷托鲁斯以现任执政官的身份在意大利本土编成的。这是庞培的信条。无论是以在亚得里亚海俘虏恺撒方的 9 000 名高卢人为基础的非罗马公民兵，还是在东地中海全境范围内招募的士兵，都被悉数混编到罗马公民兵当中，以凑满军团规定的编制。

这样，一共就有了 9 个军团 5.4 万名士兵，还有庞培的岳父梅特鲁斯・西庇阿率领的在叙利亚编成的 2 个军团。如果再加上这 2 个军团的话，仅重装步兵一项，庞培军就达到了 11 个军团 6.6 万人。

军团里除了军团兵之外，还有由于职能不同而另行编制的轻装

步兵。庞培军的轻装步兵队包括从克里特、斯巴达、本都以及叙利亚来的3 000名弓箭兵和1 200名投石兵，他们一起被编进了部队，共计4 200人。

此外，庞培军还有7 000名骑兵。在东方，骑兵都是社会地位很高的人才能服的兵役。庞培手中的骑兵团出现了从加拉太的领主到庞培在东方的"clientes"家族总动员的盛况。领主们即使自己不参加，也会让儿子们参战。

从陆上的实力对比来看，恺撒这边绝对处于不利地位。

首先，虽然率领了10个军团参加此次决战，但是恺撒从没有在《内战记》中写出准确的数字，因此，我们只有根据他记述的内容来推测了。不管怎样算，他的每个军团的人数都没有庞培方的6 000人多，平均算起来，每个军团的人数大概只有2 500人。人员锐减的原因，恺撒也在书中记述了。

八年高卢战争和马赛、西班牙两次战役大量减员，以及在各大战役的往返中途损耗，加上意大利南部布林迪西地区秋季的气候反常，都是军团兵大量减员的原因。但是减员的总数和战死、病死的人数并不相符，因为伤员和病人等不能继续服役的人，恺撒已经命令他们或者返乡，或者留在本国待命。另外，从12月22日抵达布林迪西，到第二年的1月4日率军出港，这期间恺撒为决战进行了士兵筛选。正如上文所说，他选拔出来的精兵强将，一个军团平均只剩2 500人。

这些事情完成后，恺撒手下的重装步兵有10个军团共2.5万人。轻装步兵数量不明，应该也没什么了不起的兵力。此外，恺撒视若子犊的1 300名骑兵是从高卢人和日耳曼人当中选出来的，并由恺撒亲自加以训练。军团兵几乎全部战斗力的二分之一都是高卢战争时就开

始在恺撒指挥下战斗的老兵。

恺撒并不是在所有情况下都认同“精兵论”。他要想维持手中的西地中海海域的各行省，至少需要10个军团以上的兵力，因此，他主张“精兵论”，很大程度上是想确保军粮供应，令自己不必为此劳神费心。这是一个有利点。对要在庞培的地盘上进行这场希腊战争的恺撒来说，这个有利点是不容忽视、必须加以考虑的。

接着，我们再来比较一下双方的陆战指挥班底。

庞培方的总司令当然是57岁的庞培自己。这个人的组织能力和战略才能，到目前为止都是被评为第一的。当然，他手下的副将是梅特鲁斯·西庇阿，这个人既是庞培的岳父，也在公元前52年和女婿庞培一道出任过执政官，虽然是副将，但是从他受到的待遇来看，简直就是和庞培并列的总司令。庞培是以这样的礼数对待他的，他本人也是这样行事的。

在这两人之下的是亚弗拉尼乌斯和佩托雷乌斯，两个从西班牙战线铩羽而归的人。他们在被恺撒释放后，跑到希腊和庞培会合。另外，科菲尼昂战役里被恺撒打败的阿赫诺巴尔布斯同亚弗拉尼乌斯和佩托雷乌斯一样，也经历了“被俘—释放—会合”的过程。因为在科菲尼昂战役之后，他根据庞培的指示又出任了马赛保卫战的总指挥，但仍然在两场海战中再次败给恺撒的下属将领德奇姆斯·布鲁图。此后他对马赛的命运不再抱幻想，返回希腊和庞培会合。

从根本上来看，在庞培军中事实上担任副将的是在八年高卢战争期间担任恺撒副将的拉比埃努斯，他熟知恺撒的战略战术，而且一直以来都战斗在指挥最前沿。这两点加深了庞培对他的倚重。

此外，公元前49年度的执政官马尔凯鲁斯、雷托鲁斯，以及小

加图等反恺撒派的元老院元老也在将领的名单中。跟随庞培舍弃意大利的元老院元老有200多人，简直可以在希腊召开元老院大会了。但是，几经犹豫之后又追随庞培来到希腊的，包括西塞罗在内的这些人，在军事上并不能得到庞培的重视，他们也自知没有这方面的才能。但是作为社会上层人士，他们也不愿放弃作战会议的出席权。也就是说，他们只是一群纸上谈兵的人。

这些人当中有一位自愿奔赴前线参战的36岁的马库斯·布鲁图显得有些与众不同。此人以后相当有名。布鲁图8岁那年，父亲就被庞培杀害了。父亲之死使他恨庞培恨了很久，但是此时他决定来到希腊，是为了反对恺撒打倒“元老院体制”。因为他相信，元老院主导的寡头政治，也就是现在的政体，是罗马国家应当遵循的政体。这个布鲁图虽然在庞培的阵营里待着，但是从不与庞培打招呼。庞培也对这个毫无军事经验、整日阴沉着脸的男人视而不见。

在恺撒从首都出发前，布鲁图的母亲塞维利娅就拜托恺撒保护跟随庞培走掉的儿子。塞维利娅是恺撒以前的情人，是恺撒一生挚爱的女人。这个女人的委托，他当然不能置之不理。可能布鲁图以为跟着庞培出走，就能摆脱自己是恺撒情人之子的不光彩命运。但是不管到哪里，他都要回到原点面对这个现实。

终于可以看到和庞培决战的恺撒方的将领的面孔了。除了总司令恺撒外，和星光熠熠的庞培方比起来，这边的阵容显得非常寒酸。除了公元前53年度的执政官多米提乌斯·卡尔维努斯一人和恺撒是同时代的将领外，其他的将领，从33岁的小安东尼开始，大多都是些经验不足的年轻将领，这就是现实。高卢战争时期的一帮军团长中，托雷波尼乌斯出任法务官留在罗马管理本土；德奇姆斯·布鲁图出

任行省总督到法国南部赴任，无法跟随恺撒前往希腊；库里奥战死于北非；恺撒也不放心将一方军队只交给多拉贝拉一人。在这样的状况下，恺撒任命多米提乌斯为第一副将，小安东尼为第二副将。这两人都骁勇善战。当然，骁勇善战也是忠实地执行恺撒思想战略的成果。世上的事经常有正和反两面。相比于思考的“头”和拿主意的“口”都很多的庞培方，恺撒这边所有的思考和意见都集中在恺撒一人身上。

虽然可以成为幕僚的人寥寥无几，但是恺撒任命以百夫长为代表的将领担任中间指挥层，无论在数量上还是质量上，都要压倒庞培方。从很久以前开始，罗马军团的主力就是百夫长，将这个传统运用到极致的正是恺撒。从名字来推测，这些人都是出身于平民阶级。恺撒相信他们的实力，给了他们莫大的自信。他们被升任为原本仅由贵族和元老院阶级才能担当的军团长和大队长，也同时萌生了担负起军团支柱的自觉。常言道“士为知己者死”，百夫长对恺撒的忠诚之心，光昭日月。和这些百夫长同寝共食的普通士兵，跟自己的队长也是同心同德，同甘共苦。恺撒采用精兵战略虽然有迫不得已的成分，但百夫长也是恺撒与庞培战斗下去的自信来源。

话虽如此，战争并不是只是依靠意志和气概的战斗。战争的决定性要素中首屈一指的一贯都是士兵的数量和素质。如果说数量的话，那么庞培方肯定是具有压倒性的优势；但如果从质量上看，两方的情况正好颠倒了。因此，比较由质和量两方面相综合形成的战斗力的强弱，实在是无法简单地给出答案。

恺撒这边的 10 个军团 2.5 万名重装步兵中，现役的老兵占到了一半。第八、第九、第十、第十一、第十二这 5 个军团都是从高卢战争第一年开始就追随恺撒的。对恺撒而言，他是率领着嫡系部队亲自

决战。

庞培方的老兵也不少。但问题是，老兵也有两种：一种是自始至终都在战场上的现役兵；另一种是年龄上虽然已是老兵，但是战斗经验已经撂下了好多年的所谓老手。

庞培方的老兵只有从意大利带来的两个军团属于前一种，这两个军团是以出兵叙利亚为名，从恺撒手中收走的。从公元前 53 年到前 50 年的 4 年间，这些老兵跟随在恺撒身边积累了许多战斗经验。除这两个军团以外的庞培军中的老兵，都是些东地中海海域各行省的防卫兵。庞培称雄东方后，他们过上了和平日子。简言之，这些老兵从公元前 63 年开始的 15 年间并没有经历过真正的战斗。庞培也知道，越是新近经过战火洗礼的战士就越强悍，因此，在恺撒进攻西地中海海域期间，庞培率领自己的士兵前往希腊中部的色萨利进行军事训练。总之，除了从意大利带来的两个军团以外，庞培的兵力都是从各地凑合而成的。没有面面俱到的训练，就无法形成真正的战斗力。

提到海上战斗力，我们会发现将双方实力拿到一起对比毫无意义。庞培从东地中海全域搜集了 600 艘船。和他相比，恺撒连保证运送 2.5 万名步兵和 1 300 名骑兵的船只都没有，他为此不得不分两批运送。这样算来，他应该充其量只有 100 艘船。在无可奈何地目送庞培出港远遁之后，恺撒在 9 个月前就下令建造船队。但是受命造出来的船里有 40 艘已经在小安东尼和多拉贝拉夺取亚得里亚海制海权时损失掉了。不过，庞培军队也不会为了阻止恺撒军渡过亚得里亚海而动用全部的 600 艘船，港口至多只能容下 150 艘。

夺取地中海制海权犹如梦幻一般遥远，恺撒除了考虑如何渡过亚得里亚海之外，也再没有别的办法了。而此时庞培则认为，只需 150

艘船就足够阻止恺撒渡海了。

战争因而转移到了经济问题上。在双方战争费用方面，庞培仍然占了压倒性的优势。

不能忘记的是，公元前 49 年这一年度的两位现任执政官正是庞培的人，而且他还拥有足以召开元老院会议的元老院元老，并且根据发布“元老院终极劝告”的戒严令，庞培还被赋予了以军事力量全权收拾残局的权力。这一年的正统政府不是在意大利，而是在希腊。无论是向罗马行省征税还是向同盟国提出兵力支援的要求，权力都掌握在庞培手上。庞培并不是单纯地收拾残局。他通过成功肃清海盗，使地中海的全部海港城市都成了他的“clientes”，此后又继续称霸东方。那些成了罗马行省的地方自不用说，还有一些承认罗马霸权的同盟国都与庞培建立起了“clientes”的关系，而且这些东地中海行省的经济实力远远超过西地中海领域。如果从地域来说的话，它相当于高卢、小亚细亚、叙利亚三者相加之总和。从那些地方收取的行省税，恺撒只有区区 4 000 万第纳尔，庞培则有 2 亿。舍弃意大利之后的庞培，将东地中海全部的行省税都握在了自己手中。因为有正统政府之名，所以他这样做在法律上是不存在问题的。庞培慌忙从首都逃遁时，也许神殿内国库里的大部分财物都没来得及带出——也有可能一点都没有拿走。但是由于政府的正统性以及庞培个人的权威，庞培方的战争经费仍然非常充裕。就连那个小气的西塞罗，去投靠庞培阵营时都带去了 100 万第纳尔，可见光是各方捐献数量就已经相当惊人了。

庞培用这笔钱在希腊买了大量粮食储藏起来。无论是购买兵器、添置装备，还是支付军饷，他都毫无困难。从一开始，庞培和众元老院元老的生活水准，基本和在首都时不相上下。但有一点不同，那就是庞培将妻子和未满服兵役年龄的儿子都放在了莱斯沃斯岛避难，因

此，他们处于夫妻分居状态。

另外，庞培方资金的充裕是与负责收税的包税人分不开的。在庞培和恺撒的斗争中，包税人都站在庞培一边，保证了资金的流入。包税人和放贷者这类罗马社会的金融界人士，对恺撒在高卢和西班牙全境实行的税制改革产生了危机感。税制改革一旦实施，就不能随意地进行操作了，他们的甜头就会减少。此外，恺撒还规定了利息的上限。从金融方面来看，庞培代表的体制是自由经济派或者说是市场经济派。

恺撒将出任公元前 48 年度的执政官，他代表的政府即将成为正统政府。但是，这仅是得到了法律上的承认而已，他以前没能得到的东西现在仍旧得不到。另外，他手中的地域都是经济欠发达的区域。虽然西地中海的意大利地区经济力量较强，但如果对那里的居民实行重税的话，恐怕就连他们都有追随庞培的危险。

如果资金不足，又无法从敌人现居地区获得军粮补给的话，形势就对恺撒越来越不利了。正是因为无法对战争经费不足视而不见，所以他才一面召集 12 个军团，一面最后只带了 10 个军团出征。

两雄相争之前，如果将双方所有条件总结成一个总览表的话，应该就是如下表所示。因为双方总司令的年龄分别是 58 岁和 52 岁，因此在这一点上就将两者视为条件等同，不再列入表中。另外，总览表的满分是 10 分（见下表）。

说明：对于表中标注“？”的地方的评价，我想还是根据两强相争的阶段结果，由读者来填写比较好。无论如何，军事上的组织指的是，为实现用最小代价获取最大效果的目的而能够调动全部机能的组织。因此，在战争开始前还不明了的地方，我用“？”来表示。

双方条件	庞培	恺撒
陆上力量	10	3
士兵的老练程度（平均值）	2	8
高级指挥官能力	8	2
中、下层指挥官能力	2	10
海上力量	10	2
资金支援	10	2
总司令的能力（或对上述各条件的利用程度）	?	?

进军希腊

正式取得执政官职位的恺撒到达布林迪西的时候是公元前 49 年的 12 月 22 日。按照往常惯例，此时应该进入冬营期，并不是适合军事行动的季节。不过为了尽快结束内战，恺撒进行了历法改革，对日历上的季节和实际上的差别，他比普通人敏感一倍——虽然二者确有差别，也绝不会差到两个月之久。11 月的南意大利已经进入了冬季。冬天里即使是平静的地中海也容易变得波涛汹涌。此外，恺撒还未能准备好足够数量的船只来完成全军一次性渡海。

虽然如此，恺撒也没想过要延期渡海奔向希腊。我猜测他是不想浪费公元前 48 年这一年——也就是他就任执政官这段时间——的一分一秒，他想将这一年的效用最大化。因为一旦拖到来年，也就是到了公元前 47 年，如果不做什么手脚，恺撒就会变成前执政官，这和

现在拥有前执政官身份的庞培在资格上不得不平起平坐了。

时间刚刚进入公元前 48 年 1 月 4 日，恺撒就率领着第一批人马，1.5 万名步兵和 500 名骑兵，从布林迪西出海了。自他抵达布林迪西这一去往希腊的主要港口，至今不过 13 天时间。

这次出海除了必不可少的装备以外，军团所有的物资都留在布林迪西了。恺撒自己在书中也提到，这是为了尽可能多地装载士兵渡海。按照预定计划，船在送先锋部队渡海之后再返回，由渡海的第二批士兵负责运送留下的物资。第二批渡海的有 1 万名步兵和 800 名骑兵，由副将安东尼率领。

恺撒一直担心的庞培军会在海上阻击的情况并没有发生。敌方根本没有想到恺撒会在冬季渡海。由于海上风平浪静，又没有敌军干扰，所以在出海第二天一大早，恺撒就在希腊西岸顺利登陆。考虑到庞培方可能监视，恺撒从一开始就没打算从港口登陆。但是除了海港以外，也不是随便哪里都能登陆的。亚得里亚海的东岸海湾地形错综复杂，太接近的话就很有可能触礁。在登陆地点上，恺撒选择了夹在石岸之间的狭窄沙滩，应该就是现在的帕拉萨海岸一带。这里位于庞培的大本营驻地——现在阿尔巴尼亚的都拉斯——以南直线距离 130 公里的位置。都拉斯的拉丁语名称是“Dyrrhachium”。

恺撒在布林迪西下了阿庇亚大道，坐船横穿亚得里亚海，从都拉斯上岸。这是从罗马前往东地中海地区的主要线路。在公元前 2 世纪，罗马人就已经横穿亚得里亚海，从都拉斯向东铺设了埃格纳提亚大道。恺撒的人马肯定要避开都拉斯以及其他有庞培军队驻守的港口，从帕拉萨登陆后，船队立刻朝布林迪西返航，以便尽早运送第二批士兵渡海。

上岸之后，他们甚至连坐在沙滩上将被海水泡湿的衣物弄干的时

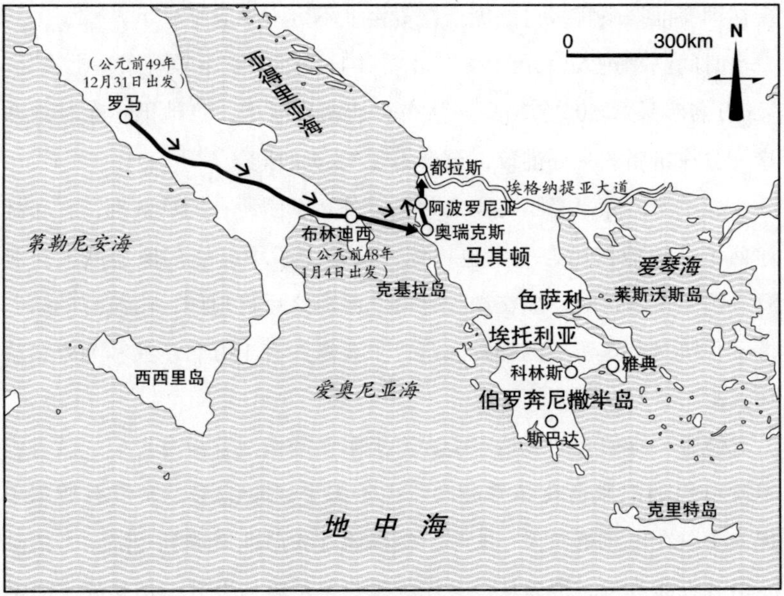

公元前 48 年恺撒的进攻路线

间都没有。从登陆地点往北不到 10 公里的地方，就是奥瑞克斯港。庞培安排了 18 艘战船守护在那里。此外，在南面 80 公里的克基拉岛（今科孚岛）上有受命担任亚得里亚海域海军总指挥的比布鲁斯和他率领的 110 艘战船。

不巧的是，不管是担任监察官、大法务官，还是公元前 59 年度的执政官，比布鲁斯都和恺撒是同僚。在此之前，他一直都斗不过恺撒。内战开始以后，他进入庞培手下管理海军，有生以来第一次变得积极活跃。恺撒必须赶在比布鲁斯得知自己已经登陆之前，尽快取得立足点。

公元前 48 年 1 月 5 日，恺撒成功地从希腊西岸登陆，首先从陆

上对奥瑞克斯港实施背后攻击。他亲自指挥陆上进攻，手下其余的12 艘战船从海上进行配合，双面夹击，不到一天的时间就攻克了该港。遭到突然袭击的奥瑞克斯港一度向克基拉岛请求支援。但是由于事先没有准备，比布鲁斯的 110 艘战船都还没来得及出港，奥瑞克斯就被攻陷了。

奥瑞克斯被成功攻陷后，恺撒马上将参与战斗的 12 艘战船遣返回布林迪西。对深入敌营的恺撒来说，安东尼率领的第二批 1 万名步兵和 800 名骑兵的战斗力才是重头戏，等待他们的到来比什么都重要。

然而，带着恺撒希望的这 12 艘返回布林迪西的船在途中遭到了从克基拉岛赶来的比布鲁斯船队的追击。12 艘船被包围后遭到攻击和焚烧，船上的船员全部牺牲。

比布鲁斯就此断定恺撒必有援军，他下定决心，开始实行海上封锁，要阻止恺撒的第二批士兵渡海。作为总指挥，比布鲁斯连睡觉都在海上，时刻处于临战的状态。他想包围并孤立登陆成功的恺撒，将恺撒友军运送军粮的补给路线掐断。恺撒还不知道自己的 12 艘战船遭到袭击的悲惨命运。但他也不是那种袖手等待第二批军队到来的人，他已经开始准备进攻奥瑞克斯以北 50 公里处的港口阿波罗尼亚了。

今天由于海岸线持续前推，阿波罗尼亚是个已经看不到过去影子的内陆小村庄。而 2 000 年前的阿波罗尼亚则是罗马在希腊西岸的重要军事基地，是和埃格纳提亚大道的始发地都拉斯相提并论的。当然，庞培也在那里设置了守军。

但是，知道恺撒军队正在靠近的当地居民，拒绝协助庞培的军队进行防守。守军队长得不到居民的协助，认定自己无法同恺撒抗衡，

便带着守军逃走了。当地居民派代表前往恺撒营中传达了友好投降的意愿。恺撒也保证会保障居民的安全，并为他们提供防卫保护。这样，在攻陷奥瑞克斯后的第二天，恺撒又兵不血刃地从庞培手中夺得了阿波罗尼亚。这一天是 1 月 7 日，所有的障碍都已清除，部队开始向纵深挺进。但是在这之后的第二天——如果不是第二天的话，那就是其后几天之内——恺撒得知了自己船队被比布鲁斯围剿的悲惨命运。恺撒马上就想到了比布鲁斯的行动意图。即使如此，他也毫不怀疑自己的第二批军队会尽早抵达。之所以这样肯定，是因为布林迪西处于长筒靴状的意大利半岛的脚后跟位置。从那里到希腊西海岸，坐船只需要一天的时间。

但是，得知恺撒登陆的庞培中止了在色萨利的军事训练，率全部军队北上，沿埃格纳提亚大道向都拉斯靠近。

隶属罗马的埃格纳提亚大道在当时可称得上是“高速公路”。恺撒才收到庞培“正在接近”的报告不久，“到达”的报告就很快传来了。恺撒在阿波罗尼亚，庞培在都拉斯，两地之间的直线距离不过 70 公里。但是在阿波罗尼亚前面的海上，还有比布鲁斯率领着庞培海军时常进行日夜不停的“海上封锁”。为了避免受到海上和陆上两面夹击的威胁，恺撒决定打运动战。

在梅特鲁斯 · 西庇阿的 2 个军团还没有到达的情况下，庞培麾下的军队就应该已经有 9 个军团 5.4 万名重装步兵和 6 000 名左右的骑兵。而另一方恺撒则只有 1.5 万名的重装步兵和 500 名骑兵。在这种情况下通常是走为上策，但是恺撒偏偏反其道而行之。

庞培将易守难攻的天然军事要地都拉斯当作补给基地，用于储存军粮和武器。另外，他还以守卫补给基地的名义，将庞培派中不适合上战场的西塞罗、小加图之流的元老院元老送到了都拉斯。不过，庞

培手握 5 万余重兵，当然没有理由死守城中按兵不动，再说他也没有进行围城作战的想法。从色萨利跟随总司令而来的全体官兵都在都拉斯南面 30 公里处、注入亚得里亚海的埃尼珀斯河北岸安营扎寨。当然，这都是得知恺撒驻扎于阿波罗尼亚后进行的布置。但是恺撒不但没有逃撤，反而迎敌北进，在埃尼珀斯河南岸筑起了营地。面对 6 万名庞培士兵，在兵力只及对方实力四分之一的情况下如此行事，堪称十分大胆的举措。比起坐等下一批援军的到来，或者在优势敌人逼近的情况下逃跑而言，恺撒知道不如主动进攻才能更加激起士气。但是，恺撒在这一形势下的前进策略，也不能不说失之鲁莽，给了庞培一个绝好的机会。

然而，令人完全无法理解的是，为什么庞培不利用这个绝好的机会，举全军之力进攻呢？他是否因为考虑到资历相当的梅特鲁斯·西庇阿的感受，想等他到位之后再发动总攻呢？是不是因为庞培方的元老院元老思考和拿主意的“头”和“口”都太多，他听了太多的忠告、劝谏，被蒙住了双眼，失去了对行动的判断力呢？还是因为知道恺撒登陆后己方昼夜兼程急行军，强度太大，希腊人居多的士兵纷纷逃走，军心动摇了呢？又或者是从不知战败滋味也不曾尝过在敌人面前撤退、只知前进和常胜的庞培自信地认为，无论何时何地和恺撒正面对阵都能打赢呢？若非如此，难道是在 57 岁的庞培内心最深处，为避免与同胞战斗的愿望越来越强烈，因此在决断上进行着激烈的自我辩论？总而言之，庞培在这样绝好的机会下根本没有做出任何行动。

恺撒则始终在行动。他知道以手上现有的兵力根本无法与庞培进行战斗，因此，他又用到了外交战。

对恺撒的这一行为，后世有两种理解：有学者认为，恺撒在这个

时候使用外交手段，完全就是在拖延时间；而另一些学者则认为，恺撒是真心希望用对话的方式解决纷争。我对这个问题的看法是，恺撒可能以上两种考虑都有。

在恺撒营中有一位名为维布里乌斯·鲁弗斯的人，他原为庞培的参谋，在科菲尼昂战役和西班牙战争中，都是庞培派去和阿赫诺巴尔布斯、亚弗拉尼乌斯并肩作战的将领。作为庞培身边的高官之一，他在科菲尼昂战役和西班牙战争中两次被恺撒俘虏，两次都被恺撒给予去留选择的自由。但是，和阿赫诺巴尔布斯、亚弗拉尼乌斯不同，他在第一次科菲尼昂战役后回到了庞培身边，却在西班牙战争后不知何故，留在了恺撒阵营。恺撒选择了这个人作为前去与庞培和谈的使臣。根据恺撒自己的记录，他让鲁弗斯带去的书信要点如下：

庞培与恺撒消除彼此间的敌对关系，放下武器，停止以后的冒险行动。两人都要从重大的损失中吸取教训，避免再受到更严重的伤害。

庞培被逐出意大利，失去了西西里岛、撒丁岛及西班牙；在意大利和西班牙，他失掉了130个大队（计7.8万人）的罗马公民兵。恺撒则深深为库里奥的早逝感到悲伤，为北非的挫败叹息不已，为亚得里亚海中失去小安东尼及其手下的兵士感到难过。这些都是强有力的例证，证明我们两人在战争中会有怎样的命运。因此，为了我们两人，为了国家，你难道不想避免上述悲剧重演吗？

因此，现在正是进行和谈的最佳时机，因为你我二人的自负之心和对各自军队的信心的确难分伯仲。如果有一方的优越感稍微多一点的话，谈判就将难以进行。因为比起依据能力获取相应

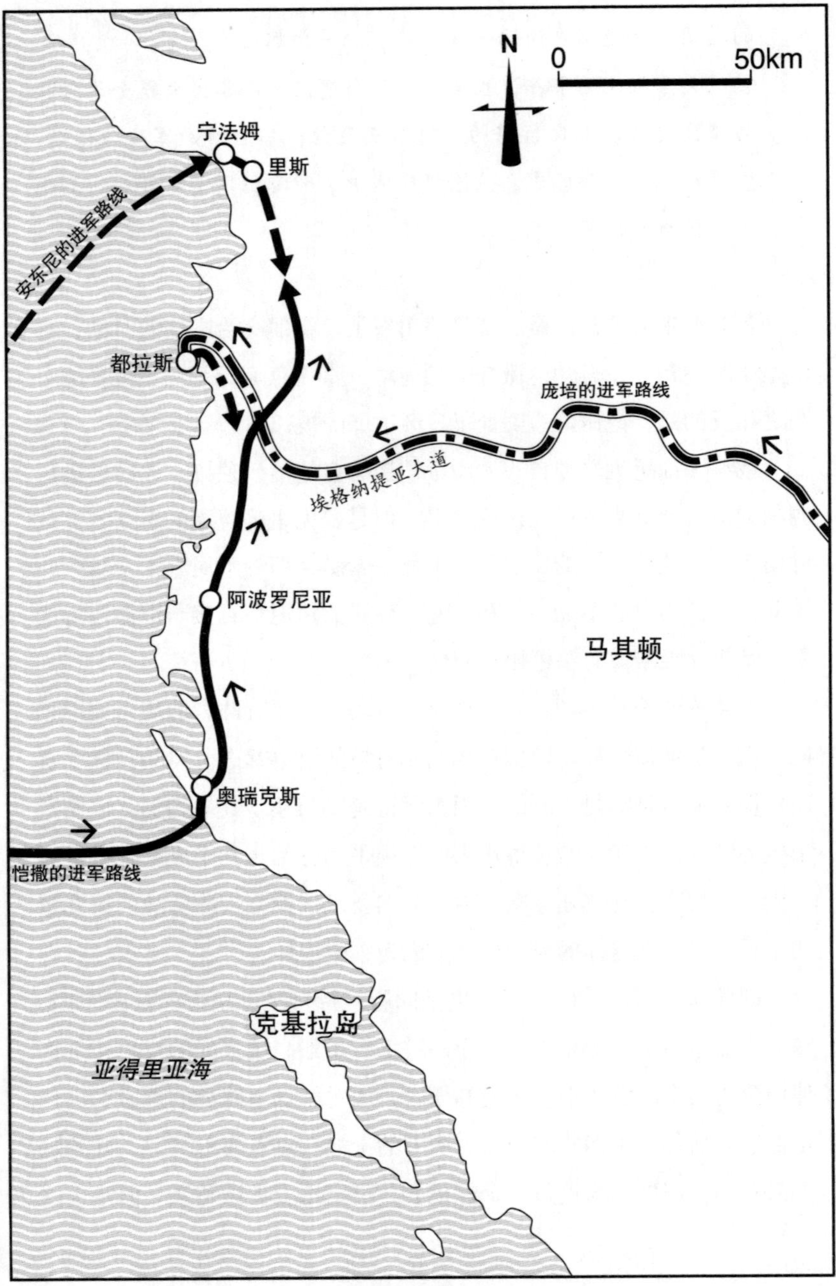
N
0
50km
宁法姆
里斯
安东尼的进军路线
都拉斯
庞培的进军路线
埃格纳提亚大道
阿波罗尼亚
马其顿
奥瑞克斯
恺撒的进军路线
克基拉岛
亚得里亚海

希腊西部地图

的满足，优越感更强的一方总是想把一切都据为己有。

关于和谈的条件，我有以下几个建议：以各自大军全体士兵为证，你我二人交换誓约。随后三天内，各自解散军队。但是，由于对庞培心存顾虑，恺撒将从城中（即都拉斯）离开后，到平原地区再解散军队。

鲁弗斯带着这封恺撒的亲笔信出发了，将信交给庞培的时候，已经是1月中旬了。得知恺撒登陆的庞培一直在急速行军，积极备战；与之相反的是，恺撒这边则处于日渐浓郁的被孤立的不安之中。

或许，如果庞培独自一人阅读恺撒的亲笔信，独自一人对之进行判断的话，或许真有可能达成和平。但是，庞培是恺撒的对立方拥戴的司令——这些强硬的反恺撒派聚集于希腊，但并不局限于希腊——因此，他认为自己不能在不和这些人商讨的情况下直接与恺撒进行谈判。结果，庞培没有给恺撒写回信。

庞培依然按兵不动，恺撒也没有行动——尽管两者的理由大不相同。由于被河流阻隔，他们形成两军对峙的胶着状态。但是，这个状态对恺撒而言绝对是不利的。因为无论是军粮还是其他物资，恺撒军都极为缺乏。恺撒把辛苦筹集来的军粮平均分给每一个人，官兵没有一人口出怨言。在皮亚琴察以退役为名要求加饷并发起罢战的第九军团士兵，更是在这样的艰苦环境下成为军中榜样。

即使这样对峙，两军将士也是同胞。特别是庞培方的两个军团，在高卢战争后的四年里曾是恺撒的手下。虽然高层之间的权力斗争将他们分为两个阵营，但是对他们而言，河对岸摆下阵势的恺撒军仍然是他们并肩作战了四年的战友。两方的士兵一点点靠近河堤，开始隔着河对话。恺撒认为这是一个好机会，决定再度尝试和谈。但是，这

次派将领瓦提尼乌斯送去的亲笔信，和第一次的尝试一样杳无回音。庞培的近参对此的反应是，对隔河交谈的士兵加以训斥，并严令他们返营。拉比埃努斯的言论就是这种反应的象征。曾经是恺撒“左膀右臂”的拉比埃努斯训斥着庞培方的士兵，同时对恺撒方的士兵大声叫道：“什么讲和！什么同意！禁止再交谈这样的内容。对我们来说，取下恺撒的首级那一刻，就是和平之日。”

庞培方的战略已经很明确了，而这边除了等待第二批出海援军的到来之外，恺撒别无他法。恺撒的第二批人马，1 万名重装步兵和 800 名骑兵数次尝试出海。然而他们要面对两大敌人，一个是隆冬中翻腾的大海，另一个就是庞培海军的封锁。在敌军没有出现的时候，海上风暴就会袭来。在布林迪西港，他们几乎处于被钉子钉死的状态。

风水轮流转，安东尼的幸运时刻终于到来了。春天即将来临，与此同时，因憎恨恺撒而在海上不知疲倦地往来巡视的比布鲁斯突然离世。即便如此，当安东尼率第二批士兵离开意大利时，已是 3 月下旬了——日历上是 3 月下旬，而实际季节不过是 2 月中旬。经过多次联络和敦促，安东尼率第二批士兵终于到来，恺撒 2 个月零 20 天漫长艰苦的岁月也随之告一段落。

第二批军队终于来了

即使是那些记录激烈战争场面的战记文章，读者有时也会看到一些令人忍俊不禁的有趣场面。安东尼率领恺撒的第二批军队争渡希腊，就是这样的一场进军。

与海洋性季风不同，地中海的海风是始终变化着的。不过，各个季节还是有其被称为“主风”的主流风向。亚得里亚海冬天主要被北风或者西北风支配。恺撒之所以指示安东尼在阿波罗尼亚登陆，一方面是可以借助这一风向驱船航行，另一方面也可以避开庞培军监视下的都拉斯和克基拉岛周围。毕竟，运输船大多都是只以风力为动力的帆船，而且是罗马时代的四角帆。后来威尼斯共和国的船才是三角形的帆，这种形状的帆可以呈“之”字形推船前进，因此逆风也可以航行。而四角帆船若赶不上顺风就无法航行，逆风来了，它还会被吹往与目的地完全相反的方向。

此时庞培方的海军大将比布鲁斯已经亡故，来自敌人人为的阻碍虽然减少，但是天不作美，老天一直不吹西北风。安东尼和第二批援军的 1 万名步兵、800 名骑兵都开始焦虑起来。从第一批士兵出海已经过去 2 个月零 22 天了，在这期间，原本预定的军粮补给船一艘也没有发出去。要保持希腊和意大利之间的联系，只有靠速度较快的传令船悄悄穿过庞培海军在海上的封锁线。

整个冬季，海上一直刮着少见的南风。安东尼和他的士兵都认为，再不能这样空自等待下去了。即使是冒着逆风突袭，他们也要出海。

3 月 26 日，由安东尼率领的第二批军队离开了布林迪西。他们原本希望出海后风向能发生变化，但是风向始终如一，没有丝毫改变。他们从布林迪西南行一段之后本应在阿波罗尼亚登陆，结果却一直被风吹向了北方。尽管他们也接近了亚得里亚海的希腊海岸，可是出现在他们右前方的，不是阿波罗尼亚而是都拉斯。而且在这个节骨眼上，他们还被庞培方的海上巡逻队发现了，得到通报的敌人船队立刻紧追不舍。

不过，还是强劲的南风拯救了安东尼。时年 34 岁的安东尼有恺撒这个纪律严明的上司，他没有在海上降帆迎敌，而是坚决执行恺撒不惜一切代价登陆希腊的命令，挂直风帆，趁南风毫不停歇地逃跑。恺撒从陆上看到了这一切，而在其北面不远处布阵的庞培也看到了。

在双方陆上军队的众目睽睽之下，一路向北后撤的安东尼船队以及紧追其后的罗得岛庞培方船队先后驶过。

不过，在一路后撤的过程中，安东尼的脑海中只有一个念头，那就是“登陆”。就在这时，宁法姆港出现在他的视线里。他知道这个小港在刮西南风的时候是个不错的避风港，但是如果刮南风的话就不好说了。安东尼想，与其被敌人追击，不如冒着被风吹向山崖的危险靠岸。这个决定受到了命运之神的眷顾。安东尼的船队进入港口时，此前一成不变的南风突然转成了西南风。

安东尼的船队在强劲的西南风吹送下安全地进入避风港。与此相反，追击者在港外受到了强烈的南风侵袭，不仅船只之间互有碰撞，还有的船只被吹向了山崖，破损严重，士兵纷纷跌落海中，被恺撒方士兵救起。后来这些获救的罗得岛居民被恺撒遣返回乡。

又一次蒙神眷顾的安东尼在宁法姆港登陆后，头脑一直很清醒，分秒不误地占据了位于内陆四五公里处的里斯城，同时他火速传递消息给恺撒，报告了自己的位置所在。

安东尼的实际登陆地点在距恺撒指定登陆点以北，两地直线距离在 130 公里以上。如果在阿波罗尼亚登陆的话，安东尼只要再往北 50 公里就能和恺撒会合了。但是现在安东尼不是在南面的阿波罗尼亚，而是在北方 130 公里外的宁法姆港登陆，这样他和恺撒之间隔着庞培方的补给基地都拉斯。除此之外更要命的是，中间还有埃尼珀斯

河北岸庞培的6万名士兵严阵以待。

在1月5日恺撒登陆和3月27日安东尼登陆之间的2个月零22天里，庞培的大军一直无所事事。现在庞培可以运用自己的战斗力不让恺撒和安东尼会师。这对横插大军于恺撒和安东尼之间的庞培来说，并不是不可能完成的任务。

用一半大军封锁恺撒1.5万人的行动，再用剩下的一半粉碎仅1万名步兵和800名骑兵的安东尼的进攻。由于他手上有6万大军，因此拿出其中的一半也足足有3万人，绝对是无坚不摧的战斗力。此外，庞培还拥有地理优势——与过不了埃尼珀斯河就无法北进的恺撒相反，他无须渡河就能北伐安东尼。

庞培终于采取行动以阻击恺撒和安东尼的会师，然而他实施的却不是兵分两路的阻击战法。

会师

安东尼的里斯城与埃尼珀斯河以南的恺撒之间，即使是直线距离也有50公里，而且在这个中间还有埃尼珀斯河和庞培的6万大军阻挡。显而易见，如果他不向东走个大迂回，就无法和恺撒会合。恺撒命令安东尼迂回南下，自己也从埃尼珀斯河南岸拔营，从东面迂回北上。

与此同时，庞培也从埃尼珀斯河北岸的营地出发了。但是在大军中的两大要素中，无论是在启动时间还是在行军速度上，恺撒这边都更快一步。因为比起敌人试图掩盖行踪而放慢行军速度来说，恺撒更看重缩短他和安东尼之间的距离，因此，在大白天就下令拔营行军。

和恺撒相反，庞培发出的指令是要大军在恺撒毫无察觉的状态下在黑夜中行军。此外，庞培将 6 万大军全部投入阻止恺撒和安东尼会合的战斗中，行动难免迟缓。

北方的安东尼从东南方向迂回南下的同时，南方的恺撒从东北方向迂回北上，两人都为了尽早会师而拼命提高速度，因此，他们赶在庞培大军前来阻击前就成功会师。此时是公元前 48 年 4 月 3 日，在第二批军队登陆一个星期后，恺撒的两批人马成功会师。

恺撒和分别三个月之久的部下会合了，这不是由于幸运之神的眷顾，也不是来自自己的发挥，而是来自敌人的恩赐。

庞培得知敌人已成功会师后，非但没有发起挑战，反而下令全军撤退。两天后，他又重新构筑了新的阵营等待恺撒。这次的位置在埃尼珀斯河稍北的地方，距离补给基地都拉斯更近的基努斯河河口附近。这里是海陆的交通要道，既可以通过埃格纳提亚大道，也可以从海上联络都拉斯，是个适合“按兵不动”的绝好地方。庞培在这里静待从叙利亚过来的梅特鲁斯·西庇阿的两个军团。

会师后，恺撒这边的局势也并没有立即好转。他们的军粮补给本来计划是从布林迪西运送过来，需要一天的航程，可是他们最终不得不放弃这一希望。因为放手让恺撒的第二批士兵也登陆的庞培正在集中力量，破坏恺撒的军粮补给。

首先，停靠在奥瑞克斯港的恺撒的剩余船只，被庞培的长子格涅乌斯率领的来自埃及的 50 艘战船捣毁了。接着，依然是在他的指挥下，船队击毁了在宁法姆港停泊的安东尼和第二批士兵乘坐的船。由于春天到了，庞培的船队可以连续出动，外加海上的风暴干扰，恺撒和意大利本土之间的补给线被全面切断。

事已至此，唯有在当地筹集粮食了。不仅要大力发动士兵筹粮，

连恺撒自己也不得不出动了。在这种万事皆不足的状况下，恺撒与舞台不断扩大的庞培在希腊对决，拉开了战争第二阶段的帷幕。这就是历史上著名的长达三个月的战争，史称“都拉斯战役”。

都拉斯战役

当恺撒军队会师的时候，庞培可能已经开始考虑持久战了，而恺撒也不会认识不到这一点。可是持久战对恺撒方颇为不利。他也没有接到他下令在西西里和法国南部建造的船队驶入亚得里亚海的消息。他简直就处于无一船可用的状况。从意大利来的补给也没法期待了。反观庞培这边，他不仅储备了充足的粮草，还牢牢掌握了亚得里亚海的制海权。

为了避免陷入持久战的泥潭，与“等待”的庞培相反，恺撒决定发动“进攻”。和安东尼会师后，恺撒立刻回头打击原本跟在身后、后来转为撤退的庞培。两天后，他追上了庞培，寻求会战。当时在总司令的帷幕上挂起红色的短上衣，就意味着挑战。但是，不惧持久战的庞培决定按兵不动，并没有应战。这样一来，恺撒也唯有改变战略，考虑进行持久战。

在会师后不久，恺撒将手中的 10 个军团和 1 300 名骑兵分成两路，其中的一路又分成三队，命令他们集中攻击希腊东部和中部地区。

第一副总指挥多米提乌斯率领 2 个军团和 500 名骑兵，前往马其顿。

隆基努斯率领 1 个军团和 200 名骑兵前往色萨利。

撒比努斯率领5个大队，也就是半个军团和少数的骑兵，前往埃托利亚。

这样算起来，总共3个半军团与700名骑兵，承担的任务一是获取军粮，二是获得当地居民的支持，三是视梅特鲁斯·西庇阿2个军团的远近，对其实施阻击。

第一个任务，换句话来说，就是“减少吃饭的人数”。虽然两军会师喜不自禁，但是军粮所需增加了一倍。

第二个任务，即获得当地居民支持相当成功。庞培和恺撒的战争不管是谁获得胜利，对希腊人来说，在罗马统治下生活是不会变的。此外，希腊和小亚细亚、帕鲁斯提那不一样，这里并不是庞培的“clientes”。希腊成了罗马人的战场本来就鸡飞狗跳，庞培的征税人员对他们课税又更胜往年，于是有人内心逐渐萌发了反对庞培的想法。只不过因为庞培大军驻扎，所以这种情绪并没有表现出来。而获得希腊本地人支持的恺撒虽在保障军粮方面有所好转，以小队形式行进的部队也不会受到当地居民的袭击，但恺撒在这样的良好效果下并没有完全放心。越是弱小的第三方，越是会寻求倚赖强者的生存之道。希腊的各城邦都密切关注着两雄相争的结果，而地中海世界的其他地方也不例外。

派出这些队伍之后，恺撒身边仅余6个半军团和600名骑兵的战斗力，依靠这些兵力，他开始行动，力求切断庞培军营与军粮补给地都拉斯之间的联络。

首先，恺撒在基努斯河附近的庞培营地和都拉斯之间安营扎寨。与之针锋相对的庞培也将军营往自己的补给基地靠近。在大海之滨，一块被称为佩特拉高地的地方，有一个小海湾。不论风向如何，补给船只都能在此安全登陆。此处离补给基地都拉斯海上直线距离仅7公

里，陆上直线距离也不过10公里。但是在这10公里即将到头的时候，就会发现处于海湾岬角顶端的都拉斯，落潮之后四周呈现沼泽地貌，宽广的海湾横贯其间。这里地形蜿蜒复杂，若想从陆上行进抵达，必须往北进行大迂回才行。

鉴于情况特殊，加上佩特拉的海湾规模较小，恺撒的战略是包围在佩特拉呈“守”势的庞培。虽说希望战争尽早结束的愿望已经基本破灭，但是“进攻”，也就是必须掌握战争主导权的决心并没有动摇。与以往一样，恺撒将以包围网围困庞培军的理由逐条罗列了出来：

一、敌方拥有大规模军队，尽管频繁地从都拉斯运来补给，但仍需从外部调来军粮，这样切断其补给线必然是首要目的。

二、敌方的骑兵数量颇多，围攻可以有效削弱其骑兵的机动性，是第二个目的。

三、让世人目睹庞培被恺撒围攻，而庞培却不敢应对。这样可以令在别国眼里形象崇高的庞培名声扫地。这是第三个目的。

一和二是军事上要达到的目的。没有海军的恺撒是不可能从海上进行封锁的，但是他可以从陆上进行封锁，让庞培仅能从海路获得补给，无法像之前那样高枕无忧。

三则是恺撒惯用的宣传攻势，达到心理战的效果。想想就知道了，庞培是个“实”的人，而恺撒则是“虚”“实”兼顾。

包围网

4月15日，恺撒从渡海登陆希腊后的3个月零10天，也就是与安东尼会合的12天之后，他开始构筑包围圈的工事。恺撒就是恺撒，

哪怕已年届 52 岁，仍然不改“进攻”战略。

庞培的大本营放在临海的高地佩特拉的陆地一侧，高而陡峭的山丘一直向南绵延。恺撒在每个陡丘上都修建了栅垒，让这些陡丘渐次形成包围圈。他们施工的地方距敌方大本营有 3 公里，如果敌人想来干扰的话，只能选择出击。不过，庞培一直决心“守”，当然，小规模的袭击仍然时有发生，恺撒的士兵有时不得不在弓箭射程范围内构筑工事。为了防止中箭，恺撒的士兵在身上缠了很多东西，作为盔甲防护的补充。

虽然受到庞培军的干扰，恺撒的包围圈还是逐渐成形了。庞培看在眼里，也决定在自己这方修筑防线。这样一来，以海岸线为中心，双方构筑了一个半月形的由栅栏、壕沟和石堡相连组成的双重包围网。包围网里面是庞培，外面是恺撒。

坐拥 6 万兵力的庞培方当然想尽可能地把宽阔地带都纳入防线中来，而恺撒这边则尽最大努力压缩防线的地盘。所以，双方在这里的战斗，就是围绕着“谁能占到更多山丘”而展开的。

庞培这边的防线抢先完成了。因为他们修筑工事的士兵数量更多，而且内半月形的修筑距离也更短。话是如此，这个更短的防线仍然长达 22.5 公里，依丘而建的栅垒数量多达 24 座。反观恺撒方的包围圈，全长达到 25.5 公里，栅垒有 16 座。

庞培军队就这样身处防线内，外缘距离敌人的包围圈尚有一两公里，里面甚至还有可用于放马的田地，即便是单纯的“守”也可高枕无忧。只是，6 万人的饮食是一件令人头痛的大事，现在就连水都需要依赖海上补给从都拉斯运来了。因为流往庞培这边的河水已都被恺撒下令截断了。

即使如此，不利于恺撒的地方还是更多一些。首先，包围圈战线

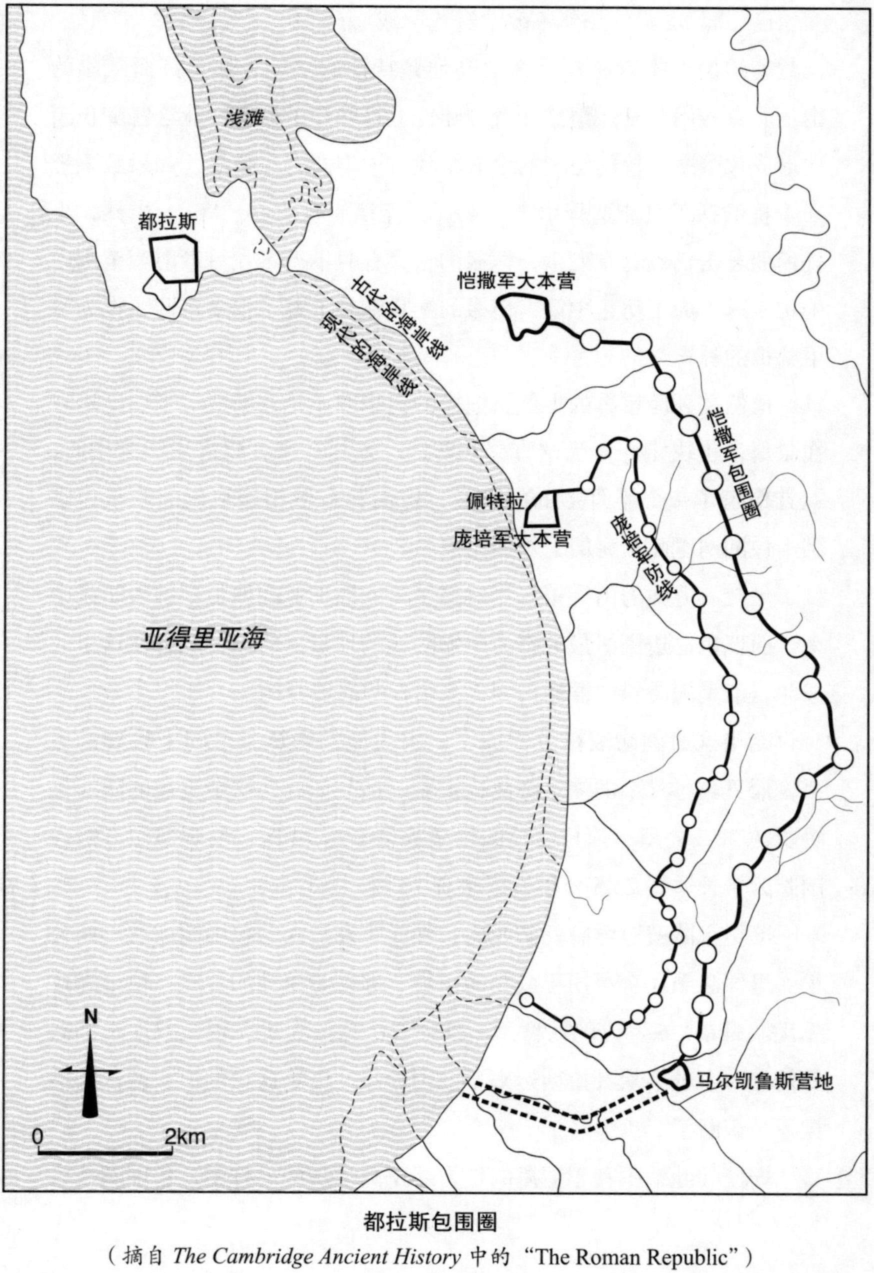

都拉斯包围圈

（摘自 *The Cambridge Ancient History* 中的“The Roman Republic”）

太长了，依山而建的栅垒数量又太少，而且25.5公里长的包围圈沿线配置的兵力数量太少。除了栅垒必需的士兵外，包围圈上可用于防守的士兵每百米才有一个人。此外，切断对方军粮的行动也并不成功。从都拉斯以及其他港口过来的补给船每天仍不断地进港。

军粮不足的困难反而是恺撒这边先出现的。这些平时以小麦为主食的罗马人，现在变得连作为马饲料的大麦也吃，甚至以野菜和肉为主食。这种情况似曾相识。这些跟随恺撒参与过高卢战争、西班牙战争都忍受过饥饿的士兵，即使在这样的状态下，也没有一个人唉声叹气，他们甚至还想出烘制新品种面包的办法。

那是当地称为“卡夫”的一种植物球根，干燥之后磨成粉，加上羊乳一起烤成面包。这种球根随处可见，因此也成了恺撒军中2.5万名士兵和500名骑兵的主食。当庞培方的士兵纷纷嘲笑恺撒的士兵饮食不足时，恺撒的士兵就把这种面包扔到敌人的防线内作为回应。如此这般，4月份过去了。

以卡夫为原料的食物被庞培看在眼里。他认为士兵以这样的东西充饥，士气必然会衰落。然而，事实和他的判断完全相反。越临近小麦成熟的季节，恺撒的士兵就越充满希望，相信自己能熬过饥馑时期。

庞培方反而随着小麦收获季节的到来而慌张起来。梅特鲁斯·西庇阿的两个军团被恺撒所派的多米提乌斯的两个军团缠住了，无法顺利前进。此外，从都拉斯和各地运来的补给，虽然士兵的食粮不用担心，但是单靠海上补给无法满足马对饲料的需求。和恺撒相比，庞培的骑兵拥有压倒性优势，这是令他自豪的部队。但如果马生病甚至死掉的话，这个优势也就消失殆尽了。由于马饲料不足，原本打算“守”的庞培也决心要出击了。从恺撒构筑包围网开始到现在已经

过了两个多月时间；从两军互相在栅栏、战壕两侧对峙到进入战斗状态，也过了一个多月了。

恺撒写的《高卢战记》发行后立刻成为当时的畅销书，据我推测，庞培也很可能阅读过此书。如果他读过该书就应该知道，在高卢战争中，恺撒军队的战绩实际上大部分应该归功于恺撒个人。因此，庞培在决定“进攻”的时候，首先实行的就是将恺撒从包围圈中引开。

于是庞培到处散布谣言，说在都拉斯城内有叛徒正打算帮助恺撒方进城。恺撒相信了这个谣言，向都拉斯开拔。恺撒离开期间，庞培同时出兵进攻恺撒包围网中的 3 座栅垒。为了让恺撒尽可能长时间地远离包围圈，他从海路调兵，对恺撒在都拉斯方向的 3 座栅垒展开攻势。6 月 25 日，庞培军同时进攻 6 个地点。

到目前为止，在长达 2 个月零 10 天的攻坚战中，恺撒将全长 25.5 公里的包围圈分为了南、北两部分。北面由自己负责，南面由安东尼负责。他误信谣言后想夺取都拉斯，因而将北面的指挥权委任给了苏拉。这个普布利乌斯·科尔涅利乌斯·苏拉是前独裁者苏拉的侄子，按常理，一心想强化“元老院体制”的独裁者苏拉的侄子，似乎应该是元老院派的人才对。但是这个苏拉却是渡过卢比孔河之后跟随在恺撒身边的“罗马青年激进派”中的一员。就像在恺撒家中，像路奇乌斯·恺撒这样隶属庞培派的也大有人在。内战造成了诸多亲人、家族的分裂。庞培和恺撒之间的内战对决，也是体制支持派和体制改革派之间的战斗，战争中这样的现象不在少数。

恺撒率军向北迂回绕过大海湾奔都拉斯而去时，在 25.5 公里的

防线上庞培投入了全部兵力，分别对恺撒封锁线的3座栅垒发动袭击。由于庞培人数占优势，所以每座栅垒承受的压力相当大。为了攻下恺撒方由一个大队共250人防守的栅垒，庞培就投入了4个军团2.4万人兵力。

恺撒方的250名士兵面对数量百倍于己的敌人的攻击，坚持了4个小时。4个小时后，苏拉率领的2个军团共5 000人赶到了，帮助他们成功地击退了庞培的进攻。恺撒方的士兵认为此时理所当然地应该追击。但苏拉制止了这种想法，并把已追出的士兵召回。士兵对此感到不服气，异口同声地对指挥官说，如果现在追击的话，今日之内就能解决战斗。但是，苏拉仍然没有改变初衷，关于此事，恺撒的记述如下：

> 他做出的决定，我认为并无可指责之处。因为军团长和总司令的任务是不同的。前者的任务是根据指示实施战术；而后者的任务在于考虑整体战略，对其实施的所有必要事项进行通盘考虑，最后给执行人下达实施指令。
>
> 受恺撒之命负责守卫大本营的苏拉，确实完成了总司令授予的任务，挽救了士兵的生命，却得到了作战不积极的评价。也许他确实让获胜的机会溜走了，但是他的选择是为了不侵犯总司令的职权。

6月25日是庞培将15年前的战术才能一举发挥到极致的一天。仅仅为了分散恺撒为数不多的兵力，庞培对都拉斯附近的3个地点和包围圈上的3个地点同时发起进攻。既然包围圈上其他两处都持续激战到日落之后，那么苏拉及其2个军团驰援的地方肯定也是如此。在

第二个激战地点，恺撒方的 3 个大队共 750 人对抗庞培方 1 个军团共 6 000 人的攻击。在第三个激战地点，面对云集而来的敌人，恺撒方的日耳曼骑兵毫不迟疑地投入战斗。最后，恺撒的士兵成功地击退了敌人的进攻。在恺撒包围圈和庞培防线之间宽度大约 1 公里的中间地带，满是需要掩埋的尸体和丢弃的武器。那天战斗的损失情况如下：庞培方的士兵战死约 2 000 人，其中有为数不少的百夫长，例如瓦莱里乌斯·弗拉库斯这样出身名门的高级将领。被恺撒方夺取的军旗共 6 面。

恺撒方的损失，全战线战死者不到 20 人，但是受伤者极多。在最严酷的第一激战地，不负伤的人一个也没有。4 名百夫长各失去了一只眼睛。敌人仅在此地就向恺撒方放箭达 3 万支。百夫长谢霸的盾牌上留下了 120 个箭眼。恺撒将军团中的 8 位百夫长升为首席百夫长，赏给他们 20 万第纳尔。以 250 人抵抗了敌人 2.4 万人的 4 个小时的进攻，与这些百夫长的英勇奋战有很大的关系。

此外，恺撒传令这天参与战斗的全体士兵此后的军饷翻倍。从这时开始，罗马军团士兵的军饷隔了 150 年终于有所提高了。虽说是在几乎没有什么通货膨胀的年代，可是军饷 150 年都没有变过，也难怪士兵会提出拒绝从军的要求。但是恺撒这样的男人仍然认为罢战这样的要求是绝症，是绝对不允许的。虽然如此，他也会相应地给予辛苦战斗的士兵大方的奖赏。

恺撒在人前不会显得忧心忡忡，却也不惮显露喜悦之情。不过像这次爆发性的喜悦的确少见。当然，庞培方也没有因为这次进攻受挫而垂头丧气。2 000 人的损失，在梅特鲁斯·西庇阿到达后就达到 11 个军团 6.6 万人和 7 000 名骑兵的兵力面前，算不上什么了不起的损失。但是，由于马粮不足，庞培想再次采取“守势”是不可能的了。

一直自负地认为自己在地中海世界最负盛名的庞培，寻找着机会再次发动“进攻”。就在此时，也就是庞培的进攻被击退仅仅几天之后，有人给庞培带来了最佳情报，好机会出现了。

激战

这两兄弟是高卢人，出身于法国南部高卢的骑士阶级，自高卢战争时就跟随在恺撒身边当骑兵，历经多次战斗。内战爆发后，他们理所当然地加入了骑兵团。恺撒也认可他俩的能力，并给予了诸多礼遇，如赠予他们土地等。但是两人对恺撒并不领情，对同僚傲慢无礼。简单地说，他们在军饷上一贯揩油，分战利品时也常常私吞。同僚的高卢士兵多次集体拜见恺撒，揭发他俩的不端行为。

而恺撒认为眼下并不是考虑赏罚问题的时候，所以他也只是倾听了士兵的抱怨而已，然后就让他们回去了。不过他还是私下传唤了这两名高卢骑兵，对他们予以叱责。但两名高卢骑兵认为这事还没了结，于是决定逃走。在远离法国南部的希腊，逃兵的生存之路只有投奔敌军一途。

庞培手中当地兵很多，所以对他来说，出现逃兵并不是什么稀罕的事。但是恺撒军中竟然有投奔敌方的逃兵，这可是第一遭。不仅如此，投诚过来的竟然是比罗马公民组成的重装步兵更有价值的、在军中属于高级阶层的两名骑兵。喜不自禁的庞培让这两名骑兵在全体官兵面前骑马经过，作为连骑兵都抛弃了恺撒的证据。更值得庆幸的是，这两名高卢骑兵带去了让庞培更加欣喜的消息。这对平时就不太热衷于搜集情报的庞培来说，简直如同天上掉馅饼一样。

这两名高卢逃兵告诉庞培说，恺撒方的包围圈并不像庞培方想的那样完美，它还有未能完成的地方。这个地方在25公里包围圈最南端到海边4公里处，是第九军团防守的地带，由生病的年轻指挥官马尔凯鲁斯指挥。在建设这一段包围圈时，恺撒担心庞培方从海上登陆作战，因此这里用的防护栅栏比其他地方更为坚固。恺撒最初的构想是：在靠近深四五米的壕沟附近，竖起高度为3米的防护栅栏。栅栏的土垒宽度也是3米。此外，在距离防护栏180米外，再造一条同样结构但规模较小的平行防护网，以此形成双重防护。

但是，这个工事一直未能完成，究其原因，一方面是因为受到庞培方的干扰，另一方面是25公里长的包围圈的建设使得人手明显不足。此外，相对于南部的壕沟和栅栏建设，在都拉斯战役开始之后的2个月零10天里，双方军队的冲突全部集中在包围圈的北部，因此恺撒认为应当把注意力放在需要优先解决的事情上。恺撒通常会将大本营置于最重要的地方，这一次也不例外。在都拉斯战役中，最重要的地点在北半部——不是那个可与都拉斯城便捷地从海上进行联络的庞培大本营所在的佩特拉，而是建于佩特拉和都拉斯之间的恺撒大本营。离这里最为遥远的南面建筑工事之所以会搁置，是因为当初恺撒担心庞培会从海上登陆，可是庞培一次作战都没有尝试过。总之，2个月零10天的时间里，庞培的视线第一次投向了双方都没有关注过的南部战线的最南端。

此外，两名高卢逃兵不仅泄露了恺撒包围圈的缺陷所在，更将整条战线上负责的指挥官的姓名和守卫军团、瞭望塔之间的距离、哨兵的数量及轮岗时间、百夫长的性格和指挥风格等等对庞培和盘托出。

对再度寻找出击机会的庞培来说，两名逃兵带来的情报实在是恰逢其时。他丝毫没有浪费时间，在恺撒发现逃兵而采取相应措施之

前，他就开始了行动。

在对包围圈的第二次突围行动中，庞培将手上兵力的三分之二共60个大队的重装步兵全部投入战斗。60个大队也就是6个军团，当然恺撒在书中并没有写6个军团。因此这大概是庞培从9个军团中抽出人员组成的特别队伍。总之，60个大队共3.6万名重装步兵，再加上轻装步兵组成的大军，朝恺撒第九军团2 500人驻守的长4公里的包围圈扑去。此时，庞培第一次使用了海陆联合攻击的战略，一面从陆上进攻，一面将原本运送补给物资进港的船只全部装上士兵，同时从海上实行登陆作战。完全处于劣势的恺撒守军遭到敌人海陆两面夹击，战局十分危急。庞培发动第二次攻击的时间是7月6日，距离第一次冲击包围圈的战斗不过11天。庞培如同回到了19年前肃清海盗时代一样主动进攻。7月6日，他趁着夜色，令所有的兵力悄悄从南面突击。

恺撒的岗哨在拂晓时才注意到海边有黑色浮影攒动，此时已经迟了。庞培军从陆上和海上同时发动攻击，第九军团的士兵完全陷入了被夹击的状态。马尔凯鲁斯率领着几个大队从附近的营地驰援完全陷入泥潭的第九军团，但结果是他们一起陷入混乱的战斗中。在混乱中，连掌管军团旗帜银鹫旗的旗手也身负重伤。为了不让军旗被敌人夺去，他将军旗交给身旁的骑兵，并说：

“多年来我以守护爱情般的忠诚守护这面银鹫旗，今天临死之前，请将此旗和我永恒不变的忠诚之心一起转交给恺撒。恺撒军旗从未有落入敌手的命运。为了不让恺撒军的名誉在我们手中受到侵犯，请一定将此旗平安交给恺撒。”

银鹫旗保住了，可是，不但军团旗手牺牲了，第九军团第一大队

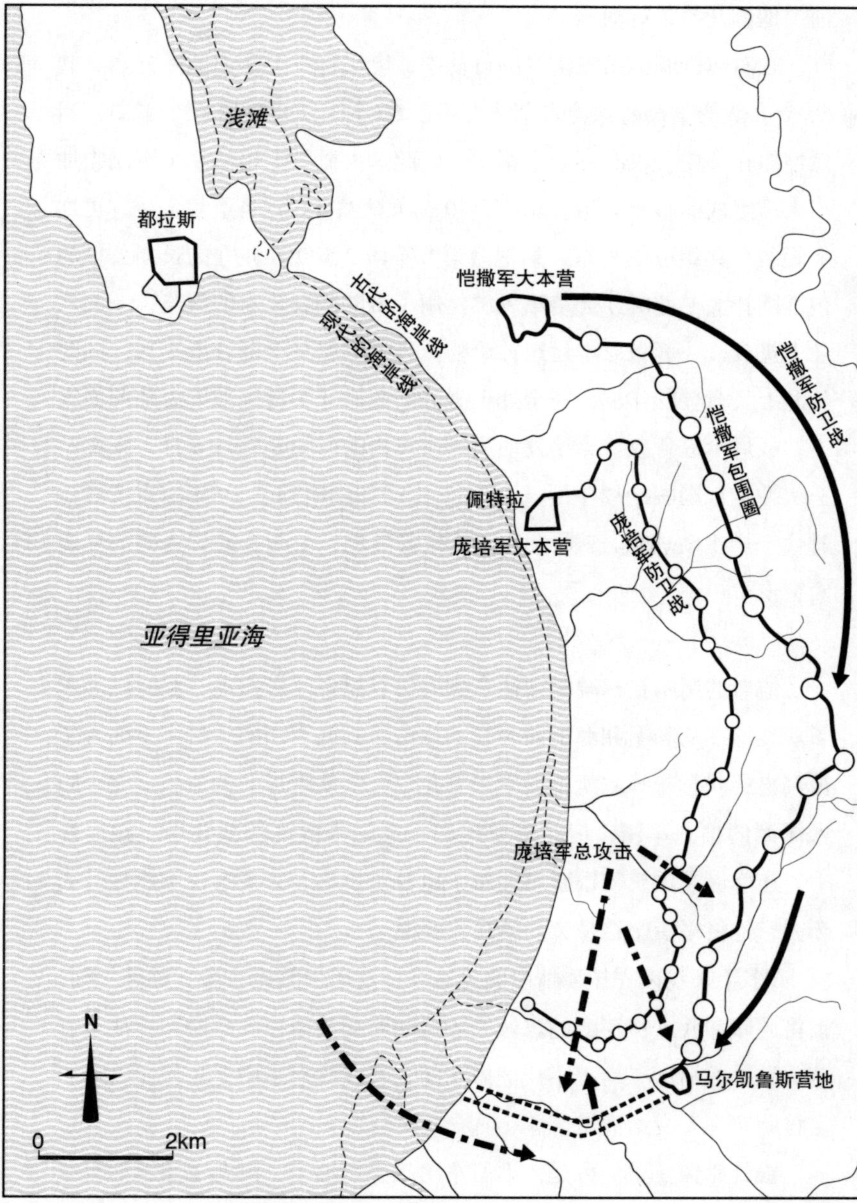

都拉斯战役（公元前 48 年 7 月 6 日）

（根据 *The Cambridge Ancient History* 中的“The Roman Republic”图改编而成）

的 6 名百夫长有 5 人战死，仅 1 人得以生还。

直到负责包围圈南半部分指挥的安东尼率领 12 个大队赶到，第九军团的士兵的心才逐渐镇定下来。数小时之后，恺撒也到了。他从 20 公里之外紧急奔袭而来，因为守军从被袭地点逐个栅垒传递狼烟，终于将消息传给了远在包围圈北端的恺撒。

这一天的主导权始终掌握在庞培方手里。恺撒军暂时逼退了敌军，立即挖掘战壕，展开防御。庞培对此不屑一顾，又在别的地点展开攻势。他利用优势兵力，军队行动灵活多变，在多个地点同时展开进攻。

结果恺撒军队陷入恐慌混乱之中，连骑兵也争相逃窜。恺撒不顾自己的总司令身份，从溃逃的旗手手中夺下银鹫旗，大声地呼喝以图稳住士兵阵脚，但仍是徒劳。中队旗手也好，大队旗手也罢，都在溃逃过程中将碍事的军旗弃之不顾。士兵跌落 3 米深的壕沟内被压致死的数不胜数。

这种状态下的恺撒军之所以没有全军覆没，原因有两个：一是当获得意想不到的成功时，庞培怀疑敌军的败走是个圈套，因此没有乘胜追击；第二，恺撒方的包围圈对庞培的骑兵团的行动自由起到了有效的阻碍作用。就这样，恺撒军团暂时逃过一劫。

但是，在这一天总共两次的战斗中，恺撒损失了 960 名重装步兵和 200 名骑兵，以及 5 位大队长和 32 位百夫长。其中，很多人不是死在敌人的手中，而是跌落战壕，被败走的自己人挤压和踩踏致死。此外，他还失去了 33 面队旗。

而这 1 197 人并非全部战死，其中除了跌落战壕被踩踏致死的人外，还有不少被庞培俘虏了。

拉比埃努斯请求庞培将这些俘虏交给自己。听到这个请求的庞培

以为拉比埃努斯一定是想说服他们投降，立刻应允了。俘虏和拉比埃努斯都曾一起经历了八年的高卢战争，都在恺撒麾下，是副将与士兵的关系，更是并肩作战的战友。

拉比埃努斯将这些旧部下拉到庞培士兵的队列面前，首先称呼他们为“诸位战友”。但是他接下来说的话可不是劝降。

他问道 :“你们今天这个惨相，也配称是恺撒精锐的战斗作风吗？”他接着又问 :“恺撒的精锐是像你们这样只知道一味地逃跑的吗？”如此这般地羞辱了一番之后，他在庞培军全体士兵的众目睽睽之下，将俘虏一个不留地全部刺死了。

后来的研究者大多认为，这个插曲显示了拉比埃努斯对恺撒的怨恨。但是，事实果真如此吗?

首先，从庞培实际上的副将拉比埃努斯角度来看，他是想让自己的士兵知道，恺撒的精锐不足为惧。这是军事上的理由。

但是，理由就只有这一个吗? 恺撒和拉比埃努斯之间是总司令和无比信赖的首席副将的关系，这种关系从 15 年前即公元前 63 年两人联手开展政治活动开始，到公元前 50 年为止长达 13 年。此后拉比埃努斯将置如此深厚的信赖关系于不顾，把世袭“clientes”的关系放在首位，投靠了庞培。这样看来，拉比埃努斯应该没有怨恨恺撒的理由。如果非要说怨恨的话，那么也应该是恺撒对这 15 年来信赖的拉比埃努斯却背叛了自己的怨恨。

但是，恺撒这样的男人总是抗拒自己心中对他人的怨恨情感。因为所谓怨恨，是针对与自己实力相当的，或是比自己地位更高的人才会出现的情感。恺撒对自己的绝对优势地位有着充分的自负，当然要拒绝“怨恨”这种所谓下等人才会有的情感。

即使如此，只有对拉比埃努斯，恺撒所特有的凌驾于他人之上的绝对优越感和自负会出现少许阴影。他在书中对此并没有明确的表述，但是从字里行间看来，恺撒对15年来的同事，而且是同年同辈的同事之背叛，还是气愤不已。

同样，咽不下这口气的还有拉比埃努斯。在庞培军中，没有谁比他更强硬地反对恺撒，更残忍地杀害恺撒方的俘虏。拉比埃努斯似乎是在以他自己的方式，表明反恺撒的坚定态度。要清算在战场上浴血奋战建立起来的信任关系，并不是在桌前翻阅史书的人们想象的那么简单。

撤退

公元前48年7月6日，在都拉斯战役的规模最大也是最激烈的战斗中，最大的赢家毫无疑问地当属庞培。恺撒对庞培施行包围战的办法，很明显是功败垂成。后世的拿破仑认为，恺撒面对数量远胜于自己的敌人，仍实行包围战法，是战略上的失误。

回想当年的日尔戈维亚撤退，武将恺撒并不像武将庞培那样失败而不自知，他败了就是败了。而且正如日尔戈维亚撤退后又在阿雷佐雪耻一样，他很快就挽回了败局。

在都拉斯，恺撒虽然痛失了1 200名士兵，但也只占了全部兵力的5%不到，根本称不上是毁灭性打击。但是改变战略是必需的了。恺撒命令士兵从包围圈上全部撤下，并且要尽快。毕竟，躲开庞培军的追击比其他任何事情都重要。

逃跑计划暂时成功了。如前所述，也是拜庞培方追击迟缓所赐。

到了安全地点之后，恺撒将全军整队集中起来，对他们发表演讲。

首先，他表示要冷静地接受今天发生的事情，没必要对此事顾虑过多，甚至将这种顾虑上升到恐惧的程度。今天的损失，在此前接连不断的胜仗面前，不过是场无足轻重的轻伤。接着他说：

> 我们必须感谢神之相助和命运的优待。在意大利，我们不费一兵一卒就取得了胜利。在西班牙，我们面对能力高强的将领率领的敌军，也只用很少的代价就让他们弃甲投降。我们有供给小麦的希腊、马其顿、色萨利、埃托利亚等城市为后盾。我们在敌人船队大举巡逻的港口，没有损失一兵一卒就成功地渡过了亚得里亚海。因此，既然命运没有将我们所有的希望全部予以实现，那么我们就必须用自己的双手，实现属于我们的胜利。

恺撒对战败的士兵的抚慰初见成效。这时他话锋一转，又采用了与一般司令官截然不同的方法：

> 今天遭遇的不幸，责任可以归结为很多原因，但是不能把责任归咎于我。我给诸位选择了有利的战斗地形，修建了诸多栅垒，为思考战略战术而殚精竭虑，千方百计让战斗对我们有利。就是这样，诸位，还是因为你们的混乱、错误的认识和对待偶发事件的错误态度，让近在眼前的胜利逃走了。但是，如果全军全力以赴的话，我们是极有可能反转局势的。如果全军同仇敌忾的话，我们会和日尔戈维亚撤退时一样，反败为胜。因此各位，不要因为被恐怖驱使而缺乏战斗的勇气，请拿出自己在战场上的英雄气概。

如果是普通的司令，一定会将失败的原因归咎于自己，而不会向部下问责。在都拉斯包围战中，先不管拿破仑的评论如何，恺撒的思考战略真的没有失误吗？如果他能同时将自己的战略失误堂堂正正地向士兵承认的话，后世也就不会因为其转嫁责任而对他进行指责了，恺撒也就能保全自己作为德行高尚者的名誉了。

但是，此时最重要的是重整战败后的军队，而不是顾及恺撒个人的名誉。人在士气低落的时候，如果对他说“这不是你的责任”的话，虽说他心里的一块石头会落地，但是这样的话，他也就会认为这确实不是自己的责任。如此一来，要他从自己内心萌发出重新振作的能量，就会变得颇不容易了。他只会一再地消极沉溺于依赖指导者的判断。我认为，恺撒正是为了避免这样才转嫁责任的。他对士兵明说“这是你们的责任”，是为了诱导士兵重新激发自己的战斗活力。

实际上，在总司令的训话结束之后，士兵心中存在的最多的念头就是“耻辱”。全体官兵都流下了泪水，并深以自己为耻。特别是率先败走的第九军团的士兵，这个想法更加强烈。他们正是8个月前在意大利北部的皮亚琴察拒绝从军进行罢战的诸位。那时候恺撒的一番演说让他们自己觉得羞愧之后，恺撒又说要实行“什一抽杀法”，也就是抽签选出十分之一的士兵被剩下的士兵殴打致死这一罗马军队中最严酷的刑罚。但是，这个场面在之前也提到过，最终是恺撒决定在对庞培战役结束后延期执行。第九军团剩余的士兵认为，相比其他人而言，自己应该为败走负更大的责任。

恺撒对此明确地回答“不”。这个否定的回答，让第九军团的士兵的羞耻感更加强烈。他们一起高喊：“希望至少也要对旗手处以死刑，军规里旗手是绝不能舍弃战场的。”

但是，对此恺撒也明确回答“不”。士兵已经开始泣不成声，他们一边哭泣一边向恺撒请愿，让自己重回前沿阵地，竭尽全力与敌人血战。但是，恺撒听完之后也只是说：“我自有主张。”

那天恺撒给士兵的惩罚，仅仅是将弃战场而逃的旗手降级。

诱敌战

从恺撒设下的包围圈到阿波罗尼亚，要向南行军 50 公里。无论是都拉斯还是阿波罗尼亚，我都写成希腊城邦，因为它们在古时确实属于希腊，现如今它们在阿尔巴尼亚境内。恺撒军到达阿波罗尼亚时已是吃了败仗后的第三天，也就是 7 月 9 日了。为了守卫阿波罗尼亚和奥瑞克斯，恺撒留下 8 个大队共 2 000 名重装步兵和 100 名骑兵，目的一是为了保住这个和意大利的联络点，二是将不能行军的伤员留在那里治疗。

恺撒在希腊的全部军队由 10 个军团 2.5 万多名重装步兵和 1 300 名骑兵组成。恺撒给了第一副将多米提乌斯 2 个军团和 500 名骑兵，用于对抗数量相当的梅特鲁斯 · 西庇阿的军队。剩下的 8 个军团共 2 万名重装步兵和 800 名骑兵则跟随恺撒，面对总兵力达 6 万人的庞培大军发动都拉斯战役。恺撒在该战役失败后，损失了 1 000 名步兵和 200 名骑兵。现在剩余的兵力大概是 1.9 万名步兵和 600 名骑兵。此外，他必须给海港的防卫预留出 2 000 名步兵和 100 名骑兵。这样算下来，恺撒手中现有兵力是 1.7 万名重装步兵，骑兵只剩 500 名。恺撒此时绝对需要和多米提乌斯的军队会合，为此他不得不放弃希腊西岸，前往希腊中部。如此一来，他就会离本在都拉斯的庞培军越来越

远。不过恺撒做事绝不会只为一个目的。

恺撒前往希腊中部的理由，除了要与多米提乌斯的两个军团会合之外，还想借此机会把庞培从他不可或缺的补给基地都拉斯吸引开，即进行诱敌战。有三大因素显示，实现这个目标的可能性很大。

第一，尽管在都拉斯占据了绝对优势，庞培却对恺撒的挑战不加理会。或许是在和岳父梅特鲁斯·西庇阿会合之前，庞培压根儿没打算积极进攻。

第二，一旦知道恺撒前往希腊中部的消息，庞培肯定也会觉察到恺撒是想去与多米提乌斯会合。这样一来，他必定会担心会合后的恺撒会全军向梅特鲁斯·西庇阿的两个军团发起进攻。

第三，都拉斯战役胜利后，庞培方的士气必定高涨，因此与恺撒会战的要求必然也会和士气一样高涨。

在平原地区布阵展开面对面的战斗，这种会战有一个好处，即一次决胜负，同时也决定其他一切的命运。而此时的恺撒正需要用这样的战争来豪赌一回。因为物资不足的状况持续太久的话，幸运的天平就会朝物资充足的敌方倾斜。另外，都拉斯的失败已经传遍了整个希腊，在希腊人全部倒向庞培之前，他必须进行一场大决战。

恺撒在阿波罗尼亚仅仅待了三天就率军出发了，行军的方向是东南，目的地是希腊中部的色萨利地区。恺撒命令多米提乌斯放弃阻挡梅特鲁斯·西庇阿的军队西进的阵势，赶往色萨利与自己会合。

希腊境内岩石山峦众多。罗马时代的旅行家经常开玩笑说，希腊众多的神庙只不过是改变了岩石的位置而已。越往希腊腹地深入，恺撒军面前耸立的岩石山脉就越多。翻山越岭的行军确实索然无味。恺撒军不停地翻越一座又一座石山，每天只有 50 公里的行军速度，200

公里的路程竟花去了他们 12 天的时间。幸好时值夏季，士兵只需翻山，不必担心饮水不足的情况。7 月 24 日，接受命令南下的多米提乌斯军队在色萨利北部的阿吉尼乌姆与恺撒会合了。

庞培也在向希腊中部挺进。果然如恺撒所料，庞培在担心梅特鲁斯・西庇阿两个军团的命运。但是，庞培选择从都拉斯出来，从东面向希腊北部行军，首先进入埃格纳提亚大道，之后才选择南下的平坦的道路。相对于恺撒军翻山越岭的奇兵突进，中规中矩的庞培军在行动上就慢了一步。或者说不是庞培行军动作迟缓，而是恺撒军行军速度更快一步。与多米提乌斯会合后，恺撒丝毫没有停留。只要将庞培军从补给基地都拉斯引出来，从能够施展海军优势的希腊西岸引开，就能实现恺撒自己期待的“在同等条件下战斗”。

因此，与多米提乌斯会合后，恺撒的行军方向仍然不变。他没有向北迎击庞培的军队，而是越发向东南方向逃走。但是，毕竟总目标还是把庞培军引出来进行会战，所以他后撤的速度并不是很快，而是一点一点和敌人缩短距离。为了达到第一目的，他任由庞培和梅特鲁斯・西庇阿两军会合。

和多米提乌斯会合后，恺撒的总兵力达到了步兵 2.2 万多人，骑兵 1 000 多人，现在到达了阿吉尼乌姆东南 50 公里处的宫福易斯。宫福易斯是色萨利和伊庇鲁斯交界处的一个小城。几个月前这里刚刚对恺撒表达了归顺之意，并表示愿意为其提供军粮。

但是，都拉斯战役的结果也传到了这里。城中的百姓也不敢再支持恺撒了，怕如果再支持下去，会受到庞培的恐怖威胁。他们紧闭城门，召集青壮年男子死守不开，同时给庞培和西庇阿发求援信号。从恺撒的角度来说，当然不能对此视而不见。如果他这样放任宫福易斯与自己对抗的话，那么很明显，整个希腊的人都会起来对抗自己。

收到宫福易斯来的急信之后，西庇阿和他的2个军团正在小城东北90公里以外的地方，色萨利地区的大城拉里萨。而庞培及其9个军团还没有到达色萨利地区。从安插敌营的情报人员那里获得了这个消息后，恺撒决定进行闪电战。一雪前耻的信念在士兵心中熊熊燃烧，他们仅用半天时间就完成了作战准备。

7月26日下午3点，恺撒军发起火焰般的猛攻，在当天日落之前就完成了战斗。恺撒这次放任士兵在城中进行掠夺，但是时间很短。当天夜里，他们就拔营前行了，向下一个目的地美托罗珀里斯挺进。第二天一大早，军队就到达了位于东南方向20公里处的美托罗珀里斯。

美托罗珀里斯也是曾经和恺撒立过誓约的城市，但这里也和宫福易斯一样，打算对恺撒紧闭城门。然而眼看着恺撒阵前押着的宫福易斯居民的样子，美托罗珀里斯居民看到了自己的命运。他们觉得，与其抵抗然后遭到掠夺和被俘虏，倒不如赶紧开门为妙。

恺撒对待美托罗珀里斯的态度和宫福易斯的态度截然不同。这是为了让色萨利其余地方的城市能够信守当年与自己的誓言而实施的举措。他的目的达到了。当然，西庇阿的军队所在的拉里萨除外。

在这里，恺撒第一次改变了行军的方向，不再往东南，而是朝正东方向行进。东面50公里外的地方正是绝好的适合会战的平原。首先，那里已经进入小麦的收获季节，有着充足的粮食补给。此外，那里也是迎战庞培的最佳地点。

恺撒到达这个法萨卢斯平原的时候已经是7月29日了，离都拉斯撤退已经整整过去了23天。

庞培一直向希腊中部追击恺撒，他和西庇阿在拉里萨会合的时间

是在 8 月 1 日。至此，两雄决战的大舞台已经全部准备就绪。

现在的时间距庞培 58 岁生日还有一个半月，而恺撒 52 岁生日已过了一个月。

走向决战

同为恺撒著作，《高卢战记》和《内战记》在表现手法上有些不同。最大的不同之处表现在战略层面上。恺撒《高卢战记》中为什么考虑使用某个策略都会用语言表述出来，而在《内战记》中虽记述自己考虑的策略，却尽量避免直截了当地用语言表达出来。

究其原因，《高卢战记》是以高卢人、日耳曼人和不列颠人为对手的战记，这些人是战记读者罗马人的反对对象。而《内战记》记述的是同胞手足相残的战事，它的读者和恺撒的对手同为罗马人。

因此，恺撒尽量避免使用“诱敌作战”“诱饵”“陷阱”等字眼。

恺撒的这两本书，特别是《内战记》，并不像西塞罗评价的那样，是“想给写历史书的人提供史料而撰写的”。当然，如果从结果来看，这两本书确实堪称提供史料的好书。这是恺撒特有的透彻的视角，以及简洁、明晰、客观的表现手法所致。恺撒的本意，特别是《内战记》的本意，是希望同时代的罗马人理解他的行为。他写此书是给同胞看的，为的是获得同胞的理解和支持。

因为恺撒给自己立下的最重要的课题，是建立罗马的新秩序。为实现这个目标，他不得不诉诸战争，诉诸战争就必须取得胜利，而结束战争之后，他也必须用书写战记的方式，为新秩序的建立争取更多的帮助者和支持者。

都拉斯战役后战场的移动

正因如此，恺撒在写《内战记》时在语言的选择上就相当地慎重。对庞培犯下的错误，他并没有用语言明确地表述出来。自己对庞培设置的陷阱之类，他绝对不写。所有可能触及同胞罗马人反感的语言表达，他都谨慎地加以回避。

建立新秩序实际上就是政治。有志于政治的人自然知道，没有中间派和反对派的话，也就不会被称为政治了。恺撒正是要通过《内战记》来说服自己的反对者和中间派。

虽然恺撒在遣词造句上慎之又慎，但是在如实记述这一点上，《内战记》与《高卢战记》又是一致的。所以说文如其人，这是不会轻易改变的。

不过阅读《内战记》，越读越能了解恺撒的战略和他对庞培的评价。如果虚心地读下去的话，也会知道法萨卢斯平原上声势浩大的两雄决战，基本上是在一个月前恺撒从都拉斯包围圈撤退时就已经拉开帷幕了。同时我们也会了解到，恺撒何以在撤退过程中没有在阿波罗尼亚久待，仅三天之后就迅速向色萨利地区撤退的理由。

为什么在众多的选择中，恺撒独独青睐色萨利地区呢？因为在那里，多米提乌斯的军队正在和梅特鲁斯·西庇阿的两个军团进行一对一的对峙。恺撒进入色萨利地区后，必将打破多米提乌斯和梅特鲁斯·西庇阿一对一的对峙。恺撒和多米提乌斯的军队一旦会合，庞培绝不会舍弃梅特鲁斯·西庇阿和他的两个军团，这样一来，他就不得不离开对打持久战十分有利的都拉斯。

在包围战中失利的恺撒记述此事为“战略性转变”。后来有一位史学家将恺撒前往色萨利地区的撤退方式评价为“巧妙的撤退战”。如果用恺撒极力回避的直接表述来讲，就是对庞培设下了陷阱。吃掉梅特鲁斯·西庇阿和其两个军团的计划，实际上是吃掉庞培的计划。

西庇阿只是这个计划的诱饵而已。

庞培派2万多兵力驻守自己最大的军粮基地都拉斯西岸，自己率领剩下的兵力进入希腊中部的色萨利地区和梅特鲁斯·西庇阿的军队会合。此时他可以指挥作战的兵力有4.7万名步兵和7 000名骑兵。

庞培的阵营里已充斥着胜利在握的欢乐气氛。

总司令庞培也显得从容而悠然。面对身兼岳父、叙利亚行省总督、前执政官多重身份与自己平起平坐的梅特鲁斯·西庇阿，庞培并没有将其当作副将来对待，而是给予和自己并列的总司令待遇。比起严格统一的指挥系统，他更喜欢被人评价为一个"谦虚的人"。他甚至还给梅特鲁斯·西庇阿分配了军号手，担任该职位的士兵是总司令用来传达指令的。自然，梅特鲁斯·西庇阿的帐帷也和庞培的一样，用了只有总司令才可以使用的红色。士兵中间胜利的气氛更是与日俱增，这也是原因之一。

19个月前跟随庞培从罗马逃出来一直追随他到希腊的元老院元老，也有着已经要胜利返回首都的气氛，他们七嘴八舌地众口相传：

"庞培是个对什么事都过分慎重的人。以他的性格来看，只有这次表现出如此的悠闲和胜券在握。看来这次会战应该一天内就能决出胜负。"

"庞培在慎重处事的同时，肯定也在感受着像命令奴隶一样命令我们这些有着执政官、大法务官经验的人的快感吧。"

大多数罗马的元老院元老认为，在罗马霸权下的地方，比起当地的王侯，他们应该受到更加高级的待遇，这是理所当然的事。在决战还没有真正开始的时候，他们就已经开始在为回到意大利之后如何进行公职分配而争吵不休了，而且这一切讨论是发生在决战前探讨战略战术的作战会议上。

首先，他们一致认为，应当没收追随恺撒的元老院元老的财产，并对之进行瓜分。其次，西里乌斯的朋友建议，第二年，也就是公元前 47 年的大法务官应当由西里乌斯担任。西里乌斯因被庞培指派保卫叙利亚而不在会议现场，为了避免他因缺席而捞不到好处，他的朋友提出了这个要求。但是其他的人有反对的声音。他们认为全体人员都很辛苦，因此不能只给某个人特殊的待遇。

这种气氛也传染给了地位更高的人。阿赫诺巴尔布斯、梅特鲁斯・西庇阿和雷托鲁斯三人为谁来取代恺撒担任大祭司一职而争论了起来。大祭司是终身职位，因此当他们对决战中庞培的胜利深信不疑时，早早就开始争执这个职位的后继者。阿赫诺巴尔布斯表示自己在首都人望颇高，梅特鲁斯・西庇阿则认为自己和庞培关系密切，雷托鲁斯觉得这两人年事已高，自己才是大祭司的最合适人选。阿赫诺巴尔布斯是公元前 54 年度的执政官，梅特鲁斯・西庇阿是公元前 52 年度的执政官，雷托鲁斯是公元前 57 年度的执政官，三人在年龄、职位、经验上看都有取代恺撒的任职资格。

虽说是作战会议，会上争论的却是这样跟作战毫无关系的事情。还有人置迫在眉睫的决战于不顾，拿出陈芝麻烂谷子的事来讨论。鲁弗斯向庞培控诉，西班牙的投降是因为亚弗拉尼乌斯的士兵背叛所致，阿赫诺巴尔布斯则在作战会议上提出了所有人都关心的提案，内容如下：

但凡跟随庞培的元老院元老，每人可拥有三票表决权。他们有权以此对留在罗马或其他地方但是没有支持庞培的元老院元老进行逐一裁决。三票中一票用以表决无罪，一票用于表决死刑，三票都投表示要进行金钱惩罚。

一言以蔽之，庞培的这场作战会议，与其说是在讨论如何获胜，

倒不如说是在集中讨论如何瓜分胜利战果。

在这样的场合、这样的氛围下，没有被感染的只有一个人，那就是庞培。庞培虽然是作战会议的主持者，但是他没有制止别人高声对以上内容进行讨论，只是自己没有加入这样的讨论中。这位58岁的武将一直沉默，可能是真的在思考迫在眉睫的与恺撒的决战该如何进行吧。也许，庞培已经知道自己掉入了恺撒的圈套。不，或许，当他决定离开安全的都拉斯时，就已经知道了。

即使是没有担任战场总司令经验的今人，也可以凭史料推出当时的情形。这个战场经验比谁都丰富的庞培，在得知了恺撒向色萨利撤退时，当然也会觉察到这是个陷阱。

庞培明知道这是一个陷阱，却还是自投罗网。但他肯定是考虑到即使如此自己也能获胜，才会这么做的。因为庞培在都拉斯附近安置了2万名步兵作为守卫，只带着骑兵跟随着大军出发。与梅特鲁斯·西庇阿会合之后，庞培方的骑兵增加到了7 000名。而对方恺撒只有1 000名骑兵。已经58岁的庞培以罗马第一名将自诩，他的沉默并不是因为无话可说，而是忙于思索之故。之后的几天里，庞培全军从色萨利拔营，向恺撒所在的法萨卢斯进发。从拉里萨到法萨卢斯平原，只需要向正南方向行进40公里。

法萨卢斯大决战

在涵括了伯罗奔尼撒半岛的希腊，法萨卢斯平原与其说是在其中部，还不如说是处于北希腊的南部更为确切。如果这里不是庞培和恺撒决战的舞台，那么它就不过和色萨利地区的山间平原一样平常，甚

至只是一块小麦地而已。这里周围由不足 500 米高的丘陵围绕，中间的开阔平原东西长 20 公里，南北宽 17 公里。在平原北部边缘附近，有一条没有桥也可以涉水而过的小河，向东缓缓流淌。

首先，对士兵数量相对较少的恺撒来说，这个开阔的平原是十分不利的。尤其是恺撒手中机动力强的骑兵数量较少，更加不利于这样的平原作战。从西边率先抵达法萨卢斯平原的恺撒，肯定对构筑军营的地点进行了一番精心选择。但即使如此，他也没有在利于防守的高地上扎营，而是在平原的正中央构筑阵地。即使在宽阔的平原，即使人数上处于劣势，恺撒也想由自己来划定战场，进而彻底地采取“进攻”战略。从北部抵达的庞培，虽然也在平原的中央构筑营地，但是他选择了在地势更高的地方。

《内战记》对两军的战斗力的记述，后世的研究者都认为是准确可信的。根据这个记述，双方的战斗力对比如下：

——庞培军——

110 个大队的重装步兵共 4.5 万人

庞培老部下 2 000 人

骑兵 7 000 人

共计 5.4 万人投入大决战

此外，守卫营地的人员共有 4 000 人

——恺撒军——

80 个大队的重装步兵共 2.2 万人

骑兵 1 000 人

共计 2.3 万人参战

另外，500 名步兵留守营地

但是，恺撒几乎在决战开始的同时，就已经倾巢出动，投入了全

部的兵力。至此法萨卢斯平原上出现了步兵 4.7 万对 2.2 万，骑兵 7 000 对 1 000 的大决战。

恺撒不是以军团为单位，而是以大队为单位进行战术单位的计数。因为他喜欢少而精的精锐部队，大队就是他的战术单位。但是，同样都是大队，庞培的大队和恺撒的大队在士兵数量构成上是有差别的。

庞培将过去的 2 000 名老部下分散到各个大队去，因而庞培方总共 110 个大队，共计 4.7 万人。每个大队的士兵有 430 人。而另一方，恺撒这边的每个大队平均下来只有 275 人。从这个对比上来看，恺撒在人数上处于不利的局面。但是恺撒认为，人数上的不利根本算不上什么不利。

在法萨卢斯平原上筑营的当天夜里，庞培就召开了作战会议。在会上他阐明了自己的战术思想。在庞培的战术思想形成之前，他的脑海里应该回想过以往众多的战役案例。在介绍庞培的战术思想之前，我们不妨回顾一下此前历史上那些时常会被想起的著名战役。这并不是扯闲篇浪费时间，因为庞培的脑海里肯定不可避免地回想过这些内容。

从伊苏斯平原向西，能够眺望到地中海东北方的海域。公元前 333 年，希腊和波斯在这里发生了战争。被后世称为“亚历山大大帝”的亚历山大曾在此统领以马其顿军队为主力的希腊联军，拥有重装步兵 3.1 万人，加上骑兵 5 000 人，共计 3.6 万人的兵力。大流士王亲率波斯军队 1 万人以上的骑兵和 15 万人的大军与之对阵。那一年，这位年仅 23 岁的马其顿年轻国王，率领 5 000 名骑兵作为大军右翼的先头部队，首先击破敌人左翼的防守骑兵，接着马上攻入大流士王坐镇的敌军中央指挥部，摧毁了敌人的大本营。他马不停蹄地又

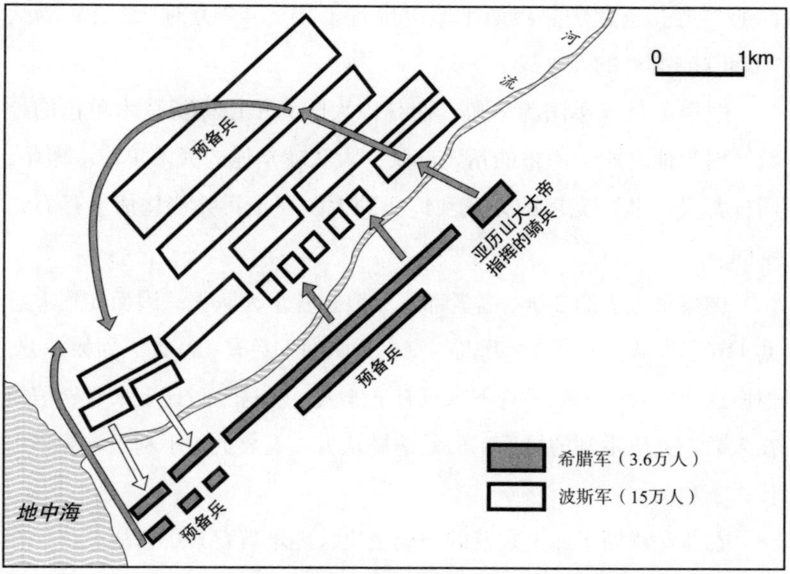

伊苏斯会战略图

绕到敌人的右翼背后，以积极的战术取得完胜。

“战斗是令人激动的，因此战场上必须调动所有令人激奋的因素。”亚历山大如是说。他的眼前好像出现了这样一种战术。这个战术的结果是，己方牺牲200名士兵，敌方死伤5万人。

在这里要注意的第一点是马其顿独创的阵型。这个阵型的左边是大海，所有的骑兵都布置在右边，以保证其行动不会受到海的限制。亚历山大的这个安排也和他的思想一样是“令人激动的”。一般而言，骑兵团会分布在军队的两翼，而在这种情况下，亚历山大把所有的骑兵都集中在军队的右侧。接着率领他们冲乱敌人的左翼，直入中央，然后马上绕到敌人的右翼，从三个方向展开围歼战。

马其顿重装步兵方阵

（摘自意大利中学世界史教材）

亚历山大独创的第二个战术，是针对数量占绝对多数的波斯重装骑兵施行的战略。社会地位很高的波斯重装骑兵只是单纯地骑在马上。而这个马其顿的年轻人却着眼于以发挥骑兵的机动性来弥补数量上的不足，将骑兵的机动性上升为战术上的一大要素。

他的第三个独创性战术，是利用了马其顿重装步兵方阵。这严格来说是继承了他的父王腓力二世的军事思想。马其顿重装步兵团是由手持5米长的长矛的步兵组成，他们并列而立，第一排平持长矛，从第二排往后的每一排逐渐增大长矛竖立的角度，到最后一排就变成了垂直而立，一个像巨大刺猬形状的集团方阵就形成了。以这样的方阵在战场上行进，不管在数量上有多大优势，波斯军的进攻都是徒劳的。在这个方阵的两翼和背后，他还配以骑兵对敌袭击。

巨大的刺猬阵和灵活运用机动性很强的骑兵，造就了大帝亚历山大。

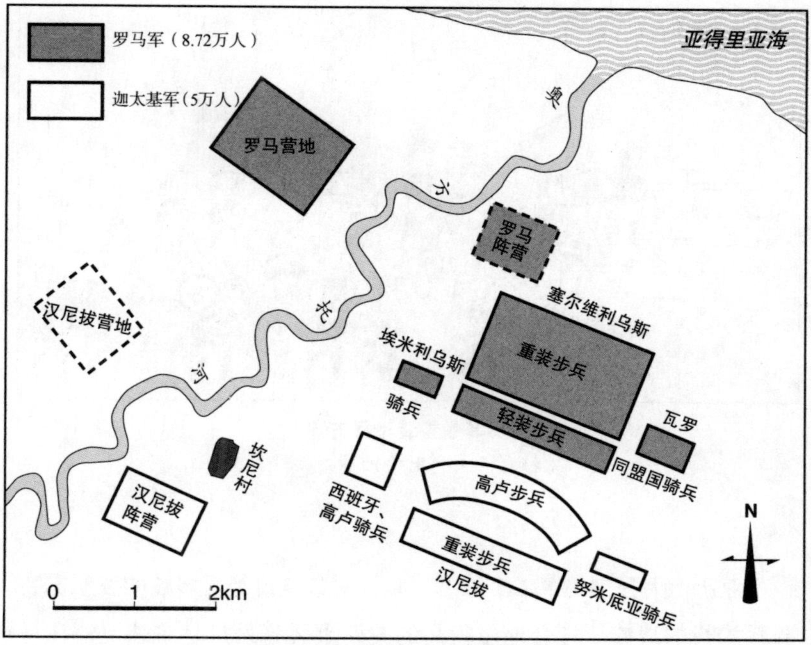

坎尼会战（布阵后的阵型）

坎尼会战（第二阶段）

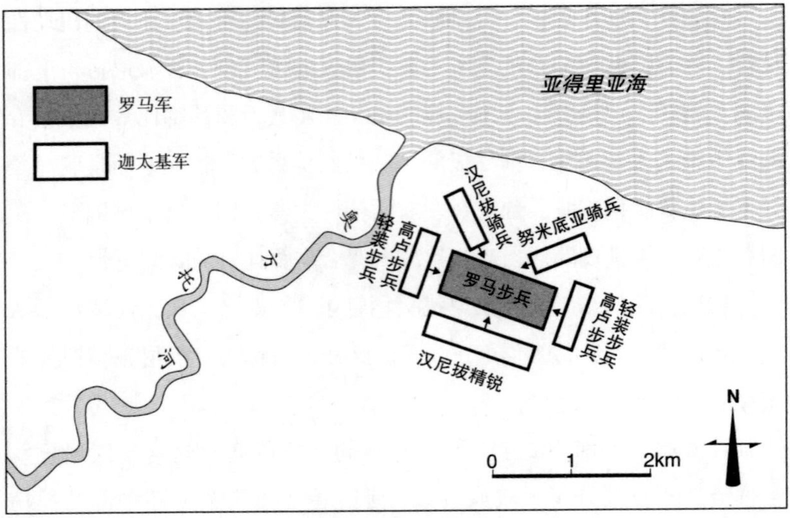

坎尼会战（最后阶段）

为了理解这位亚历山大大帝的战术，汉尼拔甚至学习了希腊语。在公元前216年，意大利南部的坎尼平原，他与当时被称为地中海世界最强武装的罗马军队发生激战，结果完胜。

那时汉尼拔的兵力是步兵4万人，加上骑兵1万人，共计5万人，而对手罗马军团有8万名步兵，7 200名骑兵，共计8.72万人。

关于在坎尼和扎马展开的两场战役，我在《罗马人的故事02·汉尼拔战记》中有详细的叙述，因此这里就不再赘述了。坎尼会战中的汉尼拔将在实力上占尽优势的骑兵安排在左右两翼。为了抵挡敌人主力部队的正面猛攻，他不得不将最精锐的部队安排在队伍的最中央。这支队伍曾跟随汉尼拔一起翻越阿尔卑斯山脉，因此他对他们视若子犊。

重装步兵动作迟缓，但是耐力持久，骑兵拥有无可比拟的机动性优势。两支部队相结合的战术为亚历山大大帝首创，被汉尼拔再度加以完美演绎。但是有一点不一样的是，和步兵、骑兵都比敌人数量少的亚历山大大帝相比，汉尼拔的军队虽然步兵数量较少，但是骑兵数量占了优势。他将骑兵部署在左右两侧，大概是因为这个原因吧。从两翼进行合围进攻的话，比绕到敌人背后需要耗费的时间更少。

坎尼会战的结果是，汉尼拔只牺牲了 5 500 名士兵，而罗马军队战死者多达 6 万人，被俘 8 000 人。此外，被称为“汉尼拔精锐”的士兵战死的则非常之少。

后来的公元前 202 年，罗马年轻的武将西庇阿向这个汉尼拔发起挑战，双方展开了大规模会战，地点位于今天突尼斯中部的扎马平原。

在那次会战中汉尼拔的兵力有步兵 4.6 万人，骑兵 4 000 人，共计 5 万人，另外还有 80 头大象助阵。而西庇阿这边有步兵 3.4 万人，骑兵 6 000 人，共计 4 万人。罗马军步兵数量虽少，但是在骑兵数量上占了优势。汉尼拔知道己方机动能力处于劣势，于是派象群扰乱敌方阵营，而他的精锐部队则打算到最后再投入战斗。但是西庇阿首先瓦解了象群的攻势，接着对汉尼拔使用了和他在坎尼会战中同样的战术，以彼之道还施彼身，结果大败汉尼拔。

这次会战中，常胜不败的汉尼拔终告败北。迦太基军战死的士兵在 2 万人以上，还有 2 万人被俘，而罗马方战死的只有 1 500 人，西庇阿 · 阿非利加努斯完胜而归。此后，罗马军的战术都开始沿用西庇阿式战法。

以上是公元前古罗马时代最有名的三次会战。法萨卢斯战役也是堪与上述三大会战相比肩的具有历史意义的决战。在开始讲述这场战

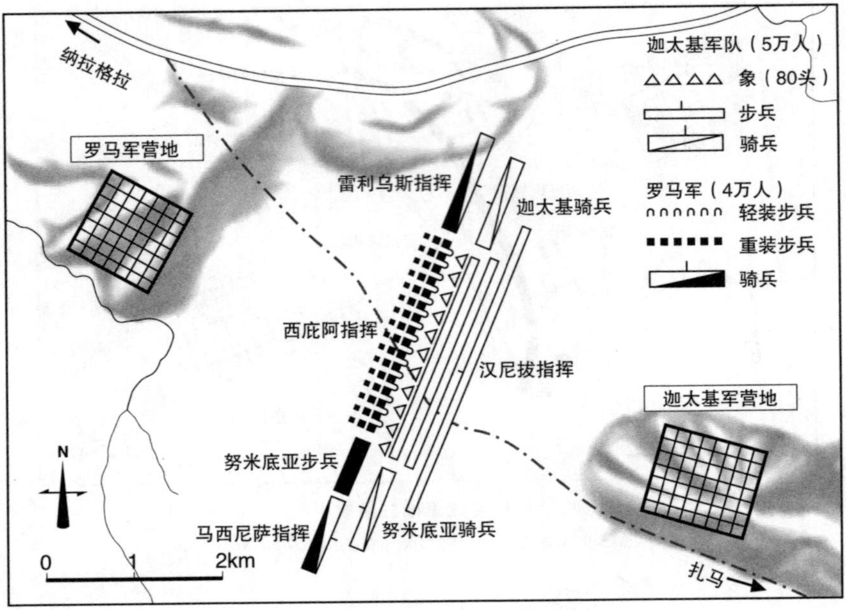

扎马会战（布阵后的阵型）

（选自 Liddell Hart, *Scipio Africanus: Greater Than Napoleon*）

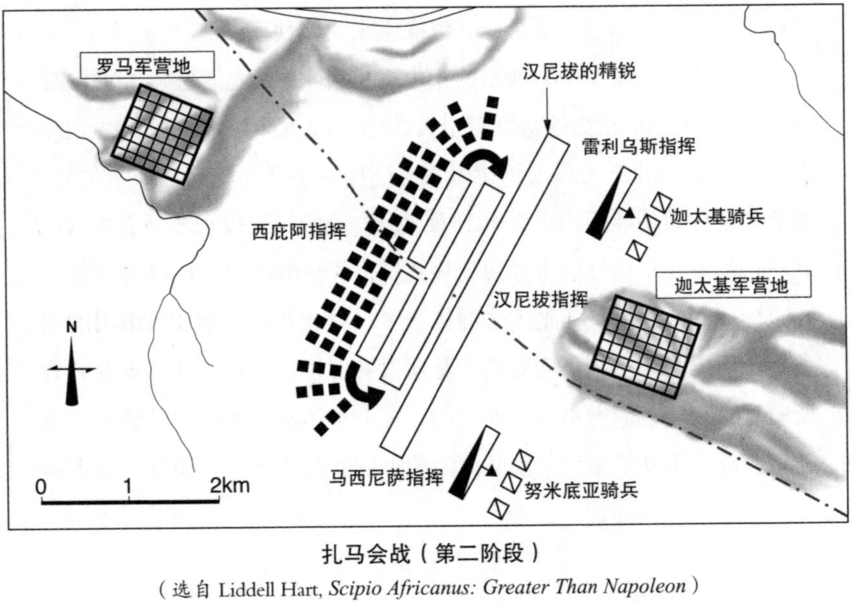

扎马会战（第二阶段）

（选自 Liddell Hart, *Scipio Africanus: Greater Than Napoleon*）

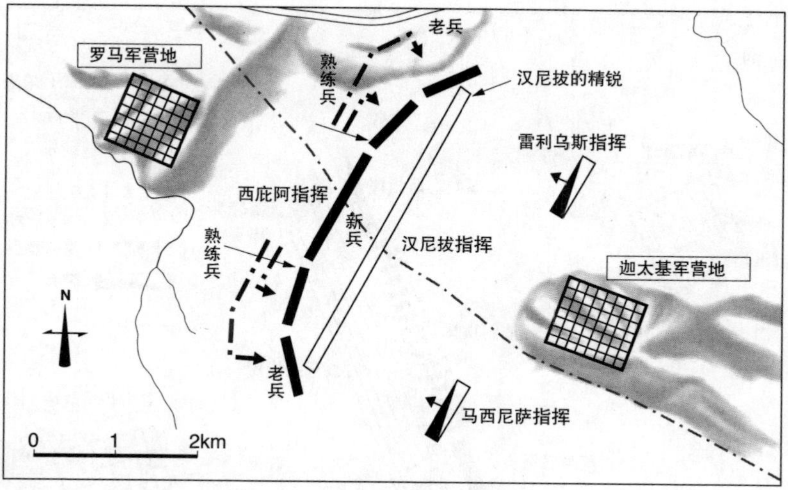

扎马会战（最后阶段）

（选自 Liddell Hart, *Scipio Africanus: Greater Than Napoleon*）

役之前，参战者应该对这一点心知肚明了。因为这一战役决定了罗马政权是维护现有体制，还是建立恺撒主张的新秩序。

在法萨卢斯战役中，庞培的兵力有步兵 4.7 万人，骑兵 7 000 人，共计 5.4 万人，而恺撒这边则有步兵 2.2 万人，骑兵 1 000 人，共计 2.3 万人。和之前的三大战役相比来看，恺撒的步兵和骑兵都处于劣势，他或许只能效仿亚历山大大帝。而坎尼会战的汉尼拔和扎马会战的西庇阿，都是在步兵处于劣势而骑兵数量占优势的情况下取得大胜的。

即使如此，恺撒还是无法照搬当年马其顿年轻领袖亚历山大的战术。亚历山大大帝当年面对的，是还没有意识到骑兵机动性重要的波斯骑兵。相反，恺撒不得不面对的是充分利用机动性的罗马骑兵——扎马会战后 150 年来罗马军队固定成型的骑兵战术——而且，这支骑

兵的数量还是自己的 7 倍之多。庞培对这样一支决定胜败的骑兵战斗力十分重视，将其指挥权交给了一名对恺撒的军事手段了如指掌的武将。

步兵 2 倍于敌，骑兵 7 倍于敌，在这样的战斗力对比下，身经百战、从未有败绩的常胜将军庞培，在高层人士参与的作战会议上断言：

"在全面战斗开始之前，我们就能摧毁恺撒的军队。"

面对着眼前吃惊不已的众人，庞培继续说道：

"当然，也许你们认为我的断言只不过是不可能实现的空话，但是请听听我的战术设想。听过之后，你们就能平心静气地迎接即将到来的会战了。

"我将命骑兵团在战斗刚刚打响时立即猛攻恺撒的右翼。在我主力部队投石之前（即在主力部队加入战斗前），右翼进攻必须把他们逼到崩溃的境地。之后，骑兵团绕到敌军背后，抢在他们之前到达河边，完成对敌包围。这样一来，会战将在我军主力重装步兵陷入危险之前就结束，最终做到基本没有牺牲。

"考虑到我方的骑兵兵力优势，这个战术实施起来不会有什么困难。"

庞培的阵型布局如下：

两军的营地大约相距 7 公里，如果把法萨卢斯平原沿东西方向一分为二的话，庞培的营地在东半部分，恺撒的营地在西半部分，因此，这个从营地中将敌人引出来的布阵，有一条河位于庞培方的右边，恺撒方的左边。

离河较近的是庞培军的右翼。在右翼这边，庞培派亚弗拉尼乌斯指挥来自奇里乞亚和西班牙的士兵。西班牙士兵都是雇佣兵，庞

培认为他们的战斗力冠绝全军，因此将他们安排在没有骑兵守卫的右翼。

大军的中央由梅特鲁斯·西庇阿指挥，庞培配给他从叙利亚过来的 2 个军团。

位于大军左翼的是两年前借出兵帕提亚（安息）为由从恺撒手中夺来的 2 个军团。

除上述兵力外，其他的步兵，包括庞培手中的 2 000 名旧部，都平均分配给左、中、右三个部分。综上所述，罗马将领和被称为“主力部队”的重装步兵，已经有 4.7 万人。

这些重装步兵团的左边是全军的最左翼，庞培将 7 000 名骑兵全部放在那里。而这个掌握了全局的关键骑兵团，庞培任命拉比埃努斯担任指挥。庞培自任总指挥，扎营于大军左翼背后的低矮山丘上。

只要对战场地势和行军布阵进行一番观察，就可清楚地知悉庞培的战略意图。庞培从都拉斯包围战中那两名逃跑的高卢骑兵口中知道了恺撒手中的骑兵总数，也预见到按照普通战术，恺撒是没力量在左右两翼都配备骑兵的。但是庞培自己的做法同样违反常规。他将全部的骑兵都放在大军左翼，这和亚历山大大帝在伊苏斯战役中将左右两翼骑兵进行不同设置的战术如出一辙。伊苏斯战役中，重要的骑兵团是由亚历山大大帝亲自指挥的。庞培则任命比谁都更了解恺撒手段的拉比埃努斯担任骑兵团指挥。

在作战会议上听庞培明确战术后，拉比埃努斯接受任务时表态说：

“不获全胜，誓不还营！”

其他将领也纷纷宣誓奋战。首先起誓的是庞培，接着是其他的将领。作战会议在“我军必胜”的自信气氛中散会了。庞培和拉比埃努

恺撒

庞培

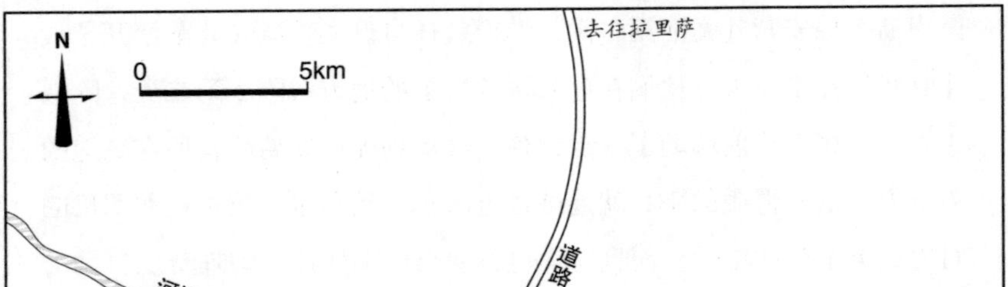

法萨卢斯平原略图

斯这样身经百战的武将发出来的自信满满的话语，浸透了每一名士兵的心田。不战则已，一战必胜。这一点没有任何一个人心存疑虑。

在电影中常出现一种情节，战争中双方军队在刚刚接近时，战争就很快结束了。这样的场景当然是因为放映时间有限，所以必须将画面的时间缩短。现实中的战争不可能如此简单。仅仅布阵这一项，通常都要两三个小时，而且布阵之后，两军可能会处于长久对峙的状态。

按照惯例，罗马军在夜里会回营休息，第二天一大早再回到战场，日夜如此往复。这是因为总司令在寻求战机，同时总司令也可以利用这个机会推测敌军动向。

为了一扫在都拉斯包围战中吃了败仗的低落气氛，在庞培军在法萨卢斯平原安营扎寨的第二天，恺撒就让自己的军队在阵前摆开了战斗阵势。在第一天，他们在离敌军 5 公里的地方布阵；第二天，阵地比第一天稍微往前移动了一点，最后移动到庞培军的阵营所在高地的正下方。这样恺撒的士兵就逐渐接近敌军，敌军也习惯了近在咫尺的对方而渐渐放松警惕，而且这样也方便自己观察敌人的阵型。

如此这般，恺撒揣摩到了庞培心中所想。恺撒曾在《高卢战记》中写道："只知根据教科书上的办法来作战的人，是不会取得胜利的。"他大概是指在这场战役中，庞培就是根据教科书来做出部署的。在步兵未动之前由骑兵从背后包抄，然后全歼敌人的战法，说起来是"（亚历山大大帝 + 汉尼拔 + 西庇阿）÷ 3"的做法。但是，使用这个战术必须要拥有绝对优势的骑兵。与恺撒的 1 000 名骑兵比较起来，庞培有 7 000 名骑兵可用，因此这个战法是有可能成功的。

但是，恺撒手中的骑兵兵力只有对方的七分之一，他是不能像庞培一样完全按照"教科书"来部署的。这就意味着，恺撒必须做亚历

山大大帝、汉尼拔以及西庇阿没有做过的事，想出新的战术。只有这样，他才有可能获胜。

然而恺撒也不是完全处于劣势。虽然步兵在数量上自叹弗如，但是恺撒的步兵贵在“质量”，值得信赖。庞培有 4.7 万名步兵，恺撒的步兵数量还不到他的一半。但是，恺撒这 2.2 万名的步兵主力，也就是大名鼎鼎的第八、第九、第十、第十一、第十二军团，他们是在恺撒的指挥下经受过高卢战争洗礼的，都是个顶个的战场老手。恺撒打算将这支作为主力的重装步兵打造得更具机动性。也就是说，当敌人的骑兵按照“教科书”的办法绕到其背后进行攻击之前的这段时间内，他们能够一直威胁敌人两侧和正面的步兵，并且从三个方向进攻，肩负起对敌包围的重任。这虽然是恺撒由于手下骑兵数量太少难以进行包围而采取的战术，但只要是恺撒的精锐部队，即便是步兵也身手敏捷，战斗经验丰富，足以承担这样的任务。

可是，现在剩下的问题就是，不管怎么说，敌人都拥有 7 倍于己的骑兵攻击力，而且还是平原作战，骑兵的机动性可以发挥到无以复加的程度。怎样与他们对抗呢？ 7 000 对 1 000，如果从正面对抗的话，结果是显而易见的。

恺撒认为，仅凭 1 000 名骑兵的实力，想实现三位前辈示范的绕到敌人背后进行扰乱的战法是不能实现的，所以他首先放弃了这个想法。这 1 000 名骑兵只能作为与敌人 7 000 名骑兵周旋的手段。如果正面对抗的话，是必输无疑的。于是恺撒考虑将自己的这些棋子作为“秘密武器”使用。这是一场没办法补充骑兵兵员的战斗，恺撒唯有在手头现有的资源上打主意。他花费了几天时间反复布阵，对这个“秘密武器”也进行了战斗演习。

河流在恺撒军阵型的左手边，具体兵力部署如下 ：

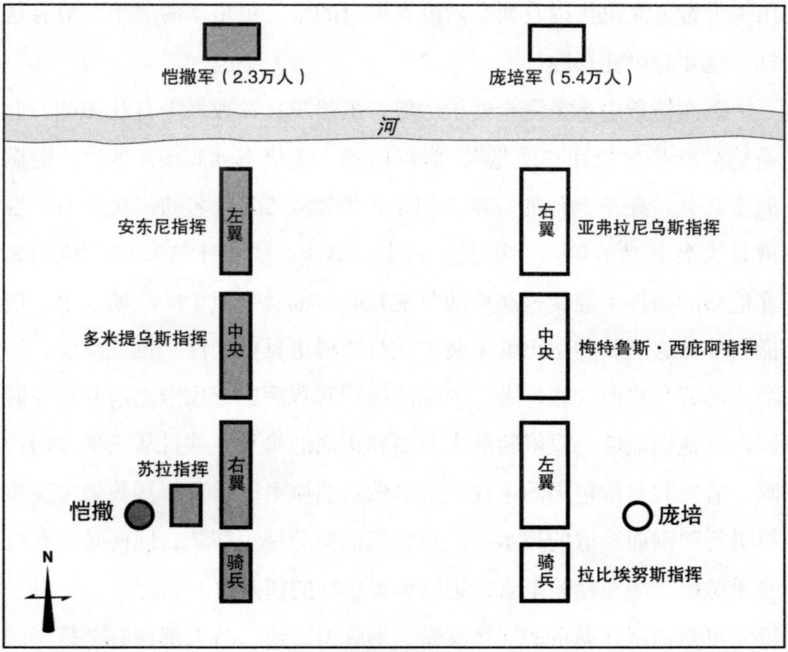

两军阵型略图

左翼——第八、第九军团担当主力，由安东尼指挥。

中央——第十一军团担当主力，由多米提乌斯指挥。

右翼——第十军团、第十二军团担当主力，由苏拉指挥。

最右翼——骑兵。

总指挥是恺撒，他的位置和庞培遥相呼应，坐镇于右翼的背后。但是恺撒不是扎营在高地上，而是骑在马上。

在反复演练布阵的同时，恺撒也在注意不让敌人察觉到自己的“秘密武器”。他的第一目的是遏制敌人骑兵的机动性，因此，有以下

两件事必须完成：

第一个秘密武器是骑兵。恺撒将平时守护队旗的轻装步兵共 400 人从日常任务中调离，这些身手矫健的士兵被添加进 1 000 名骑兵之中，组成步骑混编队。他们都是年轻人，又都是轻武装，因此行动迅捷，既可以在骑兵身后和骑兵共乘一匹马，也可以突然从马上跃下。通常状态下，他们和骑兵一起行动；在战斗时他们飞身下马，以其敏捷的身手和惊人的体力展示出来的战斗力也颇为惊人。当然，这是在反复布阵时不断演习积累经验才迸发出来的战法。

第二个秘密武器恺撒不想让敌方预先知道，因此没有进行预先演习，希望直到最后真正的战役中才拿出来。之所以觉得这样可行，是因为这个和“秘密武器一”不同，执行“秘密武器二”任务的，都是军中百里挑一的精英。

恺撒忠实于罗马军队传统，重装步兵的布阵以左翼、中央、右翼组成三列横队。从前列开始分别称为“哈斯塔里”“普林奇佩丝”和“陀利亚里”。所谓的“哈斯塔里”就是年轻人，“普林奇佩丝”是中坚力量，而“陀利亚里”则是老兵队列。这样的阵型属于寻常配备。不过，罗马军队的服役时间是从 17 岁到 45 岁，一般老兵也就是 40 岁出头。而法萨卢斯平原上的恺撒军中的“老兵”，指的则是从公元前 58 年高卢战争第一年就跟随他、在他的指挥下战斗了 10 年之久的士兵。

恺撒把军中左翼、中央、右翼全部从陀利亚里中挑出来的精兵聚集在一起，编成了一个特别军团。

选出这个精兵军团的原因，是因为他们既然是步兵，所以在敌人的 7 000 名骑兵猛攻时，这些步兵要张开双臂站在他们面前担任阻挡的任务。他们必须在骑兵的面前一动不动，没有极大的勇气是无法做

到的。年轻士兵虽然有勇气也有斗志，但说到战斗经验和临敌勇气胆魄的话，在这样的战斗面前他们是否能做到还是个未知数。

另外，由于那些士兵是老手，所以他们也不需要进行特别演习，只需要恺撒一声令下就足够了。恺撒不想让敌人觉察到这个特别军团配备了 2 000 名精兵，于是将他们安置在右翼的背后，也就是自己的近前。

这两个“秘密武器”能达成灭掉敌人 7 000 名骑兵的机动性这个目标吗？恺撒认为是可以的。

到这里突然想起了一个小插曲，恺撒在少年时期曾经以两手交叉放在脑后的姿势骑乘裸马。之后的恺撒曾经骑马和素有“马背上的民族”之称的努米底亚骑兵以及日耳曼骑兵拔剑交战，这一点在士兵中都是有口皆碑的。这足以证明恺撒对马这种动物的习性了如指掌。

如果熟悉马的习性的话，应该知道马这样的动物，就算有只兔子挡在面前它也会停步站立的。换言之，马是那种本能地讨厌用脚踢东西的动物。正是连兔子站在面前也会立刻停步站立的习性，才使得像我这样没注意到这一点的笨拙骑手，总因为马匹突然止步而一个跟斗落马。因此，要求骑手有一定的骑术，马是那种如果不给予一定助跑距离的话，就没办法跳过障碍物的动物。总之，要战马发挥出机动性和冲击力，一定程度的距离或者空间是非常必要的。

这样，只要将这个距离控制在敌人骑兵无法施展的范围之内，那么遏制敌人骑兵的机动性和冲击力就不再是梦想了。一旦此举得手，那么庞培方的 7 000 名骑兵反而变得对恺撒有利。

如果 7 000 名骑兵都需要一定的助跑距离或空间，那么这就需要相当开阔的地带。恺撒要做的，只是不给他们制造这个开阔的空间就可以了。面对敌人 7 000 名骑兵的猛攻，他首先让一个由 1 000 名骑

兵和 400 名步兵组成的队伍在假装抵抗的同时突然闪开，让对方以为由此可以轻易地绕行到恺撒军的背后时，安排 2 000 名精兵刻不容缓地出现，挡住骑兵的攻势。与此同时，恺撒的 1 000 名骑兵和 400 名步兵也到达了骑兵的身后。这样，就将敌人的 7 000 名骑兵逼入了“栅栏”中。简言之，也就是把庞培的 7 000 名骑兵赶入恺撒 1 000 名骑兵和长矛在手的 2 400 名步兵构筑成的“栅栏”中。

最重要的是，需要在 7 000 名骑兵面前展臂站立的 2 000 名老兵，无论事态如何，不管可能遭受怎样的践踏，他们都不能后退一步。恺撒在发出了作战指示后对他们说：“成败在此一举，你们的勇气将决定此役的胜负！”

只要能将敌人的核心战斗力瓦解，就能战无不胜。法萨卢斯战役中的恺撒正在尝试亚历山大大帝、汉尼拔、西庇阿都没有用过的战术。但是，率领敌人主力部队的正是熟知他战术的拉比埃努斯。因此，他必须运用连拉比埃努斯都想象不到的战术，才能成功瓦解庞培的核心战斗力。

庞培军的营地构筑在一个较高的山丘上。从他的营地到下面的平原之间，是一片开阔而平缓的坡路。恺撒在反复操练布阵的同时，庞培也将自己的军队拉到小坡度的开阔山脊上，而不是在平原上布阵。面对这样的阵势恺撒没法开战，因为由低处向高处进攻，己方将损失惨重。到目前为止，庞培方还是高枕无忧的，而且战争越往持久战方向发展，形势就将越不利于恺撒。就这样，恺撒在完成了各种战斗准备后，却一直找不到有利的战机。

于是，他再度尝试诱敌出战。拔营出发的军号吹响后，恺撒军有意识地让满载物资的运输车队横穿平原，从敌人的眼皮底下路过。

另一方，庞培的阵营内也早已充满了大决战的气氛。庞培对己方

的胜利是毫不怀疑的。拉比埃努斯也说，恺撒的老兵在漫长的高卢战争中精英尽失，活着的人寥寥无几，已经不足为惧。他以这样的说辞鼓励着自己的士兵。此外，在恺撒军的诱敌刺激下，洋溢着胜利气氛的庞培军开始从营地中出来活动。他们的布阵位置也已经比前几天更远离了营地的栅栏。这一切都被恺撒看在眼里。终于，恺撒在知道己方已离开不利的战斗地形后，立刻命令军队停止行动，将所有非战斗物品统统都放下，所有士兵全副武装整队集合。他对士兵说："诱敌活动已经结束了，现在你们的心里应该只想着战斗。我们所有人期盼已久、等待已久的胜利，就在眼前了。我军的准备是无懈可击的！今日之战机稍纵即逝，再也不会有第二次！"

紧接着，他下令展开战斗阵型。

从士兵进入战斗的态势和他们的行动表现，可以衡量出他们的士气。恺撒见到自己士兵的士气已经达到了顶峰。在布阵结束后，他骑马驱至全军阵前，简明扼要地完成了罗马军队永恒不变的战前演说。在简短的演说中，他只强调了一点，那就是：

自己始终在为避免没必要的流血而不懈努力，也数度尝试过和庞培用对话的方式来解决争端。对此努力，全体将士有目共睹，可做明证。演讲结束之后，恺撒命人高高举起了象征战斗开始的红色旗帜。在返回总司令位置的途中，他走过作为右翼主力军的第十军团的附近，听到百夫长库拉斯提努斯在激励属下的士兵："是我手下士兵的话，只要听从我的指令就足够了。这样我们才能实现为总司令立下的誓言。今日一战，是决定一切的一战。此战胜出，恺撒的荣誉将获得恢复，我们也可以荣归故里。"

知道恺撒勒住马正在听，百夫长又面朝总司令大声高喊道：

"将军，请您亲睹我们今日之表现。不管是生是死，一定要投身

于这场让您不能不感谢我们的战斗。”

如此这般的一番话后，库拉斯提努斯率先跨出队列冲向敌军。他率领的 120 名士兵也立即紧跟在他身后一冲而出。恺撒方首先燃起了法萨卢斯战役的战火。

公元前 48 年 8 月 9 日

两军之间还隔着一段相当长的距离，双方需继续接近才可投入激战。不过，此时发起攻势的只有恺撒的军队，而庞培禁止己方军队有所行动。庞培想让恺撒方的步兵持械奔袭两倍于己的距离，等他们赶到庞培军面前时，就会出现疲劳和困乏。那时再进行迎击，可谓以逸待劳，有利于己方。不过，这个策略对早已身经百战的恺撒精锐来说并不适用。

恺撒在《内战记》中也记录下了这个场面：

> 根据恺撒的推测，庞培应该是没有考虑到将士高涨的战斗欲望和情感的自然冲动，所以才采取了这样的战术。可是，指挥官是不应该压制这种冲动的，相反，他应该进行鼓励。一旦战争开始，军号齐鸣，全战线充斥着雄壮高昂的呐喊声，这个自古就有的习惯并不是没有意义的。它的意义在于，在震慑敌人的同时，也可以让自己的士兵充满勇气。

庞培是名久经沙场的老将。他计算好了，敌兵因长距离奔袭而疲劳的时候，本来排成一线的阵型一定会散乱。那时己方士兵再以整齐

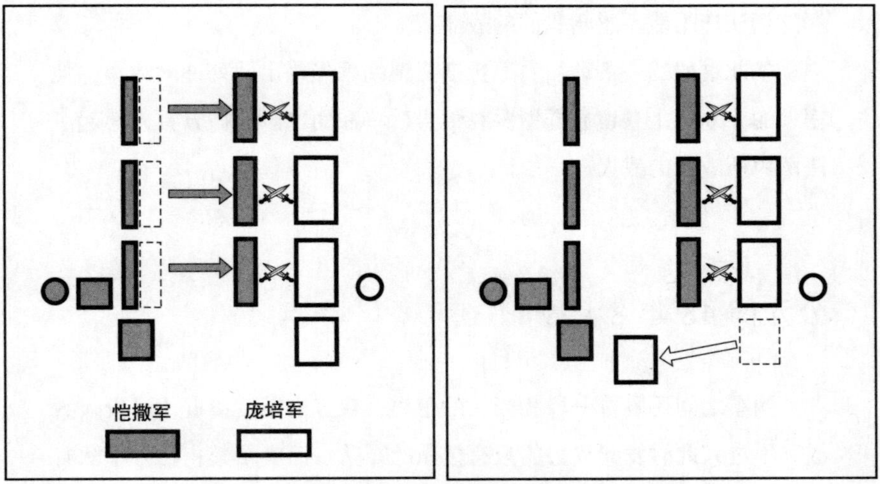

会战的第一阶段（恺撒军 3/4 突袭）

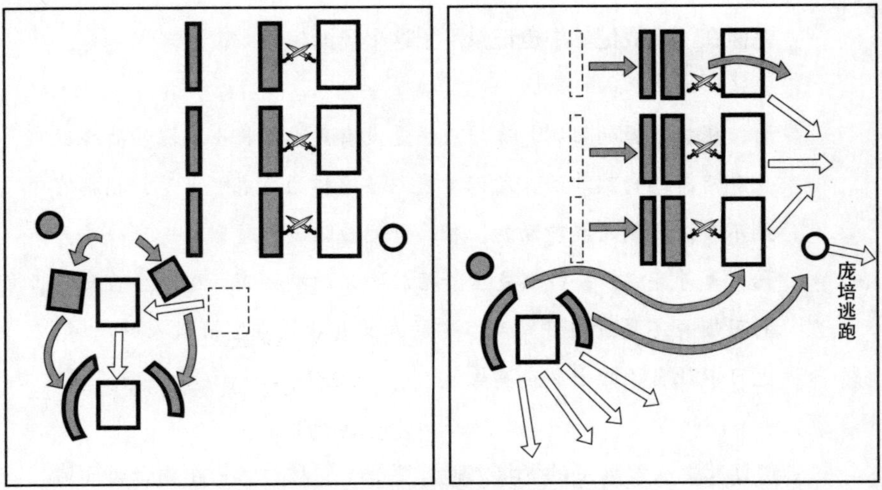

会战的第三阶段（恺撒的“秘密武器”出动）

的阵型，迎击阵型已经散乱的恺撒军队，击败他们便变得轻而易举。但是，这次的对手是恺撒的士兵，他这招失灵了。

战斗之初，左右翼及中央的第八、第九、第十一、第十二、第十军团的精锐作为先头部队出征。飞奔到两军相隔距离的一半时，他们警觉地注意到庞培军队依旧岿然未动。凭借多年征战的经验，他们在没有接到任何指令的情况下，停下奔跑的脚步，调整呼吸，整理队列，之后再持矛，再开始冲锋。因此当他们到达敌人面前的时候，气息不乱，阵型不乱，重新排成了一条直线。不论是左翼、中央，还是右翼，都以整齐的阵型对敌军发起攻击。

虽然如此，庞培军还是抵挡住了这次进攻。毕竟仅从人数上来看，他拥有 3 倍于敌的兵力。数量庞大的庞培军阵型也没有溃散，他们全线压上来应战。见此情形，庞培命令最左翼的 7 000 名骑兵发动总攻。攻击开始的同时，轻装步兵开始漫天射箭，以掩护骑兵的攻势。

恺撒军的 1 000 名骑兵看到拉比埃努斯率领的 7 000 名骑兵迎面而来，装出惊恐的样子迅速避退。如此一来，敌军 7 000 名骑兵的气焰更加嚣张了。所有这一切恺撒都看在了眼里。

这时，他才给一直处于隐藏状态的 2 000 名精锐发出行动指令。同时，那些装作害怕逃走的 1 000 名骑兵和 400 名步兵组成的特殊大队也从背后合围。把庞培军的骑兵赶入人肉“栅栏”的战斗开始了。

负责掩护骑兵的庞培方弓箭手首先被击退。接着，庞培的 7 000 名骑兵当中没有一骑可以轻易地从恺撒精锐组成的“栅栏”中突围。恺撒的“栅栏”兵手持长矛，逐渐缩小包围圈。

但是这毕竟是由人组成的“栅栏”。最终，这 1 000 名骑兵和 400 名步兵还是没有将庞培的 7 000 名骑兵全部围困住。这是由于战场所

处的地形所限，再往南走就是开阔的平原地带了，从“栅栏”中逃脱的骑兵三三两两地朝平原逃去，恺撒士兵也无法进行追击。

即使这样，恺撒也避免了被 7 000 名骑兵绕到背后、使全军陷入包围的困境。此外，即使骑兵的机动性卓然超群，但是如果没能以一个整体发动进攻，也无法发挥战斗力。恺撒在这个战役的第一阶段已经成功瓦解了敌人的核心战斗力。

庞培很快明白了眼前的形势，他即刻勒马飞奔回营地。

另一方，恺撒早已命令成功瓦解对方骑兵的 1 000 名骑兵和 400 名年轻的步兵，以及 2 000 名精锐将士开始从侧面进攻敌人的左翼。

此时敌人的左翼已经受到恺撒方军队右翼的攻击。因此，这次进攻使得庞培军队的左翼除了受正面攻击之外，还受到了从左侧包抄到背后的敌军的攻击。即使是庞培军中在恺撒身边战斗了四年之久的那两个军团，也抵挡不住这样的进攻。

尽管如此，庞培军的中央和右翼仍然保持了原有队形，坚持战斗。他们认为恺撒再无力量绕到背后进行夹击，可实际上恺撒仍然具有这个力量。

恺撒忠实于罗马军队的传统，也就是前面提到过的哈斯塔里、普林奇佩丝和陀利亚里三梯队阵型。在战争的第一阶段，恺撒将前面两梯队的士兵都投入战斗，而第三梯队的陀利亚里还没有出动。

这些老兵直到现在才接到出击的命令。迎击数量 3 倍于己的前两个梯队此时接到命令后退，换下来进行休整，取而代之的第三梯队士兵数量虽少，但是以疲劳度为零的状态投入了战斗。

庞培军的士兵已经处于疲惫和伤痛交加的状态，此时恺撒的老兵气势汹汹地杀到。他们手持的铁矛映着太阳，反射出耀眼的光芒。而且刚刚调整好气息、擦干了剑上血迹的恺撒第一、第二梯队的士兵已

经等不及恺撒的命令，士气高涨地从两侧及背后再度杀出。

庞培军的左、中、右三军全盘崩溃，再无一人能保持战斗状态。希腊仲夏的太阳无情地照耀着战场上堆积如山的尸体。

溃败的士兵都忘记了守卫大本营，多数人朝着河边的高地逃去——那里是和大本营恰好是相反的方向。

恺撒虽然知道部下已经很疲惫，但是这个时候他决心追击到底。首先开始攻击敌军的大本营。

恺撒军喊杀的声音之大，连身处总司令帷幕中的庞培都听到了。这位昨天还在夸下海口的将军，此时已经到了必须舍弃营地的地步。他快马加鞭、一路不停地逃往拉里萨，仅有几名骑兵跟随。

恺撒进入主帅逃走后的敌方阵营，他看到的满眼都是为迎接胜利的人准备的各种帷帐，高层人士的帷帐以常青藤叶子作为装饰，在地上铺以绿草，银制的器皿摆放在餐桌上。这些东西除了展示庞培方的物资丰富之外，还表明他们中没有任何一个人想到今天会如此惨败。

恺撒告诫自己的部下说，战斗还没有结束，禁止士兵劫掠敌人逃走时丢弃的财物。紧接着，他命人紧追从营地后门脱身北逃的庞培。

但是，根据追击队传回的消息，庞培并没有在拉里萨停留，而是向东直奔50公里外的海边而去。跟随庞培从拉里萨逃遁的30人中，既有梅特鲁斯·西庇阿，也有公元前49年度的执政官马尔凯鲁斯和雷托鲁斯。而在收到这个报告之前，恺撒已经着手收拾敌人的残兵了。逃走的敌兵大多渡过河后朝最近的高地逃去。如果不尽早采取对策，他们就有逃到防守坚固的拉里萨的危险。

恺撒将自己的军队分成三部分，一部分驻守自己的大本营，另一部分驻守已经攻克的庞培大本营，他亲自率领最后一部分共四个军团渡河向敌人逃走的高地方向追击。

士兵从早上激战至现在，已经疲惫不堪，而且黑夜即将来临。但是为了不让逃窜在高地之上的敌军靠近河流，恺撒仍然命令士兵在高地和河流之间挖掘壕沟。直到壕沟挖好，他一直寸步不离地在旁激励士兵。他说只要切断水源，不必流血，敌军不战自败。

工事完成已经是第二天黎明，朝阳将周围的一切罩入白光之中。不久以后，因水源都被切断而陷入绝望的残兵从高地上派来使节，表示愿意投降。

面对着在自己面前并排而立的庞培的残兵败将，恺撒首先命令他们放下武器。俘虏的总数达2.4万人，其中有人痛哭着伏于恺撒脚边，乞求饶命。

恺撒让这些人站起身来。为了消除俘虏的恐惧，他针对自己的战争行为和宽容精神做了一番小小的演说。接着，他给予了所有人去留自由的权利。他不仅告诉众人，他将给予他们自由，还命令己方士兵不得加害降兵，也不可掠夺这些人所带的物品。接着，他命令彻夜挖壕沟的四个军团的士兵回到阵地休息，自己则率领原本守卫大本营的、已得到充分休息的四个军团前去追击庞培。然而庞培已经乘上运输小麦的船，出海往东方逃去。无奈的恺撒只好返回法萨卢斯平原。他必须确定战后的善后政策，并给予士兵相应的指示。

"法萨卢斯战役"是历史上有名的恺撒和庞培之间的对决，其结果是战败的庞培方战死人数达6 000人，俘虏人数达2.4万人。在被释放的俘虏中，有恺撒的情人塞维利娅强烈要求他关照的儿子，37岁的马库斯·布鲁图。因为恺撒早就把命令传达到所有士兵，不许他们杀害布鲁图，士兵在俘虏中找到布鲁图后，马上就报告了恺撒。马库斯·布鲁图和其他俘虏一起被释放了。恺撒没有勉强他，但他还是

没有跟庞培的高官一起逃走，而是选择像士兵一样，表示今后愿意效忠恺撒。

恺撒这边的伤亡状况，阵亡者为200人，其中有30人是百夫长。这30人就是开战前对恺撒说“不管是生是死，一定要投身于这场让您不能不感谢我们的战斗”的精锐老兵，库拉斯提努斯也身在其中。这名百夫长是被敌人用剑直击脑门而死的。

摆在恺撒面前的是庞培军队的9面军团旗，加上大队旗和中队旗，总共有180面。庞培军队总共有11个军团，11面军团旗中已经有9面落在了恺撒的手中。只要是罗马人，仅仅凭这个数字就已经能计算出恺撒此番的战果了。

失败的庞培方的重要人物中只有阿赫诺巴尔布斯在逃跑过程中被恺撒方的士兵杀死，其他的重要人士，庞培和梅特鲁斯·西庇阿，以及上一年的执政官马尔凯鲁斯和雷托鲁斯四个人，都躲在强征来的小麦运输船中逃走了。

西塞罗和小加图，因为被命令留守都拉斯，并没有参加法萨卢斯战役。

在亚得里亚海指挥海军的庞培的长子格涅乌斯，也没有参加法萨卢斯战役。

指挥庞培军右翼的亚弗拉尼乌斯，以及跟随他的在西班牙与恺撒交手有败阵经历的佩托雷乌斯和瓦罗，还有在军事能力上比任何人都更得到庞培认可因此在庞培军中担任作为主战斗力的7 000名骑兵指挥的拉比埃努斯，以上4个人在那场大溃败中成功地逃到了都拉斯。身为指挥官的他们都是骑马逃离战场的。

但是，逃到都拉斯的这4个人，以及留守的西塞罗、小加图和其

他庞培派的元老院元老一致认为，虽然都拉斯位于海峡的尖端，防卫也很坚固，但是毕竟还有一端和大陆相连，在这里很难继续抵抗下去，于是，全体人员又舍弃了都拉斯，转移到没有海军的恺撒难以攻击的克基拉岛。

在克基拉岛上，除了逃往东方的庞培等人外，这些重要人士加上庞培的长子格涅乌斯一起召开了会议。

商议的结果是，大家又一致认为克基拉岛也不够安全。因为从意大利南部到岛上只需要两天的海路时间，乘着法萨卢斯战役胜利的势头，恺撒军队说不定什么时候就回意大利组建船队，渡海前来。

于是，趁着现在庞培方还拥有强大的海军，大家决定逃往有利于海军作战的北非。阿非利加行省拥有消灭恺撒派将领库里奥 4 个军团的硕硕战果。他们决定在那里等待庞培，集齐士兵，卷土重来。

但是，也有不赞成这个方案的人，他们认为这次失败不仅仅是法萨卢斯战役的失败，而是对恺撒的失败，因此，他们以后想从政治生活中引退。

公元前 51 年度的执政官，强硬的反恺撒派马库斯 · 马尔凯鲁斯说，他决定前往希腊的一个小岛，在那里度过余生，从此告别罗马的政治舞台。

作为庞培的军团长之一，瓦罗在西班牙战争中和恺撒对决，被俘虏后又被恺撒释放，在那之后选择回到庞培身边。这一次他彻底地放弃庞培了。这个与其说来是位武将不如说更像个文人的人，决定回到意大利重新开始他的学者生涯。

众人之中西塞罗也决定不去北非，他也说想回到意大利，专心从事文学生涯，于是出现了他被格涅乌斯 · 庞培痛骂为叛徒的一幕。瓦罗和西塞罗不像马尔凯鲁斯那样要亡命异乡，而是决定回到罗马，也

是因为他们俩跟恺撒还有在学术和文学上亲近而互相欣赏这一层关系。两个人认为恺撒应该不会计较自己跟随庞培这件事。实际上，后来恺撒也根据瓦罗自己的意愿，任命他担任了罗马最早的国家图书馆馆长。

和伊苏斯战役、坎尼会战、扎马会战相比，法萨卢斯战役战败方的死亡人数非常少。不仅是绝对数量上的少，这也是唯一一次俘虏人数大于战死人数的战役。并且和4.7万名步兵、7 000名骑兵共计5.4万人的总人数相比，这场战争除去战死6 000人以及俘虏2.4万人以外，还有2.4万人逃走。这个逃兵人数也是四大战役中最多的。从这些方面看，作为武将，恺撒的能力是不是赶不上亚历山大大帝、汉尼拔以及西庇阿呢?

首先，这2.4万人的逃兵，虽说是庞培的军队，但实际上仅仅是和庞培有着“clientes”关系而已，从东方诸城邦前来的援兵也夹在里面。这些士兵有的是君侯亲自指挥，有的是君侯属下率领的。在法萨卢斯战役大崩溃之后，他们既没有跟随庞培逃走，也没有跟随那些逃回都拉斯庞培派的罗马人在一起，而是都尽可能地各自向各自的故乡逃去。对恺撒来说，这些也是罗马世界构成要素的各盟国的士兵，既没有必要对之赶尽杀绝，也没有下令追击。因为正是这些人回到各自的国家后，必会广为传播法萨卢斯战役的结果，他们都是现场目击者。此外，如果对他们进行追击，这些人回到国内后，说不定会与从前一样，继续站在庞培“clientes”的立场上。

此外，法萨卢斯战役俘虏人数超过战死人数的4倍的另一个原因，我认为不言自明。之前三次著名战役的三位名将，都是和国家的敌人进行战斗，而恺撒这次却是以同胞为对手进行战斗。正因如此，

他才给予全体 2.4 万名俘虏自由，也没有强迫他们加入自己的军队。

同胞之间进行的内战并不是只要战胜就万事大吉。如果只是求得战场上的胜利，那么恺撒就和苏拉无异了。恺撒并不愿意重蹈苏拉的覆辙，而且他不仅不愿意那样做，还更加相信那样做是有百害而无一利的。

但是，这场法萨卢斯战役并不像伊苏斯战役、坎尼会战或者扎马会战那样，成为传颂至今的陆军大学教材中包围歼灭战的典型案例。它没有获得这样的荣誉——也许现在仍有教师在讲授这次战役，但是并没有成为固定的讲授内容。

在我看来，这是理所当然的。因为前三次著名战役都是开创了固定的会战“模式”，通过特有的模式获得战斗胜利。而恺撒的这次战役不过是因为“机缘”而获得了胜利。

所谓“模式”，是指不管是谁都可以沿袭，并且都能取得相似效果。而由于指挥者的才能的影响，在特定的场合才可能使用的战例，是不能成为教材范例的。

亚历山大大帝、汉尼拔、西庇阿都已经在西点军校确立了自己的位置。但是，如果是恺撒，也许会说：“首先让我看看敌人和战场，然后我才能考虑能打赢的战术。”

伴随这样的胜利，肯定能获得非凡的愉悦。但是这样创造不出可以具有普遍指导意义的稳操胜券的“模式”。

恺撒从本质上就和之前的三位名将不一样。比起军事来，他思考得更多的是“政治”。对他来说，军事是为了达到政治目的而不得不使用的手段。事实上，研究战争史的专家一直为如何从战争史上评价他而头痛不已。

顺带说一下，由亚历山大大帝创立的、由汉尼拔加以发挥的、由

西庇阿·阿非利加努斯证明有效的、通过有效发挥骑兵的机动性进行包围歼灭的战术，在那之后的很长一段时间内都在持续展示着它的有效性。骑兵后来虽然被战车代替，但是这个战术的普遍有效性仍然在延续。在最近的海湾战争中，伊拉克将过去的骑兵的位置和职责改由坦克来执行，甚至后来将用直升机部队来继承，都是与这个战术一脉相承的。

不管是出于机缘还是出于奇谋，恺撒在法萨卢斯战役中获得了压倒性的胜利。不过，他虽然释放了全体俘虏，但庞培派大多数重要人士是自己逃脱的，这是不容忽视的事实。那么，恺撒心中忌惮的，是否只是这个庞培的武将才能呢？我们知道，即使只是在士兵面前喊喊口号，他也曾经说过下面这样的一些话。

在前往西班牙对阵由亚弗拉尼乌斯和佩托雷乌斯率领的 7 个军团之际，他说过“攻打无将之师”，后来终于到了和庞培对决前向希腊进发的时候，他又高声说："攻打无师之将。"

这个庞培最终还是逃走了。恺撒在法萨卢斯战役获胜后并没有回罗马，而是决定亲自率军追击庞培。

“防止逃跑的庞培在逃亡地再次组织兵力，从而阻止内战的延续。”他自己在书里是这么写的。但是，因为恺撒要亲自率军出击，那就必须把善后问题仔细交代给部下。对恺撒而言，他和庞培的对决还没有结束。

法萨卢斯战役开始的时间是公元前 48 年 8 月 9 日，根据恺撒改革后的历法，也就是从实际的季节来看，应该是 6 月 29 日。因此，此时正是最适合进行追击的时间，因为时间很充分。根据现行的日历来决定执政官的任期的话，作为执政官的恺撒的任期还有不到 5 个月

就要结束了。在追击庞培需要多少时间还无法预测的状态下，必须先确定下一年，也就是公元前 47 年的对策。这样恺撒才是安全的。

但是，作为公元前 48 年度执政官的恺撒，如果按照苏拉改定的法律，下一次再出任执政官就需要等上 10 年，也就是说，他无法出任公元前 47 年度的执政官。因此，他必须对已经有效实行了 20 多年的“苏拉之法”进行改革。然而，恺撒没有足够的时间提出新法律。

那么，像公元前 52 年的庞培那样，当“一人执政官”，即只有一人出任执政官的模式，这条路行得通吗？因为当时国家处于紧急状态，公元前 55 年担任执政官职务的庞培，没有等上 10 年，而是在第二年又再度出任执政官。本来庞培可以直接出任由国家法律认可的独裁官，但是元老院反对不受约束的独裁官体制，所以最后庞培成了“一人执政官”。

以打倒元老院主导的现行体制为目标的恺撒并不顾及元老院的喜好。因此，同样是出于紧急事态对策，他可以从公元前 47 年一开始就出任独裁官了。既然是独裁官，那么只需由两位执政官当中的一位任命就行了。恺撒向留在首都的另一位执政官伊扫里库斯送去一封信，要求在公元前 48 年 12 月末任命自己为独裁官。

此外，独裁官还有权任命“副手”，也就是任命骑兵团团长的权力，因此，恺撒任命 34 岁的安东尼为副手，在追击庞培不在首都的时候，恺撒全权委托他代替自己，有权处理从治理本国到处理回国士兵问题以及其余事务。这样，恺撒避免政治空白的对策终于实现了。在战场上展示了相当才华的安东尼，今后要展示他的政治才能了。

把恺撒的行动顺序反过来看的话，在法萨卢斯战役结束后，从战后处理到确定第二年的政治策略，直到发布了很多指示，然后准备对庞培进行追击为止，也不过几天时间。虽然好像是大战之后的休整

期，但是恺撒从没有真正休息过，他仍然对庞培放心不下，于是率领第六军团前往追击。

法萨卢斯战役中的主力，勇猛善战的第八军团、第九军团、第十军团、第十一军团、第十二军团这些精英军团，恺撒命令他们回到意大利休整，养精蓄锐。这些军团的士兵是从公元前58年的高卢战争第一年就开始跟随他的。与之相比，第六军团是公元前53年才编成的，军团士兵的年龄构成基本要年轻5岁左右。虽说是第六军团，但也都是在恺撒的指挥下拥有6年战斗经验的老手了，所以恺撒才决定率领这支可信赖又年轻的士兵进行前途未卜的追击。

追击

恺撒的追击行程走的是陆路，不仅是因为没有船，也是因为恺撒在追击庞培的同时还想达到一个目的，就是将庞培在东方诸城邦的"clientes"收编到自己的麾下。

庞培战败后首先逃到拉里萨，再从那里日夜不停地快马加鞭赶到海岸边，从那里乘坐运送小麦的帆船逃往爱琴海。他对这种普通的船还是不放心，所以暂时在希腊北部马其顿地区的海港安菲波利斯登陆，那是在8月12日。接着，他在安菲波利斯征用了一艘五层高的大型帆船继续逃亡。不过，虽然离法萨卢斯已经很远，庞培还是得知了恺撒正在接近的消息。于是他再度向海上出发，这次的目的地是先去妻子科尔涅利娅和尚是少年的儿子塞克斯图斯所在的避难地莱斯沃斯岛，而此前一直同行的公元前49年度的执政官马尔凯鲁斯和雷托鲁斯两人则前往罗得岛。他们二人的任务是在罗得岛中心重建庞培的

军队。庞培在莱斯沃斯岛接到妻子后也决定前往罗得岛。经过罗得岛绕过小亚细亚行省到达塞浦路斯岛，然后重新开往叙利亚，庞培期待以这样的途径东山再起。但是，与庞培的前进速度相比，法萨卢斯战役的结果在这些地方传播得更快。

恺撒早就预料到了这一切。在得知了庞培向海上逃走的消息后，他也没有立刻组织船队追击，而是仍旧经由陆路向东进发，到达希腊和小亚细亚之间的达达尼尔海峡。

卡西乌斯是五年前远征帕提亚失败后克拉苏军中唯一幸存的指挥官。他接到庞培的命令守卫近海，后来一直在叙利亚行省驻守。但是，庞培派的卡西乌斯听说了法萨卢斯战役的结果后，带着从庞培那里借来的10艘军用船及士兵，连尝试抵抗都没有，就向恺撒投降了。

当然，恺撒依旧宽恕了所有的人。然而，正是这个卡西乌斯诱导法萨卢斯战役中同样被宽恕的马库斯·布鲁图，成了四年后“暗杀恺撒”事件的主谋。

恺撒渡过了达达尼尔海峡，进入亚细亚地域，继续向南朝小亚细亚西岸行军。此时，以庆祝法萨卢斯战役胜利为由，原本向庞培提供资金、兵员和战船的诸城邦连续不断地派慰劳使节前来对恺撒进行慰问。

恺撒没有因为这些城邦曾经站在庞培一方而对其进行责罚，反而将从这些地方征收的间接税减少了一半。不过这种减税是有期限条件的，即必须与庞培对这些地区课以重税的时间长度相等。当然从庞培派的角度来看，这样做其中绝对有政治考量。

庞培一直视为自己地盘的东地中海诸城邦此时也转变了立场，开始替恺撒鞍前马后地忙碌起来。如此一来，奔向罗得岛的两位执政官

甚至连港口都无法靠近。庞培在莱斯沃斯岛滞留数日后，向南逃去。他在奇里乞亚和塞浦路斯也遇到了这样的情况。在曾经是他称雄的一些行省，他也吃了闭门羹，没得到响应。败者为寇，此时“clientes”的道义对庞培来说是一文不值了。

看到这些现状，庞培本来打算在叙利亚卷土重来的气概顿时烟消云散。

在小亚细亚和叙利亚都无路可逃的庞培，最后还剩下两个选择：第一是前往北非，与法萨卢斯战役后逃往那里的庞培派重要人士会合。第二就是依靠埃及。这两个选择，不管哪个都是有利有弊。

如果前往北非的话，他的长子格涅乌斯也在那里，亚弗拉尼乌斯、佩托雷乌斯以及拉比埃努斯和小加图都在那里。但是，前往北非的弊端就是，无法忽视和阿非利加行省接壤的努米底亚王国。庞培能够歼灭库里奥及其军队，与其说是北非的庞培派的业绩，倒不如说是努米底亚国王的功劳。表面上是同盟国、实际上是附属国的努米底亚，显然凭这一件事拥有了更强的话语权。对这个一辈子都被当成罗马第一武将、拥有和亚历山大大帝一样的尊敬称谓、被称为“伟大的庞培”的庞培，虽说是吃了有生以来第一次败仗，但是要他逃往附属国，看附属国国王的脸色，那是他的自尊所不能允许的。

若逃往埃及，有利的一点就是现在共同统治埃及的姐弟俩的父亲，也就是埃及的先王，是在庞培的鼎力帮助下从一度被驱逐的废王重新复位的。为了稳固王位，庞培给手下的将领盖比尼乌斯配备了一个军团镇守亚历山大港。也就是说，现在统治埃及的王朝是庞培的“藩属”（clientes）。其实早在和恺撒对决前，庞培就要求东方诸城邦派出援军。为了响应这个要求，埃及两个统治者之一的姐姐克娄巴特拉和她的弟弟提供了50艘军船作为援助。响应“patronus”的要求，

是“clientes”应尽的义务。

这样的相互扶持关系，应该是父子相传，这是罗马人一直深信不疑的。但是，这种罗马独特的人际关系如果在罗马以外的地方也受到尊重的话，那更多是出于利益的考虑，而不是出于对传统的尊重。根本不习惯失败又因为处处吃闭门羹而意志消沉的庞培，已经失去了直面这种人生现实的勇气。或许，他是在从不知挫折为何物的人生里，变得不知如何面对这世态炎凉吧。如果是恺撒，应该对这种状况了然于心，就像他在书中写的那样："苦境可以将朋友变为敌人。"

另外，埃及王朝此时的状态实在不合适作为流亡地。原本共同统治的姐弟俩针锋相对，被夺去王位的姐姐克娄巴特拉正在谋划如何召集士兵夺回王位，埃及实际上处于内战状态。尽管岳父梅特鲁斯·西庇阿和两位前任执政官力劝庞培逃往北非，但庞培最后还是决定前往埃及。

经过爱琴海后，船一直向南航行，数天之后到达小亚细亚南岸的恺撒也得知了庞培走海路前往亚历山大港的消息。这一次，恺撒乘船进行追击。他运送 3 200 名步兵和 800 名骑兵必需的 10 艘船由本是庞培“clientes”的罗得岛提供，他们除了是向胜利者示好之外，也是感谢恺撒。在都拉斯包围战开始之前，败给安东尼后被俘虏的罗得岛士兵曾被恺撒释放回国。

目标向南，航行一路顺利。庞培委托快船给埃及的少年国王带去一封亲笔信，信中要求国王接受他们一行人入境做客。快船带回消息说，埃及王室欢迎庞培一行人入境。庞培认为自己的选择没有错，因而安心下来。无论如何，埃及现在的国王能顺利登上王位，也是有庞培一份功劳的。在埃及两个统治者处于敌对状态时，以庞培作为罗马无出其右的武将之名，在这里的市场应该价值不菲。

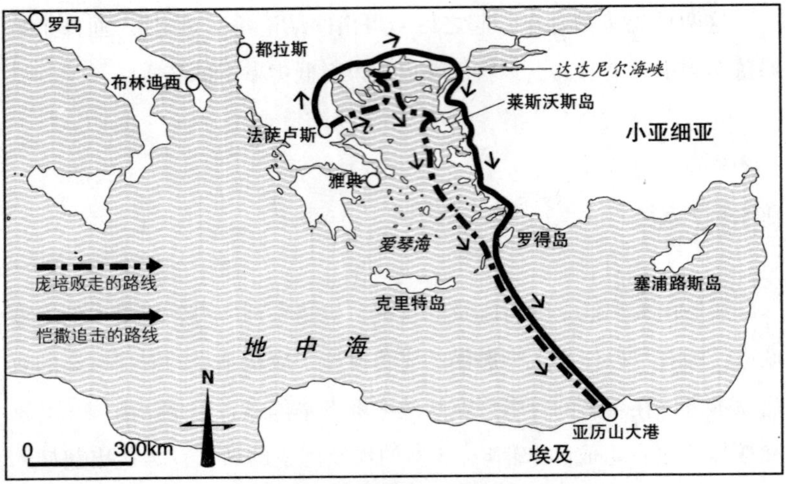

庞培败走的路线和恺撒追击的路线

这位意志消沉的58岁的武将，稍微恢复了些元气，开始准备面见埃及国王时的演说稿了。

但是，虽然在接受庞培入境的亲笔信中很客气地回答说欢迎他的到来，但是这都是辅佐（或者说是实际操纵）少年埃及王的那些亲信的想法。他们言行并不一致。站在他们的立场，这也不难理解。庞培在大决战中失败后，已经在所有东方诸盟国吃了闭门羹。这样一个败逃的人物到了埃及投靠他们，没有比这个更麻烦的事了。

此外还要再提及一点，即庞培以前派来埃及、此后一直定居于此的罗马士兵的心情。他们已经完全被埃及化了。在姐弟的王位争夺战中，他们站在弟弟这边，积极地加入了这场家庭战争之中。这种错误行为在罗马是不会被原谅的。这些罗马人已经不再想回到庞培手下了，当然他们也无意追随新的领袖恺撒。

这两种想法融合在一起之后，得出的结论是“杀之”。而这个策略落实到手段上时，立刻就反映出主谋者低劣卑下的品质。

庞培之死

亚历山大港既是当时埃及的首都，也是东地中海领域最大的海港城市，拥有可以停靠大型船舶的完善设施。庞培乘坐的五层楼高的帆船原本可以在著名的灯塔后宽阔的内港下锚停靠，但是，由国王的家庭教师和宦官组成的亲信以 15 岁的埃及国王的名义，传达出迎接的消息，所以请庞培在港外等待。他们对毫不怀疑地等待着的庞培说，会有迎接船靠近他。

来迎接的船虽有不少船员在划桨，但实际上只是勉强可以称为“舟”的小型船。此外，被称为希腊人的伦理学教师阿基拉斯和罗马士兵塞普提米乌斯也在船上。庞培看到在扫荡海盗作战中曾是自己属下百夫长的塞普提米乌斯，心里安定下来，相信了阿基拉斯说的先只请庞培前往港内会见等待中的埃及国王。庞培也没有怀疑其余人将有其他船只前来迎接的说辞。

在阿基拉斯的劝说下，上了小型迎接船的只有庞培、公元前 49 年度的执政官雷托鲁斯以及少数士兵。

庞培乘着小船，在妻儿和岳父梅特鲁斯·西庇阿的注视下，远离了五层楼高的大船。小船在一箭之遥的距离外停了下来——肯定在百米开外。但是这个距离在一览无余的海面上无论发生了什么都可以看得一清二楚。塞普提米乌斯控制庞培的动作，庞培的右腕被压在船舷之外动弹不得，都映入众人眼中。他的亲族目睹了这一切的发生。在

一片哀号和绝望声中，庞培的人生走到了尽头。

跟随庞培上船的几名士兵也被当场杀死，雷托鲁斯被关进了大牢，后来也在那里被杀。载着庞培的小船起锚疾走，在人们的悲号声中远去。

这是公元前48年9月28日，距离法萨卢斯战役仅仅过了1个月零20天。4天后，恺撒的身影出现在了亚历山大港。

浸泡在香油中的庞培的首级，以及象征着他信印的金戒指被送到恺撒的面前。根据后来的史学家，也就是古罗马时代的史学家普鲁塔克和狄奥·卡西乌斯等人的记载，恺撒见此情景，禁不住流下了眼泪。

12年前的公元前60年，当时46岁的庞培和40岁的恺撒两人还是结成"三头政治"的盟友。第二年，也就是公元前59年，庞培娶了恺撒的女儿尤利娅为妻。公元前58年，恺撒将首都罗马托付给庞培，出发前往高卢平乱。在出发前，恺撒曾写下遗书，这个遗书的继承人就是成为他女婿的庞培。

这个庞培在7年后从恺撒的盟友变成了最强硬的反恺撒派，两人的关系从过去的盟友变成了对手。恺撒渡过卢比孔河，庞培逃离意大利，在法萨卢斯战役之后逃到埃及送了性命。这就是年龄只有6岁之差的罗马双雄在最后两年里的命运。冷峻而不冷酷的恺撒面对曾经的好友因为立场的改变而得到这样的下场，为之伤心落泪是再自然不过的了。但是恺撒对这件事只在书中写下了一行文字：

我在亚历山大港，得知了庞培的死讯。

这一行字，如小林秀雄所言，是比刻在大理石上的文字更美的古

代艺术品。我也与他持同样看法。

但是，恺撒的《内战记》是面向同时代罗马人的作品，对当时的“读者”而言，即便是艺术品也不是古代艺术品。读到这一行文字的人，如果是恺撒派的话，自然要高唱凯歌；如果是庞培派的人，则难免要流下伤心的泪水。因此，这一行字在感情上是符合双方需要的。

为庞培最后的结局而惋惜落泪的人也无法恶语指责恺撒，因为恺撒不仅没有对庞培进行批判，甚至在得知他死讯的瞬间，心中感想一句都没有写下。他留下的这一行文字，既是恺撒自身性格的反映，也是出于政治的考虑。如果从既要有所制约又要能充分表现文章力度的角度来看，这句话如同刻在大理石上的文字一般，是能够传递语言重量感的绝佳例子。

同样是得知庞培死讯后写下的文章，西塞罗的文字就完全不一样。在他写给好友阿提库斯的私人信件中，尽管不需要考虑政治因素，也通过文章从正面充分地反映出了作者的气质：

> 庞培有那样的结局，我其实已经充分地预想过了。法萨卢斯战役后，他处于一个危险的位置上。这一点在罗马世界里，上至王侯下至民众都看得非常清楚。在这样的情况下，不管他逃到哪里，最终的结果都只有一个。
>
> 虽说忍不住要为他的命运感到悲哀，但我认识的庞培真是一个不懂得规避、只知道直面世界的男人。

2 000 年后有位英国学者则是这样评价的：

庞培如若在战场上，是恺撒值得作为对手的唯一一位将领。但是，与都拉斯战役失败时最后一个离开战场的恺撒相反，法萨卢斯战役中的庞培是最先一个舍弃战场的战士。

此外，对天才和人才的区别方法是智慧和热情是否能合二为一，而庞培在这一点上尚有欠缺。

“我在亚历山大港，得知了庞培的死讯”，这么简短的一行字，是在当时能引起正反两方读后感想的一行字，也是能经得起后世反复诵读的一行字。

有学者认为，不污染自己的双手就除掉了宿敌，对恺撒来说正是自己最盼望的结局。同意这种观点的研究者不在少数，然而，真实的恺撒是这样想的吗？

如果恺撒能够成功地生擒庞培又当如何呢？他连普通士兵都可以释放，给予自由，对庞培肯定也会给予自由的。但是得到自由之后的庞培又要选择怎样的方式生存呢？从这 15 年来他的生活方式推测，他会不会选择回到阿鲁巴的别墅，带着年轻的妻子和年幼的孩子，偶尔招待前来探访的部下，过着平静的隐居生活呢？

这样的话，恺撒就会很麻烦了。庞培不是那种因为有着鲜明的政治信仰，所以决定坚持元老院主导的寡头政治体制的元老院派或者庞培派领袖，他是被那些人推举为领袖的。即使他自己非常渴望过上平静的隐居生活，但是只要拥戴他的人存在，他就有可能经常被推举。对恺撒来说，这样的庞培永远是个危险的人物。

那么，恺撒又该何去何从呢？

我想，以恺撒的一贯作风，可能会向庞培提出“两头政治”的解决方案吧。回想起来，渡过卢比孔河后，恺撒多次试图与庞培和解，

而且恺撒唯一坚持的条件，就是他要通过和庞培进行两人之间的直接会谈来解决。对恺撒来说，自从“三头政治”建立以来，特别是在经过“卢卡会谈”的“商讨”之后，只要能够和庞培进行商谈，最终的结果都是能够按照自己的想法进行下去的。恺撒一直都拥有这种自信。在法萨卢斯战役胜利之后这样做就更容易了。恺撒拥有极为强大的自信心，可以将表面上的“两头政治”变成实际上的“一头政治”。

而且，让战败者加盟并同化他们，这是罗马人对待失败者的传统做法。很多的事例已经表明，恺撒也是个懂得妥协的、现实的罗马人。

此外，如果双方都妥协了的话，首先喝彩的人一定是西塞罗——即使“两头政治”中有一人只不过是名誉“会长”，或者说是权力被架空的“会长”。

这个西塞罗对活着的庞培的评价没有一句好话，即使是在毫无顾虑地写给密友的信中，也是如下的腔调：

缺乏智慧。零说服力。体力也已是今非昔比。因沉溺于年轻娇妻而疏于政务。没有自我控制能力。至于意志力，则自始至终都没有过。等等。

西塞罗竟然追随了一个在自己口中形容得如此糟糕的人，读者对此一定会感到目瞪口呆。但这就是西塞罗对在世时的庞培的评价。

在得知庞培的死讯后，西塞罗立刻停止了这样的评价。也就是说，一个人的死往往可以让人们忘记对他生前的种种批判，而只会回忆起那人优秀出众的一面。这不也正是很多人共同的现实人性吗？

但是一旦庞培担任被架空了权力的“会长”，而由恺撒担任运营总监的“两头政治”真的实现的话，事态会有所变化吗？

首先最为明确的一点是：逃到北非的强硬反恺撒派和庞培派人

士，想继续反对恺撒就将师出无名。

但是庞培被杀了，他的死反而让反恺撒派更加有了支撑的支柱。此刻的庞培再不是那个生前有着诸多缺点的人，而是成了死后被人们回忆起更多优点的、偶像化的人物，被尊称为“伟大的庞培”。

“我在亚历山大港，得知了庞培的死讯。”对于恺撒写下的这一行文字，我是这么看的：对恺撒来说，这非但不是最后的可以放心的终结，反而在为背后更深远的东西而担忧。

不管知道庞培死讯之后的恺撒真正的心理活动是什么，庞培已经死了，这是无法改变的事实。在这个既成的事实面前，恺撒在想到上述所说的负面影响的同时，也想到了两个有利影响：

第一，对恺撒而言，武将当中唯一不能掉以轻心的对手已经不复存在。也就是说，以后恺撒真的只需要“攻打无将之师”。在这之后，他可以长时间地在埃及滞留，既是因为卷入了埃及王室的内部争斗，也是因为那时已经进入了刮西北风的季节而无法出港，同时也是因为被克娄巴特拉的魅力吸引——抑或是其他什么原因。总之，可以看出来，恺撒一直处于绷弦般的紧张情绪，此时得到了缓解。

第二，事实证明，在庞培死后，残留下来的反恺撒派也不可能再推戴一个象征性的人物出来了。元老院派里再也找不到一个能够代替“伟大的庞培”的人。格涅乌斯和塞克斯图斯，庞培的两个儿子，仅仅是继承了庞培的血脉而已。小加图虽然是个有威慑力的人物，却缺乏声望。而西塞罗虽堪称罗马的“舆论代表”，但难以引导整个反恺撒派。

所谓内战，是国内两种势力相互对抗而产生的斗争。以我的观点，恺撒认为从渡过卢比孔河开始到庞培之死，这场内战就算走到了尽头。

《内战记》是从渡过卢比孔河开始记录，却并不是以法萨卢斯战役，而是以庞培之死作为终结的。此后的和庞培派的斗争虽然还在持续，但是这已经不再是内战了。这难道不是恺撒的“宣判”吗？这已经不再是互相抵抗的两大势力之间的抗争了，仅仅是解决叛乱分子的抵抗而已。

《内战记》在这之后没有继续写下去，在我看来，不是因为恺撒没有充裕的时间撰写，而是他认为再没有写下去的必要了。

事实上，在这之后继续进行的《亚历山大战记》《阿非利加战记》《西班牙战记》，都是由恺撒的幕僚和中坚将领执笔的。尤其要提的是《亚历山大战记》的执笔者希尔提乌斯，这个人是代替恺撒写《高卢战记》最后一卷的人，但是他没有参与亚历山大战役。没有从军参加战役也没有去过亚历山大港的希尔提乌斯，只能根据恺撒的口述来写作。恺撒只是口述，没有参与成书写作，因此，《阿非利加战记》和《西班牙战记》都是交给属下完成的。从只通过口述笔记就能写成出色散文来看，恺撒这样的人并不是不能写，而是没有写作的意向——大概只有这样才能解释吧。

克娄巴特拉

恺撒“在亚历山大港得知了庞培的死讯”之后，埃及宫廷里的人们总以为，杀死庞培实在是卖给了恺撒一个天大的人情。

献上庞培的首级和金戒指之后，由家庭教师和宦官组成的宫廷派给恺撒——当前罗马第一实权派，同时又是罗马霸权的现任执政官——传递了消息，说他想要的东西已经到手，请早早起程。纵然恺

撒从不被个人情感左右，但事情演变到这一步，已经成为国家之间的问题了。埃及虽是独立国家，但也是承认罗马霸权并与其结为同盟的国家。只有罗马认可埃及的独立地位，埃及才可能成为独立国家。恺撒作为罗马最高统治者的现任执政官，决定在亚历山大港登陆。

马基雅弗利曾经说过，如果一个民族没有通过民主讨论来进行决策的习惯，那么即使努力给他们移植这种习惯也是徒劳。

从公元前 3000 年开始至此，埃及的统治者虽然几经变更，但是始终是堪称政教一体的绝对王权政治国家。希腊人在埃及确立王政是在公元前 4 世纪，由亚历山大大帝建立。亚历山大大帝英年早逝后，他手下的一位将军成了托勒密王朝的开国君王，建立了托勒密王朝。

而埃及阿蒙神庙的祭司则以神谕的形式告知希腊人，马其顿年轻的国王亚历山大并不是人之子，而是神之子。因为一直由神之子支配的埃及，如果改由人之子来支配，就会出现很大问题。换句话说，从埃及人的角度看，不能永生的人根本就不具备统治者的正统性。同样是以亚历山大大帝手下的将军为开国君主，马其顿以最杰出的人为王，叙利亚的塞琉古王朝则以能在神和人之间起联系作用的人为王，埃及的托勒密王朝则以统治人类的神之子为王，这几个国家的王都存在着微妙的差异。正是由于这种微妙的差异，罗马在打败迦太基、统治东地中海之后，把马其顿和叙利亚都列为行省，却单单把埃及列为独立国家。另一个原因，就是自罗马和迦太基展开你死我活争斗的时代开始，埃及王朝就已经站在罗马这边了，而且后来也没有像马其顿和叙利亚那样，曾经犯过对罗马宣战的外交“错误”。

早在公元前 63 年，庞培就废除了叙利亚的塞琉古王朝，将之划为罗马的行省。那时只要庞培有这个意愿，完全可以把埃及也划为行省。因为凭埃及的军事力量，根本不是罗马的对手。

但是，罗马对外关系的基本方针并不是简单随意的直接统治。罗马人的统治方式是，即使划为行省，仍然要尽量采取温和政策，使行省内部的诸势力不与罗马为敌。在宗教、语言以及生活习惯上，罗马人也不会强制对方和自己保持一致。罗马人本身就是多神教的民族，并不像一神教那样将自己信奉的神视为唯一的神，因此，他们对认可其他民族的神也没有抗拒感。在巴勒斯坦地区犹太教始终存在，希腊系的托勒密王朝支配下的埃及则信奉奥西里斯和伊希斯。不过话又说回来，希腊系王朝统治的埃及仍然属于希腊语系。

罗马之所以要求同盟国诸势力不与罗马为敌，是因为罗马一直在充实并将继续充实罗马世界的社会资产，如各城邦之间的关系及安全保障，罗马式道路网的构建等。尽管其出发点是重视统治和军事效率，但这种基本设施的完善也理所当然地提高了“罗马世界”居民的生活水平。

由罗马直接统治的行省，以及在对外关系和安全保障上依靠罗马、名为独立国实为附属国的各同盟国，共同组成了“罗马世界”。但罗马之所以尽量避免将同盟国划为行省，一个重要原因就是安全保障费用的问题。在罗马直接统治的行省，罗马都必须承担内部和外部的安全保障义务。因为行省居民缴纳了行省税，就不必承担安全保障的义务了。而以独立国家形式存在的同盟国，罗马人甚至不用承担其国内的安全保障义务。虽没有行省税的收入，但是不管什么时候安全保障费用都是一笔巨大的开支。而且，因为存在同盟关系，罗马在对外发动战争时，出于互助原则，可以要求它们派兵增援。从同盟国派兵过来的费用，也由该国家自行承担。对罗马而言，这样做收益比付出更多，所以罗马称这些同盟国为“罗马的友人及同盟者”。

尽管这样，罗马还是有很多行省，大致可以分为两种：

第一种，以西班牙和高卢为代表，其内部部族林立，不可能通过与某个部族谈判而将其统一支配。

第二种，可以确立统一的统治体系，像马其顿、叙利亚以及过去的迦太基一样，反复数次与罗马为敌的诸多城邦。第二次布匿战争失败的迦太基就是很好的例子。虽然罗马令汉尼拔吃了那么多苦头，但罗马最终仍旧没有把迦太基变成行省。马其顿和叙利亚也是如此，尽管最初的战争是胜利的，罗马也没有将其变为行省。它们之所以后来被划为行省，是因为它们数度采取与罗马敌对的行动，罗马方面感到没有更好的解决方案，只好将这两地设为行省。一次都没有和罗马敌对过、一直是“罗马的友人及同盟者”的诸城邦，如努米底亚、毛里塔尼亚等，尽管是与马其顿和叙利亚不能相提并论的弱小国家，但仍能以独立国家的形态存在着。因此，本身也算大国的埃及，只要一直是“罗马的友人及同盟者”，当然也能以独立国家的形态安然存在下去。特别是埃及，由于和由人之子统治的“罗马”的民情不一样，情况更加特殊一点。

即使如此，不与“罗马”为敌仍然是罗马的条件，而由家庭教师和宦官组成的埃及“宫廷派”似乎缺乏认清这一条件的政治敏感性。曾经也有大国时常犯这样的“错误”。公元前 1 世纪后半期的埃及，曾经有着被看成大国的双重条件——有着 3 000 年的历史、足以令其自傲的埃及文明和亚历山大大帝以来闪耀了 300 年光辉的希腊文明。而“克娄巴特拉”这个名字，其实就是马其顿王室的女子常见的名字。

恺撒将他们浸在香油中送来的庞培首级进行火葬，并送至庞培妻子处。庞培的妻子科尔涅利娅将之安葬在庞培生前最喜欢的阿鲁巴别墅的庭院中。那里的庞培墓现在依然存在。

公元前 48 年 10 月 4 日，恺撒在亚历山大港上岸，这时距离庞培被杀的日子已经过去 6 天了。恺撒以霸权国家罗马最高统治者、现任执政官的身份登陆，他还带了 12 名随扈，与其地位相称。到现在为止一直与罗马和平相处的埃及的首都居民，第一次看到这样的场景。

这一幕刺激了亚历山大港的居民，尤其是在希腊王朝统治下的很多希腊居民。他们一直都没有如此直接地亲眼见证过罗马的权力形式。道路两旁挤满了人，在他们看来，朝着王宫行进的恺撒及其军团，是罗马人对希腊系的埃及王朝的羞辱。恺撒也感受到了这种危险的气氛，认为必须严肃对待。他派出使节，下令由庞培的残兵败将编成的、驻守在小亚细亚的军团前来埃及。不过，恺撒很快就清楚地意识到了自己在亚历山大港应该做什么，而且从没有动摇过实现它的决心。

当同盟国发生内部纷争时，罗马有责任担任仲裁，掌控事态，这是到此为止的罗马的常规。罗马尊重同盟国的内政自由，但是同盟国只有内部国情安定，才有理由维持与罗马的同盟关系。恺撒认为，身为罗马执政官，保证埃及国内政治稳定是自己的任务。因此，登陆之后，他立刻决定于三日后，也就是 10 月 7 日，在王宫召集埃及内乱的两位当事人，克娄巴特拉和弟弟托勒密。这一举动又深深地刺激到了埃及宫廷。

恺撒在《内战记》中这样记述："人不管是谁，都无法看清现实中的一切，大多数人只想看到自己想要看到的现实而已。"

只想看到自己想要看到的现实的人并不仅限于埃及王室的宫廷派，长久以来一直住在希腊系王朝统治下的埃及——特别是在首都亚历山大——的很多希腊商人也是如此。恺撒登陆后最先着手做的事情

就是下令派援军前往小亚细亚，第二件事就是召集王室姐弟二人。在召集王室的当天，姐弟俩还没到达之前，他做的事情是宣布在亚历山大港内有自由通商权。具体来说，就是把亚历山大经济圈内的希腊人和犹太人原本不平等的权利完全平等化。这项政策的内容使恺撒得到了犹太人的敬重，也使自身既得利益受损的希腊系亚历山大的市民对恺撒更加反感。

在这样的气氛下，10 月 7 日，恺撒担任仲裁人，与埃及王室内讧的两位当事人进行了会谈。

姐弟俩的父王，也就是埃及的先王托勒密十二世，曾在埃及王室常有的内斗中被赶下了台。在罗马的帮助下复位后，他统治的埃及成了“罗马的友人及同盟者”，这全拜庞培当年积极活动所赐。当时是公元前 59 年，恺撒也是罗马执政官，也为此事积极争取元老院的认可，并召集公民大会予以通过。在帮助托勒密十二世恢复王位的具体行动上，是庞培派手下的将领盖比尼乌斯和一个军团前往，在公元前 55 年才实现的。所以说，罗马出面解决埃及王室的内部争斗是有先例可循的。尤其是对在庞培授意下为托勒密十二世恢复王位的合法化而尽心尽力的恺撒而言，埃及的政治稳定是自己在庞培过世后不得不承担起来的责任。

身为“罗马的友人及同盟者”的托勒密十二世死于公元前 51 年。他留下的子女是以当时刚刚 18 岁的克娄巴特拉为首的两位公主和两位王子。托勒密十二世的遗诏中最重要的是这么两项：

一、埃及由长公主和大王子共同统治。

二、埃及王室今后要继续作为“罗马的友人及同盟者”。

当时的埃及也许只有这位 65 岁死去的先王看到了他并不想看到的现实。

克娄巴特拉

先王遗诏的第一项确实得到了忠实的实施。从公元前 51 年开始，埃及是由克娄巴特拉七世和托勒密十三世共同统治。

目前尚不明确，这次埃及再次发生的王室内乱究竟是由少年王身边的近侍排斥克娄巴特拉而引发的，还是聪明好胜又野心勃勃的克娄巴特拉对与资质平庸的弟弟共同治理国家感到厌恶而导致的。不管原因如何，公元前 48 年秋天恺撒到达埃及时，少年王已经得到了盖比尼乌斯的余党罗马士兵的支持，比 21 岁的姐姐更有优势。与少年王在首都相反的是，克娄巴特拉被驱逐出了首都亚历山大，正在集结兵力为夺回王位做准备。

如果从顺势而动的现实主义角度看，这时候恺撒只要对军事上已经占优势的弟弟进行兵力上的支持，埃及的政治应该就可以得到期待中的稳定。但是，在 10 月 7 日举行的恺撒和姐弟俩的会谈中，恺撒做出的裁定是姐弟俩和解，并且再度联手统治。

恺撒的这个裁定一看就知道是对克娄巴特拉有利，使得古今中外对此事有了众多的臆测。以普鲁塔克为首的史学家写的小插曲令后来的很多人对此深信不疑。那就是在恺撒做出裁定的头一天夜里，克娄巴特拉巧妙地藏在毯子里，由侍者扛着成功地混进王宫。在那里，她用自己的魅力成功地俘虏了第一次见面的恺撒，结果就有了这样一个有利于她的裁决。法国数学家、物理学家、哲学家帕斯卡有感于这段历史而写道 :“克娄巴特拉的鼻子如果再短一点的话，说不定历史就要改写了。”

我无意否定这个小插曲的真实性。以克娄巴特拉的性格来看，这确实符合她的做派，而且功成名就的恺撒在私生活上也不可能不解风情。送到嘴边的肉不吃岂是男子汉所为？何况在这个常年处于紧张岁月、已经 52 岁的胜利者面前站着的，是为赢得人生中最大一场豪赌而精心准备的 21 岁的绝艳女子。如果她的鼻子稍微短一点，的确堪称魅力四射。而且这位年轻的女王还非常富有幽默感。如果只有身体交合而没有语言交流的话，这个女子也不可能长久地成为恺撒的情人。而同样具有赌徒性格的这两人之间，一旦有了苗头，发展到情人关系就是水到渠成的事情了。问题是，恺撒的裁定是否真的是被克娄巴特拉的魅力俘虏的结果？

作为“罗马公民”的代表，现任执政官恺撒从法律上来说作为代表是完全没问题的，但是用这个身份来对同盟国埃及的王室内斗做仲裁人的话，对恺撒而言最重要的问题就是，保证现在的埃及和先王

时代一样继续做“罗马的友人及同盟者”。因此，只要继位者明言继承这个传统，继续按照先王的遗诏行事，对罗马来说就已经是得到最期待的结局了。何况遗诏中还记载了由长公主和大王子共同统治这件事，恺撒的裁定也忠实地遵照了先王遗诏。

此外，还有其他事情让恺撒无法只考虑军事上的优势而在埃及内乱中做出支持弟弟的决定。

虽然直接动手杀死庞培的是身为罗马公民的塞普提米乌斯，其背后主使却是托勒密十三世身边的近侍。罗马人是不会饶恕杀死同胞的异国人的。此外，庞培还拥有前执政官这样的身份，从履历上说还是罗马的公职人员。而且对作为“clientes”的埃及王室来说，庞培还是他们的“patronus”，两者本身应当是相互扶持的关系，而现在被保护者竟然杀害了保护者。这对重视“clientes”关系的罗马人来说，也是不能容忍的行为。如果只是城门紧闭吃了闭门羹，人们只会慨叹失败者的悲惨命运，但是杀人，这在罗马人眼里就另当别论了。

恺撒在登上亚历山大港之初，就没打算放任杀害庞培的主谋。对他来说，如果支持女王的弟弟登基，就如同放过围在女王弟弟身边的那些人，用恺撒的话来说，就是那些“谋杀犯”，不对他们兴师问罪了。这样一来，罗马本国人必会感到不满，这正是他十分担心的事情。无论是作为一个普通罗马人，还是作为罗马的统治者，恺撒从一开始就没打算只让女王的弟弟一个人就任王位。

此外，两人有了交欢之后，恺撒也了解了克娄巴特拉的资质。这个头脑聪明、意志坚定的女人，难道不是比性格软弱、易受身边人影响的弟弟更能适合出任共同统治者中的一个吗？

总之，对恺撒来说，即使和克娄巴特拉没有发展到情人关系，他也还有很多理由必须帮助克娄巴特拉挽回在军事上的劣势。情爱关系

的存在并不足以左右国际局势。此外，恺撒本人也不是沉溺于情爱而被他人左右的性格。

克娄巴特拉认为，这些是因为自己的魅力，她这样想也并非毫无道理。比起相信事实道理来，女人是那种更愿意相信自己是凭借魅力获得成功的物种。而要让女人有这样的错觉，对恺撒来说简直就是轻而易举的事情。克娄巴特拉对此事的误解一直持续到恺撒的遗书公布之后，那时候出现在她内心的屈辱感，我认为是了解她后半生的一个关键因素。

恺撒在公元前48年做出的这个裁决，对军事上占优势的托勒密十三世，特别是他身边的近侍来说，是远远不能够满意的。在裁决做出一个月之后，他们对恺撒发起了军事行动。"亚历山大战役"就这样开始了。

亚历山大战役

一般情况下，只想看到自己想要看到的现实的人，一旦堕入疯狂的执着之中，是非常可怕的。家庭教师阿基拉斯和宦官波提乌斯将托勒密十三世的全部军队都召集到了首都亚历山大。

这支埃及军队由2万名步兵和2 000名骑兵组成，其中有7年前受庞培派遣、盖比尼乌斯麾下的剩余士兵。这些士兵在埃及娶妻生子，已经全部忘记了罗马军队的军规，被全盘埃及化了。他们的数量虽然不多，但是在不断有王室争斗的埃及生活的7年里，已经习惯了战斗。此外还有一个军团，与其说是士兵，倒不如说是强盗更为贴切。他们原本是叙利亚和奇里乞亚等地区的海盗，被告知如果参军打

仗就能免除死刑。此外还有些拿起武器的罪犯、被流放者和很多逃亡的奴隶。这些人共同的战斗经验不是在战场上和敌人战斗获得的，而是从参与掠夺、杀人、放火和打架中得来的。

恺撒只有 3 200 名步兵和 800 名骑兵，以及 10 艘船。而对方有 72 艘船，其中的主力还是应庞培的要求提供给法萨卢斯战役所用、后来逃跑回来的大型船。

因此，恺撒只能彻底地防守，而这个防守不得不在城内进行巷战。由于前面讲过的原因，亚历山大的希腊系居民对恺撒非常反感，所以恺撒也得不到市民的支持。

所有的情况都对阿基拉斯和波提乌斯有利，他们的进攻气势很强；相反，恺撒只能进行防守战。由于害怕敌人切断通往大海的出口，恺撒主要集中打击敌人的海军。恺撒放火焚烧了敌人的船队，由于火势蔓延，连古希腊的文化圣地、著名的亚历山大图书馆中的 40 万卷藏书都灰飞烟灭了。火烧起来后，恺撒立刻尝试占据灯塔所在的半岛。一旦成功占领这个被称为法罗斯的著名半岛，恺撒就占据了这个半岛所在的 1.4 公里长的大堤。这个堤坝连接的就是亚历山大港，所以这也是占领全港的第一步。

在此期间，恺撒首先杀掉了宦官波提乌斯，但是另一位公主阿尔西诺伊和少年国王站到了阿基拉斯这边，而克娄巴特拉一直坚定地站在恺撒这边，因此形成了这样的战斗格局。不久之后，根据阿尔西诺伊公主的命令，阿基拉斯也被杀了。这样，根据父王的遗诏拥有继承权的克娄巴特拉和完全没有继承权的妹妹阿尔西诺伊之间，展开了对王位的军事争夺战。恺撒卷入了这场无聊的家庭斗争中。在接到命令的援军赶到之前，他也没有什么决定性的行动可以改变这一状况。

在希尔提乌斯执笔的《亚历山大战记》中，实际上对于亚历山大

战役中攻防战的叙述部分，只有全部内容的三分之一。因为从罗马人的角度来看，这场战争的意义并不大。话虽这么说，这场亚历山大战役却是在从高卢战争开始直到法萨卢斯战役，所有恺撒负责的战斗中最具影视效果的。

这场战斗简直是一部好莱坞制作的历史大场面电影，豪华的场景连续不断。侍从扛来的毯子打开后，面前站着一位年轻貌美的女王。为守护这位女王而进行战斗的，是罗马的第一勇士。在海港内用绳索连接在一起的 50 艘大型舰船在熊熊烈焰中燃烧。火势蔓延，烧毁了古希腊的文明之花——亚历山大图书馆。接着是围绕着因为技术水准高超而被列为世界七大奇迹之一的、鼎鼎有名的亚历山大港的灯塔而进行的海战。在千钧一发之际，恺撒从船上跳到海里逃脱了。

的确，所有的一切都如此合适。以豪华的埃及王朝作为背景，展示了家族争斗、英雄与美女之间的情爱、杀戮、战斗、火灾等一系列元素，感觉就是一部什么都不缺的电影。然而从历史的角度看，这不过是一次相当简单的战争。

因为身处此境的恺撒现在只能一边全面防守，一边等待援军到来。他是一位已经习惯了在前线战斗的总司令。在亚历山大战役中，恺撒甚至在千钧一发的险境之中感受到了愉悦。话虽如此，为了保证干净饮用水供应，他对工程技术仍颇为用心。

原本负责小亚细亚地区防卫的多米提乌斯接到命令后率援军赶到时，已经是公元前 47 年的 2 月底了，从去年 10 月开始的战争已经足足过去了 4 个月。到达埃及的援军并不是只有随多米提乌斯前来的 2 个军团，还有来自小亚细亚和叙利亚的自愿来到恺撒身边参战的战士——他们非常兴奋。其中还有拥有本都王族血脉的勇将米特拉达梯。

也就是说在到达的援军里，既有从海路来的，也有从陆路经过叙利亚、巴勒斯坦来的。他们分布在亚历山大港周围，就像网状分布的尼罗河的支流。一直以王宫为依托进行战斗的恺撒认为有必要和到来的援军会合。此时恺撒手中已经掌握了制海权，于是决定乘船在海上进行会合。而另一方，托勒密十三世这边正准备加以阻止。这样一来，战斗就从亚历山大城内转移到了尼罗河的入海口。在尼罗河入海口有几条支流分别注入地中海。这个地带又被称作尼罗河三角洲，因为其地形酷似希腊语中的字母“Δ”。

恺撒从麻烦的巷战中解放出来之后，又和援军会合了。他终于可以施展他的独特战术了。在尼罗河三角洲展开的战斗，不到一个月就分出了胜负。托勒密十三世被裹挟进亚历山大败军后战死，负责指挥的宦官盖尼莫德斯战死，公主阿尔西诺伊成了俘虏。公元前 47 年 3 月 27 日，恺撒站在日耳曼骑兵团前面，以胜利者的姿态进入亚历山大城内。无论他走到哪里，这些士兵都像影子一样忠实地跟随着他。

这样的结局惊呆了亚历山大的居民，他们本想利用王室内部的斗争巩固希腊系的势力，将罗马的势力从埃及驱赶出去，结果功败垂成。在胜利者恺撒的面前，他们要放下武器自不必说，甚至还说出希望恺撒能成为埃及的王这样的话，只求能有一条生路。按照常例，失败者的命运不是被杀死就是被卖作奴隶。

但是，恺撒的想法在经过五个多月的战斗后也没有改变，那就是忠实地执行埃及先王的遗诏，埃及的王位由克娄巴特拉和另一位还活着的二王子共同治理。这样既符合埃及的民情，也是对罗马最适合的政策。新的共同统治者克娄巴特拉七世和托勒密十四世与恺撒签订了新的同盟条约。

因为托勒密十四世还是个孩子，埃及的王实际上由年仅 22 岁的

克娄巴特拉担任。此后的克娄巴特拉和她的父王一样，继续是“罗马的友人及同盟者”。那些与恺撒兵戎相见的亚历山大的居民既没有被处死，也没有被当作奴隶售卖，甚至没有受到任何惩罚。毕竟他们都是“罗马的友人及同盟者”的臣民，对同盟国子民的干涉就是干涉同盟国的内政，罗马人一向不喜欢这么干。

杀害庞培的主谋们则全部被处死。罗马公民被杀的仇是不会就这么放任不报的。只剩下内乱的主谋——克娄巴特拉的妹妹阿尔西诺伊，恺撒认为她如果继续留在埃及的话，说不定又会成为内乱的源头。为了避免这种危险发生，他将她遣送到了罗马。

这样，恺撒终于完成了所有他在埃及应该做的事。此时也到了春季，西北风劲吹的季节已经过去，船队可以从亚历山大港起航返回西北方向的罗马了。但是，这时恺撒决定休息不走。原因有二：一是让士兵休息，另外一个则是探寻尼罗河的源头。根据英国皇家地理学会发行的正式公文，第一个关注探索尼罗河源头的人就是恺撒。但是据我们所知，发现尼罗河源头——也就是后来被命名为维多利亚湖的地方——的是 2 000 年以后的英国皇家地理学会会员。也就是说，恺撒说的探寻水源，实际上应该是在尼罗河周边游玩，而这个旅伴不用说也知道一定是克娄巴特拉。从幕僚执笔的《亚历山大战记》中完全看不到恺撒这次坐船游玩的影子，这说明了无论是恺撒还是他的部下，都把这次出游当作私人旅行而加以保密。

这次的休假历时两个多月。虽然恺撒在打败庞培后已是罗马“第一人”，但是庞培派的余党正在现在的突尼斯和阿尔及利亚两地打磨着反对恺撒的利刃，这两个地方与埃及从陆上相连。在这两个月里，恺撒一边欣赏着尼罗河的风光，一边和情人过着悠然自得的愉悦生活。

即使在当时，也有人认为他是沉溺于克娄巴特拉的魅力之中不能自拔，还有一些人认为这是他胆量过人的“恺撒作风”使然。大多数人都属于这两类，而我想再加上一个看法。

我认为这时候的恺撒是想在身心上好好休养一番。从阿雷佐战役开始到法萨卢斯战役这五年的时间里，恺撒一直处于紧张的状态当中，不允许自己有丝毫的放松。现在他最大的对手庞培也已不在人世了。即使是天才也需要有解压的时候。在进入新的政治活动之前，进行一些消除疲劳的活动也是必要的——这一点对谁来说都一样，对恺撒也是如此。所谓的自我控制能力，也就是一个人对紧张自我的调整能力。

而且，此时的舞台是在南国。轻柔的微风拂过尼罗河，充满异国情调的金字塔和神庙历历在目，同行的则是美貌与智慧并重、处处流露出机敏可人的女王克娄巴特拉。如果这样美好的闲暇时光都不懂得去享受，那对享乐主义者恺撒而言，就等于有美味摆在眼前而不品尝一样了。

他们探寻水源的结果是怎样，我们不得而知。但是在这个休息期间，恺撒完成了《内战记》全部三卷的写作倒是事实。

结束了休假后回到亚历山大港，等待着恺撒的是小亚细亚防卫官多米提乌斯传来的急报。多米提乌斯率领三个军团负责小亚细亚方面的防卫。在接到恺撒要求派遣援军的命令后，他从中抽了两个军团支援恺撒，手中只剩下一个军团，已经几乎不能抵抗对手本都国王法尔纳克。于是，这就成了恺撒在回到罗马前必须处理的政务。

为了保卫埃及王室的安全，恺撒留下了 2 个军团，只带走了法萨卢斯战役后随他追击庞培的第六军团和日耳曼的 800 名骑兵。与克娄巴特拉告别后，他出发时已是公元前 47 年 6 月——按照实际季节则

是4月中旬，即将进入适合打仗的季节。这也是恺撒重新开始行动的最好季节。

但是，恺撒并没有直接前往战场所在地小亚细亚地区，因为在途中，他还有些不得不处理的事情。

已是罗马世界“第一人”的恺撒虽然急于驰援，但在途中也没有浪费任何机会。现在他已经53岁，经过数月休整之后，身心都焕然一新。在再次投入行动之后的三个月里，他和以前一样思虑周详，甚至行动更加迅速。

“我来，我见，我征服”

从埃及的亚历山大港到巴勒斯坦地区的托勒密阿克（现在以色列的阿卡），恺撒选择了走海路。因为不论是犹太还是恺撒的下一个目的地叙利亚，都是庞培称霸东方以后的罗马行省及同盟国，并且它们都处于地中海东岸沿线。这是恺撒担任罗马权力领袖后首次——也是他个人生涯中的首次——造访。

犹太的诸侯和祭司已在阿卡恭候恺撒。早在亚历山大时，恺撒就已经赋予了犹太人与希腊人拥有同等的通商权。到达阿卡之后，恺撒又对犹太人许下了一系列承诺。他根据犹太民族政教不分的特点，承认大祭司为犹太的最高统治者，允许重建耶路撒冷城墙，同意归还罗马称霸地中海世界后夺取的犹太重要港口雅法（现在的特拉维夫），免除犹太向罗马军冬营地提供粮食的义务，此外同意暂时免除犹太的行省税。恺撒向犹太人许诺，待他回到罗马，以上政策经元老院和公民大会通过后便立即实施。在地中海世界里，犹太人一直被看成二等

民族，因此犹太人把这个改善他们待遇的恺撒当成救世主一样狂热地拥戴着。

但是，恺撒这么做的本意并不是为了优待犹太人，而是作为一个民族众多、宗派林立、文化多元的地区的统治者，不得不采用的手段。

接下来，这个手段在安提阿也被反复使用。从阿卡经由陆路北上就到了叙利亚及巴勒斯坦地区的最大城市安提阿，恺撒在那里召集了叙利亚行省及周围所有的诸侯，就连沙漠游牧民族贝都因人也包含在内。

这些诸侯都是庞培时期“罗马的友人及同盟者”，在法萨卢斯战役期间他们大多站在庞培一边。世易时移，如今的胜者变成了恺撒，曾经支持庞培的诸侯重新向恺撒发誓效忠罗马。恺撒以他个人和国家的名义，与各诸侯交换了“罗马的友人及同盟者”誓约，并要求他们与罗马共同维持地中海东岸地区的安全。恺撒留下自己的同族人塞克斯提·恺撒担任维护双方关系的驻地大使后，乘坐由阿卡送来的船，往小亚细亚南岸的奇里乞亚驶去。因为如果走陆路，恺撒必须要从北方绕经亚历山大大帝与波斯交战的遗迹伊苏斯才能到达，而走海路的话，只需不到两天的时间。

奇里乞亚也是罗马的行省，首都是大数。恺撒在这里仍采取了同样的安抚手段。罗马作为宗主国，有责任和义务调解被统治民族间的纠纷；当行省和领土外的国家发生冲突时，也有责任和义务保卫行省各民族的安全。只有履行了上述义务，罗马的霸权统治才能受到行省人民的认可，才能继续一统“罗马的友人及同盟者”。

除了“罗马的友人及同盟者”各民族之间的问题，各宗派间的关系也需要罗马调停、裁决。恺撒的政策是宗教信仰自由，不仅认可犹

太教，也在神殿再次认可自古希腊时代就已经产生的东方各宗教。

罗马霸权统治下的多民族、多宗教、多语种罗马世界，古人也称之为罗马帝国。因此，在进入正式由帝王统治的200年前，即从打败迦太基开始，罗马便以“帝国”“共和国”的称谓载入史册。“帝国”两字代表的仅是罗马的霸权地位，因此跟国体是帝制还是共和制并不矛盾。《罗马法》是这个帝国共同的行为规范，希腊语和拉丁语是通用的官方语言。

顺便说一下。我的儿子的专业是罗马考古，他的必修科目不但有拉丁碑文学，还有希腊碑文学。因为罗马时代，整个东地中海地区都属于希腊语系，那时的公告和碑文都是用希腊文写成的。

古人所指的帝国，我认为，比后世所说的殖民帝国的帝国更接近于帝国本来的政治形态，这也正是恺撒试图指引给罗马人看的未来罗马国家的应有形态，即超越了城邦、拥有广阔版图的世界性国家。

从这一点上看，恺撒是亚历山大大帝真正的接班人，也是帝国主义的推崇者。因此，在对本都国王法尔纳克军事暴动的处置上，恺撒没有用对决的方式，而是采用了调停的手段。现实世界里，所谓的“和平”，与其说是强弱不一的国家间相互对话的结果，不如说更多的是由占有绝对优势的国家进行协调或仲裁，甚至以不可抗拒的实力推动而达成的。“和平的罗马世界”及“和平的大英帝国”，这些称谓本身就很说明问题。

我们且看一个例证。本都国王法尔纳克是通过出卖其父王而夺得王位的。其父王米特拉达梯是曾与苏拉、卢库鲁斯等罗马名将数度交手而不落下风的名将。他在后来与庞培作战时被逼入绝境，加上被儿子出卖，最后不得不选择自杀。时年30岁的法尔纳克，甚至将父王的遗骸也上交给了庞培，反而是庞培郑重地将其厚葬于王室陵寝。庞

培也借此缩小了本都的领地，交给法尔纳克一个比他父王统治时更小的王国。

然而15年后，当庞培和恺撒以希腊为战场进行较量时，趁人们的注意力都放在希腊战场上时，法尔纳克宣称“光复王国领土”，举起了暴动的大旗。然而，即便是法尔纳克父亲曾经拥有的更大范围的领土也是通过侵略周边诸国得来的，因此这场暴动其实是损害了罗马帝国的利益，自然不可能得到罗马的认同。可不管怎么说，法尔纳克还是先攻下了黑海南岸最大的城市锡诺普，然后趁势又占领了卡帕多西亚。被攻占的地方都是“罗马的友人及同盟者”的领土，同时法尔纳克本身也是同盟国的一员，因此，这场暴动就成了罗马世界的内乱。作为统治者的罗马，自然必须担负起平息统治区内各城邦纷争的责任。

因此，法萨卢斯战役获胜后，因法尔纳克事件事关重大，恺撒派第一副将多米提乌斯率领三个军团去解决这场内乱，第二副将安东尼则驻守罗马本土处理内政。恺撒本人则亲自处理最重要的事项，率领士兵去追击庞培。

不得不说多米提乌斯的运气确实不怎么样。经过法萨卢斯一役后，恺撒的嫡系部队都回到意大利本土进行休整，因此派给他的三个军团都只是曾经跟随庞培的志愿兵，不是恺撒的精锐。此外，恺撒卷入埃及王室的内讧后，又命多米提乌斯分出两个军团增援自己。把恺撒的生命看得比自己的还重的多米提乌斯，毫不犹豫地执行恺撒的增援命令，结果自己手上只剩下一个军团。多米提乌斯并不是战术天才，加上手上兵力不足，因此与法尔纳克对阵以失败告终，于公元前48年12月逃往叙利亚等待援兵。那时恺撒正陷入与埃及军队的鏖战中，虽然接到多米提乌斯的求援信，却分身乏术。而与埃及军队的战

争结束后，恺撒又在尼罗河给自己放了长达两个月的长假，因此，一直到第二年的3月末，多米提乌斯一直在叙利亚的安提阿度日如年。

6月，恺撒的身影终于出现在了安提阿。而等恺撒处理完维持“和平的罗马世界”所必须解决的种种事项后到达小亚细亚时，6月已接近尾声了。在过去的6个月里，法尔纳克几乎已经控制了小亚细亚一半的领土。恺撒带来的是自己的精锐第六军团、800名日耳曼骑兵，加上多米提乌斯手中的一个军团，以及痛恨法尔纳克侵略的诸侯的援兵。第六军团因为伤病，人数锐减到1 000人，因此恺撒手中的兵力不超过2万人。不过，仅仅是恺撒亲自前来这个消息就已经逼得法尔纳克不得不选择用外交手段来解决问题。恺撒也同意这个要求，但此时法尔纳克又犯了一个错误，故意拖拖拉拉不派遣使节，以便延长谈判时间。恺撒见此，当即决定终止谈判，加速朝小亚细亚进军。到卡帕多西亚地区，也就是黑海附近的泽拉，双方展开对决。

面对数量虽少却绝非浪得虚名的第六军团的猛攻，东方的士兵显然难以抵御其锋芒。战争过后，恺撒在送给罗马元老院的战报里，只写下了三个词 :“我来，我见，我征服。”

从这句话及后来的“成败在此一举”“布鲁图，你也在啊”等名句来看，恺撒简直有做广告文案的才华。持相同观点的不只我一人。实际上，想读到“我来，我见，我征服”这句话的拉丁语原文很简单，在美国买一盒菲利普莫里斯公司出品的万宝路，就可以看到香烟外盒正反面的纹理中，都印有“VENI，VIDI，VICI”字样，如同万宝路，即典型的美国男性的生活方式必须是“我来，我见，我征服”的风格。

而“被来，被见，被征服”的法尔纳克，虽然在这场战役中逃脱了，但四年后仍孤寂地死去了。恺撒将本都王朝的王位授予了在亚历

山大战役中作为援军先锋奋战过的本都王族米特拉达梯。就这样，恺撒成功地平息了小亚细亚“罗马的友人及同盟者”的纷争，让各民族回到各自的领地上生活。

在世纪大决战法萨卢斯战役中获胜后，恺撒仍然清醒地保持着他一贯的忧患意识。虽然在埃及卷入了意外的战争，不得不花一些时间来处理，但是恺撒依然把该解决的事情一件不落地解决好了。在此后的行军过程中，他争分夺秒地处理好了犹太、叙利亚、小亚细亚的诸多事端。因此回到罗马之前，在恺撒眼中只剩了一个麻烦，那就是希腊。

整个东地中海地区在内战时期都是庞培的“地盘”，用罗马人的观点看，也就是庞培的“clientes”。因此，庞培才敢于放弃罗马本土，而把反败为胜的希望放在希腊。也正因如此，恺撒“必须要做的事”就是把庞培的这些地盘都变成自己的地盘。当然，恺撒是以罗马国家利益最大化为目的来进行这一切的。除了与埃及和法尔纳克不得已的兵戎相见，恺撒还是希望以政治手段而非军事压制来达成这个目标。恺撒麾下只带了第六军团的 1 000 名士兵和骑兵团的 800 人，这是连小小领主都能轻易募集到的人数。恺撒没有用武力胁迫，而是凭借战胜庞培的声望以及调停、裁决过程中的公正，去实现自己的目标。在这一年中，恺撒只在亚历山大战役和“我来，我见，我征服”的泽拉战役动用过武力，即使是面对曾经作为和庞培决战的战场、曾经全力支持过庞培的希腊，恺撒也从未改变过这个方针。

如果横穿希腊北部沿埃格纳提亚大道到达都拉斯，然后在都拉斯坐船渡海的话，恺撒在打败法尔纳克后两周内就能回到意大利。然而恺撒却用了一个月的时间解决沿途各地的问题。此时，受命监理罗马内政的安东尼传来急报，称罗马发生了自己不能解决的事情。接到急

报后的恺撒此刻仍决定先处理东地中海的最后一个麻烦——希腊。远离回罗马的主大道，恺撒进入希腊的中部，并在雅典召开了希腊各城邦代表大会。在希腊，恺撒同样没有对那些曾经的庞培派兴师问罪，不论是罗马行省，还是像雅典、斯巴达这样的独立城邦，一切待遇都如前，并且还废除了庞培为了决战征收的特别税。但是，面对这些一直支持庞培的雅典市民，恺撒还是不由自主地讽刺了一句："你们这帮人因反复自蹈死罪而为众人所知，又因为蒙祖先庇佑逃脱罪罚而闻名于世。"

恺撒将希腊也烙上自己的印迹后，从都拉斯渡海回到意大利。当然，亚得里亚海的制海权也早已掌握在了恺撒手中。当第六军团和日耳曼骑兵团跟随恺撒在布林迪西登陆后，公元前 47 年的 9 月已经接近尾声了。

为了和庞培决战离开布林迪西后，时隔 1 年零 8 个月，恺撒回到了罗马。距法萨卢斯战役结束正好一年。

在庆祝完全称霸埃及和首次控制本都王朝的巨大喜悦中，罗马公民大会任命实现这一霸业的恺撒出任独裁官，任期 5 年。

恺撒和西塞罗

同样是一年的时间，但对西塞罗来说，这是和恺撒截然不同的一年。法萨卢斯战役失败后，西塞罗没有和庞培派的其他人一起逃往北非，而是选择回到意大利本土。然而等待着他的，确实是完全出乎意料的情境。

如果祖上未曾出过元老院元老，也不是在罗马出生的地方人物，

却成了执政官，罗马人对其有一个特定的称谓——“新贵”。出生于外地的西塞罗不仅出任过元老院元老，还担任过执政官，此外还是罗马的首席律师，著作等身，可谓“新贵”中的佼佼者。除了这些社会事务上的成就，西塞罗还有与生俱来的经济头脑。他热衷于投资不动产，除在首都最高级的住宅区帕拉蒂尼山上拥有常用住宅外，温泉、海边、山林等避暑胜地也拥有别墅，合计有 8 处之多。西塞罗原本打算法萨卢斯战役后自己就离开庞培，一边专心著书立说，一边隐居于自己的数幢别墅中消磨时光，度过余生。他确信自己和恺撒的过往私交，认定自己的愿望能够实现，于是回到了国内。

然而当西塞罗在布林迪西登陆时，意外地收到了“待命”的通知。因为安东尼特地写信给西塞罗，告诉他自己只是受恺撒之命暂时监理政务，没有权力处理西塞罗这样的情况。34 岁的安东尼对 58 岁的西塞罗言辞之间深表歉意。安东尼这样做，不仅是出于对长者的尊重，还因为他的爷爷是苏拉时期的著名律师。西塞罗曾在自己的著作中多次介绍过这位“真正的贵族”。好像申明缘由一样，安东尼在信中还一同附上恺撒写给自己的信。恺撒在信中提到：“到处都在传小加图和路奇乌斯・马尔凯鲁斯即将回到意大利再次进行政治活动的消息。如果这样的事真的发生了，内乱的根源永远无法铲除。因此，是否允许他二人回国定居，待我自己考虑后再做决定。”

恺撒的这封信里并没有提及西塞罗，但安东尼也没有胆量在未得到恺撒允许的情况下擅自决定西塞罗的去留。同时，安东尼也很同情被困在布林迪西的西塞罗，因此安东尼又问西塞罗，是否需要给身处亚历山大战役中的恺撒送去急信，就这个情况予以请示。西塞罗没有接受这个提议。这倒不是因为他洁身自好，不肯要求特殊待遇，而是害怕这样做会引起北非庞培派的憎根。这就是虽则知识丰富，却毫无

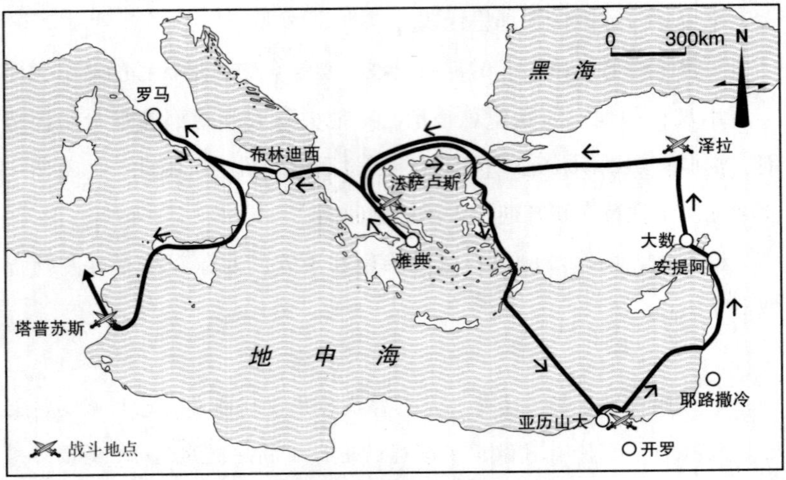

法萨卢斯会战后恺撒的行动路线

决断力和先见之明的西塞罗，在如此的节骨眼上，首先担心的居然是因为态度鲜明而遭到敌视。

话虽如此，困在布林迪西的每一天对西塞罗而言，都充满了绝望和不安。与历史学家普鲁塔克不同，西塞罗可并不是个“愈挫愈勇”的人，他知道自己必须要等待恺撒回国，而这种等待何时结束却未为可知。起先的消息说恺撒在亚历山大港战斗。等战斗结束的消息传来，西塞罗以为恺撒很快就要回国了，可接下来的两个月却毫无动静。然后又传来恺撒和克娄巴特拉相伴游玩的消息；好不容易等游乐完毕，又说恺撒前往犹太、叙利亚、小亚细亚巡视去了。

假如能够知晓恺撒回国的确切时间，西塞罗的日子还是很好打发的，因为在布林迪西的周围到处都有他感兴趣的希腊文明。从布林迪西坐船，不出三天时间，就能到达充满了希腊文化的西西里岛，西塞

罗一度以特使的身份在那里任职。

可惜，恺撒是出了名的神出鬼没，常常会比通报行程的使节领先一步出现在当地。西塞罗总是担心，他去意大利南部参观希腊神殿时，恺撒突然回国，这样自己可能错过回家的机会。因此，西塞罗一直老老实实地待在布林迪西等候恺撒回国。

这一次，西塞罗倾诉自己的绝望和不安的对象只能是好友阿提库斯：

> 连我自己都不清楚，是怎样痛苦严重到连我自己都无法想象的动力，驱使着我做出了那样的选择（指追随庞培）。现在回想起来，那肯定不是理性的抉择，而是一时的冲动。如果不责怪自己，那可真是连信都不好意思写了。那个决定带来的沉重心理压力，你从（法萨卢斯战役）结果大概也能猜想到吧。我现在的状况不用说你应该也知道。连我自己都不知道该拜托你什么了。唉，只要能把我从现在悲惨的境地解救出去，能做什么就请放手去做吧。
>
> 这是我生平第一次遭受到肉体和精神上的双重打击，我连写回信的精神都没有了。麻烦你代我给巴基鲁斯（恺撒的部下）和伊扫里库斯（公元前 48 年和恺撒一同出任执政官）回信吧。
>
> 因为害怕恺撒的手下会采取行动，我每天连家门都不敢出。我已经给巴尔布斯和奥比乌斯（都是恺撒的亲信）写信了，我期待着恺撒回国能给我的心情带来正面影响。
>
> 即使这样，我仍对过往难以释怀。我总是忍不住一边回想过去，一边思考自己怎么落到今天这般田地。

“新贵”往往都是现有体制的忠诚维护者，可能是因为这个体制给予了他们出人头地的机会，所以他们始终对其有着无法割舍的留恋。让西塞罗失去预见力的，也许正是这种留恋。他作为坚定的元老院派，一直主张罗马应当坚持元老院主导的共和体制。而让他犹豫是否继续追随庞培的根源，只不过是对庞培个人领导能力的怀疑。因此，他在跟随庞培撤出罗马的途中，躲进福尔米亚的别墅。

当初恺撒没能阻止庞培逃离意大利，在返回罗马的途中，他曾前往福尔米亚劝说西塞罗。促膝深谈到最后，恺撒也仅得到西塞罗答应保持中立的承诺，这个结果在当时对恺撒而言也足够了。但恺撒在西班牙陷入苦战的消息传来，西塞罗马上改变态度，强行拉上弟弟昆图斯以及原本支持恺撒的儿子和侄子登上了投奔庞培的船只。但是还没等他们到达庞培身边，恺撒就已经在西班牙战争中反败为胜，接下来的过程，就是恺撒与庞培决战，恺撒在法萨卢斯战役中获胜，以及庞培在埃及被杀。

恺撒不辞辛劳亲自劝说的庞培派要人，西塞罗是唯一一个。即使这样，这个被恺撒另眼相看的西塞罗还是背弃了中立的承诺，匆忙投奔了庞培。现在作为胜者的恺撒，会怎么处置他呢？

在决定与逃往北非的庞培派分道扬镳时，西塞罗曾一度认为恺撒会对他格外宽容，而被困在布林迪西后，强烈的不安袭上他的心头。每当想起是自己违背了诺言，从未有过的恐惧感就在他的脑海里萦绕。在这一年里，西塞罗给好友阿提库斯一共写过 22 封长信，他的忧虑由此可见一斑。不过比起同情西塞罗来，我倒更佩服阿提库斯居然能忍受好友这么久的牢骚。此外，在这一年里，西塞罗的家庭生活也非常不如意，他的状况可以说是四面楚歌。

首先是弟弟昆图斯指责西塞罗引自己上了贼船，声称要弃暗投明

投奔恺撒，并在法萨卢斯战役后留在了希腊。接着是儿子不满西塞罗利用父亲的威权强拉自己加入庞培派，于是法萨卢斯战役后投奔了恺撒。他的侄子也是如此。更惨的是，当西塞罗回到意大利以后，连妻子都不愿意见他了。而在接到最疼爱的女儿重病卧床的消息后，他却不得不留在布林迪西等候恺撒，无法前去探望。此外，西塞罗曾经最为看好的家乡青年卡埃里乌斯，现在是恺撒的得力手下。西塞罗的女婿多拉贝拉也是恺撒的亲信。父亲跟随庞培，儿子追随恺撒，父子兵戎相见，这是罗马内战时的特色。西塞罗的家庭就是一个典型的例子。

如今的西塞罗除了面对家族指责外，还被曾经同事过的庞培派唾弃。以小加图和庞培长子格涅乌斯为首，庞培派公开斥责他是临阵脱逃的叛徒。被不安、绝望、悔恨的情绪笼罩，西塞罗内心痛苦不堪。

从西塞罗写给好友的 22 封长信中可以看出，这位 58 岁的知识分子内心一天比一天脆弱。熬到后来，他甚至开始埋怨好友，责怪他明明只要经过阿庇亚大道就能来布林迪西探望，却对困境中的自己置若罔闻。

这里提到的阿提库斯是一个极富传奇色彩的人物。他于公元前 109 年出身于罗马的名门望族，那正是罗马动荡不安的时代。他本名是提图斯 · 庞培尼乌斯，后因仰慕希腊文化而改名为阿提库斯（意为阿提卡人）。他比西塞罗大 3 岁，年长恺撒 9 岁。他在雅典留学时与西塞罗结识，成为一生挚友。

但和热衷于政治的西塞罗不同，他一生都不愿涉足政务。他依仗丰厚的祖业以及巧妙的投资，在金融业、训练角斗士以及出版业都享有盛誉。对于热衷积累财富的西塞罗而言，他简直就是投资顾问。

但是，在动荡不安的年代，商人是很难和战乱彻底绝缘的。为了

不卷入内战，阿提库斯在各方面都考虑周详。

首先，他通过自己经营的行业，与各政治派别都保持着良好的关系。无论是庞培还是恺撒，都与他交好。就连在听老友西塞罗诉说苦恼的这一年里，他仍与暂代恺撒管理意大利的安东尼保持着密切往来。政治家们经常要为资金不足的问题头疼，与金融家阿提库斯交好，对他们而言当然有百利而无一害。

身为西塞罗的好友，即使心底深处同情元老院派，但无论是对庞培，还是对后来的布鲁图，阿提库斯表面上仅仅保持着资金援助的关系，并且这种资金援助也只以贷款的形式进行，以此躲避反对派的攻击。

依靠这样的原则，哪怕在恺撒被杀，西塞罗被安东尼处死，安东尼和屋大维争霸的时代更替中，阿提库斯都得以逃过浩劫。他甚至还出版了西塞罗的书信集。不过在当时 16 卷本的《西塞罗书信集》出版时，身为出版社社长的阿提库斯将自己的回信全部删掉了，只保留了西塞罗的原信。这也导致我们仅能以恺撒著作和西塞罗著作为最好史料，从中寻找到罗马从共和时期过渡到帝政时期的种种，而中立的阿提库斯对那个时代的看法，我们只能从西塞罗的原信中推测出大概。当然，推测终究是推测，在《西塞罗书信集》刊行的年代，他人也因此找不到可以指责阿提库斯的理由。即使到了现代，只要拜读过 3 卷本的《西塞罗书信集》，人们都会对间接体现其中的阿提库斯这个乱世中的清醒男子心驰神往。

素养一流的阿提库斯自己也写过几部著作。公元前 47 年，在倾听老朋友西塞罗发牢骚的同时，他创作了《年代记事》。这本书记录了到公元前 54 年为止罗马所有出任公职的人的姓名。此外，他还为罗马的各名门望族，比如尤里乌斯、法比乌斯、马尔凯鲁斯、埃米利

乌斯等记录了家谱，以及以出色的希腊文写成的《西塞罗论丛》。虽然只是简单的记事著作，也足以让现代的历史学家相形见绌。

77 岁那年阿提库斯身患重病，自知将不久于人世，于是这位传奇人物采取了绝食的方式结束了自己的生命，足见这位为避开战祸而殚精竭虑、处事周详的男子，意志力是多么坚强。他和西塞罗的友情在西塞罗死后都一点没有改变。在我看来，虽然他和西塞罗有着共同的爱好，但性格截然相反。

在西塞罗被画地为牢时，阿提库斯虽然没有亲自前往阿庇亚大道的另一端进行探望，但也派人给西塞罗送去了必需品和现金作为帮助。我猜想，他这么做的理由或许是他当时认为自己待在首都更有利于解救西塞罗。在恺撒成了赢家，同时也成了罗马世界的最高统治者的情况下，和西塞罗一样，阿提库斯也无法准确猜测恺撒的想法。如果贸然行动，反而会引起恺撒的猜忌，因此阿提库斯干脆采取不闻不问的策略。

这是个头脑多么清醒的家伙！西塞罗也接受了阿提库斯的想法，认为他留在罗马对自己更有利，在信中西塞罗这么写道 ：“你的意见是正确的。你的建议通常都是对的，因此，不要对我的情绪有所顾虑，请畅所欲言。”从这封信中也看得出，西塞罗其实也是一个非常好的人。

可是，每当想起像西塞罗、阿提库斯这样崇高教养的人都无法理解恺撒时，我对恺撒的气质真是无以言表。人为什么会变得愤怒，试图报复，那是因为人总是把对手想得和自己一样。恺撒一辈子都没有过这样的情绪，不是因为他的伦理道德观与众不同，而是因为他把自己定位成与众不同。他拥有超然的优越感。一个绝对优秀的人怎么会自降身价，和普通人一样被愤怒和报复的念头驱使呢？

恺撒和苏拉相似之处很多，但在这一点上，两人是截然相反的。因此，后世的历史学家称恺撒的这种观念是“真正的贵族精神”。博学多识但又缺乏“真正贵族精神”的西塞罗和阿提库斯，自然是无法揣摩到恺撒心中境界的。

接下来要叙述的一段小插曲引自普鲁塔克的著作。不知道是因为羞于启齿，还是因为马上就能与好友面谈，西塞罗在信中特地隐去了这件事。但这件事的发生像风一样吹散了西塞罗的不安以及阿提库斯的忧虑。事情是这样的：

> 在布林迪西等待恺撒回国的西塞罗，一听到恺撒上岸的消息，就急切地前往与之会面。走在路上的西塞罗，心中尚怀着一线希望，期盼着恺撒也许能宽恕自己。但同时西塞罗又觉得，在这么多人面前请求眼前的大赢家恺撒放过自己，显得太没有格调了。他的内心委实纠结无比。
>
> 其实，西塞罗真的没必要腹诽恺撒之人格，也没必要轻率地揣测恺撒的立场。因为当恺撒在夹道欢迎的人群中看到情绪与周围格格不入的西塞罗时，他特地下马朝他迎面走去。他不仅当街拥抱了西塞罗，还与西塞罗亲热交谈着走完了数百米的欢迎夹道。

这真是个反映人与人之间气度差异的绝妙故事。

在这之后，西塞罗立刻修书一封，从布林迪西发给在韦诺萨的妻子。信中他告知了回家的时间，以及回家的第一件事就是入浴，并嘱咐妻子充分准备，以便让他回家后就能过上顺意舒心的好日子。

西塞罗的不安烟消云散了，而恺撒的麻烦才刚刚开始。

政治家安东尼

对将领而言，如何对待吃了败仗的士兵是很难的事情，可是，获胜后安置士兵也并非易事。因为给予士兵休整时间是必要的，但这个休整的时间又不能太长。恺撒之所以命令军团兵来修筑贯通整个“罗马世界”的罗马式大道，其中一项考虑就是为了避免士兵在冬天以及休战期过于闲散。

法萨卢斯战役获胜后，恺撒决定亲自率军追击庞培，不过他并没有带上在都拉斯和法萨卢斯作战的主力精锐，而是命令他们回到意大利休整。恺撒把安置精锐的任务交给了留在国内的安东尼。恺撒确定出任公元前 47 年度的独裁官，他曾经的骑兵团团长安东尼成了罗马世界的二号人物，代替恺撒执掌国内政务。那一年安东尼只有 34 岁，但从多次跟随恺撒南征北战的经历看，他并没有什么不足之处。

不过，安东尼行使“代理”职权的这一年，正好是“老大”恺撒缺席的一年。并且治理国家和治理军团可不一样，当团长时只要服从恺撒的命令就行了，而现在的安东尼却面临着截然不同的情况：

一、因为古罗马独裁官的权力不仅限于军事，还延伸到政治等国家管理的各方面。与此相应，作为“代理”统治者也需要具备相应的能力。

二、安东尼要处理的不仅是战争事务，和平时期的国家管理也是他的职责。

三、恺撒曾严禁对庞培派进行处罚，不得流放他们，不得没收他们的财产。因而要求安东尼必须既要温和地应付反对派的挑衅，又要维护国内稳定，这给安东尼出了个大难题。

四、恺撒交给安东尼的另一项重要任务是，防止恺撒派获胜后失

去控制。那些支持恺撒的年轻人——用西塞罗的话说就是“罗马的青年激进派”——或许在胜利后认为属于自己的时代到来了，从而肆意妄为。因为拥趸反客为主，比倡导者本身更为激进的情况是很常见的。身为“激进派”一员的安东尼，接到的任务就是控制好他的这些伙伴。

五、安东尼的另一个重担是，负责恺撒的精锐部队休整的准备工作。第八、第九、第十、第十一、第十二军团都是从高卢战争开始就跟随恺撒的精锐部队。在过去的10年里，他们一直作为恺撒军主力征战不休。恺撒希望他们这次能好好休整，以迎接他回国之后即将开展的另一次重大战役。

从处理西塞罗的例子上可以看得出，34岁的安东尼为完成这些任务拼尽了全力。但从西塞罗在布林迪西滞留一年这个结果也可以看出，无论安东尼怎么努力，他的能力还是很有限的，很多事情最终仍不得不依赖恺撒决断。

不过，在恺撒缺席的这一年里，罗马本土倒也没有发生庞培余党被杀、被流放的事件，只是有不少庞培余党的财产被没收了。因此，恺撒回国的第一件事是命安东尼将没收的财产归还给原主。而安东尼最失败的地方，是没有处理好精锐部队的安置任务。战场上管理军队游刃有余的安东尼，一到和平时期反而手足无措了。这摊子事也不得不等恺撒回国后加以处理。

恺撒解决完西塞罗的事情后，沿着阿庇亚大道奔向首都期间，接二连三地收到了安东尼从罗马发来的急报。罢战又发生了，精锐军团中的部分士兵集体要求退役，而且此次的主谋第十军团的士兵已经手持武器，齐聚城外的马尔斯广场。大法务官撒路斯提乌斯（后来的历史学家）带着奖赏方案前去交涉，结果被士兵赶了回来。

说起这个恺撒一手调教出来的第十军团，在地中海世界可谓家喻户晓。英雄团如今举起了罢战的大旗，这事非同小可。况且，对恺撒而言，现在正是需要他们前往北非肃清庞培余党的关键时刻。

从阿庇亚大道进入首都的正南方向，正好与马尔斯广场所在方位相对。恺撒对近侍们的劝阻置若罔闻，连日耳曼骑兵担任的侍卫们都没带，策马横穿罗马城，单骑出现在闹事的士兵面前。时隔一年，再次与第十军团兵相见的恺撒，没有任何寒暄，而是突然开口道："说！想要什么？"士兵纷纷叫嚷着要求退役。实际上，他们也很清楚，在即将开始的北非战场上恺撒是非常需要自己的，因此，这个退役的要求不过是希望恺撒能答应增加军饷提高奖励而已，原本他们就没想过要真正退役，还是希望能跟随恺撒继续征战。然而恺撒只说了一句话："我准了。"

闹事的士兵没料到恺撒会这样回答，挥舞剑的手顿时停在空中，叫嚷声也瞬间停止了，广场上陷入一片沉寂。面对哑然的士兵，恺撒接着说："公民们，我恺撒一言九鼎，在我及我的士兵凯旋之后，各位的饷银及其余奖赏定会如数给付。在此之前，请乡亲们到安全的地方静候。"

恺撒的这一声"公民们"，在以精锐自居的第十军团兵们听来，无异于晴空霹雳。这下他们真是成了退伍士兵，成了和恺撒无情无缘的普通老百姓。多少年来，一直被恺撒热切对待的"战友们"，现如今却成了"公民们"。这种被恺撒当成陌生人的感觉，让第十军团的士兵深受打击，再没心情要求罢战、要求加军饷了。士兵一边流泪一边高喊道：

"我们要重回军队！"

"我们要追随恺撒继续战斗！"

不过对于这一切，恺撒不再应答。曾经意气风发的第十军团此刻显得无比消沉。在随后阿非利加战役的备战过程中，恺撒下令麾下军队在西西里岛的马尔萨拉集合，却唯独没有通知第十军团。被冷落的第十军团像只丧家犬一样，夹着尾巴默默跟在前往西西里岛集结的大部队后面。等他们再度接到恺撒的参战命令时，已是两个月以后的事了。这是后话。这一次恺撒又赢了，既没有发奖金也没有提高薪水就收拾了第十军团，而且最后还让他们乖乖地主动要求作战。后来有位学者这么评价：

“恺撒简直是个演技一流的幽默剧大师。”

古代的历史学家在介绍这一幕时，异口同声地称赞恺撒“仅出一言，便已扭转乾坤”。

这一幕里的恺撒表现出了十分卓越的语言才能，正如他所说：“文章好坏，取决于言辞。”在这一点上，有着希腊留学经历、在学历上高出恺撒许多的安东尼实在是相形见绌。

安置西塞罗，处理第十军团罢战，补救安东尼政策失误，恺撒在距再度出征的短暂时间里，还要解决一件重要的事情，那就是一直被恺撒看作影响社会稳定的重要因素——经济问题。

在人心惶惶、动荡不安的年代，无论是投资还是消费都很疲弱。借钱的人怀着不还欠债也没事的心理，赖账不还。结果富人们总是喜欢存钱，社会的走向和恺撒搞活经济的预期完全相反。

而在处理对策上，安东尼又犯了个错误，即没能控制好“罗马的青年激进派”。以西塞罗的女婿多拉贝拉和爱徒卡埃里乌斯为代表的“青年激进派”，认为胜利之后就进入了为所欲为的时代，因此，分任大法务官和护民官的这两个人无视经济规律，提出一项将庞培时期的欠款全部归零的议案。

而安东尼则主张在恺撒回国前，暂缓确立一切新法案，以此与激进派抗衡。但是这项法案的提出给罗马公民造成一种错觉，以为欠款清零这项政策有可能会实现，这样谁还愿意去还债呢？因而罗马的经济状况陷入了无法循环的困境。

为了打开局面，恺撒回国后尝试着推行了两项法案：

一、罗马地区年租金在500第纳尔以内、意大利地区年租金在125第纳尔以内的居住租房，免除翌年租金。

二、免除翌年所有利息。这项法案没有限定适用范围，但规定除该年外，其余所有利息应当以恺撒两年前制定的法律为标准进行支付。内战爆发后出现通货膨胀，恺撒的这项法案其实就是刨去了通货膨胀的部分，而以内战爆发前的价值标准进行还款和支付利息。此外，恺撒也调整了年利率，此前的年利率一直是12%，这次利率调整得更低。这样，债权人虽然损失了通货膨胀带来的收益，但可以收回本金以及利息。

恺撒应该是想通过第一项法案刺激消费，第二项法案刺激投资。从这件事可以看出，恺撒的政治并不只是为了扶助贫民。他深知社会福利的重要性，认为社会福利和搞活经济是相辅相成的，因而不顾长久以来树立的“平民政治家”形象，转而经营经济。在这一点上，他可以说是盖乌斯·格拉古的接班人。

现在只剩下最后一个问题——如何处理庞培派的余党。这倒与安东尼执政失误无关，因为这件事只有恺撒才能解决。

与对待西塞罗一样，恺撒也让他们自由选择去留，哪怕是前往北非参加正在集结的“庞培军”，也绝不阻拦。对于愿意留下的人，也像对待西塞罗和瓦罗一样，允许他们在罗马居住，既不没收他们的财产，也不剥夺他们的公职，仍给予他们言论自由。此外，对那些仍希

望从政的人，恺撒给予他们公平竞争职务的机会，不过在此之前要求他们必须归顺自己。布鲁图和卡西乌斯都在归顺之列。恺撒严守“我和苏拉不同”的诺言，并没有设置什么臭名远扬的“处罚黑名单”，也没有设置“待察黑名单”。恺撒从有经济实力的骑士阶级和百夫长中选出优秀人才填补因元老辞世而产生的元老院空缺。而那些身在北非的庞培派元老，如梅特鲁斯·西庇阿、小加图、亚弗拉尼乌斯、佩托雷乌斯、拉比埃努斯等，恺撒并没有剥夺他们的元老院元老身份。

恺撒用了不到一个月的时间就处理完了上述事情。此外为了避免自己前往北非期间，国内政治出现无人领导的真空期，恺撒还提前选好了下一届的执政官。他以独裁官兼执政官的身份，任命与自己同为执政官的雷必达掌管公元前46年的国内事务。而由于对安东尼执政能力的失望，恺撒既没有让他连任，也没有让他出任执政官。不过无论从和恺撒之间18岁的年龄差上看，还是从母亲和恺撒同属尤里乌斯家门的血缘关系上看，马克·安东尼都是最接近恺撒接班人位置的人。因此，安东尼似乎认为，恺撒对自己态度上的变化不过是暂时的。然而事实并非如此，因为恺撒已经了解了安东尼的统治能力。但是我想，安东尼自己很可能一辈子都没有意识到这一点。这也是恺撒死后，作为罗马世界主人之一的安东尼能力有限的佐证。

阿非利加战役

在我看来，这世上的将领可以分成两类：一类是等全军整装完毕后再展开决定性行动；另一类则是自己先行动，等追随的士兵到齐后

马上进入决战。庞培属于前者，恺撒则是后者的典型代表。在我这个军事门外汉眼里，法萨卢斯战役已经过去一年了，难道还有如此急切投入战斗的必要吗？不过，或许在恺撒眼里，战争本就该通过反复施行小规模的试探——哪怕是错误的试探——获得战机，然后一鼓作气进行最终对决。因此，在这位永远先行的最高司令官身后，总是跟着一群追赶他脚步的士兵。

像海湾战争那样，即使在20世纪交通发达、运输便利的现代，要集结50万大军完成战争准备也需要将近半年的时间。2 000年前的恺撒，尽管所需集结的军队规模只有海湾战争的十分之一，行军范围也仅仅局限于地中海周围，但做好战斗准备也肯定需要相当长的时间。高卢战争时期，恺撒每年冬天都慎重选择冬营地的目的，除了方便监视辖区外，也考虑到有利于以后军事行动的开展和集结军队的速度。

但是，高卢战争的战场仅仅包含了高卢、不列颠部分地区、莱茵河以东地区，对应现代地区，也就是包含了法国、比利时、荷兰的部分地区以及德国的西部，而内战时期的战争则涵盖了地中海周边。恺撒的行军范围包括了现代的意大利、法国、西班牙、阿尔巴尼亚、希腊、土耳其、埃及、以色列、叙利亚以及突尼斯，因此无法根据翌年的战斗而选择冬营地。此外，恺撒在内战期间还经常要利用休整时间回到首都处理各项政务，为此军队营地设置在意大利本土，从那里开往下一个战斗地点较为方便。这一年的战场是庞培派残余分子聚集的阿非利加行省（现在的突尼斯）。恺撒部队在西西里岛西面的港口马尔萨拉集结，计划从那里沿海路到达北非。向来身先士卒的恺撒这一次又是比大部队先进入了北非。

恺撒执笔的《内战记》只写到庞培之死，后来由秘书希尔提乌斯

代笔的《亚历山大战记》描写埃及战役以及“我来，我见，我征服”的法尔纳克战役。不过再后来的《阿非利加战记》究竟是希尔提乌斯执笔，还是恺撒帐下某位幕僚执笔，一直是个谜。《阿非利加战记》的文笔比《高卢战记》《内战记》差了一大截，在选词的简洁明了、洗练达意上不仅远不及恺撒，甚至连恺撒的模仿者希尔提乌斯都比不上。不过也不能因此就认为其毫无价值。首先，通过该书可以了解阿非利加战役的全过程，如同亲临现场的描述，具有很强的史料参考价值。其次，正因为该书不是恺撒亲笔撰写，反而更能看出在士兵心目中恺撒是个什么样的形象。简而言之，虽然不能通过该书得到语言上的阅读快感，但能从中体会到恺撒和部下之间浓厚的人情味。我们来看一段《阿非利加战记》的原文：

> 恺撒以骑兵正常的速度行军，但是中途一刻也没有停留，于（公元前 47 年）12 月 19 日抵达马尔萨拉，随后立即登船待发。跟随恺撒一道抵达马尔萨拉的只有 600 名骑兵，步兵连一个军团都没到。在等待步兵军团期间，恺撒也没有在市内停留，而是在将彰显总司令身份的红色帐营设在港口最前沿，海浪甚至都能拍击到帷幕。这是为了告诉追赶来的步兵，别想在西西里休息，前往北非的征途随时都可能开始。事实也是如此，即使在逆风的日子里，恺撒也命令后续到达的士兵和水手全体登船待命，时刻等候风向的改变，随时准备出海。这样，那些以为全军集结后可以休息一阵子的士兵，也不得不紧张备战了。

在这样持续备战的日子里，终于迎来了全部的参战军团。此次军团大部分由新兵组成，精锐老底子算起来只有第五军团的士兵。第五

军团是恺撒为了应对内战而在法国南部行省编成的，所有士兵都是高卢人。第五军团在编成初期，士兵既没有罗马公民权，也不能算作正规军，因此被称为“云雀军团”。但内战结束后，为了表彰他们在战役中的忠诚和勇猛，恺撒不仅授予他们罗马公民权，还将之升级成正规军，并授予“第五军团”番号。

现在我们来看另一方的情况。根据恺撒在马尔萨拉搜集到的情报，身处突尼斯地域的庞培余党的兵力正在增加。庞培余党通过从地中海各个地区雇用兵力，已经拥有 10 个军团共 3 万名步兵和 9 000 名骑兵。此外，努米底亚国王麾下还有以罗马方式训练出来的 4 个军团，计 2.5 万名重装步兵，以及大名鼎鼎的 6 000 名努米底亚骑兵和 120 头大象。这样加起来庞培派共有 6 万名步兵和 1.5 万名骑兵。在将领方面，拥有海上指挥权的阿非利加行省总督也站在庞培余党一边，这样他们在海上的战斗力也占有优势。

而恺撒不过只率领了 10 个步兵军团和 4 000 名骑兵，其中还包括 5 个新兵军团。其余 5 个精锐军团由第九、第十、第十三、第十四等从高卢战争头一年或者第二年开始就跟随恺撒征战的老底子，以及刚刚晋级的第五军团组成。和往日的战争一样，这一次恺撒军在人数上仍然处于劣势。面对敌方的 6 万名步兵和 1.5 万名骑兵的强大战斗力，恺撒手中只有 3 万名步兵和 4 000 名骑兵，威力相当于现代坦克的大象则一头也没有。此外，恺撒是客场作战，连军粮补给都得从西西里远道运送过来。

就连士兵也非常清楚现在的情况，不过他们更关心的是恺撒如何打算。根据《阿非利加战记》的记载，这位 53 岁的总司令“似乎完全不在意这个对己不利的局势，他的一举一动都充满了自信和希望”。而且在抵达马尔萨拉后仅仅一周，甚至连 1.8 万名步兵和 2 000 名骑

兵都没有集结完毕，就于 12 月 27 日下令出发。同时留给西西里总督亚里埃努斯负责军粮补给和安排后达军团出海两项指令。

接下来的问题就是如何在非洲这块他从未涉足过的未知之地选择登陆地点。一般人在没有到过非洲的情况下，通常会选择从补给基地西西里岛出发，顺风一天就能到达的突尼斯海湾登陆。因为该海湾不仅离西西里岛最近，而且海岸线绵延百余公里，在该地登陆，最不容易被敌军发现。如果在该地登陆，由于距阿非利加行省首都、庞培余党盘踞的乌蒂卡最近，既有利于迅速展开攻击，还可以利用西庇阿·阿非利加努斯设立的科尔涅利乌斯营地。早在三年前，也就是公元前 49 年，受恺撒之命远征北非的库里奥就是在该地登陆的。

不过选择该地登陆也有不利因素。

首先，登陆地点距敌方大本营很近，虽然可以尽快对其大本营进行突袭，但同时也意味着要在补给不充分的情况与敌人展开正面对决。

其次，敌人在大本营周围的防卫自然是相当严密的，进攻难度显然加大了。

再次，庞培余党盘踞的阿非利加行省西面紧邻努米底亚王国。该国国王尤巴就是曾在阿非利加战役中全歼库里奥大军的头号人物。而以梅特鲁斯·西庇阿为首的庞培余党已和尤巴结成了战争联盟。努米底亚王国的领土囊括了现今阿尔及利亚的整个东部，因此，如果战斗在突尼斯北部打响，尤巴马上就能率军抵达并展开战斗。

因此恺撒最终没有选择在突尼斯北部登陆，而是选择了突尼斯的东部。这样对他来说有三个好处：

一、对双方都是远距离作战。虽然恺撒的补给从马尔萨拉港出发

需要4天才能到达，但是敌方也并不轻松，战斗地点距他们的补给基地乌蒂卡城也有200公里。

二、而敌方的盟友努米底亚国王更需要跋涉近300公里才能与庞培余党会合。

三、突尼斯的城市大多集中在北部，阿非利加行省总督的影响力在东部相对较弱，因此与敌作战的诸多不利因素也相应减少。对客场作战的恺撒来说，军粮补给是致命的问题。在不能完全依靠海对岸送来军粮补给的情况下，在当地征集粮食的多少关系到军队的存亡。

恺撒并不是个永不失手的人，但他绝不会在同一条河流里跌倒两次。都拉斯战役中由于过于接近敌军补给基地而惨败，这一次他大概不想重蹈覆辙。都拉斯战役后他改变战略，引庞培军离开都拉斯到法萨卢斯进行对决，由此获得了大决战的成功。而这次远征北非，他仍套用了彼时的战略，将诱敌远离大本营乌蒂卡作为首要战术。

恺撒登陆的突尼斯东部，虽不似北部繁荣，但也有诸如哈德鲁墨图姆、大莱普提斯、塔普苏斯等的沿海城市，并非一片荒山野岭。因此无论在哪里上岸，都很有可能遇上敌军。不过距离恺撒的最终目标乌蒂卡城，依然还有200公里的路程。恺撒并没有在哈德鲁墨图姆北面绵延百余公里的沙滩上登陆，而是选择了从南面上岸。因为只有对守军进行攻击，才能引诱真正的敌人从乌蒂卡城赶来，才能达到调动敌人远离安全的、物资丰富的大本营的最终目的。为实现这个目的并不需要集结大军，而是首先要让敌人知道恺撒已经来了。在敌人急行200公里奔赴南部时，恺撒也有了足够的时间让大军陆续抵达。等待援军，寻求战机，一击即中，这才是恺撒的战略。在面临客场作战、敌众我寡等诸多不利因素时，像恺撒这样采取诱敌远离大本营的策

略，实在是军队将领战略的不二之选。

不过普通士兵自然无法理解大将的胸中丘壑，而恺撒也并不是一个会向部下说明战略的司令。加上此次出征的第一批多半是新兵，并不像老兵那样和恺撒心意相通、绝对信任，因而恺撒的战略遭到了年轻新兵的不满。这种情绪主要集中在两个问题上：

一、只集结1.8万名步兵和2 000名骑兵就出发前往拥有6万名步兵和1.5万名骑兵及120头大象的敌营，这样的司令在他们眼里就是轻率和鲁莽的代名词。对于这一点，士兵私下议论纷纷。

二、士兵不满的另一点是，为什么偏偏选择在寒冬里最冷的时候打仗。新兵显然还没意识到，在必要的时候恺撒军出征是从不分酷暑与严寒的。

除了士兵外，庞培余党也没想到恺撒会在12月末渡海作战。从日历上看，恺撒离开马尔萨拉港的时间是12月27日。但是，按照此后不到一年就开始推行的《尤里乌斯历法》（亦称儒略历）显示的实际季节来看，那时仍是10月。此时的地中海并不是适航季节。早在实施历法改革之前，恺撒头脑中历法改革的想法就已形成。而其他人还活在陈旧历法观念里，毫不怀疑地按照比实际季节提前两个月的旧历法生活。

从马尔萨拉出海后的第四天接近突尼斯东岸时，新兵的不满情绪越发强烈。因为海上航行不同于陆上行军，满载士兵的近百艘战船在海上航行，只有依靠彼此相望来判断下一步的行动。如果看不到战友的船只，他们就会迷失方向。然而恺撒没有对任何一位船长说过具体的登陆地点，因此，当其余船只看不见恺撒乘坐的主船时，他们就完全不知道该在哪里登陆。

通常情况下，像登陆作战这样的秘密战略计划一般会以密信形式

下发给各船长，这样各船一出海就知道下一步该怎么走。但恺撒并没有这么做，以致不少船只迷失了方向，恺撒也遭到士兵“轻率、鲁莽”的抱怨。《阿非利加战记》的作者在书中为恺撒进行了辩护：因为突尼斯东部敌人防守力量都很薄弱，只要上岸后能集合，那么军队在哪里登陆效果都差不多，故而恺撒没有给出具体登陆指令，而让各船自由选择地点登陆。事实上这样做收到了很好的效果：上岸后集合时，由于各船长根据当时情况自主选择适合的登陆地点，军队反而毫发无损。这一结果也堵住了不断抱怨的众人之口。

士兵虽然嘴上不再抱怨，但心里仍惴惴不安。因为突尼斯东部的三个主要城市，除了大莱普提斯向恺撒大开城门外，哈德鲁墨图姆和塔普苏斯仍旧被庞培余党把持。他们非但不理会恺撒的劝降，反而向乌蒂卡报告了恺撒的行踪。恺撒的新兵大概都在为北方的地平线上即将冒出6万名敌人的身影而忐忑不安吧。加上总司令在军营修筑完毕后带着部分军队到周边视察，此时并不在军中；从西西里开来的后援军团又尚未到达。《阿非利加战记》的作者是这样描述这期间士兵的心态的：

> 无论将领还是士兵，没人知道最高指挥官在想些什么。在担心与不安的驱使下，每个人都努力猜测恺撒的意图。毕竟这样小规模的兵力与敌人的强大兵力相比，好像陷入敌人汪洋大海中的一叶孤舟，更不用说敌人还拥有恐怖的骑兵阵势。士兵不安的情绪，连他们的直接首领大队长和百夫长都没有办法安抚，因为他们和士兵拥有同样的心境。不过恺撒快乐的表情和不知疲倦的行动很快恢复了士兵的自信。事实上，士兵每次看到恺撒，都能感受到他伟大的精神和无比的自信，内心也渐渐地安定下来，勇气

也日益恢复。因为恺撒给予了他们希望和信心：只要凭借恺撒的智慧及力量，任何事情最终都能获得喜人的结果。

士兵原本认为恺撒是轻率、鲁莽的观点，在不到一个月的时间里就彻底转变了。这些新兵后来也成为地中海世界“恺撒战士”的代名词。

转眼到了公元前 46 年 1 月底，经过千锤百炼的“恺撒战士”后援团终于到了。这批后援包括随恺撒渡过卢比孔河的第十三、第十四两个精锐军团，以及恺撒亲自培养的高卢 800 名骑兵和负责投石、射箭的 1 000 名士兵。随着第二批精锐的到来，恺撒军的战斗力增加到了 2.5 万名重装步兵、2 800 名骑兵，以及包括投石兵、弓箭手在内的 1 150 名轻装步兵。不过这些兵力还不到敌军的一半，骑兵更是连对方五分之一都不到，因此恺撒并未改变最初构想的战略。

首先，恺撒命令，以营地为中心修筑一条长长的防护栅栏，以应对敌方压倒性优势的骑兵。其次，他经常亲自出马，到处征集军粮，以确保正常供应。亲自出马的好处在于，一方面可以保证控制士兵不以暴力掠夺的方式征粮，另一方面可以争取周围城池的支持，增加己方力量。在敌人的地盘上作战，不可或缺的是尽量获得当地的支持。而在当地必定有对阿非利加行省统治不满的部落。争取他们支持的意义不仅在于可以保证军粮的供应，还可以获得一定的安全保障，不至于在大战之际腹背受敌。

此外，身在突尼斯东部的恺撒，已经把战略眼光投到了整个北非。努米底亚西边与毛里塔尼亚接壤，这两个国家都是承认罗马霸权统治的罗马盟国。但与努米底亚支持庞培不同，毛里塔尼亚并不热衷于参与派别争斗，内战时期也并没和努米底亚政见一致。不过毛里塔

尼亚并不是一开始就支持恺撒的，因此恺撒拉拢了毛里塔尼亚国王的军师，罗马人西提乌斯希望其说服毛里塔尼亚国王派军进攻努米底亚以达到牵制尤巴的目的。

同时恺撒也注意到了努米底亚南面撒哈拉沙漠中的部落。他们以向努米底亚提供兵源为代价换取部落的延续。恺撒注意到这点后，知道庞培余党的军队事实上是由多民族组成的，因此他决定从内部分化他们。恺撒的这个策略随后被验证是正确的，而且不断获得成功。

知道恺撒登陆的庞培余党是否觉察到了对方引蛇出洞的策略呢？这一点史书上并没有明确的记载。但是如果经历了都拉斯战役和法萨卢斯战役还没能领悟到恺撒的惯用策略的话，那么这些人还真是愧对“将领”这个称号。庞培死后成为军队首脑的梅特鲁斯·西庇阿、小加图、亚弗拉尼乌斯、佩托雷乌斯以及拉比埃努斯，还有在北非准备应战恺撒的全体庞培派指挥官，都在希腊与恺撒有过对阵经验。因此，我相信他们对恺撒的战略是有所察觉的。或许正是因为有所觉察，他们才没有在得知恺撒登陆后马上行动，而是慎重考虑奔赴200公里外的后果。

不过最终他们还是出动了。拉比埃努斯指挥骑兵作为先头部队，虽然在数量上有绝对优势但并没有打败恺撒，反而被恺撒构筑的防护栅所伤，每次攻击后回营的骑兵数量都在减少。在骑兵较量期间，恺撒的第二批精锐已经到位，并且恺撒在突尼斯东部的各项策略开始有了一定的影响力。这一切使远在乌蒂卡城的诸位感到不安，梅特鲁斯·西庇阿终于决定出动大军。恺撒终于等到这一天，战场真正从突尼斯北部转移到东部。

两军在相隔数公里的地方正面对峙，却并没有即刻开战。双方都各有考量。

庞培余党不开战是因为他们的盟友努米底亚国王尤巴在支援途中接到国内被毛里塔尼亚进攻的消息而匆匆回国防御。失去了尤巴军队的支持，西庇阿也失去了与恺撒正面对决的勇气。

恺撒则是因为本应从西西里前来支援的第三批军队迟迟不见踪迹。第三批援军由精英中的精英第九、第十两个军团组成。第十军团因去年发起罢战而被恺撒责令最后出发。恺撒本想以示惩戒，却不料第十军团出发时碰上海上大风暴，只能留在马尔萨拉港内，现在恺撒内心大概是后悔不已了吧。虽然恺撒为平息罢战事件故意把第九、第十军团士兵称为“公民们”，但实际上恺撒真正最信赖的还是他们。《阿非利加战记》对恺撒此时的心情做了详细的描述：“内心与双眼都在不分昼夜地遥望海面。”

尽管“已不像平时的恺撒，连进攻都不再积极”，恺撒倒也不是无谓地消磨时光。等待期间，他亲自传授作战方法给那些年轻缺乏经验的新兵。《阿非利加战记》也有相关记载：

> 与多部族组成的北非大军对阵前，恺撒开始训练新兵。不过这不像是实战经验丰富、战绩辉煌的精兵对新兵的训练，也不像是总司令对新兵的训练，倒像是剑道高手在教刚入门的弟子。
>
> 与敌人应当保持多远的距离，突袭敌人时应当到什么限度，什么样的姿势既可以保护自己又能击倒敌人，进攻的方法，后退的窍门，以及有效投石的技巧，这些都是恺撒教授的范围。

对于精锐士兵，恺撒也没让他们闲着。这些老兵虽然有着与高卢人、不列颠人、日耳曼人、西班牙人、希腊人和东方诸城邦的人战斗的丰富经验，但是他们从不曾和大象战斗过。

因此，恺撒特地找来了大象，在活生生的“教科书”前，恺撒一面让士兵真实地触摸大象，一面详细地向士兵讲解。士兵逐渐了解了大象这种动物有什么样的习性，攻击力如何，以及其作为武器的缺陷有哪些，大象的哪一部分最容易攻击，如何朝大象投石最有效，长矛刺在大象哪个部位最致命，等等。除士兵外，恺撒把战马也拉到大象面前，让它们日夜与大象相处直到习以为常。最后恺撒让士兵亲自实践，以弓箭和石头攻击大象直到庞然大物倒下。经过反复训练，士兵及战马都增强了信心，不再害怕象群。

在训练的过程中，恺撒终于迎来了盼望已久的第三批士兵，接着第四批士兵也到了。第三批士兵由第九、第十军团组成，第四批士兵则是由那些因生病或其他事务耽搁最晚出发的人组成，包括 4 000 名重装步兵、400 名骑兵以及弓箭手、投石兵等 1 000 名轻装步兵。这样恺撒大军最终形成了，共有 3 万名重装步兵、3 200 名骑兵、2 150 名轻装步兵。不过即使这样，规模还是远远不及对手。

几乎在恺撒完成战斗准备的同时，敌方也调整好了战斗状态。努米底亚国王把国内的防卫工作交给了下属，又亲自率军匆匆南下赶往恺撒所在地。到此为止，恺撒认为开展积极进攻的时机已经成熟——己方军队集结完毕为进攻提供了可能，因在敌方领地待的时间不能过长，恺撒不得不进攻。此时已进入 4 月。

只是敌方好像并不急着进行决战，面对恺撒多次发起的挑战，他们只在小范围内应战而并没有大战的态势，仿佛又回到了法萨卢斯战役之初和庞培决战时的情景。于是恺撒决定跟对付庞培一样，这次也采用引蛇出洞的战略：攻打敌方战略要地，迫使敌人不得不正面

迎击。

恺撒一面指挥军队挑衅，一面寻找战机，此时大莱普提斯以南15公里的塔普苏斯进入了恺撒的视野。由庞培旧部镇守的塔普苏斯是战场周围屈指可数的战略要塞之一。

其实战场周围最有战略意义的要塞，并不是塔普苏斯，而是哈德鲁墨图姆，只不过后者一直紧闭城门。为什么恺撒不进攻哈德鲁墨图姆而选择塔普苏斯作为切入点呢？这就关系到恺撒独特的军事眼光和塔普苏斯的地形了。塔普苏斯（现在的拉斯丹纳斯）位于半岛前端，陆地一侧紧邻宽阔的咸水湖。该咸水湖由北到南为2公里长的陆地所围绕，因此也可以看作内陆的一部分。又由于该咸水湖里积蓄的都是海水，所以一直作为盐田在使用。恺撒预计如果攻打塔普苏斯，敌人必定会采取封锁南北部陆地的战术，将兵力分成两路从海上和陆上对恺撒军形成夹击。一旦他们采取这样的战术，那么敌军原本数量上的优势就不复存在了。据此，恺撒决定以进攻塔普苏斯为诱饵，引敌分兵作战。

公元前46年4月4日一大早，恺撒率领彻夜行军的部队出现在塔普苏斯。到达目的地后，恺撒立即开始构筑罗马式的四方形营地，并在营地完成后佯装快速“攻城”。攻城不过是个诱饵，恺撒并没有全力进攻。为了让士兵尽快恢复体力，他命令士兵轮流作息：一半在营地内休息，一半攻城。敌人果然追来了。第二天也就是4月5日傍晚，敌军到达了半岛入口。不出恺撒所料，敌军果然采取了兵分两路的夹击策略。

梅特鲁斯·西庇阿率领着象群及一半兵力封锁北部陆地，努米底亚国王则率领另一半兵力封锁南部。梅特鲁斯到达后也即刻令士兵修筑营地。可是，恺撒军的老兵不仅仅是战场上的老手，同时也是修建

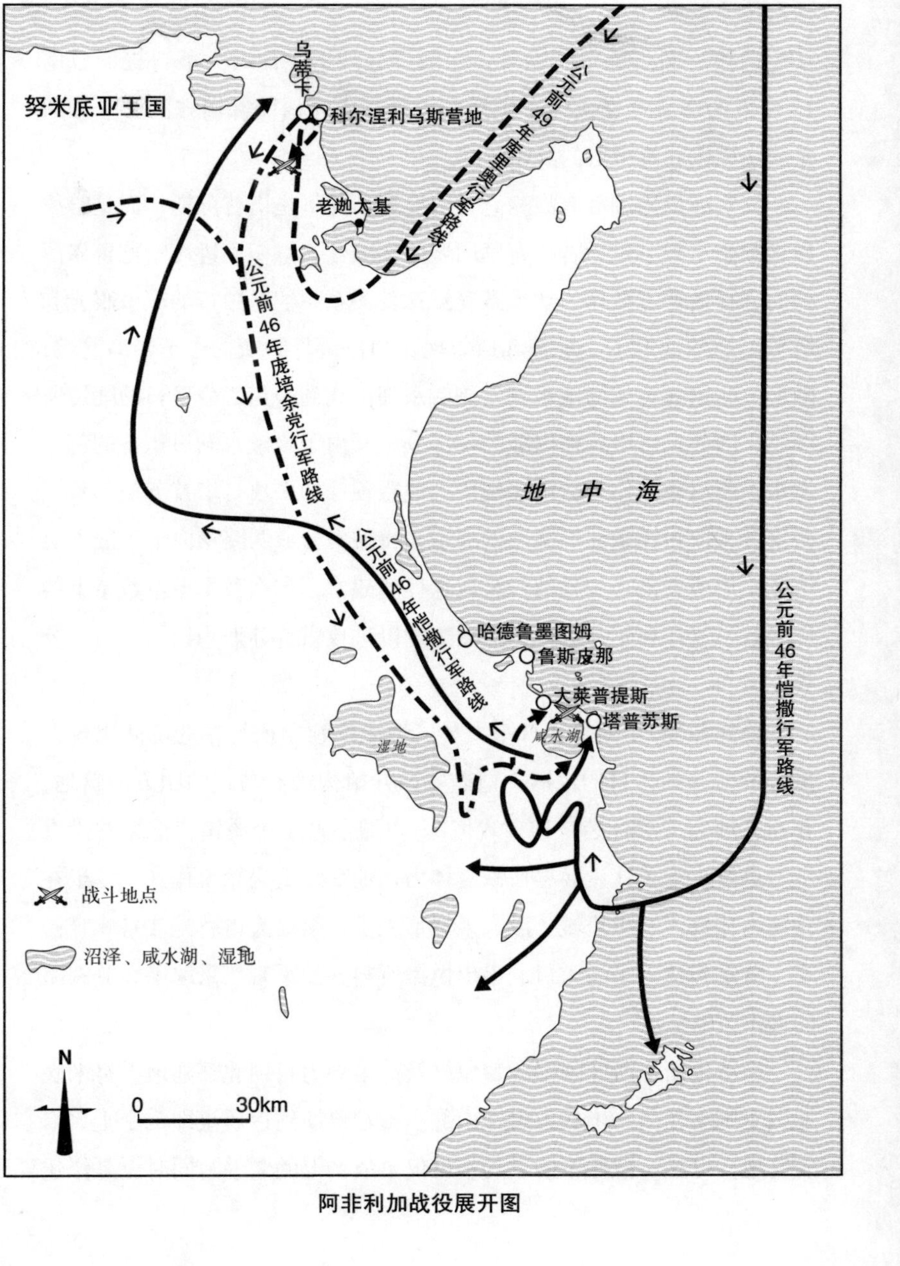
乌蒂卡
努米底亚王国
科尔涅利乌斯营地
公元前49年库里奥行军路线
老迦太基
公元前46年庞培余党行军路线
地中海
公元前46年恺撒行军路线
哈德鲁墨图姆
鲁斯皮那
大莱普提斯
塔普苏斯
咸水湖
湿地
公元前46年恺撒行军路线
战斗地点
沼泽、咸水湖、湿地
N
0
30km

阿非利加战役展开图

营地的老手。敌军修建营地所需时间比恺撒长，而恺撒早把这一切都看在眼里。顺便说一下，“老兵”（veteran）一词来源于拉丁语。

塔普苏斯会战

公元前46年4月6日天刚亮，恺撒就展开了行动。他留下两个军团在塔普苏斯应对敌人从背后的突袭，自己率其余兵力离开了军营。他本打算观察敌人的阵型后再确定己方的具体阵法，因此行动开始时士兵仍以原有军团为单位。不过看到敌人阵型后，恺撒做出了一系列有悖常规的部署。

在普通的阵型中，骑兵总是会被安排在左右两翼中的一边以发挥其机动性，不过在法萨卢斯战役中恺撒就将骑兵集中于右翼，这一次恺撒把骑兵全部放在阵地的正中间。

此外，靠近咸水湖的左翼由第十三、第十四军团精锐组成，临海的右翼由第九、第十军团组成。恺撒把高卢第五军团分成两部分，每部分各5个大队，分别编入左右两翼，他们负责敌军左右翼的各60头战象，具体任务是利用投石、长矛等武器，把大象赶走。剩下3个军团的新兵，恺撒把他们安排在全军的正中央，骑兵身后。

另一方，梅特鲁斯·西庇阿在营地尚未建完的时候就遭到了恺撒的进攻，匆忙之间只能用传统的阵法进行抵挡，即左右两翼各有象群及骑兵，中央是重装步兵。

尽管我在军事上完全是外行，但由于经常叙述战斗过程，现在似乎也明白了：不论用什么方法，战术实施的关键是成功包围敌人。也就是说，只有运用包围战术，才能尽快瓦解敌人的主要力量。

选择塔普苏斯作为第一战场，意味着恺撒必须在尽可能短的时间里解决西庇阿军队，因此必须赶在南面努米底亚军前来增援前展开决战。

因此，速战速决是唯一制胜之道。恺撒之所以打破常规，把骑兵安排在军阵的最中央，就是想利用骑兵向敌阵最中央的步兵发起冲锋，之后骑兵再分成两股，绕到敌军背后分别袭击左右两翼。负责从正面攻击敌人左右翼的是身经百战的第九、第十、第十三、第十四军团。第五军团如前所述负责解决象群。此战术如果运用得当，便能将敌军全部围歼，而且，因为是分成海边和咸水湖边两处进行围歼，所以被围之敌也被一分为二，消灭起来也更加容易，所需时间也更短。

围歼战是亚历山大大帝开创的战术，经过汉尼拔的发挥，被证明是非常有效的。甚至连汉尼拔的对手西庇阿·阿非利加努斯，也曾用该战术打败过汉尼拔本人。法萨卢斯战役中，恺撒因骑兵战斗力弱小而采用过“秘密战法”，但总体上其对敌的围歼仍然是对前辈战法的沿袭。

在塔普苏斯会战中，恺撒把骑兵安置在正中央，实际上是把对敌的包围圈从过去的一个拓展成两个。只是这样做就要求他必须在努米底亚王军到来之前尽快地解决战斗。

完成布阵后，恺撒军开始向敌军挺进。恺撒徒步穿行在即将与敌人殊死拼杀的士兵中间，激励他们。象征着最高指挥官的红色披风在风中猎猎翻飞。恺撒准确地叫出每一位老兵的姓名，鼓励他们说：“迄今为止，我们所有的战斗不辱盛名，不是吗？”对新兵，恺撒则鼓励他们要鼓足勇气，不要输给那些给恺撒军团带来无限声誉的前辈。

但是在即将看到敌军全阵时，出乎恺撒意料的事发生了。曾发起罢战事件的第十军团将士以为恺撒尚未完全原谅自己，为了将功补

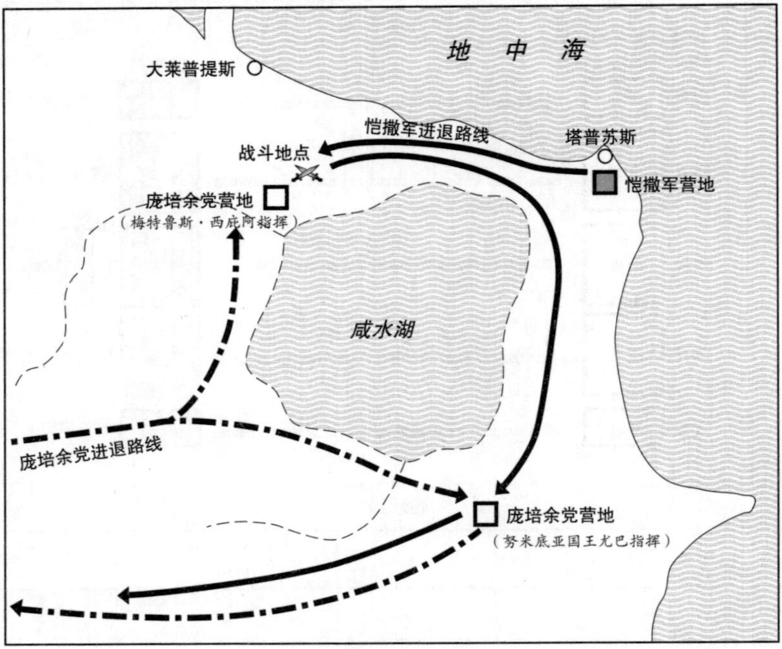

塔普苏斯周边略图

过，该军团的吹号手在没接到恺撒命令时就吹响了进攻号角。

恺撒原本计划距敌人更近一些再发起进攻。不过就像他自己在《高卢战记》中写的那样："将士的战斗热情一旦迸发，与其打压控制，不如顺其自然，让他们在战斗欲望的引导下奋勇前行。"恺撒趁机发出全线冲锋的命令，自己翻身上马带头冲向了敌营。早就按捺不住的右翼第十军团和稳健的左翼军团见状，怒吼着"跟着司令一起上啊"，也冲入了战阵。恺撒全军众志一心，直插敌营。

战斗的过程一如恺撒所料，由于第五军团的攻击，受伤的敌军象群狂躁不已，乱闯乱撞，不但没有攻击敌人，反而踩踏了己方士兵，

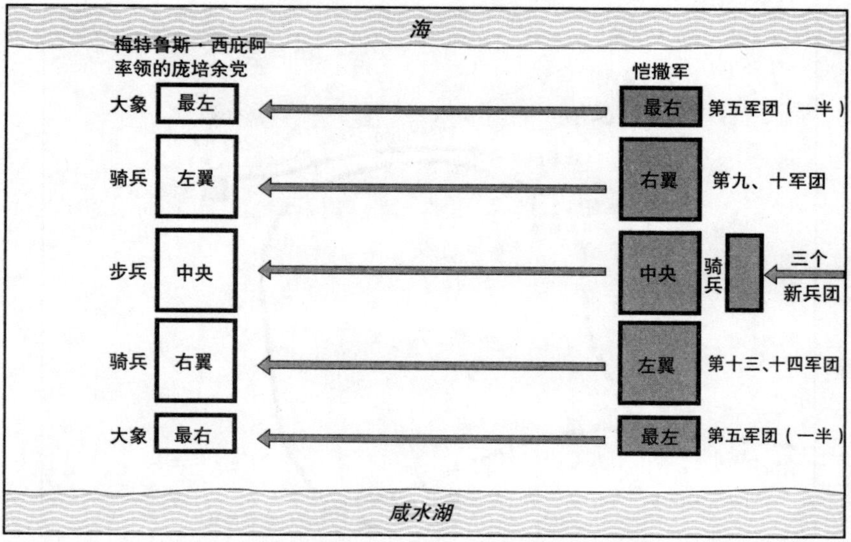

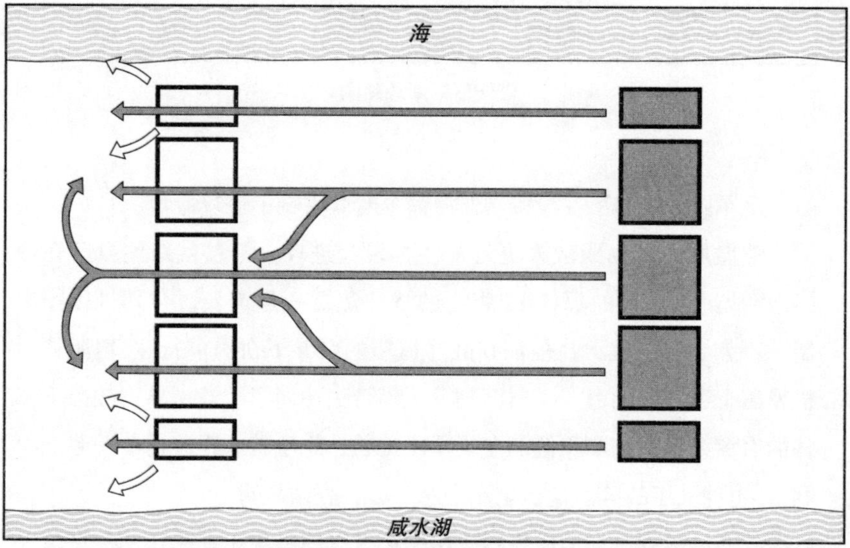

塔普苏斯会战略图（上图为前半场，下图为后半场）

然后早早逃离了战场。拉比埃努斯指挥的骑兵团，前方被己方步兵挡住前进的脚步，后方被恺撒骑兵包抄围堵，除了首领和几名骑兵逃跑外，全部被歼灭。梅特鲁斯·西庇阿率领的3万名步兵中，战死者超过1万人，其余的四散奔逃。

反观恺撒军中的伤亡人数不到50人，其中为数不少的人还是被杀红了眼的自己人误杀的。

整个战斗不到半天就结束了。恺撒命令第九和第十军团追击逃窜的敌军，自己则率领大部队转过头来。他既不是回军营，也不是回攻塔普苏斯城，而是如同反手一刀，直指努米底亚国王尤巴的阵营。

不过，从梅特鲁斯·西庇阿营地到尤巴营地，中间隔着一个南北走向的宽阔的咸水湖，当恺撒绕咸水湖半圈赶到时，梅特鲁斯溃败的消息早已传到尤巴军营，谁都没有勇气与恺撒对决，纷纷临阵脱逃。当恺撒赶到时，敌营已经空空如也。见此情形的恺撒兵分两路，一路追击散兵游勇，自己则率另一路兵马追赶努米底亚国王，目标就是尤巴逃向的扎马平原。早在150年前，汉尼拔和西庇阿·阿非利加努斯就是在这个扎马平原上展开决战的，如今这里再一次成为逐鹿之地。

不过，在150年后的公元前46年，决定北非未来大局的战役却早已在塔普苏斯结束。尤巴未能在扎马与恺撒展开堂堂正正的对决，因为扎马的居民把逃回来的国王关在了城门外。塔普苏斯会战的结果早已传遍了努米底亚的大街小巷，努米底亚国内掀起了一股投靠恺撒的热潮。走投无路的尤巴与庞培余党佩托雷乌斯最终以互刺的方式结束了生命。150年前因协助西庇阿·阿非利加努斯对抗迦太基而获得独立的努米底亚王朝，现在走到了尽头。率领毛里塔尼亚军队从背后袭击努米底亚的罗马人西提乌斯是恺撒获胜的功臣。恺撒于是任命他统治原来的努米底亚王国。之后恺撒率军北上，直奔乌蒂卡。

途中恺撒不断收到关于庞培余党的消息。首先是总司令梅特鲁斯乘船逃跑被俘，士兵不知道他的真实身份，于是将其杀死。接着是法乌斯托斯·苏拉。此人无论在军事还是政治上都毫无功绩可言，仅仅因为是苏拉的儿子而被人们熟知。他也在逃跑途中被杀。最后一个消息是关于亚弗拉尼乌斯的。西班牙战争投降后，他因恺撒的宽恕回到庞培身边，在法萨卢斯战役、塔普苏斯会战中又接连遭遇失败。因为有过被恺撒释放的经历，他期待好运再来，于是带着一家老小和全部家当从城中逃出，准备投降恺撒。但是他时运不济，在途中被强盗盯上了。那些对散兵游勇而言犹如秃鹫的强盗，把这位曾经的罗马执政官、庞培派的元老以及整个家门掳得一干二净，并将除了奴隶以外的人全部杀死了。

小加图

由于海岸线改变，如今的乌蒂卡已经成为一个内陆城市，再难找到昔日的荣光。迦太基时代繁华的港口乌蒂卡是仅次于首都的第二大城市，迦太基覆灭、首都被毁后，乌蒂卡更是一跃成了当地第一大城市。在罗马接收迦太基领地后，乌蒂卡曾作为阿非利加行省首府存在了百年之久。打算在北非应战恺撒的庞培余党自然会把这样一个地方当作大本营，并且在乌蒂卡储藏了从周边征集来的大量军粮。

自迦太基时代起，港口城市乌蒂卡业已拥有完善的防御设施。在此镇守的小加图收到塔普苏斯会战结果后，并没有像之前的将领一样逃走，而是打算凭借乌蒂卡充分的防御措施抵抗到底。他以塔普苏斯逃回的 1 500 名骑兵为主力，加上部分解放奴隶，组成了防卫军。但

乌蒂卡的居民并不赞同，他们也知道了塔普苏斯的结局，因而拒绝协助防卫。没有居民的支持，小加图负隅顽抗不过是一场梦。

当得知恺撒登陆北非时，庞培的长子和次子为防不测，早早逃往了加那利群岛。此外，塔普苏斯会战后，庞培余党将领中有两人，即瓦罗和拉比埃努斯，逃往西班牙。所有这些，小加图都知道。此时小加图若想脱身也是完全能逃走的。但是这个小加图无论是以前在希腊还是现在在北非，既没有萌生过临阵脱逃的念头，也从未想过要投降。比恺撒年轻5岁的小加图，不仅在政见上与恺撒相左，是个狂热的元老院派，而且在个人感情上也非常厌恶恺撒。

在小加图看来，人格的高洁清廉比什么都重要，容不下任何委曲求全。他认定恺撒是个行为处事不够磊落而且野心勃勃的人，明明其财富来自不劳而获，仅靠政治手段和战争赢得支持，却偏偏认为这一切都理所当然。这样的男人被小加图所不齿。他和恺撒是完全不同的人，即使没有政治因素，两人也不可能成为朋友。

小加图之前从都拉斯逃走是因为庞培仍健在，而现在庞培本人已死，手下的将领不是战死就是归顺了恺撒，就连他一直当作儿子抚育的侄子布鲁图也在法萨卢斯战役后归降了恺撒。现在，天下已经是恺撒的囊中之物了。听到恺撒逼近乌蒂卡的消息，水手们都望风而逃，现在小加图即使萌生逃意也无船可用了。

小加图将城中要员及家门的安全托付给了恺撒的同族人——庞培派的路奇乌斯·恺撒，其中包括庞培的女儿、嫁给独裁官苏拉的儿子法乌斯托斯为妻的庞培娅及其儿子，小加图自己的儿子和女儿鲍基娅。鲍基娅嫁给公元前59年与恺撒同任执政官、内战爆发后领导庞培海军的比布鲁斯，丈夫阵亡后她一直跟随父亲寡居。

小加图并没有让路奇乌斯·恺撒带着这些人逃离，反而劝他们前

往恺撒营地。因为他确信，恺撒定会无条件地将他们送回国内。

但他自己从未想过要获得恺撒的宽恕，因为他既不想让恺撒享有宽恕敌人的特权，也不想看到恺撒宽恕敌人时的愉悦。

塔普苏斯会战后的第六天，即 4 月 12 日，小加图举办了一场晚宴招待乌蒂卡的要员。

罗马人的晚宴在柏拉图《会饮篇》一书中有具体的描述。所有人横卧在床形大椅上，一边享用美食，一边针对既定的话题进行会谈。这种觥筹交错中的会谈，罗马人称之为“专题座谈会”（源于希腊语，由罗马人按拉丁语发音而成），而拟定座谈会的讨论专题正是晚宴主办人，也就是主人的任务。在小加图的主持下，是夜的会谈并不以塔普苏斯会战为主题，而是讨论哲学命题——何为自由？

小加图援引苏格拉底的例子强调，堂堂正正的清白人即便死后也一定会作为自由人而存在。

待会谈结束，客人散去，小加图便回到卧室。他没有立刻就寝，而是在灯下阅读柏拉图的名作《斐多篇》。《斐多篇》是一本记述苏格拉底临刑前与弟子们论生与死问题的哲学书。短暂的阅读后，小加图以短剑刺入自己腹中，喷射的鲜血溅在打开的《斐多篇》上。

但是利刃没有刺中要害，小加图并没当场身亡。对他在宴会上的言行有不祥预感的儿子和奴仆们正在外间密切留意他。听到喘息声后，他们立刻冲进房间，并传来医生。医生上前要将其伤口缝合，但小加图激烈挣扎，推开医生，拉出自己的内脏，顷刻气绝，时年 49 岁。

无论是少数人领导制还是共和制时期，在鼓吹公民一律平等的罗马，宽恕他人都是一种狂妄、违规的行为。身为国家统治阶层的元老院元老尤其注重这一点。小加图认为宽恕行为就是承认个人特权，这

完全违背了罗马共和制的精神。这个观点从理论上看是无懈可击的。在罗马人看来，即使是饶恕他人性命、不没收他人财产、不流放他人这样的善行，也是违背了法的精神。公民没有决定其他公民生死的权利，这是罗马人心中铁的原则。从这一点上说，现代也有不少人称赞小加图之死是自由对权力的抗议。

如果小加图能言行始终如一地将此理论用在下一代身上的话，那么他的理念算得上是知行合一。但是小加图并没有做到，他把子女以及庞培的儿孙最终都托付给了恺撒。这一举动最终变成了对他信念的一种讽刺。

小加图这种“意志之死”的自杀，在罗马人看来是异常壮烈的，会给他们带来心理上的强烈冲击。因此，生前并没有什么丰功伟绩的小加图，在死后却成了抗击绝对权力的自由精神的化身。这种人对敌人而言，就是死后比生前更危险的典型代表。

西塞罗知道小加图的死讯后，不知是出于惭愧，还是已经忘记了自己要靠恺撒的宽恕才获得自由这一事实，发表了赞美小加图的《论加图》一文。恺撒也针锋相对地发表了《反加图论》。这两篇文章均未被保存下来，我们无法得知其具体内容。不过根据情景，其中的内容也不难想象。西塞罗的文章大概是会赞美小加图的高洁人格以及其宁死不屈的信念吧。恺撒的《反加图论》大概会从批判小加图的狭隘视角入手，指明这个世上除了人格高洁、信念执着外，还需要寻求更重要的问题。这段插曲或许可以很好地诠释一点，即不仅是政治思想，人的任何思想都是对其生活方式的反映。

小加图死后第二天，恺撒以胜者的身份进入乌蒂卡城。未等路奇乌斯求情，恺撒就允诺保证小加图儿女及庞培儿孙的安全，也没有处置任何一位城中的庞培余党，更没有将小加图的首级挂在乌蒂卡城中

戎装的恺撒

广场上示众。小加图不惜以死来谴责恺撒这种“反共和制和自由精神”的“宽容”，而恺撒仍然用这种“宽容”精神来对待自己的所有敌人。

恺撒任命撒路斯提乌斯为阿非利加行省的新总督，他后来以历史学家著称。然后恺撒乘船离开了乌蒂卡。从入城到离开，恺撒不过用了两天时间。

恺撒用三个月时间争霸北非后启程返回。换作别人此时定会从乌蒂卡经海路到西西里后改陆路迅速回到罗马。肃清庞培余党后，恺撒天下在握。他从渡过卢比孔河时期就萌生的重建罗马新秩序的理想，在公元前46年已见到希望。但恺撒只命令军队整装回国，自己则带了几名侍卫前往撒丁岛。并不是因为撒丁岛上还有庞培党的残余势力，恺撒此行纯为视察，因为他从未去过撒丁岛及科西嘉岛。

回想一下恺撒经历，在整个横跨多佛尔海峡到尼罗河的“罗马世界”，确实只有撒丁岛和科西嘉岛是恺撒从未涉足过的。而这两岛具有重要意义。对以小麦为主食却又不能自给自足的罗马而言，它们是

重要的粮食产地；它们所处的地中海中央位置，同时也是战略要冲。虽说恺撒此行并非没有理由，但他浪费了太多的时间。

由于两岛地处海的中央，在波涛汹涌时船只无法出港，相反风平浪静时船只同样只能泊在港湾内等待顺风。结果恺撒4月中旬从乌蒂卡出发，视察完成归国时已经是7月25日了。后来有本专门研究恺撒的著作评论说他是“行踪不定的恺撒”。不过恺撒手下有一帮能人干将，在他不能事必躬亲的时候，仅凭指令也能把事情处理得井井有条。凯旋仪式的准备就是很好的例子。庞培当年的凯旋仪式持续了两天时间，为了那两天的豪华场面，庞培一行人回国后足足准备了9个月；而恺撒的凯旋仪式分四个阶段举行，规模远胜庞培，但只用了10天时间准备。正是因为他将所有不可预测的事情都思虑周详，执着地追求效率才变得更有实际意义。

凯旋仪式

举行罗马人心目中最高荣耀——凯旋仪式，对已经54岁的恺撒来说也是首次。此前没能举行过凯旋仪式，不是因为他功绩不足，而是由于时间不允许。这一次整个凯旋仪式共持续了10天，分四个阶段进行，比庞培当年的两天豪华许多。如此盛大的仪式，是因为恺撒足足击败了四个国家，有必要对它们加以区分，即：第一阶段是庆祝征服高卢；第二阶段是庆祝战胜埃及托勒密十三世和埃及公主阿尔西诺伊；第三阶段是庆祝击败本都国王法尔纳克；第四阶段是庆祝战胜努米底亚国王尤巴。法萨卢斯战役中击败庞培的功绩并没有以凯旋仪式的方式进行庆祝，除了认定那是属于罗马内部的斗争外，还有两个

原因：一是恺撒从来都走怀柔路线——不但不打压败将，反而给予他们和胜利者享有同等权利的机会——如果此时刺激庞培余党脆弱的神经那是非常愚蠢的；二是恺撒自己大概也不想庆祝战胜庞培的胜利，恺撒这个人虽然冷静，却并不冷酷。

不过凯旋仪式中，在庆祝战胜努米底亚国王尤巴的同时，也加进了庆祝塔普苏斯会战胜利的内容。虽然塔普苏斯会战的对手也是罗马将领，但是在恺撒眼里他们和庞培是不同的。如果说恺撒把庞培看成“三头政治”中的盟友，那么在庞培死后仍负隅顽抗的那些罗马人，在恺撒心中已与敌人无异。此外，恺撒虽一贯善待俘虏，保全他们的性命、财产，也不予流放，但对于努米底亚国王，恺撒并未留情。于私，因努米底亚国王尤巴曾全歼了库里奥军队，对恺撒而言，杀尤巴是为库里奥报仇；于公，打败努米底亚是对那些心口不一的罗马同盟国的严重警告。因此，恺撒和罗马人完全有理由大事庆祝对尤巴战争的胜利。

不论恺撒头脑中的创意多么丰富，这一次的凯旋仪式他还是老老实实地按照传统规矩进行。

首先，参加游行的人员全部在罗马城外的马尔斯广场集合，并排成纵列。那天的马尔斯广场远远望去，净是像蛇一般蜿蜒的队列。凯旋仪式举行时全国放假，因此，游行队伍经过街道沿途自不必说，就是出发地马尔斯广场也同样人山人海。

游行队伍集结完毕后，独裁官恺撒在 24 名随扈的簇拥下出场。全体将士在军团长的号令下，统一高举右手整齐地向恺撒敬礼。这种“罗马式敬礼”如今仍能在关于纳粹的纪录片中见到。它最早出现在墨索里尼的军营中，接着希特勒也采用了这个动作。对其他民族采取排斥政策的纳粹德国居然效仿在人类历史上首次实现不同民族共存共荣的古罗马，尽管这种效仿仅仅局限在敬礼动作上，仍旧引起了人们

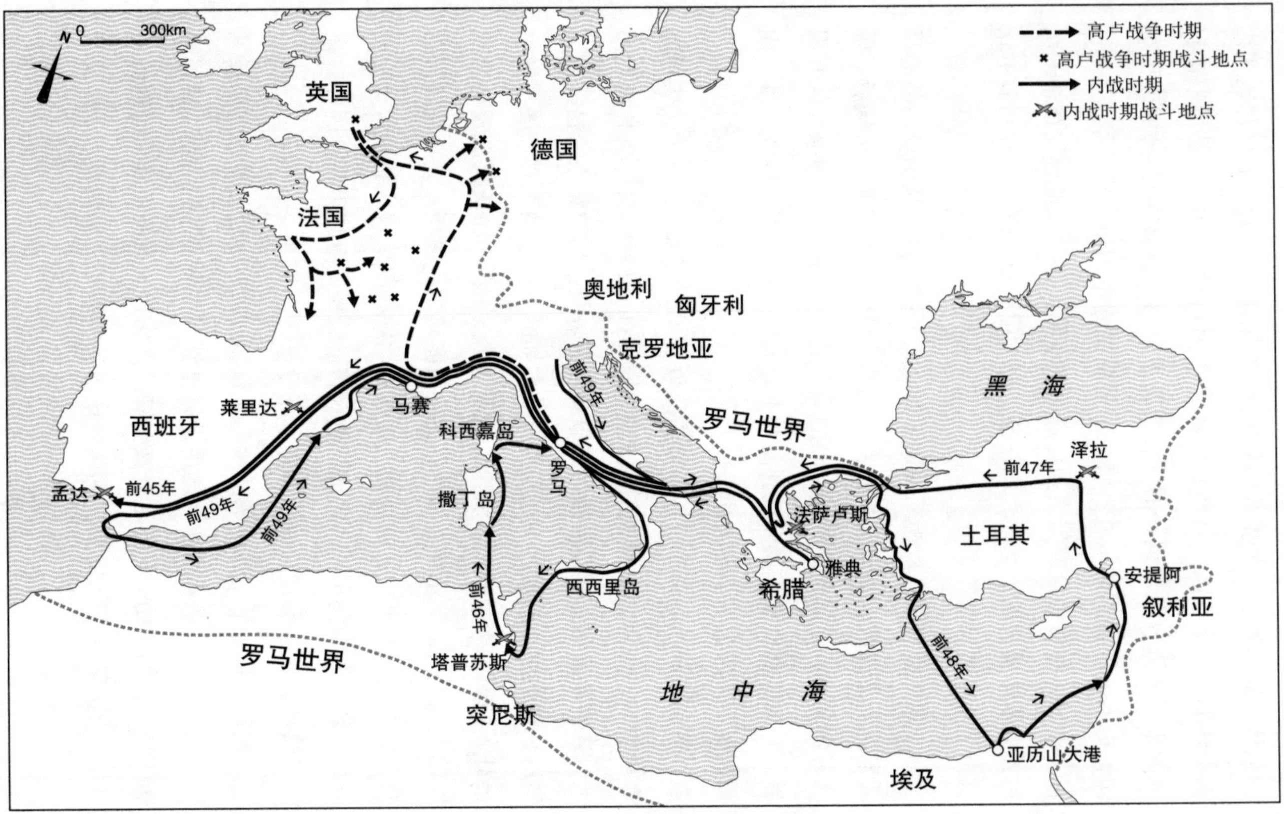

0
300km
N
高卢战争时期
高卢战争时期战斗地点
内战时期
内战时期战斗地点
英国
德国
法国
奥地利
匈牙利
克罗地亚
黑海
罗马世界
西班牙
莱里达
马赛
科西嘉岛
罗马
前49年
孟达
前45年
前49年
前49年
撒丁岛
前46年
西西里岛
塔普苏斯
突尼斯
罗马世界
地中海
法萨卢斯
雅典
希腊
泽拉
前47年
土耳其
安提阿
叙利亚
前48年
亚历山大港
埃及

恺撒参加的战争简图

的强烈不满。不过，如果单纯从军队敬礼的动作来看，它好像确实比英美式的军礼更气派。另外，墨索里尼还以古罗马随扈手持的象征权威的束棒斧来冠名他倡导的“法西斯主义”，把军队中的师团改称军团，引入古罗马式的敬礼，将手中最精锐的军团命名为“第十军团”等。不过，尽管他这样努力强化意大利军队，还是没能逃脱在第二次世界大战中覆灭的下场。人们常说，形式很重要，但形式和实质不相符也无济于事。

主角恺撒到场，庆祝凯旋的游行正式开始。走在队伍最前面的是元老院元老及政府高官，按照古罗马的习惯，文官在前武将随后。乐队紧随其后，之后是满载战利品的马车队列。为了让围观群众大开眼界，并为胜利成果震撼，战利品并不是简单地在马车上堆成一堆，而是在展示方法上下了很大功夫。

满载战利品的马车过后是描述战争情景的展示牌队列：在庆祝高卢战争时，展示牌上描绘着代表罗马军队的银鹫旗飘扬在高卢地图上，还有莱茵河上架设的桥梁，以及阿雷佐战役后败将韦辛格托里克斯跪在恺撒脚下的情形；在庆祝打败本都国王法尔纳克时，展示牌上记载了恺撒的名言——“我来，我见，我征服”；在庆祝击败努米底亚国王尤巴时，展示牌上描绘着尤巴与庞培余党佩托雷乌斯互刺，以及小加图掏出自己内脏的场面。这些展示牌将凯旋仪式装点得更实至名归。罗马和希腊不同，更加注重对普通公民的宣传策略，因此，在当时绘图、文字形式的展示牌非常流行。

围观者通过展示牌了解战役的大致经过后，接着就是他们亲眼见证“战果”了。展示牌队列之后是彰显胜利“事实”的队列，载着俘虏的马车开始登场。马车上身披枷锁的俘虏代表有高卢战争时期的韦辛格托里克斯、埃及的公主阿尔西诺伊、本都的法尔纳克之子以及努

“我来，我见，我征服”
（恺撒铸造的硬币是不是这样的呢？带着想象，16 世纪的意大利人安东尼·盖维诺制作了这枚硬币。不过，我们仍然期待能发掘出真正的恺撒铸造的硬币）

米底亚国王尤巴 5 岁的儿子。

这里要顺带提一下，通常这些战败俘虏在凯旋仪式后都会被扣留在意大利，但性命无虞。不过，这次有了两个特例：一是尤巴幼子成年后远赴毛里塔尼亚继任王位，因为该王族已无后人；二是韦辛格托里克斯在仪式结束后被杀于狱中，因为恺撒认为他能力超群，留着他实在太危险了。

俘虏车后紧接着是祭祀仪式中作为祭品的白牛，祭司紧随其后。罗马并没有设置神职等级，祭司不过是选出来执行祭祀任务的人，而履行大祭司职务的实际上是恺撒本人。因此，和往常凯旋仪式不同，这次祭司队伍并没有所谓大祭司走在前面。

游行队伍的每一位成员都穿着象征威仪的礼服，马车和马也都装饰得美轮美奂，就连装载俘虏的囚车也全部用罗马人喜爱的常青藤装饰，看起来马车好像镶嵌了绿边框。罗马人特别喜欢将平整的大理石铺在大街上并在周围种上树。虽说绿色植物与白色大理石互相映衬非

常美，但是这个方法也有缺点，就是植物在地下生长的根须常会使石板变得松动。节日里罗马人喜欢将编好的常青藤挂在墙上，用这种方法，把光秃秃的墙壁变得生动起来。

继象征“政治”的政府官员和象征“宗教”的祭司队伍之后，轮到“军事”队列了——我们的主角恺撒终于出场了。在公元前2世纪的凯旋仪式上，将军都是自己驾着四匹白马拉的战车登场，这个形式到公元前1世纪有所改变，将军只是站在马车上向群众示意，并接受群众抛来的鲜花。在这个大喜日子里，凯旋将军也会穿着特制的服装：上身在白色短衣外面罩着一件纯金打造的有着精致图案的胸甲；脚上穿着为典礼特制的同样有精美图案的短靴；身披象征至高地位的紫色披风，宽大的披风一侧在右肩固定，另一侧披在左肩上；左手持日常战斗中握于右手的黄金象牙指挥棒；头戴绿色月桂冠，而不是战斗中的头盔。此外，当天将军的脸要涂成红色，这是效仿伊特鲁里亚人的风俗，胜利者的脸涂成红色可以驱魔辟邪。

恺撒身后紧随的是他的幕僚，之后是骑兵团，他们都骑着马。恺撒的日耳曼骑兵团给凯旋仪式添加了一道异国风情，身型高大健硕、金发碧眼、面无表情的他们走在个头相对矮小、褐发褐眼、表情丰富的罗马人中间，立刻吸引了大部分人的注意力。

威风凛凛的日耳曼军团身后是久负盛名的恺撒军团。各军团高举银鹫旗，按照军团长、大队长、百夫长带领各自的军团、大队、中队的顺序前进，并且全体将士都身着军装保持持枪持剑的姿势。不过将士虽着装严肃，每个人脸上都带着轻松的表情，军团整体气氛与其说是威仪严肃，倒不如说是有些诙谐。他们齐声高呼着专为当天凯旋仪式拟就的口号。

在恺撒的凯旋仪式上，他们高呼的是：“快藏好娇妻呀，罗马公

民，我们领来了秃瓢的淫棍。”

虽然恺撒认为这样有点太过分，但12年来与恺撒同甘共苦的精锐士兵并没把总司令的意见放在心上。因为决定凯旋仪式上齐唱的内容历来都是士兵的特权，而这么做据说是为了让诸神不对威风的凯旋将军产生嫉妒之情。这也是罗马的传统之一。恺撒此时提出抗议也不过就是惯常幽默性格的表现吧。不过秃头这个问题确实是恺撒的一块心病，发际线不断地后退大概是唯一能令他落泪的烦恼。元老院在任命恺撒担任10年的独裁官时，特别允许他在凯旋仪式后也可以使用月桂冠。这项荣誉让恺撒大喜过望，因为月桂冠正好可以遮住他越来越少的头发。

士兵唱的不着调的内容，让罗马公民在威严的凯旋仪式上也忍不住哈哈大笑。不过这个玩笑到卡匹托尔山就戛然而止了，士兵都换上了严肃的神情。游行从马尔斯广场出发到古罗马广场结束。仪式的亚洲部分是通过广场中央南北走向的圣道，登上卡匹托尔山向诸神汇报战绩，并举行祭祀仪式。

现在我们一般都从北面进入卡匹托尔山，这得益于16世纪上半叶米开朗基罗对山丘的重新设计，在那之前要登山只能从南面出发。卡匹托尔山是罗马七丘中最高的，供奉着古罗马开国以来的众神，从地位最高的朱庇特开始，众多神殿并立。这是古罗马唯一的只供神不住人的地方。凯旋仪式的最后一项就是登上神殿感谢诸位永生之神，是诸神的怜惜和帮助才使原本要死于战场的人能活着回来。

只有凯旋将军才有资格进入供奉朱庇特的神殿。一向理性的恺撒此时大概也是真心地拜谢诸神吧，毕竟经过了如此长的艰苦岁月才等到了今天。

凯旋仪式结束后举行了招待酒宴，围观的群众也在被宴请之列。

卡匹托尔山上的朱庇特神殿（想象复原图）

恺撒向来喜欢奢华，这次的酒宴场面肯定也是相当壮观。

随后，他给恺撒军团的将士派发了数量可观的奖金：普通士兵每人 5 000 第纳尔、百夫长 1 万第纳尔、大队长 2 万第纳尔。此外他还打破常规，给战死士兵的家属以及伤残士兵发放了部分抚恤金。从布匿战争起罗马士兵的军饷就一直是每年 70 第纳尔，直到内战爆发恺撒才将罗马军团的军饷提高到 140 第纳尔，这意味着凯旋仪式后发的奖金等于士兵 35 年的军饷总额。

不仅士兵拿到奖赏，连见证凯旋仪式的群众（女人、17 岁以下孩子、奴隶除外）都领到了恺撒大手笔赠送的“礼物”——87.5 升小麦和 3.27 公斤橄榄油及 100 第纳尔。并且恺撒发的都不是常用货币，而是专门打造的 25 第纳尔面值的纪念银币。该银币不仅具有纪念价值，也能作为正常货币进行流通。

持续了 4 天的凯旋仪式，仅招待宴席就达 2.2 万桌。在凉风习习的夏夜里，参与豪饮的宾客更是达到了 6 万人。很多不在邀请之列的贫民也蹭了不少酒席吃。因为宴请都是在野外举行——不是在古罗马广场就是在台伯河中的小岛上——不可能仔细核查宾客身份，且恺撒本身也是一个爱热闹的人，喜欢和众人一起会餐。

晚宴结束后，在人们的目送中恺撒踏上回家的路。然而和平时随扈开道不同，凯旋仪式期间为他开道的是背上绑着火把的象群。这也是件很有趣的事，因为前面我们已经说过，在迦太基语里“恺撒”的意思就是“大象”。

除了宴席，在 4 天的凯旋仪式里恺撒还安排了精彩的娱乐活动，如戏剧表演、将台伯河的水引入竞技场，模拟海战演出、角斗士竞技、狩猎 400 头雄狮等，并且所有活动都是免费观看的。在庆祝阿非利加战役胜利阶段展示了非洲的贺礼长颈鹿。虽说地中海南岸均已归顺罗马，罗马公民也见过不少非洲的珍奇动物，但他们见到长颈鹿还是第一次。为了纪念早逝的女儿尤利娅，恺撒将戏剧安排在庞培剧场演出——年幼的尤利娅曾嫁与庞培为妻。

罗马有一项必须遵守的传统，有能力的人要自费建造公共场所，并将之赠给国家。按照罗马的逻辑，一个人若能强大到举办凯旋仪式，那么此人必定也有能力建造公共场所。古罗马广场西北面的埃米利亚会堂由埃米利乌斯 · 保卢斯在公元前 179 年击败马其顿国王珀尔修斯后出资修建的；埃米利亚会堂对面的森普罗尼乌斯会堂由格拉古兄弟之父森普罗尼乌斯 · 格拉古于公元前 170 年修建。此外，独裁官苏拉于公元前 80 年在古罗马广场对面的卡匹托尔山上建造了塔布拉里姆档案馆，后来成为古罗马政府的办公大楼。该楼南面还有一些自中世纪起沿用至今的罗马市政厅部分遗迹。一度称霸整个东地中海的

庞培没有一味地模仿前人，他于公元前 55 年在罗马城墙外建了罗马首个石砌剧场和大回廊赠予国家。

恺撒自是不甘人后，在高卢战争时就已经命人着手修建神殿和回廊，为以后扩大古罗马广场做准备，并且恺撒还宣布修缮森普罗尼乌斯会堂作为凯旋的纪念。但该会堂因太过破旧已无法修缮，于是恺撒又下令在原址上重建，这就是后来的“尤里乌斯会堂”。不仅如此，恺撒对罗马的城市规划也很感兴趣，他的眼光已不局限于建造赠予国家和纪念凯旋的场所，因为他想让罗马从内在的政治秩序到外在的城市建设都焕然一新。

迦太基历经 700 年后衰亡，而罗马 700 年后正焕发着生机。恺撒重建首都的理想昭示着一个新的罗马即将诞生。

> 历史有时似乎自动凝聚于某一个人，然后整个世界都跟随这个人指引的方向前进。在这些伟人身上，具备着静与动、普遍与特殊等各种秉性，他们也体现了国家、宗教、文化乃至社会的危机……
>
> 危机时期，传统和创新在伟人身上融合并达到顶峰。这些伟人的存在，至今仍是世界历史的奇迹。
>
> ——布鲁克哈《对世界历史的考察》

改造国家

塔普苏斯会战成功肃清了庞培余党，公元前 46 年 4 月，恺撒离开了北非。

那么在恺撒心中，从公元前 49 年 1 月 12 日渡过卢比孔河开始的内战大概可以画上休止符了。不过，鉴于恺撒和庞培之间实际上是反元老院体制与坚持元老院体制之间的抗争，因而战争的结束并不意味着斗争的终结。

格拉古兄弟首先指出罗马的内乱是由于元老院体制功能丧失，因此古罗马历史学家阿庇安著的《罗马史》是从格拉古兄弟时代开始记述的。可见这也是古罗马人的共识。恺撒有着超越时空的思维，也认为霸权国家罗马是从格拉古兄弟时代就开始陷入混乱状态的。实际上，恺撒在就任执政官的第一年进行的最重要的政策改革就是将格拉古兄弟提案发起的但由于他们过早去世而停止的《土地法》延续下去。

不过，继格拉古兄弟后，所有人都意识到，罗马的问题已严重到不是单靠一两项政策就能改变的地步了。问题的根源在于，罗马独特的共和政体已经无法再像以前一样发挥作用。苏拉、西塞罗和恺撒都是这种看法的典型代表。

罗马独特的共和体制是这样的：每年由两位执政官共同管理国家行政事务，由不经选举的所谓“精英”组成的元老院辅助执政官，国家大事由拥有投票权的公民组成公民大会最终决定。负责行政事务的大多是元老院元老，因此罗马政体也被称为“寡头政治”。

布匿战争时期古希腊历史学家波里比阿曾赞扬罗马采用的是理想政体。执政官、元老院和公民大会分别是君主制、贵族制和民主制优点的象征，因此罗马共和政体可谓集三种政体优势于一体。因为地位仅次于执政官的行政官员以及元老院席位的获得均由投票产生，凡公民都有参选可能，不分阶级，人人平等，由能力的高低决定权力的大小。

罗马人对民主政体本身从来都不以为然。他们认为，伯里克利时代的雅典民主政体不过是依赖伯里克利这样卓越的政治人物领导才显得优越。伯里克利过世后，雅典因政策低效日渐衰退。在正处于上升期的罗马看来，雅典简直就是典型的反面教材。

与热衷于城邦制国体的希腊人不同，罗马人选择了截然相反的道路。罗马如果征服某一地域，那么不管是该地域的土地，还是在土地上生活的人，都必须接受被征服者罗马同化的命运。

这样做的后果必然是拥有选举权的人越来越多。所谓民主政治，就是国家职能的发挥并不依赖于选民的自身知识和判断力，而是依赖某事件发生时能够立即到场参与决策的选民数量。雅典人如果双亲有一方出生于其他城邦，他就得不到公民权。雅典就是采取对公民权的“封锁政策”，才发挥了民主政治的功能。

尽管如此，我在《罗马人的故事 01 · 罗马不是一天建成的》中描述的时代里确立的罗马独特的共和政体，到《罗马人的故事 02 · 汉尼拔战记》中描述的时代，无须外国人波里比阿称赞，就已经在元老院主导下显现出优势。罗马之所以能击败天才将领汉尼拔和大国迦太基，也得益于元老院团结一心负责起战争的指挥系统。可以说，对迦太基的胜利就是罗马组织能力的胜利。那时候元老院阶级始终战斗在最前线，阵亡比例也是最高的。

不过，任何政体都有生命周期。击败迦太基称霸地中海之后，罗马陷入了胜者的迷思。原因有两个：一是任何体系都避免不了僵化现象；二是成为战胜国后，罗马面临的问题发生了质的变化。

在那之前一直发挥正面作用的政治制度，随着环境的变化逐渐显现出弊端来。然而，若要人去改变已经习惯的并有正面作用的制度，甚至比让他们从零开始都艰难得多。因为改变制度意味着人们必须首

先改变自己。特别是那些一贯对自己能力极有信心的人来说，没有什么能比否定自己更加困难的了。但是如果不否定旧的自己，就无法建立适应新时代的新制度。自格拉古兄弟以来，令罗马精英头疼的问题都是从这一点开始的。

无论是苏拉、西塞罗还是恺撒，都不约而同地认识到必须恢复罗马强大的统治能力，并且他们也一致认为，现阶段的元老院并不适合肩负此项重任。虽说此三人采用了不同的方式，但出发点都一样，都是为罗马国家的未来着想。那么他们各自解决问题的方法是什么呢？

苏拉的办法，简单地说就是用强力手段实行内政改革。凭借独裁官的特权，苏拉组起了一个危机管理内阁，实行高压政策。采取杀伐、流放、没收财产等方式对付反对派，以期加强元老院体制，恢复元老院对罗马的统治能力。像我在《罗马人的故事 03 · 胜者的迷思》中记述的那样，苏拉一方面严格执行论资排辈制，遏制个人英雄主义，另一方面加强元老院元老作为统治阶级的各项能力，并给予他们更多机会，以期提高元老院阶级的总体素质。但苏拉心目中的统治阶级必须是由和他持共同政见的人构成，对反对者，苏拉设立了详细的“黑名单”，予以彻底肃清。他这么做的理由是：优化罗马政体的任务必须由对共和政体绝对忠诚的人来完成。

比苏拉年轻 30 岁的西塞罗，又有什么良策拯救罗马呢？

西塞罗对苏拉的独断专行、肃清反对派以强化统治阶级的做法并不认同。“喀提林阴谋”时期任执政官的西塞罗深深担忧苏拉的恐怖政治会导致人心涣散。

但是西塞罗也不同意同时代的恺撒提出的改革元老院制度本身的做法。作为非罗马出身的成功人士，西塞罗和普通“外地人”一样对接纳自己的体制抱有好感，因此热衷于维护现有体制。

不过西塞罗还是比别人更加担心国家的现状，他想到的改革方案用他自己的话来说，就是实现“公职人员生活的净化”。在他看来，如果“净化”能实现的话，那么罗马的未来就是稳定的。西塞罗相信舆论的力量能够保证“净化”的实现，于是他发表的论著乃至辩护文章中，都以提高罗马公职人员的道德为目的，而不是从哲学意义上改善普通人的道德观。

在人生最得志的时候，西塞罗曾为以下词语进行定义：

Consul sine armis ——**不用武力的执政官**

Dux et imperator togae ——**宽容的司令**

Cedant arma togae ——**以文制武**

但罗马的现状证明，就像苏拉独行的内政改革并不适应时代一样，西塞罗提高公职人员道德水平的主张结果也并不如意。

那么恺撒为改变现状又将做出什么样的努力呢？公元前46年以后，恺撒和当年的苏拉一样当上了独裁官，这意味着恺撒握有绝对权力，可以不受任何阻挠地按照自己的意图实行改革。

已经54岁的恺撒，在建立新秩序之初首先把“宽容”作为改革的宗旨。在凯旋仪式上派发的纪念银币上就刻着拉丁文的“宽容”字样，这表明恺撒无时无刻不在强调自己和苏拉的不同。他没有设立针对反对派的“黑名单”，而是允许流亡者回国。对那些因安东尼政策失误而被没收的财产，他要么返还，要么征得持有人同意再购入。当然他更不会割下庞培余党的首级摆上古罗马广场的祭坛。对流亡者表示想回国并恢复公职的愿望，恺撒全部应允。就连当初发出“元老院终极劝告”并宣布他为“国家公敌”的前执政官马尔凯鲁斯，恺撒也

刻有“宽容”字样的恺撒凯旋仪式纪念银币（右图：正面；左图：反面）

没有为难他。恺撒希望不要再区分什么“敌”“我”，所有人都应该为重建罗马新秩序而再次团结起来。

但是，恺撒这样做比苏拉采用铲除异己实行改革的办法要困难得多。话虽如此，苏拉的做法与其个性相符，恺撒的做法也表现了他的气度。

恺撒的做法让众多反对他的罗马人都放下了压在心头的石头。同胞之间的流血争斗，已经使大多数罗马人筋疲力尽了。像小加图那样认为宽容精神是亵渎共和政体精神的罗马人虽然已经不多，但罗马人的传统思想并不是一时半会儿就能够改变的，反对宽容的人依然存在。小加图虽已在乌蒂卡自杀身亡，但仍有人帮助庞培的两个儿子逃走，并准备在西班牙集结人马反击。

西塞罗虽然在《论加图》中对小加图以死明志的精神大加褒奖，但他同时也赞赏恺撒实行的“宽容路线”。此时的西塞罗积极致力于修补昔日同事与恺撒的关系，以团结两派为己任。

西塞罗的热心源于他的政治理念，他期望罗马在手握大权的恺撒领导下，重建少数精英主导的自由的共和制国家。但这也正说明了西塞罗和恺撒的思想并不在一处。因为恺撒认为国家建设并不是一种政治理念而是实干，能否让国家机构发挥应有的作用是成败的关键。人们往往会忘记自己最初其实并未理解的某个理念，而随着该理念的实施，他会生出被出卖的感觉。在战场上从不孤独的恺撒，这一回在政坛上尝到了孤军作战的滋味。

不过孤独是恺撒这类人一生都逃脱不掉的宿命，这或许也是拥有天赋才能的代价吧。沉溺于孤独中是无法完成所行之事的。恺撒没有时间也没有精力去感叹自己的孤独，他把西塞罗的评论晾在一边，开始着手实现自己的理想。他首先推行历法改革，这是他作为实干家的一个象征性事件。

历法改革

罗马使用的历法是公元前 7 世纪由第二代罗马统治者努马制定的阴历。该历法根据月亮盈亏将一年分为 12 个月，共 355 天，每隔数年再增加一个月来平衡多出来的天数。这种方法随着年份的增加误差也在加大。到公元前 1 世纪时，日历上的季节已经和实际的季节间产生了近 3 个月的误差。

恺撒下定决心改革历法，并不只是为了纠正前人的历法，更多的是出于政治上的考量。他认为，如果在罗马统治范围内统一推广准确的历法，那么罗马所辖臣民就有了一致的生活节奏。要真正实现罗马世界的大一统，除了军事上的霸权外，还应当在允许不同文化共存的

同时有共同的文明。统一每日生活所必需的时间计算标准，是实现共同文明的第一步。

恺撒任命在埃及认识的埃及天文学家及希腊数学家担纲新历法的制定工作。这些被邀请到罗马的科学家推算出，地球绕太阳一周的时间是 365 天零 6 小时，因此将 365 天分为 12 个月作为一年，再将每年多出的 6 小时误差加在每隔 4 年的 2 月末，这样就有了闰年的 2 月 29 号。如果说努马制定的是阴历，那么这个就是阳历了。根据创始人的姓名，该历法被称为《尤里乌斯历法》(亦称儒略历)。

接下来就是清算之前历法累积下来的时间误差了，于是在公元前 46 年的 11 月和 12 月之间，添加了 3 个月份。这样公元前 46 年的月份就变成了 : 1 月、2 月、3 月、4 月、5 月、6 月、7 月、8 月、9 月、10 月、11 月、加 1 月、加 2 月、加 3 月、12 月。那一年罗马人就“多了”70 天的时间。新历法于次年，也就是公元前 45 年 1 月 1 日正式启用。

到公元 1582 年教皇格列高利十三世对儒略历进行了修订为止，此前的 1 627 年里，儒略历被广泛地应用于地中海世界、欧洲和中东、近东。随着 16 世纪后半期天文学的飞速发展，科学家发现地球绕太阳一周的时间并不是 365 天零 6 小时，而是 365 天零 5 小时 48 分 46 秒，因此，教皇格列高利十三世决定对历法进行修订，由此产生的格列高利历取代了儒略历并沿用至今。11 分 14 秒的误差竟然需要 1 627 年才发现，足见儒略历在当时惊人的准确程度。后来的格列高利历虽然修正了儒略历的 11 分 14 秒的误差，但其在历法上的意义远不及儒略历重大。

不过，恺撒并没强行令其他民族改用儒略历，因为他打算制定一部“国际历法”。各民族仍照习惯使用旧历法，如高卢人就一直在此

后很长时间里沿用他们自己的历法。不过，他们对新的儒略历并不抗拒，因此，同时使用阴历和阳历成了罗马统治下的非罗马公民的生活方式，直到现在仍有不少地方沿袭这种办法。

货币改革

恺撒认为两种历法同时并行也没什么不好，这种并存主义思想在继历法改革后的货币改革中也有所反映。不过，在货币改革中虽说允许多种货币并存，前提条件是必须以罗马货币为主。这样确立起来的新的货币制度，成了推动罗马世界经济发展的必要基础。

恺撒首先从元老院手中取得造币权，并设立了国家造币机构，将金币、银币、铜币的铸造业务制度化、系统化。恺撒从凯旋仪式上的纪念币到常用硬币都刻上了自己的侧脸，这开创了罗马硬币上雕刻人像的先河。不过那些拥有造币权的行省乃至像雅典这样的独立城邦，恺撒都允许其继续使用自己铸造的货币。当然，这也带来了兑换市场的繁荣。

当时历史学家中有不少希腊人，因此，他们在自己撰写的史书中常常提到希腊货币单位。这让研究该段历史的现代学者头疼不已，他们肯定与我一样，常备着各国货币的换算表和计算器。不得不说这是恺撒的并存主义留下的后遗症。

与货币一样，恺撒的并存主义也适用于语言。不过如同儒略历因其正确性被广泛接纳一样，在当时也有两种语言——希腊语和拉丁语——因其体系成熟而被普遍使用。在西塞罗和恺撒这两位大文豪的影响下，拉丁语于公元前 1 世纪已经发展得相当成熟，足与希腊语并

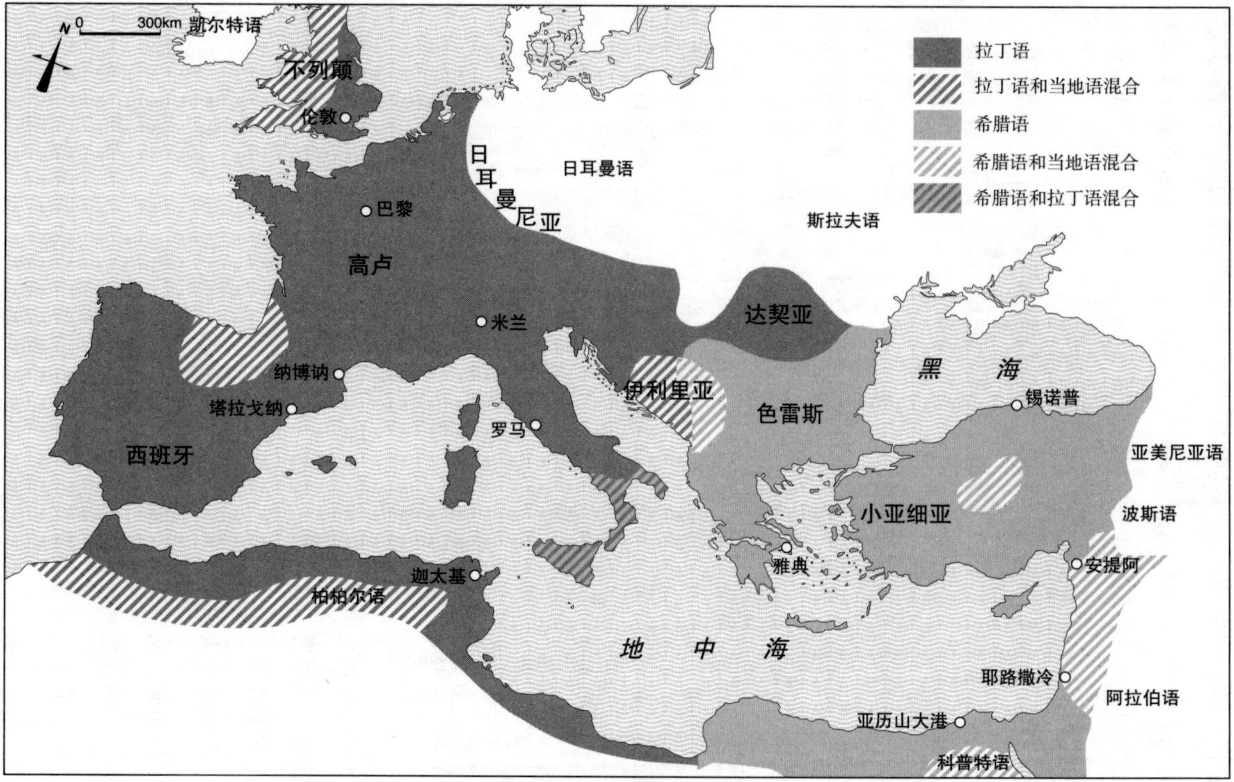

罗马时期的语系图

（摘自意大利的大学课本）

立，几欲成为罗马世界的通用语。罗马人自古就有使用双语的习惯，这在恺撒身上体现得尤为明显。他下令罗马第一座国家图书馆的藏书必须同时保存希腊语和拉丁语两个版本。同时他下令任何发往希腊语文化圈内的政府公告，都必须使用希腊语。

除了这两大语系外，各地区也在很长时期里保留了当地的语言。

罗马帝国灭亡后，这些地方语言和拉丁语混杂，衍生出了现代的各国语言。

尽管恺撒在很多领域都认同权力分立，但涉及政治体制、法律、军事、城市排水系统建设、港口设施等社会资本领域，他又强调坚持罗马特有的方式，也就是中央集权。他认为帝国应当是一个权力分立和权力集中合理并存的社会。

恺撒原本致力于打造一个国际化的世界大国。不过这番宏图因为面临了新问题不得不中断。反对派在西班牙重新拥立庞培的两个儿子，举起了反抗的大旗。

孟达会战

庞培长子格涅乌斯和次子塞克斯图斯以及塔普苏斯战役失败逃脱的拉比埃努斯、瓦罗等人之所以再次作乱，是因为得到了西班牙原住民的支持。

西班牙人原本就不甘心接受罗马统治，说得好听点，是不甘心向强权屈服，实际上只不过是他们可能尚未意识到人类社会的一个残酷现实——权力是生存的必要条件，因此，每当有人反抗罗马，西班牙人总是会跟着举起反罗马的大旗。毫不夸张地说，西班牙是个屡战屡

败却又屡败屡战的民族。

公元前75年左右由庞培出马才得以解决的“塞多留之乱”就是典型例子。当年庞培是镇压该动乱的领袖，而这次他的儿子却成了发起动乱的首领。西班牙人并不属于庞培派，如果这次政府的首领不是恺撒而是庞培的话，他们应该也会毫不犹豫地进行反抗。对付这样的民族，除了武力征服别无他法。恺撒命军团长佩提乌斯和法比乌斯两人率军在事态扩大前控制住局势。

不过，这两位将军自高卢战争起就是恺撒的幕僚，虽是十分称职的军团长，但要他们做整个战役的总指挥无疑是过于沉重的负担了。结果他们非但没遏制住局势，反而让格涅乌斯·庞培在西班牙南部势力不断扩大。此时在西班牙南部的重要城池中支持恺撒的只剩科尔多瓦，且庞培余党兵力增加到了8万人，恺撒只好决定亲自出征。

可是，在公元前45年3月7日进行的孟达会战中，庞培派最后的反抗力量也被打垮了。恺撒以北非毛里塔尼亚士兵为主的兵力达到4.8万人，其中包括一直跟随他的高卢第五军团、法萨卢斯战役后随他出征埃及的第六军团以及非大战不加启用的第十军团。敌方有8万兵力，由庞培长子格涅乌斯及塔普苏斯会战后逃到西班牙的拉比埃努斯指挥。激战过后，恺撒军中有1 000名士兵战死，而敌方则战死3.3万人，其中包括拉比埃努斯。格涅乌斯负伤在逃走途中被杀，塞克斯图斯远远地逃到大西洋沿岸的山林中才躲过一死。

内战中恺撒军抓获俘虏的数量总是远远超过杀戮的人数，因为恺撒曾严禁大肆杀害同胞士兵。但这次的孟达会战例外，激战中恺撒的士兵大开杀戒。这从侧面说明了反抗恺撒的罗马人业已不多。庞培派最后的抵抗势力中，除了司令和指挥官是罗马人，大部分参加战斗的

士兵都是西班牙的原住民。

这次会战拉比埃努斯战死，他与恺撒对抗也随之结束。阔别四年再度碰面，面对背叛自己、神情仍旧刚毅的老部下的遗体，恺撒是什么心情?《西班牙战记》对此并没有任何描述，只有一句："拉比埃努斯也战死被埋葬了。"

到此为止，恺撒从未因战胜庞培派举办过凯旋仪式。但孟达会战后恺撒立即举行了盛大的凯旋仪式以感谢神佑，与民同庆。

有现代学者认为这是恺撒终于撕掉面具的表现。但恺撒认为，孟达会战是自己以正统罗马政府的身份镇压反抗的行动，因此，孟达会战和之前的战役有着截然不同的意义。此次在凯旋仪式上亮相的将军也不止恺撒一人，尽管最后是恺撒亲征才获得了胜利，但佩提乌斯和法比乌斯也一起出现在凯旋将军的马车上。恺撒授予这两人对各自军团的"绝对指挥权"，这意味着两人此后拥有了公职地位，可以直接派兵镇压动乱。恺撒邀请两位部下一同参加凯旋仪式，也是为表明此次举办凯旋仪式的合理性和自己立场的正确性。

一年前经由元老院任命，恺撒成为任期 10 年的独裁官，并且他还兼任公元前 46 年度及公元前 45 年度的执政官。公元前 46 年与恺撒同为执政官的是雷必达，公元前 45 年的是法比乌斯。法比乌斯在执政官任上病逝后，虽然离 12 月底的任期结束没多少时间，恺撒仍提议由特雷波尼乌斯补缺。经由元老院和公民大会任命，恺撒任独裁官的任期从 5 年延长到了 10 年。这表明恺撒已经开始有意地将独裁官这个原本的临时制度变成长期制度，但罗马人对君主制（王政）是极度敏感的。

遗嘱

现在的恺撒终于可以一门心思扑在政坛上了，他此时的心境体现在公元前 45 年立下的遗嘱中。

在女儿尤利娅嫁给庞培后的高卢战争期间，也就是公元前 58 年左右，恺撒写下人生第一份遗嘱。在该遗嘱中庞培是恺撒的继承人。尤利娅死后，恺撒和庞培的关系发生了实质性的改变，直到庞培去世后，第一份遗嘱自动作废。当时立遗嘱是很常见的行为，继承财产也不算离奇的事。当时恺撒的全部资产除了“苏布拉”的两座私宅外，只剩下一两处固定的山庄，还有大量外债。

但公元前 45 年恺撒立的遗嘱与之前的有很大不同。上一次是他在出征高卢前匆忙所立，这一次则是得胜回国后立下的。此时的恺撒虽然私有财产并未显著增多，但起码已经没有外债了，而且这次的是政治遗嘱，也就是以遗嘱形式确定政治继承人。

恺撒这次立遗嘱并不是因为自己年届 54 岁年老体衰，也不是因为健康问题。事实上在罗马连普通的士兵也要到 45 岁才退役，倘若遇上紧急情况，60 岁以下的人都要应征入伍。根据罗马的标准，中老年的分界线是 60 岁，也根本没有针对总司令阶层的年龄限制。

可是，此时的恺撒还不知疾病为何物。之前有过恺撒患癫痫的谣传，但翻阅当时的史料，我们找不到相应的内容。只有 150 年甚至 200 年后，以普鲁塔克为首的希腊历史学家才零星记载过类似说法。像癫痫这种不分场合不分时间发作的病症，如果发生在恺撒这样经常面对大众的人身上的话，肯定是瞒不住的。此外，西塞罗号称是当时的情报专家，如果恺撒真的有病，那么以西塞罗反对恺撒的立场，肯定会在给好友阿提库斯的信中提及。但我们翻阅西塞罗的书信及论著

也没有发现相关记录。该说法大概和恺撒是剖腹产一样，都是后人想象出来的吧。因为在近现代历史学家遗留的学术著作中，从未有过类似的记载。

关于恺撒遗嘱的具体内容，我们等其后来公开时再详细叙述。恺撒立下这份遗嘱时，其指定的继承人还不满18岁，恺撒可能原本是打算再过十二三年才退位的。55岁的恺撒想将自己一手开创的新罗马扶植到成熟后再交给继承人吧。因为恺撒开始进入政坛是30岁，从立遗嘱的时间再过12年，恺撒指定的继承人接手政务也正好30岁。但世事并不如他所愿，在新罗马根基未稳时，历史就已开辟了另一条航道。

走向“帝制”

自公元前202年汉尼拔战争起到公元前50年征服高卢，罗马进入了高速发展时期。不过借用汉尼拔所言，此时的罗马仍处于骨骼已成熟但内在机体尚不发达的状态。

罗马的内在机体，也就是以政治体制为代表的制度体系只能适应击败迦太基之前的领土范围。而那时的罗马不过是个北从卢比孔河、南到墨西拿海峡的意大利半岛国家。击败迦太基后，罗马迅速扩张，将原本的国界——地中海——变成了“我们的海”和“内海”。在此期间，内在机体却没有随之成长，仍沿用了意大利半岛国家时期的统治体制。矛盾油然而生。格拉古兄弟首先注意到这个矛盾，在他们之后，罗马陷入了胜利者的迷思和痛苦中。

恺撒做的就是帮助罗马内在机体成熟，以适应其强大的外在。换

句话说，就是让罗马从高速发展期过渡到稳定发展期。

罗马把整个地中海纳入腹中，防御范围囊括了莱茵河、多瑙河、黑海和幼发拉底河。南边以原迦太基领地现在的阿非利加行省为中心，控制了埃及和毛里塔尼亚两个盟国。西边则是意大利的天然屏障——大西洋。北边则以与不列颠、高卢相接的北海为界。恺撒最后想真正发起的战争就是远征帕提亚。远征不是为了征服帕提亚，而是为了给罗马赢得把幼发拉底河作为防御边界。此外，在计划远征帕提亚时，他也打算在回国途中顺便确立罗马的多瑙河南岸的霸权。完成这两件事后，恺撒就不再打算扩大罗马领土了。事实上从地图上看，也没有办法再扩大了。

如果说扩大防御边界是外在的话，那么扩充国力就是与之相适应的内在问题。要实现这个目标必须首先保证在罗马霸权统治各地区各民族有和平的秩序。简言之，就是首先要保证“Pax Romanna”（“罗马统治下的和平”）。在和平秩序的前提下，罗马作为生活大国的目标才可能实现。要将罗马改造成为生活大国，不是光靠喊喊口号就行的，必须进行与之相适应的各种制度的改革。

恺撒认为，相比于元老院主导的罗马式共和制，帝制更加适合今后的罗马。民主政治随着罗马领域的扩大而越来越不能发挥其应有的作用，同样，寡头政治也与地理环境的变化有着千丝万缕的联系。随着统治范围越来越广，体制的效率性是保证国家统治有效的首要因素。现有体制中仅元老院就有 600 名元老，这样的机构不仅意见难以统一，政策的出台更是“千呼万唤始出来”。

随着国力的增强，既有的政治体制必然也会随之改变。中世纪文艺复兴时期，威尼斯共和国为了提高统治能力，也将决策机构从 200 人的元老院改为 17 人的“十人委员会”。

恺撒决定把罗马的行政体制从600人的元老院共和制改成1人做主的帝制。与14世纪的威尼斯共和国的领土范围比起来，公元前1世纪罗马的统治领域要广阔得多，因此，将共和制改成帝制，才是恺撒真正要跨越的“卢比孔河”。

对于扩大城市街道网的建设，罗马人能充分理解其重要性，因为该工程的利益是目力可见的。但是恺撒要做的是改造人们看不见的国家机体，让内在机体符合外在发展的需要。

那么恺撒怎样具体实现这个理想呢？

现在回过头来看，与恺撒有着同样政治理念的亚历山大大帝也是在实现了国家的高速发展后突然辞世的。

公民权问题

前面已经叙述过历法改革和货币改革，也阐述了作为国家安全保障的边界拓展问题。接下来要论述的是与罗马未来帝制息息相关的公民权问题。

恺撒宣布从卢比孔河到阿尔卑斯山脉的意大利北部行省全体自由人都享有罗马公民权。据此，在阿尔卑斯山脉南部居住的高卢人也拥有了罗马公民权，恺撒称这是报答意大利北部行省人民在高卢战争中对自己的支持。实际上，北意大利和卢比孔河以南地区都已经罗马化了，罗马式的街道在那里随处可见。

可是，行省的全体自由居民成为罗马公民而不再是属民，这个决策有着重大意义。原本只是高卢人聚居的梅狄奥拉努斯（现在的米兰）、塔里诺鲁姆（现在的都灵）都开始像罗马一样规划城市建设。

从此卢比孔河以及流经佛罗伦萨的阿尔诺河不再是罗马本土和行省的分界线了。

不过，尽管居民已经成为罗马公民，但在行政区划上，北意大利仍然作为行省被保留下来。根据罗马法律，罗马本土不允许常驻军队，而行省则不受此限制。可是如果一直到阿尔卑斯山脉为止都不设置军队的话，罗马的安全就得不到保障，因此，还和以前一样，罗马直接派遣总督管理意大利北部行省，但意大利北部行省居民从此可以免缴行省税。

恺撒也考虑过将罗马公民权授予西西里居民，但西西里居民从未支援过恺撒出征，因此这回没有像“报答”那样直接的理由了。此外，与北意大利高卢人说拉丁语不同，西西里属于希腊语系，同时使用希腊语和拉丁语。

考虑到上述因素，恺撒最后授予西西里居民“拉丁公民权”。所谓“拉丁公民权”，就是剔除了政治选举权的罗马公民权，也可以看作罗马公民权的预备。

除了西西里，恺撒还将拉丁公民权授予法国南部行省，这也是为了报答其当年对自己的支持。虽然意大利北部行省和法国南部行省居住的都是高卢人，但是由于罗马化程度不同，享有的权利待遇上也产生了差别。“具体问题具体分析”是罗马政治的特色。

既然公民权有“有无”之分，那么拥有罗马公民权肯定是有优势的。

自马略的军政改革后，原本罗马公民必须履行的服兵役义务成了自愿，不愿当兵的话就可以不去。行省居民虽然也没有必须服役的义务，但是他们必须缴纳行省税作为补偿。与行省居民不同，罗马公民连像行省税这样的直接税都不必缴纳。不过要说明的是，当时像行省

税这样的直接税并不高，仅占个人所有收入的一成。

除经济上的好处，罗马公民权也是个人安全的保护伞。如果罗马公民的人身安全遭受到其他国家侵害，罗马政府绝不会坐视不管。此外，拥有罗马公民权就意味着拥有法律体系作为后盾。根据罗马的法律，个人的私有财产和人权都得到保护。从这一点上看，罗马公民永远不会陷入被剥夺财产、被执行私刑的恐惧中。

雅典的公民权只授予有血缘关系的人，而与此不同，罗马的公民权并没有此类限制。在恺撒之前，公民权的这种开放倾向仅限于意大利半岛上的居民。恺撒改革后，公民权的授予范围扩大了，连手下士兵退役后的去处也不再像以前那样局限于本国，而是分散到各行省，并且高卢人、日耳曼人、西班牙人也都能拥有罗马公民权。如此在行省居住的罗马公民数量大大增加。

对恺撒而言，只有国家防御上的边界，却并没有后世的我们重视的国界概念。

政治改革

元老院

在罗马开国者罗穆路斯时期，元老院共有 300 个席位；700 年后的苏拉时期，增加到 600 个；苏拉辞世 35 年后恺撒当政时，席位猛增到 900 个。

同是为元老院注入新鲜血液，苏拉和恺撒的做法不尽相同。苏拉将扩展范围仅限于在罗马本土居住的公民，但恺撒增加的新席位大多

给了他的军团长和百夫长。根据恺撒的殖民政策，他的旧部中以百夫长为代表大多居住在行省，因此，元老院新增席位中大多是行省居民。关于这个殖民政策，文中稍后会提到。更加不可思议的是，连刚被征服的高卢中北部地区各部族首领也可进入元老院，这让秉持同化对手传统的罗马人也惊诧不已。试想，如果大英帝国的国会中增加了印度和其他殖民地国家议席的话，那英国人该多么意外？恺撒做的就是这样一项改革。

罗马本土居民对此大加讽刺：

“我们有不认识去元老院会场路的元老哟。”

“我们有不会说拉丁语的元老院元老哟。”

“我们有不脱掉裤子就穿托加长袍的元老哟。”

高卢人向来有穿长裤的传统，这一点在前文论述过。

虽然平民把这当成笑料乐在其中，但那些坐在元老院会场的罗马本土的元老肯定笑不起来。现代意大利大学的教材中认为那些对恺撒的开国政策不满的元老是“守旧”的，西塞罗、布鲁图、卡西乌斯是典型代表。

此外，同是为元老院注入新鲜血液，苏拉和恺撒的目的也完全相反。苏拉的改革是为了强化元老院体制，恺撒增加席位的改革则是为了弱化元老院的功能。恺撒认为，元老院最多只能作为辅助机构存在，绝不能拥有像发出“元老院终极劝告”那样的戒严令这样大的权力。元老院只是国家领袖的储备机构，是为独裁官提供政治辅佐的国家机构。

厌恶“伪善”的恺撒从不隐藏自己的真实意图，因此，守旧派也完全能理解恺撒的用意，只不过，理解并不意味着赞同。

公民大会

即便如此，恺撒也没办法完全架空元老院。元老仍旧拥有高高在上的地位，即便形式上要听从恺撒安排，但是任命行省总督的权力仍在元老院手中。此外，国家行政机构中的要员几乎都是元老院元老。

而且恺撒还决定将原本国家最高决策机构——公民大会——改为事后认可机构。

因为当时拥有罗马公民权的人数已经超过百万，即拥有选举权的人数已过百万。直接民主政治无法满足百万选民的需求。百万选民不是集中在意大利半岛，而是分布在罗马统治下的整个地中海区域，并且这种分散趋势还在逐渐扩大。

早在半个世纪前的公元前 91 年，随着意大利半岛全体居民被授予公民权，在罗马集中所有公民召开的公民大会就已经失去了本来的意义。恺撒现在做的无非是将这个公开的秘密挑明了而已。

但是，因为毕竟是共和政体存在的象征，恺撒最终并没有废除已形同虚设的公民大会，只是将这个“象征”改造成了独裁官决议的认可机构。独裁官恺撒决定政府要员名单后交由公民大会，经过大会公开选举后正式生效。这样一来公民大会实际上成了一个备案机构。

护民官

护民官是另一个被恺撒改革架空的职位。

恺撒此项改革并不是因为曾经保护被统治阶级——人民大众——权益的护民官制度已不再适用，也不是像苏拉那样因护民官经常带头举行反体制的活动而对他们的权力进行打压。

以现代的政治术语来解释的话，恺撒这么做是因为他不希望出现两党制。取代元老院站上权力顶峰的恺撒，在成为“元首”后仍认为保护被统治阶级的权益是自己的重要职责。出身于名门望族的恺撒按照法令并不能担任护民官，但他的继任者——平民出身的屋大维在成为“元首”，即罗马帝国首任皇帝后，同时兼任了“元首”和“护民官”两个职务。

恺撒并非想将代表现有体制的“元老院”和代表“反体制”的“护民官”分成两派，而是想将二者合为一体，从而生成罗马“新秩序”。兼任皇帝和护民官双职的屋大维，即后来的奥古斯都，完全继承了恺撒的这个思想。

终身独裁官

为什么恺撒会成为罗马史无前例的“终身独裁官”呢？

罗马公民对王政十分反感，他们认为“皇帝”只相当于军中的总司令，“元首”也不能超越元老院的“院内总务”。

根据当时的罗马法律，只有独裁官是唯一不必与别人共同执政的职位，而且护民官的“否决权”对独裁官也不适用。罗马法律规定了只有独裁官能不受“否决权”限制推行政策。不过一直以来独裁官都只作为非常时期的危急管理职位，而恺撒打算将这个“特殊”职位固定化，成为“常设”职位。这样一来，集权就不再仅限于某个时间段，而是长期持续的了。

从有“独裁官”起，这就是个将遵循体制的执政官和反体制的护民官职务集于一身的职位。恺撒认为这项制度起码有利于以下两点：

一、消除国内各阶层间的争斗；

二、更高效地统治版图扩大后的罗马。

因此，恺撒打算将独裁官制度作为日常体制的一部分固定下来。

苏拉曾经在担任两年独裁官后卸任，恺撒对此评价道："苏拉没有真正理解政治。"

结合恺撒上述观点，他会这么评价也不足为奇。因为他们对"政治"的观点是截然不同的：苏拉的"政治"是通过强化元老院即强化过去的体制来恢复统治能力的；而恺撒的"政治"则是通过建立新秩序来恢复统治能力。

公元前44年2月，元老院和公民大会任命恺撒为"终身独裁官"，开启了罗马走向帝制的第一步。

金融改革

如前文所述，恺撒设立了国家造币机构，并将铸造货币系统化。此外，恺撒认为罗马铸币必须成为罗马帝国所有货币的基准，并固定了金银货币的兑换率。1 枚金币兑换 12 枚银币成为固定的兑换率。

此前罗马一直没有固定的兑换率。基准货币和固定兑换率的出台，罗马各行省的地方货币和罗马货币统一，都有利于促进罗马经济的发展。他还专门设立了"造币三人委员会"，负责国家造币机构的运营，以及监督铸币中金、银的含量。

或许是有过借债的亲身经历，恺撒认为借贷并不是件坏事，反而是盘活经济的重要因素。根据恺撒的观点，借贷应当公正地做到以下两点：一、公正地评估担保物的价值；二、借贷利率不能随意浮动。

针对第一点恺撒规定，由于内战导致通货膨胀，所以评估时应以

内战爆发前的价值为准。实际上就是在估值中减去了通货膨胀带来的25个百分点。针对第二点，恺撒规定借贷的年利率上限为12%，然后再根据情况逐渐往下调整直到6%。他率先垂范，自己以6%的利率借出资金。不过罗马有着保护私有财产不受侵犯的传统，因此，只要不超过利率上限，其他的都只能由公民的经济道德来具体决定了。

行政改革

恺撒并没有改变执政官制度，这个罗马最高的行政职务依旧是每年选出两人同时出任。不过，由于恺撒本身既是执政官又是独裁官，执政官所拥有的否决权在面对独裁官时无法行使，所以虽然同为执政官，但实际上另一人成了独裁官恺撒的下属。至此恺撒的意图已经昭然若揭。顺带提一下，公元前45年，也就是恺撒开始改革时，与他一道出任执政官的是法比乌斯。法比乌斯辞世后，该职位由特雷波尼乌斯接替。公元前44年度的执政官由恺撒和安东尼共同出任。法比乌斯、特雷波尼乌斯和安东尼皆为恺撒军中旧部，因此，与其说他们是恺撒的"同事"，倒不如说是恺撒的助手更为贴切。除大祭司外所有职位都由两人出任，以防止一人专权的罗马共和政体，至此走到了尽头。

恺撒对行政地位仅次于执政官的法务官职位也进行了改革，将苏拉时期的8个席位增加到16个，任期仍维持一年不变。

为了更好地培养帝国统治人才，除了负责国家安全而无法具体限定任期的行省总督外，其余所有官职都保留了共和制时的任期。根据共和制时期的规定，可以无限期任职的职位只有两个：大祭司和独裁

官。这两个职位都已由恺撒出任。

将法务官席位从8个增加到16个，是因为与苏拉时期相比，恺撒统治下的行省数量也增加了。按照法律，法务官在完成一年任期后将以“前法务官”的身份被授予“绝对指挥权”，率领2个军团驻守行省以维护罗马统治。作为保障罗马国家安全的前锋，增加人数是必要的。

每个军团都要派驻一名财务监察官。在恺撒的改革中，财务监察官的席位也增加到了40个。财务监察官的职责说起来类似于军团总务，负责军团的各项收支账目。虽说财务监察官必须由30岁以上的人出任，但是这个职位意义重大，相当于通往罗马政坛的“龙门”。按照惯例，担任过财务监察官的人几乎都能按部就班地成为元老院元老。

首都罗马的按察官也从4人增加到6人。恺撒打算从硬件、软件同时着手将罗马打造成远超其他城市的“世界之都”。

以上是国家政治方面的行政改革，此外还有罗马国内的“地方自治体”。与罗马帝国是罗马本土和行省以及盟国的联合体一样，国内的“地方自治体”也承认各行省的内政自治权。自治体中的地方首席官员由中央派遣，但是他们也必须和地方议会一起共同管理地方行政。地方议会的议员从拥有罗马公民权的当地居民中选举产生。关于选举权，恺撒依照苏拉当年的规定未做更改。与决定国家事务的公民大会一样，从可以服兵役的17岁起，行省居民就能行使选举权决定行省事务。恺撒把地方自治体议会议员的候选资格年龄，也就是被选举权的资格年龄分成了三种：

一、无兵役经历者——30岁以上；

二、作为军团兵，服过兵役的人——23岁以上；

三、服过兵役的骑兵，或担任过百夫长的人——20岁以上。

恺撒还明确规定了什么样的人只有选举权而没有被选举权，他们是犯罪者、做伪证者、军团逃兵以及被流放者、角斗士、演员、妓女。

值得一提的是，恺撒向“解放奴隶”开放了地方议会议员和地方自治体的行政职位，之后又向他们开放了行省行政人员和行省总督的职位。总而言之，“解放奴隶”大量地进入行政体系。

录用“解放奴隶”

前文提过，恺撒为了让罗马铸币成为“罗马世界”的基准货币，特地设置了国家造币机构，由造币三人委员会负责管理。该委员会首任成员都是以前恺撒家的奴隶，他们因极具经济才能被任用。考虑到奴隶身份不适合出任该职位，恺撒在他们就任之时宣布给予他们自由，因此，实际上他们就是“解放奴隶”。

早在124年前格拉古兄弟的父亲任执政官时曾通过一项法令，根据该法令凡家中已有5岁以上孩子、持有价值3万塞斯特斯以上资产的解放奴隶有权成为罗马公民。这为曾经的奴隶进入行政体制和地方自治体提供了基础，而恺撒则将该政策明晰化。

恺撒的这项政策并未招致反对。本来罗马家庭中奴隶是必不可少的，即使是很小的农民家庭或者商店，都有一两名奴隶和主人一同生活起居。元老院元老阶层的家庭中，有掌管家里大小事务的主管奴隶，还有服从主管奴隶的各种奴隶。还有不少家庭教师也是奴隶，曾被西塞罗称赞为“少了你，我就少了写作的左右手”的秘书也是一名奴隶。专为克拉苏演说撰稿的希腊奴隶秘书，曾是元老院元老竞相高

价购买的对象。

恺撒家的来自高卢和西班牙的奴隶因崇拜恺撒而终身不想改变身份，但除了他们，大多数奴隶还是渴望获得自由的。西塞罗的秘书就因西塞罗曾许诺会给予他自由而尽心尽力地工作。根据恺撒的改革，奴隶只要获得解放就能够参与公共行政，为此恺撒还特地发布公告，不得以“被解放者”称呼那些履行公共行政职务的原奴隶。以提高罗马帝国的行政效率为目的的“新鲜血液”，从此大量涌入。

行省统治

由罗马本土所在的意大利半岛、众多行省及众多盟国共同构筑的罗马帝国，是一个多民族、多文化、多宗教、多人种、多语种的集合体。因此，除了对本土国体、本土地方自治体的改革外，恺撒对行省的行政改革也必须提一提。

首先，如前文所述，小亚细亚的本都、加拉太以及东方的亚美尼亚、被称为加利利的犹太地区、埃及、毛里塔尼亚等都是恺撒认可的罗马的同盟国，都被授予“罗马的友人及同盟者”的称号，都是承认罗马霸权统治的独立国家。

上述同盟国和罗马之间签订了相互保障安全条约，它们有义务在罗马面临战争时提供兵力支援，因此不需要向罗马纳税。不过也有学者认为，当时罗马曾帮助同盟国修建道路等基础设施，因此，不可能完全没有商业往来，而同盟国大概向罗马缴纳过商品流通一类的税。

接着，作为罗马帝国的重要组成部分，恺撒对行省的统治方式也进行了改革。他将行省分为 18 个行政地域，苏拉统治时期罗马只

有 10 个行省，后来随着庞培和恺撒的扩张，罗马又增加了 8 个行省。不过这只是其中一个原因，另一个原因是恺撒重新划分了行省区域，例如，希腊就被分成了马其顿和亚该亚两部分。罗马帝国的防卫需求和各行省的经济能力是这次重新划分区域的依据，因此，领土面积是希腊三倍的高卢在这次划分中仍然只占一个行省的份额。

从罗马本土所在的意大利半岛开始，按照顺时针顺序，重新划分的行省如下：

一、西西里；

二、撒丁和科西嘉；

三、远西班牙（现在的西班牙西部）；

四、近西班牙（现在的西班牙东部）；

五、纳博讷（现在的法国南部），即纳尔榜高卢；

六、长发高卢（现在的法国、比利时、荷兰南部、德国西部、瑞士），即山北高卢；

七、阿尔卑斯山以南高卢，即山南高卢；

八、伊利里亚（现在的斯洛文尼亚、克罗地亚）；

九、马其顿（现在的阿尔巴尼亚、希腊中北部）；

十、亚该亚（现在的希腊中南部）；

十一、亚细亚（小亚细亚的中西部，即土耳其中西部）；

十二、比提尼亚（达达尼尔海峡一带，现在的土耳其北部，当时是称霸黑海的重要战略地）；

十三、奇里乞亚和塞浦路斯（小亚细亚的东南一带，现在的土耳其的东南部，以及当下希腊和土耳其交界的争议地区塞浦路斯）；

十四、克里特——2 000 年后的第二次世界大战中，因可作为“东地中海不沉的航空母舰”，是英军和德军争夺的地方。而在当时因

为可以将其作为“罗马统治下的和平”的“航空母舰”，恺撒也意欲将其提升为独立行省；

十五、叙利亚（现在的叙利亚的西北部、黎巴嫩及巴勒斯坦地区，同盟国加利利的领土除外）；

十六、昔兰尼加（现在的利比亚北部）；

十七、阿非利加（原迦太基的领地，现在的突尼斯）；

十八、新阿非利加（原努米底亚王国，现在的阿尔及利亚的中东部）。

罗马能否有效统合多人种、多民族、多文化、多宗教、多语种的集合体，首先取决于能否有效地统合罗马行省。恺撒认为，中央集权和地方分权平衡地并用是帝国统治的关键所在，因此，他没有把罗马本土和行省的关系看成简单的统治者和被统治者之间的关系，也没有把行省当成任意榨取的对象。

按照他的想法，重新对行省进行区域划分只是出于行政管理上的需要，而并不是为了限制各行省间的流通。已划定区域的行省并非只有该行省的居民可以定居。恺撒比任何人都更积极致力于推动罗马公民移居行省，同时也计划将所有行省的道路都仿照罗马本土进行改造。

在现代意大利语中，表示行省的词“provinicia”还是保留了拉丁语的发音，该词有两个义项：一是指“省”，例如“Provincia de Milano”，指的就是米兰省；二是指“与中央相对的地方”，例如“provincia”出身者，指的就是出身于地方的人。古代罗马对行省的认识仅有这么一点差别。否则，不管该词的发音如何贴近法语，法国南部的人也不会到现在还称呼自己的住地是“行省”了。而正是恺撒的政策引导了罗马人的思维方向。

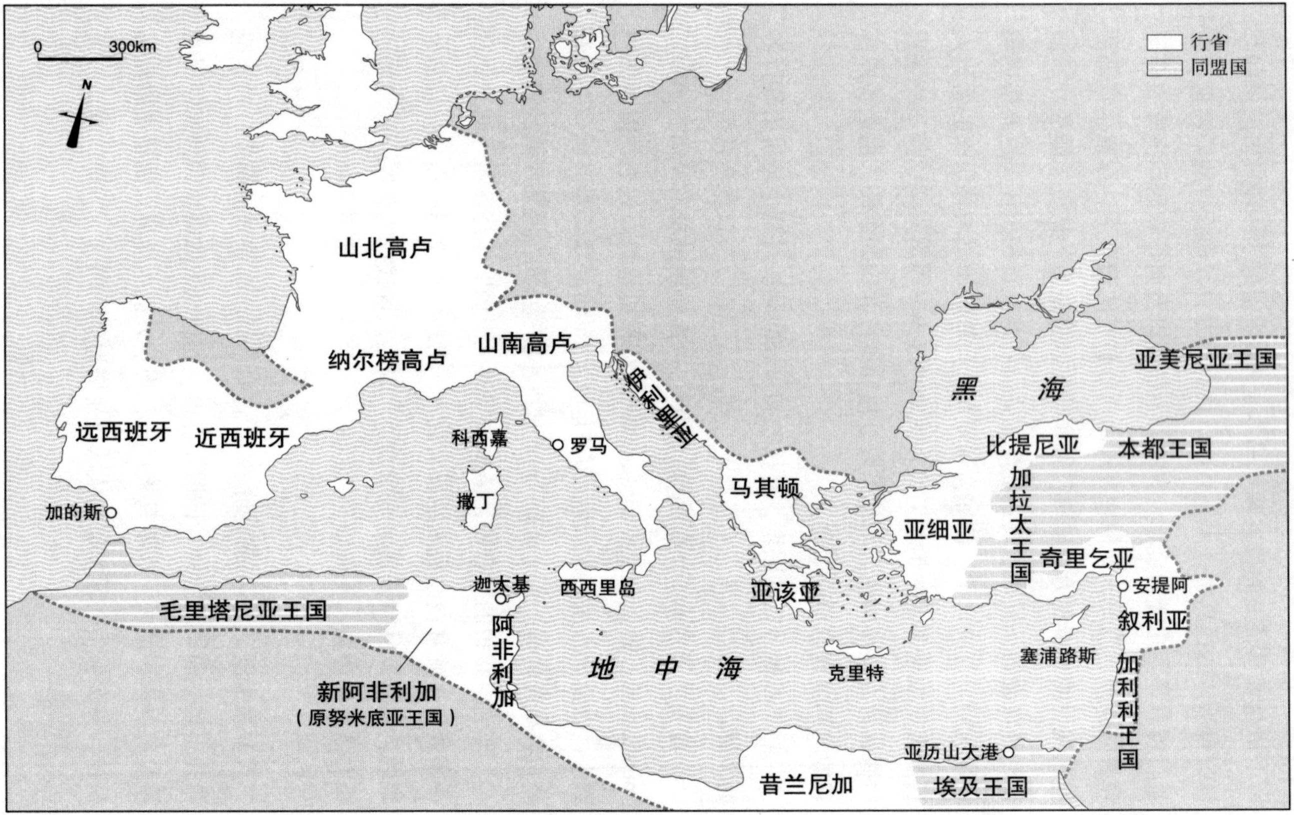

恺撒重编的行省和同盟国

但是罗马帝国的行省和罗马本土内的地方自治体还是有差别的。地方自治体的最高责任人是类似市长的地方官，而行省的最高责任人是行省总督。总督肩负着行省的防卫任务以及向行省居民征收安全保障税的任务，因此，即使在有军团司令驻守的情况下，行省总督仍掌握着强大的军事权力。虽然行省议会要经过恺撒的认可才能成立，但是行省议会的议员是通过选举产生并由各部族首领担任，这就根据当地情况由总督决定了。例如，和罗马人同样经历过城邦历史的希腊人当然会采取选举制，但是对高卢人和西班牙人来说选举是不现实的。恺撒认为，连帝国统治都是采取分权和集权并用的手段，那么管理行省的内部事宜也理应如此。

除了考量分权的限度，对税收和宗教问题的对策也是统治好行省的关键。

首先来看税收问题。恺撒废除了一直使用的被称为“包税人”（publicanus）的私人征税制度，以国家征税机构取而代之。因为在他看来，以投标的方式决定税收事务是弊大于利的。为示公正，他一方面公布纳税人名单，另一方面尽可能地缩小收税人可随意做手脚的范围。

作为直接税的行省税，恺撒规定其税率仍旧保持在收入的十分之一不变。正确掌握纳税人的真实收入，对现代税收制度而言尚且是个难题，在古罗马时期就更不用说了。因此，现代税收制度一般会从比较容易掌握收入的人入手。

罗马帝国是个多民族的国家，自然也是个多宗教的国家。对此恺撒并不只是简单地承认各种信仰自由，他想也采取集权和分权并用的手段解决这一问题。在罗马人看来，规定人们生活方式的是法律而不是神，神会保佑并帮助那些依法自律努力生活的人，因此，罗马人无

最高神朱庇特

天后朱诺

密涅瓦

论去哪儿都会把他们的神一起带上。随着统治政策、军事行动以及商业活动的进行，出入各行省的罗马人越来越多。同时，由于恺撒的殖民政策，在行省定居的罗马人也越来越多，因此，恺撒认为有必要明确罗马的宗教。他规定朱庇特、朱庇特之妻朱诺以及密涅瓦三神是罗马的主神，在罗马帝国境内三神的祭祀日是法定假日。

这个规定在希腊文化圈推行是没问题的，因为这三位大神原本就源自希腊，在希腊语中他们分别对应宙斯、赫拉和雅典娜。由于恺撒在征服高卢时仍保留了当地的祭司，不认同希腊、罗马宗教的信徒并没有必须参拜以上三神的义务，所以朱庇特的祭祀日对于高卢的本土宗教信徒而言只不过是增加了一个公休日。但是恺撒的宗教改革在犹太民族中引发了抗议热潮。一神教的犹太人以为罗马和自己一样，将自己的宗教当成唯一的信仰，因此，他们害怕罗马人会强迫自己加入罗马宗教。或许知晓恺撒被暗杀后，真正暗自叹息的就是犹太民族吧。

司法改革

上诉权和陪审团制度是罗马司法改革中的两个重头戏。

根据格拉古兄弟中的盖乌斯·格拉古提议的《森普罗尼乌斯法》，犯罪不分类别必须经由审判定罪，在上诉前不得用刑。该法案自提交起即成罗马国法，不过按照规律凡由代表“反体制”的护民官提出的法案，必定招致体制维护者元老院派的反击。作为紧急事态宣言的“元老院终极劝告”是对该法案的反击。“终极劝告”一旦发出，被通告的对象就被判定为反国家罪，既不需经过审判也不给予上诉机会，可直接被判死刑。元老院凭此最强有力的武器，首次处死了《森普罗尼乌斯法》的提案人盖乌斯·格拉古。此后“元老院终极劝告”多次出现，而《森普罗尼乌斯法》则变得有名无实。

从 37 岁起恺撒就一直坚持认为元老院只是劝告及提议机关而并非决策机关，因此，它并没有权力发布所谓紧急事态宣言。登上罗马权力顶峰后，恺撒重新恢复《森普罗尼乌斯法》，剥夺元老院手中最强有力的武器——“元老院终极劝告”。如此一来，所有罗马公民在未经审判和进行上诉前都可以远离死刑的威胁。

原本为保证裁决公正而设置的陪审团制度，在格拉古兄弟以后，为争夺陪审员构成比例的斗争屡屡发生，因为这也属于阶级斗争。

从公元前 509 年罗马开始实行共和政体以来，陪审团席位全部被元老院阶级占据。到公元前 123 年，盖乌斯·格拉古设立法案，规定陪审团席位由代表政界的元老院元老、代表“经济界”的骑士和普通平民三个阶级平等分配。接着到公元前 81 年，苏拉为强化元老院体制重新规定陪审团席位由元老院阶级独占。陪审团席位的问题至此成了阶级斗争问题。公元前 70 年，由平民支持上位的庞培和代表“经

济界”利益的克拉苏出任执政官，同年两人决定恢复盖乌斯·格拉古关于陪审团构成比例的法案。此后直到恺撒就任独裁官时，陪审团席位由元老院元老、骑士、平民三个阶级平分的制度一直持续着。

恺撒上位后，宣布废除之前的所有陪审团构成法案，重新规定了个人资产在40万塞斯特斯的罗马公民（按照罗马当时的经济实力，即相当于中产阶级）都有资格出任陪审员。这意味着陪审员不再与阶级身份相关，甚至“解放奴隶”也有资格出任。就这样，关于陪审团席位构成比例的阶级斗争终于在恺撒执政期间画上了休止符。

之前受理公民上诉的机关是罗马公民大会，但恺撒在新秩序的改革中已将公民大会改为追认机关，因此，以后公民上诉由恺撒本人即独裁官受理。

此外，政治犯的最高刑罚从死刑改成了流放，且罪不及族人。恺撒还打算编纂成文法典。

尽管罗马人很热衷推动设立法律，但他们并不热衷于将法律形成条文，因此，大多数的法律随着常年不使用逐渐被淡忘。立志于让被淡忘的法律重见天日的恺撒，敏锐地意识到有必要将法律整理成文以便于公民参阅。

而且罗马法典对维护罗马帝国的统治也大有裨益。

我在《罗马人的故事01·罗马不是一天建成的》中曾经写过这么一段话：

犹太人以宗教约束行为，
希腊人以哲学匡正行为，
罗马人以法律规范行为，
由此决定了他们各自的民族特性。

宗教不可能成为非信徒的“行为原则”。同样，哲学也不可能对门外汉有任何影响力。苏格拉底的哲学无论如何深奥，也无法成为雅典比雷埃夫斯港劳工们的“道德规范”。雅典公民大力赞成对苏格拉底处以死刑的事实，证明了哲学在“道德规范”影响力上的界限。

但是法律不一样。即使非宗教信徒、哲学门外汉，也不得不承认法律是他们社会生存必须遵守的规则。法律的精神就是不管赞不赞同都必须遵守的生存规则，因此对恺撒而言，在多人种、多民族、多文化、多宗教背景下，法律与街道、货币、日历等并立，都是建设“罗马世界”的共同原则。

可惜罗马法典尚未开始编纂，恺撒就被暗杀了。直到600年后，东罗马帝国皇帝查士丁尼一世编成罗马法大全《查士丁尼法典》，恺撒的梦想才得以实现。不过，当那一时刻到来的时候，具备“罗马精神”的罗马人本身早已不复存在了。

社会改革

福利改革

恺撒当权后并非只是一味地维护他的最初支持者平民派的利益。我们来看一件事。

格拉古兄弟中的盖乌斯·格拉古设立《小麦法》，规定将小麦低价配给给平民。随着历史的波澜，该法案也一直在变动，到苏拉当政时被废除，后又被恺撒的母亲奥雷利娅·科塔恢复。该法成了政治斗争中笼络平民派的工具，到恺撒当政时依然如此。首先是元老院派的

小加图为获得平民阶级的支持，废除了低价配给人口数量的限制；而他的政敌，护民官克劳狄乌斯，则将低价配给改为无偿配给，以拉拢那些平民出身的当权者。因此，到恺撒统治时，免费领取小麦的人口已经达到32万人之多，这给国库造成了不小的压力。

恺撒认为，社会福利不是无限制施予，而是在人们有保证生活的收入来源前暂时性的救济。因此，恺撒将配给人口从32万人锐减到15万人，并规定15万人为援助人数的上限，严禁以任何理由拔高该标准。他设置两名地方官专门负责小麦救济事务，令其严格调查受援家庭的收入情况和人数，公正地判定是否有必要对申请者进行援助。只有公正的调查和判断，才能让《小麦法》不再成为政治斗争的工具，而真正成为社会福利政策。

虽然恺撒将援助人口锐减到15万人，但并未引起平民阶级的不满，足见之前的当权者，为政治斗争需要，将援助范围扩大到了没有实际需求的人。

失业对策、殖民政策

失业不仅让人失去谋生手段，也让人失去了自尊心。对普通人而言，从事某份工作可以感受到自己存在的意义。因此，解决失业问题不应该依靠社会福利，而是要创造就业机会。如果误读了解决之道，一则导致人口大量流入城市，二则无论社会福利政策是否彻底，都会成为社会动荡滋生的温床。

因此，无论是格拉古兄弟设立的《土地法》，还是马略的“志愿兵制”，都是将失业的预备军——普通农家除长子外的儿子——吸纳进部队。70多年后，恺撒在公元前59年担任执政官时，将既是土地

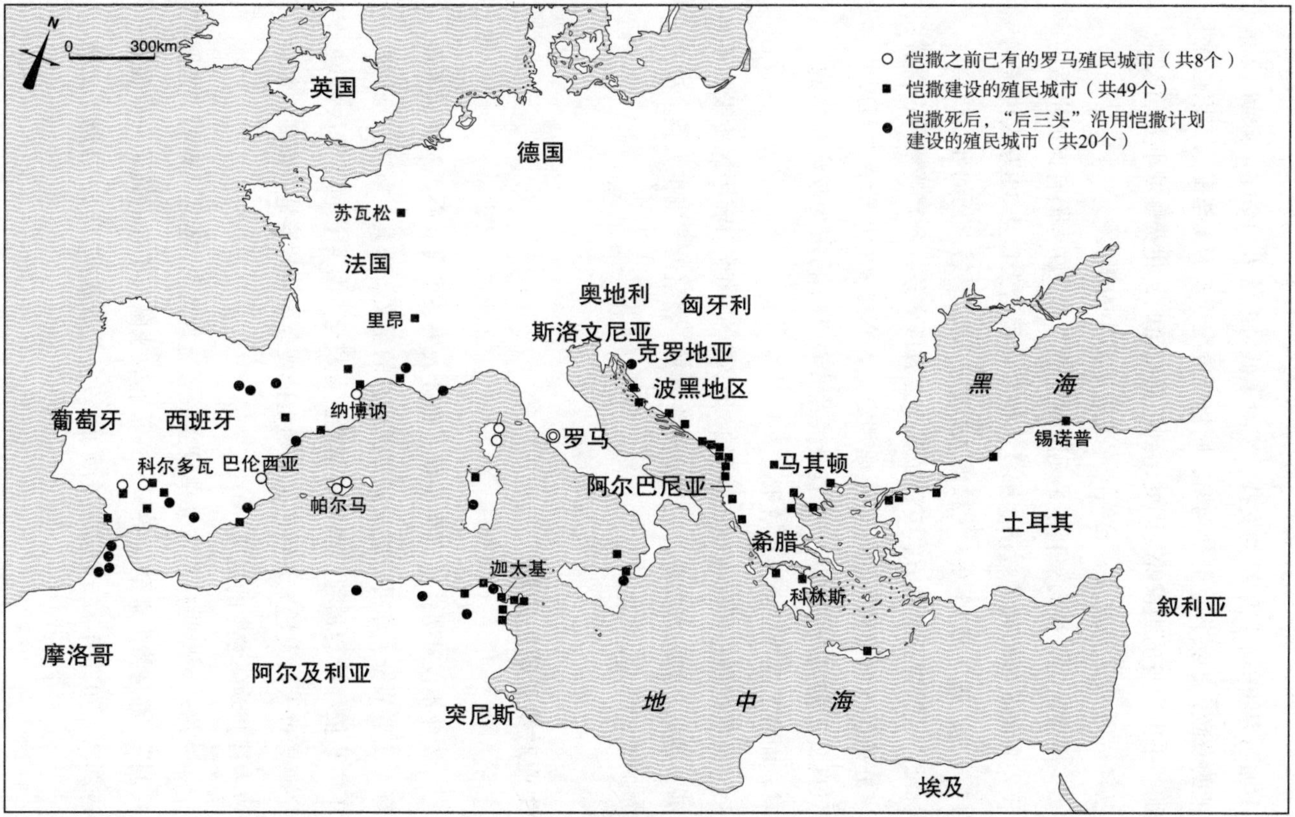
N
0
300km
英国
德国
恺撒之前已有的罗马殖民城市（共8个）
恺撒建设的殖民城市（共49个）
恺撒死后，“后三头”沿用恺撒计划建设的殖民城市（共20个）
苏瓦松
法国
奥地利
匈牙利
里昂
斯洛文尼亚
克罗地亚
波黑地区
黑海
纳博讷
葡萄牙
西班牙
罗马
锡诺普
马其顿
科尔多瓦
巴伦西亚
阿尔巴尼亚
帕尔马
土耳其
希腊
迦太基
科林斯
叙利亚
摩洛哥
阿尔及利亚
突尼斯
地中海
埃及

恺撒的殖民政策

改革又是解决失业的政策——格拉古兄弟的《土地法》——再度恢复。同时继续推动罗马军团吸纳失业预备军的功能。

根据《土地法》，失业者可以租借国家土地进行耕种，而罗马本土土地总是有限的。不过对恺撒来说，罗马本土和罗马行省之间并不存在界线。

恺撒大力推广殖民政策，将给失业者和退役兵的土地分散到各行省。这样做有两个好处：

一、避免了重蹈苏拉从意大利居民手上夺取土地再分配给军中部下的覆辙。

二、将拥有罗马公民权的人分散到各行省推广殖民活动，使得罗马帝国全境范围内都拥有了发展的根基。

恺撒的殖民政策完全不是针对弃民的，他将自己的军中精锐，第六、第七、第八、第九、第十军团的殖民地以军团为单位，分散到法国南部各行省。此外，恺撒复兴了地处北非的迦太基领土和希腊的科林斯。它们都是得益于优越的地理位置而有过700年以上繁荣历史的一国首都，之前都因被罗马灭国而成为不毛之地。从不墨守成规的恺撒认为，像迦太基和科林斯这样完全可以把土地利用起来，没有必要作为胜利成果展示而被闲置。因此与公元前146年灭亡的迦太基和科林斯时隔百年又重新兴盛起来。

以前从意大利半岛去爱琴海要绕过伯罗奔尼撒半岛，为了缩短路程同时兴盛科林斯，恺撒决定开凿人工海峡。不过恺撒的这一理想和他另外那些工程设想一样，直到近代才真正实现。

在恺撒的政策推动下到各行省实行殖民的罗马公民，仅以各家族族长计算，就已达到8万人。随着殖民政策的推进，恺撒理想中的“罗马世界”“罗马帝国”正一步步形成。

行会政策

罗马自古以来就存在许多职能各异的“行会”，负责业内的互扶互助。在多神教的罗马，这些以行业职能为目的的行会也免不了染上宗教组织的色彩，例如石匠行会信奉保护他们的石工守护神等。只要不掺杂外国人、不因狂热的宗教信仰引发社会动乱，通常情况下这些组织的存在都是合法的，因此，这种行会作为构成罗马社会的重要因素而延续下来。

但是在公元前 1 世纪中期，护民官克劳狄乌斯注意到了这些组织的政治作用。由于行会属各劳动行业组织，所以行会成员大半都来自平民阶级。在高卢战争时期，克劳狄乌斯受恺撒之命设法牵制元老院，于是他想让这些行会发挥政治作用，用以攻击元老院主导的体制，结果收到了意想不到的良好效果。元老院为寻求对抗办法，不得不默认准暴力组织米罗的院外团。

不过，恺撒只是在某一时期利用“行会”，当恺撒想建立新秩序时，行会因其反体制的特性而变得有害无益。因此，继废除由元老院元老、骑士、平民组成的陪审团制度后，恺撒接着又遣散了这个平民阶级权力的温床——已政治化的行会，重建了一个只有行业互助功能的新行会，并给予新行会信奉各自行业守护神的自由。

治安政策

研究者推测，恺撒时期首都罗马的人口，包括女人、孩子、奴隶、外国人在内，规模大约已达到百万人。可以说首都是多人种、多民族、多宗教、多文化、多语种的罗马帝国的缩影。

不过，当时的罗马并没有类似警察这样的机构，恺撒打算设立一个治安机关。如果政府本身不管理治安的话，富裕家庭肯定会自己雇用私家护卫，这样的话首都治安将面临重大隐患。克劳狄乌斯和米罗的暴力组织就是很好的证明。而且如果治安上没有优越性的话，罗马也没有资格成为“世界之都”。

但是一心想着构筑首都治安的恺撒，自己外出时却极讨厌带随扈，这也反映了他的独特性格。

交通疏堵对策

拥有百万人口的首都罗马，自然是热闹非凡，尤其在市中心罗马广场及开设市场的台伯河沿岸一带，不但行人摩肩接踵，而且运送货物的车辆也拥挤杂乱，导致交通堵塞。恺撒对此也进行了整顿。

恺撒规定，白天只准已婚妇女和女祭司乘车上街，货车等一律在夜晚通行，以日出为界。作为领袖，他自己也是步行上街。

直到罗马帝国时代，货车在夜间通行这条规定一直延续着。住在马路两侧的人常被夜里马车碾过路面石板的声音搅得彻夜难眠。对此的补救措施我之前介绍过［参见《罗马人的故事 04・恺撒时代（上）》中的相关内容］，当时罗马市中心的房子外墙都没有窗户，房门都是朝内开。毕竟当时还没有橡胶，所以只好从房子结构上想办法。

现在说说近百年以后的事情。塞内加从西班牙“上京”时，曾租住在罗马一户人家里，当时尚无名气的他每天夜里伴着货车的噪声，写下那既幽默又悲伤的名句：“何必为部分的生活而哭泣，君不见，全部的人生都令人潸然泪下。”

不过不要忘了，罗马人自古以来就有都市和田园两种截然不同的

生活方式。大多数的罗马人在乡间都拥有“第二家园”。受街上的噪声的困扰也是住在城市享受便利生活的代价吧。

城市卫生问题

治安和卫生问题是居民素质高低最简单的衡量工具。

恺撒没有忽视罗马的卫生问题，他规定地方官负责管辖区域内公共场所的卫生，而公共场所之外的地方的卫生则由当地居民负责，各自负责清理各家的房前屋后。我敢肯定，那时的罗马绝对比现在还要整洁。

禁止奢侈法案

恺撒并非想把罗马人变成清苦的斯巴达人。俗话说过犹不及，恺撒担心过度节制会违背现实人性，政策不能持久，但他又担心放任自流容易滋生社会攀比风气，故而恺撒决定有限度地禁止奢侈，例如，他规定除渔民和渔贩外，不可养鱼。罗马人喜鱼恶肉，因此，罗马富人中特别流行在池塘或者大鱼篓中养鱼。

西塞罗曾撰文讽刺该禁令：“最近老是拉肚子。既然不能养鱼，我只好以青菜度日。”

恺撒自己倒是完全没有口腹之欲，他早已习惯和士兵风餐露宿。他也不怎么喝酒，从未喝醉过。连小加图都说：“推翻共和政体的那些人中，只有恺撒是清醒的。”即使成了最高领袖，恺撒也从未特别定制过菜肴。他从不因饮食味道不好而抱怨。倘若有一同进餐的人嫌弃味道不好，他也只是淡淡地说：“不喜欢的话就别吃了吧。”

建设新罗马

人文地理学的先驱斯特拉波，公元前64年出生于小亚细亚的本都，和恺撒是同代人。这位希腊人在他的名著《地理志》中曾写道：

> 美丽、安全，有一个能够进出货物的港口，这样的城市就足以打动希腊人了。
>
> 但如果要吸引罗马人，还需要加上城市基础设施，如铺饰过的街道、完备的下水道和上水道系统。值得一提的是罗马城市里的下水道建设，在罗马街面下呈网状分布，用石头砌成拱形，排出的水统一流入台伯河。罗马街面上是马路，街面下是下水道。
>
> 不仅罗马市内的街道，整个罗马领土内所有的城市街道都经过铺饰。
>
> 罗马在铺设街道前都会铲平小丘，将高低不平的地势修理平整。铺设后的街道非常平坦，满载货物的搬运车也可以顺利通过。上水道的设置也非常完美，饮用水可直接连接到每家每户。许多家庭设有蓄水池，有的甚至可以维持家用小喷泉工作一整天。

罗马人的城市兼具功能性和舒适性，甚至2 000年后的研究者都称赞恺撒是“真正体现罗马强健精神的现实主义者”。他主持下的首都翻新工程，自然也体现了他这一特点。

墨索里尼为了向希特勒夸耀独一无二的阅兵用主席台装置，用一条宽阔的马路无情地将恺撒主持下新建的罗马一分为二。该景象一直

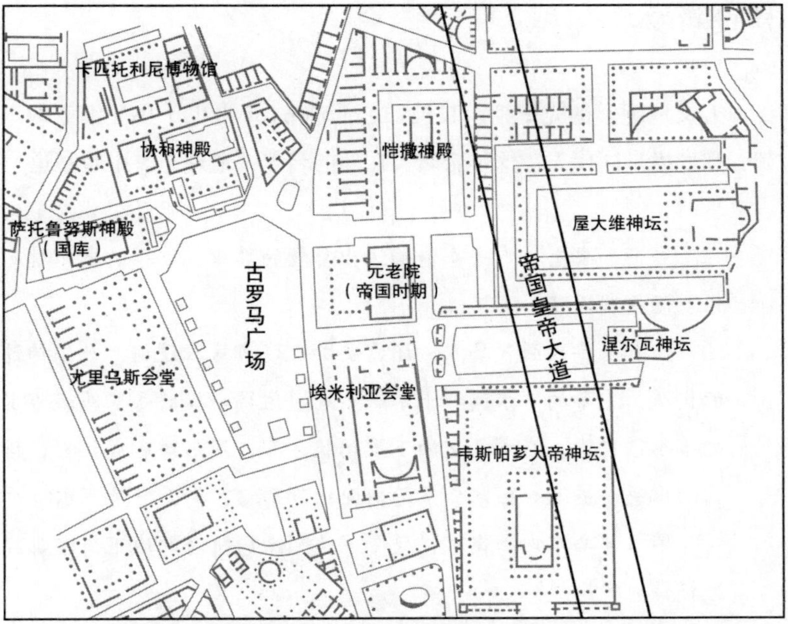

罗马帝国时代的古罗马广场和墨索里尼时期的帝国皇帝大道

（摘自 *Roma Antiqua, Forum, Colisee, Palatin*。帝国皇帝大道图由引者添加，大道两旁是置有长凳的旅游步行通道）

延续至今。当时建筑家鲁·克鲁比杰曾提议用架设桥梁来代替截断道路，不过桥梁虽有利于保存古罗马的风貌，却不适合现代阅兵。于是就有了这么一条从威尼斯广场通到罗马斗兽场的宽阔道路。即便是最高掌权者，一旦失去理智，就会做出这样的事情而不知羞耻。

帝国广场大道（Via Dei Fori Imperiali），如果按照意大利语发音直译就是“帝国皇帝大道”。因为在道路的南侧，矗立着恺撒及后来沿袭他想法建设新罗马的众多皇帝的铜像，如奥古斯都、涅尔瓦、提图斯等。丧失理智的法西斯政权倒台后，取而代之的民主主义政权已

经存续了近50年。或许由于他们也无知无识，要不就是财政困难，一半以上的皇帝神坛仍长眠于柏油马路下。

罗马成为“世界之都”，祭祀用的卡匹托尔山、古罗马广场和帝国皇帝大道以及图拉真开发的新地块成了公共生活的中心。

站在历史被隔断的现代回头看古罗马，如果没有超凡的想象力，仅凭地图很难在脑海里再现当时罗马的全貌。

说个题外话。帝国皇帝大道每逢节日是步行街，平时车水马龙，还不时有游行队伍通过。如果历代皇帝能够眺望这一切，不知他们心中会做何感想。

恺撒神殿

意大利语中“foro”，拉丁语中“forum”都是指古代罗马人公共生活的中心地域，那是集政治、行政、司法、宗教和经济于一体的公共场所。“集众多功能于一体”是古罗马人建造城市的特征，公民也积极参与这些活动。

恺撒的改造理念将这种“浑然一体”实施得更为彻底。在恺撒之前，无论是古罗马广场还是街道旁的神殿，都是彼此独立的，都沿袭了卡匹托尔山上仿希腊神殿的样式。但自公元前55年开始建造至公元前46年完工的恺撒神殿，开创了新的风格。首先该神殿体现了宗教、经济“合一”的理念。神殿正殿供奉着恺撒家的守护神——女神维纳斯，正殿左右两侧都围绕着长长的回廊。由罗马柱支撑的回廊中间，开设了许多商铺。不过这些商铺可不是买卖日用品的，而是专为骑士阶级建造的办公场所。此外，神坛还兼具文化及教育功能。

恺撒神殿进深165米，宽75米，两侧回廊（165 × 2 = 330米）开设了许多商铺。除办公场所外，神殿一角计划建成罗马首个国家图书馆。虽然恺撒没能亲眼看到这一切，但是他选定的图书馆馆长——原庞培派瓦罗，仍尽心尽力将希腊文和拉丁文的图书收集在此。神殿另一角用于建造私塾形式的学校，直到今天仍残存着学生的涂鸦。

一言以蔽之，恺撒心中的“神殿”实际上是古罗马广场的缩影。

古罗马广场（拉丁语称古罗马神殿）中，建有作为国库使用的萨托鲁努斯神殿及其余神殿，也有被称为“巴西利卡”（basilica）的长方形会堂，其中包括埃米利乌斯·保卢斯修建的埃米利亚会堂、恺撒在格拉古兄弟之父修建的基础上扩建的尤里乌斯会堂。

会堂的外观最初模仿希腊建筑，后来又转化成基督教堂的样子。不过，虽然外观类似，其内部结构与基督教堂相比有所改动：基督教堂内部空间是封闭的，罗马时代的会堂却是四面敞开的，为保证中间宽敞，在周围立了许多罗马柱。埃米利亚会堂长70米，宽29米，尤里乌斯会堂的规模是其2倍。罗马人为会堂建造了屋顶，这样既可以避雨又有充足的光照。因此，罗马人几乎在会堂里进行审判、商议、交换信息等所有事务。

恺撒神殿中既设有办公长廊，也设有会堂，简直就是一个缩小版的古罗马广场。同时恺撒神殿的建筑风格也独树一帜，将罗马人的建筑观从古希腊的影响中解放出来，开创了罗马独特的风格。不过，或许恺撒真正希望的是这个正中矗立着自己骑马塑像的神殿，成为对全体罗马人开放的公共场所吧。

建造了尤里乌斯会堂后，恺撒打算在传统基础上全面修整古罗马广场。不过，他并没有修缮自己的居所大祭司官邸，而是改造了公民

恺撒神殿（想象复原图）

大会堂及其毗邻的讲坛，将它们移到更靠近广场中央的地方。其实这些地方并没有破损到需要重新修葺的地步。恺撒这么做，只是为了让罗马的城市规划更加整洁。可见恺撒即使喜欢“浑然一体”的风格，却也讨厌无秩序的混杂。

恺撒的改造计划还包括城墙外宽阔的马尔斯广场。

得名于战神马尔斯（Mars）的广场是一块开阔的平地，由台伯河像条大蛇一样环绕着。恰如其名，该广场本就是军队的集结地和练兵场。随着罗马的强盛，城内无法安放的一些公用建筑也逐渐建造在这里。

大约最早设在这里的建筑物，是被称为“公共别墅”的小麦储藏仓库，一个专门负责向贫民配给小麦的场所。从现在能见到的遗迹来

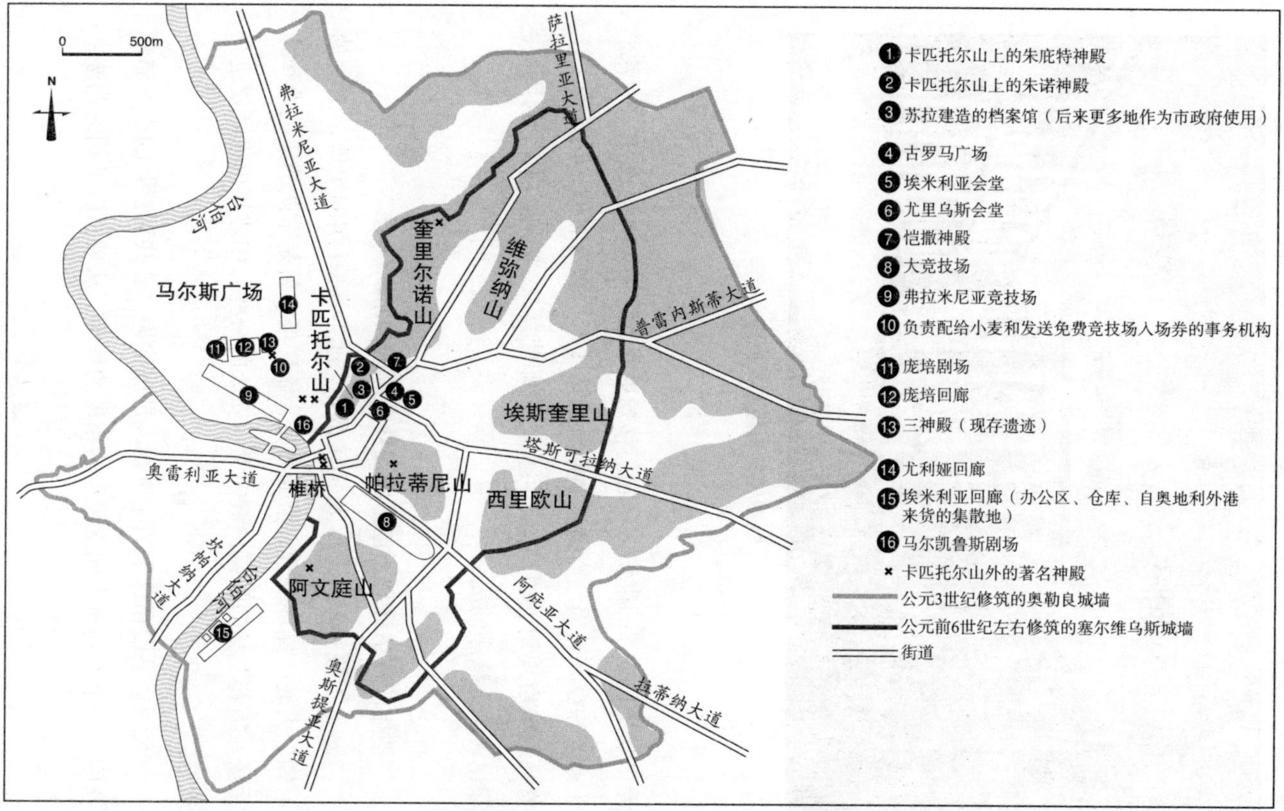

恺撒时代（罗马共和时代末期）的首都罗马

判断，该仓库西边紧邻的是三座神殿。沿着台伯河，有一个足可与罗马共和国时期的大竞技场媲美的弗拉米尼亚竞技场。公元前 221 年，平民家庭出身的执政官弗拉米尼乌斯（后为汉尼拔所杀）反对贵族独占大竞技场。为了让平民有锻炼身体的地方，他修建了弗拉米尼亚竞技场。其实后者并非只有平民能使用，而大竞技场名义上也并非只限于贵族使用。但由于后者有"平民俱乐部"的特点，护民官还是经常把那里当作平民集会的场所。

弗拉米尼乌斯还令人修建了一条从古罗马广场出发直通台伯河的大道，以自己的名字命名——弗拉米尼亚大道，文艺复兴时期该道路在罗马市内的一段称为科尔索大道，现在是意大利第三国道。这条长达 5 500 米的笔直大道可谓是古罗马时期街道特征的典型代表。

随着公共建筑物的逐渐增多，马尔斯广场也不再被当成"城外"了。这一转变的真正实现是在庞培时期。公元前 55 年，庞培援赠给国家的罗马第一座石砌半圆形剧场建造完成，该剧场可同时容纳 1.2 万人。

接着庞培又建了一个长 180 米、宽 135 米的回廊。该回廊一端作为元老院会场，另一端设置了办公区域。

在政治、军事上皆视庞培为对手的恺撒，在公共建设领域自然不甘其后。恺撒在庞培建筑的北面，开始兴建纪念尤利娅的工程——尤利娅回廊。该工程不仅作为公民大会的投票场所，也开放给普通公民供他们休息。该工程长达 300 米，宽 120 米，四周以巨大的罗马柱并列支撑，造型既美观又雄伟。

此外，恺撒还打算在台伯河附近建造半圆形石质剧场。不过该计划直到他的后任奥古斯都才变成现实。罗马帝国的开国皇帝奥古斯都为了纪念他的侄子，该剧场以其侄子名命名，被称为"马尔凯鲁斯剧

场”。该剧场的主体部分到现在还被改造成集中住宅区。

无论是恺撒神殿、剧场、回廊、会场，还是竞技场，其中作为支撑的罗马柱，以及被称为“艾萨多拉”的半圆形广场和广场中央，都以大理石和铜等作为表面装饰。正是有了这种“内在需求”，罗马迎来了特有的艺术样式的全盛时期。

罗马的当权者，无论是出于虚荣心、不甘人后的好胜心，还是回馈社会的心理，都对公共建设非常热衷。由此罗马作为“世界之都”在迅速扩大和完备的同时，城市的功能和舒适程度都得到了很大的提高。不过“天生的政治家”恺撒与他们的所作所为不同，他不仅在建设，也在破坏。他总是在已有公共建设的附近重建新工程，他这么做的目的，不是为了建设而破坏，只是为了破坏而破坏。

公元前 6 世纪，罗马第六代国王塞尔维乌斯建造了一座长达 8 公里、环绕罗马七丘、拥有 14 座城门的“塞尔维乌斯城墙”。该城墙坚固异常，连汉尼拔都对之无计可施。但是到现在这座牢不可破的城墙只在车站尽头的卡匹托尔山和埃斯奎里山上留有少量的遗迹。若只历经 2 000 多年的自然风化，该城墙也不只剩这么点儿，而且遍阅典籍也找不到在那之后有与之相关的建筑痕迹。因此，有可能该城墙是恺撒下令毁掉的。现在罗马市周边环绕的“奥勒良城墙”是公元 3 世纪的建筑，那是在“罗马统治下的和平”已不合时宜的情况下，为了防御不得不修筑的城墙。

即使在 1 700 年后的现代看来，奥勒良城墙仍旧保存完好。除了古罗马的建筑技术优秀外，行使皇帝职能的历代罗马教皇也功不可没，教皇时常注意对该城墙的修缮。大概是因为即使身为基督教尘世王国之首，他们也认为没法在毫无防御的状态下实现和平吧。

另一方面，有 300 年之久，古罗马在无城墙防御的状态下和平度

过。或者这可以看成恺撒给奥古斯都及其后任者的启示：虽然奥古斯都完成了“罗马统治下的和平”，但只有在首都不需要城墙防卫的状态下，才可能真正实现和平。因为城墙在起到防御作用的同时，也阻碍了内外之间的交流。拆掉城墙的行为表明，恺撒在扩大罗马城市规模的同时，也希望在没有壁垒的情况下维持和平。我最初对共和时期城墙遗迹的衰败感到不可思议，但后来通过有关学者的论文，再加上实际的调查研究，却为恺撒的这一行为感动不已。在恺撒之后的历史中，统治者总是构筑起有形或无形的“墙”，我总是禁不住怀疑人类历史是否行走在倒退之路上。

以上是恺撒对新建首都的构想。如果说类似拆城墙的举措是恺撒的“硬计划”的话，那么接下来要阐述的提高教育、医疗水平则属于“软计划”了。

教师和医生

恺撒曾下令，所有在罗马的教师和医生全部享有罗马公民权，不分人种和肤色，也不问宗教和民族，条件只有一个，就是在罗马从事教师或医生职业。

拥有罗马公民权意味着可以免缴像行省税那样的直接税，并且个人安全还能得到罗马法律的庇护。

不过恺撒也知道，有志于从事教育和医学的人并不是能轻易被直接利益所打动的一群人，因此，他扩充医疗设备，改善医疗条件。后来罗马帝国时期的统治者继承了恺撒重医的思想，帝国时期军团医院规模甚大，医院的规模和设备让 2 000 年后的现代人都赞叹不已。另

一方面，恺撒为教师提供进修的机会和场所。恺撒神殿内的国家图书馆本身也是研究机构，同时馆内一角还建有私塾。

恺撒的方法不仅有助于提高教育和医疗水平，还促进了许多相关行业的发展。从小亚细亚的哈利卡纳苏来到罗马的狄奥尼修斯就是在当教师期间写下了《古罗马史》。无论是苏拉建设的档案馆中的资料，还是罗马公共事务年鉴《大祭司记录》，恺撒都无偿地向有志于从事古罗马历史的研究者公开，并且命人抄录并出版。

因此，我认为，在人类历史上，教师和医生这两种职业的重要性首次得到公开承认，最应该感谢的人就是恺撒。此后不久，整个意大利半岛都效仿恺撒，授予教师和医生罗马公民权。接着，连罗马人移居的殖民城市以及军团基地也开始重教尊医，最后整个庞大的罗马帝国统治范围内都开始兴起这股风气。

其他公共事业改革

一、沿亚得里亚海海岸，铺设从拉文纳到布林迪西的道路。贯通意大利半岛南北的新铺设的道路全部以罗马样式为统一标准。不过这个类似今天高速公路的新道路也是在罗马帝国时期才全部完成。

二、将罗马以东的瓦莱利亚大道延长至亚得里亚海。该工程也是在帝国时期才完成。

三、填湖造田。把沿着瓦莱利亚大道的费奇诺湖及其周围区域变成耕地。帝国时期完成填湖工作，然而耕地化直至 19 世纪才实现。

四、改善罗马外港奥斯提亚的港湾设施。该项工程由后来的克劳狄乌斯和图拉真两位皇帝完成。

五、将阿庇亚大道沿线宽阔的湿地改造成耕地。此项工程至20世纪墨索里尼时期才得以实现。

六、恺撒计划将蜿蜒的台伯河改道，分为原来的河道和流经梵蒂冈背后的河道，这样既可以在台伯河东岸（马尔斯广场）防洪，同时也可以将台伯河西岸（梵蒂冈）并入罗马市内。

不过后来的奥古斯都认为，第六项是个不切实际的大工程，因此并未实施，而只在台伯河东岸加筑堤坝作为防洪手段。

然而奥古斯都的做法与恺撒的真正动机背道而驰。因为堤坝的加筑工程必定要加高河岸，如此一来，恺撒的罗马一体化理想被加高的河岸硬生生地隔断了。中世纪时佛罗伦萨通过在阿尔诺河上下游设置堤坝以控制水流量的方式，成功地将河流两岸地区一体化。但台伯河水量要大得多，因此，佛罗伦萨的方法并不适用于罗马。

在恺撒的计划中还有一项因评价不高而不得不中止的改革：装订书籍。

古代书籍是以笔写在纸莎草制成的纸上，再做成长卷。书中不分章节，只标有总共的卷数。为了使用方便，恺撒打算将长长的书卷切开，以一页一页的方式装订成册。这样阅读者就能快速地找到自己想要看的章节部分。然而，恺撒这个合理的想法并不符合罗马人的喜好。因为比起一页一页翻阅，罗马人认为手握长卷更显得庄重。特别是统治阶级中的男性更喜欢这种阅读方式，以显示派头。恺撒的书籍改造计划在同时代人的漠视中无疾而终。

但到了中世纪，古罗马的统治地位已被基督教代替，从事抄写古代图书的修道院也注意到了恺撒的装订方法。因当时已经用羊皮纸代替莎草纸作为书写材料，而羊皮纸的厚度和硬度，都不再适应以卷轴形式保存，故而修道院的僧侣将羊皮纸切断，再以皮质硬壳作为外

套，压平折皱。或许他们正是看到古罗马书中记载的恺撒构想，从中受到启发才这么做的。后来随着造纸术的进步，尽管纸张质地轻薄到完全可以卷起来的地步，然而恺撒创造的装订方法却一直沿用至今。

恺撒的特权

从公元前45年到前44年，恺撒被元老院和公民大会授予的荣誉、权威和特权具体如下：

一、在罗马共和国450年的历史中，独裁官任期不超过6个月。恺撒打破了这个纪录，被授予无任期限制的、权力不变的“终身独裁官”。

二、终身独裁官恺撒可以在任何时期兼任当年的执政官。

三、按照古罗马传统，士兵只能在打胜仗后欢呼时称呼将军为“伟大总指挥”。恺撒无论战时、平时都享有该称号。

四、恺撒被尊为“国父”。罗马公民认为罗穆路斯创立了罗马，恺撒则给予了罗马新生。

五、恺撒有权在平时穿着紫色披风。这种服饰原本只能在凯旋仪式上由凯旋将军穿戴。

六、恺撒可将月桂冠作为日常配饰。

七、恺撒可终身单独出任“纠风官”。该职位原本只有财务官和元老院元老共同出任，负责纠正社会风气。

八、在元老院会议上，恺撒座次要高于执政官。

九、在剧场及竞技场中，恺撒在观众席中享有特殊席位。

十、在卡匹托尔山供奉着罗马最高神朱庇特的神殿入口处，并立

着历代罗马帝王的雕像。恺撒有权将自己的全身立像置于其中。

十一、恺撒拥有元老院会议上的第一个发言的权力。

十二、恺撒拥有对公职人员的任免权，其任免决定公民大会不能否决。这意味着从公元前 509 年开始的公民大会从此形同虚设，公民的选举权事实上也不复存在。

十三、由于恺撒出身名门，按照罗马规定，他无法出任只能由平民担任的护民官一职。因而恺撒又给自己谋取了两项只有护民官才能有的权力，那就是否决权及身体不受侵犯权。

十四、除纪念币外，恺撒有权在普通货币上加刻自己的形象。

十五、按照罗马第二位国王努马的历法，3 月是一年的开始，7 月实际上是现代一年中的第五个月。为了纪念恺撒的诞生，恺撒将 7 月的名称从原来的“昆提利乌斯”改为“尤里乌斯”（Julius，即英文的 July）。

十六、神化恺撒政治的基本精神——“宽容”，建造以“恺撒的宽容”为名的神坛。

以上事实表明，恺撒已事实上成了帝王——罗马走进了帝制。

就连对恺撒没有好感的布鲁图，也不得不承认恺撒为此进行的不懈努力。

恺撒对多民族综合国家帝制的理解，超越了同时代绝大多数人。那时人群中常常有人称呼恺撒为“皇帝陛下”，但恺撒对此应声道：“我不是皇帝，我只是恺撒。”然而，反对者则认为，恺撒不过是因为称帝时机尚未成熟而说出的虚伪辞令。恺撒自己却深知统治一个民族的“王”和统治多个民族的“皇帝”之间的区别，因此，实际上后来所称的“恺撒大帝”，也仅仅是单一民族意义上的皇帝。

恺撒一面“宽容”地对待反对者，一面坚定地按照自己的主张推行政治改革。直面艰难处境，也许是他不得不担负的宿命。但是反对者自负地认为，自己和恺撒是站在同等的立场上承担国政之责的。

不满的人们

西塞罗曾给某位友人写信抱怨道：

虽然以前我并不喜欢监督国政这种任务，但那时我们仍旧是坐在船尾掌舵的。而如今的我尽管也在船上，却只是坐在船底。如果我在那不勒斯，说不定随时可以听到罗马元老院决策变化的消息。

如今元老院已经成了我们共识的某位朋友的后院了。如果那个人认为妥当的话，法案的起草者可以随意地署上我的名字。据说对亚美尼亚和叙利亚政策的起草人就是西塞罗，不过我本人对此却一无所知。

你别以为这是在开玩笑，说真的，这事眼下正在发生。

某天我收到远方国家的诸王所写的感谢信，声称因为我起草的法案，他们的王位才得以存续，特向我表示感谢。可悲的是，我自己都是第一次听说此事，甚至我连这个世上有他们这样的人都不知道。

在西塞罗与好友的通信中，他更是将不满情绪表露无遗：

你一直力主元老院才是我应该去的地方，可如今的元老院早

已不再是政治的中心了，在这样的地方待着又有什么意义呢？

阿提库斯啊，西塞罗已经没有存在的必要了！可能很久以前就已经没必要了，到今天我才真正认清了这个事实。我和国家的缘分已尽，也许最好的选择就是回到别墅孤独地度过残年吧。

阿提库斯啊，我们写信交换意见也快没有意义了，都是千篇一律充满了忧郁的内容。我即将要成为失业者了。

特别是此刻，想到罗马共和国的未来，我就不禁潸然泪下。

过去的政治由老练者执事，现在成了某人发号施令和另一些听其号令的年轻人的世界了。既然如此，我们这一腔老去的热情或许只能用在园艺上了。

元老院曾经是罗马精英和高级知识分子的集中地，如今这些自命不凡的精英要和高卢人、西班牙人、希腊人比邻而坐。因此，大文豪西塞罗表示不堪忍受那些人以蹩脚的拉丁语陈述意见，他说：“从高卢来的这些人，给我们一直引以为傲的罗马的光荣传统蒙上了阴影。”

尽管“有秩序的融合”是西塞罗政治思想的根基，但他主张的“融合”是指他现在所属的元老院阶级与他出身的骑士阶级之间的融合，而并非恺撒指的罗马人和行省人民的融合。“我不是恺撒行政执行机构中的成员，无法了解他执政的方式。不过，或许恺撒自己也并不清楚吧。”

恺撒心中当然是清楚的，不过，恺撒洞悉的东西，西塞罗就未必能清楚了。

即便如此，西塞罗仍无法对政治死心。但如今恺撒一人独揽国政大权，因此，西塞罗和朋友商量着以写信的方式向恺撒表达自己的政

治意见。他打算就罗马的未来给恺撒写封意见书：

> 左思右想还是不写的好，但内心依旧放心不下。我计划以书信的形式创作《政治备忘录》，可又不知从何着手。我手上现有亚里士多德和泰奥彭波斯献给亚历山大大帝的两本著作，不知能否以之为参照。毕竟这两位本身都德高望重，并且所写内容深得亚历山大大帝的赞许。
>
> 阿提库斯啊，你帮我参谋参谋我和他们之间的共同之处吧，到底有还是没有，连我自己都糊涂了。

纠结许久，西塞罗最终还是没有写下他的意见书。因为：首先，他不确定写了意见书之后是否能增加声望；其次，他担心意见书代表了自己已经认可恺撒现在的地位；再次，他对该意见书能否被恺撒接受也没有信心。

西塞罗为赞美小加图以死拒绝恺撒的宽容精神而专门发表过《论加图》，对此恺撒以《反加图论》为题发表与西塞罗相反的观点，以制造自己的舆论阵营。恺撒没有封禁西塞罗的《论加图》，而是选择自己站出来进行反驳。公元前44年，恺撒出任终身独裁官时，也有人连夜在古罗马广场建筑物墙上张贴斥责恺撒的匿名文章，对此恺撒也没有追究。假设西塞罗真的发表《政治备忘录》，以重申对元老院主导的少数人领导体制的坚持，相信恺撒也不会一味打压该言论，而是会选择自己亲笔进行辩驳。因此，西塞罗最终罢笔，肯定不是因被恺撒打压，而是自行选择放弃的。

西塞罗把恺撒的秘书希尔提乌斯送来的《反加图论》一气读完，并写下读后感寄给好友阿提库斯：

我在读完希尔提乌斯送来的恺撒反论之后，终于知道恺撒在读完《论加图》之后的感想了。在恺撒的反论里，他列举小加图的缺点进行批判。但是，对我的行文水平他还是认可的。因此我已经将《反加图论》给了姆斯卡斯抄写，以便能尽早让更多人读到。

西塞罗已年过六旬，却仍改不了自卖自夸的习惯。只要听到赞美之词，不管是谁，不论基于什么事发出的，西塞罗都会觉得飘飘然。在恺撒的独裁统治下，言论自由仍得到极大的鼓励，这是件了不起的事。但是，尽管大权在握的领袖有接受批评的气度，他曾经的同僚、现在的友人却没有署名批评他的勇气。西塞罗作为这种人的代表，自己选择了放弃劝诫。

自我限制是非常有趣的现象，不论从产生该行为的心理背景，还是从该行为产生的心理影响来看，都是很有意思的。

在苏拉时代，他大概不会让西塞罗或其他反对自己的人为要不要写意见书而烦恼，他甚至连让对方烦恼的时间也不会给，而是直接把他们列入“黑名单”杀掉就是了。此外，像小加图那样认为罗马人无权宽恕其他人的，以及受小加图思想影响但又因接受了恺撒宽恕而苦恼不已的布鲁图等人，苏拉也大可直接处死他们。只要祭出“处死”利器，他们就会自我限制，不会在受了恩惠之后又自我烦恼了。

但恺撒并没有制作“黑名单”。无论是对庞培余党还是对坚持元老院体制的共和主义者，恺撒都给予了宽大处理，既允许他们回国恢复原来的生活，也保留了他们原本在元老院的席位。比如布鲁图就被恺撒任命为公元前46年的意大利北部行省总督——尽管也因为他是

恺撒情人之子。苏拉曾强命恺撒与政敌秦纳的女儿离婚，然而恺撒和苏拉不同，他在知晓布鲁图娶小加图女儿为妻后也并没有强令其离婚或者流露出一丝不快。

从第三者的角度看，恺撒的方式显然要比苏拉好很多。但是当事人对此又是怎么看的呢?

如果在高压统治下失去言论自由，那么当事人尽可以将不满归咎于高压政策。但如果没有高压政策的压迫，是自己主动放弃言论讨伐的话，那么这份不满就无处发泄了。同时曾被自己以剑相对的人，不仅饶恕了自己的性命，还许以高官厚禄，这样一来即使心中有情绪又怎能再向他发泄呢?

在苏拉的高压政策下，上述烦恼、厌恶等种种情绪早被扼杀在摇篮里。而恺撒的宽容反而让这些情绪有了滋长的空间。苏拉生前总是对周遭种种产生不安，讨厌被不安情绪包围的恺撒却不知不觉间被平静表面下暗生的怨恨情绪包围了。

西塞罗、布鲁图以及曾为庞培派后归顺恺撒并任高职的卡西乌斯三人，于公元前45年至前44年间频繁地通信，信件在首都的布鲁图、卡西乌斯和别墅里百无聊赖的西塞罗之间来回传递。不过年过六旬的西塞罗和40多岁的布鲁图、卡西乌斯之间还是有代沟的。西塞罗反而与55岁的恺撒有更多的共同经历、共同教养以及接近的拉丁语写作水平。

可惜二人的政治立场截然相对，此外，两人在性格、两性关系和对待金钱的态度上也有着天壤之别。不过，从个人立场上看，西塞罗对恺撒的评价之高远超他对庞培的评价，那些与西塞罗持相同政见的人也对恺撒评价很高，或者换句话说，他们从个人的立场上来讲是很喜欢恺撒的。因此，西塞罗即使抱怨自己要成为无业人员在罗马已无

立足之地之后，仍这么写道：

> 恺撒有着杰出的平衡能力，他虽怀着宽容的心但并不滥用。对于那些能堪大任的人，一律不分国别、不问出身委以重任。
>
> 对恺撒认真、公正的态度和贤明的行为，我从不吝啬赞美之词，即使庞培在谈到恺撒时，言语中也充满了敬意。

在庞培出资建造的庞培剧场附属大回廊上矗立着的庞培立像雕塑，曾在法萨卢斯战役后被恺撒派推倒。但不久后，恺撒又在原地重塑了一座规模相等的大理石庞培立像。即便是对死者，恺撒依然如此宽容，对此西塞罗是很能理解的。作为罗马首屈一指的评论家，西塞罗曾说：“恺撒的文章，无论是口述还是笔著，都秉承了其一贯的特征：品格高尚，灿烂光明，壮丽高贵，充满理性。”

但是，西塞罗无法将文艺评论当成自己的主业，也无法像瓦罗那样在庞培派失败后从政界引退，受恺撒之命专心创建罗马首座国家图书馆，整日与书为伍。在数度与好友阿提库斯通信中，西塞罗犹豫的心态一览无余。最后他终于决定前往拜访恺撒，他估计恺撒还是会念及昔日友情的。

恺撒自出任独裁官以来，整日埋头政务，身边围绕着众多智囊和秘书。仅在新建首都这项改革上，身边就有希腊人、罗马人、埃及人等多民族混合而成的建筑专家团队。如果西塞罗拜访当天负责接待的人是希尔提乌斯、巴尔布斯或者奥皮乌斯的话，那么他们会根据西塞罗和恺撒的交情，必定会对其特别优待。不过恰巧西塞罗遇上的是恺撒的新秘书，因此，他被安排在接待室，和别的访客一样等待恺撒的传召。

那不勒斯附近地形略图

西塞罗在等候期间的心情可想而知。二人曾经地位平等，现在却有了巨大差别，西塞罗一定备感屈辱。不过幸好这种屈辱感并没有维持太久。因处理某事偶然走出办公室的恺撒，一看到西塞罗等候的身影，即刻大声地训斥随从秘书："难怪众人会对我不满，传言非虚。现在居然连马库斯·西塞罗都不能自由出入而要在接待室等候了。"

大约两个月后，也就是公元前45年12月，恺撒写信给西塞罗，称想利用12月17日开始的农神节闲暇时间到那不勒斯附近转转，顺便造访西塞罗所在的别墅。

喜欢古代风情的现代观光客大多喜欢游览那不勒斯东面的维苏威火山和庞贝遗址。古罗马的达官贵人则喜欢那不勒斯西面的库马、米塞诺岬、拜亚的海湾等地，到罗马帝国时期，流行在作为军港的波佐利一带购置别墅。自认是达官贵人阶层的西塞罗就在波佐利拥有一幢

别墅，那是他的8幢别墅之一。那不勒斯海湾一带冬天有着温暖的气候和温泉，恺撒喜欢在此休假，但苦于自己在该地并无别墅，因此只能借住在附近的达官人家的别墅里。

恺撒的到来让西塞罗很是紧张。据说恺撒一行近2 000人，而且最高领袖的要求定是不能回绝的，于是西塞罗为之进行了精心的准备以迎接恺撒一行人。第二天恺撒走后，身在波佐利的西塞罗立刻给阿提库斯写信，叙述“恺撒成为西塞罗别墅的座上宾”的种种。我现将该信翻成现代文以飨读者。先要说明的是，西塞罗提到恺撒一行近2 000人，大概是中世纪抄写人的笔误，参照其余史书，恺撒一行的真实人数大概只有十分之一，即200人左右。

这位无比麻烦的客人终于离开了。不过说实话，这也是无比愉快的一天。农神节第二天傍晚恺撒一行人抵达菲利普斯（公元前56年的执政官，屋大维的继父）的别墅。恺撒一行人挤满了整栋别墅，只剩存放餐桌的房间是空的。毕竟，随行的达2 000人之多呢。我正在为第二天该怎么接待这么多人犯难时，幸得巴尔巴·卡西乌斯伸出援手。他派来了警卫人员协助保卫恺撒留宿期间的安全，并把这些警卫安置在露天的帐篷里。

在菲利普斯别墅的第二天，恺撒早早起床，独自一人待到下午1点。其间他只传召巴尔巴密谈了一会儿，大概是询问账目问题。随后，他在海边散步许久。散步后他来到我的别墅，洗浴、按摩，面无表情地听取亲信马穆拉的汇报。接着，他开始用晚餐。因为使用催吐剂，不必担心消化问题，他大快朵颐。

晚宴按照鄙家一贯的特色，既豪华又充满趣味，并且在用餐期间，进行了愉悦的高雅闲谈。真是没有比这更美妙的事了。谈

话内容如果你有兴趣的话，我以后说给你听。总之，这是场自始至终既不乏亲切又合乎礼仪的晚宴。（大概是指没有一人醉倒，大家都保持了礼仪。——引者注）

随行人员和未居要职的“解放奴隶”都被安置在另外三间屋子里，也给他们提供了丰盛的晚餐和完善的服务。而那些身居要职的“解放奴隶”自然享有更加特别的优待。

总之，对主宾双方而言，这都是一场符合各自身份的盛宴。

按照常理，在宾客离开时应该客气地邀请下次再来。不过说实话，我还真没有这个心思。唉！这样的盛宴一次就足够了。

晚宴之后，我们并没有谈及政治，所有的话题都围绕着文学展开。恺撒兴致盎然，好像文学才是他的本职。他说，打算在波佐利再待一天，之后再前往拜亚一天。

这就是恺撒在郿庄园的全过程。虽然我原本并不乐意，但这确实是非常愉快的一天。我打算再待几天，之后移居图斯库罗姆的别墅。

恺撒到达多拉贝拉（恺撒亲信之一，西塞罗的女婿。——译者注）别墅时，别墅大门两侧有士兵整齐列队欢迎骑马抵达的恺撒。但是，好像恺撒流露出不太喜欢的样子，类似的仪式就再没出现。

公元前44年年初，恺撒公开宣布远征帕提亚，实际上他从上一年秋天就开始准备了。3月18日，远征军正式出发。

对恺撒而言，远征帕提亚是在有生之年一定要实现的愿望。

罗马人讲究报仇雪恨。9年前克拉苏在帕提亚惨败，这事不能再拖下去了。

当时有 1 万名罗马士兵被俘，全部被赶至帕提亚王国东北边境的木鹿（今天的梅尔夫）终生服役，简直就是流放。9 年后恺撒虽然并不清楚当年被俘的罗马士兵还有多少能活着，但以罗马人的传统，解救他们是罗马军队的义务。

征服帕提亚王国并不在恺撒的远征目的之列，两年的时间毕竟太短了。恺撒远征的首要目的是，借打胜仗的契机，向东方诸国再一次展示罗马的实力，将幼发拉底河确立为罗马的防线；同时将幼发拉底河以西地区再次编入罗马领地。

远征的第二目的是，在回程时征服多瑙河沿岸地区，并将多瑙河确立为罗马防线。如果以上目的都成功实现的话，恺撒就确立起一个以莱茵河、多瑙河、黑海、幼发拉底河为天然防线的罗马大帝国。罗马帝国防线得到巩固，恺撒也就能放心地把罗马交给他的接班人了。

因为恺撒预计远征需要两年时间，故而他早已确定了两年内本国及各行省的行政、军事负责人选。新的防线并不是和当地首领坐下来谈谈就能确定，对那些并不愿恭顺的地区，必须诉诸战争以武力征服。因此，恺撒必须经希腊到达东方诸城邦，征服帕提亚后前往黑海，征服多瑙河流域后再回到意大利。即使是恺撒，这整个过程也至少需要两年时间，因为并不是每一次战争都是“我来，我见，我征服”这么简单。对年近六旬的恺撒而言，这次远征是给他的光辉人生锦上添花的一大壮举。

正如某位史学家说的：“恺撒可能会欺骗别人，但他一次也不会欺骗自己。”恺撒这次远征并不是为了显示罗马最高领袖的权威，而是在冷静思考判断后做出的必要举动。

“为人身安全整日忧心忡忡，不算真正地活着。”因此，恺撒要求全体元老院元老集体宣誓，视恺撒的敌人为自己的敌人，誓死保卫恺

撒的人身安全。宣誓后西塞罗、布鲁图、卡西乌斯等都在誓约上签名。恺撒得到元老院全体元老的保证，立刻解散了由西班牙人和日耳曼人组成的警卫队。

不过，自恺撒公布远征帕提亚后，关于恺撒想称帝的谣言甚嚣尘上。因为在罗马人信奉的女巫师的谕言里，只有帝王才能征服帕提亚。同时恺撒属下安东尼也犯下思虑不慎的轻率举动。这一切都加快了谣言的散播。

每年 2 月，罗马都要举行牧神节的盛大祭祀。体育竞技是祭祀的传统活动之一。恺撒在大竞技场观看比赛的当天，年轻的执政官安东尼向观众席中央的恺撒献上了皇冠。虽然当时也有人拍手称赞，但大多数人还是为此倒吸了一口凉气，毕竟罗马人对帝制异常敏感。

恺撒立刻意识到安东尼献皇冠事件的严重性，他即刻命人在古罗马广场一角矗立的大理石柱上刻下这么一句话："执政官马克·安东尼希望终身独裁官盖乌斯·尤里乌斯·恺撒接受王者权威，被恺撒拒绝。"希望以此终结自己想称帝的谣言。

一个月后的 3 月 15 日，恺撒在元老院会场被暗杀。

暗杀集团成员之一的西塞罗，3 月 15 日并没有出席元老院会议。不过，在得知恺撒被刺杀后，他立刻写信给暗杀成员之一的巴基鲁斯，落款日期也是 3 月 15 日。西塞罗写道："得知消息，分外欣喜。我感谢你。我爱你。你也需回应我的爱。你和集团其余成员今后有何打算呢？请逐一告知。"然而正是这个西塞罗，在恺撒饶恕庞培余党并准许他们行动自由后，曾写信给恺撒对他大加赞扬。

恺撒在给西塞罗的回信中写道：

从您信中所言，可知您对我知之甚深。我的行为无论从何种

角度来说，都无残暴可言。这些话从您口中说出，足以令人信服。我对自己所行之事，均足以自谓满意。如今更承蒙您称赞，令我不胜欣喜。

从我手中重获自由的人，哪怕再次用剑指向我，我也绝不后悔。不管面临何种状况，我始终要求忠实于自己的内心而活，因此我也认为别人也当以此为准则。

如果您和其他人都能到罗马，协助我完成心中所愿的事业，我将不胜欣喜。建议也好，忠告也罢，或者发挥您和诸位所长也好，我总是认为，只要是实用的，那么不管是谁的提案我都能接受。诸位丰富的知识定能让我受益无穷。

被暗杀时，恺撒距离他的56岁生日只剩4个月。

第二章　“3 · 15事件”

（前44年3月15日—前42年10月）

历史是由胜利者来书写的，这一观念由来已久。但我对此持有异议。这里即将叙述的就是我证明我的看法的最好例子。本章都是以失败一方反恺撒派遗留下来的史料为基准阐述的。理由很简单，因为这些史料都是反恺撒派的西塞罗留下来的，来源于西塞罗和接下来要登场的人之间的通信，这些信件就是“目击证人的证词”。数百年后，普鲁塔克的《希腊罗马名人传》以及后来阿庇亚努斯所著史书和狄奥·卡西乌斯的著作等叙述，援引的都是这些信件的内容。

那么，为什么西塞罗的书信集有资格成为“目击证人的证词”呢？因为恺撒死后，西塞罗认为自己重新掌舵的机会又来了，所以他积极地活跃于恺撒派和反恺撒派之间，进行居中调停。但是，又由于他自己属于反恺撒派阵营，所以即使调停也是围绕着暗杀恺撒的反恺撒派的利益进行的。以 62 岁高龄的阅历以及作为罗马第一智者的声望，西塞罗手里集中了反恺撒派和恺撒派双方的信件，也集中了双方人士希望拜见西塞罗，并请他替己方表达意见的请求。

对罗马人而言，恺撒被暗杀犹如晴空霹雳一般。被杀的一方和杀人的一方，即恺撒派和反恺撒派，都同时突然失去了行动的方向。此时，西塞罗对两派而言都堪称雷雨中唯一的灯塔。因为对反恺撒派而言，西塞罗和他们有着共同的政治见解；对恺撒派而言，西塞罗并没有直接参与暗杀恺撒。

然而西塞罗并不是这些写求助信的指路明灯，因为他本人也要写信求助。他在写给密友阿提库斯的信中，常常有许多无法向布鲁图和卡西乌斯说出的话。西塞罗并非先知，他只是凭借自己的知识具有了

马克 · 安东尼

尤里乌斯 · 恺撒

马库斯 · 布鲁图

西塞罗

屋大维

优于常人的观察能力和认知能力。此外他也有一流的语言表达能力，能将他的观察和认知充分传达给他人。因此，西塞罗的书信集成了值得信赖的“目击证人的证词”。此外，和百年后普鲁塔克及他之后的古代史学家的作品不同，西塞罗的书信集并没有随着时间的变迁而改变，始终如一地真实反映当时的情况。因为是日常的书信，才更能反映现实。因此，2 000 年后的我们托西塞罗的福，可以得到布鲁图、安东尼和屋大维的真实面貌，以及即使被杀也屹立不倒的恺撒的真实形象。

3 月 15 日

长期以来，罗马元老院并没有固定的会议场所，甚至连罗马最高国家机关公民大会也没有固定的会议场所。到罗马帝国时期，元老院的会议场所才被固定在由恺撒建造的地方。至此才有了一个能容纳数百人济济一堂又能和其余人群隔离开而且处于罗马市中心的会议场所。此后元老院会议既在神殿中央召开，也经常在回廊的一角召开。但在此之前，由于没有固定的会议场所，每次元老院开会召集元老、公布开会时间和开会场所都必须明确记录并昭告意大利全境。恺撒就任终身执政官时，当时恺撒神殿有部分细节并未完工，因此，当时元老院会议经常在庞培剧场东侧的大回廊一角召开，因为那里够宽敞，足足有 24 300 平方米（长 180 米，宽 135 米），这样与庞培剧场并列的庞培大回廊，只要在当天禁止普通人出入，就有足够的空间供元老院召开会议。

不过，如果没有恺撒的“建设新罗马”计划，元老院也不能在庞

培大回廊召开会议，因为那里位于城墙外宽阔的马尔斯广场中央。虽然无论哪里都足够作为会议场地，但是当时只有军队最高司令官出席时才会在城外开会。因为根据罗马共和国的制度，军队最高司令官是不能进入城内的。

根据恺撒的改造计划，拆除首都罗马和罗马帝国之间的壁垒“城墙”是有必要的，也是其一大特色。因此，原本是在城墙外的马尔斯广场，经恺撒之手，再也没有“墙外”的区别，而成了罗马市中心。在那里召开元老院会议就再也没有什么不合规矩的了。

此外，恺撒本人对在由庞培建造的庞培大回廊召开元老院会议并没有表现出反对。如果恺撒有一点反对的意愿，他就可以选择其他地方作为会场。3 月 15 日的元老院会议，恺撒就下令将其改至可以看得见庞培立像的角落里召开。

恺撒住在古罗马广场内大祭司的官邸里。他从住所前往现在已不见踪迹的庞培大回廊，只能步行。因为依据恺撒制定的法律，在市内，白天只有已婚妇女才可使用马车，紧急情况下的使者才能骑马。此外，从恺撒住所到会场的直线距离不足一公里，但是如果按照当时罗马的城市模型复原图来看，两者的实际路程约为直线距离的两倍。

按照罗马当时的习惯，身居高位的人在“上班”时，会有地位较低的人到家中迎接，并陪同他一起前往会场。那天陪同恺撒从官邸前往会场的人是德奇姆斯·布鲁图。

恺撒走的那条道路沿途必定会有一些人与其打招呼。在日出而作、日落而息的年代，早起是很常见的事，更不用说罗马人通常在中午之前便已完成一天的工作。一般人的工作也好，元老院的会议也罢，通常都在正午之前举行。公元前 44 年 3 月 15 日的元老院会议也与往常一样在上午 10 点左右召开。

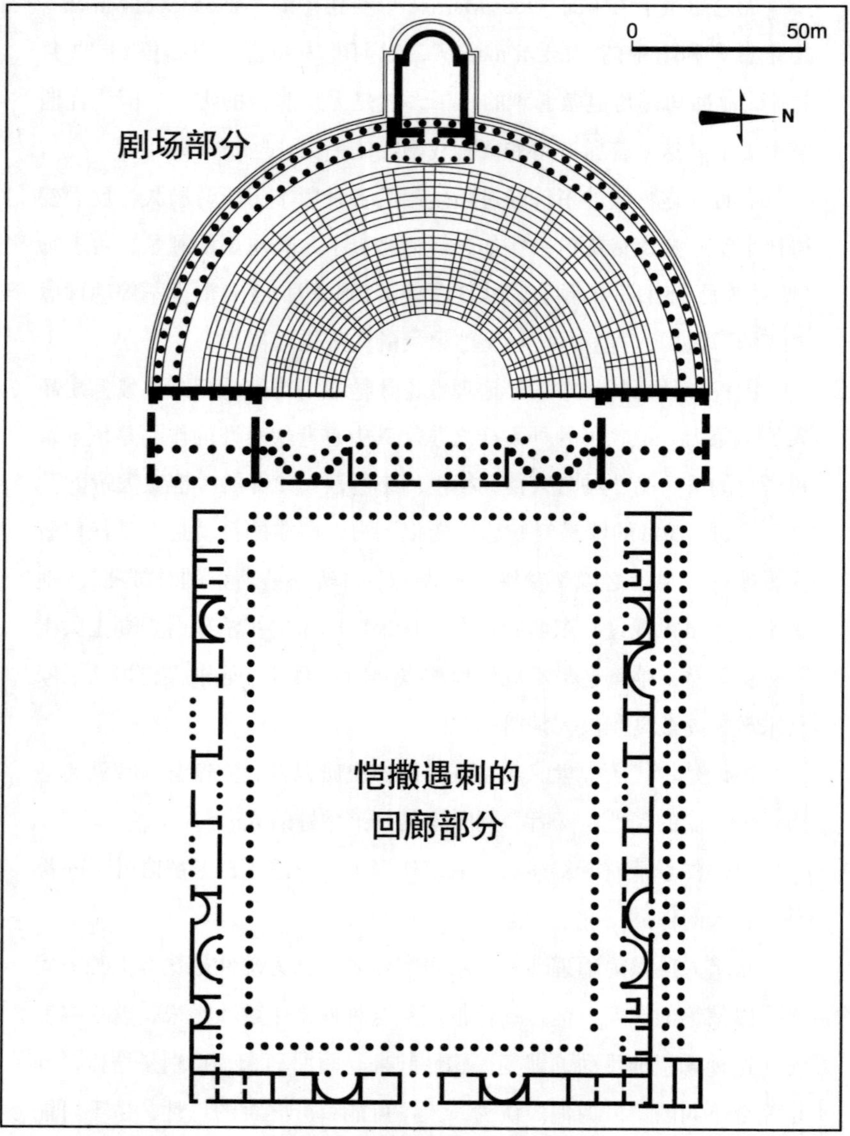

庞培剧场和庞培回廊的平面图

无论是拉丁语中的“Idus Martiae”、英语中的“The ides of March”，还是意大利语中的“Idi di marzo”，对西欧人而言，只要提到“3月15日”，都知道是恺撒遇刺的日子，这是无须多言的常识。因为在西方历史上，这是首屈一指的富有戏剧性的一天。

而且，这一天的事件经过衍生出的各种版本，历时逾久，反而变得比事实本身流传更广。譬如，恺撒之妻卡尔普尼娅的噩梦、占卜师“留意3月15日”的预言、从3月14日到3月15日彻夜不停地肆虐罗马的暴风雨、古罗马广场突然聚集的大规模鸟群等。

古代史学家从一本正经地理性论述恺撒当中解放出来，发挥出超人的想象力，记录了种种不祥之兆。其中具有代表性的作品是依据普鲁塔克的《希腊罗马名人传》衍生出来的莎士比亚的《恺撒大帝》。

不过，3月的罗马气候总是变化无常。恺撒的行动是不受任何事物影响的，更不必说是梦境、预言、鸟群等这些所谓的“征兆”。他并不是完全无视这些东西的存在。如果对国家的统治或者提高士兵士气有所裨益，他都会毫不犹豫地加以利用，而且，他本人也担任了罗马宗教界的最高职位大祭司一职。

不论是古代历史学家还是现代的历史研究者，大家都一致认为恺撒是个一流的理性主义者，同时也是一个理性的人。

对这件事情有所叙述的古人遗作当中——除了西塞罗之外——都是希腊人的作品。

希腊人虽以追随理性和追求真实闻名，认为理性是这世上独一无二可以信赖的东西，但是一旦他们从这种桎梏中解放出来，就很容易转向这种思想的反面，即变得感性起来。而罗马人，特别是恺撒，却是完全不同的。因为他们认为，人不可能百分之百的理性，也不可能百分之百的感性。正因如此，他们认定两者的均衡至关重要。人必须

在两者之间达成平衡。

能够如此直指现实人心的，不止恺撒一人。西塞罗虽然在政治上与恺撒立场相左，但是他在这一观点上与恺撒并无二致。无论是西塞罗遗留下来的书信，还是那些给西塞罗写信的所谓“目击证人”，没有一处提到过那些超现实的前兆和预言。

3月15日那天的事并非那些看见、听见或知晓种种不祥前兆的预言的人屏息守候的一起事件，3月15日只是无数寻常日子中的一天。除了阴谋者之外，没有人预料到这起突发性的惨案。所谓戏剧性，就是事情原本应该朝着非戏剧性的方向进展时，忽然形势急转直下，这样才形成了事情的戏剧性。

对18日即将远征帕提亚的恺撒而言，3月15日的元老院会议非比寻常。他不可能因为要陪伴无法成眠的妻子而缺席，因为这是他公布自己远征两年期间留守本土与各行省防卫和统治负责人名单的最后时机。对阴谋刺杀者而言，这也是他们的最后机会。

3月15日的元老院大会是恺撒出征前的最后一次大会。密谋刺杀者担心元老院元老会以推举恺撒称帝的方式来预祝他远征胜利，而即便没人推举恺撒称帝，他们也仍旧感到不安。因为恺撒是战无不胜的，只要恺撒出马，征服帕提亚只是时间的问题。罗马人一致认为此次出征必能一雪克拉苏败北的耻辱，并能解救那些被流放到边境的罗马士兵，也能在回国途中征服多瑙河流域。对于恺撒的凯旋，罗马人深信不疑。密谋刺杀者担心，一旦恺撒凯旋，那么就再也无法阻止他称帝了。因此，他们认为在恺撒出征之前的3月15日元老院会议上是除去恺撒的最后机会。

元老院会议是相互辩论的场所，禁止携带武器进入，因此，无论是恺撒还是恺撒派的元老都毫无防备地出席会议，会场虽然有守卫却

不是武装士兵。

此外，恺撒在元老全体宣誓后，解散了由西班牙人和高卢人组成的警卫队。此时身为独裁官的恺撒身边只有一支 24 人组成的近卫队，他们手中仅仅握着象征礼仪和地位的束棒斧，并且近卫队通常在会场中与恺撒保持一定的距离。

刺杀者将短剑藏于托加长袍的褶皱里带进了会场。现在他们唯一担心的就是恺撒身旁的安东尼。西塞罗曾称赞安东尼武力过人，堪比角斗士。卡西乌斯主张干脆连安东尼一起杀掉，但布鲁图认为，“我们不是职业杀手”，主张只解决恺撒一人。因此，最后他们决定派人与安东尼搭讪，将其引开。这个任务交给了托雷波尼乌斯，因为他曾任恺撒的军团长，与安东尼相识，前去搭讪也不会引起怀疑。

现在只剩下刺杀的时机问题。开会时会场大约有几百名元老，显然刺杀者不打算当着他们的面行刺，这样成功率相当低，因此，他们决定在会议召开之前，元老尚未到齐时采取行动。

有一种说法称，刺杀集团包括 60 名元老院元老，但目前这一说法并没有确凿的证据。已经被证实的是参与刺杀过程的共有 14 人。不过这 14 人面临如此大的事情时显然不够冷静，其中有人将原该刺向恺撒的短剑刺到了自己人身上。

在这狂乱的 14 人围攻下，恺撒最终不敌，共受 23 处剑伤，其中胸前一剑最为致命。

知道自己将死的恺撒不愿把自己的惨状展示于人，于是用托加长袍的下摆裹住全身，最后倒在了庞培立像脚下。

其他的元老一时间呆若木鸡。惨案就这么瞬间发生了。接下来依事发时的年龄为序介绍行刺者的生平。

1. 马库斯・布鲁图。其父属于马略派，在苏拉死后与雷必达一起

为建立平民派政权而战斗，后被庞培镇压并处以死刑。8 岁丧父的布鲁图由母亲塞维利娅抚养长大。塞维利娅虽是一位称职的好母亲，她给布鲁图请来希腊人做家庭教师，并让他去希腊留学，不过此时她心里第一位的人却不是正从少年走向青春期的儿子，而是恺撒。在夫婿亡故后不久，她就成了恺撒公开的情人。在当时的罗马，遗孀再嫁是很常见的，不再婚反而引人议论。恺撒出于政治目的已结婚多次，拥有众多情妇已是公开的事实，然而塞维利娅不管不顾，仍一心一意地爱着他。这份情感即使布鲁图成年后也无法理解。

少年时期的布鲁图一心向学，先后在雅典、帕加马、罗得岛等当时的最高学府留学。相当于今天从东京大学毕业后再到牛津大学、普林斯顿大学留学并获得学位一样。青年时期的布鲁图并不像同阶层的年轻人那样关心政治和军事，他一门心思地钻研哲学。因此后来他既没有军务经验，也没有担任过相当于进入政界踏脚石的财务监察官或者候补按察官。他本出身于平民贵族，按照法令可以出任护民官等职务，不过对此他并未显露出丝毫兴趣。在少年及青年阶段，对他影响最大的人是年长 10 岁的叔父小加图，而这位叔父正是反恺撒的急先锋。

由于布鲁图并非出身于特别富裕的家庭，要维持罗马上流社会的生活，他就必须找到其他出路。布鲁图厌恶进入政界，故而他虽学哲学，却不愿进入与政界关系密切的律师业。大约 30 岁时布鲁图就进入了金融界，他在小亚细亚以 48% 的年利率进行高息放贷。不过这个过高的利率招致了时任当地总督的西塞罗的批评。

年纪相差 15 岁左右的恺撒和布鲁图两人，一个热衷于四处借款，即使债台高筑仍面不改色，一个则一生不愿伸手借钱。古语云 :“有恒产者有恒心。”恺撒和布鲁图两人大概对此都深有体会，但是两人

对待恒产的态度大不一样。恺撒认为借来的钱只要数目够大，也可以成为恒产的一部分，只是这种想法在布鲁图这里站不住脚。

自恺撒率军强渡卢比孔河，罗马爆发内战后，36 岁的布鲁图马上退出金融界进入政坛。他不顾母亲的反对，与叔父小加图一起加入了庞培派。虽然庞培是自己的杀父仇人，但布鲁图本着国家利益高于个人情仇的信念，义无反顾地投身到高举元老院体制大旗的庞培阵营。

法萨卢斯战役后，由于母亲塞维利娅的恳求，恺撒下令全军不得伤害布鲁图。逃走后的布鲁图也给恺撒写信，庆祝其胜利并告知自己的所在位置。放下心中大石头的恺撒就像对待离家出走的孩子一样，派一队人马前往布鲁图所在地护送他回到母亲塞维利娅身边。

此后，或许是接受了母亲的劝告，布鲁图并没有回到期待东山再起的小加图身边，而是留在罗马一心一意研究学问。

庞培死后，恺撒解决了埃及内乱，平定了小亚细亚，成功实现了“我来，我见，我征服”。凯旋的恺撒收到来自塞维利娅的请求，请求他给予自己的儿子一个美好的未来。恺撒不是铁石心肠，他无法拒绝用尽一生爱恋自己的情人的请求。

公元前 46 年，39 岁的布鲁图出任意大利北部行省总督，而此前他并没有任何政务经验。这当然是得益于恺撒对他的特殊照顾。之后即使叔父小加图与恺撒在北非对阵，他仍老老实实地留在行省任职。由于当时意大利北部行省的居民都被破格授予了罗马公民权，因此布鲁图任职地区并未出现什么动乱。

不过任满回国后布鲁图立即离婚再娶，再婚的对象是叔父小加图的女儿鲍基娅。他这么做的原因是什么，到目前为止并没有确证，大概他是想向已故的叔父表示歉意吧。不过这位新娘鲍基娅却对恺撒有

着深仇大恨。因为她不仅是坚定的反恺撒派小加图的女儿，还是恺撒的旧同僚但总被恺撒压制的比布鲁斯的遗孀。不过对于布鲁图的做法，恺撒没有任何不满，仍然继续不断地提拔他。公元前 44 年，也就是在刺杀恺撒的这一年，布鲁图还升任为大法务官。

布鲁图有着丰富的学识和良好的教养，连西塞罗和阿提库斯都相当赞赏。如果他专心研究学问的话，定能有一番大成就。可惜知识和教养并不等于智慧，布鲁图总是很容易受外界影响。

最初他并不是刺杀恺撒的主谋，他只不过是被推选出来的。真正的主谋是他的妹夫卡西乌斯，只是大多数人都以为他是主谋而参与刺杀的，因此表面上他好像就成了首领。顺带说明一下，公元前 509 年推翻王政建立罗马共和制的人也叫布鲁图。虽然这两人并无事实上的血缘关系，但由于家族名一样，后来的这位布鲁图有时候就把自己当成前人布鲁图后代了。因为人们在做出某项重大决定时，总要师出有名。

布鲁图曾拜托西塞罗润色演说稿，那时西塞罗对布鲁图说了些什么我们不得而知，但是西塞罗对无话不谈的好友阿提库斯是这么评价布鲁图的：

“文章结构缜密有序，但是缺乏热情，没有传达自己想法的技巧和说服别人的信念。”

恺撒生前听完布鲁图的演说后也说：“只知道那位年轻人有着强烈追求某一事物的欲望，但不知道他到底想追求什么。”

如果是我受到这样的讥讽，肯定夜不能寐，何况布鲁图。恺撒虽看在情人面子上为布鲁图进入政界大开绿灯，但实际上他并不认可布鲁图的才能，因此，不少研究者认为，恺撒临终前说的那句“布鲁图，你也在啊”，指的应该不是这位马库斯 · 布鲁图，而是之前陪他

去元老院会场的德奇姆斯·布鲁图。我对此亦持认同态度。恺撒遇刺之时，马库斯·布鲁图大约40岁或者41岁。

2. 卡西乌斯·罗基努斯。“3·15事件”的真正主谋，年龄与布鲁图相仿，经历却完全相反。

公元前54年，时年30岁的卡西乌斯以财务监察官的身份随克拉苏远征帕提亚。在次年的战斗中，他又以前财务监察官的资格指挥克拉苏军左翼。在与帕提亚军对阵的卡莱战役中，克拉苏军战败，31岁就平步青云的卡西乌斯率500名骑兵抛弃总司令克拉苏逃命去了。

此后，卡西乌斯专门负责叙利亚行省的防卫，淋漓尽致地发挥了自己作为军事指挥官的才能。内战爆发时，他投靠了地盘在东方的庞培，负责爱琴海的制海权防卫。但是，在法萨卢斯战役之后，恺撒获胜并对庞培加以追击。当恺撒越过达达尼尔海峡到达小亚细亚时，本属庞培派的卡西乌斯却率领他的全体战舰不战而降。恺撒照例对卡西乌斯宽大处理，给予他自由。而获得自由的卡西乌斯既没有前往埃及追随庞培，也没有前往北非追赶他的同僚，也没有像布鲁图那样过着谨言慎行的生活，而是积极地为恺撒效力。在前文中提到的以“我来，我见，我征服”而闻名的法尔纳克战役中，卡西乌斯还曾担任恺撒军的军团长一职，一方面是因为他军事才能突出，另一方面当时没有任何人怀疑卡西乌斯对恺撒的忠诚。同时，他还迎娶了同为恺撒忠实信徒的布鲁图之妹为妻。在接下来的公元前44年，他和布鲁图同时被恺撒任命为法务官。41岁的卡西乌斯顺利地登上高位。

但是，卡西乌斯对此并不满意。虽说同为法务官，布鲁图是首都的法务官，也就是首席大法务官。而与布鲁图同龄但是资历超过他的卡西乌斯，却只能负责在罗马居住的外籍人事务。已经与庞培余党分道扬镳、一心一意忠于恺撒的卡西乌斯，对此安排满腹怨念。

卡西乌斯一直怀疑恺撒对自己的善意，这一次的安排令他对此的怀疑更加确定了。随着恺撒的权力越来越大，卡西乌斯越发看不到自己的未来。

那么，恺撒是否真的对卡西乌斯没有好感呢？虽然恺撒对卡西乌斯同样发扬了“宽容”的精神，但是在他内心深处，也许真的无法原谅带着 500 名骑兵弃克拉苏而逃的卡西乌斯。

500 名骑兵，在当时堪称很强的战斗力。如果卡西乌斯没有带着他们逃走的话，战况也许截然不同。即使战争结局无法逆转，最起码克拉苏和他指挥下的罗马军队也不至于如此悲惨收场。对把士兵生命和战争胜利看得一样重要的恺撒来说，即使是个人临阵脱逃都无法原谅，卡西乌斯可是置远征军全军覆没于不顾，率领 500 名骑兵背师而逃。有如此不堪前科的卡西乌斯，以后无论说什么做什么，恺撒都不会从内心给以饶恕的。

但卡西乌斯显然没有认识到自己犯的错误的本质。如果他的智慧能及于此的话，也就不会在开始时率军脱逃了。

不过卡西乌斯也清楚地意识到，自己并非旗手之才，难以吸引追随者。如果谋害恺撒是出于一己之私的话，身处低位的他是无法说服他人一起动手的，因此，他决定以布鲁图为旗手。布鲁图能够身居要职，并非因为他个人的野心，而是因为他和恺撒的关系。这一点在元老院元老当中尽人皆知。因此，如果以布鲁图为旗手，就能让人们感到他是一个为了罗马国家的公共利益而牺牲恺撒给予他的私人利益的，一个品质高尚、洁白无瑕、无欲无求、没有个人野心的人，从而加以追随。

他们推选出来的人固然是没有过人之能，但是如果由能力出众者担当旗手的话，其他人就会对他加以防备而不予追随了，因此，卡西

乌斯选布鲁图为刺杀恺撒的旗手，算是选对人了。

除了布鲁图和卡西乌斯之外，还有利盖里乌斯、阿奎拉、鲁布里乌斯、那佐、盖乌斯·卡斯卡、普布利乌斯·卡斯卡，再加上强硬的反恺撒派，公元前54年的执政官阿赫诺巴尔布斯的儿子。上述这9人被历史学家称为“恺撒原谅的庞培余党”。

此外，暗杀恺撒的人还包括恺撒派的人。

3. 托利乌斯·金布罗。职位不详，在恺撒的推荐之下成为元老院元老。换句话说，他也是“恺撒拥趸”之一。

4. 盖乌斯·托雷波尼乌斯。刺杀事件发生时他四十五六岁。公元前60年任财务监察官，五年后任护民官。从公元前54年开始，他就在恺撒麾下任军团长，出征高卢。内战爆发时，他负责马赛攻防战中的陆上攻击。公元前47年，他被恺撒任命为西班牙行省总督。但是他又让庞培的两个儿子成功地集结叛军，逼得恺撒亲自出兵平叛。在恺撒的军团长中，他的才能属于中等。

5. 德奇姆斯·布鲁图。高卢战争时就跟随恺撒，他和另一位在远征帕提亚中战死的普布利乌斯·克拉苏是恺撒幕僚中最有军事才能的两人。这两人不仅背景相似，出身良好，且都在20岁出头时追随恺撒左右。恺撒常常用“青年克拉苏”“青年布鲁图”称呼两人，从中可以看出恺撒对这两位年轻人的爱惜之情。

然而这两人的结局却大不一样：“青年克拉苏”在随父远征帕提亚中壮烈牺牲；“青年布鲁图”则从高卢战争到内战一路追随恺撒，成为他的左膀右臂。

恺撒非常欣赏这位青年将军的才华，在恺撒的遗书中，曾指明其为第一继承人后的顺位继承人。不过“3·15事件”发生时，40岁的德奇姆斯·布鲁图对此并不知情。而当恺撒遗书公布之后，他顿

时面色异常，沉默无语。因此，后来大多数人认为恺撒临终前说“布鲁图，你也在啊”所指的人就是他，而不是他的堂兄弟马库斯·布鲁图。事实上，罗马公民也大多将刺杀恺撒事件的一腔怒火集中发泄在他身上。

6. 苏尔皮基乌斯·加尔巴。此人也是从高卢战争时期就追随恺撒的军团长。不过他在军事上并无突出才能。恺撒对他的任用，更多的是在高卢战争之后与元老院的斗争当中。他于公元前 54 年出任大法务官，在公元前 49 年成为恺撒派推举的执政官候选人，但最终败在了庞培和元老院派选派的两位候选人之手。内战时期，他虽仍为恺撒的军团长，但似乎可有可无。

7. 米奴丘斯·巴基鲁斯。此人自公元前 55 年起以军团长身份参加高卢战争，内战时期也是恺撒手下的一员大将。但史料中对此人的军事才能并没有具体的记述。唯一可知的是，他既是恺撒派，又以西塞罗的弟子自居。

上述五人中，尤其是恺撒派高级将领托雷波尼乌斯、加尔巴、巴基鲁斯以及德奇姆斯·布鲁图四人，一直到内战时期都对恺撒忠心耿耿。他们为什么参与暗杀恺撒的行动呢？

由于他们在“3·15 事件”发生后的两年里都相继死于非命，且没有留下任何遗书或遗言，后来的研究者只能通过想象来推测他们行刺恺撒的因由。目前最有可能的理由是他们觉得被恺撒欺骗了。他们认为自己为恺撒战斗，是为了恢复罗马的秩序，而不是为了让恺撒称帝。后来研究者将这五人称为“担忧的恺撒派”。

不过，这并不意味着所有的幕僚和亲信都反对恺撒。在他手下的将领和文官中，大约只有二十分之一的人萌生了反意。话虽如此，我们仍然禁不住想，这些可都是被恺撒一手调教出来的人啊，为什么当

中仍有二十分之一的人会萌生杀害恺撒的想法呢？

在最初受到君主重用之后又遭受冷落陷入绝望继而萌生反意的人，在历史上并不鲜见。日本历史上的明智光秀（刺杀主公织田信长。——译者注）就是典型的例子。

然而上述四人的情况并非如此。因为在远征帕提亚的准备工作中，恺撒打算任命德奇姆斯·布鲁图和托雷波尼乌斯出任行省总督，这一职位已属留守国内人事安排中的要职。由此可以推断出，他们并不是因为即将面临仕途上的困境而刺杀恺撒。

此外，虽然恺撒始终拒绝登位称帝，但他对罗马将来应当成为君主制（一人独裁）的看法毫不掩饰。对此，他身边的希尔提乌斯、巴尔布斯、安东尼等人都能充分领会，那么与他们同属恺撒亲信的德奇姆斯·布鲁图及其余三人为什么就不能领会到这一点呢？

他们如果能领会但并不认可恺撒的理念，完全可以改投庞培门下。他们如果不同意君主制，而坚持寡头政治的话，也大可以在“3·15事件”发生前表明态度，毕竟恺撒和庞培的斗争在法萨卢斯战役前一直持续了两年，他们完全有机会重新选择。

因此，对于他们刺杀恺撒的理由，我想用恺撒自己的一句话来解释最为恰当：

> 人不管是谁，都无法看清现实中的一切，大多数人只想看到自己想要看到的现实而已。

如此说来，再追究这些刺杀恺撒的直接刺客的动机，似乎并没有多大意义。不管他们每个人的真正动机是什么，这14个人组成的刺杀团伙的最终动机，仍是坚持元老院主导的共和体制，阻止罗马走向

帝制。

不过他们并未理解，恺撒考虑的“帝制”和他们“不想看到的”、罗马建国初期与其他国家一样的君主制“王政”并不相同，因此，这14人一致认为，如果恺撒的最终目的是走向“王政”的话，那么他们必须在该目标实现前摧毁它。

恺撒生前曾说：“无论结局如何恶劣，一切的源初仍是善意。”如此，一味追寻刺杀的动机还不如研究他们的“善意”来得更有意义。因此，我们不如以一个善意的人——西塞罗——的证言为基础，来探究他们的“善意”。这样一来，莎士比亚以普鲁塔克的《希腊罗马名人传》为基础写成的《恺撒大帝》，就为我们提供了另一种现实的可能。

在身中23剑的恺撒遗体面前，所有人——包括安东尼——都在瞬间逃散，连句哀悼的话都没来得及说。安东尼和其余恺撒派的元老院元老，以及那些中立派的元老，在得知恺撒被刺的消息后第一时间逃离了会场。手握滴血短剑、身穿浴血托加长袍的布鲁图及其同伙陷入了癫狂状态，甚至一度刺伤了同伴的手腕。当他们重返会场时，发现庞培大回廊里空无一人，连守卫都无影无踪了。

以布鲁图为首，刺杀者相继奔出会场，沿途高喊“我们自由了”“暴君死了”等口号。不过，他们并没有得到任何回应，因为沿途百姓早已在抢先逃跑的元老“恺撒被杀了”的高喊声中得知了事变的发生。所有人都回家躲匿起来，紧闭大门，静观事态发展。原本熙熙攘攘的罗马市中心，瞬间空旷无人。

刺杀者原以为自己会获得热爱自由的罗马公民的欢呼和拥戴，但眼前空无一人的景象让他们感受到了和刺杀恺撒时一样的恐惧。恐惧

和慌乱再次袭上他们心头。迷失了自我的刺杀者再也没有勇气在空无一人的大街上再次高喊“我们自由了”“暴君死了”。按照当初的计划，布鲁图要给罗马公民做宣传演说，然而，此时的古罗马广场连一个人影都见不到，于是刺杀者只好登上了卡匹托尔山。他们倒不是为了向众神报告已行之大事，也不是感谢诸神庇佑，而是因为卡匹托尔山作为罗马诸神的供奉地，一直被当作罗马的圣地，只有躲在这里，刺杀者才能感到自己的安全有所保障。西塞罗在得知事变发生后，马上赶到了他们藏匿的地方。

西塞罗首先对仍握着滴血短剑的刺杀者表示赞赏，接着他建议他们应当迅速召开元老院会议，以恢复元老院主导的共和政体。按照罗马法律，法务官有权召集元老院会议，而刺杀者中的布鲁图和卡西乌斯都时任法务官，而且布鲁图还专门负责首都事务。西塞罗认为，布鲁图应当立刻行使召集会议的权力。

然而罗马法律还有另一项规定，即只有当两位执政官都因故无法召集会议时，大法务官才能行使召集元老院会议的权力。而当时两位执政官中，虽恺撒已死，但另一位执政官安东尼仍在罗马。布鲁图如果罔顾这一事实而强行召开会议，那实际上是违法的行为。

虽然布鲁图有胆量背弃誓死保卫恺撒的誓言，但他并没有足够的勇气违背法律的约束。最终，他以执政官安东尼才有权召集会议为由，拒绝了西塞罗的提议。共和政体复辟的希望瞬间破灭。布鲁图虽然也跨越了自己的“卢比孔河”，但与恺撒不同，他过河后却裹足不前了。

在此期间，恺撒的遗体仍然躺在庞培大回廊的角落里。当遇刺的消息传到恺撒宅邸时，他的妻子卡尔普尼娅当场晕厥，奴隶们都手足无措。当日下午，三位忠心耿耿的奴隶自发地潜入庞培大回廊偷运出

主人的遗体，没有运往罗马市内的官邸，而是安放于“苏布拉”的别墅中。经医生诊断，恺撒的23处剑伤中只有一处是致命伤。

在卡匹托尔山的神殿内，刺杀团伙与西塞罗交谈时决定将恺撒遗体与格拉古兄弟当年一样进行处理——扔进台伯河里。在他们为此争论不休时，勇敢的奴隶们已经将恺撒遗体偷运出城了。

3月15日的夜晚很快来临。入夜后，亢奋的刺杀者平静了些许。根据西塞罗的奴隶们四处调查的结果，位居安东尼之下的恺撒派都紧闭家门；马尔斯广场周围驻扎的恺撒精锐士兵也因事发突然而茫然无措。奴隶之所以能调查到这些情况，是因为他们之间有着独立于主人的情报网。得知事态陷入胶着状态之后，刺杀者约定先各自回家，翌日早上再于罗马广场相聚。

西塞罗却不敢返回位于罗马市中心帕拉蒂尼山上的宅邸，而是转而投宿在恺撒的好友、金融家马提乌斯的家里。一则马提乌斯的宅邸位于远离市中心的阿庇亚大道旁；二则他预想恺撒的精锐部队也不至于会攻击恺撒生前好友的住宅。

恺撒并未打算带着高卢战争以来就追随他的精锐军团远征帕提亚，而是给他们在各殖民地分配了土地。也有一些士兵宁愿一无所取，也坚定地要求追随恺撒左右。这部分士兵后来被恺撒安置在马尔斯广场周围待命。这些人大多数是恺撒军中的百夫长，无论是训练新兵还是在实战中，都是恺撒的得力助手。与四个背叛恺撒的高级将领不同，恺撒军中大凡中层以下的士兵都对恺撒绝对忠心。并不是因为他们比军团长更能理解恺撒的政治理念，而是因为他们对恺撒有着与生俱来的信任，甚至可以说是盲从。或许有时候，信任就是一种盲从吧，就像塞维利娅对恺撒的爱。将士对恺撒的爱或许并不逊色于男女之爱。这批人的存在正是让刺杀者最为惊惧的。

3月16日

第二天，也就是3月16日，罗马公民重新出现在街头巷尾。不过街市商铺既无开店买卖，会堂、回廊、古罗马广场周围的学校也见不到上课的师生。所有的人听说布鲁图要公开演讲，都聚集到了古罗马广场。恺撒的精锐士兵也满满当当地挤在讲坛周围的群众中。

布鲁图的演讲首先阐述了刺杀恺撒的原因，不是出于对恺撒的憎恨，而是出于对国家之爱远胜恺撒。因为如果任恺撒继续推行改革，那么全罗马人都会成为恺撒一个人的奴隶。为了捍卫全罗马人的自由，他们不得已才行刺杀之举。

在布鲁图的演讲过程中，听众皆寂静无声，既无反对的口号，也无赞同的声音。在布鲁图演讲完毕之后，秦纳登上讲坛。此人并非刺杀集团中的一员，却曾在得知事变后第一时间赶往卡匹托尔山对暗杀者表示支持。而当秦纳谴责恺撒的演说一开始，沉默的听众瞬间爆发。他在演说中称不允许为恺撒举行葬礼，恺撒遗体只能投入台伯河中。这一言论激起了群众的怒吼，愤怒的群众像潮水一般朝秦纳和布鲁图所在的讲坛涌去。

刺杀集团成员在自家奴隶的护卫下，从罗马广场后面的坡道逃走，再度逃往前一天藏身的卡匹托尔山神庙里。

公开遗嘱

此时，安东尼来到恺撒的别墅。四年前庞培死后，安东尼曾没收了他在西里欧山上的住宅。恺撒回国得知后勃然大怒，命其按照市价

付给庞培遗孀相应的购置费，此后安东尼总算成了该住宅的正式持有人。从那里去往恺撒“苏布拉”的别墅，无须经过罗马广场。

在恺撒被害四小时后，同为执政官的安东尼第一次面对过往同事的遗体。在恺撒的“苏布拉”别墅里，还有恺撒的遗孀卡尔普尼娅及其父亲——元老院的资深元老皮索。正是这位皮索告诉安东尼，恺撒留有遗嘱。此前，遗嘱一直由女祭司保管，而安东尼对此一无所知。

在能望见恺撒遗体的回廊内，卡尔普尼娅、皮索、恺撒的亲信希尔提乌斯、巴尔布斯，以及恺撒死后成为罗马最高权力者的安东尼等人都到齐了，恺撒的遗嘱首度公之于世。遗嘱写于六个月前，落款日期是公元前45年9月15日。

一、恺撒所有资产的四分之三，由盖乌斯·屋大维乌斯与阿提娅之子屋大维继承。

二、剩下的四分之一由路奇乌斯·皮纳利乌斯和昆图斯·佩提乌斯平均继承。

三、如第一继承人屋大维主动放弃继承权，其权利由德奇姆斯·布鲁图继承。

四、如第一继承人实行继承，则德奇姆斯·布鲁图与马克·安东尼两人为遗嘱执行监督人。同时若卡尔普尼娅生下恺撒遗腹子，上述两人同为遗腹子监护人。

五、第一继承人屋大维继承资产的同时，自动成为恺撒的养子，并改用恺撒的家族姓氏。

六、赠予所有住在首都的罗马公民每人300塞斯特斯，并将台伯河西岸恺撒名下的花园捐给公民作为公共场所。该项由第一继承人实行。

恺撒遇害时，屋大维正值18岁零6个月。其父屋大维乌斯是出身于骑士阶级的元老院元老，也属于阿庇亚大道旁的韦莱特里城的权力阶层；其母是恺撒的外甥女阿提娅。“屋大维”一词的原意是指小屋大维乌斯。这个年轻人是恺撒的甥孙。

皮纳利乌斯和佩提乌斯两人都是恺撒姐姐的儿子，也就是恺撒的外甥。

德奇姆斯·布鲁图与他们相比，是唯一一个与恺撒没有血缘关系的人。

马克·安东尼的母亲尤利娅，也是尤里乌斯家门的一员，因此，论起来，安东尼也是恺撒的亲戚。

然而恺撒的遗嘱却无关血缘，也无关财产分配，而完全是一份政治遗嘱。他将财产赠送给全体罗马公民，每人300塞斯特斯；却指定了屋大维作为养子，并给予他尤里乌斯·恺撒之家族名，等于向全世界公布屋大维是自己的继承人。

遗嘱公开后，最失望的莫过于安东尼和克娄巴特拉两人了。

“3·15事件”发生时，克娄巴特拉与传闻中她和恺撒的私生子恺撒利昂也在罗马。

恺撒并不隐瞒他与克娄巴特拉之间的情人关系，他将克娄巴特拉母子安置在台伯河西岸花园的别墅中，自己与正妻则居于官邸。

不过对于他与克娄巴特拉的孩子，遗书中却只字未提。像他这样的坦荡男子，自然不会不承认私生子。或许他认为跟自己保持距离、划清界限，反而是对克娄巴特拉母子最好的保护吧。然而克娄巴特拉没法理解恺撒行为背后的深意。女王带着孩子悄悄地乘船经台伯河到达奥斯提亚港口，并在那里转乘大船驶向埃及，远离了伤心之地罗马。她这么做，一是出于对恺撒遗嘱的失望，二是因为不论对谁，

“3·15事件”后的罗马都是可怕的凶险之地。

相比克娄巴特拉，38岁的安东尼的失望感可能更为强烈。作为恺撒左右手的他，对自己将成为恺撒继承人这一点始终深信不疑。身为终身独裁官兼执政官的恺撒还曾任命他出任与自己地位同等的执政官，并且打算在自己远征帕提亚期间委任他留在罗马任最高负责人。

虽然在法萨卢斯战役后恺撒追击庞培的一年里，安东尼作为代首领在统治期间出过乱子，也没能制止第十军团兵变，让恺撒有一阵颇为不悦，然而在恺撒回国后的一年里，两人的关系又逐渐恢复，安东尼又继续成了恺撒的左右手。在这样的情况下，为什么恺撒要选择连指挥一个大队的经验都没有、体弱多病、年仅18岁又没有特别亲密的血缘关系的屋大维作为继承人？不仅是安东尼，其他人对这一点也无法理解。

从表面上看，让一个当时18岁的孩子担任罗马帝国的首脑，这完全是不负责任的行为。可实际上，恺撒立遗嘱时，本以为还要再过十二三年才能派上用场。那时罗马早已完成了从共和政体走向帝政的准备阶段，而那时将罗马交给屋大维就再合适不过了。因为再过13年，恺撒引退时，屋大维已经30岁，正是在罗马政界崭露头角的年纪。

然而即便虑及于此，那时的屋大维也只不过年届30岁，才到罗马人概念中的青年期，离社会认可的成熟男人还有一段距离。而同样的13年后，安东尼正好50岁。罗马人向来认为作为国家首领，沉稳胜过年少，50岁好过30岁。恺撒的意外遇刺，让罗马诞生了一位年仅18岁的首脑，这一点从安东尼的立场来看，是无法理解的，甚至是失望透顶的。安东尼和克娄巴特拉一样，都无法看清恺撒行为背后的真意。

在法萨卢斯战役后的一年里，安东尼在政治统治上的失误，并不只是让恺撒一时感到不快。恺撒从中感受到了安东尼平时统治能力的局限。在军事上，安东尼是军团长中的翘楚。在罗马军常见的左翼、右翼、中央的布阵中，安东尼可以轻松胜任任何一翼的指挥，然而他不具备非战时的统治能力。恺撒原定远征帕提亚期间，不再任用安东尼为长期的代理人。在第二年、第三年的规划中，恺撒并没有将安东尼列入执政官人选，而是打算将他调到希腊北部的马其顿行省担任总督。这样当恺撒从帕提亚归来时，可以乘势收服多瑙河南岸。毕竟，安东尼在战场上是一员不可多得的猛将。

那么，为什么是屋大维担任帝国事业的继承人呢？当恺撒遗嘱公之于世时，大多数的罗马人心头都萦绕着一个疑问："谁是屋大维？"无论在国内还是在国外，年轻的屋大维都籍籍无名。为什么恺撒要选这样一个人呢？或许恺撒正是看到了屋大维与安东尼截然相反的才能吧。

恺撒自己不论在战时还是和平时期都具备军事、政治一把抓的才能，而安东尼只具备军事才能。恺撒看出屋大维有着和平时期的统治天赋，但缺乏军事才能。恺撒认为，和平时期也需要防卫。作为国家统治者，如果缺乏军事才能是行不通的，因此，恺撒为了弥补屋大维军事能力上的欠缺，特地挑选了一个出身卑微、品性诚实、军事能力卓越的年轻人辅佐屋大维。这个人叫阿格里帕，与屋大维同龄。

恺撒立下遗嘱后立刻开始付诸行动。首先他将屋大维和阿格里帕送到希腊西岸的阿波罗尼亚，两个年轻人在那里的远征军营中见了面。对于 18 岁的屋大维而言，出征帕提亚是人生中第一次参战。也正因如此，恺撒被刺杀时，屋大维并不在国内。

得知恺撒遗嘱内容后失望异常的安东尼，萌生了趁继承人不在国内取而代之的野心。只是这种野心必须先隐藏起来。

首先，他凭借遗嘱执行监督人的身份，以保护恺撒的财产安全为由，将恺撒的金库搬到了自己家里。金库中储备了恺撒远征帕提亚所需的约1亿塞斯特斯巨款。在控制了巨款后，他马上开始与刺杀者接头。

接头的任务交给了恺撒的秘书希尔提乌斯。安东尼于3月16日中午左右得知恺撒遗嘱内容，他当晚就命希尔提乌斯秘密造访了德奇姆斯·布鲁图的宅邸。德奇姆斯·布鲁图迅速将这一情况以书信的方式通报给马库斯·布鲁图和卡西乌斯，并抄送了一份给西塞罗：

> 近况通报。
>
> 昨夜希尔提乌斯来访，将安东尼最恶劣、最无诚信的计划告知于我。
>
> 据其所言，我们之中无一人在罗马可得保全。民众和恺撒的精兵怒火中烧，都叫嚣着要复仇。此言之真伪，我无法判断，或许你们那里还能判断事态发展之真实境况。
>
> 当前我唯一可以确认的，是由希尔提乌斯之口说出的安东尼计划。安东尼不赞成我们中任何一人以任何职位留在意大利境内——无论那职位多么卑微。他认为自己无法在愤怒的公民和士兵中保证我们的安全。
>
> 于是我向希尔提乌斯建议，我们都是元老院元老出境制度（元老院元老无论因公、因私出境，都可以在罗马各行省和同盟国享有等同国内职务的待遇）的适用对象，可否依制度让我们离开意大利。

希尔提乌斯答应会尽力说服安东尼。不过依我看，安东尼应该不会同意我们所有人都按照该制度出境。毕竟我们现在是被恺撒派赶进了死胡同。即使安东尼现在答应我们的请求，将来也有可能反悔。他说不定还会宣布我们是国家公敌，并加以驱逐。

或许你们会询问我的意见。依我看，还是暂时屈服于厄运，首先远离意大利——去罗得岛或者别的什么地方——总之趋远避祸，是为上策。待时来运转之时，便可重整回国；若厄运依旧，则继续亡命天涯；若遇雪上加霜，那就只好各安天命了。

对以上我的计划，不知两位意下如何，期待告知。希尔提乌斯也曾表示期待两位的意见，他嘱咐我一接到两位的回信，即刻向他转达。他将于明早10时向安东尼汇报我们的答复。盼两位即刻回复！

3月17日晨于罗马

以上就是在恺撒喋血后的48小时内，刺杀集团方面的动向。

妥协

同日，即3月17日下午，由于愤怒的民众在罗马广场聚集不散，安东尼在远离该处的西里欧山神庙里召开了元老院会议。刺杀集团全员出席，位居安东尼之下的恺撒派也人头攒动，只有西塞罗被排除在外。此次元老院会议，实际上不过是两派互探虚实、试图找出折中解决方案的会议。

许多参会人士，特别是刺杀集团成员，在得知恺撒生前对此后两

年的人事安排后，反恺撒派都产生了极大动摇。因为他们当中许多人都位列名单之中。敌方的动摇给安东尼提供了绝好的机会。在恺撒遇刺两天后，元老院会议做出了如下决议：

恺撒方面对违背誓言的刺杀者不追究刑事责任。

刺杀集团认可恺撒的政治模式，并继续加以推广，即按照恺撒生前的人事计划进行职位安排。

事已至此，以布鲁图为首的刺杀集团关心的已经不是重建共和政体了，而是在愤怒的民众和恺撒精锐老兵威胁下的自身生命安全。出任政府要职无疑是当时最能保全性命的办法。

由恺撒生前准备妥当、死后由元老院追认通过的人事安排如下：

（名字前带“*”的是刺杀集团成员，或是虽没有直接参与刺杀行动却是策划参与者。）

公元前 43 年执政官——希尔提乌斯、巴苏斯。

公元前 42 年执政官——普兰库斯、* 德奇姆斯・布鲁图。

公元前 44 年起，在恺撒远征帕提亚期间的各行省总督：

近西班牙行省——雷必达。

远西班牙行省——帕里奥。

法国南部行省及整个高卢行省——普兰库斯任职至公元前 43 年年末；自普兰库斯任公元前 42 年度执政官起该地由远西班牙行省总督帕里奥兼任。

意大利北部行省—— * 德奇姆斯・布鲁图任职至公元前 43 年年末；布鲁图出任公元前 42 年度执政官后，该地总督人选再议。

意大利北部行省一直被称为“阿尔卑斯山南高卢”，该地居民早已被恺撒全部授予了罗马公民权，但仍保留了行省的行政地位。根据罗马法律，从卢比孔河到墨西拿海峡的罗马本土境内不允许驻扎

军队，而当时罗马称霸高卢不足6年，无论是对高卢境内的高卢民族，还是对莱茵河以东的日耳曼民族，意大利半岛的北部防线都不可松懈。因此，意大利北部只有采取行省行政制度，才能保留军队驻防。而意大利半岛南部的西西里虽然只享有低于罗马公民的拉丁公民权，但是该地属于安全防卫地域，因此早已撤掉行省，划归罗马本土境内。从本土防御的角度来看，意大利北部行省的重要性显然高于西西里。

意大利北部行省的总督同时也担任该地最高军事长官，担负着卢比孔河与本土国境交界地带的安全防卫，因此，该地总督一职理应由最可信赖的人出任。公元前46年，恺撒就将意大利北部行省总督的位置交给了马库斯·布鲁图。彼时离他在恺撒与庞培的对决中投降恺撒还不足一年时间。接着恺撒又决定在远征帕提亚期间，将这个重要的位置交给德奇姆斯·布鲁图。后来罗马人中流传着这两人恩将仇报的故事，并不是空穴来风。

我们接下来继续公布人事安排名单：

马其顿行省——安东尼执政官任期终止时赴任。

亚细亚行省（小亚细亚地区西南部）——*托雷波尼乌斯。

比提尼亚行省（小亚细亚地区西北部）——*金布罗。

叙利亚行省——多拉贝拉。

阿非利加行省——*科尔尼非切斯。

新阿非利加行省——塞斯提乌斯。

护民官——*卡斯卡。

任期自公元前44年12月10日起的护民官一职由卡斯卡出任，而此人正是行刺行动中第一个扑向恺撒的。

值得一提的是，名单中没有卡西乌斯。按照罗马法律，公元前44年度的执政官卡西乌斯可以在第二年升任行省总督，但恺撒的安排中非但没有让他负责重要的意大利北部行省，甚至也没打算让他出任其他行省总督，反而委任没有总督经验的卡西乌斯妻子的哥哥马库斯·布鲁图为意大利北部行省总督。考虑到行省总督即当地最高军事长官这个事实，恺撒这么安排，大概是由于卡西乌斯当年有过背叛首领的行为，难当大任，而卡西乌斯也对恺撒怀恨在心。

恺撒被刺两天后的元老院会议上，恺撒派和刺杀集团妥协的结果是，仍旧按照恺撒生前的人事安排进行职务调配。恺撒虽然被杀了，但他的人事安排被保留了下来。

没有亲临会议的西塞罗知道结果后，对此向阿提库斯表达了自己的愤怒和喟叹：

“早知如此，当初何必杀恺撒！”

此外元老院会议还决定，除了人事安排外，其余各方面仍沿用恺撒的政治构想：一是同意高卢和西班牙两个行省的代表进驻元老院，尽管保守派对此曾异常反感；二是继续维持给予非本土出身的人罗马公民权的政策。

安东尼也向刺杀集团做出了让步，就是废除终身独裁官制度。安东尼也知道，自恺撒后，任何人再试图坐上这个位置都必然招致全体公民的嘲笑。此外，远征帕提亚一事，在会议上再无人提及。

会上恺撒派提出3月18日在罗马广场为恺撒举行国葬。那些因恺撒遗嘱而受惠的刺杀成员对此没有异议。

会后德奇姆斯·布鲁图便悄悄离开罗马，以期能尽快到达自己能公开拥有兵权的意大利北部行省赴任。他早已感觉到了罗马公民和恺撒精锐老兵的腾腾怒气。托雷波尼乌斯和金布罗也急忙赶往各自的任

职地。

可是，马库斯·布鲁图和卡西乌斯这两位刺杀主谋怀着对会上所达成妥协的信任安心在罗马待了下来。元老院会议结束后，他们分别到两位恺撒派重要人物家中赴宴。雷必达招待布鲁图，安东尼招待卡西乌斯。两场宴会都在表面上一片和平中结束。

第二天是举行恺撒葬礼的日子。

莎士比亚在《恺撒大帝》中写到，恺撒的葬礼由马库斯·布鲁图的演说作为开场，接着安东尼进行了他那举世闻名的杰出演讲。然而，我们在“目击证人的证词”中并没有找到相关内容。

如前所述，我们知道，刺杀发生当天的 3 月 15 日，刺杀者原打算公开进行演讲，但后来不得不逃到卡匹托尔山上的神殿中躲避。刺杀后第二天的 3 月 16 日，马库斯·布鲁图虽发表了演说，但最后也和前一天一样逃到了卡匹托尔山。到为恺撒举行国葬的 3 月 18 日，民众和恺撒的精锐老兵依然愤怒，德奇姆斯·布鲁图和马库斯·布鲁图再也没有胆量现身于众，因此，在国葬上只有安东尼一人出现并致悼词。

没有一位历史学家记录下安东尼的凭吊演说，不过历史学家都公认安东尼确实发表了凭吊演说。这也不难理解，因为按照古罗马惯例，凭吊演说一般是由死者最近的亲属发表。意欲取屋大维而代之的安东尼，自然不会放过如此绝佳的展示机会，只不过演说内容没能流传下来。

《恺撒大帝》中安东尼那精彩绝伦的凭吊词实际上不过是莎士比亚的文学创作而已。鉴于莎士比亚的作品家喻户晓，我在此就不再赘述。这里要讨论的问题是，是不是有必要用那样的演说对经历

“3·15事件”的罗马民众进行煽动呢？如果没有安东尼的煽动，罗马民众难道就会对布鲁图等刺杀者拍手称赞，赞同他们的行为吗？如果没有安东尼的煽动，罗马民众就不会对刺杀者加以痛恨，对刺杀行为进行谴责吗？

有位古代的历史学家记录了如下事实：

> 安东尼站在罗马广场的讲坛上，面对恺撒的遗体，宣读了赠予每位罗马公民300塞斯特斯及将台伯河西岸的庭院捐赠给国家作为公共场所的恺撒遗嘱。同时安东尼也指出，无论是刺杀者，还是其他元老院元老，都曾在效忠恺撒的誓约上署名。然后安东尼又对恺撒的功绩进行了一番颂扬，追悼会结束。

我认为，上述内容足以充分煽动民众情绪了，根本无须什么锦上添花的精彩演说。

火葬恺撒

看到恺撒遗体的人禁不住号啕大哭，怒火中烧。包围恺撒遗体的熊熊大火也点燃了他们心中的怒火。史书记载的葬礼情况与莎士比亚在《恺撒大帝》中的描写大体相同。恺撒的葬礼已经不是单纯寄托哀思的活动，而是成了激起人们对刺杀者的极大愤慨和憎恨的地方。

众人用焚烧恺撒遗体的火焰点燃手中的火把，如同暴徒一般杀向了刺杀者的宅邸。而以布鲁图为首的全体刺杀集团成员早已躲进了友人的家中避祸，他们当中并没有谁在那天受到实质性的攻击，反而是

一个与刺杀者金布罗同名的恺撒派诗人被愤怒的群众误杀。

焚烧遗体的火焰渐渐熄灭，瓢泼大雨从天而降。还没等人前来收集骨灰，恺撒的骨灰就被雨水冲刷殆尽。后来屋大维在平定内乱后建造了一座皇帝陵，而本应第一个入葬皇帝陵的恺撒却因骨灰尽失而无法安葬。

因此，一代帝王恺撒却没有墓地。或许恺撒骨灰早已被雨水冲进了罗马的地下，通过完备的下水道系统流进了台伯河，进而流向了地中海。不过，与其委身于一座平常的坟茔，无墓之葬似乎更适合恺撒。

逃跑

葬礼后次日，也就是 3 月 19 日夜里，布鲁图和卡西乌斯天不亮就逃离了罗马。身为首都法务官的布鲁图本应留在国内尽忠职守，但罗马满是怒火中烧的民众，对他们而言实在是太危险了。他们的目的地是位于阿庇亚大道以南 30 公里处的布鲁图的别墅。古罗马将建在郊外的独栋别墅统称为“围拉”（villa），通常由高大坚固的石墙围绕，内部设置从居室、马厩到奴隶住所一应俱全，相比于罗马市内的住宅更有利于防卫。因此，两位刺杀恺撒的主谋躲进这个安全的地方，等待着安东尼履行承诺的“特赦”，然后再返回罗马。

然而安东尼面临的情况比他之前预想的要顺利得多，因此，尽管有西塞罗的热心周旋，尽管此前安东尼本人也有过亲口承诺，但是他现在想重新考虑之前对刺杀者“特赦”的承诺了。如果实行“特赦”，他担心愤怒的罗马民众会将怒火转嫁到自己身上。

恺撒就任终身独裁官后不久，要求元老院全体元老起誓保卫自己的人身安全。恺撒在接受誓言后，立刻解散了长久以来由日耳曼人和西班牙人组成的警卫队。如前所述，元老院全体元老都在誓约上署名，可是所有的刺杀集团成员都是元老院元老。

从现代人的角度看，如此相信人的誓言似乎显得轻率，而对古代的罗马人而言，誓言有着极为沉重的分量。

一神教的犹太人信守神与人之间的约定，而多神教的罗马人则不同，他们认为神是保护及帮助人的，而不是裁定人类行为方式的法官，人类行为的正确与否，最终有待人类自身来裁决。因此，古罗马人虽成为法的精神的创造者，但裁定人类行为的既然是人类自身，那就只能相信人的言辞。古罗马人惯于彼此交换誓言，通常他们的誓言分为以下几类：

一、与败者相约——在扣押人质的基础上缔结盟约。

二、与债务人相约——在有担保的基础上建立融资关系。

三、具公共效力的君子协定——在无人质、无担保的情况下，口头盟誓。

恺撒要求全体元老院元老做出的誓言就是第三类。换言之，包括刺杀者在内的元老院元老和终身独裁官恺撒之间的誓言正是“君子协定”。如果无此约定，那么刺杀恺撒的行为可能只是一场单纯的谋杀，仅构成罗马法律上的刑事犯罪。依据恺撒修订过的罗马法典，刑事罪犯只要选择自行流放他国就不再被追究责任。然而，既然刺杀者都参加过这种典型的罗马式“君子协定”，那么他们的行为就不仅仅是普通的刑事犯罪这么简单了。国家统治阶级的人士背信弃义——违背当初无须人质、无须担保但拥有最广泛的公共效力的誓言，如同“驷马难追”的君子、“一言九鼎”的名流做出了与其身份极不相符的行径。

君子恺撒相信“君子协定”，解散了警卫队，而对方的“君子”则偷偷携带武器前往禁械的场所行刺。刺杀者的行为再次表明了他们不应该属于国家的统治阶级。

当刺杀者从亢奋中冷静下来，西塞罗很快意识到了问题的严重性。他积极斡旋的目的，是想让刺杀者能获得“特赦”，恢复名誉。不过在当时的罗马，西塞罗想的“特赦”和今天我们说的“特赦”并不相同，当时甚至连宽恕罪行的概念都没有，如果一定要“特赦”，实际上更接近自行流放。

此外，刺杀者也在恢复理智后意识到了刺杀恺撒的严重后果。因此，他们在次日元老院会议上也默认了恺撒生前进行的人事安排。因为只要身居国家公职，尤其是身居国家要职，就可以淡化破坏“君子协定”在道义上的罪过。而在西塞罗的积极斡旋下，安东尼答应的“特赦”一旦实现，刺杀者便可以恢复为“君子”。不要忘记，他们对恺撒允许行省地区的上层人物进入元老院怀有极大的不满。刺杀集团是以出身于罗马本土而自豪的元老院元老集团，他们认为重视誓言是指导者的最高德行，在这方面他们并不甘居人后。

上述观点在纯罗马血统的“君子”之间颇为盛行，而不属于元老院阶级的普通百姓对此难以理解。可是，恺撒之死又在普通民众间激起了极大愤慨，原因又在哪里呢？是因为《恺撒大帝》中安东尼那精彩绝伦的演说煽动？是因为被恺撒赠予每位公民 300 塞斯特斯的遗嘱感动？还是因为对最高统治者突然遇刺的同情？

元老院和公民大会曾称恺撒为“国父”。“喀提林阴谋”时期，西塞罗也曾被人如此称呼，不同的是，恺撒获得的是全国性的正式称谓。和罗马建国之父罗穆路斯相比，恺撒可以算得上是第二位开创者，即所谓的“中兴鼻祖”。

“国父”即国民之父。无论是对元老院元老还是普通百姓而言，恺撒都有着父亲般的神圣光环。同时恺撒还将财产分赠给了每一位罗马公民，这是罗马历史上前所未有的创举。因此，对罗马人而言，继承恺撒分赠的遗产，类似于儿子接受父亲的遗产。而在罗马，弑父是最严重的罪行。

普通百姓可能无法了解所谓“君子协定”，但是他们清楚地知道是谁谋害了他们的“父亲”，因此，他们并不以“刺杀者”来称呼谋害恺撒之人，而是冠以“弑父者”之名，以表达他们心中对布鲁图等人的无比憎恨和愤怒之情。

安东尼马上察觉到了民心向背。在恺撒遗嘱公布之后，他立刻决心取代屋大维成为恺撒事实上的继任者。因此，他不再想让逃离罗马的刺杀者返回。从3月下旬到4月中旬的西塞罗的书信中可以看出，安东尼的态度让他惴惴不安。即便自己并未亲手参与到谋杀行动中，西塞罗还是危机四伏，他不敢留在罗马的宅邸，也不敢留在郊外朋友家。即使西塞罗身负和以安东尼为首的恺撒派进行交涉来保证从公元前43年就无职务的布鲁图和卡西乌斯安全重任，此刻他也不敢逗留，匆匆地逃往罗马郊外的别墅。

然而即使身处离罗马20公里之外的别墅，西塞罗仍惶恐不安。有关恺撒的精锐老兵将亮出复仇之剑的传言满天飞，他虽认为自己不会是复仇的靶子，却为布鲁图和卡西乌斯等人的安全担忧。他试图说服布鲁图和卡西乌斯前往自己在拉努比奥的别墅，然后自己也前往那里和他们会合。拉努比奥别墅在布鲁图现居住地以南约30公里处，是个远离各条主大道的濒海之地。西塞罗曾为投资不动产不惜举债，如今看来，投资倒也派上了用场。

然而，此刻的安东尼正在毁掉自己成为恺撒继任者的大好机会。他如果想让自己成为恺撒的继任者，就应该尽早实施恺撒遗嘱中明确指示的给每位公民分赠金钱的事项。但是安东尼没有这么做，反而将这部分钱挪用到巩固自己的军队上了。显然他并不懂“好钢用在刀刃上”这个道理。

安东尼忘了遵循恺撒的分赠遗嘱，但没忘安排自己的亲信上位。他安排恺撒的首席副将雷必达补上恺撒兼任的大祭司一职，多拉贝拉补上恺撒兼任的执政官一职。这两人均为恺撒派要员，且与安东尼同龄，为 38 岁。

在西塞罗惴惴不安的心态下，安东尼的势力日渐壮大。在他正为成为恺撒继承人努力之时，他最不想看到的人出现了。公元前 44 年 4 月，18 岁的屋大维自意大利南部的布林迪西登陆回国。此时离恺撒遇刺约一个月。

屋大维

屋大维受恺撒之命，于公元前 45 年秋天前往希腊西岸的阿波罗尼亚。当恺撒遇刺和恺撒遗嘱公布的消息传到时，他正在为远征帕提亚集结军队。当时不少军团长力劝这位恺撒指定的年轻继承人不要返回罗马，在仍旧以“恺撒士兵”为荣的军队中静观其变。然而 18 岁的屋大维决意早日回到罗马，以继承恺撒遗志，完成恺撒遗愿。

此前，屋大维对恺撒会指定自己为继承人一事毫不知情。恺撒也没料到自己的离世会如此之快，因此从未向任何人透露过遗嘱内容的一星半点。

屋大维

公元前46年年末到公元前45年年中，恺撒曾出兵西班牙击败庞培余党，史称孟达会战。当时17岁的屋大维执意从军，因而恺撒也将其带在身边出征。得胜回国后恺撒给刚满18岁的屋大维配备了一员良将——阿格里帕，并令其护卫屋大维前往阿波罗尼亚。

恺撒对屋大维的做法在古罗马上层阶级中并不罕见。仅凭这两件事，谁也不会想到恺撒打算立屋大维为继承人，而屋大维在罗马百姓中并无特殊声望，因此，当恺撒遗嘱公布后，大多数的罗马百姓都产生一个疑问——“屋大维是谁？”同样，大部分元老院阶级的人士也很疑惑——“为什么是屋大维？”

屋大维出生于地方小城韦莱特里，父亲曾是元老院元老。屋大维

幼年丧父，母亲阿提娅不久改嫁。按照罗马惯例，女子改嫁通常不带与前夫生的孩子，因此，年幼的屋大维和姐姐一同由祖母尤利娅抚养。尤利娅是恺撒一母同胞的妹妹，其夫早亡，一直与母亲生活在一起。虽然不知道她们是住在“苏布拉”的别墅，还是罗马市内大祭司的官邸，但可以肯定的是，少年屋大维是在恺撒家中成长的。

当时恺撒正忙于高卢战事，应该没有太多时间与少年屋大维一起生活。恺撒的高卢战争捷报频传，在年轻人当中掀起了一阵狂潮。阿雷佐战役那年，屋大维 11 岁，两年后恺撒就率军渡过卢比孔河。内战爆发后，罗马的上流社会分为两派，年轻人都支持恺撒，年长的都忠于庞培。元老院元老的家庭内部也爆发了矛盾，西塞罗家是典型代表。西塞罗看好的年轻人，库里奥、卡埃里乌斯及女婿多拉贝拉相继成为恺撒派，连年仅 10 多岁的儿子和侄子也都追随恺撒，这让西塞罗头疼不已。他曾试图将儿子和侄子送到希腊，以远离那些狂热的罗马青年。屋大维从 13 岁到 17 岁都是在这样的氛围中成长，也受到了相当大的影响。对他来说，恺撒既是心中的偶像，也是自己的舅爷。虽然恺撒回国时间很少，但只要他一回来，不论是在官邸还是在别墅，抑或是在拉比可的庄园，屋大维总是和恺撒在一起。

虽然年少，但屋大维应该能感觉到舅爷对自己的关注，知道舅爷因自己军事能力不够突出，便精心挑选了良将阿格里帕随侍。正因如此，屋大维远征帕提亚前接受舅爷命令，先行前往阿波罗尼亚集结军队。

恺撒的遇刺是许多人的噩梦，对屋大维而言更是晴天霹雳。得知噩耗，屋大维和大多数人一样陷入深深的悲痛中。不过，当恺撒遗嘱内容公布后，这位年轻人心中的感慨绝对是他自己独有的。

遗嘱中恺撒不仅指定屋大维为继任者，同时还指明收他为养子并

阿格里帕

继承恺撒家族姓氏，改名为“盖乌斯·尤里乌斯·恺撒·屋大维”。屋大维的生父虽是元老院元老，但从其姓名“盖乌斯·屋大维乌斯”中便可看出其平民出身，并且，“屋大维”这个名字本身就是小屋大维乌斯的意思，罗马人一听就知道其出身低微。正因如此，恺撒知道仅让屋大维以养子身份继承自己的事业肯定是不够的，因此费尽苦心地指定屋大维继承名门望族的姓氏，以抬高他的出身。恺撒的这份心意屋大维比谁都更清楚。因为恺撒的遗嘱让这个默默无闻的地方官之子一跃而起，成了全罗马屈指可数的名门之后。

即便恺撒立遗嘱时打算再过十几年才移交事业，但他最后将自己

一手创建的帝国托付给的，仍是年仅18岁的年轻人，而且这个孩子还没有任何功绩可言。仅凭这一点信任，就足以令屋大维感动终生。18岁时的这份感激，成了支撑屋大维今后意志的源泉。屋大维心中的这份情感，不但是布鲁图和卡西乌斯，就连安东尼和西塞罗都没有注意到。

4月中旬，罗马和整个意大利半岛的人都在不安中度过，此时距恺撒遇刺还不到一个月。

安东尼在罗马日复一日地专心巩固自己的地位。刺杀集团中被派赴行省任总督的成员都早早地离开了罗马，遗嘱中没有被委任职务的布鲁图和卡西乌斯逐渐地往南方逃去，远离了罗马。无论西塞罗如何激励，布鲁图都终日只谈论哲学，不再过问政事。

在这种恐怖的气氛中，屋大维出乎所有人意料地回国了。此前人们都认为他会躲在阿波罗尼亚。他遵照国家法律规定，并未带军队回国，但他也不是单枪匹马而来，阿格里帕等几人随侍左右。他从布林迪西登陆后沿阿庇亚大道北上，根据阿提库斯写给西塞罗的书信可知，他于4月16日到达其继父——前执政官——菲利普斯在那不勒斯的别墅。听说了这一消息的恺撒派成员纷纷从罗马赶赴那不勒斯，聚集在屋大维周围。

无论是希尔提乌斯、巴尔布斯，还是奥比乌斯，都和其他人一样，对屋大维作为继承人感到意外。但这些恺撒的亲信并没有和其他人一样质疑恺撒的决定，他们选择遵从恺撒遗愿，坚定地拥护恺撒的选择。

在那不勒斯逗留期间，18岁的屋大维向恺撒派成员表明心迹，明确自己将继承亡“父”遗志的决心。接着为表明对亡父亲近之人的尊敬，他很快就拜访了住在附近别墅的西塞罗。虚荣的西塞罗看到这

位年轻人充满敬意的举动，心中自是十分满足。

西塞罗在信中多次称屋大维为“孩子”。可能对于62岁的西塞罗来说，18岁的屋大维确实只是个孩子。不过，这个称谓对屋大维来说相当刺耳。

虽然如此，屋大维还拥有恺撒没有的特质——伪善。

屋大维在亡父恺撒亲信们的簇拥下从那不勒斯出发，沿着阿庇亚大道北上，于4月末抵达罗马，受到了安东尼异常冷淡的迎接。

38岁的安东尼和西塞罗一样，都只把18岁的屋大维当成一个“孩子”。有着年龄和履历双重优势的安东尼相当傲慢。虽然眼前这个乳臭未干的小子是恺撒养子并有资格继承恺撒家族姓氏，但这一切都尚未正式实现。按照罗马规定，继承望族之名，首先要得到大祭司的认可，接着要获得公民大会的通过。现在的情况是，接替恺撒任大祭司的雷必达性格温顺，早在安东尼掌控之中；同时安东尼自任执政官，手握召集公民大会的权力。因此，安东尼早已决定要阻止屋大维正式成为恺撒“养子”，简单地说，就是要“耍滑”。

回罗马后，屋大维立刻以尊长之礼拜访安东尼。他首先表明自己将继承恺撒遗志的决心，接着他要求安东尼归还私吞的恺撒金库。

按照罗马传统，社会名流去世后，其子必须举行诸如戏剧、体育竞技等一系列纪念活动。举办活动自然需要经费，此外，恺撒遗嘱中也声明将给每位公民分赠300塞斯特斯。虽然屋大维生父远比恺撒富裕，但也不像克拉苏和庞培那样富可敌国。如果安东尼不归还恺撒金库，屋大维就没有能力举办这一系列纪念活动，无法履行作为恺撒养子的义务。

安东尼当然是顾左右而言他，不肯归还金库。如果屋大维无法尽身为养子的义务，失望的公民自会认为他没有继承恺撒家族的资格，

这正中安东尼下怀。

年仅18岁的屋大维最初也一筹莫展。不过这位意志力坚定的“孩子”很快想到了办法，他打算拜访恺撒生前财力雄厚的好友，请他们提供资金支援。马提乌斯是拜访对象之一。恺撒遇刺后西塞罗就曾前往马提乌斯位于阿庇亚大道旁的别墅躲避风头。马提乌斯是属于骑士阶级中有经济实力的人，一贯以不关心政治的金融家自居。他修养极高，曾将荷马的《伊利亚特》译成拉丁文。恺撒的朋友尽管出身阶层各异，但都有一个共同的特点——良好的教养。

这一次他又受到了阻挠——暗中使坏的人不是安东尼，而是西塞罗。虽然出发点和安东尼完全不同，但西塞罗也不愿看到屋大维成为恺撒的接班人。如果屋大维继承了恺撒的政治遗愿，那么费尽心力刺杀恺撒就显得毫无意义了。故而西塞罗给素来亲厚的马提乌斯修书一封，谴责他在恺撒遇刺后仍与恺撒派藕断丝连，并希望他不要接受屋大维的请求。现存的史料中还能找到马提乌斯的回信，全文翻译如下：

> 您的来信令我不胜欣喜，且无论内容为何，字里行间都满含着您对我的关心和亲厚。但我也不得不说您信的内容让我陷入了苦恼。我竟不知自己所行之事（指经济援助屋大维）会伤害到您那高贵的精神。
>
> 尽管我对您的尊敬不在任何人之下，但是我仍决意将我所行之事继续下去。因为这是我必须要尽的义务——即使这会成为对您意见的反驳。
>
> 恺撒去世后，我受到多方面的指责。我为痛失挚友而悲伤，我为自己敬仰的伟人死于非命而悲愤不已，却不知这样也会遭受

到众人的横加指责。

他们指责我重私情而轻国益。明明是为国家利益扫清了障碍的高兴事，我却因为逝去的是自己的好友而流泪。恕我直言，我对那样的“高尚”言论毫无兴趣，我也没有那样高尚贤明的智慧。

在恺撒与元老院的斗争中，我并没有和他站在一边；在恺撒强渡卢比孔河时，我也并不认可他的行为，但我无法对好友身陷囹圄而坐视不理。内战爆发后，为促成恺撒和庞培和谈，我曾多次秘密斡旋。（马提乌斯确曾在内战某一段时期，为双方间调停而积极奔走，终因庞培无意与恺撒一对一和谈而作罢。）

即使最后内战是以好友胜利告终，我也未曾因此而谋私利，反而因后来的金融改革蒙受了巨大损失。（恺撒为保证债务人能及时还清债务，人为剔除战后因通货膨胀产生的25%的价值，要求各债权人仍以战前的担保价值追债。这实际上造成了金融大鳄的不小损失。）

我既无法释怀恺撒为了盘活经济而让我们金融界人士蒙受损失，也无法忘记他让反对派继续住在罗马过着和以前一样的生活的宽容精神。而正是这种宽容精神，让反对派有机会在3月15日将剑刺向他。

我如何能像这帮忘恩负义之徒一样憎恨恺撒，为恺撒之死而欢欣鼓舞呢？或许他们会说：“今天我们不杀他，早晚有一天我们会死在他的手上。”

这是何等傲慢的言行！不仅不为犯下的杀人罪行而后悔，还不允许人们为死者悲伤流泪！连奴隶都有起码的喜怒哀乐自由啊！这些以终结暴君统治的解放者自居的人，是不是还想继续支

配人民的情感自由？

无论面临何种威胁，我都不会退缩。无论何种威胁——哪怕是死亡——都不能夺取我的人性及对好友尽义务的责任心。恺撒之死让我深深地明白，带着对自己的自豪死去也是一种荣光。我早已将生死置之度外。

在此我毫不隐讳地说，我希望因恺撒之死能让所有人都感到痛苦。

但我不会将己之所欲强加于人，因此，我也不希望别人干涉我的情感，让我能为最敬爱最伟大的朋友魂归西天而尽情悲伤流泪。

西塞罗啊，您大概是因为听说我将为恺撒举行纪念竞技会提供资金援助而写信的吧。我坦白说，我只将其视为私事，并不带有政治目的。是我自己怀着敬意，为纪念伟大的朋友而做出的捐赠。说实话，我无法拒绝那位年轻人真诚的请求，同时我也为恺撒选了这样一位合适的继承人而感到无比欣喜。

诚如您所言，我常常拜访安东尼府上，不过那纯粹是礼节性的。如果您现在也造访安东尼宅邸，就会明白我指的是什么了。那里如今已是水泄不通，希望借当权者之手获利的人如过江之鲫充斥门庭。当中有不少就是斥责我不顾国家公义为恺撒悲痛的人。

以前恺撒从不干涉我拜访何人，也不干涉我接受谁的造访。即使我与他的政敌往来，他也从未流露过半分不快。与之相反的是，现在竟然有人不允许我为挚友遇害而悲伤，禁止我表达个人情感！这样践踏人性的独裁制度，断不能长期存续。若其不幸实现，我将退至远离罗马的罗得岛，远离独裁和干扰，怀着对恺撒

的思念度过余生。

面对马提乌斯义正词严的斥责，西塞罗似乎也无颜继续阻挠。屋大维将纪念恺撒竞技大会定于恺撒诞生的7月进行，此时大体已经准备妥当。资金方面除了马提乌斯外，屋大维还争取到了另一位经济大鳄的支援，可以说屋大维基本上已经拥有整个罗马经济界，并以之作为后盾。在此形势下，安东尼即使想捣鬼也无处着手。罗马民众对这位18岁“孩子”的印象有了很大改观。重视家族的罗马人认为力排阻挠为父尽孝之人，是值得称颂的。年仅18岁的屋大维，无须借助武力，漂亮地赢得了第一回合的胜利。

刺杀者

随着罗马再度成为恺撒派的天下，刺杀者方面的情形却每况愈下。即使住在离罗马南面60公里处的拉努比奥别墅里，布鲁图和卡西乌斯仍然心神不安，打算阖家迁至更南边的那不勒斯。布鲁图甚至产生主动流放的想法，但最终没有付诸行动。因为一旦主动流放就意味着认罪，而且无论他们逃到哪里，都不敢说逃离了恺撒精锐老兵的怒火。

惶恐中，大家聚集到布鲁图的拉努比奥别墅商议对策。到场的有布鲁图、西斯阿罗、布鲁图的母亲塞维利娅和妻子鲍基娅及妹妹特尔图拉（卡西乌斯之妻）。

西塞罗向布鲁图说过他在途中想到的解决办法，即布鲁图和卡西乌斯两人主动提出前往西西里购置小麦。西塞罗认为，若以此为由，安东尼肯定不会拒绝。

西塞罗力劝眉头紧锁的布鲁图，身为共和政体的旗手，他的个人安危对所有人来说都是最重要的。卡西乌斯到场后，西塞罗又不厌其烦地重复了一遍观点。

布鲁图依旧沉默，卡西乌斯听后却火冒三丈。他愤怒地说："宁死不去西西里！这样委曲求全还要感恩戴德吗？！"

西塞罗于是问卡西乌斯有什么打算，卡西乌斯表示可以前往亚该亚（希腊中部）。西塞罗接着又问布鲁图有何打算，此时布鲁图终于开口了：

"如果您同意的话，我想返回罗马。"

"绝对不行！我绝不同意。回到罗马就是以身犯险。"

"如果绝无危险，是否您就同意呢？"

"当然。"西塞罗答道，然后接着说，"您现在就任的大法务官一职任期到今年年中为止，比起让您到行省去，我本意自然是希望您能留在罗马。但是您要知道，以罗马现在的样子您回去是极不安全的。"

接着，西塞罗逐一分析了首都的危险因素，但他的分析引起了刺杀者心中的不满。本来是商量善后对策的场合，却出现了声讨同党的景象。最激动的要数卡西乌斯。他慨叹失去了大好机会的同时，也以激烈的言辞谴责其他同党。被声讨的最厉害的，是已赴任意大利北部行省总督的德奇姆斯·布鲁图。

刺杀者中德奇姆斯·布鲁图与恺撒的关系最为密切。原本在刺杀成功后，面对茫然无措的罗马公民，德奇姆斯·布鲁图本可以迅速掌握主导权，但他什么也没做，对此，不仅是卡西乌斯，就连马库斯·布鲁图都口出怨言。

西塞罗也没有保持沉默。这位 62 岁的罗马共和主义者也在他寄予厚望的布鲁图和卡西乌斯面前发泄不满。

为什么没有连安东尼一并杀掉？为什么不在刺杀成功后马上召开元老院会议，尽早恢复共和制政体？为什么刺杀成功后不立刻抓住时机召集茫然的民众，恢复被恺撒推倒的元老院共和体制？

此时，布鲁图的母亲塞维利娅突然插话，用激烈的语调大声说：“我从未听到谁说这样的话！”

塞维利娅的意思是，此前从未有人就刺杀成功后的局面提出任何计划，毫无考虑就刺杀了恺撒。

马库斯·布鲁图的母亲塞维利娅是恺撒一生的红颜知己，丈夫死后，她不仅没有再婚，反而对拥有多次政治婚姻且情人不断的恺撒一往情深。对她来说，亲生儿子亲手杀死了自己一生的挚爱，这是何其悲惨的命运，连古希腊的悲剧世界也不过如此吧。这样的一个女人当时在想什么，史料并没有太多的记载，仅仅留下了上述的那一句话。从上述的唯一一句话推测，大概此前将情人看得高于一切的塞维利娅，在情人死后又回归了母亲的天职吧。她不仅出席了这样的一场会议，后来也去求安东尼和希尔提乌斯、巴尔布斯等恺撒派，让儿子布鲁图保持颜面地离开意大利。大概是出于和恺撒的特殊关系，她与上述人士也保持着良好的关系。不过此后塞维利娅再没和儿子一起行动过。一方面由于儿子已入不惑之年，另一方面是由于她的儿媳——小加图之女鲍基娅——对恺撒恨之入骨。这也不足为奇：一位是把儿子托付给恺撒的母亲，一位是策动丈夫离开恺撒的妻子。这对婆媳之间的交恶，可谓史无前例。在下定刺杀恺撒的决心前，布鲁图肯定夹在母亲和妻子之间团团转。

会后，塞维利娅动身前往恺撒生前赠予她的那不勒斯近郊的别墅。尽管是刺杀恺撒主谋者的母亲，安东尼、屋大维以及恺撒生前的亲信希尔提乌斯、巴尔布斯、奥比乌斯等对挚爱恺撒一生的塞维利娅

是很尊重的，且此态度并未因恺撒亡故而改变。因此，在那不勒斯别墅中安享晚年的塞维利娅，无论是经济上还是人身安全上都得到了很好的保障。只是她晚年从未允许儿子涉足别墅半步。

塞维利娅斥责考虑不周的刺杀者，他们被斥责后越发消沉，根本无法冷静地思索对策。善后讨论会在绝望的叹气和互相指责声中结束。西塞罗在给好友阿提库斯的信中详尽地记述了会议当天的情形，并在信末感慨道：

> 我眼前似乎出现了陌生人同舟渡河的情形。没有人指得出明确的目的地，没有人能冷静地判断出今后应该怎样。自刺杀恺撒后就一直陷入混乱的他们，如今更是被绝望的情绪笼罩。每个人心里都恨不得插翅远飞，直至再听不见“刺杀”这个词为止。

西塞罗信中的日期落款为“公元前 44 年 6 月 8 日”，离“3 月 15 日”已经过去了快三个月。同时西塞罗还在给阿提库斯的信中写道：

> 3 月 15 日后继续将希望寄托在他们身上的想法，如今看来不过是可笑的幻想。他们只有想成为英雄的热情，却缺少成为英雄的头脑，甚至连孩子都比不上。大树虽倒下，树根仍深植。

不过我认为，西塞罗似乎并没有资格指责以布鲁图为首的“英雄”们的幼稚。因为西塞罗在同一时间的另一封信中这样写道：

> 在我看来，屋大维是个智勇双全的小伙子。他对我们的英雄（布鲁图和卡西乌斯）并不（像安东尼那样）恨入骨髓，或许

我们还有和解的机会。然而他毕竟太过年轻，我担心他很容易受周围人的影响。如何让他与安东尼决裂，是我们当前要解决的问题。如果一旦成功，这位曾呼我为“仲父”的孩子很有可能为我们所用，到那时我们的英雄就可以重见天日了。

事实上，对这位18岁的“伪善”者来说，称西塞罗一声“仲父”只是他随口一说。他一方面大写充满敬爱之情的书信去满足这位罗马绅士的虚荣心，另一方面已经开始着手准备7月中旬的大型纪念竞技会。纪念恺撒的竞技会为期7天，全罗马公民包括女性、孩子都可以参加。4个月前56岁的恺撒遇刺的记忆重新在全体罗马公民的脑海中翻腾，对刺杀者的憎恨及复仇的决心再度燃起。自然屋大维也不忘适时地执行“亡父”遗嘱，给每位公民分赠300塞斯特斯。

大会的最后一夜，一颗大且闪亮的彗星出现在罗马湛蓝的夜空。人们纷纷传言那是恺撒升天的异象。

在此顺便解释一下，后来经天文学研究表明，那正是“哈雷

屋大维铸造的恺撒纪念银币

（刻有恺纪念竞技会最后一夜天空中划过的闪耀彗星）

彗星”。

屋大维成功举办恺撒纪念竞技会，不但对隐居远在那不勒斯的布鲁图和卡西乌斯造成巨大震撼，更给近在罗马的安东尼心头投下一道阴影。

为了对抗声望渐盛的屋大维，安东尼再度和布鲁图、卡西乌斯接洽。对于希望在保持颜面的同时逃往海外的刺杀者而言，这无疑是个绝佳的机会。自 3 月 17 日元老院会议后，安东尼和布鲁图之间实现了第二次妥协。

逃往国外

屋大维成功地在“7 月”举办了恺撒纪念竞技会，这不仅让罗马人自此用 Julius（尤里乌斯）称呼“7 月”，更是成功地提高了“屋大维”在全体罗马人——首都的、意大利半岛的、商业殖民或者应兵役要求到国外的——心中的声望。现在再也不会有人问“屋大维是谁”了，对此安东尼焦虑不已。

安东尼一方面命令继任大祭司的雷必达停止为屋大维办理养子的相关手续，另一方面再度与布鲁图和卡西乌斯来往。鉴于西塞罗的书信集中并无相关内容，大概可以推测出他并没有参与此事。然而，从布鲁图并未对安东尼授意下的元老院决策感到意外这一表现，我们推测应该是在此之前他与安东尼就已有来往。或许促成来往的中间人，正是与恺撒派过从甚密的塞维利娅。

Julius 月的次月，即 8 月初，元老院会议以多数赞成票通过了执政官安东尼的议案。该项议案表面上是关于现任执政官安东尼和多拉

贝拉于次年，即公元前 43 年，完成执政官任期后的任职地，实际上其核心是该议案的附带内容——对布鲁图和卡西乌斯的处置办法。

一、执政官安东尼在完成任期后，将于公元前 43 年以前执政官的身份，出任意大利北部行省总督，任期 5 年。多拉贝拉同样以前执政官的身份，出任叙利亚行省总督，任期 5 年。

二、安东尼任执政官期间，马其顿行省的总督一职由马库斯 · 布鲁图出任，任期至公元前 44 年年末。恺撒为远征帕提亚在希腊阿波罗尼亚集结的军队将不日召回，不归布鲁图管辖。同时身为马其顿行省总督的布鲁图不能自主召集军队。恺撒生前指派的叙利亚行省总督多拉贝拉已任执政官，因此该职位由卡西乌斯补任。

尽管屋大维声望如日中天，但 18 岁的他仍无法在元老院占一席之地。恺撒遇害后，身任执政官的安东尼因握有元老院会议召集权而成为元老院的执牛耳者。尽管之前他声称继承恺撒的政治遗愿，此番议案却明显是反其道而行之，不过倒也没有遭到任何反对。即使屋大维出席元老院会议，他大概也不会对安东尼的议案提出任何反驳。因为他是个懂得绕道而行的人，在该伪装的场合他不会踌躇不决。

在恺撒遇害后的第五个月，元老院通过的安东尼议案中包括了以下两项内容：

一、与差两个月才满 19 岁的屋大维相比，年届 38 岁的安东尼首次公开表明要成为恺撒继承人的态度。

如前所述，由于被称为“阿尔卑斯山南高卢”的意大利北部行省全体公民都被恺撒授予了罗马公民权，因此，该地实际上已与卢比孔河以南的罗马本土融为一体了，继续保持其行省性质，一方面是为了防御北部敌人，另一方面也是利用该地驻军以保卫罗马本土。

然而恺撒遇刺后，高卢和日耳曼都遣来使节吊唁，意大利北部行

省存在的第一个理由就显得无足轻重了。但第二个理由依然很充分。安东尼打算卸任执政官后，身居卢比孔河北岸，将兵力置于身后，密切监视着罗马本土。这才是他接替德奇姆斯·布鲁图出任总督并任期5年的真正用意，就是在近处以武力胁迫罗马本土。至此安东尼的目的不言而明。

二、安东尼议案中另一项内容是关于“特赦”的。

若布鲁图和卡西乌斯的任期到公元前44年年末为止，那么从该项任命起始日算起也不过只能持续4个月时间。但是他两人便可据此名正言顺地出境，而免于被流放的命运。让两人以公职人员身份因公出境，正是该议案的目的。不同于杀人犯的获罪流放，而让两人保全了梦寐以求的“保持颜面地逃往国外”的愿望。对安东尼来说，此刻的对手已经不再是刺杀后一心逃往国外的布鲁图和卡西乌斯，而是留在罗马的屋大维。因此，给这两人“特赦”正好可以获得以西塞罗为首的刺杀派的选票，从而获得更多的权力。

布鲁图、卡西乌斯、西塞罗都察觉到了安东尼的用意。如果协助安东尼，意味着这些原本为恢复共和政体不惜刺杀专制君主的人，现在要成为另一位君主上位的帮凶。然而，诚如西塞罗所言：“保证共和制旗手马库斯·布鲁图的人身安全乃当务之急。”因此，他们已顾不了这么多了，甚至打算抛弃另一位同党德奇姆斯·布鲁图。

据恺撒遇害后召开的第一次元老院会议决议，德奇姆斯·布鲁图将于次年的公元前43年出任意大利北部行省总督。但安东尼议案不仅剥夺了正前往任职地的德奇姆斯·布鲁图的任职资格，甚至也没有为他安排其他职位，这无异于将其置于危险境地。原为军团长的德奇姆斯·布鲁图常年在恺撒麾下效力，颇受恺撒赏识，恺撒生前立遗嘱指定他为第二顺位继承人。然而正是这样一位备受恺撒青睐的人，首

先举剑刺向了恺撒。正因如此，恺撒的精锐老兵和普通百姓对他的憎恨来得更为强烈。此时若失去拥有军队指挥权的行省总督一职，又没有其他公职在身的话，德奇姆斯·布鲁图就再也没有抵御公众愤怒和复仇的盾牌了。西塞罗、马库斯·布鲁图和卡西乌斯明知如此，却也对安东尼的议案毫无异议。西塞罗更是在元老院会议中给该议案投了赞成票，这明显是见死不救。

安东尼的计划相当完美。首先按照元老院会议之前通过的决议，多拉贝拉在执政官任期满后将于公元前 44 年年末起，出任叙利亚行省总督。而在多拉贝拉仍为执政官的这个空当，即当下至公元前 44 年年末，则提议由卡西乌斯出任叙利亚行省总督。另一方面提议马库斯·布鲁图出任马其顿行省总督至公元前 44 年年末，却没有安排他的继任者。这样即可以让布鲁图以正当理由走出国门，又给元老院中以西塞罗为首的布鲁图支持者留有希望。因为他们本以为能保全布鲁图的性命就不错了，却没想到自己还有继续参政的可能。安东尼正是抓住了这个弱点，给反恺撒派以希望，从而控制他们。

8 月底，布鲁图和卡西乌斯分别前往马其顿、叙利亚赴任，身居公职的他们终于可以在白天堂堂正正地出发了。那些在“3 月 15 日”高举白刃、刺杀暴君、高喊自由的人，或许从未想到有一天自己会逃亡海外吧。

尽管在给好友阿提库斯的信中，西塞罗一再斥责“以为杀掉专制君主就是打倒专制政治”的两个人“幼稚至极”，但他不得不将再度建立共和政体的理想寄托在他们身上。临别前，这位 62 岁智者的一番慷慨陈词，让共和主义者无不闻之动容：“过去共和政治的精神在罗马，从今日起共和政治的精神在你们到达的每一个角落。”

此外，西塞罗对自身的影响力充满自信。将布鲁图和卡西乌斯平

安地送走后，更是增添了他的勇气。西塞罗此刻坚信，布鲁图和卡西乌斯离开罗马后，历史的重任就只能落在他一人肩头——以舆论为武器，再兴共和。

弹劾安东尼

从公元前44年9月起，西塞罗陆续发表了历史上有名的反安东尼演说——《腓力比克之辩》，共计14次。西塞罗将演讲标题解释为“弹劾腓力”，从标题看，西塞罗的目的不言而喻。

相传希腊步入衰退期时，亚历山大大帝的生父、马其顿国王腓力二世曾试图统一希腊城邦。德摩斯梯尼为此特别以“腓力比克”为题，发表了著名的反腓力演说。他向雅典公民呼吁，自由才是公民应当守护的最高价值，因此，罗马人只要一听到“腓力比克”这个标题，就大致明白西塞罗演讲的内容所指。这也正是西塞罗的高明之处。

然而，西塞罗对安东尼的攻击性演说，并没有收到预期效果。西塞罗本以为，聚集在罗马广场的民众听完演说后，“西塞罗所言极是”“罗马绝不允许个人独裁”“恢复共和，流放安东尼”“迎接布鲁图”的呼声会此起彼伏，元老院也将顺应民情重新制定政策。然而，在他的演说结束后，想象中的情景终未出现。不过，他也并非一无所获。自“3月15日”后目睹安东尼专横的元老院元老，即西塞罗口中的“保守派”，开始远离安东尼。所谓“保守派”，大都是拥立屋大维的原恺撒派。

为什么西塞罗只针对安东尼，而没有连带上恺撒的指定继承人屋

大维？是否在他眼中屋大维不是再兴共和的障碍？西塞罗在演讲中极尽能事地攻击安东尼的品行：指责安东尼虽孔武有力，却只有匹夫之勇；揭露安东尼沉溺于酒色，除嗓门高之外一无是处；说安东尼是个角斗士一样的普通男人。这种对品行不端的攻击正是西塞罗的特长。只是他将所有的指责都集中在安东尼一人身上；他不仅不攻击屋大维，反而大加赞扬。他的目的是想让安东尼和屋大维之间的嫌隙更深一层。待屋大维看穿安东尼的真面目，不再期待与之进行谈判时，他便会转而投入“仲父”阵营中——这才是西塞罗希望看到的。

屋大维在回国后的四个月里，着实巩固了自己的基础。他周围除了忠诚的旧恺撒派外，还聚拢了不少原恺撒军中的精锐士兵。西塞罗以为只要拉拢了屋大维，那么布鲁图回国就指日可待。

这位62岁的罗马智者，仍然保留着对屋大维的最初印象，以为仍是当年那个“孩子”。他认为这位近19岁的“孩子”希望的，不过是继承尤里乌斯·恺撒家的遗产，并非恺撒的政治抱负，因此无须过高估计他。

进入10月，“3月15日”以来一直胶着的局势终于发生了急剧改变。恺撒生前为远征帕提亚集结的军队从希腊回国了。为了尽早将这支军队收为己用，安东尼率先赶到了军队登陆的布林迪西港口。

当初安东尼没有把恺撒金库交给屋大维，为的就是这一天。他希望用金钱收买这支部队。然而军队中过半数的士兵都拒绝接受安东尼指挥，表示愿坚定地跟随恺撒生前指定的继承人。对安东尼来说，这个打击远比西塞罗的弹劾演说要巨大得多。慌张的安东尼心生一计，以执政官身份命令意大利北部行省总督德奇姆斯·布鲁图立即卸任，以便亲自掌控意大利北部行省的军队和屋大维对抗。

可是，德奇姆斯·布鲁图深知自己是恺撒派复仇的对象，如果没

有军队就意味着任人宰割，因此，他拒不服从安东尼的命令。而意大利北部行省的军队对安东尼也是至关重要的，最后安东尼决定不惜以武力夺取意大利北部行省。他没有返回首都，而是沿亚得里亚海海岸向意大利北部行省急行，途中他以高额赏金征集了不少军队。然而，到了意大利北部行省与罗马交界的卢比孔河，之前征集的士兵大多改换门庭，直奔屋大维而去。

仅尤里乌斯·恺撒之名，就已远胜 1 亿塞斯特斯的效力。深知这一点的恺撒固然值得敬佩，年仅 18 岁的屋大维能理解恺撒的深意更不简单。这一神奇的职位传承过程在整个人类历史上都屈指可数。

对于急转直下的局势，西塞罗比谁都更为关注。他一改之前见死不救的做法，认为现在挽救德奇姆斯·布鲁图的绝佳机会到来了。安东尼围攻摩德纳城中德奇姆斯·布鲁图的战斗已经打响，救布鲁图就在这千钧一发之际。

12 月 20 日，西塞罗在当天的元老院会议上发表第三次《腓力比克之辩》，其内容如下：

一、赞扬屋大维从安东尼的暴政中拯救了首都罗马。

二、指出支援被安东尼围攻的德奇姆斯·布鲁图乃当务之急。

三、强调安东尼才应该是罗马军队的攻击目标。

公元前 44 年，刺杀者历经了成功刺杀恺撒的激动时刻、刺杀后的消极直至绝望逃亡阶段，到公元前 43 年，他们终于看到了一丝扭转命运的曙光。

西塞罗演说结束的 20 天后，公元前 43 年 1 月 1 日，执政官依律进行换届。按照恺撒生前的指定，由希尔提乌斯和巴苏斯两人出任当年度的执政官。这两人都曾是恺撒的亲信，一直忠心耿耿，在安东尼与屋大维的斗争中也都明显支持屋大维。西塞罗心中又重新充满了希

望。他与身处希腊的马库斯·布鲁图、身在叙利亚的卡西乌斯之间的通信猛增，同时他也不忘给在意大利北部行省与安东尼对决的德奇姆斯·布鲁图写鼓励信。

当原本与自己亲厚的两人出任执政官后，西塞罗似乎有些激动得忘形了。他接连恳请元老院通过以下两个议案：

一、授予屋大维正式地位。

二、对安东尼发出“元老院终极劝告”，并宣布其为国家公敌。

可是，尽管众人对安东尼的专横感到不满，但上述两个议案都并非小事，元老院最终没有通过西塞罗的议案。一方面毕竟屋大维只有19岁，正式执政太过年轻；另一方面，非常事态的“元老院终极劝告”的非法性一直被恺撒诟病，因此，也不是轻易就能启用的。元老院最终决定派使者前往安东尼处，表达完希望其回头的意愿就散会了。此时屋大维认为事态已经到了非解决不可的地步，于是这位年轻人开始用自己的方式募集资金，组建军队。

公元前43年3月，希尔提乌斯和巴苏斯两位执政官率领四个军团离开罗马，前往安东尼与德奇姆斯·布鲁图交战的摩德纳。摩德纳是意大利北部行省的主大道埃米利亚大道沿线的重要城市，可直达里米尼和皮亚琴察。此行的目的是以武力逼迫安东尼屈服，与两位执政官同行的正是屋大维。这一次屋大维并非以个人身份随军，而是正式率领军队参战。此次行动除了两位执政官同意，连西塞罗也极为赞成。因为西塞罗非常希望两位执政官和屋大维三人可以击退围困德奇姆斯·布鲁图的安东尼，救出德奇姆斯·布鲁图。

4月，变攻为守的安东尼不得不解除对德奇姆斯·布鲁图的包围，之后他在与两位执政官及屋大维的联合阵线对阵中败北，迅速向西撤退。在此番战斗中，两位执政官希尔提乌斯、巴苏斯皆战死沙

场。他们手下的士兵拒绝接受曾经杀害恺撒的德奇姆斯·布鲁图指挥，纷纷投到屋大维帐下。

落单的德奇姆斯·布鲁图打算投奔远在希腊的马库斯·布鲁图，然而在途中被高卢人抓获。安东尼得知此消息，下令斩杀了德奇姆斯·布鲁图。

在此之前，前往叙利亚的多拉贝拉也杀掉了托雷波尼乌斯。恺撒亲信的四位军团长中，有两位提剑刺向了恺撒，而最后却死在另两位的剑下。血债血偿拉开了帷幕。德奇姆斯·布鲁图和托雷波尼乌斯的首级被送到罗马，置于罗马广场的讲坛上示众。

复仇以恺撒生前最不愿看到的方式正式开始。

复仇

首次握有兵权并独立指挥战争的屋大维，并没有听从西塞罗乘胜追击的建议，而是率领军队返回罗马。

元老院无法承受拥兵自重的屋大维的压力，在两位执政官都战死的情况下，很快就同意屋大维出任候补执政官。

西塞罗对 19 岁担任执政官这等前无古人之事感到为难，但他仍认为自己能操纵这个“孩子”，因此并没有强烈反对。

8 月，屋大维以公民大会压倒性的得票优势正式出任执政官。同时由恺撒的外甥佩提乌斯补上了另一执政官的空缺。此时屋大维距法定任职年龄——21 岁——还差两年。

19 岁的屋大维就任后做的第一件事，是履行成为恺撒养子的公证程序——因为，在此之前该程序一直遭到安东尼的阻挠。在公民大

会毫无异义地全票通过后，屋大维开始正式启用“盖乌斯·尤里乌斯·恺撒·屋大维”这个名字。民众及元老院元老也开始以“恺撒”代称屋大维。

19岁的“恺撒”做的第二件事，是促成另一位执政官佩提乌斯出台《佩提乌斯法》。这个法案给了远在别墅的西塞罗当头一棒。

依据该法案，那些背弃誓言杀害恺撒的人全被判定有罪，并被处以流放。正式成为恺撒之子的屋大维好像向恺撒派全员吹响了进攻号角，告诉他们“复仇的时机到了！”

接着，屋大维以执政官身份率领着实力大增的11个军团，奔赴意大利北部行省。

此时此刻，19岁的屋大维仍“情真意切”地给西塞罗写信，并不倦地向这位63岁的智者讨教，而西塞罗仍对年轻的执政官抱有一丝希望。真不知是该叹息西塞罗的愚善，还是该佩服屋大维的伪善，西塞罗仍希望北去的屋大维能够和安东尼决一雌雄并得胜而归。毕竟和安东尼的狙杀政策相比，《佩提乌斯法》规定的流放处罚还是要好得多。

虽然屋大维为了吹响复仇号角已苦苦等待了一年多，但他并没有与安东尼对决的打算，毕竟此刻自身实力还远逊于安东尼。

当屋大维推进自己恺撒养子的公正程序并努力谋求执政官职位时，从摩德纳战败的安东尼正在筹划与高卢行省、西班牙行省总督组成联合阵线。此时雷必达、普兰库斯、帕里奥等已升为行省总督的原恺撒军团长，率领着各自部下前往意大利北部行省与安东尼会合。

公元前43年11月，恺撒派再度于意大利北部行省内的博洛尼亚城聚首。安东尼、雷必达、屋大维三人结成同盟，史称“后三头政治”（或“后三头同盟”）。孤注一掷地信任屋大维的西塞罗，此刻彻

底绝望了。

“后三头”率领部队，从博洛尼亚返回罗马。11 月 27 日，公民大会承认“后三头同盟”为国家危机管理体制，以 5 年为限。

“后三头政治”

历史上由庞培、克拉苏、恺撒三人组成的“前三头政治”并没有成为正式的公认体制，而“后三头政治”却作为正式的同盟形态得到了公开承认。西塞罗的毕生理想，布鲁图等刺杀者强行守护的元老院共和政体——罗马特色的寡头政治——至此灰飞烟灭。

此外，“后三头政治”的形成也让 39 岁的安东尼不得不隐藏起恺撒接班人的野心。

不知道安东尼还记不记得，“前三头同盟”时“三头”里力量最弱小的恺撒后来居上，成了最后的赢家。而此刻在“后三头同盟”里，尽管 19 岁的年轻人手中的实力已大为加强，让人无法轻视，但无论年龄还是履历，屋大维的情况都和当年的恺撒颇为相似——年轻且无政绩。“后三头”中安东尼在年龄和政绩上都居首位。雷必达性格温厚，颇似当年“前三头”里的克拉苏，事实上他也是因为曾任恺撒左右手才成为“三头”中一员的。安东尼是否考虑过这些特性？还是像恺撒生前的名言一样，他属于“只想看到自己想要看到的现实”那一类人呢？

“后三头同盟”成立后，安东尼有句话常不离口：“屋大维有实力？那不过是背着一个恺撒的名头而已。”

“后三头同盟”成立后，首先做出如下决定：

一、制定“黑名单”，消灭反对势力。

二、安东尼与屋大维合力，共同对付布鲁图和卡西乌斯。此间雷必达留守本国，守护大本营。

恺撒对敌人的宽容态度带来的好处或许并没有被抛诸脑后，然而安东尼和屋大维毕竟不是恺撒，他们只代表自己。恺撒生前曾极力反对的、臭名远扬的苏拉式恐怖政治复活了。制作黑名单时，屋大维比任何人都更冷酷无情。“复仇”取代了“宽容”。

黑名单中牵涉了300名元老院元老和经济界约2 000名骑士阶级的人士。其中，有130人被定为国家公敌，在未经审判的情况下直接处死。这些人大多是以前的庞培支持者，后来在恺撒的宽容下继续保持元老院席位的元老。这130人中，直接参与刺杀行动的确有其人，但更多人与刺杀毫无关系，刺杀发生后也并未秘密支援刺杀者。因此“后三头同盟”实际上是效仿苏拉，在对反对势力斩草除根上如出一辙。

“后三头”制作黑名单的另一个重要目的是为了筹措资金，因此，黑名单中的2 000名有经济实力的人士被没收全部财产。西塞罗的好友，著名的富翁阿提库斯，就因曾支援过布鲁图而位列黑名单中，差点被处罚。因他长年担任安东尼之妻富尔维娅的经济顾问，后来安东尼答应妻子的要求，放过了他。

此外，西塞罗因曾大肆发表弹劾安东尼的演说而位列黑名单榜首。口口声声称“仲父”、经常写信求教于他的屋大维此时也表现得异常冷漠，非但没有试图搭救他，而且对安东尼的提议连眉头都没皱一下。西塞罗的罪名是“刺杀恺撒行动的思想指导者”。如果翻阅刺杀恺撒时期西塞罗和布鲁图等人之间的频繁通信，这个罪名也不是毫无理由的。然而对思想进行处罚在刑法上是不是有问题呢？实际上

“后三头”列出的黑名单，本身的目的就是强力扫除反对势力，西塞罗的问题并不属于刑事范围，而属政治斗争范畴。

公元前43年冬，整肃风暴席卷了罗马及整个意大利半岛。苏拉当年采用的奖赏告密者的制度重新被启用，意大利陷入了血雨腥风之中，宛如40年前苏拉的白色政治再现。一旦被列入黑名单，就逃脱不了悲惨的命运。即使黑名单人员家中的妇女、儿童也会被严刑拷打，要求供出其夫或者其父的藏身地点。那些被定为死刑的130人，一旦落网立刻被割下首级送往罗马，连押送的麻烦都节省了。古罗马广场的讲坛上摆满了首级，与苏拉时代并无二致。

“后三头”对黑名单上的人物一律从严处理，甚至到了“大义灭亲”的程度。“后三头”中雷必达的亲弟弟巴鲁斯·埃米利乌斯·雷必达，安东尼的亲舅舅路奇乌斯·尤里乌斯·恺撒都被定为死刑且严格执行。

自恺撒渡过卢比孔河、罗马内战爆发以来，罗马人分成了两派——恺撒派与庞培派。大多数家庭内部也因支持不同的领袖而发生了分裂。毕竟恺撒和庞培的斗争并不仅仅是一家一族的冲突，而是关系到国家整体的政治斗争。一家一族之内的骨肉亲人间自然也会因各自不同的政见而爆发冲突。内战结束后，家庭内部血亲也因政治阵营分为胜者和败者。

恺撒对失败阵营的人士采取了宽容政策，一方面因为他很清楚如果不处理好败方心中的怨愤，对整个国家并无好处；另一方面因为他宽容的性格，他根本不愿看到这样互相怨恨的悲惨局面的出现。或许恺撒心中的理想罗马，应该是个既无胜者也无败者的世界。

然而恺撒的继任者却经历了恺撒遇害事件，他们认为如果不将败方斩草除根，便永无宁日。不过也有一些旧庞培派，因被恺撒生前委

以重任，而免于受苦。大文豪特伦提乌斯·瓦罗便是其中一位，恺撒敬重其文学造诣，任命他为罗马首任国家图书馆的选书人。而且这位瓦罗和西塞罗不同，他在得到恺撒赦免后就远离了政坛。

西塞罗之死

公元前 43 年 11 月 28 日，“后三头”首次公布黑名单。不过这份黑名单上并没有详细列出 2 300 人的姓名，而是公布了 16 位要犯。这 16 人包括了直接刺杀恺撒的布鲁图等 14 人和西塞罗兄弟俩，并且西塞罗之名赫然列在榜首。

当时西塞罗已经对安东尼和屋大维联手的罗马政治不再抱任何希望，离开首都，在其名下的 8 处别墅中轮住。同时他还念念不忘远在希腊的布鲁图等人的安危，不断打听他们的行踪。黑名单公布时，西塞罗还待在三面临海的阿斯托拉别墅中。知道自己名列黑名单之首后，西塞罗最初打算乘船逃往希腊。如果他那时真这么做了，或许还能逃离意大利，然而西塞罗最终没有下定决心。后来的历史学家认为，这是西塞罗优柔寡断的性格造成的悲剧，不过我认为，无法抛弃亲弟弟昆图斯而独自逃生是西塞罗留下来的重要原因。昆图斯一直和兄长西塞罗生活在西塞罗的别墅中，不久前因搬运必需品而回到罗马近旁的图斯库罗姆别墅。曾经在恺撒麾下参加高卢战争的昆图斯，此番被列入黑名单的死刑部分中，只因其兄长西塞罗是头号要犯，因此，西塞罗肯定不能抛下弟弟独自逃走。

另一个原因是西塞罗也无意求生。曾经无比热爱写作的西塞罗在“后三头同盟”成立后再也没有拿起笔。让一个生无可恋的人在惊涛

骇浪中东躲西藏显然是太苛刻了。

得知搜捕队逼近后，西塞罗从容面对死亡。他并未做出任何反抗，面对奴隶们为保护他而表达出来的战斗意愿，他也只是说："不要做无谓的抵抗了。"

搜捕队奉安东尼之命，不仅割下了西塞罗的首级，还砍下他的右手一并带回罗马广场示众，显然安东尼对西塞罗曾经撰写《腓力比克之辩》一事无法释怀。

从无比欢欣地看着恺撒遇害，到西塞罗自己身赴黄泉，不过1年零9个月。公元前43年12月7日，西塞罗被杀害，享年63岁。

50多年后的一天，帕拉蒂尼山的皇宫内，皇孙们正聚在一起阅读西塞罗的名著时，年迈的帝王步入殿内。孩子们知道了皇祖父与西塞罗被杀的过程，都因害怕遭受训斥而紧张不已。

然而，年迈的帝王屋大维拿过孙儿们手中读物，伫立默读片刻后返还给孙儿们说："西塞罗是位智者，学识渊博且深爱国家。"

此时的屋大维是不是回忆起那段被称为"孩子"而不忿的岁月呢？已成为"奥古斯都"的屋大维此时看到的大概是西塞罗的这篇著作：

> 人世诸爱种种，至高至喜之爱当属爱国。世人皆知爱父母，世人亦知爱子女、兄弟、友人、爱人。然诸爱种种都包含在爱国之内。若国有难，若国有需，诸民定当赴汤蹈火，为国捐躯。
>
> ——《论责任》

《论责任》是恺撒遇害后西塞罗写成的最后一篇文章。文章充满了爱国之情、忧国之意，深深地打动着读者。这篇文章的论调其实和

恺撒的主张是一致的，如果作者换成恺撒或许也不会有人发觉。那么西塞罗为什么还要继续反对恺撒呢？

我想或许这是因为二人对“祖国”概念的理解各不相同吧。

西塞罗心中的理想国是布匿战争时期的罗马，那是一个由本国出生的罗马精英——元老院阶级——主导并统治的国家。当时北部的卢比孔河、南部的墨西拿海峡是罗马本土与行省的分界线，本土版图内才是西塞罗认可的“祖国”。

而恺撒心中之“祖国”是无边界之国。他并不赞成由罗马本土出生的元老院阶级担任国家专政的统治者，因此，他大刀阔斧地进行改革，选用被征服民族的代表进入元老院，引起纯正血统论者西塞罗和布鲁图的反对。恺撒认为只要对国家有利，无论是高卢人、西班牙人还是希腊人都可以被任用。恺撒的“祖国”是罗马文明统治下的多人种、多民族、多宗教、多文化共存共荣的帝国。

有人说，公元前 1 世纪的顶级智者是西塞罗和恺撒，我对此也深有同感。然而这两位生于同时代的亲密友人之间却无法相互理解。

或者应该这么说，恺撒是理解西塞罗的。尽管对“国家”的观点不同，恺撒仍能体会并尊重西塞罗深切的“爱国心”。每当西塞罗陷入危机，恺撒总是尽力出手救助，并不断地希望西塞罗能理解并支持自己的大业。然而西塞罗始终无法理解恺撒。

恺撒遇害后，西塞罗并不待见实力日渐增强的安东尼，他曾数度在给好友阿提库斯的信中批评安东尼的处事：“若是恺撒，一定能处理得更好。”但是，西塞罗上述发言的理由不是因为他理解恺撒，而是因为他不满安东尼对待自己的态度。恺撒在世时对西塞罗礼遇有加，可到了安东尼这里却遭到冷落。西塞罗文笔卓越，即使在 2 000 年后的今天，其文章仍旧是拉丁语的范文和标杆。然而这位文采斐

然、洞悉世事的西塞罗却缺乏先见之明。他对“祖国”概念的理解就如实反映出了他的局限性。

“神君恺撒”

西塞罗死后，公元前 42 年罗马发生了一件具有象征意义的大事。

古罗马的 1 月 1 日，既不是祭祀日，也不是公休日，而是一年工作的开端。那一年的 1 月 1 日，元老院会议通过一项决议：将亡故的恺撒尊称为“神”。恺撒正式成为神族的一员。

这个决议造就了后世一个有趣的现象：研究者难以从基督教一神教文化的束缚中解脱出来，针对评价一直相当高的恺撒时，竟不知如何解释其“神格化”的问题。有研究者甚至写道：“恺撒是实用主义者，他愿意成为神吗？”在日本，出于尊崇或出于敬畏，菅原道真、明治天皇或其他历史人物都被奉为神明，日本可以说是一个有 800 万神明的国家，因此，出生于日本的我也无法体会基督教思想影响下的学者的困惑。当时的罗马人供奉的神明虽然没有 800 万这么多，但也盛行敬拜多神。比如，征服叙利亚后，叙利亚的诸神就进入了罗马；恺撒带克娄巴特拉回国后，埃及诸神也开始在罗马人中间渗透。

的确，除开国君王罗穆路斯外，恺撒是罗马历史上第一位被尊为神的帝王。据说当埃及祭司曾告知亚历山大大帝说其父并非凡人而是神的时候，亚历山大大帝又惊又喜，因此在远征印度时表现得更为英勇无畏。这就是古代多神教丰富多彩的世界。恺撒的虚荣心也胜过常人，如果他知道自己被封神，肯定不会不高兴。或许他会开怀大笑，并与众人开玩笑说：“与我恋爱过的女子以后可以说她们曾和神恋爱

过了。”

但是恺撒被神化，也带来了一些麻烦。才能非凡的屋大维没有具备恺撒的幽默感，因此，为了捍卫恺撒神一般的形象，他只保留了恺撒的巅峰作品《高卢战记》和《内战记》，而将其余作品全部付之一炬。恺撒青年时期创作的诗歌、戏剧、大多数的书信以及情书等永远消失在历史烟尘中。

从希腊神话里可以看出，多神教的众神其实也拥有与人类相似的缺点，譬如爱恋，譬如偷情，均毫不掩饰。话虽如此，但如果一位神留下众多情书，这让其后世情何以堪。或许是考虑到这一点，除《高卢战记》和《内战记》以外的恺撒著作，我们只能从西塞罗等人的转引中找到蛛丝马迹。显然，要成为神，麻烦总是和荣誉一起到来。

与屋大维的反应相对，普通罗马人倒是大方地接受恺撒被封神一事。对“称帝”异常反感的罗马人对“封神”却不反对，足见罗马是个多神教的国家。在老百姓看来，既然开国者罗穆路斯能够成神，那么恺撒作为罗马盛世之主，被封神也是理所当然的事情。毕竟在罗马，神作为守护众生的无上力量，自是多多益善。

随着恺撒被封神，其养子屋大维自然成了“神之子”，罗马人对此并不陌生，因为曾经的亚历山大大帝也号称是“神之子”。

在公元前 42 年这个时间节点上，提出将恺撒神格化的议案，也是屋大维等人精心筹划的重要政治部署。20 岁的屋大维已经决定借此在公元前 42 年内完成复仇大计，一举歼灭正在希腊整兵的布鲁图和卡西乌斯。屋大维深知目前仅凭一己之力无法实现这一目标，必须得到武将出身的安东尼的配合。然而，此时安东尼正一心一意扩大自己的实力，对为恺撒复仇一事实际上并不热心，因此屋大维只有找到大义凛然的理由，才能逼迫安东尼出战。将恺撒神格化就是最合适的

理由。

杀害已经成为罗马人守护神的恺撒，是犯了罗马人的大忌，刺杀者自然成了罗马人的公敌。恺撒升格为神，为神复仇的理由使得安东尼和屋大维结成了最坚实的统一战线。公元前 42 年夏，两人率 19 个军团齐动，渡过亚得里亚海。和当年恺撒与庞培的对决一样，他们把战场选定在希腊。

出发前，20 岁的年轻首领宣布，将在斩杀布鲁图和卡西乌斯后建立神庙，用于供奉“复仇之神”，虽然当年恺撒战后建立的是“宽容之神”神庙。

布鲁图之死

布鲁图和卡西乌斯也没有白白浪费两年时光，他们做好了迎接复仇的准备。首先他们在各自的行省——布鲁图在希腊、卡西乌斯在叙利亚——加强军备。卡西乌斯甚至杀掉安东尼议案中指派的叙利亚行省总督多拉贝拉以血祭旗。同时他们加征各自行省的赋税，从希腊到东方的罗马行省居民都负担了沉重的赋税。

通常情况下，某地的统治者不管增强军备多么急切，也不会不顾一切地搜刮民脂民膏，因为一旦引发众怒就不利于今后的统治。而布鲁图和卡西乌斯此时已经没有退路了，头脑中只想着迎战安东尼和屋大维的复仇联盟。最后在一系列准备后，布鲁图和卡西乌斯共集结了包括 2 万名骑兵在内的 10 万大军。安东尼和屋大维联盟则率领了包括 1.3 万名骑兵在内的 12 万大军勇猛进攻。攻守双方的兵力是当年恺撒和庞培在法萨卢斯战役时的 2 倍多。战斗在希腊北部的腓立比进

行，该城位于横贯希腊东西的交通要道埃格纳提亚大道沿路的广阔平原上。这座由亚历山大大帝的父亲腓力二世建立的城池，因这次战役而名垂青史。

可是，公元前 42 年秋在腓立比平原上进行的这次战役，尽管参战人数达到 20 万之众，却在战略战术上毫无建树，其原因如下：

首要原因是没有统一的战略。一山不容二虎，无论是安东尼还是屋大维都不甘心屈居军中副手，都各自率领军队积极进攻。同时，守方的布鲁图和卡西乌斯也各自为政，因此战争初期，出现了安东尼对阵卡西乌斯、屋大维对阵布鲁图的局面。这不是建立在统一战略下的大决战。

第二个原因，四位主帅中安东尼和卡西乌斯尽管具备武将的才能，却只是军团长级别的人物，并不具备总司令的能力，因此在腓立比会战中表现平平。

与当年恺撒和庞培的法萨卢斯战役相比，两次战役的总司令水平并不在一个等级上。尽管腓立比会战拥有大量骑兵——1.3 万对阵 2 万——却连充分发挥骑兵的机动性都不知道，因此，腓立比会战仅仅是以“量”进行的正面对决。

第三个原因，尽管敌对双方的领袖屋大维和布鲁图都没有担任总司令的经验，然而由于屋大维抱病在床，其军队在布鲁图军的攻击下节节败退。恺撒的这位养子天生消化器官娇弱，经常出现腹痛到无法下床的情形。这也是他被安东尼轻视的原因之一。不过恺撒在指定他为继承人时肯定知道这个问题，因为当年屋大维随恺撒出征西班牙的孟达会战时，也经常“抱恙”。腓立比会战对屋大维而言意义非同小可，在关键时刻病倒确实不走运，并且恺撒亲自为屋大维挑选的武将阿格里帕也因临战经验不足，未能充分发挥出恺撒期待的才能。

马库斯·布鲁图的侧面像
（刺杀恺撒不久逃往希腊后铸造，
约前 43—前 42 年）

布鲁图发行的“刺杀恺撒”纪念银币
（前 43—前 42 年左右）

综上因素，腓立比会战前期屋大维被布鲁图击退，安东尼击败卡西乌斯。因失败而绝望的卡西乌斯不久自杀，终年 43 岁。

战争后期的前 20 天里，布鲁图没有采取任何行动。他将老战友卡西乌斯遗体焚化后便一步也没有离开卡西乌斯营帐。屋大维借此机会重整大军，安东尼也进一步扩大了兵力。

我推测，或许布鲁图在迎击屋大维和安东尼很久之前，已经丧失了战斗欲望，甚至已经丧失了生存意志。因为那段时间噩耗充斥着他的脑海。

首先是托雷波尼乌斯被处决，接着是德奇姆斯·布鲁图。屋大维和安东尼结成同盟后，布鲁图绝望的妻子鲍基娅采用吞火炭这一骇人的方法死去。接着是西塞罗被处决，支持布鲁图的人一个个都被斩草除根，现在最后一位朋友卡西乌斯也自杀身亡了。

莎士比亚在《恺撒大帝》中描述布鲁图此刻眼前出现了恺撒的魂灵。或许他真正看见的并不是恺撒的魂灵，而是他自己心中的苦闷吧。因为在莎翁的另一部戏剧《哈姆雷特》中，当已故国王魂灵显现时，除王子外，其余近卫兵也看得一清二楚。而此刻只有布鲁图一人看见了恺撒魂灵，不得不说是他内心作祟。此外，以恺撒生前宽容的性格，即便死后也不可能化身为怨气的鬼魂。不论被恶灵缠身是真是假，布鲁图在生命最后几个月里，显然早已自暴自弃。

腓立比会战后期，屋大维和安东尼的联军获得了最终胜利，布鲁图则拒绝部下的逃命建议，也自杀了，终年 43 岁。

两位敌将（屋大维和安东尼）按照罗马传统火葬了布鲁图，并将骨灰送至其母塞维利娅处。顺带介绍一下，塞维利娅并没卷进“后三头”掀起的整肃运动，而是在恺撒赠予的那不勒斯近郊别墅中安度余生。不论是屋大维还是安东尼，对恺撒一生的挚爱还是非常尊重的，即便她是他们头号政敌的母亲。最后布鲁图葬于何处，至今再无人知晓。

这里想介绍布鲁图写给西塞罗的一封亲笔信，因为这是目前在布鲁图遗物中最能展示他性情的资料。

相较于恺撒常常是两三行、最长也不过半页的写信习惯，布鲁图却非常善于写长信，即将介绍的这封信就长达 6 页。不过信中布鲁图多次重复同一内容，若照信全译虽有助于理解他的性格，但无论译者还是读者大概都会不胜其烦，因此信中的雷同内容我在此均用“……”代替。

该信写成于公元前 43 年 5 月，当时西塞罗自以为能操控屋大维，因此要求屋大维饶恕布鲁图并允许其回国。正在马其顿加强军备的布鲁图，得知消息后立刻写信给罗马的西塞罗表示抗议。

致西塞罗：

从阿提库斯送来的手抄信副本中，我也得知了您写给屋大维的建议。对于您的帮助和关心，我不胜感激。本国来的信中都充满了身处国内的您每时每刻对我的关心、担忧，我也知道您为我做的一切。

然而，您给屋大维的建议却让我无比为难。我明白，您为了换得我的安全不惜向那个年轻人卑躬屈膝，但我能做到不顾共和国之名向他表示感激吗？我也明白，您将我的安全托付给了他，但我宁愿死也不愿如此苟延残喘。难道我们刺杀恺撒不是为了推翻君主制度，而只是为了让另一个人登上君主宝座吗？

您对他说话的言辞极像臣子对君王的语气。同为争取自由的人，为什么要为了达成某些愿望而这样低声下气？为守护自由而手染鲜血的我们，生命却掌握在另一个人手里。这真是莫大的讽刺。……

倘若那个年轻人无这种意愿，那我们就失去生的权利了吗？如果是这样，那这种生倒真是不如死。我们曾对着朱庇特神宣誓，我们将解放世界人民的罗马人从暴政下解放出来，我也坚信我们也应当受到罗马人民的感激，大可不必为了活命卑躬屈膝。……

西塞罗，据悉您如今是屋大维最信赖的顾问，而您最关心的则是我的人身安全。那么，我是否也该将自身安全寄希望于那个“孩子”的温情呢？

既然如此，为什么不寄希望于安东尼？反正都是忍辱偷生，反正都是寄希望于“温情”，为什么只能选择屋大维而不选择安东尼呢？在专制独裁方面，他们有什么不同吗？

是的，就是这个专制。正是因为向往专制，恺撒才会有登帝位称帝的野心。正是因为向往专制，安东尼才一心一意想成为恺撒的继承人。而如今的罗马正将那个年龄上尚不足以成为“男人”的“孩子”推上君主专制的宝座。

遗憾的是，这拥立中还有您的一份“功劳”。出于对安东尼的憎恨，您大力扶助屋大维。您为了帮助我们这些憎恨专制的人而拥立专制君主，这难道不是自相矛盾吗？……

既然如此，杀死恺撒已变得毫无意义可言。……恺撒在世时我们是他的奴隶，难道恺撒死后我们还要继续做他的奴隶吗？我们能反对恺撒所行之事，却不能反对恺撒继任者所行之事吗？……

在我看来，恺撒生前的西塞罗远比现在更忠于自己。倘若继续抱着对人类奴性和卑劣性的厌恶，无论活在世界哪个角落，也不会为流亡的命运感到悲哀。正因如此，如果必须对使人产生奴性的专制主义者屈服才能回到罗马，我宁愿选择继续流亡。……因为凡得自由之地，皆是我心中之罗马。……

曾正义凛然弹劾安东尼（《腓力比克之辩》）的西塞罗，是名副其实的共和守护人。如今屈从于一个专制主义者的西塞罗，到此已功过相抵。不但已失去了死后的荣光，也伤害了他引以自傲的尊严。

西塞罗啊，没有人能比您更爱罗马，也没有人比您更适合做罗马的根基——自由——的守护者。因此，我恳求您，不要再为我向屋大维屈服。与其让您为此努力，我更希望能看到一个忠于自己内心的西塞罗。我也祈祷：总有一天，那座城市（罗马）可以成为您为祖国做贡献的证人，恢复它以自由为傲的荣光；总有

一天，罗马公民会团结一致反对专制主义者，众志成城。

写下这封信的四个月后，马库斯·布鲁图兵败，自刎于腓立比草原。

尽管刺杀恺撒的真正首犯是卡西乌斯而非布鲁图，但刺杀集团是在布鲁图领导下才正式发挥作用。尽管也有人批评布鲁图走错了方向，但不可否认的是布鲁图身上仍具有高洁的品格。

然而和西塞罗虽智慧却缺乏远见相类似，布鲁图的高洁精神也未能给罗马人指出正确的前进道路。在意大利现行的大学历史教材中也是这么评价的：“‘3·15事件’是怀旧主义者自我陶醉式的、弊大于利的悲剧。”

“3月15日”不仅是恺撒的悲剧，也是布鲁图的悲剧，只是这种悲剧并不是高尚精神不为时代所容的悲剧，而是道德情操高尚的人没有看到时代变化的悲剧。

罗马帝国崩溃1 500年后，文艺复兴时期的意大利人重建城市国家时，给予了布鲁图很高的评价。《恺撒大帝》也是出自文艺复兴时期的英国人莎士比亚之手。

第三章　安东尼与克娄巴特拉结盟对付屋大维

（前42—前30）

罗马内战以布鲁图之死为分界线，此前的内战属于政治思想斗争，围绕罗马采用何种政体——是元老院主导的共和政体，还是君主专制政体——进行，此后的内战变成权力斗争——前期政治斗争胜利的君主专制派内部为争夺帝王宝座展开的斗争。

不过安东尼和屋大维随后十几年的争斗，也不完全是露骨的争权夺利。他们争夺的焦点除了权力之外，更多的是围绕着是否能继承恺撒生前对罗马世界的伟大构想而进行的。后者才是政治斗争持续进行的关键。原本无意涉足政治的安东尼突然参与斗争的原因有二：一是因为他对恺撒政治的不理解；二是因为克娄巴特拉的政治野心。

若恺撒没有遇害，那么到公元前30年间的这13年的混乱性、破坏性和无序性的杀戮肯定能避免。因此“3·15事件”谋杀的绝不仅仅是最高权力者，正如此后变得怯懦的西塞罗所言，这是一场“无果的悲剧”，对谋杀者是如此，对被杀者也是如此，对广大的生活在罗马世界的普通人而言更是如此。

拔得头筹的安东尼

在彻底肃清黑名单上的敌对者、赢得腓立比会战的胜利后，安东尼和屋大维两人在实现为恺撒复仇的同时，也成功地摧毁了共和主义者的根基。腓立比会战结束后，两人立刻将帝国版图一分为二，各掌东西一侧。表面上自恺撒死后罗马陷入两年的混乱期，因此，两人必

须分担重建罗马的任务。此时“后三头同盟”虽未解除，但雷必达有名无实。安东尼和屋大维只有在必要的时候才会想起雷必达，大多数时候都直接无视他的存在。

安东尼将罗马世界的东半边版图划归自己管理，将西半边丢给屋大维。因为腓立比会战实际上是安东尼的胜利。此时安东尼的野心——成为恺撒事实上的继承人——再度燃起。对面黄肌瘦、常卧床不起、年仅 21 岁的屋大维，安东尼已经不再将他放在眼里。

安东尼选择东半边版图的最重要原因，是因为那里方便远征帕提亚。如果自己能完成恺撒未竟之事业，那么屋大维即使是恺撒的养子，也将失去威信。那时整个罗马自然成为自己的囊中之物。

将西半边交给屋大维，安东尼自然也有算计。从恺撒遇刺到腓立比会战这两年的时间里，孟达会战逃生的庞培次子塞克斯图斯正在西班牙重新组织反对势力。由于庞培当年肃清海盗的影响，沿海的海港城市不仅仍与罗马保持着“宗主”和“藩属”的关系，同时也给当年庞培个面子，帮助“庞培二世”建立了海军。负责整理西半边版图的屋大维自然要与这位敌人正面相逢，安东尼正是要把这个烫手山芋扔给屋大维。在安东尼看来，对“仅继承恺撒之名”的屋大维而言，要恢复西半边的秩序绝非易事，他打算以此来消耗屋大维的实力。

此外，安东尼选择东半边版图的原因之二，是因为那里雄厚的经济支撑，仅行省税一项，西半边就只能望其项背了。

不过，这个身体羸弱的 21 岁的年轻人，也不是完全被赶到西半边去的。如果有得选的话，或许他还会主动选择西边呢。

公元前 1 世纪时，虽然罗马西部的经济实力远逊于东部，然而它却拥有自己独特的优势。

首先，罗马本土就属于西部，这一绝对的优势，安东尼竟然没有

注意到。

其次，西部方便集结兵力。因为罗马军团必须由罗马公民组成，而罗马本土所在的意大利半岛，以及被恺撒授予罗马公民权的意大利北部行省和法国南部行省等都集中于西部。东部虽然拥有更多行省和同盟国，但西部拥有更多的罗马公民。

或许安东尼以为只要有钱，招兵就不是问题，因为东部长久以来就有着雇佣兵的传统制度。士兵只为出价更高的人效力已是东部的惯例。罗马兵制虽已改为志愿兵制，然而作为军队主力的重装步兵仍必须是罗马公民。这样做是为了保证军队的质量。若东部和西部真正开战，实际上就会成为西部的“质”和东部的“量”之间的对决。这一点安东尼也没有注意到。

不过自腓立比会战胜利后，安东尼俨然成了众人眼中罗马世界的头号人物。克娄巴特拉和全罗马的人都这么认为。

此时安东尼的年龄也正好处于男性的鼎盛期——40 岁，西塞罗曾评价他有着角斗士一般的强健体魄。他把棘手的西部丢给屋大维，自己则在享受东部富足的同时，等待着屋大维被西部耗尽实力。为了进一步铲除屋大维势力，他开始积极密谋。

当布鲁图的遗体随火焰消失在腓立比平原后，围绕恺撒继承人的斗争才真正拉开了帷幕。安东尼对此志在必得。而对屋大维来说，这是继实现复仇目的后对他个人能力的第二次历练。

克娄巴特拉

东部罗马范围内没有任何人或国家对安东尼构成障碍。依附得胜

者是经济雄厚但军事力量不敌罗马军团的东方诸侯常用的自保手段。法萨卢斯战役后全部归顺恺撒的东方诸国，在腓立比会战后又都转投到安东尼帐下，因此，安东尼东进的路途上未遇到丝毫阻碍，顺利到达位于小亚细亚东南的奇里乞亚行省。安东尼在行省首府塔鲁苏斯休息，并于该地传召了埃及女王克娄巴特拉。

对安东尼而言，确保罗马与结盟的各同盟国之间的关系，与各国王见面拉近距离是恢复东部罗马秩序的必要手段。长久以来埃及都是罗马的坚实同盟，而此次传召克娄巴特拉却不仅仅是普通的同盟维护，因为克娄巴特拉曾有军事援助布鲁图和卡西乌斯的前科，所以安东尼此番传召不仅是为了巩固同盟关系，更打算对克娄巴特拉进行斥责。

克娄巴特拉曾在恺撒生前获邀造访过罗马，当时应该与安东尼有过数面之缘。当时克娄巴特拉的身份复杂，不仅是罗马盟国的最高统治者，还是安东尼顶头上司恺撒的情人。如今两人关系已发生微妙的变化，安东尼成了罗马世界最高权力者，克娄巴特拉则成了下属，一旦上司召唤她必须前来，这种改变无疑极大地满足了安东尼的虚荣心。不过从后来的历史看，克娄巴特拉技高一筹，成了此次见面的真正受益人。

克娄巴特拉在安东尼眼前的亮相，展示了她高超的智慧和手腕。犹记当年她为了捕获恺撒的芳心使用的手段：21 岁的妙龄少女藏在裹好的毯子中来到恺撒房内，美女随毯子被打开突现眼前。对出身名门的真正贵族恺撒而言，用智慧营造的愉快氛围比堆积在眼前的财富更让他终生难忘。

安东尼全名马克·安东尼，从名字上看就知道他出身于平民阶级。不过，和克拉苏、庞培一样，安东尼虽平民出身但也很早就成了元老院阶级中的一员。换句话说，他们都是寒门出身的贵族。因此，

安东尼身上那种暴发户似的习性，与其说是其出身的局限，不如说是他个人兴趣导致的。西塞罗在弹劾演说中就批评安东尼“贪婪、下流、好女色，无论精神还是肉体都与角斗士并无二致”。安东尼的军事才能足以令其在军队中拥有超高人气，但他不属于能凭借卓尔不群的非凡气质征服大众的类型。

针对安东尼的种种特性，27 岁的克娄巴特拉的亮相只能用“精彩绝伦”来形容。现在的塔鲁苏斯不过是土耳其的一座地方小城，可在古代却是小亚细亚首屈一指的大都市。那时它位置比现代更靠近海，有河流经市内汇入大海。埃及女王乘坐着象征东方富庶的大舫沿着该河驶入市内。

女王的御用画舫可谓是东方富庶的象征。该画舫周身贴满黄金，象征高贵的紫色布制成的大风帆随风鼓胀，闪亮的金色船舷与船夫手中银质的船桨柄交相辉映，随着音乐的节拍轻快地分开河水前行。

画舫中央以纯金丝线织成的刺绣帷帐隔开视线。当帷帐左右拉起时，打扮成爱神维纳斯的女王陛下端坐在御座之上，装扮成丘比特的女奴执扇送风，带起女王飘飘衣袂。装扮成那喀索斯及美神的歌伎身着薄如蝉翼的衣裳，围绕着女王翩翩起舞。一切宛如画中。画舫上飘散出若有若无的淡淡香气，直引得围观者凝神驻足。美轮美奂的场景让围观者叹为观止，纷纷传言这是阿芙洛狄忒（维纳斯）来见狄奥尼索斯。不得不说，这次克娄巴特拉为了美好未来下的赌注堪称完美。

如果阿波罗代表理性的话，那么狄奥尼索斯代表的则是感性。被比作感性之神狄奥尼索斯的安东尼立刻邀请“女神”共进午餐。“女神”并未回绝反而邀请安东尼上船小聚。从安东尼踏上“女神”画舫那一刻起，胜负已分。

克娄巴特拉对安东尼的品性和能力早已了如指掌，同时她也将

安东尼和恺撒做过对比。女人一生中总要面对的问题此刻摆在她的面前。一流的男人绝不会任由女人摆布，女人能驾驭的只能是二流男人。选择什么样的人直接决定着女人的生活方式。在才情卓越和任由自己支配之间，克娄巴特拉选择了后者，这也决定了她今后的人生。

最终克娄巴特拉兵不血刃地赢得了胜利。为了巩固胜利，她邀请安东尼以私人身份到埃及首都亚历山大再聚。安东尼也如约以个人名义而非罗马前执政官的头衔接受了邀请。这一年——公元前41年早秋——41岁的武将投入了28岁女王的怀抱。

待客之道以宾至如归为上，但若一味如此，反让客人失去兴致。若辅以意外之喜，则能事半功倍。

深谙待客之道的克娄巴特拉应该早已将安东尼的习性和之前的恺撒进行了细致对比。

恺撒即使度假也有独特的方式。在埃及休息期间，他坚持写《内战记》，研究尼罗河水源，关注埃及的国情，同时以天文学家和数学家的最新研究成果为基础思考历法改革。一言以蔽之，恺撒是个善于自主安排时间和休息方式的客人。他对食物是否华美并不在意，也对东方式的豪华生活兴趣平平。在恺撒度假期间，克娄巴特拉唯一能做的是凭借自身的年轻貌美陪伴恺撒左右，同时提供泛游尼罗河上的舒适游船。

与恺撒相比，安东尼是被动地消磨时间的客人，因此，克娄巴特拉能够提供的就更多了。

首先，克娄巴特拉为安东尼营造了豪华的王者宫殿的生活氛围。为了满足客人在口味上的所有要求，她命令厨师按照大型宴会的规格精心准备了来自世界各地的山珍海味。无论数量、质量还是种类，都足以令客人叹为观止，同时有乐师、舞伎、魔术师等为宴会助兴，日

日欢舞，夜夜笙歌。

克娄巴特拉自然也知道珍馐虽美、佳酿虽醇，终有厌倦的一天。于是她安排罗马将军和自己一同泛舟尼罗河上垂钓，以美景相伴度过愉快的时光。开始时因毫无收获而心中不快的安东尼悄悄令奴隶潜至水底将鱼挂到自己的鱼钩上以提升“战绩”，最后满载而归。察觉到“猫腻”的克娄巴特拉并未揭穿安东尼的小把戏，反而附和称颂。第二天，克娄巴特拉的“杰作”充分展示了她的机智与幽默。她同样命奴隶潜到水底给安东尼鱼钩上挂鱼，不过这一次她命奴隶挂的可是一条鱼干。可以想象，当安东尼得意扬扬拉起鱼竿看到上钩的是一条鱼干时，只能是无奈地笑一下，而克娄巴特拉和周围侍从却哈哈大笑。

不过，女王此举可并不只是想让安东尼难堪，这正是克娄巴特拉的过人之处。面对苦笑的安东尼，女王说道：“我无上伟大的将军，钓鱼的事可以让渔夫完成，您钓的是城市，是王国，是大陆啊！”

这个看似让安东尼颜面扫地的举动，却在克娄巴特拉的机智下成为让安东尼无比愉悦的行为。安东尼早已被克娄巴特拉的聪明伎俩逗弄得心醉神迷。

或许克娄巴特拉早已深刻总结了在恺撒身上的失败，苦心经营后全身心投入安东尼身上。这固然让女王成功征服了安东尼，但同时也埋下了隐患。她的吹捧让二流的人误以为自己真的能够掌握世界而飘飘然。

正当安东尼沉醉于埃及的奢华宫殿和女王的机智奉迎时，公元前41年秋到前40年春，屋大维正在恶战中度日如年。由于安东尼指使弟弟路奇乌斯和妻子富尔维娅在意大利中部的佩鲁贾举兵动摇屋大维的根基，原本不擅长领兵的屋大维不得不竭尽全力镇压国内的动乱。

这里提到的安东尼之妻富尔维娅，是罗马帝国历史上开女性自信

和自负先河的传奇人物。她每一次的婚姻对象都是罗马政坛的风云人物，因此，她也被熏陶出热衷插手政事的风格。

她的第一位丈夫是罗马护民官克劳狄乌斯。按照罗马当时的法令，护民官必须出身于平民阶级。出身于罗马名门世家的克劳狄乌斯为任护民官一职，不惜舍弃身份做了一户平民家的养子。在恺撒远赴高卢作战期间，他一直作为恺撒的代表留在罗马与元老院对抗。克劳狄乌斯被元老院的米罗杀害后，富尔维娅改嫁另一位护民官库里奥。库里奥是恺撒在高卢战争末期最看好的人才之一，后来成为恺撒军团中与元老院斗争的头号人物。内战爆发后，库里奥死于北非战场，富尔维娅再度改嫁。这次的结婚对象仍是恺撒部属，名将安东尼。在基督教的处女信仰尚未普及的罗马时期，像富尔维娅这样有过多次婚史的人并不罕见，也不会遭人指责

面对兴兵发难的安东尼派，年仅22岁的屋大维穷于应付，同时恺撒指派给他的阿格里帕同样也只有22岁，临战经验不足，并且阿格里帕也不像亚历山大大帝、西庇阿·阿非利加努斯、恺撒或者早期的庞培那样属于军事天才，他当年是因踏实的品性被恺撒看中，并被命令辅佐同样踏实的屋大维，担任他的左右手。因此，屋大维一度被安东尼派的动乱逼入困境。

当然，勤能补拙。踏实的两人经过数度苦战，凭借坚忍不拔的毅力逐渐掌控了局面。公元前40年2月底，两个22岁的年轻人终于获得了胜利，成功镇压了动乱，并将路奇乌斯和富尔维娅赶到希腊。佩鲁贾战役结束。

如此重要的消息，不重视情报工作的安东尼压根儿不知道。他原本打算等弟弟和妻子举兵消耗屋大维实力后，自己最后出马收拾局面，因此，当他按照原定计划从埃及返回意大利、到达意大利南部的

布林迪西港口时，才得知兵败事宜。在布林迪西等待他的不是想象中意志消沉的22岁的小青年，而是意气风发坐拥强大兵力足以揭穿他的小阴谋的屋大维。

此情此景，安东尼立刻改变了态度。他将佩鲁贾动乱的责任全部推给妻子富尔维娅，声称是富尔维娅煽动弟弟路奇乌斯举行动乱，而自己毫不知情。远逃在希腊的富尔维娅听到消息后，怒极身亡。

22岁的屋大维自然不会相信安东尼的闪烁言辞。然而当时屋大维在佩鲁贾战役中损耗很大，同时又要面临庞培次子塞克斯图斯日渐壮大直逼西西里的势力，因此不得不装作深信不疑。

《布林迪西协定》

恺撒悄悄在遗嘱中指定当时只有17岁的屋大维为继承人，并给他安排了助手阿格里帕。屋大维从这个安排中学到一条重要经验，就是如果自己在某一方面的才能有缺陷的话也不要紧，只要确立一种合作机制，就可以让具备这方面能力的人发挥长处，为自己效劳。我们无从得知恺撒生前是否明确地向屋大维传授过这一点，但屋大维的确从恺撒的人事安排上悟出了这个道理。教育的成功不能仅靠老师单方面的努力，学生的资质也很重要。

恺撒一生中从未遇到过不能战胜的对手，因此，他从未曾和不可战胜的对手妥协过。可是22岁的屋大维就不同了，而屋大维自己也明白这一点。因此，年轻的屋大维学会了一整套外交手法，重用与自己同龄的年轻人。

首位出场的年轻人是梅塞纳斯——甚至2 000年后日本著名的企

业赞助文化艺术的活动“梅塞纳”（mécénat）就是以他的名字命名。“梅塞纳”一词源于拉丁语中梅塞纳斯的法语发音。

担任屋大维“外交大臣”的梅塞纳斯是伊特鲁里亚人；担任“国防大臣”的阿格里帕出身于被罗马吞并的意大利南部部族；连屋大维自己也不是正统的“罗马人”。而正是这三个外族年轻人引领着罗马走向了一个新的时代。在布林迪西，梅塞纳斯成功地在各有算计的安东尼和屋大维两人间穿梭平衡，最终促成了《布林迪西协定》。

《布林迪西协定》因协商地点在布林迪西而得名，这是“后三头”划分势力范围的协议。根据协议，罗马世界分成三大块：安东尼占据东部，屋大维盘踞西部，雷必达控制南部及阿非利加行省。

然而，此番三分天下与腓立比会战后的三分协议意义截然不同。两年前的三分协议，是在消除布鲁图及卡西乌斯等共和派最后抵抗的前提下，“后三头”为恢复罗马正常的统治秩序而进行的划分。公元前 40 年在布林迪西的三分协议，则是“三头”各自划分统治领域、互不侵犯的协议，因此，前一次是共同治理恺撒留下的罗马，而这一次则是真正的“三分天下”。对此时的屋大维而言，解决掉安东尼带来的障碍，是完成“父亲”恺撒遗志统一罗马的先决条件。

为了确保《布林迪西协定》正常执行，屋大维和安东尼进行了政治联姻。

富尔维娅死后成为鳏夫的安东尼随后迎娶了屋大维的姐姐屋大维娅。屋大维则与安东尼前妻富尔维娅和首任丈夫克劳狄乌斯之女克劳狄娅定下婚约。此时传来克娄巴特拉产下双胞胎的消息，安东尼并未动摇，仍与屋大维娅如期举行结婚仪式。

而屋大维与克劳狄娅的联姻并未走向婚礼阶段。这倒不是因为屋大维嫌弃克劳狄娅，只是屋大维想以婚姻换得更多的机会。不，对

23 岁的屋大维来说，他只能用婚姻来换取更多的机会。8 个月后，这个机会终于到来了。

米塞诺岬位于那不勒斯湾西部顶端，庞培次子塞克斯图斯在那里发起并签订了历史上的《米塞诺协定》，该协定由屋大维、安东尼和塞克斯图斯三人共同协商签订。而此次选址墨西拿海峡为协商地点，是为了方便塞克斯图斯乘船出行。

根据《米塞诺协定》条款，庞培余党将彻底结束反对屋大维的各种活动。同时作为条件，屋大维重新恢复孟达会战被恺撒击败流亡的塞克斯图斯等人在罗马的公职，并且将西西里、撒丁及科西嘉三岛的统治权授予塞克斯图斯。对于无法一击即胜的对手，妥协或让步是必需的，这一点屋大维自始至终都牢记在心。

安东尼作为屋大维和塞克斯图斯的中间公证人，也出席了谈判。这说明安东尼彼时力量远在谈判的两人之上。

安东尼在继女克劳狄娅的婚事上也显得相当大度。他不仅同意屋大维退婚的请求，还见证了屋大维与塞克斯图斯表妹斯克里波尼娅签订婚约。斯克里波尼娅比 23 岁的屋大维年长，屋大维在此次婚姻中拥有了一生中唯一的亲生骨肉——女儿尤利娅。

安东尼与屋大维娅结婚后，恢复了罗马男儿的日常生活。在蜜月地雅典，安东尼远离了夜宴、舞伎、夜夜笙歌等克娄巴特拉式奢靡生活，转而过起了朴实的柏拉图式的清淡生活，并喜获女儿安东尼娅。安东尼的转变让其下属惊喜异常。安东尼在极力摆脱克娄巴特拉的影响，或许在他认为罗马式的清淡生活可以让自己忘掉克娄巴特拉。可以看出，此时的安东尼一心一意为远征帕提亚积蓄能量。部下看见他的转变也日渐安心。白驹过隙，两年时光弹指即逝。

屋大维的恋爱

正当43岁的安东尼努力摆脱儿女情长之际，24岁的屋大维却正处于春心跃动之时。

屋大维爱上一个小自己5岁的已婚女子——利维娅。利维娅早已嫁给克劳狄乌斯·尼禄，育有一个3岁的孩子，名叫提比略，并且腹中正在孕育着第二个孩子。

莎士比亚笔下的屋大维既残酷又冷静，但事实上屋大维并非那样简单。从恺撒离世起，屋大维就坚定不移地继承恺撒遗志，说明他是个意志坚定且热情洋溢的人。对他这样的人来说，哪怕心上人已嫁为人妇且身怀六甲，也无法阻止他的热切爱恋。

并且此时的屋大维业已独身。随着他和庞培次子塞克斯图斯的关系不断恶化，他已经和政治联姻的妻子斯克里波尼娅离婚。24岁的屋大维为了得到心上人，与情敌直接谈判。

谈判的结果是同为罗马贵族的克劳狄乌斯·尼禄将妻子让给屋大维。公元前38年1月，屋大维与利维娅举行婚礼，有别于传统习俗，婚礼上的伴娘由男性——新娘的前夫克劳狄乌斯担任。三个月后利维娅产下次子，取名杜路苏斯——这是克劳狄乌斯·尼禄家族的常用名。

屋大维的此次婚姻，除了婚礼上的别出心裁，婚后生活也打破了罗马一直以来的传统。罗马上流社会里，女子改嫁通常为净身入户，并不携带与前夫所育子女。然而，屋大维不仅接受利维娅，也接受了提比略和即将降生的杜路苏斯。或许是因为童年时期远离母亲在祖母抚养下长大的痛苦记忆，他对两个孩子产生了温情吧。

24岁夫君和19岁的妻子最终携手共白头，这是整个罗马政坛婚

史上的奇葩。此外被尊称为奥古斯都的罗马帝国首任皇帝屋大维，后来选定利维娅再婚带来的孩子提比略为自己的接班人，担任罗马帝国历史上第二任皇帝。

利维娅

对政治影响毫无顾忌，一心选择心爱之人结为连理，看得出屋大维的实力已今非昔比。此时为了扩大势力称霸西部，屋大维也积极推进军事行动。他与庞培次子塞克斯图斯的决战也从被动变为主动。屋大维自知军事指挥能力有限，因此不得不等待正在外地作战的阿格里帕回来。

最终屋大维在战争中成功击败了罗马西部最强的对手塞克斯图斯·庞培。然而屋大维毕竟不同于恺撒，他用“复仇”代替了恺撒的“宽容”。布鲁图和卡西乌斯相继死去的结局才让他的“复仇”大计落下帷幕。在他看来，只有死人最保险，因此，逃到莱斯沃斯岛的塞克斯图斯最后也没能幸免。

屋大维势力的日渐扩大让安东尼坐立难安。与屋大维在西部的轰轰烈烈相比，年届45岁的安东尼在东部平静无波，他甚至没有什么机会能加深自己在罗马本国人心中的印象。不过，如果安东尼远征帕提亚成功的话，也许能盖过屋大维日渐壮大的声望。安东尼终于开始

重整旗鼓了。

古代史学家认为克娄巴特拉的来信是促使安东尼行动的原因，然而我并不认同这一说法。因为在两人分别的四年里，克娄巴特拉不只给安东尼写过一封信，同时安东尼一直在努力克制自己对埃及女王的迷恋。安东尼现任妻子屋大维娅是罗马贤淑女性的典范，从未对此流露过一丝不满。不过，贤淑并不等于有魅力。

远征帕提亚终于提上了日程，出发前安东尼嘱咐临盆在即的妻子在罗马好好地等待自己回来。屋大维娅丝毫没有嗅到来自克娄巴特拉的危险，乖乖地遵照丈夫的指示。她拖着笨重的身躯回到罗马后，并未返回娘家，而是继续留在夫家一面待产一面照顾安东尼和前妻生的孩子。

公元前37年秋，安东尼向东出发。出发前他给克娄巴特拉送去密信，期待再聚。收到信的克娄巴特拉立刻从亚历山大港出发，她不仅为安东尼准备了远征帕提亚所需的充足物资和资金，还带去了出生后从未见过父亲的双胞胎兄妹。

安东尼与克娄巴特拉联姻

四年之后再度相会，安东尼又立刻深陷克娄巴特拉的情网不能自拔。

这次克娄巴特拉明确地表示再不愿做地下情人，正式向安东尼提出结婚。两人在征途中举行了希腊式的婚礼。安东尼正式承认克娄巴特拉生的双胞胎为自己所出，并给两个孩子命名，男孩名为亚历山大·赫利俄斯，女孩名为克娄巴特拉·塞勒涅。在希腊神话中，赫

利俄斯为太阳神，塞勒涅为月神。此外，安东尼还顺理成章地成了被埃及人称作“恺撒二世”的、恺撒与克娄巴特拉之子——托勒密·恺撒——的监护人。

安东尼和克娄巴特拉按照希腊的传统，发行了刻有两人侧面像的纪念银币。在希腊发行的货币上，安东尼和克娄巴特拉分别饰以狄奥尼索斯和阿芙洛狄忒（雅典娜）的造型。在埃及发行的货币上，两人则又分别以奥西里斯和伊希斯女神的造型出现。

安东尼将东方诸城邦的统治权当作新婚礼物送给克娄巴特拉，其中大多是罗马行省以及被看作罗马同盟国的诸侯领地。但是克娄巴特拉一心想要的是希律王的领地犹太地区，安东尼却始终没有答应。通过这次婚姻，克娄巴特拉以新婚礼物为名实际上恢复了埃及王室 200 年前的领地范围。

得知这一情况的罗马人不禁瞠目结舌。重婚本身就违犯了罗马法律，将罗马霸权统治下的如此众多的领地赠予仅为同盟国的埃及更是有悖常理。面对罗马人无声的愤怒，安东尼却显得淡定自若。他认为只要远征帕提亚成功，这些都不再会是问题，罗马人一定能够接受。

克娄巴特拉并非倾国倾城之姿，却堪称机敏过人。然而，她的机敏是否等同于拥有眼光长远的智慧？

首先，她未能洞悉政局。早在公元前 63 年庞培称霸东方时，罗马就已将叙利亚塞琉古王朝收为行省。若当时罗马有意，以同样的手法处理埃及也并不是难事。罗马最终没有这么做，并不是惧于埃及强大的国力，而是另有打算。

在军事上采取霸权统治的同时，罗马在外交上则以同盟国战略为基本方针。对于那些国内政治稳定的国家，罗马承认它们的独立地位，不干涉它们的内政，与它们结成同盟。因为一旦将独立国家变成

刻有安东尼和克娄巴特拉侧面像的银币
（前 34—前 33 年*左右*，埃及铸造）

罗马的行省，虽然能增加行省税的收入，但同时罗马也要向行省派遣总督，并有责任维护行省的内部稳定和外部安全。但若成为同盟国，在双方都对彼此有安全责任的情况下，罗马既可以获益，又不需要承担维护同盟国国内稳定和防卫的费用。

正因如此，埃及是罗马长期以来的最理想的同盟国。因为与马其顿、叙利亚等希腊文化国家不同，埃及国内政治非常稳定。埃及托勒密王朝凭借着两重力量巧妙地控制着国民：一是借助法老是神的化身的身份威慑埃及国民；二是以亚历山大大帝的马其顿血统之名牢牢控制住执埃及经济之牛耳的亚历山大港多数希腊后裔。"克娄巴特拉"并非埃及名字，而常见于马其顿王室中。克娄巴特拉除了主持埃及传统祭祀时以短发装扮亮相外，平时总爱以希腊发型搭配西欧着装风格打扮自己。事实上克娄巴特拉遗留下的画像，埃及的短发造型仅有一例，其余全是希腊风格。至于克娄巴特拉存于人们心中的短发形象，

也不过是从莎士比亚起为了追求舞台上的异域风情而营造的效果。因此《奥赛罗》中的主人公在舞台上装扮成一个黑人，其实也并不符合历史上真实的样貌。或许是因为地理位置相对较北的英国观众认为，如果没有女王的埃及装扮和奥赛罗的黑人特征，就没有浓厚的异国风情吧。

总而言之，对罗马统治者而言，充分利用埃及特色和希腊特征进行统治的托勒密王朝，只要国内政治稳定就已经足够了。当年克娄巴特拉的父王由于内乱流亡之际，罗马的两大巨头——庞培和恺撒——都一致给予其军事援助并助其复国就是最好的证明。此外，就埃及的统治者必须是神的化身这一点而言，埃及的王位只能由埃及人出任，因此，对罗马人而言，与其亲自统治，还不如就让埃及人自己统治更有利于埃及政治的稳定。

恺撒的埃及政策是这一传统观点的完美继承。对罗马统治者而言，谁继承王位都无所谓，只要能保证埃及的稳定就行。因此，恺撒在拥有埃及王位继承权的两位王子和两位公主中选择克娄巴特拉，不是因为别的，而是因为只有她与庞培之死无关。罗马人——即使是妇孺——都绝不会看到一个杀害自己同胞的人坐上王位而置之不理的。

可是，克娄巴特拉以为自己是凭借个人魅力登上王位的，可能也正是这种认知能力让她的智慧开始蒙上阴影。然而恺撒不是那种身陷美色而无法自拔的人，因此，在恺撒时期，克娄巴特拉尽管有壮志雄心却没有犯下过错的机会。

恺撒死后，在公布的他生前立的遗嘱中，他对“小恺撒”只字未提。（不过这个孩子也是恺撒死后才得到公开承认的。）这也让“小恺撒”的母亲克娄巴特拉感到既愤怒又委屈。

或许克娄巴特拉彼时并没有真正理解恺撒的用心吧。恺撒一直与

她保持着情人关系，也不公开承认两人生的孩子，其实是为了维护她王位的稳定。毕竟埃及王室存亡的关键一直都系于罗马之手，只要罗马愿意随时都能以武力征服埃及。正因如此，恺撒才极力避免刺激罗马人的神经。恺撒给予的保护和爱，克娄巴特拉完全没有体会到。

大概是怀着对故去恺撒的强烈报复心，克娄巴特拉与安东尼正式结为夫妻，也让她的孩子得到公开的承认。此时克娄巴特拉迈出了自我毁灭的决定性一步。

同为女性，我本不想用“女人的见识”等词语来形容她，然而当踏出决定性一步时，克娄巴特拉已 32 岁，我也无法以“年少轻狂”这样的理由为她辩解。

当时在地中海，大概没有哪个女子能比克娄巴特拉拥有更多的财富；在罗马，大概也没有哪座建筑能比她在亚历山大的王宫更奢华。此外，整个地中海也找不出来像亚历山大如此设施完备的港口，因此恺撒在参观了亚历山大港之后，特地将埃及的工匠和技师请到罗马打造奥斯提亚港。埃及首都亚历山大当时聚集了大批希腊裔的埃及富翁，可谓东地中海首屈一指的繁荣城市。当地的市场商品琳琅满目，商贾云集。

然而表象并不等于国力，国力不仅指表面上呈现出来的这些现象，更重要的是能像地下水一样充沛富足，随取随有。这些不知克娄巴特拉是否真的理解。

克娄巴特拉是否以为凭借埃及的富有和安东尼的领军才能就能击败一心想继承恺撒遗志、率领罗马朝恺撒生前理想国前进的屋大维呢？

此外，埃及女王的“见识短浅”还导致安东尼在远征帕提亚时的狂妄自大。

远征帕提亚

对罗马人而言，远征帕提亚有两个重要意义：第一，能为曾经失败的克拉苏军团一雪前耻；第二，征服帕提亚就能确立幼发拉底河防线，这条防线一旦确立，罗马世界东部地域即可高枕无忧了。因此，远征帕提亚的目的并不是为了征服及占有帕提亚本身。然而，克娄巴特拉对帕提亚地区的野心最终影响了安东尼的判断，使他改变了罗马自古以来对帕提亚的战略——从战胜退兵改为胜后统治。战略的改变必然导致远征手法的变更，可是安东尼并未对部下说明这一切。因为他心知肚明，由罗马人组成的兵团只会为确立国家防线厮杀，绝不会为了异国女王的野心卖命，因此，罗马军在公元前 36 年春进行的帕提亚远征，从一开始就有些不明不白。

安东尼为远征预备的军队规模是克拉苏时期的 3 倍。

仅 16 个重装步兵团人数已达 6 万人，全部由罗马人组成。

从高卢和西班牙征招的骑兵达 1 万人。

此外，与罗马有同盟关系的东方诸城邦均派兵支援，规模超过 4 万人。

综上所述，安东尼大军仅士兵数量就已超过 11 万人，堪称一次拥有大量攻城利器的浩浩荡荡的远征行动。

另一方，帕提亚的军队规模骑兵和步兵加起来总共只有 4 万人，由归顺帕提亚的希腊人莫内斯指挥。仅从兵力上比较，罗马军毫无疑问拥有压倒性的优势，因此，总指挥安东尼对获胜信心十足，连克娄巴特拉也对获胜毫不怀疑，她已从行军途中撤走回到亚历山大港等候捷报。

同时帕提亚方面也没有进入理想的迎战状态。长久以来的王位纷

争并未结束，而像击败克拉苏的苏雷纳斯那样的天才将领也未横空出世。不过，当他们引以为傲的重装骑兵团败于安东尼的先锋部队后，帕提亚也从中吸取了不少教训。在安东尼准备远征的四年时间里，帕提亚的主力军已经从持长矛的重装骑兵改装为以弓箭为武器的轻骑兵。这也是他们 17 年前击败克拉苏兵团的法宝，而安东尼的军队布阵和克拉苏当年毫无变化。可惜，从不注重搜集敌情的安东尼，并不知道这个变化。

另外，安东尼远征帕提亚的目的已经从确立幼发拉底河防线变成占领帕提亚，这一点虽然他并未对部下言明，但那些随征的东方诸城邦王侯都看得清清楚楚。他们不愿为了埃及女王的私欲协助罗马军队，转而投向帕提亚。显而易见，倘若远征是为了巩固罗马的防卫，那么远征成功自然能保各城邦安泰，但是如果远征是为了占领，那么埃及取得帕提亚的领有权之后，东方各王侯的地位必将朝不保夕。

根据罗马的传统，征战时除了罗马自身军团作为主力参战外，也会召集远征地域周边的诸侯国及各部落派兵援助。即便强大如恺撒，也不敢轻视罗马与同盟部族建立的共同体制。安东尼却恰恰忽略了这一点，在战斗前没有进行必需的政治外交联合。倒不是因为时间仓促，而是他根本没有意识到政治外交的重要性。此外，克娄巴特拉对此等事关成败的基本问题也一无所知。

结果形势急转直下，中东部的同盟国反倒站在帕提亚一边，联合起来对抗罗马。

安东尼毕竟只拥有军团长的才能。在忠实地执行总司令的指令方面，安东尼确实是个人才，可是在远征帕提亚中能否担任总司令，并不是由经验决定，天生才能和气度才是关键。此外，曾经婉言笑语说“钓鱼的事可以让渔夫完成，您钓的是城市，是王国，是大陆”的

克娄巴特拉真如传言一般智慧吗？克娄巴特拉的确精通希腊语与拉丁语，并能将埃及本土语言运用自如，但语言天分是否能与智慧画上等号？

接下来我将用简短的语言大致描述一下安东尼自公元前 36 年 3 月至同年 10 月末的远征过程。之所以简略，是因其并不值得长篇大论。

平安抵达幼发拉底河西侧的安东尼大军，自渡河后连遭不测。帕提亚军队没有直接对罗马大军发起攻击，转而进攻罗马的运粮队，全歼了押运粮草的两个军团，夺取了辎重，烧毁了攻城器械，随后又集中兵力截断了罗马军的补给线。

安东尼只好下令在当地筹粮。于敌地筹粮显然要付出代价，许多东方诸城邦的士兵在外出筹粮后并没有回来。

8 月，酷热的天气加上水粮不足，迫使安东尼不得不考虑撤退。然而自尊又不允许他下令退兵。在作战大会上，他最终力排众议，以总司令的身份压制了大多数人撤退的主张，下令进攻。

帕提亚勉强应战，未能击退罗马重装步兵，反而自损 80 名骑兵。帕提亚此后再不应战，改为采取游击战的方式消耗罗马军的耐心和实力。

10 月，帕提亚所在的中东沙漠地区进入了夜寒难耐的季节，安东尼终于决定撤退。撤退之行异常艰苦，安东尼凭借自身的武将才能，虽没有重蹈当年克拉苏军团的覆辙，但在向北迂回途中，受到帕提亚军队的轮番袭击，损失了 8 000 名士兵。

11 月，逃回安提阿的罗马大军，主力军团士兵只剩下三分之二。这次远征没有进行过一次像样的战斗，也没有用上之前精心准备的攻城器械。稍加安顿后，安东尼急忙派特使传消息邀克娄巴特拉前来。

这个绝望的46岁男人，此时大概只能在心爱的女子怀中才能求得安慰吧。

远征帕提亚失败的消息不到一个月就传遍了罗马。屋大维彼时和阿格里帕正集中全力控制亚得里亚海东部沿岸的伊利里亚地区。由于关系到对亚得里亚海的制海权，这场行动显得异常重要，因此，他对身陷困境的安东尼，既没有能力也没有意愿去支援。但是，安东尼的妻子屋大维娅得知消息后立刻购入大量支援物资，准备必要的军用资金，并亲自率领雇用来的2 000名士兵前去与安东尼会合。屋大维娅认为自己是安东尼的正室，帮助身陷困境的丈夫，是妻子的责任与义务。

当她到达希腊的雅典时，收到了安东尼的亲笔信，信中言明物资和资金留下，却命屋大维娅返程。此时的屋大维娅仍唯夫命是从，顺从地回到罗马。

可是，得知此事的屋大维十分愤怒，他亲自修书给姐姐，告诉她从此大可不必为安东尼尽妻子义务，也不必为安东尼守护家宅，更没有必要抚养安东尼与前妻生的孩子。然而，弟弟的愤怒和忠告无法改变屋大维娅的心意。

对屋大维娅而言，丈夫是此生的唯一。可惜事与愿违，她为丈夫做的一切反而让安东尼的声望每况愈下。原本对安东尼和屋大维之间的明争暗斗漠不关心的罗马民众，看到模范妻子屋大维娅遭安东尼如此不公平的对待，都十分愤慨。安东尼为了一个外国女子而让罗马淑女受委屈，这种委屈罗马民众感同身受。

年仅28岁的屋大维正忙于收服伊利里亚地区以称霸罗马西部，他对罗马民众此时的感情变化尽收眼底。当然，他也在考虑在恰当的时机好好利用一下这种不满情绪。

异国的凯旋仪式

我在《罗马人的故事 04 · 恺撒时代（上）》的开篇部分曾引用萧伯纳的一段话：

> 深谙人性弱点的莎士比亚，也无法探知尤里乌斯 · 恺撒等英雄人物的伟大。《李尔王》虽堪称杰作，《恺撒大帝》却并非佳品。

顺着萧伯纳的逻辑，莎士比亚的另一部作品《安东尼和克娄巴特拉》自然能归入佳品之列。

克娄巴特拉千里奔赴被远征失败击溃了自信的安东尼身旁，同时还带来了对败军而言至关重要的资金与物资。屋大维娅率物资前来时，被安东尼命令留下物资独自返回罗马，克娄巴特拉面对的可不是这个结局。对安东尼而言，克娄巴特拉的存在本身就是针强心剂。而对于克娄巴特拉而言，安东尼必须振作起来，如果他一蹶不振，那么克娄巴特拉就只能听天由命了。

因此，34 岁的克娄巴特拉极力激励 47 岁的安东尼，忘记失败，重整旗鼓，再度远征。安东尼和他的部下都已失去了再度征战帕提亚的自信和欲望，因此，再度出兵的目标已转向了比帕提亚实力逊色一筹的亚美尼亚王国，远征时间定于次年，即公元前 34 年春。送安东尼出征后，克娄巴特拉又先行返回埃及，在亚历山大为安东尼准备凯旋仪式。

说是远征亚美尼亚，实际上不过是远行而已。此时亚美尼亚国内正处于王位纷争的混乱中，安东尼趁着亚美尼亚军队尚未整编成形之际，并未经过哪怕一次堂堂正正的决战，就轻松地收服了亚美尼亚。

随后安东尼急忙与亚美尼亚国王缔结和约并正式退兵，因为此时的他已无法忍受与克娄巴特拉长期分离了。

议和的结果是亚美尼亚王国和安东尼代表的罗马结成同盟关系，这对罗马民众而言本非坏事。但安东尼为了巩固两国关系而促成的另一件事——安东尼为自己和克娄巴特拉的儿子与亚美亚尼王国的公主定下婚约——却在罗马人中间掀起了轩然大波。在罗马人看来，安东尼率领的由罗马公民组成的罗马军团属国家公共财产，并不能为一己私欲滥用，因此，安东尼在国内的声望一落千丈，同时克娄巴特拉的浅薄也将安东尼推上了舆论的风口浪尖。

尽管凯旋名不副实，克娄巴特拉仍决定为安东尼远征亚美尼亚举办所谓的“凯旋仪式”，并且将仪式地点定在埃及的首都亚历山大，这显然又一次点燃了罗马人的怒火。

克娄巴特拉究竟有没有理解凯旋仪式在罗马人心中的意义呢？

对罗马人而言，凯旋仪式并不仅仅是罗马公民欢迎远征的将士归来，为庆祝胜利而举行的仪式。凯旋的队伍要登上卡匹托尔山感谢众神之后仪式才宣告结束，人们互相庆祝，感谢众神才是罗马凯旋仪式真正的意义所在，因此，并非在任何地方都能举行凯旋仪式。如果不是在守护罗马的众神休憩地，也就是首都罗马举行的话，凯旋仪式就失去了意义。多神教的罗马人虽也接纳埃及人信奉的奥西里斯和伊希斯，但仍以守护自己的朱庇特（宙斯）、朱诺（赫拉）、密涅瓦（雅典娜）、马尔斯为尊。如果克娄巴特拉是为了向罗马传统文化挑战而特地在亚历山大举办凯旋仪式的话，这个愚蠢之举不得不让人怀疑她的智慧。此外，为了满足爱人的心愿，身为罗马人却在埃及举办凯旋仪式的安东尼，也诚如西塞罗的评论：“无论精神还是肉体都与角斗士并无二致。”因为真正的智者，即使无法将其他文化吸收为自己的一

部分，也会尊重它。

凯旋将军驾着罗马式的四匹高大白马拉的战车，在埃及民众和希腊裔埃及居民的围观下，穿过亚历山大，停在王宫前。克娄巴特拉扮成伊希斯女神，坐在高高的黄金御座上等待着他。年届 48 岁的安东尼从未享受过象征罗马男子最高荣誉的凯旋仪式，而这次在异国的凯旋仪式，是他人生中第一次，也是最后一次。

克娄巴特拉御座旁，摆着同样由纯金打造的宝座，空候着从战车上下来的凯旋将军。两人手边并排安置着四个略小一号的宝座，是 13 岁的恺撒二世（小恺撒）、6 岁的龙凤胎以及 2 岁的幼子的座位。龙凤胎和 2 岁的幼子为克娄巴特拉和安东尼所出。

罗马凯旋将军对民众发表宣言，包含如下内容：

一、因克娄巴特拉曾与恺撒有过正式婚约，他们的孩子——13 岁的托勒密·恺撒——确为恺撒嫡子。

二、克娄巴特拉为女王，同时托勒密·恺撒为国王。

三、将幼发拉底河以东的亚美尼亚王国、米底亚王国及帕提亚王国赐予 6 岁的亚历山大·赫利俄斯，将昔兰尼加和利比亚两国赐予克娄巴特拉·塞勒涅。此外，将叙利亚和奇里乞亚，即幼发拉底河至达达尼尔海峡（今）的叙利亚和小亚细亚赐予 2 岁的托勒密·菲拉迪鲁法奥斯。

四、包含以上全部领土的埃及帝国由克娄巴特拉和托勒密·恺撒共同统治。

以上消息传到罗马人耳中无异于掀起了惊涛骇浪。据历史学家记载，克娄巴特拉可谓一时风头无二。仅为罗马将军的安东尼为了满足心爱的女人，居然敢将罗马霸权统治下的整个地中海世界的东半部分，以及罗马行省和同盟国相赠。而克娄巴特拉此时并不仅仅是一个

女人，还是一国之君。但她竟敢索求并坦然接受这一切，已经完全不像君主所为，不知是不是极度的自负蒙蔽了她的双眼。

安东尼公布上述决定的同时，往罗马送去两封信：一封给屋大维娅，要求离婚；一封给屋大维，要求正式将罗马世界东西两部分分而治之。

大多数罗马人都为安东尼的行为瞠目结舌，但屋大维依旧不失冷静。这位已经30岁的领袖，既没有正面回答安东尼的任何要求，也没有拒绝与谴责。他利用现任执政官的身份，立刻召开元老院会议，会上通过如下决议：

一、公元前43年结成的五年为期的“后三头政治”，到公元前38年已经续约，同样仍以五年为期。此后不再进行第三次续约。

二、安东尼在埃及做出的所有决定，均未通过元老院会议审议，因此无效。

三、将罗马世界一分为二的提议与恺撒遗愿背道而驰，故不列入会议议题。

以这种方式处理完安东尼的要求后，屋大维立刻回到了伊利里亚战场。屋大维深知自己与安东尼的较量早晚会爆发，因此，制伏伊利里亚地区极为重要。然后必须着手的是舆论宣传战，这比真刀真枪的战争更为有效。恺撒的年轻继承人深知伺机而动的道理，同时也知道机会还是要靠自己创造。宣传战的目的只有一个，那就是策动整个罗马世界反对安东尼，反对克娄巴特拉。虽然此前通过元老院会议结束“三头政治”，成功地剥夺了安东尼的正式地位，但这还不够，还要煽动起民众的反安东尼、反克娄巴特拉的情绪，烘托他们的对手——屋大维——立场的正确性，这也是非常必要的。

走向大决战

年仅 18 岁就成了恺撒继承人，从那时起一直身负重任的屋大维到公元前 33 年秋已进而立之年。尽管军事方面他一直没有突出表现——正如恺撒当年预见的一样——但强烈的责任心和顽强的意志是他被恺撒选为继承人的重要因素。此外，当年恺撒为弥补他的军事能力缺陷指派给他的副手阿格里帕，现今业已年满 30 岁。从 17 岁开始培养的能力如今正值收获季节。象征着完全掌握罗马西部世界的伊利里亚战争的成功，就是两人配合得天衣无缝的最好证明。

伊利里亚地区包括了现在的斯洛文尼亚、克罗地亚、波斯尼亚等地，控制了这块地域，等于掌握了亚得里亚海的制海权，意味着保障了意大利半岛，即罗马本土的安全。成功收服伊利里亚地区的屋大维和阿格里帕，自然受到了整个意大利半岛的罗马人的拥戴。人们纷纷认为，与年届 50 岁被外国女子魅惑的安东尼相比，30 岁的屋大维更为罗马的利益着想。屋大维在伊利里亚战争中身上两处受伤，这更加深了他在罗马人心目中的好印象。人们认为这才是能为自己战斗的有强烈责任感的领袖。

此外，伊利里亚战争后，屋大维在首都举行的凯旋仪式无一不遵照罗马的传统。相比之下，躲在异国首都、向异国诸神报告战绩的安东尼显得不可理喻，而且安东尼感谢神灵时拜的对象是扮成埃及伊希斯女神的克娄巴特拉，或许对把王当作神的化身的埃及人而言这并没有什么不妥，但对罗马人来说，这种举动无异于蔑视祖国，反对国家。

按照罗马传统，为了将自己的功绩传颂后世，同时也为了感谢和自己一起创造这一切的同僚，凯旋将军通常会建设公共场所赠予国

家。苏拉建造了相当于市政街的塔布拉里乌姆，庞培建造了罗马首座石质剧场，恺撒留下了如古罗马广场扩建等诸多的公共建筑。屋大维也循例为之，同时也鼓励部下阿格里帕和梅塞纳斯参与其中。此外，他不仅新造公共建筑取悦于民，还进行了无比重要而且务实的工作——修缮既有的公共建筑。

他在建设首都供水系统尤利娅水道的同时，修复了已有的马尔奇亚水道。在建造屋大维回廊的同时，不忘修缮庞培剧场。在继承恺撒遗志继续进行罗马再开发计划时，采取了梅塞纳斯的建议，在埃斯奎里山建造了一座公园赠予罗马公民。

重视修缮既有公共建筑，并非屋大维首创。事实上罗马人是一个非常重视公共设施的民族，他们既热衷于建设，也热衷于维护。他们认真思索延长建筑物使用寿命的方法，从上下水道到街道乃至神殿，他们都适时地进行维护，并形成了一套高超的技艺。正因深知修缮的重要性，罗马建筑物的石碑上不仅铭刻着建造者的姓名，大多还刻着修缮者之名。

屋大维忠实地履行着罗马人的这一传统，这比建造新建筑给罗马人留下的印象还深刻，让民众感到他更适合作为领袖。而他的对手安东尼不仅没有建设任何公共建筑赠予国家，更没有进行任何修缮工程。

屋大维恢复了自恺撒遇害以来中断长达11年的罗马市内建设。同时屋大维策划了打击对手的又一次行动——如果是恺撒就做不出来，但屋大维并不是恺撒。他在元老院会议上公布了安东尼预留在女祭司处的遗嘱。

得知安东尼遗嘱内容后，罗马人的神经再度受到冲击。

第一，安东尼将自己的全部财产留给和克娄巴特拉生的孩子，完全无视和富尔维娅、屋大维娅生的孩子，这表明安东尼否认与富尔维娅、屋大维娅两位罗马上流社会女性的婚姻关系。这深深伤害了罗马人的感情，同时激起他们的愤慨。

第二，安东尼指定自己死后葬于亚历山大港。

古罗马人和现代日本人有着许多共同点：喜爱温泉；喜爱简朴的室内装饰；赞同火葬；认同魂归故里，落叶归根。死于埃及的庞培，遗体被运回意大利下葬；自杀于非洲的小加图，骨灰被运回祖国；自杀于希腊的布鲁图，遗体被运回母亲身边。像恺撒那样生前就对自己墓葬毫不关心的人毕竟是特例，大多数罗马人还是将葬身之所看得无比重要。因此，在普通罗马人看来，想葬身异国的安东尼已经不能再算罗马人了。

出生于罗马的安东尼不愿在众神守护的罗马长眠而选择异国的亚历山大港，这无疑是对罗马众神的侮辱。同时他也让罗马人认为，一旦他获胜，连首都罗马都有可能搬迁到亚历山大港去。

安东尼选择长眠于亚历山大港，无疑是一个陷入热恋的男子真情的流露。但是他毕竟不是一介平民，与他愿意死同穴的女人也并非埃及小民。如同恺撒遗嘱的政治意义一样，安东尼的遗愿也不可避免地披上了浓厚的政治色彩。遗嘱内容公布后，激起了罗马人民心中对安东尼的鄙视以及对克娄巴特拉的憎恨。屋大维的宣传战确实取得了不俗战果。此时罗马将军安东尼正在小亚细亚西岸的华丽都市以弗所与克娄巴特拉形影不离地过着东方君主的幸福生活，丝毫不在意西部日渐兴起的反对之声。克娄巴特拉对反对声也仅报以嘲讽。

这两人的乐观也并非毫无依据。

因为克娄巴特拉不仅对埃及人来说是神的化身，对住在埃及首都

众多的希腊人和散布在东方世界的希腊人而言，她也是马其顿王家血脉的继承人。城邦衰退后希腊人的境地与中世纪文艺复兴后的热那亚人有相似之处。凭借卓越的航海技术和商业才华，他们能在世界上任何一个地方生根发芽。然而，他们又不完全一样，至少希腊人是曾经创造并支配了一个时代的民族。民族自身的能力让他们在罗马霸权统治下毫无障碍地生活，民族自尊却让他们对成为二等民族心有不甘。克娄巴特拉可以借由安东尼之手将地中海世界东半部分从罗马统治中独立，对希腊人而言这也是恢复独立主导权的绝佳时机。

然而，如果克娄巴特拉希望获得希腊人的信赖和帮助，那么只能说她并不懂得历史。那些无论身处何地都能凭借自身能力生存的民族，通常并没有维护所属共同体的意愿。此外，那些经历了长期衰退的民族，在历史上也没有重整旗鼓的先例。如果东山再起，必须对国家构造、民族自身进行大规模的改造。曾有如此理想的亚历山大大帝临终前也没能看到改造的结果，之后希腊人更加丧失了活力，特别是军事能力。即便他们赞成与罗马为敌，也不会有人为此走向战场。

克娄巴特拉以为凭借埃及的富庶、希腊人的援助、安东尼的军事才能，就能战胜尚未进入衰退期的、有充分维持共同体意愿的、百战不殆的罗马人。这不正犯了恺撒所言“只想看到自己想要看到的现实”的错误吗？虽曾为恺撒情人，但她还是没从恺撒身上学到太多。

大决战准备

公元前32年，31岁的屋大维感受到了最后的决战气息。正如其字面意义，这不是简单地决定局部胜负，而且决定整个罗马世界主宰

者的大决战。

正如上文所述，安东尼和屋大维之间的斗争并不是政治立场上的对立，而是围绕着权力鹿死谁手的权力斗争。这种斗争要获得民众的支持并不容易，常常要以高薪等条件招募士兵，而这样往往难以保证军队质量。

刚步入而立之年的恺撒继承人，巧妙地将个人间的争斗转换成国家间的战争。

让罗马民众相信，他们的敌人不仅是安东尼，还包括将这位罗马将军变成自己近卫队的埃及女王克娄巴特拉。屋大维散播的消息并非空穴来风，操作起来也不困难。最后，大决战并不是东方诸城邦全力抵抗罗马霸权的战争，这也大大超乎克娄巴特拉和罗马民众的意料。

东地中海世界并没有权力挑战罗马，罗马世界东半部分的诸位王侯没有一人亲自参加迎击屋大维的安东尼军队。他们虽然应安东尼的强烈要求而出兵，但是这些世故的王侯深知这场大决战是由克娄巴特拉的野心、安东尼和屋大维之间的个人权力斗争引起的。

安东尼和克娄巴特拉犯下的错误，屋大维都将之变成了自己的利好因素。屋大维深信，只要宣传能够持之以恒，必能奏效，因此，他不仅在首都进行弹劾安东尼的演说，同时在地方自治城邦也如法炮制。他将在罗马进行的演说记录原封不动地张贴在庞贝、那不勒斯、比萨、佛罗伦萨等地的中央广场上。

同年秋天，罗马本土的所有地方自治城邦都推举屋大维为“保卫罗马、狙击埃及全军总司令”。

这样一来，原本是以争夺恺撒的继承权为目的的屋大维与安东尼之间的个人权力斗争，正式转化为罗马和埃及之间的国家战争。

为此，此前一直跟随在安东尼麾下的幕僚，也是曾在恺撒麾下一

同战斗过的同僚帕里奥和普兰库斯等人，在知道了事情真相之后，都离开了安东尼。同时，也开始有部分罗马士兵弃安东尼而去。

不过，安东尼是懂得合理分配报酬、又与士兵关系融洽的司令官。在士兵中间，他还是一位非常有威望的将军。因此，尽管知道即将要和祖国的正规军进行战斗，仍有大批的士兵愿意追随安东尼。同时，他们也深知这次战争的问题所在。他们派代表劝说安东尼让埃及女王回到埃及去，不要参加大决战。安东尼没有当场给予答复，最终也没有听取他们的忠告，因为这不是克娄巴特拉想看到的结果。她对于即将到来的与罗马的战争感到异常兴奋，同时她也确信，安东尼一定会获得最终的胜利。

正当安东尼在小亚细亚西岸的以弗所集结兵力的时候，屋大维也在意大利一心一意地备战。当初恺撒看好的才能此时迸发了。安东尼通过在埃及筹集的资金和在东地中海诸国征得的行省税，雇用士兵组成船队。屋大维则在向罗马公民征收临时税的同时，还获得了公民的额外支持。两个原本相互矛盾的事物，在屋大维手上却成功地统一起来。

屋大维向全体公民征收年收入的四分之一，向“解放奴隶”征收年收入的八分之一，作为特别临时税。同时免除罗马公民和“解放奴隶”的所得税。这样实际上就是临时增加了四分之一或者八分之一的高额直接税。这给公民增加了很重的负担，也引得不少地方自治体陷入濒临暴动的边缘。

不过，屋大维也对此早有准备。他免除了愿意服役的公民和“解放奴隶”的临时税，同时也对他们的间接税不予增加；行省税方面的条款没有更改。这样一来达到了如下的效果：

一、罗马本国的公民，无论是以缴纳临时税的形式，还是以服兵

役的形式，都承担了各自的责任，成为国家体系的一部分，参与到消灭祖国敌人的战争中。

二、不变动间接税，表明这只是战争时期特别设置的临时税，消除了公民的不满情绪。

三、不变动行省税，获得了行省人民对战争的支持。这样在屋大维和安东尼的战争期间，各行省情况可以保持稳定。

这样一来，以地中海为“内海”的罗马世界西半部分就固若磐石。另一方安东尼从大本营所在的以弗所逐渐向西面的萨摩斯岛和雅典移动。在安东尼的营地内，克娄巴特拉为了刺激安东尼，让其不再消沉，重新振作起来，特地安排了夜以继日的各种奢华宴会。50 岁的安东尼日日宴饮笙歌。

而在罗马的卡匹托尔山神殿内，屋大维正在庄严肃穆的气氛中举行传统的出征祈神仪式，这是祈求诸神庇佑罗马、祈求罗马军队获胜、正式向敌人宣战的仪式。在整个过程中，罗马人安东尼的名字一次也没有出现。屋大维口中的敌人始终只有异国埃及的女王克娄巴特拉一人。

安东尼的海军集结于雅典外港比雷埃夫斯，屋大维的海军集结于意大利南部的塔兰托和布林迪西。在双方调兵遣将的过程中，公元前 32 年过去了，一决雌雄的时刻就快到了。恺撒的养子屋大维，以及恺撒的副将安东尼，此时分别迈入 31 岁和 50 岁。

亚克兴角海战

公元前 48 年，当恺撒准备攻打盘踞在希腊的庞培时，他辞去了

独裁官的职务，重新出任执政官，并以这一身份出征。公元前 31 年，屋大维准备攻打盘踞于希腊的安东尼时，特地坚持要求再度出任执政官，并以此身份出征。根据罗马的法律，执政官任期满后的一年内不得再度出任同一职务。屋大维如此行事，是因为在当时的共和政体下，执政官依然是罗马所有公职中最高的职位，而独裁官不过是一个特别职位。到此为止，安东尼、雷必达、屋大维组成的“后三头政治”于公于私都正式失去了效力。安东尼此时在罗马人眼中只剩私人立场而已。这样一来，战争就正式定性为罗马执政官攻打背弃同盟国关系的埃及女王的战争。

尽管沉浸在酒池肉林之中，安东尼依然是一名武将，因此集结军队这样的事，他没有让克娄巴特拉插手。

陆军方面，安东尼手握重装步兵 6.5 万人，弓箭手、投石兵等轻装步兵 2 万人，同时还有 1.2 万名骑兵。

海军方面有一支由 8 个分队组成的、总计拥有 520 艘船的特大海军船队，每支分队由 60 艘大船和 5 艘快速联络船组成。克娄巴特拉乘坐的旗舰“安东尼号”是一艘高达 10 层的大船，船上的一支船桨都需 10 人方能划动。安东尼和将士乘坐的船都是 5 层高的大船。船队气势恢宏，令人瞩目。划桨手的人数也相当可观。加上作为战斗主力的重装步兵，520 艘船的船队总共装载了 15 万人。如此大规模的船队，在地中海领域史无前例。此战的陆海两军绝大部分费用都来自埃及。克娄巴特拉几乎是破釜沉舟，要决一死战了。

罗马方面，陆地上的战斗力与安东尼不相上下，但是海上的力量明显处于劣势。陆军共有 8 万名重装步兵和 1.2 万名骑兵，海上总共有 400 艘战船。

在这些战船当中，达到 5 层的战舰只有屋大维乘坐的旗舰和阿格

里帕等人的战船，总共还不到5艘，其余以3人划动一支桨的三层战船为主。我形象一点来描述，需要10人划动一桨的船等于10马力，3人划动一桨的船等于3马力。

虽说罗马的战船在马力上处于劣势，但是与埃及的战船相比，仍有两个优点：

一、全部船只都备有阿格里帕设计的被称为“汉巴克斯”的火器，将其点燃之后扔向敌船，可令敌船起火。

二、船头经过改良，变得比以前更为坚固和锐利，增强了对敌船的突击力。此外，大型船只在速度和防御力上虽然都占优势，但是在战场上的机动性方面显然有所欠缺，而小型船只反而更为机动灵活。担任作战总指挥的阿格里帕尽管收到了希腊传来的敌方超大型船队的情报，也还是没有把自己的船队朝超大型船队的方向发展。

公元前31年3月，屋大维率领全部兵力渡海开往希腊，安东尼从上一年的冬天开始就将大本营安置在希腊的帕特雷，在那里与克娄巴特拉一起相守过冬。同时，他把船队安顿在帕特雷西北部直线距离130公里处的普雷韦扎湾，当罗马军队从希腊东北部登陆时，他们就能随时进入作战状态。

可是安东尼的问题出在战略上。强渡希腊的决策已经表明，罗马打算在意大利半岛之外一决胜负。安东尼方的所有人也都预测战场将会在希腊的西北部。然而在安东尼的作战会议上，关于陆战和海战谁为主导的问题，意见分成两派。

安东尼手下的罗马将士一致主张应先进行陆上会战。因为他们认为，作为总指挥的安东尼擅长陆战。此外，一旦陆战获得胜利，在普雷韦扎待命的船队可立即装载陆军登陆意大利南部，然后北上一鼓作气拿下首都罗马。

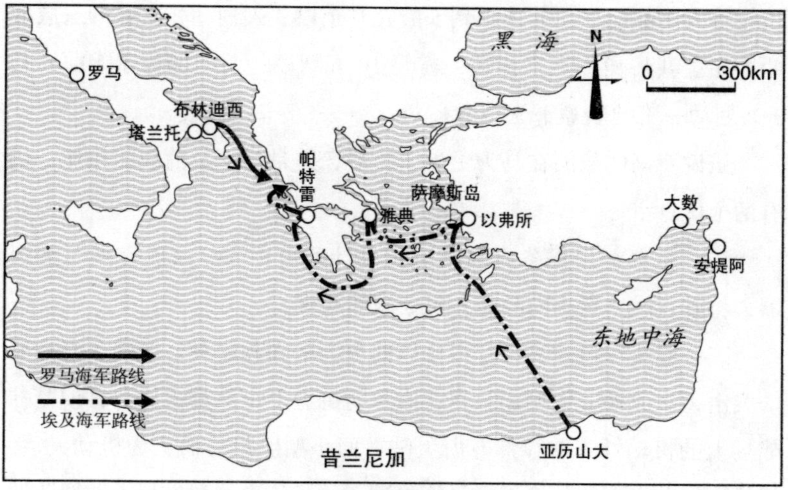

东地中海略图

然而经常出席作战会议的克娄巴特拉却有不一样的考虑，她主张应当先进行海战。理由很简单，因为海上力量占优势。对于这位名义上是总司令的埃及女王，将士毫不留情地加以反驳。

他们认为，船队仅是待命于敌人无法攻击的普雷韦扎湾内，就已是极大的优势，无须舍弃这一优势而挑起海战。但是将领还是没能令克娄巴特拉改变意见。最终的决定由事实上的总司令安东尼来决策。安东尼经过短暂的考虑，最终还是采用了克娄巴特拉的主张。

这倒并非出于他与克娄巴特拉的私情，而是出于他自己对局势的判断。

安东尼最为忌惮的是屋大维军队的脊梁——百夫长。原恺撒麾下的百夫长大多是自愿参加此次战役的。安东尼在恺撒麾下从军团长一直做到恺撒副将，他对几乎是勇猛代名词的“恺撒的百夫长”的恐怖

心知肚明。如果是进行海战的话，百夫长的威力将被大大削弱。

克娄巴特拉的主张不止上述一条，她甚至还要求海战失败之后第二次战役的决定权。作战会议决定，如果海战失利，陆海军将一同撤往埃及，在那里迎战罗马军队。

身为总司令，必须要表明一决胜负的坚强意志，才能率领将士征战沙场。即使心中考虑过关于败北之后的对策，也只能深藏于心中，而不应将其公之于作战会议之上。因此，此事不仅是克娄巴特拉越俎代庖的结果，也是安东尼不具备全军总司令才能的证明。

此外，克娄巴特拉列席作战会议的次数日益增多，也令安东尼麾下将领逐渐陷入绝望。他们认为自己仅是宣誓效忠于罗马，而并非效忠于埃及女王的丈夫。因此，屋大维在希腊登陆之后，他们纷纷决定弃安东尼而去。

将领的背叛势必导致其麾下士兵的背叛。拂晓未至，安东尼阵营里已是空帐累累。在作战会议现场，将领的席位也像掉了齿的梳子一样，出现很多空缺。狂怒的安东尼下令，处死每一名被擒返的逃兵。但这样的行事方式只能使临阵脱逃的士兵越来越多。

进入夏季之后，原本应在安东尼麾下效力的东方诸侯已经有很多投奔了屋大维，其中的急先锋当属统治犹太的希律王。原本犹太人就对恺撒怀有感恩之心，因为正是恺撒当年的政策，犹太商人才能够拥有和希腊商人同等的地位。恺撒被杀后，他们自然对恺撒的养子屋大维带有天生好感。此外，对犹太人而言，克娄巴特拉如果获胜，就意味着他们在经济上的对手希腊人将再度取得优势。

与此同时，希腊人此刻也开始对克娄巴特拉的野心感到忧惧。安东尼军营中的逃兵在他们眼中是情况恶化的先兆。斯巴达首先向屋大维遣使表示恭顺。之后，犹太人、希腊人及东方诸城邦的使节也都齐

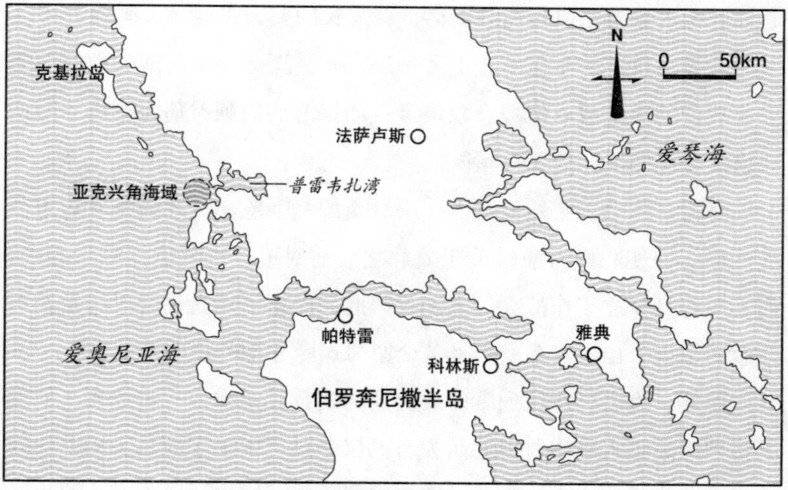

希腊西岸地域图

聚于屋大维的帐下。

在此之前，安东尼并不急于进行决战，他原打算凭借己方丰富的军备、充足的军粮拖延屋大维军队，消耗其原本就不充足的军备，然后再进行决战。然而，急转直下的形势令安东尼不得不速战速决。

相反，屋大维此刻倒是悠闲起来了。那些背叛安东尼的将领给屋大维带来了很多情报，敌方的内部情况已被屋大维尽握手中。这位年仅 32 岁的年轻领袖也用非常巧妙的方式来对待投诚士兵。这些将领对屋大维说，他们虽然离开了安东尼，但是也无法与其兵戎相见。屋大维因此给予他们自由之身，允许他们自由回国。消息传到安东尼这边，更多的士兵从阵营里逃走了。事已至此，不管安东尼本人的意愿如何，海战已经成了唯一可行的办法。

可是，那些至今仍然愿意誓死效忠于安东尼的罗马士兵来到普雷

韦扎湾内准备登船时却被眼前的景象惊呆了。在战舰的桅杆下面，竟然放置着随时都能扬起的风帆。

如前所述，一流的司令官会考虑战场上的退路，但是不会将其心思轻易暴露于人前，唯有表现出背水一战的决心，士兵才会奋不顾身地殊死战斗。海战中对风帆的运用，就是一个绝好的例子。

在地中海，尽管风帆的形状从四角形变成了三角形，但是用纯风帆而不配备桨的帆船一直都只作为商船使用。不同于印度洋和大西洋，地中海上的风向随时会发生变化，因此，以船桨作为马达之用的单层帆船，是最适用于地中海海域的。不过，船桨终究只能作为马达使用，因而船上都附有风帆。配有船桨的单层甲板大帆船，在顺风时可以扬帆航行，让桨手休息，在无风、逆风或者进出港口时，桨手的作用就充分发挥出来了。

在海战中，对船只的控制程度往往是决定胜负的关键。直到纳尔逊时代，大炮才被应用于海战。在此之前，海战其实都是两船相接的白刃战。因此在当时，海战的主力始终是船桨，即使是顺风时也不会使用风帆，因为风向随时都会改变。

在纳尔逊时代，海洋已成为历史的舞台。那时的战舰都竖着高高的桅杆，帆架固定其上，与桅杆呈 90 度交叉，船帆就折叠于其中。但是在地中海时代，情况并不一样，地中海时代的帆是拴在帆架上的，在需要扬帆时通过固定在桅杆上的滑轮升起。也就是说，那时候的帆架和帆都没有固定，因为在风向变幻莫测的地中海，要做到随时可以扬帆，就必须有 360 度的扬帆角度。

因此，在进行海战时，只有船桨有用武之地，帆则是无用之物。有些司令官甚至会把拴帆的帆架放置于海战战场之外的待命运输船上，以表明背水一战的决心。这和参加比赛的高速小帆船上不会放有

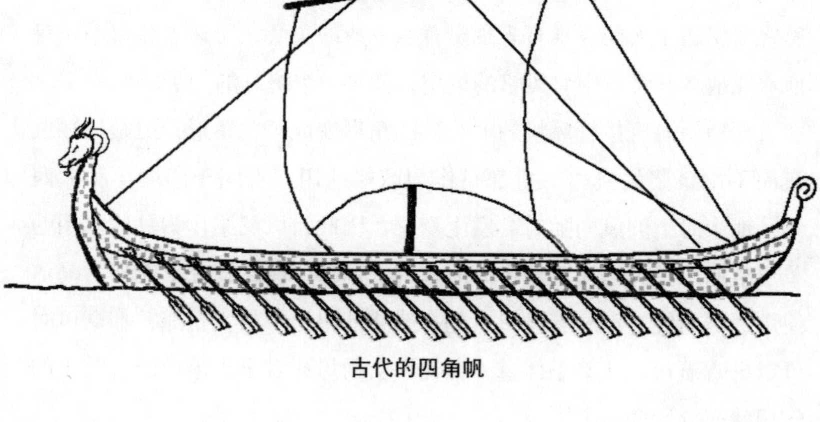

古代的四角帆

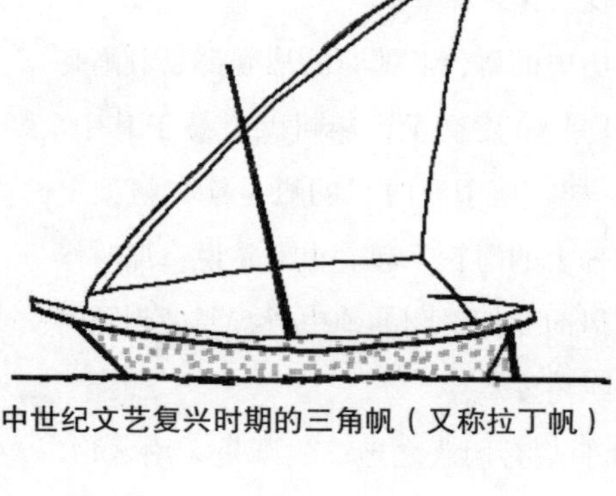

中世纪文艺复兴时期的三角帆（又称拉丁帆）

现代游艇使用的百慕大帆

任何多余的东西是一个道理。另外，即使船上放着风帆，也不会将绳子穿到升帆的滑轮上，因为那就等于告诉别人，随时都准备升帆逃走。安东尼的士兵在登船时之所以感到惊愕，是因为他们看到自己的战船上放置着随时都能够升起的帆。

就在那一天夜里，有十几艘大船趁着黑暗逃走了。到8月末，当安东尼乘上大船，以及拥有大批随侍奴隶的克娄巴特拉登上旗舰时，已有60艘以上约一个分队的大船消失了。

公元前31年9月2日清晨，大决战拉开了帷幕。根据海战发生的地点，历史上称此次海战为“亚克兴角海战”。

是日天气晴好，东风与便。安东尼军队披着日晖顺风而行，驶离了普雷韦扎湾。一切皆如安东尼所愿。

凭借着自身船只数量及马力、吨位上的优势，安东尼决定采用包围战的战术。而屋大维的前阵总指挥阿格里帕使用的战术也是包围战，他认为在普雷韦扎湾的狭窄入口处对敌人进行围攻，可以弥补自己在船只数量和马力上的劣势。

从布阵阶段开始，事事都按安东尼的意愿顺利进行。考虑到从普雷韦扎湾出发的顺序，负责守护克娄巴特拉旗舰的全体埃及船只都排列在位于中央位置的第二梯队，安东尼乘坐的船只位于右翼。按照包围战术，他指挥的是先头部队的右翼。

屋大维的军队在宽阔的海面上排成弧形，严阵以待。屋大维坐镇中央，军事总指挥阿格里帕的船只位于左翼，正对安东尼的战船。

海战的前半阶段尚在安东尼意料之中。利用风向和马力优势，安东尼的战船迅速逼近敌军。由于战线的扩大，克娄巴特拉位居后方中央的旗舰也投入战阵之中。海战进入第二阶段，海面上充斥着船只冲撞声和士兵的呐喊搏杀声。450艘船只与400艘船只的激烈对撞，整

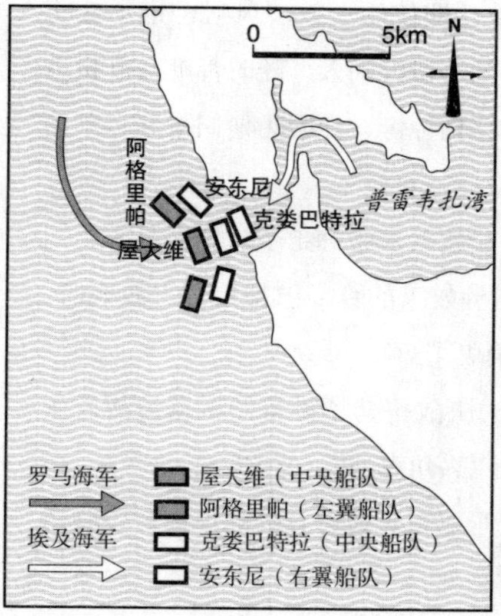

第一阶段

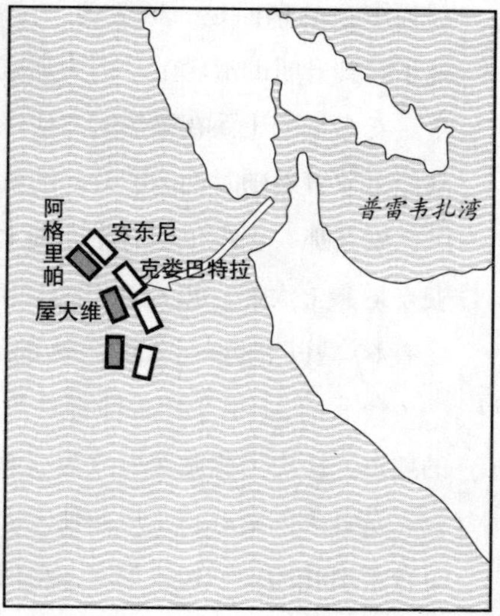

第二阶段

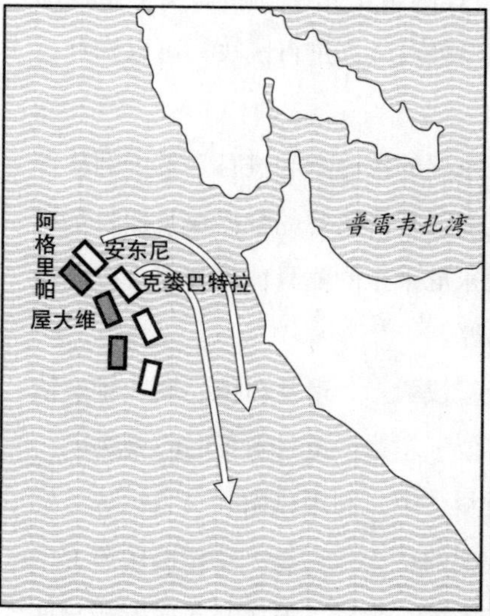

第三阶段

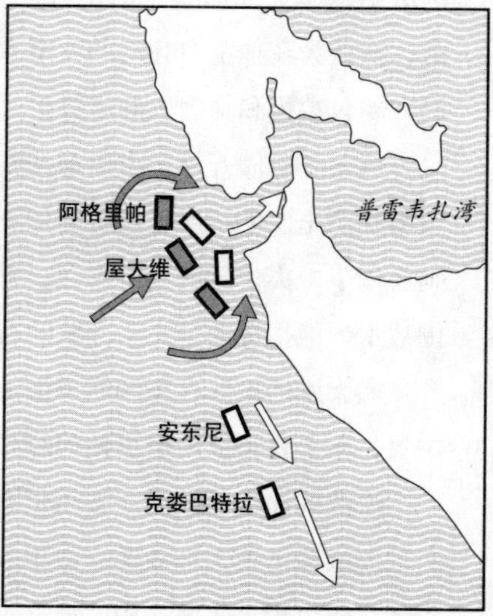

最终阶段

亚克兴角海战

个战线呈现出一片地狱般的光景。

此时，风向突然从东风转为北风。38 岁的克娄巴特拉不甘只当观战角色，而加入了指挥的行列。眼前地狱般的光景使得她从堂堂埃及女王跌落为一个普通的女人。她没有下令突击，而是下令扬帆撤退。

巨大的紫色风帆瞬间鼓胀起来，桨手们也全力划桨。守护旗舰的 60 艘战船也全部逆风起帆，追随着南逃的旗舰而去。

见此光景，右翼指挥安东尼瞬间忘记了武将身份，下意识地也扬帆追随克娄巴特拉而去。在他逃离战场回望之际，他弃之不顾的船队已被阿格里帕团团包围，处在普雷韦扎湾狭窄入口处来不及逃脱的船队全部高举船桨投降。见此情景，安东尼伏在船尾，动弹不得，此时他的脑海中也想不起要前往待命于帕特雷的陆上部队了。古代的史学家曾毫不留情地评价道：“作为男人，他的生命在这一瞬间已经终结。”

罗马军队俘虏了 300 多艘战船。屋大维保全了所有士兵的性命，却将所有埃及战船的船首切断，将船身全部焚毁。

安东尼的陆上部队在帕特雷足足等了 8 天，没有收到安东尼任何消息。终于在第九天，士兵向屋大维投降了，此前屋大维曾允诺饶恕他们性命。

我想克娄巴特拉本身也没有打算临阵脱逃，或许她是在执行作战会议上的那个决议，也就是在海战失败之后逃回埃及，待机再战。

然而，她在错误的时间执行了这一决定，并且事先也没有和安东尼进行任何商量，就随意地做出了行动。战场不是庆典会场。如果仅仅因为听到惨叫就变得惊慌失措，她就应该守在亚历山大的王宫里，而不应跑到战场上来。

倘若安东尼能够脚踏实地地认真对待此战的话，亚克兴角海战是否会出现不同的结局呢？毕竟若论武将之才，安东尼与阿格里帕不相上下。还是说这一战和其他的战役一样，胜败早已注定？

不管怎么说，安东尼和克娄巴特拉是在有获胜可能的情况下中途放弃的。

安东尼没有追随心爱女人的脚步前往埃及，他的战船没有驶往东南方向的亚历山大港，而是在南面的现利比亚所在地昔兰尼加登陆。总司令在海战中途扬起风帆逃窜时，有许多右翼的船只跟随他左右——大概有 10 多艘战船，所以此时他手上总共约有 6 000 名士兵，但 51 岁的安东尼已经心灰意冷，再无斗志可言。他躲在海边的居所中终日眺望海面，并在给克娄巴特拉的信中表示，他希望克娄巴特拉能放任他一人安静地度过余生。

克娄巴特拉无法对安东尼置之不理，或者说，如果她离开安东尼，自身也会陷入危机之中。她数度给安东尼写信，恳求他前往亚历山大。最终，安东尼还是无法对克娄巴特拉的恳求视若无睹。

在埃及王宫里，克娄巴特拉得以再度与安东尼相会。她曾数度鼓励意志消沉的安东尼，令其东山再起，然而这次的情况不同往昔。时至今日，就是那些对安东尼个人心存好感的士兵，也陆续背弃他投奔了屋大维。即使是克娄巴特拉以高薪诱惑，也只有极少数安东尼的死忠部属愿意留下，除此之外就是一些素质低劣如同强盗的兵痞。

作为一名武将，安东尼深知在值得信赖的幕僚尽数散去之后，想要东山再起简直是痴人说梦。这一次无论克娄巴特拉如何哀求，安东尼却没有重整军队再战屋大维的斗志了。

亚克兴角海战后，屋大维没有返回罗马述职，而是和阿格里帕一道，以追击为名义，缓慢地行经希腊、小亚细亚和叙利亚。这一路不

仅与发誓效忠罗马的诸王侯重续同盟之约，同时还要整顿在安东尼的放任统治下已混乱不堪的各行省统治机构——这是两件刻不容缓的事。亚克兴角海战意味着原本属于安东尼势力的罗马世界东半部分，现已成了屋大维的囊中之物，诸王侯再也没有谁站在安东尼和克娄巴特拉一边了。

大决战落幕

时间已经到了公元前30年的春天。安东尼给已抵达叙利亚的屋大维写了一封信，信中希望以自己之死来换取屋大维对克娄巴特拉的帮助。

屋大维并未回信给安东尼，却给克娄巴特拉写了一封回信。此前，克娄巴特拉曾写信给他，表示自己愿意退位，让自己的儿子继承埃及王位。屋大维的回信要求克娄巴特拉首先解除武装。克娄巴特拉对此还抱有一线希望，然而熟知屋大维性格的安东尼明白，一切都已经结束了。

大概就是在这个时期，克娄巴特拉首度萌生了放弃安东尼的念头。她早就知道这是安东尼和屋大维之间的权力斗争，但是将其扩大为埃及和罗马两个国家之间战争的，却正是她自己。她大概认为屋大维的目的只是想用这场扩大了的战争来打倒安东尼而已。当年，无论是在庞培东方称霸时期，还是在恺撒时代，埃及王国都以独立的形式存在。这一次克娄巴特拉大概也想在屋大维手下将政权延续下去吧。如果不是出于这种考虑的话，也就无法理解她为何突然躲入灵庙了。著名的“托勒密财宝”就藏在灵庙当中。她是否想以此财宝来作为与

屋大维进行交换的条件，以换得埃及王国的存续呢？罗马流传着一句名言，克娄巴特拉或许并不知晓：

“拥有战士，就可以创造财富；拥有财富，却不一定能够创造战士。”

此时安东尼内心又在思考些什么，我们不得而知。然而当他获悉罗马军队正在逼近时，他还是率领最后的残余骑兵迎战了。

7月31日，安东尼率领的骑兵与屋大维的先头部队进行了激烈的战斗。就在安东尼看似即将取得胜利的时候，情况发生了突变。安东尼麾下的骑兵统统投奔了屋大维。此时，来自埃及的使者抵达，向他宣布了女王的死讯。此次报讯乃奉克娄巴特拉之命行事。

比起部下的背叛，爱人不在人世的消息更令安东尼感到绝望。这位51岁的武将与其奴隶曾有过约定，他对他的奴隶说：“履行约定的时刻已经到了。”忠诚的奴隶没有按约定将剑刺向主人，而是刺入了自己的胸膛。

在死去的奴隶面前，安东尼羞愧于自己连自杀的勇气都没有，他拔出奴隶胸口的剑，刺向了自己。

但是他没有马上死去。正当他忍受着重伤痛楚的时候，又有使者前来向他传达了女王并未死去的消息。原来在谎报了自己的死讯后，克娄巴特拉立刻后悔了，因此马上又派使者向安东尼报告真相。失血过多的安东尼用最后一口气对身边的数名部下说，希望能够将他抬到女王身边。

灵庙的入口已按照克娄巴特拉的命令严密封死，因此，将士只能将安东尼从高处的空窗塞进去。

克娄巴特拉含泪抱住了浑身是血、脸色苍白的安东尼。他终于如愿以偿地死在了克娄巴特拉的怀中。终生不渝地倾心于一个女人，也

是男人的生命方式之一。

安东尼死的那天是 8 月 1 日，同日屋大维进入了亚历山大港。埃及首都没有一人试图抵抗这位胜利者。军队直指王宫，屋大维才得知安东尼的死讯。他什么也没有说，只是下令将女王活着带到他面前。

克娄巴特拉自然是殊死反抗。她封锁了灵庙的入口，在谁也无法进入灵庙的情况下，向屋大维提出交涉要求，希望以灵庙财宝作为条件，换得她与恺撒之子继承王位。屋大维未予答复。就在克娄巴特拉还在灵庙内负隅顽抗时，屋大维的部下从灵庙上部成功攻入。

侵入灵庙的士兵将克娄巴特拉带到灵庙之外，“托勒密财宝”也尽入屋大维之手。财宝之巨虽然无法估量，但是屋大维将其运回罗马之后，这些财宝不仅为屋大维提供了全部士兵的薪水以及退役士兵购买土地的资金，还有余款用于建设公共事业。此外，这笔财富还令罗马的年利率从 12% 骤降为 4%。由此也可看出，在东方专制国家，财富几乎集中于君主一人之手。

被带到王宫之后，克娄巴特拉才知道屋大维如何处置她的子女。他下令将年仅 17 岁的恺撒二世处死。

10 岁的亚历山大 · 赫利俄斯和克娄巴特拉 · 塞勒涅这对龙凤胎被送至罗马，交给安东尼的原配妻子屋大维娅抚养，6 岁的男孩托勒密 · 菲拉迪鲁法奥斯与他的兄长和姐姐一道，也被送至罗马抚养。克娄巴特拉希望至少有一个儿子继承王位的努力成了泡影。

直到此时，克娄巴特拉是否才真正开始理解恺撒所为的真意呢？恺撒不承认自己的亲生骨肉，对儿子、对克娄巴特拉都有好处。她理解恺撒的真情吗？——他既不承认，也没有在遗嘱中正式提及自己有这么一个儿子。这就是恺撒的爱情。

克娄巴特拉的所有子女当中，屋大维只杀了她和恺撒生的儿子。

她和安东尼生的三个子女都平安无事。恺撒之子——尤里乌斯·恺撒的继承人——有他屋大维一个就足够了。

据说在王宫内，39岁的女王和33岁的胜利者进行了会谈。谈判内容如何，因为当时没有第三者在场，所以不得而知。有几位古代的历史学家认为，克娄巴特拉对屋大维使出了曾经奏效于恺撒和安东尼的手段，但是屋大维不为所动。是不是在年届40岁之际，连闻名遐迩的“克娄巴特拉魅力”也失去效力了呢？

但我并不认同这个判断，而是认为克娄巴特拉并未做出此等尝试。女人就像猫一样，能够敏锐地分辨出会宠爱自己的人。一个男人是否能为自己魅力所动，在四目相接的瞬间就能够判断出来。

从美貌的屋大维那冷酷的眼神里，克娄巴特拉难道不能第一时间意识到这种战术是徒劳的吗？自负为一流冒险家的克娄巴特拉，不会做出这等明知不可为而为之的事情。

或许早在第一次见到屋大维时，克娄巴特拉就已完全地断了这个念想，清楚地意识到等待自己的将是怎样的命运。由于看不清现实而一直在犯错的克娄巴特拉，在最后时刻终于认清了现实。自己将被送到罗马，在屋大维的凯旋仪式上被作为最好的战利品示众，然后步自己的妹妹阿尔西诺伊的后尘，在意大利的某处靠年金过活。如果她执着于苟活人世的话，那么她40岁以后的人生都将不得不这样苟活了。在罗马，战败国的国王不会在凯旋仪式之后被处死。

克娄巴特拉决心一死以谢天下。与其作为一个普通的女人苟活人世，还不如带着一代女王的尊严死去。事实上，这也正是屋大维期盼的。不管是作为女王还是别的什么人，她的永久消失对他而言都是最好的结局。

如果说屋大维打算将克娄巴特拉活着押送到罗马的话，那么当时

屋大维发行的征服埃及纪念银币
（正面：屋大维；反面：埃及的象征鳄鱼）

对她的监视未免过于宽松了。

被深困于王宫之内的克娄巴特拉，虽然无法与全盛时期的排场相比，但是依旧有奴隶役使，仆人们也可以自由进出王宫。她命人将毒蛇藏在装有无花果的篮子里，带进了王宫。

克娄巴特拉对屋大维说，她想为安东尼敬上一杯酒，因此请求他允许自己前往灵庙。屋大维答应了她的请求。看守克娄巴特拉的士兵护送她到灵庙前，并按照屋大维的命令在外守候，放克娄巴特拉和两名女仆进入了灵庙。

毒蛇之液结束了被野心驱使的女王的一生。据说，在死去之时，克娄巴特拉穿上了女王的盛装。不过，这盛装是埃及女王的服饰，还是代表希腊血统的托勒密王朝女王的服饰，就不得而知了。如果是前者，那么正好迎合了莎士比亚时代以后欧洲人对异国情调的审美趣味；如果是后者，那么应该会使罗马人受到很强的冲击。与埃及

3 000 年的文明相比，当时的罗马人更关心 300 年前的亚历山大大帝。如果是后者，屋大维就是将罗马人尊敬的亚历山大大帝的后裔逼上了绝路。克娄巴特拉死后，两位希腊后裔的女仆也以同样的方式追随主人，自杀身亡。

克娄巴特拉给屋大维留了最后一封信，要求屋大维允许将自己葬在安东尼身旁。对于克娄巴特拉所有的要求，年轻的胜利者仅仅应允了她这一个。

自公元前 333 年开始，希腊人亚历山大大帝战胜波斯、统治埃及，到公元前 30 年，持续了 300 年的希腊系托勒密王朝，以克娄巴特拉女王的死而告终。公开了女王的死讯后，屋大维布告天下，宣告了对埃及王国的领有权。埃及并不是罗马的行省，而是屋大维个人的私人领地。因为在埃及，统治者必须是神的后裔，因此不能接受“罗马元老院与公民”（S.P.Q.R.）的统治，而屋大维自己是已经升格为神的恺撒之子，以“神之子”的身份来统治。这种形式，亚历山大大帝早有先例。

这样一来，在亚历山大大帝死后，由众多将军创立的众王朝中硕果仅存的托勒密王朝覆灭了。倘若可以像其他的诸王国一样，认可罗马霸权，并以同盟国的形式存在，托勒密王朝必不至于遭受灭亡的命运。

结　语

胜利回国的屋大维在首都举行了历时三天的狂热而壮丽的凯旋仪式。然而，罗马公民对这名33岁的胜利者的狂热崇拜并不仅仅因为他取得的胜利，更重要的是对终于结束的内战的欣喜。屋大维也深知这一点。他下令关闭了雅努斯神殿的大门。自罗马第二任国王努马开始，供奉着战神雅努斯的神殿之门开着时，就表明罗马处于战争状态。

但是，关闭战神雅努斯神殿大门的机会，本来无须等到公元前30年。公元前45年，拥立庞培遗子的庞培派兴起的最后抵抗，被恺撒镇压，史称“孟达会战”。战役结束之后，恺撒回国之日本应是雅努斯神殿大门关闭之时，然而半年之后，布鲁图等人暗杀了恺撒，使得这一好机会迟来了14年之久。14年以后，也还是恺撒指定的继承人屋大维取得了胜利。

真是不知道为什么要暗杀，也不知道为什么要等14年。对作为国家的罗马来说，唯一的收获就是征服了埃及，可是它最终还是成了屋大维的私人领地。不管结果如何，罗马人同室操戈、不断扩大的内战终于结束了。到公元前44年春，曾经谁也没有料到会成为恺撒指

战神雅努斯

定继承人而突然闯入历史舞台的 18 岁少年已年届 33 岁，再也没人会问“谁是屋大维”这样的问题了。当时的“孩子”经过 14 年，已经巩固了恺撒指定的继承人的地位。不是安东尼，也不是其他任何人，而是这个当时还是“未知数”的 18 岁的屋大维成为恺撒继承人，这正是慧眼识才的恺撒高瞻远瞩的胜利。

公元前 46 年，恺撒在北非的塔普苏斯击败庞培派回国后，其施政的基本方针是“宽容”。公元前 30 年，击败安东尼回国成为和恺撒一样的罗马世界最高统治者的屋大维，施政的基本方针是“和平”。至此，罗马实现了“Pax Romana”，即“罗马统治下的和平”。

然而和平并非只靠希望和口号来实现的。从 33 岁开始，屋大维将创建一个由恺撒曾经构想并着手开始构建、后来又不得不终止的新罗马的大任负于肩上。

恺撒的肉体死于公元前 44 年 3 月 15 日，然而恺撒真正死去是在公元前 30 年。从这一年开始，罗马进入了屋大维时代。或者，我们

应该称之为“奥古斯都时代”。因为奥古斯都取代了恺撒推翻的罗马共和制度，建立了罗马帝国制度，成了首位开国皇帝。

德国杰出的古典史学家蒙森在评价共和时代的罗马历史时，将恺撒称为“罗马诞生的唯一的创造性天才”。然而这位天才在主张元老院主导的共和政体的崇古主义者甚众的时代，只能凭一己之力来进行所有的改革。屋大维虽然不是创造性的天才，但是他具备了恺撒时代没有的两大有利条件：

第一，崇古主义者在公元前 49 年到前 30 年的内战中都死绝了。

第二，有阿格里帕和梅塞纳斯等同辈人的大力支持。阿格里帕是恺撒亲选的屋大维的助手，梅塞纳斯是屋大维时代奥古斯都自己发掘的助手。这三位刚刚步入而立之年的年轻人，开始了“Pax Romana”的构建。这股年轻的力量，正与罗马朝着新生时期进发的需要相匹配。

大事年表

年代（公元前）	恺撒	国家罗马	地中海世界	中国	日本
100	盖乌斯·尤里乌斯·恺撒于7月12日出生于罗马“苏布拉”。父亲是盖乌斯·尤里乌斯·恺撒，母亲是奥雷利娅（出身于奥雷利乌斯·科塔家门）	护民官萨图纽斯修订《小麦法》，提出新殖民地城市法，要求元老院同意公民大会有优先决定权。后遭反对派暗杀			弥生时代
91（9）（括号内数字为恺撒的年龄）		护民官德鲁苏斯提出全体自由人享有罗马公民权的法案。后遭到反对派暗杀	本都国王米特拉达梯六世入侵比提尼亚、帕加马	司马迁完成《史记》	
90（10）		“同盟者战争”开始。恺撒的伯父、时任执政官路奇乌斯·尤里乌斯·恺撒制定《尤里乌斯公民权法》(简称《公民权法》)			
89（11）		《公民权法》通过，“同盟者战争”结束。罗马成为世界强国			
88（12）		时任执政官、恺撒的姑夫马略和苏拉之争拉开帷幕。通过军事政变，苏拉把马略赶到海外，杀死护民官苏尔皮基乌斯，并开始进军东方	米特拉达梯攻占罗马的小亚细亚西岸行省，挑唆雅典起来反抗罗马。第一次米特拉达梯战争开始（—前84年）		
87（13）		执政官马略和秦纳控制罗马，报复苏拉派。恺撒的伯父尤里乌斯被杀		汉武帝驾崩，汉昭帝即位（—前74年），霍光摄政	
86（14）		马略死后，秦纳实施独裁统治	苏拉攻占雅典，并在喀罗尼亚战役中打败本都军队，取得两次压倒性胜利		

（续表）

年代（公元前）	恺撒	国家罗马	地中海世界	中国	日本
85（15）			苏拉和米特拉达梯在达达尼尔进行和谈。苏拉转战小亚细亚，开始改革统治体系		弥生时代
84（16）	恺撒父亲去世，在秦纳授意下，恺撒和秦纳之女科尔涅利娅成婚	秦纳被部下杀害			
83（17）		苏拉结束远征回到国内，联合梅特鲁斯·皮乌斯、克拉苏和庞培，大胜正规军，扫除平民派。萨图纽斯逃往西班牙（一前82年）			
82（18）	苏拉要求恺撒离婚，恺撒拒绝并逃往小亚细亚，加入行省总督米努修斯的军队，任幕僚（一前81年）				
81（19）		苏拉就任独裁官，无任期限制，并开展国政改革，重建共和政体			
80（20）	恺撒参加米努修斯在莱斯沃斯岛发起的战斗	苏拉辞去独裁官职务	在西班牙行省，“塞多留之乱”爆发(一前72年）		
78（22）	恺撒回国	苏拉去世			
77（23）	恺撒进军律师界，以失败收场	雷必达起兵欲推翻苏拉体制，遭到庞培镇压			
76（24）	恺撒前往罗得岛留学，途中遭遇海盗				
75（25）			庞培担任镇压“塞多留之乱”指挥		
74（26）				汉宣帝即位（一前49年）	

（续表）

年代（公元前）	恺撒	国家罗马	地中海世界	中国	日本
73（27）	恺撒回国，出任祭司及大队长	加普亚发生“斯巴达克斯起义”	米特拉达梯再次攻打比提尼亚。卢库鲁斯出任奇里乞亚行省总督后，大败本都军队。第二次米特拉达梯战争打响（—前67年）		弥生时代
72（28）		克拉苏镇压“斯巴达克斯起义”。庞培从西班牙凯旋	萨图纽斯被副将拉比留斯刺杀，战争结束	汉朝和乌孙联合攻打匈奴，大获全胜	
70（30）	恺撒出任财务监察官（或公元前69年），赴远西班牙行省任职，回国后任元老院元老	克拉苏和庞培就任执政官	本都王国和亚美尼亚王国结成同盟。卢库鲁斯大败亚美尼亚军队后，进入里海，后撤退		
69（31）			埃及托勒密十二世次女克娄巴特拉出生		
68（32）	恺撒在姑母（马略之妻）的葬礼上，发表大胆的追悼演说。妻子科尔涅利娅去世			霍光去世	
67（33）		庞培名声大振	庞培剿灭地中海海盗，在地中海全域确立“罗马统治下的和平”。开始征讨米特拉达梯		
66（34）			第三次米特拉达梯战争开始。庞培大破本都军，与帕提亚、亚美尼亚建立同盟，进入幼发拉底河西岸。称霸叙利亚（—前63年）		

（续表）

年代（公元前）	恺撒	国家罗马	地中海世界	中国	日本
65（35）	恺撒出任监察官。自费整修阿庇亚大道，举办奢华的角斗士比赛		庞培入主大马士革和耶路撒冷城		弥生时代
63（37）	恺撒在好友护民官拉比埃努斯的帮助下，成功出任大祭司。移居古罗马广场官邸，并与拉比埃努斯联手挑战元老院体制下的强权	西塞罗出任执政官。围绕如何惩处“喀提林阴谋”，西塞罗、恺撒、小加图展开辩论。“喀提林阴谋”败露，3 000 人被杀	米特拉达梯六世自杀，战争结束。塞琉古王朝灭亡。叙利亚成为罗马行省。庞培征服东方各城邦，将地中海全域纳入罗马统治		
62（38）	恺撒出任法务官。第二任妻子庞培娅和克劳狄乌斯关系暧昧，恺撒和她离婚	屋大维出生。庞培回国，元老院派感受到了危机			
61（39）	恺撒赴远西班牙任总督，大胆任用当地人巴尔布斯，征服大西洋	庞培举行凯旋仪式			
60（40）	恺撒回国，获得次年执政官候选人资格。与庞培、克拉苏秘密结成“三头同盟”，开始改造国家的第一步				
59（41）	恺撒就任执政官。恢复执政官轮流执政制度，建立元老院“日报”制度，同意庞培提出的整改东方各城邦提案，发布《尤里乌斯案例法》(《国家公务员法》)，迫使元老院通过《尤里乌斯土地法》，极大地打击了元老院派。修正行省税征收业者法，帮助流亡意大利的埃及托勒密十二世（克娄巴特拉之父）夺回王位。日耳曼人首领成为“罗马的友人及同盟者”。女儿尤利娅嫁与庞培。迎娶元老院元老皮索之女卡尔普尼娅为妻。强行通过《巴第纽斯法》，出任北部高卢、伊利里亚、南部高卢的行省总督。赴任前，确定岳父皮索和庞培的左右手盖比尼乌斯为次年度执政官、克劳狄乌斯为护民官				

（续表）

年代（公元前）	恺撒	国家罗马	地中海世界	中国	日本
58（42）	高卢战争第一年。就任高卢总督，任命拉比埃努斯为副将。高卢的赫尔维西亚人欲从瑞士的日内瓦湖东侧迁至布列塔尼亚地区。恺撒拒绝赫尔维西亚人借道罗马行省，越过边界进入高卢。与埃杜伊人结盟。恺撒突袭索恩河沿岸的赫尔维西亚人，后取得比布拉克特战役大捷，接受赫尔维西亚人议和。赫尔维西亚人10万人返回瑞士。应高卢人的要求，尝试与阿利欧维斯图斯进行和谈，失败。在贝桑松再次与阿利欧维斯图斯展开谈判，险遭暗算，诉诸战争，大败日耳曼人。把冬营地设在贝桑松，表明莱茵河已成罗马国家的基本防线	小加图前往塞浦路斯赴任。西塞罗遭到护民官克劳狄乌斯的报复逃往希腊			
57（43）	高卢战争第二年。进军高卢东北部，和雷米人结成同盟。对阵以苏威西翁内斯人的加尔巴为总指挥的比利时29.6万人大军。恺撒越过马恩河，击溃比利时军队。进入现在的比利时境内，击败涅尔维人，大破阿都阿提奇人。控制高卢东北部。大西洋沿岸各部族悉数归顺恺撒，全高卢实现了“和平”。冬营地设于奥尔良	由于庞培的消极、护民官克劳狄乌斯的鲁莽、小加图的回国、西塞罗流放令的解除等，元老院派开始反击“三头政治”。庞培领命掌管粮食事务，任期5年。克劳狄乌斯的私人警卫团开始和米罗的暴力组织发生冲突			弥生时代
56（44）	高卢战争第三年。恺撒、庞培、克拉苏举行“卢卡会谈”。维内利人接受高卢西部诸部族的挑战，开始进攻布列塔尼地区。青年布鲁图指挥军团在海战中击溃维奈特人。拉比埃努斯在莱茵河流域、萨比努斯在诺曼底、小克拉苏在阿奎塔尼亚分别取得了胜利。出征摩利尼人和梅那庇人，未果。深秋，恺撒下令撤至诺曼底，在那里设冬营地				

（续表）

年代（公元前）	恺撒	国家罗马	地中海世界	中国	日本
55（45）	高卢战争第四年。恺撒从德国西北部进军，直指莱茵河，击败日耳曼民族中的乌西佩提人和帖恩库贴利人，并于现在的波恩和科隆之间架设桥梁渡过莱茵河。征服西卡恩布利人和乌比人，分裂日耳曼人。恺撒军西移。第一次远征不列颠。横渡多佛尔海峡后，登陆不列颠（今英国）。抽调1 000名骑兵赠予随父前往叙利亚任职的小克拉苏。冬营地设在亚眠。获悉母亲奥雷利娅去世	“卢卡会谈”后，庞培和克拉苏就任执政官。出台《特雷波尼乌斯法》和《庞培—李锡尼法》，前者规定，庞培和克拉苏分赴西班牙和叙利亚行省担任总督，享有10个军团的指挥权，任期5年。后者规定，恺撒的任期延至公元前50年，同样享有10个军团的指挥权。建于马尔斯广场的庞培剧场完工。克拉苏出发前往任职地叙利亚			弥生时代
54（46）	高卢战争第五年。征服特雷维利人。第二次远征不列颠，打败采用游击战术的不列颠军队。渡过泰晤士河，打败卡西贝拉努斯指挥的不列颠军队。接受不列颠议和后撤回高卢。因伊布洛斯人使诈，痛失9 000名士兵。涅尔维人联合阿都阿提奇人，达6万人的比利时军队包围昆图斯·西塞罗负责的冬营地。恺撒前往救援，击退敌军。恺撒首次在高卢越冬	恺撒之女、庞培之妻尤利娅去世。恺撒命亲信巴尔布斯和奥庇乌斯着手扩建古罗马广场。元老院派强烈反击，第二年成功占据两个执政官的席位。元老院派和“三巨头”派对立升级，形势混乱	克拉苏远征帕提亚		
53（47）	高卢战争第六年。恺撒征服涅尔维人后，在巴黎召开高卢各部族全体族长会议，迫使加努特斯人和歇诺内斯人臣服，确立了后方的安全保障。收服梅那庇人后，副将拉比埃努斯又征服了特雷维利人，军队会合后再渡莱茵河。北上莱茵河河口，平定高卢东北部各部族。在兰斯召开高卢各部族全体族长会议，处死加努特斯人反对势力的首领亚克。在现代的德国西部和第戎边境和桑斯设冬营地	克劳狄乌斯派和米罗派的暴力冲突不断升级，克劳狄乌斯被杀，米罗逃往马赛。庞培一个人就任次年度执政官	克拉苏开始正式远征帕提亚。帕提亚国王攻打亚美尼亚以牵制其国王支援罗马军队，在沙漠大破罗马军队。小克拉苏自杀身亡，老克拉苏被杀。4万人的远征军中生还者不足1万人		

（续表

年代（公元前）	恺撒	国家罗马	地中海世界	中国	日本
52（48）	高卢战争第七年。加努特斯人杀害在奥尔良的罗马人，举起反叛大旗。奥弗涅人的首领韦辛格托里克斯呼吁抵抗罗马，高卢中部各部族纷纷响应。恺撒从法国南部行省紧急前往高卢中部，于桑斯集合全部军队，镇压叛乱。恺撒攻打日尔戈维亚未果，撤退。高卢中部各部族团结起来反抗罗马，挑战恺撒军队，失败，8万大军退守阿莱西亚。恺撒修建阿莱西亚包围网，高卢20余万援军到达。阿莱西亚攻防战开始。韦辛格托里克斯被俘。恺撒在8个地方设冬营地。恺撒在比布拉克特营地越冬。恺撒出版《高卢战争记》共七卷（第八卷由恺撒的亲信希尔提乌斯执笔）	庞培担任“一人执政官”。元老院要求增加一名执政官，梅特鲁斯·西庇阿当选。庞培迎娶西庇阿之女为妻。庞培倒向元老院派，次年通过《行政官法》《庞培行省总督法》《庞培的西班牙行省总督任期延长案》，强化反恺撒体制			弥生时代
51（49）	高卢战争第八年。阿莱西亚攻防战结束后，收服各部族。结束战后处理后，前往阿奎塔尼亚视察。着手开展“高卢罗马化”。将行省税从“什一税”改为“定额税”。在高卢北部的阿拉斯设冬营地	西塞罗发表《论国家》	克娄巴特拉和弟弟托勒密十三世共同统治埃及		
50（50）	恺撒于夏天返回意大利北部行省。元老院派试图拉拢恺撒的得力助手拉比埃努斯。元老院派的盖乌斯·马尔凯鲁斯和埃米利乌斯·保卢斯就任执政官。次年度执政官由马尔恺鲁斯和雷托鲁斯出任。恺撒依靠时任护民官、年轻的库里奥对抗元老院派。11月，借“恺撒10个军团正南下进军罗马”的假消息，执政官马尔凯鲁斯授权庞培为总司令迎击恺撒。围绕是否解散恺撒的军团，恺撒派新护民官安东尼和元老院派之间展开了持续的抗争				
49（51）	1月7日，元老院发出“终极劝告”，并通过法案授予庞培无限大权。1月12日，恺撒率领一个军团离开拉文纳，渡过卢比孔河，进入里米尼。护民官安东尼、卡西乌斯和恺撒会合后，控制安科纳和阿雷佐等地				

（续表）

<table>
<tr><th>年代
（公元前）</th><th>恺撒</th><th>国家罗马</th><th>地中海世界</th><th>中国</th><th>日本</th></tr>
<tr><td>49（51）</td><td colspan="2">1月17日，庞培和西塞罗先后逃离罗马。执政官马尔凯鲁斯和雷托鲁斯随后也从罗马逃离。罗马陷入混乱。和恺撒分道扬镳的拉比埃努斯在加普亚加入庞培阵营。恺撒沿亚得里亚海海岸南进，2月21日，兵不血刃地进入阿赫诺巴尔布斯守卫的科菲尼昂城。2月25日，庞培逃到布林迪西。3月9日，恺撒也到达布林迪西。3月17日，庞培强行突破封锁逃向希腊。恺撒称霸整个意大利半岛。3月19日，恺撒回到罗马。3月30日，恺撒在赶往罗马的途中，造访西塞罗位于福尔米亚的别墅，两人进行了会谈。4月1日，恺撒出席在罗马城外举行的元老院会议，将撒丁和西西里纳入罗马统治之下。恺撒命令库里奥攻打阿非利加行省（今突尼斯），任命雷必达为大法务官，主持内政。安东尼负责对外防卫，小安东尼和西塞罗的女婿多拉贝拉夺取亚得里亚海制海权。4月7日，恺撒进攻属于庞培势力范围的西班牙行省。4月19日，恺撒到达独立国家马赛。马赛攻坚战从5月4日开始，历时较长。6月22日，恺撒到达西班牙行省的莱里达，以莱里达攻坚战揭开了全西班牙战争的帷幕。8月2日，亚弗拉尼乌斯和佩托雷乌斯率领的庞培军队瓦解。9月，恺撒称霸加的斯、塔拉戈纳及西班牙全境，瓦罗率领的庞培军队瓦解。10月中旬，恺撒返回马赛，25日攻陷马赛，返回意大利。12月2日，恺撒回到罗马任独裁官。废除苏拉关于永久禁止反苏拉派后代出任公职的规定。任命恺撒派成员为行省总督，开始实施经济改革，发行新货币等。当选为次年度即公元前48年度执政官。12月13日，恺撒离开罗马阻击庞培</td><td>8月11日，库里奥率领罗马军队在阿非利加行省登陆。8月20日，和努米底亚国王尤巴的战斗中，2万名罗马士兵全军覆没，库里奥战死。小安东尼和多拉贝拉在夺取亚得里亚海制海权的时候，在达尔马提亚也完败于庞培的将领黎波</td><td></td><td rowspan="2">弥生时代</td></tr>
<tr><td>48（52）</td><td colspan="3">1月4日，恺撒从布林迪西登船，翌日在希腊西岸登陆。恺撒军队和庞培军队于都拉斯南部对峙。3月27日，安东尼率领第二梯队从宁法姆登陆。4月3日，与恺撒会合。都拉斯包围战从4月15日起一直持续了三个月，恺撒军队战败。恺撒退到希腊中部的色萨利，庞培率军追击。7月29日，恺撒到达法萨卢斯平原，准备迎击与西庇阿会合后的庞培大军。8月9日，法萨卢斯战役开始。庞培军队完败，庞培逃往爱琴海，试图在埃及东山再起。恺撒一边阻击庞培一面任命安东尼为独裁官协理——骑士团团长——处理国内事务。9月28日,庞培及同行的雷托鲁斯在亚历山大港被罗马士兵所杀。10月4日，恺撒登陆亚历山大港。10月7日，指定克娄巴特拉和托勒密十三世共同治理陷入内乱的埃及。10月中旬，托勒密十三世率军攻打恺撒军队，亚历山大战役拉开帷幕。12月，多米提乌斯被本都国王法尔纳克击败逃往叙利亚</td><td></td></tr>
</table>

（续表）

年代（公元前）	恺撒	国家罗马	地中海世界	中国	日本
47（53）	2月末，多米提乌斯率领援军抵达亚历山大港，恺撒在尼罗河三角洲的战役中取得胜利，托勒密十三世战死。3月27日，恺撒进入亚历山大城。克娄巴特拉和最小的弟弟托勒密十四世开始共同统治埃及。恺撒完成《内战记》前三卷。6月，恺撒从亚历山大港出发，前去支援在小亚细亚败于本都国王法尔纳克的多米提乌斯。途中重新构建了对犹太、叙利亚和奇里乞亚的统治体系。6月末，恺撒在小亚细亚登陆，于卡帕多西亚地区的泽拉击败法尔纳克（“我来，我见，我征服”），恺撒控制了希腊。9月末，恺撒回到布林迪西，再次和西塞罗相见，并对他宽厚以待。恺撒凯旋，出任独裁官，任期5年，纠正安东尼代理统治期间的弊政。12月，为肃清庞培在阿非利加行省的余党，19日，进入突尼斯的马尔萨拉，27日，从该地出发				
46（54）	1月，恺撒在阿非利加行省东岸登陆并修筑营地。4月6日，恺撒在塔普苏斯会战中大败梅特鲁斯·西庇阿军，追击努米底亚国王尤巴。尤巴自尽，西庇阿和亚弗拉尼乌斯被杀。4月13日，恺撒进入乌蒂卡城。4月21日，小加图自杀。恺撒视察撒丁岛和科西嘉岛，7月25日，返回罗马。8月5日，开始举行为期4天的凯旋仪式。恺撒着手改革：制定太阳历，于公元前45年1月1日开始执行。成立国家造币机构，从元老院手中夺取了造币权。出任任期10年的独裁官				
45（55）	庞培的儿子格涅乌斯、塞克斯图斯和拉比埃努斯、瓦罗等反恺撒派于西班牙行省再次发起叛乱。恺撒出兵西班牙，3月17日，开始孟达会战，经过激烈的战斗，大败庞培派余党。拉比埃努斯战死，格涅乌斯被杀。恺撒确立“罗马统治下的和平”，开始着手巩固民生、走向帝制的全面改革。意大利北部行省居民得到了罗马公民权，西西里和法国南部行省居民享有拉丁公民权。元老院席位增加到900个，削弱公民大会和护民官的权力。固定金银兑换率，设定利率上限。增加法务官、财务监察官的席位，两位执政官分主次，一个为主，另一个为辅助。修正地方议会的被选举权，允许解放奴隶担任公职。重新整顿行省，承认行省议会，设官方征税机构。奉朱庇特、朱诺、密涅瓦为罗马主神。重新启用《森普罗尼乌斯法》，废除“元老院终极劝告”，调整陪审员资格。把失业人口和退伍老兵分散到各行省，重兴迦太基和科林斯。授予教师和医生罗马公民权。重建首都。修建恺撒神殿，翻新古罗马广场，拆除塞尔维乌斯城墙等。开展延长道路设施等公共事业				弥生时代
44（56）	1月，安东尼任次席执政官。恺撒正式宣布未来两年征服帕提亚的计划。2月，元老院和公民大会通过决议，任命恺撒为终身执政官。3月15日，恺撒在元老院会场庞培回廊遭马库斯·布鲁图、卡西乌斯等人暗杀。3月16日，恺撒遗嘱公开，屋大维（时年18岁，是恺撒甥孙）作为恺撒养子，为恺撒第一指定继承人，并继承恺撒家族姓氏。克娄巴特拉带着和恺撒生的小恺撒离开罗马，返回埃及。3月17日，安东尼召集元老院会议，决定不追究凶手的责任，继续沿用恺撒制定的人事安排及政治方针。3月18日，恺撒火葬，民众群情激奋。暗杀集团成员布鲁图、卡西乌斯、西塞罗等于19日一早逃离罗马				

（续表）

年代（公元前）	克娄巴特拉和安东尼	国家罗马	中国	日本
44	安东尼安排亲信填补恺撒生前的职务空缺，任命雷必达为大祭司、多拉贝拉和自己同为执政官。4月中旬，屋大维从希腊的阿波罗尼亚回国。7月，屋大维主办盛大的竞技活动，以纪念恺撒。8月，在安东尼召集的元老院会议上，安东尼确定了以下几个行省的总督人选：安东尼执政官期满后出任意大利北部行省总督；多拉贝拉执政官期满后出任叙利亚行省总督；马库斯·布鲁图、卡西乌斯在年末分别就任马其顿、叙利亚行省总督。8月底，布鲁图和卡西乌斯前往任职地就职，名正言顺地逃往国外。9月，西塞罗开始了著名的演讲——《腓力比克之辩》，弹劾安东尼。10月，军队中大部分势力支持屋大维，为了掌握更多的兵力，安东尼攻打握有意大利北部行省军队指挥权的德奇姆斯·布鲁图	克娄巴特拉回到埃及，杀死托勒密十四世，与小恺撒共同统治埃及		
43	屋大维的支持者希尔提乌斯和巴苏斯就任执政官。3月，两位执政官和屋大维一同讨伐安东尼。其时，安东尼正在意大利北部行省摩德纳和德奇姆斯·布鲁图作战。安东尼撤退。两位执政官战死，德奇姆斯·布鲁图被杀。8月，屋大维当选执政官（另一位执政官是恺撒的外甥佩提乌斯）。屋大维正式成为恺撒养子，改名“盖乌斯·尤里乌斯·恺撒·屋大维”，提出《佩提乌斯法》，追捕刺杀恺撒的凶手。安东尼在法国南部行省和高卢、西班牙行省总督结成共同战线。10月，屋大维进军意大利北部行省。11月，安东尼、屋大维、雷必达在博洛尼亚结成“后三头同盟”。27日，公民大会承认该同盟，规定同盟期限为五年。至此，寡头政治彻底瓦解。11月28日，以西塞罗为首的“黑名单”正式出台，罗马掀起了清算风暴。12月7日，西塞罗被杀	布鲁图和卡西乌斯分别在马其顿和叙利亚集结10万兵力准备战斗。卡西乌斯杀死前往叙利亚赴任的多拉贝拉		弥生时代
42	1月1日，元老院通过决议，承认恺撒为“神”。屋大维销毁恺撒著作，仅留《高卢战争记》和《内战记》。夏—秋，屋大维和安东尼的联合军队出兵希腊，于腓立比大败布鲁图和卡西乌斯的联军。布鲁图和卡西乌斯自裁。腓立比会战后，屋大维和安东尼划定了各自的势力范围，屋大维统治罗马世界的西半部，安东尼回到东半部			

（续表）

<table>
<tr><th>年代
（公元前）</th><th>屋大维</th><th>克娄巴特拉和安东尼</th><th>地中海世界</th><th>中国</th><th>日本</th></tr>
<tr><td>41</td><td>秋天，安东尼的弟弟路奇乌斯和妻子富尔维娅在意大利中部的佩鲁贾举兵。屋大维和左膀右臂阿格里帕为镇压动乱艰苦奋战</td><td>东部诸侯归顺后，安东尼继续行军，在奇里乞亚行省首府塔鲁苏斯传召埃及女王。秋天，安东尼应邀访问亚历山大，和克娄巴特拉确立情人关系</td><td></td><td></td><td rowspan="8">弥生时代</td></tr>
<tr><td>40</td><td>2月末，佩鲁贾战争结束。富尔维娅和路奇乌斯逃往希腊。安东尼将动乱的责任全部转嫁给富尔维娅。屋大维启用梅塞纳斯负责外交</td><td>安东尼回到意大利，克娄巴特拉产下一对双胞胎</td><td></td><td></td></tr>
<tr><td rowspan="2">40</td><td colspan="2">屋大维、安东尼和克娄巴特拉</td><td rowspan="2"></td><td rowspan="2"></td></tr>
<tr><td colspan="2">屋大维、安东尼、雷必达签订《布林迪西协定》，确定各自的势力范围分别在罗马西部、东部和非洲。安东尼和屋大维的姐姐屋大维娅结婚。秋，庞培次子塞克斯图斯在西班牙行省崛起，势力扩大到西西里岛。屋大维、安东尼和塞克斯图斯在那不勒斯湾的米塞诺岬签订《米塞诺协定》。根据协定，塞克斯图斯停止一切敌对活动，屋大维允许塞克斯图斯派成员恢复公职，并把西西里岛、撒丁岛和科西嘉岛的统治权让给塞克斯图斯。屋大维迎娶塞克斯图斯的表妹斯克里波尼娅（不久离异），生下屋大维唯一的孩子（女儿）尤利娅</td></tr>
<tr><td rowspan="2">38</td><td>屋大维、安东尼和克娄巴特拉</td><td>国家罗马</td><td></td><td rowspan="2"></td></tr>
<tr><td colspan="3">1月，屋大维和克劳狄乌斯·尼禄之妻利维娅成婚，把尼禄和利维娅的儿子提比略（罗马帝国第二任皇帝）、杜路苏斯收为养子。继续与塞克斯图斯对抗，最终获得胜利，在莱斯沃斯岛杀死塞克斯图斯</td></tr>
<tr><td rowspan="2">37</td><td>屋大维</td><td colspan="2">安东尼和克娄巴特拉</td><td rowspan="2"></td></tr>
<tr><td></td><td colspan="2">秋，安东尼出发远征帕提亚，在叙利亚的安提阿和克娄巴特拉重逢。安东尼和克娄巴特拉正式结婚，并承认双胞胎</td></tr>
</table>

（续表）

年代（公元前）	屋大维	克娄巴特拉和安东尼	地中海世界	中国	日本
36	屋大维和阿格里帕共同镇压伊利里亚地区的叛乱	安东尼率领11万大军出征帕提亚。8月，帕提亚和中东联合军队采用游击战术消耗安东尼军队的力量。11月安东尼大军撤回安提阿			
34	屋大维召集元老院会议，宣布“后三头同盟”解体、安东尼在亚历山大港的宣言无效	春，安东尼远征亚美尼亚，亚美尼亚向他求和。安东尼在亚历山大举行凯旋仪式，并宣布小恺撒为埃及国王，自己和克娄巴特拉生的三个孩子拥有对东方诸城邦的统治权			
33	秋，屋大维为纪念伊利里亚战争胜利，修建尤利娅水道，建设屋大维回廊，修缮公共建筑。安东尼遗嘱公开，要求死后葬于亚历山大港。屋大维开始宣传战	安东尼和克娄巴特拉留在小亚细亚西岸的以弗所		汉成帝即位（一前7年）	弥生时代
屋大维、安东尼和克娄巴特拉					
32	秋，屋大维被全意大利推举为“卫国罗马、狙击埃及总司令”，在意大利开始备战。安东尼和克娄巴特拉在以弗所以及希腊备战				
31	3月，屋大维率大军渡河抵达希腊。夏，安东尼和克娄巴特拉军队将士纷纷叛逃。大决战“亚克兴角海战”于9月2日拉开帷幕。安东尼和克娄巴特拉战败后，相继逃往亚历山大港。屋大维追击的同时再度构建罗马对沿途的统治体系				
30	7月31日，和屋大维军队作战的安东尼军队将士叛离。安东尼自裁，次日死亡。8月1日，屋大维入主亚历山大城，杀死小恺撒。克娄巴特拉自杀，托勒密王朝灭亡。屋大维凯旋，返回罗马。罗马进入帝政时代				

参考文献

如果《罗马人的故事 04 · 恺撒时代（上）》和《罗马人的故事 05 · 恺撒时代（下）》在叙述上比起其他已刊印卷本来说更为生动的话，那么绝非我个人的功劳，而是托西塞罗和恺撒之福，他们为我们留下了非常生动的史料。他们两人生活的公元前 1 世纪的罗马给我们留下了丰富而准确的史料。放眼整个世界史，再也没有其他留下如此丰富史料的时代了。

第一，这两人都有着卓越的洞察力和文字表现力，而这两人又是相互关联的。拥有能敏锐而深刻地将洞察力表现出来的才能，必能使得阅读者也拥有更敏锐的洞察力。因为将头脑中已有的思想形成文章带来的冲击力，作者比任何人都能感受到更多。

第二，作为最优质史料提供者的西塞罗和恺撒二人，都是该时代的主角。作为当事人，他们当然更有利于获取信息。相较于同在罗马时代的秘书、军团长等配角，甚至是与百年之后的罗马历史学家所谓的“旁观者”作品相比，洞察力和表现力兼备的主角们的叙述，当然更具史料价值。

第三，西塞罗和恺撒在政治立场上针锋相对。西塞罗是元老院体

制的坚定维护者，而恺撒则以打倒元老院体制、建立新秩序为奋斗目标。就连研究第二次世界大战的历史，我们有丘吉尔的作品可作为参考，但是堪与丘吉尔匹敌的反派主角的著作一本都没有。

第四，这两个人还是好朋友。尽管政见不一，但是两人私交甚笃。这一点使得他们卓越的洞察力和表现力并不孤立存在，而是有着相互关联、相互促进的关系。在信息交流上，二人亦敌亦友。我认为，这也正是他们遗存下来的史料在质量上与其他历史时期的多数史料有所不同的主要原因。

第五，流传下来的质、量俱佳的史料的时代，正是罗马长达 1 000 年历史中最重要的时代和关键节点，这是历史爱好者之幸。如果按照历史时期区分的话，该时期正是共和体制向帝国体制过渡的时期。迦太基历史在存续 700 年后灭亡；雅典、斯巴达、马赛虽未灭亡，却也无法改变衰退的命运；与它们不同的是，罗马在经历了 700 年后却仍能再度达到鼎盛。恺撒创造了这一鼎盛的基础，即创造了国家改造必需的基石。从古至今所有关于罗马历史的研究当中，有四分之一的研究作品是集中于那三四十年之间。从中可以看出公元前 1 世纪这段时间在罗马历史上的重要性。我们得以凭之窥探到这一时代全貌的、得以留存的历史资料，竟然是出自在罗马历史上具有无人可比的洞察力和表现力的西塞罗和恺撒之手，难道不是一大幸事吗？

然而，不管叙述者如何妙笔生花，如果读者不能够感受其叙述之生动，这种单方的努力恐怕也最终难以为继。

福田恒存生前曾教诲我这么一个道理：语言的表现力不仅在于传达意义，还能够传达声音。换句话说，意义传达出精神，而包含了语感的声音则令其更加生动传神。福田先生说，翻译也必须有这样一种概念。我在写作《文艺复兴的故事》丛书之初，就以当时的一手史料

为优先考虑，希望能够忠实地传达出那个时代的人的真实声音。然而在传达给读者之前，如果我自己都听不到那个声音，所谓生动传神也就无从谈起了。作者都无法感知，又如何传达给读者呢？

结果，我为了写作这两册书做的考证，有一大半的时间都用于逐字逐句地阅读、思考和体验西塞罗和恺撒遗留下来的断简残编之中。同时我也参考了其他古代历史学家的著作，以补足这两人未提及的历史事件和另外的史家观点；又在后世研究者的著作中，纠正我误读的部分，弥补我的专业知识。

以前已提及的原始史料和后世研究论著，请允许我在下列参考文献中予以省略。

苏维托尼乌斯·特兰克维鲁斯（C. Suetonius Tranquillus）:《罗马皇帝传》（国原吉之助译，岩波文库）。

维里乌斯·帕特库鲁斯（Velleius Paterculus）: 古罗马第二任皇帝提比略的部下。文风简明，所著为简略《罗马史》。

卢坎（Lucan）: 描写恺撒和庞培斗争的长篇史诗《内战记》（又名《法沙利亚》）的作者，诗人，公元 39 年出生于西班牙科尔多瓦。忠实的庞培派。

斯特拉波（Strabon）:《地理志》（又名《希腊－罗马世界地理志》，饭尾都人译，龙溪书社），早期地理学家。公元前 62 年左右出生于小亚细亚的本都。

保萨尼阿斯（Pausanias）:《希腊游记》（又名《希腊记》，饭尾都人译，龙溪书社；《希腊导览》，马场惠二译，岩波文库），2 世纪人，早期游记作者。

后世的历史书籍和研究著作

ADCOCK, F.E., *Caesar as Man of Letters*, Cambridge, 1956.

BACKMUND, J., *Catilina und die Parteikämpfe im Jahre 63*, Würzburg, 1870.

BALDACCI, A., *Considerazioni intorno allo sbarco di M. Antonio a Ninfeo e al suo congiungimento con Giulio Cesare*, 《Rivista Dalmatica》, 1934.

BALSDON, J.P.V.D., *Julius Caesar and Rome*, London, 1967.

BAUR, E., *Zur Chronologie der catilinarischen Verschwörung*, Strassburg, 1875.

BECKMANN, F., *Geographie und Ethnographie in Caesars Bellum Gallicum*, Dortmund, 1930.

BEESLY, E.S., *Catiline, Clodius and Tiberius*, London, 1878.

BELOCH, J., *Die Bevölkerung Galliens zur Zeit Caesar*, 《Rh. Mus.》 54, 1899.

BERSANETTI, G.M., *Quando fu conchiusa l'alleanza tra Cesare, Pompeo e Crasso?* Palermo, 1924.

BERTRIN, G., *Num legitime prudenterque se gesserit M. Tullius Cicero consul in puniendis conjurationis Catilinariae sociis*, Paris, 1900.

BETTI, E., *Le origini giuridiche e lo svolgimento politico del conflitto tra Giulio Cesare e il senato romano sino allo scoppio della guerra civile*, Città di Castello, 1915.

BLOCH, G., *Note sur un passage de Diodore de Sicile à propos de la première Catilinaire*, Mélanges Boissier, Paris, 1903; *La république romaine. Conflits politiques et sociaux*, Paris, 1913.

BOAK, A.E.R., *The Extraordinary Commands from 81 to 48 B.C.*, 《American Historical Review》 24, 1918-19.

BOISSIER, G., *Cicéron et ses Amis*, Paris, 1865; *La Conjuration de Catilina*, Paris, 1905.

BORT, T., *Römische Charakterköpfe*, Leipzig, 1913.

BOTSFORD, G.W., *The Roman Assemblies*, New York, 1909.

BOUCHÉ-LECLERCQ, A., *La question d'Orient au temps de Cicéron*, 《Revue historique》 79, 1902; *Histoire des Séleucides*, Paris, 1913-14.

BRANDES, G., *G. Julius Caesar*, Copenhagen, 1918.

BRECHT, B., *Die Geschäfte des Herrn Julius Caesar*, Berlin, 1957.

BROUGHTON, T.R.S., *The Romanization of Africa Proconsularis*, Baltimore-Oxford, 1929.

BUCHAN, J., *Julius Caesar*, London, 1932.

CANALI, L., *Personalità e stile di Cesare,* Roma, 1963.

CANAVESI, M,. *La politica estera di Roma antica,* Milano, 1942.

CARCOPINO, J., *Le secret de la correspondance de Cicéron,* Paris, 1947; *Profils de conquérants,* Paris, 1961; *Jules César,* Paris, 1968; *Passion et politique chez les Césars,* Paris, 1970; *Alésia et les ruses de César,* Paris, 1970.

CARY, M., *The Land Legislation of Julius Caesar's First Consulship,* 《Journal of Philology》 35, 1920; *The municipal legislation of Julius Caesar,* 《Journal of Roman Studies (JRS)》 27, 1937.

CHAPOT, V., *La frontière de l'Euphrate de Pompée à la conquête Arabe,* Paris, 1907.

CIACERI, E., *Processi Politici e Relazioni Internazionali,* Roma, 1918; *Cicerone e i suoi tempi,* Milano-Roma-Napoli, 1926.

CLERC, M., *Massalia: Histoire de Marseille dans l'antiquité,* Marseilles, 1929.

COLLINS, J.H., *Propaganda, ethics and psychological assumptions in Caesar's writings,* Frankfurt, 1952.

COLOMB, G., *L'Énigme d'Alésia,* Paris, 1922.

CONSTANS, L.A., *Les débuts de la lutte entre César et Vercingétorix,* 《Rev. Belge》 27, 1923; *Guide illustré des campagnes de César en Gaule,* Paris, 1929.

CONWAY, E.S., *Makers of Europe,* Harvard University Press, 1931.

COSTA, G., *La concezione religiosa di Cesare,* 《Convivium》 7, 1935.

COWELL, F.R., *Cicero and the Roman Republic,* London, 1948; *The Revolutions of Ancient Rome,* London, 1962.

DEGRASSI, A., *Inscriptiones Italiae vol. XIII: Fasti et Elogia,* Roma, 1946.

DE RUGGIERO, E., *Il Foro Romano,* Roma, 1913.

DOTTIN, G., *Manuel pour servir à l'étude de l'Antiquité celtique,* Paris, 1915.

DRUMANN, W. & GROEBE, P., *Geschichte Roms in seinem Übergange von der republicanischen zur monarchischen Verfassung,* Berlin, 1899.

EBERT, M., *Reallexicon der Vorgeschichte,* Berlin, 1924-29.

EGGER, E., *Examen critique des historiens anciens de la vie et du règne d'Auguste,* Paris, 1844.

FERRABINO, A., *Curione in Africa: 49 a.C.,* 《Atti Acc. Torino》, 1912; *L'Italia romana,* Milano, 1934; *Cesare,* Torino, 1941; *La fortuna della creazione politica di Cesare,* Roma, 1956.

FRANK, T., *Roman Imperialism,* New York, 1914; *The Date of the Vatinian Law,*

《American Journal of Philology》 41, 1920.

FULLER, J.F.C., *Julius Caesar. Man, soldier and tyrant*, London, 1965.

GAUTIER, F., *Vercingétorix*, Paris, 1935.

GELZER, M., *Caesar und Augustus. Meister der Politik*, 1922; *Die Lex Vatinia de imperio Caesaris*, 《Hermes》 63, 1928; *Pompeius*, München, 1959; *Caesar. Der Politiker und Staatsmann*, Wiesbaden, 1960.

GESCHE, H., *Caesar*, Darmstadt, 1976.

GIANNELLI, G., *La repubblica romana*, Milano, 1937.

GRAINDOR, P., *La guerre d'Alexandrie*, Cairo, 1931.

GRANT, M., *Julius Caesar*, London, 1959; *Kleopatra*, London, 1972.

GREENIDGE, A.H.J., *The Legal Procedure of Cicero's Time*, Oxford, 1901.

GROEBE, P., *Die Obstruktion im römischen Senat*, 《Klio》 5, 1905.

GROSSI, O., *The Forum of Julius Caesar and the Temple of Venus Genetrix*, 《Memoirs of the American Academy in Rome》 13, 1936.

GRUEBER, H., *Coinage of the Triumvirs Antony, Lepidus and Octavian, Illustrative of the History of the Times*, 《Numismatic Chronicle》 11, 1911.

GSELL, S., *Histoire ancienne de l'Afrique du Nord vol. VIII: Jules César et l'Afrique. Fin des Royaumes indigènes*, Paris, 1928.

GURLITT, L., *Lex Clodia de Exilio Ciceronis*, 《Philologus》 59, 1900.

HAGEN, E., *Untersuchungen über römische Geschichte I: Catilina*, Kõnigsberg, 1854.

HANKEL, W., *Caesar. Goldne Zeiten führt'ich ein*, München-Berlin, 1978.

HARDY, E.G., *The Table of Heraclea and the Lex Julia Municipalis*, 《JRS》 4, 1914; *Some problems in Roman History*, Oxford, 1924; *The Catilinarian Conspiracy*, Oxford, 1924.

HARMAND, J., *Une campagne césarienne: Alésia*, Paris, 1967.

HAVERFIELD, F., *Portus Itius*, 《Classical Review (CR)》 27, 1913.

HOWORTH, H.H., *The Germans of Caesar*, 《English Historical Review》 23, 1908.

HUSBAND, R.W., *The expulsion of foreigners from Rome*, 《Classical Philology》 11, 1916.

ISENBURG, I., *Iulius Caesar*, London, 1964.

JOHN, C., *Die Entstehungsgeschichte der catilinarischen Verschwörung*, 《Jahrb》,

1876; *Sallustius über Catilina's Candidatur im Jahre 688*, 1876.

JONSON, B., *Catilina, his conspiracy*, Oxford, 1921.

JULLIAN, C., *Vercingétorix*, Paris, 1911; *Histoire de la Gaule*, Paris, 1921; *Notes Gallo-Romaines*, 《Revue d'Etudes Anciennes》.

KASTEN, H., *Cicero, Atticus-Briefe. Lateinisch-deutsch.* München, 1976.

KENDRICK, *T.D., The Druids*, London, 1927.

KLASS, J., *Cicero und Caesar*, Berlin, 1939.

KLOTZ, R., *Caesarstudien*, Leipzig, 1910.

KORNEMANN, E., *Die cäsarische Kolonie Karthago und die Einführung röm. Gemeindeordnung in Afrika*, 《Philologus》 70, 1911; *Römische Geschichte*, Stuttgart, 1939.

KROLL, W., *Die Privatwirtschaft in der Zeit Ciceros*, 《N.J.f.Wiss.》 5, 1929.

KROMAYER, J. & Veith, G., *Schlachten-Atlas zur antiken Kriegsgeschichte*, Leipzig, 1929.

KROYMANN, J., *Caesar und das Corpus Caesarianum*, 1973.

LANG, E., *Das Strafverfahren gegen die Catilinarier*, Heilbronn, 1884.

LARROUY, M., *Antoine et Cléopatre*, Paris, 1934.

LEVI, M.A., *La caduta della Repubblica Romana*, 《Rivista storica italiana》 41, 1924; *La "tribunicia potestas" di C. Giulio Cesare*, 《Atti del I Congresso Nazionale di Studi Romani》, 1928; *La costituzione romana dai Gracchi a Giulio Cesare*, Firenze, 1928; *La battaglia d'Azio*, 《Athenaeum》, 1932.

LUCAS, F.L., *The Battlefield of Pharsalos*, 《Annual of the British School at Athens》 24, 1919-21.

LUGLI, G., *Roma antica. Il centro monumentable*, Roma, 1946.

MACBAIN, A., *Celtic Mythology and Religion*, Stirling, 1917.

MARSH, F.B., *The Chronology of Caesar's Consulship*, 《Classical Journal（CJ）》 22, 1926-27; *The Policy of Clodius*, 《Classical Quarterly（CQ）》 22, 1927; *The Founding of the Roman Empire*, Oxford, 1927.

MARTHA, J., *Comment Cicéron est arrivé aux honneurs*, Mélanges Boissier, Paris, 1903.

McDONALD, W.F., *Clodius and the Lex Aelia Fufia*, 《JRS》 19, 1929.

McFAYDEN, D., *The History of the title Imperator under the Roman Empire*, Chicago, 1920.

MENEGETTI, N., *Quel che Cesare non dice nel suo capolavoro*, Milano, 1931.

MÉRIMÉE, P., *Études sur l'histoire romaine II: Conjuration de Catilina*, Paris, 1844.

MEYER, E., *Parthia, Persia, Encyclopaedia Britannica*, London, 1911; *Blüte und Niedergang des Hellenismus in Asien*, Berlin, 1925.

MISPOULET, J.B., *La Vie Parlementaire à Rome sous la République*, Paris, 1899.

MOMMSEN, TH., *Provinces of the Roman Empire*, London, 1886.

MOTZO, R.B., *Antonio, Ottaviano e il tesoro di Cesare*, 《Atti III Congresso Nazionale di Studi Romani》, 1935; *Le contiones di M. Antonio e di Bruto dopo la morte di Cesare in Studii offerti a E. Ciaceri*, Genova, 1940.

MÜNZER, F., *Labienus*, P.W.

NAPOLÉON I, *Préces des guerres de Julius César*, Paris, 1836.

NAPOLÉON III, *Vie de César*, Paris, 1865; *Histoire de Jules César I-III*, Paris, 1865-87.

NICCOLINI, G., *Il triumvirato di Lepido, Antonio e Ottaviano e il principato di Augusto*, 《Atti Società Scienze e Lettere di Genova》, 1939.

NUTTING, H.C., *The Attempt to murder Cicero at his House*, 《Transactions of the American Philological Association》 35, 1904; *The Conspiracy at Rome in 66-5 B.C.*, Berkeley, 1910.

OMAN, Ch., *Seven Roman Statesmen*, London, 1902.

PAIS, E., *L'Aspirazione di Cesare al regno e l'opposizione tribunicia durante gli anni 45-44 a.C.*, 《Atti r. Accad. arch. lett. e belle arti》, 1913; *Fasti triumphales Populi Romani*, Roma, 1920.

PALADINI, V., *Sallustio*, Milano, 1948.

PARATORE, E., *Il Bellum Civile di Cesare*, Roma, 1965.

PARETI, L., *Cesare e la Gallia*, 《Studi Romani (SR)》 3, 1955; *L'essenza della concezione politica di C. Giulio Cesare*, 《SR》 4, 1956.

PARKER, H.M.D., *The Roman Legions*, Oxford, 1928.

PEAKS, M.P., *Caesar's Movements Jan. 21 to Feb. 14, 49 B.C.*, 《CR》 18, 1904.

PETERSSON, T., *Cicero*, Berkeley, 1920.

PIGHI, J.B., *De ludes saecularibus Populi Romani Quiritium*, Milano, 1941.

PLATNER, S.B. & ASHBY, Th., *A topographical Dictionary of Ancient Rome*, Oxford, 1929.

PLAUMANN, G., *Das sogenannte Senatus Consultum Ultimum*, 《Klio》 13, 1913.

POCOCK, L.G., *P. Clodius and the Acts of Caesar,* 《CQ》 19, 1924.

POSTGATE, J.P., *The site of the battle of Pharsalia,* 《JRS》 12, 1922.

RABE, A., *Die Senatssitzung am 8 November des Jahres 63 v. Chr. und die Entstehung der ersten catilinarischen Rede Ciceros,* 《Klio》 23, 1930.

RADIN, M., *The international law of the Gallic campaigns,* 《CJ》 12, 1916-17.

RAWLINSON, G., *The sixth great oriental monarchy,* London, 1873.

REID, J.S., *Roman Ideas of Deity,* 《JRS》 6, 1916.

REINACH, S., *Ephémérides d'Alesia: histoire, fouilles, controverses,* Paris, 1925.

RICE HOLMES T., *Ancient Britain and the invasions of Julius Caesar,* Oxford, 1907; *Caesar's Conquest of Gaul,* Oxford, 1911; *The Roman Republic,* Oxford, 1923.

ROSTOWZEW, M., *A History of the ancient World II: Rome,* London, 1927.

RUSHFORTH, G.M., *Latin Historical Inscriptions Illustrating the History of the Early Empire,* Oxford, 1930.

RUSSELL, A., *Julius Caesar,* London, 1915.

SCHMIDT, O.E., *Flugschriften aus der Zeit des ersten Triumvirats,* 《N.J.Kl.Alt.》 7, 1901.

SEEL, O., *Sallust von den Briefen ad Caesarem zur Coniuratio Catilinae,* Leipzig-Berlin, 1930; *Hirtius. Untersuchungen über die pseudocäsarischen Bella,* Leipzig, 1935.

SEMI, F., *Il sentimento di Cesare,* Padova, 1966.

SIHLER, E.G., *Annals of Caesar,* New York, 1911.

SPECK, A., *Katilina im Drama der Weltliteratur,* Leipzig, 1906.

STRACHAN-DAVIDSON, J.L., *Problems of the Roman Criminal Law,* Oxford, 1912.

SYKES, P.M., *A History of Persia,* London, 1921.

SYME, R., *The Roman Revolution,* Oxford, 1939.

TARN, W.W., *Hellenistic military and naval developments,* Cambridge, 1930; *The Battle of Actium,* 《JRS》, 1931.

TÄUBLER, E., *Imperium Romanum,* Leipzig-Berlin, 1913.

TAYLOR, H., *Cicero: A Sketch of His Life and Works,* London, 1916.

TAYLOR, L.R., *The Divinity of the Roman Emperor,* Middletown, Conn., U.S.A., 1931.

THIAUCOURT, C., *Études sur la Conjuration de Catilina*, Paris, 1887.

TOYNBEE, J.M.C., *Portraits of Julius Caesar, Greece and Rome*, Oxford, 1957.

UGOLINI, L., *Note di topografia illirica*, 《Boll. Com.》, 1933.

ULLMANN, R., *Senatsmotet 5te december 63*, 《Nordisk Tidskrift for Filologi》 4, 1917.

VEITH, G., *Geschichte der Feldzüge C. Julius Caesar*, Wien, 1906; *Der Feldzug von Dyrrhachium zwischen Caesar und Pompejus*, Wien, 1920; *Cäsar*, Leipzig, 1922; *Sezione sull'esercito di Cesare, Heerwesen und Kriegführung der Griechen und Römer, Müllers Handbuch*, München, 1928; *La campagna di Durazzo tra Cesare e Pompeo*（伊訳）, Roma, 1942.

VOLKMANN, H., *Kleopatra. Politik und Propaganda*, München, 1953.

VON PÖHLMANN R., *Geschichte des antiken Kommunismus und des Sozialismus in der antiken Welt*, München, 1901.

VON STERN, E., *Catilina und die Parteikämpfe in Rom der Jahre 66-3*, Dorpat, 1883.

WARDE FOWLER, W., *Julius Caesar and the Foundation of the Roman Imperial System*, New York-London, 1904; *An unnoticed trait in the character of Julius Caesar*, 《CR》 30, 1916; *Roman Ideas of Deity in the Last Century before the Christian Era*, London, 1914.

WILCKEN, U., *Octavian after the Fall of Alexandria*, 《JRS》, 1937.

WILDER, T., *The Ides of March*, New York, 1948.

WIRTZ, R., *Beiträge zur catilinarischen Verschwörung*, Aachen, 1910.

WIRZ, H., *Catilina's und Cicero's Bewerbung um den Consulat für das Jahr 63*, Zürich, 1863.

ZENO, R., *La crisi della repubblica e il fondatore dell' Impero Romano*, Catania, 1934.

图片版权

银币、铜币图　新潮社写真部

p.141 上　奈・嘉士伯雕塑馆（哥本哈根 / 丹麦），濑户照摄，© Ny Carlsberg Glyptotek, Copenhagen

p.178　大英博物馆（伦敦 / 英国）© Ancient Art & Architecture Collection

p.230　罗马市议会议事厅（罗马 / 意大利），樱井绅二摄

p.235　大英博物馆 © Copyright The Trustees of the British Museum

p.238　摘自 Luigi Canina, *Vedute dei principali monumenti di Roma antica*, Sugarco Edizioni, 1990。

p.245　大英博物馆 © Copyright The Trustees of the British Museum

p.271 右　那不勒斯国家考古学博物馆（意大利）© Archivi Alinari, Firenze

p.271 中　罗马国家博物馆（罗马 / 意大利）© Archivi Alinari, Firenze

p.271 左　卡匹托利尼博物馆（罗马 / 意大利）© Archivi Alinari, Firenze

p.285　摘自 Luigi Canina, *Vedute dei principali monumenti di Roma antica*, Sugarco Edizioni, 1990

p.310 右上　恺撒：大英博物馆 © Copyright The Trustees of the British Museum

p.310 左上　马克·安东尼：新潮社影像部

p.310 中央　马库斯·布鲁图：大英博物馆 © Copyright The Trustees of the British Museum

p.310 右下　屋大维：那不勒斯国家考古学博物馆 © Bridge-man Art Library

p.310 左下　西塞罗：卡匹托利尼博物馆 © Archivo Iconografico, S.A. / CORBIS / CORBIS JAPAN

p.345　乌菲兹美术馆（佛罗伦萨 / 意大利）© Archivi Alinari, Firenze

p.347　卢浮宫（巴黎 / 法国）© Charles & Josette Lenars / CORBIS / CORBIS JAPAN

p.357　罗马国家博物馆 © Ministero per i Beni e le Attività Culturali, Soprintendenza Archeologica di Roma, Museo Nazionale Romano in Palazzo Massimo

p.378　大英博物馆 © Copyright The Trustees of the British Museum

p.397　考古学博物馆（维克艾库塞 / 意大利）© Archivi Alinari，Firenze

p.400　罗马国家博物馆 © Ministero per i Beni e le Attività Culturali, Soprintendenza Archeologica di Roma, Museo Nazionale Romano in Palazzo Massimo

p.424　峰村胜子绘

p.433　大英博物馆 © Copyright The Trustees of the British Museum

p.436　个人收藏 © B.Wilson /Ancient Art & Architecture Collection

地图制作:综合精图研究所（p.011，p.028，p.048，p.090，p.095，p.106，p.114，p.125，p.132，p.134，p.135，p.137，p.138，p.141，p.144，p.150，p.165，p.195，p.220，p.223，p.224，p.233，p.249，p.269，p.276，p.282，p.286，p.300，p.313，p.420，p.422，p.426）

图书在版编目（CIP）数据

罗马人的故事：全15册 /（日）盐野七生著；计丽屏等译. -- 2版. -- 北京：中信出版社，2020.8（2025.1重印）

ISBN 978-7-5217-0750-2

Ⅰ. ①罗… Ⅱ. ①盐… ②计… Ⅲ. ①古罗马—历史 Ⅳ. ①K126

中国版本图书馆CIP数据核字（2019）第126892号

罗马人的故事（全15册）

著　　者：[日]盐野七生

译　　者：计丽屏　等

出版发行：中信出版集团股份有限公司

（北京市朝阳区东三环北路27号嘉铭中心　邮编　100020）

承 印 者：北京通州皇家印刷厂

开　　本：787mm × 1092mm　1/32　　印　　张：182.25　　插　　页：44　　字　　数：4 500千字

版　　次：2020年8月第2版　　印　　次：2025年1月第9次印刷

京权图字：01-2010-4502　　审 图 号：GS（2019）2414号

书　　号：ISBN 978-7-5217-0750-2

定　　价：760.00元（全15册）

ローマ人の物語

罗马人的故事

06

パクス・ロマーナ

罗马统治下的和平

[日] 盐野七生 著 徐越 译

中信出版集团 | 北京

金币故事

在人们日常使用的货币上印刻国家最高统治者侧面像的习惯，是由终身独裁官尤里乌斯·恺撒开启的，目的显而易见，是提升领导者的知名度。不过，即使是恺撒，也没有将自己的头像刻铸在硬币上，其理由就像日本纸币上的那些人一样，必须是不会引发任何争议的人士。在罗马共和时期，这样的代表人物就是诸神。因此，恺撒的侧面像仅出现在银币上。

罗马进入帝国时期之后，改变了这种谨小慎微的做法，金币的正面变成了皇帝的头像。但诸神并没有就此退场，只不过被移到了背面。这种变化既不是因为国家体制由共和制转向帝制，也不是因为皇帝的强行之举，而是因为开国皇帝奥古斯都提倡的“罗马统治下的和平”得到了人民的理解和支持。

盐野七生

2004 年 8 月于罗马

S C

铜币故事

罗马进入帝国时期之后，金币、银币的铸造权移交到了皇帝的手里，唯有铜币的铸造权仍依照以往的惯例，归属元老院。尽管元老院的势力有所削弱，但是铜币的重要性并未因此而受到影响，它是日常生活中流通最广的货币。如果把 1 塞斯特斯铜币（Sestertius）比作 1 美元的话，那么 1 第纳尔银币（Denarius）就是 100 美元。和百元美钞上的富兰克林相比，人们见到印在 1 美元纸钞上的华盛顿的机会要多得多。

铜币的背面刻着代表元老院的字母“S”和“C”。铜币直径为 3 厘米，比直径不足 2 厘米的银币可以刻铸更复杂的图案，因此皇帝的各种丰功伟绩常出现在铜币的正面。这些丰功伟绩通过货币流通，被传达给帝国全境的人民。

这枚铜币正面的头像是被称为奥古斯都左膀右臂的马库斯·维普萨尼乌斯·阿格里帕（Marcus Vipsanius Agrippa）。若没有他忠心耿耿、竭尽一生地辅佐奥古斯都，罗马国家是不可能走向帝制的。

盐野七生

2004 年 8 月于罗马

DIVI F

C CAES
AVGVST

银币故事

恺撒是一个很懂得自我宣传的人，但他的后继者、罗马帝国的开国皇帝奥古斯都的技艺更胜一筹。尽管恺撒备受争议，有一点却毋庸置疑，他不是一个伪君子，而他的养子却能够毫无愧色地欺世盗名。奥古斯都的矫言伪行，首先是为了保护自己的利益，同时也是为了达到他期望的“罗马统治下的和平”的目的。对个人而言，没有比自身的利益能和共同体（国家）的利益相符来得更幸福的事情。

这个幸福的男人活到77岁，但他留给世人的都是30岁时的面孔，他要为走向帝制的新生罗马树立一个朝气蓬勃的形象，又不忘彰显他的特殊身份。在古罗马，人只有在死后才能被神格化，奥古斯都不错过任何机会，宣扬自己是神君恺撒之子。

奥古斯都的确是一个精明狡猾的人物，也正因为他这高超的政治手腕，“Pax Romana”（“罗马统治下的和平”）才得以实现。毕竟，和平不是轻松地唱着歌就能降临的。

盐野七生

2004年8月于罗马

尤里乌斯—克劳狄乌斯王朝世系图（1）

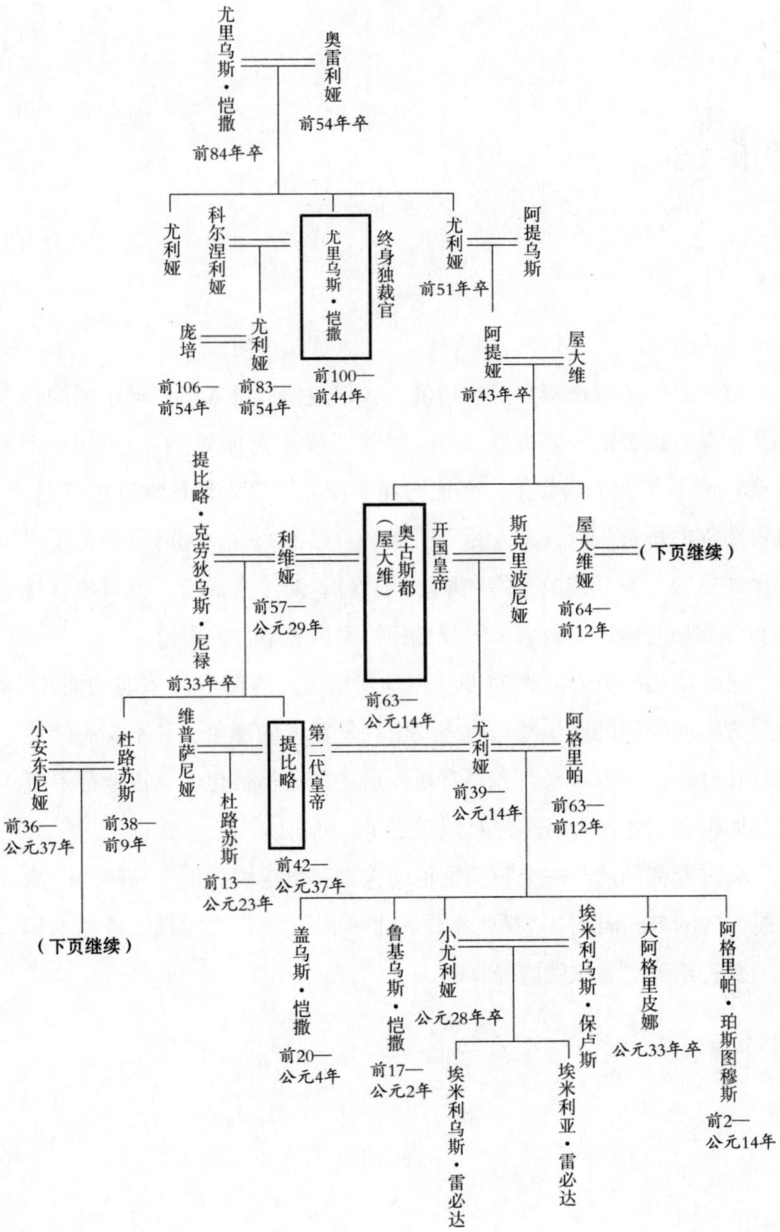

尤里乌斯—克劳狄乌斯王朝世系图（2）

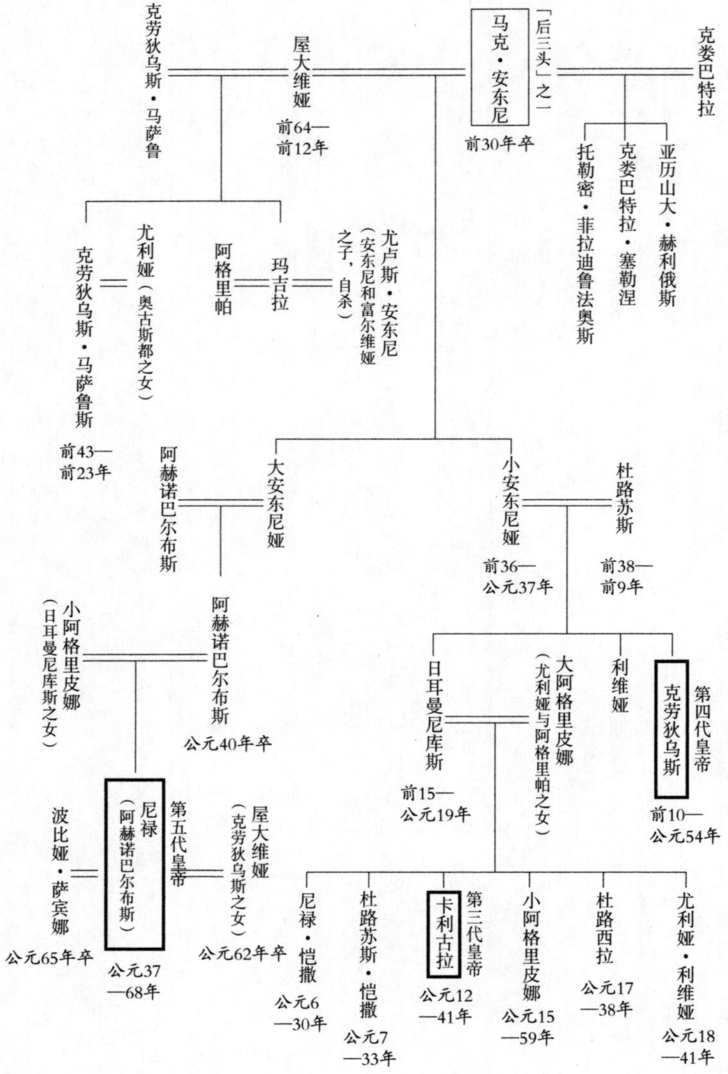

目　录

致读者

本书的主人公奥古斯都（屋大维）既不像《罗马人的故事 03 · 胜者的迷思》中登场的苏拉那样神采飞扬，酣畅淋漓，也没有《罗马人的故事 04 · 恺撒时代（上）》和《罗马人的故事 05 · 恺撒时代（下）》中的主人公恺撒的豪放不羁、不可一世的非凡气势。

正如《罗马人的故事 05 · 恺撒时代（下）》后半部分所述，战场上的奥古斯都屡战屡败。后来，他不再亲自指挥，全权下放，只做一位挂名的总司令。因此，本书既不会出现惊心动魄的战斗场面，也没有反败为胜的意外惊喜。如果说战争和政治的决策及其执行最能够反映最高统治者性格的话，那么我不得不承认，奥古斯都很缺乏恺撒那样的鲜明个性。

然而，在探究奥古斯都的生涯和功绩的过程中，我从未感到过无聊。从 33 岁退出沙场，到 77 岁去世，在这段漫长的岁月里奥古斯都始终在另一个战场上不懈地奋斗着。

我非常喜欢尤里乌斯 · 恺撒的一句话：

人不管是谁，都无法看清现实中的一切，大多数人只想看到

自己想要看到的现实而已。

话虽如此，恺撒还是尝试着让他那些有才华的领导成员去面对不愿意看到的现实。恺撒在《内战记》里对自己的对手没有一句损害人格的恶言恶语，这反而让读者备感元老院的衰败是不争的事实。

作为恺撒指定的继承人，奥古斯都和恺撒有着相同的目标，但是实现目标的手段和恺撒完全不同。为什么呢？这有以下三个理由：

第一，奥古斯都天生小心谨慎。

第二，奥古斯都从恺撒被杀的事件中得到教训：只有活着才可能实现自己的目标。

第三，奥古斯都自知，无论是演讲还是著书，他的感染力都无法与恺撒相提并论。

奥古斯都选择了让人们去看他们想要看到的现实，而他自己却始终面对真正的现实，向目标迈进。

我想，这就是奥古斯都终其一生的战争。

天才之后的凡人继承者如何完成了天才没有实现的目标，这就是下面我想讲的故事。

第一章　奥古斯都统治前期

（公元前29—前19年，34—44岁）

披托加长袍的大祭司奥古斯都

年轻的最高统治者

公元前 31 年 9 月，在希腊西岸发生的亚克兴角海战中，屋大维军团打败了安东尼和埃及女王克娄巴特拉的联军。逃往埃及的两位战败者在第二年，即公元前 30 年 8 月，一位伏剑自刎，一位以毒蛇噬身自尽。

公元前 29 年，为欢迎屋大维胜利归来，罗马举行了盛大的凯旋仪式。仪式持续了三天，整个罗马为之疯狂。人们感谢诸神保佑罗马人击败了外敌埃及，而同样身为罗马人的安东尼的名字，此刻已无人再提及。

每一个罗马人甚至孩子都明白，这次的凯旋仪式宣告了长年内战的结束，战争期间始终敞开的供奉战神雅努斯的神殿的大门终于关上了。以维吉尔、贺拉斯等为首的对时代潮流的变迁格外敏感的诗人们，也为罗马重返和平讴歌吟唱，表达自己的喜悦心情。这时的屋大维即将迎来 34 岁的生日。

凯旋仪式结束后的同年 9 月，屋大维宣布，将在古罗马广场为养父“神君恺撒”建立一座神殿；同时，元老院会堂也将依照恺撒生前的计划，紧邻恺撒广场而建。（现在看到的会堂遗址，因后人改建，位置稍有偏离。）此外，屋大维还决定，在帕拉蒂尼山上建造一座阿波罗神殿。除了上述计划，以战神兼复仇之神马尔斯神殿为中心的奥古斯都广场当时已在建设中。

恺撒广场（复原图，左后方是位于卡匹托尔山上的朱庇特神殿）

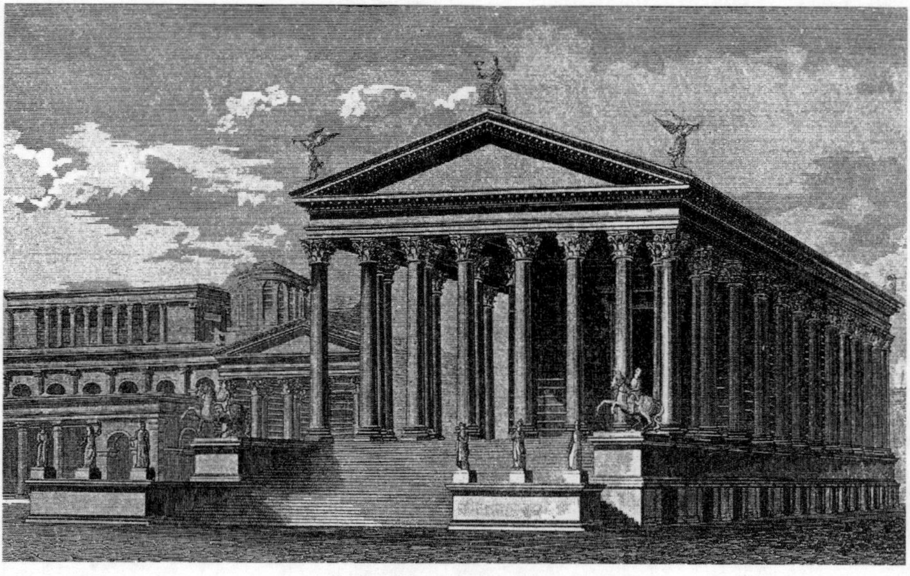

尤里乌斯会堂（复原图）

之所以要建造马尔斯神殿，是因为在公元前42年，与布鲁图对决的腓立比会战的前夜，屋大维曾发誓，如果打赢此仗，将建造一座神殿献给马尔斯神。而阿波罗神殿的建造，则是屋大维在与安东尼进行亚克兴角海战时，他对阿波罗神许下的诺言。

阿波罗神殿坐落在高级住宅区所在地帕拉蒂尼山上，一般平民鲜有光顾，它之所以没有沦落成一处冷清孤高的圣地，是因为与诗神阿波罗形象非常吻合的国家图书馆恰好在神殿的边上，图书馆内藏有希腊文和拉丁文的书籍。当时的罗马共有两座国家图书馆，另一座建在恺撒广场。

罗马人重视公共事业，对基础建设（infrastructure）更不会敷衍了事。顺便提一下，英文的“infra”原本是拉丁文“之下”“之中”的意思。相对于英文的“structure”一词，拉丁文有“structura”（构造）这个词。由此可见，社会资本的概念早在古罗马时代就已经存在。

罗马人深知社会资本或者说社会基础的重要性，同样也非常了解对公共设施维护整修的重要性。屋大维成为最高统治者之后，立刻展开了对基础设施的维修工作，其中最重要的工程是全面改建了罗马以北的两条主干道之一的弗拉米尼亚大道，他个人承担了这项庞大工程的全部费用。

向诸神表达感激之情，以胜利之名行公共事业回馈于民，作为盛大凯旋仪式的享誉者，凯旋将军有义务和责任维持上述这些传统的罗马公共事业。

不过，公元前29年，当时的屋大维不仅仅是一位凯旋将军，而且正如公元前82年的苏拉、公元前46年的恺撒一样，也是一位独一无二的绝对统治者。

正如当年苏拉手中握有败北的马略（Gaius Marius）党羽的黑名

奥古斯都广场（复原图）

单，恺撒在击败庞培（Gnaeus Pompeius Magnus）后，获取了庞培在罗马的余党及其同情者的来往书信；同样，屋大维也掌握着安东尼一方所有人的情报。不过，三个人处理的方式迥然不同。

苏拉凭借手中的证据，对反对派进行了彻底的肃清，4 700 名罗马上流人士遭到杀害，财产被没收，其子孙后代不得担任公职。

而恺撒却只字未读便将这些书信付之一炬。无论是庞培的公开支持者，还是那些暗中的同情者，全体予以豁免，公职得以恢复。

作为众所公认的恺撒的继承人，屋大维也承袭了他的宽容政策。即便是那些支持安东尼的死硬派人士，也都重返元老院，在元老院中占有一席之地。据传，所有的证物都被烧毁，但没有人目睹此事。那

些让安东尼的余党惶恐不安的秘密情报，34 岁的最高统治者屋大维选择了束之高阁。

削减军备

正当罗马上下为国家重返“和谐”（拉丁文“concordia”）欢欣不已之时，屋大维又宣布了一项振奋人心的政策：削减军备。这项政策如果不是得到了军队总指挥阿格里帕的同意和协助，根本无法实施。

公元前 29 年，当时唯一的胜利者屋大维拥有一支强大的军队，据他本人的记录，兵力超过了 50 万人。之所以人数如此众多，主要是因为安东尼军队的加入。安东尼和克娄巴特拉的联军尚未打到陆地战就已经败北，军队投降时几乎没有人员伤亡。当时战败的官兵们只要向胜利的一方俯首称臣、宣誓效忠，就能逃脱做俘虏的命运。

年轻的最高统治者决定对多达 50 万人的兵力进行大幅度的削减，同时，又不能怠慢了这些罗马军队的战士，需要为他们安排退役后的工作以及所需的生活费用，即退职金。退役军人如果没有得到妥善的安置，将会给社会安定带来极大的负面影响。

问题是钱从何而来？屋大维变卖了克娄巴特拉留下的“托勒密财宝”，投入其全部所得，仍然无法支撑庞大的军事开支，最后，他不得不拿出私人财产来填补缺口。

志愿兵大多是无产者出身，或者是略有薄产的家中的次子或三子。这些人退役后，无论是返回故乡，还是决定留在行省内的殖民城市，他们的迁居地及土地的购买，都必须由屋大维来决定。因为殖民地的开发规划也是国家的政策之一。

鉴于以上两个原因，削减军备绝不是一朝一夕能完成的事情。屋大维最终还是加速了这个进程，只要一想到 50 万人的军队的巨额开支，裁军的计划就一刻也不能耽搁。虽然史料没有明确记载裁军完成的时间，50 万人的军队最终缩减到了 16.8 万人。

削减军备并不是和平形势下单纯的政策调整。虽然军队不像普通行业，有所谓的个人生产效率的管理，但是，提高军队的经济效益，进行军事改革，才是屋大维的真正目的所在。有关屋大维令人惊叹的大规模"裁员"的军事改革，我会在以后的章节中详细叙述。

尽管治理国家的手段不同，屋大维和恺撒的目标却完全一致。两人都认识到罗马已经从领土扩张进入了领土巩固的年代，只不过，恺撒要到 50 岁之后才开始着手改变国策，而屋大维起步时很幸运地比恺撒年轻了 20 岁。消化器官虚弱的屋大维，健康状况似乎劣于恺撒，但是 50 岁和 30 岁的人在时间的运用上还是有着很大的区别。屋大维凡事完全可以从长计议。

人口普查

屋大维凯旋的第二年，即公元前 28 年，他和当年的另一位执政官阿格里帕决定，组织开展人口普查（census）。上一次的人口普查还是在公元前 70 年庞培和克拉苏担任执政官的时候，中间相隔了 42 年。作为重返和平的象征之一，罗马人欣然接受了人口普查。不过这次普查的方式与往年不同。

如今已成为许多国家"人口普查"词源的"census"，意指国家

综合实力的调查。以往罗马的人口普查对象仅限于个人资产以及 17 岁以上的成年男子的人数，其主要目的是为了了解服兵役的人数，调查对象仅限于居住在罗马本土内、拥有罗马公民权的人。

屋大维在世期间共进行了三次人口普查（公元前 28 年、公元前 8 年、公元 14 年），普查对象也包括女性、儿童甚至奴隶。不过，保存下来的史料只记录了最重要的一项：拥有罗马公民权的 17 岁以上的成年男子的数量。

屋大维自己记录的数字如下：

公元前 28 年：406.3 万人

公元前 8 年：420.3 万人

公元 14 年：490.7 万人

公民人口的调查让屋大维再度认识到罗马共和体制的局限性。这个问题恺撒一早就预见到了。

为什么会有"局限性"一说呢？因为罗马共和体制的最高决策机关，是召集全体公民参加的公民大会，如果公民人数如此不断地增加，能够来首都罗马参加大会、行使权利的人数比例势必减小。这样的话，所谓的人民的意见，不过是少部分人的心声而已。更何况在公元前 1 世纪，除了本国的公民，罗马的统治者还需要管理人口数量超过罗马 10 倍的行省居民。

公元前 70 年普查登记的人口数为 90 万。42 年后，人口数量大幅度上升，其原因主要有两个：首先，恺撒授予了北意大利行省的全体居民罗马公民权，因此这次普查把他们也归入了本国人口；其次，

从激增的人口数量可以判断，这次普查的范围涉及了所有的行省。事实上，之后行省的税赋都是依据人口普查的结果征收的。无论做什么事情，准确把握现状是首要的工作。

最早公布普查结果的是意大利本土，以及行省中那些拥有罗马公民权的殖民城市，一来是因为罗马人习惯了这种形式的调查，二来是组织调查的机构以地方自治体为中心。至于其他的行省，因无法达到本土的效率，调查结果的出炉需要等待几年的时间。

文艺复兴时期的政治家、思想家马基雅弗利（Niccolò di Bernardo dei Machiavelli）曾说过："新政策在需要立即实施的情况下，不能给人们思考以及批评的时间，必须接二连三迅速果断地去执行。" 1 500 年前的屋大维似乎早有先见之明。公元前 28 年，在进行大规模裁军的同时，展开了遍及行省的人口普查。同一年，屋大维又开始为自己及家族建造陵墓。

建造陵墓

古罗马的统治者既不像建造金字塔的埃及法老那样执着于身后之事，也没有东方国家那些专制的皇帝建造宏伟的陵园以显权威的习惯。不过，从如今仍林立在阿庇亚大道（Via Appia）两旁的墓碑可以看出，古罗马人对墓地也并非完全不用心思。有些陵墓甚至还模仿埃及的金字塔，不过和埃及金字塔相比，那简直就像一个小小的狗窝。

古罗马人的墓地规模总体不大，陪葬品大多是生前使用过的日常用品，可见，古罗马人对身后事看得比较平淡，对他们而言，墓地不过是一块死后的栖身之处而已。

位于首都罗马附近的阿庇亚大道两旁林立的墓碑（复原图）

被后人称为“奥古斯都陵”（Mausoleum of Augustus）的屋大维的陵墓，建在自古以来叫作马尔斯广场的北面，往北直通弗拉米尼亚大道，与缓缓向南流淌的台伯河毗邻。现在这一带河岸整修完善，宽阔的道路车水马龙，而当时陵墓的位置应该更靠近河边，四周被蜿蜒的台伯河包围。

虽然塞尔维乌斯城墙（Mura Serviana）已遭恺撒破坏，不过从轮廓上还是能看出，城墙内就是当年罗马的市中心。屋大维的陵墓因建在塞尔维乌斯城墙的外侧，所以也不算违反罗马城内不许建造墓地的惯例。

陵墓呈圆柱形，高3层，底座直径长达90米，如此巨大的建筑要想避人耳目，还真是困难。

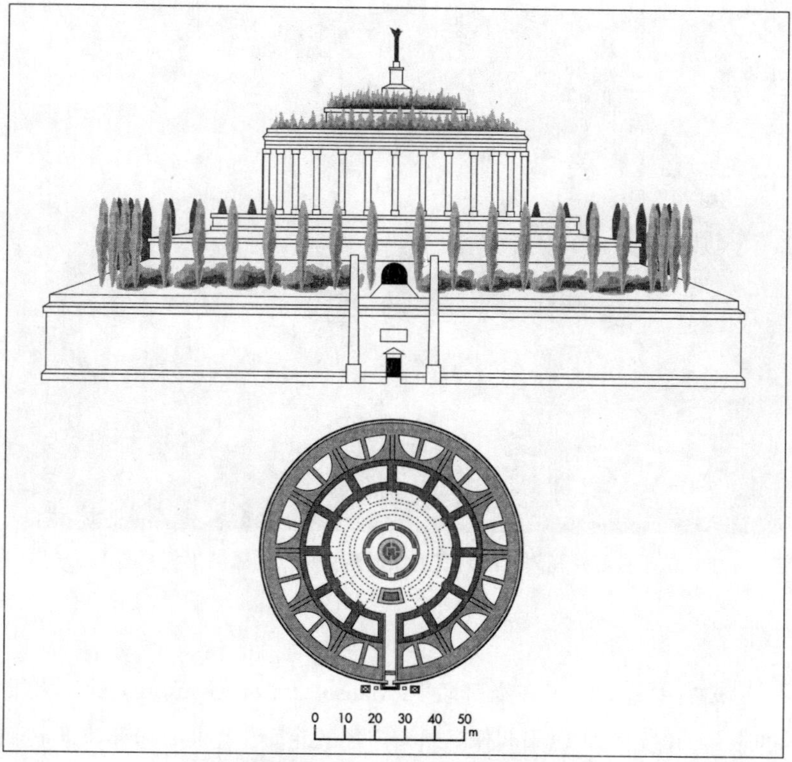

奥古斯都陵（上：复原图；下：平面图）

陵墓的表面贴着白色的大理石，每一层都种植着四季常青的松柏。外侧用大理石围成一圈墙垣，陵墓的顶部竖立着屋大维本人的铜像，高度远远超过了种在最上层的松柏树。入口朝南，正对着罗马市民经常集会的马尔斯广场。

奥古斯都陵距离我的住处步行不超过 2 分钟，说来这里也不过是我日常出入的必经之路，但每次经过总让我有种百思不得其解的感觉。

35 岁的男人会考虑墓地的事情吗？虽然体质虚弱，但当时的屋大维并没有什么大病缠身。在他之前，罗马没有人会想到要建造一座壮观的陵墓。尽管 200 年后哈德良（Hadrianus）皇帝也在台伯河对岸建造了被后人称作“圣天使堡”（Castel Sant Angelo）的陵园，但这之前的 200 年，屋大维的奥古斯都陵始终都是古罗马城最引人注目的建筑。

屋大维位于帕拉蒂尼山上的住宅相当素朴，为何陵墓偏偏造得如此豪华？从他平日的行事风格来看，也不像是一个对死后世界非常执着的人。

恺撒生前对身后的墓地漠不关心，作为恺撒的养子又是继承人的屋大维，为什么这么急着建造陵墓呢？罗马人对王朝复辟有着本能的排斥，难道他不担心建造陵墓会引发人们的质疑吗？

事实上，奥古斯都陵的建造纯粹基于政治的理由，这位 35 岁的陵墓主人没有忘记使用怀柔手段来安抚对这类事情神经异常敏感的元老院元老。

信息公开

罗马的法律从公元前 59 年恺撒初任执政官时制定以来，到奥古斯都执政的公元前 28 年，30 年来内容没有变动过。

恺撒时代，元老院讨论的议题以及决议等所有的事项，都写成《每日纪闻》（*Acta Diurna*）或者《元老院纪事》（*Acta Senatus*），在会议的第二天被张贴在罗马广场一角的墙上，供人们阅览。这种“日报”制度也可以叫“信息公开法”。之前的元老院一直都是闭门开会，

普通公民只有从元老院元老的公开发言，或者召开公民大会时，才有机会了解元老院会议的内容。恺撒改变了元老院的运作模式，要求会议内容从审议阶段开始，就向人民公开。虽然元老院元老们对此心怀不满，但也不敢投反对票否决人民知情权的法案。

我们如果站在元老院元老的立场上，就能理解他们的不满。因为掌握国家的秘密，是强化手中权力的最有效的方法。恺撒制定“信息公开法”的目的，除了让大家认识到信息公开的必要性之外，也是为了动摇元老院长期以来享受的既得特权。

屋大维作为恺撒的养子、众所公认的继承人，竟然修改了这项法律。法律修改后的第二天，元老院的会议记录就从罗马广场的墙壁上消失了。这让元老院元老们感到非常高兴，和一心想打破元老院体制的恺撒不同，恺撒的养子似乎有意认同元老院的权威。

但是，屋大维并没有将这个持续了 30 年、广受好评的法律彻底废除，而是根据内容将《每日纪闻》和《元老院纪事》分开。

《元老院纪事》依旧用速记的方式记录会议的内容，并被存放在档案馆（Tabularium）里，任何人都可以随时来自由阅览。这样既维护了信息公开的理念，又不像以前那样张贴在人来人往的大街上，强迫人民接受信息。让愿意了解的人通过自由阅读来获取资讯，才是最实际的信息公开。

元老院元老们对此也非常欢迎，他们不必再担心，自己的发言第二天就成为民众茶余饭后的话题。

至于《每日纪闻》，屋大维认为从字义上理解，它更接近官方消息，因此做了相应的修改，以记录国家政策、元老院决议事项以及公职选举的结果等内容为主。罗马通过《每日纪闻》向本土的地方自治

体以及行省的殖民城市的罗马公民发布官方消息。到了第二代皇帝提比略（Tiberius Julius Caesar Augustus）时期，《每日纪闻》又增添了元老院的会议摘要，内容更加丰富充实，因此，有不少现代研究者认为《每日纪闻》就是现代报纸的鼻祖。《每日纪闻》独立发行百余年后，史学家塔西佗（Tacitus）在他的著作中有以下陈述：

> 《每日纪闻》不仅在罗马人居多的罗马军事基地和殖民城市流传，在各个行省内也有很高的传阅度。

《每日纪闻》《元老院纪事》以及持续了500年以上作为罗马国家官方记录的《大祭司记录》，都是了解罗马的正式史料。罗马人深知正确掌握信息的重要性，只要罗马帝国还存在，这三份记录就不会中断。

元老院的“裁员”

废除了“墙报”赢得元老院好感的屋大维，又马不停蹄地着手进行元老院再整编的工作。

对元老院元老而言，改革势必会影响到他们的既得利益，但屋大维采用了让他们不会反对的巧妙手段，达到了自己的目的。公元前28年，元老院已陷入混乱无章的状态，就连最顽固的保守派也不得不承认这个事实。改革势在必行。

公元前45年，恺撒击败了以庞培为首的元老院派，将元老院元

老的人数从苏拉改革以来的600人增加到了900人。恺撒通过增加元老的人数，实施了元老院的改革。改革后的元老院，新成员中除了行省的罗马公民之外，还有不少刚被恺撒征服的中北部高卢的部落首领。习惯了同化异族的罗马人也对恺撒的这种激进的做法感到吃惊，特别是以西塞罗、布鲁图等为首的一向以高贵血统为荣的元老，不满情绪尤其强烈。

恺撒遭到暗杀之后，安东尼阴谋篡权夺位，为了增强自己的实力，他提出了再度增员的要求。安东尼自知影响力不够，佯称这是恺撒生前决定的人事，硬行闯关通过。对那些新任元老，就连一般的平民都嘲笑他们是“冥界派来的元老”。

屋大维掌权之后，不仅赦免了对手安东尼派的所有元老，而且准许他们全体复职。内战结束、恢复和平时的罗马，元老院元老的人数已多到元老院会堂大厅容不下的程度，据说超过了1 000人。屋大维决心将元老人数减至600人。

首先，屋大维亲自出马，劝说一部分元老主动提出辞呈。出乎意料的是，这些人爽快地答应了。我猜想这些人大概都是被恺撒降伏的高卢人。毕竟，比起纯正的罗马人，他们属于弱势的异族。再者，一直都有传闻说恺撒的被杀和这些高卢人有关，对这些传闻，屋大维是不会掉以轻心、坐视不管的。

元老院元老在现代就相当于国会议员，无论古今都算是国家精英。自屋大维赶走高卢人之后，行省人就再也没有机会进入元老院，成为国家精英。一直要到90年后，克劳狄乌斯皇帝时代，禁令才得以解除。这件事也成了后世研究者评断屋大维比恺撒保守的论据之一。

屋大维通过“谈心”活动，成功地减去了70人。因为形式上这些元老是主动辞职，所以屋大维也没有忘记投桃报李。但凡有国家主

办的体育竞技活动或者剧场演出时，都会为他们保留和现职元老同等的席位。

接下来的 140 位元老，屋大维采取了强硬的手段，剥夺了他们在元老院的席位。这些人是在恺撒遭暗杀后的混乱时期进入元老院的，甚至有些奴隶身份的人靠着巴结依附权贵也进入了元老院。驱除身份不符的人，正合了那些世代为元老院阶层的心意，他们当然是举双手赞成。被强行剥夺了席位的人是没有任何回报的。

至此，屋大维已成功地减去了 210 人，但距离 600 人的目标还多了 200 余人，于是他通过以下的方式，做最后的努力。

首先，他和另一位执政官阿格里帕挑选 30 人，再让这 30 人选出其他的 30 人；被选中的 30 个人，另外再选 30 人，直到人数达到 600 人为止。

罗马自建国以来，元老院元老人数一直定在 300 人。苏拉实施改革时将人数增加到了 600 人。之后的恺撒更胜一筹，增加到 900 人。两人不同的是，苏拉意在强化元老院体制，而恺撒则是为了打破元老院体制。屋大维将元老院元老人数恢复到 600 人，进一步提高了他在元老院的好感度，甚至连共和派人士都认为，屋大维的此项举动证明了他对元老院的尊重。没料到，在第二年，年轻的统治者又做了一件令共和派欣喜若狂的事情。

恢复共和制宣言

公元前 27 年 1 月 13 日，在座无虚席的元老院，屋大维发表了恢复共和制的宣言。

屋大维不擅长即兴演讲，特别是在重要的场合，都是按照事先准备好的稿子发表演说。这一天想必亦是如此。

屋大维死后才公开的《神君奥古斯都功业录》（*Res Gestae*，简称《功业录》）中有一段相关的记录：

> 平息内战后，经国民一致同意，我掌控了所有的事物。在我第七次担任执政官时（公元前 27 年），我将我的所有权力转交到罗马元老院和人民的手里。

其他的史料对那天的场景是这样描述的：铲平了布鲁图、打败了安东尼的屋大维，此刻像一位战场归来的战士，放下武器，卸下盔甲，站在元老院元老面前，发表了演讲：

> 集中在我身上的一切权力，今天全部还给你们。我宣布，所有的武器、法律的执行以及罗马版图内的所有行省，全部归还给罗马元老院和人民。

屋大维的这个宣言意味着军事、政治、外交的决定权都交还给罗马元老院和人民。

元老院会堂一瞬间像冰冻般悄然无声，即刻又响起了雷鸣般的掌声。这突如其来的事态，让平时不苟言笑的元老们像孩子一般欢呼雀跃。

回归共和体制，意味着少数人领导制的复活，也就是所谓的“寡头政治”。国家政策由元老院提出，经公民大会表决通过，因此也称作“元老院体制”。当年恺撒孤注一掷，甘冒国法，跨过卢比孔河，

不惜挑起内战，决心打倒而且最终推翻了元老院体制，他的养子兼接班人竟然又让它复活了。元老院元老们热烈的掌声不仅是献给屋大维的，也是庆祝自己又可以成为罗马这条大船的掌舵人。

为防止权力过于集中，罗马法律规定，作为国家最高权力者的执政官必须由两人担任。不过，一人独揽大权的特例曾有过三次，他们分别是苏拉、恺撒，以及公元前 30 年战胜了安东尼的屋大维。

苏拉对反对派进行了大清洗之后，自任无限期独裁官（dictator），实施了强化元老院体制的改革。他在目标达成之后辞去了独裁官。独裁官制度是非常时期作为国家危机管理体系的一环而制定的特别制度。苏拉的辞任表明了他坚持共和体制的决心。不过，由于苏拉之前清除反对派的手段过于残酷，即便是元老院派成员，也都感到失而复得的权力似乎充满了血腥味。

恺撒得到政权之后赦免了所有的反对派成员，并且恢复了他们的公职。虽然避免了一场清洗风暴，但是恺撒就任“终身独裁官”的举动，彻底打碎了西塞罗、布鲁图等共和主义者期待元老院复活的美梦。

屋大维继位后也没有对反对派采取报复行动，曾经的对手都予以恢复公职。现在，他又宣称要回归共和体制，将内战时期他享有的一切特权全部交还给罗马元老院和人民，元老院元老们对此当然是欣喜若狂，百分之百地接受。

屋大维放弃了集于一身的特权，得到了共和体制下罗马人民的赞赏。我们来看一下屋大维之前拥有的所谓的特权，具体表现在哪些方面：

（一）“三头同盟”

（二）意大利誓约

（三）世界的支持

特权（一）“三头同盟”，是指公元前 43 年末，由安东尼、雷必达（Lepidus）、屋大维三位实力派人物共同组成的政治联盟，史称“后三头同盟”。不同于庞培、克拉苏、恺撒三人私自结成的“前三头同盟”，“后三头同盟”经过公民大会予以正式批准，可以说是合法的“危机管理体系”。

这个同盟由于雷必达的引退，以及公元前 30 年安东尼因战败自杀，已名存实亡，而且，“后三头同盟”在罗马人心目中有一个血腥恐怖的印象。因为在同盟结成的第二年，“三头”罗列了反对派人员的黑名单，进行了彻底的政治清洗，受牵连的罗马人有 2 300 人之多。

名列反对派黑名单之首的西塞罗在清洗运动中惨遭杀害，他是那些受害者中名望最高、最受人尊敬的人物。为了摆脱负面印象，屋大维在亚克兴角海战中战胜了安东尼之后，特地派西塞罗的儿子去元老院报告胜利消息，希望借安东尼的战败，将血腥镇压反对派的责任全部转嫁到安东尼一个人的身上。总而言之，作为特权之一的“后三头同盟”还是放弃为好。

特权（二）“意大利誓约”，是指公元前 32 年，屋大维准备与安东尼和埃及女王克娄巴特拉的联军决一死战之际，向本土意大利半岛的人民要求的誓约。作为回应，意大利所有的地方自治体推举屋大维为“卫国罗马、狙击埃及总司令”，并向他宣誓效忠。这项特权也是

在国家发生危机时，作为危机管理的一环而制定的，安东尼和克娄巴特拉死后，如果仍继续保留，不免会招来共同体私有化的误解。

特权（三）我不得不直译为“世界的支持”，其内容是，罗马以外的所有行省赋予屋大维相当于“意大利誓约”的特权。由于当时罗马国家的东半部属于安东尼，所以所谓的“世界的”其实只有屋大维拥有的西半部而已。简单地说，就是行省的人民也都一致支持屋大维。

“意大利誓约”不只是口头誓约，还包括人民承认屋大维拥有士兵的招募权，并且愿意负担临时税。而“世界的支持”没有这两项制约，甚至行省税都没有增加，屋大维只希望自己在东征期间，后方能够维持稳定，直至战事结束。

总而言之，这三项特权都是非常时期特别设立的临时权力，尤其是第二项特权包括临时课税权，如果再继续持有，会引发民众的公愤。

尽管屋大维的决定出于利益上的考虑，不过，这些特权事实上也的确有违罗马共和体制，因此，屋大维交还权力的宣言也并不完全是一个政治谎言。

屋大维放弃特权并不意味着他要放弃所有的权力，将自己的地位降至与元老院元老同级。那么，他没放弃的权力有哪些呢？

首先，他没有辞去执政官的职务。公元前 43 年，年仅 19 岁的屋大维首度当选为执政官；之后，从公元前 32 年起连续任职，到公元前 27 年，宣布恢复共和制时，他正第七次担任着执政官。从那以后他仍然每年当选，直至公元前 23 年为止。执政官是罗马共和国的最

高职位，屋大维宁愿冒着违犯国法之险，也要保住这个权力。

如果能觉察到屋大维的用心，或许人民的感受就会不同，不会发自内心地为他的“所有的武器、法律的执行以及罗马版图内的所有行省，全部归还给罗马元老院和人民”的宣言而欢呼雀跃。不过，话说回来，执政官毕竟是国家的常设官职，即便是连任，也不能彻底否定他放弃特权这个事实。

屋大维第二项没有放弃的权力，是“凯旋将军”（Imperator）称号的经常使用权。“凯旋将军”原本是战争胜利时罗马士兵对统帅的敬称，和平时期仍然可以使用这个称号是一种特殊的荣誉和权力。恺撒生前曾经拥有这个权力，他的确也名副其实。屋大维却不同。众所周知，战场上带领士兵打赢仗的是阿格里帕将军。之所以屋大维坚持要使用这个称号，是因为和恺撒一样，他深知这个称号在罗马人心目中的崇高地位。因此，屋大维以恺撒养子的名义，继承了他的称号，拥有经常使用“凯旋将军”称号的权力。凡是由屋大维兴建的建筑物上都刻有他的名字，且名字前面必定加上“凯旋将军”的简称“IMP”。不过，生性谨慎的他还是尽量避免使用这个称号，以免招来“军事武力”的嫌疑。比如他在自己撰写的《功业录》中就不曾用过这个称号。

“凯旋将军”的称号以世袭的方式相传可谓意义重大，它意味着军队指挥权的代代延续，即实质上的“君主制”。公元前27年，当屋大维宣布恢复共和体制时，不知道有多少罗马人觉察到，这个“凯旋将军”即将成为皇帝。

屋大维保留的第三项权力是“第一公民”的称号。

“Princeps”原本是指罗马共和时期国家公民“第一人”，之后被

引申用作称呼领导人。公元前29年，元老院授予34岁的屋大维“第一公民”的称号，以表彰他战胜安东尼、结束长期内战的功绩。相比带有军事色彩的“凯旋将军”，“第一公民”的称号对屋大维来说无疑是一件很好使的隐身外衣。

同样，对坚持共和体制的人而言，“凯旋将军”的称号多少隐含着挑衅之意，而“第一公民”就完全没有了忌讳。当年，元老院也曾授予打败汉尼拔（Hannibal Barca）、获得第二次布匿战争胜利的西庇阿“阿非利加努斯”（Africanus，意为“非洲征服者”）的称号。

屋大维将“第一公民”的称号发扬光大，用到极致。罗马时代的史学家称呼即将成为奥古斯都的屋大维时，要么用“恺撒”（他是恺撒的养子，继承了恺撒的姓氏），要么就用“第一公民”。屋大维在自己撰写的《功业录》中也曾三度自称“第一公民”。一些现代研究者将屋大维执政时期的罗马国家体制叫作“元首制”而不是“君主制”，或许也和这个称号有关。看来35岁的屋大维不仅骗过了当时的罗马人，也骗过了不少后世的研究者。

以上是年轻的统治者屋大维在公元前27年宣布恢复共和制时放弃和继续保留的权力。那么，他从中又得到了哪些利益呢？

“奥古斯都”称号

屋大维宣布恢复共和制之后刚过三天，即公元前27年的1月16日，元老院通过决议一致同意授予屋大维“奥古斯都”的称号。

屋大维在《功业录》中对此做了以下的陈述：

为了答谢，我宣告恢复共和制，元老院授予我“奥古斯都”的称号，并给予我以下荣誉：

我居所的两侧门柱上以月桂树装饰，大门上镶嵌“公民冠”。还有一面黄金盾牌置放于元老院会堂内，盾牌上的铭文可以证明罗马元老院和人民因为我的英勇、宽容、公正、仁慈而将它赠予我。

从今以后，我的威信虽在万人之上，但我的权力从未超越过任何一位同僚。

这段内容写得非常平实，既没有咬文嚼字，也没有夸大其词，除了最后一段隐瞒了自己的真实想法。对屋大维来说，这是最好的写法。他正在出演一场政治权谋的大型剧，即便是想象力过人的恺撒也会为养子这精湛的演技赞叹不已。

屋大维接受“奥古斯都”称号的过程可以用“绝妙”两个字来形容。绝妙之处有三：首先，从屋大维宣布恢复共和制，到元老院决议授予他封号，中间只隔了三天；其次，提议给“奥古斯都”称号的人选；再次，为何是“奥古斯都”而不是其他的称号。

三天，足够元老院元老们为共和制的回归而兴奋喜悦，却来不及去深思这突如其来的宣言背后隐藏的真正动机。三天的时间可谓不长也不短。

接下来是提案的人选。之所以这里用“人选”这个词，是因为整个过程是按照事先经过周密计划、安排好的剧本来演绎的，称号的提案人不是偶然出现的。

依照惯例，元老院会议每隔九天举行一次，那一次不知为何只隔

了三天。会议上，提议授予屋大维“奥古斯都”称号的是备受同僚尊敬的元老帕里奥（Asinius Pollio）。

帕里奥是一位很有学识、教养的武将，出生于公元前 76 年，公元前 27 年时他刚满 48 岁。帕里奥的父亲只是一位乡绅，帕里奥能走上“晋升之路”，位居高职（即所谓的“光荣的公职”），全靠恺撒的提拔。公元前 49 年 1 月，26 岁的帕里奥决定跟随恺撒渡过卢比孔河，是西塞罗口中的“年轻的罗马激进派”的一分子。

恺撒在《内战记》中没有提及渡过卢比孔河一事，后人是根据帕里奥遗留下来的文稿才有机会了解到当时的情况。

同年 4 月，帕里奥作为库里奥的副官，和 35 岁的库里奥一起，遵照恺撒的指示，在征服了西西里之后，将战场往北非延伸。同年 8 月，库里奥因战败引咎自杀，年仅 27 岁的帕里奥带领残余部队退回到西西里。

不久，恺撒提升帕里奥为军团长。从此以后，帕里奥跟随恺撒，参与了和庞培对决的迪拉基乌姆（Dyrrachium，今都拉斯）战役、法萨卢斯（Pharsalus）战役和在北非彻底击败庞培军团的塔普苏斯会战，以及在西班牙战胜了庞培之子的孟达（Munda）会战。

公元前 44 年，恺撒出兵帕提亚（Parthia）之际，任命 32 岁的帕里奥，在自己东征期间，担任西班牙行省总督。恺撒遭暗杀之后，他生前决定的人事任命并没有变更，因此帕里奥离开了当时动荡不安的罗马，按原定的计划，出发去西班牙赴任。

恺撒遗嘱公开之后，安东尼和屋大维之间出现了相互牵制的微妙关系。或许是因为曾经一起跟随恺撒打仗，有所谓的同袍之谊，帕里奥的态度很明显地偏向安东尼一方。当年安东尼、屋大维联手，对阵

布鲁图和卡西乌斯（Cassius）的军队的那场腓立比战役，帕里奥参加的就是安东尼的部队。

安东尼日后逐渐受到克娄巴特拉的影响，最终发展到要同屋大维率领的罗马军一决胜负的局面。在这种形势下，帕里奥不得不放弃了安东尼。屋大维理解帕里奥无法面对安东尼拉弓引箭的心情，尊重了他的立场，没有勉强邀他一同出战。亚克兴角海战的战局以及次年安东尼自杀的消息，帕里奥都是在意大利本土获悉的。

正如之前所述，屋大维赦免了所有的安东尼余党，准许他们恢复公职。对帕里奥而言，他同样也可以重新开始一度被中断的公职，那时他才 46 岁，正是大展宏图的好时候。然而，帕里奥只保留了恺撒授予他的元老院的席位，辞去了其他所有的公职，选择了另一种优雅知性的人生。帕里奥的所为为自己赢得了不趋炎附势的清白名声。

挑选帕里奥作为提案人，屋大维这独到的政治眼光，让人难以相信他只有 35 岁。试想，屋大维如果选自己的同党，势必会引起元老院的怀疑，但要让那些心底里仍然尊敬布鲁图的共和派人士来提议，又不知会等到何年何月。想要称号顺理成章地被提出，又能迅速无碍地通过，帕里奥是不二人选。

当然，对于有着异常的政治灵敏度的屋大维而言，最重要的还是选择“奥古斯都”这个称号。相信这一定是他经过了反复推演、深思熟虑之后做出的决定。

罗马人是一个爱用外号的民族。比如说西塞罗的好友阿提库斯（Atticus），“阿提库斯”不是他的本名，他因深爱希腊的阿提卡（Attica），所以为自己取了一个意为“阿提卡人”，即“阿提库斯”的外号。这种外号到了重要人物身上就变成了称号。

在第二次布匿战争中打败汉尼拔、征服了北非迦太基人的科尔涅利乌斯·西庇阿（Cornelius Scipio）被称作“阿非利加努斯”。科尔涅利乌斯家族是古罗马煊赫的世家，其中，西庇阿一门人才辈出，因此，称科尔涅利乌斯·西庇阿为“西庇阿·阿非利加努斯”，也是为了和其他叫西庇阿的人区分开来。

同样出身于科尔涅利乌斯家族的苏拉，曾立下征服本都（Pontus）国王米特拉达梯（Mithridates）等赫赫战功，照例也应该被授予称号，但因为他后来掌权之后血腥镇压对手马略（Gaius Marius）一派，没有罗马人愿意为他做这种事情。虽然苏拉并没有强烈的虚荣心，但对此事还是有点儿耿耿于怀，他给自己封了一个“菲利克斯”（Felix，意为“幸运者”）的称号，并把“菲利克斯”当作尊称，放在自己的姓名后，变为“苏拉·菲利克斯”。

苏拉死后，这位令人畏惧、害怕与他为敌的统治者的称号就再也无人提及。苏拉自己可能是一位幸运者，可是对那些因他的肃清运动而惨遭杀害、没收财产、子孙后代被剥夺了公职权的人来说，就太不幸了。

庞培也有个称号，叫“马格努斯”（Magnus），意思是“伟大的”。庞培作为苏拉的得力大将，在很年轻时就显示了非凡的才华，尤其是一举歼灭海盗、成功占领东地中海海域的战绩，更让他声名显赫，成了罗马著名的战将。拉丁语的“Magnus”相当于英语的“The Great”，与亚历山大大帝的“大帝”一词同词源。

恺撒生前既没有外号也没有称号。或许对于这位战胜了“伟大的”庞培的人物，人们实在想不出一个可以与之相配的称号。他死后被神格化，“神君恺撒”就成了他的称号。

从罗马人的习惯来看，授予国家功臣称号算不上什么特殊的待遇，问题是用怎样的称号。屋大维的确有平定内乱的功绩，但实际指挥战事的是阿格里帕，因此他不适合骁勇善战的称号，何况屋大维也不愿意接受一个与前人相类似的称号。

在古罗马时代，“奥古斯都”（Augustus）纯粹是指神圣的事物或场所，没有武力或权力的暗喻。即便有神圣之意，那也是宗教上的含义，没有唯我独尊那种强烈的语意。要知道，就算是街边的小寺庙也可以被称为神圣的场所。

35 岁的屋大维为自己选择了“奥古斯都”的称号，并且挑选了声誉良好的帕里奥作为提案人，在恢复共和制宣言发表后的第三天，趁元老院还沉浸在恢复共和制的兴奋中尚未清醒之际，以被动授予而不是主动要求的形式得到了这个称号。公元前 27 年 1 月 16 日的那次元老院会议上，几乎没有人会将“奥古斯都”和“权力”联想到一起。

除了“奥古斯都”的称号，元老院还授予了屋大维其他的荣誉，比如在住宅的门柱上装饰月桂树、大门上镶嵌公民冠以及将他的事迹刻在黄金盾牌上并存放于元老院会堂内。其中“公民冠”和“盾牌”有更深一层的含义。

首先，盾牌意味着防守并非攻击。而用橡树枝编织而成的公民冠，在罗马军队里是作为勋章，奖给那些在战场上不顾自己的生命危险成功拯救同伴的官兵。它和月桂冠不同，后者是用月桂树枝制成，象征胜利的桂冠。罗马军人以得到公民冠为荣，他们认为这是比做冲锋陷阵的英雄来得更高的荣誉。奥古斯都也喜欢公民冠，他不善武事的形象和象征战争英雄的月桂冠相差甚远，倒是公民冠更能彰显他平息内乱、拯救罗马于崩溃边缘的功绩。

事实上，流传下来的为数众多的奥古斯都的雕像中，他几乎都佩戴着公民冠，极少看到戴月桂冠的雕像，他的喜好可见一斑。

然而，元老院全体一致通过授予屋大维“奥古斯都”的称号，并不是他们想象的那样完全和权力无缘。

表面上“奥古斯都”称号给屋大维带来的只是权威不是权力，实际上并非如此。历经了14年的权力斗争，最终成为唯一的最高统治者的屋大维，他的任何发言都是一言九鼎，其分量之重无人可比。何况，他放弃的都是那些对他有害无利的权力，而最高指挥权他从来就没有放弃过。有关这点，我们以后再叙述。

这样一位人物，如果再添以权威，会变成怎样的情形？无论是在会议上发言还是决定政策，奥古斯都的意见对罗马元老院和人民而言，势必有着特别重要的意义。奥古斯都在他的书中写的“我的威信虽在万人之上，但我的权力从未超越过任何一位同僚”的说法，理论上或许成立，而事实并非如此。

和奥古斯都长期共同担任执政官的阿格里帕，一直都是奥古斯都忠实得力的左膀右臂，但他并不拥有屋大维变成“奥古斯都”之后的那种威信，因为他没有象征权力的称号，所以奥古斯都的权力根本就超过了他的同僚。

有一位研究者对这个时期的奥古斯都曾说过这样一句话：“奥古斯都卓越的政治手腕，在于他的所作所为都是合法的。”对此我深有同感。

奥古斯都做的每一件事情都合乎共和体制下的法律规定，而这些事情串联在一起，最终将演变成违犯共和国法律的帝制。这就是他的“卓越”之处。

对大多数的罗马人而言，公元前27年是庆祝恢复共和制的一年，而同样是这一年，在后人眼里（半个世纪之后）正是罗马帝制正式开始的一年。

这一年，奥古斯都正式的名称叫“凯旋将军尤里乌斯·恺撒·奥古斯都”（Imperator Julius Caesar Augustus），一个宣布恢复共和制的人有这样的名称很有些讽刺意味。

我认为奥古斯都很清楚这个名称背后的实质意义。这位35岁年轻的统治者有着令人敬畏的冷静的头脑，他统治下的新生罗马将以怎样一个姿态呈现在人们的面前，他事先都做好了周全的设计。

形象作战

奥古斯都是位美男子，当年他17岁就被恺撒选定为继承人，长相粗犷的安东尼曾尖刻地说：“恺撒喜欢美少年。”奥古斯都从17岁被推上政治舞台，到30岁的14年中，陆续打败了劲敌布鲁图、安东尼，英俊的容貌里更添了一份自信的神采，越发地英姿焕发、气宇轩昂。

奥古斯都的美不仅在外貌，当他说话或者聆听时，他身上散发出的那股静谧和清朗的气息，比他端庄的脸庞更有魅力。

古罗马的史学家苏维托尼乌斯（Gaius Suetonius Tranquillus）曾描述奥古斯都是“难得的美男子，但不爱打扮”。或许正因为天生俊美，他不用花心思打扮自己。不过，35岁就站在人生顶峰的奥古斯

都，很清楚这份美貌的功效。

尽管古罗马的雕像随着时间的流逝而风化、破损，后来又遭到基督教徒的破坏，还是有数量可观的雕像遗留至今，其中最多的就是首位皇帝奥古斯都的雕像。在罗马帝国全境都发现了他的雕像，可见当时制造的数量之多，而且派发到了全国各地。

留存下来的奥古斯都的雕像，除了有一尊怀疑可能是他晚年时期的之外，其余的都是他 40 岁前的形象。奥古斯都也很长寿，活到了 77 岁。且不论晚年，就是在他 45 岁通常被古罗马人认为壮年期的雕像竟然也没有被发现。何况，壮年期的奥古斯都，无论在公务还是私生活上，都一帆风顺。将自己成熟时期的形象保存下来应该更加合情合理。苏维托尼乌斯曾说过：奥古斯都的魅力到老都没有衰退。

我想，奥古斯都是有意将自己的公众形象限定在 30 岁的青年期。他的责任在于实现恺撒生前描绘的蓝图。恺撒很晚才成为“光荣的公

上图：戴公民冠的奥古斯都；中图：头披托加长袍的大祭司奥古斯都；下图：刻有奥古斯都侧面像的奥里斯金币（公元前 2 年至公元 1 年）

职人员”（他只有 50 多岁的雕像）。相对于恺撒非凡的个人魅力，彰显自己的年轻，是奥古斯都呈现自己存在感的最有效的手法，而且，奥古斯都想要为他的新生罗马树立一个和平、开放、没有侵略性的国家形象，充满活力的 30 岁是最好的形象代言人。

击败安东尼登上权力最高峰的奥古斯都正在使用手中的权力，建立一个罗马的新秩序。这个新秩序的特性在看似与之无关的雕像、货币中都有显示。

作家眼中的奥古斯都

在罗马历史上，奥古斯都的重要性仅次于恺撒，准确地说是不相上下。在由 20 世纪一批顶尖的专业研究者的论文辑录而成的《罗马通史》中，有关奥古斯都的篇幅可以与恺撒的匹敌。可见，奥古斯都的一生既有写成详细传记的价值，且内容也不乏魅力。

事实上，有关奥古斯都的传记数量非常少，大概不足恺撒的十分之一。这些传记类图书基本上都是由研究者们所著，作家几乎没有写过奥古斯都，至少著名的作家没有相关的作品。这其中必有理由，我推测有以下三个原因：

第一，奥古斯都不是能引发作者写作冲动的人物。我再次强调，他不是一个乏善可陈的男人，他有足够的魅力，但不是那种会令人热血沸腾的魅力，他沉稳的特性反而会使人越发清醒。前一种魅力叫人感动，而后者令人敬佩。这大概就是打下江山和稳住江山的男人的不同之处吧。

所有的文字工作者都知道，笔下人物的魅力是激发创作热情的

重要因素，只有心灵被深深地打动，作者才有可能写出超越自己的作品。

日本的出版界有一个定律：有关织田信长的书一定畅销。这虽然和喜欢织田信长的读者居多有关，不过我认为，日本的历史人物中，织田信长的个人魅力特别能够激发作者的创作热情。这种热情驱使作家创作出不同于以往的作品，对喜爱织田信长的读者而言，有新佳作诞生，当然是愿意一睹为快。

第二，和恺撒相比，奥古斯都的生平事迹比较难以叙述。奥古斯都在政权地位稳定之后的晚年，曾经提笔写过回忆录，结果中途放弃。有研究者认为，这是他不愿意被人拿来与恺撒的好文笔做比较，我倒觉得，这是因为奥古斯都无法准确地概述自己的一生，索性把手稿扔进了垃圾桶里。

那么，奥古斯都的传记究竟难写在哪里？这主要是因为奥古斯都不是一个按部就班行事的人。我以作画为例来说明吧。

恺撒在宽阔的墙壁上用他特有的“快攻”方式画上湿壁画（fresco），完成之后即刻又转到另一面墙，在旁观者的感叹声中一气呵成。放眼望去，宽大客厅的四壁上布满了鲜艳夺目的壁画。

不同于恺撒，奥古斯都有充裕的时间，他可以画油画。宽敞的客厅里摆上大小不一的各种画架，奥古斯都没有选择画完一张再画第二张的方式，他在这些画布上先画上素描，然后放在那里。偶尔他也会有一气呵成的作品，那是当他判断尽早完成对他有利时，他会迅速地将作品完整地呈献给观众，换言之，就是尽快造成既定事实。恢复共和制的宣言，以及促成元老院赠予自己“奥古斯都”称号的演出，就是最好的例子。其余的一些作品则用相当长的时间，慢慢去完成。在

适当的时候，他会走到画架前添上几笔，这种周而复始的行为，让旁观者失去了耐心，注意力渐渐被转移，而此刻对奥古斯都而言，正是绝佳的时机，他在大家不知不觉之中完成了油画。

和恺撒时代相比，奥古斯都时代的史料严重不足，这是鲜有奥古斯都传记的第三个原因。

首先主人公自己没留下什么著作。虽然有一本《功业录》，内容却过于单薄，类似目录。奥古斯都把自己希望传达给同时代人以及后人的事迹列举了35项，其内容虽然没有虚构，但也没有写出全部的事实。

即便是这样一本内容简单的《功业录》，奥古斯都对事件发生的时间以及经过等都没有做明确的叙述，鉴于政治上的理由他不得不含糊不清。

除了奥古斯都自身，同时代的历史学家提图斯·李维（Titus Livius）以第三者的立场曾经写过一本《罗马史》，可是在之后的中世纪基督教统治时期，该作品被毁于一旦，因为基督教对罗马的兴盛以及“罗马统治下的和平”根本没有深究的兴趣。

恺撒时代，其手下秘书官希尔提乌斯（Aulus Hirtius）、萨卢斯提乌斯（Gaius Sallustius Crispus）等为他的所为留下了证言，而奥古斯都时代，既没有这类为他留下证言的手下，也没有出现像西塞罗那样热衷于政治、喜爱写信、善于搜集各类情报的人物。

研究奥古斯都的时代，只有靠后人撰写的历史书以及从碑文、莎草纸文书和货币等史迹中一点点挖掘，再像拼接一块块马赛克那样，拼出一个大概的轮廓。如果奥古斯都是一个循规蹈矩、按部就班的人，可以写出一本完整的编年史，正因为他的作风不是如此，所以有

关他的生平事迹就很难条理清晰地去叙述。

那么，研究者们又是如何去处理这位作为罗马史上最重要人物之一的奥古斯都的呢？

简单地说，他们是将奥古斯都实施的各种政策分门别类，单项阐述。例如政治改革、行政改革、货币改革、社会改革、军队改革等等。即便如此，研究者们还是遇到不少棘手的问题，因为仅军队改革这一项，奥古斯都就用了28年的时间。

阅读这种分类阐述的文章，虽然可以了解奥古斯都创下的伟大功绩，却无法感受他个人的特质。奥古斯都之所以能够平安地活到77岁，缘于其深谋远虑的个性，有关个人特质方面的信息很难从文章中体会到。

换句话说，这种阐述法根本无法让人近距离地看清奥古斯都。这些内容用来做学术研究或许足够了，但我不是研究者，不能满足于此。我关心的并不是他做出了哪些成就，而是他究竟是怎样一个人。

当然，我也没发现什么新的史料，写作时也面临与研究者们同样的困惑，我只有尽可能地按照编年史的方式进行论述，然后在适当的时候，将他的业绩做一个总结归纳。因此，有些事情还处于素描阶段的时候，我先做一个简短的介绍，等“油画”完成之后，我会再次详细论述。

既然采用了这种叙述方式，有三件事情我必须要在这里提一下，因为它们在公元前27年时肯定已经画好了素描。这三件事情是：（一）中央政府的行政改革；（二）确定行省统治的基本方针；（三）军队改革。这三项在奥古斯都的《功业录》中都没有记载，只字未

提的原因想来是他权衡之下做出的判断。作为一个宣布恢复共和制的人，提及这三件事情只会暴露他的言行不一。

建立“内阁”

奥古斯都实施了元老院的重建工作，将元老人数减至600人之后不久，立刻又着手创建了类似于现今称作“内阁”的机构。这个叫“Concilium Princepium”（直译为“第一公民的辅佐机关”）的机构，以奥古斯都（“第一公民”）为中心，由两位执政官加上从各个机关抽出的法务官（Praetor）、财务监察官（Quaestor）、财务官（Cēnsor）、按察官（Aedilie）各一名，以及从元老院中选出的15位元老组成。“Concilium”之后成为英语“council”（议会）的词源。它具有和“元老院终极劝告”（senatus consultum ultimum）同等的效力。而“元老院终极劝告”原本是维护元老院体制最有力的武器。

表面上看，这是一个很大的民主改革。国家政策不再是由“第一公民”的奥古斯都独断，而是由包括15位元老院元老在内的多数成员共同商定。内阁有着合议制的外表，再加上有15位从元老院抽选出的元老参与，因此，即便是内阁的决议和元老院的决议效力相等，元老院也没提出反对意见。

内阁建立时，“第一公民”的奥古斯都还兼任着执政官的职务，另一位执政官是阿格里帕，再加上4位事务官，这样内阁成员中，奥古斯都派就占了6票。元老院的15名元老因为是以抽选方式选出，“第一公民”难以暗中操作，直观上是15票对6票，形势有利于元老院。

没过多久，大家就清楚地认识到，权力的抗衡实际上并非数字显示的那么单纯。虽然“第一公民”“奥古斯都”的称号只是权威的象征，没有实际的权力，作为掌握实权的执政官却拥有否决权。内阁建立时，奥古斯都正好担任着执政官，如果元老院的15位元老提出与他意见相悖的决议，他可以使用否决权推翻决议。尽管否决权由2位执政官共同拥有，但另一位执政官阿格里帕，可以说是奥古斯都亲信中的亲信，根本不用担心他会提出反对意见。实际上，内阁做出的决议就是奥古斯都的决议。

不过，内阁决议的效力并没有超过元老院的决议，只是与其相当，否则会引发元老院的反对。奥古斯都用了以下的方法解决了二者实力均衡的难题：

他减少了元老院的例会，改为每月两次，分别在每月的1日和15日举行。此外，每年还有两个月的休会期。而内阁则是全年无休会期，必要时随时可以召开内阁会议。如此一来，两个决策机构的重要性即刻分出了高低，名义上同等价值的决议，实质上并非如此。

行省统治的基本方针

派遣总督的行省统治权长久以来掌握在元老院手中。当年苏拉进行国政改革时规定，派往行省的总督必须要有执政官或者法务官的任职经历。在只有元老才能担任执政官和法务官的前提下，结果就是唯元老院的人才能成为行省总督。除此之外，罗马共和体制规定，军事指挥权只授予总督，因此元老院独占行省总督的委任权就意味着独占军权。

打破这个独占制度的是恺撒。他接受了行省总督必须是元老院元老的条件，毕竟元老院是人才辈出的地方，但是废除了元老院的行省总督任命权。

公元前 27 年，屋大维发表了恢复共和制的宣言，行省总督的委任权按理也应该归还给元老院。所谓的罗马共和体制，不是君主独裁制，而是由 600 位元老院元老共同执政的“少数人领导制”（寡头政治）。可是，为感谢年轻的最高统治者恢复共和制的决定，元老院不仅授予其“奥古斯都”的称号，还赋予了他担任行省军事总指挥的权力直至和平稳定。

坚决反对恺撒的西塞罗、小加图（Cato）、布鲁图都已经不在人世，元老院也从亲身经历共和体制的世代转移到只有在理论上了解共和体制的世代。对这代人而言，与其待在生活不便又时常要面对蛮族的军营，当然不如留在气候温和、生活舒适的本土，或者是生活条件较好的行省。元老院出身的人都有足够的经济能力过上安逸的生活。读到这里，请大家不要匆忙地下结论，认为罗马的上层社会已经开始堕落，任何一个时代都会有喜欢安逸的人。更何况那时候的罗马人，正如诗人咏颂的一般，还沉浸在内乱结束、和平到来的兴奋之中。

奥古斯都正是相机而行地利用了这个和平气氛，在给足了元老院面子的情况下，得到了行省的军事权。

罗马国家分为四大区域：

一、从阿尔卑斯山脉到墨西拿海峡（Stretto di Messina）的意大利本土。

二、元老院任命的总督统治的行省，史称“元老院行省”。

三、奥古斯都直接统治的行省，史称“皇帝行省”。

四、由于特殊国情，属于征服者奥古斯都私人领地的埃及。

以上区域，加上那些承认罗马霸权、外交及军事追随罗马的“同盟国”，构成了以地中海为中心的罗马帝国。

那么，上述的元老院行省和皇帝行省是如何划分的呢?

如果是一位平庸无能的统治者，他一定会选择经济发达、容易管理的地区。然而，35 岁的奥古斯都却反其道而行之。

那些归属罗马年代久远、已经罗马化（罗马人称之文明化）的行省，以及国家安全不受威胁、无须驻军的地方，划为元老院行省，它们包括：

1. 西西里岛（Sicilia）。

2. 撒丁岛（Sardegna）和科西嘉岛（Corsica）。

3. 西班牙境内伊比利亚（Iberia）半岛的贝提卡（Baetica）地区。

4. 领土从法国南部延至瑞士的纳尔榜高卢（Gallia Narbonensis）行省。

5. 靠近希腊北部的马其顿（Macedonia）行省。

6. 希腊南部的亚该亚（Achaia）行省。

7. 小亚细亚（Asia Minor）西部的亚细亚行省。

8. 小亚细亚北部的比提尼亚（Bithynia）行省。

9. 克里特（Crete）。

10. 塞浦路斯（Cyprus）。

11. 东邻埃及的昔兰尼加（Cyrenaica）行省。

12. 原属旧迦太基（Carthage）领土的阿非利加（Africa）行省。

13. 原属旧努米底亚（Numidia）的努米底亚行省。

以上这些地区亦称“文官统治区”，依旧按照惯例由元老院派遣有执政官或法务官经历的人员担任行省总督，任期一年。对元老院元

老而言，除了法务官等公职之外，有了行省总督的经历，才算真正成为“光荣的公职人员”的精英，何况赴任之处又是麻烦不大的太平之地，因此，对奥古斯都的决定举双手赞成。

作为“光荣的公职人员”的精英的义务，行省总督是没有薪水报酬的，不过所需的经费可以从当地向本土缴纳的行省税中扣除。

而奥古斯都管辖的帝制之后被称为“皇帝行省”的区域是：

一、伊比利亚半岛西部的卢西塔尼亚（Lusitania）行省。

二、伊比利亚半岛东部的塔拉戈纳西班牙行省（Hispania Tarraconensis）。当时伊比利亚半岛的最北部还未完全被罗马占领。

三、法国南部以外的高卢（Gallia）全境。之后此处被划分为三个行省。

大概不需要我特别说明，大家也能了解，这个区域是既属于莱茵河防线的前沿，也是后方之地。

四、伊利里亚（Illyricum）、达尔马提亚（Dalmazia）地区。

多瑙河防线的建设因恺撒遭暗杀而被迫终止，因此这个地区就成了多瑙河防线的最前沿。

五、亚细亚东南部的奇里乞亚（Cilicia）行省。

六、叙利亚（Syria）行省。

上述的奇里乞亚行省和叙利亚行省是以帕提亚（Parthia）王国作为头号假想敌而构成的前沿地区。

这些“皇帝”的直辖行省由奥古斯都任命的将军统治管理。因为这些行省基本属于边境地区，保卫边防是最主要的任务，所以行省总督都是由可以兼任军队指挥官的武将担任。总督们作为公职人员领取俸饷，任期长短由奥古斯都视情况而定。

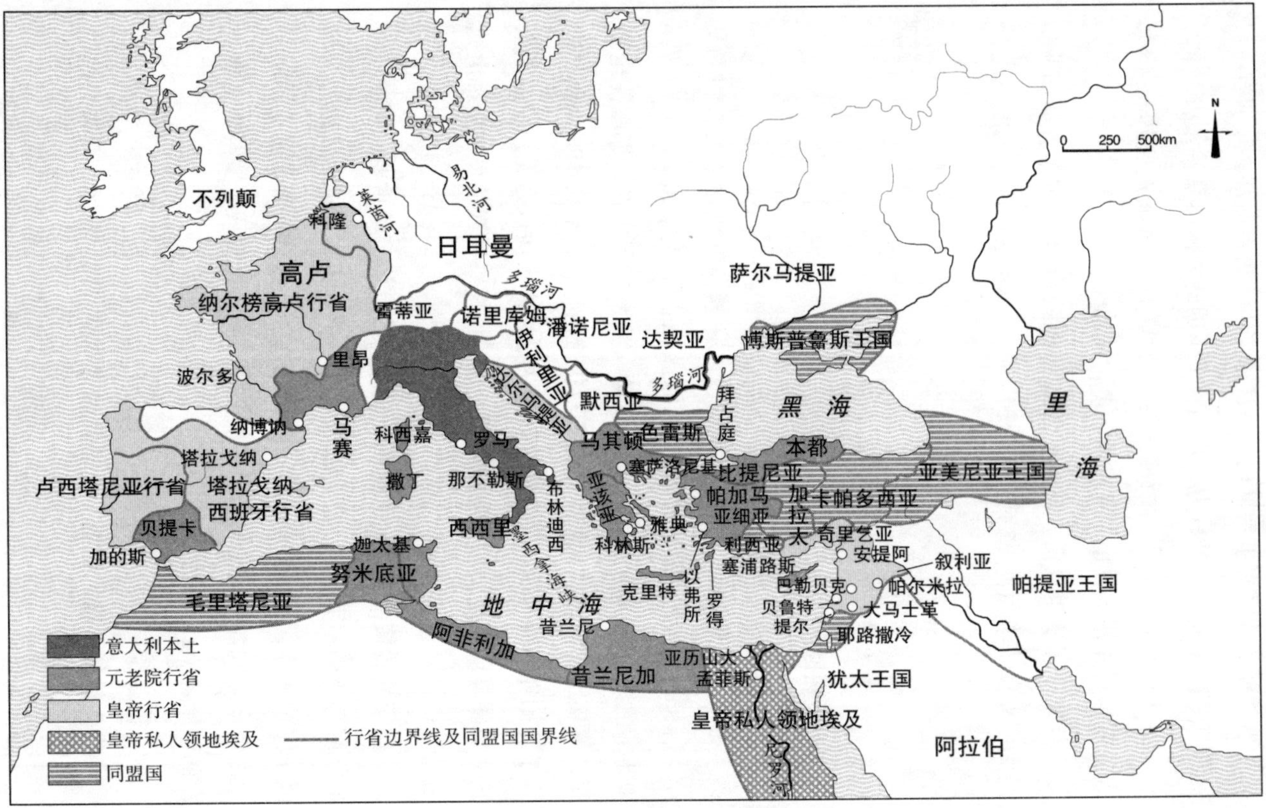

公元前 27 年时的罗马全境略图

既然赋予武官军事指挥权，从法律上讲，奥古斯都必须拥有可以指挥武官的更高一等的权力，否则整个帝国的防御体系就无法正常运作。鉴于这个理由，奥古斯都获得了公认的“全军最高指挥权”。元老院就这样连军事权也一并交给了奥古斯都。

如果不想承担责任，自然不会强调主张权利。不过奥古斯都并非是为了获得军权才实施了行省管辖二分制，实在是因为当时的形势所需。

安全保障

古罗马时代就有了防卫以及“安全保障”的概念。英文的“安全”（security）就是源自拉丁文的“securitas”。大家如果认为罗马共和时期施行的是非扩张主义，而帝国时期是扩张主义，那就完全错了。事实上，罗马共和时期正是霸权扩张的年代，而帝国时期则是进入了防御守卫的时期。最先改变政策的是恺撒，他认为无止境的领土扩张对罗马而言是不切实际的事情，作为恺撒继承人的奥古斯都对此有着共识。

国家的政策由进攻转为防御，确立防线就成了最重要的问题。恺撒征服高卢的军事行动，正是出于这个目的。奥古斯都时代也并非与战争完全无缘，不过这些战争，除一场之外，其余的都是基于国家安全的考虑。同样是因为安全保障的需要，奥古斯都成了罗马史上常备军的创始者。

作为最低限度的防卫，罗马共和时期设有四个军团，从未有超过

这个规模的常备军的兵力。因为如果有需要，可以随时征兵组建军队。人口普查就是为了方便征兵而调查17岁以上的成年男子的人数才应运而生的。即使后来征兵制改为募兵制，仍旧维持着临时征兵的方式。罗马军队在遭遇外敌袭击时经常反应迟缓，正是没有常备军的缘故。

共和时期末期，恺撒的军团实质上就是常备军，但军队和恺撒之间的誓约也只是到战争结束为止。这种誓约关系，与其说是国家和军队之间的，不如说是总司令和士兵之间的。

在共和时期的霸权扩张期，随机组军的方式是情有可原的。因为是出兵攻击对方，事先一定会设立一个目标。等目标明确了再建立军队，经过充分的训练之后再出兵也为时不迟。何况，仅是罗马在训练军队的消息，就已经给对方造成很大的心理威胁，军队一旦开拔，敌方往往不战而降，因此，临时征兵还是有其长处的。

但是，一旦国家目标转为安全防卫，之前的做法就变得不合时宜。要对付敌人的突然袭击，必须建立一支常备军予以防备。奥古斯都认为，要达到国家防卫的目的，常备军万不可缺，因此他付诸行动。

这项军事改革是和削减军备一起实行的，这一点很有意思。因为建立的是常备军，所以就必须在可能的范围内，用最少的经费达到最大的效果，否则国家经济将不能承受。如果国家不能负担军费，迟早会用提高行省税的方式来弥补开支，这势必会引发行省人民的不满，到时候不要说预防外敌了，就连帝国内的安全都无法保障。

我想，以上这些都是在公元前27年秋天前，35岁的奥古斯都计划实施的国家政策。他的责任在于实现恺撒规划的国家蓝图。但是

如果一上任就立即付诸行动，不免会招来独裁的质疑，因此，在这个时期，他大概只考虑基盘的建立。当然，造楼房最重要的就是打好地基，换言之，就是要选准基石的位置。不过，奥古斯都在堆砌石头之前，间隔了一段时间，他先去做了一些引人注目并且获得好评的事情，即可以记入《功业录》的事情。他利用这个时间完全征服了伊比利亚半岛。

重整西方领地

公元前 27 年的秋天，刚满 36 岁的奥古斯都离开罗马，经由奥雷利亚大道（Via Aurelia）进入法国南部，同行的除了与他年龄相仿的得力大将阿格里帕，还有两位少年——16 岁的马萨鲁斯（Marcellus）和 15 岁的提比略（Tiberius）。马萨鲁斯是奥古斯都的姐姐屋大维娅的儿子，提比略则是奥古斯都的妻子利维娅与前夫所生之子，即奥古斯都的继子。奥古斯都带上这两位少年是为了让他们初试一下战场的经历。奥古斯都和利维娅结婚已经 10 余年，两人却没有生子。

这一年的冬天，奥古斯都是在纳尔榜高卢行省的首府纳博讷度过的。所谓的度过并不是游山玩水、休养生息，正如恺撒做一件事绝不会只为了一个目的，奥古斯都同样也是深谋远虑。虽然表面上此次出征的目的是为了征服伊比利亚半岛，实际上重整罗马帝国的西半部才是奥古斯都的真正目的。

征服现今属于西班牙北部的山岳民族，因为是军事行动，奥古斯都全权委任阿格里帕负责，不过作为总司令，奥古斯都不能远离战场

滞留在法国南部。于是他在第二年的春天前往西班牙的塔拉戈纳。塔拉戈纳在巴塞罗那以南大约 50 公里处，是一个面临地中海的港口城市。从西班牙东部的行省以"塔拉戈纳西班牙行省"命名来看，在古代塔拉戈纳的重要性远远超过了巴塞罗那，行省的省会也设在此地。

虽然奥古斯都到了塔拉戈纳，但是距离实际战场还有 400 公里。一方面是因为奥古斯都对阿格里帕大将的指挥能力深信不疑，另一方面是因为，即使战争名为征服伊比利亚半岛，战争的实际规模并没有大到需要总司令亲临前线的程度。

当阿格里帕全力以赴指挥海陆两路进攻之时，奥古斯都一直留在塔拉戈纳。经过两次战役，在不到两年的时间里，罗马军队就彻底征服了西班牙山岳民族。奥古斯都一直到公元前 23 年才回到了罗马。在这三年半的时间里，他到底做了些什么事情？

首先是早在公元前 27 年的冬天就已经着手处理的高卢问题。

除了法国南部，整个高卢地区一直属于罗马行省，尽管在罗马 14 年的内战时期，高卢人随时有机会脱离罗马的统治。高卢没有像希腊那样成为战场，集中了罗马的兵力。和其他长期归属罗马的行省不同，高卢刚被恺撒征服不久，作为罗马行省的历史还很短。从恺撒遭暗杀之后的 14 年的内乱时期，加上平息内乱后，奥古斯都因忙于其他事务无暇顾及高卢问题，直到公元前 27 年总共 17 年中，高卢地区几乎见不到罗马士兵的影子。即使如此，罗马并不担心高卢人的反叛，这是因为当年战争之后，恺撒对高卢用了巧妙的招安政策。他到底用了些什么政策呢？

恺撒认为，被征服的民族会奋起反抗，并不是出于人民的民族自觉性，而是由统治阶级的煽动引发。统治阶级的不满又是异族的侵略

导致他们失去了威信和权力。

恺撒对高卢全境所有的部族都很温和，没有任何赶尽杀绝的行为。所谓的温和，是指保留了各部族的根据地、各部族首领的地位，各部族的宗教、语言以及生活习惯都和罗马入侵前一样维持不变。

但是仅靠这些并不能消除高卢内部的不安局势。近百个部族之间的抗争不断，处于劣势的部族会向莱茵河东岸的日耳曼人讨救兵援助。于是，恺撒挑选了四个最主要的部族，赋予他们领导管理所有高卢部族的权力。这四个部族分别是：埃杜伊人（Aedui）、奥弗涅人（Auvergne）、塞卡尼人（Sequani）、林贡斯人（Lingones）。这四个部族的首领承担管理各自部族下那些中小部落的责任，甚至连曾经一度将恺撒逼入绝境的起义军领袖韦辛格托里克斯（Vercingetorix）所属的阿维尔尼人（Arverni）也得到同样的待遇。可见，恺撒非常务实，而且有着极其敏锐的政治感觉。

此外，恺撒还要求这四个部族的首领必须一年一度召开全地区部族长会议，这是为了防止四个部族各自为政、竞相称霸采取的策略。

就这样恺撒成功地掌控了高卢的统治阶层。他承认各部族领袖一贯的权力和威信，授予他们罗马公民权，一些可靠得力的族长甚至被授予元老院的席位。恺撒还很慷慨地将他的家族名“尤里乌斯”（Julius）赠给高卢人，高卢子弟作为“交换留学生”去罗马留学。从史料上可以发现，在恺撒遭暗杀之后，应该说在罗马帝国建立以后，还是不断出现叫尤里乌斯的高卢人，这虽然有点滑稽，不过在古罗马，被授予家族姓氏意味着一种“被保护者”（clientes）的关系，这和日本的店家允许别人使用其店名的行为有些类似。

恺撒的怀柔政策不仅仅如此，因为即使民众不会自发地组织反抗运动，但不满情绪是发自内心的。而最容易引发人民不满的导火线就

是经济问题。

罗马共和时期，按规定行省人必须缴纳叫作“什一税”的直接税，即将收入的十分之一缴给罗马，有点类似缴纳保护费。行省人没有服兵役的义务，罗马军团兵仅限于拥有罗马公民权的人。

由于收入会有波动，所以恺撒将行省的什一税改为固定金额，整个高卢地区，一年上缴的行省税为4 000万塞斯特斯。这个金额在当时到底有多大，我在《罗马人的故事05·恺撒时代（下）》中曾经有过叙述，总之这不是一笔高额的费用。

罗马共和时期的行省课税体制有一个特色，税款并非由国家来征收，而是由一个叫作“包税人”（拉丁文“publicanus”，由竞标方式决定征税人）的私人机构负责。恺撒废除了这项制度，高卢的税款从此和包税人没有关系。史料并没有明确记载是由谁来负责征收高卢的税款，按照恺撒的作风，我推测他应该是把职权交给族长们了。各部族长负责征收税款，经过由四大部族掌控的族长会议集中，然后交给恺撒。恺撒不是一个会将国家财产中饱私囊的人，但是他对自己的钱和别人的钱分得不很清楚。他这一点，从严格的公私分明主义者眼光来看，是一个很糟糕的问题。高卢的行省税很有可能在之后的恺撒对庞培的战争中花掉了。

姑且不论税款的去向，站在高卢人的角度，被恺撒征服后的高卢会变成什么样子呢？

首先，各部族间的纷争已成为过去。来自日耳曼人的侵略，也因为恺撒两次渡过莱茵河对其的攻击，不再有忧患。奥古斯都时代的地理学家斯特拉波曾在书中记述，高卢被恺撒征服之后，从狩猎民族变成了农耕民族，由此可见，高卢人的生活日渐安定。

即使不再需要担心外敌的侵略，可以专心于农耕，各个部族的内部结构还是和以往一样没有变化。从内政的自治到税赋的征收，部族首领的威信和权力是众所公认的。最重要的一点是税金很低，就连本土意大利半岛都要征收的5%的关税，在高卢只有2.5%。当时的高卢属于经济落后地区，因此恺撒有意降低了税率。

这些就是为何在恺撒遭暗杀、罗马因此陷入长期内战之后，高卢地区可以始终保持安定的原因。有研究者认为这是缘于高卢人对恺撒的崇拜，我不这样认为，17年的地区稳定，不是单凭对个人的崇拜就能维持的。

但是在罗马平息内乱、恢复安定的公元前30年之后，高卢地区反而弥漫着一股不安定的气氛。引发不安定的肇事者是奥古斯都派遣去高卢的一个解放奴隶（“解放奴隶”是指曾经是奴隶，后获得自由身份的人。——译者注）。

这位曾经是奥古斯都心腹的解放奴隶主张，高卢也应该和其他行省一样缴纳什一税。这引发了高卢部族首领们的不满。奥古斯都认识到这件事必须亲自出马才能解决，公元前27年到前26年间他待在纳博讷就是为了处理这个问题。

可能是奥古斯都给族长们看了公元前28年罗马人口普查的报告结果，族长们也不得不承认一年4 000万塞斯特斯的税金的确过低。最终，高卢的行省税也改成和其他地区一样的什一税。

奥古斯都清楚，增税和减税的政策一并实施，会比较容易得到贯彻落实，因此他将高卢原本的2.5%的关税再降到1.5%。至于征收权，史料上没有明确的记载，我想是和以往一样交由部族首领们负责。因为并没有史料可以证明，这个时期已经恢复了罗马共和时期的包税人

制度，而类似于地方税务局的机关又是在 10 年之后的公元前 15 年前后才设立，因此，我才这样推测。“慎重”是贯穿奥古斯都一生始终如一的性格。

税制改革之后，奥古斯都开始着手对高卢全境进行重整。

高卢全境分为五大区域：北面是多佛尔海峡和北海，西临大西洋，南靠比利牛斯山脉和地中海，东边被莱茵河和阿尔卑斯山脉包围。

一、法国南部行省（纳尔榜高卢行省）：行省的省会是纳博讷。行省的主要城市有：托洛萨（现在的图卢兹，Toulouse）、马赛利亚（现在的马赛，Marseille），以及由恺撒建设为军港、位于现在戛纳（Cannes）与圣特罗佩（Saint-Tropez）之间的法姆尤里（现在的弗雷瑞斯，Fréjus）；往北有克拉罗（现在的格勒诺布尔，Grenoble），以及罗讷河（Rhone）沿岸的瓦伦提亚（现在的瓦朗斯，Valence）。这个地区作为罗马的行省已有 200 年的历史，已经被罗马同化，整个高卢只有这里属于元老院管辖的行省。行省税为收入的 10%，关税和罗马本土一样为 5%。

恺撒征服的是除这里之外的高卢地区，奥古斯都又把这些地区划分成四个板块。

二、阿奎塔尼亚（Aquitania）行省：原来恺撒把比利牛斯山脉到加龙河（Garonne）之间的地域定为阿奎塔尼亚，奥古斯都又往北扩大至卢瓦尔河（Loire），指定为阿奎塔尼亚（现在的阿基坦地区，Aquitaine）。奥古斯都扩大行省地域的理由大概有几点：当年奥古斯都和安东尼对峙相持不下的时期，阿奎塔尼亚地区曾经发生过小小的暴动，虽然暴动很快被阿格里帕镇压下去，但为防止类似的事件再次

发生，奥古斯都希望通过地区的扩大，让该地区的部族同加龙河以北的奥弗涅人、比都里吉人等强大部族融合在一起。行省的省会布迪格拉（现在的波尔多，Bordeaux）位于加龙河的河口，是从大西洋一侧掌控高卢的绝好位置。

阿奎塔尼亚行省的主要城市，除了省会布迪格拉之外，还有莱莫农（现在的普瓦捷，Poitiers）、阿瓦利肯（现在的布尔日，Bourges）、奥古斯托利图姆（现在的利摩日，Limoges）等。

三、卢格登高卢行省（Gallia Lugdunensis）：位于高卢的中间地带。从卢瓦尔河到塞纳河，以及南部索恩河（Saone）和罗讷河交汇处的里昂都属于这个行省。行省的省会是卢格登（现在的里昂，Lyon）。卢格登高卢行省也有里昂行省的意思。其他主要城市有：恺撒奥顿（现在的图尔，Tours）、温迪农（现在的勒芒，Le Mans）、罗托马古斯（现在的鲁昂，Rouen）、鲁特西亚（现在的巴黎，Paris）、阿吉丁古（现在的桑斯，Sens）、奥古斯托杜努姆（现在的欧坦，Autun）等。

在这些城市中，里昂因其有利的地势得到罗马人重点开发，它不仅成为行省的省会，而且逐渐发展成整个高卢地区的要塞城市。这个地区的主要部落埃杜伊人是传统的亲罗马派，尽管因阿莱西亚攻防战，关系曾一度疏远，不过之后依然和罗马保持着友好的关系。

四、贝尔吉卡行省（Belgica）：恺撒的《高卢战记》开头描述的渡过莱茵河移居到高卢的人，即比利时人居住的地方，是指从塞纳河、马恩河（River Marne）两河往北的广阔地带。奥古斯都将这个地区及其南面的林贡斯人、塞卡尼人和特莱维利人（Treveri）的居住地合并为“贝尔吉卡行省”，即“比利时行省”。

行省省会是位于摩泽尔河（Moselle）河畔的奥古斯塔特列维罗拉姆（现在的特里尔，Trier）。如今这里属于德国的最西端，西面紧

奥古斯都重整后的高卢行省

邻卢森堡。

主要城市有：萨马罗布里瓦（现在的亚眠，Amiens）、诺维奥杜努姆（现在的苏瓦松，Soissons）、杜罗科托努姆（现在的兰斯，Reims）以及再度整编规划之前的第比欧（现在的第戎，Dijon）、韦松提奥（现在的贝桑松，Besançon）、杰内瓦（现在的日内瓦，Geneva）。这个地区的主要部落是雷米人，自从被恺撒征服之后，一直都是亲罗马派。

五、最后是日耳曼行省：虽然叫日耳曼行省，其实仅指莱茵河西岸一带。这里是防止莱茵河东岸的日耳曼人入侵高卢的最前沿，所以省会就设在莱茵河畔的科隆尼亚阿格里皮内西姆。罗马人将这里起名为科隆尼亚（意为罗马人的殖民都市），如今是德国的重要城市之一的科隆，在罗马时代就是重要的军事基地。

省会科隆的地理位置和作用非常明显，行省整编完全出于军事目的。整个行省的主要城市几乎都是罗马军团的军事基地，这些城市全部位于莱茵河沿线，也就是说都处于最前沿。

莱茵河防线是由恺撒设计、奥古斯都开始实施、经过历代皇帝百年的不断努力而建成。防线建造的最大目的在于持续，所以在建设军事基地时，在地政上做了考虑。2 000 年后的今天，这些地方作为城市仍然可以发挥其功效。

奥古斯都重整高卢全境的计划，不少方面都引起我们的兴趣。首先是各行省边界线的划分，其次是各行省省会的位置，最后是军队的驻地。

除了法国南部之外，奥古斯都并没有将高卢全境机械地划分为四块，虽然这样做比较容易管理。他仿效了恺撒的做法，将高卢全境内的十余个部族分配到四大部族的管辖之下，除了作为军事行省的日耳

曼行省，其他三个行省由当地的主要部族负责管理。阿奎塔尼亚行省由奥弗涅人负责，卢格登高卢行省交给埃杜伊人，贝尔吉卡行省则归雷米人。当然行省的最高长官都是由奥古斯都任命并从罗马派来的。不过，为了行省的治理顺利运行，类似于“法人代表”的管理职务似乎都是由当地的有权力之人来担任。高卢作为奥古斯都的直辖行省，每个行省照理都应该有罗马驻军，而实际上，除了日耳曼行省外，其他的三个行省没有罗马驻军。派驻高卢的五个罗马军团全部集中在莱茵河防线的日耳曼行省，而在高卢的其他地区根本见不到罗马士兵的影子。这一点足以证明奥古斯都对高卢采取了自治化的管理。

各行省省会的选址也很有意思。通常征服者会把战败者的老巢作为“行省总督府”，这样做比较简单。但是奥古斯都对省会的选址，只考虑地理位置是否有利。像波尔多、里昂以及特里尔，都位于交通要道上，或许应该说这些地方都会成为交通要道，因为治理整顿高卢境内的交通网络是由罗马人负责的。

那些主要部族的根据地，像雷米人聚居的兰斯、埃杜伊人集中的欧坦，都没有成为高卢的统治中心。不过这些都市的交通网并没有被忽略，不但没有被忽略，罗马人反而将基础建设覆盖了整个高卢，甚至那些原住民居住的村镇都相互联结。尽管罗马人在军事上占有绝对的优势，但是对占领地的建设并没有弃之不理。就像阿庇亚大道，这条当年罗马作为意大利半岛霸主的时代铺设的道路，联结了所有罗马统治之下的部落的根据地。罗马人通过这种方式，将胜者与败者之间的对立关系转化为命运共同体。

高卢和西班牙一样，境内既有皇帝行省，也有元老院行省。当阿

格里帕全力以赴投入征服西班牙西北部的军事行动时，奥古斯都先是坐镇法国南部的纳博讷，后移往西班牙的塔拉戈纳，专注于这两个地方的管理体系的建立。高卢和西班牙都是两种行省并存之地，因此这个时期形成的管理体系，将成为罗马统治下的所有地方的规范模式。

奥古斯都意识到，统一和分离、中央和地方、中央集权和地方自治，这些矛盾的概念是否并立，是否能构成共存的管理体系，是不同人种、不同宗教、不同文化共融，维系罗马帝国持续统治的关键所在。那些看似全权交给元老院管辖的元老院行省，也没有完全继续按照共和时期的管理方式来运行。

元老院行省的总督由元老院指定，必须有执政官或法务官的经历，任期一年。

罗马共和时期的行省只有元老院行省一种，所以行省总督负责包括军事、司法、行政以及征收行省税等的所有事务。不过行省税实际是由一个叫“包税人”的私人机构代为征收，总督只是发号施令而已。

奥古斯都口头上宣扬恢复共和制，实际上却是背道而驰，他一心希望统一与分离能够并立。所谓的元老院行省交由元老院全权负责，不过是一种形式上的分权而已。

我在前文中已经说明过，元老院管辖的行省大多是被罗马同化了的地区，无须驻军，行省的总督人选虽然归元老院负责，但军事权交给了奥古斯都。奥古斯都非常清楚，军事权的分离才是关键的问题。

此外，奥古斯都将司法权也半集权化。虽然住在行省的罗马公民拥有上诉权，行省的居民也可以向行省总督上诉，但是最终需要由在罗马的“第一公民”的奥古斯都做出裁决。我们不妨把行省总督想象

成地方法院的裁判长，而奥古斯都则是最高法院的裁判长。

在征税方面，不仅是行省税，包括关税等在内的间接税的征税权，都从行省总督的职权中分离了出来。奥古斯都决定设立专门负责税收的部门，无论是皇帝行省，还是元老院行省，有关税收的事务都由这个部门派遣的专职官员负责处理。

“国税局”的创立

“皇帝财务官”官职的设立，可以说是奥古斯都的行省统治制度中最重要的改革。财务官由奥古斯都亲自任命，他们来自骑士阶级。骑士阶级在罗马社会中，地位仅次于元老院阶级。我通常将这个阶级的人意译为“经济界人士”，就是通晓经济的人。这些人在共和时期就是私有的“包税人”，负责代理征收税赋，奥古斯都通过由他任命的方式，让他们成为国家公务员。尽管国家需要向财务官支付薪水，但省下了之前付给“包税人”的所征税金的10%的手续费。更重要的是，税收人员公职化十分有利于帝国的统治。

奥古斯都设立皇帝财务官一职的目的有以下三点：

第一，行省税收的公正化。

共和时期，由元老院派遣的行省总督具有税金的征收和预算两方面的权力，因此总督在任职期间中饱私囊的问题，像一个恶瘤严重危害了共和时期的行省统治。要除掉这个恶瘤，就必须将权力分离。

皇帝财务官制度建立之后，征税由专职人员负责，总督只需要负责税金的用途。

第二，可以根据帝国统治的版图合理安排使用税金。

奥古斯都建立的行省统治体系

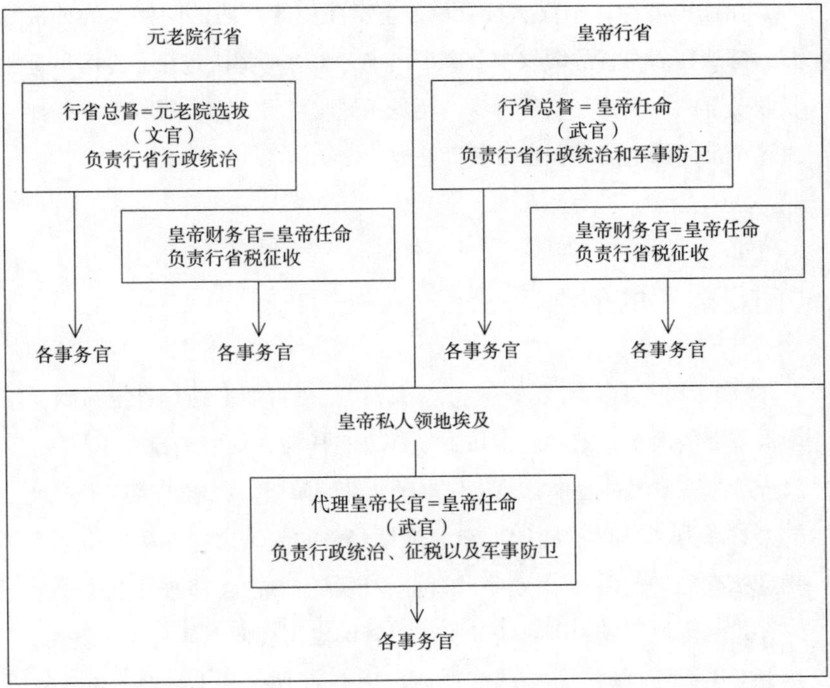

行省税是按收入的十分之一缴纳，由于各地的经济条件不同，所以各行省的税收也有差异。国防经费是税收最大的用途，可是除了叙利亚行省之外，其他需要军费的行省都属于落后地区，这些地区的税收根本无法独立承担其国防开支。如果不用先进地区的税收来贴补落后地区的话，帝国整体的防卫系统就难以维系。

奥古斯都想通过建立“皇帝财务官”制度达到税制统一，因而要解决各地税收不均衡的问题。

第三，保证治理的连续性。

元老院行省的总督任期只有一年，在统治管理上缺乏持续性。为改善这个问题，皇帝财务官的任期由奥古斯都决定，连续担任 10 年以上也不足为奇。

皇帝财务官征收来的税金，扣除行省所需经费，全额上缴罗马国库。不过国家的支出还是很大：首先是国防军费，再者是包括行省在内的帝国全境的基础建设费用。奥古斯都统治期间，是行省的道路建设突飞猛进的时期。仅里昂就铺设了四条道路：一条从里昂往西通往阿奎塔尼亚行省，另一条往西北方通向大西洋沿岸，第三条向莱茵河东北方延伸，第四条沿着罗讷河通到马赛。除了高卢，西班牙行省内同样也是大兴土木。这些公路的建设项目由阿格里帕负责。

罗马军团担任了公路的建设任务，因此军费开支和社会公共开支很难清楚地划分开来。不过拉丁文的“securitas”是“安全保障”的意思，因此两者也未必需要划分得很清楚。

罗马道路的建设证实了一个真理：一项好政策完美的落实，必定会给社会带来正面的影响。

以军事为目的而建设的道路网，因彻底追求效率性，从而带动了民间经济的振兴。举一个例子来说，为了方便沉重的攻击性武器的搬运，罗马的街道在地形允许的情况下，尽可能铺设得平坦和直顺。即使地势不利，也会通过打通隧道、填平沼泽地以及开山的方式来改变地形。道路状况改善之后，货车的装载量得以提升，物资的交流随之变得频繁。频繁的物资交流又会带动人的交流，人与人之间的交流，意味着思想和知识的交流，作为罗马文明支柱的一大文明圈就是这样开始形成的。

和高卢一样，奥古斯都对恺撒规划的西班牙行省也进行了再整

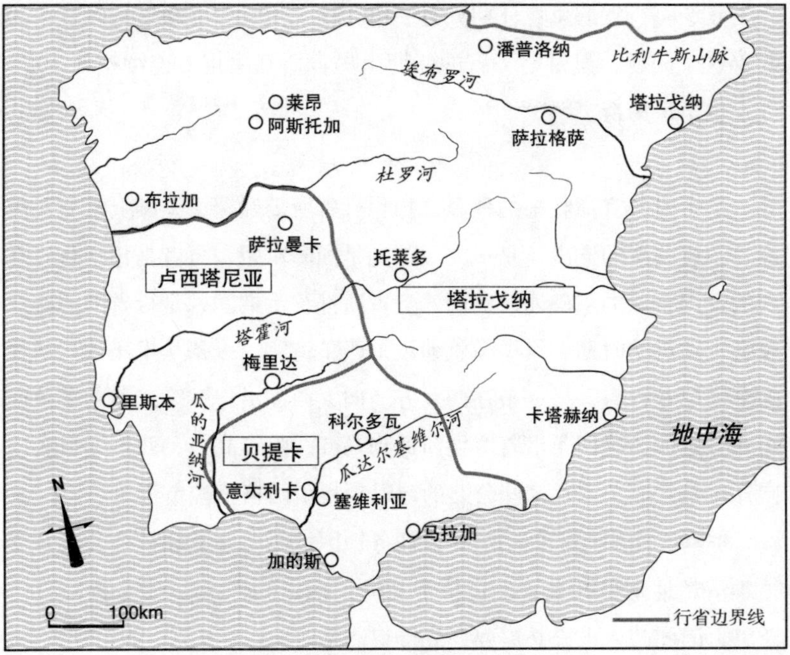

奥古斯都重整后的西班牙行省

治。伊比利亚半岛原本分为东西两部分，东部为近西班牙行省，西部为远西班牙行省。奥古斯都将它们重新划分为三块：南部的贝提卡行省、西部的卢西塔尼亚行省，以及东部的塔拉戈纳行省。塔拉戈纳地区还包括刚被征服的西班牙西北部，其领土占伊比利亚半岛一半以上。

如前文所述，贝提卡行省属于元老院行省，被罗马同化的历史很悠久，无须驻扎兵力。塔拉戈纳行省尽管也有相当长的同化历史，因为需要监视刚占领的西北部地区，所以和卢西塔尼亚行省一样，属于奥古斯都直接管理的皇帝行省。驻守西班牙的四个军团正是以包围西

北部的方式，部署在两个皇帝行省。

奥古斯都为这三个行省选定的省会和主要城市如下：

塔拉戈纳行省的省会是塔拉戈（现在的塔拉戈纳），主要的城市：南面有卡塔戈诺瓦（现在的卡塔赫纳，Cartagena）；北面有托莱图姆（现在的托莱多，Toledo），以及恺撒建立的恺撒奥古斯塔（现在的萨拉格萨，Zaragoza）和庞培建立的庞培洛（现在的潘普洛纳，Pamplona）；西北部有阿斯图里卡奥古斯塔（现在的阿斯托加，Astorga）和莱吉欧（现在的莱昂，Leon）；大西洋沿岸有布拉卡拉奥古斯塔（现在的葡萄牙的布拉加，Braga）。

卢西塔尼亚行省的省会是艾梅里达奥古斯塔（现在的西班牙的梅里达，Mérida），主要的城市，北面有萨卢曼迪卡（现在的萨拉曼卡，Salamanca），西面有奥里斯波（现在的里斯本，Lisbon）等。

贝提卡行省属于元老院行省，省会是科杜巴（现在的科尔多瓦，Cordoba）。主要的城市，南面有马拉卡（现在的马拉加，Malaga）以及布匿战争之后就成为罗马殖民城市的意大利卡，从意大利卡南下就是西斯帕里斯（现在的塞维利亚，Sevilla），还有就是直布罗陀海峡附近的加的尔（现在的加的斯，Cadiz）。

为建设殖民城市，奥古斯都安排了很多老兵入驻萨拉格萨和梅里达。不同于高卢地区，西班牙的原住民中不存在有特别影响力的部族。“见机行事”是罗马人的传统，住在殖民城市中的罗马人没有单独的社区，他们和原住民混居一地。罗马军人在服役期间不得结婚，大约在 40 岁退役。移居殖民城市的老兵退役后大都会和当地的女子结婚生子、落户扎根，这就是罗马人的殖民方式。由恺撒发起的大规模的民族融合，一直延续到了奥古斯都帝国时期。

“幸运的阿拉伯人”

高卢全境和伊比利亚半岛的重新规划，从公元前26年开始，到公元前24年基本完成。在此期间，奥古斯都发动了一场战争，这是唯一不是为了防御的战争。这场战争或者也可以说是一次远征，远至阿拉伯半岛。

远征的前哨战是埃塞俄比亚之战，目的是确保皇帝的私人领地埃及的南部防御战。驻守埃及的罗马军团沿着尼罗河南下，一直攻到现在苏丹的纳帕达，最终与埃塞俄比亚人达成和解，确保了埃及南部的安全。

这个时期，奥古斯都又尝试着进攻被叫作“幸运的阿拉伯”的也门。之所以说尝试，是因为他只派了两个军团的兵力，这对于对外必先稳固防线的奥古斯都来说是少有的例子。

“幸运的阿拉伯人”并不是当地的阿拉伯人自己叫的，好像是地中海地区的希腊人或者罗马人这样称呼他们。因为这些阿拉伯人通过销售香料、没药、珍珠宝石以及经过印度从中国进口的丝绸等，幸运地获得了巨大的财富。

奥古斯都为什么会看中遥远的阿拉伯半岛一端的“幸运的阿拉伯”呢？因为他一生都在寻找除却重税以外，能够确保国家财源的方式。奥古斯都认为，只要控制住红海的入口，就能独占与东方贸易的利益。他在《功业录》中曾提及，他在纳博讷时曾接待过来自远方印度国王的使节。

对“幸运的阿拉伯”的远征并不像奥古斯都在《功业录》中描述的“杀了抵抗者，赢得了战争，占领了很多城镇”那么成功。罗马军

渡过红海登陆阿拉伯半岛开始的这一段还算顺利，之后向萨巴族大本营马里卜（Ma'rib）进军的过程中，罗马军团遇到了极大的困难，穿越300公里的沙漠竟然用了6个月的时间。当军队到达目的地马里卜时，已经完全失去了攻击之力，只得撤兵返回。这次远征虽然以失败告终，但是罗马还是成功地占领了红海以北三分之一的地区，并且在阿拉伯半岛红海岸边的雷乌凯克美（Leuce Come）、埃及的贝雷尼斯（Berenice）以及尼罗河岸的科普特（Copt）设立了海关。相对于意大利本土的5%的关税，以及落后地区高卢的1.5%的关税，这里征收的来自东方的高级消费品的关税高达25%。

奥古斯都在高卢的时候，肯定没有忽视不列颠。不过他既没有明确表示要继承养父恺撒征服不列颠的遗志，也没有对此做出否定。当时高卢的情况非常平稳，并没有发生不满分子逃到不列颠，煽动当地部族发起挑衅罗马的行为，居住在多佛尔海峡附近肯特地区的不列颠的两个部族也都派了使节向奥古斯都宣誓效忠。这样的状况大概让奥古斯都觉得征服不列颠并不是迫在眉睫的问题。奥古斯都一向是要等到最后的关头，世间舆论沸沸扬扬的时候，才会采取行动的政治家。

尽管奥古斯都一手掌握军权，但是除了那些必须靠武力征服的地区之外，他愿意与外国结成同盟关系。比如说，对毛里塔尼亚王国就是如此。毛里塔尼亚位于非洲的西北部，隔着古称“赫丘利之柱”（Pillars of Hercules）的直布罗陀海峡，与西班牙遥遥相对。

这种同盟关系并非奥古斯都的独创，苏拉、庞培、恺撒，这些罗马的统治者都遵循这种罗马传统的外交政策。

奥古斯都为中断了王位的毛里塔尼亚王国找到了继承人。他是在

塔普苏斯会战中因败给恺撒而自杀身亡的努米底亚王的遗子。这位以尤巴二世之称继位的王子，5 岁那年被带到罗马，以败方代表的身份参加恺撒的凯旋仪式。之后，他作为人质一直留在恺撒的私宅里，恺撒死后又转移到奥古斯都的家里居住。他接受了和罗马上层社会的子弟同等的教育。后来，奥古斯都又把克娄巴特拉和安东尼生的女儿、埃及公主克娄巴特拉·塞勒涅许配给了他。塞勒涅在她父母双双自杀后，由屋大维的姐姐，即安东尼的前妻屋大维娅收养，和同父异母的兄弟姐妹一起生活。她也是在罗马长大的。

尤巴二世和塞勒涅的婚姻以及毛里塔尼亚王国的振兴都很成功。年轻的王子王妃都是有很好教养的人，既擅长内政，又懂得外交，毛里塔尼亚王国成了罗马可信任的同盟国。特别是王妃塞勒涅，没有她母亲那样的野心，却继承了母亲的聪明智慧，在她的周边形成了一个类似文化沙龙的圈子，甚至从罗马来的人都必须前去拜会，以示敬意。西北非就这样完美地担当起了奥古斯都的“罗马统治下的和平”这个宏伟大业的一端使命。

公元前 24 年年末，奥古斯都完成了对罗马西部疆土的再整编，于公元前 23 年回到了罗马。那年，他 40 岁。

“第一公民”阔别三年返回罗马，虽然只打了一场胜仗，毕竟是征服了整个西班牙，首都人民相信他必定会举行一场盛大的凯旋仪式。与只关心战事结果的平民不同，元老院元老们非常了解再整编的重要性，所以他们很快地告知奥古斯都，他获得了举行凯旋仪式的权力。

奥古斯都却没有接受这个权力。至于拒绝的理由，他一如既往地不做解释。也许是期待将来人们读他的《功业录》时会赞叹：“多么

谦虚的人啊！”也许是觉得胜仗是阿格里帕打的，而他本人在离战场400公里之外的地方专于外政，所以战争凯旋仪式那种四匹白马拉的战车开道、浩浩荡荡的华丽场面并不适宜。不过仪式也不能完全没有，因为平民百姓都期待着凯旋将军分发的礼物。

奥古斯都决定不举行凯旋仪式，礼物还是照样分发。每户人家可以获得400塞斯特斯。这个金额和以前恺撒发放的相同，这又为他赢得了好声誉。在民众的心目中，奥古斯都不仅谦虚而且还是一位大方的君主。只是大家并不知道，这位谦虚的人还是一位卓越的谋略家。

护民官特权

公元前23年，40岁的奥古斯都又发布了让人意想不到的决定，而且很快就付诸行动。

他宣布，他将和阿格里帕一起辞去长期以来担任的执政官的职务，以后的执政官将按照共和时期的惯例，通过每年举行的公民大会选举产生。连任执政官在罗马历史上并非罕例。自马略之后，这种情况比比皆是、不胜枚举。尽管如此，一年任期的执政官毕竟是共和体制的象征，奥古斯都的这个决定让共和派再次感激涕零。这些满怀感激之情的人，不假思考地就给奥古斯都提出的另一项“谦虚”的申请投下了赞成票。

奥古斯都提出的这个申请是给予自己为期一年的“护民官特权”（Tribunicia Potestas）。所谓的护民官特权是指护民官享有的诸种权力。这些权力主要有：（一）人身不可侵犯；（二）作为平民的代表，

具有维护平民权利的地位；（三）平民大会的召集权；（四）政策立案权；（五）否决权。

护民官的否决权除了对危机管理体制中的独裁官无效之外，对其余的政府机关以及政府的政策都具有效力。也就是说，无论是元老院的决议还是执政官的决定，只要护民官行使否决权，一切都形同白纸。

奥古斯都因为是恺撒的养子，属于贵族阶级，所以不能出任只有平民出身的人才能担任的护民官，因此他要求获得护民官的特权，而非护民官的职位。

一年一度的执政官选举制度的重新启用，让元老院元老对恢复共和制的真实性确信无疑，对奥古斯都心存感激，同时又为自己可能有机会担任执政官暗中窃喜，所以都同意授予他护民官特权，按以往惯例为期一年。不过奥古斯都又加了一个附加条件：期满之后，如果没有异议将自动更新。试想一下，谁会对最高统治者的更新申请提出反对呢？这个特权实际上就是终身制。

可以享有护民官特权的人数曾经有 10 人，在恺撒担任终身独裁官时，将之减为一人。恺撒的目的在于防止否决权的滥用，保证国家政策被顺利执行。奥古斯都秉承了恺撒的理念，从公元前 23 年开始，一人独占了罗马国家的否决权，恺撒体制又得以复活。

不过，奥古斯都并没有效仿恺撒，出任违反共和体制的终身独裁官，但他是实质上的独裁官。先交出一些已经没有意义和没有效力的权力赢得好评，然后再换取一些表面上看似既没意义也没有效力但在日后一定会发挥重大影响力的权益，这是奥古斯都一贯的政治手段。他做的每一件事情都是合法的，但是这些事情串联在一起，就演变成违反罗马共和体制的帝制。

这里，我们将奥古斯都至此的一系列举动做一个小结。

“恺撒”——这是屋大维（奥古斯都）17 岁时被恺撒收为养子，并被指定为继承人而承袭的姓氏。随着帝制的进一步深化，它又成了“皇帝”的代名词。2 000 年后，德国的“恺撒”和俄罗斯的“沙皇”都有这个意思。

“第一公民”——当初元老院赠予屋大维（奥古斯都）这个称号时，只代表了罗马公民“第一人”的意思，对于隐藏帝王之心的奥古斯都而言，这个称号实在是一个漂亮的幌子。这一点从他爱用“第一公民”来自称就足以证明。

“奥古斯都”——这是一个完全没有权力象征的尊称，因而也意味着超越了权力相争的立场。恺撒生前一边打倒现有的体制，一边又察觉到靠打倒现有体制而获得的“反体制”的权力的空洞性，决心要建立一个新秩序。对继承了恺撒理念的奥古斯都而言，超越了“体制·反体制”立场的“奥古斯都”称号，自然是一个既方便又有效的尊号。

“凯旋将军”——这个称号的使用权原本也属于恺撒。元老院之所以会批准奥古斯都继承使用权的申请，是因为在他们看来这个称号不过是士兵对凯旋将军的一个敬称而已。但是如果把这个称号的使用权和他拥有的罗马军“最高指挥权”连在一起，“凯旋将军”就变成了罗马军终身总司令。

奥古斯都将“最高指挥权”扩大到了传统上不设兵力的首都罗马，从而获得了在首都行使军事权的法律权限。然而奥古斯都是一个有百分之百自制力的人，他在世期间，只有在将领们举行凯旋仪式时，首都街头才能看到部队行军的场面。

护民官特权——护民官是罗马共和体制中最民主、最自由的公职。它的权责在于保护那些非贵族出身、地位处于劣势的平民百姓的社会权利。为了防止遭到贵族的迫害，护民官被赋予人身不可侵犯的权力。如果有人侵犯了这个权力，导致护民官受伤或死亡，将会以叛国罪受到裁决。当初刺杀恺撒的布鲁图等人被认定为触犯了国法，就是因为恺撒拥有护民官特权。

奥古斯都每次出席元老院会议，他那些孔武有力的同党会紧紧地围在他身边。在安全方面，奥古斯都是不会因为拥有人身不可侵犯的权力就掉以轻心的。

当然，奥古斯都获取护民官特权的真正目的，还是平民大会的召集权和政策立案权，更主要的是否决权。

有了平民大会的召集权，如果奥古斯都想要推行什么政策，他可以通过召开平民大会，使提案得到通过。即使元老院提出反对，也可以采取平民立法的形式来抗拒。平民立法是在公元前 278 年通过的《霍腾修斯法》(Hortensius) 承认的形式，它和执政官召集的公民大会的决议具有同等的价值，何况，奥古斯都还拥有可以让任何元老院或执政官的提案变成一张废纸的否决权。

为什么护民官特权这么大的权力可以轻易地落入奥古斯都一个人的手里呢？原因可能有两个：

第一，元老院被奥古斯都抛出的终止执政官连任的诱饵，引得欣喜不已，结果落进了圈套里。

第二，护民官制度从公元前494年开始实施，已经存在了500年，是一个罗马人耳熟能详的制度。也许是太习以为常，谁都没想到这个制度还会有什么新的用途。其实最早想到这个制度的新用途的是恺撒，可是他还没来得及使用就遭到了暗杀。

不用我说，相信大家都可以想象得到，对于获得护民官特权之事，奥古斯都在《功业录》中只字未提。因为护民官特权中否决权的行使，正是罗马向帝制转型的关键所在。

奥古斯都获得的护民官特权，对他一手创立的“内阁”的运作也有着正面的推动作用。

罗马的内阁直译为“第一公民的辅佐机关”，由“第一公民”本人奥古斯都和两位执政官，以及重要官署的代表，再加上元老院抽选出的 15 位元老组成。除了“第一公民”，其他人都是一年的任期。

内阁设立的当初，奥古斯都不仅是“第一公民”，还和阿格里帕一起担任着执政官。根据罗马法律，执政官具有否决权，因此奥古斯都并不担心他推行的政策会受到阻挠。然而，在公元前 23 年，他辞去了执政官职务以后，内阁的决议就会出现因执政官否决而导致夭折的可能性。这个时候，护民官特权就发挥作用了。

虽然罗马法律规定，执政官和护民官两者的否决权具有相同的效力，可是奥古斯都并不只是共和时期 10 位护民官中的一分子而已，他是护民官特权唯一的享有者，也是罗马的“第一公民”，更何况，他还是超越了这些职位、高高在上的尊贵的“奥古斯都”。事实上，内阁完全操控在奥古斯都一个人的手里。

讲到这里，大家都会对奥古斯都在《功业录》中言及的“我的威信虽在万人之上，但我的权力从未超越过任何一位同僚”苦笑不已吧。

那个时候，内阁中的元老院元老已从 15 人增加到了 20 人，不过元老院对于国政的影响力已经不是人数多寡的问题。即便如此，元老院对于能有 20 位元老被抽选入阁还是十分满意的。

奥古斯都通过获得护民官特权，确立了作为领导者的地位，应该说作为皇帝的公认的地位。有关公认这一点，从他之后的各代皇帝的公式化名称都叫“奥古斯都”可以证明。

罗马皇帝的公称是：凯旋将军·恺撒·奥古斯都·护民官·特权（Imperator Caesar Augustus Tribunicia Potestas），融名字与特权为一体。

走到了这一步，如果是一位平庸的皇帝，势必会做出一些比如大兴土木、建造豪华的宫殿之类放纵的事情。然而，40 岁的奥古斯都真可谓是恺撒名副其实的继承人，他和恺撒一样，对聚敛私财完全没有兴趣。他仍然住在位于高级住宅区却十分素朴的房子里，为提高帝国整体的经济实力，正着手进行货币制度的彻底改革。货币制度看似是个经济问题，实际上与罗马帝国的安全保障也息息相关。

货币改革

长期以来，罗马的通用货币只有银币和铜币两种。虽然也有金币，但是是作为凯旋仪式或其他重要时刻特别打造的纪念币，一般的人很难有机会得到，在实际流通中很少使用。或许这也反映了罗马共和时期的经济实力。不管怎么说，金币的确是存在的，而且是百分之百的纯金，有总比没有来得好，只不过它不是广泛流通的一般意义上的货币。

将金币定为通用货币的是恺撒，这是他预计到国家经济实力将呈上升趋势而制定的政策。在经济方面，恺撒同样也有着高度的前瞻性。

奥古斯都实行的货币改革（自公元前23年起）

金属	金	银	铜	
实物大小	 奥里斯金币	 第纳尔银币	 塞斯特斯铜币	 阿斯铜币
名称	奥里斯（金币） 奎利纳里斯（金币）	第纳尔（银币） 奎利纳里斯（银币）	塞斯特斯（铜币） 都庞地亚（铜币）	阿斯（铜币） 夸德伦（铜币）
交换价值	25第纳尔银币 1/2奥里斯金币	1/25奥里斯金币 1/2第纳尔银币	1/4第纳尔银币 2阿斯铜币	1/4塞斯特斯铜币 1/4阿斯铜币
重量（克）	7. 80 3. 89	3. 90 1. 95	27 13. 65	10. 90 3. 24
重量（磅）	1/42	1/84	1 1/2	1/4 1/16
含量	金100% 金100%	银100% 银100%	黄铜（铜＋锌）	铜100% 铜100%

说明：*磅（libra），古罗马重量单位，1磅＝327. 456克。

1. 1奥里斯金币＝25第纳尔银币＝100塞斯特斯铜币。
2. 塞斯特斯原本是银币单位，奥古斯都改革之后，成为使用率最高的铜币。
3. 铜和锌合成的黄铜呈金黄色，具有易加工、耐腐蚀的特点，因此被作为流通最广的铜币原材料。其材质的本身价值高于纯铜。为了保持货币的材质价值和货币面额的一致，奥古斯都提高了两种纯铜货币的重量。因此，原本重量为7克的1阿斯铜币，变成了10.90克；原本重量为1.70克的夸德伦铜币，变成了3.24克。

恺撒规定，1 枚金币兑换 12 枚银币，金币、银币的铸造权归终身独裁官本人所有，铜币的铸造权则依然归属元老院。

恺撒的货币政策因他遭暗杀而中断，奥古斯都重新开启了对货币制度的改革。奥古斯都在权力和时间上都比恺撒来得充裕，因此他的改革全面而且彻底。尽管之后随着帝国经济实力的变化，货币的含金量不断地有所调整，奥古斯都制定的货币制度一直延续了 300 年，直到公元 4 世纪。

奥古斯都在公元前末期，即罗马帝国的初期，大力推进货币改革，目的只有一个，就是通过建立坚挺而且可信赖的流通货币，活跃帝国全境的经济。

奥古斯都制定的货币制度，就连我这种对经济一窍不通的人，也看出了一些有意思的地方：

第一，1 奥里斯金币 = 25 第纳尔银币 = 100 塞斯特斯铜币。金、银、铜三种货币之间有着简单明了的兑换关系。

任何制度都会随着时间的推移日趋复杂，所以制度的基础部分越单纯越好。

第二，当我研究从恺撒开始、奥古斯都贯彻落实的罗马货币改革时，我曾经的一个想法似乎得到了证实，那就是：经济学家可以不懂政治，而政治家必须了解经济。

奥古斯都的货币改革的最关键部分，在于货币的面额与制作材料价值的等同性。如果不能维持两者的一致性，罗马的货币就不能成为长期的基础货币。

奥古斯都清楚，货币是不受罗马皇帝或者罗马军队左右、只忠实

于经济规律的“动物”。为了不让这只动物胡作非为，在纸币还没有产生的那个时代，只有保持它的面额与其原材料价值的一致性。

第三，由奥古斯都发行、随后延续了300年不变的这些货币，只是罗马帝国的基础货币，并非帝国全境的通用货币。我们从百年后的希腊历史作家普鲁塔克（Plutarch）的著作中可以发现这一点，罗马时代的希腊人的作品中出现的货币，都还是德拉克马（Drachma）、塔兰特（Talentum）等传统的希腊货币。这些货币既然出现在书籍里，也应该在实际生活中存在并且被使用。

罗马尽管完全有力量将罗马货币定为帝国版图内所有地区的统一货币，却没有这样强行去实施。从自治都市到自由都市，各地都有铸造货币的自主权。地区的自治也包含了货币的自治。因为货币除了经济上的意义之外，还代表着文化的独特性。试想一下，在日本，如果日元被美元取而代之，会是怎样一种情形？单从对外经济的角度考虑，或许会比较便利，可是，要想活跃经济，如果只考虑经济面，就过于片面了。

第四，奥古斯都承袭了恺撒的做法，在纪念币和普通货币上都铸上自己的头像以及和自己有关的业绩。而且不仅是铸造权归他所有的金币、银币，连铸造权归元老院所有的铜币上都有他的头像。也就是说，罗马的基本货币上充斥着奥古斯都的脸。现代一些国家的货币上也都印着国家元首的头像，不过材料是纸而已。

罗马的货币没有使用期限，一直用到破损才会重新铸造。罗马进入帝制时代之后，作为国家公敌的布鲁图当年铸造的银币也因为含银量100%，仍然在继续使用。罗马的皇帝们从来没有因为货币上铸有先代皇帝的头像就回笼重铸的习惯。

在那个没有纸币的时代，罗马货币的面额和材料价值的变化，正

好反映了罗马帝国经济实力的变化。从这个角度来看，经济上的“罗马统治下的和平”的确存在过，而且是从奥古斯都时代开始的。

许多研究者都认为，作为一位政治家，奥古斯都比恺撒来得更彻底而且更有政治家的资质。正如历史学家塔西佗论述的那样，奥古斯都在成为唯一胜者之后，“悄悄地、耐心地把所有的权力一个接一个地弄到了手”。而恺撒正相反，成为唯一胜者之后立刻就任终身独裁官，大张旗鼓地强行推动革命运动。

我认为他们二人的差异其一是因为性格不同，其二是年龄上的差距。恺撒到 54 岁才有机会着手诸项改革，而奥古斯都却从 33 岁时就已经开始。其三是奥古斯都从恺撒被杀的事情中获取了教训，他绝对要保全性命。

两人之间还有一个差异不妨也可以考虑进去，那就是日本人常说的“好人家”出身和平民家庭出身的不同。

恺撒的家族起源于王政时代，有着 700 年的悠久历史，是罗马名门中的名门。奥古斯都虽然也出生于罗马，家族居住在韦莱特里（Velletri）小镇，经济上可能比恺撒要富裕，但社会地位远远不如恺撒家族。他祖父那一代从事的职业不详，到他父亲那代才有机会进入元老院。奥古斯都的父亲在当上了元老院元老不久后便去世了，所以从来没有在元老院中担任过要职。而奥古斯都的母亲阿提娅的娘家在罗马也是属于无名之辈。相对于贵族出身的恺撒，奥古斯都只是属于罗马社会第二等级的“骑士阶级”。虽然奥古斯都是恺撒的甥孙，两人之间有一点血缘关系，不过关系那么远，说出来免不了被人笑话。

王政时期罗马的名门曾有 300 家之多，到了共和时期末期只剩下

了 14 家。尽管名门数量大幅度减少，元老院里来自贵族家庭的人依然比比皆是，像瓦莱利乌斯、克劳狄乌斯、科尔涅利乌斯等家族。奥古斯都的妻子利维娅与前夫生的两个孩子也是来自克劳狄乌斯家族。

正因为以上所述的理由，恺撒在指定当时还叫屋大维的奥古斯都作为继承人时，为弥补他出身上的不足，特地将他收为养子，纳入了恺撒家族。不过，在那些尽管日趋凋零但仍然位居罗马社会顶端的贵族的眼里，养子和亲生儿子是不可同日而语的。而一般民众对贵族又有着崇拜的心理，无论恺撒做什么都会盲目地给予支持，奥古斯都行事却不得不小心谨慎。

奥古斯都继位之后，努力彰显自己的存在，我认为他并非为了满足虚荣心，其目的在于促进罗马国家的繁荣和稳定。奥古斯都在这方面煞费苦心，还是挺令我感动的。我举几个例子来说明。

首先是墓地。和恺撒无心身后事不同，奥古斯都在马尔斯广场的北边，为自己及家族建立了前所未有的壮观的陵墓。再者是恺撒广场和奥古斯都广场规模上的差异。前者是罗马广场扩建计划中最早的一个建设项目，后者是为纪念战胜恺撒的暗杀者们而建。

恺撒广场只有两尊重要的雕像：一尊是作为恺撒·尤里乌斯家族守护神的维纳斯女神的大理石雕像，建在神殿中堂；另一尊是建在神殿前广场中央的骑着战马的恺撒的青铜像。

奥古斯都广场和恺撒广场形成鲜明的对比，仅是主要雕像的数量就十分惊人。

首先是位于广场中心的驾驭着四驾马车的奥古斯都的青铜像，当初建造广场的名目是献给战神兼复仇之神的马尔斯神，所以铜像还算是有其象征意义。广场神殿内的中央也有一尊马尔斯神像，在它的左

边是维纳斯女神像，右边则是神格化了的恺撒雕像。我们从建造广场的目的可以理解竖立这几座神像的意义。

主要的雕像不止以上几尊，从尤里乌斯家族的始祖，维纳斯女神之子埃涅阿斯、孙子塞尔维乌斯及其亲属，到尤里乌斯家族起源地的阿尔巴隆加（Alba Longa）的国王们，再加上罗马共和时期的历代伟人，浩浩荡荡地排列在一起。奥古斯都大概是想要这些历史伟人替他做后盾吧。为了满足奥古斯都的愿望，广场两侧特地加建了半圆形空间，叫“艾萨多拉”，来容纳目前得到考证的这16座雕像，我对罗马建筑师们的才华深表敬意。

不同于恺撒广场的素朴，奥古斯都广场充满了威严之势，这反而产生了一个副作用，罗马时代的恋人们对这里都敬而远之。

半圆形的部分是宽阔的广场中最舒适的空间，但那里也立满了建国以来诸位伟人的雕像。其中最不适宜的是阿庇乌斯·克劳狄乌斯（Appius Claudius）的雕像。阿庇乌斯是罗马道路系统的创立者，著名的阿庇亚大道就是由他主持铺设的。这个人物老年时虽然视力衰退，但精神不减。当年元老院因败北欲同敌方求和时，他曾大声呵斥：“罗马只有赢才讲和，不会因为输而讲和！”

在这样一位人物的注视下，情侣们怎么亲热得起来呢？老先生的怒吼似乎随时会从天而降，所以罗马情侣约会，都会去隔壁的恺撒广场。

恺撒广场有爱神维纳斯和情场高手恺撒的雕像，正好用来做情人们的守护神。帝国时期的诗人，不知是马尔提阿利斯（Martialis）还是尤维纳利斯（Juvenalis）曾写过一段诗，幽默地描述了一位在罗马广场的法庭上滔滔雄辩的律师，约心仪的女孩去恺撒广场相见，走到

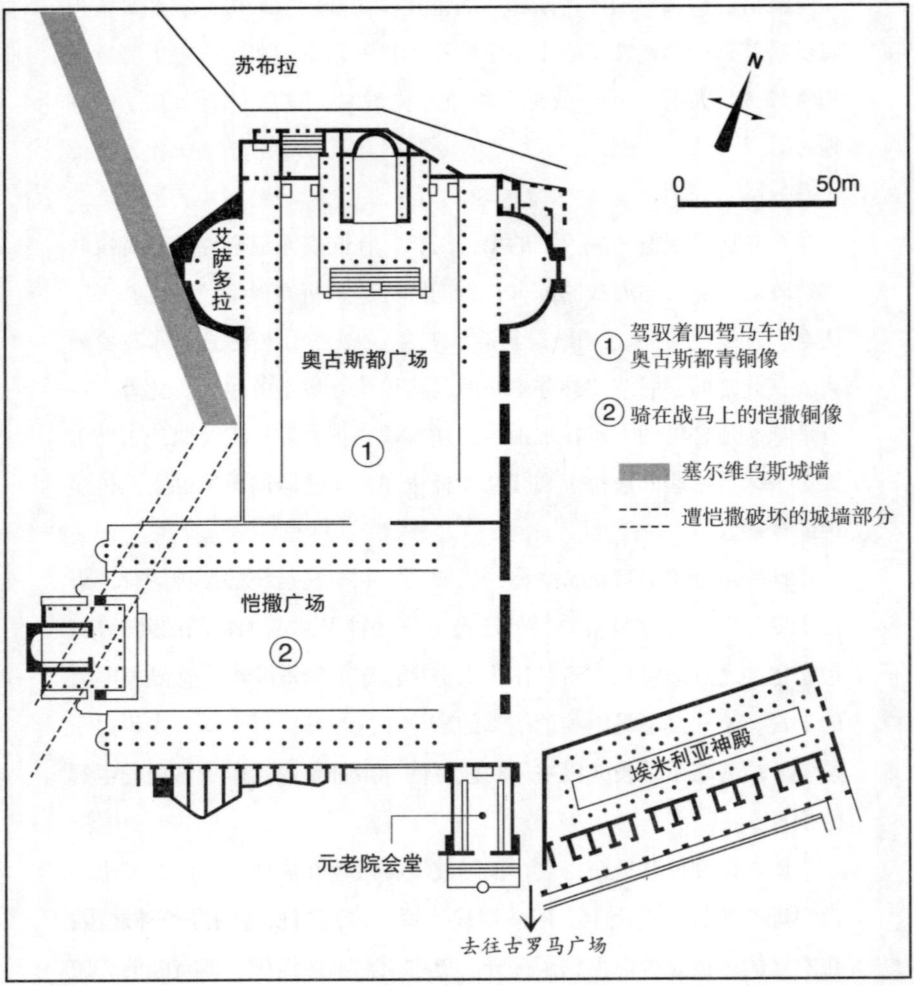

苏布拉
N
0
50m
艾萨多拉
奥古斯都广场
①
① 驾驭着四驾马车的奥古斯都青铜像
② 骑在战马上的恺撒铜像
塞尔维乌斯城墙
遭恺撒破坏的城墙部分
恺撒广场
②
埃米利亚神殿
元老院会堂
去往古罗马广场

了恺撒的骑马铜像下，竟然一句话也说不出来。我想，骑在马上的恺撒看到这个情景，一定会大笑着对他说：“小伙子，加油啊！”

被情侣们嫌弃的奥古斯都广场也并非完全没有人气，它经常被当时罗马盛行的私塾性质的中小学校作为户外教室使用。广场上竖立的那些伟人的雕像，正好就地取材拿来做教材，这里是上课教学的好地方。

当年还是恺撒·屋大维的奥古斯都，在同安东尼和克娄巴特拉联军对阵的亚克兴角海战的前夕，曾向阿波罗神祈祷保佑获胜，并许下诺言。他凯旋之后立刻履行诺言，在帕拉蒂尼山上建造了阿波罗神殿。在此之前，阿波罗神并不是罗马人传统上敬奉的主神。此外，在有诸神圣地之称的卡匹托尔山上，建有最高神朱庇特（希腊的宙斯）、天后朱诺（希腊的赫拉）和智慧女神密涅瓦（希腊的雅典娜）三位主神的神殿。

这些主神很早就从希腊传到了罗马，和罗马传统的主神融合，形成了罗马宗教的主神群。另外还有一位战神马尔斯（希腊的阿瑞斯）也是主神之一。唯独在希腊作为主神被信奉的阿波罗没有受到罗马人的重视，不知是不是因为他主掌的事物是光与诗，对罗马人来说过于抽象才被忽略了。长久以来，阿波罗的神殿都是建在距离城中心很远的位置。

奥古斯都反其道而行之，把阿波罗神殿建在离他住所以及城中心都很近的帕拉蒂尼山上。阿波罗成为罗马最高当权者的守护神之后，在罗马的地位显著地得到了提升。奥古斯都不像恺撒，拥有家族传统的守护神，阿波罗神也许是他的苦心之选。

将短处化为长处，是创造者必须具备的才能。阿波罗神通常以年

轻俊美的形象面世，而奥古斯都又坚持自己的雕像必须是他 40 岁之前的相貌，年轻的阿波罗神守护着年轻的统治者，这实在是完美的天人合一。

选举制度改革

形式先行并非坏事，不好的是只有形式没有具体内容。公元前 23 年，一年一度的执政官选举制度重新开启，罗马公民（有选举权者）的政治意识再次活跃起来，对奥古斯都而言，这正是改革选举制度的好时机。

凡事小心谨慎、尽量避人耳目的奥古斯都，大张旗鼓地举行选举，做的不过是表面功夫而已。

即便是以强硬手段取得政权的恺撒也知道，行使自由选举权是一件可以给人民带来很多满足的事情。人民心满意足了，才会顺从；人民顺从了，统治者才能成就大业。拉丁语中的“cōnsentiō”以及英文中的“consensus”的意思，与其说是目的上的共识，不如解释成是手段上的共识来得更加合适。

由恺撒筹建、奥古斯都完成的尤利娅回廊（Saepta Julia），是一个宽 120 米、长 300 米的巨大回廊，回廊内被分割成不同的选区。它的东面是著名的万神殿（Pantheon）。此时的选举方式和共和时期相同，是否当选不是以全体公民的投票数来计算，而是以每个选区为一个团体，每个团体先选出一位候选人，最终再对几位候选人进行投票决定。罗马这种独特的选举方式从公元前 509 年前就开始使用。

奥古斯都的选举制度改革之所以叫改革，是因为他推动了罗马史

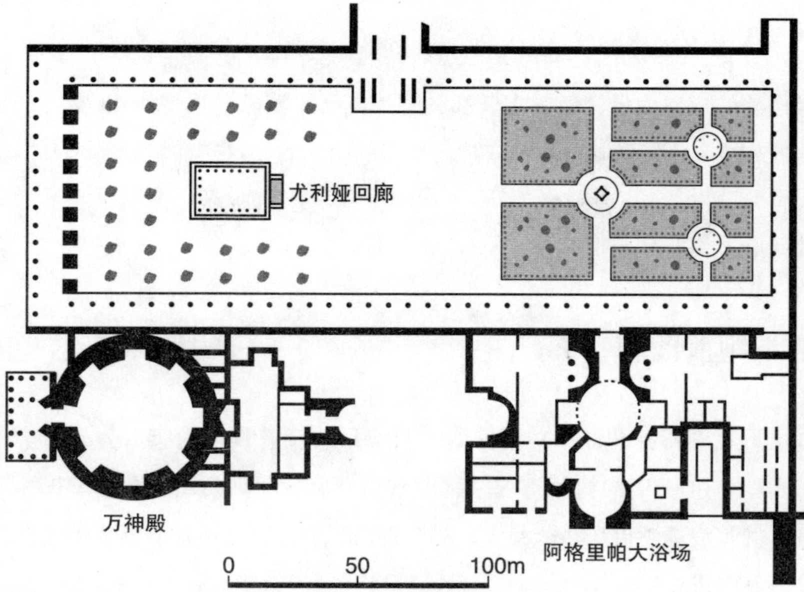

尤利娅回廊和阿格里帕大浴场的平面图（想象图）
（图中的万神殿是经过哈德良皇帝改造后的平面图）

尤利娅回廊、阿格里帕大浴场、万神殿的模型复原图

上从古到今第一次首都之外地区的投票选举。选民们在当地的自治区投票，然后选票送到首都集中。这在现代是习以为常的选举方式，但是在古代的城邦历史上，选举理所当然的是在首都举行。奥古斯都的改革，意味着异地投票的选举方式得到承认。

当时罗马国家有选举权的人超过了400万人，如果再继续沿用只有在首都罗马才能行使选举权的制度的话，那么连形式上的最高官职执政官的选举也是形同虚设。史料上并没有记载居住在行省的罗马公民是否也能异地投票，不过，因为大多数有选举权的人都居住在意大利本土，所以异地投票的实施的确保障了行使选举权的平等性。顺便提一下，即使在2 000多年后科学技术日新月异的现代，居住在海外的公民能够进行异地投票的国家也不是很多。

选举活动活跃的同时，违法行为也会随之增加，为此，奥古斯都制定了以下的处罚条例：

首先，候选人事先必须交纳一笔保证金。如果发生违法行为，保证金将被没收充公。按罗马的惯例，向候选人提供选举经费是合法的，奥古斯都本人也有赞助同派系候选人的习惯，赞助金额为每个候选人1 000塞斯特斯。那个时候，一名士兵一年的俸禄是900塞斯特斯。其他的赞助人捐助的金额想来是不好意思超过最高统治者的。

其次，参选无薪“光荣的公职人员”的候选人，必须拥有不低于百万塞斯特斯的资产。这个金额和元老院元老的财产要求相同。如果不具备这个经济能力，既不能被提名，也没有做元老院元老的资格。不过，如果有人除了经济以外，其他都符合参选条件的话，奥古斯都会慷慨解囊，鼎力相助。

仅凭以上这些约束就能杜绝选举中的违法行为吗？事实上的确得

到有效的控制。同买选票行为横行的恺撒时代相比，奥古斯都时代选举的透明度的确让人感到耳目一新。

这并非因为在奥古斯都执政的40年间，罗马人的伦理观大有提升，也不是因为候选人在乎保证金。真正的理由是，纵使候选人花钱买选票得到了公职，也不会因此获得经济上的利益。以往罗马仕途之路首先要当选为财务监察官，期满之后就可以得到元老院席位，然后参选法务官，接着是执政官，最终目的是行省总督。可是，奥古斯都免除了原本属于行省总督的征税权，交由专门的皇帝财务官负责管理，这样，行省总督再也没有像共和时期那样的机会，在任期内中饱私囊、囤积私财。所以说，选举透明度的提升，主要是因为公职人员失去了以权谋私的机会。

不过，罗马传统上的"光荣的公职人员"的理念仍然存在。相比于积累财产，还是有很多人更愿意为国家做出无私的奉献。人总是追求精神层面的满足，何况还有虚荣心作祟。一般的民众也把一年一度的选举当成节日，在选举的几天里，尤利娅回廊人山人海，盛况空前。

奥古斯都的选举制度改革政策中依然保留了恺撒时代设定的执政官2人、法务官16人的人数。不过，恺撒设定的40人的财务监察官则改回了之前苏拉制定的20人。这也是奥古斯都对元老院采取的怀柔政策之一。尽管苏拉是一个备受争议的人物，但他极力推行强化元老院的政策，让元老院将他视作恩人。

虽然财务监察官的人数减少了一半，但作为"光荣的公职人员"入门官职的财务监察官的年龄限制也由原来的30岁降到了25岁。这并非出于政府官员年轻化的考虑，而是为了拉大财务监察官和元老

院元老的资格年龄的差距。因为元老院元老的资格年龄是 30 岁，如果财务监察官也定在 30 岁的话，退职之后就可以自动进入元老院。如果是 25 岁的话，财务监察官从任期届满到进入元老院还需要等待 4 年。这 4 年的时间可以让奥古斯都慢慢考核此人是否适合进入元老院。

即使在共和时期，官僚任职期满之后也不是就能自动当选元老院元老的，必须经过财务官的讨论决定。唯一例外是护民官，可以在任职期满后无条件地成为元老院元老。这也是笼络平民的一种手段。

元老院是国家精英的聚集地，因此掌握元老院元老审定资格的财务官，在共和时期有着很大的权力。要成为财务官，不仅要做过执政官，甚至还要有行省总督的经历。通常都是由元老院中的实力派人士担任。这种由元老院负责审查、决定罗马国家精英后备军的制度，自然不会逃过始终倡导“打倒元老院”的恺撒的法眼。他废除了这项制度，审定的权限归他本人终身独裁官所有。

奥古斯都继承了恺撒的权力，行事方式却不同。恺撒对那些年龄不低于 31 岁、任职期满的政务官，会立即做出是否有资格进入元老院的审定，并且马上宣布结果。奥古斯都却将审定的时间拖延至 4 年。相比于恺撒一锤定人终身的做法，奥古斯都这种时间差的处理方式，缓和了人们的观感，淡化了世人对他独揽大权的印象，这正是他深谋远虑的地方。

总而言之，根据罗马的选举制度，要选出执政官 2 名、法务官 16 名、财务监察官 20 名，合计 38 名国家要员，候选人超过名额数倍以上，选战声势之大是可想而知的。

罗马时代的“通报侍从”

罗马自古以来权贵们出门时都有带上叫作“通报侍从”（nomenclator）的奴隶的习惯。“Nome” 意为名字，“clator” 是照顾的意思。

因为地位显赫，就算随便在罗马广场转一圈，也会有很多人上前致意。大人物们哪记得住所有人的名字，这个时候，通报侍从就会在主人耳边悄悄地提醒，主人便可以不失礼貌地寒暄几句：“哦，是普布利乌斯·瓦提尼奥斯啊，最近怎么样？”

如果是在选举期间，通报侍从的工作就不仅仅是记住人名那么简单。首先，候选人如果等着对方上来打招呼，肯定没机会当选。再者，罗马有形形色色的选民，其中包括没有资产靠劳动维生的无产者，以及曾经是奴隶身份、后来获得自由的解放奴隶。解放奴隶只要拥有少许的家产和孩子，就有资格获得罗马公民权。因此，就算候选人的父辈是元老院元老，过了 25 岁的成年人还只是个势利眼，也一定会引起人们的反感。因此，陪伴左右的通报侍从必须像电脑一般快速地将信息反馈给主人。

“盖乌斯·苏维托尼乌斯，您好！最近在东方的生意顺利吗？这样啊，那真是太好了。……哦，对了，您大概也看到候选人名单了，我这次要竞选财务监察官，请多多关照。”

“这不是昆图斯·塔基图斯吗？真没想到在这儿遇到您。在法国南部行省勤务的时候，多亏了您的亲戚们的照顾，非常感谢。我这次要竞选财务监察官，拜托了。”

如果是参选执政官，态度上除了平易近人，更需要保持有礼有节的风度。

“是您呀，提图斯·普鲁塔克。听说贵公子留学去雅典了，您准

备让他在那儿学多久啊？……哦，要待这么长的时间。我希望能在担任执政官之后去亚该亚行省做总督（雅典属于该行省管辖），到时候或许能帮上贵公子一些忙。”

作为罗马统治阶级必不可缺的情报专员，通报侍从还有另一项工作，就是安排宴席的席次顺序。罗马人喜欢躺在类似床的卧榻上吃饭，想要接近权贵的人通常都会塞些小费给通报侍从，请他帮忙安排个好座位。

现代语言中也有“通报侍从”（nomenclator）这个词语，只是字尾稍有改变，变成了“nomenclatura”，意指共产主义国家的特权阶级。

罗马的选举除了候选人之间的竞选活动之外，还有最高统治者推荐候选人的形式。最擅长使用这种方式的，是恺撒和奥古斯都这两位帝制的推行者，只不过他们的手法迥异。

恺撒经常会发推荐信，大致内容是：“独裁官恺撒致A选区的各位选民：我希望通过你们的投票，候选人B和C能获得他们期待的官职。”

推荐信适合于全选区使用，只要换个选区和候选人的名字就可以了。这也就是合理主义者的恺撒会采用的方式。

奥古斯都不写推荐信。选举的时候，宽阔的尤利娅回廊用幕帘将各个选区隔开。奥古斯都会在同党派的候选人的陪同下，访问每一个选区，拜托大家投票给他推荐的候选人。这种拜票的做法后来在公元8年以后停止了，不知是因为那时的他已经71岁体力不支，还是因为他已经不再需要扮演一个“谦虚的人”了，真正的理由无人知晓。公元8年以后的奥古斯都采用了和恺撒同样的写推荐信的方式。他们

二位还有一个共同之处，就是一定会亲自去投票现场，投下自己的一票。罗马的选举可以说是帝制下的选举。

奥古斯都凭借着高超的政治手腕，正驱使着罗马国家朝着帝制统治一步步地迈进。由于他的行动始终是暗中操作，所以大家对表面上的共和体制不过是有点不置可否的感觉。正如恺撒所言："大多数人只想看到自己想要看到的现实而已。"正因为人们愿意相信罗马处在共和体制之下，所以奥古斯都在元老院时经常需要忍受元老们肆无忌惮的言行举止。

如果是苏拉的话，绝对不会允许这种场面出现。元老院会场势必会像死水一般沉寂，没有人会有勇气尝试着向他提出质疑。谁要是被苏拉冰冷的眼光扫到，就意味着这个人上了"黑名单"，断送的不只是政治生涯，肉体可能都会被彻底消灭。

换成是恺撒，想必会场里一定是畅所欲言，气氛活跃。因为他是出了名的"宽容的恺撒"。不过，如果有人想要挑衅的话，他必须得有充分的思想准备。机智的恺撒三言两语就能让他在大家的嘲笑声中哑口无言。小加图等人就屡次有过这种屈辱的经历。

奥古斯都可能没有以上两位令人折服的个人魅力。个人魅力和身体条件也有关系。奥古斯都身高 1.7 米，在当时的罗马男人中属于不高也不矮的中等身材。而苏拉和恺撒，有很多史料已证明，他们都是 1.8 米以上的高个子。和他们相比，奥古斯都少了一些俯视一切的威严气势。

有一次，奥古斯都在元老院为法案做说明的时候，有一位元老很不客气地打断了他：

"不知道您在说些什么！意思完全不清楚！"

这对本来就不擅长辩解的奥古斯都来说，正打在了他的痛处。这种无礼的行为并没有立刻停止，又有其他的元老站出来用讽刺的口吻对他说：

“如果允许我发言的话，我会一条一条地来反驳您。”

即便是奥古斯都，对这种场面也是忍无可忍，拂袖而去。在他身后有人大声地叫道：“国家大事应该由元老院元老们讨论决定！”

在外面的奥古斯都大概会狠狠地踢颗小石子，把火气压下去。

尽管如此，既没有人遭到惩罚，也没有人被降职。因此元老院开会时，元老们发言踊跃，各种批评声不断，经常会出现对“第一公民”不敬的场面。

自幼在奥古斯都家中长大、奥古斯都的妻子利维娅拖油瓶带来的孩子提比略，年轻气盛，为继父的处境感到愤愤不平。为此，奥古斯都专门给提比略写了一封信：

> 我亲爱的提比略，你还年轻，难免按捺不住火气。但是，纵使有人对我口出恶言也不能表示愤怒。他们不对我们剑拔弩张，我们就应该感到很满足了。

我只能说，奥古斯都的忍耐力同样也是出类拔萃的。

对血缘的执着

公元前 23 年，奥古斯都首次遭遇了家庭的不幸。

奥古斯都的姐姐屋大维娅的儿子马萨鲁斯突然病故，对 40 岁的

奥古斯都来说，同时失去了外甥、女婿以及继承人。奥古斯都把女儿嫁给马萨鲁斯，是希望将他培养成一位优秀的领导者，可惜马萨鲁斯年仅 20 岁就英年早逝，也没留下一男半女。葬礼上，奥古斯都亲自念诵悼词。马萨鲁斯被安葬在奥古斯都陵，他是奥古斯都家族中第一个进入陵园的人。

后人从陵墓中挖掘出一块大理石板，上面刻着马萨鲁斯和他母亲屋大维娅的名字。我推测这是屋大维娅在安葬儿子的同时，也建好了自己的墓。20 岁的儿子先自己而去，任何一位母亲都会悲痛欲绝，丧失生活的勇气。作为既是舅舅又是岳父的奥古斯都也没有轻易地忘记这份悲伤，10 年以后，他将建成的新剧场命名为“马萨鲁斯剧场”（Theatre of Marcellus）。

马萨鲁斯剧场是继庞培剧场之后罗马建造的第二座石结构剧场。它是由恺撒兴建、在奥古斯都时代完成的。本来它应该和恺撒着手建造的另外几座建筑，像尤利娅回廊、尤利娅会堂（Curia Julia）、尤利娅水道（Aqua Julia）一样，叫尤利娅剧场，奥古斯都却违反了建筑物冠以建造者之名的传统习惯，命名为马萨鲁斯剧场。

不同于恺撒，奥古斯都相当执着于血缘关系。

马萨鲁斯的丧礼刚结束不久，16 岁的未亡人尤利娅就立刻再婚，对象是奥古斯都 17 岁时恺撒派给他的助手、之后始终是奥古斯都忠实伙伴的阿格里帕。阿格里帕和奥古斯都同年，40 岁再次做了新郎。当时的阿格里帕其实已经和屋大维娅的女儿玛吉拉（Claudia Marcella Majora）结婚，两人之间有一个女儿。奥古斯都命令阿格里帕离婚，和自己的女儿结婚，而离了婚的玛吉拉则被安排嫁给了安东尼的一个儿子。

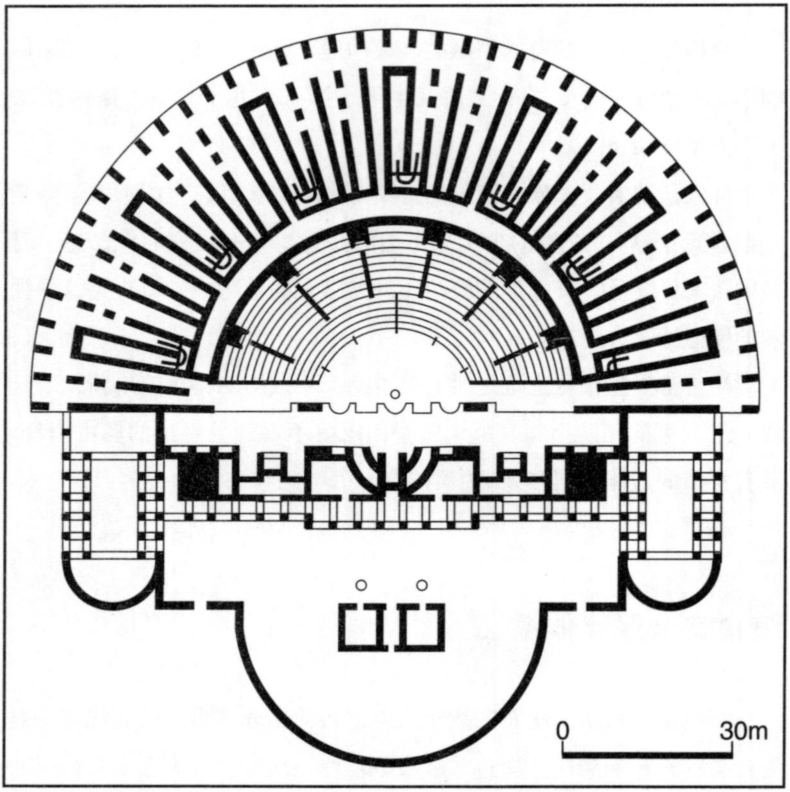

马萨鲁斯剧场的平面图和模型复原图

阿格里帕和尤利娅的婚姻的确成功地延续了血脉。两人在结婚后的第二年产下一子，三年之后又生下了第二个儿子。奥古斯都在43岁当上了外祖父。

即便是执着于家族血统，奥古斯都一刻也没有忘记国家大事。当年恺撒选中这位17岁的少年，恐怕就是看出他有强烈的使命感。身负国家大任之后，支撑他的政治生涯持续充满活力的，也正是这份强烈的使命感。

当首都发生粮食危机之时，奥古斯都不仅应对得迅速果断，而且建立了未来的预防措施。那个曾经因家庭不幸深受打击的奥古斯都，随着女婿的遗体一同在火焰中消失。

粮食安全保障体系

罗马国家自第一次布匿战争结束之后的200年里，彻底放弃了对粮食自给自足的想法。通过布匿战争，罗马从迦太基人手中获得了西西里岛的领土权。西西里岛盛产小麦，价格上又有竞争优势，因此，意大利本土就不再种植小麦，改为生产橄榄油和葡萄酒。本土在农业转型之后，橄榄油和葡萄酒在产量和质量上都得到了很大的提升，不仅能满足国内市场，还可以出口。可是作为主食的小麦就不得不依赖进口了。保证小麦的需求量，不仅对总人口超过百万的首都罗马极为重要，对整个意大利本土而言，也是一个很关键的问题。

粮食储备在罗马共和时期由按察官负责。如果发生粮食严重不足，年轻的按察官无法应对严峻的事态，就会临时任命一位有威信和

地位的政界人物来负责解决问题。比如说，公元前57年，庞培就负责过处理粮食危机。

后来，恺撒修改了制度，将按察官的人数从4人增加到6人，授予其中2人“粮食管理按察官”的官职，专门负责粮食问题。这2位按察官的主要职责首先是确保小麦的进口数量，其次是向贫民无偿发放粮食。和其他政务官一样，粮食管理按察官的任期也是一年。粮食问题需要长远的对策并付诸实施，作为负责人的粮食管理按察官，只有一年的任期其实不是很合适。

奥古斯都考虑将其任期长久化。按照他的性格，凡事都得循序渐进，所以在公元前23年发生粮食危机时，他并没有立即出手，最初的时候，反而是在一旁静观两位执政官的表现。当时的两位按察官依然按照共和时期的惯例，每年选举一次。

如果完全忠实于共和时期的规定，执政官要动用国库临时支出时，必须得到元老院的批准。元老院的600位元老就此展开了激烈的讨论，久议未决。因粮食短缺而陷入恐慌的市民，不断发出希望奥古斯都担任独裁官、一举解决问题的呼声。独裁官是罗马国家发生危机时启动的一个应急机制，它不受制于元老院，可以完全独立地实施国家事务的决策。不过，奥古斯都并没有接受民众的邀请，他实际上掌握的权力已等同于独裁官，只不过他巧于掩饰，大多数人没有觉察到而已。奥古斯都对独裁官的拒绝让共和派松了一口气。

当然也不能让这种恐慌状态持续和蔓延，最终，奥古斯都动用了私产，紧急派人去海外采购了大量的小麦。这样的事迹是他最乐意写在《功业录》里的：“只用了短短的几天时间，就将首都人民从危机和恐慌中解救了出来。”

罗马公民对奥古斯都自然是感激不尽，在感激之余经过不断的讨

论，大家终于感觉到罗马的共和体制已经到了极限的状态。

然而，奥古斯都并没有利用这种气氛趁机做些什么事情。粮食危机过去之后，粮食管理按察官的任期依旧维持一年，这又让奥古斯都再次得到了共和派人士的赞叹。对这些元老院元老而言，掌握“食”权如同掌握军权，意义极其重大。

不过，奥古斯都这次没有等到28年后再度发生粮食危机时才采取行动，他设立了一个“粮食局局长”的官职。为了突显这个职位只是一个行政官职，而非政治职务，奥古斯都从骑士阶级中挑选人才。这个职位和其他皇帝任命的行政官员一样，有相当长的任期。罗马国家终于建立了粮食安全保障体系。这个体系的建立还意味着“食”权落入了皇帝的手中，元老院又失去了一个原本属于自己的权力。

我并不打算在论述粮食安全保障体系的同时，展开水资源的话题。上、下水道的建设和道路建设并立为罗马国家基础建设的两大支柱，为此我会另做详细的论述，这里只是稍稍提一下。

同道路建设一样，关于水道的建设，奥古斯都也是完全交由阿格里帕负责。阿格里帕也是万神殿的最初的建造者。为了各类建筑、街道以及水道的建设，阿格里帕特地组织了一支技术专家队伍，这些人全部是奴隶。

阿格里帕在公元前12年去世前，将自己所有的财产都留给了奥古斯都，其中也包括这些公共工程的专家。奥古斯都不仅给予了他们自由的身份，还将他们的地位提升到了仅次于元老院阶级的骑士阶级，并且建立了以这些专家为中心的“公共事业部”。

在公共事业部的各部署中，水道局尤其重要。在帝国时期中期，

首都罗马已经拥有了10条以上的供水水道，其中有2条是阿格里帕负责修建的。虽然是武将，阿格里帕也非常清楚确保水资源的重要性。如今遗留在法国南部尼姆（Nîmes）的嘉德水道桥（Pont du Gard）就是2 000年前由阿格里帕建造的。

在对公共建筑重要性的认知方面，奥古斯都完全不输给阿格里帕。他要求“水道局局长”的人选必须是有过执政官经验的元老院元老。奥古斯都把粮食的掌管权控制在自己和继承人的手中，水资源的管辖则交给了元老院，这也是基于罗马的传统，公共工程的建设一般都是由高位阶层负责管理。

公元前22年，奥古斯都41岁。他曾经进行的国政改革，到这个时候已经有4年的空窗期。进一步推动改革之前，他有别的事情要做，那就是重整罗马帝国东半部，以及解决悬而未决的帕提亚问题。他选择搁置国政改革，一方面是因为相对于枯燥乏味的国政改革，民众更喜欢轰轰烈烈的战事结果。更重要的是他亲自出马重整帝国东方领地的各方面的机会都已经成熟。

重整东方领地

在古代被称作加拉太（Galatia）的地方，是指以现在土耳其的首都安卡拉为中心的小亚细亚的中部地区。在罗马共和时期，这里是罗马的同盟国，用罗马人的话说，是“罗马的友人及同盟者”。加拉太王族的最后一人在公元前24年死去。加拉太的东部是同为罗马同盟国的卡帕多西亚（Cappadocia），从卡帕多西亚的东部一直到里海的

广大地区是亚美尼亚王国。亚美尼亚王国也是罗马的同盟国。罗马利用叙利亚行省和这些同盟国，采取了以半圆形的方式从西边包围住头号假想敌帕提亚。虽然加拉太和帕提亚没有领土邻接，但是对罗马而言，加拉太的一举一动都影响着罗马的防御战略。如果加拉太摆脱了罗马的控制，罗马在东方的防御措施将崩溃瓦解。

接到加拉太王死讯的时候，奥古斯都还在西班牙的塔拉戈纳忙于对西方领地的重整。征服西班牙的战争一结束，他就立即派阿格里帕前往东方，并授予阿格里帕仅次于他本人的地位。也就是说阿格里帕是集权威、权力于一身的特派大使。奥古斯都希望通过非武力行动将加拉太收为罗马属下的行省。

前往东方的阿格里帕并没有带军队，也没有直接进入加拉太，而是逗留在靠近小亚细亚西岸的莱斯沃斯岛（Lesbos Island）上，进行和平交涉。

一提起阿格里帕，就连罗马的孩子都知道，他向来是代替不擅作战的奥古斯都冲锋陷阵。这次出征竟然不带军队，去的又是因女诗人萨福（Sappho）的诗歌而出名的风光明媚的爱琴海小岛莱斯沃斯岛。这不禁引起众人的猜疑，是不是由于奥古斯都过于偏爱女婿马萨鲁斯，才引发了阿格里帕的不满，索性跑到小岛上隐居了。我以前也这么认为，但现在百分之百地否定了这种看法。因为那段时间，阿格里帕不光是待在莱斯沃斯岛上，他还视察了东方的各个行省，甚至涉足犹太（Judaea）地区。因此，阿格里帕的此次东方之行，是为奥古斯都的东征打基础，做事前准备。以阿格里帕之名在东方世界兴建的公共建设，数量之多举不胜举。如果是一个心情苦闷、躲在小岛上的人，是不会有这番心思的。正因为他位居最高统治者之下的“次席”，所以他才有可能会为即将登场的“主席”去做这些事业上的铺垫。也

是因为有阿格里帕在东方的把持，奥古斯都才得以完成了对西方领地的重整，返回首都后，获得了护民官的特权，向他的皇帝之路更走近了一步。当年由恺撒指派、从 17 岁开始一直在奥古斯都身边、与他同甘共苦的阿格里帕，是奥古斯都始终如一的朋友、同志和协助者。

失去爱婿马萨鲁斯的奥古斯都选择阿格里帕作为女儿的再婚对象，或许是出于深情厚谊，希望自己和好朋友的血缘融合在一起。阿格里帕成为奥古斯都女婿之后，奥古斯都将他的地位提升到与自己同级，成为共同的统治者。他不在罗马期间，由阿格里帕代为掌管内阁。内阁除了"第一公民"、2 位执政官、各官署的代表以及 20 位元老院元老这些原本的成员之外，奥古斯都又加上了和"第一公民"本人共同的统治者阿格里帕。大概是奥古斯都考虑，万一自己有个三长两短，罗马帝国可以托付给阿格里帕。两人虽然同龄，但是阿格里帕身强体壮，少有疾患，健康状况胜过奥古斯都。

因为东方有阿格里帕在帮忙打点，所以奥古斯都在公元前 23 年从西班牙返回首都之后，不需要急于启程直抵东方，他出行的第一站是西西里岛。住在西西里岛的希腊人也满怀期待地等候迎接这位恺撒之子、"第一公民"的到访。

恺撒不仅授予了卢比孔河以北的意大利北部行省的全体居民罗马公民权，也给了居住在西西里岛的所有自由人拉丁公民权。拉丁公民权除了没有参政权，即投票权之外，其他权利和罗马公民相同，因此拉丁公民权可以说是取得罗马公民权之前的一个准备程序。同样得到恺撒授予拉丁公民权的还有法国南部行省。

意大利北部行省的罗马公民权在公元前 49 年已得到正式的通过，而授予西西里行省和法国南部行省拉丁公民权的政策，是恺撒在公元

前 44 年才决定的。3 个月之后恺撒就遭暗杀，罗马随即陷入长期的内战，直到公元前 30 年才得以安定。这段时间，有关拉丁公民权的问题一直被搁置。奥古斯都认为没有明文化的政策形同白纸，和法国南部行省一样，他也没打算授予西西里人民拉丁公民权。

西西里人也知道，奥古斯都在法国南部行省期间，并没有给予当地居民拉丁公民权，他们仍旧维持着行省居民的身份。但在西西里人看来，纳尔榜高卢行省和西西里行省不同：他们这里作为罗马行省的历史要长久多了，而且西西里和意大利本土之间仅相隔一条最窄处只有 3 公里的墨西拿海峡，从地理位置上讲，将西西里算作本土也无可非议。何况，西西里还是罗马的粮仓。

奥古斯都持有不同的观点，他认为西西里是外国，使用的语言也是希腊语。当时高卢和西班牙还没有完全形成自己的语言体系，拉丁语因此得到普及，但是由于希腊语是完整的语言，再加上罗马推行双语政策，所以就算成为罗马的行省，人们日常用语还是希腊语。在西西里，似乎希腊语是国语，而拉丁语则是第一外语。直到现代，西西里当地的方言里还夹杂着不少的希腊语，每次听到这些奇妙的语言，总让我不禁莞尔。

奥古斯都对公民权的想法，对西西里人很不利。

我把恺撒和奥古斯都两人有关公民权的看法，做以下归纳：

——恺撒——

（一）即便是异族，只要从事对罗马有贡献的工作，就可以给予公民权。比如说，对那些忠诚的士兵，不管是希腊人还是日耳曼人，恺撒一律授予了他们罗马公民权。

（二）授予那些有助于罗马国家未来安全稳定的人公民权，像罗马统治下的部族的首领，以及巴尔布斯那样有才能的行省人。恺撒在

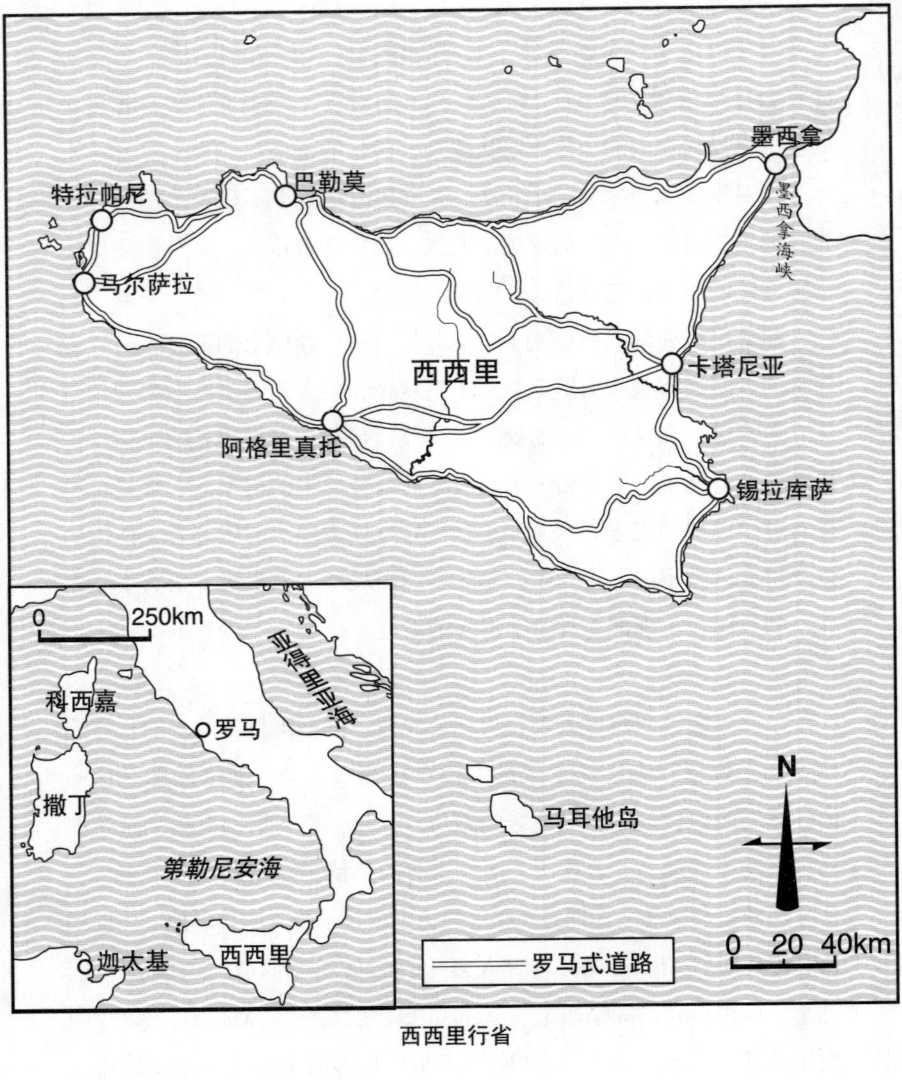
墨西拿
墨西拿海峡
巴勒莫
特拉帕尼
马尔萨拉
西西里
卡塔尼亚
阿格里真托
锡拉库萨
马耳他岛
N
0 20 40km
罗马式道路
0 250km
亚得里亚海
科西嘉
罗马
撒丁
第勒尼安海
迦太基
西西里

西西里行省

授予外国人公民权的问题上，态度始终是开放的、积极的。

—— 奥古斯都 ——

对于以上（一）的条件，奥古斯都承袭了恺撒的做法。（后文对此将会详细论述。）他在实施军事改革的时候，授予了那些行省出身的包括退役兵在内的全体志愿兵罗马公民权的资格。

而对于（二），奥古斯都的态度与其说是慎重不如说是消极。首先，他不想引起元老院的反感；其次，奥古斯都认为，必须优先保证本国人民的利益，这是他长期以来的信念。

在公民权问题上也反映了“父”与“子”性格上的迥异。研究者评价两人时通常会认为恺撒是一个追求革新的人，而奥古斯都则相对保守。不过，在这个问题的处理上，反而是奥古斯都得到的正面评价更多一些。话说回来，传统上热衷于研究罗马史的国家，大多是曾经拥有过殖民地的先进国家，如果是来自发展中国家的研究者，他们的论点可能就会不同。因为帝国对这些旧殖民地“从事对本土有贡献工作”的人民，从来都不肯给予本土的国籍。

总而言之，西西里人没有得到公民权，依旧维持着原来的行省地位。如果说保守主义的主张是维持原状的话，奥古斯都的确是保守的，这同时也代表了罗马传统的做法。不过，奥古斯都对提高这个罗马粮仓的生产能力，表现出了前所未有的热情。

西西里和罗马一样拥有 700 年的历史，是希腊人的移居地。主要城市有锡拉库萨（Siracusa）、卡塔尼亚（Catania）、墨西拿（Messina）、巴勒莫（Palermo）、特拉帕尼（Trapani）、马尔萨拉（Marsala）以及阿格里真托（Agrigento）。这 7 座城市是由从事海运和通商的希腊人以及迦太基人建立的，所以都是海港城市。

奥古斯都决定扩建这7座城市。首先是建造环绕海岸线的道路，由此形成7座城市的交通网络；其次是建设纵贯南北、横跨东西的内陆道路。希腊人对内陆向来关注甚少，奥古斯都希望通过公路建设繁荣内陆的经济。

除了上述的计划，奥古斯都沿用了恺撒生前的策略，向各战略要地输送退役的罗马军人，在这些地区总共建立了7座殖民城市。殖民城市建在哪里，哪里势必成为地区的军事防卫和振兴经济的核心，而各个核心地之间都会建立相互联结的交通网络。

通过以上道路和城市建设，农产品从内陆到港口的输送效率得到了很大的提升。粮食危机发生的原因多半不是因为产量递减，而是由于产地的运输能力低下。物流系统得到有效的运作，不仅可以提高当地农民的收入，主食小麦依赖进口的意大利本土人民的生活也能得到保障。

奥古斯都在西西里逗留期间，还计划了撒丁岛和科西嘉岛两岛的公路网的建设，这项计划和西西里扩建一样，迅速地得到实施。

在奥古斯都的行省治理政策中，与撒丁岛以及科西嘉岛相比，西西里受惠更多。西西里靠近非洲，坐船去迦太基只需要一天一夜的时间。当年恺撒制定了迦太基的重建计划，后来由奥古斯都完成。恢复了昔日繁荣的迦太基，再度成为北非物资的集散地。西西里的居民大多是希腊人，希腊人又是以商才出名，因此，西西里在作为粮食产地的同时，又被开发成为物资的中转枢纽。

布匿战争时代的罗马人，看到从迦太基运来的新鲜无花果都会有一种不寒而栗的感觉。生产如此美味水果的敌人竟然离罗马只有3天航行的距离。150年之后，在奥古斯都推进的“罗马统治下的和平”

政策下，罗马人的这种心理畏惧变成了物质上的充实。西西里由于地处地中海正中，长期以来是大国间的必争之地，这个不利的条件随着“罗马统治下的和平”的实现，转变成正面的、有利的因素。

另外，奥古斯都的行省治理制度也促使了西西里地区进一步安定。

西西里属于元老院行省，由元老院元老出任行省总督。根据奥古斯都的行省制度，行省总督没有征税权，税赋的事务由奥古斯都直接任命的皇帝财务官负责。因此，行省总督失去了利用职权贪污税金的机会。罗马共和时期，让西塞罗一举成名的，就是他起诉了劣迹累累的西西里总督盖乌斯·威勒斯。在奥古斯都的“皇帝财务官”制度下，不会再出现类似威勒斯这样的人物。

因为西西里继续维持行省的地位，所以居民必须缴纳什一税。但是由于经济条件的改善，即使缴了税，还是可以保证有一定的收入。

西西里行省以及撒丁岛、科西嘉岛，由于社会安定，所以没有驻扎任何罗马军队。

第二年，即公元前 21 年，奥古斯都离开西西里动身前往希腊。

当年恺撒和庞培的对决、之后的安东尼—屋大维联军和布鲁图—卡西乌斯联军的战争，以及屋大维与安东尼—克娄巴特拉联军的决战，罗马内乱时所有主要的战役，都发生在希腊领土上。希腊历经不幸长达 20 年。

陷入长期衰退的希腊经济已经到了分崩离析、不堪一击的地步。耕地荒芜，仅靠着以养羊为主的畜牧业维系。人们选择畜牧业，也是出于万一发生战争，可以有个逃生之地的理由。希腊人对自己的国家

不再抱有希望，最终导致了人口大量外流，与其说人口外流，不如说“头脑”外流更贴切。人口外流的另外一个原因是希腊民族生存能力很强，去哪儿都能适应。

首先，希腊语是地中海世界的通用语。再加上罗马人作为素质教育的科目的哲学、伦理学、修辞学、历史、数学、地理、天文学，都起源于希腊。恺撒规定，能够教授这些学科的人，不问民族，一律给予罗马公民权。因此，享用这个特惠的希腊人日益增多，因为除了可以谋得职业之外，有了罗马公民权，就不必再缴纳行省税。何况，不用到罗马，只要在附近的罗得岛开设讲座，就会有留学生从罗马蜂拥而至。

除了教学，希腊人在建筑和美术造型上也有着独特的造诣。罗马人有市场需求，希腊人有能力提供，两者间的供求关系在这些领域达到了最完美的结合。

行医是希腊人自古以来另一个传统的职业。拜恺撒所赐，这个行业和教师一样，只要在罗马开设诊所，或者在罗马公民聚集的殖民城市、军事基地的医院任职，都能获得罗马公民权，免缴行省税。

希腊人若是擅长做生意，那么地中海世界的所有海港城市，都是他们活跃的舞台。希腊人还善于航海，不仅是地中海，从红海到印度洋都能看见他们的身影。气象学上的季风现象，就是在那个时期由一个希腊人发现的。

正是以上这些原因，古代的希腊人比他们的后代更有勇气和自信，即使离开祖国，他们也有足够的生活能力立足异邦。

不管怎么说，希腊国内日益严重的经济空洞化不容忽视。希腊的不振对一向尊重希腊文化的罗马统治阶层而言，是一个痛心疾首的问题。如果希腊能够恢复以往土地丰饶、人丁兴旺、人才济济的景况，

对罗马的战略防御也十分有利。罗马一直希望建立多瑙河防线，希腊的北部正好可以作为后方基地。

当初，恺撒将希腊分为马其顿和亚该亚两个行省，奥古斯都将它们都划为了元老院行省，统治权理应属于元老院，按照法律规定，这个地区没有奥古斯都插手的余地。可是，奥古斯都凭借巧妙的政治手腕，给人们造成了一种错觉，大家都认为虽然统治权归元老院，但是重整领地、制定行省治理方针应该交给奥古斯都。

奥古斯都在希腊期间，不管是亚该亚行省的省会科林斯（Corinth），还是马其顿行省的省会塞萨洛尼基（Thessalonica），他都从未涉足。他好像一直待在雅典，奥古斯都不像恺撒，喜欢轻车简从，四处巡视。正因如此，他才对恺撒生前规划的打通科林斯地峡、联结爱奥尼亚海（Ionian Sea）和爱琴海的计划完全没有兴趣。如果他去了科林斯，一定会去现场视察考证工程实施的必要性。恺撒生前计划过多种建设项目，像科林斯地峡那样，要等到19世纪才得以实现的工程，为数并不多。

史料上没有奥古斯都在雅典召集研究者、增加学识的记载。他18岁就卷入了政治斗争的旋涡，想来是很少会有充裕的时间去静心学习、提升教养。如今到了42岁，又有堆积如山的国家大事等着他去处理，估计他不会有聚集文人墨客谈天说地的闲情逸致。

奥古斯都重建希腊的构想，包括建设自治城市、殖民城市，以及联结这些城市的道路网。

自治城市基本上就像一个城邦，拥有独立的货币铸造权，当然也不缴纳行省税。在希腊，有雅典、斯巴达和奥古斯都建设的尼科波利

伊利里亚
达尔马提亚
多瑙河
默西亚
色雷斯
黑海
亚得里亚海
埃格纳提亚大道
拜占庭
布林迪西
马其顿
塞萨洛尼基
爱琴海
亚该亚
帕加马
尼科波利斯
亚细亚
莱斯沃斯岛
萨摩斯岛
以弗所
爱奥尼亚海
科林斯
雅典
伯罗奔尼撒半岛
斯巴达
N
0
150km
罗得岛
克里特岛

希腊行省及周边图

斯（Nicopolis）等，总共不到10个特别自治城市。雅典和斯巴达之所以能享受这个特殊的待遇，是因为历代的罗马统治者都非常尊重这两座希腊最著名的城市的历史。

殖民城市是罗马退役军人移居的城市，因为是罗马公民居住地，它们自然没有缴纳行省税的义务。

希腊的公路修建，是将原本只有一条的埃格纳提亚大道（Via Egnatia），现在向纵深扩展，形成一个联结所有自治城市和殖民城市的交通网络。这种罗马式的道路形同现代的高速公路。

奥古斯都坚信，只有发展经济才能复兴希腊。他在雅典市区的北面建造了一座圆柱环绕的市场，赠送给雅典市民。作为回赠，雅典在卫城（Acropolis）上建立了一座神殿，献给罗马和奥古斯都。神殿中矗立着奥古斯都和阿格里帕的雕像。

非常有趣，罗马人赠送的礼物是“贸易中心”，而希腊人的回礼则是神殿和雕像。从这里也可以看出，地中海地区这两大文明古国不同的民族性。

从神殿里并立的奥古斯都和阿格里帕的雕像可以推测，那一年，阿格里帕可能来到雅典和奥古斯都会合，就东方重整计划的有关事项进行了交接。奥古斯都之后从雅典前往东方的时候，阿格里帕并没有同行，他在雅典交了接力棒后，直接返回了首都罗马。陪伴奥古斯都东行的是年轻的提比略。对自己的身体没有自信的奥古斯都唯一的健康法，就是不勉强行事，能让人代劳的事尽量交给别人去做。

雅典冬冷夏热，公元前21年的冬天，奥古斯都是在气候温暖的萨摩斯岛上度过的。萨摩斯岛是邻近小亚细亚西岸的一个岛屿，对奥古斯都而言，逗留此地，为下一年（公元前20年）即将展开的东方重整计划做准备，比待在希腊本土来得更加方便。

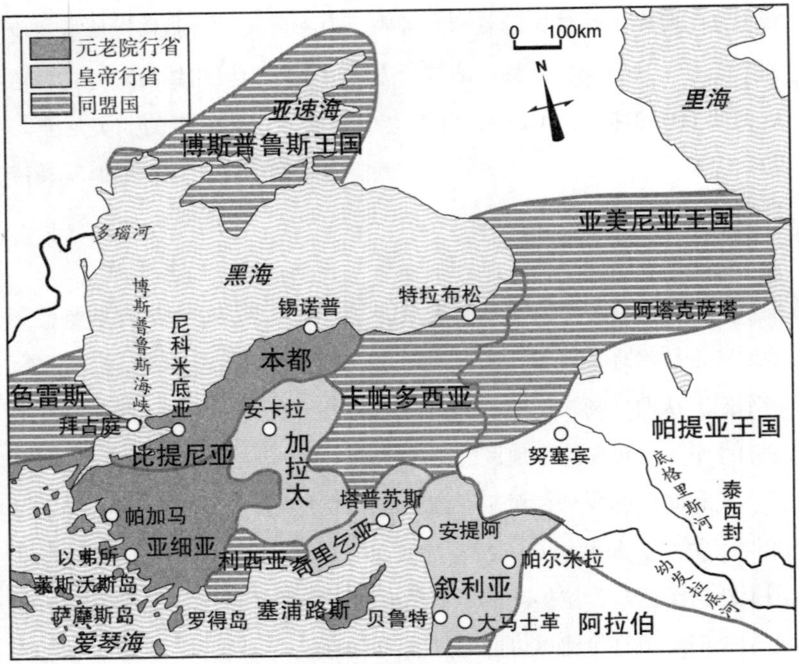

小亚细亚及其周边

从飞机上俯瞰古代称作“亚细亚”的现今的小亚细亚，满目是连绵不断的荒丘野岭。这样一个地方竟然曾有过你争我夺的历史，让人觉得很不可思议。一旦改坐汽车，行驶在陆地上，观感就大不同了。这里虽然没有广阔的平原，但是农田散布，水源丰沛，山丘以外的地区气候温和，是一个素朴而富饶的地方，尤其是希腊人开发的黑海沿岸、面临爱琴海的爱奥尼亚地区（Ionia），以及面向叙利亚和埃及的小亚细亚南部，经济水平都不低于叙利亚和埃及。

小亚细亚从公元前 5 世纪的波斯战争到 200 年后被亚历山大大帝占领，经历了波澜壮阔的历史。这里的民族构成像其历史一样，也是

相当错综复杂。原住民的亚洲人务农，由来已久的希腊移民从事商业和手工业；还有同样是移民的波斯人，以及作为雇佣兵而来、之后定居在此的凯尔特人（Celt），再加上小亚细亚东北一带的亚美尼亚人和帕提亚人，可谓是多人种、多民族、多宗教、多文化，恰似罗马帝国的一个缩影。

如何对这样一个既复杂又潜藏能量、在军事战略上具有重要意义的地区进行治理，对罗马来说始终是一个重大的课题。罗马最优秀的将军们，从西庇阿·阿非利加努斯、庞培到苏拉、恺撒，都曾经对小亚细亚举兵，可见这个地区的重要性。

共和时期的罗马在对小亚细亚的政策上，一贯保持与各王国之间的同盟关系。公元前 2 世纪，帕加马（Pergamum）的国王在死前将国家托付给罗马，这里才成了罗马的行省。罗马虽然拥有强大的军事力量，但是一直希望尽可能通过非武力的方式，将小亚细亚整个地区收为罗马的行省。

小亚细亚的王国几乎都是君主制国家。君主体制和东方人的特性交汇在一起，就容易发生王位继承的纠纷。罗马人之间的纠纷，罗马人自己可以解决；而在东方各国，王室之间的通婚情况普遍，因此一个国家的内部纠纷常会引来他国的介入，从而扩大战事。为了维持罗马统治下的小亚细亚地区的安定，罗马也不得不改变策略，增加了亚细亚、比提尼亚、奇里乞亚三个罗马行省。这项政策是由庞培规划、恺撒实施完成的。

奥古斯都目前面临的问题是，与这三个行省相邻的加拉太王国的国王死亡，王位无人继承。如果放任这个状况不理，附近的大国亚美尼亚和帕提亚势必会伺机而入。奥古斯都决定将加拉太纳入直辖行

省，为了不刺激紧邻诸国，他希望通过非武力的方式解决这个问题。

奥古斯都授予“次席”地位、被任命为全权特派大使的阿格里帕，和加拉太王国的代表进行了谈判，双方达成了协议。阿格里帕给予对方的条件是：

一、延长债务偿还期限。通常情况下，加拉太人是借款一方，而贷款一方则是罗马人。这想必是奥古斯都对罗马金融业施加了压力而促成的协议。

二、承诺行省税的公平征收。行省税是收入的十分之一，金额已经低于加拉太人民之前缴给国王的税金，因此所谓公平征收，应该是指税率不超过十分之一的意思。

三、明确行省总督的统治地区。在罗马的行省中有不少希腊型的通商城市，这些城市从共和时期开始，一直作为“自治城市”被罗马认可。奥古斯都继承了这种治理方式，与其说是尊重地方的自由，不如说是让它们成为当地经济的核心。这些自治城市只要没有反罗马的行为，罗马就不会派驻军队，行省总督的权限不涉及这些地区。

既然是自治城市，按理说可以决定各自的税率，但是实际上这些城市的税率都没有超过行省税的十分之一，因此还是采取了统一的标准。如果自治城市的税率高过了周边的地区，就算是自治城市，也避免不了人口外流的问题。

四、不派军队驻守，但要建立罗马退役军人居住的殖民城市。小亚细亚的另外两个行省亚细亚和比提尼亚属于元老院行省，所以没有罗马军队。但是对于刚成为行省的加拉太，因属于奥古斯都直辖的皇帝行省，按理说应该派兵驻守。不过，奥古斯都认为正规军只要驻守在叙利亚就够了，这和莱茵河沿岸有大批的罗马军队防守，附近其他

地区没有驻军是同一个道理。

为防止利益上的冲突，殖民城市的地点选择了远离原住民希腊人的地区，六个殖民城市都建在加拉太的内陆地区。这些罗马退役兵居住的土地，不是强行占用，而是由奥古斯都自费购买。殖民城市之所以选在内陆，除了避免民族间的矛盾，也是考虑到希腊人擅长经商，罗马人擅长农牧。要保证经济振兴的持续性，人力、资源的分配必须均衡合理。不同于希腊人偏重沿海城市，而罗马人对内陆地区的开发非常热衷。加拉太行省的省会定在安卡拉（Ankara）。不用我说大家也能猜到，这里也进行了罗马式的基础建设，筑起桥梁和道路，形成了联结核心地段的交通网。位于小亚细亚中部的加拉太，就这样和平地被收为罗马的行省。

当时，以莱斯沃斯岛为据点的阿格里帕，东奔西跑，十分活跃，而原本安心逗留在萨摩斯岛的奥古斯都，也逐渐地扩大了他的视察范围，似乎只有在冬天才回萨摩斯岛。那时他们两人都是 40 岁出头，共同肩负着巩固帝国疆土的大业。

罗马时代的叙利亚行省的版图很大，包括现在的土耳其东南部，以及叙利亚和黎巴嫩。居住着希腊人、腓尼基人（Phoenicia）以及闪米特人（Semite）等，民族构成十分复杂。当年由亚历山大大帝的手下在这里建立的塞琉古王朝（Seleucus），因发生内乱而灭亡，庞培将这块地区收为罗马行省。

这里由于和大国帕提亚相邻，所以有罗马军队驻守。奥古斯都将这里划为皇帝行省，即使在平常，驻军也达到了四个军团的兵力。

叙利亚行省的省会设在塞琉古王朝时代的首都安提阿（Antioch）。

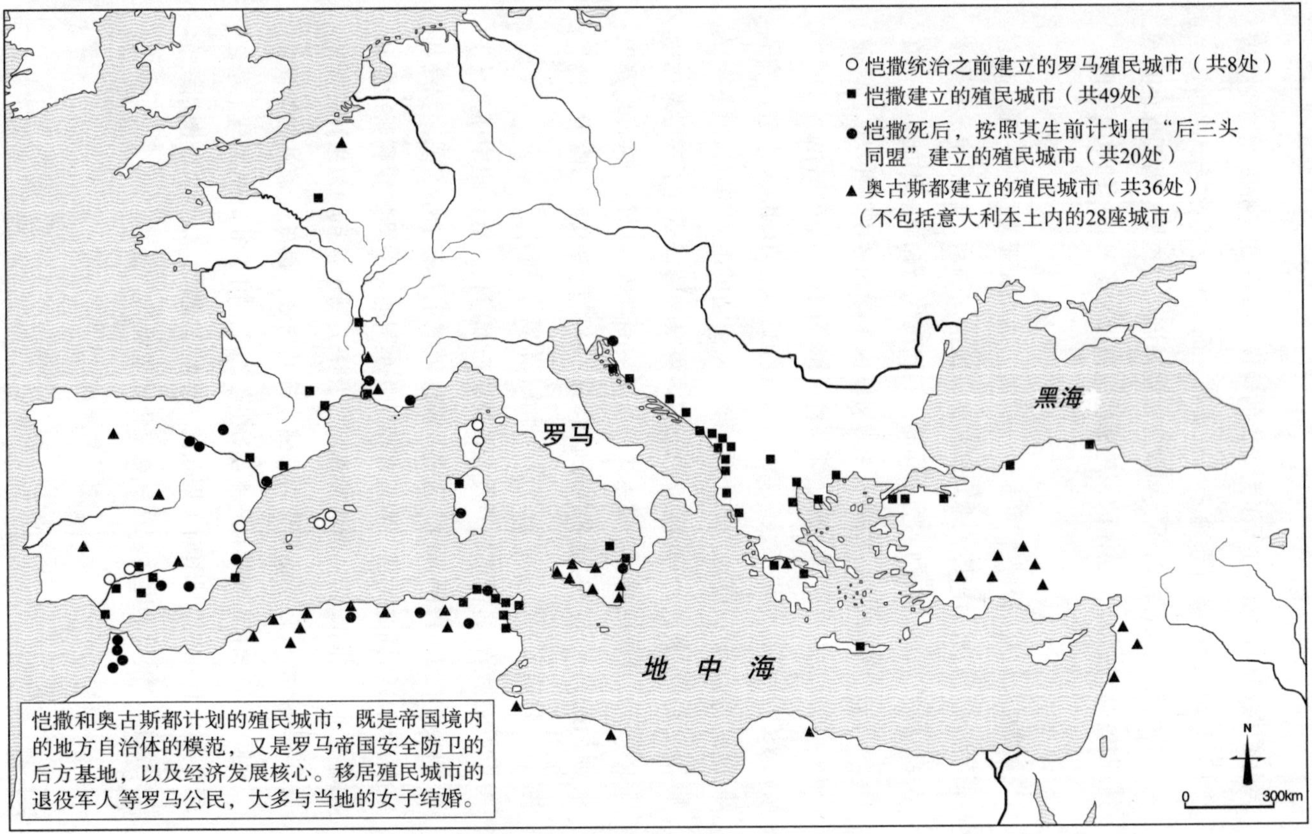

恺撒及其后继者奥古斯都的殖民政策

当年恺撒在这里已经进行了大规模的建设，他深知安提阿在地理位置上的重要性。当奥古斯都来到安提阿，面对林立的剧场、水道、浴场、会堂等各式各样的建筑和设施，他知道，对这里只需要保证其维持现状，而他真正需要做的，是那些恺撒没来得及整顿的重要地区。

叙利亚行省的最大特征是，一面与邻国帕提亚为敌，一面又和它保持着密切的贸易伙伴关系。叙利亚即使面对强敌，也不能筑起铜墙铁壁，隔绝来往，否则就等于切断了自己的经济命脉。因此，罗马在部署军队驻地的同时，也必须考虑对沙漠中绿洲城市的开发。如果这些城市的安全没有得到保障，那些商队都会改走其他的路径。

奥古斯都在赫里奥波利斯（现在的巴贝克，Baalbek）建立了军事基地，为了让驻守边境的士兵们有一个舒适的生活环境，他下令在基地内建设了各种公共设施。就这样，罗马文明渗透进了黎巴嫩的山区，不过它并不能渗入当地人民的心灵。当地人和以往一样，信奉巴尔神（Baal），这里的地名从希腊语的"赫里奥波利斯"改为"巴贝克"，也足以证明巴尔神始终是当地人民信奉的神灵。

对商路沿线各城市的开发，在奥古斯都时代，首先集中在大马士革和帕尔米拉（Palmyra）。这块沙漠地带散布着五个小王国，罗马和它们都结成了同盟关系。罗马希望这些小国能在罗马的叙利亚行省和帕提亚王国之间起到一个缓冲作用，其中大马士革和帕尔米拉，无论是作为缓冲的核心，还是作为商路发挥其功效，都处于最好的位置。

罗马人一定在安提阿—帕尔米拉之间、帕尔米拉—大马士革之间、大马士革—贝利图斯（现在的贝鲁特）之间，以及贝利图斯—安提阿之间，铺设了道路，这一点是毋庸置疑的。

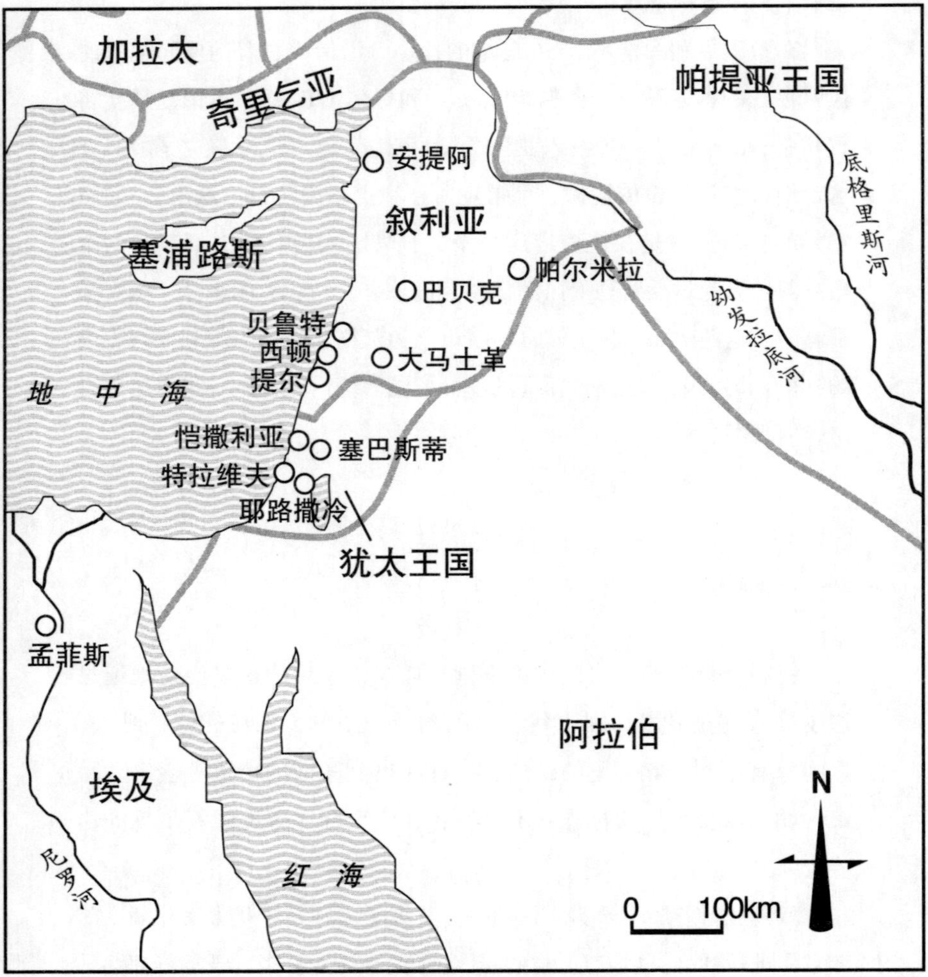

叙利亚行省及其周边地区

奥古斯都的行省统治政策，除了继承了传统的罗马统治方式，或者只是在原来的基础上进行了一些地区的开发，他也对一些既定的政策做了相应的调整。

在距离贝利图斯不到 50 公里的地中海沿岸，有着两座腓尼基时代就存在的古老城市，西顿（Sidon）和提尔（Tyre）。无论是最初将叙利亚—巴勒斯坦一带纳入罗马行省的庞培，还是之后确立了罗马在这个地区统治地位的恺撒，都指定西顿和提尔为“自治城市”，同意它们的自治。但是在恺撒遭到暗杀、罗马陷入混乱的时期，这两个地方曾经兴起过反罗马的风潮，发生过杀害罗马商人的事件。奥古斯都剥夺了这两座城市作为“自治城市”的资格，降格为叙利亚行省内的一市。这就是日后奥古斯都的罗马帝国的统治方针——可以给予自由，但不能背叛罗马。

犹太问题

叙利亚行省的南边是犹太王国。如今，要想从这里轻易地通过边境简直就是做梦。在古代，贝利图斯和约帕（现在的特拉维夫）之间只有不到 200 公里的距离，或许在贝利图斯的街道上会有“距离约帕 200 公里”的标志。不过在古代，也存在着肉眼看不见的边界线。

叙利亚行省属于希腊文化圈，而犹太王国则属于犹太文化圈。前者是多神教社会，后者是一神教社会。在罗马人看来，既然首都罗马的犹太人集中的居住区有犹太礼拜堂，那么犹太地区也应该为多神教人民建立神殿，而犹太人是绝对不允许在自己的王国内设立祭拜其他

神的殿堂的。这就是两种文化的不同之处，对罗马来说，治理这个地区是一件非常困难的事情。

不管是40年前（公元前60年）征服了耶路撒冷的庞培，还是公元前48年确立了罗马统治地位的恺撒，从来都没有考虑过要将犹太王国收为罗马的行省，只要犹太王国承认罗马的霸权地位、和罗马保持友好的同盟关系就足矣。在以希腊文化为主导的社会，希腊裔商人曾经一直享有特殊的待遇，犹太商人始终屈居第二。是恺撒授予犹太人和希腊人同等的地位，他也因此受到了犹太人狂热的支持。

事实上，相比于希腊人统治的时代，犹太人的生活环境在罗马统治时代得到了较好的改善。不过，承认这一点的只限于一些明理的犹太人，何况经济的发展势必会带来贫富差距，毕竟不是每一个犹太人都是行商的。

不过，在处理犹太王国问题上，奥古斯都手里握有一张王牌，那就是被犹太王国的人民称作“大王”的希律（Herod）国王。

希律王生于公元前73年，年长奥古斯都10岁。王族间的权力之争在东方的君主国家是经常发生的事情，希律王的前半生也是在和亲族们的相互厮杀中度过的。公元前40年，帕提亚入侵犹太王国，逮捕了国王，逼他将王位交给了亲帕提亚的弟弟。当时身为国王近臣的希律逃往罗马。罗马那个时候正值安东尼和还是屋大维的奥古斯都共同统治的时期，他们当然不会承认和帕提亚交好的新任国王，反而是头脑清晰、务实、有着坚强意志的希律得到了罗马统治阶层的赞赏和信任。最重要的是，智力和体力正值盛年的33岁的希律，正确地判断了罗马的力量。

不久，希律带着安东尼和屋大维授予的“罗马的友人及同盟者”的称号返回祖国，成功地夺取王位，成了犹太国王。

埃及女王克娄巴特拉曾经非常希望得到犹太王国，对她言听计从的安东尼在这件事情上始终不肯点头同意，可见罗马对希律王的重视。安东尼死后，希律王的犹太王国和奥古斯都的罗马也一直保持着良好的关系。

有一个人对两国的关系起到了润滑剂的作用，这个人就是大马士革的尼古拉斯。尼古拉斯是生于大马士革的希腊人，他学识渊博，性情温和，著书颇丰，曾经担任过安东尼和克娄巴特拉的孩子的家庭教师，后来又成了希律王的顾问。

希律王和尼古拉斯这两人，一个是犹太人，一个是希腊人，在一件事情上有着共识：犹太王国最佳的选择就是在作为罗马的“被保护者”的前提下，继续保持国家的独立性。

罗马时代的被保护者不单指受到保护，还意味着成为保护者的后援。具体地说，就是作为安全保护者的罗马有责任保护犹太王国免于外敌的侵略，而被保护者犹太王国也要为罗马帝国的安全保障承担相应的责任。对罗马而言，犹太王国就是抵御东方的帕提亚、南方的阿拉伯的防线之一。作为交换条件，罗马承认犹太王国的独立地位、犹太人的宗教信仰自由，可以在耶路撒冷重建神殿。

希律王的亲罗马政策也贯彻得相当彻底。在犹太王国内，建有信奉希腊—罗马诸神的神殿；为感谢奥古斯都，将撒玛利亚（Samaria）改为塞巴斯蒂（Sebaste）；还建了一个名为恺撒利亚（Caesaria）的海港，意为“恺撒之都”；同时在恺撒利亚又建了一座神殿，献给罗马和奥古斯都。即使在耶路撒冷城内，也允许并正在建设以奥古斯都和其妻利维娅，以及已经成为奥古斯都女婿的阿格里帕之名捐赠的公共

建筑。

但是，犹太民族是民族主义者。在他们看来，只有他们是上帝的选民，而其他民族都不是上帝的子民。因此，不少人对在自己国土上建造那些与劣等民族罗马有关的建筑，觉得忍无可忍，即便这些建筑是为公众所建。同时，他们对国王亲罗马的政策也十分不满。而希律王独断专行的强硬手段更是火上浇油，一神教的宗教信仰加上民族主义情结，究竟会爆发出怎样的火焰，对信仰和思想都完全相反的罗马人而言，是无法轻易地准确预测和应对的。

不管怎么样，50 多岁的希律王目前还稳坐王位，而比希律王年轻 10 岁的奥古斯都，又是个不会自找麻烦的人。奥古斯都的这种性格，从他这次东方之行最主要的目的，即解决帕提亚的问题上也有所反映。

帕提亚问题

罗马在成为地中海世界的霸主之后，仍然没有忽视在那遥远的东方，以底格里斯河和幼发拉底河为据点的帕提亚王国的存在。不解决帕提亚的问题，罗马帝国的东方防线就无法建立。公元前 1 世纪的时候，罗马的敌人大多是小国或者是蛮族，真正需要罗马动用正规军的对手，在征服了克娄巴特拉的埃及之后，就只剩下帕提亚了。

可是，至此罗马还从来没有赢过帕提亚的战绩。虽然卢库鲁斯（Lucullus）和庞培都曾经攻打到幼发拉底河附近，却没有和帕提亚做正面的交战。公元前 53 年，当时“前三头同盟”之一的克拉苏率军首次和帕提亚正面对决，结果 4 万多人的罗马军团能成功逃离的不到

1 万人，1 万多人被帕提亚俘虏，其余的 2 万多人战死沙场，几乎是全军覆没。幸存的指挥官，除了总司令克拉苏之外，只有后来成为暗杀恺撒主谋的卡西乌斯一人。甚至罗马军团的军旗银鹫旗也落入了敌人的手里，这对罗马而言是何等的奇耻大辱。

众所周知，公元前 44 年 3 月 15 日遭暗杀的恺撒，原本正准备出发远征帕提亚。不解决帕提亚问题，罗马帝国的东方防线就无法建立，何况罗马人是不会就此罢休的。

帕提亚的问题因恺撒之死以及随之爆发的长期内战被搁置了下来，直到公元前 36 年，安东尼率领包括同盟国军队在内的总共 11 万人的兵力讨伐帕提亚，经过长达 8 个月的远征，损失了 2 万多人的兵力。尽管没有输得一败涂地，但这次战败对野心勃勃、有意接替恺撒大位的安东尼是一次重大的打击。

公元前 30 年，战胜了安东尼的奥古斯都成了罗马世界独一无二的统治者。罗马人民在庆祝内战结束的同时，也期盼着奥古斯都能够征服帕提亚，一雪前耻。事实上，亚克兴角海战胜利之后，奥古斯都曾经追击安东尼到过东方。当时如果从那里率兵去帕提亚，大概不需要一个月的时间。一位英国的研究者就此做过以下的论述：

> 如果亚克兴角海战的胜者是恺撒的话，他会立刻远征帕提亚。因为帕提亚的问题若不及时解决，东方地区不安定的局势就会越发地对罗马不利，所以如果是恺撒，他一定希望尽快地采取行动，解决问题，而且会在第一时间修复罗马帝国在以亚美尼亚为首的各同盟国中的威信。可惜，奥古斯都的性格与恺撒迥然不同。

奥古斯都非常清楚，制伏帕提亚是东方和平的关键。可是，罗马不仅从来没有战胜过帕提亚，甚至还有克拉苏、安东尼两次败北的惨痛教训，绝对不能再有第三次失败。否则，罗马帝国的东方疆土将彻底地分崩瓦解。因为东方国家，从国王到百姓，从来都是跟着强者走的。

奥古斯都虽然具有总司令的品格，却没有指挥战斗的能力；阿格里帕虽然是勇将，却不是天才型的司令官，军队靠他指挥，未必就能战胜帕提亚。除了和恺撒性格不同，公元前 30 年的当时，的确还存在着不少令奥古斯都不得不谨慎处理帕提亚问题的实际原因。那个时候的帕提亚并没有什么威胁罗马行省的举动，结果，奥古斯都在 10 年之后才开始处理帕提亚问题。

说到开始，按照奥古斯都的行事风格，他的开始就是做好万全的事前准备。

帕提亚王国也是一个王族之间经常发生权力之争、纠纷不断的国家。国王弗拉特斯四世年高体衰又成了内斗的一条导火线。国王的弟弟梯里达底（Tiridates）试图篡位，逮捕了作为王位继承人的王子，将他送去了罗马。梯里达底相信，憎恨帕提亚的罗马一定会杀了王子。可是，奥古斯都不仅没有这样做，而且还非常厚待王子。

不久，老国王弗拉特斯四世的近臣成功反击，失败的梯里达底逃往叙利亚行省，向行省总督求救。罗马方面对梯里达底也给予了温厚的待遇。这样，在帕提亚问题上，罗马就有了两张牌可以利用

帕提亚方面以老国王的名义向罗马提出了和谈的建议，他们的条件是要求归还两位人质。大家都清楚，这两位人质如果返回帕提亚，一位继位，一位上断头台。

奥古斯都接受了帕提亚提出的条件，作为交换，罗马要求归还因两次战败失去的银鹫旗和1万多名被俘的罗马官兵。帕提亚同样也接受了罗马的条件。

奥古斯都将王子交给了帕提亚派来的和谈特使，但没有交出梯里达底。奥古斯都拒绝的理由是：出卖一个信任并且投靠罗马的人，有违罗马人的信义精神。

帕提亚王子回到祖国不久就登上了王位。但不知为何，他没有乘此机会和罗马讲和。按理说，新国王的这种做法很不给奥古斯都面子，不过，此刻在前往东方、重整帝国疆土的奥古斯都的心中又有了另一张牌，他要利用亚美尼亚来解决帕提亚。

当时的亚美尼亚国王阿尔塔瓦斯德斯二世（Artavasdes II），是被安东尼逼迫退位的前国王的儿子。前国王被逼退的原因是过于亲近帕提亚。罗马两次败给帕提亚的阴影给亚美尼亚带来了负面的影响。正因如此，国王就算换成了儿子，亚美尼亚亲帕提亚的政策也不会有所改变。亲帕提亚就意味着反罗马，在亚美尼亚的罗马商人经常受到冷遇，甚至有人遭到杀害。奥古斯都决定把亚美尼亚对策和处理帕提亚问题并联在一起，希望一次性解决这两个国家的问题。

公元前21年，从雅典前往萨摩斯岛的奥古斯都命令同行的提比略，率领驻守叙利亚行省的四个军团进攻亚美尼亚。一向轻看罗马的亚美尼亚宫廷被这个突然的举动吓得惊慌失措，他们杀了阿尔塔瓦斯德斯二世国王，急派使者前往罗马表达效忠之心。

提比略奉奥古斯都之命，让被杀的阿尔塔瓦斯德斯二世的弟弟提格拉涅斯（Tigranes）继位，在交替了政权、重新确立了同盟国关系

之后，撤兵离开亚美尼亚。新任国王曾经作为人质在奥古斯都的私宅度过了很长一段“交换留学生”的生涯。

自从奥古斯都亲赴东方，帕提亚始终处于警戒状态。特别是北面的亚美尼亚，如今倒戈相向，撤出亚美尼亚的罗马军队只要改道向南，就可以立刻进入帕提亚境内。在这种形势之下，帕提亚国王弗拉特斯五世不得不将搁置已久的和谈再次放上桌面，全面接受了罗马的条件，缔结了同盟关系。

公元前 21 年 5 月 12 日，罗马和帕提亚的和平缔约仪式在幼发拉底河的一个舞台味十足的小岛上举行。罗马方面的代表是 21 岁的提比略，帕提亚方面的代表，没有明确的史料记载，想来应该是身居高位的王室成员。仪式结束之后，提比略和他的随行人员一同参加了帕提亚方面在幼发拉底河东岸为他们举行的招待宴会；第二天，罗马方面在幼发拉底河西岸设宴款待帕提亚的代表团，在一片祥和的气氛中，两国间剑拔弩张的敌对关系暂时告一段落。

帕提亚归还了 33 年前克拉苏败北以及 15 年前安东尼战败时夺走的罗马军队的银鹫旗，但是，33 年前被俘的士兵没有能够返回罗马。这并非帕提亚违约，而是因为已经没有存活者。作为补偿，帕提亚归还了当初从阵亡的罗马士兵身上摘下的、作为战利品保存的盔甲和武器。

公元前 54 年克拉苏远征时参战的士兵平均年龄假定在三十二三岁，33 年后，他们都已经超过了 60 岁。被帕提亚俘虏的士兵没有成为奴隶，而是在帕提亚边境的要塞木鹿（Merv）终身服兵役。木鹿不在现今的伊朗境内，而是在原苏联的土库曼斯坦（Turkmenistan）

境内。木鹿气候寒冷，土地贫瘠，在这里服役其实就是被流放。

公元前 216 年的坎尼会战，赢得压倒性胜利的汉尼拔将俘虏的 8 000 多名罗马士兵卖给希腊当奴隶。20 年后的公元前 196 年，希腊为感谢昆克蒂乌斯 · 弗拉米尼努斯（Quinctius Flamininus）从希腊撤兵，接受了他的请求：在希腊全境寻找当年被卖为奴隶的罗马士兵，送他们返回罗马，结果只找到了 1 200 人。

从以上汉尼拔的案例中我们可以看出，即使把这些俘虏分散在各地难以寻找的不利因素算进去，忍受了 20 年奴役生活且能够存活下来的，8 000 多人中只剩 1 200 人。而在帕提亚的所有的俘虏都集中在一地，30 年后竟然会没有一个幸存者。如果能找到幸存者带回罗马，哪怕只有一个人，奥古斯都一定会在他的《功业录》中记上一笔。因为他非常希望彰显自己解决了帕提亚问题的功绩。事实上，他在《功业录》中对此事只字未提，可见他带罗马士兵返回祖国的愿望没有实现。

如果恺撒没有遭到暗杀，在公元前 44 年就解决了帕提亚的问题，那么，那些俘虏的流放生活 10 年就能结束。若真是 10 年的话，1 万多名士兵或许都能活着返回罗马。

奥古斯都在《功业录》中就亚美尼亚和帕提亚问题的解决做了以下的论述：

> 阿尔塔瓦斯德斯国王被杀之后，是可以将亚美尼亚收为罗马的行省的。不过，我遵循了祖先的传统，派遣继子提比略，扶助提格拉涅斯继承了王位。
>
> 我不仅迫使帕提亚交还了三次战役中（除了克拉苏和安东

尼的败北之外，中间还有一次小型的败仗。——引者注）被夺去的银鹫旗和战利品，还促成了帕提亚主动向罗马人民提出保持友好的请求。

奥古斯都戎装像

奥古斯都对不动一兵一卒就解决了帕提亚问题的事迹大肆宣传。在幼发拉底河上缔结和平条约的5月12日，也成了每年庆祝的节日。奥古斯都命人为自己打造了一尊戎装像，胸前的铠甲上雕满了他平息帕提亚的画面。元老院也按照他的意思，决定在罗马广场中央的恺撒神殿边上，建一座凯旋门，以纪念帕提亚问题的和平解决。对罗马人民和元老院而言，失去银鹫旗的奇耻大辱终于得到洗雪，他们的喜悦心情完全可以想象。现代的罗马历史学家们对这件事大多都评价为“奥古斯都的外交杰作”。

如果所有的纷争靠谈判交涉就能解决的话，那么人类的理性会多么伟大。

奥古斯都在《功业录》中记述的“我不仅迫使帕提亚交还了三次战役中被夺去的银鹫旗和战利品，还促成了帕提亚主动向罗马人民提出保持友好的请求”这段内容，是写给罗马人民看的。他清楚地知道，人民希望他能洗雪前耻，所以用了非常巧妙的字句，告诉人民国仇已报，真可谓用心良苦。如果不这样写，罗马人民是不肯接受的。

然而，同样的事情，帕提亚方面又会怎么论述呢？虽然没有史料可以引用，我想应该是和奥古斯都完全相反的内容吧。或许会是这样：“罗马放弃了使用武力，选择了通过谈判来改善两国关系，在幼发拉底河上签署了和平条约，帕提亚应罗马的请求，归还了罗马的军旗和战死的罗马官兵的武器和装备。”如果这是帕提亚的观点的话，想来它的邻居亚美尼亚等国家也抱有类似的看法。

奥古斯都的所作所为是以主宰西方世界的罗马人的价值观为基准的。然而，价值观不是万民共同的。西方有西方的价值观，东方有东方的价值观，犹太人又有自己的价值观。西方的价值观多半立足于现实，相反，东方的价值观容易被权势左右。这里并没有优劣之分，只是不同而已。

东方民族并不是因为和亚历山大大帝有着共同的信念，为创建超越人种、民族、语言的理想国家，才会屈膝于他的脚下。之所以他们会俯首称臣，是因为亚历山大大帝彻底击败了帕提亚前身波斯王国的国王大流士，而且不是一次，是三次。

虽然恺撒远征帕提亚的计划因遭暗杀而未能实现，但他的目的并非要征服帕提亚民族，而是希望通过攻破帕提亚，建立幼发拉底河

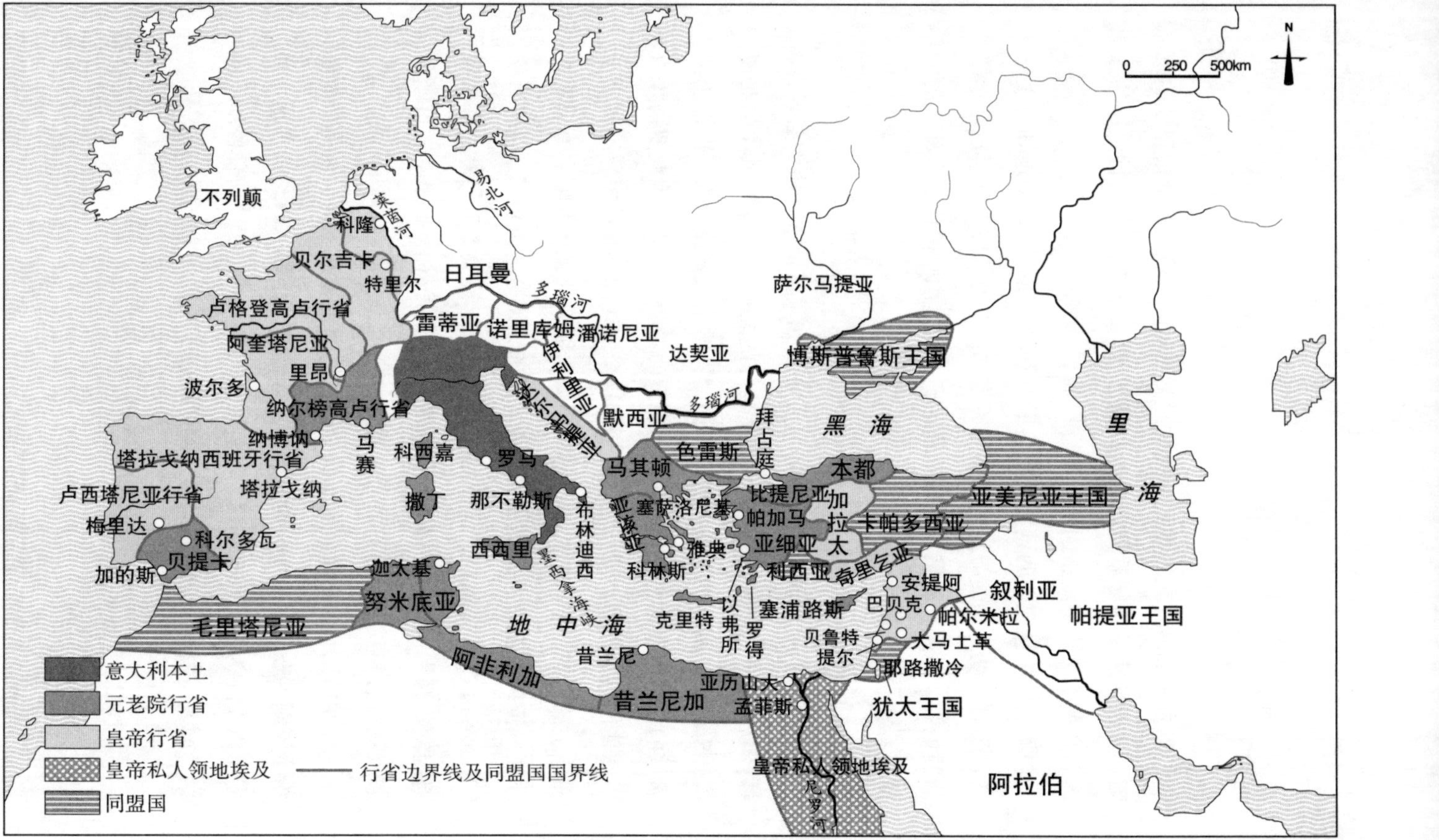

公元前 21 年罗马全境略图

防线。

奥古斯都以外交的方式解决帕提亚问题，实在是一个很理性的策略。从他使用的棋子就可以看出，他选择了最现实、危险性最小的方法。必须承认，他这招用得非常巧妙。

不过，帕提亚的问题并没有结束，不仅是帕提亚，就连和亚美尼亚也没有成功地建立起稳固的良好关系。在东方，罗马能够成功地统治的地方，只限于希腊人管理的地区，因为这两个民族拥有相同的价值观。

只要价值观相同，就比较容易妥协。如果认清了妥协的必要性，那么就不会产生距离等障碍。位于黑海的北端，顿河流域环绕亚速海（Sea of Azov）的博斯普鲁斯王国，虽然王族是波斯人，但是统治阶层的位置被在这里生活了 700 年以上的希腊人占据，因此罗马才得以和他们结为同盟。罗马之所以要和这个北端的小国结盟，纯粹出于军事上的考虑。罗马如果不能称霸黑海，那么就无法保障黑海以南的小亚细亚的安全，特别是小亚细亚北部的锡诺普（Sinop）、特拉布松（Trabzon）等主要城市，等于站在黑海的风口浪尖上。另外，如果没有控制住黑海出海口的博斯普鲁斯海峡（Strait of Bosporus），就断了叙利亚行省和亚细亚行省之间的通路。

夹在博斯普鲁斯海峡和黑海之间的博斯普鲁斯王国，也是个内部纷争不断的东方君主国。经过阿格里帕派遣的小部队的武装调停，奠定了以女王为首的政权基础，局势得到安定。通过和博斯普鲁斯王国结为同盟，罗马成功地在黑海一侧牵制住了亚美尼亚王国。

埃及

在被征服的国家中，罗马能够顺利进行统治的是托勒密王朝（Ptolemies）灭亡之后的埃及。正如我在《罗马人的故事05·恺撒时代（下）》的“克娄巴特拉”一节中叙述的那样，只有埃及是属于奥古斯都私人的领地。不过，这只是为了埃及人能够接受而采用的一个形式。事实上，无论是奥古斯都本人，还是当时的罗马人民，都认为埃及是属于罗马国家的。

即便是形式上为个人所有，但毕竟是国家正式的规定，加上罗马人又是一个就事论事的民族，因此，对于奥古斯都任命骑士阶级出身的“长官”作为埃及的实际管理人一事，元老院共和派并没有做出抗议。出于对埃及特殊情况的考虑，元老院成员若没有奥古斯都的许可是不允许进入埃及的。对罗马人而言，只要有利于国家管理，即使价值观中有不同的部分，也可以容忍。而埃及长久以来被神格化了的法老统治，在他们看来，与其被一个人民共和体的国家支配，还不如由已经神格化了的恺撒的儿子、“神之子”奥古斯都来统治，更能减少摩擦。话说回来，“神之子”奥古斯都对埃及的统治政策一点也不神化，完全是人类理智的管理。

埃及在被亚历山大大帝征服之后的300年间，它的统治阶层始终是当初和征服者一同进入埃及的希腊人。罗马人并没有把这些希腊后裔当作被征服的民族打压，反而着眼于他们和罗马人在价值观上的共同之处，并有效地加以利用。所谓价值观的共同之处，就是活跃埃及经济。

埃及的整体经济结构也是农工商并存。商业主要是希腊人主导，

他们原本就擅长此道。罗马新的关税政策规定，从东方运来的高价物品需要征收 25% 的税，即使在高税率的情况下，埃及的商业贸易依然兴盛不衰。因为从这里直接通往罗马帝国这么一个广大的市场，物品的数量有增无减。

由于罗马本土公共建设正处于高潮，所以也带动了埃及的工业发展。罗马进入帝国时期之后，埃及出口的非洲产的彩色大理石和意大利产的白色大理石同样得到了大量的使用。

不过，埃及的经济基础还是因尼罗河而受惠的农业。从法老时代开始，埃及就以富裕而闻名，这主要在于它有高产量的农业。托勒密王朝的历代君主也都非常热心于农业的振兴。只不过，一旦王族陷入争权夺利的泥沼之中，就无人再去关注这类基础政策。农业政策需要持续性的执行方能见效，托勒密王朝到了衰败的末期，尼罗河的灌溉工程等荒废殆尽，无人问津。

奥古斯都早在追击安东尼进入埃及的时候，就已经意识到埃及的灌溉系统需要做彻底的改善。10 年之后，他手握大权终于可以实施当年的计划。为了水资源得到最有效的利用，按照奥古斯都的命令，埃及开始了水道治理工程。工程初期动用了驻守埃及的 3 个军团共计 1.8 万名士兵，但是仅靠这些罗马军人，工程无法达到彻底的罗马化，于是又追加了辅助兵团的 9 000 名埃及士兵，结果人手还是不足，最终只好召集埃及当地的平民共同参与。正如法老时代建造金字塔一样，奥古斯都的水道治理也为当地人带来了大量的工作机会。

灌溉工程和金字塔工程的不同之处在于：首先灌溉工程不是为死人而建，而是为了许许多多活在世上的人；其次，灌溉工程完成之后，还需要定期的维护，因此始终有劳动力的需求。

奥古斯都在埃及建设的灌溉工程的成效到底如何，地理学的创始人斯特拉波目睹了刚完成的工程后曾经做过以下的论述：

在托勒密王朝末期，尼罗河水位如果不上升到14腕尺（Cubit，自肘至指尖的长度，1腕尺约合45厘米。——译者注），就无法灌溉农田，如果水位只有3.6米高的话，农作物就会歉收。进入罗马时代之后，5.4米的水位就能获得丰收；即使水位只有3.6米高，也不会出现农作物歉收的现象。

尼罗河上涨的河水通过水道网络流入农田，滋润了土地。只要有充足的水分和阳光，农作物就能茁壮地成长，因此，水道网络不单单是建设，还需要不断地维护和整修。罗马人素有重视公共建设的传统，这也让他们深知维护的重要性。埃及农业的复兴之路就这样在帝国时期初期已经打好基础。

要振兴农业，单靠硬件设施的建设是不够的，奥古斯都又将土地私有化的制度引进了埃及。

埃及原本没有土地私有化的概念，土地理所当然地属于法老或君王。另外，神庙也拥有大量的土地。农民是从君王处借地耕作的，因此，埃及所有的农民都是佃农，没有一个自耕农。

降伏了克娄巴特拉、成了埃及之王的奥古斯都，拥有属于神庙之外的所有埃及的土地。他拿出自己的所有地进行拍卖，推行奖励自耕农的政策。奥古斯都的这个政策和现代的国有企业私有化有些相似。

然而，事情并没有想象的那么顺利：一来是拥有资金的希腊裔居

民看中的是兴盛的商业和工业，对农业完全没有投资的兴趣；二来则是因为几千年以来未曾拥有土地的埃及人面对突如其来的改变，根本无所适从。这要是换成了罗马人，哪怕是借钱也要赶紧去把土地买下来。这就是两个国家的国民意识的不同之处。罗马人拥有私有财产的观念，并且罗马法的基本理念正是保护私有财产，而这些在埃及是不曾有过的。

尽管私有化进程开展得不尽如人意，但是奥古斯都仍然坚持只有耕地私有化，土地才能成为资本的基础。他原本也可以让那些拥有足够资金的元老院元老购买土地，但他并没有这样做。奥古斯都不希望在刚成为罗马领地的埃及出现太多飞扬跋扈的罗马人。罗马人出入于亚历山大港这样的国际都市，或许不是什么问题，但是出现在尼罗河流域的农耕区就会显得格外刺眼。元老院元老不经奥古斯都的允许不能进入埃及的规定，正是出于对埃及人观感的考虑。奥古斯都希望在一段时间内，除了罗马军队和皇帝财务官等事务官之外，不要有更多的罗马人进入埃及。

然而，耕地若不私有化，就不能期待提高农业的效率。奥古斯都为了宣传和推动政策，需要找一些人来做示范。奥古斯都要求近臣阿格里帕、梅塞纳斯（Maecenas）以及一些不属于元老院成员的友人购买土地，结果，这些人都成了埃及的大地主。据说，奥古斯都甚至让他家里的那些解放奴隶也去买地，可见那时的他真是无计可施了。

埃及的农业通过水利工程、道路网络的建设，以及土地私有化制度的逐渐展开，有了飞跃发展。针对耕地征收的地税规定：如果种植小麦，可以全部用小麦来抵扣税金。2 000 平方米的耕地，根据土地的优劣，征收 30 升到 60 升的小麦。因为没有确切的小麦收获量，所

以无法断定这个税率的高低。无论如何，运往亚历山大港的、单是作为税金而缴纳的小麦，就可以保证首都罗马三分之一的小麦供给。土地私有化之所以能够成功，在于劳资双方对自己的投资都有利可图。

除了上述的基础建设和耕地私有化之外，奥古斯都引进埃及的另一个理念是政教分离。

和没有独立的祭司阶级的罗马不同，埃及不仅有独立的祭司阶级，而且他们还以神庙之名占据了大批的土地。如果他们仅仅是精神上的统治者，可以像高卢的祭司阶级那样，允许其保留独立性。然而，埃及的祭司阶级不仅控制着人民的心灵，还支配着大众的日常生活。各个神庙可以自己决定地税，还经常干涉国政。它们在拥有威信的同时也掌握着实权，是引发埃及局势不安的主要原因。

奥古斯都本人也是多神教的信仰者，因此他从未想过要废除埃及的宗教。但如果宗教影响国家安定的话，就必须纳入控制范围之内。

奥古斯都没收了神庙的土地。由于托勒密王朝历代君主的竞相供奉，神庙拥有庞大的土地。没收的土地数量过大，反而导致了土地私有化的奖励政策来不及跟上，在较长的一段时期内，雇农向国家借用土地成了常态。

罗马的祭司是无薪的“光荣的公职人员”，他们的生活无须受到照顾。而埃及的祭司则属于独立的一个阶层，在没收了土地的情况下，必须给他们提供生活来源。奥古斯都规定，由埃及政府向祭司们发放俸饷，这样更有益于掌控。

除了土地之外，神庙的独立经营权也被取消，全部交由在亚历山

大的大祭司管理，所有的祭司必须听命于大祭司。对罗马而言，控制一个人比管理多数人要来得容易。

各个神庙有一年一次向大祭司提交报告的义务，报告内容包括神庙的经济状况以及祭司的人数等详细事项。另外，神庙祭司的人数也受到了限制，如果超过了规定的人数，虽然不会遭受处罚，但不能享有免税的待遇。

由奥古斯都制定、罗马历代统治者持续实施的埃及政教分离的政策，并没有从根本上排除宗教，只是让它脱离于政治。事实上，埃及的宗教非但没有被排除，神庙的修复和建设都成了罗马皇帝们的工作之一。“恺撒的归恺撒，上帝的归上帝。”即使没有耶稣基督的教诲，罗马人也谙晓其道并予以实践。

返回首都

以上就是公元前 22 年到前 19 年，奥古斯都在视察东方期间推行或实施的各项政策及措施。

经由希腊返回罗马的途中，奥古斯都拜见了在雅典的诗人维吉尔。维吉尔年长奥古斯都 7 岁，是受到梅塞纳斯资助的文化人之一。梅塞纳斯是奥古斯都的知己，也是现代“梅塞纳”（法语“mécénat”，指企业赞助文化艺术的活动）活动的鼻祖。因为梅塞纳斯的关系，维吉尔和奥古斯都很早就相识，算是旧交。奥古斯都这位罗马皇帝带着患病的诗人维吉尔，离开希腊由海路返回意大利。当他们在意大利南部的布林迪西（Brindisi）登陆时，诗人的病情恶化，无法再一同前往罗马。公元前 19 年 9 月 21 日，被称为罗马国民诗人的维吉尔，在布林

迪西去世。当时他撰写的《埃涅阿斯纪》还在修改之中，尚未完成。临终前他嘱咐友人将诗稿焚毁，幸好被奥古斯都阻拦了下来。同年的10月21日，奥古斯都回到了罗马。他44岁的生日是在从阿庇亚大道前往首都的途中度过的。

奥古斯都对阔别三年返回祖国做了以下的描述：

> 根据元老院的命令，一部分元老以及大法务官和护民官随同执政官昆图斯·鲁克雷提乌斯前往坎帕尼亚（中心是那不勒斯）迎接我。在我之前，从未有人接受过这样的荣耀。
>
> 为纪念我的归来，元老院在卡佩纳门（从阿庇亚大道进入首都的大门）附近的荣誉与美德神庙前，建立了一座祭坛，奉献给凯旋将军和一路相助的命运女神。以后每年祭司和维斯塔贞女们（Vestales，女祭司）都会在这里举行一次献祭仪式，纪念我在昆图斯·卢克莱修和马库斯·维尼基乌斯任执政官的这一年（公元前19年）归国，并用我的名字将献祭仪式命名为“奥古斯塔利亚”。

对关键的大事从来不做记述的奥古斯都，在《功业录》中留下这样的文字，真让人忍俊不禁。话说回来，奥古斯都还真是非常幸运的皇帝，既没有征战，也没有扩大疆土，回国之后还能够受到众多人的欢迎。就在半个世纪之前，罗马还要根据歼敌的数量来决定是否举行凯旋仪式，真可谓是今非昔比。这也体现了由恺撒构建蓝图、奥古斯都逐一实现的国家罗马稳定成长的路线，已经开始获得了人民的支持。

奥古斯都东方之行带回的成果，让元老院那些顽固的共和主义者都不得不表示赞赏。乘此机会，他打算推出一项必定会受到元老院阶级，即国家统治阶级反对的法律。这是让我们了解首都出身但始终保持地方主义精神的奥古斯都的一个很好的事例。或者说，这个事例显示了一位坚忍不拔的男人对帝国统治的思想。

第二章　奥古斯都统治中期

（公元前18—前6年，45—57岁）

不知谁说的：“鱼是从头部开始腐烂的。”

公元前80年，担任独裁官的苏拉强硬地推行了巩固元老院的政策。出身于罗马名门科尔涅利乌斯一族的苏拉，心狠手辣，如果是反对派，哪怕名门贵族出身，轻者开除公职，重者人头落地。苏拉主张，要巩固罗马的统治阶级，首先元老院的成员必须是健全的共和分子。恺撒虽然是贵族，但他是反对派，因此就不属于健全的共和分子。如果奥古斯都早出生30年，那么像他这种地方出身的骑士阶级的人士，根本不会被苏拉放在眼里。

公元前45年，终身独裁官恺撒实施了强化领导层的政策。同为名门出身，恺撒与苏拉却大不相同。他的政策简单来说，就是不论出生地，不问阶级和民族，在罗马帝国全境内广征人才。他指定地方中产阶级出身的17岁少年做继承人，就是一个很好的证明。还有一个例子是巴尔布斯，他经恺撒提拔，成了罗马历史上第一位出生于西班牙行省的执政官。

接下来轮到四分之一世纪以后即公元前18年的奥古斯都。虽然他的公开身份是罗马“第一公民”，却掌握着绝对的权力。同时，他作为值得尊敬的人——“奥古斯都”又拥有超越一切的威信。正如历史学家塔西佗所言，他在不刺激反对派的情况下，一点一点地将权力揽入手中。奥古斯都在完成了对西方以及东方领地的再整编之后，也开始考虑强化“领导班子”的问题。这是一项作为统治者无法回避的工作。

奥古斯都有幸出生得晚，他有苏拉、恺撒的前车之鉴可以参考。

他既没有杀害反对派，也没有开除他们的公职；但他也没有仿效恺撒，在罗马全境内召集人才。除了北意大利之外，所有行省的人民都被排除在外。奥古斯都的人才策略是强化全体罗马公民权。

奥古斯都不会忘记，恺撒正是因为将元老院的席位分给了行省人，才引起了元老院贵族阶级的反对，招来了杀身之祸。话说回来，奥古斯都倒不是因为怕死就彻底否定了恺撒的开国路线，他还不至于如此懦弱。其实，他并不反对在包括行省在内的帝国全境征召人才，不过在此之前，首先需要考虑本土的人民。换言之，优化罗马公民是第一步。他深信，罗马公民应该成为帝国的核心，提高罗马公民的数量和质量，有利于帝国的统治。

“少子化对策”

在公元前 1 世纪末期，罗马本土意大利半岛的居民在人种和民族上发生了明显的改变。人口的数量并没有减少，而居民的结构有所变化。奴隶获得自由的方式日益增多，他们获得解放之后，只要有孩子和最低 3 万塞斯特斯的资产，就可以获得罗马公民权。而且，恺撒制定的解放奴隶的政策，为他们开辟了一条道路，他们可以在地方自治体担任公职。

如果上层阶级的人口能像平民的数量一样增长，就没什么后顾之忧了。然而，公元前 1 世纪末的罗马少子化的倾向非常明显。在公元前 2 世纪之前，罗马的上层阶级中，像格拉古（Gracchus）兄弟的母亲科尔涅利娅那样生 10 个孩子的人比比皆是。就算是恺撒时代，每个家庭平均也有 2 到 3 个孩子。可是，到了奥古斯都时代，不结婚的

人越来越多。

公元前1世纪的罗马，人民并不是因为生活贫困、对未来不抱希望才放弃生育。理由恰恰相反，因为除了养育孩子，还有其他舒适的生活方式可以选择。

贵族即使单身也不会有生活上的障碍，家务有奴隶代劳，日常生活的一切由管家奴隶负责打理。如果在内乱时期，或许需要通过政治婚姻来保护、强大自己的势力，战乱终结之后，也就没有这个必要了。再说，就算是靠着丈人的势力当上了行省总督，在奥古斯都的政策下，任期仅仅一年，几乎没有任何能够享受的权力。做总督谋取利益的时代已经成为过去。

尽管社会不太能够接受未婚的女性，但是，如果是因丧夫或者离婚而恢复单身，社会依然有她们的容身之地。罗马是一个“家长权”制的社会，对已婚妇女而言，来自父亲的约束力多半大于丈夫，而大多数的父亲都疼惜女儿。和雅典不同，在罗马，已婚女性允许与男性同时出席宴会。

公元前18年，奥古斯都提出了两项法案的提议。虽然法案遭到了元老院的激烈反对，45岁的最高统治者一步也不肯退让，用他至高无上的权威，成功地通过了法案。

这两项法案是：《尤里乌斯通奸罪·婚外关系罪法》《尤里乌斯正式婚姻法》。

罗马的法律，和大道以及其他公共建筑一样，有冠以提案者姓氏的传统，一方面是为了区别于其他众多的法律，同时也有彰显提案者的意思。奥古斯都成为恺撒养子之后，归属尤里乌斯家族，因此这两

项法案统称为“尤里乌斯二法”。

我们先谈一下“通奸罪”。按照罗马的传统观点，这类事情属于与国家无关的私人问题。如果妻子通奸，丈夫和她离婚便是。若实在是忍无可忍，杀妻泄愤也是一种办法。若是强势的父权家族，父亲可以迫使女儿离婚，如觉得有辱家门，甚至可以处死。实际生活中，这种情况大多是以离婚来解决问题。一些娘家势力比较强大的妻子，可以继续维持她们的婚姻关系。

《尤里乌斯通奸罪法》颁布之后，通奸成了法定的犯罪行为。如果妻子通奸，不仅是她的丈夫或者父亲，任何一位公民都有告发她的权力，而且这项法律不仅规定了通奸的妻子和她的情夫有罪，对知情不报，或者说知情后没采取任何措施的丈夫、女方的父亲，将以“协助卖淫”治罪。而《婚外关系罪法》则规定，男子被禁止与妻子以外的女性（不包括女奴和娼妇）发生性关系。

奥古斯都的这个策略让人联想到先断其粮草再攻其城池的兵法。他推出的另一项法律《尤里乌斯正式婚姻法》可以说正是攻城之法。

《尤里乌斯正式婚姻法》约束的对象仅限于罗马上等和中等阶级，即元老院阶级和骑士阶级。也就是说，这是针对掌握着国家政治、经济、行政等权力的罗马公民制定的法律，目的是希望通过奖惩并施的方法，推动正式的婚姻。

根据这项法律，担负着罗马国家的“大脑”“心脏”“神经”之功能的精英阶层，男性在25岁到60岁、女性在20岁到50岁之间，如果不结婚，必须承受因独身带来的不利待遇。没有孩子的寡妇如果一年之内不再婚，也被视作独身。

《尤里乌斯正式婚姻法》还明确了以下两种不予鼓励的婚姻：

第一，法定年龄之外的婚姻。老年男性和年轻女子结婚被视作“不予鼓励”的婚姻，可见这项法律是针对少子化问题的。

第二，与不正当职业者的通婚。这应该是出于血统的考虑，罗马帝国未来主人公的母亲总不能是叙利亚舞女或者来自非洲的女招待吧。这类婚姻虽不被禁止，但也不受法律保护，仍被当作独身处理。

同样，法定年龄之外的婚姻只是不予鼓励，并不违法，但在税金上非常不利。法律明确规定，如果夫妻的年龄不在法定期限之内，或者配偶中有一方的年龄违规，丈夫死后，妻子无权继承遗产，财产将被没收充公。

除上述规定之外，法律对女性独身者也做出了征收类似独身税的不利规定。没有孩子的独身女性，50 岁之后不再享有任何继承权。如果拥有 5 万塞斯特斯以上的资产，50 岁之后必须转让给他人，不允许继续持有。没有生育的女性等于没有为国家做出贡献，即没有尽到公民的义务，因此也没有资格享受罗马的基本法之保护私有财产的权利。

对独身女性不利的规定不仅如此。相对于一直享有免缴直接税的男性公民，罗马的女性公民，如果财产超过 2 万塞斯特斯，即使不到 50 岁，只要没有结婚，都必须每年向国家缴纳财产的 1% 的直接税。

这项针对独身女性的税赋，并不是在女性结婚后就能够立刻得到免除，生了第一个孩子之后，可以先提交恢复免税权的申请，要等生完第三胎，缴纳 1% 的直接税的义务才算正式解除。

罗马男性公民如果没有孩子，虽然不用像女性那样，需要缴纳直接税，但在经济上还是会受到一些制裁。男性无论资产多寡，必须在

第一个孩子诞生之后，才能将遗产留给法定继承人以外的继承者，非法定继承者才有资格继承其财产。

现代人一般都是将近亲指定为法定继承人，或许不会觉得这项规定有什么不妥，而在古罗马，通常都会将好友、知己加进财产继承人之列，因此这项法律就涉及了很多人的利益。比如说，罗马法律规定，替人辩护不能收取钱财，西塞罗之所以有钱，是因为他的当事人都指定他作为自己的财产继承人。

《尤里乌斯正式婚姻法》颁布之后，对独身者和无子嗣者，除了有上述的在社会以及经济上的不利之外，政治前途也有所影响。法律上对有孩子的公职人员有以下明确的优惠待遇：

一、由公民大会投票选举的公职人员，在得票数相同的情况下，将按多子女者、有子女者、已婚者、独身者的顺序优先当选。

二、由奥古斯都实际操控的元老院元老的人选，如果候选人的资格、能力在同等水平，也按以上的顺序决定。

三、元老院决定的元老院行省的总督人选，同样遵守上述的条件。

四、属于“光荣的公职人员”，在任期届满出任下一个公职之前，必须要有一段休职期。《尤里乌斯正式婚姻法》则规定，有一个孩子，休职期可以缩短一年。这意味着孩子越多的人，越有机会尽早地获得要职。

奥古斯都在厚待多子的父亲的同时，也没有忘记多产的母亲。生了三个孩子以上的母亲，允许脱离娘家家长权的束缚，不仅可以自由地指定财产继承人，也可以接受任何人的馈赠，等于在经济上

实现了男女平等。这在男性社会的希腊—罗马社会可以说是划时代的改革。

奥古斯都针对解放奴隶也实施了多子化的奖励政策。有正式婚姻并且有一个以上孩子的解放奴隶，可以和原主人脱离雇佣关系。无论是主人的善心还是靠自己赚钱买来的自由，解放奴隶获得身份之后，通常还是会为原主人工作，这实际上是另外一种长期的束缚关系。根据奥古斯都的法令，只要是多子的父亲，即便原来是奴隶，也可以独立创业，设立公司，有机会施展自己的才能。

在促成人民结婚、生子的事情上煞费苦心的奥古斯都，自然不会放任离婚一事。对离婚者的处理，和独身一样，虽然法律上不禁止，但出台的各类规定使离婚变得非常困难。

首先，原本不需要禀报的离婚，改为有公开申报的义务。而且，申报时必须有 7 位罗马公民做证人才得以受理。如果违反规定，将处以罚金。其次，过去离婚只需要当事人夫妻双方以及妻子的父亲认可就可以解决，而新法律则规定，离婚必须经过以元老院元老为首的委员会裁定。这个委员会的功能有点类似于现代的民事裁判庭。奥古斯都利用了人们“家丑不可外扬”的心理，让家庭问题公开化以达到降低离婚率的目的，不得不说他用了一条妙计。

奥古斯都认为，只有保护和培养健全的家庭，才能有健全的国家。他对婚外情也采取了重罚的措施。根据《尤里乌斯通奸罪 · 婚外关系罪法》，如果是有夫之妇发生婚外情，三分之一的财产将被没收，当事人将被终生流放，并且不得再与自由民出身的罗马公民结婚。

如果有婚外情的是丈夫一方，又怎样处置呢？事实上好像是不追

究责任的。但是如果对方是有夫之妇的话，就等于陷爱人于不义。作为肇事者，他应该无法摆脱羞耻感和罪恶感。话说回来，从人性的角度来看，妻子出轨比丈夫出轨更容易造成家庭的破裂，这似乎已经成了一个不争的事实。

不过，对丈夫的出轨也不是放任自流。罗马的娼妇有向政府注册登记的义务，按察官掌握着所有娼妇的名册，并且每年都做修订。如果丈夫出轨的对象的名字不在名册上，就意味着她是娼妇以外的女性，那么男人将会以“强奸罪”被治罪，原本拈花惹草的风流事就变成了性命攸关的大事。这要是让偷情老手的恺撒知道，他一定会在天堂捧腹大笑吧。

热心于“伦理政策”的奥古斯都，他自己就没有把柄被人抓到吗？我们来看一封安东尼写给他的信，那时候奥古斯都35岁左右。

> 你凭什么这样指责我？就因为我和女王（克娄巴特拉）上床吗？我现在可是和妻子同床共寝。这可不是今天才开始的，我们睡在一起已经9年了。那么你呢？枕边人难道只有利维娅？如果真是这样，那么你就是（罗马）唯一一位过着健全生活的人。当你在读我这封信的时候，身边躺着的是哪一位？图尔朵拉？还是特莉缇娅？不然就是鲁菲娅，也可能是莎维娅·提提塞尼亚？这名单太长了，恕我无法一一列举。因为只要是个女人，就能燃烧起你的热情。

45岁的奥古斯都是否纠正了他与女性的关系，我们姑且不提。《尤里乌斯通奸罪·婚外关系罪法》和《尤里乌斯正式婚姻法》实施的时间，决定在法律通过的三年之后开始。与其说是这两项法律不受

欢迎，不如说是给人们一个清理身边问题的准备时间。不过，法律正式实施，实际上又往后延迟了三年，可见这项法律的确不得人心。就拿生孩子来说，这可不是想生就一定能生的事情。像奥古斯都本人，再怎么翘首以待，妻子利维娅也没能为他生下一男半女。

这两项法律在27年后的公元9年做出了修正，修正案名为《帕尔乌斯—波配乌斯法》。提案者帕尔乌斯（Poppaeus）和波配乌斯（Papius）是当时的执政官，碰巧两位都是独身，这多少有些讽刺的意味。奥古斯都原本可以使用他的护民官特权否定修正案，不过他没有那样做，想必他也承认法律有修改的必要。

因为《帕尔乌斯—波配乌斯法》是修正案，所以从它的修改内容中可以看出之前“尤里乌斯二法”的不妥之处。修正条款有以下三项：

一、“尤里乌斯二法”规定，没有孩子的夫妻，男女双方因没有血缘关系，没有继承配偶财产的权利。《帕尔乌斯—波配乌斯法》则以后天血缘为理由，承认了继承权。不过继承的金额比有孩子的要减半。

二、“尤里乌斯二法”规定，独身女性不享有赠予他人遗产以及被赠予的权利。《帕尔乌斯—波配乌斯法》则做了只要再婚就能立刻恢复权利的修改。

三、“尤里乌斯二法”规定，一年内不再婚的寡妇形同独身，将承受不利的待遇。即便是再婚有了孩子，也不能立刻免除缴纳财产1%的直接税，必须要等生下第三个孩子才予以终止。《帕尔乌斯—波配乌斯法》则修改为：寡妇只要再婚，就可以恢复继承权，1%的直接税在生下第一胎之后即可免除。

“尤里乌斯二法”颁布之后，曾经遭到激进的女性的反对，那个

场面想来应该是蛮有趣的。不过奥古斯都意志坚定，甚至开展了各种宣传活动，竭尽全力要启蒙人民。

“尤里乌斯二法”刚通过不久，一位老年公民受到奥古斯都的邀请来到首都罗马。受到邀请的除了老人本人，还有他的 8 个儿子和 35 个孙子以及 18 个曾孙。皇帝陛下像迎接凯旋将军般欢迎这位平民和他的子子孙孙。奥古斯都亲自带领他们到卡匹托尔山上的朱庇特神殿参拜，赞扬老人是罗马人民的典范。

奥古斯都的罗马帝国并非摈弃了恺撒倡导的不问人种、民族、阶级人才尽用的路线，而是将恺撒的开放思想和优先充实罗马公民的政策结合在一起。两种路线取长补短，逐渐成了罗马帝国人才选用的基本理念。

公元前 18 年颁布的“尤里乌斯二法”，受到了历代罗马皇帝的重视。奥古斯都之后的提比略、克劳狄乌斯、尼禄，以及西班牙出生的哈德良，甚至是北非出生的塞维鲁，都将此法案作为帝国统治的基本政策。直到基督教胜利之后，独身才被提升为最高的价值。

从尊重个人权利、接受过启蒙运动思想洗礼的现代历史学家的角度来看，奥古斯都的这二法应该是很不适宜的。有趣的是事实正好相反。做出正面评价的研究者都来自先进国家，或许他们对少子化问题多少有点感同身受。我个人觉得，依靠减税和家庭补贴是不能解决这个问题的，可是我对二法又有种莫名的认可。生孩子的动机无论是出于税金上的考虑还是为了仕途，生下来的孩子总是可爱的，结婚亦是如此。如果不结婚就要面临不平等的待遇，或许找对象时就会改变那种挑三拣四的傲慢的态度。进步主义者认为向上帝宣誓过的婚姻不得

解除的基督教的戒律是一条恶法，我倒不这么看。如果对神灵有所敬畏，那么在考虑离婚时，应该要比百无禁忌的人更加小心谨慎、深思熟虑，或许在思考期间会发现不离婚也能解决问题的途径。

对于离婚，基督教思想认为因为行为违背了上帝，必须被禁止。而罗马人则认为离婚虽不被禁止，但必须甘受不平等待遇。这里的不同之处很有意思。所谓的"法制精神"其实就是寻求一种平衡。接下来我要论述的奥古斯都推行的政策，正体现了他优秀的平衡感。

所谓的平衡感，就是在相互矛盾的两极之间寻找一个可以立足的中间点。为找到解决问题最适合的切入点，有时也会偏向某一端，保持平衡就是一种始终在移动中的行为。

自由和秩序是两个矛盾的概念。过分尊重自由就会破坏秩序，过分强调秩序又会失去自由。然而，这两种思想又必须共存。没有自由，社会不会进步；少了秩序，不仅没有进步，甚至会危及生命。

这种思考方式和狂热的信仰无关，对发明了哲学的希腊人以及发明了法律的罗马人而言，这是一种极其平常、自然的观念。罗马人作为法律的创始者，曾留下这样的格言：法律因期待公平而立，但过分使用会导致不公的出现。

不少研究者认为，与革新派的恺撒相比，奥古斯都的思想比较保守。这是对照二人立下的功业而言，用现代人的思考方式做出的结论。

马基雅弗利曾经说过："就算恺撒没遭到暗杀，平安无事地活下来，他的那些政策也是行不通的。"

我接下来要论述的奥古斯都倡导的罗马的宗教复古路线，或许正

是揭示他保守性的一个好范例。不过，当年 37 岁，尚未正式登上政治舞台之前，想要参选与政治无缘的宗教领袖大祭司的人，却是被大家认作改革派的恺撒。

宗教

奥古斯都在公元前 17 年走复古宗教路线时还不是大祭司。恺撒死后继承其大祭司职位的雷必达还健在，而大祭司又是罗马唯一的终身公职。“后三头同盟”之一的雷必达，虽然不像另外“一头”的安东尼输得那么惨烈，终究还是在权力斗争中输给了奥古斯都，自动引退后的雷必达几乎连首都都很少光顾。雷必达死于公元前 12 年，同年，奥古斯都竞选成功，接任了罗马大祭司一职。

尽管公元前 17 年的奥古斯都还不是大祭司，但他掌握着管理宗教的大权。他是祭司中的一员，又是“伦理改革”的负责人。在他的《功业录》中有一段相关的记叙：

> 在马库斯·维尼基乌斯和昆图斯·卢克莱修任执政官时（公元前 19 年）以及普布利乌斯·兰图卢斯（Publius Lentulus）和格奈乌斯·兰图卢斯（Cornelius Lentulus）任执政官时（公元前 18 年），还有帕尔斯·费边·马克西姆斯（Paullus Fabius Maximus）和昆图斯·埃利乌斯·图贝罗（Quintus Aelius Tubero）任执政官时（公元前 11 年），元老院和公民大会一致推选我为唯一拥有最高权限的伦理改革负责人。

百年一度举行的“百年节”（Ludi saeculares）是罗马自古以来的传统仪式，但是仪式的日期不定，意义也不明。奥古斯都将这个传统定期化并且赋予了实质性的意义。他首先是把仪式程序化，并把程序刻在大理石板上，然后再把石板嵌入罗马广场的墙上，昭示天下。参祭者没有限制，不是罗马人也允许自由参加。“百年节”定在5月31日开始，为期三天三夜。

祭礼开始的前几天，国家开始接受一般公民的捐赠，捐赠物品大多是祭祀所需的小麦、大麦和蚕豆。同时，国家向每个家庭发放硫黄和焦油。因为在参加祭祀之前，参祭者需要用硫黄和焦油燃烧出的烟雾来净身，这种净身方式可真够刺激的。

5月31日日落之后，祭礼正式开始。主会场是塔仁杜姆，它位于马尔斯广场靠近台伯河一带。

祭祀主办者奥古斯都和阿格里帕两人，身着祭司袍，率领着15名祭司进入会场。所谓的祭司袍，也没有什么讲究，不过是用平时穿的托加长袍的一角盖住头部而已。佛教和尚穿的法衣或者基督教神父做弥撒时穿的服装，都非常华丽和特别。这些宗教具有独立性，神职人员的服装也是彰显他们特殊地位的一种表现。而罗马的祭司一职只是公职的一种，按照法律，罗马公民的任何一个人都可以竞选祭司的职位，所以着装上也就没什么特别的讲究。

我们说回祭祀。奥古斯都和阿格里帕身着白色的托加长袍，在火炬的照耀下，将9只绵羊和9只山羊放上祭坛，献给命运女神。在宰杀、烧烤祭品的同时，大家吟诵祷文，祈求命运女神赐予罗马人民健康和智慧，保证罗马胜利、独立和永久和平。

献祭仪式结束后，希腊、罗马特有的体育竞技比赛正式开始。竞技目的不在于比出胜负，而是献给诸神，所以比赛在架高的舞台上进

行。奥古斯都以下的全体人员，按照自古以来的传统，站立着观赏比赛。

只允许男性参加的祭祀以及比赛结束之后，轮到女性登场。110位已婚妇女将在祭祀当日、太阳未落山前烹饪供品，奉献给朱诺和戴安娜女神。这个仪式称为“神圣的晚餐”，祭礼之后，参加者可以共同享用供品。

6 月 1 日的上午，祭祀的中心转移到卡匹托尔山。奥古斯都和阿格里帕依然是托加长袍包头的姿态，带着 15 名祭司，出现在众多的参拜者面前。他们二人手里各牵着一头公牛，这天祭拜的是最高神朱庇特，所以献祭的动物是公牛。

献祭仪式和前夜一样，祭坛上的公牛被宰杀和烧烤时，人们向朱庇特神祈祷，请求最高神保佑罗马人民和罗马国家。同一个时间，体育比赛在马尔斯广场的塔仁杜姆继续进行。

6 月 1 日日落之后，祭祀的舞台重新回到马尔斯广场。这一晚的仪式是奉献给多产女神，所以，奥古斯都和阿格里帕都不出席。献给女神的祭品分别是用小麦、大麦和蚕豆三种材料制成的面包，总共 27 个。这种面包类似于比萨饼的饼坯，意大利人叫它“佛卡夏”（Focaccia）。仪式的程序和前一日相同，在奉献供品时祈祷祝福。

6 月 2 日的上午，卡匹托尔山再一次变为主会场。这天，奥古斯都和阿格里帕各牵着一头母牛，献给最高神朱庇特的妻子朱诺女神。因为是祭奉女神，所以允许女性参加。110 位已婚妇女加入了祈祷的人群。妇女们背对着奥古斯都和阿格里帕两位主办人，跪地祈祷，而此刻，马尔斯广场的体育竞技比赛也进入了第三天。

日落之后，祭祀的队伍回到台伯河沿岸的塔仁杜姆，仪式还是由奥古斯都和阿格里帕主持，二人也没有改换祭司袍。当晚祭祀的对象

是掌管妊娠的大地女神，祭品换成了母猪。同样因为是献祭女神，所以和白天一样，110 位已婚妇女参加了献祭仪式。仪式结束后，烤猪分给参加者享用。

祭祀的最后一天，6 月 3 日的早晨，奥古斯都和阿格里帕主持的献祭仪式在帕拉蒂尼山上的阿波罗神殿举行。三种材料做成的 27 个面包作为祭品，献给男神阿波罗和女神戴安娜。

祭祀并没有就此结束，献祭仪式之后，大家回到卡匹托尔山，开始了“百年节”的压轴戏。

奥古斯都和阿格里帕仍然穿着白色的托加长袍，跟随在后的是一群身穿纯白短袍、头戴花冠的少男少女。少年组总共 54 人，男女各半。这一次既不牺牲动物，也不供奉任何其他的祭品。在参祭者的注视下，少男少女们合唱《百年节赞歌》，歌词是奥古斯都委托诗人贺拉斯（Quintus Horatius Flaccus）作的，诗歌流传至今。我很愿意译出全文，可是诗歌有 300 多页之长，这里就容我省略了。歌词的主题大意就是祝福罗马永恒、美丽和健全。我觉得在祭礼的场景里，如果再加上一群飞向天空的白鸽，就是奥林匹克运动会的开幕式了。

言归正传，“百年节”的最后一夜，台伯河上晚风徐徐吹来，天空中飘浮着一层青蓝色的雾霭，炎炎圣火照亮了罗马之城。我想，此刻，所有在场的人都会沉醉在璀璨、神圣的气氛里。接着，黑夜过去，天空渐渐泛白，在初夏清朗的晨光下，白色大理石的神殿和白色的托加长袍融为一体，人们庄严地向诸神祈祷；头戴花冠、身着纯白短袍的少男少女们齐声合唱。淳朴、健美、壮丽的祭祀仪式代表着罗马人的理想，那一刻，罗马人的心中必定充满了希望和信心。

“百年节”这种典型的祭祀活动毕竟是由国家主办，奥古斯都认

为更重要的是再次提升民间的信仰。

罗马的每个家庭都会有一个供奉家族保护神和祖先灵位的地方。这一点同日本人的家里灵位牌和佛坛放在一起有些相似。然而，并不是每个人都享有“家庭信仰”的条件。尤其是像罗马这样日益国际化的大都市，狭窄的楼房里根本没有供奉神灵的空间。何况，孑然一身来到首都、租屋而居的外地人也越来越多。为这些人找到精神寄托，是奥古斯都推行民间信仰改革运动的出发点。

都市内的道路网密布，产生了很多十字路口和交叉点。奥古斯都下令在每个交叉路口，根据地况，建造相应规模的寺庙和祭坛，供奉“当地守护神”和“奥古斯都之灵”。寺庙和祭坛的管理由当地的行政人员（像日本在区役所工作的地方公务员）负责。这样，那些非罗马本地出生的外来者或者奴隶也都有了信仰的对象。

现代人对宗教认识几乎都是一神教。对于古罗马人祭拜“当地守护神”或许能够理解，但对祭拜还健在的“奥古斯都之灵”，可能会感到有些不可思议。不过，这对除了犹太人之外，都是多神教信仰者的古人而言，是完全可以接受的一件事情。

“灵”不单指死者的灵魂，还有守护神的含义，同时还包括能力、资质、精神、真髓的意思。因此，人们祭拜“奥古斯都之灵”，也是希望能拥有像他那样的天赋。这是一份与祭拜对象的生死没有关系的感情，因此，祭拜的对象无论是在世还是死去，都无关紧要。

起源于拉丁语的意大利语里的“电影明星”，男性叫“迪瓦”（divo），女性叫“迪娃”（diva），是神的意思，词意和电影明星的“星”倒也不是毫无关联。因为古代罗马人相信，拥有神般天分的人死后都会变成星星。

不用等研究者们站出来指责，奥古斯都本人也极度厌恶活人神格化。不过，正是这种对“奥古斯都之灵”的信仰，开启了之后对皇帝崇拜的风潮。我再次强调，古罗马人的信仰在一神教者的规范思想内是无法想象的。不过，请大家想一下日本供奉的各路神灵，从天照大御神到明治神宫，还有供奉狐狸的稻荷神社，或许就能对古罗马人的宗教信仰有所理解。

之后取代了罗马多神教的一神教基督教，虽然不像古罗马人那样见神就拜，但也继承了在交叉路口设立教堂的形式。教徒们从教堂前走过，大多都会稍做停留，对着耶稣基督或者圣母马利亚，在胸前画十字。所以说，展示宗教心是人类特有的行为，与信仰一神教还是多神教完全没有关系。

话说回来，被人崇拜和赞美也不是一件轻松的事。“健全而美丽的罗马”也不像少男少女唱的赞美诗那样会直到永远，随时有崩溃的可能。所幸，即将 47 岁的奥古斯都被人敬仰的“特质”中，最好的一项就是清醒的现实感。

阿尔卑斯

从意大利翻越阿尔卑斯山脉去高卢，主要的路径有以下四条：

第一条，从奥斯塔（Aosta）往北，到达阿尔卑斯山脉，翻过大圣伯纳德山口（Great Saint Bernard Pass），抵达现在瑞士的日内瓦湖（法方称莱芒湖，Leman）。

第二条，从奥斯塔往西行进，翻过阿尔卑斯山脉的小圣伯纳德山口（Petit Saint Bernard Pass），经由日内瓦或格勒诺布尔（Grenoble），

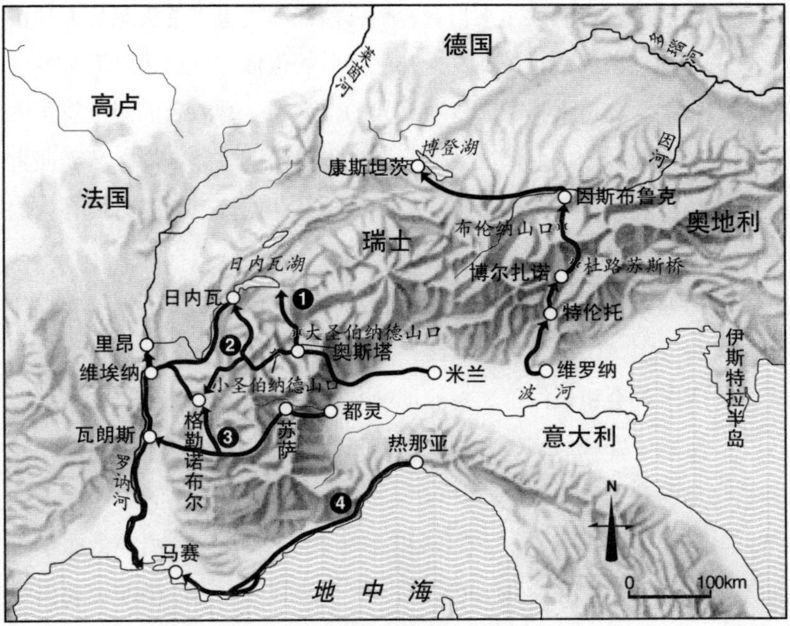

翻越阿尔卑斯山脉的四条主要路线以及
公元前 16—前 15 年杜路苏斯军团的行军路线

抵达现在法国的里昂。

第三条，从都灵（Torino）向西，攀过苏萨（Susa）山谷的山道，到达阿尔卑斯山脉。翻过山脉之后就进入了现在的法国境内。由此往北，经由维埃纳（Vienne）抵达里昂。如果向南的话，经过瓦朗斯（Valence），沿着罗讷河顺流而下，便可到达地中海的出口。这条路径，罗马人根据当地部落的部族名，称之为“柯提亚阿尔卑斯行省”（Alpes Cottiae）。

第四条，从杰诺瓦（Genova，现在的热那亚）沿着地中海行进至马赛，罗马人称这条路径为“海岸阿尔卑斯”。这条道路因为通往

法国南部行省和西班牙行省，所以道路的整修早于其他几条线路。由此可见，罗马式的道路早在 150 年之前就已经建成。

公元前 16 年的当时，罗马已经有了以上四条可通行的路线，奥古斯都不必再亲自出马打理。不过，四条路线中的第三条柯提亚阿尔卑斯行省处于独立的部落酋长的势力范围之下。这里的山岳民族部落酋长，当年从恺撒那里得到了罗马公民权和尤里乌斯的家族名，与罗马结成了同盟关系。因此，自称为王的族长，有一个意大利式的名字：马库斯·尤里乌斯·柯提斯。

由于和罗马的同盟关系，柯提斯在阿尔卑斯山脉一带的山岳民族部落群中势力强大。虽然联结意大利和高卢的四条线路不全是由他支配，但他的影响力实际上波及了整个地区。奥古斯都任命尤里乌斯·柯提斯为阿尔卑斯地区的“长官”，将他放在罗马帝国的管辖之下，以和平的方式成功地进行了合并。就此，经由阿尔卑斯山脉的线路全部归属罗马帝国。奥古斯都的手段比恺撒更胜一筹。

既然柯提亚阿尔卑斯行省成了罗马帝国的统治范畴，奥古斯都接下来要做的就是修建罗马式的道路，即建设高速公路。顺便提一下，从意大利翻过阿尔卑斯山脉去高卢，走第三条路径的话，从都灵到瓦朗斯的距离是 365 公里，徒步需要 10 天的时间。

从整顿阿尔卑斯路线的问题上可以看出，看似着重于国内治理的奥古斯都，其实有着超越国界的眼光，整顿西方，也绝不会忘了东方。而每一次整顿的好机会，总是敌人带来的。

正好在这个时候，驻扎在伊利里亚行省的罗马军团受到了原本是同盟者的北方部落的袭击。于是，阿格里帕率兵向北挺进。

多瑙河防线

卢比孔河以北的北意大利地区，因为得到了恺撒授予的罗马公民权，所以拥有和罗马本土相等的地位。由西向东蜿蜒的阿尔卑斯山脉是这个地区的防线。按照现代地理的划分，应该是法国·阿尔卑斯、瑞士·阿尔卑斯、奥地利·阿尔卑斯的三国边境交界处，现在的斯洛伐克的边境隔着一条山脉。

以高山峻岭作为防线，看似理想，实际却是事与愿违。因为腹背受敌的情形，通常会给人带来比实际状况严重的恐惧感，所以防御基地只好建在高山的前方。但是，无论基地再怎么高大、坚固，其功效还是会受到地形的限制。何况，由高往下攻击，总是胜过在低处抵御，那么把基地建在山顶是否就能解决问题呢？作为监视点，山顶的确是最好的位置，但是要抵御外敌的攻击，就根本不行了。因为有气候等各种不利的因素，无法驻扎大规模的防御部队。

恺撒是罗马第一个发现高山防线弊端的人。他征服高卢的目的之一，就是为了将国家的防线，从阿尔卑斯山脉转移到莱茵河。防线以河川取代山脉，成了恺撒之后罗马国家的军事战略方针。防线设在河边，比较容易看见对岸，有助于了解敌情。在战争中最忌讳的就是暴露军队，看不见的对手才是最可怕的。另外还有一个重要原因，就是河岸边可以驻扎大部队。

在罗马的河岸防线的版图上，恺撒已经建立了莱茵河防线；奥古斯都用外交的方式确立幼发拉底河沿线至黑海沿线，南面是罗马行省，东面有坚固的同盟国，与北面的博斯普鲁斯王国也签订了同盟协议。至此，“罗马统治下的和平”的目标已达成了一半，剩下的只有多瑙河了。当年恺撒在远征帕提亚的归途中，企图控制多瑙河南岸

未果，把问题留了下来。这个地区如果按照现今欧洲的版图划分，从西到东分别是德国、奥地利、匈牙利、南斯拉夫（现在的塞尔维亚），直到保加利亚境内。这是一片辽阔的疆土，所以不是轻易就能征服的。然而，如果不解决这个地区的问题，包括黑海西岸在内的罗马帝国东北部的防线就难以成立。

任何事情想要做得圆满，最重要的前提就是掌握正确的情报。恺撒时代，已经有了罗马帝国本土意大利半岛的地图，道路、桥梁等都有详细的记载。罗马人的视野不仅仅是本土，他们还制作了从非洲到英国以至印度的地图，据说这种地图最早是在阿格里帕主持下制作的。

阿格里帕将大地图用不同颜色的大理石板镶嵌在由他兴建的诸多公共建筑中的某一处的墙上，任何人都有机会浏览。当然，奥古斯都也有他自己专用的地图，据说地图有两种：一种是根据不同地区，用彩色大理石镶嵌在墙上的地图；一种是画在莎草纸上的地图。

这些地图没有被留存下来，它们的精确性无从考查，估计可以接近公元 2 世纪时居住在埃及的希腊人克劳狄乌斯·托勒密（Claudius Ptolemaeus）制作的世界地图的水平。当年恺撒下令制作的意大利本土的地图也是出自希腊人之手。尽管都追求地图的精确性，然而希腊人纯粹是因为求知欲，而罗马人则是出于现实的需要。因此，多瑙河迟早会引起奥古斯都的注意。

奥古斯都在《功业录》中曾说过："除非敌人攻击，我从来没有主动发起过一场战争。"阿尔卑斯东北部的山岳民族部落袭击驻守伊利里亚行省的罗马军团时，对奥古斯都而言，正是解决多瑙河防线问题的大好时机。向北方挺进的罗马军团轻松地击退了山岳民族，并乘

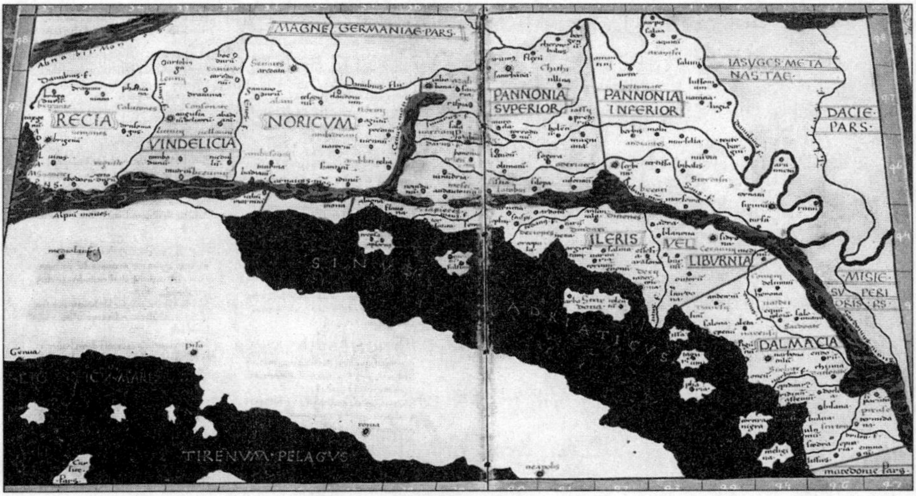

托勒密世界地图（多瑙河以南）

势展开大规模的扩张行动。

公元前 16 年进行的大规模北方军事行动，由阿格里帕担任总指挥，26 岁的提比略和他 22 岁的弟弟杜路苏斯负责指挥前线作战。奥古斯都和利维娅结婚时，提比略 3 岁，杜路苏斯还在母亲的肚子里，如今两人都已经成长为年轻的将军。两兄弟都有过在西班牙与山岳民族作战的经验，这次的敌人是居住在现今蒂罗尔（Tyrol）一带的雷蒂亚（Raetia）部族。

根据阿格里帕的战略，杜路苏斯率军从维罗纳（Verona）北上，提比略的部队则渡过莱茵河向东南进攻。两支队伍在现今的博登湖附近的康斯坦茨（Konstanz）会合，从那里再向南发起进攻。这样，从现在的瑞士全境到南奥地利·阿尔卑斯的地带，就像网中之鱼，牢牢

地掌控在罗马军团的手里。

从维罗纳的前线军营出发的杜路苏斯部队，在当年的秋天就征服了特兰托（Trento）一带，在当地建立了军事基地。之后，杜路苏斯率军继续向北，抵达博尔扎诺（Bolzano），在那里迎来了冬天。这一带已经是奥地利·阿尔卑斯的山区。

20岁刚出头的年轻将军并没有带着他的部队返回温暖的维罗纳过冬。罗马军队真正的强大之处并不是在刀光剑影、短兵相接之时，而是在严格地遵守战略计划做到尽善尽美的事前准备阶段。在公元前16年的冬天到公元前15年入春之前的休战期间，罗马军队的全体士兵担当起了工兵的职责，在各个要塞深挖战壕，高固城堡，修筑联结各个要塞的道路、桥梁，为赶上开春后北征的计划，即使是大雪纷飞，作业也不中断。原本只通到维罗纳的道路，即当时的高速公路，也因此延伸到了特兰托。

第二年，公元前15年的春天，北征行动再度展开。杜路苏斯的军队一面架设杜路苏斯桥一面往北进军。军队越过布伦纳山口（Brenner Pass）抵达因斯布鲁克。之后，沿着因河（Inn）继续征战，行军路线逐渐远离阿尔卑斯山区，改道西行向康斯坦茨前进。

另一边，从高卢渡过莱茵河向东南进攻的提比略的军队，战事也进行得非常顺利。在夏天来临之际，兄弟俩终于在博登湖畔会合。康斯坦茨距离多瑙河50公里左右，从那里向南挺进的罗马军队可谓是一马平川，没有哪个部族胆敢站出来挑衅。罗马从公元前16年到前15年，在大约两年的时间，建立起了意大利本土北方的安全保卫线。

首都的人民很清楚这件事对于罗马的重要意义。或许阿格里帕制作的大地图对于提高一般公民的地理知识起到了作用。诗人贺拉斯非

常激动，专门写了首诗歌颂扬两位年轻将军的壮举，称赞他们不愧是荣耀的克劳狄乌斯家族的名门之后。

和平祭坛

希腊人喜欢在远离人间烟火的地方建造圣所，而罗马人则认为在人来人往热闹的地方建圣所更好。公元前 13 年，为迎接重整西方归来的奥古斯都，元老院决定建立祭坛，祭坛的位置就在从罗马前往北方的主干道之一的弗拉米尼亚大道向台伯河方向的途中。祭坛的正式名字叫“奥古斯都和平祭坛”（Ara Pacis Augustae），简称“和平祭坛”，以纪念奥古斯都为实现“罗马统治下的和平”做出的努力，象征着罗马人民祈求永远和平的心愿。

当初建造和平祭坛的计划不知是出自元老院由衷的愿望，还是滞留在高卢和西班牙两年以上、致力于稳定罗马帝国统治的奥古斯都，用他特有的“斡旋”方式，暗地里指使的。不过，谁是始作俑者无关紧要，因为祭坛是为纪念和平而建，而希望永远和平又是从元老院到全体罗马人的心愿，用现在的话讲，是国民达成了一致意见。

建造祭坛虽然是由元老院批准，可如何建造还得听从奥古斯都的意见。从公元前 13 年开始到前 9 年 1 月完工的和平祭坛，无论从它的名字，还是整体使用白色大理石的简约设计以及雕刻在祭坛上的那些浮雕的意象，都比奥古斯都兴建的其他公共建筑更能体现他健全、踏实的人格。

祭坛正面对着利用方尖碑（Oblisk）为指针的大日晷。大日晷由

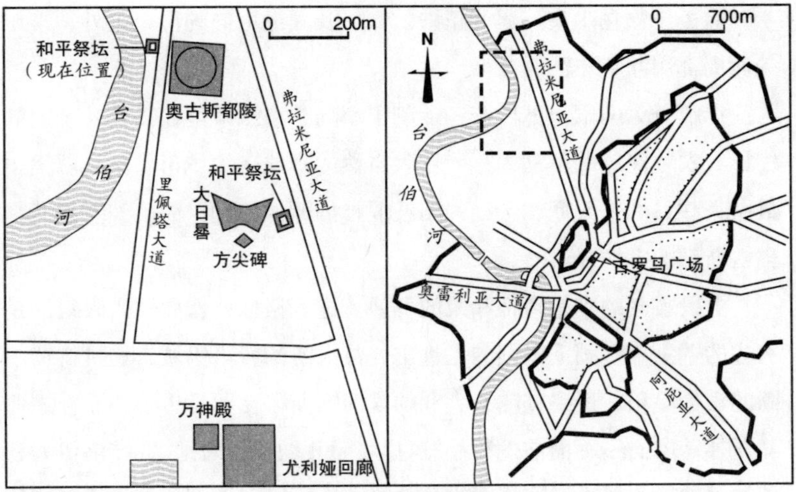

和平祭坛的位置图

奥古斯都下令建造，矗立在现在的国会广场。祭坛的规模为长 12 米，宽 11 米，基本上呈正方形，在古罗马的建筑中属于小型建筑。祭坛的正后方通向弗拉米尼亚大道之处，也有一个出入口。祭坛没有天花板，是敞开的，构造上也没有居高临下、睥睨一切的气势。登上石阶，首先来到围绕祭坛四周的列柱回廊，里面是高度不足 5 米的开放型祭坛。这里无论是对来大日晷看时间的人，还是对经过弗拉米尼亚大道的旅人来说，都是一个稍做歇息的好地方。从边上穿过并列的石柱，坐在回廊前，出现在眼前的就是奥古斯都和他的家族以及元老院元老们为“罗马统治下的和平”祈祷的浮雕。

如果这些浮雕刻板、无趣，人们一定会转移视线。所幸，它们被雕刻得多姿多彩，特别是那些儿童群像，让人看了忍俊不禁，栩栩如生地表现了既肃穆又充满人情味的祈愿和平的祭祀场景。

除了设立在中央、通往正殿的入口及其反方向的出口之外，祭坛的四周都用浮雕装饰。

浮雕分为两段，下段统一雕刻了小鸟、小虫散落在莨苕叶子上的模样。农牧民族的罗马人喜爱用大自然的景象点缀城市。鸟类图案中最引人注目的是天鹅，天鹅和阿波罗神的渊源深远，而阿波罗神又是奥古斯都的守护神。

上段雕刻的则是诸神和人的群像。进入祭坛后首先映入眼帘的是右边的壁画。壁画上刻画的是逃出一片火海的特洛伊城、经过持续不断的亡命旅程、最终登陆意大利的埃涅阿斯，在罗马传统的家神珀那忒斯神（Penates）面前发誓："这里将是我的终焉之地。"特洛伊人和美神维纳斯生的埃涅阿斯因为是希腊人，所以雕像上的他是下巴蓄须的希腊人的容貌。罗马人正好相反，没有蓄须的习惯，因此两位代表珀那忒斯神的年轻男神就没有胡子。

在埃涅阿斯和珀那忒斯神之间，还有埃涅阿斯儿子的雕像，但如今浮雕已经破损，模糊不清。这个人才是尤里乌斯一族的创始人，雕像正是为了彰显身为恺撒养子的奥古斯都的尊贵、正统和尤里乌斯家族悠久的历史。

祭坛左侧的浮雕，除了小部分之外，都已不知去向。根据残留部分而复原的壁画看，浮雕呈现的场景是：给幼小的罗穆路斯和雷穆斯喂奶的母狼和发现这两兄弟并抚养他们长大的羊倌，以及看见孩子被羊倌收留而感到安心的两兄弟的父亲马尔斯神。

埃涅阿斯以及罗穆路斯、雷穆斯和母狼的故事，是有关罗马建国的各种传说中最著名的一则，它绝对有资格被雕刻在祭坛正面的左右两侧。

在叙述人群雕像之前，我先把诸神像一一述清。正面墙的背面也

和平祭坛（复原图）

南面

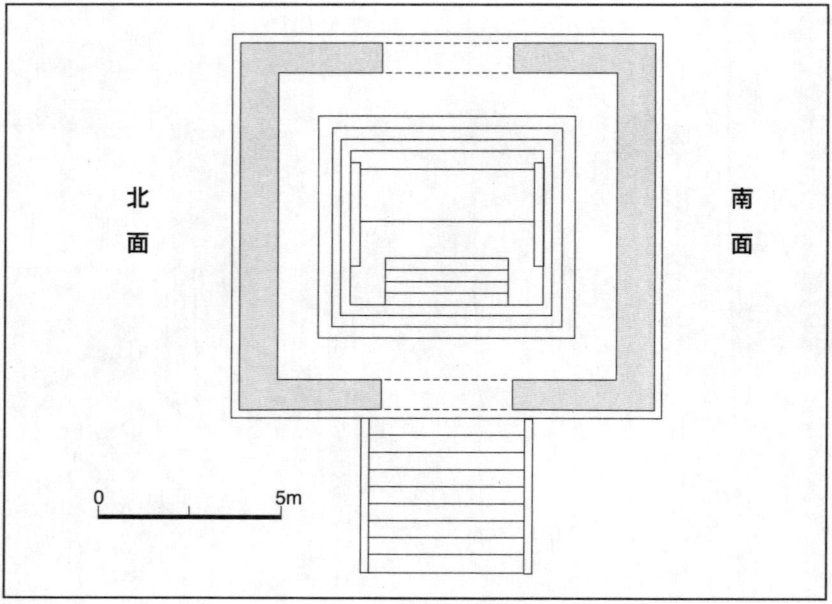

和平祭坛平面图

北面

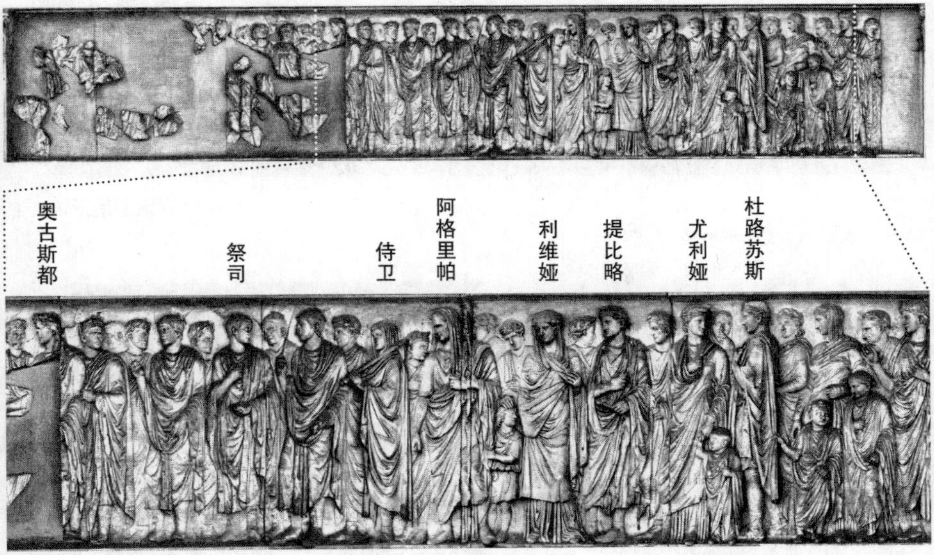

和平祭坛南面浮雕

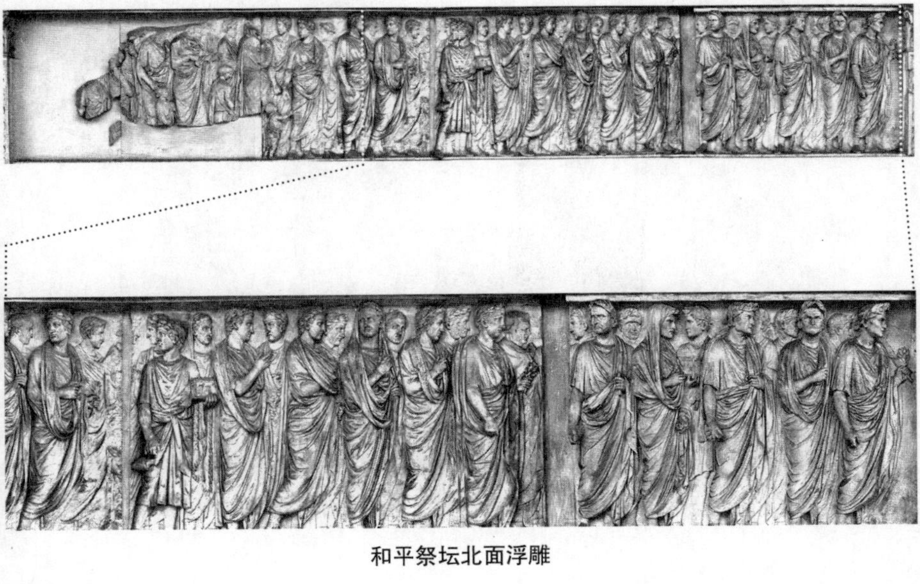

和平祭坛北面浮雕

和平祭坛下段浮雕

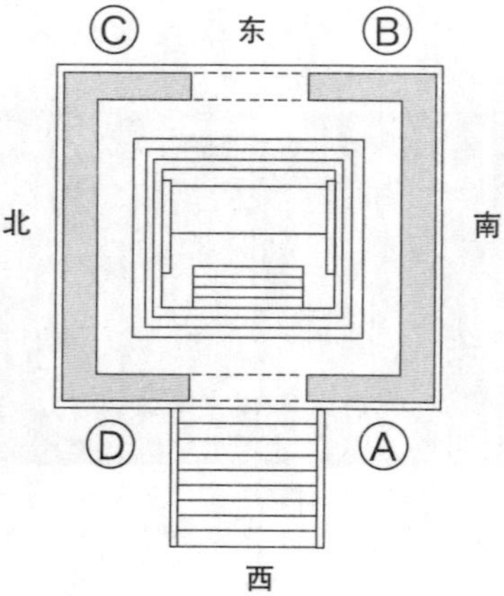

小鸟、小虫散落在莨菪叶子上的浮雕局部

Ⓐ 和平祭坛西南侧浮雕：埃涅阿斯向珀那忒斯神奉献牺牲

和平祭坛东南侧浮雕：两手各抱一个幼儿的大地女神特勒斯 Ⓑ

Ⓒ 和平祭坛东北侧浮雕：模仿希腊神话亚马孙部落女战士的女神罗马

和平祭坛西北侧浮雕：给罗马的建国者罗穆路斯和雷穆斯喂奶的母狼和发现并抚养他们长大的羊倌以及他们的父亲马尔斯神

Ⓓ

是诸神的雕像，不过这两面墙都是女神。

从正面绕到背后，我们可以看到左侧的壁雕是坐在中间、两手各抱一个幼儿的大地女神特勒斯，她的两边分别坐着掌管风和水的女神。怀抱幼儿的女神象征多产，三位女神的脚下是一片麦田以及散落其间的牛羊，这无疑是表达大地赐予人类的恩惠。

以正殿的出口为中心的两边墙壁上也有雕像。如今，右墙上的浮雕几乎消失殆尽。考古学家根据仅存的一些石片分析，判断浮雕应该是模仿希腊神话亚马孙（Amazones）部落女战士的代表国家的女神罗马。共和时期的货币上罗马就以女神的形象出现过，不过，建造奉献给女神罗马和奥古斯都的神殿则是在进入帝国时期之后才开始的。那个时代，连行省也建立了不少这样的神殿。之所以以女性作为国家的象征，是因为对那些出生在罗马、长大后离开祖国、直到死后才魂归故里的男人而言，国家就是母亲。

人类的浮雕像则刻在左右两侧，离诸神不远也不近。这种安排绝妙地体现了罗马多神教的精神。古罗马人崇尚写实主义，因此 2 000 年后的我们有机会可以看到逼真的奥古斯都的“家族群像”。

正面的右侧，即祭坛的南面墙壁上雕刻的是参加和平祈祷的队伍。开始的四分之一的浮雕已经损坏得非常厉害，站在侍卫（Lictor）后面的人只剩下脸部和左半身的一部分，但他肯定是奥古斯都。在和平祭坛建造期间，他任大祭司，因此，51 岁之后的奥古斯都名副其实地成了国家祭祀活动的主持人。

尽管浮雕已经模糊不清，不过我相信，奥古斯都用托加长袍包住的头上应该戴着月桂冠。不过看他脸上的线条和垂散在额头上的头发，让人很难相信那是个过了 50 岁的男人。站在奥古斯都的后方、中间隔着几位祭司的阿格里帕就是50岁的男人的形象。和他年轻时候的肖像相比，不由得让人发出岁月流逝的感慨。而和阿格里帕同年的奥古斯都的容貌却依然停留在30多岁。如果和平祭坛能够完整地保留下来的话，就可以断定我对奥古斯都存心保留年轻时的容貌是一种形象作战的论述是否正确。

束棒斧是古罗马公权力的象征。肩扛着束棒斧的侍卫的后面是奥古斯都指定的共同统治者，也是奥古斯都的独生女儿尤利娅的再婚对象阿格里帕。阿格里帕17岁时由恺撒提拔，从此成了不善战斗的奥古斯都的左膀右臂。可以说，如果没有这个人，就没有今天的奥古斯都。然而，和平祭坛上阿格里帕的雕像显得异常苍老，和他年轻时体格强壮、生气勃勃的形象判若两人。决定建造和平祭坛的那一年，阿格里帕还健在，但在三年后举行完工大典时，他已经不在人世。浮雕上阿格里帕栩栩如生的形象反映了奥古斯都对这位生死之交的深切怀念。

阿格里帕身旁拉着他托加长袍一角的孩子非常可爱，那孩子是阿格里帕和尤利娅生的盖乌斯·恺撒。他是奥古斯都的长（外）孙，对血统承继异常偏执的奥古斯都，在盖乌斯1岁的时候就将他收为了养子。和平祭坛开建时他才7岁，跟着奥古斯都坐在祭祀典礼的上位，由此可见，当时的奥古斯都是打算让这个外孙成为自己的继承人。

紧接着少年的是一位美丽的妇人，按照顺序排列，应该是奥古斯都的妻子利维娅。利维娅的后面有一位身着托加长袍的年轻人，他是利维娅第一次婚姻时生的两个儿子中的兄长、祭坛开工时已经29岁的提比略。提比略没有用托加长袍遮住头部，因为那个时候他还不是祭司，祭祀典礼上，普通公民是不需要遮掩头部的。

隔开一个人之后的妇人据说是奥古斯都的独生女、当时是阿格里帕妻子的尤利娅。她手牵着的幼童，应该就是她和阿格里帕生的第二个儿子鲁基乌斯·恺撒。鲁基乌斯一出生也被奥古斯都收为了养子，建祭坛时他年仅 4 岁。

跟在 4 岁幼童后面的是典礼行列里唯一身着军装的年轻人，据说是利维娅拖油瓶带过来的小儿子杜路苏斯。他之所以戎装打扮，是因为在祭坛建设的时候他正担任着远征日耳曼军队的总司令。利维娅的两个儿子代替年过 50 岁的阿格里帕，成了奥古斯都的左膀右臂。

杜路苏斯的边上有一个可爱的孩子，拉着他战袍的一角，排在他们后面的那些人到底是谁，至今仍然众说纷纭。既然都是一些妇女和孩子，想来应该是奥古斯都的家族成员。当时奥古斯都的家族成员中还包括提比略的妻子维普萨尼娅（Vipsania）、杜路苏斯的妻子小安东尼娅、与多米提乌斯·阿赫诺巴尔布斯（Domitius Ahenobarbus）结婚的大安东尼娅，以及她们的孩子。

姐妹俩因为同名，为了区分，姐姐被称作大安东尼娅，妹妹则叫小安东尼娅。她们是屋大维的姐姐屋大维娅和安东尼生的孩子。尽管奥古斯都置安东尼于死地，但对他的孩子仍然视为家人，并且替两位外甥女安排了合适的婚姻。这对姐妹的婚姻带来了一个意想不到的结果，那就是罗马帝国第三代皇帝卡利古拉（Caligula）、第四代皇帝克劳狄乌斯以及第五代皇帝尼禄（Nero）都和奥古斯都的手下败将安东尼有着血缘关系。

与南墙奥古斯都家族群像相对的北墙壁雕，则是参加祭祀的元

和平祭坛正殿雕刻的祭祀场景

老院的权势者以及政府的高官们。他们全体都穿着托加长袍，其中也有人带着孩子。和对面的皇帝一家的肖像一样，这边的场景也很轻松，有的人看着边上，有的人热衷于谈话。就连奥古斯都家的孩子们也不顾禁忌，跑到这边来找同伴玩耍。和诸神不同，这里的主角是人类，是充满人性的罗马人。虽然祈求诸神赐予和平，但要达到目标还是要靠人类自己的努力。这也正是奥古斯都建立和平祭坛的真正用意。

正殿的四周也被浮雕包围，浮雕上的诸神和人物都以人类的形象出现。尽管正殿也是层层堆砌，但是建筑本身还是非常简朴，登上台阶之后，只有一个大理石的祭坛。或许是因为祭坛上要烧烤供奉的动物，为了散去烟灰，才没有设计天花板。

奥古斯都在《功业录》中有这样一段记述：元老院不仅决定建造“奥古斯都和平祭坛”，还“决定每年在祭坛上举行献祭仪式”。所谓每年的献祭仪式是向诸神祈求和平的一种罗马式的称呼。因此，和平祭坛既是“罗马统治下的和平”的象征，又实际用于祈求和平。

罗马时代的和平祭坛坐落在从古罗马广场步行不到 15 分钟的弗

拉米尼亚大道边上。从行省来首都的人们，如果从北方经过弗拉米尼亚大道或者卡萨亚大道（Via Cassia），途中就能望见祭坛。如果是从奥雷利亚大道过来，要稍微绕一点路；而经过阿庇亚大道从南方来的人，只要从古罗马广场走几步路就能看到祭坛了。这些行省的人民看到祭坛，或许也能和罗马人一样，感受到奥古斯都致力于“罗马统治下的和平”的决心。

要想长久统治，必须给予被统治者一些他们能够接受的东西。否则，仅靠武力镇压、灭绝反对派，统治绝对是不可能持久的。

和平祭坛现在也能看到，不过位置已经不在原地。遗址上已经建有从中世纪到现代的罗马城市，即使挖掘到祭坛的遗址，也不可能拆除建在原址上正在使用的建筑，所以无法在原来的地点重建。1936年，根据当时的独裁者墨索里尼的决定，利用重新开发奥古斯都陵周边地区之际，在位于陵园和台伯河之间的地带，用考古挖掘出的材料复原了和平祭坛。

从此，以奥古斯都陵以及和平祭坛为中心的广场，改名为“奥古斯都皇帝广场”（Piazza Augusto Imperatore）。不过，第二次世界大战以后，意大利政府以反法西斯为首要国策，因此，极其厌恶法西斯时代的产物。法西斯时代的建筑在设计上虽然缺乏美感，却都造得非常坚固，要拆毁奥古斯都皇帝广场周围的建筑成本太高，因此这一带被原样保留了下来。由于罗马市政府和中央政府一直由左翼掌权，所以对这里的设施既不做保养维修，也没有任何开发、利用的规划，这里成了一块冷清之地。对我个人而言，这是个享受安静的好地方，但喜欢热闹的罗马人则避而远之。

此外，现代的博物馆、美术馆的主办者们大都对美术史的兴趣胜于历史。如果是真迹的话，哪怕是一个水壶的碎片都会大张旗鼓地拿出来展示，但对古迹的复原作业就不怎么关心。因此，和平祭坛一向少有游客光顾。不过，这里倒是很适合认真思考如何实现“罗马统治下的和平”的好地方。因为几乎在与和平祭坛开工的同时，奥古斯都正在展开一场军事改革，从罗马传统意义上来说，这场改革是革命性的。

军事改革

古代的希腊人和罗马人对公民的定义是：无论是隶属于国家还是地方自治体，在拥有参与“共同体”（Res publica）自治的权利的同时，还有着保卫共同体的义务。军队在人数上不如东方专制的君主国家的军队，但是在质量上占有相当的优势，经常打赢战争。这主要是因为东方国家通常是从他国招募雇佣兵，而希腊、罗马的军队都是由本国公民组成的，因此有着保卫祖国的坚定信念。

为了提升这些城邦的公民在社会以及经济上的地位，由中坚公民组成的重装步兵团，代替了由社会上层人士组成的骑兵团，成了国家的主要军事力量。这个变化促成了一场军事制度的改革。顺便提一下，到了中世纪，骑兵团又恢复为军队的主力，步兵再次成为主力军，一直要到近代之后。马基雅弗利的《君主论》就提倡将主力军恢复到由本国国民组成的步兵队伍。

古罗马也是秉承了这种“公民”思想的国家。希腊人对公民制度的使用只限于自己所属的城邦境内，罗马人则把它发展到希腊无法比拟的整个罗马帝国的辽阔疆土。可以说，近代再次复兴的“公民”概念，最早是由罗马人确立的。

保卫共同体的义务也意味着维持共同体，因此，服兵役的义务和纳税的义务，理所当然地就融为一体。既然税金根据收入不同有所区别，那么就不应该强迫所有的人统一服兵役。我在《罗马人的故事01·罗马不是一天建成的》中曾经叙述过，罗马从王政时代起就采用兵役等于直接税的制度，尽量去保证公正性。那些没有财产来源、只能靠自己的劳动所得维持个人和家庭生活的公民，不需要通过服兵役来代替直接税。这个阶层拉丁语称为“proletari”（无产者），现代语中的“proletariat”就是其衍生词。

不过，这种征兵制度之所以能成立，是因为当时罗马的军事行动的范围还不大。军队在春天集结出兵征战，不到深秋士兵们就能返回家乡。通常服兵役的年限为一年，如果战争持续一年以上，即使司令官需要留任，士兵还是到期就做交替，否则的话，无法要求人民履行当兵的义务。

但是，随着时代的变迁，敌人变成了迦太基、西班牙以及希腊。罗马的军事行动不断地向外扩展，士兵们从战场返回家乡需要两个月左右的时间，以往那种军队每年解散来年再重新组编的形式已变得不可行，只能延长服役时间，这样，人民的正常生活就难以维持。而且，随着罗马霸权的扩张，罗马人获得经济利益的可能性也逐渐增大，服兵役成了不受人民欢迎的义务。高度增长的经济又带来了分配上的不均，无产者不仅要靠劳动养活自己和家人，一部分人甚至连劳动的机会都没有。失业者大批流进首都罗马，从而引发的社会问题已经不是仅靠免税就能够解决的了。

如《罗马人的故事 03 · 胜者的迷思》所述，公元前 107 年，当时的执政官盖乌斯 · 马略对延续了 500 年的罗马军事制度实行了改革，将征兵制改为募兵制。罗马士兵也从公民的义务变成了一种职业。公元前 160 年前后，由于直接税的废止，直接税等于兵役的制度也变得有名无实，因此，募兵制度的推行完全没有受到阻碍，更主要的是募兵制解决了失业问题。

好在罗马军队最终并没有成为社会问题的堆积场，这要归功于为政者确立了相应的对策，而且得到了代表普通大众的公民大会的支持。

第一，虽然失业者属于无产者的底层，但是他们使罗马公民的社会地位再次得到了确认。这有助于因免除兵役而不被看作罗马公民的无产者恢复信心，他们可以抬头挺胸地说："因为我是罗马公民，所以我有保卫罗马的义务。"恺撒常对他的士兵训话说："别忘了各位是罗马公民。"士兵只有对自己承担的职责怀有自豪感，同时又得到社会的承认，才有可能奋不顾身地去完成任务。

第二，收入保障。士兵的酬劳并不高，一名士兵一年的薪水是 70 第纳尔银币，按照公元前 1 世纪的生活水平，这个金额连购买主食小麦都有点困难。不过，士兵在服兵役期间衣食都是无偿供给，因此这只是一个底薪。另外还可以期待战利品的分发以及凯旋仪式的赏金等临时收入。

罗马军队的素质没有因改为募兵制而下降的第三个理由，主要是规定了那些一心想成为"光荣的公职人员"的人必须具备从军的经历。要保证罗马军队的质量，首先必须保证指挥官们的素质。士兵对于带领自己的将军的能力非常敏感，因为跟随无能的将军就意味着要付出无谓的牺牲，而且，军队如果不能以最小的牺牲换取最大的战果，就等于失去了军事能力。这种组织和运用的能力也完全适用于政界。

不过，马略的军事改革并没有触及罗马传统的兵役期限，服役年限仍然是一年，如果需要延长再做更新。

无论是出国远征 3 年的苏拉军队，还是在庞培麾下打了 5 年仗的士兵，或者是跟随恺撒征战高卢 8 年之后渡过卢比孔河继续战斗长达 13 年的战士，他们在战时的春季入伍，到了秋季如果提出返乡的申请，即便是司令官也无权强迫他们继续服役。士兵之所以愿意留在军队，是因为这些将军有着极强的领导力。苏拉和庞培的军队条件还算不错，因为对手是东方国家或是海盗，至少有机会得到丰厚的战利品。恺撒的士兵就没有那么幸运了，战场是落后的高卢，能掠夺的财产少之又少，之后又是和罗马同胞相战，总司令严令禁止士兵抢劫掠夺。虽然恺撒将士兵的薪水从 70 第纳尔银币提高到 140 第纳尔，但对这些跟随恺撒纵横转战地中海的士兵来说，实在是微不足道。那些心甘情愿跟随恺撒的士兵不是为了钱，为钱而战的不能叫作士兵。

恺撒的继承人奥古斯都深知自己没有“父亲”恺撒那样的指挥能力。不要说是和恺撒相比，就是苏拉的个人魅力，以及庞培的军事头脑，也都是他无法比拟的。他指挥的战斗屡战屡败，之后的战事长期依靠阿格里帕，现在又将作战指挥权交给提比略和杜路苏斯两兄弟，也是出于同样的原因。

恺撒和他手下的将士说话时经常叫他们“战友们”，而奥古斯都对他们只称呼“战士们”，他不愿意去做名不副实的事情。不过，他也禁止阿格里帕和提比略、杜路苏斯兄弟使用“战友们”，尽管他们完全有这个资格。结果，前线的指挥官们只能称呼士兵为“战士们”。

奥古斯都并不是因为他和军队的官兵没有密切的关系，出于嫉妒才下此禁令，而是他认为军队必须是一个不管由谁指挥都能够发挥功效的组织，而且，更应该是一个面对落后民族（历史上称蛮族）在无法期待战利品等各种不利、艰苦的条件下依然能够完成任务的军事集团。将这个军事集团制度化就是奥古斯都面临的课题。

奥古斯都在进行军事改革时制定的基本方针列举如下：

1. 军事目的不是征服，而是防御。

2. 除了帕提亚是独立国家之外，其余的敌人都是落后的、没有组织的蛮族。

3. 正因为军事行动以防御为目的，所以必须设立常备军。

4. 提高和保证担任防御任务的人，即士兵的劳动条件。

5. 确立安全保障（拉丁文“securitas”）必需的综合战略。

6. 确保这些防御系统运作所需的财源。

在军事行动以征服外族为主的时代，军队是可以按照传统方法在决定远征之后再进行组编。不过，罗马也因此经常会在敌方突然进攻时措手不及。一旦军事目的变为防御，就不能容许同样的失败，因此，必须建立一支常备军。

屡战屡胜的恺撒曾经指示，在莱茵河、多瑙河、幼发拉底河以及撒哈拉沙漠建立军事防线，而对这些地区以外的地方的进攻，他则认为反而对罗马不利。这是一个非常英明的判断。继承了恺撒思想的奥古斯都在公元前 30 年时已经拥有了天下无敌的罗马军队。如果是一个平庸之辈，这种形势下大都会失去冷静，对外发起大规模的军事行动。罗马公民一定会为这种展现罗马威势的行为鼓掌、叫好，予以支持。然而，奥古斯都不仅继承了恺撒的思想，而且将他拥有的强大兵力缩减了三分之二。为了有效地实现以防御为目的的战略，他违背了罗马 700 年的传统，设立了常备军，这是实现和平战略最有效、最现实的一个手段，奥古斯都就是这样确立了决定帝国未来的军事方针。

不过，一旦军事目的变成了防御，敌人就由不得自己选。打赢了可能获得丰厚收入的唯一的对手帕提亚已，经通过外交方式解决了问题，剩下的都是没有战利品可期待的蛮族，而且与蛮族打仗，就意味着要将军队派遣到经济落后、生活不便、气候和地形都相当恶劣的地区去，因此，提高士兵的服役待遇就成了势在必行的事情。

在改革之初，奥古斯都将士兵的服役年限定在 16 年，服役的年龄资格为 17 岁，因此士兵服役期满也只有 33 岁。罗马自从战争时间拉长之后，规定军人服役期间必须独身，因此服役期定在 16 年，是考虑到他们在退役后还来得及组建家庭，重新开始正常的人生。

但是到了奥古斯都统治时代的末期，兵役期由 16 年延长到 20 年。这样，17 岁入伍的军人退役时都已 37 岁。尽管法律规定军人服役期间必须独身，不过，如果有军人结婚生子也不属于违犯军规，虽然晋级会因此受到影响，但不会受到军法处分。通常这类情况大多是在退役后正式结婚。

奥古斯都在制定了军人服役期限的同时，还创立了在古代可以说是具有划时代意义的军人退职金制度。

其实，在罗马共和时期末期，退职金制度也已经存在。国家向退役军人提供田地，并且发放凯旋仪式赏金以作为土地收获前的前期资金。但退役军人是否能得到这些福利，完全受制于他们从军时跟随的司令官。如果是败将手下的士兵，不要说退职金，就连正规的薪水都得不到保障。

奥古斯都将退职金制度化，目的是为了让军人安心服役，并且退职金还有田地和现金两种方式供选择。

实际上，军人在退役之后除了选择返回故乡，还有相当数量的人迁居新型殖民城市。因为恺撒修改了选举法，地方自治体的议员或公务员的参选条件比较有利于有军人背景的人。那些选择返回故乡的人大多应该会选择现金作为退职金。

在其他职业没有工作年限的那个时代，奥古斯都不但规定了军人的服役年限，而且定为 20 年，实在是相当具有前瞻性。驻扎在边境的军人的背景大抵相似，视野、见识因此会受到限制。当然这也是形势所迫，军队如果不聚集专业人才，其功效势必会受到影响，因此，这是作为军人无法摆脱的命运。如果士兵的服役年限不是 20 年而是更长，那么他们只好一生过着军旅生活。即使不是一生，想转到其他行业也有相当的难度，结果就形成了一个固定的军人阶层。如果没有其他热衷的事情可以做，人通常都会更依存于现有的状态。

无论国家体制是共和制还是帝制，罗马始终是一个军事国家。之所以它可以长期地避免形成固定阶层的弊病，是因为军人生涯和文职生涯（平民生涯）的划分通常都不会很清晰。一般人都有机会同时经历两种生活，社会对此也给予正面的评价。军队的指挥官退役后通常能够转入政界，因此，为那些人生第一阶段在军营度过的下等士兵提供向第二阶段的平民生活转化的资源，就是统治者的责任。罗马时代发放的退职金并不是让退役军人无须劳作、游手好闲，而是一笔重新开始人生的准备金。退职金有限，士兵 37 岁退役后想靠它悠然度过余生根本是不可能的。

奥古斯都的军事改革政策规定，一般士兵的年俸是225第纳尔银币，比恺撒时的140第纳尔增加了不少。这并非30年来通货膨胀的原因，而是奥古斯都认为，那些坚守边境地区、即使打赢也不会收获战利品的士兵的苦劳，应该得到相应的回报，保障他们的生活。

士兵225第纳尔的年俸，在罗马社会仍然属于低下阶层的收入。不过，在军中，衣食住是免费的，还有就是像退职金这样的特别待遇。另外，在没有敌情时，罗马军团经常会被征用去进行公共设施的整修，士兵从中能够学到一些土木工程的技术。不管怎么说，参军是人生的第一阶段。

公元6年的时候，退职金的金额规定为3 000第纳尔，相当于13年的年俸。如果士兵在服役期间用完了所有的薪水，那么靠这笔退职金不够在罗马生活1年。不过，军人退役后如果移居到生活费用比较低的行省，大概可以什么都不干也只能过上10年。

士兵即使在军队期间十分节俭，将所有薪水都积攒下来，再加上退职金，之后的生活仍然无法过得轻松自在。我们假设有这样节俭的士兵，那么退役时他手中有7 500第纳尔。兑换成日常使用的铜币，大约是3万塞斯特斯，如果居住在意大利本土的某个地方自治区，那么这笔费用最多能够过上3年。如果公民不是把服兵役当作自己应尽的义务、把退职金理解为开始新生活的准备金，恐怕是很难接受这个现实的。军人退役后在社会上会得到优待，但是国家提供的经济保障是以他们将从事其他工作为前提。话说回来，对军人来说微薄的收入，对作为提供方的国家而言，却是一笔庞大的开支。

作为帝国全域的防卫力量，军队的数量最初有28个军团，公元9年以后，改为25个军团。我们从军团数量稳定在25个军团的阶段来论述，这 25 个军团由罗马公民组成，每个军团有 6 000 名官兵，25 个军团总共有官兵 15 万人。被称为军团兵的这 15 万兵力，在罗马进入帝国时期之后，仍然是国家主要的防卫力量。以上讲述的对军人的经济保障，就是针对这些军团兵的。仅是支付包括将军官阶在内的 15 万军人的每年的薪水就超过了 1.5 亿塞斯特斯铜币。

仅凭 15 万人的兵力是不可能守住罗马那漫长的防线的。但是如果再增加兵力，又要面临以下两个难题：

第一，罗马公民权的拥有者（17 岁以上的男子）总人数为 500 万，能够服兵役的人数（17 岁到 45 岁）约占其中的二分之一或三分之二，因此，每年确保有 15 万人的兵力已经是极限。准确地说，如果不守住这个底线，罗马会沦为一个单纯的武力国家。

第二，军费维持相当困难。罗马并非只挑选富裕地区作为行省，还有不少地方完全是出于安全上的理由。奥古斯都划分元老院行省和皇帝行省的条件，除了是否需要驻军之外，还根据经济能力来区别。元老院行省都属于经济实力较强的富裕地区，而皇帝行省除了因特殊理由归属皇帝私人领地的埃及以及为牵制帕提亚的叙利亚之外，其余的行省都属于落后地区，因此也无法期待行省税的收益。然而，这些落后地区又必须集中驻扎军队，因为罗马人叫作“Limes”的帝国最重要的安全防线，正贯穿于这些地方。

归属元老院的元老院行省和皇帝管辖的皇帝行省，同是行省，但是行省税的名称不同，税金的流向也不同。

元老院行省的行省税依然沿用共和时期的名称，叫“艾拉留姆”（Aerarium），是“国库”的意思。行省税所得按照传统，上交国库。

而皇帝行省征收的行省税称为“费斯库斯”（Fiscus），交给皇帝的金库。不过，它并不属于皇帝个人所有。奥古斯都对公款和私财一向分得很清楚，“费斯库斯”既然是税金，当然属于公款。

但是，经济实力低下的落后地区的行省税数量原本就不多，即使加上另外的间接税，仍然无法支撑军费开支。如果不挪动相当金额的元老院行省税“艾拉留姆”，罗马帝国的安全保障体系仅在经济层面上就无法正常运作。研究者们一直苦于无法准确地掌握古罗马的收支状况，“艾拉留姆”和“费斯库斯”的流向不清应该是其中的一个原因。有这样的实际问题存在，要清楚地划分两种税金的用途的确很困难。

尽管是为了帝国整体的安全，但也不是元老院行省的税金全转到皇帝行省就能解决问题。虽然理智地去思考，人民之所以能免受蛮族的威胁过着和平的生活，是因为有军队的保护。但是如果眼前就有必须架设的桥梁，却被告知工程暂且需要缓一缓，钱得拿去支付边防的开支，这时候作为纳税人大概都会失去理性，怨声载道。如果放任这种不满情绪在行省内蔓延，那么，那些原本不需驻兵的行省也不得不派兵镇守。罗马人构思的安全保障也包括在“罗马统治下的和平”之下满足所有人的生活。奥古斯都将军团兵人数上限定在 15 万，势必是出于这个理由。

公元前 30 年，战胜了安东尼成了唯一的最高统治者的奥古斯都进行了大规模的裁军，将原来 50 万人的兵力削减到不足 20 万人。裁军之后的军团数为 28 个，士兵人数约在 17 万。奥古斯都在《功业录》中提到有 30 万以上的士兵退役，的确没有夸大其词。

然而，如果将奥古斯都的这次裁军理解为和平局势下的调整，不免太简单了。只要分析一下当时各种状况我们就可以明白，保卫帝国的兵力从 28 个军团减到 25 个，人数从 17 万降到 15 万，其实是一个迫于现实的决定。持之以恒的最大的敌人就是勉强行事。

当时罗马士兵的素质的确非常优秀，但是奥古斯都很清楚靠15万人的兵力是无法守住国家防线的。他打算打破罗马军队的传统，以一个全新的方式来解决这个问题。

在写恺撒的时候，让我深有感触的是这个人做任何事都不会只为一个单纯的目的。写到奥古斯都，再次让我生发同样的感想。想到这里，我脑海中浮现了1 500年之后（恺撒和奥古斯都时代之后）马基雅弗利的一句话：

> 无论做什么，如果不能让所有的参与者都感到可以从中获得利益，事情是不会成功的，即使成功那也是短暂的。

马基雅弗利这段话的意思并不是让所有的参与者都达成妥协。妥协就是一种让步，是让大家各退一步从而找到一个共同点，简单地说，就是降低一些要求。这种做法容易引发一部分人的不满，导致事情半途而废。所谓妥协的产物，实际上就是和社会现实相碰撞后无奈接受的东西。很少有人会像马基雅弗利那样如此憎恶这种没有建设性的妥协。

大概没有人会把强行渡过卢比孔河的恺撒和“妥协”一词联系在一起。同样，奥古斯都看似一个容易妥协的人，但骨子里绝非如此。奥古斯都的行为不是妥协而是欺瞒。对于那些满脑子想着共和体制的人，他就摆出投其所好的姿态，让他们继续沉浸在假想世界里。如果要用一句话来形容恺撒和奥古斯都的政治手腕，那就是“一石二鸟”。不过，可不是简单地用一块石头打下两只小鸟，而是打下多只小鸟，而且一定是用石头击中目标，而不是那些线圈、纸团之类无用的工具。问题是，所有的参与者是否能够相信这种“一石二鸟”式的思路会为自身带来利益呢？

尽管罗马军队规定军人必须是罗马公民，不过军队里也不是完全没有非公民。除了以同盟国军的方式参战之外，非公民也经常出现在罗马的正规军中，只不过没有形成制度而已。非公民的参战方式主要根据军队总司令的战术而定。像苏拉就是将罗马公民组成的军队部署在战场的前沿，而非公民的军队则作为后援；庞培则是直接让非公民加入正规军以壮大军队的声势。恺撒使用非公民军队最拿手的就是尽其所长。由高卢人和日耳曼人组成的恺撒骑兵团骁勇善战，赫赫声名威震整个地中海地区。可是无论多么能征善战，这些非公民兵仍然不属于罗马正规军。

奥古斯都将这些非公民兵提升为正规军，但不属于军团兵编制。作为罗马军队主力军的军团兵依然维持罗马的传统，由罗马公民组成。另外，非公民军队的旧名称“辅助兵”也继续使用。即使非公民兵升格为组织的一员，还是要突显罗马的主力军是军团兵。

虽然叫辅助兵，但他们仍然是肩负保卫帝国安全重任的罗马正规军的一员。奥古斯都在提高了罗马军团兵的服役待遇的同时，也准备给予没有罗马公民权的辅助兵相应的保障。要申明一下，奥古斯都的政策不是出于什么人道主义精神，而是来自他“一石二鸟”的政治观点。

和军团兵一样，辅助兵也有服役期限，规定为 25 年，比军团兵长了 5 年。这似乎有些不公，其实并非如此。罗马公民组成的军团兵不仅要负责保卫帝国全域的安全，而且有义务服从换防、调离驻扎地的命令。军团会从莱茵河换到尼罗河，也可能从西班牙转移到中东地区。然而，辅助兵服役的地区通常都在家乡的附近，大多数人会在同一个地方完成他的军旅生涯。如果驻扎地离家乡不远的话，那么军人在退役之后能够比较迅速地适应新生活，因此，兵役年限 20 年和 25 年的差异不能算不公，应该把它们视为同等待遇。

辅助兵的薪水当然也是有保障的。他们担任防卫任务，没有额外的战利品可以收获，唯有保证他们的收入，才能确保他们的战斗力。和军团兵不同，有关辅助兵薪酬的史料一直没有被发现，金额应该低于军团兵，也不确定他们是否有退职金。我想即使有，也是一笔很小的数目吧。军人的退职金制度的设立，在古代已经是一个了不起的创举，对金额就不能再有过多的苛求。辅助兵的衣食住在还未成为正规军时代已经有所保障，升格至正规军之后，当然会水涨船高地变得更好。随着帝国时代的推进，受伤士兵的医疗保障也有所提高，另外，为了慰劳坚守边疆的战士而建的剧场、浴场，辅助兵同样可以享受。

辅助兵都来自行省。经历了军事基地的生活的士兵们自然而然地会对罗马产生敬意和憧憬。像读懂了他们的心思似的，奥古斯都的军事改革制度中有一项规定，就是给予退役的辅助兵罗马公民权。这项规定和奥古斯都制定的其他政策一样，延续了 300 年，这项规定说不定就当作了辅助兵的退职金。

罗马的公民权不单是一个荣誉勋章。首先，它有免除行省税的实际利益；再者，公民权是世袭的，退役之后得到公民权的辅助兵的下一代就可以堂堂正正地以罗马公民的身份去申请加入军团兵。

在授予罗马公民权的问题上，奥古斯都不如恺撒来得开放，他采取了较为保守的措施。

他废除了行省的部族首领进入元老院的制度，取消了给予西西里行省以及法国南部行省与罗马本土同等待遇的资格。另外，对那些想通过关系取得公民权的要求也是一律拒绝，即便是妻子利维娅来说情也没得商量。恺撒的积极使用行省人才的政策一直要到克劳狄乌斯皇帝时代才得以恢复。

行省人民长时间不被重用的始作俑者就是奥古斯都。

不过，对从事教育和医疗工作的教师和医生，奥古斯都还是延续了恺撒的政策，不问人种、民族，一律给予公民权。除了表示对这两种职业的重视之外，这也显示了奥古斯都精英化的治国路线，在这一点上，他和恺撒不谋而合。如今，奥古斯都又将授予辅助兵罗马公民权制度化，尽管选择参加辅助兵的行省人，未必都来自知性的上层阶级，但是拥有公民权意味着地位平等，用现代语来说，就是拥有相同的国籍。雅典人将公民权看作另一种血缘关系的认同，如果父母双方有一方不是雅典人，子女就不能成为雅典的公民。而罗马人则把公民权看作一种思想、行为上的认同，对于那些认同自己的生活方式并且为之付出努力的人，应该给予"共同的权利"。

对罗马而言，没有比辅助兵参与帝国的安全防御更值得感激的事了。恺撒曾经非常大方地授予了日耳曼和高卢出身的军人罗马公民权，而奥古斯都则将它制度化。这项制度和另一项限制授予罗马公民权的政策，在奥古斯都看来，两者毫不矛盾。

奥古斯都规定辅助兵的人数和军团兵一样为 15 万人。如果单纯地以这个数字计算，那么每 25 年就增加 15 万拥有罗马公民权的人。另外，军团兵不少会与驻扎地的女子结婚，而那些被派往殖民城市参与建设的退役罗马军人，通常也会和当地人通婚，因此，即便是对公民权采取保守政策的奥古斯都时代，也不会产生什么“锁国”思想。

通过奥古斯都的改革，行省人出身的辅助兵成了罗马军队的成员已是常态。这项改革带来以下的益处。准确地说，是奥古斯都事先考虑到以下的这些有利的因素，才推行了改革，这就是他的“一石二鸟”政策。

第一，节约了防卫费用。和平不是免费的，需要用钱买。当然也不能无止境，否则就会造成国家财政的赤字。在没有销售国债概念的古罗马时代，只有从国库和皇帝金库中拿出钱来解决财政赤字问题。如果这样还不能解决，那就会产生重税政策。重税政策，从统治学，即政治心理学上讲，是一种最愚蠢的解决方式。根据研究者的研究统计，公元前后的罗马帝国全境的人口大概在 5 000 万人。拥有 5 000 万人口的国家的防御兵力，包括辅助兵在内大约是 30 万人，这个数量与现代拥有同样人口的国家相比，只限于陆军人数，而且不考虑科技化程度，它们分别是：法国 24 万，韩国 52 万。之所以提及这两个国家，除了因为人口数量与当时的罗马帝国相近之外，它们和古罗马同样有着与他国接壤的地理环境。顺便提一下，岛国日本目前的人口数量是古罗马的 2 倍以上，日本自卫队的人数是 15 万。限定在这个数量上，与其说是出于违不违宪之类的敏感理由，倒不如说是和没有陆地邻接的实际地理状况有关。同为岛国的英国的陆军兵力比日本还少，只有 12 万多人。

还有一点是不容忽视的。现代任何一个国家的防线都无法和罗马帝国时期相比。古罗马的防线不仅漫长，而且军队必须能够适应在条件迥异的防线上作战，既有寒冷的日耳曼，也有炎热的撒哈拉沙漠。30 万人的兵力能够严守罗马帝国边境 300 年，真是让人惊叹不已。

军事力量之所以能长久地维持，和使用了成本较低的辅助兵有极大的关联。

第二，辅助兵军队的正规化，有益于提高行省人民自己保卫国土的意识。在罗马霸权下生活的行省人民没有服兵役的义务，保卫国土安全是霸主罗马的责任。作为交换条件，行省人民必须缴纳行省税。收入的十分之一的行省税，可以说是换取安全的费用。但是，付钱让别人来保护自己，在古希腊和古罗马都被视为一种堕落的行为。奥古斯都以辅助兵的方式要求行省人民参加国土防卫，也是希望借此提高行省人民的思想意识。辅助兵和军团兵一样是募兵制的，为保卫自己的故乡和家园自愿加入军队，这是最能体现人民健全的方式，也是最强的力量。正因如此，辅助兵从军的地点才被限定于其家乡附近。

第三，这一点对研究政治和心理学问题的人来说，是一个很好的范例。当年马略将征兵制改为募兵制的目的，概括地说，就是解决失业问题。以往的征兵条件要求入伍者必须要有经济基础，无产者根本没有资格参军。而募兵制则将这个阶层的人民吸收为军队的成员。如果失业问题任其发展，势必会影响社会的安定。这不仅是经济上的原因，和人的心理也有关联。通常，人是通过自己从事的职业培养出自尊心。兵役是一个基本的公民义务，被剥夺了义务的人大多会丧失信心，加之对生活的不满，很容易形成负面的心理。相反，即使缺乏财产仍然能够平等地去尽公民义务，至少可以保证人们精神层面上的健康。行省也是如此，每个行省都存在着下层阶级，他们甚至连行省税都缴不起。如果放任这个人群不管，在本土也许就会出现一些社会问题，而在行省则会滋生暴动或叛乱。

当初，奥古斯都在除了法国南部行省之外的高卢全境部署了 6 个军团的兵力，他认为这些兵力足够维持高卢的安全。这3.6万名的军团兵全部驻扎在莱茵河一带，其他地区则没有任何军队。如果不是在一开始就消除了不安定的因素，这种和平的行省统治政策根本无法贯彻和落实。

第四，军团兵以及辅助兵的设立，意味着罗马人和行省人并肩作战，通过军事基地这个媒介，行省的罗马化，罗马人称之为文明化，得到了不断推进。这种罗马化的过程不是在支配者和被支配者分离的情况下产生的，而是经过民族之间的融合形成了罗马文化的基础。就像军团兵的战士会娶驻地的女子为妻，辅助兵的儿子也有资格参加军团兵那样，它是一种自然的同化过程。历史学家塔西佗曾经说过这样一个故事：居住在莱茵河东岸的日耳曼人号召住在西岸、已经成为罗马行省居民的日耳曼人，联手共同打败罗马军队。他们昔日的同胞是这样回答的："驻扎在我地的罗马士兵，不少人都和我们结成了亲戚。有的军人娶了这里的女子，一些军团兵的母亲是我们的姐妹。他们都把这里当成故乡罗马，我们无法答应你们这种无理的要求。你们想想看，谁会去杀死自己的父亲、兄弟呢？"

这也是罗马帝国的一种安全保障。这种命运共同体的形成，才真正称得上是"综合安全保障"。

话说回来，无论同化异族如何成功，仅仅靠军团兵加辅助兵不足30万人的兵力来防守长达1万多公里的防线，是一件极其困难的任务。正因为有各种因素决定了不超过30万人的兵力上限，所以才不得不追求防御能力的高效性，促使罗马军队将实力发挥到极致。奥古斯都推行的军事改革的第五项内容就是建立了安全保障必不可缺的综合战略。

综合战略

罗马人见机行事的应变能力，早在他们统一意大利半岛的年代就发挥得淋漓尽致。这种才能之所以没有分散在个体之中而是得到了整体运用，主要是因为国家基本政策的始终如一。这些基本方针单纯、明朗，针对各种状况采取的对应方式无论怎么不同，都不会偏离基本的路线。既坚持一贯的方针，又懂得见机行事，这两种矛盾的概念要做到求同存异，并且在实际中能得到充分的利用，制定的基本路线必须简要清楚。除此之外，还需懂得平衡，罗马人的平衡感同样也是出类拔萃的。

如果没有构成全体的每一个“个体”乃至核心的确立，综合战略就无法成立。基于这个道理，奥古斯都重新整编了“军团兵”和“辅助兵”。不过，罗马军队的一些传统的名称，即使已经不能再反映现状，依旧被保留了下来，例如编制已经不是100人的“百人队”（参照下页图表）。

武器配备：

军团兵
- 攻击武器——投枪、短剑
- 防御武器——方盾

辅助兵
- 攻击武器——弓箭、石弓、长剑，骑兵为长枪
- 防御武器——圆形小盾

从以上的武器装备可以看出，圆桌骑士以及十字军时代的中世纪的士兵，不是军团兵而是辅助兵的延续。我想其原因可能是罗马帝国灭亡之后，战场上不再有罗马公民存在，因此战术也有所改变。

罗马军团（罗马公民兵，约 6 000 人）

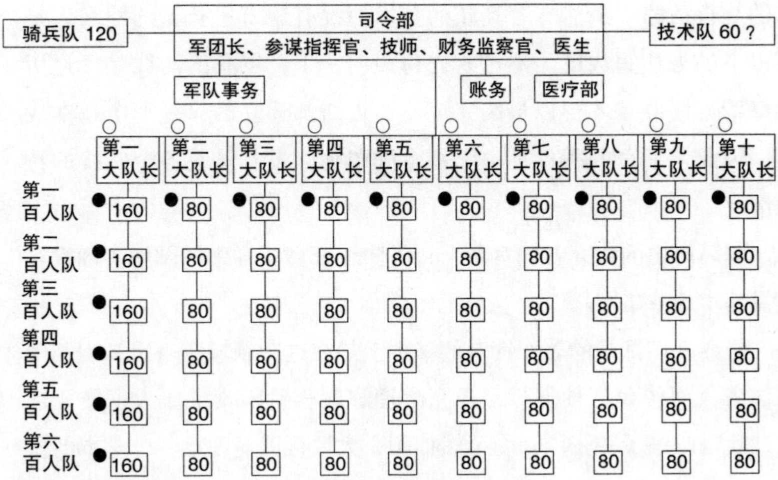

罗马军团—— 军团长指挥
大队—— 大队长指挥
百人队—— 百夫长指挥
骑兵队—— 骑兵队长指挥
技术队—— 技术队长指挥

重装步兵—— 5 280 名
※ 第一大队—— 160 名 × 6 队 = 960 名
第二至第十大队—— 80 名 × 6 队 = 480 名　480 名 × 9 大队 = 4 320 名
骑兵队—— 120 名
技术队（负责操作石弩等投射武器）—— 60？名

辅助部队（行省兵，4 500～6 000 人）

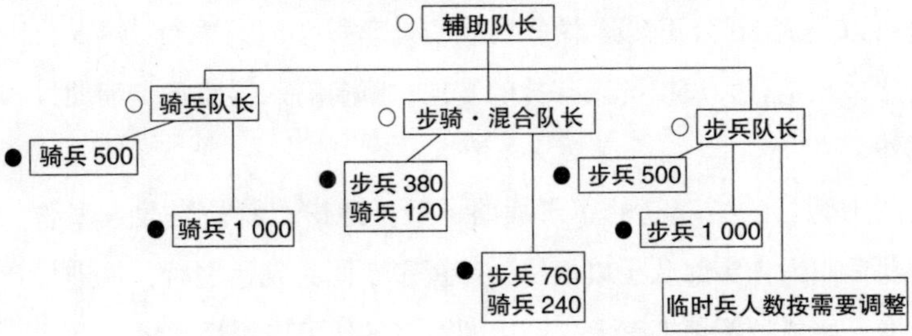

说明：1. 指挥官级别的将领来自部落酋长的子弟，他们也是行省人，但是多半获得了罗马公民权。
2. 财务、医疗由军团相关部门的指挥官协助辅助部队。
○印 —— 有资格参加司令部的作战会议者。
●印 —— 有 1 个人可以参加作战会议的大队。

（参见 Edward N. Luttwak，*The Grand Strategy of the Roman Empire*）

确立了个体之后，接下来的课题就是如何去制定操纵、驱使个体的综合战略。虽然有着高超的技术但没有建万里长城的罗马人是用以下的方法完成的。不过我先得声明一下，罗马的防线是经过历代皇帝不断改善才得以最终完成。奥古斯都建立的只是一个基本战略，因此，下页的图只是一个基本的图解，没有涉及各个防线的特殊情况。

罗马历史的研究者们对各个行省防线都做了详细的图解，却没有提供基本的战略图。

研究者们撰写的著作针对的基本上是在这个领域有一定知识基础的读者，而像我这种外行，要完全理解就相对困难了。为了便于理解，我自己画了一张图，图虽然拙陋，大致可以呈现出一个基本的概念——当驻守要塞的士兵发现敌人来袭时，他们或升起狼烟发出警报，或驰马传信，向附近的营地通报消息。营地在派出援军的同时，将战情上报给军团基地，接到消息的军团也立即出征。由于罗马的道路四通八达，所以军队可以快速地移动。

步兵的行军速度平均大约是 1 小时 5 公里。如果是骑兵的话，一天大概可以飞奔 80 公里。运载重兵器的马车每小时只能行走 1.5 公里，因此，凡是有大规模部队驻扎的基地，都备有武器装备，辅助兵也不例外。

以防御为目的的罗马的军事战略，概括地讲，就是当敌人来袭时，辅助兵作为先头部队予以抵抗，等援军军团兵到达之后，再进行全面还击。如果敌军规模很大，周边的军事基地可以派兵支援。

罗马的道路如果全部连接在一起，据说可以绕地球两圈。罗马建设道路网就是为了军事目的。罗马帝国全境内的道路力求做到尽量平坦，尽量呈直线。如果遇到河流就架桥，碰到山麓就开山或挖隧道，

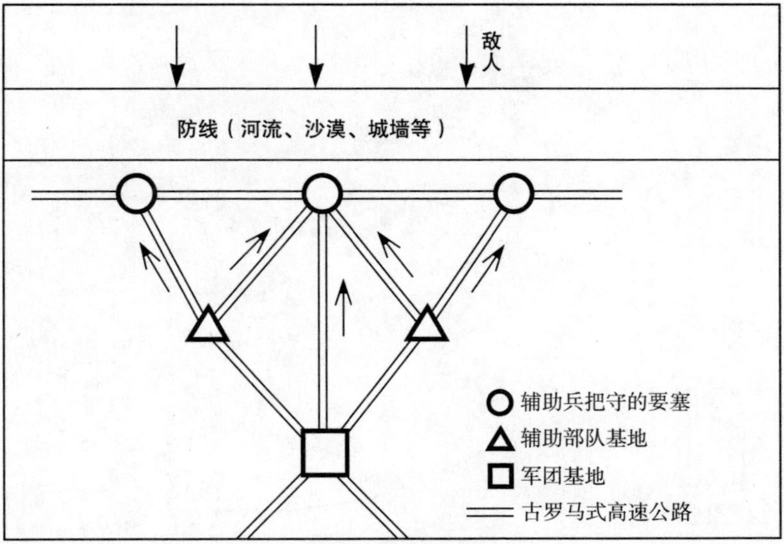

防线的基本战略图

所有的主干线的道路都铺设良好，排水系统近乎完美，形成了一个两车道宽的道路网。意大利本土的道路建设，尽管建路的初衷是为了用有限的兵力获得最大的军事效果，却同时也带动了人以及物资的交流，人民的生活水平因此得以提高。包括行省在内的帝国全境同样也享受到了罗马式道路带来的好处。

负责保卫帝国安全的主力军团，一直到公元 9 年为止，都维持在 28 个军团。军团的具体部署如下：

除了南部之外的伊比利亚半岛全境—— 4 个军团。

莱茵河下游沿岸—— 5 个军团。

莱茵河上游沿岸—— 2 个军团。

伊利里亚和达尔马提亚地区（今属斯洛伐克和克罗地亚）—— 5

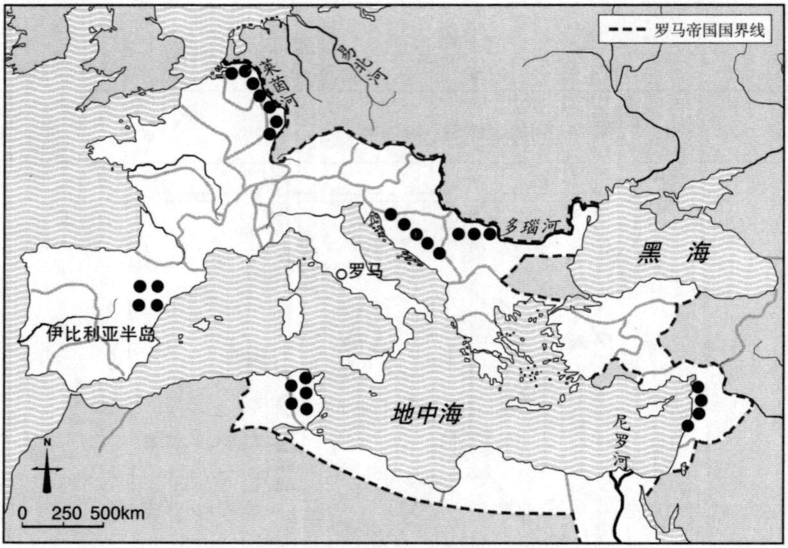

公元 9 年之前的罗马军团分布图

个军团。

多瑙河南岸默西亚（Moecia）一带（今属塞尔维亚）—— 3 个军团。

叙利亚行省（今属叙利亚和黎巴嫩）—— 4 个军团。

北非全境—— 5 个军团。

公元 9 年之后，罗马的常备军团减少至 25 个军团，军团的部署也随之做出了以下的改变：

伊比利亚半岛—— 3 个军团。

莱茵河西岸—— 8 个军团。

多瑙河南岸—— 7 个军团。

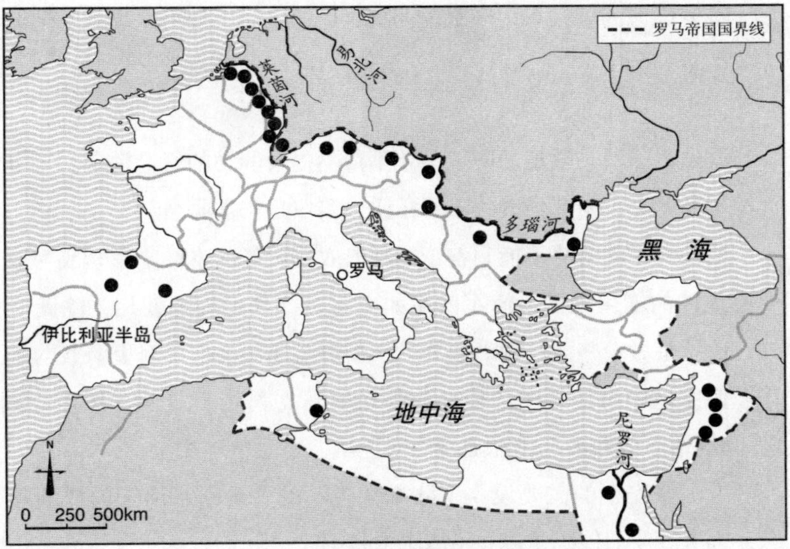

公元 9 年之后的罗马军团分布图

叙利亚行省—— 4 个军团。

埃及—— 2 个军团。

北非（除埃及以及同盟国毛里塔尼亚）—— 1 个军团。

以上就是志愿参军的罗马公民驻守的地区，这也是罗马军团的基本分布状况。当然，军团的配置也会根据不同的情况做出相应的调整。每个地区都会在当地雇用辅助兵。辅助兵的人数与驻守的军团兵基本相同或略少于军团兵。由于是就地录用，所以辅助兵的人种也是各种各样。叙利亚军事基地的辅助兵大多来自闪米特人（Semite），莱茵河基地的辅助兵主要是高卢人以及日耳曼人。我再次强调，这些属于被支配方的辅助兵，在服役期满、退役之后，都可以成为支配者一方的罗马公民。

既然讲了罗马陆地的防卫，就不得不提及罗马的海上军事。军事大国罗马的海军与其强大的陆军相比，实在是非常弱小。

罗马海军的弱势不能归咎于罗马人农耕民族的本性。罗马成为地中海地区的霸主之后，海军的军船大多被当作运输船使用，除此之外，也就是做一些抓获偷鸡摸狗的小型海盗船等类似于海上警察的工作。由于地中海地区的陆地部分都在罗马支配之下，所以海上实现“罗马统治下的和平”比在陆地来得更早、更简单一些。

为国家安全的需要设立了陆军常备军的奥古斯都出于同样的理念，再次反罗马传统，建立了海军常备军。

奥古斯都时代，设有两处罗马海军基地：一处在拉文纳，其目的是为了控制亚得里亚海的制海权；另一处则建在位于那不勒斯湾北端的米塞努姆（Misenum，现在称米塞诺，Miseno）。除了这两处主要的海军基地之外，在埃及的亚历山大港以及叙利亚的安提阿的东地中海地区也设有海军基地。而在西地中海海域，法国南部行省的法姆尤里（现在的弗雷瑞斯，Fréjus）在恺撒时代曾经建成海军基地，因此继续被作为军港使用。当然，罗马的军船也可以停泊在法姆尤里以外的其他港口。在奥古斯都时代，只有拉文纳和米塞努姆两处港口，大型船只能够自由出入，因为运河被开凿到了湖泊附近。其他一些小型的海军基地则设在黑海沿岸。罗马在莱茵河和多瑙河两条大河沿岸建立海军基地，是在公元之后。

不过，罗马的防御系统始终是以陆地为主、海上为辅，究其理由

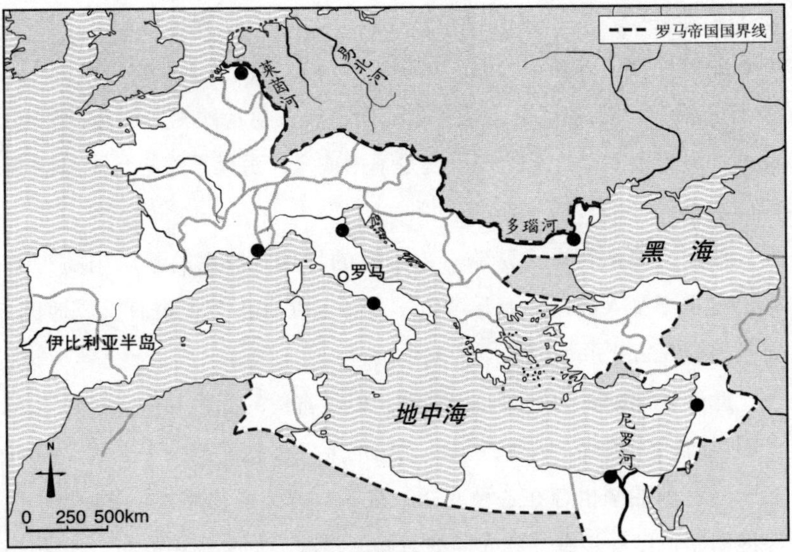

罗马海军基地分布图

有以下几点：

第一，罗马人心目中的海上防卫，是将沿海的陆地置于掌控之下。这个目标最终得以实现。

第二，和去一趟邻近的城镇都要行舟扬帆的希腊人不同，罗马人畏惧海洋，就像他们自己承认的那样："正常的罗马人都怕海。"这是他们特有的民族性。

第三，海上航运的时间过长，士兵的健康状况会因此受到影响。那个时代没有冰箱之类的电器。

第四，罗马人善于计划。如果是陆地行军，以时速 5 公里计算，一天的行军距离在 25 公里到 30 公里。只要知道目的地的距离，就可以计算出行军所需的时间。比如说，从罗马出发去莱茵河防线最大的军事基地科隆，以正常的行军速度计算，65 天左右可以到达。罗马的道路堪比现代的高速公路，每隔 1 罗马里（相当于 1 482 米）就竖一个里程碑，沿途配备了提供军队住宿以及供应军粮、更换马匹的驿站。最重要的是，无论刮风还是下雨或雪，都无须担心行军路线会偏离。

然而，海上行军无法制订出缜密的计划。肆意的暴风雨随时到来，完全不受人控制。海洋考古学之所以在考古学中占有重要地位，正是因为在古代沉船事故屡屡发生。

此外，地中海的风向变化多端。但是古代的船帆制作成了只适合于顺风时的四角形，遇到逆风或无风的天气，就完全束手无策。而相当于马达的船桨也存在各种问题。首先，船桨必须靠人工 24 小时不停地划动，迟早会有“歇火”的时候。其次，如果利用船帆，船速平均每小时可达 6 海里，但如果只靠人工划桨的话，无论如何是达不到这个速度的。帆、桨并用的加列船（Galley，单层甲板大帆船）之所以能成为地中海的主要船只，正是出于这个原因。

顺便提一下，中世纪的民族中最热爱而且擅长计划的威尼斯人，也经常使用加列船，不过，他们将船帆改成了三角形。三角帆在逆风中会呈“之”字形推船前行。

其实，海路还是有它的长处的，那就是节约时间。

比如说，军队从罗马去和假想敌帕提亚接壤的叙利亚行省，如果走陆路，首先经由阿庇亚大道抵达布林迪西，再从那里坐一天的船到达迪拉基乌姆；然后从迪拉基乌姆沿着埃格纳提亚大道横穿希腊，渡过赫勒斯滂海峡（Hellespont，现在的达达尼尔海峡）进入小亚细亚；穿过国界，最终到达叙利亚行省的省会安提阿。走完这段行程需要包括陆地124天以及海上2天，总共126天，即4个多月的时间。

另一方案，如果从罗马走陆路到米塞诺，然后乘船经昔兰尼加（现在的利比亚）的阿波罗尼亚（Apollonia）以及埃及的亚历山大港，到达目的地安提阿的外港塞琉西亚（Seleukeia），正常情况下55天可以到达。如果运气好一路顺风的话，大概只需要15天。

以下是乘船去罗马帝国地中海沿岸的主要城市所需时间，供大家参考：

从罗马的外港奥斯提亚（Ostia）到法国南部行省的马赛，最快3天，正常航行时间为10天左右。

从奥斯提亚到西班牙的塔拉戈纳，最少需要5天。

从奥斯提亚到古代称为“赫丘利之柱”的直布罗陀海峡，途中不靠港的话需要7天。

从米塞诺军港到由恺撒、奥古斯都重建的迦太基，最少要2天的时间。

从米塞诺到埃及的亚历山大港，途中经由西西里的墨西拿、昔兰尼加的阿波罗尼亚，通常需要41天，如果顺风，9天即可到达。

从黑海出口的拜占庭（现在的伊斯坦布尔）到顿河，大约是10天的时间。

以上都是研究者们从古代的各种文献中找到的数据。很明显，海运大大地节省了时间成本，再怎么“正常的罗马人都怕海”，罗马人还是充分地利用了地中海这条海上运输线。他们称地中海为“内海”，或者是“我们的海”。

不过，在时间相差不大的情况下，罗马人还是会首选陆路。公元前49年，恺撒率领骑兵团从罗马去马赛，如果坐船，只需要10天的时间，若顺风，3 天即可到达。而且从距离上讲，走海路是直线，相当于三角形的一边，而走陆路则是三角形的两边相加，等于多出了 1 倍的距离。然而，恺撒选择策马扬鞭在陆地上奔驰，他最终用了 12 天的时间到达马赛。奥古斯都是罗马人中少数喜欢乘船的人，对他来说，没有比长时间地在马背上颠簸更痛苦的事情了。

在亚克兴角海战之后，运输成了罗马海军的主要任务。对于海军士兵的要求不像陆军那样严格，除了指挥官必须是罗马公民之外，其余的船员、划桨手等成员不问出身、民族。不过，像好莱坞电影里出现的戴着枷锁的奴隶在划船的场景，应该属于特例。因为海军的服役时间规定是 28 年，尽管有关他们的薪酬以及退役后的待遇等，没有明确的史料记载，但是如果雇用奴隶是罗马海军的常规，就没有必要定什么服役年限了。相对于军团兵的 20 年以及辅助兵 25 年的兵役，海军 28 年的兵役显示了他们的任务比较轻松，社会地位也比前者来得低一些。将海军的地位提升到与陆军的辅助兵同级的，是征服了大不列颠的克劳狄乌斯皇帝。公元 50 年时，海军的服役年限改为 22 年，退役之后也有了获得罗马公民权的资格。

海军提督似乎是从政务官中选出，而非武官出身。像公元 79 年，维苏威火山（Mt.Vesuvius）爆发埋没了整个庞贝城的时候，隔着那不勒斯海峡和庞贝城遥遥相对的米塞诺海军基地的指挥官，就是著名的科学家老普林尼（Pliny，the Elder）。老普林尼在担任海军提督之前曾担任过高卢、北非以及西班牙行省的财务官，主要负责行省税的征收，相当于国税局所属的地方税务局局长的职位。

建立近卫军团

奥古斯都口头上宣布回归共和，暗地里却在为帝政统治精心布局。在他实施的军事改革中，帝政色彩最浓的就是建立了近卫军团（Praetorian）。近卫军团不同于由奥古斯都奠定、经过历代皇帝不断地完善建立起的罗马帝国的军队，即作为防御的军事力量。近卫军团表面上是为了保卫没有军队驻守的本土的安全，实际上是维持国内的社会秩序，换言之，就是用来抑制反皇派。

近卫军团由 9 个大队组成，每个大队 1 000 人，包括步兵和骑兵。毫无疑问，近卫军团的 9 000 名士兵都是罗马公民。因为考虑士兵的素质，所以不拘泥于其出身，即便是乡下农民的儿子，也有资格成为近卫军。

近卫军的年薪为 675 第纳尔，是军团兵的 3 倍。服役年限也比军团兵少了 4 年，为 16 年。服役期满后获得的退职金是 5 000 第纳尔，而军团兵只有 3 000 第纳尔。近卫军负责皇帝在首都的警卫，皇帝出行前往行省时也会带一部分近卫军随行，因此，近卫军的军服非常华丽，可谓是罗马军之“花”。

如果能当上近卫军的指挥官，之后的仕途就等于得到了保证。退役之后，可以稳稳地坐上元老院行省的财务官或者皇帝行省长官的位子。因此，加入近卫军是那些地方出身、社会底层人的梦想。近卫军团的总指挥是阿格里帕，另外还有两位担任实际指挥的长官，他们来自骑士阶级。奥古斯都挑选骑士阶级出身的人担任指挥官，其意图很明显，是为了抗衡元老院。元老院中至此还有不少共和体制的支持者。两位长官之下，每一个大队还设有一名大队长，到了大队长官阶就没有了任何的阶级限制。罗马军队改革的实际执行人阿格里帕来自地方底层阶级，因此，罗马军彻底奉行了能力主义。

近卫军团创建于公元前 27 年，那时奥古斯都刚成为罗马唯一的最高权力者，他的此项提案立刻得到了元老院的批准。不过，在实际操作中，奥古斯都还是采取了谨慎的态度。对于会让人联想到帝制、引起元老院猜疑的事情，他一向是慎重小心。近卫军的 9 个大队中驻守首都的只有 3 个，没有专门的军营。其余的大队则分散在本土各地。到了第二代皇帝提比略时代，整个近卫军团全部驻守首都，并且建造了大规模的军营。经过了奥古斯都 40 年的统治，元老院对于帝制的过敏症日渐消退，准确地说是他们放弃了坚持。

近卫军军营（Castra Praetoria）的旧址，现在还是军营，名称也叫“Castra Praetoria”。古代的军营里通常会有很多的雕塑，如果加以发掘，在考古学上一定颇有收获，意大利人似乎并不在意这些，物尽其用让它们继续发挥原本的功能。军营的附近是罗马大学，罗马大学在古代就接收了很多来自各个行省、学习罗马史的留学生，如今，仍然有来自世界各地的莘莘学子在这里学习。我曾经和一位考古学系的学生谈及挖掘遗址的问题，他对我说：“这样的话，整个罗马都得翻起来挖一遍。”的确如此，现代的罗马正是建立在古罗马的遗址之上，所以也很难建地下停车场。因为它的地下一层就是古罗马的地上一层。

税制改革

无论什么事业，如果不能确保财源就无法持续。奥古斯都在建立了常备军的同时，又设立了常用的军事防御经费。用现代语言讲，就是新设目的税，从而推行了税制的改革。

奥古斯都实施的改革政策持续了300年，成了罗马帝国既定的税收制度。

行省居民缴纳的地租税，其实就是资产税，在那个时代人民的资产就是土地。按照现代的理念，征收土地税相当于征收生产力税，即人力税。在古罗马，地租税被称为“sutipendium”，直译就是“薪酬”，是没有参军义务的行省居民支付给担负国家保卫任务的罗马公民的薪水，所以也可以称之为“安全保障费”。因此，对那些参加辅助兵的行省居民，是不征收地租税的。

“解放奴隶税”是针对罗马公民的一项税赋，它在罗马还没拥有行省的时代就已经存在。在现代人看来，向赎身的奴隶征税非常不人道，然而站在古罗马人的角度，从不需要纳税、参军的奴隶成为负有从军、纳税义务的自由公民的标准，就是需要拥有一定的经济能力以维持日常的生活。如果任意解放没有经济能力的奴隶，将会给社会增加大批的无产者。因此，脱离奴隶身份成为自由人的基本条件就是必须缴纳相对于“解放奴隶”市场价的5%的税。相对于免费赠送，人对自己花钱所得的东西，往往会更加珍惜。

在“百分比”只有概念没有专门词语表达的那个年代，这个税的正式名称叫“解放奴隶二十分之一税”（vicesima libertatis），即有自立生活的能力、能支付市场价5%税金的奴隶，有资格获得自由。有3万塞斯特斯铜币的资产（相当于军团兵退职金的2.5倍）并且有孩子的解放奴隶，还可以成为拥有选举权的罗马公民。解放奴隶的税金实际上大多是由奴隶主代付，以感谢他们长年忠诚的侍奉。赎身后的奴隶如果以后有了经济能力再还给主人，因此，“解放奴隶税”可以说是向奴隶主征收的税金。

我们曾经介绍过间接税在奥古斯都实施改革之前就存在。这个叫作“portoria”的税，我只能译为“关税”，或者按照字面的意思直译为“港湾税”，指的是设立在河岸、海港的海关，对经过此地的货物征收的税金。考虑到各地的经济条件不同，帝国全境并没有实施统一的税率。经济不发达的高卢地区为 1.5%，属于罗马本土的意大利半岛是 5%。另外，对于那些来自东方的香料、丝绸和宝石等奢侈品，则征收 25% 的关税。

奥古斯都实行的税制改革

	罗马公民	非罗马公民（行省人民）
直接税	没有直接的收入税 解放奴隶税 5% 遗产税 5%	地租税或行省税，税率为收入的 10% （服兵役的行省人民免缴直接税）
间接税	关税 1.5% 至 5%（从东方进口的奢侈品征收 25% 关税） 营业税 1%	

为了逃避罗马的关税，利用霍尔木兹（Hormuz）海峡进入阿拉伯湾，通过陆地前往地中海地区的走私贸易日益活跃。季风现象被发现之后，又多了一条走私的途径——利用季风，从印度往西到达马达加斯加岛，由此前往非洲，再一路北上抵达地中海地区。请大家不要误解，以为奥古斯都引以为自豪的关税制度会因此名存实亡。事实上，伴随着奢侈品需求的不断增长，逐渐形成了一个以罗马为中心的西方经济体。而在罗马军队保护圈之外的走私贸易，除了有遭遇沙漠强盗袭击的危险之外，还不得不向一些不在罗马掌控之下的小部落支付类似于买路钱的额外的费用，因此，它没有机会发展到可以威胁正规贸易的规模，它不过是在罗马帝国庞大的市场需求之下实际存在的

一种贸易形式。

四处设置海关，征收关税，是否会妨碍以罗马为中心的西方经济体的发展呢？事实证明我的顾虑是多余的。理由有以下几点：

第一，根据研究者们的考证，帝国全境内设有10处海关。在罗马尚未拥有行省、各部落割据一方的时代，他们巧立名目索取的各种通行费的金额，要远远高于海关征收的税金。罗马统治之后，收取税金的次数反而减少了，而且税率也是有一定规定的。

第二，罗马中央政府大兴土木，建设了道路、港湾等公共设施，带动了通商量的增加。我们举一个例子来说明。为了便于重型武器的搬运，罗马的道路都尽量铺设得又平又直，货车的载运量也因此得到了提高。大家想象一下，卡车在田间小道和在高速公路上行驶时的不同状况，就能够理解道路对于运输的影响。另外，“罗马统治下的和平”不仅减轻了人民对于外敌侵袭的忧患，而且消除了国内山贼、海盗的威胁。经济活动最重要的前提就是安全上的保证。

第三，大罗马经济圈的形成，也带动了那些原本无法满足自给的落后地区的经济。这些地区可以生产其他地方所需的产品，然后通过出口来换取自身所需的物资。这就是统一经济圈的好处。物流量增大，意味着做大了分享的蛋糕，5%关税的负担相对就变轻了。

除了奢侈品之外，将税率的上限定在5%，这意味着罗马不存在贸易保护主义。在欧盟诞生2 000年之前，罗马人就建立起了一个从欧洲到北非以至中东的经济体，而且是以信用良好的罗马货币作为经济体的基本货币。

和关税一样，“营业税”也是罗马人和行省居民都必须缴纳的间接税之一。为了准确地翻译这项税种，我曾经向一位日本的税务专家咨询过有关的问题，他告诉我说这种营业税其实就是消费税。不过将“百分之一税”（centesima）翻译成消费税感觉似乎太现代了，商议的结果，我们认为还是译成“营业税”比较妥当。“百分之一税”税如其名，无论什么物资，税率统一定为1%。“唉，只有1%！”我在感叹之余，向这位日本专家问及他对古罗马税制的感受，这位就任于财政厅、只关注财政赤字的官员无言以对。顺便提一下，现在的意大利，这类税的税率是19%，因此，意大利人逃税的热情不亚于他们对足球的热情。

营业税的征收究竟起源于共和时期，还是由奥古斯都新设立，目前无法确定。可以确定的是将之固定为目的税的是奥古斯都。其目的是为了贴补国防费用，因此也不妨将它意译为“安全保障费”。

从不分罗马人或行省人统一课征的这项“百分之一税”中，我们可以看出奥古斯都对国防军费的定义。作为帝国全境的防御费用，哪怕税率只有1%，身处统治一方的罗马人也必须和行省人民共同承担这项义务。要达到社会的公平，当然应该如此。奥古斯都的理念又促成了遗产税这个在古代绝无仅有的新税种的创立。

罗马人在公元前2世纪以后，就是奥古斯都时代之前的200年间，一直享受着免缴类似于收入税的直接税的待遇。公元前2世纪，正是罗马征服了迦太基、马其顿、叙利亚，霸权势力向整个地中海地区扩张的时期。征服者负有保卫被征服者安全的义务。当时罗马的兵役制度是建国以来一直保持的征兵制。兵役期通常为1年，现役军人的年龄规定在17岁到45岁之间。危急情况下，60岁以下、45岁以上的男子也要作为预备役军人。因此，罗马公民一生当中一定会轮到一次兵役。随着罗马霸权的日益扩张，罗马公民从军的必要性在逐渐地增加。财政上因为有行省税收入，不再需要另外征税，所以，罗马公民一直是以服兵役的形式来取代纳税的义务。

公元前 2 世纪末期，马略施行了军事改革，将征兵制改为募兵制。免税是鉴于财政上的理由，因此即使军制有所变化，罗马公民享受免缴直接税的待遇并没有改变。

到了奥古斯都时代，虽然保卫国家的主要责任还是由罗马公民承担，但是行省居民也被允许以加入辅助兵的方式来负起保卫国家的职责。在这种形势下，那些不服兵役的罗马公民还可以继续免税就有欠公平了。因为营业税是作为军事防御费的开支向罗马本土以及行省一并征收的，所以为了修正税制上的不公，新设立的直接税只限于罗马公民。

不过，行省居民缴纳的地租税就不能再向罗马公民征收。尽管征兵制改为了募兵制，保卫国家安全的主力军仍然是由罗马公民组成的军团兵。何况，让作为统治者一方的罗马人和被他们征服的行省人缴纳同等的税金，势必会有抵触情绪。毕竟罗马人享受了 200 年的免税特权。其实，不服兵役就应该尽纳税的义务，这是一个非常简单的道理，不过，这世上能够理智思考的人永远是少数。鉴于以上的理由，奥古斯都煞费苦心地创立了一个在古代前所未有的新概念——遗产税。遗产税的特点如下：

第一，它前所未有，没有可比性。

第二，不是固定每年都需要支付。

第三，因为它是在人们接受遗产时才支付，所以获得遗产的喜悦可以稀释对缴税的不满情绪。

第四，它专用于安置退役军人，纳税人难以反对。

第五，它的税率正如其正式名称“二十分之一遗产税”（vicesima hereditatum）所示的是 5%，低于行省居民的 10% 的税率，保全了霸权者罗马公民的面子。

第六，如果继承人是死者六等亲以内的亲属，则免税。古罗马人向来有将财产留给血亲以外的人的习惯，比如知心好友或者尊敬的人等。因此，免税范围扩大到六等亲，也不会有无税可收的担忧。

奥古斯都本人也接受了他的生死之交阿格里帕和梅塞纳斯以及其他人的遗产。

阿格里帕是奥古斯都的女儿尤利娅的丈夫，因此，奥古斯都接受阿格里帕的遗产无须缴税。而梅塞纳斯，因为没有血缘关系，按规定，奥古斯都需要支付 5% 的税金。梅塞纳斯一生从未担任过公职，始终在背后默默地支持奥古斯都，死后他又将所有的财产都留给了奥古斯都。

尽管经过反复推敲，奥古斯都在正式推出“二十分之一遗产税”时还是小心翼翼。从古至今，推出新税从来都是不受欢迎的。他在《功业录》中有这样一段记述：

> 公元前 30 年以及前 14 年，为了给退役军人购买土地，我向意大利境内的各个地方自治体支付了 6 亿塞斯特斯的土地费。为了那些居住在行省的退役军人，我在行省购买土地的费用是 2.6 亿塞斯特斯。

从上文可知，退役军人的退职金一直到公元前 14 年为止都是以发放土地的方式支付的。退职金改用现金支付，是在公元前 14 年之

后。有关这个变化,《功业录》里也有记录:

> 公元前7年、前6年、前4年、前3年以及前2年,服役期满返回各自希望的居住地的军人的"退职金"(拉丁文是赐予忠诚、尽职者的赏金之意)是用现金支付的。金额达到4亿塞斯特斯。

无论退职金是以土地还是以现金的形式发放,退役军人的安置费应该从奥古斯都所属的皇帝行省的行省税以及其他间接税中支出。皇帝行省属于需要军队驻守的边防地区,同时又是经济落后的地区,税收低于经济发达的元老院行省,可是军费开支又远高于元老院行省。奥古斯都一贯主张保卫帝国的安全是全民的义务。他在《功业录》中有过这样一句叙述:"我曾经4次用我个人的资金支援国库,其金额为1亿塞斯特斯。"

皇帝行省的国库经常出现财政赤字。每次发生问题,奥古斯都就自掏腰包来填补缺口。接着上文,《功业录》的下文是:

> 公元6年,根据我的提案,建立了军用资金制度。从那以后,退役军人的退职金就从这笔资金中支出。这笔资金中也包括我捐献的1.7亿塞斯特斯。

所谓的军用资金,就是指公元6年设立的遗产税。自此,退役军人开始第二人生的财产来源,既不需要挪用皇帝行省的国库,也不需要依靠皇帝的私人财产相救,而是通过征收遗产税的方式得以常规化。

在制度推进的过程中，奥古斯都采用的手法耐人寻味。当国库空虚时，他首先拿出个人的资金来填补不足。待遗产税设立确保了财源之后，他再捐赠1.7亿塞斯特斯的巨款，压下了那些反对的声音。为了确立退职金的财源，奥古斯都用了整整24年的时间，而且他还贡献了巨额的私人财产。为此，我们不得不承认奥古斯都是一位深谋远虑的统治者。不过，在那个胜者为王可以占有一切，而败者甚至连人身自由都会失去的时代，奥古斯都的这个要求胜利者保护失败者的新税制度，在实施中遭遇的阻力是可想而知的。

不知是不是税率是用分数显示的缘故，分数计算是古罗马小学的重要学习科目。与奥古斯都同时代的诗人贺拉斯曾经写过这样一段有趣的文字：

> 罗马的小学生连十二进制这么复杂的计算都能掌握。有一位老师问学生："阿尔卑努斯之子，十二分之五减去十二分之一是多少？你回答我。"
>
> "是三分之一。"
>
> "回答得真棒！你长大了一定能成为一名优秀的资产运用者。那么，十二分之五加十二分之一又是多少呢？"
>
> "二分之一。"

和国家的规模相比，罗马帝国的税务人员的人数非常之少。这不知是缘于儿童时期良好的基础教育，还是因为税制本身单纯明了，不需要投入太多的人力，而且也没有设立专门对付逃税漏税的部门。罗马帝国所有的税率都定在1%到10%，这在后世看来是一个相当低的税率。我个人认为，当直接税上升至10%、间接税上升至5%的时候，纳税人才会开始热衷于避税、节税。

古罗马税制的特征是以总收入来计算，而不是扣除所需开支后的净收入。这种方法直到不久之前仍被普遍使用，可见它是税赋制度的基础。因此，我不称它为“所得税”（日本人的所得税，按扣除开支后的净收入计算。——译者注），而是称它为收入税或收益税。不计算净收入，单纯按照总收入课税，是罗马税制简单明了、防止税务部门臃肿的主要手段。相反，现代的税收制度则是钱用得越多，税反而缴得越少。这真的很合理吗？如果多花钱能少缴税，人们都会热衷于消费，结果可能导致不必要的浪费。何况，不是任何的产出都能当作成本的。比如说去美术馆观赏奥古斯都的雕像，如果要计算成本的话，可能就是一张门票的价钱，而因观赏历史文物产生的各种联想是无法计算的。

公元前12年，建设了一年的和平祭坛正在制作各种浮雕。奥古斯都生平最高杰作“罗马统治下的和平”的进程也已经接近尾声。这一年，51岁的奥古斯都失去了他生涯中最亲密的朋友、伙伴阿格里帕。

阿格里帕

在这里，我们重新回顾一下阿格里帕的一生。

马库斯·维普萨尼乌斯·阿格里帕出生于公元前63年，死于公元前 12 年。他是奥古斯都建立罗马帝国最重要、最忠心的协助者。阿格里帕 17 岁时被恺撒选中，并被派到屋大维（奥古斯都）身边。那时，恺撒已经秘密地将屋大维指定为自己的接班人，恺撒希望通过阿格里帕来弥补屋大维欠缺的军事才能。事实上，奥古斯都战场上所有的胜利，都是靠阿格里帕获得的。

阿格里帕出生于意大利地方上一个普通的家庭。对他而言，唯一的出路就是加入罗马军团，因此他也没有机会接受良好的教育。但是，阿格里帕并没有为此感到自卑，他有着十分健全的精神状态，而且将这种健全的精神发挥得淋漓尽致。

如果没有阿格里帕的战略眼光以及他领导下的罗马军团，联结前线辅助部队基地与主力部队大本营以及各条道路的罗马防卫网是不可能建成的。古代称作“科隆尼亚·克劳狄娅·阿拉·阿格里皮内西姆”（Colonia Claudia Ara Agrippinensium）的现代德国的大都市科隆的兴起，正是缘于阿格里帕曾在那里建立过军事基地。

阿格里帕建立的罗马防卫网不仅在西方，甚至延伸到了东方。鉴于东方世界高度发展的文明，阿格里帕的东方战略也包括修复雅典神殿以及重建耶路撒冷的犹太神殿。由恺撒设想、奥古斯都实施的“罗马统治下的和平”是一个包容了不同民族、不同宗教、不同文化、不同语言的多元化社会。阿格里帕即使没有理解希腊语的学识，还是完全能够领会两位指导者的意图。对于古罗马人而言，希腊语是衡量一个人出身、教养的标准，据说奥古斯都也不擅长希腊语。不过，在向东方各领地发布罗马中央政府公告时，奥古斯都和阿格里帕都没有强行使用母语拉丁语，而是让人将公告翻译成东方世界的通用语言——希腊语。

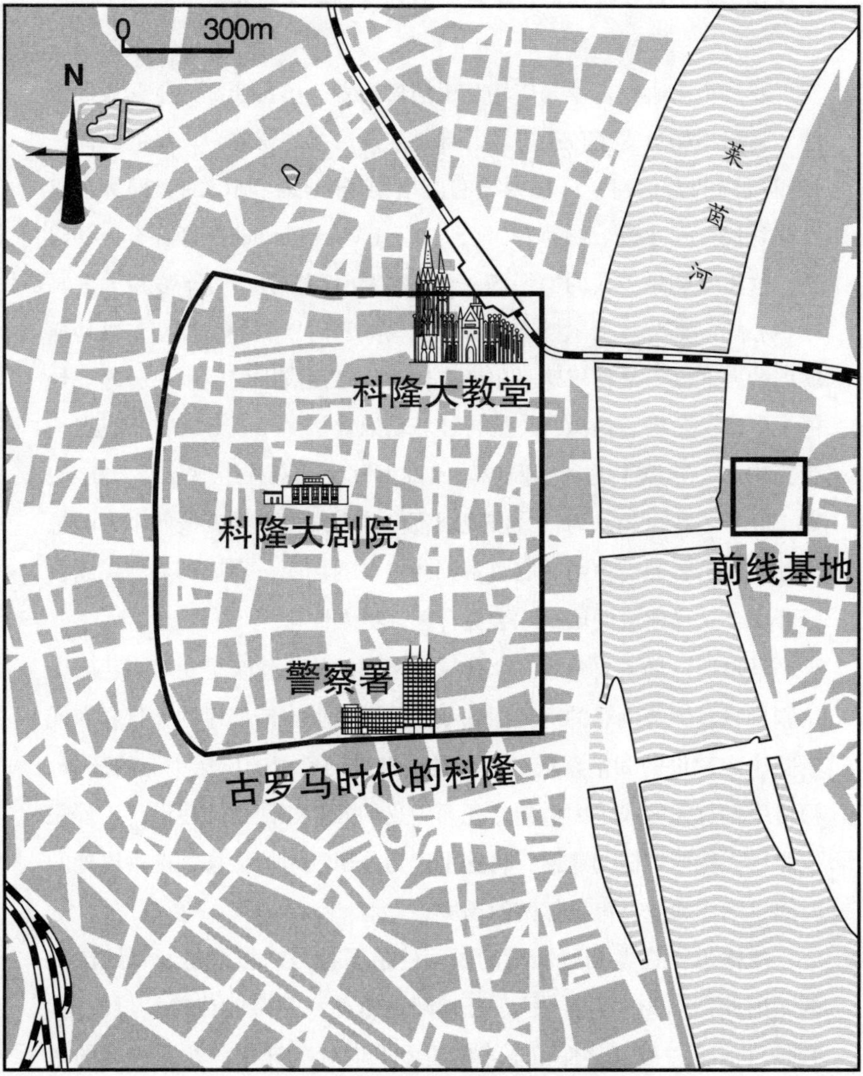

由古罗马军事基地发展而成的现代都市科隆

为了帮助奥古斯都实现理想，阿格里帕奉献了一生的精力。两人不仅在军事上取长补短，在建筑上的合作也是完美无缺。

罗马市中心的古罗马广场是由恺撒规划、奥古斯都接手建设而成的。阿格里帕负责了位于广场北部马尔斯广场的修建。广场的西面是蜿蜒流淌的台伯河，广场内建有庞培剧场和环绕剧场的大回廊，以及向贫民配给小麦、被称作“公共馆”（Villa Publica）等各类公共建筑。这里起初是士兵的操练场，到了共和时期末期，逐渐发展为罗马市中心的一部分。马尔斯广场位于罗马共和时期的护城墙塞尔维乌斯城墙的西北面，最初修建马尔斯广场时，在距离围墙以南三分之一处停了下来。之后，恺撒将广场再往城墙以北扩大了三分之一，以这一带为中心，建造了尤利娅回廊。回廊由巨大的圆柱组成，长 300 米，宽 120 米。我个人认为，城市规划不应该由某位领导者按照个人的想法独断专行，而应该由政府负责兴建主要的场所，周边则交给民间自行开发，这样建成的城市才会更合理，更人性化。

马尔斯广场主要分为三个区域：南面的核心建筑是庞培兴建的庞培剧场以及围绕剧场的巨型回廊；北面则是奥古斯都建的大日晷和元老院决定建设的和平祭坛；中间是阿格里帕负责的广场中心的部分。阿格里帕首先完成了因恺撒之死而中止的尤利娅回廊的建设，工程完成之后，按照恺撒的遗愿，将这里定为公职选举的会场，选举以外的时间，则作为罗马市民休闲的场所。

阿格里帕在尤利娅回廊的西面建造了神殿。神殿是奉献给诸神的，因此命名为“万神殿”。万神殿在哈德良皇帝时代曾经过改造，它是目前唯一被完整保留下来的古罗马时代的建筑。在万神殿的南面，阿格里帕建造了历史上最初的罗马公共浴场——阿格里帕大浴场

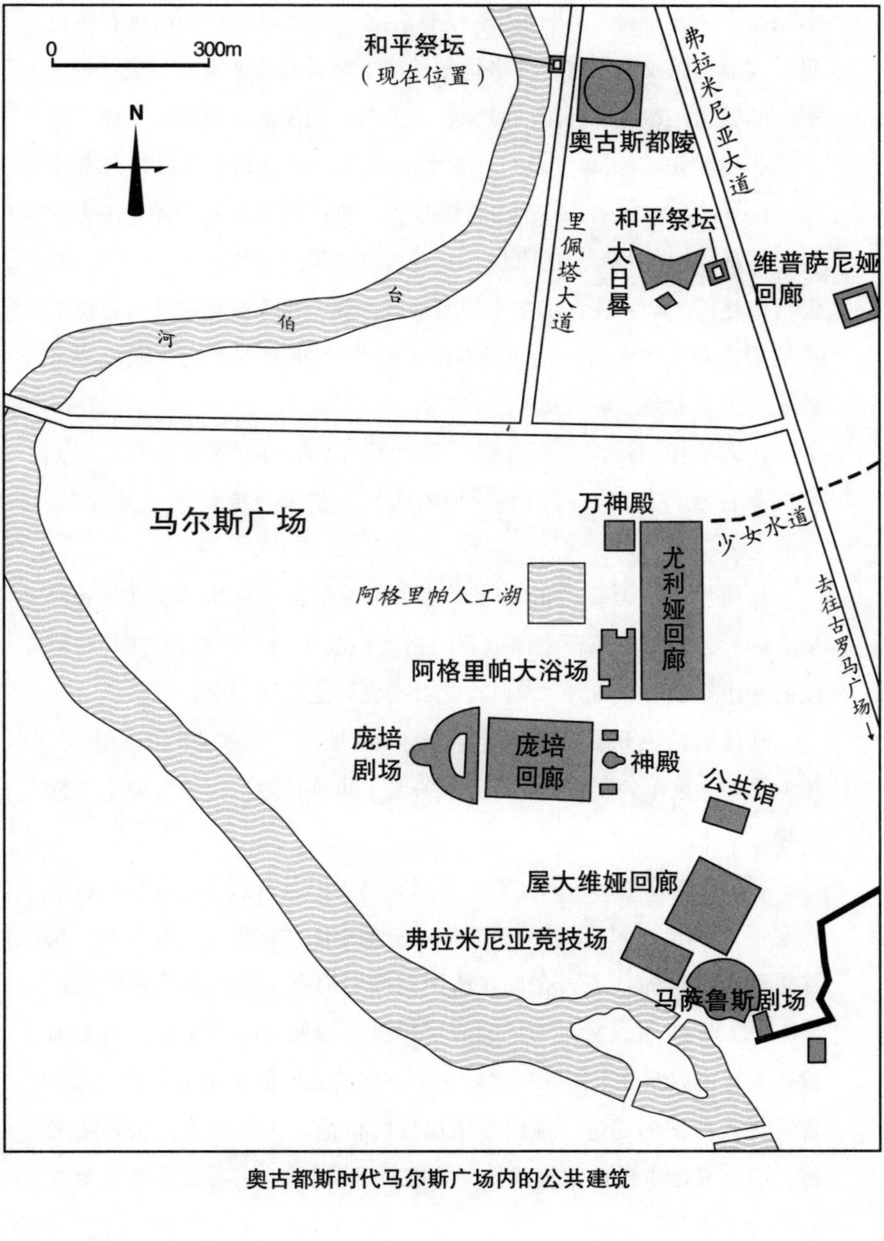

奥古斯都时代马尔斯广场内的公共建筑

（Thermae Agrippae）。浴场内不仅有浴室、按摩等设施，还建有体育场、读书房以及象棋室。阿格里帕邀请了希腊的艺术家，为浴场画上美丽的壁画、塑造了壮观的雕像。为了浴场的供水需要，专门建设了一条少女水道（Aqua Virgo）。少女水道的上水道如今是以特莱维喷泉（Fontana Di Trevi，亦称少女喷泉，或称许愿池。——译者注）为首的罗马城中各种喷泉的水源，它是古罗马供水系统的 10 条水道中，经过修复后，唯一现在仍在使用的水道。罗马街头有很多饮水口供市民使用，有的饮水口上还饰以雕塑，从那里 24 小时源源不断流出来的水，也是来自这条少女水道。

在大浴场的西面建有阿格里帕人工湖，湖边有绿树丛林。这一带的石建筑群很多，因为有绿树的柔和，整个环境显得非常温馨、宁静。

阿格里帕在万神殿的东北部建了一条维普萨尼娅回廊（Portico Vipsania），回廊的墙壁上镶嵌着阿格里帕制作的“世界大地图”。地图的制作显示了罗马人“汝欲得之，必先知之”的理念。

阿格里帕留下了很多公共建筑，但从来没有发现他的私人建筑。他的私宅、别墅的所在地至今无从查考。也许他对敛财聚宝完全不感兴趣。

阿格里帕建造的公共建筑，不仅在罗马以及意大利半岛境内，甚至遍布了帝国全境。如果要将它们一一列出的话，得写上好几页，我这里就以一例做代表。在现在法国南部尼姆有一座嘉德古桥，全长 370 米，高 48 米，它是为尼姆居民提供水源而建的饮水桥，桥上铺设有人行道。罗马帝国灭亡之后，中世纪的人们似乎完全忘记了这是古罗马人留下的遗迹，他们深信这样的桥绝非人类所为，是恶魔之作，因此嘉德古桥也常被叫作“恶魔桥”。当然，它不是什么恶魔的

阿格里帕

作品，它是阿格里帕在公元前 19 年建造的。

阿格里帕肯定没有读过斯多葛派（Stoa）的哲学书籍，但是他一生为公共事业做出的贡献，正体现了斯多葛哲学提倡的“公共服务精神”。他把所有的财产都留给了奥古斯都，或许他是希望自己死后仍然能够为公共事业添砖加瓦。

在我看来，阿格里帕之所以热心于建造公共建筑，并非来自奥古斯都的指示，也不是他与生俱来就有着斯多葛学派所谓的“公共服务精神”，他是真心喜欢建筑。出身卑微却能有机会主管建造国家公共建筑，这让他感到非常荣幸和幸福，因此，他才不遗余力地召集建筑人才，甚至连奴隶都没有遗漏，组织起了一支优秀的技术团队。奥古斯都在阿格里帕死后接收了这支团队，解放了其中的奴隶，并将他们的地位提升至骑士阶级，并且以他们为主干创立了“公共事业部”。

阿格里帕对奥古斯都的忠心，不仅在公事上，在私事上也给予了不遗余力的支持。当年奥古斯都的外甥兼女婿马萨鲁斯突然去世，身后没有留下孩子。为了延续血缘，奥古斯都令阿格里帕离婚，与他的独生女尤利娅再婚，阿格里帕唯命是从，他和尤利娅生下了三男二女（其中有一个是在他死后出生的遗腹子）。欣喜万分的奥古斯都为两个外孙分别取名为盖乌斯·恺撒（Gaius Caesar）、鲁基乌斯·恺撒（Lucius Caesar），在他们还很小的时候就收为养子。奥古斯都希望外孙成为自己的接班人，因此让他们继承了本家恺撒的姓氏。阿格里帕去世时，盖乌斯8岁，鲁基乌斯才5岁。

然而，公元前12年，51岁的奥古斯都和他的一个8岁、一个5岁的继承人之间的年龄相差甚远。自外孙出生之后，奥古斯都似乎就在考虑在孩子成人之前，先让这位既是忠实的助手又是女婿的阿格里帕做他的继承人。当时，奥古斯都向元老院提出申请，希望赋予阿格里帕和他本人同样的两项特权。特权之一是军队的“绝对指挥权”，之二是包括拥有政策立案权以及人身不可侵犯权的“护民官特权”。此外，奥古斯都还要求元老院准许阿格里帕和“第一公民”也即他本人共同执掌“第一公民的辅佐机关”——内阁。元老院批准了奥古斯都的这些申请。

奥古斯都认为要让继承人顺利继位，最好的办法就是尽早地广而告之，让大家清楚地知道谁将成为未来的统治者。奥古斯都将阿格里帕的地位从他的助手提升到共同统治者，正是出于这个目的。

尽管两人同龄，不过奥古斯都天生体质虚弱，40 岁时曾经患上严重的疾病，意大利全国的人民为此向诸神祈祷保佑他的平安，当时连奥古斯都自己都觉得难逃此劫。没料到，一向身体强健不知病痛为何物的阿格里帕竟然会先自己而去。奥古斯都一直以为阿格里帕会比自己长寿，会接替自己的位子，然后再把皇位传给来自他们两家血缘的盖乌斯或者鲁基乌斯。就像坚信阿格里帕的友情和忠诚那样，奥古斯都从来没有怀疑过阿格里帕的健康状况。

阿格里帕是在那不勒斯去世的。奥古斯都在罗马闻讯阿格里帕病危时，平时不爱骑马的他快马加鞭赶往当地，结果还是没来得及见阿格里帕最后一面。信赖无间的朋友就这样突然之间离自己而去，从此，奥古斯都失去了从 17 岁开始 30 多年来始终在他身边给予帮助和支持的亲密伙伴。

我一直在想，为什么体质虚弱的奥古斯都会比阿格里帕长寿?

统治国家的工作，无论是精神上还是肉体上都是一种繁重的劳动。特别是奥古斯都一面冠冕堂皇地打着共和体制的招牌，一面又暗中筹谋实现帝制，这其中的精神压力不是常人能承受的，而且他天生就有消化系统的毛病。

虽然体质不佳，奥古斯都对自己的健康却不怎么在意。尽管他非常厚待那位治愈了他重疾的希腊医生，不过他并没有专门的随从医生。他吃东西不讲究，感觉饿了就吃，常常是吃了一堆的零食、点心，到了正餐的时间，反而什么也不吃了。他在招待晚宴上也经常这样，完全无视礼仪。

根据史料记载，奥古斯都的口味非常平民化，喜爱简单质优的食物。家中用餐，只要有烤面包、奶酪、水果和蔬菜，就心满意足了。奥古斯都平时在哪儿用餐，又吃了些什么东西，我们可以从遗留下来的一些信件中窥见一斑：

“我在车里吃了点面包和一些椰枣。”

“从巴西利卡（basilica，一种长方形会堂）回家的途中，在轿子里吃了面包和葡萄。”

奥古斯都似乎是不饿不吃。

“亲爱的提比略，我今天比安息日的犹太人吃得还要少。我胃里只有两片面包，那是在黄昏入浴前，按摩完身体后吃的。”

他经常是吃一片经水泡过的面包、一块西瓜和几片生菜叶就对付过去。他从来没有豪饮葡萄酒的习惯，这倒不是出于健康上的考虑，而是他的胃难以负荷。

古罗马人没有午睡的习惯，奥古斯都却经常会穿着衣服和鞋子，随便找个东西或者直接用手遮住眼睛，躺下小憩一会儿。和他吃东西一样，感觉疲劳了，不管何时何地立刻躺下休息。奥古斯都不爱骑马，喜欢坐轿子。因为躲在帘子后面睡觉不怕被人看见。

奥古斯都的睡眠时间很不规则，犯困了就躲进轿子里打个瞌睡；晚上睡不着就改白天睡，即使旭日高升也照睡不误，完全违反了罗马人日出而作的传统习惯。

奥古斯都似乎很不擅长早起。国家经常会举行献祭仪式，这种时候必须早起。作为大祭司的奥古斯都完全是靠着一份责任感，勉强地从床上挣扎起来。说不定他还有低血压的毛病。

奥古斯都既怕热又畏寒。只要北风一起，他就披上厚厚的托加长袍，里面穿四件短袍，袍子里面是毛质的衬衣，衬衣里面再穿一件棉质的内衣。托加长袍盖不到的小腿裹上绑腿来御寒。既然这么怕冷，干吗不像高卢人那样穿裤子呢？在那个时代，裤子是北方蛮族才穿的服装，文明的罗马人穿了有失面子。恺撒在和北方蛮族打仗的时候，始终穿着露出手臂和腿的罗马军服。这一点，奥古斯都又和恺撒不一样。

到了夏天，他不是打开卧室的房门睡觉，就是把床直接搬到庭院里，结果不是因为风吹多了着了凉，就是被太阳晒得头痛不止。不过他没像女士那样撑一把伞来遮阳挡风，在古罗马人心目中，美丽的伞是他们蔑视的东方君主用的玩意儿。

不管奥古斯都的生活规律如何无常，他终究还是比阿格里帕多活了 26 年。这大概就是顺其自然的结果吧。

讲到健康的问题，不禁让我联想到奥古斯都在战场上无能的表现，这会不会和他身体虚弱有关呢？

在战场上，看到敌人射过来的箭，他可能会认为这全是冲自己来的，看到剑，就感觉都是刺向他的。有了这种恐惧，还怎么调兵遣将、冲锋陷阵呢？人的恐惧心理是一种无法用常理来分析、解释的问题。不过，恺撒和阿格里帕应该没有这方面的问题。

奥古斯都对暗杀的防范可以说是做到了密不透风。每次去元老院，总有 10 位牛高马大的同派元老将他紧紧地围住，不允许他人走近。如果死了，所有的事业都将随着生命而中止，这是他从恺撒被暗杀中得到的教训。除了作为政治家担心事业毁于一旦，奥古斯都害怕暗杀也有着身体上本能的反应，一想到短剑刺进自己身体里的感觉，那种生理上的恐惧和厌恶就挥之不去。

恺撒还真有眼光，竟然选了一个和自己如此不同的人作为接班人。不过，当年同庞培的儿子决战的时候，17 岁的奥古斯都咬紧牙关跟着部队翻过了险峻的西班牙山岭。恺撒看中的正是他的这份强烈的责任感和顽强的意志力。也正因如此，恺撒才会将阿格里帕派到他的身边来弥补他不善战事的一面。

除了打仗，恺撒拥有的才能中还有一项也是奥古斯都欠缺的。这方面的不足，他依靠了另一个人的帮助。奥古斯都在失去阿格里帕 4 年之后，又失去了这位朋友。

在《罗马人的故事 04・恺撒时代（上）》的卷首，除了记载了后世对恺撒的评价，我还引用了意大利普通高中使用的历史教科书里的一段文字：

> 一位领袖必须具备五种素养，即睿智、说服力、隐忍、自律和刚毅。这五种素养，唯有恺撒全部具备。

那么，奥古斯都又怎么样呢？

首先，在“刚毅”方面，毫无疑问他可以得 100 分。

其次，“自律”，如果称之为克制力，那么奥古斯都可以拿满分。

至于“隐忍”，尽管先天不足，奥古斯都平安地活到了 70 多岁，如果把隐忍折算成寿命，那么奥古斯都也没有问题。

接下来统治者必备的能力中最重要的一项——“睿智”。

睿智不是指拥有多少学识或者多高的教养，它是一种洞察力。它可以看清大多数人不愿去面对的那些现实问题，而且在看清之后，懂得如何去尽善解决。换言之，缺乏创造性的辨别力，不能被称作睿智。

即使是共和主义者的历史学家塔西佗也赞扬恺撒有着神一般的睿智。近代的史学家蒙森（Mommsen）则称恺撒是罗马历史上唯一一位创造性的天才。奥古斯都在完成目标这点上可算作天才，树立起明确目标的却是恺撒。如果说有创造力才是真正的睿智，那么给奥古斯都打 80 分比较妥当。

奥古斯都的问题在“说服力”上。所谓的说服力是指说话者通过著文或者演讲去说服受众的能力。换言之，它是一种以语言为武器、化敌为友的能力。要做到让对方心服口服，取决于表达的内容及其方式。在这方面，奥古斯都能得多少分呢?

我简称为《功业录》的《神君奥古斯都功业录》是奥古斯都亲自撰写的唯一一部大事记。作为罗马帝国开国皇帝的遗文,《功业录》可算作最珍贵的历史资料。然而，据我所知，有关罗马史的学术著作中，没有一本介绍过《功业录》的全文。最早对《功业录》做学术性介绍的是蒙森，研究罗马史的人大概都读过他的著作。然而普通人不太可能接触那么厚重的学术作品。不少欧洲的研究者都写过非常优秀的传记，在这些针对一般大众的作品中也没有见到过《功业录》的全文介绍。唯一的例外是日本岩波文库出版社出版的苏维托尼乌斯的《罗马十二帝王传》在有关奥古斯都的文章后面附上了《功业录》的全文。不过，原文中并没有这个附录，是译者国原吉之助添加上去的。

为什么研究者们对如此珍贵的历史资料不做详细介绍呢?

其理由之一,《功业录》记叙的并非奥古斯都实际的成就，仅是一些奥古斯都希望传达给后人的事迹，而像有关帝国建设这样极其重要的功绩，他避而不谈，因此,《功业录》在学术研究上的价值才会如此之低。我对奥古斯都不谈的理由非常好奇，这种好奇心大概是作家特有的，非研究者所需。

理由之二，文章写得相当糟糕。奥古斯都的业绩写成目录式的条文状，即便如此，我觉得至少也该润色一下文字。除了充实内容，文章也需要写得让人读得下去。谈话亦是如此，说出来的话得让人愿意聆听。无论是演说还是撰文，奥古斯都无法使人喜闻乐见。这和表述的内容无关，他就是缺乏引人入胜的感染力。除了能力上的欠缺，奥古斯都也并不打算明确地传达自己的意图。要在人们不知不觉中把共和制拉向帝制当然不能观点清晰。不管怎么说，如果没有强烈的表达欲望以及希望人们予以理解的愿望，是写不出精彩文章的。

同时代的人们，特别是罗马的有识之士，喜欢比较“父”与“子”，这也是奥古斯都让人同情的地方。他“父亲”恺撒实在太有表达能力了，甚至连政治上的对手对此也是赞不绝口。恺撒对手之一的西塞罗在他有关演讲的著作中曾经写过这样一段话：

> 从来没有一个人像恺撒那样演讲、著书。他能够用喜剧的方式来讲述悲剧，用幽默的语言来解除人们消沉的情绪。人并不缺乏对重要事物的理解能力，但是要让理解能力转化为实际的行动力，则取决于是否能调动起读者、听众情绪的叙述能力。

这是一门艺术，很显然奥古斯都缺乏这门艺术（拉丁语 ars，意大利语 arte，英语 arts）。然而，政治宣传又是重建罗马大业必不可少的工作。奥古斯都的高明之处就在于他把这项工作交给了在这方面很有造诣的人。负责这项工作的就是现代“梅塞纳”活动的鼻祖梅塞纳斯。

梅塞纳斯

如果说阿格里帕是奥古斯都的右臂的话，那么梅塞纳斯就是奥古斯都的左膀。梅塞纳斯和阿格里帕一样，也不是来自首都罗马的上层社会。他出身于伊特鲁里亚地区（现在属于托斯卡纳地区）的一个古老的家族，社会地位属于元老院阶级之下的骑士阶级。梅塞纳斯比奥古斯都年长一两岁，加上阿格里帕，三人是同一个年代的人。

和阿格里帕不同，奥古斯都与梅塞纳斯的相识并不是通过恺撒，据研究者考证，两人第一次见面是在腓立比战役中。那个时候，还叫作屋大维的奥古斯都的年纪在 21 岁左右。

虽然他们初次见面是在战场上，而且两人都还很年轻，但那时的奥古斯都已经有了敏锐的眼光，而梅塞纳斯也落落大方地接受奥古斯都对他的赏识。之后，奥古斯都将战场交给阿格里帕，而外交上的交涉则由梅塞纳斯负责。

罗马是一个法治国家。依照法律，所有的公职都必须各司其职。要想游走于各派系之间，传达、落实统治者的意志，担任着公职会有诸多不便，因此，梅塞纳斯放弃了所有的公职和升迁的机会。这在现代是无法想象的事情，对古罗马人而言同样也是一个巨大的牺牲。对他们来说，担任过各种公职才是一个男人最高的生活价值，名字可以刻在罗马广场的墙壁上，载入罗马国家官方的《大祭司记录》，因此才有“光荣的公职人员”这样的称号。

梅塞纳斯放弃了进入元老院成为统治阶级一员的机会，决心站在奥古斯都的背后，默默地奉献一生。梅塞纳斯的这个决意可谓是可歌可泣。何况，当时的奥古斯都只是恺撒的养子，他的未来，包括是否会成为恺撒的接班人，都是一个未知数。

从公元前42年的腓立比战役击败布鲁图，到公元前32年亚克兴角海战打败安东尼，在这10年里，梅塞纳斯作为奥古斯都的左膀右臂，表现得相当活跃，并且取得了丰硕的成果。为了帮助能力尚不足以独霸一方的奥古斯都，梅塞纳斯首先改善了和安东尼的关系；其次，为了牵制住安东尼，又和庞培的儿子达成了私下的协议。在这10年里，奥古斯都打倒了一个又一个对手，最终消灭了安东尼。奥古斯都能成为最后的赢家，作为秘密外交员的梅塞纳斯可谓是功不可没。

公元前30年，奥古斯都凭借着实力继承了恺撒的统治地位，成了罗马唯一的最高统治者。在他登上权力最高峰的这一路上，阿格里帕和梅塞纳斯给予了他最大的支持和协助。

然而，公元前30年以后，阿格里帕在奥古斯都的提拔下担任了执政官，从此走上国家精英之路，而梅塞纳斯既没有得到任何的官职，也没有被派遣到国外担任公使，这主要的原因是时代改变了。罗马在内乱结束后，无论是与同盟国以及行省，还是与类似帕提亚的假想敌国，外交活动都改为在台面上进行。

在这种形势下，奥古斯都认为正式的外交以及对外政策，由阿格里帕来担任比较合适。在外国人眼中，"第一公民"的奥古斯都像一位皇帝（事实上也的确如此），阿格里帕作为武将，战果辉煌，相反梅塞纳斯既没有地位也没有战绩。其实，对奥古斯都而言，提拔梅塞纳斯是易如反掌的事情，只不过他不想这么做，他希望梅塞纳斯作为谋臣留在自己的身边，如果让梅塞纳斯担任了公职，他的愿望就会落空。而梅塞纳斯欣然接受了奥古斯都这个看似不公平的要求，一生没有担任公职，因此他也没有留下任何的雕像。

奥古斯都身体欠佳的时候，经常会以休养的名义，去位于埃斯奎里山（Esquilino）的梅塞纳斯大宅小住。喜欢谈论风流韵事的苏维托尼乌斯等人说，奥古斯都和梅塞纳斯的妻子有染，我觉得不太可能。人总有比情欲更重要的事情要做，何况是自制力强于常人的奥古斯都。我想他是利用这段相对比较清闲的时间，和梅塞纳斯做一些深度的交流，无论是教养、学识，还是判断事物的准确性，以及实际操作中的手法，梅塞纳斯都是最好的谈话对象。

秘密外交工作停止之后，奥古斯都又将一项非常适合梅塞纳斯的任务交给了他——担任文化宣传工作。现代将文化赞助活动叫作“梅塞纳”活动就是由此而来的。

原本就出身于富裕家庭、之后应奥古斯都的要求购买了埃及大批的土地成了大富翁的梅塞纳斯，对文化的赞助十分慷慨，他的周围总是聚集着很多的诗人。这些人里最著名的是被誉为最伟大的拉丁诗人维吉尔和贺拉斯。顺便提一下，崇拜维吉尔的但丁在《神曲》中把他写成是地狱和天国的引路人。

我个人认为，拉丁文学的黄金时代，散文是以西塞罗和恺撒为代表的公元前 1 世纪，诗歌则是史上称为“奥古斯都时代”的公元 1 世纪前后。和始终与政治纠缠不清的西塞罗、恺撒不同，维吉尔和贺拉斯一生都是以作诗为业。他们没有参与政治的原因，究竟是散文和诗歌的不同，还是身处作业分工明确的奥古斯都时代呢?

两位诗人的出生地很有意思，维吉尔出生在曼托瓦（Mantova），他出生时，包括曼托瓦在内的卢比孔河以北的北意大利一带还是罗马的行省，在他 20 岁时，恺撒将这一带纳入了本土领域。在此之前，不清楚他是否拥有罗马公民权。维吉尔并不是罗马人的姓氏，或许他的祖先是居住在北意大利的高卢的某一部族。如果真是如此，那么罗马国民诗人身体里流着的就不是罗马人的血液。不过，这对罗马人来说无关紧要，200年前会写漂亮文章的迦太基的奴隶同样受到了罗马人的欢迎。维吉尔出生于公元前70年，比梅塞纳斯年长五六岁。

比维吉尔年轻5岁的贺拉斯出生在阿庇亚大道沿线的殖民城市维诺萨。这位诗人也不是罗马公民，而且家里直到他父亲那一代都是奴隶。

贺拉斯的父亲成为解放奴隶之后，为了儿子的教育，离开了乡村小镇维诺萨，来到了首都罗马。贺拉斯的父亲在罗马从事何种职业无从查考，但是他让贺拉斯接受了最好的教育，并且送他到当时的最高学府雅典去留学，看来是一位非常热心于教育的爸爸。维吉尔和贺拉斯都是在未成年前就离开了故乡来到罗马的，可见在当时，人们想要接受良好的教育首先就是去罗马。

在雅典的贺拉斯没有专心于学业，精力全用在了政治上。那个时期的雅典即将成为恺撒派和反恺撒派对决的战场，战争一触即发。人们谈论的话题全集中在了究竟是安东尼—屋大维的恺撒派会赢，还是反恺撒派的布鲁图—卡西乌斯能够获得胜利这件事情上。

贺拉斯天生有诗人的激情，又正值年轻气盛的23岁，完全被当时的气氛感染，投笔从戎，参加了志愿兵。他加入的是杀了“暴君”恺撒的布鲁图的军队。他在军队中担任大队长，因此是名副其实的参战军人。

然而，在腓立比战役中恺撒派最终取得了胜利，布鲁图自杀身亡。成了败兵的贺拉斯一路逃亡，颠沛流离，终于回到了祖国。

个人的境遇，再加上罗马当时的混乱状况，让多愁善感的诗人深感悲观、绝望。内战并没有在腓立比山岭上结束，紧接着的是庞培之子和屋大维的战争，这边刚决出胜负，那边屋大维与安东尼之间的斗争又开始了，罗马人在不断地自相残杀。那个时期的贺拉斯曾经写过这样一段诗：

永无止境的内战，下一代也卷入其中。罗马正走向自我毁灭的道路。敌人不再是马农西人或者伊特鲁里亚人；也不是强大的加普亚和勇敢的斯巴达；既不是阴险狡诈的高卢人，也不是凶狠彪悍的蓝眼睛的日耳曼人，更不是令人憎恨的汉尼拔。罗马人现在的敌人就是罗马人自己。终有一日，罗马会回到野草丛生的时代。

对生活在这个时代的人，最好的忠告是什么？没错，就是舍弃你的祖国。舍弃祖国，远走他乡。就像从前（公元前540年）的费契亚人那样，不堪波斯的统治绝望地集体出逃。

然而，不到4年的时间，贺拉斯的心境便逐渐趋于平静，他结识了梅塞纳斯，两人成了知己。又过了8年，诗人对国家的前途从不安变成了希望。公元前30年，旷日持久的内战终于结束了，尽管获得胜利的是腓立比战场上的对手，事到如今这已无关紧要。战争太令人憎恶了，不管谁赢，能够恢复和平就要感谢诸神保佑了。

我们不能指责贺拉斯的这种改变是共和主义者的变节行为。他代表了那个时期大多数罗马人的心情。而这正是奥古斯都手中最大的一张王牌。奥古斯都本人比任何人都清楚“罗马统治下的和平”的必要性，因此，他的政治生涯之所以能获得巨大的成功，就是他巧妙地、充分地利用了这张王牌。

奥古斯都成为唯一赢家之后，即刻展开了大规模的裁军，士兵的人数减至一半。向罗马人民表达了走向和平的决心。此刻的贺拉斯对国家的未来充满信心。不知道是不是梅塞纳斯向他讲述了奥古斯都建立“罗马统治下的和平”的艰辛，以及将之贯彻到底的决心，结识了梅塞纳斯之后的贺拉斯，对奥古斯都的态度由敌视转为赞赏。

作为资助人的梅塞纳斯打算替解放奴隶之子、两袖清风的贺拉斯在奥古斯都的手下谋个一官半职，贺拉斯给他的回答是：“我讨厌做官。”于是梅塞纳斯改送了一座有 24 间房子的庄园给他。古罗马的庄园本身就是一个农业生产基地，生活所需的日用品基本上能做到自给自足。梅塞纳斯赠送给他庄园，不仅有了住的地方和安心劳作的场所，更意味着生活的来源有了保证。

至于梅塞纳斯是用什么形式赞助维吉尔的，目前无史料可查。可以确定的是，以维吉尔、贺拉斯为首的梅塞纳斯文艺沙龙的文化人，成了奥古斯都施行“罗马统治下的和平”政策的宣传员。他们怀着喜悦和自豪的心情为日渐走向和平的新生罗马讴歌颂扬，维吉尔的诗歌高亢而刚健，而贺拉斯的作品则充满了活力和清新，这正符合奥古斯都心目中罗马帝国的形象。

我不赞成将这些诗人说成是御用文人的讲法。如果只是为了回馈物质上的援助，是写不出优秀作品的。他们的作品之所以能流传 2 000 年经久不衰，正因为他们是发自内心。梅塞纳斯慧眼识珠，很善于选择资助的对象。梅塞纳斯死后，贺拉斯表示将来要葬在梅塞纳斯的身边，后来果然成真。贺拉斯仿效梅塞纳斯，死后将梅塞纳斯送给他的庄园及全部财产都留给了奥古斯都。

到了文艺复兴时期，艺术的花朵再度盛开。那个时期也出现了一位和梅塞纳斯相似的人物，他就是佛罗伦萨的名门望族美第奇家族（Medici）的主人科西莫。科西莫曾经向雕塑家多纳泰罗（Donatello）赠送了一座位于托斯卡纳的庄园。心存感激的雕塑家去世前留下遗言，要求死后葬在科西莫墓地的附近。如今这位意大利文艺复兴时期的代表人物之一的雕塑家，就长眠于圣洛伦佐教堂（San Lorenzo）地下的美第奇家族的陵墓中。

以上两例是最典型的古代文化赞助的形式。

长寿意味着身边的人会一个个地离自己而去，尤其是看到同年代人的离去，更会让人生发岁月无情、生命流逝的感叹，不由自主地想到自己的死。然而，失去了阿格里帕之后又失去了梅塞纳斯的奥古斯都并没有动摇自己坚强的意志，他的“罗马统治下的和平”的目标正在一步步地实现，没有人比他更清楚此时此刻的重要性。

就在这个时候，奥古斯都第一次违背了恺撒的路线，决定将罗马帝国的防线由莱茵河转移到易北河。这个行动意味着把莱茵河和易北河之间辽阔的日耳曼地区（Germania，现今大部分属于德国）纳入罗马帝国的版图，征服居住在那里的日耳曼人。

日耳曼民族

“地缘政治学”（geopolitika，英文“geopolitics”）一词是由希腊语的“大地”（geo）和“政治”（politika）二词组合而成、由20世纪的人创造的词语。

在古罗马时代，虽然没有这样专门的词语，但并不表示人们没有这个概念。或许是因为道理太显而易见，反而不需要专门再为它去造一个词语。罗马人是一个非常务实的民族，这一点他们和擅长抽象概念的希腊人不同。虽然语言上输给希腊人，但罗马人在部署帝国防线时不折不扣地依据了“地缘政治学”。

恺撒在划定莱茵河防线之前，曾经两次亲自率军渡过莱茵河，和日耳曼人战斗。虽然时间很短，但是他的确亲自踏上了日耳曼人的土地，目睹了日耳曼民族。

据史料记载，奥古斯都在决定把防线从莱茵河移转到易北河之前，在视察行省的途中，曾经顺道前往奥古斯塔特列维罗拉姆（现在的德国的特里尔），不过，没有他到过莱茵河边的史实记录。奥古斯都视察行省通常会在一个地方滞留很久，他不太喜欢东奔西跑做实地考察，基本上属于习惯于坐在书桌前工作的人。

奥古斯都的手中有两份地图：一份是根据恺撒的指示、他死后由安东尼负责完成的意大利本土的地图。地图上不仅显示了意大利境内的山峦、河川，整个罗马本土的交通网络都做出了明确的标示。另一份地图是由阿格里帕负责制作的帝国全境地图。这份大理石版的地图几乎有一面墙之大，上面用不同颜色的宝石标示出帝国各地的主要城市，地图镶嵌在维普萨尼娅回廊的墙上，供一般公民阅览。据说奥古斯都位于帕拉蒂尼山上的官邸里也有一份同样类型的地图。

那么，奥古斯都为什么要把防线从莱茵河移往易北河呢？

从地图上看，如果连接易北河和多瑙河之间的防线能够成功地建立的话，整个防线的距离的确比原来莱茵河—多瑙河防线缩短了 500 公里，是不是出于这个理由呢？

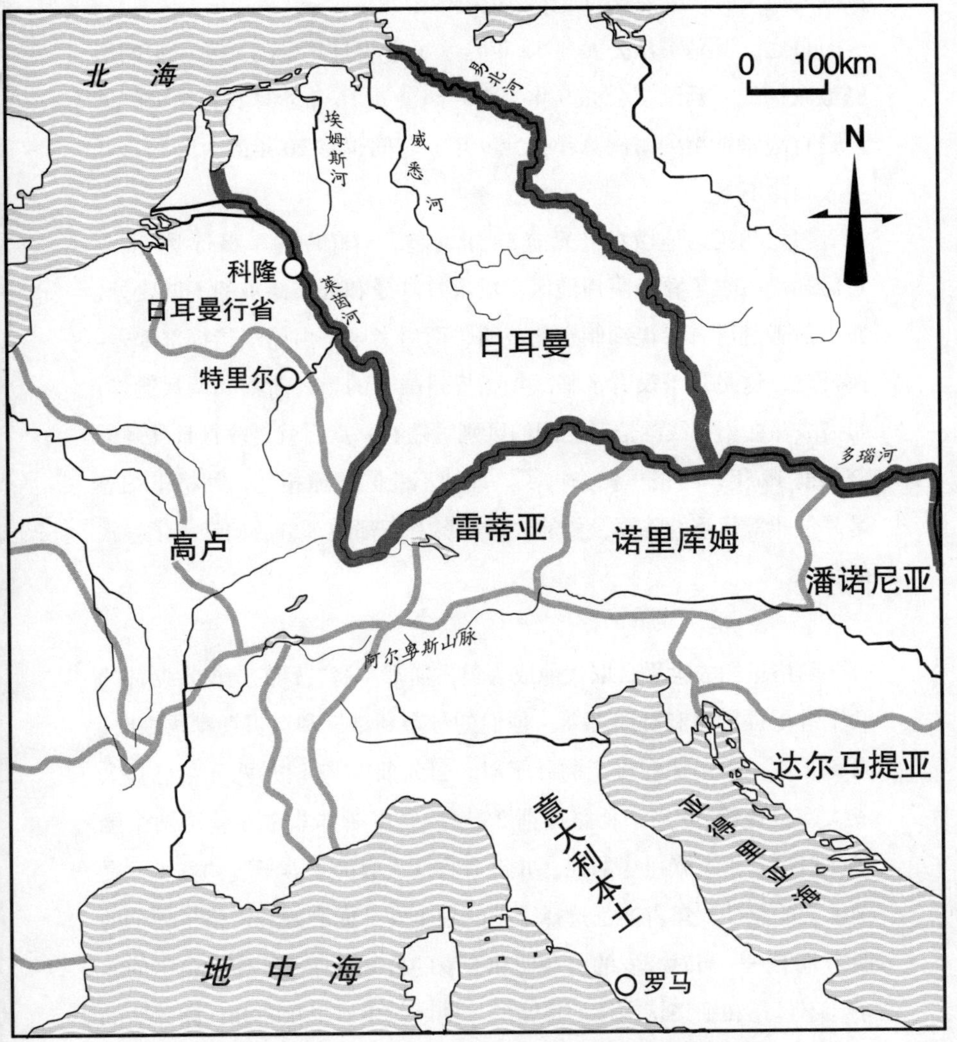

防线从莱茵河—多瑙河改为易北河—多瑙河之后的地形图

或者是他考虑到降伏日耳曼民族，让这个茹毛饮血、勇猛顽强的民族走向文明，会为罗马帝国的边境带来安定。

总之，罗马军从公元前 12 年开始了进攻日耳曼的战争，中间历经数次休战，延续至公元 9 年，最终到公元 16 年才算真正结束。即便是将战争结束的时间算作公元 9 年，其间也有 20 年的时间和日耳曼人相持不下。

与之相反，恺撒在公元前 58 年发起了对高卢的军事行动，8 年之后几乎占领了整个高卢地区。进攻日耳曼和征服高卢的不同之处，在于前者是后方参谋部制定的战略，而后者则是由前线指挥部部署。换言之，这是几乎没有亲临战场指挥过战斗的奥古斯都和调兵遣将、始终战斗在第一线的恺撒之间的区别。还有一点，就是攻打日耳曼的公元前 12 年，阿格里帕去世了。即使不能同恺撒相比，阿格里帕还是一位非常优秀的将军，他的去世给奥古斯都的军事活动带来了很大的影响。

阿格里帕去世后，取代他成为奥古斯都左膀右臂的是奥古斯都的两个继子提比略和杜路苏斯。他们的母亲利维娅和奥古斯都再婚时，哥哥 3 岁，弟弟还在母亲的肚子里。公元前 12 年时，两兄弟已长大成人，提比略 30 岁，杜路苏斯 26 岁。奥古斯都非常疼爱这两个继子，但执着于家族血缘的他，并没有将两人收为“养子”。“养子”是继承人的象征，奥古斯都选择了他的独生女儿尤利娅和阿格里帕生的两个儿子——当时 8 岁的盖乌斯和 5 岁的鲁基乌斯——作为自己的养子。不过在和平祭坛南墙的皇帝家族的雕像中有提比略和杜路苏斯的形象，可见奥古斯都还是视他们为家人。两兄弟出现在雕像中，不单是因为他们的母亲是奥古斯都的妻子。阿格里帕还在世时，两人已经

提比略

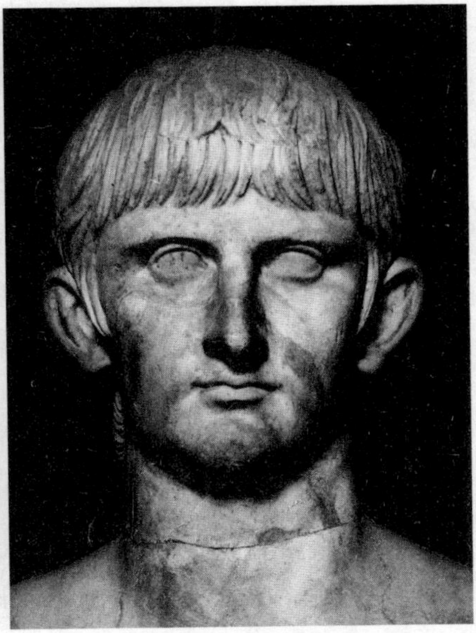

杜路苏斯

显露了能够成为阿格里帕后继者的才华，奥古斯都对他们的厚待，可以说是兄弟俩靠实力争取来的。

提比略的妻子是阿提库斯（Atticus）的外孙女维普萨尼娅。阿提库斯以西塞罗的挚友和笔友而著名，他的女儿是阿格里帕的第一位妻子，阿格里帕就是维普萨尼娅的父亲。提比略和维普萨尼娅的婚姻十分美满，公元前 12 年，提比略有一个 1 岁的儿子。

弟弟杜路苏斯的妻子是屋大维的姐姐屋大维娅和安东尼生的女儿小安东尼娅，他们的婚姻也非常稳定，两人育有两男一女。奥古斯都之所以让杜路苏斯娶死对头安东尼的女儿为妻，是因为小安东尼娅另一半的血缘来自自己的姐姐。这就是奥古斯都的血统观。

正因为这种血统观，奥古斯都在替二度成为未亡人的女儿尤利娅挑选第三任丈夫时，没有选已经娶了自己外甥女的杜路苏斯，而是挑了至今和他没有接上血缘关系的提比略。尽管提比略的妻子是他的好朋友阿格里帕的女儿，尽管两人的婚姻幸福美满而且还有孩子，但这一切对于追求血脉相承的奥古斯都而言，都无足轻重。他想到的是30岁的提比略和27岁的尤利娅结婚，还有机会生很多孩子。奥古斯都的愿望就是多生产一些有着他的血统的男孩。

最高统治者的命令以及母亲的劝说，让提比略无法违抗，最终他和爱妻维普萨尼娅离婚，娶尤利娅为妻。离婚之后的提比略有一次在街上看见维普萨尼娅的背影，他站在那里默默地注视着前妻的身影慢慢地消失在人群里。据说，从那以后提比略再也没见过维普萨尼娅，她始终回避和他相遇的可能性。

恺撒从不介入他人的生活，这一点又和奥古斯都完全不同。两人间的这种差异，用英文说来就是“style”（生活方式）不同。

尽管奥古斯都对血统非常偏执，但他并不会在公事中掺入私人感情，这是他的杰出之处。他对手下的将军、政务官们的评判都非常客观，部下们对此也深信不疑。有了信任的基础就会努力工作，取代阿格里帕成了奥古斯都左膀右臂的提比略、杜路苏斯兄弟俩也全力以赴地奔赴各自的战场。提比略负责建立多瑙河防线，杜路苏斯则担当了将防线从莱茵河移往易北河的任务。所有的人都预见到，征服未开化民族将会是一场艰苦卓绝的战争。

文明程度越高的民族越容易被征服，而文明程度越低的则越困难。这话乍一听就像是说反了，其实没有，千真万确。特别是像罗马人这种共存共荣的征服方式，这个特征尤其明显。

文明程度高的民族容易理解罗马人所谓的“文明化”的益处，例如罗马式公路等的基础建设、在各地都得到承认的“自由都市”以及以“殖民都市”为中心的经济发展体等等。况且，在罗马统治之下，国内的纷争得以解决，罗马军负责抵御外敌的侵略；对于原有的民族文化、宗教、语言，甚至货币，统治方的罗马也不强制要求改变。尤为重要的是，罗马人不会剥夺被征服者的生存空间，罗马统治之下的各个民族都拥有各自发挥专长的机会和舞台。这是古罗马人具备的最高品德。

相反，要让文明程度低下的民族了解并接受文明化带来的好处，就困难重重了。这就是未开化民族不容易被征服的第一个原因。

第二个原因，蛮族所在地没有都市化，因此无法采用攻下一方占为要塞的战术。而且，这些部族都很独立，很少有团结一致对抗罗马的大型战斗，结果就变成了东打一枪西放一炮的游击战，罗马军团最拿手的平原布阵的会战方式，几乎没有发挥的场合。

第三个原因，罗马军队并没有征服蛮族的实战经验。意大利半岛统一之后，作战的对手基本上是类似于迦太基、希腊、叙利亚、埃及这样文明程度很高的民族。

对于进入帝国时期之后的罗马人而言，唯一可以参考的实例，就是恺撒征服高卢，即便是天才恺撒，打赢这场战争都花费了 8 年的时间。高卢战争时，身为统帅的恺撒除了拥有卓越的指挥才能之外，手中还握有一张王牌，这是以日耳曼人为对手的奥古斯都不曾有的。

恺撒手中的王牌就是高卢人非常惧怕日耳曼人。恺撒曾经把高卢的部落首领叫到面前，对他们说，如果高卢继续由你们高卢人统治，迟早要被日耳曼人吞并。无论心中如何想，首领们对恺撒所言不得不点头同意。

《高卢战记》中曾经提及，住在莱茵河以东的日耳曼人拒绝征服者和被征服者之间的交流，两者的居住地之间隔着一片荒野，除了每年缴纳贡赋之外，从来不接触，而且他们不喜欢定居一处。

高卢人在面临不得不选择外来统治者的形势下，在罗马人和日耳曼人之间，最终选择了前者。尽管这是在罗马大军压境的形势下做出的选择。

然而，对付日耳曼人却没有这种王牌可用。对于当时的日耳曼人来说，没有什么民族可以对他们产生威胁，除了在西面和南面，即莱茵河和多瑙河的河岸边拿着长枪虎视眈眈对着他们的罗马人。

奥古斯都在决定进攻日耳曼的当初，似乎没有意识到这种王牌的重要性。而且，战争初期捷报频传，不仅罗马人为之疯狂，就连奥古斯都本人都认为失去阿格里帕的这个军事缺口完全被补上了。

东边是致力于建立多瑙河防线的提比略率领的军团，负责进攻日耳曼的弟弟杜路苏斯则率领 5 个军团前往北方战线。

提比略的军队以现在的维也纳、布达佩斯为中心建立了军事基地，以基地为中心逐渐向外扩张，这种看似沉闷的作战方式却带来了实际的效果，罗马军队牢牢地控制了多瑙河以南的地区。相反，杜路苏斯的攻势十分猛烈，从北海向南一路挺进。

杜路苏斯的军队首先在古代称为“莱茵河渡口”（Trajectum ad Rhenum，现在的荷兰的乌得勒支，Utrecht）的附近开通了运河，连接起莱茵河与艾瑟尔湾（Ijssel）之间的水路。军队从莱茵河上船首先进入北海，由此向东沿海岸航行，从另一条也是汇入北海的埃姆斯河（Ems）的河口逆流而上，直捣日耳曼的心脏。这种作战方式若是

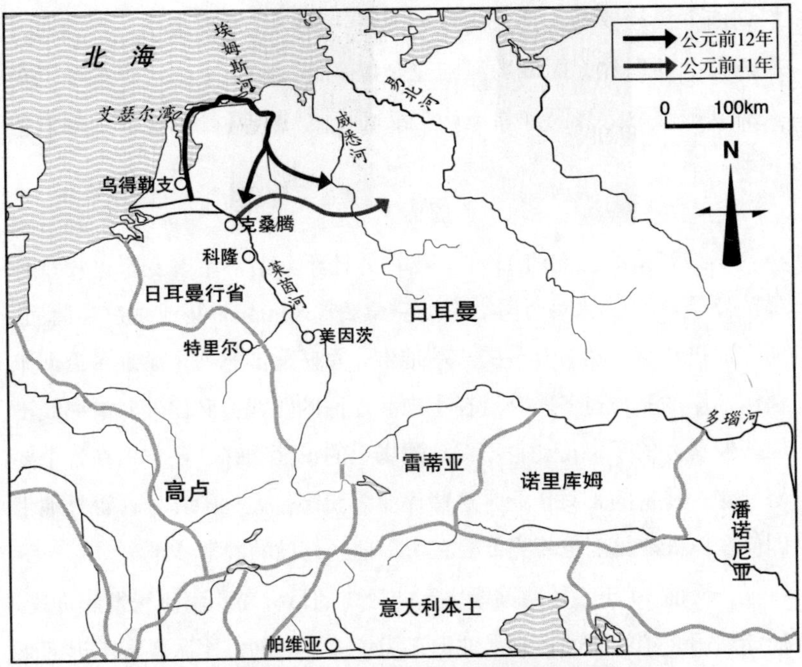

公元前 12 年和前 11 年杜路苏斯军团的行军路线

放在现在，就是用飞机把士兵运载到敌方上空的空降部队。如果在“空降”的同时，能派兵从西向莱茵河东进，一定能取得更大的战果，不过，多瑙河南岸的战争也在进行之中，想来是没有更多可以调遣的兵力了。

公元前 12 年杜路苏斯军队的进攻最终还是获得了压倒性的胜利。从埃姆斯河中游成功登陆的杜路苏斯军团，由此继续向东行进，沿途征服了一个又一个的日耳曼部落，直抵威悉河（Weser）流域。和地中海相比，北海在夏季也是波涛汹涌，因此，连日耳曼人也没有料到南方民族罗马人会采用这种战略。从现代地理来说，埃姆斯河靠近荷兰的国界，而威悉河则完全位于德国的中央。这也难怪罗马人听到捷报后，兴高采烈地认为继高卢之后日耳曼也将成为他们的领地。

第二年，即公元前11年，年轻的杜路苏斯将军改变了进攻日耳曼的路线。军队从莱茵河沿岸的克桑腾（Xanten）基地越过莱茵河，向东面进攻，抵达日耳曼的心脏地带。军队从威悉河中游地带返回莱茵河西岸的基地过冬时，选择了向北迂回的路线，和出发时的路线不同。罗马人的军事行动，不仅是战场上的正面交锋，还包括在各个要塞开路、造桥的工兵作业。这些作业需要穿过大片的森林，森林地带即使在白天能见度也相当低。在蛮荒地区打仗的确举步维艰。

公元前10年，杜路苏斯决定向最终的目标易北河流域发起进攻。他计划用2年的时间占领易北河，为了节省时间，军队冬天不返回莱茵河，原地留在日耳曼的中心。那一年，28岁的杜路苏斯首次当选为执政官，奥古斯都和罗马人民都对这位年轻的将军充满了期望。

当32岁的提比略和28岁的杜路苏斯从前线接连不断地向首都传送捷报时，53岁的奥古斯都也正准备将本土的行政组织规划做一个彻底的了结。

奥古斯都从来不会一次性提交议案，他总是先提出一部分内容，然后再做一些修正，反反复复，直至他心目中的计划完整成形。元老院和公民大会面对既成的事实除了赞成无计可施。他们之所以不提出反对意见，也是因为找不到漏洞。在改革与重建方面，奥古斯都绝对是一个天才。

行政改革

奥古斯都改革的基本方针，不是要求达到整体的提升，而是建立由中央政府直接管理的“核心”，余下的部分，用现代语言讲就是交给民间管理。

这个方针并非来自奥古斯都与生俱来的理念，而是因应形势所需。罗马公民以成年男子人数计算是500万人，相对于罗马帝国全境5 000万的人口，作为统治方只有掌握核心，才可能长久维持。

这个方针也不是奥古斯都的独创，罗马的建国之父罗穆路斯建立的国家政策中已经体现了这种思想，经过不断的延续，成了一种非常实用的罗马人的“哲学”。

奥古斯都之后100多年的希腊人普鲁塔克在他的《希腊罗马名人传》中明确地指出，罗马兴盛的根本原因就是“同化败者”。在“败者为奴”的古代，罗马人的这种同化具有何等的意义，对于经过了18世纪《人权宣言》洗礼的现代人而言，或许有些茫然。但是即便像雅典这样高度文明的地区也从未对“败者为奴”的观点产生过质疑，可见罗马人的生存方式有多么特别。罗马人将这种生存方式传播至帝国全境，使之由特殊变成了一种普世的价值。奥古斯都所做的就是将这种传统的罗马人的生活哲学制度化，并且将其运用到帝国的各个领域。

奥古斯都将北至阿尔卑斯山脉、南到墨西拿海峡的意大利半岛，即罗马帝国的本土规划成11个大区。这种划分不是拿着标尺单纯地按照地理位置来划分，而是根据居民所在的部落、传统、风俗等的不同，分门别类。大家不妨拿它和2 000年后今天的意大利各大区来做个比较。意大利语的“大区”（Regione）的词源来自拉丁语“Regio”。如今的意大利发展到18个大区（实际为20个。——译者注），这是2 000年来人口不断增加的缘故。奥古斯都规划的意大利本土的11个大区具体如下：

第一大区（拉丁姆坎帕尼亚，Latium Campania）——现在的拉齐奥（Lazio）、坎帕尼亚（Campania）两大区。

第二大区（阿普利亚，Apulia）——现在的普利亚（Puglia）大区。

第三大区（卢卡尼亚布鲁蒂姆，Lucania Bruttium）——现在的巴西利卡塔（Basilicata）、卡拉布里亚（Calabria）两大区。

第四大区（塞尼阿姆，Samnium）——现在的阿布鲁佐（Abruzzo）、莫利塞（Molise）两大区。

第五大区（皮切诺，Piceno）——现在的马尔凯（Marche）大区。

第六大区（翁布里亚，Umbria）——现在的翁布里亚（Umbria）大区。

第七大区（伊特鲁里亚，Etruria）——现在的托斯卡纳（Toscana）大区。

第八大区（艾米利亚，Emilia）——现在的艾米利亚－罗马涅（Emilia-Romagna）大区。

第九大区（利古利亚，Liguria）——现在的利古利亚（Liguria）大区。

第十大区（威尼斯，Venezia）——现在的威内托（Veneto）、弗留利－威尼斯朱利亚（Friuli-Venezia Giulia）、特伦蒂诺－上阿迪杰（Trentino-Alto Adige）三大区。（顺便提一下：弗留利－威尼斯朱利亚的“Giulia”来自尤里乌斯·恺撒的“Julius”。）

第十一大区（坦斯帕达纳，Transpadana）——现在的伦巴第

现今的 18 大区

奥古斯都划定的 11 大区

（Lom-bardia）、皮埃蒙特（Piemonte）、瓦莱达奥斯塔（Valle d'Aosta）三大区。

当初恺撒将卢比孔河以北的地区从行省纳入本土，形成了现在北意大利地区。北意大利的大区数量之所以增加，是因为 2 000 年后这里的实力远超过了卢比孔河以南的地区。

奥古斯都划分大区的目的，不仅是为了有效地发挥中央集权的职能，同时也希望建立起地方分权的制度。这是罗马人擅长平衡的一个很典型的例子，为了追求效率，集权和分权的制度可以同时存在。

虽然奥古斯都建立的国家体制，已经从代表共和体制的元老院以及公民大会，逐渐转向皇帝主导的“内阁”。然而，古罗马公民一向拥有投票权，即参与政治的权利。如果不能满足他们参政的愿望，不满情绪迟早会伺机爆发。为了消除隐患，奥古斯都建立了大区制度，大区内的事务交给在那里居住的公民，让他们自己负责管理。

奥古斯都不仅赋予了地方公民地方自治体（大区或市镇）的自治权，如前文所述，在首都罗马举行的国家政务官的选举，最终结果也包括各大区的表决。这样就可以满足公民参与政治的愿望。挖掘出来的庞贝遗址的壁墙上，留有不少当年的竞选海报，可见当时像庞贝那样中等规模的地方城市，选举气氛也十分热烈。分割成 11 个大区的意大利本土实际上就是各自拥有自治权的自治体的联合体，这个观点在学界已经是定论。如果做过大胆比较的话，古罗马帝国有别于历史上任何一个帝国，倒是比较接近于现代的美利坚合众国。

满足公民参政的愿望，怎么能忽视了首都罗马的公民呢？

奥古斯都将首都划分为 14 个居民区，居民区和大区一样，也叫“Regio”，这点比较有趣。顺便提一下，罗马军团叫“Legio”，在 R、L 不分的日语里，“区”和“军团”听上去是一样的。

尽管奥古斯都用同样的“Regio”来表示首都的居民区和意大利本土内的 11 个大区，作为后人，为了避免产生误会，我们不得不用“居民区”和“大区”来区分。至于奥古斯都为何要用同样一个词来表示，其中的理由我们可以想象。

这是因为“居民区”和“大区”一样，也是选区。古罗马人的选举方法基本上和美国的总统大选相似。先有一个预选，从各个选区（居民区或大区）中选出得票最多的候选人，然后各个候选人再进行

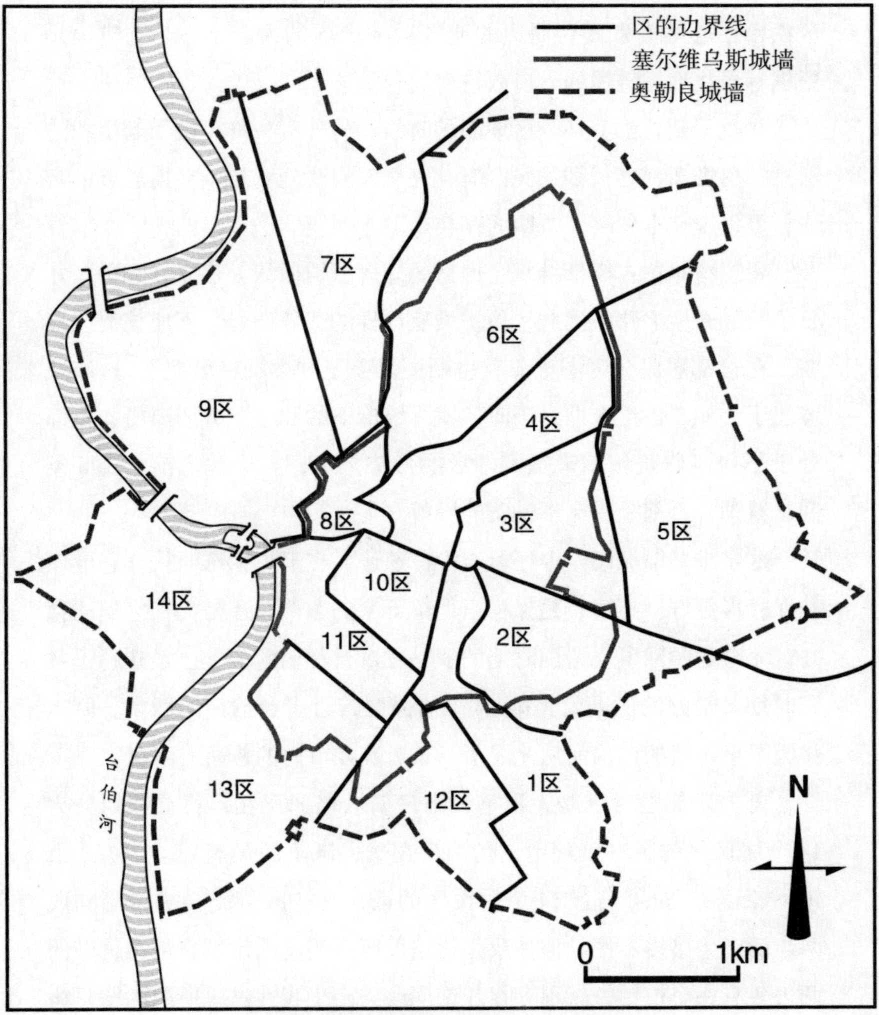

奥古斯都制定的首都罗马的 14 个居民区

最终的选举。在共和时期，首都罗马的选区总共只有4个，到了奥古斯都时代已经增加到了14个，这主要是因为随着人口的增加，居民区由市中心逐渐发展到周边的地区。14个区的大小不一，它应该是根据各居住地的选民的人口数量来划分的。

在我看到首都罗马分区地图的时候，另外有一件事情引起了我的注意。奥古斯都在规划居民区时，完全没有受到塞尔维乌斯城墙的影响，可以说完全忽略了城墙的存在。

我想这是奥古斯都继承了恺撒的理念。恺撒认为建立“和平”才是罗马的新生之路，因此，像护城墙这样的战争产物，不应该继续存在。在首都居民分区图上，我也顺便标上了“奥勒良城墙”。这座城墙建于公元3世纪末期，当时“罗马统治下的和平”分崩离析，首都处于不得不修筑城墙来抵御外敌的形势之下，在至此之前的300年间，罗马一直都是一座不设防的城市。

塞尔维乌斯城墙至今还留有少许遗迹，在奥古斯都时代，它应该被保存得更好。不过，是保存祖上留下来的东西，还是无视它们的存在，完全是两回事。帝国时期的罗马在对首都的定义上已经超越了共和时期。最好的例证就是第14个居民区跨过了台伯河的西岸。原本作为军事防线的台伯河从此成了一条流淌在市内的普通的河流。

奥古斯都之所以能无视塞尔维乌斯城墙的存在，将首都划分为14个居民区的另一个理由，是因为在居民区下面又规划了265个市镇（vicus）。如果只有14个居民区的话，有些区可能会被城墙隔成两半而产生诸多不便。但如果是比居民区规模小的市镇，那么，墙的两边各有一个市镇，就不存在什么问题。由于我在这里所附的图是略图，所以居民区的分界线简单地呈直线状，实际上应该是错落有致、弯弯曲曲的。

根据规定，各大区、市镇的区长、市长由选举产生。奥古斯都延续了恺撒的人才录用路线，这些地方的公务员有不少是解放奴隶。这意味着元老院元老，甚至是皇帝本人居住的地区的政务官可能是奴隶出身。奥古斯都之所以允许这些人担任公职，不单纯仅是因为“英雄不问出身”。区长、市长完全属于行政职务，他们的工作包括区内道路的整备、清扫，以及街角的祭坛、寺庙的管理等。市镇的规模一般在300人左右，作为当地长官，其重要的工作之一就是正确统计出辖区内的失业者人数，即有资格接受免费小麦配给的贫民的数量。因此，这些地方首长还同时兼任了“社会福利局局长”的职责。

奥古斯都本人几乎没有亲赴战场带兵打仗的经验，因为他自己没有资格称呼士兵“战友们”，也禁止阿格里帕、提比略、杜路苏斯用这个称呼，而统一称为“战士们”。然而，站在统治者的角度，要激励人们勤奋地工作，最好的办法是让他们负有强烈的责任感和自豪感。就像其他地方的人民一样，奥古斯都的政策激发了首都人民积极参政、自主管理的欲望，准确地说，他们的反应比其他地方的人更强烈。向饥民发放粮食是国家的职责，但是到底哪些人最需要粮食，则由人民自己来判断。

地方呈报上来的饥民的人数超过了20万。尽管这个数字超过了“父亲”恺撒制定的15万人的上限，奥古斯都还是接受了申请。不过，他规定每年对接受社会福利的公民进行一次人口审查，根据审查结果调整标准。然而，有一些问题不是能够由人民自主决定的，或者说交给国家处理会比较妥当。

正如前文所述，为了确保首都人民的粮食供应，奥古斯都设立了一个“粮食局局长”的职位，指派专人负责管理。和粮食管理同样，对于水资源的管理，也相应设立了一个“水道局局长”的位子。除了以上两个职位之外，第二代皇帝提比略针对台伯河泛滥的问题，又增设了一个“台伯河治水长官”的职位。另外还有一个负责首都公共建筑维修的“公共建筑·神殿修复官”。担任这些官职的人选必须是有执政官或法务官经历的元老院元老，由此可见，他们都很重要而且是“光荣的公职人员”。

与其说“条条大路通罗马”，不如说“条条大路出罗马”。奥古斯都设立了一个“道路事务官”，专门负责道路的维修、保养。这个职位之前就存在，奥古斯都只是将它常规化了。我认为判断一个民族实力的基本标准，在于这个民族对维护公共财产重要性的认识程度，以及是否有付诸实现的能力。奥古斯都设立专门机构，也向后世的罗马人传达了保护公共财产的重要性。

保护人民的安全是国家的重要职责之一。这里说的安全保护不是指抵御外敌的侵略，而是指维持国家内部的安定，因此，建立警察制度就成了一个必需的课题。

作为“世界之都”（拉丁语“Caput Mundi”），罗马已经发展成为人口超过百万的城市。如果不集中管理治安问题，就会变得人人自危，其结果就是只有富裕阶层才能为自己买到安全，而且这种由个人出资的私警方式，容易产生以暴制暴的社会风气，给社会安定带来不利的影响。为了罗马帝国的“和平”（Pax），奥古斯都建立了常备军，现在他又考虑建立一支警察队伍来保卫首都人民的“Pax”。

罗马共和时期也没有忽视公共安全保护的问题，它属于执政官的重要职责之一。两位执政官都必须在离开罗马的情况下，才能指定

"代理人"来负责这项工作。在这方面，恺撒从来没有懈怠过，而奥古斯都多半是指定梅塞纳斯作为他的代理。但这毕竟是一个临时的职位，没有长久性。奥古斯都把很多临时的职位长期化，警察也是其中的一项。

警察总监（Prefectus Urbi，亦译首都长官）一职由元老院中曾经担任过执政官的元老担任，可见其重要性。

总监下面设有三个警察大队，每个大队约有 1 000 人警力，因此共有 3 000 名的警察负责维护首都罗马的治安。

在建立警察队伍的同时，奥古斯都还建立消防局。消防局设有 7 个大队，每个大队也是由 1 000 人组成，每一个大队负责首都两个居民区的消防工作。消防员中有很多是解放奴隶，队长大多是曾经担任过罗马军团百夫长的退役军人，消防局局长一般由元老院元老担任。这也证明了为政者对消防安全的重视。因为及时地建立了消防安全体系，所以罗马这个百万人口的都市鲜有火灾发生。

以上这些官职都不是选举产生，而是经皇帝主导的"内阁"推举，由元老院审核决定，即任命制。任期大多在 1 年以上，属于常务官职。任职期间有薪酬可领，相当于官僚。罗马帝国时期的政治职务（政治家）和行政职务（官僚）的不同之处，是前者属于无薪的领导阶层（有可使用的经费），而后者则是有薪的事务性官职。

杜路苏斯之死

公元前 9 年新年刚过，开工四年的和平祭坛终于竣工了。南国晴天之下，1 月的寒气并没有让人感到凛冽肃杀，反而神清气爽。在这晴朗的日子里，奥古斯都带着他的家人以及元老院的全体元老参加了祭坛的竣工典礼。人员排列的顺序如实地雕刻在祭坛两侧的墙上。参加献祭仪式的人们从罗马广场出发沿着弗拉米尼亚大道向北行进，来到和平祭坛，举行了宰杀献祭动物的仪式。民众通过没有墙壁的列柱回廊，可以看到烧烤献祭动物的烟火从祭坛飘上天空，同时也能亲眼看到站在祭坛边的那些达官显贵。聚集在祭坛附近的民众不光是来看热闹的，“Pax Romana”——“罗马统治下的和平”是全罗马人的心愿。他们和统治者们一起虔诚地为“罗马统治下的和平”祈祷。

和平祭坛南侧的墙面上雕刻的皇帝家族群像中有两位没有能够出席竣工典礼，一位是 3 年前去世的阿格里帕。对于奥古斯都的忠臣、一生奉献给公共事业的阿格里帕来说，祭坛是他的墓碑。另一位是因远征日耳曼而缺席的杜路苏斯。负责多瑙河南岸战事的提比略利用冬季休战期，回到罗马参加了典礼，而杜路苏斯因为准备开春后立即攻打易北河地区，所以就在日耳曼的中心部位安营扎寨，准备越冬。或许是雕刻家事先考虑到了战事，所以雕像上的提比略穿着平日的托加长袍，而杜路苏斯的形象则被刻画成戎装之姿。

可是，竣工不到一年的和平祭坛又成了皇帝家族群像中那位缺席典礼的年轻人的墓碑。这是即将迎来 54 岁的奥古斯都无论如何都没有想到的。日耳曼战争捷报频传，而指挥战争的将军杜路苏斯年仅 29 岁。

古罗马人的生死观既不迷信也不哲学，甚至觉得“生死观”这样的词都是夸大之词。他们非常豁达，对死毫无忌讳，谈论到“人”甚至会用“必死者”来形容。古罗马人不会专门建陵园，把所有亡者集中在一起，与世隔绝。虽然有些人会将庭院的一角作为死者的墓地，不过他们更喜欢把墓地建在路边，即使拥有大花园的富裕人家也是如此。无论是阿庇亚大道还是弗拉米尼亚大道，只要一出城，就可以看到道路两旁林林总总的坟墓，它们的造型不同，墓地主人来自的阶级也不同。道路是人来人往最频繁的地方，古罗马人希望在死后也能尽量地接近活人的世界。

尤其是喧闹的市区，走在路上就如同穿梭于坟墓之间。坟墓的造型千奇百怪，像设计比赛，刻在墓碑上的碑文也是五花八门，对旅行者而言，这里是一个很好的休息场所。碑文中有不少有趣的内容，充分展现了古罗马人健康的生死观。我这里抄录几段供大家一乐：

“喂，那个过路人，你不坐下来歇歇脚？摇头。什么，不想歇？别忘了你早晚得来这儿歇着。”

“幸运女神对所有人都做了承诺，可是她从来没遵守过诺言。因此，在那个没有永远的世界，好好地过每一天、每一小时。”

“敬告读碑文者：健康、爱人，在你进来之前的每一天。”

奥古斯都也是罗马人，虽然天生体质虚弱但也没有特别在意自己的身体，一切都顺其自然。他非常清楚，雕刻在和平祭坛上包括自己在内的家族成员，总有一天都会成为墓碑的主人。因此，他并没有把去世的阿格里帕排除在外，仍然当他还健在，将其放进了家族群像中。然而，功成名就的 51 岁的死，和一切才刚刚开始的 29 岁的死毕竟不一样，杜路苏斯的噩耗比上一次阿格里帕的死讯，让奥古斯都更为震惊。

公元前 9 年从春到夏再转秋，一年中大半的时间，罗马接连不断

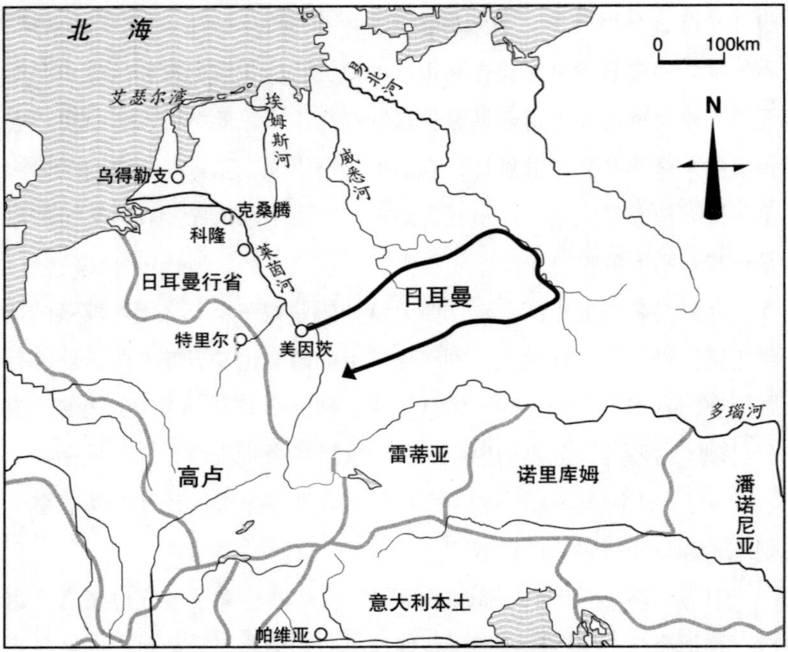

公元前 10—前 9 年杜路苏斯军团行军路线

地收到从前线传来的捷报。特别是在夏天，奥古斯都收到了自己殷切期盼的“罗马军到达易北河”的好消息。这个消息令人感到日耳曼人已被罗马军队消灭得片甲不留，军事防线成功地转移到了易北河—多瑙河流域。奥古斯都不仅为战绩而高兴，同时也放下了心中的一块大石头。

奥古斯都曾做过一些违反“父亲”恺撒遗愿的事情。比如，为解决台伯河洪水泛滥，在梵蒂冈的后面打通了运河；排干阿庇亚大道边上泥沼地带的积水将其改为耕地；等等。但这些事情和改变莱茵河军事防线相比，都只能算小巫见大巫。对于不善战的奥古斯都而言，征服日耳曼民族等于是对战争强人恺撒的一种背叛。因此，他对日耳曼的战况，比任何一场战役都要放心不下，就算手握国家最高权力，但是罗马的统治阶层里，有很多人了解生前的恺撒，这些人无时无刻不在拿他同其“父亲”做比较。

年轻的杜路苏斯在军事方面的才华，果真令人刮目相看。

他在四年中发起了三次进攻，每一次都采用了不同的战术，而且每次都从不同的地点展开攻势。他最后一次远征，选择了从莱茵河沿岸的摩功提亚库姆（Mogontiacum，现在的德国美因茨，Mainz）出发，其目的在于避开日耳曼人正面的进攻，声东击西，打乱敌方的部署。日耳曼人被杜路苏斯搞得晕头转向，根本不知道该在哪儿设置据点阻击。

到达易北河的杜路苏斯的军队，原本预定从别的路径返回美因茨。来去选择不同的路线是因为罗马军队不单纯只是行军、打仗，还要在沿途的战略要地架桥、筑路，建立军事要塞。因此，罗马军经过的地区，“社会基础”（公共建设）就会得到改善。虽然只是一个初步的规模，但已经为今后的发展打好了基础。正因为边走边建的这种行军方式，杜路苏斯的军队从易北河回到莱茵河附近时，北国的日耳曼已经进入冬季。

不幸发生在雪中行军途中。率领着军团凯旋的杜路苏斯不知何故，突然落马，而且受了重伤。据说，如果当时随军的医生在判断了伤情之后立即采取大胆的治疗措施，切断因骨折而恶化的腿，至少可以保住他的性命。但不知是杜路苏斯拒绝了截肢手术，还是医生没有这个勇气，杜路苏斯的病情日益恶化。根据他的命令，首先通知了在多瑙河战场的哥哥提比略。

所幸，当时的提比略那边已休战，进入了冬营地。兄弟俩一向手足情深，闻讯后，哥哥只带了一队骑兵，在冰天雪地里翻越了重重山岭，到达了弟弟的营地。从来没有背对过敌人的年轻英勇的将军，在大他 4 岁的哥哥怀里闭上了眼睛。

敬仰杜路苏斯的将士们希望能像其他阵亡的战友一样，将总司令安葬在日耳曼人的大地上。因为他们相信这里成为罗马的领地指日可待。但是提比略决心将弟弟的遗体带回罗马。提比略也是位出色的将军，而且他所有的经验都是来自战场，因此，并不像奥古斯都和其他的将士们那样乐观，他对于日耳曼的罗马化，多少有些心存疑虑。

尽管出发点不同，奥古斯都也同意了将杜路苏斯的遗体运回罗马。官兵们轮流扛着棺木向南行进，提比略一路徒步始终陪伴在弟弟的左右。同时，皇帝亲自前往北意大利的帕维亚（Pavia）迎接。运载棺木的马车在前，奥古斯都的坐骑在后，一行人从帕维亚前往罗马。

提比略并没有随弟弟的棺木一起去罗马，他从帕维亚返回了莱茵河沿岸。这到底是因为奥古斯都的命令还是他本人的意愿，不得而知。杜路苏斯的死讯一定已经传到了日耳曼人那里。虽然冬天无法开战，入春后他们势必会发起攻击。目前还算平静的多瑙河战场暂且搁置一边，莱茵河防线的坚守万不可掉以轻心。

和平祭坛在建成的那一刻，就成了两位有功之臣的纪念碑。

提比略的引退

对妻子利维娅的两个儿子，奥古斯都比较偏爱弟弟杜路苏斯——

这是古罗马时代的史学家们津津乐道的一个话题。英年早逝的人容易博得更多的同情和好感，这属于人之常情。不过，这种传言对于几经波折继承了奥古斯都、成了罗马第二代皇帝的提比略来说，并不是一件愉快的事情。即使这是不了解内情的外人的猜测，其中多少包含了一些事实，何况，从奥古斯都的表现来看，这个传言的真实度的确不低。

恺撒是一个开朗的人，无论是苦还是乐，他总是笑声不绝，他的乐观也感染了周围的人。相反，奥古斯都不是一个容易敞开心怀的人，他身上散发着一股肃然之气，让人却步，只能远远地注视着他。恺撒让人感动，奥古斯都则令人折服。

当然，我们也不能就此判断奥古斯都是一个封闭的人。我想，拥有阿格里帕、梅塞纳斯这两位可以畅所欲言的挚友，是他这一生中最大的幸福。奥古斯都内向，是因为他的政治理想，而非厌恶与人交往。

话说回来，不轻易流露感情终究是来自天生的性格，而人通常又喜欢与自己性格相反的人交往，因此，内敛的奥古斯都喜欢性格开朗的杜路苏斯也是情理之中的事情。这不是理性能控制的，是人本能的反应。一般来说，小儿子性格都比较开朗，杜路苏斯的确非常让人喜爱。

然而，奥古斯都是一个不会让私情左右公事的人。如果杜路苏斯是一个无能之辈，奥古斯都既不会疼爱更不会予以重用。所幸，杜路苏斯非常有才华，他不仅在战场上有勇有谋，奥古斯都重整高卢之后，把它交给杜路苏斯治理，杜路苏斯出色地完成了任务。因此，对于杜路苏斯的英年早逝，不仅是奥古斯都和罗马人民，就是处于被统治一方的高卢人民也从心底感到深深的惋惜。

说到才能，提比略也很有才能。但是，对奥古斯都而言，杜路苏斯不仅是他政治、军事两方面的得力助手，在另一个对皇帝来说事关紧要的问题上，也是积极的协助者。杜路苏斯在血统延续上的贡献不逊于他在政治军事方面的成绩。29 岁去世的杜路苏斯生前和奥古斯都的外甥女之间生有两男一女，最大的男孩当时 6 岁。顺便说一下，当时才 1 岁的小儿子克劳狄乌斯，50 年之后成了罗马的皇帝。

提比略在传宗接代上对奥古斯都丝毫没有帮助。奥古斯都令他和阿格里帕的女儿离婚，与自己的独生女儿尤利娅再婚，就是希望可以有更多继承他血脉的孩子。在那个儿童死亡率极高的年代，仅仅有阿格里帕和尤利娅生下的三男两女，并不能让他感到安心。讲到这里，我不禁又要感叹：阿格里帕在这种事情上也为奥古斯都做出了十二分的贡献。

被迫和爱妻离婚、和皇帝之女再婚的提比略，一开始似乎也曾努力地去经营这段婚姻，后来不知何故，夫妻的感情彻底破裂。据史料记载，尤利娅的行为不检，我想，重视品行的提比略终究无法忍受妻子放荡的行径。夫妻没有感情，大可假装恩爱维持下去，可惜提比略是一个连表面功夫都不肯做的男人。两人之间曾经生下一子，但孩子一出生就夭折了。好像就是从那个时候开始夫妻分房而眠。这件事情从家奴的口中传出来，大家都纷纷议论，说是因为提比略长年在前线打仗，导致了夫妻感情不和。

特地将女儿嫁给提比略的奥古斯都，对提比略的这种不合作的消极态度深感不满。

奥古斯都在政治心理学上可称是天才，但在个人的感情问题上完全没有智慧。按照古代的审美标准，他绝对是一个胜过恺撒的美男子。但是说到异性缘，我认为他肯定不如恺撒讨女人欢喜。千万别小看了女人的感性，女人不是那么简单就会被男人的权力和容貌骗过的。

奥古斯都一面承认提比略的才华，一面对他又心存芥蒂。两人之间产生隔阂的原因还有一个，不过这完全是奥古斯都方面的问题。

虽然奥古斯都是恺撒外甥女的儿子，但是他出身于地方乡绅家庭，在罗马社会中地位处于元老院阶级之下的骑士阶级。当年他17岁时被恺撒指定为继承人，并且授予了他尤里乌斯·恺撒的姓氏。恺撒非常清楚，尽管奥古斯都拥有领导人的资质，但他的出身会对他不利，因此，才会留下遗言，将罗马名门贵族尤里乌斯一族当家人的名字送给了奥古斯都。

如果奥古斯都也能像恺撒那样不论血统只凭实力的话，就不会那么纠结。而他既论实力又重视血统，因此才会在挑选继承人这件事上万分苦恼。如果说有谁能看透奥古斯都的这种矛盾心理，那就是提比略。

提比略出身于克劳狄乌斯一族，在家族历史的悠久性上，可能稍逊于尤里乌斯家族，但论对国家的贡献，远远超过了尤里乌斯家族。史上最初的一条罗马大道，即阿庇亚大道，就是在公元前4世纪由提比略的先祖阿庇乌斯兴建。后来提比略的言谈举止证明，他对于来自高贵的克劳狄乌斯家族有着强烈的意识。

尽管杜路苏斯也是克劳狄乌斯的后人，但次子对于家门的荣光通常不如长子那么在意，因此，奥古斯都更能够接受杜路苏斯。

苦恼的不只是奥古斯都，提比略也有他自己的困惑。随着年龄的增长，他越来越多地认同继父的政治观。如果奥古斯都不纠结在他那一介地方乡绅的血统上，尊重实力毫不偏颇，自幼在奥古斯都身边长大的提比略，会由衷地敬爱这位继父。然而这位拥有非凡统治能力的继父，为了延续他那条并不高贵、罗马人称之为“新贵”的血缘，费尽心思，而提比略本人就是其中的牺牲者之一。提比略和尤利娅的关系恶化，在奥古斯都看来，是提比略公开向他表示不满，两人之间的关系就是从那时起日渐疏远。奥古斯都从未想过杜路苏斯的去世给提比略带来的打击，他是一个不懂得去关怀、体谅他人心境的人。而在这类事情上，最能够向奥古斯都进善言的梅塞纳斯，也在公元前 8 年离他而去。

从公元前 12 年到前 8 年的 4 年间，阿格里帕、杜路苏斯、梅塞纳斯相继离去，对于 54 岁的奥古斯都而言，可以信赖的只剩下提比略一个人了。阿格里帕和尤利娅的孩子，奥古斯都的外孙盖乌斯和鲁基乌斯，分别才 12 岁和 9 岁。能够率军打仗保卫帝国安全的，身边的一群人里似乎只有提比略。

其实这是缺乏前线战斗经验的奥古斯都的一个错觉。不论是元老院元老之子，还是来自骑士阶级，或者像阿格里帕那样的平民，优秀的年轻人比比皆是。只要给他们多提供一些机会，通过锻炼，这些人都能成为有用之才。可惜，不带兵打仗的奥古斯都不理解什么是机会。奥古斯都把建立帝国北方防线，这个帝国全境最困难的重任，放在了提比略一个人的身上。

提比略不负众望，不仅征服了多瑙河以南一带，而且战后对这个地区进行了罗马化。而日耳曼人的反击也没有预想中的因杜路苏斯的突然病逝而变得猛烈，在首都的奥古斯都判断，防线北移易北河的战略获得了成功。

然而，这只是一个战争初期暂时的成功，征服未开化民族绝不是一件唾手可得的事情，哪怕是恺撒这样的军事天才，平定高卢也花了8年的时间。仅仅4年的时间，不论是哪一位司令官，都不可能获得完全的胜利。而且，和择地而居的高卢人不同，日耳曼人居无定所。杜路苏斯军团在日耳曼中部铺设的道路，不像在莱茵河以西那样，铲平后在路面上铺上石头，整修得十分完备。在莱茵河与易北河之间大片的荒野中，开出的不过是一条可以行走的小道而已。如果不继续修缮，不用多久，这里又会变回一片荒野。战争也同样如此，如果战事中途停止，形势不会是维持现状，而是又回到战前的状态。这些问题都是缺乏战争经验的奥古斯都无法理解的。

对战争看法的迥异加剧了奥古斯都和提比略之间的矛盾。奥古斯都认为已经完全占领了日耳曼，而提比略则认为并非如此。公元前7年，奥古斯都推举利用冬季休战期返回罗马的提比略出任执政官，提比略如期当选。然而，提比略并没有留在罗马履行执政官的职责，开春之后他又重返日耳曼战场。继执政官之后的第二年，即公元前6年，奥古斯都再次向元老院提出申请，授予提比略5年期限的“护民官特权”，元老院对此也予以批准。

“护民官特权”同时具有政策立案权和否决权两大特权。它的所有者除了奥古斯都本人，就只有和尤利娅结婚之后、成为奥古斯都女婿的阿格里帕一人。对自己的健康不乐观的奥古斯都，考虑到自己死的时候，如果两个外孙盖乌斯和鲁基乌斯还未达到继位的法定年龄（罗马的法定年龄是30岁），可以让阿格里帕先做一个临时递补。公元前6年时，奥古斯都57岁、长（外）孙盖乌斯·恺撒14岁、次

（外）孙鲁基乌斯・恺撒 11 岁，而提比略 36 岁。

尽管“护民官特权”是一个原本除了奥古斯都无人可以共享的极其光荣的权力，然而作为共享人，阿格里帕和提比略的态度却不同。

如果不是遇到恺撒，而是在一个平庸的指挥官手下打仗，阿格里帕一生的成就充其量也就是做一名百夫长。尽管百人队是罗马军团的精英部队，但队长的军阶只是一名下士官。阿格里帕对自己能得到恺撒的提拔、成为奥古斯都左膀右臂的人生深感幸运，心怀感激。不管是首都罗马的都市建设，还是和尤利娅结婚担任种马般的角色，对阿格里帕而言，这些都是为了支持奥古斯都。哪怕是一个临时皇帝，反正接下来继位的也是自己的儿子，因此，他对获得“护民官特权”除了喜悦别无他想。

然而提比略就不一样了，他并没有像阿格里帕那样从 17 岁开始就和奥古斯都同甘共苦的经历，况且他有着来自名门贵族的骄傲。要他做一个递补，而且还是为了没有感情的妻子尤利娅的儿子，他的苦涩心情可想而知。虽然奥古斯都给予了提比略“护民官特权”，但并没有收他为养子。养子意味着继任人，奥古斯都指定的养子是他 14 岁和 11 岁的外孙。提比略的地位显然就是一个过渡时期的统治者而已。

奥古斯都认为，提比略应该为得到与阿格里帕同样的殊荣而感动高兴，然而提比略并没有过多的表示，他只是默默地接受了这项权力。

奥古斯都和提比略之间有关日耳曼战争的分歧依然没有消失。奥古斯都认为，不需要对日耳曼再做什么决定性的攻击，因此没有为提比略提供更多的兵力。正好那个时候，东方的亚美尼亚王国的局势再次发生动荡，奥古斯都便下令提比略转往东方。奥古斯都的这个命令让失去了弟弟、深感孤独无助的提比略做了一个有生以来最大的决定。

36 岁的提比略拒绝了 57 岁的奥古斯都的命令，并且请求解除他所有的公职。

提比略出人意料的反抗让奥古斯都勃然大怒，他宣布不准提比略放弃公职。然而，提比略这次没有妥协，即使母亲的苦苦相劝，也没有动摇他的决心。提比略像逃跑似的离开了罗马，躲到罗得岛上，自动引退。当然，他是一个人去罗得岛的，和妻子尤利娅实质上等于离婚。

那些喜欢讲小道消息的史学家认为，进入壮年期的提比略突然引退，有以下几个理由：

一、嫉妒奥古斯都偏爱两个外孙。

二、和尤利娅不和。

对此，我有些怀疑。像提比略这样 36 岁的成年人，难道真会去嫉妒 14 岁和 11 岁的孩子？他和尤利娅不和，不是才发生的事情，早在 6 年之前就已经开始，不至于那么久之后才爆发，成了他引退的决定性原因。当然这属于私人的感情问题，我们无法做出准确的评判。提比略对此也从来没有发表过任何言论。

奥古斯都和提比略共同的卓越之处，就是他们都是“直面真正现实”的现实主义者。两人之间的纠葛不应该是儿女情长这类的事情。正因为两人都有着非凡的才华，才会产生观点上的分歧。如果阿格里帕、梅塞纳斯以及杜路苏斯都还健在的话，五位罗马政界的实力派，可以坐在一起好商好量地解决问题。不幸的是，当时只剩下了奥古斯都和提比略两个人。

提比略在罗得岛上过着读书、学习的悠闲生活。利维娅对变成了一介平民的儿子忧心忡忡，恳求奥古斯都给他一个“特使”（拉丁文 legatu）的资格。想来利维娅是千辛万苦才为儿子争取到这份权力。因为奥古斯都打心底里不能原谅提比略，在责任感极强的他看来，提比略的引退行为等于是临阵脱逃。事实上提比略的确是做了逃兵。57岁的奥古斯都不得不一个人去治理庞大的罗马帝国。

第三章　奥古斯都统治后期

（公元前5—公元14年，58—77岁）

祖父奥古斯都

公元前5年，58岁的奥古斯都似乎真的有些着急了。这一年，他的长（外）孙盖乌斯·恺撒15岁，已经到了举行成年礼的年龄。

没了“中继接班人”（提比略）的奥古斯都，明目张胆地向元老院提出申请，要求给予盖乌斯“预备执政官”的职位，确保他在5年后就任执政官一职。

对元老院而言，“预备执政官”这种头衔前所未闻，共和时期从未出现过类似的官职。即使是独断专行、最终就任终身独裁官的恺撒，也没有给予他的继承人、当时17岁的奥古斯都一官半职，更不会把一个17岁的少年安插进30岁以上才有资格加入的元老院。相比之下，奥古斯都为了15岁的外孙盖乌斯，不仅新设了预备执政官的职位、提供元老院元老的席位，甚至还任命他为辅佐大祭司的祭司。

此时此刻，奥古斯都世袭制的意图已是“司马昭之心”。

在公元前后交替的这个时期，帝制并不等于世袭。由于元老院的大多数人只想看到自己想要看到的那一部分现实，所以他们始终愿意相信公元前27年奥古斯都恢复共和制的宣言。但是，他们之中还是有少部分人看清了真正的现实。他们清楚地认识到，奥古斯都嘴巴上讲共和，但他的大脑和手实际上都在为走向帝制而运作。但是，这些人也不得不承认，作为恺撒接班人的奥古斯都的确是一个有能力之士，他是凭借着自己的实力将罗马带入了帝制。他们万万没有想到奥古斯都可以完全不论能力，推行世袭制。何况，15 岁的盖乌斯资质平平，说白了就是一位平庸的少年。

无视于元老院的惊愕，奥古斯都的心思全放在了和自己有血缘关系的外孙盖乌斯和鲁基乌斯的身上，除了这两个外孙没考虑过让其他人继位。特别是在他心目中的中继接班人提比略开溜之后，更有必要尽早地确立这两人的地位。奥古斯都为鲁基乌斯也做了安排，他在年满 15 岁之后，也将和兄长一样，拥有预备执政官、元老院元老以及祭司的职位。除了赋予两位少年具有实权的公职之外，还有必要提高他们在一般大众中的认知度。奥古斯都考虑建立一个“少年团”（Juventus），让两个外孙分别担任“团长”与“副团长”。不过，即使出于私心，奥古斯都也会以公共利益的形式将事情制度化。

提到“少年团”首先会令人联想到意大利的足球队尤文图斯（Juventus）队。“尤文图斯”的名字的确来源于古罗马拉丁语中的“Juventus”（“青春、少年”之意。——译者注）。不过，奥古斯都建立的“Juventus”，不是足球队，而是一个由 9 岁到 17 岁的少年组成、以强壮身体以及学习团队精神为目的的组织团体。

少年团也并非奥古斯都首创，类似的团体在苏格拉底时代的雅典以及罗马共和时期就已经存在。奥古斯都用他一贯的手法，扩大了该组织的规模，并且使之常规化。

少年团按年龄分为 9 岁至 13 岁和 14 岁至 17 岁两个组。包括首都罗马在内，本土的各个地方自治体都设立了这个组织。少年团的团员必须是罗马公民，拥有公民权的解放奴隶的孩子也有机会加入。

每个少年团都有一到两名教官和一名财务监察官，负责指导和管理。少年团分成若干个小组，每个小组的组长从小组成员中选出。

古罗马时代的孩子无论是请家庭教师还是去私塾，都是在上午读书，午餐之后便去所属的少年团的体育馆或竞技场锻炼身体以及学习、培养团队精神。

有意思的是，这些少年团不是官方组织，而是由私人赞助的，奥古斯都本人就是首都罗马某一少年团的赞助人。赞助人需要提供所有的体育设备，这是一笔不小的开支，然而，奥古斯都始终坚持少年团的私有化制度。赞助少年团，用古罗马人的说法，是对公共事业的一种荣誉的奉献，换成现代语言，就是回馈于社会。少年团的名称大多冠以所在地的名称，但也有一部分用的是赞助人的名字。

少年团每年举行一次全国规模的体育节，各地的少年团都会来参加比赛，还带着各自的啦啦队，场面非常热闹。偶尔也会有失控的时候，出现双方的啦啦队、竞技对手打成一团的混乱场面。这一点倒是很像现代的足球比赛的情景。

奥古斯都建立的少年团，和他创立的其他很多制度一样，延续了整个帝国时期，拥有长久的生命力。最初建立在罗马本土的少年团，很快就扩展至罗马公民居住的殖民都市，最终在行省也得到了广泛的普及，加入少年团的资格限制也顺势取消。

墨索里尼的法西斯政权曾经模仿古罗马建立了青年团，之后，很多事情都拜墨索里尼为师的希特勒也建立了类似的组织。不仅是右派，就是左派的某些国家也存在着同样的组织。不管是左还是右，现代人不懂得去学习古罗马人“同化败者”的精髓，只晓得学一些敬礼、迈步等形式化的东西。试想一下，如果当初希特勒能够吸收犹太裔的德国青年加入组织，日后就不会有纳粹抬头的机会。

奥古斯都为提高两个外孙的知名度而设立的少年团，自创办以来已经过去了两年。盖乌斯 17 岁，鲁基乌斯 14 岁。两人分别担任着少年团的“团长”与“副团长”，虽然没有做出什么可以令人刮目相看的成绩，也没有什么重大的过失。倒是少年团在帝国境内的不断普及，再次显示了奥古斯都卓越的组织能力。

更庆幸的是，自从提比略躲到罗得岛之后，日耳曼人也偃旗息鼓，没有挑起新的战事，多瑙河防线也处于平稳的状态。和这两处相比，麻烦甚少的各个行省通过奥古斯都在多项制度上的改革、整顿，自然而然地趋向罗马化，没有任何叛乱行动发生。

然而，为帝国全境带来和平形势的奥古斯都的各项制度，并非一开始就完美无缺，其实奥古斯都没有一刻放松对它们的监督。治理国家和修建公路类似，必须具有对其长期维护的认知能力和不厌其烦、随时修正的行动能力，以及将之变成现实的经济能力。这三种能力缺少了一项，国家机器就无法正常运转。

奥古斯都这个时候已经 60 岁，挚友阿格里帕和梅塞纳斯早已不在人世，继子之一的杜路苏斯英年早逝，而另一个继子提比略又躲在罗得岛上专心向学，不问世事。在这期间，奥古斯都始终一个人肩负着所有的国家重任，让人不得不对他的强烈的使命感和坚强的意志深表敬意。他是一位绝不言弃的人。

像这样一位伟大的人物应该可以拥有一个安泰的晚年，可惜，命运女神喜欢作弄人，60 岁的奥古斯都又添了新的烦恼，而且给他带来烦恼的还是他的亲人。不过要追根究底，这是奥古斯都的自作自受。

女儿的丑闻

对于女儿来说，即便是父女关系，父亲也是他人。如果不去干涉他人的私生活，就不会平添无端的烦恼。恺撒虽然把女儿尤利娅的婚姻当作一张政治牌，但并没有逼着她去生儿育女，为自己延续血脉。然而，同为尤里乌斯一族，名字也叫尤利娅的奥古斯都的女儿命运却迥然不同，为了延续她父亲的血脉，一生都像商品似的被转手交易。

尤利娅出生于公元前 39 年，是当时还是屋大维的奥古斯都和他第一任妻子斯克里波尼娅的孩子。斯克里波尼娅是庞培的儿子的表妹，屋大维这场婚姻的目的是为了改善与庞培的关系。

这场政治婚姻在尤利娅出生之前已经破裂，由于对方先毁约，屋大维正好顺水推舟地解除了这场没有爱情的婚姻。奥古斯都的第二次婚姻非常幸福，以至于几乎忘记了幼小的女儿的存在，尤利娅的童年是跟着母亲一起过的。奥古斯都相信他和妻子利维娅之间一定会有孩子诞生，因为夫妻各自都曾有过生育孩子的经历。奥古斯都想起女儿尤利娅，是在他知道妻子利维娅不能再生育的时候。

尤利娅 14 岁时，奥古斯都将她嫁给了自己的姐姐屋大维娅和安东尼生的儿子马萨鲁斯。他促成这场婚姻，与其说是希望外甥马萨鲁斯做继承人，不如说是期待尤利娅产下有他的血统的孩子。或许是因为夫妻双方年纪都太小，小孩过家家般的婚姻才两年，还来不及等到孩子出生，马萨鲁斯就突然病逝，他的死给舅舅奥古斯都和母亲屋大维娅带来了沉重的打击。奥古斯都悲痛万分的同时，没有忘记他的目的，两年之后，18 岁的未亡人尤利娅嫁给了从东方完成任务归来的、奥古斯都的忠实助手阿格里帕。这一次是42岁和18岁的婚姻。

虽然和丈夫的年龄相差甚远，但这次婚姻给尤利娅带来了幸福。尤利娅之前的生活可谓是夹缝里求生存，一边是深受父亲疼爱和敬重的美丽又高傲的继母利维娅，另一边是性格温柔但因家事繁杂无暇顾及侄女的姑妈屋大维娅，其间的苦恼可想而知。结婚之后的尤利娅在成熟的阿格里帕的体贴、关怀之下，度过了9年的平静生活，并且生下三男两女。这让奥古斯都欣喜若狂。

不幸的是，这场婚姻终究也因阿格里帕的突然死亡而告终。而奥古斯都仍不满足于目前已经有的三个外孙和两个外孙女，他希望尤利娅能生下更多的孩子。尤利娅第三次婚姻的对象，是她继母的儿子提比略。

古罗马时代的史学家大多认为，促成这场婚姻的是利维娅，她希望自己的亲生儿子继位，所以强烈地要求奥古斯都把尤利娅嫁给提比略。不过，在我看来，这是奥古斯都自身经过冷静地思考后做出的决定。即便他非常疼爱和尊重妻子，但他绝不是一个会对妻子言听计从的男人。挑选提比略，除了延续血脉的理由之外，他相信提比略的能力，万一发生不测，提比略有条件胜任“中继接班人”的角色。

尽管年龄相近，31岁的提比略和28岁的尤利娅的婚姻却从一开始就出现了问题。提比略深爱着他的前妻维普萨尼娅，始终不能忘怀。如果丈夫能做些表面功夫，妻子一般也能睁一只眼闭一只眼，继续维持下去。可是，提比略完全不懂这一套，贵族出身的他对品行欠佳的尤利娅的种种行为，似乎也是忍无可忍，但又没有任何言语或行动上的表示，只是冷冰冰地将妻子晾在一旁，无视她的存在。

夫妻分房而眠的事情很快就在罗马传开，身为继母又是婆婆的利维娅对尤利娅的态度因此变得更加冷漠。虽然促使提比略出走罗得岛的真正原因，是他和奥古斯都在军事战略上的意见不合，但在一般不了解内情的外人看来，提比略的出走是因为不爱尤利娅，尤利娅成了一个被丈夫抛弃的女人，而且，提比略并没有提出离婚，只是用分居的形式抛弃了妻子。

对提比略放弃公职的原因，婆婆利维娅的观点似乎和市井小民相近，将尤利娅视作祸根。利维娅不是一个精通政治的人，这一点史料已有所证明，当然，这对奥古斯都来说是件好事。总之，利维娅对尤利娅的态度从一贯的冷淡变成了憎恨，而对尤利娅而言，唯一可以倾吐心事的人是姑妈屋大维娅，而屋大维娅也和阿格里帕在同一年去世了。作为弃妇，尤利娅生活在一种极其压抑的环境里，就算是在她掌管的家中，也无法避开大家好奇的眼光。如果尤利娅能专心于养儿育女，或许状况会有所改变，可惜，她不是一个懂得自我调整与控制的人。

不清楚究竟是从什么时候开始，皇帝的独生女儿的私情成了街头巷尾人们最津津乐道的话题，到了公元前 2 年，37 岁的尤利娅的行为发展到了奥古斯都不得不亲自出面解决的严重程度。

如果当时的尤利娅离了婚，最终结果不过是落下一个放荡的坏名声，这种女人在罗马上层社会并不少见。可是她在法律上还是提比略的妻子，即使他们夫妻想离婚，奥古斯都也不会同意。为了确保罗马上层阶级拥有健全的婚姻生活，奥古斯都在公元前 16 年，推出了《尤里乌斯正式婚姻法》。如前文所述，这个法律鼓励正式婚姻，离婚虽不违法，但属于影响社会风气的不良行为。《尤里乌斯正式婚姻法》正如其名，是由奥古斯都提出并积极推行的法律，因此，奥古斯都无论如何都不会允许女儿离婚。

与《尤里乌斯正式婚姻法》同时，奥古斯都还推出了《尤里乌斯通奸罪·婚外关系罪法》，顾名思义，这是处罚通奸行为的法律。尤利娅的所作所为正触犯了这条法律。

《尤里乌斯通奸罪·婚外关系罪法》规定，凡是有夫之妇发生婚外情，其财产的三分之一将被没收，本人将被终生流放，并且不能再和自由民的罗马公民再婚。除了当事人本人，知情不报或者无所作为的当事人的丈夫以及父亲也将以“协助卖淫罪”追究其法律责任。

法治国家讲求公正甚于平等，唯有在执行法律这一点上，贯彻的是人人平等的方针。罗马人正是法治国家的创立者，而身为罗马最高统治者的奥古斯都，对自己女儿的违法行为必须采取具体的行动。

虽然，父亲没有将女儿送上审判庭，但严格地实施了法律规定的所有处罚。奥古斯都并不是根据国法，而是行使了家长权，用实际行动履行了法律面前人人平等的定律。

最终，尤利娅个人财产的三分之一被充公，继承父亲奥古斯都遗产的权利被剥夺，被终生流放至距离那不勒斯以西 70 公里的海上小岛潘达特里亚岛（Pandateria，现在的文托特内岛）。

对那些与尤利娅通奸案有关的责任人，奥古斯都依照国法，行使了最终裁判权予以处置。除了尤卢斯·安东尼（Iullus Antonius）之外，其余的人全都处以流放之刑。奥古斯都将所有的怒气都发泄在尤卢斯的身上。尤卢斯是安东尼和富尔维娅（Fulvia）之子，在富尔维娅死后，由与安东尼再婚的屋大维娅抚养成人，按照家族关系，他是奥古斯都的外甥。尽管是死对头安东尼之子，奥古斯都仍将他视为亲外甥予以厚待。

尤卢斯在公元前13年当选为法务官，公元前10年就任执政官，公元前7年到前6年担任亚细亚行省总督，步步高升，仕途一帆风顺。公元前21年，尤卢斯娶玛吉拉为妻，玛吉拉是奥古斯都的姐姐即尤卢斯的继母屋大维娅与前夫生的女儿。

由此可见，奥古斯都的确是将安东尼的儿子当作家人，体现了他宽容的一面。因此，外甥尤卢斯和女儿偷情，对奥古斯都来说，就像被自家养的狗给咬了，他的愤怒可想而知。

我感觉尤利娅和尤卢斯并不是单纯的男女偷情的关系。首先，两人的年纪都不小了，尤利娅37岁，尤卢斯已经过了50岁。其次，两人都是被奥古斯都打败的敌人的后人，即使身份变成了胜利者奥古斯都的家庭成员，对他们而言，和安东尼以及庞培的渊源，超过了与奥古斯都的关系。两人会不会是因为同病相怜而产生了爱情？也许是我太过于想象了吧。

潘达特里亚岛是一个面积不足1.3平方公里的荒芜的小岛，2 000年后的今天仍然是以渔业为主。或许是因为没有耕地，岛上的面貌没有随着时间的推移而发生太大的变化。

潘达特里亚岛属于奥古斯都的私人领地，在帝制时期一直作为皇帝家族成员的流放地使用。可能是因为无人关注，岛上的古建筑也没有被后人拆除作为材料使用，一些地方至今仍维持着旧时的风貌，海边还散留着一些遗迹，不难看出它们曾经是非常典雅的房子。我是在夏天去的潘达特里亚岛，我甚至认为在这里专心写作倒也是一个不错的选择。

潘达特里亚岛现在叫文托特内岛，“文托特内”是强风的意思。从地名可以想象冬季凛冽的北风会有多么可怕。真不知道皇帝的女儿是如何在寒风肆虐的岛上度过的。作为对纵欲女人的惩处，奥古斯都禁止尤利娅与任何男人接触，甚至男奴。岛上除了自愿和女儿同住的母亲斯克里波尼娅之外，只有几名负责打理日常生活的女仆。想来没多少学识教养的尤利娅大概很难找到能让她专心致志、忘却时光的事情。

若干年后（具体时间不详），尤利娅的流放地转移到雷焦（现在的雷焦卡拉布里亚，Reggio de Calabria）。雷焦在长靴形的意大利半岛的鞋尖，是一个由希腊移民兴建的古老的城镇。严格执法的奥古斯都并没有允许女儿在城里生活，而是将她幽禁在远离市区的山庄中。

经历了潘达特里亚、雷焦两地总共 16 年的流放生活，于公元 14 年，尤利娅在她父亲奥古斯都去世的几个月之后，也离开了人世，享年 53 岁。

“国父”

公元前 2 年，奥古斯都在处理完女儿的问题、向元老院提交了相关的书面报告之后，便从众人的面前消失了。女儿伤风败俗的行为让他羞于见人。

大家很清楚奥古斯都支撑着并不健康的身体，在没有任何得力助手帮助的情况下，独自担负起国家大任是多么辛苦。他因家丑而深居简出，反而在全国引发了一片同情之声。

元老院迫于人民的呼声，请求奥古斯都出席元老院会议。皇帝接受了这个请求，来到了久违的元老院，元老瓦莱利乌斯·麦萨拉（Valerius Messala）代表罗马元老院和人民向奥古斯都致辞：

恺撒·奥古斯都，谨代表我们全体国民献上最深切的祝福，祝愿您和您的家人得到幸运之神的眷顾，只有你们的平安、健康才能保证国家和首都罗马的和平。经过国民的合议，元老院决定授予您“国父”（Pater Patriae）的称号。

瓦莱利乌斯的发言结束之后，元老院元老全体起立，合唱《国父恺撒·奥古斯都》赞歌，61岁的奥古斯都忍不住当众落泪，向元老院致答谢词：

元老院元老诸君，在我所有的愿望都即将达成的此时此刻，除了祈求各位和罗马人民在我有生之年继续给予我支持之外，我对永生的诸神已别无他求。

“国父”的称号是恺撒曾经获得的荣誉中奥古斯都至今没有到手的唯一的一项，现在他终于如愿以偿了。

奥古斯都答谢词中的“我所有的愿望”耐人寻味。所谓的“所有的愿望”到底是哪些愿望，他并没有言及，因此，每个人都可以按照自己的想法去诠释。共和派将之解读为是他在35岁时宣告恢复共和制，帝制派认为他指的是巧妙地将国家转型为帝制，而那些无所谓国家体制的人，则为奥古斯都达成了“罗马统治下的和平”的心愿而高兴。

恺撒曾经说过，文章的好坏取决于选择的词语。不善撰文的奥古斯都即使因感动而哽咽，也并没有忘记“选择的词语”。用词不当而失言，对于政治家来说，是一个不被原谅的愚蠢行为。

然而，奥古斯都并没有如人们所愿，从他的家庭不幸中解脱出来。精神上的执着一定是要付出实际的代价的。

小林秀雄（日本著名的批评家。——译者注）曾经说过："政治既不是一种职业，也不是一门技术，它是一种高度紧张的生活。"政治家纵使不都是像奥古斯都那样有天生消化系统的毛病，长年累月的压力也会耗损健康的身体。要在这种严酷的状态下保有顽强的生命力，我认为必须具备以下这些特质：第一，了解自己的能力界限之所在，看清现实本质的透彻的认知力；第二，坚持勤奋是成功之本的信念，即不厌其烦、不辞辛劳的持续力；第三，抱有适度的乐观精神；第四，不走极端，始终保持平衡。

过了 60 岁的奥古斯都，这些作为政治家的优秀特质依然不衰。可惜他身边没有一个能贯彻执行他意志的协助者，偏偏又在这个时候，平静了 20 余年的东方又开始风云突变。

东方问题

公元前 4 年，通过强硬的政治手段维持了国内长期稳定的犹太王希律去世。希律王死后国内陷入两派对立的局面，纷争再起。反对希律王和其三位继承人的一派主张脱离罗马，完全独立，而另一派则认为，只有成为罗马的行省，才能保证犹太王国的延续。

罗马的东方外交政策似一张大网，与各同盟国家建立友好关系，牵制各方的势力。这些同盟国家由于独裁或暴政，经常引起人民的不满，引发反罗马的风潮。犹太王国位于叙利亚行省的南面，不仅是保证叙利亚和巴勒斯坦两地安全的关键，也是牵制东边的帕提亚的关键所在。对罗马而言，犹太王国的内乱必须在事态进一步恶化之前彻底解决。

同一个时期，另一张牵制帕提亚的王牌——亚美尼亚王国也陷入了局势不稳的状况，亲罗马派的国王在与蛮族的战斗中阵亡，东方君主国惯有的为争夺王位亲族之间相互厮杀的情形再次上演，帕提亚乘机介入。罗马同亚美尼亚结成同盟的目的，就是为了抑制帕提亚，如果此时亚美尼亚投入帕提亚的怀抱，罗马的东方政策将濒临危机。

平息东方局势是一个光靠军事力量或者单纯的外交交涉都无法解决的、困难且微妙的问题。奥古斯都把任务交给了已年满 19 岁的外孙兼养子的盖乌斯。除了身边没有合适人选的现实情况之外，奥古斯都似乎也不能摆脱外祖父的身份，对外孙寄予了过高的期待。不过他还是委派了经验丰富、曾经担任过执政官的马库斯·罗利乌斯（Marcus Lollius）作为顾问与盖乌斯同行。于是在公元前 1 年，19 岁的年轻人盖乌斯作为皇帝代理人，率领着大批人马浩浩荡荡地出发东征了。

罗马帝国东半部的各行省、自由都市以及同盟国，为这位年轻的未来皇帝连日举行了隆重的欢迎仪式和招待晚宴，19 岁的盖乌斯完全沉醉于这种气氛中，忘记了自己肩负的重大的外交任务，反倒像查尔斯王子的视察之旅。一行人途中经过萨摩斯岛，隐居在罗得岛的提比略专程前往萨摩斯岛迎接盖乌斯，这在罗马敬长尊老的传统中，算是特例。提比略的这一举动让年轻的盖乌斯气焰越发高涨，其实这对于贵族出身的提比略而言，不过是遵礼行事而已。

之后，年轻的皇子不知为何原因，没有直接前往目的地，而是绕道埃及。或许是因为埃及属于皇帝的私人领地，他想亲自视察一下自家的土地。盖乌斯在埃及同样受到了隆重的接待，夜夜笙歌，乐不思蜀。等到他到达此次目的地之一的叙利亚行省时，已经耗去了两年的时间。

幸好，奥古斯都派给外孙做顾问的罗利乌斯是一位老练的政治家，他似乎没有忘记自己的职责。对于犹太王国的内乱，罗马没有直接插手，而是选择了静观其变的态度。同时对于帕提亚干涉罗马同盟国内政的问题，也决定采用外交手段解决。

公元 2 年，罗马和帕提亚在位于两国势力圈交界处的幼发拉底河的小岛上，签署了友好条约。帕提亚派出王子做代表，罗马方面也是由“皇子”盖乌斯担任签字仪式的主席。有关仪式的情形，根据当日在现场的帕提科斯的证言，在幼发拉底河两岸，东岸站满了全副武装的帕提亚军队，西岸则是罗马军团声势浩大的队伍，场面十分壮观。

与帕提亚的签字仪式结束之后，盖乌斯一行人前往最终目的地亚美尼亚。

在首都接到通报的奥古斯都应该是如释重负。盖乌斯首战告捷，为他在年满 21 岁时担任执政官打下了良好的基础。

如果以编年史的方式讲述历史的话，在进一步讲述之前，我们必须暂时停顿一下，先回溯一件事情。

根据传说，耶稣的父亲约瑟夫斯和母亲马利亚为了参加奥古斯都皇帝举行的人口普查，在赶回原籍地罗马的途中生下了耶稣。可是，世纪交替的这个时期，罗马并没有实施人口普查。

奥古斯都深知正确掌握国情是治理国家的根本，他在位期间，共举行了三次包括帝国全境的大规模的人口普查。当时的犹太王国属于罗马的同盟国，难道是人口普查涉及同盟国了？根据奥古斯都在《功业录》中的记载，三次人口普查的时间分别是：

第一次，他和阿格里帕担任执政官的公元前 28 年。

第二次，盖乌斯·肯索里努斯（Gaius Censorinus）和盖乌斯·阿西尼乌斯（Gaius Asinius）担任执政官的公元前 8 年。

第三次，塞克斯图斯·庞培乌斯（Sextus Pompeius）和塞克斯图斯·阿普利乌斯（Sextus Appuleius）担任执政官的公元 14 年。

顺便提一下，古罗马对年份的称呼，通常不会用建国几年，而是用谁和谁担任执政官的某某年。至于“公元年”的讲法，是在基督教兴起后才开始的。

话说回来，耶稣诞生的那一年是公元纪年的开始，而在耶稣诞生的前后，罗马并没有实施人口普查。距离耶稣诞生最近的一次罗马人口普查是在公元前 8 年，就算同盟国犹太王国距离罗马本土很远，普查的时间有差异，但也不至于有 8 年之久。难道是犹太王国独自实施了人口普查？可当时的犹太王国正因大希律王的死亡而陷入内乱，绝对不是可以进行人口普查的形势。

非常遗憾，对于我这个单纯的疑问，至今还没有一位研究者可以给出一个满意的答案。

还有一点也颇令人费解。耶稣真的是出生在公元前后吗？如果是真的话，耶稣基督应该是在罗马帝国的全盛时期出生、成长和死亡。那么基督教为何要等到 300 年后才在罗马普及呢？

话题再回到耶稣诞生时时年 63 岁的罗马皇帝奥古斯都这里。耶稣诞生的第二年，即公元 2 年，对奥古斯都而言，是悲喜交加的一年。

首先是从马赛传来了外孙鲁基乌斯的死讯。18 岁的鲁基乌斯和其兄长盖乌斯一样，也被奥古斯都收为养子，拥有第二继承人的地位。上一年，为了经历军队的生活，当时 17 岁的鲁基乌斯被派往西班牙，途中逗留马赛很长时间，结果染病不治，年仅 18 岁就离开了人世。鲁基乌斯的死对于即将 64 岁的奥古斯都而言，无疑是一个沉重的打击。因此，当盖乌斯和帕提亚缔结了互不干涉的条约时，奥古斯都才精神振奋，重新找回了希望。他至少还有一位继承人，而且到目前为止盖乌斯的表现还算令人满意。

同年，隐居在罗得岛的提比略写信给奥古斯都请求让他返回罗马，理由是列席参加和前妻生的儿子的成年礼。将提比略视为逃兵的奥古斯都，态度十分冷淡，虽然批准了提比略的请求，但要求他必须严守一介自由民的身份，不得进入元老院。提比略在离开 7 年之后得以重返罗马。

刚进入公元 3 年，奥古斯都就收到了唯一继承人盖乌斯送来的报告，这又让他烦恼不安。

事情发生在上一年的年底。当时帕提亚方面有人告发担任盖乌斯顾问的罗利乌斯因为接受了帕提亚有关方面的钱财，才做出了有利于帕提亚的决策。盖乌斯完全没有想到这可能是帕提亚的阴谋，对此确信无疑。更糟糕的是，接到报告的奥古斯都在这件事情上态度模糊，被指认犯了受贿罪的罗利乌斯不堪忍受被召回罗马，送上审判庭，最终选择了在异国他乡结束了自己的生命。

身边少了罗利乌斯的盖乌斯完全失去了方向，朝令夕改，言行不一，军队不受其控制。公元 3 年，远征亚美尼亚之前，每个人都掩饰不住不安的情绪。亚美尼亚正在力求同邻国帕提亚改善关系，在这种严峻的形势下，让一个 22 岁的少年出面进行外交谈判，这份责任的确是过于沉重了。

所幸，盖乌斯一行平安地到达了位于底格里斯河上游的亚美尼亚王国的城塞，开始了首轮的谈判。可是，盖乌斯傲慢的言行很快就激怒了当地人，引发了暴乱，形势愈演愈烈，甚至威胁到了亲罗马派的王公贵族。最终，暴动被盖乌斯带去的罗马军团镇压，但这让“保护者”罗马在亚美尼亚的声誉荡然无存。原本作为牵制帕提亚的一张王牌亚美尼亚渐渐离开了罗马的掌心，朝着帕提亚越走越近。远在首都罗马的奥古斯都也回天乏术，只能静观其变。

尽管罗马因此失去了对亚美尼亚的影响力，但是和苏拉、恺撒先武力再讲和的强硬手段相比，奥古斯都以外交方式求和的做法还是应该给予正面的评价。话说回来，这些中、近东国家的人民崇尚强势，因此和亚美尼亚谈判的失败也不能完全归咎于盖乌斯的无能。

亚美尼亚的离心给了年轻的皇子沉重的打击，加上镇压暴乱时负了伤，盖乌斯的精神状态日益低落，萎靡不振。

放弃了军队总指挥职责的盖乌斯写信给外祖父，要求引退做回自由人。奥古斯都回信给盖乌斯，苦口婆心地劝他打消引退的念头。那个时刻的奥古斯都不再是一个严厉的长官，而是一个宠爱外孙的慈祥的外祖父。

逃出亚美尼亚的盖乌斯漫无目的地游荡于小亚细亚各地。公元 4 年 2 月 20 日，盖乌斯在小亚细亚西南部的叙利亚病逝，据说死于刀伤，去世时盖乌斯不满 23 岁。

不难想象，接连失去了两个既是外孙又是继承人的奥古斯都，会是多么绝望。在公文中从不掺入私人感情的他，也忍不住在《功业录》中记下了一笔：

> 风华正茂时就被命运女神夺去生命的我的两个养子盖乌斯·恺撒和鲁基乌斯·恺撒，在他们15岁时，由于罗马元老院和人民对我的敬意，被选派为预备执政官，他们将在5年后就任该职。而且从两人正式被介绍给人民的那一天起，元老院就同意他们可以参与国是讨论。

奥古斯都在他去世的那一年，即公元14年，亲笔撰写了《功业录》。那时距离他两个外孙的死已经过去了10余年，然而从字里行间可以看出垂垂老矣的奥古斯都心中的伤口并没有愈合。奥古斯都到66岁时，接连失去了所有和他血脉相连的继承人。

提比略的回归

公元4年，在安葬了盖乌斯·恺撒之后不久，奥古斯都将提比略收为了养子。在正式公布之前，66岁的奥古斯都和45岁的提比略进行了怎样的谈话，虽然没有详细的史料记载，可以想象这是两位看清现实的本质、具有高度洞察力的政治家，通过彻底的交谈，最终达成了共识。尽管这是一个不夹杂个人感情的政治选择，然而在一般人的眼里，这是奥古斯都在失去了继承人之后，无奈之下做出的一个决定。

世人的观点也并非完全无凭无据，因为奥古斯都在将提比略收为养子的同时，也将女儿尤利娅所生、唯一还在世的外孙阿格里帕·珀斯图穆斯（Agrippa Postumus）指定为养子。可见，奥古斯都仍然没有放弃他的血统论。

元老院欣然接受了提比略升格为奥古斯都养子的决定。奥古斯都在正式发表他与提比略结成养父子关系的同时，又向元老院提出了给予提比略10年任期并且允许延长的“护民官特权”的申请。提比略和尤利娅再婚的当初，曾经得到过5年任期的“护民官特权”，由于之后他的引退，这项特权自动解除了。

提比略在成为奥古斯都的养子之后，即刻获得了除了奥古斯都之外无人拥有的“护民官特权”，虽然他已不再是事实上的奥古斯都的女婿，也没有为奥古斯都带来血脉相承的孩子，但此刻这一切似乎都已经不再是障碍，他理所当然地成了继承人。

奥古斯都还任命提比略和他一起担任“内阁”（“第一公民的辅佐机关”）的常任委员，之前只有阿格里帕拥有这个职位。“内阁”成员包括“第一公民”的奥古斯都和现任的2名执政官以及法务官、按察官等，用现今的讲法就是各个部委派出的代表，加上任期6个月的元老院的20名元老。除了奥古斯都本人之外，其余的人都属于短时期的临时委员。奥古斯都任命提比略为常任委员，就是为了在不测之时，国家统治的实务和实权可以顺利地移交到继承人手中。

对奥古斯都的这些举动，作为共和政体最后堡垒的元老院并没有提出异议。我想其中有这样几个理由：

第一，提比略虽然在罗得岛闲散了7年，但他在军事上的才能无人可比。元老院也非常清楚，要建立“罗马统治下的和平”并非一朝一夕的小事，尤其是担当边境地带的安全保卫任务，除了要有相应的地位，还必须有实实在在的能力。年轻的盖乌斯的失败就是一个很好的证明。

第二，提比略出身于罗马名门克劳狄乌斯家族，与奥古斯都以及他的外孙不同，是名副其实的贵族。在那些掌握元老院大权的人看来，提比略是自己人。

古罗马的共和政体别名“贵族政治”，是历史上被称为“寡头政治”的由少数人领导的政体，而并非我们现代人理解的民主政治。元老院成员大多来自地位显赫、出身不凡的罗马上层社会，500 年来以他们为代表的元老院掌握着罗马国家的大权。最早一个挑战元老院、欲推翻现有体制的是恺撒，他的接班人奥古斯都不仅继承了他的遗志并且予以实现。

提比略的亲生父亲年轻时曾经作为恺撒手下的士官，参加过最后几年的高卢战争。恺撒强行渡过卢比孔河之后，他离开了恺撒，转投庞培麾下。恺撒渡过卢比孔河的行为等于向全天下人宣布了他打倒元老院的决心，提比略的父亲离开恺撒、效忠于庞培，可见他心属元老院。在恺撒打败了庞培之后，提比略的父亲依然不离不弃地跟随着庞培之子，因此，他是一个坚定的“元老院体制”的支持者。不过，他并没有参与布鲁图和卡西乌斯主谋的暗杀恺撒的行动。

作为反恺撒派的一分子，他上了屋大维和安东尼肃清反对派的黑名单，并因此经历了很长一段时间的流放生活。提比略出生时，他的父亲还是奥古斯都的敌人之一。不久，《米塞诺协定》订立，父亲终于回到了罗马，可是，母亲利维娅又成了奥古斯都的妻子。虽然提比略和弟弟杜路苏斯自幼在奥古斯都家中长大，然而，对于念念不忘“元老院体制”的贵族们来说，提比略始终是高贵的克劳狄乌斯家族的一员。这些人的想法也不无道理，就连奥古斯都也都无法忘记提比略的出身。无论是品行、举止，还是流利的希腊语，提比略的身上具备了所有的贵族特质，这也使得他永远无法融到奥古斯都、阿格里帕这些人的平民世界里。

不过，提比略本人并非顽固的阶级论者。他一生中唯一爱过的女人、前妻维普萨尼娅，是平民出身的阿格里帕的女儿，即使追溯到她的祖父阿提库斯那一代，也找不到半滴的贵族血液。因此，那些只认血统的人不能够了解提比略真正的想法，唯一懂他的只有奥古斯都，虽然奥古斯都这个醒悟来得晚了一点。

我认为 66 岁的奥古斯都是完全放心地把位子留给了提比略。因为，如果他对提比略还心存疑虑，就不会同时授予他"护民官特权"和"内阁"常务委员的权力，而是会采取走一步看一步的策略。他这次的决定明确、果断，不给人留下任何想象、臆测的余地。

一生执着于血脉相承的奥古斯都，最终选定的继承人竟然和他毫无血缘关系，这真是一个天大的讽刺。其实，对于奥古斯都不计前嫌、以公事为重的决断，我很想由衷地表示赞赏，可惜，这个赞赏只能给出一半，因为奥古斯都在指定提比略做继承人的同时，还指定了提比略之后的继承人。

提比略在成为奥古斯都养子的同时，他自己也成了别人的养父，奥古斯都要求他认胞弟杜路苏斯的儿子、即将 18 岁的日耳曼尼库斯（Germanicus）为养子。日耳曼尼库斯的母亲是奥古斯都的姐姐屋大维娅和安东尼生的女儿小安东尼娅，所以他是奥古斯都的外甥女的儿子。奥古斯都在失去了两个外孙之后，依旧没有放弃任何可以联系血缘的机会。提比略自己也有一个 16 岁的儿子，但对奥古斯都而言，那是个跟他毫无关系的孩子。

不管是否内有蹊跷，对于提比略的复职，从元老院到平民百姓都表示欢迎。提比略不负众望，即刻奔赴战场。日耳曼战线吃紧，需要一位能够带兵打仗的指挥官。

元老院元老们的日常生活通常是居住在安全、舒适的首都，在剧院或竞技场保有前 14 排的座位。他们有时候也会去生活水平稍低但无须驻兵防守的元老院行省，平安无事地担任一年的总督。与之相反，前线的士兵每时每刻都需要绷紧神经，提高警惕，以防敌人随时来袭。对于提比略回归战场，最高兴的就是前线的战士。

当年24岁、担任骑兵队总指挥的维勒乌斯·帕特库鲁斯（Velleius Paterculus），20 年后在他的《罗马史》中描述了提比略回到前线时的场景：

> 我很清楚我文笔拙劣，不在场的人是很难想象当时的场景，不过，我还是相信总有一些人能理解。
>
> 当提比略出现在大家的面前时，士兵们喜极而泣。他们完全忘记了队形整齐，奔向他的身边，争先恐后地向他表达喜悦之情，有人甚至忍不住去抚摸他，纪律严明的罗马军团从未有过这样的情形。
>
> “这不是做梦吧，总司令？我们又能在您的指挥下战斗了。”
>
> “我曾经跟随您在亚美尼亚打过仗，总司令。”
>
> “我是在雷蒂亚。”
>
> “在多瑙河战役时，您曾经亲手给我颁发过勋章。”
>
> “我也得到过您的嘉奖，在潘诺尼亚。”

“我跟着您去过日耳曼。”

…………

提比略已经10年没有见到他的战士了。45岁重返战场的他将会在日耳曼战场上如何去发挥他成熟、机智的实力？

奥古斯都指定的提比略的继承人、18岁的日耳曼尼库斯也跟着提比略来到了前线。日耳曼尼库斯本名叫尤里乌斯·恺撒。或许是因为这个名字过于伟大，通常大家都叫他“日耳曼尼库斯”。“日耳曼尼库斯”意思是“日耳曼征服者”，原本是杜路苏斯死后，大家为了纪念他在日耳曼战争中的功绩而赠予他的荣誉称号，之后儿子继承了父亲的这个称号。18岁的日耳曼尼库斯这是第一次跟随伯父兼养父的提比略上前线。

提比略起初并没有让日耳曼尼库斯肩负重要的任务，他让这个18岁的年轻小伙子在参谋部做了2年的勤务。将来要做帝王的人必须从基层开始做起。这也可以说是罗马人的一种帝王培养教育。

率领第二军团、协助提比略的副将是当年的执政官萨杜尔尼努斯（Saturninus）。日耳曼战争实际上已经中断了10年，不得不回到起点莱茵河重新开始新的征战。这次战争的最终目标，就是完成奥古斯都的征服从莱茵河到易北河的日耳曼全境，同时将罗马的防线从莱茵河转移到易北河的既定方针。这是奥古斯都始终如一的战略方针。恺撒征服了高卢，使罗马摆脱了威胁，奥古斯都也要消除罗马的另一个威胁——日耳曼，让它和高卢一样走向罗马化。然而，在实现政治上的同化之前，必须使用军事武力降伏日耳曼人。杜路苏斯曾经肩负这个重任，现在这个任务交给了提比略。

日耳曼尼库斯

日耳曼有四条通往北海的大河，由西向东分别是莱茵河、埃姆斯河、威悉河和易北河。

日耳曼战争重新开始的第一年，即公元 4 年，提比略将军队兵分两路：年过 60 岁、非常懂得士兵心理的副司令萨杜尔尼努斯率领的部队从莱茵河的上游过河向东方进攻，占领 4 条大河的上游地区。提比略本人率领的第一军团，从下游渡过莱茵河，向北迂回，一路往东攻击。

提比略的战略是，同时占领 4 条大河的上、下游，保证由北海逆流而上的海军航线的安全，利用陆海军联合作战，南北夹击，占领日耳曼全境。提比略打算用一年的时间来完成他的计划。

莱茵河上游地区森林密布，大多数的部落选择在河的下游区域生活，因此，提比略的第一军团的行程远比萨杜尔尼努斯率领的第二军团要来得艰难。

公元 4 年的战争，虽然一直持续到年底，但终究达到了预期的目的。除了易北河之外，日耳曼境内所有的重要河流又重新回到了罗马军的手中。提比略带着捷报返回了罗马。他并没有在罗马做长久的停留，为了开春后新一轮战争做准备，他向奥古斯都做完汇报后再次翻越阿尔卑斯山脉，回到了莱茵河附近的冬营地。

提比略军团在日耳曼第二年（公元 5 年）的战争获得了比上一年更加辉煌的战果，历经 14 年，罗马军终于到达了易北河。有关战事的情况，请允许我再次借用帕特库鲁斯的笔来做描述：

罗马军团的足迹遍布日耳曼所有的土地。曾经只听说过名字的许多部落，真真切切地降服于罗马军的枪下……无以计数的日耳曼人向我们投降，这些金发的年轻人都有着高大壮硕的完美的体格，罗马战士包围着他们，手中的长枪在阳光下熠熠生辉。无论是胜利者还是失败者，所有的人的视线都集中在了站在中央的总司令的身上。

投降的日耳曼部落中甚至包括从未同罗马军交过手的、居住在易北河东部的“长须族”。罗马军团的银鹫旗插遍了莱茵河以东 400 罗马里（约合 600 公里）包括易北河在内的整个日耳曼地区。

根据提比略的战略，沿易北河逆流而上的罗马海军与由西向东的陆军联合作战，获得了预期的战果，奥古斯都征服日耳曼的梦想似乎就要实现了。

然而，日耳曼人并没有全线投降，其中也有些部落在战败后另谋出路，东山再起。马科曼尼人（Marcomanni）的首领马罗波杜斯

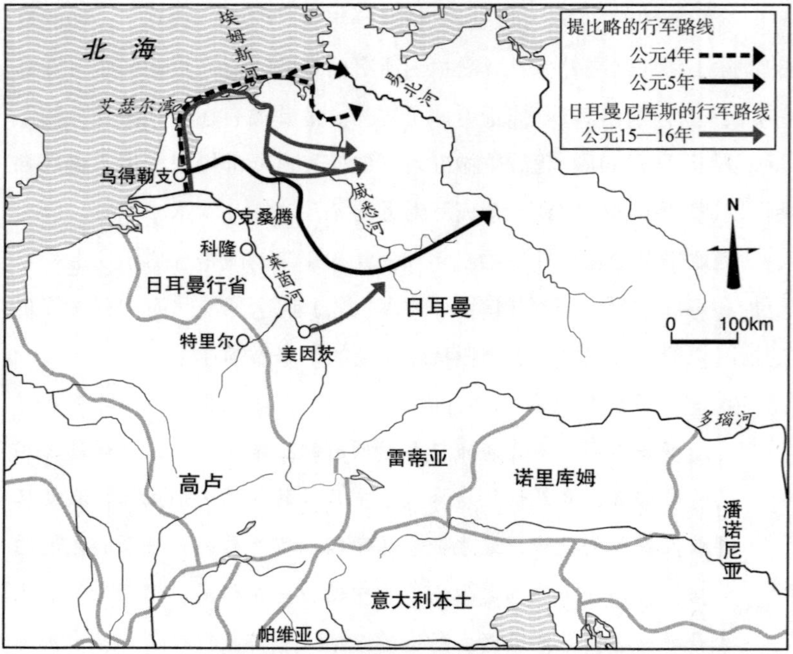

提比略和日耳曼尼库斯的行军路线

（Maroboduus）曾经作为人质，在奥古斯都的亲戚家度过少年时代，他是少数了解罗马的日耳曼人之一。获得自由、回到故乡的马罗波杜斯，为了部落的生存，放弃了对抗罗马，带领部落远走他乡。马科曼尼人迁移到位于多瑙河南面的波希米亚地区时，正是公元前 9 年提比略的弟弟杜路苏斯率领军队到达易北河之际。等到公元 5 年，提比略再次占领易北河时，马科曼尼人已经在波希米亚生活了 14 年。

马罗波杜斯在这 14 年间，秣马厉兵，建立了 7 万人的步军团和 4 000 人的骑兵队，并以罗马军团的方式组织和训练军队。拥有强大兵力的马罗波杜斯，不仅自封为王，而且与罗马中央政府缔结了外交关系。

尽管有军队做后盾，马罗波杜斯仍然力求避免与罗马的正面冲突，但是他统治的地区免不了要成为那些不满罗马武力镇压的斯拉夫人以及其他日耳曼部族首领的避难所。无论马罗波杜斯是否有意抗衡罗马，在罗马人眼中，他统治下的波希米亚地区就像恺撒当年在高卢战争时见到的不列颠，迟早会察觉到威胁性的存在。波希米亚南部的边境距离意大利仅 350 公里，这个路程步兵用 12 天、骑兵只需要 4 天就可以抵达。

公元 6 年，奥古斯都认为征服日耳曼的目标已经达成，决定出兵攻打马科曼尼人。负责此次战役的提比略，为了能在入春后立即发起进攻，在多瑙河附近建立了冬营地。为了对付这个唯一没有投降的日耳曼部族，提比略采取了两面夹击的进攻方式。由他率领的部队从南向北、萨杜尔尼努斯的部队由西向东，将马科曼尼人包围起来一举歼灭。两军抵达前线的行军时间预计在 5 天左右，罗马军团已经做好战斗准备，只等积雪融化。

然而，事态的发展正如帕特库鲁斯所言 ：“命运之神有时候会将人类的计划破坏殆尽。”公元 6 年，正当提比略等待春天向北发起进攻的时候，没料到背后受敌，潘诺尼亚和达尔马提亚发生了大规模的叛乱。

叛乱

潘诺尼亚和达尔马提亚是提比略引退罗得岛之前占领的地区，与意大利隔着亚得里亚海遥遥相望。罗马统治之后，在这里修建了罗马式道路，在要塞建立了由罗马退役兵移居的殖民都市，并且成了带动当地经济发展的中心地区。罗马人对这个与意大利一海之隔的地区的罗马化，表现得非常积极。

这里以地形复杂而著称，从未经历过文明化。在它南面居住的希腊人是航海和通商的民族，对于海洋的兴趣远远大于陆地，而且由于希腊的高度文明，希腊人非常了解罗马基础建设的好处，并且懂得充分加以利用。那些掌握了希腊本土以及小亚细亚的经济命脉的希腊人之所以愿意服从罗马统治，与其说是因为他们没有独立思考的能力，倒不如说他们清楚罗马化会为他们带来丰厚的利益。这好比知道汽车速度快的人，才能了解高速公路的好处，而对于那些长年累月在山野中过着马背上生活的人而言，要他们搞清楚什么是高速公路，不是一朝一夕能做到的。

如前文所述，奥古斯都推行了军事改革之后，主力军除了由罗马公民组成的罗马军团外，也新加入了由行省人民组成的辅助兵，其规模基本与罗马军团相当。建立辅助兵，意味着让昔日的敌人重新拿起武器，因此始终存在着危机。当地人加入辅助兵后，虽然从军期间衣食住有所保障，退役后还可以获得罗马公民权，然而这些待遇对当地人而言，是否就有特别的吸引力呢？说得极端一点，原本做山贼的人，需要这些东西吗？所谓的文明，并不是放之四海而皆准的东西。

尽管存在着各种弊端，罗马人对其他民族地区的政策始终坚持先用武力征服，再通过基础建设等方式进行罗马化的改造，用罗马人的话讲，是推进文明进程。这种对占领地的政策，在罗马的军事威慑力尚未退去的时候，是可以平稳地推行的。然而当地人的叛乱通常不会发生在被征服的初期，而是在经过了较长一段时间之后，才会露出端

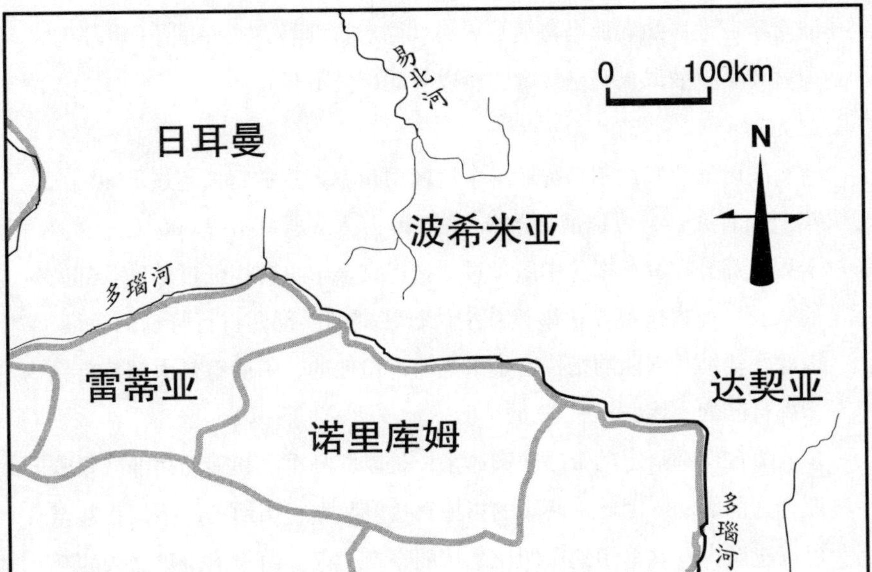
0 100km
N
易北河
日耳曼
波希米亚
多瑙河
雷蒂亚
诺里库姆
达契亚
多瑙河
潘诺尼亚
波河
达尔马提亚
亚得里亚海
默西亚
罗马

多瑙河中游流域图

倪。潘诺尼亚和达尔马提亚在发生叛乱之前已经维持了 12 年的安定。这两个地区反罗马军的领袖认为，他们可以联合居住在多瑙河以北、波希米亚地区强大的马科曼尼人，共同对抗罗马。或许是他们因为以前就和马科曼尼人有过接触，所以对此深信不疑。

潘诺尼亚和达尔马提亚两个地区的叛军人数加起来超过了 80 万，其中拥有武器、可以战斗的步兵有 20 万人，骑兵有 9 000 人。这些士兵大部分在罗马军队中服役过，指挥官多半也曾担任过辅助兵部队的队长。奥古斯都在军事改革中执行了辅助兵部队自行管理的政策，因此，辅助兵部队的指挥官是由当地人担任的，一般都是由部落首领指挥自己的一族。

奥古斯都指定的帝国防御体系，是以罗马军团和辅助兵部队紧密配合为前提的，因此，两军的指挥官接触频繁，当地人的指挥官甚至可以出席由罗马军团的军团长主持的军事会议。由于十余年之久的交往，当地人都学会了罗马人的语言——拉丁语。

叛军的行动通常是先屠杀居住在当地的罗马人，然后袭击罗马军驻地，正式掀开战争的序幕。潘诺尼亚、达尔马提亚的叛军首领模仿了罗马式战术，兵分三路：第一军坚守潘诺尼亚和达尔马提亚阵地；第二军向南进攻马其顿；第三军入境意大利东北部，用扩大战线的方式来分散罗马军的兵力。

这次叛乱让凡事处乱不惊的奥古斯都也掩饰不住心中的忧虑和不安。68 岁的老皇帝匆匆地赶到元老院召开会议，向大家宣布叛军距离首都只有 10 天的行军距离，要求立即采取紧急对策。元老院非常清楚事态的严重性，一旦当地被叛军全面占领，一海之隔的意大利半岛难免直接受敌，尤其是在这风平浪静的夏季，渡过亚得里亚海，不过需要一两天的时间。

马基雅弗利曾经说过，罗马人在遇到外敌侵袭、危机当头时，捐弃前嫌、团结一致，全权交由他们公认的实力派负责。元老院通过了紧急招募士兵以及筹款的决议，并且要求奥古斯都任命提比略担任这次镇压叛军行动的罗马军最高指挥官。

提比略在正式成为奥古斯都的养子之后，获得了“护民官特权”，同时也是“内阁”常务委员，但他还没有机会得到罗马军的最高指挥权。这个权力属于奥古斯都一人，军队总司令的人选只有奥古斯都可以决定。这一次奥古斯都同意了元老院的特别要求。

叛乱爆发初始的公元 6 年，由于驻扎在军事基地的罗马军的反击，叛军没有能够入侵意大利的东北地区，达尔马提亚的海岸一带仍在罗马的掌控之中。罗马军准备在第二年（公元 7 年）春季展开的大规模的反攻行动，还是由提比略担任总指挥。这里又不得不提到马基雅弗利对罗马人的赞赏：“一旦权力交给了前线总指挥，本土的中央政府绝不插手。”所谓将在外不受君命，罗马军队的前线总司令拥有绝对的指挥权。

48 岁的提比略充分利用了他手中的“绝对指挥权”。他派密使去和马科曼尼人的首领马罗波杜斯和谈（也有一种说法是提比略亲自参与了和谈），双方最终达成协议，缔结了友好关系。由于和平解决了北面的马科曼尼人的威胁，提比略的军队得以全力以赴地去对付南方的叛军。潘诺尼亚—达尔马提亚叛军联合马科曼尼人的计划，也随之化为泡影。

提比略和马罗波杜斯年龄相仿，少年时代作为人质寄宿于奥古斯都亲戚家的马罗波杜斯，说不定和提比略还曾经做过同桌。尽管是战败者，但是能够作为人质的将来都有可能成为当地的统治者。因此，人质通常都会寄宿在社会地位相对较高的罗马人家庭中，而且和寄宿家庭的孩子一起接受同等的教育。因此，我才会经常将人质比作“交换留学生”。马罗波杜斯决定休战的根本原因并非出于他与提比略的同桌友情，而是他了解罗马。对于提比略的和谈要求，他没有提出任何的附加条件。

解除了北方危机的提比略将手中的5个军团都投入了镇压叛军的战斗。就在这个时候，强大的援军到来了。居住在多瑙河下游一带的色雷斯人（Thrace）的首领，亲自率领骑兵队加入了提比略的军队。色雷斯人的骑兵在亚历山大大帝时代就赫赫有名，对于骑兵力量一向薄弱的罗马军团来说，色雷斯人的支援简直就是上天赐予的礼物。

古代的潘诺尼亚和达尔马提亚，大部分位于现代的原南斯拉夫境内。原南斯拉夫的地形极其复杂，在第二次世界大战中，铁托领导的南斯拉夫游击队之所以能抵御住德军的进攻，就是凭借了地形优势。在现代，这个地区的纷争难以平息的原因，也和其复杂的地形有关。这里自古以来就是打游击战的好地方，对此提比略也不敢掉以轻心。

公元7年，为了因应敌军的规模和所在的位置，提比略同时使用两种战术：一种是一举歼灭的速决战，另一种则是以消耗敌军实力为目的的持久战。

由于地形复杂，战场不能集中在一处，无法施展罗马军最擅长的平原布阵、短兵相接的战斗方式。提比略不得不化整为零，打一场场的局部战。

古罗马人并不认为发动战争是罪恶，因此，对于战败者相对比较宽容，而且尽可能地去同化他们。但是，对于那些归属了罗马之后又中途毁约、揭竿而起的人，罗马绝不手下留情。叛军也非常清楚这一点，尤其是那些将官知道，如果被捕，唯有死路一条。

罗马军在潘诺尼亚和达尔马提亚各地受到了叛军的顽强抵抗，战斗进行得非常惨烈。双方的官兵都很清楚，一旦做了俘虏，就会招致虐杀。

根据奥古斯都的要求，紧急招募的援军陆续到达了前线，军队的大本营附近集聚了成千上万的罗马军人。根据当时在现场的帕特库鲁斯的记录，有 10 个军团的罗马兵和 70 个大队以上的辅助兵军团、14 支骑兵队、重新归队的退役军人 1 万人，以及各同盟国派来的援军和新兵队伍，总人数达到了 15 万左右，与兵力超过了 20 万人的叛军可以说是势均力敌。然而，这在具有丰富实战经验、时年 48 岁的提比略看来，并非什么可喜可贺的事情。

真正的战地指挥官都清楚，一旦兵力超过了 5 万人，军令就难以贯彻得彻底。也就是说，如果总司令手下没有一批优秀的军官从中协调，他的指令就无法得到全面的执行。这样的一个军官组织通常是要经过长年的合作，才能够逐渐完善，并非一日之功。

除了前线的调配，负责后勤的“兵站”也是一个大问题。兵站在后方主要负责军需品补给、运输以及保证线路畅通的任务。罗马军的兵站是古代历史上绝无仅有的强大的后勤部队，一些现代的军事专家甚至认为，罗马军的胜利是靠兵站赢来的。然而，再优秀的兵站，仍然是难以维系 15 万兵力的供给。

事实上 15 万人并非真正的军力。首先那些新兵不受训练根本无法打仗，可是，在激烈战斗持续不断的状态下，又没有条件进行训练。就算那些曾经有过战场经验的退役军人，也需要一定时间的适应才能恢复状态。而那些由行省人组成的辅助兵都是在家乡附近服兵役，在远离家乡的环境，多少也会影响到他们的作战能力。

总而言之，兵力增加的同时，麻烦也随之增加。如果无视这些问题，将所有的人都送到第一线，那只会带来更大的牺牲。罗马人重视后勤，代表着他们不提倡无谓的牺牲，如何让阵亡的人数降到最低，是评判一位将军指挥能力的首要标准。

提比略遣回了一大半的援军，他一向讨厌华而不实，他要的是精兵强将而不是浩浩荡荡的场面。为了消除志愿兵路途的疲劳，提比略令他们休息数日，然后派骑兵队一路护送，保证他们安全地返回祖国的边境。尽管安全地遣返援兵任务艰巨，但是不能保证后勤补给的兵力是更大的累赘。

虽然没有详细的史料记载，提比略最终留下了 10 个军团和骑兵队，人数在 6 万左右。虽然数量上只有敌军的三分之一，但他们是一支战斗经验极其丰富的精锐部队。

士兵因地形所限，战斗力的发挥受到阻碍，面对的又是孤注一掷、决一死战的强敌，条件十分艰苦。所幸，提比略非常厚待他的士兵。

提比略命令，绝对不能弃阵亡者的遗体于不顾，无论官阶高低，一律为他们举行罗马式的葬礼。伤员由专门的医务团队照顾，医务团队的负责人是总司令的专属医生。提比略的马车和轿子也用作运送伤员，他自己始终是骑在马上，放弃了坐轿子歇息的机会。

提比略不仅将他的浴室提供给伤病员，连他的专用厨子也借了出去。罗马军队规定士兵必须自己负责料理自己的餐食，那些重伤员的饮食需要有人帮忙打理。

因负伤而乘坐提比略轿子的帕特库鲁斯曾经说过，前线除了家和家人，什么都不缺。他描述提比略用餐："即使是和手下的指挥官一起吃饭，他也是坐在椅子上。"

古罗马人习惯于半躺着用餐，所以帕特库鲁斯说提比略坐在椅子上，就相当于我们站着吃饭的感觉。潘诺尼亚和达尔马提亚战场上的提比略，作为总司令身先士卒，抛弃了罗马人所有舒适的生活习惯。

严于律己的人通常对他人要求严格。不过根据帕特库鲁斯的描述，战场上的提比略并非如此。即使是对那些犯了军规的士兵，只要行为没有危及其他人，大多是给予口头警告，并不实施处罚。而那些侥幸逃过处罚的士兵因为感激总司令的宽容，很少会再犯同样的错误。提比略的手下，无论是大队长、百夫长还是士兵，从来没有人因为打输了而受到惩罚。

公元7年开始的镇压叛军的战斗持续到第二年，即公元8年，战场蔓延至潘诺尼亚和达尔马提亚全境，6万罗马军对20万叛军的激烈战斗也逐渐进入了尾声。很明显，战争持续得越久，后勤部队的能力就成了胜负的关键。

远在首都的奥古斯都已经不再需要为战事忧心忡忡，现在困扰他的又是他的家务事。

家门不幸

即将 70 岁的奥古斯都，膝下还剩下一个男孙，就是他独生女儿尤利娅生的第三个儿子阿格里帕・珀斯图穆斯。奥古斯都在指定提比略为养子的同时，也将这个外孙收为养子。奥古斯都的意图非常明显，希望外孙能够成为继承人之一。以收养的公元 4 年为时间点计算，继位人的顺序及年龄如下：

第一继承人：提比略——45 岁。

第二继承人：阿格里帕・珀斯图穆斯——15 岁。

第三继承人：日耳曼尼库斯——18 岁。

尽管日耳曼尼库斯的年龄名列第二，继承顺位却排在第三，因为他是提比略的养子兼继承人，而珀斯图穆斯则是奥古斯都的养子兼继承人，所以继位的顺序排在第二。

罗马在公元前 2 世纪末期，盖乌斯・森普罗尼乌斯・格拉古（Gaius Sempronius Gracchus）改革之后，不论社会地位，上至执政官的儿子，下到无产者的儿子，凡是年龄未满 17 岁，都没有资格服兵役。纵使国家处在生死存亡的时刻，也不能剥夺未来主人公接受教育的机会。当年罗马被汉尼拔围困了 16 年，也没有征召任何 17 岁以下的少年去当兵。

过了 17 岁之后，情况就变得大不相同。谁都可以去体验军旅生活。尤其是上层社会出身的豪门子弟，为了担任国家要职，成为“光荣的公职人员”，从军是必不可缺的人生经验。

提比略的首战是在阿格里帕指挥下打西班牙战争，而日耳曼尼库斯则是跟随着养父提比略在日耳曼开始了他的军旅生涯。到了潘诺尼亚和达尔马提亚战争时，21 岁的他已经作为将官独当一面，指挥战斗了。

镇压叛军的行动开始的公元 7 年，已年满 18 岁的阿格里帕·珀斯图穆斯本应该随军参加这场战争，无论是从这场战争对罗马的重要性，还是从他本人的特殊地位来讲，都应该如此。作为外祖父的奥古斯都也认为这是让外孙初试沙场的绝好机会。然而，奥古斯都并没有送他的外孙上战场，准确地说，是没能够送上战场。

那个时候的皇孙凶暴的行迹已经到了不可收拾的程度，奥古斯都送外孙去的地方不是潘诺尼亚战场，而是普拉尼西亚岛。普拉尼西亚岛在拿破仑流放的厄尔巴岛（Elba Island）以南 14 公里处，现在称皮亚诺萨（Pianosa）岛。

皮亚诺萨岛没有珀斯图穆斯的母亲尤利娅流放的潘达特里亚岛那么荒凉，岛屿面积约 11 平方公里，地下水源丰富，可以种植葡萄和橄榄树。20 世纪初期，意大利政府曾经在这里设立过国家结核病隔离疗养院，现在疗养院已经废弃，但是岛上还有一些农民和渔民居住的村落。尽管皮亚诺萨岛的环境不错，但不能和“世界之都”的罗马同日而语，对于习惯了奢华生活的珀斯图穆斯来说，这里就是荒蛮的流放之地。他不仅不能回到本土，连厄尔巴岛也被禁足。

然而，家门不幸并没有就此结束。奥古斯都继公元 7 年流放了外孙珀斯图穆斯之后，第二年的公元 8 年，他又不得不将外孙女小尤利娅送上流放岛。小尤利娅和她的母亲尤利娅犯了同样的罪——通奸罪。有关小尤利娅的通奸对象以及她的流放地，没有详细的史料记载。不过，提倡建立健全家庭、将男女偷情行为定为犯罪的奥古斯都对于自家人的违法行为，应该是会做出严厉的处置。接二连三的家庭丑闻让这位具有高度责任感的皇帝感到羞愧难当、无地自容。奥古斯都对外孙和外孙女的惩处，没有行使公权力，即法律，而是以外祖父以及养父的身份，动用了罗马自古以来的家长权的私刑。

当时未满 30 岁的小尤利娅已经结婚，丈夫是贵族出身的埃米利乌斯·保卢斯（Lucius Aemilius Paullus Macedonicus），并且育有一男一女两个孩子。如果不是 70 岁的老皇帝对小尤利娅的行为忍无可忍，不会残忍到强迫母亲离开孩子。一生执着于血脉传承、对家人爱护有加的奥古斯都，一生中受到的最大的背叛竟然来自他的血亲，不得不说这是一个天大的嘲讽和悲哀。

永不言弃的奥古斯都将他唯一没有发生问题的外孙女大阿格里皮娜嫁给了他的外甥女的儿子，即成了提比略养子的日耳曼尼库斯。这对表兄妹（他们双方的母亲是表姐妹关系）结婚之后，生下了三男三女，其中一人是第三代皇帝卡利古拉，而卡利古拉的妹妹则是第五代皇帝尼禄的母亲。

坚定不移的意志原本是非常值得赞赏的品质，然而奥古斯都在血缘问题上的偏执已经到了执迷不悟的地步。执迷不悟往往是悲剧的开始。古代人认为，狂妄地想要自己操控命运的人，会遭到天谴。

诗人奥维德

公元 8 年，奥古斯都的外孙女小尤利娅的流放导致了诗人奥维德（Publius Ovidius Naso）的流放，这成了拉丁文学史上的一大事件。

诗人奥维德突然接到奥古斯都的命令，因他写了《爱经》（*Ars Amatoria*，亦译《爱的艺术》），将被流放到位于多瑙河通向黑海入口的小镇陶米斯（Tomis，现在的罗马尼亚的康斯坦察，Constanţa）。这对于50岁的奥维德简直是无妄之灾。这部三卷本的诗集早在10年前就已经发表，为何事到如今才来兴师问罪？罗马没有言论的限制，奥古斯都的“父亲”恺撒的政敌西塞罗的作品不仅可以公开发表，作品集里甚至还附有他和暗杀恺撒的主谋之一布鲁图的来往书信。奥维德是罗马史上第一个遭到流放的文人。

诗人没有透露过他被流放的理由，但在他的诗中有这样的文字：

因为我看到了？是我的眼睛让我成了罪人？我的无心就是罪？

阿克泰翁不经意地一瞥，正好看到赤裸身体的狩猎女神戴安娜而最终被猎狗咬死。

是的，对众神而言，凡侵害了其圣洁之人，即使无意之为，也必须付出代价，无可饶恕。

拉丁文学的研究者们根据奥维德的诗句，做出了大胆的猜测，认为诗人涉及了小尤利娅的风流韵事。奥古斯都惩罚他并非因为他的《爱经》，而是他是知情者。由于两位当事人没有留下只言片语，又没有可以查证的确切史料，有关事情的真相永远是一个谜。

恺撒要是知道他的继承人如此不遗余力地提升罗马统治阶级的道德观，一定会乐不可支。不过，对奥古斯都而言，三卷本的诗集《爱经》简直是不堪入目的东西。

奥维德在《爱经》的第一、第二卷中向男性宣讲如何追求女性的技巧，在第三卷中则是教导女性如何获得男性的欢心。作品中列举了大量的实证佐以说明。

《爱经》并不是一本黄色书籍。古典的“教战手册”通常带有对人性深刻敏锐的观察，充满了机智和黑色幽默，《爱经》是这一类作品中的杰作，让人读了心领神会，忍俊不禁。

性爱，在古希腊人和古罗马人的观念里，就是裸体。奥维德咏颂的正是这种毫不遮掩、没有多余东西牵绊的纯粹的情爱。曾经有研究者将奥维德与1 500年后意大利文艺复兴时期的思想家马基雅弗利相提并论，我很赞成这个观点。《君主论》无论是从书名还是其表述的内容，就是一本“政治的技术”。马基雅弗利冷静、透彻地点出了人类的本性，认为这正是统治者巧妙掌控的利器。奥维德则认为，要获得情爱上的愉悦，就应该运用技巧最大限度地满足人类原始的欲望。马基雅弗利被谴责缺乏道德观，奥维德也是因同样的理由遭人诟病。

人常常会因不愿提及的事情被他人挑起而十分恼火。奥古斯都是一个克制力极强的人，如果不是频频发生的家族丑事让他怒不可遏，他是不会因为奥维德用讽刺、幽默的笔调刻画了人之本性的《爱经》就将其流放。事实上，自发行之后始终畅销不衰的《爱经》并没有因为作者遭流放而被禁止，从这种不合情理的做法来看，只能说奥维德成了奥古斯都这位老卫道士泄愤的牺牲品。一生谨慎从事的奥古斯都这次真的是恼羞成怒，何况人老了脾气本来就容易变得急躁。

和阴魂不散的奥古斯都家族丑闻相反，潘诺尼亚和达尔马提亚的战争在进入公元9年前，胜负已经决出。

罗马军之强果然强在它的兵站，充足的供给和安全无误的输送路线，完全弥补了兵力上人数的不足。直白地说，罗马军是靠脑子取得了胜利。根据当时在前线的帕特库鲁斯的记述，从公元8年的年末到公元9年的年初这个阶段，罗马军在战场上占有了绝对的优势，到了公元9年的夏天，潘诺尼亚全境被罗马军占领。饥寒交迫、衣衫褴褛的叛军在他们两位首领的带领下向罗马军投降，死守在达尔马提亚的剩余叛军最终在同年的冬天缴械求和。

一度被征服的潘诺尼亚和达尔马提亚10多年后再次发生令罗马胆战心惊的叛乱，提比略和日耳曼尼库斯两位罗马皇位的继承人经过了3年的苦战，终于重新收复失地，罗马帝国的霸权再度得到巩固。一般人对罗马帝国防线多瑙河的认知和了解，也正是从这个时期开始的。

潘诺尼亚和达尔马提亚战争的胜利消息很快就传到了首都，罗马为再度恢复和平而欢欣鼓舞，两位继承人不凡的战果让71岁的奥古斯都感到万分欣慰，缠绕着他的家族烦恼也因此阴云散去。然而，这只是日耳曼战线传来噩耗前的短暂的晴日。

“森林是日耳曼人的母亲”

在首都的奥古斯都和在潘诺尼亚冬营地的提比略同时收到了日耳曼战场传来的噩耗。接到消息的提比略紧急赶往首都，商讨对策。

日耳曼的情况的确非常糟糕。昆克蒂利乌斯·瓦鲁斯（Publius Quinctilius Varus）率领的部队，包括3个精锐军团、3支骑兵队以及6支辅助兵大队在内的3万人的兵力，再加上随从、后勤人员，总共3.5万人的罗马军，在日耳曼中部的森林地带遭到了敌人的伏击，全军覆没。

自克克拉苏败于帕提亚之后，罗马军60年来第一次遭遇如此惨重的损失。这对于修改了恺撒的莱茵河防线、将军队送往日耳曼战场的 71 岁的奥古斯都而言，几乎是一个不可承受的打击。守在莱茵河沿线的部队如今只剩下 2 个军团，无论如何要在冬季休战期间部署好迎战的策略。奥古斯都能够托付的人也只有提比略。于是，刚结束了潘诺尼亚和达尔马提亚战争的提比略，不得不翻过冰寒料峭的阿尔卑斯山脉，十万火急地赶往莱茵河。

当初，在公元 6 年提比略占领了易北河之后，奥古斯都认为军事武装行动就此结束，接下来是政治介入的罗马化统治的开始。因此他将这个任务交给了富有行省统治经验的昆克蒂利乌斯·瓦鲁斯。

瓦鲁斯出身于罗马贵族，生于公元前 50 年前后，公元前 13 年时担任过执政官，之后历任阿非利加行省、叙利亚行省的总督，是一位政坛老手。

我认为造成这次悲剧的原因不在于之前的武力打击，而是瓦鲁斯的战后处理。如果将他的做法和恺撒平定高卢后做出的政策对比，其中的差异就非常明显。

恺撒在征服了高卢之后对所有的高卢部族都采取了温和的手段，而且选择了让高卢人自己管理自己的地区，而不是由罗马人自上而下的高压统治。高卢各个部落的首领一如既往地掌管着自己的部落，有关整个高卢地区的政策依然按照传统的习惯由部落酋长会议来做出决定。

个体对于统治者的不满从来不会影响到整个政局，只有当不满的个体中出现了领导人物时，才会凝聚成具有破坏性的爆发力。在未开化的蛮族中能够成为领导者的就是部落首领。对于被征服者而言，他们最大的不满，就是被剥夺了曾经拥有的权力，因此，只有让原来的统治阶层继续保有他们的权力，才可能长久地维持占领地的和平。

恺撒正是采取了这样的行省统治政策，他甚至连行省税的征收都交给部落首领，最终再汇总到他那里。罗马共和时期是以竞标的方式决定负责代收税金的“包税人”。在整个高卢地区，能够实施同样制度的唯有自古以来就是罗马行省的法国南部地区。恺撒征服的中部和北部地区，都是用部落酋长代替“包税人”，为罗马征收行省税。尽量减少对占领地内部事务的干涉，仅仅这一点就体现了恺撒卓越的政治远见。高卢战争之后，罗马本土内乱不断，高卢地区在完全没有设置一兵一卒的情况下，仍保持了长期的安定。这足以证明恺撒的治理方针深得人心，特别是对高卢那些上层阶级而言，他们没有与罗马对抗的理由和需要。

由于奥古斯都的行省改革，高卢地区自公元前 26 年起，实行了和其他行省同样的治理方式。那个时候，距离恺撒从高卢渡过卢比孔河已经过去了 24 年。这意味着 24 年来，高卢作为罗马的行省，始终保持着高度的自治。随着时间的推移，高卢当地的领导层也进行了世代的交替，权力转移到了在罗马化环境下成长起来的一代人的手里，他们对于奥古斯都的行省政策完全没有感到不适应或者反感，新制度顺理成章地得到了执行。

那么，日耳曼的战后政策又是怎样的呢？

正如以上所述，军事武装行动进行到公元 6 年时，奥古斯都认为已经大功告成，将下一个阶段的任务，即对日耳曼进行罗马化改造的任务，交给了曾经担任过阿非利加行省以及叙利亚行省总督的瓦鲁斯。然而，瓦鲁斯并没有像恺撒那样，实施一些特殊的政策，给占领地的人民一段适应期。他在战争结束的第二年立刻实行了奥古斯都针对一般行省的管理制度。对于他的做法，连武将出身、不擅长政治的提比略都发出质疑："瓦鲁斯不像是一位被派遣到未开发地区的军团司令官，他的表现更像是去文明城市赴任的官派长官。"

我们来看一下瓦鲁斯曾经担任过总督的两个行省的情况。被罗马人称为"阿非利加行省"的北非，原本是大国迦太基的领地，它成为罗马行省已经有150年的历史。"叙利亚行省"则是亚历山大大帝遗产之一的塞琉古王国，王国灭亡之后，由庞培将那里纳入罗马的版图，成为罗马行省也已经70年。这两个行省有着古老的历史，文明发达程度不亚于罗马，叙利亚行省的首府安提阿以及由恺撒重建的阿非利加行省的首府迦太基，在被罗马统治之前一直就是地中海地区的大都市。因此，它们能够了解罗马人积极进行的基础建设会促进社会繁荣，对强行实施的税制带来的公平性也有所认知。

叙利亚行省因为与大国帕提亚相邻，所以此地有4个正规军团的驻军，而阿非利加行省则是由当地人组成的"辅助兵部队"负责抵御沙漠游民的袭击。因此，瓦鲁斯虽然担任过两地的总督，但他的经验仅限于太平无事的行省。古代的史学家们认为他缺乏随机应变的才能，个人的才华、性格姑且不论，事实上，他赴任的地方并没有什么需要他做出随机应变的事情。

征服日耳曼并使之罗马化是奥古斯都的夙愿。将防线从莱茵河转移到易北河的理由，除了有缩短疆界距离的益处之外，奥古斯都希望借此将日耳曼纳入罗马帝国的版图之中，彻底消除长期以来始终存在的威胁。

包括休战期在内，罗马征服日耳曼用了整整20年的时间，要保证这个千辛万苦得来的胜利成果得以继续维持，是一项极其重要的任务。因此，有关日耳曼的治理政策，不会是瓦鲁斯一个人全权决定，他有可能只是执行了奥古斯都的命令。或者说，没有奥古斯都的许可，瓦鲁斯是不会擅自采用和其他行省同样的方法去管理日耳曼的。

那么，奥古斯都难道没有发现恺撒在高卢的成功主要原因就是有 20 年特别治理的缓冲期吗？

首先，奥古斯都本人几乎没有前线指挥打仗的经验，前有阿格里帕后有提比略代替他担任军队的实际指挥官。这或许不是致命的弱点，但在某些方面总是有所局限。他对战场的认识仅限于地图，没有切身的体会。其次是他只是纸上谈兵。书桌上制定出的战略，并非最适合于实际战场，难以达到理想的效果。如果在战事结束后去日耳曼视察，像奥古斯都这样智慧的人，一定会根据当地状况，制定出相应的战后措施。可惜，他坐在首都把任务派给了一个官僚型的人。

在罗马共和时期，有关占领地的战后处理事宜，多半是由征服了这个地区的指挥官负责。比如说，以叙利亚为中心的中、近东地区由庞培负责，高卢则是由恺撒负责管理。首先他们因为对当地的情况有充分的了解，所以制定出了正确的方针政策。奥古斯都在进行行省改革时，对庞培整顿后的东方领地几乎没有做过什么政策上的调整，可见原来的制度在方向上的正确性；而高卢能够成为罗马化最成功的地区，完全要归功于恺撒制定的一系列的战后处理措施。

未开化民族之所以未开化，是因为他们只屈服于刀剑之下直接的武力，对于征服了他们的人多少心存畏惧和敬意。然而瓦鲁斯从公元 7 年开始担任日耳曼总督的三年间，没有立下任何显赫的战功。瓦鲁斯执行的奥古斯都的行省统治方针，对于日耳曼各部落首领而言，在精神上忍受败北的屈辱的同时，他们还失去了原本拥有的一切实际利益。要他们屈服于一个在战场上毫无建树的官僚，就等于是在积累他们心中的怨恨和愤怒。碰巧就在这个时候，点燃众人胸中怒火的人出现了。

阿尔米尼乌斯（Arminius）出生于公元前16年，是日耳曼人切鲁西部族首领的儿子。公元9年，他大约25岁。切鲁西人在公元4年时被提比略的军队降伏。当时20岁的阿尔米尼乌斯也像其他投降的部落首领一样，参加了罗马军的辅助兵部队。年轻的阿尔米尼乌斯很快就显示了自己的优秀才华，崭露头角，晋升为骑兵队队长。按照罗马的法律，退役后的辅助兵部队的战士有资格获得罗马公民权，将官级别的军人在服役期间就能享受这个权益。因此，阿尔米尼乌斯一早就成了罗马公民，并且迅速地被提升到骑士阶级。罗马的阶级地位从上至下分别是元老院阶级、骑士阶级、平民、解放奴隶、奴隶。在奥古斯都时代，由于他的保守做法，行省出身的人很难有机会像恺撒时代那样能够进入元老院或者社会地位得到提升，阿尔米尼乌斯能够得到奥古斯都的许可，可见他创下了不凡的功绩。

瓦鲁斯自公元7年担任日耳曼行省总督之后，对这位年轻人非常器重，这有点像外派海外公司的总经理，在当地找到了一位能干的副总经理。曾经也有人向瓦鲁斯提出忠告，要他提防阿尔米尼乌斯从背后下手，他一概不予理会。

公元9年的初冬，瓦鲁斯率领着军队，结束了日耳曼中部的巡查任务，向西准备返回莱茵河沿岸的军事基地越冬。同行的队伍中除了有3个正规军团、6个辅助兵大队以及3个骑兵中队之外，还包括妇女和小孩。有妇孺同行，证明了罗马已经完全控制了从莱茵河到易北河的日耳曼地区，局势平稳地进入了和平维持的阶段，否则军队是不会带着这些影响战斗力的人一起行动的。阿尔米尼乌斯也在队伍中，他向瓦鲁斯建议队伍改道，回避在附近一带蠢蠢欲动的加蒂人。瓦鲁斯和他手下的将官们大概也因为战事平息之后失去了警惕性，听信了阿尔米尼乌斯，放弃了原本安全的路线，进入了森林地带。

“森林是日耳曼人的母亲。”这是日耳曼人最爱说的豪言壮语。看看现代德国，很难想象在 2 000 年前，茂密的森林曾经覆盖了整个日耳曼大地。这里和高卢的森林不同，即使在白天也是幽幽暗暗，深不见底。瓦鲁斯带着 3.5 万名士兵，就这样毫无防备地走了进去，他们万万没有料到，阿尔米尼乌斯部署的军队正在森林深处等着他们。

对于习惯了打常规战的军队而言，最可怕的对手就是看不见踪影的游击队。罗马军拼死抵抗了 3 天，最终能够逃出森林回到莱茵河基地的只有几十个人，其余的全死在了森林中。瓦鲁斯和他的将官们知道天数已到，最终选择了集体自杀。阿尔米尼乌斯不留活口，不仅杀了所有投降的罗马兵，就连辅助兵部队的士兵也以协助罗马的罪名一并处决。他对那些和他相识的高级将领更加残暴，先施以虐刑然后处死。

这场惨剧据说是发生在奥斯纳布吕克（Osnabrück）以北的条顿堡森林（Teutoburger Wald），古今的研究者做了大量的研究，但至今还是无法得出一个确切的结论。不过，那个时代有一批对于失败耿耿于怀、不肯忘记的人物，他们知道惨剧发生在哪里。惨剧发生之后的第 6 年，即公元 15 年，当时转战日耳曼各地的日耳曼尼库斯率领着军队，去凭吊这个战场。历史学家塔西佗对当时的悲惨场面曾经做过这样的描述：

那个场景足以唤醒所有人心中埋藏已久的不堪的记忆。首先映入眼帘的是栏栅围起的营地，营地的简陋足以证明当时是多么仓促。现场还留着包括总司令瓦鲁斯用过的帐篷的遗迹，数量非常之少，甚至容不下3个军团的士兵。走过营地，再往前可以看到一部分被破坏的栏栅和浅的壕沟，很明显，在遭到敌人袭击、伤亡惨重之后，知道营地不保的士兵们试图在这里做最后抵抗。两个营地之间四处散落着已经化成白骨的尸体，有些地方尸骨累累，堆叠在一起，令人想到当时绝望的士兵们，有的试图逃走，有的则聚集在一起负隅抵抗。白骨的边上遗落着标枪的残片、马匹的骸骨。大量的树干上都钉着骷髅，看得出他们是被活活地钉死在那里的。森林中还留有不少祭坛，根据同行的瓦鲁斯军团的幸存者的证言，日耳曼人在这些祭坛上，将大队长以及百夫长作为祭品活活地烧死。特地挑选所属第一大队的百夫长作为祭品，可见是非常熟悉罗马军团组织的人的所作所为。

生还的士兵告诉那些初次到访的同胞：军团长在这里战死，军团银鹫旗在那里被夺走；瓦鲁斯最初在哪里受了伤，最后又是在哪里把军刀刺向了自己的胸膛；阿尔米尼乌斯在哪里发表了胜利演说，为了杀死罗马军俘虏设立了多少个行刑台，银鹫旗又是如何遭到了不可一世的阿尔米尼乌斯的侮辱。

败北6年之后重返伤心之地的罗马士兵们开始埋葬尸骨，哪些是罗马兵，哪些又是辅助兵已分辨不清，他们都被安放在了一起。此时此刻，在那些罗马士兵的心中已经没有了分别，不管哪一具遗体都是和自己流着同样血液的同胞，他们胸中充满了对残忍的敌人的无比仇恨。司令官日耳曼尼库斯在成堆的遗骨上撒下了第一把泥土，士兵们紧随而上，从此死者的悲哀和生者的痛苦联结在了一起。

我们再回到6年之前。当罗马得知瓦鲁斯率领的3.5万人全军覆没后，考虑到日耳曼人会借着阿尔米尼乌斯胜利之气焰，大举压进莱茵河沿岸的罗马军事基地，十万火急地派遣刚结束了潘诺尼亚和达尔马提亚战争的提比略赶到莱茵河畔。然而，预想之中的事情并没有发生，其中的理由有以下几点：

第一，并不是所有的日耳曼人都响应阿尔米尼乌斯的号召，受其煽动的只有少数几个部落。阿尔米尼乌斯将瓦鲁斯的首级送给了马科曼尼人的大王马罗波杜斯，希望能和他一起联手对抗罗马。然而马罗波杜斯信守了与提比略的誓约，派人将瓦鲁斯的首级交给了仍在首都的奥古斯都。奥古斯都不仅为这位败将举行了罗马式的葬礼，还将这位与自己有关系的远房亲戚安葬在了家族的陵园之中。罗马的传统是从不惩罚败将，而是把他们视为祖国的殉职者。

第二，阿尔米尼乌斯提出的全日耳曼民族联合起来结成反罗马同盟的阵线的计划，最终以失败告终。阿尔米尼乌斯是一个勇敢胆大又狡猾奸诈的人物，但他缺乏作为领导人必需的一些特质。与之相比，被恺撒打败的高卢人韦辛格托里克斯更具有领袖的风范。阿尔米尼乌斯这位年轻的日耳曼人既缺乏周密的战略思想，又没有集合大众的凝聚力。

对罗马而言，损失了瓦鲁斯率领的3个罗马军团的确是一个非常沉重的打击，但日耳曼的状况还不至于绝望到无可挽回。只要罗马下定决心霸占易北河以南的日耳曼地区，完全是有这个能力走出条顿堡森林的阴影达到目的的。凭着当时罗马的实力，再补充3个军团并不是什么太困难的事情。

可是，奥古斯都并没有那样做。

罗马军队并不是没有尝过失败的苦果。罗马军团之所以被称为“天下无敌”，是因为他们有挽回失败的能力。在高卢战争中，损失了1.5个军团总共9 000人兵力的恺撒，在向庞培讨救兵时，曾经给他写过这样一封信：

我要让高卢人从今往后永远地记住，虽然我们打了败仗，但是罗马不仅有补偿损失的能力，而且会用更加强大的兵力来扭转局势。

收到信后的庞培给恺撒派去了2个军团的援兵，在这一点上，想必他和恺撒是不谋而合的。

高卢战争是公元前53年的事情，当时有资格参军的拥有罗马公民权的成年男子的人数不到百万。60年之后的罗马，公民人数已经超过了500万，重新整编3个军团是绝对办得到的事情。那为什么防守边疆的罗马军队从28个军团减至25个之后，始终保持着这个数量，而不再另外补充3个军团呢？

据称，曾经有人听到过，71岁的老皇帝奥古斯都在帕拉蒂尼山上的私宅里夜深人静时撕心裂肺的呐喊：

“瓦鲁斯，你还我3个军团！”

经过了20年的苦战，事到如今，是放弃日耳曼重新退回到莱茵河，还是再增加3个甚至5个军团，以10个军团的兵力在短时间内一举拿下日耳曼？奥古斯都似乎表现得优柔寡断。

为什么呢？

这其中的理由没有史料可据，以下完全是我的想象：

奥古斯都的优柔寡断取决于他在军事才能上的欠缺。如果阿格里帕那个时候还在世，这位从少年时代就同甘共苦的好朋友，一定会直言不讳地给他一些建议或忠告。

可惜，军事才华超越了阿格里帕的提比略，由于在成为奥古斯都养子之前两人之间曾经发生过的摩擦和隔阂，无法像阿格里帕那样对奥古斯都坦言相告，而且，奥古斯都是拥有罗马军“最高指挥权”的唯一之人，整个战略是由他制定而不是提比略。

虽然奥古斯都在战略上犹豫不决，但是对于一人肩负日耳曼战场艰巨任务的提比略，还是体现出了充分的体恤之情。要把一个因失败而沮丧不振的军队重新组织起来，让士兵再次面对曾经屠杀过他们同胞的强敌，的确不易。从当时奥古斯都写给提比略的信中可以发现奥古斯都的心境有所改变，年老之后的他终于愿意向提比略敞开心扉，由衷地表达自己的感谢之情，流露出了对提比略的疼爱之心。

以前的奥古斯都并不喜欢和自己性格相似而又内向的提比略，仅仅认可他的才能。提比略的弟弟杜路苏斯还在世的时候，奥古斯都明显地偏向性格开朗、亲切和善的杜路苏斯。性格相似的人往往不容易相互亲近。

不过，在这个时期，让73岁的奥古斯都和53岁的提比略紧密相连的，是肩负重任、身居高位者的责任感。我想，奥古斯都喜欢提比略的理由正在于此。我们来看看奥古斯都写给提比略的信：

我亲爱的提比略，为了我也为了战士们，请继续获得胜利。

每当我听到人们称赞你是最勇敢的士兵、最有才华的司令官时，我的激动和喜悦之情可能远远地超过了你本人。

亲爱的提比略，我对你夏季战争的指挥赞叹不已。我很清楚，在如此困难的形势下要重整士气不振的军队，让他们重新鼓起勇气，没人能比你更明智果断。所有和你共过事的人都对你赞不绝口。那句“此人凭其辛劳，独力回天，为我们重新办好了事情”的名言，似乎是为了你而存在。

这句名言是诗人恩尼乌斯（Quintus Ennius）诗中的一句话，是用来赞美罗马抗击汉尼拔时的指挥官费边·马克西姆斯（Quintus Fabius Maximus Verrucosus Cunctator）的。

我最亲爱的提比略：当我遇到不得不慎重思考的问题时，当我提出的政策遭到强烈反对时，我向诸神发誓，我是多么希望你能够在我的身边。我想起荷马的那句诗：“只要他跟我同行，即使四面火焰如海，我们也能闯出来，双双返回，因为他有无人可比的丰富的智慧、无尽的主意。”

这是荷马史诗《伊利亚特》中攻入特洛伊阵营的狄俄墨得斯称赞奥德修斯的一句话。

每当我闻讯或者从报告中读到你因为日夜操劳而消瘦了的消息时，我就担心你好像要生病。也许我说得有些夸张，但那种不安使我全身战栗。我恳请你务必保重，如果听到你患病倒下的消息，我和你的母亲会像接到死讯般遭受沉重的打击。更主要的是，对于全罗马人民而言，这意味着国家陷入了重大的危机。

只有你能保持健康，顺利地完成任务，我是否安康无关紧要。

我衷心地向诸神祈祷，保佑并赐予你健康的身体，无论是现在还是将来。假若诸神不希望罗马灭亡，我相信他们一定会接受我的祈求。

奥古斯都一边不惜溢美之词地向提比略表示感谢，一边又对日耳曼的问题迟迟不能下定决心。罗马军最高司令官奥古斯都的踌躇不决，让前线的提比略举步维艰，无法采取决定性的行动。从公元 10 年到 12 年，提比略一直守在前线，在这几年时间里，前线部队除了修整莱茵河沿岸的防卫设施之外，对日耳曼的进攻只是反复做些“示威游行”般的恐吓而已。

公元 13 年，奥古斯都授予了提比略“最高指挥权”，自此，54 岁的提比略名副其实地和奥古斯都成了共同统治者。然而，日耳曼的问题并未因此而打破僵局。

从公元 13 年起，27 岁的日耳曼尼库斯代替返回罗马的提比略，成了日耳曼战场上的总指挥。他在日耳曼总共执行了 4 年的任务，就是在这期间，他带着部队去凭吊瓦鲁斯军团发生惨剧的战场。在他担任总指挥的 4 年里，仍然没有发动过大规模的军事行动。

到公元 16 年，也就是奥古斯都去世 2 年之后，已经继承了皇位的提比略下令从日耳曼地区全面撤军，不过这项决定并未公开发布。作为罗马军总司令的提比略皇帝，将日耳曼战场上的司令官日耳曼尼库斯调往东方，用这种掩人耳目的方式，从日耳曼战场悄悄地撤回了军队。对罗马而言，从进攻的战场撤回兵力，这是前所未有的不名誉的事情。

无论如何，提比略的决定使得罗马的防线从易北河—多瑙河一线重新回到了莱茵河—多瑙河一线，一切终于尘埃落定。以现代城市为例，易北河—多瑙河一线就是汉堡—莱比锡—布拉格—维也纳，而莱茵河—多瑙河一线则是鹿特丹—科隆—法兰克福—维也纳。某位英国研究者曾经刻薄地说过，罗马从易北河战线撤退，让莱茵河以东、多瑙河以北的日耳曼人终究还是"帝国之外的野蛮民族"。而我这个亚洲人比较有兴趣的则是，如果罗马帝国扩张到易北河的话，会不会还有瓦格纳的音乐诞生呢?

如果说奥古斯都一生犯过什么大错的话，那么企图将帝国的疆界扩张到易北河几乎是他唯一的失策。以我的观点，他还有另一项失误，不过这是下一册的主题，详情留待以后论述。我们还是回到日耳曼的问题，现代军事专家对于罗马帝国的边防线，曾经给出过这样的意见：

> 作为国界线，莱茵河比易北河在地理上更为清晰、明确，对边防的保卫相对简单。如果古罗马帝国的疆界成功地扩张到易北河，反而会增加之后在防卫上的困难度，军费会随之提高，而且对后方高卢地区的控制能力也会有所削弱。

如果专家所言正确，那么从日耳曼撤军就是一个正确的决定。然而最终做出决定的是提比略而不是奥古斯都。除了一些政治上的需要，奥古斯都不是一个喜欢用做哗众取宠的事情来满足自己虚荣心的人。他的“父亲”恺撒曾经征服了罗马传统意义上的北方两大强敌之一的凯尔特人（罗马人称之为高卢人），他企图征服另一强敌日耳曼人，是否是出于与先父抗衡的虚荣心？恺撒让罗马摆脱了高卢人的威胁，奥古斯都是否也有着同样的梦想，希望自己能将罗马人民从对日耳曼人的恐惧中解放出来？

和当时很多罗马人一样，奥古斯都肯定读过恺撒撰写的《高卢战记》。不过，无论作者的论述如何精确，对于内容的理解，最终还是取决于读者本人的智慧。

战争经验贫乏的奥古斯都是不是对《高卢战记》中一些话不甚理解，不能明白恺撒将边防线设在莱茵河的用意，因此才自作主张地将边防线扩张到易北河一带？

《高卢战记》中有这样一段叙述：

> 他们日耳曼民族，在我们看来既没有必需的军事组织，也没有建立要塞进行防守的概念。人们散居在四面八方。他们的散居之处不是我们想象中的都市或者村镇。不论是隐蔽的山谷、茂密的丛林，还是危险的沼泽，凡认为有一线保障或逃生的希望，他们就躲藏进去。那些地方是他们熟悉的，但对我们说来，就需要特别留神。倒不是整个部队都要战战兢兢，惊骇四散的人从来不会危害到集中在一起的大军，然而小部队行动时就要特别注意，个别士兵的安全会牵涉到大军的安全。
>
> 因为劫掠的欲望会让士兵脱离大部队，即使没有这样的动机，密林中隐蔽的难以辨识的道路也很难让大队人马维持整齐的

队列前行。

要想歼灭这个蛮族，就必须将人马分散，四处去搜捕。如果按照罗马军队的传统，军团旗在前、大批人马整齐排列在后的阵型，那么当地的地形本身就会成为蛮族的保障。同时他们中个别的人也不乏勇气打些秘密埋伏，对我军分散的队伍来个突然围攻。

鉴于这些特殊困难，凡事必须谨慎，周密考虑。虽然大家心中都燃烧着一股复仇的怒火，但恺撒（恺撒通常使用第三人称称呼自己）认为，放过许多可以给敌人造成损害的机会，比让士兵遭遇死亡更为妥善。

用现代方式来诠释恺撒的战略，那就是要征服日耳曼，除了实行彻底的“地毯式搜索”别无他法。恺撒熟知当地的情况，始终和军队在一起，因此能够毫不犹豫地做出决定，放弃了扩大日耳曼战争的计划。与之相反，奥古斯都征服日耳曼的构想，则是一个文官照着书桌上的地图拟想出来的东西。

讲到这里，我不得不感叹人类真是一种不可思议的生物。一旦输了，彼此之间互相推卸责任，四分五裂；如果赢了，又会因为嫉妒而反目成仇。因此，胜负不在一时，能够凝聚力量、没有无谓消耗的一方注定是最后的胜利者。如果从这个角度来评断公元 9 年瓦鲁斯军团惨剧之后的罗马和日耳曼，赢的是罗马，输的则是日耳曼。

历来对皇帝的批评不留情面的元老院，对奥古斯都将瓦鲁斯安葬在家族陵园的举动没有任何非难，全罗马人为此服了一整年的丧。

而赢了战争的日耳曼，由于阿尔米尼乌斯缺乏组织能力，错失了反攻罗马的大好时机。部落之间的争斗再起，阿尔米尼乌斯提出的联合作战的请求遭到了马罗波杜斯的拒绝，连他的亲弟弟也背叛了他投奔罗马。

虽然与罗马人的战斗已经结束，然而，日耳曼部落间你争我夺、互相残杀的纷争并未停止，撤出了日耳曼的罗马人则守在莱茵河畔静观其变。

公元17年，马罗波杜斯因在战斗中输给了阿尔米尼乌斯，向已经是罗马皇帝的提比略求救。那个时候，罗马军撤出日耳曼的计划正在进行之中，无法在军事上给予实际的支援。提比略为了回报这位始终信守诺言的日耳曼部族的族长，保证其在拉文纳的居住安全，并且保证他们余生的生活无忧。拉文纳位于意大利北部，不属于边陲地区，是罗马共和时期北意大利行省的省会，在帝国初期，和意大利南部的米塞诺并列为罗马的两大海军基地。马罗波杜斯于公元35年在米塞诺去世，他在那里度过了18年的亡命生涯。

阿尔米尼乌斯同日耳曼尼库斯率领的罗马军队以及与其他日耳曼部落，经过了惊心动魄的8年的争斗，于公元21年，在与某一部落的战斗中因受伤不治而身亡，年仅37岁。他死前闻讯妻子和年幼的儿子被罗马收容，母子俩和马罗波杜斯一样，生活在米塞诺。但他不知道在自己死后，他的到了学龄期的儿子离开母亲，独自前往罗马读书，就寄宿在罗马皇帝的亲戚家中。阿尔米尼乌斯在后来的19世纪，被当时民族主义情绪高涨的德国人奉为民族英雄。

对于曾经战胜过自己或者始终与己为敌的对手，古罗马人不会刻意去丑化或者无视他们的存在。我们后人之所以对这些人以及他们的国家有相当程度的了解，正是因为古罗马人留下了详细的记录。他们对历史的记录，似乎像他们独创的逼真的人像雕刻艺术那样，展现了彻底的写实主义精神。阿尔米尼乌斯虽然不能与汉尼拔以及本都（Pontus）国王米特拉达梯（Mithridates）相提并论，但他也享受了被书写在罗马历史记录里的荣誉，尤其是像塔西佗那种时常站在批评者的立场评论国事的知识精英，从他的文章中甚至可以读出赞誉阿尔米尼乌斯的意思。顺便提一下，阿尔米尼乌斯（Arminius）是拉丁文的读法，日耳曼语叫“赫尔曼”（Herrman），“战士”的意思。

罗马人可以心平气和地书写敌人的历史，但不能忍受象征罗马军事力量的银鹫旗落入敌手。当初阿尔米尼乌斯从瓦鲁斯军队那里夺走的 3 面军旗中的 2 面，在公元 15 年，被日耳曼尼库斯率领的罗马军队成功地夺回。剩下的一面一直要等到 27 年后的公元 42 年，才回到了罗马人的手里。奥古斯都曾经通过外交手段，成功地赢回了克拉苏败北时落入帕提亚人手中的银鹫旗，但在他去世时，还有 3 面军旗仍在敌人的手中，这在古罗马人的观念中，等于是带着耻辱而死。

公元 14 年，奥古斯都和共同统治者提比略一起举行了帝国全境范围的人口普查，这是在他统治期间的第三次人口普查。根据这年普查的结果，罗马公民人口数（即成年男子人数）达到 493.7 万，与 42 年前的普查结果相比，增加了 87.4 万人；比 22 年前第二次的普查增加了 70.4 万人。尽管在德国的条顿堡森林中损失了 2 万余人，但是奥古斯都设想的以“罗马统治下的和平”为前提，从罗马共和国走向罗马帝国，即罗马从高度成长期转向安定期的目标，正一步步地趋向实现。

奥古斯都的离世

那一年的夏天，奥古斯都离开罗马，坐着轿子，沿着阿庇亚大道缓缓向南行进。他要去那不勒斯出席体育竞技大会，利用这个机会在海边休息一段时间，和即将 77 岁的老皇帝同行的还有他 68 岁的妻子利维娅。奥古斯都去那不勒斯没有全程选择陆路，前面的三分之一路程走阿庇亚大道，从阿斯托拉（Astra）海港开始，改走海路。进入那不勒斯湾之后，船沿途靠港，他中途还上岸在卡普里岛（Isola di Capri）做了短暂的停留，尽情地享受着海上之旅。

在这期间，奥古斯都虚弱的身体状况并没有明显好转，不过，他还是全程观看了少年竞技比赛，从未中途离场休息。

奥古斯都是一位好观众，无论内容是否有趣，他总是从头至尾看完演出或者比赛。这一点，恺撒和他不同，恺撒不是在写信就是在听取报告，很少有专注于表演的时候。

奥古斯都一如既往地认真看完体育比赛，离开那不勒斯，前往阿庇亚大道沿线的一个城镇贝内文托（Benevento）为提比略送行。提比略将经过这里前往布林迪西，对潘诺尼亚和达尔马提亚进行重整。

和提比略分别之后，奥古斯都再次出发返回那不勒斯继续休假，时值 8 月，暑期尚未结束。

不料，途中在诺拉（Nola），他的身体状况突然恶化，正由阿庇亚大道南下的提比略被紧急召回。

只有提比略一个人获准进入房间探视奥古斯都，两人进行了长时间的谈话。他们具体谈了些什么，无人知晓。

其实在一年前，奥古斯都就预感到了自己死期将至。刚进入公元

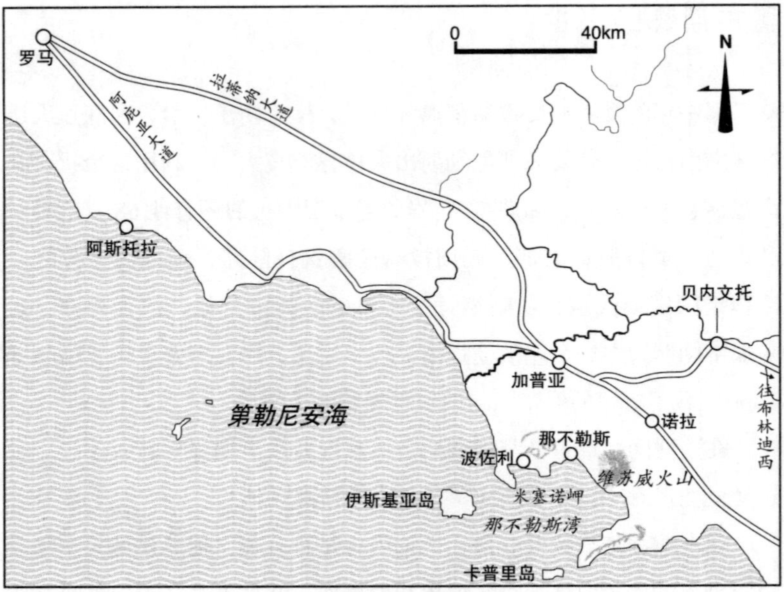

奥古斯都最后之旅

14 年，他就开始着手撰写《功业录》，将他愿意告知后人的事情记录下来，并且将自己拥有的一切特权都授予了提比略，完成了皇位交替的准备事宜。他写好了遗书，内容包括继承人的姓名，以及对自己葬礼的详细指示等。奥古斯都有条不紊地做好了迎接死亡的准备。

和提比略谈话之后不出几天，奥古斯都在妻子利维娅的怀中闭上了眼睛，正如他一生所愿，以平静、安详的方式离开了人世。那一天是公元 14 年 8 月 19 日，离他 77 岁的生日不到一个月的时间。

提比略护送着奥古斯都的遗体，沿着阿庇亚大道北上返回罗马。由于天气炎热，只好选择走夜路，白天就将遗体安放在沿途经过的各城镇的会堂里。

骑士阶级的人们在距离首都约 20 公里处等候迎接提比略一行，大家轮流抬着奥古斯都金碧辉煌的灵柩前往罗马。

抵达首都之后，遗体先被送回奥古斯都位于帕拉蒂尼山上的私宅，第二天运往古罗马广场的恺撒神殿，灵柩被安放在神殿的台阶上，提比略发表了赞颂故人丰功伟绩的演讲。之后，灵柩被移往广场西面，放置于公民大会的讲坛上，在那里提比略 26 岁的儿子杜路苏斯宣读了颂词。当时 28 岁的日耳曼尼库斯正在日耳曼前线，原本是应该由他担任这个职责的。

杜路苏斯演讲完毕后，由元老院元老抬着奥古斯都的灵柩经过马尔斯广场，在奥古斯都陵的广场前举行了遗体火化仪式，骨灰即刻被放入了陵墓。按照奥古斯都生前的遗嘱，整个仪式既没有威武的士兵队列，也没有来自同盟国以及行省的赠品，在朴素、肃穆的气氛中完成了葬礼。

数日之后，在元老院会场当众启封并宣读了事前保存在维斯塔贞女（女祭司）那里的奥古斯都的遗嘱。奥古斯都要求将自己写的《功业录》刻在铜板上，并镶嵌在陵墓的正面墙上。

奥古斯都的遗言里对帝国的现状也做了详细的记载。内容包括现有兵力的总数、军团驻军地一览、元老院行省和皇帝行省各自的税金总额，以及尚未收缴的各类间接税的金额，等等。他甚至还列出了能够提供详情的解放奴隶和奴隶的名单，真不愧是一个严谨的人。

奥古斯都指定提比略和利维娅为他的财产主要继承人，提比略得三分之二，利维娅获三分之一。

第二继承人是提比略的儿子杜路苏斯和日耳曼尼库斯及其三个儿

子。奥古斯都和恺撒一样，所谓的继承人主要继承的是地位和权力，财产则退而为次。

恺撒曾经将他的一部分财产分发给首都的全体人民。和恺撒同为"国父"的奥古斯都也没有忘记自己的义务，他不仅留给了首都罗马人民 4 000 万塞斯特斯铜币，而且另外赠予了 350 万塞斯特斯给他所属的两个选区。奥古斯都因为同时继承了他生父屋大维和养父恺撒的选区，因此拥有两个选区。

此外，他还给近卫军士兵每人 1 000 塞斯特斯、首都的警官每人 500 塞斯特斯以及 15 万人的军团士兵每人 300 塞斯特斯。在遗嘱中奥古斯都指示提比略立刻用现金支付，因为他早就把这笔钱准备好了。

他还把另外的遗产赠给了军团长们，每个人获得的金额多少有些不同，总数约 2 万塞斯特斯。这笔钱无法立即支付，需要推迟一年，对此奥古斯都也写下了理由，说是因为财产不多请大家见谅

奥古斯都声明，他的继承人所能获得的财产不会超过 1.5 亿塞斯特斯。虽然在最后的 20 年间他从朋友们的遗嘱中得到了 14 亿塞斯特斯的馈赠，但是连同他两位父亲留给他的遗产，他全都用于国家建设了。

奥古斯都的遗嘱内容不像一位皇帝所写，更似一份会计报告，嫁给这样的人做妻子，大概是要被逼着每天去记流水账，想想也是蛮辛苦的。然而，对帝国而言，如果没有清楚的财政收支，国家统治难以长久地维持。这位性格严谨、讲究细节的罗马帝国的初代皇帝比任何人都清楚这一点，只有权高位重的人身先士卒做出表率，才能够严格要求下面的人遵纪守法。

在遗书的最后，奥古斯都表示他不允许流放中的女儿和外孙女死后葬在奥古斯都陵。

奥古斯都和半个世纪前的恺撒得到了同样待遇。元老院以及公民大会决定将奥古斯都神格化，称之为“神君奥古斯都”。只要罗马帝国还存在，这个称号就不会改变。

从写《罗马帝国衰亡史》（*The History of the Decline and Fall of the Roman Empire*）的英国历史学家爱德华·吉本（Edward Gibbon）开始，欧美研究者们对于古罗马的评价，概括来说，就是赞赏共和时期，而认为帝国时期则是堕落的开始。虽然现代的研究者们逐渐推翻了这种观点，但是在那些提供给历史爱好者阅读的作品中仍然充斥着这样的气氛。

英国的历史学家汤因比（Toynbee）甚至认为，奥古斯都做出的功绩，不过是延迟了帝国的衰亡而已。

“盛者必衰”是历史永恒不变的规律。纵然奥古斯都的所为只是推延了罗马帝国的衰败，也足够予以赞扬的，那毕竟晚来了数百年。难道那些欧美的历史学家以为自己的国家没有经历荣枯盛衰的轮回？

这些贬低罗马帝国的研究者主要论点是罗马进入帝制之后失去了自由，即决定国家政策的自由。

那么，罗马在共和时期，真享受过这类的自由吗？罗马共和时期的政体并非雅典式的直接民主制，虽然有一个公民大会的决议，实际上元老院掌握了国家的权力。罗马共和体制是一个历史上称之为“寡头政治”的少数人领导的制度。

最初的元老院只有 300 人，经过苏拉改革之后增加到了 600 人，也就是说，只有这数百名的元老院成员拥有享受决定国家政策的自由。国家制度转为帝制之后，失去了这个自由的是这 600 人，而罗马帝国的总人口是他们的 10 万倍。

奥古斯都继承了恺撒的遗愿，不惜使用各种欺骗手段建立帝制，在我看来这是一个保证了超级大国高效运转的体制。就连共和派的塔西佗都不得不在自己的文章中指出，行省人民更乐于帝国时期的生活。相比于元老院 600 人的不满，这个制度获得了 6 000 万人的正面评价。正因如此，“罗马统治下的和平”才得到了长久的维持。

希腊的思想家普鲁塔克曾经说过，罗马的兴盛在于“同化败者”的政策。这一点在进入帝制之后，虽然由于各代皇帝的不同性格以及时代的变迁，多少受到一些影响，但这种精神非但没有消失，反而延续了下来，被应用到了更广泛的范围。为了顺应时代，政治形态可能会有所改变，但古罗马人与生俱来的精神是不会消失的。

当国家发展到需要维持和平局势、保证国家体系高效运转的阶段，由 600 人决定国家政策的制度是否有继续维持下去的价值呢？人类常常被迫做出选择，因为这世间不存在绝对的善或恶，我们能做的，不过是从中找到一个相对的平衡而已。

恺撒做出了选择，奥古斯都也做出了选择，他们选择的结果是废弃共和制，建立帝制。

世界著名的罗马历史学权威 F. E. 阿德科克（F. E. Adcock）教授在他的《剑桥古代史》（*The Cambridge Ancient History*）中曾经说过：

“一个人统治国家的形态，是当时的罗马出于政治上的需要。”

他对确立了这种国家形态的当事人做出了这样的评判：

“奥古斯都没有亚历山大大帝和恺撒那般过人的智慧，然而，那个时代需要的正是像他这样的人物。”

奥古斯都去世前坐船畅游那不勒斯时曾经发生过一段小插曲。当他的船经过波佐利港（Pozzuoli）时，一艘从亚历山大港来的商船刚好抵达，船上乘客及船员都认出了附近船上正在休息的老皇帝，所有的人向着他齐声合唱般地喊道：

> 因您所赐，我们才有今天的生活。
> 因您所赐，我们才有安全之旅。
> 因您所赐，我们才有自由，享受和平。

突如其来的赞美，让老迈的奥古斯都感到无比喜悦，他下令赐予每个人 40 个金币，要求大家发誓，保证把这笔钱全部用来购买埃及的货物，然后再将购买的货物销售到其他地方去。奥古斯都在生命即将终结之时，仍然是一个清醒、现实的人。只有物品的自由流通，才能提升帝国整体经济和人民的生活水平。而这一切必须在“罗马统治下的和平”之下才能得以实现。

大事年表

年代（公元前）	罗马	中国	日本
44	3月15日，恺撒遭暗杀。翌日，恺撒的遗嘱被公开。遗嘱指定屋大维（当时18岁，恺撒的甥孙）为第一继承人、养子以及袭名恺撒。 4月中旬，屋大维自希腊西海岸归国。 10月，大部分军队表示支持屋大维，安东尼向德奇姆斯·布鲁图发起了攻击。	西汉时期	弥生时代
43	3月，屋大维和两位执政官希尔提乌斯、巴苏斯联手攻打正在与布鲁图交战的安东尼。最终，安东尼撤退，两位执政官战死，布鲁图被杀。 8月，屋大维当选为执政官。他的养子身份得到正式的承认，更名为“盖乌斯·尤里乌斯·恺撒·屋大维”。 11月，安东尼、雷必达、屋大维结成“后三头同盟”。		
42	从夏至秋，屋大维和安东尼联军出兵希腊，在腓立比击败了布鲁图和卡西乌斯的联军。腓立比战役之后，权力重新分配，屋大维掌管西方，东方则属于安东尼。		
41	秋天，安东尼胞弟鲁基乌斯和安东尼的妻子富尔维娅在佩鲁贾起兵反抗屋大维，屋大维与其助手阿格里帕拼死镇压，陷入苦战。 第二年2月，败北的鲁基乌斯和富尔维娅逃亡希腊，不久，富尔维娅死亡。 秋天，安东尼应克娄巴特拉的邀请造访亚历山大港。		
40	屋大维启用梅塞纳斯担任外交工作。 屋大维与安东尼、雷必达缔结《布林迪西协定》。安东尼和屋大维的姐姐屋大维娅再婚。 秋天，庞培次子塞克斯图斯受邀前往那不勒斯湾的米塞诺岬，在那里与屋大维和安东尼签订了《米塞诺协定》。 屋大维与塞克斯图斯的表妹斯克里波尼娅结婚，生下了他一生中唯一的骨血（女儿）尤利娅，不久离婚。		
38	1月，屋大维和克劳狄乌斯·尼禄的前妻利维娅再婚，同时收养了她和尼禄的儿子提比略（之后成为罗马第二代皇帝）和杜路苏斯。		

（续表）

年代（公元前）	罗马	中国	日本
37	秋天，安东尼与克娄巴特拉结婚。		
36	屋大维和阿格里帕全力投入伊利里亚战役。		
34	春天，安东尼在亚历山大港举行远征亚美尼亚的凯旋仪式。 元老院决议，宣布“后三头同盟”终结以及安东尼在亚历山大港的宣言无效。		
33	屋大维为庆祝伊利里亚战役胜利，修建尤利娅水道和屋大维回廊。	汉成帝即位（—前7年）	
32	屋大维当选为“卫国罗马、狙击埃及总司令”。		
31	9月1日，亚克兴角海战。败北的安东尼和克娄巴特拉逃往亚历山大港。		
30	7月31日，安东尼自刃（翌日死亡）。 8月1日，屋大维进入亚历山大港，克娄巴特拉自杀，托勒密王朝灭亡。		
29	8月，罗马为屋大维举行盛大的凯旋仪式，人民为之疯狂。 9月，屋大维宣布在古罗马广场为“神君恺撒”建立恺撒神殿。 屋大维实施大幅度裁军。		
28	进行中断了42年的人口普查。 屋大维开始建造奥古斯都陵。修改了由恺撒制定的持续了30年的情报公开制度。元老院的人数从1 000名重新恢复到600名。		
27	1月13日，屋大维发表恢复共和制宣言。 1月16日，元老院决定授予屋大维“奥古斯都”的尊称。 奥古斯都（屋大维）设立“内阁”（“第一公民的辅佐机关”）。 秋天，奥古斯都和阿格里帕前往法国南部行省的纳博讷，处理高卢问题。		
26	春天，奥古斯都前往西班牙的塔拉戈纳，彻底征服伊比利亚半岛的战役开始。		
24	年末，完成了罗马世界西半部的重整工作，奥古斯都回到了阔别三年半的罗马。		
23	奥古斯都和阿格里帕同时辞去执政官的职务，宣布以后每年以公民大会自由选举的方式选出执政官。元老院批准了他拥有“护民官特权”的申请。 年末，奥古斯都的外甥、女儿尤利娅的丈夫马萨鲁斯病逝，不久，尤利娅与阿格里帕再婚。		
22	因小麦不足，首都罗马陷入粮食危机，奥古斯都捐出私款相救。 奥古斯都起程前往东方进行重整工作，首站是西西里。		

（续表）

年代（公元前）	罗马	中国	日本
21	奥古斯都在希腊逗留。冬天在小亚细亚的萨摩斯岛度过。 5月12日，举行罗马与帕提亚缔结和平协议仪式。		弥生时代
19	9月21日，罗马国民诗人维吉尔逝世。 10月21日，奥古斯都回到首都罗马。		
18	奥古斯都制定《尤里乌斯通奸罪·婚外关系罪法》《尤里乌斯正式婚姻法》。		
17	奥古斯都决定将“百年节”的活动定期化。		
16	阿格里帕率军救援受到北方蛮族袭击的伊利里亚军营。提比略、杜路苏斯兄弟出发北征。		
13	和平祭坛工程动工。 雷必达去世，奥古斯都继任大祭司。		
12	阿格里帕去世。 罗马军开始进攻日耳曼。杜路苏斯的军队到达威悉河流域。		
11	杜路苏斯的军队越过了莱茵河。		
10	杜路苏斯的军队攻向易北河流域。 奥古斯都将意大利本土划分为11个大区，又将首都划分为14个居民区，授予各个区域自治的权力。		
9	和平祭坛完工。 易北河—多瑙河防线建成。 杜路苏斯因落马受伤不治而亡。		
8	梅塞纳斯去世。		
6	提比略引退罗得岛。		
5	奥古斯都为15岁的外孙盖乌斯·恺撒新设了“预备执政官”的官职。（盖乌斯胞弟鲁基乌斯有同样资格。） “少年团”定为长期化组织，奥古斯都的两个外孙分别担任正、副团长。		
4	亲罗马的犹太王去世。		
2	奥古斯都的女儿尤利娅因“通奸罪”被处以终生流放。		
1	元老院授予奥古斯都“国父”的称号。 这个时期，犹太王国陷入内战，亚美尼亚王国也局势不稳。为平息战乱，盖乌斯作为皇帝代理前往东方。		

（续表）

年代（公元）	罗马	中国	日本
2	派往西班牙的鲁基乌斯，途中在马赛病逝。 盖乌斯与帕提亚签订了互不干涉条约。	佛教传入中国	弥生时代
3	盖乌斯与亚美尼亚的外交交涉失败，逃离亚美尼亚。		
4	盖乌斯在小亚细亚南部的叙利亚病逝。 奥古斯都决定提比略为自己的继承人，指定日耳曼尼库斯（杜路苏斯的遗子）为提比略的继承人，同时将外孙阿格里帕·珀斯图穆斯收为养子。 提比略重返日耳曼战场，夺回了易北河的主要流域。		
5	罗马军 14 年之后再度到达易北河流域。		
6	罗马军进攻马科曼尼人。 潘诺尼亚和达尔马提亚爆发叛乱，提比略与马科曼尼人停战和谈后，急速赶往叛乱地区。		
7	奥古斯都处以外孙阿格里帕·珀斯图穆斯流放之刑。		
8	奥古斯都处以外孙女小尤利娅流放之刑，遭此牵连的诗人奥维德也被流放。	王莽篡汉，改国号为“新”（9—23年灭亡）	
9	夏，降伏潘诺尼亚。 冬，达尔马提亚向罗马求和。 瓦鲁斯率领的 3.5 万人的部队，在日耳曼中部的条顿堡森林遭受阿尔米尼乌斯带领的日耳曼军的袭击，全军覆没。		
13	奥古斯都授予在日耳曼前线指挥了 3 年战斗的提比略“最高指挥权”。之后，日耳曼战场的指挥权移交给日耳曼尼库斯。		
14	奥古斯都和共同统治者提比略联名进行了人口普查。 奥古斯都完成《功业录》，于 8 月 19 日，在其逗留的那不勒斯辞世。		

参考文献

一、第一手史料——古人所著的史书、文学作品等

有以下人士的作品与本书相关：

卡西乌斯·狄奥（Cassius Dio）、阿庇安（Appianus）、斯特拉波（Strabon）、苏维托尼乌斯（Gaius Suetonius Tranquillus）、帕特库鲁斯（Velleius Paterculus）、塞内加（Seneca）、塔西佗（Tacitus）、弗拉维乌斯·约瑟夫斯（Flavius Josephus）。

前二者我已在《罗马人的故事01·罗马不是一天建成的》中予以介绍；包括斯特拉波在内的之后三位也在《罗马人的故事05·恺撒时代（下）》的参考文献中出现过；而塞内加、塔西佗、弗拉维乌斯·约瑟夫斯这三位，因为和《罗马人的故事07·臭名昭著的皇帝》叙述的时代关系比较密切，所以在下册中介绍他们会更加适宜。

另外，有关水道工程专家S. J. 弗朗提努斯（Sextus Julius Frontinus）以及写过建筑学的马库斯·维特鲁威·帕里奥（Marcus Vitruvius Pollio）也将留到其他卷中介绍。

除去以上的这些人物之外，剩下的本书要介绍的全是文学家。奥古斯都时代的代表性文人，除了在《罗马人的故事01·罗马不是一

天建成的》中曾经介绍过的李维以外，维吉尔、贺拉斯、奥维德三位都是诗人。文学价值姑且不论，文学作品本身最能够反映时代的气息。不过，评价文学作品时几乎完全没有从这个视点评价过。作为文学作品翻译成日文的书籍如下：

维吉尔（Vergillius Maro，Publius）

Aenies《埃涅阿斯纪》，田中秀夫、木村满三译，岩波文库，1940年；修订版，1949年。

Bucolica《田园诗 · 农耕诗》，越智文雄译，生活社，1947年（中译本《牧歌集》。——译者注）。

Georgica《农耕诗》，越智文雄译，生活社，1947年（中译本《农事诗集》。——译者注）。

Aeneis《埃涅阿斯纪》，维吉尔、卢克莱修著，收入《世界古典文学全集》第21卷，泉井久之助译，筑摩书房，1965年；修订版，1983年。

Aenies《埃涅阿斯纪》（上、下），泉井久之助译，岩波文库，1976年。

Bucolica，*Georgica*《牧歌 · 农耕诗》，河津千代译，未来社，1981年。

贺拉斯（Horatius Flaccus，Quintus）

De arte poetica liber《贺拉斯诗论》，田中秀夫、黑田正利译，岩波书店，1927年（中译本《论诗的艺术》。——译者注）。

Epistole《书简集》，田中秀夫、村上至孝译，生活社，1943年（中译本《书信集》。——译者注）。

Carmina《歌章》，藤井升译，现代思潮社，1973年（中译本《歌

集》。——译者注)。

奥维德(Ovidius Naso, Publius)

Ars amatoria《爱的技术》,樋口胜彦译,思索社,1948 年(中译本《爱经》。——译者注)。

Ars amatoria《恋爱术》,樋口胜彦译,思索社,1949 年(中译本《爱经》。——译者注)。

Metamorphoses《转身物语》,前田敬作译,人文书院,1966 年(中译本《变形记》。——译者注)。

Metamorphoses《变身物语》(上、下),中村善也译,岩波文库,1981 年、1984 年(中译本《变形记》。——译者注)。

Ars amatoria,*Remedia amoris*《恋爱入门 · 相思病的治疗法》,藤井升译,WARABI(瓦拉比)书房,1984 年(中译本《爱术 · 爱的医疗》。——译者注)。

Fasti《祭历》(丛书亚历山大图书馆 I),高桥宏幸译,国文社,1994 年(中译本《罗马岁时记》。——译者注)。

Ars amatoria《恋爱的技法》,樋口胜彦译,平凡社,1949 年(中译本《爱经》。——译者注)。

另外,从 1997 年 6 月起,京都大学学术出版社将会出版日文版的有关古希腊罗马时期的全部作品"西洋古典丛书",第一期预定发行的 15 卷的作品见下。进入罗马时代之后,仍然有大量希腊语的作品,这反映了古罗马人提倡的双语主义。

亚里士多德 :《关于天》,池田康男译(中译本《天论》。——译者注)。

阿忒纳乌斯 :《餐桌上的贤人们》(1、2), 柳沼重刚译（中译本《博学者的宴飨》。——译者注）。

盖伦 :《关于自然机能》, 种山恭子译。

伊索克拉底 :《辩论集 I》, 小池澄夫译。

马可 · 奥勒留 :《自省录》, 水地总明译。

普鲁塔克 :《道德论集》(13、14), 户塚七郎译。

普塞克斯都 · 恩皮里柯 :《皮朗主义哲学纲要》, 金山弥平、金山万里子译（中译本《皮朗主义纲要》。——译者注）。

色诺芬 :《希腊史》(1、2), 根本英世译。

奥维德 :《悲歌 · 来自黑海的信笺》, 木村健治译（中译本《哀歌》和《黑海零简》。——译者注）。

特罗古斯、查士丁 :《地中海世界史》, 合阪学译。

塞内加 :《悲剧集》(1), 小川正广、高桥宏幸、大西英文、小林标译。

塞内加 :《悲剧集》(2), 岩崎务、大西英文、宫城德也、竹中康雄、木村健治译。

二、第二手史料——后世学者所著的历史书籍或研究论文

作者在介绍第二手参考资料时, 通常有两种做法 :

第一种是参考资料中论述的观点, 是作者本身认同的。这种做法常见于以研究者为对象的学术论文中。

第二种是不管作者是否认同参考资料论述的观点, 只要是有参考价值的研究成果都一并记入。这种方法常使用于以普通读者为对象的作品中, 因为对于一般读者而言, 最新的学术研究结果并没有什么特

别重大的意义，何况有不少读者希望能从作品中读到不同角度的历史观，作为作者应该尊重他们的要求。

我通常是用第二种方法，因此，在我的参考文献中，也包括与我观点迥异的著作。

历史和数学不同，作者面对的是人，而不是数字。无论笔下的时代有多久远，里面出现的都是一个个有血有肉的人。作者唯有全情投入其中，才可能刻画出比较接近于史实的内容。

当然，历史不会有标准答案，因为它不是数学。

青柳正规 :《古代都市罗马》，中央公论美术出版社，1990 年。

青柳正规 :《皇帝之都罗马——刻在都市的统治者雕像》，中公新书，1992 年。

南川高志 :《罗马皇帝和他的时代——元首政治罗马帝国政治史研究》，创文社，1995 年。

ALFÖLDY, G., *Storia sociale dell'antica Roma*, Bologna, 1987.

ASHBY, Th., *The aqueducts of Ancient Rome*, Oxford, 1935.

ASSA, J., *Les Grandes Dames Romaines*, Paris, 1960.

BAILLIE-REYNOLDS, P.K., *The Vigiles of Imperial Rome*, Oxford, 1926.

BALTRUSCH, E., *Regimen morum. Die Reglementierung des Privatlebens der Senatoren und Ritter in der römischen Republik und frühen Kaiserzeit*, München, 1989.

BINDER, G., *Saeculum Augustum I*, Darmstadt, 1987.

BIRLEY, E., *Senators in the Emperor's Service*, 《Proceedings of the British Academy》 39, 1954.

BRACCESI, L., *Epigrafia e storiografia*, Napoli, 1981; *Germanico el'imitatio Alexandri in Occidente. Germanico: La persona, la personalità, il personaggio*, Roma, 1987.

BRUNT, P., *The Romanization of the Local Ruling Classes in the Roman Empire*, Madrid, 1976; *The Fall of the Roman Republic*, Oxford, 1988.

BURNETT, A., *The Authority to Coin in the Late Republic and Early Empire,* 《Numismatic Chronicle》 137, 1977.

CAFIERO, M.L., *Ara Pacis Augustae,* Roma, 1996.

CAMPBELL, J. B., *The Emperor and the Roman Army, 31 B.C.-A.D. 235,* Oxford, 1984.

CARANDINI, A., *Schiavi in Italia,* Roma, 1988.

CARCOPINO, J., *La vita quotidiana a Roma,* Bari, 1983.

CASTAGNOLI, F., *Roma antica. Profilo urbanistico,* Roma, 1987.

CAVALLARO, M.A., *Spese e spettacoli. Aspetti economici-strutturali degli spettacoli nella Roma giulio-claudia,* Bonn, 1984.

CHRIST, K. & GABBA, E., *Caesar und Augustus,* 《Biblioteca di Athenaeum》 12, Como, 1989.

CIMMA, M.R., *Reges socii et amici populi Romani,* Milano, 1976.

COARELLI, F., *Il Foro romano II. Periodo repubblicano e augusteo,* Roma, 1985.

COLINI, A.M., *Il porto fluviale del Foro Boario a Roma,* 1980.

CORBIER, M., *L'aerarium Saturni et l'aerarium militare. Administration et prosopographie sénatoriale,* Roma, 1974; *L'aerarium militare, Armées et fiscalité dans le monde antique,* Paris, 1977.

CRACCO RUGGINI, L., *La città romana dell'età imperiale, Modelli di città. Strutture e funzioni politiche,* Torino, 1987.

CRAWFORD, M., *Economia imperiale e commercio estero, Tecnologia, economia e società nel mondo romano,* Como, 1980; *Coinage and Money under the Roman Republic,* London, 1985; *Money and Exchange in the Roman World,* 《Journal of Roman Studies (JRS)》 60, 1970; *Roman Republican Coinage,* Cambridge, 1974.

CRESSEDI, G., *Riflessioni su un progetto per il Foro romano nell'età di Cesare,* Palladio II, 1989.

CROOK, J., *Consilium Principis. Imperial Councils and Counsellors from Augustus to Diocletian,* Cambridge, 1955.

D'ARMS, J., *The Romans on the Bay of Naples. A social and cultural study of the villas and their owners from 150 B.C. to 400 A.D.,* Cambridge, Mass, 1970.

DE CECCO, M., *Monetary Theory and Roman History,* 《The Journal of Economic History》 45, 1985.

DE MARTINO, F., *Storia della costituzione romana IV*, Napoli, 1974.
DI PORTO, A., *Impresa collettiva e schiavo manager in Roma antica*, Milano, 1984.
DOSI, A. & SCHNELL, F., *I soldi nella Roma Antica*, Milano, 1993.
DUNCAN-JONES, R., *Structure and Scale in the Roman Economy*, Cambridge, 1990.
FABBRINI, F., *L'impero di Augusto come ordinamento sovrannazionale*, Milano, 1974.
FABRE, J., *Libertus*, Roma, 1981.
FINLEY, M.I., *Problemi e metodi di storia antica*, Roma-Bari, 1987.
FORNI, G., *Il reclutamento delle legioni da Augusto a Diocleziano*, Milano-Roma, 1953.
FRASCHETTI, A., *Roma e il principe*, Bari, 1990.
FREIS, H., *Die cohortes urbanae*, 《Epigraphische Studien》 2, Köln-Graz, 1967.
GABBA, E., *Appiani Bellorum civilium liber quintus*, Firenze, 1970; *Le città italiche del I sec. a.C. e la politica*, 《Rivista Storica Italiana (RSI)》 98, 1986; *Geografia e politica nell'impero di Augusto*, 《RSI》 101, 1989.
GAGÈ, J., *Res Gestae Divi Augusti, Paris*, 1950.
GALLOTTA, B., *Germanico oltre il Reno*, 《Facolta di lettere dell'Università statale de Milano》 34, 1981.
GARNSEY, P. & SALLER, R., *The Early Principate. Augustus to Trajan*, Greece & Rome: New Surveys in the Classics No. 15, Oxford, 1982; *The Roman Empire. Economy, Society and Culture*, London, 1987.
GIARDINA, A., *L'uomo romano*, Roma-Bari, 1989.
GIRARDET, K.M., *Die Lex Iulia de provinciis*, 《Rheinsches Museum für Philologie》 130, 1987.
GRANT, M., *Storia di Roma Antica*, Roma, 1981; *Gli Imperatori romani*, Roma, 1987.
GRELLE, F., *Stipendium vel tributum*, Napoli, 1963.
GROS, P., *Aurea Templa. Recherches sur l'architecture religieuse de Rome à l'époque d'Auguste*, Roma, 1976.
GROS, P. & TORELLI, M., *Storia dell'urbanistica. Il mondo romano*, Bari, 1988.
GUIZZI, F., *Il principato fra "res publica" e potere assoluto*, Napoli, 1974.
HOPKINS, K., *Taxes and Trade in the Roman Empire (200 B.C.-A.D.400)*, 《JRS》

70, 1980.

IL TRIONFO DELL'ACQUA. Acque e acquedotti a Roma, IV sec. a.C.-XX sec., catalogo della mostra organizzata al Museo della civiltà romana, Roma, 1986.

JANKUHN, H., *Siedlung, Wirtschaft und Gesellshaftsordnung der germanischen Stämme in der Zeit der römischen Angriffskriege,* 《Aufstieg und Niedergang der Römischen Welt》 II-5-1, 1976.

JONES, A.H.M., *Documents illustrating the Reigns of Augustus and Tiberius,* Oxford, 1955; *Procurators and Prefects in the Early Principate,* Studies in Roman Government and Law, Oxford, 1968; *L'economia romana,* Torino 1984; *The Aerarium and the Fiscus,* 《JRS》 40, 1950.

KEHOE, D.P., *The Economics of Agriculture on Roman Imperial Estates in North Africa,* Göttingen, 1988.

KEPPIE, L., *The Making of the Roman Army: From Republic to Empire,* London, 1984.

KIEFER, O., *La vita sessuale nell'Antica Roma,* Milano, 1988.

KIENAST, D., *Augustus: Prinzeps und Monarch,* Darmstadt, 1982.

LA MONETA ROMANA IMPERIALE da Augusto a Commodo., catalogo della mostra a cura di ROSATI, F.P., Museo Civico Archeologico, Bologna, 1981.

LANA, I., *Studi sull'idea della pace nel mondo antico,* 《Atti della Accademia delle scienze di Torino》 V-13, 1989.

LE BOHE, Y., *L'armée romaine sous le Haut-Empire,* Paris, 1989.

LEHMANN, G.A., *Zum Zeitalter der römischen Okkupation Germaniens: neue Interpretationen und Quellenfunde,* 《Boreas. Münstersche Beiträge zur Archäologie》 12, 1989.

LEPORE, E., *La società italica dalla "pax Augusta" alla fine dei Giulio Claudi. Principato e "nobilitas,"* Storia della società italiana II: La tarda repubblica e il principato, Milano, 1983.

LIBERATI, A.M., *ROMA ANTICA*（日本語版『古代ローマ』青柳正規監訳，新潮社，1997）

LEVI, M.A., *Augusto e il suo tempo,* Milano, 1994; *La lotta politica nel mondo antico,* Milano, 1963.

LINDERSKI, J., *Rome, Aphrodisias and the Res Gestae: The Genera Militiae and the Status of Octavian,* 《JRS》 74, 1984.

LO CASCIO, E., *L'organizzazione annonaria*, Civiltà dei Romani I, Milano, 1990; *State and Coinage in the Late Republic and Early Empire*, 《JRS》 71, 1981; *La riforma monetaria di Nerone: l'evidenza dei ripostigli*, 1980.

LUTTWAK, E.N., *The Grand Strategy of the Roman Empire*, Baltimore-London, 1976.

MacDOWALL, D.W., *The Western Coinages of Nero*, New York, 1979.

MANN, J.C., *Legionary Recruitment and Veteran Settlement during the Principate*, London, 1983.

MATTINGLY, H. & SYDENHAM, E.A., *The Roman Imperial Coinage II*, London, 1968.

MAZZARINO, S., *L'impero romano*, Roma, 1956.

MAZZOLANI, L.S., *Iscrizioni funerarie sortilegie e pronostici di Roma Antica*, Torino, 1973.

ME di Maggiore Cristina, *ROMA VRBS IMPERATORVM AETATE*, Roma, 1986.

MENCH, F.C., *The Cohortes Urbanae of Imperial Rome*, Diss. Yale, New Haven, 1968.

MILAN, A., *Le Forze Armate nella storia di Roma Antica*, Roma, 1993.

MILLAR, F. & SEGAL, E., *Caesar Augustus: Seven Aspects*, Oxford, 1984.

MILLAR F., *Triumvirate and Principate*, 《JRS》 63, 1973; *The Emperor, the Senate and the Provinces*, 《JRS》 56, 1966; *The Emperor in the Roman World*, London, 1977; *Emperors, Frontiers and Foreign Relations, 31 B.C. to A.D. 378*, 《Britannia》 13, 1982.

MOMMSEN, Th., *Römisches Staatsrecht II-2*, Basel-Stuttgart, 1963.

MORETTI, G., *DIE ARA PACIS AVGVSTAE*, Roma.

NEUMEISTER, C., *Das Antike Rom. Ein Literarischer Stadtführer*, München, 1991.

NICOLET, C., *Il mestiere di cittadino nell'antica Roma*, Roma, 1980.

NIPPEL, W., *Aufruhr und "Polizei" in der römischen Republik*, Stuttgart, 1988.

NOÈ, E., *Storiografia imperiale pretacitiana. Linee di svolgimento*, Firenze, 1984.

PAOLI, U.E., *Vita romana. Usi, costumi, istituzioni, tradizioni*, Milano, 1995.

PARATORE, E., *La letteratura latina dell'etá Repubblicana e Augustea*, Milano, 1993.

PERELLI, L., *Il movimento popolare nell'ultimo secolo della repubblica*, Torino, 1982; *La corruzione Politica nell'Antica Roma*, Milano, 1994.

PFLAUM, G., *Les carrières procuratoriennes équestres sous le Haut-Empire*, Paris, 1960.

PIANTA DEL PLASTICO DI ROMA, Museo della Civiltà Romana.

PRAUSE, G., *Herodes der Grosse*, Hamburg, 1981.

PURCELL, N., *The apparitores: a study in social mobility*, 《Papers of the British School at Rome》 51, 1983.

RICKMAN, G., *The Corn Supply of Ancient Rome*, Oxford, 1980.

RODDAZ, J.-M., *Marcus Agrippa*, Rome, 1984.

ROMA CONSTANTINI AETATE, Museo della Civiltà Romana.

SADDINGTON, D.B., *The Development of the Roman Auxiliary Forces from Caesar to Vespasian (49 B.C.-A.D. 79)*, Harare, 1982.

SALLES, C., *Les bas-fonds de L'Antiquité*, Paris, 1982.

SCHÜRER, E., *Storia del popolo giudaico al tempo di Gesú Cristo I-II*, Brescia, 1985-87.

SERRAO, F., *Impresa e responsabilità a Roma nell'età commerciale*, Pisa, 1989; *La iurisdictio del pretore peregrino*, Milano, 1954.

SHERWIN-WHITE, A.N., *The Roman Citizenship*, Oxford, 1973.

SIRAGO, V.A., *Principato di Augusto*, Bari, 1978.

SORDI, M., *Il confine nel mondo classico*, Milano, 1987.

STARR, Ch.G., *The Roman Imperial Navy, 31 B.C.-A.D. 324*, Cambridge, 1960.

SUTHERLAND, C.H.V., *The Emperor and the Coinage: Julio-Claudian Studies*, London, 1976.

SYME, R., *The Roman Revolution*, Oxford, 1939; *Tre élites coloniali. Roma, la Spagna e le Americhe*, Milano, 1989; *Roman Papers IV*, Oxford, 1988; *I confini settentrionali durante il principato di Augusto*, 1934.

TALBERT, R.J.A., *The Senate of Imperial Rome*, Princeton, 1984.

TIBILETTI, G., *Principe e magistrati repubblicani. Ricerche di Storia Augustea e Tiberiana*, Roma, 1953.

TORTORICI, E., *L'attività edilizia di Agrippa a Roma*, Il bimillenario di Agrippa, Genova, 1989.

VALERA, G., *Erario e fisco durante il principato: stato della questione*, Storia della società italiana II, Milano, 1983.

VEYNE, P., *Il pane e il circo*, Bologna, 1984.

VITUCCI, G., *Ricerche sulla "praefectura urbi" in età imperiale*, Roma, 1956.

WALLACE-HADRILL, A., *Image and Authority in the Coinage of Augustus*, 《JRS》 76, 1986.

WATSON, G.R., *The Roman Soldier*, London, 1969.

WEAVER, P.R.C., *Familia Caesaris: A Social Study of the Emperor's Freedmen and Slaves*, Cambridge, 1972.

WEBSTER, G., *The Roman Imperial Army*, London, 1969.

WELLS, C.M., *The German Policy of Augustus: An Examination of the Archeological Evidence*, Oxford, 1972.

WHITTAKER, C.R., *Les frontières de l'Empire romain*, Paris, 1989.

WISEMAN, T.P., *New Men in the Roman Senate, 139 B.C.-14 A.D.*, Oxford, 1971.

ZANKER, P., *Augusto e il potere delle immagini*, Torino, 1989.

图片版权

金币图　罗马国家博物馆（罗马 / 意大利）© Ministero per i Beni e le Attivita Culturali, Soprintendenza Archeologica di Roma, Museo Nazionale Romano in Palazzo Massimo

铜币、银币图　新潮社写真部

p.004　濑户照摄

p.006　Luigi Canina, *Vedute dei principali monumenti di Roma antica*, Sugarco Edizioni 1990

p.008　同上

p.013　罗马文明博物馆（罗马 / 意大利）Paola Chini, *Vita e costumi dei romani antichi volume 9: La religion*, Quasar, 1990

p.014　图考馆绘

p.033 上　卡匹托利尼博物馆（罗马 / 意大利）© Archivi Alinari, Frienze

p.033 中　罗马国家博物馆 © Bettmann / CORBIS / CORBIS JAPAN

p.033 下　博洛尼亚考古博物馆（博洛尼亚 / 意大利）© Museo Civico Archeologico di Bologna（Italia）

p.071　同上（4 枚）

p.080　罗马文明博物馆 © Scala, Firenze

p.089　*All of Ancient Rome-Then and Now*, Casa Editrice Bonechi, 1998

p.121　梵蒂冈美术馆（梵蒂冈）© Archivi Alinari, Frienze

p.156　埃斯滕斯图书馆（摩德纳 / 意大利）© Biblioteca Estense Universitaria, Modena

p.161 下　科隆大学考古研究所（科隆 / 德国）© Archäologisches Institut, Philosophische Fakultät, Universität zu Köln

p.162 下　同上

pp.163　和平祭坛 © Antonio Idini / Soprintendenza Beni Culturali del Comune di Roma

p.164　和平祭坛 © Archäologisches Institut, Philosophische Fakultät, Universität zu Köln

p.165 上　同上

p.165 中、下　和平祭坛 © Antonio Idini / Soprintendenza Beni Culturali del Comune di Roma

p.169　和平祭坛 © Archivi Alinari，Firenze

p.215　卢浮宫美术馆（巴黎 / 法国）© photo RMN / Chuzeville / distributed by Sekai Bunka Photo

p.233 左　那不勒斯国家考古学博物馆（那不勒斯 / 意大利）© Scala, Firenze

p.233 右　卡匹托利尼博物馆 © Archivi Alinari, Frienze

p.286　博洛尼亚考古博物馆（博洛尼亚 / 意大利）© Museo Civico Archeologico di Bologna（Italia）

地图制作 :综合精图研究所（p.043，p.053，p.060，p.077，p.080，p.089，p.097，p.103，p.105，p.109，p.111，p.123，p.152，p.159，p.162 上，p.164 中左，p.191，p.192，p.193，p.195，p.211，p.213，p.231，p.237，p.241，p.243，p.250，p.288，p.291，p.322）

图书在版编目（CIP）数据

罗马人的故事：全15册/（日）盐野七生著；计丽屏等译．--2版．--北京：中信出版社，2020.8（2025.1重印）

ISBN 978-7-5217-0750-2

Ⅰ.①罗… Ⅱ.①盐… ②计… Ⅲ.①古罗马—历史 Ⅳ.①K126

中国版本图书馆CIP数据核字（2019）第126892号

罗马人的故事（全15册）

著　　者：[日]盐野七生
译　　者：计丽屏　等
出版发行：中信出版集团股份有限公司
　　　　　（北京市朝阳区东三环北路27号嘉铭中心　邮编　100020）
承 印 者：北京通州皇家印刷厂

开　　本：787mm×1092mm　1/32　　印　　张：182.25　　插　　页：44　　字　　数：4 500千字
版　　次：2020年8月第2版　　印　　次：2025年1月第9次印刷
京权图字：01-2010-4502　　审 图 号：GS（2019）2414号
书　　号：ISBN 978-7-5217-0750-2
定　　价：760.00元（全15册）

服务热线：400-600-8099
投稿邮箱：author@citicpub.com

ローマ人の物語

罗马人的故事

07

悪名高き皇帝たち

臭名昭著的皇帝

[日] 盐野七生 著 涂华忠 译

中信出版集团 | 北京

金币故事

本书涉及的事件是公元1世纪之后50年内发生的事情。此外，我撰写的《罗马人的故事14·基督的胜利》是预示罗马帝国覆灭的公元4世纪。从这个时代往前追溯300年，回到公元1世纪，正是罗马人对罗马历代帝王谩骂指责的年代，但同时也是罗马人自身觉得幸福的时代。

原本“臭名昭著的皇帝”这个题目源于与这些皇帝生活在同一时代的古罗马知识分子，比如塔西佗，以及追随这些大师脚步的西欧史学家们对皇帝的评价。对此，我有不同的看法，此处借用这个题目意思却与之相反。当我们武断地认为这些皇帝都不是明君时，事实果真如此吗？想必大家确实有此疑问。然而，在这些臭名昭著的帝王的统治时期，当时市场上流通的货币无论从铸造技术还是金银纯度上来说，都让公元4世纪的货币望尘莫及。

盐野七生

2005年夏于罗马

银币故事

写作本书时，我的立场只是旁听，而并非他们的辩护人。就好比辩护人出示大量史实证明他们是明主而非暴君时，我只能坐在旁听席上，认真聆听检察官与辩护人的说辞，认真思考真相到底如何。

经过连日审判，我得出一个结论，公职人员与私人果然不一样。想想看，如果是单纯的个人，我们可以理解他；做别人的朋友，我们会觉得心情愉悦；做一个帝国的最高统治者，我们会觉得非同寻常，责任重大。这样一来，我们就必须抛开私人感情，站在公职人员的立场认真履行自己的职责。在这一过程中就会涉及平衡问题，即暴君与明主的界限问题，或许这正是如何在公职人员与私人两种身份之间保持平衡的共同之处。

顺带提一下，此处介绍的银币正面的头像是卡利古拉，他没有把握好平衡。而银币背面则是奥古斯都，说到巧妙地把握平衡，他是罗马人中当之无愧的“第一人”，也是罗马帝国的首任皇帝。奥古斯都是卡利古拉的外曾祖父，然而卡利古拉似乎没有继承奥古斯都对行事尺度的清醒认识。

盐野七生

2005 年夏于罗马

DIVVS CLAVDIVS AVGVSTVS

EX SC

金币故事

与其他职业相比，政治家容易受指责的一个原因在于，大家都相信谁都可以当好政治家。打个比方，钢琴赛的评委往往是由有名的钢琴家担任，一个人再怎么喜欢音乐，如果仅仅只是爱好的话，公众是绝不容许由他来给钢琴选手们投票的。不过，如果换成政治的话，规定每一个人都有选举权，不这样的话，就会被指责为反民主。然而，也不能因此就说由人民大众作为源泉的政治体制，就是由一群完全不懂政治的人来评价专业政治人士的体系。

这样看来，对政治家而言，关乎他们生死的问题就是获得政治门外汉们的支持。从虽有真才实学却没有从事过政治事务这一点而言，不论是学者、评论家还是媒体人都应归于不懂政治这一范畴。政治家应该挑战的是，在保持政治专业人士应有的气概与能力的同时，还要具有保证政治门外汉对自己的支持等之类的高超技能。遗憾的是，克劳狄乌斯皇帝没有成功挑战这样的技能。我是基于怎样的理由下此结论的，读完本书，读者们自会知晓。

盐野七生

2005 年夏于罗马

NERO CAESAR AVGVSTVS
IVPPITER CVSTOS

银币故事

有很多人，明明在诸多领域都有着非凡的才华，却不能灵活使用这些才华全方位地获得成就。在那个时代，被称为“多面人”的人就是不会成长的人。因为人必须通过认认真真完成每一件事才能获得成长，而非蜻蜓点水，无所专长。

因此，这些“多面人”的内心深处一直藏着不安，担心自己一直一事无成。这种不安表现为做某件事时常常会不小心行事过度。我认为皇帝尼禄也属于“多面人”，是个不幸的男人。

但是生活在罗马的人们却过着幸福的生活，因为他们生活在“罗马统治下的和平”（Pax Romana）建立过程之中。如若尼禄行事避免太过专横跋扈，他也不会在30岁时就被逼得自杀身亡。

盐野七生

2005年夏于罗马

尤里乌斯—克劳狄乌斯王朝世系图（略去一部分）

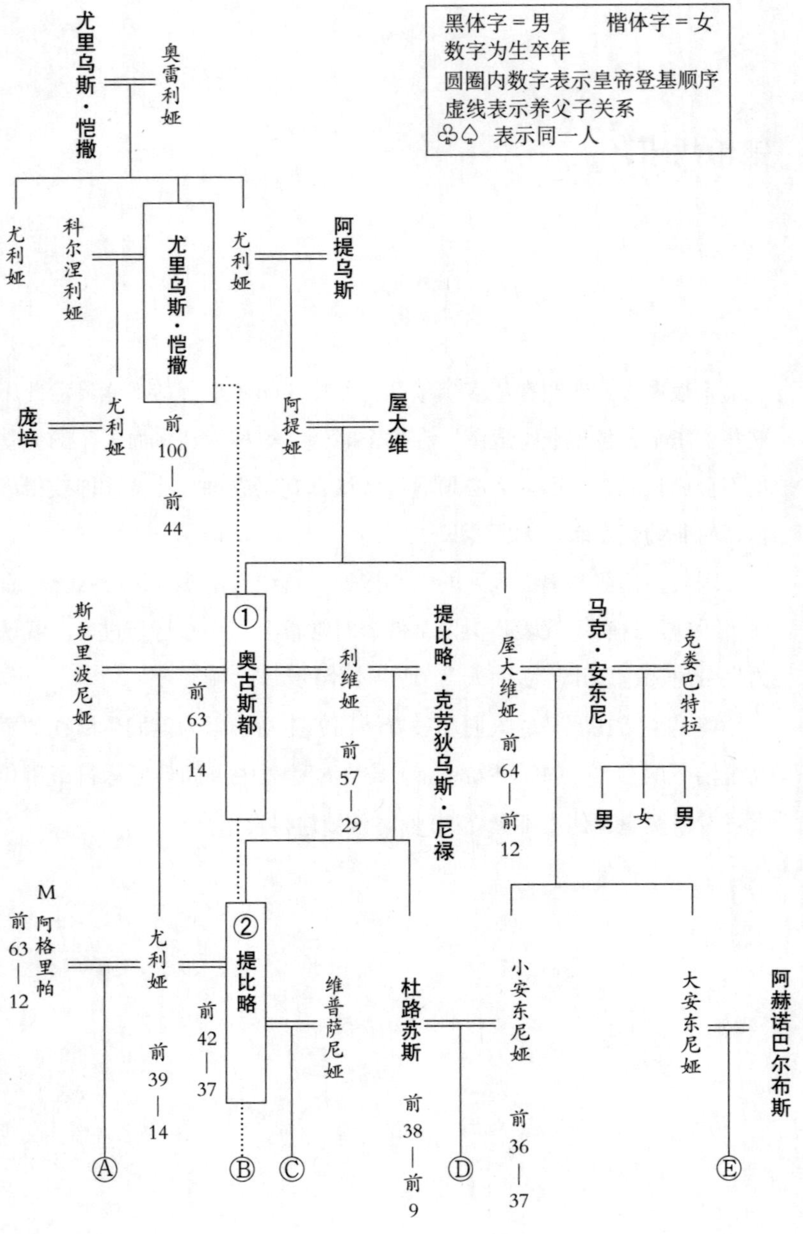

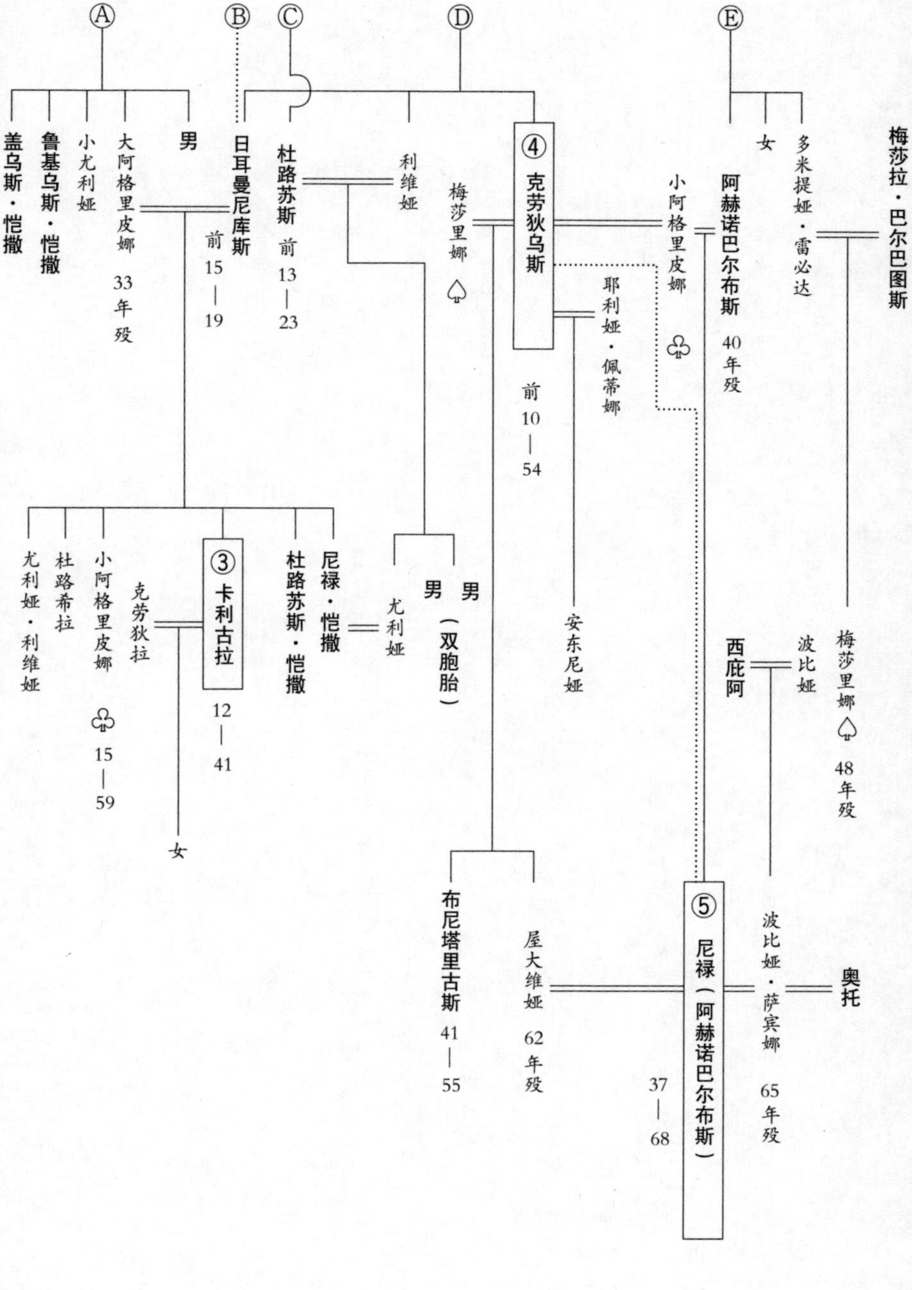
A
B
C
D
E
盖乌斯·恺撒
鲁基乌斯·恺撒
小尤利娅
大阿格里皮娜 33年殁
男
日耳曼尼库斯 前15—19
杜路苏斯 前13—23
利维娅
梅莎里娜
④ 克劳狄乌斯 前10—54
小阿格里皮娜
耶利娅·佩蒂娜
阿赫诺巴尔布斯 40年殁
女
多米提娅·雷必达
梅莎拉·巴尔巴图斯
尤利娅·利维娅
杜路希拉
小阿格里皮娜 15—59
克劳狄拉
③ 卡利古拉 12—41
女
杜路苏斯·恺撒
尼禄·恺撒
尤利娅
男
男
（双胞胎）
安东尼娅
西庇阿
波比娅
梅莎里娜 48年殁
布尼塔里古斯 41—55
屋大维娅 62年殁
⑤ 尼禄（阿赫诺巴尔布斯） 37—68
波比娅·萨宾娜 65年殁
奥托

目录

第一章　皇帝提比略

（公元 14 年 9 月 17 日—37 年 3 月 16 日在位）

卡普里岛

在意大利那不勒斯湾以南30公里的海面上，有一座名叫卡普里的小岛，今天搭乘水翼船只要30分钟就可以到达这座岛上。如若有闲暇，加之想要走上甲板呼吸海上清新的空气，又或想观赏周围的美景的话，可以选择搭乘联络船前往。即使这样，一个半小时到达该岛仍然绰绰有余。

然而，那时候的古罗马人不论如何热衷于提升船只的性能，在动力方面也不得不依靠人力和海风。据说普通的三桅帆船时速可以达到两三海里（1海里约合1.85公里），如果顺风的话可以达到时速5海里。但那不勒斯湾是一个只适合进行划船或独木舟练习的平静海湾，卡普里岛气候与罗马大同小异，是意大利气候最为舒适之处，因此，卡普里岛又被称为“皇帝的御用船”。可是，提比略需要的并不是游玩用的游乐船，而是把卡普里岛当成了一艘能够办公用的政务船。无论是从意大利的那不勒斯、商港波佐利还是军港米塞诺出发，都只需要3个小时就能到达卡普里岛。

时光荏苒，卡普里岛如今已成为地中海沿岸为数不多的疗养胜地，游人们谁都可以涉足此地。然而，历史回溯到2 000年前，整座卡普里岛都是皇帝的私有财产。这是由于奥古斯都大帝用伊斯基亚岛与卡普里岛的前主人交换了这座岛屿，最后才把整座岛屿纳入自己的名下。作为罗马帝国最高统治者的奥古斯都，居然愿意拿比卡普里岛面积大4倍又有温泉的伊斯基亚岛去交换卡普里岛，不难想象卡普里

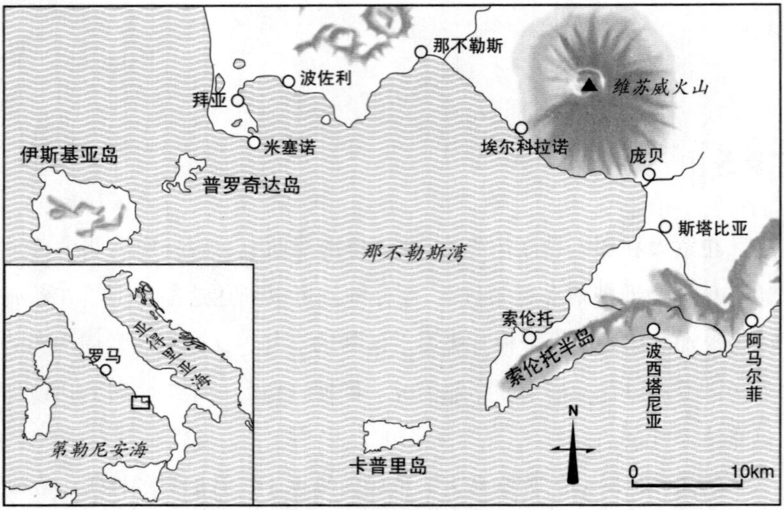

卡普里岛及其周边

岛的迷人之处。其实，从古罗马时代起，卡普里岛就有“那不勒斯湾珍珠”的美称。遗憾的是，奥古斯都虽然钟情于卡普里岛，生前却未能好好在卡普里岛畅游享受一番。奥古斯都大帝大概是在那不勒斯周游之际，才顺道在岛上做了短暂停留，随后就与世长辞了。对于终生日理万机的奥古斯都而言，卡普里岛是一个适合放松的胜地，他虽然想去度假，却因政务繁忙而始终未能成行，前往卡普里岛或许是奥古斯都一个未竟的梦想。

四周都是悬崖峭壁的卡普里岛是一座没有沙滩的岛屿，往来的船只只有岛屿北边的一处码头可以停靠。据说岛上有一座奥古斯都修建的别墅，坐落在离海岸不远的一处高台之上。虽说是高台，离海面也不过10米左右，以至于渔夫们能清晰地辨认出站在列柱回廊上的皇帝。每当这时渔夫们就会停下手中捕鱼的活计，纷纷向皇帝行问候礼，皇帝就会站在高台的回廊上向他们轻轻地挥手示意。每逢岛上居民的祭典，奥古斯都大帝多会愉悦地参加。

风景优美的卡普里岛充斥着欧洲各大名牌商店，现在早已成为一个观光度假的旅游胜地。从停靠船只的码头搭乘缆车，一转眼的工夫就可以到达海拔146米高的卡普里岛中央广场。来此旅游的游客们希望充分地享受卡普里岛的阳光，而非卡普里岛周遭的景色。为了满足这一需求，岛上的宾馆饭店都集中在卡普里岛的南面，一处最适宜日光浴的地方。

我背对着为了争乘缆车而喧嚣不已的人群，独自一人踏上了从中央广场分出来的一条小道，打算顺道造访位于小岛东部的提比略皇帝的别墅。要到这处遗址就得舍弃便捷的缆车或汽车，虽然这是一条从海拔146米延伸到海拔336米的道路，然而这条道路并不那么危险。沿着平缓的上坡路，越往前行民居越少，左边的那不勒斯湾渐渐地映入了我的眼帘。

我也记不得在过去的这30个寒暑里往返了多少次，也记不清要花多长时间才可以到达这座别墅，更记不清这段路程有多远的距离，因为每一次踏上这条道路的时候，我的脑海里一直在想象着同一个情形。

在我的脑海里，在那个没有缆车的年代，提比略皇帝要到达这座按照自己要求建在卡普里岛最东面断崖上的别墅，意味着他得爬到海拔350米左右的高度。即使按现在的标准折算，当时的海拔也有336米，因为那时的海平面比今天大概要低6米以上。按照古罗马人的性格，肯定会立刻就把上山的道路铺好，但提比略当时是否会安然地坐在轿子里，由一群身强体壮的奴隶抬着一路摇晃而来呢？其实，即使提比略到了晚年，他的身体依然非常硬朗，也许是因为在船上的时间较长，很少有运动的机会，到别墅的这段路才总是由他自己走上来的吧。

虽然身体没有提比略那么硬朗，但我也坚持走完了这一段路程。走完最后 200 米的路程之后，我已经深刻感受到了提比略是一个性格多么孤僻的人。此外，如若想观察罗马帝国开国皇帝奥古斯都与其继任者提比略之间的性格差异，只需要比较一下卡普里岛上的两座别墅就能洞悉这一点，途中我一直这么自言自语着。

被称为“乔伊斯别墅”（宙斯别墅）的提比略别墅坐落在断崖最高处，如今只剩下断壁残垣。然而，从规模庞大的储水槽来看，应该能够充分满足当时罗马人孜孜以求的舒适生活。话虽如此，这栋豪华舒适的别墅并不是提比略皇帝的隐退之所。他并没有在退位之后隐居于此，不再过问政事。事实上，提比略从公元 27 年直到逝世的那 10 年时间里，虽然一直身处卡普里岛却统治着整个罗马帝国。尽管他的性格孤僻，但并没有放弃统治罗马人民的责任与义务。进而言之，由恺撒描绘蓝图、奥古斯都建立的罗马帝国，在提比略统治之下更加稳如磐石。

我一直有个习惯，在游览古代遗迹之后，就会立刻在脑海中重新描绘出这些建筑物的复原图。我觉得如若建筑物复原的话，那么曾经生活在其中的人也会随之“复活”。在我设想的世界里，他们至今仍然活着，呼吸着。

我在撰写“罗马人的故事”丛书第 4、第 5 册《恺撒时代》时，一直关注着他。然而，我眼中的恺撒并非独来独往，他身边经常围绕

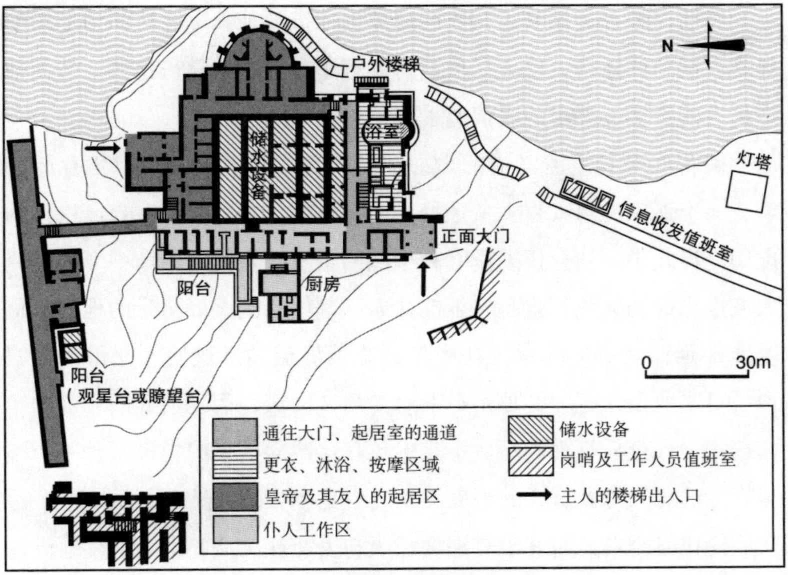

乔伊斯别墅平面图

（这座别墅跟一般的罗马别墅相比，有着非常明显的特色，即主人的居住区与用人的工作区一目了然）

着一群年轻而富有朝气的部下。我有时甚至能听见他们的欢声笑语。即使在跨越意大利北部卢比孔河这攸关生死的时刻，恺撒大帝发出“渡过此河，人世间将有一场悲剧发生。不渡过此河，我们将遭到彻底毁灭”的慷慨悲歌之后，仍然有着大批的追随者不顾性命危险而追随着他。我无法想象恺撒这样极具魅力的人会感到孤独。

我也很难将奥古斯都与孤独联系在一起，恺撒是一个凡事都必须经过自己决断的人，而奥古斯都则是大部分情况下自己做决策。然而我见到的奥古斯都身边总有阿格里帕和梅塞纳斯跟随，是其在做决策时重要的商量对象，这样的奥古斯都显然是与孤独无缘的。

然而，唯有提比略，我才能想象到他被孤独深深困扰的情形。他那高大健壮的体格，使人即使面对其背影，也不会觉得单薄。然而他那高大的身影、严肃的表情似乎在拒绝别人的援助。

倘若面对着波涛汹涌的大海，又或是面临着人类难以生存的沙漠，一个孤独的男人将无从选择，而提比略仍然可以活在自己构建的虚幻世界之中。从乔伊斯别墅眺望到的景致，是美丽的地中海地区令人流连忘返的景色，也是一处能让人深刻体会到美好愿景的地方。从东北部延伸至东部的索伦托半岛那柔美静谧的景致使人变得十分安详，目之所及，宽广的那不勒斯海湾碧波荡漾，而稍远处西北部的米塞诺岬，入夜后灯火闪烁。不难想象在这熙熙攘攘的尘世间，一个不善交际的男人身处这样的绝世美景之中是多么的另类。

提比略刚继位时并没有那么讨厌与人交往。从心里来说，他应该是努力地尝试过，不，或者应该说过犹不及吧。

皇帝继位

虽然记录具体日期的史料早已不复存在，然而我们都很清楚奥古斯都大帝逝世的时间是公元 14 年 8 月 19 日，而提比略继位的时间是同年 9 月 17 日。此外，与 23 年后提比略去世的地方相同，奥古斯都去世的地方同样也位于那不勒斯近郊，把他的遗体运回罗马花了 12 天的时间。从这两件史实可以推测，奥古斯都的遗体被运回首都罗马应该是公元 14 年 9 月之后的事情。据说，由于当时意大利时值盛夏，所以移灵都在夜间进行，因此时间或许就拖到了 9 月 10 日以后吧。毕竟要把皇帝的遗体运回首都，不能仅仅依靠马车。当士兵抬着奥古斯都的遗体回首都罗马之际，徒步紧随其后的正是提比略，奥古斯都逝世的时候他也在场。

这不仅因为提比略是奥古斯都的亲戚，奥古斯都生前早已将各种权力交付给他，将其视为继承皇位的不二人选。因此，在运送遗体的军队沿阿庇亚大道北上的过程中，他肯定早先离队骑快马赶回了首都。因为他有责任召集元老院会议，由元老院决定奥古斯都的葬礼怎么举行，此外，还得宣布奥古斯都的遗嘱。皇帝的遗嘱并非私事，属于公事之列。依照惯例，奥古斯都在年初写好遗嘱后要交给维斯塔贞女（Vestales，女祭司）保管。此时会场中坐满了 500 多位元老院元老，人人洗耳恭听。出于公正、公平，遗嘱由一位与死者没有亲戚关系的法务官宣读。遗嘱开头第一句在宽阔的元老院会场回荡：

> 特此声明，既然无情的命运夺走了我的两个外孙盖乌斯和鲁基乌斯，我把赠予他们的遗产的二分之一与六分之一留给提比略。

奥古斯都大帝的独生女儿尤利娅生了两个儿子，即盖乌斯与鲁基乌斯，不久后奥古斯都将他们收为养子，亲自抚养。可是这两兄弟分别于公元 4 年与公元 2 年相继去世，23 岁和 18 岁的年纪就去世确实令人感到十分痛心，不过这些都是 10 年前的陈年旧事了。事实上，元老院元老们早就明白这两位年轻的继承人能力不足，只有他们的外祖父奥古斯都会为外孙的早逝而发出感叹。而时年 55 岁的提比略无论能力还是功劳，都是一位无可挑剔的继承人。

事实上，奥古斯都比谁都清楚这一点，从下面的一些例子就可以发现这一端倪。公元 4 年，奥古斯都收当时 45 岁的提比略为养子，同时请求元老院赋予他为期 10 年（这一时限其实可以随意更改）的“护民官特权”，元老院最终同意了。此外，公元 13 年，奥古斯都还把全部领地的统治权与整个罗马军队的最高指挥权都交给了提比略，让他成为与奥古斯都一样的实际共同统治者。为提比略铺好了自己逝世后的统治道路后，奥古斯都才与世长辞。或许在奥古斯都看来，只有这样做才算是完成了自己的使命。实际上，从法律角度而言他确实做得相当完备了。奥古斯都在遗嘱中仍然延续按罗马人司空见惯的方式，将遗产的三分之二赠予第一顺位继承人，这等于指明了提比略是罗马帝国的统治者。毕竟，管理一个庞大帝国容易出现的最大问题，应当是指挥中枢的突然断裂。

奥古斯都出于什么理由把大部分遗产留给没有丝毫血缘关系的提比略缄口不言。显而易见，恭听遗嘱的元老们大都认为，原本作为皇位继承人的两个外孙早已不在人世，奥古斯都别无选择，不得不任命已有妻室的提比略作为其继承人。然而，不论是在古罗马还是在其他地方，靠着女人扶摇直上的人终究逃不出一辈子遭受蔑视的命运。

因此，说得通俗点，奥古斯都的遗嘱还是有不够“干脆利落”的地方。与恺撒的遗嘱相比，很容易发现其中存在的问题。当时，恺撒在任命不满 18 岁的奥古斯都做继承人时，并没有“如果这个年轻人能量力而行”等等之类的附带条件。如果真要加上这么一条的话，那么奥古斯都在与军事实力悬殊的死对头安东尼的较量中肯定会暴露出这个问题。当时罗马正处在恺撒遇刺后的动乱之中，在战场上与敌人实力的差距，会给恺撒继承人打下不适合继承皇位的烙印。正因为恺撒“干脆利落”的遗嘱，才对奥古斯都大有裨益。

然而，奥古斯都应当会说自己并没有给提比略附加条件。不跟不知山有多高、海有多深的18岁毛头小伙提条件，却向经验与功勋都十分丰富而卓著的50岁男人提附加条件，这两者并不相同。一想到向后者提附加条件这件事，就让人感到好笑。可是，即使在字面上没有明确写出来，在具体的操作层面上，奥古斯都还是巧妙而隐晦地提出了他的附加条件。

奥古斯都在逝世前的10年时间里将提比略收为养子，这也是把提比略作为继承人重点培养的一段时间。他让已经有儿子的提比略收日耳曼尼库斯为养子。日耳曼尼库斯是奥古斯都的姐姐屋大维娅的外孙，与奥古斯都有血缘关系。虽然在奥古斯都死后迫不得已必须由提比略继位，但这一举动等于表明提比略的继承人是日耳曼尼库斯。

奥古斯都在遗嘱中提到，“既然无情的命运夺走了我的两个外孙盖乌斯与鲁基乌斯”，后面紧接一句话就立刻提到要将皇位传给提比略，对此他却未做任何解释。只是提到10年前的陈年旧事，让人感觉到他还是没有忘却往事，对确立继承人一事稍显犹豫。其实，从字面意思理解的话，我们只领会到了奥古斯都意思的一半。奥古斯都在遗嘱中刻意提到10年前早逝的两个外孙，言外之意，就等于挑明了今后罗马帝国最高统治者身上，必须流淌着他这位“奠基者”的血。遗嘱中只字未提传位给提比略的理由，那是因为在他看来，提比略只是日耳曼尼库斯继位前的“中继接班人”而已。提比略刚好在这一年满了55岁，而担任莱茵河防线军团总司令的日耳曼尼库斯只有28岁。单从年龄上来看，这条曲线继位道路铺设得十分巧妙。

然而，在尚未正式继承皇位之前，遗嘱就把这一顺位继承关系挑明了，那么提比略的内心世界又是怎样的呢？端坐在元老院会场中的元老，大家的目光应该都聚焦在默默聆听遗嘱的提比略身上，其中肯定会有人怀揣着十分恶意的好奇心，观察着提比略聆听遗嘱的表情。罗马帝国第二位皇帝提比略的统治，应该始于这种屈辱的背景中吧。

可是，假设曾一度被遴选为“中继接班人”的战友阿格里帕仍然健在，在公元 14 年的元老院会场中听到了上面的遗嘱，他的心里又怎么想呢？阿格里帕与奥古斯都也毫无血缘关系，他仅仅是从一个普通的士兵一步步得到提升，最终才成为奥古斯都的心腹的。再假设，如若当初恺撒没有提拔阿格里帕，在共和国时期非出身名门不可为军官的罗马军团中，阿格里帕最高只能升到百夫长。又假设他没有进入罗马帝国的军队，阿格里帕说不定会一生碌碌无为。因此，如果是阿格里帕成为日耳曼尼库斯的“中继接班人”，他应该不会感到是屈辱，而是无上光荣的喜讯。

提比略却是克劳狄乌斯家族的直系血亲。在罗马改国体为共和制之际，克劳狄乌斯家族就带着 5 000 名“被保护者”（clientes）迁往罗马。换言之，克劳狄乌斯家族的历史就是罗马的历史。与之相比，奥古斯都的祖父靠什么起家根本就无从考证，根本不能与克劳狄乌斯家族相提并论。虽然收养奥古斯都为养子的尤里乌斯家族有着非常悠久的历史，在为罗马共和国崛起而供应人才方面，也根本不能与克劳狄乌斯家族相比。克劳狄乌斯家族是一个出过 28 名执政官、5 名独裁官、7 名财务官、6 名凯旋将军与 20 名次席凯旋将军的显赫家族。提比略的母亲出身于利维乌斯家族，这个家族也隶属于克劳狄乌斯家族的旁支。在提比略祖先中声名显赫者非常之多，在此列举以下几位：

阿庇乌斯·克劳狄乌斯——公元前 312 年担任财务官，他不仅利用职权修建了罗马第一条大道（也可谓是当时罗马高速公路的阿庇亚大道），还因为负责架设罗马第一条自来水管道而名垂青史。（请参阅

《罗马人的故事 01 · 罗马不是一天建成的》。)

阿庇乌斯 · 克劳狄乌斯——在第一次布匿战争中，与迦太基的第一战取胜。(请参阅《罗马人的故事 02 · 汉尼拔战记》。)

提比略 · 克劳狄乌斯 · 尼禄——第二次布匿战争中，为了阻止盘踞意大利的汉尼拔同从西班牙赶来支援的胞弟哈斯德鲁鲍尔会合而参与战斗，并取得梅陶罗战役的胜利。这次战役导致汉尼拔陷入孤军奋战的境地。(请参阅《罗马人的故事 02 · 汉尼拔战记》。)

当然，克劳狄乌斯家族为罗马提供的并不都是优秀人才，愚蠢的人也为数不少。臭名远扬者如下：

阿庇乌斯 · 克劳狄乌斯——公元前 450 年，罗马贵族与平民阶级发生了正面冲突，他就是罗马贵族阶层堡垒“十人委员会”的核心人物。(请参阅《罗马人的故事 01 · 罗马不是一天建成的》。)

克劳狄乌斯 · 普尔克尔——第一次布匿战争中罗马军队的一个败军之将。通常罗马是不会处罚败军之将的，然而只有他被撤职。在今天看来，撤职的原因有点好笑。罗马人在战斗前习惯先用鸟类来占卜吉凶，占卜过程中他选中的鸡不肯啄食诱饵，他气得大叫道：“难不成你想喝水！”说完就把它扔进了海里。他的这种行为被认为非常主观，不适合担任军队的指挥官。(请参阅《罗马人的故事 02 · 汉尼拔战记》。)

普布利乌斯 · 克劳狄乌斯——按照传统，贵族不能担任罗马的护民官，他却为了担任这一职务而选择成为平民的养子，并且投靠了恺撒的阵营。在成员皆为名门贵族的元老院眼中，他只是一个替恺撒派扶马鞍的丑角。[请参阅《罗马人的故事 04 · 恺撒时代(上)》。]

公元 4 年，提比略在正式成为奥古斯都的养子后，传闻不再用

“提比略·克劳狄乌斯·尼禄”这一名字来签署公文，而是用“提比略·尤里乌斯·恺撒”这一名字，签名的变化表示他成了尤里乌斯家族的成员。但是他身上依旧流着克劳狄乌斯家族的血液。不过，这种问题不难解决，只要提比略利用登上皇位的契机，让克劳狄乌斯家族重现元老院体制时期的辉煌就行了。

然而，提比略的不幸在于他赞同奥古斯都的政治理念，这与他本身背负的家族传统截然相反。换言之，提比略本应该继承代表旧的共和体制的家族传统，但他认为只有元首制这种新体制才能将罗马带到一个新的高度。从精神上支撑提比略这种想法的，是克劳狄乌斯家族源源不断为国家提供人才的这种自傲。克劳狄乌斯家族的男性对国家利益优先有一种舍我其谁的强烈自负，即使国体变更成元首制，这种精神依旧沉积于提比略的血液之中。

在遗嘱中，奥古斯都将遗产的三分之二赠予提比略之后，宣布又将剩下的三分之一留给妻子利维娅。之后，利维娅被尤里乌斯家族收为养女，同时也将她的名字改为尤利娅·奥古斯塔。

不得不重提的是，像恺撒和奥古斯都这种阶层的遗产继承，与将财产赠予公民和士兵不同，这种继承也可以被称为权力的转让。因此，奥古斯都把遗产的三分之一赠予了利维娅，表明利维娅也因此获得了三分之一的皇帝的权力。奥古斯都并不是把爱情置于首位的人，从这一点我们不难发现他是一个多么老谋深算的人。

如前所述，日耳曼尼库斯与奥古斯都有着血缘关系，此外，他还是皇后利维娅英年早逝的次子杜路苏斯的长子，也有传闻称杜路苏斯是奥古斯都的私生子。给予利维娅三分之一的权力，事实上是早就预定由利维娅的孙子——日耳曼尼库斯来继承的。至于留给利维娅的长子提比略的部分，只要三分之二就能解决。同时，让利维娅做尤里乌斯家族的养女，是为了防止赠予利维娅的权力流出尤里乌斯家族。

大概有很多人会认为奥古斯都太过眷念于将权力留在尤里乌斯家族之内，对此我并不完全赞同。奥古斯都这样行事的目的，其实最终还是想维持罗马帝国政局的稳定。因为罗马政局一旦失控，内战就会爆发。至于被视为“中继接班人”的提比略心里打的什么算盘，那可不是奥古斯都顾得了的事情了。

遗嘱的后半部分在《罗马人的故事 06·罗马统治下的和平》中提到过。然而在详细记载赠予居住在首都附近的公民和官兵的遗产金额之后，罗马帝国的开国皇帝奥古斯都给帝国今后的继承人留下了遗言：

“超越现有帝国疆域的任何扩张，全部不可行。”

这是继任者们必须严格遵守的信条，对作为奥古斯都继承人的提比略而言，这是一个比其他任何皇帝都不得不直接面对的重大课题。幼发拉底河和多瑙河早已在罗马帝国的控制之下，无须再纠缠；然而，遗嘱的问题在于奥古斯都没有直言所谓的“现有帝国疆域”的边界到底是指莱茵河，还是易北河。此外，奥古斯都还在留给罗马帝国全体居民的《功业录》（全称《神君奥古斯都功业录》）中这样写道：

> 我国舰队通过“俄刻阿诺斯”（今北海），从莱茵河口东征辛布里人。以前不管是海路还是陆路，从未有罗马人经过这里，而此地的日耳曼民族派出使节，希望与我及罗马帝国国民建立友好关系。

这里没有一句话提到要称霸，但是在 9 年前，提比略曾经率领军队攻至易北河岸边，却是一个不争的事实。辛布里人世代居住在易北河以东，进攻到此地的提比略如今已是罗马军队的最高司令官，这样想来，易北河应在帝国的版图之内。那么，聆听奥古斯都“遗言”的所有元老，恐怕都认为帝国的北边边界就是易北河。

在弥留前的几天，奥古斯都火速召回提比略，在没有第三人的情况下，他们商谈了很久。至于他俩到底谈了些什么，这也是信守承诺的提比略至死都未曾透露分毫的一个千古之谜。或许奥古斯都说应该把军队撤回莱茵河防线吧。对于从战场撤退这件遗留在罗马史上名声扫地的事，奥古斯都直到临终前仍然保持缄默，这也成为困扰提比略的一大难题。

在宣读完遗嘱之后，接下来就要决定奥古斯都的葬礼如何举行了。决定很快就出来了：用国葬之礼来安葬奥古斯都。翌日清晨葬礼就开始了。由于国葬是尚未等元老院通过就决定好了的，所以一应物事早早就准备好了。更何况在夏末之际，遗体也必须立即冰镇妥善保存。罗马人的葬礼并非将遗体安置在棺木中，而是放在床榻上，以便大家跟亡者告别，感念亡者的功劳。之后人们把遗体运往火葬场。身为奥古斯都养子兼继承人的提比略，在罗马广场中央的恺撒神殿前宣读悼词。在奥古斯都陵的火葬结束后，骨灰被安置在庙宇中央。

元老院商议后，决定将驾鹤西归的奥古斯都神格化，罗马帝国的开国皇帝奥古斯都成了罗马帝国的“神君奥古斯都”。

权力的转移似乎进行得一帆风顺，提比略本人却要求元老院元老们慎重考虑继位一事。

其实，这种做法提比略心中自然有他的算计。他深知自己将接任

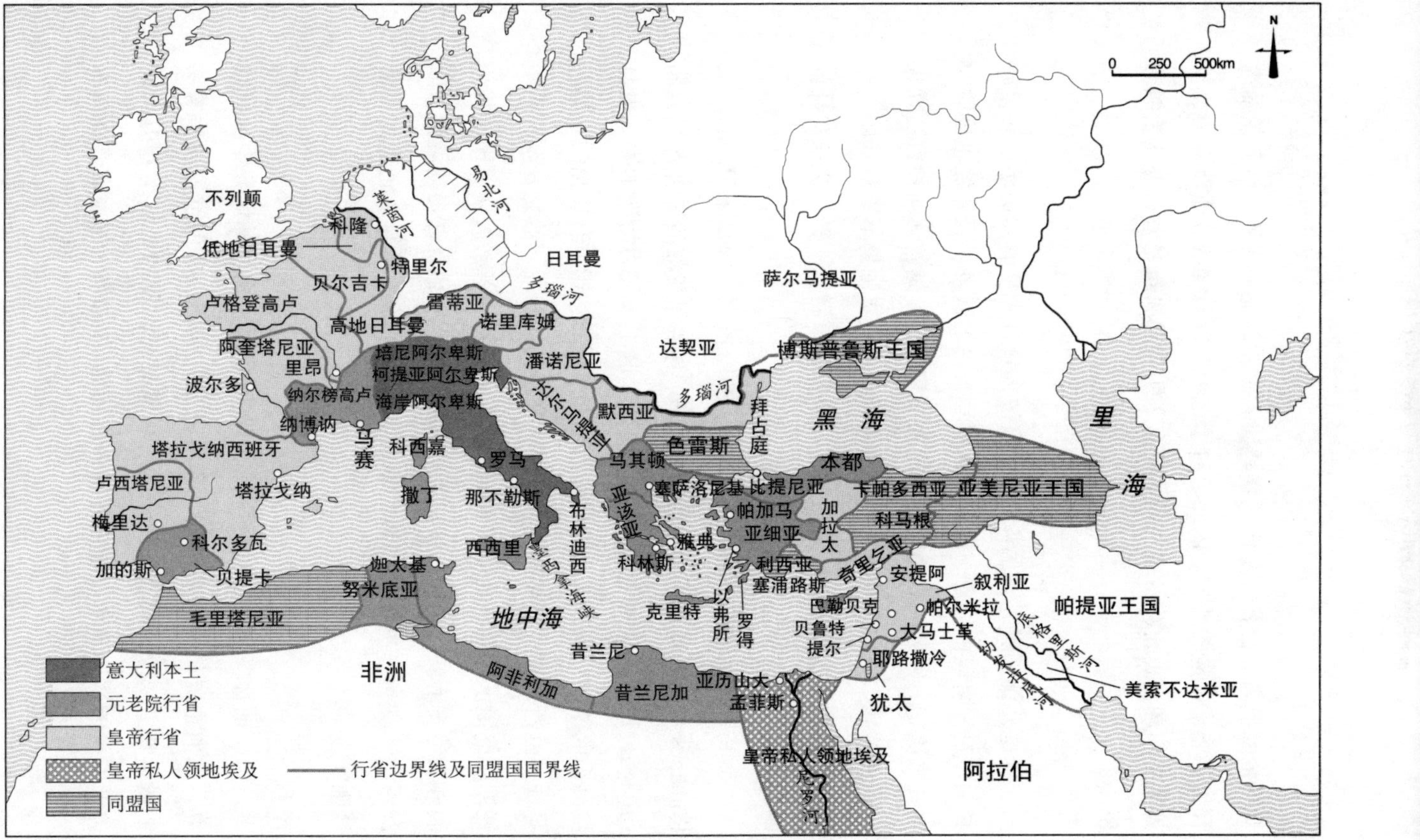

罗马帝国全境略图（公元 14 年）

罗马帝国最高统治者，是依照罗马的法律和传统进行的，然而遗嘱内容也有非常模糊的地方。因此，对于这个奥古斯都的“遗产”中比较棘手的问题，提比略希望在元老院有了明确的决断之后，再开始他的统治。

可是，要正式继承罗马帝国的皇位，只有先皇的指定还不够，还必须经过元老院的同意，以及全体罗马公民的认可。元老院用投票的方式来决定，而公民则用欢呼声的大小来决定。虽说这两种表达方式有许多差异，但如果缺少了他们的认可，新任皇帝是不能登基的。这种方式有别于古代中国等其他帝国的皇帝继位制度，也是掌控罗马帝国统治权的一大特色。

罗马帝国的掌权者终究还是属于“S.P.Q.R.”（Senātus Populusque Rōmānus，意思为“罗马元老院与公民”）这一类范畴。因为元老院与罗马公民的“认可”，就表示“委托”这个人代为治理国家。当时罗马人的这种行事方式是否与我们今天举行的“选举”类似呢？如若是选举的话，就应该在这种制度中明确任期的期限，然而在没有明确任期的前提下，就将统治权委托给某人——罗马帝国实际上仍是共和制外衣包裹下的君主制。这也是奥古斯都处心积虑设计出的局面，因此不得不保留一些模棱两可的地方。他这样做的目的到底是为了什么呢？

公元前 27 年，奥古斯都彻底击败安东尼，在罗马世界中唯我独尊，然而他竟然出人意料地宣布要恢复共和制。在他亲笔写的《功业录》中正式表明了这一态度：“从那时起，我的威信虽在万人之上，但我的权力从未超越过任何一位同僚。”如果对这番宣言深信不疑，那罗马帝国就不再是元首制，而是共和制。与为了帝国实行的元首制还是共和制而争论不已的罗马不同，中世纪文艺复兴时期的威尼斯共和国和元首制的定义一致，并且元首的权威与权力恰好如奥古斯都宣称的那样。

威尼斯共和国国会选出的元首实行终身制，不存在世袭，但元首对内对外都代表着“威尼斯的颜面”。威尼斯元首拥有的权力却非常有限，只相当于当今国会中 200 票中的 1 票，或者等同于当今内阁中的“十人委员会”的 17 票中的 1 票。此外，国会和元老院元老实行的都是世袭制，而元首却是一任。若不遵循这个规则，威尼斯就不能被称为元首制了。因为威尼斯领土面积狭小，加之人口十分稀少，所以这种体制才能够延续下来。

而古罗马对于元首的权威与权力的关系又该做何解释呢?

与威尼斯类似，罗马元首也是“罗马的颜面”，通常会在钱币上刻铸上元首的头像与名字。此外，罗马元首还是罗马宗教界的尊长——大祭司，这也从某种意义上确认了元首的权威。只是在权力方面，罗马的元首与坚持共和制的威尼斯的元首则完全不同：

第一，拥有罗马帝国军队最高司令官的身份。

第二，拱卫全国和首都罗马的近卫军，是其直属军团。

第三，在被分成“元老院行省”和“皇帝行省”的领土中，拥有“皇帝行省”并对其完全负责。

第四，通过其任命的“皇帝财务官”掌控全国征税权，包括由元老院派遣的直辖行省总督治理下的“元老院行省”。

第五，罗马元首拥有“护民官特权”，并有权召开公民大会。根据保障公民权利的《霍腾修斯法》(Quintus Hortensius)的规定，法案即使被元老院否决，只要还能在公民大会上通过，一样可以定案，成为可施行的政策。用今天的观点来解释就是，即使是国会反对，国民依然拥有公投表决的权利。

此外，“护民官特权”还附带着否决权。关于否决权的用处，我们可以想象一下联合国安理会成员有无否决权的异同，就应当明白这项权力的厉害之处。2 000 年后的今天，原为拉丁文的“Veto”的这种权力依旧被世人使用。

第六，罗马帝国的元首有权发布临时措施令（也有人将之译为敕令）。要统治一个疆域广阔、民族众多的庞大帝国，很多事情必须立即采取对策。但是要将这种临时性措施法令化，也就是让它变成可长久实施的政策、法律，必须通过元老院的决议。这也是罗马帝国与其他帝国的不同之处。

第七，元首拥有几乎所有行政官的任命权，对于部分高级行政官，虽然没有任命权，但还掌握着推荐权。

第八，奥古斯都把原本属于罗马公民的控诉权纳入自己的管辖范围，换言之，他本人还兼任了最高法院院长一职。

独揽各项大权的元首都是世袭。

以上这些都是对罗马帝国元首的真实写照。历史学家塔西佗曾断言：“奥古斯都开创的既不是王政，也不是独裁，而是以元首为名的国家体制。”我不明白他是不了解实情才这么说的，还是明知内情却刻意挖苦呢？

如果仅仅从字面上来理解奥古斯都强调的“第一公民”含义的话，它只是“罗马公民的第一人”而已，还算不上正式的称谓。而且，从目前发掘出来的全部碑文中可以看到，没有任何记录可以证明这是对罗马皇帝的别称。“第一公民”这种称谓不过是独揽大权并开创了“一人统治政体”的奥古斯都的一个障眼法罢了。然而，这个把戏背后会滋生许多隐患，毕竟人类往往只考虑眼前的情况。

对于我们现代人而言，提到罗马人的明快、逻辑严谨和法治精神，还数恺撒采用的终身独裁官制度是较为快捷高效的政体。独裁官制度在罗马帝国内的位置等同于危机处理系统，独裁官下面的元老院及所有下设机构的任务，就是执行敕令。这样一个组织分工合理，结构明确。恺撒虽然采用终身制，但没有采用世袭制，而是由唯一的最高统治者指定继承人，之后此人再指定下一任继承人，如此延续。当然，这种做法与五贤帝时代的皇位继承制相同。不过，即使是五贤帝时代，在大约 150 年前也曾经遭受过激烈的反对。此外，“终身独裁官”这一称谓还是显得太过直白。正因为毫不掩饰心中的意图，恺撒才遭人暗杀身亡。

在今天奥古斯都的研究者中，批评他的大有人在，说罗马帝国后来的灾祸，就是起因于他留下的模棱两可的继承体制。我同意他的继承体制不分明，但不至于去批评他。因为在我看来，幸亏奥古斯都留下了这个模糊两可的继承体制，罗马最终才会形成完整的元首制。难道不正是因为他明白“第一公民”的权力基础并不明晰，至少得靠血缘来维系这种传承，才对继承者的血缘关系有所要求吗？然而，这模棱两可的继承体制带来的弊端，使得提比略首当其冲、深受其害，尤其是提比略与奥古斯都毫无血缘关系，遭受的损失更严重。距奥古斯都逝世都快要过去一个月了，但提比略对继承皇位一事仍旧小心谨慎，我觉得他此时的心情绝不会是塔西佗说的“渴望至极却故做犹疑”的心态。

在奥古斯都葬礼之后数日内召开了元老院会议。公元 14 年 9 月

17日召开的元老院会议标志着提比略开始正式统治罗马。会议刚开始，当年担任执政官的两名元老就以共同提议的方式提出如下议案：

一、按照惯例，在奥古斯都逝世后，应授予提比略“元老院第一人”的称号。

二、上一年提比略已获得“罗马全军最高指挥权”，今后应当继续享有这项权力。

三、10年前授予提比略的“护民官特权”仍旧有效，并且是无限期的终身权力。

四、与在世时的奥古斯都一样，将保卫罗马所需的一切权力尽归于提比略。

虽然史料没有把议案通过的细节翔实地记录下来，但最后这项提案估计还是被通过了。因为在这之后，全国上下纷纷掀起了向提比略宣誓效忠的浪潮。首先是两位执政官向提比略宣誓效忠，随后是元老院元老们宣誓效忠，再后就是被召见的仅次于元老院阶级的第二等级——骑士阶级（经济界人士）的宣誓效忠，之后是第三等级平民阶级宣誓效忠。

然而，我们注意到在两位执政官的提案中，并不是询问众人是否赞同提比略成为新皇帝，而是要求元老认可如上列举的第一项权威，以及后面的三项权力。罗马元首制的特点就此表露无遗。罗马皇帝的权力从来就不是君权神授，而是在大家认可之后，才能成为治理国家的皇帝。

在获得具有委托意味的“承认”之后，提比略应众人的要求起立演讲，但是演讲内容十分出人意料。

首先，提比略讲到，罗马帝国幅员辽阔、民族众多，要妥善处理这些因素导致的问题，单凭他一个人是心有余而力不足的。唯有奥古斯都才能仅凭一己之力就能完成如此重任，因此，一旦决策失误就会使罗马帝国陷入危机，提比略在奥古斯都晚年实际上参与国家治理后对此深有感触。随后，他转向元老院元老们继续演讲道：

“然而，罗马不乏可担重任之贤士。既然如此，我认为，大权尽归一人并非上策，广纳能人贤士，帝国的长治久安还会困难吗？”

历史学家塔西佗素来不喜欢提比略，他认为，提比略不希望别人觉得他志满意得，这番演说不过是遮掩之词，绝非肺腑之言。但是，我不这么认为。提比略的生父支持共和制，他曾为恺撒效力，参加过高卢战争。这样的交情，纵使他没有对恺撒刀剑相向，却仍被认为是“3·15事件”暗杀的同伙。因此，在屋大维时代，奥古斯都就将此人列入了惩罚者的黑名单，使得提比略的生父不得不带着当时年幼的提比略到处流亡。在以肩负罗马共和的使命而引以为豪的名门贵族之中，克劳狄乌斯家族与科尔涅利乌斯家族齐名。流淌着克劳狄乌斯家族血液的提比略，此时便向原本与自己同一阶层的男性求助。毕竟在历史上，就连以武力取胜的恺撒，也曾为了建设新罗马，请求战败的元老院元老西塞罗出手相助。但是，大多数元老院元老听了提比略的演讲之后，都想极力躲开这件麻烦事，他们恳请提比略赶快接受“第一公民”的称号。而剩下的少数人脸上浮现着与塔西佗相同的冷笑。

提比略终于开口道：

“我深知，一己之力难当此重任，如诸位执意相托某事，我从之。”

阿吉尼斯·葛斯立即接话道：

“恺撒（提比略后来成为奥古斯都的养子，他也就变成恺撒家族的成员），说相托则从之，什么意思？”

这其实是不怀好意的。阿吉尼斯·葛斯是提比略唯一爱过的女人维普萨尼娅（Vipsania）的现任丈夫。由于提比略被迫与奥古斯都的女儿尤利娅结婚，他与维普萨尼娅劳燕分飞。然而，与尤利娅的不幸婚姻破裂之后，提比略也不曾想过再与其他女子结合。提比略虽然具有转移窘境的机智，但在回答的时候还是犹豫了一下：

“如果可以选择，我愿意放弃公务。然而，事与愿违。勉强取舍，实在与吾道相左。”

葛斯再度发言，此时他的脸上恐怕还浮现着刚才的冷笑。

“非求取舍之道。我想听到的乃‘国唯一，一人可治’一言也。”

接着，葛斯又假惺惺地歌颂奥古斯都的功勋，称赞提比略长期以来在战场上和政治舞台上卓越的表现。

可是，提比略还是没有答应接受这个称号。终于，一位叫庞蒂斯的元老站起来说道：

“恺撒，想让国家群龙无首的状态拖到什么时候呢？”

元老院的焦急心态在所难免。毕竟距奥古斯都驾崩都快过去一个月了，驻扎在莱茵河畔的帝国军团也传来边境有变的消息。

提比略终于点头应承了下来。即使他与奥古斯都没有任何血缘关系，但在年龄、经验、功劳和能力上都是可以接任皇位的第二任“第一公民”。这也意味着新皇帝终于确立了。此时，提比略还差 2 个月满 55 岁。

元老院会场中的这番针锋相对，我认为并非如塔西佗推测的那样是虚伪与反虚伪之间的斗争，而是一个小插曲，它如实呈现了元首制下皇帝与元老院之间相互制衡的关系。

提比略请求元老院赞同，这正是奥古斯都巧妙创造出来的由皇帝统治、元老院协助的管理模式。葛斯当然有理由反对。如果单从字面理解奥古斯都对众人直言的部分，罗马仍旧是共和体制，元首只不过是全体公民中的“第一公民”。然而事实上，指定“第一公民”的却是上任“第一公民”，而元老院只有同意的份儿。其实，在葛斯看来，也许是提比略的举动让人觉得可笑吧。因为对于这显而易见的事实，提比略视而不见，反而摆出一副“第一公民”姿态与元老院平等地对话，还请求元老院协助。

其实葛斯是在借题发挥，毕竟他与提比略都了解奥古斯都架构的“第一公民”政治体制内隐藏的矛盾。

虽然这样说，那么当时奥古斯都为什么能够设计这种违背常理的制度——掩盖在共和制下的君主专政，并且成功维持其运作40年之久呢?

研究者认为，奥古斯都拥有相当敏锐的政治直觉。正因如此，他才能在帝王与元老院的对立关系中保持平衡，并实现双赢。我完全赞同这种观点。然而，我们不能忘记——在权力斗争中，奥古斯都从来都是依靠武力才大获全胜的。不管他本人多么温和谦逊，作为实实在在的失败者，元老院在他面前也不得不采取慎言的做法。提比略获得的权力是前人靠实力获得之后“拱手相让”的，也不符合奥古斯都明确表示的血缘继承模式。换言之，他这个继承人没有任何优势可言。也正因如此，我认为提比略情愿从字面上理解罗马公民中的“第一公民”，从而需要接受元老院的协助。

有人提议授予提比略的母亲利维娅“国母”称号，提比略说：“授予女性头衔应谨慎行事，对我也一样。”从而拒绝了这项提议。实际上，他也拒绝了元老院打算授予他的“国父”封号。

此外，他还下令禁止在公共场所设置他的塑像，禁止称呼他为“主人”的人再使用这种称谓。下面是公告的内容：

> “提比略”乃家仆之“主人”、士兵之“将军”、公民之“第一公民”而已。

无论如何称呼提比略，他都早已是事实上的皇帝，跟随在侧的人从未断绝。一次在元老院会议上，有元老提议仿照“7月”被命名为“尤里乌斯”，“8月”被命名为“奥古斯都”，“9月”也应改为“提比略”。但提比略仅仅说了一句话，就轻描淡写地驳回了这项提议。他说道：

“‘第一公民’超过10人时，那又该怎么办呢？”

下属嘴里说出这样的话，会让听到的人心里面极为不快，因为听这话的人感到其他人会认为自己是个浅薄的人，几句无聊的奉承话就说得自己心花怒放。不过，世上的确也不乏溜须拍马之人，能给上位者逗趣取乐，很多人乐此不疲。顺带一提，在提比略之后，这种阿谀奉承不曾间断，也有皇帝欣然接受。虽然更改了月份名称，但是历经2 000多年之后，流传至今仍被使用的称呼不过只有7月和8月的代称而已。

奥古斯都被神格化了，他的养子提比略自然就升格为“神之子”。在罗马帝国“颜面”最为重要的宣传媒介——硬币上，提比略的侧脸旁边就刻着“神之子”的文字。然而，在公文中，提比略将“提比略的神圣职责”改为“提比略的辛苦任务”，又把“遵从提比略的命令”

改为“接受提比略的建议”。继位后的提比略正式的名字自然是“提比略·尤里乌斯·恺撒·奥古斯都”，可是这个名字只有在给东方各同盟国的正式公文中才使用。如果面对罗马公民，他则使用“提比略·尤里乌斯·恺撒”，因为“奥古斯都”这个名字给人一种“神圣”的距离感。创造了共和外衣下的君主专制体制的奥古斯都肯定是明白“奥古斯都”这个词的含义，才以此为名的吧。

提比略在元老院会议上说道：

> 元老院诸君，以前我已经一再申明，今后也将肯认。身负无限大权之“第一公民”治理国家时是否做到了不昧己、不草率，应以是否忠于元老院及公民来衡量。此心昭于天下，我就无悔了。为什么呢？对于“第一公民”之重任，诸君中必有人愿体谅之，此乃吾之主（意译则是所有者），我深以为然。

即将登基的提比略提到的“第一公民”并不是只有权威而权力却与领导阶层相等的威尼斯共和国元首。奥古斯都创设的“第一公民”身兼权威与权力，提比略也把这些统统继承了过来。但是为了巩固统治，他不得不极力保持“权力”，同时尽量削减自己的“权威”。他理解的“第一公民”不能翻译成“元首”，更不能说成是“皇帝”。虽然我们还不太习惯这种称呼，但也只能说他是“第一公民”，至少在他统治的前10年，他一直努力想成为他设想的皇帝。

罗马帝国拥有公民权的成年男子，即具有投票权的公民，已达500万人。仅靠召集住在首都的几万人进行选举，公民大会早已名存实亡；更何况，元老院元老们又得为因此耗费的巨额经费大做文章。

因此，就任“第一公民”后，提比略做的第一件事，就是把执政官以下国家要职的选举，由公民大会转移到元老院。他的真实意图是，希望通过减轻元老的这项负担，重振元老院这一国家领导阶层，让他们襄助“第一公民”治理帝国。

提比略做的第二件事，是要求元老院赋予日耳曼尼库斯“罗马全军最高指挥权”，元老院同意了。奥古斯都在驾崩前一年将这项权力分与提比略，提比略却在继位之年就做了这件事，这表明他身为“第一公民”，也没有独揽各项权力。

但是，没有一种动物像人类一样，能够在各种矛盾中稳若泰山。刚说不需要强势的领导人，可一旦危机降临，又马上改口大声说“第一公民”应当身先士卒前往第一线，指挥大家摆脱困境。提比略继位时发生的“危机”，是指驻扎在潘诺尼亚负责多瑙河防线的 3 个军团以及负责莱茵河防线的 8 个军团的叛乱。虽然称之为叛乱，但那其实不过是士兵要求改善待遇而发生的罢战。然而参加罢战的人都拿着武器，如果稍有失误，便会造成一发不可收拾的局面。

不过，对于要求“第一公民”身先士卒的呼声，提比略却置之不理。一年前，日耳曼尼库斯就成为莱茵河沿岸 8 个驻守军团的总司令。提比略甚至把“罗马全军最高指挥权”和日耳曼尼库斯分享，奥古斯都的遗嘱还预定了他就是继提比略之后的皇帝。提比略把对这次危机的处理全权交给这位跟他共享权威与权力的 28 岁的年轻人。

要回应潘诺尼亚 3 个驻守军团的要求，还得从首都罗马派人前往。由于军中缺乏能够真正掌握 3 个军团且权威与权力兼备的总司令，提比略原本预定亲自前往完善多瑙河防线，结果因奥古斯都驾崩而搁置。这次，提比略派自己 26 岁的亲生儿子杜路苏斯前往此地。近卫军团长官之一的塞雅努斯也率领两个大队共 2 000 名近卫军团的士兵随行。等待杜路苏斯一行的是潘诺尼亚3个军团的1.8万名士兵。提比略决定坐镇罗马，静观这两个年轻人如何应对这个局面。

军团哗变

具有讽刺意味的是，潘诺尼亚军团发生了反对提比略的哗变，竟是因为军团长普拉耶斯对下辖士兵的体恤。在这位军团长得知奥古斯都驾崩，以及提比略将继承皇位这一信息之后，就以凭吊先皇、恭贺新皇为由，让所属军团的士兵休假。而士兵也暂时摆脱了繁重的土木工事工程以及严酷的军事训练，3个军团的士兵聚集在夏季营地中晃来晃去，三五成群地扎堆聊天，享受这难得的休闲时光。

人一旦有了空闲，就会开始思考自己的命运，这些士兵也不例外。他们逐渐开始担心奥古斯都死后自己的命运，毕竟奥古斯都统治了罗马帝国40年之久。现在这一切戛然而止，自己效忠的对象换成了新的主人。罗马军团的士兵大都是志愿入伍的职业军人，他们的心中充满着对今后可能会失业的不安与恐惧。

然而，在这份不安与恐惧没有消退之际，他们又想起了平时繁重的土木工事工程与严酷的军事训练的辛苦。现在他们终于有了自己的时间，这才激起了这些念头。巧合的是，最会煽风点火的士兵也正好就在这座军营。这个名叫贝肯尼斯的家伙曾是罗马剧场中调动气氛的能手，现在却是军团的一名士兵。这名口若悬河的士兵对大家煽风点火道：

为什么我们要像奴隶似的必须听命于人数不多的百夫长，甚至比百夫长还少的大队长呢？若不趁此时新皇根基未稳，或恳求或威胁上面的官员来改善我们的待遇，那我们要等到什么时候呢？

大家想想，我们忍耐长达三四十年的兵役，忍受衰老，忍受留在身上的累累伤痕，为了什么？不就盼着有朝一日可以拿到工资退役回家！可是退役也不过是个幌子，到后来还不是假借援助国家之名，仍旧要我们做相同的工作？就算苟活下来熬到退役，那些人又巧立名目，说是殖民开发，二话不说就把我们送到沼泽或不毛之地，最后我们还不是一无所得？这就是我们的下场啊！

兵役本身就是付出多、收益少的累活，我们的身体和心灵等于是以每天 10 阿斯的价格为他们卖命，可是我们得到了什么？这些钱要花在衣服、武器、帐篷上，拜百夫长所赐，连装病不去干活都得花钱！最后手里剩下的钱还有多少？这还不算完，不守军规还要被鞭打，跟敌人战斗有死有伤，冬天严寒，夏天酷热，战场残酷，营地贫困，这些何时到头啊？要我们忍受这一切，不是不行，得有条件。

条件就是：每天 1 第纳尔，服役 16 年。此外，绝不在同一军旗下、同一营地上工作。还有，退职金必须用现金支付。

近卫军一天领 2 第纳尔，16 年之后就能回归故里。我并不是对他们有意见，虽然他们在城市工作确实钱多事少待遇好，但是现在给我们的待遇只够我们在荒野之地待在帐篷里看着敌人罢了。

这种煽动性的言论往往有夸大其词的成分，这番说辞自然不能全信。罗马军队的军服、武器、帐篷和粮食等由国家提供，说这些要自掏腰包当然不足为信。然而，个人的衣物肯定得自己掏腰包，对百夫长的“孝敬”当然也没有包括在上述薪水之中。

每天10阿斯的薪水，那么年薪就是225第纳尔，这些都是事实。只不过，罗马帝国的近卫军一天却领不到2第纳尔，只有1.875第纳尔。此外，服役三四十年还不能退役实在夸张。不过，退职金因为财源不足，逾期不发倒是很有可能。

这段蛊惑人心的言论中最真实的部分，就是与其他防线相比，多瑙河防线和莱茵河防线的环境更艰苦、更劳累，付出的辛劳更多。和南方的西班牙、北非或生活水平较高的叙利亚和埃及相比，可以说这里的工作条件极其恶劣。莱茵河和多瑙河两条防线处于蛮荒之地，面对的敌人也最凶悍勇猛。如果皇帝同意了他们的要求，士兵将获得如下表所示的薪酬：

	近卫军团士兵	军团兵（现状）	军团兵（要求）
日薪	1.875第纳尔（30阿斯）	0.625第纳尔（10阿斯）	1第纳尔（16阿斯）
年薪	675第纳尔	225第纳尔	360第纳尔
退职金	5 000第纳尔	3 000第纳尔	3 000第纳尔须现金支付
服役年数	16	20	16
服役地点	本土	行省	行省

说明：第纳尔——银币，阿斯——铜币。

虽然贝肯尼斯只是区区普通一兵，但他满腹牢骚的演讲完全俘获了士兵的心。士兵要求改善待遇的呼声充斥在整个潘诺尼亚军团驻扎的营区。不知是不是为了平息士兵的激动情绪，军团长普拉耶斯决定派身为大队长之一的亲生儿子回罗马，向皇帝转述士兵的请求。这样，士兵总算平静下来了，虽然这种平静只是暂时的。

但是，被派到营地附近的纳乌波尔图斯参与桥梁和道路建设的小分队士兵，得知本队营区发生骚乱的信息之后，竟然开始在当地掳掠起来。纳乌波尔图斯被罗马赋予“地方自治体”的地位，并认可其自治。这种地方怎能允许如此暴行？百夫长们前往劝阻，士兵就将矛头对准百夫长和工程的监军。

古罗马军团的百夫长分为两种，分别是有权参加作战会议的上级百夫长以及没有这项权力的下级百夫长。下级百夫长管理 80 名士兵，对比现代军队体制，相当于美国海军的中士，是中队长级别的指挥官。在军团中，士兵一旦暴动，往往是下层的百夫长最先遭殃。

百夫长被痛打之后，士兵哗变的情绪更加高涨。他们返回自己军队驻扎的营地，一度恢复平静的营区再度骚乱起来。这一次遭殃的还是百夫长。哗变者首先向眼前的长官发泄怒气，触犯军规的士兵想到肯定会遭到严惩，干脆一不做二不休，骚动更是变本加厉。整个大营陷入混乱之中，牢房被毁，被关押的犯人趁乱逃了出去。这些犯人也加入骚乱之中，暴动越发严重，甚至有百夫长惨遭杀害。提比略闻讯后立即决定派儿子杜路苏斯前往处置骚乱。

杜路苏斯在 2 000 名近卫军和皇帝护卫队——日耳曼骑兵中队——的保护下抵达潘诺尼亚军营。等候他们一行的情况十分糟糕，与其说是来到罗马军团的营地，倒不如说身陷敌营。似乎是为了表示对新皇儿子的尊敬，哗变士兵纷纷出营，跑到路上来迎接。然而，与往常迎接长官的礼仪不同，这支哗变部队没按军团、大队、中队的顺序列队，也没有挂上军团旗或队旗，士兵衣冠不整，态度骄横，丝毫

杜路苏斯

没有向长官问候的意思。与其说他们是罗马军团的士兵，还不如称他们是一群无法无天的暴徒。这位26岁的皇子依然面不改色地从哗变士兵中间穿过，直接走到营区中央。这些士兵好像事先早就串通好了，就在杜路苏斯踏入营地的瞬间，哗变士兵迅速堵上了营区的各个出入口，让杜路苏斯一行进退两难。其余的士兵则全数包围营区的中央讲台，冲着台上的杜路苏斯大声叫嚣，满口威胁恐吓。

杜路苏斯抬手示意士兵安静，随即宣读提比略的敕令：

屯于潘诺尼亚的3个军团，是我一手打造，随我征战多年

（公元前12—前9年，公元6—9年，共计6年）。我在此与各位约定，在先皇逝世的悲哀稍微消减、政务如常的时候，我一定把各位的请求转告元老院。

我现在派自己的儿子前来，军团长分内之事，可由其裁定。逾权之请，须呈元老院。诸位之请求是否被采纳，取决于元老院商议的结果。在这样的情境下，望各位慎重从事。

历史学家塔西佗描述完提比略的这一敕令之后，断言这只是提比略争取时间的惯用手腕。从塔西佗的观点不难看出，他认为提比略作为罗马全军的最高统帅，自己居然无法定夺是否接受士兵的请求，还得跟元老院商议，根本就是很荒谬的事情。莫非每次面对强敌开战与否也要同元老院协商不成？

提比略的确也是在争取时间。姑且不论士兵所提要求的对错，提比略早已敏锐地察觉到，是否接受这个要求不仅涉及驻扎在潘诺尼亚的这1.8万名士兵，更影响到罗马全军15万名士兵。届时，这不再是单纯的军事问题，而会演变成影响帝国稳定的政治问题。我相信提比略的真实答案应该是“拒绝”。

即使服役期满却不能退役这件事确实有必要改善，但其他要求不能来者不拒，否则就将打破奥古斯都打造的体制。奥古斯都这么做，也是在综合考虑了罗马帝国的人口以及经济条件之后，协调各方面利益才得到的结果。提比略在55岁之前，几乎都在奥古斯都身边，他对此知之甚深。此外，奥古斯都还把士兵年薪从恺撒定的140第纳尔提高到225第纳尔。如果每次皇权交替都增加士兵薪酬，国家财政肯定会入不敷出。进而言之，提比略统治的基本方针之一，就是在不增加税收的基础上健全国家财政体制。

目前的问题是如何安抚这手执武器、剑拔弩张的1.8万名士兵。毕竟像恺撒那样，面对此情此景只凭一番话就能稳定军心的人物，在古罗马是十分罕见的。提比略除了尽量争取时间，实在是别无他法。

即使这样，提比略还是把自己的儿子派到这里。听完敕令后，士兵的态度依然强硬，叫嚣着要改善待遇，并包围了杜路苏斯，随行人员中甚至有人被石头砸伤。此时，杜路苏斯就连提比略说的“军团长分内之事，可由其裁定”都没做到。因此，士兵的要求不变，对于“日薪1第纳尔、16年后退役”的条件毫不松口。杜路苏斯无疑是受制于人。营地里四处弥漫着骚动的气氛，总让人有种太阳西下后会出事的不祥预感，虽然众人各自回帐，却没人放心安眠。

这夜，万籁俱寂，夜空干净得没有丝毫杂质，月华满地，让人深深迷醉。如此良辰美景越发凸显了人们心中的恐惧和不安。然而，这一晚正好月食，只见原本点亮秋夜的满月，渐渐出现了缺口。士兵对天象一无所知，认为这是凶兆，纷纷从帐篷中冲出来对着缺月祈祷，希望高挂夜空的月亮恢复如初。

杜路苏斯从帐篷中出来，也看到了月食。只不过，他和大多数随从都明白个中原因。接着，杜路苏斯马上想到这是个机会，若利用得当，这次叛乱就可以兵不血刃地落幕。于是，他命令随从秘密召集在士兵中有声望的百夫长。

不管士兵如何祈祷，月食仍然在继续着。看到月亮缺口越来越大，士兵心中的恐惧与不安也随之蔓延；当月亮完全消失、夜空一片漆黑的时候，他们的恐惧达到顶点。火把在营地各处燃烧，跳跃的火光照耀在伏地悲鸣、瑟瑟发抖的士兵身上。

接到命令的百夫长悄悄靠近这些士兵。他们分别来到自己中队的士兵身旁，对陷入绝望而恐惧发抖的士兵说：

你们究竟打算把皇子软禁到何时？你们考虑过后果吗？跟随叛乱的主谋是不错，但你们觉得那些家伙会如愿以偿地给你们加薪吗？退役后谁能给你们土地，那些家伙有能力治理国家吗？这些问题你们想过没有？我们中队最后才加入叛乱，趁早脱身不就没事了吗？

哗变的士兵听到这番话开始动摇了。先是老兵与新兵分开，接着各中队开始列队，之后是大队，最后是整个军团集合起来。这样一来，士兵们又成了重视秩序的罗马人，轻视不守秩序、不知礼仪的野蛮人，自尊心又回到了他们身上。也有的士兵主动捡回被弃置一旁的军团旗与大队旗，把它们插在营帐前面。就在这时候，月亮开始慢慢变圆。这次，面对光芒渐强的月亮，士兵祈求月亮宽恕自己犯下的罪行。

翌日清晨，杜路苏斯召集士兵。杜路苏斯只有 26 岁，他的演讲仍然缺乏足够的感召力，然而，由于良好出身带来的优雅气质以及得体的语言，加之他在台上明确表示自己不会屈从于恐吓和胁迫的态度，接着他又用言辞诱惑道：“只要你们发誓重新恢复成遵守秩序的罗马军团，并且愿意将此事委托与我，我会写信上呈父皇，恳请父皇施以宽容之心，重新考虑大家的请求。”这些士兵中虽然仍然存在抵触的声音，但不久就被绝大多数赞同的声音压制。杜路苏斯选了 3 个人作为信使，他们分别是：潘诺尼亚军团的军团长普拉耶斯的儿子、一名自己的随从和一名首席百夫长。百夫长若能成为首席，就是可参加司令部作战会议的“上级百夫长”。这个人选表面上是哗变士兵的代表，然而个中意味值得深究。此时心中满是悔意的士兵根本没人留意到这一细节。

信使离开之后，营区重归平静，似乎这些士兵都在对提比略的答复翘首以盼。只有杜路苏斯不以为然，也许当他离开罗马的时候，早就得知提比略不会答应这种无理要求。

杜路苏斯下令，传唤造反主谋贝肯尼斯及其另一个同伙。两人一进帐篷就被立即处死，为了避免其他士兵看到，尸体被埋在距离营区很远的森林中一处偏僻的地方。

除掉两名主谋之后，偏激分子很快也被杜路苏斯逐一清洗。这个清洗名单好像早就拟定好了，交由近卫军和潘诺尼亚军团的百夫长们负责执行，清洗运动执行得十分彻底。

对此，士兵根本就没有任何反对的声音。而且，这一年的冬天来得特别早，又要继续住在这个只是为了夏季扎营而搭建的帐篷营区中，士兵的心情更加抑郁。阴雨霏霏，而且还时常会变成倾盆大雨，这时帐篷里就是一片泽国。士兵不由得心生恐惧，认为这是天神对他们反叛行为的惩罚。对于当时不惜揭竿而起要求改善待遇的想法，早就置诸脑后了。

住在帐篷中的不便，杜路苏斯也感同身受，不过他一直在等着，看士兵何时沉不住气，再采取后续行动。

前线的夏季营地只是临时基地，要求并不高，只要能满足基本的饮水、能防御敌人就行了，因此，夏季营地大多建在人迹罕至的地方。与此相比，要从秋末住到来年初春的冬营地，则多设在生活便利的村镇附近，士兵也不用帐篷扎营，而是住在常备的营房里。此外，冬营地有士兵亲密的女友等候，这是服役期间的单身罗马士兵无法抗拒的诱惑。

首先，第八军团的士兵最先提出返回冬营地，接着第十五军团的士兵表示赞同。只有第九军团的士兵说要在夏季营地等候回复，但又担心只有自己留守且离敌人很近，万一情况有变，无法应对。这样一折腾，3 个军团都想立即回到温暖舒适的冬营地去。

杜路苏斯看着士兵出发的背影，思考着如若在冬营地，那么仅靠军团长普拉耶斯就能管理好这些士兵了，于是他当即决定返回罗马。然而，士兵一直盼望的新皇帝提比略的“答复”好像根本就没有离开过罗马。

与此同时，驻扎在潘诺尼亚之北更遥远的莱茵河防线的士兵也发生了哗变。不过这个“日耳曼军团”的哗变从爆发到结束，都与潘诺尼亚军团大相径庭。首先，潘诺尼亚有 3 个驻守军团，莱茵河沿岸则有 8 个。单从人数而言，潘诺尼亚仅有 1.8 万名士兵，莱茵河沿岸则达到了 4.8 万名之多。

日耳曼尼库斯

被称为“日耳曼军团”的军队负责莱茵河防线，沿莱茵河上游、下游分为两个部分：上游因为地势较高，又被称为“高地日耳曼军”，下游因地势较低，又被称为“低地日耳曼军”。两军分别配置了 4 个军团。各军团的军团长直接指挥 6 000 名士兵，高地日耳曼军的 4 个军团之上还有负责统筹的军团长，低地日耳曼军也有另外一名军团长。公元 12 年之前，提比略是整个日耳曼军团的总司令，从公元 13

日耳曼尼库斯

年起则由日耳曼尼库斯接任。总司令全由奥古斯都的亲信担任，这是因为他要用这支劲旅拿下延伸至易北河的日耳曼全境。正因如此，日耳曼军团的士兵比其他地区多，实力也最为强劲，堪称罗马帝国军队的精锐。

精锐之师也并非一朝一夕打造成的，军队要能征善战，不断积累对敌经验，磨炼意志，做到令行禁止，才能成为精锐之师。公元14年初秋的哗变，就是由刚入伍立即被派到日耳曼的新兵引发的。

罗马军团的士兵首先必须是拥有公民权的罗马公民。当时，罗马公民大多来自意大利半岛。而那群从南意大利被送到北方莱茵河下游地区、对边境防御一无所知的新兵，除了要迅速调整以适应当地的恶劣气候和地形之外，枯燥乏味的边疆防御生活很快就让他们感到厌烦，因此，他们迫切要求改善待遇。与驻守潘诺尼亚军团的士兵一样，他们也认为趁皇权更替之际，向新皇帝提比略提出要求改善待遇是一个千载难逢的良机。

日耳曼军团哗变与潘诺尼亚军团哗变的不同之处，在于他们首先表明了立场，愿意全力支持日耳曼尼库斯继承皇位，然后再提出改变待遇的精明要求。

其实，日耳曼军团的士兵并不是讨厌提比略，他们只是认为由先皇的血亲日耳曼尼库斯继承皇位才顺理成章。历史学家塔西佗指出，士兵早有主见：他们认为如果日耳曼尼库斯知道整个军团鼎力相助，必定会暗自窃喜，到时自己成了皇帝继位的有功之臣，那么改善待遇的要求，日耳曼尼库斯一定不会拒绝。

日耳曼尼库斯却出人意料地断然拒绝了，他甚至率先对新皇提比略宣誓效忠，随后要求士兵也宣誓效忠。这样一来，士兵的待遇要求肯定就泡汤了。另外，来往于各地的商人是当时信息传递的有效途径之一，潘诺尼亚军团哗变的消息也通过这些商人传到了莱茵河下游的营地中。

与潘诺尼亚军团的哗变不同，低地日耳曼 4 个军团的骚乱并非有人蓄意煽动，而是在士兵中间自然发生的。因此，士兵不是一开始就要求改善待遇，而是哗变发生之后才提出来的。百夫长最先承受士兵的怒气，这是两次哗变的相同之处。对于这次以星火燎原之势瞬间蔓延整个夏季营地的哗变，军团长凯奇纳束手无策。此时，日耳曼尼库斯因征税滞留高卢，闻讯后，他立即放下手边工作，迅速北上。

按照惯例，全体士兵应出营迎接总司令，4 个军团的士兵自然没有失礼。放眼望去，这群士兵似乎悔不当初，尾随日耳曼尼库斯进入营地之后，好像刚才的一切都是幻觉，队伍立刻解散，士兵满口怨言，骚乱顿起。

站在营区中央讲台上的日耳曼尼库斯，首先命令士兵依照中队、大队与军团的序列各自归队站好。士兵不得不服从命令，然而，他们拖拖拉拉，花了很长时间，感觉非常不情愿。日耳曼尼库斯很有耐心地等他们归队后，才开始发表演讲。

首先，日耳曼尼库斯对先皇奥古斯都在天之灵深表敬意，接着历数提比略过往的种种战功，并将其归功于在场士兵的出生入死。然后又说到，不但意大利全境支持提比略继承皇位，高卢行省也没有表示异议，帝国境内至今没有一个地方因为新皇继位而发生骚乱。大多数士兵都沉默不语。这时，日耳曼尼库斯终于提到了这次哗变。这位时年 28 岁的总司令提高了嗓门大声说道：

“士兵服从铁律的精神消失了吗？罗马人尊重秩序的传统精神消失了吗？谁赶走了大队长和百夫长？”

在日耳曼尼库斯的斥问之下，士兵再也按捺不住了。他们一边脱去上衣，身上露出的全是战争和鞭打留下的累累伤痕，一边开始抗议。为了免除土木工事工程的劳役，他们只好去巴结百夫长，原本就微薄的薪水更加捉襟见肘。可见架桥铺路是多么辛苦的活儿啊。如果挖战壕、钉栅栏、运军粮、砍伐工程所需的木材、准备柴火等等是不得不做的任务也就罢了，可是谁想到，这些都是指挥官们为了不让士兵闲着没事干，胡乱生事，就做完一件差使又想新招来折磨人。士兵的不满终于发泄出来。老兵们纷纷控诉兵役期限过长，新兵纷纷质问先皇的遗产赠金何时兑现。士兵不分新老，都纷纷表态将全力支持日耳曼尼库斯继承皇位。

日耳曼尼库斯听到这话，仿佛听见恶魔的声音一般，迅速从台上跳下来，背对士兵，快步走向自己的营帐。这时，几个距离较近的士兵拔出刀剑将日耳曼尼库斯团团围住，威胁他回到台上。他高声断喝：

“如果背信弃义，就不如以死相谢！”

这不只是说说而已，话音刚落，他抽出腰际的佩剑往胸口刺去。幸好身边的人眼疾手快，及时阻止，否则日耳曼尼库斯也许就英年早逝了。可是，高高举起寒光闪闪的剑反而激起了士兵的反抗心理，甚至连远处的士兵也大喊起来：“要刺就刺进去呀！”更有甚者，他身旁的一名士兵竟然把自己的短剑递给他，还说：“试试，这把更锋利！”然而，第一个倒下的，就是这个对出身高贵的年轻总司令无礼冒犯的士兵。眼看士兵脸上稍微露出怯意，幕僚们将日耳曼尼库斯拉进了帐篷中。

日耳曼尼库斯一行在军团长的大帐中商议对策。他们得到消息，低地日耳曼军团的士兵派人邀高地日耳曼军团的士兵一起行动。可以想象，如果高地日耳曼的 4 个军团也参加叛乱，首先掳掠的就是富裕的乌比人的根据地（今德国科隆），然后向西进犯，将会波及高卢。另外，完全可以预测，一旦叛军兵锋转到西方，防线空虚的消息泄露，莱茵河以东的日耳曼人必然会乘虚而入。当局面还在可控范围之内时，无论如何都必须在军团内部解决这起哗变。担当此次重任的日耳曼尼库斯与前往潘诺尼亚军营的杜路苏斯不同，提比略没有向他传达任何旨意。

对自己的亲生儿子杜路苏斯和侄子兼养子的日耳曼尼库斯，提比

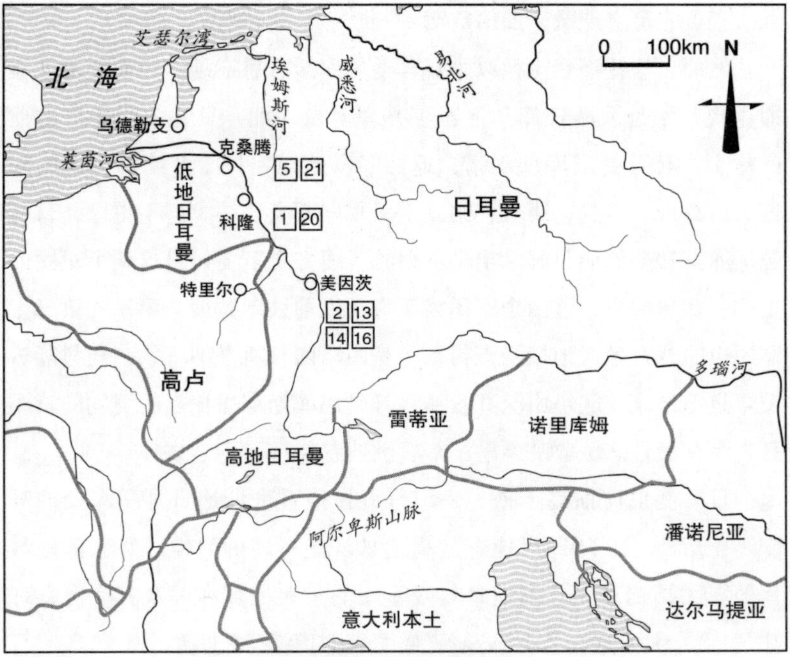

莱茵河防线军团的配置

（城市名称旁方框内的数字表示驻扎在冬营地的军团番号）

略当然是一视同仁，他甚至赋予日耳曼尼库斯仅次于自己的军队大权。提比略重法制，恶逾矩，在他看来，将旨意传给日耳曼尼库斯，会让这个年轻人缩手缩脚，他不会这么做。不过，不要忘了，提比略是“第一公民”。四面楚歌的28岁的总司令，决定以这个名义写一道敕令。这份伪造的敕令中有如下三项表明是皇帝提比略承认的：

一、服兵役满20年者，可退役。

二、服兵役满16年者转预备役，除非遇敌袭迎战，其余情况可免兵役。

三、先皇之遗赠，加倍赏赐。

然而，这些哗变士兵以为日耳曼尼库斯有意拖延，转而要求他立即兑现。于是大队长们马上着手办理退役手续，只是关于先皇的遗产赠金，日耳曼尼库斯承诺，返回冬营地佩特拉（今德国克桑腾附近）后兑现。可是，第五、第二十一军团不肯妥协。迫不得已，日耳曼尼库斯和幕僚们只好拿出全部财物，凑齐金额支付给这两个军团的士兵。费尽周折，这两个军团终于肯出发前往冬营地。第一、第二十军团也愿意在冬营地接受支付，于是由军团长凯奇纳率领，向科隆进发。只不过这支队伍由满载着从日耳曼尼库斯那里抢来的财物的货车打先锋，而且队伍散乱不堪，军旗倒拽着前行。

日耳曼尼库斯终于松了一口气，在他看来低地日耳曼军团的哗变终于解决了，随即火速奔赴高地日耳曼军团的驻地。对于低地日耳曼军团兵的动向，高地日耳曼军团的士兵一直在静观其变，日耳曼尼库斯认为这个军团必须妥善处理。莱茵河上游的 4 个高地日耳曼军团此时已经在军团长席里斯的指挥下，前往摩功提亚库姆（Mogontiacum，今德国美因茨，Mainz）的冬营地驻扎下来了。

日耳曼尼库斯刚抵达摩功提亚库姆的冬营地，就召集士兵，要求他们向新皇提比略宣誓效忠。与进驻冬营地后心情舒畅不无关系，第二、第十三、第十六军团 3 个军团的士兵毫不犹豫地照做了，只有第十四军团的士兵略显迟疑。日耳曼尼库斯察觉到了，他担心这种情绪会波及其他军团，因此，即使没有人提出任何要求，他还是主动承诺高地日耳曼的 4 个军团享有与低地日耳曼军团相同的特殊待遇。于是第十四军团也对新皇提比略宣誓效忠。见士兵都服从命令，日耳曼尼库斯认为高地日耳曼军团已无后顾之忧，当即策马沿莱茵河北上，前往科隆的冬营地，迎接元老院使节团的到来。

元老院派遣使节团来，只不过是将赋予日耳曼尼库斯大权一事传令各处军营而已。然而，日耳曼军团的士兵不解其中内情，对使节的来意产生了误会。他们猜测使节团前来，就是要把日耳曼尼库斯许诺的特殊待遇取消掉。在科隆的冬营地里，除了第一、第二十军团之外，全是等着办理退役手续返乡的老兵。如果日耳曼尼库斯的许诺成为泡影，他们比谁都担忧这样的事情发生，不如先下手为强。于是哗变再一次爆发了。

万籁俱寂，夜黑风高，这些哗变的士兵悄无声息地潜伏到总司令的营房周围。因为是冬季扎营的基地，官兵都不住帐篷。总司令住在独栋的营房，罗马人称之为“维拉”。他们潜入最里面的日耳曼尼库斯房间，这已经不是士兵所为，而是演变成杀人越货的强盗了。这群哗变士兵当晚就被击退，然而哗变已经波及整个军营。

第二天清晨，日耳曼尼库斯召集所有士兵，再把引发士兵骚乱的使节团团长普兰克斯请上台来，向士兵说明来意，士兵暂时平静了下来。

然而，没有人因此而认为情况可以得到控制。有幕僚建议，驻扎美因茨的 4 个军团已经宣誓对皇帝效忠，高地日耳曼军团的冬营地相对安全，可以考虑转移过去。日耳曼尼库斯责任感比常人强烈，他没有接受这个建议，不过考虑到至少可以让家人避开危险，几经犹豫之后还是决定转移。他犹豫是因为妻子阿格里皮娜。阿格里皮娜认为自己是奥古斯都的血亲，有奥古斯都庇护，不惧任何危险，因此她坚决留下来。最后，日耳曼尼库斯以她怀有身孕和两岁的儿子为由终于使她点头松口，同意离开。就像敌军来袭仓皇出逃一般，他们开始准备避难。

其他军团长的家人也决定同总司令的妻儿一起转移。不过，目的地不是美因茨的高地日耳曼军团驻地，而是高卢行省。因为他们认为，比起已经敌我不分的罗马军团兵，高卢行省的人民要安全得多。

在准备货车和避难用的行李时，女仆们不禁低声哭泣，哭声惊醒了酣睡的士兵。他们纷纷跑出营房，发现怀抱幼儿的阿格里皮娜坐在车上，部分高官的妻子和少数护卫跟在后面。另外，当这些士兵得知阿格里皮娜一行将要前往高卢行省，而非寻求自己同胞的庇护时，他们如遭重击一般。历史学家塔西佗对此直言不讳，罗马士兵“羞愧难当，无地自容”。

阿格里皮娜怀里的幼儿是日耳曼尼库斯的第三个儿子，名叫盖乌斯，也是士兵的吉祥物。士兵很疼爱这个娃娃，他们给他穿上特制的幼儿军装，还为他做了名为“卡利加”（caliga）的凉鞋式罗马军靴。士兵给幼儿盖乌斯起了个可爱的名字“卡利古拉”，后来就变成士兵对总司令幼子的昵称。如今这个孩子竟然因为自己而无处容身，甚至

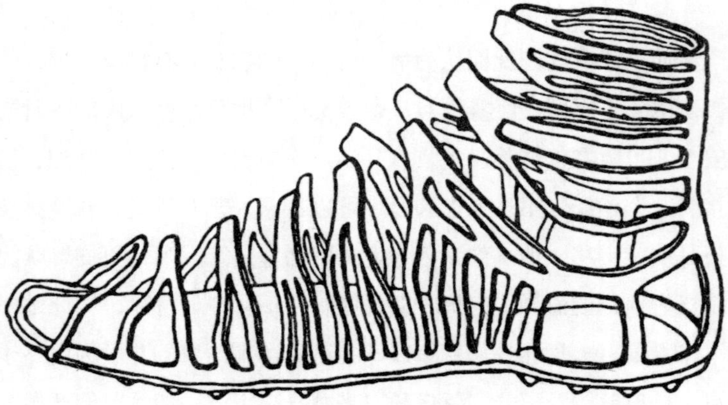

卡利加

百夫长（与现代军队中下士相似）以下士兵穿的皮质凉鞋式军靴

要让被他们一贯看不起的高卢人来负责他的安全，这无疑是对自己怀有戒心，要让自己的军人之名蒙羞。士兵围住正要出发的车驾，恳求阿格里皮娜不要走。另外一群士兵则来到日耳曼尼库斯跟前，恳请他不要草率行事，以免使罗马军团蒙羞。日耳曼尼库斯见时机到来，就登台训话。这些言辞虽然有些冗长，但我认为它如实反映了日耳曼尼库斯这个人的性格，于是把它全文翻译整理了下来：

对我而言，妻儿虽然重要，可重不过父皇与这锦绣河山。父皇以权威管理国家，治理军队，我已无后顾之忧。不瞒大家，从上任第一天起，我就准备为了各位的荣耀牺牲妻儿。但是眼下，我不得不让她们离开，因为你们已非昔日令行禁止的良兵。我不愿你们错上加错，对奥古斯都的孙女、提比略的儿媳妇下手。如果你们将继续行暴，就从我身上踏过去吧。

今天，我眼看着你们不顾法纪，为所欲为。除了“乱军”，我还能怎么称呼各位？对身为总司令的皇子群起而攻之，还称得上是士兵吗？对元老院使节团的元老无礼犯上，还是罗马公民吗？罗马人历来敬重使节，尊重人权，这种精神让敌人心悦诚服，而今你们却肆意践踏。

有士兵不听指挥、无视命令，神君恺撒只要说声“各位乡亲”，这些人就能改邪归正。在士兵面前，神君奥古斯都仅凭英姿气势就能威慑全军。我没有两位先贤的气度和威望，眼下又令各位做出被西班牙和叙利亚的战友不齿之事，今后我恐怕要名声扫地。

第一、第二十军团的士兵们！两年前，父皇率领你们转战日耳曼原野，踏平蛮族，获得无数荣誉和嘉奖。莫非你们今天要我带着让人痛心的噩耗回首都复命？杀害百夫长，驱逐大队长，囚禁元老院元老，营地血流成河，士兵满怀敌意，难道你们要我这苟活的总司令向他报告如此惨状吗？

第一天阻止我自裁的朋友，现在想来，是我错看了；相反，递短剑给我的士兵，才是我的盟友。悔不当初，如若我当时死去，就不用因目睹你们的种种暴行而痛心疾首。你们选出来的总司令，如今至少已为瓦鲁斯（在条顿堡森林中被日耳曼人杀害）和3个军团报仇雪恨了吧。我明白，罗马人蒙受的屈辱，必须亲自雪耻。即使高卢行省的人民有意代劳，诸神也不允许我们将如此光荣的事情借他人之手达成。

驾鹤西归的神君奥古斯都啊！在日耳曼英年早逝的父亲杜路苏斯啊！我，日耳曼尼库斯诚心祈求，请你们洗净这群士兵心中的罪恶与污秽吧！也请你们助我一臂之力，让罗马人将同室操戈的怒气转向敌军日耳曼人吧！

现在，你们清醒了，我愿意重新接纳你们。如果你们愿意释放使节团，宣誓效忠皇帝，并将妻儿归还给我，那么，请停止一切暴行并交出主谋，这是最好的表示。唯有如此，我才能相信你们真心悔改，相信你们依旧忠诚。

士兵悔不当初，觉得日耳曼尼库斯的斥责句句在理。话音刚落，就有很多士兵开始叫喊：

“让阿格里皮娜回来！”

“卡利古拉是我们看护着长大的，不要把他交给高卢人！”

“我们有罪，请让我们杀敌赎罪！”

日耳曼尼库斯以身怀六甲、冬日严寒为由，拒绝送回阿格里皮娜。至于卡利古拉，他承诺士兵有重归之日。回营前，日耳曼尼库斯留下一句话：“其他事情，自便。”

哗变士兵忙着获得宽恕，把带头哗变的主谋们一个个用铁链绑住，带到第一军团长的跟前。对这些主谋的审判是这样进行的：士兵拔出刀剑，围绕讲台站着。这些主谋被一一押上讲台，由大队长向台下的士兵询问这人有没有罪，如若有罪呼声很高，这个人会被即刻推下台就地正法。每处决一个人，士兵中就会响起欢呼声，仿佛杀了这些前一刻还是朋友的主谋，他们的罪行就荡然无存了似的。

然而，日耳曼尼库斯对这种处决方式置之不理。站在他的角度考虑的话，虽然罗马人早就没有拿活人做祭品的习惯，但这种行径无疑是野蛮而残酷的。因为这不是他的命令，而是借士兵的刀除掉哗变者，所以他应该有充分的理由置之不理。

日耳曼尼库斯没有使用武力，就成功地将士兵最为痛恨的百夫长重新洗牌。他使用的是较为“民主”的方式，因此威信甚高。

这些百夫长被挨个儿传唤到总司令跟前，在如实汇报了自己的姓名、所属百人队、出生地、服役年限、有无战功等之后，如果作为上司的大队长或所辖军团的士兵认同这名百夫长的勤勉与正直，他就接着当他的百夫长，如果被认定为贪婪残暴者，则就地免职。

就这样，科隆的冬营地恢复了原有的秩序。屯扎在克桑腾营地的第五、第二十一军团的士兵在得知科隆的“审判”之后，义愤填膺。这些士兵在营地掀起了暴动，并且比其他军团都更加强硬和彻底。如若要处罚，我想这些士兵是最应该受到惩罚的。日耳曼尼库斯决定在事情没闹大之前想办法解决，如果有必要，即使同为罗马军人，也会刀剑相向。科隆和克桑腾都是莱茵河沿岸的军团基地，于是日耳曼尼库斯下令备好渡河的船只。就在出发之前，他先派快马信差带着密函，送往克桑腾营地的凯奇纳军团长处。密函中写道，他将亲自率领军团顺莱茵河而下，要凯奇纳在自己抵达前妥善处置，否则将会把整个克桑腾冬营地夷为平地。

凯奇纳将没有参与暴动的士兵召集在一起，把密函的内容转述给了他们。这些士兵达成了一致意见，为了保全自己的性命，只有赶快行动。

夜幕降临之后，自相残杀的行动拉开了帷幕，战况非常惨烈。毕竟不是与敌人作战，而是每天寝食相处的手足战友。而伸手不见五指的黑暗使得他们无法看清楚刀砍下去的对象，致使很多无辜的士兵都莫名其妙地被杀死了。

在抵达触目惊心的罗马军营之后，日耳曼尼库斯见到的是血流成河、尸横遍野的惨象。日耳曼尼库斯别无他法，只有叹息，这根本就不是处置而是虐杀，但此刻他也只能下令，把死者的遗体火化。

闻着空气中弥漫的血腥味儿，让幸存的士兵内心也开始变得十分凶残。日耳曼尼库斯认为，要让这群血脉偾张的士兵恢复正常，只有让他们再淋一次来历不同的鲜血。不是内乱却上演了手足相残的惨剧，要想洗雪这个罗马军团中前所未闻的污名，唯有把刀剑对准莱茵河对岸的敌人。虽然 10 月底是一个根本不适合作战的季节，但日耳曼尼库斯依旧匆忙下令在莱茵河上飞速架桥。

此时对舒适地住在莱茵河东岸的日耳曼人而言，祸从天降。在他们看来，10 月底并不是罗马人发起进攻的月份，出人意料的是，杀红了眼的罗马军队竟突然攻了过来。由于毫无防备，结果当然是罗马军队一举大获全胜，将日耳曼人杀得丢盔弃甲。用日耳曼人的血来祭奠罗马士兵的亡灵，觉得这似乎已经洗刷了自己的污名，于是温顺地跟着百夫长回到科隆和克桑腾的营地。日耳曼尼库斯终于能向远在罗马的提比略报告了——日耳曼军团的哗变已经被平息了下去。

于是，提比略召集元老院元老开会，向他们报告了杜路苏斯和日耳曼尼库斯已经解决了潘诺尼亚军团以及日耳曼军团的哗变事件。然后，他又说服元老院同意日耳曼尼库斯对士兵承诺的3项特殊待遇，不仅是驻扎在日耳曼的8个军团受惠，屯扎在潘诺尼亚的3个军团也依照此例办理。在他看来，毕竟总不能一边让步，另一边又不认账。如果总是用同一种手法，说不定哪天潘诺尼亚军团又会闹腾起来。元老院元老们也感同身受，这项提案终于得到了通过。

在元老院会议上，提比略没有提到日耳曼尼库斯以下犯上用他的名义伪造敕令、向士兵让步的事件。一想到提比略那种要强的性格，不难想象出他在会议当天是何种心情。不久，在真正的执行过程中，提比略就提议取消了3项中服役期限缩短为16年以及奥古斯都的遗产赠予金加倍这两项特殊待遇，元老院附和着，使得这项议案差点完全沦为白条。不过，提比略倒是努力执行了20年服役期满退役这一条。因为提比略在军队的经验异常丰富，十分了解士兵渴望期满退役回家的心情。为了确保财源足以支付士兵的退职金，他也把各方要求废除营业税的声音置诸脑后。

虽然提比略把平乱的重任交给日耳曼尼库斯与杜路苏斯，但继位不久的提比略并没有老老实实地待在首都罗马，等待着潘诺尼亚军团和日耳曼军团哗变被平息的消息。不难想象，罗马帝国幅员辽阔，加上罗马帝国铁蹄下的种族、民族、宗教、文化差异太大，最终导致提比略要去解决的问题将会层出不穷。

公共安全

提比略直到55岁才成为“第一公民”，也就是当上有实权的皇帝，但我想刚刚继位的提比略早就预料到他自始至终都应该是一个不受欢迎的皇帝。因为提比略从继位之初就好像不管不顾似的，一点也不在乎笼络人心的政策是否重要。

何谓罗马帝国呢？这正是一个由尤里乌斯·恺撒绘制蓝图、奥古斯都以此为蓝本建成的一个庞大建筑物。如若把这项工程交给一个完全不了解恺撒意图的人，那么就会出现这样的危险，这个人极有可能会增加一些蓝图上根本就没有的东西，最后变成一栋风格迥异的建筑。为避免这种结局的出现，这项工作必须由能够完全了解设计者意图和建筑者想法的人主持建造。此外，修建后的建筑物必须非常牢固，今后不管后面的人怎么去改变它，都不会动摇其固有的基础。而奥古斯都交给提比略的工作，正是这份枯燥乏味但异常艰辛的工作，我想对于提比略而言，除了早已驾鹤西去的奥古斯都之外，没有人能够了解这份工作的特殊性质。

何谓“和平”呢？当然不是仅仅做到御敌于国门之外就能实现的梦想，而是只有让罗马人民能够实现真正的安居乐业才可谓是真正的“和平”。“罗马统治下的和平”隐含的正是这两个方面的“范式”。

提比略在继位后不久大力推行的一项政策，就是不断完善罗马帝国的公共安全。假如公民才迈出家门一步，就连自己的人身安全都无法得到国家的保障的话，可以想见，生活必需的各种社会活动也肯定会销声匿迹，这种状况肯定会使得人心惶惶。于是提比略出台了一系列政策，将诸如偷盗、抢劫、伤害、杀人，还有角斗场中的流氓无赖行为，全部列入危害公共安全的行为，加以明文禁止。此外，由奥古斯都亲手创建的 9 000 人近卫军团士兵，全部被提比略从罗马城中心迁出，屯驻到建于罗马东北部的常驻基地。从近卫军团执勤的地点来看，他们就好似今天的警察一样。罗马帝国并未在意大利半岛部署任何军团，因此，作为被部署于意大利仅有的军事力量，近卫军团的主要任务是维持罗马帝国的日常秩序。

说到底，只有“公正”才是最高的“安全保障”，可是，公正必须依靠正常的司法系统才能得以维系。罗马的审判过程是，告发者陈述理由要两天，辩护方的辩论也要三天；此外，提比略一定会全程参与重大案件的审判，一直到法官完成判决。提比略非常喜欢旁听关于下属行省总督违法乱纪的审判。提比略身材十分高大，身体强健，加上那一套宽大的白色托加长袍，双目炯炯有神，目光犀利，不苟言笑，言辞犀利地审问被告。在这样的场景下，提比略更像检察官而非政治家。他正是一位在那种场合会让人备感威严和压力的最高权力统治者。

紧缩财政

不得不提的是，公正不应仅仅局限于司法范畴，也应纳入作为德政基础的税收制度。提比略对税收制度的理念较为坚持——绝不增加税款。这样做不仅仅是因为要遵循先皇奥古斯都定下的规矩，而且，提比略本人也非常肯定不加税的合理性。（有关奥古斯都的税收制度，请参阅《罗马人的故事 06 · 罗马统治下的和平》。）

国家财政收入有着这样的特色，即便还没有出台新一轮的开支计划，总额也会不停地攀升。罗马帝国的疆域虽然还是维持原有的版图，然而，从奥古斯都进行税收制度改革以来，差不多已经经历了半个世纪了。这时候，就有这样的议论出现了：到底是只用维持现在的税收制度就行了，还是应该上调行省人民的税率？提比略是这样回答的：

"你们应该把他们当作剪取羊毛的羊，而不是宰杀来食肉的羊。"

把收税的对象称为"羊"其实是一种太过直白的说法，那么这些人心中会怎么嘀咕呢？他们真的会觉得一年被剪一次毛比被宰了吃掉好吗？如果真的晓得会被屠宰掉，他们即使在实力不济的情形下，也会舍命相搏。他们要是一年只需缴 10% 的行省税就能避免被宰杀的话，就会乖乖地顺从。此外，也应感谢当时处于"罗马统治下的和平"的年代，他们也不需要将时间和精力花费在与邻近部族的战斗中。如若遇到外族入侵、土匪强盗袭击之类防御"狼来了"的危机，现在都是由霸主罗马帝国的军队来挑起重任。假如罗马霸权之下的行省人民都能这样考虑，对于罗马统治者而言真是一个天大的好消息，他们不用增强军事实力，但仍能够建立巩固的"安全保障"。这也正是奥古斯都思考的、提比略赞同的"合理性"。

然而，就算是不管不顾，每年的财政支出仍会只增不减，必须想办法解决国家财政面临的困境。为了贯彻收支运行的合理性，其中包括兑现 20 年服役期的承诺，提比略面临的首要课题就是建立一个完善的财税体系。

其实，奥古斯都实行的并非宽松的财税政策。作为帝国的奠基者，奥古斯都不得不考虑赢取民心的政策。话虽这样说，奥古斯都面临的更深层次的问题是民心的向背问题。奥古斯都设立的罗马帝国皇位，必须同时取得元老院和公民大会的认可才能继位。此外，一旦二者收回认可，就将直接影响到坐在皇位上的人。

“认可”还是“选举”并不是由“有投票权的人”依据人气的高低来决定支持与否的，还是有不少人是通过对才华、力量、功劳等进行评估之后，才决定是否继续支持，拉丁语称之为“virtus”。即便有例外的情形，但博取民心的政策与公共利益还是必须找到契合点。

埃及最有代表性的建筑物是安葬法老的陵寝金字塔，希腊的代表性建筑物是供奉着庇护生灵的众神的神殿，然而，提到罗马的代表性建筑物，答案却是让罗马公民生活舒适的道路、下水道、桥梁、会堂、港口和浴场等基础设施。为什么罗马人会如此重视公共事业？他们的公共事业如此兴盛，这一点可以从他们的传统精神中找出答案——建造这种公共事业工程，是上层精英不可推卸的责任。博取民心的政策与公共利益，这两点在罗马帝国是共生共荣的。

奥古斯都在位的40年内，完成了原本用来对付对手安东尼的公共事业，这些建设的数量相当可观。在安东尼战败之后，这些公共事业随即转化为巩固奥古斯都帝王统治的重要基石。虽然当时的奥古斯都靠战友阿格里帕与梅塞纳斯两人协助完成了这些事业，然而，他还是有资格自夸：“留给我的是一个满是砖瓦的罗马，我身后留下的却是一个大理石的罗马。”奥古斯都在《功业录》中大量列举了自己的政绩，从中不难看出，他正是通过这种方式来收买民心的。

那么，继承奥古斯都衣钵的提比略又该怎么做呢？从结果来看，不到紧要关头，提比略是纹丝不动的人，摆在他面前的首要任务是财税制度的重建。最终提比略还是认为大规模的建设不宜过多，原因在于奥古斯都完成的工程可谓不胜枚举，仅仅维护这些建筑若没有庞大的资金根本就不可能做到。

在迫不得已的情况下，提比略才推动了两项公共建设，当然，最有影响力的当数首都罗马。第一项工程是奥古斯都神殿。提比略认为有必要建座神殿来供奉成为神君的先皇奥古斯都。第二项工程是全面修缮庞培剧场。庞培剧场是罗马仅有的两座用石头建筑的永久性剧场之一，由于经常被使用，加之年久失修，对其进行修缮十分必要。

虽然提比略在首都及意大利本土对公共工程并不热衷，但他在行省大兴土木，特别是在位于多瑙河帝国防线前沿的潘诺尼亚，兴建的工事颇多，甚至在北非还发现不少关于提比略事迹的碑文。显而易见，提比略重视实用性的个性忠实地被这些建筑反映了出来，对于光鲜亮丽的新剧场他毫无兴趣，他的兴趣在于如何修建道路、桥梁等基础设施。

此外，罗马人还有这样一种心理，他们认为领导阶层还有为公民提供玩乐的义务。在 2 000 年后的今天说到古罗马，一定会让人联想到“面包与马戏”。拉丁文一词中“马戏”是“色克斯”（circus）。提到“面包”的话，那个时候的小麦都是不要钱免费配给的。当时的罗马帝国是一个还不知道累进课税制度的帝国，最终使得富人越富、穷人越穷，这也使得富人会想到把财富分给那些不幸的人，希望通过这种做法保障社会的稳定。盛行于古希腊的是各种戏剧，而充斥于古罗马玩乐场所的却是击剑等各种竞技角斗。

奥古斯都与其养父恺撒相似，在玩乐方面抱着非常浓厚的兴趣，仅在《功业录》中记载的项目就有：

角斗比赛 8 次，罗马帝国全国各地竞技者的体育比赛 3 次，战车比赛 7 次，献给战神马尔斯的竞技赛每年 1 次，非洲野兽狩猎表演 26 次，模拟海战 1 次。

只不过这些比赛的总数都是 40 年间的总和。

继承奥古斯都衣钵的提比略，除了献给战神马尔斯的竞技赛这种与宗教祭典合并的表演之外，对于其他的所有活动，都不再扮演资助者的角色。当然，这不意味他会立法禁止这些活动，而是意味着皇帝不再用钱来资助这些活动了。特别是在举行角斗比赛之际，他的态度相当冷淡，也可以理解为提比略不爱好这种比赛罢了。然而，恺撒与奥古斯都不能被理解为爱好角斗比赛。对于当时罗马帝国的大多数知识分子而言，他们非常讨厌这种血腥的死亡游戏，一般老百姓对此却十分狂热，因此，恺撒与奥古斯都才会去迎合这些拥有投票权的罗马公民。

事实上，角斗场内的确有不少人是靠角斗比赛生存下来的。由于失去了皇帝的赞助，也引发了角斗士们此起彼伏的抗议。这种每天都与死亡打交道的工作，使得这些角斗士赚到很多的金钱，此外还有来自妇女们的欢呼声，甚至还发生了元老院元老的女儿跟角斗士私奔的故事。当然，角斗对于罗马人而言，只是比拳击赛稍微残酷一点的运动罢了。

执政官以下各种重要职位的选举办法都被提比略进行了改动，结果是把选举从公民大会改到元老院中举行。对此，元老院元老们十分高兴，然而，这也等同于宣告普通公民丧失了免费去看热闹的门票。

假如重要职位仅仅依靠元老们互相推荐才能选出的话，那么参选的元老院元老们就没必要进行选举。在普通罗马公民都拥有投票权的时代，候选人在选举活动中赞助竞技团，免费请拥有“投票权”的公民去观看角斗比赛，这就成了他们动员家中助选员从事拉票工作的主要手段，甚至发生了贿选买选票的事件。他们之所以千方百计想要当上这种除了固定经费之外没有任何额外收入的职务，是因为这种职务表明了自己属于被称为“光荣的公职人员”的罗马帝国领导层。

当选举被提升至元老院，元老院的候选人为此可以少花很多钱去参选，这些候选人当然笑得合不拢嘴。对于拥有投票权的罗马公民而言，除了丧失免费看热闹的机会之外，最令人期待的一年一度选举时的额外收入也化为乌有。此外，随着提比略时代的到来，普通公民原来享受的另外一笔赏金也变成一场空。

罗马皇帝的这一职位是由元老院元老加上拥有投票权的罗马公民决定的，奥古斯都深谙这一点，毕竟他才是打造这一系统的创始人。因此，奥古斯都不会将在经济上给这两者优惠政策置诸脑后而不顾。

元老院元老一职只是名分，即使担任行省总督也没有任何固定的公职。要想担任元老院元老这一职务，奥古斯都规定要有 100 万塞斯特斯才有资格。不过，万一哪位元老的财产不足 100 万的话，那么作为皇帝，将会从财政上予以救济。只不过这项帮扶政策也是由皇帝提出来，最后由元老院通过才算数。不难看出，这项政策是通过雄厚的国家财政实施的以元老院元老为对象的扶贫政策。

此外，在拥有罗马公民权的普通老百姓中，属于中上阶层的骑士阶级，皇帝会起用他们来担任负责征收税款的“皇帝财务官”等行政职务，这样才能够较好地利用这些人的经济实力，当然这些官员的薪酬颇丰。

提及处于中下阶层的罗马公民，皇帝经常向这些阶层发放名为赏金的红包，这部分钱不需要经过元老院元老们的同意，因为这些钱来自皇帝自己的腰包。对此，《功业录》中有这样的记载：

公元前 29 年——首都罗马公民每人可以领取 400 塞斯特斯，共有 25 万人受惠。

同年——居住在罗马帝国领土内的其他殖民城市的罗马公民，每人可以领取 1 000 塞斯特斯，共有 12 万人受惠。

公元前 24 年——首都罗马公民每人可以领取 400 塞斯特斯。

公元前 23 年——皇帝自己出钱购买了大批小麦，分 12 次免费发放给贫困的居民。

公元前 12 年——每人 400 塞斯特斯，共有 25 万人受惠。

公元前 5 年——首都罗马的公民每人可以领取 240 塞斯特斯，共有 32 万人受惠。

公元前 2 年——皇帝自己出钱购买了大批小麦，发给有资格免费领取小麦的贫困公民，每人可以领取 240 塞斯特斯，共有 20 余万人受惠。

那么，提比略会有什么样的对策呢？

他并未拒绝资助财产不足百万塞斯特斯的元老院元老，但要求需要资助的元老在元老院会场中承认自己出现了财政赤字。但没有元老愿意这样丢人现眼，所以使得提出申请的元老人数直线下降。大概在提比略的思维中，根本就没有必要帮扶那些因为自己铺张浪费而导致生活窘迫的元老。

提到如何对待骑士阶级，提比略的做法与奥古斯都毫无二致。提比略不仅仅把对他们的帮助局限在经济领域，他甚至大胆任命一些骑士阶级出身的人担任军团长。可以说，提比略是以一种比较积极的姿态善用身处罗马社会第二等级的这些人。

提到公民政策议题，提比略全面废除了以皇帝赏赐为名的补助政策。由格拉古兄弟中的胞弟——盖乌斯·格拉古创立的《小麦法》却延续了下来，这部法律从立法以来已经延续了150年之久，能够保障贫民无偿领取小麦。当初恺撒发放的人数达到了15万人，在奥古斯都时代增加到20余万人，而到了提比略统治时期，人数甚至日益攀升。因为这项《小麦法》是对罗马人称之为“无产者”的贫困阶层的一项社会福利政策，为历代皇帝赞扬。

如若一直维持奥古斯都时代的开支规模，那么随着拥有公民权者的人数不断增加，国家财政总有一天会破产，因而增加税收的政策趋势将不可避免。当时，假如提高行省税的话，被统治的当地人就会起来反抗，而要镇压这些反抗就得出动军团。此前，罗马军团用来对付外部敌人的军队还行，如若还要用来对付内乱的话，这就意味着必须增加罗马帝国的军事力量。然而，增强军事实力又会加重帝国的经济负担，最终又循环到了加税的恶果。为了避免陷入这种周而复始的恶性循环中，建立完善的财政制度迫在眉睫。在奥古斯都去世后随即发生的军团哗变，可以理解为财政将要崩溃的先兆。如若找不到可以用来支付退职金的新财源，那么服役期届满的士兵也会无法退役，原本承诺20年的服役期限将会延长至30年甚至40年。假如没有办法来解决这些问题，不仅仅会打击士兵的士气，罗马帝国的防御体系也会陷入危机之中。

当然，重建完备的财政制度是提比略面临的重要课题，如果要在不增税的前提下也能实现这个目标，那么只有紧缩财政开支。但是，提比略自己也清楚，这项政令必然会招致各方的不满。

提比略完善财政制度的重要性很容易理解，即使是对于经济概念一无所知的我，也不难想象其中的艰难。如果强力推行的话，罗马帝国是否会跌入经济萧条的危机之中呢？截至奥古斯都统治时期，这一时期的公共事业或竞技活动应该促进了经济活动，皇帝的赏金也应该刺激了消费。提比略对于奥古斯都制定的这些政策，要么全面废除，要么铁腕压制，强制推行。

然而，人们一冷静思考，就发现这一切根本就是杞人忧天。

首先，新的工程建设虽然日益减少，但是罗马帝国需要不断维修的建筑、下水道以及街区的数量仍然十分惊人。罗马的工程师有这样一句名言："石头是朋友，水是敌人。"哪怕是小小的坑坑洼洼，只要风吹过就会留下沙土与种子，被雨水浇灌之后，就会生根发芽，杂草丛生。而这些在风中摇曳的杂草将会成为建筑物极大的威胁，使得它们很有可能倒塌。因此无论是街道还是建筑物，表面必须保持光滑，绝不能让沙土以及水分残留下来。而只有不断地对这些建筑物进行监管和维修，才能保护它们。因此，就算新的建设工程日益减少，仍然会有相当一部分资金投入公共事业中去，而人力与技术基础仍然十分坚实。

作为最大的赞助者，皇帝已经停止继续资助竞技活动，对于从事这些竞技活动的人，比如角斗士，他们或许在经济上会有所影响，于是提出抗议。这种不满源于被剥夺了免费看热闹而产生的抱怨情绪。当然，在古时候，这些就业方式是会很少得到任何保障的。

在奥古斯都统治的 40 多年中，以赏赐为名的奖励也仅仅发放了 7 次。这种平均每 6 年发放 1 次的补助，对于促进消费的作用实际上并不大。

因此，公元 1 世纪上半叶，提比略统治下的辽阔的罗马帝国，在奥古斯都建成的经济圈已经发挥了相当程度的作用，促使罗马帝国国库的积蓄也在不断增加。但“皇帝行省”除了原本文明程度很高的叙利亚行省之外，其他地区的经济仍然十分落后。行省的税率为当年收入的 10%，当然也不能期望这些行省缴纳更多的税款。除掉法国南部行省与西班牙南部行省之外，整个高卢与希斯帕尼亚这两个区域的经济实力都日益增强，究其原因不难发现，一方面因为是安全形势得到了极大的保障，另一方面是因为道路网等基础建设已经日益完善。

只要有了安全感，人就会在一个地方定居下来。如果考虑“迁徙”与“定居”两者的能量消耗和财富积累的差距，定居的好处是不容忽视的。在提比略继位前的 50 年，恺撒通过战争已经使得高卢人进入安全的范围之内，避免了日耳曼民族的铁蹄践踏。有史料显示，正因为这样，他们才从狩猎民族过渡为农耕民族。此外，基础建设的普及也促进了农畜产品的互市贸易。

在这样经济持续发展的时代，紧缩财政也并不需要在所有领域削减开支，只需把单纯的浪费以及并非必要的开支略做调整就行了，这肯定不会导致经济萧条。人类素来习惯于以看得见、摸得着的表象来判断一件事情。实体经济并非陷入了困境，但是让人感觉到出现了经济萧条，因此，大多数人认为提比略比奥古斯都更加“吝啬”。

撤离日耳曼

提比略继承皇位之后的工作如下：第一，确立皇帝的统治地位，并巩固帝国政权；第二，不断完善国家的财政制度；第三，一系列帝国战略上的问题，即帝国北方的防线是继续维持在莱茵河呢，还是应继续推进到易北河？

在生活于现代社会的我们看来，这是理所当然的答案，从提比略时代到百年后塔西佗时代的罗马人，也清楚地知道罗马帝国的北部防线就是莱茵河。然而，奥古斯都时代的罗马人就曾经尝试过征服易北河的日耳曼地区。但在何时，是由谁拿主意放弃的，没有人能够回答得上来，因为奥古斯都和提比略对此都没有留下只言片语。派往日耳曼的军队暗示了他们的意图，但最终又退回了意大利本土。这是发生在罗马史上最不光彩的事件，他们两位当事人都对此缄默不语，不知道是否是奥古斯都至死都不能放弃征服日耳曼民族，这个撤退的烂摊子才交给提比略去处置的呢？

被现代学者认为“野心太大”的奥古斯都征服日耳曼之旅，于公元前 12 年正式拉开序幕。当时他让妻子利维娅拖油瓶带过来的小儿子杜路苏斯率军前往。杜路苏斯大胆运用战略，于公元前 11 年和前 10 年在日耳曼原野上不停地征战，并于公元前 9 年抵达了易北河。不幸的是，这位年轻的统帅在回国途中，从马上摔下来丧了命。公元前 8—前 7 年的日耳曼战线总指挥则由他的亲哥哥提比略担任。然而，由于奥古斯都失去了战机，导致罗马军队没有采取有效的行动，而提比略也于公元前 6 年隐居罗得岛。直到公元 4 年，提比略才重返战场，才使得日耳曼战线恢复了生机。公元 5 年，提比略率领罗马军团再度来到易北河。奥古斯都坐镇遥远的罗马，应该是一直梦想着完全征服日耳曼人指日可待吧。

在公元 7 年，与莱茵河防线并称为罗马帝国两大防线的多瑙河南线，潘诺尼亚和达尔马提亚的原住民发生了反抗罗马帝国的大规模暴动，当时有能力平叛的将领仅有提比略一人。在提比略离开日耳曼战线之后，就把罗马军团在日耳曼的军权授予了瓦鲁斯，奥古斯都一位远房亲戚的女婿。然而，公元 9 年秋天，瓦鲁斯和 3 个军团在条顿堡森林全军覆没。（参阅《罗马人的故事 06 · 罗马统治下的和平》。）这对于希望称霸日耳曼的奥古斯都而言是一个沉重的打击，但是奥古斯都最终挺了过来。提比略第三次就任日耳曼战争的总司令，由提比略率领的罗马军队不停地在日耳曼平原征战，时间从公元 10 年到 12 年，战争延续了 3 年的时间。

公元 13 年，提比略被奥古斯都召回首都罗马，这或许是因为奥古斯都知道自己时日不多，所以他想把统治罗马帝国的皇权交付给提比略。但在我看来，对罗马帝国即将完成的日耳曼霸业，奥古斯都是想在日耳曼尼库斯手上实现。同年，日耳曼尼库斯取代提比略成为日耳曼军团前线的总指挥，日耳曼尼库斯就是 20 年前在日耳曼逝世的杜路苏斯的大儿子。“日耳曼尼库斯”从字面上可以理解为“日耳曼征服者”，原本这个荣誉称号是为纪念杜路苏斯在日耳曼战争中的功绩而赠予他的。然而在罗马，父亲的称号被儿子继承一事并不鲜见。此外，日耳曼尼库斯由于与奥古斯都有着血缘关系，所以自然得到了奥古斯都的疼爱，这也成为奥古斯都把征服日耳曼的大业交由日耳曼尼库斯完成的原因吧。

公元前 12 年伊始，罗马帝国在日耳曼的军事行动虽然停滞了很久，但前后四分之一世纪的时间还是白白地浪费掉了，难道奥古斯都没有考虑过与其一事无成，还不如把军队撤回到莱茵河吗？

为什么这样呢？原因在于如果前面是一条将要撤退的战线，而日耳曼尼库斯又是将会接任提比略皇位的重要人物，奥古斯都怎么会把他摆在那里呢？如若这件名声扫地的事使罗马历史上第三任皇帝的仕途遭受挫折，那么岂不是极不明智的吗？

在此不得不重申的是，罗马皇帝是由元老院元老以及罗马公民选举认可才能继位的。作为继任皇帝的重要条件之一是，若没有罗马人认同的、领导者必须具备的最高尚的“品德”和公民公认的“力量”，是万万不行的。

因此，奥古斯都将日耳曼军团的军队指挥权托付给日耳曼尼库斯，也从另一方面说明了奥古斯都希望日耳曼尼库斯能完成征服日耳曼的事业，最终使得罗马帝国称霸日耳曼地区。我们知道最终提比略还是下令把日耳曼军团撤回到莱茵河。即使没有任何史料支持，但上文的假设也依然会成立，这不是从另一侧面证明了撤军的决定还是由提比略做出的吗？

对于罗马史上第一次名声扫地的撤退事件，提比略应该是小心翼翼地算准了时机才撤军的，虽然这违背了先皇奥古斯都的意愿。只不过提比略并没有等来撤军的机会，低地日耳曼军团兵的哗变让撤军时机稍纵即逝。

罗马军团下属的不服管教，总司令负有非常大的责任。为了平息哗变而不惜伪造敕令，却仍然没有避免流血事件的发生，没有人比日耳曼尼库斯更感痛苦的了。随着秋意渐浓，日耳曼尼库斯知道自己的责任来了，他命令罗马士兵从冬营地出击，去进攻正在准备平安过冬的日耳曼部落，然后好摆出一副胜利者的姿态回营。而且，早在日耳曼尼库斯两年前出任日耳曼战线的总司令以来，就没有打过一场真正的仗。这也在一定程度上使得他“日耳曼征服者”的美称名不符实。虽然刚迎来29岁，但这位年轻气盛的总司令决定，明年初春，军队必须完成称霸日耳曼的使命。罗马有着前线总指挥官负责一切战略部署的传统，假设最高司令官提比略不干涉的话，那么身居罗马帝国军权次席的日耳曼尼库斯，其行动就更加无所羁绊。

公元15年初春，日耳曼尼库斯率领大军越过莱茵河，其中包括，美因茨营地的4个军团2.4万名士兵，加上行省人民补充的1万名士兵。在下游的克桑腾冬营地，凯奇纳率领4个军团2万名士兵与新兵5 000人，也一同跨过了莱茵河。他们从南面和西面夹击的作战策略，成功地分裂了由阿尔米尼乌斯领导的因歼灭瓦鲁斯3个军团而意气风发的日耳曼民族统一战线。罗马军队胜利的消息传到阿尔米尼乌斯岳父的耳朵里，使得他不得不选择归顺。日耳曼尼库斯在承诺归顺后的礼遇之后，答应将他迁往莱茵河西岸。而阿尔米尼乌斯的妻子也跟随她的父亲归顺了日耳曼尼库斯。由于她身怀六甲，最后就在罗马军营中生下了一个男孩。罗马人以保障他们的安逸生活为借口，将这个男孩送到了意大利抚养。作为日耳曼民族自由与独立旗手的阿尔米尼乌斯，他的胞弟、身为部族首领的岳父、妻子和儿子悉数被罗马军队掠去。

当年发生的日耳曼战争，罗马军队大概是因为与凯奇纳的军队会合才形成将近6万大军，使得己方始终保持了较大的优势。此外，被阿尔米尼乌斯当年在歼灭罗马3个军团时夺走的其中一面军团旗——第十九军团的银鹫旗，也被罗马军队成功夺了回来。在罗马军队进攻途中，他们经过了埋葬着6年前死难者遗体的条顿堡森林。历史学家塔西佗描绘了当时的情形，内容请参阅《罗马人的故事06・罗马统治下的和平》，在此不再赘述。

罗马军队在发动进攻的时候，声势浩大。然而，随着寒冬的逼近，在他们准备返回莱茵河畔冬营地时，日耳曼人的游击战突然间打乱了罗马军队的计划。凯奇纳军团兵分两路后导致兵力分散，加上腹背受敌，好不容易才狼狈地撤回到克桑腾的营地。而日耳曼尼库斯的军队在归营的途中也历经千难万险，民间甚至流传着这样的说法，在回营过程中损失的士兵人数比战争折损的还要多得多。

元老院批准了日耳曼尼库斯及其下属 3 位军团长在首都举办凯旋仪式。我想这大概是元老院接受了提比略的建议才这样做的。除了为 4 位将军举行凯旋仪式，元老院还提议因日耳曼战场上取得了胜利，授予提比略“国父”的称号，但是对于这个称号提比略断然拒绝。如果提比略真接受了“国父”称号的话，就不能从日耳曼撤军了。然而，仅仅用凯旋仪式来为这些将领庆祝，那么“胜利后撤”的说法也能够被人接受了。

不知是不是元老院的决议使日耳曼尼库斯的力量得到了加强，翌年，即公元 16 年，他攻入了日耳曼地区。

日耳曼尼库斯率领刚刚补充完新兵的 8 个军团共 8 万大军，沿着莱茵河顺流直下，穿过北海，并逆着埃姆斯河北上，直捣日耳曼的心脏。阿尔米尼乌斯也首次以会战的方式迎战罗马军队，然而，在战术方面还是罗马人比日耳曼人更胜一筹，罗马军队在前面两次战争中都是以完胜收场。日耳曼尼库斯用掳获的敌军武器，在战役发生的地点铸造了胜利纪念碑，上面刻着这样的铭文：“荡平莱茵河与易北河间日耳曼人的我皇提比略之大军军威浩荡，在此将胜利献于最高神朱庇特、战神马尔斯以及神君奥古斯都。”同年，他又从敌人手中成功夺回了瓦鲁斯将军遇害时被夺走的三面军团旗中的第二面军旗。

这一年的回师南下也不太平。虽然没有受到日耳曼人游击战的阻击，加之战斗中的损耗也没有多少，波涛汹涌的北海却让罗马军队尝

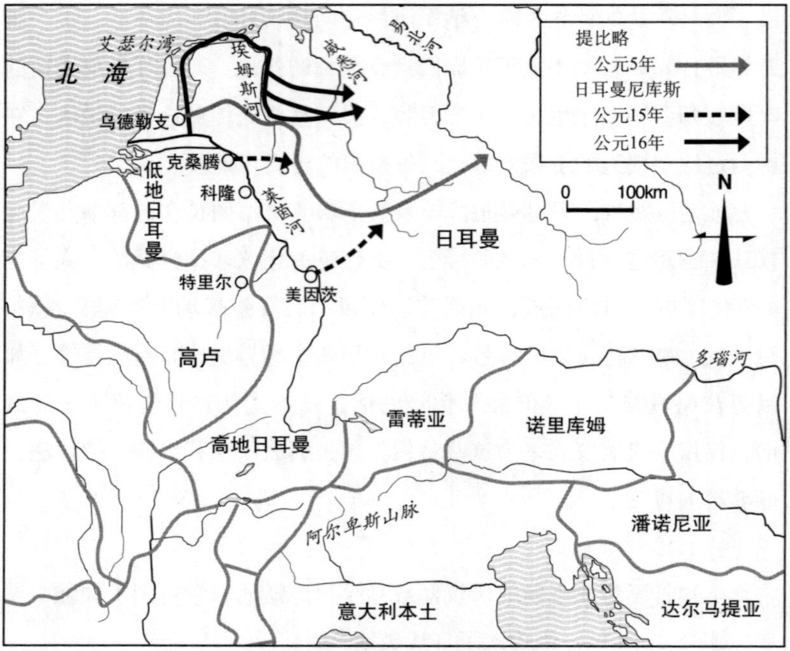

提比略与日耳曼尼库斯的进军路线

尽了苦头。此外，日耳曼的地形和气候也给罗马军队带来了不小的损失。

日耳曼尼库斯经过艰苦跋涉才率军撤回到莱茵河畔的冬营地，但是，他又在考虑明年春天的战事该如何安排了。就在这个时候，由提比略邀请日耳曼尼库斯回首都举行凯旋仪式的书信被送到了前线。日耳曼尼库斯立即提笔回信，恳请提比略能够再给他一年的时间，他就能够完成称霸易北河的大业。但是，提比略的态度没有改变。

翌年，即公元17年5月26日，首都罗马举行了盛大的凯旋仪式，罗马人庆祝征服日耳曼民族的欢呼声此起彼伏。凯奇纳及其他3位将军身穿凯旋礼服走在游行队伍的最前面，其中还有拉着象征被征服的日耳曼民族，即载有阿尔米尼乌斯妻儿的车驾。接下来，凯旋仪式的高潮到来了，驾着4匹白马拉的战车、31岁的年轻总司令日耳曼尼库斯登场了。在这辆战车上还坐着他的3个儿子与2个女儿。他的妻子阿格里皮娜也在凯旋仪式之列。在公开场合，日耳曼尼库斯与2 000年后的欧美领导人相似，经常有妻子陪伴在他的左右。而罗马人也与2 000年后的现代人一样，不惜对这位年少有为、家庭和睦的总司令报以热烈的掌声和欢呼声。在凯旋仪式结束后不久，提比略就公布了日耳曼尼库斯的下一处任职地，当然不是日耳曼前线，而是距离日耳曼路途遥远的东方。理由十分简单，皇帝的继任者必须出马亲自去东方完成重要的任务。

历史学家塔西佗这样写道："禁止日耳曼尼库斯从战争中脱身。"我想真正的原因在于，塔西佗认为日耳曼尼库斯的战功受到了提比略的妒忌。

我们暂且像塔西佗认为的那样，承认是提比略出于妒忌更改了日耳曼尼库斯的任职地点。其实，提比略如果有意继续日耳曼战争，还得重新任命总司令。适合接任日耳曼尼库斯而且又有相当社会地位的人选其实也不乏其人，这个人就是提比略的亲生儿子，亦即日耳曼尼库斯的义弟——29岁的杜路苏斯，他的战功在于平息了潘诺尼亚军团的哗变。不过，出人意料的是，提比略并没有指派任何人（包括杜路苏斯）接任日耳曼尼库斯的位置。更甚的是，提比略竟然废除了低地日耳曼军团、高地日耳曼军团共计8个军团的总司令职位。这些措施也说明了提比略不想再继续日耳曼战争了。

然而，阿尔米尼乌斯仍然毫发无损，此外，令罗马人颜面尽失的三面军团旗也只夺回了两面。但罗马人好歹在战场上再次证明了罗马军队实力超群。虽然阿尔米尼乌斯苟延残喘了下来，他现在已经没有力量去纠合整个日耳曼统一战线了，而分崩离析的日耳曼民族也没有实力再去对抗罗马军队。从整个局势来看，长达 28 年的日耳曼战争似乎是胜利的，提比略也认为这是结束战争的大好机会。与百年之后历史学家塔西佗误解他如出一辙，其他人对他的命令仍然抱有很大的成见。

莱茵河防御体系

把罗马帝国的疆域延伸至易北河，将野蛮而彪悍的日耳曼民族纳入帝国版图，以此来保障帝国北部的安全，奥古斯都在 28 年之后才完成这一梦想。然而，坚决贯彻这一战略的提比略，并不只是简单地将士兵从日耳曼地区撤回。虽然从公元 17 年开始莱茵河再次成了罗马帝国的北方防线，这却分散了军团营地。

截至战略调整前，罗马军队一直把建立在莱茵河西岸的冬营地作为一个基地。通常，每年一到春季气候转暖，罗马军队就越过莱茵河向东发起进攻，入秋后又撤回西岸，回到莱茵河沿岸的冬营地过冬，就这样延续了 28 年。然而，战略调整后莱茵河自身就成为一条天然防线，冬营地也就再不是过冬后春天出击的基地了，这里也变成了除了防备敌军来袭外，罗马军队的一个常驻定所。现在的这一状况也使得他们不能把 4 个军团或 2 个军团的士兵会集一处。如果兵力太过集

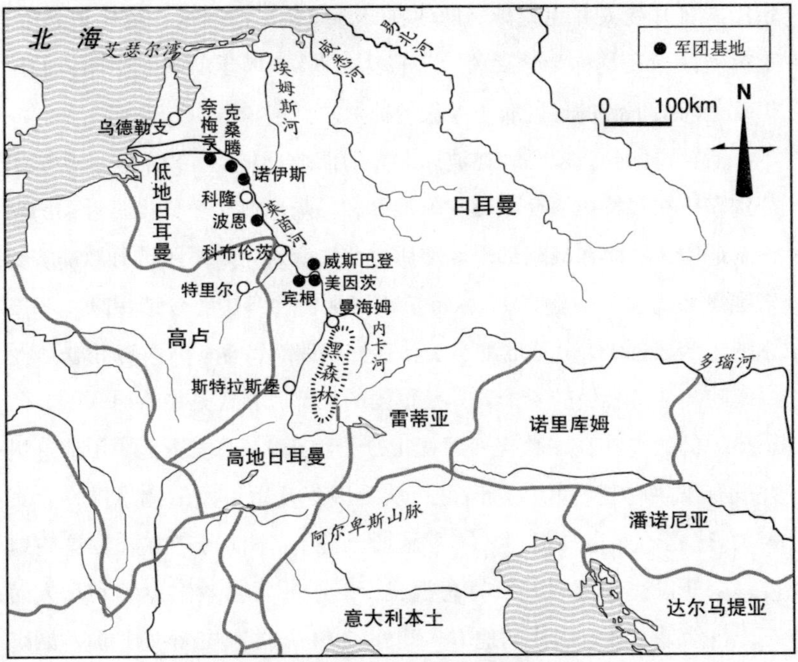

罗马帝国莱茵河军团的重新调整图

中，反而会使得营区之外的防卫出现空隙。此外，如果将大量的士兵会集在同一个地方，就会有出现 3 年前那样哗变的危险。

虽然在新调整的方案中，仍然把莱茵河分为上游与下游，分别称为“低地日耳曼”和“高地日耳曼”，各设置了 4 个军团，但将两个地域的分界线改为现德国的波恩与科布伦茨之间的地方。

其中，虽然位于莱茵河的西岸却被称为日耳曼的地区，是因为居住在西岸的居民是日耳曼民族。虽然恺撒把这些人民纳入了罗马帝国，使他们成为定居的民族，但从人种上而言，他们与定居在莱茵河东岸的日耳曼人并无差异。即使在日耳曼就是德国这一现代观念中，莱茵河西岸还是称为“莱茵兰－普法尔茨”，属于前联邦德国。而位于莱茵河最下游的地区属于今天的荷兰。

话题再回到古罗马，在波恩北方的低地日耳曼，以前将 4 个军团分别安排在佩特拉（今克桑腾附近）和科隆尼亚（今科隆附近）的两个基地中，然而在战略部署调整后由北往南这 4 个军团被分散部署到诺维奥马基（今奈梅亨）、佩特拉、诺瓦伊西乌姆（今诺伊斯）和波恩纳（今波恩）4 个基地。至于驻守在康弗恩特斯（今科布伦茨）及以南的高地日耳曼的 4 个日耳曼军团的大部分，还是维持原来的驻防态势，仍然驻扎在摩功提亚库姆（今美因茨），这大概是 3 年前这里并没有发生哗变的缘故。但是，从美因茨开始往西的比恩昆（今宾根）、往北的亚奎马提亚凯（今威斯巴登），军队分散驻扎在这些地方。威斯巴登在那时一直冒着温泉，对于非常喜欢温泉的罗马人而言，自然是个适宜居住的地方。此外，美因茨又有道路通往奥古斯塔特雷维洛伦（今多利亚），从莱茵河上游的阿尔金图拉特（今斯特拉斯堡）也有宽阔的道路沿着莱茵河到达美因茨。当然，这些道路也自然被罗马人利用。在国境上再没有部署兵力的必要了，也就是说随着莱茵河防线的确立，美因茨与同样闻名的后方城市斯特拉斯堡，都一举成为罗马军队的常驻基地。

虽然莱茵河西岸的兵力部署就此得以解决，但是莱茵河东岸的问题依旧存在。日耳曼尼库斯的父亲即提比略的弟弟杜路苏斯在此边境修筑了几个小城，并且在其中部署了中队规模的守军。

可是，提比略却把这些士兵全部撤走了。与此同时，原本居住在莱茵河东岸的几个部族与罗马保持着非常好的关系，却被提比略迫搬到西岸，把狭长的莱茵河东岸一带变成无人区。至于这个区域的面积长宽几何，缺乏精确的数据。但因其是部族搬出而形成的无人地带，所以应该不会只是几百米的规模。那会有多少公里呢？从当地的地势来判断，应该能够达到几十公里。这一无人区只能用来白天放牧牛羊，进行耕作是被禁止的。

提比略之所以要沿着莱茵河设置带状的无人区，大概是为了在敌人来袭的时候更早地被发现吧。可是，事实上这一无人地带从未发挥过它的效用。在对提比略的脑袋里为什么会冒出这么个主意而感到困惑的时候，我脑海里立刻浮现出恺撒在《高卢战记》中曾经说过的一段话：

> 最值得日耳曼民族骄傲的，应该就是在自己领土的四周扩张广袤的荒地。这些荒地包含着两个方面的考虑：其一，它表明了排斥周边的其他部族，没有意愿和他们交流这一决心；其二，则是基于安全防卫上的考虑，能够免遭敌人的突然偷袭。

不仅仅局限于日本人，入乡随俗一直都是人类的共识。因此，我想大概提比略的治国方略也贯彻了这一思想。换言之，就是用日耳曼人的办法来对付日耳曼人。

然而，把全长 1 300 多公里的莱茵河沿岸，以及比莱茵河更长的多瑙河沿岸，全部变成无人区是根本不可能的。实际上，在莱茵河沿岸的无人区只适用于莱茵河下游平原较多的地区。没有平原的其他地区要怎么防御呢？提比略也借鉴了恺撒的经验。

也就是只与居住在莱茵河东岸地区、多瑙河北岸地区的几个日耳曼部族结成了友好关系。用罗马人较为熟悉的说法，就是与他们缔结了“被保护者”（clientes）关系。“clientes”翻译成现代英语是“客人”（client），但并非脑海中浮现的“客人”这一意思，把它理解为部下对于上级的关系会比较接近罗马人的想法。这些部族并不是被纳入罗马统治下的行省人民，因此没有缴纳行省税的义务。虽然他们不必缴纳行省税，但是他们被要求必须提供兵力，由此看来他们形成的是一种同盟国关系。在东方，罗马就和各君主国家建立了这种关系，但是对于那些尚未确立君主制的日耳曼民族，罗马帝国只能与部族缔结同盟关系。

可是“被保护者”关系一到罗马人手中，就连上下这个单一的关系都失去了。部族领导级的人物从一开始就被赋予了包括世袭权的罗马人的权利，就算是在军中担任辅助兵的部族人，也只要服役满25年，就能够被赋予罗马公民权。

就像翻滚向岸边而来的海浪一样，在经过与海中四处露出的岩石撞击后，力量也会减弱。恺撒虽然仅仅到过莱茵河的东岸两次，且只停留了很短的时间，但已为之后的提比略打好了基础。提比略把它运用得更广，将其建成一个长期培养的固定体系。

罗马人以“分而治之”这一基本统治路线而闻名。提比略把这种传统观念确立在了帝国的防御体系中。

目前并没有找到公元1世纪前半叶帝国北方防御体系完全是提比略一人独立完成的史料。但是，后来继承提比略的卡利古拉毫无建树确实非常清楚；再往后的克劳狄乌斯虽然抱有对帝国运营的热忱，但在防御体系上并未做出什么改动。这之后的尼禄也正如前两位皇帝一样，完全没有对此表现出丝毫热心。因此，在重整北方防线的韦斯帕芗皇帝继位前的半个世纪里，莱茵河和多瑙河的防御体系一样，一直延续着提比略构思和实施的状态。从半世纪后韦斯帕芗得过且过的态度来看，或许连将与莱茵河平行、在曼海姆附近汇入莱茵河的内卡河河谷地区纳入帝国版图也是当初提比略策划实现的。在战略上，这确实是一件意义深远的举措。因黑而被称为“黑森林”的地方，作为日耳曼人逃走躲避的地方再好不过。而如今黑森林已归入了帝国的领土。如果仅限于安全保障这一领域，我个人更愿意相信提比略继承了尤里乌斯·恺撒，而并非是奥古斯都的继承者。

考虑到这些情况，提比略并未将这重编的防御体系运用于当地，而是将其运用于首都罗马。提比略拥有的是以建立多瑙河防御为目标的 6 年和日耳曼实地战斗 5 年的经验，他熟知日耳曼民族，了解当地的地势和气候，更理解身处战地的士兵心理。只要指令传达系统发挥正常效能，手下的部将组织有序，即使他不到当地，政策同样能够得以执行。然而，首都的公民对坚守罗马一动不动的提比略给出了年迈慵懒的恶评。提比略在这段时期也已步入了他的花甲之年。

东方问题

虽说掌握人事权就像手握大权一样，但要付诸实践并没那么简单。就算是更改他人的任职地点这种事情，也必须得到当事人的同意，以及周围人的认同。因此，将日耳曼尼库斯的工作地点从莱茵河畔调往幼发拉底河畔，首先要得到日耳曼尼库斯本人点头同意，其次还要得到元老院和公民的赞许。大概提比略真正的意图，是希望通过更改日耳曼尼库斯的任职地点，达到从日耳曼地区撤军的目的。但是，要巧妙地达成他的目标，就必须让把日耳曼尼库斯调派东方的理由能让众人信服。显而易见，当时大多数罗马公民对历时 28 年之久的日耳曼战争终将获胜这点深信不疑。

一块名为“法国浮雕”的绝世珍品被收藏在法国巴黎的国家图书馆。它是一个长宽分别为 31 厘米、25.5 厘米的大型浮雕，制作于公元 17 年。这个大型浮雕分上、中、下三个部分：上段刻有恺撒、奥古斯都与提比略的弟弟，也就是日耳曼尼库斯的父亲杜路苏斯，他们都是发展罗马与日耳曼民族关系的先驱者；中段刻的则是提比略、日耳曼尼库斯等征服日耳曼民族的主人公以及他们的家人；最下面的取景为被征服的日耳曼人群像。就算现今看到这幅作品的人也一定会这样想，公元 17 年春，为迎接日耳曼尼库斯而举行的凯旋仪式，就意味着罗马完成了征服日耳曼民族的伟业。也就在那一年，罗马军队也完成了从日耳曼的撤离，不了解事情原委的人是绝对想都不会去想的吧。另一块收藏在维也纳历史博物馆的古罗马时代的著名浮雕“奥古斯都浮雕”，与“法国浮雕”不同，这块作品反映了真实的历史。因为绝大多数日耳曼民族仍然居住在罗马帝国国界以外的地区。要从攻占的地区撤退，并且是块经历了 28 个年头才征服的领地，最后却要撤退，在罗马史上要做出这样史无前例决断的帝王，势必要蒙骗众人，其中不仅有本土的国民，还有敌方的日耳曼人，于是就想到利用华丽的凯旋仪式或者精美的浮雕来迷惑众人的眼睛。而且，对被视为凯旋将军的日耳曼尼库斯的任职地变更一事，也就必须拿出能够让众人信服的理由。

帕提亚王国问题正是罗马帝国当时所谓的东方问题。然而，帕提亚王国没有能够对付罗马帝国的实力。如果罗马帝国与帕提亚王国发

法国浮雕

奥古斯都浮雕

生正面冲突，即使出现像与迦太基作战时互有输赢的情况，罗马的最后胜利仍是毫无悬念的。即使帕提亚王国的军事力量无法战胜罗马，却足以威慑邻近诸国。而且，帕提亚王国邻近各王国都是属于罗马帝国打造的“被保护者”体系。正是与这些同盟国的合作，才形成了罗马的东方防御体系。

为了解决帕提亚王国的问题，从罗马霸权遍及整个地中海区域的公元前 1 世纪起，罗马就开始全神贯注地思考此事。卢库鲁斯、庞培和罗马帝国其他非常优秀的将领，无时无刻不把帕提亚王国当作目标，进行称霸东方的事业。即使没有直接和帕提亚王国交手，却通过在周边展开军事活动，成功实现了对帕提亚王国的军事封锁。而想要彻底解决帕提亚王国的问题、即将准备出发远征的恺撒却遭到谋杀，此事不得不搁置下来。

恺撒被谋杀后，奥古斯都在内乱中登上了罗马帝国的皇位，也开

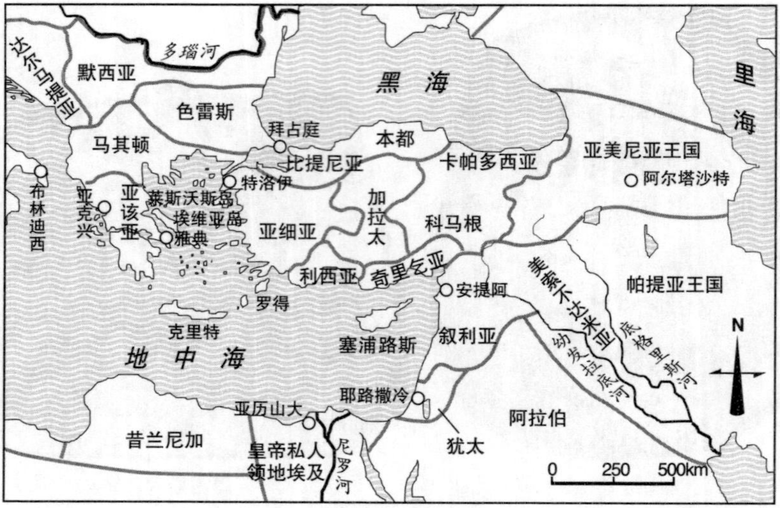

罗马帝国的东方

始着手处理这个棘手问题。然而，奥古斯都是通过外交途径来解决纠纷的。当一提到以外交途径解决纠纷，我们现代人，特别是日本人，都自然而然地认为是在一个平和的气氛中通过谈判协商来解决问题。奥古斯都的外交途径却是先以军事力量震慑，再进行和平谈判。经过历史的无数次证明，这种方式才是最有效的外交方法。显而易见，理性不会使得人类自觉地清醒过来，而只有在武力的强迫下才会认清事实的本质。奥古斯都采用这一手段也正是因为他掌握了这个要点。

公元前 21 年，罗马帝国与帕提亚王国在幼发拉底河中的一个小岛上举行了和平条约的签字仪式。罗马帝国的代表是奥古斯都的继承人提比略。在出席签约仪式前，带领军队对帕提亚王国实行“武力威慑”的也是这位时年 21 岁的提比略。在这一年签订的条约中，两国再次确认以幼发拉底河为国界，在承认贸易自由的前提下，双方发誓不互动干戈，这次谈判才得以画上了圆满的句号。

在这次缔约之后，两国除了偶尔进行的细微调整之外，友好关系维持了35年。现在，重新调整的时期又一次来临。在两国关系处于略微调整的公元2年，奥古斯都派往东方的是时任“皇太子”的盖乌斯。如同上次一样，出席者也必须是皇位继承人。作为完全的君主专制国家的波斯民族帕提亚王国，如对方出席的不是社会地位高的人的话，其出席资格是不被认可的。这和现代的民主国家喜欢由有能力的人负责谈判具有同样的道理。

因此，把日耳曼尼库斯从日耳曼调回来之后派往东方，这个名正言顺的理由足以让日耳曼尼库斯本人与罗马公民接受。对提比略而言，把因完成称霸日耳曼而受众人信任的日耳曼尼库斯派到东方解决帕提亚王国问题，即使撤退也能在不致使不满情绪爆发的情况下得以实现。

提比略的东方政策完美地继承了奥古斯都的行事作风。换言之，他也是左手以武力威慑，右手摇着橄榄枝倡导和平。但是外交手段的成功与否受制于先行的宣传战。

提比略随即致函元老院，要求元老院立即授予即将前往东方的日耳曼尼库斯“最高指挥权”。元老院也经过了简单的决议，认为日耳曼尼库斯是派往东方最适合的人选。帕提亚王国获知这个决定后，一定感受到罗马帝国对这一问题的认真态度。在做好准备之后，日耳曼尼库斯在公元17年的秋天离开罗马，前往东方。如同他总带家人同行的一贯作风，这次虽然把长子、次子和两个女儿留在罗马，但他还是将怀有身孕的妻子阿格里皮娜以及5岁的小儿子卡利古拉带在了身边。这一行程日耳曼尼库斯兼顾了希腊等地的观光，不愧为一段十分惬意的旅程。

早在把日耳曼尼库斯派往东方之前，提比略就把他的亲生儿子杜路苏斯派往了多瑙河前线。莱茵河防线建立以后，同样与日耳曼民族相对的多瑙河沿岸的防御体系的确立，就比以往更加迫切了。奥古斯都式的统治方式也被提比略沿袭了下来，把养子与亲生儿子两人派往前线之后，提比略自己坐镇首都指挥。显而易见，皇帝身在首都是负责罗马帝国运转的“大脑”，而派往前线的军团长正好是“四肢”。

日耳曼尼库斯的东方之行

日耳曼尼库斯虽然只有 31 岁，但他是一个很受欢迎与爱戴的人。这不仅是由于他有着非常帅气的外表，还有着非常显赫的出身背景，他的母亲还是奥古斯都的外甥女。除此之外，他的妻子又是奥古斯都的外孙女。身为三男三女的父亲，子女众多也使他赢得了人民的拥戴。而且，还有日耳曼尼库斯为倾听手下士兵的心声，夜晚装扮成兵卒走访士兵帐篷的逸事。2 000 年之后，一位现代历史学家还称赞他是一位“充满热心的将军”，而在士兵眼中，他是位非常注意民主的上司。当然，日耳曼尼库斯性格开朗，温文尔雅，对谁都彬彬有礼。虽然他会一见到士兵暴动，就失望得想要举剑自残；或是看到许多船只因受到北海狂风的侵袭而沉没时就感到绝望，感觉都是自己的失误，而想要跳海自尽。但是这些举动在普通罗马人眼中，恰恰是他仁慈的表现，是一位十分体贴下属的领导人的表现。另外，他对以元老

日耳曼尼库斯家庭关系图（到三个女儿出生为止）

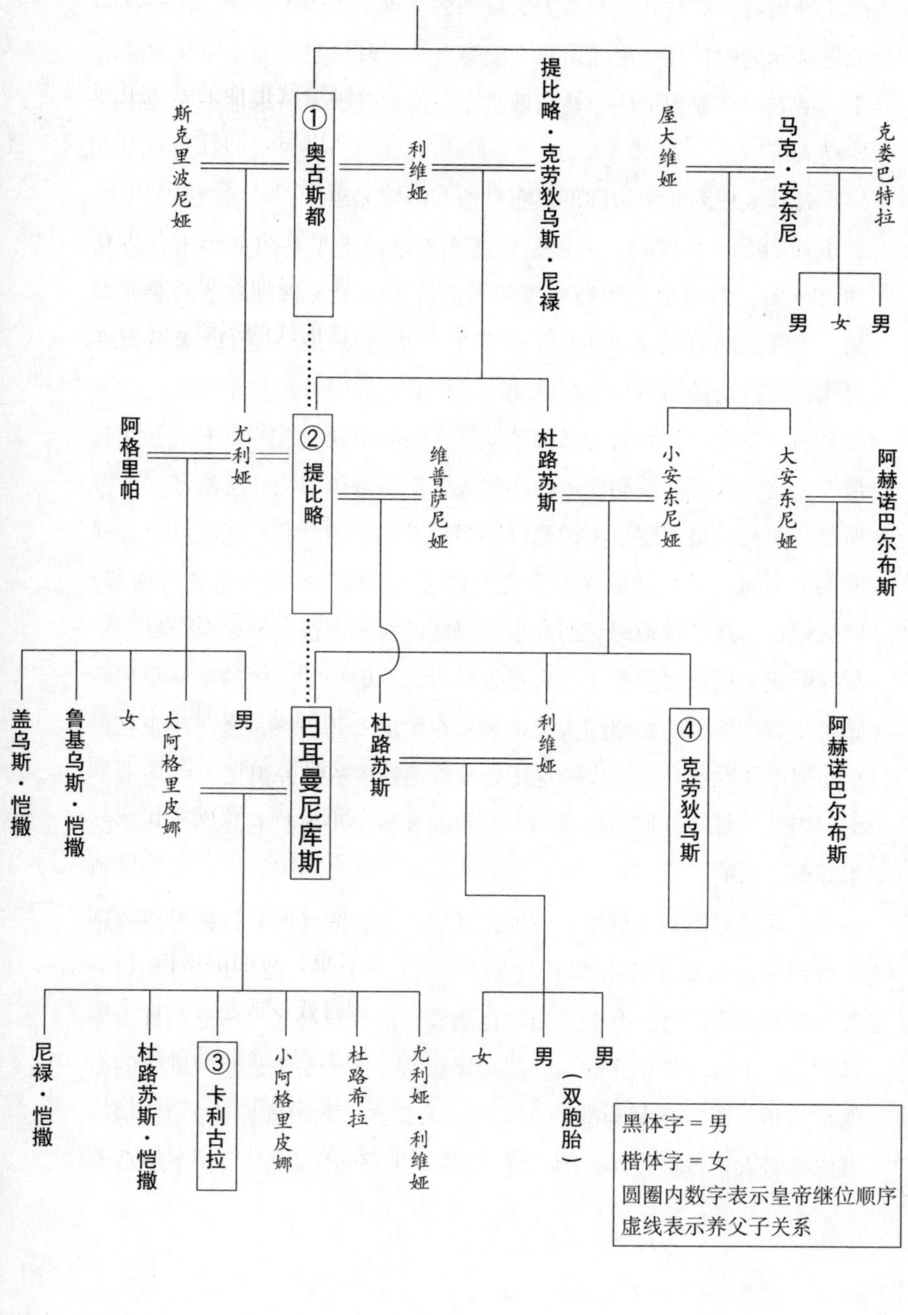

院主导为特色的共和制有着无法掩饰的亲近，正因为如此，在保守的元老院元老中日耳曼尼库斯也大受赞赏。日耳曼尼库斯率军从罗马南下，沿着阿庇亚大道向布林迪西进军，沿途挤满了祈求他平安归来的罗马人。

日耳曼尼库斯率领部下从布林迪西港登船出发，虽然遭受了 3 天冬季强烈季风的影响，但还是安然无恙地踏上了希腊的国土。公元 18 年 1 月，日耳曼尼库斯率领部下造访了位于希腊最西端的亚克兴角。大海正对着亚克兴角，正是在半个世纪前的公元前 31 年屋大维时代，奥古斯都率军与安东尼和埃及艳后克娄巴特拉联军在此进行了著名的“亚克兴角海战”[参阅《罗马人的故事 05 · 恺撒时代（下）》]。最终，这场战役的胜利使奥古斯都成了罗马帝国的最高统治者。奥古斯都在亚克兴角上建造了神殿以感谢神灵赐予的胜利，在此可以看到前面的大海。日耳曼尼库斯首先来到这座神殿，祭奠先皇奥古斯都，而后他也参观了神殿附近的安东尼军队的营区遗迹。现如今，日耳曼尼库斯成了提比略的养子，也就是奥古斯都的孙子；他的生母安东尼娅正是奥古斯都的姐姐屋大维娅与安东尼的女儿。换言之，在亚克兴角海战中失败的马克 · 安东尼正是日耳曼尼库斯的外祖父。

当然，日耳曼尼库斯造访半世纪前外祖父决战时的战场，并非出于好奇才来的。

日耳曼尼库斯到这里的原因，其实是为了缅怀受命运捉弄而败北的外祖父，以及在他指挥下不得已与自己的国家刀剑相向的罗马士兵。发人深省的是，罗马人当时竟然没有对日耳曼尼库斯这一行为予以指责。不过仔细想想的话，如今提比略登上了皇位，他的亲生父亲就是长年与奥古斯都为敌的人。罗马人就这样简单地原谅了失败者，就像希腊人普鲁塔克评论的一样，“甚至于要同化败军之将”。罗马人的这种败者观，在古代也是独一无二的，即使在2 000年后的今天来看也是很奇特的一件事，丝毫没有丧失其吸引力。因为，在往后无论哪一个帝国，败者都是落到被斩首的下场。

在《希腊罗马名人传》的作者普鲁塔克出生的28年前，也就是日耳曼尼库斯造访希腊那年，当时的希腊人也拥有像普鲁塔克一样的罗马观吗？实际上，日耳曼尼库斯及其部属不仅在各地大受欢迎，就连在这样没有驻扎任何罗马军团的希腊，他们也享受了一段不需特别保卫的惬意之旅。

日耳曼尼库斯横穿希腊之旅，仅在雅典稍做休息，之后取道埃维亚岛经海路抵达了莱斯沃斯岛。阿格里皮娜就在这个岛上生下了她的小女儿——尤利娅·利维娅。在他们离开莱斯沃斯岛踏上近在咫尺的小亚细亚海岸后，日耳曼尼库斯仍不急于结束这段旅程。接着他们前往北边的特洛伊，寻访了荷马诗史《伊利亚特》中的古战场遗迹。对在莱茵河以及多瑙河流域的战场度过了青春时代的日耳曼尼库斯而言，从意大利开始的东行是他有生以来的首次体验。此外，他也没有需要赶路的理由，倒是提比略任命的几名“事务员”得加紧行程，他们必须赶在日耳曼尼库斯抵达之前，做好各项准备以备随时执行。

一直在持续的亚美尼亚王位继承权争夺战，导致了罗马帝国与帕提亚王国之间关系的变化。亚美尼亚人民厌倦了出生于罗马并由奥古斯都支持而登上王位的沃诺内斯的统治，想把沃诺内斯赶下王位后让本都国王的儿子——被人民认为具有东方君主风范的泽诺尼斯当亚美尼亚王。从奥古斯都选出的王子这点看来，沃诺内斯肯定具有统治的能力。不仅如此，这位王子也应该有罗马统治者才具有的能力与干练。然而，罗马人认定的君主就是国家的统治者，而在波斯人观念中，君主是妻妾成群、准备战争、准备狩猎以及举办宴会的领导人。在价值观上，东方和西方确实存在着差异。从亚美尼亚被驱逐出来的沃诺内斯逃到了叙利亚，受到了叙利亚行省总督的保护。亚美尼亚敢做出这种与反罗马无异的举动，正是因为它认为有邻国帕提亚作为靠山，它才拥有了付诸行动的勇气。而帕提亚国王一直打算把亚美尼亚纳入自己的版图，也认为这是一次把罗马的影响力从亚美尼亚抹去的良机。不管怎么说，按照罗马一贯的东方政策，即以西边的叙利亚行省与北方的亚美尼亚王国为基地，对帕提亚王国形成封锁。

不过，对于使罗马和帕提亚王国之间可能随时爆发战争的这种挑衅行为，提比略做出了冷静而透彻的对策。亚美尼亚对于罗马帝国来说仍旧是非常重要的屏障这点是不会变的。当然，这并非单纯的出于占领欲，想据为己有，把它置于罗马的控制之下是出于战略上的考虑。从文化与历史角度出发，亚美尼亚人和帕提亚人同样都属波斯文明圈。在提比略看来，亚美尼亚王位的人选只要能让下属的亚美尼亚人民满意，使国内安定、政局稳定，确保亚美尼亚今后继续保持和罗马的友好关系，这就够让罗马帝国欣慰的了。或许提比略早已完成对此事的调查，知道觊觎王位的泽诺尼斯是亲罗马的本都国王的儿子，而他本人也并未站在反罗马派的一边。提比略让泽诺尼斯当上亚美尼亚国王，还有一个条件，就是泽诺尼斯的名字必须改为阿尔塔克西亚斯，即从希腊名改为亚美尼亚名。

面对这种复杂的情势，日耳曼尼库斯此行的主要任务就是到达阿尔塔沙特，即亚美尼亚两个首都之一，在阿尔塔沙特完成亚美尼亚新国王的继位仪式。就这样，亚美尼亚新国王的继承仪式在亚美尼亚人的欢呼声中落下帷幕。

在日耳曼尼库斯的精心操作下，帕提亚王国的计划至此全部落空。看清现实的帕提亚国王阿尔达班连忙派遣使节到日耳曼尼库斯处，提出愿意与罗马重新缔结友好条约，并提出具体的建议，即在幼发拉底河中的小岛上进行条约签字仪式。如若任由叙利亚行省保护的前任国王沃诺内斯一直待下去，有可能变成新国王统治的威胁。于是其中有一个附加条件，就是希望日耳曼尼库斯能将保护沃诺内斯的地方迁移到离亚美尼亚更远的地方。对此，日耳曼尼库斯同意了，打算把沃诺内斯转移到小亚细亚的罗马行省。就在护送途中，沃诺内斯不知出于何故想要逃跑，最终被追随而来的百夫长杀死。当然事情是否如此，真相不得而知，总之，不再有威胁亚美尼亚王国局势的人了。

这一年，罗马帝国在以外交手段成功地处理了亚美尼亚问题的同时，也顾及了帕提亚王国。直到公元 34 年，也就是从这一年起到阿尔塔克西亚斯国王去世为止的 16 年中，可以说罗马不费一兵一卒，就把关系到罗马帝国东方安定关键的亚美尼亚王国收归手下，在这件事情上大获成功。

其实，除了助亚美尼亚王登基、重新与帕提亚王国缔结友好条约之外，日耳曼尼库斯被派往东方，还有另外一个虽没有前两个声势大但也很重要的任务，就是完成对东方君主国家中算是小国的已与罗马结成同盟（事实上的属国）的卡帕多西亚与科马根的处置。虽说没有大国帕提亚与中等国家亚美尼亚那么棘手，但是这也是日耳曼尼库斯的第三个重要任务。虽说从现代的地理位置上来看，这两个小国位于

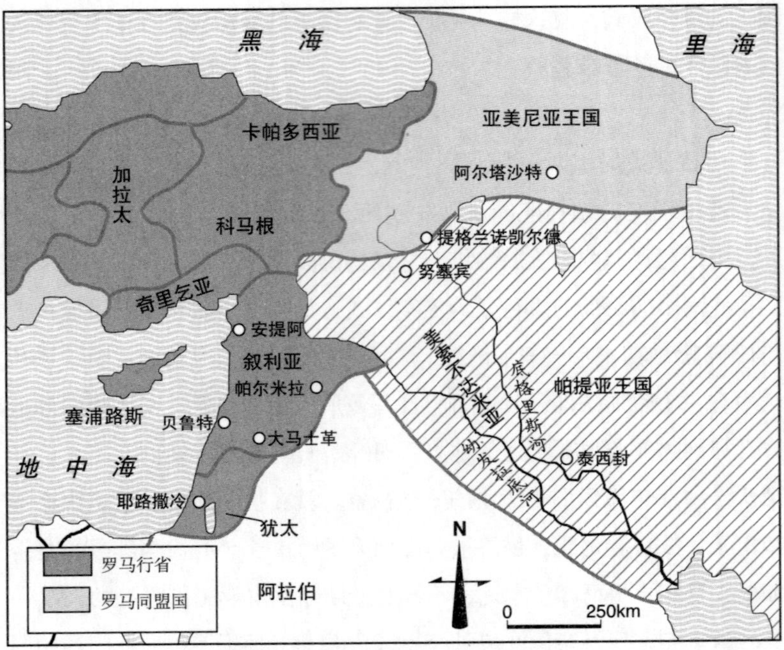

帕提亚王国及其周边（公元 18 年之后）

土耳其的最东部，但与罗马帝国的直辖行省叙利亚一样，同样都是封锁第一假想敌帕提亚王国这一举措上的重要棋子。在公元 18 年，卡帕多西亚的老国王阿尔科拉欧斯因有反罗马的行动而被召回并扣留在罗马帝国本土，卡帕多西亚王位的继承问题浮出水面。与此同时，在科马根王国还未遴选出继承人的情况下，国王也驾鹤西去。

当然，提比略的决定很快就出来了，把这两个王国都变成罗马的直辖行省，只是做法不同而已。提比略把具有执政官经历的维拉尼乌斯任命为卡帕多西亚的第一任总督，把卡帕多西亚纳入罗马帝国版图的意图十分明显。此外，提比略派没有执政官经历的法务官瑟维鲁斯担任科马根的第一任总督，可以猜测提比略可能想把这个小国当作其邻地叙利亚行省的一部分，直到培养出王位继承人。提比略对这两个王国的处置手段不同，前者国王是犯有过错，而后者的国王是自然死亡，所以二者存在着差异。再没有哪个民族像罗马人这样能看菜下饭（Case by Case）、操纵自如的了。20 年之后，科马根再次成为独立的王国证实了提比略的先见之明。

在卡帕多西亚和科马根两国成为罗马的行省之后，自然两国的国民就有了缴纳罗马税制中规定的行省税等义务。虽然提比略明知这不是长久之计，但还是大幅度地降低了税率。因为东方的民众早已习惯了专制君主的统治，所以只要这种特殊的民族情感没有爆发，统治者不论是东方人还是罗马人对他们而言就不会有区别。只要税率比以前低，受到拥护，人民就不会对新的统治阶层产生反感。说起来，一直处心积虑健全财政的提比略，并不是一位不分青红皂白毫无节制地榨取行省人民财产的皇帝。

与此同时，提比略也在罗马本土实行减税政策，他把从前饱受恶评的 1% 的营业税（即消费税）降低为 0.5%。但对于全面停止征税的要求，提比略出于保证罗马防御经费财源的考虑断然拒绝。因为有了两个行省新增加的税收，所以有了减少税率的条件，但是这一减税政策也只持续了一段时期。实际上，过了不到两年税率又恢复到减税前的水平。

总督皮索

看上去波澜不惊的日耳曼尼库斯的东方之行，其实意外就隐藏在背后。日耳曼尼库斯与叙利亚行省总督皮索的关系恶化，导致了矛盾的产生。

由于日耳曼尼库斯被提比略赋予整个东方地区的“最高指挥权”，也就是说在处于整个东方地区行政官中地位最高的叙利亚总督也应听命于他。虽然这只是一些研究者的推测，但他们认为在日耳曼尼库斯出发时，握有提比略密令的皮索也踏上了赴任叙利亚之路。此外，几位现代学者还推测，提比略选择把相当于日耳曼尼库斯叔辈的皮索派往东方出任叙利亚总督，也有出于对日耳曼尼库斯进行监督的考量。然而，事实证明这次的人事安排并不是一个明智的选择。皮索没有履行好从旁监督这一职责，只起到横加干预的作用。皮索是一个喜欢越权行事的人，而且还是典型中的典型。

除此之外，如若女人也加入男人之间争端的话，那只能使男人之间的关系更加恶化，最终导致场面无法控制。日耳曼尼库斯的妻子阿格里皮娜最引以为傲的，是身为神君奥古斯都的直系血亲这一点，因此她总在各种场合抛头露面，连军团的阅兵典礼也要参加。阿格里皮娜的这种做派使皮索的妻子普兰希娜萌生了对抗心。这位总督夫人也开始经常出入军团消磨时间。两个女人之间的抗衡发展到了各个方面，这样的抗衡在对权威和权力只次于日耳曼尼库斯的皮索态度上也日益暴露。皮索甚至对日耳曼尼库斯要求调派 1 个军团的命令充耳不闻，毫无反应。

当然，并非上述一个争端就使得日耳曼尼库斯对皮索产生了不满。从公元 18 年至次年的这个冬季，日耳曼尼库斯偕同家人前往埃及，打算在埃及避寒。然而，埃及是皇帝的私人领地，在罗马身居高位的人不论是谁，不经皇帝的许可是不能入境的，这从奥古斯都时代开始就有规定。在日耳曼尼库斯看来，既然身为东方地区的最高司令官，那么进入在其管辖范围之内的埃及也是理所当然的，因此他在没有得到提比略许可的情况下便进入了埃及。对于日耳曼尼库斯而言，埃及特别是其首都亚历山大，由于这块土地与他的外祖父安东尼渊源颇深，所以他的心里充满了亲切感。

日耳曼尼库斯一家的埃及之旅，按照他时年 32 岁“热情洋溢的领导人”的性格观察的话，应当完全是按照他个人的意愿进行的。此行他们还前往合葬在亚历山大墓地的外祖父安东尼与埃及女王克娄巴特拉的灵庙。此外，在身边缺少护卫的情况下，他们还以一副希腊式的短衣打扮游走在亚历山大的街道上。不得不提的是，当时的埃及特别是亚历山大是希腊人的城市。他们像普通游客一样周游人人向往的尼罗河，兴致勃勃地观赏沿岸的金字塔与神庙。当他听说亚历山大的居民缺少食物之后，就把原本要运往罗马囤积起来的小麦开仓济贫，将粮食分发给了亚历山大的居民，这种举措自然使得他受到了当地人的拥戴。在当地人眼中，他们更愿意把这位年轻的罗马“皇太子”，看作当年率领埃及军队顽强对抗罗马军惨遭失败的马克·安东尼的外孙。

提比略在得知日耳曼尼库斯在埃及的举动时，回想起他当初在日耳曼军团哗变时伪造敕令放他一马的事情，越发恼怒，在元老院中公开对日耳曼尼库斯进行了斥责。当然，提比略的斥责也有一定的道理，理由有三：其一，日耳曼尼库斯身居罗马要职，却轻率地以希腊式的打扮出现在埃及街头巷尾。其二，视神君奥古斯都制定的法律为一纸空文，在没有获得皇帝许可的情况下私自进入埃及。其三，无视埃及直属长官的权力，违背长官之意，私自开仓放粮。提比略对日耳曼尼库斯的斥责，元老院也深表认同。于是日耳曼尼库斯收到了一封要他谨慎行事的正式信函。

然而，还未等这封信送到日耳曼尼库斯手中，日耳曼尼库斯与家人早就离开了埃及。因为他是那种就算受到责备也不会放在心上的性格。更何况，日耳曼尼库斯一直期望的埃及之旅也得到了实现。

多瑙河防御体系

就在罗马帝国东方安全防御体系在日耳曼尼库斯的努力下得到巩固之际，罗马帝国西方的安全防御体系也如同提比略的规划，在其子杜路苏斯的执行下，多瑙河防御体系最终确立下来。

罗马帝国在多瑙河流域的对手，正是日耳曼民族中实力最为强大的马科曼尼人。而马科曼尼人的首领马罗波杜斯自幼在罗马长大，非常熟悉罗马有着强大的国力，因此从不采取正面对抗的方式与罗马帝国发生冲突。如果一直由马罗波杜斯统治多瑙河北岸的话，提比略自然会十分省心。这位一直拒绝与阿尔米尼乌斯并肩作战反抗罗马帝国的马罗波杜斯，由于部下的叛乱而身陷囹圄。在危急情况下，马罗波杜斯向提比略请求援助。然而此时的提比略完全没有越过莱茵河或多瑙河进攻日耳曼的打算，他甚至拒绝派遣罗马军团驰援。不过同时，提比略的确也下令，承诺在意大利北部的拉文纳提供一个让马罗波杜斯及其家人栖身之所。最后，为了保全性命，这位日耳曼人领袖也只能委曲求全。

当向元老院报告了这件事情之后，提比略列举了下面几条理由来强调对此事件处理的合适之处。

对于罗马人而言，再也找不出像马罗波杜斯这样危险的日耳曼人，他非常有能力，而且在日耳曼民族中拥有非常大的影响力。如果罗马帝国能够好好地利用他，收降他，用贵宾的身份使其归顺而不是把他俘虏过来，不仅可以削弱居住在莱茵河和多瑙河对岸的日耳曼民族的力量，在危急时刻还可以向马罗波杜斯辅之以罗马军团，让他对付日耳曼人。也就是说，把这位日耳曼政治逃亡者当作对付日耳曼的王牌。事实上提比略的这一招也发挥了作用，自马罗波杜斯到了拉文纳开始悠然的生活后，提比略只要看到多瑙河北岸的部族有南下进攻的迹象，就会拿出这张王牌对他们进行恐吓。

对政治逃亡者与人质，罗马人并不会冷遇他们，也不会把他们关在牢房里，而是把他们当作自己的王牌加以利用。当然这也是为了在紧要关头，可以利用他们翻盘。

不久之后，因击溃马罗波杜斯而将族长一职收入囊中的卡杜阿尔达斯也遭到叛变的境遇，他同样也转向提比略请求援救。提比略也为卡杜阿尔达斯准备了栖身之所，把他安排在了法国南部的海港法姆尤里（今弗雷瑞斯）。自此有两张王牌已紧握在提比略手中了。

此后，统率马科曼尼人的瓦尼斯又被提比略认可了，上升为罗马帝国的“朋友”身份，就这样跟这个多瑙河北岸的独立王国缔结了同盟关系。就是这样的做法或许才能称得上是真正的现实政治吧。实际上，罗马正是凭借这种冷静透彻的外交策略，使帝国在莱茵河东岸和多瑙河北岸都争取到了盟友，实现了对日耳曼英雄阿尔米尼乌斯的孤立目标。然而，这位抱有联合全族人民击垮罗马梦想的日耳曼风云人物，在两年后的一次小战役中身亡。恰好在此时，居住在多瑙河下游的色雷斯人也发生了内讧，提比略乘机一举成功地将这个地区也纳入了罗马帝国的版图。这确实也证明了提比略在元老院会议上的演讲并不是谎言：“罗马帝国的安全并不是靠军事而是靠政治来保障的。”塔西佗非常讨厌提比略，但他的著作《编年史》中也有这样的记述：

“维护罗马帝国的安全，正是提比略心中最为挂牵的。”

日耳曼尼库斯之死

日耳曼尼库斯于公元 19 年春离开埃及，准备返回叙利亚。前路危险重重，在那里等待日耳曼尼库斯的，是对他反感心理与日俱增的总督皮索。甚至有这样的传闻，在叙利亚行省首府安提阿的总督府内，经常可以看到两人争执的情形。随后，皮索去了帝国辖区西岸的小亚细亚，而日耳曼尼库斯则动身返回帕尔米拉。就在此时，又到了在幼发拉底河上与帕提亚王国重新缔结新友好条约的时候了，日耳曼尼库斯需要经帕尔米拉往东去参加缔约仪式。日耳曼尼库斯只好结束了这个夏天的沙漠旅程回到了安提阿。然而，没过多久，日耳曼尼库斯却因高烧病倒在床。

这突如其来的高烧却在第二天早上神奇地消失了。可是，到了夜里又再度袭来，谁也没有料到，隔天清晨又退了下去。在日耳曼尼库斯没有发高烧的时候，他还如平常人一样起居，然而每晚高烧必然来袭。连续几天下来，即使白天稍微退烧，也没能恢复到正常体温。在高烧的来回折腾下，这位年轻将军的生命日益衰竭。

日耳曼尼库斯卧床不起，病榻边围坐的众人都认为这突如其来的病是总督皮索下毒引发的。在这样的声浪中，日耳曼尼库斯也对此深信不疑。然而，日耳曼尼库斯发烧还不到 10 天，就在对围在病床边的妻子与战友托付报仇的遗言后撒手人寰。公元 19 年 10 月 10 日，日耳曼尼库斯病逝，年仅 33 岁。

日耳曼尼库斯是一位非常优秀、对敌人极为宽恕的将军。他的离去不仅使得叙利亚，也让整个东方地区都为这位青年将领的死感到惋惜。东方地区的居民，除了罗马人，就连希腊人、犹太人和闪米特人也前来安提阿中央广场参加他的火葬仪式。虽然此时已经进入了不宜航海的季节，然而，日耳曼尼库斯的妻子阿格里皮娜还是捧着丈夫的骨灰，带着 7 岁的卡利古拉和刚满 1 岁的女儿，踏上了返回罗马的征程。由于天气十分恶劣，船只经常停靠岸边，走走停停历时两个月才回到罗马。

如果是下毒致日耳曼尼库斯死亡，毒性的发作也太漫长了。历史学家塔西佗更倾向于日耳曼尼库斯是死于皮索毒害而皮索又是受了提比略的密令这一说法，他这样描写道：

> 不论是从健壮的躯体、英年早逝的年龄，还是从离世的缘由以及亡于东方这一远离故土之处等这些情节来分析，日耳曼尼库斯与亚历山大大帝的命运确实如出一辙。两人都拥有极为强健的身躯，都出身显贵，却都在刚刚踏入而立之年的 30 岁出头就客死他乡，成了家族暗斗的牺牲品。
>
> 不过，与亚历山大大帝有所不同，日耳曼尼库斯待人宽厚，不只会贪图享乐。虽然只有一段婚姻，他也享受到了子女绕膝之乐。
>
> 对作为将军的日耳曼尼库斯而言，如果日耳曼战争没有遭到故意为难，他肯定能留下足以与亚历山大大帝媲美的战绩。如果

他生而为王，拥有行动的自由和制定决策的权力，那他造就的业绩绝对能轻松地超越亚历山大大帝在战功上的成就。因为，无论是在宽以待人、严于律己的为人处世方面，还是在其他众多的才华方面，日耳曼尼库斯都略胜一筹。

历史学家塔西佗虽然是以罗马帝国最有权威的身份写下了这段话，但这一段话的某些见解让现代的研究者不禁觉得好笑。甚至有研究者这样认为："日耳曼尼库斯之死，根本谈不上是罗马帝国的损失。"更何况，现在已形成了亚历山大大帝和日耳曼尼库斯都亡于疟疾的定论，只不过亚历山大大帝被毒害的说法更有说服力。当然，不论谁英年早逝都不免会让人感到惋惜，更何况是这样一位生前受人爱戴和尊敬的人物。就连知道他缺点的人，在他意想不到的死亡之后，也会将这些小毛病都抛诸脑后。驻守在莱茵河防线的士兵为这位曾经的将领之死感到痛心。这大概就是"日耳曼尼库斯神话"的起源吧。

罗马人在得知阿格里皮娜一行人将会经海路抵达科孚岛后，都自发地聚集到了这个距科孚岛尚有两日行程的登陆港——布林迪西港上。提比略从罗马派遣来的 3 个近卫军大队也抵达了此地。在群众带着叹息之声的迎接中，手捧骨灰坛的阿格里皮娜与遗属登上布林迪西港。

古罗马时代，鲜花是用来祝福活着的人或是插在坟前用的，所以对于这样刚刚过世的人而言，则是依据各自的财力燃烧相应的物品给这位故人以示悼念。然而到了基督教时代，演变为点燃蜡烛悼念死者，这种习惯一直流传至今。

日耳曼尼库斯的骨灰经过由 3 000 名近卫军防护的阿庇亚大道时，

前来悼念的罗马人络绎不绝，富裕一点的人则焚烧昂贵的香料，贫穷的人则脱下自己身上的衣服来焚烧，祭奠死者。在罗马帝国本土意大利半岛，人们也都自发地穿起了丧服。而年轻的寡妇阿格里皮娜和遗属的样子，更是让人热泪盈眶。

这些人中还有从多瑙河前线赶回来的杜路苏斯，此外，日耳曼尼库斯的胞弟克劳狄乌斯、没有随同日耳曼尼库斯前往东方的两个儿子，还有以当年还在职的两位执政官为首的众多元老院元老也都来到离首都100公里远的特拉提纳迎接日耳曼尼库斯的骨灰。从特拉提纳开始的阿庇亚大道几乎是一条线直通罗马。亡故的日耳曼尼库斯就在家人和政府高官的护送之下，沿着这条大道被送往了罗马。

随着距罗马渐近，道路两边迎接的人越来越多。群众的惋惜声掩盖了周边所有的声音，在一片悼念中焚烧物品的烟雾似乎形成一片巨大的乌云遮住了蓝天。这种现象简直就像群众集体失控。

在阿庇亚大道的尽头，民众一直望眼欲穿的人物并未现身。日耳曼尼库斯的养父提比略，以及提比略的母亲利维娅，连日耳曼尼库斯的生母安东尼娅都未出现。送葬队伍进入罗马广场的时候，提比略还是没有现身。而在第二天的国丧典礼上，致悼词也都是由日耳曼尼库斯的义弟杜路苏斯完成的，提比略、利维娅、安东尼娅都未现身。被视为竞争对手的日耳曼尼库斯和杜路苏斯实际上是感情很好的两兄弟，比日耳曼尼库斯小两岁的杜路苏斯的悼词，句句深入人心。然而，在进入灵庙下葬时，提比略仍旧没有现身。

对于缺席葬礼，提比略给出了如下的解释：日耳曼尼库斯的亲生母亲安东尼娅因伤心过度而卧病在床，也致使他与利维娅不得不出于对安东尼娅的考虑而未能出席。

对于非常讨厌出风头的提比略而言，这或许听上去有几分道理。而身为崇尚“冷静专家”的提比略，对“热情洋溢的领导人”想来没有好感，这也是可以理解的。然而，现在这并不是只需根据个人的好恶做出反应的场合，而是关乎礼仪正确与否的葬礼。更何况日耳曼尼库斯是整个东方地区的最高司令官，是个需要为自己撑场面的了不起的公众人物。提比略对日耳曼尼库斯葬礼的态度，失礼得连为自己辩护的余地都没有。

实际上，人们习惯于拿从前的事与现在进行比较。当人们想到在日耳曼尼库斯的亲生父亲尼禄·克劳狄乌斯·杜路苏斯在日耳曼地区因意外堕马去世的公元前 9 年，奥古斯都特意到罗马以北 500 多公里外的意大利帕维亚迎接，之后又全程陪同护送遗体回到罗马这段往事，就会为现在这样一位与先帝完全不同、拥有冷血性格的帝王感到痛心。

然而，此时的罗马人还没有像百年后的塔西佗那样，认为日耳曼尼库斯是被提比略派人毒害的。虽然也曾怀疑他是被毒害，但他们坚信这只是总督皮索的个人行为。不过，对于没有出门迎灵、没有参加葬礼的提比略，在这一点上，他也失去了罗马人对他的信服。罗马人决定用自己的方式哀悼日耳曼尼库斯，为他服丧。一起停工，这就是今天时髦的说法。

罗马停止了它的运转：审判无限延期，贸易场关门，商铺停止营业，工场鸦雀无声，学校放假，万人空巷，唯一见到人的地方就是神殿附近。提比略在这种情况持续了一个多月后，向首都的所有罗马人发出了如下公告：

有无数为国捐躯的伟人，但是像这样受到国民深切哀悼的，也只有日耳曼尼库斯一人。你们对日耳曼尼库斯之死的悲叹，对于身为父亲的我以及他的所有亲人，我们感到无比的光荣。但是现在的我们更应该节哀顺变。

作为称霸世界的国家的领袖与公民，我们不应该存在那种只有身处小国的人民才有的个人悲叹。苦楚的忍受，悲戚的泪水，虽说这些作为对逝者的悼念是理所当然的，然而，现在已到了需要我们振作精神、重整旗鼓的时候。应做到与神君恺撒和奥古斯都一样，在面对独生女死亡的时候极力掩饰个人的伤悲，面临孙儿相继早逝时仍旧坚持履行好他的责任。

在此，我不去举最近的例子，然而，罗马人曾多少次忍受自己军队的失败？经历过多少将军离世的悲伤？忍受过多少历史上显赫家族的衰败？

每位领袖都逃脱不了死亡的命运，然而只有国家才是永恒的。因此，你们应回到各自的岗位。你们期待的大地母神的庆典也即将来临。而所谓的日常经营也是由工作和每日的期盼组成的。

至此，全民疯狂的心理终于得以平复。罗马人开始逐渐回到各自的岗位，学校重新开课，母亲们也同以往一样专心家务。可是，在把总督皮索提到法庭上进行制裁这一问题上，罗马人并没有让步。这时候，我们只需要看舆论的动向，不等判决就知道皮索一定有罪了。

审判皮索

总督皮索在日耳曼尼库斯病倒时，并不在安提阿。在日耳曼尼库斯病倒之后，他也没有赶回安提阿。时隔不久，他便收到了日耳曼尼库斯与世长辞的消息。有传闻说，皮索的妻子普兰希娜听闻这个消息之后喜不自胜，如果真是如此，她还真是个愚蠢到极点的女人。面对这种情势，皮索与同行的儿子、朋友和幕僚慌忙商量对策。讨论的焦点在于：他是否要返回任职地叙利亚的首都安提阿，以填补因日耳曼尼库斯之死而造成的东方防御体系总司令一职的空缺？或是立即赶回罗马，向皇帝以及元老院为自己与日耳曼尼库斯之间发生的争执进行说明？然而，意见出现了分歧，皮索的幕僚主张回安提阿去补缺，而他的儿子与朋友却劝他赶快回罗马澄清事实。作为元老院的重量级人物，皮索也十分纠结，应该如何二者择一，不知出于何种想法，他突然开始对驻扎在叙利亚的前日耳曼尼库斯属下的 4 个军团的士兵实施怀柔政策。然而，这个政策执行效果并不理想，皮索最终决定返回罗马。

由于耽误了太多时间，皮索的首都之行远远落在阿格里皮娜之后。更何况他选取的是一条绕远的路线，他选择从中部的安科纳登陆，而不是从南部的布林迪西港口返回罗马本土，之后顺弗拉米尼亚大道而下，在返回途中甚至还放弃陆路，而下到台伯河采取了走水路的方式。他到达罗马时，已是提比略发布了公告、全民为失去日耳曼尼库斯而心理创伤得以平复之时。就这样，他连在元老院元老面前辩解的机会都没有的情况下，立即就被拉上了审判席。

围观的人高声呼喊判处皮索死刑，元老院会场中的审判正是在这种声浪中开始的。提比略若是一个在乎舆论的皇帝，那么审判的结果按照罗马公民期望的走向比较有利。如此这般，提比略没有迎灵、没有出席葬礼的旧账就可以不再提起，而且，后世的罗马人也一定不会给他安上教唆毒害日耳曼尼库斯的罪名。提比略却在审判伊始这样说道：

皮索总督乃家父（奥古斯都）之友，也曾担任军团长。承蒙各位认可，我才派他远赴叙利亚，辅助日耳曼尼库斯治理东方。因此，冷静乃审判之必须。其与日耳曼尼库斯之间的矛盾，是否因皮索自恃功高、争强好胜所致？又或因日耳曼尼库斯轻佻所致恶果？抑或这就是他人犯罪所成？仰仗各位冷静，慎重决断。

皮索乃接受包括军团指挥权等行省公务任命后被派遣的公职人员，若其明目张胆越权乱纪，此乃罪责难逃。又，如若抗日耳曼尼库斯之命，此亦是罪责难逃。若其对于日耳曼尼库斯之死，以及他的死带给我的悲伤表现出欣喜之意，我一定会憎恨他，禁其入我家之门。然而，我不以小人之心度君子之腹，挟“第一公民”之威报私人之怨。

反之，若其罪证确凿，定当严惩，不论是谁处置，必将以严酷之刑告慰日耳曼尼库斯之子及家族。

至此，是否真有煽风点火之徒存在？是否真有道听途说之徒造谣？元老诸君，望各位切切明辨是非。若真有其事，我必将其人碎尸万段。若日耳曼尼库斯死于毒害，其遗体仍置于广场，外族人亦可见，必将凶手擒拿以祭其在天之灵。

至于对手下那些图谋不轨的军团，皮索是否对其进行了煽动，抑或只是道听途说的控诉人极度夸张的伪证，对此各位有必要进行明辨。如果是后者，即使控诉人是我们的朋友，也必定要做好受到我责难的心理准备。如果真像众人所言，日耳曼尼库斯是死于毒害，他的遗体在众目睽睽之下一丝不挂地暴露在中央广场。而他的死因至今不明，这也是此时此刻必须解决的问题之一。

我也为儿子之死而痛哭流泪，恐今后伤痛难息。然而，被告亦有家室，愿诸君留辩解之机，使其言明日耳曼尼库斯不妥之处，查明真伪。希望各位弃传闻于不顾，慎重决断。只此或能告慰我之伤心。

我以皇威誓言，无论是谁，皆有辩护之权，皆有检举之权。仍望诸君竭尽全力，以护被告之权。

法之所及，不分贵贱，然而对日耳曼尼库斯之死，我放弃一般之裁判，而送至元老诸君之殿前。望诸君，度天时，晓地利，循罗马之旧规，沿罗马之程序，依序而行。

元老诸君，我最大之心愿，乃弃杜路苏斯之泪与吾之伤痛以及周遭一切声音于不顾，冷静决裁，以告慰养子在天之灵。

这场审判必定会比一般的审判时间长，不仅要算上陈述诉讼理由的 2 天，辩护方的 3 天辩护时间，而在这中间还得再经过 6 天商议之后才宣布判决结果。控告者有在日耳曼战争中担任日耳曼尼库斯手下军团长的凯奇纳、维拉尼乌斯、维特里乌斯 3 人，也有在日耳曼尼库斯被派往东方时自愿跟随的将军。他们对皮索的罪状做出了如下的陈述：

首先，皮索对驻扎在叙利亚的 4 个军团的士兵放任自流。

其次，皮索对各同盟国的国王专横跋扈。

上述两项皮索的罪状，引发整个东方地区人民对谋害最高负责人日耳曼尼库斯之人皮索的怨恨。此外，军团内部根本就没有秩序可言，而军团内亲近总督皮索的不良分子，甚至把皮索尊称为“军团之父”。但这种做法同时也遭到了来自军团内有良知的士兵的鄙视，这样的皮索注定会遭到弹劾。

而第三点谈到的是皮索使用魔法与毒药把日耳曼尼库斯谋害而死。控告者强调，皮索之妻普兰希娜苦心钻研东方魔法，甚至把施展魔法作为个人爱好。作为最后的陈述，控告者还提及皮索甚至企图教唆军团兵把矛头对准祖国。

然而，对皮索实施辩护的一方论调十分弱势。对皮索在军团内实行怀柔政策、放松军团纪律这些指控，辩护方无法拿出证据进行否认。皮索与各同盟国国王之间的不合、国王们对他产生不满情绪，都是不争的事实。提比略一直强调的是皮索是否服从命令这点，即使他们能够反证皮索并没有完全抗拒日耳曼尼库斯的命令，但也不能说忠实地履行了职责。于是，皮索的辩护方只能把辩护的重点放在是否毒害日耳曼尼库斯这个问题上。

他们辩护，毒害的证据根本不存在。控告者一方认为，皮索在安提阿总督官邸内举办的宴席上，亲自在日耳曼尼库斯的杯中下毒，这些都是没有真凭实据的。两人不合是公开的事实，如若两人确实同时出现在了宴席上，那自然会招来包括奴隶在内的所有人的目光。

元老院内的情势急转直下，让场外关注着审判过程的群众也不由得定住了一般。即使元老院判皮索无罪，他也休想从周围群众的手中逃脱，皮索注定不可能安然离开议事厅。他只能在一队近卫军的护卫下，躲在四周用布幕围住的轿子里逃回家中。虽然如此，在他的孩子们的激励下，皮索还是坚持每天前往元老院，直到最后一天的辩护结束。

然而，元老院元老们的眼中满是轻蔑与敌意。提比略接连几天连续出席审判，但是一直保持着平静的表情，没有显露出怨恨，也没有表示出同情，他从头到尾都是一副旁人无法猜透的高深莫测的神情。与丈夫一样同处于众矢之的的普兰希娜也开始与皮索保持距离，转而向以往就很亲密的皇太后利维娅寻求庇护。

辩护方告知皮索，就算毒害的罪证不足不被判处死刑，他也逃不掉不服从命令的罪责。唯有自杀谢罪，才是拯救儿子们的唯一出路。在这种情况之下，皮索只能选择自尽。

在判决之日的早晨，人们发现了已经自刎而亡的皮索的遗体。不过，元老院根本就不在乎被告的生死，还是做出了如下判决：

一、从所有官方的记录中清除皮索之名。

二、皮索之财产半数充公，剩下的部分留给身处罗马与此事件毫无关系的长子葛尼斯，但葛尼斯必须放弃皮索一姓。

三、与父亲皮索同往叙利亚的次子马库斯，其元老院元老资格被剥夺，只获得其父遗产 500 万塞斯特斯，并在 10 年之内不得踏入首都罗马。

四、皮索之妻普兰希娜受皇太后利维娅庇护，不予问责。

皇帝提比略拥有接到控诉后给予最后裁决的权力。由于被告皮索已死，无法进行指控，但是提比略还是行使了这项权力，也就是使用了“最高裁判权”。

首先，提比略拒绝在官方记录中清除皮索的名字。因为即使是向罗马宣战的马克·安东尼，他的名字也仍然保留在了官方的记录中。此外，他也否决了对皮索次子马库斯撤销元老院元老资格、处罚放逐 10 年的审判结果，并允许他与兄长葛尼斯一样继承父亲遗产一半的权利。对于这样的撤回决定，提比略给出了“身为儿女者不能违背父亲的命令”这样的理由。至于对皮索之妻普兰希娜的处置，则维持元老院的决议。

对于提比略“最高裁判权”中的决定，元老院没有异议。然而，有两名元老站出来提议，为亡故的日耳曼尼库斯铸造黄金像，供奉在复仇之神马尔斯的神殿内。对于这项提议，提比略却拿出了“此类神格化的做法，只适宜在战胜其他国家时使用，自家人的悲剧应与悲伤一同埋葬”的理由予以拒绝。

就这样，引发罗马人万众瞩目的皮索审判，也到此画上了句号。民间舆论对这样的裁决也感到满意。判决的内容却让后世的罗马人对提比略是否参与毒害引发了质疑，与此同时，日耳曼尼库斯遗孀阿格里皮娜对提比略也产生了憎恶之情。阿格里皮娜身上流着奥古斯都家族的血液，她也一直以此为傲。她一直痛恨与奥古斯都没有任何血缘关系却巧取豪夺了皇位的提比略，如今日耳曼尼库斯之死使得这种痛恨比往日更甚。在她心目中，提比略是为了清除日耳曼尼库斯，避免出现皇位的争夺者，才指使皮索对日耳曼尼库斯进行了毒害。

当然，提比略没有顾及日耳曼尼库斯之妻的胸中恨意，更何况他的个性又是满不在乎的类型。不过，是否仍任由“日耳曼尼库斯神话”继续扩大，是一个攸关帝国稳定的重大政治课题。这次审判堪称审判之典范，可以说是罗马人对法律创始人精神原貌的再现，也因此产生了事后要对这个“神话”加以干预的必要。

皮索审判之后不几日，元老院提议，让在审判中慷慨陈词的控告者凯奇纳、维拉尼乌斯和维特里乌斯出任祭司，提比略予以同意。原本属于骑士阶级的这3名日耳曼尼库斯的部属，被任命为原本只有元老院阶级出任的祭司一职，这意味着他们社会地位的上升。这也是元老院怀柔日耳曼尼库斯旧部的一项措施。此后，这 3 个人得到了提比略的重用，特别是维特里乌斯，当罗马又面临必须在东方地区进行重整的时候，提比略赋予他与日耳曼尼库斯公元 17 年出使东方时一样的权力。如果这只是出于对日耳曼尼库斯派的人员进行怀柔，那将他们提拔成祭司也就可以了。然而，提比略后来对他们的重用，证明他知人善任的一面，也再一次证明提比略绝非率性而为的人。

阿格里皮娜

奥古斯都驾鹤西去之后，他的养子提比略自然就成了尤里乌斯一门的恺撒家族的族长。在把日耳曼尼库斯收为养子一事上，提比略也同样遵从了奥古斯都的遗愿。依照罗马法规定，家长权力大到可以掌握家族人员的生死，但与此同时也肩负了保护家族的重任。而当养子日耳曼尼库斯离世后，作为罗马法律上的祖父，提比略也把保护日耳曼尼库斯子孙的重担接了过来。

提比略陪伴着已故的日耳曼尼库斯的长子尼禄，来到了元老院，在经过一番说明之后，提比略希望元老院元老给予日耳曼尼库斯的儿子特殊关照。虽然尼禄·恺撒已完成了他的成年礼，然而年纪仅为 14 岁，离担任公职时间还很长。在罗马，必须到 25 岁才有资格担任账务监察官一类的重要公职。此外，具有一些基层公职的经验，也是成为账务监察官候选人的条件。对此，提比略向元老院提出了特殊关照：其一，免除尼禄基层公职的经验；其二，承认尼禄在达到资格年龄的 5 年前，即 20 岁时可竞选账务监察官。

想必在场的元老院元老们很快就领会了提比略提出这些请求的用

意。提比略向来喜欢大家称呼他为“第一公民”而非“皇帝”，即使这种叫法有些伪善。提比略继位后一直致力于与元老院协调步伐，并且忠实继承了奥古斯都仍旧想把帝国最高统治权留在尤里乌斯家族的遗愿。因此，元老院元老们都感受到了提比略的用意，于是同意了这项请求。表面上是共和体制的罗马，但实际上实行的还是君主专制，这是既成事实。

哪怕是尤里乌斯家族中的一员，但只要跟公职沾上了边就必须得到元老院的同意，这就是奥古斯都创立的罗马式元首制的基本模式。针对其中的内涵，即使是奥古斯都也未对罗马历来的家长制进行修改。正因为如此，提比略行使了这一家长权，决定了尼禄的婚事。女方是杜路苏斯的女儿尤利娅。因为提比略的亲生儿子杜路苏斯之妻也是日耳曼尼库斯的妹妹，所以尼禄·恺撒等于是跟姑妈之女订婚。对于这种安排，罗马民众相当满意，因为在他们看来，值得尊崇的日耳曼尼库斯的遗孤，也因为这项婚约得到了继承皇位的资格。即使如此，也无法抹去阿格里皮娜对提比略的仇恨。因为，公元 21 年，执政官换届，虽然提比略无意连任，但仍然与杜路苏斯一起被推举为候选人，并双双获选，当上了新一届的执政官。显而易见，提比略的精心算计，都是为了提高杜路苏斯的权威而采用的手法，父子两人都如愿以偿当上执政官。公元 19 年，是提比略前次担任执政官的时间，而另一名执政官正是日耳曼尼库斯。在阿格里皮娜看来，亲生儿子尼禄继承皇位的可能性正不断下降。

然而，此时的提比略已经 62 岁了，即使现在他发生什么意外也并不会影响罗马政局。此时尼禄 15 岁，而杜路苏斯 33 岁。如若希望皇位顺利交接以确保政局稳定的话，人们自然就会想到按照提比略—杜路苏斯—尼禄这种顺序。可是阿格里皮娜对看重血缘关系这点持有不同的看法。两年前杜路苏斯得到了一对双胞胎儿子，然而其中一个早夭，可另外一个已2岁。对于提比略来说，这是他的长孙。阿格里皮娜非常担心原本应该由自己儿子继承的皇位，就此被提比略家族抢走。在阿格里皮娜看来，血缘名分是最为重要的，然而如今的继承人与奥古斯都生前的希望背道而驰。这个2岁的孩子相当于阿格里皮娜小姑子的儿子，可是这个孩子的父亲杜路苏斯，却从未出现在奥古斯都在世时皇位继承人名单中。

阿格里皮娜想到这件事，满脑子都被偏执的念头占据。此前的仇恨加上如今的担忧，阿格里皮娜对提比略的敌意无以复加，最后发展成了可称为“阿格里皮娜派”的党派。然而，在公元21年，这个党派还未与“日耳曼尼库斯神话”相结合。因为，当时这只不过是一群围在阿格里皮娜身边对提比略满腹牢骚的女人罢了。

要集结这么多对提比略发牢骚的女人，事实上并不困难。因为在当时的罗马上流社会，提比略向来不讨女人喜欢。在提比略36岁那年与其妻尤利娅离婚后，之后将近30年里，提比略对女人更是不闻不问。如果提比略真的有情人，喜好八卦的史学家苏维托尼乌斯就绝对不会不去刨根问底，因此可以断言提比略并没有拈花惹草这种习性。然而，即使是这样一个不适合当丈夫的人也没有什么大碍，可他的行为确实也让女人捉摸不透。从提比略的生活方式来看，他不参加聚会，不喜欢游乐，真是一个名副其实的“禁欲主义者”，大概这些都是提比略不讨女人喜欢的缘由。

当然，提比略也并非同性恋，并非不会对女性产生情愫。也许提比略心目中的唯一爱人，就是其子杜路苏斯的母亲维普萨尼娅，但奥古斯都为让他与自己的女儿尤利娅结成连理，却命令他与维普萨尼娅离婚。直到公元20年维普萨尼娅离世，提比略与维普萨尼娅只是偶

阿格里皮娜

然才会遇到，她更是小心翼翼避开提比略。不难想象，萦绕在提比略脑海中的，应该是30年前两人年轻时候的样子。

公元21年，提比略登基后初次离开首都罗马，并非外地有等着他前去处理的事务，而是他想向世间宣告，同任执政官的儿子杜路苏斯将会是皇位第一继承人，并想借此机会让杜路苏斯经受最高领袖的历练。人们从提比略一直待在经阿庇亚大道就可以到达首都的那不勒斯近郊，可以看出他此次离开的意图。

当然，33岁的杜路苏斯也的确非常有能力。在元老院年轻一辈与年长者之间的分化愈演愈烈时，身为年轻一辈带头人物的他成功地化解了双方的对立。此外，他还在公共事业中肃清承包商的不法行为。除了军团兵负责修建的一般道路之外，在大多数都承包给民间“企业”的罗马公共事业基础设施建设系统中，招标的国家公职人员和中标的民间企业容易相互勾结。杜路苏斯身为执政官，对此疾恶如仇，对双方都提出了控告，取缔了这样的不法行为，重新将竞争规则导入企业之间的运营。这样一来，因不法行为而增加的公共事业基础设施建设开销也得到了大幅缩减。

然而，事关帝国的运营，单靠位居罗马帝国高级职位的执政官并不能尽善处理。特别是在维持帝国和平问题上，罗马帝国军队的最高司令官提比略必须亲自处理。负责处理北非和高卢叛乱的不是执政官，而是提比略本人。

面对日益复杂的局势，此时的提比略必须做出选择，是应该回到首都亲自进行指挥，还是继续留在那不勒斯附近在远处对此事进行指挥。最终，他还是选择了后者。

提比略选择继续留在那不勒斯，不得不立即展开对情报的搜集，并建立一个上下通畅的指挥系统。提比略在这方面的才华可以说十分完美。他将从全国搜集来的情报作为参考，做出恰当的指示或建议写在书信中。手持书信的信差一直快马加鞭地往返于阿庇亚大道上。

沙漠游牧民族

所谓北非骚乱，指的是曾效力于罗马军团的辅助部队并拥有相当丰富的军队经验的塔克法里纳斯率领沙漠游牧民族侵略罗马行省的骚乱。在这些沙漠游牧民族看来，罗马扩大耕地的计划威胁到了他们的生存。原来喜欢四处游牧的民族，总是会对农耕民族产生仇恨。而游牧民族最主要的生存模式，就是掠夺农耕民族。

罗马帝国为了提防游牧民族的侵袭在此派驻了一个军团。这一地区，即包括现今的突尼斯与利比亚的阿非利加行省，属于元老院管辖，也即元老院行省，行省的总督也是由元老院元老互相举荐而产生。当然，这也是奥古斯都深谋远虑的一个实例，由元老院元老选派的新总督前往行省进行治理时，其实他并没有获得军团的指挥权。就算政务由他负责，但在军事上则无权过问。即使当地有常驻军团，其指挥权也在皇帝任命的军团长手里。换言之，奥古斯都实际上也凭借将元老院行省的文武官员实行权力分管、相互制约的方法，以达到强化皇权这一目的。

当然，奥古斯都打造的上述体制唯有在没有内忧外患的前提下才能发挥效用。先前可能成为内忧的迦太基居民，通过重建首都海港城市迦太基，以及修建水道、道路等其他基础建设，已经完成了城市的罗马化，因此对罗马造成不了威胁。而谈到外患，只要东边的埃及与西边的毛里塔尼亚处在罗马的控制之下，就不会产生多大的问题。现在罗马帝国只剩下南边的敌人令人十分担忧。所谓南边的敌人，指的就是沙漠游牧民族。不过，只要他们没有能干的领袖，在罗马人眼中他们只能算是一群强盗。只要完成与其说是军队不如说是警察的任务，只需要 1 个军团加上辅助部队不足 1 万人的兵力，就足够抵御这些人的袭击了。

熟知罗马军队作战方式的塔克法里纳斯掌控这些沙漠游牧民族之后，原本各自为政的强盗群体，现今也实行了军事化管理，恐怕以警察这种程度的防御就难以控制了。提比略掌握这一情况之后，早在两年前就从驻扎在多瑙河的军团中抽调了 1 个军团驻守在北非。这样也

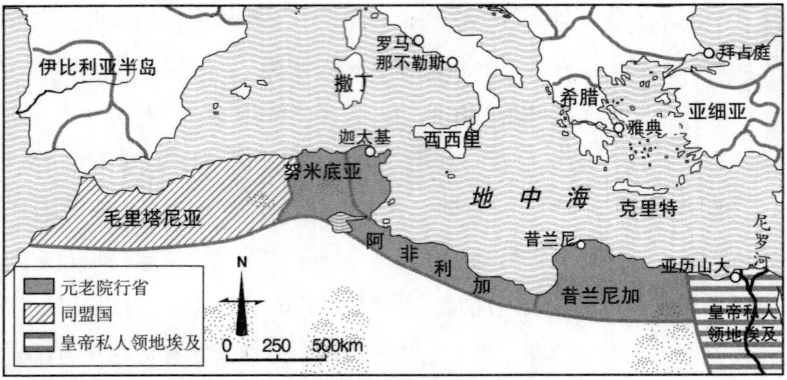

北非及其周边

许就能把塔克法里纳斯赶进沙漠，然而，在支援的军团离开北非后，沙漠游牧民族又卷土重来。

直到公元21年，提比略才下定了要彻底解决沙漠游牧民族问题的决心。然而，提比略希望不增加军费，也不准备扩充负责整个帝国防御的25个军团，也没打算抽调其中的一个军团派驻北非。因此，为了解决迫在眉睫的北非行省问题，提比略仅在此地、此时（直至此问题得到完美解决）妥协地修改原本文武分管的制度。他将有军团指挥权的总督派往当地，把原为军团长的任务——制定抵抗侵略者的政策，移交给了总督。

如此这般，北非行省内的指挥系统得到了统一，以政治和军事互相结合的形式来全面抵御沙漠游牧民族。当然，这种体制与莱茵河前线、多瑙河前线、面对帕提亚王国的叙利亚等皇帝行省的体制相同，这些防线经常与敌人对峙。不过有差异的是，北非行省属于元老院行省，而不是提比略握有决定权的皇帝行省。于是，提比略向元老院请求，希望从中选出一位能当此大任的总督人选，以行使当地罗马军队的指挥权。

元老院围绕提比略的要求反复商讨，虽然过程十分热烈，却始终没能锁定一位合适的人选。其实元老院元老们心中的算盘跟以前一样，都希望住在海港城市迦太基这样一个舒适的总督官邸里，至于那沙漠里的帐篷，则能不去就不去。最后结果，竟是提比略获得了完全委托给皇帝处理这样的答复。

但是，提比略当然不会独自处理这个问题，随后又推举了两位元老院元老，也正是提比略心目中的军事才华横溢的元老，要求元老院从中做出选择。被提名的两人——雷必达和普拉耶苏斯，当然，他们也拥有在元老院会议上发表意见的权力。雷必达，这位出身于从共和制时代起就声名显赫的家族的元老，他以身体抱恙、女儿还待字闺中为由拒绝了这项差事。当然，他不忘赞美普拉耶苏斯，认为他更能胜任此职。至于新任的元老院元老普拉耶苏斯，似乎觉得临阵脱逃会让人觉得自己胆小畏缩，既然被提名，也就点头应诺了。不出所料，心中的大石头落下的元老们立刻愉快地把票都投给了普拉耶苏斯。这样一来，解决北非沙漠游牧民族引发的难题，也算是迈出了第一步。只要方针政策正确，依罗马的军事实力，要解决这些游牧民族，剩下的就只是时间早晚的问题了。果不其然，两年后，遁地无门的塔克法里纳斯战败而亡，沙漠游牧民族引发的骚乱也就冰消瓦解了。

德鲁伊特教

与此同时，高卢行省也发生了叛乱。高卢行省发生的叛乱并不是因为外敌的入侵，招致民众不满的高额贷款利率是罪魁祸首。在罗马帝国本土利率上限被设定在12%，行省却没有对此设限。姑且不论70年前恺撒时代贪图48%高利率的布鲁图，在经济学理论上，投资被视为“高风险”的皇帝行省金融市场，得到“高收益”也是值得期待的。在罗马化程度稳步推行、属于元老院行省的比较安全的法国南部地区，并没有发生叛乱。显而易见，法国南部行省与罗马帝国本土相同，在金融方面都是“低风险低收益”的地区。

70年前高卢行省也出现过叛乱，但被恺撒镇压了。公元21年，叛乱再度爆发，虽说此次叛乱是由被罗马人称为“长发高卢”的民族引起的，但实际上他们到处借贷的痛苦，归根结底是由罗马征收的行省税所致，所以他们把矛头指向罗马中央政府也是情有可原。一个有趣的现象是，所有叛乱主谋都叫“尤里乌斯”，他们都拥有罗马公民权。

当时称霸高卢的尤里乌斯·恺撒，以长远的眼光确立了高卢将来的统治模式，其中一条重要的政策，就是给予被征服的部族首领尤里乌斯·恺撒的家门名与罗马公民权。按照罗马式的思维来理解，赠予自己的家门名，就意味着把他们收为自己的“被保护者”。时髦的说法，也即“开分店”“召集喽啰”。受此恩惠，“长发高卢”的领导阶层都冠以“尤里乌斯”的姓氏，摇身一变成为具有罗马公民权的普通公民。无论罗马公民权还是“被保护者”的关系，都是可以世袭的权利和义务。公元21年，发动叛乱的3名主谋都叫“尤里乌斯”的高卢人，这也并不意味着恺撒的高卢政策有问题，因为只有东部的“尤里乌斯”发动叛乱，西部和南部的高卢人并未起来反抗。

可是，反抗罗马帝国的叛乱为何由东部高卢而起？如若贷款的利率过高、矛盾重重，那么暂不考虑罗马化进程较快的法国南部地区，为何与东部高卢罗马化程度相近的西部高卢却并未发生叛乱呢？

对于这个问题，我们只能凭借当时记载的片段来推测。然而，我认为，在由学生引发叛乱的背后，其实高卢宗教界的祭司阶层也参与其中。

公元前 20 年，奥古斯都对高卢进行重新划分时，把“长发高卢”中最大的部族埃杜伊人的首都比布拉克特（今欧坦）发展成为一个学问之都。当然，如若把它称为大学城的话，则稍有不妥。感觉上这里的性质更接近于中学以及大专。为何这样说呢？原因在于此地的教育机构，其目的是为高卢的优秀学子提供较高等的教育，而想要继续深造的，罗马、雅典、罗得岛或埃及的亚历山大都有大批著名学者，可以远赴这些地方求学。

其实，奥古斯都不是特别喜欢钻研学问，也并非对于教育满怀热忱，他只是想从一手掌握高卢的宗教、司法、教育的民族宗教祭司德鲁伊特手中夺回教育的权力。学习希腊、罗马的思想正是当时高等教育的目标。提及司法，则是由罗马派遣的行省总督负责，当然，这也意味着这项权力也从德鲁伊特手里争取了过来。与罗马不同，高卢有被称为“德鲁伊特”的独立祭司阶层，而这些祭司拥有这么强大的号召力，是因为他们完全垄断了宗教、司法与教育权。

但是，对德鲁伊特的干预，奥古斯都没有就此罢休，虽然并没有对德鲁伊特教进行镇压，但严禁拥有罗马公民权的人皈依这个宗教。罗马人对于容许实施用活人献祭的宗教，无论是伊特鲁里亚人的还是迦太基人的宗教，都非常讨厌，认为这些都是非常野蛮的宗教。

由于高卢几乎所有领导阶层都拥有罗马公民权，而奥古斯都出台

不列颠
多佛尔海峡
日耳曼
科隆
低地日耳曼
亚眠
贝尔吉卡
特里尔
兰斯
摩泽尔河
莱茵河
塞纳河
巴黎
卢格登高卢
卢瓦尔河
图尔斯
布尔日
欧坦
普瓦捷
高地日耳曼
索恩河
日内瓦
阿奎塔尼亚
里昂
意大利本土
阿尔卑斯山脉
N
波尔多
加龙河
纳博讷高卢
罗讷河
纳博讷
弗雷瑞斯
0
100km
马赛
比利牛斯山脉
地 中 海
西班牙

高卢全境

这项禁令，使得高卢的德鲁伊特教的祭司们在高卢领导阶层中的影响力顿失。在攸关生死存亡之际，祭司们想到了把宗教和高卢的民族主义相结合。而祭司们把血气方刚的年轻人牵连到这场冲突中来非常容易。如此这般，对高利贷的愤怒与高卢民族主义相结合，演变成了高卢东部地区欧坦城发生叛乱的导火索。然而，造反者的盘算也出现了失误。

祭司们第一个失误在于，他们预测罗马帝国的莱茵河军团放弃了征服日耳曼，日耳曼尼库斯被改派到东方之后，就变成一个不再设有皇族总司令的莱茵河防御军团，肯定会导致军纪散乱、士兵厌战。这种毫无根据的推测被证明错得十分离谱。由于提比略在此地精心布局，军团长并非依出身定职，都是能力超群的将才。基地巩固之后，无论是设备还是功效，都会比日耳曼战争时有很大的提升，并且，军团自身的任务不只是驻扎在莱茵河沿岸，而担任军务的士兵不仅要防御日耳曼人的侵略，还要在后方稳定高卢的政局。因此，遇到任何骚乱，还未等提比略的命令下达，他们早就起身镇压去了。

祭司们第二个失误在于，他们误认为和由罗马公民组成的军团一同从事军务的辅助部队中，那些高卢出身的士兵如若知道高卢人起事，一定会抛弃罗马的军队投身这边来。实际上，罗马军团中被送至镇压起义前线的高卢士兵根本就不为所动，他们毫不犹豫地挥刀砍向造反的高卢人。

祭司们的第三个失误在于，他们在不寄希望于法国南部地区的情况下，竟然连高卢西部与北部都没有一起起兵就立即起事。可想而知，公元 21 年的叛乱就只局限在高卢东部。其中叛乱方做出的最不妥当的安排就是，他们叛乱的地点居然离罗马帝国莱茵河驻军近在咫尺。

祭司们第四个失误在于，他们过于相信拥有罗马军队最高指挥权的提比略年事已高，又身在罗马之外。他们深信，待在气候温暖的南意大利的这个垂老的皇帝，想必早已荒废了他的政务。当然，发生这种失误也在所难免，因为就连首都的罗马人都这样认为，并对提比略横加指责。

但是，高卢的叛乱分子与罗马人不知就里的是，提比略是一个十分重视承担责任的人，喜欢安排部下各司其职。提比略的确不在首都，但他的情报源源不断，却没有下达任何指示。镇压这起叛乱的主导权，提比略全权交给了莱茵河防线的两位军团长。

在镇压东部高卢的叛乱上，这两位军团长实际只动用了 8 个军团中的 2 个军团加上辅助兵共 2.5 万人，且在不到半年的时间内就击败了超过 4 万人的叛军。身为主谋者的 3 个“尤里乌斯”都自尽身亡，许多被他们蛊惑的学生也死于非命。

提比略在平定叛乱后给元老院写了一封信，详细报告了战斗的始末，就连反提比略派的塔西佗也评价说这是一份“毫不隐瞒、毫无夸大”很具客观性的报告。在书信中，提比略把能迅速成功平定叛乱的原因归结为军团长们的责任感与杰出的能力。对提比略明知发生叛乱却不肯回罗马坐镇，甚至连杜路苏斯也待在罗马不曾前往前线一步的指责，提比略这样辩解道：

“若因一两个毛贼的叛乱就手忙脚乱，实在有辱最高领导者的德行。此外，离开统治世界的罗马城赶赴前线，简直是遭人耻笑的事。”

罗马军队镇压高卢叛乱取得了完胜，于是，元老院对为罗马全军最高司令官的提比略举行凯旋仪式一事给予了应许。这种拉丁语称为“Ovatio”（欢迎）的仪式，胜利者是骑马接受庆祝的，这比坐在 4 匹白马拉的战车上出席的“凯旋”（Triumphus）仪式规格要低一些。

时年63岁的提比略当即上书元老院，表示感谢。他在信中这样写道：

> 在面对比高卢更加善战的日耳曼民族时，罗马军队从未尝败绩。我年轻时也获得过不计其数的“凯旋”荣誉。即使如今我已年迈，还是欢喜地接受这种能在罗马城中骑马凯旋的欢迎方式。但对此并不是出于我对荣誉的渴望。

提比略的性格就是喜欢在适当的时候挖苦对方几句。

叛乱中成为学生根据地的欧坦城的学校，后来并未被封锁。虽然史书未记载叛乱平息后的贷款利率是否降低，然而，史书上再也没有“长发高卢”人发泄不满情绪的记录，罗马大概采取了一些措施来应对吧。

史书记载欧坦城中高等教育机构虽然继续保留了下来，还有一件史实，就是提比略把“德鲁伊特”全部赶出高卢一事。高卢（希腊语读作凯尔特）的祭司们只好逃亡到了不列颠（今英国）。下面可能是一些玩笑话，以圆桌骑士而闻名的亚瑟王孩提时代的教师——魔法师梅林，据说就是一位“德鲁伊特”。

宗教观念

从现代版图来看，包括今天的法国、比利时、瑞士、卢森堡、荷兰东部和德国西部都是古罗马帝国统治下的高卢地区。在我看来，在叙述了祭司德鲁伊特从这一大片区域被驱逐出高卢后，也有必要来了解皇帝提比略的宗教观念。虽然，这与提比略没有直接关系，但在他统治时期的巴勒斯坦地区，当时被称为基督的耶稣已经开始传教，在提比略的统治接近尾声时，耶稣已经被钉死在十字架上。

如果先说结论，那么，我认为提比略若是知道耶稣基督说了“恺撒的归恺撒，上帝的归上帝”这样一句名言，那么他一定会是第一个对此表示赞同的人。不论是尤里乌斯·恺撒，还是奥古斯都，在他们看来政教分离不过是个常理，没必要刨根问底。若是他们俩在生前就知道死后会被当作神明，也不会觉得别扭吧。多神教的神明与一神教的神明，不同之处在于，后者连信众的生活方式都规定得清清楚楚，而他们就只是扮演庇护世人这个单一的角色。开辟通往元首制道路的恺撒，与随后将这条道路高速公路化的奥古斯都，两者想必都很适合保护走在这条路上的罗马人。维修这条高速公路却是交给提比略的工作，不论谁来继承他的职责，都要保证这条高速公路不能沦为乡间小道。显而易见，其辛苦程度完全不逊于前者，但任务的性质迥异，当然，提比略对此比谁都更加清楚。

正是这个提比略，对任何神格化他的举动都避之唯恐不及，甚至到了神经质的程度。对于元老院仿照把7月命名为尤里乌斯、8月命名为奥古斯都的先例，把9月改为提比略的提议，他断然拒绝，也拒绝了“国父”的称号。至于在神殿中设立他的塑像的提议，他也以觉得没有一定的政治必要为理由，予以否决。当然，提比略只接受了神格化皇帝习俗这个历史悠久的东方行省的做法，其余一概没有同意。他也不准亲生母亲利维娅的地位和待遇超出先太后的规格。直到离世，他始终保持总归一死的凡人心态。一生都贯彻这种生活态度的人，竟是大祭司——罗马宗教界的第一人。此外，在罗马宗教史上，自始至终都不曾有过独立的祭司阶层。我认为没有比这两件事更能体现罗马人对于宗教的态度的例子了。因此，在罗马政教分离一直被认为是不辩自明的道理，也是理所当然的。

众神的责任在于保护个人，对个人集结成的“共同体”（les public）的“保护”，则变成了政治任务。因此，只要不成为引发社会不安的因素，承认宗教自由也变成理所当然的事情了，这成为罗马领导人一贯的宗教观念。

3 个世纪前，在不曾有人幻想过元首制的共和制年代，从希腊传来的一种叫狄俄尼索斯（酒神）信仰的宗教俘获了罗马女性的心。这是一种提倡畅饮葡萄酒、酒醉后狂欢却算不上犯罪的宗教。元老院却以给社会带来负面影响为由，强制进行打压，并将其彻底肃清。罗马帝国在不断征服其他民族的过程中，让相继纳入其霸权之下的各民族的神明也进入了自己的宗教体系。即使罗马人自己并未皈依，但也允许信徒们建造礼拜堂与神殿。越来越多的不同信仰的人搬到首都罗马，自然也带来了他们的宗教信仰。就在公元前后的 100 年内，大概是恺撒与奥古斯都的时代，这一时期罗马人的宗教观念最为开放。在首都罗马，埃及教、犹太教都有着完全的宗教信仰自由。当然，这也是宗教很守本分，并没有打算染指皇帝的权责范围内的缘故。

提比略面对这样的宗教观念，和先前的恺撒与奥古斯都一样，都属于合理主义者。当台伯河河水泛滥、公共建筑物林立的城中心被淹之际，惊慌失措的元老院元老提议打开西比拉（古罗马帝国有名的神谕者）的神谕，向神明求救。提比略却认为解决洪水问题是人的责任，并未赞同此举，同时要求元老院成立对策委员会来应对洪水灾害。就算是对于罗马人信仰的宗教，合理主义仍然是提比略行事的准则。因此，提比略绝不允许宗教干预政治的情况发生。

有一年台伯河西岸的犹太人举行了一个活动，在提比略看来这已经算是染指政治领域了。对此，提比略发布了临时命令，把4 000名罗马的年轻犹太人送往撒丁岛，让他们去承担防御强盗的差事，并把其他犹太人赶出了罗马。元老院同意之后临时命令才能上升为法律，提比略却没有向元老院提出要求，或许提比略只是想通过这一临时的手段暂时压制这场活动吧。实际上，时隔数年后，犹太人再度回到罗马聚居，建成了犹太社区。罗马的犹太人被驱逐之时，提比略仍旧沿用奥古斯都的政策对待其他地区的犹太人。比如，提比略并没有废除犹太教徒将每年收入的十分之一捐给耶路撒冷神殿的做法。此外，犹太教徒也不用在罗马军队服役，因为犹太教徒一旦去当兵，就必须对作为最高司令官的皇帝宣誓效忠，这必将打破他们唯一忠于犹太神的誓言。而提比略对于那些舍弃了犹太教信仰的犹太人，也允许他们服兵役，并且可以在军队中担任公职。实际上，甚至有犹太人在提比略统治期间晋升到埃及长官一职。

实际上，以可能造成社会不稳为由而被赶出意大利的，不仅仅是犹太教徒。在这一时期，埃及的伊希斯教徒也被驱逐出境。而他们被驱逐的原因，是他们以捐款的名义要求信徒掏钱的行径被认为超过了界限。的确，当地曾有很多家庭因捐献的香火钱过多而对伊希斯教提出控诉。同样受到责难的还有占星师，当他们发誓以后绝对不再收取报酬后，才被免予处罚。

从上述的种种事件可以看出，提比略虽然承认人民拥有宗教信仰自由的权利，然而，他极其讨厌将不信教的人也卷入宗教的做法。也正是这位提比略，却接受了犹太人聚居区，特别是东方犹太人社区提出的要求，允许他们保持犹太式的审判方式，甚至承认了仅限于他们内部的司法权。多元宗教繁生的罗马帝国，如若所有的民族都能遵守“恺撒的归恺撒，上帝的归上帝”这一信念，那么，最为高兴的当属罗马皇帝们，当然也不排除有个别例外。

灾害对策

公元 22 年，提比略请求元老院授予其子杜路苏斯“护民官特权”。在给元老院的书信中，他罗列了如下几条意见：首先，他给出客观评价，称赞了杜路苏斯的能力，中肯的语气简直让人怀疑这是否出自亲生父亲之口。其次，提到了杜路苏斯幸福的婚姻生活，而且杜路苏斯现已有 3 个孩子，这与当年提比略从奥古斯都手中接掌大权时相仿。再次，提比略陈述了杜路苏斯历时 8 年的边境防卫军团长的经历，也曾获得过凯旋仪式的荣誉，并两次担任执政官。提比略还提到，从上面举的例子可看出推举杜路苏斯是非常正确的，并非临时起意。最后，提比略认为，如若元老院同意自己的请求，授予杜路苏斯“护民官特权”，杜路苏斯必将勇敢承担起治理帝国的重任。

对于提比略的请求，元老院毫无异议。时年 63 岁的提比略为了实现帝国政权的平稳交接，正式完成了接班人的指定工作。杜路苏斯时年 34 岁。

看似什么都安排得妥妥当当了，然而后面的工作还有许多。不仅皇位继承需要经过元老院的承认，而且，遴选皇位继承人也得经过元老院认可，否则皇帝的政令也不过是临时性办法。如果要成为长久实施的政策，就必须经过元老院这一关，否则还是无法实现它的法律化。这也正是奥古斯都创立的罗马元首制。对于古代中国的皇帝而言，要当上罗马皇帝真得费尽九牛二虎之力。此外，罗马皇帝与波斯等东方的君主制相比，只有用上“罗马式”这个形容词，才更能表达这种制度的真正内涵。

那么，皇帝应该怎样去处理与元老院之间的关系，让它更好地发挥作用就变成了最重要的课题。奥古斯都在与元老院打交道一事上费了一番功夫，当然，提比略对此也是颇费周折。

元老院设定的元老总人数是以 600 为上限，虽然多数元老因公务游走在罗马帝国四面八方，但最后的决议也仍然需由 400 到 500 位元老经过反复讨论后才能做出决定。然而，耗时冗长的讨论也时有发生，而且结论也是迟迟才能推出。元老院在面对紧急情况时，就好似报废了的机器一样，功效顿失。正因为如此，提比略才会想到采用人数较少的委员会这种模式解决难题。他设置了由 5 至 10 位元老组成的对策委员会，在及时地讨论了提案之后，马上做出应对之策。此外，委员会的这些元老不仅承担决策义务，还得亲自前往事发地，将解决方案执行下去。当罗马帝国遇到地震或火灾等灾害问题时，委员会扮演了重要的角色。

公元 17年，罗马帝国的小亚细亚南部地区遭遇了大地震。而强震之后的火灾使得灾情越发严重，位于灾区的萨迪斯、马格尼西亚与菲拉德尔斐亚等城市几乎陷入了灭顶之灾。就连名城以弗所也没能逃脱余震的破坏。这些属于元老院直接管辖的亚细亚行省，通常都要经过元老院的商讨才能拟定对策交付办理，然而在如今的灾情威胁之下，拿出对策刻不容缓。

提比略在获得灾情报告后，马上要求成立应急委员会，并要求委员会对他提出的对策进行及时的决断。

一、为实施紧急援助及重建基础设施，从国库拿出1亿塞斯特斯进行救援。

二、对灾区受灾的人民免征行省税5年。

1亿塞斯特斯有多少钱呢？这个数字相当于保卫罗马帝国的全部军队一年工资的一半。第二条的行省税，按现在的说法就是国税与地税。

帝国负责紧急援助及社会资本的重建，就是提比略的灾害对策的核心思想。然而，由于帝国免除了受灾人民5年的行省税，所以个人家庭的重建只能依靠自身。

由提比略创设的灾害对策不止一次发挥了效用，即使是在后世的罗马皇帝当政期间，如果遇到天灾，还是沿用了同样的办法。然而，受灾情况的严重与否，决定了紧急援助的金额与免征行省税的时间长短。可是，免税时间都不会少于3年。而提比略的救灾对策之所以能成为典范，受后人顶礼膜拜，是因为公元17年小亚细亚南部的重建取得了非常显著的成效。据传闻，灾区萨迪斯城在3年之内就完成复兴，而当地人民3年内就恢复了纳税能力。

儿子之死

然而，就在小亚细亚灾区重建工作稳步推行，战胜北非沙漠游牧民族后的工作日益走上正轨，国内外一片安详的公元23年，突然发生了一件出乎提比略预料的不幸事件——刚被罗马人公认为继承人的杜路苏斯突然去世。不难想象，对于一位64岁的父亲而言，35岁的儿子离世是多么沉重的打击。贵为皇帝，提比略失去的是帝国的继承人，然而，这又不是一个仅仅依靠出席葬礼就能解决的问题。提比略不曾生病，有着非常健壮的身体，可是他已经 64 岁了，按罗马 60 岁老年的标准他已超过了 4 岁。

站在元老院元老们面前的提比略完全不像一位刚痛失爱子的父亲，他以一贯冷峻严肃的态度将日耳曼尼库斯的两名遗孤托付给了元老院。他请求所有元老院元老把 17 岁的尼禄·恺撒与 16 岁的杜路苏斯·恺撒当作自己的亲生儿子进行照顾。

对于那些希望罗马帝国由流着奥古斯都的血的人来继承的人而言，提比略的这一举措无异于“大政奉还”。有很多人对此欢喜异常，第一个有这种念头的正是阿格里皮娜，她的身份是奥古斯都的外孙女，日耳曼尼库斯的妻子，尼禄·恺撒与杜路苏斯·恺撒的母亲。

若阿格里皮娜是个聪明有头脑的女人，这种时候她就应比杜路苏斯在世时更谨言慎行。随着提比略年事已高，阿格里皮娜只需要耐心等待，她的儿子很快就会继位。然而，阿格里皮娜却在此时蠢蠢欲动。

阿格里皮娜煽动此前反对提比略的妇女们，共同形成了反提比略派，并把这股势力引往罗马男人的世界。只要敬仰日耳曼尼库斯的男人都加入其中，这将无异于与“日耳曼尼库斯神话”合流。当见到提比略之子杜路苏斯以皇位继承人身份沿街游说时，阿格里皮娜被仇恨吞噬；看到杜路苏斯之死，她心中又增加了一分欣喜与傲慢。阿格里皮娜之所以这样，是因为她认为提比略已经无牌可出。

然而，此时半路却杀出了个程咬金，阻碍了阿格里皮娜的计划。此人就是与阿格里皮娜同住在帕拉蒂尼山孤独生活的利维娅。拥有“国母”称号的利维娅是神君奥古斯都之妻。虽然她年事已高，但在皇族内依然有着不可小觑的影响力。对于阿格里皮娜而言，利维娅既是已故丈夫的祖母，又是让她深恶痛绝的提比略的母亲。众多现代学者认为，在这个时期开始形成的阿格里皮娜派，与其说是为了推翻提比略让儿子继位，不如说是阿格里皮娜为巩固儿子的地位，把继承皇位的这种想法公之于众。

那么，提比略是如何看待阿格里皮娜的种种举动的呢？或许，他认为阿格里皮娜只是在等待他的离世。就在提比略之子离世的这一年年末，这位 64 岁的皇帝又失去了 4 岁双胞胎孙子中仅存的一个。然而，在这样的情况下，提比略对于皇帝的责任仍然没有丝毫懈怠。为什么是这样呢？显然分担提比略部分工作的人都驾鹤西去，提比略埋头工作，应该可以暂时忘却个人的不幸与悲伤吧。在其子死后，对于帝国最有权力的提比略而言，应当是比以前更加繁忙和充实了吧。

安全防卫

第一个建设道路的民族并非罗马人，而且不仅仅建一条道路，而是道路纵横，连成网络，提高了运输效率，付诸实践的却是罗马人。第一个制定法律的民族也并非罗马人，然而，最先想到把法律分门别类，形成法律体系，建成法治国家，发挥其效用且付诸实施的也是罗马人。这两个事例共同体现了这样一个道理：顺应实际要求，及时做出“维护”，以避免这样的人类社会的现实规则功能退化。根据实际情况与时俱进地对法律进行修订，就是法律“维护”的真正含义。对于法律体系的创始人是罗马人的说法无人质疑，然而，罗马人从未认为法律被制定后就要一成不变地捍卫到底。“法律”也应当像道路一样，适时做出必要的“维修”。这种理论适用于各种体制。换言之，不论是什么样的体制，都应该符合实际地做出“维修”，如果疏于“维修”，体制本身也会出现疲态，直至最后崩溃。长远来看，这是非常不经济的。对功能的不懈追求，就是只有通过对既有的力量高效且灵活、巧妙地加以运用，才可能达成目标。正是这种被称为罗马人“哲学”的理论，也正是这种“从自身做起”的精神，才使得罗马人战胜了与自己势均力敌的迦太基和希腊。在罗马人看来，就算是神君奥古斯都创设的体制，也绝非一成不变。对于从奥古斯都时代传承下来的体制，去其糟粕、取其精华的这种做法，本身与继承奥古斯都的传统并不矛盾。因为，只有在必要的时候进行修改，才能永远维持创设者本人的意图。这样一个只要做出适时“修改”就能维持其效用的体制，对于体制的创设者本人而言也是非常高兴的事情。显而易见，这说明了他已经完美地将雏形制造了出来。在这方面奥古斯都的才能确实是值得单独提出加以赞赏的。

然而，“维修”一事并非交给谁都可以完成的。从事这项工作的人需要有这样的能力，懂得在什么地方修改，懂得如何保持系统的运作，懂得如何维持功能，以及在实行过程中具有决断力与执行力。从这方面来看，提比略的确是自恺撒以来最适合担任罗马帝国第三任皇帝的人选，对此，现代的研究者也没有任何异议。这种“修改”的最好例证，就是以维护“罗马统治下的和平”为目的对防御系统进行的调整。

提比略对奥古斯都在公元 9 年后定下的帝国防卫基本形态没有进行更改。也就是说，也许是出于对公元 1 世纪当时的人力与经济实力的考虑，奥古斯都建立了一个由 25 个军团 15 万罗马公民组成的主要兵力，加上不足15万行省人民组成的辅助部队，总计近30万名军人来保障国家安全的帝国防卫基本形态，而提比略对这种形态也没有加以改变。就连我在《罗马人的故事06·罗马统治下的和平》中记述的军团分布情况，在14年后的公元23年，也没有重新布防。提比略只是重新调整了莱茵河与多瑙河前线的几处驻守军团的任务。

在罗马帝国莱茵河前线，驻扎在上游的高地日耳曼的4个军团与驻扎在下游的低地日耳曼的4个军团，总计8个军团的任务已经发生了改变。他们的目标不再像奥古斯都时代那样以征服日耳曼、将霸权推进至易北河为目的，防守莱茵河才是他们的主要任务。对于8个军团的数目，提比略并没有进行增减，而且继续对其冠以“日耳曼军团”的名称，对高卢也能产生心理上的安抚。罗马仅仅在里昂驻扎了1 000名士兵，以维护广阔的高卢地区的安全。提比略完全放弃易北河、撤回莱茵河这个决定，单从推进高卢罗马化这一角度来看，也是一个非常明智的决定。因为如若高卢发生骚乱，而8个军团从易北河撤回的话，从时间上来讲根本就来不及。

提比略对多瑙河南岸一线的7个军团的布防也未进行调整。这里的局势比起莱茵河前线更加复杂多变。

在莱茵河前线方面，决定把此地设为帝国防线的恺撒，已经完全征服了直至莱茵河的全部地域，所以提比略只要防御好不失守就算完成了任务。在多瑙河前线，恺撒也曾设想把这里作为帝国防线，但在着手实施前就遇害身亡，因此，后续工作实际上是由奥古斯都来完成的。由于奥古斯都并非那种在前线冲锋陷阵的领袖，因此战斗任务就交给了阿格里帕，而阿格里帕死后则由提比略接任。虽然两人都是出类拔萃的将军，却并不如恺撒一般有天赋。多瑙河防线的最终确立，是依靠一城一池的速度缓慢推进的，如果从刚开始的年代算起的话，前后花费了100年左右的时间。

对于多瑙河防线，德国历史学家蒙森这样写道："在公元1世纪的罗马帝国眼中，多瑙河是'政治上的国界'而非'军事上的国界'。"言外之意，虽然多瑙河被确定为防线，罗马帝国事实上却没有完成到多瑙河为止的疆域的霸权事业。蒙森还提到，当时的多瑙河就相当于奥古斯都时代的易北河，也不过是地图上的国界罢了。多瑙河沿岸的维也纳与布达佩斯被纳入罗马帝国也是提比略时代之后的事情。

虽然罗马史的研究者认为这是再自然不过的事，蒙森根本没有单独拿出来叙述的必要，但是在罗马人看来，多瑙河与易北河有一个本质差异——罗马人放弃了易北河，却对多瑙河死抓不放。虽然这一过程十分缓慢，但是罗马确实在确立多瑙河防线的事情上一直努力，这可以从提比略对防御体系的调整中看出缘由。

罗马人把发源于阿尔卑斯山脉、注入黑海的多瑙河南岸做出了如下划分，从上到下分别为：雷蒂亚、诺里库姆、潘诺尼亚、达尔马提亚、默西亚与色雷斯。提比略必须完成的任务，与其说是完成全区的防御，不如说是确立罗马在此地的霸权。因此，在多瑙河流域如何部署7个军团，就成了与战争推进紧密相连的大问题。

第一，提比略布防的目标是地处多瑙河最上游的雷蒂亚行省。因为早前提比略的军事行动，山岳地带和从这里到多瑙河的平原地区，包括博登湖和奥格斯堡都已纳入了罗马统治之下。虽然当时多瑙河沿岸的雷根斯堡还没有成为罗马军队的营地，然而，罗马的霸权已经从此地延伸至多瑙河。提比略在此未布置任何军团，因为此地离西北莱茵河上游的高地日耳曼军团不远，随时可以派军队过来处理突发

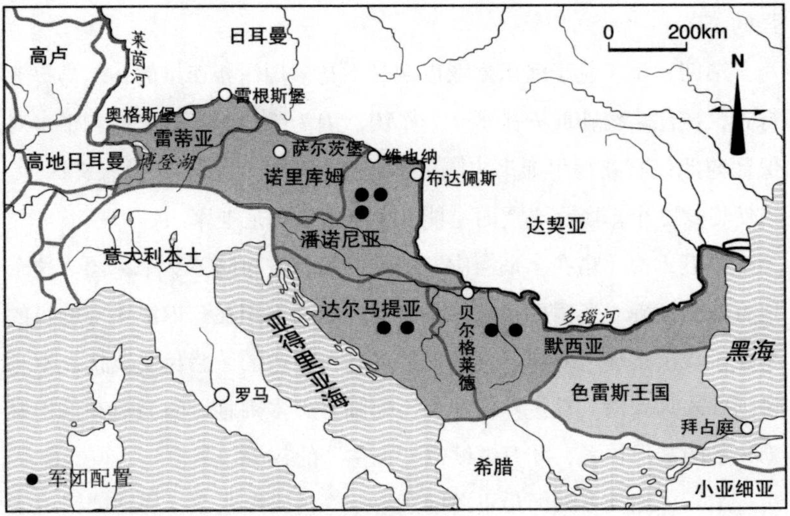

多瑙河流域

事件。

第二，提比略在以流入多瑙河的因河为界的东部诺里库姆行省，也没有部署任何军团。此地，即萨尔茨堡早已纳入罗马帝国版图，即使是困难重重的阿尔卑斯山区也被罗马帝国占领，而罗马帝国的霸权延伸至多瑙河流域也指日可待。我认为，提比略大概是想把称霸雷蒂亚和诺里库姆的任务交给固守莱茵河一线的“高地日耳曼军团”。

第三，提比略在位于多瑙河上游的潘诺尼亚行省布防了 3 个军团，只要这个地方的称霸任务顺利完成，那么也能实现对维也纳、布达佩斯的称霸。由于此地一马平川、无险可守，所以罗马暂时也没能完全实现对这个地区的称霸。而在此地的罗马军队的任务，攻大于防。实际上，驻扎在潘诺尼亚行省的这 3 个军团是 7 个军团中实力最强的。

第四，至于位于潘诺尼亚以南又不与多瑙河相连接的达尔马提亚行省，提比略也在此安排了2个军团。因为维护好了这里的和平，对保证与此仅有亚得里亚海之隔的罗马帝国本土的和平来说意义深远。当然，这2个军团在必要时也能北上驰援潘诺尼亚军团。

第五，提比略在多瑙河中游的默西亚行省布防了2个军团。这个地方的霸权确立还需要很长一段时间。罗马军团在此地最主要的目的不在于攻击多瑙河对岸，而是保护多瑙河南边的希腊免受袭扰。罗马帝国要永远保持“霸主”的地位，面临着许多困难。因为只有保护好霸权下的被保护者，才有继续当“霸主”的权力。

第六，地处多瑙河最下游的还有一个色雷斯王国，提比略采取了和处理东方地区亚美尼亚问题时相同的策略。提比略之所以这么安排，其实是凭借这个事实上是罗马属国、形式上是独立王国的区域来防御多瑙河下游。

前面已多次讲到过，提比略与多瑙河北岸的几个部族确立了友好关系。在这一政策的确保之下，加上多瑙河北边盟友的奥援，很容易保证罗马帝国实现未竟的多瑙河南岸霸业。所谓的“分而治之”，是敌我都很适用的策略。

但是，提比略对罗马帝国军事力量的“重整”，并不局限于军队调整。

我在《罗马人的故事06·罗马统治下的和平》中已经叙述过，罗马的一个军团，从军团长到士兵，从工程师、医生到财务人员，总人数约为6 000人，是一个独立的单元。在新开发殖民地时，尤里乌斯·恺撒通常是将整个军团的退伍军人都迁过去，原因在于罗马军团中有维持开发的几乎所有人才。此外，恺撒也没有补充因年老、战死或重伤而短缺的士兵，因为他的目的是进攻。恺撒创立的以进攻为主要任务的军队，后继者的做法性质相同最好，但防御却是提比略的首要任务。谈到防御，质量与数量同等重要。因为除了帕提亚王国之外，已经演变成元首制的罗马，它们共同面临的最大敌人都是战役中以量求胜的蛮族军队。

补充罗马帝国军队中的缺员是提比略要做的第一件事。而补充士兵能够让罗马帝国现役的 25 个军团，每一个都能成为充分发挥防御作用的独立单元。然而，仅仅把人数补足是远远不够的，维持军团质量这一课题也不容忽视。如若让社会边缘人士混进军队，极有可能会出现扰乱军纪、军心不稳的局面。

而且，随着服役时限的届满，所有的士兵都梦想着早日归乡。对于这种想法，提比略允许服兵役满 20 年的士兵可以退役，也保障了退职金的发放。在赞助角斗比赛上备受指责的提比略，对于发放士兵退职金倒是十分大方。

此外，扩充罗马军队中的辅助兵也是一件非常重要的工作。这是因为，对主要战斗力和非主要战斗力的合理使用，直接影响到军事成果的大小。在军团长看来，统率由罗马公民组成的正规军团，要比由行省人构成的辅助兵军团更容易。在莱茵河防线的各军团的辅助兵，虽然在莱茵河西岸居住了很长时间，但他们还是不得不与河对岸的日耳曼人为敌，然而这些士兵也是日耳曼人。此外，辅助部队没有人员限制，使得各军团都有故意少报人数的倾向，以方便扩大实力。

提比略对辅助兵的名额进行了限制，他规定辅助兵的名额可以与军团正规士兵的名额相同，然而，绝对不能超过军团正规士兵的名额。当然，提比略也延续了奥古斯都时代的做法，规定服役期满的辅助兵可以获得罗马公民权。此外，提比略也知道“军团兵”与“辅助兵”有着抱怨之处，他们除了服役期满还不能退役之外，还得参加土木建设。虽然提比略知道这些情况，然而，士兵在被征服的土地上进行桥梁、道路建设，是罗马的传统。提比略唯一的解决方案就是不要让这些士兵承担过重的劳役。虽然没有任何史料对此予以记载，我想提比略一定采取了一定程度上的折中方案。因为，现代德国南部、奥地利、斯洛文尼亚、克罗地亚与波斯尼亚四通八达的罗马街道网络，几乎都是在提比略统治时期建成的，而士兵并未以此为借口，再次爆发“罢工”。

此时，提比略进行的“调整”，就是由军团长承担一切事务的执行。在他看来，唯有实行责任分担，才能维持庞大的罗马帝国的正常运行。

那么，要采用分担责任的方式，选择合适的人选自然成了很重要的问题。在这方面就连厌恶提比略的历史学家塔西佗也不得不说：

“从未有一任皇帝能像提比略这样知人善任。”

提比略在选贤任能方面始终贯彻知人善任与实力至上的理念。军团长必须具备军事才能，行政官必须具备行政才能。而与别国处理外交事务的行省总督则起用名门贵族，这种渊源源自共和制时代，出身名门的人担任总督更有利于外交谈判。虽然选拔人才的标准各不相同，但是在知人善任和实力至上两个条件方面从未改变过。哪怕是出生于行省的罗马公民，也不会因为出身而影响仕途。曾被认为是社会不稳定的根源而一度被逐出罗马帝国本土的犹太人，在提比略看来，只要有足够的能力，也可以担任埃及的长官。而遴选总督和军团长级别的官员时，提比略对以实力至上为基础的判断更加明显。且不论提比略其后的四任皇帝能力怎么样，仅他们统治时期负责军事和治理行省的人物，每一位都出类拔萃，这一点就足以使人大吃一惊了。提比略不是提拔这些人，就是提拔这些人的后代。此外，提比略向整个帝国的人灌输并让他们深信，只要有实力就一定会有用武之地，这一做法取得了巨大的成效。不论一个组织有多么完美，只有人才会让它发挥作用。

“提比略在其子杜路苏斯离世之前，就完成了所有的改革。”塔西佗这样记载。提比略在其子死后无心政务，将一切都委托给了身边的亲信塞雅努斯。

然而，对于塔西佗的这些记载，我存疑。首先，提比略在其子死之前已经完成了所有工作，缺乏史料证实。其次，提比略所做的工作，与其称之为“改革”，还不如称之为“修改”更为贴切。当然，仅仅是在工作中制定路线还远远不够，还要监督是否得到落实，再根据执行时的实际情况适时加以“修改”，这样才能期待得到成果。要达成这样的目标，一年时间根本不行。更何况，提比略返回罗马与经历儿子之死，中间仅仅只有一年的时间。更为重要的是，塔西佗对自负的人完全不了解。

对自己严格要求的人才可以被称为自负的人。对自己要求十分严格的人绝不会因为儿子的离世，而允许自己败在悲伤的脚下。普通人遇到这样的悲剧，肯定会以泪洗面、无所事事。然而，自诩为不是普通人的人，即使是死也不会自暴自弃。恐怕只有当最大的伤痛袭来之际，他才会奋起埋头于艰苦的工作之中吧。只有这样，自负的人才能够活下去。当普通人摆脱悲伤拾起工作时，自负的人才与此同时感到身心疲惫吧。公元 25 年，在提比略之子杜路苏斯去世两年之后，有元老称颂提比略的政绩，并提议为他兴建神殿。塔西佗引用了提比略在元老院婉拒的演讲，记载如下：

> 我无非是难逃一死的平凡人而已，我操劳之工作，元老诸君都能够做到。为了不让各位赋予鄙人的崇高地位蒙羞，我克勤克俭，不敢放松，对鄙人而言，已经是辛苦之至了。
>
> 后世会怎样评价鄙人？我所做之事是否不坠先祖之名？是否有助于维护元老诸君的立场？是否有益于国家的和平？此外，为了国之利益，即使批评如潮，我仍旧不为所动，努力完成心之所想，后世是否会给鄙人些许正面颂扬呢？
>
> 若有，对鄙人而言，那才是真正的神殿，也才是最美且永远被铭记的雕像。另外，就算是用坚固的大理石建造的神像，若后世的唾骂不断，那它只是件比坟茔还要低贱的事物。我之渴求，乃希望在我有生之年，众神在赐予我精神上的宁静之际，赐给我洞悉人类法则的能力。

从上面的文字不难看出，这难道会是两年前因丧子而情绪低落、抛开所有政务的人说的话吗？这又何尝不是看淡生死之人的一种宣示呢？一位当代研究者用如下的拉丁语格言来形容皇帝提比略，非常合适：

“FATA REGUNT ORBEM！CERTA STANT OMNIA LEGE.”

（不明之事乃命运之域！确定之事乃法之所辖。）

对于我们这些 2 000 年之后活在当世的人而言，想必很难对提比略的想法产生共鸣。议事厅内用心聆听的元老们对提比略并不认同。部分元老认为提比略所谓的生命短暂是出于他的谦逊，而另外一群元老则认为这是提比略没有自信的表现，余下的元老都认为这正好是提比略精神上的卑劣之处。然而元老们较为一致的观点是，身居高位的人本应追求更高之境界，在这方面，先皇奥古斯都的确比提比略更加出色。塔西佗这样评论道：

> 虽然只要成为最高权力者就能享受到许多特权，但他们有一件必须至死追求的事——给世人留下关于自己的美好回忆，因为不重视名声的人，就是轻视道德的人。

与其说这句话阐明了古代与现代领袖的差异，倒不如说它更加让人思考，让我们体会到了从古至今作为一位领导人的艰难。把自己看作一个终归会死的凡人的提比略，竭尽所有来完成自己力所能及的事情，使他的帝国统治顺利进行，对于这一点，连一直对他持批评态度的塔西佗都给予了赞许。

罗马帝国的边境随着提比略对军团的重新布防而更加巩固。罗马人最大的心愿，就是希望拥有不必担心敌人袭击的安全感。所谓的“和平”，当然不仅仅局限于边境安全。对于无须担心外敌入侵的罗马人而言，他们最关心的身边的事，就是走出家门也不用担心会遇上强盗或窃贼。在这方面，提比略贯彻了公共安全第一的政策，并且这样的政策遍及地方政府。提比略对犯罪分子的惩罚执行得很彻底。

对于一国而言，仁政的最佳评估标准就是税收。对此，提比略未增加任何新税种，也没有上调税率，甚至对未能坚持公正征税的人进行了严惩。只要税收被控制在一定的水平，绝大多数人都会认真缴纳。而对于将征税事务交由私人代办的罗马帝国，为了保证征税工作的公正，只要警戒过度征税而非逃税就行了。

不论提比略在治理国家事务上多么能干，当他一回到家中，仍然还得面对命运之神对他的制约。

与家族的关系

我接下来要介绍的这些故事发生于公元 26 年，这些故事全部是由塔西佗描述的。

第一个故事，是由一个名叫多米提亚斯·阿福洛的人，以通奸罪控告与提比略同属克劳狄乌斯家族的克劳狄乌斯·布鲁克鲁斯为开端。根据奥古斯都制定的法律，在帝国体制下的罗马，犯通奸罪的人将会被判处流放外地的处罚。就此看来，这也只不过是一项普通的判决。然而，因为克劳狄乌斯·布鲁克鲁斯身为阿格里皮娜派系中的得力干将，也是阿格里皮娜的表姐妹之一，这项判决让阿格里皮娜怒火中烧。在阿格里皮娜眼中，这是提比略背地里跟她耍花招，故意要让她难堪。阿格里皮娜打算跑到提比略面前，将她忍受已久的不满和愤怒全部发泄出来。

这时提比略正在供奉有神君奥古斯都的祭坛前跪拜，可阿格里皮娜还是无法等到仪式完毕就开口嚷道：

“提比略！难道你就是这样为神君奥古斯都鞠躬尽瘁的同时，对其亲人赶尽杀绝的吗？在你的心中，哪还有先皇奥古斯都神君的位置?！如今还遗留有神君奥古斯都神圣精神的，绝不在那尊神像，而是活生生的我，这个流着神君尊贵血液的我！我之所以穿着丧服，是因为如今我受到了生命的威胁。控告克劳狄乌斯·布鲁克鲁斯，只不过是对我进行攻击的预演罢了。就因为她对我的忠心，你就把她定罪？”

这时候，从祭坛前站起来的提比略紧紧拉住为发泄积怨而怒骂不止的阿格里皮娜的手臂，用仆人们听不懂的希腊语低声说道：

“你发怒的真正原因，是因为你没能得到罗马的统治权。”

在克劳狄乌斯·布鲁克鲁斯和其奸夫普鲁尼斯都有罪的判决做出后，阿格里皮娜的愤怒情绪愈演愈烈。

第二个小故事，是在上一个故事发生不久之后发生的。当提比略前来探望卧病在床的阿格里皮娜时，阿格里皮娜对这位同属恺撒家族现又身为族长的人哭诉道：

“请你可怜可怜我孤独一人的现状，赐我一个丈夫吧。现如今的我还处于盛年。对于我这个贞洁的女子，正式结婚才是唯一的慰藉。在地域辽阔的罗马帝国，一定会有接纳日耳曼尼库斯遗孀与孩子的高尚的男人。”

对此，提比略没有做出任何回应就离开了阿格里皮娜的房间。就连塔西佗也做了这样的评论：“阿格里皮娜的再婚不只是一个女人的再婚问题，而是一个与帝国统治的后继者紧密相关的问题。”

第三个故事，是在提比略与阿格里皮娜家人共进晚餐时发生的。

这天夜里，虽然阿格里皮娜坐上了餐桌，但她一直沉默不语，也没有动手吃饭的意思。察觉到这种异样的提比略，从盘子中取了一个水果，递给她说道：“很新鲜，尝尝吧。”虽然阿格里皮娜接住了水果，但尝也没尝就马上递给了仆人。提比略对阿格里皮娜没有说什么，转身对母亲利维娅说道：

“她怕我毒死她。所以，我对她那么冷淡应该也不奇怪吧。”

塔西佗描述的这些都是提比略家族中发生的小故事，也都是从与阿格里皮娜同名的一个女儿写的回忆录中筛选出来的。这个小阿格里皮娜就是后来成了皇帝的卡利古拉的妹妹，也即克劳狄乌斯皇帝的妻子，尼禄皇帝的母亲。如此说来，这就是10岁少女眼中的皇帝家族的氛围。此外，对于年近70的提比略而言，家庭以外的元老院（从他的出身阶层来看，也属于自己人）也不是可以让他感到满足的地方。

与元老院的关系

就被赋予强大的权力这一点而言，要想了解罗马帝国元首制时代皇帝与元老院的关系，那我们可以参考今天的美国总统与议会——其中的过半数是由与总统所属的党派相对的党派人员组成——之间的关系，并通过权力的授予来讨论这个话题。与前者比较而言，后者是由拥有投票权的公民经过民主选举产生的。从古罗马至今接近2 000年，人类之所以被称为人类，也是因为建立在这些进步之上的。美国总统与议会之间的关系，尤其是总统所属政党与参、众两院都过半数席位的党派意见不一致时，就会出现许多问题。当时的古罗马也存在这种情形。

不得不注意的是，哪怕是元老院反对，皇帝其实还是可以一意孤行做自己想做的事，然而，这些仅仅局限于皇帝的通告、敕令以及临时性措施范围里面。假设要想使之上升为罗马人的“法律”，不论名称是否为“元老院终极劝告”，都得经过元老院议决通过。

如果元老院只是附议通过皇帝提出法案（政策）的机构，那么即使“元老院终极劝告”具备立法权，但仍然没有发挥立法机关的功能。若是这样的话，皇帝乃至“第一公民”，与元老院之间的这种平衡关系就不存在了。罗马的元老院并不是通过选举产生，正因如此才拥有吸纳罗马各界重量级人物的优点。但是如果这种平衡出现倾斜，就会带来危害更大的结果，这将会演变成帝国的两大势力正面对决。需要强调的是，看似与元老院共同分享国家主权的普通罗马公民，实质上还是应该把他们归为“保皇派”。免费配给小麦等社会福利政策，以及资助角斗比赛等活动其实质也是选举造势活动。说白了，这些其实都是皇帝收买“保皇派”的主要手段。当然，把这些手段单纯划分为收买人心的政策也是不对的，虽然提比略为了完善财政体系而实行财政紧缩政策，不再资助角斗比赛，但没有停止发放免费小麦，提比略甚至没有减少免费领取小麦的人数。从实质上而言，这还是一项社会福利。

罗马帝国被称为“元老院体制”也没错，然而，一个由元老院主导国家体系运转的体制也会出现血缘循环问题。在尤里乌斯·恺撒降生的30年前，也即格拉古兄弟时代，就有人已经知道这种体制有着巨大的缺陷。在与迦太基生死存亡的战争时代，“元老院体制”的确扮演了重要的角色，随着时间的推移，这个体制终究无法摆脱僵化的局面。不过，不管是首先攻击这个体制的格拉古兄弟，还是最终击溃它的恺撒，都不曾幻想过要废除元老院。因为元老院既是罗马人的历史，也是罗马人的传统。简单地想，共和制时代的罗马就是元老院主导的体制，哪怕罗马帝国后来成为元首制，体制是由皇帝主导的，元老院也并没有消失。

那么，尤里乌斯·恺撒是如何处理皇帝与元老院之间的这种罗马式微妙关系的呢？

他以武力战胜了最大的对手，即元老院一派拥护的庞培，而他也没有分享权力的性格。在恺撒成为罗马最高统治者之后，就开始不断向元老院（议会）提出议案，并要求全部认可，失败的元老院也只能通过恺撒的法案。也许是恺撒意识到皇权主导的形式过头了，于是他就用元老院中亲皇派的名义提出建议，换言之，就是把他的议案用元老立法的形式获得元老院通过。然而，毫不知情成为法案提案者之一的西塞罗，后来知道这件事时也大吃一惊。

谋杀恺撒的主谋，其实是以布鲁图为首的元老院元老们。在他们心目中，其实并不是反对恺撒实行的政策，而只是想把“皇帝主导体制”拉回到“元老院主导体制”的模式。暗杀恺撒的行动中并没有普通罗马公民的参与，这也暗示了恺撒的暗杀事件并不是政策对错的问题，而是元老院对政治体制不认同的反抗举动。

对元老院而言，奥古斯都继承恺撒的遗愿，收拾了布鲁图，击败了安东尼；这样看来，奥古斯都是当然的胜利者。不想重蹈覆辙的奥古斯都没有对元老院掉以轻心，但他也没有改变皇帝主导的这种体制。对于年纪轻轻就成为最高当权者的奥古斯都而言，时间就是他最好的武器。他非常懂得审时度势，让情势的发展对自己有利，甚至会趁元老院已经麻痹大意之际顺水推舟地提出法案，于是可以立即获得通过。在奥古斯都统治时期，可谓是皇帝与元老院关系最为顺畅的一段时期，当然，与其说是元老院的大力配合，不如说是奥古斯都更善于算计。

提比略没有两位先皇以武力取胜的优势，在血缘上他与先皇没有任何联系。除此之外，提比略与出身于显赫家族的恺撒，以及出身于骑士阶级的恺撒养子奥古斯都不同。当然，提比略并不属于罗马社会的圈外人士，他出身于自元老院主导下一直是罗马社会主流的克劳狄乌斯家族。正因为如此，提比略理所当然地认为“第一公民”应当与元老院合作来统治罗马帝国。提比略正是基于这个想法才充满诚意地去实践。只不过，我觉得他做得太过头了。

两大势力并立只存在于理想之中，而不容于现实。对于元老院的统治能力，恺撒与奥古斯都没有心存幻想，所以他们也不会在得知真实情况后希望破灭。提比略也不能算是幻想，然而，他对元老院的期望值超过了其真实水平。

提比略经常不带护卫，也不带随从，独自一人出席元老院会议。与其他元老一样，他最喜欢坐的也是最前排。当然，提比略也会和其他元老一起起立迎接执政官走入议事厅。他对于元老非常有礼貌，并一直努力与元老院竭诚合作，共商国是。提比略统治伊始，就连他这位最高司令官权责范围内的事，如军团兵服役期满退役问题，还是要在元老院同意之后才执行，从中我们可以看出提比略尊重元老院表现之一斑。

提比略多次公开阐明自己的态度，希望元老院议事之际更加自由活跃。然而，如若有人附和他人发言，提比略会面露不快，并要求这位元老阐明自己发言的真正目的，因为表达同意意见的只有执政官与皇帝。当然，我也曾经多次提到，提比略禁止元老称他为“皇帝”，而是要求元老称他为“第一公民”。

提比略不论是请求元老院，还是提出反对意见，口气一直都很严厉。即使从他口中听到的是赞同的意见，但冷漠的语气总让聆听的元老感觉像是被泼了冷水一样全身发凉。显而易见，不懂幽默是提比略的最大缺点。恺撒有能力让反对派喜笑颜开地按照自己的计划行事，然而，对此不能奢望提比略也能如此。当元老含糊其词、顾左右而言他，忘记元老院是国策决策机构而想把一切责任抛给皇帝的时候，提比略的语气就变得辛辣无比。这时候的提比略仿佛就是在用言语的利剑戳得他们体无完肤，要他们认同元老院的权威与责任，言语上毫不留情。然而，若是恺撒或者奥古斯都碰到这种情况，应该在心里暗自高兴。

当然，元老院 600 位元老并非完全丧失了治理罗马帝国的能力。若 25 岁担任账务监察官，到了 30 岁就可以自动取得进入元老院的资格，因此罗马元老院还有汇集人才的作用。然而，帝国经常需要不计其数的人才才能保证它的运行。至于提比略选拔人才与知人善用的能力，连塔西佗都肯定其“目光锐利”。如若认为一个人非常有能力承担这项工作，提比略就不会在短期内调换这个人的任职地。而罗马帝国短期任职的只有法务官、执政官等中央政府高官，以及元老院行省总督，这些官员只有一年的任期。

因此，经常在元老院会场中见到的面孔，其中的大部分属于能力不怎么样的人。无论如何，共和国时期遗留下来的元老院，当然是罗马帝国显赫贵族聚集的地方，就算是能力拙劣，只要有众人耳熟能详的家世背景，都能在元老院里有一个席位。提比略喜欢的是通过实力进入元老院的元老，有很多这样的元老被派往边疆戍国，委以重任。也只有从原任职地前往新任职地的短暂时间，他们才能够待在罗马。

当然，不可否认的是元老院的大多数元老都喜欢坐享其成，又喜欢到安全而又富庶的行省担任总督，积累经验，回来好邀功请赏。虽是如此，提比略仍然想调动元老院元老们参与国家治理的积极性。对此，提比略毫不懈怠，简直就是努力过了头。为了避免人数众多、效率低下的议事方式，提比略打算使用委员会的方式作为替代，以提高议事效率。当然，委员会的成员仍然是元老。

由奥古斯都创立的“第一公民”主导的罗马政体，在大多数历史学家眼中，这种制度并非纯粹的皇帝制度，而是“元首制”。因此，罗马帝国并非由皇帝统治，而是由“第一公民”负责。“第一公民”与元老院就像国家的双足，相互协调着推动国家政体前行。若是严格的“元首制”，那么就必须与刚才讨论过的内容吻合。然而，对于此种意见，我并不完全赞同，我在描述奥古斯都的《罗马人的故事06·罗马统治下的和平》中已经强调过了。“第一公民”体制只是奥古斯都用在外面的酒瓶，而真正在瓶内装的还是元首制。我想，提比略继位之后，大概也认为罗马的政治体制是元首制。与奥古斯都说一套做一套不同，提比略十分相信元首制的存在理由，也努力捍卫它的存在。

然而，元老院的现实与他的期望南辕北辙。不难想象元老院元老们热烈讨论的背后，是提比略的失落与疲惫感。在此，有一个例子可以说明他的这种心情：元老院讨论如有人去某地任职时是应该孤身赴任，还是可以偕妻同往？

有位元老提出，派出的总督不论是到兼理军务的皇帝行省，还是到只负责治理的元老院行省，都应禁止偕妻同往。这条法案引发了激烈的争论。提案者引用自身的例子讲述到，他在外地任职40年，妻子一直留在罗马养育6个孩子，但夫妻感情仍然十分牢固。在强调提出这个提案对自己并没有任何好处，引发元老的哄堂大笑之后，他开始阐述法案的中心思想。

此前的法律禁止偕妻赴任并非毫无根据。这是因为，非战时期偕妻前往极有可能惹是生非，从而影响丈夫履行职务。此外，战争时期她们也会出于害怕从而影响丈夫履行职务。而女人与生俱来不喜欢被纪律约束的特点，也会使得丈夫的部下变成毫无秩序的一群人。另外，不喜欢吃苦也是女人的本性，如此这般，会让戍边的罗马士兵对自己的辛劳任务产生反感，从而丧失战斗力。

此外，如若给女人掌权机会，她们就会变得异常冷酷、争强好胜。也曾发生过下面这些广为人知的例子：有的军团长夫人以上级的身份动辄使唤百夫长，染指军事演练，甚至对军事行动指手画脚等。

虽然元老院行省不负责军事任务，但也不乏偕妻同行而酿成灾祸的案例。元老院下辖行省的总督经常在回到本土后，因违法乱纪、滥用职权而遭到起诉，其中大多数是由于总督夫人惹出的事，而致祸起萧墙。此外，在罗马行省中也有不少人以提供商机为名，借机接近总督夫人，为自己谋取私利。而这种链条一下子就清晰了，从而出现了行省官员服从总督、总督服从总督夫人这种现象。总督夫人也由此渐渐变得妄自尊大，越发不可控制。

公元前215年，罗马制定的《奥庇乌斯法》等法律中规定严格限制偕妻赴任，所以上述问题并未出现。然而，时隔250年后，不仅仅是戍边，就连赴行省的任职也变成了太平的任务。大概正因如此，上至总督，下至下属的其他高官偕妻赴任的现象一时风靡。结果，无论是在行省军队营地，还是在总督兼任大法官的审判场所，这些官太太都摆出一副得意扬扬的主人的面孔出现在众人面前。

面对此项提案，元老院一扫往日的隐晦，元老都积极地参与到讨论之中。对此，许多元老持反对的立场，其中一位元老这样反驳道：

> 由于时局所致，250年前的严格禁止偕妻赴任条文才应运而生；也是当时周边环境险象环生，罗马才如此规定罢了。往昔征战频繁，我官员至外族纳降土地赴任，当地居民的敌意确实不小。然而，如今帝国治下一片和平，还有何担忧呢？

当然，从家庭内部来讲，为了满足太太们的需求而赋予她们必要的权限，也不至于影响到家庭和睦。此外，从家庭外部环境来讲，这种做法也不至于影响到罗马统治下的基础（指行省人民、同盟国的国王）的关系。

在此，还有这样一个道理，不论是战争年代还是太平时代，人的一生中有很多事情必须由夫妻共同承担。

当然，对危及行省统治的言谈举止理应予以管制。然而，丈夫在辛辛苦苦结束任务回到家中后，还得由法律来规定是否安排他的妻子在家中等候吗？

不可否认，野心勃勃、耽于享受的女人大有人在。然而，男人就与上述的种种丑恶行为完全无缘吗？即使这样，在面对处处充满诱惑的花花世界——行省，男人依旧被赋予担当重任的义务。此外，如若男人们卸任返回罗马，遇有违法乱纪指控，不论是谁都会一口咬定是其妻教唆而致。照这样说，单身男人都是清正廉洁、奉公守法的典范？而此前总督落马的诱因也都是偕妻赴任？

大概是这样的男人喜欢把玩忽职守的责任全部推到女人身上吧。即使官太太们想要利用夫君的地位和权力谋取私利，然而，归根结底责任还是在男人身上。

时局导致《奥庇乌斯法》的出台有一定的道理。然而，我们的罗马法忘记与时俱进，已经有很多地方需要我们加以修改，使它更加完善，更加合理，以顺应时代的潮流，这样才能达成法律的目标。我们也不必因为一两位丈夫对夫人管教不力，就用法律来限制所有的官员。

女人原本就是善变的，容易被虚荣心驱使，或者憧憬其他女人掌握的权势或财富。此类女人即使已经与她们结为连理，我敢保证这类婚姻也很难持续下去。如若还横加长年分居的壁垒，夫妻情感就会变淡，简直与离婚无异。这么一来，孤身赴任的丈夫老是牵挂罗马的妻子，大概也不会专心政事了。

担任议长的执政官也持这种观点。他曾说过："不论地位多么崇高，只要担任帝国使命者，都无法避免前往异地任职。神君奥古斯都也曾多次前往西方或东方履职，而皇后利维娅经常陪伴左右。我自己也曾因军务长年驻扎在伊利里库姆不能回乡。然军规不允许，只得孤身前往，其间妻子常常引我思量，导致精神涣散，业不专精。"

由此，提议禁止偕妻赴任的法案，遭到投票否决。

对于元老院此时的审议结果，提比略委婉地提出忠告："此案事关各位利益，热烈讨论无可厚非，然而我还是恳请大家对国事认真商议，而非把精力枉置于这些鸡毛蒜皮的小事上。"不难发现，元老院在讨论是否偕妻外出赴任时气氛相当活跃，然而，提及讨伐野蛮民族入侵行省的军团长人选时，就根本没有提出任何建设性意见。元老们经过漫长讨论，个个顾左右而言他，最后居然还是把责任推给了提比略。

非常耐人寻味的是，提出严禁偕妻赴任议案的此位元老，就是前低地日耳曼军团长官凯奇纳，随后因驻地变更，他追随日耳曼尼库斯前往东方，目睹了日耳曼尼库斯的妻子阿格里皮娜与皮索之妻的矛盾。从日耳曼尼库斯之妻阿格里皮娜爱出风头的个性来看，这位元老提出这项法案也是有据可循。而站在提比略角度出发，日耳曼尼库斯之妻阿格里皮娜不论在家里还是在公共场合，都是造成提比略精神压力的最大原因。

公元 27 年，在时年 68 岁的提比略心中埋藏多年的想法终于变成了现实，他离开了首都罗马，那不勒斯湾的卡普里岛成了他最后的归宿。

隐居卡普里岛

想必那个在350米高处的悬崖上依山而建的巨大储水槽，当时应该是做好精心准备才动工的，因此才得以完好地保存到今天。大理石之类的所有材料都从那不勒斯运出，途经30公里的海路。

提比略虽然远离世俗隐居卡普里岛，当然这并非隐退（退居二线，甘于淡泊），也不是退位（放弃当下的权力地位）。在小岛上，提比略依然统治着帝国。我哭笑不得地想说，这应该是“离家出走”吧。

如果把提比略的这一行为也叫作“离家出走”，那么他是有“前科”的。从提比略36岁起的7年之内，他一度抛下地位和家庭，隐居到罗得岛。然而，那时奥古斯都当政，提比略是真的隐退，也可以称之为退休。今非昔比，事隔33年后的第二次“离家”，他根本就不能对帝国的事业撒手不管。即便是日耳曼尼库斯的两名遗孤有了治理罗马帝国的能力，毕竟他们不过才20岁、19岁，都还稚嫩。另外，他本人似乎也没打算退位。6年前，提比略离开罗马，住到那不勒斯近郊，那段时间他一直遥控指挥。其间，他确立了搜集各地情报和畅通无阻的传递系统，与元老院以书信往来商议国政，虽然这种方法前后延续了一年左右的时间，但对帝国的统治小有成效。提比略或许因此而信心十足，认为这种模式可以持续更久。我不禁想，或许正因为有了这份自信，即使只是短暂的停留，他仍然在岛上兴建了设施齐全的宅邸，以便他舍弃氛围诡异的家庭，抛开无心政事的元老院，在卡

提比略

普里岛逍遥自在。

历史学家塔西佗批评提比略的第一条，就说他道貌岸然，是个伪君子。我的观点却不尽相同，塔西佗指的伪善，只是在字典上的解释——看起来慈眉善目，背地里做尽坏事；然而，我总觉得提比略是个不会掩饰、直言不讳的人。提比略这种始终表里如一的个性有时候不见得是好事，反而会让事情变得更僵。

不管恺撒如何独断专行，但他一直都是住在位于喧闹的罗马广场的大祭司宅邸里。奥古斯都的居住之所略微安静些，然而距离罗马广场中的元老院并不远，从山上的皇宫出发，不用5分钟就可到达。

罗马上流社会的女性以及元老院元老的素质，并没有从两位先皇时代的让人叹服突然变成提比略时代的良莠不齐。人无论在哪个时代都不会反省自身、改正不足之处。对于这一点，恺撒和奥古斯都非常了解，所以没有奢望太多。

下定决心隐居卡普里岛的提比略也许有这样的想法：只要能切实促进帝国的统治，维持帝国正常运转，在何地、如何进行，并没有区别。可是，这不是政治家的思维，而是官僚的思考方式。

“伪善”的英文“hypocrisy”与意大利语的词语“ipocrisia”，其实它们的词源都是希腊语。只是，在此为了让大家能够了解得更清楚，把希腊文写成拉丁文的话，就是“hypokrisia”一词。

换言之，这个词是古希腊人创造的，他们造词时想到的，不只是日语字典所说的虚有其表的善行。古希腊人把伪善分为上等与下等，日语字典解释的伪善，只是下等。

古希腊人观念中的上等伪善，是为了公共利益而“假仁假义”。希腊的哲学家们甚至认为，这种伪善对政治家而言，是必要的手段。它不是必要的恶，只是具有积极意义的“恶”罢了。

比较有意思的一点在于，古希腊的政治家中只有伯里克利贯彻了这种说法——表面上佯装民主政治，实际上独裁30年。如果在这方面他堪称希腊的表率的话，那么在共和制的外衣下把控政局40年的奥古斯都可以算是罗马的代表了。更有意思的是，从2 500年前至今古代政治家中，伯里克利和奥古斯都获得的评价远远高于其他人。人们只要觉得自己握有大权就心满意足，不太在意实际操作，只有情况不妙时才会想起行使主权。

无上下之别，行事无法违心，这就是提比略的缺点。希腊语中，“伪善”来自舞台上演员的演技。换言之，伪善就是一种表演。讲得更通俗一点，就是装模作样。无论公事还是私事，没有人比提比略的演技更加拙劣。他这种个性最戏剧化的表现，就是隐居卡普里岛。也正因如此，在西欧，由于长期受到塔西佗对提比略苛责的影响，直到1 600年以后，才有另一位历史学家沃尔特站出来为提比略辩护，后来又有蒙森等多位研究罗马史的权威挺身而出为他翻案。然而，他们也一致认为，隐居卡普里岛是提比略犯下的不可饶恕的失误。所谓政治，就是在官僚式思考中认为不可能的“技巧”。大家不妨想象美国总统隐居到联邦领海内的某个小岛幕后统治美国联邦甚至全世界的情景，首先站出来抗议的肯定是媒体。即使塔西佗等历史学家不是大众传媒，但他们相当于当时的媒体。

塔西佗特别讨厌提比略这一点，因为他隐居卡普里岛时，既没有告诉家人，也没有通知元老院，只说他要出席设在先皇奥古斯都驾崩之地诺拉的神殿祭典，然后就离开了首都罗马。谁也没有想到，提比略这一去，居然10年都没有回罗马。

要是不把提比略的举动看成“退休”，只当作“离家出走”，就不难理解提比略的这种做法，打算离家出走，有谁会弄得天下皆知呢?

不明就里的元老院元老和罗马公民都认为，提比略在神殿祭典结束后没有回到罗马，是打算在气候宜人的卡普里岛稍做休养。他们丝毫不认为提比略放弃了治理的责任，并且时局也不允许他这么做。而且，对不坐镇首都罗马就无法治理罗马帝国，他们也深信不疑。

至少元老们清楚，要统治帝国，必须收集情报，最佳的情报集散地就是号称“世界之都”的罗马。然而，他们并不了解，情报搜集的重要性不是绝对的速度，而是抢得先机截获情报，早一步进行分析做出判断，然后更早一步下达命令。搜集情报应该考虑获得情报的速度，但这不是决定性因素。即使利用奥古斯都时代设置的政府邮政系统——在高速公路化的罗马大道上快马加鞭相继传递，从边境传来的消息要到达首都至少需要10天。海路虽然容易受到风向影响，如若顺风顺水的话，从埃及的亚历山大到那不勒斯湾的军港米塞诺，也要9天时间。在现代，科学技术日新月异，我们随时可以搜集情报，然而处理对策滞后的情况亦不在少数。究其原因，在于掌握情报的人没有真正领会其价值，进而迅速采取措施，使之得到最大程度的利用。因此，理论上，只要确立通畅的搜集情报和传递命令的系统，并使之有效运转，无论身在何处，都可以处理情报，物尽其用。

实际上，提比略在隐居卡普里岛之后就发生了两件大事，他迅速而又精准的反应不得不让人交口称赞。

从罗马沿萨拉里亚大道北上10公里左右，有个叫佩特洛的小镇，这里曾经发生了一起导致5 000人死伤的惨剧。起因是小镇上举行角斗比赛，木结构的观众席轰然坍塌，这次比赛原先的设想是要赢利，并不是为选举活动造势。比赛场地本来只可以容纳1万人，结果硬生生地挤进去了2万多人。提比略不喜欢角斗比赛因而不再赞助，此类比赛少了许多；政府高官的选举也从公民大会变成元老院元老相互推举，不以选举为目的的比赛又有减少，这种情况一直持续了10年时间。暌违10年，佩特洛小镇举行角斗比赛自然吸引了无数百姓，对比赛素来怀有极大热情的百姓自然把场地围得水泄不通。塔西佗说死伤者达5万人之多，然而中世纪手抄本数字误写的极多，减掉一个零更接近事实。更何况，从佩特洛小镇的规模来看，不可能有那么大的地方建一个可以容纳5万人以上的庞大的圆形角斗场。最佳容纳人数应在 1 万人左右。除了容纳人数超出场地极限之外，主办方吝啬建设经费也是观众席坍塌的原因。

提比略得知后立即下令，动员首都和邻近村镇的所有医生前往佩特洛治疗伤员。同时，要求佩特洛以及邻近所有村镇的普通家庭收留伤员，决定由国库承担死者的丧葬费用。提比略致信元老院，要求通过如下决议，换言之，要元老院立法施行。

一、拥有 40 万塞斯特斯以上财产者，方可举行角斗比赛。

二、观众席可木制，然而地基必须彻底修整，否则，不可搭建观众席。

佩特洛角斗比赛的主办人被判处流放并立即执行，才使得这件事画上句号。

在这次事故还没有被淡忘时，位于罗马七丘之一的西里欧山却被付诸一炬。由于当时山上几乎没有公共建筑，所以遭此大难的都是民居。提比略知道后立刻发放救济金，首都的居民也纷纷效仿皇帝伸出援手，使灾民得以早日重建家园。这次重建活动并没有对灾民实施免税，因为灾民是拥有公民权的罗马市民，他们原本就不用缴纳直接税。幸好提比略反应迅速，指责他不在首都的声浪也趋于平静。元老院甚至决定，要感谢提比略对灾区采取迅速准确的措施。

然而，不论救灾活动处理得多么及时准确，罗马的公民也不会因此就满意提比略的表现了。罗马的公民开始认为，自己被长期在外的提比略舍弃了。至于元老院，元老们除了不满之外，更加认为这是提比略对自己的侮辱。因为提比略送来书信只是要求他们同意，这只能说明元老院权威不再。提比略之所以这么做，是因为他已经厌倦以“第一公民”的身份来统治帝国，他决定做个名副其实的皇帝。不仅要像奥古斯都一样成为实质性的皇帝，凌驾于公民和元老院之上，还要坐实皇帝的“名分”，并且，即使远离首都仍然可以治理国家，治理得越得心应手，越能证明元老院可有可无。体会到自己无用武之地，真是世上最憋屈的事儿。于是，百姓和元老院元老都有了自己的想法，对提比略的评价越来越差。无论是谁都会认为耳提面命好过被遥控操纵。然而，年逾古稀的提比略似乎毫不在乎人心向背，更何况他本来就不是一个轻易受舆论摆布的人。

为了使得卡普里岛的生活与罗马一样，岛上除了必要的仆从之外，和提比略一起隐居的只有不到10位朋友。其中并没有任何女子以情人或朋友之妻的身份随行。元老院元老也只有一名。这群身份不一的随行人员唯一的共同点，就是他们都通晓提比略喜好的天文学和希腊学，然而没有人可以和他商议政治或军事，没有人可以给他提供建设性意见。他们像是远离公事，在周末的乡村里围坐桌前，惬意地享受生活。在这些人当中，有人在提比略隐退罗得岛时就随侍在侧，他们可以算是提比略为数不多的朋友了。

卡普里岛以东的悬崖上有座别墅，如果您曾经从南方的海面上举目远眺，脑海中也许会浮现罗得岛中部林都斯悬崖上的神殿吧。一望无际的蔚蓝海面上，纯白的大理石神殿点缀其间，可以说这座神殿集中体现了希腊人的审美意识。然而，无论是罗得岛上的神殿，还是卡普里岛上的皇帝行宫，今天都只能看到残存的遗迹，我们只能在脑海中描摹原状，想象它们曾经的壮美。在我脑海里，提比略在罗得岛生活了7年，或许他也想在卡普里岛上找到当时的感觉吧。罗得岛的神殿供奉神灵，卡普里岛的行宫则是皇帝的起居之所。提比略虽然极力排斥可能被神格化的事情，几近神经质，然而选择舒适的居住环境，则另当别论。游林都斯的希腊神殿时，我觉得能住在这里挺不错。每

卡普里岛的皇帝行宫乔伊斯别墅

次造访卡普里岛上的皇帝行宫时，都会浮现同样的想法。提比略此人，即使离家出走，选择目的地也是眼光独到。遍览地中海众多岛屿，提到气候宜人、物产丰富、景致令人心旷神怡，罗得岛和卡普里岛都是名列前茅的绝佳选择。此外，提比略并不需要忍受乡村生活的不便。因为卡普里岛上的房间布置得尽善尽美，他完全可以享受媲美罗马皇宫的舒适生活。

当我把上面的内容告诉一个意大利人时，他问我，提比略是否想做神呢？我明确地回答他，不是。神殿是祈求神佑的场所，并非沐浴或按摩之类放松身体的地方，也非畅饮美酒、大啖美食的享乐之所。对信奉多神教的古人而言，个中差别显而易见。然而，有意思的是，希腊人喜欢在风景迷人的地方建神殿，罗马人则偏好在风光明媚之处修别墅，让难逃一死的凡人尽情享受俗世的快乐。提比略尽管痴迷于希腊学，但他骨子里仍是罗马做派。

在游览林都斯卫城遗址之时，我骑在驴背上，走过铺满碎石的蜿蜒曲折的乡间小路，摇摇晃晃，尝尽颠簸之苦。我不禁好奇，提比略是靠什么往返于卡普里岛的？农民才会骑毛驴，上流社会的罗马人不好此道。难道是坐在轿子里，让强壮的奴隶抬轿往返？提比略隐居后并非一味地困守卡普里岛，他还是会时常出岛游览周围景致，然而他始终没有返回首都罗马。卡普里岛虽然气候温暖，当寒冬到来的时候，依然会让人感到寒风刺骨。

在我思考这些细节之际，恰好看到一本相关著作，是特奥多尔·蒙森的《从恺撒到戴克里先时期的罗马行省史》（*Die Provinzen von Caesar bis Diocletian*）。书中记载，在希腊的奥林匹亚赛会上第一个获得优胜的罗马人，正是提比略。按公元纪年的话，当时是公元 1 年，时值第 195 届奥林匹亚赛会（赛会四年一次）。每一届赛会都会记录各项比赛的优胜者，书中记录的名字是提比略·克劳狄乌斯·尼禄，这是提比略成为奥古斯都养子之前使用的原名，并且，提比略于同年隐居罗得岛。罗马方面没有任何史料记载，那么他一定是以隐居的私人身份参赛。他参加的项目是四匹马拉的战车比赛，跟电影《宾虚》中唯一震撼的场景相同。这件事发生在提比略 41 岁时的夏天。

假如情况属实，那么对他身形高大、胸膛宽厚、体格健壮匀称、目光犀利、视力超群、鲜少生病的评价，很可能是确有其事。罗马人一般用冷水或温水兑饮葡萄酒，据说提比略是直接饮用，并且每次要喝很多。这可能得益于他体力过人、身体强健吧，更何况罗马人素来喜好饮酒。

有条小路可以从码头通往海拔 300 米高的悬崖上的行宫，不过这条乡间小道碎石遍地，雨天就无法通行。提比略不会放任不管，即使蜿蜒曲折，他一定会把整条路铺好。当然，年逾古稀的提比略仅仅凭借双腿上山下山也不无可能。要是我也穿上运动鞋的话，这对于我也同样不是个问题。

虽然提比略保证可以住得舒适，又能享受知性的谈话，作为罗马帝国的皇帝，他毕竟跟普通人不同，是一个公众式的人物。要彻底解决公务，需要很多“左右手”。然而，这些“左右手”都有一个缺点，这些人在有着出类拔萃才华的同时，也有超出常人的野心和欲望。此外，随着要他们承担的任务越来越重要，他们能够行使的权力就会越来越大。在提比略隐居卡普里岛后，近卫军团长官塞雅努斯就成为他最为倚重的肱股之臣。

塞雅努斯

鲁基乌斯·尤里斯·塞雅努斯其人出身于罗马帝国第二等级骑士阶级，并非属于罗马社会的第一等级“元老院阶级”。定居首都的骑士阶级的人士大多在“经济界”拥有举足轻重的地位，是罗马帝国中的有钱人；然而，塞雅努斯不在此列，他属于成员多来自意大利各地的骑士阶级，只能算是中等阶级。因为恺撒和奥古斯都持续推行起用骑士阶级的政策，所以塞雅努斯的父亲后来官拜近卫军团长官，而且任职于唯一设在意大利境内的“近卫军团”。公元 14 年，奥古斯都驾崩，提比略继位，随即提拔塞雅努斯。次年，其父因升任埃及长官前往亚历山大任职，于是提比略命塞雅努斯接任，成为意大利近卫军团长官。以 34 岁之龄担任这一要职，这在罗马可谓是第一例。一个聪明有能力的“左右手”，必须分析冷静，三缄其口，观察细致。而在这些方面，塞雅努斯似乎确实有其常人不能及之处。

此时，皇室的女主人利维娅已是 80 多岁了，而提比略又没有妻子，因此，在他离开罗马后，家族权力自然落到 40 岁出头的阿格里皮娜手里。然而阿格里皮娜不仅以流着开国皇帝奥古斯都之血的嫡孙女自居，还认定与奥古斯都没有血缘关系的提比略谋权篡位，并且对提比略指使皮索毒害日耳曼尼库斯深信不疑。更不幸的是，这个女人并不明白伺机而动的道理。

历史学家塔西佗持这样的观点：提比略出于对妻子的憎恶，隐居后命令塞雅努斯全力肃清阿格里皮娜一派。不过，大多数现代学者倾向于认为，阿格里皮娜和仍旧信奉“日耳曼尼库斯神话”的莱茵河日耳曼军团取得联系，准备发动反对提比略的政变。我认为两者兼而有之。在巩固罗马帝国的大目标之下，从提比略重视各司其职的人生哲学来考虑，再没有比时常就拿奥古斯都的血缘关系来大肆炒作、只知道出风头的女人更令人厌烦的。提比略被奥古斯都强迫，与他的独生女尤利娅结婚，而尤利娅就是阿格里皮娜的母亲。正是因为提比略无法忍受这类女人，两人的婚姻才最终走到了尽头。

维护罗马帝国本土意大利半岛和首都罗马的秩序，是 9 000 名近卫军的任务。从恺撒时代起，来自莱茵河以西的日耳曼士兵负责保护皇帝，如今已成定例，因此，近卫军团不需要负责皇帝的安全。近卫军团以维护社会公正与秩序为责任，这同今天日本附带机动组的“治安厅”很相似。这个机构的最高负责人正是塞雅努斯。提比略隐居卡普里岛时，他已经在这个位置上坐了 12 年。或许塞雅努斯在等待转任埃及总督——这是骑士阶级出身的官员政治生涯的顶峰，他的父亲已经站在上面。然而，提比略的用人标准，除了实力至上，还有知人善用。他并没有调整塞雅努斯近卫军团的长官职务，而是任命居住在埃及的犹太人担任埃及总督。

罗马人毕竟是法治体系的创始人，塞雅努斯可以利用的武器，除了类似机动组的 9 000 名近卫军之外，还有法律。尤其是处罚严厉的叛国罪法与通奸罪法。

叛国罪法从共和制时代就已经制定，此法规定国家是公民的共同体，其立法目的在于对破坏国家安全与秩序的人严惩不贷。关于这部法律的著名案例，是公元前 63 年对喀提林的审判，当时哲学家西塞罗担任检察官，恺撒负责辩护。进入帝国时期，奥古斯都对其加以修改，并冠上修订者的姓名，称为《尤里乌斯叛国罪法》。修订后的法律扩大了适用范围，在原有的意图破坏“公民共同体的国家”安全与秩序的基础上，增加了意图谋害“公民共同体的国家之长”，即被称为“第一公民”的皇帝者，同样适用。毋庸置疑，公元前 44 年恺撒遇害一事是修改法律的真正原因。《尤里乌斯叛国罪法》制定以后，意图暗杀皇帝等同于企图破坏国家。这条法律与同样出自奥古斯都之手的通奸罪法成了皇帝一派对付政敌的强大“武器”。我们不能忘记，罗马是法治国家，要消灭政治上的敌人，主要是利用法律来动手脚。假使一个人被判有罪，判处叛国罪会被处以死刑，判处通奸罪则是流放到荒野之地。

既然是奥古斯都制定的法律，在他统治时期自然有案例适用这两条法律。皇帝的独生女和外孙女因通奸罪被判处流放之刑，而当时的执政官穆雷纳意图行刺奥古斯都，被判叛国罪而处以死刑。

司法体系中没有设置检察官一职，这是古罗马的司法特点。虽然有辩护人，然而检察官由告发的当事人担任。哲学家西塞罗在共和制时代以律师身份闻名，他虽然为人辩护，真正让他在法庭上万众注目的，是他揭发别人时的兴奋活跃劲儿。而且，苏拉担任独裁官之后承认告发者的权利，他规定，只要告发者胜诉就可以获得被判有罪的被告财产的四分之一，这好比是给原告的报酬一样。

对于这一点，我十分赞同塔西佗和他之后的史学家的态度，他们批评这种制度是为了报酬，不分青红皂白胡乱告发的重要诱因。然而，只有恺撒完全没有使用这个体制，奥古斯都没有将之废除。提比略曾公开声明，奥古斯都的言谈举止都是他的法律，因此，他当然也继承了这个体制。他做的“修改”是，为了防范没有确凿证据而胡乱告发带来的弊端，可以揭发告发者的不法行为。然而，这种做法很容易变成收拾残局，以前著名的西庇阿审判（请参阅《罗马人的故事02·汉尼拔战记》），就证明了司法容易被当作排除政敌的武器。

显而易见，塞雅努斯有十分适合担任警察工作的能力，这也没有辜负提比略对他的赏识。他深知提比略厌恶没有真凭实据就随意告发他人，因此，他竭尽全力搜集证据。他最擅长的手段就是故意设套去寻求证据。他用处处为人着想的态度让对方放松警惕，当他人敞开心扉、吐露心事时，就叫仆从隔墙偷听，然后让这名仆从出庭做证。他还经常让元老院元老们参与检举揭发工作，使得大家对原告的说辞深信不疑。

如此一来，阿格里皮娜周围的人纷纷因叛国罪或通奸罪被排挤。罗马上流社会一时间人人自危，甚至对自己的仆从都怀有戒心，惶惶不可终日。

随后，塞雅努斯以提比略驾崩后的皇位继承权为诱饵，成功离间了阿格里皮娜的长子尼禄·恺撒和次子杜路苏斯·恺撒的关系。两个年轻人才20岁出头，思虑不周，只知沉溺于五光十色、浮华奢侈的社交圈，十分容易产生竞争心理，从而被人各个击破。

与此同时，提比略在卡普里岛上依旧为了维护帝国安全，殚精竭虑。

在莱茵河下游以东地区（罗马霸权还未触及的地方）定居的一支日耳曼民族，突然起兵反抗罗马帝国。这些不在罗马控制之下的日耳曼人为何要做出不可思议的造反行为呢？其实这是提比略针对日耳曼民族的策略之一，同他们形成交易罗马军用皮革的贸易关系。事情发端于商业原因，然而日耳曼人原本就对提比略的不得居住在莱茵河东岸带状无人区的规定有诸多不满。低地日耳曼军团出兵镇压，双方展开激战，罗马军队在损失了 900 名士兵之后才获得了胜利。

然而，提比略根本就没打算改变坚守莱茵河防线的战略，他继续下令，禁止以替这些战死的士兵报仇为名的任何复仇计划，特别是向莱茵河东岸用兵。

驻守莱茵河防线的士兵中有很多人认为，如果当初提比略让日耳曼尼库斯一直担任莱茵河 8 个军团的总司令，而不是把他调往东方，那么罗马早就在日耳曼地区彻底称霸了。不过，也有许多研究者观点不同。这个时期，阿格里皮娜与她的大儿子尼禄·恺撒开始拉拢这些官兵。不过，这是身为历史研究者根据自己的推理而做出的假设，目前没有史料可以证实这个推测。然而，我们不难想象，被排除在外的阿格里皮娜怒气高涨，憎恶滔天。我们也能理解当时参与战斗的士兵的愤愤不平，而连百年之后的塔西佗都指责提比略禁止为 900 名士兵报仇雪恨的命令也在情理之中。因为自古以来，相较进攻，防守更容易让人非议，甚至招来指责与谩骂。

公元 29 年，利维娅逝世，享年 85 岁。这件事情仅仅过去一年，而提比略在卡普里岛生活快有两年的时间了。

利维娅不仅是提比略的生母，而且还是先皇兼其养父奥古斯都的妻子。这一次，罗马公民都认为提比略会返回罗马参加祭奠仪式。因为从公私两个角度而言，提比略作为罗马帝国的皇帝和利维娅的儿子，都理应亲自回罗马负责处理丧事。

然而，提比略让罗马公民失望了，他仍然没有回到罗马，只从卡普里岛致函元老院。信中要求元老院勿违背其母亲的心愿，葬礼从简，尽量减少谥号，不愿让利维娅被神格化。此外，信上还提到应由17岁的盖乌斯在葬礼上宣读悼词。以“卡利古拉”这个昵称而闻名的盖乌斯是阿格里皮娜的小儿子，是利维娅英年早逝的亲生儿子杜路苏斯之孙，也就是她的曾孙。

提比略在信函最后写道：“由于国事堆积如山，片刻不能释手，故无法出席母亲的葬礼，万望谅解。”

确实如此，恺撒与奥古斯都不但没有出席自己母亲的葬礼，甚至母亲临终之时都不在身旁。不过，当时事出有因，恺撒正在进行高卢战争，奥古斯都身陷屋大维时代的内乱之中，他们都无法抽身。当时，事关国政的所有重责大任都由提比略负责，然而如今在卡普里岛上安然度日的提比略是不能和恺撒与奥古斯都相提并论的。更何况，从卡普里岛快马加鞭的话只要一天就能到达罗马。

然而认真思考的话，不难想象举行葬礼不仅是为了安葬死者，更重要的是安慰生者。因此，对沉浸于悲伤中的人而言，出席仪式实在更加让人痛苦。出于礼貌，仅仅回应别人节哀顺变的宽慰已经让人难受，有时不禁想要大声呐喊，不要管，让自己一个人安静片刻，痛苦得只能熬到仪式结束才会觉得松口气。大概提比略还是会在卡普里岛上，一个人眺望辽阔的蔚蓝大海，独自悼念母亲吧。当然谁都清楚提比略借口国事繁忙这个理由太过牵强，太过苍白。

社会的评价大多是就事论事，通常不会掺入个人的感情。因此，上至元老院元老，下至贩夫走卒，所有人一致认为提比略冷血薄情，连对自己的母亲都不例外。展现自己对母亲的关怀，可以掩盖几乎所有缺点，这是自古至今永远不变的人之常情。提比略不期望别人理解他，他也不想去了解别人。有些研究者认为，要维持帝国的稳定，就必须肃清阿格里皮娜一派，我同意这种说法。然而，如果是我，可能会把行动延后。虽然提比略在军事方面能力出众，在制定策略方面还是赶不上恺撒和奥古斯都这两位皇帝。

肃清阿格里皮娜派系

依照罗马帝国的习惯，在利维娅葬礼之后不久，将会在元老院会场中宣读提比略写给元老院元老们的信函。对于阿格里皮娜与长子尼禄·恺撒企图发动政变一事，提比略只字未提，只说阿格里皮娜对他的敌意难以消除，已经23岁的尼禄·恺撒仍旧放浪形骸，尤其对他喜好男色的癖好嗟叹不已。提比略并非要求元老院审议，这只不过是一封牢骚满腹的信函罢了。

然而，元老们相信无论是谁都明白这封信的真正意图，但大家都一声不吭地聆听着。显而易见，这封信正表明了提比略打算铲除日耳曼尼库斯一家的意图，皇位之争的大戏终于拉开了帷幕。

念完信后，全场一时静默。终于有几位元老打破了沉默，提议以这封信为议题进行讨论，不过没有获得大多数人的同意。其中一位持反对意见的元老说，我们都清楚地听到提比略的严厉指责，但他没有要求我们如何行事，不如就此作罢。支持提比略的一位元老提议，今后皇帝会回心转意，此事不如日后再议。对于这种意见，元老院大多数人纷纷赞成，决定改日再议。

罗马的普通民众在得知此事之后，纷纷涌向元老院会场。他们围着议事厅异口同声地说，批评日耳曼尼库斯的家人并非皇帝提比略的本意，由于近卫军团长官塞雅努斯挑拨离间，才使得身在卡普里岛的皇帝有如此看法。此时罗马人民的愤怒主要是针对塞雅努斯，而不是针对提比略。参加抗议的普通民众，大多数人都抬着阿格里皮娜和尼禄·恺撒的雕像，高喊不许任何人动他俩一根毫毛。这群人聚集在议事厅前寸步不离。

提比略接获报告之后，立即致信元老院。他在信中说，他将颁布皇帝敕令禁止任何游行示威，并绝不轻饶向元老院施压的暴徒行径，接着又再次批评阿格里皮娜母子，严厉指责元老院没有采取适当的措施，逃避职责，导致皇帝威名受到损害。

在提比略不肯让步的强硬态度面前，民众示威的气势顿时消了下去，元老院也只好开始重新审议。国家重大案件的审判也是元老院的工作之一，因此，元老院此时又变成了法院。提比略那位能力超群又忠心耿耿的“左膀右臂”——塞雅努斯，也许在担任陪审团的元老院元老们面前，出示了许多他搜集到的证据吧。

在此说“也许”，是因为关于皇帝提比略的史料中最详细的一部——塔西佗著的《编年史》，其中公元29年年中到31年年末的记载，在中世纪遗失；而塔西佗以外的历史学家并没有详细记载这次审判。然而我们仍然可以想象，由元老院元老组成的检察官陈述指控理由也好，辩护方的反驳也罢，场面一定非常激烈。因为，除了皇帝提比略的殷切盼望之外，查阅其他叛国罪的审判案例，场场都是原被告双方依循法律、你来我往针锋相对的热烈辩论。审判皮索花费了很长时间，这次审判阿格里皮娜母子肯定会考虑其他因素。这两个案例有天壤之别，后者在皇帝颁发敕令禁止示威后，元老院再也没有外部压力，而且，提比略一开始就站在原告一边。

公元 29 年年底，阿格里皮娜母子被判处有罪，母亲阿格里皮娜被流放到潘达特里亚岛（今文托特内岛），其子尼禄·恺撒被流放到逢替阿岛（今蓬扎岛）。他们犯的是扰乱国家安全罪，所以都被视为“国家公敌”。阿格里皮娜母子没有被判处死刑，我想是因为没有证据证明他们同日耳曼军团勾结发动政变，阴谋篡国本身就是罪行。在古罗马的审判中，经常围绕图谋及是否采取行动展开激烈争论。曾经，无论是否有叛国行动，都可依叛国罪法判处死刑。在罗马史上著名的喀提林审判过程中，时年 37 岁的尤里乌斯·恺撒曾对此表示强烈反对。至于西塞罗，他主张意图谋逆也应判处死刑，并且执政官可用手中权力加以制裁。在以后的很长时间里，他不可避免地因为这种立场而遭人诟病。我认为，阿格里皮娜母子没有采取具体行动，然而暗中图谋是无法否认的事实，所以流放是比较恰当的刑罚。因为，正如恺撒在喀提林审判中主张的，把危险分子一个个与社会隔离，就能把隐患扼杀在萌芽状态。

普通民众对于这样的判决结果极度反感。他们虽然没有示威抗议，却对法庭辩论过程并不关心，他们认为提比略讨厌这两个人，所以才会有这样的法庭判决。罗马人深信，家庭稳定是保持社会健全的重要构成要素，在他们看来，像公公告发儿媳妇和爷爷告发孙子的事情，实在是让人难以认同的案子。

在我看来，提比略本人应该是对这个结果颇为满意的。因为提比略早已命人在母子两人流放的岛屿上布置了相当规模的储水设备，当然，设备肯定比不上卡普里岛上的别墅。文托特内岛，也即阿格里皮娜的外祖父奥古斯都曾流放阿格里皮娜的母亲利维娅的地方，岛上的储水设备是当时修建的，提比略在原有的基础上稍加修整、扩建。虽然现在遗址早已被海水淹没，然而设备之完善是唯有罗马人才有的大手笔，真是让人叹为观止。

提比略大概心里面这样想：连我都避岛而居了，其他人还有什么好埋怨的？因为，文托特内岛和蓬扎岛都算不上孤岛，从南往西北方向，依次是卡普里岛、伊斯基亚岛、文托特内岛和蓬扎岛四座连成一串的岛屿，各岛之间距离 30 公里左右。即使不用担心生活用水，但四座岛屿的舒适程度也是不能相提并论的。

今天，文托特内岛和蓬扎岛紧随卡普里岛和伊斯基亚岛的步伐，致力于开发当地的旅游资源，打造观光景点。然而，受正面强劲北风的影响，岛上的宾馆没有与时俱进，至今还是青年旅馆，岛上的景观也比较单调，只能吸引单纯喜欢原始意趣的观光客。景观变成绝美胜景，是由于目之所及并非一目了然，让人有一探究竟的欲望；视线中有了遮掩，层叠掩映自然产生不同的趣味，能使人流连忘返。相反，如果四周只有一望无际的苍茫大海，我们只能说是单纯地接触自然罢了。伊斯基亚岛的温泉久负盛名，可要说起岛上的景致，还是卡普里岛要略胜一筹。那不勒斯湾左接米塞诺岬，右连索伦托半岛，有这两个天然屏障，位于那不勒斯湾的卡普里岛，北风柔和，加之百看不厌的美景，这座小岛 2 000 年来一直是地中海首屈一指的疗养胜地。当我踏上文托特内岛时，认为这里适合静心写作，可是如果要我在文托特内岛和卡普里岛中间二选一，我会毫不犹豫地选择卡普里岛。显而

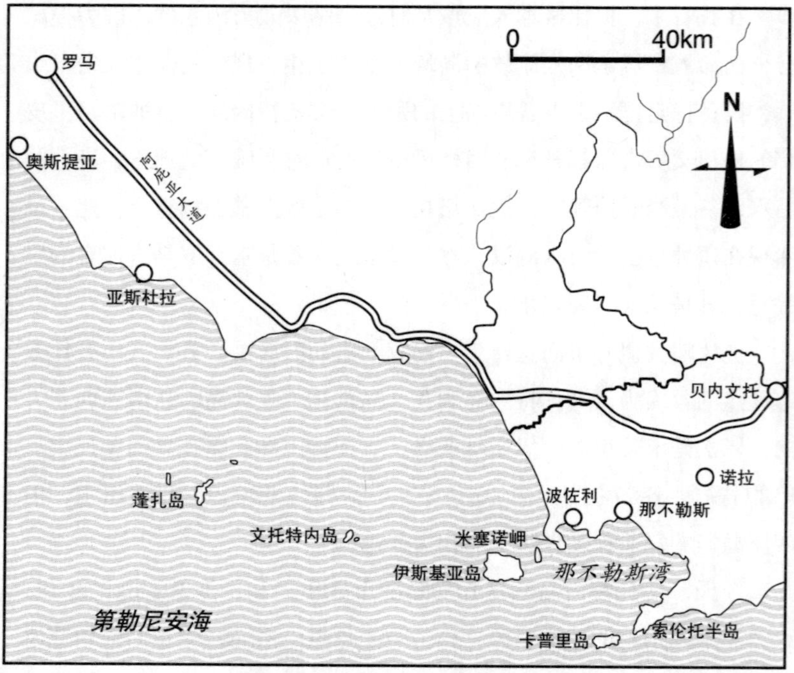

那不勒斯湾与周围的四个岛屿

易见，主动隐居与被迫流放，这两者之间有着本质上的区别。

公元 30 年，在确定被流放的阿格里皮娜及长子尼禄·恺撒各自前往流放地之后，塞雅努斯的下一个目标选择了阿格里皮娜的次子杜路苏斯·恺撒。不知是因为交恶的兄长失势落魄而兴高采烈，还是因为年仅 22 岁容易疏忽大意，塞雅努斯居然可以轻易地利用他的妻子搜集到了证据。根据塞雅努斯拿到手的证据，当年两名执政官之一以叛国罪告发杜路苏斯·恺撒。就这样，元老院判决杜路苏斯·恺撒有罪，他也被列为“国家公敌”。不同的是，这次既不是死刑，也不是流放到某个岛屿，而是软禁在山上皇宫的一处地下室内。对阿格里皮娜势力的清洗依然在持续，然而没有任何人被处以极刑。甚至挑明了反对提比略的阿吉尼斯·葛斯在被判有罪后，也只是把他软禁在执政官的官邸。流放蓬扎岛的尼禄·恺撒也在这一年死掉了。有人认为他是不服从警卫而惨遭毒手，也有人认为他是万念俱灰之后自杀身亡的。

这一年，塞雅努斯在肃清阿格里皮娜派系的运动中冲锋陷阵，似乎已经权势熏天。次年，即公元31年，他与提比略共同担任执政官。提比略登基后，与他同期担任执政官就具有了特殊的意义。因为如果提比略认为有必要提高他选定的接班人的权威，此人就会出任执政官。公元17年的养子日耳曼尼库斯，以及公元21年日耳曼尼库斯死后晋升为继承人的亲生儿子杜路苏斯，提比略都和他们一同担任执政官。事隔9年，塞雅努斯获此殊荣，难怪他会得意忘形。

塞雅努斯倒台

提比略经常受到历史学家塔西佗的批判，说他的所作所为无可厚非，只是行事过于阴险奸诈。他指的是如提比略收拾塞雅努斯这一事件并没有错，确实手段十分阴险奸诈。

话虽如此，但不用阴险之计，怎么能除掉塞雅努斯呢？对手年届五十，正当盛年，并且担任近卫军团长官15年之久，手握精兵，肯定培养了一大批心腹。提比略是包括近卫军团在内的罗马全军的最高司令官，然而士兵服从的直属上司不是他。同这个掌握9 000名精兵

15 年的人物相比，皇帝虽然是他的上司，身边却只有极少数负责护卫的日耳曼士兵，如果硬碰硬，无异于以卵击石。如果塞雅努斯察觉提比略的动作，那么连防御城池都没有的卡普里岛将毫无招架之力。因此，提比略必须谨慎谋划，准备周全。在我看来，提比略从与塞雅努斯一同出任执政官时起，就意味着已经出招了。

那么，提比略对塞雅努斯委以重任，又如此提拔塞雅努斯，如今却拔刀相向，是为什么呢？

有研究者给出如下解释，他们认为，提比略竭力撇清他在肃清阿格里皮娜派一事中的关系，他要向罗马社会表明，这次行动完全是塞雅努斯的擅自行为，而自己一直隐居在卡普里岛并被蒙在鼓里。

对这种说法，我不敢苟同。正是由于提比略指责阿格里皮娜母子，元老院才开始审判他们，并且提比略不在乎别人的看法，他毫不掩饰自己对这对母子的不满。在提比略看来，塞雅努斯不过是搜集证据时必要的"左右手"而已。如果提比略一开始就打算在事后装作不知情，何必要出面不断从正面抨击呢？这样做简直愚不可及。

还有一部分研究者持以下论调：提比略频频出手让塞雅努斯惶恐不安，他花钱收买提比略手下的近卫军，甚至消防队的队员，极尽拉拢之能事。

似乎确有其事，然而塞雅努斯是在东窗事发前才收买士兵的。正如塔西佗批评提比略行事阴险一样，他原本就小心谨慎，除去他的接班人塞雅努斯，肯定不是仓促决定的。一旦对方惊慌失措，做出一些自掘坟墓的傻事，提比略自然就会借这个机会动手。

很多罗马史专家认为，因为提比略察觉到了塞雅努斯的野心会对自己产生威胁，所以他才决定出手。

这样的看法也有一定的合理性。然而，我认为这只不过是提比略对罗马社会的说辞，他心里应该另有打算。我们难道不觉得，塞雅努斯的野心勃勃与提比略的贵族气质相冲突了吗?

小说《恺撒的事业》(*Die Geschafte des Herrn Julius Caesar*)的作者贝尔托·布莱希特对恺撒有过这样的描述：

> 尤里乌斯·恺撒是个见人说人话、见鬼说鬼话的人。面对元老院元老时，他会用元老乐于接受的语言，而当对象是士兵时，他就选择士兵容易理解的说法。也许面对女性，他的措辞也会因人而异吧。

然而，无论何时，恺撒永远是恺撒。这种评价并非出自历史学家，而是作家特有的观点。只有“永远是自己”，才能真正表现出贵族气质来。提比略同样具备了这种贵族气质，只可惜他天生没有“见人说人话”的“技能”，因为他实在不会演戏。不过，正因为他确信自己无可比拟的优势，出身、成长以及他原有的性格，都让他的这种贵族气质展现得淋漓尽致。

但是，具备贵族气质与重视他人实力并知人善用，这两个方面并不矛盾，一定与“见人说人话”有着异曲同工之妙。起用人才是要让他成为自己的“左膀右臂”，帮自己办事，而不是换位思考。换言之，提拔人才也是为了实现自己的想法，如若那个人因而得到不错的利益，不过是凑巧获得报酬的结果而已。

抱有这种观念的人是绝对不允许他提拔起来作为“左右手”的人翻身成为“大脑”，进而把自己取代。即使自己可以放低身段平等相处，他也是绝对不会允许以下犯上的事情发生的。

提比略为何会把塞雅努斯放在身边15年呢？大概是因为他确实是个能力不凡又忠心耿耿的“左右手”，然而，提比略肯定不曾想过要把塞雅努斯作为接班人来培养，而塞雅努斯肯定也不了解提比略的真正用意。

在五年前，塞雅努斯就露出了不满足于只当“左右手”的第一个征兆。当时，塞雅努斯请求仍在罗马的提比略，同意他与两年前逝世的杜路苏斯的遗孀利维娅结婚。利维娅是日耳曼尼库斯之妹，相当于提比略的侄女，同时她又是提比略亲生儿子之妻，所以是亲上加亲的皇族女子。如果提比略同意塞雅努斯娶利维娅为妻，就意味着塞雅努斯正式加入了皇室。

对于塞雅努斯的这个请求，提比略不置可否，这种含糊的态度让塞雅努斯满怀希望。我想公元25年，提比略可能已经在考虑隐居卡普里岛。要在卡普里岛的皇帝行宫的大岩石上开凿一个庞大的储水槽，短时间内不可能完成，因此，如果要在卡普里岛隐居一两年，在岛上统治帝国的话，首都的治安必须委托给可靠之人。更何况，当时肃清阿格里皮娜派系的计策已经基本成型，而塞雅努斯正是提比略用人之际的不二人选。

提比略于公元27年隐居卡普里岛，并利用塞雅努斯，于公元29年、30年成功肃清阿格里皮娜势力。至此，塞雅努斯已经没多大用处了。若一个人的利用价值降低了，他的野心就显得十分有威胁了。

塞雅努斯的不幸正是自以为能够体会提比略的心意，并成功肃清了阿格里皮娜一派的势力，为此拼尽全力的自己一定更受提比略赏识，以为自己会接着受到重用。更何况，提比略还亲自担任执政官，为自己首次担任执政官保驾护航。因此，塞雅努斯深信，在提比略之后，他肯定会成为不可取代的罗马帝国皇帝。

然而，提比略让塞雅努斯产生了错觉，使其认为与利维娅的婚事已经就在眼前了。正是这种想成为皇室成员的幻想，使得55岁的塞雅努斯一失足成千古恨。

公元31年1月1日，塞雅努斯正式开始了他的执政官工作，此时他干劲十足。不过，同样身为执政官的提比略仍旧闭岛不出，因此，塞雅努斯成了首都罗马的最高掌权者。此外，他手握9 000名精兵，身兼近卫军团长官一职。就连从共和制时代开始只有出身名门才能在元老院有一席之地的元老，对塞雅努斯这个"新摄政"也是无计可施，这些元老都冷眼看着他干劲十足地去摄政。然而塞雅努斯却不守本分，他越界了。

塞雅努斯身为执政官，居然亲自检举西班牙行省的总督路奇乌斯·亚伦提乌斯（公元32年度的执政官）。理由是路奇乌斯滥用总督职权，从事不法行为。他之所以这么做，大概是因为他意识到提比略从不轻饶行省执政官员的不法行为。然而，提比略亲自反驳了塞雅努斯的这项指控。

在按惯例从卡普里岛送到元老院的信函中，提比略陈述了如下理由：尊重行省人民委托他人指控总督的权利，然而检举任期中的官员可能妨碍治理行省，因此，应在总督卸任回到罗马之后才能追究责任。也许提比略考虑到不检举任期内的官员应上升到治理帝国的政策，所以他额外要求元老院将这个建议通过，并加以立法。

对塞雅努斯的行径心怀不满的元老为数不少，加之提比略的建议又言之有理，元老院以压倒性的票数迅速通过了不检举任期内的官员的法律。这使得塞雅努斯的不安第一次涌上心头。

即便如此，塞雅努斯作为现任执政官的地位并没有立刻动摇。进入帝政时期，皇帝是整个帝国的最高负责人，而执政官是首都罗马与意大利本土的最高负责人，与作为行省最高负责人的总督地位差不多。按照惯例，元老院管辖的元老院行省总督，应由有执政官经验的人担任。因此，刚通过的禁止检举任期内的官员法对此同样适用。换言之，塞雅努斯大可不必担心自己在执政官任期内遇到此类的“反击”。然而，如若借用英国某位研究者的形容词“terrible”（可怕），即拉丁文的“terribilis”，72 岁高龄的提比略真是这个词语名副其实的注脚。提比略在为期一年的执政官任期不到一半的时候，于 5 月 8 日辞去了执政官一职。

古罗马的惯例是两名执政官共同进退。

随着提比略宣布辞职，塞雅努斯不得不紧步其后尘。公元 31 年下半年，继任的两位执政官是“候补执政官”。

这样一来，塞雅努斯开始惊慌失措了。似乎从此刻开始，塞雅努斯同任职于行省的自己人互通消息，也开始用金钱收买近卫军和消防队员。这种类似垂死挣扎的动作，都被事无巨细地报告给了远在卡普里岛的提比略。不过，塞雅努斯那时还是近卫军团长官。他毕竟掌握着战力不俗的 9 000 人的精锐部队，万一大事不妙，他随时可能会一声令下包围卡普里岛。

另外，提比略在卡普里岛上密令卡利古拉到岛上见驾，如有必要，会释放被囚禁在皇宫地下室的杜路苏斯・恺撒。提比略出此下策自然不是因为担心阿格里皮娜两个儿子的安危，他只是为了防范塞雅努斯借着日耳曼尼库斯遗孤的名号，掀起政变，毕竟日耳曼尼库斯至今在罗马社会依然拥有不可小觑的影响力。另外，他还秘密解除塞雅努斯近卫军团长官的职务，重新任命马克罗前往首都罗马

永远“可怕”的提比略

主持大局。

10月17日夜，马克罗秘密返回首都罗马，在来到位于罗马东北部的近卫军团营区之后，他立即将9个大队长全部召集起来，然后拿出提比略的委任状，宣布即刻起由他接管近卫军团总司令一职。接下来，马克罗拜访了一位名叫雷古拉斯的执政官，亲手递交了封存完好的提比略信函，并传达提比略的口谕——在明天早上的元老院会议上宣读信函。随后，马克罗去见塞雅努斯。他先告诉塞雅努斯，自己已经被任命为新的近卫军团长官，仿佛是为了避免塞雅努斯产生任何疑心，马克罗接着又告诉他另一个消息。他说，明天，在执政官宣读的信件中，提比略将请求元老院授予塞雅努斯“护民官特权”。塞雅努斯喜不自胜，他忘了深究自己被免去近卫军团长官一职意味着什么。

依据元老院的规定无故缺席会被处以罚款。第二天，即10月18日，为了免受财产损失元老们纷纷出席，元老们一边腹议，这次肯定又是例行公事地宣读提比略的书信，然后投票表决，应当和平常没什么两样，一边陆续走进会场。议事厅中没有安排固定座位，通常是先到者先坐。然而，大家每次都会心照不宣地留出最前排的座位。前排的座位是长者或能力超群的元老的专座，即使这些元老姗姗来迟，也没人敢去坐。这天塞雅努斯却认为自己也理所当然地应坐在最前排。

会议在两名执政官进场之后随即开始。在不慌不忙地拆开昨夜收到的提比略的信件之后，雷古拉斯执政官开始当众宣读起来。

虽然塔西佗的《编年史》从中世纪流传至今，但是让人惋惜的是他的书中关于这一时期的内容不幸失传，因此我们无从得知提比略书信的内容。塔西佗素以厌恶提比略闻名，然而对自己作为历史学家、作家的专业水准相当自负。用自己独树一帜的文字表达好恶，是业余爱好者的习惯，不合专业人士的作风。历史学家记述史实，通常会在其后附加注释或评语，向读者传递自己的看法。至于专业作家，历来避免发表个人评论，只是陈述历史事件，就能让读者体会到书中人物是否伟大或渺小。塔西佗对这两种方法运用自如，因此他被人们公认为帝国时期最伟大的历史学家。对同一个史实，我经常会产生和塔西佗截然相反的看法，然而这不妨碍我阅读他做的批注或记载的史实。因为，他比任何人都要尊重历史，忠实于历史，他的作品能够真实地传达史实。换言之，我相信他的专业功底，才是我信任他著作的原因。他的著作中有尤里乌斯·恺撒的亲笔文章，或者把他从碑文上摘取的史实重点和其他史学家进行比较，其中的差异一目了然。塔西佗写的是彻头彻尾的“摘要”，然而其他史学家，尤其是卡西乌斯·狄奥，完全变成了发表自己观点的著作。因此，他笔下的罗马历史人物，说话口气都是一个模式，给后世的研究者在区分人物、了解人物性格时带来不小的困难。甚至尤里乌斯·恺撒的语言也有失简洁明快，就好像是一个 50 岁老头在喋喋不休，实在大煞风景。

塔西佗不是这样，在研读他的著作时，要时刻牢记他非常善用上述两种方法，否则就会轻易地被他的文字叙述牵引着，从而忘了自己的初衷。我也一直认为，自从伏尔泰开始，近现代屡次出现为提比略翻案的事件，并不是找到了比塔西佗的记载更可信的历史记录，而是大家把他的作品读通、读熟、读透了才产生的想法。

在资料不充分的情况下，虽然尚未达到尽善尽美的程度，也只好将就现有的材料。因此，关于公元 31 年 10 月 18 日在元老院会场宣读的提比略的书信，我只能借用其他史学家的观点。通过这些解释，我们很清楚，当天提比略的长篇大论，根本目的就是让塞雅努斯垮台，堪称“传世之作”。

提比略在这封书信中首先提及七零八碎的国政琐事，接着强调维护帝国安全的重要性，突然话题一转，罗马帝国处在危机之中，信函在这里陡然变换了语气。提比略在信中说，如果此时回到罗马，仅靠现有的护卫并不安全，希望元老院派一位执政官来随侍保护。因为执政官有权指挥近卫军团，所以这句话的言外之意是朝堂危急，需要动用近卫军团以防不测。元老们原本以为信函内容是老生常谈，一听到这话，立刻竖起了耳朵仔细聆听。当提比略严词质问支持塞雅努斯派的两位元老时，元老们才开始集体转变态度。紧接着提比略不留情面地指责塞雅努斯罪不可赦，犀利的言辞朝所有元老铺天盖地而来。塞雅努斯不仅阴谋颠覆国家，而且已经采取行动，他的罪名是叛国罪。这件事情由皇帝亲自揭发，一一列举的证据就是指控理由。信函的最后，提比略要求元老院将塞雅努斯就地正法。

塞雅努斯对事态的急转直下大惊失色，这种结局完全超出了他的预料，好一会儿都没有回过神来。元老院的绝大多数元老十分厌恶塞雅努斯，趁塞雅努斯还在怔愣的空隙，迅速通过了对他处以死刑并立即执行的决议。执政官叫到被定罪的塞雅努斯时，他茫然若失，没有任何回应，叫了三次名字才反应过来。

当天，塞雅努斯被押解到罗马广场的牢房内，随即就被执行了死刑。罗马人在得知这一消息后欢呼雀跃。塞雅努斯曾经因修复庞培剧场有功而在剧场一角为其立像，民众把这座雕像抬出来，砸得粉碎。民众对塞雅努斯的类似密探的所作所为深恶痛绝。罗马人朝着塞雅努斯的尸体发泄怒气，并将其碎尸后扔进台伯河中喂鱼。近卫军没有人敢为前任长官出面求情，全都在这段时间内闭营不出。在一周之内，包括其长子在内的塞雅努斯派势力，就以同党的罪名受到牵连并被处以极刑。

对于提比略而言，一切都进展得相当顺利，在整个过程中也没有发生无谓的流血事件。然而，祸福难测，让他痛不欲生的折磨也由此开始。

在塞雅努斯提出要与利维娅结婚之后，就与其结发妻子亚比卡塔离异了。然而，亚比卡塔在得知儿子也受到牵连后，绝望地选择了自杀。本来事情到此结束，她却给提比略写了一封信，并送到了卡普里岛。正是这封信引发了后面一连串的变故。

亚比卡塔在信中提到，早在提比略的亲生儿子杜路苏斯尚未离世之时，她的前夫塞雅努斯和杜路苏斯的妻子利维娅已经暗通款曲。8年前正是这对奸夫淫妇密谋毒杀，才导致了杜路苏斯的英年早逝。在信中她甚至详细描述了下毒手法。此外，这两个人之所以会起意杀人，不只是为了除去两人天长地久的障碍，还有一点，虽然杜路苏斯并没有察觉妻子出轨，但对塞雅努斯怀有莫名的敌意，这使得塞雅努斯十分惶恐。对于这封信中讲述的内容，提比略倒也能够略有记忆，因为杜路苏斯经常当面抗议他重用塞雅努斯一事。

72岁的提比略没有像往常一样在这一年冬季离开卡普里岛，回到温暖的意大利本土南方度过寒冬。他在岛上一待就是9个月，甚至不许执政官前来探望。他整个冬天都没有踏出卡普里岛一步。

对于提比略的统治才能，现代的研究者赞誉极高，他们这样写道：提比略在成功消灭塞雅努斯之后，有着非常好的时机重返罗马，再次领导帝国开创盛世。甚至塔西佗也认为提比略统治的前10年是毋庸置疑的好时期，此后的7年好坏参半，最后6年就是暴政。“六年暴政”时期是指从公元31年处死塞雅努斯到公元37年驾崩这最后6年的时间。后面我们再讨论这6年的统治是否如塔西佗说的那样不堪。然而在普通民众看来，让庞大的罗马帝国良好地运作都是一些表面功夫，并不会让他们感到骄傲，而真正的领袖会一直带领他们不断向前。如果提比略在乎舆论和后世的评价，那么公元31年年底的确是他返回罗马的良机。如果他顺应民意回到罗马，他就不用背负统治后期施政不仁的骂名了。

然而，提比略并没有回到罗马。公元31年年底，我们都认为是重返罗马的绝佳时机，提比略沉寂了两个月后，和元老院之间又恢复了原来的联络方式——信函往来。虽然方式相同，但有些东西已经变了。提比略不再压抑自己的愤怒，甚至可以说是“不管不顾”了。不过，他的“不管不顾”并不是对帝国不理不睬，而是只针对元老院阶级。显而易见，人如果能预见结局，就不会轻易破罐子破摔。

提比略在审判皮索时曾经极力避免让父辈的罪责波及后代，甚至数年后还让皮索的一个儿子担任执政官。可是，现在这样的提比略早就不复存在了。塞雅努斯有三个孩子，长子已经被处决，剩下的两个孩子中有个年幼懵懂的小女孩，也被皇帝下令杀害了。被怀疑和塞雅努斯有奸情并与之共谋毒杀亲夫的利维娅也被迫自杀。然而，铲除塞雅努斯全家并不能平息提比略的怒气。被认为属于塞雅努斯派系的元老在劫难逃，据说就连他们家中的奴隶也被下狱。塔西佗写道：逐一记录这次事件中一连串受害者的姓名时，虽然难受得几欲呕吐，但又不能不把这些事实记载下来。这些事件使得指导整个罗马社会的元老院都陷入了恐惧之中。

被塔西佗等史学家定义为“暴君恐怖时代”的历次审判，假如我们仔细研究一下就会发觉一个特别的情景。我们从中可以发现，提比略的怒气冲天并不是恐怖时代形成的唯一原因，惶惶不可终日的元老也使得这种恐惧心理不断地蔓延开来。毕竟，叛国罪的审判要在元老院进行，涉案的被告和原告都是元老院元老。发展到最后，执政官都彼此反目成仇，仿佛是先下手为强，要在被指控之前先把别人拉下马。我们可以把古罗马时代的这项叛国罪法比作日本的《破坏活动防治法》(即《破防法》)，人们本来凭借这项法律来指控，现在它却演变成了先发制人的手段，这时就不再是一个简单的司法问题，而就好像滚雪球越滚越大。提比略对此的态度简直判若两人，在以前，他会积极介入，要求执法必须做到勿枉勿纵；现在，刑罚是否被忠实地执行他毫不关心。结果，有犯人一入监牢就杳无音信。提比略采取不管不顾态度的一年后，流放到文托特内岛的阿格里皮娜和囚禁在帕拉蒂尼山皇宫的次子杜路苏斯·恺撒相继去世。这难道不是警卫士兵被提比略的漠不关心影响所致的例子吗？

在记录提比略造成的死难者名单时，虽然塔西佗说自己光是写名字就觉得心里十分难受，然而还是有其他研究者心平气和地进行了详细的研究。根据一位名叫奇亚切里（Ciaceri）的意大利研究者的研究资料记载，提比略统治时期有63人因叛国罪而受到审判，这人数字还包括塞雅努斯掌权时的审判人数，不仅仅是发生在“六年暴政”时期的人数。更何况塔西佗连正常死亡的人都算进去了，也没有区分死因到底是处死还是自杀。在这些人中，选择自杀的人又可以分成两种：一种是被控告后身陷绝望，为了保护财产和家人只好自寻短见；而另一种则是体力衰弱，自知时日无多，选择了自杀。人在体力、智力、精神等方面都衰竭之后通常会苦苦挣扎以求长寿，但罗马领导阶层对年老体衰后的苟延残喘厌恶至极，历史上他们选择绝食等死的例子并不少见。比如西塞罗的挚友阿提库斯，以及随提比略隐居卡普里岛的元老院元老涅尔瓦，都选择绝食而死。

关于63人这个数目是多是少，其实不是一个单纯的问题。恺撒从未使用过叛国罪法，奥古斯都统治40年也不过两三个案例。如此说来，提比略时期达到63例的确坐实了“恐怖时代”之名。然而，恺撒与元老院矛盾激化时，暂且算作战争，杀人无数；奥古斯都正值恺撒遇刺后的内乱时期，他把以西塞罗为首的300名元老院元老以及2 000名骑士阶级成员划入布鲁图派彻底清洗，换言之，奥古斯都在内乱中屠杀了罗马社会第一、第二等级的 2 300 人，而在这些人中未经审判即被就地处决的有 130 人，免于一死的人也难逃家产被全部充公的命运。总而言之，恺撒是迫不得已才这样痛下杀手的，而奥古斯都则是吸取恺撒的教训自我防范过度，在肃清反对派之后，他们对罗马人的“慈悲”精神才最终让他们声名鹊起。

然而，考虑到战争年代与和平年代的不同之后，问题就不再是数量的多寡了。话虽如此，公元 32 年以后，提比略不再执着于指控的证据是否真实可靠。元老们以为他送来的书信中会犀利地指出模糊不清的控诉理由，没想到就连那些根本不构成指控理由的“理由”，他都不再关心，完全放任自流。

不难想象，提比略造成“恐怖时代”的另一个原因，是他想利用这次机会清除元老院的害群之马。阅读辩护的文章之后，63 名被处死的人中只有寥寥几个让人觉得杀了可惜。剩下的绝大多数人，不得不让人赞同提比略的感叹，元老院元老的素质低得让人叹息。元老院元老一共 600 名，即使在通过选举选贤任能的今天，真正担得起贤能之名者有多少？在人才选拔方面，难以兼顾数量和质量，这是自古至今不变的现实情况。不过，不能仅凭这一点就为提比略开脱罪责，因为奥古斯都实现对罗马帝国的统治，正是通过对这 600 名元老的怀柔政策才得以实现的。

不管是不是他“不管不顾”造成的严重后果，还是他刻意肃清元老院中的害群之马，但实际上牺牲的是元老院阶级的成员。罗马普通民众对提比略同样是满腹怒气。

虽然罗马普通民众既没有被处以极刑，也没有被没收家产，然而，在提比略 20 年紧缩财政的政策之下，大多数人感到经济十分不景气，而且这种日子仍在继续。罗马帝国根本没有增加新的建设，只对公共建筑进行了一般的修缮整理。奥古斯都时代数次发放的皇帝赏金，现在已经好久没听说过了。此外，皇帝不仅不再赞助民众最喜欢的角斗比赛等各种活动，还禁止别人主办，百姓已经很长时间没有享受过此类娱乐。此外，如果提比略仍然在罗马治理着罗马帝国的话，那当然是不能对他进行任何指责的，提比略却远在风景秀丽、温暖舒适的卡普里岛，独自享受舒适悠闲的生活。此外，提比略居然以叛国罪的名义，冥顽不灵地妄图粉碎建国以来象征罗马传统与权威的元老院。当时的罗马人对提比略的看法十分糟糕。

如果此时蛮族入侵罗马帝国边境，或者与势力强大的东方国家帕提亚突然爆发战争，抑或众多行省中有那么几个揭竿而起反抗罗马帝国，那么罗马人的注意力肯定会转移到这些“新闻”上，哪还有空闲时间对老皇帝的日常言行说三道四呢？提比略从登基以来就通过稳固的政策和从不间断的监督，使罗马人在往后的20年内，都不用担心会发生这种“大事”，这得归功于提比略把帝国治理得太好了。然而，人们总是追求“新闻”。如果没有“大事”，那么鸡毛蒜皮的“小事”也聊胜于无。毕竟，天下太平，就连作为主食的小麦也没出现过不足的情况。提比略统治的23年间，只有一次因粮食不足引发骚乱。因小麦价格暴涨使得罗马公民民怨爆发，最后演变为对政府的抗议示威。在闻讯后，提比略从卡普里岛发来指示，小麦长价毫无理由，因为他清楚地记载了小麦的库存量。在提比略的打压下，抗议小麦价格暴涨的活动也烟消云散。说明白点，提比略统治后期怨声载道，是因为他之前一直殚精竭虑施行德政，还有比这更有讽刺意义的事吗？

流言蜚语

被白色高墙围绕的行宫矗立在卡普里岛的断崖上，里面住着一位上了年纪的最高当权者，这怎么会不激发人们的想象力去猜测他的日常生活呢？提比略在隐居卡普里岛的 10 年间，从未在罗马的任何公共场合出现。与奥古斯都不同，提比略也不会去参加岛上居民的祭典。卡普里岛水源稀少，所以提比略不但在行宫安装了储存雨水的蓄水槽，农民也可以使用这个便利。可是，即使农民一直在使用这个蓄水槽，但与替他们修建蓄水槽的皇帝却从未谋面。他们知道皇帝是否还在岛上的唯一途径，就是看码头是否停有御用的快艇。

提比略即使离开卡普里岛返回本土，他的御用快艇四周仍是挂着布幔，也不允许别人靠近问候。能够见到提比略的人大多是前往异地上任的总督或皇帝的财务官，此外能觐见皇帝的人寥寥无几。提比略坚持贯彻知人善任的原则，因职务而觐见皇帝的人的任期自然就延长，所以因职务而觐见皇帝的人也自然就更少了。至于每年交替的元老院行省总督，因为元老院掌握人事权，他们不需要面见皇帝领受任务。总之，了解提比略生活起居的人越来越少。越是在神秘的面纱后遮遮掩掩，越会令人无端猜测，让人的想象越加漫无边际。

理智的塔西佗只记载了“提比略强行将少年们带回岛上，猥亵之”，可是另一位历史学家苏维托尼乌斯对此类“传闻”兴致勃勃，事无巨细全部记录在案。根据这些记载，提比略在卡普里岛犯了以下恶事：

第一，嗜酒。希腊人和罗马人通常都会用凉水或温水兑饮葡萄酒，在他们看来，喝纯酒可以算得上酒量好。当然，提比略喝下的酒自然不少。

第二，发明下流猥亵的性游戏。提比略把从各地搜罗到的少男少女按男女搭配分组，每一组有一位此道高人从旁调教，然后三个人在提比略面前表演。提比略要求分组表演，是因为要求各组以不同的体位性交。苏维托尼乌斯认为，这样做是为了刺激提比略已经衰退的性欲。

第三，提比略发明了新花样——在 7 000 平方米的官邸用地内，让打扮成牧神或精灵的少男少女们藏在各个森林或洞穴里，提比略只要到了他们面前，他们就要给提比略表演性交。官邸虽然总面积确有 7 000 平方米，可是其中尽是林木，根本不见森林和洞穴。

第四，提比略特意挑选出幼小的少年男女，称他们为“小鱼儿”，他惬意地躺在宽敞的罗马式浴缸内，让“小鱼儿”们在他大腿间穿行，享受“小鱼儿”们的舌头和牙齿触碰他性器官的快感。记载中还说，提比略老而弥坚，性欲旺盛。甚至在一次给众神献祭的祭典中，他看中一个帮忙的美貌奴隶，等不及仪式结束就带她到别的房间颠鸾倒凤。

时至今日，那不勒斯当地居民依然深信所谓的“提比略传闻”。他们说，当年这些惨遭提比略蹂躏的受害者，任务完成后都会被无情地从 300 米高的悬崖上投进大海，没留一个活口。

现代的历史研究者对这些“恶行”大多是付之一笑。论及提比略的古代历史学家一共 10 位，其中有 2 位希腊人和 2 位犹太人。我们暂且不说支持提比略的罗马人帕特库鲁斯和犹太人斐洛，老普林尼和塞内加虽然也记载了提比略性格孤僻，然而都没有说他品行不端。希腊人普鲁塔克也曾提到他在卡普里岛的孤独生活，但他同样没有说提比略道德败坏。犹太人弗拉维乌斯·约瑟夫斯亦然。罗马的讽刺作家尤维纳利斯虽然嘲笑老皇帝在岛上和占星师们浑噩度日，但也没有提到他在性生活方面的丑恶趣味。在提比略驾崩 30 多年后出生的苏维托尼乌斯，是唯一在提比略百年之后对他这些事详细记载的史学家。对于这些流言，塔西佗寥寥数语一带而过，此后的卡西乌斯·狄奥的记录略微详细，但与苏维托尼乌斯相比望尘莫及。更何况，苏维托尼乌斯著的《罗马十二帝王传》也和今天的色情杂志大同小异。

据说，喜欢和“小鱼儿”们共浴的还有年迈的奥古斯都，这不由得使人产生一种想法：这种性行为是古罗马男人梦寐以求的美事。自己做不到的事情在别人身上可以完成，这是人之常情。提比略的被现代人视为“禁欲”的生活方式，难道不是适得其反，更加刺激了民众的幻想吗？

金融危机

74 岁高龄的提比略在最高当权者必不可少的冷静方面仍然出类拔萃。他对公元 33 年罗马金融危机的出色处理，充分证明了这一点。

当年，在已经转变成同室操戈的元老院中，有人指控某元老放高利贷牟取暴利，这是金融危机的前兆。指控的理由不是该元老违反了法定年利率最高上限 12% 的规定，而是因为他违背了《尤里乌斯·恺撒法》。所有金融业者都必须将资金的一定比例用于意大利本土投资，这就是《尤里乌斯·恺撒法》。我们不清楚所谓的“一定比例”到底是多少，然而恺撒是开疆拓土、选拔人才的开创者，当时可能是出于若就此放任自流会导致国内金融空洞化的考量，所以他才制定了这部法律。毕竟在他处的那个年代，尽管本土的利率上限为 12%，行省却无限制，有元老就效仿布鲁图，收取48%的利息。面对12%与48%的利率差距，别说布鲁图，其他人肯定也会转移资金。恺撒制定这部法律，就是希望在这种情况可以控制时加以引导使之规范化。

并非是因为罗马的金融业者遵纪守法，《尤里乌斯·恺撒法》才能够通行至今。金钱遵循其自身的运行规律，即使向行省投资的收益高也肯定伴随着较高的风险。相反，本土内的投资收益低也使得这种风险随之降低。

罗马帝国维持了60年的“和平”，使行省投资的风险自然有所降低。“风险”降低，“收益”却没有缩水，最后导致《尤里乌斯·恺撒法》形同虚设，也没有人遵守将资金按“一定比例”用于意大利本土投资的规定。因此，属于富裕阶层的元老院元老中，暗地里操控金融业的有很多。

然而，形同虚设并不意味着废止了这部法律，因此，违反《尤里乌斯·恺撒法》同样可以作为检举的理由。元老院元老闹翻了，因为一旦开庭审议，绝大多数元老都会被问罪。

接到元老院请求后，提比略当机立断，以一年半为限，要求众人自行调整资产以符合“一定比例”的规定。

罗马帝国的金融业者开始四处奔走催讨债务，他们同时也中断新的投资申请，以适应“一定比例”的规定。如此一来，出现了货币供给不足的现象，大概因为行省有很多大规模农庄，所以意大利本土的债务人受到的冲击比行省大得多。而本土由于恺撒制定了《土地法》，中小规模的农庄居多。金融危机中首当其冲的往往是中小企业，而非大企业，这也使原本日渐下跌的本土土地价格更是一落千丈。为了偿还债务，地主纷纷售地变现，随着地价滑落，破产者不断出现。至此，金融市场已经面临全面危机，只有依仗国家出面力挽狂澜。

为了应对这种危机，按今天的说法，必须“投入公共资金”。为此，提比略决定从罗马帝国的国库中划拨 1 亿塞斯特斯投入金融市场。不过，“公共资金”不是通过金融业者直接投入，提比略成立了专门委员会，不经过金融业者，而是直接由“公”的委员会借给“私”的债务人。这种由“公”至“私”的投资为期 3 年，无息。然而，债务人须以价值 2 倍于债务的不动产作为担保，抵押给债权人——国家。

公元 33 年的金融危机在提比略的政策实施之下，暂时得到了缓解。不知是否已经能够满足“一定比例”的规定，抑或是担心失去低风险的投资对象，金融业者们不停地再度投资。

提比略这样的政策其实治标不治本。塔西佗把原因归结于法律中司空见惯的现象——起初严格遵照执行，后来渐渐地把它丢在一边。但是我认为，金融业的影响缘于罗马帝国的经济结构发生变化。部分学者的说法是，罗马本土内的利率通常在 5% 左右，然后根据风险变化适当调整；行省的利率控制在 10% 到 15% 之间。这样一算，罗马本土与行省之间的确存在 2 到 3 倍的利率差。至于对行省投资，由于罗马人自己实现了“罗马统治下的和平”，行省的投资风险充其量算中等水平，虽不及本土低，但也不算高风险。低风险低收益和中等风险高收益孰优孰劣，这一点谁都明白。罗马的金融业者遵循的也是“金钱”规律，只要达到“一定比例”的要求，就会把多余的资金源源不断地投向欧洲或非洲。他们这样的做法才使得行省得到了发展，从根本上维护了罗马帝国的“和平”。其实，公元 33 年发生的金融危机，并不是罗马本土经济“空洞化”的前兆，应该说是本土与行省的“平等化”。进一步而言，就是本土与行省利率差距缩小的前兆。我有理由认为，罗马帝国主义与后来英国、日本等帝国主义最大的不同之处，正是罗马帝国本土公民与行省人民，尤其是胜利者和失败者之间的“平等化”。

时隔17年，东方问题在金融危机刚结束时随即爆发，当然这也需要提比略亲自出马处理。公元18年，在罗马帝国的大力援助之下，阿尔塔克西亚斯在继任亚美尼亚王位之后，励精图治，使得亚美尼亚王国国泰民安。然而，随着亚美尼亚国王的驾崩，帕提亚再度插手亚美尼亚事务，造成问题日益复杂化。帕提亚希望从王族中选择亚美尼亚新王，以摆脱罗马帝国对亚美尼亚的掌控。

帕提亚人认为在卡普里岛深居简出的提比略已经垂垂老矣，应该没有精力再介入东方事务。然而，他们错了，即使76岁，提比略依旧威风不减当年。

知悉帕提亚的举动，提比略即刻派遣维特里乌斯前往东方。亚美尼亚是罗马帝国的东方屏障，提比略根本不想把它拱手让给帕提亚。提比略推选原本被送来作为人质、后来在罗马长大的梯里达底作为亚美尼亚新王的人选。维特里乌斯此行的任务，就是保证新王登基时不能与帕提亚开战。维特里乌斯奉命出任叙利亚行省总督，此外，跟17年前的日耳曼尼库斯一样，他也被授予整个东方地区的最高指挥权。

此时的维特里乌斯也是提比略善用人才的一个典型。驻守叙利亚行省的4个军团原地不动，提比略只是冷眼旁观帕提亚等东方各君主专制国家彼此短兵相接，自己坐收渔翁之利，成功地让梯里达底登上王位。

和亚美尼亚建立友好关系是提比略最大的希望，因为亚美尼亚是东方君主国家中唯一可以牵制势力强大的帕提亚的国家。亚美尼亚不用向罗马帝国纳税，也不需提供兵员。罗马帝国对亚美尼亚的政策就是新王必须站在罗马帝国一边。

维特里乌斯在完成使命后，立即起程前往叙利亚行省总督官邸所在地安提阿。此时，他做的另一件事，就是免除担任犹太长官10年的本丢·彼拉多的职务，并将其送回意大利。彼拉多并非因为将耶稣基督钉死在十字架上而被遣送回国受审，而是因为身为犹太地区长官却玩忽职守，就罗马行政官的立场而言，理应被检举。也许犹太人社会中与耶稣基督有关的动乱，都是彼拉多恶政导致的。提比略包容其他民族的任何信仰，然而不能容忍因此造成社会不安。总而言之，本丢·彼拉多不是因为一个名叫基督的年轻木匠之死而被指控，而是以玩忽职守的行政官身份受审。

公元36年，罗马七丘之一的阿文庭山发生火灾，大角斗场观众席下的一家店铺是起火点，这一年也是彼拉多被召回国的一年。这座可容纳15万人的角斗场有三层观众席，当时只有一楼是石材结构，上面两层是木结构，是由尤里乌斯·恺撒重建的。石材结构的下方各种店铺挤满了前来大角斗场观看演出的观众。

火势从一家店铺蔓延，不仅把并排的店铺烧个精光，大角斗场的木结构部分都被波及，大火在当时北风的吹动下，肆虐到了阿文庭山。古罗马人一般会购置两套住房，闹市的居所无法满足宁静的要求，阿文庭山自然成为首选，以今天的眼光来看，阿文庭山属于幽静的高级住宅区。因此，比其他山丘离市区更远的阿文庭山，除了共和制时代遗留下来的几座神殿以外，都是住宅区。因此，除了大角斗场和神殿等公共建筑之外，受此次火灾波及的还有民居。

提比略对这次火灾的处理同样迅速彻底。他立即拨出100万塞斯特斯作为救助金，并成立由 5 名元老院元老组成的委员会，负责灾情调查与灾后重建的协商和执行工作。除了 1 名委员是执政官任命的之外，提比略任命了 5 名成员中的 4 名。提比略任命的 4 个人分别是 3 年前被流放至文托特内岛后过世的阿格里皮娜的 3 名女婿，以及杜路苏斯的女婿，即提比略的孙女婿。换言之，委员会成员中有 4 位皇族成员。这个安排对于首都公民和元老院而言，是难得出于政治考虑而做出的人事安排，使得他们暂时忘记了“提比略抛弃了我们”的观点。对历来自信满满、无视舆论的提比略而言，此时此刻也应该是心力交瘁了吧。

最后的日子

我们在史书中寻找提比略身心俱疲的征兆，其实可以从他冷静彻底地肃清塞雅努斯后不久的公元 32 年看出。

公元 32 年，元老院以叛国罪互相倾轧，彼此争斗得不亦乐乎。恰逢此时，身为提比略友人之一的元老科塔被告发，罪名是他在用餐时以提比略及其家人作为谈资。其实科塔很冤枉，他只是说了几句实话，根本算不上批评，就被认为有损提比略的威名，真是让他百口莫辩。为此，提比略从卡普里岛寄来书信，内容如下：

> 元老院元老诸君，如果我早知针对何事如何下笔，抑或明了今日落笔的内容，那么，即使诸神降下我连日来已品尝的痛不欲生的苦痛，我也甘之如饴。

接着，提比略介绍了他与科塔的多年友谊，盛赞科塔为罗马帝国做出的贡献，然后，以下面这句话结尾：“进食之闲谈成检举之证词，让人不胜唏嘘。”

然而，这封书信的开头部分被塔西佗解读成：“提比略本人是自作自受”，“他的罪行以及犯罪事实带来的深重罪恶感，让他不得不自我坦白”。

对此，我有不同的理解。我不认为提比略受困于深重的罪恶感，而是元老院元老的素质低得出乎意料，简直让人无法相信这就是罗马帝国的领导阶层，他对此深表绝望。餐桌上无意义的话题居然被当作叛国罪的证据，面对这样的元老院，即使不是提比略，任何人都不知道“针对何事如何下笔，抑或明了今日落笔的内容”。总之，对手过于愚蠢，要传达什么、如何传达，都会变得难上加难。

独自背负所有责任的人的自我怜悯，甚至会偶尔流露出“连日来已品尝的痛不欲生的苦痛”这样的感叹，这又何尝不是一种自怨自怜呢？感叹为什么一切都得由自己一人承担，这是凡事都得靠自己单打独斗的人偶尔会陷入的情绪低谷。只要能摆脱这种暂时的低迷心理，这个人又会以差不多忘记自怨自怜的能量，重新振作，“单打独斗”。实际上，即使提比略在众人面前坦露心迹，一吐为快，当次年遭遇金融危机、再下一年起历时两年解决东方问题，以及之后的灾害处理，他依然继续“单打独斗”。

提比略曾经以辛辣无比的言辞戳得人体无完肤，他至死也不会流露出丝毫绝望或脆弱之情。然而，提比略已经身心俱疲，此时的他真的老了。

公元 36 年到 37 年的冬季，在凛冽刺骨的西北风中，77 岁高龄的提比略离开了卡普里岛，来到那不勒斯湾以西的米塞诺岬上的别墅过冬。在此地过冬，不但可以免受寒冷的北风和西北风的袭扰，还能从正面远眺维苏威火山，那真是一个美不胜收的地方。这座别墅由共和制时代末年的一位杰出将军卢库鲁斯建成，当然，他以奢侈生活、吃遍天下美食闻名于罗马，然而，最后此地却成了提比略的私有财产。虽然今天摆在我们眼前的只有遗迹，不难想象这座别墅反映出卢库鲁斯的贵族品位，它一定是座美丽漂亮的海滨别墅。提比略似乎对这座别墅情有独钟，经常到此过冬。

公元36年到37年这一年的冬季并不寻常，77岁的皇帝已经知道自己时日无多。提比略有生之年不曾生病，也没有遵循医嘱，随心所欲活到古稀之年，如今，他比谁都清楚自己已经筋疲力尽，无力继续支撑。提比略凭借强烈的责任感来治理庞大的罗马帝国，他肯定明白权力顺利交接的重要性。有三个人具备接替提比略成为第三任皇帝的资格，按长幼依次是：45岁的克劳狄乌斯、24岁的卡利古拉，以及提比略的年仅16岁的嫡孙葛梅鲁斯。

提比略首先排除年纪适合的克劳狄乌斯，这事出有因。克劳狄乌斯虽然是提比略的亲侄子，然而提比略成为奥古斯都的养子时，克劳狄乌斯的哥哥日耳曼尼库斯以提比略养子的身份成为尤里乌斯家族的一员，因此，克劳狄乌斯成了提比略本家克劳狄乌斯家族的现任家长。如果让他成为皇位继承人，就违背了先皇奥古斯都的遗愿——唯尤里乌斯家族的男性可继任为皇帝。正因为自己出自克劳狄乌斯家族，所以要在家族内挑选继承者，这不是提比略的风格。

归根结底，提比略没有太多的选择余地，他的接班人不是奥古斯都预定接替他的日耳曼尼库斯仅剩的遗孤卡利古拉，就是以他的嫡孙的身份加入尤里乌斯家族的葛梅鲁斯。

提比略于公元 37 年 3 月 16 日驾崩。一个世纪之后，历史学家塔西佗说提比略的死法很符合“可怕的提比略”的死亡方式——他因枕头窒息而死，然而，提比略驾崩时才 10 多岁的博物学家普林尼，在提比略百年之后却认为提比略死于衰老，我也认为他是自然死亡。提比略死时 77 岁零 4 个月。

罗马帝国是由恺撒绘制蓝图，奥古斯都搭下框架，提比略奠定基石，不论塔西佗等共和制拥护者如何批判提比略，都不能改变上述事实。

此外，还有研究者批评提比略没有施行任何新政。在我看来，提比略没有施行新政非常重要。因为，奥古斯都一手架构了完美的帝王政治体系，如果继承者的做法稍有差池，肯定会因一时的改革而前功尽弃。但是，提比略继承了奥古斯都的遗愿，为巩固奥古斯都架构的体系专心致志，殚精竭虑，因此之后无论由谁执掌天下，罗马帝国的基础已经坚如磐石了。

提比略虽然在默默无闻地努力，但是还是很难获得民众的称颂。此外，也没人能够为他性格上的缺陷进行辩护，而且，罗马人经常会以他在政治上的不当言行，来彰显他的这些性格上的缺点。在得知提比略驾崩后，罗马人举国欢庆，他们纷纷涌上街头，高喊：“把提比略扔进台伯河！”

幸好，有人在提比略驾崩不久便对他的政绩给予了正确评价。可惜的是，提比略在罗马公民或元老院元老中缺少这种“朋友”。这个人是埃及首都亚历山大的居民、一个没有罗马公民权的犹太人——斐洛。他才思敏捷、学识渊博，被称为“犹太人的柏拉图”，此外，他还是亚历山大城中犹太人社会的代表。欲知这位犹太领袖如何评价提比略，我们只能借助他的著作了解一二：

> 皇帝提比略驾鹤西归后，盖乌斯（通称卡利古拉）继承了一个疆域宽广的庞大帝国，幅员之辽阔几乎囊括全世界所有的陆地与海洋。整个帝国公正立法，严正执法，如今，无论大小“争斗”都已是过眼云烟。帝国各处，无论东西南北，陆地海洋，都和谐地统一于罗马帝国的名义下。帝国之内，蒙昧之民和开化民族和睦相处，征服者与被征服者平等共事，为了维持彼此祈求的和平，人人各司其职，各尽其责。
>
> 普通民众的日常生活也让人赞不绝口。在人们积累的财富之中，黄金和白银是货币也是工艺品，随处可见。遍及整个帝国的通商网络，让货币与物产的交流更加频繁。帝国军力强盛，编制了完备的步兵、骑兵和海军。帝国之境，皆可安居。因此，整个帝国是一个完整的统一体。帝国疆域从幼发拉底河绵延至莱茵河，日出日落之地似乎也在其中。
>
> 这一切殊荣，并非只有住在罗马的公民有权享受，欧洲之民、亚洲之民亦可，换言之，帝国全体居民都可享受。当然，第一个继承这样繁盛帝国的幸运帝王，是盖乌斯。不管是个人还是帝国规模，也不论财富、权力或繁荣的基础，一应俱全，无须再造。幸福就在门外，我们唯一要做的，就是开门迎接。

提比略曾以犹太人可能造成社会不安为由，将他们暂时从意大利本土驱逐了出去。如若他在天之灵知道自己死后竟然有一位犹太人给予他如此美誉，不知他将做何感想？

近现代历史研究者不断对提比略进行重新评价，当然，这应该归功于考古学的发展，而不是因为历经1 800年人们的观念发生了转变。过去我们只能根据古代历史学家的著作还原历史，现在可以参考罗马帝国各地发掘出来的众多碑文和其他历史数据，因此我们的著作更加接近真实。其中，以德国人特有的严谨贯彻始终的，就是以历史著作获得诺贝尔文学奖的19世纪德国历史学家蒙森。他评价提比略是“罗马最优秀的帝王之一”。

谨以此文——“皇帝提比略（公元14年9月17日—37年3月16日在位）”，献给1996年逝世的国际政治学者高坂正尧先生。高坂正尧先生在世时曾说，罗马皇帝之中，他尤其对提比略心有戚戚焉。在我询问理由之前，高坂正尧先生就已与世长辞，然而，在如今我写完提比略后，似乎明白了其中的缘由。

第二章　皇帝卡利古拉

（公元 37 年 3 月 18 日—41 年 1 月 24 日在位）

年轻的新皇帝

罗马帝国上上下下，特别是意大利本土和首都罗马的居民，都欢欣鼓舞地迎接提比略的驾崩和卡利古拉的登基，仿佛是漫长严冬后春天造访一般。一位24岁零7个月的英俊潇洒的年轻人继承了77岁老皇帝的皇位。仅此就足以让人精神一振，然而，民众的喜悦不只如此。

首先，对深信皇位应由神君奥古斯都的血亲继承的人而言，目睹父母都与奥古斯都有着血缘关系的卡利古拉登上皇位，总算等到了“大政归还”的这一天，夙愿得偿。

其次，素来与皇帝对立的元老院，也非常赞成卡利古拉继承皇位。在元老们的印象中，卡利古拉的父亲日耳曼尼库斯一贯亲近元老院，他们也认为卡利古拉应该不会效仿提比略，恣意妄为地寄封信来要求元老院同意，根本无视元老院权威的存在。况且，卡利古拉乳臭未干，根基尚浅，有利于元老院把持朝政。

普通民众自然双手赞成，他们心里根深蒂固的“日耳曼尼库斯神话”似乎成为现实，获得圆满结局，自然喜不自胜。更何况，提比略禁止角斗比赛之类的财政紧缩政策让他们压抑太久，迫切想要品尝快乐的滋味。

至于罗马帝国的士兵，尤其是驻守莱茵河防线的8个军团，他们把卡利古拉继位看作自己人生的喜事，欢喜之情溢于言表。毕竟新皇的童年是在军营和他们一同度过的，带给他们无数欢笑。他们看着小小的孩子蹒跚学步，给他做小巧的“卡利加”（凉鞋式罗马军靴），陪他嬉戏玩耍，因此，士兵都不叫他的本名盖乌斯，而是亲昵地称他“卡利古拉”（小军靴）。当时，总司令日耳曼尼库斯育有三子，年纪最小的卡利古拉被士兵视为吉祥物。如今，卡利古拉成为他们的新皇，众望所归。因此，卡利古拉登基时并没有发生类似提比略登基之初士兵要求改善待遇的抗议事件。这种暴动通常发生在有弱点的对手身上。提比略最大的弱点，就是他与奥古斯都没有任何血缘关系，然而，在这方面卡利古拉大可高枕无忧。

公元37年，从来没有任何一位皇帝像卡利古拉一样，在万民的拥戴之下登上了罗马帝国的皇位。换言之，没有人能在毫无敌意、举国欢庆的情况下手握天下大权，并且，民众对新皇帝的祝福是发自内心的最诚挚的祝福。

通常在两种情况下人们会思变求新：一种是期盼摆脱危机，另一种只是单纯地想要一些新鲜的改变，没有什么特别的迫切需要。在前者，发出期盼的人既不幸福也不富足，而后者幸福而富裕。民众对卡利古拉的态度就是后者。正如犹太人斐洛所写：“幸福就在门外，我们唯一要做的，就是开门迎接。”

在提比略打下坚实的基础之后，卡利古拉被奉为罗马帝国的最高统治者，他的继位也象征着罗马帝国将继续享受盛世繁华，几乎所有人都对此信心满满，其中也有历史学家斐洛。

公元37年3月16日，提比略于那不勒斯以西的米塞诺与世长辞。

3月17日，皇帝驾崩的消息传遍罗马。

3月18日，元老院迅速通过决议，将所有权力尽数授予卡利古拉。此时，元老们甚至连护送提比略遗体回到罗马的卡利古拉的影子都还没见到。

3月28日，提比略的遗体被运抵罗马。在阿庇亚大道恭候多时的两名执政官的陪同下，护送遗体的卡利古拉前往元老院。议事厅中除了仍在行省工作未归的元老之外，其余所有元老都在等候这位差5个月满25岁的年轻人。他们告诉卡利古拉，元老院已于10日前决定授予他统治帝国的一切权力。我们知道，要成为罗马皇帝，必须同时获得元老院和公民的认可。这一天，元老院对他正式“承认”。卡利古拉进入首都时，民众热情的欢呼声和抛来的鲜花，就是他们“认可”的最佳证明。

卡利古拉从元老院获得了以下的统治权力：

“第一公民”——这一称号只是罗马公民“第一人”而已，算不上正式称号，但他是罗马帝国的最高统治者，是能支配行省人民的罗马公民权所有者中的“第一人”。虽然这一称号并不太过张扬，但这也只不过是根据以公民平等理念为基础的共和制时代的传统，是奥古斯都处心积虑的第一步。与这种罗马特殊政情没有关系的行省人民不会使用“第一公民”的称号，经常是用演变成“皇帝”别称的“恺撒”来称谓最高统治者。

“皇帝”——罗马士兵钦佩指挥官能力的一种称呼，后来，在恺撒时代结束后就专指罗马最高司令官，意即卡利古拉获得罗马最高军事指挥权。

护民官特权——这意味着皇帝管理军权，而护民官管理行政权。这项权力能够进行政策立案，即使遭到元老院的否决，护民官也可以行使否决权否定元老院的决议。

概括而言，只因卡利古拉身上流着开国皇帝奥古斯都的血，元老院就把罗马帝国象征性的尊称、最高军事指挥权以及最高行政权都授予了这位未满 25 岁的年轻人，即全权委托他来治理庞大的帝国。

在 5 个月后卡利古拉 25 岁生日之时，元老院甚至决议再送他一个礼物——“国父”的尊贵称号。

尤里乌斯·恺撒在 55 岁遇害前数月才获此殊荣。

奥古斯都在他统治帝国 30 年后、61 岁时才获封“国父”。

提比略统治时期曾 3 次获赠此尊称，然而都被他婉拒了。

卡利古拉在 25 岁生日当天获得这个称号，他竟然坦然受之。其实，“国父”这个称号不是元老院随便授予的，必须由民众请愿，元老院受理后通过决议才能赠予某人。这又一次证明了举国上下对卡利古拉的一致拥戴。

在极短的时间内，卡利古拉就获得元老院与民众的全力支持，手握大权，荣誉等身。即使他对统治帝国不甚了解，仅从他在提比略统治后期的所见所闻也应该完全明白什么样的统治会激起民众的不满情绪。

在没有提出任何要求的前提下，卡利古拉却被无数的大权与荣耀包围着。卡利古拉在元老院的施政方针演说中，宣布他将采取与提比略截然相反的治理方式。元老和公民对此十分赞成。卡利古拉辩才无碍，口若悬河，演说内容让聆听之人对即将到来的美好生活满怀憧憬。这位年轻的皇帝许下了如下诺言：

一、所有因政治理由被放逐国外者，允许回国。

二、全面废除了通称为“告密”的情报制度，对今后有此行为者定严惩不贷。

然而，大家都沉浸在喜悦中，没有人注意到罗马帝国各地向皇帝呈送报告的情报搜集系统将随之全面瘫痪这个弊端。接下来是卡利古拉施政方针演说的其他条文：

三、提比略把每年作为罗马中央政府要职的执政官、法务官、财务监察官、按察官的选举放到元老院，但今后仍然移交给公民大会决定。

仅在意大利，有投票权者就达 500 万人，在这样的情况下进行的直接选举，早就名存实亡。因此，卡利古拉的这个承诺，名义上是尊重拥有投票权者，实际上没有任何政治考量。如果元老互选自然不需要选举活动，如果在公民大会中选举，选举活动就不可避免。所谓的选举活动，是指款待拥有投票权者，或者免费提供角斗比赛争取选票，等等。参选者一想到这些竞选经费，立刻愁眉苦脸，然而无心参选的普通民众对此类活动自是欢迎之至，兴致勃勃。

四、废除了备受批评的税收制度。

无论是什么税收都会有人不满，卡利古拉以妨碍经济活动为由，宣布废止 1% 的营业税。这项税收是奥古斯都为了筹措防御经费而设置的，即使后来面对巨大的减税废税声浪，提比略也没有让步。卡利古拉的废税宣言中，对替代财源只字未提，大概他根本就没想到这一方面。

五、在提比略时期因散播反社会言论而被放逐国外的作家，允许他们回国，并可以出版发行他们的作品。

然而，当时涉及的作家及其作品因缺乏史料，无法考证。

六、被提比略流放的演员，允许他们回国。

提比略素来不喜“观众”之间因冲突而引发的混乱，所以他以此为由，把有名的演员赶出本土。

七、卡利古拉作为“第一公民”常住罗马，并出席元老院所有会议。

上至元老院元老，下到黎民百姓，大家都对此宣言好评如潮。先皇提比略令人想之生厌，现在已经被民众彻底遗忘。他的遗体被运回罗马 5 天后，就被火化安葬在奥古斯都陵园里，当时没有人像刚得知提比略驾崩时一般，破口大骂："把提比略扔进台伯河里喂鱼！"和提比略孤独的人生终点相呼应，国葬如晴朗阴冷的冬日一般悄无声息、毫无延误地结束了。这表明民众对他已经漠不关心。

除了分配给民众及士兵的遗赠金部分外，提比略其余的遗嘱都被置若罔闻。不是卡利古拉，而是元老院对此视而不见。提比略留下遗嘱，皇位由卡利古拉与提比略嫡孙葛梅鲁斯平等继承，然而元老院改成卡利古拉一人，反而是卡利古拉把没有获得皇位继承权的葛梅鲁斯收为养子。收为养子，言下之意就是继承皇位的第一人选。元老院想尽办法来遗忘提比略，一面倒地支持卡利古拉也是对他们极度厌恶的提比略的反抗，当然，卡利古拉对这一点也是一清二楚的。

皇帝也好，国王也罢，按照我们的思维模式都应经过加冕才能登基。然而，罗马皇帝没有加冕这一仪式。奥古斯都开创了有罗马特色的帝国政权，在这种体制之下，皇帝表面上只是"第一公民"，没有与普通民众严格区别的"皇冠"。把罗马皇帝当作"无冕之王"就好理解了。出现在货币上的皇帝侧面头像，就是我们通常看到的"无冕之王"的姿态。

话说回来，罗马皇帝与其他国家经过加冕仪式正式登基的国王或君主相比，手中的权威和权力更大。然而，把皇帝头上空无一物的形象刻成雕像或铸在货币上也不太美观。罗马的货币不仅在罗马帝国境内流通无阻，还是信用度极高的国际货币，就连帝国周边的野蛮民族也奉为瑰宝。因此，罗马皇帝经常是头戴用月桂树枝或橡树枝编制的月桂冠或公民冠出现在货币上。无论皇帝的“冠”是用真的树枝编的，还是黄金做的，它的样子说是“皇冠”，不如说是树叶装饰的缎带更贴切。因为在男人脖子的位置，这种头冠会用缎带打个结系在脖颈上，但这样的装饰也与皇帝威严的形象不符，因此，具有浓厚东方色彩的后世罗马帝国皇帝对皇冠的外形也进行了改进。然而，不论怎么改变，皇冠在罗马帝国政权的初期与中期都主要采用缎带式。但是这些“皇冠”不知为何，与他们总是相得益彰。虽然新皇帝没有加冕典礼，但他获得元老院和民众认可之后就开启了新的统治，这也符合罗马人一贯讲究合理性的性格。

因此，虽然没有加冕仪式，没有登基大典，卡利古拉甚至连人都不在首都的情况下就成为罗马帝国的新皇帝。从公元 37 年 3 月 18 日起，在元老院授权下罗马帝国进入了卡利古拉统治时代。当卡利古拉结束在元老院的施政方针演说与提比略的葬礼后，他做的第一件事就是要引起一贯重视家族的罗马人的响应。

对于暴风雨将至的消息，这位年轻的新皇帝置之不理，他义无反顾地登上了早已准备好停在罗马外港奥斯提亚的船只。他在天气骤变的情况下依然下令开船。他此行的真正目的是要去文托特内岛和蓬扎岛，取回因流放而不幸丧命于此的母亲阿格里皮娜和兄长尼禄·恺撒的骨灰。

罗马人以眼泪和狂热欢呼来迎接卡利古拉怀抱骨灰坛返回罗马。罗马人的眼泪，是为日耳曼尼库斯客死他乡的妻子与孩子而流；罗马人的狂热欢呼，是民众对年轻的统治者不忘亲人产生的共鸣。卡利古拉把两位亲人的骨灰都安葬于奥古斯都陵园里，接着，他又发行了记述此事的货币。这个举动充分说明了卡利古拉非常清楚自己此番作为的政治意义。

卡利古拉能够借此解脱。然而，从提比略这条锁链中获得解脱的，不仅仅是卡利古拉，对于元老院与罗马公民而言，他们都有同感。当然，这也是解读卡利古拉统治的关键所在。

成长背景

从提比略手中继承罗马帝国的统治权之后，卡利古拉不用担心外患，而内忧也早已被消灭在萌芽之中了。此外，在没有提高税率、增设新税的前提之下，罗马帝国的财政体系已整顿得十分完善，哪怕是除去必要的开支，在国库中还盈余了 2.7 亿塞斯特斯。拉丁语中有意为“从锁链中获得解脱”的单词，被称为“拉丁语长子”的意大利语中也有这个词，然而，一个词通常有几种意思，这个词也引申为“恣意妄为”，或“行为肆意”。

卡利古拉在享受“从锁链中解脱”的自由之后想要为所欲为，从他过去的生活经历来看，这一点也在情理之中。虽然卡利古拉只有 25 岁，然而在他的前半生中可谓是遇到许多波折。

公元 12 年 8 月 31 日，即奥古斯都驾崩前两年，罗马以南 50 公里以外的安提乌姆（今安齐奥）出生了一个小男孩，他就是卡利古拉。如今的安齐奥不过是个小渔村，然而在古罗马时期，上流社会在此建造豪宅，是个优雅的海滨城市。继卡利古拉之后，罗马帝国的第四任皇帝尼禄也出生在安齐奥。当时的这个海滨城市交通便利，风景宜人，如果从罗马的外港奥斯提亚乘船，转瞬即至；若沿阿庇亚大道南下，中途取道正南方的道路，也不过近在咫尺。

据说孩提时代的卡利古拉和幼年的奥古斯都很像，都非常惹人喜爱，奥古斯都甚至在自己的卧室里放了一个卡利古拉的雕像，每次回到卧室都要亲吻一下。卡利古拉是奥古斯都的外孙女阿格里皮娜的儿子，也即奥古斯都的亲外曾孙。

然而，卡利古拉不能长住安齐奥或罗马，因为他被经常随父亲一同赴任的母亲搂在怀里，前往远在北方的莱茵河军团基地。卡利古拉未满 2 岁就离开了罗马，随后不到一个月，外曾祖父奥古斯都去世，提比略继承了罗马帝国的皇位。

在本书第一章中我已经叙述过，提比略即位时莱茵河驻防军团发生了哗变，也提到当时 2 岁的卡利古拉帮助陷入困境的父亲日耳曼尼库斯解决暴乱。2 岁到 4 岁的卡利古拉在边境防御军团兵的看护下成长，可谓是士兵的吉祥物。从此时开始，大家不叫他的本名盖乌斯，而是昵称他为“卡利古拉”。

由于父亲日耳曼尼库斯要在首都举行凯旋仪式，卡利古拉在快满 5 岁的时候，随父母返回罗马。5 月 26 日，日耳曼尼库斯亲自驾驭 4 匹白马拉的战车，载着卡利古拉、10 岁的尼禄·恺撒与 9 岁的杜路苏斯·恺撒出现在凯旋仪式上，整个罗马为之沸腾。家庭的幸福美满，似乎也是 30 岁的日耳曼尼库斯受民众拥戴的原因之一。

5 岁的卡利古拉在同年年底随调任的父亲日耳曼尼库斯前往东方，一路上，他和父母穿越希腊，绕道小亚细亚，前往叙利亚的安提阿，体验了这漫长的旅途。卡利古拉的母亲阿格里皮娜每次都跟着日耳曼尼库斯赴任，她只带了卡利古拉，将两个大点的儿子留在罗马接受教育。日耳曼尼库斯地位崇高，好奇心十分强烈，所以在年幼的卡利古拉眼中，这趟闲适安然的旅行应该充满了乐趣。途中，他们在爱琴海的小岛上略做停留，身怀六甲的阿格里皮娜在此地生下女儿。

时年6岁的卡利古拉还未在安提阿的总督官邸住满一年，于次年就随父母前往埃及。从埃及回到叙利亚还不到半年，时年33岁的日耳曼尼库斯就于公元19年10月10日与世长辞。因此，卡利古拉7岁失去了父亲。虽然，现代学者普遍认为日耳曼尼库斯死于疟疾，然而，日耳曼尼库斯从病倒到离世的10天中寸步不离的阿格里皮娜，包括去世的日耳曼尼库斯本人，都认为是叙利亚总督皮索下毒谋杀了他。随后，年幼的卡利古拉随母亲乘船返回了罗马。

实际上罗马帝国领导阶层的后代中，幼年丧父的例子并不少见。自幼丧父或者父亲一直在海外的情况比比皆是，因此，通常由母亲负责教育孩子、守护家庭。然而，卡利古拉的母亲阿格里皮娜异于常人，她对提比略充满憎恨，而卡利古拉正是在母亲手捧父亲日耳曼尼库斯骨灰之后的7年间，即他7岁到14岁这段性格形成时期，在母亲的教育之下长大成人。少年卡利古拉正是在养祖父提比略与亲生母亲阿格里皮娜的关系日益恶化的环境中成长起来的。

提比略在卡利古拉15岁那年隐居到了卡普里岛。两年之后，卡利古拉的外曾祖母利维娅，即先皇奥古斯都的遗孀过世。对于阿格里皮娜和她的孩子们而言，利维娅的去世，意味着他们失去了唯一可以压制提比略的人。

同年，因被判决犯有叛国罪，卡利古拉的母亲阿格里皮娜和大哥尼禄·恺撒分别被流放到文托特内岛和蓬扎岛。次年，卡利古拉的二哥杜路苏斯·恺撒也因为同样的罪名被囚禁在皇宫的一处地下室里。

卡利古拉的母亲被流放之后，他被寄养在了祖母安东尼娅的家中。正如其祖母的名字所示，其祖母的父亲是被埃及艳后克娄巴特拉迷惑后对罗马帝国倒戈相向的马克·安东尼，而其母则是奥古斯都的姐姐屋大维娅。后来安东尼娅与提比略的弟弟杜路苏斯成婚，她继承了母亲踏实稳重的性格，不像她的父亲那样浮夸。虽然她早年丧夫却没有再婚，也没有传出任何闲言碎语。而奥古斯都和提比略正是看中她这一点，才安排她的居所作为属国（罗马帝国的同盟国）王子们被扣押在罗马当人质的接待家庭。寄养在祖母家中的卡利古拉结识了各国王子，并成为他们的同学与小伙伴，其中包括色雷斯王子、犹太王子等。对卡利古拉而言，17 岁到 19 岁的两年时光，也许是其一生中最幸福的时刻，因为从这些异国王子身上，他受到极大的影响。然而，就在此时，卡利古拉的大哥尼禄·恺撒在流放地蓬扎岛去世了。

公元 31 年，在提比略动手收拾近卫军团长官塞雅努斯前不久，卡利古拉被提比略召唤至卡普里岛，提比略就在岛上为他举行了成年礼。成年礼通常是在 16 岁，迟一点也就是在 17 岁举行，19 岁才举行成年礼确实比普通人晚了很多。然而，如果相信当时提比略检举阿格里皮娜的理由，此时卡利古拉的母亲阿格里皮娜正为了联合反对提比略的势力而四处奔走。阿格里皮娜大概是因此才忘记了小儿子的成年礼。

卡利古拉的成年礼后的两年，21 岁的他被选为财务监察官，这意味着他开始履行身为罗马领导阶层的职责，踏出了他公职生涯的第一步。他也在这一年娶了自己的第一任妻子。然而，这一年噩耗接踵而至。年初，被软禁在帕拉蒂尼山皇宫地下室的二哥杜路苏斯·恺撒逝世。同年秋，流放于文托特内岛的母亲阿格里皮娜也与世长辞。

公元 36 年，即罗马七丘之一的阿文庭山火灾的这一年，卡利古拉年轻的妻子因难产而死，孩子也不幸夭折。卡利古拉的第一段婚姻只维持了 3 年。

公元 37 年 3 月 16 日，也即卡利古拉丧偶后不久，提比略逝世。这位还未迎来 25 岁生日、仍然保持着独身过着没有孩子的轻松生活的年轻人，却集所有的权力与所有人的尊崇于一身。因此，与前任相比，这位年轻的最高当权者不能像提比略那样不受欢迎，也要考虑整个罗马帝国的国家利益。不对，这种说法似乎显得卡利古拉没有责任感，事实并非如此。他必须满足罗马公民的要求，并将其实现。然而，问题的关键在于国家财政是否支持他的统治。卡利古拉非常幸运，他拥有提比略留下的 2.7 亿塞斯特斯。

统治之初

卡利古拉获得元老院和公民赋予的全部权力之后，继承了罗马帝国的皇位。随即，他宣布要废除 1% 的营业税（相当于今天的消费税）。他并没有立即下令全面停止征收营业税，而是在公元 37 年降低为 0.5%，直到公元 38 年才开始全面废除。民众因为废除税金，自然会拍手称快。

随即到了 6 月 1 日，卡利古拉遵照提比略的遗嘱，向下层公民和士兵分发遗赠金，按人头发放，每人 300 塞斯特斯。由于提比略没有忠实执行利维娅的遗嘱，卡利古拉于 7 月 19 日第二次发放利维娅的遗赠金，金额同样是每人 300 塞斯特斯。士兵通过这两次发放遗赠金，获得了相当于年薪一半以上的报酬。

当然，这些开支不是用国库中的钱财来发放，而是用利维娅和提比略的私人财产来支出。因为卡利古拉继承了他们的遗产，所以卡利古拉执行了提比略与利维娅的遗嘱。这样一来，在罗马人眼中的卡利古拉既是一位不会积蓄个人财产又是一位热心公共利益的皇帝。

8月31日是卡利古拉的生日，当然这也是一个令罗马人举国欢庆的节日。卡利古拉并未把这一天看作普通的生日，就在同一天，他举行神君奥古斯都神殿的祭祀仪式。神殿早已竣工，只差兼任大祭司的皇帝举行祭祀大典，当时提比略不愿返回罗马，因此才推迟到现在举行。提比略时代在元老院和公民的眼中好像根本不存在，罗马帝国的皇位仿佛是奥古斯都直接传给了正在举行仪式的卡利古拉。卡利古拉在这种氛围之下，提议把自己登基的3月18日定为国庆节，元老院与罗马民众当然同意了这个提议。9月27日，元老院接受了罗马民众的请求，顺水推舟地通过决议将“国父”尊称正式授予卡利古拉，而卡利古拉毫不推辞就接受了下来。这位25岁的年轻人获得了恺撒与奥古斯都两位“神君”拥有的荣誉。

因此，3月28日到9月27日的7个月内，卡利古拉从回到罗马到获得“国父”称号的这些日子里，首都罗马每天都像过节一样，各地都举办了连续好几日的角斗比赛、4匹马拉的战车竞赛、体育竞赛和戏剧表演。罗马民众脱下普通的朴素短衣，穿上有节日气息的白色或其他带有鲜艳色彩的短衣，参加神殿祭典，祈求罗马帝国在卡利古拉的统治之下风调雨顺，国泰民安。街上经常能够见到头戴花冠的妇女和孩子载歌载舞。公民痴迷于角斗比赛，他们给自己喜欢的选手呐喊助威，直到声嘶力竭之后才拖着疲惫的身躯回到家中。罗马人不论是谁都洋溢着幸福的神情，就好像是漫长的寒冬之后春天终于来临，然而，这个“春天”的到来带来了巨大的财政开支。

大病

当年 10 月，以往总是出现在公众眼里、沐浴在罗马民众欢呼声中的卡利古拉，突然消失了踪影。

卡利古拉年纪尚轻，虽然体型瘦削，但他的身体十分健康，从未病过。这一次他却因高烧卧床不起，着实让人大吃一惊。在我的想象中，这可能与卡利古拉刚当上皇帝高兴过度，再加上连续 7 个月夜以继日的庆祝有关。当罗马人听说卡利古拉发高烧，立即想起他的父亲日耳曼尼库斯临终前的情形，非常惶恐焦急。首都罗马、意大利本土，包括遥远的行省，甚至连身为一神教教徒而不能宣誓效忠皇帝也不需服役的犹太人都在举行祭祀，祈求卡利古拉早日恢复健康。

卡利古拉即位至今才过去 7 个月，他除了发放赏金、举办祭典、赞助观赏活动之外没有其他作为，为何民众对他如此拥戴？对此，我觉得埃及首都亚历山大城犹太人社会中的领袖——斐洛，这位被誉为学富五车的“犹太人的柏拉图”的叙述可以回答这个问题：

> 卡利古拉重病的消息迅速传遍全国。罗马人在得知此消息，不但立即抛开先前令人生满足的各种娱乐，而且戒除了赌博这类不良嗜好。全国气氛为之一变，充斥在家家户户、大街小巷中的都是不安、担忧、惊慌与失意，仿佛整个罗马都和他一起倒下了。然而，席卷帝国的这场“大病”甚至比卡利古拉的病情更为糟糕。为什么这样讲呢？因为后者仅仅是对肉体的折磨，而前者波及的范围更广。罗马人一直追求的力量、和平、希望、幸福，以及能够享受这一切的坚定信仰，所有的一切在明天是否都会化

为乌有呢？这种深深的不安和担忧让罗马人都患上了心病。他们担心从明天开始，无政府状态将会取代过去的和平与幸福，而饥饿、战争、破坏、抛弃耕地、没收财产、杀人越货、绑架诱拐等将会层出不穷，不是奴隶却被强制为奴，最后悲叹命运多舛，含恨而终。

帝国所有民众都清楚，只有卡利古拉康复才能拯救大家脱离苦海，除此之外都无济于事。

无论哪个城市，无论大街小巷，只要罗马的旅人经过，人们都争先询问卡利古拉的病情；当得知卡利古拉正在康复，人们就在街上欢唱起舞。因为卡利古拉痊愈，消除了民众对未来的忧虑和彷徨。

再没有任何史料能比这位犹太学者的记载更能显示罗马的帝王政治给人民带来的福祉。罗马帝国历经尤里乌斯·恺撒描绘蓝图，奥古斯都构筑框架，提比略奠定基础，直到卡利古拉继承帝位，才有今天稍具规模的罗马帝国。由于人们担忧卡利古拉之死将会宣告罗马帝国的终结，甚至连被统治阶层都为卡利古拉的康复祈福。卡利古拉在登基后的7个月内，在政治上毫无建树，由此可见举国上下祈求他早日康复，并不是出于民众对卡利古拉政绩的认同。卡利古拉彰显了罗马帝国政治的优越性。实际上从“政治上毫无建树”的结果来看，反而会更有效果。

在宣布要采取与提比略截然不同的统治方式之后，卡利古拉登上了罗马帝国的皇位。然而卡利古拉所谓的截然不同的统治方式，仅限于废除税赋、举办庆典、赞助活动之类收效显著的收买人心的较为花哨的活动。卡利古拉沿用提比略的方式，在普通民众不太关注的行省治理、边境防御等问题上没有做任何调整。此外，提比略发掘的人才依旧在行省和帝国防线兢兢业业地履行自己的职责，并没有受到首都罗马长达7个月庆典的影响，也没有做任何调动。借用历史学家蒙森的话，这些人才可谓都是“提比略的门生”。我能够想象得到，卡利古拉在与晚年的提比略共同生活的6年内肯定明白了人才的重要性。不论是总督还是军团长，没有任何权力比人事权更能让人真切地体会到手中权力的作用。如若手握人事权的官员一旦变动，那么他手下的人员也会一起调动。幸运的是，在卡利古拉短暂的4年统治期间，他几乎没有更改提比略当初定下的人事安排。联想卡利古拉喜欢夸耀权力的个性，这样的例子对于罗马帝国而言真是一件幸运的事。

公元37年秋的那场大病让卡利古拉性情大变，许多历史学家持这种观点。我却并不同意这种看法。大病之前，卡利古拉有所顾虑，很多事情想做却不能做。痊愈后他就不再顾忌，随心所欲，如此而已。

卡利古拉目睹了不受民众欢迎而深受孤寂之苦困扰的提比略晚年惨淡的景象，也许卡利古拉当时就在心里告诫自己：绝不品尝那种滋味，绝不要孤独终老。卡利古拉不满25岁就继承了提比略的帝位，他其实是个心思细腻、易受影响又容易伤感的人，还常被失眠所困。可是如今他拥有了权威和权力，掌握了一切，甚至受到被统治的其他民族的人民的敬爱。

拥有一切的人最为担心的是失去现有的一切，因此，卡利古拉与拒人于千里之外的提比略不同，他集中全力维持如今拥有的一切。或许是举国上下为了祈求他早日康复而焚烧牲礼形成的烟雾和气味，给了卡利古拉莫大的勇气来抛开曾经的重重顾虑。因为，他生病前有所顾虑并不是因为他不知道他的作为能否收拢人心，只不过是对社会舆论有所顾忌才缩手缩脚。然而，现在所有人都很明显地支持他。

作为罗马帝国最高当权者，卡利古拉康复后做的第一件事，就是下令除去养子葛梅鲁斯。在先皇提比略的遗嘱中葛梅鲁斯同样拥有皇位继承权。然而，在提比略驾崩还不到 8 个月之时，18 岁的下一任皇位继承人葛梅鲁斯就被 25 岁的皇帝卡利古拉下令处死了。与此同时，欢天喜地庆祝皇帝卡利古拉康复的民众，只能默认这件事情的发生。

神格化

从公元 37 年冬到公元 38 年初夏的 7 个月里，年轻的统治者正陶醉在权力的美妙之中。25 岁的卡利古拉观念里的“权力”，跟恺撒、奥古斯都、提比略认为的“权力”——罗马式权力不同，而是少年时期的同学兼好友的东方王子们教给他的东方式权力。

作为东方专制君主的后代，当他们有朝一日回归祖国登上王位，头上自然会有璀璨的王冠，被称为王，官员子民都得对他行礼跪拜。然而，对于他们能否回归祖国继承王位，卡利古拉有绝对的话语权，但他是“无冕之王”。只有士兵称他“皇帝”，普通民众只以“第一公民”称呼他，谁都没想过要对他行礼跪拜。东方历来实行君主专制，西方的历史和传统都与东方不同，奥古斯都正是基于这个考虑才创造了“无冕之王”这个“罗马特色的皇帝”。因为“无冕”，卡利古拉反而不明白它凌驾于“有冠”的国王之上，所以他对“王冠”的有无始终耿耿于怀。

卡利古拉认为这种差异是不合理的，他想到了一个消除差异的办法，就是成为比帝王更高的神，并且不是罗马多神教中的众神之一。在希腊和罗马的多神教中，众神之间划分等级，最高神是朱庇特（希腊称宙斯），其次是海神涅普顿（希腊称波塞冬），接着是天后朱诺（希腊称赫拉）、智慧女神密涅瓦（希腊称雅典娜）、美神维纳斯（希腊称阿弗洛狄忒）三女神，然后是战神马尔斯（希腊称阿瑞斯）和阿波罗两名男神，这些是一级神。死后被神格化的恺撒、奥古斯都，顶多晋升到下位神。由于自己身上流着神君奥古斯都的血，所以卡利古拉也认为自己是神，不过他不甘心屈居下位神。当然，他也不打算成为一神教的神明。卡利古拉是希腊、罗马文明的产儿，所以他希望自己能跟最高神朱庇特合二为一。

我们通常见到的希腊、罗马神像，都是裸露上身并且赤足的姿态。如果想要表现凡人神格化后的英姿，或者是过世后的塑像，不是赤脚、赤裸上身，就是像著名的《普里马·波尔塔的奥古斯都像》一样，身穿甲胄，双足赤裸。然而，卡利古拉是自己尚在人世就把自己神格化，并且还以下面这种形象出现在罗马人面前。

卡利古拉似乎模仿宙斯，把头发和胡须染成金色。当他须发金黄、赤裸上身、光脚走进元老院时，元老们吓得大惊失色。有时候，卡利古拉会以另一种装扮出现在公众面前：身穿短衣，外面披着缀满东方风情宝石的披风。他有时会手执象征宙斯的黄金闪电盾牌，也会模仿海神波塞冬手握三叉戟。今天，我们经常会看到当红歌手或者模仿他们的那些身穿奇装异服、打扮怪异的年轻人，对此我们早已司空见惯，并不会大惊小怪。当时不可能如此前卫，罗马领导者的形象历来要求稳健刚毅、老成持重。因此，卡利古拉这种打扮让元老们哑然失色，也让普通民众大吃一惊。元老们不禁心想：莫非是那场大病烧坏了卡利古拉的脑子？

刚开始并没有人批评他，甚至有些年轻人和民众觉得这样“很有趣”，为他鼓掌喝彩。在兴趣方面，卡利古拉和年轻人以及普通民众大同小异。

娱乐

角斗比赛和战车比赛在卡利古拉解禁的娱乐活动中最具代表性，而且这两项运动都能让罗马民众为之疯狂。

由奴隶出身的职业角斗士进行的比赛采用一对一的形式。据说这项比赛曾经是伊特鲁里亚人的体育项目，罗马征服伊特鲁里亚之后，自然引入了这项活动。对于这种经常出现不死不休局面的比赛，罗马人的态度可以分为三类：（一）因残酷而厌恶；（二）虽然残酷，但可以欣赏到角斗士的技艺；（三）因残酷而喜欢。当然，这无关个人好恶，只是单纯将娱乐作为掌控人心的手段。换言之，除了像恺撒和奥古斯都这种以此为收买人心的政策之外，提比略属于第一种，西塞罗、塞内加、小普林尼等知识分子属于第二种，罗马公民和卡利古拉则属于最后一种。

卡利古拉突然冒出这样一个念头，即把原本一对一的职业角斗比赛，改为职业角斗士与重刑犯的业余对抗。没有受过任何剑术训练的普通人加入这项比赛，场面自然更加残酷。卡利古拉赞助了这项比赛，民众非常欢迎，我们不难理解这种狂热。

提到战车比赛，这个项目并不是任何人都可以参加的，而是由选手驱使 4 匹马拉的豪华战车。参加这项比赛需要相当的经济实力，此外选手还应具备可以同时驾驭4匹马的高超技术。这么说来，古罗马的战车比赛和现代的F1方程式赛车有异曲同工之妙，因为参加战车比赛的不是富裕阶层、善于御马的人，就是职业队。

一支职业队通常由提供资金的所有者、管理战车和马匹的负责人以及驾车出赛的选手组成，一般分成绿、蓝、白、红四队。卡利古拉是绿队的狂热支持者，他经常出席比赛结束后在马厩里举行的庆功宴。要是绿队获胜的话，他有时会提供200万塞斯特斯作为嘉奖。卡利古拉身为皇帝却是狂热的战车比赛迷，这也是能引起罗马民众的共鸣之处。

如果自己拥有战车，我们难免会想亲自上阵，体验一下比赛的刺激。可是，卡利古拉毕竟不是提比略，没有提比略年轻时候参加四年一度的希腊奥林匹亚赛会的自信。因此，在后来兴建了基督教大本营——圣彼得大教堂——的地方（今梵蒂冈），卡利古拉建了一座可以驾着4匹马拉的战车自由驰骋的私人比赛场所。因为这里必须从市中心越过台伯河才能到达，所以兴建私人比赛场所时没有任何问题。

战车比赛的“角斗场”和体育比赛的“比赛场”很像，都是较长的椭圆形。只是，希腊式的体育场（长185米）以及边长固定的露天体育场，都没有大型角斗场长，即场地较小，不能同可以容纳15万人的大角斗场相提并论，仅卡利古拉的私人角斗场就有500米长，与圣彼得大教堂后方到圣彼得广场的距离相当。场地中央是否有带状区域，是圆形角斗场和露天体育场的第二个区别。战车要围着带状区域绕好几圈，所以圆形角斗场要保留中间地带。

公元前30年，奥古斯都大败埃及女王克娄巴特拉，征服埃及，他曾从埃及运回方尖碑，摆在大角斗场的正中间。卡利古拉也建了一座私人使用的圆形角斗场，然而，他认为中央带状区域也必须摆放方

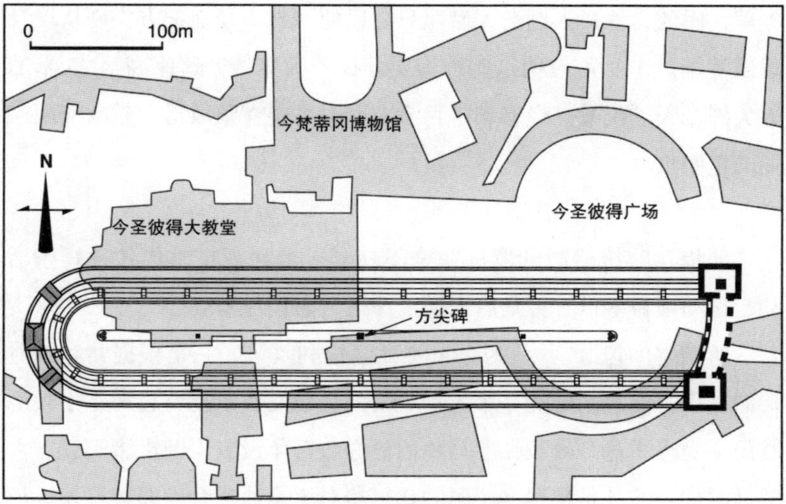

卡利古拉的角斗场

战车比赛（电影《宾虚》场景）

尖碑，因此，他命人制造大型船只，以便原封不动地把方尖碑从埃及运回罗马。卡利古拉的这些行为要花掉一大笔钱。这座高达 25 米的方尖碑今天的位置已经移动了百米左右，矗立在圣彼得大教堂前面广场的正中央。

同提比略统治时的罗马完全不一样，卡利古拉时代各种娱乐活动、运动项目盛行，可是后来被批评为“面包与马戏”。

所谓“面包”，我认为是一种社会福利政策，它是根据共和制时代的《小麦法》制定的一个主食小麦的免费发放系统，目的在于救济贫民。受惠于这个政策，罗马境内已经数百年没有人因饥饿而死。古罗马时代，尤其是在罗马帝国时代，绝对不是通过舍弃弱势群体进行统治的。

因此，拉丁语“circus”（场地）也被英语引用，读作“色克斯”。如果，今天我们要在意大利全面废除足球比赛，不论政府多么为民众着想，也不管政绩如何优异，我们都可以断言这会遭到强烈反对。究根探底在于皇帝是否应该赞助此类活动，然而在标榜平民主义的帝国政权下，举办这些活动都是为了满足人民的需求。最好的例证就是提比略，他从不理会民众的需求，如果他参加总统选举，十有八九会落选。因此，不论“面包”还是“马戏”，问题在于国家财政是否能够支撑得起这些活动。

卡利古拉统治早期还有提比略留下的资金盈余可以应付，所以这个问题没有愈演愈烈，实在是万幸。正因如此，罗马人只需尽情享受卡利古拉为他们提供的娱乐就可以了。对卡利古拉的所作所为，心满意足的人们自然全部认同。

“奥古斯塔”这个殊荣只有奥古斯都的遗孀利维娅有幸获得，卡利古拉决定把它授予刚过世的祖母小安东尼娅这个尊称，元老院同意了。卡利古拉年少时母亲被流放，是祖母把他抚养长大，他这么做可能是为了报答祖母的养育之恩。安东尼娅是马克·安东尼的女儿，他曾和埃及女王克娄巴特拉联合向罗马宣战。后来，奥古斯都打败安东尼成为最高统治者，他没有把安东尼娅看作仇敌之女，而是把她当作亲外甥女，视同家人一样对待。女性的“奥古斯塔”相当于男性的“奥古斯都”。给予家人一样的待遇跟授予“奥古斯塔”的尊称，完全是两码事。如果是奥古斯都，他不会做到如此地步；提比略也绝对不会这么做。因为，这种事并不是私人感情，想给就给，不必顾虑，兹事体大。如果我们把“奥古斯都”译为“皇帝”，那么“奥古斯塔”就是“皇后”的意思。

不管何事都应该有分寸，但卡利古拉才不管什么分寸不分寸。

虽然叛国罪的控诉状可以烧毁，但是，卡利古拉没有替死于流放之地的母亲阿格里皮娜平反，因为元老院做出的有罪判决无法改变，他不得不把死于非命的母亲和两个兄长的骨灰葬在奥古斯都陵园里。

除兄长之外，25 岁的卡利古拉还有 3 个妹妹，分别是 22 岁的小阿格里皮娜、20 岁的杜路希拉与 19 岁的尤利娅·利维娅，提比略在晚年安排卡利古拉的 3 个妹妹和名门之后结成连理。卡利古拉继位时的誓言里，把 3 个妹妹的名字放在自己名字后面。依照罗马传统，妇女没有公开的社会地位，就连长年陪伴奥古斯都的利维娅，都是在他的遗言中获得“奥古斯塔”的尊称的。卡利古拉打破了这个传统。以往，不论她们的家属身份跟最高权力者多么亲密，能发挥多大的权力，毕竟女人只能活跃于家族之内。而今，卡利古拉让女人也能享受公开的社会地位。通常，性格乖僻的人大多胆小，这类人往往选择笼络明显支持自己的人，形成自己的圈子，而不是在陌生人中寻找盟友。这一类人还有个特征，他们的盟友往往都是血亲。放在卡利古拉身上，他厚待妹妹们，对自己的妻妾反而非常冷淡。

从21岁到27岁的6年中，卡利古拉有过4次婚姻，其中有一位妻子去世，两位离婚，他28岁驾崩时陪葬的是第四任妻子卡耶索妮雅。卡利古拉一生中随处可见母亲和妹妹的影子，妻子的踪迹却难以找到。

通常情况下，货币上雕刻的都是皇帝的头像，然而卡利古拉赐予3个妹妹这项殊荣，她们可说是罗马的“第一夫人”，地位高于卡利古拉的妻子。这3个女性的性格各不相同，从下面可见一斑：

小阿格里皮娜争强好胜，貌美聪慧，野心勃勃；杜路希拉古典气息浓郁，性格温柔，多愁善感；尤利娅·利维娅敦厚朴实，却不起眼。三姐妹中，杜路希拉深受年长5岁的哥哥宠爱。

哥哥深爱妹妹，这有违伦常，并不被世人接受。然而卡利古拉认为自己就是神，在神明的世界里这种事无伤大雅。因为，在被视为神的埃及王室，像克娄巴特拉嫁给自己的弟弟那样，姐弟、兄妹通婚是非常普遍的现象。

公元38年初夏，杜路希拉离世，芳龄21岁。无论是谁，在如此风华正茂之年去世实在令人惋惜。对卡利古拉而言，这更是个沉重的打击。在得知这个噩耗之后，卡利古拉抛开一切策马离开首都，身边只有少数几名护卫，他甚至没有出席妹妹的葬礼。我们并不清楚他当时为什么会去西西里，或许他精神恍惚，索性信马由缰，不知不觉中一路南行，等他清醒过来后已经到了西西里。卡利古拉第一次见到墨西拿海峡，以及漂浮在海面上的西西里岛，这似乎有助于他恢复冷静。然而，卡利古拉只是恢复冷静而已，杜路希拉之死并没有让他有丝毫的改变。他返回罗马后的第一件事，就是把杜路希拉神格化。在罗马历史上，死后封神的只有恺撒和奥古斯都两人，而今，卡利古拉的这位21岁的年轻的妹妹也被封神。

现在很难找到关于罗马民众对卡利古拉评价的历史资料，因为就连塔西佗的《编年史》一书，唯独关于卡利古拉一卷的内容在中世纪完全散失。如果我们从其他历史学家的记录中选取比较可靠的部分来看，普通民众的态度几乎没有任何变化。卡利古拉非常担心失去民心，所以他不改初衷，依然赞助角斗比赛和战车比赛等娱乐项目，还强迫其他有权有势的人士举办这类活动。

另外，卡利古拉非常清楚，公共事业建设，即今天的基础设施建设，与提供娱乐活动一样，可以获得民众的支持。

卡利古拉曾说过，现在罗马已有7条引水渠供水，今后将在此基础上建设新的引水渠。随着居住人口的不断增加，罗马成为“世界之都”已达半个世纪之久，而供应丰沛的饮用水，也是防止疾病发生的有效政策之一。然而，这条引水渠与现有的引水渠相比，实在是一项体量浩大的土木工程。因为，水源的源头距离罗马70公里，其中10公里以上的长度要架设高架引水渠。公元38年，工程开工，直到公元52年才完工，时值克劳狄乌斯统治时期，这条渠道被命名为“克劳狄乌斯水道”。此外，另外一条引水渠叫“阿尼奥·诺维斯”，也是由卡利古拉破土开工建设的。这样一来，加上原有的7条引水渠，罗马共建成引水渠9条，相当于每天可以为每一个罗马居民提供900升水。值得一提的是，2 000年后的今天，罗马居民的供水量只有当时的一半，甚至缩减到三分之一。

当然，卡利古拉心里也非常明白，确保粮食安全是获得民众支持的重要因素，但罗马帝国本土已经很久没有实施粮食自给自足的方针。提比略任命的“水利局局长”堪当大任，此外，他任命的“粮食局局长”也十分给力，所以从来没有人抱怨小麦不足或售价提高。然而，卡利古拉想要有所作为，所以把他前往西西里时的想法付诸实践。小麦从产地埃及运回罗马时必须经过墨西拿海峡，卡利古拉打算沿海峡修建海港。墨西拿海峡横亘在意大利半岛与西西里岛之间，波涛汹涌，海浪湍急，是公认的难关。因此，建设这项工程的目的，就是即使遭遇狂风暴雨，满载小麦的船只也能够轻松避难。

对于这种以完善基础建设为目的的公共事业，普通民众好评如潮，欢迎之至。因为，罗马人了解基础建设的重要性，它能创造新的就业机会，刺激经济发展。然而，基础建设通常工期都比较长，皇帝只在破土动工和竣工之际出席视察，平时建造者都是默默无闻地埋头施工。换言之，这种工程缺乏话题性，没有轰动效应。卡利古拉对此颇有微词。

当时是公元 38 年 10 月，首都发生火灾，史书中没有明确说明火灾发生的具体位置。古罗马建筑的墙壁和柱子都是使用石材，因而不太容易引发火灾。然而为了减轻天花板和屋顶的重量，这两处一般都用木料，这也是罗马建筑的最大弱点。

得知火灾的消息后，卡利古拉自然当仁不让地指挥灭火，毕竟他才 26 岁，年轻力壮，精力充沛。

另外，卡利古拉以这次火灾为契机，下令火灾造成的损失全部由国家负担。此举当然令民众欢欣鼓舞，不过这也是日后导致国家财政崩溃的原因之一。总而言之，卡利古拉收买民心的政策无一例外都有一个特点，即希望做些开创性的举动，让罗马民众有新的感受。

以那不勒斯为起点，向东可达庞贝，往西则是绵延的海岸线，其中波佐利到军港米塞诺随处可见罗马上流社会的度假别墅。此地气候温暖宜人，温泉喷涌，风景秀丽迷人，在这样一个让人流连忘返的地方拥有自己的别墅，人们认为这是上流社会身份的象征。波佐利是一个商业港口，附近生机勃勃。与之隔海相望的是拜亚，那里满是优雅时尚的高级别墅。卡利古拉放出豪言，他要策马走过连接波佐利和拜亚的海上通道。

两地按照今天的算法相隔 4.5 公里。卡利古拉命人把征调的大量船只停放在海面上排成一线，以桅杆为中心在左右铺上木板，然后在木板上铺上厚土，变成一条平坦的大道。

在看到皇帝的布告后，波佐利和拜亚盛况空前，民众围得水泄不通，载满乘客的小船覆盖了周围的海面。

卡利古拉就在这条由船只连接而成的通途上来回往返。踏海而过时，卡利古拉一副罗马士兵装扮，他头戴以鲜绿色橡树枝编制的“公民冠”，身披用金线刺绣的披风，左手持骑兵圆形小盾，右手御马。其中，“公民冠”以受实现“罗马统治下的和平”的奥古斯都喜爱而广为人知，同时也是军人在战场上挽救战友时获得的最高荣誉。

卡利古拉返回时的演出更是叫人叹为观止。他身穿从埃及取来的亚历山大大帝的黄金铠甲，舍骑马而坐两匹战马拉的战车。亚历山大大帝曾经征服波斯，当时在罗马为人质的帕提亚王子是波斯国王大流士的后代，因此卡利古拉让帕提亚王子乘坐另一辆战车走在前面，他自己假扮成亚历山大大帝紧随其后。当然，无论去程还是归程，火红披风迎风飘扬，马上英姿飒爽的卡利古拉的年轻玩伴，以及一支近卫军骑兵一直跟随卡利古拉，踏浪前进。面对此情此景，观众报以热烈的欢呼声。然而，表演结束后，除了成为人们茶余饭后的谈资，什么

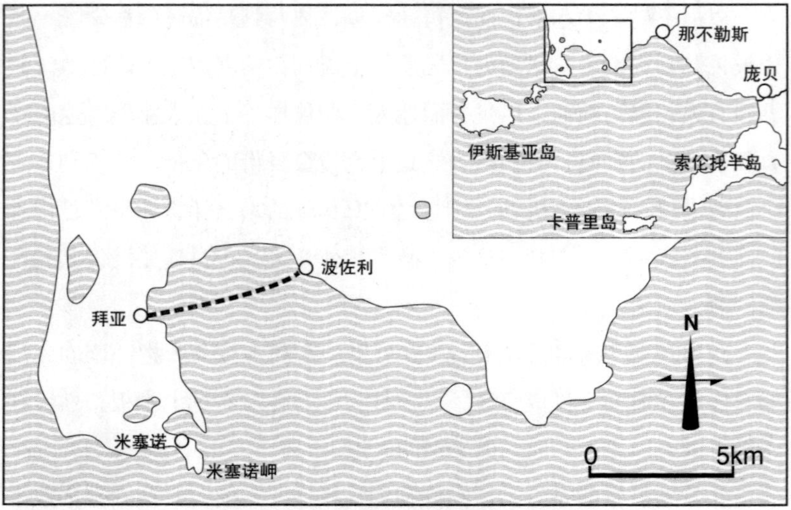

卡利古拉的“海上通道”

都没有留下，如肥皂泡一般转瞬即逝。无论是亲眼所见，还是道听途说，人们都赞誉有加，似乎感叹皇帝的年轻力壮和帝国的繁荣昌盛像绚丽烟花一般，这个话题持续了很长时间。这正是卡利古拉的目的，即使花费不赀，也要完全达到他想要的效果。

卡利古拉一直有这样的想法，想要彰显自己没有皇冠却凌驾于头戴王冠的诸王之上，希望自己永远是人们关注的焦点。卡利古拉所做的史无前例的事情远不止于上面的例子。

罗马时代的史学家们有这样的记载：船只一般有三层桨，卡利古拉却要求建造十层桨的大船。用精美绚烂的绢做帆，绢上有花纹，颜色会随阳光而产生变化。船上备有浴室、客厅和卧室，甲板上建了回

卡利古拉

廊。树木葱翠欲滴，果实缀满枝头，人们置身其间，尽情享受丰盛的佳肴。

距卡利古拉时代 1 400 年的意大利文艺复兴时期，被称为旷世奇才的莱奥纳多·达·芬奇的前辈阿尔贝蒂·利昂纳·巴蒂斯塔想要探究中世纪传说的真相，他就到从罗马出发，沿阿庇亚大道南下 30 公里左右的内米湖，即罗马沉船的地方寻找蛛丝马迹。然而，当时受潜水条件限制，没有成功。18 世纪，也有人尝试过，但是最终也以失败收场。直到 20 世纪，对古罗马时期如痴如狂的墨索里尼再三催促，再次进行大规模的探测。此时已经是考古学的全盛时期，虽然经过了 1 900 年，最终从干涸的湖底发掘出两艘古船。船底都极为平坦，充分表明这船是为了漂浮在水面上，而非用于航行。两艘船一艘长 67 米，宽 20 米，另一艘比较大，长 71 米，宽 21 米。当时的人们在船上发现了很多用来铺设地面的颜色各异的大理石、马赛克与雕塑，此外还有大量用青铜制造的航行设备与烹饪工具。

为此，意大利的法西斯政府兴建了一座博物馆用来收藏这些古物。在第二次世界大战的战火中，这些船体非常不幸地被毁坏了，遗留至今的只有幸免于难的大理石、马赛克与青铜制品。

目前，没有史料可以证明是卡利古拉下令打造了这两艘船。但在卡利古拉前后，罗马历史上不乏锐意进取的帝王，他们敢于打破陈规，做出史无前例的举动，不过绝大部分建设都是为了满足公共用途。然而，卡利古拉最擅长的就是公器私用，他一时心血来潮修建的私人建筑只会让人觉得浪费。

2 000 年后的今天，郁郁葱葱的树木倒映在内米湖上，一派恬淡宁静。类似别墅的豪华游艇在这小而安静的湖面上漂浮、荡漾，在这样的游艇上举办宴会，应该是一种极致的享受。卡利古拉是如何产生如此绝妙想法的呢？台伯河流经罗马市区，当时河中的岛屿就已经建造成船只的模样，可能就是这些岛屿带给他灵感。或许，幼年时候随父亲日耳曼尼库斯游览埃及时体验过的尼罗河上豪华的巡游船——埃及女王克娄巴特拉的遗产之一，也是他灵感的源泉吧。

根据船只被焚毁以前的研究，我们知道，这两艘在内米湖中发掘出的罗马船，既不是被烧毁，也不是船坏了才沉没的，而是被故意沉到湖底的。卡利古拉遇刺后不久，所有与他有关的一切都被遗弃，而豪华游艇可能就是那时被沉到湖底的。当然，也没有任何史料表明，卡利古拉之后的皇帝把这些船作享乐之用。

筹款

还不到三年的时间，卡利古拉就把皇帝的个人财产以及国库中的库存挥霍殆尽。由于卡利古拉赞助各种娱乐活动，提比略当初留下来的 2.7 亿塞斯特斯早就被挥霍一空。随后，他虽然绞尽脑汁筹措资金填补财政漏洞，然而在他的统治即将迈入第三年时，已经黔驴技穷。但卡利古拉依然旧习难改。

首先，就浪费这点来说，不论哪种形式的浪费都只会愈演愈烈。其次，普通民众已经对卡利古拉一掷千金的做法习以为常。卡利古拉本人也担心“财尽缘断”，所以，筹款是 26 岁的卡利古拉最关心的事情。他非常清楚，对普通民众一掷千金是必不可少的，因为他自己最稳固的支持者是普通民众，而非元老院。

不能减少支出，但又要尽快摆脱财政危机，那么只有增加财源收入这个办法了。

如果用一个词来形容罗马帝国的经济实力，那就是“繁荣”。这是因为太平盛世长达 70 年之久，基础设施在此期间覆盖帝国全境，以及实行从共和国时期流传下来的传统——各民族、各城市高度自治的统治方式。如果有统计数据或图表，经济实力一定是呈增长趋势。

如果仅仅依靠自然增收来促进税收，那么税收也会逐渐增加。营业税最能直接反映经济增长情况，当时的税率很低，虽然只有 1%，但是卡利古拉也废除了这项税收。

不论卡利古拉再怎么爱花钱，他也不敢把行省税提高到 10%。毕竟，统治者可以对被统治的行省人民征税，然而一旦提高税率，他们必定立即起来反抗。无论封建专制的君主国，还是承认其自治的“自治城市”，直接税率只有 10%。虽然在古代没有明文规定，但这是常识。此外，万一发生暴动，就必须出兵镇压，最终只会增加财政负担。

一边维持松散的财政，一边又要迅速健全财政制度，当人们面临这种难题时，绞尽脑汁后一般都会采取权宜之计，暂时纵容。于是，只有卡利古拉一贫如洗，其他人依然富裕，即使不富有也不至于贫困交加。即使这样，卡利古拉也没有苛待真正的贫苦人民，他继续实行免费发放小麦给穷人的救济政策。

我们看看卡利古拉的筹款措施，没有穷途末路的感觉，反而让人苦笑连连。在这方面，卡利古拉可谓创意无限。

从没有生命的家具、珠宝饰品，到活生生的仆从奴隶，卡利古拉把皇帝家中的这些东西都拿来拍卖。可是，他没有在首都罗马拍卖，而是把地点安排在相当于高卢行省的首府里昂。如果有人问在里昂拍卖的原因，我想理由大致有三：

第一，如果在罗马拍卖，实在有失皇室体统。

第二，卡利古拉希望尽可能地把卖价提高。如果按实际价格卖，家具、珠宝饰品、奴隶根本赚不了钱。奥古斯都、提比略，甚至卡利古拉，或者皇族女性，他们都是罗马上流社会人士，这毋庸置疑，然而他们拥有的奢侈品并不比那些靠贩卖奴隶发家的暴发户多。因此，如果想卖高价，只能拍卖奥古斯都用过的床，或者利维娅用过的珠宝饰品，甚至从出生开始就为皇室服务的奴隶。按今天的说法，就是充分利用附加值。

我们可以预测，首都的民众对皇帝一家已经非常熟悉，遥远的行省人民则不然，他们因此而对皇族更加心怀敬意，更加憧憬。卡利古拉会如何选择，答案显而易见。

第三，不管行省人民对皇族如何尊敬，如何憧憬，没钱的人想买也买不起。因而卡利古拉的出售对象是有雄厚经济实力的富人。毕竟专程从罗马穿越阿尔卑斯山运到里昂，运费就要花不少钱，这样一来售价自然昂贵。据说，得知这个消息，高卢各地都有很多人前来参加拍卖，这说明能够以高价买下有附加值物品的，大有人在。这也从一个侧面证明了，把行省算在内，帝国的经济实力的确在增长。

当富裕的行省人民躺在奥古斯都用过的床上时，他们在想些什么呢？无论如何，要解决迫在眉睫的资金不足问题，卡利古拉靠这种方式根本就是杯水车薪。

行省人民原来的税率是收入的 10%，卡利古拉虽然不打算提高这项税率，但他也彻底放弃了减轻行省人民税收的可能性。换言之，实际上卡利古拉不允许行省人民获得罗马公民权。因为行省人民一旦成为罗马公民，他们就没必要缴纳行省税。

此外，卡利古拉还规定，拥有罗马公民权的行省人民只能将公民权传给他的儿子。在恺撒和奥古斯都时代，行省人民只要获得罗马公民权，对其亲戚家族同样适用，并且承认这是一项可让子孙后代沿用的世袭权利。因为公民权只能传给直系男孩，行省出生的罗马公民愤愤不平，他们出示恺撒或者奥古斯都赋予他们的“Diplōma”（特权书）以示抗议。然而，卡利古拉以证书过期无效为由，拒不承认。

卡利古拉明白，确保罗马军队的兵源远比增加行省的税收更重要，所以他允许直系男孩继承罗马公民权。行省人民以“辅助兵”的身份服役满 25 年就可以获得罗马公民权，那么他的儿子自然也具有罗马公民权，具有罗马公民权的人就有资格参加“志愿兵”。罗马坚持实行志愿兵制，以此确保兵源，卡利古拉也不能视而不见。

卡利古拉的窘迫境况依然没有改善，这自然要归咎于他没有减少支出。于是，卡利古拉想到了增加新的税种。可是，税制的基本体系由神君奥古斯都设置，不能随意更改，他只能略做改动。

在罗马的民事诉讼规定中，审判开始必须向国库缴纳诉讼金额的2.5%。另外，如果在审判过程中撤销起诉，就免除缴纳诉讼费的义务。然而，卡利古拉对这个规定略做调整，无论审判情形如何，都要缴费。

此外，卡利古拉还规定，对罗马市内销售的燃料也要收税，但史料没有明确说明税率多少。

甚至色情行业和妓女，他也规定要纳税，税率方面同样不可考。至于搬运工，据说税率是每天收入的八分之一。

历史学家苏维托尼乌斯把卡利古拉筹款的种种窘相生动有趣地加以列举，只是绝大部分内容是当时不太可靠的夸大言辞，直到百年之后，苏维托尼乌斯才把这些片段加以整理编纂。虽然大部分内容不太可信，然而据说卡利古拉连遗书都涉及了这些方面。如果考虑罗马的实际情况，这其实是个出乎意料又非常有效的办法。

罗马人在指定遗产继承人时，通常指定由平日敬重有加之人继承。于是，先皇奥古斯都对六等亲以内的亲属免征遗产税。然而，卡利古拉认为这是一项可以征收的税金，居然强制罗马人在遗产继承人中加上他的名字。除了现金之外，卡利古拉可继承的遗产，从房屋等不动产到奴隶、角斗士等“活资产”都包括在内。卡利古拉一旦继承遗产，他可没有忘记要把这些东西变成现金，自然是立刻拿去拍卖换钱。根据奥古斯都的法令，六等亲以外的人继承遗产必须缴纳5%的遗产税，当然也无从考证卡利古拉缴没缴这笔税。

然而，这里面有别的问题。只有拥有罗马公民权的人，才是奥古斯都遗产税的征税对象。卡利古拉调整后的结果，等于把手伸向罗马公民的钱包。

征收燃料税，向搬运工收税，甚至对色情行业征税，是因为从事这些行业的人绝大多数没有公民权，人们认为这是对被统治阶层收税，身为统治阶层的罗马公民权所有人自然不会表示异议。然而，插手遗产继承税，就对身为统治阶层的罗马人造成了直接的冲击。

作为一个法治民族，罗马人非常尊重私有财产，不论贫贱，即使是一张床，他们也会清楚地列在遗产中。因此，人们认为卡利古拉侵犯了他们的私有财产权。此外，卡利古拉还忘记了更重要的事。

只要不触犯自己的利益，不管国家还是私人提供的马戏团或者娱乐活动，人们都欣然接受，也不吝啬表示他们对活动赞助者的支持。如果他们认为侵犯了自己的利益，会立刻翻脸，曾经的支持顷刻间作鸟兽散。然而，卡利古拉没有考虑到这种现实。刚继位时民众对卡利古拉的狂热追捧日益降温，卡利古拉对此无法忍受。

前往高卢

公元 39 年秋，卡利古拉登基两年半之后，时年 27 岁的他突然前往高卢，从此时到公元 40 年夏返回首都，其间 7 个月的时间，当时的史学家大致记录了卡利古拉这段时间的所作所为。可是，对于卡利古拉这么做的原因，也许他们不太关心，并没有记录在册，而后世的研究者只能依靠推测。研究者认为，卡利古拉已经拥有了一切，而他唯一缺乏的只有军事上的荣誉，也许这正是他梦寐以求的东西。在我看来，应该是这样的。通常，人们想要有所作为都是为了弥补自己的不足。卡利古拉不喜欢被称作罗马公民的“第一公民”，他想要的“凯旋将军”称号则是士兵对胜利的军团长的尊称。恺撒自不用说，奥古斯都与提比略都曾被称为“凯旋将军”，只有卡利古拉不是。如果卡利古拉想要成为名副其实的“皇帝”，那么在甫登基之初，去博取战功的概率应该非常之高，因为那时人们对卡利古拉非常狂热。遗憾的是，卡利古拉那段时间是在不分昼夜的庆典中度过的。在我看来，登基两年半的卡利古拉，除了想要军事上的荣誉之外，他最缺的仍然是“钱”。

当时，罗马军力强盛，拥有 15 万人的主力军团，以及与主力军团人数差不多的辅助兵。即使是位于东方国力强盛的帕提亚，如与这样的罗马军队为敌，纵然小规模的、零星的战斗能够取胜，大规模的战争必败无疑。卡利古拉身为军队最高统帅，有权决定如何使用这支力量。

然而，在奥古斯都的策略中，总计 30 万人的军事力量是维护“罗马统治下的和平”必不可少的防御力量，他为此留下禁止扩大帝国疆域的遗嘱，因此，罗马人都相信卡利古拉不可能违背这条遗嘱。

所谓的防御，仅靠击退犯边之敌无法维持边境稳定，必须将来袭的敌人击退，然后乘胜追击，深入敌人腹地，直捣黄龙，再胜利回营，重新构筑防御体系，否则，就不能算是做好了“防御”工作。

在奥古斯都时代，延伸至莱茵河西岸的罗马军团基地只是单纯的冬营地，提比略将之改为帝国防御体系基础的常驻基地。这么做并不是要让莱茵河以东的日耳曼民族认为罗马军不会越河侵犯。相反，这是提比略对日耳曼民族的宣言，如若轻举妄动，妄图侵犯莱茵河以西，即使越过莱茵河，罗马军团也会不辞辛苦地还以颜色。因为，在提比略决定从日耳曼撤退之后的 20 多年里，即使军事行动有所收敛，罗马军队仍然经常越过莱茵河，攻击日耳曼人。

此外，关于以莱茵河为帝国防线一事，卡利古拉时代其实也没有形成一致战略。奥古斯都直至临终前都在幻想称霸延伸至易北河的日耳曼，虽然他在遗嘱中禁止扩大帝国版图，然而没有说清楚帝国疆界是易北河，还是莱茵河。因此，就连出生于卡利古拉时代 10 年后的历史学家塔西佗都深信，如果把征服延伸至易北河的日耳曼地区的霸业交给日耳曼尼库斯，奥古斯都的梦想早该实现了。然而由于提比略嫉妒日耳曼尼库斯军功显赫，最终使得这件事情前功尽弃。日耳曼尼库斯此名意为“日耳曼征服者”，是嘉奖给日耳曼尼库斯的称号，而卡利古拉就是他的儿子。公元 39 年，当时的卡利古拉打算征服日耳曼并非匪夷所思。如果能够子承父业，完成父亲遗愿，没有任何军功可以与之相提并论。再者，把日耳曼变成行省后要征收行省税，收缴战利品，这些肯定可以一次性解决卡利古拉国库入不敷出的问题。

卡利古拉到达高卢之后，在里昂略做停留，就急忙赶往莱茵河前线。然而，不清楚是发生了什么事，还是他虚心听取了提比略任命后一直没有调动的军团长的忠告，他最终没有对日耳曼发动进攻就返回首都了，尽管他有权调动 8 个军团和辅助部队共计近 10 万人的兵力，首都百姓也肯定会鼎力支持。不过，他还是会进行小规模的军事行动。今天，我们经常在敌人面前举行大规模军事演习，早在公元 39 年 10 月，卡利古拉就进行了类似的军事活动。军队最高统帅卡利古拉在漫山遍野的士兵面前发表演说，最后他说：“希望各位养精蓄锐，把力量和士气留待与敌军交手之时。”

卡利古拉不得不放弃进攻日耳曼，接着他把视线转向不列颠。自从尤里乌斯·恺撒进攻不列颠之后，此事过了百年再也无人问津。因为即使搁置不管也不会对罗马产生威胁，所以罗马没有理会。奥古斯都和提比略认为，只要多佛尔海峡附近，即高卢附近（今肯特地区）的各个部族能与罗马保持友好关系就可以高枕无忧了。

实际上，卡利古拉想要进攻不列颠是有原因的。有几名不列颠人在部族领导权的斗争中失败后逃往高卢，请求罗马派兵干预。然而，这并不符合罗马“以眼还眼，以牙还牙”的传统作战理念。说明白点，卡利古拉进攻不列颠，只是他毫无根据的心血来潮而已。

即使是卡利古拉头脑发热，要付诸实践依然有诸多障碍。首先面临的问题就是，进攻的兵力从何而来？距离高卢最近的只有驻守里昂的 1 000 名士兵。前线必须有人防守，如果从莱茵河抽调军队，8 个军团最多只能调动 2 个。伊比利亚半岛有 3 个军团，但最多只能抽调 1 个。卡利古拉不得不决定征集相当于 2 个军团人数的志愿者加入军队。当然，这笔军费又让卡利古拉更加头疼。

按照罗马军队备战习惯，首先得将确定的因素先确定下来，也即备齐兵力、武器、军粮等，至于精神、士气等不确定因素，那是后话。罗马军历来号称是以后勤补给获胜，确保补给线自然是军团长的首要任务。换言之，开战需要庞大的军费支撑，军团长首先面临这个问题。因为对获胜后的战利品和行省化后的行省税垂涎不已，卡利古拉才意图染指不列颠，可是一想到军费问题，他不得不放弃。导致国库空虚的主因，一直实行松散财政政策的卡利古拉难辞其咎。

也许卡利古拉不甘心就此罢休，他决定在多佛尔海峡进行军事演习，向不列颠展示实力。历史学家苏维托尼乌斯这样描述了当时的情形：卡利古拉命令士兵捡拾散落在沙滩上的贝壳。然而我认为，这不是卡利古拉的命令，肯定是为了阅兵式而被带到高卢北部边远地区的士兵备感无聊，才只好捡贝壳。实际上，卡利古拉只是检阅了沙滩上的军队，以及命人在海角前端设置灯塔罢了。

公元 40 年 5 月末，卡利古拉历时两个月之后，又回到了罗马，可是他没有回到被称为“顺城圣区”的市中心。罗马自古的风俗是凯旋将军在凯旋仪式之前不可进入市中心，卡利古拉遵循古制，在 8 月 31 日将为他举行凯旋仪式前暂住郊外。然而，这次仪式并不是驾驭 4 匹白马拉的战车，而是被称为“简化的凯旋仪式”的骑马凯旋礼。对卡利古拉的要求元老院向来是照单全收，而这次他仅仅做了军事演习和阅兵典礼，允许他用正式的凯旋仪式实在勉强。然而，卡利古拉似乎心满意足，仪式虽然很简单，但他故意把典礼安排在他 28 岁生日当天。因为这样一来，即使是简化的凯旋仪式，他仍然可以听到前来参加仪式的士兵称呼他“皇帝陛下”。由于长达 7 个月的行省巡视让原本就捉襟见肘的国库更是雪上加霜，所以这一切结束之后，卡利古拉就集中精力，使出浑身解数解决国库空虚的问题。

先对有钱人动手就是卡利古拉所谓的尽快筹款的办法。而元老院阶级正是卡利古拉指的有钱人，要让他们心甘情愿地拿出钱，“叛国罪”刚好派上用场。元老院原本满心以为“恐怖时代”应该随着提比略的驾崩而宣告结束，没想到这种恐怖卷土重来。以阴谋刺杀卡利古拉为借口，他的两个妹妹被流放，离世的妹妹杜路希拉的前夫雷必达和高地日耳曼军团长官格图里克斯被迫自裁。卡利古拉与元老院的关系从登基后的狂热欢迎逐渐冷却，原本还维持表面的协调，经此一事，已经彻底翻脸。卡利古拉对有钱人阶层“痛下杀手”，原本与此毫无关系的罗马人应该会觉得大快人心，然而，如今甚至连他们都开始同情元老院阶级了。因为获得的太多，人们就会感到厌烦。对于卡利古拉，罗马人已经开始生厌了。

筹款迟迟没有进展，另外，卡利古拉也许察觉到民众正在从对他的狂热中清醒过来，于是他打算去帝国东方视察，借此避开这种尴尬的局面。东方地区以富饶闻名，相较西方而言，东方的子民更欢迎日耳曼尼库斯之子继位。或许卡利古拉还认为东方地区更容易筹款吧。

然而，让卡利古拉如临大敌的问题终于浮现在他的面前。说实话，这也是他自食其果。

罗马人与犹太人

近现代的研究者大多从犹太人的角度出发来分析古罗马人与犹太人之间的关系，用一句话概括就是，他们之间的关系就是一部崇尚自由的犹太人顽强反抗罗马人的历史。然而，如若这个假设成立，那么是否犹太人以外的其他民族就没有反抗罗马的统治呢？我们有必要弄清楚这个问题。希腊人、高卢人、西班牙人、不列颠人，以及东方地区各民族，他们也进行了抗争，只是没有顽抗到底。那么，犹太人为何抗争不止呢？这个假设是否成立，必须找到答案。

难道是前者追求自由的意识淡薄，后者追求自由的意识强烈？抑或是罗马人与前几个民族对“自由”的定义与犹太人对“自由”的定义不同？

诚如出生于罗马元首制时代的希腊人普鲁塔克所言：罗马人有着"同化败者"的统治精神。犹太人是败者，但他们拒绝与罗马人同化，不只是罗马人，他们也拒绝与其他民族同化，原因何在？

原因在于这个民族的宗教——犹太教，禁止他们如此行事。"摩西十诫"等同犹太人的宪法，不可违背，"十诫"第一条就开宗明义地指出："我之外，尔等不得尊他物为神。"既然是一神教，这位神肯定心胸狭隘，因为他不承认犹太教之神以外的神明。为了在多神教支配的时代坚定立场，虽处弱势也对自己的宗教深信不疑，那么相信本民族与其他民族不同，相信自己是上帝选中的子民，这种选民思想成为他们唯一的精神支柱也是理所当然的事。当犹太人被困巴比伦、埃及，不得不委身为奴、凄惨度日之时，这种选民思想以及期待救世主出现的想法就是他们的精神食粮。犹太人重返巴勒斯坦后，这个信念依然没有改变。在这一点上，古犹太人仅次于希腊人，有着非常明显的孤立倾向。一般而言，稍具规模的城市一定有犹太人聚居区，即使身处同一个城市，他们也不会和其他居民融合。并不是犹太人不与其他民族交流，毕竟住在城市的犹太人大多从事金融业和商业，这方面的交流比较频繁，他们本身也有长才。除此之外，即融合或同化，他们毫无兴趣。因为其他民族有不同的神明，承认了异民族的神就变成多神教信徒，这与犹太人信仰的一神教完全不能共存。然而，亚历山大大帝以后的东方统治者希腊人，以及之后的罗马人都是多神教民族，其特点就是承认其他民族的神明。

犹太人在多神教盛行的古代只能算是异类，如果他们只是偏居一隅，不与外界往来的话，在穷乡僻壤的山间牧羊度日，当然不会对社会产生太大影响。然而，由于财富都集中在城市里，所以他们极度渴望住在城里。

此外，关于法律，罗马人和犹太人的定义也有区别。

“法律”对于犹太人而言正如“摩西十诫”，是神明赐予人类并要求人类遵守的东西。实际上，很可能是摩西把这些条款在隐蔽处偷偷刻在石片上，当他向众人展示时，如果不说这是神谕必须遵守的话，人们都不相信，也无法接受。可是，既然说了是神明的旨意，那么人就不得随意更改，必须严格遵守。

相反，在罗马人看来，“法律”是人类自己的思考，在元老院和公民大会上由罗马公民决定是否立法，然后使之成为律法。因此，不符合现状，无法更好地为当下服务的条款肯定要修正过来。

当然，罗马也有类似“摩西十诫”的法律，不过这并非出自神明的旨意，而是由人自己制定出来的。这就是公元前449年公布的《十二铜表法》，与名称一样，《十二铜表法》包含12个条款。然而，罗马人耗费了近200年的时间才使得《十二铜表法》有名无实。罗马人在不断修正法律使其更符合现状的过程中，法律往往变得面目全非，难辨初文。

换言之，罗马人是让法律符合世人，而犹太人则是要求世人符合法律。但犹太人的“法律”只适用于本民族，而罗马人的“法律”却是整个帝国都可通行，因此罗马人的这种法律精神甚至流传至今。为什么这样讲呢？罗马人观念里的“法律”不是宗教，归根结底仍是法律而已。正因如此，罗马人创造出了符合各部族的法律的基本构想，后世将此称为“罗马法的精神”。

在同化定居国内的异民族时，罗马人采用的具体做法是赋予这些民族罗马公民权。按照当时的政策，拥有这项权利可以免缴行省税，所以很多民族趋之若鹜。然而，也有人不愿接受这项权利——古代的

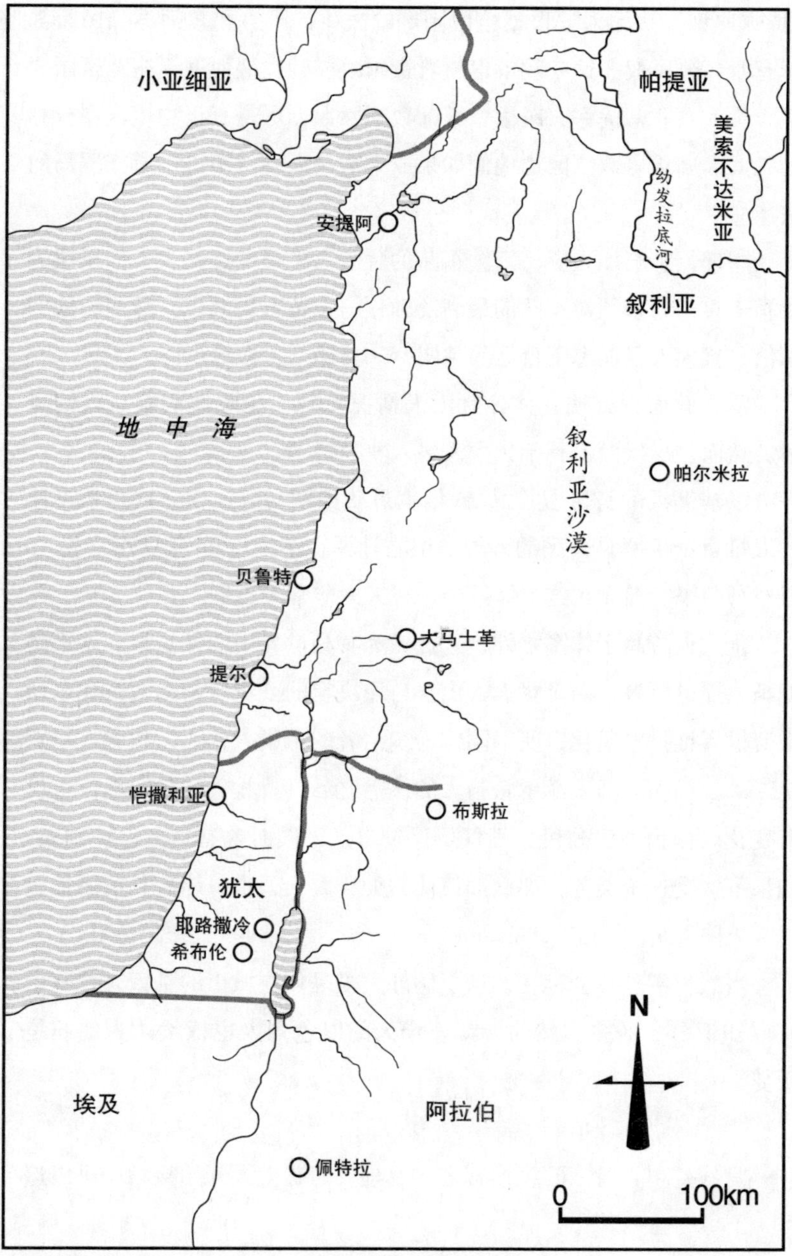
小亚细亚
帕提亚
美索不达米亚
幼发拉底河
安提阿
叙利亚
地中海
叙利亚沙漠
帕尔米拉
贝鲁特
大马士革
提尔
恺撒利亚
布斯拉
犹太
耶路撒冷
希布伦
N
埃及
阿拉伯
佩特拉
0
100km

犹太地区及其周边

“特殊典型”犹太人。根据恺撒制定的法律，医生和教师不分民族都享有罗马公民权，这一政策也随着帝国政权的发展而逐渐遍及帝国全境。犹太人非常优秀，医生、教师数不胜数，可是真正利用这项权利的犹太人屈指可数。因为他们如果成为罗马人，就不得不遵守罗马的法律。

同理，志愿加入罗马帝国军队的犹太人也是少之又少。如果成为罗马士兵，就必须对军队的最高统帅——皇帝宣誓效忠。然而，他们深信，犹太人只能忠于自己的神明，如若违背，必遭报应。

罗马政府很开明，体谅犹太人情况特殊，免除他们服兵役的义务。然而，这反而不利于犹太人融入罗马帝国。

以辅助兵的身份服役满 25 年就可获得罗马公民权，这是最迅速的大批量产生罗马公民的方法。粗略计算一下，每 25 年就会产生 15 万罗马公民。然而在这个体系中，犹太人非常不合群。

犹太人游离于体系之外，选择成为罗马世界中的异乡人。这不是罗马人逼迫所致，而是犹太人出于自愿决定的。亚历山大大帝在东地中海世界推行希腊化，所以同作为统治者的希腊人相比，犹太人一直是二等公民。罗马人继承希腊人的统治之后，犹太人的社会地位也没有变化。作为一等公民，不仅要保护自己，同时也有义务保护别人。如果不接受这个义务，那么即使优秀如犹太人，也只能心甘情愿地做二等公民。

当然，例外总会存在，这个例外大多是住在城市的犹太人，其中又以知识分子居多。然而，就连今天的以色列人也依然认为他们是叛徒。

“普遍”与“特殊”，换言之，罗马人与犹太人开始接触，可以追溯到公元前63年，那一年庞培占领了耶路撒冷。

公元前63年，庞培战胜了本都国王米特拉达梯，并用和平条约牵制帕提亚王国，又兵不血刃地推翻了叙利亚的塞琉古王朝，于是，希腊文明拉开了序幕。此时，庞培提出，如果犹太人想在罗马霸权下继续保持独立，必须修正犹太教祭司阶层政教合一的统治方式。犹太人拒绝接受，于是庞培出兵耶路撒冷。他没有亲自指挥，只派出部分兵力，所以没有立刻攻下耶路撒冷。然而耶路撒冷在三个月之后还是破城了。大获全胜的庞培独自进入神殿，他并非为了夸耀自己的胜利，而是出于对犹太教神殿的好奇。庞培注定失望，禁止崇拜偶像的犹太教神殿里空空如也。庞培走出神殿后的感想纯真直白，他说："里面一无所有。"

犹太人在知道庞培进入犹太教神殿之后群情激奋。因为按照教规，非犹太教徒不得进入耶路撒冷大神殿，更何况内殿这个神圣之地，一年也只允许大祭司进去一次。罗马和希腊的神殿都可以自由进入，所以庞培也理所当然地认为，只要自己不带士兵、不带武器就是遵守礼仪。可是在犹太人看来，他成了渎神者。

"普遍"并不是要求别人和自己一致，接受"特殊"并认可其存在才是真正意义上的"普遍"。当然，还要具体情况具体分析。在这方面，罗马人的本事让人望尘莫及。

公元前48年，尤里乌斯·恺撒为追击法萨卢斯战役中战败的庞培，进军埃及的亚历山大城。在滞留亚历山大城期间，他着手协调统治者罗马人与被统治者犹太人之间的关系，使之朝良好的方向发展，对象涉及居住在亚历山大城的犹太人。次年，即公元前47年，尤里乌斯·恺撒离开亚历山大时以"我来，我见，我征服"作为寄语，赠予了在与法尔纳凯斯的战斗前经过的巴勒斯坦和叙利亚的犹太人。尤里乌斯·恺撒用这句话首次明确了统治阶层罗马人与被统治阶层犹太人之间的关系。

尤里乌斯·恺撒采取了两种做法，每一种做法都听取了犹太人的请求。第一种，在亚历山大大帝征服犹太人后的300多年里，希腊人在东方世界中成了统治阶层，而犹太人一直处于劣势地位，恺撒赋予犹太人与希腊人在经济上一样的权利。第二种，可谓是给予犹太人“不用履行公务”的特别优待，恺撒允许犹太人不担任包括军务在内的所有罗马帝国公职。恺撒驾崩时，除了罗马人，由于失去了第一个认同他们的统治者与保护者，犹太人的眼泪与悲伤远远多于其他任何民族。然而，请求恺撒认可自己特殊性的同时，犹太人也错过了融入罗马社会的大好时机。时隔不久，陆续有高卢人、西班牙人出任罗马帝国元老院元老职务以及行省总督，而希腊人、埃及人出任罗马帝国元老院元老职务的情形也不断出现，甚至有人成为皇帝，然而犹太人始终没有产生这种人物。犹太人在要求别人承认自己“特殊性”的同时，也意味着亲手切断了通往“普遍性”的道路。

奥古斯都继承皇位之后，依然沿用恺撒的犹太人政策，只要对帝国统治有利，他不惜背负骂名，奥古斯都不愧是务实的罗马人。除了务实的性格，奥古斯都的犹太人政策肯定听取了阿格里帕的建议，因为阿格里帕曾前往当地详细调查，且通晓常识。犹太王族多次使用“阿格里帕”这个名字也是从此时开始，这可以算是犹太人向这位奥古斯都的“左膀右臂”表示感谢和敬意。此外，罗马帝国的务实方针能够沿用30年之久，显而易见，犹太人中务实正直的杰出人士发挥了很大的作用。

希律王虽然不是纯正的犹太人，但在激烈的权力角逐中取胜，最终掌握了犹太大权，他不愧是一个相当有能力的人物。这个人在庞培势力强大时依附于庞培，而在恺撒大败庞培重建犹太王国时，他立刻跑到恺撒跟前，请求恺撒赐予他尤里乌斯这个家门名，摇身一变又成了恺撒的附庸。在恺撒遇害之后，他又以东方势力强大为由，投奔了暗杀恺撒的布鲁图和卡西乌斯。然而，支持恺撒的安东尼和奥古斯都与这两个反恺撒的人物在腓立比战场上一决高下时，他又用非常冷静的态度保持着中立。之后，在安东尼与奥古斯都的权力斗争中，他再次以东方实力强盛为由，转而支持安东尼。安东尼觉得简直如虎添翼，因此，无论埃及艳后克娄巴特拉如何央求，安东尼都没有把犹太王国作为礼物送给她。

希律王在安东尼战败之后立刻改变效忠的对象，转而投向更名为奥古斯都的屋大维。对于迅速来访的希律王，奥古斯都承认他的犹太王位，也把他当作罗马帝国的盟友。小国当权者的忠诚度因情况而变化，这种自保策略，希律王做到了极致。然而，罗马帝国并不是因为他实行了一些亲罗马政策就欣然承认了他的王位，比如兴建恺撒利亚（意为“恺撒之都”），送两个儿子到罗马留学。奥古斯都在冷静地分析了他的利用价值后才做出决定。

第一，希律王是个彻底的专制统治者。犹太的专制统治者意味着他不允许犹太教的祭司参与朝政。因为对宗教不插手政治怀有疑虑，所以罗马人没有设置独立的祭司阶层。

第二，对于希律王而言至关重要的是王位能否长久，所以驻守东方地区的罗马军团是他最大的靠山。而对于奥古斯都而言，确保罗马帝国东方地区的稳定与秩序是最为重要的，那么，位于罗马直辖领土叙利亚和埃及连线上的犹太王国，最好能够站在罗马一边。如此才能形成冷静且正常运转的互助关系。

第三，按今天的说法，奥古斯都作为跨国公司的总裁，有理由相信由当地人担任国情特殊的犹太王国的分公司负责人更合适。而且希律王非常希腊化，即他是西化的东方人，能够充分领会奥古斯都的政策。

第四，要统治在帝国东方地区形成聚居区网络的犹太人，他们的精神家园——耶路撒冷的动向有举足轻重的作用，奥古斯都对此非常了解。无论身在何处，犹太教徒有义务捐出部分收入给耶路撒冷的神殿。集中财富意味着手握财源的祭司阶层权力增强。奥古斯都需要帮手以强权压制容易变成民族主义温床的犹太祭司阶层。整个东方地区的稳定建立在耶路撒冷的稳定基础之上，事关整个犹太人社会的稳定。

30 年光阴在这种情况下转瞬即逝。罗马人在这个时期内没有同犹太人发生任何直接关系，便成功地把这个特殊的民族纳入帝国体制之下。然而，公元 4 年，希律王离世，异变突生。

犹太王国被希律王一分为三，分别传给他的三个儿子：希律·腓力分得犹太王国的北部，希律·安提帕分得犹太王国的南部，希律·亚基老则分得以首都耶路撒冷为中心的中间部分。前两个儿子的统治权得以顺利继承，然而亚基老继承的耶路撒冷出了问题。

耶路撒冷的犹太人发动暴动，要求恢复祭司阶层神权统治，他们首先免去了希律王任命的大祭司，接着开始驱逐“污秽”的其他居民离开他们的“圣城”。于是，犹太教的圣地血流成河，稚气未脱的亚基老只好请求叙利亚总督出兵相助。此时叙利亚总督是瓦鲁斯，这位总督在 5 年后与 3 个军团一同殒命日耳曼条顿堡森林。瓦鲁斯没有出动军团强行镇压，他建议发动暴动的激进派犹太人代表前往罗马，当面向皇帝禀明他们希望废除王权、恢复祭司摄政的请求。为了向皇帝陈情，共有 50 名犹太人代表被选出前往罗马。

从巴勒斯坦到罗马得走海路，往返的时间加上在罗马停留的日子，至少得要半年时间。激进派在这段时间内并没有像小孩一样乖乖等着。不知是为了要造成既成事实，还是开弓没有回头箭的狂徒般命运的驱动，耶路撒冷的犹太人与非犹太人之间的冲突愈演愈烈。终于，瓦鲁斯不得不出动叙利亚的守军加以镇压。最终，还是只能依靠希律王的老办法，通过武力才让耶路撒冷重新恢复了稳定。

站在帕拉蒂尼山上的阿波罗神殿前，已经 66 岁高龄的奥古斯都接见了这些代表。皇帝站在通往神殿的石阶上，聆听并排站在台阶下的 50 名代表陈情。奥古斯都允许这些代表背后站了 8 000 名犹太人，这些犹太人来自定居于台伯河对岸的第 14 区。耶路撒冷的命运紧紧牵动着海外犹太人的心弦，这一点相信奥古斯都再一次深刻体会到了。

然而，对于这些犹太人的要求，奥古斯都严词拒绝了。尊重希律王的遗言是奥古斯都拒绝的重要理由，是奥古斯都身为希律王指名的遗嘱执行人的义务。不用说，奥古斯都真正的用意是不承认神权统治。希律王时代，犹太人的税赋非常之高。奥古斯都拒绝废除王权，但希望用减轻税负来回答这些犹太人。

留在国内的同胞不满意代表们带回来的这个答复，暴动再度爆发。无奈之下，奥古斯都只好放弃没有能力平息暴乱的年轻国王亚基老。住在耶路撒冷的犹太人用两年不到的时间废除了王权，实现了他们的愿望。可是，奥古斯都根本不打算让犹太教的祭司管理国家。几经考虑，针对希律王留给亚基老的以耶路撒冷为中心的犹太中部地区，罗马政府决定将其纳入直接管辖范围，由耶路撒冷权力阶层组成的长老会保留行政权。换言之，罗马把内政的自治权留给犹太人。

公元6年，耶路撒冷和犹太中部地区在经过多次波折之后，都变成了罗马帝国的行省，然而，它们只能归为B级行省。因为，到这里任职的长官都出身于罗马的第二等级——骑士阶级，其直属上司是负责治理叙利亚行省的总督，而不是皇帝，相当于把耶路撒冷划归叙利亚行省之下。

奥古斯都并不是不重视，才将以耶路撒冷为中心的中央部分编为B级行省。如果那个地区暂时没有合适的继承人，奥古斯都以及其后的提比略通常将之划入行省范围，直到下一位合适的继承人长大成人。就像现代企业先从总公司派人前往暂理事务，等到当地有合适的人选再与之交接。其实，奥古斯都并没有放弃犹太人治理犹太人的盘算。

商业发达的恺撒利亚有很多希腊居民，住在这里的犹太人也以稳健派居多，犹太长官的宅邸就建在此地，而非耶路撒冷。罗马在此地驻扎的军队不是罗马公民组成的正规军，而是在叙利亚招募的希腊辅助兵，只有3 000人左右。这样一来，这些士兵在与大多使用希腊语的犹太人之间没有语言方面的问题。当然，所有这些安排都是为了安抚犹太人。

罗马人与犹太人之间的摩擦因为观念迥异也时有发生。罗马人为了准确把握实际情况，在这个地区归入行省后立即进行了人口与资产调查。犹太人从来没有这种习惯，他们认为罗马人这样做是要把他们变成奴隶。在他们看来，行省税交给身边的国王就可以了，要上交给远在罗马的皇帝实在难以接受。犹太人无法理解花钱保护自己和其他民族安全有什么用。耶稣基督曾说："恺撒的归恺撒，上帝的归上帝。"从他的回答引申出来的问题就是："为什么我们犹太人必须向罗马人纳税？"言外之意，我们除了捐钱给犹太教的神殿之外，为何还要交钱给罗马人？从这里我们也可以看出，没有几个犹太人明白宗教无法取代安全防卫。

犹太在向行省过渡的这段困难时期，居然没有发生任何暴动，有两个因素发挥了至关重要的作用：

首先，犹太人并非完全一致，他们分为两种类型：居住在没有岩石的海港城市、思想较为开明的犹太人，以及以农民或耶路撒冷下层人为核心的激进派犹太人。第一种类型欢迎罗马的直接统治带来的稳定秩序，因为他们大多从事工业、金融业与商业，能够理解罗马人为什么要进行调查和征收行省税。

其次，奥古斯都起用了叙利亚总督普布利乌斯·苏尔比基乌斯·居里纽来完成犹太行省化这一艰苦的工作，这是个很有才干的人物。

总督居里纽首先确保了稳健派犹太人居多的海港城市的自治权，如此一来，在犹太中部地区，不仅仅是耶路撒冷，从恺撒利亚开始，形成了许多在内政上拥有自治权的城市。这项政令的第一个目的是实施罗马统治的原则"分而治之"，第二个目的则是尽量削弱耶路撒冷的影响力。言外之意，就是使得稳健派与激进派分化开来。

对于耶路撒冷的特殊性这一点，总督居里纽也没有忘记。宗教人士介入司法是神权统治的明显特征，当然，这对于遵循神明赐予的律法进行裁决的犹太教而言是丝毫不容置疑的。因此，罗马帝国把耶路撒冷纳入直接统治后，祭司阶层负责司法的做法仍然保留了下来。

当然，严格遵守罗马法律是拥有罗马公民权的人的义务，罗马法律当然也会制裁犯罪的人。

相比较而言，犹太教徒没有罗马公民权，因此他们犯罪时一般用犹太法律作为裁决基础。“摩西十诫”的后半部分就规定禁止杀人、奸淫、窃盗、做伪证、侵犯民宅。当然，这也是罗马法律明令禁止的行为，因此交由犹太教处置也是合理的。只是判处死刑时必须经过作为“皇帝代理”的犹太“长官”同意，否则没有效力。

谈到耶稣基督的案子，也是由耶路撒冷的祭司们组成的法院判决之后，经过当时的犹太总督本丢·彼拉多同意后执行死刑的。然而，当时本丢·彼拉多屈从于祭司们的压力，以洗手的象征性动作表明，这是你们（犹太方面）决定的事情，不是我们（罗马方面）决定的事情，从而导致了耶稣被判处死刑。依照犹太教的律法，随意口称神之名的人都会被处死，然而在多神教的罗马这只是小事一桩。如果当初本丢·彼拉多坚持自己的意志，按照自己代表的罗马法律行事，那么把耶稣钉死在十字架上的事情也许就不会发生。对可能影响社会安定的罪名，并且虽有隐患却没有造成真正的危机，依照罗马法律规定最多也只是被判处流放。可是，如果耶稣被判处流放至黑海地区，而不是被钉死在十字架上，日后的基督教也就不会发展壮大了吧。而本丢·彼拉多的玩忽职守给罗马帝国埋下了祸根。

总督居里纽的犹太政策是在充分考虑犹太人特殊性的同时遵守罗马的普遍性要求，然而，彼拉多担任犹太总督时，居里纽已经离世。

皇帝掌管帝国的金银币铸造权，然而使用频率最高的铜币的铸造权，除了帝国之外，拥有自治权的城市，比如雅典、斯巴达一类“自治城市”，也可以铸造。只是，首都罗马的铸造权则由元老院负责。受罗马直接统治的行省没有这项权力，因为行省以罗马钱币为流通货币，当然，皇帝的头像无一例外地都被铸在了货币上。

罗马帝国把犹太王国纳为行省，希律王时代铸造的钱币就不能继续使用，代之以罗马货币。然而，“摩西十诫”里就明文规定禁止雕刻塑像，因而导致了犹太教没有偶像崇拜。

针对这种情况，总督居里纽在犹太行省发行的是没有皇帝头像的铜币，因为铜币的流通频率较高，但并没有改变金币与银币的设计，因为普通民众很少接触到金币和银币。

此外，总督居里纽十分尊重犹太教的习俗，发布了禁止非犹太教徒进入耶路撒冷神殿参拜的戒律，违者处死。此外，奥古斯都与妻子利维娅等历来排斥包括犹太教在内的东方宗教的罗马上层人士，却例外地向耶路撒冷神殿捐赠了大量钱物。

耶路撒冷的犹太人成为行省人民后，罗马人没有把能够彰显军事实力的军队驻扎在耶路撒冷，而是驻扎在100公里之外的恺撒利亚，以避免刺激他们。除此之外，罗马帝国还规定恺撒利亚的驻军若事出有因不得不前往耶路撒冷时，必须将皇权的象征——军旗留在恺撒利亚才能拔营。

继任者提比略沿用了这个由叙利亚总督居里纽身先士卒执行的奥古斯都的犹太政策，我们应该说他贯彻得更彻底。提比略继位之后，居里纽似乎还是叙利亚总督。

耶路撒冷神殿原本供奉着罗马人捐赠的没有皇帝象征的供品，然而考虑到犹太人会觉得非犹太教徒的供品弄脏了神殿，于是提比略下令，将这些供品都移到恺撒利亚供奉先皇神君奥古斯都的神殿内。此外，犹太教大祭司在祭典上的法衣原本也由罗马方面保管，放在耶路撒冷神殿内，提比略也命令将之归还，让犹太人自行保管。法衣曾经是由异教徒的罗马人保管的，每当祭典之际犹太祭司前来借用时，都必须花 7 天时间以消除衣服上的污秽之气。

公元 21 年，顺利实现犹太行省化的居里纽与世长辞。提比略以他对国家鞠躬尽瘁为由，下令以国葬之礼厚葬了这位总督。纵观居里纽一生，出身低微，却在军团中受到赏识，接着被选为执政官。随后又在日耳曼、北非、叙利亚被委以要职，临终又得享国葬。在重视出身背景的由元老院把持朝政的共和制时代，这无疑是天方夜谭。对于出身寒门的有识之士，由恺撒开创、奥古斯都确立、提比略加以巩固的帝制时代，实在是施展才干的伟大时期。

提比略在居里纽去世之后并没有掉以轻心，所以犹太人的治理比较顺遂。当然，历届与耶路撒冷的犹太人直接接触的犹太官员中，由于对此民族的特殊性一无所知而治理不当的大有人在。身为犹太总督必须有所准备，时刻保持清醒，因为一旦犯错被提比略得知，立即免职，并且被召回本土接受审判。从公元 26 年起，担任犹太总督 10 年的本丢·彼拉多就是个典型。他让扛着军团旗的军队进入耶路撒冷，并受到犹太人多次发生骚乱的牵连，最终导致被撤职。

其实，罗马的当权者未必是犹太人反抗的主要原因。犹太人作为一贯处于弱势的民族要从被害意识中获得解放，走向自由，并不容易。因为这些人满脑子都是受害者的意识，面对强者时经常反应过度，所以，在其他行省无足轻重的小事，到犹太人身上就会变成大问题。

奥古斯都的犹太人政策不仅被提比略完完整整地继承了过来，而且在他手上执行得更为彻底。奥古斯都时期的政策针对以耶路撒冷为中心的犹太中部的犹太人，提比略把帝国全境的犹太人囊括在内。此外，他还不只是扩大政策适用范围，还考虑到东西方的差异，对具体情况具体分析。这种“因地制宜”与“分而治之”的政策相辅相成，都是罗马帝国基本的治理方针。

提比略之所以会贯彻奥古斯都的犹太人政策，这并非奥古斯都执行得不到位，而是因为有些问题在奥古斯都时代不甚明显，到了提比略时代就迫在眉睫了。犹太人除了只遵从神明的法律外，还有另一个特点。

希腊人与犹太人

希腊语“代阿斯珀拉”（Diaspora，大流散）意为离开故国侨居海外，现代人普遍认为这是犹太人特有的一种现象。姑且不提犹太人被强制迁徙到巴比伦和埃及的例子，单论侨居海外，希腊人早有先例。罗马人在各地兴建名为“科洛尼亚”的殖民城市只是政策移民，而非人们自发迁移形成的人文现象。就自主性移居而言，希腊人堪称先驱，而犹太人则是紧随其后。

然而，两个民族的迁徙在本质上则是天差地别。

首先，希腊人在荒无人烟的地方建设新的城市，然后在此基础上发展手工业、商业，慢慢地积累财富；与此相反，犹太人则是迁移到现有的发达城市，在那里从事手工业、商业与金融业，以此积累财富。公元前1000年，希腊人就开始向地中海周边移民，不论东南西北，在各地都兴建自己的城市。然而我们找不到任何一座犹太人自己兴建的城市。很显然，犹太人不会移居到贫瘠之地。

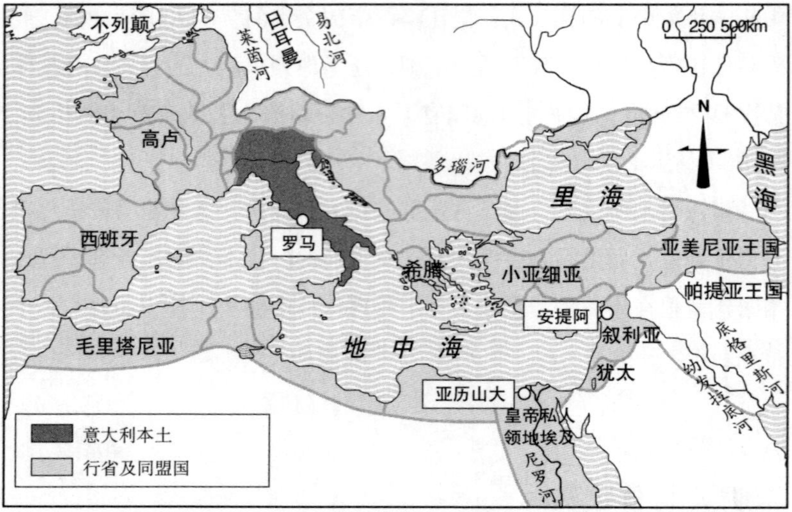

罗马帝国的三大都市及其周边

公元前后，地中海周边的东方各地出现了大规模的犹太人聚居区，然而，在罗马等西方的各个城市中并没有同等规模的犹太人聚居区。因为罗马虽然是霸权国家的首都，但西方的富庶之地并不多。

然而，实现“Pax Romana”（罗马统治下的和平）以及普及基础建设，使西方的经济实力迅速提升，以往差距颇大的东西方经济开始趋于平衡。也许有人认为财富都集中到罗马了，事实却不是这样。罗马、亚历山大与安提阿是罗马帝国的三大都市，然而只有罗马位于西方，亚历山大和安提阿都在东方。身为统治阶层的罗马人很重视整个帝国的财富流通，他们并不认为必须把财富都集中到罗马。行省税并不是被统治者向统治者进的贡，而是保障他们在帝国境内安全的保护费。

不管怎么说，从奥古斯都时代开始提升的西方经济实力逐渐引起了犹太人的兴趣，此时的西方地区也真正具备了犹太人移民的条件。恰逢此时，提比略登基为皇帝。

提比略与犹太人

从一直重用叙利亚总督居里纽，以及采取各种缓和措施避免刺激耶路撒冷的犹太人等，我们可以看出提比略非常了解犹太人的种种特殊性。正因为这种了解，他才深知，对推行普遍标准的罗马帝国而言，固执地保留其特殊性的犹太人会带来什么危害。怎样才能让以神明的律法为圭臬的民族与遵循人类法律的人民和平共处？若对他们不闻不问，随时会出问题。在帝国的东方，比如节庆期间希腊居民和犹太居民经常发生冲突，就是一个较为突出的例子。希腊人是多神教民族，在法律是人类创造的观念上与罗马人最为接近，同时他们毫不抗拒地接受了与罗马人同化。

摆在提比略面前的是如下事实：

亚历山大城总人口过百万，居民分 5 个区居住，其中 3 个区是希腊人，剩下的 2 个区都是犹太人。然而今天缺乏当时的罗马人口调查数据，我们只能推测当时的人口数量，肯定有超过 40 万犹太人生活在这个城市里。位于东方的另一个百万人口城市安提阿的犹太人口数量也大致相仿。

罗马一共划分为 14 个居民区，其中只有一个区允许犹太人居住，况且移民到罗马的犹太人十分稀少。因为罗马开始富裕不过是近半个世纪以来的事情。研究者估计，定居罗马的犹太人应该在 2 万人左右。在100万人中的40万人与100万人中的2万人，这一数据对比中大概隐藏着既允许“特殊”又贯彻“普遍”的对策。

提比略承认东方各个城市的犹太人聚居区沿用奥古斯都时开始的办法，即同意耶路撒冷的犹太人在本民族内行使司法权，除了执行死刑必须经过罗马总督或长官的许可之外，所有的规章制度都沿用耶路撒冷的做法。换言之，提比略承认东方地区的犹太人有权依照神明的律法进行审判。

此外，认可犹太人渴望已久的周六安息日，可以说也是提比略一个高明的决策。休假在希腊人和罗马人看来是向众神献祭的节日，人们通常会放下手头的事情去参加祭祀仪式，观赏祭神的角斗比赛或戏剧等等。因此，犹太人除了向神明祈祷之外什么都不干的休假方式，实在令希腊人与罗马人觉得不可思议。不过，对犹太人而言，“摩西十诫”的第四条既然规定了“安息日即是圣日”，若不遵守必遭天谴。身为统治阶层的罗马人居然能够忍受犹太人“什么都不干”的习惯，而自己在每周六还要努力干活。对此，提比略也别无他法，这是因为在百万人口中犹太人达到40万人是不容置疑的事实。

在百万人口中犹太居民只占2万人的西方，提比略实行的政策是防患于未然。这项政策没有限制或禁止犹太人迁移，然而他们必须甘心接受西方不同于东方的不利条件。“摩西十诫”中规定了犹太人每周六“什么都不干”，所以提比略爽快地同意了，然而提比略不允许犹太人聚居区享有自行审判的司法权。犹太教徒要移居西方，不论是谁都必须严格遵守罗马法律。由于犹太人只有2万人，处于弱势，所以这项政令可以顺利进行。

然而，就是这位提比略，强制要求包括耶路撒冷在内不分东西方，各个城市的犹太人都要遵守这一条规定：承认犹太人包括宗教信仰自由、迁移自由在内的所有犹太人的特有习俗，但坚决反对任何以反罗马为目的的行为以及影响社会稳定的活动。这些居住在罗马帝国境内的犹太人必须时刻牢记这一条。公元19年，时任犹太总督的居里纽对犹太教徒推行怀柔政策。与此同时，提比略以造成社会不安为由，强制从罗马本土驱逐所有住在罗马的犹太人，虽然这只是暂时的。承认犹太人的宗教信仰自由，但绝不允许他们演变成社会动乱的根源，这就是由提比略确定的罗马人对异教徒的政策。

在犹太人聚居较集中的帝国东方，提比略继承了恺撒和奥古斯都的方针政策。希腊人与犹太人之间的对立，因历史等种种因素两者的关系日益恶化，提比略的策略是站在调停者的立场，不偏不倚，公正裁决。毕竟帝国的东方是建立在这两个民族之上的。

和愿意接受与罗马人同化的希腊人不同，犹太人不愿被同化，因此，管理犹太地区时让犹太人自己来做负责人是上上之策。我想，提比略对此心知肚明。然而，提比略一直没有合适人选，虽然他对候选人之一希律王之孙希律·阿格里帕评价不错，但又指责希律·阿格里帕缺乏责任感。因此，提比略不得不维持由叙利亚总督指挥下的“长官”直接统治这一办法。

提比略驾崩之前罗马人和犹太人之间的关系，如上所述。住在亚历山大的犹太人斐洛对罗马的帝制赞誉有加（参见前文），足以证明当时帝国境内的犹太人非常满意罗马人从恺撒、奥古斯都到提比略一个世纪以来的统治。当然，卡利古拉也承袭了这些政策。身上流着奥古斯都之血的卡利古拉一定会将这项政策执行得更好，以斐洛为首的犹太人对此深信不疑。

卡利古拉与犹太人

我们人类，不论是谁，在内心深处或多或少都会存在着种族偏见这一意识。但有两个必要前提才会意识到这一点：首先，过着每天都能见面的共同生活；其次，两者之间有着利益冲突，也即利益不一致。在地中海东岸长期生活并存在利益冲突的，就是希腊人与犹太人，而无关罗马人。当然希腊人与犹太人都非常能干，正因如此，他们在各方面都会形成利害冲突。且不提经济方面的较量，两者在学术领域也有着很强的竞争关系。由于希腊人的航海才华呈压倒性优势，所以海运大概是他们唯一没有利益冲突的领域。

亚历山大大帝开创的希腊文明时代，历时 3 个世纪之久。在这个时期两个民族的身份变成了统治者希腊人和被统治者犹太人。表面上的确如此，这也有助于保持他们之间的平衡。然而，希腊人统治的最后据点在埃及艳后克娄巴特拉战败之后，也被纳入罗马帝国的版图。罗马人从公元前 30 年开始，成了这一地区唯一的统治者，作为被统治者的希腊人和犹太人就不得不成为“同居”关系。

统治与被统治的关系维持了很长一段时间，而彼此间的利益冲突不断深化，这样长年累月积累起来的对立关系不可能在转瞬间冰消瓦解。此外，可以说在罗马霸权之下，这两个民族的选择明显两极分化：希腊人选择与罗马人同化，犹太人则拒绝同化。

即使这样，拥有可以“同化败者”这种特质的罗马人认可特异分子——犹太人的特殊性，把他们纳入统治体系。对犹太人而言，我想在恺撒、奥古斯都以至提比略统治的这一个世纪，他们的生活应该比希腊人统治时期要好得多。犹太人如此拥护卡利古拉登基，恰恰证明他们希望罗马人继续维持帝国政权统治下去。

然而，卡利古拉根本不懂罗马皇帝的“无冕之王”才是凌驾诸王之上的本质，在他心目中只有成为各个民族的“神”，才能超越凡间的各位国王。

于是，卡利古拉的举动让犹太人十分为难。在卡利古拉大病时，犹太人献上供品诚心祈求他早日痊愈，然而犹太人根本不能认同卡利古拉是神。与犹太人不同，希腊人是多神教的民族，所以多一个神明也无关痛痒。如何对待宣布“我即神”的卡利古拉，这再次激起了犹太人和希腊人的对立关系。双方的这种大规模对立冲突在埃及的亚历山大正式爆发，这是因为在帝国的东方，亚历山大城的希腊人和犹太人势均力敌，不相伯仲。

公元 38 年，卡利古拉继位后才一年，亚历山大就爆发了民族冲突。刨根问底，起因是希腊人借卡利古拉之名发泄对犹太人的敌对情绪。换言之，是希腊人先对犹太人寻衅滋事。

停泊在港口的所有犹太人的船只都被抢劫焚烧，甚至连犹太人聚居地的百姓也不能幸免，家里都被抢劫一空。哪怕是从居住的地方出门都不能保障安全。希腊人甚至把卡利古拉的雕像搬到犹太教的教堂内，借此讥讽犹太人胆小怕遭天谴的心理。

为了平息希腊人与犹太人的纠纷，派驻埃及的皇帝代言人——罗马官员责任重大。时任埃及长官的是弗拉库斯，由提比略提拔上台的他一改以往的仁慈，果断地强硬出招。但是，此次他没有居中调停，而是支持希腊人。在他看来，年轻的皇帝卡利古拉即位才一年，他的统治生涯必定很长。况且国内都知道卡利古拉自封为神，所以强行镇压尊卡利古拉为神的希腊人肯定困难重重。因此，亚历山大的这场暴动演变成了以埃及长官弗拉库斯带头的大规模镇压犹太人事件。

弗拉库斯首先废除周六安息日，以犹太人没有权利居住在风景优美的地方为由，把以往5个区中可以居住在2个区的犹太人全部赶到1个区。犹太人被赶走的地区，400多间房屋与犹太教堂都被焚烧得干干净净，在希腊居民的嘲笑声中，36名祭司被带到角斗场接受鞭笞。

而犹太人经营的工场被关闭，商业活动全部停摆。由于担心希腊人打砸抢，就连贩卖日用品的商店也关了门。被称为东方第一大城市的亚历山大约有半数城区陷入混乱之中。

犹太人除了直接向罗马皇帝投诉之外别无他法。当然，在这种情况下，罗马法律允许直接上诉，犹太人大概已经习惯提比略23年来未曾改变对犹太人的政策了。因此，亚历山大的犹太人决定向罗马皇帝卡利古拉上诉。虽然卡利古拉自诩为神，但他毕竟是帝国的最高统治者。犹太人满怀希望地想见到卡利古拉之后能请皇帝居中调停。

亚历山大的犹太人一致决定，由学富五车、在犹太人社会中威望很高、号称“犹太人的柏拉图”的斐洛担任前往罗马的使节团首席代表。因为斐洛是虔诚的犹太教徒，同时他又不吝于承认希腊、罗马文明的优点，坚信罗马帝国政权下犹太人生存的可能性，是稳健的都市犹太人。因此尽管他年届古稀，仍然被认为是最佳人选。此外，他资产颇丰，可以负担使节团所有成员的花费。

当然，斐洛的优点不止于此，他有一个会让罗马政府产生好感的家庭背景。斐洛的胞弟名为盖乌斯·尤里乌斯·亚历山德罗斯，是一位非常有钱的金融业者，正如名字所示，他取得了罗马公民权，同时他还管理着卡利古拉的祖母小安东尼娅的财产。由于卡利古拉几乎继承了祖母的全部遗产，盖乌斯管理着皇帝在东方地区的私有财产。此外，斐洛家族中还有一个成员获得了罗马公民权，名为马库斯·尤里乌斯·亚历山德罗斯，也是“金融界”的重要人物。他跟犹太王希律·阿格里帕一世的女儿贝蕾妮丝结为连理，马库斯也因为这桩婚姻，和卡利古拉的挚友犹太王希律·阿格里帕成为亲戚。

另外，斐洛的一个儿子拥有罗马公民权，他叫提比略·尤里乌斯·亚历山德罗斯。他选择在军队里工作，在父亲担任使节的同年他业已晋升为罗马军队的大队长了。此后，这位犹太裔的罗马人取得了显赫的位置，他后来在克劳狄乌斯皇帝时代担任犹太长官，尼禄皇帝时代出任埃及长官，韦斯帕芗皇帝时代晋升为近卫军团长官。尽管被罗马人同化的犹太人十分稀少，然而，还是会有部分人活跃在罗马社会各个领域。

公元38年初冬，经过长途跋涉，以斐洛为首席代表的犹太使节团终于来到了罗马。他们一直以为卡利古拉会立即召见，却迟迟不见有人通知。他们拜托身在罗马的希律·阿格里帕向卡利古拉说情，而卡利古拉的答复是等希腊使节到达罗马后再一起召见。希腊人经常避免冬季出海，加之他们没有向皇帝上诉的紧迫感，所以出发得非常迟缓。希腊人如果秋天没有出港，势必会到第二年的春季才出发。如此看来，希腊使节团抵达罗马应该是在公元39年春意盎然之际。当然，亚历山大的希腊人派遣了一个以学者为首席代表的使节团前往罗马，他就是名为阿皮翁的著名哲学家，而提比略毫不客气地说他是一个“只会耍嘴皮子的学者”。当然斐洛并不惧怕口若悬河的阿皮翁，然而在这一段长时间的焦急等待中，斐洛对身为调停者的卡利古拉感到深深的不信任。

斐洛终于等到希腊使节团抵达罗马，可以谒见皇帝了。在罗马七丘之一埃斯奎里山上面积很大的“梅塞纳斯庭院”的皇帝私宅内，卡利古拉接见了双方代表。梅塞纳斯是奥古斯都的亲信，他去世时把所有财产都留给了奥古斯都，所以这个能将整个罗马城尽收眼底的景区也变成了皇帝的私有财产。卡利古拉原本打算在这里招待罗马上流社会人士，欣赏戏剧表演。当他前往视察时，顺便把希腊人和犹太人双方的使节团叫到了梅塞纳斯庭院。因此，这次接见不是在固定的议事厅中面对面地坐着，而是三方都站着交谈。我把斐洛记载当天会见的全过程翻译了下来。卡利古拉在此时快要迈入 27 岁的年龄了。

我们被带到皇帝跟前的时候，充满敬畏地把头低了下来，双手前伸，口呼“敬爱的皇帝陛下”。随即，卡利古拉用极度挖苦嘲讽的口吻说：“原来就是你们啊，听说你们憎恶其他神明。其他民族都承认我是神，只有你们，信仰禁止你们口呼其他神明的名号，所以不肯承认我是神啊。”卡利古拉说完之后，两手高举，看着天空，对着神明大放厥词，让我们难以忍受。

与对我们的态度完全相反，皇帝对希腊使节团的亲切仿佛是在挖苦我们。希腊人因此得意扬扬，以夸张至极的动作和恶心而低贱的话语去拍皇帝的马屁。一位叫伊西多罗斯的希腊代表甚至说：“尊敬的主人，如果您知道这群家伙在亚历山大干下的蠢事，我敢说，您会更加厌恶他们。您大病之时，亚历山大的居民举行祭祀，献上祭品，诚心祈求您早日康复。可是只有这些家伙，就是这群犹太人，他们说神明不允许，竟然不为您祈祷，实在可恨。”

我们异口同声地反驳：

“伟大的盖乌斯（卡利古拉的名字），请您明鉴！伊西多罗斯对我们的指责不过是毫无根据的恶意中伤，请您明察。您贵体染恙，我们也为您奉上牲礼，而且不像他们只用了几头，我们奉上100多头家畜诚心祈求。并且，我们依礼为您正式祈祷。我们把祭礼办好，并不是在祭坛前宰杀家畜，把它们的血洒在祭坛四周，然后把肉带回家吃掉，而是宰杀后要等牺牲化为灰烬，这才是真正的祭祀。我们用的就是这种方式。

“不仅如此，我们不止一次举行这种祭祀。您登基后的两年内，我们就举行过三次。第一次是您继承皇位之时，第二次是您病倒、整个帝国和您一起生病消沉的时候，第三次是您与日耳曼人作战时，我们举行祭礼祈求您凯旋。”

卡利古拉对于我们诚恳的辩白却如此讽刺道：“那我就算你们确实举行过牲礼。然而牲礼是献给神明的，你们信奉的宗教却口口声声说神明只有一位。难道你们在献给唯一神明的祭祀中会去祈求另一位神幸福安康？”

口不择言的卡利古拉一边说，一边检查布置在庭园各处的表演场地，根本没有放慢脚步。他逐一检查各处让贵客观赏的表演场地，不停地在楼上楼下来回走动，若有不满意之处，他当即下令改过来。然而，这种做法就意味着需要浪费更多的钱财。

我们在他后面亦步亦趋，不断地在楼上楼下来回走动。这期间，希腊使节们毫不客气地继续指责我们，肆意嘲笑我们。然而，对于卡利古拉偶尔的发问，他们回答不出所以然来，所以皇帝和希腊使节团之间的对话，时断时续，没有顺利进行下去。

突然，卡利古拉向我们发问道：“你们为什么不碰猪肉？”

这个刻薄的问题又引起希腊方面的哄堂大笑。然而，我们依然诚恳地回答道：“每个民族都有各自的律法，不同的律法就会有不同的禁忌。希腊人也不例外，山羊数量多，又便宜，然而他们不吃山羊。”

卡利古拉大笑，然后他说："这简单，因为难吃嘛。”

在这种氛围下皇帝接见我们，这让我们困惑不已，心情更加沉重。卡利古拉接着又问："犹太人现在行使的政治权力有哪些？”

我们开始讲解的时候，他侧耳倾听，说明他愿意理解我们的立场，然而风云突变。我们说到重点的时候，正在检查的卡利古拉就踏进了庭院中央宽阔的表演台。因为卡利古拉开始下达命令，我们只好打住。他命令在四周的窗户上缀满如玻璃一般白色的稀有石头打磨成的薄片，这样既可以采光，又可以使里面的观众免受强风或强光的伤害，一举两得。之后，他又面向我们，问道："刚才你在谈什么？”

接着刚才说到一半的话，我们又开始重新讲解，可是卡利古拉依然没有放慢脚步。他刚踏进下一个表演馆就再次下令改装。这次他要求更换用来装饰表演馆墙壁的画。

才吩咐完，我们以为他会认真听我们解释，没想到他突然说道："我觉得你们犹太人也没有希腊人说的那么糟糕，然而你们的确是一个不幸又愚昧的民族，因为你们居然不承认我继承了神明的本质。”

他说完这话扬长而去，我们也只好回去了。

不论是罗马的史学家，还是后世的作家对卡利古拉的描写，都不及与卡利古拉生活在同一时代的这位犹太人写得栩栩如生。不论是 2 000 年后的阿尔贝·加缪在戏剧《卡利古拉》中刻画的人物，还是20世纪80年代美国、意大利各自拍摄的《卡利古拉》的电影中，化身为性与暴力怪物的卡利古拉，这些题材都来自苏维托尼乌斯的《罗马十二帝王传》。这部传记是苏维托尼乌斯在卡利古拉作古百年之后，收集流传在街头巷尾的传言编写而成。然而，卡利古拉并不是一个幸运或者不幸的怪物，他的头脑也并没有那么愚昧，只是他的不幸，抑或罗马帝国的不幸是，让一个不懂政治的年轻人，从政治的立场出发去肩负政治上的责任。对于卡利古拉而言，其实他也有批评眼光。卡利古拉曾经开玩笑地讲，要任命他的一匹爱马“英西塔土斯”担任元老院元老，这其实是在嘲笑元老院元老们素质的低下。然而，这种玩笑话流传到他身后，就变成了他要把一匹马任命为元老院元老的狂妄举动。

虽是这样说，但是批评与实践有着很大的不同。所谓的政治实践正如人们常说的“没有新闻就是进展顺利”一样，是一件脚踏实地的工作，同时也要求有始有终。随机应变固然不错，但容易见异思迁，对政治实践者而言这无疑是自掘坟墓。

我们只能说，以斐洛为首席代表的犹太使节团的罗马之行有得有失。失败之处在于犹太人的不利环境根本没有获得改善。但还是有成功之处的，即卡利古拉重新任命的长官不允许亚历山大的希腊人继续对犹太人横行霸道。作为罗马帝国东方地区发达的经济中心，埃及的亚历山大与叙利亚的安提阿齐名。当然，犹太人积极参与经济活动才使得亚历山大能够发挥经济中心的职能。

卡利古拉在斐洛回到亚历山大不久就再次前往行省，前面已经交代过他在莱茵河沿岸和连接多佛尔海峡的高卢发生的故事，此处不再赘述。随后，他在返回罗马之后，举办了一场虽然仪式简单但也算作凯旋的庆祝活动。然而，恰逢此时，因巴勒斯坦又生事端，卡利古拉的目光再次转向犹太人。

实力对决

莱茵河前线为迎接卡利古拉举行了军事演习，随后又在罗马举行了凯旋仪式，因此，当这么大的消息传到东方的犹太地区时，似乎变成了卡利古拉征服了日耳曼民族的信息。为此欢欣鼓舞的希腊人准备搭建供奉卡利古拉的祭坛，并在此举行牲礼祭祀。

希腊人的行为深深刺激了犹太人。愤怒的犹太人如潮水般涌来，把大理石祭坛砸得粉碎。这件事当然上报给了已返回罗马的卡利古拉。

卡利古拉原本就对犹太教徒没有任何好感，接到报告后果然大发雷霆，他武断地决定必须用武力解决。卡利古拉的决定要是发生在今天，肯定非常轰动，一定是电视里的头条新闻，以及报纸上的头版头条。卡利古拉给负责治理犹太地区的叙利亚总督佩特罗尼乌斯去信，命令佩特罗尼乌斯打造一个以卡利古拉为模特儿的最高神朱庇特神像，并将这尊雕像安放在耶路撒冷大神殿中。

作为先皇提比略起用的一位行政官，佩特罗尼乌斯看到卡利古拉的命令时大惊失色。更糟的是，卡利古拉的这个命令不只是给佩特罗尼乌斯的密令，他甚至昭告天下，因此很快在犹太人中传开了。

犹太地区爆发了大规模的游行示威，而且不分男女老幼都加入了这股洪流之中，他们把行政官的宅邸围得水泄不通，要求佩特罗尼乌斯想方设法避免亵渎神明的行为发生。对于这个消息，亚历山大和安提阿等地的海外犹太人也是忧心忡忡，毕竟耶路撒冷大神殿是犹太人崇高无比、不容亵渎的“圣地”。如果放任不管，一定会引发整个犹太人聚居区的揭竿而起。

总督佩特罗尼乌斯略施小计，他密令制作神像的泰勒斯工场尽量拖延工期。面对犹太人的要求，他一言不发，只是默默点头作为回答，没有留下任何把柄。于是，游行示威和抗议活动都暂时平息了。

罗马这边，卡利古拉满心期待自己的命令尽快执行。然而他望眼欲穿，都没有接到已经在禁止偶像崇拜的犹太教大神殿里竖起他的神像的报告，甚至连神像制作好的消息也没有影子。于是，卡利古拉再次致信总督佩特罗尼乌斯：

> 看来你罔顾我的命令，接受了犹太人的示好。换言之，你宁愿博取他们的好感，也不愿履行你的职责。你这是不从皇命。那么，不论现在还是将来，身为皇帝的我有必要让你们清楚不从皇命的后果。因此，我认为，你自我了断最为妥当。

一言以蔽之，卡利古拉命令佩特罗尼乌斯自裁谢罪。这中间有个操作问题，按当时的条件，从罗马到安提阿需要一个月的时间。因此，当卡利古拉的命令还在地中海向东传达时，下令的卡利古拉已经被杀了。

总督佩特罗尼乌斯侥幸捡回了一条性命，罗马皇帝和犹太人之间的全面对决也因此烟消云散。然而，卡利古拉导致的罗马帝国统治上的“裂痕”，不仅仅是犹太问题。

围绕亚美尼亚王国是亲罗马还是偏向帕提亚，罗马和帕提亚的关系开始面临危机。因此，叙利亚总督佩特罗尼乌斯不得不在与帕提亚交界的幼发拉底河畔驻扎了2个军团。

北非西部的毛里塔尼亚王国70多年来一直是罗马可信赖的盟国，这个国家也因为卡利古拉的轻率行为与罗马产生嫌隙。

毛里塔尼亚王国是一个幅员辽阔的国家，大致是今天的摩洛哥与阿尔及利亚西部地区。在奥古斯都时代，即使毛里塔尼亚王国没有王位继承人，罗马帝国也与其保持着同盟关系，并没有将它纳入行省之列。奥古斯都安排败给恺撒的努米底亚末代帝王尤巴的儿子，与马克·安东尼和克娄巴特拉的女儿结婚，并让他们统治毛里塔尼亚。到卡利古拉时代，毛里塔尼亚的国王是这两个人的后代，他的外祖父是马克·安东尼，也即卡利古拉的外曾祖父。卡利古拉继承皇位之后，无法忍受有着血缘关系的托勒密乌斯担任友好国家兼盟国的统治者，实际上就是藩属国的国王。卡利古拉把托勒密乌斯召到罗马之后立即处死，并宣布要把毛里塔尼亚变成罗马行省。为了反抗这一举动，毛里塔尼亚人掀起了反罗马运动。通常而言，治理帝国难免会发生一些问题，可是就连罗马人历来很放心的毛里塔尼亚也问题丛生。

卡利古拉的执政不仅仅让国库濒临崩溃，而且在外交方面也是困难重重。

反卡利古拉行动

恐怖行为并非因文明程度不高而发生，也不会因参选落败而不择手段引发的，而是因权力高度集中在一个人身上，大家都认为只有杀掉他才可以改变当下的政治局面。

公元 40 年到 41 年，卡利古拉身处的环境从他登基时的狂热拥捧到现在的迅速退烧，让人怀疑这一切是否像梦境一般虚幻，而且这种变化之快不过才三年半而已。卡利古拉甚至连担任罗马公职资格要求的 30 岁年龄都还未满。

普通民众一般不太关心外交，他们享受作为社会福利的“面包”和博取民心的“马戏”，照理说卡利古拉的支持率应该很高，然而，他的支持率却出现下滑，究其原因是卡利古拉征收燃料税。也许在卡利古拉看来，这项税收是代替废除的营业税，然而人民的生活离不开燃料，即使能够免费领取小麦的贫民也必须使用燃料烧火做饭。虽然民众可以免费欣赏角斗比赛、杂耍等各种表演，抗议征收燃料税的事件也时有发生。罗马人聚集在角斗场中大声抗议，卡利古拉只好派出近卫军团前去镇压。

对于卡利古拉在外交等所有帝国施政上的失策，完全有能力掌握情报、分析判断的元老院元老对此也有所了解，他们却像被蛇盯上的青蛙一样，不敢轻举妄动。当然，这是有原因的：

第一，卡利古拉攻击的目标锁定为元老院，他利用叛国罪法对准目标大开杀戒，因对大祸临头的恐惧，元老们不敢贸然行动。

第二，在元老们看来，如若身为日耳曼尼库斯之子的卡利古拉有什么意外，至今仍然流传着“日耳曼尼库斯神话”的莱茵河前线守军一定会有所动作。

罗马帝国第三任皇帝本名盖乌斯，对意为“小军靴”的“卡利古拉”这个名字非常抵触。然而，在军队中实力最强的莱茵河军团军营里，士兵把幼年的盖乌斯视为吉祥物，看着他长大，因此，即使卡利古拉继承皇位，他还是士兵的“小军靴”，是背负士兵希望的日耳曼尼库斯之子。

第三，元老院元老没有采取行动反对卡利古拉，是因为他们还没有考虑周全，没有计划好推翻卡利古拉后如何治理帝国。元老院中有部分元老是顽固的共和派，他们梦想着有朝一日恢复共和制。进入帝国政权时代已经过了 70 年了，几乎所有元老都成长在奥古斯都创设的“罗马统治下的和平”体制下。废除帝王政治、恢复共和制的想法对于这些元老而言非常不切实际，轻举妄动无异于天方夜谭。然而，卡利古拉在施政上的失败已经让人无法袖手旁观。

第四，扳倒卡利古拉并不容易，他周围戒备森严。奥古斯都吸取恺撒的教训，恢复恺撒曾经解散的日耳曼士兵贴身侍卫制度，这也是他长寿的原因。卡利古拉把这个编制扩大，近卫军团也成了他的护卫队。近卫军团被称为罗马军队的精英，成员都是从帝国各地驻防军团中选拔出来的优秀士兵。卡利古拉还从父亲日耳曼尼库斯麾下的日耳曼军团中挑选人才担任近卫军团队长。换言之，“日耳曼尼库斯神话”的忠诚信仰者负责护卫卡利古拉。这样一来，即使元老院元老的勇气可嘉，也不能贸然行事。

然而，最后杀害卡利古拉的，竟然是他认为对自己最忠诚的“日耳曼尼库斯神话”的信仰者，这简直是命运对他的嘲讽。

遇害

公元 41 年 1 月 24 日，献给神君奥古斯都的帕拉蒂尼祭典在皇宫的所在地——帕拉蒂尼山上举行。按照罗马帝国的习惯，祭典在祭祀仪式之后都会有戏剧表演与角斗比赛，而戏剧表演的时间正是帕拉蒂尼祭典的第五天。

卡利古拉心知肚明，先皇提比略恶评如潮的一个原因就是他从不出席这类活动，所以不论是戏剧表演还是角斗比赛，卡利古拉一定会出席观看。当天，他一直兴致勃勃地观看上午的表演。

从议事厅到皇宫有一条短程地下通道。卡利古拉在下午 1 点左右，起身准备享用午餐。然而，就在卡利古拉即将走出地下通道之际，近卫军团大队长卡西乌斯·卡瑞亚用剑从背后朝他的脖子砍下去，另一名近卫军团大队长科尔涅利乌斯·萨比努斯也拿剑从正面用力刺进站立不稳的卡利古拉的胸部。眨眼之间，卡西乌斯·卡瑞亚就再次举剑向倒在地上的卡利古拉头部砍去。

皇帝卡利古拉在日耳曼人警卫赶到现场时已经遇刺身亡，而他的第四任妻子卡桑尼娅也胸部中剑，气息全无。1 岁大的女儿杜路希拉，则是被人从乳母怀里夺过来摔到地下通道的墙壁上而夭亡。被称为卡利古拉的盖乌斯·尤里乌斯·恺撒·日耳曼尼库斯，享年 28 岁零 5 个月，他的统治只维持了 3 年 10 个月零 6 天。

由于涉及卡利古拉遇害一事的所有当事人没有留下只言片语就都死去了，所以后世的研究者只能猜测他遇害的真正原因。研究者认为，近卫军杀害卡利古拉意味着近卫军干涉皇位更替开了先例。此外，还有人认为，近卫军团士兵受到了金钱的诱惑最终刺杀了卡利古拉。我对第一种观点比较赞同，近卫军团士兵受金钱诱惑的论调，我不敢苟同。

近卫军团士兵确实在卡利古拉遇害之后，在帮助克劳狄乌斯继位上功不可没，此外，每名士兵都得到 1.5 万塞斯特斯的褒奖。然而，这些事情都是发生在卡利古拉遇害之后。

此外，并非近卫军团的 9 个大队共 9 000 名士兵全体参与了此次谋杀，涉及此案的只有 2 个大队，更何况，涉案的 2 个大队也并非 2 000 人都参与了谋杀。实际上，决定谋杀自己宣誓效忠的皇帝的，是统领这 2 支队伍的 2 名大队长与 20 多名士兵。

这 2 名直接动手的大队长，先不说拿了多少钱，他们以谋杀皇帝的罪名被判处死刑时都相当从容。而他们手下的士兵以及以团结闻名的近卫军团其他士兵，都未有任何反抗举动，因此，不能简单地说这些士兵被金钱诱惑了。

卡西乌斯・卡瑞亚既是刺杀卡利古拉的主谋之一，也是两个实际动手人之一。查阅史料，我们发现，公元 14 年，即 27 年前，卡西乌斯・卡瑞亚正是当时驻守莱茵河防线的日耳曼军团中的一名百夫长。

公元 14 年，正是奥古斯都驾崩、提比略继位的同一年，皇位更迭使得当时的士兵以为提高待遇的机会来了，从而掀起了哗变，这是莱茵河军营最为动荡不安的一年。这一点我在提比略的章节里已经叙述过，年仅 2 岁的卡利古拉可以说是间接帮助父亲镇压了暴动。时任百夫长的卡西乌斯・卡瑞亚手执利剑保护日耳曼军团总司令日耳曼尼库斯一家，英勇地挡在哗变的士兵面前。

罗马帝国的百夫长相当于现代军队中的中下士，他们一般指挥 80 名士兵，号称“罗马军团的脊梁”。然而，在罗马的军队编制中，他们只是下级士官，军官的资历通常从指挥 800 名士兵的大队长开始计算。贵族子弟同当权派沾亲带故，入伍后经过一段适应期就可以直接晋升大队长一职。犹太人，比如权威人士斐洛的孩子，也可以跳过百夫长，直接担任大队长。因此，一位军团长或大队长，如果他曾经担任过百夫长，那么就可以确定他在军队中是从底层爬上来的，是有真才实学的。

通常，从17岁志愿入伍开始，没有背景的普通人要到30岁左右才能晋升到百夫长。如果公元14年卡瑞亚30岁上下，那么到公元41年，他应该55岁多了。就摸爬滚打慢慢晋升的普通士兵而言，55岁多担任近卫军团大队长，算是职位晋升得比较顺利的了。另外，近卫军团士兵服役满16年可以退役，这个规定只适用于普通士兵，大队长一级的将领不在此范围之内。因此，50多岁依然是现役军人，在当时一点也不奇怪。只是60岁以上的一般都退役了，除非担任军团长。

公元14年到41年之间，没有任何关于卡西乌斯·卡瑞亚的线索。然而，从公元14年到16年的两年之内，正是令日耳曼8个军团恢复秩序的总司令日耳曼尼库斯渡过莱茵河，同日耳曼民族打得难解难分的时候。军队从春季到秋季进行远征，冬季就回到莱茵河沿岸的营地。我们可以想象，在这两年内，于暴乱之际声名鹊起的百夫长卡西乌斯·卡瑞亚必定是鞍前马后地追随日耳曼尼库斯。由于冬季不利于作战，士兵一般都在营地休整。卡利古拉这位被士兵昵称为“小军靴”的总司令的儿子，就穿着士兵特制的幼儿军靴在军营里成长着。

卡西乌斯·卡瑞亚也很有可能参加了公元17年在首都为日耳曼尼库斯举行的凯旋仪式。凯旋仪式不仅仅是为了庆祝凯旋将军的战功，当然也有慰劳协助将军立下战功的士兵的目的。借着隆重的凯旋仪式，将军和士兵共同分享无上荣耀。日耳曼尼库斯温和敦厚，他肯定不会忘记在危难关头拔剑护卫自己家人的卡西乌斯·卡瑞亚。凯旋将军有权选择一名士兵同他一道回罗马参加仪式，卡西乌斯·卡瑞亚肯定是最佳人选。

同年秋，卡西乌斯·卡瑞亚大概也追随着日耳曼尼库斯起程前往东方。因为，有许多日耳曼尼库斯亲信的军团长或大队长的名字，出现在被提比略派往东方的随行人员名单中，让人感到他似乎把莱茵河沿岸的总司令部整个搬到了幼发拉底河。

如若卡西乌斯·卡瑞亚也是日耳曼尼库斯的随行人员，那么他应该会跟随日耳曼尼库斯、其妻阿格里皮娜以及儿子卡利古拉一同前往埃及。此后，他们从埃及回到叙利亚不久，日耳曼尼库斯病逝，阿格里皮娜怀抱亡夫骨灰，领着 7 岁的卡利古拉回到意大利本土。这一连串事件发生时，卡西乌斯·卡瑞亚应该都在场。

然而，在这之后，关于卡西乌斯·卡瑞亚的线索又断了，巧妇难为无米之炊，即使进行推测，最少也要具备有用的史料。不难推测，卡西乌斯·卡瑞亚也许回到了莱茵河沿岸的军营，因为失去总司令的士兵除了军队别无去处。在提比略的励精图治之下，罗马帝国北方的防线最终以莱茵河和多瑙河为界，而罗马帝国确立防线这种不起眼却非常重要的工作，人才不可或缺，肯定是需要诸如卡西乌斯·卡瑞亚这种出类拔萃而又忠心耿耿的军事专才的。

晋升到近卫军团大队长就可以到首都工作，这是每一名士兵都艳羡憧憬的职位。我想，卡西乌斯·卡瑞亚回到首都时应该在“小军靴”卡利古拉继位后。而卡西乌斯·卡瑞亚此后的工作就是贴身保护卡利古拉。不论卡利古拉出现在里昂、莱茵河前线基地，还是濒临多佛尔海峡的高卢北部，都应能发现卡西乌斯·卡瑞亚的身影，这已经成了他的日常生活。卡西乌斯·卡瑞亚过这样的生活眼看就有 4 年了。

有流言说，卡利古拉经常笑话没有妻室、一直单身的卡西乌斯·卡瑞亚是同性恋，所以苏维托尼乌斯认为，卡西乌斯·卡瑞亚因此憎恨卡利古拉而痛下杀手。对皇帝宣誓效忠却施以毒手，只是这种程度的憎恨实在没有说服力。想想卡利古拉性格还不成熟，说是嘲笑，撒娇的成分可能要多一点。况且，卡利古拉自幼丧父，和母亲一起的时间也不长，那么，卡利古拉也许会把与日耳曼尼库斯年龄相仿的卡西乌斯 · 卡瑞亚当作父亲一样对待。

然而，我想，皇帝卡利古拉的言行都让忠诚的卡西乌斯 · 卡瑞亚感到痛心疾首。当卡西乌斯 · 卡瑞亚想到年届花甲、退役后只能孤独度日，心中仿佛像父亲大义灭亲杀了不肖子一般，举剑刺向"小军靴"卡利古拉，就像是自家的丑事自家料理一样。

卡西乌斯 · 卡瑞亚杀了卡利古拉之后，命令手下把吓得躲起来的克劳狄乌斯带回近卫军团营区，让士兵称呼他"皇帝"。虽然，卡利古拉是日耳曼尼库斯的儿子，但克劳狄乌斯也是日耳曼尼库斯的弟弟，其实他们是一家人。在元老院做出反应之前，卡西乌斯 · 卡瑞亚已经抢得先机，让生米煮成了熟饭。家长具有很大权力这一观念早已深深植根于罗马人的家庭观念中，所以卡西乌斯 · 卡瑞亚才能快速地了结此事。

木已成舟，元老院只好接受，他们迅速同意让克劳狄乌斯继任皇帝，以杀害皇帝的罪名判处卡西乌斯 · 卡瑞亚死刑时，他一言不发地坦然赴死。而萨比努斯追随卡西乌斯 · 卡瑞亚自尽身亡。这两个人都指挥着 2 000 名士兵，作为大队长要想说服这些士兵并不是难事。此外，他们是扳倒暴君卡利古拉、让克劳狄乌斯登上皇位的有功之臣。然而他们从容就死，没有留下只言片语。在我看来，他们应该是一开始就以必死的决心来犯下这滔天之罪的。另外，近卫军团所有士兵每人发放 1.5 万塞斯特斯赏金，难道不是为了避免士兵对处死两位大队长的抗议吗？

然而，这些都只是我的猜测，史书中明确记载的只有如下事项：

公元41年1月24日，皇帝盖乌斯遇刺，妻子与女儿也难逃此劫。

近卫军两位大队长卡西乌斯·卡瑞亚和科尔涅利乌斯·萨比努斯，以及少数近卫军团士兵是谋杀的主要行动者。没有证据显示元老院元老参与其中。

卡利古拉遇害后没多久，卡利古拉的叔父克劳狄乌斯被人发现，并被带回近卫军团营区，接受士兵对这位“皇帝”的欢呼。元老院只好承认这个事实。

卡西乌斯·卡瑞亚和科尔涅利乌斯·萨比努斯束手就死，但参与行刺的士兵没有被问罪。而普通罗马民众对卡利古拉之死反应冷淡，无人叫嚣把卡利古拉丢到台伯河中，也无人为卡利古拉流泪。

卡利古拉的遗体被迅速火化，骨灰并没有被安放在皇族墓地奥古斯都陵园里，而是被葬在了埃斯奎里山庭园的一角，后世人并不清楚具体的埋葬之处。

卡利古拉在世时要求制造完成后分送帝国各地的他的塑像，目之所及的都被毁坏了。正因为卡利古拉遇刺后他的塑像立即被捣毁，所以留存至今的卡利古拉塑像十分稀少。大概是为了尽快结束这场梦魇，罗马人彻底抹去了卡利古拉的一切痕迹。随后，出人意料，50岁的新皇帝登基，新的时代来临。

第三章　皇帝克劳狄乌斯

（公元 41 年 1 月 24 日—54 年 10 月 13 日在位）

意外继位

罗马帝国的第四任皇帝是克劳狄乌斯，他既是提比略的侄子，也是日耳曼尼库斯的弟弟、卡利古拉的叔父。公元前10年8月1日，克劳狄乌斯出生于今天的法国里昂。他的出生地位于法国中北部的落后地区，即被罗马人称为“长发高卢”的地区，而非“托加长袍高卢”地区，即罗马化（罗马人所谓的文明化）的发达的法国南部高卢地区。其父杜路苏斯时任日耳曼战争的总司令，此外还担任除法国南部地区之外整个高卢行省的总督，作为身兼两职的官员的家眷，理所当然地都住在高卢行省的首府卢格登（今里昂）。

正如名字所示，克劳狄乌斯的母亲安东尼娅，是马克·安东尼（莎翁的戏剧中则念作马卡斯·安东尼）与奥古斯都的姐姐屋大维娅之女。虽然奥古斯都战胜了有意勾结埃及艳后克娄巴特拉势力的安东尼，然而他却把安东尼的儿女当作自己的孩子一般，并把他们抚养长大，使得他们都有了栖身之所。奥古斯都将安东尼娅嫁给了他的继子——其妻利维娅与前夫生的儿子杜路苏斯。罗马共和国末期权力斗争的两位主人公，对于皇帝克劳狄乌斯而言都是他的亲人，安东尼是他的外祖父，奥古斯都则是其外祖母的胞弟。

由此可知，克劳狄乌斯的身上也流淌着奥古斯都的血。然而年纪轻轻的卡利古拉之所以能够抢在克劳狄乌斯之前捷足先登，继承皇位，究其原因，并非如古代的历史学家说的那样，是因为克劳狄乌斯身体有缺陷，而是另有玄机。

我在《罗马人的故事06·罗马统治下的和平》中早已提到，在奥古斯都即将逝世的最后几年，所有与他有血缘关系的皇位继承人都早已不在人世。因此，奥古斯都在认提比略做养子的同时，也提出了要提比略收养日耳曼尼库斯为养子的要求。虽然提比略也是利维娅的儿子，然而，他在血缘上跟奥古斯都没有一点关系。不过，姐姐屋大维娅的两个外孙日耳曼尼库斯与克劳狄乌斯，和奥古斯都有着血缘关系。奥古斯都一直坚持与他有血缘关系的人才能够继承皇位，并希望通过让提比略收日耳曼尼库斯为养子的办法，在提比略死后能够让帝国的皇位再一次回到与他有血缘关系的后代手上。然而，由于日耳曼尼库斯的英年早逝，提比略的皇位继承人成了日耳曼尼库斯的儿子卡利古拉。

这也就意味着，借由养父子关系，皇位从奥古斯都传到提比略再传到卡利古拉，都被尤里乌斯家族的男人牢牢把持着。

另一方面，由于克劳狄乌斯的哥哥日耳曼尼库斯被奥古斯都的养子提比略认作养子，即他的兄长成了尤里乌斯家族的一员，因此克劳狄乌斯成了从共和制时代以来就是名门望族的克劳狄乌斯家族中留存下来的唯一的后代。换言之，克劳狄乌斯不属于尤里乌斯家族，他仍旧还是克劳狄乌斯家族的人。当然，克劳狄乌斯不是没有野心觊觎皇位，只是他没有资格而已。

由于克劳狄乌斯不是尤里乌斯家族成员，基于这个原因奥古斯都和提比略生前都没有承认过克劳狄乌斯是皇位继承人之一。此前，奥古斯都一直坚持皇位必须保留在尤里乌斯家族的男性手中，而提比略也恪守奥古斯都的遗旨，他们甚至从未将克劳狄乌斯纳入皇位继承人的考虑范围，也是出于这个原因。

然而，卡利古拉在位还不到4年时间，这一事实将奥古斯都的计划全盘打乱。加之尤里乌斯家族之中已经没有男性来继承皇位，只有让一个人继承皇位才能避免重返共和制，从而继续维持罗马的元首制。近卫军团大队长卡瑞亚曾向卡利古拉发过肝脑涂地的尽忠誓言，所以在他的心中一直有一个较为牢固的观念，那就是皇位继承人必须流淌着神君奥古斯都的血。即使克劳狄乌斯不是尤里乌斯家族的一员，然而他的母亲与外祖母始终与奥古斯都是血脉相连的。

继承皇位的克劳狄乌斯，正式的全名为提比略·克劳狄乌斯·恺撒·奥古斯都·日耳曼尼库斯。

从克劳狄乌斯的全名不难看出，提比略是名，而克劳狄乌斯是家门名，至于恺撒与奥古斯都则是后来所有的皇帝都要继承的头衔，因此可以称其为"皇帝名"，而拥有"日耳曼征服者"意思的"日耳曼尼库斯"则是他的父亲杜路苏斯的昵称，这与西庇阿·阿非利加努斯中的"阿非利加努斯"（"非洲征服者"）意义相同，这在古代被称为家族名。在罗马，家族名是可以在子孙后代中世代继承的，因此与现在的姓氏具有相同的含义。

在此，不知道大家有没有留意到，恺撒、奥古斯都、提比略与卡利古拉都拥有家门名"尤里乌斯"，然而克劳狄乌斯并没有"尤里乌斯"这一名称，他以"克劳狄乌斯"作为家门名称。基于恺撒描绘的帝国蓝图，由奥古斯都拉开序幕的君主专制的罗马帝国这一段历史中，从第一位皇帝奥古斯都开始，到提比略、卡利古拉、克劳狄乌斯以及第五位皇帝尼禄，这段时期前后长达一个世纪，因此，这一时期被称为"尤里乌斯—克劳狄乌斯王朝时期"，意指在出身于尤里乌斯家族和克劳狄乌斯家族的皇帝们统治下的时期。这是因为奥古斯都、提比略和卡利古拉都属于尤里乌斯家族，而克劳狄乌斯以及被他收为养子的尼禄则属于克劳狄乌斯家族。这两个大家族并不是没有关联。提比略本来就出身于克劳狄乌斯家族，而不论是克劳狄乌斯还是尼禄，各自的母亲都与奥古斯都血脉相连。“尤里乌斯王朝时期”与“克劳狄乌斯王朝时期”为何没有分开，而是统称为“尤里乌斯—克劳狄乌斯王朝时期”的原因就在于此。尤里乌斯家族和克劳狄乌斯家族从罗马建国初期开始就一直是名门望族。

在此，我为何要如此不厌其烦地说明这两个家族的关系呢？原因在于罗马的君主专制正是凭借这些错综复杂的关系的正当性，才保证了罗马帝国政权的延续。

能让被统治者认同被统治的理由，是建立在所谓统治者正当性的基础之上的。总统和首相通过直接选举中的得票数，或者间接投票方式的国会记名投票来获得统治的正当性。在还没有实行这样的选举制度的罗马元首制时代，要继位称帝，就要获得元老院和公民的认可。言外之意，即使是在元首制时期，罗马人仍然把统治的正当性放在重要的位置。理由是再简单不过的，不管是在何种政治体制下，如果被统治阶层不给予一致支持的话，就无法执政。从这一方面可以说“一致支持”就是“一致认可”的意思。

奥古斯都也正是考虑到政局的稳定才拘泥于必须由血亲来继承皇位的。卡利古拉遇刺这种震惊朝野的事件刚过去没多久，克劳狄乌斯虽不是尤里乌斯家族的人，然而他和奥古斯都血脉相连，才使得克劳狄乌斯出人意料地继承了罗马帝国的皇位。这也说明了由奥古斯都开创的元首制体系，在历经 70 年之后终于得到了元老院与罗马公民的一致认可，否则就算近卫军先斩后奏拥立克劳狄乌斯为帝这件事做得再滴水不漏，克劳狄乌斯的执政期也不可能有 13 年之久。

历史学家皇帝

即便是在“健全的精神存在于健全的身躯之中”的主流观念支配着当时罗马帝国之时，罗马人还是接受了一个身体上有着明显缺陷的人成为他们的新领袖。

克劳狄乌斯大概因为年幼时患过小儿麻痹症，他总是拖着右腿走路。由于身体的不均衡，总不能保持左右平衡。也许是因为无法进行日常锻炼，他整个人给人的感觉是弱不禁风。克劳狄乌斯走起路来两膝不住地发抖，步履艰难。此外，他还有不停地摇头、一紧张就会口吃的毛病。克劳狄乌斯的身高也低于平均水平，体态不佳，脑袋不大，倒三角脸，尖下巴，三条深深的皱纹刻在狭窄的额头上。

若非要评价一下他的外表，只能说虽五官俱全，然而组合出来的是残次品。可能稍微注重一下自己的仪表就会使自己的心情变得高兴一点，然而从不缺钱打扮自己的克劳狄乌斯对此毫不在意。

如此不修边幅的克劳狄乌斯不被皇室的女性仰慕是理所当然的。然而，在克劳狄乌斯 23 岁时就去世的奥古斯都一直很看重他的优点，对亲戚间的关系不是很看重的提比略虽然没有给克劳狄乌斯特殊照顾，然而也没有亏待过他。不过，兄长日耳曼尼库斯才是克劳狄乌斯最大的保护者。

罗马帝国扣留了许多盟国王室成员作为人质来到罗马，对于这些小孩而言，他们与罗马帝国的皇室子弟一起在帕拉蒂尼山上的官邸中长大，在相同的屋檐下一起玩耍，他们是皇室子弟友好的玩伴与同学。虽然是作为人质来到罗马的，然而除了不能随便回到祖国外，王子们依旧是王子，这就同英国殖民地贵族阶层的子弟留学英国或获得富布莱特奖学金留学美国的性质一样。只是，这些小孩子出乎意料地喜欢恶作剧，而克劳狄乌斯这样有身体缺陷的小伙伴往往成为他们欺负的对象，但克劳狄乌斯年长5岁的哥哥日耳曼尼库斯一直保护着他，才使他免遭欺凌。日耳曼尼库斯不仅深受奥古斯都疼爱，而罗马帝国的女性也对他仰慕不已，他还是一个极富责任感的人。在他看来，弟弟在1岁时丧父，此外还身有残疾，作为兄长要好好保护弟弟才行。克劳狄乌斯正是在兄长的庇护之下，才有一个较为安定的童年和青春期。或许正因如此，克劳狄乌斯才能在继位称帝之后，在罗马帝国施政方面诠释了“不健全的身躯也可以孕育出健全的精神”这一理念。

即使是在克劳狄乌斯长大成人之后，奥古斯都以及提比略都从未考虑过对他委以任何军职或官职，反倒默许他从事于他从小就热爱的历史研究与写作。克劳狄乌斯若非卡利古拉遇难之后继承皇位，可能终生都会与“历史”为伍。

据传克劳狄乌斯的历史学研究与写作的指导老师，正是晚年的提图斯·李维。

我已在《罗马人的故事01·罗马不是一天建成的》的参考文献中对提图斯·李维做了详细的介绍：

> 提图斯·李维（Titus Livius，公元前59—公元17年）：从32岁开始一次10卷地撰写出版《罗马史》（*Ab urbe condita libri*），他一生中一共写了142卷，这些著作又被罗马人赞誉为罗马历史研究的金字塔。这部《罗马史》记述了罗马开国到公元前9年的史实，只是大部分在中世纪时遗失了，现存的部分不到原书的三分之一，这使罗马史研究者扼腕叹息。

李维与构建起希腊历史金字塔的希腊人修昔底德一样，都出生在动荡的年代，也许正因如此他们才更关注历史。当然，关怀“人性”正是关注历史的最终目的，并不能理解为怀旧情怀。生在乱世的人自会比生在太平盛世的人更关心人们的种种行为背后的人性。尤其是极具观察力和分析能力而又置身官场之外的人，更是对此表现出了极大的兴趣。

李维10岁——尤里乌斯·恺撒率军渡过卢比孔河，内战随即爆发。

11岁——主张罗马应维持共和制的元老院派代表庞培率领的大军，与反对共和制的反元老院派代表恺撒率领的军团在希腊的法萨卢斯平原决战。恺撒打败庞培，庞培在逃亡埃及时被杀害。

12岁——恺撒就任罗马独裁官。

13岁——恺撒开始清除庞培余党，将战火烧到北非，并在塔普苏斯战役中又一次取得胜利。同年，拥护共和制的小加图自杀而亡。

14岁——恺撒取得了西班牙孟达会战的胜利，给拥护共和制一派致命一击。

15岁——恺撒出任终身独裁官，真正意义上的元首制开始了。同年3月15日，以布鲁图为首的14名元老院成员在元老院会场内将恺撒谋杀。

16岁——由于形势日下，策划暗杀恺撒的主谋布鲁图和卡西乌斯逃亡到希腊，并打算与恺撒派的安东尼和屋大维一决生死。同年，在首都罗马，共和制坚定的拥护者西塞罗遭到杀害。

17岁——恺撒的反对派和恺撒派在希腊的腓立比荒野上激战，最终恺撒派获胜，布鲁图和卡西乌斯战败自杀。

随后，恺撒派（反元老院体制派）发生内讧，一分为二，分为安东尼和屋大维两个派别，权力争夺战拉开序幕，一直持续到李维 28 岁时的亚克兴角海战之后才成定局。次年，安东尼和克娄巴特拉双双自杀身亡，一时间恺撒的养子屋大维权倾朝野。

32 岁——更名为奥古斯都的屋大维宣布恢复共和制。然而，实际上这只不过是奥古斯都要确立元首制要的第一个花招而已。

奥古斯都公元前 63 年生，公元 14 年卒。李维公元前 59 年生，公元 17 年卒。虽然皇帝和历史学家处的立场截然不同，一个是时代的参与者，一个是时代的观察者，然而可谓同属一个时代。从恺撒渡过卢比孔河，直至奥古斯都开创的“罗马统治下的和平”，可以说李维都亲眼见证了。

共 142 卷的《罗马史》记载了从罗马帝国的建立到公元前 9 年间共 744 年的历史。作者李维生活的那一段历史，即记载了由共和制转变为元首制时期的历史的那部分只遗留下了零星记载，这让研究罗马史的历史学家们十分惋惜。虽然李维生于奥古斯都时代，他却是一位共和制的拥护者。如果这些史书能保存下来的话，我们就能从共和主义者的立场来看奥古斯都是如何在向众人宣布恢复共和制之后瞒天过海，然后又将共和制转为元首制的。

据说奥古斯都在这部 142 卷本的书还保存完整时就通读了这部书，并称李维是“庞培的拥护者”。虽然言语间戏谑了李维，这位建立起元首制的元勋奥古斯都却从未考虑过将这位庞培支持者写的书打为禁书。提倡发行共和制坚定的拥护者西塞罗的全集也是在奥古斯都时代。克劳狄乌斯虽然和罗马首屈一指的名门望族掌门人兼皇帝的奥古斯都有血缘关系，然而即使是他在青年时期师从“庞培支持者”李维，也没有人认为这是丑闻。

在读了克劳狄乌斯被推上皇位之前，即他 50 岁前撰写的一系列著作之后，不难看出他深受李维的影响，这不由得让我透露出一丝苦笑。

最初，克劳狄乌斯撰有《伊特鲁里亚史》，篇幅长达 20 多卷。之后他又撰有《迦太基史》，共 8 卷。对于罗马而言，《伊特鲁里亚史》描写了在罗马建国初期伊特鲁里亚人从称霸意大利中部，再一点点遭受罗马的侵略直至完全被罗马侵占同化的历程。《迦太基史》记录了迦太基民族与正如日中天的罗马发生正面冲突，在经过 3 次布匿战争之后，最终臣服于罗马的史实。虽然这两个民族与罗马的斗争史各不相同，然而有一点是相同的，那就是它们都是战败者。虽然克劳狄乌斯生在胜利者一方的罗马，然而在他全身心扑在记录历史的时期，他关心的却是战败者的历史。

克劳狄乌斯写的另一本书是关于失败的政治家西塞罗的传记，通篇都能看出他在为西塞罗辩解。也许是受到老师的影响，也可能是作为这部传记的延续，克劳狄乌斯开始着手写自己所处时代的历史书，也就是记录恺撒遇害、罗马再次发生动乱的时代的历史事件。克劳狄乌斯原本打算要给描述这段历史的书起名为《内战记》，然而受到母亲安东尼娅的忠告，他在写到第二卷的时候就没再写下去。因为内乱时期的主角不管是安东尼还是奥古斯都，大多数人都是克劳狄乌斯的血亲，他和局外人李维的立场终究是不一样的。一直都喜欢站在失败者一边的克劳狄乌斯，似乎是出于好意要把布鲁图和安东尼好的地方记录下来。安东尼娅虽是安东尼的女儿，但出于这样的举动可能会对儿子造成不利影响的考虑，她极力劝阻克劳狄乌斯不要写这样一本书。

克劳狄乌斯虽然不能再接着写《内战记》来记录那个时代的历史，但他无法放弃对当时历史的关心，他写成了全书共41卷的《和平记》。既然这是一本记录和平时代的书，那么就应该是描写奥古斯都建立的罗马式和平。因为罗马在此之前并不能算“和平”。

从历史学的角度来看，由罗马皇帝亲手写的历史书可谓是一级史料，非常可惜的是这些史书全部遗失了，没有留下任何记载。根据流传下来的克劳狄乌斯写的演讲稿与碑文，研究者们推测他学识渊博，调查也做得很详细，只是他的文章缺少了文学作品应有的闪光点和深刻的意境。研究者都认为，正因为后人把他的作品当作“学者的文章”来对待，所以他的书才没有被保存下来。不过想来也确实是这个道理。

尽管克劳狄乌斯没能写出流芳百世的史书，然而对克劳狄乌斯而言，潜心钻研历史和写作的前半生，对他继承皇位之后帮助良多。在他被推上皇位之前，除了卡利古拉心血来潮地委任他当了几个月的执政官外，他没有任何军队或政务上的经验。克劳狄乌斯从书中学到的知识积累到50岁时，在他应对一切都是陌生的事物时还是发挥了不小的作用。这也意味着罗马帝国产生了一位历史学家皇帝。

执政之初

公元41年1月24日下午1点，罗马帝国的皇帝卡利古拉遇刺身亡，不足4年的卡利古拉政权便戛然而止。

行刺卡利古拉的凶手与主谋，近卫军团大队长卡西乌斯·卡瑞亚和他的同谋在刺杀成功后做的第一件事，不是去占领帕拉蒂尼山上的皇宫，也没有像刺杀恺撒的布鲁图和他的同谋一样退守到卡匹托尔山上，更没有盘踞在最高神朱庇特神殿证明这是他们的正义行为。卡瑞亚率领一队士兵找到因害怕而躲起来的克劳狄乌斯（表面上是拥立，实际上就是挟持），将他带回位于首都罗马东北方向的近卫军团营地。

这是因为，虽然是两名大队长率领的20个左右的手下犯下行刺皇帝的滔天大罪，但是，他们仍然期待其余7个大队长和麾下的士兵，尚有1万名左右的近卫军团士兵能够拥护他们。所谓的近卫军团士兵“拥护”，是指皇帝换成了别人，他们支持的依旧是元首制，即卡利古拉的取代者必须和奥古斯都有血缘关系。换皇帝不换政体才是行刺者卡瑞亚心中的真实意图。

正是为了对抗唯一有可能会反对继续实行元首制的元老院，卡瑞亚才把克劳狄乌斯当作人质，带回近卫军团营地。

一般而言，人质有两种用处：一种是恐吓，即如果对方违抗自己的意愿，那就杀死手中的人质。另一种则是挟天子以令诸侯，即利用人质号召世人归顺，用以分离消灭反对势力。

克劳狄乌斯既不是罗马名门望族的族长，也不是什么大人物，只不过是一位专注于记录历史的50岁老人，就算他被杀了，对于元老院而言也是无关痛痒的。显而易见，卡瑞亚抓了克劳狄乌斯做人质自然是企图挟天子以令天下。在卡利古拉遇刺后，一直支持元老院的首都警卫队听闻近卫军纷纷拥立克劳狄乌斯时，当下见风使舵，转而拥立克劳狄乌斯。如此一来，9个大队近1万人的近卫军团与3个大队的首都警卫队近3 000人的支持方向就确定了，这就意味着首都罗马、意大利本土所有的军事力量都站在了维护元首制的旗帜之下。

拥护共和制派在卡利古拉遇刺之后，立即抓住时机，在元老院召开紧急会议。在会上慷慨陈词的他们原本就是少数派，现在又见大势已去，除了保持沉默别无他法。不过若是就如此屈服于近卫军，元老院就会威严扫地，更何况如若元老院让近卫军的傀儡当上皇帝，罗马的前途也会更让人担心。

元老院立即展开了行动。1 月 24 日晚上，派出两位护民官做代表与身在近卫军团营地的克劳狄乌斯会面，他们此行的目的就是想直接听听克劳狄乌斯对时局的看法。

两位使者带来的元老院信函中有以下两项内容：

（一）若克劳狄乌斯愿意当回平民，那么就将不追究其当天的行为。

（二）若想要成为“第一公民”，克劳狄乌斯就必须得到元老院的认同。

从信函的第二项中就可以看出，其实元老院心中已经认同了继续在罗马帝国实行元首制。

虽然是被强行推上帝位的，然而克劳狄乌斯毫不犹豫地选了后者。他向使者表明，虽然他从未想过自己会成为“第一公民”，然而既然有这个机会，他就会迎难而上。

当然，克劳狄乌斯绝不是突发对权力的渴望。对罗马精英分子影响至深的哲学，既非苏格拉底之前的希腊哲学，也不是苏格拉底哲学，而是希腊哲学的后起之秀——斯多葛学派哲学。斯多葛学派反对封闭式的城市国家，宣扬世界性国家的必要性。他们认为大众奉献是精英们的责任，这恰巧是罗马精英们的抱负。作为出身于精英阶层的人，几乎花费了半辈子的时间来探索人性、钻研历史与写作的克劳狄乌斯，在面对意料之外的皇位时，为大众奉献的想法油然而生。此时此刻的他已经不再是别人手中的傀儡。

就在当晚，元老院一致通过了将卡利古拉拥有的一切权力赋予克劳狄乌斯的决议："第一公民"称号、罗马军队最高指挥权、可无条件动用否决权的护民官特权、罗马宗教中地位最高的大祭司。此外，还有继承恺撒与奥古斯都这两个名字的权力，也即只有"皇帝"才能享有这些权力，承认了克劳狄乌斯的地位。大概是元老院在被年轻的卡利古拉折腾过之后，50 岁的克劳狄乌斯更让人放心吧。

既然要继续实行元首制，就不能让行刺皇帝的人逍遥法外。克劳狄乌斯继位之后，做的头件事就是追究刺杀卡利古拉的人。不过克劳狄乌斯下达的只是处决大队长卡瑞亚的命令，而由于另一位大队长萨比努斯的名声没有卡瑞亚响亮，克劳狄乌斯似乎是想对他睁一只眼闭一只眼算了。至于参与谋杀卡利古拉的另外 20 余名士兵，念在他们没有直接参与行刺，最终被宽大处理，不再问责。

虽是卡瑞亚亲手杀死了"小军靴"，但他在没有牵连任何一个人的情况下坦然接受了死刑。大概是卡瑞亚在目睹日耳曼尼库斯的弟弟克劳狄乌斯继位后，觉得用自己的死来终结暴君的统治，是死得其所。同谋萨比努斯虽然免于死刑，然而他最终选择了自杀去追随卡瑞亚。这或许是外人难以理解的战友情谊。随着两位主谋都以死告终，行刺卡利古拉一事也算处理完毕了。

以下内容已重申多次，就连我都有点想跳过去不再多说了，然而这一点又刚好极其重要，无奈之下只好再啰唆一遍。

即使是在罗马采取元首制时代之后，"S.P.Q.R."（Senātus Populusque Rōmānus 的缩略语，意即"罗马元老院与公民"）是权力的根源这一点从未改变。皇帝的统治权是由罗马元老院及公民这些“有权者”赋予的，因此，罗马皇帝可以开始行使统治权的标志，不是举办加冕大典，而是得到元老院和公民的许可。

罗马是一个地跨欧洲、中东、近东以及北非的庞大帝国，受到通信不发达等落后条件的影响，“有权者”反映他们的意见是有局限性的，即能反映自己意见的“有权者”实在少之又少。如果举行民意调查以了解皇帝的支持率的话，反映的也不过是元老院、首都罗马市民以及本土意大利居民的“意向”而已。

拥有罗马公民权是成为“有权者”的必备条件，如此一来，行省人民就不能被称为“有权者”，也就没有委任他人统治自己的资格。然而从被统治者角度出发，行省人民与罗马公民有着相同的地位。此外，行省人民的人口 10 倍于罗马公民，他们自然不会心甘情愿地像小孩一样听任使唤。因此，也曾发生过行省人民反抗暴政的暴动或起义。罗马中央政府赋予行省人民控告行省总督实行暴政的权利，因此，行省人民也不是完全没有机会发言。

如果当时罗马帝国有民意调查这个东西，并且对行省人民进行民意调查的话，在首都和本土支持率极低的提比略在行省的支持率肯定会高得离谱。不过对于历代皇帝而言，意大利本土与首都罗马的支持率，就足以反映出民众对他们的拥戴程度。

除因宗教原因，犹太人不能称呼恺撒和奥古斯都为“神君”外，备受罗马公民和各行省人民拥戴的这两位皇帝都一直被他们视为“神君”。而其后的提比略与卡利古拉两人，前者为了顾全整个帝国的利益，不惜牺牲首都罗马人民的支持，以致得到的评价极其糟糕。而后者则太过重视首都人民的支持，最后引发财政崩溃，直至葬送了自己的性命。

克劳狄乌斯下定决心当上皇帝之后，在他的脑袋里面，早已把罗马建国以来的罗马历史，被罗马人引为前车之鉴的城邦时代的希腊人历史、亚历山大大帝时代创造的希腊历史，也就是先祖们的历史，反复加以借鉴。为什么要这样做呢？克劳狄乌斯关心历史就等于不一味地相信包括自己在内的众人的创造力，即他并不认为“个人创造历史”，而是相信“人类创造历史”。因此，他并不觉得借鉴先人的例子是一件羞愧的事。先人当中，恺撒和奥古斯都更是被他引为执政的榜样。

然而，克劳狄乌斯在元老院宣誓时，他提到的效仿对象只有奥古斯都一个人，自始至终都没有提到恺撒。这是因为他宣誓的对象是元老院。恺撒虽然保留了元老院，却一直都在打压元老院提倡的以寡头政治为特色的共和制。相反，奥古斯都则宣誓要恢复共和制，并始终做出尊重元老院参政权力的姿态，尽管这只是他用来巩固自己政权的幌子。他甚至表示要恢复奥古斯都的施政模式，这样一来就不必担心元老院会造反了。

提比略不仅是一个口碑极差的皇帝，在隐居到卡普里岛之后仍旧不放手帝国的统治权，在政治上更是不把元老院放在眼里。对于这样一位先皇，克劳狄乌斯当然是只字不提。

尽管克劳狄乌斯没有对外表示要把恺撒和提比略当作自己的摄政榜样，但很明显，他的统治模式还是受到了这两人极大的影响。尤其在财政管理和行省的治理上，他很有提比略之遗风。这是因为，若要把公众利益放在首位的话，唯有遵循提比略的治世之道。

确立了相同的目标，然而左右达成目标过程的却是当事人的能力高低。克劳狄乌斯踌躇满志，也有实现壮志的决心，然而他缺少领导人应当具备的某些特质。

50 岁的克劳狄乌斯在罗马人眼中正处于成熟的巅峰，但他执政之初的表现十分平庸。到他宣布要恢复奥古斯都的治世方式为止，一切都还算顺畅。然而接下来，他提倡恢复罗马自古以来着装的优良传统，落实的第一步，就是提议将其法规化。

"罗马公民应随时穿着托加长袍。"

放到现代社会，也只有流行歌手才会穿着奇装异服，而先帝卡利古拉却时常衣着怪异，所以我们也就不难理解克劳狄乌斯的用意。我在《罗马人的故事 04 · 恺撒时代（上）》里介绍过，托加长袍是一种庄重威严的服装，并不适合日常穿着。平日要保持威严仪态的元老院元老和律师另当别论，拥有罗马公民权的人中是有无产者存在的，穿着托加长袍他们还怎么工作呢？元老院元老虽然能理解要求人们穿托加长袍的用意，但不觉得有必要为此立法。当身着托加长袍的他们从新皇帝口中听到这个要求时，出于礼貌，虽然没有发出轻蔑的爆笑，但还是不禁面露冷笑。

第一次在元老院发表演说，满堂的冷笑使克劳狄乌斯不再镇定，他开始结巴。他一结巴就拼命想把话讲好，结果嘴角堆满了唾沫。向来不注重仪表的克劳狄乌斯似乎没有发现，一直没有把唾沫处理掉，结果唾沫就变成了口水从嘴角流出。到最后连他自己都不知道自己在说些什么。克劳狄乌斯的首次演讲就在这样的情况下画上了句号。

尽管如此，克劳狄乌斯的执政生涯并没有戛然而止。这主要有两点原因：

其一，克劳狄乌斯为大众奉献的意愿坚定，丝毫没有因为第一次公开演讲的失败而受到打击。

其二，克劳狄乌斯很走运。元老院中的少数元老在目睹了克劳狄乌斯的丑态之后，更激发了他们要为新皇帝鞠躬尽瘁的情怀。这部分元老虽然人数不多，但个个都是举足轻重、富有才华的人。他们深知推行元首制才是罗马帝国的治世之道，所以愿意倾尽全力辅佐新皇帝。这一派元老的代表人物就是提比略起用的人才之一路奇乌斯·维特里乌斯，即克劳狄乌斯拥有可以沿用提比略提拔的人才这一优势，这一点无疑是克劳狄乌斯在外交和军事上取得成功的助推力。

重树威望

克劳狄乌斯执政的当务之急，是重建因不足 4 年的卡利古拉统治而对元首制失望的民众的信任。

克劳狄乌斯宣布，不再执行“叛国罪”的刑罚。由于这条法律是奥古斯都制定的，所以他没有废除它，而是下令保留这条法律，但不再执行。克劳狄乌斯还批准因这条法律被流放的人回国。

包括被流放到文托特内岛的卡利古拉的两个妹妹在内的许多流放犯人，都借此赦免机会回到意大利本土。这两个人中的小阿格里皮娜丝毫没有因流放外岛而憔悴的模样，反倒是神采奕奕地回到了意大利本土。追求生活的舒适是罗马人的天性，哪怕是被流放到偏远之地也不例外。早在流放小阿格里皮娜之时，提比略就命人在岛上修建储水池，为了能使她在因暴雨天气不能出海的日子也能吃到鲜鱼，还挖了大鱼塘，用引进来的海水养鱼。当时正值 26 岁的小阿格里皮娜是卡利古拉皇帝的妹妹，后来她当上了克劳狄乌斯的皇后，最后成了罗马帝国下一任皇帝尼禄的母后。在历史上，为了便于区分同名的她与她的母亲，称她为“小阿格里皮娜”。小阿格里皮娜在岛上过了一年的流放生活，回到本土的她已经成了一位游泳健将。

“叛国罪”这条法律的行使对象大多数是元老院元老，新皇帝宣布不再执行它，他们当然是求之不得的。除此之外，克劳狄乌斯又推行了一系列深受元老院欢迎的政策。

克劳狄乌斯效仿提比略时代，将执政官等罗马帝国中央政府要职官员的选举，从公民大会移回到了元老院。元老们为此省去了为竞选经费头疼的烦恼，自然表示欢迎。可是克劳狄乌斯引用提比略的施政方式也就到此为止。他不仅没有禁止选举活动中的各项娱乐，还采用褒奖的形式，鼓励以皇帝为首的富裕阶层对活动进行赞助，民众因将选举移回到元老院而产生的不满也由此得到了纾解。然而，克劳狄乌斯的政策转换，应该是个人喜好的成分大于政治目的。与向来厌恶各种娱乐的提比略刚好是两个极端，克劳狄乌斯对这些活动乐此不疲。有些看起来一板一眼的学者，却热衷于拳击或职业摔跤，克劳狄乌斯就属于这类人。

此外，克劳狄乌斯比谁都明白他的任务，就是收拾卡利古拉留下的烂摊子。

首先，克劳狄乌斯必须重整因卡利古拉骄奢淫逸而濒临崩溃的国家财政。当然，他从没想过要用增加赋税的方式恢复财政，可能是为了避免同提比略一样被世人诟病，也没有采用提比略削减财政支出这种办法。身为历史学家的克劳狄乌斯深知罗马的惯例，领导者最最重要的职责就是重视公共利益，进行基础建设。

克劳狄乌斯用卡利古拉缺乏的坚定意志，重新启动卡利古拉开工但未完成的两项大规模水利工程。工程承包商们没有了卡利古拉时代经费不到位的顾虑，一心扑在了工程上。尤里乌斯·恺撒有两大规划：其一，就是将罗马的奥斯提亚海港建设成整个地中海地区一流的港口；其二，抽干意大利中部的费奇诺湖的湖水，把它开垦成良田。只是恺撒的后继皇帝没一个人去实行。而克劳狄乌斯又向这两大公共事业工程发起了挑战。

大家都很怀疑，不靠增加税收也不靠削减财政支出就能重建财政的可行性。然而克劳狄乌斯认为这是完全有可能的。他的根据不是专业的经济知识，而是常识。

一、重新征收被卡利古拉废止的1%的营业税。

规定征收这项税金的是奥古斯都，克劳狄乌斯既然表示要效仿他的执政方式，恢复这项税收也是理所当然的。不过，世上是没有让人乐意的税收的，就算是神君制定的税收也不例外。卡利古拉为了得民心，废除了这项税收，现在要重新征收，大家的感受就如同被征收新税一样。为了平息大家的不满，克劳狄乌斯就宣布免征卡利古拉时代征收的燃料税等各项杂税。这么一来，税收体制同卡利古拉时代以前的一样，税种少而精。克劳狄乌斯的税收制度比卡利古拉时代以前的更加精简。

二、不削减必要的经费开支，不必要的开支一项不留。

这么一来，没有了以前令人瞠目结舌的大笔支出。大家认为举办戏剧表演、杂技表演、竞技赛、剑术比赛是必要支出，所以照常举行。相反，为了省下维修费用，克劳狄乌斯在卡利古拉时建造的、用来从埃及搬运25米长方尖碑的大船上装满石头，沉到海底，给奥斯提亚海港工程的堤坝做基石。

克劳狄乌斯从不注重仪表，当然对住所也毫不挑剔。没有人会愿意住到奥古斯都那简陋的住所去，提比略就在帕拉蒂尼山上盖了新居，只是在他隐退到卡普里岛之后便停止了施工，完成这个建筑的是卡利古拉。克劳狄乌斯就住到了那所房子里。尽管不是新的宫殿，但对于假公济私没有任何想法的他而言已经足够了。

光靠这些举措，不禁让人怀疑重振财政的效果，然而事实是，这些举措取得了惊人的成效。

提比略是在公元 14 年继位的，那时他不得不采取严格的紧缩财政政策。而克劳狄乌斯继位，是公元 41 年。在这不到 30 年的太平盛世里，整个罗马帝国的经济实力飞速增长。

罗马的税收制度采取的是百分比征收法，而非固定税。如征 1% 的营业税、5% 的遗产税、5% 的关税、10% 的行省税、25% 的东方进口奢侈品税。克劳狄乌斯继位之后，包括整个罗马帝国的大经济圈已经开始运转，财政的恢复只要靠自然的税收增加就能达到。

依靠税收的自然增长来构架财政稳定，税收收入渠道就得畅通。如果放任征税者的违法行为的话，管道就会堵塞。克劳狄乌斯身为罗马帝国皇帝，如果在大众面前过多抛头露面一定会惹来物议，然而为了保证税收渠道的透明公正，克劳狄乌斯不顾这些，他热衷于参加法院的审判。通常而言，他会把杀人和偷盗案件交给别人处理，对于税收，他清楚公正的税收是实施仁政的根基，是值得皇帝用心去监督的。在这一点上，克劳狄乌斯和提比略如出一辙。

卡利古拉留下的第二个烂摊子，就是在他在位的短短 4 年时间内，萌生了一系列外交问题。首先要解决的是北非的毛里塔尼亚王国问题，其次是犹太问题，最后才是卡利古拉在多佛尔海峡进行军事演习之后又撤回罗马而引发的不列颠问题。

北非

毛里塔尼亚王国问题是罗马帝国面临的重要问题，这个问题不仅仅局限在北非一带，还牵扯到直布罗陀海峡对面的伊比利亚半岛的稳定，解决这个问题迫在眉睫。

卡利古拉杀死了毛里塔尼亚的国王却没有安排代替他的人选，这种草率的行为造成了曾是忠诚同盟国的毛里塔尼亚王国的反叛。面对如此局面，他只好用军队镇压叛乱。克劳狄乌斯根本没有想过要和平解决这个问题，这与其说是不把毛里塔尼亚放在眼里，倒不如说罗马是绝对不会跟反罗马的国家和平谈判的。如对方有任何异议，罗马允许对方派使团来罗马上表，然而如果对方不上表，企图用武力反抗罗马的话，罗马方面就会诉诸武力。这就是罗马的态度。由卡利古拉留下的毛里塔尼亚叛乱的烂摊子，克劳狄乌斯用了不到一年的时间就摆平了。此后，这个地区也是以“帝国主义”之名被统治，即以非常罗马化的方式进行统治。

借着便于管理叛乱之地的理由，原毛里塔尼亚王国被罗马帝国分为“毛里塔尼亚汀吉塔纳”（摩洛哥首都塔吉尔的毛里塔尼亚）与“毛里塔尼亚恺撒恩西斯”（舍尔歇的毛里塔尼亚）两个地区。当然这两个地区都是罗马的行省。前者的首府是塔吉里（今塔吉尔），后者的首府是恺撒利亚（如今的名称是阿拉伯语的舍尔歇）。

克劳狄乌斯指派罗马官员出任这两个地区的长官，并在治理上沿

毛里塔尼亚被分割之后的北非

用尤里乌斯·恺撒在北非的治理方法。围绕建设殖民城市这一核心，克劳狄乌斯将大量的退伍军人和罗马公民志愿者输送到这两个地区，在这些城市之间建造罗马式的道路网来振兴经济，并取得了显著的成果。这一地区以东的原努米底亚王国的努米底亚行省、原迦太基的阿非利加行省，还有包括在克里特岛长官管辖之下的昔兰尼加行省在内的北非西部全境和毛里塔尼亚分化成的这两个行省，后来的小麦出口量达到了首都罗马和意大利本土需求量的三分之一之多。

前文曾叙述过，埃及供应给罗马的小麦占了罗马进口小麦量的三分之一，不过这个比例是克劳狄乌斯重新开发北非西部全境后得出的数字。在此之前，出口到罗马的埃及产小麦占的份额比现在的更高。对于以小麦为主食却主要靠进口小麦的国家而言，单由一个地区供应粮食的话，实在不是什么明智之举。北非地区能够提供三分之一的小麦以后，加上出产量几乎等于整个罗马本土小麦产量的西西里岛，罗马等于有了 3 条生命线。

这里的北非实际上指的是以向南方延伸的沙漠为界，地中海沿岸的北非地区。不过这一带的罗马化进程不只停留在经济振兴的层面上，人才的挖掘和提升经济实力有着必然的联系。不仅是发展经济，负得起维护刚起步的经济责任的人才也是紧缺的。换言之，对有军事才华的人而言，这将是一个大显身手的机会。同时还急需能保证经济和军事顺利进行的行政方面的人才。这种人才需求促进了迦太基裔的居民融入罗马帝国体系之内。

公元前 146 年，迦太基被罗马灭亡。罗马经过 3 年的攻城战，终于将其首都攻陷，并在城中撒满了海盐，使其成为一块不毛之地。公元前 46 年，尤里乌斯·恺撒重新兴建这座曾是地中海地区数一数二的繁华城市，并用迦太基这个曾使罗马人难以忘怀的宿敌之名来命名。90 年之后，仍旧是罗马行省的迦太基经济再度复苏，但它早已是农业大国和贸易强国。取得这些成就当归功于克劳狄乌斯的这种“帝国统治方式”。甚至在 150 年后，这里还诞生了另一位罗马帝国的皇帝。

犹太问题

犹太问题是卡利古拉留下的另一个烂摊子。由于犹太问题是多地区问题，犹太人包括以耶路撒冷为中心的犹太居民，以及在亚历山大等城市和希腊人混居的犹太人。应对这些依旧抵制罗马化的犹太人，克劳狄乌斯采用了特殊问题特殊解决的方式。对于前者，克劳狄乌斯引用奥古斯都的犹太人管理方式；对于后者，他则用提比略的统治办法。

事隔 35 年之后，克劳狄乌斯决定，再次任用犹太人做国王来统治居住在以耶路撒冷为中心的犹太地区聚居的犹太人。这就如同海外分公司的总经理不是由总公司的人担任，而是聘请当地人担任。被委以统治犹太人重任的是希律王家族的一位成员，他的名字在西方被称作尤里乌斯·阿格里帕，犹太人则称作希律·阿格里帕。他是一个才华横溢的人，尽管这对罗马而言有好有坏。希律·阿格里帕幼年曾在罗马当过人质，他既是卡利古拉的玩伴，与克劳狄乌斯交情也非常深厚。

可惜的是，这位才华横溢的王子始终没有得到提比略的信任。如果提比略有让希律·阿格里帕王子做犹太国王的打算的话，他完全有能力这么做。然而一直没有提拔他，这是因为提比略觉得这个人不是值得依靠的盟友。一直待在“象牙塔”里活到 50 岁的克劳狄乌斯就与之不同，他有一个特点就是容易相信别人。

在此，顺便提一下，卡利古拉与犹太人有过武力冲突的标志性事件，就是他打算打造以自己为模型的朱庇特神像强行竖立在耶路撒冷的犹太教大神殿中。然而，这起冲突在卡利古拉死后烟消云散。叙利亚总督佩特罗尼乌斯拖延不从，使得卡利古拉的命令没有得到执行。在任期满后，这位总督回到了罗马。

然而，住在亚历山大地区的希腊人和犹太人的关系日益恶化，犹太人方面甚至出动了以哲学家斐洛为首的使团直接向克劳狄乌斯告状。克劳狄乌斯针对这个问题则贯彻了提比略的策略，也即罗马做中间人出面调停，但对两边都不偏袒。

克劳狄乌斯继承皇位不久就发出了一封题为《致亚历山大公民的一封信》的公文，罗马皇帝对这个问题的“态度”，单从题目就能有所了解。

这份公文的诉求对象，既不是住在亚历山大的希腊人，也不是住在此地的犹太人，而是“亚历山大公民”，这当然是有深意的。它表示，地中海最大的城市亚历山大的所有希腊人居民和犹太人居民，都应该摈除民族偏见，把自己当作“亚历山大公民”的一分子。这也表明，产业和贸易之都亚历山大的繁荣发展与当地的希腊人和犹太人的齐心协力密不可分，为此，罗马也誓将竭尽全力地调停此事。简而言之，公文的中心思想，就是若哪一方心存不满，在向对方发泄之前，应该先来罗马这边告状。不过克劳狄乌斯也承认，要让两个宗教信仰和生活习惯都不同的民族齐心协力，要看他们是否有包容精神。不管是希腊人还是犹太人，他都希望他们相互包容。

实际行动就是，取消了应该给的在 3 年前的暴乱纵火事件中资产蒙受损失的犹太人的赔偿。因为如果理赔的话，要对犹太人进行赔偿的就是加害者希腊人，如果这样处理，可能会再次引发暴乱。

然而，对遭受损失的犹太人居民，克劳狄乌斯再次确认了提比略对他们做的所有承诺：

（一）犹太人拥有把亚历山大的 5 个区中的 2 个区作为居住区的权利。

（二）宗教信仰自由，允许犹太人每年给耶路撒冷大神殿捐款。

（三）赋予犹太人居住区裁决权，然而死刑必须得到埃及长官的许可。

（四）周六为安息日。

（五）免除兵役等差役。

克劳狄乌斯既然贯彻了提比略的做法，就等于承认恺撒、奥古斯都、提比略等与罗马相同的办法，即犹太人与希腊人在商业上享有平等权利。然而，第五项是罗马考虑到犹太教的特殊性特许的。由于罗马方面做出这样的决定是无法改变的，所以希腊人居民就以一种“不得不如此”的别扭心情包容了这件事。

沙漠中常有强盗出没，红海地区则苦于海盗猖狂，驱逐这些不法之徒，维护和平是拥有霸权的罗马帝国的职责所在。在埃及，驻扎着以两个罗马人为军团长率领的、由拥有罗马公民权的士兵组成的军团。

然而罗马军队是由主力军团兵和人数相当的辅助兵组成的，罗马方面积极地征用当地人任辅助兵。事实上，在维护埃及和平的重任中起了至关重要作用的希腊人与埃及人辅助兵团，其小队长和中队长级别的指挥层大多数是希腊人与埃及人。对于在商业上享有和自己同等权利却可以以宗教信仰为理由不用为维护和平出力的犹太人，希腊人心中愤愤不平。用现代的说法可以理解为，犹太人在希腊人眼中是“躲在别人的保护伞下”的懦夫。将地中海地区分而治之，会导致希腊人与犹太人的相互仇视情绪，单靠理解包容来消除这种敌视心理，实在是有点天方夜谭。

虽然矛盾重重，克劳狄乌斯还是以公开的方式表明立场，亚历山大城终于平静如常了。希腊人和犹太人最终承认自己是“亚历山大公民”的事实，这倒不是得益于克劳狄乌斯的劝解，而是他们屈服在克劳狄乌斯在公文最后表露出来的威胁语气。世事如此：通情达理的人永远都是少数，对于剩下的大多数，威胁往往是最有效的手段。当多数人都屈服于强大军事力量的压力之下时，通情达理的少数派即刻会占据上风，这就是威胁的优点。克劳狄乌斯在公文《致亚历山大公民的一封信》的最后写道：

罗马“第一公民”今后是否还会推行以体谅大家为出发点的政策，就看各位的表现了。

克劳狄乌斯新官上任后立即就烧的犹太问题这把火，到此算是尘埃落定了。然而这期间克劳狄乌斯还是犯了看人不准的错误。正如提比略生前看准的一样，希律·阿格里帕极具野心，他是不会满足于罗马同盟国君主这个位置的。不能疏忽对这位犹太王行动的监视，成了邻居叙利亚行省总督的大事。

希律·阿格里帕管辖的领土基本上就是奥古斯都认可的希律大王时代的领土范围，不过可能是仗着自己和克劳狄乌斯私交甚密，加上克劳狄乌斯生性懦弱，希律·阿格里帕一定是觉得自己在耶路撒冷可以为所欲为了。希律大王去世后，奥古斯都曾下令禁止修建城墙将耶路撒冷的街道围起来，希律·阿格里帕却无视此法规，修起城墙来。叙利亚总督得知此事后，不得不以坚决的态度在克劳狄乌斯面前告了希律·阿格里帕一状。

希律·阿格里帕要调整政策，他要召集罗马帝国的东方各同盟国的国王来开会。这消息又被叙利亚总督汇报给了克劳狄乌斯。在克劳狄乌斯严厉的警告之下，这个计划最终流产。罗马跟这些东方列国单独地结为盟国，因为这些国家是罗马和其最大的假想敌帕提亚王国之间的缓冲地带，罗马更不可能让这些国家之间形成同盟关系。

虽然中间也经历了一些坎坷，然而“以夷制夷”式的犹太民族统治，还是进行得十分顺畅。希律·阿格里帕在位3年后去世，这对于克劳狄乌斯而言是喜忧参半。喜的是，既是玫瑰又是毒药的有才的希律·阿格里帕，不再是罗马帝国的威胁；忧的是，希律·阿格里帕的儿子年幼，不能继承王位，所以他将不得不放弃由犹太人统治犹太人的治理方法。

经过公元41年到44年3年的犹太王统治之后，以耶路撒冷为中心的犹太地区又重新回到以前罗马直接管辖的管理方式，即皇帝委任的摄政长官，在直接上司叙利亚总督的监督下治理犹太人。

克劳狄乌斯既然遵从提比略时期对犹太人的管理体制，那么实质性的东西也要按照提比略的做法来办。在犹太地区，不管是人还是物，只要是容易让人联想到统治者罗马帝国，就都尽可能地清除掉。执政官驻地在恺撒利亚，军营也在那里。雕塑和军旗都一律禁止带入耶路撒冷，以避免皇帝的塑像可能被说成是搞偶像崇拜。

在历任执政官中，当然也不乏无知鲁莽的长官，导致罗马人与犹太人之间的摩擦时有发生。然而，历来有中东地区“火药桶”之称的巴勒斯坦地区，在此之后还是享有了20年的和平。自从希律大王去世后，犹太人便被纳入罗马帝国直接管辖之下。如若从公元6年开始算起的话，尽管是被异教徒的罗马人统治着，犹太人度过了60年的太平日子，却是一个不争的事实。

远征不列颠

不列颠问题是卡利古拉留下的最后一个烂摊子。这倒也不是仅仅因为卡利古拉在多佛尔海峡边搞军事演习，结果还没出海就撤军了，因此，不列颠人才不愿意善罢甘休。不列颠问题在50年前奥古斯都时期还没有那么迫切，到了公元1世纪中叶克劳狄乌斯统治时期，就演变成为一个急迫的问题了，这才是克劳狄乌斯远征不列颠的理由。

英国当时被罗马人称为“不列塔尼亚”，这是根据不列颠英语发

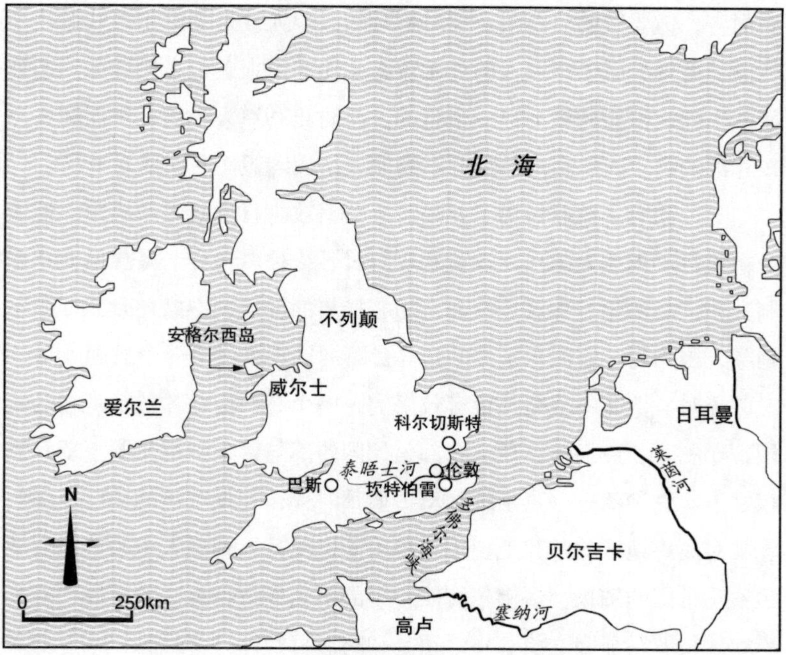

不列颠及其周边

音而来的。不列颠正如国名的由来一样，有过被罗马征服的历史，这一点与国土的四分之三自始至终都在罗马帝国境外的德意志不同。引用英国学者最喜欢的说法：正因为不列颠曾经被罗马统治过，所以不列颠人不是和日耳曼人（德国人）一样的蛮族。

不列颠分别在公元前 55 年和次年与罗马有过两次交锋，这都是尤里乌斯·恺撒率领罗马军团远征不列颠时期的事了，距克劳狄乌斯时代已有百年历史。

当时恺撒的出发点不是征服不列颠。对于称霸整个高卢地区的恺撒而言，他要做的只是阻止反对罗马的高卢人渡过多佛尔海峡逃往不列颠。此外，属于高卢人的贝尔吉人（比利时人）也大量迁徙到不列颠。因此，恺撒此举的另一个目的，是防止高卢人中的反对派和高卢东北部的高卢人、高卢后裔的不列颠人结成同盟，共同反对罗马。

与此同时，恺撒做出了要横渡莱茵河攻打日耳曼人的决定。恺撒最初攻打不列颠人的出发点就和攻打日耳曼民族一样，是想借此举牵制敌人，而不是想称霸。然而，随着局势的发展，恺撒还是想征服不列颠，因为与一直向东延伸的日耳曼不同，不列颠是一个岛国。

当时，恺撒的战略是很有效果的，整个高卢地区（包括现在的法国、比利时、卢森堡、荷兰南部、德国西部与瑞士）都臣服于罗马霸权之下。这种状态一直延续到奥古斯都时代，在他统治的 40 余年间，罗马对高卢地区的掌控地位更加稳固了，况且不列颠人也始终没有威胁罗马帝国的霸权。多佛尔海峡对岸的不列颠肯特地区的百姓，与高卢地区被罗马征服之前一样，还是和高卢百姓保持着贸易往来。面对这样的局势，奥古斯都当然没有必要出兵攻打不惹麻烦的不列颠。

到了提比略时代，罗马和不列颠之间依旧保持着间接往来。然而当时两国之间的往来，虽然表面上没有什么变化，暗地里却风起云涌。

被罗马人称作高卢人的凯尔特人，在现代有凯尔特人（希腊语）与高卢人（拉丁文）两种称呼。他们在被罗马征服之前叫凯尔特人，被罗马人征服之后则被叫作高卢人。而没有被罗马人纳入统治体系之下的爱尔兰人，罗马人也把他们称为凯尔特人。德鲁伊特教是凯尔特人信奉的民族宗教，这种宗教有专门的祭司阶层，该民族的宗教、司法、教育都被他们掌管着，他们也同样极大地影响着高卢民族的各部落领袖。即使凯尔特人信奉多神教，但从宗教与信众的关系方面来看，与一神教的犹太教是相似的。罗马人没有专门的祭司阶层，因为在他们看来，司法、教育和军事本该是人类能够独立思考才产生的，所以，凯尔特人设置祭司阶层的做法自然无法被他们接受。此外，用用活人献祭是凯尔特人的宗教习俗之一，虽然罗马人深受伊特鲁里亚民族的影响，然而凯尔特人的用活人献祭根本不能为罗马人容忍。罗马人之所以厌恶迦太基人的原因之一，就是他们习惯杀掉小孩来当作祭祀用品。

被征服之后的高卢人的德鲁伊特教并没有受到罗马人的打压，只是以往受祭司影响的范围被罗马人日益挤压。

罗马公民权被尤里乌斯·恺撒授予屈服于自己之下的高卢各部落的酋长。罗马承认公民权的世袭性，因此，不论哪一个民族或部落成为罗马公民，都必须严格按照罗马法律行事。

如此一来，酋长虽然是高卢的上层阶层，然而在法律上，他们的地位和罗马人是平等的。不过，这些部落的支配权就与他们被征服之前类似，仍旧被该部落的酋长把持着。因此，即使部落酋长统治下的人民并没有罗马公民权，事实上也得严格按照罗马法律行事，这种支配其他民族的方法，实在是现实主义的罗马人绝妙的统治策略。结果，德鲁伊特教祭司手中原本掌握的影响力和司法权也日渐丧失殆尽。

奥古斯都在高卢中部的比布拉克特（靠近现在的欧坦）设置了高等教育机构之后，祭司们原来垄断的教育权也日益弱化了。今后有望成为部落首领的青少年便从全国各地聚集在一起学习希腊与罗马的课程。他们中若有想继续深造的，也有渠道前往罗马或雅典留学。

这样一来，祭司们手中就仅仅剩下了初级教育。然而，部落酋长们痴迷于争取罗马公民权，年轻人热衷于参加罗马军队的辅助兵，商人迫切地想与罗马开展贸易，这些高卢人掀起了一股拉丁语学习热潮。祭司们再也不能像以往那样给凯尔特人灌输自古以来传统的教育，其教育的施教内容变成了实用的读写加减运算。不过，读和写的内容还是拉丁语，计算也使用拉丁数字。要是祭司们能够将自己的存在定位于宗教层面的话，他们或许还能存活在高卢下层阶层，然而危机意识逼着他们走向了绝境，最终，他们开始反抗罗马帝国以求得生存。

高卢地区德鲁伊特教祭司们最后的反抗就是发生在提比略统治初期的叛乱，叛乱爆发后不久就被镇压了。由于欧坦的学生们也参与了这起叛乱，这当然引起了皇帝提比略的高度重视。最终，他以此次叛乱破坏了社会稳定为由，将德鲁伊特教的祭司们驱逐出高卢地区。被驱逐的祭司们便逃到了罗马人管辖外的不列颠。虽然不列颠与高卢地区只有一道狭窄的海峡隔着，但他们差不多花了 20 年的时间，才把这里变成凯尔特人宗教的根据地。如若克劳狄乌斯放任这些祭司的行为不管，恐怕会给统治高卢地区带来意想不到的阻力。于是，在与尤里乌斯·恺撒远征不列颠时隔一个世纪后，克劳狄乌斯再次远征不列颠。这就是此次远征不列颠的来龙去脉。

延续奥古斯都的政治是提比略与克劳狄乌斯继位时表明的首个态度。提比略甚至还宣称，对他而言，奥古斯都的执政方针就是法律。当然，这并不代表他要全部照搬照抄奥古斯都的执政方针。毕竟他们都是罗马人，认为法律应该服务于人，而不像犹太人那样，认为人应当适应法律。言外之意，克劳狄乌斯认为“法律”应该是根据具体情况进行修订。

奥古斯都去世后，掌握统治权的提比略将奥古斯都生前征服日耳曼的毕生梦想束之高阁，而克劳狄乌斯则违背了奥古斯都不得再扩张领土的遗训，一心要称霸不列颠。只是，他们两人肯定不觉得自己没有遵守奥古斯都的政治策略。因为他们俩一直都是遵循奥古斯都的要以保全帝国防线为首位的基本方针。

经常浮现在我脑海里的是这样一幕：卡利古拉将罗马军队集结到多佛尔海峡边的时候，心里在盘算什么呢？古代的历史学家们认为，这是卡利古拉一时心血来潮，于是就把这个历史事件轻描淡写地一笔带过。可是事实上，卡利古拉并不是疯子，智商也不低。当时导致卡利古拉计划落空的原因，在于他浪费无度致使国库亏空。而克劳狄乌斯之所以能远征不列颠，是因为他做出这个举动是在他继位后的第二年，这也是财政改革后显露出效果的一段时期。所以我推测卡利古拉最终功亏一篑是受制于财政问题。

另外，还有一件事不得不提。一年前的公元 42 年，不列颠各个部落中最强大的部落卡图维拉尼王国的国王辛白林在多年的励精图治之后，与世长辞。这位国王的领地首府是在罗马人统治后叫作伦底纽姆（现在的伦敦）的东北方约 100 公里外的卡姆洛杜努姆（现在的科尔切斯特）。辛白林的去世动摇了太平盛世的不列颠。他的弟弟和儿子们为了争夺王位，兵戎相见。争夺王位的战火甚至烧到了一个争夺者的领地——当时被称为贝尔吉卡的沿岸的高卢东北海岸。

罗马与小领地领主之间的关系是“保护者”与“被保护者”的关系，即罗马是保护者，这些领主则是被保护者。保护者有帮助被保护者的义务，被保护者则要服从保护者。这就是所谓的罗马式相互安全防御体系。既然牵扯到了高卢地区，就算是其东北部，也是在罗马的管辖之下。这样一来，罗马就可以理直气壮地出兵不列颠了。

克劳狄乌斯没有任何军事经验，他当然明白这种事要交给军事专家负责。被委以不列颠远征军总司令的是和克劳狄乌斯同为53岁的奥鲁斯·普劳提乌斯将军。在此之前，他是潘诺尼亚行省的总督，因出色地完成了确立多瑙河防线这项困难的任务而声名远播。

奥鲁斯·普劳提乌斯分派到的兵力共有4个军团的2.4万名士兵加上高卢地区、莱茵河沿岸以及出生于西部日耳曼和西班牙的辅助兵，总共4万名的精锐士兵。恺撒在97年前第二次出兵不列颠时的兵力是5个军团3万名士兵加上2 000名辅助兵共计3.2万人。两相比较，两次出兵兵力不相上下，目的却完全不同。恺撒出兵是为了打击敌人，牵制他们。而克劳狄乌斯出兵是为了征服他们。恺撒当初发动的高卢战争也是以征服为出发点的，然而那时他只有4个军团，所以他下令，要在开战之前新组编了2个军团。历经8年之久的高卢战争就是靠这10个军团6万名士兵才得以胜利完成的。

在发动远征时，采用何种征服策略的决定权在于最高司令官。枭雄恺撒采取的是集中兵力尽可能在最短的时间一决雌雄的策略，而文将克劳狄乌斯则是采用保证在不被动的前提下尽可能地投入兵力慢慢征服的战术。结果，幅员辽阔的高卢其面积虽是不列颠国土面积的3倍以上，然而高卢战争加上战后处理总共才花了8年时间，不列颠战争却前前后后延续了20年。

克劳狄乌斯采用这样的战略并不能完全归因于他没有军事经验。当时的罗马与恺撒时代的罗马不能相提并论，当时，克劳狄乌斯不得不把军队都派遣去驻守边防。所谓的“保证在不被动的前提下尽可能地投入兵力”，他能调遣的兵力也就只有4个军团，即克劳狄乌斯只能靠4个精锐军团征服不列颠，面对这样的现实，他当然不敢贸然行动。

首先，克劳狄乌斯从前线总司令奥鲁斯·普劳提乌斯以前任职的潘诺尼亚行省抽调 1 个军团到前线，这么一来，驻守多瑙河防线的部队就由 7 个军团减少到 6 个军团。

随后克劳狄乌斯又下令，要从驻守莱茵河的 8 个军团里调遣 3 个军团前往前线。这样一下子调走了 3 个军团，剩下的 5 个军团面对日耳曼恐怕难以保护罗马帝国。于是他又下令重新组编 2 个军团，加入驻守莱茵河防线的军团中。克劳狄乌斯做出这样的调遣，是因为出征不列颠的 4 个主力军团必须都是精锐部队。他也是不得已才想出这样的办法。

虽然打得很艰难，然而克劳狄乌斯只在奥古斯都时代原有的 25 个军团的基础上增加了 2 个军团的兵力，就把不列颠的国土纳入罗马帝国的版图。征服不列颠后，就得占用 3 个军团长期驻守当地。这样一来，莱茵河与多瑙河这两条罗马帝国最重要的防线上，就各自少了 1 个军团。在多瑙河和莱茵河防线上，克劳狄乌斯严守提比略的防御方式，所以即使少了 1 个军团，防御任务也足以完成。这也说明，能够进行如此调配都要归功于提比略皇帝建立的防御系统。

布奥鲁斯·普劳提乌斯率领的 4 万人的罗马军顺利地横渡多佛尔海峡，并从不列颠东南部顺利登陆。不列颠人的武装和战略与恺撒时代相比并没有多大改变。总司令奥鲁斯·普劳提乌斯决定先攻打辛白林的两个儿子驻守的科尔切斯特，因为他认为如果一开始就能攻下不列颠最强大的部落，那么之后征服其他部落就势如破竹了。

在泰晤士河南边，双方开始了第一场正面交锋。最后罗马军大获全胜，不过罗马军没有立即渡过泰晤士河乘胜追击。他们在原地等候从罗马赶来的皇帝克劳狄乌斯。

元老院中理解和支持克劳狄乌斯的少数派中，有一位威望很高的元老维特里乌斯，皇帝委任他代理国事后，他就经海路到达马赛，在高卢登陆后，又顺道去了其出生地里昂游览，最后才慢条斯理地抵达在泰晤士河边恭候圣驾的罗马军营。辛白林的两个儿子一个在泰晤士河南岸的战役中阵亡，一个落荒而逃来到了威尔士地区。因此，簇拥着皇帝的军队在渡过泰晤士河直到科尔切斯特这一路上，就如同走在自己的国土上一样，没有遇到任何抵抗。军队一路长驱直入，顺利占领了科尔切斯特。

克劳狄乌斯在科尔切斯特制定了一系列不列颠行省化的基本政策。其实，目前罗马征服的也不过是不列颠的一小片地区。不过，皇帝只管拟定基本政策，至于如何执行那就是军队将领们的职责了，更何况不列颠行省化的基本政策和其他行省是大同小异的。让退役的士兵迁移到当地建设殖民城市，给予原住民地区“区域自治权”。再以殖民城市为中心，用罗马式的道路网将整个区域联结起来，这就是罗马治理各个行省的基本路线。于是，拥有罗马公民权的退役士兵移民至科尔切斯特，建设殖民城市这一计划就这样定案了。

克劳狄乌斯在定出这些决策之后，就打道回国了，将剩下的工作交给了他的将军们。他离开首都长达 6 个月，然而待在不列颠的时间只有短短的 16 天。

回到罗马的克劳狄乌斯获悉元老院要为他举行凯旋仪式。既然是正规的凯旋仪式，那身为凯旋将军的克劳狄乌斯就不得不驾驭由 4 匹白马拉的战车，然而从克劳狄乌斯的身板来看估计是做不到的，因此，最后可能是让随从驾着战车，他则坐在战车上向群众挥手致意吧。

元老院又赋予克劳狄乌斯唯一的儿子使用意为“不列颠征服者”

的“不列塔尼库斯”称谓权，尽管不列塔尼库斯当时只是个 3 岁的幼儿。

奥鲁斯·普劳提乌斯在克劳狄乌斯回国之后立刻率领罗马军队，全面展开了称霸不列颠的战争。强将手下无弱兵，抑或英雄惜英雄，奥鲁斯·普劳提乌斯的手下个个骁勇善战，他手下的军团长之一韦斯帕芗，后来成了罗马帝国的皇帝。

罗马人称霸不列颠的战略是从科尔切斯特所在的埃塞克斯地区一直向北推进到诺福克。在占领这一带后，罗马军又将战线转移到泰晤士河南岸。罗马军在南岸把坎特伯里、伦敦、巴斯连成一条包围线，开始了称霸不列颠的第二波攻击。罗马人自古喜爱温泉，当罗马士兵在巴斯（罗马时代又称其为亚奎索利斯）发现温泉时，他们简直高兴得发了疯。虽然历史学家塔西佗没有提及，然而从意大利来的人对不列颠的印象就是“天上地下都是水”。由于终年潮湿，即使是现在意大利生产的鞋子到了英国，不出几天就会坏掉。可以说巴斯的温泉使这些被迫在这块土地上生活的罗马人精神上得到了极大的抚慰。

公元 47 年，即不列颠战争打响后的第四年，总司令奥鲁斯·普劳提乌斯让位于后继者，功成身退回到罗马。克劳狄乌斯和元老院商议决定让这位大功臣以骑马代替战车的简化方式列队游行，庆祝他的凯旋。奥鲁斯·普劳提乌斯离任后，不列颠战争的战线扩展到了威尔士地区。罗马人称为摩纳岛的安格尔西地区大体上与威尔士地区接壤，这里也正是德鲁伊特教祭司们当年逃亡后的聚居地。然而，直到下一任皇帝尼禄继位，才把反罗马的祭司们完全从英格兰和威尔士驱逐至爱尔兰。

秘书官体系

对历史现象进行大的区分的话，可分为著名历史事件和非著名历史事件。时髦一点的讲法就是看这件事有没有成为新闻。然而，正如企业不能光靠召开记者发布会就能壮大一样，维系帝国运行也绝不能像历史纪年表中列好的事情那样去做，不然一定会走向灭亡。由此看来，维持帝国运行的，绝大部分靠的是那些被称为“行政”的不起眼的工作。也许有人会认为，既然这样，那就把“行政”上的事务交给手下的将军、总督或长官去做不就得了？话虽如此，但总得需要有人下达命令指挥他们行事。比如，殖民城市建在哪里？哪一座原住民城市要赋予“区域自治权”？罗马式“高速路”要通往哪些行省？等等。这些决策不属于行政范畴，而是政治上的事。因此，被元老院和罗马公民委以治理帝国重任的“第一公民”，就不得不负起下达决策的重任。

站在现代的角度来看，罗马帝国的疆土囊括了中欧、西欧、中东地区、近东地区以及北非。如此辽阔的疆域，就算是日常事务，工作量也多到难以计数。辛苦不算，由于没什么新闻价值，这些接连不断的工作还没有回报。所以对于负责人而言，相当高的觉悟是不可或缺的，否则很难持之以恒，有始有终。

恰好，在 50 岁意外继位之前用了很多年来研究历史和写作的克劳狄乌斯，很明白这些没有新闻价值工作的重要性。他做过的有新闻价值的事情，除了远征不列颠之外，其他就没有了。在莱茵河防线上，他也只是贯彻了驻守的原则，还有对于另一条防线多瑙河，他也只是完善了防御系统。然而，与奥古斯都同门的第二代皇帝提比略相比，第四代皇帝克劳狄乌斯缺少他们具备的贵族特有的骄傲。这位老实本分的皇帝诚心诚意地想得到元老院的帮助。在征求元老院元老就审判体系法制化意见的会议上，他这样讲道：

> 我提出的这项改革草案要成为法律之前，必须得到各位的同意。在此，我希望各位能够独立认真地斟酌后再决定。如果有不赞同这项草案的，请提出代替方案。要是拟定代替方案需要时间，也可以以后再行商量。
>
> 各位元老，为什么要各位提意见呢？假设元老院首席元老给我的草案提意见，各位元老不经思考就表示“同意”，走出议事厅后却说“我已经提过意见了”的话，这实在不是元老院应该有的做法。

克劳狄乌斯刚继位时遭到元老院元老的冷笑现象早已不复存在。因为，克劳狄乌斯早已经习惯在公共场合进行演讲，说话也不再结巴了，加之像维特里乌斯这样愿为皇帝肝脑涂地的元老也越来越多。不过，就算是皇帝钦点要立法的法案成为国家法律，也需元老院一致通过才行。无论是“终身独裁者”的恺撒还是对外一直自称“第一公民”的奥古斯都，抑或是隐退到卡普里岛仍抓着政权不放的提比略，都严守这个规矩。这个规矩可以说是罗马元首制的根基。这么说来，从决定国家政策这一点来看，身为国家政策的最高负责人皇帝做出的决定等要称作政治的话，那么身为立法机关的元老院做的工作也同样能称作政治了。如果这就是罗马元首制的话，那么要让这一体制有效地运作，就需要一个能够正确忠诚地执行皇帝和元老院决策的机关，即在皇帝和元老院之间需要一个新的职能部门。

帝国的运营随着元首制时代的推进日益复杂化。面对这样的局势，如果想要保持国家治理的有效进行，就要设立具有不同职能的部门。

提比略隐居的卡普里岛上，不论是在皇帝的别墅附近，还是在离其别墅较远的地方，都修建了多处规模很大的官邸，今天来看这些古迹，可以得知虽然隐退了但还掌握实权的提比略，已经形成了分工明确的部门系统。只不过他向来行事低调，所以至今也无法得知这些官邸各自发挥了什么样的职能。

作为提比略的侄子，克劳狄乌斯却是习惯于公开行事的人，因此，他将辅助自己治理国家的秘书官体系对外公开。

然而，罗马当时并没有培养官员的机构，就连产生官员的社会阶层都不存在。如果要问在这样的现实当中也能充分发挥职能的是何种组织的话，答案肯定是罗马社会中有钱而又有影响力的家庭。

在罗马严格地遵守各司其职原则的奴隶、被称为“解放奴隶”的原奴隶阶层是怎样支撑着罗马有权有势的家庭的，这是没有奴隶的罗马家庭不能想象的。用人中地位最高的人被称为“大管家”（majordomo），是意大利语中“执事”一词的词源。能做到这个职位的人一般都是解放奴隶。罗马人会让用人的孩子做自己孩子的伴读，这也是出于维系必要的用人体系而产生的，这也不难看出罗马人物尽其用的理念。

年近50岁的克劳狄乌斯会成为皇帝，这是常人很难想象的，因此，他身边自然也就没有党羽和谋士。又由于身体上的残疾，更没有人对他心怀敬意。当上皇帝的克劳狄乌斯不仅结巴还流口水，要想找到一个对自己忠心耿耿的朝堂助手，就得从家中的用人中培养。皇宫好似首相的官邸，克劳狄乌斯家中优秀的奴隶和解放奴隶构建成了秘书官系统，打理着官邸上下。当时优秀的原奴隶阶层基本上是由希腊人构成的。

单就听到“纳鲁奇索斯”“帕拉斯”这样的名字，就知道他们不是希腊的自由公民，而是年少俊朗奴隶的称呼。这些奴隶要么与主人克劳狄乌斯同龄，要么略小几岁。因此，50岁左右的纳鲁奇索斯是个当官的好手，这对于重用他的克劳狄乌斯来说十分放心。这些原本是奴隶的官员主要有以下职责：

“阿贝厄皮斯托里斯”（ab epistulis），从字面上来看是“信件官”的意思，用罗马官方语言拉丁语或帝国东部地区通用的希腊语写的所有奏折，都要先汇集到这里。他们负责拆信、阅读、研究商讨，然后写上自己的意见，再将奏折呈给皇帝定夺。如果遇到发布公告或临时法律的情况，就将拟稿的工作交给“学术部”，再将“学术部”写好的文件公布。如果要制定永久性法律，就以皇帝立法的形式提出，请求元老院表决。

字面上来看，“ab epistulis”虽是“信件官”的意思，然而研究罗马历史的学者一致认为他们实际上相当于内阁秘书长。放到由政治家出任内阁秘书长的日本，信件官相当于最高幕僚的内阁副秘书长。

克劳狄乌斯委任的这个部门的负责人，是家里的一名解放奴隶，用人纳鲁奇索斯。

纳鲁奇索斯因为工作需要，见克劳狄乌斯的次数比任何人都要多。他还有一项工作，那就是帮克劳狄乌斯安排行程，除了家人，如果没有跟纳鲁奇索斯预约，就不能见克劳狄乌斯。

“阿拉特沃尼普斯”（a rationibus），直译过来就是“财务部”，这个部门的职能就同现代的一样，负责一切财务上的工作。克劳狄乌斯任命解放奴隶出身的帕拉斯为部长，在他下面根据每一项税收分别设科室。有负责征收元老院行省的行省税收科、皇帝行省的行省税收科，负责收取 5% 的奴隶解放税科、遗产税科、营业税科，以及负责皇帝私人领土埃及的征税的税收科，等等。每个科室的科长都是解放奴隶出身，他们的手下也都是奴隶。

“阿里贝里斯”(a libellis)，直译的话只能说是“信访部”，实际上就是负责受理全国各地寄给皇帝的请愿书和陈情表的部门，克劳狄乌斯让家中的用人，原奴隶卡里斯杜斯担任部长。送来的任何请愿书都要经过卡里斯杜斯的把关才会被送达克劳狄乌斯手中，只要卡里斯杜斯认为没有上达给皇帝的必要，克劳狄乌斯就不会得知此信的内容。克劳狄乌斯和卡里斯杜斯会就信件内容一起商讨对策，再将决定下达给相关部门。

“苏贝斯科里普特沃”(subscriptio)，直译过来就是“记录部”。他们负责把皇帝对请愿和陈情的批复用文字的方式记录下来。

“阿科格尼特沃尼普斯”(a cognitionibus)，是“知识部”，其实就是“档案部”。负责整理克劳狄乌斯手边的所有文件，以备用得着的时候可以随时翻阅。司法类文件更是反映出了克劳狄乌斯对司法的重视程度——整齐到可以和法务部的文件室媲美。

“阿斯图迪斯”(a studiis)，是学术部，正好反映出克劳狄乌斯喜欢钻研的特性，煞是有趣。但事实上，这个部门的工作不是协助皇帝做研究，而是以皇帝的名义拟写书面布告。演讲的讲稿虽然是自认为颇有学识的皇帝自己写，然而刻在大理石碑、花岗岩或铜牌上的文字，就得靠聪明能干的奴隶们出马了。

上述的几个部门就是克劳狄乌斯设置的秘书官系统的基本构成。能够让皇帝的工作富有效率正是设立这个系统的目的。不仅如此，这个系统还能分担帝国最高统治者肩上的重担，这对于健康状况不是很好的克劳狄乌斯而言，无疑是福音。这个秘书官系统也的确发挥了巨大的作用。

虽然克劳狄乌斯出生于法国里昂，然而由于一年之后父亲杜路苏斯在日耳曼这块土地上去世，他也就随母亲小安东尼娅回到了首都罗马。从那时起到他 50 岁，由于身体上的缺陷，他根本没有机会接触到政治与军事，所以他在这么多年的岁月中都不曾有机会踏出意大利本土一步。可能他的活动圈子也不过就是罗马到那不勒斯的这个范围，或许他对意大利北部和那不勒斯以南的意大利一无所知。在当上皇帝之后，他也仅离开过本土一次。克劳狄乌斯在罗马的奥斯提亚港乘船抵达法国的马赛，上岸走陆路横穿高卢地区，然后渡过多佛尔海峡抵达不列颠。历时 6 个月的外出，可以说是克劳狄乌斯此生仅有的行省之行。不过，虽然克劳狄乌斯没有在多个行省生活的经验，然而作为皇帝的他，行事都是以整个帝国为出发点的。

得益于德国历史学家蒙森发起的收集罗马帝国全国各地的碑文并将其出版发行的举动，我们这些生于后世的人，才有机会了解罗马皇帝们那些没有被记录在册的政绩。借由这类研究，被只关注重大历史事件的古代历史学家们安上罪名的克劳狄乌斯和提比略才得以平反。这里只说说克劳狄乌斯，在他执政时期铺设道路、决定建立殖民城市、重建同盟国系统、在附属国没有继承王位的合适人选时将其行省化等等举措，都切实地在整个帝国得以推行。自己没有到过的地方，没有亲自视察过的地方，克劳狄乌斯都能给出切实有效的决策，这都得归功于他 50 岁前花很多年积累的书本知识。然而，书本上的知识要经过实践才能上升为认知。在哲学上来讲，所谓的认知，就是依靠理智来探寻事物的本质。说得明白点儿，发现本质才是最重要的。

很多年积累下的知识是克劳狄乌斯拥有的财富，虽然克劳狄乌斯是意外当上皇帝的，然而他一直都不曾放弃个人的意志。在“结合实际”这一点上，克劳狄乌斯就比不上一路实践过来、积累了丰富经验的奥古斯都和提比略。缺少作为统治者必须具备的“结合实际”这一特质的克劳狄乌斯，只好寄希望于别人的协助。

要说谁最了解克劳狄乌斯，也最能辅佐好他，当然莫过于首席内阁秘书长纳鲁奇索斯。

然而，任何体系都有好的一面与不好的一面，以起用解放奴隶和奴隶为特色的秘书官体系就有不好的一面。

譬如，将军们在经历数年征战沙场的生活后回归朝堂，要是通不过纳鲁奇索斯这里，根本就不可能面见皇帝报告工作。元老院元老有事想和皇帝商讨，纳鲁奇索斯就会说“第一公民没时间，有事就和在下说吧”等等。至于负责各行省税务的“皇帝财务官”们的报告对象，则是负责财务的秘书官帕拉斯，而不是克劳狄乌斯本人。

罗马社会各个阶层之间有着很大的流动性，然而从上而下大致可以分为元老院元老、骑士、平民、解放奴隶与奴隶等阶层。

元老院元老自然应归于元老院阶级，指挥2个军团以上的军团长大多数出身于骑士阶级，但他们中的大多数人在元老院中拥有席位。行省总督则全部是由元老院阶级的人士担任，而皇帝财务官一般由“经济界”的精英“骑士”担任。这些罗马社会上层人士，不论他们多么得到皇帝器重，但如若不向奴隶阶级出身的秘书官们低头，就可谓是和皇帝咫尺天涯。

罗马社会上层人士中开始蔓延着不满与愤怒，这些人自认为自己肩负着罗马的未来，他们开始痛恨秘书官群体，特别是被他们称为

“三人帮”的妄自尊大的纳鲁奇索斯、帕拉斯与卡里斯杜斯这三个解放奴隶。除了引发不满与愤怒之外，使用解放奴隶的秘书官体系还有其他的负面影响。

罗马帝国规定，只要有足够的资产和子女，就可以获得罗马公民权。在这种规定之下，解放奴隶在罗马社会商界中取得成功，他们活跃于地方自治政府中的例子也不鲜见。然而，这群人毕竟是出身于奴隶阶级，没有任何背景。此外，克劳狄乌斯迟早也会退位。在这种压力之下，他们除了依靠自己之外别无选择。正面的作用是，这样的想法可以变成努力上进的原动力。负面的作用是，在罗马社会产生了金钱万能的风气。这群忠于皇帝、能力突出、热衷于敛财的秘书官还有另外一项工作，即将公共事业工程承包出去。秘书官们热衷于以此敛财。克劳狄乌斯不注重自己本身财富的积累，他的亲信们却对此兴致盎然。甚至有传闻称秘书官帕拉斯敛财达到了 3 亿塞斯特斯之多。而在罗马帝国中，要成为元老院元老，要求拥有的财产也只不过是 100 万塞斯特斯罢了。

要这些最高当权者的贴身人物完全杜绝对社会地位高的人傲慢无礼的态度，或是杜绝利用自己的地位敛财的行为，那简直是比登天还难。人是最经不住诱惑的。不过就算消除不了，也是可以克制的。恺撒、奥古斯都和提比略的执政生涯中并不是没有他人的辅佐，不管是以何种方式，总是有人在旁辅佐。不过，这几位皇帝拥有能让手下人心存敬畏的才能，这恰好是对“左右手”无形的牵制。所谓“敬畏”，词典中的意思是“敬重与畏惧”。不仅仅能让人“敬重”，还得让人“畏惧”。在克劳狄乌斯的性格中刚好没有能让人敬畏之处，换言之，就是克劳狄乌斯容易被人轻视。结果，原本是奴隶的秘书官们觉得在克劳狄乌斯手下可以恣意妄为。不仅仅是秘书官们小瞧克劳狄乌斯，就连女人也不把他放在眼里。

皇后梅莎里娜

克劳狄乌斯在50岁继位之前曾结婚3次，离婚2次。与第一任妻子乌鲁葛妮拉离婚后，与第二任妻子耶利娅·佩蒂娜结婚，婚后二人虽育有一女，但最终还是离婚了。克劳狄乌斯无论是从身材上还是从精神上来看，都不是女性倾心的类型。因此，离婚应该也不是他希望看到的结果，估计他是被妻子们抛弃的。虽然身材和精神上都不占优势，不过，当他的伯父提比略和兄长日耳曼尼库斯做了尤里乌斯家族的养子后，克劳狄乌斯自然就成了罗马名门望族中的显贵克劳狄乌斯家族的掌门人。做了望族的一家之主以后，自会有女人愿意委身于他，此时身材和精神上的劣势不再是问题。克劳狄乌斯的第三任妻子比他小了35岁，是罗马共和制时代的名门梅莎拉家族之女梅莎里娜。

梅莎里娜的外祖母是马克·安东尼和奥古斯都的姐姐屋大维娅的女儿，通过她母亲多米提娅·雷必达这一层关系，梅莎里娜和尤里乌斯家族是有血缘上的联系的。罗马有把父亲的名字女性化给女儿当名字的习惯，如果有两个女儿的话，就让两人共用一个名字。因此，因与埃及艳后克娄巴特拉热恋而名声大噪的安东尼和屋大维娅生的两个女儿都叫安东尼娅。历史学家为了便于区分两人，就在她们名字前面冠上“大”“小”，称姐姐为“大安东尼娅”，妹妹则叫“小安东尼娅”。梅莎里娜的外祖母是大安东尼娅，小安东尼娅嫁给了提比略的弟弟杜路苏斯，生下了日耳曼尼库斯与克劳狄乌斯。和梅莎里娜结婚

梅莎里娜

的克劳狄乌斯从辈分上来讲，与梅莎里娜的母亲是表姐弟。顺便提一句，大安东尼娅的儿子多米提乌斯·阿赫诺巴尔布斯，也就是梅莎里娜的伯父，后来娶了日耳曼尼库斯的女儿，即卡利古拉的妹妹小阿格里皮娜，生下了克劳狄乌斯之后的下一任皇帝——尼禄。

梅莎里娜在嫁给年长自己 35 岁的表舅时，肯定做梦也没想过自己很快就会成为皇后。公元 41 年，梅莎里娜的丈夫克劳狄乌斯意外继位，本人没有像卡利古拉那样兴奋异常，然而 16 岁的梅莎里娜比自己丈夫更加欢喜不已。她的兴奋不仅是来自丈夫的继位，也出于自己身体内流着神君奥古斯都的血。为此，这兴奋劲儿被双倍放大。女人比男人更看重血缘关系，这个有趣的现象在大阿格里皮娜和她的女儿小阿格里皮娜身上也看得见。或许女人要保证自己地位的正当性，就只能依靠血缘关系。后来，皇后梅莎里娜又为苦于膝下只有一女的克劳狄乌斯产下一子，母以子贵，这以后她更是飞扬跋扈。

由奥古斯都设计的皇位世袭制，势必提升了生下皇位继承人的女性的地位。如果是因能力出众而被收为养子继承皇位的，那么生母是谁就不再是问题。然而，世袭制这个制度的立足点是重视血缘胜过能力，所以皇家的女人，特别是生下皇位继承人的母亲的地位会提升，正是这个制度的必然结果。

此外，我个人还觉得，克劳狄乌斯本身的性格也助长了他妻子的嚣张气焰。

克劳狄乌斯并不是一个能让周围的人产生敬畏之心的人，这一点可以从秘书官系统的运作上看出个大概。甚至连解放奴隶出身的秘书官们都不把他当一回事儿，那么女人们自然也不会把他放在眼里。此外，正如大多数学者的观点一样，克劳狄乌斯不太注意自己家中的事务，倒不是他没有家庭观念，而是克劳狄乌斯在继位之前一心扑在历史研究上，继位后又醉心于国家的治理。他心里想着，家中事务家人自己打理就好。他无法忍受一群女人在他耳边唠叨个不停，所以只要不打扰到他，她们想干什么都可以。克劳狄乌斯的这种心态和做法，导致皇后梅莎里娜越来越肆无忌惮。她的虚荣心、物欲和性欲都急速膨胀。不难想象，正是克劳狄乌斯的纵容，才使得她的欲望无限膨胀。

在丈夫克劳狄乌斯的凯旋仪式上，梅莎里娜的虚荣心一下子暴露了出来。公元44年，虽然罗马帝国征服不列颠的战事还在进行当中，然而为了庆祝久违的领土扩张传来的捷报，首都罗马举行了盛大的凯旋仪式。这让喜欢参加节日的罗马市民狂欢不已。然而，让他们惊讶的是，居然在游行的队伍中看到了梅莎里娜的身影。

凯旋仪式是罗马帝国共同体的成员为迎接以武力为共同体创造了利益而举行的仪式，当然也是凯旋将军和手下的将士们为感谢诸神庇佑取得胜利而进行的仪式。换言之，只有真正参加过战斗的人才有资格站在游行队列中，就算是队伍中有女人，她们也只能是战俘，那也是献给诸神和众人观赏的战利品。参加罗马凯旋仪式的真正主人公是军队的将领，如同恺撒时代一样，恺撒就让奥古斯都骑马在队伍中前进。又如，奥古斯都让皇位继承人马尔凯斯与提比略在公众面前亮相，他自己驾着4匹白马拉的战车，让马尔凯斯与提比略两个年轻人骑马紧随其后。在梅莎里娜之前，从未有过皇后参加凯旋仪式的先例。百姓把这件令众人哗然的事情当成茶余饭后的谈资，然而19岁的梅莎里娜充耳不闻。她并不是知道丑闻产生的原因但故意装作不知道，而是她根本就不明白，所以才视而不见。克劳狄乌斯明明很清楚凯旋仪式的意义，然而这位年轻的妻子在他耳边吵着说连元老院都承认自己生下的儿子可以使用意为“不列颠征服者”的“不列塔尼库斯”这个名号了等等，估计是经不住妻子的软磨硬泡，克劳狄乌斯只好答应了她的要求。不过，克劳狄乌斯也因此背上了连自己无知的妻子都管不住的骂名。

梅莎里娜之所以无止境地追求物质享受，并不是因为她出身贫寒。相反，她的父母双方都出身于共和制时代的显赫家族，她的丈夫更是罗马名门望族的后代。只是这位年轻的皇后自幼就铺张浪费，当上皇后之后更是铺张无度。当她的丈夫还是一个虽出身名门但只醉心于学问的人的时候，她的面前就堆满了各式各样罕见的奇珍异宝。年轻无知的梅莎里娜却没就此满足，物欲反而更加膨胀了。

想要得到一个东西，就会不择手段。梅莎里娜只要利用奥古斯都制定的“通奸罪”，被定罪的人的家产就会被充公到国库，而她则把原本要充公的财物收入囊中。因此遭殃的哲学家塞内加被流放到了科西嘉岛。她甚至动用叛国罪来满足自己的私欲。一旦一个人被判了此罪名，那就是死路一条，抄家也会更彻底。梅莎里娜动用了这两条法律，并非她掌握了确切的证据。为达目的，她如果用通奸罪不能给人定罪，就动用叛国罪置人于死地，简直是无法无天。

在罗马帝国举行的审判中，被告人自己辩解是远远不够的，必须有足够的证据。然而，一旦原告是皇帝的话，那么被告人家中的奴隶用人就会人人自危，向他们收集对原告有利的证词简直是易如反掌的事情。

以梅莎里娜的本事，这样的事情她自己一个人是根本做不成的。可是她做到了，这无外乎是那些解放奴隶晋升的秘书官在一旁协助。他们熟知家中克劳狄乌斯与其妻子的强弱关系，自然就会为强势的一方效力。还有，作为一家之主的克劳狄乌斯，他那任由她胡来的做法，更是助长了梅莎里娜的气焰。只要妻子不在耳边烦他怎么都可以的克劳狄乌斯，在妻子递上来的诉状上肯定是看也不看就会签字。梅莎里娜的演员情夫被波比娅（尼禄皇帝的岳母，即下一任皇后波比娅·莎宾娜的母亲）抢走，怒火中烧的她用通奸罪逼得波比娅自杀的事件，就是梅莎里娜滥定他人罪名以满足私欲的最好例子。克劳狄乌斯在逼死波比娅的诉状上签字后几日，在宫中宴请群臣。看到没有偕妻子波比娅同来的西庇阿，克劳狄乌斯甚是纳闷，便向西庇阿询问他妻子的去向。西庇阿只答道：“她已经死了。”便一言不发。克劳狄乌斯这才隐约想起自己几天前好像在写着“波比娅”的诉状上签了自己的名字。类似这样的情况屡见不鲜，可是克劳狄乌斯对家庭的态度还是没有什么变化。

然而，当梅莎里娜的魔掌伸向德高望重的人物时，元老院和一般百姓开始渐渐意识到了这位年轻皇后的险恶用心。克劳狄乌斯在位的第 7 年，即公元 47 年发生的阿吉阿提库斯自杀事件就是使大众看清梅莎里娜真面目的事件之一。

事发当年刚好 57 岁的法雷里乌斯・阿吉阿提库斯，乍一看他的名字会误以为他是罗马人，实际上他出身于法国南部显赫的阿洛普洛格斯部落。虽然当时法国南部早已经成了罗马的行省，不过罗马允许这些显赫部落继续存在，所以部落的自主权得以保存。罗马授予了这些部落中的上层人物罗马公民权，恺撒时代甚至授予这个部落元老院的席位，所以他们已经逐渐融入了罗马社会。另外，可能是为了表彰阿洛普洛格斯部落在东方地区军事上的战绩，所以把“阿吉阿提库斯”之名赐予他们，成了法雷里乌斯的家族名，并沿用了下来。法雷里乌斯分别于公元 35 年和公元 46 年两次当选为执政官，换言之，法雷里乌斯爬到了罗马帝国中央政府中最高的位置。

法雷里乌斯虽然是行省公民，但不是第一位以此身份当上罗马帝国执政官的人。在法雷里乌斯之前，恺撒提拔的西班牙出身的巴尔布斯，在恺撒遇刺后被选为执政官。不过，法雷里乌斯倒是第一个出身于法国南部行省的执政官。此外，他也不是留在殖民城市的罗马退伍军人的后裔，而是罗马把法国南部地区纳入统治之下后罗马人口中的蛮夷的后裔。不过，罗马人对法雷里乌斯的尊敬已经超越了种族的鸿沟，是一种单纯的对一位为国家出生入死的人的尊敬。这位蛮夷出身的人其实早已经是名副其实的罗马人了。所以当法雷里乌斯买下卢库鲁斯建的别墅，也即前共和国时期一位将军的庭院，并装饰一新时，并没有人在这件事上做文章。

但可惜的是，法雷里乌斯买下的这座被称为罗马最美庭院的别墅，同时也被时年22岁的梅莎里娜看中了。为了得到这座庭院，她决定用叛国罪诬告法雷里乌斯。告发的理由肯定是她背后的人教给她的。梅莎里娜这样指控：法雷里乌斯出生于法国南部，他的很多亲人都在驻守莱茵河防线的辅助兵军团中担任指挥官，法雷里乌斯和他们企图谋反，篡夺克劳狄乌斯的皇位。克劳狄乌斯没有仔细看控告阿吉阿提库斯的诉状就在逮捕令上签字了。法雷里乌斯要求面见克劳狄乌斯澄清事实。法雷里乌斯在见到克劳狄乌斯之后，条理清楚地陈述了自己无罪的事实，而克劳狄乌斯似乎也认同了他无罪的事实，然而，梅莎里娜根本就不是一个得饶人处且饶人的女人。克劳狄乌斯不知道受到了梅莎里娜什么样的摆布，结果，自认为已经洗脱罪名的法雷里乌斯却接到了皇帝劝他自尽的信函。

时年57岁的法雷里乌斯在招待友人的宴会上，嘲笑自己居然死在女人的阴谋之下后，随即割腕自杀身亡。就这样，那座庭院就成了梅莎里娜的囊中物。

梅莎里娜同样旺盛的性欲也被历史学家们经常提及。

不知道是她这方面的欲望本身就很强，还是丈夫夜里忙于政务无暇顾及她才导致她的出轨。历史学家们这样记述道：皇后每晚都会走出皇宫所在地帕拉蒂尼山，到建在山丘附近的大角斗场观众席下面林立的妓院里接客。据说平民聚集的大角斗场下面的妓院里的妓女是全罗马最廉价的，所以客人的素质也是最低的。然而，不管是苏维托尼乌斯、塔西佗还是卡西乌斯·狄奥，写下这些事的都是比梅莎里娜晚半世纪以上的历史学家，这种传闻应该只是人们街头巷尾的谈资罢了。

话虽如此，我们也不能断定上述说法完全与事实不符。克劳狄乌斯每日为政务所困，到吃晚饭的时候都狼吞虎咽，甚至连正式的晚宴上都会昏昏欲睡。所以就算梅莎里娜真的把陌生男人叫到隔壁房间里发生什么，也完全不用担心会被克劳狄乌斯发现。然而，皇宫毕竟不是不透风的墙，不能不避嫌。况且，贵为皇后委身于下贱之人得到的快感应该别有一番滋味吧。梅莎里娜是否有这样的癖好不得而知，也无法求证这些流传到后世的传闻，到底是真的还是只是人们想象出来的。但梅莎里娜自我控制力极差倒是确有其事。然而强调“自制力强的女人没有女人味”的正是男人。

不管事实如何，“梅莎里娜”在现代意大利语中就是无法节制自己的性欲、谁都能够去睡的女人的代名词。因此，要是意大利男人说“你就像梅莎里娜”时，最好知道他绝对不是在夸你像一位皇后那么漂亮。

拜放纵的年轻皇后所赐，从元老院到平民，他们看克劳狄乌斯的眼神都与以往不同，只有克劳狄乌斯本人一点都没觉察到。因为从小开始，比起赞誉与尊敬，他更习惯于受到轻蔑与讨厌的目光，况且身为一国之君的他，此时有堆积如山的工作必须处理。

人口普查

要统治甚至治理好一个帝国，克劳狄乌斯心里非常清楚，依靠的是细致的工作，也就是依靠不会引人注目的工作一点一滴积累而成的。对于重视推行切实可行的措施的人而言，就必须正确地把握好当下形势。克劳狄乌斯为了更好地了解帝国当下的情况，决定进行人口普查，这次调查距上一次奥古斯都与提比略举行的人口普查已经过去了34年。由于共和制时代进行人口普查的部门是财政部，所以为了进行这项调查，克劳狄乌斯恢复了自从罗马进入元首制后就被废除的财政部。财政部由两名官员组成，任期至少要一年半，由克劳狄乌斯与一直为他鞍前马后效劳的维特里乌斯亲自担任。

据调查显示，可以服兵役的17岁以上的罗马男性公民达到了5 984 072人之多，而在公元14年人口普查时，这部分人只有4 937 000人，在短短34年间，就增加了100多万人。行省的人口增长率高于意大利本土，这可能是因为克劳狄乌斯制定的政策，即罗马统治下的行省出生的人，只要参加罗马军的辅助兵并服役满25年，就可以获得罗马公民权。这也表明，成年男性罗马公民组成的“罗马的脊梁”这一群体已经超越了本土的疆界，并逐渐在行省中壮大。

克劳狄乌斯执政期间，除了远征不列颠外，没有进行过其他军事行动，这也是他的伟大之处。其实如果他意图要加强军事能力或是用武力扩张罗马帝国版图的话，以他的能耐完全可以做到，而且从当时莱茵河防线的防御部署来看，只要克劳狄乌斯有意出兵，是极有可能达成当年奥古斯都想要称霸包括易北河以内的整个日耳曼地区的夙愿的。不过不得不说克劳狄乌斯的过人之处正是在于有能力却不举兵征战。

事件的起因是，莱茵河东岸的日耳曼民族中，有几个部落趁低地日耳曼军团司令交接的空隙，侵入莱茵河西岸。起初罗马军一度处于劣势，不过在刚上任不久的多米提乌斯·科尔布罗的指挥下，成功击退了敌人，并乘胜追击渡过莱茵河深入敌军腹地。

以铁一般的纪律来要求手下士兵的科尔布罗（他的出生地好像是法国南部）在军中却很受爱戴，他非凡的军事领导才能也使他在士兵中威望很高。如果让他带领这个军团去征服日耳曼地区的话，多数人会觉得称霸整个日耳曼地区指日可待。

然而，就在科尔布罗带兵渡过莱茵河追击敌军时，皇帝的亲笔信到了。信中说，要科尔布罗在给予敌军沉重打击后，停止东征，带兵撤回到莱茵河驻守。在这一地区，克劳狄乌斯自始至终都恪守提比略的方针。

接到通知的科尔布罗只叹了一声“以前的将军真幸福”，就整顿好部队，退回到了莱茵河畔的驻地。不过，这位一心想要出征的将军在日后被派到了东部地区负责前线的防御工事，不到10年的时间里就转变态度，率先履行比起进攻更重视防御这一罗马帝国的基本原则。由此看来，在罗马，就连一介武夫也很擅长思想的转变。

克劳狄乌斯虽然没有让科尔布罗继续追击，但为了褒奖这位将军的功劳，他同意为科尔布罗举行代表罗马人最高荣誉的凯旋仪式。

在这场凯旋仪式中还有一位将军也获准参加了，那就是高地日耳曼军团司令库尔蒂乌斯·鲁弗斯，不过这不是表彰他在军事上的功绩。

鲁弗斯明白如果只坐等敌人攻上前来，就难以保证将士们的士气不被磨灭，于是他不仅动员士兵去开矿，还动员他们去铺设道路，等等。让士兵参加土木工程建设，是罗马历来在和平时期最常见的军队使用方法。

然而，当时矿山的开采量很低，开矿劳作还很辛苦。厌烦了的士兵暗中写了一封信给克劳狄乌斯，希望皇帝能同意让鲁弗斯与科尔布罗一同参加凯旋仪式。因为他们想着鲁弗斯参加完凯旋仪式后，可能就会心无憾事，就此解甲归田。

克劳狄乌斯同意这两位将军同时参加简化了的凯旋仪式，不过科尔布罗和鲁弗斯没有沉浸于这一荣誉的喜悦中就此退休，而是更加干劲十足地回到军营中。回到军营的鲁弗斯想用修筑工事来贡献国家，就下令士兵停止挖矿山，转而去挖连接莱茵河和摩泽尔河的运河。见到这种情景的士兵脸上是一种偷鸡不成蚀把米的无奈。

科尔布罗是否是提比略当年提拔的青年将军之一已无从考证，然而鲁弗斯确实是那些人才之一。据传鲁弗斯是角斗士出身，被提比略发现提拔后，出任阿非利加行省的财务监察官，之后被召回罗马担任法务官，然后又被派去驻守莱茵河。虽然历史学家塔西佗对他的评价很不好，然而他是一个明确自己的立场、忠诚、有实力的人，可以说他是推动罗马帝国这个庞大机器前行不可或缺的一个齿轮。

邮政系统

就算是一部机器，它的每一个齿轮都品质优良，但也没法保证组合出来的机器效率就会提升，齿轮间良好的磨合度才是高效率的保证。这就好比每天发一班时速 500 公里的列车，却不如每 15 分钟发一班时速 300 公里的列车更能够提升效率。

早在公元前波斯帝国就有了高速公路式的道路，然而把这些道路连成网络的是罗马人；最初使用邮政的也是波斯皇帝，然而在全国范围内建立邮政网络的还是罗马人。

罗马帝国的第一位皇帝奥古斯都设立的政府邮政系统被称为

“cursus publicus”，直译就是“官用信差”。光从字面上来看，就能知道这是专门为官府传达公文和情报的。要治理庞大的帝国，“官用信差”是不可或缺的。在这里顺便提一下，在共和制时代，书信来往要不就委托民间信差，要不就差使自家的奴隶跑一趟。

到了元首制时代，既然罗马帝国创建了官用信差制度，公家的公文和信息就利用官用信差传达，而普通百姓的书信往来就用共和制时代的方法。不过，一开始只是作官府驿道用的罗马式军用道路网，到了后来也准许民间信差使用。

罗马道路每 10 公里或 15 公里就会设置一处“mutationes”，字面上的意思就是“交换所”。交换所之间的间隔因地势而定：山岳地带每 10 公里设一处，平原地带每 15 公里设一处。通常交换所里会有备用马匹，有些地方还会有备用信差。平均每隔 5 个交换所，就会设一个名叫“mansions”的“驿站”。在这里，除了像交换所一样换马补给以外，还可以吃饭住宿。另外还有马厩、修马车的人、邮政办事员等等，可谓应有尽有。在现在看来，“mutationes”相当于是现代的高速公路边的加油站，而高级公寓“mansion”的词源“mansiones”，等同于现代配备有汽车旅馆、餐厅与修理厂等的大型服务区，同时还有提供咨询旅途各种必备资料的作用。

一直坚信“民众最关心的是治安，而维持安定就是维持治安”的第二任皇帝提比略，除了扩展驿道网的覆盖面外，还在各个驿站设置警卫处。这样一来，不管是人们出行还是书信的传递都变得更加安全。第四任皇帝克劳狄乌斯推行的改善邮政政策就是对民间开放政府邮政系统，改变其官府专用的状态。

史书中没有记载克劳狄乌斯为什么会有这样的想法，不过，从他一直想要改善被派去参加自己发起的不列颠远征的将士们的生活环境来看，再考虑到不列颠行省当时正在开发，他可能就想至少要改善邮政系统，使远在水汽腾腾的不列颠而出生地却在干燥的意大利本土的士兵能方便快捷地和在本土的家人通信。而当时的不列颠比起罗马帝国的其他任何地方都落后。

不过，受到政府邮政系统的受众拓宽到平民这一措施的冲击，民间邮局举步维艰，民间邮局再度复苏已经是罗马帝国进入衰退期以后的事了。

克劳狄乌斯是一个着眼于诸如邮政体制改革等能切实改善民众生活环境的举措的皇帝。他另一个惠民举措就是立法限定辩护费不得超过一定的额度。

一个人不管再怎么讨厌罗马人，他也不会否认罗马人是法律体系的创始人。熟知辩护重要性的罗马人，自古就有律师活跃于法庭之上。不过当时普遍认为为当事人辩护是上层社会的责任，所以一直是免费提供的。

不过，光靠个人的责任感是无法维系法律系统的。这种贵族捆绑式的免费服务，会使一些有能力但穷困的律师不再接受人们的委托，这最终还是会损害到罗马共同体的利益。加之即使是再完善的体制也会被人钻空子，虽然请律师不用辩护费，然而往往要送礼给律师，或是委任人让律师成为遗产赠予对象之一，等等，所以实际上还是有偿的。共和制时代末期，罗马最著名的律师西塞罗出身于地方的骑士阶级，他正是钻了体制的空子才积累了大量的财富。

罗马共和制时代出了许多非常优秀的律师，这不仅仅是因为成为一名成功的律师就意味着金钱，还因为成功律师的名声是进军政界的跳板。当时执政官等国家要职是通过公民大会选举产生的，律师辩护的能力直接与拉票能力挂钩。不过由于律师的选票一般是那些请他辩护的人或将来可能委托他的人投的，所以任凭一位律师的辩护能力再强，如果他收的费用高的话，也是得不到选票的，因此，自然而然的，那时的辩护费用必须设置一个限额。

进入元首制时代之后，奥古斯都摄政时执政官以下的国家要职（仅限于文官）是由公民大会选举的，到了提比略时代则把这项选举移回到元老院举行，卡利古拉摄政时又把这项选举交还给公民大会，到了克劳狄乌斯时代，这项选举又转回到元老院，可谓几经波折。

然而，真正的问题不是由谁选举，而是执政官这个职位已经失去了它本来的吸引力。第一，现如今是元首制，执政官大权旁落；第二，执政官任满后，以前执政官的身份前往行省任总督，然而由于提比略和克劳狄乌斯对利用职务之便敛财的行省总督的处罚十分严厉，只要总督被发现利用职权威胁行省人民，证据确凿的话，就只有死路一条，冒死积累的财富也会被悉数充公，因此总督们也不敢在行省敛财了。

在这样的形势之下，也难怪会有人想通过当律师来获取财富。因为明着说是免费辩护，其实暗地里走后门成风，而且送礼的人送的钱往往是没有上限的。不过这样一来，保障辩护者的权益就成了痴人说梦。

为了保障公民享有较为平等的辩护权，克劳狄乌斯实施的政策是，认同律师收取辩护费，并设定上限。辩护费的上限是 1 万塞斯特斯，这相当于一名普通士兵 10 年的薪水。这个价格绝不便宜，然而要明白的是，辩护费是以这个价格封顶的。而且，正如罗马法律中最重要的一条——保护私有财产所示的一样，罗马人向来尊重个人所有物，包括有形的财物和无形的才华。因此在罗马，较高的收入是优秀律师应得的。

克劳狄乌斯施行的政策成绩斐然，然而他偶尔还是会暴露出一些继位以前研究历史时的习惯。对历史的爱好使他有点吹毛求疵（拘泥于细节）。公元 48 年，克劳狄乌斯表示要举办“百年节”（Ludi saeculares），因为这一年恰逢罗马建国 800 周年。

大家都很不解距上一次“百年节”不过才 64 年，还不到 100 年，怎么又要举办？对此，身兼历史学家的皇帝克劳狄乌斯做了以下解释：

> 上一次“百年节”，是在公元前 17 年由奥古斯都和阿格里帕共同举办的，但这其实是算错了时间。因为按一个世纪举行一次“百年节”来算的话，今年才是罗穆路斯建立罗马的 800 周年，也就是说，公元 48 年才是举行庆典的正确年份。

罗马是在公元前 753 年建国的，经他这么一说，大家都觉得有道理，就只好同意了。不过罗马的第一次“百年节”是在公元前 17 年举行的，当时奥古斯都还特请诗人贺拉斯撰写了《百年节赞歌》，甚至对举办的地点、流程等细节都做了明确的规定。从这些来看，我觉得奥古斯都是故意算错举办年份的，对于他而言，罗马到底建国了多少年无关紧要。他结束罗马内战，确立了元首制，到了公元前 17 年的时候，整个罗马帝国一派祥和，罗马公民作为唯一的霸权者，站到了肩负罗马和平重任的最前线。看到自己的成就，奥古斯都选择在公元前 17 年举办庆典的真正目的是想加强罗马人民的民族自豪感。公元前 30 年，奥古斯都成为罗马唯一的最高权力者，公元前 23 年，他成了名副其实的皇帝，把统治大权抓在手里，成了元首的他之后要考虑的就是如何成立罗马帝国。在公元前17年，罗马帝国成立。所以他选择这一年举行“百年节”，规定举行“百年节”的细节，并把这些细节刻在大理石碑上，嵌于罗马广场的一角。凡此种种看来，他故意算错建国时间举办庆典的目的就是想要强化罗马人的民族自豪感。

公元48年刚好是罗穆路斯建国800周年。虽然克劳狄乌斯深知奥古斯都的用意，然而学者的学术良知不容许他对这样的学术性错误坐视不理，即使这个“错误”是神君奥古斯都犯的。

身兼大祭司的克劳狄乌斯任命维特里乌斯协助他举办“百年节”，不过公元48年的“百年节”，连细节都照搬了奥古斯都的规定。至于“百年节”的实况是怎样的，还请参阅《罗马人的故事06·罗马统治下的和平》。

我觉得，通过举办“百年节”让罗马人深刻体会到能称之为罗马帝国领路人的除了克劳狄乌斯别无他人。这一年他已经58岁，是在位的第7年。远征不列颠的行动正有条不紊地进行着，其他防御也充分体现了帝国防御系统的牢固。不仅如此，他还完成了保障整个帝国和平这一皇帝的首要职责。管理行省，罗马历来的做法是，在行省驻扎罗马军团，让退伍军人建设殖民城市，给予原住民充分的自治权，让他们管理内政，建立地方自治体，等等。克劳狄乌斯围绕这一核心措施，在各个城市间铺设罗马式大道，形成城市网。从此罗马对行省的统治从恺撒、奥古斯都的大动脉时代进入无处不在的微血管时代。不过这种务实但不浮夸的政绩，往往是塔西佗和苏维托尼乌斯等热衷于追逐奇谈怪论新闻的知识分子不关注的部分。

虽然一边是拥有权力、负责统治国家的皇帝，另一边是没有实权然而可以做出自己的评判的普通公民，不过他们同为罗马人。只要是罗马人，自然就会明白加大对基层的建设就是强国之本，克劳狄乌斯的贡献，百姓都是看在眼里、记在心上的。

克劳狄乌斯港

在此，先抛开行省不谈，克劳狄乌斯仅在首都及其附近就对公共基础设施实施了大规模的建设。

公元 38 年，即卡利古拉时代开工动土的水利工程，到了克劳狄乌斯时代还在继续施工。这条水渠全长 70 公里，其中有 10 公里必须修高架水渠，这样浩大的工程到了克劳狄乌斯手中时离竣工期限只剩 4 年时间。还有另一条同期开工的水渠如果也竣工的话，给罗马提供生活用水的水渠就会增加到 9 条，到时候每天可给每位首都居民供应 900 升的用水。而卫生条件是否改善，其中重要的一条就是能否随时给市民提供新鲜的饮用水。

不管是谁，对自己开创的事业都会更加上心，这是人之常情。因此，皇帝克劳狄乌斯对自己下令动工的奥斯提亚港湾工程的重视程度比对卡利古拉留下来的水渠工程要高。这项外港工程是在克劳狄乌斯继位的第二年上马的。这说明他一继位就有了大展拳脚的机会，开始考虑建设这些公益工程。可惜的是，在这项历时 12 年的工程即将完工之际，他却惨遭杀害，奥斯提亚外港的竣工典礼最后是由继任皇帝尼禄举行的。

不过，当初克劳狄乌斯修建奥斯提亚外港的构想遭到建筑师们的一致反对，就连古代第一位撰写建筑和工程论著的维特鲁威也断言，在河口修建港湾实在不是良策，因为港口最终会被河流从上游带来的泥沙淤塞。

然而，克劳狄乌斯是一位钻研历史的人，历史学家的眼睛关注的是人。克劳狄乌斯可能认为，称得上是“世界之都”的罗马要修建海港，不是只要地理条件符合就能随便选址的。我想克劳狄乌斯可能就是用这个理由来反驳建筑工程师的论调的。台伯河是罗马人的灵魂，依着台伯河的流势，罗马人修建了如下文复原图中所示的各种设施。奥斯提亚刚好坐落在台伯河的入海口，只有在奥斯提亚修建海港，才能使台伯河发挥其河运的作用。因此，克劳狄乌斯认定罗马的外港只能是也必须是台伯河入海口的奥斯提亚。

可是，如何避免港口被台伯河河水带来的泥沙淤塞，确实是不得不解决的问题。不过这也是受克劳狄乌斯之命把奥斯提亚建设成正规的海港的工程师们该考虑的问题了。

总体而言，工程师们想出来的方案有以下几种。

第一种：不在日后必定会被泥沙淤塞的地方选址修建海港。

第二种：港口的地址选在奥斯提亚港西北方向 30 公里处的海岸上，大概是现在的罗马莱奥纳多 · 达 · 芬奇机场的南边地带。

第三种：在港口和台伯河之间修建运河，这样船只就可以不经由奥斯提亚，从运河驶进台伯河，逆流而上抵达罗马。

第四种：在即将建设的港口和罗马之间铺设道路，这样就可以从港口走陆路直达罗马，即修建“Via Portuensis”（直译为“港道”）。

第五种：在港口除了修建码头、仓库和其他必备设施外，其他诸如交易场所、各个交易公司的办公室，则建在奥斯提亚港内，并在新建港口和奥斯提亚港之间修路，用陆路联通两个港口。

然后从奥斯提亚到罗马，有两种走法：既可以像往常一样走台伯河这条水路，也可以走奥斯提亚大道这条陆路。

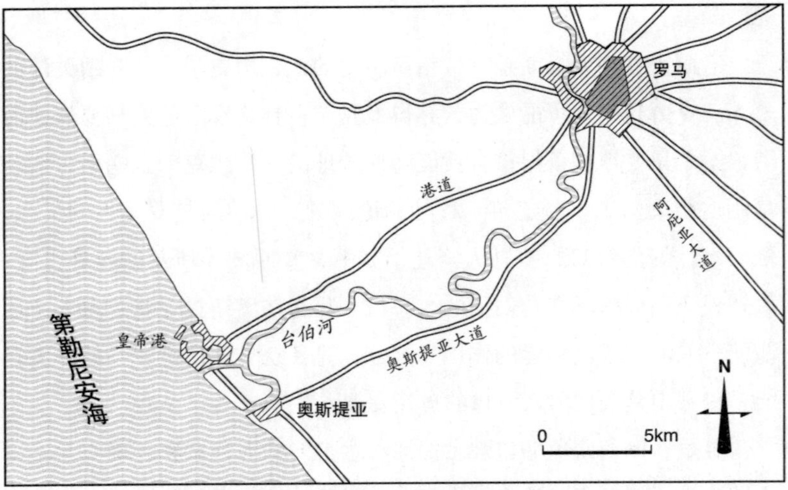

罗马与奥斯提亚港、新港（克劳狄乌斯港。图拉真皇帝进行大规模改建后）位置略图

虽然我们生活在现代，但我们仍能够从半个世纪后继位的皇帝图拉真做了大规模改造后的港口景观来观察当时的港口。显而易见，为罗马帝国各地往来罗马的大量船舶建设一个避风港，应当是克劳狄乌斯当初要建设这个港口的一个目的。而选址在奥斯提亚港则是想保留和罗马一样拥有悠久历史的奥斯提亚港的功能。不过虽然要继续使奥斯提亚发挥海港城市的功能，然而由于它坐落在河畔，不适合在此修建避风港，所以克劳狄乌斯才想到要建新港口来弥补奥斯提亚港的不足。这座以“克劳狄乌斯”命名的海港，让我们这些后人不禁感叹罗马人的土木工程是对大自然发出挑战的庞大工程。

克劳狄乌斯港的动工是从挖地基开始的，虽然在海岸的沼泽沙地上挖地基很容易，然而要让来往于地中海的船舶在此出入或停靠，港

台伯河岸港口（复原模型）

口的水深最浅也得 5 米，这才是问题所在。

从复原图中可以看出，打好地基后，接下来就是建设延伸到海里的堤坝，以及从台伯河右岸开挖最终与新港码头相连的河道。这条运河在 50 年后被当时的皇帝图拉真大规模改造后，被称为“霍萨图拉真”（Hossa Traiana）。这两项工程是同时施工的。

完工后的这个大型船坞总面积达 90 万平方米，水深在 5 米以上，码头总长达 2 500 米，伸入海中约 1 100 米，号称可以同时对一字排开的 300 艘船进行卸货作业。

建防波堤的方法则是用铁索将不计其数的重达 7 吨的巨型石灰岩连起来沉到港口两侧的海中。

除了左右环绕的防波堤外，港口的正对面也修了防波堤，上面矗立着一座灯塔。这样的构造使海港的出入口分别独立，进港口和出港

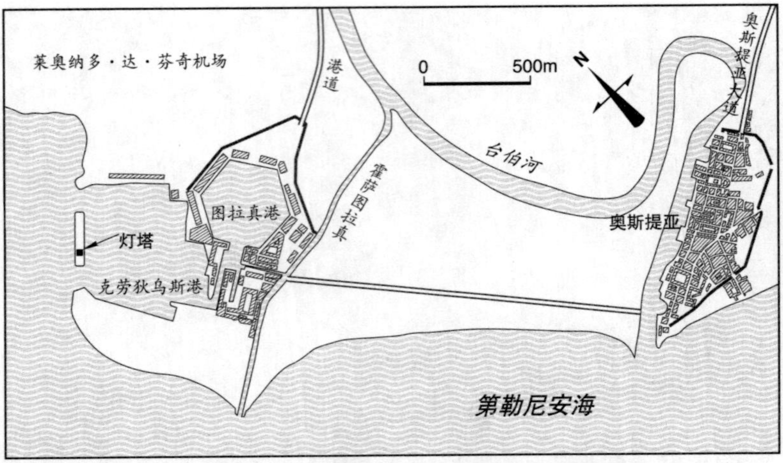

奥斯提亚与克劳狄乌斯港（图拉真皇帝进行大规模改建后）

口的宽度都是206米。

当年，卡利古拉要从埃及运25米长的方尖碑回罗马，然而又不想把这些方尖碑切割后分装上船，为此就特制了一艘大船。据和卡利古拉同时期的博学家老普林尼的记载，以及现代考古发现，我们基本上可以复原这艘船。船身是用冷杉打造的，光吃水线下面部分的重量就达800吨，中央桅杆要4名船员手牵手才勉强围得过来，船身总长105米，宽20.3米。船一共有6层，满载时的排水量是7 400吨，船上需要的水手据说达700到800人之多。正如前文提到，这艘船后来被克劳狄乌斯装上石头沉到海里做地基，而这就是新建海港的中央灯塔防波堤的地基。

这艘船可以说是当之无愧的古罗马人造船技术的集大成之作。只是为了运方尖碑，卡利古拉就不惜破费巨资命人打造了这艘船，也难怪国家财政会崩溃。继位的克劳狄乌斯觉得这种大型船不实用，就没

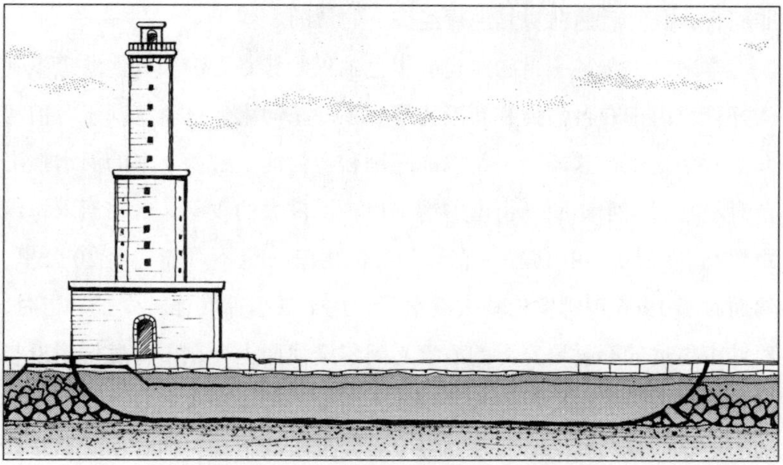

摇身一变为防波堤兼灯塔的卡利古拉大船（想象图）

有使用，不得不说他做了一个明智的决定。这样一来，古代的“泰坦尼克号”就以图中所示姿势被沉到海底。当然也有船身用的木材耐海水腐蚀的原因。

把桅杆和护板全部拆除后，这艘大船就只是一个可以装东西的“器皿”。在里面装满了石头后，被沉到深达 7 米的海底，再在其四周沉入巨石，用铁链把船绑在这些石头上固定好。就这样，船只就变成了头顶灯塔的中央防波堤了。

在克劳狄乌斯手里完成的罗马真正的外港，方便了往来的船只。享有税收优惠的小麦运输船在冬季也能自由地前往罗马。虽然塔西佗等人曾批评罗马粮食依赖进口，然而后来罗马采取的还是粮食依赖进口的原则，并尽力补救由此带来的粮食安全问题。罗马坚持粮食依靠进口政策，对于以出口小麦到首都罗马和意大利全境为生的埃及和北非而言，其实就是在对其进行经济上的帮助。

本来是出于某一目的修建的出色工程，势必会带来其他意想不到的好处。由于在台伯河和新港之间修了一条河渠，这就等同于台伯河多了一条支流，这样一来，以前海潮和台伯河上游流下来的河水在汇合时经常引起水淹罗马街道的情况得到了极大的改善。台伯河入海口距罗马 20 公里，我曾经一直认为海潮再怎么也不可能逆流 20 公里，然而看了 1966 年佛罗伦萨大洪水后，这个观念彻底地转变了。当时，离城市很远的第勒尼安海的海潮逆阿尔诺河而上，在韦奇奥桥附近与因雨暴涨的河水汇合后，水漫到了大街上。可见潮水的威力是不容小觑的。克劳狄乌斯之后，罗马极少有发洪水的记录，估计这就是新建的海港发挥了意外作用。

在半世纪以后，皇帝图拉真对海港进行了大规模的改造，港埠变成了两个，克劳狄乌斯港和图拉真港，然而人们统称它们为“Portus Augusti”（皇帝港）。不过，流经奥斯提亚的台伯河以及连接皇帝港的支流带来的泥沙，改变了海岸线，现在的海岸线如图所示，皇帝港被泥沙形成的陆地围住，只剩下古时的图拉真港这个呈六角形的海湾还有水。

历经 2 000 多年后，海港成了今天的这种景象。不过我倒不觉得这仅证明了曾经反对在入海口建港口的建筑师维特鲁威们极具前瞻性，而且还诠释了一个对比，即国家发挥职能的时代与国家没有发挥好职能的时代的差别。

一位曾在军团中负责铺设罗马大道的工程师自夸地说道：“我们铺设的道路 100 年之内不需改建。”必须搞清楚的是，他的意思是指“百年之内不用改建”，而不是说 100 年内都用不着保养。这个道理同样适用于对国家的治理。和平不是说只要当上霸主就可以一直维持，

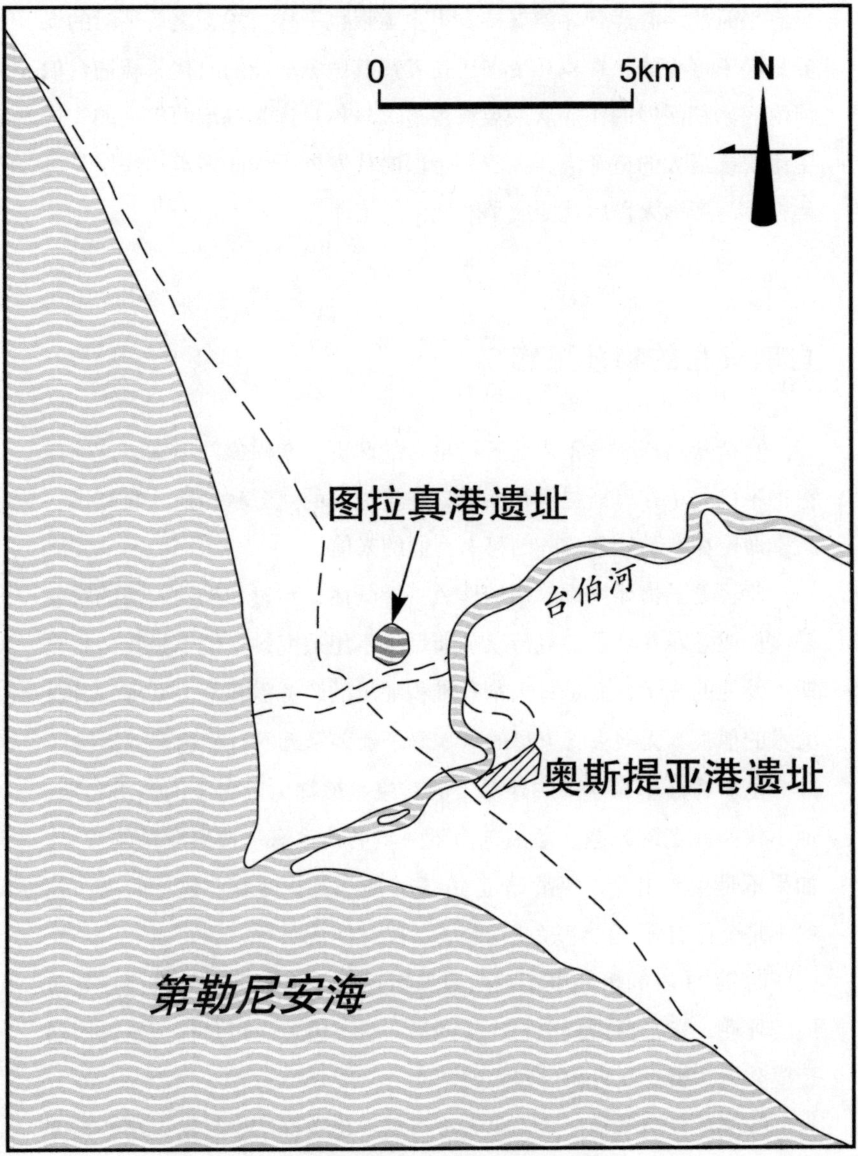

如今的海岸线（虚线代表古代海岸线）

只有平时的用心经营才能保持。土木工程也一样，竣工之后平时的保养是必不可少的。在罗马帝国还在发挥其国家职能的时代，疏通台伯河河底淤积泥沙的作业从未被忽视过。号称是迦太基港两倍大的、地中海规模最大的皇帝港，在罗马帝国时代发挥了 500 多年的作用，可是在罗马帝国灭亡后就变成了陆地中的沼泽。

自取灭亡的梅莎里娜

克劳狄乌斯孜孜不倦地履行皇帝的职责，奈何家门不幸，这使他头疼不已。正在奥斯提亚视察港口建设进度的克劳狄乌斯，收到了一封奉命留在罗马处理政务的秘书官们的来信。

年轻妻子梅莎里娜放荡的作风一如既往，不过如果她偷情的对象是演员或是花花公子，克劳狄乌斯倒也不想追究，这倒不是克劳狄乌斯不爱他的妻子，而是每天都有堆积如山的政务需要他去处理，分身无术的他根本无暇去管家里的事。妻子梅莎里娜的行径越来越出格。

皇后梅莎里娜这次“外遇”的对象是被称为美男子的西里乌斯，他不仅是元老院元老，还被选为下一年的执政官。按照罗马的规定，如果不是皇族出身，年龄超过 40 岁才能当选执政官。这样看来，他绝不是个徒有外表的年轻花花公子，况且他还单身。

时年 23 岁的梅莎里娜被西里乌斯迷得神魂颠倒。如果这只是单纯的外遇，皇帝最多就把它当作闲话，听了就过，可是梅莎里娜居然想要和他结婚，而且还付诸实践。

按照罗马的结婚仪式，得先进行鸟卜再选择结婚日期，结婚当天要在新人面前杀牲祭祀，然后两人签下结婚契约，接下来就是宴请亲友。趁着克劳狄乌斯不在罗马，梅莎里娜举办了一场真正的婚礼，这是毋庸置疑的重婚。不知道梅莎里娜脑袋里在盘算什么，难道仅仅是单纯的年轻女孩没头脑吗？然而男方也不是小孩啊。他们两人到底是怎么想的？是不是真如历史学家所说，他们想杀了克劳狄乌斯谋权篡位，如若事实如此，难道他们没有搞错顺序？难道不是应该先杀了克劳狄乌斯再结婚才说得通吗？再说梅莎里娜也有皇位继承权，她也算是与奥古斯都有血缘关系的。

皇帝克劳狄乌斯的秘书官们纳鲁奇索斯、帕拉斯与卡里斯杜斯在得知皇后重婚的事情后，一致认为这次再也不能放任不管了，于是决定先向克劳狄乌斯报告。这封信反复恳请克劳狄乌斯尽早返回罗马处理此事。

虽然奥斯提亚距离罗马仅仅 20 公里，然而得到消息的克劳狄乌斯没有即刻起程回罗马。要说他是在想对策，还不如说他此刻什么也没有考虑。他还像往常一样每天出现在工地上视察。

皇后梅莎里娜在这期间也得知克劳狄乌斯已经知道了事情的始末。到了这时候，她好像才开始意识到后果的严重性：如果她只是通奸的话最多被指控判处流放之刑，然而，对于违反婚约犯重婚罪的妻子，假使丈夫要行使家长权的话，她只能是死路一条。

梅莎里娜决定亲自去奥斯提亚，跟克劳狄乌斯坦白。她到这时候仍然坚信自己见到克劳狄乌斯之后能将他说服。在她心目中，克劳狄乌斯一直以来都是对她言听计从的。然而，当她吩咐奴婢为她准备去奥斯提亚的马车时，却无人听从她的命令，连家中的下人都不敢理会梅莎里娜。看到这种情形的梅莎里娜便叫来女儿屋大维娅和 7 岁的儿子不列塔尼库斯，要他们在克劳狄乌斯回家时替自己求情。此外，她还拜托罗马唯一的职业女祭司长替她向克劳狄乌斯求情，饶自己一命。梅莎里娜在安排完这些事情之后，就独自躲进了从法雷里乌斯手中夺来的别墅里，即连名字都未改的“卢克鲁斯庭院”之中。

在秘书官们的催促下，克劳狄乌斯终于起身回到罗马，审问关押在案的西里乌斯。不知审问时克劳狄乌斯是何感受，在此过程中他始终不发一言，全部由秘书官们代为发问。西里乌斯没有为自己做任何辩解。他被判自裁，即刻执行。

克劳狄乌斯很犹豫怎么处置梅莎里娜，不知道用公罪来判决还是当作家务事来解决。加上一双年幼的儿女照母亲梅莎里娜教的话语，乞求父亲能饶母亲一命，女祭司长也劝说克劳狄乌斯，至少要给梅莎里娜一次解释的机会。

克劳狄乌斯终于向身边的纳鲁奇索斯发话，命那个不幸的女人明天早上过来解释，说罢就起身离开了。

纳鲁奇索斯没有替克劳狄乌斯召见梅莎里娜。这个解放奴隶太了解克劳狄乌斯的心思了，他担心克劳狄乌斯见了梅莎里娜以后就会把愤怒、受辱的心情抛到九霄云外，当作什么都没发生过，和梅莎里娜重归于好。若回到原来的样子，这就表示梅莎里娜又可以为所欲为了。

身为内阁秘书长的纳鲁奇索斯利用职务之便，暗中传唤近卫军的百夫长，假传克劳狄乌斯的旨意，下令诛杀梅莎里娜。得令的百夫长便率领着一队卫兵，向“卢克鲁斯庭院”直奔过去。

梅莎里娜万万没有想到会是这样的结果。当百夫长把短剑递给她并说这是皇帝的意思时，梅莎里娜握着短剑却始终没有勇气自杀。她痛哭流涕，双手发抖得无法将短剑刺进自己的胸膛。见皇后迟迟不动手，没有耐心的百夫长便夺过剑，结果了她的性命。年仅 23 岁的梅莎里娜就这样被刺死了。

克劳狄乌斯在得知妻子梅莎里娜的死讯后似乎麻木了，在此后的很长时间里他都没有表现出悲痛与愤怒的情感，对丧母的一双年幼的儿女也没有特别的关爱。被妻子戴了绿帽子的这个60岁的老男人只是埋头于自己的政务，除此之外没有其他任何表示。

秘书官们在不引人注目的情况下拆毁了梅莎里娜的雕像。梅莎里娜的尸体也是在家人不在场的情况下被火化的，她的骨灰没有被放进奥古斯都陵园里，甚至连被埋何处从那时起就是一个谜。

罗马人在经过这起事件之后，心目中对克劳狄乌斯的评价就是“一个连妻子都不当他是一回事的皇帝”。这对克劳狄乌斯而言，他的公众形象可谓是跌到了谷底。不过，克劳狄乌斯有一个特点，那就是时间久了自然就会忘了那些不痛快的事。我倒不觉得这是他健忘的缘故，而是在当上皇帝之前，他过了50多年不被人重视的日子，这样的经历没有教给他被人敬重的意义。可是，脑海中完全没有受人敬重这个概念的他，却为百姓做了许多值得敬重的实事。不过，脑海里没有这个概念也有好处，那就是受得了别人的冷眼。不在乎众人投来的异样眼光的克劳狄乌斯发表了一次演讲，并按照演讲内容落实各项政策。这篇演讲稿被后世的历史学家们高度评价为“罗马文明留给人类的宝贵教训之一”。

开放国门

这件事的始末缘于众人讨论如何补充元老院元老的空缺。奥古斯都对元老院进行改革后，元老院席位就固定为600席。然而许多元老由于公职不在罗马，有事需要元老全员出席这个想法就变得不可能，况且有了空缺，也不是说需要补充人员就能立马找到人选的。到了公元48年，元老院席位空缺似乎到了一个不得不重视的程度。当时，是否让一个人进入元老院补缺，最后的决定权在皇帝手里。如果克劳狄乌斯有意操纵元老院，安排支持他的人进元老院，巩固元老院中站在他这一边的实力，这无疑是一个千载难逢的好机会。

然而，与党羽幕僚绝缘的克劳狄乌斯在50岁时，正是在这样的背景下继位摄政的，加之自己是历史学家，钻研历史的皇帝关心的不是如何在元老院中培养自己的势力，而是在罗马帝国中元老院应该扮演怎样的角色。不过给元老院定位不是他自己想到的，而是有件事提醒了他。

高卢各个酋长在得知元老院要大量补充元老这一消息之后，马上给元老院递交了请愿书，希望自己也能得到元老院的席位。按照罗马帝国的规定，要担任罗马帝国的要职，候选人必须有元老院的席位，因此，他们提出这种要求就表明他们想要参与罗马中央政府的事务。

自古以来被称为“纳博讷行省”的法国南部地区就是罗马帝国的行省，这里不仅出过元老院元老，也出过执政官，因此，这一地区的酋长没有在请愿书上签名。将联名请愿书递交到罗马的是被恺撒征服的高卢中部和北部地区的酋长们，他们就是短发的罗马人口中的蛮夷之地“长发高卢”的权力阶层。

首先，我想大家不会忘记，这些人正是百年前被恺撒打败的人的子孙。保留部族，并把罗马公民权赐予部族的统治阶层，这是恺撒对臣服的高卢人的处理。再一点，就是高卢人甘愿屈服于罗马人之下，并希望能参与罗马帝国的中央政治，而不是发誓夺回独立权并伺机而动。这就和殖民时代的印度不是向英国政府要求独立，而是希望得到大英帝国的国会席位，进而参与大英帝国的中央政治相似。

面对被统治者的这般要求，身为统治者的罗马元老院又会做何反应呢？

针对这件事元老院展开了激烈的讨论，皇帝克劳狄乌斯也列席参加。可以预想，反对的声音十分激烈。

确切地说，在93年前，恺撒行使终身独裁官的权力，给“长发高卢”的部落酋长们元老院的席位时，也遭到了出生于意大利本土的元老院元老们的强烈反对。甚至连普通百姓也肆无忌惮地讽刺这些酋长，例如嘲笑他们是“拉丁语都说不好的元老”“连去元老院的路都找不着的元老”，要不就笑话他们托加长袍下面居然还穿裤子（高卢人特有的服饰）。当年参与暗杀恺撒计划的人数量众多，可是暗杀计划并没有被泄露出去，这是因为即使元老院元老没有打算加入布鲁图等人组成的刺杀小组，然而知道谋杀皇帝这一消息的元老也对此三缄其口，选择不对外声张。这估计就是元老对恺撒同意行省的酋长参与元老院这件事的报复。

恺撒的前车之鉴让把不被行刺这件事当作头等大事的奥古斯都，取消了允许“长发高卢”的酋长们参加元老院的政策。后来的提比略和卡利古拉也沿用了这种做法。到了克劳狄乌斯时代，元老院元老们“排外”的立场也丝毫没有动摇。这次就这个问题在元老院会场里开展的讨论中，持反对意见的人的理由如下：

“首都罗马和意大利本土还没缺人才到找不到元老院元老的合适人选的程度。”

“以前的元老院的席位虽说只有300席，然而光靠罗马居民组成一个元老院都绰绰有余了，而且当时的元老院还管理着意大利本土的其他部落。现在的罗马更是不缺有能力有荣誉感的统治人才。”

“虽然神君奥古斯都赋予居住在北意大利的高卢人进入元老院的权力是不争的事实，然而这难道还不够吗？现在居然让原则上只是俘虏的行省人民也能出入元老院，这实在是令人难堪的事情。”

“一旦让行省人民进入元老院，现在已为数不多的昔日名门望族势必会遭到排挤，这让这些名门望族的脸面往哪儿搁？”

“现在要求赐予元老院席位的人的祖先，曾消灭了我们罗马的一个军团，还在阿莱西亚包围了神君恺撒。这些还都是不久前的事情，如果再往前推的话，曾经攻打罗马、将我们的祖先逼上卡匹托尔山的高卢人，和这些人正是一个民族的，难道我们要忘记这段历史吗？”

“高卢被我们征服后，我们已经把罗马公民权给予了高卢地区的原统治阶层，实在没有必要再给他们元老院的席位和治理国家的职位了。”

…………

在一片反对声中，克劳狄乌斯开始了发言，说出了自己的看法。他当时演说内容，可以从 1 480 年后的 1528 年，在法国里昂挖掘出来的石碑上的碑文得知。在此我为大家翻译历史学家塔西佗的《编年史》中的一些记载，虽然塔西佗说过自己写这本书时很多东西参考了《元老院纪事》(*Acta Senatus*)。因为当时塔西佗是写给罗马人看的，所以生在 2 000 多年以后、非罗马人的我们在阅读时需要求助于注释。不过我写的不是研究性论著，所以在此就直接把注释放在了正文中，还请大家谅解。

在此，我不禁想起我的先祖，我最早的祖宗是萨宾人克劳苏斯。公元前 505 年，他移居到罗马，罗马人不仅把出身外族的他与他的家人当作同样的罗马公民，还让他当上了元老院元老，使他成了贵族。祖先们的做法就算到了这个时代，也可以成为我们统治国家的方针。一个人，不管他出生何地，不管他的族人是否曾是我们的手下败将，只要他优秀，我们就应该把他吸收到中央来，施展他的才能。

大家都知道，第三代国王托里斯·奥斯蒂吕斯（公元前673—前641年在位）征服了阿尔巴隆加地区之后，尤里乌斯家族正是在这种背景下移居过来的。而克伦卡尼斯家族则是从败给第一代国王罗穆路斯的卡梅里欧地区移居过来的；还有出了大小加图的波尔基乌斯家族的祖籍则是图斯库鲁姆，那里是伊特鲁里亚人的发祥地，直到公元前380年，那里的人民才拥有了罗马公民权。

在此，我就不再一一说明了，因为这样的例子不胜枚举。意大利中部的伊特鲁里亚地区到意大利南部的卢坎尼亚地区，不对，确切地说应该是罗马全境的人，不管他们曾经是否是罗马的手下败将，只要是他足够能干，就把他们召集到罗马来，加入元老院，这就是我们引以为傲的过去。后来我们的神君奥古斯都给这种趋势指明了更明确的方向。公元前49年，他把原本只是到卢比孔河的国界线推进到阿尔卑斯山脉，又将只是行省的意大利北部纳入本土的版图。原本罗马公民权只是针对个人的，然而如此这般，包括居民、土地，整个北意大利都是罗马的了。

此后，随着帝国国内的和平日益稳定，对外领土的扩张，这种趋势越发强劲。行省出生的优秀人才竞相加入协助罗马主力军团作战的辅助兵军团，正是这些新鲜血液的加入，才使得已显疲态的罗马帝国再次恢复了生命力。

我们罗马人父辈，是否在为恺撒提拔了西班牙出身的巴尔布斯而后悔？是否在为给予臣服于恺撒之下的法国南部行省居民中的贤能与罗马人同样的待遇而后悔不已过呢？他们的后裔也与我们共同生活在一起，他们对罗马的爱丝毫不比我们这些土生土长的罗马人差。

在战场上斯巴达人与雅典人叱咤风云，不可一世，国家的兴盛却只是昙花一现，究其原因，主要是他们没有想要接纳以前的敌人，使他们融入本土百姓的生活中，老是把他们当作外来人。

然而，我们罗马帝国的奠基者罗穆路斯，明智地选择了和希腊人不同的对策，在战败宿敌后，并没有排斥他们，而是把他们融入罗马人的队伍之中。我国的历史上也出过其他国家出身的领导者。七位国王中，第二代国王努马出身于萨宾人，第五、六、七代国王则是出身于伊特鲁里亚人。早在公元前 310 年，财务官阿庇乌斯·克劳狄乌斯就任用解放奴隶的孩子承担我家的重任。这些例子说明，给解放奴隶的下一代开放出仕之门，并非我们所想的那样是最近才有的事，而是在很久之前就有过了。

当然，诸君的反对也不无道理。作为高卢民族的一个分支，歇诺内斯人在公元前 390 年攻陷罗马，曾有一段时间占领了我国大部分领土。然而像乌尔斯奇人和耶奎人这些历来就被视为是罗马人的民族，谁又能断言他们以前不是我们的敌人？我们的祖先被高卢人俘虏过，也有过不得不送人质到伊特鲁里亚人地盘去的屈辱。公元前 321 年，萨莫奈人打败了罗马的两个军团，他们命令已经解除武装的罗马士兵半裸着从长矛架成的轭门下穿过。这就是现在的连孩童都耳熟能详的“考地乌姆耻辱”。正是这样一个让我们饱受屈辱的民族，早在很久以前就与我们享有同样的权利和义务，成了跟我们一样的罗马公民。

对比罗马与其他民族发生过的战争，每次与高卢民族之间的战争都能在短期内一决高下，并且战争之后，高卢人与罗马人都是本着诚信的原则和平共处的。然而，到了现在，“长发高卢”的人民由于教育、和罗马人通婚，在生活习惯方面已逐渐被融合。因此，我觉得，把他们拥有的资源带到罗马和意大利来才是明智之举，而不是和他们划清界限。

元老诸君，现在我们深信不疑的惯例，其实在当时也是突破性的尝试。曾经，国家的重要职位在很长一段时间里都是被贵族把持着，后来罗马公民也可以在政府里担任职务，接着担任官职的人选扩展到了住在罗马之外的拉丁人，再后来是住在意大利半岛的百姓，就这样官职的大门越来越对人开放。

元老诸君，现在我们对要求我们表明态度的高卢人开放门户，在将来这势必也会成为罗马的传统之一。现在讨论这个问题时，我们引用了许多先人们的例子，而在将来，这件事也将会成为供后人引用的先例。

这是一次让人有身临其境之感的精彩讲话，是高尚宽容精神的展现，后世的历史学家们盛赞它为“罗马文明留给人类的宝贵教训之一”，这个盛名克劳狄乌斯当之无愧。当然，罗马人让人钦佩的地方就是，不会让闪光的理想销声匿迹。

在皇帝克劳狄乌斯发表了这篇演讲后，这次讨论以赞成票占多数通过了高卢人出任元老院元老的请求。然而，这并不是承认所有的“长发高卢”的酋长都有资格担任元老。元老中的反对者同意让步，但他们的附加条件是要稍微修改一下这个提案，即行省的各民族要分阶段地获得进入元老院的资格。最先获得这个资格的只有埃杜伊人，它是高卢东北部地区最强大的民族，自古就和罗马交好。然而在阿莱西亚攻防战的时候，它投奔了韦辛格托里克斯，一同与恺撒为敌。可是取得胜利的恺撒不仅原谅了他们的背信弃义，还让他们继续在高卢地区保持强势地位。现在，就连这样的埃杜伊人都获准进入元老院了，其他的高卢人获得加入资格肯定也是迟早的事。既然高卢人获准了参与中央政治的资格，那么西班牙人、希腊人、北非人、埃及人，甚至是东方人，享受这种"福利待遇"也指日可待，虽然可能会花上一段时间。

恺撒的治国理念被克劳狄乌斯继承和发扬，并身体力行地把这个理念从意大利半岛推广到整个罗马帝国境内。

话说回来，我们日本人在批判英国和其他帝国主义国家的排外主义之前，是否应该先反省一下我们自己？我们给予了朝鲜人帝国会议的席位了吗？我们同意让他们参与到我们的政府中了吗？

然而，向高卢人大开进入罗马帝国的中央政权之门，其实顶多就是让那些一心死守既得利益、满口闭关锁国言论的本土出身的元老院元老反思，让行省出生的开放论者感动而已。罗马人的精明之处在于，在实行开放国门政策的同时，还制定了停止政策实施的法案，以备不时之需。

奥古斯都一直秉持恺撒的开放国门的理念，并身体力行地遵循恺撒的大部分政策。不过他始终没有忘记为这些政策的实施安上一个"刹车"来制衡。所谓的"刹车"就是分别在公元前 2 年和公元 4 年制定法规限制奴隶解放，这部法律即使到了克劳狄乌斯时代仍然发挥了不小的作用。

奴隶解放限制法

我们如果站在现代的角度，抱着奴隶制度违反人权应该废止的观点去讨论古罗马的奴隶制度的话，那么就没有讨论的余地了。其实在罗马帝国崩塌、进入基督教世界之后，奴隶制度也没有被完全废止。因为教会认为，没有领悟到基督教才是真正信仰的人，和基督教徒是不能处于相同地位的。因此，在教会的默许下，还存在着非基督教徒的奴隶。奴隶制度得到全面废止，是倡导尊重人权、以人为本的启蒙主义之后的事，所以在18世纪末各个国家都集中发表了废除奴隶制度的声明。在古代，连哲人苏格拉底和亚里士多德都从未质疑过奴隶社会。古代人对奴隶的看法，倒不是觉得他们和自己的宗教信仰不同，不应该和自己享有相同的权利。他们是因为“不幸运”才沦为奴隶的。他们要么因为战败、被海盗俘虏或无力偿还欠下的债务被剥夺自由而沦为奴隶，要么一出生就是奴隶的后代，要么被父母卖作奴隶。因此，不管是主人恩典还是偿还了债务，大家都广泛认同奴隶翻身做平常人。那些被海盗劫持或是在战场上被俘虏的人，他们的境遇都是一样的，只要交了赎金，就都能恢复自由之身。普通人与奴隶的区别不在于宗教信仰的不同，而在于有没有碰上这等“不幸运”的遭遇罢了。

比起用界限把蛮夷和希腊人严格划分开来的希腊人，选择跳出城市国家的桎梏、转变为领土国家的罗马人更有远见。在雅典和斯巴达，没有解放奴隶这个阶层的存在，然而在罗马这个阶层确实产生了，并生存了下来。罗马人甚至还把罗马公民权赋予了这个阶层中杰出的人才。

罗马人家庭对奴隶的依赖到了没有奴隶就不能维持下去的地步。

在此以国家领导阶层的元老院元老的家庭为例：每日清晨为主人刮胡子的，是奴隶；做饭服侍的，是奴隶；负责教育儿女的家庭教师，大多数是奴隶；管家的，是奴隶而不是女主人；就算是在战场上，准备武器装备的，也还是奴隶；被元老院元老假借名义去做不能曝光的生意，甚至还要代主人打理生意的，是奴隶；还有，把主人口述的话写成书信的，是奴隶；在普通百姓还不能使用政府邮政系统的时候，远赴东方为主人送信，再把回信带回来的，是奴隶；远赴海外替主人管理资产的，也还是奴隶；等等。

虽然奴隶们支撑起了整个社会，然而他们很少起来反叛。这是因为，比起出身决定身份地位的自由阶层来，他们是生活在凭本事说话、竞争激烈的世界里。如果一个奴隶有良好的教养，或是有语言天赋、表演才能、经商头脑，再或者有某方面的特殊才能，他就会被竞相争要，而这种奴隶也是离解放奴隶最近的一个群体。哪怕一个奴隶没有什么出众的才能，但与之在一起的时间长了，就会产生感情。因此在古罗马时代，解放奴隶的事情很常见。其实在奥古斯都制定解放奴隶的法规之前，官府也一直没有干涉奴隶主的这种做法。在这种形势下，与其冒险采取会引起动乱的举动，还不如顺应形势实行奴隶解放。

针对奥古斯都制定的奴隶解放限制法，许多现代学者把这部法律归咎于奥古斯都的保守，然而，我倒认为这恰是证明奥古斯都善于从现实出发的一个例子。

把不是罗马公民的人罗马化，即同化异族，这是罗马人的做法，正如恺撒在《高卢战记》中记载的一样，可以分为两种：其一是提拔他们当中的优秀人才；其二是对以服役等方式对保护罗马国家安全做出贡献的人进行褒奖。然而如果一直放任奴隶解放形势不管的话，就等于对解放奴隶大开取得罗马公民权的方便之门，这势必会导致素质较低的奴隶也能成为罗马公民，从而产生不良的后果。到时候，不仅罗马公民的整体素质水平会被拉低，还会引起社会的不安定。

现代国家对非法移民大量增加的现象极为敏感，奥古斯都也一样，他必须处理好这个问题。研究者在记载这段历史时用的标题是“罗马奴隶与公民”，这是因为在罗马，将奴隶解放就意味着让他们加入罗马公民的行列。

公元前 2 年，奥古斯都立法通过了《弗里乌斯—卡米尼乌斯法》。这部法律是用两位提案者的名字命名的，他们是当时的执政官。然而事实上，这部法律的真正拟定者是奥古斯都，这么做是因为如果所有的法案都以自己的名字命名，恐有独裁之嫌。就连恺撒也采用此法来避嫌。而一直用“第一公民”代替“皇帝”来称呼自己的奥古斯都与提比略都深谙其道。

概括而言，《弗里乌斯—卡米尼乌斯法》是一部限制遗嘱解放奴隶的法律。五年后通过的、同样是用两位时任执政官的名字命名的《埃里乌斯—森提乌斯法》，主要针对主人在世时，限制他们随意解放奴隶。

《弗里乌斯—卡米尼乌斯法》不限制家中的奴隶在 3 人以内的家庭。在这种情况之下，要是主人愿意，可以全数解放他们。《弗里乌斯—卡米尼乌斯法》主要针对奴隶较多的家庭。家中奴隶在 4 人到 100 人之间，只有遗嘱中特意提到的才可以解放最多半数的奴隶。家中奴隶超过 100 人但不超过 500 人的，可以解放五分之一的奴隶。总而言之，任何个人遗嘱里要解放的奴隶数不得超过 100 人。

《埃里乌斯—森提乌斯法》对《弗里乌斯—卡米尼乌斯法》中主人在世时的情况进行了移植，并对一些限制做了详细的补充。

这部法律规定，不允许曾被国家或主人问罪的奴隶，即有前科的奴隶，拥有与其他解放奴隶同等的权利，就算是他们获得了自由也不例外。此外，他们的财产也要被充公，居住地必须搬到离罗马 100 罗马里（约合 150 公里）之外。然而如果他们放弃罗马公民权，那么居住地限制就可以解除，也可以享有财产私有权。当然，出台这样的法律就是要阻止有前科的奴隶成为罗马公民。

这部法律还规定，20 岁以下的主人判断力不成熟，因此不承认其解放奴隶的效力。20 岁之上的主人，打算解放奴隶的年龄超过 30 岁，与原来的做法相同，只要在律政人员面前宣读释放宣言，才能确认其效力。然而解放的奴隶人数必须控制在这两部法律规定的人数之内。若主人 20 岁之上，而解放奴隶的年龄没到 30 岁的话，就得由专门的审议委员会对此进行认真审议才能决定是否有效。该审议委员会由 10 位委员组成。首都罗马的审议委员会，其成员由 5 名元老院元老与 5 名“骑士阶级”的人士组成。在地方审议委员会，必须是拥有罗马公民权的人才能出任委员。不过即使是审议委员会同意这名奴隶解放，若这名解放奴隶未满 30 岁，虽然认可他本人的财产私有权，然而不认可其子女继承解放奴隶财产之权利。此外，拥有 3 万塞斯特斯的私有财产，是解放奴隶获得罗马公民权的重要条件。阻止解放奴隶的后代成为罗马公民，正是以上重重限制设定的真正目的。

只有血缘相同的人才会被希腊人认可为拥有公民权，而罗马人定义的公民权，则代表的是志同道合的一群人。因此，解放奴隶对罗马人而言，是在遵守“志同道合”这一罗马传统的前提下，只要能够达到防止品质恶劣的人混入造成罗马精神被拉低的目的，那就够了。因此，在管制奴隶解放时，不是“禁止”而是“限制”。不过，不得不加以限制的原因，是解放奴隶的数量已经很庞大了。然而在限制奴隶解放之后，仍旧有 50 人、100 人规模的奴隶获得自由。为此，解放奴隶这一社会群体也就自然地产生并存在着。

提比略完全秉承了奥古斯都的这种对待解放奴隶的态度，不过，提比略也有不同于奥古斯都的地方，他拥有将军的特质。得益于丰富的前线指挥经验，他很擅长辨别一名将领是否有才能。他在法国南部，甚至是在“长发高卢”提拔了许多指挥官级别的人才。在奥古斯都时代，这些被提拔的行省人最高只能担任辅助兵军团的队长。可是提比略提拔的人才可以官至罗马主力军团的指挥官。罗马帝国的国门开放方针就是国门一直为优秀的异族分子打开着。

元老院门户开放政策，可谓是罗马帝国第四任皇帝克劳狄乌斯国门开放路线的延伸。正如克劳狄乌斯所言，自己并未在理想主义的驱使下进行改革，而仅仅是在遵循罗马人的传统。生在罗马霸权时代的希腊人、《希腊罗马名人传》的作者普鲁塔克曾这样写道：“罗马人之所以强大，在于他们‘同化败者’这一统治模式。”普鲁塔克的故国是希腊，就算大哲学家苏格拉底仍然活着的时期，又或是大政治家伯里克利最为活跃的时期，虽然希腊存在奴隶阶层，然而根本没有解放奴隶这一概念。

被称为元首制时代最杰出的历史学家塔西佗，执笔时期刚好正值“五贤帝”当政前期。不过克劳狄乌斯和在其之前在位的三位皇帝都在塔西佗讨厌的对象之列，原因会在后面提到，在这里就不费笔墨了。不过既然是最杰出的历史学家，自然会尽可能客观地记录事实。只是因为塔西佗讨厌这些执政者，所以他在记录他们的政绩时，好政绩和坏政绩的介绍方式是截然不同的。如果政绩“好”，塔西佗在记录完摄政者的演讲或政策后，不会在结尾批注自己的评论。他这是在说，虽然自己不喜欢这个人，然而他的政绩是值得肯定的。相反，如果政绩“不好”，在记录之前，他就会对这个人和他做的事毫不留情地口诛笔伐。

克劳狄乌斯再次确定了行省人民可以加入元老院的演讲，就被塔西佗划入第一类。然而，接下来要讲到的事情，在塔西佗的记录方式中就只能被划入后一类了，也就是说，是被塔西佗定为“不好”的事情。因为这位历史学家在文章的一开头就说到“克劳狄乌斯是一个根本不能自己生活、习惯被老婆管教的男人”。的确，这是不容置疑的事实。

小阿格里皮娜的野心

克劳狄乌斯在梅莎里娜死后又恢复单身状态，这时的他也已经进入花甲之年。克劳狄乌斯有过三次婚姻，也是三个孩子的父亲，大女儿安东尼娅已经出嫁了，下面还有小女儿屋大维娅与小儿子不列塔尼库斯。如若一个人不能生活，那么找个情人应该就足够了，而克劳狄乌斯曝光的情人就有两个。原因在于，克劳狄乌斯根本不会像提比略那样，担心自己再婚会导致皇位继承问题复杂化而保持单身。克劳狄乌斯平日里总是嫌人啰唆，希望别人不要来打扰他，可是当没有了名正言顺的妻子，他的心里就老觉得少了些什么。与其说他是习惯了被妻子管着而选择再婚的，倒不如说他不习惯孤独。在我看来，克劳狄乌斯还是那种最后会被再婚妻子左右的人。

如果克劳狄乌斯真要再婚的话，他还得亲自去寻找。虽然，克劳狄乌斯并非女人喜欢的类型，他却是高高在上的皇帝。做着皇后梦、向皇帝自荐或由人推荐的女人也为数不少。此外，以嫁给克劳狄乌斯的梅莎里娜为例，只要不犯下重婚这种原则性的错误，就可以为所欲为，对于任何女人而言都是再美妙不过的了。克劳狄乌斯却做不到自己去选择自己的皇后，他是一个从未被女人的目光追逐的男人，一旦有了可以自己选择的权力时，不可名状的恐惧反而占据了他的心头。因此，秘书官们成为克劳狄乌斯选择皇后的任务执行人。

解放奴隶三人帮组成的秘书官，在反反复复算计了自己的利益得失之后，最终决定，每人各推荐一名人选，把共计三人的皇后候选人送到了皇帝面前。

纳鲁奇索斯选出的皇后候选人是克劳狄乌斯的第二任妻子耶利娅·佩蒂娜，他们是在生下女儿安东尼娅之后劳燕分飞的。

卡里斯杜斯选出的皇后候选人是罗利娅·包丽娜，她是皇帝卡利古拉的第三位妻子，与卡利古拉结合不久就离婚了，他们也没有子嗣。

帕拉斯选出的皇后候选人是尤利娅·阿格里皮娜。为了区分与她同名的母亲，历史学家通常把她的母亲称为大阿格里皮娜，把她称为小阿格里皮娜。她是日耳曼尼库斯之女、卡利古拉的妹妹。然而她是一个寡妇，她的前夫多米提乌斯·阿赫诺巴尔布斯早已去世。

这三位皇后候选人都在30岁左右，都出身于上流社会，无论是家庭背景还是外貌都不相上下。可是就算只是从三位候选人中选一个人出来当妻子，克劳狄乌斯也感到十分为难。于是克劳狄乌斯命令三名秘书官说说为什么会推荐各自的人选。

纳鲁奇索斯推荐佩蒂娜的原因如下：佩蒂娜是克劳狄乌斯的前妻，重新做回妻子的话也不会给家庭带来巨大影响，再者，她与克劳狄乌斯之间有一个女儿，所以她会好好照顾梅莎里娜留下来的两个孩子，做一个称职的母亲。

卡里斯杜斯推荐包丽娜的理由是：包丽娜本身没有子嗣，所以她会全心全意地养育两个孩子。当初她和卡利古拉离婚，是因为丈夫移情别恋，然而她是品行端正的人。此外，包丽娜被称为罗马第一美女。如若克劳狄乌斯与前妻佩蒂娜重归于好的话，恐怕得意忘形的她会搅得家里鸡犬不宁。

帕拉斯推荐小阿格里皮娜的理由听似十分充分：首先，小阿格里皮娜是日耳曼尼库斯之女，而日耳曼尼库斯至今仍然保持较高的声望，娶她为妻，就能让尤里乌斯与克劳狄乌斯两大家族的关系更加密切。其次，包丽娜膝下无子，估计是因为她不能生育，如果娶了她，恐怕皇帝也不能再得子嗣，可是已生有一子的小阿格里皮娜就没有这种缺陷。帕拉斯如此这般地一点破，恰如其分地点中了克劳狄乌斯这个男人心中的真实想法。

好笑的是，到了这份儿上，克劳狄乌斯还是无法下决断。发展到这种局面，皇后候选人自身的积极性就起了至关重要的作用。皇家出身的小阿格里皮娜有一个优势，即她可以自由出入皇宫，可是她想要嫁的人和她是叔侄关系，这层关系对她而言可不是什么好事。

历史车轮前进到这时，罗马帝国终于出现了一位不满足于仅仅做权力者的妻子、想要自己掌管天下的女人。时年 34 岁的小阿格里皮娜与她的母亲大阿格里皮娜一样，都时刻不忘自己是一个体内流着与奥古斯都相同血液的人。她一直坚信自己统治罗马帝国也是名正言顺的。只要能实现自己的权力野心，她根本不在乎采取怎样的手段，而且她还是罗马历史上第一位自己写回忆录的女人，她比她的母亲大阿格里皮娜更加聪明。

小阿格里皮娜曾是皇帝卡利古拉的妹妹，然而她不满足于此。她的盘算是先当上皇后，等克劳狄乌斯驾崩之后再成为皇太后，进而统治整个罗马帝国。当然，她也没想过为克劳狄乌斯生儿育女，在小阿格里皮娜心目中，皇位继承人早就有人选了，小阿格里皮娜 12 岁的儿子正是她以后摄政的傀儡皇帝人选。为了实现这个野心勃勃的计划，就算是嫁给叔叔，她也根本不在乎。

小阿格里皮娜不断出招终于征服了克劳狄乌斯。可是令人目瞪口呆的叔侄结为连理的设想，总得要给大家一个说法才行。这时，一直在旁辅佐克劳狄乌斯的维特里乌斯自告奋勇，说要为两位新人分忧。于是一场喜剧就在元老院元老和市民面前上演了。

维特里乌斯与克劳狄乌斯一同担任执政官，他也是克劳狄乌斯在财务部门的下属，此前与克劳狄乌斯一起负责了人口普查，是一个非常有能力的人。他在元老院元老面前这样讲道：

> 元老诸君，吾皇克劳狄乌斯肩负着统治整个帝国的重任，日常生活之苦累，为常人难以设想。如此劳累之重任，唯有人替吾皇分忧家中大小琐事，才能使得吾皇从中抽身出来，全神贯注于国家治理。而能替他分担家庭事务的，除了一位任劳任怨的皇后，还能有谁呢？能够理解埋头于国家大事的皇帝，除了一位同甘共苦的皇后，还能有谁呢？吾皇自幼就遵纪守法，继位后又心

无旁骛地专心政事，如此伟大的皇帝，难道不应当需要一位耐心听他诉说辛苦的皇后吗？难道就不需要一位养育年幼儿女的皇后吗？

听了这番慷慨陈词之后，元老院元老一致点头应允。维特里乌斯的声音逐渐提高：

元老诸君，小阿格里皮娜身上流着的血有多么之尊贵，这是不容置疑的事实。确实，和胞兄之女结为连理，这并无先例。可是，以前我国法律禁止表亲结婚，然而现在表亲结婚不是已经变得很常见了吗？

话虽如此，不过元老们还是觉得不妥，这可是叔叔与侄女之间的婚姻，加之两个当事人的身份门第，这件事的性质可就不是两情相悦的人结个婚这么简单了。不过，应对这种情况的场景剧早就被编排好了。这时，一位元老突然走到会场外，一群被打点过了的普通百姓已经在外面等候着了。这些百姓异口同声地要求制定法律准许克劳狄乌斯与小阿格里皮娜叔侄两人结婚，随即这位元老开口高声呼吁要求元老院赶快出台法律同意。会场外百姓的呼吁即刻消除了会场上元老们对这件事的顾虑。

然后轮到维特里乌斯进行最后的表演，他转头面向克劳狄乌斯，这样问道：

"若是元老院和公民要求您与小阿格里皮娜结为连理，您会接受吗？"

克劳狄乌斯答道：

"我只是一位罗马公民，作为罗马帝国的主人元老院与罗马全体公民，他们提出的任何要求，我都不能拒绝。"

至此这场喜剧圆满结束。然而，非常有意思的是，喜剧与悲剧总是会在古雅典与古罗马同一天不断上演。或许对于当时的人而言，人生并非由单一的喜剧或悲剧主导，悲剧与喜剧交错进行才是我们人生的真谛，而皇帝克劳狄乌斯的人生就正好诠释了古人的这一想法。

在摇身一变成为皇后之后，小阿格里皮娜可谓是百分之一百二地在利用克劳狄乌斯的弱点。克劳狄乌斯为了避免皇后在身边烦他，看也不看就会在皇后递来的文件上签字。

首先，小阿格里皮娜将自己升到"奥古斯塔"（Augusta）的地位。而"奥古斯都"（Augustus）是先皇的称谓，正如"恺撒"（Caesar）也是皇帝的称谓一样，它被先皇奥古斯都冠在自己的名字后面。"奥古斯塔"在拉丁语中是"奥古斯都"的女性称谓形式。罗马帝国第一任皇帝奥古斯都在他的遗嘱中把"奥古斯塔"这个称号赐给了皇后利维娅。可是小阿格里皮娜不费吹灰之力就得到了这个称号。

接下来，小阿格里皮娜用自己的名字给城市命名，这不仅是罗马史上，甚至在世界古代史上，都是前无古人的疯狂做法。

由于古代文明的核心是城市文明，所以建设作为国家执政的"核心"城市就是摄政者们的首要任务。埃及的亚历山大城是指亚历山大大帝之都，而以亚历山大大帝等皇帝名字命名的城市还不仅仅埃及的亚历山大城一处，此外还兴建了恺撒利亚，是为了纪念尤里乌斯·恺撒，或是为了献给他的养子奥古斯都。提比略也有提比略城，克劳狄乌斯也有以他的名字命名的大道。罗马帝国统治的"核心"，就是靠退伍军人移民到行省兴建殖民城市，借以形成国家统治中心，这也是罗马自古以来的行省治理政策。在以罗马皇帝名字命名的城市，几乎全是由皇帝派遣退伍军人建设的殖民城市，这也就是为何鲜见以女性之名命名城市的缘由。

公元15年，日耳曼尼库斯时任8个军团的总司令，正在进行日耳曼战争，所以小阿格里皮娜出生在了今天的德国科隆市。这一地区是日耳曼民族实力强劲的乌比人的大本营，这一部族曾经在高卢战争中拥护恺撒。由于是友好部族的地盘，所以日耳曼尼库斯才放心把家眷安顿在此地。奥古斯都的左膀右臂，小阿格里皮娜的外祖父阿格里帕，是将科隆作为罗马军队冬营地的第一位将领。

尽管这个地方与外祖父和父亲有极深的渊源，然而小阿格里皮娜却不能简单地以上述理由，外加出生地为借口，用自己的名字命名这座城市。罗马帝国在退伍军人移居到当地，并建设好殖民城市之后，才能冠上下令者的名字，这也一直是罗马帝国城市命名的传统。为了达成这个目的，小阿格里皮娜下令让退役的军人移居到科隆，并把这里升级成殖民城市，所以科隆在古代的名字是“科隆尼亚阿格里皮内西姆”（Colonia Agrippinensium），意为小阿格里皮娜的科隆。其实，“科隆”不过是拉丁语中意为“殖民城市”的德语的发音罢了。拥有以自己的名字命名的城市，这在罗马帝国实行元首制以后是只有皇帝才能享有的荣耀，然而，小阿格里皮娜也不费吹灰之力就搞到了这份荣耀。

这种令人恶心的手段本应该引起社会哗然的，然而，元老院和公民居然出乎意料地接受了这一事实。大家做出如此反应的原因之一是，“小阿格里皮娜”这个词本身就有与“阿格里帕”相同的含义，大家都觉得这不是“小阿格里皮娜的殖民城市”，而是为国家做出了巨大贡献的“阿格里帕的殖民城市”。原因之二是，莱茵河是罗马帝国军事战略中的防线，而莱茵河沿岸最具战略价值的是科隆，把这个城市升为以拥有罗马公民权的居民为核心的“殖民城市”，作为前线基地，与罗马帝国的利益并不相悖。此外，对于科隆的殖民城市化，当地的乌比人也举双手赞成。虽然乌比人是日耳曼人的一个分支，然而由于长期和罗马保持友好关系，许多人与罗马士兵通婚，其实大家也都承认科隆实际上已经被罗马化了。如果科隆成为罗马的殖民城市，就代表着乌比人和罗马人的关系在将来会有更进一步的发展。

小阿格里皮娜的手段可谓巧妙，她不仅满足了自己的野心，还让自己的要求与国家利益融为了一体。然而，她也有女人特有的任性妄为的性格，她容不得任何女人胜过她，不管是在哪一方面。她容不下和自己竞争皇后宝座的两个女人，特别是被称为罗马第一美人的罗利娅·包丽娜。

提比略曾经下令禁止意大利国内的占卜师靠替人算命赚钱，因此，小阿格里皮娜就捏造了一个罪名，说包丽娜曾请占卜师替她卜了一卦，看看自己有多大机会能跟皇帝克劳狄乌斯结婚。诉状交到克劳狄乌斯面前时，他照例毫无主见地就在上面签了字。然后小阿格里皮娜就把皇帝签了字的诉状交到了元老院。

诉状背后显然是皇后的阴谋，元老院元老们自然十分清楚，然而因为克劳狄乌斯已经亲手签字了，所以也只好执行。元老院命令可怜的包丽娜只带500万塞斯特斯财产离开罗马。然而小阿格里皮娜这还不满足，不知道使出了什么阴招，最后逼得包丽娜自杀身亡，这才解了她的气。

小阿格里皮娜不是梅莎里娜。虽然在专横这一点上，梅莎里娜与小阿格里皮娜十分相似，然而小阿格里皮娜不像梅莎里娜那样任性与淫荡，她专横是因为她在冷静地按照计划前进，实现自己的野心。小阿格里皮娜没有情夫，更是持家有道。此外，她也很关心孩子们的成长，尤其是对她 12 岁的亲生儿子多米提乌斯的教育，更是周到细心。

哲学家塞内加

在罗马帝国首都，想要找到一位精通阅读、写作与数学以及东方通用语希腊语与西方通用语拉丁语的老师并非难事。然而，如何培养爱子多米提乌斯使其具有帝王才能，小阿格里皮娜非常急切。想到亚历山大大帝师从亚里士多德，她觉得有必要替儿子请一位哲学家来教他。仍然在科西嘉岛流放的哲学家塞内加，成了小阿格里皮娜的最佳人选。

公元前 4 年，出生于西班牙的科尔多瓦的路奇乌斯·安奈乌斯·塞内加（Lucius Annaeus Seneca），后世研究者对他的评价极高，他们一致认为，共和制时期罗马哲学界的代表人物当属西塞罗，而元首制时期罗马哲学界的代表人物则非塞内加莫属。虽然塞内加并没有出生于罗马本土，但他在罗马长大，幼年时期他跟随身为元老的父亲居住在罗马。虽然他的父亲是元老，然而因为出生于西班牙，所以只能算是罗马新贵。这些新贵对儿女的教育是不遗余力的，因此，塞内加家中的三个孩子都接受了最好的教育。他们家的三个兄弟中尤以次子路奇乌斯最有才华。

奥古斯都时代末期，塞内加度过了他的少年时期。不过长大后他也担任过帝国的公职。公元31年，这时已经是提比略摄政时期了，塞内加出任财务监察官，那时他大约35岁，这算是他为官生涯的第一步。

在罗马，只要担任过财务监察官，只要皇帝不表态反对，就可以获得元老院的席位。进入元老院的塞内加，他的才华大放异彩，不过这却遭到了同样在辩论方面才华横溢的皇帝卡利古拉的厌恶。卡利古拉本想找个借口将塞内加除掉而后快，幸而卡利古拉身边的人替他求情，说反正他也是将死之人，犯不着出手杀他，塞内加这才逃过一劫。当时才华横溢的塞内加是宴会上的常客，可能是每天都过着狂欢放纵的生活的原因，他似乎得了在现代被称为结核病的大病。由于大病，他反而平安地度过了卡利古拉时期，然而在克劳狄乌斯时代，他又得罪了皇后梅莎里娜。不过这倒不是因为他的才华横溢招致皇后的嫉妒，而是他是以克劳狄乌斯之妹为中心的反梅莎里娜派举办的聚会的常客，当然仅是这个理由是构不成流放之罪的。后来他因与皇家成员通奸这一莫须有的罪名被判流放。那是公元41年发生的事情，那一年他应该在45岁左右。

塞内加是一位喜欢喧嚣生活的哲学家，早已习惯了罗马的风情，因而科西嘉岛的流放生活肯定使他无聊到了极点。不过这8年的流放生涯，给他送来了两份大礼：第一份是，虽然他极不情愿放弃奢华的生活，然而在大自然里，素淡的饮食、每天规律的生活使他的病魔全消。第二份是，在岛上没有其他的娱乐项目，他就全身心地投入写作之中。小阿格里皮娜使用了点小伎俩，让皇帝赦免了塞内加的流放之刑，他得以重返罗马。当塞内加回到罗马时，他的健康体魄甚至让老朋友们大吃一惊。

小阿格里皮娜的过人之处在于不仅挑选塞内加给继位前的皇子施

行帝王教育，而且还让他出任皇子继位后的辅佐官。也就是说，不得不文武兼备的罗马皇帝的“文”的培养就全权由塞内加担当重任。这么看来，小阿格里皮娜还得给皇子找一位教授“武”的老师，在其继位前指导武艺，在其继位后负责安全。

小阿格里皮娜选择了塞克斯图斯·阿弗拉尼乌斯·布鲁斯负责皇子“武”的方面的重任。塞内加是西班牙出生的罗马公民，而布鲁斯则是出生于法国南部行省的罗马公民。布鲁斯与在元老院中崭露头角的塞内加不同，他是在军营中脱颖而出的一位佼佼者。布鲁斯从一名普通的士兵一步一步升到了手下有800名士兵的大队长。历史学家蒙森把提比略提拔的行省出生的人才称为“提比略门徒”，布鲁斯就是提比略门徒之一。他虽然天赋不高，然而踏实稳重，非常有责任心，正是提比略欣赏的类型。布鲁斯在战争中失去了左臂，年纪可能比塞内加小五六岁。

小阿格里皮娜可能打算在皇子继位之后，再对塞内加另做安排，让他做皇帝的辅佐官，所以目前她给塞内加的正式职位只是元老院元老。然而小阿格里皮娜清楚，如果布鲁斯没有名正言顺的职位是起不了什么作用的，于是她决定让布鲁斯担任近卫军团的长官。近卫军团是由1万名精锐士兵组成的，其营地离罗马城中心不远，不仅如此，近卫军团更是意大利本土唯一具有强劲战斗力的部队。

就这样，小阿格里皮娜给12岁的儿子安排了两位老师——才华堪称罗马第一的哲学家塞内加与比罗马人更英勇的将军布鲁斯。关于孩子要从小开始培养这一点，小阿格里皮娜倾注的心血比谁都多，她就是想到了教育要从娃娃抓起才做出了这样的安排。

虽然如此安排，小阿格里皮娜选择的皇子的这两位老师，今后还得辅佐他的继位，但他俩都不是罗马本土出生。他们一个出生于西班牙，另一个出生于法国南部行省，可是竟然没有人觉得不妥。显而易见，罗马帝国不是单纯地支配行省，而是将行省当作与自己生死与共的帝国的一个有机体。

能左右皇帝克劳狄乌斯做决定的，当然不仅仅有小阿格里皮娜，还有被称为“解放奴隶三人帮”——希腊奴隶出身的秘书官体系。如果他们站出来唱反调，小阿格里皮娜的计划肯定会胎死腹中。然而，小阿格里皮娜早就了解到这层利害关系，并没有忘记怎么出招。

首先，小阿格里皮娜拉拢帕拉斯，因为当时他推荐了自己。帕拉斯是“解放奴隶三人帮”中的一员，他有一个叫菲利克斯的弟弟。小阿格里皮娜向帕拉斯保证会助他一臂之力，帮他实现他对弟弟的期望，并且付诸行动——小阿格里皮娜动用才智，软磨硬泡终于让克劳狄乌斯同意派菲利克斯赴犹太地区担任行政长官。

这位解放奴隶出身的长官不负小阿格里皮娜的厚望，非常出色地管理好了民情复杂的犹太地区。由此可见，小阿格里皮娜并非一个鼠目寸光的人。

这样，小阿格里皮娜实现野心的第一步告一段落，接下来的第二步就是提高亲生儿子多米提乌斯的地位。这一次阿格里皮娜和帕拉斯又配合得相当默契。而且小阿格里皮娜另一个过人之处就是，她深谙趁热打铁的道理。

尼禄出场

小阿格里皮娜在荣升皇后未满一年，即公元 50 年，就成功说服了皇帝克劳狄乌斯收自己的儿子多米提乌斯为养子。当然，克劳狄乌斯早已有一位叫不列塔尼库斯的儿子，根本没有必要收小阿格里皮娜带来的孩子做养子。然而小阿格里皮娜用下面这些话说服了克劳狄乌斯：

> 自从以那样的方式失去了生母之后，不列塔尼库斯就变得胆小怕事。然而，他现在才不过9岁，离长大成人还有很长一段时间。现在的他最需要有个人能把他当作亲弟弟一样来保护，而能保护不列塔尼库斯的，年长他4岁的多米提乌斯是不二人选。现在把13岁的多米提乌斯收为养子，将来让他和不列塔尼库斯的姐姐屋大维娅结婚的话，那么不管是在法律上还是血缘上，他们都是兄弟关系。这对将来要继承克劳狄乌斯的皇位的不列塔尼库斯而言，也等于是获得了一个得力干将。

不知道是被小阿格里皮娜说服的，还是禁不住她的逼迫，克劳狄乌斯只好签字同意了。反正皇帝克劳狄乌斯公开表示，要收妻子拖油瓶带来的这个比自己亲生儿子大4岁的孩子做养子，以后还要让养子与自己的亲生女儿屋大维娅结婚。

此后，小阿格里皮娜就把儿子多米提乌斯・阿赫诺巴尔布斯更名为尼禄・克劳狄乌斯。“尼禄”在萨宾人的语言中意为“勇敢之男”，是克劳狄乌斯家族中男性最常用的名字（克劳狄乌斯家族原属于萨宾人）。

就在其精心策划之下，小阿格里皮娜的野心正逐渐得以实现。次年，即公元51年，小阿格里皮娜在尼禄满14岁的时候为他举办了成人礼。罗马人的成人礼预示着这个人已经过了与奴隶和平民一样穿着齐膝短衣的年龄，可以享有穿着长及脚踝的托加长袍的权利。获准穿托加长袍就表示这个人可以在公众面前露脸了。一般而言成人礼是在孩子 17 岁的时候举行的，最早也没有小于 16 岁的。

除了被认可为成年，年仅 14 岁的尼禄还获得了预备执政官的资格，言外之意，他只要满 21 岁就能拥有执政官的被选举权。与此同时，元老院还封给他“少年团团长”（Princeps Juventus）的尊称，意为“皇帝接班人”。对于尼禄获得的这个封赏，在第一任皇帝奥古斯都时代曾经出现过，那时奥古斯都把这个封号赐给预定为皇位继承人的两个外孙。

此外，小阿格里皮娜也不忘替儿子笼络人心，加强尼禄在百姓心中的印象。她以庆祝尼禄成年的名义，以尼禄之名，将数额不菲的钱分发给军团的士兵，同时还举办了角斗比赛，邀请百姓前来欣赏。与此同时，小阿格里皮娜依照计划让布鲁斯荣升为近卫军团长官。小阿格里皮娜的种种手段，使皇帝的亲生儿子不列塔尼库斯日益边缘化。

公元 53 年，在小阿格里皮娜的督促之下，尼禄与屋大维娅正式完婚。这时，他们又以尼禄已成年且婚姻大事尘埃落定为借口，使时年 16 岁的尼禄终于跨入了元老院的大门。然而，此时的尼禄尚无正式的元老院席位，因此，他们又安排他请求元老院表决，通过以政策立案选调元老的方式立足于元老院。

当然，在小阿格里皮娜与塞内加的通力合作之下，这个主意与演讲的内容已经形成，我们当然也不能轻视尼禄，时年 16 岁的尼禄也是一位年少有为、能力超群的少年。他此次的演讲共有四个方面的内容：

第一部分演讲的主题是关于以特洛伊古战场而闻名的小亚细亚伊利欧斯人恳请罗马帝国能免除当地居民的行省税的议题。尼禄持赞成的态度，请求元老院通过减免行省税的决议。他富有激情地讲到，特洛伊沦陷后，罗马人的祖先埃涅阿斯带着家人逃亡到了意大利。回顾历史，伊利欧斯人是与我们血脉相连的。既然同宗同源，免除伊利欧斯人的行省税自然是理所当然的事情。由于伊利欧斯人属于希腊语言圈，而罗马人又是双语民族，元老们不用人翻译也可以听懂希腊语，所以尼禄就用希腊语向元老们演讲以示亲近。

第二部分演讲的主题是关于向最近遭受火灾的博洛尼亚人发放救济金的议题。博洛尼亚是罗马帝国境内的一座城市，所以这部分演讲尼禄就用拉丁语。尼禄说，这次火灾波及范围很广，光靠地方自治政府根本无力自救，国家有必要伸出援手。尼禄建议向博洛尼亚人援助的救济金额应为 1 000 万塞斯特斯。

第三部分演讲的主题是关于是否应再次给予爱琴海的罗得岛自治城市地位的议题。这次尼禄又换用希腊语发表了自己的观点。他说，由于其祖先留下的丰功伟绩，罗马帝国赋予了雅典与斯巴达自治城市的地位，它们不仅内政自理同时也有免税权。然而，罗得岛人民也有过与这两个城市媲美的辉煌过去。由于雅典与斯巴达人民享有永久免税权，所以即使不认同罗得岛人民永久免税权，至少也应免除他们的行省税义务。

第四部分演讲的主题是关于最近小亚细亚南部发生地震的议题。小亚细亚属于希腊语言圈，所以尼禄用希腊语发表演讲。尼禄讲到，虽然这个行省富庶，不需要国家的援助，然而为了帮助当地人民完成重建工作，他提议也应该对他们实施 5 年的免税政策。

虽然元老们不需要翻译，然而不同的议题用不同的语言来陈述，这难免有点儿太爱出风头的嫌疑。尼禄之所以这么做，就是想让聆听演讲的元老们留下他年轻而又有教养、聪明而又富有领导才能的良好印象。大概元老们对尼禄的表现十分满意，他的 4 个提案都以赞成票占多数的情况被元老院通过了。尼禄的首次亮相圆满收场。

从尼禄首次出场我们可以看出，从提比略时代开始的罗马中央政府应对行省遭受灾害援助的措施，已经全面深入地融入了整个帝国的体系之中。中央政府会根据受灾情况的不同，实施不同的援助方式。中央政府在遇到灾情特别严重的地震时，会先行拨付临时援助款给受灾地区，用这笔资金进行紧急救援与重建当地的基础设施。虽然中央政府并未把救灾款项直接发到灾民手里，也依受灾程度的不同，给当地人民免除了 3 年至 5 年的税负。也就是说在此期间，中央政府除了负责基础设施的重建工作之外，当地人不用纳税，自己家庭的重建还得依靠自己。上述情况只针对行省人民，如若是受灾地区主要以拥有罗马公民权的居民为主，或是由移居到当地的罗马人建设的殖民城市的话，除了原本他们不用纳税外，援助款也会水涨船高。看来，将因地制宜这一理论运用到极致的，非罗马人莫属。

晚年的克劳狄乌斯

公元 53 年，克劳狄乌斯已经年满 62 岁了，然而他是绝不会无度地放任皇后小阿格里皮娜的野心不断膨胀的。克劳狄乌斯还有着统治罗马帝国的热忱，而首席秘书官纳鲁奇索斯早就看不惯小阿格里皮娜的专横跋扈，也想在克劳狄乌斯身旁帮助他继续摄政。

罗马帝国发起的不列颠战争已经前前后后持续了10年时间，基本上控制了英格兰的局势，而至于威尔士的战况在军队进入山区之后，一度遭受了很大的挫折。罗马帝国每隔几年就按批次地把一些能干但称不上天才的总司令派往前线，这种做法可谓是下下策。此外，根据罗马目前的实际情况，它能调到威尔士前线的兵力也只不过3至4个军团，导致了战争屡次不能胜利收兵。先不提克劳狄乌斯的军队后勤工作怎么样，他甚至连治军的经验都从未有过，这样一来，可以说他对军事指挥一窍不通。然而，罗马军队进行的征服不列颠的战争并没有迈不过去的坎儿，战争总体而言还是非常顺利的，这是由于有很多的优秀人才，如后世的皇帝韦斯帕芗，就是从军队中成长起来的。

而罗马帝国西方的另外一条防线，莱茵河与多瑙河防御可以用"坚持"这个词来形容。作为罗马帝国的同盟国，色雷斯王国一直以来都替罗马帝国肩负着多瑙河下游地区的防御任务。这个王国发展到提比略时代王室已经后继无人，之后就被罗马帝国纳为行省。在那种情势下形成的提比略防御体系，在已经延续使用了30年之后还发挥着良好的作用。连在黑海一带出没的海盗对这一防线也是谈虎色变，不敢轻举妄动。显而易见，"罗马统治下的和平"已经渗透到了整个边境地区。

在南方的防线上，罗马帝国也确保了"罗马统治下的和平"。沙漠另一端的游牧民族会突然进行袭扰，扰乱北非的稳定与安全。不过罗马失去了一直扮演缓冲角色的毛里塔尼亚王国，在南方边境也只派驻了一个军团的兵力。此外，罗马还积极组织当地行省居民编成辅助兵军团，让他们保家卫国，抵御外敌。

东方地区是罗马帝国的安全体系问题中最为棘手也是最难全面解决的重大课题。当然，这倒不是以敌人的文明发展程度来划分的，因为罗马帝国的西方都是些落后的蛮夷，而东方的对手则是高度文明的帕提亚王国。自共和制时代起，罗马保障东方安全的策略，就是在罗马的庇护下支持一批中小型的君主制国家，让它们连成一线，形成罗马与帕提亚王国之间的缓冲地带。然而，君主制国家国内局势十分复杂多变，经常因王位继承问题而爆发政变，罗马帝国的东方从而陷入了动荡之中。此外，如若这些君主制国家王室之间互相联姻，一个国家发生内乱，其他国家就会出兵干预，可谓牵一发而动全身。

其实罗马帝国最大的假想敌帕提亚王国，因国王去世引发政局动荡的变故也时有发生。不过罗马帝国对发生内战的帕提亚王国采取的政策通常是不乘人之危、作壁上观的态度。然而最令罗马帝国头疼的是，每一位继位的帕提亚新国王为了显示自己的威势，似乎都会约定俗成地出兵，袭扰罗马帝国的邻国亚美尼亚王国，而亚美尼亚王国是罗马帝国东方防御网上的重要屏障。公元 51 年，帕提亚王国又一次进攻亚美尼亚。驻守叙利亚的 4 个军团也感受到了威胁的逼近，此时，叙利亚总督飞鸽传书向克劳狄乌斯紧急报告，称罗马帝国不可能躲过战火，应随时准备应战。然而，克劳狄乌斯正忙于收尼禄为养子，称这不过是件芝麻大的事情，不用慌张，于是弃之脑后于不顾。不过，幸运的是，帕提亚举兵进攻亚美尼亚，到了冬季受不住严寒就撤兵了，次年春天也未再动干戈，这起战事就这么莫名其妙地收场了。不过，经过这件事情之后，罗马帝国更加意识到密切关注帕提亚王国的一举一动的必要性。

此外，罗马帝国面对的另一个东方难题，就是如何管理犹太人的问题。对一直以自我的特殊性为由拒绝被罗马同化的犹太教徒，克劳狄乌斯也继续采取了罗马自古以来对犹太人的做法，即只要他们不反抗罗马的统治，就不干涉他们的特殊性。此外，克劳狄乌斯还认为对犹太人的统治就应该交给犹太人自己负责，因此，他任命希律·阿格里帕统治整个犹太地区。公元 44 年，希律·阿格里帕逝世，由于他的儿子阿格里帕二世过于年幼，罗马帝国收回了统治权，直接管辖这一地区。

公元 50 年，克劳狄乌斯决定再次把犹太地区的统治权委任给已成年的阿格里帕二世。然而，这位年轻的国王虽继承了父亲的统治热情，却是一个平庸之辈。克劳狄乌斯意识到阿格里帕二世的平庸无能，不相信他能够统治整个犹太地区，于是把犹太地区一分为三，让阿格里帕二世治理其中的一个区域，而派遣另外两位总督治理剩下的撒玛利亚与加利利。阿格里帕二世与两位罗马总督开始了短暂的统治。而耶路撒冷及其周边并未划入这三个地区，而是由罗马直辖。然而，这种安排也埋下了隐患，要求神权统治的犹太人，与要求将宗教和政治分离的罗马人混居，就好像在他们之间埋下了炸弹，加之希腊人与犹太人之间矛盾的长期存在，使得这一地区的矛盾更加复杂化了。显而易见，中东“火药库”古已有之。

克劳狄乌斯一般会接见受命赴任外地的官员。总督、执政官与军团长在出发之前都会先觐见皇帝，表达对皇帝委以重任的感谢，并与之辞行。克劳狄乌斯面对这些官员通常会这样回答：

“站在我的角度，你们替我分担统治帝国的重任，让我减轻负担，我才应该感谢各位。”

经常会有人纳闷儿，罗马帝国为什么会如此大费周章，或扶植中小君主专制国家，或安抚犹太教徒来统治东方地区？为何不直接统治这些地区呢？按照罗马当时的兵力与实力，要想这么做的话根本不在话下。然而，我们不得不注意的一点是，若是罗马帝国把这些地区行省化了，光靠驻扎在叙利亚的 4 个军团要想维持这个地区的行省的安全，几乎是天方夜谭。再说，负责整个罗马帝国防御的 25 个军团共 15 万人加上与正规军数量相当的辅助兵，就是罗马目前能养得起的全部兵力。当年决定远征不列颠时，克劳狄乌斯也只敢增加了 2 个军团。若是罗马帝国继续扩大军事实力的话，就需要“挤”出大批的军费作为基础。而最有效的“挤”法就是增加行省税。然而，任意增加税收必然会引发行省人民的暴动，然后罗马就得出兵平定暴动，这样一来又得增编军队，最终结果就会陷入无尽的恶性循环之中。当然，罗马是绝不允许自己陷入这样的恶性循环中的。

拥有罗马公民权是加入罗马军团的必备条件。罗马帝国第一任皇帝奥古斯都打造了 25 个军团共 15 万名士兵的庞大军事力量。当时罗马公民（17 岁以上可以服兵役的男性）总数为 500 万，到了罗马帝国第四任皇帝克劳狄乌斯时代，罗马可以服兵役的公民增加了 100 万人，达到 600 万人。照增幅计算的话，可以把军团扩充到 30 个，将士兵人数增加到 18 万。然而提比略在位的 23 年间，虽然人口不断增加，他始终没有扩充军事力量。克劳狄乌斯在决心远征不列颠之后，也仅仅扩编了 2 个军团共 1.2 万名士兵。在成功称霸不列颠后，克劳狄乌斯认为在当地派驻 2 个军团的兵力已足够，就又把罗马帝国军团的总数缩编为 25 个军团的规模。

不论是奥古斯都、提比略，还是克劳狄乌斯以及之后的皇帝们有着和现代专家们一样的看法，“security”（英语）一词的词源是“securitus”（拉丁语，安全），其中的含义不仅仅是依靠军事力量来实现安全保障，而是指以各种手段实现的安全保障。换言之，他们看重的不仅仅是军事力量就能构建社会安全的观念。也正因为如此，罗马帝国并没有改变本土及首都粮食完全依赖进口的策略。

公元 51 年，恶劣气候阻断了海上交通，影响到了小麦的进口。首都台伯河畔与奥斯提亚这两处仓库里库存的小麦只能够维持 15 天的供应。

在库存的小麦只够维持 15 天的消息传出去以后，罗马居民有如热锅上的蚂蚁，不仅仅是市场上小麦价格大幅上涨，而且贫民也十分担心，原本免费分发的小麦会中止发放。由于保障“国家安全”与“粮食安全”是皇帝的两大重责，所以遇到这样的天灾，愤怒与责难的矛头往往都会对准皇帝。针对罗马帝国这种粮食完全依赖进口的政策，历史学家塔西佗就一直不遗余力地口诛笔伐。

此时，克劳狄乌斯下令把各地的小麦集中到罗马，此外随着天气转好，在发生民众抢粮之前问题就被解决了。然而，这样临时性的危机无法从根本上解决，需要皇帝采取临时对策的问题还是时有发生。不过，出现这样的粮食危机，光是指责小麦依赖进口这一国家政策是解决不了问题的。

早在罗马共和制时代，由格拉古兄弟推行《土地法》的主要目的就是着眼于奖励自耕农（个体农民）的积极性，这部法律最后在尤里乌斯·恺撒正式颁布实行后，一定程度上缓解了罗马帝国的粮食危机。用时髦的话说，这部法律正如现代政府热衷于扶持中小型企业一样。此外，格拉古兄弟还推行了另一项政策，就是针对罗马贫民阶层的社会福利性法律《小麦法》，通过立法的形式保证免费向贫民发放小麦。

曾经担任过护民官的格拉古兄弟，以及打下了元首制基础、担任终身独裁官的恺撒，有着社会中下层人民的强大民意基础，才推动了对这些政策重视程度的提升。而元老院阶级是既得利益的大地主阶层，世世代代享受着元老院的席位，可谓是中下层阶级的对比阶级。美国学者中甚至有人并非开玩笑地说，前者就是民主党（Democratic Party），而后者则是共和党（Republican Party）。当然，后者是以元老院为主导的支持共和制的人为主，所以理解成共和党也没有什么不对。然而，美国的两大党派与其他发达国家的党派一样不能单纯地划分成左派和右派，显而易见，罗马的“两大阵营”也不能简单地在政策上一分为二。这是由于大多数的罗马人比起意识形态，更加看重治理能力。

坚持元老院体制的人们真正的目的是要保全握在手中的利益，对于他们而言，最大的理论武器在于共和制这一意识形态。这一派理论家的代表人物有西塞罗，此外，还有因崇尚这种理念而刺杀了恺撒的元老布鲁图。

虽然，在恺撒击败了共和派之后，他后来还是被共和派谋杀了，但共和派最终还是败在了恺撒指定的继承人奥古斯都的手上。就这样，罗马进入了元首制时代。如果用当今的美国来打比方，就是美国进入了“民主党”连续执政的时代。古罗马的“共和党”只有在元老院中拥有过半数的席位，也即只有在这样的情况之下，才能形成反抗皇帝的势力。然而，皇帝这一方也并不能单纯地理解为左派政权。

罗马与迦太基发生布匿战争后，西西里岛被罗马纳入帝国版图，之后西西里岛出产的小麦就大量涌入罗马帝国本土，这对本土的农民而言，可谓是第一次冲击。居住着众多希腊人的西西里岛上大型农场发达，而且西西里岛产的小麦比意大利本土出产的小麦便宜，因此，本土产的小麦在价格上就失去了竞争力。格拉古兄弟本来打算要强行推行但由于遭到暗杀而被迫中止的《土地法》的目的，就是想要挽救面临生死考验的本土农民。

当然，不能把古罗马人冠以头脑不灵活这一看法，他们也不会只给自己留下唯一的选择。既然本地产的小麦没有竞争力，那就改种其他有竞争力的作物。意大利半岛虽没有辽阔的平原去大量种植小麦，它的地势却适合广种葡萄与橄榄。虽然不是粮食作物，然而这些农作物在市场上极具销售潜力，也推动了意大利农业的再次复苏。根据恺撒制定的《土地法》形成的以中小规模的自耕农为中心的形势，恢复了意大利本土的农业。然而主食小麦依靠进口的体制在本土农业复苏后也一直没有任何改进，这又是为何呢？

倘若一定要用现代的说法来回答上面的问题，其实就是把问题交给市场自行调节。当然，这也是罗马人统治帝国的一种策略。罗马人的出色之处在于不会凡事都依靠自己去处理，如果有其他人办得到就会把事情交给那个人去处理。既然有更适合种植小麦的辽阔土地，那就让那个地方种植小麦，到时再把那个地方的小麦进口过来供自己食用。这就是罗马人的想法。

罗马帝国的统治者本着这样的想法，加之不能只将精力放在本土，而是必须放眼整个帝国的元首制时代的到来，自然就导致了粮食自给自足这一目标被搁置到一边的结果。

罗马帝国境内自耕农奖励的对象是拥有罗马公民权的农民。在罗马，拥有罗马公民权的人才有选举权，也就是说奖励自耕农的同时也是一种拉拢选民的策略。不过行省的人民不在奖励的范围之内，行省的农业一般是罗马人雇用当地人经营的大型农场模式，所以就算不给当地人农耕奖励，也不用担心会对选票造成影响。在此我们可以得出一个结论，即现代社会的跨国企业，其实早在元首制时代的罗马就已经出现了，因为行省的大农场的运营就是雇用廉价的奴隶与行省人来维系的。

发生于提比略晚年的金融危机，用现代的话来说就是“信贷危机”。为何这么说呢？金融界的人不愿意放贷的对象不是行省的大型农场，而是帝国本土的自耕农。当时提比略采取的对策是，坚决执行恺撒制定的关于信贷的法律，即金融界投资的一部分资金必须对本土投资。另外提比略还拨款1亿塞斯特斯，实行3年无利息借贷，援助本土的中小型企业，以避免本土农业出现泡沫现象。

即使大环境十分不利，然而本土农业还保持着强劲的市场竞争力，原因就在于改种其他农作物，并努力提高农产品的品质。甚至有这样的传闻，印度国王将胡椒等香料出口到了罗马帝国，意大利出产的高级葡萄酒却摆满了印度人的餐桌。

作为一个庞大的经济体，罗马帝国粮食依赖进口是出于统治策略上的考虑，是不能随意变动的，皇帝们能做的，只有努力保证本土小麦的供应。譬如提比略经常留心小麦的供应量，卡利古拉则补偿破损的小麦运输船只，而克劳狄乌斯做的是建造大型海港，改造奥斯提亚港。历史学家塔西佗之所以对罗马的小麦进口政策口诛笔伐，其根源在于他只盯着粮食安全，忽视了国际政治的现实。

不管怎么样，即使连人口超过百万的罗马城都没有出现过因为饥荒而人口锐减的情况，意大利本土也从未发生过要求粮食的游行示威。然而，如若真有这样的情况发生，估计皇帝的宝座也坐不稳了。

在罗马人眼中，皇帝的责任即国家的责任，除了保障罗马帝国的“国家安全”与“粮食安全”之外，进行基础设施建设也是他们义不容辞的义务。提比略不仅保障了“国家安全”，还保障了“粮食安全”，然而人民对他的评价仍然不好，因为提比略为了健全国家财政体系，采取了紧缩财政支出的措施，所以基础设施建设就成了牺牲品。到了克劳狄乌斯时代，克劳狄乌斯不得不去收拾卡利古拉造成的财政崩溃的烂摊子。然而，当时正处于太平盛世，帝国的经济实力不断增强，没有必要用像提比略那样紧缩财政的手段去保障国家与粮食安全。此外，作为历史学家，克劳狄乌斯深谙基础设施工程对于执政者的重要性。

公元 52 年，由卡利古拉动工、克劳狄乌斯续建的两条引水渠工程都已完工。罗马的基础设施工程一般都会以发起人的名字命名，以示纪念。然而罗马人都想忘掉卡利古拉，所以这两条水渠就被命名为“克劳狄乌斯水渠”。2 000 年之后的今日，在罗马近郊的平原上我们还可以见到这条水渠的遗迹。

除了剩下的最后的输水工程，奥斯提亚的海港建设工程也接近尾声。而此港口一旦建成，这里将会是地中海地区设备一流与船只停泊量第一的大型港口。

克劳狄乌斯在本土还实施了另一项公共工程。他要抽干意大利中部地区的费奇诺湖的湖水，把它变成耕地，然而，这项工程中途夭折。由于引流渠运河没有完工，所以湖水泛滥成灾，最终出现了人员伤亡。本来是要恭迎皇帝出席的运河竣工庆祝典礼之处，却变成了纳鲁奇索斯和小阿格里皮娜在皇帝面前相互指责的地方。小阿格里皮娜指责负责整个工程的纳鲁奇索斯私吞了部分工程款，修建豆腐渣工程。虽然纳鲁奇索斯是解放奴隶出身，然而自恃常年替皇帝代行政

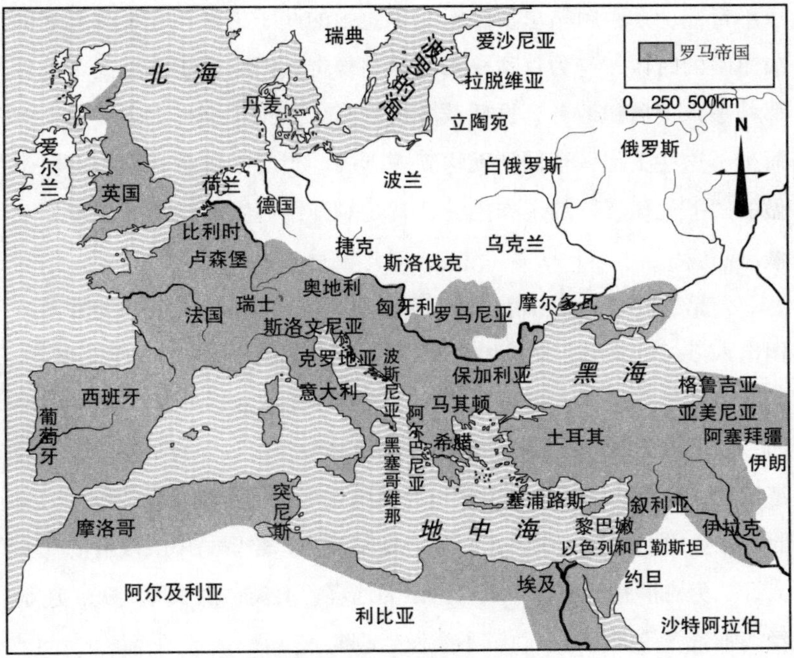

罗马帝国全盛时期的版图（五贤帝时代）

务，面对皇后的指责，他当然不会缄默。他回敬了皇后一句：“什么都不懂的女人给我闭嘴！”夹在两个人中间的克劳狄乌斯大气都不敢出。这项恺撒规划的大规模工程建设，在经历了 1 850 年之后，才在 19 世纪正式完工。现今望着眼前的一大片耕地，的确很难想象当时曾是一片波光粼粼的湖泊。如若当时古罗马也有环保人士的话，要完成这项工程恐怕比登天还难。

不过，纳鲁奇索斯会向皇后回嘴“什么都不懂的女人给我闭嘴”

也不奇怪。在小阿格里皮娜专心于让她的儿子尼禄在元老院元老面前露脸的时候，身为首席秘书官的纳鲁奇索斯正忙于协助皇帝处理那些平凡琐屑的政务，这些政务虽没有公共工程那样引人注目，然而少了这些工作，帝国就无法支撑下去。当时纳鲁奇索斯协助皇帝做的“平凡琐屑”的工作之一，就是对拜占庭人民提出的减税要求做出回应。

公元 1 世纪，君士坦丁堡，也即现在的伊斯坦布尔，虽是罗马帝国出入黑海的要道，然而，它只不过是罗马帝国境内的一个小城市。当时，虽然当地并未发生地震，也没有发生火灾，然而不知什么原因，君士坦丁堡人民向克劳狄乌斯请求减免税收。面对日益恶化的经济状况，克劳狄乌斯决定免征当地居民 5 年的行省税。减免行省的税收，在免税期间要居民自己想办法恢复经济，是罗马中央政府的基本方针。免税措施的施行，不管是因为地震、火灾、洪水等天灾，还是经济不景气等人为因素，都不会发生改变。

克劳狄乌斯逝世

到公元 54 年的秋天，克劳狄乌斯已经 63 岁了，而罗马帝国在他的统治之下也经历了 13 个年头。虽然克劳狄乌斯从未奢求过帝国的皇位，然而现在，他甚至可以问心无愧地说，摄政的 13 年间他全心全意地履行了自己的职责。虽然费奇诺湖水的排干造田工程最终以失败告终，然而耗费他多年心血的奥斯提亚港工程竣工在即。在克劳狄乌斯看来，他已经尽到了自己的最大努力。另一方面，小阿格里皮娜的阴谋也已经万事俱备。也就是说，她需要借助克劳狄乌斯皇帝的身份做的准备都已经完成了，皇帝已经没有利用价值了。再者，如果等皇子长大成人，能自理国政时，她自己就会处于不利的境地。恰好就在此时，对克劳狄乌斯最忠心耿耿的纳鲁奇索斯身体抱恙，离开罗马到那不勒斯近郊疗养去了。对小阿格里皮娜而言，此时下手可谓是天赐良机。

历史学家大多持这样的观点，小阿格里皮娜给喜欢吃菌类的克劳狄乌斯食用了毒菌。克劳狄乌斯在吃下毒菌后并没有立即发作，到了深夜，毒性大发，就这样命丧黄泉。

然而，对于克劳狄乌斯之死，并没有立即公之于众。次日，即10月13日正午，皇宫之门大开，近卫军团长官布鲁斯率领1 000名近卫军簇拥着尼禄出现了，直到此时克劳狄乌斯的死讯才公之于众。

在近卫军团的簇拥之下，尼禄径直奔赴罗马近郊的近卫军团营地，近卫军团士兵高呼“皇帝万岁”。似乎是13年前克劳狄乌斯继位时的情形再现，尼禄向近卫军团士兵保证，将会给这些士兵每人发放1.5万塞斯特斯作为奖赏。

近卫军团拥护尼禄的消息传到元老院之后，元老们立即决定将皇帝所有的权力赋予尼禄，这也与13年前的情形如出一辙。

然而，尼禄继位较13年前克劳狄乌斯继位时的不同之处在于，充斥在元老院的氛围与得知尼禄继承皇位消息后罗马公民的反应，不论是元老还是罗马公民都乐见这位17岁的年轻皇帝继位。元老们的高兴之处在于，今后他们再也不用忍受解放奴隶出身的秘书官们目中无人的态度，而百姓则是从一开始就看不起一直受制于妻子的克劳狄乌斯。克劳狄乌斯的国丧吊唁词由塞内加亲自执笔，由尼禄诵读。然而，据说当尼禄读到吊唁词中称赞克劳狄乌斯处事慎重、殚精竭虑这一段时，议事厅台下哄笑声一片。

将已故的克劳狄乌斯神格化，是尼禄向元老院提出的第一项议案。正因为如此，克劳狄乌斯才和恺撒与奥古斯都一样并列为“神君”。然而，在大家看来，其实这都是小阿格里皮娜在背后指使，尼禄才有这项提案。而这项提案的真正目的，就是想通过将克劳狄乌斯神格化这件事转移大家怀疑小阿格里皮娜弑夫的注意力。虽然克劳狄乌斯死后被追封，他的遗嘱却没有被公之于世，也没有人提到遗嘱的事。由于皇位继承人不是尼禄，所以不敢公布遗嘱，历史学家们这样断言。

既然追封克劳狄乌斯为“神君”，就要建造供奉他的神殿，供奉他的神殿却没能像恺撒与奥古斯都的神殿那样，建在罗马城中央的罗马广场上，而是被建在了罗马七丘中没有重要建筑物的山丘之巅。后来，由于负责这项工程的尼禄一开始就无心修建神殿，所以神殿在中途被搁置了下来。

或许在罗马人看来，尼禄这种做法虽然对兢兢业业的克劳狄乌斯有点不公道，然而若要将他和恺撒与奥古斯都摆在同等位置，确实也有点过头了，因此，在罗马的历史上真正被尊称为“神君”的，除了恺撒与奥古斯都之外别无他人。

虽然皇帝克劳狄乌斯死后被追封为“神君”，但仍旧逃脱不了被人当成笑料的命运。在嘲笑克劳狄乌斯的人中，做得最过分最狠毒的莫过于尼禄的老师，即随后出任尼禄皇帝辅佐大臣的哲学家塞内加。

塞内加是罗马元首制时代最伟大的哲学家与悲剧作家，他在当上尼禄的辅佐大臣之后，是罗马知识分子中唯一参与国家政治的人。为了嘲弄皇帝克劳狄乌斯，他甚至发表了一篇名为 *Apokolokyntosis* 的文章。

在现代，研究者们也百思不得其解“Apokolokyntosis”一词的意思。然而，从这篇长达 15 页的文章内容来看，似乎可以理解成“被拒绝的神君”。大体是描写克劳狄乌斯死后，接受众神的审判，说他是一个非常不配“神君”这个称号的皇帝，最后由神君奥古斯都判他有罪。所谓的讽刺性文章，如果不知道其中的来龙去脉，就不能体味到它的好笑之处，所以现在出版的 *Apokolokyntosis* 比原版的“注解”要多很多。不过当时这篇文章就算没有很多注解，听的人也会觉得很好笑吧。塔西佗盛赞塞内加“有卓越的文采，拥有符合所处年代趣向的感性”。这种讽刺性的文章，如若不在事情发生后立即撰写，那么最好永远都不要写了，因此可以推断这篇文章是在 10 月 13 日克劳狄乌斯驾崩后就开始写了。从 12 月 17 日开始的祭祀罗马农神萨图努斯的这一段时间是罗马人的“假日”，估计尼禄在出席祭祀典礼的时候就朗诵了这篇文章，在座的众人也肯定被内容逗得爆笑了吧。然而，我在时隔 2 000 年之后才读到这篇文章，除了感受到才华横溢的读书人身上最常见的现象，即缺乏对人性的关怀之外，别无其他感想。

然而，克劳狄乌斯自身也并非无可挑剔。一个从小到大就不被人尊敬的人，自然不能理解被人尊敬带来的涟漪效应及其重要性，因此他才会一心认为只要兢兢业业地做事，就会获得别人理解。

人性往往是没有那么容易暴露的。在我看来，在大多数人的内心深处实际是希望被舒服地欺骗。其实，皇帝克劳狄乌斯不就是一个擅长舒服地欺骗他人的超人吗？而恺撒与奥古斯都都是具备这种能力的达人。他们后来成了罗马史上令人无比敬仰的“神君”，在世界史上也是数一数二的“明星”，难道此类事实不正好证明了人性的这一面吗？

在克劳狄乌斯63岁时，小阿格里皮娜为了实现自己的野心，使得罗马帝国一代皇帝成为她的牺牲品。然而，克劳狄乌斯与世长辞的时候，没有人觉得他没有尽职到最后。历史学家塔西佗这样记载，晚年的克劳狄乌斯出现了衰老迹象。我觉得克劳狄乌斯的衰老不是像一般人那样是到了一定年纪的缘故，而是在这13年来的摄政生涯中他心力交瘁所致。提比略在位23年，差不多是克劳狄乌斯在位时间的2倍，不过这是因为他隐居到适合保养自己身体的卡普里岛长达10年之久，才保证了他这么久的在位时间。可能有人会反驳，奥古斯都在位40余年，那是因为他不是个简单的人，也即奥古斯都并非淳朴而脚踏实地之人。

与提比略不同，克劳狄乌斯经常出席元老院的例会，要求元老们积极参与国政商议，他还经常出席法院听审。虽然人们批评他说皇帝应该有其他更重要的事情去做，甚至还引起了陪审团的厌恶，然而他都不去理会，继续频繁地出席。其实他内心深处希望法律能够惩恶扬善。克劳狄乌斯在这样尽心尽力地努力了13年之后，难怪他会耗尽心力。克劳狄乌斯被害的确令人感到遗憾，然而死对他而言又何尝不是一种解脱呢？就算克劳狄乌斯死后，真的会被传唤到罗马的众神面前接受审判，众神也应该会可怜他吧。此外，我也深信奥古斯都一定不会降罪于克劳狄乌斯。

对皇帝克劳狄乌斯一直忠心耿耿的解放奴隶纳鲁奇索斯此后的行踪，在史料中找不到任何记载。有研究者认为他用全部的财产换得生

克劳狄乌斯

存，在帝国本土南方过着平民般的生活。也有人认为他最后死于监狱中。不管是哪一种，有一件事情是肯定的，那就是当塞内加那篇文采洋溢、讽刺克劳狄乌斯的文章被尼禄大声朗诵的时候，纳鲁奇索斯的同僚帕拉斯在下面聆听之际，纳鲁奇索斯一定不在他的身旁。

当代的研究者中有人持这样的观点，纳鲁奇索斯之所以会前往那不勒斯附近休养，并非出于身体上的不适，而是精神上的压力才导致了他逃避现实。这样看来，大概纳鲁奇索斯与克劳狄乌斯一样，都为帝国心力交瘁了吧。

第四章　皇帝尼禄

（公元 54 年 10 月 13 日— 68 年 6 月 9 日在位）

少年皇帝

尼禄继任罗马帝国皇帝时才16岁零10个月大。当时，罗马规定年满30岁才有资格担任公职。因此，由一位年轻的皇帝接管罗马帝国在罗马历史上非常罕见。如若罗马当时存在大众媒体，或大众传播媒体最擅长的民意调查的话，那么刚刚即位的尼禄可能与卡利古拉继位时一样，拥有极高的支持率。

另一方面，尼禄与卡利古拉继位时面临的情形十分相似，他们前任皇帝的摄政并未出现极大的失误，也未出现政局不稳、财政拮据、怨声载道的情况。毕竟，罗马帝国皇帝的两个首要工作就是确保“国家安全”与“粮食安全”，尼禄继位时并未有这两方面的顾虑。

然而，人不会因为不存在困难就会满足于现在的生活，人性现实的一面往往是在细枝末节中挑剔万分，并把这些瑕疵当作不满的借口。正因为我们必须和这些人打交道，丸山真男先生才会有“政治就是高难度的欺骗”这样一句名言。普通公民欢迎尼禄继位，只是希望转换一下心情而已；而元老院支持尼禄继位，则是期待他能够废除令元老们长期不满的解放奴隶主导的秘书官体系。

年轻的新皇登基毫无疑问会让人精神为之一振。想想看，先皇年逾花甲，行动迟缓，演讲时又喜欢引经据典，就像站在三尺讲台上说教的历史学家。然而，现在的新皇帝是10余岁的少年，他朝气蓬勃又不失稳重，并且谈吐不俗，这自然令人有焕然一新的感觉。

当然，元老院对秘书官体系颇有微词也有一定的缘由。克劳狄乌斯刻意安排解放奴隶加入“骑士阶级”，正是这种做法使得元老们非常不满，因为骑士阶级是罗马帝国仅次于元老院阶级的第二等级。况且，罗马历来重视前线的后勤工作，因此，在元老们看来，无论他们有什么样的借口，以纳鲁奇索斯为首的秘书官们的工作范围仅限于皇宫之内。

话说回来，秘书官体系被当代学者公认为是幕僚制度的发端，所以这一制度在当时应该发挥了不小的作用。因为，各个方面亟待解决的问题和困难加在皇帝身上，仅凭皇帝一己之力不可能圆满解决。虽说元老院对秘书官体系牢骚满腹，却能够接受元老参与朝政的辅佐官制度。塞内加从其父辈开始，就一直属于元老院阶级。因此，这位学识渊博的元老愿意担起辅佐皇帝的重任，对于个中内情，他比别人更加清楚。

尼禄在元老院会场中，宣读了由塞内加亲自撰写的施政方针演讲，内容主要有以下几点：

一、重返奥古斯都时期的政治体制。

二、对于元老院持有的权力，予以尊重。

三、司法独立，皇帝不得干预。

四、将“Domus”（独栋私宅）与“Res publica”（国家，此处意为“官邸”）分开。

上述四项内容被这位年少的皇帝下令刻在铜板上，并规定每年年初新任执政官就职时必须予以宣读。

同时代的罗马人，或者不同时代但同属元首制时代的罗马人，他们只要听到这些内容都能够心领神会。然而，我们生活在罗马帝国灭

刚刚继位的尼禄

亡 2 000 多年后的今天，有必要对此进行细致的说明。因此，在聆听到第一条的时候，大部分元老都认为尼禄所谓的“重返奥古斯都时期的政治体制”，是指政体实行共和制，也即由“第一公民”实际统治罗马公民的政治模式。实际上，所谓“奥古斯都时期的政治体制”，实际上是披着共和制外衣的元首制。现代的研究者中有不少人简单地认为这是“元首政治”，因此，罗马人无法理解这种制度并不奇怪。这种体制正是奥古斯都创造的“精致的虚构”。正如恺撒所言：“大多数人只想看到自己想要看到的现实。”显而易见，元老院对尼禄宣布“重返奥古斯都时期的政治体制”自然欢迎之至。

我们认真思考一下，提比略、卡利古拉与克劳狄乌斯在继位不久，都纷纷表示要“重返奥古斯都时期的政治体制”。然而，包括尼禄在内的 4 位皇帝，后来无一例外都饱受来自元老院的诟病。如果说他们的统治方式违背了即位时宣示的，那我们很容易理解为什么此后元老院会对他们指责不断。但在我看来真正的症结不在于此，虽然他们宣称要“重返奥古斯都时期的政治体制”，可他们是否具备让“精致的虚构”正常运行的冷静与清醒的头脑呢？

对于我们普通人而言，要始终保持这种冷静与清醒非常困难。塞内加在心爱的弟子将满 17 岁时出版了一本书，名为《宽容》（*De Clementia*），可能是因为他觉得有必要让弟子加强理论学习，才有此著作吧。打开书本，一位花甲智者对施行德政的热忱扑面而来，著作的内容是强调身为皇帝为何必须秉持宽容之心。这本书是要呈给尼禄的，因此塞内加的行文方式是向尼禄答疑解惑。整本书以拉丁文写就，简洁质朴，用词考究，塞内加当然不愧为与历史学家塔西佗并称罗马元首制时代的著名文人。

这本书用大量笔墨叙述“宽容”在皇帝下达政令时的重要作用，在我看来，塞内加并没有提到始终保持宽容所必需的清醒与冷静。然而，有个细节很有意思，让人读后觉得出生于西班牙的塞内加比出生于意大利的罗马人更像罗马人。塞内加这样讲述同情与宽容的差异：

> 眼之所见而生之精神反应，谓之为同情，定不顾及产生此种结果之缘由；反之，宽容深究此结果之缘由，才可谓此种精神反应与知性完美相处于一隙。

得遇良师，尼禄可谓非常幸运。然而，我们都明白教育的成果不在先生的本事，而是取决于学生的资质。话说回来，塞内加的著作可以算是一种“君主论”，但是和 1 400 年后的另一种君主论大不相同。塞内加的“君主论”重在阐述如何最大限度地利用已经拥有的权力，但是马基雅弗利的《君主论》则是系统而冷静地分析了如何获取权力并将之牢牢掌握。也可以这样说，前者立足于人性本善论，而后者立足于人性本恶论。因此，君主论也可以被称为“领导论”，在西方文明历经3 000年的历史长河中大浪淘沙遗留下来的竟然是后者，非常有意思。

话虽如此，尼禄在塞内加的理论指导下，以“宽容”为自己的口号。尼禄时代铸造的货币上也多次刻有“宽容”一词。

尊重元老院的权力是尼禄施政方针演说的第二个要点。实际上“元老院的权力”指的是元老院从共和制时代就拥有的“元老院劝告”立法权。换言之，即以临时措施法（与今美国总统令相似）限制奥古斯都制定的皇帝权力为前提，使元老院成为最高立法机关。对于这种措施，元老院肯定欣然同意。

说明白点，第三个施政方针演讲的要点就是宣示司法独立。罗马法院的院长由时任的法务官担任，由于没有专门的检察官，所以原告或其代理人还必须身兼检察官，维护自身的权力。当然，被告也会委托辩护人。原告和被告双方各自的人证和物证准备充分后开始辩论，最终的裁定权掌握在陪审团手里。

然而，罗马帝国皇帝参与审判，在奥古斯都时代之后变得十分常见，当时的罗马人在法庭上经常能看见皇帝提比略与皇帝克劳狄乌斯的身影。当然，他们俩并非不加挑选地出席任何审判案件，能让他们放下手边政务、拨冗前往倾听的案例几乎都是行省人民对行省总督或者长官的控告。因为在他们看来，应该避免任职于行省的总督或长官因滥用职权引起的贪污或恐吓行为，这是治理行省人民的最大问题所在。

提比略用严词质问的方式将被告逼到穷途末路，克劳狄乌斯则用翔实可靠的证据让被告百口莫辩。不难想象，陪审团的裁决肯定会在皇帝如此干涉下受到一定的影响。

按照罗马的规定，要成为陪审团成员必须有一定的资格与财产。因此，实际上陪审团的大多数成员都是元老院阶级或骑士阶级，即罗马社会中的“上层”或“中上层”阶级。甚至因滥用职权而被控告的行省总督或长官们，也都是元老院阶级或骑士阶级出身。如此一来，审判就演变成同样背景的人之间的互相审判。这种审判自然会产生弊端——共和制末期，总督们在行省横征暴敛大肆搜刮之后，即使被行省人民揭发，依然会逍遥法外。

为了根除弊病，奥古斯都当时想出了一个办法，用他喜欢的称谓“第一公民”这种超越罗马社会各阶层的身份来参与司法审判，并将之制定成为法律固定下来。提比略和克劳狄乌斯自然恪守这种做法。由于皇帝们毫不放松，所以进入元首制时代之后，行省总督滥用职权的情况确实得到有效遏制。追捧共和制的塔西佗甚至也留下这样的感叹：“政治居然会变得如此清廉，实在令人难以置信。”然而，提比略和克劳狄乌斯频频驾临法庭，使得罗马特权阶层十分厌恶皇帝。

“第一公民”不会染指司法审判，尼禄这样信誓旦旦的表白，意味着尼禄与提比略或克劳狄乌斯不同，他不会干涉审判。确保司法独立，不论从什么角度思考都是毋庸置疑的。然而，在古罗马，这种做法无疑是放任自行裁决做法的死灰复燃。

在第四个施政方针演讲的要点中，尼禄提出私宅与官邸分开。显而易见，尼禄的这个宣言是要纠正克劳狄乌斯的做法，其目的不过是表明他将废除秘书官体系。同第三个要点一样，这也是为了获得元老院的支持。元老们对于解放奴隶一贯客套谨慎，但从骨子里根本瞧不起他们。显而易见，元老们对于尼禄表示要废除秘书官体系肯定会拍手称快。

秘书官体系变成辅佐官制度，但是要治理好疆域辽阔的帝国必须有大量的帮手来维系这个系统的运转。因此，与其说尼禄打算废除秘书官体系，倒不如说是将之转变为非正式的幕僚系统更为恰当。这种制度无法像克劳狄乌斯时代那样昭然于世，却同样发挥了奥古斯都或提比略时代的辅佐功能。

这么一分析，我们就明白尼禄即位时的施政方针几乎一面倒地偏向元老院。塞内加不仅贵为元老，还是饱学之士，更是一位作家。罗马的元老院不只是单纯的立法机构，也不只是公职要员的人才储备库，而是当下时髦的“媒体”，对这一点，塞内加肯定心知肚明。其实事实也是如此，元老们差不多是罗马历史上唯一从事写作的生力军。此外，从提比略时代开始，元老院会场中讨论的所有议题都会被定期收录为《元老院纪事》，散发到罗马帝国的每一个角落，况且，并不一定非得是“广大群众”才能发挥“媒体”的影响力。在仰仗考古学成果之外，生活在今天的我们要了解罗马历史也只能依靠这些元老院元老的论著。作家出身的塞内加在处理这些问题上有着非常好的思路，他认为要获得舆论的支持，首先要赢得元老院的支持。

针对曾经富贵显赫、如今却贫困潦倒的元老院元老，经由塞内加设想，最后以皇帝尼禄之名提出的法案获得大多数元老的支持并得以通过，该法案规定每年发给穷困的元老 50 万塞斯特斯。这项措施实施的对象并非所有无法维持生计的贫苦居民，它只针对难以维持元老院元老生活水准的元老。如果新元老中也有贫困之人，又该如何？通常情况下，进入元老院的财产资格要求是 100 万塞斯特斯，所以新任元老中由于没有年金而无法保住元老院元老资格的人应该没有。尼禄

塞内加

得益于这些偏袒元老院的政策，哪怕是他在自杀身亡之后依然得到人们“尼禄初期的五年良好政绩”的评价。这从一个侧面表明，元老院相当于“媒体”。此外，尤里乌斯·恺撒也明白元老院的“媒体”功能。恺撒期待推翻由元老院一手主导的政治体制，他的《内战记》一书原原本本记录了自己推翻“元老院媒体”的这一过程。

尼禄宣布“重返奥古斯都时期的政治体制”，他的确抱有很高的积极性，这一点我们不吝于肯定。然而奥古斯都创立的罗马式元首制对执政者的冷静与清醒有极高的要求，不是凭借单纯偏袒元老院就可以完成这种“精致的虚构”。饱学之士塞内加是否清楚其中的复杂性？我们暂且不论这些评价有什么样的功效，也不论实行元老院政策的对错与否，接下来我们要关注的是，刚继位的尼禄以及辅佐官塞内加执政能力能否经受得住帕提亚王国问题的考验。公元 54 年深秋，罗马收到消息称，帕提亚军队入侵罗马帝国东方屏障亚美尼亚王国。

强大的帕提亚王国

公元前 21 年，奥古斯都与帕提亚王国签订了和平条约，约定两国的国界定于幼发拉底河，双方盟誓不互动干戈，这一年也即尼禄继任罗马帝国皇帝的 74 年之前。时年 21 岁的提比略代表罗马帝国在幼发拉底河中的小岛上与帕提亚王国缔结了和约。

这个和约并非同盟条约，只是相互约定彼此维持友好与和平关系。成王败寇这样一种观点牢牢扎根于东方人的思维之中，换言之，对于同盟关系他们毫无概念。假设当初恺撒没有遇刺身亡，而是继续率领军队进攻帕提亚的话，很有可能战胜帕提亚进而与之缔结同盟条约。先打败对手，再与之建立关系，这就是罗马人的同盟关系。

奥古斯都在恺撒遇刺身亡之后，作为罗马帝国的继承人必须面对罗马人的两次耻辱——公元前 53 年克拉苏军队全军覆没，以及公元前 36 年安东尼军队远征失败。与帕提亚军队交锋时，罗马军队屡尝败绩。奥古斯都本人也不敢夸口说自己仅凭军事实力可以拿下帕提亚，于是他选择缔结和平条约。当然，这不失为一种明智之举。

所谓的同盟关系，就像罗马人所谓的“朋友”（amicus），是自己人。然而，如果只是单纯的和平条约，就是非敌非友，关系暧昧不明。因此，罗马加强了对帕提亚王国北、西、南三面的军事部署，从三面制约帕提亚，提防它拔刀相向。

形成这个包围圈的除了叙利亚行省和埃及等罗马直接统辖的地区之外，还有亚美尼亚、卡帕多西亚，以及诸如在奥古斯都时代形成的犹太国等中小君主国家。上述这些国家都是与罗马帝国缔结了同盟关系的国家，同盟国不必向罗马缴纳行省税，但在罗马出兵时，必须提供兵力，或援助军粮与武器，等等。

当然，无论是哪种系统或体制都并非完美无缺，或多或少都会存在弊端和不足。罗马东方防御网唯一的要害，就是与帕提亚王国接壤的亚美尼亚王国。如果不让这个国家成为自己的盟友，那么所谓的帕提亚包围圈根本就无法形成。

然而，正是这个亚美尼亚王国，卢库鲁斯与庞培率领的罗马军队在共和制末期对其战争屡战屡胜。卢库鲁斯甚至一度涉足里海沿岸。正是罗马拥有实力超群的军事力量，才使得亚美尼亚可以按罗马的意志选择合适的国王人选，最终推动两国结盟，并将关系向纵深方向发展。

可是，从地理位置上看，亚美尼亚比罗马其他东方同盟国更加靠近东方，无论语言、生活习惯还是观念，都属于帕提亚王国称霸下的波斯文明圈，所以波斯人历来把亚美尼亚视为自己的领土也在情理之中，并且，持有这种想法的帕提亚人自信满满，因为罗马人一直都是他们的手下败将。

罗马帝国在这种情势之下的亚美尼亚对策，即帕提亚对策，始终是治标不治本，没有做到彻底根除这一问题。在帝国西方世界可以贯彻到底的方案，在东方世界根本就是痴人说梦。

正因为如此，这个“亚美尼亚—帕提亚问题”才在罗马历史上不断重复上演。虽然罗马帝国的这种做法治标不治本，然而确实可以保证今后几十年的安稳日子。这是因为罗马不仅仅依靠对话沟通来解决问题，同时也采用一面武力威慑一面用外交手腕处理的两种手法，所以这种针尖上的和平才得以维系下来。

帕提亚趁机入侵亚美尼亚引发的“亚美尼亚—帕提亚问题”，往往是在他们认为罗马皇帝身体衰老或年幼的时候，这一点非常有意思。公元 34 年，也曾发生过类似的情况，久居卡普里岛的提比略时年 75 岁高龄。帕提亚武断地认为提比略已垂垂老矣，头脑亦不甚清醒，所以趁机进攻亚美尼亚。但是，借用某位研究者的形容，提比略是“年岁越高越深不可测”。提比略接到报告后立刻派遣后来成为克劳狄乌斯助手的路奇乌斯·维特里乌斯前往亚美尼亚，向亚美尼亚表明罗马的立场——坚决支持。维特里乌斯是手握重权的东方罗马军队总司令，他当即挥师开往亚美尼亚。这般声势浩大的军事力量就是极好的威慑，所以帕提亚国王只能乖乖地从亚美尼亚撤回军队。

公元 54 年，帕提亚王国又故技重演，然而从时间来看，距上一次失败仅仅过去 20 年。这一次他们又轻率地认为年幼的尼禄皇帝刚刚即位，根基未稳，应该没有办法当机立断采取措施。显而易见，帕提亚这次又要铩羽而归。此时罗马帝国还有塞内加坐镇，他并不可怕，但是出身行省的他对于保卫帝国安全怀有极高的热忱，也有积极挑战的勇气。虽然尼禄没有提比略干脆利落，他在“亚美尼亚—帕提亚问题”再度爆发时却表现出了快刀斩乱麻的气概。

起用科尔布罗

面临帕提亚王国的威胁，塞内加在紧急选派东方总司令的人选方面眼光独到。格奈乌斯·多米提乌斯·科尔布罗曾担任低地日耳曼军团长官8年的时间，是一位统率了4个军团和辅助兵共4万兵力的将军，为莱茵河下游防线的稳固立下了汗马功劳。此外，罗马帝国虽然进入元首制时代，他们在机动防御方面淋漓尽致地使用了主动出击战法。言外之意，他们会不时越过莱茵河袭扰日耳曼人，而非在莱茵河畔苦等敌人上门，以此让敌人领教罗马帝国的军事力量，不敢轻举妄动。之所以这条防线稳固，原因在于科尔布罗的积极战术十分奏效。也正是这位科尔布罗，在施展他的拳脚时会被掣肘，罗马帝国深入日耳曼地区的军队本该更上一层楼，就在克劳狄乌斯一声令下之后，就遗憾地撤回到莱茵河防线。

科尔布罗这位将领来自法国南部行省，其身上处处显示出有异于其他战友的特质。科尔布罗麾下的士兵对他爱戴有加，他在敌军中也赫赫有名。这倒并非出于科尔布罗性格温厚，对谁都亲切温和。与之相反，他是一位以严厉著称的将军。同起用他担任低地日耳曼军团长官的克劳狄乌斯皇帝不同，众人敬畏科尔布罗正是由于他在敌我双方都声望极高。虽然科尔布罗的年龄无从查证，我推算他于公元54年被派遣到东方时大概在55岁。放眼这一阶段驻守帝国各边境的军团长们，除了科尔布罗能够担当奔赴帕提亚前线的重任之外，别无其他合适人选。

然而，没有把所有的权力交给科尔布罗是塞内加的严重失误。公元55年春，科尔布罗离开莱茵河驻地，长途跋涉来到幼发拉底河驻地接受重任。唯恐颜面扫地而被轻视的叙利亚行省总督夸德拉图斯，是科尔布罗见到的第一张丧气脸。

然而，将领之间也经常存在着瞧不起对方的情形，不过，这并没有发展到影响罗马帝国东方政策的地步。由于罗马帝国和帕提亚之间尚未正式开战，科尔布罗的正式职务并非军队的总司令，而是帝国卡帕多西亚与加拉太两个行省的总督。叙利亚总督指挥4个军团，位居罗马帝国驻守东方军队中的首要位置，所以没有设置军团的小亚细亚东部的两个行省总督位居叙利亚总督之后。然而，罗马方面给夸德拉图斯的命令是要他把手下的4个军团抽出2个给科尔布罗，他负责南部，西边交给科尔布罗，通过两面夹击的战略把帕提亚军队赶出亚美尼亚。塞内加这样的命令充分暴露出他缺乏军事经验的幼稚与浅薄。

是否进行军事行动，取决于指挥系统是否统一。若是不遵循这个原则，强行推动军事行动的话，注定会走向失败。我想，科尔布罗应该对战场进行了仔细查看吧。只要冷静耐心观察，肯定会发觉帕提亚国王任命其弟梯里达底成为亚美尼亚王之后，就不再采取任何军事活动了。其实，帕提亚国王沃洛吉斯根本没有和罗马短兵相接的意图，可惜罗马没有丝毫察觉。即使如此，眼下还没发展到必须即刻出兵的程度。更何况，夸德拉图斯送来的2个军团还未完全准备好出动。

科尔布罗经过再三思索之后，认为这些士兵要经过训练才可以投入战斗。同时，他希望在军团训练期间，身在罗马的皇帝，其实是塞内加，能够察觉到有必要整合东方地区的指挥系统。

然而，科尔布罗始终未能等来罗马新的战略指向。加之帕提亚军队始终未越过幼发拉底河发动进攻，战场上丝毫体会不到紧张氛围。实际上，另外一件事吸引了尼禄和塞内加的全部注意力，让他们把东方问题抛在了脑后。

反抗母亲

小阿格里皮娜用尽各种手段让儿子尼禄成功登上皇位，想必还处于扬扬得意之中。一切都在小阿格里皮娜的算计内，即使元老院和普通民众对这件事情的起因经过还是觉得疑点重重，可是当克劳狄乌斯因误食蘑菇中毒身亡的消息公之于世后，他们还是不得不接受了这个事实。他们甚至没有要求宣读先帝的遗嘱，就认可先帝的养子尼禄而非先帝的亲生儿子不列塔尼库斯继任皇位。小阿格里皮娜以辅佐10余岁的新皇之名，行统治之实。此刻看来，小阿格里皮娜似乎滴水不漏地实现了她的野心。

实际上，小阿格里皮娜成为皇太后之后，远比当皇后时期更强调自己的存在。小阿格里皮娜不论在什么场合总是出现在尼禄身旁。甚至连元老院的会议，她都下令把场地从罗马广场附近的元老院会堂迁到山上的皇宫内。显而易见，这是为了让躲在一边的自己能够听到会议内容而使出的另一个招数。

在罗马帝国经济圈中承担基础货币功能而发行的货币始终保持着面值与成本一致这一特点。与此同时，历代皇帝的头像也会出现在这些货币之上，让普通老百姓知道统治帝国的最高统治者是谁，这就是货币的宣传作用。然而，皇帝更迭并不会导致货币被回收，或重新铸造刻有新皇帝头像的货币。基础货币的目的在于维持信用，只要面值与成本一致，不论货币上是几代前的皇帝，还是共和制时代的货币，都可以在市场上继续流通。这也就是它与现在的纸币最大的不同之处。因此，刻有罗马史上举足轻重的人物的头像的货币在罗马帝国全境持续流通，话虽如此，新皇帝发行的货币也会受到相当程度的关注。

对于此次新货币的发行，小阿格里皮娜采用她和儿子面对面的图样。虽然，罗马曾经出现过刻有女性头像的货币，但是多以女神头像为图案代表罗马国。然而，将皇帝与皇太后以彰显地位平等的面

尼禄与母亲

面相对形式，刻铸在同一枚硬币上，这种钱币确实罕见。这种图案的货币一直保存到今天的只剩下金币，无人敢断定流通量超过金币的银币（第纳尔）不会有这种样式。今后可能会在考古过程中发掘到这种银币吧。总而言之，小阿格里皮娜在尼禄继位之后，获得的权势完全符合她的预期。小阿格里皮娜甚至连皇帝的告示都要求使用“奥古斯塔·玛特尔·奥古斯提”（Augusta Mater Augusti，意为“崇高的皇帝之母”）这样的字句。

小阿格里皮娜是罗马史上第一个想要掌权的女性，可惜的是智者千虑，必有一失。尼禄是小阿格里皮娜的亲生儿子，所谓有其母必有其子，尼禄很可能与她有相同的思维与想法，也有可能效仿她的做法，但是她没有考虑到这一点。母亲想要按照自己的意志行事，儿子也想如此，这很正常。如果认为10多岁的稚儿还没有自立，只能说小阿格里皮娜真的是机关算尽。姑且不论尼禄是否天赋异禀，总之他是当时屈指可数的饱学之士塞内加的得意门生。更何况，尼禄本身是个头脑精明、天资聪颖的少年皇帝。依照小阿格里皮娜的性格来推测，不难想象，她肯定是每天会对着自己的儿子说："你这个皇帝是我一手造就的！"显而易见，普通家庭中 10 多岁的男孩与母亲之间经常发生的矛盾，在这对皇室母子之间也经常上演。

尼禄对小阿格里皮娜也渐渐心生不满，原因是他爱上了一个名叫阿可特的女奴隶，然而小阿格里皮娜对这样的人无疑是鄙视万分。起初，尼禄想尽办法躲过母亲的视线，他还请塞内加帮忙。塞内加并不乐意，然而在尼禄眼泪汪汪的哀求下，塞内加让皇宫近卫军团队长的表兄弟阿尼乌斯替阿可特赎身。成为解放奴隶的阿可特假装是阿尼乌斯的恋人，塞内加安排其与尼禄相见。

世上没有不透风的墙，这件事最后还是传到小阿格里皮娜耳朵里。小阿格里皮娜得知尼禄与这名女奴隶之间的关系后异常震怒，破口大骂。实际上，让小阿格里皮娜恼火的并非尼禄已娶了屋大维娅却又与别的女人勾三搭四，而是他居然自降身份和一个女奴隶纠缠。因此，小阿格里皮娜对其恶语相加。然而，看不起儿子爱上的女人就意味着根本没把儿子放在眼中，震怒中的小阿格里皮娜对此毫无意识。

尼禄对母亲小阿格里皮娜表达不满时，塞内加与近卫军团长官布鲁斯不但出谋划策，还积极从旁给予帮助。紧接着，尼禄的反抗行为是，解除了财务部门负责人帕拉斯的职务，他是克劳狄乌斯时代"解放奴隶三人帮"中的一员。尼禄曾经宣布要废除克劳狄乌斯时代的秘书官体系，那么将帕拉斯撤职可谓是名正言顺。纳鲁奇索斯和卡里斯杜斯二人都早已权势尽失，尼禄又怎么不会拔掉帕拉斯这颗眼中钉呢？

小阿格里皮娜

然而，小阿格里皮娜之所以有今天，帕拉斯立下了汗马功劳。不论是举荐小阿格里皮娜作为克劳狄乌斯的皇后人选，还是协助小阿格里皮娜实现拥立尼禄的计策，他都在其中发挥了不可小觑的作用。显而易见，小阿格里皮娜对于他被撤职有如断腕之痛。为了让帕拉斯甘心卸任，塞内加答应他两个条件：其弟继续担任犹太长官，以及保障帕拉斯下半生平安。塞内加认为小阿格里皮娜可能会阻止帕拉斯卸任，他希望通过这种方式瓦解小阿格里皮娜和帕拉斯的同盟关系。不得不从命的帕拉斯灰溜溜地离开了首都罗马，这也彻底激怒了小阿格里皮娜。

小阿格里皮娜是一个争强好胜的女人，她一下子就冲到了儿子尼禄的房间，根本不管面前有什么人，也不管是否有人在倾听，就一股脑儿地发泄自己的怒气，像洪水一样根本无法停住。

你之所以能有今天，靠的是谁？你知道我付出了多大的代价，才让你成为皇帝？如今你却对我不仁不义，真是枉为人子！难道靠着独臂（暗指失去左手的布鲁斯）与流放犯（暗指塞内加）这两个家伙，你就天真地以为自己能够管得住这个国家？

因为我有尤里乌斯家族的血缘，你这个出身于并不显赫的阿赫诺巴尔布斯家族的家伙才能成为皇帝！居然连其中的利害关系都不承认，我看连14岁的不列塔尼库斯都比你更合适，他也不是一个无知的小儿了！我要是带不列塔尼库斯到近卫军团营地去，近卫军团的士兵一定会顺从日耳曼尼库斯的女儿。比起你这个鸠占鹊巢的养子，身为克劳狄乌斯嫡子的不列塔尼库斯更有资格继承皇位。你这忘恩负义、不守孝道的家伙，必遭天谴！！！

小阿格里皮娜这番不经头脑思考的臭骂，足以让罗马时代的史学家们兴奋不已。然而，尼禄在此之前只想尽量避免与母亲碰面，彼此相安无事，这番话却让他心生畏惧。像这样的母亲不是发牢骚抱怨几句就完事的，她既然能说得出恐怕就真会那样干。因此，身体欠佳、才能泛泛、性格平庸而又毫不起眼、可怜万分的不列塔尼库斯的生命就要走到尽头了。

虽然一直对塞内加与布鲁斯褒扬有加的史学家们断定，他们肯定没有参与刺杀不列塔尼库斯，然而，我觉得这两个人是帮凶。假设，小阿格里皮娜真的拥立不列塔尼库斯与尼禄对立的话，依然相信“日耳曼尼库斯神话”的士兵很可能会掀起哗变。况且皇帝年少又无子，那么能够强调自己有权继承皇位的就是竞争对手，而非后代。消灭竞争对手的唯一办法就是除掉这个人。卡利古拉也曾下令杀害先皇提比略的嫡孙葛梅鲁斯。虽然奥古斯都收留了克娄巴特拉与安东尼生的儿子，并把他抚养成人，然而，克娄巴特拉与恺撒唯一的亲生儿子小恺撒，也被奥古斯都除掉了。

并没有人以小恺撒之死为借口去指责奥古斯都，也没有人因为葛梅鲁斯之死去非难卡利古拉。关于不列塔尼库斯的死，官方给出的解释是，不列塔尼库斯死于宿疾——哮喘发作。当然，不列塔尼库斯之死疑点重重，然而大多数人还是接受了这种说辞。1 600 年之后，法国剧作家拉辛在 17 世纪以《不列塔尼库斯》为题创作的悲剧，就是这个事件的写照。

不列塔尼库斯之死对小阿格里皮娜的打击应该比任何人都强烈，她却又是一个不到黄河心不死的主儿。对她而言，不列塔尼库斯之死的确让她感到了挫折，当然这并非出于其喜爱不列塔尼库斯这个继子，而是小阿格里皮娜担心失去权势而已。时年 40 岁的小阿格里皮娜对尼禄开始了报复行动。

首先，小阿格里皮娜策划积累一定的钱财。凭借她的血缘与地位，她通过遗产继承也积累了相当一笔财富。小阿格里皮娜将原本由经纪人代为管理的私有土地、投资悉数进行了置卖。

其次，小阿格里皮娜将筹措到的资金全部交给驻守莱茵河的日耳曼军团。当克劳狄乌斯还在位时，小阿格里皮娜就以今天的科隆是其出生地为由，将这座城市以自己的名字命名，接着迁入退役士兵，让这个城市变成殖民城市。小阿格里皮娜大可以理直气壮地说，她之所以投入重金，就是为了让这个以自己之名命名的城市名副其实地罗马化。然而，小阿格里皮娜真正的目的是要拉拢驻守莱茵河防线的士兵。只要能把 7 个军团共 4.2 万名士兵的这支精锐之师收为己用，没有人能够阻挡她的野心。虽然小阿格里皮娜远居深宫，却开始与驻守莱茵河的军团长官们暗度陈仓。

再次，小阿格里皮娜开始同自己的儿媳交好。屋大维娅得不到丈夫的欢心，其弟不列塔尼库斯又英年早逝，因此她整天郁郁寡欢。小阿格里皮娜就安慰她，拉近和儿媳的关系。屋大维娅朴实无华，为人低调，罗马民众对她有着深深的同情与尊敬。相反，小阿格里皮娜在百姓中间风评不佳，如果她能和屋大维娅拉近距离，一定程度上可以减少对她的不好评价。

尼禄不愧是具有其母的风范，根本不会让小阿格里皮娜有任何得逞的机会。尼禄首先调开母亲身边的护卫，即让她从高高在上的“崇高的皇帝之母”变成一个普通人。接下来，尼禄又把她赶出皇宫。如此一来，小阿格里皮娜虽然住在帕拉蒂尼山上，但是她只能搬到外祖母安东尼娅生前的住所。与此同时，尼禄把小阿格里皮娜的名字从各类邀请名单中去掉，使得她出现在公共场合的机会骤然减少。此外，对小阿格里皮娜痛恨万分的尼禄更是变本加厉，尽干一些曾经会招致母亲批评指责的事情。

尼禄的玩伴大多和他同龄，他呼朋引伴，整夜带着他们在罗马城里溜达闲逛。外出时，他们都会乔装打扮成普通人，让别人看不出来他们的身份。这群血气方刚的年轻人到了城里简直如鱼得水，胆大妄为。有一次因为他们闹腾得太过火，接到居民投诉的警察赶来调解，结果他们居然和一队警察当街动武。当警察费了九牛二虎之力制伏了这群年轻人时，队长猛然惊觉皇帝也在其中，不知天高地厚的年轻人才被无罪释放。不过，据说次日一早出席元老院会议时，尼禄脸上挨揍的伤痕还依稀可见。

然而，在塞内加与布鲁斯看来，年轻人有发泄的必要，所以尼禄乌眼青地出现在元老院时谁也没有过问。尼禄年方 17 岁，正是爱玩的年纪。

儿子尼禄继位不到一年，小阿格里皮娜的影响力就完全丧失了。为了削弱小阿格里皮娜的权力，正是在塞内加与布鲁斯的鼎力支持下，年方 17 岁的尼禄才能做得如此周密。

当然，小阿格里皮娜不会甘心认输，也没有就此罢休。小阿格里皮娜加紧了筹措资金的步伐，也继续与驻守莱茵河防线的士兵密切联系。如今，小阿格里皮娜还是屋大维娅的头号保护者。此外，小阿格里皮娜开始撰写回忆录，记录过去的点点滴滴。据说历史学家塔西佗曾经据此为考，虽然这部回忆录现在已经完全散佚，但在历史上应该确实存在过。小阿格里皮娜在能够著书的罗马女性中算是一朵奇葩。然而，对于羽翼日益丰满的儿子而言，这样的母亲确实让人头疼。

统治之初

然而，正当这位少年皇帝四处展现其活力之际，关系到罗马帝国今后发展的重要决策，正在元老院激烈讨论着，并且得出了发人深省的结论。

讨论的议题之一是解放奴隶问题。元老院元老们已经对克劳狄乌斯时代“解放奴隶三人帮”的活跃极为不满，尼禄宣布废除秘书官体系并不能让他们感到完全称心，他们强烈要求大力管制解放奴隶的社会地位。具体而言，有元老提议，获得自由成为“解放奴隶”者一旦违法，应当让其恢复奴隶身份，并建议立法予以确定。

对于这样的提案，当然有元老持反对意见，反对派元老的理由如下：

如果仅仅从个别解放奴隶的例子来看，已经获得自由甚至得到罗马公民权的解放奴隶之中，确实有人不配拥有这种待遇。然而，我们不能因为少数例子就立法限制所有奴隶，这与因噎废食有何不同？这种提案显然是不对的。解放奴隶在罗马社会发挥着自己的聪明才智这是不争的事实，罗马社会中、下层的重要成员也有他们的一分子。自尤里乌斯·恺撒开始积极实行解放奴隶政策至今已过百年，这项政策几乎成为罗马的传统。派驻行省工作的事务幕僚、首都的下层公务官员、意大利本土地方政府的管理层、实际负责祭典的工作人员、消防队、警察等等都是解放奴隶。甚至今天跻身于元老院阶级或骑士阶级的元老，他们的祖先解放奴隶出身的也不在少数。

按照罗马的传统，拥有罗马公民权有两种类型：拥有选举权的"罗马公民权"和没有选举权的"拉丁公民权"。同样，解放奴隶也分两种类型：一类是法律许可的解放奴隶，他们获得自由后与原主人没有任何关系；另一类是私人许可的解放奴隶，他们获得自由后依然留在主人家中。私人许可的解放奴隶可以转化为法律许可的解放奴隶。私人解放奴隶是否符合罗马公民身份的表现，是判断其能否转化的唯一标准。

因此，从国家的角度出发，判断"自由"（Libertus）这一公益的利弊，应当遵循先例依据个案进行区别处理，而非制定法律一概而论。

这次会议尼禄也出席了，辩论的结果是大多数元老赞同后者的意见。容许失败者东山再起的国家，正是充分发挥国家机能的表现，罗马帝国拥有这种气度。

然而，元老院元老承认解放奴隶拥有人权，却并不承认奴隶的人权。自古以来，罗马就明文规定，如果奴隶弑主将实行连坐，同一屋檐下的奴隶都会被问罪，不仅仅是凶手一个人会被处以死刑，所有奴隶都会被处死。然而，由于很长时间都没有动用这条法律，所以通常情况下只有凶手被处死。

就在元老院讨论解放奴隶议题之际，负责首都罗马警卫的一位长官死在了家中奴隶的刀下。这位被杀害的谢肯图斯家中有 400 名奴隶。普通罗马公民举行游行，认为处死所有奴隶不符合时代精神。然而，元老院态度十分强硬，拒绝让步。如若法律不符合当下的时代，只要加以修改，使用新法，旧法自然就遭到了摒弃。但是，这些属于上层阶级的元老家中拥有成百上千的奴隶，元老院出于这种担心拒绝修订法律。

虽说尼禄有地位与权力插手此事，然而他没有染指此事。塞内加也不愿推动法律修正。因为尼禄即位时宣布要“尊重元老院的权力”，他们要遵守当初的诺言。在罗马公民泪眼相送之下，包括妇女儿童在内的 400 名奴隶全部被处以极刑。稍稍值得欣慰的是，从那以后类似事件几乎再也没有发生过。不过，这是由于奴隶们再次深深体认到连坐的可怕，还是法律的适用范围变得灵活，抑或是皇帝开始干预，各种原因我们不得而知。

公元 57 年，也即这个案子发生之后的第二年，尼禄再次当选为执政官。这也是继公元 55 年之后，尼禄第二次成功当选。罗马传统的资格年龄是 43 岁，元老院选择 10 多岁的年轻人担任这一要职，充分表明元老院迫切希望尼禄当选。他们这么做不是为了迎合最高统治者，而是希望借此限制皇帝的权力。执政官是罗马最高官职，让尼禄出任这一职务意味着把“第一公民”这种非正式的皇帝职位融入罗马的共和制体系中。

此前我已经提到，由奥古斯都创设的罗马式元首制可谓是“精致的虚构”政体。用更为严谨的话来解释，“皇帝”仅仅是罗马军队的最高领导人，或者说将士们效忠的对象，对于普通公民而言，他们不用宣誓效忠“皇帝”。元老如若担任军职，则有宣誓效忠“皇帝”的义务，然而如若没有担任任何职务，只是普通元老的话，他则不用宣誓效忠“第一公民”或“皇帝”，这是有一定道理的。从“Senātus Populusque Rōmānus”缩略语“S.P.Q.R.”（罗马元老院与公民）可以看出，元老院与公民才是罗马权力的来源，而“第一公民”仅仅是罗马公民中的“第一个人”而已，并没有其他的含义。

话虽如此，可是“第一公民”为何可以拥有如此大的权力呢？这是因为“第一公民”拥有以下权力：

“最高司令官”——拥有强大的军事权力，只要一声令下就可以调动军团兵加上辅助兵共计 30 万人的庞大军队。

“护民官特权”——罗马共和制时代设立的护民官是为了保护平民的权利，然而《霍腾修斯法》又规定，只要公民大会通过的法案，哪怕是在元老院遭到否决，也同样可以上升为法律。由此可见，护民官拥有了可以执行与元老院不同意见的特殊权力。此外，元老院通过的所有决策，哪怕是高票通过，护民官还可以行使否决权，让所有的法律变成一纸空文。

非常有意思的是，在当今社会，美国、英国、法国、中国和俄罗斯这五大联合国安全理事会常任理事国，并非作为常任理事国才拥有权力，关键在于它们拥有否决权，即现代拉丁文中也用到的“Veto”。没有否决权的常任理事国形同虚设，也即否决权所向披靡。

“大祭司”——拥有罗马宗教界的最高地位，罗马帝国规定的祭祀日期，由他主持祭祀大典。

“国父”——在受罗马公民的委托之后，元老院授予的一个尊称。虽然提比略再三拒绝这一称号，在我看来，这种拒绝其实是得不偿失的。因为，尤里乌斯·恺撒与奥古斯都都欣然领受了这个尊称，这一称谓是超越元老院阶级与普通民众等罗马社会各阶层的全体国民之“父”。每一位国民在公正而优秀的“父亲”带领之下，才能安心地各司其职，完成自己的义务。在罗马帝国，身处家族最高地位，就会拥有非常强大的家长权，所以“国父”的言外之意就是国家中最大的家长。

因此，“最高司令官”“护民官特权”“大祭司”与“国父”都是共和制时代就存在的职位与尊称，这一切都是有法可依的。然而，依据罗马的法律，当所有“合法”权力全部集中在一个人身上时，他就变成“非法”的最高权力者。即使这样，罗马仍然用只表示公民“第一人”的“princeps”来称呼，显而易见，没有比这更具欺骗性的叫法了。把罗马帝国置于一人之下，是奥古斯都认为最现实的统治模式，因此，要达成这种设想唯有依靠“精致的虚构”。

元老院本身就是所谓的合法机构，对于其中的非法性自然是心知肚明，要让“第一公民”担任执政官，使其受到元老院的监督，是把不合法转化为合法的最好手段。

在罗马帝国首任皇帝奥古斯都统治的40年里，他差不多有四分之一的时间兼任着执政官。而在第二任皇帝提比略统治的23年里，备受元老院非难，原因在于其出任执政官仅有 3 次。虽然第三任皇帝卡利古拉统治时间极短，但在不到 4 年的时间里 4 次担任执政官。第四任皇帝克劳狄乌斯在位 13 年，兼任执政官总共有 5 年的时间。显而易见，罗马帝国几任皇帝都经历了“精致的虚构”台面下的交锋，对此深有感触。而新任皇帝仅仅是一位 10 多岁的少年，按照元老院的盘算，让其担任执政官易如反掌。身为元老的塞内加对个中原委自然是心知肚明。

在你来我往的“攻防战”中，为了让形势对自己有利，双方都是花招频出，彼此试探。公元 58 年，元老院通过决议，让年满 20 岁的尼禄担任“终身执政官”。果不其然，尼禄不想被纳入体制之下，予以严词拒绝。至于尼禄拒绝是纯粹出于自己的思考，还是塞内加的怂恿，我们无从查考。在这件事情之后，尼禄一改以往向元老院倾斜的态度，对于元首制则是欣赏不已。

首先，尼禄考虑到普通平民阶级历来与元老院阶级对立这一点，以自己的名义赠予每个平民 400 塞斯特斯，作为拉拢民心的举措。

随后，恺撒时代开始的退役士兵的安置政策，被尼禄进行了大刀阔斧的改革，允许安置地点改为意大利本土。此外，他还勇于打破陈规，从士兵的愿望出发，并非以整个军团为出发点，让他们获得梦寐以求的土地。这种安置政策，对于退役士兵而言，也意味着可以重新回到故乡。当然，这样做的目的也是为了避免本土人口流失的现象发生，另一个目的在于期望退役士兵在故乡获得土地之后，能够全心全意地拥护尼禄这位政策制定者。因此，这项措施还有另一层含义，以罗马人为主的军团兵向行省进行殖民以促进其罗马化的时代已经成为历史。

经济政策

罗马帝国各种政策的调整，肯定会随着时代的发展而进行变革。为了弥补“艾拉留姆”（Erarium，元老院行省税）出现的空缺，尼禄从“费斯库斯”（Fiscus，皇帝行省税）中拨出 4 000 万塞斯特斯。尼禄通过这种“投资”方式，成功地整合了原本一分为二的国库，当然，要完成这种合并，必须在另一个国库出现赤字时最有利于操作。

因此，这两种税收原本一致。不论是作为直接税的行省税，还是作为间接税的关税等其他税种，在皇帝行省与元老院行省都大同小异。为了避免与元老院形成对立关系，奥古斯都处心积虑地将税收分开，分别称之为“Fiscus”与“Erarium”。元老院中的元老们互相推选产生总督，负责元老院行省治理，而皇帝行省总督或其他官员则由皇帝亲自任命。行省既然分为元老院行省与皇帝行省，那么从行省征收的税款自然是前者由元老院支配，后者由皇帝支配。奥古斯都正是通过这种方式瞒天过海，化解了元老院的不满，成功将罗马帝国的政治模式转化为“第一公民统治”。

正如《罗马人的故事 06 · 罗马统治下的和平》所述，“皇帝行省”与“元老院行省”的差别在于是否有必要常驻军团。通常情况下派驻军团是为了防御外敌入侵，抵御强敌帕提亚王国的叙利亚行省除外，大多数皇帝行省都位于罗马帝国的边境地区，十分落后。然而，反观元老院行省，大多是经济发达的城市与地区，罗马化已经发展到了一定的程度。当奥古斯都开始施行这套税制之际，皇帝行省经常是入不敷出，也经常使用“Erarium”来填补“Fiscus”的不足，从而导致皇帝行省税亏空。

这种经济差距随着政局稳定以及基础建设的不断推进日益拉近。直至奥古斯都一个世纪之后的尼禄时代，皇帝行省的经济实力已经发展到与元老院行省不分伯仲的程度。实际上还出现过这样的情形，尼禄命令元老院行省总督尽量压缩开支，这当然不是元老院行省经济下降的缘故，而是因为皇帝行省经济增长较快。流动性强的游牧民族在经济上要劣于流动性弱的农耕民族，由于不用担心敌人入侵，皇帝行省的农耕民族安心劳作，税收也随着生产力的提高而水涨船高。

显而易见，所谓的统一国库，尼禄无非是把“Erarium”纳入了“Fiscus”内，这种改革加强了皇帝的权力，因为就连税收也由皇帝控制了。

谈到尼禄时代的经济政策，尼禄在位 14 年间推行了三大改革：第一项改革正是前文所述的统一国库，第二项是提出全面废除间接税的议案，第三项是进行货币改革。其实第三项改革说是修订更为贴切，我想在实施这项改革的公元 64 年再加以叙述，这样大家更容易理解，因而在此暂且略去不表。我们先来看尼禄于统一国库次年提出的全面废除间接税的事情。

在此我们先谈这些改革的结局的话，即使是尼禄在罗马社会怨声载道下选择自杀之后，第一项与第三项改革依然继续实行；只有第二项改革，甫一提出就遭到元老院的激烈反对，核心内容几乎被全数剔除之后才勉强过关。正因为如此，通过这个事例我们可以发现其中的端倪，在全面废除间接税等相关议题上，尼禄与元老院的想法有很大的不同，所以有必要讨论第二项改革。

公元 58 年，虽然时年 20 岁的尼禄继续担任执政官，他却拒绝了元老院授予的“终身执政官”头衔。虽然元老院的400位元老每一位都比他年长，然而作为议长，尼禄还是宣布召开元老院会议。正是在这次会议上，尼禄提出了全面废除间接税的提案。

在《罗马人的故事06·罗马统治下的和平》中也出现过类似的表格，罗马帝国的罗马公民和行省人民都有缴纳间接税的义务。在这一类税收中，以宝石、丝绸和香料为主的奢侈品，从东方地区进口会征收25%的关税，此外，还有5%的一般关税与1%的营业税。奥古斯都制定这种税制之后，经济欠发达的地区可以享受减税政策，部分皇帝行省甚至可以享受1.5%或2%的优惠关税，然而，当时罗马帝国本土及其他地区的关税高达5%。

奥古斯都实行的税制改革

	罗马公民	非罗马公民（行省人民）
直接税	没有直接的收入税 解放奴隶税5% 遗产税5%	地租税或行省税 税率为收入的10% （服兵役的行省人民免缴直接税）
间接税	关税1.5%至5%（从东方进口的奢侈品征收25%关税） 营业税1%	

元老院对于尼禄统一国库的提案几乎没有任何异议，由此可以判断皇帝行省与元老院行省之间的税收在尼禄时代几乎没有太大的差别。当然，这也可以视为皇帝行省经济实力提升的标志之一，更进一步而言，皇帝行省的优惠关税政策大概也取消了。虽然缺乏证明优惠关税取消的历史文献，然而就在尼禄提议全面废除关税之际，元老们的发言中除了“二十分之一税”之外，没有提到任何关于税收的字眼。随着皇帝行省经济实力的不断提升，我们可以判断关税应当统一

为 5%，当然东方进口的奢侈品另当别论。

而废除 5% 的关税，正是尼禄提案的核心内容，他的理由是废除关税会进一步促进贸易，从而提高经济实力，最终使得占行省税大头的“什一税”增加。

对于尼禄的提案，元老们当然不赞同这种荒唐的观点。在他们看来，拥有罗马公民权的公民根本没有缴纳行省税的义务。如若废除关税，他们更不用缴纳关税，从而会引发帝国财政危机。元老们认为，废除关税可能增加行省的税收目前只是推测而已，是否行之有效不得而知。更何况废除关税期间替代关税的钱从哪里来？恐怕只有通过提高行省税率才能解决问题，如果事情发展到那个地步，很可能演变成影响帝国统治的危机，进而危及帝国的治理与发展。

在当时的历史文献基础之上，如今有部分研究者经过计算，如果废除关税，会导致罗马帝国国库约 1 亿塞斯特斯的损失，约占总收入的十五分之一。这种乐观的推测是否符合事实另当别论，如何先想办法把废除关税带来的税收缺口填补上，才是当时元老院更为关注的焦点。然而，尼禄似乎是个积极经济论者，他根本就不担心这种缺口。

尼禄亲自提议废除关税，并希望元老院予以通过并将之上升为法律。可是，如果直接投票表决的话，肯定会被元老院挡下来，这样一来身为皇帝的尼禄也肯定会颜面尽失。于是，有元老提出修正案，内容是废除事关“粮食安全”的必需品小麦的“二十分之一税”，万般无奈之下，尼禄也只好接受。

元老们当面否定了尼禄关于废除关税的提案，虽然表面上是在一本正经地讨论，然而内心深处，他们其实想好好教训一下这个不知天高地厚的 20 岁的年轻人。尼禄因为不久前曾对元老们乱下指令，使得元老们怨声载道。

罗马是全国唯一拥有大型角斗场的地方，卡利古拉皇帝专程命人从埃及运来 25 米高的方尖碑，仿照罗马样式兴建了一座私人角斗场，这座角斗场位于台伯河西岸的梵蒂卡努斯（Vaticanus，今梵蒂冈，Vatican）。尼禄下令加以改建，并开放为公民的娱乐场所。

正是在卡利古拉兴建的这个角斗场，尼禄举办了一场类似今天田径比赛的体育竞赛。此外，他还命令罗马上流社会的元老院阶级与骑士阶级的男人到场中进行比赛，然后邀请普通罗马公民入场观看。

这些元老如果穿着托加长袍的话，即使膀大腰圆也不会太过突出，有时甚至象征着崇高的社会地位，让人觉得稳重可靠。他们沐浴或按摩放松时肯定会脱掉衣衫，然而只有服侍他们的仆从奴隶会看到他们赤裸的上身。尼禄命令他们在角斗场上裸露上半身，接受观众席上普通民众眼光的打量评判，这根本就是一件让人羞辱的事情。这还不算完，这些元老在青年时期就早已荒废了运动，然而尼禄居然要求他们跑步与跳跃。与希腊人不同，在罗马人看来，体育只是青少年用来锻炼身体的方式，绝非这些心怀国家社稷的元老该做的事，这根本与他们的身份不符。然而，元老们虽心怀不满，也只得依从了皇帝的命令。

不用说，罗马公民肯定兴高采烈地来看热闹。我们试想一下，如果让国会议员、高级幕僚或者财经界的大佬们赤裸上身参加田径比赛，各大媒体肯定会连篇累牍大肆报道。甚至连我们这种普通老百姓也会不惜掏腰包去看热闹。说不定罗马公民还会拍手称赞小尼禄真有能耐。这不是明摆着揭人短处吗？元老们不喜欢这位飞扬跋扈的年轻人也就不足为怪了。然而，与此同时，一位只有成熟男人才能完成的丰功伟业，正在远离罗马帝国千里之遥的东方前线上演。

亚美尼亚战线

赶走篡位的帕提亚国王之弟，让亚美尼亚王国重回罗马帝国的掌控之下，科尔布罗正是带着这样的使命来到了亚美尼亚前线。然而，令他失望的是，望眼欲穿也未能等到从罗马传来改变战略的任何消息。罗马军队同帕提亚军队对峙的指挥系统依然没有统一，直到与帕提亚国王谈判休战，他与叙利亚总督夸德拉图斯还是维持着互不隶属的状态，抵抗帕提亚的兵力也是两人各自领军。虽然夸德拉图斯碍于尼禄的命令不得已分给科尔布罗 2 个军团，再加上从驻守多瑙河中游的默西亚抽调的 1 个军团，共 1.8 万名士兵构成了科尔布罗的主要战斗力量。此外，虽然默西亚军团还有 6 000 名辅助兵，加上同盟国的援助部队以及行省人民的志愿兵加入，这部分兵力不超过 1 万人。把上述兵力相加也仅仅有 3.4 万人上下。加之叙利亚行省派来的 2 个军团根本无法上战场，所以，在科尔布罗看来，罗马帝国在亚美尼亚前线的兵力根本就不是帕提亚的对手。

帕提亚王国可以算作罗马帝国唯一的假想敌，虽然叙利亚行省是与之对峙的前沿阵地，经济十分发达，但仍然属于由皇帝直接管辖的“皇帝行省”。长期驻守叙利亚的 4 个军团是罗马帝国在东方地区唯一的军事存在，更肩负着保卫帝国东方安全与稳定的重任。

驻守在莱茵河、多瑙河及不列颠或北非沙漠的罗马军团同样以护卫帝国边境为首要任务，然而，他们面临的敌人中除了部族酋长之外，普通居民都还是身穿兽皮的野蛮人。由于这些防线地处边境，因此军队在这些地区驻守生活十分艰苦。此外，同文明国家的军队相比，蛮族的动向更加捉摸不透，所以这些地区的防御军队精神始终处在高度紧张之中。

然而，叙利亚的情况与上述边境地区不同。当时罗马帝国有三大都市，分别是号称世界之都的罗马、埃及的亚历山大与叙利亚的安提阿。亚历山大是托勒密王朝的首都，安提阿是塞琉古王朝的首都。此外，叙利亚“边境”的特色，是当地居民一直与国界幼发拉底河以东的居民有着非常频繁的贸易往来，从而使得叙利亚经济十分繁荣。尽管两国敌对，但这并不会妨害到普通人之间的交流，他们只是生意伙伴，只有对方入侵之时才会暂时变成“敌手”。此外，4 个罗马军团的驻地就设在繁华的安提阿这个商业气氛浓郁的城市。叙利亚的“和平”氛围十分浓厚，前后经历了大约一个世纪的时间。正是以上种种原因，当地的罗马军团都不想打仗，居然出现了部分士兵与本地人合伙经商的例子。

叙利亚总督夸德拉图斯虽然长年担任叙利亚总督，但已经步入了老年。而时年 50 多岁的科尔布罗正是功勋卓著的将军，刚刚抵达边境就无法忍受当地的环境。科尔布罗的原驻防地位于莱茵河防线中部，属于地理与气候条件都十分糟糕的低地日耳曼地区，那里不仅要警惕从莱茵河中游到河口地区的陆地敌人，还要提防渡海而来的敌人。然而，科尔布罗刚一上任，就感觉到了东西方虽然有着质的差别，在艰苦环境方面却是难分伯仲。小亚细亚到亚美尼亚之间是绵延的陡峭山脉，从叙利亚往东到幼发拉底河之间是如同大海般一望无际的沙漠，它们都摆在了科尔布罗面前。

科尔布罗出生于法国南部行省，但他的作风极似古罗马时代的将军。由于驻守安提阿的两个罗马军团的士兵早已过惯了大城市生活，科尔布罗到达叙利亚之后做的第一项工作，就是禁止士兵在屋檐下睡觉。这样一来，士兵不得不从军营中搬到帐篷内居住。与此

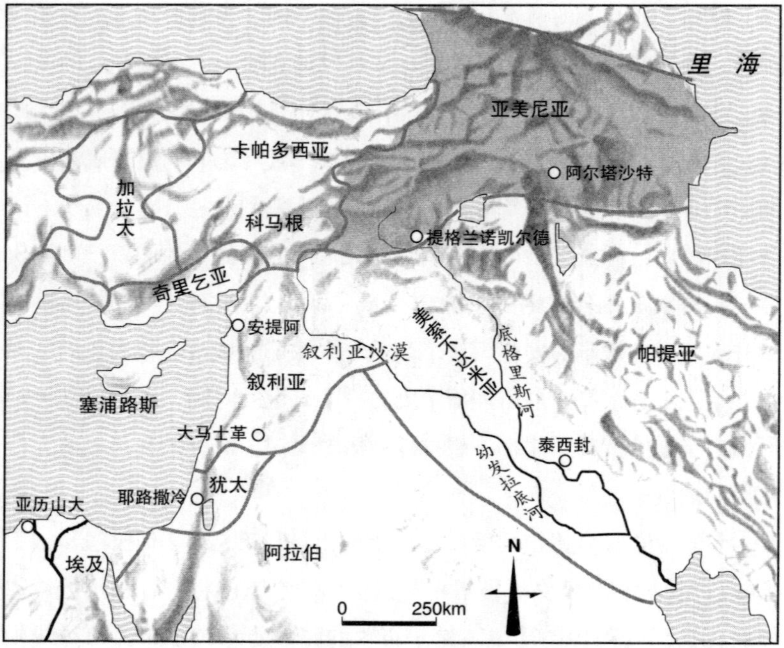

亚美尼亚及其周边

同时，他以身体条件为由，命令不适合军务的士兵与即将退役的士兵免除差役，把他们调整到类似今天的后勤岗位。按规定，罗马军团兵的服役年龄是 17 岁至 45 岁，即使是老兵年龄上限也不会超过 45 岁。然而，此项规定并不适用于百夫长以上的指挥官，而只适用于普通士兵。

经过一番工作之后，科尔布罗终于完成了这两个军团兵的选拔。另外，驻守多瑙河防线的一个军团也从默西亚行省移师过来。与此同时，罗马盟国派出的援助部队也抵达了叙利亚。自古以来，罗马就有与盟国协同作战的传统，其主力是被称为军团兵的重装步兵，所以同盟国派来的参战士兵只是骑兵、弓箭手等一类轻装步兵。由于科尔布罗将不适合作战的士兵换岗之后，出现了人员空缺，有传闻说科尔布罗选用了卡帕多西亚与加拉太的农民来填补空缺。总而言之，士兵人数要远远少于皇帝拨给他的3.4万人。科尔布罗在低地日耳曼军团时曾经指挥了4个军团加上辅助兵近5万人的兵力。然而，也不知道罗马帝国的指挥系统出了什么问题，科尔布罗在前线抵御强国帕提亚时，手中的兵力居然比与日耳曼人作战时还少。如若是恺撒，他肯定会自己筹款招募新兵，整编队伍，及早解决兵力不足的问题。然而今非昔比，共和制时代的模式已不适合当下的时局。眼下皇帝与手下的军团长们等级早已固定下来，没有皇帝的命令，不能扩充兵力。因此，除了有效地利用手中的兵力之外，科尔布罗别无他法。

公元57年，尼禄与元老院之间的“攻防战”逐渐向有利于战局的形势迈进了一步。就在公元57年至58年的这个冬季，科尔布罗率军来到险峻的山区进行严苛的军事训练。当然，不是所有地形和气候恶劣的地方都可以作为训练场地，科尔布罗选择在小亚细亚东边与亚美尼亚接壤的边境山区进行训练。这种选择除了可以向亚美尼亚人进行军事恐吓之外，还能让训练有素的士兵随时攻入亚美尼亚，可谓一举两得。

科尔布罗选择的训练营地位于海拔2 000米左右的高原上，搭建帐篷必须先凿开冻结在地表的冰层。然而，寒冷的天气使士兵接二连三地被冻伤，甚至有人在夜间巡逻时被冻死。罗马军装的特点在于手脚暴露在外面，士兵就穿着这种军装在凛冽刺骨的冰雪寒风中进行

罗马的军装

训练，而科尔布罗本人也穿着这种军装四处巡视士兵。许多罗马士兵不堪忍受这种严苛的环境，当了逃兵，原本经过筛选的队伍人数再次缩减。

虽然科尔布罗身材魁梧、沉默寡言，但他并不是一位粗鲁蛮横的将军。然而，只要士兵一见到科尔布罗的头发在寒风中飘扬，他周围的氛围瞬间有如凝固了一般。虽然迟到两次在其他军团算不上什么，然而科尔布罗规定迟到一次就要进行严厉的处罚。对于弃旗逃跑的士兵则就地正法。如此严酷的训练，逃兵现象时有发生，其他军团对归队的逃兵不计前嫌，然而，科尔布罗军团的逃兵即使回来也难逃一死。正是在这种近乎疯狂的训练之下，在次年初春，这些原本在安提阿堕落不堪的罗马士兵精神焕发，摇身一变成为帝国最精锐的部队。

早在公元 54 年年底科尔布罗就被派往东方。公元 58 年 5 月，此时可以说是他蛰伏3年多等来的天赐良机。科尔布罗命令士兵拔营，挥师进入亚美尼亚境内，然而他并非只是一位头脑简单的将军。

与刚刚登基的帕提亚国王谈判停战，叙利亚行省总督夸德拉图斯派出的是一位下级军官负责谈判，而科尔布罗却派出一位高级军官负责谈判。从中我们可以看出，科尔布罗非常懂得从对方的角度出发，进而达成停战的目的。科尔布罗进入亚美尼亚时没有立刻发动进攻，他一马当先走在军队前列，在他的脑海里出现两种达成目的的方式——选择开战，或选择谈判。

虽然罗马帝国将亚美尼亚王国纳入统治之下，然而受地缘文明差异的影响，其国内始终存在着亲罗马派与亲帕提亚派，并进行着拉锯战。帕提亚国王之弟继承亚美尼亚王位以来，亲帕提亚派的势力自然盖过亲罗马派。科尔布罗率军挺进亚美尼亚，无异于孤军深入。在科尔布罗看来，他手上不足3万人的兵力很可能遭遇帕提亚与亚美尼亚的联合夹击。因此，在帕提亚军队出兵之前，科尔布罗希望能与亚美尼亚新王——帕提亚国王之弟梯里达底进行谈判，尽快达到战略目的。

经过几次彼此试探性的小规模战斗之后，科尔布罗派遣使节求见梯里达底，恳求直接会面。然而可惜的是，科尔布罗的期待终究落空。年轻的亚美尼亚国王梯里达底虽然暂时接受了会谈的要求，可是关键时刻仍举棋不定。为了打破僵局，科尔布罗将事先写好的提议递交给梯里达底。为了减少军团长的束缚，罗马一直有将空白的委任书交给被派到前线负责战事的总司令的传统，然而科尔布罗的提议可谓胆大包天。

待在东方的3年里，科尔布罗丝毫没有荒废这段宝贵的时间，他一直打探帕提亚国王夺回亚美尼亚王位的真正缘由，最终找到了答案。

公元51年，沃洛吉斯继承帕提亚王位，然而他并非先王的嫡子。其弟梯里达底却是先王后之子。梯里达底生性敦厚老实，把帕提亚王位让给了沃洛吉斯。沃洛吉斯深受感动，觉得自己有责任替弟弟寻找一个新的落脚点，思来想去，只有亚美尼亚王位最适合梯里达底。公元52年，也即沃洛吉斯继位后的第二年，帕提亚出兵亚美尼亚，此时罗马支持的国王仍然在位。克劳狄乌斯任命的叙利亚总督及早做好了应战准备，帕提亚军队又遇到严冬的影响，因此，撤军之后就再没有任何动静。

帕提亚军队一旦察觉罗马军队的防御漏洞，通常不会轻易放过。而克劳狄乌斯驾崩与尼禄皇帝继位之初，正是天赐良机。公元54年，帕提亚军队再度举兵，并且成功占领了亚美尼亚，将体弱多病又饱受百姓诟病的国王赶出了亚美尼亚，并成功地让梯里达底当上了亚美尼亚国王。

科尔布罗在弄清楚了个中原委之后，却发现手中无牌可出，因为罗马方面实在没有可以让他们凭借军事力量拥立为王的合适人选。再者，对于沃洛吉斯本人而言，也没有与罗马军队作战的计划，只是想保住梯里达底的亚美尼亚王位而已。对于这一点，科尔布罗十分清楚。

那么，科尔布罗究竟向沃洛吉斯及其弟梯里达底提出了什么建议呢？下面是提议的主要内容：

> 科尔布罗将向罗马帝国皇帝禀告，请求尼禄承认梯里达底的亚美尼亚王位，作为交换，梯里达底必须承认罗马帝国的霸权，把亚美尼亚的王位视为罗马皇帝的封赏。

将王位视为罗马的封赏收下，意味着承认罗马霸权，科尔布罗深知，在东方人的观念中这意味着臣服。科尔布罗还告诉沃洛吉斯，若是帕提亚愿意舍名求实，那么罗马帝国也存在舍实求名的可能性。

罗马帝国的亚美尼亚政策，如若从卢库鲁斯远征和庞培称霸开始算起，实际上已经持续了120余年，然而这个提案可谓是颠覆性的大胆构想。在我看来，让一个深受罗马文化熏陶并且深爱罗马文化的王子一直待在亚美尼亚王位上，要面临重重困难。在当地仔细观察之后，科尔布罗应该明白了这一点。

然而，现在看来我们会认为这项提议实在是有先见之明，可在当时并未变成现实。沃洛吉斯根本无法容忍自己的弟弟梯里达底成为罗马的附庸，作为帕提亚人，他有着非常强烈的自尊心。再者，如若点头答应了，肯定会引起帕提亚国内的强烈反对，进而影响到他的王位。科尔布罗在收到沃洛吉斯拒绝的答复之后，只能通过武力解决亚美尼亚问题了。

科尔布罗命令所有的士兵往东北方向开拔，目标直指亚美尼亚首都阿尔塔沙特。至此，上至军团长，下至士兵，目标都已经很清晰了。

攻占亚美尼亚首都

阿尔塔沙特位于黑海和里海之间的现在的亚美尼亚共和国境内，也即原苏联最南边的一处地方，现在这里只是生活着很多亚美尼亚人的一个小村庄。令人难以想象，2 000年前这里竟是亚美尼亚王国繁华的首都。

罗马军队并非长驱直入径直攻进阿尔塔沙特。科尔布罗在行军途中把部队化整为零，每个分队分别安排了进攻目标，即沿途上的各个城堡要塞。一路上军队采取地毯式进攻，逐个击破，最终兵临城下。把这绵延展开的军队连接起来，就像一个半圆缓慢推进，渐渐形成围攻阿尔塔沙特之势。很明显，这是为了更轻松地攻克阿尔塔沙特而做的战略部署。

实际上，亚美尼亚国王梯里达底一开始就放弃抵抗，开战之前他就望风而逃，因此，科尔布罗兵不血刃地拿下了首都。同年年底，罗马军队占领亚美尼亚王国首都的消息传回国内，百姓欢呼雀跃，高呼“皇帝”以称颂军队总司令尼禄。处于元首制时代的罗马，所有胜利的荣耀最终都由皇帝霸占。亚美尼亚再次回到罗马的掌控之中，沉浸在喜悦中的尼禄、元老院元老以及普通民众都对此深信不疑。

虽然梯里达底确实逃之夭夭，然而对于前线指挥官科尔布罗而言，根本就容不得半点马虎。受到如此奇耻大辱的帕提亚国王沃洛吉斯绝对不会就此善罢甘休。面对变幻莫测的敌情，科尔布罗没有撤军，他决定继续战斗。科尔布罗苦于兵力有限，认为很难守住阿尔塔沙特，同时为了消耗敌军物资，让他们即使回城也无军需可用，科尔布罗下令坚壁清野，当然，他同时也考虑到保障城中居民的安全。公元 58 年到 59 年冬，罗马军队一直驻守在阿尔塔沙特。次年春，科尔布罗率军向亚美尼亚王国的第二首都提格兰诺凯尔德进发，在弃城之前，他们纵火烧毁了阿尔塔沙特。

位于底格里斯河上游的亚美尼亚第二首都提格兰诺凯尔德，遗址在今天的土耳其境内。亚美尼亚王国西抵黑海，东达里海，南接底格里斯河，是一个疆域辽阔的古代王国。虽然从阿尔塔沙特到提格兰诺凯尔德，按直线距离计算少说也有 400 公里，加之军团长要确保如此长距离行军的军粮供应十分不易，然而这并没有影响到士兵高涨的士气。如同攻克阿尔塔沙特一样，科尔布罗对提格兰诺凯尔德也是各个击破，地毯式包围。更何况第一首都阿尔塔沙特破城的消息已经传到了这里，使得提格兰诺凯尔德的军民早已草木皆兵。

由于第二首都提格兰诺凯尔德的守军望风而逃，罗马军队同样不费一兵一卒就占领了这座城市。攻下这两座城市，意味着罗马凭借军事力量肃清了帕提亚在亚美尼亚的势力，对于这样的战果，罗马自会扬扬得意。在王位继承上，尼禄决定沿用奥古斯都的亚美尼亚政策，让罗马遴选的王子继承王位。当此大任的王子名为梯里达底，他与东方各王室都有血缘关系，血缘上没有问题。可是对亚美尼亚人而言，这位长于罗马的王子完全是个陌生人，他在国内一没地盘，二没人脉，换言之就是空降国王。为了让梯里达底坐稳王位，尼禄命令科尔布罗留下 1 000 名罗马军团兵、1 000 名辅助兵与 500 名骑兵作为护卫。

如果认为仅凭这些兵力就可以保护这位空降国王稳坐江山，那么这位 22 岁的皇帝尼禄对于军事实在是太过天真。现实果然如此，一年不到这项决策就漏洞百出，所幸夸德拉图斯病逝后科尔布罗接任叙利亚总督，这是尼禄唯一可圈可点之处。然而，与此同时，尼禄又愚蠢地把指挥系统一分为二。

至此，被称为“尼禄初期的五年”的统治可以看作这位暴君最初的德政阶段。人们普遍认为，尼禄的这五年德政是因为塞内加和布鲁斯从旁辅佐。有这种想法的代表人物是“五贤帝”之一的图拉真皇帝，没有人质疑这位明主之言，可是我深有疑虑。诸位看看当时所谓德政的真实情况：此时的罗马依然有很多提比略和克劳狄乌斯时代遗留的组织和人才，帝国因此得以正常运转。另外，国内政局稳定，几无大事，这算是尼禄之幸。至于安全防卫，最多不过亚美尼亚一处。更何况这个隐患原本可以尽早解决，只是由于尼禄决策失误才多花费了 10 年时间。如若这 5 年的确是塞内加和布鲁斯负责帝国政务，姑且不论以近卫军团保护尼禄为首要任务的布鲁斯，我认为依靠塞内加的外交与军事才能根本就是天方夜谭。

作为一位身兼哲学家的文人，塞内加缺乏军事与外交经验却担任辅政一职，可以看出罗马帝国统治上的纰漏。当然，没有经验并不能作为被指责的口实。现代人亦然，各国总统或首相都是从没有任职经验的人群中选举产生的。塞内加的确是一流的哲学家、悲剧作家与讽刺作家，对于政治却只属于二流角色。此处的“二流”指的是只能勉强应付鸡毛蒜皮之类的小事。

一般而言，知识分子会撰写并留下许多史实，他们属于文人，即传统上与权力无缘的人群。因此，他们在潜意识中会对同类惺惺相惜。尖酸刻薄的塔西佗也会对塞内加处处维护，确实发人深省。

我认为塞内加没有完全发挥“尼禄初期的五年”的影响力。尼禄与恩师塞内加的关系，正如尼禄极力摆脱母亲一样也是日渐疏远。换言之，尼禄即使是在“初期的五年”这一时期，也拥有一定的自主权，并且可以依靠自己的意志进行决策。如若不是这样的话，那么恩师塞内加肯定会对他施加影响，而“初期的五年”不可能就此终结。

弑母

每当遇到迫在眉睫的问题，尼禄就很容易产生走极端的倾向。我觉得这也是尼禄还不够成熟的表现。

尼禄在即将满20岁之际，爱上了一位名叫波比娅·萨宾娜的女人，虽然她并非出身于高贵的书香门第，但其祖父的确曾在多瑙河防线立下过汗马功劳，也是历史学家蒙森所说的“提比略门生”之一。据传闻波比娅虽算不上罗马第一，却也颇有姿色，略显聪慧但并不出类拔萃。波比娅不像尼禄的母亲小阿格里皮娜那样野心勃勃，但也是一位颇为在乎自己魅力的女性。

波比娅的第一任丈夫是一位骑士阶级的富豪。当她育有两个孩子后却选择离婚，波比娅再婚的对象选择了另一位元老院元老的儿子奥托。这位名叫奥托的年轻人也是尼禄的朋友，而他再婚后的妻子正是尼禄想入非非之人。

当尼禄还是“皇太子”时，他迎娶了先皇克劳狄乌斯之女屋大维娅，他们的结合可以被视为政治联姻。政治联姻并不是导致尼禄与屋大维娅这对夫妻关系淡漠的主要原因，而是因为屋大维娅呆板无趣，性格沉闷。尼禄的第一个恋人阿可特原本是个奴隶，她真心实意地爱着尼禄，却不懂得体贴人，尼禄很快就对阿可特感到厌烦了。此时，波比娅出现在尼禄的视线里，她楚楚动人，又善解人意，身份也适合做尼禄的情人。

对于尼禄而言，将波比娅的丈夫这个障碍踢开易如反掌，于是他任命奥托出任卢西塔尼亚（今葡萄牙）行省总督。奥托经常陪尼禄整夜嬉戏，但是就任行省总督一职后，他的表现十分引人注目。在这个边境行省长达9年的任期内，奥托的治理堪称典范。尼禄死后出现了三个因争夺皇位而丧命的皇帝，而这位奥托正是其中之一。

尼禄除去了横亘在他们之间的障碍，但波比娅并没有点头同意成为他的情人，这倒不是因为她深爱奥托，而是屈居情人她心有不甘。

波比娅·萨宾娜

而正是这个问题让年轻的尼禄走向了极端。

如果要立波比娅为皇后，唯一的办法是与屋大维娅离婚，然而尼禄的母亲小阿格里皮娜根本就不会同意。

当然，小阿格里皮娜所言也不无道理，正因为先皇克劳狄乌斯收尼禄为养子，他才有资格登上皇位。与先皇之女屋大维娅结合，则进一步巩固了他的皇位，因此，小阿格里皮娜自然不同意尼禄的鲁莽行为。

然而，与她那令提比略难以忍受的母亲大阿格里皮娜一样，这位小阿格里皮娜一生最大的依仗也是身上流着奥古斯都的血。可惜她一直不曾醒悟，奥古斯都驾崩 23 年后出生的尼禄认为，做“皇帝”需

尼禄的母亲小阿格里皮娜
（V. 马拉诺的素描）

要的是“实力”而非“血缘”。

面对态度强硬的母亲，起初尼禄束手无策，然而，不久后他竟想除之而后快。

解放奴隶阿尼克特斯成为尼禄选中的帮手。阿尼克特斯曾任米塞诺海军基地的将领，此人颇有才能，可惜品行不佳。他曾是尼禄少年时的体育老师之一，和尼禄的关系一向亲密。但是，小阿格里皮娜没有提拔他，因而他对小阿格里皮娜一直心怀不满。

这次谋杀必须瞒过众人耳目，要让大家都觉得只是一个意外。尼禄接受阿尼克特斯的建议，命人打造一艘船，然后把船底凿开一个洞，只要这艘船一出海便会迅速失事。于是，尼禄到处宣传他与小阿格里皮娜重归于好的信息。大体的内容是不管他的母亲多么啰唆，他还是会听从母亲的教诲。

他们很快选好3月20日为下手的日子，就在工匠的保护神——智慧女神密涅瓦（Minerva，希腊称雅典娜）的祭祀日，恰逢工人都休息，同时也是大家熟知的3月15日恺撒遇害的“弑父日”（Idus Martiae）的5天之后。就在这一天，尼禄在位于那不勒斯以西的米塞诺岬附近的巴科里别墅举办招待会，以庆祝女神密涅瓦的诞辰为由招待母亲小阿格里皮娜。

3月20日晚，夜色十分美好，尼禄的重臣塞内加与布鲁斯等也出席宴会。在他们看来，22岁的年轻人殷切款待母亲的情景一定是久违的盛宴。从别墅极目远眺，这个3月份的大海有如巨大的银盘中盛满了水一样，很少见到这么平静的海面。

宴会在半夜结束了，尼禄亲自送母亲小阿格里皮娜到码头乘船返回海边的别墅。当时的场景正如儿时儿子对母亲的依恋一样，尼禄热情拥抱将要登船的小阿格里皮娜，挥手告别。

不出预料，船沉了，然而预料之外的事让尼禄大失所望，小阿格里皮娜并没有溺死。

在卡利古拉时代，小阿格里皮娜曾被流放到文托特内岛，流放期间她早已练就了一身厉害的游泳本领。再者，船只是在波佐利湾沉没的，这里以风平浪静著称，卡利古拉曾将船只连成一片，骑马从上面驰过都没有问题。加上事发当晚海面十分平静，静得仿佛一面剔透的镜子。小阿格里皮娜的泳姿在静谧星空的映衬下想必十分迷人。据说出海捕鱼的渔夫碰巧救起她时，她不慌不忙地表明自己的身份，命令渔夫将船只靠岸。

回到别墅后，小阿格里皮娜顿觉蹊跷，察觉此事绝非巧合，而是儿子故意设下的陷阱。然而，她故作冷静地写了一封信，让一名信得过的解放奴隶呈送给皇帝尼禄。她在信中这样写道："虽然船沉了，但万幸的是我只是肩膀受了点皮肉伤，不用担心。"

尼禄正在焦躁地等待母亲的死讯，夜不能寐。突然接到这封信之后，顷刻之间方寸大乱。塞内加与布鲁斯被紧急召至尼禄处，尼禄向他们哭诉坦白了一切，并央求解决之策。面对如此棘手的事情，塞内加与布鲁斯吓得大气都不敢出，但他们三人都十分清楚小阿格里皮娜肯定知道了内情，按照小阿格里皮娜的性格，绝对不会就此善罢甘休。这样一来他们也会跟着遭殃。塞内加提议，授意近卫军团士兵出手要省事得多。布鲁斯反对，理由是近卫军团士兵不可能举剑刺杀日耳曼尼库斯之女，他们只好放弃这个打算。最后，他们决定让阿尼克特斯再次下手去弥补他的过失。此时，夜如白昼。

阿尼克特斯首先把小阿格里皮娜的解放奴隶带到仆人面前，诬陷这名奴隶奉小阿格里皮娜之命谋杀皇帝，并在他张口反驳之前迅速杀人灭口。事有凑巧，这位解放奴隶正好身佩短剑，这柄短剑自然成了生事的把柄。

随后，阿尼克特斯率领部下直奔小阿格里皮娜的别墅。刚一到达就把这栋住宅围得水泄不通，并冲了进去，把所有仆人都赶了出去。卧床休息的小阿格里皮娜看见这些来势汹汹的歹徒仍故作镇定。她还一本正经地躺在床上平静地说："如果儿子命你们前来探望，请就转告他我已无大碍。"

当阿尼克特斯与部下将小阿格里皮娜的床团团围住时，她这才突然醒悟过来，但为时已晚。她只指着自己的腹部说道："你们要杀我的话就刺向这曾经孕育尼禄之处。”然而话音未落，她就被利剑刺得体无完肤，包括她的腹部。

罗马帝国上流社会的别墅坐落在从波佐利、拜亚、巴科里一直绵延至米塞诺岬的海岸线上，随处可见。为了掩人耳目，入夜后小阿格里皮娜的遗体被悄悄运出，草草火化之后就交由胆大的奴隶们挖坑掩埋了。这位贵为皇妹、皇后最终成为皇太后的尊贵女性就葬于此，然而六亲不认的尼禄从未涉足过此地。

费尽九牛二虎之力，塞内加才以“叛国罪”的罪名公开了处死小阿格里皮娜的消息。元老院元老与罗马公民对小阿格里皮娜本来就没有好感，所以即使心里十分怀疑，但表面上仍然佯装确有此事。

然而，罗马人自古重视家庭，对他们而言，不管何种理由，弑母始终是有违伦常的大罪。对此，尼禄非常清楚，所以他极度担心元老们和普通民众会唾弃他，很长时间不敢返回首都。几番犹豫之后，尼禄还是决定回去。然而，令他十分吃惊的是，首都的罗马公民纷纷欢迎他回来，根本没有流露出丝毫敌意，他终于放下了心中的大石头。

另外，罗马公民都对丧父的屋大维娅寄予深切同情，罗马也没有无后可以离婚的传统，所以尼禄不敢急着和屋大维娅离婚而娶波比娅。至于波比娅本人，她可能深信有朝一日可以成为皇后，所以大概已经接受了自己的情人身份。因而，除去小阿格里皮娜这个障碍之后，他们持续了 3 年的情人关系。当然，这当中也许与塞内加提出的暂时不宜刺激民心的建言不无关系。然而，弑母的煎熬让尼禄比任何人都要痛苦。22 岁的尼禄每晚都被亡灵骚扰而夜不能寐。

亡灵一般分为两种：一种是第三者也能看见，典型代表就是哈姆雷特看见其父的灵魂；另一种只有当事人才能看得见，比如布鲁图看见恺撒的亡灵。仆人们每次听到尼禄在睡梦中号叫的时候都急忙赶过去，却什么也没看见，所以让他辗转难眠的应该是后者吧。在元老院会议上，尼禄指责母亲为了实现她统治帝国的野心不惜命令解放奴隶前来刺杀皇帝，元老们也做出一副深以为然的表情，可是尼禄无法说服自己，他始终不能坦然以对。对于此时的尼禄而言，比起与妻子离异同情人结合，重新调整自己的精神状态更加重要。

惊慌失措的人通常会收到很多忠告，人们告诫他回到出发点，弄清楚自己的目的，再重新出发。与当时的罗马知识分子一样，尼禄痴迷于希腊文化。然而，尼禄以外的罗马人，甚至希腊文化造诣颇高的塞内加也不认为有必要引入希腊精神，并将之融入日常生活，当然他也很喜欢希腊文化。不过尼禄的倾向，就是偏好走极端。他固执地认为应该引进希腊文化，让它落地生根，从而使罗马变成文化之都。

今天，世界各地的美术馆都收藏有罗马历代帝王的头像，要分清头像的制作年代并不困难。因为以痴迷希腊文化著称的哈德良皇帝就是最佳分界线，他之前的皇帝没有留胡须的习惯，在他之后的皇帝都蓄有胡子，非常容易辨认。希腊人习惯蓄络腮胡，比如苏格拉底和伯里克利，罗马人没有这种习惯。罗马男性必须将脸上的胡子打理干净才算成年男子的样子。罗马人尊重希腊人在哲学、美术或文艺方面的才华，却看不起他们的政治和军事才能。把胡子刮个精光就是罗马人与希腊人划清界限的表现。

除了尼禄之外，哈德良之前的罗马皇帝都不留胡子。也许因为年轻，尼禄的胡子也十分少，最多只能盖住下巴而已。然而，我们依然可以想象出尼禄效仿希腊人而付出的努力。从当时货币上尼禄的头像，我们可以知道刚即位时他并没有胡子。当他决意弑母时，他的头像下巴上有些许胡须，这与他对希腊文化的喜爱溢于言表的时间大致重叠。

罗马奥林匹亚赛会

公元60年，这一年正是小阿格里皮娜离世后的一周年，尼禄正若无其事地筹备他的计划，并打算在首都罗马实施。

为了此项计划，尼禄筹备了差不多一年的时间，并将其命名为“Ludi quinquennali”（五年一届的竞技会），普通人称之为“尼禄节”，是古希腊“奥林匹亚赛会”（现代奥林匹克运动会的前身）的翻版而已。尼禄非常喜欢希腊，也很喜欢猎奇，所以为了区别于四年一届的希腊奥林匹亚赛会，他把罗马的竞技会规定为五年一届。

据记载第一次奥林匹亚赛会发生在公元前776年，当时的竞技项目除了现代奥林匹克运动会的田径项目之外，还有拳击与摔跤等项目，但参加比赛的都是男性。古代奥林匹亚赛会最后一天没有马拉松比赛，马拉松其实是近代的产物。但是当时也有重头戏，就是让观众为之疯狂的四匹马拉战车之间进行的竞赛。

普通比赛只要有健壮的身体就可以一决胜负，然而战车竞赛则不然，要参赛必须具备雄厚的财力作为支撑。因此，参赛者以有钱人居多，这也是观看人次多的原因之一。苏格拉底时代的雅典政治家亚西比德获胜，他像罗马的凯旋将军一样受到祖国人民的拥戴。在奥林匹亚赛会中获胜，为亚西比德往后的政治生涯增添了筹码。这充分表明，无论古今，奥运会的优胜者都被人们视为英雄。

提比略在罗得岛隐居期间也参加过奥林匹亚赛会，并大胜而归。尼禄的外祖父日耳曼尼库斯也曾经荣获过月桂冠。毫无疑问，这两位都是罗马上流社会人士，也都曾到希腊的奥林匹亚参加战车比赛。然而，提比略登基后根本没想过要把这项比赛搬到罗马。

可是，反观尼禄，他不仅精心策划还付诸了实施。在他的观念里，罗马帝国的男子必须效仿古希腊男子，冬练三九夏练三伏，努力锻炼身体，然后在五年一届的比赛中向大家展现自己的身体。

除了体育竞技之外，尼禄还认为有必要在罗马举办兼具诗歌与音乐的比赛，让普通人也能参与其中并享受这一过程，这才是真正意义上的学习希腊文化。诗歌与音乐被视为希腊文化的精髓，让普通民众接受它、习惯它，徜徉其中，罗马帝国才能转变为文化国家。尼禄本人喜好诗歌、音乐远胜于政治、军事，他也坚信自己于此道天赋异禀。爱好未必能够创造，和普通的业余爱好者一样，尼禄可能认为这两者之间有着必然联系。事实上，倡导建立文化国家，积极学习外来文化，努力扩大文化交流，这些更适合业余爱好者。

民众对这个比赛的称呼“尼禄节”真是名副其实。这个庆典使用了包括罗马大角斗场、梵蒂冈角斗场、庞培剧场、马萨鲁斯剧场以及巴尔布斯剧场在内的所有公共设施，这样一来整个罗马城就变成了一个巨大的会场，民众可以免费进场观看比赛。参赛者都是业余选手，虽然不是专业人士，比赛却别有风味。当然，为了调动气氛，尼禄还组织了“皇帝团”啦啦队。就这样，庆典的目的完全达到，尼禄的这场“罗马奥林匹亚赛会”可以说是盛况空前，圆满落幕。

然而，让罗马人理解竞技本身的壮美与乐趣绝非一朝一夕可成，这是项大工程。为此，尼禄兴建了“体育馆”（Gymnasium），可是只有青少年光顾，成年男子根本就不感兴趣。因此，尼禄想出一计，在体育馆旁边盖一座罗马式浴场以吸引民众。浴场里面各种设施一应俱全，人们可以沐浴、按摩、嬉戏、休息。这个浴场反响不错，但是依然没有成年男子去体育馆锻炼。因为在罗马人根深蒂固的观念里，锻炼身体是成长的必经阶段，既然长大成人了，体育锻炼自然可以告一段落。

“尼禄节”原本完全可以成为同奥林匹亚赛会不相伯仲的罗马竞技比赛，然而由于后来尼禄自杀身亡，竞技会只举办了两届就随着尼禄的离世而被历史湮灭。体育馆也难逃被拆毁以作他用的命运，只有浴场得以保存至今。

有趣的是，尼禄对希腊美学倾慕不已，然而他的身材丑化速度也不遑多让。

尼禄 17 岁继承皇位，当时他圆圆的脸蛋透出几分稚拙可爱，可惜此后货币上的头像却越发臃肿。他举办“尼禄节”时不过二十二三岁，本是风华正茂之年，但胖嘟嘟的脖子破坏了这份美感。或许很多罗马公民觉得尼禄比任何人都更需要加强体育锻炼。

应该是体质导致尼禄年纪轻轻就过度肥胖。但是他非常喜欢重视肉体美的希腊精神，其痴迷程度远远超出他对无视肉体之美的政治。有时候我不禁会想，要在矛盾和挫折之中保持精神平衡，实在不容易。

公元 61 年，即举办“尼禄节”的次年，时隔数年帝国边境又起骚乱，不列颠人又揭竿而起。另一个边境问题，依然是亚美尼亚—帕提亚问题。两起骚乱分别发生在帝国东西两侧，对国内稳定没有太大的影响。然而，普通公民可以不考虑这些异动会有何影响，身为维护帝国安全最高负责人的尼禄却不能不闻不问，他必须尽心尽力、兢兢

肥胖的尼禄

业业才不负“皇帝”之称。当然，具体应对措施是现场指挥官的问题，皇帝要负责考虑根本的解决之策。

从这两个问题的处理结果来看，在不列颠问题上24岁的皇帝表现得无可挑剔，亚美尼亚—帕提亚问题却不尽如人意。万幸这一失策没有给帝国带来根本性的恶果，因为彻底圆满地解决这个问题需要时间，科尔布罗的助力也不可或缺。不过，事无绝对，这个问题的解决后来成为尼禄外交策略的一个成功典范。

不列颠问题

有一种军事行动可以来去自如，即入侵别国、烧杀掳掠、目无法纪、为所欲为，犯下滔天罪行后溜之大吉的强盗行径。然而，如果入侵的目的不仅仅是侵占领土，还要让当地居民与自己同化，事情就没有那么容易了。

首先，若欲以武力称霸，为免夜长梦多，被侵略者反抗之心渐长，速战速决乃上策。因此，要实现这个目的必须倾全军之力，尽快一决雌雄。若以微弱兵力徐徐图之，对侵略者和被侵略者双方都不是一件好事。马基雅弗利也认为，干坏事必须心狠手辣，不要给对手任何喘息的机会。同理，侵略这种恶行也应该速战速决，之后再妥善处理，这对征服者和被征服者双方都有利。当然，主张任何侵略都是罪恶的理想主义我们不做讨论。直白地说，历史其实就是人类侵略史的串演，换言之，即人类恶行的大串联，这是我们必须面对的人性现实。至于如何把随之而来的伤害减至最低，这是对人类智慧的考验。

尤里乌斯·恺撒入侵高卢是罗马人最成功的一次“恶行”。在他看来，等待元老院裁决与虚度青春并无二致，他索性四处筹款，最后自己出资招募了 10 个军团，历时 8 年终于征服了高卢。当时，辅助兵部队制度未曾出现，所以 10 个军团只有 6 万人，再减去高卢战争中折损的士兵，兵力只有 5 万人左右。不过，这支队伍绝非浪得虚名，他们是历史上威名赫赫的名将——恺撒麾下的精锐之师。高卢战争耗时 8 年，随后又用 1 年时间进行战后处理。对高卢的处理，恺撒既没有报复泄愤，也没有调整统治阶层与部族的等级差异，他赋予被征服者罗马公民权，同意部族自治。此外，恺撒没有强求高卢人移风易俗，也不强迫他们使用拉丁语，他甚至以保护高卢民族免受日耳曼民族的威胁为己任。至于行省税和关税，他体谅高卢开发程度不高，所以短期内的税率低于其他行省，希望可以借此改善高卢的经济状况。

罗马统治下的高卢堪称典范，不是高卢民族不想独立，而是归顺罗马之后，他们积极融入罗马世界，少有擦枪走火之事。历史学家蒙森写道，高卢人称呼自己是罗马人，而非高卢人。高卢得以迅速罗马化，得益于恺撒“干坏事一鼓作气、善后处理深思熟虑”。

然而，可能是主张征服不列颠的克劳狄乌斯皇帝于军事上还是半瓶子水的缘故，罗马人处理不列颠问题的方式与高卢截然相反。

最初征讨不列颠的 4 个军团很快缩减成 3 个，再往后只有 2 个军团继续征服行动。虽然有辅助兵制度，辅助兵力与正规军相当，可是 2 个军团 1.2 万名士兵，两者相加不过 2 万人。况且，其中的精锐部队可能不足 1 万人，同恺撒的 5 万精兵可谓天差地别。称霸高卢历时 8 年，征服不列颠耗费 18 载依然遥遥无果，两者的差距不言而喻。造成这种局面的责任不在前线指挥官，而是因远居罗马的皇帝战略部署不当。

当时，军团长每隔两三年必须轮换，他们能做的就是一步步地扩张，让退役士兵迁入此地后建立殖民城市，城市之间以罗马式大道相连，新城与原自治城市一同构成治理行省的“核心”。这种罗马的传统做法并无不妥，只是进展太过缓慢。

公元 61 年，不列颠发生的反罗马暴动，事发地点不是自由之地，而是已经和罗马建立友好关系的地方。因此，这次暴动反映出罗马统治不列颠没有成功。

不列颠暴动的发起人是一名叫作波狄卡的女性，波狄卡原本是与罗马缔结友好关系的部族长的遗孀。其实，暴动并非由她发起，只是她的两个女儿不幸被罗马人玷污，所以大家推选她做领导者反抗罗马。

在高卢战争中，恺撒与被征服者的女性之间，虽然算不上强暴，但是确实发生过不正当关系。然而，被征服者并没有因为这件事发生反罗马的暴动。当然，恺撒也没有遮遮掩掩，为了表示“补偿”，他授予这名女子的父亲罗马公民权（也许该女子的父亲原本就属于统治阶级），甚至把自己的家门名“尤里乌斯”授予这个家庭。在距离恺撒统治百年之后的尼禄时代，出现了一名叫作盖乌斯·尤里乌斯的日耳曼人部族长，此人声称自己是恺撒后人。可见，不管在何处播种，只要彼此心满意足自然相安无事。不列颠正是因为没有处理好关系，才会导致反罗马暴动的发生。

当然，这些只是台面上冠冕堂皇的说辞，事情的真正缘由是这样的：

首先，不列颠尚未完全被征服，可是对于手下败将的不列颠人，罗马人永远是一副高高在上的征服者姿态，肯定会刺激不列颠人。其实，罗马人这般做派不难猜测，他们摸不准旧敌什么时候会找帮手来对付自己，实在难以把这种对手视为盟友，又怎么会和他们平等相处呢？征服的时间越长，各种问题就会逐渐显露。

其次，金钱问题。这不是由于10%的行省税过高，而是缴纳税款时必须另行贷款，然而，借贷的利率又高得离谱。意大利本土的法律规定借贷利率最高上限为20%，但是行省可以随意乱定比例。不巧的是，在落后地区不列颠的金融业者全是罗马人。

布鲁图在共和制时代末期，在行省放高利贷，利率高达48%，西塞罗对此愤慨不已，有书信为证；那么想必在逐渐被纳入罗马统治范围的不列颠，这种高利贷也是猖狂无忌。因为不列颠没有完全被罗马掌控，所以在此地放贷也要承担一定风险。风险越高利率越高，这是经济上的逻辑。防止这种情况愈演愈烈，是“战后处理”中极其重要的工作。然而，不论是克劳狄乌斯，还是尼禄，他们没有在前线指挥打仗的经验，也都没有意识到这件事的重要性。传闻说尼禄的辅佐官塞内加由于在不列颠投资高利贷而积累了巨额财富。皇帝的近臣尚且如此贪财，何况别人？所以要让他们控制经济的恶性扩张，无异于天方夜谭。

在不列颠放高利贷的人因为没人管控，赚得盆满钵满，这些享受暴利的人都是拥有罗马公民权的金融业者。不列颠人不仅对金融业者不满，所有罗马人也成了他们仇恨的对象。他们认为罗马人只把不列颠人视为可以尽情压榨剥削的对象，如此，与罗马人建立友好关系变成了一切灾难的源头，他们为此后悔不已。恰逢此时，担任不列颠行省总督的苏维托尼乌斯（此人并非《罗马十二帝王传》的作者）率领驻守不列颠半数的罗马士兵，大肆驱逐死守摩纳岛（今安格尔西）的德鲁伊特教祭司与信徒，导致局面更加扑朔迷离。

移居至科尔切斯特的罗马退役官兵受到不列颠人的攻击，而罗马军队的屠城更刺激了暴动者，于是他们更加疯狂，他们甚至全歼了一个赶来支援的罗马军团。罗马军队的指挥官面对不列颠行省的首都科尔切斯特彻底沦陷，外加一个军团全军覆没这种惨败，根本无法继续保持淡定。军团长与皇帝财务官等人命令苏维托尼乌斯即刻回城增援，但是不等苏维托尼乌斯率军从安格尔西返回，这些暴动者已经穿过多佛尔海峡，直奔高卢逃窜而去。

军队元气大伤，导致罗马的军事部署出现了漏洞，已经无力抵挡暴动者的怒火。遇害的不只是罗马人，与罗马人友好的不列颠人也不能幸免，老弱妇孺皆不例外。据说遇害者达 7 万人之多。这是因为不列颠人不会把俘虏当作奴隶贩卖，投降者一律格杀勿论。

总督苏维托尼乌斯可以运用的兵力只有1万人左右，可以说力量十分薄弱，并且高卢没有罗马驻军，所以只有等待救援一途：从莱茵河派出援兵，或者等待西班牙的罗马驻军赶来增援。然而在这紧要关头，敌人不可能给罗马军队任何喘息的时间。面对暴动者的强大攻势，别无他法的苏维托尼乌斯只能决定在平原上布阵，与暴动者正面对决。仍然带有野蛮气息的不列颠人对这种战术并不娴熟，而罗马军队却是得心应手，游刃有余。

这场战役的结果，正如历史学家塔西佗评论的“不愧为昔日将军后代”一样，罗马军队大获全胜。敌军几乎全军覆没，8万多具尸体铺满了整个战场，血流成河，己方几无折损。骚乱处理至此结束，接下来交给身处罗马的尼禄皇帝来收拾残局。

为了填补被歼灭的一个军团出现的军力不足，尼禄下令从负责防守莱茵河的军队中拨出2 000名军团兵、8个大队的辅助兵以及1 000名骑兵开往不列颠，兵力总计约1.1万人。同时，他派解放奴隶波里克雷特斯前往不列颠视察。皇帝的特使原来是奴隶，这不免遭亲罗马派的不列颠人耻笑。然而，这位波里克雷特斯非常称职，根据他的报告，尼禄大刀阔斧地修改了不列颠的治理政策。

没有资料明确记载改革的详细内容，我们清楚的是，尼禄没有任何报复行动。他反而以此为契机，征服者罗马人对被征服者不列颠人的态度来了个一百八十度的大转弯。此外，尼禄把苏维托尼乌斯召回罗马，重新选派了佩特罗尼乌斯担任不列颠的新总督。这个安排对苏维托尼乌斯并不公平，他在四面楚歌的情况下竭尽所能并大败敌军，然而要让不列颠人知道罗马改变对他们的统治方式，除了人事调动之外别无他法。

不出所料，不列颠人在此后400年间很少发生反抗罗马的暴动。当然，罗马的称霸大业远远没有画上句号。不过，就今英格兰与威尔士地区而言，当时的不列颠人已经被纳入“罗马统治下的和平”之下。另一方面，从这个时期开始，作为凯尔特文明象征的德鲁伊特教被逐出不列颠，信徒们逃往爱尔兰，并在那里落地生根。在英国与爱尔兰的信仰分化为新教与天主教之前，罗马世界与非罗马世界之间早已泾渭分明。

亚美尼亚—帕提亚问题

尼禄适当调整了不列颠的统治策略，然而，在亚美尼亚—帕提亚问题上很难发现他的高明之处。我想，可能是这两个问题的性质差异太大的缘故。不列颠问题是帝国内部问题，它是帝国对一个地区的统治失误。而亚美尼亚—帕提亚问题却不一样，它影响着整个帝国的安全防御。

也许我们该说这是预料之中的事：罗马支持的梯里达底这个空降国王对亚美尼亚的统治不足一年，足以证明这是个错误的人事安排。亚美尼亚是被帕提亚重新掌控，还是继续亲罗马，无论哪种结局都必将影响罗马帝国东方防御系统的功能发挥。况且，亚美尼亚问题处理得是否得当，将会决定与帕提亚之间爆发全面战争的可能性大小。针对这个问题，尼禄眼前有三种选择：

一、罗马帝国若没有其他合适人选，除了依靠军事实力保住梯里达底的王位之外，别无他法。

二、亚美尼亚王国的两个首都已经被罗马占领，那么为绝后患，索性把问题不断的亚美尼亚王国纳为罗马的行省。

三、对于叙利亚总督科尔布罗的计策予以采纳，也即认可帕提亚国王之弟梯里达底出任亚美尼亚国王，但作为交换条件，梯里达底必须宣誓服从罗马皇帝。

如果选择一，庸碌无为的梯里达底是否有能力统治亚美尼亚，这个问题让人忧心忡忡。

如果选择二，把王国变成行省由罗马直接统治，要在亚美尼亚实现这个目的并不容易，不太现实。亚美尼亚王国是属于波斯文明圈的文明国家，把这个国家变成行省与仍然较为野蛮的色雷斯王国不能一概而论。将文明程度极高的国家纳为行省时，罗马会给予对方高度自治权，亚美尼亚原本与帕提亚亲近，如果给了它类似希腊或叙利亚等希腊裔城市的高度自治权，那么这个行省最终不过徒具虚名，罗马白费力气。

尼禄也不敢采用方案三，因为这会让首任皇帝奥古斯都定下的政策完全改变。其实他非常清楚，要维持与帕提亚的友好关系，方案三是最有效的途径。但是他担心元老院和普通民众强烈反对，理由是承认帕提亚国王的弟弟成为亚美尼亚国王，无异于当面打脸，让罗马颜面扫地，威信荡然无存。

面临选择时以下几个条件帮助尼禄做出了决定：

1. 自古以来，亚美尼亚的上流社会就分为亲帕提亚派与亲罗马派，如今两个首都尽由罗马掌控，亲罗马派必然得势，罗马方面大可借助他们的势力达成目的。

2. 首都是国家的核心，罗马占据着亚美尼亚的两个首都，在军事上非常有利。

3. 大部分民众希望把亚美尼亚变成罗马的行省，这意味着帝国的版图有所扩大。

最终，尼禄的选择是兼具一与二的策略：如果能保住梯里达底的王位，他事休提，否则，就把亚美尼亚变成行省。然而，这种做法只会加剧与帕提亚的矛盾，刺激全面冲突的爆发。

科尔布罗得知这个决定后建议身在罗马的尼禄，必须安排一位只负责亚美尼亚战线的军团长。尼禄欣然采纳，他任命信仰军事至上的贝图斯为军团长，负责亚美尼亚前线的军事指挥。

公元 62 年，因尼禄的任命，甫上任的贝图斯获得 3 个军团，其中 2 个军团从莱茵河防线抽调，再加上辅助兵以及同盟国的参战兵，总人数超过 3 万。另外，科尔布罗也掌握 3 个军团，不过他只负责履行叙利亚行省总督的职责，即他负责全面防守幼发拉底河以西，提防帕提亚军向西进攻。科尔布罗致力于加强幼发拉底河西岸一带的要塞防御，如此，罗马在这一地区的防线可谓铜墙铁壁。这样看来，尼禄的战略是把军事力量分为两个拳头，从两边包抄夹击帕提亚，表面上似乎很有道理。

大家都认为帕提亚国王会御驾亲征，可是能在王位争夺中获胜的人不可能脑袋空空。既然罗马在这一带的防御固若金汤，帕提亚国王肯定不会自投罗网，像傻瓜一样故意用头去撞铜墙铁壁，他的大军自然会避开西边的罗马防线，转向贝图斯率军集结的西北部寻找突破。更何况帕提亚国王沃洛吉斯的本意并非与罗马开战，他只是希望能确保弟弟梯里达底成为亚美尼亚国王，因为弟弟把帕提亚的王位让给了并不正统的自己，他想以此作为补偿。

连我这个军事方面的门外汉都能想到的情形，当时杰出的将军科尔布罗不可能没有预料到如此结果。也许科尔布罗明知结果却刻意为之只是想试探贝图斯的深浅吧。毕竟没有亲身经历无法理解个中内情。

但是在当时的情形下，几乎所有罗马人都深信贝图斯即将击溃帕提亚军队，让亚美尼亚真正成为罗马的领土，因为大家都乐意听到好消息。假如公元 62 年有民意调查，那么此时尼禄的支持率想必会非常可观。虽然这位年轻的皇帝偶尔会有奇怪的行径出人意料，然而于政事上他表现得可圈可点，不列颠问题妥善安排，亚美尼亚—帕提亚问题当机立断，这些都会让百姓觉得他足够担当统治帝国的重任。所以尼禄只要做好本职工作，认真履行帝国最高负责人的职责，即使偶有出格的言行，无非就是为民众提供茶余饭后的谈资笑料而已。

向首都罗马供水的水道并非出自同一个源头。罗马人通常将有泉水涌出的水池视为圣地，禁止游泳。当然，神圣的水池只是冠冕堂皇的理由，用意是为了保证饮用水的纯净。

可是尼禄偏偏就不信这个邪，跳进了其中一个神圣水池中游泳。然而，水池中的泉水温度比较低，因此尼禄当晚就发高烧，昏倒了。可是，几天之后他又奇迹般地康复，但是首都的居民都不知该如何是好。尝到苦头后尼禄并没有再犯，而罗马民众也没有表示不满，反而认为这是他朝气蓬勃的表现，更加拥戴他。

然而，高支持率经常与陷阱相伴而生，为了避免掉入陷阱就需要很强的自我克制能力，可是尼禄对此实在没有天分。不巧的是，尼禄就在此时失去了两名能够不计个人得失直言不讳的大臣。

塞内加下台

负责尼禄安全的近卫军团长官布鲁斯因病离世，这也是尼禄失去左膀右臂之始。后世有种说法很盛行，说布鲁斯之死是尼禄授意所为。不过从布鲁斯当时的症状来看，很可能死于咽喉癌。可是，塞内加也因布鲁斯之死心里面打起了退堂鼓。

同塞内加一样以文笔优美著称的历史学家塔西佗甚至这样写道：“布鲁斯之死决定了塞内加权力开始丧失。”

与塞内加相仿，塔西佗的文学造诣非常之高。虽然他们都身为元老院元老，然而塔西佗在仕途上的成就最多是行省的勤务工作，塞内加却是辅佐皇帝、担当国家要职，两人不可相提并论。塞内加身处罗马帝国权力核心，因而才深刻体会到知识分子在这个职位上能发挥多大的影响力。

如果只是单纯的知识分子，他可以发挥自己的影响力，区别仅仅在于没有实权。换言之，要让别人认同你发挥的影响力，前提是有人愿意接受，就像没有了读者，作家也就没有了存在的意义。

作为一位哲学家与悲剧作家，塞内加从尼禄 12 岁时就开始陪伴这位年轻的帝王，前后达 14 年，前 6 年他的身份是教师，后 8 年他的身份是尼禄的辅佐官。然而，塞内加并未在尼禄登基之后一如既往地发挥他的影响力，只是在图拉真皇帝认可的“尼禄初期的五年”的时代。我认为更早以前尼禄就开始自立了，尼禄的母亲小阿格里皮娜没有察觉儿子极度渴望自立，然而塞内加应该是早有感觉。换言之，在“读者”尼禄的成长过程中，“作家”塞内加逐渐发现尼禄的目光不再专注于自己。

然而，此时被塔西佗称之为“塞内加的权力”依然不可小觑。罗马帝国最高统治者的重责大任并不轻松，这份工作让贵族气质浓厚的提比略皇帝偶尔发牢骚抱怨几句，让克劳狄乌斯皇帝殚精竭虑。尼禄喜好音乐诗词远胜于政治军事，所以政治上的很多事情就由他人代劳，这个人就是塞内加。这一点可以从很多法案中得到证实，这些法案都以尼禄的名义提议，目的是获得元老院的支持。塞内加能够发挥这些“权力”，少不了尼禄的许可，当然也离不开布鲁斯的支持。

当然，不论塞内加多么富有涵养，他毕竟出生于西班牙行省，没有罗马名门贵族必备的世代相传的“被保护者”(clientes)。其实这些“被保护者”就是类似于后援会的组织。这匹荒野上的孤狼能够纵声长啸，完全是由于布鲁斯时刻以锐利的目光警惕四周，毕竟他掌握驻守在意大利本土唯一的军事力量，即 1 万名近卫军。

世间不论哪种权力，拥有者总会受到无权者的强烈批评，并且露出破绽时遇到的攻击更猛烈。尼禄已经逐渐脱离塞内加的影响范围，元老院肯定是看穿了这一点，所以布鲁斯在世时塞内加已经开始受到攻击。在不列颠放高利贷的不只是塞内加，但似乎是杀鸡儆猴，他被特意提出来批评，仿佛他是不列颠发生骚乱的罪魁祸首。偏偏就在此时，布鲁斯撒手人寰，对塞内加来说真是雪上加霜。塞内加醒悟过来，他脚下的基石开始松动了，如果继续跟随尼禄，上演荒野孤狼走投无路的悲剧实在有违塞内加的本性。因此，他选择退隐，回归平凡，重新执笔。此时的塞内加已经年近古稀，垂垂老矣。

还有现代学者持这样的观点，塞内加出于知识分子的良知，无法忍受尼禄的暴政，于是以布鲁斯之死为借口，远离仕途。然而有这种想法的人根本不懂什么是知识分子。所谓“知识分子”，不仅在“知识”的道路上求索，更会在“知识”的道路上一较高下。既然要分出胜负，一旦明白自己没有胜算，自动退出也是理所当然。

更何况，到此时此刻，尼禄在统治上虽然发生过因为对军事无知造成的失策，或是一意孤行举办罗马奥林匹亚赛会等，但是这些都不是暴政。元老院元老没有谋划任何阴谋，民众也没有不满，甚至边境上的驻守军团都没有任何骚动。真实的塞内加远比现代知识分子想象中的更加坚韧，可是他竟然选择退隐，我深信他这么做是因为他明白自己脚下的地基已经不稳了。

这场恩师与学生话别的场景在塔西佗著的《编年史》中有所记载。我们简短描述的话，就是塞内加对尼禄说，自己的使命已经完成了，希望回归田园；尼禄则感念恩师劳苦功高，恭祝恩师颐养天年。我们不知道这段对话的真伪，即使真有其事，也只是一场师生情深意重的表演而已。塞内加当然希望在公共场合向尼禄说清退隐的缘由，尼禄也须对这段经年情谊表明态度和立场。66 岁的恩师与 25 岁的学生，就这样平静地分道扬镳了。

但是，尼禄的自我控制力不强，此后再没有人能够直言不讳地进谏了。与此同时，尼禄迅速处理了不列颠问题，又决定使用武力积极介入亚美尼亚—帕提亚问题，这为他赢得了民众的大力赞扬。

由于布鲁斯已死，塞内加归隐，没有人会阻止尼禄的任何决定。不久，尼禄与屋大维娅离婚，随即迎娶情人波比娅。尼禄对离婚的屋大维娅处以流放之刑，进而命人在流放之地将她杀害。据说是因为尼禄害怕民众太过同情屋大维娅，不满他休妻另娶，进而以抗议示威来支持屋大维娅，所以他才痛下杀手。无论如何，继弑母之后，杀妻又为尼禄添上了暴虐的一笔。

尼禄无端杀害无辜妻子一事，并没有因其背上污名而画上句号。

身为皇帝，尼禄的权威和权力有效发挥的必要前提，就是成为先帝克劳狄乌斯的养子，并与其女屋大维娅结婚，生育儿女，这样才是合法的。然而尼禄与屋大维娅没有后代就离婚，意味着他失去了合法性，正因如此，才招致小阿格里皮娜强烈的反对。再者，就奥古斯都定下的“血缘”继承制度而言，小阿格里皮娜的反对并没有错。小阿格里皮娜可以证明他身上流着奥古斯都的血，可是尼禄已经把她杀了。尼禄这个皇位的正当性越来越不堪一击。波比娅成为皇后之后没有被百姓接纳，她不像阿格里皮娜那样野心勃勃，却处处讲究排场，追求奢华。但是，人们在一帆风顺的时候都不会察觉不幸，只要稍有不顺，它就会变成导火线，焚烧一切。费尽千辛万苦终于和心爱的女人成婚，春风得意的尼禄丝毫没有意识到自己此时正如履薄冰。

已经步入 25 岁的尼禄越发专横跋扈，甚至一度认为自己可以凭借“实力”而无须“血缘”这个靠山。其实这样做的结果也意味着元老院、公民与军队将以更严苛的标准重新审视皇帝的能力。

罗马军队的投降

在尼禄的命令之下，前往东方上任的贝图斯把手中所有的军队都投入了亚美尼亚战线。可惜的是，贝图斯却大意地将军队分为两个部分，导致攻击力分散，此外对军粮的补给路线也根本就是疏忽大意。尽管如此，罗马军队的进攻还算顺利，从当年年底贝图斯送回罗马的书信来看，罗马军队仿佛已经征服了整个亚美尼亚。对此，尼禄龙心大悦，下令兴建纪念碑庆祝胜利。

然而，就在贝图斯的报告传递到地中海以西时，异变陡生。贝图斯的罗马军队突然遭到帕提亚国王沃洛吉斯率军突袭，被打了个措手不及。而此时，由于兵力分为两个部分，当时贝图斯手上不到2个军团。

与公元55年一样，尼禄再一次重蹈覆辙，公元62年他又一次分散帝国东方的指挥系统，导致贝图斯与科尔布罗地位、权限相当，手中的兵力也不分伯仲。如此一来，原本应该放在首位的战略部署变得毫无意义。更为糟糕的是，贝图斯完全没有考虑如何最大限度地运用手下的兵力，他又不经大脑地把不多的军队再度一分为二。罗马军队犯了这么大的错误，帕提亚国王并非傻瓜，他肯定会抓住这个破绽猛烈进攻。果不其然，贝图斯的军队惨遭失败，又苦于军粮不足，他们只好悻悻地逃回冬营地。然而祸不单行，就连冬营地也被团团围住，帕提亚国王还下令猛攻不止，束手无策的贝图斯只得命部下快马加鞭向科尔布罗紧急求援。

科尔布罗在得知贝图斯率军深陷敌围之后，遵循罗马的战略传统，将他的军队也一分为二。首先，他严令一半部队死守幼发拉底河的帝国防线，同时下令将船只连接起来形成浮桥。他还在东岸的帕提亚领土上兴建堡垒，保证一声令下士兵可即刻攻入帕提亚。接着，他开始准备军粮，囤积起来的大量小麦由骆驼队负责运输。随着寒冬即将来临，加之此次远征条件艰苦，形势危险，他们必须尽快深入敌军腹地。罗马军队历来凭借被称为“兵站”的作战方式所向披靡，同出生于意大利本土的贝图斯相比，行省出生的科尔布罗更加忠实地贯彻了这一作战传统。科尔布罗率军从叙利亚沿小亚细亚东边北上，直扑亚美尼亚。

对于科尔布罗的排兵布阵，古代历史学家们众口不一，有人认为科尔布罗故意拖延时间，使得援军迟迟不到。然而，塔西佗对科尔布罗的战法却是赞誉有加，在他的笔下，科尔布罗的首要目的是增援友军而非征服亚美尼亚，行进过程中他身先士卒，激励士气，日夜兼程。然而，贝图斯并不知道科尔布罗正率军对他驰援，可能是因为科尔布罗派出的信差落入敌手，信息无法传递。然而，四面楚歌的贝图斯没有抗拒到底，早早地缴械投降了。实际上科尔布罗三天后就赶来增援，如果贝图斯再坚持三天，结果会出现翻天覆地的变化。可惜天不遂人愿，贝图斯向帕提亚国王投降，沃洛吉斯欣然接受。

恐怕连沃洛吉斯也没有想到此行会取得如此大的战果。这次战役的规模远远称不上战争，却改写了帕提亚对罗马的连胜纪录。沃洛吉斯对投降的贝图斯军队几乎没有任何惩罚，这也说明了他胜利后的喜悦心情。或者可以这样说，沃洛吉斯根本没打算和罗马正面交锋。

由于沃洛吉斯看中了罗马军团引为骄傲的土木工程建设特长，他并未命令解除贝图斯军队的武装，而是命令他们在幼发拉底河上游迅速架设一座桥梁。此外，沃洛吉斯还提出了另一个苛刻的条件，要求罗马军队从亚美尼亚境内全面撤出。败军之将贝图斯不得不全部答应下来。

随后，向西南撤退的贝图斯残部与北上的科尔布罗军团迎头相遇，幼发拉底河岸边成为他们会合的地点，具体而言，就在离罗马军团受命搭建桥梁不远处的下游。科尔布罗的士兵眼见贝图斯的士兵因屈辱而表情僵硬，纷纷上前给予他们拥抱，并报以同情，听他们诉苦。

军团长们与士兵的热情截然相反，由于气氛尴尬，匆匆结束了短暂的会面。

科尔布罗原本打算以己方的武力优势为依仗，促使帕提亚国王沃洛吉斯签订和平协议，然而贝图斯的败北让一切功亏一篑，他不禁开口抱怨。贝图斯反驳，他说沃洛吉斯不可能长期滞留亚美尼亚，只要静待时机，到时全面反扑，亚美尼亚又会重回罗马的怀抱，所以局势并没有改变。

听了这样自我开脱的狡辩之后，科尔布罗毫不留情地反唇相讥："尼禄没有命令我进攻亚美尼亚，我的任务只是保卫叙利亚行省。因为你们陷入困境，我不能袖手旁观才率军到此。再者，这一带对敌军的主力骑兵非常有利，我的部队能够安然无恙地抵达这里已是万幸。"

贝图斯与科尔布罗的会面不欢而散，贝图斯率领残部退回卡帕多西亚，科尔布罗自然率军返回叙利亚。

科尔布罗前脚刚回到叙利亚行省首都安提阿，帕提亚国王沃洛吉斯的使节后脚就到了此地。这位使节传达了沃洛吉斯的要求：拆除幼发拉底河东岸的堡垒，同时摧毁桥梁。

面对沃洛吉斯咄咄逼人的要求，科尔布罗这样回复："如若帕提亚全面撤离亚美尼亚，我们愿意满足帕提亚国王的要求。"

面对科尔布罗强硬的回复，沃洛吉斯也不得不让步。由于幼发拉底河以东是帕提亚的领土，在这块土地上保留罗马的军事堡垒与被用刀抵着喉咙无异，让帕提亚时刻提心吊胆，而科尔布罗手中的堡垒正是这把刀。身为叙利亚行省总督，科尔布罗只能进行防御，无权越过幼发拉底河发动攻击。当然，如果科尔布罗借口与帕提亚人发生了冲突等则另当别论，而沃洛吉斯也认为科尔布罗寻找时机进攻的可能性很大。实际上，科尔布罗在东方待了 8 年，这 8 年没有白过，对帕提亚王室的秘密他了如指掌。帕提亚国王沃洛吉斯最大的短处在于他非嫡出，如果臣子谋逆，首当其冲的就是他自己。

大概从这一时期开始，这种私底下的"交换意见"开始频繁往来于帕提亚国王沃洛吉斯与叙利亚行省总督科尔布罗之间。公元63年，帕提亚国王派遣特使前往罗马觐见尼禄，随行的一队护卫中，科尔布罗安插了一位手下的百夫长。

特使将帕提亚国王沃洛吉斯的亲笔书信上呈给罗马皇帝尼禄。自古至今，外交公文自始至终都在打官腔，很容易让人捉摸不透，弄不清真实意图是什么。然而，如若仔细整理一下帕提亚国王的这封书信，还是可以得出以下要点：

一、关于亚美尼亚的主权属于帕提亚王国这是铁板钉钉的事实。而以往帕提亚与罗马交战总是取胜，也从旁证明了众神始终支持帕提亚王国。

二、细观最近的战局，我们俘虏了前来挑衅提格拉涅斯国王的贝图斯军队，本可以将之全数歼灭，却允许他们撤军。这展现了帕提亚强大的军事实力，也显示出帕提亚人的宽容大度。

三、我弟弟梯里达底是神明之官，而帕提亚的神明之官禁止跨海航行。关于他就任亚美尼亚国王一事，如果要求他亲自到罗马接受罗马皇帝加冕，即使他本人同意也无法实现。

因此，沃洛吉斯的提议是，让梯里达底前往罗马军队的营地，以罗马士兵为证，在皇帝雕像前加冕亚美尼亚国王。

不久前贝图斯送来的形势乐观的报告书，与尼禄眼见的实际情况完全不同。尼禄立即召见与帕提亚国王特使同行的科尔布罗手下的百夫长，仔细询问。这位百夫长一一如实回答，罗马军队完全被赶出亚美尼亚，此外，帕提亚军队也已全面撤军。于是，尼禄立即召开了相当于今天的内阁会议的“第一公民的辅佐机关”会议。

所谓的“第一公民的辅佐机关”会议，也即奥古斯都开创的由“第一公民”皇帝、当年任职的 2 名执政官、法务官等相当于现代各个部的部长，以及元老院的 20 名元老代表共同列席的会议。尼禄在这次会议上如实报告了情况，并同与会成员共商对策。关于此事，最终形成两种意见：开战；或者从大局出发，为了和平委曲求全，咽下把亚美尼亚王位拱手让人的屈辱。与会人员绝大多数同意“开战”，在他们看来，罗马只有获胜后谈和的传统，根本没有战败后谈和的先例。这位特使只好带着尼禄拒绝的答复回国复命。

如果罗马帝国再起战端，败军之将贝图斯根本难担此大任。眼下可当重任的只有科尔布罗，然而科尔布罗却身兼叙利亚行省的总督，这一职务通常只负责日常行政与司法工作。于是，为了让科尔布罗能够专心解决亚美尼亚—帕提亚问题，尼禄重新任命他人负责处理行政与司法工作。

元老院经过决议，授予科尔布罗东方“最高”绝对指挥权。虽然科尔布罗负责的地区只是东方，但是这份权力足以令他与皇帝平起平坐。这如同拥有一份无须经过皇帝同意的空白委任状，科尔布罗使用外交手腕或军事行动来解决东方问题时不受任何约束。提比略曾经把这项大权授予奉命前往东方的日耳曼尼库斯，科尔布罗继日耳曼尼库斯之后成了第二位拥有如此大权的将军。东方地区的指挥系统终于得到了统一。

被召回意大利本土的贝图斯早做好了被追究责任的准备，然而没想到仅仅被尼禄挖苦了一顿，并没有受到任何处罚。尼禄这样讥讽道：

“听说你感到恐惧时容易瑟瑟发抖，所以我也不吓你了，在你担心被追究责任而装病之前，我已经决定原谅你了。”

由于指挥权的统一，科尔布罗可以调动4个军团、辅助兵和同盟国援兵共计5万人的兵力参战，但科尔布罗没有沾沾自喜，没有丝毫懈怠。科尔布罗开始接触亚美尼亚—帕提亚问题至今已经8年，为了彻底解决这个问题，他决定挥师北上。此行的目标是亚美尼亚本土，这里距离幼发拉底河和底格里斯河并不远，不过与之交手的却是帕提亚军队。对于这次行动，首都民众激动不已，元老院元老们静候佳音，尼禄比任何人都要期待。回顾罗马与帕提亚的战斗，无论是克拉苏还是安东尼都以失败收场，因此这一次是一雪前耻的天赐良机。科尔布罗从出任莱茵河防线的低地日耳曼军团长伊始，就以反应迅捷、当机立断的战术闻名天下，其他将领都公认科尔布罗是当时罗马军队中最勇猛的将军。帝国上下都对科尔布罗一定能大胜而归深信不疑。因此，只要科尔布罗击败帕提亚，就意味着罗马帝国将重新控制亚美尼亚。

然而，至于科尔布罗心里面在盘算什么，别说普通民众或者元老院元老，甚至连尼禄也毫不知情。虽然科尔布罗手握可以调动5万大军的指挥权，然而他并非一心一意只想打仗。

当时的罗马

就在东方战场科尔布罗挥师北上的同一年，罗马帝国本土的小意外却接连不断。

首先，罗马帝国本土南部一个名为庞贝的中等城市发生了地震。庆幸的是，城市受灾程度并不严重，不需要国库出力，庞贝能够独自重建。然而，如有先见之明的话，此次地震或许是16年后维苏威火山爆发、摧毁庞贝及其周边地区的前兆吧。

接着，尼禄下令兴建的马尔斯广场旁的体育馆受到雷击，引发了大火。前面我们已经介绍过这座体育馆无人问津的原因，我想天公不作美的时候，更是人迹罕至，所以这次火灾没造成人员伤亡。尼禄当即决定重建体育馆。对于把希腊的锻炼习惯引进罗马，这次意外并没有给尼禄的热情泼上冷水。

同年，波比娅为他生下了一个女儿，尼禄也首次当上了爸爸。这个女婴出生不久就被大喜过望的父亲命名为奥古斯塔，意即神圣的存在与尊贵的皇后。然而令人遗憾的是，女婴出生不到3个月就夭折了，尼禄当时的悲痛我们不难想象。

为了讨好波比娅，尼禄不断搜集奇珍异宝送给她，不仅仅是为了满足她的虚荣心，也是为了赢得她的欢心。女儿出生，尼禄也送给波比娅礼物，感谢她替自己生下第一个孩子。虽然女儿夭折了，尼禄为了安慰妻子的丧女之痛，想出的名目实在是多如繁星。其实，波比娅·萨宾娜并非如史书记载的那样臭名昭著，她并未强求“皇后”的封号，也没有对事关重大的人事调动指手画脚。的确，虽然她很贪婪，可是也不足以影响国家财政，充其量就是效仿埃及女王克娄巴特拉泡个牛奶浴罢了。随着帝国的经济实力不断提升，身为尼禄的妻子有一些符合身份的奢侈浪费也无伤大雅，这些行为尚不至于动摇帝国的根本。

然而，波比娅铺张浪费的习性让首都的犹太人眼前一亮，他们利用这个便利，进入皇宫做起了生意。居住在首都明显能够带来经济利益，这使得罗马的犹太人口成倍增长。然而，罗马的人口与经济实力依然不能跟埃及亚历山大的犹太人社会相提并论，此外，与东方地区的犹太人社会不同，罗马的犹太人不能按照犹太教戒律行事。奥古斯都早就规定了在罗马帝国的西方地区，犹太人必须遵守罗马的法律，此后历任皇帝都忠实执行了奥古斯都的规定。

在本书有关卡利古拉皇帝的章节中，我们也曾叙述过，由于教规所限，犹太教徒始终拒绝成为罗马公民，这也说明了犹太人在罗马帝国中永远是一群格格不入的人。所以，由于居住在罗马帝国，犹太人感到了自己的弱势，他们非常希望拥有保护者。如果从捍卫犹太人社区的角度出发，这其实也有一定的道理。只要把奢华的珠宝首饰赠予贪婪的皇后，他们的目的就达到了。

虽然波比娅对犹太教并不感兴趣，然而她与首都罗马的犹太人往来密切。实际上，波比娅仅仅是一个世俗的女性，对宗教毫无兴趣，也许正因如此，她不认为自己庇护的团体是宗教团体，这不值得大惊小怪。然而，这却让她的丈夫尼禄在2 000多年内一直被后人指责是一位反对基督教的皇帝。

公元63年，发生的两件大事非常具有罗马特色。第一件事在元老院引发了激烈的讨论，还被苛刻的塔西佗称为“可耻的传统”。

罗马帝国的官员选拔有着自己的特色，类似执政官与法务官一类的罗马要职通常由元老院选举产生，行省总督则是在具有执政官经历的人选中抽签决定。然而，由奥古斯都提议、元老院通过的《尤里乌斯法》（参见《罗马人的故事06·罗马统治下的和平》）规定育有子女者优先考虑就任罗马帝国的公职。奥古斯都提出这部法律的真正目的，其实在于缓解帝国统治阶层生育减少的情况，所以这部法律可被称为“促进生育法”。所谓的优先，是指在选举中票数相同时，育有子女者当选公职；如果双方均育有子女，子女多者优先当选公职。至于抽签，曾担任执政官的人选中，有子女者具有抽签资格，膝下无子女者就丧失了此项权利，还得把公职让给有子女的人。这部法律已实施了 80 年之久。

罗马是举世公认的法治国家，然而法律是人制定的，就总会有人找到办法去钻空子，使之为自己谋利。“促进生育法”的漏洞就是虚假的养父子关系。

每当罗马帝国临近公职选举或行省总督抽签之际，人们为了形成养父子关系使出浑身解数，活跃非常。而当选举或抽签结束之后，养父子关系立即解除，人们又变回毫无关系的陌生人。有子女的元老们对这种现象心怀不满，纷纷抗议。这是我对塔西佗的评论深以为然之处，诚如他所言，的确是“可耻的传统”。

养育子女十分艰辛，无论经济还是精神方面，没有子女的人比较有利。可是他们还不满足，非要以伪装的养父子关系来侵害受法律保护的育有子女者的权利，所以元老们众口一词，向元老院提出法案，纷纷提出取消因伪装的养父子关系而得到的公职。

不出所料，元老院以高票通过了这项法案，在投赞成票的元老中同样有并无子女的人，这说明了罗马帝国不愧是一个法治国家。与此同时，这项法案的修正案也一并通过，修正案规定不认可此类养父子关系中养子的遗产继承权。如果失去遗产继承权，那么即使成为养子也无利可图，钻法律空子接受这种关系的人肯定会减少。随着这项法案的通过，对于有子女的人而言，罗马帝国“高级公职”的天平再次倾向他们。

第二件事同样发生在元老院。为了规范行省总督的行为，防止他们在行省一手遮天，罗马允许行省人民检举行省总督。然而，由于这项规定，司法变成了攻击对手的“工具”。行省总督们都不希望任期结束后还要接受审判，所以他们在任期内都极力与当地的权贵阶层保持友好关系。因为非权力阶层要向罗马法院起诉，障碍重重，权贵阶层则不然。这本来算不上穷凶极恶，但是应该把握分寸，适可而止，超过限度就会演变成总督与行省权贵阶层相互勾结，徇私舞弊。公正公平的统治应该兼顾所有弱势的行省人民，一旦总督和行省的权力阶层相互勾结，那么处于弱势的行省人民势必求告无门。因此，罗马长期以来承认行省人民检举总督的权利，并一直贯彻着这项权利的实施。

然而，一些行省人民并不买账，出现了要求改变这种局面的呼声。这个人正是克里特岛的一个居民，他出言不逊，放言罗马总督的生死全在他一念之间。元老院得知后十分震怒，要求将该男子流放，同时提议颁布法令限制行省人民的言行。

对于元老院提出的法案，尼禄并不支持。与之相反，尼禄提出了废除行省人民感谢决议的法案。所谓感谢决议就是针对总督卸任时的一种传统。该法案的目的在于防止行省人民的感谢决议，变成对总督治理的“打分表”。这项法案以多数赞成获得通过。从这个插曲我们可以看出，在罗马帝国，即使是行省人民也非常桀骜不驯，这一点非常有意思。

虽然科尔布罗出生于行省，却是一位拥有罗马公民权的将军。科尔布罗出生于行省，悍勇非凡，不能把他与出生于法国南部而又善于口出狂言的克里特人相提并论。也正是这位将军，才使得自奥古斯都以来罗马帝国对亚美尼亚的政策被完全颠覆了。

外交战

科尔布罗拥有全权处理亚美尼亚问题的空白委任状。此外，他还手握5万雄兵。挥师攻入亚美尼亚之后，罗马军队很快越过幼发拉底河继续前进。而沿途阻碍罗马军队的要塞堡垒都被逐一攻陷，亲帕提亚派贵族的领地也遭到掠夺。罗马军队像推土机一样如入无人之境，畅通无阻，整个亚美尼亚陷入极度恐慌之中。

此时，帕提亚军队在亚美尼亚的负责人是梯里达底，他的兄长沃洛吉斯身在帕提亚却心系身在亚美尼亚的弟弟。兄弟两人得知科尔布罗军队的行军情况之后，明白罗马这次是下定决心动真格的了，于是，二人立刻联名派遣和谈使者面见科尔布罗。

两军交战不斩来使，科尔布罗对帕提亚使者以礼相待，认真听他说明来意。不过，他并没有答复使者，而是命一位百夫长将回复的信函送到梯里达底的军营。下面是科尔布罗的回复内容：

> 尔等在无足轻重的战斗中（意指与贝图斯的战斗）侥幸获胜，狂妄得忘了自己的低劣实力。为了让你们从傲慢中醒过来，我军出动以来有何战果，你们心知肚明。我罗马军队的铁蹄踏将而来，亚美尼亚势必沦为焦土。尔等最好相信，罗马军队在达到目的前绝不会善罢甘休。若是梯里达底识时务的话，是不是应该在亚美尼亚化为焦土之前，把它当作吾皇的礼物拜谢领受呢?
>
> 至于沃洛吉斯，奉劝采取聪明人的做法，尽早与我罗马帝国恢复友好关系，专心统治自己的国家，不要多管闲事。我早就知道你们东方外敌经常入侵，尔等分身乏术，根本没有余力抽调全军与罗马正面对决。反之，除了亚美尼亚之外，罗马的其余地区

皆无战事，后继兵力将源源不断，这点想必尔等非常清楚。如若想要正面交战，胜利一定属于罗马。如此，沃洛吉斯和梯里达底，尔等将遭受罗马军队的沉重一击。

在这封信函中，科尔布罗只提到梯里达底最好接受罗马皇帝赐予的亚美尼亚王位，具体如何操作只字未提。因此，收到这封信的梯里达底和得知内容的沃洛吉斯把接受的具体做法理解为罗马帝国同意了先前沃洛吉斯派人送给尼禄的议和方案。方案的内容是，梯里达底愿意接受尼禄的亲自加冕，但是碍于身为神明之官不得跨海航行的传统，加冕仪式只好改在罗马军营内尼禄的雕像前进行。

沃洛吉斯和梯里达底心里一直盘算着，若是罗马同意了这样的条件，那么帕提亚自然没有异议。于是二人联名转告科尔布罗，他们愿意与罗马缔结和平条约，暂时休兵。收到消息之后，科尔布罗立即遣使告诉梯里达底，要求与其面谈。

之所以故意不提加冕的具体方法，这也是科尔布罗早就打算在和梯里达底面谈时的一大筹码。因此，与梯里达底的谈判只能成功，不许失败。科尔布罗派出高官提比略·亚历山大与亚尼斯·维尼奇亚努斯，担任与梯里达底直接谈判的使者。我曾在前文中提到过提比略·亚历山大，作为一名犹太人他决心融入罗马社会，担任罗马公职，他最终舍弃了犹太教成为罗马公民。提比略·亚历山大在科尔布罗的安排下成了兵站的负责人。而亚尼斯·维尼奇亚努斯则是科尔布罗的女婿，是科尔布罗军团的第五军团长。他们对帕提亚的情况非常了解，是科尔布罗的左膀右臂。科尔布罗甚至提出，在谈判结束之前，把这两名高官留在帕提亚的军营里作为人质。如此这般之后，终于使得梯里达底相信了科尔布罗的诚意，所以他除了回复愿意接受谈判之外，还表示由科尔布罗指定谈判的时间与地点。

为了趁热打铁，科尔布罗把时间定在了数日之后，地点就在贝图斯战败之处。科尔布罗之所以在短短几天后就举行面谈，想的正是速战速决、立竿见影；而谈判又被安排在贝图斯战败之处，为的是通过罗马军队东方最高司令官与即将诞生的亚美尼亚国王在此地谈判，让贝图斯军队大败于帕提亚军队的晦气一扫而光。

科尔布罗与梯里达底达成直接会谈的共识。当天，两人都各自率领 20 名骑兵，在相互靠近时，也许是出于对长者的敬重，梯里达底率先跳下了坐骑。科尔布罗看在眼里，也下马步行。两人快步走近后，彼此握手拥抱致意。科尔布罗称赞梯里达底没有鲁莽行事，做出了务实明智的选择。而年轻的梯里达底则夸奖科尔布罗，过去 8 年间经常听到他的赫赫威名，今天则是第一次有幸识荆。让对手肃然起敬，这正是科尔布罗的拿手好戏。梯里达底还提到，沃洛吉斯王兄也认为，科尔布罗虽是对手却仍然值得相信。现在，这位传说中的人物正出现在他的眼前，还对梯里达底赞誉有加，让这个头脑简单的帕提亚年轻人感激涕零。结果，梯里达底居然逞能地说道："其实为我加冕，到罗马去也可以。"

谈判后半段的内容没有留下记录，然而从整个事件的后续发展推测，我们可以知道科尔布罗的外交策略斩获颇丰。数日之后，科尔布罗先为梯里达底举行了加冕仪式的前半部分。

尼禄的塑像被放置在了罗马军营的正中央，而塑像前又搭上了祭坛，武装得五花八门的罗马人与帕提亚人围在祭坛四周。科尔布罗则站在祭坛边，看着头戴亚美尼亚王冠的梯里达底径直走向祭坛。梯里达底先向尼禄的塑像行礼，接着取下头上的王冠摆在祭坛之上。加冠仪式的后半部分将在罗马举行，因为接下来的仪式，必须由远在罗马的尼禄亲手把这顶王冠重新戴在梯里达底的头上。

梯里达底身为神明之官，不可以航海，那么怎么去罗马呢？科尔布罗说，虽然路途遥远，但又不能违背祖制，从陆路去罗马是最好的选择。从帕提亚到罗马，是一段令人目瞪口呆的距离。我们不清楚他们是如何渡过夹在亚洲和欧洲之间狭窄的达达尼尔海峡，但是走陆路肯定能到，只是时间更长而已。帕提亚国王沃洛吉斯曾以胞弟梯里达底身为神明之官不得跨海为由，拒绝他前往罗马接受加冕，如今，他自己掉进了科尔布罗的圈套。因为走陆路就不会违背神明之官的戒律。然而梯里达底原本就向往罗马，科尔布罗劝说了几句，他立刻就点头同意了。对此，沃洛吉斯只好接受木已成舟的事实。

为梯里达底举行的前半部分加冕仪式结束之后，科尔布罗为他举行了盛大的宴会。虽然梯里达底身处罗马军营，却迅速被大家接受，还没完没了地向邻座的科尔布罗追问很多年轻人特有的问题。比如，夜间巡逻为何要分为 4 班，每班 3 小时，百夫长又为何特意在巡逻前报告？为何必须等号角响起之后大家才能离席？为何军团长帐前的篝火彻夜不熄？对于梯里达底的这些问题，科尔布罗像慈父般逐一回答。罗马军队严谨的纪律使得这位年轻的亚美尼亚国王佩服得五体投地，与此同时，他也对即将前往的罗马充满了好奇与期待。此时科尔布罗和梯里达底之间的交谈，使用的肯定是东方地区最普遍的希腊语。

梯里达底向科尔布罗提出一个要求，恳求在出发之前向在帕提亚的母亲和兄弟告别，对此，科尔布罗赞扬他孝悌有礼。为了表示自己的诚意，梯里达底甚至将自己的幼女留给科尔布罗作为人质，自己返回了帕提亚。

沃洛吉斯见到回国的梯里达底，弄清楚来龙去脉后，对即将前往罗马的胞弟担心不已。沃洛吉斯立即修书科尔布罗，要求科尔布罗信守以下承诺：

第一，在梯里达底前往罗马的途中与抵达罗马之后，不能以臣服者的待遇对待他。

第二，在梯里达底前往罗马途中遇见罗马行省总督，希望不要禁止他们的出迎与拥抱。这表示罗马帝国对帕提亚国王之弟梯里达底与罗马高官一视同仁。

第三，梯里达底在罗马城停留期间，希望给予他与罗马帝国执政官同等待遇。执政官所到之处历来有 12 名随扈为其“开道”，所以希望罗马方面能对梯里达底表示同样的尊敬。

第四，梯里达底在拜会罗马皇帝尼禄的宴席上，准许其佩剑。因为在帕提亚的传统中，解除武装之后的会见象征着臣服。

科尔布罗一看到这样的语句，自然能够体会到沃洛吉斯对深入敌营的梯里达底的一片赤诚关爱之情，为之十分感动。然而，我们还可以把帕提亚国王的忧虑理解为维系王室体统远胜于其弟的个人安危。我们可以想象一下，如果嫡出的帕提亚王子梯里达底在罗马受到屈辱，那么帕提亚王宫内极有可能将矛头对准非嫡出的沃洛吉斯。科尔布罗对于沃洛吉斯的担心自然了然于胸，毕竟对他而言，罗马与帕提亚之间的重建和平工作是由他一手主导的，无论如何都必须圆满落幕。随后，科尔布罗给沃洛吉斯回信，发誓一定严格遵守这四项要求。此外，科尔布罗是罗马帝国东方地区的最高司令官，有权命令众人按他的要求行事，所以他把这些要求写成文书，发往梯里达底前往罗马途中会经过的各行省总督和长官处，让他们依令行事。

亚美尼亚问题的解决

事情已成定局，帕提亚国王沃洛吉斯除了答应之外别无他法。话说回来，身在罗马的尼禄皇帝又何尝不是。我们可以用剑道术语来形容他们之间的博弈，即他们两人都被科尔布罗“一剑击中”。尼禄接到科尔布罗传来的汇报，大概是在公元 63 年年底到 64 年春季之间。他原本期待接到的是击败帕提亚军队的捷报，可没想到收到的却是与敌人缔结和平条约的报告。尽管他们赋予了科尔布罗空白委任状，可是科尔布罗的做法完全有悖皇帝与“第一公民的辅佐机关”会议的原定方案。

对于和平协议，皇帝可以行使否决权，而作为罗马帝国的法治主权者，元老院和公民也有权力不承认罗马军团长擅自与敌人缔结的协议。不管是他们当中的谁，只要站出来行使自己的否决权，科尔布罗的外交成果将化为泡影。然而，幸运的是，尼禄、元老院与罗马公民不但没有一点否认之意，反而对协议表示欢迎。而尼禄行事甚至更为乖张，宣布愿意负担梯里达底一行全部的旅费，并通过科尔布罗向帕提亚国王转达了这一消息。

之所以会出人意料地回应这份和平协议，罗马有两个方面的考虑：

其一，帕提亚王室作为罗马的宿敌，竟然答应要特地赶来罗马，并亲自从罗马皇帝手中接下王冠完成加冕仪式，这足以证明在帕提亚面前，罗马牢牢占据了上风。这让普通公民、元老院与皇帝都不会太过挑剔。只是想象罗马皇帝将亲手把王冠戴到跪在地上的帕提亚国王弟弟的头上，对于大多数罗马人而言，就能够忘记帕提亚人夺走了历来由罗马决定亚美尼亚国王的耻辱。

其二，这个原因与第一条原因并不一致，它源于部分罗马人能正视大多数罗马人不愿面对的现实。

与科尔布罗持同样的观点，这些人深知要分裂同属于波斯文化圈的帕提亚与亚美尼亚难于登天。然而，若是亚美尼亚与帕提亚过从甚密，帝国的东方防御体系将一触即溃，所以拉拢亚美尼亚是必然的。挑起与罗马帝国的事端绝非帕提亚国王沃洛吉斯的本意，而科尔布罗也将沃洛吉斯为了保护胞弟梯里达底地位的心意，转告了罗马皇帝与元老们。他们知晓帕提亚并无敌意，所以，这些人认为即使帕提亚国王的胞弟把持着亚美尼亚的王位，如若亚美尼亚愿意继续和罗马维持同盟关系，那么承认梯里达底的地位并无不妥。我认为尼禄也应该看破了这一点。在面临现实抉择时，哪怕是尼禄太过争强好胜，也不会被虚荣心左右。

回到帕提亚之后，梯里达底向母亲与兄长话别，并举办了饯行宴会，然后就带着大批随从与妻子出发了，这也很有东方君主的一贯做派。一路上他们受到沿路各个行省总督与民众的欢迎。梯里达底的这一趟陆路旅程，前后共用去了 9 个月的时间。如果是军团行军，走陆路从罗马到叙利亚的安提阿，加上渡过亚得里亚海的 2 天海路，总共需要 125 天。至于帕提亚到安提阿的距离，如果按军团的行军速度，大概也要 150 天时间。同样的路程，梯里达底花了将近两倍的时间，不难想象他们是何等悠闲，一路游玩到了罗马。

罗马与帕提亚的骑兵队共同护卫梯里达底的加冕之旅。然而，梯里达底一行每天的花销高达 80 万塞斯特斯，即使罗马国库充盈，9 个月的旅费也是一笔不小的开支。可是，在罗马看来这是和平的代价，还是比较划算的。公元 65 年，梯里达底一行人浩浩荡荡，花了 9 个月的时间终于平安抵达罗马。从梯里达底在尼禄雕像前完成了前半部分加冕仪式至今，算起来已经有一年了。

身为神明之官，梯里达底不能走水路。但是登上罗马帝国本土时，由于尼禄当时正好在那不勒斯为这行人接风洗尘，所以梯里达底只得打破禁忌，花了两天时间渡过亚得里亚海。要是这一行人继续从陆路踏上罗马帝国本土，他们就必须由北意大利进入，尼禄当然不可能到南意大利的那不勒斯去迎接梯里达底。帕提亚与罗马之间原本就相隔甚远，而且就全程而言走海路也不过两天时间，所以梯里达底可能就要求手下对这条约束神明之官的戒律明知故犯。不管是出于什么原因走水路，最终赶到那不勒斯迎接的尼禄与梯里达底共同沿着阿庇亚大道，回到罗马。这可不是简简单单的同盟国君主的待遇，而是帝国的贵宾级待遇。尼禄与梯里达底年龄差不多，两人很快就成了十分要好的朋友。

尼禄决定在罗马广场举行加冕仪式的后半部分。手捧王冠、一袭紫衣的尼禄站在广场中央的讲坛上，身披金色王袍的梯里达底则跪在尼禄面前。尼禄亲手将亚美尼亚国王的王冠戴在梯里达底的头上。站在讲坛左边的是身穿白底红边托加长袍的元老，站在右边的则是身穿金色的东方式样服装的帕提亚与亚美尼亚官员。为了观看这难得的盛况，罗马市民把罗马广场挤得满满当当，在场的市民更是欢声雷动。在这次仪式上，成为亚美尼亚国王的帕提亚国王之弟梯里达底，还被罗马赠予了“罗马的友人与同盟者”的称号。

在平和而肃穆的气氛中，加冕仪式结束，随后在庞培剧场的宽阔回廊中举行国宴。布置豪华的宴会氛围同样是一派祥和。尼禄此时志得意满，心情愉悦，他不仅送了许多贵重礼物给亚美尼亚新国王梯里达底，还许诺罗马会竭尽全力协助亚美尼亚重建7年前被科尔布罗攻陷并焚毁的首都阿尔塔沙特。这里所说的协助，是指派遣建筑技师和能工巧匠前往阿尔塔沙特援建，也即技术支持。后来尼禄果真兑现了这个承诺。梯里达底将重建的阿尔塔沙特更名为“尼禄尼亚”（意为尼禄之都），以示感激。

亚美尼亚国王梯里达底在达成了此次罗马之行的目的后，率领众人返回东方。归去也是循着陆路返回，只是梯里达底长途跋涉的目的地不再是帕提亚，而是亚美尼亚。如此一来，科尔布罗也没有必要再继续担任罗马军团东方地区的最高司令官，所以卸任后的科尔布罗奉命回到叙利亚行省，出任叙利亚总督。科尔布罗这次的新使命是监视进入新形势下的罗马与帕提亚之间的关系发展。这次人事变动虽然不是提拔他，但科尔布罗仍然心满意足地接受了此项任务。在科尔布罗看来，罗马与帕提亚两国的关系十分重要。

舍名求实，这是帕提亚选择的做法。那么，罗马帝国就真的愿意舍实求名吗？

亚美尼亚从奥古斯都时代开始，就享受着与罗马其他同盟国不同的待遇。作为独立国家，同盟国没有向罗马缴纳行省税的义务，然而，它们却有责任派兵参加罗马发动的军事行动，也即今天的“后方援助”的义务。正是因为存在这种关系，它们才能被称为罗马的同盟国。在罗马的众多同盟国中，只有亚美尼亚不必出兵参战，也不必进行后方援助。虽然亚美尼亚是东方仅次于帕提亚的大国，然而这样的特别待遇也太过引人注目了。

对于亚美尼亚王位的继任者，罗马通常采用特殊的方式来安排以控制亚美尼亚，不过奥古斯都与尼禄的差异仅仅在于此次是由帕提亚人梯里达底出任亚美尼亚国王。当然，今后帕提亚人会有什么举动无人知晓，所以罗马方面自然不会也不能放松对亚美尼亚的监视。换言之，罗马在叙利亚设置 4 个常驻军团，未来也不会变动。这可谓是一场赌博。其实外交何尝不是另一种赌博？然而，这场赌博最终以罗马胜出告终。

对于维系与罗马帝国的友好关系，亚美尼亚国王梯里达底不遗余力，往往让人怀疑他不是帕提亚人。对于梯里达底这位新任亚美尼亚国王，罗马帝国并未采取任何会危及他王位的活动，也非常尊敬他。只要帕提亚人统治的亚美尼亚王国平安无事，那么，帕提亚国王沃洛吉斯自然不会轻举妄动，这么一来罗马帝国与帕提亚之间也就相安无事。罗马帝国与帕提亚在图拉真皇帝时代来临前的半个世纪里一直维持和平友好关系。对于两个大国之间这 50 年的和平，想必现代许多国家的人都会给予积极的肯定。

为梯里达底加冕的 3 年后，尼禄众叛亲离，最终自杀身亡。帕提亚国王沃洛吉斯闻讯后向罗马的元老院递交了以下请求：你们如何评价尼禄是你们的事，我们不管，但是尼禄对帕提亚与亚美尼亚有恩，因此，希望你们允许我们每年继续举办尼禄感恩节。

对罗马而言，与帕提亚维持友好关系非常重要，因此，即使元老院判定尼禄为“国家公敌”，他们还是决定答应帕提亚国王沃洛吉斯的请求。

科尔布罗是个深谙“战争是端着武器的外交，而外交是没拿武器的战争”这一道理的将军。

早在科尔布罗到任亚美尼亚几年之后，他就建议承认梯里达底的亚美尼亚王位，以此解决这个问题。如果尼禄在更早之前就采纳科尔布罗的建议，罗马就不会耗费 12 年来处理帕提亚—亚美尼亚问题了。不劳民伤财的领导者才是真正有能力的领导人，我深以为然。

歌手首演

正当梯里达底一行还在向罗马缓慢进发的公元 64 年，罗马的加冕仪式仍然在等着梯里达底的到来，罗马国内就像帕提亚—亚美尼亚问题烟消云散一样，到处洋溢着和平的气氛。因此，元老院与公民们对尼禄的支持率直线上升。照理说，身为皇帝获得的支持率越高，就越需要有更强的自制力。然而，每逢支持率上升，尼禄就会趁机把以往因自重而自我压抑的事情全部翻出来，逐一实施。不出所料，尼禄的怪癖又出现了。

尼禄自幼就喜好诗歌，尤其喜欢用名为“里拉”的竖琴给自己伴奏，吟唱自己作的诗。他对自己喜好的解释是，吟诗奏乐是希腊文化的精髓。其实如果他喜欢，自娱自乐倒也无妨，可他偏认为自己才华横溢，想要唱给大家听。当然这也是因为他深信这是希腊文化的精髓，才有理由让众人听他唱诗。

尼禄从继位以后一直到梯里达底抵达罗马加冕为止，总是召集皇

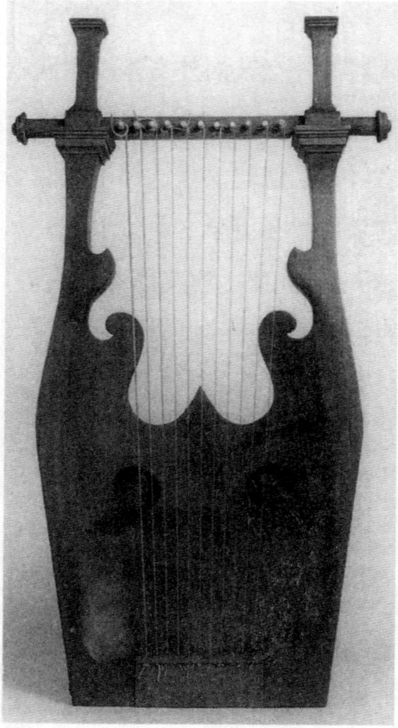

复原的竖琴

宫内的侍者与随从，为他们表演唱诗。尼禄最担心的是，普通罗马人总会觉得希腊文化太过纤柔而对其极其反感，从而使得听众对他的才华心存偏见。然而，时年 27 岁的尼禄继位已有 10 年，而国民对他的高度支持更是提升了他的自信心。一直以来他就自恃才华横溢，厌倦了表演给只会溜须拍马的宫里奴才们欣赏，强烈希望有一天能公开表演，请罗马公民给自己的才华做出评判。现在，他终于下定决心将其付诸实践。

话虽如此，若是真的站在“罗马精神”的发源地首都罗马进行表演的话，尼禄还是缺乏这样的勇气。出于这样的考虑，尼禄把首次登台献唱的地方选在了那不勒斯郊外的剧场。那不勒斯正如它的希腊名称“尼亚波利”（Neápolis，意为“新城”）一样，是希腊人迁入之后才繁荣起来的城市，到了罗马时代，仍旧保留着浓郁的希腊文化的氛围。即使是历史学家塔西佗，也曾这样写道：“这里与希腊本土城市并无二致。”尼禄因此才会这样盘算：自己以竖琴伴奏吟诗的形式来诠释希腊文化的精髓，那不勒斯的居民应该能够理解并欣赏。

果不其然，尼禄表演之际涌入了大量的观众，整个剧场被拥堵得水泄不通。然而，这些人并非前来感受“希腊文化精髓”，而是想瞻仰“唱歌的皇帝”。由于尼禄出现在剧场的身份是艺术家，而非皇帝，所以令大家失望的是，他没有以一袭紫衣、头戴黄金月桂冠的扮相出现在观众眼前，而是穿了比专业演员还要朴素的罗马短衣。虽然对这副打扮有些失望，但观众对站在舞台上卖力抚琴、吟唱自己诗作的尼禄皇帝，还是在仔细聆听演奏，掌声不断。这场首演的成功增加了尼禄的信心，很快他就敲定了下一场演出的地方为罗马城，在象征罗马精神的堡垒之地展示希腊文化之精髓。而尼禄的下一个目标更为宏大，即前往希腊文化的发祥地一展自己的风采。然而，尼禄首演不久后发生了一件大事，使得他不得不暂时放弃这美好的愿望。

罗马大火

公元 64 年 7 月 18 日至 19 日夜，首都罗马大角斗场观众席下，一家店铺突发火灾。在强风的助力之下，火势迅速蔓延到周边的帕拉蒂尼山与西里欧山。罗马到了夏季就会遭遇西罗科风的袭击，它是从非洲吹来的西南风。这股热风一旦吹起，就会让浸润在习习西风中的罗马街道气温骤升，像蒸笼一般。还好，这股西南风通常不会停留太久，可偏又不巧这一年的西罗科风有点异常。起火的大角斗场观众席被烧毁是意料之中的事。然而，当天夜里火势就蔓延到帕拉蒂尼山与西里欧山，甚至还烧到了平民聚居区“苏布拉”。皇族的官邸都集中在帕拉蒂尼山上，那里共和制时代发家的望族宅邸也很多，全都被大火无情吞噬。西里欧山上也是高级住宅林立，此山的低地一带则是百姓的房屋，不过大火才不管豪宅还是草屋，全都一焚而空。

每逢罗马人在建设帝国的新兴城市之际，总能发挥令人惊叹的都市规划才能，然而如此才能却没有应用到自己的首都建设上。由于罗马城是自然产生的首都，如果要规划罗马的建设布局，城中的罗马七丘就必须被列为规划对象。这七丘可以说是罗马的双刃剑，有利也有弊。再加上罗马发展成“世界之都”之后，由于人口大量涌入，人口超过了百万，其他都市难以望其项背。

罗马帝国的第一任皇帝奥古斯都曾放言：继承时接手的是砖瓦的罗马，他会留下大理石的罗马。然而，奥古斯都所指的仅仅是公共基础建设。要容纳下不断增加的人口，不得不依靠被名为“茵斯拉”（insula）的五六层高的集体住宅。“茵斯拉”是中下或下层民众的住宅。除了墙壁用石头建造之外，地板与天花板全都是木质结构。此外，为了扩大屋内空间，二楼以上的窗户大多向外延伸到街道上空。这样一来，原本就狭窄的街道变得更加拥挤。这种类似于大杂院的集合楼房，一般是相邻的两栋楼共用一堵墙壁，换言之，楼房之间根本就没有空隙，“茵斯拉”群是一栋接一栋，十分密集。一旦发生火灾，整个住宅区将无一幸免。

富人奢华的独幢建筑也并非完美无缺。这些豪宅的建材大多是大理石和马赛克，反映出整个罗马帝国经济实力的提升，但是柱子与柱子间的横梁不是石头而是木质结构。就算横梁上雕龙画凤，再怎么装饰也还是木材。还有，富人家的仆人住房与仓库都在楼上，这些地方的地板和门窗的框也都是木质结构。当时罗马只有神殿、会堂与剧场等公共建筑物才会用铁制的卡子把石材连接成梁，豪宅也没有做到这一步，所以一旦火焰烧到梁上，房屋塌顶是迟早的事。

罗马帝国当年就已经有消防队了。罗马帝国的消防队由奥古斯都一手组建，分 7 个大队共计 7 000 名消防员。然而，由于当时还未发现橡胶，他们当然不能用塑胶水管引台伯河的河水来灭火，因此，人们只能用传递接力的方式来运水灭火。在这样的情形下，消防队的作用充其量就是在大火波及之前把可燃的完好建筑物摧毁，以达到阻止火势蔓延的目的。可是，就是这样的一支消防队在日后却成了指证尼禄教唆纵火的铁证之一。

这场大火烧到第 6 天傍晚才被成功扑灭。然而，火灾还没有就此结束，余火在强劲的东风之下再度复燃，又连烧了三天三夜。最后在这场大火的肆虐之下，罗马这个“世界之都”在 9 天的时间内几乎化为灰烬。

不巧的是，尼禄在罗马火灾发生时并未在罗马。当时，尼禄为了躲避酷暑，跑到了罗马以南 50 公里外的海边小镇安齐奥的别墅之中。火灾发生的第二天，尼禄才知道罗马发生了大火，立即驾着两匹马拉的战车，沿阿庇亚大道北上赶回首都。他在埃斯奎里山上的别墅没有被大火波及，不过这位 27 岁的皇帝并没留在家中。他带头指挥救灾，接连发出指令，罗马市民在他的调度下井然有序地进行救火工作。

在离城中心最近的马尔斯广场上公共建筑林立，由于没有受到火灾的波及，所以仍然向灾民开放。此外，凡是万神殿（现在我们所见的，并非哈德良皇帝时代的建筑物，而是阿格里帕修建的建筑物）、尤利娅回廊、庞培回廊、屋大维娅回廊、有屋顶的建筑物等等，全部被用作灾民的避难场所。不过，要收容所有灾民，单靠这些建筑远远不够，所以尼禄下令从近卫军团营地运来大量帐篷，搭建在这些公共建筑物周围的空地上，也作避难场所用。于是在马尔斯剧场上出现了一个规模庞大的帐篷村。

尼禄除了为灾民提供避难场所，并没有忘记给这些无家可归的灾民提供食物。他下令将奥斯提亚港卸货后存放在仓库里的小麦，以及堆积在码头的小麦，全部运往罗马。繁忙的奥斯提亚大道与台伯河源源不断地运来小麦，送到躲过火灾的面粉厂磨成面粉，最后发到灾民手中的是面粉或面包。然而，灾民们仅仅依靠面粉做成的汤与面包为生并不是长久之计，因此，尼禄还命令罗马附近的乡村提供乳酪、蔬菜和水果供应罗马。由于首都罗马有 9 条水道供应日常用水，水源充足，所以只有饮用水是唯一不缺的物资。

由于灾民大都一无所有，所以其中许多人投靠了灾区以外的亲戚朋友。尼禄便又下令将罗马小麦的零售价格下调，由往日每摩第 10 塞斯特斯降为 3 塞斯特斯。

然而，在这场大火中，不幸被烧死、被倒下的建筑物压死或被逃难的人潮挤死的到底有多少人，当时的史学家们并未留下确切的数字。塔西陀记录了一次郊外剧场倒塌造成的死伤人数，然而对公元 64 年的这场罗马大火的伤亡人数却没有记载。现代研究者绝大多数持这样的观点，虽然火灾烧毁房屋无数，然而并没有带来巨大的人员伤亡。电影《你往何处去》(*Quo Vadis*) 对这次火灾的描绘，基于基督教反罗马的特定立场，在描述死伤时有夸大的成分。然而，作为“世界之都”的罗马在这次大火中蒙受了巨大损失，这一点毋庸置疑。

罗马帝国首都被奥古斯都划分为 14 个居民区，并沿用至火灾发生之时。在大家看来，大火无情，火是不会分区域焚烧的。事实上，罗马虽然并没有规规矩矩地按照计划来建城，然而罗马人却利用宽广的街道与广场划分各区。

完全被烧毁的居民区是以帕拉蒂尼山为中心的第 10 区以及大角斗场所在的第 11 区，还有平民居住的第 3 区“苏布拉”。这几个区都是城中心的核心部分，然而同在市中心的罗马广场与神殿较多的卡匹

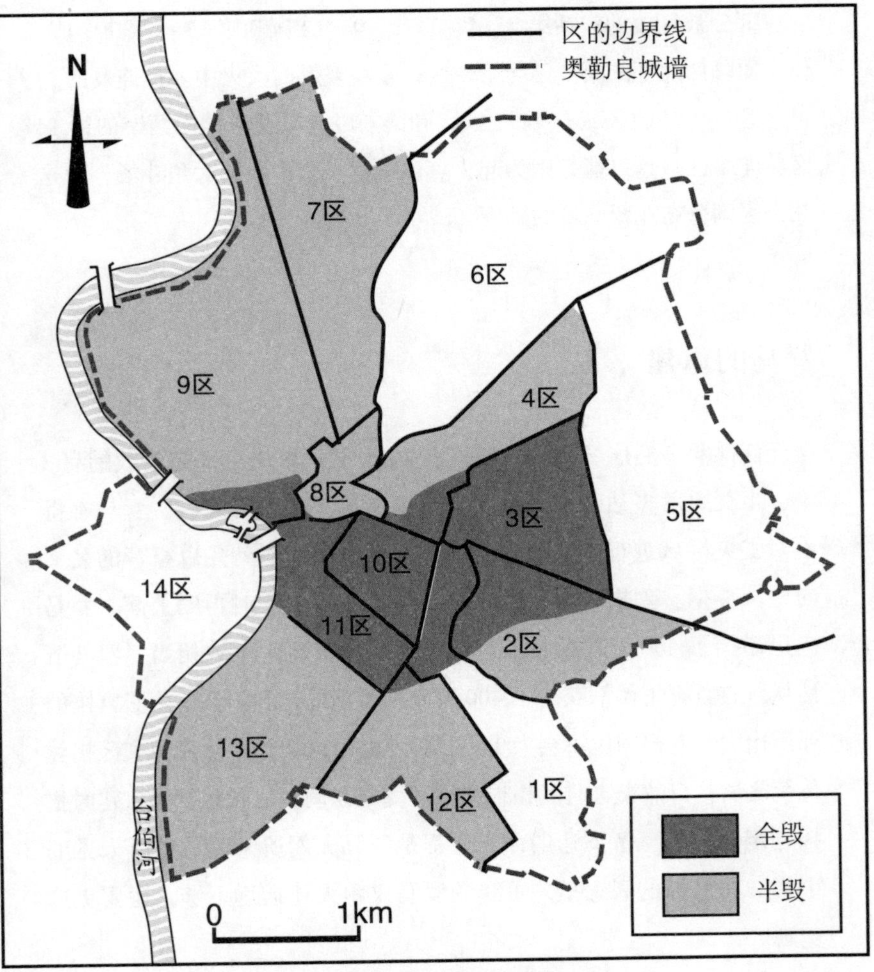

14 个居民区的火灾受灾情况

（为了帮助理解，在此特加上当时并不存在的公元 3 世纪建的奥勒良城墙）

托尔山幸免于难，肯定是集中于这一带的公共建筑物全是用大理石建造的缘故。

部分被烧毁的包括第 2、4、7、8、9、12 区和第 13 区等 7 个区。位于罗马西北部的第 7 区与第 9 区，是在复燃的大火中才被波及的。

逃过一劫的区域有第 1、5 区和第 6 区，以及台伯河西岸的第 14 区共 4 个区。这可能是因为起火点位于罗马市中心的大角斗场，而这几个区则分布在罗马城的郊区。

罗马的重建

首都罗马的这场大火，使得在 14 个居民区中全部被焚毁的有 3 个，半焚毁的多达 7 个，可谓是损失惨重。在大火之后，罗马不得不对受灾区域进行全面重建。第一件要做的事，就是以皇帝的名义向全国募捐。募捐一事在几年之后里昂发生火灾时再度上演，罗马向里昂捐了 400 万塞斯特斯，数额与罗马重建时大致相当。罗马既然从行省首都里昂都获得了 400 万塞斯特斯的捐款的话，想必富饶的亚历山大与安提阿也不会太少。自提比略时代伊始，形成向灾区捐款传统之后，自然灾害时互相捐款已经变成惯例。尼禄在罗马重建时指挥若定，只是皇帝下达的命令全都是罗马人闻所未闻、见所未见的事情。在尼禄的观念里，重建的罗马仅耐火还远远不够，还要更加美观。

第一，规定街道比以往更宽，尽量让街道笔直平坦。

第二，住宅建筑的高度限制在 60 步（约 17 米）以内。

第三，建筑物之间的间隔，应当严格遵守法律规定的 2.5 步（约

70 厘米）。如果空间足够，还应尽量放宽间隔。所有建筑都要有属于自己的外墙，禁止使用同一外墙。

第四，建筑用的横梁只能用石头，而不能用木材。

第五，“茵斯拉”应有自己的庭院。

第六，作为面向街道的住宅的防火措施，各住宅建筑物必须设置石柱门廊，这个门廊的经费由国库开支。

第七，清除了瓦砾与大火焚毁的残留物的土地，应当归还给原来的主人。

第八，如果在规定时限内重建自己的房屋或者自己租住的住宅（“茵斯拉”），国库给予奖励。

第九，住宅建筑的所有者必须在自家的庭院内建蓄水池，而且有义务储存备用水。

第十，水管的重建工作不能自己随意改建，应当交由专业的水管修复人员管理。

当然，这是为了杜绝无耻之徒撬开水管偷水。正因为有人偷水才导致水压偏低，道路边与广场公共水管的消防工作几乎作废，这也是对这次大火深刻反省之后得出的教训。

第十一，将大火后残留的瓦砾全部运到台伯河岸。从奥斯提亚运小麦的船只返回时必须顺着堆满瓦砾和废墟的河道走，并且顺道把这些堆积物带到奥斯提亚的沼泽地。因为要充分利用堆积物，所以不能随意乱倒在指定的场所之外。

上述政策就是灾后重建的全部政策。重建的经费开销非常大，单靠行省的捐款也是杯水车薪。这也是为什么后来尼禄改造罗马城中心的同时，兴建“黄金宫殿”的原因。因此为了确保这些资金的运转，尼禄也在这一时期实行了之前稍微提及过的货币改革。

尼禄的货币改革，是把原来 7.8 克纯金制造的奥里斯金币，减至 7.3 克，而把 3.9 克的第纳尔银币，减至 3.41 克。此外，第纳尔银币的含银量也从 100% 下降到 92%。但铜币纯度不变。罗马帝国的货币政策从公元前 23 年奥古斯都规定之后，87 年来首次有人加以改革，有些研究者认为这是货币贬值，然而我不赞同这种说法。

首先，公元 3 世纪以后，罗马帝国的经济实力大幅下降，如若非要将这次货币改革与大多数货币贬值政策相比，只是区区 0.5 克，根本不值一提。

其次，对于尼禄的改革，元老院与公民毫无异议，这也是一个事实。

货币贬值虽然代表经济实力的衰退，但是得益于长期的和平稳定与完善的基础设施，尼禄时代罗马帝国的经济实力一路向前发展。经济增长跟货币的流通量密切相关，但是黄金白银的产量并不一定和经济增长同比攀升。正因如此，近代才开发使用纸币，但是古代人还没有这种观念。

同以前相比，黄金白银的产量略微增长了一点，然而经济增长更快。这样一来，能想到的有效经济政策就是缩减金银币的重量。当时，作为流通货币的条件是材料价值与面额必须一致，那么就应该尽量避免掺入杂质，降低纯度。在经济实力衰退的公元 3 世纪，金银币纯度变低已经成为罗马的一个特色。但是在公元 1 世纪的尼禄时期，还没有必要这么做。

为了灾后重建和兴建黄金宫殿的罗马大改造，尼禄的的确确很需要钱。但是动机不良未必后果就不佳。尼禄对金银货币的改革一直沿用到五贤帝时代后公元 215 年的卡拉卡拉皇帝再次改革为止，长达

150 年之久。这跟我们熟悉的货币贬值不一样，反映了罗马帝国经济的增长，是现实稳妥的改革证据。

尼禄皇帝兼顾建设与财源的重建政策得到了公民的广泛好评。在灾民与非灾民齐心合力下，罗马重建已经在全体公民的投入中快速进行。罗马也比之前更加井然有序，街道格局也变得更加规整。然而倒苦水的人也有，阳光洒进了罗马的各个角落，空气因此变得更加闷热。但是，一贯对尼禄持批评态度的历史学家塔西佗，却对此赞赏有加，说他此举堪称人类智慧的结晶。

黄金宫殿

作为男人，都有修建宏伟建筑的理想。因此，罗马一直以来也有这样的惯例，即权贵阶级投入自己的私有财产建设公共建筑，然后将之慷慨赠予国家。这与其说是利益的社会回馈，还不如说是一种名誉的社会返还，而且受赠方会在建筑物上镌刻上捐赠方的名字作为回礼。

当然，身为皇帝的尼禄也不例外，然而他的目标不是庞培剧场或恺撒神殿、奥古斯都神殿那样独栋的设计，而是另有规划。此外，尼禄肯定是以国库来支撑他的理想，而非自己出钱来实现理想。在尼禄看来，让国库来完成这些工程是可行的。尼禄跃跃欲试地设想，从帕拉蒂尼山，经西里欧山下的低地，再到埃斯奎里山，显而易见，这是一个大规模的改造计划。

时至今日，在我们游览罗马之际，很难想象西里欧山下的低地没有罗马斗兽场的罗马的样子。而且，我们现在看到罗马斗兽场时会觉得它就理应那样设计，因为这里可以眺望位于帕拉蒂尼山下的罗马广场遗址。然而，当时的罗马广场并非有如今天我们所见的断壁残垣，而是神殿、会堂以及各种纪念柱整齐排列的地方。从这里延伸出去还可以看见卡匹托尔山上的众多神殿，往北眺望可以看见雄伟的恺撒与奥古斯都广场，即此地是拥有众多公共建筑的罗马市中心区域。

历朝历代争先恐后进行公共建筑建设的当权者并不在少数，然而这些公共建筑不会给人低俗的感觉。以柱廊为例，如果它仅仅只有支撑房屋的作用，根本就不需要这么多的石柱。然而并列的石柱本身就能产生一种美感。集中的建筑物也是这样，也能产生出力量与美感。如果说在眺望茫茫海洋的断崖上建一座孤立的神殿是希腊人的审美观的话，那么将众多建筑集中起来，向外人展现力量与美感就是罗马人的审美观。

然而，尼禄痴迷于希腊文化。尼禄想尝试在罗马城中心重现希腊称之为“阿卡狄亚”（Arcadia）的绿色世外桃源，于是下令兴建“黄金宫殿”。这是一项浩大的工程，完全占用了从帕拉蒂尼山到埃斯奎里山共计 50 万平方米的土地。

尼禄在帕拉蒂尼山下开始了他的工程，拉丁语直译为“穿行大厅”的“Domes Transitria”采用了列柱回廊的建筑风格，正中放置了 4 米高的黄金尼禄雕像。穿过“穿行大厅”，沿奥庇乌斯山前的道路右侧往上，即罗马斗兽场所在的低洼地区，现在已经变成了一片广阔的人工湖。奥庇乌斯山上“黄金宫殿”（Domus Aura）主楼面对着这个人工湖，而主楼的背后就是埃斯奎里山。这个地方被计划用于饲养动物的公园。据说，人工湖的水从遥远的罗马东北的蒂沃利引流而至。奥庇乌斯山上人工湖一带全部修建了长达 1.5 公里的三排列柱的回廊。主楼雄伟壮观，甚至连建筑物的天花板都可以旋转，还可以利用上面的机关将花瓣撒落在游人头顶之上。可以说，黄金宫殿是融合了奢华、技术与梦想于一体的宏伟建筑。

在我看来，尼禄用意为“独栋私宅”的“Domus”(“多莫斯”)为这些建筑命名十分不妥，这是他犯下的错误。为什么这样说呢？因为这个黄金宫殿没有栅栏也没有墙。皇帝的私人住宅本是不可以随便进出的，然而人工湖与自然公园，罗马公民都可以随意进出。这也是尼禄想把城中心变成绿地的原因。如果那时候有生态学家，我想他们肯定会与尼禄产生共鸣。

然而，对于城市的理解，罗马人与尼禄并不相同。在罗马人看来，作为一个城市，特别是市中心，拥有可供城市正常运转的设施就能满足他们的生活，希望享受绿地美景，他们大可以到郊外的山庄或别墅。此外，对于拥有第二栋房子，罗马人非常执着，所以他们往往在别墅中费尽心思营造美丽的庭院。这种痴迷可以与近代的英国人相媲美。

这些建筑被尼禄命名为“黄金宫殿”之后，他还感觉不够，甚至还夸口说这里才是适合人类居住的地方。这话传到那些渴望在城市中拥有庭院却十分贫困的公民耳中，不免有些刺耳。然而，炫耀并非尼禄的真正用意，他只是希望公民们可以到这里放松休憩。

黄金宫殿随着尼禄自杀身亡也被搁置下来。然而，此后的罗马帝国的历代皇帝都对黄金宫殿进行了改建。韦斯帕芗皇帝将人工湖改建为罗马斗兽场，而把黄金尼禄雕像的头像换成了太阳神的头像；提图斯皇帝在庭园的西南角建了一个浴场；图拉真皇帝把主楼拆除后也重建了一个大浴场；哈德良皇帝在“穿行大厅”的位置兴建了一座神殿。经过这些皇帝的改建，原来的黄金宫殿早已面目全非了。在皇帝们有意无意的破坏之下，民众的反感逐渐消弭，这也从另一个侧面证明了尼禄与罗马人的城市观非常不一致。在罗马人看来，比起波涛翻滚的湖面，宽敞的罗马斗兽场更让人赏心悦目；比起放养动物的自然公园，温暖的浴场更让人心旷神怡，罗马人利用城市的方法不外乎此。

此外，选错了日子重新动工也是尼禄的失误。

公元 64 年，就在年初动工的黄金宫殿即将落成时，突如其来的罗马大火将黄金宫殿也焚毁了，本来重新动工的日期应当稍微推迟一下，然而尼禄好像忘了一般。虽然尼禄一心致力于灾后重建，但对黄金宫殿的重建更是不遗余力。在普通民众看来，“Domus”等于独栋私宅，因此，尼禄花力气重建当然让他们愤怒。在罗马公民之间，见面居然会开这样的玩笑：“趁尼禄还没把罗马变成私宅之前，赶快从罗马搬走吧！”

让罗马公民更为愤怒的是，这次火灾的面积差不多与尼禄的黄金宫殿预算用地完全吻合，从而引发了罗马公民的纷纷质疑。保护私有财产在罗马实行得非常彻底，即使是皇帝想要土地，也得出钱向所有者购买。然而，购买需要跟所有者分别交涉，若没有充足的时间与金钱，简直就是天方夜谭。然而，若是房屋被烧毁，所有者一般都会放弃土地，所以购买起来会比较轻松。因此，罗马大火是由尼禄下令纵火这一谣言也传开了。灾民中还流传着这样的谣言：尼禄在埃斯奎里山的别墅中手抚竖琴，遥望着大火中的罗马，兴高采烈地唱着荷马的《伊利亚特》中特洛伊城沦陷一节的内容。这些谣言加重了灾民痛恨尼禄的情绪。

罗马公民对尼禄的反感与敌意，使得27岁的尼禄浑身不自在。在他看来，自己的所作所为都是为了罗马公民，因此他们理应对自己感恩才是。虽然在罗马大火之前，尼禄偶尔会被罗马公民嘲笑。但从整体上而言，尼禄仍然是一位受罗马公民尊重的皇帝。现在，情势急转直下，尼禄继位以来第一次被敌意包围，这使得他惊慌失措，因此患上了强迫症。为了打消人民对他的敌意，尼禄绞尽脑汁。就在此时，很多心怀叵测的人趁机向尼禄兜售诡计。

迫害基督教徒

在追查罗马大火纵火嫌疑犯过程中，为何尼禄会把矛头直指基督教徒呢？犹太教与基督教都一直拒绝融入罗马社会，为何犹太教就可以免遭尼禄的迫害呢？

公元64年夏，作为侥幸逃过火灾的4个居民区之一，犹太人居住的是台伯河西岸第14区。他们之所以会集中在一个地方，缘于罗马帝国首任皇帝奥古斯都允许他们在这一区中建立自己的聚居区。基督教起源于罗马帝国第二任皇帝提比略晚年时期，那时候还没有任何关于基督教的传教活动。耶稣基督在公元33年左右被钉死在十字架上，耶稣死后其门徒们开始传教，主要对象是与门徒民族相同的犹太人。罗马帝国差不多每一个城市都有犹太人社区，所以罗马帝国也是基督教的传教范围之一。因而，在第三任皇帝卡利古拉与第四任皇帝克劳狄乌斯时代，基督教徒都与犹太人一起生活在台伯河西岸的犹太人聚居区。

然而，新的运动往往最先遭到身边人的反抗，犹如基督被判刑是因为耶路撒冷犹太教的敌视态度。在尼禄时代，罗马的基督教徒大多是犹太人，他们大多数并不住在犹太人聚集的第 14 区，而是居住在台伯河对岸的第 12 区。虽然第 12 区曾被恺撒下令拆除，但仍然保留了共和制时代塞尔维马斯城墙的外沿。因为是郊区，虽然在大火中受损，程度却并不严重。

由于罗马人是一个信奉多神教的宽容民族，他们认为基督教无非是犹太教的分支，只要不引发社会骚乱，就不会改变罗马宽容的政策。然而，在罗马人看来，宽容并不意味着赞同，仅仅是正视对方的存在。在我看来，罗马人对待犹太教徒的态度可谓是真正的宽容。

罗马人与当地的犹太人没有太大摩擦，这当然与犹太教的选民思想不无关系。只有自己才是神明选中的子民，犹太人对此深信不疑。若是其他民族与他们一样，他们的地位就受到冲击。因此，即使热衷于在自己民族内部坚持信仰，犹太人根本不打算向其他民族传播其宗教。我们也从未曾听过犹太教传教的新闻吧？

然而，基督教与犹太教恰恰相反，耶稣认为上帝面前人人平等的观点，完全不符合犹太教的选民思想。不过，我觉得耶稣的平等思想以“基督教的上帝”为前提，这实际上也是一种选民思想。话说回来，选民思想的差异导致了对待他人态度的不同，也导致了犹太教与基督教的不同。换言之，犹太教对其他宗教的信徒并不热情，基督教恰好相反。

波兰 19 世纪的作家亨里克·显克维支在其小说《你往何处去》中描写了一个场景，十分有代表性：在罗马传教的圣彼得拜访罗马首屈一指的大儒、尼禄的亲信佩特罗尼乌斯，热心地游说他皈依基督教。然而，佩特罗尼乌斯不为所动地回答：

“我深知你们的说教没错，但我死之时，自会饮毒自尽，请你们不要打扰我。”

乖乖听话就不是基督教徒了。基督教徒肯定不会放任不管。在他们看来，他们信仰的上帝是唯一的，不相信这位上帝的人说明他还没有了解真正的宗教。因此，基督教徒坚信拯救这些可怜人就是他们的使命，不过这对那些非基督教徒而言就是多管闲事。当时的罗马绝大多数人是非基督教徒。

从多神教的角度来考虑问题，在罗马人眼里基督教徒的多管闲事就是桀骜不驯。《新约 · 使徒行传》中有这样一个故事：圣保罗在希腊传教时，在众多神像（希腊人也是多神教徒）的最后面找到一尊名为“献给未知之神”的神像。和圣彼得不同，圣保罗属于激进的传教士，他对在场的希腊人大声嚷道：“这尊神正是我们唯一之神。”听到这种武断的话之后，希腊人愤怒地将圣保罗毫不留情地赶出了城。

人类智慧还有尚未涉及的领域，而献给未知的神正是对尚未涉及领域谦虚的表现。如果武断地认为找到了无所不知的唯一之神，对于多神教的希腊人而言，这真是不知天高地厚的狂妄自大。能够接纳战败者的信仰，导致了罗马的神超过了 30 万个。然而，即便是罗马人十分宽容，他们与怒而赶走圣保罗的希腊人如出一辙。

此外，罗马人有自己独特的感情。罗马人击败伊特鲁里亚人，随后将他们同化，除了用活人献祭之外，罗马人在这个过程中向伊特鲁里亚人虚心学习，包括如何建造拱门、如何举行仪式和角斗比赛等。公元前 2 世纪，迦太基人被罗马人打败，出于对迦太基人用婴儿来祭祀的极端蔑视，就把他们的首都焚为不毛之地。由于凯尔特人的德鲁伊特教也有用活人献祭的风俗习惯，罗马人也将他们赶出加入罗马帝国的高卢和不列颠，并为他们感到羞耻。罗马人比希腊人更厌恶在祭奠神灵时用活人作为祭品。

当然，在弥撒之中，基督教也有用面包与葡萄酒祭奠的习惯，面包象征着耶稣的肉，葡萄酒象征着耶稣的血，这一点罗马人十分清楚。然而，从罗马人的角度来看，这与在神灵前供奉牛羊，再把它们宰杀、烤熟、分吃是一样的道理。基督教徒一直强调耶稣之死是一种牺牲，道理大抵如此。

基督教徒吃牺牲者的肉，饮牺牲者的血，而罗马人只吃献祭的牛羊肉。在罗马人看来，基督教徒比伊特鲁里亚人、迦太基人还要野蛮，甚至比蛮族凯尔特人有过之而无不及。对于基督教徒的态度，普通罗马人基本是厌恶、唾弃。

知识分子对基督教徒的态度稍微有些不同。在历史学家塔西佗看来，基督教徒就是破坏罗马人打造人类共同体制度的始作俑者、阴险的敌人。300 年后的罗马帝国的确验证了塔西佗的观点。

与尼禄时代的犹太人相比，同一时代的罗马基督教徒聚居区规模相对较小，势力弱小，没有强大到必须斩草除根的地步。此外，他们没有犹太人那样的好运，可以获得皇后波比娅的庇护。综上所述，罗马基督教徒当然是纵火罪最好的替罪羊。基督教徒除了犯有“纵火罪”，尼禄还指控他们犯下了“憎恶全人类罪”。

尼禄实施的逮捕并非撒网捕鱼，而是顺藤摸瓜。先逮捕了几个自称是基督教徒的人，然后严刑拷打，逼迫他们供出其他基督教徒，等其招供之后再予以判刑。当然，所谓的判刑一般都是死刑，然而不经审判直接绑赴刑场又与罗马法律相悖。因此，在接到告密后，这些司法机构才采取行动，在证据齐全之后立即予以处决。

对这次清剿基督教徒的行动，以塔西佗为首的史学家都没有记载这次殉教者的确切人数。然而，有部分研究者从骇人听闻的刑讯手段，以及罗马以外城市基督教徒的组织规模等推测，处死的基督教徒有二三百人。要一次处死这么多人，的确非常吸引眼球。然而，尼禄并非简单地将其处死，而是当成了一场残酷的表演。传闻梵蒂冈的角斗场就是当时的刑场。

一些基督教徒被强迫穿上兽皮，然后被野狗群咬死。其他人则被钉在十字架上处死，这是罗马时代比较普遍的刑罚。还有一部分人被用于夜间表演，一个个被绑在并排的柱子上，然后活活烧死。被烈火焚烧的人肉柱，映得观众席上大气都不敢出的观众满脸通红。尼禄也在角斗场里的战车上，欣赏这残酷的“表演”。

这次基督教徒遭受的残酷死刑，在市民的心中引起了与尼禄预期相反的情感。塔西佗不相信尼禄纵火，但是他依然这样写道：

> 即使这些人罪有应得，但是过于残酷的刑罚让民众动了恻隐之心。其实人们都清楚，这些基督教徒会遭此厄运绝不是为了维护公共利益，只是满足一个人的暴虐罢了。

尼禄原打算将纵火嫁祸给公民讨厌的基督教徒，从而消除公民对他的怀疑。然而尼禄失算了，反而使传闻他故意纵火的谣言愈传愈凶。

罗马共和制时代与元首制时代的历史中，最有名的既非尤里乌斯·恺撒，也非奥古斯都，而是尼禄。他不仅十分出名，也可谓是罗马皇帝的代表。当然，罗马帝国延续期间并非如此。在罗马帝国灭亡之后，基督教徒取代罗马人成为世界主人公后才有此定论。公元64年，尼禄因迫害基督教徒而成为罗马史上的名人。基督教徒极其反感尼禄，称其反基督教。对尼禄的评价在2 000年后的今天依然没有丝毫改变。

然而，尼禄对基督教徒的迫害只局限在首都罗马，或许他只是为了转嫁纵火罪，而此后没有发生类似的事件。

基督教徒称五贤帝为“贤主明君”，这并不意味着在他们统治时期没有迫害基督教徒的事件发生。图拉真皇帝时代，耶路撒冷与安提阿两名主教殉教。此外，里昂的基督教也曾经被马可·奥勒留皇帝镇压过。然而除了局部地区受到镇压之外，并没有大规模扩散到帝国全境。而镇压的理由并非宗教问题，大多是借口维护社会治安。

进入公元3世纪，迫害扩散至罗马全境，但这也是从公元202年到250年间的短暂现象。公元250年一过，局势完全转变，公元253年、257年、258年，都是基督教徒受迫害最为严重的年份。

基督教徒在公元260年到303年期间并没有受到任何迫害。这对于居住在罗马帝国的基督教徒来说无疑是最为宁静的一段日子。

然而，公元303年后基督教徒又遭受了新一轮迫害。戴克里先皇帝决定重建罗马帝国，然而，他决心把“打乱罗马人创建的人类共同体制度”的基督教徒彻底肃清。光看这一时期皇帝对基督教徒下达的清洗令，就可以明白戴克里先的决心多么坚定。这一时期对于基督教徒而言是最大的受难时期。幸运的是，公元313年，君士坦丁一世下诏承认基督教徒的信仰自由，才使得灾难结束。基督教徒虽然卷进了帝王间的权力斗争，然而他们最终成了胜利的一方。

上述的例子是基督教徒受迫害比较引人瞩目的事件，因而仅仅把尼禄看作基督教徒的敌人未免有失公允。尼禄迫害基督教徒的理由，除了指控他们是纵火犯与胁从犯之外，把“憎恶全人类罪”也强加在了基督教徒头上。然而，当时罗马人说的“全人类”只是“罗马帝国”的意思。尼禄或许根本就没有想到，他居然成了第一个迫害基督教徒的当权者。

唱歌的皇帝

作为一位年轻的皇帝，其实尼禄的性格太过稚嫩，根本就容不得任何人对他的批评、反感与仇视。然而，正因为尼禄喜欢“标新立异”，又不能坦然面对别人的批评、反感与仇视，这种性格使得他经常产生偏激的倾向。他要么就是手忙脚乱地想扭转局势而丑态百出，要么就是反应过度地进行回击。不管怎么样，这都是由于他不能保持精神平静而产生的心态。当尼禄看到民众对遭受酷刑的基督教徒产生怜悯时，心里也开始感到惴惴不安。

翌年，即公元 65 年，第二届“五年庆典”——罗马奥林匹亚赛会正式拉开了帷幕。罗马人通常将此盛会称为“尼禄节”。在这个节庆中，尼禄希望以体格、诗歌和辩论来展现希腊文化的精髓。举办此次盛会的初衷，就是要将希腊文化融入罗马人的生活中，同时也是为了挽回其逐渐失去的民心。因此，尼禄向民众表示，他将为自己创作的诗配上曲，参加歌唱比赛。其实，尼禄已经在那不勒斯彩排过，当时就博得了观众的阵阵掌声，因此他信心十足。而尼禄很早之前就打算在罗马民众面前进行表演了。

这下子元老院如临大敌，为了降低皇帝自降身份、甘当艺人丑闻的热度，除了内定让尼禄获得辩论与歌唱的冠军之外，元老院别无他法。

对于元老院的好意，尼禄予以严词拒绝。在他看来，以自己的才能根本无须元老院插手。他表明自己要与其他参赛者一样平等比赛，服从裁判员的严格裁判，用自己的实力赢得桂冠。对此，元老院只能无可奈何地袖手旁观。

皇帝表演本身就很吸引人，门票免费，罗马的春天又适合出门，所以那天的庞培剧场人山人海。可容纳 3 万人的露天剧场居然座无虚席，实在是因为尼禄的出演刺激了群众的好奇心。

从尼禄登上舞台伊始，他就沐浴在群众的欢呼声与掌声之中。尼禄等这高涨的热情告一段落之后，手抚竖琴，和着自己创作的曲子，深情款款地唱出自己的诗作。从流传至今的几首诗作来看，尼禄的确有这方面的才华。至于曲子，当时无法录音，我们不好判断他的谱曲才华。套用那个时代的评论家的评价，用日语而言就是“下手の横好き”（越是拙劣之人越好瞎摆弄）。声音就是歌手的生命，尼禄的声音还不错，只是不够洪亮。

这些评价对观众而言毫无意义。尼禄唱得很卖力，唱完后他就用身上希腊式短衣袖子擦汗。罗马帝国的上流阶级通常用专用的布擦汗，如若要保持这一礼仪，就得命令仆人把布送到台上来，如此一来，就违背了他不想以皇帝的身份来比赛的初衷。等待评委们评分时，尼禄和其他选手一样，单腿跪着把竖琴抱在怀里，谦虚安静地等待着。这一举动让观众很开心，不断为尼禄鼓掌喝彩。尼禄是否胜出，历史学家们没有留下记录，不过比赛确实非常成功。如果在评委评分的基础上再加上观众投票，尼禄肯定获得优胜，因为没有一个参赛者得到的掌声和欢呼声盖过尼禄。

然而，观众席前面正襟危坐的元老与骑士阶级的男人，满脸鄙夷。观众中有来自行省和同盟国的贵宾，当他们见到艺人打扮的罗马皇帝时，也是一脸惊愕。

比赛非常成功，尼禄对此也很满意。虽然尼禄眼看就要满 28 岁了，然而在某些方面依然懵懂无知。他不明白人类是种很复杂的生物，亲近和敬意难以在他们心中并存。他也不知道，没有民众的尊敬与支持，皇帝的工作没法进行。同年年末，发生了一起针对尼禄的暗杀事件，史称“皮索的阴谋”。

皮索的阴谋

盖乌斯·卡尔普尼乌斯·皮索的出身在这种案件中最具典型意义。首先，皮索的家庭背景好。他出身于共和制时代的名门望族，也即尤里乌斯·恺撒的遗孀卡尔普尼娅的娘家。从不把婚姻与政治混为一谈的恺撒都选择与这个家族联姻，也不难看出卡尔普尼乌斯家族在元老院的地位。卡尔普尼乌斯家族对于成为皇族的尤里乌斯家族而言，是一个非常大的威胁。为了消除隐患，卡利古拉在位时，曾经把皮索流放到外地，克劳狄乌斯上任时他才得以回国。

作为一名心胸宽广、亲切友善的绅士，皮索身材健壮，即使人到中年仍然英俊潇洒、风度翩翩。与不到 30 岁就肥头大耳的尼禄相比，无论身穿军装还是托加长袍，皮索都是一个有魅力的罗马男子。至于才能与性格，他并无特别之处。也许因为他并非才华出众、个性突出，所以他才会被挑中在尼禄遇害后担任皇帝。

同决定刺杀尤里乌斯·恺撒的“布鲁图的阴谋”相比，这个“皮索的阴谋”明显不同。

刺杀恺撒的“布鲁图的阴谋”缘于对国家体制的分歧而产生两个派别，一派支持庞大帝国由皇帝一人统治，另一派则赞成仿照旧例由元老院统治。换言之，恺撒属于革新派，而布鲁图属于守旧派。恺撒与部分人的私人恩怨也掺和在了“布鲁图的阴谋”之中。

这次未遂的暗杀事件并没有上述两个原因。这些策划者当中的确有忠诚的共和主义者，然而他们并没有打算推翻元首制，恢复共和制。因为大家都普遍认为，由皇帝一个人治理的元首制要比由元老院少数人统治庞大的罗马帝国实际得多。这些策划者在20到30人之间，却没有一个人是出于个人野心、私人恩怨以及恐惧害怕，全都是担心罗马帝国的未来才出此下策。出于维护“共同体利益”的责任感而参与策划谋杀，这正是他们的理由。

然而，不可思议的是，连主谋都没有。这次暗杀并非由单一的某个人提出来的，而是因为大家担忧罗马帝国的未来而集体商讨出的计划，并决定了刺杀尼禄后的继位人选。除去皮索，这些策划者中的其余人员全是亲近尼禄之人，儿时的伙伴、偏袒尼禄的元老。其中居然还有尼禄的启蒙老师与谋士塞内加。亲近尼禄之人策划暗杀尼禄，与卡利古拉遇刺极为相似，但不同于布鲁图刺杀恺撒，其目的不在改变国体而只是想换一位皇帝而已。卡利古拉与尼禄都是未满30岁的年轻人，除了暗杀他们别无他法。

然而，暗杀行动之前为何会走漏风声呢?

参与者中有一位名叫斯卡耶维努斯的男子，仿佛是要把遗嘱在自己生前兑现一般，居然早早做了财产分配。斯卡耶维努斯以答谢的名义，把财产悉数分给以前忠实侍候自己的仆人们。而得到财产的人中有个解放奴隶，名叫米里库斯。斯卡耶维努斯一再吩咐米里库斯把短剑磨锋利点，再准备好止血药与绷带，将有大事发生。

米里库斯仔细一想，经常有客人登门拜访斯卡耶维努斯，主人会把他们支开，与这些男子密谈，而以前从未发生过此等怪事。米里库斯的怀疑得到了证实，随即将这些情况告诉了妻子，同样是斯卡耶维努斯家仆人的妻子对丈夫说，即使你闭嘴不说其他人也会说漏嘴，到时候就会被当成共犯抓起来，还不如现在就去告密。米里库斯带上斯卡耶维努斯吩咐他磨好的短剑，去了尼禄当时住的郊区行宫。尼禄由于帕拉蒂尼山上的皇宫失火，加之黄金宫殿尚未完工，暂时住在郊区的一处行宫里。

听到米里库斯的告密之后，尼禄大吃一惊。自即位以来，这10多年从未有人想过要谋杀他。他深信自己与在位4年就遭到杀害的卡利古拉不同，他是一位受人尊敬的君主。然而，尼禄还是吓得够呛，他赶紧传唤亲信近卫军团长官提格里努斯，下令他全面搜查。接替布鲁斯近卫军团长官一职的提格里努斯出身低贱，他希望通过对皇帝的绝对效忠来掩盖自己的出身。

被捕后的斯卡耶维努斯装出一副无辜的样子，他说把短剑的刀刃磨利并无他意。尼禄犹豫不决，他不知道应该相信这位解放奴隶，还是这位元老。就在尼禄差点被斯卡耶维努斯说服之际，情势急转直下，提格里努斯再次拷问了米里库斯。米里库斯招出了来访者中有位名叫纳塔里斯的客人，与主人聊得十分投机。

于是，纳塔里斯也被缉拿归案。属于骑士阶级的纳塔里斯，在罗马仅次于元老院阶级。当他见到血气森森的刑具时，吓得浑身发抖，接着供出了皮索与塞内加。斯卡耶维努斯得知纳塔里斯招供后，也许觉得大势已去，很快说出参与其中的人名。塞内加的侄子——诗人卢坎赫然在列。

卢坎与尼禄生活在同一时代，和伯父塞内加一样，也是出生于西班牙行省。他从小由伯父教导，与尼禄算是同门师兄弟。奥古斯都定下的《百年节赞歌》是诗人贺拉斯的得意之作，尼禄把卢坎从雅典的最高学府召回，要求他创作“尼禄节”的主题赞诗。在尼禄看来，奥古斯都时代的国民诗人贺拉斯与维吉尔同样声名显赫，这个任务交由卢坎相当于给了他同等的荣耀。卢坎拥护共和制，他的长篇叙事诗《法萨卢斯》，描述了尤里乌斯·恺撒与庞培的生死决战，其偏袒共和派庞培的立场一目了然，不过尼禄依然重用了他。然而，尼禄万万没有想到，他寄予厚望的年轻人也背叛了他。

面对严刑逼供，充满激情的年轻诗人也弯下了腰。他提供的名单让审讯者难以置信，上面居然有他母亲的名字。

为了抓捕谋叛者，提格里努斯手下的近卫军团把罗马翻了个底朝天。皮索自知前途无望，他在近卫军赶来之前割腕自杀了。被选为次年执政官的拉特拉努斯，来不及自杀就被直接押赴刑场，当即处死。

哲学家塞内加是积极参与，还是装作不知情，抑或与他完全没有干系？我们不得而知。只有纳塔里斯指认塞内加参与谋杀，他的供词只是说，他受皮索之命拜访塞内加，告知皮索对塞内加不愿见他的埋怨，同时带回塞内加的答复。塞内加的回答似乎无懈可击。

“如果经常见面，对我们都没有好处。如今，我已经退隐，成了普通人，这样的我能否安度晚年，全在皮索一身。”

塞内加仅凭这句话，就被判定有罪。对这位曾经的授业恩师兼辅政大臣的老哲学家，尼禄下令“赐死”。换言之，尼禄命他自行了断。

这位哲学家塞内加已经年近古稀，即使割腕，血液也并不多，所以为了及早解脱，他躺进了放满热水的浴缸里，但是没有如愿。最终，在为了促使发汗的蒸汽室的热气中才得到解脱。他在生前没有严厉批评尼禄，他有个愿望，希望在与朋友讨论哲学的过程中安静地去世。就这样，罗马史上唯一积极参加政治活动的知识分子与世长辞。塞内加曾经对尼禄寄予厚望，竭尽所能地辅佐他。退隐之后，尼禄如何看待他，对这一点塞内加本人没有留下只言片语。如果说尼禄“辜负”了塞内加，或许他也会觉得，对一个洞察力远胜常人的哲学家而言，这实在太过浅薄。即使如此，他引退后的著作仍旧保持一贯的飘忽忧郁，我不禁认为，这是老师在远处守望弟子。

与之相反，武士素来以简单直率为美德，他们在临终前的慷慨陈词反而十分悲壮豪迈。

近卫军团大队长弗劳斯是原计划下手行刺的要犯，当尼禄质问他为何要对曾发誓效忠的皇帝刀剑相向时，弗劳斯这样说道：

“我恨你！当你还是一个受人民爱戴的皇帝时，我敢说没有人比我更忠诚。可是，眼看着你大逆不道弑母杀妻，痴迷于竞赛，后来又热衷于唱歌，甚至沦落到纵火犯罪，我只希望你死！”

百夫长相当于如今的中队长，身为百夫长的阿尔普斯气愤地严词谴责尼禄后，平静地走向了断头台。尼禄质问道：“为什么要害我？”阿尔普斯回答道：“要挽回你犯下的种种错误，除了杀了你别无他法。”

显然，我们不能否认这样一个事实，在不依靠选举而又想要促进政权更迭时，唯有采取恐怖手段，才能改变一人独揽大权、乾纲独断的现状。参与此次暗杀阴谋的人全都拥有罗马公民权，意即拥有投票权。

纳塔里斯因指认同党得免一死，其他人被下令自裁或处以死刑。鲁弗斯与提格里努斯同为近卫军团长官，虽然他也是审问者，然而审讯过程中被抖出参与策划暗杀后也难逃一死。“皮索的阴谋”就此功亏一篑。不知道尼禄怎么打算，他公开了所有审判过程，还以出版物的形式公之于众。难道他不担心民众看了这些出版物后，同情这些暗杀者，甚至接受他们的言论思想？根据奥古斯都制定的《叛国罪法》，对帝国的“第一公民”图谋不轨，与反叛国家同罪论处，所以这些人是罪有应得。

显而易见，在获悉对方意图置自己于死地时，没有人会感念旧情。尼禄原本心胸开阔，如今对谁都揣有防备心理。过了不久，心爱的妻子波比娅也与世长辞。尼禄因此变得更加孤独，疑虑重重，这导致近卫军团长官提格里努斯的权力极度膨胀，越加飞扬跋扈。对这种事情极为敏感且热衷的塔西佗与苏维托尼乌斯就这样写道：恐怖时代再次降临。佩特罗尼乌斯是尼禄的密友之一，讽刺文学《萨蒂利孔》（*Satiricon*）就是他的杰作，他也被下令自裁。如果要指明尼禄是彻头彻尾的暴君，佩特罗尼乌斯是所有真实存在的历史人物中的最佳人选，相当于从不同角度呈现罗马人对尼禄的评价。在以基督教徒的立场描写罗马的小说《你往何处去》中，佩特罗尼乌斯就是主角之一。

可是，无论怎么假设都必须有说服力。比如批判罗马的体制，如果单从基督教徒这一方面进行论述，根本就缺乏足够的说服力。最具说服力、最有效的方法，就是列举这一阵营里支持者们批评的例子。如果连皇帝的亲信都持反对皇帝的态度，那么就更具说服力。在小说家眼里，这也是行之有效的方法。然而，在这些以文章为武器的人口中，与其说是“战略”还不如说是“构造”。

虽然亲近尼禄的人不断离他而去，但他没有因此自暴自弃、滥用职权、不理朝政。似乎是等待“皮索的阴谋”结束一样，帕提亚国王的胞弟梯里达底为了前往罗马加冕，经过9个月长途跋涉后终于踏上了意大利本土。如前所述，尼禄亲自到那不勒斯，以国宾之礼迎接宿敌帕提亚人。最终，在罗马首都举行的盛大加冕仪式圆满落幕。这样一来，既解决了罗马与帕提亚之间的亚美尼亚王位之争，又使得罗马与其头号假想敌帕提亚再度确保了“和平”。罗马广场上的典礼场地民众围得水泄不通，当尼禄亲手把王冠戴在跪着的梯里达底头上时，民众对着尼禄山呼“皇帝”。真正的功臣是科尔布罗，然而公民并不知道，在他们眼里，恢复和平的有功之臣只有尼禄。尼禄是帝国的最高统治者，无论功劳由谁创立，只要一经承认，最后尽归尼禄。沉浸在和平喜悦中的公民发出阵阵欢呼，作为回应，尼禄下令关闭雅努斯神殿的大门。战神雅努斯神殿的大门敞开代表战争，关闭意味着和平，这是罗马自古以来的传统。

尼禄原本以罗马公民中“第一公民”这种虚伪的名号称呼自己，现在他享有民众给予的“皇帝”这种颂扬，仿佛是在公民大会中以掌声、欢呼声的高低来选举一样。那么，此时的尼禄应该重拾“皮索的阴谋”被揭发时已动摇的自信了吧。

每天与历史相伴，重温曾经的一切。在这过程中让我感触最深的，决定成王败寇的不是那个人资质的高低，而是取决于他如何运用自己的资质。从这一点来说，尼禄始终在门外打转。他尽干些不讨巧的事情，好不容易获得的名声又丢失了。也许在尼禄看来，只要民众支持他，做什么都无所谓吧。在他仿佛获得“和平之神”的赞誉之际，尼禄已经下定决心前往他心驰神往的希腊旅游。然而，这次并非皇帝视察，而是去希腊参加比赛，一展歌喉。

青年将领

尼禄若是个未雨绸缪的人，那么“贝内文托的阴谋”肯定会让他搁置希腊之旅，也应该使他清楚，莱茵河防区与巴勒斯坦等问题不断的地方更值得视察。虽然“贝内文托的阴谋”在萌芽状态就被尼禄掐灭了，也不如“皮索的阴谋”规模浩大，并未对他造成多大影响。然而，事实上这次阴谋影响深远，尼禄更应该深刻反省，寻求根本对策，而非单纯地事后处理。因为罗马军队主力军团首次出现了反对尼禄的迹象。

以这些阴谋策划者聚集密谈的城市为名的“贝内文托的阴谋”，于公元 66 年正式酝酿成型。这次行动计划由军团的青年将领组织暗杀。他们并没有打算废除帝国政权，恢复共和制。作为罗马军队的精英，他们虽然常年戍守边关，却年纪轻轻就身居军团长或大队长等要职。虽然罗马帝国早就规定他们是今后能够统率 4 个军团以上的军团长的后备人选，然而由于与 29 岁的尼禄年龄差距不大，这群热血青年经常指责尼禄没有资格担任罗马帝国的皇帝。

这次阴谋的核心策划人物是一位名叫维尼奇亚努斯的青年将领，作为化解亚美尼亚—帕提亚问题功臣科尔布罗的女婿，他认为这是为国分忧解难的最佳时机。“贝内文托的阴谋”大概是意欲暗杀尼禄后拥立科尔布罗。为什么说“大概”呢？因为此次阴谋与“皮索的阴谋”不同，因没有详细史料，我们只能推测。尼禄曾经公布“皮索的阴谋”的审问过程，然而针对“贝内文托的阴谋”，尼禄以“不值得”为由，没有这样做。尼禄趁他们在贝内文托密谋时全部予以逮捕，居然全是军人。也就是说，参与阴谋的人全是誓死效忠皇帝、拼死捍卫国家利益的青年将领。由于罗马帝国规定，军人不在公民的审判范围之内。事到如今，他们必须接受军法处置。然而，这次处罚结果并未经任何审判马上就出来了，不到10人的青年将领全部被处死。而尼禄则若无其事地照原计划前往希腊。

希腊之旅

罗马帝国历任皇帝都会前往各地视察，然而尼禄却是一个特例，从未视察过罗马之外的任何一个地方。罗马帝国疆域宽广，西起不列颠，东至幼发拉底河，北抵莱茵河口，南接撒哈拉沙漠，统治了600多个民族。尼禄作为罗马帝国的最高统治者，亲自前往视察过的地方居然仅仅只有罗马与那不勒斯之间的几处，实在令人难以置信。

转战罗马帝国东西南北各处的尤里乌斯·恺撒暂且不论，就连擅长纸上谈兵的奥古斯都，从他继位前的内乱时期到登基以后，也亲自去过很多地方。提比略虽然55岁之后才登基，但在他即位之前有着极为丰富的外地巡视经历。甚至只当了4年皇帝的卡利古拉，在位期间也目睹了莱茵河与多佛尔海峡，这还不算他少年时代与父亲日耳曼尼库斯前往东方的经历。虽然克劳狄乌斯登基时对国情一无所知，然

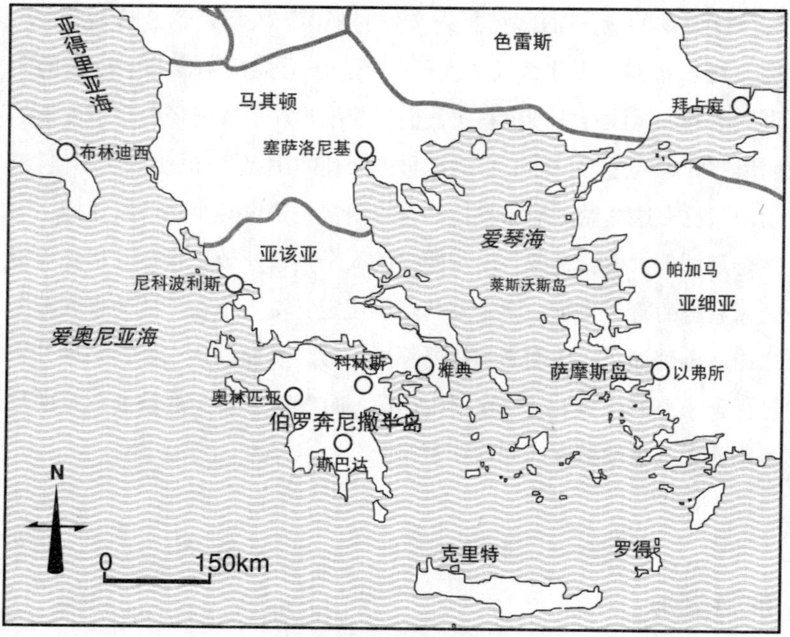

希腊及其周边国家

而远征不列颠时他也亲自到过疆场。尼禄与前任皇帝们相比，继位时罗马一派太平，没有动乱与战事，然而他对国情的无知到了令人吃惊的程度。尼禄统治罗马帝国，在其去希腊之前，已经 12 个年头了。这 12 年间，尼禄见到的只有罗马到那不勒斯这一段国土。

与其说尼禄的希腊之旅是为了搜集信息，不如说亲自前往沐浴它的新鲜空气，借此了解当地的风土人情更为恰当。可惜的是，尼禄根本没有领悟到这个真谛，也缺乏单纯的好奇心。作为一国之君，只要尼禄想做没有什么不可能。另外，皇帝亲自驾临，戍守边关的士兵肯定欢迎之至。

在我看来，尼禄的性格虽不属于多疑的一类，然而，作为一种探索，无论事前计划得多么周密，旅行一定会遇到计划外的情况。可是，尼禄与其他年轻人不同，他担心遇到意外。他举办“罗马奥林匹亚赛会”，兴建黄金宫殿，改造罗马市中心，这些都是前人没有尝试过的新事物，这也说明了他并非厌恶新事物。但是，这些归根结底也是“计划内”的安排。此外，尼禄从未进行过即兴演讲，首次登台表演的地方也选在非常熟悉的那不勒斯，有了啦啦队作为坚强后盾后，才敢在罗马登台表演。

尼禄憧憬中弹竖琴的阿波罗神

尼禄并非以皇帝身份来完成这次憧憬的希腊之旅的，相反，他是以歌手的身份，带上“奥古斯特阿尼”啦啦队，与其他选手比试自己的表演才华。此外，虽然四年一届的奥林匹亚赛会与科林斯赛会并非开赛之年，然而，在尼禄的强令之下又举办了这些竞赛。由于尼禄要参赛，原本没有的音乐项目，也在奥林匹亚赛会中增加了进去。啦啦队卖力的声援，加之蜂拥而至的希腊人的喝彩，各地举行的赛会中，尼禄都获得了冠军，也获得了不少黄金桂冠。通常，奖励冠军的桂冠都是用月桂树的枝叶编制而成，然而由于尼禄获得了冠军，唯有此次桂冠是专门以黄金打造。

即使是这样，尼禄在这次希腊之旅时也履行了皇帝的职责。其中一件是下令开凿科林斯地峡，使之成为连接爱奥尼亚海与爱琴海的运河，目的是为了缩短绕道伯罗奔尼撒半岛的时间和距离。尤里乌斯·恺撒是首先想到这项工程的皇帝，可惜以后的皇帝都没有打算建造此项工程。因为，这对维护地中海区域的“和平”无关紧要。从军事角度分析，科林斯地峡通航没有太大优势，但是经济方面会获得极大利益。希腊由于人才大量流入罗马帝国而出现衰退，开凿科林斯地峡可以改善希腊的经济状况。

然而，尼禄驾崩之后这项工程也被搁置了，再也无人问津。19世纪，苏伊士运河这一举世瞩目的工程完工之后，这条运河才得以顺利完成。虽然重新动工时隔 1 800 年之久，然而有传闻称在重新动工之际，工程现场还发现了尼禄时代开凿岩石的遗迹。

也许是为了回报其获得的众多桂冠，或者是为了在自己钟爱的希腊留下印记，总而言之，尼禄这次“巡演”顺便给希腊人带来了一份大礼。尼禄宣布将希腊全境都升格为“自由都市”。在此之前，由于雅典与斯巴达为人类文明做出了杰出贡献，只有这两座城市获得了“自由都市”的称号。而这种升格意味着内政自治，行省税全免。尼禄赋予希腊全境与雅典和斯巴达同等的特权，因此，即便不是希腊人也会对免征收入 10% 的行省税感到开心。显而易见，我们不难理解当时的希腊人会把尼禄视为最杰出的皇帝这种狂热。

然而，尼禄驾崩不到两年，这些全部变成一纸空文。心智成熟、性格健全的韦斯帕芗皇帝认为，区别对待行省非统治之良策。憧憬希腊文化，与冷静处理政治工作完全是两码事。但是，韦斯帕芗皇帝依然承认雅典与斯巴达的特权，这其实也是“政治”。

话说回来，尼禄有时候还是从失败中吸取了教训。比如亚美尼亚—帕提亚问题，由于指挥系统不统一，尼禄耗费了10年时间。所以在处理犹太人叛乱一事时，为了不重蹈覆辙，他一开始就交由韦斯帕芗全权处理。

然而，我们只能说，尼禄这一时期言行不成体统。他一方面命令韦斯帕芗全权负责镇压犹太人暴动，另一方面，他又愚蠢地命令前线的士兵避免出动。尼禄在希腊旅途中如此矛盾的指令，大概是因为他把这些命令视为对“贝内文托的阴谋”的后续处理吧。虽然，此时的罗马军队一派安静祥和，然而从罗马军队之后的变化来看，尼禄的决定实在愚蠢至极。

军团长之死

罗马帝国在莱茵河防线部署了8个常驻军团，以保障帝国的边境安宁。被称为高地日耳曼军团的，由一位军团长统率4个军团，担任莱茵河上游至中游的防御。被称为低地日耳曼军团的，也是由一位军团长统率4个军团，担任莱茵河中游到下游的防御。罗马帝国共有25个军团，守护莱茵河的8个军团是公认的精锐。然而，此时担任高地与低地日耳曼军团长官职务的，刚好是斯克里波尼乌斯家族的兄弟两人，他俩都是经验丰富的前线将领。

斯克里波尼乌斯兄弟俩被尼禄召到了希腊。与此同时，他也传唤了科尔布罗。科尔布罗时任叙利亚行省总督，负责幼发拉底河的防御工作。

作为最高司令官对下属的命令，尼禄在信中的感激之情溢于言表，三位军团长毫无防备就直奔希腊报到。然而到达希腊后，尼禄并未召见，他们没有等到皇帝设宴招待的通知，而是赐死的命令。提格里努斯奉命出迎，他指挥近卫军团士兵包围了莱茵河的两位军团长，逼迫他们自杀身亡；迎接科尔布罗的是尼禄派来的近卫军团士兵，科尔布罗从他们手中接到尼禄的亲笔书信，命其自裁。

塔西佗的《编年史》对这一事件的记载最为翔实，可惜这个时期以后的内容都失传了，因此，我们并不清楚，解决亚美尼亚—帕提亚问题的功臣科尔布罗最后的命运到底如何。至于他临终前是何心情，除了想象之外别无他据。无论如何，有一点毋庸置疑，他没有犹豫，也没有申辩，爽快地拔剑自裁。这三位军官是确实参与了“贝内文托的阴谋”，还是由于年轻气盛的将领们一时口误而造成的冤案？真相究竟如何，我们不得而知。然而，尼禄在没有确凿证据的情况下，的确处死了长期驻扎在帝国最重要的两条防线——莱茵河防线与幼发拉底河防线的三名军团长。更有甚者，尼禄是先将他们调离了有部下忠心支持的军队之后才命令他们自裁的，这种做法的确十分卑鄙无耻。

即便将军队的最高将领处死，军队也并未出现反尼禄的行动，这说明军队上下都在讨好皇帝，有研究者这样记下了当时的场景。确实如此，即使自己的长官遇害，在这一时期属下的士兵也没有发生叛变。虽然没有行动，但反叛的心理正在酝酿之中。经此一事，以罗马公民为主的罗马军队对尼禄的态度发生了翻天覆地的变化。如果不是这样，此后一年内他们发起的叛乱我们就无从解释。尼禄无凭无据地处死三名军团长，这让他与整个罗马军队为敌。造成这种结果，与其说是尼禄行事过于草率，还不如说他蠢得无可救药。

若是尼禄对军队置之不理，他可能会永远待在希腊。作为皇帝就必须处理此事。尼禄离开罗马期间，一应政事皆由解放奴隶赫利乌斯处理，经赫利乌斯再三劝告，他终于在一年半后返回了罗马。传闻于公元 68 年 1 月下旬，尼禄从意大利南部港口布林迪西登陆。

经过了一年半的时间才终于回到本土。在尼禄看来，凯旋将军的待遇才对得起他这次出行，故而，在那不勒斯与罗马都为他举行了盛大的凯旋仪式。

凯旋仪式

在希腊之旅全程陪伴尼禄的啦啦队每人手持一块宣传牌，行进在队伍的最前面。宣传牌上详细记录着获胜的各场赛事，在罗马的凯旋仪式中，这是凯旋之人进城时获得的待遇。为了让目不识丁的人也能了解情况，尼禄下令在宣传牌上描绘了他表演时的情景。宣传牌的尽头紧跟着一支队伍，他们高举获胜的奖品黄金月桂冠，据说月桂冠居然有 1 808 顶，那么宣传牌也应该不少于这个数。尼禄作为凯旋将军，最后才慢条斯理地出场了。除了头上戴的不是橄榄枝编的月桂冠，而是黄金月桂冠之外，尼禄依照罗马帝国的古代礼仪，身披绣有金线的深红斗篷，驾着由 4 匹白马拉的战车出现在人们的视线中。

到达罗马广场之前的行进路线严格遵循传统，然而经过罗马广场之后却没有登上卡匹托尔山，亲赴最高神朱庇特的神殿表示感谢。出人意料的是，尼禄刚进入罗马广场就往左转，耸立在帕拉蒂尼山之巅的阿波罗神殿才是凯旋仪式的目的地。作为艺术之神，阿波罗掌管着艺术。尼禄认为自己不是战场上的胜利者，而是艺术上的胜利者，所以他坚信一直在背后默默支持他的是阿波罗神，阿波罗神才是他应该感谢的对象。

在历史学家的记载中不难发现，尼禄的凯旋仪式让罗马公民欢欣鼓舞。在罗马人看来，有趣新奇的事物都值得享受。更何况这次凯旋仪式打破常规，人们还可以看到春风满面的尼禄皇帝。

实际上，大获全胜的凯旋仪式，是人们为了庆祝国家安全得到保障而举行的庆典，这与手抱竖琴、自弹自唱的“巡演”结束后的凯旋完全不一样。因此，罗马的民众迅速从狂热中回过神来，错不在普通人身上。

然而，对于罗马人迅速冷却的表现尼禄非常不满。在他看来，罗马人缺乏文化素养，于是他动身前往那不勒斯，他认为那里的文化水平高于罗马城。另外，在罗马他只能在奥林匹亚赛会期间登台演唱，但是在那不勒斯则可以完全任由他高兴，随时随地引吭高歌。可惜天不遂人愿，尼禄到达目的地之后突然接到报告，高卢发生暴动。

忧国

对于当时的罗马人而言，不管是谁，只要一听到盖乌斯·尤里乌斯·温德克斯这个名字，立刻就明白所指何人。比如盖乌斯·尤里乌斯·恺撒，这个名字对 2 000 年后的我们来说也是如雷贯耳。我们来分析一下这个名字。首先，温德克斯表示这个人是高卢人；尤里乌斯家族中，名为盖乌斯的男性多不胜数。百年前恺撒征服高卢之后，将自己的家门名赐予高卢部族首领，所以高卢人从此以尤里乌斯作为自己的家门名。虽然名字较长，然而只有温德克斯才表示他出生于高卢的一个地方，即阿奎塔尼亚（今亚奎丹）。

从父辈开始，这位高卢人的家族已经成为元老院的一员。这种结果得益于公元 48 年克劳狄乌斯皇帝制定的法律，该法律规定，高卢人可获得元老院元老席位。起初，这部法律承认当时与罗马历来友好的埃杜伊部族首领有资格加入元老院。当时大家都可以预见，既然允许部分部族首领加入元老院，那么其他部族首领获得这个资格也是早晚的事，后来的事实也证明了这一点。而这位温德克斯的父亲就不是埃杜伊人，而是属于阿奎塔尼亚人。

后来，子承父业的温德克斯也成为元老，然而元老职位并非终点，温德克斯甚至出任高卢的行省之一“卢格登高卢行省”（里昂行省）的总督。如果把这里与罗马化进程较快的“纳博讷高卢行省”（法国南部行省）进行比较，罗马人肯定认为这里比较落后。但克劳狄乌斯这部允许“长发高卢”（法国中北部地区）的权贵成为元老的法律，从立法到尼禄时代仅仅过去了 20 年，作为征服者的罗马人对被征服者的开放乃至同化速度之快，实在让人惊叹。

东邻莱茵河，北接多佛尔海峡，西至大西洋，南抵比利牛斯山脉，罗马帝国高卢全境分为 5 个行省（请参阅《罗马人的故事 06·罗马统治下的和平》），其中，除法国南部行省是元老院行省之外，其余 4 个行省都是皇帝行省。这 4 个行省中日耳曼行省位于莱茵河西岸，是防线的最前沿，因此，罗马在此设置了常驻军团。此外，贝尔吉卡、卢格登高卢与阿奎塔尼亚 3 个行省没有驻军。在“长发高卢”的

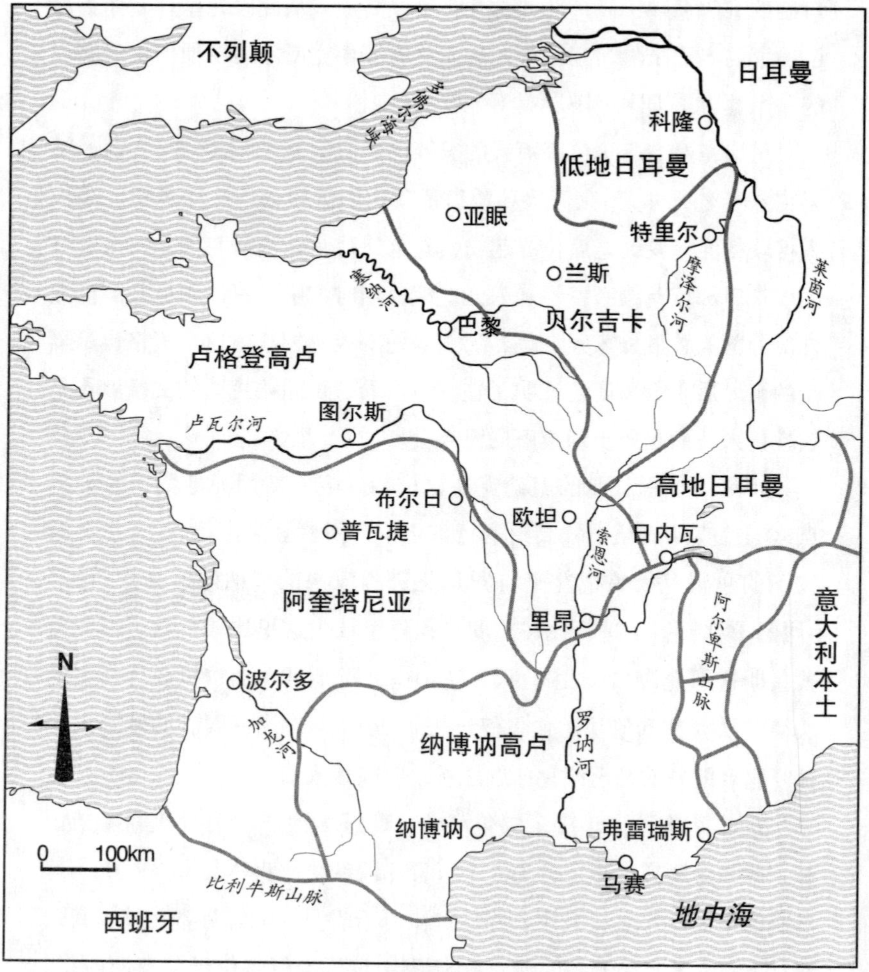

不列颠
日耳曼
多佛尔海峡
科隆
低地日耳曼
亚眠
特里尔
兰斯
摩泽尔河
莱茵河
塞纳河
巴黎
贝尔吉卡
卢格登高卢
卢瓦尔河
图尔斯
高地日耳曼
布尔日
欧坦
普瓦捷
日内瓦
索恩河
阿奎塔尼亚
里昂
阿尔卑斯山脉
意大利本土
N
波尔多
加龙河
纳博讷高卢
罗讷河
纳博讷
弗雷瑞斯
0 100km
马赛
比利牛斯山脉
西班牙
地中海

高卢全境

首都卢格登（现在的里昂），罗马只驻扎2个大队（不到1 000人）。换言之，20年前行省出生的人没有资格进入元老院，如今罗马不仅让温德克斯负责治理高卢，还授予他军权，即使他手下的士兵不足1 000人。罗马的开放路线由尤里乌斯·恺撒开创，经克劳狄乌斯再次实践，到温德克斯一代终于结出“果实”。然而，出人意料的是，这个温德克斯“果实”最后居然起兵反抗尼禄。

按理说，温德克斯应该义愤填膺地如此煽动高卢人：

“在我看来，尼禄根本不配为皇帝，拥护尼禄的罗马人自然没有资格统治我们。罗马人统治我们已经百年了，如今正是我们获得解放、赢得独立的大好时机。”

然而，温德克斯用的却是这样的言语：

> 尼禄把罗马帝国占为己有，整日沉溺于各种消遣、娱乐而萎靡不振，哪里还有泱泱大国一国之主的风范？他大逆不道，谋害生母，甚至以叛国重罪逼死贤臣良将。作为一国之君，他却喜欢化身为歌手，琴技不佳，曲不成调，他自己居然沾沾自喜。这种不称职的领袖应该及早下台，只有这样才能拯救高卢，拯救罗马人，拯救帝国。

温德克斯的这番说辞很快鼓动了大约10万名高卢人。实际上，这位总督号召群众时用的身份不是高卢人，而是罗马人。另外，他还鼓动同僚西班牙东北部的行省总督加尔巴，说他最有资格取尼禄而代之，成为罗马“第一公民”。

然而，就在卢格登总督温德克斯给西班牙总督加尔巴的亲笔信还在比利牛斯山脉途中时，莱茵河防线的高地日耳曼军团已经出动，准备镇压此次叛乱。

这 8 个防守莱茵河的罗马军团不仅得提防前面日耳曼人的入侵，还得防着背后的高卢人生事。一旦高卢发生叛乱，军团长无须皇帝下令，就必须直接出兵平叛。从军团中一步一步爬上来的库尔蒂乌斯·鲁弗斯，时任高地日耳曼军团的军团长，他一接到温德克斯聚集高卢人叛乱的消息，当即发兵镇压。

尽管号称 10 万大军，高卢人依然不是罗马精锐军团的对手。何况，温德克斯与手下的高卢人并不希望和罗马军开战。因此，这支队伍顷刻间溃不成军。也有历史学家记载，高卢人损兵折将接近 2 万人。然而，这支罗马军队成功镇压了反抗尼禄的叛乱之后，居然对军团长鲁弗斯说道："将军如想为王，我们愿效犬马之劳。"

这些罗马军人成功镇压了高卢人的叛乱，但他们反抗尼禄的心情与高卢人大同小异。对于士兵的劝进，鲁弗斯拒绝了。在他看来，或许是士兵必须忠于自己宣誓效忠的皇帝？或许是在军团里历尽千辛万苦晋升至骑士阶级，连担任元老都还不够资格，又怎能奢望自己统治帝国呢？他对此举棋不定。然而，反抗尼禄的行动已是此起彼伏。

崛起

西班牙总督加尔巴没有像鲁弗斯一样彷徨犹豫，而是立即响应了温德克斯的叛乱号召。加尔巴出身名门，祖辈们都是元老。加尔巴在统治行省的 8 年时间里，以德政著称，作为一名公职人员，可谓是问心无愧。在他看来，20 年前才被获准进入元老院的高卢人都能忧国忧民，作为罗马人岂能甘落人后？

伊比利亚半岛今天被分为西班牙与葡萄牙，而在罗马帝国时代则被分为三部分：覆盖东部与北部的塔拉戈纳行省、南部的贝提卡行省，以及西部的卢西塔尼亚行省。伊比利亚半岛的3个常驻军团全部集中在塔拉戈纳行省，总督是加尔巴，他也是3位总督中最年长的一位。

加尔巴接到报告，高卢人的叛乱被轻易镇压，温德克斯也自杀身亡，然而这并没有动摇加尔巴的决心。加尔巴说，行省总督宣誓效忠的对象仅限于元老院与罗马公民，这等于表明了自己反尼禄的立场。公元68年4月2日，距离尼禄的凯旋仪式不到两个月，当时尼禄正大肆庆祝自己的表演成功，引得非议不断。

卢西塔尼亚行省的总督奥托对加尔巴表示支持。很早以前，派驻贝提卡行省的财务监察官即代理总督的凯奇纳，也公开表示支持加尔巴。换言之，整个伊比利亚半岛都拉开了反尼禄运动的帷幕。高卢人温德克斯发起叛乱时，尼禄丝毫没有担心。然而，尼禄对加尔巴的异军突起感到非常震惊，因为加尔巴家族自共和制时代起就十分显赫。这次，尼禄不得不离开那不勒斯，急忙赶回首都。

然而，高地日耳曼的4个军团，因军团长鲁弗斯举棋不定，不敢有任何动作，而低地日耳曼的4个军团亦然。加上元老院依然保持观望，在这种情况下，尼禄觉得还有希望挽回局势。

元老院接到报告，加尔巴在西班牙又扩充了一个军团的兵力，所以他们通过决议，把加尔巴定为“国家公敌”。按照规定，要组编一支由罗马公民权所有者组成的正规军，首先必须获得最高司令官即皇帝的同意，接着由皇帝向元老院提议，元老院通过之后方可执行。加

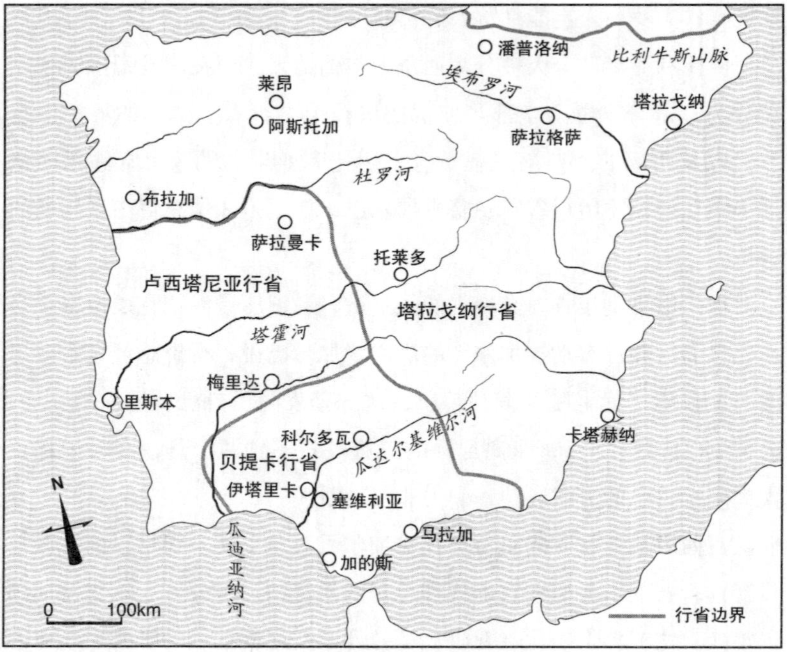

伊比利亚半岛

尔巴擅自扩军，是对元老院的冒犯。

然而，这次反抗尼禄的暴乱扩展到了罗马公民之中。小麦是罗马公民的主食，把小麦运到罗马有专门的船只，但是民众居然发现船上运载的是改建角斗场用的沙子，这还是出自尼禄的命令，这彻底引发了民众对尼禄的不信任。我曾反复强调过，罗马皇帝的首要任务是确保“国家安全”与“粮食安全”。身为皇帝，既不能有效控制负责“国家安全”的军队，也不把“粮食安全”放在心上，罗马民众忍无可忍。

元老院开始与“国家公敌”加尔巴联系，加尔巴本人在很久之前也派心腹潜入罗马卧底，双方暗度陈仓时日已久。当然，尼禄被蒙在鼓里。

元老院元老全是罗马社会的富裕阶层，思想较为保守。在他们看来，72 岁的加尔巴比 30 岁的尼禄更有安全感。再者，加尔巴功勋卓著，经验丰富。历史学家塔西佗曾写道：“很多人都认为，虽然尼禄是罗马帝国统治者的正统人选，然而真正有能力的还是……”当加尔巴率军攻向罗马的消息传来时，摇摆不定的元老院与罗马公民终于做出了选择。

国家公敌

局势突然变得对尼禄非常不利，一直以来信任有加的近卫军团长官提格里努斯早已不知所踪。提格里努斯手握 1 万近卫军，这也是驻扎在罗马帝国本土唯一的军事力量。他不见了，尼禄就失去了一个依仗。而另一位近卫军团长官利比德乌斯拜倒在加尔巴的麾下，成了尼禄的敌人。

就像从即将沉没的船里仓皇出逃的老鼠一样，从尼禄的警卫到伺候其平常生活的奴隶全都逃得一个不剩。他原本准备逃往埃及的船只因为船员纷纷离开，现在空无一人。

屋漏偏逢连夜雨，尼禄被元老院判为“国家公敌”。我曾一再重复过，“第一公民”是罗马皇帝的正式称谓，只有同时获得元老院和罗马公民的认可才有权统治帝国。尼禄被元老院宣布为“国家公敌”之后，意味着他的正当性受到了质疑。元老院发布公告后，由利比德乌斯一人指挥的近卫军决定拥戴加尔巴为“皇帝”。当然，这些士兵也是拥有罗马公民权的公民，他们拥有选举权。尼禄失去了元老院与公民的认可，意味着丧失了统治国家的权力。尼禄受到元老院派出的大批士兵的追缉。

即使这样，尼禄仍然没有自杀的勇气。由于尼禄曾经给予希腊特殊政策，在他脑海中还存有一丝幻想，只要能够亡命希腊，希腊人一定会笑脸相迎。他甚至一度考虑逃往帕提亚，然而，眼下最担心的仍是扑朔迷离的命运。

民间有这样的传闻，虽然尼禄最后众叛亲离，但仍有 4 个地位卑微的仆人始终不离不弃。其中一名解放奴隶在罗马城外有住宅，位于首都以北的萨拉里亚大道与诺门塔纳大道之间，距首都 6 公里，尼禄一行决定逃到这栋住宅。大概是这个地方较为偏僻，加上人烟稀少，所以远方的声音清晰可辨。逃进房间之后，顺着东风，甚至连近卫军团士兵“皇帝加尔巴，万岁！”的欢呼声都传到了尼禄的耳朵中。

在后来的传闻中，尼禄此时痛不欲生的处境被描述得更加夸张。我们可以确定的是，当尼禄知道有人会到这个藏身之处抓捕他的时候，他已经决定自行了断，并最终付诸实施。他甚至在临终前还说了“可怜的艺术家将要死了”这样一句遗言，然而是否真的如此，我们不得而知。但是，以尼禄喜欢咬文嚼字的性格来判断的话，他也许真的说了吧。这句话与他在黄金宫殿竣工前夕说的“终于建好像样的住宅了”相似，经常会让人产生歧义。

公元 68 年 6 月 9 日，罗马帝国第五任皇帝尼禄离世，享年 30 岁零 5 个月 20 天。尼禄继位时不满 17 岁，他在位的时间超过了 14 年。

接下来则要考虑怎么安葬尼禄了。奥古斯都陵园由第一任皇帝奥古斯都兴建，然而时局注定尼禄无法安葬在那里。因此，与第三任皇帝卡利古拉的待遇相仿，尼禄的骨灰被埋在别处。在经过简单火化后，尼禄的遗骸被儿时的乳母及初恋女奴阿可特埋在了其生父多米提乌斯家族的墓地内。这处墓地位于马尔斯广场上，然而具体地点现在已经没有留下任何痕迹。

然而，尼禄墓前祭奠他的鲜花水果从不间断，这一点是卡利古拉根本不能相提并论的。从祭奠物品的数量与新鲜程度来看，这些东西不仅仅出自尼禄的乳母与阿可特。死者为大，罗马公民对自杀身亡的尼禄还是比较宽容的。假若抛开尼禄曾经的帝王身份，他还是一个多才多艺的文艺青年。更何况，尼禄并非碌碌无为，除了没有善始善终，多少还是有些政绩的。换言之，作为领导者，持之以恒的意志力必不可少。

“尤里乌斯—克劳狄乌斯王朝”是由奥古斯都一手开创的，到尼禄时已经持续了将近一个世纪的时间。在我看来，尼禄之死并非单纯意义的奥古斯都血统断绝，而是象征着奥古斯都一手创立的“精致的虚构”的帝国政权的终结。

卡利古拉遇害后，或多或少拥有奥古斯都血缘的后裔，都会被拥立为新的皇帝。元老院和罗马民众不但不反对，反而赞成如此行事。正因如此，克劳狄乌斯得以顺利继位。他登基时近卫军团的确是一大助力，但是仅凭这个依靠不可能让元老院和民众忍气吞声长达 13 年之久。因此，按今天的说法，克劳狄乌斯登基是各方势力互相妥协、达成共识的结果。

同卡利古拉相仿，尼禄也没有后代。但是在庞大的罗马帝国，身上流着奥古斯都血的人并非没有。单论女性一脉，有人嫁到在共和制时代就已是名门望族的埃米利乌斯家族，也有人嫁入同为名门的尤里乌斯家族。然而，这类人大多遭到清洗，因为卡利古拉或尼禄认为她们会威胁自己的皇位。可是如若人们依旧坚信，继承了奥古斯都“血缘”之人就有资格继承皇位，那么肯定能找到符合条件的幸运儿。如果能如愿以偿，那么“尤里乌斯—克劳狄乌斯王朝”可能会加上一个埃米利乌斯什么的名称，变成“尤里乌斯—克劳狄乌斯—埃米利乌斯王朝”等等，奥古斯都开创的政治体制应当可以万古长青吧。

然而，现实始终不是理想，元老院与尼禄分道扬镳，他们最终选择了与奥古斯都没有任何“血缘”关系的加尔巴，并不认为这么做有悖礼法。士兵和普通民众也不以为意。至此，尤里乌斯—克劳狄乌斯王朝被罗马的主权者元老院和公民抛弃了。自卡利古拉死后，换个人来当皇帝就可以维持统治；尼禄死后，加尔巴无法稳坐皇帝的位子，帝国一年半之内内战频发，原因就在于此。然而，为何一个世纪之后，才有人认为不应该如此选择皇帝继承人呢？

同少数人掌握统治权、多数人共同执政的共和制不一样，君主制是君王一个人独揽大权，最大的缺陷就是缺乏有效监督。实际上，元首制也好，君主制也罢，人类历史上的统治方式基本上都缺乏有效监督。

然而，只有奥古斯都开创的罗马元首制存在监督机制。

相信各位在看了我做的图表之后应该会明白，下面这个巧妙的框架正是罗马皇帝权力构建的基础。

然而，正是奥古斯都创立的这个界限模糊不清的权力框架，才能实现其统治帝国的构想。在奥古斯都看来，自己的这个构想相较少数人统治的共和制更为优越，庞大的罗马帝国更适合采用他开创

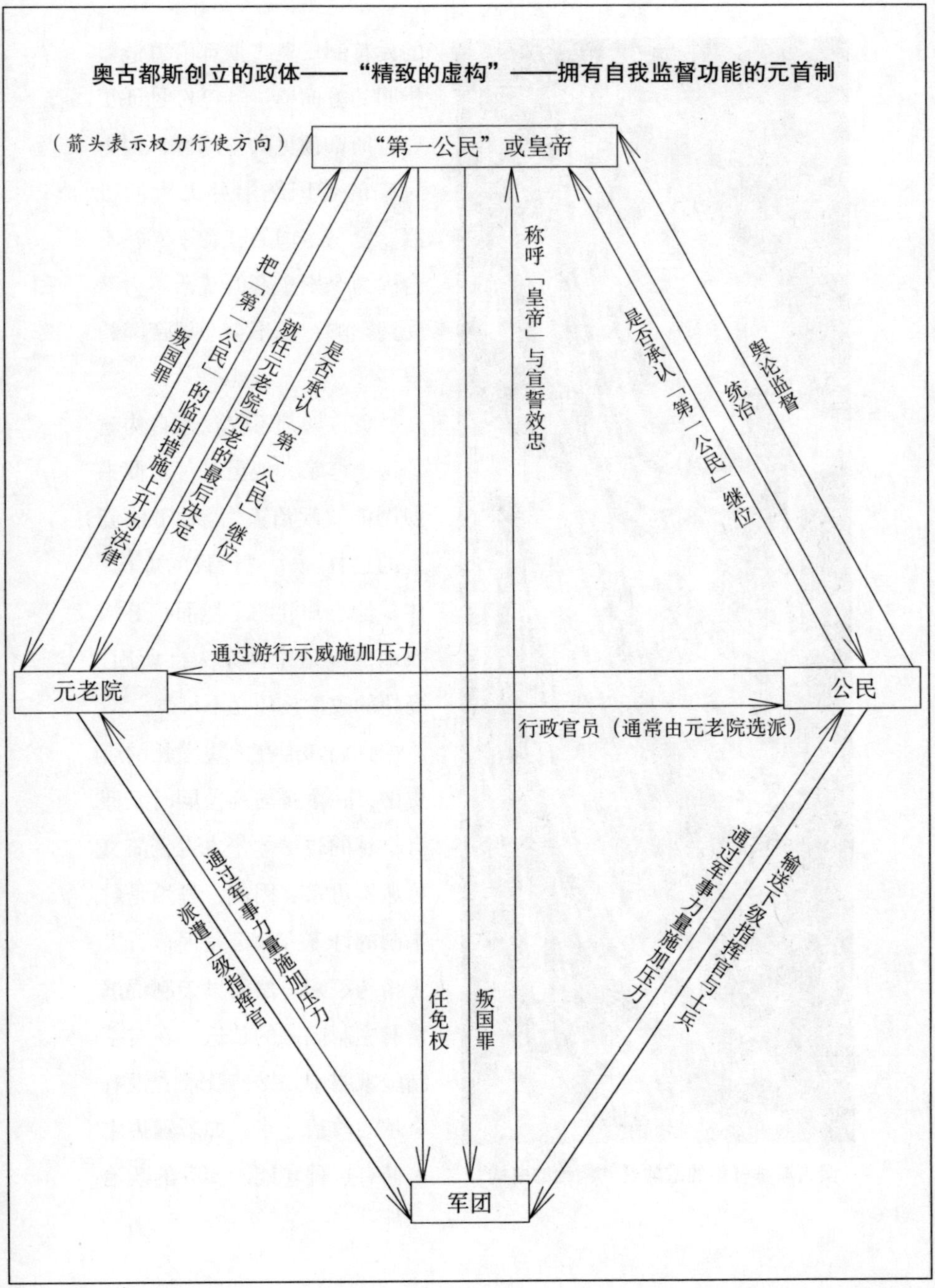
奥古都斯创立的政体——“精致的虚构”——拥有自我监督功能的元首制
（箭头表示权力行使方向）
“第一公民”或皇帝
元老院
公民
军团
叛国罪
把「第一公民」的临时措施上升为法律
就任元老院元老的最后决定
是否承认「第一公民」继位
称呼「皇帝」与宣誓效忠
是否承认「第一公民」继位
统治
舆论监督
通过游行示威施加压力
行政官员（通常由元老院选派）
派遣上级指挥官
通过军事力量施加压力
任免权
叛国罪
通过军事力量施加压力
输送下级指挥官与士兵

奥古斯都开创的政体是“精致的虚构”

的元首制。奥古斯都沿着恺撒指明的方向前进，已经见证了奥古斯都预见的正确性，因为后来的帝国统治并无大的纰漏。罗马帝国的“和平”并不会因为个别皇帝的统治不力而受到影响，也不会动摇帝国的根基。

奥古斯都不仅仅亲自构建了这个体系，他更是一个彻头彻尾的“政治人”，对于他创造的这样一个“精致的虚构”体系他心知肚明。然而，要娴熟地驾驭这个体系为己所用，高超的政治技巧必不可少。

我们知道在人类漫长的历史中，一个身居高位同时又拥有卓越的政治才华之人，简直可遇不可求。因此，哪怕是君主制的许多方面都是捏造且失于精巧缜密，然而世袭制仍然是君主制国家的首选。在君主制国家眼中，即使统治者没有卓越的政治才华，如若辅佐之人拥有这种才能，实际的政治生活同样可以照常运转。换言之，纵使统治者是弱智或者脑残，只要他与前任“血缘”相继，他照样可以统治帝国。当然，要让这个系统维持运转，这也是拥有卓越政治才华之人的责任。也就是说，通过承认权威却不授予权力的方式，弥补了缺乏监督机制的不足。

然而，罗马人与这种君主制没有丝毫联系。按照传统，罗马的权威与权力向来尽归一人。因为比起个人的“血缘”关系，罗马人更看重的是能力。即使是在元首制时代，世袭制也并不为罗马人接受。如果真要让罗马人接受世袭制，必须设置可以让他们安心的监督机制。

那么，奥古斯都为何如此钟情于世袭制呢？首先，相比出生于首都的恺撒，奥古斯都则出生于地方，他对家族拥有更强的向心力。然而，奥古斯都对于罗马帝国的统治，并没有半点私心，这一点与家族企业的创始人热衷于让儿子继承家业不同。在奥古斯都看来，世袭制可以避免争夺皇位导致的内乱，这才是真正的目的。然而，自古以来，世袭制并非罗马的最高统治者采用的传统。因此，仅凭“血缘”想当上皇帝还远远不够，还必须获得元老院和民众的认可。此外，为了使得世袭制更加巩固，士兵在宣誓效忠自己的最高司令官的同时，也必须向皇帝宣誓效忠。

然而，这只是表面规定，真实情况如前所述（参见《罗马人的故事 06 · 罗马统治下的和平》），在奥古斯都的巧妙平衡之下，将大部分权力都集中在皇帝一人身上。当然，并非每个人都能把权力利用得炉火纯青。没有驾驭这些权力的天赋，或者没有勇气使用这些权力，那么拥有权力也是枉然。因而，是否拥有权力完全取决于表面上的规则。对于罗马皇帝而言，如若元老院与罗马公民撤销对他的认可，罗马军队也拒绝宣誓效忠，那么即使身为皇帝，到那时也会沦为普通人，这就是所谓的表面规则。最典型的就是尼禄走投无路这个案例。

显而易见，在这种表面规则的操控下，“血缘”关系变得无足轻重。而罗马人认为的“血缘”并非今天所谓的附加条件，归根结底罗马人还是崇尚实力至上的一个民族。血缘对罗马人而言，只有拥有实力才会产生价值。尼禄之后的罗马帝国皇帝，都与奥古斯都毫无血缘关系，这充分说明当时的罗马人早已不再唯奥古斯都的血缘论事了。

与共和制时代末期一样，对于没有附加条件的实力而言，也难逃正面冲突。与一天时间就摆平了卡利古拉遇刺后的局势不同，尼禄自杀身亡后，罗马恢复和平花了相当长的时间。在罗马的内乱期间，先后出现加尔巴、奥托、维特里乌斯三位皇帝，直到韦斯帕芗继位才算大局已定，而前后差不多持续了一年半的内乱。这位继任的皇帝身上既没有流着尤里乌斯家族或克劳狄乌斯家族的血液，更不是出身于诸如加尔巴、奥托与维特里乌斯等元老院阶级。韦斯帕芗仅仅出身于一个贫寒的家庭，其父甚至没有稳定的职业。

虽然罗马人与奥古斯都的“血缘”进行了诀别，然而他们并没有否定奥古斯都开创的元首制。罗马帝国的元首制由恺撒描绘蓝图，奥古斯都构建框架，经提比略奠定基础，最后由克劳狄乌斯修修补补才最终确立下来。甚至连感情上倾向于共和制的塔西佗也不能否认，最符合罗马帝国现实的，除了元首制之外别无其他选择。作为一个并非意识形态类型的民族，罗马人仍然是一个善于与现实抗争的务实主义群体。公元68年夏伊始，虽然罗马帝国经历了长达一年半的动乱，但在此期间并没有探索新的政体。元首制已经成为罗马的共识，问题仅仅在于谁能够有幸成为“代表”而已。但是正因如此，奥古斯都原本辛辛苦苦为元首制设置的监督机制，却没有发挥任何作用。或许是我错了，其实暗杀皇帝似乎也成为正常的监督手段之一。

后 记

同为罗马人的历史学家塔西佗与苏维托尼乌斯为何要对罗马皇帝们口诛笔伐呢?

如果我们在今天的意大利街头提问 :“既是知识分子又身价不菲的人是谁? ”意大利人的答案肯定会是 :“左派。”

塔西佗身为元老院元老，而苏维托尼乌斯则是皇帝的秘书官。塔西佗比苏维托尼乌斯大约早出生 15 年，然而并没有两人生卒年的史料记载，不过传闻他们都活了 60 岁至 65 岁。可是，无论是《编年史》的作者塔西佗，还是撰写《罗马十二帝王传》的苏维托尼乌斯，他们都生活在政局稳定、经济繁荣的罗马帝国时代。

塔西佗在尼禄自杀而亡的那一年大约 13 岁，而苏维托尼乌斯尚未降生。罗马帝国在尼禄死后，陷入了一年半的混乱状态，在这两个知识分子生活的时代，他们经历的罗马皇帝如下 :

韦斯帕芗（公元 69—79 年在位）、提图斯（公元 79—81 年在位）、图密善（公元 81—96 年在位）、涅尔瓦（公元 96—98 年在位）、图拉真（公元 98—117 年在位）、哈德良（公元 117—138 年在位）。

罗马帝国“五贤帝”中，后面三位皇帝占了三席。

对塔西佗与苏维托尼乌斯的出生地，历史学家们并不十分了解，然而普遍推测塔西佗出生于法国南部行省。塔西佗的岳父阿古利可拉的家门名是尤里乌斯，出生地记载得很清楚，就在法国南部的法姆尤里（今弗雷瑞斯）。尤里乌斯·恺撒在发动高卢战争时期，就曾经授予过很多高卢实权派人士罗马公民权，甚至把自己的家门名“尤里乌斯”与元老院元老席位等授予他们，阿古利可拉的祖先应当就是恺撒拉拢的对象。罗马帝国有这样的惯例，即行省出生的人被提拔为元老院元老之后，通常会选择同一出生地的人做自己的女婿。不难推测，法国南部的名为纳博讷高卢地区很有可能是塔西佗的出生地。

与同样出生于行省、最终跻身罗马上流社会的塔西佗不同，苏维托尼乌斯出生于意大利本土，其父是第十三军团的一名大队长。从苏维托尼乌斯的经历推断，他属于罗马帝国的中等阶层。不管怎么说，他们一位是元老院元老，一位是皇帝的秘书官，哪怕是没有处于罗马帝国的权力核心，也应该是处于接近权力核心圈的地位。

从这两个人的政治态度来看，他们都坚持国家大事不应由个人独揽大权，而应当由元老院这支精英队伍挑起重任，显然上述立场表明他们都属于支持共和制的一派。身为元老的塔西佗身上的这种倾向十分明显。然而，他们两人都生活在罗马秩序井然、政局稳定、经济繁荣的时期。

如果只是单纯地反对某一种体制，往往会造成自身力量的损失。既保存实力又能达到反对体制的目的，唯有提出一个能够取代现行体制的新制度，才是正确的做法。也只有这样，反对体制才能取得积极的功效。

可是，随着罗马帝国政权的日益巩固，罗马人已经逐渐认可这种体制，在这种和平与繁荣的罗马帝国政权时代，不可能一味地反对体制，而新的制度也很难产生。甚至连塔西佗与苏维托尼乌斯都没想过要摧毁元首制度，回归共和制。

在这种前提下，如若无法提出足以取代旧体制的新制度，理性的反体制者又如何谋求出路呢？

最简单的办法就是批判。然而，一个人如果无法相信自己言语具有的力量，他很容易变成为批判而批判，或者堕落为专门揭露别人丑闻的小人。就像研究者经常说的“塔西佗式悲观主义”，我想他产生悲观情绪的真正原因，并非担忧罗马帝国的未来，而是因自己的理想无法实现而产生担忧。这种想法与繁荣的资本主义国家中的马克思主义者有着许多相似之处。

然而，最后变成了德国历史学家蒙森说的：“该记的不记，记的都是不该记的。”试想一下，假如报纸上的社论与杂志上的八卦新闻，全是今天我们日本人留给后人的史书，那么后人会怎么看呢？然而，罗马皇帝的不幸之处在于，塔西佗功力深厚，远非写社论的记者可比，他的文章引人入胜，而苏维托尼乌斯亦然，他的文章比杂志上的文章更有意思，很适合作为人们的谈资。正是因为他们俩功力深厚的文笔，这些文章才得以流传 2 000 年之久。共和制时代的知识分子西塞罗也早就有这样的名言：“无论何时，批判当权者的文章总是受人追捧。”而我们在日本也很容易读到塔西佗与苏维托尼乌斯的作品译本了。

罗马人论述的罗马皇帝与非罗马人论述的罗马皇帝，这两种形象大相径庭。对于罗马元首制时期 600 名元老失去决策国家大事的“自由”，对于非罗马人的希腊人斯特拉波、犹太人斐洛与弗拉维乌斯·约瑟夫斯等而言，这根本就是无所谓的一件史事。因为他们根本就不属于罗马帝国的继承者，而是被统治阶层。对于居住在罗马的非罗马人而言，他们更关心的是，自己的生活会受到罗马帝国是否正常运转的影响，因此，他们的记载更为客观，好就是好，不好就是不好。因而，非罗马人对罗马皇帝的论述是："该记的记，不该记的不记。"不会有丝毫隐瞒。

然而，由于这些非罗马人远离帝国权力核心，这也成为他们论著的硬伤，与塔西佗和苏维托尼乌斯的著作相比，他们的作品缺乏真实性和说服力。仅仅从流传后世这个角度出发，由于塔西佗与苏维托尼乌斯对批判皇帝不遗余力，也迎合了基督教徒的口味，使得他们的作品流传更加深广。

塔西佗的作品对后世的罗马史观产生了深远影响，在此想介绍其中的一些章节。这本书与他崇拜的岳父阿古利可拉有关，名为《阿古利可拉》。我在此向大家介绍他担任不列颠总督时的一些段落，主要记述他如何治理行省：

> 阿古利可拉就在这个寒冷的冬天休战期间，实施了非常有效的措施。虽然不列颠人散居在各个部落，过着自己的野蛮生活，然而他们依然彪悍、好斗。阿古利可拉了解到不列颠人的这种天性，通过竞争关系培养他们过上和平与安定的文明生活的习惯。不论是不列颠人为公家或自己修建神殿、讲坛（集会广场），还是建造石屋，都会给予奖赏。阿古利可拉积极奖励劳动者，惩罚懈怠者，如此一来，不列颠人之间自然形成竞争关系，总督大可作壁上观，根本就没有必要强制他们干活。

阿古利可拉让不列颠人部落酋长的儿子们学习提高修养的必修课（英语是“liberal arts”，文科）。他还不忘奉承这些酋长几句，说不列颠人的聪明远胜高卢人的热情。这样一来，此前一直拒绝学习拉丁语的不列颠人都希望可以早日说一口流利地道的拉丁语。阿古利可拉甚至夸奖不列颠人身穿托加长袍的姿态更加富丽堂皇，而罗马服饰就是他们最好的选择。

就这样，不列颠人逐渐忘了他们原本的生活方式，迷恋上了罗马式回廊、浴场与饮食方式。无知而又浅薄的他们以为自己正在迈向文明，实际上这只不过是他们成为奴隶的证明而已。

在不列颠，罗马人做的不仅仅是建祭祀场所、列柱回廊、议事厅、歌剧院以及浴场。如今在英国还能看到诸如道路、上下水道等大量的古罗马遗址，都是当时罗马人的杰作。而痴迷庭院的现代英国人喜欢栽种花草，其中有很多种类也是由罗马人移栽不列颠的。另外，现代英语中，大约有 40% 的单词来源于拉丁语。有些英国知识分子在聊到德国人时，不经意间会流露出德国人是一个没有经过罗马文化熏陶的野蛮民族这样的轻蔑语气。英国首相丘吉尔也曾写过，恺撒跨越多佛尔海峡开启了大英帝国的历史。如今，关于古罗马的研究，英国人的成绩足以鹤立鸡群。若没有英国人的研究，罗马史将无从谈起，当然，这种说法也并不为过。

对于现在英国人的这副姿态，不知塔西佗知道了会做何感想，也许他会再次出言挖苦，不列颠正是在罗马的统治下奴隶化了吧。

然而，当不列颠人从笔直平坦的大道一眼望去，他们的心里应该清楚，比起过去劳力伤神的道路，现在运输货物应该更加省时省力；

当不列颠人站在宽敞屋檐遮挡下的会场内时，他们应该知道，哪怕是经常下雨，也同样能够高兴地在里面聊天。养成洗澡的习惯可以预防疾病，铺设水道就不用到远处取水，摆事实讲道理可以避免冲突，这些都是不列颠人从罗马人那里学到的生活习惯。正如塔西佗所言，虽然不列颠并不寒冷，但天地间弥漫着水汽。因此，不论是穿着罗马式长袍还是短衣，不列颠人应该不会再饱受这些天气的困扰了。

现代发达国家的左派知识分子，与武断地认为这些行为都是奴隶化结果的塔西佗如出一辙。他们拥有了一切，却认为发展中国家的人们拼命工作是为了电冰箱、洗衣机、汽车是错误的，极力想说服他们回到原来的生活状态。他们不厌其烦地进行说教，从未考虑过自己是否真有这种资格。更进一步而言，不知道这些左派知识分子是否认真思考过，冰箱、洗衣机让女性减少了多少负担呢?

我从心底十分尊敬塔西佗，他让我们了解了当时的罗马历史。然而，有时候我还是忍不住想抗议几句："塔西佗，你怎么能这样讲呢？"

大事年表

年份（公元）	罗马帝国			其他世界
	本土	西方行省	东方行省	
4	提比略被奥古斯都任命为罗马帝国下一任皇帝的继承人；此外，奥古斯都也指明了继提比略之后是日耳曼尼库斯	提比略重返日耳曼前线，除易北河之外，其余重要河流全部纳入帝国统治之下	犹太希律大王驾崩，犹太国一分为三，三个儿子分别执掌一方；耶路撒冷的犹太教徒要求恢复神权统治，引发暴动，叙利亚总督瓦鲁斯出兵镇压	
5		14年后，提比略挥师再度进抵易北河沿岸		
6		罗马军队开始进攻马科曼尼人	犹太教徒再生异变，以耶路撒冷为中心的犹太中部地区被纳为罗马行省	
7		潘诺尼亚与达尔马提亚发生暴乱，提比略立即与马科曼尼人和谈		
8				中国西汉被王莽所篡，新朝开始
9		夏，罗马军队征服了潘诺尼亚；秋，瓦鲁斯指挥的3.5万人罗马军队与阿尔米尼乌斯的日耳曼军队短兵相接；瓦鲁斯3个罗马军团在日耳曼中部条顿堡森林全军覆没；冬，达尔马提亚与罗马议和		
10	提比略三度担任日耳曼战争总司令。翌年再获连任			

（续表）

年份（公元）	罗马帝国			其他世界
	本土	西方行省	东方行省	
13	提比略被奥古斯都召回罗马，授予罗马全军“最高指挥权”。其后，日耳曼尼库斯接手日耳曼战线指挥权			
14	为了确定罗马帝国的人口总数，奥古斯都与提比略共同进行了人口普查。结果显示约494万人拥有罗马公民权。8月19日，奥古斯都在那不勒斯驾崩，时年76岁。9月17日，提比略被元老院推举为“第一公民”，继任罗马帝国第二任皇位	由塔克法里纳斯领导的北非反罗马的暴动爆发；驻潘诺尼亚营地的罗马军团哗变，提比略派儿子杜路苏斯平叛；驻扎在低地日耳曼营地的罗马军团也哗变，日耳曼尼库斯从高卢前去平叛，经过流血整肃后，成功将其镇压；罗马军队进攻日耳曼人		
15		春，日耳曼尼库斯率领约6万罗马大军越过莱茵河，俘虏日耳曼人领袖阿尔米尼乌斯的岳父及妻儿，并将他们带回罗马		
16		日耳曼尼库斯率8万大军攻入日耳曼腹地，成功击溃阿尔米尼乌斯军。撤军时受到恶劣天气的干扰，损失不小		
17	5月26日，首都罗马为日耳曼尼库斯举行了凯旋仪式；日耳曼尼库斯将前往东方赴任。提比略结束了长达28年的日耳曼战争，同时重新布防莱茵河防线；提比略要求元老院授予日耳曼尼库斯“最高指挥权”。秋，日耳曼尼库斯与其妻阿格里皮娜、其子卡利古拉出发前往东方		小亚细亚南部地区遭受大地震袭击，损失惨重。提比略拟定赈灾政策，重建灾区	

（续表）

年份（公元）	罗马帝国			其他世界
	本土	西方行省	东方行省	
18	小亚细亚小国卡帕多西亚与科马根被提比略纳入直辖行省。罗马帝国营业税下调，由 1% 降至 0.5%（设置了时限）	1 月，日耳曼尼库斯访问亚克兴角海战的遗址	日耳曼尼库斯抵达亚美尼亚首都阿尔塔沙特，并为新王阿尔塔克西亚斯举行加冕仪式。之后他到达埃及，次年离开	中国赤眉起义
19	提比略以犹太人扰乱社会治安为借口，将他们暂时驱逐出境		春，日耳曼尼库斯从埃及返回叙利亚，随后前往帕尔米拉；10 月 10 日，日耳曼尼库斯病故	
20	元老院审判叙利亚总督皮索，罪名是不服从日耳曼尼库斯指挥等，最后自裁而亡			
21	杜路苏斯成为执政官，提比略移交政务，前往那不勒斯近郊，并在当地滞留了一年；为解决北非叛乱，提比略任命新总督，整合指挥系统；原叙利亚总督居里纽去世，提比略决定用国葬厚葬他	塔克法里纳斯发动的骚乱声势日大，严重影响了罗马帝国对北非的统治；罗马驻莱茵河军团镇压了高卢东部的叛乱，事件起因于高利率以及高税赋		
22	在提比略的请求下，元老院授予杜路苏斯“护民官特权”			
23	杜路苏斯突然死亡。提比略对莱茵河及多瑙河等罗马帝国的防线重新进行了调整，并下令补足军团人员空缺，对辅助兵总额等进行了规定	塔克法里纳斯战死，北非问题迎刃而解		中国刘秀战胜王莽，新朝灭亡
25				中国刘秀即位，称光武帝，建东汉
27	提比略把卡普里岛当作隐居地；罗马郊外一个名叫佩特洛小镇的角斗比赛场观众席突然倒塌，导致了 5 000 余人伤亡；罗马西里欧山遭遇火灾，被毁一空			中国赤眉起义失败，向光武帝投降

（续表）

年份（公元）	罗马帝国			其他世界
	本土	西方行省	东方行省	
28		莱茵河下游的一个日耳曼部族叛乱，罗马军队损失了900名士兵才将叛乱镇压下去		
29	利维娅（提比略的母亲，即奥古斯都的遗孀）离世；年末，日耳曼尼库斯遗孀阿格里皮娜与长子尼禄·恺撒被判有罪，分别被流放至文托特内岛与蓬扎岛			
30	对阿格里皮娜母子的流放判决正式执行。阿格里皮娜次子杜路苏斯·恺撒也因被指控反叛国家而定罪，处以监禁；尼禄·恺撒死于流放地			
31	1月1日，协助提比略肃清阿格里皮娜派系的近卫军团长官塞雅努斯与提比略同时出任执政官；提比略辞去执政官职务，随后秘密解除塞雅努斯近卫军团长官一职，重新任命马克罗担任此职。10月18日，提比略致信元老院，揭发塞雅努斯犯了叛国罪，元老院通过决议判处其死刑，并于当天执行			
33	阿格里皮娜于流放地文托特内岛离世，次子杜路苏斯·恺撒也离世；有元老被揭发在行省滥放高利贷，导致金融波动，地价暴跌，这是罗马史上首次大规模金融危机。提比略拟定公共资金的投入等多项措施，化解了困局			

（续表）

年份（公元）	罗马帝国			其他世界
	本土	西方行省	东方行省	
34			帕提亚趁亚美尼亚国王阿尔塔克西亚斯去世之际，介入亚美尼亚内政。次年，提比略派维特里乌斯前往叙利亚解决此事，帕提亚从亚美尼亚撤军	
36	罗马的阿文庭山遭遇大火，提比略立即命令救援，起草重建计划			
37	3月16日，提比略在那不勒斯以西的米塞诺别墅中驾崩，时年77岁；3月18日，日耳曼尼库斯幼子卡利古拉被元老院授予所有的权力；卡利古拉继任罗马帝国第三任皇帝；9月27日，卡利古拉获封“国父”称号。10月，卡利古拉重病			
38	夏，卡利古拉的妹妹杜路希拉离世；卡利古拉公布新供水管道的修建方案；10月，罗马发生火灾		埃及亚历山大的希腊人与犹太人矛盾升级，爆发了大规模冲突。以斐洛为首席代表的犹太使节团前往罗马向卡利古拉陈情	
39	罗马帝国财政处于崩溃边缘；春，卡利古拉接见犹太人与希腊人使节团	秋，卡利古拉前往高卢视察，放弃了进攻日耳曼计划		中国东汉对土地及户口进行普查
40	5月下旬，卡利古拉回到罗马，8月31日为其举行凯旋仪式。卡利古拉怀疑其妹小阿格里皮娜及尤利娅·利维娅对自己图谋不轨，将她们流放；与此同时，卡利古拉与元老院关系日益恶化	3月，卡利古拉放弃进攻不列颠，于多佛尔海峡附近进行军事演习	在犹太希腊人与犹太人的矛盾日益尖锐。犹太人砸毁祭祀卡利古拉的祭坛。卡利古拉命令叙利亚总督佩特罗尼乌斯在耶路撒冷大神殿里建造罗马主神朱庇特塑像	

（续表）

年份（公元）	罗马帝国			其他世界
	本土	西方行省	东方行省	
41	1月24日，近卫军团大队长卡西乌斯·卡瑞亚及科尔涅利乌斯·萨比努斯行刺卡利古拉，卡利古拉离世，时年28岁。卡利古拉之妻卡桑尼娅与女儿同时遇刺身亡；当日，元老院通过决议，将卡利古拉的所有权限授予克劳狄乌斯，克劳狄乌斯黄袍加身，成为罗马帝国第四任皇帝；克劳狄乌斯对《叛国罪法》予以废止，流放文托特内岛的卡利古拉的妹妹阿格里皮娜得以重返罗马		统治犹太的权力被克劳狄乌斯交给希律王家族的希律·阿格里帕。耶路撒冷等犹太中部地区恢复35年前的国王统治。克劳狄乌斯将亚历山大拉回正轨	
42	克劳狄乌斯计划在罗马外港奥斯提亚建设一个新港，同年破土动工	作为不列颠势力最大的部族领袖辛白林离世，权力争夺战从不列颠蔓延至高卢东北		
43	罗马帝国远征不列颠，克劳狄乌斯任命奥鲁斯·普劳提乌斯为总司令	4万罗马大军在奥鲁斯·普劳提乌斯的指挥下，从不列颠东南登陆，并在泰晤士河初战告捷；渡过海峡之后，克劳狄乌斯进入科尔切斯特城会见罗马军队，并制定了把不列颠行省化的方案		
44	首都罗马为克劳狄乌斯举行凯旋仪式。让人吃惊的是其妻梅莎里娜赫然在列		由于希律·阿格里帕离世，罗马帝国再次接管犹太	
47	罗马为远征不列颠的总司令奥鲁斯·普劳提乌斯举行了简化的凯旋仪式；因梅莎里娜诬告，原执政官法雷里乌斯·阿吉阿提库斯自杀身亡			

（续表）

年份（公元）	罗马帝国			其他世界
	本土	西方行省	东方行省	
48	克劳狄乌斯对罗马帝国进行人口普查，约有 598 万男性拥有罗马公民权；克劳狄乌斯举办“百年节”；克劳狄乌斯之妻梅莎里娜因犯重婚罪，被克劳狄乌斯的秘书官纳鲁奇索斯下令处死			
49	克劳狄乌斯与侄女小阿格里皮娜（卡利古拉的妹妹）结婚，这也是其第四次婚姻；哲学家塞内加因被指控通奸而被流放到科西嘉岛，小阿格里皮娜将之召回罗马，命其负责教导儿子多米提乌斯·阿赫诺巴尔布斯（下一任罗马帝国皇帝尼禄）。后来升任近卫军团长官的布鲁斯担任武术教师			
50	小阿格里皮娜劝说克劳狄乌斯收其子多米提乌斯为养子，随后，多米提乌斯更名为尼禄·克劳狄乌斯		克劳狄乌斯任命阿格里帕二世担任犹太国王，将耶路撒冷及其周边地区划为罗马直辖行省，分而治之	
51	尼禄时年 14 岁，小阿格里皮娜为其举办成年礼；罗马帝国受到恶劣气候影响，小麦减产，导致粮食储备量不足		沃洛吉斯继位为帕提亚新国王	犍陀罗艺术诞生
52	于卡利古拉时代开工兴建的两条供水管道竣工，取名为“克劳狄乌斯水道”		帕提亚进攻亚美尼亚，罗马出兵，帕提亚军望风而撤	
53	尼禄与克劳狄乌斯之女屋大维娅完婚，并在元老院第一次发表了演讲			

（续表）

年份（公元）	罗马帝国			其他世界
	本土	西方行省	东方行省	
54	10月13日，克劳狄乌斯驾崩，时年63岁（有传言称，遭小阿格里皮娜下毒而亡）；就在当天，尼禄接受了近卫军团的“皇帝”称号。元老院也决定授予尼禄一应大权；尼禄继任为罗马帝国第五任皇帝，时年16岁		帕提亚攻占亚美尼亚，沃洛吉斯任命其弟梯里达底就任亚美尼亚王位；罗马任命格奈乌斯·多米提乌斯·科尔布罗为总司令，出兵亚美尼亚	
55	尼禄对母亲小阿格里皮娜的专横跋扈渐生反抗之意；由于担心母亲拥立克劳狄乌斯之子不列塔尼库斯为帝，尼禄谋杀了不列塔尼库斯		春，科尔布罗出任卡帕多西亚与加拉太行省总督，与叙利亚行省总督夸德拉图斯分别指挥两个军团，对帕提亚作战	
57	尼禄合并元老院行省与皇帝行省的财政税收，实现了国库的统一		从这一年年末到第二年年初，科尔布罗带军进入小亚细亚山岳地带，进行高强度练兵	日本倭奴国向东汉进贡，汉光武帝颁发金印
58	尼禄对于元老院授予的“终身执政官”称号予以拒绝；元老院否决了尼禄提议废除间接税的议案，随后双方达成折中议案		5月，科尔布罗率军攻入亚美尼亚，他建议帕提亚上奏尼禄，请求罗马授予梯里达底亚美尼亚王位，帕提亚拒绝。罗马军兵不血刃地攻占亚美尼亚首都阿尔塔沙特，将帕提亚军队赶出了亚美尼亚	
59	3月21日，尼禄弑母		春，罗马军将亚美尼亚首都阿尔塔沙特付之一炬，转而向第二首都提格兰诺凯尔德进发，再次兵不血刃地攻下该城。尼禄令梯里达底任亚美尼亚国王	
60	罗马首次举办五年一届的“尼禄节”，规模庞大			

（续表）

年份（公元）	罗马帝国			其他世界
	本土	西方行省	东方行省	
61	亚美尼亚再次爆发危机。荣升叙利亚行省总督的科尔布罗向尼禄献策，请求派遣军团长全面负责亚美尼亚战线，尼禄采纳了这个意见，任命贝图斯为军团长负责亚美尼亚战事	不列颠爆发了反抗罗马的暴动，罗马1个军团遭到歼灭，约7万人遭到残杀。远征安格尔西回师不列颠的行省总督苏维托尼乌斯，率领1万名士兵与不列颠人展开激战，取得胜利		
62	罗马首都近卫军团长官布鲁斯病逝；尼禄谋士塞内加隐退；尼禄与妻子屋大维娅离婚，迎娶波比娅·萨宾娜。随后，将屋大维娅流放远方，并将其谋害致死		贝图斯到达亚美尼亚前线，统率3个军团。科尔布罗也统率3个军团，并担任叙利亚行省总督；陷入帕提亚的包围圈，贝图斯率部投降，被迫同意从亚美尼亚撤军；帕提亚国王沃洛吉斯遣使面见叙利亚总督科尔布罗，要求拆除科尔布罗建于幼发拉底河东岸的所有堡垒以及河上桥梁。帕提亚方面同意科尔布罗的要求，从亚美尼亚全面撤离	
63	帕提亚国王遣使抵达罗马，向尼禄当面递交帕提亚国王的亲笔信函。罗马拒绝议和，授予科尔布罗东方地区最高指挥权，准备开战；位于帝国南部的庞贝遭受地震袭击；尼禄建于马尔斯广场的体育馆遭遇雷击，引发大火，被焚毁		5万罗马大军在科尔布罗的率领下，成功攻入亚美尼亚，并逐一攻陷了帕提亚的军事要塞；帕提亚请求议和，并按照科尔布罗的答复，向罗马表示愿意签订和平条约，双方暂时休兵；科尔布罗与帕提亚国王的弟弟梯里达底直接面谈。梯里达底同意前往罗马接受皇帝的加冕	

（续表）

年份（公元）	罗马帝国			其他世界
	本土	西方行省	东方行省	
64	尼禄开工建造“穿行大厅”；在那不勒斯露天剧场，尼禄首次以歌手身份出场表演；7月18日夜，罗马角斗场发生大火，火势持续了9天，随后蔓延至罗马全城。尼禄指挥灭火，救助灾民，并进行灾后重建等；与上次改革时隔87年，为了保证灾后重建及市中心改造所需资金，尼禄推行货币改革；在兴建黄金宫殿之后，尼禄饱受诟病；以“纵火罪”“憎恶全人类罪”等为借口，尼禄大肆逮捕基督教徒，并予以判刑，然而坊间仍然有“尼禄下令纵火”的传闻		梯里达底前往罗马	
65	春，尼禄在第二届“尼禄节”中纵情高歌；年末，尼禄发觉了直指自己的“皮索的阴谋”。除一人外，皮索、拉特拉努斯等皆被处死或自杀谢罪。塞内加被怀疑参与其中，遂自杀身亡。尼禄妻子波比娅离世；梯里达底到达罗马，在罗马广场从尼禄手中接过亚美尼亚王冠。此后，罗马与帕提亚之间在半个世纪中相安无事			
66	尼禄再次挖出“贝内文托的阴谋”，作为科尔布罗的女婿，维尼奇亚努斯等青年将领欲谋杀尼禄，拥立科尔布罗当皇帝，然而阴谋败露，这些嫌犯全部被处死；尼禄以歌手的身份，到希腊旅行		犹太发生暴乱，尼禄命韦斯帕芗全权处理	

（续表）

年份（公元）	罗马帝国			其他世界
	本土	西方行省	东方行省	
67		科尔布罗、高地日耳曼军团长与低地日耳曼军团长三人被尼禄召到希腊，命令他们自杀谢罪		
68	1月，罗马为从希腊返回的尼禄举行凯旋仪式；在西班牙发动叛乱的加尔巴被元老院判为“国家公敌”；罗马公民对“粮食安全”怨声载道，反尼禄活动声势日大；元老院宣告尼禄为“国家公敌”；罗马近郊的近卫军一致决定拥立加尔巴为“皇帝”；6月9日，尼禄在罗马郊外的藏身之处自杀身亡	高卢行省总督温德克斯率10万人揭竿而起，反抗罗马，遭到鲁弗斯统率的高地日耳曼军团的残酷镇压；4月2日，西班牙行省（塔拉戈纳行省）总督加尔巴响应温德克斯，加入反对尼禄的阵营。两位西班牙行省的实权人物奥托（卢西塔尼亚行省）和凯奇纳（贝提卡行省）也表示支持加尔巴。加尔巴又扩编一个军团		中国建造了白马寺，并从西域引入佛教经典

参考文献

一、第一手资料（如若能翻译的，则尽可能提供给读者译本）

塔西佗（Tacitus，Publius Cornelius）全部著作：

《编年史》（上、下），国原吉之助翻译，岩波文库，1981 年

《日耳曼尼亚志　阿古利可拉传》，国原吉之助翻译，筑摩学艺文库，1996 年

《同时代史》，国原吉之助翻译，筑摩书房，1996 年

苏维托尼乌斯（Suetonius Tranquillus，Gaius）：

《生活中的恺撒》《名人》

《罗马十二帝王传》（上、下），国原吉之助翻译，岩波文库，1986 年

卡西乌斯·狄奥（Cassius Dio）

《罗马历史》

塞内加（Seneca，Lucius Annaeus）全部著作：

《关于人生的苦短》外二篇，茂手木元藏翻译，岩波文库，1980 年

《论愤怒》外一篇，茂手木元藏翻译，岩波文库，1980 年

《道德信函集——伦理信函集》，茂手木元藏翻译，东海大学出版会，1992 年

《自然研究——自然现象与道德生活》，茂手木元藏翻译，东海大学出版会，1993 年

《悲剧集》（1），《西洋古典丛书》第 1 期第 2 卷，大西英文、小川正广等译，京都大学学术出版会，1997 年

《悲剧集》（2），《西洋古典丛书》第 1 期第 4 卷，大西英文、木村健治等译，京都大学学术出版会，1997 年

老普林尼（Plinius Secundus，Gaius）

《自然历史博物馆》

《老普林尼博物志》，大槻真一郎责任编辑，八坂书房，1994 年

斐洛（Philon）

《晋见盖乌斯》（*Legatio ad Gaium*），又名《遣往盖乌斯（卡利古拉）处的使节》，《西洋古典丛书》第 2 期第 5 卷，秦刚平译，京都大学学术出版社，2000 年

普鲁塔克（Plutarchus）

《平行的生命》

《道德》

《普鲁塔克英雄传》全 12 卷，河野与一译，岩波文库，1952 年

《普鲁塔克英雄传》(上、中、下)，村川坚太郎编，筑摩文艺文库，1996年

《回忆录》(13),《西洋古典丛书》第1期第6卷，户塚七郎翻译，京都大学学术出版会，1997年

《回忆录》(14),《西洋古典丛书》第1期第1卷，户塚七郎翻译，京都大学学术出版会，1997年

《回忆录》(6),《西洋古典丛书》第2期第3卷，户塚七郎翻译，京都大学学术出版会，2000年

《回忆录》(2),《西洋古典丛书》第2期第16卷，户塚七郎翻译，京都大学学术出版会，2001年

《回忆录》(11),《西洋古典丛书》第3期第4卷，户塚七郎翻译，京都大学学术出版会，2004年

二、第二手史料——后世学者所著的历史书籍或研究论文

ALEXANDER, W.H., *The Communiqué to the Senate on Agrippina's Death*, 1954.

ANDERSON, J.G.C., *Trajan on the Quinquennium Neronis,*《Journal of Roman Studies (JRS)》1, 1911.

ATKINSON, D., *The governors of Britain from Claudius to Diocletian,*《JRS》12, 1922.

AUGUET, R., *Caligula ou le pouvoir à vingt ans,* Paris, 1984.

BAKER, G.P., *Tiberius Caesar,* London, 1929.

BALDWIN, B., *Nero and His Mother's Corpse,*《Mnemosyne》, 1979.

BALLAND, A., *Nova Urbs and "Neapolis,"*《Mélanges d'archéologie et d'histoire de l'École Française de Rome》, 1965.

BALSDON, J.P.V.D., *The Emperor Gaius,* Oxford, 1934; *Roman Women,* London, 1962; *The Romans,* London, 1965; *Romans and Aliens,* London, 1979.

BARBAGALLO, C., *La catastrofe di Nerone,* Catania, 1915.

BARDON, H., *Les empereurs et les lettres latines d'Auguste à Hadrien,* Paris, 1940.

BEAUJEU, J., *L'incendie de Rome et les Chrétiens,* 1960.

BELL, I.H., *Jews and Christians in Egypt*, 1924.

BÉRANGER, J., *Recherches sur l'aspect idéologique du principat*, Basel, 1953.

BIANCHI BANDINELLI, R., *Roma. L'arte romana nel centro del potere*, Milano, 1969.

BOETHIUS, A., *The Neronian "nova urbs,"* 《Corolla Archaeologica》, Lund, 1932; *The Golden House of Nero*, 1960.

BONACASA, N., *Arte Romana: Scultura*, Roma, 1979.

BONNER, S.F., *Education in ancient Rome*, London, 1977.

BORCH, H.C., *Roman Society: A Social, Economic and Cultural History*, Lexington, Mass., 1977.

British Museum Guide to Antiquities of Roman Britain, London, 1922.

BRUNT, P.A., *Stoicism and Principate*, 《Papers of the British School at Rome》, 1975; *The revolt of Vindex and the fall of Nero*, 《Latomus》, 1978.

CARCOPINO, J., *Ostie*, Paris, 1929; *La Table Claudienne de Lyon*, 1930; *La vie quotidienne à Rome a l'apogée de l'empire*, Paris, 1939; *Aspects mystiques de la Rome païenne*, Paris, 1941.

CARSON, R.A.G., *Coins of Greece and Rome*, London, 1970; *Principal Coins of the Romans I-III*, London, 1978-81.

CARY, M. & SCULLARD, H.H., *A History of Rome*, London, 1975.

CASSON, L., *Travel in the Ancient World*, London, 1974.

CHARLESWORTH, M.P., *Pietas and Victoria, the Emperor and the Citizens*, 《JRS》, 1929; *The Virtues of a Roman Emperor: Propaganda and the Creation of Belief*, London, 1937; *Documents illustrating the reigns of Claudius and Nero*, Cambridge, 1939; *Nero, some aspects*, 《JRS》, 1950.

CIACERI, E., *Le vittime del despotismo in Roma nel I secolo dell'impero*, Catania, 1898; *La congiura pisoniana contro Nerone*, 《Processi politici e relazioni internazionali （PPRI）》, Roma, 1918; *Claudio e Nerone nelle storie di Plinio*, 《PPRI》, Roma, 1918; *Nerone matricida*, 1941-42; *Tiberio successore di Augusto*, Roma, 1944.

CLARKE, M.L., *The Roman Mind*, London, 1956.

CLEMENTE, G., *Guida alla storia romana*, Milano, 1978.

COARELLI, F., *Guida archeologica di Roma*, Milano, 1974; *Roma*, Bari-Roma, 1983.

COLLINGWOOD, R.G. & MYRES, J.N.L., *Roman Britain and the English Settlements I*, Oxford, 1937.
COLUMBA, G.M., *L'impero romano*, Milano, 1944.
COWELL, F.R., *Everyday Life in Ancient Rome*, London, 1961.
CUNLIFFE, B., *Storia economica di Roma antica*, Firenze, 1979.
DE FRANCISCI, P., *Arcana Imperii III-1*, Milano, 1948.
DEMOUGIN, S., *L'ordre équestre sous les Julio-Claudiens*, 1988.
DE REGIBUS, L., *Politica e religione da Augusto a Costantino*, Genova, 1953.
EARL, D., *The Moral and Political Tradition of Rome*, London, 1967.
FABBRINI, L., *Domus Aurea*, 《Analecta Romana Instituti Danici》, 1983.
FABIA, Ph., *Sénèque et Néron*, 1910; *La Table Claudienne de Lyon*, Lyon, 1929.
FERGUSON, J., *The Religions of Roman Empire*, London, 1970.
FERRERO, G., *Le donne dei Cesari*, Milano, 1925.
FRANK, T., *The Financial Crisis of 33 A.D., An Economic Survey of Ancient Rome V*, Baltimore, 1940.
GARZETTI, A., *Aerarium e fiscus sotto Augusto*, 1953; *L'impero da Tiberio agli Antonini*, Roma, 1960.
GATTI, C., *Gli "equites" e le riforme di Tiberio*, 1953.
GENTILI, B., *Storia della letteratura latina*, Roma, 1976.
GRANT, M., *Aspects of the Reign of Tiberius*, 1950; *Roman Imperial Money*, London, 1954; *Roman History from Coins*, Cambridge, 1968; *Nero*, 1970; *The Jews and the Roman World*, London, 1973; *History of Rome*, Roma, 1981.
GRIFFIN, M.T., *Seneca, a philosopher in politics*, 1976; *Nero, the end of a dynasty*, 1984.
GRIMAL, P., *La civilisation romaine*, Paris, 1960.
HAMMOND, M., *Corbulo and Nero's Eastern Policy*, 《Harvard Studies in Classical Philology》, 1934.
HARDY, E.G., *Claudius and the Primores Galliae: A Reply and a Restatement*, 1914.
HARRIS, H.A., *Sport in Greece and Rome*, Ithaca, 1972.
HAVERFIELD, F. & MacDONALD, G., *Roman Occupation of Britain*, Oxford, 1924.
HEINZ, K., *Das Bild Kaiser Neros bei Seneca, Tacitus, Sueton und Cassius Dio*, Bern, 1948.

HEMSOLL, D., *The architecture of Nero's Golden House*, in *Architecture and Architectural Sculpture in the Roman Empire* (ed. by HENIG, M.), 1990.

HENDERSON, B.W., *The Chronology of the Wars in Armenia A.D.51-63*, 《Classical Review》 15, 1901.

HEUBNER, H., *P. Cornelius Tacitus. Die Historien. Kommentar*, Heidelberg, 1963-82.

HOPKINS, K., *Conquerors and Slaves*, Cambridge, 1978.

HUMPHREY, J.H., *Roman Circuses. Arenas for Chariot Racing*, London, 1986.

JOLOWICZ, H.F., *Historical Introduction to the Study of Roman Law*, Cambridge, 1972; *The Roman Economy*, Oxford, 1974.

JOSSA, G., *Giudei, pagani e cristiani*, Napoli, 1977.

KENT, J.P.F., *Roman Coins*, London-New York, 1978.

KNOKE, F., *Die Kriegszüge des Germanicus in Deutschland*, Berlin, 1922.

KORNEMANN, E., *Tibère*, Paris, 1962.

LANCIANI, R., *Rovine e scavi di Roma antica* (1897), Roma, 1985.

LAVER, P.G., *The Excavation of a Tumulus at Lexden, Colchester*, 《Archaeologia》 76, 1927.

LE GALL, J., *Le Tibre, fleuve de Rome dans l'aniquité*, Paris, 1953.

LEON, H.J., *Ball Playing at Rome*, 1946.

LEVI, M.A., *Nerone e i suoi tempi*, Milano, 1949; *Il tempo di Augusto*, Firenze, 1951.

LUGLI, G., *Roma antica. Il centro monumentale*, Roma, 1946.

LUTTWAK, E.N., *The Grand Strategy of the Roman Empire*, Baltimora, 1977.

MacDONALD, W.L., *The Architecture of the Roman Empire*, New Haven, 1965.

MAGDELAIN, A., *Auctoritas principis*, Paris, 1947.

MANNI, E., *La leggenda dell'età dell'oro nella politica dei Cesari*, 《Atene e Roma》, 1938.

MARCHESI, C., *Seneca*, Messina, 1920.

MARKUS, R.A., *Christianity in the Roman World*, London, 1974.

MARROU, H.I., *Histoire de l'éducation dans l'Antiquité*, Paris, 1965.

MARSH, F.B., *The Reign of Tiberius*, Oxford, 1931.

MARTINAZZOLI, F., *Seneca, studio sulla morale ellenica nella esperienza romana*, Firenze, 1945.

MATHIEU, H., *Messaline*, Paris, 1961.

MATTINGLY, H., *The Events of the Last Months of Nero, from the Revolt of Vindex to the Accession of Galba*, 1953; *Roman Imperial Civilization*, London, 1957; *Roman Coins*, London, 1960.

McKAY, A.G., *Houses, Villas and Palaces in the Roman World*, Ithaka, 1975.

MEISE, E., *Untersuchungen zur Geschichte der Iulisch-Claudischen Dynastie*, München, 1969.

MOMIGLIANO, A., *Aspetti dell'antisemitismo alessandrino in due opere di Filone*, 1930; *Corbulone e la politica Romana verso i Pari*, 《Atti del Ⅱ Congresso Nazionale di Studi Romani》, Roma, 1931; *La personalità di Caligola*, 1932; *L'opera dell'imperatore Claudio*, Firenze, 1932; *Literary Chronology of the Neronian Age*, 1944.

NEUMEISTER, C., *Das antike Rom. Ein literarischer Stadtführer*, München, 1991.

NEWBOLD, R.F., *Social and economic consequences of the A.D.64 fire at Rome*, 《Latomus》, 1974.

NONY, D., *Caligula*, Paris, 1986.

OMODEO, A., *Saggi sul Cristianesimo antico*, Napoli, 1958.

PAOLI, U.E., *Vita romana*, Firenze, 1958.

PARKER, H.M.D., *The Roman Legions*, Oxford, 1928.

PASCAL, C., *Seneca*, Catania, 1906; *Nerone nella storia aneddotica e nella leggenda*, Milano, 1923.

PASSERINI, A., *Le coorti pretorie*, Roma, 1939; *Caligola e Claudio*, Roma, 1941; *Per la storia dell'imperatore Tiberio*, Pavia, 1947.

PFLAUM, H.G., *Essai sur les procurateurs équestres sous le haut-empire romain*, Paris, 1950.

PHILIPSBORN, A., *L'abandon des esclaves malades au temps de l'empereur Claude et au temps de Justinien*, 1950.

POLACCO, L., *Il volto di Tiberio. Saggio di critica iconografica*, Roma, 1955.

PROFUMO, A., *Le fonti e i tempi dell'incendio neroniano*, Roma, 1905.

PUCCI BEN ZEEV, M., *Cosa pensavano i Romani degli Ebrei?* 1987.

QUIDDE, L., *Caligula, Eine Studie über römische Cäsarenwahnsinn*, Leipzig, 1894.

RABOSSI, M., *La coniazione di Nerone. La riforma dell'oro e dell'argento*, 1953.

RADICH, V., *Political dissidence under Nero: the price of dissimulation*, 1993.

RAMSAY, W.M., *Historical Geography of Asia Minor*, London, 1890.

REYNOLDS, B.K.P., *The Vigiles of Imperial Rome*, Oxford, 1926.

ROGERS, R.S., *Criminal Trials and Criminal Legislation under Tiberius*, Middletown, Conn., 1935; *Studies in the Reign of Tiberius*, Baltimore, 1943.

ROMANELLI, P., *Storia delle provincie romane dell'Africa*, Roma, 1959.

ROSTOVTZEFF, M., *Storia economica e sociale dell'impero romano*, Firenze, 1965.

Royal Commission on Historical Monuments, *Roman London*, London, 1928.

SCRAMUZZA, V.M., *The Emperor Claudius*, Cambridge, Mass., 1940.

SEAGER, R., *Tiberius*, London, 1972.

SHERWIN-WHITE, A.N., *The Roman Citizenship*, Oxford, 1980.

SILVAGNI, U., *Le donne dei Cesari*, Torino, 1927.

SMALLWOOD, E.M., *Some Notes on the Jews under Tiberius*, 1956; *Documents Illustrating the Principates of Gaius, Claudius and Nero*, Cambridge, 1967; *The Jews under Roman Rule from Pompey to Diocletian*, Leiden, 1976.

SORDI, M., *I primi rapporti fra lo stato romano e il Cristianesimo, e l'origine delle persecuzioni*, 1957.

SUTHERLAND, C.H.V., *Two "Virtues" of Tiberius, a Numismatic Contribution to the History of his Reign*, 1938; *Aerarium and Fiscus during the Early Empire*, 1945; *Coinage in Roman Imperial Policy, 31 B.C.-A.D.68*, London, 1951; *Roman Coins*, London, 1974; *The Roman Imperial Coinage 1, 31 B.C.-A.D.69*, London, 1984.

SYDENHAM, E.A., *The Coinage of Nero*, London, 1920.

SYME, R., *The Roman Revolution*, Oxford, 1952; *Tacitus*, Oxford, 1958; *Roman Papers*, Oxford, 1977; *Domitius Corbulo, Roman Papers II*, 1979.

THORNTON, M.K., *The enigma of Nero's Quinquennium*, 《Historia》, 1973.

TIBILETTI, G., *Principe e magistrati repubblicani*, Roma, 1953.

VAN BERCHEM, D., *Les distributions de blé et d'argent a la plèbe romaine sous l'empire*, Genève, 1939.

VAN OOTEGHEM, J., *Les incendies à Rome*, 1960.

VEYNE, P., *Le Pain et le Cirque: sociologie historique d'un pluralisme politique*, Paris, 1976.

WARMINGTON, B.H., *Nero, reality and legend*, 1929.

WATSON, G., *The Roman Soldier*, London, 1969.

WEBER, C.W., *Panem et Circenses. Massenunterhaltung als Politik im antiken Rom*,

Düsseldorf-Wien, 1983.
WHEELER, R.E.M., *London in Roman Times*, London, 1930.
WILLRICH, H., *Caligula*, 《Klio》3, 1903.
WIRSZUBSKI, Ch., *Libertas as a Political Idea at Rome during the Late Republic and Early Principate*, Cambridge, 1950.
YAVETZ, Z,. *Plebs and Princeps*, 1969.

图片版权

金币图　新潮社写真部

银币图　大英博物馆（英国 / 伦敦）© The Trustee of the British Museum

金币图　那不勒斯国家考古博物馆（意大利 / 那不勒斯）© Bridgeman Art Library

p.002　乌菲兹美术馆（意大利 / 佛罗伦萨），樱井绅二摄

p.033　罗马国家博物馆马西莫宫（意大利 / 罗马），樱井绅二摄

p.039　同上

p.046　引自 L.Lindenschmidt, *Tracht und Bewafnung des Römischen Heeres*

p.077 左　法国国家图书馆（法国 / 巴黎）© Bibliothèque Nationale de France

p.077 右　维也纳美术史美术馆（奥地利 / 维也纳）© Kunsthistorisches Museum, Vienna

p.107　卡匹托利尼博物馆（意大利 / 罗马），樱井绅二摄

p.148　那不勒斯国家考古学博物馆 © Archivi Alinart, Firenze

p.154　© Scala, Florence

p.173　乌菲兹美术馆，樱井绅二摄

p.196　嘉士伯雕像馆（丹麦 / 哥本哈根）© Akg-Imges, Berlin

p.217 上　© Bettmann / CORBIS

p.225　卡匹托利尼博物馆 © Akg-Imges, Berlin

p.276　蒙泰马丁尼博物馆（意大利 / 罗马），樱井绅二摄

P.323　卡匹托利尼博物馆 © Bettmann / CORBIS

p.341　罗马文明博物馆（意大利 / 罗马）© Scala, Florence

p.343　峰村胜子绘

p.393　蒙泰马丁尼博物馆，樱井绅二摄

p.396　卡匹托利尼博物馆 © Araldo de Luca / CORBIS

p.399　大英博物馆 © The Trustee of the British Museum

p.404　卡匹托利尼博物馆，樱井绅二摄

p.411　大英博物馆 © The Trustee of the British Museum

p.413　蒙泰马丁尼博物馆 © Sovraintendenza ai Beni Culturali del Comune di Roma

p.432　同上

p.440　罗马国家博物馆马西莫宫，樱井绅二摄

p.449　大英博物馆 © The Trustee of the British Museum

p.484　罗马文明博物馆，Maria Paola Guidobaldi, *Vita e Costumi dei Romani Antichi*, vol.13, Edizioni Quasar

p.515　罗马国家博物馆阿特姆彼斯宫（意大利 / 罗马）樱井绅二摄

p.532　罗马国家博物馆马西莫宫 © Archivi Alinari, Firenze

地图制作：综合精图研究所（p.004，p.007，p.017，p.043，p.068，p.071，p.078，p.086，p.110，p.114，p.129，p.166，p.217 上，p.224，p.239，p.252，p.298，p.305，p.340，p.342，p.345，p.387，p.430，p.489，p.514，p.522，p.526）

图书在版编目（CIP）数据

罗马人的故事：全15册/（日）盐野七生著；计丽屏等译. -- 2版. --北京：中信出版社，2020.8（2025.1重印）
ISBN 978-7-5217-0750-2

Ⅰ.①罗… Ⅱ.①盐… ②计… Ⅲ.①古罗马—历史 Ⅳ.①K126

中国版本图书馆CIP数据核字（2019）第126892号

罗马人的故事（全15册）

著　　者：[日]盐野七生
译　　者：计丽屏　等
出版发行：中信出版集团股份有限公司
（北京市朝阳区东三环北路27号嘉铭中心　邮编　100020）
承 印 者：北京通州皇家印刷厂

开　　本：787mm×1092mm　1/32　　印　　张：182.25　　插　　页：44　　字　　数：4 500千字
版　　次：2020年8月第2版　　印　　次：2025年1月第9次印刷
京权图字：01-2010-4502　　审 图 号：GS（2019）2414号
书　　号：ISBN 978-7-5217-0750-2
定　　价：760.00元（全15册）

服务热线：400-600-8099
投稿邮箱：author@citicpub.com

ローマ人の物語

罗马人的故事

08

危機と克服

危机与克服

[日] 盐野七生 著 葛奇蹊 译

中信出版集团 | 北京

银币故事

当写到已经江河日下的罗马帝国时，我想到的是：如果中层和下层出了问题，无论上层再如何努力也无济于事；相反，如果中层和下层还在充分发挥作用，只需很短的时间就可以消除因上层的争斗而产生的弊病。尼禄自杀后开始的长达一年的内乱让习惯了“罗马统治下的和平”（意为罗马主导的国际秩序的稳定）的塔西佗等这些上层知识分子慨叹帝国即将走向终结，但实际上帝国还在充分运转着。

在距离参加内战的军团通行的街道不远的帝国货币铸造所里，没有员工会盗取金银，经皇帝尼禄改革后的优质货币被不断制造出来，运往庞大帝国的各地而不会在途中遭到劫掠。刻有接连更替的皇帝肖像的银币被不断铸造出来，但是在流入市场时，该皇帝已经被杀死了。从这个意义上来说，公元 1 世纪的罗马帝国甚至拥有将悲剧变为喜剧的活力。

盐野七生

2005 年夏于罗马

金币故事

英国首相托尼·布莱尔在最近的演讲中说“危机也是转机”，不知道2 000年前罗马帝国的领导者们是否也这样认为，但是从结果来看，尼禄皇帝死后开始的危机确实成了罗马帝国的一个转机。

当然，转机不会凭空出现，只有大刀阔斧地进行改革才能将危机化为转机，接下来登场的韦斯帕芗皇帝就是这么做的。从尼禄皇帝到之后内乱期的三位皇帝执政期间，来自首都罗马并且在罗马社会中属于第一等级——元老院阶级的人是政治舞台上的主角。韦斯帕芗虽然来自意大利本土，但并不是出生于罗马，并且他属于第二等级——“骑士阶级”。罗马人说的“新贵”（用后世的话来说就是“新鲜血液”）得以进入既有的领导阶层已经无法发挥作用的罗马帝国内，这直接导致了在下一个时代帝位向行省出身的人开放的结果。

盐野七生

2005年夏于罗马

DOMITIANVS AVGVSTVS

GERMANICVS COS XVI

金币故事

可能有的读者要抗议了，为什么完全没有关于奥里斯金币、第纳尔银币以及罗马人日常生活中用得最多的塞斯特斯铜币的说明呢？说句实在话，因为暂时没有必要对这些货币进行说明。

不过值得一提的是，奥古斯都确立的货币制度（虽然在此期间为了满足现代人说的货币供应量，曾一度对尼禄的政策进行过修正）是整个帝国的经济实力在200年中一直健康发展的证据所在。这200年间罗马帝国的关键货币一直保持稳定，这与“罗马统治下的和平”在时代上是完全一致的。同时，这种货币制度也意味着罗马帝国的安全保障体制一直在发挥着作用。

在这个方面值得特书一笔的是日耳曼长城，它的建立者是图密善皇帝。但是这个人不仅被同时代的人处以“记录抹杀刑”而名声大损，并且和提比略皇帝一样，后世的史学家也没有为他平反。我在写作《罗马人的故事》丛书的过程中，经常感觉自己就像法庭上的一名辩护律师，这是因为我对于世人经常说的“民众的呼声就是神的心声”“历史的裁决”，从心里不敢苟同。

盐野七生

2005年夏于罗马

尼禄（54—68）

加尔巴（68—69）

奥托（69）

维特里乌斯（69）

韦斯帕芗（69—79）

提图斯（79—81）

图密善（81—96）

涅尔瓦（96—98）

（数字表示在位时间，全部为公元后）

目　录

序　言

本书讲述的是从皇帝尼禄的死开始到图拉真登场为止不到 30 年之间的事情。准确地说，是从公元 68 年夏天到公元 97 年秋天为止这 29 年的历史。在此期间有 7 人登上了皇位，即加尔巴、奥托、维特里乌斯、韦斯帕芗、提图斯、图密善、涅尔瓦。

被誉为罗马帝国最伟大的史学家的塔西佗就有一部研究这个时期的著作——*Historiae*，正如英语中的“History”，除了有研究过去的“历史”之意外，还有“值得记录的事情”这层意思。在这个时期度过了自己 13 岁至 42 岁近 30 年人生的塔西佗当时一定也怀有将“同时代人的证词”记录下来的初衷。因此，国原吉之助教授将此书译为《同时代史》，可以说很准确地表达了作者的意图。

但是，塔西佗的另一部代表作《编年史》（*Annales*）更接近于后世的我们定义的“历史”，因为它讲述的是从提比略即位到尼禄的死为止的这段历史，即从塔西佗出生 40 年前开始到他 15 岁之前的这一时代。用一句话概括就是，这个时期对塔西佗来说相当于“最近的过去”。

在讲述对塔西佗来说相当于“现在”的《同时代史》中，塔西佗本人在开头对这30年是怎样一个时代进行了概括，也就是说他将自己对这个时代的看法告诉了我们。翻译过来，内容大致如下：

我接下来想要讲述的是罗马帝国被埋没在苦恼和悲痛时期的历史。与敌人之间不断发生的残酷战斗、同胞间的不和与反目、行省人民发动的叛乱，就连意大利本土的和平也是在流了很多血之后才得以确保的。多达四位皇帝死于非命（加尔巴、奥托、维特里乌斯、图密善），罗马公民之间的战争发生了三回，与行省人民和外敌的战争更是不计其数，但这些只不过是罗马人之间斗争的余波而已。

在帝国的东方展开的战争（指犹太战争）以罗马期待的良好结果收场，但帝国的西方并没有那么顺利。针对跨越多瑙河入侵的蛮族制定的对策表现出了苦心焦虑，高卢行省的人们对帝国的忠诚发生动摇，虽然征服了不列颠却最终放弃，萨尔马提亚人和斯维比人给我们的军团造成巨大损失，达契亚人甚至在败给罗马后依然声势高涨，就连帕提亚王国也拥立自称是皇帝尼禄的冒牌货，试图挑起反罗马的战争。

除此之外，意大利本土也因接踵而来的灾难而遭殃。坎帕尼亚地区富庶的城镇被淹没（指维苏威火山喷发导致庞贝等城市被掩埋），首都罗马被大火侵袭，古代的神殿被破坏，连卡匹托尔山上的最高神朱庇特神殿也被这些罗马人亲手烧毁了。

供奉神灵的祭祀仪式遭到蔑视，通奸行为明目张胆地横行无阻，海上充斥着将可怜的人送往发配地的船只，岩礁上洒满了这些牺牲者的鲜血。

首都罗马的穷凶极恶比帝国内的任何一个地方都要严重。出身高贵、富有、功绩盖世甚至拒绝就任公职都被视为犯罪。告发者可以得到赏金，企图躲避他们攻击的尝试结果只能带来程度更重的罪恶。因为对于告发者来说，不仅祭司、执政官这些象征荣誉的官职，甚至皇帝财务官等拥有实权的职位，都是他们追求的报酬方式，社会因此被憎恨和恐怖笼罩。奴隶被收买从而背叛多年的主人，解放奴隶群起反抗旧主，甚至没有树敌的人也被朋友出卖。

话虽如此，在这个罪恶横行的时代，并非完全不存在品行高洁的人，诸如陪伴被流放的儿子一同前往发配地的母亲、不忍抛弃被流放的丈夫从而放弃了安稳的意大利本土生活的妻子、展现出勇气的亲属、没有因为岳父的落魄而与妻子离婚的丈夫、在严刑拷打下依然对主人恪守忠诚的奴隶。被命令自杀的人也表现出了不输于古人的豪迈，用自己的手结束了自己的一生。

但是，在这个时代，天地给予了人们很多预兆和警告，比任何一个时代都更明确地告诉人们，众神的意志更多的是要对罗马人进行惩罚，而不是保障罗马人的安全。

读到这些，想必任谁都会觉得公元 1 世纪最后 30 年的罗马帝国处在一个非常黑暗的时代，而且塔西佗在讲述他的“最近的过去”的《编年史》中也对提比略至尼禄为止的这一时期的罗马帝政大加批判。如果他的批判是正确的，罗马帝国实际上就成了一个罪恶曾经横行长达 82 年之久的国家。我们如果重拾散见于塔西佗著作各处的作者的思绪，就会发现将罗马帝国从这种绝望的状态中拯救出来的是涅尔瓦以及紧随其后的图拉真。

塔西佗的这种历史观决定了后世对罗马帝国的评价。后世将涅尔瓦、图拉真、哈德良、安敦尼·庇护、马可·奥勒留称为“五贤帝”，这也说明了塔西佗历史观影响之深远。

这五人确实拥有堪称“贤帝”的才能。但是，是不是只有这五人是贤帝，前后的皇帝们都是暴君或昏君？如果是这样，罗马帝国为何没有更快地灭亡呢？五贤帝的统治时间前后共 83 年，罗马从建立帝政到灭亡却经历了 500 年的岁月。仅靠 80 多年的善政绝对无法维持另外 400 多年。

罗马虽然放弃了征服喀里多尼亚（现在的苏格兰），却没有从不列颠全面撤退，因此“征服了不列颠却最终放弃”的表述与事实相反。但除了这一件事之外，塔西佗并没有一如既往地撒谎。倾向于只关注事物的黑暗面是他个人的性格使然。与塔西佗年龄相仿、同时也是塔西佗好友的小普林尼没有像塔西佗那样愤怒绝望，但是这位小普林尼只留下了一些信件，并没有著书立说。

另外，危机总是指消极现象吗？这种疑问油然而生。首先，人具有一种“将自己所处时代的危机看得比其他任何时代的危机都严重”的性格倾向。其次，纵观罗马的历史，也并非因万事顺利而步向兴旺，之后因诸事不顺而逐渐衰退。罗马是自公元前 753 年建国以来在克服几度袭来的危机中逐渐兴盛起来的。

公元前 390 年，首都罗马一时被凯尔特人占据，在当时不也面临过一场危机吗？在那前后让罗马人苦不堪言的贵族与平民的斗争又如何？与萨莫奈人之间持续 40 年的战争又如何？被伊庇鲁斯国王皮洛士入侵而陷入的苦战呢？（参阅《罗马人的故事 01·罗马不是一天建成的》。）

与强国迦太基之间前后持续百年的死战，特别是与名将汉尼拔对阵的长达16年的第二次布匿战争，这难道不算危机吗？（参阅《罗马人的故事02·汉尼拔战记》。）

击败宿敌迦太基成为西地中海的霸主之后，罗马人也并非永久摆脱了危机。

将罗马社会的不公正暴露在光天化日之下的格拉古兄弟时代，意大利半岛的各部族一致团结起来反抗罗马的公元前90年的“同盟者战争”，以及马略和苏拉彼此肃清对方数千名追随者的10年内乱（参阅《罗马人的故事03·胜者的迷思》），这当中的任何一个事件都是足以撼动罗马帝国基石的危机。

此外，还有庞培和恺撒之间围绕国家体制展开的战争。结果就在到恺撒获胜为止战争终于告一段落之后没多久，以恺撒被暗杀为导火索再次爆发了安东尼与屋大维之间14年的权力斗争。[参阅《罗马人的故事05·恺撒时代（下）》。]

这些危机的共同点是，它们都是各个时期的罗马人在被迫必须做出是甘愿走向衰退还是克服困难东山再起的选择时面临的危机，并且这种“危机”和“克服”反复上演，即使在步入“五贤帝时代”，罗马开始进入衰退期之后仍一如既往。我甚至认为，将罗马人的历史改称为“危机与克服的历史”都不为过。

不过，罗马在迈向兴盛的途中克服危机后会带来进一步的繁荣，而一旦进入衰退期，危机虽然依旧有望克服，但与进一步的繁荣之间的纽带就会被切断。危机都已经克服了，为什么还不会带来进一步的繁荣呢？我想，追求对这个问题的解答不正是找到罗马帝国灭亡原因的关键所在吗？

我接下来要讲述公元1世纪最后30年间罗马人直面的危机，有一点是塔西佗不得不同意的，就是在这之后，罗马出现了前所未有的繁荣。

不过，仅就这个时代最开始的这一年，即公元69年来说，罗马帝国的混乱程度之严重甚至让人觉得塔西佗在写到“这险些成为帝国的最后一年”时感到的愤怒与绝望是理所当然的。然而，即使在2 000年后的现代，如果政府在一年之内三次垮台的话，就算不是倾向于将所有事情都朝消极黑暗的方向解释的人，也不得不慨叹自己生不逢时！

帝政初期罗马皇帝一览表

皇帝	生卒年	在位时间
奥古斯都	公元前63—公元14年	公元前29—公元14年
提比略	公元前42—公元37年	公元14—37年
卡利古拉	公元12—41年	公元37—41年
克劳狄乌斯	公元前10—公元54年	公元41—54年
尼禄	公元37—68年	公元54—68年
加尔巴	公元前3—公元69年	公元68—69年
奥托	公元32—69年	公元69年
维特里乌斯	公元15—69年	公元69年
韦斯帕芗	公元9—79年	公元69—79年
提图斯	公元40—81年	公元79—81年
图密善	公元51—96年	公元81—96年
涅尔瓦	公元26—98年	公元96—98年
图拉真	公元53—117年	公元98—117年

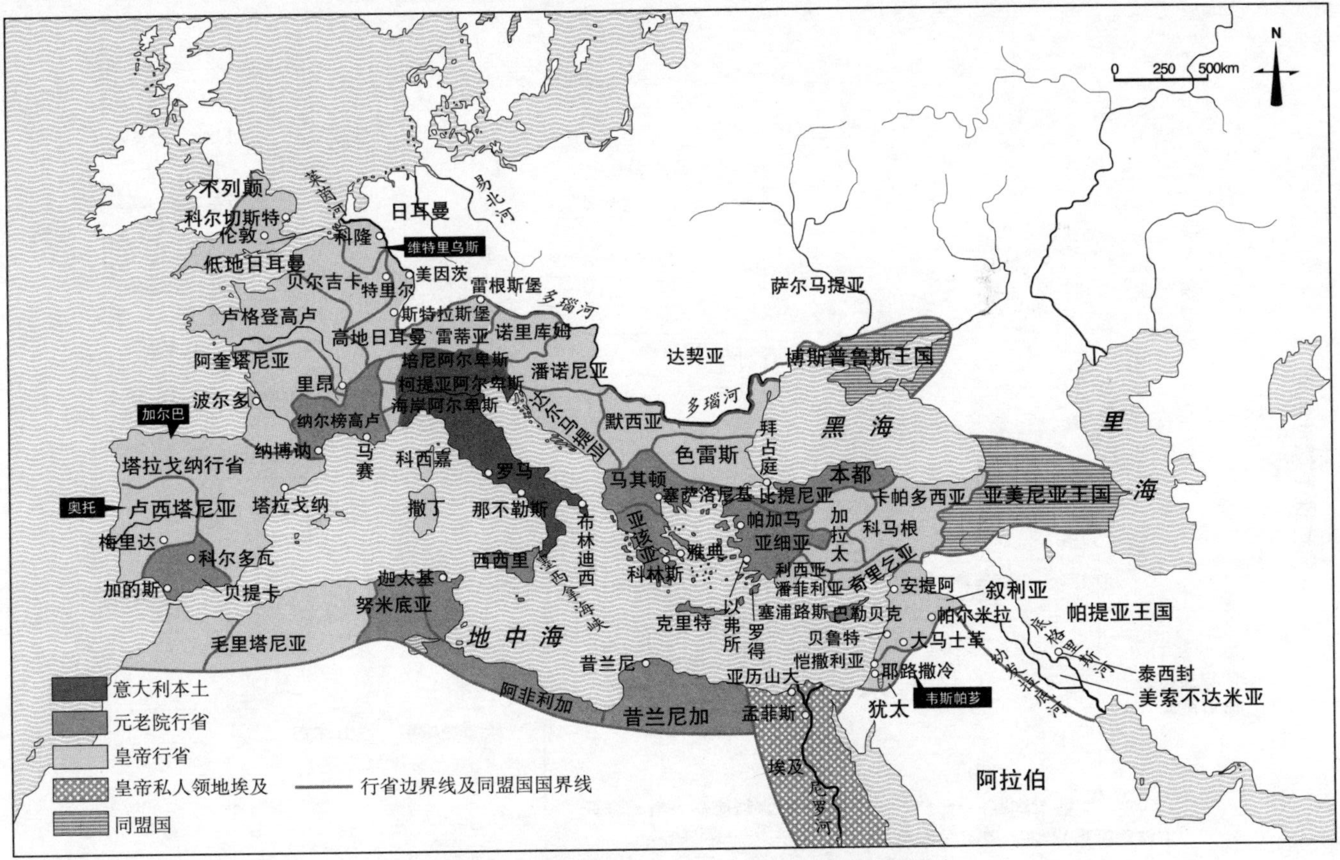

罗马帝国全境略图（68—69 年）以及四位皇帝的任职地

弗拉维王朝世系图

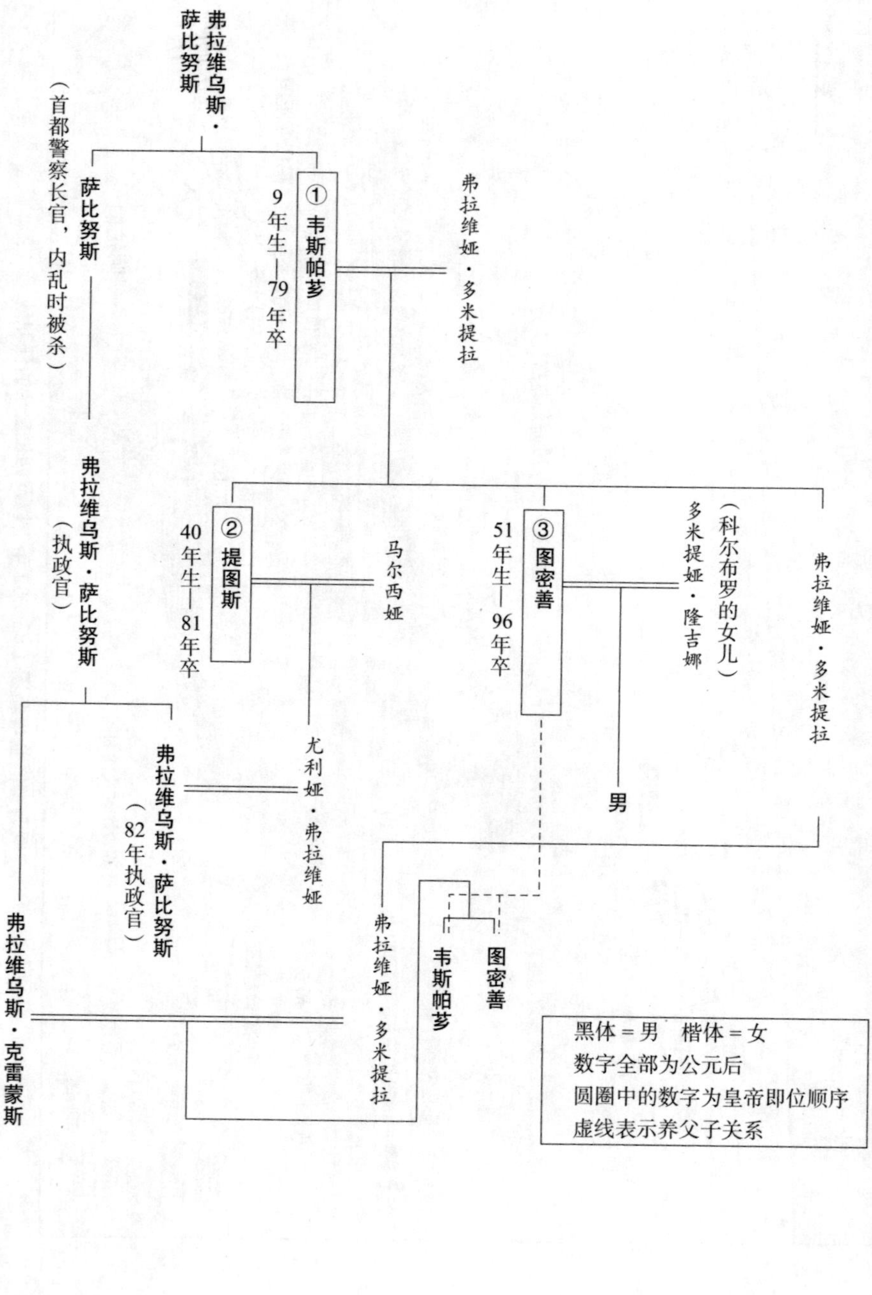
弗拉维乌斯·萨比努斯
萨比努斯（首都警察长官，内乱时被杀）
①韦斯帕芗
9年生—79年卒
弗拉维娅·多米提拉
弗拉维乌斯·萨比努斯（执政官）
②提图斯
40年生—81年卒
马尔西娅
③图密善
51年生—96年卒
多米提娅·隆吉娜（科尔布罗的女儿）
弗拉维娅·多米提拉
男
弗拉维乌斯·萨比努斯（82年执政官）
尤利娅·弗拉维娅
弗拉维乌斯·克雷蒙斯
弗拉维娅·多米提拉
韦斯帕芗
图密善
黑体＝男　楷体＝女
数字全部为公元后
圆圈中的数字为皇帝即位顺序
虚线表示养父子关系

第一章　皇帝加尔巴

（68 年 6 月 18 日—69 年 1 月 15 日在位）

尼禄的死给罗马人带来的问题

公元68年6月9日，皇帝尼禄驾崩。此前，由驻扎在西班牙的军团推举为皇帝的加尔巴率领军团进军罗马。元老院仅仅听到这个消息便承认加尔巴为“第一公民”，罗马公民也袖手旁观，抛弃了尼禄。穷途末路的尼禄无奈只能自刎身亡，死时年仅30岁。他失去了罗马帝国的两大主权者——罗马元老院和公民的信任。既然是否具有“罗马公民权”是获得军团兵或近卫军团士兵资格的首要条件，这些人也可谓是堂堂正正的“有权者”了。

但是，虽然成功推翻了尼禄的统治，元老院和公民看起来对事态却没有充分的正确认识。他们似乎认为只要加尔巴代替尼禄成为皇帝，罗马帝国的统治就可以毫无障碍地延续。然而，事情并非这么简单。

到现代为止，人类想出并实行了各种形式的政体——君主政体、贵族政体、民主政体，甚至共产主义政体，但是最终也没有成功消除统治者与被统治者两者分离的状态。虽然有很多人梦想过消除这种状态，但那只不过是乌托邦，与现实的人类社会发展是不相符的。

这样一来，不管是什么形式的政体，统治者与被统治者的分离一直延续了下来。既然延续是既定事实，被统治者便向统治者提出了三个条件：在统治上的“正统性”，“权威”，“实力”。

在奥古斯都创设的罗马帝政中，“正统性”指的是罗马元老院和公民的认可；“权威”指的是与奥古斯都有血缘继承关系；“实力”指的是罗马帝国皇帝的两大职责——保障帝国的安全和粮食，以及处理帝国经营上的各种事情所需的能力。虽然拥有“权威”，但是被认为缺乏“实力”而失去了“正统性”的事实决定了尼禄的命运。并且，尼禄之后的皇帝们也被要求必须满足这三个条件，在这一点上与尼禄之前的皇帝们没有任何不同。

不仅如此，除“正统性”与“实力”之外，还必须创造出能够取代奥古斯都“血统”的别的“权威”，所以问题更复杂了。

自称为帝的西班牙东北部的行省总督加尔巴根本没有认识到事态的严重性。

加尔巴得到“正统性”并接受军团的推举是在公元 68 年的初夏，随之马上得知了尼禄自杀的消息。他在此时应该迅速前往罗马，进入帝国的首都罗马，确保自己皇帝的地位。元老院给予了认可，相当于罗马公民的近卫军团的士兵也欢迎加尔巴登基，因此可以说他具有了“正统性”。和奥古斯都没有血缘关系的加尔巴缺少这种“权威”，但说到“实力”，他自身便具备。如果可能的话他应尽早入主罗马，展示自己不辱皇位的能力。过去被称为塔拉戈纳行省的伊比利亚半岛东北部是他的任职地，从总督官邸所在地塔拉戈（现在的塔拉戈纳）到罗马的外港奥斯提亚，如果顺风直行只需航行 5 天。就算担心海路不安全而选择陆路，绕过法国南部进入意大利到达罗马一个月也足够了。即使是在横跨意大利北部和法国南部、被罗马人称为“海岸阿尔卑斯”的地区道路还没有充分建起的 100 多年以前，尤里乌斯·恺撒从罗马到达马赛也只用了 12 天，从马赛到西班牙北部山中的莱里达也只要 17 天。在罗马道路网络的建设工作有突破性进展的 100 年后，只要加尔巴有意加快步伐，从塔拉戈纳到罗马只是一次沿干线道路的旅行。

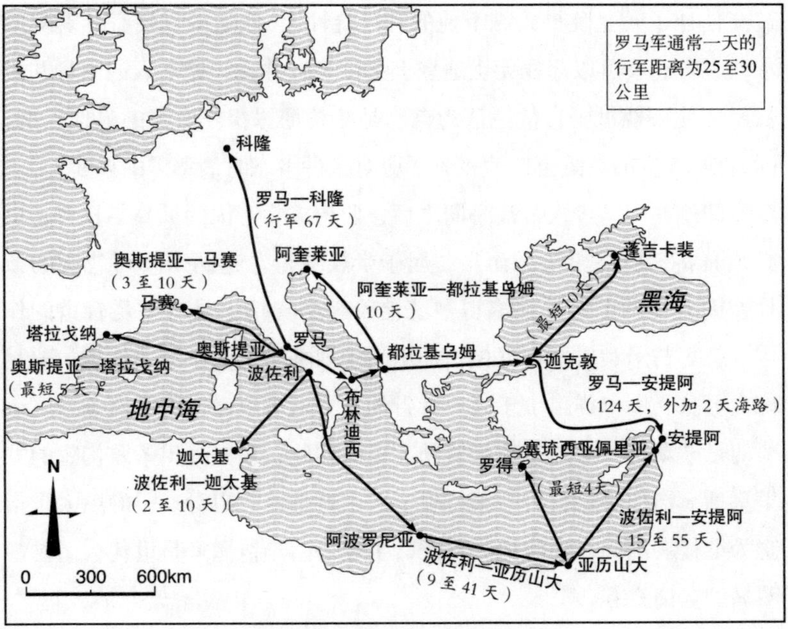

与帝国各地的联络需要的时间

（出自 E. N. Luttwak, *The Grand Strategy of the Rome World*）

可是，加尔巴到达罗马的时候已经进入秋季。虽然无法得知到达的准确日期，但可以推测加尔巴在途中空耗了7月、8月、9月三个多月的时间。他迟迟没有到达罗马只是因为中途驻足下来欣赏风景，他甚至没有想过利用从西班牙前往意大利的这段时间来对诸多事务做出必要的安排。这意味着在必须为持续长达一个世纪的“尤里乌斯—克劳狄乌斯王朝”的灭亡这件大事收拾残局的关键时刻，加尔巴却将权力置于真空状态下达三个月之久。

看来塞尔维乌斯·苏尔皮基乌斯·加尔巴（Servius Sulpicius Galba）

过高估计了元老院早先赋予他的“正统性”，他觉得只要有元老院的承认，自己就可以高枕无忧地登上皇位了，并且，他本人的出身和成长经历使得他过于自信地认为自己是接替尼禄担任皇帝的最佳人选，同时他 72 岁的高龄也让他丧失了应对这种事态时最急需的果断。

即使在罗马步入帝政时期之后，要想成为帝国的最高掌权者，也必须具备“罗马出身”而且“属于贵族身份”这两个不可忽视的条件，因为这两个条件在赢得被统治阶级的支持上具有举足轻重的作用。就算与卡利古拉和尼禄一样出生于罗马附近的小城安齐奥，或是像克劳狄乌斯一样出生于高卢行省的主要城市里昂，都没有关系。重要的是“籍贯”必须是首都罗马。正因如此，最先提出帝政构想的尤里乌斯·恺撒将籍贯为韦莱特里——也就是地方出身——的屋大维指定为继任者的同时还收他为养子，主要是由于恺撒家是世代久居首都罗马的名门贵族。

建国 800 多年来，由于自然衰败和权力斗争两方面的影响，罗马出身的名门贵族在数量上不断减少，加尔巴家就是为数不多的名门之一。并且，到了帝政时代的罗马，单凭名门贵族的头衔已经不足以让被统治阶级接受他的统治权力了。除了名门出身之外，拥有担当国家要职的经验也成了重要的条件。在这个方面，加尔巴也是合格的。在帝政时期“唯才是举”的风气下，罗马也经常会任用地方出身或行省出身的人担当总督、司令官。借用史学家塔西佗的话，出身于首都罗马的名门贵族并且曾担任行省总督之职的加尔巴就成了人们想到的唯一胜任皇帝的人选。

当初举兵反抗尼禄的高卢总督温德克斯也点名推举加尔巴代替尼禄继任皇帝。因为虽然被委以行省总督的重任，但高卢民族出身的温德克斯应该很清楚，即使起兵反抗，自己也不可能成为下一任皇帝。

负责防守莱茵河的罗马军司令官鲁弗斯在部下对自己说出“将军如想为王，我们愿效犬马之劳”的话后一口拒绝。既然鲁弗斯能够被任命为号称罗马全军中最强的莱茵河防卫军的指挥，可见他是一名很有才能的武将，但他的出生地是意大利北部的科莫，属于在罗马社会中被视为第二等级的骑士阶级。与此二人不同，尼禄从母亲那里继承了奥古斯都的血统，生父阿赫诺巴尔布斯家也是从共和政体时代一直延续下来的出身于首都的名门贵族。时代虽然在不断变化，但生活在同时代的人拥有的价值观并没那么容易发生变化。按照当时人们的想法来看，尼禄死后的罗马人对于满足“首都出身的贵族”和“担任过要职”这两个条件的加尔巴登上皇位没有心怀抵触，或许也是在保证不与过去发生急剧割裂的前提下能做出的最合理的选择。在这种状态下能否继承皇位，全靠加尔巴个人的“实力”决定了。可以确定地说，如果韦斯帕芗是在公元 68 年夏天这个时候企图起兵称帝的话，绝对不会成功。此人的出生地虽在意大利本土的范围之内，却是一个地方自治体——瑞耶提。父亲非但不是元老院的元老，从军团退役后还去瑞士放过高利贷。唯一的哥哥在首都罗马担任行政官，用今天的话来说，还只是一名有待出人头地的官僚，弟弟韦斯帕芗则选择了军旅生涯。可以说，这是一个典型的意大利地方中产阶级家庭。

相反，加尔巴出身于首都罗马的上流阶级，生辰不详，一般认为是出生于公元前 3 年左右。他在奥古斯都取得和平的罗马度过了性格的形成期，在成长到具有资格就任公职的 30 岁时得到提比略的提拔，始任阿奎塔尼亚高卢行省长官，后来回到提比略身边担任执政官，公元 39 年，被卡利古拉皇帝任命为莱茵河防卫军的指挥官之一。结束 4 年任期后回国，等待他的是为征服不列颠而随同克劳狄乌斯皇帝前赴当地的一次旅行。实际上，征服不列颠的计划已经由普劳提乌斯和韦斯帕芗等职业军官付诸实施了，名门贵族出身的加尔巴或许更适合担任皇帝随行团的一员。此时加尔巴 47 岁。之后，他被选为阿非利加行省总督，前往迦太基赴任，经历了指挥一个军团的一年任期。阿非利加行省属于元老院行省，因此任期与共和政体时代相同，最多一年。之后他返回罗马担任了一段时间的元老院元老。到了公元 60 年，皇帝尼禄将年过六旬的加尔巴任命为皇帝行省之一的西班牙东北行省的总督。从那时开始到尼禄驾崩为止的 8 年间，加尔巴一直在西班牙任职。

行省总督是统治行省的最高负责人。从经验上来说，加尔巴有着在阿非利加行省的 1 年以及在西班牙东北行省的 8 年经历，其间加尔巴一次都没有被行省人民控告过。罗马承认行省人民对总督的控告权利，将此作为监督总督统治的手段，因此没有受到过控告也就可以理解为加尔巴的统治达到了让人民满意的程度。实际上，加尔巴起兵称帝后曾在西班牙组建了一个军团，他之所以如此顺利，得益于不少西班牙人对他招募士兵的积极响应。

然而，北非和伊比利亚半岛在罗马的防卫战略上都不是“最前线”。加尔巴受任管辖的塔拉戈纳行省本来安排有 3 个军团，但在出征不列颠时被调走 2 个军团后，伊比利亚半岛全境便长期维持只有 1 个军团驻扎的状态。只在风平浪静的行省进行过统治的加尔巴就任皇帝时没有得到来自最前线的将士们的热烈支持，原因就在于此。因此，加尔巴需要尽快确保皇帝之位。

但统率着如此大军的加尔巴在前往罗马时如此不慌不忙，不但没有做此时应该做的事，反而犯下了不该犯的错误。

掌握人心的政策

步入帝政以后的罗马有个惯例，每逢皇帝登基或发生了值得举国欢庆的事件时都要向首都的平民和在行省工作的军团兵发放赏金。当然一起分享喜悦只是表面原因，掌握人心才是真正的目的。每人每次的赏金金额相当于军团兵年薪的三分之一左右，金额达到这个数目无疑会促进消费。这种收买人心的政策不仅颇受帝政的创始者奥古斯都的推崇，就连始终贯彻财政紧缩政策的提比略也照例效仿。如果以为五贤帝时代不需要采取收买人心的政策可就错了，也不要以为公开承认基督教的君士坦丁大帝不曾用钱收买过“有权者”的心。进入4世纪以后的罗马帝国苦于因经济衰退导致的通货膨胀，由于这个因素的存在可能难以实施这项措施，但是在发放赏金的政策上，信奉基督教的皇帝和信奉异教的皇帝态度完全一样。德国人卡尔·W. 韦伯（Carl W. Weber）曾在一部研究著作中对历代皇帝发放赏金的情况做过统计（见下页表）。

登上罗马帝国皇位的人认为这是为成就大善不得已而为之的小恶，但却是“应该做的事情”。然而加尔巴却说，士兵不应是依靠金钱买来的，而应是出于自己的意愿参军，所以没有实行这种政策。诚然他所言不假，但只靠正确的言论是无法施政的。塔西佗仅用下面一行字便诠释了加尔巴：

> 与其说他天赋异禀，不如说他只是完全没有邪恶的资质而已，总之他是个平庸的人物。

在延续了百年之久的尤里乌斯—克劳狄乌斯王朝之后担任接班人

对于加尔巴来说担子太重了。

话虽如此，他的失策绝非只有没发放赏金这一项。

历代皇帝赏金发放一览表（单位：第纳尔银币）

	皇帝	在位时间（在位年数）	次数	总额（万）
尤里乌斯—克劳狄乌斯王朝	奥古斯都	公元前29—公元14年（43）	7	13 995
	提比略	公元14—37年（23）	4	5 200
	卡利古拉	公元37—41年（4）	2	3 000
	克劳狄乌斯	公元41—54年（13）	2	3 000
	尼禄	公元54—68年（14）	1	2 000
	加尔巴 奥托 维特里乌斯	公元68—69年	—	—
弗拉维王朝	韦斯帕芗	公元69—79年（10）	1	1 500
	提图斯	公元79—81年（2）	—	—
	图密善	公元81—96年（15）	3	5 000
五贤帝时代	涅尔瓦	公元96—98年（2）	1	1 500
	图拉真	公元98—117年（19）	3	13 000
	哈德良	公元117—138年（21）	7	19 500
	安敦尼·庇护	公元138—161年（23）	9	16 000
	马可·奥勒留	公元161—180年（19）	7	25 000
	康茂德	公元180—192年（12）	6	17 000
塞维鲁王朝	塞普提米乌斯·塞维鲁	公元193—211年（18）	6	22 000
	卡拉卡拉	公元211—217年（6）	4	8 000
	亚历山大·塞维鲁	公元222—235年（13）	5	12 000
				之后发生通货膨胀
	戴克里先	公元284—305年（21）	?	31 000
	君士坦丁大帝	公元306—337年（31）	?	30 000

副手人选

既然统治仅靠一人之力无法达成，副手的人选就变得非常重要了。因此，被统治阶级一般都通过副手的人选这张“石蕊试纸”来检验统治者的实力。其实加尔巴应该提拔在自己起兵称帝时第一个表明支持态度的行省总督奥托担任自己的第一副手，这样做有三个好处：

第一，马库斯·塞尔维乌斯·奥托虽然不像加尔巴那样出身于名门贵族，但同属首都罗马的元老院阶级。也就是说，继承血统优良的尼禄之位的加尔巴如果选奥托坐第二把交椅，民众表示拒绝的可能性比较小。

第二，奥托做了10年的卢西塔尼亚行省总督，他在此期间的善政甚至在首都罗马都广受好评。

伊比利亚半岛对于公元1世纪的罗马帝国来说并非“前线”。但是，行省统治的好坏是整个帝国最重要的事情，这一点是不变的。因为一旦行省人民发动叛乱，就必须调派防卫“前线”的一部分兵力前往镇压。只要施政的结果能让被统治阶级相对满意，那么在广大的伊比利亚半岛全境驻扎6 000名士兵足矣。罗马帝国承认行省人民控告行省总督的权利，与其说是出于公正，不如说是为了节约整个帝国的安保费用。

这二人常年治理行省公正不阿，都拥有骄人的政绩。如果加尔巴选择奥托作为副手，那么就相当于统治帝国的最佳人选和第二人选坐上了头两把交椅。只有加尔巴一人的话，和帝国最前线地区的行省总督比起来会缺少一些“分量”，但若是和奥托联手，这种负面因素就淡化了。毕竟对于罗马帝国来说，“前线”只包括莱茵河、多瑙河和幼发拉底河。

第三，这个好处在于奥托36岁的年龄。对于自称为帝的加尔巴，奥托比其他行省总督更早地表明了支持态度，单从这一件事来看，奥托虽然心怀野心，但是还没有达到必须立刻实现的程度，他的想法是暂且支持72岁的加尔巴。事实上，奥托随加尔巴一同前往了罗马，公元68年冬天的这个时候正在首都罗马。将奥托选为自己的第一副手对于加尔巴来说也意味着可以拉拢自己的潜在竞争对手。

然而，加尔巴在次年，即公元69年，将维尼乌斯（Vinius）选为执政官。此人在加尔巴还是总督时就在其手下担任一个军团的军团长，虽然深受加尔巴信赖，但只不过是被派驻到一个安全行省的指挥官罢了。他的名字对于守卫帝国"前线"的将士来说可能是闻所未闻的。

仅仅由于这一次人事安排，加尔巴便失去了很多潜在的支持者。原因是：

第一，奥托觉得自己被出卖了。

第二，驻扎在最前线基地、肩负着帝国防卫任务的将士们大失所望。

第三，本来因为加尔巴的良好出身才支持他的元老院元老们却发现他提拔了一个名不见经传的人担任第一副手，对加尔巴产生了不安和不信任的感情。加尔巴超过70岁的年龄在这种情况下成了不安的因素。

第四，得罪了居住在首都的平民。尼禄在平民的眼里，不管是留下了好印象还是带来了不好的结果，他起码都是一名像样的皇帝。罗马的公民在要求皇帝尽量做好事的同时，也希望他具备皇帝的风范。加尔巴的所有行为却是消极的老人才会做出来的。因为无论怎么说，他没有发放过一次赏金。

这已经不是获选的维尼乌斯个人的力量能够解决的问题了。更有甚者，维尼乌斯被选为与皇帝平起平坐的执政官后，便只专注于中饱私囊，这等于加尔巴在人事安排上犯了双重错误。

加尔巴在帝国的财政重建上也犯了错误。到宣布政策实行这个阶段为止的做法倒还差强人意，但落实到具体办法的时候只招来了一片笑声，他居然要求归还尼禄发放的赏金和物品。尼禄虽然热衷于送礼，但并没有讨好有钱有势的人，他更喜欢资助处于罗马社会下层的歌手、演员、骑士和角斗士。并且尼禄的统治时间长达 14 年，听说要将自己多年前获赠的钱财归还，有谁不感到困惑呢？即使真的归还了，这种程度的金额能给大帝国罗马的国库增益多少也值得怀疑。加尔巴的财政重建政策最终只是给人们提供了一些谈资而已，他即位三个月以来只干了这些事情。

尽管如此，身在“前线”的司令官们依然正在向加尔巴传来宣誓效忠的消息。我之所以在这里用“正在”一词，是因为在公元 68 年年末，只有距离首都罗马最近的莱茵河防卫军司令官鲁弗斯的宣誓书被送到了加尔巴手里，来自远方的叙利亚和交战中的犹太方面的宣誓书还在沿地中海向西的送达过程中。

身为帝国最前线防卫负责人的这些人向加尔巴宣誓效忠，应该不是因为他们认可了加尔巴作为皇帝的能力，毕竟这些人延续了第二任皇帝提比略彻底奉行的实力至上路线。也就是说，不考虑身世和出生地，只要实力足够就会得到任用，而且这种倾向在看重实力的军事领域尤为明显。同时他们也具备“在元老院中占有席位”这个就任帝国要职时的必要条件。然而，身为“新贵”的他们既非代代担任元老院元老的家庭出身，籍贯也不是首都罗马。即使他们有充分的“肩负帝国防卫任务”的使命感，但毕竟都是新进人员，对既有体制的象征——元老院会更尊重一些。加尔巴可是元老院明确表示支持的人。

“前线”的司令官们对加尔巴抱有好感的另外一个理由可能是对先帝尼禄的失望以及因此产生的期待感。被史学家蒙森称为“提比略一派”的军官当中诞生了很多军事人才，为帝国的防卫做出了贡献，其中最有名的是与罗马历史上的头号假想敌帕提亚王国之间缔结了永久友好关系的科尔布罗。尼禄在没有证据的情况下单是出于猜疑便赐死了这位受实力派武将推崇的科尔布罗将军，这些武将不可能忘记至今才过去一年的这场冲击。

但是，加尔巴对这些军人投来的好意大泼冷水，他解除了守卫莱茵河上游的高地日耳曼军团司令官鲁弗斯的职务，并将其召回本国。并且，召回本国后并没有让他担任别的什么要职，只是单纯解除职务，命他返回本国而已。

加尔巴接着任命年事已高且性格消极的弗拉库斯接替鲁弗斯前往任职地，大概是觉得这个弗拉库斯不会成为自己的竞争对手。另外又任命维特里乌斯担任空缺的低地日耳曼军团司令官，因为加尔巴推测同为元老院阶级出身的维特里乌斯会坚定地支持自己。

但是这次人事安排的结果只招来了士兵的愤怒。鲁弗斯在士兵当中德高望重，同时在罗马帝国的“前线”中，莱茵河沿岸的前线气候恶劣，地势险峻，而且是与勇猛的日耳曼民族为敌，因此比其他任何一个地方都更受重视。尽管也有根据需要临时调遣军团的情况，但是常设七八个军团，集结多达 4.2 万到 4.8 万兵力的前线在帝国中仅此一处。被称为“日耳曼军团”或“莱茵河军团”的这些军团属下的士兵也怀有自己是最前线卫士的强烈自负。他们一定觉得只在安全和平的西班牙行省任过职的加尔巴没有资格干涉军务。反加尔巴的势头在莱茵河前线而不是别的前线兴起，便是出于以上原因。

公元69年1月1日，首都罗马迎来了两名新任执政官，并召开了当年的首次元老院会议。在古代罗马，1月1日是开始新一年工作的日子，不过当天没有讨论什么议题，只举行了新任执政官的就任仪式。对于与心腹维尼乌斯一起就任执政官的皇帝加尔巴来说，那一定是心情不错的一天，因为根据罗马的政体，正式就任执政官这个地位最高的公职便意味着加尔巴体制的真正起步。奥古斯都之后的历代皇帝大多都在登上皇位时兼任了执政官。但是就在同一天，一些罗马士兵聚集到位于莱茵河沿岸的美因茨军团基地，以拒绝向皇帝宣誓效忠的方式明确了反对加尔巴的态度。

维特里乌斯称帝

在动荡的时代，信息传递的速度往往会左右事情的进展。

在古代罗马，有一种白天用狼烟、夜晚用火把在要塞之间依次传递信息的方法，不过这种方法仅限于有敌人入侵这种可以符号化的信息传递，并且只在最前线使用。在广大帝国内传递信息只能依靠人员换乘在帝国的大道上每隔10至15公里设置的驿站（Mutationes）配备的马匹。

这样一来，利用马匹传递信息的速度有多快便成了重要的问题，可是关于这方面的准确史料完全没有被保留下来，所以只能推测。多位史学家一致认可的只有公元前49年尤里乌斯·恺撒从罗马沿奥雷利亚大道北上前往法国南部的马赛时的数据。当时丢弃行李策马疾驰的恺撒一日的行进距离为100罗马里以上，1罗马里约等于1.5公里，所以相当于日行150公里左右。要在当时的高速公路——罗马大道上急速奔驰，就算丢弃行李，所有人员都骑马，最高司令官恺撒身后也有包括参谋和日耳曼骑兵护卫在内的数百人跟随。各处驿站不可能为所有人都准备了换乘的马匹，所以150公里的距离肯定是乘同一匹马跑完的。而且，与2 000年后的今天不同，当时罗马的大道没有灯光。因此，夜晚无法骑行。另外也不可能连续10天无休止地赶路，这150公里应该是白天的行进距离。

与此相比，公元69年时，为传达拒绝效忠皇帝的重大消息而经由罗马大道前往罗马的传令兵由于只有数骑，所以得充分利用各驿站的换乘马，但同样受限于无法在夜间赶路这个条件。并且，恺撒从罗马乘马前往马赛是在5月，传令兵从现今德国的美因茨南下前往意大利的罗马是在1月，所以必须将穿越严冬的阿尔卑斯山脉这个绝对的不利因素计算在内。因此一天的行进距离应该和恺撒那时差不多，最多150公里。

距现在的法兰克福西南偏西方向37公里的美因茨在古罗马时代是不能让法兰克福人踏入一步的重要的军团基地，所以从摩功提亚库姆（今美因茨）到罗马的距离在古罗马时代的大道全线数值尚未得到确认的现阶段是难以准确把握的，不过倒是有史实可以证明从科隆行军到罗马需要67天。罗马军团通常每日行军5小时，时速5公里左右，所以一天的行进距离大概为25至30公里。既然需要67天，粗略计算下来的距离约为1 800公里。如果将科隆到美因茨之间的距离算作200公里，减去后变为1 600公里，即使一天能行进150公里也需要10天。

不过这个数字只是猜想，因为美因茨是莱茵河防卫军的最大据点，通往帝国首都罗马的道路不止一条，大致区分的话也至少有两条路线，两条路线的共同点是全线都位于罗马大道，即相当于当时的高

从莱茵河沿岸到意大利本土

速公路的干道上。

第一条路线先是从莱茵河沿岸的美因茨通往位于西南偏西方向的奥古斯塔特列维罗拉姆（现在的特里尔），从这座摩泽尔河畔的重要基地沿大道朝正南方向前进至韦松提奥（现在的贝桑松），从那里经日内瓦湖穿越阿尔卑斯山脉，再经由意大利的奥古斯塔·普拉埃托利亚（现在的奥斯塔）到达奥古斯塔多灵（现在的都灵）。从都灵到杰诺瓦（现在的热那亚）当然也有道路相通，从热那亚出来后只要沿奥雷利亚大道南下就可以到达罗马了。

另一条路线是从美因茨出发沿莱茵河上游前往军团驻扎的基地阿根图拉特（现在的斯特拉斯堡），然后从阿根图拉特继续向莱茵河上游前进至博登湖，进入今天的瑞士，穿越阿尔卑斯山脉，到达意大利境内的科莫湖，再从科莫湖经由米兰至杰诺瓦，最后到达罗马。

从美因茨的军团基地出发的传令兵选择的是哪条路线不得而知，但不管怎样，军团兵拒绝效忠皇帝这个重要的消息在 1 月 10 日前后传到了首都，因为从这时开始到 15 日为止的数日，情况发生了剧烈的变化。

现在的情况已经不同了，半年前只有驻扎在帝国后方伊比利亚半岛的一个军团对当时的皇帝尼禄说“不”，而如今在公认为帝国最前线的莱茵河负责防卫的 7 个军团对现任皇帝加尔巴说了“不”。而且，遭到不信任的不止加尔巴一人，支持加尔巴的元老院也同样遭到军团兵这个有权者集团的不信任。

1 月 1 日，正在美因茨过冬的军团兵通过了拒绝宣誓效忠加尔巴的决议，不仅如此，在写给首都罗马的拒绝信中，军团兵还全权委托元老院来推举接替加尔巴的“第一公民”（实际上就是皇帝）的人选。因此，到了这个时候，遭到不信任的是加尔巴，而非元老院。

然而，集会结束后返回的士兵应该也在各自的营寨中继续讨论对策。对于身为罗马士兵的他们来说，拒绝向罗马全军的最高司令官——皇帝宣誓效忠的行为在现代相当于犯下了严重违犯军纪的错误，足以移交军事法庭处理。不难想象士兵在通过这项决议的时候处于何等亢奋的状态，而亢奋状态往往夹杂着不安。

次日，再次聚集起来的军团兵没有改变拒绝宣誓效忠皇帝加尔巴的态度，但撤回了委托元老院来确定接替加尔巴人选的要求，决定拥立低地日耳曼军的司令官维特里乌斯继任，传令兵也立刻携带决议书出发前往首都罗马。

为什么排斥加尔巴而拥戴了维特里乌斯呢？关于这个问题，塔西佗没做解释，所以我们只能凭想象猜测，大概有如下理由：

加尔巴指挥下的西班牙一个军团的士兵当年曾同样排斥最高司令官尼禄皇帝而拥立了加尔巴，但当时是忧国忧民的高卢人温德克斯率先起兵反抗尼禄，加尔巴对此积极响应之后，军团兵才表明了态度。也就是说，驻扎在西班牙的士兵对皇帝尼禄的不信任是直属上司加尔巴主导的结果。

与此不同，莱茵河畔的军团兵拒绝效忠是普通士兵自己发挥主导权的结果，司令官、军团长和大队长都没有积极参与。相当于现代军队的中士军衔的百夫长似乎也只是顺从了普通士兵的意愿，普通士兵可能因此更为不安。消除这种不安的最简单的方法就是搬出自己的司令官。这样一来，从司令官到士兵全体人员都成了拒绝向最高司令官效忠的共犯。

如果他们的司令官是鲁弗斯的话，想必他们会从心里拥戴这位武将。但是鲁弗斯被加尔巴解除职务并召回了本国。加尔巴给予鲁弗斯的这种待遇大概也是招致士兵反感的一个原因。

我之前曾多次介绍过，在帝国的最前线莱茵河担任防卫任务的“日耳曼军团”分为莱茵河的上游和下游两个地区。守卫上游的被称为“高地日耳曼军”，守卫下游的被称为“低地日耳曼军”，两军的规模都是 4 个军团。

在公元 69 年 1 月的时候，加尔巴任命弗拉库斯担任高地日耳曼军的司令官，维特里乌斯担任低地日耳曼军的司令官。

年老、消极且不得人心的弗拉库斯在士兵的眼里很不称职，这样就只能指望维特里乌斯了。可是士兵对维特里乌斯并不熟悉，只知道他当年 54 岁，上任没多久，还毫无建树，也不存在什么负面影响。不过，维特里乌斯的父亲曾在提比略手下崭露头角，也是皇帝克劳狄乌斯倚仗的得力帮手，士兵一定会单纯地认为有其父必有其子。不管怎样，他们觉得既然在南国西班牙享受和平军营生活的士兵都有决定罗马皇帝的权力，在危险恶劣的环境中把守最前线的自己应该拥有更大的权力，所以推举出来的人物是不是维特里乌斯都不要紧。然而，维特里乌斯却不假思索地轻易接受了推举，罗马人已经忘却了的近百年的内战再次让帝国的上空笼罩了一片乌云。

加尔巴遇害

据我推测，日耳曼军团在美因茨达成的反加尔巴决议在 1 月 1 日至 1 月 2 日急剧升级，这个消息传到首都罗马至少经历了一天甚至两三天的时间差，因为不知为何，得到消息的加尔巴做出的对策只考虑到了 1 月 1 日的决议。

1 月 1 日达成的决议是拒绝效忠皇帝加尔巴，但也包括委托元老

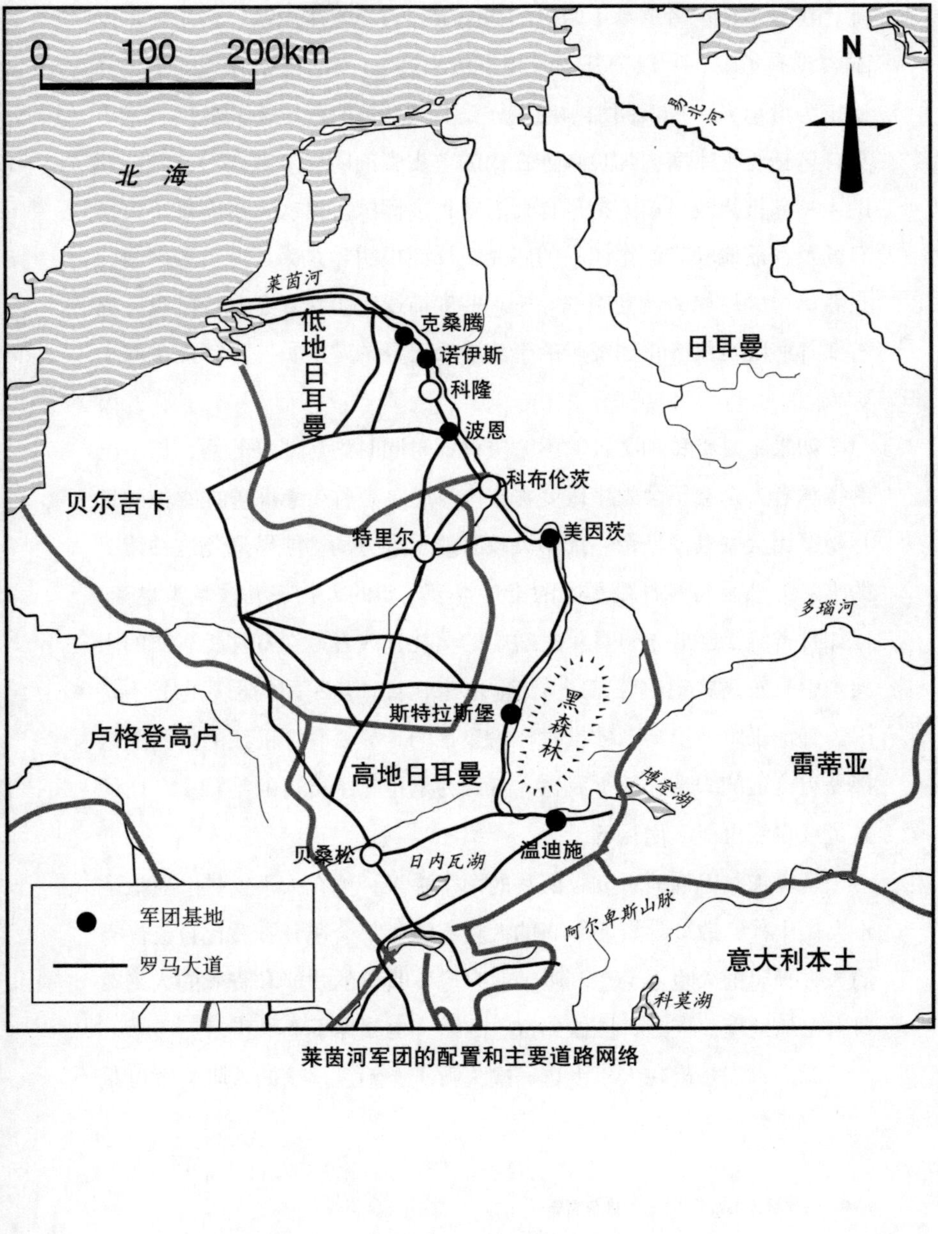

莱茵河军团的配置和主要道路网络

院来推举接替加尔巴的皇帝人选的内容，当时加尔巴肯定是想再次确认元老院的支持。元老院这个既得权益者，会因此本能地避免内乱。在最高权力者继承不明确的情况下很容易发生内乱。由于加尔巴本人没有子嗣，所以公开宣布将年龄刚过30岁的皮索收为养子，并确定为继承人。皮索同加尔巴一样是共和政体时代以来的名门贵族出身，包括哲学家塞内加也牵连在内的“皮索的阴谋”败露后曾与同族的人一起被流放，前不久尼禄死后才得以回国。这次人事安排不仅没有顾及在前线驻守的军团兵的感受，反而很明显是为了博得偏向名门贵族、讨厌尼禄的元老院的好感。驻守前线的士兵对于这位既没有奥古斯都血统也没有军团经验的上流阶级出身的“少爷”不可能举双手赞成。

如果1月1日和2日的两个决议当时同时到达罗马的话，加尔巴的继承者人选会不会发生改变呢？维特里乌斯称帝意味着拥立他的日耳曼军团会发动反皇帝、反中央政府的军事行动，能够避免这种情况的唯一办法是将日耳曼军团的士兵寄予厚望的人物一并推举为皇帝，比如行省统治经验丰富且年龄适中的奥托，或者是在日耳曼军团的士兵当中有较高威望的鲁弗斯等人。本来，日耳曼军团的士兵也并不是因为钟情于维特里乌斯才推举他为皇帝的。只要驻守前线的士兵愿意接受更合适的人选并放下武器，自认为皇位唾手可得的维特里乌斯的立足点自然也就土崩瓦解了。

就算加尔巴同时得知军团兵的两个决议，他在人事安排上应该也不会做出什么改变。资质平庸的人在本能上都会避开资质比自己优秀的人，平庸的人也不会想到吸纳有自己不具备的才能和资质的人来改善自己的处境。当然，能做到这些的话，也就称不上平庸了。

总之，加尔巴在人事上再一次失败了，不过这次的人事失败可是让一直支持加尔巴的奥托超出了忍耐的限度。

不仅加尔巴，连元老院也得知了日耳曼军团士兵的决议，同为元老院元老的奥托也必定知道了。本以为 72 岁的加尔巴命不长久，谁知他指定的皮索只有 30 岁，此外，举兵反抗加尔巴的维特里乌斯 54 岁。即将 37 岁的奥托觉得错失这次机会的话自己就永难翻身了，他有这种想法也不足为奇。

近卫军团的士兵在这半年中对加尔巴大失所望，因此充满活力、性格积极开放而受士兵欢迎的奥托很容易就笼络了他们。听到拥立维特里乌斯的消息而惊慌失措、一筹莫展的元老院大可忽略不计。普通公民当初对于加尔巴入主首都时的欢迎态度一转而变，如今甚至可以听到缅怀尼禄的呼声。刺杀皇帝的政变计划在短短两三天之内成形并即将付诸实施。

公元 69 年 1 月 15 日，在罗马的市中心——罗马广场，皇帝加尔巴被人从乘坐的轿子里拖出来杀死了。按照计划，与加尔巴一起刚刚在两周前就任执政官的维尼乌斯也将被杀死。可怜的皮索由于是加尔巴的养子，同样未能幸免于难。

在首都罗马郊外的近卫军团士兵营中等待报告的奥托在得知结果后马上听到近卫军团士兵对自己高呼“皇帝”。在位于罗马广场的元老院内，元老院元老们能够做的只有追认既成事实了，因此只能承认了奥托“第一公民”的身份。

第二章　皇帝奥托

（69 年 1 月 15 日—69 年 4 月 15 日在位）

帝国最高权力者的交替在没有发生流血冲突的前提下得以实现，但是通过这次事件可以得知，那个时代的信息传递速度依然是让事态比预期更为恶化的重要原因之一。

如果消息从美因茨传到罗马需要 10 天的话，从罗马返回美因茨也必定需要 10 天。身在美因茨的日耳曼军团的士兵得知奥托接替加尔巴登基的消息应该是临近 1 月末的时候。这是有可能左右反抗加尔巴的最强大主力军日耳曼军团动向的大事件，所以奥托一定加快了传递消息的速度。

但是，日耳曼军团早在 1 月 2 日就决定拥立维特里乌斯，而军团兵到 1 月末才得知促使他们做出此等重大决议的主要原因——加尔巴被推翻的消息，其间相隔了近一个月。在这一个月期间，日耳曼军团已经开始准备全体向罗马进军，这是一次包括超过 7 个军团 4 万兵力的军团兵以及与此数量几乎相当的辅助兵的大规模军事行动。部队一旦开动起来，就很难阻止住了。上任不久就被还没混熟的士兵拥立为皇帝从而得意忘形的维特里乌斯眼中只有皇帝之位，结果只能由新皇帝奥托来消除死去的加尔巴埋下的隐患。

说句题外话，共和政体时期和帝政时期的罗马对于派遣到前线的司令官、驻守在行省的总督以及以原住民为主体的地方自治体和退役士兵移居的殖民城市都赋予了比后世的帝国主义国家更为宽大的自由裁判权，这种做法得到马基雅弗利的高度称赞。为何这会成为罗马的传统，我认为理由不仅仅是马基雅弗利赞赏的责任体制的明确化。诚然，没有必要在所有事情上都一一请示中央政府，前线司令官的行动被赋予了更高的自由度，他们可以随机应变地展开行动，每个人的才能也得到了更大的发挥。另外，就像提比略皇帝坚持的一样，如果没有这种责任体制的确立，广大帝国的统治也不可能顺利进行。

但是，罗马人应该是在考虑了那个时代的技术水平能够达到的信息传递速度的基础上才给予了各地大范围的自由裁判权。毕竟在欧洲内部的传递就要花费 10 天，如果要与帝国东方的中近东进行联络则要用掉整整一个月。总之从结果上来看，这种做法明确了帝国各地的个别责任体制，各责任人的行动也因此可以充满活力地展开。

话题回到公元 69 年 1 月，像这个月一样，古代罗马的信息传递速度迟缓造成事态扩大的例子一定还有不少，我甚至想到了“擦肩而过”这个词。要想避免擦肩而过带来的危害，只有慎重行动这一个办法。

帝国中仅次于莱茵河防线的重要前线是多瑙河一带以及叙利亚和巴勒斯坦，叙利亚总督穆奇阿努斯和正在巴勒斯坦地区参加犹太战争的韦斯帕芗是这条“东方前线”的负责人。前者指挥 4 个军团，后者麾下则有 3 个军团。

前面已经提到，此二人向最高司令官皇帝加尔巴效忠的宣誓书正在沿地中海向西送达的过程中，毕竟那个时代的传递速度过于缓慢。携带宣誓书向西航行的韦斯帕芗的长子提图斯在希腊的科林斯靠岸时收到的情报是加尔巴死亡、奥托登基、维特里乌斯起兵，看起来提图斯是同时得知这三个消息的。

罗马军团的配置一览表（括号内为细分）

<table>
<tr><th colspan="2">公元
方面</th><th>前 30—
公元 9 年
1*</th><th>9—42 年
2*</th><th>43—47 年
3*</th><th>48—68 年
4*</th><th>69 年
5*</th></tr>
<tr><td rowspan="9">西方</td><td>不列颠</td><td>—</td><td>—</td><td>4</td><td>2</td><td>3</td></tr>
<tr><td>伊比利亚半岛</td><td>4</td><td>3</td><td>3</td><td>1</td><td>2</td></tr>
<tr><td>莱茵河防线</td><td>7</td><td>8</td><td>7</td><td>7</td><td>7</td></tr>
<tr><td>（低地日耳曼）</td><td>(5)</td><td>(4)</td><td>(4)</td><td>(4)</td><td>(4)</td></tr>
<tr><td>（高地日耳曼）</td><td>(2)</td><td>(4)</td><td>(3)</td><td>(3)</td><td>(3)</td></tr>
<tr><td>多瑙河防线</td><td>8</td><td>7</td><td>6</td><td>7</td><td>7</td></tr>
<tr><td>（潘诺尼亚）</td><td rowspan="2">} (5)</td><td></td><td></td><td>(2)</td><td>(2)</td></tr>
<tr><td>（达尔马提亚）</td><td></td><td></td><td>(2)</td><td>(2)</td></tr>
<tr><td>（默西亚）</td><td>(3)</td><td></td><td></td><td>(3)</td><td>(3)</td></tr>
<tr><td rowspan="4">东方</td><td>叙利亚</td><td>4</td><td>4</td><td>4</td><td>4</td><td>4</td></tr>
<tr><td>犹太</td><td>—</td><td>—</td><td>—</td><td>3</td><td>3</td></tr>
<tr><td>埃及</td><td rowspan="2">5</td><td>2</td><td>2</td><td>2</td><td>2</td></tr>
<tr><td>北非</td><td>1</td><td>1</td><td>1</td><td>1</td></tr>
<tr><td colspan="2">合计</td><td>28</td><td>25</td><td>27</td><td>27</td><td>29</td></tr>
</table>

说明： 1*. 奥古斯都时代（试图征服易北河为止的日耳曼时代）

2*. 提比略、卡利古拉时代（放弃征服日耳曼，将莱茵河定为前线的时代）

3*. 克劳狄乌斯时代（征服不列颠的时代）

4*. 克劳狄乌斯、尼禄时代

5*. 内乱期

30 岁的提图斯似乎陷入了短暂的困惑：是应该就这样继续前往罗马，向登上皇位的奥托传达叙利亚和犹太的 7 个军团向新皇帝效忠的意思，还是让使者携带表达效忠的宣誓书送到奥托手里，自己返回东方？他不知如何抉择。韦斯帕芗的长子提图斯不是单纯的“使节”，他本人向奥托宣誓效忠便意味着整个“东方军团”会积极支持奥托。但如果只是委托使者前去，就等于是因为元老院认可，“东方军团”才跟着“消极地支持”。

结果，提图斯选择了不再前往西方，而是返回了东方。这个决定将父亲韦斯帕芗从同胞间自相残杀的战斗中解救了出来。

既然决定罗马帝国最高统治者的主导权已经转移到了军团手中，那么就需要重新统计一下各军团的配置，当中也一并列出了公元69年以前的各时代的推移情况（见上页表）。通过此表我们可以发现步入帝国时代以后“前线”的变化过程，以及罗马帝国是如何重视对军事力量的有效利用并努力避免增强军事力量的，同时也可以很清楚地看出，内乱随着军事力量的增强会造成国力浪费的事实。

奥托其人

马库斯·塞尔维乌斯·奥托与加尔巴这种共和政体时代以来的世家出身不同，属于新兴的元老院阶级。直到祖父那一代之前都属于罗马社会中低于元老院阶级的第二等级——骑士阶级，祖父能成为元老院元老是因为奥古斯都的提拔。他的儿子，也就是奥托的父亲，是“提比略一派”的成员，担任过阿非利加行省总督等很多要职，当然也是元老院元老，由继承提比略实力主义的克劳狄乌斯皇帝赐予了跻身贵族的荣誉。

出身于首都罗马上流家庭的奥托少年时就活泼好动，不是父母和老师眼中的好孩子类型，但正因如此，他与小自己5岁的尼禄脾气相投。做了皇帝的尼禄每晚逛街时，奥托必定是随行人员之一。但尼禄偏偏迷上了这位挚友的妻子波比娅，他仿效当初 24 岁的奥古斯都爱上人妻利维娅时和利维娅的丈夫直接谈判令其将妻子相让的做法，也向奥托要求把波比娅让给自己。但是，利维娅的丈夫也就是提比略皇帝的生父同意相让，与此相反，奥托却断然拒绝了皇帝的要求。22 岁的尼禄并未善罢甘休，他决定任命奥托为帝国西方的卢西塔尼亚行省总督，想将其打发走。27 岁的奥托还不是元老院元老，卢西塔尼亚行省属元老院行省，所以总督只能由有执政官或法务官经历的元老院元老担任。对波比娅的恋情已经欲罢不能的尼禄便请求元老院给予奥托“前法务官”的资格，成功地将他调派至远方的卢西塔尼亚行省担任总督。

当时的罗马帝国全境一片太平，到不属于最前线的卢西塔尼亚这种地方赴任，总督通常会带着妻子同行，但是波比娅·莎宾娜却留在了首都罗马。年仅 27 岁却被派遣到帝国西方的边境，考虑到奥托当时的年龄，这无异于被判处了无期的流放之刑。即使他因此自暴自弃，在并非“前线”的任职地玩忽职守，放荡不羁地眺望着大西洋度过自甘堕落的每一天，也许他得到的同情依然会多于非难。但是奥托足以让以前了解他的人惊叹不已的是他改变了自己的生活态度。

首都罗马的花花公子摇身变为了充满活力、大公无私的行政官。卢西塔尼亚的行省总督官邸位于艾梅里塔奥古斯塔（现在的梅里达），让退役士兵移居至此来建立行省统治的“核心”是帝国的一贯方针。梅里达也是扼守伊比利亚半岛要地的“核心”，与从北到南的恺撒奥古斯塔（现在的萨拉戈萨）、塔拉戈（现在的塔拉戈纳）、托莱图姆（现在的托莱多）、科尔多巴（现在的科尔多瓦）、卡塔戈诺瓦（现在的卡塔赫纳）、西斯帕里斯（现在的塞维利亚）、马拉卡（现在的马拉加）一样，是遍布伊比利亚半岛的罗马式道路网络的“要地”之一。

沿向西的道路前进的话，就可以到达奥利斯普（现在的里斯本）。

与皇帝行省不同，元老院行省不会在非“前线”的地方驻扎军团。在边境卢西塔尼亚，总督指挥下的军事力量也只有一个中队。在罗马军中被称为“百人队”的由 80 人组成的队伍由百夫长直接担任指挥，高卢的主要行省卢格登高卢行省（里昂行省）也只有一个大队的 1 000 名士兵驻扎。帝国整体的防卫战略是必须向“前线”投入兵力，所以没有余力向罗马化程度较高的和平行省调派军事力量。

在卢西塔尼亚行省服役的军团兵中几乎没有出生于意大利本土的人。罗马公民权是世袭的，服役期满从军团退役的士兵会在当地获得土地作为退职金，移居后一般会娶当地的女子为妻，其后代子孙都拥有罗马公民权，是否拥有罗马公民权是成为军团兵的必要条件。帮助奥托维持卢西塔尼亚秩序的也是出生在西班牙的罗马人，安排相同人数的辅助兵来协助这支不足百人的军团部队的体制也与驻扎前线的军团相同。辅助兵在退役后可以取得罗马公民权，但是在服役期间不属于罗马公民。如果行省人民当中出现反对罗马的动向，负责保护成为众矢之的的总督的军团兵可能会由于与当地的渊源太深而站在当地人一方。换个方式来想，这相当于一名空降兵在敌人阵地中着陆一样。行省总督努力施行善政，除了因为害怕在卸任回国后被行省人民告上法庭之外，也为了自己在任期间的人身安全，最好的办法就是不要惹恼行省人民。

不管动机是什么，年轻总督奥托的行省统治非常成功。这并不是他一味地讨行省人民欢心的结果，而是因为他从始至终贯彻罗马式的统治方法，即视察行省的各个角落，下达必要的指示，并确保付诸实施，所以在首都罗马也受到了好评。花花公子的摇身一变甚至在女人当中都成了热门话题。

在这10年间，奥托得知自己的妻子波比娅公然做了皇帝的情人，并最终举行了正式的婚礼，自己却一直孑然一身。在西班牙住了6年之后，奥托应该也听说了波比娅的死讯，但是尼禄并不打算让奥托回国。又过了3年，里昂行省总督温德克斯率先点燃反对尼禄的导火索，塔拉戈纳行省总督加尔巴也跟着呼应起兵，先于其他所有行省表明支持加尔巴的便是统治卢西塔尼亚行省即将10年的奥托。尼禄被3名行省总督倒戈，元老院对此置之不管，近卫军团也见死不救，尼禄无奈在公元68年6月自刎身亡。7个月后，杀死加尔巴的奥托继任了帝位。

不少历史学家评价说，如果奥托不是出生在乱世而是出生在和平时代的话，他一定能成为一名优秀的统治者。然而，奥托的不幸却是在作为皇帝进行施政之前，首先必须专注于制定对策来对付已经开始南下的日耳曼军团。

说句实在话，奥托手上完全没有可供调遣的兵力。尽管如此，他还是在没有用金钱收买的情况下成功召集了自己离开10年之间变得有些生疏的近卫军团的士兵。如果不是对奥托心悦诚服的话，他们又怎么可能犯下暗杀现任皇帝的滔天大罪呢？但是，对于犯下重罪后群情激昂的士兵要求将加尔巴一派的元老院元老赶尽杀绝的主张，奥托断然拒绝。他还把加尔巴的遗体交还给家属，并确保火化和下葬顺利进行。同为先帝，但加尔巴的遗骨没有像尼禄那样享受到入葬奥古斯都陵的待遇，而是被埋在了加尔巴位于郊外的别墅庭院里。

奥托虽然很巧妙地抓住了士兵的心理，但兴兵南下的日耳曼军团的总人数毕竟近乎10万。奥托首先试图阻止日耳曼军团的南下行动，他向维特里乌斯提出共享皇帝之位的建议。但是被意想不到地推举为皇帝且得到最强的“日耳曼军团”支持的维特里乌斯，只想着借这股

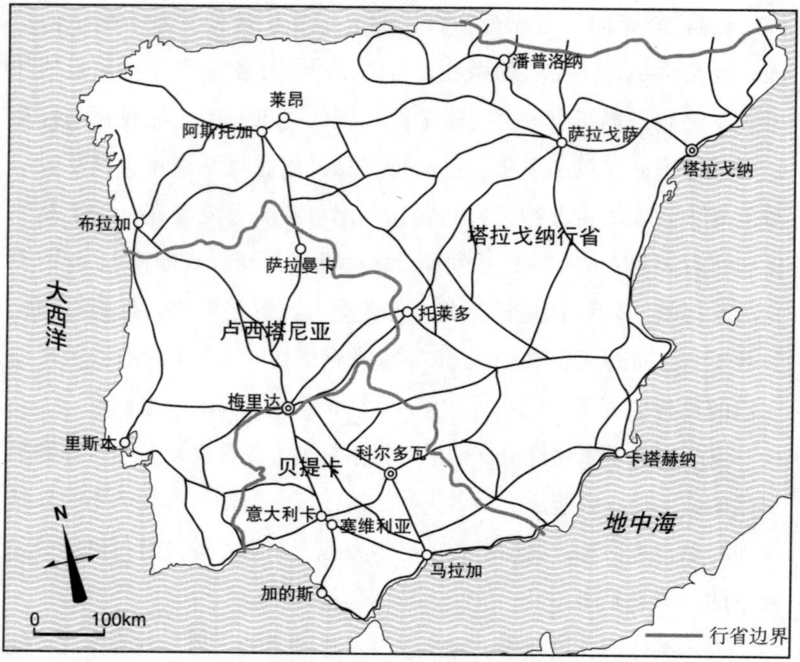

西班牙行省的主要道路网络（其中一部分包括五贤帝时代的道路）

力量就任罗马皇帝之位，断然拒绝了奥托的请求。罗马人彼此之间发生正面冲突的内战已不可避免，这在任何人眼里都是显而易见的。

严冬季节成了奥托的救星。让大军在 2、3 月之间跨越阿尔卑斯山脉是所有指挥官都力图避免的难题。正因为成功克服了这个困难，汉尼拔跨越阿尔卑斯山脉的行军才不仅让当时的人惊愕不已，还成了流传千古的佳话。但是，从那个时代起的 300 年后，出于确保与阿尔卑斯山脉以北的高卢之间联络线路的需要，阿尔卑斯山脉中的道路修建也有明显的进展。全线铺设完毕自不必说，每隔 8 至 24 公里，也就是平均 16 公里的沿线都建造了翻越阿尔卑斯山脉所需的各种设施。即使是个人旅行，在严冬时节也只需 10 日就能翻越。

但是，分兵两路南下的日耳曼军团每一路都有数万大军，按常识来说应该等待春天到来，但维特里乌斯急于行军，日耳曼军团的将士们也受到前往罗马这个念头的鼓舞，所以根本顾不得漫天纷飞的大雪，开始了直指南方的行军。

这样看来似乎奥托陷入了穷途末路，不过他还有一根救命稻草，因为防卫多瑙河的 7 个军团明确表示支持奥托，并且这不是“东方军团”那种消极的支持，而是积极的支持，甚至强硬到为了确保奥托的皇帝之位，不惜与莱茵河军团发生武装冲突。

莱茵河军团对多瑙河军团

负责防卫多瑙河的多瑙河军团为何选择支持奥托而不是维特里乌斯呢?

我认为这并非由于他们认可奥托在卢西塔尼亚行省的统治业绩而断定奥托比维特里乌斯更胜任皇帝之职。偏远地区的总督只要立下赫赫战功，就可以成为士兵的话题焦点，但一般的士兵不会关注行政方面的业绩。并且奥托被派遣到卢西塔尼亚之前只是皇帝尼禄的玩伴而已，根本没有在“前线”军团作战的经验。防卫“前线”的士兵最多不过是在他从背后刺杀了加尔巴继承帝位之后才知道“奥托”这个名字而已。

据我推测，在这种情况下，他们依然表明支持新皇帝奥托的态度，是因为在防卫多瑙河的士兵心中本来就对莱茵河军团有反感。

自尤里乌斯·恺撒称霸高卢全境以来，“帝国的‘北方前线’——莱茵河”的观念成为罗马人的常识已经有一个世纪之久。奥古斯都企图征服易北河为止的日耳曼地区的想法最后只是南柯一梦，提比略巧妙地撤退后，北方前线便固定为莱茵河，就这样一直过了半个世纪。

但是，尤里乌斯·恺撒的先见之明无人能及，他早就看出，对于罗马来说“北方前线”不只是莱茵河，还应包括多瑙河。然而，当时向多瑙河以南的征服计划却因为恺撒的遇害而搁置了下来。

既然能想到将易北河为界的区域划入帝国版图从而缩短北方前线，那么奥古斯都应该也充分认识到了多瑙河前线的重要性。但是，在他的时代以及继承他的提比略直至尼禄为止的时代，罗马都没有出现恺撒这样在短时间内实现霸业的军事天才。缺少的不是优秀的武将，而是天才。而且，与日耳曼民族多次大举入侵时的莱茵河流域不同，从奥古斯都到尼禄为止的时代，多瑙河流域的蛮族还没有成为足以让罗马人提心吊胆的威胁。从结果来看，征服多瑙河的计划以平稳的速度进行，至于将多瑙河确立为帝国前线的事业，说得好听些，也只是“平稳而切实地”进行着。

关于这期间的情况，只要看看负责莱茵河前线和多瑙河前线防卫任务的军团基地在这个时期的设置地点就可以了解。莱茵河前线方面几乎所有基地都设置在了莱茵河沿岸，相反，多瑙河前线方面在这个时期的基地还设置在距多瑙河较远的内陆地区。多瑙河流域的雷根斯堡、维也纳、布达佩斯、贝尔格莱德等城市的前身都是罗马的军团基地，不过罗马在这些地区建立常设军团基地是后来的事情。

但是，莱茵河防线如铜墙铁壁般坚固也可以解释为蛮族的入侵现在尚且集中在防守相对薄弱的多瑙河防线。因此，需要继续加强莱茵河和多瑙河两防线，但并不是谁都具备先见之明。在公元 69 年这一

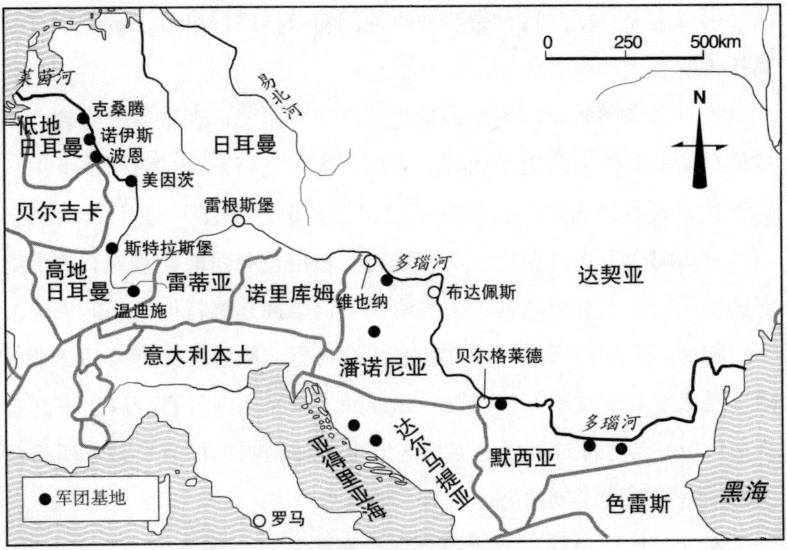

莱茵河军团与多瑙河军团配置

年，为了保障帝国的安全而流血牺牲最多的不是防守莱茵河的士兵，而是多瑙河前线的士兵。

然而，既有的观念和现实之间总是存在着误差。对于罗马人来说，“北方前线”仍然是莱茵河，防守帝国最前线的精锐指的也是驻扎在莱茵河沿岸基地的通称为“日耳曼军团”的士兵。

不过，当事人是最了解实情的。在多瑙河前线的士兵看来，日耳曼军团的士兵在皇帝奥托尚且健在时只凭维特里乌斯是自己的司令官这个理由便推举他称帝，甚至向意大利本土出兵，企图以武力来解决问题的做法简直就是傲慢不逊、难以容忍的越权行为。他们一定觉得不惜付出流血代价阻止蛮族入侵的是防守多瑙河的己方，日耳曼军团只是在已经成为铜墙铁壁的莱茵河防线过着安全舒适的都市生活而已。可以想象，就是这种想法使得他们对自己既没见过也没听说过的奥托表明了支持态度。

投入多瑙河防守的军事力量总共有7个军团，在数量上与拥立维特里乌斯的莱茵河防卫军相同。有如此大军支持自己，对于手下无兵的奥托来说真是求之不得的好消息，但是也存在着不利因素。首先，与沿莱茵河南下进攻相比，从多瑙河流域出发向西前往意大利的距离更远。第二个不利因素是，与采取统一行动拥立维特里乌斯的莱茵河军团相比，多瑙河军团分别驻扎在3个行省，即达尔马提亚的2个军团、潘诺尼亚的2个军团以及默西亚的3个军团，各自分属于不同总督指挥。3名总督对奥托的支持态度也不尽相同，目前只有军团长级别的军官们明确了支持态度。

不管怎样，奥托需要支撑到7个军团从多瑙河到来为止。可是，从比“友军”距离更近的地方前来的“敌人”即使在严冬时节也没有放慢行军的速度。

走向武力冲突

在胜负攸关的时刻，统帅必须亲自上阵。因为与外敌交战时，最高司令官是否临阵会影响到作战人员的士气，所以没必要再赘述理由。当发生内战，也就是同胞之间的战斗时，统帅亲自临阵更成了重要的决定性因素。

第一，因为是同胞之间的战斗，所以敌我双方的士兵对于将兵刃指向同胞的行为肯定都心存纠结，要想获胜就需要克服这种纠结心理。为了让士兵消除疑虑，就必须让他们认为自己的作战不是出于对敌人的憎恨，而是为了自己的统帅。站在卢比孔河前的尤里乌斯·恺撒在抛出那句“骰子已经掷出”的名言之前这样对士兵说：“渡过此河，人世间将有一场悲剧发生。不渡过此河，我将遭到彻底毁灭。”恺撒通过直率地说出“渡河是为了不让恺撒毁灭”，从而成功消除了决定无视国法跟随跨越卢比孔河的士兵心中怀有的疑虑。这样看来，统帅经常亲临现场与士兵见面是最有效的方法。

第二，需要控制属下的士兵在获胜后有可能出现的鲁莽行为。

和同胞兵戎相见的行为就算结果再好，也无法摆脱因为做出了违背人性的事情而产生的自我厌恶感。由于人在这种情况下会过于期待从这种消极的想法中摆脱出来，结果，比起回归理性，他们反而更容易委身于兽性，只有最高司令官的坚决命令才能阻止士兵的鲁莽行为。

第三，是与获胜一方对士兵的控制同等重要的问题——正确对待失败同胞。这同样只能倚仗最高司令官的坚决处置。实际上，确实曾有人对化为“野兽”的部下的失控行为置之不管，其中的典型便是苏拉（参阅《罗马人的故事 03 · 胜者的迷思》）。他将敌我双方明确分开，与自己为敌的纵使是同乡的罗马人也要彻底赶尽杀绝。可是，彻底的排挤政策虽然让他自己得以寿终正寝，败者一方的怨念却在之后的 30 年间深深扎根于罗马的社会中。

相反，一口咬定自己不是第二个苏拉的恺撒则赦免了所有失败的同胞，并赋予他们去留的自由。他明知道被释放的人有可能会再次将兵刃指向自己，却依然冒着风险做出了这样的处置。

内乱终究会结束，对于战后的社会重建来说，没有比怨恨危害更大的因素了。因此，胜利固然重要，但必须以一种不让怨恨残留下来的方式获胜，这才是内战的困难所在。能够尽可能杜绝这种危害的办法便是统帅亲自临阵。可是，在公元 69 年的内战中，维特里乌斯却采用了将决定胜负的战斗交给先遣的部下武将，自己之后再来领取胜利果实的办法。

维特里乌斯将南下前往本国意大利的莱茵河军团分为了三军：驻扎在低地日耳曼诺瓦伊西乌姆（现在的诺伊斯）的第四军团长席西纳统率的第一军有军团兵、辅助兵共约 3 万人。他们采取的路线是从正南方向南通过现在的瑞士，穿过后世称之为“小圣伯纳德”（Piccolo San Bernardo，法语为“Petit Saint Bernard”）的山岭后跨越阿尔卑斯山脉，从北部攻入意大利。

驻扎在同属低地日耳曼的另一个军团基地波恩纳（现在的波恩）的第一军团的军团长瓦伦斯统率的第二军规模不明，但据说士兵人数比第一军多。可能是这个原因，第二军选择了距离较远但行军更方便的路线。绕过高卢到达里昂，从里昂沿罗讷河畔南下。然后从马赛以北 30 公里处的阿克瓦埃赛克斯提埃（现在的艾克斯普罗旺斯）改向东前进，到达恺撒动用退役士兵建设的海湾城市法姆尤里（现在的弗雷瑞斯）后，从那里经由安蒂波利斯（现在的昂蒂布）、尼西亚（现在的尼斯）、杰诺瓦（现在的热那亚）到达高卢，然后可以很容易地进入意大利西部。

第三军由兼任低地日耳曼军司令官的维特里乌斯本人率领。第三军出发时间落后，首先是因为维特里乌斯自己没有意识到身先士卒的重要性，还有一个原因是募集新兵组成军团需要一定时间。

维特里乌斯认为，要想打倒有多瑙河军团支持的奥托，确保自己的皇帝位置，需要向意大利境内总共派遣 10 万兵力。莱茵河军团包括驻扎在低地日耳曼和高地日耳曼的军队在内，共有 7 个军团，全部派到意大利也只有 4.2 万人，加上人数相当的辅助兵也不过 8.4

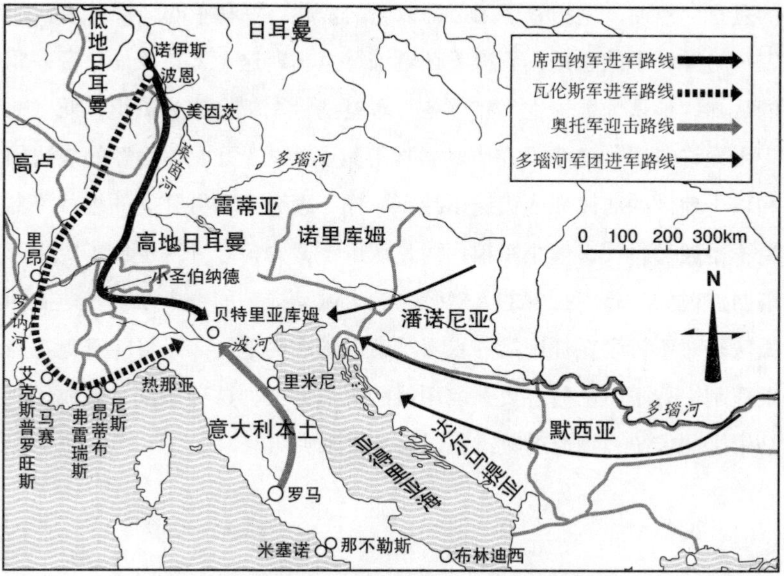

莱茵河军团和奥托的多瑙河军团的进军路线

万人，还需要集结 1.6 万至 2 万人兵力才能达到 10 万人。为此，维特里乌斯进入意大利的时间比席西纳率领的第一军进入意大利晚了 2 个月。

就算防线再坚固，莱茵河的对岸毕竟是勇猛的日耳曼各部族割据的地区，即使是皇帝也不能做出将防守此地的士兵全部调到意大利的不负责任的行为。但是，从之后维特里乌斯的行动来看，比起帝国的安全，此人更看重的似乎是他个人的野心，防守莱茵河的各军团士兵除了老兵、病号和伤员之外，名副其实地被“一个不留”地调往了意大利。他可能是觉得此时正值严冬，蛮族在冬天不会有什么行动，只要意大利的事情一解决，马上将士兵调回去，就能赶上蛮族行动活跃的夏季。然而，这招致了莱茵河以东的蛮族对罗马军的轻视。

另外一个问题是，不得不怀疑维特里乌斯这个人对罗马皇帝一职的认知。他认为强迫士兵在严冬行军时携带军粮会成为负担，便以此为由允许行军中的士兵在所经各地筹集军粮。3 万大军途经的现法国和瑞士地区的居民如同遭遇了敌军一样，因为舍不得开支的维特里乌斯不是通过付钱来筹集军粮，而是认可了武力掠夺。这也成了史学家塔西佗说的“高卢行省的人对帝国的忠诚动摇”的一个原因。恺撒的做法是对于计划在征服后并入罗马帝国版图的地区，尽可能避免在当地搜刮，万不得已时也要采取用钱购买的方式，这种做法早就成了罗马帝国的传统。浅薄的考虑在以后会带来灾难。

决战波河

奥托针对踏着大雪一路行军来到意大利的维特里乌斯军制定的军事战略还算差强人意。

首先，阻止席西纳率领的第一军和瓦伦斯率领的第二军会合。其次，在波河阻挡敌人的进攻。阻止会合、死守波河当然是为多瑙河军团的到达争取时间。

波河在意大利的河流中算是条大河，但与莱茵河和多瑙河相比远远称不上大。这条河从阿尔卑斯山脉发源，横跨意大利北部，注入亚得里亚海，横向排列几只小船，在上面铺上木板就可以轻易渡过。不过，正因为渡河容易，反而提升了这条河在战略上的重要性。

渡过波河之后就是几乎可以直线到达里米尼的埃米利亚大道，从面朝亚得里亚海的里米尼经由弗拉米尼亚大道穿越亚平宁山脉就可以直达罗马。另外，渡过波河后，从附近的皮亚琴察到热那亚也有大道相连，可以从热那亚经由奥雷利亚大道到达罗马。此外，也可以选择恺撒以前追赶庞培时从里米尼沿亚得里亚海沿岸的大道一口气南下到达直通希腊的海港布林迪西的路线。总而言之，一旦将波河拱手让给敌人，奥托就会被围困在首都罗马和意大利本土内。死守波河的意义远远不止为多瑙河军团的到达争取时间而已。

尽管如此，罗马人铺设了在严冬也能行军的罗马大道，也就是当时的“高速公路”网络。在这种情况下，对防守一方是尤为不利的。但是，选项只有两个——仿效中世人的做法，因过于担心这种风险而只修建又窄又弯的路；敢于承受在一定情况下陷入不利的风险，看重道路网络带来的好处。

那么，奥托是如何将这个相当不错的战略变为现实的呢？

首先，奥托为了阻止席西纳军和瓦伦斯军会合，打算让士兵乘坐基地设在那不勒斯附近的米塞诺的舰队的船只，在法国南部的海港弗雷瑞斯登陆，伏击从里昂南下的瓦伦斯军，但是奥托无兵可用。既然米塞诺舰队的海军登陆后只相当于一个军团的陆军，出动的目的也不是进行海上作战，因此舰队只负责运输任务就可以了。于是人手不足的皇帝奥托便命令首都警察和消防队全体动员，组成一个军团前往法国南部，指挥这支军队的是米塞诺舰队的提督。在“罗马统治下的和平”无处不在的当时的地中海，也许比起海军来，让他担任海上警察的任务更为妥当。当然，虽说是提督，也完全不是什么身经百战的勇士。

以这 6 000 人的兵力迎击从高卢南下而来的 4 万人的瓦伦斯军，想必奥托连做梦也不会期待自己能获胜吧！因为他的战略重点在于趁这个军团拖住瓦伦斯军期间，自己指挥主力军击败席西纳军。因此，在北上前往波河死守的主力军中，最高司令官奥托的身边跟随着多名久经沙场的武将。以尼禄皇帝时代在不列颠爆发的民众大叛乱中用勇敢的方式平定事态的苏维托尼乌斯·鲍利努斯（Suetonius Paullinus）为首，安尼乌斯·盖鲁斯（Annius Gallus）、马略·塞尔苏斯（Marius Celsus）都是前线经验丰富的老将。与其说这些人是因为支持奥托才与维特里乌斯军作战，不如说是因为奥托得到元老院的认可正式成了皇帝，身为一名罗马军将领听从其号令作战是天经地义的，才答应了奥托的招募。3 人都做过执政官，比 37 岁的奥托年长十几二十岁。另外，最重要的是，与只担任过卢西塔尼亚这个没有一个军团驻扎的行省总督的奥托相比，这 3 个人拥有指挥过作战单位为 2 个军团以上的实战经验，其中鲍利努斯更是出色地完成了征服不列颠并将其纳入统治下的艰巨任务。

奥托缺的不是“将”，而是“兵”。

在独裁政体的国家，军事力量存在的真正理由首先在于镇压国内的反对派，而并非保护国民以防遭到外敌侵略，罗马帝国单在这一点上就不属于独裁国家。罗马帝国在意大利本土没有常驻哪怕一个军团，罗马军的主力军团都部署在边境防线上而非帝国的国境内。

常驻意大利本土的军事力量只有 1 万名近卫军而已，目的是维持首都罗马和本土的秩序，9 个大队 9 000 名重装步兵加上各大队附属的骑兵才终于凑齐了 1 万名近卫军。此外，首都和各地方自治体也有和人口成相应比例的警察和消防队，但这些一般不能算作军事力量，所以本土的秩序维持（实为维持帝政的军事力量）只能依靠 1 万人的近卫军团。因此，奥托在本土寻求支持自己的军事力量时，首先想到的就是这 1 万名近卫军。

其次，奥托还想到了尼禄皇帝统治末期由驻扎在米塞诺海军基地

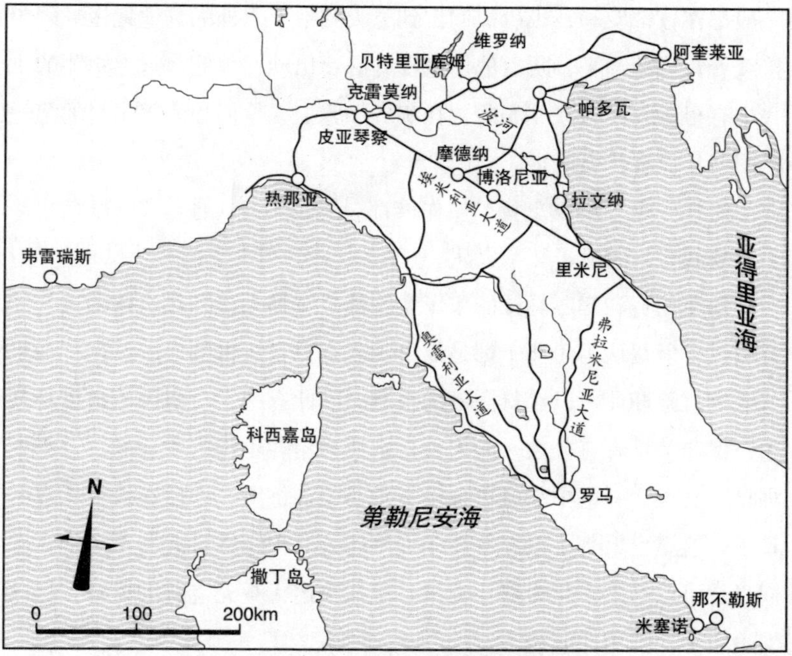

意大利北部到罗马之间的主要道路网络

的水兵组成的第一军团的 6 000 人。尼禄当时为何组建了新军团，原因不明。研究者中有人认为是因为尼禄曾经梦想像亚历山大大帝那样远征东方，但是他们没有确切的证据。不管怎样，公元 69 年，意大利本土只有一个军团。然而，光是人数凑齐是不能形成战斗力的，还需要进行陆地战斗的适应训练。但是尼禄没多久就自杀了，过于信赖元老院认可的加尔巴还没来得及关注这种事也遇害了，奥托握在手中的第一军团是一群没有经过陆战适应训练的士兵。与以解放奴隶为主力的第一军团相比，近卫军团算得上精英集团了，但他们的服役地点一般都在首都罗马，很少被调派到意大利本土之外的其他地区。因为持续着长久的和平，所以他们也没有必要出动。因此，近卫军团的士兵中有很多人没有战斗经验。在实战经验上，他们和海军出身的第一军团士兵没有什么区别。

这样一来，不仅奥托，换作谁都会感到不安，他将 2 000 名角斗士武装起来，组成了 2 个大队。

角斗比赛和四匹马拉的战车竞速都是罗马人最狂热追捧的人气体育项目，但是认为角斗士都是奴隶的观点只是后世的误解。这种命悬一线的危险职业可以获得高额的报酬，因此有很多自由民不惜投身其中，保守估计有三分之一的人是自由选择角斗士作为职业的。首都罗马自不必说，一些中小城市也设有角斗士训练所，即使在没有比赛的日子，这里也聚集了很多专注于训练的人。由于终日武器不离手，他们当然可以马上转化为战斗力量。奥托决定无视元老院的反对，将这支角斗士部队送往前线。

必须死守波河的奥托军的主力部队只有这不足 2 万人，但是奥托还接到了已经从驻扎地点出发的其他军事力量的消息，也可以一并计算在内。

首先便是先帝加尔巴组建的名为“第七加尔巴军团”的一个军团正在前往意大利。另外，不列颠方面的第十四军团也正在纵穿高卢直奔首都罗马而来。向奥托表明了积极支持态度的多瑙河军团虽然出于防卫上的考虑不可能调派所有兵力，但还是从 7 个军团当中的 5 个军团中各选出了 2 000 名士兵，也就是说有合计 1 万人的先遣部队正在向意大利本土前进。

奥托的战略由以下三个阶段组成：除了从罗马带来的 2 万人之外，加上从西班牙和不列颠前来的 2 个军团的 1.2 万人连带 2 万名辅

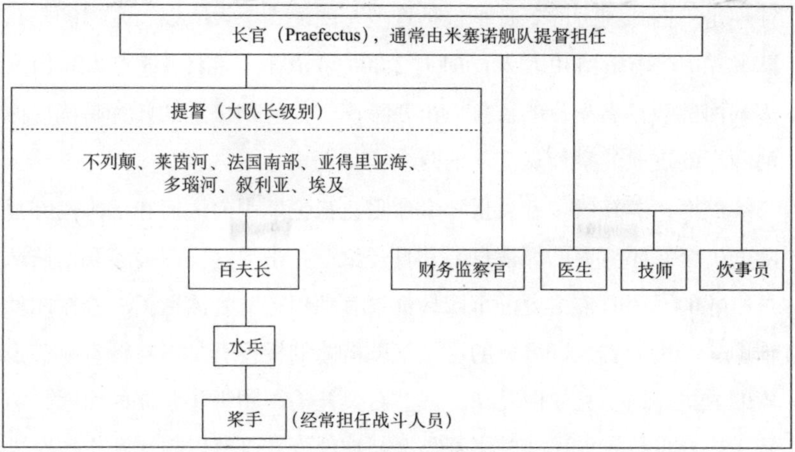

罗马海军的构成

助兵以及多瑙河军团的 1 万人的先遣部队，共有 5 万大军，首先依靠这 5 万大军击溃席西纳的 3 万人的部队。接着如果成功击败从西边到来的 4 万瓦伦斯军的话，其间多瑙河军团的主力部队肯定会到达，这样就能轻易收拾由维特里乌斯率领南下的莱茵河军团残部。这就是奥托的战略。

如果一切能按预定方向发展的话，结果应该不出奥托所料。但是，人类社会的常态是事情往往不会按照预定的方向发展，所以领导者需要具备随机应变的能力。奥托的弱点就在于没有实战经验，如果他参加过实战，在一开始就不会制定这种一旦所有事情不按预定方向发展就产生不了效果的战略了。

计划落空的第一个原因是席西纳军虽然是寒冬行军，却在 3 月初成功跨越了阿尔卑斯山脉。因此，奥托不得不急忙出动一部分军队前往迎击。向北前进的急行军包括近卫军团的5个大队以及附属的骑兵队和第一军团的1.1万人，加上2 000名角斗士共计1.3万人。由在多瑙河前线扬名立万的盖鲁斯担任指挥，盖鲁斯接到的任务是确保波河两岸的皮亚琴察和克雷莫纳两个城市。

然而，奥托紧接着又得知奉命阻止瓦伦斯军前进而在法国南部登陆的一个军团溃灭的坏消息，并且瓦伦斯在击溃这支由警察和消防队员组成的军团时连主力的军团兵都没有动用，只是派遣了一些军团的辅助兵。由行省人民组成的这支辅助部队的指挥官是出身行省显赫家族的尤里乌斯·克拉西克斯。诚然有奥托的军团组建仓促的原因，但结果毕竟是行省人民战胜了罗马军。这件事并没有以阻止瓦伦斯军失败而告终，出身于高卢民族的一个部族特雷维里的克拉西克斯由此觉得罗马军团不足为惧，为半年以后的高卢骚乱埋下了种子。人对人的背叛往往不是由于恐惧而是轻蔑引起的。

不管怎样，对于从西方直奔意大利的4万瓦伦斯军来说，障碍从此不复存在，奥托也终于不得不亲自出马。据说此番奥托离开首都前往北方时，有近卫军团4个大队和附属骑兵组成的4 000余人，甚至还加入了服役期满退役的士兵。这支混成军如实反映了人手不足的奥托在当时的状况，确切的人数不明。不过，以鲍利努斯为首的将领阵容还是很豪华的，而且先遣部队给正在沿弗拉米尼亚大道向北前进的奥托带来的战果也足以让其精神为之一振。

1.3万人的先遣部队在盖鲁斯的巧妙指挥下战绩不俗，其中角斗士部队的表现尤为抢眼。幸运的是，由于对方的席西纳将自己的军队一分为三，所以无论他如何努力指挥，最多不过1万兵力发挥作用。盖鲁斯指挥的奥托军成功保住了死守波河的关键要地——皮亚琴察，无奈放弃夺取皮亚琴察的席西纳和平占领了与波河南岸的皮亚琴察隔河相望的北岸要地克雷莫纳，并将该地作为了前线基地。奥托一方对克雷莫纳也发起了攻势，因为只要克雷莫纳还在敌人手里，从东方经由阿奎莱亚正在迫近的多瑙河军团的前进道路就会被阻隔。角斗士部队渡过用小船临时搭建的浮桥，在克雷莫纳郊外展开了游击行动。角斗士们在这次行动中的作战也很活跃，席西纳军虽然成功合并了一分为三的部队，但是已经无法从克雷莫纳踏出一步。

为己方的战果精神大振的奥托遵照从罗马被强制带来的元老院元老们的意愿，允许他们留在了距前线有一段距离的摩德纳镇。将元老院元老带到前线来是为了告诉打算只依靠军团兵的推举便登上皇位的维特里乌斯，自己得到了罗马帝国的正式主权者——元老院和公民的支持，因此自己才是更加名正言顺的皇帝。不过同时还有将元老院元老押为人质的目的，毕竟被奥托强制带离首都来到摩德纳的元老院元老中有不少秘密支持维特里乌斯的人，甚至连维特里乌斯的亲弟弟也在其中。

另一方面，没能夺取皮亚琴察的席西纳非常着急。受维特里乌斯委托指挥 3 万名士兵的席西纳原来只是一个军团的军团长，地位和受维特里乌斯之托统率 4 万人军队的瓦伦斯一样。急欲在瓦伦斯到达战场之前立下战功的席西纳制定的策略是利用伏兵战术歼灭渡过波河进攻北岸的奥托军，具体办法是让骑兵队发动攻击，将敌人诱入森林，再由潜伏在此的军队将其包围歼灭。进攻到波河北岸的贝特里亚库姆的奥托军是由曾经与擅长游击战术的不列颠人交手多次的鲍利努斯指挥的，这种计策对他毫不奏效。从森林中现身的席西纳军非但没有包围敌人，反而落入了敌人的包围圈。

至此，只要鲍利努斯一声令下便可歼灭席西纳军的一半部队，然后折回 30 公里路程发动攻击，就可以轻易攻下只剩下一半兵力把守的克雷莫纳。这样一来，奥托就能成功确保皮亚琴察和克雷莫纳这两个重要据点，死守波河，为多瑙河军团到达争取时间也会变得简单很多。

然而，鲍利努斯却迟迟没有发布缩小包围圈歼灭敌人的命令，席西纳军的将士趁机冲破包围圈成功逃脱，大概是因为鲍利努斯不忍下令让罗马人杀死自己的同胞。但是，他自己也因为这件事遭到了部下的鄙视。

内战的难度就在于此。尽管现在各为其主，但同胞之间彼此宽容对待是人之常情。不过同时不能让敌方得利，也就是要在有利于己方的前提下进行宽容处置，并且最重要的是不能招来己方士兵的反感。如果不能同时满足这三个相互矛盾的条件，就无法期待在同胞间的战争中取得胜利。恺撒的《内战记》是克服这种困难、成为内战胜者的绝佳教科书。不过，虽然这本书当时已经被广泛传阅，但在公元 69 年的内战中，几乎所有参与者都没能践行恺撒的教诲，不能不让人觉得，能否“从历史中吸取教训”，决定因素不在于教授者一方，而在于学习者一方的资质。

总之，奥托一方错过了占得有利条件的绝好机会，并且由于这件事的影响，他们只能眼睁睁地看着席西纳军和瓦伦斯军成功会合。

即使减去因席西纳军的失策而损失的兵力，合并后的维特里乌斯军也有 6 万人，不得不与之为敌的奥托一方召开了作战会议。如今分别驻扎在波河南北两岸的奥托军的全部兵力包括从罗马带来的 2 万人，加上陆陆续续进入意大利本土的多瑙河军团的 1 万人先遣部队，此外从不列颠和西班牙经长途跋涉终于进入意大利本土的第十四军团和第七军团，总共可以集结 5 万兵力。从数量上来看，可以说双方势均力敌。

在作战会议上，意见分为两派：是趁此机会全军出动到波河北岸展开决战，还是在多瑙河军团到达之前继续保持隔岸对峙的状态？鲍利努斯、盖鲁斯、塞尔苏斯等实战经验丰富的武将都支持第二种方案，但是奥托的亲哥哥提提亚努斯和近卫军团长官普鲁克鲁斯以及态度最坚决的皇帝奥托主张立刻展开决战。奥托和他的哥哥以及普鲁克鲁斯的共同点就是都没有实战经验。

经过一番激烈讨论后，最终还是采用了最高司令官奥托的意见，决定进行决战。此时已是4月，由于波河是大河，支流很多，融化的雪水造成流域附近的地表软化，对于骑兵和重装步兵来说都是不适合作战的季节。

第一次贝特里亚库姆战役

史称“第一次贝特里亚库姆战役”的这次战役实在难以叙述。首先，对这场战役叙述最详尽的史学家塔西佗“没有投入”。要想叙述自身没有实际参加的战斗，如果作者自己没有身临其境的心态，是无法表达清晰的，对于这一年的内战心怀厌恶的塔西佗无论如何也“无法投入”吧！“投入”指的并不是以此为乐，而是执笔的当事人是否有身临其境的感觉。希腊史学家修昔底德的著作《历史》的压轴内容是描写远征西西里的雅典军队惨败而归的情景。虽然自己没有参加战斗，但是描写这个场景时，修昔底德的笔下充满了愤怒，那是修昔底德作为一个雅典人对于雅典军队的这次败北决定了祖国雅典走上衰退之路的愤怒，因此他描述这段内容时的笔锋始终贯穿着只有心怀愤怒和绝望的人才可能拥有的不掺杂感情的冷静语调，最终写就了这部叙述战争的杰作。

与这名雅典人相反，在30年后书写这场战斗的罗马人塔西佗很清楚，公元69年的内战对于祖国罗马的历史没有产生决定性影响。正因如此，他才得以单单怀有厌恶的心情。愤怒与厌恶不同，所以塔西佗的叙述变得很模糊，实际上我们甚至不清楚不列颠的第十四军团和西班牙的第七军团最后是否参战，有的史学家认为他们是在战斗结束后才到达的。

但是，我认为第一次贝特里亚库姆战役以及半年后发生的第二次贝特里亚库姆战役在塔西佗的叙述中模糊不清，并不仅仅是塔西佗个人的心情所致，可能是其中存在着无论由谁来叙述都只能写得模糊不清的原因吧！

但凡在罗马史上足以留名的名将们指挥的战役，即使是几十年甚至几百年之后的叙述都无不清晰明了。在叙述汉尼拔、大西庇阿（参阅《罗马人的故事02·汉尼拔战记》）、苏拉、卢库鲁斯、庞培（均参阅《罗马人的故事03·胜者的迷思》）、恺撒[参阅《罗马人的故事04·恺撒时代（上）》《罗马人的故事05·恺撒时代（下）》]以及他们指挥的战役时费不了太多力气。这是因为这些人的战斗目的很明确，都是通过取得胜利来决定整场战役的走势，为了实现这个目的采取的战术也是以合理的方式贯彻始终。当然，因为采用了敌人始料未及的手段而获得胜利的例子屡见不鲜，至于战术方面，虽然因人而异，但胜利必定是全身心投入的结果。然而，如果不能以最小的牺牲取得最大的效果，战斗的胜利就不能等同于战争的胜利。欧洲有一句格言——“皮洛士式的胜利”，形容的就是“伤敌一千自损八百”的情况。皮洛士虽然远征意大利并战胜了罗马军，但每次获胜时己方也蒙受巨大损失，结果只能仓皇狼狈地从意大利回国，对此我已经在

《罗马人的故事 01 · 罗马不是一天建成的》的最后部分做过介绍。如果是“皮洛士式的胜利”，那只意味着成了战斗的胜者而并非战争的胜者。既然这是诉诸战争这种“人类的恶行”时必须面对的现实，如何有效利用手中的兵力对于司令官们来说就成了不可回避的问题。效率与合理性是相辅相成的，上述六人中没有一个是通过盲目投入兵力取得胜利的。总之，只要将焦点放在“战术应该是合理的”这一前提下，那么即便是发生在几千年前的战斗，在叙述时也犹如正在眼前发生一般，具有现场感。

公元 69 年以意大利北部为战场展开的内战中登场的武将，其能力远不及上述六人。他们确实有着对胜利的渴求，但是缺乏实现这个目的的冷静手段，无谓的流血牺牲都是拜他们所赐。这是一场缺陷完全暴露的“愚者之战”。

第一次贝特里亚库姆战役以克雷莫纳以东 30 公里处的贝特里亚库姆周边为战场展开，首先两军的共同点是都没有统一指挥系统。进攻方的维特里乌斯军虽然成功实现了两军会合，但是指挥官仍然由席西纳和瓦伦斯二人同时担任，二人率领各自军队展开了独自的军事行动，而且此时总司令官维特里乌斯还在高卢招募士兵，没有临阵。

防守方的奥托军在指挥系统上也和梦游状态没什么两样。本应亲临战场担任总指挥的奥托把将士们送到波河北岸后，自己却决定在南岸的布里克塞路姆（现在的布雷谢洛）等待战斗结果，这简直是愚蠢至极。布里克塞路姆是波河南岸的一个小村庄，这个村庄前的河流中有沙洲，渡过河后可以很方便地到达距离 20 公里之外的贝特里亚库姆战场，不过虽说有沙洲方便渡河，但毕竟是隔着一条河的 20 公里距离。并且就算彼此接壤，也不应将总司令部设在足有 20 公里远的

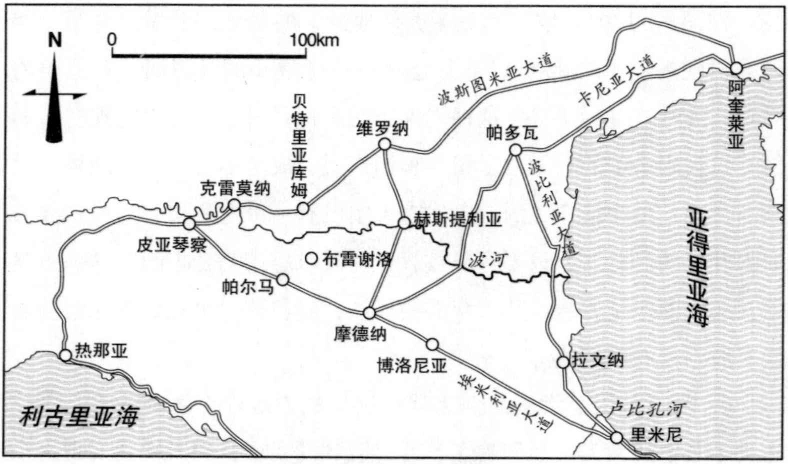

波河流域全图

后方，这是连不善于指挥战斗的奥古斯都都没有犯过的错误。

这成了奥托军失败的最大原因。本来，要想将无法放下包袱与同胞为敌的奥托军的将士们投入同胞相残的战场，就必须让他们认为这样做是为了奥托，但是当事人声称要在河对岸等待战斗结果。士兵当中弥漫起厌战情绪，并且这种情绪因为受“维特里乌斯与奥托之间已经达成和解，所以战斗可以避免”的假情报影响而倍增。

奥托军指挥系统的不统一也成了败北的一个原因。由于奥托本人决定不出战，哥哥提提亚努斯和辅佐他的近卫军团长官普鲁克鲁斯作为其代理，被委以总指挥的任务，二人都没有实战经验。相反，实战经验丰富的鲍利努斯、盖鲁斯和塞尔苏斯等老将却各自只分配到了一支军队。鲍利努斯先前又在与席西纳的战斗中遭到了士兵的鄙视，盖鲁斯也因坠马受伤而无法继续在阵前指挥，仅凭身为元老院元老的皇兄担任总指挥，是无法期待按照一贯的战略有效发挥各军战斗力的。这支奥托军非但没能发挥应有的战斗力，根本就是疲于奔命，空耗战斗力。

公元69年4月15日发生的第一次贝特里亚库姆战役自始至终都是散落在以贝特里亚库姆为中心的广阔平原各处的敌我双方展开的一场混战。这并不是因为战场不够宽敞无法进行统一会战，而是因为缺乏在战略战术两方面拥有足够实力能避免无谓的牺牲并取得战果的人才。敌我双方都是罗马士兵，连军装都一样，军团的旗帜——银鹫旗从远处看起来也没什么区别，说不定大开杀戒后会发现死的人是自己的父亲或兄弟，类似这样的悲剧在战场上比比皆是。

分出胜负并不是因为维特里乌斯一方的指挥官的能力比奥托军的将领强，也不是因为在罗马军中被誉为最强之师的莱茵河军团士兵的战斗力压倒了混编的奥托军，只是由于奥托军的士兵对于与同胞交战一事心怀的顾忌更强一些而已。对于维特里乌斯军的士兵来说，尚且远在高卢的最高司令官维特里乌斯没有参战是已知的事实，但是对于奥托军的士兵来说，最高司令官奥托不参战却相当于本来应该在己方军队后方不远处坐镇指挥的人临阵脱逃。一开始就知道不会参战和一开始期待参战却希望落空给士兵造成的影响是不同的，奥托军的士兵只能在心中怀着失望走上战场。

愚者的战斗不仅在战况的进展上模糊不清，牺牲者的人数也不甚明了。获胜的维特里乌斯军的牺牲人数不详，失败的奥托军的情况也不清楚。凡是名将指挥的战斗，至少会留下获胜一方的牺牲者的准确数字。公元69年4月15日的这场战斗，连胜者一方的战死者人数都没有明确记载，说明两军都盲目投入了大量兵力。不管怎么说，维特里乌斯军获得了胜利，因为奥托军的将士们先投降了，并且这个结果当日就传到了在波河南岸等待结果的奥托那里。

奥托自杀

得知本方败北的奥托做出了一个干脆利落的决定，让30年后的史学家塔西佗一直赞不绝口。周围的人一致劝说奥托暂且撤兵，等多瑙河军团到达之后再进行最后的决战，因为他们已经到达了从多瑙河流域进入意大利本土的入口阿奎莱亚。但是，奥托心意已决，他将有可能把别人牵连进来的文件全部烧毁，严禁对身在摩德纳的维特里乌斯的弟弟进行报复，并嘱咐将士们争取博得胜者一方的同情，然后在当晚用剑刺穿了自己的胸膛。这是心意已决的一剑，听到声音的侍卫闯入房间时，奥托已经断气了。他只当了3个月皇帝，死时37岁。

我觉得他的放弃有些为时过早，不过也许是受到斯多葛哲学的影响，罗马的精英大多极富公德心。就像塔西佗所说，奥托可能是希望用自己的死换来内战的结束。同时，奥托成为皇帝也不是他本人多年苦心经营的结果。如果比他小5岁的尼禄能够始终坚持善政，大概他根本不会想到由自己来做皇帝。尼禄的失政首先让高卢的总督温德克斯点燃了反对尼禄的战火，从响应这次起兵并支持加尔巴的时候开始，奥托才走上了称帝之路。如果是经过多年深思熟虑之后才具有的野心，想必不会如此简单地放弃。总而言之，正因为是偶然得来的帝位，在放手时才能如此干脆利落。

但是我又想，如果他已经下定了必死的决心，为何不在确保为自己打拼的将士们今后的出路之后再自杀呢？如果胜者是恺撒或奥古斯都的话，倒是大可以放心离世，不过这样的人毕竟是少数，因此他们才被视为伟人。难道奥托没有看出来，直接的胜者瓦伦斯和席西纳以及对这两人发号施令的维特里乌斯都不是败军之将们能够托付将来的人吗？也许在用剑刺穿自己的胸膛之前，奥托心里仅有的念头只是不要像自己派人杀死的加尔巴那样死得那么惨——被生擒后杀死，砍下的首级被穿在长枪上，让士兵举着在罗马广场上戏耍般地招摇过市，市民们纷纷向头颅投来石块。这大概是他最忌讳的。

尽管奥托干脆利落地自杀了，但罗马人之间的内战并没有到此结束，原因之一是维特里乌斯绝对不可忘记的重要一点——在对内战败军士兵的处置上犯错误。

第三章 皇帝维特里乌斯

（69 年 4 月 16 日—69 年 12 月 20 日在位）

到了公元 69 年 4 月 16 日，前一天发生的贝特里亚库姆战役的结果以及奥托自杀的消息已经传遍了意大利北部。同时，传令兵也快马加鞭赶往帝国东西南北各处报信，包括首都罗马、已经到达里昂的维特里乌斯那里、正聚集在阿奎莱亚的多瑙河军团处，此外还要利用海路远赴叙利亚和犹太等地通报维特里乌斯军胜利和奥托死亡的消息。

得知奥托军败北后从摩德纳到博洛尼亚避难的元老院元老们在接到奥托的死讯后马上承认了维特里乌斯“第一公民”的地位。另外，首都罗马在接到皇帝的死讯时正在举办竞技大赛，聚集在此的观众被告知新皇帝的名字后纷纷报以欢呼和掌声，这样一来维特里乌斯就得到了罗马公民的承认。之前已经多次提到，罗马帝国的正式主权者是元老院和公民，此前只受到莱茵河军团推举的维特里乌斯由此成了正式的“第一公民”，也就是罗马皇帝。

尽管刚刚登基 3 个月的皇帝昨天自杀，首都罗马也没有因此发生任何混乱。在负责维持首都罗马秩序的近卫军团和首都警察全部出动去前线的前提下没发生混乱有两个原因：第一个原因是首都警察长官萨比努斯是位非常有能力的行政官，此人是犹太方面司令官韦斯帕芗的亲哥哥。与在军事领域大放异彩的弟弟相比，他选择了行政，用现代的话来说，等于迈入了官僚的世界。起用萨比努斯担任首都警备的负责人算得上是奥托在人事安排上的一个成功举措，多亏萨比努斯监管周到，这座连一名警察都不在的百万人口大都市才没有发生混乱。

第二个原因可以说是首都罗马的居民对皇帝的意外死亡已经司空见惯。皇帝尼禄被迫自杀是在10个月前的公元68年6月，半年后皇帝加尔巴遇害，3个月后皇帝奥托又自杀身亡。公民在竞技场被告知奥托死讯并问及是否赞同维特里乌斯登基时纷纷报以欢呼和掌声，并不是因为他们讨厌奥托而支持维特里乌斯，而是大众面对又一次帝位更替表现出的兴味索然的反应罢了。在双方的支持者齐聚的首都罗马没有发生两者之间的冲突，也是由于大多数公民怀有的这种冷淡的情感。

在里昂得知奥托死讯的维特里乌斯做的第一件事是将此前隔三岔五举行的晚宴改为每晚都举行，并赠予自己年少的儿子“日耳曼尼库斯”的尊称，意思是“日耳曼征服者”。征服的对手并不是日耳曼民族而是奥托一派的罗马人，因此有些稀奇古怪，但是尤里乌斯—克劳狄乌斯王朝的皇帝和皇帝的血亲也有不少拥有“日耳曼尼库斯”称号的人，维特里乌斯可能是想借此来证明自己的儿子出身皇室。

其间，率领维特里乌斯军获胜的瓦伦斯和席西纳二将来到里昂报告战果，并祝贺维特里乌斯正式登基，二人此行带来很多败军之将。对于军团长级别的瓦伦斯和席西纳来说，作为行省总督征服不列颠而立下赫赫战功的鲍利努斯是老前辈，与其说是将败军之将押送至此，不如说是与老前辈和同辈结伴前来。

维特里乌斯一开始似乎用讽刺的言语挖苦了败将一番，不过最终还是赦免了全部败将的罪名，对于奥托的亲哥哥提提亚努斯也只表示兄弟同心并肩作战是理所当然的事情。奥托一派中没有一个人被流放或者被没收财产。到此为止还一切正常，然而在为奥托一方战斗的中坚力量——士兵的处置上，维特里乌斯却犯下了致命的错误。

对败者的处置

在贝特里亚库姆平原战败的奥托军士兵是怎样一种心情，塔西佗没有记载。他们并没有拼尽全力，而是在战场各处与敌人交手期间战死者人数不断增加，待反应过来之后发现已经输掉了。并且，最终也没有亲临战场的最高司令官干脆利落地（或者说是任意妄为地）给自己的生命画上了句号，本该统率残余士兵的司令官们也出发前往了里昂。获胜一方的士兵同样也被司令官们抛下不管，不过他们毕竟是胜者。这些胜者趁长官不在期间为所欲为地欺压败者。同为罗马军的军团兵，仅仅因为打了败仗就受尽虐待，他们一定备感屈辱，不过更令他们感到屈辱的是隶属莱茵河各军团的辅助兵们的蛮横态度。军团附属的辅助部队由行省人民组成，对于虽然在战斗中失败但依然是堂堂罗马公民的军团兵来说，看到身为行省人民的辅助兵们摆出一副胜者嘴脸实在是难以忍受的屈辱。

出于避免这种事态的需要，最高司令官的亲自参战是不可或缺的，特别是在同胞彼此交战的内战中，这是绝对的必要条件。

在距此一个世纪前的恺撒和庞培之间发生的内战中，恺撒每次获胜后看到庞培一方的士兵跪下请求自己原谅时都会命令他们站起来，然后这样说：

"你们只不过是尽自己的义务罢了。"

士兵的义务就是服从长官的命令，因为自己的长官加入了庞培一方，所以士兵也作为庞培的手下与恺撒作战。并且，恺撒还向部下（也就是获胜的士兵）严正下令，不得碰败兵一根汗毛，不得侵占他们的财物，不得有任何侮辱败兵的言行。

一个世纪后的贝特里亚库姆战役却没有出现恺撒这样的人物。在阿尔卑斯山脉对面的里昂，喝得烂醉如泥的维特里乌斯下达的命令竟然是将奥托手下各军团的百夫长处以死刑。

百夫长担负着统率百名左右士兵的任务，相当于现代军队里的中队长，在罗马军中的位置相当于现代军队的中士军衔。中士一般是下级军官，但罗马军团的高级百夫长拥有出席作战会议的资格，所以不能简单地归为下级军官。不过，这些百夫长不仅在战场上身先士卒，平时也和手下的士兵同吃同住。他们有时态度严厉，冠之以“魔鬼中士”的称号都不为过，但是对于士兵来说，他们犹如父兄一般亲切。新皇帝的命令便是要杀死这些百夫长，不知士兵听到后会做何感想！原属奥托军的士兵在心中萌生屈辱甚至憎恨的感情是必然的。最后，死刑被无情地执行了。

想必维特里乌斯这个人对人的内心世界没有多大的关心，他接下来的命令是让败军士兵参与克雷莫纳镇的圆形竞技场修建工程。修建圆形竞技场的理由之一是对卷入战争的克雷莫纳镇的人们给予补偿，还有就是准备在自己入主意大利时举行角斗比赛以示庆祝。

对于罗马的军团兵来说，在公共设施的施工现场工作不仅不是耻辱，还是值得自豪的事情。广大的帝国境内星罗棋布的道路就是军团兵铺设的，直到现在还保留着刻有“第××军团铺设”字样的纪念碑。

这些都是重体力劳动，但对于他们所属的帝国来说这些工程都是不可或缺的，他们并不是为了弥补在内战中与胜者为敌的罪行而被强制从事的工作。然而，克雷莫纳的居民却对被命令强制赶工的士兵报以侮辱性言语，其性质之恶劣让人难以相信他们同样都是罗马公民。没过多长时间，士兵的胸中就被败北的打击、屈辱的感觉和憎恨的心情交织而成的怨恨占据。

新皇帝维特里乌斯是何时入主意大利本土的，没有确切的史料记载，从里昂穿越阿尔卑斯山脉到达意大利北部需要10天行程，不知是在里昂耽搁太久还是旅途行进缓慢，维特里乌斯似乎在5月中旬才到达意大利北部。他到了克雷莫纳后在修建完成的圆形竞技场观看了瓦伦斯和席西纳为庆祝自己登基而举行的角斗比赛，被迫参加比赛的角斗士们肯定是奥托组建的那支在与维特里乌斯军的战斗中表现英勇的角斗士部队的幸存者，这是又一次有悖人之常情的愚蠢决定。

入主意大利本土以后，维特里乌斯的身份除了是与先帝奥托交战的胜者之外，还成了得到罗马帝国正式的主权者元老院和公民承认的唯一皇帝。在这个时候，无人可与之匹敌。能否收拾内乱后的残局，重新将帝国统合起来，全在于他本人的政治手腕。生于公元15年的维特里乌斯这一年54岁，比老得让人担心的加尔巴年轻了足足18岁，相比正处于30多岁这个不上不下年龄段的奥托来说，年长了17岁。在古代的罗马，40岁至50多岁被认为是男人的鼎盛时期。在所属阶级上，相比名门贵族的加尔巴，维特里乌斯更接近于新兴统治阶级的奥托，不过维特里乌斯身上披着从受提比略皇帝任用开始一直到克劳狄乌斯时代地位仅次于皇帝的父亲路奇乌斯留下的光环，而且最重要的是，他背后有号称罗马全军最强的莱茵河军团撑腰。只有良好的意愿以及将这种意愿传达给别人的口号的话，无论是革命、改革还是重建都是无法实现的。除了意愿和说服力之外，还需要权威和权力。维特里乌斯是元老院和公民承认的权威，并且也拥有莱茵河军团这个“权力”。

尽管如此，维特里乌斯并不知道如何运用这些“在握的大权”。对于心怀积极的愿望却由于所处的立场而无法实现目标或者不具备实现这个目标所需实力的人，我们不必横加指责。但是，只要想干就能成功的人却不行动起来，那就是精神怠惰了。而且维特里乌斯不仅没有做他应该做的事情，甚至还犯下了不该犯的错误。

新皇帝维特里乌斯下达的第一条命令是解雇全体近卫军团的士兵，由于是不支付退职金的直接解雇，所以更应视为罢职。他的理由是这些士兵曾经站在奥托一方与维特里乌斯军为敌。作为罗马军一个组成部分的近卫军团的任务是保护最高司令官——皇帝。在贝特里亚库姆战役期间，奥托是得到元老院和公民承认的正式皇帝。按照恺撒的说法，在奥托手下作战的近卫军团士兵只不过是在忠实地履行作为士兵的义务而已。但是，在维特里乌斯看来，他们也曾经听从奥托的命令将正式的皇帝加尔巴杀死，所以这些近卫军团士兵不再拥有继续服役的资格，如果允许他们继续留任，可能会威胁到维特里乌斯自身的安全。既然如此，本应该仿效奥古斯都对安东尼手下的士兵采取的处置办法，在分发退职金并为他们找好落脚之处以后再解雇，然而他却完全没有这方面的考虑，被直接解雇的近卫军团士兵的态度从中立转为反对维特里乌斯也是理所当然的。

其实维特里乌斯很清楚，近卫军团的任务是保护皇帝，证据就在于虽然他解雇了近卫军团的士兵，但并没有废除近卫军团，而且还在此基础上进一步扩充，将奥古斯都以来由每队定员 1 000 人的 9 个大队组成的近卫军团规模增加为 16 个大队，加上附属骑兵队，兵力从原来的 1 万人左右变为了 1.7 万人。这 1.7 万人全部由支持维特里乌斯的莱茵河军团士兵组成，这进一步伤害了被解雇的原近卫军团士兵的自尊。100 年来，近卫军团士兵在人们眼里一直是罗马全军中的精英，与在行省服役的军团兵相比，近卫军团士兵在期满退役的年限和薪水上都享受明显的优待。但是现在地位比自己低的军团兵得到任用，自己却被扫地出门，这使得他们彻底坚定了反对维特里乌斯的决心。

维特里乌斯不仅在近卫军团士兵的处置上犯了错误，在随同奥托一方参战的士兵的善后问题上也是一错再错。

他们当中的很多人本来的任务是防卫边境，在处理时不能像当年的恺撒一样让他们自由选择重新回到庞培手下、就地定居，还是返回故乡。即使不是维特里乌斯，换作任何一个人也只能将他们遣返到当初的服役地点。要命的是他的遣返方式，他根本没有想办法在消除士兵的屈辱感、愤怒和怨恨之后再将他们遣返，只是直接下令让他们回到服役地点。

只有海军出身的第一军团没有回到以前的服役地点米塞诺，而是被派驻到他们从未去过的西班牙。

第十四军团接到的命令是返回不列颠，但是这个军团如同俘虏一般，在返回途中一直处于辅助部队的监视下，也就是说身为罗马公民的军团兵被行省出身的士兵监视着踏上归途。这带来了两个弊端：一是伤害了军团兵的自尊，二是让行省出身的士兵产生了看不起罗马军团兵的心理。这两个弊端在之后影响深远。罗马的边境防御系统要靠主要战斗力的军团兵和辅助战斗力的辅助兵恪尽职守才能正常运作，一旦非主要战斗力从心中看不起主要战斗力，很显然就会发生问题。

向东返回多瑙河流域的士兵心怀的不满与向西方的西班牙和不列颠前进的士兵是一样的，不，应该说他们有更强烈的怨恨。毕竟多瑙河军团的士兵仅仅因为替奥托一方卖命便被强制从事圆形竞技场的修建，并且这种怨恨还传染给了虽然到达意大利却没有参加贝特里亚库姆战役的士兵。因为多瑙河军团的士兵在团结心上绝不输给莱茵河军团的士兵。

在奥托手下作战的士兵返回之后，距离帝国最遥远的叙利亚和犹太方面也得知了奥托的死讯和维特里乌斯即位的消息。

叙利亚总督穆奇阿努斯

继加尔巴、奥托、维特里乌斯之后，该讲述韦斯帕芗的故事了。在叙述完无能将领指挥的战斗后紧接着叙述名将指挥的战斗，我都有些不适应这突如其来的转变了。用通俗的话说，前三个人根本就是疲于奔命地任由事态自行发展，我甚至能够体会塔西佗为何对他们心怀厌恶了。

韦斯帕芗直到一年前为止连做梦也没有想到自己会成为皇帝，在这一点上与加尔巴、奥托和维特里乌斯没有什么区别。事实上，在犹太战争中俘虏的犹太人弗拉维乌斯·约瑟夫斯预言韦斯帕芗会成为皇帝时，他虽然没有信以为真，却也没有付之一笑，并为实现这个目标而默默地努力着。不仅如此，在加尔巴登基时，他还曾派遣自己的长子提图斯担任使者前往罗马表示支持和祝贺。加尔巴遇害、奥托继任皇帝后，自己由于正在参加犹太战争而没有派遣军团，不过还是表达了支持的意思。奥托在统计自己的军事力量时也将韦斯帕芗麾下的三个军团计算了进来。

但是，他在得知奥托自杀和维特里乌斯登基的消息后，既没有送去祝贺，也没有表示支持。其实从这个时候起，为了实现自己的登基大业，韦斯帕芗不再听天由命，而是开始着手制订详细周密的作战计划了。然而，负责防卫帝国东半边的各军团并非从一开始就一致拥护韦斯帕芗。

满怀着怨恨回到军营的多瑙河军团的士兵对新皇帝维特里乌斯的反感没过多长时间就转化为另外拥立一位新皇帝的愿望。本来，多瑙河军团的 7 个军团与驻扎在叙利亚负责防卫达达尼尔海峡东边的小亚细亚的 4 个军团关系很密切，双方不仅在地理上相距不远，而且每逢

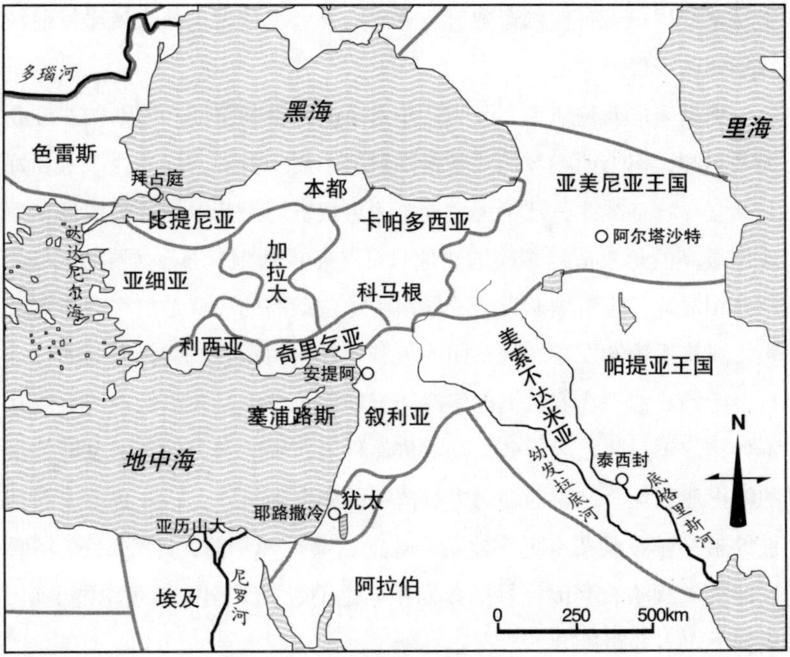

罗马帝国东方

东方前线需要兵力增援时，多瑙河军团尤其是驻扎在默西亚行省负责防卫多瑙河下游的3个军团一般都会派兵响应。在尼禄统治时期，曾与亚美尼亚王国和帕提亚王国发生过争端，他们当时就是名将科尔布罗指挥下的一部。如果科尔布罗还活着的话，他们肯定会毫不犹豫地推举科尔布罗来对抗维特里乌斯。但是，除了战略战术的才能之外还兼有外交手腕（也就是不费一兵一卒获得胜利的才能）的这名武将在两年前遭到皇帝尼禄的猜疑而被迫自尽。不过科尔布罗门下公认的才俊穆奇阿努斯仍然健在，还担任着统率4个军团的叙利亚行省总督，于是密使肩负着打探穆奇阿努斯意向的任务，从多瑙河流域出发前往叙利亚的安提阿。

史学家塔西佗认为，互为竞争对手的穆奇阿努斯和韦斯帕芗彼此关系不和，但韦斯帕芗的儿子提图斯努力居中斡旋，成功让二人和好并建立了统一战线，这不无道理，因为负责防卫帝国西方的罗马军中地位最高的是莱茵河军团的高地日耳曼军或低地日耳曼军的司令官，与此相对，防守帝国东方的罗马军中地位最高的一直是统率着与大国帕提亚接壤的幼发拉底河军团的叙利亚驻军司令官。犹太方面的司令官韦斯帕芗似乎在岁数上比穆奇阿努斯年长，但是在军队中的地位并不如他。不过，比起任务只是对依靠科尔布罗的努力确立了友好关系的帕提亚和亚美尼亚的动向进行监视的穆奇阿努斯，正在犹太方面打仗的韦斯帕芗确实有更多建功立业的机会。两年前，即公元 67 年爆发的犹太战争直到因尼禄的死而中断之前，犹太全境已基本被平定，只剩下攻占耶路撒冷了。

但是，我不认同塔西佗主张的“处在竞争关系中的两个人无一例外都会互相敌视”的人性论。对手之间存在的是竞争意识，并非互相敌视的意识，尤其是双方当事人都颇具才能时更是如此，他们彼此反而会惺惺相惜，所谓嫉妒只不过是自己的能力不如对方时产生的下意识的表现。而且从此后穆奇阿努斯贯彻始终的合作态度来推测，也很难让人觉得二人的统一战线仅仅停留在“如果没有后生提图斯的居中斡旋，合作关系就无法实现”的程度上。

被多瑙河军团探询是否有意称帝的人是穆奇阿努斯而非韦斯帕芗，如果穆奇阿努斯不喜欢也不认可这个竞争对手的话，大可凭借韦斯帕芗在犹太执行战争任务期间擅自进攻意大利本土的做法相当于放弃任务的理由，将韦斯帕芗成为皇帝的可能性扼杀在萌芽中。然而穆奇阿努斯却想方设法将多瑙河军团对自己的支持转送给韦斯帕芗，为什么呢？

恺撒

叙利亚行省总督盖乌斯·路奇尼乌斯·穆奇阿努斯大概是为数不多的在公元69年就觉察到罗马帝国即将迎来新时代的罗马人之一，不过所谓新时代并不意味着改变帝政。就连情感上属于共和主义者的塔西佗也不得不承认，统治区域广大的罗马帝国只能依靠帝政，帝政仍然作为政体发挥着作用。问题不在于政体，而在于由谁来担任这种政体的最高统治者。

奥古斯都

事实上，始于恺撒时代的“应该由尤里乌斯—克劳狄乌斯王朝，也就是出身于首都罗马的名门贵族且继承了奥古斯都血统的人来担任皇帝”的惯例在尼禄时代画上了句号。与奥古斯都没有血缘关系但出身于首都罗马名门贵族的加尔巴统治也不长久，接下来成为皇帝的奥托既非首都出身也不是名门贵族，但至少他的父亲是元老院元老，因此他可以自豪地夸耀自己出身于罗马社会的最高阶层——元老院阶级。现在代替奥托的维特里乌斯从父亲那一代开始也跻身元老院阶级。相反，韦斯帕芗的父亲却是从一个不知名的军团中摸爬滚打出来的，并且他虽然出生于意大利本土，却只来自一个地方自治体——瑞耶提。

是否属于元老院阶级对军旅生涯也有影响，如果是元老院元老的儿子，结束一段见习期后就可以一下子被提拔为大队长，让这些刚起步的公子哥担当重任是因为手下的10名百夫长都是职业军人。关于韦斯帕芗军团生涯的记载是从他成为多瑙河流域的大队长之后开始的，不知道他是否是从一名普通士兵晋升上来的，不过至少他肯定担任过百夫长。罗马步入帝政之后的军队从以前的讲究出身变为了重视实力，但是没有一点背景的年轻人仍然不可能被一下子提拔为大队长。

而且韦斯帕芗在军团内的晋升速度虽说不慢，但也绝对不是很快，在名声上远远不及罗马全军无人不识的科尔布罗。韦斯帕芗在犹太战争中的表现说好听点儿叫稳扎稳打，说不好听点儿就是平庸无奇。无论从哪个方面来看，人们平时绝对不会想到他会做出起兵称帝这种疯狂的事情来。

但是，韦斯帕芗也有优点——他是个常识健全的人。穆奇阿努斯不是一贯主张，要想终结公元69年发生的内乱、重建帝国，常识健全的人是最堪当其任的吗？结束尼禄死后的内乱局面不能依靠创造新体制的方法，而是要恢复既有体制的功能才能成功。

总之，要想结束公元69年的内乱，与120年前创造新体制时的情况不同，如今已不需要恺撒和奥古斯都这种类型的天才人物，即使缺乏一些想象力，但只要具备能够清楚地了解现在需要做什么并可以付诸实践的健全常识就足够了。穆奇阿努斯不仅受过很多教育，多年的边境服役经历也让他练就了对现实的敏锐洞察力，不过有趣的是，他认为来自统治阶级外部的韦斯帕芗比出身于既有统治阶级的自己更适合担当将帝国重新凝聚起来的旗手，因为根据他的判断，地方出身的韦斯帕芗朴素诚实，比动不动就见风使舵的自己这个“城里人”更能胜任。此外还有一个人也认为韦斯帕芗更适合平定这个时期的内乱，这个人不是罗马人，而是犹太人。不，应该说他虽然犹太人出身，但是比一般的罗马人更像罗马人。

埃及长官亚历山德罗斯

提比略·尤里乌斯·亚历山德罗斯出生于长期居住在埃及第一大城市亚历山大的一个富裕的犹太人家庭，伯父是被誉为“犹太人的柏拉图”的学识渊博的哲学家斐洛（拉丁语写作“Philo”），关于这个人我已经在《罗马人的故事 07·臭名昭著的皇帝》“皇帝卡利古拉”一章中做过介绍。这个家族是除耶路撒冷以外犹太人聚集最多的亚历山大的犹太人社区中最有势力的家庭，“尤里乌斯”这个家门名是恺撒或者第一代皇帝奥古斯都，要不就是第二代皇帝提比略赐予的。如我在《罗马人的故事 07·臭名昭著的皇帝》中所述，卡利古拉和犹太人的关系非常恶劣，不可能将自己的家门名赐予他们，也就是说不可能将他们纳入自己所属的家族中。

哲学家斐洛一生都没有改变自己犹太人的身份，但家族中的一个成员马库斯·尤里乌斯·亚历山德罗斯却选择成为罗马公民，并与在位至公元 44 年的犹太王希律·阿格里帕一世的女儿贝蕾妮丝结婚，因此在犹太战争中协助罗马一方压制犹太的阿格里帕二世相当于斐洛的侄子。斐洛的亲弟弟叫盖乌斯·尤里乌斯·亚历山德罗斯。从名字可以看出，他也是一个选择了成为罗马公民的犹太人，此人在金融业取得成功后，曾担任埃及等东方国家皇帝的私产操盘手。提比略·尤里乌斯·亚历山德罗斯便是此人的儿子，不过他没有涉足犹太人擅长的金融领域，而是选择了投身罗马军团来发挥自己的才能，这在犹太人中是不多见的。

他虽出身犹太民族，却拥有“尤里乌斯”这个家门名，并且是亚历山大的权势家族的一员。他投身军团后一上来就被委以大队长的职务，得到了与元老院阶级出身的罗马人一样的待遇。伯父斐洛作为亚历山大的犹太人社会的代表前往罗马向卡利古拉皇帝请愿妥善处理犹太人问题的那一年，这个犹太青年在罗马军团中已经是指挥 1 000 名士兵的大队长了。

他之后的晋升也是突飞猛进，在 6 年后的公元 46 年开始的 2 年间，他被克劳狄乌斯皇帝任命为常驻犹太的长官。阿格里帕一世死后，由于儿子阿格里帕二世才 16 岁，克劳狄乌斯皇帝只能将犹太再次置于罗马的直辖统治下，但是提比略·尤里乌斯·亚历山德罗斯的统治手腕非常巧妙，在他任内，犹太没有给罗马带来任何麻烦。犹太人对于他这种中途放弃犹太教改信他教的行为抱有的憎恶胜于原本的异教徒，并且当时他的年龄只有 30 岁出头，在这种情况下没有发生任何问题，想必他除了军事才能外，在民事方面也才华卓越。

之后，他的事迹从罗马史的记载中消失了一段时间，一直到公元 1 世纪 60 年代，他又出现在连敌人帕提亚都认可的罗马军第一名将科尔布罗的旗下，这次不是作为一个军团的军团长，而是成了由 4 个军团组成的科尔布罗全军的兵站负责人。罗马军非常重视兵站的作用，甚至存在“罗马军胜利的关键在于兵站”的说法，因此，在这个方面担任最高负责人意味着比军团长的地位还高，他与年龄相仿的穆奇阿努斯同为科尔布罗麾下的高级将领。另外，这个归化罗马的犹太人可能是受伯父斐洛的影响，在修养上丝毫不逊于穆奇阿努斯。

科尔布罗被尼禄勒令自杀之后，穆奇阿努斯成了东方叙利亚行省的总督。与此同时，等待提比略·尤里乌斯·亚历山德罗斯的是仅次于叙利亚的帝国东方要塞——埃及的长官职位。

埃及的亚历山大因为是亚历山大大帝（希腊语称为亚历山德罗斯）建造的，所以城市名也以他的名字命名，到克娄巴特拉时代为止一直是希腊裔的托勒密王朝的首都，作为征服者的希腊人当然也大量定居于此。即使征服者换成了罗马人，希腊裔居民的比重也没有变化。很久以前，与希腊民族同样有很强的离散习性的犹太人也迁徙至此。亚历山大的居民构成分为埃及原住民、希腊后裔和犹太后裔，在经济实力上则是希腊后裔和犹太后裔平分秋色。出于这种复杂的情况，由罗马皇帝委派到此上任的长官往往会遇到相当大的困难。

与帝国内的各行省不同，只有埃及是罗马公民委托皇帝进行直接统治的城市，所以统治负责人不需要由元老院元老出身且有执政官经历的“总督”来担任。“长官”只是个官职名，任命权不属于元老院，而是在皇帝手中。因此，当时在皇帝直属下担任帝国统治事务的“官僚”中资历最高的人就被视为埃及长官。有意思的是，罗马选择了犹太人前往与犹太裔居民对立的希腊裔居民大量居住的亚历山大来担任埃及长官，并且还委托其指挥两个军团，这也是罗马“不论是否行省出身，唯才是用”政治的一个例证。提比略·尤里乌斯·亚历山德罗斯成了第一位出生于埃及的“埃及长官”，并且这名归化罗马的犹太人很好地把握住了罗马人为自己提供的这个衣锦还乡的机会，没有辜负他们的期望。埃及和它的首都亚历山大开始了长期的太平日子，甚至让人误以为前不久的卡利古拉皇帝的焦虑和克劳狄乌斯皇帝的苦心早已是遥远的过去。顺便提一句，这个人政治生涯的最后一个职务是首都警察的长官，原因是巩固了皇帝之位的韦斯帕芗将他召回了自己身边，而他也是第一个担任这个职务的犹太人。

我总觉得韦斯帕芗称帝的作战计划是他本人与穆奇阿努斯和这位亚历山德罗斯三个人共同制订的，这三人甚至考虑到为了保证以后的皇位继承顺利实现，将韦斯帕芗的儿子提图斯也列入了计划之中。

60 岁的韦斯帕芗、年近花甲的穆奇阿努斯和亚历山德罗斯，以及 30 岁的提图斯，从韦斯帕芗的才能和性格来推测，当时大概的情况应该是他本人负责出谋划策，由其他三人来执行。经验丰富、心智成熟的三个壮年男子经过冷静的探讨商定结论后，与年轻的提图斯一起着手实行。之所以这么说，是因为这四个人的任务分配实在可以用“天衣无缝、简单明了”来形容。

韦斯帕芗称帝

从当时的信息传递速度来推断，4 月 15 日开始的贝特里亚库姆战役的结果——次日即 16 日早晨确定的皇帝奥托的自杀、数日不久后公布的元老院承认维特里乌斯皇位的事实应该在 5 月中旬或者最迟 5 月末传到了帝国的东方。此时穆奇阿努斯身在驻地叙利亚的安提阿，暂时处于休战中的韦斯帕芗驻扎在犹太的恺撒利亚，提比略·尤里乌斯·亚历山德罗斯则正在埃及亚历山大的官邸中，三人应该分别听说了这些消息。然后从 6 月开始传来多瑙河军团的士兵对维特里乌斯心怀不满和怨恨的消息，紧接着，多瑙河军团的士兵便前来探询穆奇阿努斯是否有意称帝。

从这些事实可以断定，时近6月末在贝洛特（现在的贝鲁特）举行的三人会谈肯定是由穆奇阿努斯主导的。这次会谈并不是三人聚到贝鲁特秘密举行的，实际上三人都是在大白天率领自己手下的军团长、大队长和高级百夫长堂堂正正出席了会谈。除他们之外，还有犹太的阿格里帕二世以及科马根（Commagene）和纳巴泰（Nabatea）等帝国东方的同盟国君主参加。这样看来会谈明显经过了周密的准备，同时也怀有将包括多瑙河军团在内的帝国东方将士反对本国意大利的皇帝维特里乌斯的事实公之于众的意图。负责防卫多瑙河的7个军团加上叙利亚的4个军团以及正在参加犹太战争的3个军团和驻扎在埃及的2个军团，总共有16个军团的兵力。即使支持维特里乌斯的莱茵河军团战斗力在罗马军中最强，也只有7个军团。由于维特里乌斯本人的失策，驻扎在不列颠的3个军团和西班牙的2个军团以及驻扎在北非的1个军团支持他的可能性微乎其微。当然，出于防守上的考虑，16个军团不可能全被调到西方与维特里乌斯一方的7个军团交战，不过单单是防守帝国东方的16个军团全部倒戈反对维特里乌斯这一个消息就足以带来巨大的冲击了。

贝鲁特会谈的三名主要出席者逐一确定了韦斯帕芗称帝必须实现的计划，大致分为两个阶段：

第一阶段：

（一）三人各自招募从麾下军团中期满退役的士兵重新归队。

招募的对象是领取土地和退职金后开始平民生活的老兵。罗马军团兵在退役后一般多会在服役地附近开始新的生活，所以让他们应征归队应该不是什么难事。

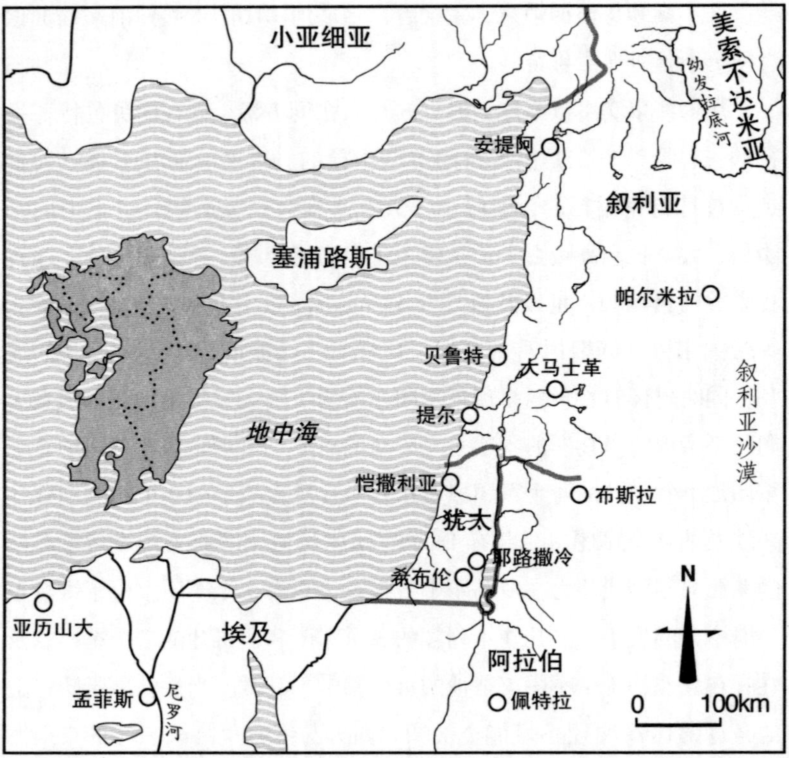

犹太及其周边（为了表示距离感，使用的比例尺与日本的九州一样）

（二）集中在几个地点制造兵器，由此来提高效率。

战斗在即，兵器的更新换代必不可少，这项措施是要在安提阿、恺撒利亚和亚历山大这三个罗马帝国东方的先进地区集中进行兵器生产。

（三）在安提阿铸造金币和银币。

这是为了用现金来充当军需资金，金币和银币的铸造权本来归皇帝所有，但他们决定无视这个事实。至于所需的财源，似乎是向东方一带的富人强制募捐得来的。

实际执行这三项计划的是负责行省统治的行政官僚，穆奇阿努斯和尤里乌斯·亚历山德罗斯两人被委派对这些人的工作进行监督。

韦斯帕芗的工作则是到各个军团基地的军团兵面前“露脸”，因为只有犹太的 3 个军团认识他，叙利亚的 4 个军团和埃及的 2 个军团虽然听说过他的名字，但没有见过他。

韦斯帕芗辗转于各个军团基地，褒奖优秀的士兵，鞭策怠惰的士兵，其实就是想利用父亲般的温情来博得士兵的好感。他没有用钱来收买人心，与其说是因为小气，还不如说是因为他没有这么雄厚的经济实力。

其实在进行第一阶段计划的同时，三人已经开始着手解决另外两件非常重要的事情。

第一是向意大利本土派出密使，鼓动被维特里乌斯解雇的近卫军团旧部加入韦斯帕芗一方。如果这个计划能成功，就等于在意大利本土有了内应。

第二是向亚美尼亚王国和帕提亚王国派遣特使，重新确认并保证它们和罗马的友好关系。为了不让这两个国家趁罗马向西方出兵的间隙发动偷袭，需要事先做好安排。而这个计划的实施也没有遇到任何阻碍，因为在尼禄皇帝时代通过科尔布罗的建议缔结的两国与罗马的友好关系对于它们来说有利无弊，两国都没有撕毁协约的意思。不仅如此，帕提亚国王沃洛吉斯还表示会派出 2 万名骑兵帮助韦斯帕芗实现称帝的愿望。

但是三人用委婉恭敬的语言谢绝了他的提议。帕提亚的轻骑兵是出了名的，如果得到这 2 万名骑兵无疑是如虎添翼，之所以拒绝是因为罗马人一贯主张在自己人之间发生战争不可以将他国牵连进来。在马略和苏拉的时代、恺撒和庞培的时代、奥古斯都和马克·安东尼的时代，都没有将别的民族卷进来的先例。可以确信，在这个时候，三人肯定也是毫不犹豫地回绝了。

完成第一阶段的计划之后，就该开始第二阶段的计划了，这个阶段的任务分配同样完美无缺：

穆奇阿努斯率领军队前往意大利。

韦斯帕芗前往埃及，在那里待机。

犹太战争在翌年即公元 70 年春再次开战，总指挥由韦斯帕芗的长子提图斯担任。提图斯在此前的犹太战争中担任阵前指挥，表现突出，但这个 30 岁的年轻人还没有在战场上担任总指挥的经历。于是他们决定由经验丰富的埃及长官尤里乌斯·亚历山德罗斯做他的副官，在旁协助。

为什么率领军队前往意大利与维特里乌斯军交战的不是韦斯帕芗呢？关于这个问题，我推测是为了避免让韦斯帕芗的手上沾上同胞的鲜血。

尤里乌斯·恺撒出身于罗马的名门贵族，可谓是贵族之后，奥古斯都是恺撒的养子，维特里乌斯虽然不是贵族出身，但从父亲那一代开始就属于元老院阶级了。相反，韦斯帕芗不仅出身平凡，就连父亲都是职业不明的“凤凰男”。要想让这个先天不足的韦斯帕芗当上皇帝，绝对不能在此基础上再让他沾上同胞的鲜血了。

让韦斯帕芗在埃及待机除了上述理由之外，还有四个理由：

第一，从埃及在战略上的重要性来看，既然已经将总督尤里乌斯·亚历山德罗斯送往了犹太战场，就需要另外一个人来主持大局。

第二，意大利的必需品——小麦的一半（至少也是三分之一）是由埃及供给的，因此确保埃及掌握在自己手里就意味着可以从军粮上制约意大利本土的维特里乌斯政权。

第三，确保韦斯帕芗军在必要时能够呼应穆奇阿努斯军从海路攻入意大利的可能性。

第四，埃及距离犹太很近。也就是说，如果犹太战争比之前预想的更加麻烦的话，担任过战役总指挥的韦斯帕芗赶到前线用不着花太长时间。

韦斯帕芗要想确保帝位，犹太战争的顺利结束是绝对不可缺少的条件。罗马皇帝的两大职责便是保障帝国的安全和粮食。所谓保障帝国的安全，就是除了防卫外敌之外还要维持帝国内的安定。犹太是罗马的一个行省，犹太民族的叛乱在罗马看来是行省人民的叛乱，属于扰乱帝国安定和秩序的行为。如果不能成功镇压，罗马皇帝就等于被打上了不称职的烙印。

7月1日，在亚历山大，驻扎在埃及的2个军团推举韦斯帕芗称帝。

7月3日，在恺撒利亚，正在进行犹太战争的3个军团推举韦斯帕芗称帝。

数日后，在安提阿，驻扎在叙利亚的4个军团推举韦斯帕芗称帝。

紧接着，小亚细亚各行省的驻扎部队也一致推举韦斯帕芗称帝，各同盟国的国王也以东方君主惯有的方式，对韦斯帕芗的登基表示赞同，并派遣隆重豪华的使节团到韦斯帕芗面前祝贺。进而，拥护韦斯帕芗称帝的呼喊声跨越达达尼尔海峡传遍了多瑙河流域的各个军团基地。

将韦斯帕芗推上帝位的准备阶段就此结束，之后就剩下为实现这一目标而进行的军事行动了。

意大利本土的情势

在此期间，从之前的攻势转为守势的维特里乌斯一方都做了些什么呢？就结果来说，他们只做了一些无关痛痒的事情，该做的事情一件也没做。

维特里乌斯入主意大利本土应该是在贝特里亚库姆战役胜利结束的一个月后，也就是5月15日前后。他在5月24日到达了维特里乌斯一派在意大利北部的据点克雷莫纳，在那里欣赏完角斗比赛后，由瓦伦斯和席西纳带领着视察了贝特里亚库姆的战场，当时他说了这样一句话：

> 一旦鲜血是从敌人身上流下来的，腥臭也变成了好闻的气味。

这种不经大脑的发言有害无益，是失言的典型例子。通过道听途说得知这句话的多瑙河军团的士兵群情激愤，即便是本方的莱茵河军团的士兵，在听到这种话之后还怎么可能继续支持维特里乌斯？新皇帝维特里乌斯这一句话对于既不支持维特里乌斯一派也不支持韦斯帕芗一派的普通罗马人来说，无异于泼了一盆冷水。

他结束战场视察后从该地渡过波河，沿埃米利亚大道向东前进。在经过附近的奥托的墓地时，他没有表现出任何关心，不过多亏这样，先帝的墓地得以被完好地保留了下来。到达埃米利亚大道尽头的里米尼之后，他又从那里沿弗拉米尼亚大道前往首都罗马。只要快马加鞭，3 天便可走完这段路程，就算每天都停下来歇脚过夜，也用不了 10 天。然而维特里乌斯却花了 50 天，因为他没日没夜地举办庆功宴，所有的花费也都由所到之地附近的中小城市承担。

弗拉米尼亚大道相当于意大利现在的国道 3 号线，在古代的时候与相当于现在的国道 1 号线的奥雷利亚大道、国道 2 号线的卡萨亚大道同为联结首都罗马和帝国北方的干线道路，向南延伸的阿庇亚大道在现代成了国道 7 号线。也就是说，在现代的意大利，除了高速公路之外的大多数国道都是由古罗马时代的道路稍加改良而成，其中的弗拉米尼亚大道修建于公元前 220 年前后，已经有 2 200 年的历史。单是看一看架设在险峻山谷中的高架桥保留到今天的残骸就可以想象罗马时代的技术水平已经达到了多么高的程度，让人强烈感到罗马的道路就是当时的高速公路。

但是，需要大量架设高架桥的弗拉米尼亚大道与沿海边一路北上的奥雷利亚大道和穿梭于平缓丘陵之间的卡萨亚大道不同，只有它是横跨于像脊背一样将意大利半岛一分为二的亚平宁山脉之间的大道。

并且总体来说，与平原相比，山岳地带在经济上断然处于劣势。现在的国道 3 号线的沿线一带如果遭遇地震的话根本不可能靠自己的力量重建起来。然而，罗马时代却不同，因为是干线，所以沿途布满了设施完善的中小城市。这些城市拥有足够的经济实力满足喜好奢侈的新皇帝，从后来发掘的罗马时代的出土文物的品质上可以看出这一点。但是，维特里乌斯一行不是只有皇帝和随行仆从，还跟着多达 6 万人的莱茵河军团士兵。对于弗拉米尼亚大道沿线的人们来说，这哪里是为自己的皇帝及其随行人员负担费用，分明是征服者对自己实施的一场体无完肤的强取豪夺。在只体验过莱茵河流域那种艰苦的边境生活的士兵眼里，初夏的意大利仿佛天堂一样。没有了长官们的约束，一向纪律严明的罗马军团也变成了一群无赖之徒。

维特里乌斯和手下的 6 万名士兵终于在 7 月 18 日进入了首都。罗马的人们还不知道，半个月前在帝国的东方，韦斯帕芗已经称帝。从信息传递的速度来看，维特里乌斯应该也不知道这个消息，不过他本来也想不到会发生这种事情吧！他一定觉得韦斯帕芗凭借自己的业绩才好不容易晋升到司令官级别，绝不可能会妄想当皇帝。维特里乌斯没有察觉新时代已经到来，也没有意识到肩负新时代使命的新人才只能在既有的统治阶级以外寻找的事实，他入主首都的过程简直就是近乎无知的傲慢的典型。

在罗马帝国，从共和政体时代就已经存在武装军队不得进入首都罗马的规定，被奉行 800 年后也就成了传统。马略和苏拉打破了这项传统（参阅《罗马人的故事 03 · 胜者的迷思》），但这也是暂时的，就连打破国法、率军渡过卢比孔河的恺撒也只能尊重不让武装士兵进入罗马城的传统。第二代皇帝提比略将近卫军团的驻扎基地搬到了首都，但他也是将驻扎地点设在了开国皇帝奥古斯都在首都划定的 14 个居民区之外。罗马是一个不仅包括敌人，就连本方士兵也不得在携带武器的情况下进入的城市。

沿着弗拉米尼亚大道经由穆尔维大桥渡过台伯河后，可以直接通往城市中心的罗马广场。维特里乌斯手下的将士们如同胜利者凯旋一样全副武装，跟在军团旗和大队旗后面沿着这条道路成群结队进了城。

罗马的军团旗呈“鹫”的形状，在银鹫下面装饰有不同军团的标志，军团旗走在前面就表示后面跟着全体军团成员。公元 69 年 7 月

罗马的军团旗——银鹫旗

18 日的入城队伍共有 4 面银鹫旗，这代表着有 4 个军团进入了首都。

如果不是以定员 6 000 人的军团为单位，而是有军团的分队参加的情况时，就会在队伍最前面举起表示各大队的大队旗。这一天入城的大队旗有 4 面，这意味着即使军团全员没到齐，由 1 000 名士兵组成的大队也可以代表莱茵河军团 7 个军团中剩下的 3 个支持维特里乌斯。换句话说，这次游行的目的是向首都居民炫耀防守莱茵河上游的高地日耳曼军的 4 个军团和防守下游的低地日耳曼军的 3 个军团全部支持维特里乌斯的事实。

跟在重装步兵的军团兵后边的是军团附属的骑兵、负责弓箭和攻城器械的轻装步兵以及由行省人民组成的辅助部队。辅助兵也按照不同的出生地编为几支部队，由相同部族出身的队长和队旗带领着进城。既然人数达到 6 万，那么最前面的部队到达罗马广场时，末尾的士兵肯定才走到穆尔维大桥上。皇帝维特里乌斯也在骑兵的簇拥下骑马入城，肥胖的身体从上到下全副武装，而罗马此时却正值盛夏，没有四匹白马拉的战车，这名凯旋将军也只好硬着头皮登上卡匹托尔山，感谢最高神朱庇特赐予自己的胜利。

聚集在沿途围观的罗马市民纷纷对维特里乌斯和他的军队报以欢呼和掌声，然而史学家塔西佗对这一场景的描述却极具讽刺，他说罗马这座城市不在乎胜者是谁，都会用拍手喝彩迎接。至于这种欢迎是否能够持久则另当别论，就这个“另当别论”来说，罗马人可真是一群具有严格批判精神的人。

如果只是想向首都的居民炫耀自己有莱茵河军团支持的事实，那民众倒也可以睁一只眼闭一只眼，然而，之后依然将 6 万名士兵留在首都的做法只能说是愚蠢至极。维特里乌斯知道近卫军团驻扎的基地只能容纳 1 万名士兵，于是将多出来的大批人马像放羊一样扔在了市中心。结果，整齐地立有圆形大理石柱的壮丽广场、会堂以及神圣的神殿内外瞬间变成了仅靠碎布头划分界线的野营地。由于维特里乌斯无暇顾及部下们的伙食问题，他们便将抢夺来的食物就地烹饪。并且此时正值盛夏季节，对于习惯了北国德意志气候的士兵来说，在南国罗马即使半裸着躺在地上也很难入睡。谁要是想洗洗身子，也只能跳到眼前这条与莱茵河和摩泽尔河有着天壤之别、水流又缓温度又高的台伯河中。

也许你会说首都罗马有百万人口，这点儿人连总人口的十分之一都不到，但是这种感觉就好比纽约的曼哈顿被一群从得克萨斯来的牛仔占据了一样。自从开国皇帝奥古斯都确立军制，规定即使是行省人民，只要在辅助部队中服役满 25 年就可以取得罗马公民权以来，已经过去了一个世纪。这种罗马公民权是世袭权利，取得了罗马公民权的行省士兵的儿子已经完全可以应征成为只有罗马公民才能参加的军团兵。同时，退役后的罗马军团兵大多会与服役地附近的平民女子结婚，所以从这一点可以得知，莱茵河军团的士兵体内混有日耳曼或高卢血统的概率是很高的。跟随维特里乌斯进入罗马的很多莱茵河军团的士兵是第一次踏上意大利本土的土地，第一次亲眼看见首都。住在弗拉米尼亚大道沿路的居民因为知道他们是沿途经过，或许尚可容忍，但是首都罗马的居民可要长期伺候这群赖着不走的人。

即便如此，入住皇宫的维特里乌斯如果当时果断着手施政的话，也许能够避免这种沉闷的气氛。但是维特里乌斯异常消极，不像是 54 岁的人。并不是说他人有多坏，而是他过于看重手下的两位将领——贝特里亚库姆战役的实际获胜者瓦伦斯和席西纳，在政府的重要人事安排上都与这两个争风吃醋的人商量，只任命合他们心意的人选。拜其所赐，两名执政官以下的所有大臣分成了两派，再也无法制

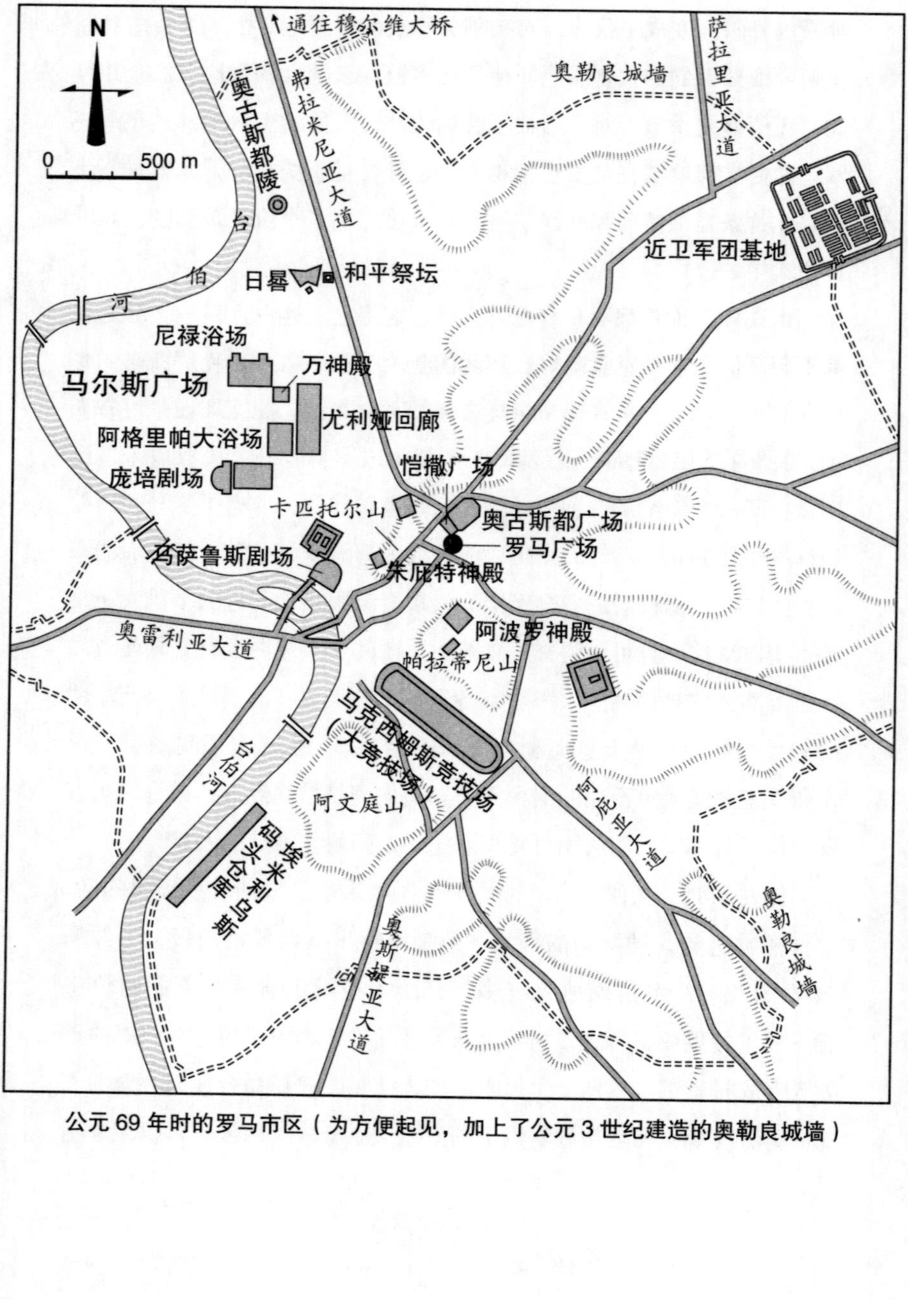

公元 69 年时的罗马市区（为方便起见，加上了公元 3 世纪建造的奥勒良城墙）

定意见一致的政策。结果就是士兵秩序混乱，居民怨声载道，瓦伦斯和席西纳在皇帝面前经常肆无忌惮地唇枪舌剑，维特里乌斯也越来越沉溺于他原本就喜好的暴饮暴食中。只有元老院没有反对维特里乌斯，这是因为维特里乌斯还能够照常出席元老院会议。只要不被无视，元老院就知足了。然而从这一年的内乱来看，元老院已经不再是帝国的掌舵人了。

东方拥立韦斯帕芗的消息以及呼应而起的多瑙河军团的动向在夏天即将结束时也应该传到了罗马，但是维特里乌斯的消极态度并没有任何改变，他听到韦斯帕芗称帝的消息后一笑而过，对于多瑙河军团的动向也只是说一个军团根本不成问题，因为最先传到罗马的只有驻扎在默西亚的第三军团起兵拥立韦斯帕芗这一个消息而已。但是，之后同类的情报如雪崩一样向维特里乌斯袭来。

维特里乌斯一派没有预想到必定会发生的事态，当然就不会制定相应的对策，只满足于舒适的首都生活。与此相反，东方的韦斯帕芗一派的作战计划却在稳步实施中。

帝国东方的情势

如前所述，韦斯帕芗一派对每个人的任务都进行了明确的分配。

叙利亚总督穆奇阿努斯率领军队前往西方，也就是意大利本土。

原先负责犹太方面的司令官韦斯帕芗在埃及的亚历山大待机。

翌年即公元 70 年春再次开始的耶路撒冷攻略战的总指挥由韦斯帕芗的长子提图斯担任。

埃及长官尤里乌斯·亚历山德罗斯则作为提图斯实质上的副官，

参与犹太战争的大决战——耶路撒冷攻略战。

情况大致如上，但问题是如何将驻扎在叙利亚的 4 个军团、正在进行犹太战争的 3 个军团以及驻扎在埃及的 2 个军团共计 9 个军团的军事力量分配到各项任务中。

首先，决定投入 4 个军团参与攻打耶路撒冷。仅仅是攻占一座城市的战斗，却认为原本用于压制大部分犹太地区的 3 个军团不够，还要从叙利亚调来 1 个军团，一共投入 4 个军团，这么做是有原因的。

如果用攻占大阪城的思维来衡量地中海世界的攻城战是无法理解的，这与纯由战斗人员参加的日本式的攻城战不同，它攻打的是住满了普通市民的整座城市。证据在于，在大阪和江户，只有城堡是被城墙和沟壑围着的，而在古代的地中海世界，不，在这个问题上应该说在继承了古代建筑形式的中世以后的整个西欧，城墙和沟壑是围绕整个城市建造的，甚至让我认为不应译为“城墙”，而应译为“市墙”。因此，由士兵这种纯战斗人员组成的进攻一方必须面对士兵和市民，也就是战斗人员加上非战斗人员的集团。

人们往往会觉得大量非战斗人员的参与会让防御战的部署碍手碍脚，从而陷入不利局面，但实际并非如此。防御战不是兵戎相见的遭遇战，被破坏的城墙必须及时修复，武器的生产工厂也需要全天运转，所以当负责防卫的战斗人员全力专注于防守时，非战斗人员的协助就变得不可或缺，非战斗人员的人数多也就成了有利条件。

当然又有人会质疑，被包围的城市内存在大量非战斗人员的话，不是会加快水和粮食的消耗速度吗？但是一般说来，不管近郊的水源多么丰富，城市都只会建在可以确保饮用水的地方。或是通过挖井获取地下水的补给，或是储备雨水，总之水的确保是城市存在下去的首要条件，耶路撒冷也不例外。

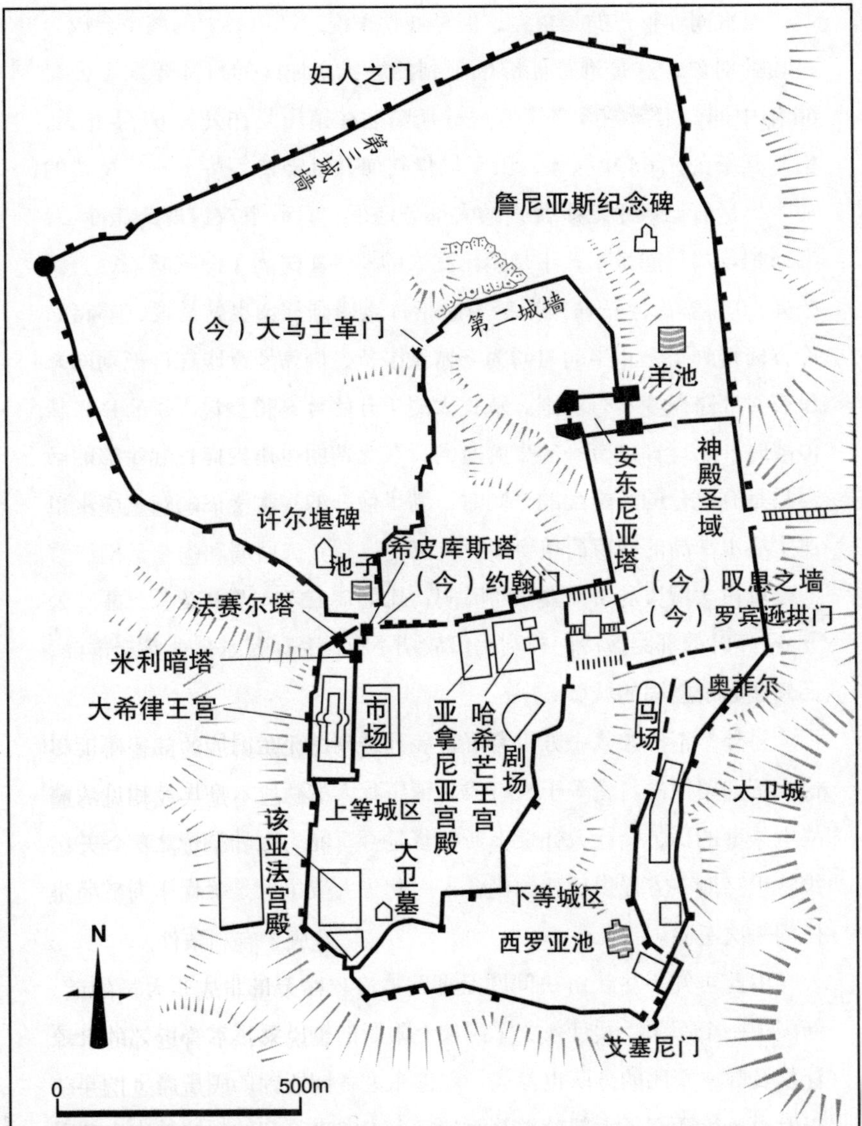

公元 66 年时的耶路撒冷

（摘自山本书店刊《犹太战记 1》）

与水同样重要的是粮食，但是通常来说，当地最大的城市会成为进攻的对象，这是谁都能够预想到的。犹太地区的叛乱爆发于公元66年中期，韦斯帕芗受皇帝尼禄任命前往镇压是在公元67年春天，但是到了公元68年秋天，由于尼禄驾崩并且需要等待下一位皇帝的命令，尽管已经平定了犹太的大部分地区，只剩下攻占耶路撒冷了，韦斯帕芗却只能撤军，于是镇压犹太的罗马军进入了停战状态，直到公元70年春天才任命提图斯为总指挥重新开战。也就是说，耶路撒冷方面得到了一年半的时间为守城做准备，因为罗马军在停战期间并没有对耶路撒冷实行包围。从犹太战争开始计算整整过去了三年，从停战时开始计算也有一年半的时间，在此期间，市内储备起足够的必需品是有充分的可能性的。同时，满足俭朴的犹太平民的饮食需求也比生活水平高的城市简单得多。

攻占大城市通常需要数年时间，比如攻占迦太基就花了三年。公元69年时的耶路撒冷同样利用停战期不仅储备了足够的生活必需品，还修建起了坚固的城墙。

另外，韦斯帕芗一方没有沉着展开进攻的充足时间，如果不能尽快攻下耶路撒冷，就等于没有成功镇压犹太的叛乱。在耶路撒冷攻略战上碰壁的话，会让人怀疑韦斯帕芗是否有能力胜任皇帝之位，并给维特里乌斯一方提供反扑的机会，因此犹太战争也是确保韦斯帕芗皇位的一次考验。

由此可知，尽快解决问题是耶路撒冷攻略战的最大目标。因此，新配了一个军团，共计4个军团加上附属的辅助兵远远不够，此外还让埃及驻屯军团的分队也参战，就连东方各同盟国的国王麾下的军队以及由于生活圈子大部分重叠而与犹太人向来不和的阿拉伯人也被动员起来。

让犹太民族出身且非常了解犹太人的尤里乌斯·亚历山德罗斯和弗拉维乌斯·约瑟夫斯参加攻略战也是考虑如果进展顺利的话便进行协商，不顺利的话便通过军事力量尽快解决问题的一种软硬兼施的手段。如前所述，犹太问题迟迟不能解决的话，韦斯帕芗继任皇帝便会成为一场白日梦。

至于驻扎在埃及的 2 个军团，除了参与攻打耶路撒冷的大队之外，剩下的部队也是不能随同穆奇阿努斯前往西方的。因为首先不能让决定在此地待机的韦斯帕芗手下无兵，并且一旦耶路撒冷攻略战稍有拖延，韦斯帕芗也可以赶去增援。同时还需要考虑从海路攻入意大利本土的情况。

另外，就是由 4 个军团组成的叙利亚驻屯军，除了调去攻打耶路撒冷的 1 个军团外，即使是司令官穆奇阿努斯也不能将剩下的 3 个军团带到西方。

亚美尼亚和帕提亚的国王欣喜地重新确认了罗马与帕提亚之间的互不侵犯条约。但是，罗马的领导者们对他国人的信任在性质上有些许不同，在 2 000 年后的现代想起来也非常有意思。他们不是将人分为可信任的对象和不可信任的对象，只对可信任的人报以全部的期待，而是在大多数情况下对别人都会报以信任，但是只信任到“可信任的程度”为止。

那么，应该在何处画线来界定“可信任的程度”呢？罗马的领导者们不是将对方的善意或道德作为画线的标准，他们参照的标准是自己一方在军事上的防御力。他们在缔结了和平条约的对象国与本国的国境上依然会部署与以前规模相同的军事力量，这样就可以约束对方尽量保持与自己的友好关系，即使对方想破坏双方的友好关系，也要承担相当大的风险。用现代语言来形容这种理念的话，我认为可以用“制衡力”这个词。可以相信，由开国皇帝奥古斯都创设、二代皇帝提比略巩固了基础的帝政罗马的军事策略就是建立在这种制衡之上的。

如果是这样看待人与人、国与国之间关系的人自然会得出一个结论，那就是不管是不是穆奇阿努斯本人，都不可能放空罗马帝国和亚美尼亚、帕提亚王国之间的国界——幼发拉底河防线，将军队全部调往西方。

结果，穆奇阿努斯能够带到西方的军事力量加上辅助兵不超过2万人，凭借这种程度的军事力量还敢于前往西方的穆奇阿努斯一定是觉得还可以指望表明支持韦斯帕芗的多瑙河军团的7个军团。但是请不要忘记，多瑙河军团最初打算推举为皇帝的不是韦斯帕芗，而是穆奇阿努斯，率军西进的任务交给穆奇阿努斯也是出于这个因素的考虑。总之，还没等到公元69年秋天，韦斯帕芗一方的作战计划就已经付诸实施了。

但是，在公元69年夏末秋初，也就是维特里乌斯一方和韦斯帕芗一方还没发展到正面接触的时候，发生了双方都没有预料到的事情。事情发生在莱茵河防线和多瑙河防线两个地点，前者的当事人是附属于罗马军团的辅助部队中的行省兵，后者的当事人是多瑙河军团的军团兵。

如果是对预料中的事情做出应对，不需要什么特殊的能力，在应对没有预料到的事情时才需要真正的才能。在这个方面，维特里乌斯与韦斯帕芗的同伴穆奇阿努斯在能力上相比也显示出了明显的差距。

关于莱茵河防线的行省兵的叛乱，我想放到皇位斗争结束之后的公元70年来介绍，原因是维特里乌斯和穆奇阿努斯对于从巴达维人的叛乱开始到“高卢帝国”建国为止的一系列事件都采取了暂时搁置不管的态度。

不过二人的应对在表面上看来虽然相同，实质上却迥然相异。维特里乌斯必须优先对付眼前的敌人——韦斯帕芗一派的军团兵，所以不得已才暂时将莱茵河一带行省兵的叛乱放在一边，相反，穆奇阿努斯是故意搁置不管的。维特里乌斯倚仗的势力是负责防卫莱茵河的 7 个军团，本来应该协助这些军团兵的辅助兵的叛乱势必会削弱莱茵河军团的战斗力，而穆奇阿努斯在做出处置前已经察知了这一点。

多瑙河军团

还有一件没有预料到的事情就是多瑙河军团的军团兵的行动，他们没等穆奇阿努斯抵达便擅自展开了行动。多瑙河军团的将士们仅仅在 5 个月前还在贝特里亚库姆为奥托一方作战，因为指挥系统的混乱而一败涂地。很多士兵虽然抵达了阿奎莱亚，却没来得及赶上参加贝特里亚库姆战役。然而，获胜的维特里乌斯不管参战与否，将多瑙河军团的全体士兵都视为了战败者。只是由于曾为奥托一方作战，担当军团顶梁柱的百夫长们全部遭到处决，士兵简直就像被征服的蛮族一样，被逼迫修建罗马人娱乐用的圆形竞技场。后来好不容易得到归营的允许才返回了多瑙河流域，不用说，他们心中积蓄的愤怒、屈辱和怨恨随时有可能爆发。

之后他们接到了韦斯帕芗起兵反抗维特里乌斯的消息。虽然称帝的人不是他们当初希望的穆奇阿努斯，而是韦斯帕芗，但在他们看来这已经不是问题了，只要有人揭竿而起反对维特里乌斯就足够了，并且韦斯帕芗也是穆奇阿努斯积极支持的人。

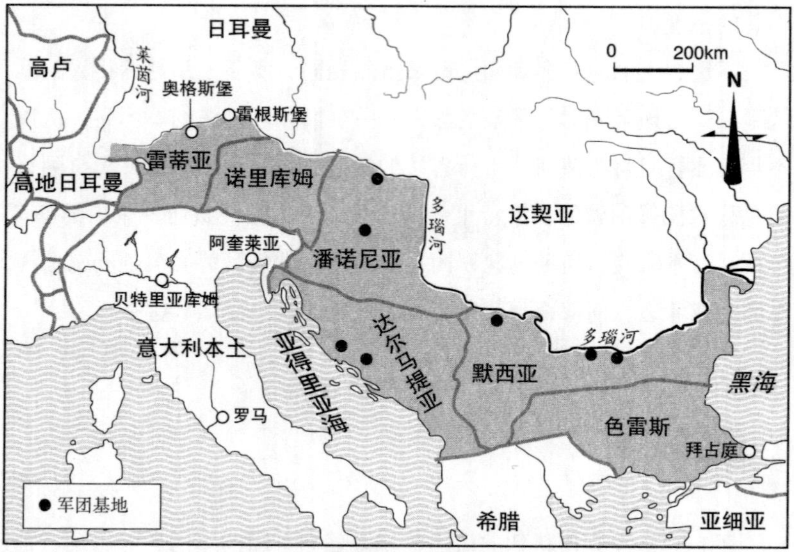

多瑙河军团的部署

多瑙河军团的将士们再也按捺不住了，他们无法等到率领 2 万人的军队西进的穆奇阿努斯到达之后再展开行动，复仇的愿望驱使他们自己前往了西方。

多瑙河军团由驻扎在默西亚行省负责防卫多瑙河下游的 3 个军团、被调到潘诺尼亚行省防卫多瑙河上游的 2 个军团以及潘诺尼亚行省的南侧也就是隔着亚得里亚海与意大利本土遥遥相望的达尔马提亚行省的 2 个军团，共计 7 个军团组成。虽然可以统一归为多瑙河防卫军，但由于这些军团分属不同的行省，所以皇帝也任命了 3 位行省总督。帝国边境的主要任务是防御外敌入侵，因此，行省总督就相当于军事上的司令官，任命权也掌握在帝国全军的最高司令官——皇帝的手里。

但是，公元69年夏末在士兵当中自发而起的不稳定气氛超出了3位总督的掌控能力，他们身为司令官，对于维特里乌斯的不当处置没有提出抗议，而是置部下的死活于不顾，因此失去了士兵的信任。3个人中有2个人秘密逃回了意大利。

军团长级别的指挥官掌握了多瑙河军团的主导权。罗马军团以两个军团为一个战略单位，只被委托负责一个军团的话还称不上司令官，只能算是军团长，但这样反而有更多展现自己实力的机会。只要才能得到认可，30岁出头就晋升为军团长的例子也屡见不鲜。公元69年秋天的这个时期，在掌握了主导权的军团长当中表现最抢眼的是马库斯·安东尼·普里默斯和阿里乌斯·瓦鲁斯这两个人，他们都只有30多岁，出生在法国南部图卢兹的安东尼·普里默斯在塔西佗苛刻的笔下是这样一个人物：

在和平时代一无是处，一发生战乱便崭露头角。

也就是说，燃烧着复仇火焰的士兵在两名精神抖擞的将领带动下，无视穆奇阿努斯原地待命的命令而擅自展开行动了。

但是，被军团中处于下层的军团长们无视了自己的命令之后，司令官穆奇阿努斯表现出来的言行值得思考。

第一，对于已经行动起来的安东尼·普里默斯，他没有继续努力劝说对方在原地等自己抵达。

第二，他也没有让自己率领的东方军团加快行军步伐，追赶先行出发的多瑙河军团。

第三，接到达契亚人利用负责防卫的大多数军团都出发向西的间隙跨越多瑙河入侵罗马领土的消息后，他暂且中止西进，在确实击退蛮族的进攻之后才重新西进。

自尼禄皇帝时代起，帝国东方安全保障的关键——与大国帕提亚的睦邻友好关系在名将科尔布罗的全力推动下开始有所改善。科尔布罗自杀后，穆奇阿努斯一直是东方安全的最高责任人，在他看来，不管是自己负责的幼发拉底河防线还是自己职责范围之外的多瑙河防线，只要有外敌入侵都不能坐视不管。不过，这次的蛮族入侵没过一个月就被击退了，可见其规模还没有达到给帝国全体的安全保障带来巨大打击的程度。就算穆奇阿努斯以要事在身为由暂时搁置这件事情，相信也不会有人对他横加指责。虽说如此，居住在多瑙河北岸的蛮族渡河入侵罗马领土的事情最好还是在没有恶化之前解决为妙，因此穆奇阿努斯和他的军队“中途驻足”也是正确的判断和应对方式。但是由于这次“中途驻足”，穆奇阿努斯追上多瑙河军团已经是公元69年年末了。

我推测，穆奇阿努斯没准儿故意拖延了与多瑙河军团的会合，他有可能是打算将与必定出兵迎击的维特里乌斯一派的“军团”之间的冲突交给安东尼·普里默斯指挥的多瑙河军团来处理，所以没有急着与他们会合。

从穆奇阿努斯此后的行动来看，他确实是一个冷静的人。冷静并不等于性格冷酷，而是指头脑冷静清晰，差不多相当于英语的“cool”。

内乱的平息单靠胜利是不能实现的，敌人其实也都是自己的同胞，用自己的手沾染同胞鲜血的行为能避免就应该尽量避免。本应带头平息这个国家“内乱”的韦斯帕芗决定在埃及待机的理由之一也是为了避免在内乱后成为皇帝时沾上同胞的鲜血，已经被公认为韦斯帕芗左膀右臂的穆奇阿努斯只要有机会避免沾上同胞的鲜血，当然也会选择这么做了。

旨在复仇的多瑙河军团和制造了复仇借口的莱茵河军团之间发生冲突的话，势必会血流成河。然而，即使穆奇阿努斯率领的东方军团加入进来，也无法避免战斗带来的人员伤亡，这一点不会改变。

于是，被称为“第二次贝特里亚库姆战役”的这场战斗在克雷莫纳镇和贝特里亚库姆之间直径为 30 公里的平原上展开，虽然攻守易位，但是与第一次贝特里亚库姆战役相同的是，交战双方仍然是维特里乌斯一派的莱茵河军团和打出支持韦斯帕芗旗号实际却原属奥托一派的多瑙河军团，穆奇阿努斯和幼发拉底河军团此时根本还没到达意大利本土和行省达尔马提亚之间的边境。

第二次贝特里亚库姆战役

接到安东尼·普里默斯率领的多瑙河军团正在逼近的消息后，正在首都罗马享受舒适生活的皇帝维特里乌斯和他手下的莱茵河军团的士兵不得不如梦初醒了。他们决定出兵迎击，这次的目标也是死守波河。但是，身为皇帝同时又是最高司令官的维特里乌斯非但没有率军北进，甚至决定留在首都罗马，此外瓦伦斯又因病卧床不起，最后只能由席西纳率军北上。

虽然目标同为死守波河，但是在上次战役中，对于防守方来说的敌人是从西方攻入意大利的莱茵河军团，因此，迎击方的前线基地是皮亚琴察，攻击方的前线基地是克雷莫纳。然而，这次的敌人是从东方攻入意大利的多瑙河军团，从潘诺尼亚和达尔马提亚行省进入意大

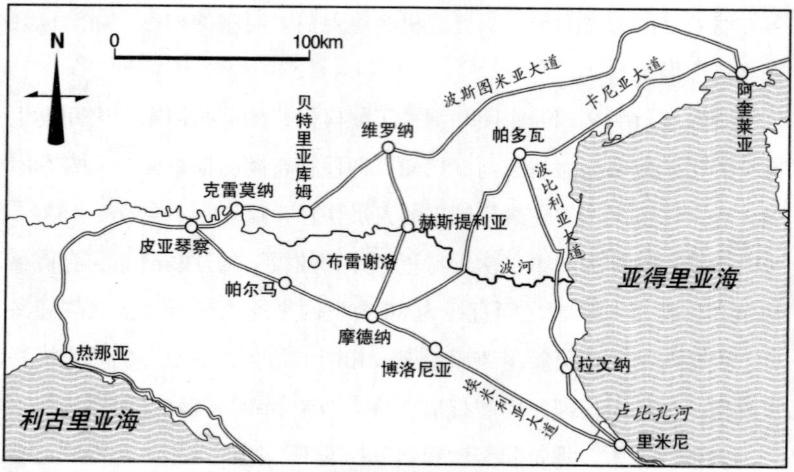

波河流域全图（再刊）

利本土后最先到达的重要城市是阿奎莱亚。从阿奎莱亚前往波河有两条路线：

第一条是从阿奎莱亚沿卡尼亚大道至帕塔维姆（现在的帕多瓦），从那里沿波比利亚大道南下到河口附近渡过波河，然后继续南下到达拉文纳（现在的拉文纳），进而渡过卢比孔河进入阿里米努姆（现在的里米尼），从那里就可以通过弗拉米尼亚大道直抵罗马。

第二条是从帕多瓦通过平原一路南下到达波河，渡过波河后直指埃米利亚大道的路线。从皮亚琴察到里米尼的路程几乎由埃米利亚大道直线联通，这条道路沿线坐落着很多城市，它们的前身是意大利北部一带还被称为奇萨尔皮尼高卢行省时代的军团基地和退役士兵的殖民地，包括普拉森舍（现在的皮亚琴察）、帕尔马（现在的帕尔马）、穆蒂纳（现在的摩德纳）、波诺尼亚（现在的博洛尼亚）以及阿里米努姆。

第一条路线的好处是距离短，但也存在着河口一带土地松软不宜行走的缺点。如果选择第二条路线，距离会有所增加，但是可以在坚硬的地面上行军。

担任维特里乌斯军总指挥的席西纳判断敌军可能会从这两条线路的其中一条或者兵分两路渡过波河，于是他离开北上的军队前往拉文纳，因为驻扎在拉文纳的舰队动向是阻止敌军时一个不可忽视的因素。虽说是舰队，但不一定只在海上行动，在罗马军中，船上的战斗人员也经常登上陆地作为陆军使用。

但是，席西纳的估计很明显从一开始就错了。进入意大利之后的多瑙河军团没有选择这两条路线中的任何一条，而是从阿奎莱亚沿波斯图米亚大道向西前往维罗纳（现在的维罗纳），因为波斯图米亚大道经由维罗纳可以通往贝特里亚库姆和克雷莫纳。

席西纳的预测如果是作为军事战略倒还算切中了要害，但是他缺乏对人性的考虑，因此才会犯下这样的错误。他作为第一次贝特里亚库姆战役的胜者，让失败的多瑙河军团的士兵受尽了侮辱，只有不能理解被侮辱一方感受的人才会做出侮辱自己同胞的事情来。

多瑙河军团的士兵迫不及待地想报仇雪恨。而人在急欲报仇雪恨的时候，往往会下意识地选择当初含泪受辱的地方，对于他们来说，这个地方就是贝特里亚库姆和克雷莫纳，席西纳却猜不透这些。无论多么合乎道理的战略，没有对人性因素的考虑，就只是纸上谈兵。

然而，不知是不是因为对自己的失误感到绝望，席西纳在维罗纳做出了重大的方向转变，这个转变从维特里乌斯一方来说可以用“背叛”来形容，而在席西纳看来，它相当于对维特里乌斯的抛弃。

做出这个决定可能是由于秘密支持韦斯帕芗一派的拉文纳舰队提

督的游说，或者是席西纳心中早已萌生了这个想法，和提督的交谈成了催化剂。总之他心里至少很清楚，自己一个人叛变没有任何意义，必须带上手下的军队。

得知多瑙河军团开始向维罗纳集结的消息后，本来准备死守波河的维特里乌斯军一分为二。第一军立刻渡过波河进驻克雷莫纳，以此为前线基地。第二军也渡过波河，然后据守赫斯提利亚（现在的奥斯提利亚），阻击位于正北方向维罗纳的敌军。

不久他们终于意识到，多瑙河军团在渡过波河攻入首都罗马之前首先是要前往贝特里亚库姆和克雷莫纳。既然这样，从克雷莫纳和奥斯提利亚两处出兵，集结到维罗纳之后对西进的敌人进行夹击的作战计划也是可行的。

于是，作战计划开始了。率先发难的维特里乌斯一方的军队拥有总数 6 万人的可怕战斗力，相反，多瑙河军团一方的各行省部队、军团部队都是分别到达的，全军还没有完全集结。如果当时席西纳有意利用这个机会的话，胜利必定会属于他。但是，席西纳在士兵面前发表的演说不是鼓励士兵冲锋陷阵，而是煽动“倒戈”。

军官级别的人都赞同席西纳的意见，对皇帝维特里乌斯感到失望的人不止席西纳一个。但是，百夫长和普通的士兵都坚决反对，这并不是因为他们仰慕维特里乌斯，维特里乌斯成为他们的司令官还不到一个月，并且当上皇帝以后的维特里乌斯没有为他们做过任何事，当然其实他什么事都没有做过。

我认为这是因为百夫长和普通士兵害怕多瑙河军团的士兵的复仇。在半年前的第一次贝特里亚库姆战役中失败的多瑙河军团的士兵遭到了侮辱和冷酷的待遇，其命令来自维特里乌斯、席西纳以及他们手下的高级将领们，但是实际执行的是下级将领和普通的士兵。只有他们是与受尽屈辱、生不如死的多瑙河军团的同行们直接接触并亲眼见到他们胸中燃烧着怨恨之火的人，这非常像战俘集中营的俘虏与集中营狱卒的关系，并且现在的双方同为罗马公民，也都是罗马军的士兵。

反对倒戈的士兵抓住席西纳，将他套上枷锁投入了大牢。但这样一来，维特里乌斯军便失去了担任总指挥的人，无法再称其为军队。不过，多瑙河军团一方也不是完全不存在问题。

前面已经提到，负责防卫多瑙河这条帝国防线的多瑙河军团被分派到三个行省驻扎，负责指挥的三名行省总督中的两个人因为士兵的弹劾而逃回了意大利本土，只有负责防卫多瑙河下游的默西亚行省的总督与手下的士兵一起前往意大利本土。这意味着他也反对维特里乌斯，转而支持了韦斯帕芗。

这位名叫萨图尼努斯的总督与手下的三个军团一起进入意大利本土后，率领潘诺尼亚的两个军团先行到达的安东尼·普里默斯的处境就变得很微妙了。萨图尼努斯是受委托统率三个军团的司令官，安东尼·普里默斯虽实际统率两个军团，正式的职位却只是一名军团的长官。既然行省总督到来，多瑙河军团全军的总指挥权就必须移交给总督。

安东尼·普里默斯对此感到很不满，并且跟随他的潘诺尼亚的两个军团还是更希望由干劲十足的安东尼·普里默斯领导自己，而不是性格温和的萨图尼努斯。于是军团长安东尼·普里默斯便要求总督萨图尼努斯留在帕多瓦集结后续抵达意大利本土的友军。萨图尼努斯大概是颇有察言观色的眼力，二话没说就接受了这个要求。如此一来，多瑙河军团的指挥系统终于得到了统一。

史学家塔西佗评价安东尼·普里默斯是个平时一无是处、战时才派得上用场的人，然而，如果不是平时也能有所作为的人才，在真正的意义上来说，到了战时也难以发挥什么作用，因为成为领导者的首要条件就是对部下的统率力。

统率力必不可少的理由在于目标的达成必须是完美无缺的，放到战斗中的胜利来说，就必须是压倒性的胜利，喜欢和敌人拼刺刀的想法仅限于单纯的好战分子。

“战争”这个人类无法超越的罪恶具有的唯一好处就是，通过发动战争可以一举解决此前无法解决的问题，不取得压倒性胜利便毫无意义的理由也在于此，因为勉勉强强的胜利很有可能让战时的状态迟迟无法结束。

压倒性胜利也不是以敌方的死亡人数来计算的，相对而言，减少本方的牺牲更重要。因为为了让胜利具有真正的意义，就需要让敌人陷入无法再战的状态，顾名思义就是每场战斗都必须是决战。因此，比起将敌人赶尽杀绝，保持本方实力是更有效的办法。牺牲者少的话，可以避免士气低落。如果要求士兵看见直到昨天还与自己形影不离的同伴在身边相继被杀死后士气依然能够不受影响，只能说这是无视人性的强人所难。

正因为最终目的是在避免无谓牺牲的前提下获得胜利，才需要对己方士兵的完美统率力。为了一口气取得压倒性胜利而制定战略和战术时，也需要对手下的士兵拥有完美的统率力。

但是如果是对人数多达 5 万人的士兵行使这种统率力的话，就不是人人都能做到的了。纵观古代西欧的战争史，屈指算来也只有亚历山大大帝、汉尼拔、大西庇阿、苏拉、庞培和恺撒这几个人。他们都是以少于敌人的兵力取得了压倒性胜利，所以在战略战术上都是出类拔萃的人物。但是，他们胜利的真正原因在于对自己军队士兵的完美

①亚历山大大帝

②大西庇阿

③汉尼拔

④恺撒

⑤苏拉

⑥庞培

统率力。

虽然手中掌握着兵力达 5 万的多瑙河军团，安东尼·普里默斯却缺乏这种能力。维特里乌斯一方也没有这方面的才能，而且拥有指挥数万兵力经验的席西纳也脱离了战场。另外，瓦伦斯在得知席西纳倒戈后顾不上大病初愈，取海路前往法国南部，准备在那里重整军队攻击从东方前来的多瑙河军团，但是在法国南部刚一登陆就被支持韦斯帕芗的高卢人俘虏。敌我双方人数共计 10 万的“第二次贝特里亚库姆战役”会以怎样的结果结束，从两军同样缺少有力指挥官的情况来看，也可以很容易推测出来。

公元 69 年 10 月 24 日展开的第二次贝特里亚库姆战役和第一次一样，自始至终持续着混乱的状态。尽管攻守双方互换了位置，但参战的士兵与第一次一样，都是维特里乌斯一派和奥托一派的士兵，此外这次也是攻方获胜。不过在这次，胜者的参战动机是复仇和雪耻，并且由于无法取得压倒性胜利，大量敌兵逃亡，次日又对这些人的逃亡地点——克雷莫纳展开了进攻。

多瑙河军团的士兵没有忘记半年前在克雷莫纳圆形竞技场的施工现场被迫从事繁重的劳动并且遭到克雷莫纳居民侮辱的经历。始建于公元前 3 世纪的历史悠久的克雷莫纳镇被彻底摧毁，居民不论有无反抗，都被斩尽杀绝。对居住着罗马同胞的这座城市实行的残忍屠杀让听说这个消息的人无不为之毛骨悚然，这就是历经两天的战斗和之后持续四天的克雷莫纳攻略战的结果。

包括非战斗人员的克雷莫纳居民在内，两军的死亡人数达到 4.2 万人。

在庞培和恺撒之间展开的法萨卢斯战役中，两军合计有 8 万人参战，但庞培一方的战死人数为 6 000 人，恺撒一方只有 200 人，合计死亡 6 200 人。失败的庞培军被俘 2.4 万人，第二次贝特里亚库姆战役中却没有俘虏，因为多瑙河军团将莱茵河军团和克雷莫纳的居民一个不留地杀死了。被缺乏统率力的领导者指挥的集团已经不再是什么战士，而是变为了一群野兽。

在贝特里亚库姆战败和克雷莫纳发生惨剧的消息立刻传到了首都罗马，维特里乌斯没有和奥托一样选择自杀，但是也没有站起来准备迎击必定会沿弗拉米尼亚大道南下的多瑙河军团。他不是没有兵力迎击，在贝特里亚库姆和克雷莫纳战败的维特里乌斯一派的士兵已经逃回维特里乌斯所在的首都罗马了。

塔西佗这样描述这个时期的皇帝维特里乌斯：

> 他躲藏在庭院的树荫下，有人端来食物时才会抬起头，除此之外的时间都是有气无力地躺在地上，俨然已经变成了一只对过去、现在和未来都失去了兴趣的动物。

对于知道维特里乌斯身体肥胖的人来说，这一定是一段令人有亲眼所见之感的描写。但即使首领已经是这样一副惨状了，维特里乌斯一派的士兵还是准备拼死一战，因为他们实在惧怕沿弗拉米尼亚大道南下的多瑙河军团士兵的复仇。

进攻方的安东尼·普里默斯也预料到维特里乌斯一派的残兵会拼死迎击。

他离开了化为废墟的克雷莫纳镇，渡过波河，从那里沿埃米利亚大道到达里米尼，然后从里米尼顺着弗拉米尼亚大道抵达首都罗马的郊外，前后一共花了 50 天的时间。这个距离乘快马 5 天便能走完，他却用了 10 倍的时间，主要有以下几个原因：

第一，害怕维特里乌斯军的残兵沿途设置埋伏，所以途中一直像盲人摸路一样小心行军。埃米利亚大道是在能见度非常好的平地上铺设的笔直道路，但弗拉米尼亚大道要穿过亚平宁山脉。

第二，是安东尼·普里默斯没有足够的统率力。要顾及全部 5 万名士兵简直是痴人说梦，结果走在最前头的安东尼·普里默斯的身后变成了一支杂乱无序的队伍。证据就是，瓦伦斯在没有普里默斯命令的情况下被处死，相反，席西纳却被释放。

第三，也许现在安东尼·普里默斯通过第二次贝特里亚库姆战役获胜并摧毁克雷莫纳从而满足了复仇的愿望，现在又打算等待从东方前来的穆奇阿努斯和“幼发拉底河军团”了。

安东尼·普里默斯只不过是被委任指挥潘诺尼亚驻屯的 1 个军团的军团长而已，穆奇阿努斯是拥有 4 个军团指挥权的叙利亚行省总督，如今作为起兵称帝的韦斯帕芗的代理人，为了彻底打败维特里乌斯，正在向意大利本土前进。二人除了在军队中的地位有明显差距，在社会地位上也有天壤之别，穆奇阿努斯属于出身于意大利的元老院阶级，安东尼·普里默斯却是行省出身。另外，在年龄上，与五十大几的穆奇阿努斯相比，安东尼·普里默斯只有三十出头。人在专注于行动的时候往往会忽略一些事情，等到行动告一段落后又重新在意起来。穆奇阿努斯击退利用罗马人同室操戈的机会渡过多瑙河入侵罗马领土的达契亚人后继续西进，但幼发拉底河军团进入意大利的消息一直没有传来，结果安东尼·普里默斯又燃起了虚荣心，决定让自己成为导演废除维特里乌斯拥立韦斯帕芗这出好戏的主人公，不过这也是他这种人适于在乱世中立足的证明。

第四，不仅安东尼·普里默斯，多瑙河军团的全体士兵在结束贝特里亚库姆战役、摧毁克雷莫纳之后产生的情绪松懈也应该算作一个原因。这不只是因为他们大仇得报，消解了心中的怨恨。得知多瑙河军团正在逼近意大利本土时，皇帝维特里乌斯曾下达过派遣援军的命令，但是西班牙和不列颠的5个军团只是抱着观望态度，等到第二次贝特里亚库姆战役有了结果后，他们又纷纷表明了支持韦斯帕芗的态度。安东尼·普里默斯认为维特里乌斯已经是瓮中之鳖。

维特里乌斯遇害

针对沿弗拉米尼亚大道缓慢南下的多瑙河军团，为阻止其接近首都而北上的维特里乌斯一派展开的数次迎击也因为士兵在12月15日投降而偃旗息鼓，除了吃就是睡的维特里乌斯在第二天即16日知道了这个消息。

这位54岁的皇帝穿着丧服走出帕拉蒂尼山上的皇宫，前往罗马广场。对于罗马的平民来说，皇帝的身影真是久违了。维特里乌斯站在罗马广场的演讲台上向围观的市民宣告，为了让国家恢复和平，他愿意退位，然后把佩剑递给身边的执政官，说自己的生死交由市民处置，执政官拒绝接受他递过来的佩剑。维特里乌斯又说会把皇帝的徽章归还给协和神殿，自己移居到私人宅邸。

之前一直沉默倾听的市民此时发出了抗议的声音，他们坚持主张皇帝只能住在帕拉蒂尼山上的皇宫中，要求维特里乌斯回去，他伫立在原地不知如何是好。聚集在罗马广场的人们为了防止他逃到帕拉蒂尼山以外的地方，将圣道（via sacra）之外的各个方向围了个水泄不通。维特里乌斯在民众的喊声中通过圣道登上帕拉蒂尼山，再次返回了皇宫。

翌日，即17日，针对维特里乌斯表明退位之意的情况，元老院元老开始了行动，他们打算将皇位从维特里乌斯手里和平过渡给韦斯帕芗。为此，元老院的重要元老拜访了韦斯帕芗的亲哥哥——首都警察长官萨比努斯。维特里乌斯一派的残余势力得知这件事后群情激愤，因为事情的决定没有与他们经过任何商量，另外他们肯定也是因为害怕自己成为牺牲品，于是，他们把不安和愤怒投向了韦斯帕芗的哥哥萨比努斯。

18日，曾在多位皇帝手下担任行政官僚职务的萨比努斯也感到人身安全受到了威胁，他与身在罗马的侄子也就是韦斯帕芗的次子图密善一起逃到了卡匹托尔山上。卡匹托尔山又名卡比多里奥（Campidoglio），坐落着供奉最高神朱庇特的神殿及其他神殿，是罗马市内唯一的圣域。萨比努斯觉得就算变为暴徒的维特里乌斯一派的士兵也不会攻击这座山，然而已经因为不安和愤怒失去理智的士兵就连这片圣域也包围了。

当晚，萨比努斯派遣使者前往卡匹托尔山旁边的帕拉蒂尼山上的皇宫，要求维特里乌斯命令士兵解除包围。维特里乌斯让使者带回的答复却是，包围卡匹托尔山是士兵的主意，自己无计可施。维特里乌斯已经失去控制局面和阻止事态扩大的能力了。

到了19日，天还没亮，维特里乌斯一派的士兵开始了对卡匹托尔山的大举进攻。本来为照亮山路而携带的火把都拿来用作了焚烧躲避在神殿内的人群的工具，扔出的火把点燃了石造神殿内各处的木材。即使不是塔西佗本人，任谁看到这种景象都会愤慨不已，而直到太阳高照之后，这幕惨剧还在聚集而来的罗马人面前上演了很久。

供奉着罗马众守护神的神殿不是被他国人而是罗马人自己亲手烧

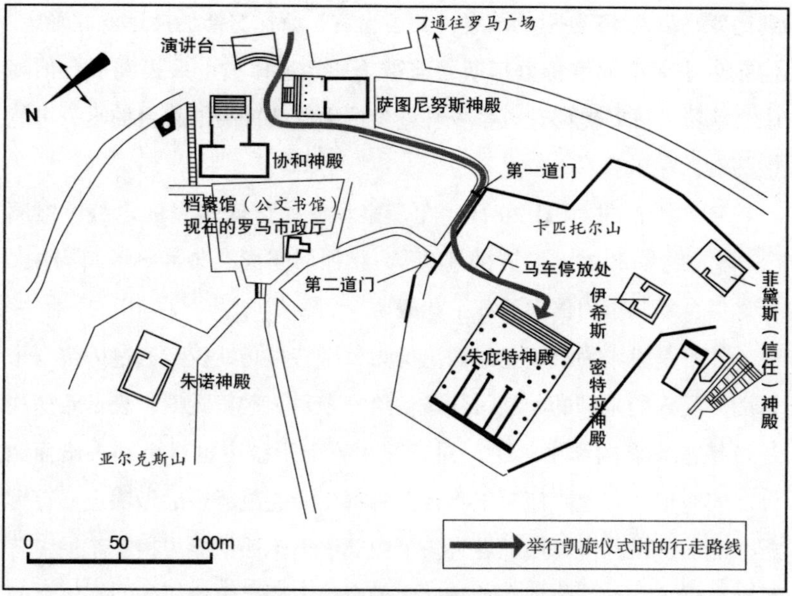

卡匹托尔山上的神殿分布图（公元 69 年）

毁的，并且不是意外的火灾，而是故意放的火。这是自公元前 753 年建国历经 822 年以来首次发生的可耻事件，据说亲眼看到神殿燃起熊熊大火时，之前还在投放火把的维特里乌斯一派的士兵都茫然地愣在了那里。趁这个间隙，图密善成功逃走，萨比努斯却成了士兵的俘虏。

成为俘虏的萨比努斯被士兵带到了维特里乌斯面前。维特里乌斯也打算救这个在首都警察长官的岗位上尽职 12 年的名副其实的公仆一命，但是在这种情况下，他也没有了统领部下的能力。

当天后半夜，安东尼·普里默斯率领的多瑙河军团先头部队已经到达罗马以北15公里的消息传到了皇宫，萨比努斯的命运就此确定。他在束手无策的维特里乌斯面前被杀死，遗体被士兵扔到了台伯河中。这样一来，能够让首都罗马避免成为武装冲突的舞台的唯一可能性荡然无存了。

第二天，即12月20日，在马略和苏拉之间爆发的内战（参阅《罗马人的故事03·胜者的迷思》）让首都变成武装冲突的舞台150年之后，罗马市内再次展开了巷战。

并不是没人为避免巷战做出努力，维特里乌斯曾经通过因终身未嫁而广受人们敬仰的女祭司长送信给安东尼·普里默斯，表示希望用退位换来事态的和平解决，元老院和骑士阶级中也有个别人出面调停。安东尼·普里默斯对于将帝国首都变为巷战舞台的做法也心存顾虑。然而，维特里乌斯已经失去了控制手下士兵的能力，安东尼·普里默斯也不例外。能够在咄咄逼人的进攻方和恐惧绝望的防守方之间担任中间人的唯一人选萨比努斯被杀的代价太大了，因为这样就给进攻方制造了为自己支持的韦斯帕芗死去的亲哥哥报仇的正当理由。

不过安东尼·普里默斯还是制定了对策，争取尽快结束不可避免的巷战。他将手下的全体部队分为三军：第一军攻打近卫军团的军营，第二军沿弗拉米尼亚大道直行前往罗马广场，第三军沿台伯河南下夺取与罗马广场同样有很多公共建筑物的马尔斯广场。

乍一看，这项作战计划颇为合理，因为多瑙河军团是沿着联结意大利北部和罗马的弗拉米尼亚大道南下前来，如果目标是首都的话肯定会从北面攻来，但这项作战计划实际上暴露了安东尼·普里默斯在战略战术上能力有限。

不知读者是否还记得，与帝国内的其他城市不同，唯独首都罗马没有被城墙包围起来。恺撒认为帝国的安全应该依靠莱茵河、多瑙河

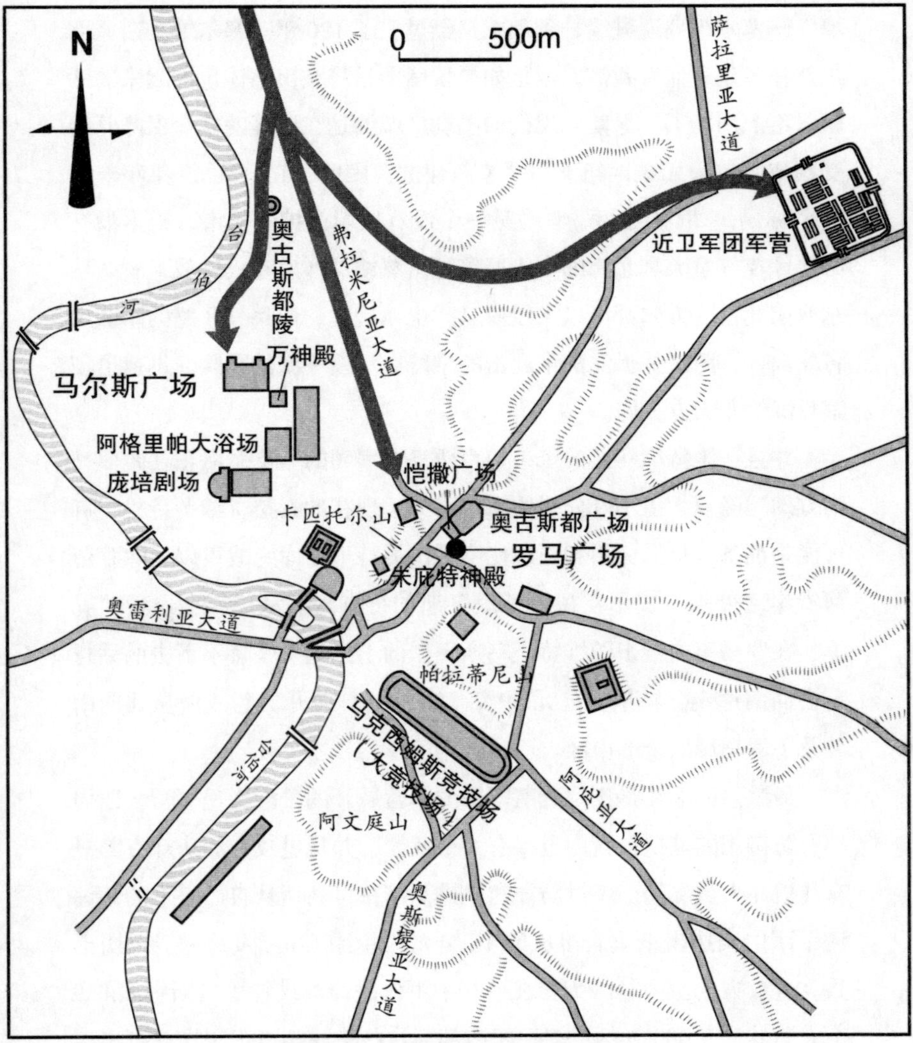

罗马巷战中攻击方的进军路线（箭头）

和幼发拉底河三大防线以及各处边境的防御来保障，帝国的中心——“世界之都”罗马不需要城墙，于是推倒了共和政体时代的罗马城墙——塞尔维乌斯城墙，到现在已经过去了120年。塞尔维乌斯城墙虽然在各处还保有残骸，但是如果城墙不是将城市整体包围起来的话就派不上用场了，保留到现代的奥勒良城墙是在国境的安全保障开始受到威胁的公元3世纪下半叶才新建的。因此，在公元69年年末的这个时候，“世界之都”罗马是一个没有城墙保护的城市，根本没有必要像攻打意大利北部的中等城市克雷莫纳那样发动攻城战，军队从东西南北任一方向都可以入侵罗马。也就是说，让兵分几路的军队从各处攻入，阻断并孤立前来迎击的维特里乌斯一派的军队，迅速迫使其投降绝非天方夜谭。

并且，维特里乌斯的亲弟弟卢西乌斯率领的一支军队正在距罗马南方的阿庇亚大道100公里的塔拉奇纳（现在的泰拉奇纳）待机，有可能是准备一旦局势不利便逃往第二次贝特里亚库姆战役以后除莱茵河沿岸之外唯一表示支持维特里乌斯的行省阿非利加。在这种情况下，在罗马市内迎击的维特里乌斯一派的士兵如果坚持不下去的话肯定会向南逃走。结果，公元69年12月20日展开的巷战便从北向南波及了罗马城的全部市区。

最激烈的战斗是围绕近卫军团的军营展开的。因为是军营，四周都有防御用的墙壁，营内也存有大量武器，并且进攻方和防守方都只有纯战斗人员参加。不过防守这里的是维特里乌斯从自己手下的莱茵河军团中挑选出来重新组成的16个大队共计1.6万人的近卫军团士兵。进攻方的主力是因为曾在奥托手下作战而被维特里乌斯解雇的9个大队共计9 000人的近卫军团旧部，这些士兵相当于正在攻打半年前自己曾经居住过的地方。激战持续了一整天，维特里乌斯一派的近卫军团士兵持续抵抗到最后一个人倒下，据说每名士兵都是从正面受到的攻击，没有一个人转身逃走。

在其他地方展开的巷战却截然相反，史学家塔西佗这样描述：

首都的民众就像在竞技场观看角斗比赛一样旁观了这一天在市内发生的战斗。他们对英勇奋战的人报以掌声和欢呼，对陷入苦战的人喝倒彩，并让他们加把劲儿。如果陷入劣势的人逃入店铺和民居中，他们会要求将其拖出来杀掉。然而他们却又趁士兵全神贯注作战的机会，麻利地抢走了士兵应得的战利品。

首都到处上演着不祥的景象，令人唏嘘不已。士兵打得你死我活，尸横遍野，负伤者发出痛苦的哀号，同一时间的公共浴场和酒馆却人声鼎沸。在血流成河、堆积如山的尸体旁边，妓女们还在和嫖客讨价还价。一边是享受着和平的快乐人群，不远处的另一边却是被残暴押解的残兵败将。总之，整个罗马变成了一座疯狂和堕落的城市。

首都内的这次巷战在罗马历史上并不是第一次，苏拉导演过两次，还有一次是秦纳。但是，现在与那时的区别在于民众的漠不关心。首都的民众对内乱的结果不感兴趣，他们只在乎眼前的好戏，并且此时又正值萨图尔努斯节（农神节），民众就如同欣赏节日表演一样观看了这场巷战。对于他们来说，维特里乌斯和韦斯帕芗哪一方获胜都无关紧要。就这样，首都的平民居然把对于国家的一场灾难变为了乐趣。

我能够体会爱国者塔西佗心中的感慨，但是又不禁觉得平民这种“如同在竞技场观看角斗比赛一样旁观罗马人巷战”的反应才是正确把握了现状。确实，公元69年年末的首都内战对于罗马帝国而言是一场灾难，然而民众很清楚这一点，他们知道无论哪一方获胜，改变的只有皇帝的人选。并且凭借平民的智慧，他们肯定也知道，经过皇位屡次更替这种自然淘汰之后的结果便是相对来说略微好一些的“头领”登上皇帝的宝座。

塔西佗的特点在于他是一名无愧于史学家称号的史学家，也就是说他会将所有事情毫无遗漏地记录下来，但这样做的结果就是不得不经常记录一些与自己的期望截然相反的历史事件。

在上面一段文字中，塔西佗大加指责罗马平民将国家的灾难当作一场表演来欣赏的行为，但是在我这样的读者看来，可能对于罗马平民敏锐的批判精神印象更深。不过在此应该交代一下，后世的很多历史研究者都原封不动地接受了塔西佗讲述的内容。另外，在苏拉和秦纳的内战时，民众之所以对其有所关心，是因为内战的走向会决定他们的生活是否能够改善。那个时代的内战是由于元老院阶级和平民阶级的对立而爆发的，苏拉属于元老院一派，与苏拉作对的马略和秦纳是平民一派的头领，所以在平民看来，应该声援谁不言而喻。（参阅《罗马人的故事03·胜者的迷思》。）

将话题转回到公元69年12月发生的巷战，除了正在展开激战的近卫军团士兵营之外，其他战场的胜负都已经见了分晓。之前不得已逃到帕拉蒂尼山上的皇宫中的维特里乌斯此时不知出于什么想法，趁机离开了皇宫，他大概是打算逃出罗马，到泰拉奇纳的弟弟那里躲避。不过奇怪的是他却没有带上卫队，紧接着又改变主意返回了皇宫。但是就在这不一会儿的工夫，皇宫中的人连带用人在内跑得一个不剩。发现宫中已经没人的维特里乌斯不知又想到了什么，他没有到皇帝的私人房间去，而是走进了一处守卫们平时经常待的区域。多瑙河军团的士兵没过多久就找到了藏在这里的皇帝，将他拖到了室外。

被捆住双手的维特里乌斯像头猪一样被士兵赶着从帕拉蒂尼山上走下来，到达罗马广场，在那里被轻描淡写地处死了。没有史实证明是安东尼·普里默斯下的命令，担任巷战总指挥官的这个人此时在哪里也无从查考。皇帝的尸体同重罪犯遭受的处刑一样，被扔到了眼前的台伯河中。他一共在位 8 个月，死时 54 岁。

由此，罗马在短短的一年之内见证了三位皇帝的死亡，到此为止，历史上称之为“三皇帝时代”。在塔西佗笔下“险些成为帝国最后一年”的公元 69 年也终于要画上句号了。

数日后，似乎等待已久的穆奇阿努斯到达了罗马。这位韦斯帕芗的左膀右臂（更恰当地说是智囊）没有效仿维特里乌斯半年前的所作所为，为了炫耀胜利而率军大举入城。穆奇阿努斯不是以内战胜利者的身份来到罗马的，而是以内战中崩溃的秩序重建者的身份出现的。这位冷静的统治行家立刻成功地将一切纳入了自己的控制之下。

他首先向泰拉奇纳派遣军队，消灭了维特里乌斯的弟弟在那里驻扎的部队，卢西乌斯·维特里乌斯被处以死刑。这虽然无情，但也是为了不给维特里乌斯一派的余党留下主心骨。

其间召开元老院会议，让韦斯帕芗和他的儿子提图斯二人当选了翌年即公元 70 年的执政官。韦斯帕芗还在埃及等待时机，提图斯也在为次年春天开始的耶路撒冷包围战进行准备，所以两人都没有到场。不过根据罗马的法律，如果是出于不得已的原因而无法在场，同样可以就任执政官。将实力上数一数二的这两个人推举为执政官也意味着罗马帝国秩序重建的开始。

对于打倒维特里乌斯的真正功臣安东尼·普里默斯，虽然也向元老院提议论功行赏，但没有给予除此之外的任何报酬。安东尼·普里默斯对此无法接受，但他只不过是一名军团长，穆奇阿努斯却态度坚决，又是行省总督。仰慕安东尼·普里默斯的图密善又为他邀功请赏，但是穆奇阿努斯没有听从韦斯帕芗这个 18 岁的次子的要求。对自己的待遇大为不满的安东尼·普里默斯乘船前往埃及，直接向韦斯帕芗邀功，可是新皇帝的态度也未能满足这位 34 岁的野心家。这是韦斯帕芗和穆奇阿努斯两人完美合作的又一个证明，并且在战时能有所作为的人未必在平时也能派上用场。

但是，就像史学家塔西佗所说，至此战争状态告一段落，并不等于恢复了和平与秩序。为了恢复和平、重建秩序，到韦斯帕芗返回意大利的公元 70 年秋天之前，穆奇阿努斯实际扮演了皇帝的角色，彰显其决心的第一项举措便是重建被烧毁的朱庇特神殿。

然而，和平的首要条件——秩序的恢复，仅凭重建神殿这种和平事业是无法实现的。官方身份还只是叙利亚行省总督的穆奇阿努斯首先必须面对的问题便是在莱茵河周边爆发的行省兵的叛乱。

第四章　帝国的边境

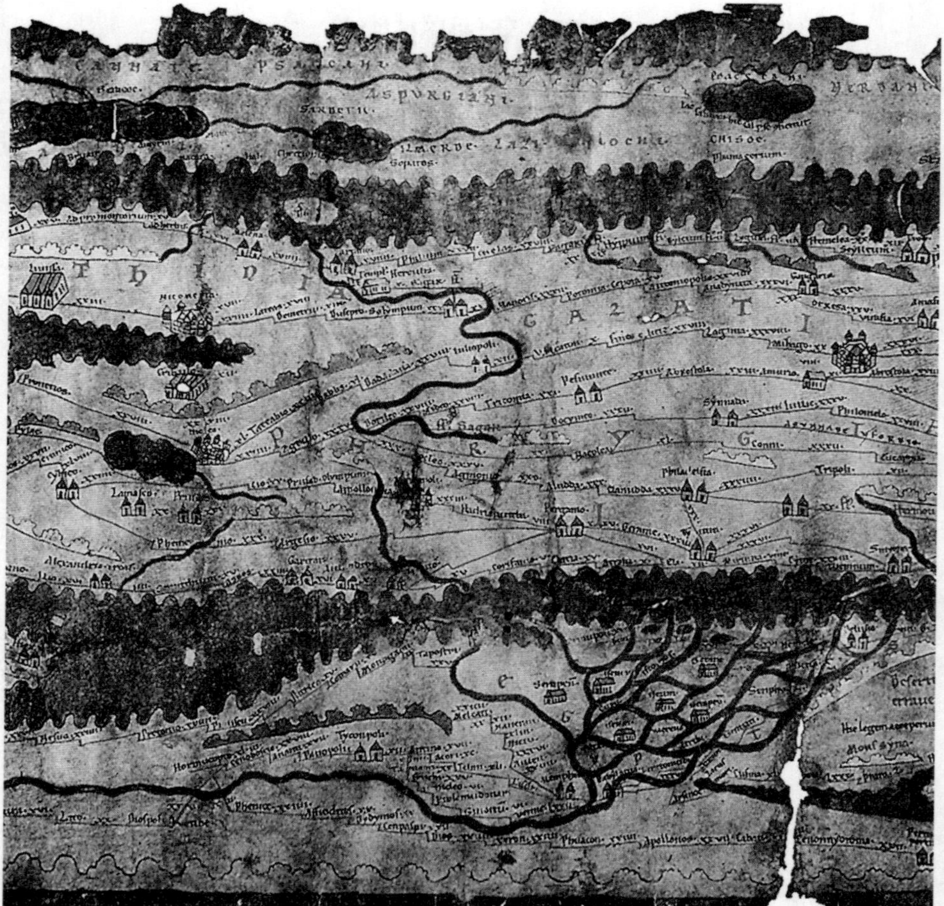

我在《罗马人的故事05·恺撒时代（下）》写到恺撒和庞培之间发生的内战时，心中总有一个挥之不去的疑问——行省人民为何没有趁这个时候发动起义呢？二人都将军队把持在自己手中，此前被罗马人征服的地方在军事上都处于真空状态。恺撒刚刚征服了高卢，庞培称霸东方最多也不过是十多年前的事情。在罗马世界的东西方，败给这两人的人们都还健在，如果这些人有意为自由和独立再战的话，罗马人之间自相残杀的内战正是一个好机会。

然而，在内战持续的三年半中，没有任何一个行省揭竿而起反抗罗马。被恺撒驱赶到莱茵河以东的日耳曼人销声匿迹，没有尝试过一次在恺撒出现以前屡试不爽的跨越莱茵河的作战行动。

罗马人之间的内斗还包括从恺撒被暗杀后到屋大维时代的奥古斯都终结内战为止的14年。不过这14年的大部分时间处于布鲁图与卡西乌斯对决安东尼与屋大维以及接下来的安东尼与屋大维的冷战状态下，真正发生交战的只有腓立比战役和亚克兴角海战这两次，因此难以拿来作为比较对象。能够与公元69年的内战进行比较的只有120年前恺撒与庞培的对决。

另外，由于尼禄的死而爆发的公元69年内乱仅持续了一年。然而，就在这短短一年之间，除了依靠皇帝尼禄的决断成功建立良好外交关系的东方防线之外，利用罗马人互相争斗的机会起兵反抗罗马的民族不在少数。

在尚未实现全面征服的不列颠，由于要应对揭竿而起的原住民部族的反抗，在接到意大利本土的召集命令时，驻扎在此的3个军团中只有 1 个军团做出了响应。

在多瑙河防线方面，达契亚人抓住这个时机渡过多瑙河入侵罗马领土，正在向西进军的穆奇阿努斯只能和剩下的军团兵一起抵挡。

在莱茵河防线，发生了罗马有史以来最严重的不幸事件——罗马军中非主要战斗力的辅助兵攻击了主要战斗力的军团兵。并且，这些日耳曼人的辅助兵不仅配合莱茵河东岸的日耳曼系部族一起行动，还煽动同为罗马行省人民的高卢人，企图建立高卢帝国，从罗马的统治下独立出去，问题非同小可。

为什么在恺撒和庞培之间的三年内战中没有发生这种事情，在“三皇帝时代”短短一年之间，边境却如此动荡呢？

我认为有如下几个原因：

第一，对于足以领导反罗马运动的行省实力派人士而言，庞培和恺撒都是在罗马世界中家喻户晓、数一数二的名人。相反，加尔巴、奥托和维特里乌斯在帝国范围内的知名度却很低。不知道对手是谁的话，起兵反抗时也不会感到什么压力。

第二，庞培和恺撒都是拥有压倒性战绩的人物，前者扫除了地中海的海盗进而称霸东方，后者征服高卢并取得了对日耳曼人的胜利。这两个人对于行省的实力派人士和居住在罗马防线之外的人来说，是让他们尝到完败苦果的始作俑者。

相反，另外三位皇帝在这一点上完全无法与之相比。加尔巴、奥托和维特里乌斯虽然有担任行省总督的经历，却没有打过胜仗。在行省人民和边境的部族看来，他们并不是尽全力作战也无法战胜的对手。韦斯帕芗在这一点上也不例外，因此成功结束犹太战争对于韦斯帕芗而言是最重要的事情。

第三，战场位置不同。

当时恺撒和庞培交战的战场包括意大利本土、西班牙、埃及、北非，最后又回到西班牙，可以说遍及罗马世界全境。相反，公元 69 年的战场只有北非，并且前后两次都是在半径二三十公里的相同范围内交战。即使把首都罗马也算作战场，同样没有跨出意大利本土一步。在广大的罗马帝国边境上的人看来，这只不过是一场在帝国中央的意大利展开的战斗。

总之，可以将前者的例子比作以整个非洲大草原为舞台展开的大象之间的激战，感觉就好像由一头体格最大的雄象率领的象群从对于自己来说不是很宽敞的大草原正面排山倒海般冲过来一样。这样一来，连狮子也只能害怕得躲在草原的一角观望形势了，因为如果贸然踏入草原的话，很可能会被横冲直撞的象群踏成肉泥。连身为百兽之王的狮子都是这副模样，经常敢于成群结队与狮子为敌的鬣狗恐怕也只有屏住呼吸等待结果的份儿了。

相反，公元 69 年的情况却如同一群雄狮在大草原的中央为争夺配偶而展开决战一样，这不是一场让其他动物害怕得不敢动弹的激战。这是理所当然的，因为公元前 1 世纪的内战是一场围绕国家政体展开的斗争，结果将决定是一如既往地继续采用元老院主导的共和政体，还是选择对于罗马而言属于新政体的帝政。与此相比，公元 1 世纪的内战只不过是决定由谁来领导已经持续百年的帝政而已。在远离战场的大草原周边，不同的种群可以自由地展开行动。

塔西佗认为“虽然维特里乌斯的死让战争状态结束，但这不等于恢复了和平”的观点是正确的，因为雄狮之间已经分出了胜负，但是大草原的其他地方仍然持续着混乱无序的状态。让这种状态恢复如初便成了新皇帝韦斯帕芗和他的左膀右臂——穆奇阿努斯的工作。

行省兵的叛乱

现代的我们听到“荷兰”这个词首先想到的是遍地盛开的郁金香，还有这是个通过艰苦卓绝的努力将低于海平面的区域变成适合人类居住的土地的辛勤劳动的民族，但荷兰人同时也是可以在世界杯足球赛中以超群的实力让世界为之震惊的民族。荷兰对于人种的融合持宽容态度，所以现代的荷兰人中有不少黑人，但如果你想知道古罗马时代的“荷兰人”是什么样子，设想一支由身材高大、体格健壮的白皮肤荷兰人组成的足球队就足够了。在罗马时代的荷兰人祖先被称为“巴达维人”。

居住在莱茵河河口附近的这支日耳曼系部族不是罗马的行省人民。他们因为不是行省人民，所以没有缴纳行省税的义务。但是罗马人也是具体问题具体分析的高手，他们没有将巴达维设为行省，归入罗马的领土范围内，却与其缔结了同盟关系。双方约定，巴达维人向罗马提供兵源；作为交换，罗马尊重巴达维人的独立，并且当巴达维人遭到周边其他部族攻击时出兵协助。这种关系起始于第一个将莱茵河视为北方防线的人——尤里乌斯·恺撒。

恺撒将莱茵河划为防线的想法根据以下几项史实也可以得到充分的证明：

第一，早在征服了高卢时，他就已经承认日耳曼人在莱茵河以西的永久居住权。后来被划分为低地日耳曼和高地日耳曼两个行省的莱茵河西岸一带，抑或在现代来说是荷兰南部、德国西部和比利时东部，在恺撒时代以前是跨越莱茵河向西移居高卢的日耳曼人的居住地。换句话说，这个地区的居民与同样被称为高卢人、后来居住在法国的高卢人不同，属于日耳曼系的高卢人。

第二，恺撒让住在莱茵河东岸且与罗马长期保持友好关系的日耳曼系乌比人移居到莱茵河西岸，将后来的科隆相赠作为他们的根据地。这样做的目的只有一个——强化莱茵河这条罗马帝国的防线。

然后恺撒还像对待其他高卢人一样，将自己的家门名“尤里乌斯”赐予了这些日耳曼系的高卢人，从而与他们缔结了“clientes”（保护者，英语为“client”）的关系。在现代看来，这种关系相当于本家和分家的关系，或者是帮会老大和手下，以及政治人物和后援组织的关系。也就是说，恺撒在征服者和被征服者之间创建了一个命运共同体，证据在于他将罗马公民权赐予了这些部族中的实力派人士。罗马公民权是世袭权利，所以这些人的子孙后代都拥有罗马公民的身份。

并且恺撒对于被纳入罗马霸权下的高卢人以及日耳曼系高卢人以外的民族也使用了这个方法，这明显是对罗马的霸权无法到达的地带——莱茵河东岸部族的一种怀柔政策。结果，住在莱茵河河口的北部也就是现代的阿姆斯特丹周边一带的巴达维人的部族长及其亲属也成了罗马公民，开始使用“尤里乌斯”这个家门名。

在这个方法开始实施的初期，西塞罗、小加图和布鲁图都认为恺撒这样做是为了扩大自己的势力，从而对他横加指责，这只能说他们的指责太目光短浅了。恺撒以自己的家门名相赠在当时的情况下是见效最快的方法，证据在于，在恺撒死后继承其位的尤里乌斯—克劳狄乌斯王朝倒台之后，这些外族的“尤里乌斯”和罗马之间的命运共同体关系一直延续了下去。恺撒早就看出，这些人和自己的“clientes”关系一定会在这些人的子孙和罗马帝国之间传承下去。这种策略才是当之无愧的“百年大计”，当然从实际来说岂止是百年，至少持续了400年之久。

将话题转回到巴达维人。与罗马缔结友好关系的同时，他们承担了提供兵源的义务，具体来说是作为向罗马军主要战斗力的军团兵提供辅助作用的“辅助兵”，在罗马人的指挥下服兵役。让其提供兵源不只意味着保证士兵数量，还能建立雇佣关系。一旦生活安定下来，人就会变得保守。趋向保守后，采取起兵反抗罗马这种过激行为的可能性也会降低。

这种对辅助兵的利用制度在奥古斯都皇帝确立军制后作为罗马军的一项正式制度固定了下来。兵役期限明确规定为25年，期满退役时可以获得罗马公民权，因此巴达维人中的罗马公民也迅速增加。然而，拥有“尤里乌斯”这个家门名的权利仅限于部族长级别的人。第三代皇帝卡利古拉为止的罗马皇帝都是尤里乌斯一族的人，与皇帝使用同样的家门名肯定也具有强调与部族其他人的身份差别的效果。

从上面这个例子来看，恺撒是一个用合理性来对待所有事情的人。赐予“尤里乌斯”这个家门名的目的不只是为了明确身份差别，也是因为他觉得这个方法行之有效。因为由行省人民或罗马的同盟国人民组成的辅助部队会按相同地区或相同部族出身的人来分别组队，统率这些部队的指挥官通常由士兵所属部族的族长级别的人担任。在仅由罗马公民组成的军团指挥官的任用上奉行实力主义的公元1世纪，任用辅助部队的长官时首先看重的仍然是权威，这确实是一个耐人寻味的现象。也许合理的思考与文明程度是成正比的关系。

总之，在公元69年统率巴达维部队8 000名士兵的指挥官名叫尤里乌斯·奇维里斯，他当然也是罗马公民权的拥有者。并且这个“尤里乌斯”趁罗马人在意大利本土忙于内战的间隙，在莱茵河下游一带点燃了反抗罗马的战火。

在讲述这件不到一年便得到解决的事件之前，我想先交代一点，在叙述的过程中我可能会反复用到这个事件的登场人物的家门名（Nomen）。之前以防过于烦琐，我一直极力避免将一个人的个人名（Praenomen）、家门名、家族名（Cmgnomen）全部列举出来，比如在提到尤里乌斯·恺撒时只使用他的家族名“恺撒”，但是这次有别的目的。之所以还要坚持使用“尤里乌斯·奇维里斯”“尤里乌斯·克拉西克斯”这些家门名和家族名，是因为我想让各位读者感受到，这些人是在120年前从尤里乌斯·恺撒那里获赐家门名的人的子孙。大家在阅读的过程中就会逐渐意识到，原来所有人发起的叛乱都是恺撒自己种下的恶果。

确实，完全是这样，下文中的“尤里乌斯”随处可见。但是，如果各位读者在这种感觉的基础上产生以下想法可就错了——即便恺撒针对被征服民族的同化政策得到了《希腊罗马名人传》的作者普鲁塔克的赞赏，但作为一项政策是失败的。

这种想法错误的原因在于，拥有“尤里乌斯”这个家门名的非罗马人并非全部是这一次叛乱的主谋。尤里乌斯·奇维里斯试图借行省兵的叛乱创建高卢帝国的想法之所以没有实现，便是因为高卢地区其他的“尤里乌斯”不同意。并且除了这次事件的有关人员之外还有很多“尤里乌斯”，只列举一些人名就可以清楚地知道这些人对帝国做出的贡献。

积极协助韦斯帕芗的犹太人埃及长官的名字是尤里乌斯·亚历山德罗斯，这个时期他正在帮助提图斯攻打耶路撒冷。

名传后世的水道系统研究著作的作者，是在公元69年担任首都罗马法务官的尤里乌斯·弗朗提努斯。召集元老院会议的权力除执政官之外只有法务官拥有，通过将韦斯帕芗和儿子提图斯二人推上执政官之位从而着手恢复秩序的穆奇阿努斯，如果没有弗朗提努斯的协助，也无法实现自己的这个想法。

最后就是史学家塔西佗的岳父，完全称霸不列颠计划的实施者——尤里乌斯·阿古利可拉。

仅从这几个例子便可以清楚地得知，恺撒在120年前播下的种子已经长成参天大树。但任何事在付诸实践的时候总是伴随着风险，仅仅遇到一些风险不能代表政策是错误的。证据在于，后来的罗马皇帝们谁都没有试图更改恺撒制定的这项“同化败者”的政策，解决了行省兵的叛乱问题后着手重建帝国的皇帝韦斯帕芗也完全没有触碰这项制度。这说明没有任何一名统治者怀疑过恺撒式思考方法的有效性。因此，每次出现一个新的“尤里乌斯”，其所带来的风险也只有让读者会心一笑的程度。

但是，除“尤里乌斯”之外，通过这次事件暴露出的另一个问题却相当严重。后世的史学家蒙森甚至断定这是“前所未有的灾难”，这个问题让人不得不思考内乱产生的流毒是如何波及其他方面的。

尤里乌斯·奇维里斯

至今尚无法查证巴达维人的领袖尤里乌斯·奇维里斯在公元69年的年龄。在尼禄皇帝时代的公元62年，率领巴达维部队跟随鲍利努斯参与征服不列颠的战役是这个人物在史料中首次登场。年轻人就算拥有“尤里乌斯”这个家族名也不可能被委任为8个大队8 000名士兵的指挥，所以他的年龄至少有40岁。如果是这样，公元69年时，他大概有四十几岁了。另外，他在罗马军中的从军经历可以追溯到公元62年以前，恐怕这个巴达维人在罗马军中度过了足以让一名士兵期满退役的25年的漫长人生。

罗马军的作战会议通常也会让辅助部队的指挥官列席。只要具备头脑和意愿，了解罗马军的所有情报（包括所有优势和弱点）是非常容易的。确实，尤里乌斯·奇维里斯熟知并利用了这一点。

罗马军除了偶尔发动的远征之外，辅助部队的驻扎地点一般会设在该部队所属士兵的出生地附近，这在当时已经成了惯例。因此，来自莱茵河河口一带的巴达维部队的驻扎地应该位于“低地日耳曼”，也就是从波河到下游的莱茵河畔。维特里乌斯在称帝之前便是低地日耳曼的司令官，受称帝之后的维特里乌斯之命率军进攻意大利本土的席西纳和瓦伦斯两人都是低地日耳曼军属下的军团长。

没有确切的证据表明尤里乌斯·奇维里斯本人参与了第一次贝特里亚库姆战役，不过那场混战的特点是主要战斗力的军团兵和非主要战斗力的辅助兵统统参加了战斗，原因是担任总指挥的人能力不足。并且那次战役还产生了一个副作用——让辅助兵觉得军团兵不足为惧。尤里乌斯·奇维里斯率领的巴达维部队的叛乱，也正是4月15日展开的第一次贝特里亚库姆战役的结果。事情发生在胜利后辅助兵收到返回驻扎地命令后的夏天，叛乱在莱茵河沿岸爆发。

为什么尤里乌斯·奇维里斯会萌生起兵反抗罗马的念头呢？史学家塔西佗的说法是，因为韦斯帕芗一方通过安东尼·普里默斯下令巩固莱茵河沿岸的基地，以防支持维特里乌斯的莱茵河军团残部南下意大利。以塔西佗的著作《同时代史》为研究基础的后世的大部分学者都赞成这个说法。

但是，我实在无法同意。因为如果“行省兵的叛乱是由韦斯帕芗引发”的事实曝光的话，对于打算称帝的韦斯帕芗来说将是一个致命的打击。韦斯帕芗是不属于既有统治阶级的“新贵”，这个后起之秀煽动非罗马公民的行省兵去伤害身为罗马公民的军团兵的行为被人知道的话，想必元老院和一般公民都会群起而攻之。连马基雅弗利都没说过“为达到目的不择手段”这句话，而只是说“为达到目的应选择有效的手段”。让行省兵起来反抗罗马以此作为手段并不是绝对有效的，冷静的穆奇阿努斯不可能下达这样的命令。

然而，安东尼·普里默斯虽然干劲儿十足，却是个目光短浅的人，说不定是他在没有接到韦斯帕芗和穆奇阿努斯命令的前提下一意孤行，与尤里乌斯·奇维里斯取得了联系。不管怎样，在一年之间皇位几易其主的情况下发生的这场混乱成了巴达维人的好机会，因为内心实际上反对罗马的尤里乌斯·奇维里斯在攻打维特里乌斯一派的士兵把守的莱茵河沿岸基地时，打的是韦斯帕芗一派的旗号。

对于日耳曼人而言，即使在白天也一片昏暗的森林才是他们的发源地，于是决定起兵反抗罗马的尤里乌斯·奇维里斯也将会合地点选在了森林中。

尤里乌斯·奇维里斯向假托宴会之名邀来的几个巴达维人的实力派人士发表了演讲，他宣称日耳曼人拥有强大的灵魂，如今正是摆脱罗马统治的好机会，精锐部队都已前往意大利，在此期间防卫基地的军团兵都是些老弱残兵，然而基地内却遍地都是值得瓜分的物资。防守莱茵河防线的各军团早已今非昔比，现在只不过是保留着军团的虚名而已，罗马军团已经不足为惧。

尤里乌斯·奇维里斯似乎在演讲上也颇有心得，他所说的“保留着军团的虚名”具体来讲有如下的含义：

罗马的军团不只是按照“第一军团”“第二军团”这样的数字来编排的，正式的名称应该是“第一××军团”，“××”的取名方式大致分为三种：

第一种是采用军团组建人的名字。例如第二奥古斯塔军团（驻扎在不列颠）、第八奥古斯塔军团（驻扎在默西亚）来自开国皇帝奥古斯都的名字。第七克劳狄亚军团（驻扎在默西亚）、第十一克劳狄亚军团（驻扎在达尔马提亚）则是第四代皇帝克劳狄乌斯组建的。

第二种是采用征募的志愿者所在地区的名称。例如第一日耳曼军团（驻扎在低地日耳曼）、第十六高卢军团（驻扎在低地日耳曼）、第四马其顿军团（驻扎在高地日耳曼）、第九西班牙军团（驻扎在不列颠）都是在高卢东部、高卢西部、希腊北部和西班牙组建的。第五阿拉乌迪（Alouette）军团（“云雀军团”）是恺撒与庞培决战时召集法国南部的高卢人组建的军团，“Alouette”是一种大量栖居在法国南部的云雀。

第三种不知是基于什么样的理由，采用的都是很有气势的名字。尤里乌斯·奇维里斯列举的例子都属于第三种。

比如，第三拉帕克斯（Rapace）军团（驻扎在高地日耳曼），翻译过来就是“第三生猛军团”。

第十三弗尔米纳塔（Fulminata）军团（驻扎在叙利亚），意思是“第十三雷电军团”。

第十五普利米吉纳（Preminente）军团（驻扎在低地日耳曼）和第二十二普利米吉纳军团（驻扎在高地日耳曼），只能意译为“第十五、第二十二无敌军团”。

对于隶属这些军团的军团兵来说，这些名称也许能提高士气，不过就算尤里乌斯·奇维里斯没有提及这一点，旁观者看到的话确实也要忍俊不禁了。

接下来，巴达维人的领导者对部族的几个实力派人士这样说：

我们辅助兵与罗马军团兵相比，在步兵骑兵方面都已经毫不逊色。如果我们起兵反抗罗马的话，很明显莱茵河东岸的日耳曼各部族首先都会紧随其后。莱茵河西岸的高卢人同属日耳曼民族，应该也会响应。然后这股反抗罗马的浪潮会扩展到高卢全境，罗马人自相争斗的现在正是好时机。即使我们对支持维特里乌斯的莱茵河军团基地发动攻击，韦斯帕芗一派的各军团也不会赶来救援，当然他们也没有那个闲工夫。

他的游说成功了，巴达维人的几个实力派人士都拍胸脯表示赞同。

然而，尤里乌斯·奇维里斯没有马上行动，他首先派人秘密前去笼络居住在莱茵河口的巴达维人西边的邻居卡尼法提人。这个部族使用的语言和习俗都和巴达维人相同，但部族成员人数较少，属于巴达维人的分支。卡尼法提人给予了肯定的答复。接下来，奇维里斯又派人前去笼络居住在更北边的弗里斯人，也得到了预期的答复。这样一来，奇维里斯就成功建立了与莱茵河河口周边一带的部族之间的统一战线。

事成后，奇维里斯还向第一次贝特里亚库姆战役结束后返回高地日耳曼的主要基地美因茨的辅助部队派遣了使者。这次拉拢也成功了，证据在于这支辅助部队没有听从皇帝维特里乌斯在得知打着韦斯帕芗一派旗号的多瑙河军团逼近的消息后发出的南下意大利的命令，相反却北上前去与奇维里斯会合。

在确保了友军之后，尤里乌斯·奇维里斯点燃了反抗罗马的战火，他袭击了驻守在莱茵河口最前线据点的守备队。罗马军在最前线的基地除了队长和少许士兵之外没有配置军团兵，最前线基地的大部分勤务兵通常都是行省兵。发现坚守不住的队长选择了放弃，因此反抗罗马的第一仗，奇维里斯不战而胜。之后攻打的几处据点由于也是只有行省兵把守，所以他都轻易得手。

尤里乌斯·奇维里斯对高举双手从据点走出来的行省兵的处置办法也很巧妙，他一次都没有说过“跟随我一起反抗罗马”之类的话，本来自己也是打着韦斯帕芗一派的旗号。于是他告诉投降的士兵，可以自由选择服从自己的指挥或是返回故乡。行省出身的士兵很多都是因为在故乡无法谋生而志愿成为罗马军辅助兵的，在他们的眼里，打着韦斯帕芗一派旗号的奇维里斯应该算作罗马军的一员将领，所以成为统率巴达维辅助部队的奇维里斯麾下在目前看来不能算是叛变。

尤里乌斯·奇维里斯在叛乱的推进方式上也做得非常巧妙，他点燃战火的地点位于罗马帝国的最北部，并将“火势”朝着覆盖莱茵河下游地带的低地日耳曼行省的方向蔓延。因此，即使意大利本土派出镇压部队，仅行军就要花上足足两个月时间。

初战告捷的奇维里斯又将他的笼络之手以莱茵河为中心向东西两个方向延伸。伸向东方的手斩获了布鲁克特里人和滕克特里人，这两个部族是与罗马之间不存在友好关系的日耳曼蛮族。伸向西方的手的目标是涅尔维人和佟古累人，这两个部族都居住在莱茵河西岸，被恺撒征服后一直是罗马的行省人民，虽然属于日耳曼系，实际却是高卢人。这两个部族也有很多男子在罗马军中担任辅助兵。低地日耳曼的罗马军这时已经开始动员军队对抗奇维里斯了，但尚未得知奇维里斯的笼络之手已经伸向了这两个部族，因此，前往镇压奇维里斯的军队在出发时也带上了由这两个部族出身的人组成的辅助部队。

于是，在战场上发生了匪夷所思的事情。被部署在罗马军的左翼和右翼的这两个部族的队伍在战斗开始的命令下达后根本没有行动，不，没有行动只是在一开始，之后也行动了起来，不过是朝着奇维里

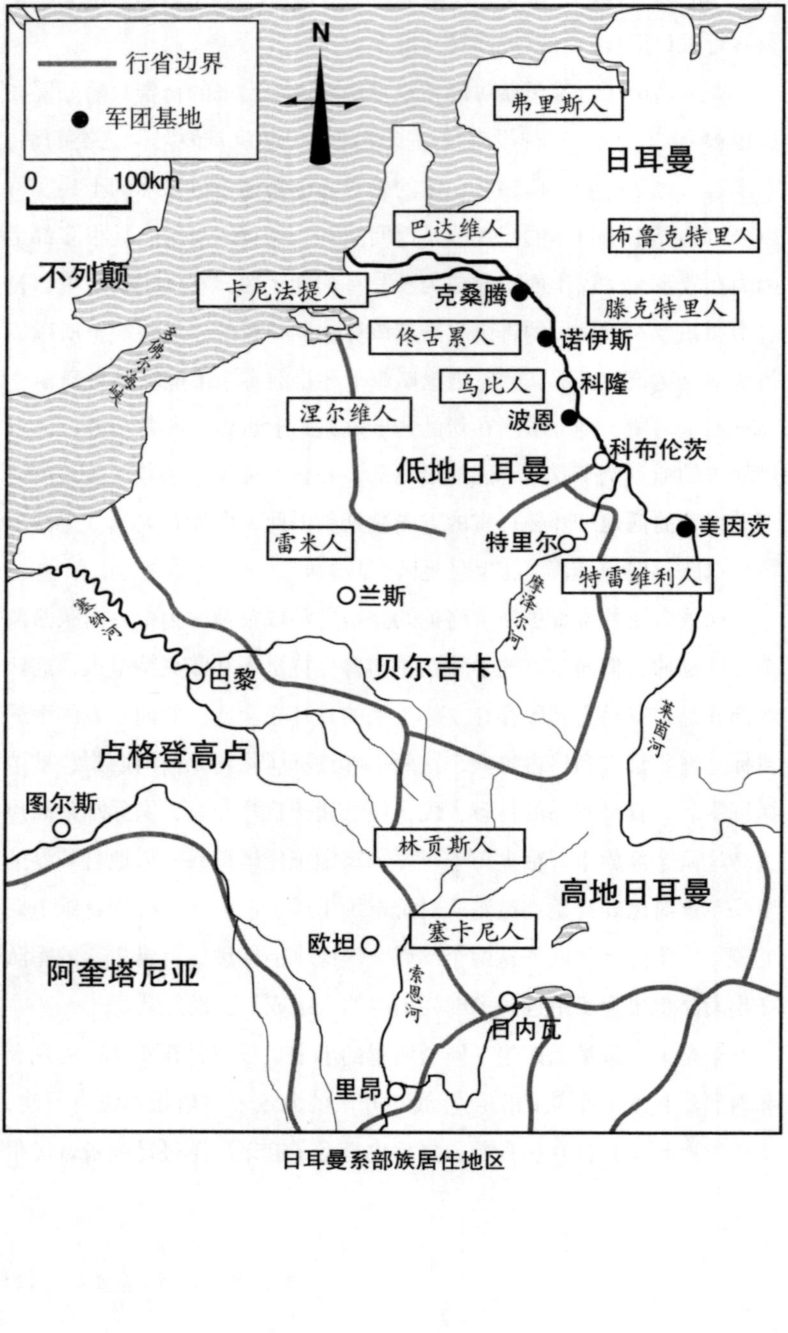

行省边界
军团基地
N
0
100km
不列颠
多佛尔海峡
弗里斯人
日耳曼
巴达维人
布鲁克特里人
卡尼法提人
克桑腾
滕克特里人
佟古累人
诺伊斯
乌比人
科隆
涅尔维人
波恩
科布伦茨
低地日耳曼
美因茨
特里尔
雷米人
特雷维利人
摩泽尔河
兰斯
塞纳河
巴黎
贝尔吉卡
莱茵河
卢格登高卢
图尔斯
林贡斯人
高地日耳曼
塞卡尼人
欧坦
阿奎塔尼亚
索恩河
日内瓦
里昂

日耳曼系部族居住地区

斯那个方向。后来发生的情况就不是战斗而是惨剧了，在场的罗马人不分军团兵、百夫长、大队长，统统被斩尽杀绝。

乘胜追击的奇维里斯还利用同样的方式将防守莱茵河的舰队收入囊中。水手和桨手都是行省人民，所以只要把罗马公民出身的舰长级别的人杀死，事情就简单了。将莱茵河舰队收入囊中意味着在战术上占据了有利位置，因为罗马的所有军团基地都是沿着莱茵河建造的，这样一来对其发动进攻时便可水陆并进。

被围攻的罗马士兵

将莱茵河两岸的日耳曼各部族纳入统率之下的尤里乌斯·奇维里斯的叛军从这时开始对罗马的军团基地发动了正面攻击，目标是被称为“卡斯特拉维特拉”（Castra Vetera，维特拉军团宿营地）的维特拉（现在的克桑腾）基地。这个军团基地位于连成一线的莱茵河防线的最北端，也是第五云雀军团和第十五无敌军团的驻扎地。不过在公元 69 年秋天，两个军团的精锐部队都已经跟随维特里乌斯前往了意大利本土，剩余兵力好像还不到 5 000 人。高举罗马军辅助部队队旗的奇维里斯军包围了这里，然后尤里乌斯·奇维里斯派遣使者到基地内，要求对方宣誓效忠皇帝韦斯帕芗。

对于留在克桑腾基地的军团兵来说，抛下前往意大利支援维特里乌斯的同胞改为支持别人的行径简直是天方夜谭，不用说，他们拒绝了这个要求。于是在尤里乌斯·奇维里斯的指挥下，叛军从正面的莱茵河以及其他三个方向的陆地展开了全方位的包围战。

战斗在低地日耳曼打响的消息数日后传到了高地日耳曼最重要的

基地——美因茨。驻扎在美因茨的高地日耳曼军司令官弗拉库斯在原低地日耳曼军司令官维特里乌斯前往意大利以后成了高地日耳曼、低地日耳曼两处基地的最高负责人，防守克桑腾基地就是他的任务。

但是，这名年老体弱的司令官原本只是因为手下的士兵表示支持维特里乌斯，自己才顺水推舟跟随了奇维里斯，其实他内心支持的是韦斯帕芗。并且弗拉库斯手下军团长级别的将领中支持韦斯帕芗的人在数量上占了压倒性优势，隶属高地日耳曼军的3个军团中，将领和普通士兵的想法却存在出入。尽管在这个阶段问题还没有表面化，但救援克桑腾的军队在组建时微妙地出现了拖延现象。

不过，救援军还是组建起来了。具体战略是让在美因茨过冬的第四马其顿军团和第二十二无敌军团北上，在波恩和诺伊斯分别与第一日耳曼军团和第十六高卢军团驻扎在这两处基地的军团兵会合，以共计4个军团的兵力对抗叛军。尽管号称4个军团，实际却没有达到2.4万人的规定编制。虽然不太清楚准确的数字，但是应该减去被调到意大利参与内战的军队人数。大致估计一下也只有不到总人数的一半。

救援军的总指挥当然由弗拉库斯担任，可是他随军行至诺伊斯后，却决定将实际的指挥权移交给年轻的迪利乌斯·沃克勒，沃克勒是驻扎在美因茨的第二十二无敌军团的军团长。

然而，从美因茨沿莱茵河前往克桑腾的行军困难重重。首先，没有按计划筹集到足够的军粮，感到战乱将至的农民纷纷把收获的粮食藏了起来，就算花钱也很难买到手。并且，人要是一直持续饥饿状态的话会变得容易发怒，将领们和普通士兵之间的心理隔阂从这时开始显露无遗，士兵纷纷用无视军规的行为来表达对指挥官的不信任。不过沃克勒的努力也有一些成效，救援军从克桑腾的基地前进到了距离克桑腾基地一日行军路程的地方。尤里乌斯·奇维里斯攻占罗马军基地的计划顿时增加了难度，但就在这时传来了第二次贝特里亚库姆战役的结果。

维特里乌斯一方在10月25日结束的第二次贝特里亚库姆战役中败北的消息传到莱茵河下游的克桑腾所需的时间，即使是通过驿站派遣快马的方式也要用一个月。进攻方的行省兵和防守方的罗马兵到11月末或12月初的时候也肯定知道了皇帝维特里乌斯兵败如山倒的事实。莱茵河下游一带正处于连野兽都行动迟缓的严冬季节，德国的冬天不仅寒冷刺骨，还会有降雨。莱茵河军团的士兵得知自己拥立的维特里乌斯完败的消息后，想必心情变得就像德国北部的严寒天气一样，士气已经荡然无存。

然而，第二次贝特里亚库姆战役的结果也给尤里乌斯·奇维里斯带来了不好的影响。既然韦斯帕芗取代维特里乌斯成为罗马帝国的皇帝已经是板上钉钉的事情，就不能再以要求宣誓效忠韦斯帕芗为由对罗马军的基地发动进攻了。无论是谁登基，罗马的军团兵都有向罗马皇帝效忠的义务，原属维特里乌斯一派的莱茵河军团的军团兵早晚会宣誓效忠韦斯帕芗也是显而易见的。

事情发展到这个阶段，尤里乌斯·奇维里斯也终于摘掉了他的假面具。至此，所有的人都已经明白，一场行省兵与罗马兵之间的大战在所难免。

即便如此，莱茵河军团的士气衰退得实在太严重，起因是自己拥立的维特里乌斯败北让他们大失所望，对顶头上司的不信任也转化为了愤怒——“那些家伙是不是早就暗中期待着维特里乌斯败北了？”这种怀疑进而升级为深信不疑。怒不可遏的士兵袭击了司令官弗拉库斯的卧室，将这名老司令官从床上拉下来杀死了。沃克勒扮作奴隶逃跑了，捡了一条命。

其间传来了美因茨的军团基地遭到敌人偷袭的消息，原来是尤里乌斯·奇维里斯煽动莱茵河东岸的日耳曼人发动了攻击。一听说这个消息，让罗马军团扬名于世的铁的纪律又复活了，沃克勒也重新担任了阵前指挥。为了救援美因茨，第一、第四、第二十二这三个军团在沃克勒的指挥下向南折返。如果美因茨落到敌人手里，莱茵河防线将全线崩溃。

美因茨的防守很成功，但是其间尤里乌斯·奇维里斯对日耳曼系高卢人的笼络行动也取得了明显的效果。这证明奇维里斯“首先展示军事上的成果，然后伸出笼络之手”的方法非常正确。在高卢地区很有势力的部族——特雷维利人和林贡斯人先后要求加入统一战线。

高卢帝国

特雷维利人是居住在摩泽拉河（现在的摩泽尔河）周边的部族，自从败给恺撒、被纳入罗马统治以来，根据地一直在今天的特里尔。这个地方的古代名称为奥古斯塔特列维罗拉姆，是莱茵河各前线基地中重要的后方基地，近百年来一直享受着罗马人创造的城市化和经济繁荣的成果。处于相同环境的林贡斯人的居住地区在特雷维利人的南边。也就是说尤里乌斯·奇维里斯反抗罗马的战火已经逼近高卢的中心地带了。

代表特雷维利人参加反罗马战线的有尤里乌斯·克拉西克斯、尤里乌斯·托图尔和尤里乌斯·瓦伦提努斯三人。从他们拥有“尤里乌斯”这个家门名可以看出，三人都是部族内的实力派人士。

另外，林贡斯人的代表是尤里乌斯·萨比努斯，这个人是120

多年以前恺撒在征服高卢时与一名女子生下的孩子的后代，也就是说他拥有恺撒的血统。他使用的个人名甚至都与恺撒一样，全名为盖乌斯·尤里乌斯·萨比努斯。如果恺撒知道自己后代中有人起兵反抗罗马，想必也只能大笑一声，感到很为难吧。不管怎样，从恺撒那里获赐家门名的人的子孙——“尤里乌斯”们组成了反罗马战线的领导阶层，他们全部都有在罗马军中长年担任辅助部队队长的经历，并且其中的两人还参加过第一次贝特里亚库姆战役。以尤里乌斯·奇维里斯为首的这五个人在科隆秘密会合，彼此宣誓建立统一战线。

选择科隆尼亚阿格里皮内西姆（今科隆）作为会合地点是因为这里是莱茵河沿岸的行省人民居住的最大城市，将这里的乌比人拉入本方阵营的话，就可以将目前的行省“兵”对抗罗马兵的局面变为行省“民”对抗罗马兵的局面。只有将民间的人拉拢进来，才能彰显这是一场脱离罗马统治的独立运动。乌比人的代表也参加了秘密会合。在这一点上，表示全体部族都参战的特雷维利人和林贡斯人的出席意义也很重大。尤里乌斯·奇维里斯的精明能干甚至让塔西佗都赞不绝口。

在这次科隆会谈中，首次做出了创建“高卢帝国”的决定。建设一个包括莱茵河东岸的日耳曼人、西岸的日耳曼系高卢人以及涵盖从那里一直到比利牛斯山脉为止的高卢全境居民在内的大帝国，将罗马的势力驱赶到阿尔卑斯山脉以南。这实在是一个宏伟的计划，与后来以英国和法国为首的殖民帝国内部爆发的殖民地独立运动不无相似之处。不过一旦这个计划成功，阿尔卑斯山脉以北的地区就会回到尤里乌斯·恺撒之前的状态。耐人寻味的是，会谈使用的语言是拉丁语，“高卢帝国”这个名字就来自拉丁语。这一点也让人想起后世的殖民

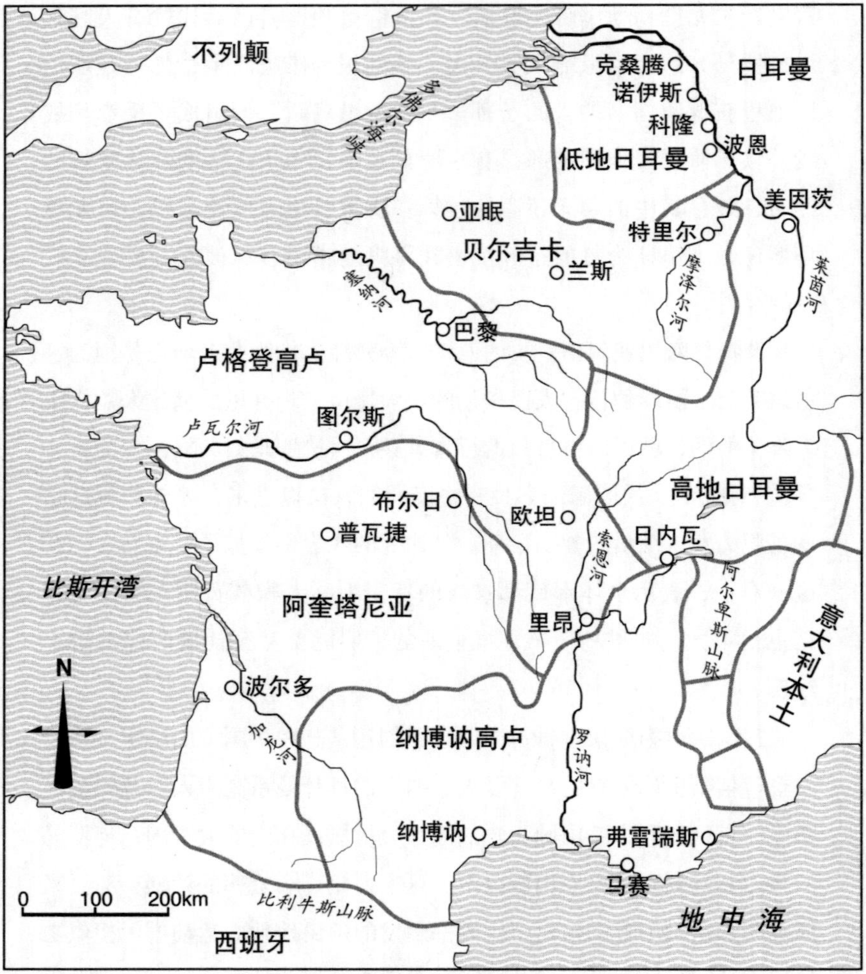

不列颠
多佛尔海峡
克桑腾
诺伊斯
科隆
波恩
日耳曼
低地日耳曼
美因茨
亚眠
特里尔
贝尔吉卡
兰斯
摩泽尔河
莱茵河
塞纳河
巴黎
卢格登高卢
卢瓦尔河
图尔斯
高地日耳曼
布尔日
欧坦
普瓦捷
日内瓦
索恩河
比斯开湾
阿奎塔尼亚
阿尔卑斯山脉
里昂
意大利本土
N
波尔多
加龙河
纳博讷高卢
罗讷河
纳博讷
弗雷瑞斯
马赛
0
100
200km
比利牛斯山脉
地中海
西班牙

高卢全境

地独立运动都不得不使用意大利本土的语言来发起反对本国运动的事实。然而，导致这些“尤里乌斯”发起的独立运动最后失败的原因却与后世的殖民地帝国完全不同。

不管怎样，创建高卢帝国的目标明确后，作为领导者的“尤里乌斯”们的士气确实又提升了一个档次，并且之后不久，高卢帝国还提前得到了一份“诞辰贺礼”。

这便是 12 月 19 日在罗马卡匹托尔山上发生的大火。在日耳曼人和日耳曼系的高卢人看来，供奉着罗马人的最高神朱庇特的神殿起火成了众神抛弃罗马帝国的证据。他们坚信，这样一来脱离罗马帝国独立的计划必定会成功。头脑清醒的奇维里斯没有相信这样的迷信，但同伴们相信也没什么不妥，并且尤里乌斯·奇维里斯自己也感觉到了罗马帝国正在走向灭亡。

卡匹托尔山起火的消息也传到了莱茵河防线的罗马军团兵那里，而且紧随其后的是维特里乌斯遇害的消息。沃克勒统率着一群垂头丧气、军心涣散的士兵，接下来将要面对更加严重的困难。然而沃克勒的肩上却扛着死守整条莱茵河防线的重担，也就是要守住莱茵河防线上的各处要地，即美因茨、波恩、诺伊斯、克桑腾等军团基地。而且，波恩和诺伊斯之间还隔着已经被尤里乌斯·奇维里斯派来的日耳曼人实际占领的科隆，用于传递情报命令和输送士兵的莱茵河舰队也落入了敌人手中。

不过，沃克勒在成功守住美因茨的基地后再次率军北上，目的是救援已经据守城内战斗多时的克桑腾基地。他暂且顺利地将军队带到了诺伊斯基地。

在罗马军中说到军团，并不意味着只有罗马公民权拥有者才具有应征成为军团兵的资格。通常来说，军团是由军团兵和数量与此相当的辅助兵组成的。公元69年到70年的莱茵河军团内的各军团由于尤里乌斯·奇维里斯率领行省兵发动叛乱而人数有所减少，但还是有一些日耳曼系以外的高卢人辅助兵存在。

罗马军的军团兵都穿着统一的军装，辅助兵的军装也是统一的。从军装来讲，前者属于重装备，后者属于轻装备。二者分别担任主要战斗力和辅助战斗力，在战术上当然也有区别。

如今已成为尤里乌斯·奇维里斯同伙的特雷维利人的首领尤里乌斯·克拉西克斯利用军装相同的便利条件，让手下的士兵潜伏到了沃克勒指挥的罗马军团内部。罗马人没有强制要求所有场合都使用拉丁语，唯独军队内的语言必须是拉丁语。就算出身部族不同的士兵潜伏进来，只要会讲拉丁语，在语言上就不会露出破绽。

在诺伊斯的军团基地，沃克勒在出发前去救援克桑腾之前，照例向士兵发表了演讲。他事先察觉到了士兵沉重的心情，因此讲话时用的是一副悲壮的语调，借此来唤起士兵对罗马帝国的爱国心。

听得入神的军团兵和辅助兵中潜伏着克拉西克斯手下的士兵，这些人对沃克勒嗤之以鼻，并大声斥责，打断了他的演讲。事情并没有就此结束，他们从不知所措的士兵中间穿过，冲上演讲台将沃克勒拉了下来，并用辅助兵经常使用的长剑刺穿了他的胸膛。事情发生在转瞬之间，站在演讲台附近的两名军团长也遭受了和沃克勒一样的命运。

尤里乌斯·克拉西克斯出现在因失去指挥官而陷入混乱的士兵面前肯定是之后不久的事情，担任反罗马的首领的两个“尤里乌斯”要求身为罗马公民的军团兵发誓效忠高卢帝国。当然，闯入军团基地内的叛军一方的士兵此时已经将军团兵包围了。

罗马有史以来最大的耻辱

拥立维特里乌斯却遭到失败，因为行省兵的叛乱不得不在冬季辗转于莱茵河畔，现在甚至连指挥官都被杀了，军团兵的心中可能只剩下绝望、疲惫和自暴自弃了。被迫陷入这种状态的人往往会拼命从别处找一个理由来支持自己即将采取的行动。

自开国皇帝奥古斯都实施军制改革以来，罗马一直规定行省人民或辅助兵在服役期满 25 年退役时可以获得罗马公民权。罗马公民权是世袭权利，所以辅助兵的儿子也拥有应征成为罗马军团兵的资格。

从第二代皇帝提比略统治时期开始，莱茵河再次被确认为帝国的防线。根据这个战略，沿岸附近的克桑腾、诺伊斯、波恩、美因茨也成了永久的基地。公元 69 年的莱茵河军团的 7 个军团除了被派往不列颠的一两个军团之外，在提比略之后的半个世纪几乎没有发生过人员变动。也就是说，虽然他们是防守莱茵河的罗马军团兵，体内却流着行省人民的血。

另外，意大利本土出身的军团兵在服役期满退役后也大多与军团基地周边的行省女子结婚，这是在边境服役的罗马士兵的常态。他们自己是罗马公民，所以生下的儿子也是罗马公民，这意味着他们有资格应征成为军团兵。在这种情况下，军团兵的罗马人血统纯度在下一代会减为一半，从第三代以后会变得越来越低。号称罗马全军中最强的莱茵河军团实际在很大程度上倚仗的是日耳曼和高卢的血统。

即便如此，军团还能在编制上属于罗马军团的理由是，虽然行省人民的血统占据了优势，但他们依然以自己是一名罗马公民而感到自豪。没有任何一个人放弃“尤里乌斯”的家门名，甚至有不少人还以继承了尤里乌斯·恺撒后代的血统为荣。

但这也只限于他们尊敬罗马人，并借此和罗马人攀上某种关系的情况。公元69年在罗马人之间发生的内战让罗马人的无能暴露无遗，从而也使他们失去了对罗马人由衷的敬意。

在尼禄皇帝统治末期最先打出反罗马旗号的罗马高官是高卢的里昂行省总督尤里乌斯·温德克斯，这个“尤里乌斯”并没有说过高卢应该从尼禄皇帝统治的罗马帝国脱离出来自己独立之类的话，他公开表示尼禄不胜任罗马帝国的皇帝之位，因此他是以罗马人而不是高卢人的身份行动的。不过，如果这个人能活到公元69年年末的话，他还能像一年半之前那样，以一名满怀忧国之情的罗马人的身份行动吗？说不定这个人也会与奇维里斯和克拉西克斯等其他的“尤里乌斯”一起支持创建高卢帝国、从罗马帝国中独立出来的想法。从这个意义来说，公元69年的内乱对于罗马帝国而言是一场足以撼动帝国基石的重大危机，敬意往往比武力更容易成为有效的“制衡力”。

诺伊斯军团基地的罗马军团兵被迫向高卢帝国宣誓效忠。

“在罗马的历史上，坎尼、卡莱以及条顿堡森林的全军覆没要是与这次诺伊斯的惨剧比起来，甚至可以说是散发着光辉的一页篇章。”德国史学家蒙森的这段充满感慨的话，我也有同感。但是，在完败给汉尼拔的坎尼会战（参阅《罗马人的故事02·汉尼拔战记》）、被帕提亚的弓兵玩弄于股掌之间的卡莱战役[参阅《罗马人的故事04·恺撒时代（上）》]、中了日耳曼人的圈套导致的条顿堡森林的全军覆没（参阅《罗马人的故事06·罗马统治下的和平》）的这些战役当时，罗马人的无能还没有暴露出来。罗马人还能以身为罗马人为荣，行省人民也对其心怀敬意，并为自己与罗马人之间的深厚渊源感到自豪。坎尼、卡莱和条顿堡森林的败北纯粹是军事上的失败，因此，败者坚决拒绝了对胜者宣誓效忠的要求，不，应该说他们甘愿选择成为俘虏。

在诺伊斯的军团基地发生的事情也在克桑腾的军团基地上演。克桑腾的军团兵经过长时间毫无胜算的守城战后已经身心疲惫，而且防守美因茨基地的军团兵也已经紧随前面的同伴宣誓效忠了高卢帝国。只有驻扎在今天瑞士苏黎世附近的一个军团从这场“雪崩”中幸免，因此构成莱茵河军团的 7 个军团当中已经有 6 个军团向日耳曼系的行省兵屈服。

难怪身为罗马人的塔西佗会慨叹这是“从未经历过的耻辱”。并且，这些军团兵虽然发誓效忠高卢帝国，却仍旧没能避免沦为俘虏的命运。发誓效忠的罗马士兵被带到了特雷维利人的根据地特里尔，少数拒绝效忠的士兵当场被杀。这样一来，莱茵河沿岸的所有罗马军团基地都落入了发动叛乱的行省兵手里。罗马帝国的北方防线——莱茵河防线自尤里乌斯·恺撒以来首次彻底失守。

公元 69 年到 70 年的一年之间，发生了两件动摇罗马帝国安保体系的事件——从巴达维人的叛乱开始到创建高卢帝国为止的事件，以耶路撒冷的犹太人暴动为导火索、以马萨达要塞的玉石俱焚而终结的犹太战争。在时间方面，前者爆发于公元 69 年夏天，到公元 70 年秋天结束，前后历经一年；后者从公元 66 年夏天开始，到公元 73 年春天结束，一共持续了 7 年。关于后世学者对这两个事件的关注度，不知是不是因为他们的目光比较侧重于罗马帝国和犹太民族对决这方面，后者远远高于前者。除了关心罗马通史的人之外，似乎高卢帝国事件被人们遗忘了。

不过，距此 30 年后由塔西佗写就的《同时代史》叙述前者用了

80页的篇幅，叙述后者反而只用了10页。也就是说，罗马时代的史学家塔西佗对高卢帝国事件的关注度显然更高。

这可能是因为犹太战争的走势给帝国安全保障带来的是间接影响，相反，高卢帝国事件的结果却会直接影响罗马帝国。

犹太位于帝国东方安保体系的要害之地——叙利亚和埃及之间，因此对罗马人而言同样是重要地区。但是，对罗马来说，犹太问题的可怕之处首先在于它会波及居住在其他地区的犹太人，其次是犹太民族有可能煽动帕提亚起兵反抗罗马。当时的罗马只要在这两种可能变为现实之前解决问题就可以了，更何况犹太离意大利本土比较远。

与此相比，高卢帝国问题的重要性不可估量。如果尤里乌斯·奇维里斯的想法成为现实，罗马帝国将要面对的是阿尔卑斯山脉以北的以莱茵河为中心，西至比利牛斯山脉，东到易北河这个广阔范围内的敌人。再也没有什么“帝国北方的防线是莱茵河与多瑙河”之类的说法了，帝国的北方防线将退至阿尔卑斯山脉，意大利不知什么时候就会遭到入侵。并且，正在进行犹太战争的罗马军团依然存在并充分发挥着作用，这让犹太人弗拉维乌斯·约瑟夫斯在提及时赞不绝口。相反，被视为罗马全军最强的莱茵河军团实际上却已经土崩瓦解。要说两个事件哪一个给罗马人敲的警钟更响、冲击更强烈，肯定是高卢帝国问题。罗马人对这两个事件的关注度存在的差别即使时隔30年也没有改变。

与高卢帝国问题存在关系的人大致分为三种：

第一种是在创建高卢帝国、脱离罗马独立的计划上达成了一致意见的人，包括莱茵河西岸的日耳曼系高卢人、奇维里斯所属的巴达维人等与罗马原本存在同盟关系的日耳曼系部族以及居住在莱茵河东岸并与罗马长期处于敌对关系的日耳曼各部族。

第二种是被这些日耳曼民族倒戈的罗马人。

第三种是居住在贝尔吉卡、卢格登高卢、阿奎塔尼亚三个行省的高卢民族。

为了便于理解，用现代的不同国家来表示的话，第一种相当于荷兰和德国，第二种是意大利，第三种相当于比利时和法国。

很难让人认为是现代意大利人祖先的古代罗马人迅速对这个问题做出了反应，并马上转化为行动。可以说，他们的对策是有效运用可支配力量的典范。

反攻开始

到达首都罗马后立刻掌控住一切的穆奇阿努斯察觉到了高卢帝国问题的重要性，他决定将意大利本土的5个军团、西班牙的2个军团、不列颠的1个军团以及莱茵河军团中唯一完好无损的温德内萨（现在的温迪施）基地的1个军团，合计9个军团投入反击作战中。这9个军团排除了通常会加入进来的辅助兵，只以军团兵展开军事行动。因为高卢帝国一方的主力是罗马军的辅助兵，与军团内的辅助兵是同行，所以不管他们是西班牙人还是不列颠人，统统被排除在外。这样一来，9个军团的总兵力只有5.4万人。减去没有时间补充之前内战中损失的人员，所以实际人数应该只有4万人左右。无法离开首都的穆奇阿努斯挑选了两名实战经验丰富的将领担任这支军队的指挥，他们是凯利亚里斯和盖鲁斯。尽管此时正值冬天最冷的时节，使者依然捎带着军团派遣的命令乘快马赶往西班牙和不列颠。

面对各部族的叛变倒戈，罗马不可能不发起反攻，日耳曼人的

“尤里乌斯”们一定也深知这一点。但是以奇维里斯为首的“尤里乌斯”们的失算在于他们没有想到罗马会这么快就起兵平定内乱。

罗马一方的反攻确实也无愧于罗马人久负的盛名，既坚决又彻底。不过，实际粉碎这些“尤里乌斯”的美梦的人却是另外一群“尤里乌斯”，也就是我归为第三类的高卢人的“尤里乌斯”们。

这些高卢系（用希腊式的称呼叫凯尔特系）的高卢人当初对于日耳曼系的高卢人提出的并肩作战的请求既没有赞成也没有反对。然而，叛乱发展到创建高卢帝国的阶段后，他们也开始有所行动了。这些高卢系高卢人在长期支持罗马的雷米人的居住地区召开了实力派人士共同参加的会议，围绕着“是参加高卢帝国的叛乱还是留在罗马帝国一方”的问题进行了讨论。

鉴于当年尤里乌斯·恺撒甚至慷慨地将自己的家门名赐予了居住在莱茵河东岸的日耳曼人，被他征服的莱茵河西岸的主要民族——高卢人当中的全部实力派人士肯定也都获赐了“尤里乌斯”的家门名。也就是说，聚集在相当于今天法国北部的雷米人居住地的所有高卢的实力派人士都拥有“尤里乌斯”的名字。其实，雷米人的族长即会议主持人的名字就叫作“尤里乌斯·奥斯比克”。再加上克劳狄乌斯皇帝奉行开国路线的影响，他们当中的很多人还是罗马帝国的元老院元老。

这些人其实已经察觉，“高卢帝国”只是个虚名，帝国的实质却是“日耳曼帝国”，并且他们也想起来，尤里乌斯·恺撒征服高卢后给高卢人带来的好处是可以保护高卢人不受日耳曼人的侵略。因为在那以前，日耳曼人利用高卢部族之间的内斗跨过莱茵河入侵了西方，高卢人经历了长期任人宰割的岁月。当时恺撒断言，如果没有罗马，高卢早晚会屈服于日耳曼的统治下。高卢人听到这句话哑口无言。多亏罗马人守住莱茵河，日耳曼问题才得以解决，谁知120年后高卢人要再次面对这个问题。

会议讨论的结果是不加入高卢帝国。高卢人的“尤里乌斯”们对日耳曼人的“尤里乌斯”们说了“不”。他们不仅不加入，还表明会以罗马军辅助兵的身份参战。但是，这个计划因为穆奇阿努斯的一句“罗马人的麻烦由罗马人自己解决”而没有实现。不过，除了与莱茵河邻接的低地日耳曼和高地日耳曼两个行省之外的整个高卢决定支持罗马的影响还是很大的，因为不论是从意大利本土还是从西班牙和不列颠赶来的军团，在前往莱茵河沿岸地带的战场时都要经过高卢。另外，在保证行军路线的安全以外，也确保了军粮方面的补给，其好处不可估量。用现代的话来说，这相当于高卢人向罗马人做出了提供后方支援的承诺。

在这一系列动向中，公元70年的冬天过去了，春天随即到来。罗马一方开始从意大利、西班牙、不列颠三个方向朝莱茵河进军。出兵迎击的尤里乌斯·奇维里斯一改当年在担任罗马军辅助部队指挥官时的短头发、齐胡须的模样，变成了长发随风飘动、胡须半遮着脸的日耳曼风格。双方的旗帜都是高卢帝国，但是很明显，这是一场在罗马史上已经反复发生过并且此后也将几度上演的罗马与日耳曼之间的对决。

将外形改为日耳曼风格的尤里乌斯·奇维里斯似乎也想将内涵变为日耳曼模式。日耳曼民族非常重用女占卜师，往往根据她们的卜卦来决定是否出战。罗马在对外扩张的共和政体时代也曾流行过在出征前进行“鸡卜”，根据鸡的啄食方式来占卜吉凶的这种方法也没落了。但是步入帝政时代以后，军团的主要任务变为了防御。因为在迎击来袭的蛮族时，根据鸡卜的结果来决定是否出击的方法太不现实了。

得到尤里乌斯·奇维里斯重用的女占卜师的名字叫贝莱达，是居住在莱茵河东岸的布鲁克特里人的年轻女子，她预言日耳曼人会成功称霸西方，歼灭罗马军。我觉得她说的都是废话，不过对于让驻扎在莱茵河沿岸的6个军团宣誓效忠高卢帝国的奇维里斯而言，想必这是神灵对未来的启示。尤里乌斯·奇维里斯将一位本来要被处死的军团长俘虏送给占卜师贝莱达作为祭神的供品，不过这位名叫卢佩鲁克斯的军团长在被押送的过程中选择了自杀。

奇维里斯的日耳曼风格也表现在对俘虏的处置上，他把俘虏的罗马军团兵送给了年幼的儿子当玩具，不是让他们陪他一起玩，而是把他们绑起来，让儿子用剑刺他们取乐。

这样做也许可以提升日耳曼人的士气，但是对于高卢人起到的作用只有加深他们对日耳曼人的戒备心，并且罗马这个民族绝对不会放过以非人的方式对待同胞的凶手。

罗马军正式开始反攻的消息让高卢系（凯尔特系）的高卢人发动了对日耳曼的战争。奋勇当先的是高卢帝国一方的林贡斯人南边的塞卡尼人。塞卡尼人的族长也是“尤里乌斯”们中的一员，同时也出席了雷米人主导召开的部族长会议。他以实际行动证明了自己支持罗马的立场，并且战胜了尤里乌斯·萨比努斯率领的林贡斯人。高卢帝国的冰山一角就这么快地崩溃了，败军之将萨比努斯虽然成功逃跑，但是9年后还是被罗马人找到了。自称是恺撒私生子后代的这名男子被皇帝韦斯帕芗下令处死。

但是，高卢帝国只是损失了冰山一角。尤里乌斯·奇维里斯依然率领巴达维人和莱茵河东岸的日耳曼各部族盘踞在莱茵河口和东岸一带，科隆、波恩、美因茨就像待宰的羔羊一样岌岌可危。另一方，尤里乌斯·克拉西克斯和尤里乌斯·托图尔率领的特雷维利人占据了莱茵河西岸一带。

代替留在埃及的韦斯帕芗率领罗马军正式反攻的穆奇阿努斯在挑选实际担任指挥的司令官和军团长时也显示出了冷静的头脑，就算曾经为前一年中相继倒台的三位皇帝中的任何一位效力过也完全不是问题，在低地日耳曼军或高地日耳曼军中服役的经验才是选拔的标准。司令官之一的安尼乌斯·盖鲁斯曾经在高地日耳曼驻屯军中担任过军团长，另一名司令官佩提里乌斯·凯利亚里斯也有在低地日耳曼驻屯军中担任军团长的经历。因为日耳曼人身为原住民，对地形和其他一些事情了如指掌，并且是在他们的地盘上交战，所以就需要具备足以与原住民抗衡的知识和经验。

总计 9 个军团从意大利、瑞士、西班牙和英国聚集到了一起。凯利亚里斯作为典型的前线指挥官，没有等到全军集结完毕，当他到达被破坏后仅剩下少量残兵的美因茨时，手上的兵力恐怕只有从意大利带来的 5 个军团。凯利亚里斯决定只率领这些部队向特雷维利人的驻地进军，从西班牙、英国和瑞士前来的其他军团的指挥权则交给了盖鲁斯。他不想错过这个正适合作战的早春季节。

但是，即使只有 2 万兵力，罗马军的主力军团兵的战斗力依然很可观。美因茨到特里尔之间由一条罗马大道相连，不过因为是山岳地带，行军速度肯定比不上平地，但是罗马军仍然保持 5 公里的时速，每日行军 9 小时。罗马军通常的行军时间是每天 5 小时，所以这已经赶上急行军的速度了。罗马军之所以能走得这么快，是因为减少了行李的重量，特雷维利人的西邻雷米人可以提供“后方支援”。

他们在到达之后对摩泽尔河畔的特雷维利人的根据地特里尔展开攻势，经过激烈的战斗成功占领了特里尔。获胜的罗马士兵主张放火将特里尔全城摧毁，并杀死所有居民，理由是这里是杀死沃克勒等罗马军将领的罪魁祸首尤里乌斯·克拉西克斯和尤里乌斯·托图尔的故乡。他们认为将掠夺的战利品和俘虏变卖虽然是胜者的权力，但现在不需要这些利益，所以应该通过烧杀抢掠让特里尔这座城市从地球上消失。

胜利与宽容

面对意欲复仇的部下，司令官凯利亚里斯这样说：

> 罗马人之间的内战已经结束了，罗马军团兵的斗志之高妇孺皆知，而现在必须用这种斗志来重新对付帝国之外的敌人。

凯利亚里斯的这句话将士兵的注意力转移到了被带到特里尔之后生活在悲惨状态下的曾发誓效忠于高卢帝国的罗马军团兵。

尽管友军成功攻占了特里尔，但是这些人甚至没有从关押自己的简陋小屋和帐篷中走出来，更何况是在被解救后迸发出喜悦，与同胞互相拥抱在一起了。他们很清楚自己犯下的罪过，并且为犯下的罪过感到深深的羞耻。危险和恐惧已经过去了，他们却依然躲在小屋和帐篷中。描写这种场面的一流高手塔西佗这样写道："他们看起来甚至连阳光都想躲开。"

士兵顺着凯利亚里斯指的方向看过去，这才想起了成为俘虏的同伴们。士兵纷纷对着简陋的小屋和千疮百孔的帐篷呼喊，却没有人答应。士兵又将视线转向凯利亚里斯，什么都没有说，眼泪却已布满了脸颊。凯利亚里斯抓住这个机会对士兵说：

抛弃罗马帝国，向蛮族帝国宣誓效忠只不过是造化弄人。他们这种有损名誉的行为以及之后的悲惨遭遇，追根溯源都是他们的司令官和几名军团长对皇位的觊觎，以及被抓住这一点的敌人利用的结果。因此，一切从今天重新开始。对于他们以前的行为，皇帝（韦斯帕芗）和身为司令官的我可以一笔勾销。

看到士兵听得入神，凯利亚里斯再接再厉，他下令迎接这些原先的叛徒返回攻打特里尔时搭建的罗马军团宿营地。然后他又强调，不得取笑、侮辱或者冷落他们。

士兵脱去这些可怜同伴们的破衣服，为他们洗净身体，然后换上军团兵的新军装。凯利亚里斯利用这个机会把因留在特里尔而被俘的特雷维利人和林贡斯人的实力派人士召集到一起，讲了一段话。佩提里乌斯·凯利亚里斯在 9 年前的公元 61 年被当时的皇帝尼禄任命为驻不列颠第九军团的军团长。根据这个史实来看，公元 70 年的这个时候，他肯定有 50 多岁了。根据塔西佗的记载，这名前线经验丰富的武将是这样说的：

我本人既不是善于言辞的政治家，也不是律师，因为我选择了通过武器让罗马公民的存在理由获得认可的方式。但是，鉴于你们现在的状态（败者的状态），我想你们还是听听我拙劣的言辞比较好。如今罗马与特雷维利人还有林贡斯人之间的战斗结束了，与其胆战心惊，不如冷静地听听我的话。

希望你们回想起这样一件事。当初罗马人踏入你们以及其他高卢人的土地（指的是从莱茵河至比利牛斯山脉的高卢全境）不是出于罗马人的征服欲，而是因为接到了你们祖先的请求。那时（恺撒征服）以前的高卢整天持续着部族之间的斗争，处于濒临毁灭的状态。恺撒接受高卢部族的请求进入高卢地区，但是别的部族向日耳曼人阿利欧维斯图斯请求支援。然后这个日耳曼人便想借此机会将高卢掌控在自己手中。日耳曼人的战斗力何其恐怖，罗马人与他们展开过多少次战斗，导致了多少人牺牲，只要你们回想起这些就足够了。

我们罗马人决定将莱茵河作为防线，这当然是为了保证意大利的安全，但同时也是防止高卢全境被阿利欧维斯图斯（与恺撒交战失败的日耳曼武将）的子孙占领。你们不会认为现在的奇维里斯率领的巴达维人和莱茵河以东的日耳曼人与生活在恺撒时代的他们的祖先不同，会对高卢人怀有好感，并能够和高卢人亲切交往吧？如果是的话，那简直就是幻想。

距那时已经过去了 130 年，可是日耳曼人一点儿没变。他们依然没有放弃跨越莱茵河入侵高卢的想法，他们排斥与其他民族的融合，认为掠夺其他民族的物资是理所当然的，并一直持续着居无定所的生活习俗。他们离去之后只会留下荒无人烟的不毛之地，这些日耳曼人当然会长期觊觎高卢这片肥沃土地的主人宝座。

并且这些日耳曼人将高卢人吸引到自己一方时的惯用口号永远都是“自由”和“独立”这两个词，但是请你们不要忘记，人类社会的现实就是，但凡想将别人纳入自己统治下的民族，无一例外都会用这两个词当作旗号。

在恺撒将高卢归入罗马的法律管理下之前，罗马人统治高卢用的是武力，这个事实谁都没有异议。但是，我们罗马人成为征服者后，行使这项“胜者的权利”也是为了给整个帝国带来和平。确实，你们被迫负担了缴纳行省税的义务，但是为了保证民族间的和平是需要士兵存在的，雇用士兵就必须支付薪水，而薪水的支付只能依靠税金。

罗马向高卢提出的要求只有缴纳行省税这一项，在其他所有方面都承认你们的自治权。不仅如此，自从这条路线的创始人恺撒时代开始，便有很多高卢人被提拔担任了罗马军中的重要职务，就连行省总督的职位不是都交给高卢出身的人做了吗？（此处指尼禄时代的尤里乌斯·温德克斯。）罗马的方针是不搞歧视政策，也不闭门自封（指的是克劳狄乌斯皇帝的改革以后，元老院的席位向行省出身者开放的方针）。

英明的皇帝会给行省人民带来利益，这对于我们罗马人来说也一样。但是，如果皇帝昏庸无能，我们这些在他身边的罗马人会受到直接的伤害。不过就像干旱少雨或是降雨过多的自然灾害让我们人类束手无策一样，对于皇帝的不英明或者是昏君的不理朝政、横征暴敛，也只有在能容忍的限度内容忍。认为让特雷维利人出身的托图尔和克拉西克斯来统治的话一切都会转好，也不用再纳税的想法只不过是痴人说梦，他们也要考虑到自己所属部族的安全，所以肯定还会保留军队以防备日耳曼人和不列颠人。

如果将罗马人从高卢驱逐出去的想法成为现实——当然这是上天不允许的，假使上天允许，你们有没有想过会变成什么样的局面？帝国全境必将陷入无休止的战乱状态。

但是，罗马经过800年的漫长岁月，在幸运的眷顾下，通过严于律己、铲除意欲破坏和平的人，为自己和他人确立起了和平的局面。

如果这种和平被破坏的话，第一个受害者就是你们高卢人。

因为诱发战争的最大原因是对黄金和财富的欲望，如今这些正掌握在你们的手里。

正因如此，希望你们三思而后行。想想你们可以在自己的城市和村庄中享受和平、安居乐业的情景，以及征服者和被征服者都能够享有同等权利的事实，这是不是值得热爱和推崇呢?

你们和其他高卢人不同，有起兵反抗罗马的经历。请你们根据这个经历想想，是继续支持必定失败的叛乱，还是回到我们罗马人的怀抱，彼此成为共存共荣的同伴，希望你们慎重决定。

光是凯利亚里斯的这场演讲就足以说服特雷维利人和林贡斯人的实力派人士了，这就意味着居住在罗马帝国的领土——莱茵河西岸的日耳曼系高卢人也脱离高卢帝国回到了罗马帝国一边。剩下的只有日耳曼部族了，这样一来他们甚至失去了号称“高卢帝国”的资格。

尤里乌斯·奇维里斯也察觉到了事情的严重性。他和虽然出身于特雷维利人却决定继续反抗罗马的尤里乌斯·克拉西克斯联名给凯利亚里斯写了一封信，意思是说，如果凯利亚里斯有意成为高卢帝国皇帝的话，二人愿效犬马之劳。然而这位罗马的武将连回信都没写。奇维里斯仍然不放弃，他又将写给凯利亚里斯的信件副本寄给了身在首都罗马的图密善，以期借图密善的告发让担心前线的司令官投敌的穆奇阿努斯解除凯利亚里斯的职务，将其召回本国。但是韦斯帕芗年轻的儿子图密善把信件转给穆奇阿努斯后，他只是扫了一眼便扔到垃圾桶里了。于是奇维里斯和克拉西克斯不得不面对重新收复莱茵河西岸后直冲河口而来的凯利亚里斯的罗马军和已经集结完毕的盖鲁斯指挥的罗马军这两支军队的猛攻。

日耳曼人且战且退，尤里乌斯·克拉西克斯和尤里乌斯·托图尔都在激战中阵亡，尤里乌斯·奇维里斯的妻子和妹妹也被罗马军活捉。日耳曼人在前往战场时有拖家带口的习惯。被敌军追赶的奇维里斯本想着撑到冬天后能喘口气，但是果断进攻的凯利亚里斯连这个机会都没有给他。穷途末路的巴达维人首领提出了与罗马军司令官进行会谈的请求，双方的会谈在莱茵河口浅滩的一处小岛上举行。

我推测尤里乌斯·奇维里斯和佩提里乌斯·凯利亚里斯应该是旧交，公元60年也就是距当时10年前的时候，二人都在低地日耳曼军中服役，前者是辅助部队的长官，后者是军团长。二人先后于公元61年和62年左右与手下的士兵一起被派遣到不列颠，参加了罗马的远征。之后二人分道扬镳，奇维里斯再次回到低地日耳曼，凯利亚里斯被派到多瑙河战线，在此度过了数年。彼此的年龄差距应该不超过10岁，奇维里斯的参军时间虽然长，但相当于韦斯帕芗远亲的凯利亚里斯和韦斯帕芗一样属于“后来居上”，所以也是在兵营中成长起来的。此外，在罗马军中，不论是罗马人将领还是行省人民出身的辅助兵队长，同样都是总司令官召开作战会议时的常客。即便今天二人已经彼此互为敌人，但促使奇维里斯决定与凯利亚里斯进行直接会谈并且凯利亚里斯也在不附加任何条件的前提下接受的背后存在着这样的背景。

关于会谈都讨论了什么内容，没有明确的史料记载。塔西佗在《同时代史》中的相关叙述正好在奇维里斯开口说话的部分中断了。并不是塔西佗在此搁笔，而是因为之后的记载在中世以后失传了。不过，虽然不清楚二人的谈话内容，谈话的最后结果还是知道的。

巴达维人没有被赶尽杀绝，也没有沦为奴隶，而是恢复到了与起兵反抗罗马之前相同的状态，被允许继续作为罗马的同盟者存续下去。并且他们没有加入行省，所以也没有缴纳行省税的义务；作为交换条件，他们需要作为罗马军中的辅助兵服兵役，这与起兵之前也是完全一样的。

尤里乌斯·奇维里斯也没有被处死。话虽如此，他也没有像以前一样继续担任巴达维部队的长官，此后关于他的消息完全中断了。关于曾经起兵反抗恺撒的高卢人维钦托利以及在条顿堡森林中全歼罗马三个军团的日耳曼人阿尔米尼乌斯事后的消息，很多史书都一直追寻到他们去世为止，但唯独关于奇维里斯没有任何一个人提及。如果他是被处死的，肯定会有人记载下来，实际却没有相关记载，同时也没有证明他存活下来的史料。他有可能是恢复了平民身份，在莱茵河东岸的某个地方平淡地度过了余生。原因是被罗马军抓住的妻子和妹妹就好像被送回了他的身边一样，从此也没了音讯。

曾经受奇维里斯重用的女祭司贝莱达倒是被送回意大利，在那里度过了余生，可能是罗马人觉得把她从即使白天也一片昏暗的森林之国转移到阳光普照的意大利就可以削弱日耳曼女祭司的法力。据说这名日耳曼女祭司在意大利重操旧业，生意非常兴隆。

至此，高卢帝国在不到半年内便土崩瓦解了，从尤里乌斯·奇维里斯率领巴达维人点燃反抗罗马的战火算起，也不到一年时间。不过值得注意的是罗马人对于这次“高卢问题”的处置方式。

首先，对于背叛罗马后发誓效忠高卢帝国的军团兵，只用一句“一笔勾销”便给予了宽恕。这些人身为罗马公民不仅背叛了祖国，作为罗马的正规军也违犯了罗马军的军规，如果是现代的话，势必难免被移交军事法庭。

其次，身为罗马帝国的行省人民却禁不住日耳曼人的笼络，打着创建高卢帝国的旗号，试图脱离罗马独立的特雷维利人和林贡斯人也完全没有被追究。除了战死的人之外，在这两个部族的实力派人士当中被处死的只有叛乱的主谋之一——尤里乌斯·瓦伦提努斯一人。

再次，是前面提到的对巴达维人的处置。对于充当了叛乱发起者的这个部族，罗马也贯彻了“一笔勾销”的方针。

这一系列现象中唯独不存在“报复”一词。比起行使“胜者的权利”，罗马人选择的是以“宽容”相待。不是因为他们醒悟到了人道主义的可贵，而是他们觉得这样更有效。

这个处置方式是不是凯利亚里斯一个人的主意呢？

从罗马军的传统来看，前线的司令官拥有几乎无限制的裁决权，与汉尼拔讲和是大西庇阿自己决定的，恺撒征服高卢后也按照自己的判断进行了战后处理。至于科尔布罗，虽然由皇帝尼禄委以军队执行作战任务，却未经战斗就决定与帕提亚讲和。

只不过，这些前线司令官的决定需要事后经过元老院的表决和公民的赞同才能通过立法被确定为国策。话虽如此，其实可以说他们的决定几乎没有被否决过。

凯利亚里斯不同于以上列举的几位在罗马史上光彩夺目的大人物，并且他的对手不是什么强大的敌人，只是发动叛乱的行省人民而已。在他决定投入 9 个军团的阶段，罗马一方可能就已经胜券在握了。只要胜券在握，怎样进行战后处理应该也会一目了然。

我猜想，凯利亚里斯从意大利本土出发之前就已经从穆奇阿努斯那里接到了指示，因为这个时期穆奇阿努斯正在意大利专心于确保韦斯帕芗皇帝之位的工作，而他采取的方法不是“报复”，而是“宽容”。

维特里乌斯曾经因为在对失败者的处置上失误而招致过怨恨，穆奇阿努斯没有重蹈他的覆辙，并且他还巧妙地将因存心报复维特里乌斯而把支持维特里乌斯的克雷莫纳夷为平地的罪魁祸首安东尼·普里默斯降了职，这就是他深谙冤冤相报会导致国家灭亡这个道理的证据。

穆奇阿努斯还让元老院表决通过了向遭受战火的意大利北部居民提供损失赔偿的提案，曾经支持维特里乌斯的克雷莫纳居民也被列入了赔偿名单中。“一笔勾销”的政策在意大利本土也得到了贯彻。在前任皇帝维特里乌斯一派的人员中，被处死的只有他的亲弟弟卢西乌斯一人，战斗到最后的士兵无一人遭到刑罚。

话说回来，人对于自己不能接受的事情，即使是上司的命令也不会妥善执行。所以凯利亚里斯应该也赞同穆奇阿努斯的想法，正因如此，他才能稳住叫嚣着报仇的士兵，重新接纳“变节”的军团兵，接受曾一度倒戈转向罗马的行省人民再次承认罗马霸权的要求，甚至还让主谋奇维里斯放弃了抵抗。

但是我认为，促使穆奇阿努斯和凯利亚里斯选择宽容而不是报复的原因，除此之外还有一个。

那就是罗马人自己认为发生从巴达维人的叛乱到创建高卢帝国为止的这一系列事件的真正责任在于罗马一方，塔西佗也写道 ：“这只不过是罗马人之间斗争的余波而已。”如果不是一年之间先后出现三位皇帝，各为其主的军团兵之间混战不休的话，行省兵的叛乱就不会发生了。如果罗马人没有暴露出自己的无能，也不会让行省人民觉得罗马人不足为惧了。我认为穆奇阿努斯和凯利亚里斯是在充分了解了个中情由的基础上才选择了“宽容”的处置办法。

正因如此，对于这两个人来说，宽容与冷静毫不矛盾。始终坚持“一笔勾销”的凯利亚里斯接下来将要面对的是更不可缺少“冷静”的任务——与战友盖鲁斯一起重建莱茵河防线。

莱茵河军团重组

公元1世纪下半叶的莱茵河军团由于士兵被抽调到不列颠参与征服战争，从公元1世纪上半叶的8个军团减为了7个军团，分别是驻扎在低地日耳曼的3个军团和驻扎在高地日耳曼的4个军团。

这7个军团经过高卢帝国骚动后唯一毫发无伤的只有驻扎在今瑞士苏黎世附近的温德内萨（现在的温迪施）的第一军团，维特里乌斯下令让他们前往意大利似乎才是他们毫发无伤的真正原因。由于同样的原因，驻扎在克桑腾的第五军团也避免了军团解散。这个军团的大部分人都去了意大利，发誓效忠高卢帝国的士兵只有极少数人，而且也不能如此轻易地就将恺撒创建的这个战功显赫的军团解散，因此只有这个军团被调任到多瑙河流域的默西亚行省。另外还有一个军团也免于被解散，就是驻扎在美因茨基地的第二十二军团。保留这个军团的理由是他们在看到莱茵河军团唯一的军团长——不畏艰险、恪尽职守的沃克勒被行省兵杀害时竟无动于衷，所以要求他们在以后的任务中将功赎罪。这个军团的银鹫旗此后也镶上了沃克勒的名字。

除此之外的4个军团全部被解散，并不是因为担心保留下来会再次引发类似的事件，而是要他们为自己身为罗马的军团兵却发誓效忠其他民族的可耻行为负责。不过，虽然军团被解散，却没有将军团兵除名，而是将他们分别分配到了新组成的各个军团中。因为突然增加2万名无处可去的军团兵，很可能导致社会的不稳定。

至于协助主要战斗力的军团兵作战的辅助部队，既然连巴达维人都恢复到了叛乱以前的状态，其他行省出身的士兵各自归营也是理所当然的了，不过，在这个方面做了一些小变动。

叛乱以前都是由部族的实力派人士来指挥、由自己所属部族的部族民组成的部队，此后改为任命罗马人或其他部族出身的人担任指挥官，但是没过几年就又变回了原来的方式。毕竟这种新的选任方式有诸多不便，让本地出身的人来担任指挥能够更有效地团结士兵。虽说一切都恢复到了以前的状态，但此后的 200 年再也没有发生过行省兵攻击军团兵的事件，可以证明公元 70 年的宽容政策是非常有效的。

不过，尽管罗马人在帝国西方始终坚持如此宽容的政策，在帝国东方的做法却截然相反。高卢帝国问题和犹太问题是发生在同时期的事件，但可以说罗马人对两个事件的应对方式有着天壤之别，理由在于这两个问题的性质不同。

犹太问题

如果说公元 66 年夏天爆发、公元 73 年春天以马萨达要塞玉石俱焚告终的“犹太战争”是罗马帝国内部的行省人民发起的一场反抗霸权者罗马的独立运动的话，从巴达维人的叛乱开始的高卢帝国创建事件也具有同样的意义。但是，两个事件的性质完全不同。犹太战争是本来就应该发生的叛乱，无论统治者罗马如何施行善政，也只是将问题暂且搁置罢了。从这个意义上来说，居住在犹太的犹太人起兵反抗罗马是不可避免的，只要想到犹太人和罗马人的思维方式（文明）的差别，就可以知道这是一场命中注定的对决。

犹太民族的第一个特殊性是他们的居住地区——巴勒斯坦一带位于大国叙利亚和埃及之间，如果他们居住在黑海东岸一带的话，犹太肯定会有一段不一样的历史。因为如果处在交通要道上，必然长期受到叙利亚和埃及的垂涎，而此时叙利亚和埃及都处在罗马帝国的统治下。

第二个特殊性是他们是一个相当优秀的民族。在统治者看来，越是优秀的民族越不好统治。如果是平庸的民族，被打压到社会底层也不会有反抗的能力和勇气。

第三个特殊性是犹太人与古希腊人不相上下的离散倾向。以叙利亚的安提阿和埃及的亚历山大这两处犹太人聚集区为首，各个城市都存在犹太人的共同体。与希腊人不同的是，这些居住在海外的犹太人与本国的连带关系非常强。具体来说，只要是犹太教徒，不管住在哪里，每年都有义务向耶路撒冷的大神殿捐献 2 德拉克马的香火钱。与犹太民族相反，意大利的希腊殖民城市的代表锡拉库萨和塔兰托的居民只有在参加四年一度的奥林匹亚赛会时才会意识到自己身上有希腊血统。就算科林斯灭亡，科林斯移民的后代——锡拉库萨的居民也不会起兵复仇，但如果要是灭亡耶路撒冷的话，居住在亚历山大的犹太人很可能会起兵。一些学者表示，比起居住在犹太的犹太人来说，居住在希腊移民城市的海外犹太人在数量上要多得多。

第四个特殊性在于，犹太人没有对自己以外的民族进行统治的历史。犹太人也有诸如大卫和所罗门时代那样的独立时期，但这些都是自己国家内的独立，并不是将他国纳入统治下的帝国。而且，这个时代在他们的历史上稍纵即逝，即使不追溯到被巴比伦奴役的时代，他们也曾长年处于埃及和叙利亚的希腊化王朝（希腊系国家）的统治下，最后又被罗马统治。

在历史上被其他民族长期统治的民族以现代人的思维来看肯定是受压迫的民族，当然会让人们抱以同情之心。但是，也需要注意这样一种现实，就是在历史上长期被压迫的话，很可能会带来精神构造上的变化。

具体来说就是这种人的自卫本能异常发达，失去了思考的灵活性而变得顽固不化。同时，对于任何事物都会反应过于敏感。为了在残酷的现实中存活下来，往往容易将希望寄托在梦中，犹太教中期待救世主的教义就是一个例证。

第五个特殊性会让人感到这是犹太人特殊性的极致，那就是与宗教的关系。以希腊和罗马为代表的多神教中的众神只是保佑人类、为其提供帮助的存在；相反，犹太人信奉的一神教的神却是规范人类行为的存在，一旦有人违反，就会毫不犹豫地对其进行惩罚。由此可以得出一个理所当然的结论——在多神教的民族中，政治与宗教是分开的，相反，一神教的民族却容易衍生出宗教积极介入政治的神权政体。

加之犹太人还有着诸如巴比伦奴役时代被强制迁移到他国的经历，因此对于他们来说，在身处异乡的情况下还想保持犹太人的身份认同，除了诉诸宗教外没有别的选择。从他们的历史来看，犹太人观念中的国家一直是神统治的国家，也就是"神权政体"（意大利语Teocrazia，英语"Theocracy"）。

有意思的是，罗马人使用的拉丁语中不存在表示"神权政治"这个意思的词语，这表明古代的罗马人甚至没有设想过让神来介入人类政治的政体。

但是，如果全体犹太人一致推崇神权政体的话，应该只会与不接受神权政体的罗马人发生矛盾，犹太人彼此之间应该不会存在冲突。然而，事实却是同样信奉犹太教的犹太人当中对于政体也存在着分歧。

这便是主张宗教优先的法利赛人和倡导重视政治的撒都该人。

除此之外，他们居住的场所也发生了分离，有的犹太人继续居住在犹太国内，有的移居到了海外的希腊移民城市。犹太国内的居住区也分成了内陆地区和沿海地区，耶路撒冷城内还出现了贫困阶级和富裕阶级的分化，情况很复杂。

现代的研究者们将这些人统括起来分成了两派：贫困的犹太人属于对罗马的强硬派，富裕的犹太人属于稳健派。当然，在亚历山大拥有一家小店铺的犹太人比在加利利的山野放羊的犹太人确实要富裕一些。但是，对统治者罗马采取强硬还是稳健态度的决定性因素与其说是财富的多少，不如说更多依据的是与异族接触、共生的必要性有多大。对于住在城市里的犹太人来说，正因为这种必要性比较高，所以本来由于选民思想的影响而性格封闭的犹太人也不得不变得开明起来。

对于这个既特殊又复杂的犹太民族，罗马是如何应对的？请参阅《罗马人的故事07·臭名昭著的皇帝》中“皇帝卡利古拉”一章中“罗马人与犹太人”“希腊人与犹太人”“提比略与犹太人”“卡利古拉与犹太人”等各小节，此外，“皇帝克劳狄乌斯”一章中也曾单列出“犹太问题”一节进行过介绍，在此重新梳理一下：

第一，结束后世称为“希腊化时代”的300年后，罗马人取代之前的统治者希腊人，提高了此前一直处于统治阶级的犹太人的社会地位，使得东方世界的两大势力——希腊人和犹太人在经济上趋于了平等。

像斐洛这种开明的犹太人高度评价尤里乌斯·恺撒开创的罗马帝政也是出于这个原因。在罗马人看来，自己的帝国在东方世界实现经济上的繁荣只有通过这两个民族的自由竞争才能实现。

第二，希腊人和犹太人都是优秀的民族，正因为如此，他们动不动就容易陷入敌对关系。罗马采取的方针是不偏袒任何一方，而是始终在双方之间充当调停的角色。在作为统治者的罗马人看来，希腊人和犹太人同样是被统治者，我在《罗马人的故事07·臭名昭著的皇帝》中介绍的克劳狄乌斯皇帝的敕令《致亚历山大公民的一封信》就是表明罗马这种立场的好例子。

第三，对于犹太人主张自己拥有的“特殊性”，充分给予承认，具体来说包括以下几点：

（一）在不破坏社会稳定的前提下，给予完全的信教自由。

（二）允许每年继续向耶路撒冷的大神殿捐献2德拉克马的香火钱。

（三）除死刑的宣判执行以外，允许犹太人社区内的法律自治，但只限于帝国东方的犹太人社会。

（四）免除兵役及其他国家公务，但对于有意参军、奉公的人仍然保持开放政策。

（五）每星期六仍然定为安息日。

对于罗马人来说的假日是供奉神灵的祭祀日，不是每周定期一次的休息日。在罗马人眼中，犹太人这种每到周六就停止工作，除了祭神以外什么都不做的习惯一定显得很奇怪，但同时罗马人也将犹太人严格遵守的每周六的安息日视为了他们自己的祭祀日。信奉多神教的罗马人已经习惯了罗马教以外的祭祀日，因此也尊重犹太人的安息日。

帝国的首都罗马有一项名为《小麦法》的小麦免费发放制度，以保障居住在首都的贫困的罗马公民权拥有者的生活。它相当于“面包与马戏”（panem et circenses）中的“面包”。虽然这种做法被后世大加抨击，但也是一项兼顾社会福利和争取选民的政策。

小麦的发放通常一个月进行一次，有时发放日正好赶上周六的安息日。遇到这种情况时，犹太裔的市民就无法前往马尔斯广场的一角领取小麦，因为在安息日，除了敬神之外什么都不能做，于是负责发放小麦的当局会将属于犹太裔市民的那一部分留到第二天。

如果只是5人、10人，负责给数万人发放小麦的当局不会搞这种特殊待遇，这也可以证明兼有犹太教徒和罗马公民权拥有者这两种身份的犹太人在首都罗马也有相当多的人数，同时也表明罗马人有着尊重不同习俗的理念。

除了卡利古拉皇帝统治末期双方关系一度恶化之外，从犹太人处于罗马直接统治下的公元6年开始的60年间，罗马人一直对犹太人奉行这种政策。不过罗马人唯独没有允许在耶路撒冷建立神权政体，因为如果允许的话，恐怕无法避免这种影响波及海外的犹太人社会。作为不允许建立神权政体的交换条件，罗马一直致力于在犹太地区实现由犹太人的国王领导的统治政体。如果能确立起像大希律王时代的那种世俗王权，就可以抑制犹太人建立神权政体的念头。

然而，在耶路撒冷建立神权政体才是正统犹太教徒的心愿，这是无论罗马如何让步也无法解决的问题，因为两个民族对“自由”这个词语的理解是不同的。罗马人的“自由”意为在有军事力量保障的和平以及有法律保障的秩序下，每个人都能做自己想做的事情。在犹太人的观念中，能够建立神权政体才是“自由”。罗马人60年来承认犹太人特殊性的统治政策只能暂缓犹太教徒追求“自由”的脚步，却不能从根本上消除他们的这种愿望。

犹太人史学家弗拉维乌斯·约瑟夫斯认为，60年后爆发的犹太人叛乱是菲利克斯、菲斯托斯、阿尔比努斯、弗洛鲁斯等历代犹太长官施行暴政的结果。罗马人史学家塔西佗也曾写道：“犹太人的忍耐一直持续到弗洛鲁斯那个时期为止，在弗洛鲁斯担任长官期间爆发了叛乱。”

这四个人担任犹太长官的时间是从公元52年到66年为止的14年，如果这14年间罗马行政官的暴政是犹太爆发叛乱的原因的话，那为什么罗马的中央政府能够在长达14年的时间里容忍地方长官在问题最多的犹太地区施行暴政呢？

这四个人无一例外都是尼禄皇帝时代的长官。尼禄虽然在很多方面犯了统治错误，但唯独在涉外政治上展现了了不起的见识。在他统治的14年间，除了统治末期的犹太，没有任何一个行省对罗马发起过叛乱。虽说在挑选担任行省统治直接负责人的总督、司令官和长官时只要沿用提比略和克劳狄乌斯建立起来的人才网络就可以了，但是尼禄在用人方面确实有超凡的才能。

不过，尼禄既不是一人独揽皇帝大权的提比略，也不是为了公务而鞠躬尽瘁的克劳狄乌斯，他对于皇帝责任之外的事情，比如诗歌的自作自吟，还有罗马的城市绿化倾注了更多的心力。如果是提比略的话，肯定会马上将统治失当的犹太长官召回送上法庭，严厉追究责任。当然，挑选继任的长官时也会比以前更加慎重。皇帝的职责就像驾驶一辆四匹马拉的战车，只要驾驭其中任何一匹马的缰绳发生操作失误，战车就会撞到运动场的观众席，连带驾驶者一起粉身碎骨。也许尼禄缺乏的是这种紧迫感。

即使如此，我还是无法同意尼禄手中的“缰绳”偏偏会在犹太问题上操作失误的说法，并且是连续四人，时间长达14年。

关于这个疑问，塔西佗下面的这句话也许能作为解答：

> 犹太人对于我们来说之所以是难以忍受的存在，就在于他们固执地坚持自己与帝国其他的居民不同。

我在《罗马人的故事07·臭名昭著的皇帝》中也曾经提到过，作为征服者的罗马人一直努力同化被征服者，并试图将他们吸纳为罗马帝国这个共同体的一员。希腊人、西班牙人、高卢人和北非人都赞成并且加入了罗马的这条“同化败者”的路线，相反，只有犹太人以一神教为由加以抗拒，并且，他们不仅抗拒被同化，还固执地坚持建立神权政治，对于不接受他们要求的罗马不断进行反抗。

虽然希腊人存在反犹太的情绪，但是与希腊人不同，在社会立场和职业上都与犹太人不存在竞争关系的罗马人，却没有反犹太的情绪。不过到了与犹太人发生直接接触60年后的这个时期，也许罗马人终于也开始对犹太人心生厌恶了。

一旦对犹太人心生厌恶，犹太人的所有行为都会变成厌恶的对象。就像塔西佗所说，犹太人的割礼是为了区别于别的民族，一神教是从对其他众神的轻蔑中产生的信仰，拒绝服兵役和担任公职表现出缺乏对帝国的爱国心，积极增加人口是为了超越其他民族，他们拒绝崇拜仿照人类模样雕刻的神像只代表对人类的蔑视，没有舞蹈也不伴随有体育竞技的犹太教祭祀活动死气沉沉，足以让人们对人生感到绝望，禁止与信仰其他宗教的人通婚也逐渐被认为是犹太民族封闭性的一种体现。

不能说四名犹太长官的心中不存在这种反犹太的情绪，并且这四个人与远在帝国西方、和犹太人没有直接接触过的塔西佗不同，他们必须日日夜夜与犹太人来往，并且还肩负着统治这些犹太人的任务。

对于接到命令镇压游行的警察部队长官来说，最大的困难不是驱散游行人群，而是对手下队员的掌控。如果放任不管，受到游行队伍挑衅而心里燃起憎恶之火的队员很可能会像野兽一样对游行队伍发动攻击。从这一个例子就可以看出对部下进行掌控的“缰绳”有多么重要。

连续四任犹太长官的残酷统治的背后可能也潜在着长官们的焦躁心理吧！尽管没有酿成大祸，但光是列举这个时期发生的犹太人叛乱，其次数之多恐怕就会占去很多篇幅。被称为“短剑党”（杀人者）的恐怖组织的活动范围已经扩大到了犹太全部地区。另外，从大神殿的重建工程结束的两年前开始，耶路撒冷出现了大量失业者。建立神权政体的大义正道、失业造成的生活不安、中近东地区特有的酷暑，使得当地难免不生状况，这要求直接负责人需要比以前更加慎重。然而，就在要求对这些地方长官的任务执行进行监控并预先制定对策的时候，皇帝尼禄却缺乏这种坚决、持续的责任感。

叛乱爆发

埋下的火种被点燃的契机是长官弗洛鲁斯从耶路撒冷大神殿的宝物库中没收 17 塔兰特金币充当了欠缴的行省税。尤里乌斯·恺撒在年轻的时候曾被海盗生擒，海盗向他开出的赎身钱是 20 塔兰特。1 塔兰特相当于 6 000 德拉克马，用平民的生活开支来比较的话，相当于 560 人一年的收入。在弗洛鲁斯看来，这些只不过是用来代替没有缴纳的行省税罢了。

但是，问题不在于金额的多少。耶路撒冷的大神殿是犹太教徒每年都会义务捐赠 2 德拉克马香火钱的圣地，是将捐款奉献给神的地方，不是储蓄自己钱财的银行，更不是以拖欠税金为由可以随便提款的账户。然而弗洛鲁斯不仅没有反省自己的冒失行为，反而决定对发起暴动的犹太人实施强硬的镇压，这当然会让犹太人的愤怒更加强烈。

犹太人一方也不懂得控制自己的愤怒。犹太人有一个特点，就是一旦冲动起来便无法在中途停下来，要一直冲到无路可走为止。以17塔兰特金币为起因的暴动发展成了将罗马势力从耶路撒冷赶出去的战争，时间是公元66年6月。

不过，并不是住在耶路撒冷的所有犹太人都参加了暴动，他们分为激进派和稳健派。激进派指的是此前游荡于犹太内陆地区的“短剑党”，他们这次成功地将耶路撒冷的下层民众卷了进来。稳健派是处于耶路撒冷上层阶级的人们。

内部不团结使得激进派的行动更加过激了。他们急于证明自己的想法是正确的，同时也是为了让本来没有信念却出于立场而不得已支持稳健派的人明白“事已至此，只能一不做二不休”的道理。而且在这个时候，激进派内部也已经分裂成了两派，过激的行动愈演愈烈。

因畏惧暴徒而逃入王宫内的罗马守卫队听到对方承诺缴枪不杀后纷纷投降，之后却全部惨遭屠杀。

稳健派的主心骨——大祭司和他的弟弟一起成了恐怖事件的牺牲品。

罗马的卫兵驻扎在马萨达的要塞落入了前来袭击的激进派手中。

统治犹太北方的阿格里帕二世以犹太人的身份出面劝说却无功而返。夏秋之间，在耶路撒冷发生的反罗马暴动开始向犹太地区的西部和南部扩散。

居住在恺撒利亚等希腊移民城市的希腊人对这次事件产生了危机感，他们本来就有很强的反犹太情绪，因为危机感而倍增的反犹太情绪朝着直到昨天为止还同住在一个城市的犹太人爆发了。同样的现象还波及了叙利亚。在埃及的亚历山大，希腊裔居民和犹太裔居民之间长年的敌对情绪也一触即发，罗马最担心的事情发生了。亚历山大由于犹太人长官提比略·尤里乌斯·亚历山德罗斯果断采取应对措施才得以避免事态过于严重，但是问题已经发展到管辖犹太的叙利亚行省总督不出马便无法解决的程度了。

叙利亚总督塞斯提乌斯是名将科尔布罗的继任者，就任总督后不幸患病，两年来一直将实际工作交给副手穆奇阿努斯负责。然而，率领军团攻打耶路撒冷的任务是不允许交给别人代理的。由于罗马考虑到犹太民族的特殊性，所以向犹太教徒的圣地——耶路撒冷派遣罗马正规军团只有在130年前的庞培时代发生过。

率领第十二军团和阿格里帕二世的友军一同南下的塞斯提乌斯攻占了一些支持叛军的城镇后，开始向耶路撒冷进军。不出所料，犹太一方的反击非常凶猛，同时，塞斯提乌斯的指挥也缺乏积极性，结果没有攻下号称耶路撒冷最大要塞的大神殿所在的丘陵地区。此时已经到了11月，即将步入冬季，也许是打算来年再战，塞斯提乌斯决定撤退。

然而，撤退往往比进攻要难，比起进攻的时候，需要更坚定的决心和更缜密的安排。抱病在身的塞斯提乌斯大概没有这么充足的劲头了。犹太人得知罗马军团撤退的消息后高奏凯歌，并对撤退中的罗马军发动了袭击。据弗拉维乌斯·约瑟夫斯记载，罗马军团和友军加在一起的战死人数为步兵5 300人、骑兵480人。就算不是犹太人，看到这个数字后也会认为犹太一方大获全胜。塞斯提乌斯返回叙利亚安提阿的总督官邸后不久就病死了。

罗马军惨败的消息传到了当时正在希腊的皇帝尼禄那里，尼禄任命穆奇阿努斯接替塞斯提乌斯的职位，他认为事已至此，只有通过坚决的行动来解决问题了。虽然现在保持着友好关系，但叙利亚行省总督的主要职责仍然是监视东方的两个大国——亚美尼亚和帕提亚的动向。尼禄觉得犹太问题超出了叙利亚总督的职权范围，他决定起用韦斯帕芗作为犹太问题的唯一负责人。尼禄此时正游走于希腊全境为他自作自吟的诗歌进行“巡演”，不过还是妥善处理了这件事情。而且尼禄还起用了因为在自己的诗歌巡演中打瞌睡被发现而自认出头无望的韦斯帕芗，可见他的性格也是不拘小节的。

韦斯帕芗决定出动 3 个军团参与计划于来年即公元 67 年春天开始的镇压犹太人叛乱的军事行动。事态已经到了刻不容缓的地步，因为在叙利亚的大马士革也发生了希腊裔居民和犹太裔居民间的暴力冲突。

至此，在 130 年间一直坚持充当调停角色的罗马终于开始了与犹太的正面对决。犹太问题牵扯的绝不只有犹太民族本身，这种复杂性是让罗马坚决采取行动的真正原因。从帝国东方的对决关系来看，依靠寻常的手段是无法解决犹太问题的：

希腊裔居民和犹太裔居民之间的对立关系——以亚历山大、安提阿、大马士革为首的希腊移民城市。

犹太人激进派和稳健派的对立——耶路撒冷、犹太内陆地区。

希腊裔居民联合罗马士兵与犹太裔居民的对立——以恺撒利亚为首的犹太地区内的港湾城市。

犹太人史学家弗拉维乌斯·约瑟夫斯的观点是，要想一举解决这些问题，只有出动罗马的正规军才行。另外，根据这位犹太人史学家的记载，面对罗马的正式反击，犹太方面也确立起了联合激进派和稳健派的迎击体制。

犹太人约瑟夫斯

在此出现了一位人物，为了能够继续接下来的话题，需要先对此人进行一下介绍。这个人的名字叫弗拉维乌斯·约瑟夫斯，《犹太战记》的作者，从名字可以看出他是个犹太人。

约瑟夫斯出生于公元37年，与皇帝尼禄同岁。父亲出身于祭司阶级，母亲拥有犹太王室血统，因此他出身高贵，也受到过符合犹太上流阶级身份的系统教育。然而，他似乎是一个智力方面比知识方面更为优秀的人。在青少年时期，为了了解犹太教的整体面貌，他曾经徒步寻访各个宗派。他与撒都该派、艾赛尼派都有接触，也曾体验过沙漠中的教团生活，后来又与法利赛派走得很近。无论从出身阶层还是智力方面来说，他都是应当进入犹太社会领导层的人。

公元64年，27岁的约瑟夫斯第一次来到了罗马，他此行是作为最年轻的成员随同使节团前去向皇帝尼禄请愿，要求释放在菲利克斯担任长官的时期率众在罗马发动暴动而被押送至罗马的犹太人。

这位年纪轻轻、头脑清晰的犹太精英在乘船从犹太前往意大利的途中首次目睹了沿途的小亚细亚和希腊的各座城市，尤其是管理所有这些城市的帝国首都——罗马。这个时期的体验很可能在约瑟夫斯几年之后改变自己的人生方向上发挥了不小的作用。

到达帝国的首都罗马后，这位年轻的犹太精英没有甘做一名纯粹的旅行者。通过一名犹太演员的介绍，他结识了皇后波比娅·莎宾娜。皇后波比娅是罗马犹太人社会的保护者，因此他们彼此相识应该也不是什么难事，美丽又善解人意的波比娅也不会拒绝接见一位相貌英俊、满腹经纶的犹太青年。约瑟夫斯并没有提及自己当时是否也面见了皇帝尼禄，尼禄当时正在为罗马一场大火的善后工作忙得不可开交，可能没有闲工夫接见这个犹太使节团中年龄最小的年轻人。总之，约瑟夫斯成功通过皇后向皇帝请愿，准许被囚禁的犹太人返回故乡。

考虑到从犹太到意大利，再从意大利返回犹太的旅途所需的时间，以及受季节影响的海上路况，约瑟夫斯一行回国的时间大概应该在公元 66 年秋天之后。刚回国不久，约瑟夫斯就被任命为迎击罗马军的前线指挥官。这个 29 岁的年轻人刚刚见识过罗马帝国的威严就被派到最前线与罗马为敌，不知他做何感想。

如果是不了解现实的人，大可会随心所欲地做着美梦。另外，套用尤里乌斯·恺撒的一句话："如果你是一个只想看到自己期望的现实的人，看一看自己想看的罗马帝国就可以了。"约瑟夫斯不属于其中的任何一种人。对于不想看到的现实，他也会直接面对。在这一点上，比起他的同胞，他更接近于对手罗马人。他就是这样一名犹太青年。

《犹太战记》就是他这样一个人写就的关于同胞毁灭的故事。这是一部由热情和冷静综合而成的历史杰作，在日本已有译著出版。出版者为山本书店，从译文到小标题、地图、插图，无不倾注着编辑山本七平先生的精心编排，是一部难得的译著。山本书店除了这部《犹太战记》之外，还出版了《犹太古代志》《自传》《驳斥阿庇安》等约瑟夫斯的全套著作。可见已故的山本七平先生对于这个让现代的以色列人在理性上认可其重要性、在感情上却又憎恶至极的约瑟夫斯有多么关注。

犹太战争

公元 67 年 5 月，韦斯帕芗率领的罗马军开始向犹太北部的加利利进军，约瑟夫斯已经偕同胞在此严阵以待。

如果有人能够通过罗马军这次的“量”来了解“质”的话，一定会感到罗马军这次是动真格的了。这次与塞斯提乌斯去年只派遣驻扎在安提阿的一个军团加上犹太阿格里帕二世援军的情况不同了。

作为主力的第五、第十、第十五这三个军团无一不是名将科尔布罗训练过的精英军团，在解决了亚美尼亚、帕提亚的问题后依旧驻扎在小亚细亚，现在已经沿着地中海的东岸到达此地了。

协助主力各军团的辅助兵人数与军团兵人数基本相同，这些行省兵的出生地都在所属军团的驻扎地附近，所以原先在多瑙河沿岸服役的第五和第十五军团的辅助兵有很多来自巴尔干地区。驻扎在叙利亚的第十军团的辅助兵则大多来自小亚细亚和叙利亚。

此外，韦斯帕芗军还得到了统治犹太东北地区的阿格里帕二世的犹太士兵以及纳巴泰和阿拉伯士兵的支援，因为他们的国王与罗马缔结了同盟关系。

全军总兵力为 6 万人，这已经不是第一次组建一支从语言肤色到饮食习惯全部迥然相异的部队了，对于罗马军的司令官来说这是司空见惯的事情。军团内的语言统一为拉丁语，可是被调来参战的阿拉伯士兵不可能听得懂。罗马的皇帝多为军事经验丰富者出身，也不是因为这个国家的军人势力有多强，而是如果有人能率领一支鱼龙混杂的军队取得战果的话，那他到了政治舞台上也能有所作为。

另一方面，迎击这支罗马军的犹太军却只是由犹太人组成的集团，可见犹太人建立神权政体的这种大义正道在别的民族中很难找到共鸣者。从这一点来说，罗马人对犹太人的战争就如同我在《罗马人的故事 07・臭名昭著的皇帝》中讲述的，是一场古代社会的“普遍”与“特殊”之间的对决。

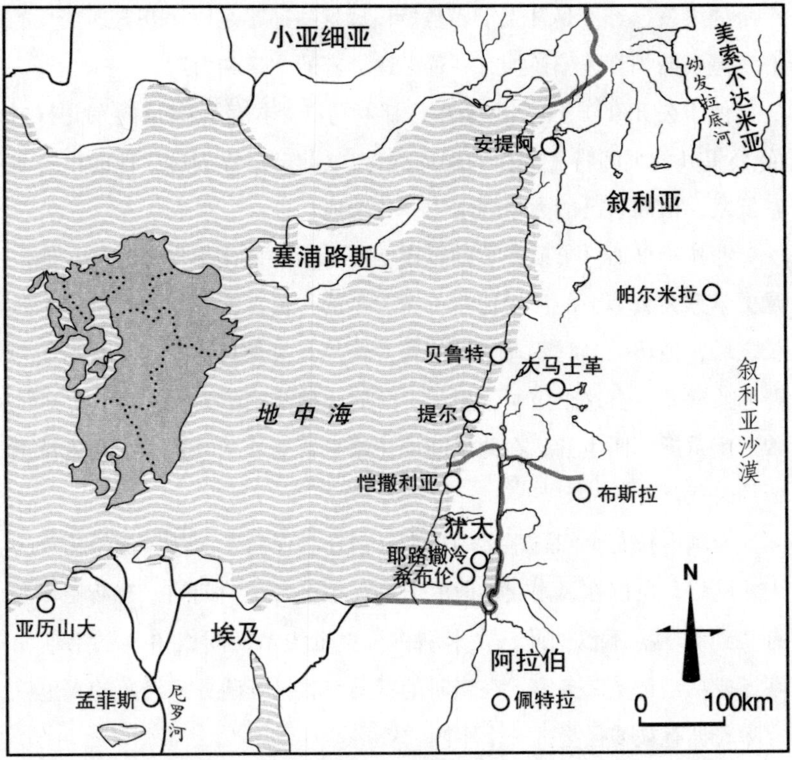

犹太及其周边（为了表示距离感，使用的比例尺与日本的九州一样）

由于要等待从各地前来的军团和同盟国军队到达，韦斯帕芗在接到任命半年后，即公元 67 年 5 月才终于展开军事行动。这个人作为武将的能力与当时罗马军的其他司令官相比并没有什么特别优秀之处。回顾他此前的经历，他在战略上远远不及名将科尔布罗，也不是一名善于运用各种精妙战术的才华横溢的指挥官。话虽如此，他也绝不是一名平庸的武将。能够集谨慎、踏实、持久力和健全的常识于一身的人就已经不是凡人了。虽然仅凭这些还不足以俘获普通士兵的心，但韦斯帕芗偏偏还拥有一种无法形容的“亲和力”。

他于公元9年11月出生在首都罗马沿萨拉里亚大道向东北行走60公里处的列阿特（现在的瑞耶提）。之前已经提到过，他的出身非常低贱，依靠自己的力量闯出了一片天地。

弗拉维乌斯·韦斯帕芗的军旅生涯开始于提比略皇帝时代，他也是史学家蒙森笔下的“提比略一派”中的一员。在军团内晋升到大队长之后，他仿效当时罗马常见的晋升途径，参加首都的选举并当选为财务监察官。在这个位子上坐了一阵后，他又当选为按察官。之后他曾一度重返军团生活，在此期间提比略皇帝驾崩，开始了卡利古拉皇帝的时代。

卡利古拉是个问题很多的皇帝，但还是保留了前任提比略构筑的人才网络，所以在风雨交加般的卡利古拉皇帝统治期间，韦斯帕芗没有受到影响。不仅如此，在卡利古拉皇帝统治期间，30岁的韦斯帕芗还成功当选了法务官。在当时的罗马，有担任法务官经历的人也就意味着拥有被委任指挥一个军团的资格。

罗马是一个霸权国家，军队负有防卫庞大帝国全境的职责，所以不会让有指挥军团资格的人游手好闲。韦斯帕芗从法务官的职位上卸任后马上被任命为负责防卫莱茵河的第二军团的军团长，派驻低地日耳曼。到了公元43年，决定征服不列颠的克劳狄乌斯皇帝命令34岁的韦斯帕芗与指挥下的军团一起前往不列颠。

当时的不列颠战线由曾在确立多瑙河防线的工作上表现出色的普劳提乌斯担任总指挥，整个战线充满了克劳狄乌斯皇帝征服不列颠的热情，也是年轻武将们一显身手的舞台。在年龄和经验上都毫不逊色的韦斯帕芗的军事才能在不列颠战场得到了充分的发挥。担任总指挥的人能力出众的话，手下的军团长们也更容易立下战功。韦斯帕芗东奔西走，表现活跃，最后被授予了凯旋勋章。在步入帝政时代的罗马，通常只有皇帝才能享受到驾驶四匹白马拉的战车出席凯旋仪式的待遇，军团长级别的人只能得到低一级别或者更低级别的勋章。韦斯帕芗获此殊荣后产生了巨大效果。公元 51 年，42 岁的他当选为执政官。

不过，其实他只是以候补身份当选执政官。罗马帝国必须向元老院管辖的近 10 个行省派遣总督，并且担任总督必须拥有 10 年的执政官经验，所以需要大量培养执政官人选，因此，即便是候补也有出头的机会。韦斯帕芗应该有两个月的执政官经验。10 年后的公元 62 年，韦斯帕芗成为阿非利加行省的总督，前往官邸所在的迦太基赴任。

但是，就在他结束一年的任期后即将被任命为可以指挥多个军团的"皇帝任命的司令官"并前往皇帝管辖的行省赴任时，发生了在尼禄皇帝的诗歌巡演上打瞌睡的事件。韦斯帕芗本人和周围的人都认为他的仕途生涯就这么结束了，但是这件事过去两年后，尼禄又重新将韦斯帕芗提拔为指挥犹太战争的司令官。

公元 67 年，韦斯帕芗 58 岁，约瑟夫斯 30 岁。民族、出身、性格、年龄都截然不同的两个人在犹太地区遭遇了，此前二人甚至都不知道对方的存在。

起兵 6 万攻打犹太的罗马军显示出了司令官韦斯帕芗的性格，稳扎稳打地向前推进。他们的作战计划是一边对犹太全境展开地毯式攻击，一边南下逼近耶路撒冷，当然，攻击重点都集中在各战略要地上。然而，约瑟夫斯率领的犹太军队挡在了罗马军团的面前。

约瑟夫斯在书中自夸的战术确实精妙绝伦，但依然没有超出出奇制胜的范围。不过他的计策竟然能阻挡罗马军主力 47 天，也难怪约瑟夫斯会自夸。但是我认为韦斯帕芗在战略战术上已经达到极限的解释更为妥当，被敌人出奇招阻挡 47 天之久，如果是大西庇阿、苏拉或者全盛时期的庞培或恺撒的话，想必绝对不会允许这样的事情发生。

担任司令官副手的韦斯帕芗的长子提图斯虽然也是一名身先士卒的勇将，却有勇无谋。

纵然如此，对手既然是组织完善、纪律严明的罗马军，奇招也早晚会有用完的一天。英勇的约瑟夫斯和他的犹太同胞大败而归，很多人宁愿选择自杀也不愿当俘虏，他们负责死守的尤塔帕塔城也于 7 月 20 日陷落。据约瑟夫斯统计，这一战死了 4 万人，1 200 人被俘。

但是，约瑟夫斯逃走了，他藏进了当地很多洞穴中的一个。不过这里早有先来的客人——城内的 40 名长老了。约瑟夫斯劝这些人向罗马军投降，可能因为他才 30 岁，还不想死。又或许是因为约瑟夫斯对罗马帝国有所了解，不想成为这场大局已定的战争的牺牲品。然而，即使他说罗马人会赦免所有投降者，40 名长老也没有听从他的劝说。相反，他们坚定不移地主张全员自尽才是犹太教徒应有的风范。

虔诚的犹太教徒经常挂在嘴边的一句话是：

> 只有唯一真神才是我们的主人，我们的自由应该献给为侍奉这位神而建立政体的国家。因此，在这个没有自由的地方，死不足惜。

对于犹太教徒来说，自杀行为是在他们无法得到自己期待的“自

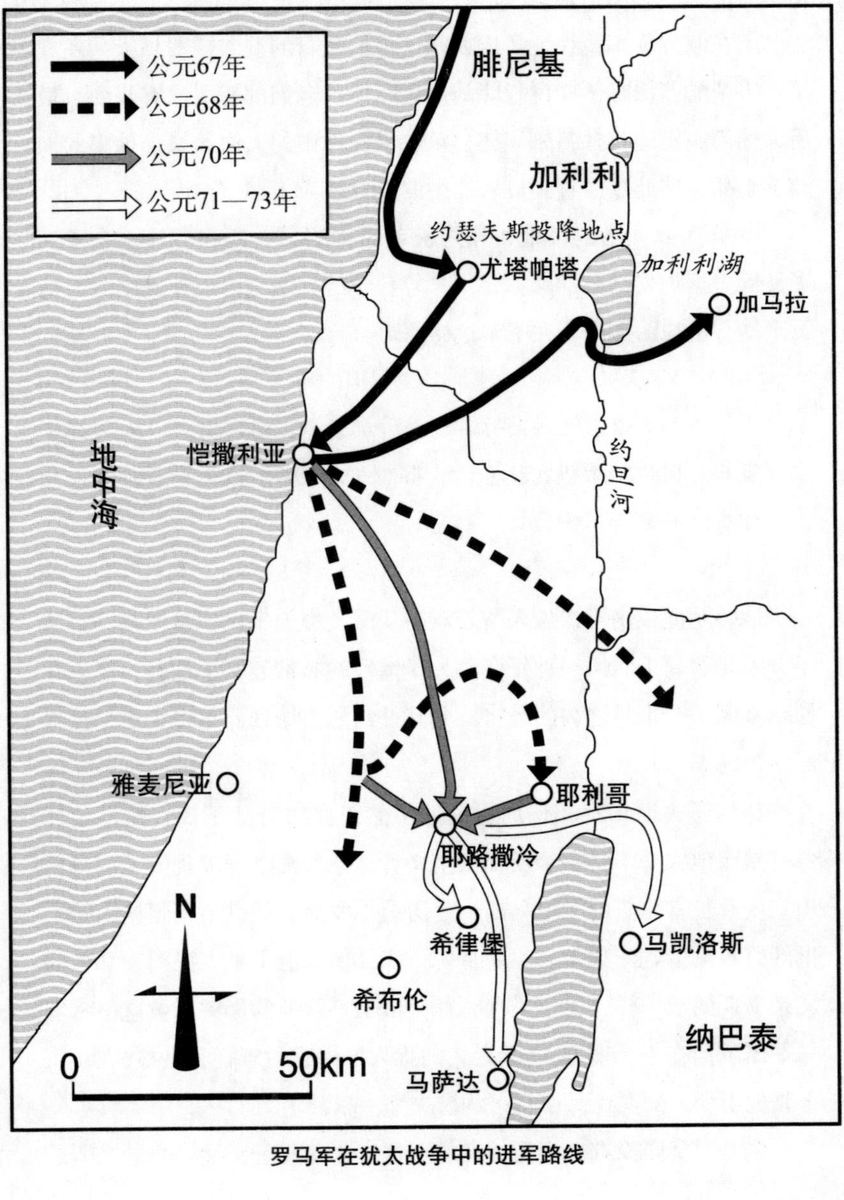

罗马军在犹太战争中的进军路线

由”时面临的必然结果。

就在双方你来我往地争辩期间，他们藏身的洞穴被罗马士兵发现了。韦斯帕芗派来了劝说投降的使者，但长老们的想法没有改变。最后，他们决定通过抽签来集体自杀，最先抽中的人由第二个抽中的人动手杀死，照此顺序直到最后抽中的人自杀为止。

但是，40人中的其他人相继被杀后，约瑟夫斯和另外一个留到了最后。据现代的数学家称，用高等数学的方法是可以让其中一人活下来的。不过约瑟夫斯在书中这样写道：

> 不知是命运之神的作弄还是神的旨意，我和另一个人留到了最后。因为不希望在抽签之后杀人或者被杀，我便劝说那个人相信我，一起活下去。

他的劝说成功了，二人举着双手从洞穴中走出来，被罗马军带回了营地。罗马士兵用一种好奇心大于憎恨的心情迎接了这名让己方在原地被困一个半月之久的敌将。尤其是约瑟夫斯如此年轻，更是让提图斯惊讶不已。

与约瑟夫斯年龄相仿的提图斯虽然正在执行镇压犹太叛乱的任务，然而他完全不是一个反犹太主义者。他非常崇拜以犹太人的身份坐到埃及长官位置的尤里乌斯·亚历山德罗斯，并且不顾阿格里帕二世的姐姐贝蕾妮丝犹太公主的身份，疯狂地爱上了她。提图斯和他的父亲韦斯帕芗一样，完全不存在种族偏见。淳朴的提图斯被这位将罗马军团阻挡在一个地方47天之久的犹太指挥官的年轻和品格征服了，于是他下令，罗马士兵不得碰约瑟夫斯一根汗毛。

但是，父亲没有忘记指挥官的职责，他向儿子交代，约瑟夫斯是即将被押送前去面见皇帝尼禄的俘虏，绝对不能放松警惕。

约瑟夫斯得知这个消息后，下了一生中最大的赌注，这个犹太俘虏要求与罗马的司令官单独谈谈。韦斯帕芗应允了，但还是让儿子提图斯和两个朋友陪同自己出席，大概是出于安全的考虑。但约瑟夫斯其实完全没有偷袭敌方司令官的打算。

预言

约瑟夫斯率先开口："或许你以为自己抓到了一个名叫约瑟夫斯的犹太人，但其实我是神派来向你转达一件事的使者。"然后他接着说，"神说继承尼禄之位的是你和你的子孙。为了确认这个预言的真伪，让我留在你的身边。"

韦斯帕芗没有相信，因为尼禄的母亲继承了神君奥古斯都的血统，约瑟夫斯说这句话的时候，是公元 67 年夏天，尼禄的皇帝位置安然无恙。并且韦斯帕芗出身低贱，此时恐怕没有任何一个人认为他会取代当时的领导者，尤其是韦斯帕芗本人首先就没有这种想法。

于是在场的朋友之一马上反驳约瑟夫斯："假如你有预言的能力，那为什么没有向尤塔帕塔的居民预言，他们的城镇会陷落，而你自己也难逃被俘的命运呢？"约瑟夫斯回答："自己曾经预言过，但是他们不听。"

约瑟夫斯在《犹太战记》中的这段记载有强烈地为自己辩护的味道，所以他记载的内容不一定都是事实，不过据他自己说，韦斯帕芗后来相信了。我猜想，与其说韦斯帕芗后来相信了，不如说是他虽然不相信但也无意推翻约瑟夫斯的预言。

虽然不至于达到犹太人那个程度，但罗马人也是很迷信的。鸡卜时看到鸡欢快地啄食，士兵会欣喜地认为这是好兆头。但是，罗马的领导层不管在共和政体时期还是在帝政时期都非常清醒，因为他们会私下命令在前一天不给鸡喂食。

不管怎样，约瑟夫斯的计划成功了。他不必再担心自己会被押送到尼禄那里，提图斯也可以公然地和这个与自己年龄相仿的犹太人称兄道弟了。

连塔西佗也对这次“预言”做过记载，至于这么做到底是像约瑟夫斯说的那样真的是神的旨意，还是像我说的，这是约瑟夫斯在一生中下的最大赌注，每个人都有自己的见解。我这么解释的根据在于以下几点：

公元 67 年 7 月——约瑟夫斯预言尼禄之后的皇帝将是韦斯帕芗。

公元 68 年 6 月——尼禄自杀。

公元 69 年 7 月——东方各军团拥立韦斯帕芗称帝。

与此事件有关的人在公元 67 年的年龄：

尼禄——30 岁。

韦斯帕芗——58 岁。

提图斯——28 岁。

约瑟夫斯——30 岁。

如果是站在约瑟夫斯的立场上，估计我也会打这个赌。约瑟夫斯只预言韦斯帕芗会继尼禄之后成为皇帝，但并没有预言到尼禄的死亡。如果尼禄没有被迫自杀，从年龄上来看，先死的很可能会是韦斯帕芗。假如不打这个赌，等待约瑟夫斯的将是被押送到尼禄面前的命运，运气不好的话会在30岁就英年早逝。从尼禄的年龄来看，想知道预言是否应验肯定要等到很久以后，所以试着预言一下也没什么损失。即使预言不中，约瑟夫斯也不会失去什么。我推测，30岁的约瑟夫斯当时很可能已经做好了失败的准备。

有趣的是，一年之后加尔巴成为皇帝，证明了约瑟夫斯的预言落空，但是韦斯帕芗的态度并没有发生变化。他没有去找约瑟夫斯质问为何预言没有应验，也没有将约瑟夫斯套上枷锁投入大牢。得知加尔巴登基后的韦斯帕芗指派提图斯作为特使前往罗马，向新皇帝表示支持和效忠，提图斯在途中得知了加尔巴死亡、奥托登基的消息。对于新皇帝奥托，韦斯帕芗既没有积极地支持，也没有表示反对。至此，约瑟夫斯的预言第二次落空，可是他的境遇仍然没有什么变化。是因为韦斯帕芗的心中还惦记着这个年轻犹太人的预言，还是因为他觉得约瑟夫斯的出身和头脑在镇压犹太的叛乱上有用武之地？从韦斯帕芗凡事都讲究平衡的态度来看，我认为后者的可能性更大。

在一年后的公元69年7月，罗马皇帝的归属又从奥托变为了维特里乌斯。得知这个消息的东方各军团不接受维特里乌斯登基，纷纷支持韦斯帕芗称帝。

自称为帝的韦斯帕芗至此才相信了约瑟夫斯在两年前做出的预言，于是约瑟夫斯被释放，恢复了自由身。不过他没有离开罗马军的营地，不知是韦斯帕芗挽留还是约瑟夫斯自己决定留下。

如之前提到的，公元69年7月以后的韦斯帕芗阵营明确了每个人的角色分工。叙利亚总督穆奇阿努斯率军西进，韦斯帕芗留在埃及的亚历山大等待时机，重新打响的犹太战争的总指挥由提图斯担任，埃及长官尤里乌斯·亚历山德罗斯协助提图斯一同指挥，约瑟夫斯留在提图斯的阵营内，协助攻打耶路撒冷。实际上，约瑟夫斯后来确实曾三番五次劝说坚守耶路撒冷的同胞投降，虽然城内给出的答复都是拒绝。

公元 70 年 9 月耶路撒冷陷落之后，约瑟夫斯也继续与提图斯一起行动，次年提图斯凯旋罗马的时候也带上了约瑟夫斯。在确保了皇位之后，韦斯帕芗将自己的家门名“弗拉维乌斯”赐予了约瑟夫斯，从此以后，约瑟夫斯的名字就变成了弗拉维乌斯·约瑟夫斯。按照罗马的习惯，家门名一般写在家族名的前边，但为了阅读时的节奏感，不少研究者也写成约瑟夫斯·弗拉维乌斯。总之，约瑟夫斯后半生一直留在首都罗马，以著书为生。

正统的犹太教徒绝对不会原谅约瑟夫斯的这种行为，虽然他们也阅读他的著作，否则无法了解犹太发动叛乱反抗罗马的这段历史，但他们依然没有饶恕这些著作的作者。直至今日，犹太方面对约瑟夫斯的评价还是“叛徒”。

以犹太人的身份在罗马历任多种公职的提比略·尤里乌斯·亚历山德罗斯与约瑟夫斯一样，也被犹太民族视为叛徒，但这个人是从一开始就选择了与罗马人共同进退的道路。相反，弗拉维乌斯·约瑟夫斯却是从犹太一方叛变过来的。但是，没有这个叛徒写就的著作，犹太人就无法了解自己的历史，并且约瑟夫斯的著作还被翻译成拉丁语和当时的国际通用语希腊语出版，具有将犹太叛乱的因果关系和事件经过向犹太以外的世界广泛介绍的功绩，连正统的犹太教徒也不得不承认这个事实。因此，犹太人对约瑟夫斯同时抱有憎恨和矛盾这两种情感，不，应该说正是因为这种矛盾的情感才更加增添了他们的憎恨。

但是，从约瑟夫斯和尤里乌斯·亚历山德罗斯，以及第一个给予提比略恰当评价的哲学家斐洛等人的选择可以得知，有些犹太人相信犹太教徒同样可以在罗马的世界中生存下去。换句话说，他们认为罗马人的哲学主张的“普遍”与犹太人的宗教倡导的“特殊”是可以共存共荣的。现代人往往认为犹太人是全体一致反抗罗马统治者的，也很少有人对此抱有疑问。但是，这属于只看到人类社会一个侧面的倾向，套用恺撒的话说，就是“只想看到自己期望的现实”，我认为这很难给犹太人自身带来好的结果。人类社会的现实就是不同的宗教、不同的生活方式、不同的人种必须和平共处下去。玉石俱焚虽然可以感动后世，但终究只不过是一种自我满足，约瑟夫斯是没有痴迷于这种满足的一个例外。

战争中断

公元 67 年 5 月开始的罗马军对犹太叛乱的镇压行动在平定约瑟夫斯把守的加利利地区后，将战线转移到了犹太的中央地区。然而，战争的发展既不热闹也不迅速，虽说很好地反映了总指挥韦斯帕芗坚忍持重的性格，但是也可以看出韦斯帕芗有意放慢进攻节奏的迹象，原因是迎击的犹太一方的老毛病——派系斗争愈演愈烈了。

被派往犹太的罗马军的任务只是镇压叛乱，至于是用军事手段还是和平手段，由前线的司令官全权决定。韦斯帕芗认为只要犹太一方发生分裂，稳健派占优势的话，就可以和平解决，所以有意给犹太方面留出充足的时间。话虽如此，为了给对方造成一旦展开攻防战则耶路撒冷必败的印象，也需要适时地展现出罗马军的声势。因此，尽管步调缓慢，但开战一年后的公元 68 年夏天，罗马的军队还是将战线从北、西、东三个方向推进到了耶路撒冷周围。

但是，就在整个战争只剩下攻打犹太民族的精神家园——耶路撒冷的时候，犹太战争却突然中断了，原因是得知了皇帝尼禄自杀的消息。将韦斯帕芗任命为犹太战争总司令的就是尼禄，所以韦斯帕芗决定暂且停战，直到尼禄之后的皇帝下令让他继续执行这项任务为止。这个决定很符合韦斯帕芗不喜欢擅自决断的性格，他将儿子提图斯派往罗马面见新皇帝加尔巴也是为了确认自己是否可以继续执行任务。时间已经过去了半年，从加尔巴那里却没有得到任何消息。

但是，前往罗马的提图斯在途中得知了加尔巴驾崩和奥托登基的消息。接下来的奥托也只是为起兵称帝的维特里乌斯一派疲于奔命了三个月，便从历史的舞台上消失了。结果，一直等待罗马方面回复的韦斯帕芗给了犹太一方长达一年半的休战时间。

犹太一方当然将这段时间用在了增强防御、储备粮食等现实的防卫对策上。但是另一方面，对于准备在攻防战一触即发的时候前来耶路撒冷共度逾越节的犹太人，却没有以战争将至为由阻止他们。非但如此，甚至还宣称会奖励像往年一样在耶路撒冷庆祝逾越节的行为，他们断言唯一真神守护的耶路撒冷绝不会落入异教徒罗马人的手中。从耶路撒冷离开的都是稳健派的犹太人，即使不属于激进派的人当中也有很多相信有神坐镇的圣地耶路撒冷不会沦陷而留了下来。

战争重开

公元 69 年 7 月，韦斯帕芗刚被拥立为皇帝就决定重新打响耶路撒冷攻略战。因为出于巩固韦斯帕芗皇位的目的，同时也是由于关系到之前所述的对东方全境的犹太人社会的影响，犹太战争是绝对输不起的。

由于韦斯帕芗需要在埃及的亚历山大等待时机，所以决定由提图斯接替他担任耶路撒冷攻略战的总指挥。主力部队除了参加过上一阶段战役的第五、第十、第十五军团之外，又加入了第十二军团，共有4个军团。新参战的第十二军团是三年前由叙利亚总督塞斯提乌斯指挥撤退时败给犹太军队的那个军团，韦斯帕芗给了这个军团雪耻的机会。与停战之前一样，作为主力的4个军团仍然有各同盟国的士兵加入，统治犹太东北地区的阿格里帕二世也亲自参战。罗马军以多国部队的阵容打仗，与其说是为了增强兵力，不如说是为了告诉与自己为敌的一方（这次是犹太一方），处于罗马统治下的其他各国与统治者罗马是同心协力的。

攻打犹太首都耶路撒冷的罗马军中加入了犹太军队，而指挥这支罗马军队的提图斯身边也有不少犹太人。让30岁的提图斯心悦诚服的尤里乌斯·亚历山德罗斯是在名将科尔布罗手下久经沙场的军事专家，接下来是犹太王室的阿格里帕二世，还有已经与提图斯成为亲密朋友的约瑟夫斯。这样一来理所当然的结果就是，罗马军的参谋本部中不论罗马人还是犹太人，都强烈希望能够和平占领耶路撒冷。

但这也是一场与时间的战斗。维特里乌斯被杀后，韦斯帕芗成了唯一的皇帝，所以他不能无休止地拖延前往首都罗马的行程。话虽如此，他肯定也不放心把攻打耶路撒冷的任务交给儿子，自己前往罗马。年纪尚轻且缺乏战场经验的提图斯指挥的战斗一旦出现拖延太久的迹象，韦斯帕芗就必须从埃及赶过来。也许有人会想，既然如此，为什么韦斯帕芗自己不继续担任总指挥呢？具有“健全常识”的韦斯帕芗很清楚，当时罗马帝国的混乱很大程度上是由皇帝的继承人迟迟不确定造成的。他已经决定将来让长子提图斯继承自己的皇位，所以耶路撒冷攻略战也具有给提图斯“镀金”的意义。为了提高提图斯的威望，同时也是为了将耶路撒冷作为凯旋的皇帝韦斯帕芗送给意大利民众的“礼物”，攻占耶路撒冷的目标必须尽可能早日实现。

犹太人激进派的影响力日益增强的耶路撒冷市内已是一片抗战的呼声，如果攻击方的罗马期望尽快解决的话，唯有一战了。公元 70 年春天，提图斯指挥的 4 个罗马军团在耶路撒冷城前布下了阵。

耶路撒冷是一座四周被悬崖峭壁包围的天然要塞，要想攻占此城，只能从没有深谷天险的北面进攻。耶路撒冷还有坚固的城墙保护，甚至让人纳闷，罗马为什么允许让行省的一座城市建立起如此完善的防御设施，而且城墙不止一层，而是两层、三层地重叠在一起。一些重要建筑周围更是耸立着高塔和坚固的石墙，就连作为宗教场所的大神殿也有两层城墙保护。

罗马人自己的首都没有城墙，却允许自己统治的民族在城市周围建起坚固的城墙，是因为他们觉得这些城市本身就是巩固整个帝国防御能力的要塞，但只限于这些被征服者没有对征服者罗马发起反抗的时期。一旦他们发起反抗，罗马人就要面临为打破允许被征服者建立的这些坚固城墙而耗费心力的局面。不过既然选择了“同化败者”的政策，这必然会成为一个不可避免的风险，公元 70 年的耶路撒冷攻防战也因此连日上演激战。

当然，罗马军依照惯例在开战前进行了劝降的尝试，按照他们的说法就是“在公羊冲破城墙之前”。“公羊”指的是用于打破城墙的一种破城锤。罗马军的军规规定，在城墙被打破前投降的人免死，不投降的人格杀勿论。在公元 70 年的攻防战中，打算接受罗马的劝说开

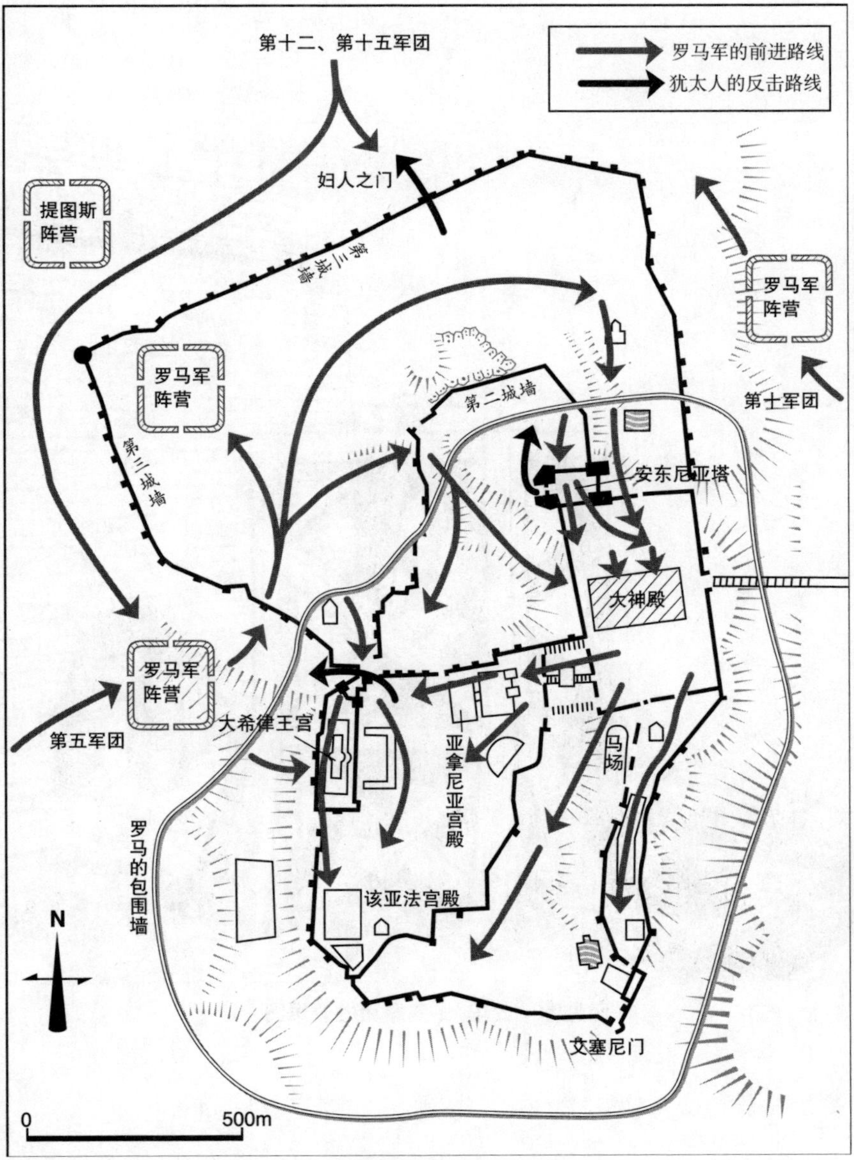

耶路撒冷攻防战

（参考了山本书店刊行的《犹太战记 3》）

破城锤“公羊”（复原后的假想图）

城投降的犹太人全部被市内的激进派杀死了。

为什么在脱离罗马人独立的立场上意见一致的犹太人会变成杀戮同胞的凶手，进而演变为马萨达要塞的集体自杀事件呢？对这个问题的回答很简单。

对于以纯粹为至上生活方式的人来说，没有比不纯粹的行为更让人唾弃的了。越是纯粹，就越不能容忍哪怕一点儿不纯粹。激进派只能是越来越激进，犹太人建立神权政体的“自由”得不到允许的话，就只有选择死。对于有这种想法的犹太人来说，阿格里帕二世和约瑟夫斯的劝说当然不会有效果。

耶路撒冷陷落

耶路撒冷在持续 5 个月的激战后陷落了。8 月 10 日，大神殿起火。9 月 8 日，犹太人在市内的抵抗开始趋于缓和。9 月 26 日，抵抗全部停止。

关于牺牲者的人数，塔西佗认为死者和俘虏加在一起一共有 60 万人。但是据弗拉维乌斯·约瑟夫斯记载，整个犹太战争期间的俘虏人数为 9.7 万人，耶路撒冷攻防战中的死者多达 110 万人。

其中一多半是犹太人，但很少有住在耶路撒冷的人，大多都是从犹太全境来到耶路撒冷共度逾越节却被卷入战争的人。另外据约瑟夫斯称，其实大部分死者不是被罗马兵杀死的，而是因为很多人集中在一个场导致密度过高，并且是在 5 月份遭到包围，发生了大范围的疾病和饥荒。

然而，至于在攻防战期间耶路撒冷城内到底有多少人，现场证人约瑟夫斯也只是进行了一些推测。根据他的推测，大概有 270 万人。但是在我看来，如果公元 1 世纪的耶路撒冷有那么多人，城内肯定会拥挤到不能动弹的地步。

不管怎样，可以肯定的是牺牲的人数确实达到了一个惊人的数字。罗马人严格地执行了“投降者免死，负隅顽抗者格杀勿论”的政策。并且，投降时间仅限于公羊开动之前，之后再投降的人不能被划入“免死名单”的行列，只能沦为与战利品无异的俘虏。

据约瑟夫斯记载，俘虏中唯一幸免的是一些年轻俊俏的男子，他们被挑选出来用于参加日后的罗马凯旋仪式，一部分 17 岁以上的男子则被送往埃及充当苦力，此外绝大多数俘虏都沦为了奴隶，被提图斯作为赠予各行省的礼物，或者被送往圆形竞技场与角斗士和野兽对决。16 岁以下的男子和女子被分给了士兵，士兵肯定是将这些人卖给了奴隶商人，以赚取一次性收入。

耶路撒冷的大神殿被烧毁的事件说明，罗马方面以后不会再允许犹太教徒设立犹太教的宗教圣地，虽然没有废除住在任何地方的犹太人成年男子每年都可以捐赠 2 德拉克马香火钱的制度，但是将捐赠对象从以前的耶路撒冷大神殿变为了罗马的朱庇特神殿。因为阻断金钱流通的话，就可以让犹太人因积蓄财力而膨胀的势头和实力受挫。不过，这是真实的目的，另外还需要找一个冠冕堂皇的说法来掩饰。从此以后，只对犹太人开征的这项“犹太人税”就被冠以一种“美名”——作为免除帝国防卫任务的交换条件而缴纳的税金。

此外，耶路撒冷独有的大祭司长制度也被废除，由 70 名祭司组成的耶路撒冷自治机构“七十人会议”也被废除。同时，此前罗马因顾及民族感情而没有在耶路撒冷驻扎军队，今后也常驻了由一个军团和附属的辅助兵组成的 1 万名士兵。

这些举措都表明，始于尤里乌斯·恺撒对犹太的宽容路线在120年后发生了大转变，这就是此前一直在希腊人和犹太人之间充当调停角色的罗马人首次直接与犹太人进行对决的“犹太战争”的结果。

不过，罗马人这种冷酷无情的严厉政策针对的只是长期反抗罗马的犹太人，对于没有进行反抗的犹太人，特别是居住在海外的犹太人的待遇没有发生任何改变。另外，信奉多神教的罗马人也没有强迫他们放弃犹太教的信仰。

据守城池的犹太人集体自杀后，马萨达要塞陷落了。犹太全境的反罗马势力完全消失三年后，也就是公元73年，皇帝韦斯帕芗批准了在耶路撒冷和现在的特拉维夫之间的雅麦尼亚城设立犹太文化研究所的计划。对于犹太人而言，“文化”指的就是犹太人的宗教，具体来说是律法书籍的研究。罗马人无意禁止犹太教，也不是反犹太主义者。

但是，耶路撒冷的陷落也助长了由于长年的利害冲突而怀有强烈反犹太情绪的希腊人的势头。攻占耶路撒冷后，提图斯曾顺道前往叙利亚的安提阿。一些希腊裔的居民等候在野外剧场，见到提图斯后请求他将安提阿的犹太裔居民驱逐出城。提图斯表示拒绝，理由是犹太人已经失去了家园，驱逐出去的话，他们会没有容身之地。然而，希腊裔居民仍然不依不饶，又要求撤掉罗马人下令设立的刻有犹太裔居民各项权利的青铜板。提图斯同样拒绝了，罗马人的观念中不存在民族净化思想。

另外，罗马人“具体问题具体分析”的倾向在军事镇压后的犹太地区也得到了发挥。

犹太东北地区——与以前一样仍然由犹太王室阿格里帕二世统治，所以划为了犹太人的自治区域。

集中在犹太西部的恺撒利亚等港湾城市——罗马在这些地方的作用是调解希腊裔居民和犹太裔居民之间的关系，这种方法在犹太地区以外的其他国家城市中的犹太社区也得到了沿袭。

耶路撒冷和内陆地区的城镇、村庄——在犹太人占居民人口大多数的这些地区，确立罗马的直辖统治，也就是说不再像以前那样由叙利亚行省总督手下的长官统治，而是换为犹太行省总督统治。

此外，犹太也与帝国的其他行省一样，开始在区域内铺设在当时来说相当于高速公路的罗马式道路网络。

落实了这些政策之后，提图斯才前往埃及的亚历山大，在那里等到春天后取海路前往罗马。父亲韦斯帕芗早在耶路撒冷大局已定的时候就出发去了罗马。

耶路撒冷陷落后，还有三座城池掌握在犹太人手里，分别是耶路撒冷南方 15 公里的希律堡、死海东边的马凯洛斯和死海西边的马萨达，全部是耶路撒冷陷落后成功逃脱的激进派固守的据点。

提图斯觉得攻打这些要塞用驻扎在耶路撒冷的一个军团就足够了，于是让参与耶路撒冷攻略战的其他三个军团返回了之前在叙利亚和多瑙河沿岸的驻地，反正从现在的情况来看也不着急攻占。之后没多久，希律堡和马凯洛斯两处要塞就被攻了下来，但是攻占马萨达却用了三年时间。据守城池的人连带妇女孩子加在一起不过几百人，以数千人的兵力却打了三年，当然有守城一方顽强抵抗的原因，不过攻方也确实没必要急着把城池打下来，因为对于罗马来说，“犹太战争”在耶路撒冷陷落后就已经结束了。

公元 70 年的“犹太战争”明确了“不进行反抗的犹太人可以继续存活下去，进行反抗的犹太人的命运只有死或者成为奴隶”的基调，因此犹太人的反罗马运动在此后的半个世纪偃旗息鼓。再次爆发类似事件是到了图拉真皇帝统治时代的公元116年，图拉真皇帝在远征帕提亚的途中被犹太人从背后暗算，让罗马举国激愤。这一次的反罗马运动遭到多次镇压，一直持续到了哈德良皇帝的时代。公元130年，为了应对这些问题，哈德良皇帝前往巴勒斯坦，不仅对犹太全境进行了军事镇压，还采取了以前的罗马皇帝从来没有实施过的强硬政策。他将耶路撒冷的全部犹太人驱逐出境，以后彻底禁止犹太教徒到耶路撒冷居住。同时还禁止割礼，甚至通过对罪犯实行割礼的方法明确了歧视犹太教的态度。

失去家园的犹太人散居到各地。从这个意义上来说，犹太人所谓的“大流散”（diaspora）并非始于公元70年的提图斯时代，而是由公元130年的哈德良一手造成的，是五贤帝之一的哈德良皇帝的政策所致。然而，就连这位哈德良皇帝也没有禁止犹太教信仰，或者废除罗马帝国境内各城市的犹太人社区享有独特习惯的权利。罗马始终贯彻“只要不反抗罗马，就承认其信教自由”的政策。另外，不知是不是因为哈德良皇帝的强硬政策奏效的影响，从此以后犹太人的反抗销声匿迹了。

前几年，在古罗马广场南侧的提图斯凯旋门前，罗马的犹太人社区举行了庆祝以色列建国50周年的活动。这次庆典也含有“罗马帝国灭亡了，犹太人依然存在”的意义。

我在电视上看到这个情景，脸上不禁浮现出了微笑。真要庆祝的话，不应该在提图斯的凯旋门前举行，在哈德良修建的万神殿前庆祝不是更合适吗？但我随即改变了想法，因为庆典毕竟还要考虑到舞台效果。万神殿作为建筑的价值姑且不论，它宣扬的是同时接受不同民族神祇的多神教精神，因此作为不承认其他民族神祇的犹

提图斯凯旋门（复原后的假想图）

太教的庆祝场所并不合适。此时还是在凯旋门前那雕刻着一座士兵肩扛七座烛台等犹太教圣物参加提图斯凯旋仪式模样的浮雕下面举行更有助于提升庆典的效果，因为天主教徒每年同样也会在没有发生过教徒殉难事件的竞技场由教皇举行庆祝天主教战胜罗马帝国的弥撒。

罗马人的犹太人政策始于公元前 63 年庞培征服犹太之后，在公元前 47 年恺撒实施犹太民族待遇改善政策后迎来转机。除了卡利古拉这个唯一的例外，奥古斯都以后的罗马皇帝都始终坚持对犹太人的宽容政策，但是从公元 66 年开始到公元 73 年马萨达陷落结束的犹太战争再一次改变了这项政策。不过，虽说发生了改变，其实只是罗马人观念中对犹太教徒“宽容”的内涵与以前相比更明确了而已。承

肩扛着已变为战利品的犹太式烛台的罗马士兵（提图斯凯旋门上的浮雕）

认信教的自由，并且对于犹太教义规定的犹太人特有的生活习惯也全部承认，前提是不反抗罗马帝国。公元 70 年的耶路撒冷攻略战也好，公元 130 年强制执行的将犹太人从耶路撒冷驱逐出去的举措也好，都是对叛乱的镇压，并非对信仰的排斥。对于承认其他民族的宗教、信仰多神教的罗马人来说，这是完全不存在自相矛盾的方法。

但是，犹太教是不承认其他民族神祇的一神教。信奉这种教义的犹太人不管能否居住在耶路撒冷，都会一直希望在以“普遍”为宗旨的罗马帝国内拥有“特殊性”，这是无法改变的。犹太教徒希望自己在罗马帝国内保持异国人的身份，并且他们一直保持了下去。

然而，同样身为一神教徒，在耶路撒冷陷落之前开始明确脱离犹太教的基督教徒却走了一条与他们不同的道路。也就是说他们不愿成为罗马帝国内的“异类”，而是试图取代罗马的“普遍”。不过这个问题到了公元4世纪之后才浮出水面，所以我准备等到叙述那个时代的相关章节时再进行详细讨论。

公元1世纪下半叶发生的犹太战争以耶路撒冷陷落这个戏剧性事件收场，让同时代的罗马人将目光转向了犹太民族。塔西佗在《同时代史》中对这场战争进行叙述之前，先从摩西开始将犹太民族的历史回顾了一番。比起对战争本身的叙述，他将更多的篇幅用于介绍之前的历史。相反，犹太人自己的历史著作却只是讲述自己民族的历史，对“敌人”罗马的叙述极少，这可能也是标榜“特殊性”的民族具有的一个特色。

尽管塔西佗不遗余力地去了解“敌人”，却始终认为犹太教“是迷信而不是宗教”。迷信在词典中的解释是“错误的信仰”。对于深信“承认别人信仰的信仰才是正确的信仰”的多神教徒罗马人来说，不承认别人信仰的一神教只能是一种错误的信仰。

值得一提的是，1 800年后的公元1870年，史学家布克哈特在瑞士的巴塞尔大学讲课时曾经说过这样一句话：

> 如果从君士坦丁到狄奥多西为止的罗马皇帝们没有接连立法将基督教奉为唯一宗教的话，罗马人的宗教也许会延续到今天。

第五章 皇帝韦斯帕芗

（69 年 12 月 21 日—79 年 6 月 24 日在位）

前往罗马

韦斯帕芗从埃及的亚历山大取海路西行，公元 70 年 10 月在意大利通往东方的窗口——意大利南部的布林迪西登陆。阔别 5 年的次子图密善前来迎接，他已经成长为一名 19 岁的青年了。

60 岁的韦斯帕芗早在这一年的 1 月 1 日举行的元老院会议上就被承认为“第一公民”，但是回国的行程还是拖延了 10 个月。他对外宣称是由于风向不合适导致无法从亚历山大港起航，实际上是在等待耶路撒冷攻略战的结果。为了确保军队的最高司令官——皇帝的地位，以凯旋将军的身份返回本国肯定更有利。

最终，韦斯帕芗在埃及的“等待时机”从公元 69 年 7 月被东方军团推举为皇帝时算起，前后共经历了一年零两个月。然而，在此期间他并不是单纯地等待时机，他与率军西进的穆奇阿努斯一直保持着联络，虽然从二人之间的距离和当时的信息传递速度来看，这种联络不会太频繁，不过韦斯帕芗确实经常接到穆奇阿努斯的报告，因为在此期间从埃及送到元老院的韦斯帕芗的书信内容不像是一个没有掌握确切情报的人能够写出来的。

另外，公元 70 年 5 月到 9 月末，他肯定也从担任总指挥的长子提图斯那里不断接到了耶路撒冷攻略战的战况报告。从耶路撒冷到亚历山大的直线距离只有不到 600 公里。

但是，韦斯帕芗并不是一个凡事不吐不快的人。受他全权委托率军西进的穆奇阿努斯享有几乎毫无约束的言行自由，指挥耶路撒冷攻略战的提图斯也没有被父亲事无巨细地指指点点。毕竟他指派了久经沙场的武将同时也是埃及长官的尤里乌斯·亚历山德罗斯来弥补因提图斯年纪尚轻且完全没有担任总司令官的经验带来的不利。攻击方的罗马军主力包括参与过犹太全境镇压行动的 3 个军团加上另外 1 个军团，共计 4 个军团。纪律严明的罗马军团士兵人数只有 2.4 万人，但也足以成为一支所向无敌的军队了。就算耸立在天险之地的坚固城池耶路撒冷有百万大军，韦斯帕芗也毫不怀疑能够攻破它。唯一的问题是时间，攻占迦太基足足用了 3 年时间，耶路撒冷攻略战却不能允许拖这么久，因为在维特里乌斯死后成为唯一皇帝的韦斯帕芗不能一直让意大利处于群龙无首的状态。

关于韦斯帕芗选择埃及作为“等待时机”地点的理由在前文已经提到过，其中之一便是通过将埃及生产的小麦掌握在手中，从而在军粮方面对维特里乌斯一派占据的意大利本土进行牵制。自从主食依靠进口以来，意大利本土的粮食需求量有三分之一是埃及提供的，所以将埃及掌握在手中就等于获得了强力的武器。但是，韦斯帕芗了不起的地方就在于始终将这把“利刃”收在鞘中，一次都没有拔出来过。他在给元老院的书信中也丝毫没有表现出这方面的打算，而是只把它当成了一种无声的压力。但是，鉴于塔西佗也曾提及过这件“武器”，可见它对当时的罗马人来说确实是一种无声的威胁。人们往往对有声的压力会进行反抗，对无声的压力却毫无知觉。韦斯帕芗原本给人的印象只是个单纯的武夫，谁知他在洞察别人的心理上还是个行家。

除此之外，“等待时机”期间的韦斯帕芗还做了一件事，在罗马的西方版图上可能根本就无须做这件事，但是在东方则能产生不可小觑的效果。

一天，一个盲人和一个瘫痪的人被带到韦斯帕芗面前。他们说为了治好自己的残疾，二人曾前往供奉古埃及神灵的神殿参拜，神灵告诉他们到韦斯帕芗那里让他摸摸就能治好，因此二人请求韦斯帕芗用手摸摸他们的残疾部位。

韦斯帕芗是一位不怎么相信奇迹的务实的罗马皇帝，心里大概不愿意接受二人的请求。但是周围人一个劲儿地劝说他，以迷信为由回绝他们可不是什么聪明的办法，因为帝国东方的人们同样是罗马皇帝的子民。尽管心中老大不愿意，但他还是摸了摸这两个人的残疾部位。于是，就在他的手刚碰到的时候，盲人睁开了眼，瘫痪的人也能站起来自由行走了。周围的人齐声欢呼“奇迹”，两个受益者也满脸浮现出感恩之情，跪下亲吻了韦斯帕芗的脚。不用说，韦斯帕芗创造的“奇迹”传遍了整个埃及和巴勒斯坦，甚至在叙利亚的安提阿也引发了人们的热议。

想必这是某些人安排的“表演”，可是40年前，耶稣基督不是也成就过让盲人复明、让瘫痪的人重新站起身的奇迹吗？要想表演奇迹，治疗内脏的疾病是不太好的选择，因为治愈病症的表演如果不能让人清楚地看出来，就起不到效果了。因此，可以说罗马皇帝韦斯帕芗成就了和耶稣基督一样的奇迹。

但是，虽然同属罗马帝国，西方和东方却是不同的。在西方，就算把恢复视力的盲人和能够重新行走的瘫痪的人摆在面前，最多也只能满足人们的好奇心。西方对于领导者的要求不是具有超能力，而是作为一个人具有多大能力，也就是说他们要求的是在享受生活的同时维持和平与稳定。返回意大利本土之后的韦斯帕芗不需要再表演奇迹，等待他的是比这更加困难的任务——重建内乱后的帝国。

帝国的重建

即便如此，韦斯帕芗依然算是个幸运儿。巴达维人出身的辅助兵发起的叛乱后来演变为高卢帝国创建事件，导致了莱茵河防线的崩溃，而这个问题没到秋天就解决了。4 年前在犹太地区爆发的犹太民族叛乱的最高潮——耶路撒冷攻略战 5 个月后也终于告一段落。带着城池攻陷的消息沿阿庇亚大道北上前往首都的快船肯定也在途中顺便通知了韦斯帕芗。在帝国西方的莱茵河防线与帝国东方的犹太两处地点发生的让罗马人忧心忡忡的这两起事件都已经尘埃落定，韦斯帕芗也可以启程前往首都了。

另外，韦斯帕芗不在意大利本土期间，穆奇阿努斯施行的各项政策可以说无可挑剔。在这 10 个月中扮演皇帝角色的其实是穆奇阿努斯。

以下试列举一下穆奇阿努斯在此期间的政绩。值得大书一笔的是，他并不是按照先后顺序依次处理这些问题的，所有的事情都是同时开始处理的。同时处理的原因在于，这些事情都非常重要，甚至无法分清孰轻孰重。

第一件事是将驻扎在帝国西方的 9 个军团全部召集起来，投入对以建立高卢帝国为旗号发动叛乱的日耳曼系高卢人的镇压中，可以说这是一个英明的决断。由于这个决断，从叛乱爆发开始不到一年，从明确打出高卢帝国旗号的时间点上开始算只过了两三个月，就成功地让莱茵河防线摆脱了瘫痪状态。假如等到韦斯帕芗回国后再做出应对的话，支持叛乱的主谋尤里乌斯・奇维里斯的势力可能就会遍及莱茵河东西两岸了，至少肯定会波及日耳曼系高卢人居住的莱茵河西岸和莱茵河东岸（现在的荷兰和德国全境）。那样的话罗马帝国就会倒退到与130年前的恺撒时代相同的状态，并且为了确立本国的防线而不得不再次与日耳曼人展开全面对决。

从公元69年到70年的情况来看，可能还不至于投入全部由主力军团兵组成的9个军团5.4万人的兵力，但是穆奇阿努斯准备投入大军一举解决问题。战斗状态拖得越久，敌我双方彼此憎恨的情绪越强烈。相反，短时间内解决战斗就可以避免这个问题，并且战后的处理工作和新对策的制定也能不受怨恨情绪的影响，更加理性。

罗马的很多武将共同具有的一个特点是没有身为武将的自负，也就是说没有虚荣心。他们对于以多打少的行为丝毫不会心存犹豫，因为己方人数越多，就可以越快地解决问题，减少敌我双方的伤亡。如果有人对于投入对方10倍的兵力攻打只有500人左右把守的马萨达要塞的行为嗤之以鼻，那就是不了解罗马武将的精神。尤里乌斯·恺撒在《高卢战记》中也有介绍，罗马军的作战是在确保兵力、兵器、军粮补给等确定要素之后才开始的，他说这样一来我军在每个士兵的士气方面也会占据优势。也就是说，精神面貌这种非确定要素是最后才考虑的。

穆奇阿努斯在迅速解决日耳曼系高卢人的叛乱后进行的战后处置也非常合情合理。我之前已经介绍过，罗马始终坚持“一笔勾销”的政策，就连叛乱的发起者巴达维人在投降后得到的待遇都是维持叛乱前的状态。犯下了发誓效忠高卢帝国这种叛国罪的罗马军团兵同样没有被追究。对于处置如此宽大的原因，罗马方面给出的回答简单明快——这起事件是罗马人自己为争夺皇位自相争斗而掀起的余波，罪责不在他人。

这件事的重要之处在于它意味着罗马人承认了自己的错误，而不是因为对方实力强大，不得已才妥协。这样一来，巴达维人和高卢的行省人民以及一度向高卢帝国宣誓效忠的罗马军团兵都可以在没有任何负罪感的状态下重归罗马帝国。

对于失败的维特里乌斯一方也是坚持“一笔勾销”的政策，穆奇阿努斯没有忘记第一次贝特里亚库姆战役后对失败者处置的失误直接导致了第二次贝特里亚库姆战役爆发。维特里乌斯一方成为牺牲品的只有率军抗战到底的他的弟弟和年幼的儿子两个人。维特里乌斯的家眷和亲属都没有遭到流放的处罚，对于元老院内的维特里乌斯一派也不予追究，维特里乌斯挑选麾下莱茵河军团的军团兵组建的近卫军团的士兵也没有一个人被解雇。

不过，近卫军团是在意大利本土配置的唯一的军事力量，所以不能让曾经支持前任皇帝维特里乌斯的士兵全部聚集在这里。于是穆奇阿努斯提出将维特里乌斯扩编至 15 个大队 1.5 万人的近卫军团恢复到以前的 9 个大队 9 000 人的规模，把他们分批派到了负责防守帝国各防线的军团中。唯有这项举措不能一蹴而就，而是把分成多批次派驻各军团的工作与将 9 个大队 9 000 名士兵全部替换为支持韦斯帕芗的士兵的工作同时进行。公元 71 年，在结束犹太战争回国的提图斯举行凯旋仪式之后，这位皇子被任命为近卫军团的长官。近卫军团的长官代代由罗马社会中低于元老院阶级的第二等级——骑士阶级的人担任，所以让本来与父亲共享多项权力，甚至称其为第二皇帝都不过分的提图斯就任这个职位明显是一次降职的人事变动。但是，韦斯帕芗和穆奇阿努斯看重的都是实际利益，他们以不造成反感和怨恨为优先条件，将近卫军团中的维特里乌斯余党一举扫清，从而铲除了统治者换代时容易发生的社会不安得以滋生的土壤。在此重新强调一下，近卫军团真正的威力不在于士兵的质和量，而在于将军营设在首都，成为意大利本土内唯一的军事力量。

穆奇阿努斯没有在失败者的待遇问题上犯错，对于在内乱中受害的城镇村庄和个人的损失赔偿也没有根据胜者和败者的身份进行区别对待，当中包括成为战场的波河流域、被胜利的士兵无秩序的行军连累的弗拉米尼亚大道沿线的各处城镇以及对赖着不走达半年之久的维特里乌斯军忍无可忍的首都罗马的市民。要求赔偿的地方自治体和个人的数量、赔偿的金额肯定达到了相当惊人的数字，穆奇阿努斯在内乱刚结束的公元 70 年 1 月就早早设立了专门负责这个问题的委员会。牵扯三位皇帝的公元 69 年的这场内乱的一个重要特点是意大利本土成了战场，损失赔偿的对象是足以影响到韦斯帕芗能否坐稳帝位的本国民众，也就是有权者，所以需要尽快解决问题。

与此同时，穆奇阿努斯也迅速启动了因内乱而烧毁的卡匹托尔山上的朱庇特神殿的重建工程。在罗马的众神中，朱庇特（希腊名为宙斯）被奉为最高神，供奉朱庇特神的神殿在罗马的历史上一直是有幸能举行凯旋仪式的将军向神谢恩的场所。也就是说，华丽的凯旋仪式最后都要在卡匹托尔山上的朱庇特神殿中以严肃的祈祷收场。驾着四匹白马拉的战车凯旋时赢得群众喝彩的将军在登上卡匹托尔山到达最高神朱庇特的神殿后必须走下战车，一个人身披大红斗篷缓步登上白色大理石的台阶，进入神殿。而这座备受人们尊崇的朱庇特神殿不是被别人，正是被罗马人亲手烧毁的。它直接导致的结果就是，远在莱茵河地区的行省人民深信连众神都已经抛弃了罗马帝国，于是一下子揭竿而起，险些建立了高卢帝国。因此，需要将迷信的平民对帝国的将来怀有的不安尽快扫清。朱庇特神殿的重建工程没等皇帝回国就动工了，韦斯帕芗回国后也亲自加入了背着石材向卡匹托尔山的山顶攀爬的建筑工人队列中。

在罗马帝国的西方和东方，最高领导人为了赢得人们的敬意和好感表现出的姿态也不同。在东方，奇迹的作用比较大；而在西方，加入建筑工人的行列更为有效。如果东方的人看到皇帝背着石材加入搬运工的行列，不知会有何反应。

不过，韦斯帕芗在回到一切都由穆奇阿努斯安排妥当的意大利本土之后，可不是光顾着扮演搬运工了，因为西方的民众虽然不在乎最高领导人有没有超能力，但是会要求他们尽职尽责。

话说回来，韦斯帕芗最幸运的事归根到底还是得到了穆奇阿努斯这个无可替代的帮手。

第一个理由是，穆奇阿努斯在10个月间推行的各项政策减轻了即将作为皇帝开始真正统治的韦斯帕芗肩上的担子。

第二个理由在于穆奇阿努斯的处世方式。韦斯帕芗返回意大利本土后，这名无可取代的帮手没有认为自己的任务结束了而将接力棒完全交给韦斯帕芗后一走了之，也没有要求执政官的职位，或是像克劳狄乌斯皇帝统治时代的维特里乌斯（皇帝维特里乌斯的生父）那样要求与皇帝一起就任比执政官地位还高的财务官。与现任皇帝同时就任执政官或财务官往往比平时就任能够获得更高的权威和权力，穆奇阿努斯领会了韦斯帕芗决定设立皇位世袭制的想法，将这两个位置让给了韦斯帕芗的两个儿子。如果当初穆奇阿努斯硬是要求得到这些官职的话，没有他的协助便无法登上皇位的韦斯帕芗想必也不会拒绝。对于穆奇阿努斯没有就任这两个官职的事实，只能理解为他自己没有这个意愿。

话虽如此，在韦斯帕芗回国后，穆奇阿努斯并没有完全退居幕后。虽然没有就任公职，但是他的存在就好像是开国皇帝奥古斯都手下的梅塞纳斯，以对诸般国事出谋划策的私人顾问身份陪伴韦斯帕芗走过了他皇帝生涯的前半段。到了后半段，便渐渐没有了他的消息，可能是因为儿子提图斯对韦斯帕芗的重要性逐渐增加了吧！

穆奇阿努斯写有几部研究地理的著作，其中的一些只言片语留存到了今天，但研究者们一致认为他的作品在独创性和表现力上都平庸无奇。

然而，留下平庸著作的人不一定能力平庸，在实务能力和写作能力上都属超一流的恺撒当然是个例外，但拥有超一流实务能力的奥古斯都的写作能力也只有让人忍不住发笑的水平。要是著书立说的话，韦斯帕芗恐怕也要被归入平庸作者的行列。但话说回来，韦斯帕芗和穆奇阿努斯平定了在尼禄死后席卷罗马帝国的混乱，他们二人确实具有一流的实务能力。

韦斯帕芗最大的任务就是重建因为内乱而伤痕累累的罗马帝国，但是与当年必须平定内乱并重新团结全体罗马人的奥古斯都相比要容易一些。

开国皇帝奥古斯都在他的统治时期面临着必须让不习惯帝政的罗马人接受这种制度的困难。第九代皇帝韦斯帕芗在这个方面却不用担心，因为在这 100 年间，罗马人理解了良药苦口利于病的道理，用现代的话来说，就是对帝政达成了稳定的“共识”（拉丁语词源是“consensus”）。因此，罗马帝政的危机指的不是皇帝统治制度的危机，而是因为每个成为皇帝的人对其职责的胜任程度不同而产生的危机。

韦斯帕芗肩负的帝国重建这个任务因而不需要恺撒具有的那种对于创造新体制来说不可或缺的先见之明和创新能力，也不需要像肩负着确立新体制的任务的奥古斯都那样拥有超一流的政治能力。只要有足够的责任感，这就是一个充分可行的课题。要解决这种课题，只要拥有健全的常识就可以了。用一句话来评价既不善于创新也不具备超群能力的韦斯帕芗，就是他是一个具有“健全常识”的人。在罗马帝政已经过去一个世纪的这个时期，要想克服所有制度都无法避免的危机——“制度疲劳”，依靠健全的常识回到原点重新出发才是最好的办法。公元70年时的罗马又一次迎来了符合时代要求的领导者。

另外，拥有健全常识的人并不是要告别过去的所有，韦斯帕芗成为皇帝后的正式名字为“皇帝·恺撒·韦斯帕芗·奥古斯都”（Imperator Caesar Vespasianus Augustus）。由恺撒创始、奥古斯都确立的尤里乌斯—克劳狄乌斯王朝在尼禄驾崩后画上了句号，但是由恺撒勾勒蓝图、奥古斯都建成的罗马帝政却被弗拉维王朝的创始者韦斯帕芗继承了下来。并且从此之后，无论谁做皇帝，罗马帝国皇帝的正式名字依照惯例都会加上“恺撒”和“奥古斯都”，这充分反映了即使废除不胜任的皇帝也依然会沿袭帝政统治制度的这种罗马人的理念。韦斯帕芗作为皇帝的第一项声明就是他将会继承奥古斯都、提比略和克劳狄乌斯的政治。这表明虽然史学家塔西佗认为提比略和克劳狄乌斯是昏君从而与他们划清了界限，但是很多罗马人并不这么想。不过提请读者注意的是，声明中并没有提到卡利古拉、尼禄以及接下来先后即位的加尔巴、奥托和维特里乌斯，这是因为这些皇帝在同时代的人看来属于不称职的皇帝。

一般认为，韦斯帕芗的统治生涯开始于他被东方军团的士兵拥立为皇帝的公元69年7月1日，但是从以上讲述的种种情由来看，似乎应该将公元70年11月视为他实际统治的起点，亲政的时间一直到他驾崩的公元79年6月为止，也就是韦斯帕芗61岁至70岁的这段时间。在这段岁月中，他从只体验过边境军团生活的武将变成了一个在执行任务前必须事先了解帝国全境状况的政治家。

这位从军团中摸爬滚打一路爬上来的皇帝提出的目标是和平与秩序。秩序不稳的话也很难维持和平，所以他不过是把当年的“Pax

战神雅努斯

Romana”（“罗马统治下的和平”）重新提出来而已，然而在经历了一年半的内乱之后，它反而更容易得到罗马公民的赞同。

他首先关闭了雅努斯神殿的大门，因为供奉这位双面神的神殿大门敞开就代表罗马正处于战争状态，关上就代表着恢复了和平。对于罗马人来说，这个道理不用专门解释也很好理解。

韦斯帕芗其人

韦斯帕芗公布了建设“和平广场”的消息，并马上着手动工。看看保存至今的古罗马广场遗迹便可得知，“广场”（forum）指的是集政治、经济、行政等国家运营必需的功能于一身的地区总称。这样的广场在罗马时代的城市俯拾皆是，“Forum Romanum”的意思是“罗马的广场”，可以视为帝国的中枢。

但是，随着罗马帝国统治地区的扩大，共和政体时代的罗马广场已经不够用了。于是恺撒在罗马广场的北侧附近修建了“恺撒广场”，奥古斯都也在更北侧的地方修建了“奥古斯都广场”，扩建了这些汇集国家运营必需功能的场所。如《罗马人的故事 05 · 恺撒时代（下）》所述，恺撒修建的“广场”可以说是一座小型的罗马广场，与罗马广场一样，有神殿以及用于审判和经济活动的会堂，也有保存希腊语和拉丁语书籍（当时为卷轴）的公立图书馆。在广场的两侧设有半圆形的空间，叫“艾萨多拉”（exedra），是孩子们上学的私塾，由此可见这些广场也是提供很多都市生活必要设施的场所。

韦斯帕芗的“和平广场”在功能上与恺撒广场和奥古斯都广场一样，是出于相同的目的修建的，都是最高领导人给公民提供的公共生活场所。在罗马，公共建筑的名称一般会采用修建者的名字，所以命名为“韦斯帕芗广场”，谁也不会有异议。但是他却命名为“和平广场”，目的是告诉广大民众，恢复并维持和平是自己作为皇帝的最高目标。

没有命名为“韦斯帕芗广场”还有一个潜在的理由——地方出身且不是来自既有的领导者阶级的韦斯帕芗没有出身于首都的名门贵族恺撒和恺撒的养子奥古斯都身上的那种“高贵血统”，在两位众所公认的“神君”的广场旁边修建自己的广场也许是个不错的想法，但他还是不敢像神君那样将广场冠以自己的名字。

虽说如此，韦斯帕芗并没有为自己的低贱出身妄自菲薄。他成为皇帝后，曾有大臣向他进言，据说大力神赫拉克勒斯曾经到韦斯帕芗的出生地瑞耶提附近造访，那里修建了供平民参拜的祠堂，所以建议韦斯帕芗对外宣称自己身上有赫拉克勒斯的血统。众所周知，可以追溯到罗马建国时期的名门贵族恺撒的身上流淌着特洛伊陷落时逃到意

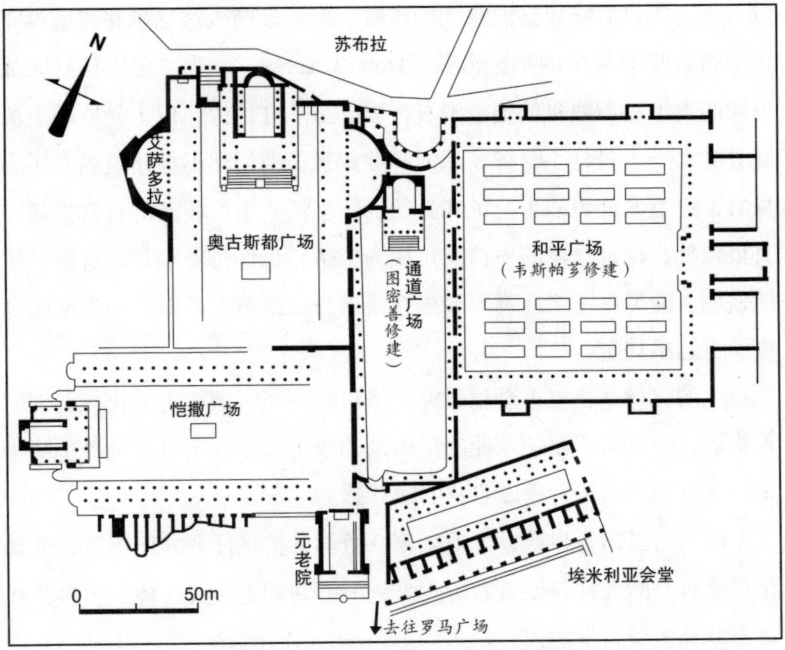

涅尔瓦皇帝时代（96—98 年）皇帝们的广场

大利而被奉为罗马人祖先的埃涅阿斯的血液，因此也就等于继承了埃涅阿斯的母亲——女神维纳斯的血统。独裁者苏拉也曾公开表示自己有维纳斯的血统，所以韦斯帕芗宣称自己是赫拉克勒斯的后裔，民众应该也会相信。但是他是一个常识健全的人，大臣的建议被他大笑着驳回了。如果接受这个建议的话，说不定会招来元老院元老们的耻笑。

韦斯帕芗身体强壮，脸形犹如没有完全膨胀起来的面包，乍一看上去就知道是平民出身。因此，与自己出身不相符的事情，他一件也没有做，既没有修建富丽堂皇的宫殿，也从未踏入过尼禄那座虽没完工但留有华丽装饰的黄金宫殿（Domus Aurea）一步。妻子在犹太战争期间去世后，独身的他也没有再娶。虽然有情人，但不是罗马上流社会的女子，只是小时候认识的解放奴隶。他当然不会让这名女子当皇后，也不允许她插手公务和其他任何事情。韦斯帕芗的日常生活一直很俭朴，他最自豪的事情就是成为皇帝后仍保持着士兵的身份。按照惯例，面见皇帝之前都要事先接受搜身以防藏有武器，但韦斯帕芗废除了这项规定。

他的言行举止也不是很讲究，虽然会说当时被视为文化代名词的希腊语，但绝对不是一个能感动听众的演讲高手。不过这位乡土味十足的皇帝却有着一种难以名状的幽默感。

因为自己出身卑贱，韦斯帕芗一般不会拒绝任何人的求见，他甚至接见过公然呼吁打倒帝政的少数派——共和主义者，他们大多是在首都罗马教授哲学的人。

韦斯帕芗当时曾耐心倾听过他们当中的一人在自己面前兜售恢复共和政体的说辞，但最后终于忍不住说："你好像什么话都敢说，恨不得让我判你死刑，可是就算有一条狗在我面前叫个不停，我也不会杀它。"从此以后，这一派的哲学家们就得到了一个名字——"犬儒派"。

他的身体一直很健康，所以有一次得病卧床不起后知道自己命不久矣，便留下这样一句话："可怜的我，快要成神了。"因为皇帝在死后被神格化已经成了惯例。不过由此可见，对于罗马人来说，神不过是这种程度而已。

但是，韦斯帕芗绝对不是一个完完全全的好人。他从当政的公元70年秋天开始（更应该说是从称帝的69年夏天开始），就已经明确了让两个儿子继承皇位和以法制化的形式确定皇帝权力的想法。在常识健全的韦斯帕芗看来，明确皇位继承人可以杜绝争夺皇位的现象，确定皇帝权力可以改变尤里乌斯—克劳狄乌斯王朝以来的皇帝们与元老院关系不和的状况。

《皇帝法》

韦斯帕芗有两个成年的儿子——提图斯和图密善。明确他们皇位继承权的做法当然含有父亲对儿子的感情，但是在韦斯帕芗和他的两个儿子之后的弗拉维王朝步入了史称“五贤帝时代”的盛世，这个时代的五位皇帝政绩显赫的最大原因在于养子继承制度，这种说法是史学界的定论。然而，五人中的四人都没有子嗣，唯一例外的马可·奥勒留皇帝让他成年的儿子康茂德继承了皇位。有子嗣的人抵挡不住世袭的诱惑是人之常情，另外家庭作为培养领导人的机构在当时相当重要，所以这种体制很容易让世袭制度被第三方接受。

但是，尼禄的下场证明只确立世袭权力是不够的。韦斯帕芗为将来的继承人提图斯提供了建功立业的机会。他从第一线退下来，让儿子提图斯担任犹太战争的大决战——耶路撒冷攻略战的总指挥就是这个目的。

然而，尼禄的下场还给了他另外一个教训——如果被元老院打上不胜任皇位的烙印，具体来说就是，如果被元老院以过半票数表决为“共同体罗马的敌人”的话，纵然是皇帝也会瞬间沦为一介草民。失去元老院的信任，一切就结束了。就连一直以从母亲身上继承了开国皇帝奥古斯都血统而自豪的尼禄也不例外，何况与尼禄相比出身卑贱、在罗马的统治阶级中不过是个后起之秀的韦斯帕芗。因此，他认为，从巩固皇帝赖以倚仗的基础这个意义上来说，以明确的法律规定皇帝享有的权力也是非常必要的。

韦斯帕芗的这种想法在不可替代的帮手穆奇阿努斯的协助下，被准确且迅速地实现了。前任皇帝维特里乌斯被杀后没过 10 天的公元 69 年 12 月末，穆奇阿努斯来到首都。但他没有召集元老院元老的权力，所以让拥有召集权的首都法务官尤里乌斯·弗朗提努斯召集元老院元老召开会议，在会议上向元老们提出了审议通过这两项措施的要求。

关于皇位的世袭，穆奇阿努斯引用了韦斯帕芗的原话 ："皇位继承人问题无非就是承认我两个儿子的继承权，否则就倒退到无政府状态的二者选一的问题。"

在一年中经历了皇位的三次易主，每次都只能事后追认的这种无力感让元老院的元老们对有利于稳定政局的皇位世袭制投赞成票也是可以理解的。

另外一点，也就是对皇帝权力的明文规定清楚地写在今天的罗马卡匹托利尼博物馆保存的碑文上。这篇题为《韦斯帕芗皇帝法》（Lex de imperio Vespasiani）的碑石大意如下 ：

一、正如神君奥古斯都、提比略、克劳狄乌斯诸位皇帝得到承认的权力一样，皇帝韦斯帕芗也拥有与他本人认为合适的国家和君主缔结同盟及友好条约的权力。

二、正如奥古斯都、提比略、克劳狄乌斯诸位皇帝得到承认的权力一样，皇帝韦斯帕芗也拥有召集元老院元老开会的权力、向元老院提出法案的权力，以及撤销法案的权力。

三、由皇帝召集的临时元老院会议通过的法案与一般元老院会议通过的法案具有同等的效力。

四、在举行负责意大利行政的法务官、财务官、执政官等公职以及负责行省统治的皇帝行省总督、元老院行省总督、埃及长官，负责税务的皇帝财务官等公职的选举时，皇帝推举的人应该得到与其身份相符的待遇。

五、首都罗马的居住区域需要扩建时，正如克劳狄乌斯皇帝得到承认的权力一样，韦斯帕芗也拥有对其进行扩建的权力。

六、只要无损于国家的尊严和利益，不管是什么举措，都承认韦斯帕芗提出议案并付诸实施的权力。这也是奥古斯都、提比略、克劳狄乌斯诸位皇帝曾经享有的权力。

七、正如以上三位皇帝得到承认的权力一样，韦斯帕芗也拥有对元老院会议和公民大会的决议行使否决权的权力。

如果各位之前读过《罗马人的故事06·罗马统治下的和平》的话，肯定会觉得这些权力与开国皇帝奥古斯都集于一身的各项权力没有任何差别。确实如此，上述权力中的“一”是登上皇位就可以获得的权力，因为皇帝本来就是罗马全军的最高司令官，所以军事和与此脱不开干系的外交都是皇帝的工作。“二”和“七”是取得“护民官特权”就可以行使的权力。“三”和“六”其实也是无须法律明文规定的，尤里乌斯—克劳狄乌斯王朝的皇帝们自始至终都在行使这两项权力。“四”的目的在于提高自己推举的人被任用的可能性，但是有皇帝做靠山的人在选举时自然会得到优待，没必要专门诉诸法律来明文规定。我觉得这一条暴露了韦斯帕芗与生俱来的品格低下。

但是，在100年前创建帝政的奥古斯都没有以这种露骨的方式明确自己的权力，是因为当时的罗马人对君主政体有强烈的排斥感，想一想恺撒被暗杀的例子就足以证明。不过历经一个世纪之后的公元

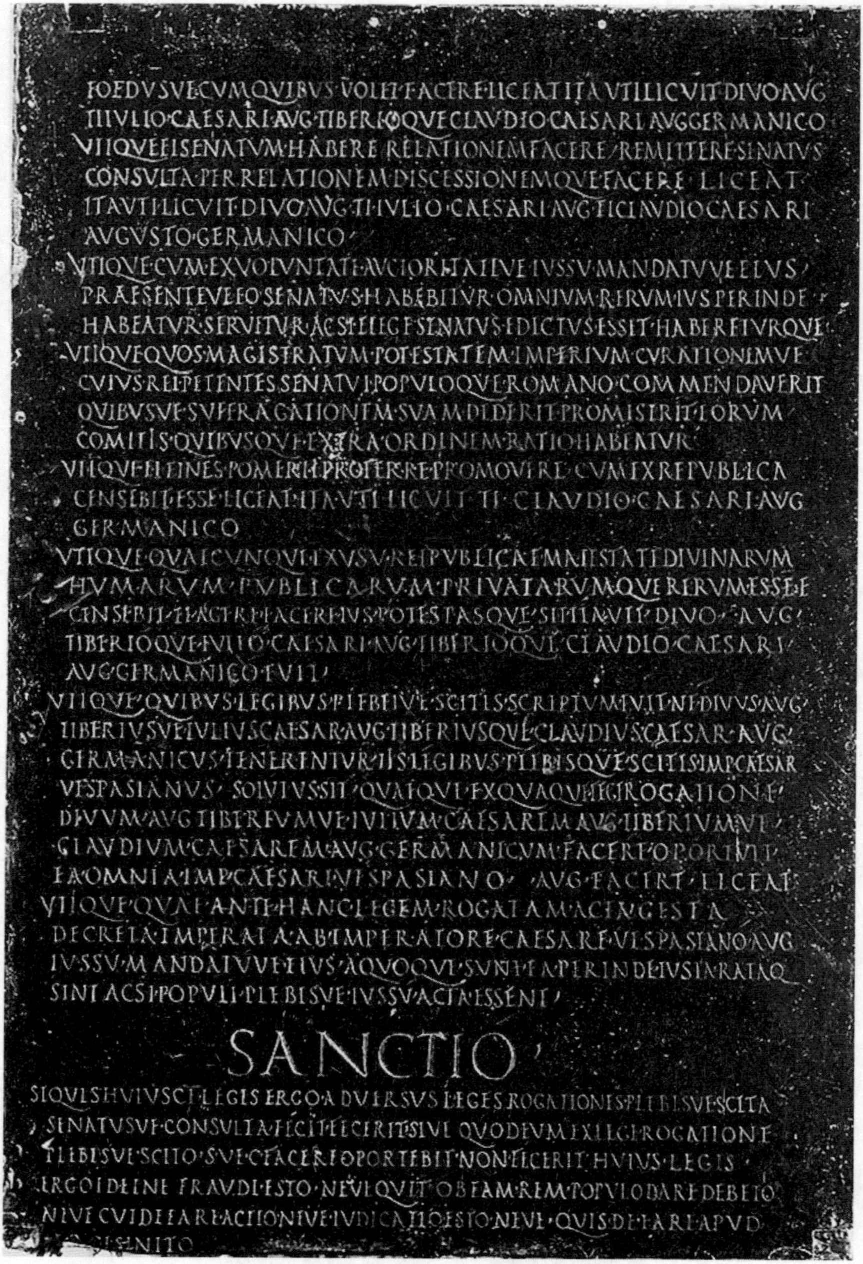

《皇帝法》碑文（藏于卡匹托利尼博物馆）

70 年，往往被视为“元首政体”的罗马独有的君主政体取得了很多业绩，终于得到了统治阶级的罗马公民和被统治阶级的行省人民的一致认可，对于露骨的表现表示反感的只有极少数理想主义者而已。并且，在讲究实际的武将韦斯帕芗看来，就算成为皇帝之后也应该以明确的法律规定皇帝可以行使的各项权力，以防之后有人说三道四。

韦斯帕芗在维特里乌斯被杀后成为唯一的皇帝时，就已经由元老院承认了以下几项权力：“全军的最高指挥权”“护民官特权”“最高裁判权”“奥古斯都的尊称”“第一公民”。前三项是“权力”，后两项是彰显“权威”，即使不专门设立《韦斯帕芗皇帝法》(以下简称《皇帝法》)，权力和权威也会得到保障。因此，《皇帝法》在任何人眼里都只不过是为了不让人说三道四而明文规定了各项权力而已。然而，这项《皇帝法》的真正目的却在于追加在这些权力之后的“Sanctio”，意译过来是“对罚则免除的承认”。并且可视为给这一项条款埋下了伏笔的上述中的“六”，即只要无损于国家的尊严和利益，皇帝便拥有做任何事情的权力，这一项条款在“对罚则免除的承认”的保障下发挥了更强的效力。

也许让内阁法制局来制定法律条文的话也会是这种结果，但是这项“Sanctio”中的内容与其他部分不同，为了不招致误解而字斟句酌，完全是用典型的法律学家的文体写成的，结果使全文的意思晦涩难懂，现将其内容逐一列举如下：

一、皇帝对公民大会或元老院会议的决议表示反对时，不予追究责任。

二、无须缴纳任何罚金。

三、不承认任何人有权以皇帝实施了反对公民大会或元老院会议决议的政策为由对其进行控诉或弹劾审判。

如此明确皇帝权力的《皇帝法》不是由他独一无二的助手穆奇阿努斯以皇帝提出的法案也就是皇帝立法的形式确立的，而是要求元老院以立法的形式——“元老院劝告”来表决通过的。换句话说，这样做造成的印象就是，这个法制化的举措不是皇帝韦斯帕芗本人提出的，而是元老院主动要求的。提案者通过追加的“Sanctio”和《皇帝法》到底想表达什么呢？用一句话来概括就是，这项法案通过并签了名之后，他们就没有弹劾皇帝的权力了。

韦斯帕芗肯定不想重蹈覆辙，像尼禄那样失去元老院的信任，说得更具体些，就是被打成“国家公敌”而被迫自杀。不过，这项《皇帝法》的确立对于帝政下的罗马来说确实意味着重大的转变，它代表元老院再也无法对皇帝进行弹劾审判，并且失去了通过过半的票数表决将皇帝打成“国家公敌”来更换政权领导人的权力。由于这项法律的颁布，元老院失去了连帝政的创始者奥古斯都都认可的对皇帝的监督功能。

韦斯帕芗提出这种程度的要求是因为他能够置帝政百年的业绩于不顾吗？奥古斯都之所以没有贸然提出这种要求，是因为在共和政体向帝政过渡的那个微妙的时期，他无法对强烈反感帝政的罗马人视而不见吗？如果奥古斯都站在韦斯帕芗的立场上，他也会提出这样的要求吗？

在罗马史上几乎是罗马代名词的“罗马的元老院”随着罗马历史的发展也在不断改变它的功能。

在王政时代，元老院是集合各大家族的家长向国王提出建议的机关，成员人数从一开始就固定为 300 人。

公元前 509 年罗马过渡到共和政体之后，元老院的成员人数和集合实力派人士的功能一如既往，但是从提出建议的机关变为了执行机关。如果把共和政体时代的罗马元老院比作现代的私营企业，差不多相当于在员工（公民）的上层组成一个有300名成员的董事会。由全体员工每年从这300人当中选出两人担任为期一年的总经理。选出两人是因为需要一人主管国内，另外一人主管国外，共和政体时代的“国外”指的是指挥扩张霸权的战争。

步入帝政后，相当于董事长的皇帝不再是从董事会当中选出，而是由世袭制确定的或前任董事长以收为养子的形式提名的人就任不限制任期的终身董事长。公民大会也变成了公民们在竞技场中报以欢呼或大喊反对的形式，所以通过全体员工的选举产生董事长的情况不复存在了。

第一个尝试改成这种形式的人是尤里乌斯·恺撒，但他真正的意思是，罗马这个“企业”既然已经成长为世界级规模的国际大企业，仍然延续每年更换一名企业领导人的制度以及300名董事会成员的合议制度，会妨碍企业在运营上发挥充分的作用。我认为，帝政对于罗马帝国来说是追求统治能力的提高时不可避免的一种过渡政体。

将恺撒的这种想法变为现实的开国皇帝奥古斯都却在董事会中保留了弹劾不称职董事长的功能——他赋予了元老院对帝政进行监督的权力。

但是，即使步入帝政时期后，罗马的元老院也不仅仅是监督机关，还是储备在将来就任国家要职人员的机关，因此，奥古斯都才认为，只有赋予元老院与其地位相称的权限才能充分发挥它的作用。从人的心理来看，如果期待对方能充分发挥作用的话，给予足够的权限是最好的办法。就连凭借军事力量推翻了“元老院体制”的恺撒也没有做出废除元老院这样的暴行来。不仅如此，他甚至还增加了元老院的人员编制。不过，恺撒勾画的罗马帝国不是共和政体时代那种元老院主导的政治体制，而是皇帝主导的政治体制。到了恺撒之后的奥古斯都时代，元老院作为一个机关负责储备人才、辅佐皇帝经营国家的色彩进一步加强了。尽管如此，一旦认定在位的皇帝不称职，它仍然有权提出不信任案。

但是在韦斯帕芗的《皇帝法》中，即使皇帝被认定不称职，元老院也无权提出不信任案。我推测，就算奥古斯都站在韦斯帕芗的立场上，也根本不会考虑颁布《皇帝法》。

因为对于被剥夺了不信任（用当时罗马的话来说是弹劾审判）权限的元老院来说，在位的皇帝被认定不称职时，唯一能采取的手段只剩下暗杀了。也许有人会说被表决为“国家公敌”唯有自杀一条路，所以自杀和被暗杀没什么区别。但是，拥有“武器”却不使用和“武器”被收缴想用也用不了是完全不同的。我之所以不想给韦斯帕芗作为领导者的表现打满分，就是因为他知道法制化无法解决所有问题，但还是断然实行了法制化。即便是法律，也能反映出制定它的人有着怎样的人格。

也许韦斯帕芗觉得这样一来他就可以安心做皇帝了，但是这项法律的第一个牺牲者就是 26 年后被暗杀的韦斯帕芗的次子图密善。越是努力想要排除风险，就越容易被风险拖下水，这绝对是一个最好的例子。有风险存在的话，人的紧张感就会增强，所以他们有意无意地都会想修正政策路线。也就是罗马皇帝不得不经常考虑什么事该做，什么事不该做。

虽然韦斯帕芗通过制定这项《皇帝法》从而向帝政的专制化迈出了一大步，但有意思的是他在位的 9 年期间政局始终很平稳。他的统治硕果累累，甚至当初根本没必要剥夺元老院的不信任权限。按史学家的话来说就是这一时期没有一件值得记载的事件。没有事件值得记载固然缘于他的善政和好运，但我认为韦斯帕芗的平民阶级出身和日常的行为加上他健全的常识，也给别人造成了他是一位好皇帝的印象。“平民皇帝”便是韦斯帕芗的皇帝形象，对此他比任何人都感到满意，也很清楚这种形象的效果。

但是，没有事件值得记载也表明他肯定在这种事件发生之前就进行了妥善处置。历数韦斯帕芗回国后的业绩便可以得知他对待内乱后的帝国重建有着怎样的想法，以下将不按照年代顺序，而是分几项来进行介绍。

继承人问题

之前已经介绍过，公元 70 年 1 月，韦斯帕芗还在埃及等待时机，提图斯也没有开始着手攻打耶路撒冷。由穆奇阿努斯策划召集的元老院会议选出了韦斯帕芗和提图斯两人担任当年的执政官。次年，即公元 71 年，也是穆奇阿努斯的安排，让仍然在埃及等待的韦斯帕芗当选了执政官。

公元 70 年秋天，韦斯帕芗回国以后，父子几乎每年都当选为执政官（公元 72、74、75、76、77、79 年等年份）。韦斯帕芗与儿子之外的人分享执政官职位只有公元 71 年和 73 年这两年，执政官职位由这父子三人以外的人当选只有公元 78 年一年。

韦斯帕芗将长子提图斯推到幕前的计划绝非与他分享执政官职位这么简单。

在庆祝犹太战争结束的凯旋仪式上，父子二人分别驾着四匹白马拉的战车，以凯旋将军的身份露面。公元 71 年春天举行的凯旋仪式

提图斯

图密善

的特点就是没有主角、配角之分，两个人都是主角。

并且韦斯帕芗皇帝在凯旋仪式刚一结束，就赐予了儿子提图斯使用与自己一样的个人名“Imperator”的权力，此外甚至还将“绝对指挥权”和“护民官特权”赐予了他。拥有最高指挥权相当于成为统率罗马全军的长官，是皇帝才能拥有的权力，所以提图斯坐的依旧是第二把交椅，但他拥有了包括公民大会的召集权和否决权等强大权力的“护民官特权”，其实在身份上几乎等同于皇帝了，因此可以解释为他和父亲之间已经是平起平坐的共同统治者了，这和晚年的奥古斯都给予自己的继承人提比略的待遇相同。

此外，韦斯帕芗还把“恺撒”这个称号赐予了儿子提图斯和图密善，因此，从此以后，皇帝的称号就固定为了“恺撒·奥古斯都”，皇位继承人的称号则固定为了“恺撒”。韦斯帕芗深信皇位继承人的人选不确定是导致内乱的重要原因之一，因此才明确了皇位继承人的称号，一来可以满足自己作为父亲让儿子继承皇位的心愿，二来可以将帝国发生内乱的可能性扼杀在萌芽中。

针对元老院的对策

身为专制色彩浓厚的《皇帝法》推行人的韦斯帕芗，对元老院的态度其实还是很温和的，这可能跟他自己具有的政治平衡感有关，同时也是他考虑到占据元老院席位的很多人的出身都比他高贵的缘故。

即使他没有重要的议题，也必定会出席在每个月的 1 日和 15 日召开的元老院会议，当然这也是因为他在统治期间几乎每年都兼任执政官，需要以议长的身份参加。

在会议上，他会奖励踊跃讨论的人，对于正反两方面的意见都洗耳恭听。无论听到多么辛辣和恶毒的批判，他都不会表露出不高兴的样子。不过他也会据理力争，但是没有恺撒那种凭借机智和幽默以简捷的一句话戳到对方痛处惹来满场爆笑从而让反对者孤立无援的讲话技巧，他最多也只能是把脸上的皱纹泛起来，说些诸如“全怪我这把年纪还来当皇帝，现在成了众矢之的”之类的话。不过会场的气氛往往还算和谐，韦斯帕芗虽然没有才气，但还是有些亲和力的。

韦斯帕芗能够赢得元老好感的另一个原因是，他曾经公开表明不会以叛国罪的名义将元老院元老送上法庭。既然已经确立《皇帝法》，根除了弹劾皇帝的可能性，就没有必要再三番五次强调这件事情了。这么做表明在其淳朴的乡下人外表下，隐藏着他对伪善行为的效果怀有的深刻理解。韦斯帕芗不单有亲和力，还是个圆滑世故的人。

另外，他也没有忘记给经济条件困难的元老提供资金援助。因为不管怎么说，担任终身无薪的元老院元老的一个重要条件就是拥有100万塞斯特斯以上的资产。韦斯帕芗自己在被推举为元老院元老的时候也没有这么多钱，他让哥哥萨比努斯做担保人后才好不容易借够了钱，在元老院中占据一席之地。

皇帝韦斯帕芗还重新启用了第二代皇帝提比略创设并积极利用的委员会方式，这是一种当议题需要快速解决或需要专业的知识和能力时，不是通过由600人组成的元老院反复讨论表决，而是委托由5至10位元老院元老组成的对策委员会来解决的方式。当然，这种方式的着眼点是促进统治的高效化。这不禁让人想起，韦斯帕芗是继提比略之后第一位熟谙军事、为了执行军务而将自己的足迹踏遍帝国全境的皇帝。

人才录用

韦斯帕芗刚刚登基就明确表示自己要沿袭奥古斯都、提比略、克劳狄乌斯的政治路线，他并没有说谎。他任用了12个行省出身的人担任元老院元老，并且如果只是给他们元老院席位的话，那就与克劳狄乌斯皇帝向中央地区和北部地区的高卢人开放元老院大门的做法没什么区别了，实际上韦斯帕芗迈出了更大的一步，因为他赐予了其中5人贵族的称号。

按照罗马元老院的惯例，发表演讲时为了向诸位元老致意，总是以一句“Patres Conscripti”开头，直译过来相当于“各位父老、各位新进人士”。“父老”指的是建国以来的名门贵族，具体来说包括科尔涅利乌斯、克劳狄乌斯、尤里乌斯、瓦莱利乌斯、埃米利乌斯等家门，像西塞罗这种家门中第一个成为元老院元老的人就不是“父老”，而是“新进人士”中的一员。也就是说，韦斯帕芗将前面5个人抬举到了几乎和父老同等的地位。因为尤里乌斯—克劳狄乌斯王朝这个既有的统治阶级无法继续发挥作用，导致尼禄政权的倒台和之后的混乱局面，所以韦斯帕芗想给活力日渐衰退的统治阶级注入新鲜血液，而这些作为“新鲜血液”的人都是凭实力晋升上来的，代代都属于统治阶级的人也无话可说。

在这5个人之中，有3个人的名字流传到了2 000年后的今天：

M. 乌尔庇乌斯·图拉真——率领第十军团从犹太战争开始一直战斗到最后的武将，后来的图拉真皇帝的父亲，来自西班牙。

C. 尤里乌斯·阿古利可拉——8年后被派遣前去征服不列颠的武将，史学家塔西佗的岳父，来自高卢。

L. 尤里乌斯·弗朗提努斯——被提拔的时候不过是一名法务官，之后历任包括“水道厅长官”在内的各种部门的公职，并著有流传至今的研究古罗马水道系统的解说书，这个人很可能也是来自高卢。

包括这3个名人在内的12剂“新鲜血液”的出生地遍布西班牙、高卢、希腊、小亚细亚、叙利亚、北非等帝国各处的行省。相对于将元老院的门户向帝国西方的行省出身者开放的恺撒和克劳狄乌斯，韦斯帕芗是将帝国东方的行省出身者也吸纳到了元老院中。

虽然还不至于让他们跻身贵族行列，但当时的民众很清楚在元老院中占据席位意味着什么。几乎所有的国家要职都是从元老院元老中选出来的，不论是执政官、行省总督，还是指挥数万名士兵的司令官，只有元老院元老才有可能担任。因此，一旦当选元老，便是光耀乡里，当地居民无不为之庆贺。实行了这种平均化政策以后，无论意大利本土还是行省，同样都是罗马帝国一员的这种命运共同体的意识便增强了。

但是观察这12人的名字后发现，12人中有4人拥有“尤里乌斯”这个家门名。能够赐予行省人民“尤里乌斯”这个家门名的只有恺撒、奥古斯都、提比略、卡利古拉4个人。克劳狄乌斯和尼禄属于克劳狄乌斯家族，所以这两人赐予的家族名必须是“克劳狄乌斯”，就像被韦斯帕芗赐予家族名的犹太人史学家约瑟夫斯应该被称为弗拉维乌斯·约瑟夫斯一样。

首先，卡利古拉对这种事情毫不关心。奥古斯都不是不关心，而是在这个方面属于比较保守的人，因此，对于将自己的家门名赐予行省出身者始终持消极态度。继承他的提比略一直积极任用有实力的人，他手下的人被后世称为“提比略一派”，但是他的信条是绝不会做奥古斯都没有做过的事情，所以他应该也没有到处赐名。结果，最后剩下的就是尤里乌斯·恺撒，这样一来，韦斯帕芗也成了恺撒在120多年前播下的种子的受益人。虽然有一些“尤里乌斯”发动过叛乱，但是罗马帝国确实也有不少跻身帝国中枢、为国服务的“尤里乌斯”。

针对骑士阶级和平民的对策

尽管自己出身于罗马社会的第二等级——骑士阶级，但韦斯帕芗并没有给予他们特殊的待遇。他的这种政治平衡感还是很值得称赞的，不过他在这个方面也只是按照先人指明的方向前进罢了。

这个方面的“先人”指的是奥古斯都和克劳狄乌斯。共和政体时代的政治被元老院阶级垄断，骑士阶级只能在经济领域有所作为，奥古斯都将他们带入了行政领域，让这些由于在经济活动上经验丰富而在实务能力上出类拔萃的人负责帝国统治方面的实务工作，因而他们成了统治广大帝国不可缺少的“官僚”。因此，被称为共和政体时代的“经济界”的骑士阶级在步入帝政以后变成了经济、行政、军事等方面的专业人才。

罗马社会分为元老院阶级、骑士阶级、平民阶级、解放奴隶、奴隶等阶层。罗马人并没有废除这种共和政体时代以来的等级制度，而是让它延续了下来，不过却承认了五个阶级之间的流动性，不仅承认甚至还鼓励流动。奴隶可以变成解放奴隶，只要具备资格就可以获得罗马公民权，成为平民阶级。骑士阶级出身的韦斯帕芗也凭借在军团中的业绩和公职经历进入了元老院，甚至当上了皇帝。

如果让社会的构成人员人人平等，反而会造成疏远外部人员的结果，因为对于新进人员，不可能马上就承认他们拥有与既有人员同等的权力。如果承认的话，会招来既有人员的反对。只要想一想在现代仍然悬而未决的种族歧视现象在社会底层引发的严重问题，就可以理解这个问题的复杂性。如果像古代罗马这样，承认社会的阶级差别，也承认阶级间的流动性，就没有拒绝外来人员加入的理由了。首先让他们加入下层，之后能否提升地位全看个人的努力。另外，对于一开始就展现出自身实力的人，可以马上允许他们提升到与自己实力相符的阶级。为了捍卫民主政体而不得不一直坚持人人平等的希腊城邦雅典对于其他城邦出身的人和奴隶来说却是一个封闭的社会。相比之下，共和政体时代由元老院主导的寡头政治和进入帝政时代后变为君主政体的罗马社会开放得多，我相信这个史实放到现代也是值得思考的。古代的罗马虽然有那个时代的局限性，但确实是实现了机会均等的社会。韦斯帕芗的业绩不过是建立在由恺撒开辟、奥古斯都巩固、提比略和克劳狄乌斯不断修正改善的基础上。

韦斯帕芗通过《皇帝法》的制定剥夺了元老院弹劾皇帝的权力，但是没有就此便认为自己和儿子们的地位安然无恙了。平民阶级也是罗马公民权的拥有者，所以也是堂堂正正的有权者。在帝政历经百年后的公元1世纪下半叶，执政官以下的国家要职都改为由元老院选举决定，公民大会也失去了它的意义，实际上已经很久没有召开了。然而，这些有权者并没有完全失去表达自己心声的机会，由国家主办或皇帝要员们举行的各种角斗比赛和祭祀活动成了平民反映意见的场所。虽说是平民，但同时他们也是罗马公民，他们以此为荣，在表达意见的时候毫不客气，让统治者很是头疼。不管皇帝的兴趣是观看角斗比赛还是四匹马拉的战车竞速，公民都非常欢迎他出席，因为这是他们向最高统治者反映意见的场所。

奥古斯都在履行皇帝职责的同时也经常在这种场合露面，这使得他在平民当中的口碑节节攀升。提比略虽然也充分履行了皇帝的职责，本人却隐居在卡普里岛，而且也不喜欢出席观看角斗比赛，这是平民对他评价不高的原因。作为皇帝是否称职尚且是个疑问的卡利古拉和尼禄却意外地备受平民爱戴，在很大程度上也有赖于他们二人的“全勤”。

后世将这种做法称为“面包与马戏”（代表食物与娱乐），认为它是罗马帝国的最大弊端。然而，“面包”的制度可以为贫困者保障食物来源而不至于让他们饿死，“马戏”对于罗马帝国的民众来说也有着娱乐之外的意义。为了证实这一点，下面介绍一段韦斯帕芗亲身经历的逸事。

犹太公主

韦斯帕芗的长子提图斯秉承父命参加犹太战争期间，疯狂地爱上了犹太的公主贝蕾妮丝。贝蕾妮丝是在克劳狄乌斯皇帝时代重登王位的阿格里帕一世的女儿，相当于协助罗马一方参与犹太战争的阿格里帕二世的姐姐。她比提图斯大12岁，曾经与2名东方国家的君主有过婚史。

父亲阿格里帕一世才气超群，青年时期在罗马接受教育时甚至被提比略皇帝视为心腹大患。大概是比起儿子来，他的才能更多地遗传给了女儿的缘故，弟弟因性格忠厚而被罗马方面视为理想盟友，姐姐贝蕾妮丝却不同，她性格耿直，有强烈的自尊心，如果发现罗马人的长官企图迫害犹太人的话，她会毫不犹豫地提出严正抗议。她不仅天资聪颖，还受过广泛而深入的教育。此外，虽然她的肖像没有流传下来，但根据史学家们的描述，她还是一个身材苗条、举止优雅的美女。

而提图斯在外表和内心方面都与父亲韦斯帕芗颇为相似，不过可能是因为年轻，他身上没有父亲的那种圆滑。弗拉维乌斯·约瑟夫斯在《犹太战记》中描述的提图斯是一个身为总司令官却在打仗时与普通士兵无异的人，所以只能说他是一名勇将，而并非智将。他是一个淳朴且有良心的青年，但是头脑不够冷静。也许正因如此，他才迷上了这位美丽、知性、比自己年长的东方女子。

贝蕾妮丝对于提图斯表达的爱意似乎也给予了充分的回应。阿格里帕二世协同姐姐一起到罗马向韦斯帕芗进行亲善访问时，这位皇子和犹太公主得以再次相会。提图斯让自己的情人住进了皇宫，他当初爱上贝蕾妮丝的时候已经和育有一女的妻子离了婚，所以是个自由的

提图斯

单身汉。罗马人不觉得和犹太女人同居是什么丑事，当时皇帝一家住在帕拉蒂尼山上的皇宫中，同住的还有犹太史学家弗拉维乌斯·约瑟夫斯，犹太战争后被提拔为首都警察长官的原埃及长官、犹太人提比略·尤里乌斯·亚历山德罗斯也经常出入于此。对于这些事，罗马人甚至都不会提起。

如果提图斯仿效恺撒对克娄巴特拉那样，与这个出身高贵的犹太女人一直保持情人关系的话，本来不会有什么问题。或者，如果提图斯不是皇位继承人，只是一名普通行政官的话，就算与这个犹太女人正式结婚，罗马人也不会横加阻拦。贝蕾妮丝的姐姐就嫁给了一名从罗马派来的犹太长官。但是，淳朴的提图斯不愿意让自己爱的人一直没有名分，而他偏偏又是现任皇帝的继承人。

对于提出正式结婚请求的儿子，不知韦斯帕芗是如何回答的，不过民众却对此给出了答复。

当天，韦斯帕芗和提图斯坐在竞技场的贵宾席上，想必犹太公主贝蕾妮丝也列席了。挤满观众席的群众向他们发出了强烈的抗议声。

罗马的民众不是因为提图斯期望的结婚对象是犹太人而提出抗议，对于他们来说，一提到东方国家的公主，首先想到的就是埃及女王克娄巴特拉。尽管已经是100多年前的事情了，但他们没有忘记马克·安东尼就是因为对希腊裔的埃及女王克娄巴特拉鬼迷心窍才把弓箭对准祖国罗马的。不管是希腊裔还是犹太裔，在他们看来没有任何区别。单是东方国家王室的女人这一点，就足以让他们担心再次回到安东尼和克娄巴特拉的那个时代。

提图斯最终放弃了爱情，贝蕾妮丝返回了犹太。9年后，韦斯帕芗去世、提图斯继承皇位时，贝蕾妮丝再一次来到罗马。但是提图斯成为皇帝后也没有忘记当年民众在竞技场上演的那场大抗议活动，这个犹太女人只能再次返回东方。

然而，提图斯虽然放弃了爱情，却没有放弃对这段爱情的忠贞。与贝蕾妮丝离别以后，他没有再另外寻找别的结婚对象，甚至连情人都没有。他那时才30岁出头，之后终身未娶。尤里乌斯·恺撒在与提图斯相同的年龄时曾说过，身处上层的人比身处下层的人在自由上更受限制，提图斯大概能够切身体会到这句话的含意。皇帝即使有《皇帝法》护身，但如果觉得这样便可以为所欲为的话，那就等于自掘坟墓。

圆形竞技场

在现代，如果要用一张图片来表示罗马这座城市的话，大家通常都会想到“Colosseum”（圆形竞技场，意大利语为“Colosseo”），它的修建者就是韦斯帕芗皇帝。因此，这座圆形竞技场的正式名称是

圆形竞技场的复原模型

“Amphitheatrum Flavium”，翻译过来就是“弗拉维乌斯圆形剧场”。半圆的剧场建筑形式是希腊人首创的，所以在名称前面加上意为“将两个半圆合在一起”的希腊语“Amphi”，就成了圆形剧场。根据场地中举行的活动种类来意译的话，应该译为“圆形竞技场”或“圆形斗技场”。其实场地的形状更近似于椭圆，这种样式的野外竞技场完全是罗马人的独创。只有首都罗马修建的这座圆形竞技场被通称为“Colosseum”，是因为在修建黄金宫殿时，尼禄在旁边建造了一座自己形象的巨大雕像（Colossus）。韦斯帕芗没有破坏这座雕像，但是把尼禄的脸改成了太阳神。韦斯帕芗之所以没有破坏这座雕像，是因为它庞大的体积很受民众的喜爱。

修建圆形竞技场的地点是尼禄本来准备用于建造人工湖的一块平

现代的圆形竞技场

地，尼禄建造人工湖的目的肯定是想为市民提供散步的场所——公共建筑物林立的罗马广场和恺撒、奥古斯都的“广场”附近增添绿化植被和清新的空气，但为什么韦斯帕芗要牺牲这些好处，在这里建造能够容纳多达 5 万人的圆形竞技场呢？

我在《罗马人的故事 07 · 臭名昭著的皇帝》的讲述关于尼禄皇帝的章节中曾提出过这样一个假说——尼禄修建包含一处可以划船游玩的人工湖和饲养野生动物的自然公园在内的黄金宫殿是想绿化罗马的市中心，这本身就是他的首都改造计划。并且我认为这项计划没有得到市民好评的原因在于尼禄和当时的市民在对于都市的改造计划上存在分歧。喜欢希腊文化的尼禄肯定是想将首都罗马改造为希腊风格的“阿卡迪亚”（Arcadia，理想国），但是对于在郊外一般都拥有另外一套住宅的市民来说，城市不是享受绿化的地方，而应是人们聚集的场所。尼禄也许会说，自然公园和人工湖一样可以让人们聚集起来，游玩享受。

然而，“享受”这个词对于个人和集体的意义是不同的。市中心不仅是聚集民众的场所，还需要让民众一起参加某项活动才算充分得到了利用。取消人工湖的计划而改为修建圆形竞技场的韦斯帕芗才是理解了市中心价值所在的人。

但是尼禄可能又会反驳，市中心已经有大竞技场了。

大竞技场的意大利语写作“Circo Massimo”，起初能够容纳 15 万人，后来扩建为能够容纳 25 万人，是一座用于举办四匹马拉战车竞速比赛的大型竞技场。但是，一旦达到这么大的规模，反而很难保证每名观众都实际参与进来，因为他们的注意力由于规模过于庞大而分散了。相反，如果是 5 万人的规模，并且集中在封闭空间内的话，人们的参与意识会增强。

圆形竞技场的大小正适合皇帝与民众会面。5 万人的规模对于拥有百万人口的罗马来说，正好不大不小。并且对于最高权力拥有者的皇帝韦斯帕芗来说，修建圆形竞技场除了可以提供娱乐场地之外，还可以提供让民众对自己的施政发表赞同或反对意见的场所。市民也正确理解了韦斯帕芗的意图，对于修建人工湖持批判态度的他们听说要修建圆形竞技场，都举双手表示赞成。

圆形竞技场在外观和技术上都是旷世的杰作，这种规模让人既不会感到笨重，也不会感到单调。它采用了罗马人喜爱的拱门，拱门两侧用圆柱固定，在连成一片的拱门内部修建人像。一楼使用的柱子是厚重的多立克柱式，二层的柱子是轻盈的爱奥尼亚柱式，三层的柱子是纤细的科林斯柱式。每层采用不同风格的柱式，可以避免笨重单调

左，圆形竞技场的三层拱门；右，文化宫

的感觉。读者们可以与据说是模仿这种方法建造的墨索里尼时代的意大利文化宫的建筑物比较一下。

在功能方面，由于出入口的巧妙设计，据说一旦发生事故可以在 15 分钟内保证全体观众安全撤离。用于格斗的猛兽可以通过地下的运输装置运送到地面上，而不会伤害到管理人员。此外，为了防止观众被罗马强烈的阳光晒伤，利用帆布在观众席顶上制作了顶盖。据说每当圆形竞技场要举行活动时，都是由米塞诺海军基地的水兵们负责这项工作，但是直至今日也不清楚他们到底是通过什么方法办到的。

这座圆形竞技场直到 2 000 年后的现在依然耸立在地上，让我们

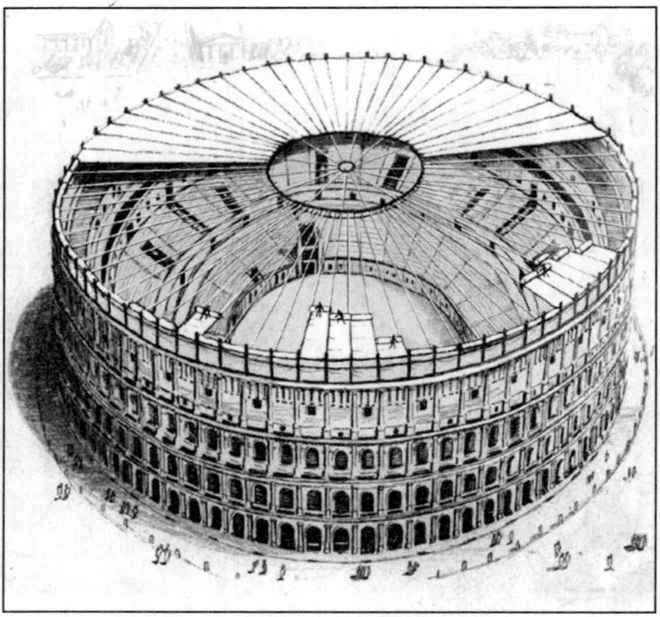

圆形竞技场（复原假想图）

现代的足球场

能够亲眼见到，但是我们看到的圆形竞技场只相当于罗马帝国时代的三分之一。被基督教统治之后，罗马的公共建筑物变为了现成的石料供应地。拜其所赐，能拆的地方全被拆掉了。每个拱门内立着的人像、墙面上的大理石板遗失殆尽，我们今天看到的圆形竞技场不过是残留下来的“骨架”。德国文豪歌德曾经说过，到意大利旅行光有肉眼是不够的，还要带上心灵之眼。圆形竞技场就是一个好例子。

建设和平广场呼吁恢复和平和秩序，建设圆形竞技场提供娱乐场所，同时拉近皇帝与一般市民的距离，这些做法都很好，但是韦斯帕芗得到市民一致支持的最重要原因还是钱。由于尼禄松散的财政政策和一年内乱带来的秩序混乱，国家财政的重建已经是燃眉之急。而在财政重建方面最有名的人首推韦斯帕芗，用一位研究者的话来说："他是最称职的国税厅长官。"

他被评为“最称职”是有依据的。韦斯帕芗既没有提高税率，也没有胡乱增设新的税种，他只是思考过如何才能增加税收，并且成功了。韦斯帕芗为什么能够成功呢？在给出这个问题的答案之前，需要先来了解一下罗马的国家财政是如何构成的。

财政重建

曾经有很多学者下大功夫研究过罗马帝国的国家财政，然而直到今天也未能窥其全貌，恐怕以后也很难指望将这个问题完全搞清楚。罗马人并不是因为不重视税制，漫无计划地横征暴敛。相反，罗马的皇帝们很清楚，以较轻的税率进行大范围征收的税制才是善政的根本，基本上在税制的制定上都保持简单明了的原则，在遇到各种情况时具体问题具体分析，所以没有足够的现存史料能够把握其整体特征。因为到了罗马帝国灭亡后的中世纪，割据各地的封建诸侯和豪族们随心所欲地征收苛捐杂税和过路费，在税收方面出现了无政府状态。拜其所赐，人们都不再关心罗马时代的税制了。恐怕后人都认为那个时代存在的关于古罗马税制的史料根本没有被抄写下来进行保存的必要，都遗失了吧！不过从散见于各种史料中的史实来推测，罗马帝国的税制大致如下：

年收入

一、税收

直接税——古代城邦的公民认为，公民的权利是参与国政，公民的义务是通过服兵役来保卫自己的国家。即使雅典城邦的公民也只有服兵役的义务，没有缴纳直接税的义务。罗马也是由城邦国家发展而来的帝国，成为主要战斗力的军团兵的条件是拥有罗马公民权，因此，作为帝国安保负责人的罗马公民只有缴纳这种别名为“血税”的“税”，而不会被要求缴纳直接税来代替兵役。不过雅典和罗马的不同之处在于，罗马公民权拥有者不只限于意大利本土出身或行省出身的罗马人，即使是行省出身的他国人，只要作为辅助兵服役满 25 年就可以获得罗马公民权，医生和教师在开始从事治疗和教育的阶段就可以直接获得罗马公民权。另外，还有不少人是政治上的原因（例如恺撒大范围赏赐被征服民族的权贵阶层）或个人的原因（例如韦斯帕芗赐予犹太史学家约瑟夫斯）获得了罗马公民权。除了被纳入罗马法的保护下之外，还可以免除直接税，这都是罗马公民权保障的直接利益。

因此，直接税大部分来源于行省税。换句话说，没有取得罗马公民权的行省人民由于被免除了负责保障帝国安全的义务，所以就要承担安保费用。这项行省税以获利的资产和个人为征税对象，税率规定为收入的 10%。女人、小孩和老人被认为不属于获利群体，所以没有被归入征税对象的行列。

然而，仅以罗马公民权拥有者为征税对象的直接税也是存在的，那便是开国皇帝奥古斯都首创的、在古代独一无二的遗产税，税率为 5%，不过，六等亲以内的家属亲族被排除在征税对象之外，也并非每年都必须缴纳的税种。此外还有针对摆脱了奴隶身份的人征收的奴隶解放税，这种税的税率为该人以前作为奴隶被贩卖时身价的 5%。关于这种税，我已经在《罗马人的故事 06 · 罗马统治下的和平》中详细介绍过了。

间接税——罗马帝国大致有两种间接税：

关税——奥古斯都时代根据各地的经济实力，分别征收 1.5% 到 5% 不等的关税，到了帝政历经百年后的韦斯帕芗时代，地方之间经济实力的差距有所减小，帝国全境的关税率固定为了 5%。不过，对于通过埃及的海关进口的香料、丝绸和宝石等东方的奢侈品，依然保持奥古斯都时代 25% 的关税率。

营业税——类似于日本的消费税，税率为 1%。不过，作为主食的小麦从尼禄皇帝时代开始不再是征收对象。

依靠征税获得的收入大致就是以上情况。

二、国有的金、银、铜及其他矿山收入

罗马帝国尽可能避免国有经营，但只有矿山是国有化的。重视矿山带来的收益不是唯一的理由，也是因为帝国政府的职责之一是保持帝国内流通的货币面值与制币材料的价值一致。

三、国有土地的租赁收入

把意大利本土和行省的全部地域加在一起的话，罗马确实拥有面积辽阔的“国有土地”，其中大部分是耕地。罗马帝国将这些地租赁给耕作者，国家和农民之间建立了相当于地主和佃户的关系。公元前59年，当时还是执政官的恺撒颁布了《尤里乌斯土地法》，完全保障了农民的租地权。由于该项法案承认了租地权的世袭，并规定租赁20年以后让渡给农民，所以与其说农民是佃户，不如把他们当作从国家借来生产资料进行生产的自耕农更为贴切。土地的租金为一年收成的10%，除了农耕之外，畜牧业也采用这个税率。

以上都是一般年收入，此外还有两种临时的年收入：一是变卖战争胜利后获得的战利品而取得的收入；二是没收因叛国罪被判处死刑或流放的人拥有的资产而取得的收入。

但是，韦斯帕芗无法指望能获得这些临时收入，因为罗马步入帝国时代以后，主要任务由征服变为了防卫，并且韦斯帕芗本人也曾公开表示不会以叛国罪为名控告元老院元老。下面，我们再来看看管理国家时的另外一个重要方面——年支出是怎样的情况。

一次，我有机会见到了日本前首相宫泽喜一先生，向这位经济专家请教了多年以来的疑问——在现代，任何一个发达国家的税率都比罗马帝国要高，这是为什么？宫泽先生的回答是，可能是因为现代国家要负担社会福利开支。

那么，古代罗马的年支出中是不是没有社会福利的部分呢？

年支出

一、军事费用

各位读者应该没有忘记，皇帝的首要职责是安全和粮食的保障。

维持和平就能促进经济发展，所以安全的保障就等于粮食的保障。对于这一点，罗马帝国的人们都没有意见。

在韦斯帕芗时代，需要不断对不列颠进行征服活动，同时也要在犹太地区驻军，所以一直保持28个军团。作为主要战斗力的军团兵为16.8万人，作为辅助战斗力的辅助兵人数也基本与此相同。对于这些士兵，国家除了要负责他们的吃住和武器装备，每年还必须支付薪水。另外，军团兵在20年后期满退役时，还可以享受到在古代来说很稀奇的退职金。用不着史学家塔西佗和哲学家塞内加提醒，也可以知道维持“罗马统治下的和平”是要花钱的。

二、公共事业费

能够以30万人的兵力坚守住广大罗马帝国周围的所有防线，是因为铺设了能够让大批士兵和重型武器快速移动的罗马式道路网络。罗马人认为桥梁也是道路的延长，所以他们不会有“完全用石头铺设道路，却用木头修建桥梁”的想法，如果铺设道路的同时也必须架设桥梁，那么架设的桥梁若不是与道路同在一条线上，就是架设了也没用。另外，为了让道路网络更充分地发挥作用，只要有必要，罗马人当然也会修建堤坝和运河，因为这些也是道路网络的一部分。不管前面是大海还是河川，都会修建必要的港湾。

修建这些基础设施最初是出于军事目的，全部由军团兵负责，这使得明确区分军事费用和公共事业费用的可能性不复存在，或者说两者密不可分更贴切，因为当时的高速公路系统——罗马道路网络对民间也是开放的，并且是免费使用。

还有一项国家出资负担的公共事业是神殿的建造。罗马信奉多神教，所以神殿的数量也很多。不仅有朱庇特、阿波罗和维纳斯这些高级神，罗马人将“融合”“信义”这些理念也还原为了神。这些神殿的修建一般是通过竞标的方式委托给被称为“Societas”（英语 society 的词源）的民间企业负责施工，这种施工方式也被其他同样重要的公共事业——上下水道、公共浴场、竞技场采用，和平广场和圆形竞技场也都是委托民间企业修建的。很多“Societas”都不止一名出资人，而是多名出资人共同经营，可以说是近代股份有限公司的雏形。

在首都罗马，重要的公共建筑物很多都是在共和政体末期由个人通过私人投资修建的，例如庞培剧场、恺撒广场、尤里乌斯会堂、尤利娅回廊等。包括这些在内的很多建筑物都是依靠个人捐资建造，没有使用国家的钱。但是，任何建筑物在完成后都需要定期维护和保养。公共事业费的相当一部分都被用在了道路、上下水道以及公共建筑物的维修上。

三、人力资源费

帝国既然幅员辽阔，那么在管理上就需要很多人力。在首都罗马任职的执政官、法务官、财务监察官、按察官等政府高官都是没有薪水的，但是在首都罗马任职的事务官僚却有薪水。另外，派驻行省的总督可以领取必要的经费，在总督手下工作的官僚当然也是有薪水的，在这些人身上支出的人力资源费肯定达到了相当的数目。不过，令人意外的是，罗马帝国统治如此广阔的地域，却没有成为一个官僚王国。也许是因为包括征税事务在内的很多事情都委托给了民间负责，就连首都罗马也没有一座政府办公室之类的建筑。

四、节庆费

这也是多神教国家特有的一笔开支，罗马人没有每周日公休的惯例，献祀众神的节日就是他们的休息日。节庆费开支庞大的原因是，除了在神殿举行祭祀的开支外，按惯例在祭祀之后举行的以敬献给众神为名义的各种竞技大会耗资庞大。对于罗马人来说，休息日的意思就是在神殿向神祭拜之后与这些神一同欣赏竞技比赛和格斗。

五、社会福利费

按照《小麦法》的规定，居住在首都的市民拥有每个月免费领取5摩第（Modius，约合30公斤）小麦的权利。

这个措施的历史非常古老，可以追溯到公元前2世纪，到韦斯帕芗皇帝统治时期为止已经持续了200多年。《小麦法》在公元前123年由当时的护民官格拉古兄弟中的弟弟盖乌斯首创。当初的目的是保证贫民以市价60%的“政治价格”购买作为主食的小麦，但是后来这项法案沦为政治斗争的工具，结果从公元前1世纪起固定为免费发放。步入帝政以来的领取人数为20万人左右，他们当中的每个人都可以在每个月免费领取5摩第的小麦。

领取小麦的条件是居住在首都的罗马公民权拥有者，限定为居住在首都的罗马公民的原因是自古至今贫困者都容易涌向大城市。同时，能够直接或间接表明是否支持皇帝的也正是这些居住在首都的“有权者”，所以《小麦法》也是一项针对有权者的对策。

女人和10岁以下的孩子没有资格领取。这样的话，从理论上来说，不论是元老院元老还是属于骑士阶级的“Societas”的管理者都可以申请领取。

然而，《小麦法》的真正目的在于将贫困的人从饥饿中拯救出来。话虽如此，因为是针对有权者的对策，所以只把对象限定为贫民阶层的话就会失去效力。于是罗马当局想出了一个好办法——如果想要得到每个月免费领取5摩第的小麦和节日活动免费入场券的待遇，必须由领取者本人申请获得承认上述权利的证明书（Tesserae Frumentariae）。因此，这就给申请人带来了很多无形的障碍，比如需要与平民和解放奴隶一起加入马尔斯广场的长队中，还得忍受在排队时碰到熟人的尴尬，并且还要花很长一段时间才能领到手。通过采取这种方法，确保了真正需要福利的人才能够领到小麦。

“面包与马戏”

后世的人们批判罗马人时首先举出来的就是“面包与马戏”，理由是罗马人有国家保障食物，所以不需要工作，终日以观看国家举行的格斗等节目为乐。

在此假设有一家五口罗马人，三个孩子中大一点的两个孩子已经过了10岁，其中一个孩子是女孩，不到10岁的最小的孩子是男孩。这一家的成员中有权享受《小麦法》的只有父亲和长子两人，两个人每月领取的小麦配给量是10摩第，约合60公斤。然而似乎发放的不是小麦粉，而是脱谷后还没有磨成粉的小麦粒，每天的发放量为2公斤。那么首先磨粉就需要花钱，磨成粉后罗马人一般会采用两种烹饪方法：第一种是拿到面包房烤成面包；第二种是加入蔬菜或奶酪煮汤吃。不管哪种方法都要开支。第一种方法需要向面包房支付费用，第二种方法需要负担购买另外的食材所需的费用和燃料费。假如不将这些开支计算在内的话，每天食用2公斤小麦获得的热量大约为4 000千卡，一家五口人就凭这些热量能维持生计吗?

日本的生活保障制度在就职获得收入后就不能再享受了，然而，在古代罗马，即使有工作也不会失去领取小麦的资格。因为一家五口人以每天 4 000 千卡的标准领取小麦，只能保证不饿死，除此之外的其他方面都得不到保障。没结婚的人得到的待遇也差不多，虽然每天可以免费领取 1 公斤小麦，但还需要支付房租，另外还要买衣服。最重要的是每天光吃小麦会营养不良，导致生病。因此，找到工作赚取收入是绝对有必要的，国家给予的保障只是不让人饿死罢了。

“面包与马戏”的原文是拉丁语，可见是罗马人自己发明的说法，但这只是讽刺作家的夸张形容，如果囫囵吞枣地笼统理解，就无法搞清历史的真实情况。同时不能忽视的是，正是由于这项《小麦法》的存在，百万人口的城市罗马的民众才不至于饿死。另外，类似这样的社会福利随着帝国经济实力的提高也逐渐普及到了地方城市和行省，所以在这样一个广大的罗马帝国中，由于饥饿导致的集体死亡事件一次也没有发生过，这难道不值得大书特书一笔吗？毕竟这是距今 2 000 年前的罗马帝国，而直到现代我们依然可以在电视上看到非洲和亚洲发生饥荒的场面。

然而，就算发放给每个人的小麦量只达到保证不饿死的程度，20 万人口也会给国库带来沉重的负担。据说 1 摩第小麦的市价平均为 10 塞斯特斯，但是不能以市价来计算《小麦法》给国库带来的负担。并且从尼禄时代开始，小麦是不收税的。因此，除了向生产者支付的批发价之外，还要算上装载到“Societas”的船只上运抵奥斯提亚港的运费。全部计算进来的话，1 摩第小麦的成本价差不多是 6 塞斯特斯左右。

20 万人一年所需的小麦总量为 1 200 万摩第，这样的话所需费用为 7 200 万塞斯特斯，那么罗马帝国的社会福利费就相当于支付给罗马全军将士薪水的三分之一。保障平民不饿死的政策是需要相当大的一笔费用的。但是，历代皇帝依然坚持奉行这项政策。对于没有资格享受《小麦法》的平民的需求，也一直通过完善港湾和仓库的设施来保证供给量的充足和价格的稳定。罗马皇帝的两大职责在于安全和粮食的保障，所以一旦在其中任何一项上做得有所欠缺，很可能会在竞技场接见民众时迎来嘘声，甚至有被杀死的危险。

但是，对于了解现代福利制度的我们来说，国家的社会福利应该还包括医疗和教育。

然而，罗马人不认为这两项属于国家的职责。不过也有例外，就是在每处军团基地常设的军队医院。连前线的军团基地都有如此完备的医疗设施，帝国的首都罗马却没有本应该修建的大医院。如果要想讨市民的欢心，皇帝们本可以争先恐后地修建大医院。但是，皇帝们争先恐后修建的“大建筑”却是浴场，还有可以在夏季供给充足水源的水道设施。此外，在罗马帝国时代的首都罗马的复原地图中，也找不到与医院同样重要的大规模公共设施——学校。

教育与医疗

古代的罗马人并非对医疗和教育漠不关心，尤里乌斯·恺撒早在公元前45年就颁布了对于从事医疗和教育工作的医生和教师，不问本人的出生地、民族和肤色，统统赐予罗马公民权的法律。拥有罗马公民权也就意味着被免除了行省税这项直接税。恺撒的想法是，通过免除直接税，让这些人从事医疗和教育来适当地回报社会。换作现代的日本，就是不管出生在日本还是韩国，或是美国、德国、印度，都赋予日本国籍，并且免除在日本的所得税，以此来吸引人才到日本从事医疗和教育事业。也就是说，通过给予优待措施来生成知识产业的自由市场，在自由竞争的环境中促进水平的提高和费用的合理化。这样做的结果就是不会产生大规模的国立医院和公立学校，而是出现无数的小规模诊所和私塾。从事医疗工作的地点应该是在供奉医神阿斯克勒庇俄斯的神殿附属的诊所，或者是在医生的私人住宅中。私塾方面则是在神殿、广场或会堂的一角提供教学场所，有史料可以证明这一点。恺撒广场就留存有似乎是出自中小学生手笔的涂鸦。

恺撒的这种制度在罗马帝国期间一直发挥着作用。我认为，始终坚持将医疗和教育委托给民间的这种方针正是罗马的社会福利费用没有给国家财政带来过重负担的重要原因。总之，罗马帝国因为始终奉行除了国家必须经手的事情之外一切委托给民间的方针，所以才实现了现代所谓的“小政府”。

但是这项制度之所以能够在罗马人当中固定下来，根本原因在于罗马人自身对教育和医疗的看法。

罗马人认为，教育从根本上来说是有意愿、资质和经济宽裕的人才应该接受的。如果奴隶有这种意愿和资质，但是经济条件不允许的话，也有机会和主人的儿子一起接受家庭教师的教育。另外，在罗马社会中，接受教育的水平高低不会给出路带来影响。历代皇帝中没有一人曾经到当时的最高学府所在地——雅典或罗得岛留过学，不过这些皇帝却无一不热衷于在帝国的首都罗马修建国立图书馆。图书馆在当时本身就是研究所，同时，罗马的官方记录包括《元老院纪事》都是公开的，所以保存这些记录的“Tabularium”（意译为公文书馆），也可以称为研究机关。并且，富裕的家庭在子弟的教育投资上都不惜重金。如果在图书馆从事研究和写作的同时能够为城里的孩子们提供

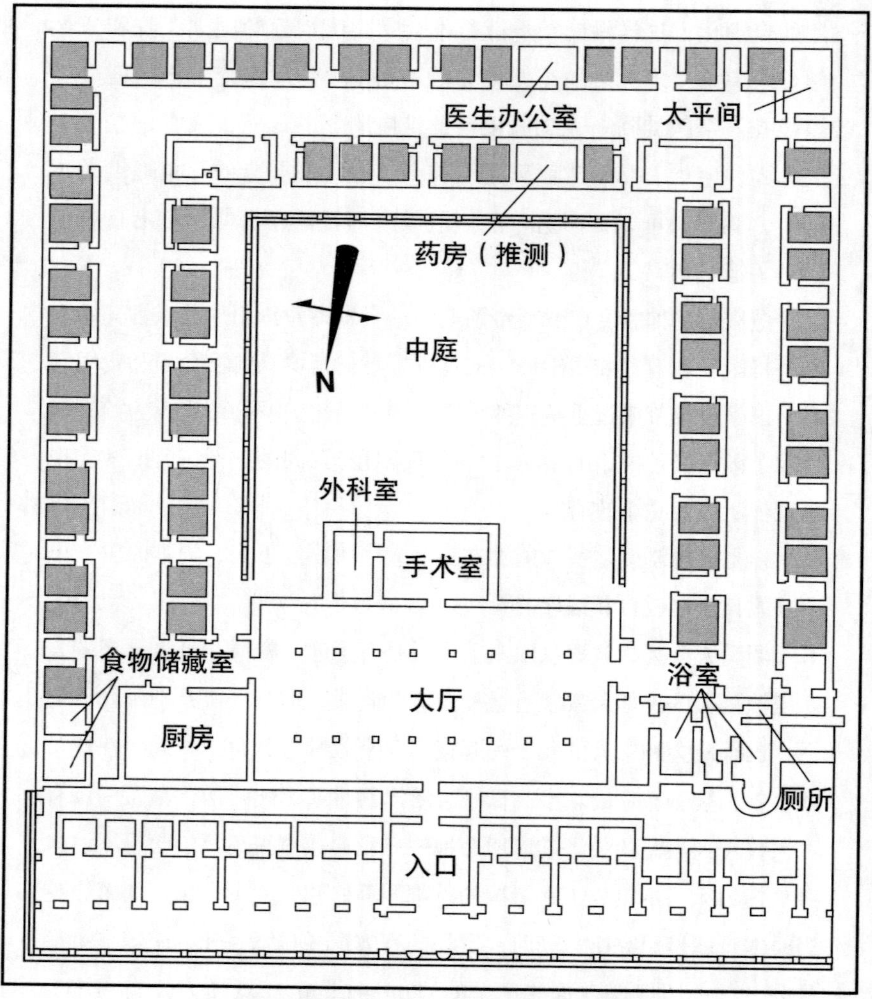

克桑腾军团基地的军队医院平面图（■为病房）

教育的话，就可以享受免除直接税的优待。人们都乐于聚集到环境好的地方，帝国行省出身的有潜质的青年都纷纷涌向罗马，他们通过向罗马的孩子们提供教育可以赚取自己的生活费和学费。

罗马人对于医疗的看法也许来自他们的生死观。为了维护帝国这个共同体的和平而负伤的人由国家保障可以得到最好的治疗。但是，对于生命（在日本来说就是寿命），罗马人看得比较开。因此，在实施治疗时也只会在有可能治好的前提下才竭尽全力。历代的罗马皇帝中没有一人曾经为了延年益寿而四处求医。不仅如此，不少社会地位高的老年人在卧床不起、意识到自己命不长久的时候，会拒绝继续接受治疗，选择通过绝食的方式自尽。罗马人从来没有想过通过某种手段来延长自己的生命，越是社会地位和受教育程度高的人，在头脑、精神和肉体方面消耗殆尽后越不希望自己继续活在世上。也许正是这个原因，强调应在有生之年尽量享受生活的斯多葛哲学才得以在当时深入人心。

此外，希腊的医学之祖希波克拉底的教诲也经久不衰，他认为比起得病之后再治疗，提高身体本来的抵抗力更重要。罗马皇帝们更热衷于大浴场和水道系统的建设而不是大医院，可能也是受到了这个学说的影响。

保持身体清洁的习惯有助于提高免疫力，保证摄食量可以维持体力，避免生病。韦斯帕芗时代在罗马有两处公共浴场，一处是奥古斯都时代的阿格里帕捐资修建的，另一处是尼禄皇帝修建的。除此之外，在韦斯帕芗之后继承皇位的提图斯在圆形竞技场上方的高台修建了第三座大浴场。

罗马时代虽然也叫作浴场，但实际除了主要的沐浴和按摩设施之外，还包括运动场、图书馆、游乐场所和花园，是以休闲娱乐为目的的综合设施。先洗净身体，通过按摩舒筋活血后，至于是下棋、打球还是读书、散步，全看个人爱好。值得一提的是，恺撒为医生提供了免除直接税的优待，而韦斯帕芗将同样的优待也赐予了按摩师。一来是因为罗马人喜欢按摩，二来也是因为他们重视按摩带来的功效。入场时间是：从日出到下午 1 点为女浴时间（在古罗马，这一时段为男人的工作时间）；从下午 2 点到日落之前为男浴时间。

这种罗马独有的“浴场”的入场费为男性 0.5 阿斯，女性 1 阿斯。女性的入场费较高，让身为女性的我有些不满，也许是女性不从事体力劳动的缘故吧！儿童可以免费入场，享受免费的还包括士兵以及就任公职的解放奴隶和奴隶。值得一提的是，这种“浴场”面向上到元老院元老下到奴隶的各个阶级开放，另外，如果碰上特殊的节日，全体人员都可以免费入场。

0.5 阿斯相当于一个面包加一杯葡萄酒的价钱，依靠这种程度的入场费来维持提供温、热、冷三种水的浴室正常工作，还要经营包括其他多种设施在内的面积广大的高级浴场是根本不可能的，所以非国营不可。正因为提供娱乐休闲和保持卫生水准这两个目标的存在，只有依靠公费支出才能维持下来。这种罗马式的大公共浴场在罗马帝国境内比比皆是，就连意大利境内的中小城市庞贝，即便没有医院的遗迹，却保存有浴场的遗迹。我在帝国最北部边境的英国亲眼看到哈德良皇帝时代的城墙附近的浴场遗迹时不禁笑了出来，因为这座浴场建在小溪边上，就像日本的温泉一样。不过建筑风格是地地道道的罗马式，采用的是坚固的建筑方法，结构也很符合逻辑。

以上介绍的可以说是罗马帝国的年度预算。预算一般都会反映出该国民众的思考方式，罗马帝国的“预算”自然也反映了罗马人的想

提图斯浴场（复原假想图与平面图）

法。削减这些反映罗马人想法的预算就等于否定了罗马人的生活方式，所以是不可能做到的。

但是，如果想要提高既有税种的税率，必定会成为社会的不安定因素，所以也是无法实现的。就连被称为昏君的卡利古拉和尼禄也不敢贸然改变税制。话虽如此，目前面临着重建因高卢帝国骚动而濒临崩溃的莱茵河防线、征服不列颠、在犹太常驻一个军团进行直接统治等各种问题，所以很多部门的财政吃紧，迫切要求必须通过某种方法来增加税收。

那么，被后世誉为最称职的“国税厅长官”的韦斯帕芗是怎么解决这个难题的呢？

寻求财源

韦斯帕芗拥有健全的常识。如果是常识健全的人，在面临财政重建问题时首先需要做的就是正确把握现状。公元 73 年，韦斯帕芗和儿子提图斯就任财务官，于是现任皇帝和下任皇帝两个人一起在帝国全境实施了人口普查。

在帝国全境实施的人口普查自从步入帝政以来的一个多世纪内，包括韦斯帕芗在任期间，一共实施了三次：

公元 14 年——奥古斯都皇帝和帝位继承人提比略就任为期一年半的财务官。

公元 47 年——克劳狄乌斯皇帝与最佳搭档路奇乌斯·维特里乌斯就任财务官。

公元 73 年——韦斯帕芗皇帝和帝位继承人提图斯一起就任财务官。

罗马人是在古代唯一进行过人口普查的民族，这种普查的最初目的是准确了解符合服兵役年龄的成年男子，也就是 17 岁至 45 岁的罗马公民权拥有者的人数。步入帝政以后，变为了了解包括行省在内的帝国全境居民生产手段的调查。因此与其说罗马帝国施行的“人口普查”与现代实施的人口普查相近，不如说更接近于现代每年实行的税务申报。尽管征税的实务工作也可以委托给私人企业承担，但是这些人只负责征收，不负责核查。与这种税务申报相似的人口普查并非每年都实施，而是每隔 30 年实施一次，原因是实施一次会耗费巨大的人力财力，并且当时不存在通货膨胀这种现象，所以经济状况的变化还是非常平稳的。

虽说如此，韦斯帕芗的意图当然在于通过实施人口普查而实现实质上的增收。距上次实施调查也已经过去了 26 年。这 26 年除去其中的一年之外一直持续着有利于经济发展的和平，只要用常识来判断就知道其间的经济水平一定提高了。

韦斯帕芗实施的另一项增收政策是对我在上述罗马年收入的第三项列举的国有土地的租金收入方式进行改良。

恺撒在公元前 59 年颁布的《尤里乌斯土地法》规定了国有土地租赁的面积上限，这项法案的目的在于扶植中小自耕农。

户主可以租借地 500 尤格（约合 125 公顷），以每个儿子的名义可以租借地 250 尤格，但是全家租借地不得超过 1 000 尤格。

这样一来，划分国有耕地的最小单位就是 250 尤格，另外，期满退役的士兵得到的冲抵退职金的土地下限似乎是 200 尤格。如果国有土地的借地和出租的最小单位为 50 公顷的话，比这个单位更小的土地就不会成为租赁或提供的对象。

但是，并非每块土地都适合这种分割法，各个地区肯定都存在“零星土地”。这些不足 200 尤格的土地由于租借了邻近土地的人扩大耕种面积而成了事实上的租用地。但实际上没被划入租用地，所以没有向国家缴纳地租的义务。这种状态到当时已经持续了 130 年。

韦斯帕芗对这些“零星土地”也逐一进行了精确的丈量，并划为征税对象，仅此一项就增加了不少税收。

皇帝韦斯帕芗增加税收的最后一项措施在喜好花边新闻的罗马人当中成了众矢之的，他新设了一项名为“Vectigal urinae”的税种，直译过来就是“小便税”。

卫生意识很强的罗马人很热衷于下水道的建设，对于在城市的重要场所设置公共厕所也是乐此不疲。不过韦斯帕芗设立的“小便税”的征收对象并不是公共厕所的使用者，而是收集公共厕所的尿液用来去除羊毛中的油脂的纤维业者，理由是这些人使用尿液赚取了利润。

就连儿子提图斯也忍不住对此提出了异议，他觉得父亲是不是做得太过了。韦斯帕芗拿起一把银币凑到儿子的鼻子下面问道：“有臊味吗？”提图斯回答：“没有。”于是这位皇帝说：

“没有吗？但这可是小便税的税收啊！”

在现代的欧洲，“韦斯帕芗”这个词语在各国语言中成了公共厕所的通称。在意大利，说到韦斯帕芗，一般指的不是罗马皇帝，而是公共厕所的意思。

韦斯帕芗之死

公元 79 年 6 月 24 日，皇帝韦斯帕芗去世。一开始得病时，他曾到故乡的温泉疗养过，但是毫无效果。于是他说皇帝必须站着死去，刚要起身就断了气，享年 70 岁，在位一共 10 年。

不过这个幽默的武将出身的皇帝是在完成了所有帝国重建的任务后才去世的。还有一些已经着手但还未完成的事情，但是他相信长子提图斯和次子图密善会在继承皇位后妥善处理，所以走得很放心。

罗马帝国发行的金、银、铜三种货币通过保持面值和制币材料的价值一致，从而在促进经济的健全发展上发挥了关键货币的作用，但同时也被作为将皇帝的统治业绩传遍帝国全境的宣传手段。一般来说正面是皇帝的侧脸，背面雕刻着象征其业绩的图案。也有雕刻着缩写文字的硬币，韦斯帕芗皇帝时代发行的货币雕刻的文字有如下内容：

皇帝恢复了和平

韦斯帕芗和他的儿子们确立了永久的和平

恢复了军队对国家的忠诚

韦斯帕芗是公民自由的保护者

皇帝统治公正

为身为罗马公民感到庆幸

罗马公民，万岁！

韦斯帕芗实现了自己在登上皇位时承诺的和平和秩序的恢复，他是以既有统治阶级之外的身份成就的这两个目标。韦斯帕芗死的时候，元老院阶级内也不再有人对帝国的最高权力者皇帝出身于意大利本土的第二等级——骑士阶级感到反感了。如同他在临终时“担心”的“可怜的我，快要成神了”，韦斯帕芗死后确实被神格化了。有趣的是，在罗马帝国，连成为神也要看生前的业绩。

之后，儿子提图斯没有遇到任何阻力，顺利地继承了皇位。原因之一是制定《皇帝法》预先保障了他的继承权，不过在父亲统治期间，他和父亲共同统治取得的业绩也是不可忽视的。另外，妥善处理了罗马人视为行省人民叛乱而不是宗教问题的犹太战争也成了提图斯的有利砝码。在讲述罗马人的历史时不能忘记的一点是，帝国安全保障的最高负责人是皇帝。罗马皇帝在军事方面的知识、能力、业绩会经常接受考验，从拉丁语“Imperator”一词的定义来看也是理所当然的。

第六章　皇帝提图斯

（79 年 6 月 24 日—81 年 9 月 13 日在位）

也许没有任何一个人比39岁继承皇位的提图斯更想努力当好皇帝的了，如果当时有“公仆”这种说法的话，提图斯肯定会从心里抱有这种信念，并且为成为一名公仆而努力。他可是遵照国民的意愿放弃了终身幸福的人。

提图斯出生在一个叫作“茵斯拉”（insula）的出租公寓里，这也反映了他父亲当时的经济状况。但是他接受的可不是一般的平民教育。当时，父亲韦斯帕芗深得皇帝克劳狄乌斯的头号亲信——解放奴隶纳尔奇索斯的器重，所以小提图斯也得以成了皇帝的儿子不列塔尼库斯学友中的一人。他每天前往帕拉蒂尼山上的皇宫，学习拉丁语、希腊语、逻辑学、辩论术、武艺、骑术、乐器演奏等课程。他的身体不弱，但是身材矮小，体形和举止都全无高贵可言，不过性格倒是直率，也深受人们喜爱。

然而，这种往返于简陋的公寓和皇宫之间的走读生活没有持续很久，因为父亲韦斯帕芗希望他到军团中去积累实地经验，而不是留在皇子的身边当陪衬。儿子随父亲一同前往任职地在罗马是非常常见的现象，小提图斯离开了母亲和故乡罗马，到父亲的任职地——莱茵河沿岸的军团基地开始了新生活。父亲被调往不列颠之后，提图斯也随同前往，后来又转移到了北非。提图斯随同父亲辗转各地，积累了实地经验。当然，在此期间也积累了不少军务经验。他28岁那一年，在被任命为犹太战争总司令官的父亲手下升任为指挥一个军团的军团长。父亲被推举为皇帝后，30岁的提图斯代替父亲成了耶路撒冷攻略战的总指挥，而他也圆满地完成了这个任务。

努力想成为好皇帝的提图斯具备了实现这一目标的所有条件。年龄、经验、业绩，没有一项欠缺的。此外，多亏他与韦斯帕芗作为共同统治者施行的善政，当时也不存在必须以强权压制的反对势力。但是，这位充满善意的皇帝当政期间，却被接二连三的天灾搞得疲惫不堪：

公元 79 年 6 月 24 日——韦斯帕芗去世，提图斯继承帝位。

两个月后的 8 月 24 日——维苏威火山喷发，以庞贝、赫基雷尼亚（现在的埃尔科拉诺）为代表的那不勒斯湾东部沿海一带的多座城市被毁灭，据说死亡人数达 5 000 人。

公元 80 年春，首都罗马的市中心发生大火。

公元 81 年夏，包括首都在内的意大利全境发生瘟疫，造成大批民众死亡。

同年 9 月 13 日，皇帝提图斯的生命之火燃尽，享年 40 岁。他在位的短短两年间似乎一直在为各种灾害的善后工作日夜操劳。

庞贝

在此，我又将面对与讲述犹太战争时遇到的问题相似的难题——对于在罗马史上稀松平常但是被后世赋予重大意义的事件应该如何处理。

公元 66 年爆发、在公元 70 年的耶路撒冷攻防战中达到高潮、以公元 73 年马萨达的陷落为终结的犹太战争在犹太民族的历史上具有极为重要的意义，当然现代也有很多这方面的学术著作、历史著作、历史传记、历史小说。对于现代的以色列人来说，马萨达的要塞遗址

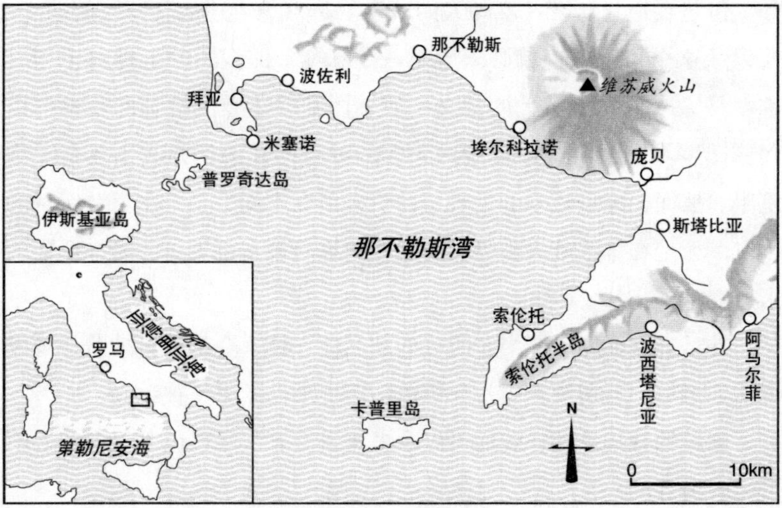

那不勒斯湾及其周边

已经成了圣地。

公元 79 年夏天的维苏威火山大喷发将庞贝和埃尔科拉诺夷为平地，由于发生在意大利境内，使得这个事件更增添了悲惨和不幸的色彩。虽说如此，这只不过是罗马人在 1 000 多年的罗马历史中遭受的众多灾难之一。在 1 800 年后的 19 世纪开始发掘工作，现在已经成了参观游客最多的名胜古迹，即使是不知道古罗马广场的人也听说过庞贝。但是，在同时代的史学家塔西佗的著作中，根本找不到受灾地庞贝的名字。在 20 世纪已经无人不知的庞贝对于当时的人来说不过是“坎帕尼亚地区诸多富饶的城市”之一。不过正因如此，庞贝作为罗马帝国时代大量存在的典型的一座地方城市被封存了下来，得以在 1 900 年后再度重现，不断进行发掘工作的原因也在于此。

但是我通过这套《罗马人的故事》丛书想讲述的是罗马的通史，所以从这个角度来说就必须遵循一个标准，即叙述的事件对于当时的罗马人来说具有多大的意义。如果详细叙述庞贝遭到的不幸可以揭露出罗马当时的统治体制内包含的种种问题的话，我当然会不惜笔墨。然而，庞贝遭受的灾难与神户大地震不同，是一次百分之百的天灾。无论在维苏威火山喷发后采取何种对策，都不可能减少死亡的人数。

并且，就如庞贝在当今时代的知名度一样，介绍庞贝的著作可以说浩如烟海。与通史相反，介绍单一历史事件的著作被称为“专著”。关于庞贝的详细论述，我们可以参考大量专著，所以以下只介绍必不可少的内容。

以那不勒斯为中心的坎帕尼亚地区的人们对地震已经习以为常了。位于那不勒斯西边的贸易港波佐利、高级避寒地拜亚、军港米塞诺到伊斯基亚岛之间的地区是有大量温泉涌出的火山地带。另外，从那不勒斯向东前进可以到达维苏威火山和坐落在山麓的庞贝城。17年前，即尼禄时代的公元62年，庞贝及其周边曾遭遇过强烈的地震。不过，公元79年的庞贝已经基本从17年前的地震导致的破坏中恢复过来了。

然而，维苏威火山的喷发出乎了所有人的意料。因为它已经900年没有喷发过了，人们都以为它变成了一座死火山。绵延到山顶的山脊上长满了树木，公元前1世纪斯巴达克斯发动起义时，支持这名角斗士的奴隶们就是逃到了这里。这里也没有休眠火山和活火山特有的光秃表面。所以在喷发的时候，造成了大批人员死亡。因为人们以为那是常有的地震，全都躲在屋里等待地震结束。

然而当天可不是平常的地震，一阵剧烈的晃动之后，灼热的碎石像冰雹一样落了下来。虽然每块的重量不大，但是堆积起来足以压坏房顶。看到房顶落下来，人们终于意识到必须避难了，但这时距喷发已经过去了五六个小时。开始喷发的时间是下午 1 点左右，所以人们决定逃走的时候，太阳已经落山了。但是这时落下的碎石已经越来越大，速度也加快了。人们纷纷用衣服和垫子护住头部，打着灯笼逃往别处。

但是真正让避难人群丧生的是之后悄然袭来的含有大量火山灰的云状气流，不幸正处于下风位置的人们无论逃到哪里，都躲不过这种被后世称为“气浪”（surge）的瓦斯云。位于庞贝南 5 公里处的斯塔比亚埃（现在的斯塔比亚）受气浪的影响，也死了不少人，庞贝和埃尔科拉诺的居民似乎都是死于窒息。8 月 24 日下午 1 点开始的这场悲剧在第二天早晨终于结束了，庞贝和埃尔科拉诺都被埋在了堆积高达 4 米的碎石和火山灰下。最后又下了一场掺杂着火山灰的大雨，于是这层 4 米厚的堆积物变成了和水泥一样硬的覆盖层。

关于死亡人数，有人说是 2 000 人，也有人说是 5 000 人。庞贝的人口大概在 1.5 万到 2 万人之间。沿海的避寒地埃尔科拉诺的居民大多都逃到了海边，但是由于地震的影响，海上波涛汹涌，无法让船靠岸后乘船出航，这些人都被火山灰的气浪吞噬了。

现场证人

有一个人见证了公元 79 年夏天的这场悲剧。

从米兰向北走 30 公里可以到达浪漫的科莫湖，湖畔的城镇科莫的起源可以追溯到公元前 1 世纪尤里乌斯·恺撒让退役士兵移民至此的时候。普林尼·采西利尤斯·塞孔都斯在尼禄时代的公元 61 年出生于此，维苏威火山大爆发的这一年他 18 岁。由于父亲早逝，他被单身的舅舅收为养子，火山喷发时他正在舅舅的服役地——与维苏威火山隔着那不勒斯湾遥遥相望的军港米塞诺。

普林尼的这位舅舅是他母亲的哥哥，也就是 37 卷本的《博物志》（*Naturalis Historia*）的作者普林尼·塞孔都斯，他将这部大作献给了皇帝提图斯。这个人于公元 23 年在科莫出生，维苏威火山喷发的时候 56 岁。

历史上为了区分，将舅舅和外甥分别称为老普林尼和小普林尼，日本一般称为老普林尼和小普林尼。进行区分是因为舅舅和外甥同为国家公务员，并且虽然写作对象不同，但作家身份是相同的。不过，在从事公职的同时也担任专职作家的生活方式在恺撒时代以来的罗马并不新鲜，也许更准确地说，这种类型的生活方式在古代罗马是稀松平常的。

老普林尼年纪轻轻便离开故乡前往首都求学。这名地方出身的有志青年得到的第一份公职是莱茵河军团附属骑兵部队的队长。之后，他作为皇帝的财务官前往南法行省赴任。皇帝财务官是负责征收行省税等税收的负责人，所以他的职务相当于现在的地方税务署长。他在这个岗位上的工作业绩似乎得到了很高的评价，后来以相同的身份先后前往北非、西班牙和高卢北部赴任。他回到首都罗马后担任了要职，最后被任命为驻扎米塞诺的海军司令官。据说由于工作性质的原因，他与直属上司韦斯帕芗冲破阶级地位的偏见，建立了良好的个人关系。老普林尼曾经告诉韦斯帕芗，自己的著作活动丝毫没有影响到公务，调查和研究都是利用睡觉时间进行的，韦斯帕芗听后也只能微笑着表示许可。实际上他执行公务以外的时间全部奉献给了研究工作，这让和他住在一起的外甥经常投来敬佩的目光。

外甥小普林尼的公职生涯与舅舅稍有不同，他起初担任军团的大队长和军团附属的财务监察官，接着当选了首都的护民官。之后跻身元老院，同时成为国家财政的负责人之一，负责每年的财政支出。图拉真皇帝继位后，他就任小亚细亚比提尼亚的行省总督。在此期间他与皇帝图拉真之间的书信往来是了解当时罗马帝国的最佳资料。

不可思议的是，生活在帝国最强盛时期的这个性格平和的乐天派居然和同样生活在这个时代但是对于任何事都以悲观的态度看待的塔西佗成了好友，也许是因为小普林尼对大自己 10 岁的塔西佗的文学才能心怀敬佩吧！无论与自己是否同行，小普林尼都不会嫉妒别人的才华。这两个人同时也是律师，曾经一起为人辩护过。

关于公元 79 年夏天的维苏威火山爆发事件唯一的现场记录是这位小普林尼写给塔西佗的两封回信，因为塔西佗要求他告知老普林尼去世的情况作为自己写作历史著作的材料。回信的时间应该是塔西佗着手开始写作《同时代史》的公元 100 年前后。这样一来，这两封信就成了火山喷发 20 年后的“证词”。

以下我将翻译这两封信的全部内容。关于维苏威火山的大爆发和庞贝城的消失过程已经有很多著作论述，各位读者想要了解的话可以很容易找到这方面的资料，毕竟在讲述通史时不可能像只关注某一历史事件的专著那样在所有事情上面面俱到。之所以将书信的内容全部翻译，除了介绍现场证人的证词这个目的之外，另一个目的就是可以通过这两封信来了解代表帝政最盛时期的这两个人（不，应该加上老普林尼，共三个人）作为知识分子的姿态。

第一封信

普林尼向塔西佗致以诚挚的问候

为了将舅舅去世的情况正确地流传于后世，您要求与他关系最亲近的我提供一些素材。如果能够通过您的文笔流传后世的话，舅舅虽死也一定能获得不朽的荣耀。因此，我首先对您表示感谢。因为这样一来，即使舅舅默默无闻地被永远埋在那座风光明媚的名城的瓦砾之下，也会与因那场无法忘记的天灾而去世的人们以及被掩埋的城市一样，被后世永远记住。舅舅写成的著作已经足以保证他名垂后世，您的文笔更是让这种保证稳如磐石。

我经常在想，被神赋予能够名垂青史的才能或者为后世著书立说的才能的人真的是幸运儿，更为幸运的就是同时被赋予这两种能力的人了。舅舅通过自己的著作得到了后一种幸运，前一种幸运如今通过您的文笔也可以得到了。因此，我欣然接受您的要求。不，多亏您向我提出这个要求，作为外甥的我才能为舅舅的永垂不朽有所贡献，我从心中为此高兴。

当时舅舅担任舰队的指挥，身在米塞诺基地。那天正是8月24日下午1点，我的母亲首先发现了情况不对，她看到巨大的黑云后喊了出来。舅舅洗完日光浴和冷水浴后在寝室内吃了些简单的午饭，像往常一样坐到桌前，听到喊声后提着拖鞋赶到了阳台。官邸位于海滨的高台上，阳台是观察这场奇异景观的最佳场所。形似黑云的巨大烟雾扩散得满天都是。从远处（出事地点距离米塞诺半岛有40多公里）观察无法得知是哪座火山，后来才知道是维苏威火山。维苏威火山喷出的巨大烟雾呈现出伞松树的形状，长长的树干直冲云霄，前后左右分出很多枝杈。不知是由于喷发产生的威力冲上云霄后有所减退，还是由于烟雾本身的重量使然，烟雾从中间逐渐向左右散开，颜色也随之发生了变化。有的地方呈白色，有的地方呈灰色，还有的地方呈红黑色。这种颜色的变化有可能是受到了火山灰和碎石的混合比例的影响。

舅舅对任何事情都抱有强烈的好奇心和研究欲望。为了可以更近地观察这个奇怪的现象，他让人准备了小型的快船。当时他也曾对我说："想来的话可以跟我一起来。"但是我想先完成舅舅交代的功课，所以对他说我要留在家中。

舅舅离开官邸前往军港后，塔斯克斯的妻子莱克提娜寄来一封信，信中写到他们住在维苏威火山脚下的别墅也遇到了危险，唯一的逃跑路线只有海路。因此，舅舅的心思从博物学的研究转向了担任舰队的司令官，他马上派遣一支加列船队出港，自己也上了其中一条船。这不只是为了朋友的妻子莱克提娜，也是为了要拯救很多处于危险之中的人。那一带（应该是埃尔科拉诺）气候舒适，景色宜人，有很多别墅和居民。

船队离开米塞诺军港，向正东驶去。途中与很多满载难民的船只擦肩而过，但米塞诺舰队的船只依然直奔危险的目的地，径直向东行驶，因此，舅舅充分观察到了正处于喷发高峰期的维苏威火山恐怖的全貌。

帆船的甲板上开始落下火山灰。随着船队接近，火山灰的温度也越来越高，数量也越来越多。后来又开始落下灼热的碎石和仍在燃烧的石块，船队已经不可能靠近海岸了。越接近岸边，海面上的波涛越是汹涌，并且还被突然出现的浅滩阻挡了航线，火山灰流也已经到达了海边。

舅舅在看到这个情景的瞬间犹豫了一下，他肯定动了放弃营救返回的念头。然而据后来向我讲述一切的舵手讲，舅舅当时说运气会眷顾有勇气的人，下令船队驶往澎波尼亚努斯的别墅。澎波尼亚努斯的别墅位于东南方向的斯塔比亚，但是当时的那不勒斯湾已经变成了一片惊涛骇浪。

在澎波尼亚努斯的别墅，虽然已经大难当头，但似乎人们觉得危险不会马上降临，码头还停靠着一些被仆人们装满了财物的船只，一旦风向有所好转就扬帆出海。舅舅到达这里时风向依然没有变化。澎波尼亚努斯害怕得心脏都快跳出嗓子眼儿了，不管舅舅怎么安慰这位朋友都无济于事。为了不让他觉察到生活发生了剧变，舅舅与他一起入浴、按摩，之后又共进了晚餐。

在此期间，维苏威火山的山脊线已经被岩浆染得通红，到处喷着火焰。夜幕降临之后，喷火的景象更是鲜明光亮。为了安慰因看到这个景象而心生绝望的人们，舅舅四处奔走解释说这是居民忘了关火，引发山上的小屋起火。之后舅舅回去睡觉了，据说他睡得很熟，由于身体肥胖而鼾声如雷，连寝室外的人都能听到。

过了一会儿，寝室所在的内院的地面开始颤动，地表凸起。落下的火山灰和碎石的数量和速度也不断增加。舅舅如果就这样在屋内熟睡不起，石块和火山灰不久就会把门封死，恐怕再也出不来了。他被人叫起走到外面，发现彻夜未眠的澎波尼亚努斯和其他一些人已经在门外等候他商量对策了。现在必须决定是继续留在别墅内，还是到别墅外面避难。

别墅和庭院一直不间断地摇晃着，剧烈的震动仿佛要将地面翻个底朝天一样，连站着都会感到困难。并且不只是上下晃动，

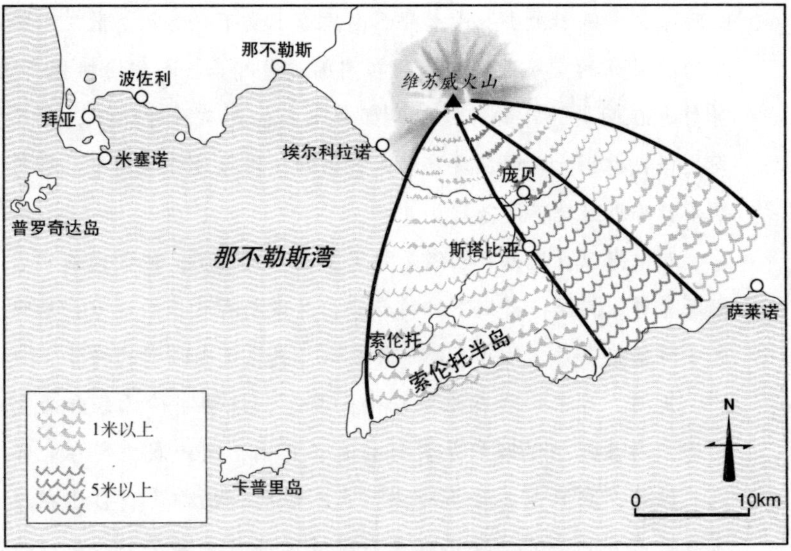

维苏威火山的火山灰大量堆积的地区

还伴随着由远及近的感觉，迟迟没有停止。即使到屋外避难，也会面临被滚热的碎石烫伤的危险。但是，大家都认为逃到屋外避难的危险程度更低，于是全体人员把枕头、坐垫等物品放在头上，用长长的布条固定住，做好了逃出去的准备。

其他地方应该已经天亮了，但是维苏威火山下风一带的人们身处比平时的夜晚更加恐怖的黑暗中。虽然维苏威火山散发着大量火焰和光亮，黑暗却丝毫没有减退。人们纷纷提着灯笼，顶着黑暗赶往码头，他们想亲自确认一下是否可以乘船出海。

然而人们看到的大海却比前一日更加汹涌，风向也依旧是逆风，这样一来只能返回别墅了。舅舅在镶着马赛克的地板上铺上临时床铺，躺了上去，向人要了两次凉水喝下。其间，散发着强烈的硫黄味的空气开始悄悄地在周围弥漫起来，人们纷纷撤离。舅舅也在两名仆人的搀扶下站了起来，但是又随即倒下，断了气。据我推测，死因应该是火山喷出的气体导致呼吸困难，舅舅在平日呼吸道就不是很好。

人们得以重见天日已经是舅舅去世三天后了，他们回到家后发现舅舅依然保持着倒下时的姿势。身体没有破损的地方，衣服也穿得整整齐齐，仿佛不是一具尸体，更像是在睡觉的样子。

其间，母亲和我在米塞诺……算了，这些事情已经和历史无关，而且您想了解的是舅舅的真正死因，所以我决定在此停笔。但是，我只想再强调一点，我所说的一切都是我自己在现场亲眼看到的事实，要不就是当时的现场目击者在事后亲口告诉我的。

当然，对这些事实的取舍全凭您自己判断，因为书写历史毕竟不同于写信，将一些内容公之于众与告诉朋友也是不同的。

此致

敬礼

第二封信

普林尼向塔西佗致以诚挚的问候

您要求我继续透露在讲述舅舅死因之前的信件中欲言又止的部分，也就是说希望我回忆一下自己留在米塞诺的时候遭遇了怎样的不安和危险。

“纵然我心中的不幸和恐惧将再次生起，也要把它们讲出

来。”（维吉尔《埃涅阿斯纪》中的一句话）

舅舅乘船离开之后，我继续学习一直到傍晚，因为我本来就是为了学习才没有和舅舅同行的。学习结束后，我像往常一样洗澡，吃晚饭，然后睡下。因为受到了地震的影响，我睡的时间很短，也睡得很浅。不过，坎帕尼亚地区虽然频发地震，但当晚的地震还是很特别的，不只有震动，还伴随着好像要坍塌的感觉。

母亲冲进了我的房间，当时我正好刚从床上起身，我们想的一样——去把熟睡的对方叫醒。

母亲和我在庭院的一角坐下，从庭院往外走几步就可以直通海岸。不知道当时的我是勇气十足还是年少不懂事（当时只有 18 岁），让人拿来提图斯·李维的书，专心地看了起来，并且不是简单地读读，而是还画出了重点。当时宅邸中还住着一名从西班牙远道而来的舅舅的朋友，他看到坐在庭院中的母亲和在旁学习的我之后很是生气，指责了我的若无其事和母亲对儿子的放纵。但我不为所动，继续读书。

就这样到了早上，借着清晨微弱的光亮向周围看去，房子基本上都倒塌了。我们居住的别墅处在与周围隔离开来的高台上，虽然不豪华，却很坚固。但是看到周围一片狼藉的景象后，家人当然也担心起这座别墅的安危了。

最后我们决定到屋外避难，流离失所的邻近居民看到我们从别墅出来走向郊外后也纷纷跟了上来。在恐惧的驱使下，比起坚持自己的想法，遵从他人的决定往往是更聪明的选择。这样一来，在我们和仆人的后面拉起了一条长长的队列。

走到房屋稀疏的郊外后，我们暂且停止了脚步。这里发生了很多异常的情况，让我们又惊又怕。装着贵重品和临时必需品的货车明明走在完全平坦的道路上，却开始左右摇晃起来，根本无法停止，把石头卡在车轮两侧也不管用。

此外，放眼望去的大海也与往日不同，海水退去的沙滩上散落着死掉的鱼和贝类。对面是一片令人胆寒的巨大黑云，浓烟中夹杂着火焰散发出的光，简直就像划过夜空的一道闪电。

正当母亲和我驻足观看眼前的景象时，之前提到的从西班牙来的舅舅的友人凑上来喊道："如果你的哥哥、你的舅舅普林尼还活着的话，他最担心的就是你们二人的安全；如果他不幸身亡的话，最放不下的也是你们二人的安危。在避难的事情上，你们还有什么可犹豫的？"

母亲和我异口同声地回答，在确认舅舅的消息之前无暇顾及自己的安危。他听到后一言不发地离开，一个人去避难了。

过了不一会儿，浓烟笼罩了整个海面。卡普里岛在之前早已从视线中消失，现在连近处的米塞诺海湾也看不到了。母亲察觉这个情况后，劝说我快逃。她说："你还年轻，跑得动。我上了年纪，身子不中用了，只要不拖累你，死也甘愿。"劝说的语调已经近乎哀求了。而我却反复回答："没有母亲，我也不会苟且偷生。"然后我拉着母亲的手快速跑了起来。母亲终究从了我的意，但还是不住地责怪自己拖慢了避难的速度。

这时已经开始有火山灰落下。我突然有一种奇怪的预感，不经意地回头望去，发现一片浓雾状的东西从背后袭来，就好像河流中的水漫延了整个大地一样。我对母亲说："我们离开主路吧！免得被后面的人踩死。"

我们母子二人避开有大批难民涌来的主路，终于找到一个地方歇了歇脚。此时已是深夜，但既不是没有月色的夜晚，也不是浓云密布的夜晚，而是一个令人感觉奇妙的夜晚，犹如被关在黑灯瞎火的密闭房间中一样。黑暗中只听得到嘈杂的人声，女人们的哀叹声、孩子们的哭喊声和男人们的怒骂声，还有寻找亲人的声音、夫妻彼此确认对方身份的声音。有些人感叹自己的命运不济，有些人为罹难的亲人悲痛，还有些人受不了等待死亡的恐惧而选择了自杀。很多人高举双手向神灵祈祷，也有相当一部分人大喊已经没有什么神灵了，世界将持续这样的黑暗直到终结。

因为恐惧和绝望而讹传的消息数不胜数，造成了更多的悲剧。据传米塞诺的一处建筑倒塌，另一处建筑被大火包围。虽然都是假消息，但当时所有人都深信不疑，因而加剧了人们的绝望感。

周围稍微变得亮堂起来，但绝不是因为早晨的阳光，而是火灾的缘故。所幸的是火灾没有蔓延到近处，但是又有灰尘降落下来，这次是浓重的火山灰。我们只好屡次起身掸掉身上的灰尘。稍有怠慢，身上就会布满灰尘，最后被压死。我没有被人们的恐慌传染而动摇，或者混入人群一起逃难，也没有绝望地呼喊，而是冷静地采取了行动。考虑到我当时的年龄，不由得都想夸奖自己一番了。不可思议的是，我当时丝毫没有觉得自己会与其他大多数人一起命丧于此，也没有觉得自己迄今为止的短暂一生以及今后的所有可能性会随着自己生命的终结而烟消云散。虽然想想当时的状态，比起活下去来说，死亡也许更可以给人带来安慰。

这片充斥着灰尘的浓雾最后终于渐渐散去，变成了一片普通的烟云。之后慢慢看见了阳光，但是这一天的太阳本身是很暗淡的，就像日食时的太阳一样。我们无法相信周围发生的如此巨大的变化，因为能够看到的一切东西都像覆盖了一层积雪一样，被掩埋在了火山灰的下面。

我带着母亲和几个仆人返回了米塞诺。踏入宅邸后做的第一件事情是让疲惫不堪的身体充分休息。当夜也是在恐怖和希望交织的状态下度过的，担心地震还会发生或是比之前有过之而无不及的恐惧心理挥之不去。要是在平日，我肯定会对人们的杞人忧天一笑置之。但是不管心存多大的不安和恐惧，我和母亲的心意已决，我们坚持在得到舅舅的消息之前绝对不从这里离开。

小普林尼的这两封信是怎样被引用的呢？只能很遗憾地说，塔西佗在《同时代史》中关于这个时期的叙述在中世纪时失传，因此我们无从知晓。

阵前指挥

公元 79 年 8 月 24 日的这个惨剧的消息传到首都罗马应该是在不到两天的 26 日前。以军事为立国之本的罗马深知信息传递的重要性，所以一般不是在确定事情经过之后再报告，而是在事情发生的时间点上就会迅速传达。并且发生惨剧的地点是那不勒斯湾沿岸，在那一带拥有别墅是显赫地位的象征，所以对于住在首都的达官贵人来说也绝不是事不关己。

提图斯既不是出身于原有的领导阶级元老院阶级，家境也不是很富裕，所以在那不勒斯一带没有自己的别墅。但他毕竟是皇帝，虽说仅仅上任两个月，却肩负着保障安全和粮食的最大职责，并且提图斯想做一位好皇帝的愿望不逊于任何人。余震尚在持续，他却已经决定在当地设置救灾总指挥部，由自己亲自担任阵前指挥。火山喷发时的风向大概处于维苏威火山由西到南的90度扇形区域内，此外的地区可能没有人死亡，但肯定还是受到了地震的影响。总而言之，那不勒斯湾沿岸一带都应该被视为受灾地区。

意大利南部地区的典型地方城市庞贝被堆积高达4米的碎石和火山灰掩埋，并且被随后下的一场雨凝固，所以尸体都无法处理。不过神殿的圆柱和圆形竞技场的上半部分当时应该是露在地表外面的，后来随着岁月的流逝逐渐被风沙和植物覆盖，直到近代被发掘出来后才得以窥见庞贝的整体面貌。尽管皇帝提图斯心怀善意，但在公元79年，庞贝和埃尔科拉诺等被掩埋的城镇和村庄也只能持续无人问津的状态。

但是，有很多受灾者幸运地逃过了此劫。坎帕尼亚地区在意大利是有名的富庶地带，人口密度在当时也是最高的，对于提图斯担任阵前指挥的当地的指挥部来说可能有数不尽的工作要做。

罗马人认为，在床上铺上垫子，然后用单肘撑在上面以横躺的姿势吃饭才是真正的用餐方式。坐在桌前的椅子上吃饭是孩子和奴隶的用餐方式，有足够的经济能力在家中设置一间餐厅的人家不应该采取这种方式吃饭。不过，如此悠闲的用餐方式在罗马时代也只限于晚饭的时候，早饭和午饭以及工作繁忙、时间紧张状态下的晚饭都是坐在桌前的椅子上匆匆解决。这种方式对于当时的罗马来说相当于现代人观念中的站着吃饭，也就是日本人说的站在大街上吃饭的感觉。在受灾地区忙于救援活动的提图斯每日的用餐方式也与罗马人观念中的正确用餐方式相去甚远，除了要举行皇帝必须参加的祭祀活动之外，他根本不会返回罗马。

提图斯之所以能够专心投入受灾地区的重建活动，是因为他在父亲韦斯帕芗统治期间作为事实上的另一位皇帝共同治理过国家。他习惯了皇帝的日常工作，也完善了必要的人脉和机制。关于提图斯采取的救灾对策的详细情况，塔西佗的《同时代史》一定有过相关叙述，但是这一部分在今天也已经失传，所以我们无从了解。但是可以肯定一点，按惯例没有亲属的死者的资产要划归国库，在这次事件期间做了更改，没有亲属的死者的财产全部用于对同乡受灾者的救助活动。庞贝是一个海外贸易盛行的城市，庞贝的居民中有不少人在海外拥有资产。由于全家人遇难而没有继承人的这些财产没有收归国有，而是用作了向幸免于难的人提供援助的资金。

税制方面的救援政策也无从得知，如果同样的惨剧发生在行省的话，首先要实施的就是免除三至五年的行省税。但是坎帕尼亚地区位于意大利境内，行省税这种直接税本来就不存在，不过当时有可能实施了关税和营业税的免税措施。还有就是基础设施的恢复建设，只有这一项完全是国家的工作。公元 79 年的大惨剧发生后，让地方自治体来建设基础设施未免负担太重。虽然在 17 年前即公元 62 年地震时，庞贝确实依靠自己的力量进行了重建。

到了公元 80 年后，提图斯皇帝依然继续着在当地总指挥部的生活。这一年 4 月在首都罗马发生火灾的消息迫使身在坎帕尼亚地区的提图斯急忙赶回了罗马，接踵而来的灾难让这位 40 岁的皇帝完全没有休息的时间。

公元80年的火灾让卡匹托尔山到马尔斯广场的南半部分之间的地带受到了损害，规模虽然没有达到尼禄时代那场有名的“罗马大火”的程度，但是那片地带矗立着各种公共建筑。好在建筑都是用坚固的石材建成的，不至于倒塌，不过在灭火后要是置之不管的话，也随时会有倒塌的危险。据说损失最严重的是台伯河附近的弗拉米尼亚竞技场。这座竞技场是在特拉西梅诺湖畔败给汉尼拔而战死的弗拉米尼乌斯在担任执政官时修建的，通往意大利北部的两大干线道路之一的弗拉米尼亚大道也是他留下的业绩。这条道路在修建后的300年间一直发挥着干线道路的作用，以修建者的名字命名的竞技场也同样一直被当作竞技会场和少年们的体育训练场使用。但是，他在公元80年的火灾中受到了巨大的损失，因为损伤严重，政府似乎不得不放弃重建的尝试。不过竞技场的遗迹也没有存续多久，它本来就是由厚厚的石壁组成的，变成一户户民居只不过是时间的问题。在现代，这座竞技场已经成了以犹太会堂为中心的犹太裔罗马公民的居住区。

但是，在300年的岁月中，人们早已熟悉了这片公共区域，并且修建者弗拉米尼乌斯是平民英雄，他修建竞技场的目的也在于为平民提供专用的体育竞技场。在之后的共和政体时代，弗拉米尼亚竞技场一直是平民阶级的根据地，虽然公民大会还是在罗马广场举行，但护民官召集的平民大会一定是在弗拉米尼亚竞技场举行。从共和政体时代步入帝政已经过去了一个世纪，但只要是了解统治为何物的人就应该很清楚有必要修建新的建筑来代替无法再使用的弗拉米尼亚竞技场。

提图斯肯定也深知这一点，但是他自己还不知道死神已经在慢慢逼近他。建设新的竞技场来代替弗拉米尼亚竞技场的工作只能等待下

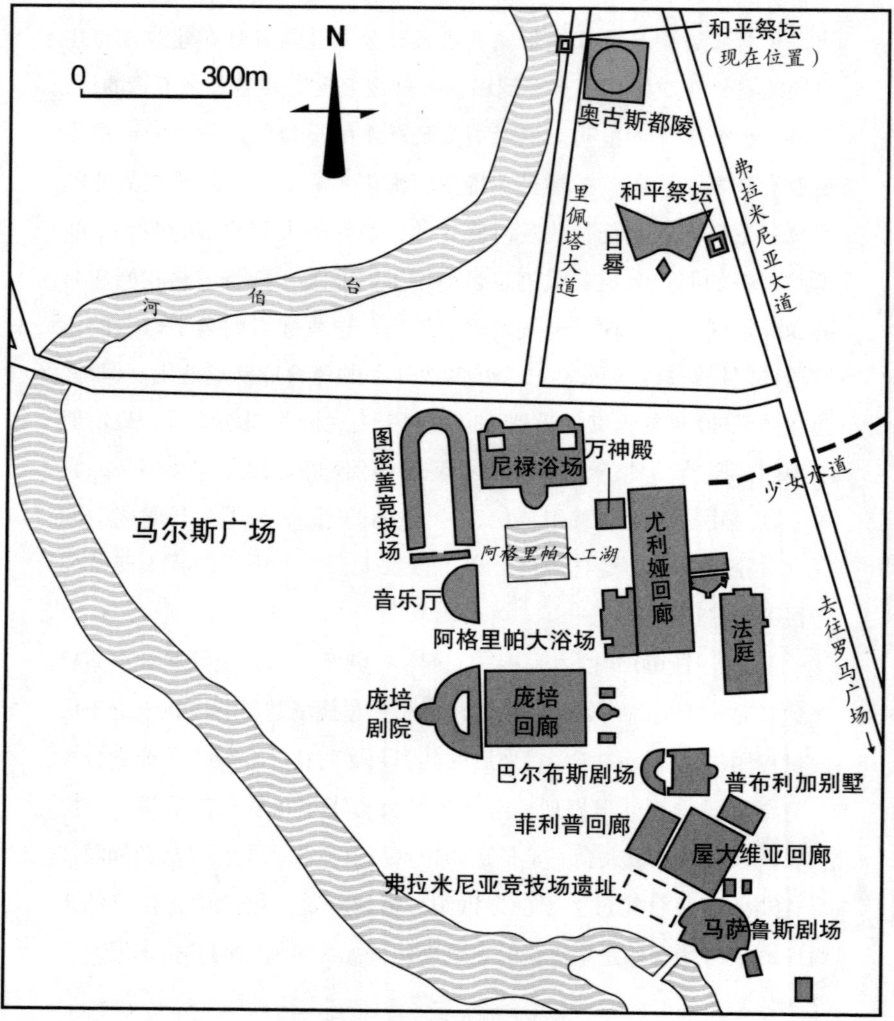

公元 1 世纪末的马尔斯广场

一任皇帝图密善来完成了。今天被称为纳沃纳的美丽广场的前身就是古代的“图密善竞技场”。

损失程度仅次于弗拉米尼亚竞技场的公共建筑物是紧靠其北的奥古斯都修建的“屋大维亚回廊”和恺撒修建的“尤利娅回廊”。

以这些建筑为主的公共建筑的重建费用都是通过提图斯皇帝自费资助和罗马富裕阶级的捐款筹措的，因为对于罗马人来说，为公共事业捐款就相当于现代所说的“Noblesse Oblige”（受尊敬者的义务）。

在先帝韦斯帕芗的时代开工的弗拉维乌斯圆形剧场（通称“圆形竞技场”）也终于在这一年完工。提图斯为了激励因维苏威火山喷发和首都罗马的火灾等灾难而情绪低落的公民，决定举行盛大的完工庆典。一完工便散发出灿烂光芒的圆形竞技场中随处可见盛装打扮的男女老幼，最上层是向奴隶开放的区域。虽然不太清楚完工庆典到底持续了几天，但是不难想象，人们的注意力肯定集中在角斗比赛上。这种危险格斗的主人公——角斗士有三分之二奴隶出身，剩下的三分之一是自由民。虽然危险系数高，但是有望获得高额的报酬，所以也有不少自由民选择角斗士作为自己的职业。另外，格斗的高手会成为众人瞩目的焦点，赢得富家女子的芳心也不再是梦想，类似于现代的拳击手或其他格斗运动的选手。

皇帝提图斯在尼禄计划修建黄金宫殿的地方修建了名为“提图斯浴场”的罗马式公共浴场，这座浴场包括一些沐浴的相关设施和体育馆、图书馆、游戏室、花园等设施。据说他本人也经常到这里沐浴，而且没有规定皇帝入浴时就禁止其他人进入。他经常带着朋友和熟人一起来沐浴，但是脱光衣服后，皇帝和一般公民还有奴隶之间就没什么区别了，这正是提图斯希望的。然而，罗马式的浴场虽然有男女之别，却没有元老院元老和平民的阶级差别。在别墅滞留期间的小普林尼因为停留时间短暂，也没有必要专门在宅邸内准备浴室，而是到附近的公共浴场沐浴。对于罗马人来说，入浴要经过温浴、热浴、冷浴三个阶段，不像日本人烧些热水就可以了。

提图斯之死

史学家苏维托尼乌斯说的“史无前例的瘟疫”发生于公元81年，但无法得知这场瘟疫有多严重。

不管规模有多大，瘟疫终究是发生了，提图斯也早早成立了专门针对这场瘟疫的对策委员会。在这次瘟疫中，通常都是在各自的诊所从事治疗的医生们被总动员起来。希腊人占大多数的医疗系统工作人员因为被赋予了罗马公民权而享有免除直接税的特权，但同时也负有和罗马人一样的义务。不知是托这种体制的福，还是因为瘟疫流行的规模本来就有限，或者是由于这两个原因，到了入秋的时候，瘟疫便退去了。然而，年富力强的提图斯本来没有染上瘟疫，却病倒了。

生病的原因也许是频发的灾难让他积劳成疾。提图斯仿效父亲韦斯帕芗在当年病倒时回到故乡的温泉疗养的做法，也回到故乡养病。弟弟图密善随同前往，但是提图斯没过多久就去世了，时间为公元81年9月13日。公元40年12月30日出生的提图斯死时还不到41岁，只当了两年零三个月的皇帝。

得知皇帝的死讯，每个人都从心底为之悲叹，就连反对他和犹太公主结婚而曾经在竞技场提出强烈抗议的普通公民也非常敬爱这位认真听取民众意见、终身未娶的皇帝。在受灾地区担任阵前指挥的皇帝，经常在公共浴场现身的皇帝，平民心中的理想皇帝，这些就是提图斯留给民众的印象。提图斯从未向市民发放过已成为惯例的奖金，但是市民都知道他在每次发生灾害时都慷慨解囊，捐出自己的私人财产。

作为皇帝权力监督机关的元老院传统上一向拥有很强的反皇帝势力，但这次元老院同样为提图斯表示深切的哀悼。反皇帝一派的元老院元老们最害怕的是被人告发而遭到弹劾，但提图斯从来不会听取这些告发。提图斯曾经说过，比起让别人去死，他宁愿选择自己死。

元老院也是与皇帝合作来统治帝国的机构，皇帝是否胜任是他们评价的标准。在这个方面，提图斯不仅在首都罗马和本土意大利的统治上业绩出色，而且兼顾了整个帝国的统治，从而受到了高度的评价。仅举数例就可以证明，比如西班牙、北非的努米底亚、塞浦路斯岛，以及被称为亚细亚行省的小亚细亚西部道路网络的全线修复等。在意大利境内，也在公元 79 年下半年修复了马西亚水道，公元 80 年又修复了奥雷利亚大道和弗拉米尼亚大道的一部分。从公元 79 年开始修建的当今意大利的里雅斯特到当今克罗地亚的普拉为止的道路是一项全新的工程，因此这条道路采用提图斯的家门名“弗拉维乌斯”，被命名为“弗拉维亚大道”（Via Flavia）。

纪念他战功的凯旋门却因为没有加紧赶工，到他死后才建成。提图斯皇帝与父亲一样，都积极支持元老院向行省出身者开放，因此也赢得了行省人民的好评，但唯一例外的是居住在犹太地区的犹太人。他们没有原谅烧毁耶路撒冷大神殿的提图斯，也不会忘记这名将耶路撒冷失陷的记录永远刻在“提图斯凯旋门”上的元凶。但是，决定与罗马人和平共处下去的犹太人并不讨厌提图斯，迄今为止没有发现过任何史料可以证明居住在帝国境内各座城市的犹太人曾经对提图斯进行过指责。《犹太战记》的作者弗拉维乌斯·约瑟夫斯和提图斯之间的友情从他们 12 年前相识开始就一直保持着彼此尊重的状态。

然而，唯独喜好讽刺的罗马人不甘于只是对他大加赞扬，与提图斯处于同一时代的一个人就留下了这样一句话：

> 在位时间短的话，谁都能做位好皇帝。

提图斯在位两年便与世长辞，继承皇位的是他的弟弟图密善，这位皇帝的统治却长达 15 年。

第七章 **皇帝图密善**

（81 年 9 月 14 日—96 年 9 月 18 日在位）

“记录抹杀刑”

罗马帝国有一种名为“Damnatio Memoriae”的刑罚，意译过来就是“记录抹杀刑”。这是一种在元老院进行正当的审判，也就是由原告一方阐述控诉的理由，担任被告代理人的辩护人展开辩论之后，再由全体元老裁决审判的皇帝弹劾体制。用现代的话来说，类似于将不信任的当权者送上法庭的体制。正因为针对的是比以强权著称的美利坚合众国总统的权力还要大的罗马帝国皇帝，弹劾的方式当然也更为严厉。具体来说有以下几项处置：

一、必须将被判有罪的皇帝的所有雕像都破坏掉。

二、从所有官方记录和碑文中将该皇帝的名字删去。

三、剥夺该皇帝的所有后代使用“Imperator”作为个人名的权力。

四、皇帝在位期间制定的所有临时措施法（未经元老院的表决许可而发布的敕令）都要废除。

对于不相信来世因而最看重今生的成就和死后名声的罗马精英们来说，没有比“记录抹杀刑”对名誉影响更严重的刑罚了。这件针对皇帝的强力武器掌握在罗马帝国的元老院手中，我多次提到罗马帝政与后世的所有帝政都不同，具有一种监督机制正是其原因。当然，如果与罗马元老院并驾齐驱的帝国两大有权者的另一方——罗马公民权拥有者（在现代来说就是住在首都的市民们）团结一致支持皇帝的话，就算是元老院，在使用这件“武器”的时候也不得不小心谨慎了。但是，市民们对皇帝统治业绩的表达意见只能是在竞技场中，或者是冲到正在召开会议的元老院施加压力。在现代的国会中被选为议员的话就不能无视选民的意见，罗马的元老院却是终身制，只要不犯罪就不会失去席位。

这样一来，如果市民不明确表示自己的意向，并且皇帝弹劾派在元老院元老中占据多数的话，元老院就可以随心所欲地使用这件“武器”。韦斯帕芗通过的《皇帝法》也没有否认这项权力。因此，罗马帝国特有的这项制度一直是皇帝和元老院之间关系紧张的重要原因。想要理解罗马的皇帝和元老院之间的关系的话，最快的办法是想象一下美利坚合众国的总统以及与总统所属的党派对立的党派占多数的上下两院的关系。

尼禄就是被这项“记录抹杀刑”宣判的皇帝之一。卡利古拉皇帝事实上也遭到了这种待遇，只是没有被公开定罪。理由有两个：第一，卡利古拉的性格乖张，干了很多让苏维托尼乌斯这种喜好奇闻逸事的史学家的好奇心得到极大满足的事情，但是在统治上无所作为，所以没留下什么值得抹杀的记录。第二，性格温和的克劳狄乌斯皇帝不喜欢对前任施行过于严厉的处置。尼禄皇帝的 14 年统治时间比卡利古拉的 4 年长很多，值得抹杀的“记录”当然也不在少数。除此之外，尼禄是在生前被定罪的，因此对现任最高当权者进行弹劾审判的色彩就更强一些。

如果官方记录是被刻在铜板上，就会将铜板全部熔化。如果是刻在大理石或其他种类的石头上，则会推倒毁坏。只是这些记录往往体积庞大，除了被定罪的人之外多刻有其他的人和事，在这种情况下就只将当事人的名字删除或覆盖掉。对于 2 000 年后的考古学家来说，这正是一个可以考验知识和想象力的好机会。不过，对金币、银币、铜币却不采取这种处置方式，因为这些钱币广泛流通于帝国全境，将其全部回收重铸、交换新币几乎是不可能的。正因如此，刻有尼禄侧面肖像的货币才得以继续流通下去。

这种处置方式现代也有，墨索里尼修建的各种建筑物也遭受了同样的命运。因为不能把建筑物本身全部破坏，所以只采取了用水泥将墙面上雕刻的墨索里尼的名字抹去的方法。卡利古拉和尼禄流传至今的肖像非常少，也是在他们死后遭到破坏的缘故。此外，下面即将讲述的图密善在死后也被处以了“记录抹杀刑”。

如果是尼禄的话，我也会认为他是个不称职的皇帝。但是，至于图密善，不能简单地断定他是个不称职的皇帝。如果对于史学家塔西佗的评价完全相信则另当别论，但是我在《罗马人的故事03·胜者的迷思》的末尾已经提到过，就算是帝政时代最著名的史学家，我也不会全盘相信。

另外，我也不得不对“记录抹杀刑”这种刑罚本身的存在理由心存疑问。罗马这个民族不管在共和政体时期还是帝政时期，对于自己经历的败北和犯下的错误都不会避而不谈。抹杀记忆的用意在于希望将一想起来就令人厌恶的皇帝及其统治的一切相关内容都忘却，所以我认为在制定这项刑罚的同时却以不现实为由而继续使用雕刻着该皇帝的侧脸或业绩的货币的这种做法不符合罗马人的作风。并且继尼禄和图密善之后险些被处以“记录抹杀刑”的人是五贤帝之中非常有名的哈德良皇帝。要不是后任安敦尼·庇护坚决反对，连五贤帝之中都要有人被处以这种有损名誉的刑罚了。元老院的“记录抹杀刑”不就是元老院的报复措施吗？不能忘记的是，报复往往不是出于理性，而是感情用事的产物。

图密善其人

哥哥提图斯去世的次日，韦斯帕芗的次子图密善以“皇帝·恺撒·奥古斯都·图密善”（Imperator Caesar Augustus Domitianus）的名字继任了皇位。他生于公元 51 年，所以继位时只是一个 30 岁的年轻人。皇位的继承没有遇到任何阻力，这也是因为父亲韦斯帕芗决定自己的继承人由长子提图斯和次子图密善先后担任，并得到了元老院的承认。韦斯帕芗在世时，提图斯和图密善就已经拥有了皇位继承者的称号——“恺撒”，所以与提图斯登基的时候一样，图密善继承帝位也被认为是理所当然的。

但是，如果父亲韦斯帕芗知道图密善在 30 岁的年龄继承皇位的话，想必也会感到意外吧！虽然他在生前已经为两个儿子的皇位继承之路做好了充分的铺垫，但是应该也不会想到与图密善年龄相差无几的提图斯仅仅当了两年皇帝便与世长辞，提图斯本人当然也不会预料到。

如果揣测一下韦斯帕芗的心中所想，大概应该是这样的：在自己之后继承皇位的提图斯当时 40 岁，从其年龄来看，统治时间应该能够达到 10 年至 15 年。韦斯帕芗当时肯定相信，在此期间提图斯也可以像自己培养他那样，给将来必定会继承皇位的弟弟图密善提供积累统治经验的机会。

韦斯帕芗在其统治的大部分时间里是与提图斯一起作为共同的皇帝治理国家的，为的是让提图斯积累统治经验。提图斯当上皇帝后只要继续坚持这个路线就可以了，但是韦斯帕芗在统治的 10 年期间对于次子图密善却完全没有提供这样的机会，他肯定是觉得提图斯成为皇帝后也会像自己对待他那样给图密善提供同样的机会。哥哥和弟弟

图密善（左）和韦斯帕芗（右）

之间的年龄相差 11 岁，恐怕提图斯当时也是这么想的。他继承帝位时的年龄不到 40 岁，认为自己还能活 10 年至 15 年甚至是 20 年也不足为奇。他的打算应该是由自己为弟弟提供机会，就像以前父亲做的那样。但是在专注于应对灾害的两年过去后，死神降临到了他的身上。好在事先都已经做好了充分的铺垫，图密善的登基没有碰到任何阻力，但是这名 30 岁的新皇帝并不具备统治帝国必需的实务经验。

除此之外还有一点，图密善登基暗含着一个不稳定的因素，就是他完全没有军事上的经验。

正如“Imperator”这个称号所示，罗马皇帝的最大职责是作为军队的最高司令官保障整个帝国的安全。如果有必要的话，必须亲自率领军团与敌人作战。即使在平时，皇帝也肩负着进行监管以确保防御体制充分发挥作用的任务。也就是说，皇帝必须熟谙战略和战术两个方面，并且要具备运用这两个方面的能力。

战略上的才能往往来自天生的资质，所以并不要求必须有曾经在战场作战的经验。即使战场经验丰富的百夫长也不一定能够胜任率领数个军团的司令官职务。但是，战术上的能力却受到实际经验的影响，因为左右战斗结果的因素往往是随机应变的能力。

提图斯曾经跟随军人出身的父亲韦斯帕芗辗转帝国各处的基地，参加犹太战争的三年间在前线积累了担任司令官的经验，所以有机会提高自己军事上的能力。所幸的是，在韦斯帕芗和提图斯的 12 年统治期间，由于两人制定了充分的防卫对策，除了尚处于征服过程中的不列颠之外，罗马帝国没有经历战争。但是从图密善的立场来看，这也意味着他得不到提高军事能力的机会。

图密善继承了年轻有为且被万人称赞为明君的提图斯的位置之后，总是在各个事情上被人拿来与哥哥相比，想必一定觉得不自在。然而，比较是不可缺少的，因为这对兄弟在很多方面都呈现出鲜明的差异，这些差异正是了解二人统治风格的关键。

父亲当上皇帝那一年，提图斯 30 岁，而图密善刚刚 18 岁。提图斯在 30 岁之前做梦都没有想过自己将来会成为罗马帝国的最高当权者。相反，弟弟却从 18 岁起就确信自己将来能够成为皇帝。与平民风格的提图斯相比，图密善具有一种经常意识到自己所处地位的贵族风格，这也是二人生长环境不同所致。提图斯对帝位是否怀有野心尚且是个疑问，而图密善在就任帝位的时候却表现出一股强烈的意愿，可以想象除了二人的年龄差距这个原因之外，生长环境的不同也发挥了很大的影响。只要看看兄弟俩的妻子的出身就可以很明显地发现，哥哥提图斯的结婚对象是无名小卒的女儿，而图密善成为皇子后迎娶的妻子却是尼禄时代的名将科尔布罗的小女儿，据说军团兵背叛皇帝尼禄的真正原因就在于尼禄赐死了科尔布罗。在心理成熟期上存在的11年的差距体现在了各个方面。除此之外，提图斯体格肥胖，身材矮小，图密善却身材瘦长，是个体态和五官都非常俊美的年轻人。

何谓罗马皇帝

后世的我们在翻开古罗马历史的时候往往不假思索地就使用“罗马皇帝”这个称谓，然而古代的罗马人即使在进入帝政时代后对于统治者也不使用“皇帝”，而是称呼他们“第一公民”（Princeps）。“Imperator”（皇帝）是从共和政体时代开始对军队司令官的称呼。由于这个词的起源，生活在帝政下的罗马人平时只有军团兵会称呼“Imperator”，一般市民也只有在举行凯旋仪式的时候才会使用这种称呼。

接下来请大家思考一下这两个称呼包含的不同意义。既然“Imperator”指的是军队的最高司令官，那么作为部下的士兵就负有绝对服从的义务，因为命令和服从关系不明确的军队无法发挥军事组织的功能。

但是，“第一公民”不同，因为这个称呼指的是罗马公民权拥有者中的第一号人物，所以这个称呼也从共和政体时代开始就存在，打败名将汉尼拔、实际上终结了与宿敌迦太基之间对决的大西庇阿也拥有这个称呼，在律师界获得成功的哲学家西塞罗也被称为法律界的“第一公民”。从这个称呼的确立过程来看，罗马市民对于“第一公民”完全没有绝对服从的义务。

给意为“第一号人物”赋予实质上的君主称呼的是开国皇帝奥古斯都，他相信尤里乌斯·恺撒通过自称“独裁官”来明确自己的地位和权力的做法是导致被暗杀的一个重要原因，所以奥古斯都没有使用容易让人联想到君主政体的“独裁官”，而是使用了有浓厚的共和政体意味的“第一公民”，成功地笼络了罗马从共和政体走向帝政之后地位和权力有所减弱的既有统治阶级——元老院。

但是，这样一来罗马的皇帝就变成了一个矛盾体——绝对服从的对象“Imperator”和并非绝对服从的对象“Princeps”，这也是我将其命名为“精致的虚构”的理由之一。有不少历史学家批判奥古斯都以这种暧昧的方式创设的帝政，但是我无法赞同这些人的观点。因为我认为，唯有以实为“皇帝”但自称“第一公民”的方式才能让共和政体持续了500年之久的罗马变成一个帝国。只要看一看奥古斯都以后的罗马帝国，就可以发现这种方式的效果了。

首先，对于广大帝国全境的统治，自上而下的君主政体比以合议制为特色的共和政体具有更高的效率。这不是意识形态的问题，而是“统治效率”（governability）上的问题。

其次，大帝国的经营需要能够担当的人才，寻找哪一种体制对于确保人才更为有效。由600人组成的元老院势必无法摆脱优先考虑自己的权益的宿命，所以元老院主导的体制更容易形成封闭的统治阶级；君主政体的统治者只有一个人，所以必然需要广纳贤士。罗马帝国向被征服的行省人民开放门户，就是选择了皇帝主导的帝政而带来的结果。

如果当时主张罗马应由意大利本土出身的元老院元老继续统治的人，也就是西塞罗、庞培和布鲁图等“共和政体派”获胜了的话，罗马帝国应该会成为像后来的大英帝国及其他帝国那样，由意大利本土将殖民地纳入统治之下的帝国。但是，罗马却沿着被布鲁图杀死的尤里乌斯·恺撒设想的路线，创造了一个包括意大利本土和行省在内的命运共同体式的帝国。史学家吉本认为，比起探讨罗马为何灭亡的问题，更应该探讨的是罗马为何能够存续那么长时间。也就是说，虽然它是一个多民族、多宗教、多文化的难以整合的帝国，但是保持了长久的生命力。对这个问题的回答非常简单，罗马人不是对别的民族进行统治，而是将别的民族同化为了罗马人。大英帝国的衰退是由于各殖民地的独立运动，在罗马帝国，各行省的独立或反叛却直到罗马帝国灭亡都没有发生过。

鉴于罗马作为一个国家的生命力如此长久，就算其暧昧的形态遭到再多的批评，奥古斯都创设的“精致的虚构”也是行之有效的。不过，正因为它的“精致”，这种体制的运用也不得不受到当事人的性格和资质的影响。除了被认为不胜任皇帝之职的卡利古拉和尼禄之外，我按照自己的判断将这种精致体制的当事人分为如下几类：

一、相信罗马皇帝只是罗马公民中的“第一公民”——在位前半期的提比略、在位全部时期的克劳狄乌斯和提图斯。

二、虽然不相信，却装作相信的样子——在位全部时期的奥古斯都和韦斯帕芗。

三、既不相信，也不装作相信的样子——在位后半期的提比略，以及图密善。

虽然知道自己登基是迟早的事，但图密善还是因为哥哥的意外死亡在 30 岁就当上了皇帝。他做的第一件事情是赐予自己的妻子多米提娅“奥古斯塔”（Augusta）的尊称，“奥古斯塔”是皇帝的固定尊称“奥古斯都”（Augustus）的女性名称形式。我将其译为“皇后”，但就算成为皇帝的妻子也不是自动获得这个尊称的。奥古斯都为了让共和政体的印象继续下去，在自己死后以遗言的形式将这个尊称赐予了妻子利维娅。继利维娅之后享有“奥古斯塔”尊称的人是克劳狄乌斯皇帝的妻子、尼禄皇帝的母亲小阿格里皮娜。多米提娅是帝政百年期间获赠“奥古斯塔”的第三个女人。

但是没有任何罗马人对此表示异议，元老院似乎也打心里同意，也没有发生民众在竞技场进行抗议的事件。首要原因是多米提娅是为帝国做出突出贡献而获得民众一致认可的科尔布罗的女儿。不仅如此，在经过只有情人的韦斯帕芗、放弃与犹太公主的恋情而一直独身的提图斯皇帝的时代之后，她是又一位真正的第一夫人。她容貌姣好，举止高贵，恐怕没有比她更适合“奥古斯塔”这个名字的女人了。因为她的外表太漂亮，可能会给人冷峻的印象，但在这一点上也会让人想起利维娅。另外一个原因就是，图密善在青年时期迷上了这名有夫之妇，用尽百般解数才终于娶到她，这一点也与以人母的身份嫁给奥古斯都的利维娅非常相似。不过奥古斯都是通过直接与利维娅的丈夫谈判得到的她，图密善却没有这样处理。利维娅的前夫在前妻和奥古斯都的婚礼上担任了保证人，多米提娅的前夫埃里乌斯·拉米亚没有参加婚礼，他一辈子都在记恨这个夺走自己妻子的男人。

但是图密善没有模仿卡利古拉皇帝的做法——将就任后的半年时间完全用于举办祭祀和宴会来与市民一起庆祝即位。他甚至没有举办什么大规模的庆祝活动，因为他很清楚自己身为皇帝该干什么。

公共事业（一）

没有确切的史料表明公共事业的建设内容和日期，所以只能做一些推测，不过图密善在成为皇帝后很早就着手致力于三项公共事业：

第一项是中世纪以后变为纳沃纳广场的图密善竞技场（Stadium Domitiani）的修建。弗拉米尼亚竞技场已经无法再使用，所以有必要为平民修建他们自己的体育设施。只有这座竞技场在图密善被处以“记录抹杀刑”以后得以保留了图密善竞技场的名字，可能是因为对于这项公共设施的修建心存感激的平民们不惜违抗元老院的决议，没有改变建造时的名称。

第二项公共建筑是父亲修建的、在哥哥执政时竣工的圆形竞技场。其实最上层的部分还处于未完工的状态，按照当初计划完成修建

图密善竞技场（复原模型）

现代的纳沃纳广场

涅尔瓦广场（复原假想图）

对于韦斯帕芗的儿子图密善来说是义不容辞的工作。

第三项公共建筑是图密善在死后被处以“记录抹杀刑”因而使用下一任皇帝涅尔瓦的名字命名的，在现代还被称为“涅尔瓦广场”的一系列广场化建筑。

这一带是被奥古斯都建造的广场和韦斯帕芗建造的“和平广场”夹在中间的一处 120 米 × 45 米的狭长地带，穿过这里然后再横穿过恺撒广场就可以到达罗马广场，所以这一带被用于联结苏布拉地区和罗马广场之间的通道。但是苏布拉是一个充满活力的平民居住区，罗马广场却是罗马帝国的政治和经济中心，并且这个地位还在不断提升。图密善认为应该改善这个联结地带被摊贩、牙医、刮胡业者占据的状况。

罗马人认为的“广场化”是在四周的一边修建神殿，剩下的所有三个边用圆柱回廊围起来，圆柱回廊的里面通常用作开设店面或办公室。这种建筑样式是罗马人比较喜欢的空间利用法。

不过这些都是面向首都居民的事业，图密善认为的皇帝形象的一个不可或缺的因素却是无愧于“Imperator”这个称号、能够保障整个帝国安全的最高责任人。在他看来，不应该等到遭到袭击的时候再发起反击，而是应该事先建立完善的防御体制，以阻止蛮族的入侵。他感到建立这种体制的时机已经到了。就这样，在谈到罗马的防御体制时不可不提及的日耳曼长城的建设开始了。然而，在着手修建之前必须解决两个问题：第一是士兵的待遇问题，第二是日耳曼人的问题。

提高军饷

实际上，皇帝图密善提高士兵的薪水已经是罗马帝国110年不遇的事情了。据现存的史料只能知道军团兵（而且是没有任何职务的一般军团兵）的年薪，下表显示了年薪的变化过程。值得一提的是，服役年限20年和期满退役后得到的3 000第纳尔退职金没有发生过变化。

罗马军团兵年薪的变化

	第纳尔银币	塞斯特斯铜币	阿斯铜币
共和政体时代	70	280	1 120
尤里乌斯·恺撒提薪后	140	560	2 240
奥古斯都提薪后	225	900	3 600
图密善提薪后	300	1 200	4 800（日工资约13）

这个时代的非熟练劳动者一天赚的工资为12阿斯，所以军团兵的衣食住应该能够得到保障，并且他们还能享受到其他职业望尘莫及的退职金制度。此外，即便因生病或负伤而休假也能得到薪水。虽说如此，和喜欢的女人约会所需的“住”以及外出时的“衣”和“食”还是由士兵自己掏腰包。

图密善的提薪政策在元老院那里的口碑很不好，他们批判皇帝是想用金钱来收买士兵。但是，就算那个时代没有通货膨胀，“罗马统治下的和平”也已经过去了百年有余，生活水平有了切实的提高。考虑到帝国财政规模扩大的因素，百年之后的提薪政策应该属于可以承受的范围。并且图密善虽然提高了每名士兵的平均薪水，却一直致力于减少罗马全军的士兵数量，在统治的末期实现了这一目标。可以说，他采取的是一种精兵政策。因为和平已经持续了百年，在此期间基础设施的建设也不断推进，所以帝国全境的经济取得发展是理所当然的。如果是奥古斯都的时代，肯定有很多年轻人不加入军团就无法生存下去。然而对于百年之后的那些没有资产的（不工作就无法生活下去）年轻人来说，维持生计的出路已经不再只有加入军团这一条路了。在这种情况下如果想保持整个军团的素质，就只有在报酬方面进行改善。

图密善在此施展了一个与他的年龄很不相符的老辣手段——提高军饷，但是规定提升的部分暂且交由军团的财务监察官保管，这些公积金在期满退役时与退职金一并领取。拿到现代的日本来说有点儿像“公司储备金”，士兵接受图密善这种处置方式的原因在于，与不服役到期满退役就无法拿到的退职金相比，在期满退役之前战死或负伤的士兵家属同样可以领取这笔公积金。在图密善以前的时代，司令官和军团长会给死去的士兵家属发放一些抚恤金，但是这只是长官们出于个人的意愿，并没有像退职金那样予以制度化。因此，有拿到钱的，也有很多没有拿到钱的。图密善所做的就是将其作为一项国家政策予以制度化。

日耳曼长城

接下来将要介绍委派待遇改善后的军团兵修建而成的日耳曼长城（Limes Germanicus），也可以翻译成“日耳曼边墙”。如果想知道修建它的必要性，只要看看地图就足够了。罗马帝国的北方防线是莱茵河和多瑙河，位于莱茵河和多瑙河两河上游的这片地带是防御上最薄弱的环节。河流的上游逐渐接近山岳地带，如果想在山岳地带通行的话，只有沿着河边走，并且，两条河接近源头地的地方在白天也是一片黑暗，覆盖着大面积的森林，因此被称为“黑森林”（Schwarzwald）。罗马士兵在与敌军面对面的遭遇战上占有压倒性优势，但是生活在帝国北方防线对面的却是擅长利用未开拓的地势进行游击战的日耳曼人。他们甚至公开宣称“森林是日耳曼人的母亲”，如果退到森林中，他们就会占据优势。就连在不列颠的森林中取得胜利的恺撒也没有贸然与日耳曼人在森林中作战过。

这样一来，在某一地点让莱茵河与多瑙河两条防线连接起来，产生将包含两河的上游和黑森林地带的所有地区划入罗马帝国境内的想法只是时间的问题了。这种想法似乎在提比略皇帝时代就已经初见雏形，在图密善时代以前有过在莱茵河和多瑙河两条防线上作战经验的皇帝只有提比略一人。并且，据说图密善对于提比略留下的命令文书和政策立案文书持有的关心胜过文学和诗歌。提比略抛弃了奥古斯都

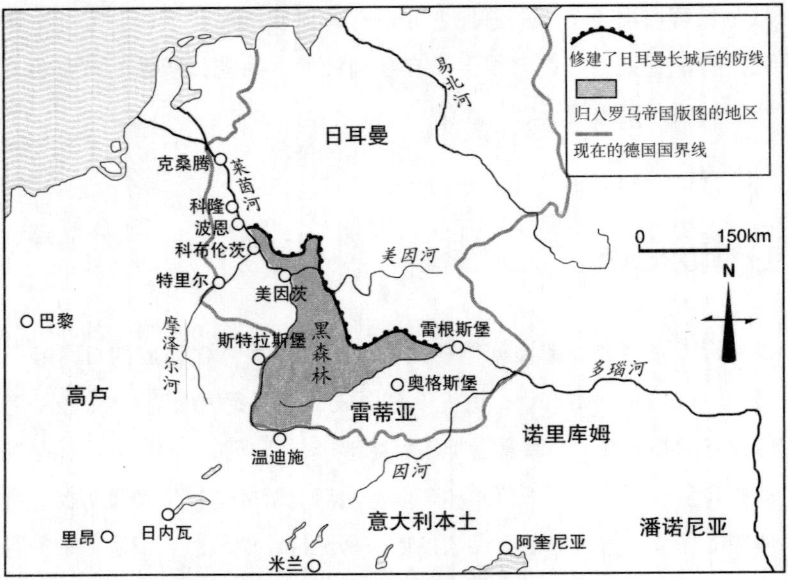

罗马帝国的北方防线

“征服易北河为止的日耳曼中部地区，将其纳入罗马统治下”的想法，致力于将划分日耳曼的西部和中部的莱茵河打造成防线。提比略不可能没有发现将“黑森林”搁置不管的危险性。但是，提比略之后的皇帝们没有继承他在这个方面的事业，是因为提比略已经将莱茵河防线修筑得如铜墙铁壁一般，无须再担心日耳曼人的入侵了。不到危险关头就不考虑对策，在这一点上，罗马人也不例外。

但是，因为日耳曼长城的建设如果不跨越历来的防线——莱茵河，攻入日耳曼人居住区域就无法成为现实，所以必须优先考虑通过和平方式或诉诸武力，让生活在这里的日耳曼人屈服。这样势必会遭到元老院“发动无谓战争”的非难，但我认为图密善采取的是优先考虑必要性的政策。实际上，在他之后的皇帝们，比如图拉真和哈德良尤其认识到了这座城墙的重要性，都非常热衷于城墙的加固事业，图拉真皇帝还专心于对多瑙河防线的强化，这些都是因为通过让日耳曼长城充分发挥作用就可以不用再担心莱茵河防线了。

那么，具体来说，日耳曼长城是以怎样的形式、在哪里修建的呢？

在现代能看到的罗马帝国时代的边墙只剩下划分英格兰和苏格兰地区的一段了，这段哈德良皇帝修建的城墙被英国人称为“哈德良城墙”。各处重要据点由石墙联结在一起，可能人们以为这就是罗马时代的边墙了，但是这种形式的“limes”（边墙）只能在古代的不列颠（现在的英国）看到。同样都是边墙，但从构造上来说，不列颠和日耳曼的城墙已经有所区别，为应对来自沙漠的敌人而建造的幼发拉底和北非的防线则更为不同。

日耳曼长城每隔 400 米至 700 米的距离修建一座边长 40 米的四方形碉堡，各碉堡之间的距离根据所处地势不同而有所出入。如果是能见度好的平地，距离就长一些，复杂的地形则短一些。各碉堡之间没有石造的墙壁联结，不过也不是完全没有联结。即使只过一夜的宿营地，罗马军也会挖出深达 3 米的壕沟，再围上木栅栏。考古学调查发现了很多石头，但是木头都已经腐烂，壕沟经过 2 000 年的岁月也大多消失了，这是理所当然的。但是，罗马帝国时代很可能存在过“V”字形的壕沟连成一片的情况，其中可能联结有木栅栏。壕沟和木栅栏应该联结了很长一段距离。罗马军团附属的骑兵起用大量日耳曼人的做法始于尤里乌斯·恺撒，可见日耳曼这个民族的骑术自古就很有名。罗马人必须防备的也是武装来袭的日耳曼骑兵团，并不是以商业或其他的和平目的来到罗马帝国的单个日耳曼人。按“V”字

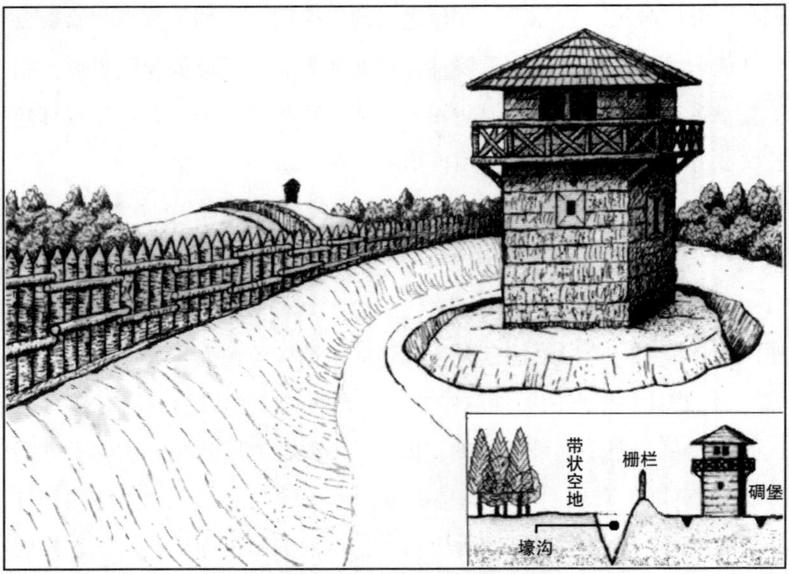

日耳曼长城（想象图，剖面图）

形深度挖掘的壕沟和几米高的木栅栏具有延缓骑兵团攻击的效果。此外，碉堡的主要目的是监视，而不是据守在此迎击敌人。

一旦确认敌人来袭，碉堡会利用狼烟或火把向左右的碉堡和处于后方的辅助部队基地传达消息，另外也有用快马传达消息的时候。图密善为了方便和后方的部队基地以及各碉堡之间的联络，在各碉堡之间铺设了道路。如果由行省人民组成的辅助兵不能应付敌人的话，由罗马公民兵组成的军团就会出动。日耳曼长城的主要战斗军团的驻扎基地位于现在德国的美因茨、现在法国的斯特拉斯堡以及现在的苏黎世和巴塞尔中间的温迪施这三个地方。

但是，美因茨距“limes”很近，莱茵河上游的斯特拉斯堡和最前线的“limes”之间横跨着黑森林地带，于是图密善铺设了横穿黑森林中央的罗马大道。在白天也一片漆黑的森林中贯通罗马大道的做法和在现代开通高速公路是一样的。对于日耳曼人来说，森林当中的道路是细长弯曲的，是由人类用脚在野生动物经常出没的地方走出来的。罗马人却在这样的地方开通了大道。罗马大道是用石头铺设的很平坦的道路，大约宽 5 米，两侧还有排水用的沟渠。并且出于防卫上的考虑，也是为了避免铺设好的石头松动，将道路两侧一带可能扎根到道路下面的树木统统砍倒了。罗马式的大道不只是铺设一条让人和马匹可以通过的大道就够了，在白天也一片漆黑的森林中的日耳曼人的据点——大森林中贯通罗马式的大道也含有将这片大森林罗马化的意思。

现代的黑森林中也有几条“autobahn”（高速公路）通行，但是在 2 000 年前的那个时代，无论高卢人还是日耳曼人，看到“autobahn”时想必也会为罗马人的技术水平瞠目结舌吧！凭借这条道路的建设，可以不用移动肩负监视高卢任务的斯特拉斯堡的军团基地，随时赶到最前线的“limes”，这样一来也没有必要在现在瑞士境内的温迪施设置军团基地了。

日耳曼长城的建设地点位于低地日耳曼和高地日耳曼的边界——相当于沿着莱茵河从现代的波恩和科布伦茨的中间前进至美因茨的北边，然后从那里向东跨越莱茵河。然后将内卡河划入防区内，向南至洛尔希，从那里向东以弧线形式到达雷根斯堡。在罗马时代称为“卡斯特拉雷吉纳”的今天的雷根斯堡一带与多瑙河防线衔接，这就是日耳曼长城，全长 542 公里。这样一来，莱茵河与多瑙河，帝国北方的两大防线得以相互联结，意味着可以以更少的军事力量实现更高效的防御了。实际上，之前需要 8 个军团防守的莱茵河防线现在只需要 6

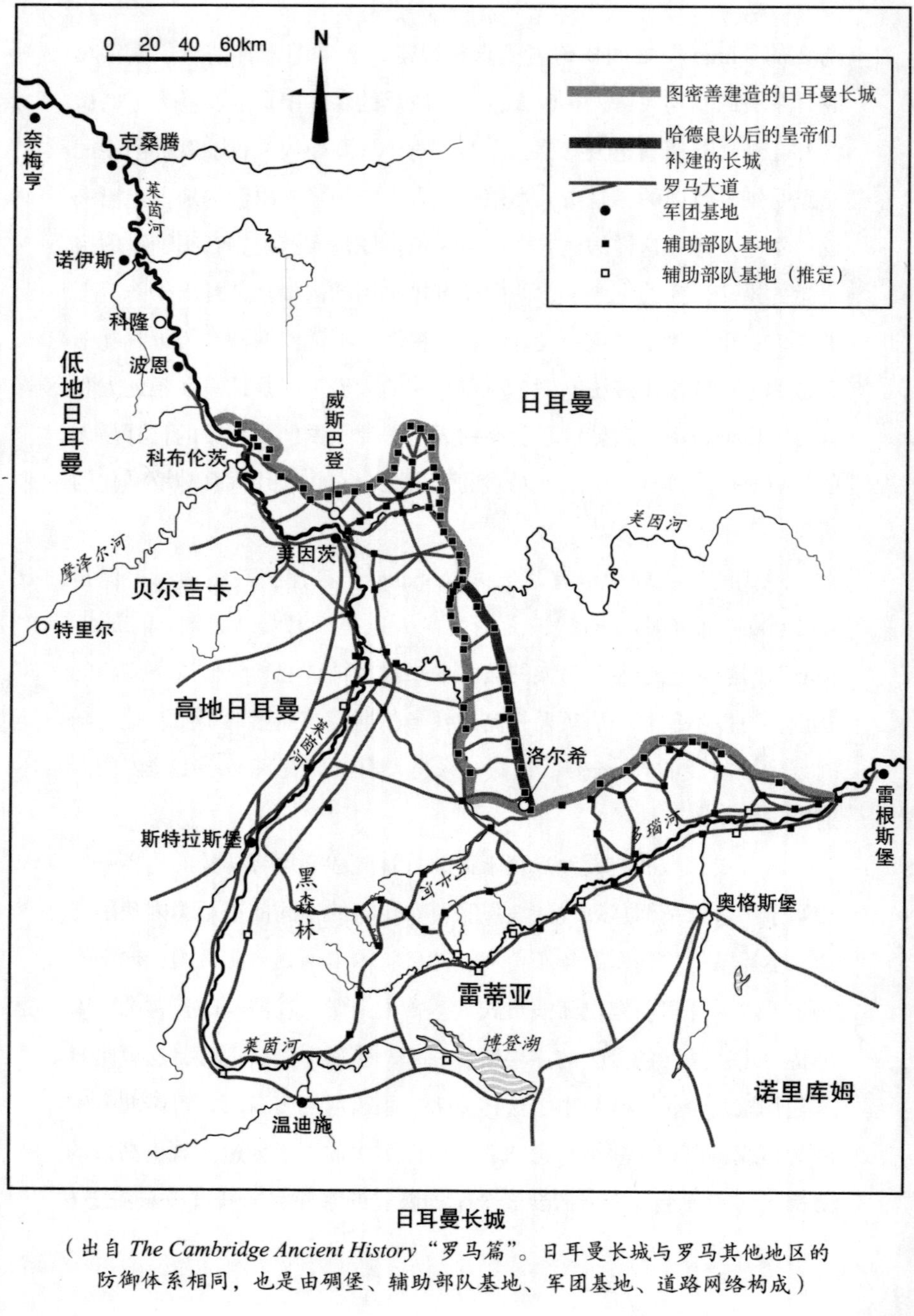

日耳曼长城

（出自 *The Cambridge Ancient History*“罗马篇”。日耳曼长城与罗马其他地区的防御体系相同，也是由碉堡、辅助部队基地、军团基地、道路网络构成）

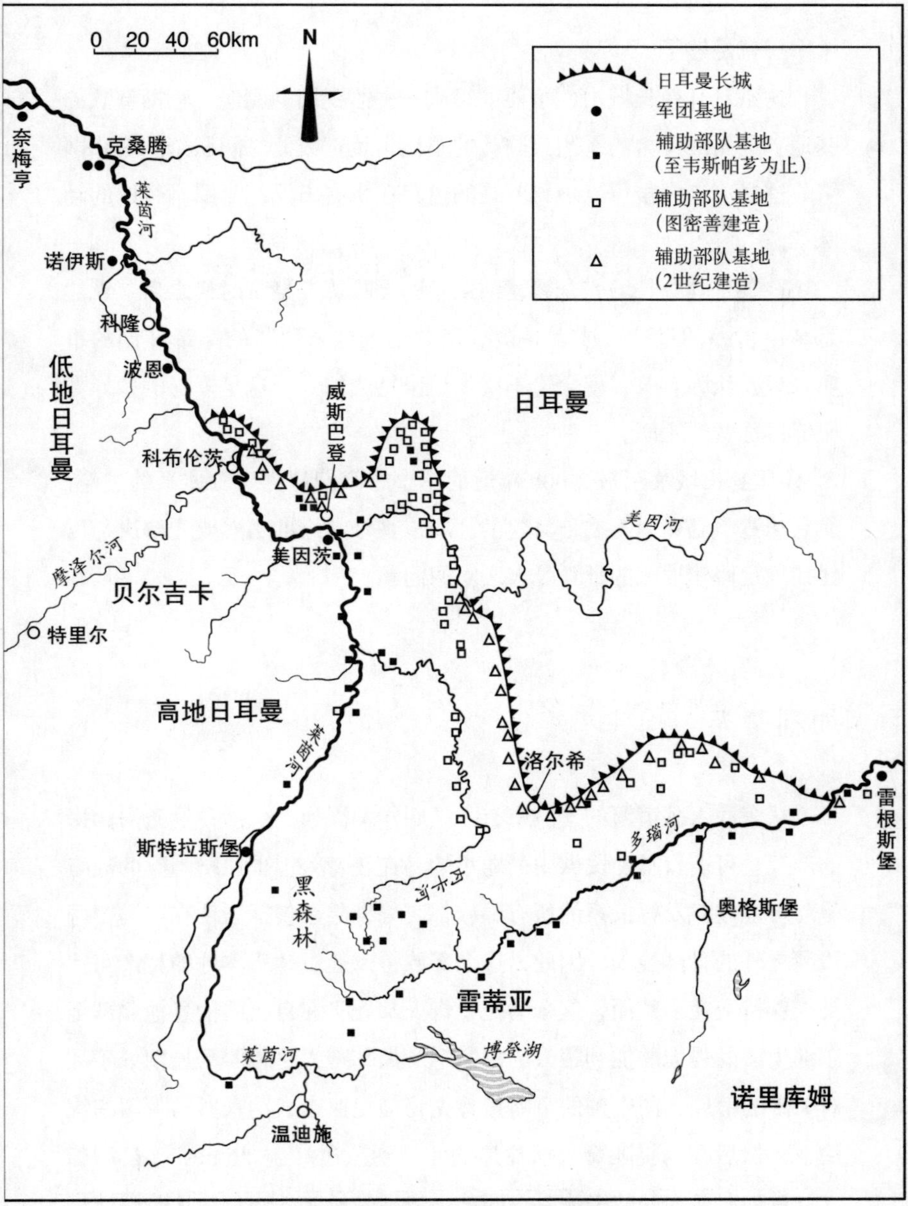

修建完成时的日耳曼长城

(出自 E. N. Luttwak, *The Grand Strategy of the Roman Empire*)

个军团就足够了。

这条日耳曼长城由四个要素组成——监视用的碉堡、辅助部队的基地、主要战斗力的军团兵驻扎的基地、负责彼此之间联络的道路网络。这样应该完全可以理解罗马的道路在所有方面都是罗马帝国的动脉了。

这条日耳曼长城完全修建结束是到了哈德良皇帝时代之后。纵然是名声再差的皇帝，或者是被处以"记录抹杀刑"的皇帝开创的事业，只要认为有效，就会毫不犹豫地坚持或加强，这是罗马的领导者们值得称赞的一面。

日耳曼长城甚至被 2 000 年后的军事专家们评为防御体系的杰作，但它毕竟不是在无人之地修建的，所以在修建之前当然要先解决与居住在预定修建地区的日耳曼人之间的问题。

加利蒂人

从东注入莱茵河的支流中有一条叫作美因河，生活在这条河南岸的部族是可谓日耳曼民族中最弱小的马提亚奇人。提比略当年的战略是与可能建立友好关系的所有部族都交好，甚至包括居住在罗马帝国边界之外的日耳曼人，因此，这个部族得以通过销售本地的特产与罗马人保持交往。然而，这个马提亚奇人却处于在自己的栖息地北部至东部生活的强大的加利蒂人的控制下。加利蒂人是与罗马长期处于敌对关系的部族，图密善的策略是首先将马提亚奇人纳入罗马帝国的统治下，然后在马提亚奇人居住地的北边到东边修建"limes"，最后确立针对加利蒂人的防御体系。因此，日耳曼长城的修建便从美因河流域开始了。

既然“limes”的修建是综合的防御体系，在其修建的地区当然要优先考虑军事设施。边长 40 米的碉堡、方圆 400 米的辅助部队基地、在其间铺设得如天罗地网般的道路网络，这个网络只有与主要战斗力的军团驻扎的基地联结起来才能充分发挥作用。将林林总总的这些加起来，需要的土地相当可观。虽然马提亚奇人没有被赶出居住区，可以留在世代居住的土地上，但是在他们看来，这等于被夺走了相当大面积的领地。然而图密善并不是无偿征用这些土地，作为征用这些军事上所需土地的交换，他提供了经济援助。也就是说，他赎买了这些土地。马提亚奇人并不是战败者，所以罗马人不能以胜者的姿态沿袭将土地的一部分国有化的形式。并且马提亚奇人属于日耳曼民族，将异族纳入统治下的原则是能让他们觉得脱离同为日耳曼人的加利蒂人、加入罗马一方更为有利。这样一来，罗马帝国对马提亚奇人的同化就成功了。

然而，防御体系的确立往往会引发对象部族的反感，加利蒂人不会对在自己眼皮底下修建“limes”置若罔闻。没有公开宣布“limes”的修建而是以对高卢地区进行人口普查的名义前往当地的图密善不得不转换为军队总指挥的角色，他的“Imperator”身份的强烈意识，渴望名副其实地率领军队取得战功。继承帝位两年后迎来的与加利蒂人的战争足以让这位 32 岁的皇帝热血沸腾，但不幸的是他没有在战场上的实战经验。

尽管如此，罗马军还是战胜了加利蒂人，但赢得并不漂亮。换句话说，这不是一场让对方心服口服的胜利。因此，在首都罗马举行的庆祝战胜加利蒂人的凯旋仪式和开始使用“Germanicus”（日耳曼尼库斯，意为“日耳曼征服者”）这个尊称的图密善遭到了元老院的冷

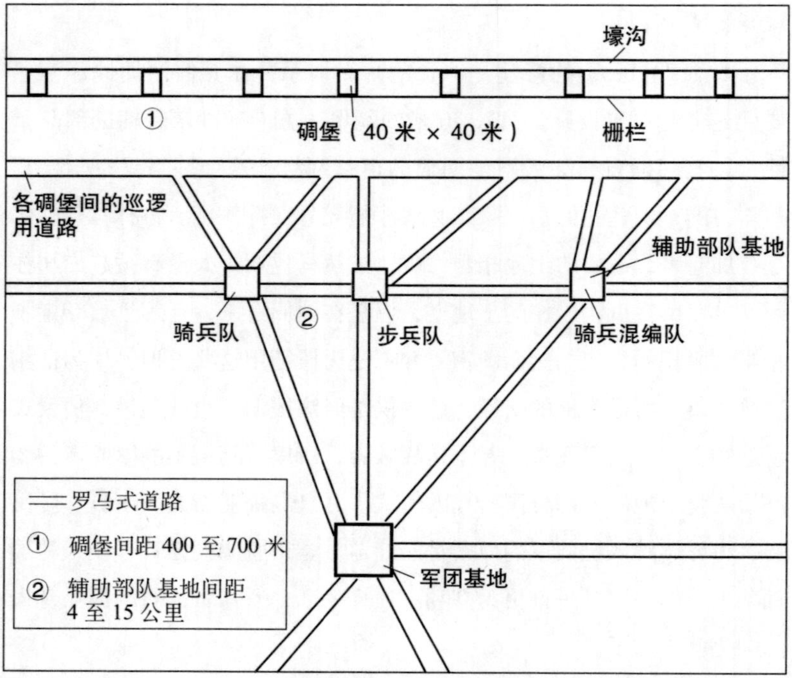

日耳曼长城（略图）

笑，一般公民也没有表现出多大的热情。

但是，凡事有坏也有好。如果以压倒性优势战胜加利蒂人，图密善可能就会开始与日耳曼民族真正作战了，赢得不漂亮正好可以提醒他不要忘了主要的目标是修建日耳曼长城。第一阶段沿着内卡河修建“limes”的工程得以继续，第二阶段将内卡河划入防区内部的“limes”修建完成对于负责工程的军团工程师们来说已经近在眼前了。到了五贤帝时代，整个修建工程才全部结束。只有身在首都、不知道最前线情况的人才不了解日耳曼长城的重要性。元老院元老就是这样的典型，他们甚至将图密善对战败的加利蒂人采取宽大处置的做法也作为了批评的理由之一。

用“limes”将莱茵河与多瑙河这两大河流的上游一带包围起来的话，罗马帝国的北方防线就可以成为一道铜墙铁壁。不过现在多瑙河一带的修建还没有完成，这个地区的防卫强化即军事国界化的工作不能再拖延了，因为居住在多瑙河北岸的蛮族已经开始表露出团结的动向了。对于图密善来说下一个军事课题，或者说对于罗马帝国整个防御体制来说下一个课题就是这条多瑙河防线了。

在此用表格列举出相关各国对罗马帝国的北方防线、现代欧洲的两大河流的称谓。

莱茵河（全长 1 320 公里）	多瑙河（全长 2 858 公里）
拉丁语—Rhenus	拉丁语—Danuvius
意大利语—Reno	意大利语—Danubio
法语—Rhin	德语—Donau
德语—Rhein	匈牙利语—Duna
荷兰语—Rijn	罗马尼亚语—Dunărea
	塞尔维亚语—Dunav
	保加利亚语—Dunav

内阁

罗马皇帝拥有强大的权力，这是任何人都没有异议的历史事实。然而，强大的权力也意味着肩负更多的责任。图密善在继任帝位时踌躇满志，并且他很年轻，还是一个讨厌虚伪的人。他觉得皇帝和元老院共同统治帝国的做法是奥古斯都掩人耳目的伎俩，皇帝才是实际的统治者，他毫不掩饰自己的这种想法。图密善接下来经手的是对“第一公民的辅佐机关”（Concilium Princepium，我译为“内阁”）的改革。

我在《罗马人的故事06·罗马统治下的和平》中已经讲过，开国皇帝奥古斯都创设的这个机关最初的成员为21人，之后不久增加到26人。具体来说包括“第一公民”即皇帝，任期一年的执政官1人，从公职人员中各选出1名代表担任相当于现代的部长的法务官、财务监察官、按察官、财务官，以及从元老院元老中抽签选出20名成员。皇帝兼任执政官的年份比较多，也有不设置财务官的年份，即使设置也大多由皇帝兼任，所以成员人数不是固定的。不过由这个“内阁”实际负责帝国的统治才是创设者奥古斯都的真实用意，这项制度在之后的100多年也一直不间断地保持着。

图密善实施的改革是减少原本属于元老院的20人的名额，代之以骑士阶级出身的人。

骑士阶级在罗马社会中是低于元老院阶级的第二等级。共和政体时代的国政被元老院垄断，所以骑士阶级一直专心于经济活动，可以把他们理解为属于“经济领域”的人。但是进入帝政时代后，政界向这些人敞开了大门。奥古斯都、提比略、克劳狄乌斯以及其他皇帝都热衷于起用骑士阶级出身的人。骑士阶级在共和政体时代本来是骑上战马参与祖国国防事业的骑兵，因此得名。在进入帝政时代之后，这个名字已经失去了实际意义，这些人成了皇帝任命的行政官僚。皇帝需要培养这种为自己卖命、对抗元老院的帮手。

埃及长官、各行省的皇帝财务官、在现代相当于知事的首都行政长官、首都警察的长官、近卫军团的长官、上下水道的最高负责人、地方自治体的议会长等职位几乎都是骑士阶级出身的人。另外，随着帝政的推移，各军团的军团长、指挥数个军团的司令官也越来越多地由骑士阶级出身的人担任。但是，起用这些人的皇帝们的高明之处在于，不是将这些骑士阶级出身的人培养成对抗元老院的势力，反而是让这些人进入元老院，来压制代代都是元老院阶级的人的反抗。

让这些人进入元老院的方法很简单，只要让他们当选财务监察官或护民官就可以了，因为只要担任这些官职就可以在元老院中自动获得席位。要不然就是由皇帝推荐业绩显赫的人，让元老院也不得不承认。骑士阶级出身的人也认为进入元老院是件荣耀的事情，一般都乐于接受。以韦斯帕芗为首，在本书中登场的人物有一半以上是骑士阶级出身的元老院元老。这意味着帝政让这些在共和政体时代被排除在国政之外的人充分得到了机会和地位。

但是，图密善是第一个削减元老院在“内阁”中的名额、让骑士阶级出身的人跻身元老院的人。在他看来，骑士阶级已经是担当帝国统治的一股有生力量了，所以这么做是理所当然的，但这并不是一项能够让元老院赞成的改革。不过元老院的反抗在这个时期还没有浮出水面，因为吸纳了骑士阶级出身者的“内阁”确实发挥了很好的作用。据我想象，图密善改革后的罗马帝国的“内阁”比起通常由国会议员担任大臣的日本内阁来，更像由总统任命的议会之外的人构成的美利坚合众国的总统府。虽然不知道在图密善的“内阁”中元老院元老的 20 人名额有多大程度的减少，但是在元老院一方来看，骑士阶级出身者“入阁”这件事本身就是对皇帝权力的滥用。

虽说如此，看起来只有骑士阶级出身的人才能在图密善的手下得到重用，但是元老院元老并没有被完全无视。提比略皇帝开创的委员

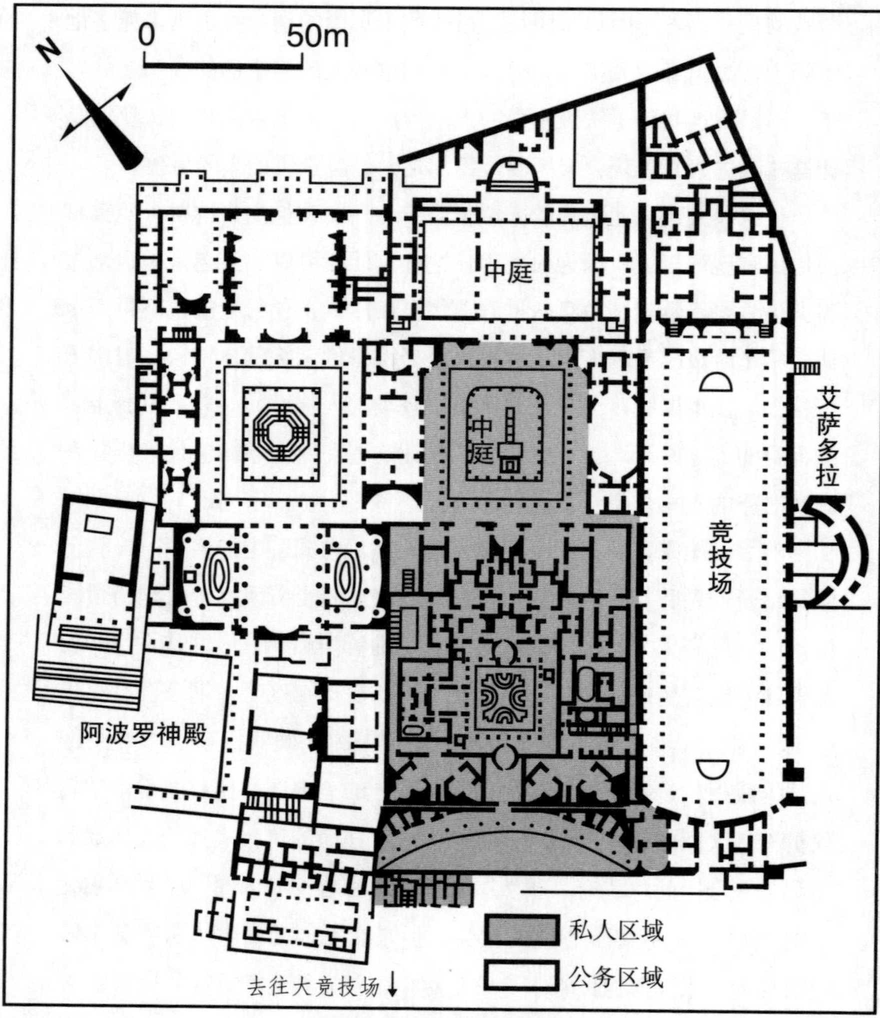

帕拉蒂尼山上的图密善宫殿

会方式已经作为帝政统治机制的一个组成部分固定了下来，图密善把提比略视为皇帝的模范典型，所以一旦有需要，他会通过这种委员会方式立刻选出 5 名委员来解决问题。这种机关的委员被定为由元老院元老担任。

图密善还实施了所谓的“官邸”组织化，具体做法是完善秘书官机制，协助皇帝集中处理大量政务。关于各秘书官的负责领域，我在《罗马人的故事 07 · 臭名昭著的皇帝》的“皇帝克劳狄乌斯”一章中已经讲述过，其性质与最先采用这种机制的克劳狄乌斯皇帝时的机制相同。不过，克劳狄乌斯的秘书官机制虽然发挥了很大作用，口碑却很差，原因在于他起用了解放奴隶这种出身奴隶的人。图密善吸取了这个教训，所以他的秘书官全部都是从骑士阶级中选拔出来的。

不知道是为了让这个官邸的机制发挥更大的作用，还是想让皇宫变成更符合罗马皇帝身份的样子，图密善利用帕拉蒂尼山上的一半面积修建了宏伟的宫殿。这座宫殿完全不是私宅，而是将公共建筑与官邸合并在一起，其中还包括一座可以邀请市民前来观看竞技比赛的真正的“体育场”。这座宫殿建成以后，以前还有其他人居住的帕拉蒂尼山成了专供皇帝居住的地方。

司法

图密善似乎是一个性格严谨的人，他不仅为了维护功能而尊重秩序，更是一个喜欢秩序的人，凡事若非有条不紊就难以放下心来。

这种性格如果是发挥在明确规定剧场或竞技场前方的元老院元老和骑士阶级的座次上面，完全可以让人付之一笑，然而若是用在严格执法方面，有时可能会让人感到胆寒。

罗马从建国开始就存在着负责保卫圣火的女祭司组织，她们在30年的任期内负有保持处女之身的义务，违背这个义务就要遭受被活埋的处罚。这些社会地位很高的女人住在罗马广场东南边的一个地方。

尽管并非终身禁止结婚，但这些女人从小就要成为女祭司，在生命中最美好的妙龄阶段接触不到男人。虽说这些女人并非完全没有曝出过风流韵事，但过去的皇帝从未严格实施过这项自古以来的法律，图密善却不同。并且与男人有染的是统率众女祭司的女祭司长，这使得情况更加严重。按照自古以来的法律，女祭司长被处以活埋之刑，和她有染的男人也要在公众面前被鞭打致死。

但是，尊重秩序的做法在很多时候也会给人类社会带来好的结果。以法制化的形式严禁未成年人卖淫，并对唆使卖淫的人处以严厉惩罚的做法始于图密善。对于罗马人来说，未成年指的是17岁以下。

图密善最讨厌的是行省统治负责人的渎职。罗马从共和政体时代开始产生了一种允许行省人民控告任期结束后的行省总督滥用职权的制度。行省总督全部都是元老院元老，作为行省人民的代理来控告前总督的人一般也是在元老院中拥有席位的人。被称为“Orator”的罗马时代的律师们有时会担任原告律师，有时也会为被告辩护。按照克劳狄乌斯皇帝的规定，他们的报酬上限为1万塞斯特斯，并一直持续了下来。兼任律师的史学家塔西佗的经济状况不明，不过鉴于他的身份是资产下限为100万塞斯特斯的元老院元老，应该属于富裕的阶级。至于他的朋友小普林尼，本来就出生于富有家庭，并且继承了在维苏威火山喷发中死去的老普林尼的遗产，所以肯定也是富人。在他们看来，1万塞斯特斯的律师费根本算不上什么大数目。但即便如此，他们还是经常接受“Orator”的工作，因为他们认为通过法律手段在法庭上进行控告或辩护是社会上层人士的职责，皇帝们应该也有相同的想法。提比略和克劳狄乌斯经常出席这种关乎行省统治成果的法庭审判，图密善也沿袭了这种方法。就连只对皇帝的花边新闻感兴趣的苏维托尼乌斯也在著作中对图密善为行省统治的公正做出的努力赞不绝口。行省统治的好坏是足以左右整个帝国统治的重要问题，在罗马帝国中，不论是皇帝还是厌恶帝政的塔西佗对这个问题都有相同的认识。

我看到公元4世纪最初的三分之一时间，也就是君士坦丁大帝时代首都罗马的地图时，第一个感触是400年前修建的公共建筑还保留着建成时的面貌，最大的原因应该是历代皇帝都注意经常修复维护。比如阿庇亚大道到公元300年时已经有600多年的历史了。

第二个感触是“世界之都”罗马居然没有本应存在的大规模的教育和医疗设施。这个原因我已经阐述了很多次，并且提出过一个假说，即这些设施都是罗马式的“民间活动”的结果。

但是，这张地图上还缺少一种罗马帝国始终没有过的建筑，就是管理广大的帝国不可缺少的行政官僚聚集的区域，用现代的话来说就是行政中心，这在“世界之都”罗马的历史上不曾有过。

也许可以说和现代相比，罗马帝国的官僚体制还没有发展起来，但是罗马帝国是人久居的地方，并且统治着比后世的任何一个国家都广阔的地域。从各种史实来推测，这个问题应该可以这样解释：

不存在行政中心意味着没有独立的官僚组织。如果对这个问题寻根问底，就产生了另外的问题——为什么没有独立的官僚组织也可以管理这么大一个帝国呢？学者们的研究，特别是考古学上的研究成果，可以给我们提供这个问题的答案。

地方自治

罗马人从领土只有意大利半岛的时代开始就已经实行中央集权和地方分权并立的制度了。那个时代的“中央”指的是胜者罗马，“地方”指的是在和罗马的斗争中失败的意大利境内的其他部族以及希腊裔和伊特鲁里亚裔的各城市。从那时开始罗马就已经将“中央”应该负责的事情和可以委托给“地方”的事情分开了。这种倾向在进入拥有广大领土的帝政时代之后，以意大利本土和行省的形式被继承了下来。对于现实的罗马人来说，并不是因为他们相信这种路线是正确的才继承了下来，而是因为如果不这么做就无法维持大帝国的统治。从结果来说，罗马帝国不是仅靠中央集权管理的国家，而是通过巧妙地同时运用中央集权和地方分权，构筑了能够发挥两者优势的体制。

简单来说，“中央”的工作是安全保障、税制和基础设施的建设，“地方”被尽可能地委托从事除此之外的其他事情。罗马人称为“地方自治体”（Municipia）的城市肯定都有地方议会，议员通过选举被选出。从庞贝遗迹中留下的涂鸦可以看出，比起公民大会变得有名无实已久的首都罗马，地方的选举更为盛行。

进入帝政以后，不仅意大利本土，行省也出现了很多“地方自治体”，但是如果只承认自治却没有财源的话，也无法行使自治的权力。为了让地方分权充分发挥效力，财源的确保不可或缺。这个时代还不存在地方税这样的税种。

首任皇帝奥古斯都缺乏这方面的考虑大概是因为创建帝政是他优先考虑的课题，但是肩负确立帝政任务的第二代皇帝提比略以及第四代皇帝克劳狄乌斯不仅限于意大利本土，同时在行省也努力确保各地方自治体的财源。在韦斯帕芗和提图斯统治时期，这种倾向更进了一步。因此，地方财源政策并不像日耳曼长城那样，由图密善着手、后世的皇帝们继续完成的。但图密善对这个问题的处理非常热心，也就是说从这个时代起，碑文上就很清楚地开始记载地方自治体的财源状况。

从碑文可知，收入的主要部分是地方自治体所有的土地、事务所和店铺的租金。具体说来，比方说如果想在城镇中心的"广场"的圆柱回廊内开店的话，就要向作为地主的地方自治体缴纳租金。此外还可以得到公共浴场的洗浴费和水道使用费等收入。罗马时代的"高速公路"不征收使用费，不过水道是要征收使用费的。

但是，不仅没有地方税，公共浴场的洗浴费也属于低廉的政治价格，即便是水道，只要使用城镇各地随处可见的水就可以免交使用费。只对将水道引入自家的人征收费用根本就不足以成为自治体的财源。也许这会让人怀疑地方自治体是如何维持下去的，但是请不要忘了，地方自治体的大部分工作都依赖于个人的出资或自发的捐赠。为自己所属的共同体捐赠资金是家境富裕者的职责，同时也被认为是非常荣耀的事情。街道和桥梁的建设是国家的工作，但这些设施的维护修理是地方的事情。迄今为止已经发掘出很多炫耀自己捐资维修工程的碑文。

整个罗马帝国可谓是由共同体和个人一起管理的，它作为国家可能还没有充分成熟起来，但有意思的是它的体制却能很好地发挥作用。

公共事业（二）

这是一个重视个人作为的时代，所以理所当然，罗马皇帝的工作中少不了公共设施的建设事业，罗马皇帝就好像身兼建设部大臣的职位一样。图密善在这个方面的业绩远远超过了父亲和哥哥。

除了已经提到过的首都罗马内的公共建筑之外，发掘出的碑文中可以确认是由图密善修建的工程达到了相当大的数目。如果考虑到一些碑文被“记录抹杀刑”破坏，实际的数目可能比这个还要高。以下试列举已知的工程：

罗马近郊的蒂沃利、罗马的外港奥斯提亚、弗拉米尼亚大道的终点里米尼、西西里岛西部的港湾城市也是与北非迦太基的联络港马尔萨拉等各处城市的水道工程。

埃及尼罗河流域的灌溉工程。埃及负责意大利本土所需小麦的三分之一供给量。

位于希腊德尔斐的阿波罗神殿的全面修复工程。图密善与父亲和哥哥不同，是希腊文化的崇尚者。

铺设时间比阿庇亚大道还要早的联结首都罗马和加普亚的拉蒂纳大道的全线修复。从常识来考虑，从首都罗马到意大利南部的道路同时也是通往帝国东方的联络线路，只有一条阿庇亚大道肯定不够，铺设多条线路是理所当然的。

铺设了虽然被处以“记录抹杀刑”但在整个罗马时代依然被冠以建设者名字的图密善竞技场（现在的纳沃纳广场）和图密善大道。从罗马南下的阿庇亚大道从今天的锡纽萨（Sinuessa）进入内陆可以到达加普亚，而图密善铺设的是从锡纽萨沿海岸南下，经商港波佐利到达那不勒斯的道路。这样一来，经陆路到达军港米塞诺就变得更加容易了。曾有人留下诗歌咏叹，以往在黎明从罗马出发，日落时分才能到达，现在只用两个小时。此外还铺设了从阿庇亚大道和拉蒂纳大道两条干线交会的加普亚通往波佐利和那不勒斯的两条大道，但根据目

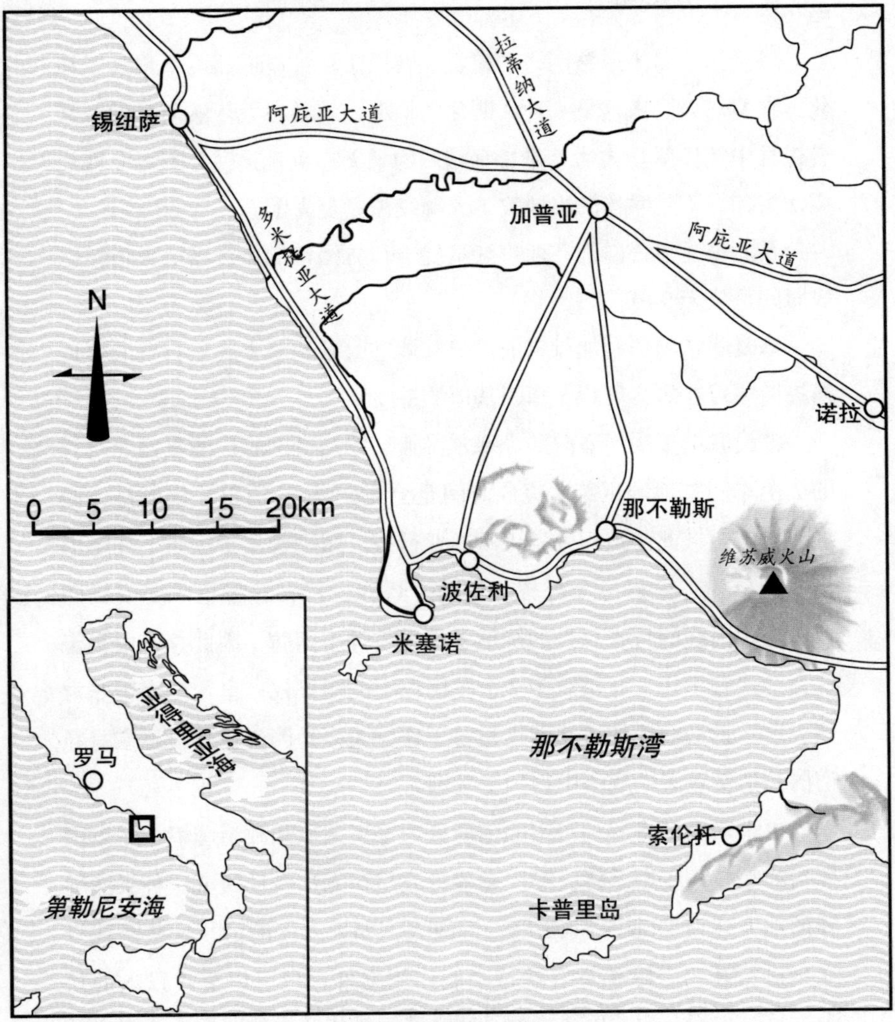

拉蒂纳大道
阿庇亚大道
锡纽萨
多米提亚大道
加普亚
阿庇亚大道
N
0 5 10 15 20km
诺拉
那不勒斯
维苏威火山
波佐利
米塞诺
亚得里亚海
罗马
那不勒斯湾
索伦托
第勒尼安海
卡普里岛

加普亚周边的道路网络

前的史料无法得知是图密善修建的，还是在他去世两年后成为皇帝的图拉真修建的。无论怎样，罗马道路不是单纯的道路，还包含政治策略在内。

环绕撒丁岛的道路网络的建设。在撒丁岛铺设道路网络将其罗马化，在罗马人看来这是一种文明化的措施，与在白天依然阴暗的日耳曼森林中铺设罗马式的道路具有相似的意义。也就是说，不再允许长期认为掠夺不是罪行的当地牧羊人继续任意妄为了。

全面修复奥古斯都在西班牙贝提卡行省铺设的奥古斯塔大道，完成时间是公元 90 年。

修复联结阿非利加行省的总督驻地迦太基和努米底亚行省的泰贝斯提斯（现在的泰贝萨）军团基地的道路。

铺设联结多瑙河下游的今塞尔维亚、罗马帝国时代的默西亚行省的 2 个军团基地的道路，完成时间是公元 92 年。值得一提的是，多瑙河下游全域此前被一并划入默西亚行省，图密善出于国防上的考虑将其一分为二。将一个行省分为两个行省，行省总督也需要安排两名。位于前线的行省总督的统治工作也就等于国防，因此总督由皇帝任命的武官担任，并被赋予 2 个军团以上的指挥权。皇帝图密善非常热衷这一带最前线的道路网络整备工作，大概是因为他从自己亲身经历的与达契亚人的战争中得到了教训。

史学家蒙森将罗马帝国的国境分为军事国境和政治国境。军事国境指的是在河流沿岸建设军团基地，或是在无法倚仗河流这种天然屏障的地方建设“limes”，明确告诉敌人，如果入侵的话，这些防线将立刻进行还击。除了具有这种牵制作用之外，也可以节省投入的兵力。另一方面，政治国界指的是罗马帝国长年视为的国界，由于之前没有特别的必要，因此，虽然向军事国界化的方向发展，却依然没有完成防线的建设。

莱茵河的军事国界化是提比略完成的，图密善则通过建设日耳曼长城，实现了莱茵河与多瑙河上游地带的军事国界化。实现多瑙河军事国界化最终阶段的工作也是从图密善开始的，不过他只是开了个头，多瑙河防线的军事国界化经图拉真直到哈德良皇帝时代才完成。

举办夜间竞赛

但是，图密善关注的不仅是这些“大事”，他也是一个深知“小事”重要性的皇帝。这段经历被后世的人们概括为一句“面包与马戏”而大加批判，但是认为有权者都具备正确的政治判断力只是一种对人性的幻想。如果这种幻想能够成为现实的话，原本也就不需要什么政治宣传了。总之，不用担心饿死，并且还能免费观赏竞技比赛，对于市民来说肯定不是什么坏事，并且图密善还是第一个举办“夜间竞赛”的皇帝。

灯火的价格昂贵，所以市民们只能日出而作、日落而息，在他们看来没有比能够在容纳5万人的圆形竞技场中借着通明的灯火观看夜间比赛更令人神往的事情了。皇帝和富裕人家点着灯吃晚饭是司空见惯的事情，但是一般市民只能是在太阳落山前吃晚饭，这种公元前的共和政体时代的状态到了公元后也没有任何变化。罗马的夜空并非一片漆黑，尤其在夏天更是带有美丽的藏青色，令人叹为观止。夜间竞赛就是在这种环境中举行的。

虽说如此，出资举办夜间竞赛肯定需要一大笔开支。根据一些史学家的记载，国家举办夜间竞赛也只限于在重要的祭祀节日。按照惯例，这种比赛一般由皇帝提供饮食，所以在观战期间无须自己购买食品和酒。

但是，又要建设“limes”，又要投入资金完善基础设施，还要和蛮族交战，再举办夜间竞赛的话甚至让人担心国家财政会不会入不敷出，然而有意思的是罗马帝国依然保持了财政的健全。继承图密善帝位的涅尔瓦以及之后的图拉真也没有为国家财政的重建费心思。因为韦斯帕芗和儿子提图斯共同举行的人口普查使得“不提高税率，而是保证应征收部分的财源”的税制得以推行，从而促进了国税的增收。韦斯帕芗被同时代的人嘲讽为吝啬鬼，却被后世的研究者评选为最理想的“国税厅长官”。正因为继承了他的位置，儿子图密善才得以广泛开展大规模的事业。充分发挥功能且公正的税制是仁政的根本，将其与安全保障和社会资本的充实一并视为“中央”工作的罗马人正可谓是熟谙为政之道的亚里士多德所说的“政治人才”。凡夫俗子随处可见，但“政治人才”并不是那么多，这就是人类社会的现实。

人的宿命就是在完成一件事情后必然会面临由此产生的新问题。34 岁的图密善将要面对的下一个问题也许是意料之中的，那就是多瑙河防线的强化，也可以说是多瑙河的军事国界化。

不列颠

在讲述公元 85 年开始的与多瑙河北岸的达契亚人之间的战争之前，我认为有必要先介绍一下征服不列颠的战争，虽然二者之间看起来毫无关联，其实却有着千丝万缕的联系。因为如果罗马想要不仅征服不列颠即现代的英格兰和威尔士地区，还要执着于完全征服喀里多尼亚即今天的苏格兰地区的话，多瑙河防线的确立对于罗马帝国来说就会成为一个非常沉重的负担。

最先着手不列颠征服战争的是尤里乌斯·恺撒，在其登陆不列颠的90多年后，第四代皇帝克劳狄乌斯再次发动了战争。因此，真正对不列颠发起征服战争应该是从公元43年开始，到了第十一代皇帝图密善的时代，英格兰和威尔士两地已经完全被征服，只剩下对苏格兰的征服了。位于科尔切斯特的不列颠行省的首府也转移到了罗马人称之为“伦底纽姆”的伦敦。不过，单是罗马人所说的不列颠，也就是后来的英格兰和威尔士的征服战争就耗费了40年时间。想到面积相当于不列颠3倍的高卢的征服战争只经历了8年，不免让人觉得这场战争的进度过于缓慢了。我认为主要理由有以下四点：

第一，与意大利本土之间只隔着阿尔卑斯山脉的高卢的征服战争出于确立安全保障体制的需要，必须尽可能早一些结束。不列颠和罗马之间只隔着一道海峡，没有必须尽早解决的必要性。

第二，罗马除了军事力量之外还有其他可以威胁高卢的手段，在不列颠却没有其他的办法。

当初恺撒迫使高卢的领导者们在罗马式胜者对败者的同化政策或日耳曼式的统治者和被统治者被明确分开的政策之间两者选一。日耳曼人跨越莱茵河的威胁对于高卢人来说是胜于一场噩梦的现实。高卢人在恺撒时代选择了罗马，并且在120年后的“高卢帝国”骚动时也选择了罗马而不是日耳曼。与高卢人不同，不列颠人却没有威胁自己的外敌存在。不列颠和日耳曼之间隔着北海，居住在爱尔兰的凯尔特人也不会成为威胁。8年和40年的差别并不代表不列颠人比高卢人更强。

第三，发动称霸战争的人对“称霸”这个概念的理解不同。在不列颠称霸战争上指的就是尤里乌斯·恺撒和克劳狄乌斯皇帝的想法不同。

恺撒首先以武力征服高卢全境，紧接着马不停蹄地进行了我在《罗马人的故事 04·恺撒时代（上）》中命名为“战后处理”的高卢重组工作，早早将高卢全境变为了罗马的行省。具体来说，保留所有既有的部族，将自己的家门名“尤里乌斯”和罗马公民权赐予部族长们，让他们成为罗马帝国的成员。如果是强大部族的部族长，还可以在元老院获得席位，这成了招致保守派的西塞罗和布鲁图反对的原因之一。

另外，克劳狄乌斯则采用了逐步扩大罗马霸权的称霸方式。第一是武力征服，第二是重组，与此同时进行基础设施的建设，这些与恺撒相同。但是恺撒是在全国范围内展开的，克劳狄乌斯却以地区为规模推进，逐步扩大建设范围。不管这两种方式哪一种更合适，这种政略（Strategia）的差异只能归结为当事人性格的差异。

第四，罗马人对于高卢和不列颠的看法不同。

对于第一个渡过多佛尔海峡的罗马人恺撒来说，不列颠只不过是为了确保高卢的地盘而需要事先打倒的对手。在即将成功征服高卢时对不列颠施以一些打击就足可以避免不想屈服罗马的高卢人和不列颠人联合起来，所以没有深入不列颠。

然而，如果恺撒没有被暗杀的话，情况又会如何呢？从他的政治策略来看，可能会推进对不列颠的完全征服战争。如果真的是这样，征服战争就可以在短时间内结束，恺撒式的战后处理也会在不列颠施行。但是这些都是假设，从假设来说，图密善时代高卢出身的元老院元老占据元老院 600 名元老中的 40 个席位，而不列颠出身的元老院元老只停留在 0～1 人，这种倾向以后也没有什么变化。从罗马元老院的性质来看，成为元老院元老就意味着要负担起整个帝国的政治责任。想到后来在研究罗马的领域中最热心的英国人不免有些于心不忍，但是罗马时代的英国确实比帝国的其他任何地方都更偏僻。只要看看元老院元老出生地的情况，就可以很明显地发现这种差距。同样是被罗马征服，比起克劳狄乌斯，不如让恺撒征服更好。另外值得一提的是，像曼彻斯特（Manchester）这种附带“chester”这个词尾的地名来自拉丁语表示“要塞”意思的“castrum”，起源可以追溯到罗马时代。

话题回到图密善时代的不列颠，征服战争进展比较缓慢，毕竟花了 40 年。当时的罗马军组织最完善，所以也有一些成果。克劳狄乌斯时代的军团基地在科尔切斯特，但到了图密善时代将常驻不列颠的 3 个军团设置在了加的夫、切斯特和约克。并且从韦斯帕芗任用的阿古利可拉就任总督的公元 78 年到 84 年的 7 年间，罗马人的征服活动深入了他们称之为喀里多尼亚的苏格兰腹地。他们不仅进攻至爱丁堡和格拉斯哥之间的分界线，罗马舰队甚至航行到了苏格兰北部。难怪当时阿古利可拉的女婿塔西佗深信不列颠和喀里多尼亚的称霸战争就要结束了。

但是，后世的欧洲人承认塔西佗是个有良心的知识分子，所以他们经常引用塔西佗的一段话来抨击罗马是帝国主义国家，这是《阿古利可拉传》当中的一段文字，文中进行演讲的“卡尔加克斯”这个人物在历史上并不是真实存在的，他应该是塔西佗虚构出来用以表达自己想法的不列颠人。

> 罗马人是一个不值得屈服或服从的民族，他们是世界的掠夺者。陆地上已经没有让他们继续挥霍的地方了，所以现在他们又

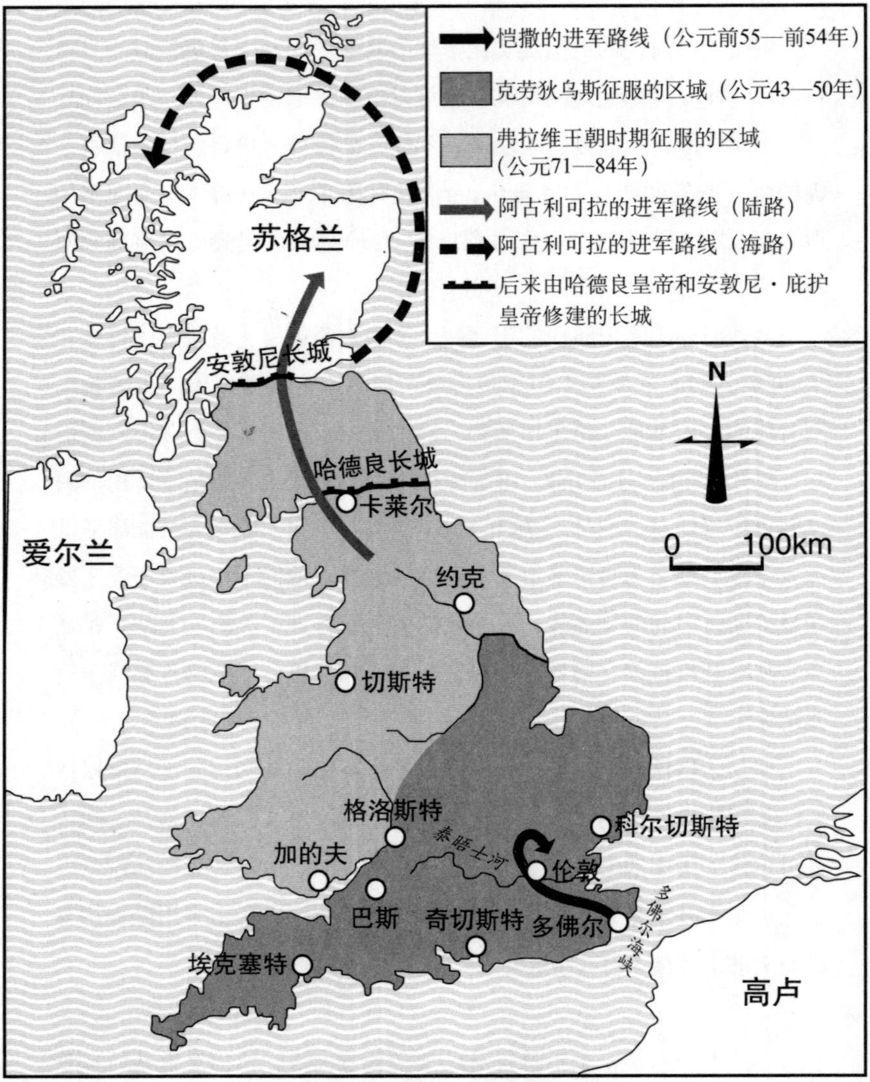

阿古利可拉征服苏格兰的进军路线

将手伸向了大海。敌人富裕会勾起他们的贪婪，敌人贫穷就会助长他们的自负。无论东方还是西方都无法满足罗马人的饥渴。他们假借帝国之名到处烧杀抢掠，他们还说是为了世界的和平，实际上他们正在将世界变为一片沙漠。

塔西佗之所以被视为有良心的知识分子，是因为他虽然是征服者一方的人，但并没有忘记对自己国家的批判。另外，从被罗马军进攻的一方来看，肯定也会认为“世界的和平”与己无关。正如我在《罗马人的故事 03 · 胜者的迷思》中介绍过长期反抗罗马的本都王米特拉达梯，在此又提到了卡尔加克斯这个人的言论，所以虽然不一定比得上塔西佗，但我也不是对良心毫不在乎的。

然而，在其他地方读到塔西佗吐露的别的言论后，我又感到身为有良心的知识分子的复杂性，在此顺便介绍一下。这是题为《日耳曼尼亚志》的著作中的一段话。这部作品如其名称所示，是一部介绍罗马人的宿敌日耳曼人的著作。首先在介绍完共和政体时代的情况后，塔西佗这样写道：

从那个时代到图拉真皇帝第二次担任执政官的那一年，竟然已经过去了 210 年。战胜日耳曼人到底需要多少年！在此期间付出了多大牺牲！

萨莫奈人、迦太基人、西班牙人、高卢人，就连帕提亚人都没有让我们如此担心过。可是遇到日耳曼人却……

只列举一下败给日耳曼人的我方执政官就有这么多：卡尔波（公元前 113 年）、卡西乌斯（公元前 107 年）、斯卡乌鲁斯和卡庇奥以及马略（公元前 105 年）。在这些败仗中，罗马失去了 5

个执政官军团（相当于 10 个军团）。

奥古斯都皇帝时代在条顿堡森林发生的瓦鲁斯和 3 个军团的全军覆没事件（公元 9 年）是最大的一次悲剧，但即使在我们获胜的战斗中，罗马一方的牺牲也不少。马略在意大利境内的反击（公元前 101 年）、神君恺撒在高卢的作战（公元前 58 年）以及从（公元前 12 年）杜路苏斯开始，到提比略和日耳曼尼库斯攻入敌方日耳曼领地的战斗，无一不是经过一番激战才获得胜利。除了后来卡利古拉的愚蠢行为之外，保持了一段时间的和平。然后（公元 69 年）巴达维人又趁罗马混乱之机发动叛乱，招致了高卢骚乱。这一次日耳曼人破坏并掠夺了罗马军的军团基地。但所幸的是这场骚乱很快就平息了，到了现在（公元 100 年之后），罗马军终于变得无往不胜了，但还是没有完全征服日耳曼民族。

有良心的知识分子根据对手的不同也会变得好战，想来让人觉得好笑，即使对于被罗马征服的不列颠人能够持宽容态度，但是对于无法完全征服的日耳曼人，经常批判自己国家的塔西佗也不得不把爱国放在前头了，并且在公元 80 年，皇帝图密善的头脑中一直在意的也是日耳曼问题。

达契亚战争

公元 84 年冬天，图密善将 7 年以来一手负责征服不列颠的总督阿古利可拉召回了意大利本土。塔西佗在《同时代史》的开头不情愿地写道“不列颠成功征服之后却被放弃了”，就是阿古利可拉的回国使得罗马对苏格兰的征服战争中断了。不过罗马虽然放弃了喀里多尼亚，其实并没有放弃不列颠。

但是，图密善为何在这个时候放弃对苏格兰的征服呢？

那个时期的图密善确实需要更多军团来强化多瑙河防线，在此之前生活在北岸的几个日耳曼人部族就经常在多瑙河下游频繁活动。将不列颠的军团换防到多瑙河的话，就无法继续进行对苏格兰的征服。更换指挥官是改变战役进行方式的最有效方法，只要派遣防守型的指挥官去代替善于进攻的阿古利可拉就可以了。

从图密善之后的皇帝们，特别是哈德良皇帝，对不列颠的政策来看，图密善在公元 84 年采取的政治策略绝不能算一个错误。然而，将攻势转为守势的做法很容易遭到批判。以前提比略放弃奥古斯都进攻日耳曼中央地区并划易北河为国界的计划，而撤退到了莱茵河的做法就曾遭到塔西佗的大肆批判。

因此我认为，图密善犯的错误不是放弃对喀里多尼亚的征服，而是没有很好地利用勇将阿古利可拉的才能。那个时期的罗马在多瑙河战线最需要攻击型的司令官，如果图密善将回国的阿古利可拉派到多瑙河前线，任命他担任与达契亚人战争的前线指挥官，多瑙河战线很可能会是另外一种情况，十分推崇阿古利可拉的塔西佗对图密善的看法可能也就没有那么强硬了。

虽然都说图密善曾仿效提比略治国，但提比略除了军事才能之外还有丰富的实战经验。这种才能和经验不仅可以发挥到战场的指挥中，也可以在任用部下的将领时发挥很大作用。接下来将要讲述的与达契亚人的战争是最能够体现出图密善在这个方面能力欠缺的例子。

只要有人想以海盗行为代替通商，通过掠夺而不是农业和手工业来获取生活来源的话，防卫的必要性就不会消失。防卫的结果以武力决胜负的情况明显多于和谈，这是因为双方的“想法”（concept）或价值观不同。罗马帝国形成了独特的命运共同体，使得帝国内的各民族能够拥有相同的“想法”，但是对于与自己“想法”不同的外部民族之间的关系从来都没有省心过。学校讲授的罗马史告诉我们，帝国在公元 5 世纪灭亡是由于那个时期发生了蛮族入侵，但这完全是误解。纵览罗马在共和政体和帝政时期的全部历史，可以说时刻伴随着蛮族的入侵。罗马帝国能够从首都罗马遭到入侵的公元前 390 年一直存活到罗马再次被蛮族蹂躏的公元 410 年这长达 800 年的时间，很大程度上依靠它完善的国防力量。实际上，即使在公元 5 世纪蛮族入侵时，东罗马帝国也逃过了灭亡的命运，因为以君士坦丁堡为首都的东罗马帝国充分发挥了它的防御系统的作用。入侵的蛮族也避开了东罗马帝国，而是去攻击防御系统无法发挥功能的西罗马帝国。

既然可以说民族间的冲突起因于“想法”的不同，不想成为失败者的话就不能忘记努力加强国防能力。罗马皇帝的两大职责是安全和粮食的保障，“粮食”的保障是在保障了“安全”的基础上才可能实现的目标。对皇帝的评价很大程度上参考的是军事上的业绩，英语“emperor”来自意为军事最高负责人的拉丁语“Imperator”，这是皇帝无法避免的宿命。

公元 85 年临近冬天时，罗马得知了一个令人震惊的消息。生活在多瑙河下游北岸一带的达契亚人大举渡河，攻入了罗马领土的多瑙河南岸。不过本来蛮族的入侵虽是新闻，却也不是什么令人震惊的事情。这次之所以令人震惊，是因为紧接着快马来报的急使传达的消息是，前往迎击的军团大败而归，指挥军团的默西亚行省总督萨比努斯战死。

图密善决定亲自上前线，并将在次年春天开始的罗马军的反攻中担任前线总指挥。他打算带上近卫军团的长官弗斯库斯作为实战指挥官。弗斯库斯的经历无从查证，但是近卫军团与防卫边境的军团不同，可以说是没有前线服役经验的部队。这名叫作弗斯库斯的长官穿的倒是华丽的近卫军团长官军装，图密善将实战的指挥权交给这样一个人只能说是他的错误。与蛮族交战的特点在于他们没有什么战略战术，而是一股脑地大举入侵，很难应付。这个道理跟正规军不善于和游击队作战是一样的。其实应该任用曾经和喀里多尼亚的游击队交战长达 6 年的阿古利可拉。图密善并不讨厌阿古利可拉这个人，他甚至给予了阿古利可拉充分的荣誉，对其尊敬有加，很难理解他为何没有任用阿古利可拉。

不过，公元 86 年与达契亚人的第一场战役还是以罗马的胜利告终。罗马一方动员了 5 个军团的主要战斗力以及数量相当的辅助兵，近卫军团的一半兵力也参战了，总兵力超过 6 万人。在投入了大量兵力后，罗马成功地将达契亚人赶回了多瑙河北岸。

达契亚国王德凯巴鲁斯提出了结束战争和缔结和平条约的请求，遭到拒绝。因为罗马已经制定了第二战的目标——进攻多瑙河北岸，捣毁达契亚人的根据地。

图密善对第一战的胜利感到很满意，他让弗斯库斯全权负责第二战，自己返回了首都罗马，因为皇帝的工作还有很多。不过就算图密善继续留在前线，第二战的结果也不会改变。既然他能提出修建日耳曼长城，在战略上应该还算有敏锐的感觉，但是实际的战役通常会接连发生意想不到的情况，只有具有随机应变的能力才能挽救败局。

图密善接到的第二战结果是一场大败，一个军团和近卫军团全军覆没，担任总指挥的弗斯库斯战死，军团的银鹫旗也被敌人抢走，可

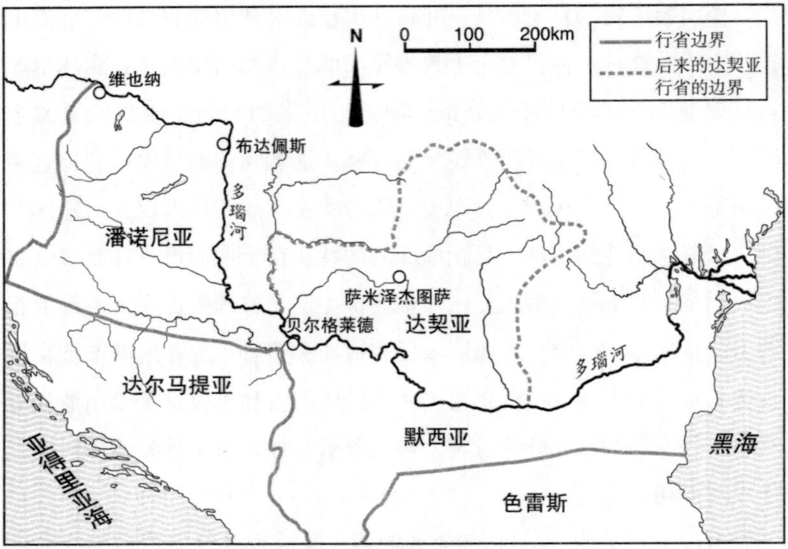

多瑙河中下游及其周边区域

谓脸面尽失。这场对达契亚的战役是在今天的塞尔维亚—黑山到罗马尼亚一带进行的。失败的地点并不是在达契亚人的根据地萨米泽杰图萨，而是在渡过多瑙河开始北上的地方遭到了前后左右的夹击。

这场失败对于图密善来说肯定是一个沉重的打击，但是他毕竟是罗马人，遭到败北时罗马人首先考虑的是如何才能雪耻。

雪耻之战花费了一年时间准备。罗马人很少会将在之前的战役中失败的军队调往后方，换用新的兵力作战，而是会让失败的士兵再次投入战场。“雪耻”一词用于罗马军再合适不过了。

但是司令官毕竟战死了，需要选任接替者。这次的选择也变得慎重了，图密善任命的是尤里安努斯（Julianus）。他曾经担任常驻默西亚行省军团的长官。和骑士阶级出身的弗斯库斯不同，尤里安努斯是元老院元老，也担任过执政官。这项人事变动似乎含有避免元老院批评的意图，话虽如此，尤里安努斯确实熟知当地情况，也有和达契亚人作战的丰富经验。不过这次雪耻战并没有增加兵力投入，民众知道的也只有将驻在迦太基的一个大队经地中海调往多瑙河来填补阵亡者的空缺。

公元 88 年，率领罗马军渡过多瑙河向达契亚人的领地进攻的尤里安努斯成功地将敌军引诱到平原地带。一旦在平原上展开交战，罗马军就所向无敌了。结果罗马一方大胜，这次轮到罗马士兵追杀四处逃窜的达契亚士兵了。但是罗马军没能攻下达契亚人的根据地，原因是冬季将至。深知此片地区冬天寒冷的司令官尤里安努斯将军队撤回多瑙河南岸，拆掉用木船搭成的浮桥，让士兵修整，以待来年春天再战。

反图密善的动向

通常来说，对现实的不满会在情况恶化时才爆发出来。公元 88 年到 89 年的冬天对于罗马来说是情况好转的时期。所以不知为何，高地日耳曼军的司令官萨图尼努斯会让手下的两个军团推举自己为皇帝来发动反抗图密善的叛乱。深入探究的话，也许可以列出以下几个理由：

第一，元老院内部的反图密善派不满对于独裁统治的方式毫不掩饰的图密善，所以在背后煽动了叛乱。

第二，想趁图密善专心于和达契亚人的战争之机篡权。

第三，帕提亚问题。图密善不仅要应付多瑙河下游的达契亚人，还要时刻注意幼发拉底河东部的大国帕提亚的动向，萨图尼努斯肯定是想借这个机会在西边点燃反图密善的战火。在这个时期，帝国的东方出现了一个自称是皇帝尼禄的人，这个人前往帕提亚要求由自己带头展开反罗马的军事行动，这就是叛乱的开始。我在《罗马人的故事07·臭名昭著的皇帝》的“皇帝尼禄”一章中提到过，尼禄确立了罗马和帕提亚之间的和平，所以帕提亚国王对尼禄非常感激。如果罗马在传统上的假想敌帕提亚有意反抗罗马的话，打出尼禄皇帝的旗号是相当有效的。在帝国的西方，尼禄是位遭到元老院、公民、军团三方抛弃最后自杀的皇帝，但是他通过解决帕提亚问题给东方带来了和平，所以在东方的评价还是很高的。

然而，就算当权者的身份发生了变化，帕提亚也不想改变与罗马的友好关系。在图密善的要求下，冒充尼禄的人被无条件地移交给了叙利亚行省总督，不用说，在移交之后，他马上就被处决了。

因此，如果认为帕提亚会拥立伪皇帝尼禄反叛罗马，从而点燃叛乱的战火的话，那只能说是对情况的判断失误。不过与图密善处于同时代的塔西佗曾经写道：“就连帕提亚王国也打算拥立自称皇帝尼禄的冒牌货来掀起反抗罗马的叛乱。”实际来说这次事件很简单就解决了，但确实让罗马人在一段时间内出了一身冷汗。此外，与伪尼禄事件一样，在高地日耳曼发生的叛乱也轻松地解决了。

高地日耳曼军的司令官萨图尼努斯让手下的士兵推举自己为皇帝是公元89年1月12日的事情。图密善知道以后，马上命令驻扎在西班牙的第七军团长图拉真率军火速赶往美因茨，自己则率领剩余的近卫军团士兵北上。但是，皇帝和图拉真都白跑一趟，低地日耳曼军的司令官马克西姆斯根据自己的判断率军南下，在波恩和科布伦茨的中间地带击败了萨图尼努斯的军队。到了1月25日，所有问题都解决了。萨图尼努斯自杀，推举他为皇帝的士兵承认自己的轻率举动后获得了赦免，这次叛乱中的流血事件至少连内战都称不上。

但是，在问题解决后到达美因茨的图密善认为问题一点儿都没有解决。在他看来，这是第一次有人背叛自己。萨图尼努斯在自杀前烧毁了一切有可能连累他人的文书，这让图密善非常生气。他将自己认为是萨图尼努斯同谋的军团内的几名将军处决了，然后任命从西班牙横穿高卢前来的图拉真担任了日耳曼军的司令官。

幸运女神

很难说命运是以什么机缘发生变化的，难怪有些人将人类的幸与不幸归结为幸运女神随性的结果。

如果没有这次事件，只有30多岁的图拉真就不会被提拔为防卫从莱茵河畔的波恩经日耳曼长城一直到达多瑙河畔的雷根斯堡为止这段重要的前线高地日耳曼军的司令官了。他的父亲曾经在韦斯帕芗和提图斯手下作为军团长参与过犹太战争，因此，图拉真和韦斯帕芗那种从军团中脱颖而出的背景不同。但是韦斯帕芗虽为骑士阶级出身，却是意大利本土出身的罗马人。图拉真的父亲虽然被皇帝韦斯帕芗提拔为元老院元老，名列贵族，却是西班牙行省出身的罗马人。图拉真在9年后被皇帝涅尔瓦收为养子，成了第一位行省出身的罗马皇帝，但如果一直在西班牙指挥一个军团，过着太平日子的话，就算涅尔瓦再贤明，也不可能指定他为自己的继承人。图拉真作为前线的高地日耳曼军司令官的9年业绩弥补了他行省出身的不足，避免了既有统治阶级的反对。不仅罗马军，任何国家的军团都有的共同点是，被委任为前线指挥就意味着升迁。在危险的前线服役和在安全的后方服役，虽然官职名同样是总督，实质却大为不同。在年纪轻轻的30多岁就任这个要职，让图拉真有机会坐上了皇帝的位置。

但是，只比图拉真大2岁的图密善并没有得到幸运女神的眷顾，他虽然在和达契亚人的战争中大胜，周边的情况却急剧变化，容不得他享受胜利的果实了。

和平协定

现代的奥地利首都维也纳、匈牙利首都布达佩斯、塞尔维亚—黑山共和国首都贝尔格莱德都是起源于罗马军团基地的城市。从维也纳向东缓缓流向布达佩斯的多瑙河在布达佩斯转而向正南流向贝尔格莱德，在那里又继续向东以曲线的形状注入黑海。如果不是以和时代没有关系的地理学的观点，而是以和时代有密切关系的地缘政治学观点来看的话，对于罗马人来说从发源地到维也纳为止的流域为多瑙河的上游，从维也纳到贝尔格莱德是中游，从贝尔格莱德到黑海是下游。公元1世纪末的皇帝图密善以东西方向为根据，也就是从多瑙河的上游到下游将之前的两个行省改为了四个行省。将潘诺尼亚行省分成了“近潘诺尼亚”和“远潘诺尼亚”，将默西亚行省分为了“近默西亚”和“远默西亚”。很明显，这样做的目的在于强化防御体制。

罗马帝国的存续就在于保住从多瑙河的中游到下游的这条防线，罗马人认识到这个问题是到了公元1世纪末的时候。至于多瑙河的上游地带，因为修建了联结莱茵河沿岸的波恩和多瑙河沿岸的雷根斯堡的日耳曼长城而实现了军事国界化，即所谓的“铁壁化”，所以是已经解决的问题。

但是尽管罗马人遵循始于恺撒、由提比略巩固的政策，完善了防御体制，但他们认为国界并不是内外隔绝的，还要允许彼此之间的交流，应该说他们甚至鼓励人和物的交流。因为即使是居住在防线外部的部族，如果通过向他们提供兵员和物产交易机会从而可以建立与罗马的友好关系的话，那么即便称不上友军，至少也不再是敌人了。罗马就这样一直坚持与国界外的一些部族保持友好关系的政策，也就是“分化统治”的政策。

因此，居住在国界外的部族并不是威胁，这些部族团结起来才是威胁。达契亚人成为威胁就是因为族长自称为王，成功团结了周边的弱小部族。

达契亚人的势头在能力出众的领袖德凯巴鲁斯的领导下进一步强化了。德凯巴鲁斯不仅希望统一自己部族所在的多瑙河下游，还怀有合并中游的马科曼尼、库瓦迪和雅兹盖斯等部族，在多瑙河北岸建立一个大王国的野心。马科曼尼、库瓦迪和雅兹盖斯都是通过兵员援助和物产交易与罗马建立了友好关系的部族，居住在维也纳西面到贝尔格莱德为止的多瑙河北岸一带，属于日耳曼人部族。

这三个部族分别展开了反对罗马的行动，他们并不是在罗马大败给达契亚之后行动的，而是在罗马大胜雪耻之后，可能是他们觉得同样居住在多瑙河北岸的达契亚人的压力减弱了。不管怎样，在多瑙河下游大胜达契亚人的罗马这次又将面对多瑙河中游的新敌人。

皇帝图密善认为同时与中游和下游的多个敌人为敌的话，罗马一方将陷入不利境地。实际上，他最初尝试的多线作战也以失败告终。

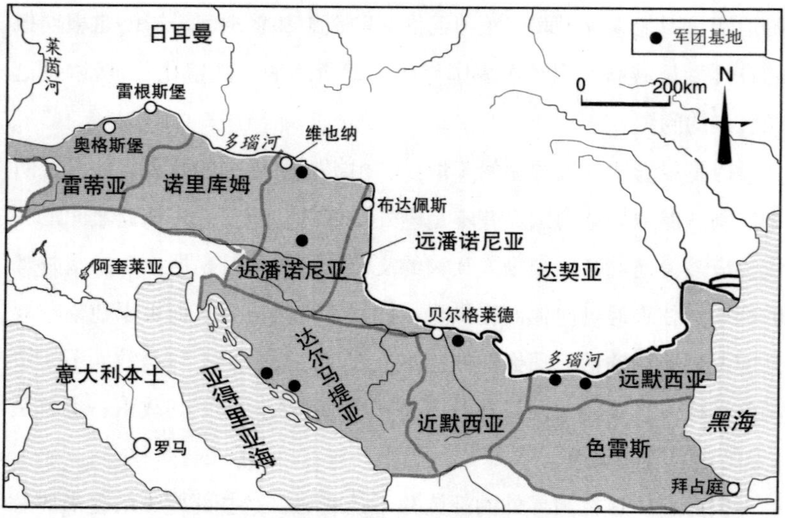

行省重组后的多瑙河军团配置

达契亚的国王德凯巴鲁斯也在寻找挽回大败之后的颓势的机会，双方的利害在此达成了一致。与达契亚缔结和平协定后，罗马可以专心对付中游三部族的反抗，可以说迫使大国罗马不得不选择外交手段的达契亚提高了自己在多瑙河北岸全域的声势。

罗马和达契亚缔结和平协定的确切时间由于图密善在死后被处以“记录抹杀刑”而无从查考，不过我认为应该在公元 94 年前后。因为从这个时期开始，罗马军在多瑙河中游的反击变得积极主动起来。总之，图密善以友好国君主的待遇迎接了代替国王访问罗马的王子。

和平协定的内容也因“记录抹杀刑”而不甚明了，不过有一点可以确定，就是在罗马败给达契亚时被达契亚俘虏的罗马士兵全部被送还，罗马按人头每年向达契亚支付 2 阿斯的铜币。

不知道俘虏确切有多少人，并且每人每年 2 阿斯的赎金是永久的还是规定了年限的，也无从查证。

也许在图密善看来，既然攻入达契亚根据地的可能性越来越小，也只有用金钱赎买的方式才能救出被困在根据地的罗马士兵了。另外，2 阿斯相当于在公共浴场洗浴 4 次的钱，如果是在市场购买小麦粉的话只能买 500 克，这只相当于士兵年薪的 1/450。也许图密善认为如果只需付出此等程度的代价就可以解除对多瑙河下游的担忧的话，确实比较划算。

但是，这件事招致了罗马人的非难。罗马人可以忍受一个军团 6 000 名士兵全军覆没，但若是用金钱来买和平，即使只是出一个象征性的数目，也可以让他们寝食难安，这种感觉就好像失败者向胜利者支付年贡一样。和平是否是用任何代价都值得交换的？即使到了帝政的中期阶段，罗马人对这个问题的回答也是显而易见的。

然而，仅就缔结协定后的数年来看，牺牲自尊心换来的和平发挥的效果还是很大的。达契亚国王一直遵守着协定，罗马军也进攻到了多瑙河北岸，对长期处于友好关系却趁机入侵罗马领土的三个部族施以了彻底的打击。

其间，图密善经常视察前线，努力巩固军团基地。配置在多瑙河南岸的军团基地被改建成一座石质建筑林立的城市也是在这个时期。与处于和平关系的达契亚人的居住地相接的多瑙河下游南岸也实现了基地的城市化，也就是完善化。罗马人对于缔结了和平协定的对手也不会放松警惕，这不仅不是一种矛盾，更应说是理所当然的。这与他们在处于友好关系的帕提亚和亚美尼亚的国界上部署军团的道理是一样的。

那么，图密善明知会招致元老院和公民的非难，却毅然和达契亚人缔结和平协定的做法，从他作为最高统治者的身份来看到底是不是正确的选择呢？

测量仪

我的专业是哲学而不是历史，写作的内容不管是文艺复兴时代的意大利还是古代的罗马，都只能算是业余的。所以我写的罗马史不是一部学者的罗马史，而是一部作家的罗马史。不过看了布莱希特或尤瑟纳尔的作品后也可以知道，就算是作家也不能随心所欲地创作，既然选择了题材就需要对其进行调查和研究。因此，在调查研究的必要程度上，学者和作家是没有差别的，只不过学者和作家对待这些工作的态度不同。一言以蔽之，学者倾向于相信史料，而作家不一定会轻信史料。

至于为什么不会轻信史料，有两点不可忽视的因素。我认为历史上的“证据”可以大致分为历史记述和考古学上的成果。历史记述本来就是很难保持客观的人类书写并保存下来的史实，考古学上的成果也仅限于迄今为止发掘出来的东西。历史记述毕竟是已经加入了人为因素的史实，至于考古学上的成果……只要拿罗马这个城市来做例子就足够了。现代的罗马是在古代罗马的上面修建的，如果要想彻底弄清罗马帝国时代的“世界之都”的全貌，只能让住在现代罗马的全部居民移居到别处，对整个罗马进行考古发掘才行。庞贝之所以重要，就是因为当地被火山灰掩埋，人无法继续居住，所以不必将人全部迁走就可以对这座古代城市进行全面发掘。

由此可见，历史上的证据或史料具有如此不确定的性质，但不以这些为基础的话就无法书写历史。然而，深深相信和抱有疑问毕竟还是不同的，我认为这个不同在于对人性的看法。

不属于学者的我对于人性的看法在书写罗马史的时候有一个判断的标准。

那就是在判断身为最高统治者的皇帝做的事情是否有益于共同体即国家时，比起参照塔西佗等历史学家的评价，我更愿意选择将后任的皇帝是否继承这位皇帝的政策或事业作为判断的标准。

使用这个“测量仪”后发现，罗马史上最好的统治者当推恺撒和奥古斯都。罗马帝国就是这两个人创建的，罗马人也只称呼这两个人为“神君”，想必是因为和我有共同的感受吧！这两人之后的提比略和克劳狄乌斯被塔西佗和苏维托尼乌斯断定为昏君，但利用我的“测量仪”来评价的话，有相当的可能可以为他们挽回名誉。那么，被视为臭名昭著的罗马皇帝典型的尼禄又怎样呢？

尽管与帕提亚建立长久的友好关系很大程度上依靠科尔布罗的精心准备，但最后拍板还得是皇帝尼禄。结果，当时的两大强国间的这种良好关系持续了半个世纪。最后撕毁协定的不是帕提亚，而是罗马一方的图拉真皇帝。在关系良好的这半个世纪之间就任帝位的皇帝除了内乱时期的三人之外，分别是韦斯帕芗、提图斯、图密善和涅尔瓦。他们自始至终都恪守了尼禄签订的与帕提亚的和平协定。在攻击型的皇帝图拉真之后继承帝位的防守型皇帝哈德良、安敦尼·庇护在半个世纪中也继续奉行尼禄对帕提亚的友好路线。单论外交方面，不得不说尼禄的功绩确实很大。

那么，同样出自尼禄之手的“黄金宫殿”的修建应该如何评价呢？

这项事业是崇拜希腊文化的尼禄计划在首都罗马的市中心修建的希腊风格的“阿卡迪亚”，是一个绿化很好的“理想国”。其良好的动机无疑可以得到现代的环保主义者的赞赏，但是良好的动机并不一定会带来良好的结果。非但如此，甚至有诸如恺撒之类说出“以坏结果收场的事情往往都是出于良好的动机”这种话的人。尼禄的梦想——绿色之乡罗马的市中心由于韦斯帕芗修建的圆形竞技场、提图斯修建的公共浴场、图拉真修建的更大的公共浴场以及哈德良修建的神殿，而从地上消失得不留痕迹。在对于大城市中心地区的利用这一点上，尼禄和其他罗马人的想法是不一样的。罗马式的想法是，市中心应该是市民聚集到一起进行某种活动的场所，尼禄做出与多数罗马人想法相反的事情，也只能承认他作为最高统治者确实犯了一个错误。

那么，与尼禄同样在死后被处以“记录抹杀刑”的图密善皇帝的业绩又应该怎样来评价呢？

我以前介绍的他所有的业绩，除了执法过于严格这一点有所缓和之外，其他的都被以后的皇帝继承了，未成年人的卖淫禁止法也沿用了很长时间。然而，比这些都值得大书一笔的是日耳曼长城的修建，它通过联结莱茵河与多瑙河两条防线从而提高了防卫功能。虽然这项事业被塔西佗等文人忽视了，但是图密善以后的皇帝们无不为这道城墙的巩固工作费尽心血。和阿庇亚大道一样，只要铺设的意图明确，地点选择正确，留给后人的工作无非只有巩固和维护了。日耳曼长城的修建可以说是图密善的最大功绩。

那么，与达契亚人的和平协定又应该如何评价呢？

图密善在公元 96 年去世，继承他的是涅尔瓦。不过涅尔瓦登基没到一年就将图拉真收为养子，明确了皇位继承者的人选。之后不久涅尔瓦去世，图拉真代之成为皇帝，时间是公元 98 年。图拉真在成为皇帝后也一直留在之前的任职地高地日耳曼（包括日耳曼长城），为公元 101 年即将开始的史上有名的达契亚战争做准备。也就是说，图密善死后不到五年，由他促成的与达契亚人的和平协定就被皇帝图拉真一手撕毁。

看来，罗马人还是无法接受用金钱买来的和平。“达契亚人虽然败给了罗马，却依然声势高涨。”塔西佗的这句话想必是公元1世纪末时所有罗马人的心声。另外，史学家塔西佗比图密善小四五岁，这样看来，他和这位皇帝是同时代的人。

市民看待图密善的眼神肯定变得冷漠了起来，不过图密善本人应该不是那么在意，他大概很相信皇帝权力的绝对优越性。这一点以及喜欢独处的封闭性格都与他视为典范的提比略极为相似。

图密善和提比略一样，作为帝国统治的最高负责人——皇帝，只要他认为是应该做的，就不会与任何人商量而立即执行。其中之一就是教育上的改革。这也和日耳曼长城一样，是一项被之后的皇帝们继承的政策。不，这项政策在罗马帝国灭亡后也沿用了很长时间，所以应该说比日耳曼长城的寿命还要长。

教育课程

马库斯·法比尤斯·昆体良与皇帝尼禄同样出生于公元37年，看他的名字可能会以为他是出生在意大利本土的罗马人，但是他实际上出生在西班牙北部的萨拉戈萨沿埃布罗河逆流而上的一个城镇卡拉奥拉，以前是行省人民身份。他在很小的时候被从事教师职业的父亲带到罗马居住，所以算得上是在罗马长大的。根据尤里乌斯·恺撒制定的法律，教师可以和医生一样获得罗马公民权，于是他仿效父亲，也成了一名教师，同时获得了罗马公民权。他在此之前就得到父亲的培养，接受过高于家庭经济实力的教育。

他在22岁时回到西班牙，当时父亲可能已经去世了。昆体良返回故乡继续执掌教鞭，但并不是在小城卡拉奥拉，他似乎选择了行省总督的驻地塔拉戈纳。被推举为皇帝代替尼禄位置的总督加尔巴前往罗马时，昆体良也同行。这样一来，昆体良就成了从公元68年到69年亲眼见证三位皇帝相继上台的人。

曾经关照过自己的加尔巴被杀后，这个32岁的西班牙人就这样留在了罗马，在帝国的首都重操教师职业。身为一名教师，他比父亲要成功。因为在不到40岁时，他就开设了教授雄辩术的学校。比起学校，这更像一座高等教育机构，相当于现代的“Low School”（大学预科班）。他的学生出类拔萃，塔西佗、小普林尼都是昆体良开设的“Low School”的毕业生。后来的哈德良皇帝在青年时代也在这里学习过。昆体良不仅授课，还亲自在法庭上担任辩护人，可以说他很好地将理论和实践结合到了一起。

一边开办学校一边兼做律师的昆体良的清贫是出了名的，不过他无非是亲自实践了“律师依靠多数人没有的知识能力为他人服务”的信条而已。有这种人做父亲，家人也许会吃不少苦。小普林尼看不下去，于是出资帮昆体良的一个女儿嫁了出去。勤俭节约的皇帝韦斯帕芗对昆体良很有好感，向这个西班牙人每年支付10万塞斯特斯的薪水，于是他成了第一个从国家手中领取薪水的教职人员。

提图斯和图密善当上皇帝之后也继续支付给昆体良薪水，但是图密善曾经打算让这位著名的教育家去做别的事情。不知道这是皇帝的想法，还是屡次召见昆体良进宫后商量的结果。不管怎样，古代唯一成体系的教育论著就这样诞生了。

拉丁语“eloquentia”（英语“eloquence”，意大利语“eloquenza”）

翻译成日语就变成了“雄辩”或“辩论”的意思，其实它的意思是将自己的想法传达给他人的技术，多翻译为“雄辩术”或“辩论术”。但是“eloquentia”还有一个意思是有效使用语言从而恰当表达自己想法的修辞术，所以也是一种修辞学。我经常将其翻译成“说服力”，而不是“雄辩”或“辩论”。

至于学习“eloquentia”的目的，首先当然是为了有效地将自己的想法传达给他人。但由于使用的“武器”是语言，所以还应该有另外一个功效或是目的。

那就是具有在用语言表达自己头脑中的想法的过程中，让想法本身变得更明确的功效。这样一来，“eloquentia”就成了形成人格的一种手段。古代的罗马人最为重视“eloquentia”的学习，将修辞学视为不可缺少的教养科目，就是因为习得这种技术之后可以成为成功的政治家或律师，此外还可以期待让自己的想法更加明确的功效。从恺撒和塔西佗的著作中可以发现，罗马人的文体具有简洁明快的特点，我认为这也是重视“eloquentia”的结果。

昆体良著述了12卷本的*Institutio Oratoria*，按字面翻译过来是《雄辩术原理》，不过根据内容意译的话，可以译为《教育论原理》。因为这部著作是昆体良以20多年的实际教学经验为基础写成的，他在书中告诫教师们如何才能指导青少年学习不可或缺的教养，从而成为社会未来的领导者。

著作内容是关于“eloquentia”的实际形态“oratoria”的历史、含义、教导指南以及在法庭上实际应用的例子等，这些归根结底是为教学者写的。理由是委托其著书的图密善和昆体良本人都非常清楚对于国家来说教育应该是什么样子。也就是说，教育并非针对可以自学成才的天才，其目的应在于提高社会整体的知识水平。根据恺撒的规定，从事教育的人不分人种、民族，都可以获得罗马公民权，从而享受免除行省税这种直接税的优待。自那以后，图密善是第一个着眼于国家级别教育重要性的人，这一点怎么称赞都不为过。

这部著作于公元 95 年写成，次年在罗马刊行。数月后，图密善遭到暗杀。然而，这部著作是关于培养罗马帝国领导层的集大成之作，所以在之后很长时间一直都是从事教育者的必读书。即使在刊行 1 000 多年后的中世后期也曾经再版，所以很好理解为什么西欧中世的一名知识分子会评价其为"学习拉丁语会话和写作方法的最佳手册"。值得一提的是，罗马帝国灭亡以后的西欧基督教世界的官方语言就是罗马人的拉丁语，使用了大约 1 000 年。

但是，同时代的人们往往非常严厉。在这部著作刊行的时候，反响不只有称赞。有名的讽刺诗人马提雅尔就曾这样评价昆体良的这部心血之作：

> 达到了让无法坐在教室的椅子上安心学习的学生和以阴险恶毒闻名的罗马律师的形象永留后世的目的，没有比这部著作更完美的指南了。

我在读完后也觉得这部著作和学校讲授的内容差不多，不免为马提雅尔的评语失笑，不过原本来说，期待教育论能够给人以快感就是错误的。尽管如此，还是可以确切地说，这部著作比起现代的日本文部省的指导要领来要有趣得多。毕竟到了 2 000 年后的现代，这部拉丁语的散文著作还在不断再版。

恐怖政治

本书一开始曾经介绍过塔西佗的《同时代史》，在此重新引用其开头部分：

> 供奉神灵的祭祀仪式遭到蔑视，通奸行为明目张胆地横行无忌，海上充斥着将可怜的人送往发配地的船只，岩礁上洒满了这些牺牲者的鲜血。
>
> 首都罗马的穷凶极恶比帝国内的任何一个地方都要严重。高贵的出身、富有、功绩甚至拒绝就任公职都被视为了犯罪。告发者可以得到赏金，企图躲避他们攻击的尝试结果只能带来程度更重的罪恶。因为对于告发者来说，不仅祭司、执政官这些象征名誉的官职，包括皇帝财务官等拥有实权的职位都是他们追求的报酬方式，社会因此被憎恨和恐怖笼罩。奴隶被收买从而背叛多年的主人，解放奴隶群起反抗旧主，甚至没有树敌的人也被朋友出卖。

据塔西佗称，这里写到的全部内容都是发生在公元 81 年到 96 年的图密善皇帝时代，我一直很佩服塔西佗的文笔，但真相究竟是怎样的呢?

首先，关于“供奉神灵的祭祀仪式遭到蔑视”，塔西佗的这一段非难用来评价因内战而无暇顾及祭祀活动的加尔巴、奥托和维特里乌斯三位皇帝可能还比较合适，形容图密善则不是很恰当。他曾经为了举行始于奥古斯都的“百年节”，从多瑙河的前线赶回遥远的罗马。在首都期间，他恪尽职守地担任了大祭司。

如果说有什么招致了怀古派塔西佗的不快，那可能就是图密善非常热衷于建设和修复供奉阿波罗、伊希斯等这些被罗马人视为外来神的神殿。并且图密善还有一个方面和尼禄比较相似，即积极资助发源于希腊的体育、诗歌、辩论等竞技大赛。他在占据帕拉蒂尼山一半面积的皇宫内也兴建了竞技场，这项每四年由皇帝主办的罗马式奥林匹亚赛会和真正的奥运会的不同之处在于，希腊即使是在战争期间也会放下武器举行竞技，但罗马由于“罗马统治下的和平”，已经不存在内战了，所以只是单纯的竞技大会。

不过这种竞技大会由于有皇帝的资助，所以除首都和意大利本土之外，在行省也举办。竞技内容有标枪、铁饼、赛跑、拳击以及两匹或四匹马拉的战车竞速等，而且似乎没有出场资格的限制。

但是，这些竞技比赛不知为何遭到了喜欢希腊文化却讨厌希腊式竞技大会的罗马知识分子的抨击。与受人尊敬的塔西佗不同，就连并非顽固的反图密善分子的小普林尼在法国南部滞留期间也留下了一封为当地竞技大会停办感到欣喜的书信。从当时的这种“媒体”来看，即使图密善没有无视罗马历来的传统，至少看起来也差不多了。

不过，塔西佗说的“通奸行为明目张胆地横行无忌”却完全是误解。图密善执法非常严格，他甚至恢复了奥古斯都时代的《通奸罪法》。从图密善自身来看，他也不是一个行为轻浮、朝三暮四的人。

至于“海上充斥着将可怜的人送往发配地的船只，岩礁上洒满了这些牺牲者的鲜血”这一句，前半句是批评图密善的恐怖政治，后半句是说恐怖政治带来的灾难，问题是牺牲者到底是什么人。在这个方面，我认为反图密善的史学家们留下的数字比较可信，因为这部分正好是图密善被处以“记录抹杀刑”的主要理由。

在图密善统治的 15 年期间，尤其集中在后半期，有八九人被处以死刑，五六人被处以流放刑，三四人因对公共生活感到绝望而隐居。

这些人几乎都是元老院元老。对于元老院元老塔西佗来说，他们是自己的同僚。此外，被从意大利本土流放出境的人还有一些占星师和希腊的哲学家。流放占星师是因为他们自称能够预知命运，从而蛊惑人心，骗取钱财。罗马的统治阶级历来对占星术不感兴趣，虽然罗马的生活压力很大，但罗马毕竟是“世界之都”。一旦有了钱，人就会搞一些算命占卜，自古至今都一样。对占星师的流放始于提比略时代，但不管如何驱赶，这些人在将来的某个时候又都回到了首都。

至于将希腊的哲学家们从意大利本土流放出境的处分，也有必要弄清当时哲学家都是些什么人。

希腊哲学直到公元前3世纪为止一直很富于创造性，之后的哲学家们按当时罗马人的话来说就是“靠变卖老本过活的人”。然而，将地中海世界纳入统治之下的罗马人虽然对希腊人的政治能力不屑一顾，却非常尊重他们的文化，因此希腊被罗马统治之后，哲学家们反而得到了更广阔的市场。雇用希腊人的家庭教师被视为有权有势、家境富裕的象征。大西庇阿和格拉古兄弟都接受过希腊学者的教育。雇用在当时以学问之都闻名的埃及亚历山大学习过的高卢人担任家庭教师的恺撒家在共和政体时代的罗马倒算是个例外了。

但是，随着帝政的推行，越来越多的帝国全境的人才纷纷来到首都罗马。恺撒的教师优待政策成了打破希腊人垄断教育界这种格局的决定因素。图密善就是委托西班牙人昆体良编制教育课程的。“教师等同于希腊人”这种情况已经是历史了。虽然希腊语作为和拉丁语同等重要的国际语言的状态没有任何变化，但已经变成由高卢人、西班牙人和北非出身的人教授希腊语的时代了。

亲眼看到自己的市场减少时，当事人首先考虑的就是创造出别人没有的特色，于是自称哲学家的希腊人开始高谈起民主体制和暴君的对立关系来。关于这二者的素材，在最盛时期的希腊史上也应有尽有。

这些人倡导的民主体制指的是元老院和公民拥有主导权的共和政体时代的罗马，暴君指的是步入帝政时期后的皇帝。对于皇帝们来说，希腊哲学家成了“Persona non grata”（不受欢迎的人物），相当于现代得不到签证派发的人。将这些人从意大利本土驱逐出境的措施从提比略时代就开始了。然而，单是教授希腊哲学或语言并不等于反社会的言行，并且这方面的需求本来就源源不绝，所以和占星师一样，流放只是暂时的，不过是一个反复循环的过程而已。对哲学家们的这种措施没有招致一般公民的反感，因为罗马人在本质上是一个讨厌摆弄空论的民族。与其说图密善因流放哲学家而遭到罗马知识分子的厌恶，不如像他父亲说的这样更加贴切：

“你好像什么话都敢说，恨不得让我判你死刑，可是就算有一条狗在我面前叫个不停，我也不会杀它。”

图密善流放的是此后被称为“犬儒派”的一批希腊哲学家。看来即使是父子，在性格上也有不可调和的差异。

但是，我认为塔西佗大加非难的并不是被称为恐怖政治牺牲品的人数，而是站在恐怖政治最前线的告发者，以及默许这些人的活动的图密善。如果是这样，后世的历史研究者就需要知道译为“告密者”“间谍”“告发者”的帝政时代的“Delator”到底是怎样一群人。

“Delator”

罗马的法庭由以下四个要素构成：审判长由元老院选出的当年的法务官担任，对前行省总督进行控诉的时候，原告方代理检察官由被称为“Orator”的辩护人担任，当然“Orator”也经常担任被告方的辩护人。不过，“Delator”因为被译为“告发者”，所以专攻告发，不会为被告方辩护。

陪审员被称为“Centumviri”，直译过来是“100个男人”。从图拉真皇帝时代开始增加到180人，陪审员的称呼则一直是“100个男人”。这些男人每年选举一次，从元老院、骑士、平民这三个有资格的阶级中通过抽签选出。出于保证判断客观性的原因，获得资格的条件是拥有某个水准以上的资产。

以首都罗马为例，审判在以修建者尤里乌斯·恺撒命名的尤里亚巴西利卡（Basilica Giulia，又称“尤里乌斯会堂”）内进行。这座会堂呈一个长101米、宽49米的长方形，在进行审判的日子会用幕布将会堂分为四个部分，同时进行四场审判。罗马人是法治体系的创始者，所以打官司的事情很多。100名陪审员也会被分成四组，每场裁决分别由25名陪审员来决定。

尤里乌斯会堂的四周是开放的，谁都可以来旁听。在罗马，辩护人经常会放开声音进行辩论技能的较量，旁听者也不会保持沉默。据说如果是西塞罗这种善于取悦大众的辩护人担任告发或辩护的话，会有大批听众到场，他们的掌声和欢呼甚至让其他三场审判都无法进行下去。如果辩论冗长乏味，旁听者也会不屑一顾，坐在会堂台阶上用小刀刻出棋盘来下棋，打发时间，等待判决。

昆体良称赞为罗马史上最优秀律师的西塞罗曾经写到，陪审员经

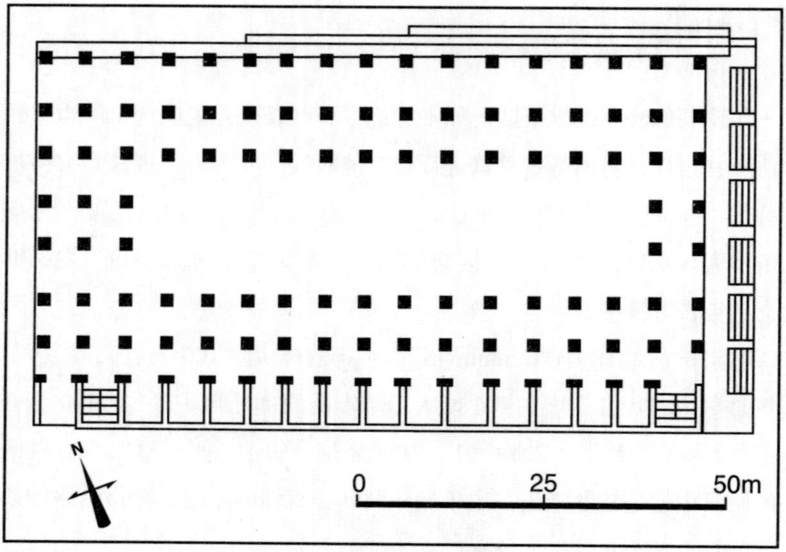

尤里乌斯会堂平面图

常会受到旁听者的影响。他的文章读起来似乎是执法人在揭露执法不公正一样，不过这或许是自古至今不变的人性的一面。

“Delator”与检察官和辩护人担任的“Orator”不同，是专攻检察工作的。在罗马帝国，这个职位和辩护人一样都不是公职，而是私人从事的职业，即以获得报酬为前提的职业。但是，“Orator”在名义上是精英的职责，报酬上限为 1 万塞斯特斯。与此不同，“Delator”的报酬是没收有罪人资产的一部分。这一点让“Delator”被视为掠夺资产的职业，是其惹人厌恶的一个原因。无法得知“一部分”到底是多少数额，有的研究者认为是四分之一。

“Delator”最被人厌恶的是他们会不择手段，比如使用引诱调查、胁迫等手段取得证词，找出证据、证人，从而将被告推上法庭。不过“Delator”不是匿名的情报提供者，因为他们会在法庭上陈述控告理由，虽然不是公职，但也绝非隐秘的存在。以这个拉丁语词为源头，英语也派生出了“delate”“delation”等词语，前者的意思是“控告”，后者的意思是“告发”。

因此，我认为，与其将“Delator”译为“告密者”“间谍”，不如译为“检察官”更为贴切。不过需要记住，这种工作在现代属于公职，在罗马时代是私人的职业。这个职业虽然遭人厌恶，不过也是程度上的问题而已。因为“Delator”的攻击专门针对的是元老院元老，所以不难理解会遭到塔西佗和小普林尼这些元老院元老的厌恶，除此之外的人估计也不愿意和检察官扯上关系吧！现代人一般也希望尽量不要和检察官有什么瓜葛。读到小普林尼留下的书简后发现其中有“这次的 Delator 很不好对付”的字句，其他书简中也记录着“Delator”和“Orator”在法庭上针锋相对的情况。同为“辩护人”的塔西佗和小普林尼对“检察官”心存敌意是理所当然的。

不过，有必要明确下面一件事情。有很多“Orator”身兼元老院元老，而“Delator”却没有在元老院中拥有席位。“Delator”在法治国家中虽然是不可缺少的，但从事这个职业未必就可以得到尊敬。做一个不恰当的比喻，如果曾经不择手段想要送克林顿总统上法庭的斯塔特别（独立）检察官将攻击目标从总统转移到参众两院的显要人物身上的话，就和罗马帝国的“Delator”比较接近了。不能忘记的是，在美国，总统和参众两院的议员都是通过选举产生的，所以在对手看来也可以期待通过落选来排除政敌，但是在罗马，皇帝和元老院元老都是终身制，这两者之间当然免不了激烈的斗争。

“Delator”遭到对手元老院的厌恶，在社会上的出头机会也被封杀了，但是并没有被排挤出人类社会之外。图密善死后继承帝位的涅尔瓦有一次在皇宫举行晚餐会，当晚的主宾是在图密善时代闻名的“Delator”维因特内。面见有如绅士的涅尔瓦本来是件轻松愉快的事情，但这位皇帝突然说：“如果梅萨利努斯还活着，不知现在会怎么样？”虽然在晚年失明且生活贫困，但梅萨利努斯是图密善手下和维因特内齐名的“Delator”。皇帝涅尔瓦问完，与会者中立刻有人回答：“会被邀请来参加今天的宴会。”

“Delator”制度到了五贤帝时代也没有被废除，可见罗马人是容许这项制度存在的。因此，问题不是牺牲者的数量，而是皇帝在扫清元老院内的反对派时是否使用了这种制度。提图斯在任时根本不听信这些人的控诉，图密善却充分利用了这项制度。即便如此，我也觉得“海上充斥着将可怜的人送往发配地的船只，岩礁上洒满了这些牺牲者的鲜血”这段塔西佗的表述过于夸张了些，不过站在既是律师又是元老院元老，同时还确信元老院的存在意义因而同情共和政体的塔西佗的立场上来看，说图密善是个死敌都不为过。毕竟，图密善就任了终身财务官，这连他的父亲韦斯帕芗、哥哥提图斯，甚至从奥古斯都到尼禄为止的尤里乌斯—克劳狄乌斯王朝皇帝连尝试一下都不敢。

“终身财务官”

财务官是从共和政体时代开始就存在的官名。在共和政体时代，财务官从有执政官经验的人当中选出，权威比执政官还大。在任期上，其他官职都是一年，唯独财务官是一年半。财务官本来的任务是人口普查，所以任期也相应较长。人口普查指的是调查资产和符合兵役条件的人员，所以出于公正的考虑，选拔历任所有官职、达到事业顶峰的人来担任被认为是比较妥当的。

不过财务官除了人口普查之外还有其他权力，其中之一就是招标修建符合国家政策的公共事业。当时的高速公路，也是罗马的第一条大道阿庇亚大道就是在公元前 312 年由当时的财务官阿庇乌斯·克劳狄乌斯铺设的，此人也是修建罗马第一条上水道的财务官。此外，财务官还拥有端正国家风纪的权力。罗马人认为不是下层建筑决定上层建筑，而是上层建筑决定下层建筑。拥有端正国家风纪这种权力的财务官最关心的是国家的上层建筑——元老院元老也是理所当然的。财务官还有一个权力，是剥夺被认为不适合担任罗马领导层的元老院元老的席位。也就是说，只有财务官有权力将一旦进入元老院就终生无须担心失去席位的元老院元老从其位置上赶下来。这是共和政体时代的罗马为防止权力滥用而设置的一种监督机制。出于相同原因，财务官的名额为两人。

但是，进入帝政时代后，奥古斯都与后继者提比略一起率先破例就任了财务官，财务官从此变为了由皇帝兼任。不过奥古斯都、提比略、克劳狄乌斯以及韦斯帕芗、提图斯就任财务官后都在表面上做的是人口普查的工作，直到任期结束都没有使用过驱逐元老院元老这件“武器”。传家的宝刀正因为不拔出来才能成为宝刀。

到了图密善时代，这个先例被打破了。公元 83 年秋天，也就是他继承帝位仅仅两年后，他和另外一人一起就任了财务官。到一年半的任期结束的公元 85 年春天，他又就任了终身财务官。尤里乌斯·恺撒曾经创设过“终身独裁官”这种新官职，“终身财务官”却是图密善创建的，当然也是他独自一人就任。

元老院感到紧张是理所当然的反应。大规模的公共事业都是凭借皇帝的地位和名义推动的，人口普查也在10年前刚施行过。与现代不同的是，罗马的人口普查是由国家进行的，和现代税制下的财产申报非常相似。鉴于普查的困难性，当时的人认为30年施行一次比较合适。

因此，图密善对财务官的执着并非出于公共事业或人口普查的必要，这即使不是元老院元老也很容易想到。但是，图密善在就任终身财务官以后也没有经常拔出手中的“武器”。不过，元老院元老们都很清楚皇帝已经有利器在手了。

图密善第一次拔出这件“武器”是在公元87年，他以阴谋反抗皇帝的嫌疑，在被告缺席的情况下审判了亚细亚行省总督凯利亚里斯。两年后，又发生了高地日耳曼军司令官萨图尼努斯的叛乱事件，虽然在爆发后马上就被镇压了。这两次事件都被认为是元老院内的反皇帝派唆使拥有军团指挥权的行省总督克拉斯的结果。这个时期的图密善在忙于日耳曼长城的修建和防范多瑙河北岸的蛮族，奔波于前线和首都之间。

人到了40岁前后可能就很难控制愤怒的情绪了，“武器”最终还是被拔了出来。图密善将“Delator”用在了歼灭元老院内反皇帝派的作战中。试想一下斯塔独立检察官如果当时将自己的那份执拗转向参众两院的议员的情形，就很容易理解公元1世纪90年代以后受图密善意旨驱使的“Delator”和元老院之间那种紧张的关系。元老院元老之一塔西佗的笔锋直指图密善也是理所当然的了。

并且，图密善不是什么高贵的出身。不知为何，人总是对出身高贵的人表现得很宽容，如果是出身平凡的人执掌权力的话，他们会变得歇斯底里。塔西佗批评图密善的“高贵的出身也被视为了一种罪”这句话意味深长，出身不高贵却当上皇帝的人必须像提图斯一样，一

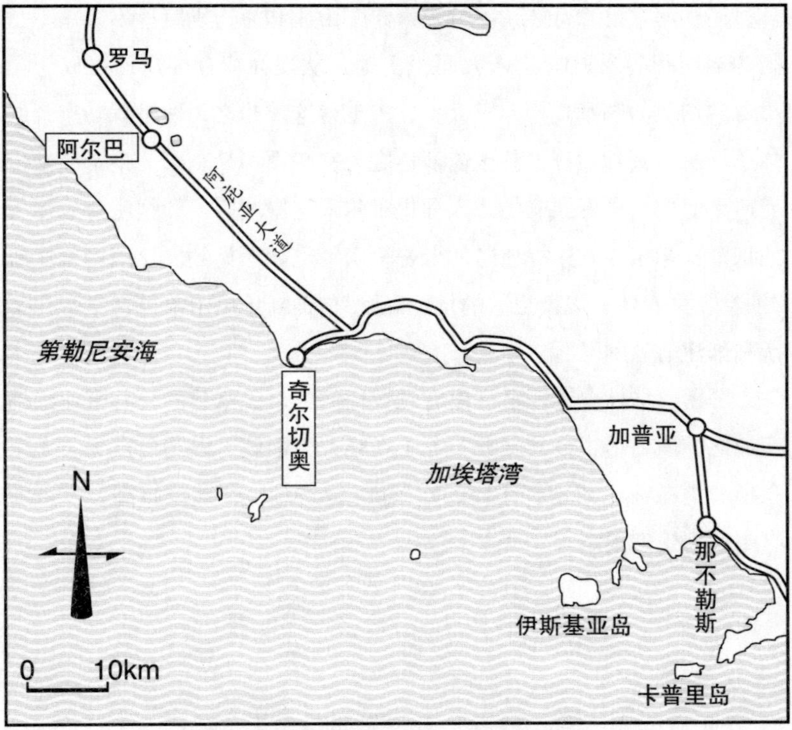

图密善的别墅所在地（□表示的区域）

天没做好事就觉得有所损失，也必须像韦斯帕芗一样，就算再想回到故乡瑞耶提，也绝对不会行使皇帝的权力为这座小镇谋取特殊利益。

弗拉维一族和名门贵族尤里乌斯或克劳狄乌斯不能相比，在两代之前甚至无从考证他们以何为生。这个地方出身的家族后来居然想通过就任终身财务官来将元老院完全纳入自己的控制之下。元老院虽然减员明显，但名门贵族出身的元老们依然健在。

图密善不仅在土地有限的市中心帕拉蒂尼山上修建了宏伟的皇

宫，还在阿尔巴和奇尔切奥分别修建了山庄和海边别墅。不知是不是因为当时很容易就能购入大面积土地，从现在留存的遗迹可以想象出奇尔切奥的别墅规模非常大，让人觉得这才当之无愧是罗马皇帝的休息场所，其壮丽程度甚至应该称之为宫殿而不是别墅。皇帝经常带着口无遮拦、喜好讽刺的诗人马提雅尔来这里度假。和这座奇尔切奥的别墅比起来，就连提比略的卡普里别墅也相形见绌。比图密善这座“别墅”更宏伟、规模更大的皇帝别墅只有 40 年后由哈德良皇帝在蒂沃利修建的“别墅”。

图密善估计会说，自己没有耽误任何为市民修建的公共事业。确实如此，但是尽了公共义务不等于在私人方面就可以为所欲为。尤里乌斯·恺撒在比图密善年轻的时候就已经说过：“地位越高，言行的自由就越受到限制。”

暗杀

公元 96 年 9 月 18 日，皇帝图密善被暗杀。他一共在位 15 年零 5 天，再过一个月就将迎来自己的 45 岁生日。

这次暗杀并不是元老院内反图密善一派的元老制造的。

也没有听说过像尼禄皇帝末期由行省总督温德克斯发动的弹劾皇帝的行动。

军团对皇帝的忠诚度很高，导致尼禄倒台的导火线——军团兵将自己的司令官推举为皇帝的事件虽然在 7 年前的美因茨曾经发生过一次，但之后再没有过类似事件发生。

安全和粮食都有保障，时而举行的夜间竞赛也向市民们提供了充分的娱乐活动，所以一般市民没有什么不满。图密善利用“Delator”打压元老院的行为在罗马平民看来就和现代的我们旁观政治家们的权力斗争一样，不过是与自己毫无关系的权力斗争，所以这没有成为对皇帝心生不满的理由。

总之，元老院、公民、军团、行省都没有参与暗杀图密善的行动。那么，到底是谁如此大胆地策划并实施了杀害现任皇帝的行动呢？

还在当皇子的时候，图密善就曾经说过，他爱上了和自己同岁（也可能比自己大一点儿）的尼禄时代的名将科尔布罗的女儿多米提娅，并成功迎娶了这个已为人妻的女人。面容娇美、气质高贵的多米提娅在失去妻子的韦斯帕芗统治期间、放弃了对犹太公主的爱情之后终身未娶的提图斯统治期间以及之后在30岁继承帝位的图密善统治期间，一直是罗马宫廷首屈一指的女人。当时肯定找不到比她更适合做第一夫人的完美女性了。她既不倚仗权力作威作福，也不刻意装扮成庶民风格，行为举止非常自然，是一个大方得体的完美女人，无愧于图密善赠予她的“皇后”尊称。图密善也从心里深爱着自己的妻子，他们的儿子夭折了，但这并没有给两人的爱情蒙上阴影。

最初的“阴影”是在图密善成为皇帝三年后出现的。当时的图密善为了修建日耳曼长城，经常去莱茵河前线，与加利蒂人交战时也经常不在罗马。当他时隔很久回到罗马时，听到了皇后与他人有染的谣言，据说对方是悲剧演员帕里斯。32岁的图密善没有深入调查就轻信了这个谣言。帕里斯被处死，皇后也被废黜后离开了皇宫。史学家们记载的“吃完晚饭后到睡觉之前的时间，图密善最喜欢自己一个人散步”的习惯也是从这个时期开始养成的。也有史学家认为自从提比略去世后，卡普里岛上的别墅无人问津，唯独图密善曾经在那里居住

多米提娅

尤利娅

过，其真伪很难确定。不过，自那以后，孤独确实一直伴随着这位年轻的皇帝。此外还有一人也不得不沉寂在孤独之中。

仅在位两年便去世的提图斯有一个女儿，名字叫作尤利娅·弗拉维娅，相当于图密善的侄女。尤利娅丧父后回到了娘家。那时母亲也去世了，所以她搬到叔叔图密善的皇宫居住。

尤利娅当时年近 20 岁，无论容貌、性格还是教养都和皇后多米提娅正好相反。她给人的印象是貌不惊人，有些多愁善感，为人低调。

不知从何时起，这两人的关系从叔叔和侄女变成了男女关系。住在皇宫里本来不可能逃过侍者们的眼睛，但二人的关系没有引起任何人的注意。

但是，图密善不认为这样就万事大吉了。不知经过怎样的方式，他没到一年就又将皇后召回了皇宫。多米提娅重新坐上了宫廷女主人的位置，尤利娅也继续住在皇宫里。如果她想再婚的话随时都可以，她却没有这么做。

尤利娅的突然死亡让这种同居状态广为人知，侍者们都传言，是图密善在她怀孕后强迫其堕胎而致其死亡。

既然多米提娅能够带着愤怒和屈辱忍受丈夫的这段恋情，那么竞争对手的死应该可以让问题得到解决。尤利娅·弗拉维娅的惨死是公元 88 年前后的事情，距图密善被暗杀的公元 96 年有 8 年时间。在这 8 年间，图密善除了妻子之外没有任何女人。

然而，人的心里总是包含着难以理解的成分。在竞争对手活着的时候是两个女人之间的问题，一方死后，竞争对手就不是活着的女人，而是变成残留在男人记忆中的女人了。对于教养良好、性格要强、举止高雅的女人来说，没有比活在男人心中的竞争对手更难以对付的了。在这种情况下，女人胸中迸发出的憎恨就会指向心中还留有情敌影子的男人。并且，尤利娅死后，本来很内向的图密善逐渐敞开了心怀，经常一个人去别墅度假。这不禁让多米提娅怀疑他在阿尔巴的山庄和奇尔切奥的海边到底在想什么。

在这种男人身边的女人想必有一种苦恼和憎恶交织在一起的感觉，不过这只是她本人的想法罢了，证据过于薄弱，不足以说服周围的人忠诚地为她做事。到了尤利娅死后 7 年的公元 95 年，发生了一件让周围的人同仇敌忾的事情。不同的是，占据皇后心中的是苦恼和憎恶，亲戚和周围的人感到的更多是恐怖。

皇帝韦斯帕芗有提图斯和图密善两个儿子，此外还有一个女儿，这三人似乎是姐弟关系。不太清楚姐姐弗拉维娅的结婚对象是谁，不过她和丈夫之间有一个和自己同名的女儿。结婚对象不明是因为她的结婚时间是在父亲韦斯帕芗当上皇帝以前，还是负责防卫帝国全境的20名将军之一的时候。韦斯帕芗的孙女将要结婚的时候，韦斯帕芗已经是皇帝了，所以选择结婚对象就不是那么简单了。这个弗拉维娅嫁给了韦斯帕芗的哥哥——也就是在内乱时期被杀害的萨比努斯——的孙子克雷蒙斯。值得一提的是，惨死的尤利娅也和克雷蒙斯的哥哥结婚了，所以相当于同族结婚。这肯定是皇帝韦斯帕芗想让弗拉维一家继承帝位想出的对策。

弗拉维娅相当于图密善的侄女，这个女人和丈夫克雷蒙斯生了两个儿子。提图斯没有儿子，图密善的儿子也夭折了，所以图密善继承帝位后，决定将侄女的这两个儿子定为皇位继承人，收为了养子，并让他们改名韦斯帕芗和图密善，让曾经为帝国领导层预备军编写过“教育课程”的昆体良负责教育这两个孩子。

但是，两个年轻的皇位继承者的生身父母克雷蒙斯和弗拉维娅当时一起皈依了罗马诸多宗教中的一个，尽管罗马的宗教政策非常宽容，但问题还是发生了。初期的基督教人士声称这个宗教是基督教，但真实情况无法查证。总之，这个宗教不是罗马帝国的国家宗教——希腊、罗马的多神教，而是从东方传来的一神教。

皇帝图密善曾效仿开国皇帝奥古斯都举行“百年节”，并打算通过振兴罗马自古以来的宗教从而将帝国统合到一起。在他看来，这件事无异于晴天霹雳。虽然罗马承认信仰自由，但下任皇帝人选的父母选择了异教而不是罗马自古以来的众神，这已经不是信教自由的问题了，绝不能坐视不管。

公元95年入秋时，克雷蒙斯和弗拉维娅夫妇遭到了指控，不用说这是“Delator”们积极搜查证据的结果。经过正式的审判，克雷蒙斯被判处死刑，妻子弗拉维娅被流放，流放地为罗马时代被称为“潘达特里亚”的小岛文托特内岛。这个小岛是开国皇帝流放放荡女儿尤利娅的地方，也是第二代皇帝提比略流放策划反对自己的阴谋的妻子大阿格里皮娜的地方。它位于奇尔切奥东南50公里的海上，并不是一个荒芜的孤岛。成为皇族的流放地之后，岛上修建了蓄水池和养鱼用的大型鱼池等设施，所以生活上没有任何不方便，这种待遇相当于对危险分子的隔离。

但是，皇帝的亲戚克雷蒙斯被处以了死刑。因为弗拉维一族是新兴阶级，还不能适应同族中有人被处死，并且杀人者和被杀者都是同族成员。恐怕当时弗拉维一族全体成员都陷入了恐惧之中，如果这种恐惧和皇后的憎恨交织在一起……恐怖行为如果是身边亲近的人策划，成功率也会提高。

图密善在卧室熟睡时，皇后多米提娅手下的解放奴隶袭击了他，名字叫作斯提法努斯。不过皇帝当时45岁左右，体格强健，所以肯定不是斯特法努斯一人所为，应该还有同党，但是不太清楚这些人的名字和人数。暗杀者们闯入卧室之后马上从里边把门锁上了。

不知道在紧闭的门内打斗持续了多久，唯一可以确定的是，数百名皇宫侍者和警卫被人阻止了，无法进入事发现场。在毫无防备的状态下被一群人打个措手不及，图密善力尽身亡也只是时间的问题。

事成之后的处理也很快。此时赶到现场的警卫将全部暗杀者当场杀死，随后马上恭迎与皇帝图密善一起担任过执政官的元老院元老涅尔瓦登基。

被告知图密善死讯的元老院元老想必认为自己捡了个大便宜。他们马上召开会议，当场确定了所有对策。图密善生前在近卫军团和边境军团中都很有威望，所以必须加快节奏。

不知道是出于谁的主意，被指定为继承人的涅尔瓦马上得到了皇帝的所有权力。正式继承罗马皇位必须有元老院的承认，于是元老院迅速承认了涅尔瓦的皇帝之位，并且，还通过了将死去的皇帝图密善处以“记录抹杀刑”的决议。确定这项处罚的真正原因应该是为了牵制近卫军团和边境军团。暗杀现任皇帝的主谋是谁的问题根本就没有被提起。

既然与皇帝尼禄一样被处以“记录抹杀刑”，死去的图密善就不能被葬到奥古斯都陵中。他的奶妈偷偷将图密善的尸体领来火化了。这名女奴隶在图密善小的时候代替生母抚养他，之后也一直留在他身边伺候。图密善曾经修建弗拉维神殿，以供奉死去后被神格化的父亲韦斯帕芗，奶妈也将他葬在了这里。不可思议的是，她是将图密善的骨灰和事先葬在这里的尤利娅的骨灰混在一起埋葬的。图密善由于被处以“记录抹杀刑”，甚至连墓碑都无法修建，却可以和尤利娅在九泉之下长相厮守了。

至此，继尤里乌斯—克劳狄乌斯王朝之后的第二个世袭皇族——弗拉维王朝——在经历 27 年统治后也结束了。从韦斯帕芗的登基到图密善的死为止的 27 年，共经历了 3 位皇帝。现代的很多史学家一致认为，弗拉维王朝皇帝们的最大功绩是缓解罗马帝国的危机，让帝国重新步入了正轨，并且通过实施修建日耳曼长城等多项政策，恢复了帝国的活力，奠定了让罗马帝国取得进一步繁荣的基础。不过这个评价不是着眼于人性的弱点，而是这些人为国家（Res publica）做了哪些事情。

第八章　皇帝涅尔瓦

（96年9月19日—98年1月27日在位）

从涅尔瓦开始的五位皇帝被后世称为“五贤帝”。因此，从涅尔瓦登基的公元 96 年开始到马克·奥勒留去世的公元 180 年为止的时期在罗马历史上被称为“五贤帝时代”。

过渡政权

马库斯·寇克乌斯·涅尔瓦（M. Cocceius Nerva）出生在离首都罗马不远的弗拉米尼亚大道沿线的城镇纳尼亚（现在的纳尔尼），家族从很早以前就属于元老院阶级。他出生的时间为提比略统治时期的公元 26 年。他 43 岁时经历了内乱，之后在韦斯帕芗统治时期度过了 44 岁至 53 岁的几年时光，在提图斯和图密善统治时期度过了 55 岁至 70 岁这十几年。他 44 岁时和韦斯帕芗一起担任过执政官。公元 90 年，他又和皇帝图密善一起第二次担任执政官。他的家族是从共和政体时代开始一直到进入帝政时期后为数不多的元老院贵族，然而他不支持图密善，但也不反对他。他是一位平衡感很好的绅士，没有什么野心，不知是不是这个原因，还是因为他没有什么出众的才能，他既没有担任行省总督的经历，也没有统率军团的经历，在一生中只是一个首都罗马上流阶层的精英分子罢了。

不知道是谁，又是出于什么目的将涅尔瓦推上了皇帝之位。涅尔瓦不是一个愿意主动出头的人，但是这个选择是正确的。因为他不是亲图密善的一派，所以不用担心招来反图密善一派的反抗，他也不属于反图密善的一派，所以也不会刺激到支持图密善的人。并且，他还是塔西佗等中流阶层的知识分子推崇的“高贵出身”。经历了尤里乌斯—克劳狄乌斯王朝到弗拉维王朝世袭皇统后，人们逐渐发现了其中存在的缺陷，涅尔瓦没有子嗣，并且已是70岁高龄，基本不会再有后代了。对于他们来说，这些都恰好是有利的条件。

元老院当然也十分欢迎自己当中的一分子登基。此外，被视为图密善一派的近卫军团和在边境服役的各军团也很爽快地向新皇帝涅尔瓦表示了忠诚。一般公民倒是将这次登基当成正常的权力交替罢了。新皇帝涅尔瓦没有忘记在和公民一起庆祝皇帝就任时给他们发放赏金。近卫军团、边境军团和公民并没有积极地支持涅尔瓦，而是采取一种静观其变的态度，可以说是消极地支持。虽说已经过去了27年，但军团之间自相残杀的内乱仍然让他们记忆犹新。因此，边境军团都保持慎重的态度。图密善被害之后的帝国在表面上得以保持了稳定，然而这不过是一种微妙状态下的稳定。涅尔瓦不仅年事已高，健康状况也不是很好。很多人肯定感到涅尔瓦的登基是一个“过渡政权”。

元老院元老因为图密善出人意料的死亡而恢复了活力，他们和别人一样，也把涅尔瓦当作“过渡政权”。但是这些人试图以典型的元老院元老涅尔瓦的登基为契机，夺回帝国统治的主导权。并不是要恢复到共和政体时代那种元老院主导的体制，而是要改变皇帝的主导日益增强的现状，让皇帝和元老院一起来统治帝国。从皇帝涅尔瓦的立场来说，当然会不遗余力地配合。

在就任皇帝后的首次元老院会议上，涅尔瓦设立了让元老院独立于皇帝司法权之外的治外法权。这样一来，不管皇帝如何利用“Delator”来进行审判，元老院元老都可以免于死刑。不过，虽说是治外法权，但只是针对皇帝拥有的司法权发挥效力的“治外法权”，在除此之外的一般刑法和民法中，就算是元老院元老也不能享受治外法权。

于是，涅尔瓦又确立了能够实际削弱“Delator”权力的法律。这项法律确立后，解放奴隶和奴隶就无法再提供对主人不利的证词了。另外，由于决定对图密善处以“记录抹杀刑”，所以在图密善时代被流放或是资产被没收的人们得以回国，没收的财产也被归还。但是涅尔瓦除此之外没有改变由图密善制定的其他政策，而是一一继承了下来。

元老院对涅尔瓦没有任何不满。人真是一种有意思的生物，只要成功排除自己憎恨的人，就算继承该人制定的政策，他们也毫不关心。

另外，平衡感良好的涅尔瓦对亲图密善一派没有采取报复措施，也没有给予反图密善一派优待。他一直奉行量才而用的人事政策。弗朗提努斯被任命为相当于水道厅长官的“curator aquarum”，并且他根据这个时期的经验写成了《关于罗马水道》（*De aquae ductu urbis Romae*）。小普林尼也是被涅尔瓦提拔的人才之一，他获得了相当于国税厅长官的职位，这对于既不追求财富也不轻视财物的他来说再合适不过了。

涅尔瓦是个幸运的人。首先他不像韦斯帕芗那样需要重建帝国的财政，因为图密善在工程和军事上消耗了大量财源之后依旧保持了财政健全。并且，由图密善动工、在涅尔瓦继承皇位后完成的两座建筑也以他的名字命名，一个是位于首都的“涅尔瓦广场”，另一个是从奥斯提亚沿台伯河而上的船只停靠的港湾附近兴建的“涅尔瓦仓库”（Horrea Nervae）。

但是，消极的支持也包含着随时可能转为反对方的危险。在涅尔瓦的统治过去一年后，所有人都意识到需要在这种危险降临之前采取措施。因为推崇图密善的近卫军团已经开始表现出不稳定的动向了。

涅尔瓦在继承人的选择上没有听取元老院的意见，而是自己做的决定。公元 97 年 10 月，他突然公布了人选，让人们惊讶的不是指定继承人这个行为，而是被指定的皇位继承人实在出乎意料。

图拉真登场

马库斯·乌尔庇乌斯·图拉真以养子的身份被指定为继承人。他出生在伊比利亚半岛南部，也就是行省出身。不过他的父亲曾经在韦斯帕芗手下任军团长，韦斯帕芗当上皇帝后又推举他进了元老院，得以名列贵族，所以虽然是“新贵”，但也属于罗马社会的领导层。图拉真在公元 97 年时担任包括日耳曼长城在内的高地日耳曼的防卫军司令官，时年 44 岁。无论在社会地位、军事经验还是年龄上，他都是连顽固的共和主义者都无法挑剔的合适人选。另外，消极支持元老院色彩浓厚的涅尔瓦的各边境军团也非常欢迎图拉真。一名喜欢讽刺的史学家甚至曾写到，涅尔瓦跻身五贤帝之一的理由只是因为他选择了图拉真作为继承人。

71 岁的涅尔瓦不仅将 44 岁的图拉真指定为继承人，在指定的同时，还允许图拉真使用和涅尔瓦同样的称呼——“Imperator”，并授予他皇帝的权力之一——“护民官特权”。另外，他还决定让图拉真和自己一起参选任期从次年 1 月 1 日开始的公元 98 年的执政官。虽然选举是在元老院内进行，但若是和皇帝一起参选的话，当选基本是确定无疑的事情。总之，涅尔瓦不仅将图拉真指定为继承人，还指定他为共同的统治者。看来罗马还是明确要走上一位皇帝倒下去、另一位皇帝继续统治的帝政之路。

公元 98 年 1 月 27 日，皇帝涅尔瓦去世，死因为自然死亡，统治时间为一年零四个月。他的骨灰被葬在了奥古斯都等历代皇帝长眠的奥古斯都陵。

图拉真的亲戚、当时 22 岁的哈德良从多瑙河骑马赶往科隆尼亚（现在的科隆），将涅尔瓦的死讯通知了图拉真。

但是，这位 45 岁的新皇帝在 1 月 1 日就任执政官时没有回到首都，接到死讯时也没有前往罗马。被图密善从率领一个军团的军团长提拔为指挥三个军团的司令官的图拉真很清楚，作为武将的自己成为皇帝后首先要做的事情不是像涅尔瓦做的那样，而是图密善唯一未完成，或者说唯一没能做到的事情。图拉真返回首都罗马的时间是在继承帝位一年多之后的公元 99 年夏天。

罗马的人事

盛久必衰是历史的常理，罗马人的历史也不例外。但是，在写了罗马人的历史之后，我并没有感伤于盛久必衰的常理，而是思考起另外一件事——罗马史就好像接力赛一样，既有的领导者的功能衰退后，肯定会有新的人才在跑道上等待着接力棒。

权力者能够保持权力，有不少时候是因为没有可以取代的人，所以只能勉强维持。换句话说，因为后继无人，所以陷入功能不调的既有统治阶级才能依旧保持权力，结果就会造成共同体本身无法停止衰退，最后走向灭亡。也就是说，没有接过接力棒的人才一直跑，最后倒在跑道上死去。

我认为罗马的历史与此不同，国政的任务是管理国家，和以较量体力为目的的接力赛跑还是不一样的。在前者的情况下，必须由现在正在赛跑的人自己来选择下一个人选，因为权力也包括后继人选的决定权。罗马的历史与接力赛跑的相似之处在于，现在拥有权力的人会积极任用并培养替代自己的人。

众所周知，韦斯帕芗以前是提比略门下的人。图拉真的父亲得到了韦斯帕芗的任用，他自己则是被图密善提拔起来的。尤里乌斯·恺撒也广泛任用行省出身的人，奥古斯都则在帝国管理上利用了骑士阶级这个罗马社会的第二等级。可以说，他们每个人都任用了有资质的后起之秀，并将他们培养为接力的主力，也就是领导者阶层。

当然，他们也是因为自己在进行统治时需要帮手，才任用新的人才，给予他们成长机会的。但是，对于人来说，最大的幸运莫过于为自己做的事情同时对自己所属的共同体也有益，即私人利益和公共利益一致。因此，不管是私人利益等于公共利益也好，还是像克劳狄乌斯皇帝实行的开放国门（参见《罗马人的故事 07·臭名昭著的皇帝》），没有私人利益的公共利益也好，问题不在于动机而在于结果。从结果来看，不得不承认罗马的领导者们在下一代领导者的培养上是很成功的。毕竟现在已经有第一位行省出身的皇帝登场了。尤里乌斯·恺撒和克劳狄乌斯皇帝比任何人都积极任用行省出身的人才，如果他们泉下有知，会说些什么呢？

公元 98 年时的罗马市区

附录：一位罗马诗人的生与死

马库斯·瓦莱利乌斯·马提雅尔于公元40年前后在西班牙北部出生。出生地比尔比利斯是夹在萨拉戈萨和托莱多之间位于罗马大道沿线的小城镇，位于萨拉戈萨西南100公里处，和同为西班牙出身的教育家昆体良的出生地卡拉奥拉也仅隔100公里左右的距离。这位诗人在那里完成了初等、中等教育，高等教育可能是在塔拉戈纳行省的首府塔拉戈纳完成的。既然他能够接受这么高水准的教育，即使家境不算富裕，至少也有一定的经济实力。这名年轻的野心家在24岁的时候为了出人头地来到了帝国的首都罗马。在共和政体时代，西塞罗、维吉尔、贺拉斯等意大利地方出身的人为了取得成功曾来到过罗马，到了帝政时代，这种倾向扩展到了帝国全境，想出人头地的人就像雨后春笋一样纷纷来到罗马。西班牙人马提雅尔只不过是其中之一，不过在尼禄时代已经有塞内加这样的西班牙出身的文人大放异彩过了。

虽然来到了“世界之都”，但是马提雅尔既不像塞内加那样是元老院元老的儿子，也不是游手好闲仍然可以衣食无忧的富家子弟，他必须自己去赚取生活费。因为他受过良好的教育，所以只要有打算就可以成为昆体良那样的教师，或是应征帝国首都不断需要的国家公职人员，还可以像塔西佗和小普林尼那样做一名律师。然而，马提雅尔并没有“那种打算”，他打算靠写作为生。不过古代不承认著作权，如果能写出畅销作品，出版商当然欢迎，以后出版作品也会变得更容易，但是收入不会随着销量升高而增加。于是，这名诗人决定寻找赞助人。但是公元1世纪后半期没有像曾经援助过维吉尔和贺拉斯的梅塞纳斯那种富于同情心的赞助人。另外，马提雅尔创作的文学作品当中存在着让权力者和富人不便施予赞助的内容。生活在奥古斯都时代的维吉尔和贺拉斯擅长创作庄重宏大的叙事诗和歌颂众神的祭祀歌，马提雅尔的作品特点却在于以机智和讽刺性的幽默将现实的人生展现给读者。与维吉尔和贺拉斯的“厚重”文学相反，马提雅尔的文学被世人评价为“轻薄”的文学。

马提雅尔在文学史上被视为“epigram”的高手，“epigram”本来是从墓志铭衍生出来的一种文体形式。“epigram”虽然已经跳出了墓志铭的范畴（英语的“墓志铭”一词为“epigraph”），但还是一种短诗形式的文体，所以很多人将其意译为“警句”或“讽刺诗”。至于长度，它通常为10行以内，也有以3行结束的情况。不管怎样，这种文体形式都是由最后一行来决定的，所以“epigram”的创作出人意料地难。只要读一读马提雅尔创作的几段“epigram”，就可以理解罗马时代的“讽刺诗”是什么。

致律师涅乌鲁斯

不知为何只有在旁听席喧闹的时候，你才会抬高你的声音。涅乌鲁斯，你是律师吗？还是个讼棍？在这种喧闹中，无论你怎么抬高声音，别人也无法判断你到底是律师还是讼棍。

可是，现在旁听席安静下来了。涅乌鲁斯，你现在说话吧！让我们见识一下你真正的本事。

致批评家雷利乌斯

不出版自己的作品，却只知道批评我的作品的雷利乌斯啊，你能不能停一停？先让人们看看你的作品再谈别的。

致法布鲁斯

真是不错，你在昨晚的宴会上给客人们喷的香水。但是说到菜品，只够喂饱一只小鸟的。

确实是很有排场的款待啊！一边被香水的气味包围，一边忍受着饥饿。不过我的朋友，身上全是不能吃的香水味，在我看来就跟洒满香料的木乃伊一样。

致三流医生

你以前是名眼科医生，现在以角斗士为生。不过你现在在竞技场做的事情就是以前在治疗室所做的。

这样看来，上流阶级为了顾及体面，当然不会赞助这种文人了。来到罗马的20年中，赞助马提雅尔的似乎都是些不懂文学的新兴财主。就算他能依靠这种赞助继续维持生活和创作，赞助的金额也相当微薄，他一直在一间借来的集体住宅的三层房间中居住，这种境遇一直没有改变。这种公寓被称为“茵斯拉”，楼层越高租金越便宜。尽管如此，马提雅尔的创作热情丝毫没有减退，这位“epigram”高手的决心非常坚定。他的作品似乎在遥远的不列颠也被广泛阅读，从如下一段可以得知他后来成了畅销作家。

致弗拉库斯

很多人对我说，庄重悲壮的文学能够得到人们的尊敬、赞赏和崇拜。我当然也知道，但是我的文学首先是受广大群众欢迎的。

成为马提雅尔赞助人的是皇帝图密善。

如前所述，教育家昆体良和讽刺诗作家马提雅尔都出生在西班牙北部的行省。昆体良仅年长 3 岁，所以可以视为同龄人。图密善比马提雅尔年轻 11 岁，和昆体良有十四五岁的差距。

虽然出身行省，但昆体良是教职人员。根据恺撒的法律，教师和医生无论出身何处都可以获得罗马公民权，所以他们也被授予了公民权，也就是说他们可以免交直接税。

然而，马提雅尔不喜欢从教，所以即使在罗马住了 20 年，身份依然是行省人民，没有权利得到《小麦法》规定的每天 1 公斤的免费小麦，也无法免费欣赏只要出示证明书就可以自由入场的圆形竞技场和其他竞技场举行的表演，因为两者都是只有罗马公民权拥有者才能享受到的社会福利。总之，马提雅尔的身份一直是居住在罗马的异国人。

如前所述，皇帝图密善每年支付昆体良 10 万塞斯特斯，委托他为教授辩论术和修辞的教师们撰写《雄辩术原理》。但图密善给马提雅尔提供的待遇没有这么正式。皇帝和讽刺诗作家的关系差不多相当于赞助人和文学家的关系，马提雅尔是畅销书作家，所以在出版方面不需要帮助。这位比皇帝大 11 岁的西班牙诗人希望的与皇帝的关系是，在皇宫里和皇帝共同进餐，并经常随同皇帝前往阿尔巴和奇尔切奥的别墅。有趣的是，皇帝图密善居然能同时充分利用严谨的教育家和喜欢恶作剧的讽刺诗作家两个人。昆体良还被委托教育两名年幼的皇位继承人，马提雅尔则是皇帝的聊天对象。并不是因为这位讽刺诗人的拉丁语不如昆体良，马提雅尔的拉丁语非常好，问题在于使用拉丁语表现的内容。马提雅尔自己也曾写到，自己作为作家的读者群不是孩子和处女，而是面向成年人的。也就是说，马提雅尔关心的不是人“应有的样子”，而是“现在的样子”。

没有确切的史料表明皇帝向这位讽刺诗人支付过年金。不过图密善不仅将罗马公民权授予了行省出身的马提雅尔，还让他跻身骑士阶级。要成为在罗马社会仅次于元老院阶级的骑士阶级至少需要拥有 40 万塞斯特斯的资产，但借住在公寓中的诗人肯定没有这么多钱，因此，可以说这也是皇帝赠予的。另外，在这个时期，马提雅尔买了一幢有小庭院的住宅，这幢住宅的购买资金应该也是图密善相赠的。不管怎样，年轻内向、喜好独自散步的图密善确实喜欢在闲暇的时候与这名以犀利的警句引人苦笑的“epigram”作家一起度过。这位诗人曾经给皇帝写过这样的讽刺诗：

致恺撒·图密善

皇帝啊，现在送给您我的第五卷作品。在书中我讽刺了所有出现的人，他们大概对此不会有什么不满。不仅没有不满，甚至还会高兴。因为正是被我写入书中，他们才能为世人所知，托我的福，他们获得了永生。

但是，您可能会说，虽然知道您的作品广受欢迎，不过您能得到什么报酬呢?

挣多少钱对我来说都无所谓，只要我能写出让自己满意的作品。

也许正是这种率直合了图密善的胃口。这位诗人还向皇帝提出了要求：

致恺撒·图密善

在您统治的这条罗马大道中，我有了一幢自己的房子。但是房子位于一处狭窄深谷对面的高台上，经常缺水。马西亚水道的大量水源就在附近，我甚至能听见流动的声音，自己家里却像一滴水都没有的沙漠。鉴于这种现状，请皇帝陛下赐予寒舍水源。如果这个愿望能够实现，对于我来说就像朱庇特神殿得到神灵赐予的降雨一样。

独门独户的房屋可以申请付费接通水道到自己家，也许水道局的技术工人马上来到马提雅尔的家中，利用技术弥补地形的不利，为他装上了水道。总之，这是皇帝的命令，只是没有留下确切的史料可以证实。

致恺撒

(“Imperator” 是士兵对皇帝的称呼，“奥古斯都”则过于庄重，所以一般称皇帝为“恺撒”。)

恺撒啊，如果你的手头有我的作品，请一定读一读。我保证世界统治者的严肃面孔会缓和下来，深深刻在眉间的皱纹会消去。就连凯旋仪式上也允许人们开玩笑，凯旋将军被士兵嘲笑两句也不是什么丢人的事情。所以请一定读一读我写的字句。

您不是一个拒绝玩笑和幽默的人。托您检阅（图密善就任终身财务官的谐音）的福，我以后只能用一些无伤大雅的表达了。

没错，我的书中可能充满了淫秽、戏谑的字句，但我作为作家的灵魂是纯洁的！

公元 96 年 9 月 18 日，这位快意诗人的生活发生了变化，因为皇帝图密善被暗杀了。取而代之的皇帝涅尔瓦禁止复仇行为，所以和先帝关系亲密的马提雅尔的生活得以免于危险。不过，他失去了生活的来源。

于是诗人打算投靠涅尔瓦，发表了题为“所有的恐怖与图密善一起消失，自由、幸福和美德归来”的一首诗，试图讨涅尔瓦的欢心，获得资助，结果却失败了。风度翩翩的涅尔瓦根本不会考虑资助这名品格欠缺的“epigram”作家。过了没多久，涅尔瓦去世，皇帝变成了图拉真。他又对图拉真做了同样的尝试，但图拉真专心于与达契亚人的战争，很少回到首都。并且图拉真皇帝本来就不是很喜欢诗人这种职业。

到了公元 98 年，马提雅尔意识到自己已经走到尽头了，他的年龄已经接近 60 岁。他和图密善的关系过于有名，因此没有人愿意资助这个和被处以“记录抹杀刑”的人物走得太近的人。

诗人回到了故乡西班牙，并得到了同乡一名有钱的女性读者资助的住房和生活费。这位一直单身的“epigram”高手也终于决定结婚了。

小普林尼以旅费的名义赠予时隔34年后离开罗马回到故乡的马提雅尔一些钱。他们虽然同为文人，但无论性格、作风、出身还是经济状况都可以说是完全相反。不过小普林尼不像塔西佗那样排斥所有与自己想法不同的人，他具有开明的精神，性格也非常稳重，对于马提雅尔能够不持有社会和文学上的偏见。

但是，虽然在故乡西班牙过上了安稳的生活，但作家视为生命的创作动力却减退了。马提雅尔的创作源泉来自现实的人生，自从他离开了饱受他嘲弄、鱼龙混杂、善恶并存的国际都市罗马后，便失去了能够公开宣称自己“作为作家的灵魂健全”的创作意愿，大概是乡下的生活过于安逸了。乡下没有创作者所需的“毒素”，这种毒素只有大都市才有。不过他还是接受小普林尼的劝告，出版了12卷本的《讽刺诗》，只是其中的内容大多都是罗马时代创作的作品的集成。作家的灵魂一去不复返，他也再没有回到罗马。在慨叹失去了罗马给予自己的一切之后，这名诗人于公元102年与世长辞，时间是图密善被暗杀的6年后。

我们之所以能够得知被首都的显要人物遗忘的马提雅尔，是因为小普林尼给朋友写的一封信。信中这样说：

> 富于创意、热烈激昂、酸甜苦辣应有尽有，只是少了一分天真，这就是马提雅尔和他的诗。

这段评论尖锐并且很到位。当时的知识分子们认为这种无聊的作品会马上销声匿迹，相反，马提雅尔创作的“epigram”在2 000年后的现代依然流传着。如果有好的译本，建议各位读一读。就算为了让暂时严肃的脸庞变得缓和，让刻在眉间的皱纹消去吧！最后再引用一段马提雅尔的诗：

致博斯特姆斯

你说从明天开始享受人生？那太迟了，博斯特姆斯。应该从今天开始享受。不，从昨天开始就享受人生才是更聪明的生活方式。

大事年表

年份（公元）	罗马帝国			其他地方
	意大利本土	西方行省	东方行省	
60		尼禄任命加尔巴为西班牙东北部塔拉戈纳行省的总督		
62			韦斯帕芗被任命为阿非利加行省的总督	
65				这一年，贵霜王朝的丘就却入侵印度西北部
66			6月，以犹太长官弗洛鲁斯没收耶路撒冷大神殿的17塔兰特金币为导火线，爆发了叛乱。犹太激进派对弗洛鲁斯采取强硬措施，屠杀了罗马守备队全体成员。马萨达要塞落入激进派手中。到秋天为止，反罗马的暴动扩大到犹太西部和南部。各地的希腊裔居民和犹太裔居民之间的对立激化。11月，叙利亚总督塞斯提乌斯率领的罗马军攻打耶路撒冷失败，在撤退中惨败于犹太军。尼禄命令韦斯帕芗镇压犹太叛乱	
67		尼禄将叙利亚总督科尔布罗召至希腊，命其自裁，让穆奇阿努斯接替其职位	5月，韦斯帕芗开始进军。7月，尤塔帕塔城陷落	中国在洛阳城西修建白马寺

（续表）

年份（公元）	罗马帝国			其他地方
	意大利本土	西方行省	东方行省	
68	元老院通过决议，宣布尼禄为“国家公敌”。**近卫军团决定推举加尔巴为皇帝**（Imperator）。6月9日，尼禄自刎，终年30岁。秋，加尔巴偕同奥托进入罗马。加尔巴指定维尼乌斯与自己共同担任次年的执政官	高卢行省总督温德克斯起兵反抗尼禄。初夏，塔拉戈纳行省总督加尔巴被军团兵推举为皇帝。温德克斯表态支持加尔巴，卢西塔尼亚行省的奥托也表态支持。高地日耳曼军司令官鲁弗斯被加尔巴解职，召回罗马，由弗拉库斯接替。维特里乌斯被任命为低地日耳曼军司令官，反加尔巴的势头兴起	夏，罗马军从北、西、东三个方向包围耶路撒冷。由于尼禄驾崩，正在镇压犹太的罗马军队暂且停战。韦斯帕芗的长子提图斯携带韦斯帕芗和叙利亚总督穆奇阿努斯效忠加尔巴的宣誓书前往罗马	
69	1月1日，皇帝加尔巴和心腹维尼乌斯就任执政官。1月上旬，加尔巴指定皮索为自己的继承人。1月15日，奥托设计暗杀了加尔巴，同时维尼乌斯和皮索也被杀死。**奥托得到近卫军团的支持，就任皇帝，元老院也给予承认**。奥托为了阻止日耳曼军团南下，向维特里乌斯提出共享皇位的建议，被拒绝。3月初，皇帝奥托率军迎击席西纳军，坚守波河南岸的要地皮亚琴察。席西纳军入驻波河北岸的要地克雷莫纳。奥托军在波河北岸包围席西纳军失败，席西纳和瓦伦斯两军成功会合。4月15日，第一次贝特里亚库姆战役开始。维特里乌斯军击败奥托军，奥托自刎，终年37岁。**4月16日，元老院承认维特里乌斯接任“第一公民”**。5月15日，新皇帝维特里乌斯到达意大利北部	1月1日，负责防卫莱茵河的日耳曼军团在美因茨通过决议，拒绝宣誓效忠皇帝加尔巴，表明了反加尔巴的态度。1月2日，该军团撤回前日决议中“委托元老院全权决定‘第一公民’人选”的要求，决定拥立维特里乌斯。维特里乌斯一派的日耳曼军团总数十万人，分三军开始南下，席西纳、瓦伦斯、维特里乌斯各领一军。防卫多瑙河的7个军团表态支持奥托。为阻止席西纳军和瓦伦斯军会合而前往法国南部迎击瓦伦斯军的奥托一方的一个军团全军覆没。维特里乌斯将奥托一派的各军团的百夫长处以死刑，命令原奥托军的士兵在克雷莫纳修建圆形竞技场。夏，尤里乌斯·奇维里斯率领的巴达维人与莱茵河一带的日耳曼系部族一起起兵反抗罗马。奇维里斯收编莱茵舰队	提图斯在希腊的科林斯得知加尔巴死亡、奥托登基和维特里乌斯起兵的消息后，向罗马派遣使者表示支持奥托，自己返回东方。6月，叙利亚总督穆奇阿努斯拒绝了多瑙河军团推举自己称帝的建议，推举韦斯帕芗为皇帝。6月末，韦斯帕芗、穆奇阿努斯、亚历山大三人在贝鲁特举行会谈。三人一致赞同确保兵源、兵器、军需资金的三项举措，重新确认了与帕提亚的友好关系	中国后汉的王景治理黄河

（续表）

年份（公元）	罗马帝国			其他地方
	意大利本土	西方行省	东方行省	
69	解雇了奥托一派的所有近卫军团成员，莱茵河军团的士兵代之。命令奥托一派的其他军团的士兵全部返回原来的服役地点。5月24日，维特里乌斯到达克雷莫纳，视察贝特里亚库姆的战场。7月18日，维特里乌斯和手下的武装部队进入罗马。10月24日，第二次贝特里亚库姆战役开始。维特里乌斯一派的莱茵河军团和韦斯帕芗一派的多瑙河军团发生激战，莱茵河军团大败，克雷莫纳镇化为废墟。维特里乌斯一派的士兵逃往罗马。普里默斯率领的多瑙河军团渡过波河，经由埃米利亚和弗拉米尼亚两条大道前往首都罗马。12月15日，为阻止多瑙河军团靠近而悲伤的维特里乌斯一派士兵投降。12月16日，罗马的维特里乌斯宣布退位。12月19日，卡匹托尔山上的朱庇特神殿被维特里乌斯一派的士兵用火把烧毁。12月20日，罗马爆发巷战。维特里乌斯在罗马广场被杀死，终年54岁。**12月21日，韦斯帕芗开始实质上的统治**。12月下旬，穆奇阿努斯进入罗马。维特里乌斯的弟弟卢西乌斯在泰拉奇纳败给罗马军，被处以死刑。《韦斯帕芗皇帝法》颁布	9月，安东尼·普里默斯率领多瑙河军团起兵支持韦斯帕芗，没等穆奇阿努斯到达便向西进军。达契亚人趁多瑙河军团转移的机会越过多瑙河入侵罗马领土，被穆奇阿努斯击退。之后，穆奇阿努斯重新西进。席西纳率军北上，在拉文纳劝说莱茵河军团起兵反抗维特里乌斯没有成功，被投入大牢（后来被韦斯帕芗一派的士兵释放）。瓦伦斯在法国南部试图重组维特里乌斯军，但是被支持韦斯帕芗的高卢人抓获（之后被处死）。奇维里斯攻打罗马军团的克桑腾基地。西班牙和不列颠的五个军团表明支持韦斯帕芗。莱茵河军团得知维特里乌斯军败北的消息后发生混乱，杀死了司令官弗拉库斯。莱茵河东岸的日耳曼人对美因茨的莱茵河军团基地发动袭击，最后被击退。奇维里斯与日耳曼人和日耳曼系高卢人的领导者在科隆举行会谈，决定创建“高卢帝国”。沃克勒前去救助被包围的克桑腾，却在诺伊斯被杀害。诺伊斯军团基地的罗马士兵被强迫向奇维里斯的“高卢帝国”效忠。克桑腾、美因茨也步其后尘，莱茵河沿岸的所有军团基地皆落入叛军手中	帝国东方的全部军团和各同盟国明确了反维特里乌斯的态度。穆奇阿努斯率领军队前往意大利，韦斯帕芗在埃及待机。亚历山大随同提图斯前往犹太为犹太战争做准备。7月初，驻扎在埃及、犹太、叙利亚的各军团和小亚细亚各行省的驻屯部队推举韦斯帕芗为皇帝。各同盟国的国王纷纷表示支持韦斯帕芗登基	

（续表）

年份（公元）	罗马帝国			其他地方
	意大利本土	西方行省	东方行省	
70	1月1日，元老院承认韦斯帕芗为“第一公民”。穆奇阿努斯决定投入9个军团镇压“高卢帝国”。穆奇阿努斯开始重建朱庇特神殿。10月，韦斯帕芗登陆意大利南部的布林迪西	高卢系高卢人决定不加入高卢帝国。春，罗马军从意大利、西班牙和不列颠三个方向开始向莱茵河进军。凯利亚里斯率领罗马军攻打特里尔。日耳曼系高卢人重新支持罗马。秋，叛乱终结。高卢帝国覆灭	春，提图斯指挥的罗马军在耶路撒冷城下布阵，开始攻打耶路撒冷。8月10日，耶路撒冷大神殿被烧毁。9月26日，耶路撒冷陷落	
71	结束犹太战争胜利凯旋的提图斯就任近卫军团的长官。韦斯帕芗着手修建圆形竞技场			
73	韦斯帕芗和提图斯就任财务官，实施人口普查。采取大幅增加税收的政策		马萨达要塞陷落	
74				中国班超出使西域
79	6月24日，韦斯帕芗去世，享年70岁。**提图斯继位**。8月24日，维苏威火山喷发，庞贝等城被埋，死者不计其数。老普林尼去世。提图斯前往受灾地，在救灾指挥部坐镇指挥			
80	罗马市中心发生大火。韦斯帕芗修建的圆形竞技场完工			
81	意大利全境发生瘟疫，大批平民死亡。提图斯成立救灾委员会。9月13日，提图斯去世，终年40岁。**9月14日，弟弟图密善继位**。图密善在此后的15年统治期间，修建了图密善竞技场等大量公共设施，完善了罗马的基础设施			

（续表）

年份（公元）	罗马帝国			其他地方
	意大利本土	西方行省	东方行省	
83	秋，图密善就任财务官	图密善着手修建日耳曼长城，并镇压了对此表示反抗的高卢地区的加利蒂人		
84		冬，在不列颠前后征战七年的总督阿古利可拉领命回国，征服苏格兰的军事行动一时中断		
85	春，图密善就任终身财务官	晚秋，达契亚人跨越多瑙河入侵南岸。前去迎击的罗马军大败，担任指挥官的默西亚行省总督萨比努斯战死		
86		图密善偕同近卫军团长官弗斯库斯前往多瑙河前线。罗马军在与达契亚人第一战中获胜，将达契亚人赶回了多瑙河北岸。图密善返回罗马。罗马军在第二战中大败，弗斯库斯战死		
87			亚细亚行省总督凯利亚里斯因策划反叛图密善而被处死	
88		尤里安努斯率领罗马军在多瑙河北岸大胜达契亚人		
89		高地日耳曼军司令官萨图尼努斯发动叛乱被镇压。驻扎在西班牙的第七军团的长官图拉真被任命为高地日耳曼军司令官。在此前后，多瑙河中游一带的三个日耳曼系部族起兵反抗罗马。罗马与达契亚人缔结和平协定。罗马军大胜三部族		班超出任西域都护（91）
95	受图密善委托，教育家昆体良撰写《雄辩术原理》（次年刊行）			

（续表）

年份（公元）	罗马帝国			其他地方
	意大利本土	西方行省	东方行省	
96	9 月 18 日，图密善被暗杀，终年 44 岁。**元老院承认涅尔瓦为皇帝**。元老院决定对图密善实施“记录抹杀刑”			
97	10 月，涅尔瓦指定图拉真为继承人			班超派甘英出使大秦（罗马帝国）
98	图拉真就任执政官。1 月 27 日，涅尔瓦去世，享年 71 岁。**图拉真继承帝位**			

参考文献

一、原始资料（为方便读者查阅，也将翻译的著作列入）

塔西佗（公元56—120年）

《年代记》（上、下），国原吉之助译，岩波文库，1981年

《日耳曼尼亚志　阿古利可拉传》，国原吉之助译，筑摩学艺文库，1996年

《同时代史》，国原吉之助译，筑摩书房，1996年

苏维托尼乌斯（公元69—122年以后）

《罗马十二帝王传》（上、下），国原吉之助译，岩波文库，1986年

老普林尼（公元23—79年）

《普林尼博物志》，大槻真一郎编，八坂书房，1994年

小普林尼（公元61、62—113年）

《普林尼书简集》，国原吉之助译，讲谈社学术文库，1999年

昆体良（公元35—96年以后）

《辩论术理论》，西洋古典丛书第III期11，森谷宇一等译，京都大学学术出版会，2005年

马提雅尔（公元38年到41年之间—102年）

Epigrammata，*Liber spectaculorum*，*Xenia*

弗拉维乌斯·约瑟夫斯（公元 37/38—100 年）
《犹太战记》（1、2），新见宏译，山本书店，1975—1981 年
《犹太战记》（3），秦刚平译，山本书店，1982 年
《犹太古代志》（全 11 卷），秦刚平译，山本书店，1979—1984 年
《驳斥阿比安》，秦刚平译，山本书店，1977 年
《自传》，秦刚平译，山本书店，1978 年
卡西乌斯·狄奥（公元 150—235 年）
Romaika

二、日文资料

《庞贝灭亡之日》，金子史朗，原书房，1988 年
《马萨达》，Y. 亚丁，田丸德善译，山本书店，1975 年
《庞贝》，浅香正，芸舛堂，1995 年
《西塞罗选集》第 8 卷，岩波书店，1999 年

三、后世撰写的历史书、研究专著

ABBOTT, F.F. & JOHNSON, A.C., *Municipal Administration in the Roman Empire*, Princeton, N.J., 1926.

ALFÖLDI, A., *The Moral Barrier on Rhine and Danube*, 《Third Congress of Roman Frontier Studies》, 1949.

ANDERSON, J.G.C., *The Road System of Eastern Asia Minor*, 《Journal of Hellenic Studies (JHS)》17, 1897.

ARIAS, P.E., *Domiziano: Saggi e ricerche No.9*, Catania: G. Crisafulli, 1945.

BACHRACH, P. & BARATZ, M.S., *Two Faces of Power*, 《American Political Science Review》56, 1962.

BALLANTI, A., *Documenti sull'opposizione degli intellettuali a Domiziano*, 《Ann. Fac. Lett. Napoli》4, 1954.

BERETTA, I., *La romanizzazione della valle d'Aosta*, Milano-Varese, 1954.

BERSANETTI, G.M., *Vespasiano*, Roma, 1941.

BIRLEY, E.B., *The Congress of Roman Frontier Studies 1949*, pp. 41-54, Durham 1952; *The Brigantian Problem and the First Roman Contact with Scotland, Britain after Agricola and the End of the Ninth Legion & Britain under the Flavians: Agricola and His Predecessors,* 《Roman Britain and the Roman Army》, Kendal, 1953; *Senators in the Emperor's Service,* 《Proceedings of the British Academy》 39, 1953.

BLAU, P., *Exchange and Power in Social Life,* New York: John Wiley, 1964.

BRAND, C.E., *Roman Military Law,* Austin: University of Texas Press, 1968.

BREEZE, D.J., *The Organization of the Legion: The First Cohort and the Equites Legionis,* 《Journal of Roman Studies （JRS）》 59, 1969.

BROGAN, O., *The Roman Limes in Germany,* 《Archaelogical Journal》 92, 1935.

BURN, A.R., *Agricola and Roman Britain,* London, 1953.

BURR, V., *Tiberius Iulius Alexander,* 《Antiquitas》 I, Bonn, 1955.

BURY, J.B., *A History of the Roman Empire from its Foundations to the Death of Marcus Aurelius (27 a.C.-180 d.C),* London, 1913.

BUTLER, R.M., *The Roman Walls of Le Mans,* 《JRS》 48, 1958.

CAGNAT, R., *Les Frontières militaires de l'empire romain,* 《Journal des savants》, 1901; *Le colonie romaine de Djemila,* 《Mus. B.》 27, 1923.

CANTARELLI, L., *La Lex de imperio Vespasiani,* 《Studi Romani e Bizantini》, Roma, 1915.

CASSON, L., *Ships and Seamanship in the Ancient World,* Princeton: Princeton University Press, 1971.

CAVAIGNAC, E., *Les Effectifs de l'armée d'Auguste,* 《Revue des èetudes latines》 30, 1952.

CHARLESWORTH, M.P., *Trade Routes and the Commerce of the Roman Empire,* Cambridge: University Press, 1926.

CHEVALLIER, R., *Rome et la Germanie au 1er siècle: Problèmes de colonisation,* 《Latomus》 20, 1961.

CHILVER, G.E.F., *The Army in Politics A.D.68-70,* 《JRS》 47, 1957.

COLINI, A.M., *Stadium Domitiani,* Roma, 1943.

COLLINGWOOD, R.G., *The Archaeology of Roman Britain,* London, 1930.

CROOK, J.A., *Consilium Principis,* Cambridge, 1955.

FABRICIUS, E., *Der obergermanisch-rätische Limes des Römerreiches.*

FORNI, G., *Il reclutamento delle legioni da Augusto a Diocleziano*, Università di Pavia, Milano-Roma, 1953; *Contributo alla storia della Dacia romana*, 《Athenaeum》 36, 1958-59; *Limes*, 《Dizionario Epigrafico》 4; *Estrazione etnica e sociale dei soldati delle legioni nei primi tre secoli dell'impero*, 《Aufstieg und Niedergang der Römischen Welt》 II-1.

FORTINA, M., *Un generale romano del primo secolo dell'impero*, C. Licinio Muciano, Novara, 1955; *L'imperatore Tito*, Torino, 1955.

FRANK, T., *An Economic History of Rome*, Baltimore, 1927.

FRERE, S.S., *Britannia: A History of Roman Britain*, London, 1967.

FROVA, A., *The Danubian Limes in Bulgaria and Excavations at Oescus*, 《Third Congress of Roman Frontier Studies》, 1949.

GARZETTI, A., *L'Impero da Tiberio agli Antonini*, Istituto di studi romani, 《Storia di Roma》 vol.6, Bologna, 1960.

GROSSO, F., *Tendenziosità dell'Agricola*, Genova, 1954.

GSELL, S., *Essai sur le règne de l'empereur Domitien*, Paris, 1894.

HAMMOND, M., The *Transmission of the Powers of the Roman Emperor from the Death of Nero in A.D. 68 to that of Alexander Severus in A.D. 235*, 《Memoirs of American Academy in Rome》 24, 1956; *Composition of the Senate, A.D. 68-235*, 《JRS》 47, 1957.

HARMAND, L., *L'Occident romain: Gaule, Espagne, Bretagne, Afrique du Nord* (*31 av. J.C.à 235 ap. J.C*), Paris, 1960.

HARRER, A., *Studies in the History of the Roman province of Syria*, 《Dissertation, Princeton》, 1915.

HATT, J.J., *Histoire de la Gaule romaine*, Paris, 1966.

HAVERFIELD, F., *Military Aspects of Roman Wales*, London, 1910.

HAVERFIELD, F. & MACDONALD, G., *The Roman Occupation of Britain*, Oxford, 1924.

HENDERSON, B.W., *Five Roman Emperors: Vespasian, Titus, Domitian, Nerva, Trajan, A.D. 69-117*, Cambridge, 1927.

HOGARTH, D.B. & MUNRO, J.A.R., *Modern and Ancient Roads in Eastern Asia Minor*, 《Supp. Papers of the Roy. Georg. Soc.》 3, 1893.

HOMO, L., *Une leçon d'outre-tombe: Vespasien financier*, 《Revue des Ètudes Anciennes》 42, 1940; *Vespasien, l'empereur du bon sens*, Paris, 1949.

KAHRSTEDT, U., *Domitians Politik zwischen Donau und Main,* 《Bonner Jahrbücher》 145, 1940.

KLOSE, J., *Roms Klientel-Randstaaten am Rhein und an der Donau,* 《Historische Untersuchungen》 14, Breslau, 1934.

KRAFT, K., *Zur Rekrutierung der Alen und Kohorten an Rhein und Donau,* Bern, 1951.

KRUEGER, P., *Codex Justinianus,* Berlin, 1915.

LANCIANI, R., *Forma Urbis Romae,* Roma, 1989

LAST, H., *Lex de imperio Vespasiani,* 《Cambridge Ancient History》 11, 1936.

LAUR-BELART, R., *The Late Limes from Basel to the Lake of Constance,* 《Third Congress of Roman Frontier Studies》, 1949.

LEMOSSE, M., *Le Régime des relationes internationales dans le haut-empire romain,* 《Publications de l'Institut de droit romain de l'Université de Paris》 23, Paris, 1967.

LEVI, M.A., *La Politica estera di Roma antica,* Milano: Istituto per gli studi di politica internazionale, 1942; *La clemenza di Tito,* 《Par. Pass.》 9, 1954; *La legge dell'iscrizione CIL VI, 930,* 1958.

LUGLI, G., *La villa di Domiziano sui colli Albani,* 《Bull. Comm. Arch.》 45, 1918; *Nuove forme dell'architettura romana nell'età dei Flavi,* 《Atti 3º Convegno naz. di st. dell'Architett.》, Roma, 1939.

MacDONALD, sir G., *The Roman Wall in Scotland,* Oxford, 1934.

MANFRÈ, G., *La crisi politica dell'anno 68-69 d.C.,* Bologna, 1947.

MANN, J.C., *A Note on the Numeri,* 《Hermes》 82, 1954.

MANNI, E., *Lotta politica e guerra civile nel 68-69 d.C.,* 《Riv. Fil.》, 24, 1946.

MARSDEN, E.W., *Greek and Roman Artillery, Historical Development,* Oxford: Clarendon Press, 1969.

MATTINGLY, H., *British Museum Catalogue of the Coins of the Roman Empire vol.2,* London, 1930; *Vol.3,* London, 1936.

MATTINGLY, H. & SYDENHAM, E.A., *The Roman Imperial Coinage vol.2,* London, 1926; *Vol.3,* London, 1930.

MICHEL, A., *Tacite et le destin de l'Empire,* Paris, 1966.

MILNE, J.G., *Catalogue of Alexandrian Coins in the Ashmolean Museum,* Oxford, 1932.

MOMIGLIANO, A., *Contributo alla storia degli studi classici*, Roma: Edizioni di Storia e Letteratura, 1955; *Terzo Contributo alla storia degli studi classici e del mondo antico*, Roma: Edizioni di Storia e Letteratura, 1966; *Ricerche sull'organizzazione della Giudea sotto il dominio romano（63 a.C. - 70 d.C.)*, Amsterdam: A.M. Hakkert, 1967; *Quarto Contributo alla storia degli studi classici e del mondo antico*, Roma: Edizioni di Storia e Letteratura, 1969.

MOMMSEN, Th., *Römisches Staatsrecht, vol.5*, Leipzig, 1887-88.

MUNRO, J.A.R., *Roads in Pontus, Royal and Roman*, 〈JHS〉 21, 1901.

NEWTON, H.C., *The Epigraphical Evidence for the Reigns of Vespasian and Titus*, 〈Cornell Studies in Classical Philology〉 16, 1901.

PARKER, H.M.D., *The Roman Legions*, Cambridge: W. Heffer and Sons, 1958.

PASSERINI, A., *Le Coorti Pretorie*, Roma, 1939; *Le due battaglie presso Betriacum*, 〈St. Ant. Class. offerti a E. Ciaceri〉, Roma, 1940.

PIGANIOL, A., *La Notion de Limes*, 〈Quintus Congressus Internationalis Limitis Romani Studiosorum〉.

PLATNER, S.B., *A Topographical Dictionary of Ancient Rome*, Oxford, 1929.

RACHET, M., *Rome et les Berbères: Un Problème militaire d'Auguste à Dioclétien*, 〈Collection Latomus〉 110, Bruxelles: Latomus, 1970.

RAMSAY, A.M., *The Speed of the Roman Imperial Post*, 〈JRS〉 15, 1925.

RITTERLING, E., *Zu den Germanenkreige Domitians am Rhein und an der Donau*, 〈Jahreshefte〉 7, 1904.

ROMANELLI, P., *La Cirenaica Romana 96 A.C. - 642 D.C.*, Verbania: A. Airoldi, 1943.

ROSTOVTZEFF, M., *Storia economica e sociale dell'Impero Romano*, Firenze, 1933.

SCHLEIERMACHER, W., *Römische Archäologie am Rhein 1940 bis 1950*, 〈Historia〉 2, 1953.

SCHÖNBERGER, H., *The Roman Frontier in Germany: An Archaeological Survey*, 〈JRS〉 59, 1969.

SOLARI, A., *La Crisi dell'impero romano*, Milano: Soc. Ed. Dante Alighieri, 1933; *Il Rinnovamento dell'impero romano*, Milano: Soc. Ed. Dante Alighieri, 1938.

STARR, C.G. Jr., *The Roman Imperial Navy, 31 B.C. - A.D. 324*, 〈Cornell Studies in Classical Philology〉 26, Ithaca: Cornell University Press, 1941.

SYME, R., *Rhine and Danube Legions under Domitian*, 〈JRS〉 18, 1928; *The Impe-*

rial Finances under Domitian, Nerva and Trajan, 《JRS》 20, 1930; *Notes sur la légion III Augusta,* 《Revue des Études Anciennes》 38, 1936; *The Roman Revolution,* Oxford: Clarendon Press, 1939; *Tacitus,* Oxford: Clarendon Press, 1958; *The Lower Danube under Trajan,* 《JRS》 49, 1959.

SZILÁGYI, J., *Les Variations des centres de prépondérance militaire dans les provinces frontières de l'émpire romain,* 《Acta Antiqua Academiae Scientiarum Hungaricae》 2, 1953.

THOMPSON, E.A., *The Early Germans,* Oxford: Clarendon Press, 1965.

TOUTAIN, J., *L'origine historique des grandes cités rhénanes,* 《Mémorial d'un voyage d'études en Rhénanie de la Societe Nationale des Antiquires de France》, Paris, 1953.

TREU, M., *M. Antonius Primus in der taciteischen Darstellung,* 《Würzburger Jahrbücher für die Altertumswiss》 3, 1948.

TURNER, E.G., *Tiberius Iulius Alexander,* 《JRS》 44, 1954.

VAN BERCHEM, D., *On Some Chapters of the Notitia Dignitatum Relating to the Defense of Gaul and Britain,* 《American Journal of Philology》 vol.76, no.302, 1955.

VAN SICKLE, C.E., *The Repair of Roads in Spain,* 《Classical Philology》 24, 1929.

WALTON, C.S., *Oriental Senators in the Service of Rome,* 《JRS》 19, 1929.

WATSON, G.R., *The Pay of the Roman Army: The Auxiliary Forces,* 《Historia》 8, 1959; *The Roman Soldier,* London: Thames and Hudson, 1969.

WEBSTER, G., *The Roman Imperial Army of the First and Second Centuries A.D.,* London: Adam and Charles Black, 1969.

WHITE, L.T., *The Transformation of the Roman World: Gibbon's Problems after Two Centuries,* Berkeley: University of California Press, 1966.

WILKES, J.J., *Dalmatia: History of the Provinces of the Roman Empire,* London: Routledge and Kegan Paul, 1969.

ZANCAN, P., *La crisi del Principato nell'anno 69 D.C.,* Università di Padova, 《Pubblicazioni della Facoltà di Lettere e Filosofia》 16, Padova, 1939.

图片版权

银币图　新潮社写真部

金币图　大英博物馆（伦敦 / 英国）© The Trustee of the British Museum

pp.viii–ix　博洛尼亚考古学博物馆（博洛尼亚 / 意大利）© Museo Civico Archeologico di Bologna（Italia）

p.010　卡匹托利尼博物馆（罗马 / 意大利）© Archivi Alinari, Firenze

p.034　同上

p.068　乌菲兹美术馆（佛罗伦萨 / 意大利）© Archivi Alinari, Firenze

p.079 上　罗马市议会议事堂（罗马 / 意大利）© Archivi Alinari, Firenze

p.079 下　卡匹托利尼博物馆 © Archivi Alinari, Firenze

p.093　罗马文明博物馆（罗马 / 意大利）© Scala, Florence

p.113 ①　大英博物馆 © Archivi Alinari, Firenze

p.113 ②　濑户照绘（根据那不勒斯考古学博物馆所藏的戒指绘制）

p.113 ③　意大利总统官邸（罗马 / 意大利）© Archivi Alinari, Firenze

p.113 ④　罗马市议会议事堂 © Archivi Alinari, Firenze

p.113 ⑤　威尼斯考古学博物馆（威尼斯 / 意大利）© Scala, Florence

p.113 ⑥　嘉士伯艺术博物馆（哥本哈根 / 丹麦）© Ny Carlsberg Glyptotek, Copenhagen p.128　波伊廷格古地图（一部分），Giorgio Benni 摄

p.200　峰村胜子绘

p.206　Luigi Canina, *Vedute dei principali monumenti di Roma antica*, Sugarco Edizioni, 1990

p.207　古罗马广场（罗马 / 意大利）© Erich Lessing / PPS

p.210　卡匹托利尼博物馆 © Archivi Alinari, Firenze

p.221　个人收藏 © B.Wilson / Ancient Art & Architecture Collection

p.228　卡匹托利尼博物馆 © Stampa Fotografica Vasari, Roma

p.234 上　那不勒斯考古学博物馆（那不勒斯 / 意大利），樱井绅二摄

p.234 下　波格赛美术馆（罗马 / 意大利），樱井绅二摄

p.242　梵蒂冈美术馆（梵蒂冈）© Scala, Florence

p.244　罗马文明博物馆 © Scala, Florence

p.245　© Hugh Rooney; Eye Ubiquitous / CORBIS

p.247 右　樱井绅二摄

p.247 左　文化宫（罗马 / 意大利）© akg-images / Bildarchiv Monheim

p.248 上　峰村胜子绘

p.248 下　圣但尼（法国）© FORESTIER YVES / CORBIS SYGMA

p.263　Luigi Canina, *Vedute dei principali monumenti di Roma antica*, Sugarco Edizioni, 1990

p.270　波格赛美术馆，樱井绅二摄

p.296　乌菲兹美术馆 © Archivi Alinari, Firenze

p.301　梵蒂冈美术馆（梵蒂冈）© Musei Vaticani

p.307 左　© GIANSANTI GIANNI / CORBIS SYGMA

p.307 右　罗马文明博物馆，樱井绅二摄

p.308　Luigi Canina, *Vedute dei principali monumenti di Roma antica*, Sugarco

Edizioni, 1990

p.314　峰村胜子绘

p.320　同上

p.372 左　卡匹托利尼博物馆 © Stampa Fotografica Vasari, Roma

p.372 右　罗马文明博物馆，樱井绅二摄

p.378　乌菲兹美术馆 © Archivi Alinari, Firenze

地图制作 :综合精图研究所（p.007，p.013，p.025，p.029，p.042，p.045，p.049，p. 053，p.062，p.077，p.086，p.096，p.104，p.108，p.119，p.121，p.142，p.148，p.185，p.189，p.199，p.223，p.260，p.263，p.273，p.281，p.290，p.312，p.324，p.331，p.338，p.344，p.350，p.364，p.369，p.385）

图书在版编目（CIP）数据

罗马人的故事：全15册/（日）盐野七生著；计丽屏等译. -- 2版. -- 北京：中信出版社，2020.8（2025.1重印）

ISBN 978-7-5217-0750-2

Ⅰ.①罗… Ⅱ.①盐… ②计… Ⅲ.①古罗马—历史 Ⅳ.①K126

中国版本图书馆CIP数据核字（2019）第126892号

罗马人的故事（全15册）

著　　者：[日]盐野七生

译　　者：计丽屏　等

出版发行：中信出版集团股份有限公司

（北京市朝阳区东三环北路27号嘉铭中心　邮编　100020）

承 印 者：北京通州皇家印刷厂

开　　本：787mm×1092mm　1/32　　印　　张：182.25　　插　　页：44　　字　　数：4 500千字

版　　次：2020年8月第2版　　印　　次：2025年1月第9次印刷

京权图字：01-2010-4502　　审 图 号：GS（2019）2414号

书　　号：ISBN 978-7-5217-0750-2

定　　价：760.00元（全15册）

ローマ人の物語

罗马人的故事

09

賢帝の世紀

贤君的世纪

[日] 盐野七生 著 计丽屏 译

中信出版集团 | 北京

IMP TRAIANO AVG GER DAC P M TR P COS VI P P

S·P·Q·R·OPTIMO PRINCIPI

金币故事

纵览整部罗马史，我们可以清楚地看到罗马在共和制时代处于高速发展期，到元首制时代进入稳定发展期，直至帝制时代后期开始走向衰亡。公元 1、2 世纪被认为是元首制时代，其中后一个世纪又被称作“五贤帝时代”。个中缘由只要看看货币就会明白，而且一定会让你心悦诚服。这一时期的金币、银币、铜币，首先，质量上乘，材质无可挑剔，金属含量高，丝毫没有辱没罗马帝国主要货币的名声；其次，铸造技术高超，能够体现出罗马历史上处于最鼎盛时期的技术水平。最能反映一个国家国力的不正是货币吗？

几乎在所有历史教科书中，都会说图拉真皇帝时代的罗马帝国版图最大。其实，在始于他的五贤帝时代的这个世纪里，罗马帝国在所有方面都达到了登峰造极的程度，而不仅仅是版图如此。在罗马，人们喝葡萄酒通常要兑水。如果不兑水直接饮用，会被说成酗酒。如果说，公元 1 世纪的罗马皇帝中提比略酗酒的话，那么，到了公元 2 世纪，酗酒的皇帝就是图拉真。也许，要做到实至名归的“至高无上的皇帝”，需要比常人有更充沛的精力，所以不得不直接喝纯葡萄酒。

盐野七生

2006 年 7 月于罗马

AVGVSTVS
COS III

金币故事

在欧美知识分子中有这样一种普遍倾向：他们之所以关注作为罗马帝国最高权力者的皇帝，是因为这些皇帝对文学和艺术也有着浓厚的兴趣。他们只看到了哈德良皇帝在这方面取得的成就，事实上，哈德良远非只是这样一个人。

通过战争，图拉真使帝国拥有了最大的版图。继他之后成为皇帝的哈德良，没有发动过一次战争，但凭这一点就让人感到其不一般的气魄。当然，哈德良不是纯粹的和平主义者。在他的整个统治期间，他耗费了绝大部分时间巡视帝国的边境，为维护“罗马统治下的和平”不遗余力。作为帝国最高权力者，他前往各地时不需要军队随行保护，这难道不是帝国天下太平最有说服力的证明吗？

他对于艺术的爱好给人类留下了宝贵的遗产。陈列于欧美博物馆中的希腊时代的雕像，大部分是罗马帝国时代仿制的。但是，这些雕像的制作质量之高已经超越了一般意义上的仿制。它们中的大多数仿制于哈德良时代。如果不是那个时代对仿制品质量要求极高，不可能留下那么多精美的雕像。正因为那个时代对高质量的追求，那时的能工巧匠才有了施展才华的机会。刻有哈德良皇帝肖像的硬币做工极为精美，这也从另一个侧面很好地反映出当时的制作工艺水平。在完成本书的写作后，我把这枚硬币做成了首饰。当然，为了不引起哈德良的不满，我找了一家技术最好的珠宝店。

盐野七生

2006 年 7 月于罗马

ANTONINVS AVG PIVS PP

AVRELIVS CAES AVG PII F COS DES

金币故事

图拉真皇帝喝葡萄酒时从不兑水。那时，哈德良年纪尚轻，总会陪伴他畅饮到最后。与这两位皇帝不同，安敦尼·庇护皇帝绝对不会这样做，因为凡事他都不会做得过于极端。在写这位皇帝的时候，我会不由自主地联想到后来的英国乡绅形象。安敦尼·庇护皇帝行事中庸，也正因为如此，他是个缺少激情的人。在这一点上，他完全有资格成为后来的绅士们效仿的榜样。

图拉真皇帝不仅在多瑙河流域打过仗，也在幼发拉底河流域作过战，因为连年征战，他不到64岁就离开了人世。哈德良皇帝为了到各地视察，足迹踏遍了帝国的疆域。与图拉真相仿，他去世的时候，年纪也不算大。与前两位皇帝算不上长的寿命相比，安敦尼·庇护皇帝的寿命算是长的。这是因为，一方面，他从未离开过首都罗马，包括罗马的近郊；另一方面，他非常注意保养自己的身体。在这一点上，他同样可以成为后来的大英帝国绅士们的榜样。让我们为以和平方式实行统治的安敦尼·庇护干杯！当然，我们饮用的酒要像古罗马上流社会人士喝的那样，是用纯净之水兑出来的、醇香扑鼻的上等葡萄酒。

盐野七生

2006年7月于罗马

目　录

致读者

事实上，我现在非常困惑。用一个比喻来说明，我想大概是这样一种感觉：

在上罗马史课的学生中，有一个名叫塔西佗的优等生。为什么说他是优等生呢？因为对于教授提出的问题，在其他学生分别阐述了各自的想法后，他提出的意见无论是其风格的简洁性还是词语选择的准确性，都好像他亲眼所见。他的描述非常有现场感，其见解远高于其他人。认为他是天才、向他脱帽表示敬意的不光有学生，连教授也不禁深表赞许，对他频频点头不已。

这时，坐在教室后面的我举手要求发言。我会说，如此这般的史实也都考虑进去的话，难道没有可能有另外一种与塔西佗的意见不同的见解吗？事实上，正因为有他的《编年史》，我才得以完成《罗马人的故事 07 · 臭名昭著的皇帝》这部作品；正因为有他的《阿古利可拉传》和《同时代史》，才有了我的《罗马人的故事 08 · 危机与克服》。

暑假结束后回到学校，这个优等生却不见了。问其他同学，说是因为他父亲的任职地调动，他已经转校。哎呀，这究竟是怎么回事？

我一时感到非常困惑。

在本书中，我要讲述图拉真、哈德良和安敦尼·庇护这三位皇帝，时间是公元 98 年至 161 年。因为据说塔西佗是公元 120 年离世的，所以自然没有可能向他索要有关这三位皇帝统治情形的著作。但是，对于公元 98 年到 117 年图拉真皇帝的统治，只要他有心写，完全有可能。事实上，对于写图拉真，塔西佗不是一点儿想法都没有。《同时代史》的内容始于公元 69 年的内乱，虽然留存到现在的也只剩下对这一年的叙述，但是，这部作品很可能写到公元 96 年图密善皇帝被杀为止。因为在这部作品的开头有这样一句话：

> 写完这部作品以后，如果我还活着，我想用我的晚年时光来书写神君涅尔瓦和皇帝图拉真。

遗憾的是，塔西佗没有兑现对读者的承诺。不是因为他封笔了，而是因为他在完成《同时代史》后执笔写了《编年史》，讲述的事件始于第一代皇帝奥古斯都去世，终于皇帝尼禄自尽，却没有去写涅尔瓦和图拉真。

历史学家塔西佗出生于公元 55 年，过世于公元 120 年。如果用图表的形式来展示他的一生与所处时代及其著作之间的关系，请详见下页表。

对于一位历史学家来说，55 岁前后到 60 岁出头是写作的最佳时期。按照编年顺序来看的话，作为《同时代史》的续篇，塔西佗最有可能写的应该是涅尔瓦和图拉真，那么为什么在这个最佳的年龄段里，他没有写这两位皇帝，而是选择去写《编年史》呢？毕竟这部作品只能算是《同时代史》的前篇。

塔西佗著作一览表（年代全部为公元后）

拉丁语书名	汉译书名	涉及的年代	写作时期	在位皇帝	写作时的年龄
Agricola	《阿古利可拉传》	40—93	98	涅尔瓦、图拉真	43 岁
Germania	《日耳曼尼亚志》	至 1 世纪	97—100	图拉真	43 ~ 45 岁
Historiae	《同时代史》	69—96	106—109	图拉真	51 ~ 54 岁
Annales	《编年史》	14—68	115—117	图拉真	60 ~ 62 岁

说明：公元 55 年出生并于公元 120 年去世的普布利乌斯·科尔涅利乌斯·塔西佗，其担任公职的生涯是这样的：在韦斯帕芗皇帝时代（69—79），他担任过相当于副军团长的大队长（Tribunus）；在提图斯皇帝时代（79—81），他当选过财务监察官（Quaestor）；在图密善皇帝时代（81—96），他当选过法务官（Praetor）；在涅尔瓦皇帝时代（96—98），他担任过候补执政官（Consul Suffectus）。按惯例，结束财务监察官的任期后，通常都会进入元老院。因此，塔西佗进入元老院，一定是在图密善皇帝时代，那个时候他已经过了 30 岁。

在那个时候，只要担任过执政官，即便是候补执政官，在经过 10 年的停职期后，等待他的应该是行省总督的职位。

但是，到了公元 107 年，塔西佗还是没有当选行省总督。他没有孩子。第一代皇帝奥古斯都为“防止人口减少”，制定过一项政策。政策规定，在同等资格的候选人中，优先考虑有 3 个以上孩子的有过执政官经历的人。因此，很可能塔西佗就卡在这一点上了。但是，话虽如此，因为皇帝认可其能力而不受这项政策约束的事例也不少，所以，可以想象，对图拉真来说，尽管塔西佗是一位优秀的文人，但不是一位不可或缺的行政官员。有意思的是，作为文人的塔西佗，在遭到他无情谴责的皇帝在位期间一次次地被任用，但在贤君图拉真皇帝在位期间，他没有受到过什么重用。这不禁让人思考这样一个问题：人的才能的高低究竟是如何来衡量的呢？

现代研究者中有人提出，也许因为记述尚在世的皇帝会有诸多不便，所以就算是塔西佗这样的学者，最终也选择了讲述已故皇帝们的故事。比塔西佗年轻一代的苏维托尼乌斯著的《罗马十二帝王传》（*De Vite Duodecim Caesarum*）也只从尤里乌斯·恺撒写到图密善，没有涉及涅尔瓦以后的皇帝。因此，这一推测也许是有道理的。

塔西佗说过，完成《同时代史》的写作之后，如果还活着，打算写涅尔瓦和图拉真两位皇帝。就在同一个地方，塔西佗还写了这样的话：“这是一个少有的幸福时代，不仅史料丰富，而且无论做出怎样的评价，用什么样的方式讲述，都无须担心自身的安全。”然而，尽管如此，他终究没有下笔。也许是他计划在写完起初并未打算写的《编年史》后再写，但此时他的生命之火已经燃尽。

话虽如此，我总觉得还有一种可能。这是在认真研究塔西佗作为历史学家的性格后做出的推测。

执笔写历史的动机，大体可以分为如下三种：

一、生来具有强烈的好奇心，喜欢讲述受好奇心驱使而探究到的事情。

二、以史为鉴——让历史成为现在或将来的前车之鉴。

三、对于经受了痛苦磨难又在感情上难以自拔的同胞怀有强烈的、充满悲愤的情绪。

第一种类型的典型代表是希腊人希罗多德，他是《历史》一书的作者。第二种类型的典型代表是英国人吉本，他是《罗马帝国衰亡史》的作者。第三种类型的典型代表大概只能首推《伯罗奔尼撒战争史》的作者修昔底德。为什么物质和精神都应该占优势的祖国雅典竟会败给斯巴达？作为一个雅典公民，修昔底德无法把自己心中深深的悲哀和强烈的愤怒宣泄到写作以外的其他地方，于是就有了他写的这部历史著作中的巅峰之作。

在我的想象中，塔西佗这位罗马帝国时期最杰出的历史学家，身上或许融合了第二、第三两种类型。更准确地说，应该是融合了四分之一的第二种类型和四分之三的第三种类型。也就是说，他可能是一位需要用发自内心的愤怒来唤醒自身创作欲望的作家。

如此一来，我想既然他说图拉真时代是“少有的幸福时代”，那么他没有写图拉真时代的原因也就有了推测的依据。尽管塔西佗总在批评自己的同胞，但他骨子里终究是一位爱国者。因此，图拉真统治下的幸福时代，对他来说，反而失去了写作的冲动。也正因为如此，虽然他公开表示要写图拉真，但最终还是选择了写从提比略到尼禄时代的《编年史》，因为他们让他找到了创作的动力——愤怒的情绪。

尽管如此，塔西佗并没有为我们留下他不写图拉真时代的真实原因。因此，我的上述想法，归根结底只是一种推测。但是，不管真正的原因是什么，事实只能有一个，那就是有关图拉真统治的可信的文献资料完全不存在。尽管人们对他的评价是如此之高，不仅后世称他是五贤帝之一，甚至同时代的罗马人也盛赞他是“Optimus Princeps”（至高无上的皇帝），元老院还一致同意把这个称呼作为他的正式称号。

图拉真时代的统治状况，同时代的塔西佗和苏维托尼乌斯没有写。200 年后，为了给苏维托尼乌斯的《罗马十二帝王传》写续篇，戴克里先皇帝时代的 6 位历史学家共同完成了《罗马皇帝传》（*Historia Augusta*）这部历史巨著。《罗马十二帝王传》只写到图密善，作为其续篇，《罗马皇帝传》从哈德良皇帝开始写起，但是中间就像掏了一个洞似的略过了涅尔瓦和图拉真。就算涅尔瓦因为在位时间只有一年半可以忽略，但图拉真的统治整整持续了 20 年，更何况在此期间，他在所有领域都取得了骄人的成就，竟然没有一位罗马时代的历史学家去写他。

不对，我们还是找到了这样一个人。此人生于小亚细亚，是一个希腊人，名叫卡西乌斯 · 狄奥。他是元老院元老，担任过行省总督。只是在此人的著作中，可信的只是他本人作为“现场见证人”的对塞维鲁王朝的记述。其余部分只要没有确切可信的旁证，其可信度就很低。这是后世研究者们一致的看法。既然如此，可以说只信赖文献资料的、吉本时代的罗马史研究者们感叹史料太少，也就无可厚非了。毕竟，对于优等生塔西佗转校最感困惑的，应该是那些对他的见解佩服至极的教授和学生。

罗马史的研究者们习惯把后世的研究著作称为“二手资料”，被他们称作“一手史料”、“原始史料”或“初始出处”的有以下六类：

一、文献资料（罗马时代的人留下来的文章）

二、考古学家发掘并整理出的成果

三、碑文（石碑、铜板等）

四、金币、银币、铜币等货币

五、以建筑及雕像为代表的造型艺术

六、写在莎草纸上的文章（仅限以埃及为中心的中东一带）

第二类至第六类史料开始受到关注是在进入19世纪中叶以后。对研究对象为2 000年前的古罗马人的人来说，这种关注史料的方式可以说只是近期的事情。因此，现代的我们不需要像吉本时代的人那样大发感慨，因为他们只能依赖第一类史料。无论是提比略、克劳狄乌斯，还是图密善，都受到了塔西佗无所顾忌的犀利评判。他们现在之所以能够被重新认识，正是因为有了第二类至第六类史料作为研究参考的结果。

即使文献资料的重要性没有减弱，对于后世的我们来说，塔西佗的“转校”依然是一件让人深感遗憾的事情。

对历史的叙述必须倾注全部的理性、感性和悟性，否则很难弄清真相。而塔西佗无论从哪个方面来说，其最佳年龄段43岁至62岁是在图拉真皇帝的统治之下度过的。在涅尔瓦皇帝统治期间，塔西佗最后一次当选候补执政官，以后没有再担任公职。所以他的精神状态应该是放松的，时间也应该是充裕的。虽然我们知道他把时间和精力都投入了《阿古利可拉传》、《日耳曼尼亚志》、《同时代史》和《编年史》的写作中，但是为什么他偏偏不写图拉真皇帝的统治，而只写下了“少有的幸福时代”这一句话呢？尽管这是他可以用他成年人成熟的眼光亲眼看到的时代。

无论如何，塔西佗的这句话决定了后世历史学家对图拉真的看法。同时，考古学、碑文、货币、造型艺术以及莎草纸文献也都证实了他们对图拉真的这种看法。

同时，尽管我无法依赖塔西佗的这句话作为研究的“基础”去展开讨论，但它也决定了我的态度。在《罗马人的故事 07 · 臭名昭著的皇帝》和《罗马人的故事 08 · 危机与克服》中，皇帝们被说成是昏君，事实是否果真如此呢？我是带着这样的疑问来展开的。相反，在本书中，好像众人一致认为这些皇帝都是贤帝。那么，贤帝究竟是什么样的？为什么罗马人盛赞他们是贤帝？这些成了我思考的核心问题。

不管怎样，虽然把那个时代称作“五贤帝时代”的是后世人，但是同时代的罗马人同样把这一时期叫作“Saeculum Aureum”（黄金世纪）。

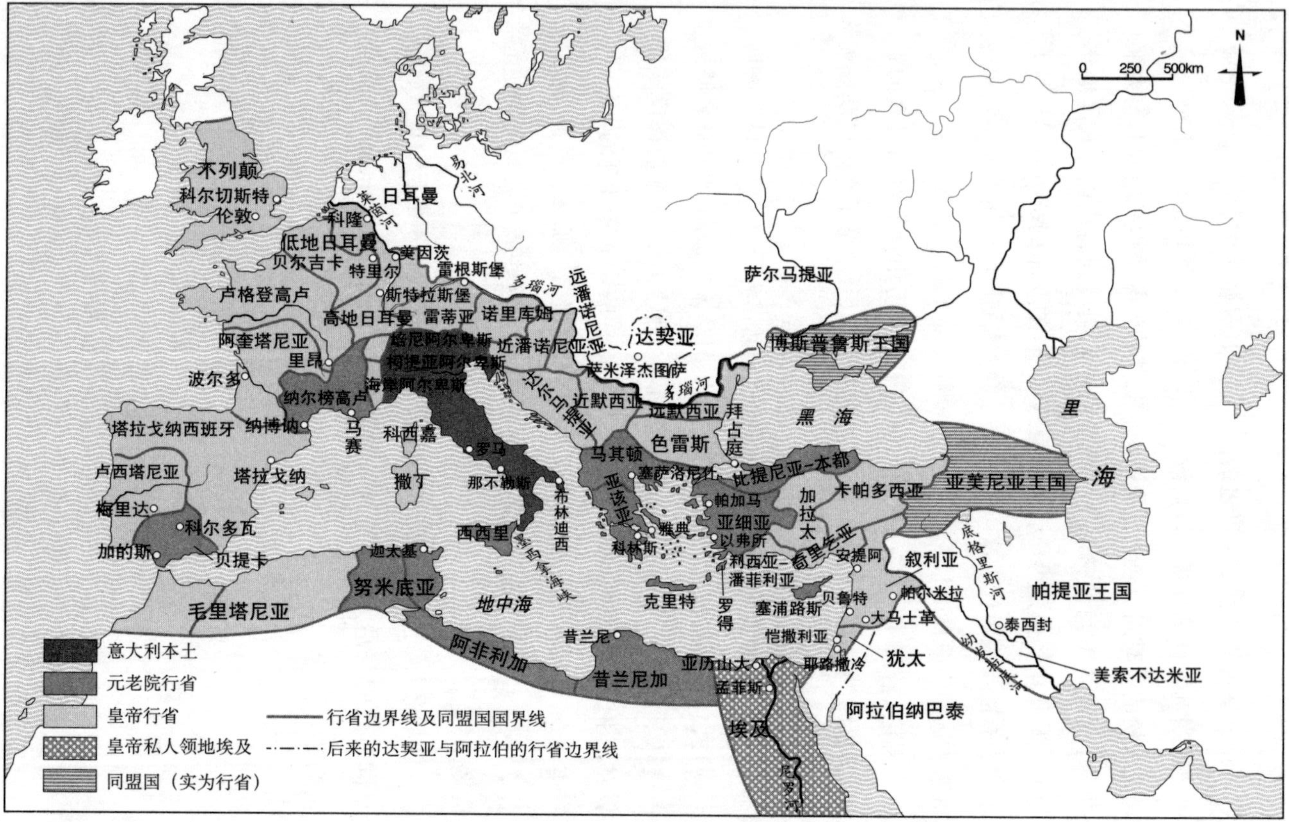

罗马帝国全境略图（图拉真皇帝即位之前）

第一章 皇帝图拉真

（98 年 1 月 27 日—117 年 8 月 9 日在位）

通向皇位之路

在王政时代已是名门贵族的尤里乌斯·恺撒自不必说，“尤里乌斯—克劳狄乌斯王朝”的诸位帝王——恺撒的养子、第一代皇帝奥古斯都，其后的提比略、卡利古拉、尼禄等——都出生于首都罗马。尼禄皇帝自杀后，在爆发内战的一年里，相继出现了加尔巴、奥托、维特里乌斯这三位皇帝。他们的“原籍”也是罗马。

终结内乱后登上皇位的韦斯帕芗，最先打破了帝国最高统治者都出生于首都罗马这一传统。被称为“弗拉维王朝”的韦斯帕芗、提图斯、图密善三位皇帝，他们的“原籍”是位于罗马东北约 60 公里处的列阿特（今瑞耶提）。奥古斯都皇帝把帝国的主体意大利半岛分成了 11 个州。首都罗马加上那不勒斯是第一州，瑞耶提属于第四州。因此，出生于此地的韦斯帕芗只能算是外乡人。但是，在他儿子图密善遭暗杀后继承皇位的涅尔瓦，其“原籍”是首都罗马，所以看似潮流又回来了。但是，正是这位涅尔瓦，对这股潮流的走向起到了决定性的作用。

正是涅尔瓦皇帝指定马可·乌尔庇乌斯·图拉真（Marcus Ulpius Traianus）为其皇位继承人。图拉真出生于公元 53 年 9 月 18 日，出生地是意大利卡（Italica），属于西班牙南部行省贝提卡。现在，这座城市依旧沿用罗马时代的名字——意大利卡。意大利卡位于距罗马时代的西斯帕里斯（今塞维利亚）西北 8 公里的地方。但是它不是一座毫不起眼的地方小镇，因为从地中海到大西洋贯通伊比利亚半岛的、当时的主干道之一要穿过意大利卡市中心。从加的斯经由塞维利亚和梅里达北上的大道，也要穿过意大利卡的市中心。罗马人虽然兴建了四通八达的道路网络，遍及帝国全域，却唯独缺少修建环形道路的意识。在罗马人的思维中，所谓道路，无论是在城市，还是在城镇，或者是在乡村，都应该通往人类居住的中心区域。即便是小小的城镇意大利卡，人和运载物资的车辆穿梭于大道上的情形一定是司空见惯的。

而且，意大利卡还有其他城镇没有的特殊性。所谓“意大利卡”，意思是意大利人居住的城镇。正像这个地名表示的那样，这是罗马人在本土之外建起来的第一座殖民城市，建于公元前 206 年，是西庇阿·阿非利加努斯决定兴建的。正是他在 4 年后的扎马会战中战胜名将汉尼拔并取得布匿战争的胜利。当时，恰逢布匿战争打得最难解难分的阶段，罗马与迦太基之间一次次地上演着你死我活的生死决战，伊比利亚半岛刚从迦太基手中夺来，成为罗马的领地。为了让来到这里的士兵在期满退役后有个定居点，于是兴建了殖民城市意大利卡。

当时罗马军团中的士兵全部是出生于意大利本土的罗马公民权拥有者。由于服兵役期间不允许结婚，所以，可以认为被送到这里的所有人都是单身。留在意大利卡的退役士兵，也像后来其他罗马殖民城市的男性一样，一定是跟当地女子结婚的。他们的结婚对象可能是西班牙原住民中的女孩儿，也可能是频繁来往于狭窄的直布罗陀海峡（古代称之为“赫丘利之柱”）的北非姑娘，还可能是身上流着迦太基血液的女子。因为在成为罗马领土之前，统治伊比利亚半岛的是迦太基人。没听说有人特意从意大利本土接女孩子过来的事例，这是因为，罗马人与希腊人不同，这个民族对于与其他民族通婚不会有抵触情绪。因此，尽管图拉真的祖先毫无疑问是出生于意大利本土的罗马公民，但是他一定是混血。正因为如此，对于第一个来自行省的罗马皇帝图拉真进行大书特书就有了特殊的意义。

上面讲的内容，对于我们理解罗马人有非常重要的作用。罗马帝国最高权力者的出身在相当长的时间里仅限于罗马，后来变成了意大利本土的地方城市，接着又变成了行省，这一过程充分显示出罗马帝国与后来的其他各帝国之间有着截然不同的观念。也就是说，作为胜利者的罗马不是对曾经是失败者的行省实施奴役，而是通过把曾经作为失败者的行省拉进来，创立一个大的共同体，共同构建罗马帝国。在皇帝出身的变化过程中，这一点得到了最具体形象的体现。

因为图拉真行省出身，所以关于他青少年时期的经历，可以说我们几乎一无所知，甚至连他母亲叫什么名字也不清楚。在罗马历史上，“图拉真”的名字开始登台亮相已经到了他父亲那一代。但是，即便在这个时候，后来的皇帝图拉真也只是 28 个罗马军团之一的军团长的儿子而已。

在发生于公元 66 年至 70 年的犹太战争中，与他同名的父亲在总司令官韦斯帕芗的指挥下，率领第十军团参加了战斗。到了耶路撒冷攻防战之时，总指挥是提图斯。他父亲作为负责进攻的 4 个军团之一的军团指挥官，在这场战斗中取得了辉煌的战绩。这个时期，儿子到了已经举行或即将举行 17 岁成人礼的年龄。也许，当时的他就在第十军团的军团长营帐前，遥看了作为犹太教大本营的大神殿被大火毁于一旦，从而宣告耶路撒冷彻底沦陷的全过程。在当时的罗马，权贵阶层人家的孩子成年前通常由母亲负责养育，成年后，这一任务改由父亲负责。

图拉真很可能是在老家意大利卡接受初级教育，在贝提卡行省的首府科尔多瓦接受中等教育，然后才被送到在帝国东方执行军务的父亲身边的。作为现实主义者，罗马人很重视实地教育。无论父亲的现任职位是什么，进行实地教育的地方通常都是军团。财务监察官的职位是进入统治者阶层的龙门，若要参加此官职的竞选，通常需要历练10年，少则也需要三四年的军团履历。刚刚告别少年阶段的图拉真虽然经历了攻陷耶路撒冷的胜利，但是，之后的他很可能没有回故乡，而是继续留在了军团，只是我们不清楚他所在的军团在哪个前线。因为他父亲率领的第十海峡军团在犹太，所以他也有可能就在他父亲身边度过了见习期。他跟随被召回的父亲来到罗马，第一次亲眼见识帝国首都罗马可能也是在这个时期。皇帝韦斯帕芗不仅推荐这位曾经的部下、图拉真的父亲为元老院元老，还让他加入了贵族的行列。

韦斯帕芗是第一个出生于意大利地方自治体的皇帝，但是，他并没有特别关照那些与自己同一阶层出身的人。倒是出生于帝国西方西班牙的图拉真的父亲，尽管来自行省，却因为韦斯帕芗的推荐，进入了元老院。像他这样进入元老院的行省出身的人，就像我在《罗马人的故事08·危机与克服》中已经讲到过的那样，也有很多来自帝国的东方。图拉真即位后掀起的意大利本土和行省平等化的浪潮，实际上在30年前就已经开始了。

青年时代的图拉真因为父亲的高升，身份也随之改变。公元75年，他父亲受命出任叙利亚行省总督，前往官邸所在地安提阿。随父亲一同前往的图拉真也在结束见习期后，升任了“大队长”。他的这个职位不是军团基层锻炼者经过百夫长之后才能得到的大队长之职，而是10个大队长中的首席，也叫“副军团长”（Tribunus Laticlavius），直译叫“穿红披肩的大队长”。这个名称的缘由，首先是首席大队长的红色披肩与元老院元老的托加长袍颜色相同，其次是只有这个身份的人才可以把披肩从肩上垂下来。担任首席大队长是元老院元老子弟才能享有的特权，但同时也要承担相应的责任。尽管这位首席大队长年龄不足 25 岁，但是，当军团长因故无法履行职责时，他必须替代军团长承担起整个军团的指挥任务。把如此重任交给初出茅庐的年轻人，也是因为将其作为指挥官的后备力量，给予他们的一种实地锻炼。塔西佗和小普林尼广为世人知晓的是，他们作为文人的身份，都属于元老院阶级，所以两人都担任过“穿红披肩的大队长”。只不过，这两个文人的军旅生涯都止步于“穿红披肩的大队长”这一职位。

图拉真以 22 岁的年龄担任了副军团长之职。作为帝国的安全屏障，其最重要的防线之一——叙利亚行省就是他最初的任职地。

父亲图拉真被任命为叙利亚行省的总督，但是他的这一总督之职，其重要性是任职于其他行省总计多达 30 位总督难以望其项背的。罗马帝国当时的重要防线是莱茵河、多瑙河和幼发拉底河，而行省叙利亚就位于幼发拉底河附近，与罗马的假想敌帕提亚王国隔河相望。尽管当时罗马与帕提亚签署了和平条约，但是即便双方正处于关系良好的时期，帕提亚依然是一个让罗马在防卫上丝毫不敢掉以轻心的国家。罗马在叙利亚行省常驻 3 个军团。

除了上面提到的 3 个军团，韦斯帕芗皇帝还决定在帕提亚北方，与罗马有同盟关系的亚美尼亚王国边境驻扎 2 个军团，向叛乱刚刚被镇压下去的犹太派驻 1 个军团，向埃及派驻 2 个军团。这 8 个军团负责帝国东方的安全保障。作为主力部队的军团兵就有 4.8 万人，再加上辅助部队的兵力，共计近 10 万人。这是一支庞大的军事力量。叙利亚总督兼任这支军事力量的总指挥。所谓叙利亚行省总督，在罗马一直以来就是帝国东方军队总司令的同义词。

关于图拉真的父亲在韦斯帕芗手下参加犹太战争之前的经历，我们一无所知，也许与韦斯帕芗一样，他是从百夫长开始其军团生涯的“基层成长者”之一。公元75年至79年这4年，他顺利完成了这个重要职责。仅此一点，我们可以判断他是个相当有能力的人。对于儿子图拉真来说，父亲大概也是一位最好的言传身教的老师。然而，两年后的公元77年，这位父亲让儿子离开了自己的身边。

已经24岁的图拉真尽管还是副军团长的身份，红色的披肩还是挂在左肩上，但是，他要去的地方是驻扎在帝国西方最重要的边境军团——莱茵河军团。在那里，他在与东方感受截然不同的寒冷和雨水中度过了3年时光。其间，韦斯帕芗去世，继承皇位的提图斯任命图拉真的父亲为亚细亚行省总督。也许是有过共同战斗经历的提图斯皇帝想补偿这位老将在过去4年的繁重工作，特意把他安排到无须与敌人针锋相对、充满和平气息的小亚细亚西部行省工作。但是，尽管任职的地方是希腊文明的发祥地，是以弗所和米利都这样文化水平和生活水平都很高的城市集中的行省，父亲还是没有把儿子叫过去。因此，从24岁到27岁的4年里，图拉真得以在边境继续“学习锻炼”。

公元81年，已经28岁的图拉真迈出了罗马人称之为“光荣的公职人员”的第一步——他当选了财务监察官，任职地应该是在首都罗马，工作性质如同这个官衔显示的那样，负责检查国家经费的收支情况，任期是一年。

在这个时期，他父亲应该已经顺利结束亚细亚行省总督的工作，没有再担任新的要职。不清楚他是留在罗马继续担任终身制的元老院元老，还是就此引退，回到故乡意大利卡。他的死亡时间也不明。由此可以看出，尽管他被授予了贵族的身份，但只是“新贵”的第一代而已。

但是，属于“新贵”第二代的儿子已经开始担任属于元老院阶级的工作了。结束财务监察官的任期后，图拉真再次回到边境，重新开始了“穿红披肩的大队长”的军团生活，只是不清楚具体在哪个边境。在罗马军团中，与士兵几乎从不流动相反，高级别的军官调动非常频繁。因此可以推断，他很有可能穿梭于各军团之间，时间是在被公认人事安排最出色的皇帝图密善时代。到了公元 83 年前后，好像他也进入了元老院。公元 87 年，已经 34 岁的图拉真进入了“光荣的公职人员”的第二阶段——当上了法务官。他的任职地同样是在首都罗马，从事的是审判长等司法方面的工作。在罗马，只有当选过法务官的人，才有资格担任一个军团的军团长。就算战时会因故忽略这个条件，在平时，罗马人一定会遵守这些规定的。

图拉真在结束法务官的任期后很快被任命为军团长，任职地是西班牙。在这里，几乎没有可能与敌人进行面对面的交锋，因为西班牙被罗马同化的历史已经很久远了。他接手的军团是驻扎在此地已久的第七杰米纳军团（杰米纳，音译，意思是此军团由两个或两个以上的前军团整编而成。——译者注），同时他又兼任了占后世西班牙三分之二面积的塔拉戈纳西班牙行省的总督。因此，他一定是在军团基地所在的莱昂和总督官邸所在的行省首府塔拉戈纳之间往来奔波，甚至没有时间回故乡意大利卡。

就这样，图拉真 35 岁的这一年过去了。如果像这样，他一直在西班牙常驻的话，一定不会有后来的图拉真。然而，这一年过后，命运的转机就早早地降临到了他的身上。

公元 89 年，担任莱茵河上游防卫任务的高地日耳曼军司令官萨图尼努斯发动了叛乱。身在首都罗马的皇帝图密善亲自率领近卫军团北上平叛。与此同时，他命令图拉真率麾下的第七杰米纳军团也向日耳曼开进。只是，由于负责莱茵河下游地区防线的低地日耳曼军团行动迅速，在图密善到达之前，已经镇压了叛乱，司令官萨图尼努斯自杀，一切早已结束。甚至图拉真率领军团越过比利牛斯山脉，横穿法国到达莱茵河的时候，为镇压叛乱而遭毁坏的美因茨军团基地重建工作也已经结束。

但是，对于36岁的图拉真来说，这次长途跋涉并非一无所获，他有幸得到了年长他2岁的皇帝图密善的赏识。当时的情形好像是这样的：虽然图拉真随同第七杰米纳军团返回驻扎地，但图密善已经对他有了新的打算。他准备把这位优秀的年轻军团长从西班牙这样安稳的地方调出来。因为萨图尼努斯自杀后，罗马帝国最重要的防线之一——高地日耳曼军的司令官位置出现了空缺。

然而，当选过法务官的人才可以担任1个军团的军团长职位，而司令官下面有3个军团。它们之间的差距还是有些大。担任1个或2个军团以上战略单位的指挥官，必须当选过执政官才有资格。

第二年，即公元90年，在为选出公元91年的执政官而进行的选举中，图拉真被提名为执政官候选人并顺利当选。因为皇帝的推荐而被提名就等于当选。就这样，图拉真以38岁的年纪早早到达了“光荣的公职人员”的第三个阶段，并且他当选的不是为了培养执政官经验而设置的过渡性“候补执政官”（consul suffectus），而是“正式执政官”（consul ordinarius），任期于1月1日开始。就这样，只因属于元老院阶级才有资格成为“光荣的公职人员”的他这回又当上了“正式执政官”。塔西佗和小普林尼也曾当选过法务官，但他们的最高官职只是“候补执政官”。从父亲那代才开始进入元老院阶级的图拉真，此时已经开始显山露水。

到了公元92年，皇帝图密善随即任命已经有过执政官经验、资

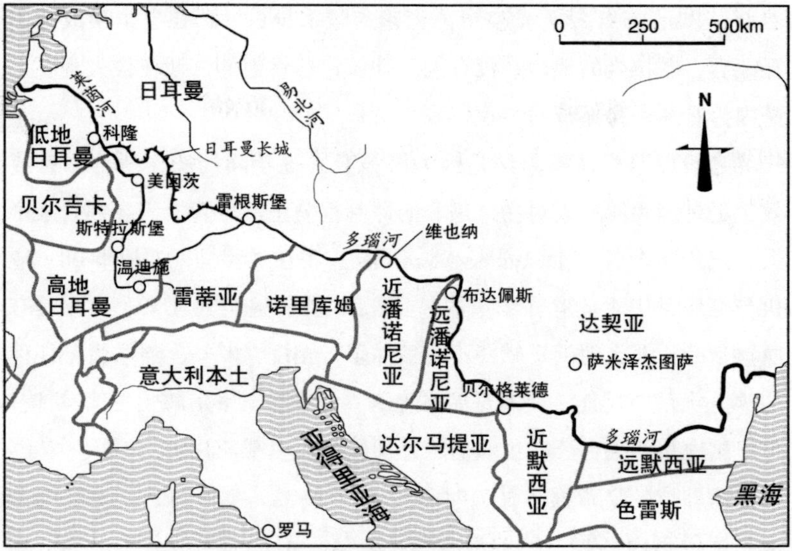

莱茵河至多瑙河一带

格身份完全符合规定、时年 39 岁的图拉真为高地日耳曼军的司令官，并兼任高地日耳曼行省总督。这又是一个要职。图拉真的任职履历向我们显示出了军事才能和文职才能并重的罗马精英的培养过程。

与其他防线所在的地区不同，皇帝图密善对高地日耳曼防线应该有特别的想法。负责高地日耳曼防线的 4 个军团中，有 2 个军团常驻莱茵河沿岸的美因茨。从美因茨到多瑙河沿岸的雷根斯堡有一条日耳曼长城（Limes Germanicus）。这条屏障的防卫也属于高地日耳曼军司令官的职权范围。修建这条日耳曼长城的正是图密善。皇帝把这样一个地方交给了图拉真。

公元 92 年至 97 年这 5 年，图拉真的确没有辜负皇帝对他的期望。

然而，公元 96 年秋天，皇帝图密善遭暗杀身亡。好在皇帝换成涅尔瓦以后，图拉真的地位并没有因此动摇，尽管他的升迁在很大程度上是因为有图密善皇帝的举荐。

之所以这样，不单纯是因为图拉真在 5 年间的所作所为卓有成效，更是因为罗马人对功过是非的评判很公正。尽管他们会判处某个人“记录抹杀刑”（Damnatio Memoriae，我在《罗马人的故事 08 · 危机与克服》中对此有详细描述），但是，如果这个人在某个方面是有所贡献的，那么他的贡献并不会被抹杀。相反，罗马人通常会记住他的这一贡献。就连总是对皇帝图密善持批判态度的历史学家塔西佗，也坦诚地写下了自己在公职上的升迁就是在图密善时代。

新即位的皇帝涅尔瓦当时已是 70 岁高龄。据传言，元老院推荐涅尔瓦的理由，第一是他没有儿子，第二正是因为他年事已高。当然，这只不过是传言而已。真正的理由应该是涅尔瓦的出身门第显赫。尽管他的出生地是意大利的地方城市纳尔尼，但他出身于共和制时代世袭的名门贵族。在公元 1 世纪末的那个时代，这样的名门贵族屈指可数，已经不足 10 家。在第二代皇帝提比略前往卡普里岛过隐居生活期间，为数不多的随行者中就有涅尔瓦的祖父。提比略本人学识丰富，所以他只挑选同样学识渊博、可以与他平等对话的人陪伴自己去卡普里。提比略和涅尔瓦祖父之间的关系，与其说是皇帝与元老院元老之间的关系，倒不如说是两位学识高深的老友之间的关系。涅尔瓦家族的男性都是元老院元老。但是在百姓的眼里，这个家族的人与其说是政治家，倒不如说是学识渊博的人。尽管图密善皇帝与元老院关系紧张，但他不得不从元老院中挑选与自己共同执掌执政官之职的人选，他选择了涅尔瓦。只是，他做梦也没有想到，在自己死后，涅尔瓦会坐上皇帝的位子。

总之，涅尔瓦之所以能登上皇位，给人的感觉不是因为他有多少使人印象深刻的突出的优点，而是因为他没有明显的缺点。当上皇帝后的涅尔瓦需要顾忌的不是请他坐上皇位的元老院，而是近卫军团和在帝国边境执行军务的各个军团，因为他们是图密善的支持者。图密善不仅让士兵实现了期待已久的加薪愿望，还经常亲赴前线，深得士兵的拥戴。

公元96年9月18日，已统治罗马帝国15年、再过一个月就满45岁的皇帝图密善，年纪轻轻就遭遇了暗杀。这位皇帝在元老院的口碑实在欠佳，元老院元老都很不喜欢他。然而，在罗马史研究方面做出了划时代贡献的19世纪历史学家蒙森却对他评价极高。暗杀图密善不是元老院内反图密善派的元老所为，也不像皇帝尼禄那样，归因于行省对他的不满，他是在熟睡之际遭到袭击而被杀的，是宫廷内的人所为，凶手是皇后身边的解放奴隶。

不能说元老院跟这件事毫无干系。就在皇帝被杀的那个晚上，曾经与图密善共同执掌过执政官之职的涅尔瓦就接到了通知。在第二天一早举行的元老院会议上，迅速通过了涅尔瓦即位的决议，甚至还决定用“记录抹杀刑”惩处图密善，把这位刚刚故去的皇帝的所有成绩一笔勾销。从深夜到第二天一早的短短时间里，如此高效率地通过这么多决议，可见一定有什么人在中间穿针引线。但是，这个人究竟是谁，我们不得而知。元老院没有追究，当然也没有人怀疑主谋是否有可能会是貌似性情温和且不具备政治家性格的涅尔瓦。真相就这样成了一个永远解不开的谜。

得知图密善遇刺的消息后，留在首都的近卫军团和驻扎在帝国边境基地的各军团都没有采取行动。这一情况表明，元老院以迅雷不及掩耳之势把“政权更替”变成既成事实的做法是行之有效的。然而，士兵静观事态的状况并没有能够维持很久。一年时间过去了，由衷钦佩图密善、盼望早日查出图密善遇害真相并找出元凶的近卫军团，看到涅尔瓦依然没有任何作为，开始表现出强烈的不满。他们甚至把皇帝涅尔瓦禁闭起来，强烈要求他查出元凶并对其处以极刑。

涅尔瓦也认为有必要收拾这一局面。我想，71 岁的涅尔瓦不是担心自身的安全，他担心的一定是近卫军团的不满情绪会影响到在边境执行军务的所有军团。尼禄皇帝死后爆发的长达一年半之久的内战尽管已经过去了 28 年，但是对罗马人来说，那是一场噩梦。为了防止这样的历史重演，涅尔瓦大概是没有与元老院商量就独自做了一个决定。因为，当他宣布这个决定的时候，最感到震惊的恰恰是元老院的元老。

公元 97 年 10 月 27 日，在卡匹托尔山上的朱庇特神殿前结束祭祀仪式后，皇帝涅尔瓦举起右手阻止其他人正准备离去的脚步。茫然的人群于是转身面向皇帝。涅尔瓦没有开场白，而是开门见山地宣布了自己的决定。

他决定把高地日耳曼军司令官马可·乌尔庇乌斯·图拉真收为养子，让图拉真和自己共同拥有“护民官特权”（Tribunicia potestas）和“罗马全军总指挥权”（Proconsulare maius），同时提名图拉真为次年即公元 98 年的执政官候选人，和自己一起担任执政官。

这等于宣布图拉真是共治皇帝。也正因为如此，第一位行省出身的皇帝就这样诞生了。

按照那个时代的惯例，大家很自然地以为，尽管图拉真当选几乎已成定局，他还是应该利用冬季的休战期回首都罗马，出席元老院举行的执政官选举大会，然后在次年 1 月 1 日召开的元老院第一次会议上发表演讲，向涅尔瓦表示感谢。等这一系列活动结束后，他可以再回莱茵河沿岸的驻地。那一年正值44岁的图拉真已是一位深晓战事无常的军人。因此，从元老院元老到平民百姓，当几乎所有人都以为行省出身的图拉真面对在他面前已经铺就的通向皇位的道路，一定会跑到罗马到涅尔瓦面前对其表示感激的时候，他的举动却完全出乎大家的意料。公元98年1月1日，首都罗马完全不见图拉真的身影。即使在科隆，获悉涅尔瓦于1月27日去世的消息后，他依然选择了留在前线。

话虽如此，既然当了皇帝，维护首都罗马和本土意大利半岛的秩序就是他应尽的职责。留在国内的唯一一支军事力量，即近卫军团，竟然会做出禁闭现任皇帝这样的举动，这意味着国内的秩序得不到应有的保证。图拉真决定暂时不回首都，他把近卫军团长官和他们的亲信召到了科隆。对于这位皇帝的命令，那些近卫军团的军官自然必须服从。然而刚到科隆，他们就被处决了。就这样，近卫军团内不安定分子的问题得到了解决。留在首都的1万名近卫军团士兵虽然对涅尔瓦很不满，但是他们都很敬畏图拉真，也就听从了他的严厉处置。顺便提一句，涅尔瓦是一位文官，没有指挥军团的经历。正因为如此，他才指定图拉真为自己的接班人。

那么，图拉真推迟回首都罗马想要做的事情究竟是什么呢？图拉真是在科隆接到涅尔瓦的死讯的。科隆属于低地日耳曼军司令官的管辖范围。按照罗马军团管辖范围的划分，高地日耳曼军司令官图拉真是不允许越境进入这个区域的。但是公元97年10月，在成为涅尔瓦养子的同时，图拉真拥有了罗马全军最高司令权，也就是皇帝的专权。公元98年1月，在科隆逗留意味着在涅尔瓦死后继承皇位之前，图拉真已经在充分利用涅尔瓦授予他的共治皇帝的身份了。再过8个月，他将满45岁。作为一个男人，这是一生中最美好的时光。在正式登上皇位之前，这位行省出身、恰逢年富力强的最佳年龄登上皇位的罗马皇帝，已经非常清楚自己要做什么了。他要继承图密善未竟的事业，尽管这项事业会违背第一代皇帝奥古斯都的遗训，即禁止继续扩大罗马帝国的版图。因此，既然决定将这件事付诸实施，就只能成功不许失败。

胸怀大志

图拉真违背神君奥古斯都的遗训，必须有充分的理由说服元老院元老和罗马公民，因为他们才是罗马帝国真正的主权人。在罗马，所谓的皇帝，不过是受这两大主权人的委托开展政治活动的罗马公民中的“第一公民”而已。什么是“说服他们的理由”，只要想一想元老院和罗马公民权拥有者这两大权力阶层为什么不接受图密善皇帝的做法，就可以找到答案。

我在《罗马人的故事 08 · 危机与克服》讲述图密善皇帝的章节中已经对此做了详细的讲述，所以在这里我只简述一下要点。罗马人已经把莱茵河防线建成了铜墙铁壁，又因为日耳曼长城的完工，完成了莱茵河和多瑙河两大河流上游地区的防御体系。在这时的罗马人面前，新出现的敌人是达契亚人，因为他们已经把势力扩大到了多瑙河下游北岸一带。对罗马来说，生活在多瑙河这条天然防线以外的任何一个国家都不可怕，只有当它联合周边部族时才会构成威胁。罗马之所以无法再对达契亚人置之不理，是因为正如他们的首领自称“国王”表明的那样，他们已经成功联合了其周边一些更为弱小的部族。

达契亚人因为有了德凯巴鲁斯，其势力得以迅速扩大。德凯巴鲁斯是一位很有能力的领袖，野心很大。除了居住在多瑙河下游自己的地盘，他还兼并了生活在现在的匈牙利至南斯拉夫一带及多瑙河中游的其他部族，企图在多瑙河北岸建起一个统一的王国。为了表示自己有能力实现这一野心，他甚至侵入罗马的领地——多瑙河南岸。

德凯巴鲁斯采取突然袭击的战法，取得了成功，迎战他的罗马军团被打得溃不成军，指挥军团的默西亚行省总督阵亡。

图密善决定亲征前线。在皇帝同时又是罗马全军统帅的指挥下，投入了5个军团的兵力，最终这场战斗以罗马方面的胜利而告结束。达契亚国王提出了和谈请求，图密善未经元老院讨论就一口回绝。在接下来的第二轮战斗中，罗马军团横渡多瑙河，向北岸发起进攻，直指达契亚的首都。

然而，满怀第一仗胜利的喜悦已经回到首都罗马的图密善，得到的有关第二次作战结果的报告却是罗马军队大败。参加战斗的近半个近卫军团和另一个军团被歼，担任总指挥的近卫军团长官阵亡，甚至银鹫旗也落到了敌军手中，这让罗马人备感耻辱。第二次战斗发生在现在的塞尔维亚至罗马尼亚一带。罗马军团主动向达契亚人发起进攻，然而，这一战罗马军团非但没有攻入敌方的首都萨米泽杰图萨，反而在渡过多瑙河开始北上的时候受到了来自敌军的夹击，结果一败涂地。

这是一次惨痛的失败，却没有让图密善皇帝彻底丧失锐气。他用了整整一年的时间准备再战，以雪前耻。这一次，他任命尤里安努斯为总指挥。此人长年在多瑙河防线执行军务，对当地的情况相当了解。

公元88年，尤里安努斯率领军队横渡多瑙河，向达契亚人发起了进攻。他巧妙地运用战术，成功地把敌军诱至平原地带。一旦会战的战场变成开阔的平原，罗马军队将所向披靡，无人能敌。罗马军队完全掌握了主动权。达契亚士兵被打得溃不成军，四散逃窜。然而，罗马军队最终还是没能攻入达契亚人的首都，因为冬季到了。深知当地冬季严寒的尤里安努斯把军队撤回到多瑙河南岸，拆除了用船只串联起来的浮桥，让士兵进入休整状态，直至第二年春季。到了次年，即公元 89 年，罗马军队并没有北渡多瑙河。

这是因为图密善选择了与达契亚人和解。他不得不做出这样的选择，因为形势发生了一些变化。

一是要对高地日耳曼军司令官萨图尼努斯的叛乱事件做善后处理，尽管这次叛乱在不到一个月的时间内就得以平息。

二是有必要牵制帕提亚王国，因为有人假借尼禄皇帝之名竟得到了响应，再次点燃了反抗罗马帝国的火种。

三是也许他认为罗马军队的手下败将达契亚人并不足惧，反倒是在多瑙河中游一带挑起战端的日耳曼各部族更需要认真对付。

在多瑙河下游担心把战线扩大到中游地带的图密善，以及吃了败仗后试图挽回劣势的德凯巴鲁斯都无心再战。为了签署和平条约，达契亚王子代表国王来到了罗马。图密善接待他的规格非常高，竟是不低于接待友好同盟国君主的规格。也许图密善认为，可以因此腾出力量彻底清除在多瑙河中游一带挑起事端的日耳曼部族。事实上，在与达契亚签署和平条约后，罗马军队就把战斗力集中到了中游地带。战斗的结果是，向维也纳、布达佩斯和贝尔格莱德连成一片的罗马军团基地发起进攻的日耳曼各部族不得不败退回以前的居住地区。

图密善与达契亚国王之间签署的和平条约，其内容因为图密善死后被处以“记录抹杀刑”，我们不得而知。但是，至少我们知道一点，那就是罗马为被俘的罗马士兵向达契亚支付每人每年 2 阿斯的赔款。

这些罗马士兵是罗马军队在与达契亚军队的第二次战斗中失利而被俘的。

我们不知道被俘士兵的具体人数，也不清楚为每人每年支付 2 阿斯是永久性的还是有年限的赔款。

站在图密善的角度去看，既然攻入达契亚首都的可能性已经变得很渺茫，那么为了拯救被囚禁在达契亚的罗马士兵，也许只能靠赔款了吧。

2 阿斯是一名士兵年收入的 1/450，相当于去公共浴池 4 次的门票钱。如果在市场上购买小麦粉，也只够买 500 克。若能以此换来多瑙河下游地区安宁的话，这个代价或许并不算高昂。

但是，这件事引起了罗马人的强烈不满，就像元老院派的塔西佗严厉抨击所表明的那样，元老院和皇帝之间的关系一味地趋于恶化。普通民众对图密善的评价原本并不差，然而，就因为这一赔款事件，连普通民众也开始对这位皇帝冷眼相看了。

在战斗中，罗马失去了一个军团加上近半个近卫军团总计上万名士兵。对于这一事实，罗马人忍下了。但是他们不能接受用金钱换取和平的现状，尽管支付的只是象征性的金额。不，正因为如此，他们才更咽不下这口气。他们认为每年为每名被俘的罗马士兵支付 2 阿斯是失败者向胜利者支付的年贡。所谓和平，是否值得付出任何代价来获取呢？对罗马人来说，这个问题的答案显而易见。即使在帝制就要进入中期的这个时候，依然无须重新思考。

以图密善的性格，他与达契亚签署和平协议，我想很可能是在各种情况好转之前采取的缓兵之计。然而，两年后，他遭到了暗杀。这一切，受图密善皇帝的青睐而出任高地日耳曼军司令官的图拉真，在其与多瑙河防线相接的任职地已看得一清二楚。

只年长自己 2 岁的图密善皇帝被杀一年后，因涅尔瓦皇帝的推荐，图拉真得到了共治皇帝的身份，并得以与皇帝涅尔瓦共同执掌罗马全军总指挥，而不只是纯粹的皇位继承人。他马上用上了这一权力。来到自己管辖地以外的科隆，就是他开始运用自己享有的这一权力的有力证据。三个月后，涅尔瓦辞世。开始独享罗马皇帝权力的图拉真宁愿选择推迟回首都罗马的时间，也要继续进行眼下的“工作”。这就是典型的图拉真风格。20 世纪的美国人对他的评价是：务实的罗马皇帝中尤其务实的一位。

所谓眼下的“工作”，在他获悉涅尔瓦去世的消息时，人在科隆这一点已经有所暗示。他是为了完善莱茵河中下游地区、在当时被称作低地日耳曼的防御体系。连接高地日耳曼和多瑙河上游地区的日耳曼长城防线大概在他担任高地日耳曼军司令官的 5 年间已经完成。

急于完善莱茵河全域和多瑙河上游地区防御体系的理由非常充分。这是因为当把战斗力投入与达契亚人的交锋中时，可以防止可预见的来自背后的危险。在罗马军队把兵力集中到多瑙河中下游一带的时候，那些时刻在寻找入侵机会的蛮族一定不会错过这样的时机，乘机攻打地处偏远、防守力量薄弱的莱茵河下游地区。

图密善皇帝性格冷静，行事谨慎，在战略上很有先见之明。但是作为统治者，他的“致命弱点”在于缺少实战经验。在他即将开始军团见习生涯的时候，由于尼禄皇帝去世后发生的内乱，这个机会随之落空。尽管他的父亲韦斯帕芗是从军团基层锻炼成长起来的，但是在他即位皇帝且社会局势稳定后，不知为什么却没有给次子图密善提供体验军务的机会。也许是考虑到图密善是继兄长提图斯之后的第二顺位继承人，因此任命他为大队长或军团长有所不妥。为此，图密善在体验军团生活的最佳年龄，即 19 岁到 30 岁，只接受了帝王教育。后来，因为其兄长提图斯皇帝英年早逝，他成了罗马全军的总司令，时年只有 30 岁。

只要有天赋，即使没有经验，这个缺陷也是可以得到弥补的。即使缺少军事天赋，还可以起用合适的人才，让他来辅佐自己，就像奥古斯都曾经起用阿格里帕那样。图密善就有这么一个人，他叫阿古利可拉，在不列颠前线任职。然而，也许正因为图密善从来没有体验过真实的军旅生活，所以对军团生活的向往格外强烈，而且他深信自己具备军事才能。

从设计并修建日耳曼长城这一行为来看，应该说他是有先见之明的。但是，与达契亚人之间的作战，内行人一看就知道，他显然缺乏军事上的才华。

第一，战场秩序混乱。他没有能够把战场的主动权控制在自己手中。

第二，现场总指挥两人阵亡，说明在投入战斗前，没有制定明确的战略战术，冒冒失失地陷入了混战。

第三，对达契亚王国的力量估计不足，因此他没有集中投入兵力，导致作战结果二胜二负。再加上其他各方面的形势不容乐观，他不得不最终签署了耻辱的和平条约。

作为同辈人，军事经验高出很多的图拉真不可能没有注意到图密善在军事才能上的缺陷。罗马优秀的指挥官总是会在战斗中毫不犹豫地投入比敌方更多的兵力，因为集中投入大量兵力可以尽早结束战斗，不仅能够达到速战速决的效果，同时军费支出也会减少，还可以最大限度地消除随着战争状态的持续而引起的战场周边居民不断高涨的不满情绪。有一句话说得好：“罗马军团因后勤保障而取胜。”

所谓后勤，字典上的解释是在后方负责粮食、武器等一切军需物资的补充、供给和运输。如果希望后勤方面做到尽善尽美，生活在战场周边的人的支持不可或缺。

图拉真考虑将来在以达契亚为敌人的战斗中，投入两倍于图密善皇帝时代的兵力。为此，仅靠多瑙河防线的现有兵力远远不够，还需要从邻近的莱茵河防线调动军队。如此一来，莱茵河防线的战斗力将大大削弱。为了在兵力减半的情况下，也能很好地完成防守任务，他选择了优先完善莱茵河防御体系。

在统治罗马帝国的第一年，即公元 98 年，图拉真几乎都是在莱茵河沿岸度过的，并在这年冬季移师多瑙河沿岸。他要亲自指挥，为再次打响战斗做好战前准备。罗马军队没有专门的工兵，军团全体士兵既是土木工程师又兼做工匠。

因为图密善已经建好了包括圆形竞技场及大浴场在内的永久性军团基地，所以，公元 98 年冬天至翌年夏天，图拉真在多瑙河沿岸的“工作”，好像是修建连接这些基地的大道和桥梁。罗马人就是这样一个民族，在战争开始前，首先要把“基础设施”修建得非常完美。我在想，不知道他们是否想过万一打了败仗，如此完善的基础设施也会让敌人的追击变得更加容易。但是不管怎样，他们还是把自己的进攻方便与否放在了第一位。认真考察这一时期开展的土木工程建设，可以发现，图拉真领导下进行的后来的那些土木工程的特点已经非常明显了。那就是，如果前面有崖壁挡道，他会直接把崖壁削为平地，而绝不绕过崖壁，另辟蹊径。其实这个做法不是图拉真一个人的特点，它在罗马人建设的土木工程中比比皆是。只是这个行省出身的人，或许比普通的罗马本地人更像罗马人吧。

当图拉真终于以皇帝的身份进入首都罗马时，已经是公元 99 年夏末以后的事情了。

回到首都

因为图拉真是从多瑙河出发前往罗马的，所以普遍认为，他首先通过现在的塞尔维亚与波斯尼亚和黑塞哥维那到达亚得里亚海，经过一天的海上航行，在意大利中部海港安科纳登陆，接着沿海岸线南下一段距离，再沿瓦莱利亚大道进入罗马。这是图拉真第一次以皇帝的身份进入首都时行走的路线。当然，这只是一种推测，因为没有任何可供参考的史料留下来。如果图拉真走的路线果真如此的话，那么，他应该是从东边进入首都罗马的。由于历代皇帝的努力，全程除了海路，整个行程只要走已经铺就的罗马大道即可，距离是罗马纵向穿过法国到达伦敦距离的一半。事实上，只要看一眼地图，我们就会明白，属于当时罗马领导阶层的人为什么会如此坚信多瑙河防线的走向对于帝国的安全保障起到了多么重要的作用。首先，从罗马到贝尔格莱德的距离比从罗马到巴黎还要近。在罗马时代，地图上的距离可以认为与实际距离相等。现在，西欧和巴尔干地区的公路网密度有着明显的不同，从罗马去巴黎要比从罗马去贝尔格莱德所需时间短。但是在罗马时代，这两个地方修建的道路网的密度几乎没有区别。

从东边进入首都的图拉真皇帝受到了无数百姓的欢迎，人们竞相目睹这位皇帝的尊容。应该说，他们对图拉真花了近两年时间做的“准备”工作并不了解，因此，他们的关心纯粹只是出于好奇。

第一，图拉真是第一位行省出身的皇帝。

第二，在此之前，图拉真几乎都在行省担任公职。因此，在首都，他还是一张陌生的“脸”。

第三，在即位皇帝后的一年半时间里，他始终没有在首都出现。

在首都的元老院元老全体出迎他们的皇帝，想必他们的好奇心

罗马将军的军装

也很强吧。元老院不仅同意先皇涅尔瓦指定图拉真为继承人，同时也在涅尔瓦死后，承认了图拉真为新任皇帝。但是，即便是他们这种身份的人，想目睹这位行省出身、即位一年半后才首次出现在首都罗马的皇帝的心情，想必也与首都的普通百姓没有任何不同。

图拉真在城门前下了马。白色短衣外面套着银色的钢铁胸甲，红色大斗篷在肩头随风飘动。这身装束非常符合身为皇帝同时也是罗马全军统帅的身份。只是出乎人们的意料，他没有骑马进入首都，而是徒步走进了罗马城。如果他与奥古斯都一样个子不高的话，很容易被淹没在欢迎他的人群之中，好在图拉真是一个体格健壮的高个子。即使人潮如织，也挡不住他高出众人的头部。

百姓是如何看待这位皇帝的，我们不得而知。或许骑着马威风凛凛地进入首都，更能让他们感到满足吧。但是，包括历史学家塔西佗在内的现场的元老院元老，因图拉真的这一举动对他的好感陡然增加。

元老院与罗马公民同为帝国两大权力集团。尽管元老院不是通过选举产生的，而且其任期又是终身制，但是因为它是一个立法机构，所以有点儿类似现代国家形态中的国会。此外，担任国家要职的人几乎都从元老院元老中选举产生。被称为“光荣的公职人员”，无论是财务监察官还是法务官，或者是执政官，自从实行帝制以来，都是通过元老院内部的选举产生的。图拉真就是因为得到元老院元老的投票，才有了身份上的转变。也就是说，两年前，在涅尔瓦指定自己为继承人之前，图拉真与他们一样，不过是 600 位元老中的一员而已。现在，他成了罗马帝国的最高权力者，却在回到首都时，没有骑在马上俯视他们，而是与他们一样，徒步走进了城门。四十几岁的年龄，在元老中，属于中间一代。在这个时期，罗马人已经完全接受了帝制这一政体，就连拥护共和制的塔西佗也写道，为了有效推行辽阔帝国的统治，把权力集中在一个人的手中更合适。但是，与共和制时代相比，不能不说元老院的权力已经被大大削弱。但是，站在元老院元老的立场上来说，皇帝绝不能轻视自己的存在。

作为皇帝，图拉真开始了在首都的生活。当然，这样的生活并不轻松。

不过，图拉真并不需要建造华丽的皇宫，因为图密善在帕拉蒂尼山上，占了此山近一半的面积，建成了无论从外观上还是功能上都无与伦比的皇宫。皇宫由官邸和公馆两部分构成。除此之外，图密善兴建的别墅也足够令他满意。如果想感受山上的凉爽空气，阿鲁巴山上有山间别墅；如果想看大海，奇尔切奥有海滨别墅。图拉真只建了一栋别墅，地点是奇维塔韦基亚。但是，这栋别墅算不上豪华，而且，还是在几年后，这个地方变身为海港城市以后才建起来的。

皇宫举办夜宴的规格很普通，凡是属于元老院阶级的人，谁都能够承办得起。受到邀请的元老院元老甚至为他的简朴而感到惊讶不已。在个人生活方面，图拉真绝对算得上一位勤俭节约的皇帝。

其妻普洛蒂娜出生在法国南部尼姆，所以她也是第一位行省出身的皇后。她是一位既有教养又聪明的女人，但算不上是美女，行事也不张扬，所以无须担心遭人羡慕或妒忌。作为皇后，她的身份自然高于元老院元老的夫人。但是，女人通常会羡慕甚至嫉妒同性的美貌与财富，而教养和聪明，却不会让人羡慕，也不会让人生出嫉妒。

图拉真的徒步风格在来到罗马后也没有改变。他讨厌坐轿子出行，只要是在市内，不管去哪里，他都选择步行。尤里乌斯·恺撒制定的法律规定，在市中心坐轿子出行的只限已婚妇女。当然，不喜欢受百姓瞩目的皇帝也会经常利用轿子。常坐轿子出行的皇帝有提比略和图密善，这或许也正是这两位皇帝遭到诟病的原因之一。

只要不出现紧急事态，元老院一个月举行两次会议，每次图拉真都会出席。会议开始前，作为议长的执政官入场，全体起立欢迎是元老院会议的惯例。图拉真也和其他元老一样，总是起立欢迎，好像这是一件极其自然的事情。同时，他也很少早退。可见他自始至终保持了勤勉、朴实的作风。

元老院内展开讨论时，图拉真的“徒步风格”也没有改变。他从来不会采用高压的态度，即使是冗长的演讲，他也会耐心地认真听到最后。当然，在阐述自己的意见时，他的态度总是很明确。图拉真不像塔西佗和小普林尼那样有做辩护律师的经验，因此，他不是一位善于用华丽的辩护技巧赢得全场喝彩的讲演家。尽管如此，就像同为元老院元老的小普林尼证实的那样，由于其“话语中流露出来的真情实感、充满自信的语气、不怒自威的神情、真诚率直的目光”，所有人不由自主地认真倾听。

图拉真向元老院元老承诺，绝不以叛国罪的名义判处元老院元老死刑，而且他很好地遵守了这一承诺。在他统治的20年间，没有一位元老院元老因此被处决或遭到流放。

所谓“叛国罪”，实质上是因为反对皇帝而被扣上的一个罪名。它让元老院元老不寒而栗的原因是，即使元老从未有过造反或谋杀皇帝的念头，仅仅因为与皇帝政见不同，就有可能被加以此罪。也就是说，“叛国罪”实际上是皇帝为了肃清元老院内的反对派势力而采用的一个手段。这样的罪名已经出现过几起。在提比略皇帝统治末期，其恐怖政治尽人皆知。在图密善皇帝统治的最后几年，就像与图拉真同时代的塔西佗发泄其愤懑时描述的那样，恐怖的程度令人毛骨悚然，想忘也忘不掉。这样的情形仅仅是几年前的事情。

图拉真则是一个公正而诚信的男人。他在长达20年的统治期间，只出任过3次执政官。这样一来，元老院元老就有了更多的机会担任“光荣的公职人员”的最高职位，即执政官。此外，图拉真还充分运用了“候补执政官”制度。在每年1月1日就职的“正式执政官”在任期内辞职时，“候补执政官”马上顶上去。因此，当过执政官的元老院元老人数大增。理所当然，元老院对图拉真的好感也随之不断提升。

只是，在帝制时期，执政官的含义有了变化。在共和制时代，文如其意，执政官就是“执政”的最高负责人。但是进入帝制时代以后，执政的最高负责人变成了皇帝。为了消除元老院对帝制的不适反应，第一代皇帝奥古斯都一次次地亲自出任执政官，这样做可以让人们误以为罗马虽然进入了帝制时代，但实际上只是共和制时代的延续。为了不要像尤里乌斯·恺撒那样遭暗杀，或许这样的伪装也算得上是权宜之计吧，毕竟布鲁图的死去并不意味着不再有人怀念共和制时代。

韦斯帕芗皇帝也曾经无数次出任过执政官。奥古斯都创建了“尤里乌斯—克劳狄乌斯王朝”，但是，这一王朝延续到尼禄去世后宣告终结。随后的皇帝韦斯帕芗创建了“弗拉维王朝”。作为新“王朝”的创建人，他与奥古斯都的立场相同。因此，他也需要通过一次次担任执政官，以期强化自己与元老院融为一体的形象。弗拉维王朝稳定以后，继续沿用父亲的这种做法，是图密善皇帝犯的过错之一。

但是，图拉真不同，因为他没有孩子，没有必要建立“乌尔庇乌斯王朝”。大概他觉得，如果让元老院元老尽可能多地得到做执政官的机会可以获得他们的好感，也是好事一桩。而且担任过执政官的人数大量增加也符合那个时代的要求。

辽阔的罗马帝国总是需要“人”来帮助皇帝分担国家事务，并且，随着帝国统治的各种制度不断完善，越发需要更多这样的人。在罗马，担任要职的元老院元老中，还有一个特别的阶层，叫“执政官阶层”（consulares），指的是那些担任过执政官的人。甚至当某项具体工作的负责人是由属于执政官阶层的人担当时，便可以推断出国家对这项工作的重视程度。例如，对于天灾，例如水灾的善后处理，如果负责人是“执政官阶层”的人，那就意味着不是单纯的抗洪行为，而是要彻底地治水了。

古代罗马的“君主论”

图拉真的执政思路，使得小普林尼有机会当选执政官，并为我们留下了他于公元100年9月在元老院进行的就职演说。他的就职演说题为《献给图拉真的颂词》，感谢图拉真给了自己成为执政官的机会。他就任执政官的时间不是始于1月而是9月，因为40岁左右的小普林尼当选的不是正式执政官而是候补执政官。

他的《献给图拉真的颂词》极为冗长，要看完它需要有图拉真一样的耐心，让人深感他作为辩护律师，获得成功是理所当然的。这篇《献给图拉真的颂词》不仅长，而且充满了对图密善皇帝的谴责和对图拉真皇帝的赞美。阅读这篇《献给图拉真的颂词》，至少可以了解到，元老院元老（小普林尼是一个人缘极好的人）眼中的好皇帝应该是怎样的。也就是说，《献给图拉真的颂词》是一篇出自古代罗马人的“君主论”。摘取其中要点，内容是这样的：

首先，小普林尼强调，图拉真登上皇位“与其血统全无关系。先皇涅尔瓦收他为养子，看中的是图拉真的真才实学，而不是他的好高骛远”。

为了避免政局的变化不定，罗马人接受了世袭制，但是他们对世袭制又一直心存疑虑。他们担心领袖个人野心过大，也就是私欲过大的心情，很容易让人想起一句话：“与其推荐那些自己想出人头地的人，不如推荐推荐者愿意推荐的人。”

小普林尼明确表示，罗马皇帝是“由全体元老院、罗马公民、军队、行省和同盟者共同构成的帝国的唯一统治者”，其目的“除了保障帝国全体公民的自由、繁荣和安全，别无其他”。他还说：“被委以统治一切的皇帝必须从我们所有人中选出。”《献给图拉真的颂词》的最后一行，拉丁语的原文是“Imperaturus omnibus eligi debet ex omnibus”。对于经过启蒙时代的近代西欧国家为政者来说，这是“必须时刻警惕的事情”。这句话非常有名，甚至在大英帝国的下院会议上，有人即便直接用拉丁语说这句话，会场内的所有人也都能马上理解。

关于法治国家皇帝的权力，小普林尼说了以下这番话。当时图拉真一定就坐在会场的最前面。

“我知道您并不想拥有高于我们元老院元老的权力，但是我们希望您来掌握这样的权力。”他接着又说，“所谓皇帝，他不应该立于法律之上。相反，法律应该在皇帝之上。”

说起来也的确如此。因为罗马有一个惯例，皇帝在即位时，要在执政官面前宣誓忠实于罗马的法律，而且这样的宣誓不止一次，他还要在古罗马广场的讲坛上，面对蜂拥而至的罗马公民再次宣誓。

至于被赋予了巨大权力的皇帝应该以什么样的形象展示给世人这个问题，小普林尼说：“不是作为主人，而是作为父亲；不是作为专制君主，而是作为一个公民。”从人性的角度，“既要开心活跃，同时也要认真；既要朴实，同时不能没有威严。必须胸怀坦荡，落落大方”。

如果真的可以做到这样，以我辈之见，这个人简直就是超人。但是，也许罗马人认为，既然成了最高权力者，就必须像一个超人。顺便提一句，罗马还有一个惯例，就是历代皇帝要继承“国父”（Pater Patriae）这个称号。第一个接受这一称号的是尤里乌斯·恺撒。图拉真回到首都的时候也接受了这个称号。现代的国家认为这种称号体现的是“家长制作风”（温情主义，家长一言堂），对此，通常会持否定的态度。日本企业在发展到鼎盛期的时候，常常受到的批评之一就是企业经营者的“家长制作风”。

关于与元老院并列为罗马帝国两大掌权者之一的罗马公民权拥有者，小普林尼对图拉真说：“您掌握的统治权应该用来维护国家的利益，而这个国家属于所有公民。因此，皇帝有义务倾听公民的声音。”

这里有一段有关图拉真的后任皇帝哈德良的插曲。为了要举行祭祀仪式，哈德良走在前往神殿的路上，途中被一个女人拦住。这个女人说要向皇帝请愿，哈德良回答说“现在没有时间”，抬脚准备继续前行。那个女人于是冲着他的背影喊了起来：“既然这样，你没有权力统治我们！”

听到此言后，哈德良转身回到女人身边，倾听了她的话。

所谓“人”，是对贫富差距、对现实利益非常敏感的动物。小普林尼版的“君主论”也没有略去有关金钱的论述，其中之一便是关于图拉真沿袭涅尔瓦的对皇帝资产的使用方法。对此，小普林尼给予了充分的肯定。他说：

> 皇帝资产的使用方法让我们感觉到我们也享有这一资产的共同所有权。同时，我们个人的私有财产权也得到了很好的保障。

罗马的岁入大致可以归为两类：一类来自元老院行省的各种税收，通常进入国库；另一类来自皇帝行省的税收，一般归入皇帝名下，由皇帝支配。这是第一代皇帝奥古斯都率先实施的制度。当时，除了埃及，皇帝管辖的行省都在边境，边防的军费支出很多。但是，这种做法很容易成为公私不分的温床。因为钱是国家的，却归皇帝一个人调配使用，让人感觉好像这些钱被当成私有财产一样用掉了。当然如果把钱用在建设竞技场、浴池之类的公共设施上，自然没有问题。但是如果用在建造豪华别墅等地方，免不了遭受非议。帕拉蒂尼山上的雄伟皇宫是图密善建的，后任皇帝涅尔瓦命人在皇宫墙上挂了一块石板，上刻“Villa Publica”（公共别墅），还要求正门随时处于打开的状态。图拉真当然不希望自己像图密善那样饱受非议。到了他统治的时代，石板依然挂在那座皇宫的墙上。

罗马公民是罗马公民权拥有者，需要承担军务，因此对他们免征行省税。他们需要缴纳的唯一的直接税是遗产税。

这一税种是奥古斯都皇帝提出并规定的。他认为，事实上并不承担军务的罗马公民也免除纳税义务是不公平的。他把这一税种的收入用来支付期满退役士兵的退职金，税率5%，六等亲以内的近亲免缴遗产税。

但是，罗马人知道如何偷税漏税。把一个人收为养子，使他成为六等亲以内亲属的人大有人在。于是新的规定出台了。无论是谁，一律不享受免税。这好像也是图密善做的事情。

图密善遭暗杀后继承皇位的涅尔瓦对这个税法做了修改。新的税法规定，直系亲属继承遗产，全额免征遗产税。它还规定如果金额在2万塞斯特斯以内，无论谁继承，一律全额免征遗产税。小普林尼指出，这也是图拉真应该继承的政策之一，理由是“罗马公民权应该是一个极富魅力的权利。不应该在他们失去亲人的悲痛之际，再让他们承受失去财产的痛苦”。我想，这句话真的应该让某些国家的税务官员好好听一听。

在帝国境内皇帝实施统治的权力，除了是受罗马元老院和公民的委托，小普林尼还提到了军队。他通过盛赞图拉真一直以来在军团内的做法，阐述了军队与皇帝之间应该是怎样一种关系。正是因为图拉真的做法，理所当然，他深受士兵的拥戴。

> 您与士兵一起忍受饥渴。即便只是演习（据说罗马军演习的认真程度甚至高于实战），您也与士兵同甘共苦，与跟在您身后的所有骑兵一样流汗，一样面对纷扬的尘土。在这些士兵中间，

您之所以备受瞩目，缘于您身为士兵的优秀和勇敢。在投枪训练中，看到投枪过来，您避开它的动作比谁都敏捷。看到士兵刺中了您的铠甲或盾，您表现出来的态度不是恼怒，而是对其大加赞赏。因此，您既是一位冷静观察的旁观者，同时又是一位优秀的战地指挥官。您在检查士兵的武器时，发现有问题马上让他们更换；看到哪名战士背负的行李过重，您会接过来替他背；对于病者和伤痛者，您又像亲人一样给予无微不至的关怀；在结束对所有属下士兵的最后检查前，您从不会自己先走进帐篷休息，因为您不允许自己在所有士兵休息之前，自己先休息。

对着图拉真，小普林尼还说了这样一句话："战争并不可怕，但是战争不应该由我们挑起。"用拉丁语说，就是"Non times bella nec provocas"。这是现在的士官学校必教的一句话。

继军队之后，小普林尼提到了行省。那么，关于皇帝该如何对待行省这个问题，他又是怎么说的呢？他对图拉真强调说："行省人民也是罗马人的一分子。"他还说："因为大自然不可能把恩赐均等地分给每个地方，所以对于需要帮助的地方，理所应当给予帮助。"他还讲述了包括行省在内的罗马帝国的现状："贸易往来使东西方有了交流。因此，现在生活在帝国内的所有民族都清楚自己生产的可供出口的物产是什么，也知道什么东西自己不生产，因而需要进口。"

从小普林尼的话能够推测出，罗马帝国是涵盖了现代欧洲和北非、中近东地区的一大经济圈。对于皇帝来说，维持这样一大经济圈正是他最重要的职责。而这也是以小普林尼为代表的，在知识、社会和经济各方面均属于当时罗马上流阶层的人心目中对君主的期待。

做人实在不容易。人不能够获得好评就继续保持、受到批评就放弃不做这样简单地去做事情。当你因受到好评而继续保持时，你可能会突然意识到人们其实早已厌倦你的做法了。相反，因受到批评而放弃原有的做法并代之以相反的做法时，曾经提出尖锐批评的人不知何时忽然意识到原先的做法其实很有必要，转而又希望恢复原来的做法，等等，类似的情形变化层出不穷。

涅尔瓦是五贤帝中的第一位，虽然只有不到一年半的短暂任期，但他还是施行了仁政。但是，对图密善皇帝的做法矫枉过正成了他统治的缺陷。

图密善是位严厉的统治者，他对负责行省统治的总督总是严加监管。涅尔瓦认为这样做有损元老院的声誉，完全放弃了对总督的监管。然而，这样做的结果很快显现出来。刚进入图拉真时代，行省人民对总督行为不端的指控大幅度增加。在罗马，在总督任期内不允许对其提起诉讼，必须等他的任期结束。每当这时，像塔西佗和小普林尼这样的元老院元老兼辩护律师，他们或受行省人民的委托作为公诉人，或受前总督委托作为辩护律师参与此类案件。对于新出现的这一情形，尽管他们曾经把图密善批得一无是处，大概也不得不承认放弃监管的结果就是如此严重。因为这些案件的审判结果，几乎无一例外都是行省人民获得胜诉。

图拉真与元老院不同，他对图密善没有憎恨的感情，所以才更真切地认识到对总督疏于监管的弊病。再加上他其实和图密善一样，深知行省治理的好坏关系到帝国的整体命运。

按规定，元老院行省不归皇帝管，被派到这些行省去的总督也是从元老院内部担任过执政官的元老中选举产生的。当然，被派往皇帝行省的总督的任命权在皇帝手中。

图密善不分皇帝行省和元老院行省，对所有总督一律加以严密监管。图拉真即位的年龄恰恰是图密善死去的年龄。尽管在对总督进行监管的想法上，他与图密善是一致的，但是他的做法更加灵活。如果行省人民指控频繁，需要进一步加强监管的行省是元老院行省，图拉真首先会把这个行省暂时收归为皇帝行省。这样一来，作为皇帝管辖的行省，皇帝就可以任命他认为有利于恢复该行省秩序的合适人选做总督。

解决空洞化的对策

图拉真还提出了图密善没有提过的法案。在元老院会议上，图拉真用他“话语中流露出来的真情实感、充满自信的语气、不怒自威的神情、真诚率直的目光”，呼吁元老院通过了一个法案，内容是要求作为罗马社会领导者阶层的元老院元老把至少三分之一的资产投资于意大利本土。

当时，罗马的主要产业还是农业。但是，在尤里乌斯·恺撒提出振兴自耕农的《土地法》以后，农业在意大利本土变成了中小自耕农占绝大多数的格局。这些中小自耕农都是罗马公民权拥有者，因此他们又是有权者。而这个法案没有涉及的行省大多以大规模农庄为主。给人的感觉好像意大利本土是中小企业集中的地方，行省才是大企业云集的地方。随着这种差距越来越明显，作为有产阶级的元老院元老自然把投资的目标转向了行省。毕竟投资大企业比投资中小企业更安全，而且获益也更高。随着“罗马统治下的和平”渐趋稳定，本土和行省在安全方面的差别也在不断缩小，而行省出身的元老院元老的人数增加也加速了投资行省的这一趋势。甚至有元老放言说，自己在意大利本土只有位于首都罗马的家和海边的别墅，其余资产全部投资到行省了。如果对这种状况继续放任不管，显然，作为帝国中心的意大利本土将会出现空洞化现象。

图拉真提出这个法案，目的就是防止出现这样的状况。他提出的三分之一资产也是现实的。因为如果要求所有资产都投入意大利本土，一定会有人设法寻找其他出路。如此一来，再好的法案也会变成一纸空文。

元老可能也认为三分之一可以接受。总之，这个法案顺利获得通过，并很快付诸实施。小普林尼在留下来的一封书信中提到，在意大利本土，从主人家的宅邸到农业生产必需的土地、农民住宅以及劳动场所都已经完善，并且意大利本土的大面积农耕地将升值。可以想象，在图拉真提出这个法案后，一定有为数不少的元老院元老不得不从投向行省的资金中撤回一部分转而投向本土。事实上，投资本土农业还可以得到利息上的优惠。

意大利本土农业的健康发展才是保障帝国中心稳定的关键所在。对此，就连那些声誉不佳的皇帝也有同样的认识。因此，在那些皇帝的时代里，意大利中小自耕农得到了很多实惠，其中之一就是享受利息上的优惠政策。通常，年利率为 12%。但是，罗马有一个政府机构，说它是“中小企业金融国库”想必也没有什么不妥，因为向这个机构贷款，年利率只要 5%。即使是大规模农庄，如果该农庄在意大利本土，向这个机构贷款的年利率好像也只要 6%。而且不管是中小自耕农，还是大规模农庄，申请贷款时虽然需要提供担保，但是没有规定本金的归还期限。因此，它实际上等同于永久性贷款，每年只需支付 5% ~ 6% 的利息即可。

育英基金

为了防止国内空洞化现象日趋严重，图拉真实施的另一项政策是统称为“儿童基金”的法案。这是当时的罗马人认为用来培养下一代的基金，用现在的话来说，就是“育英基金”制度。

事实上，在图拉真之前，此类制度并非完全没有，只是从实施的情况来看，基本上都属于个人行为，而且已经开展得相当不错。

在尼禄皇帝时代，有一个名叫赫尔维乌斯的人。他的出生地是那不勒斯附近的小镇阿蒂纳。作为振兴故乡阿蒂纳的基金，他捐赠了 40 万塞斯特斯，条件是接受捐赠的市议会拿出利用基金获得的利益，向婚后定居在阿蒂纳的年轻人每人提供 1 000 塞斯特斯的生活津贴。

在图密善皇帝时代，小普林尼为了培养下一代，也向其位于意大利北部、美丽的科莫湖畔的故乡捐赠了神殿和图书馆。小普林尼的祖辈一直很富裕，同时，他本人又热衷于承担富裕阶层应有的社会责任（后世把这叫作“位高责重”）。此外，他还向科莫市捐赠了价值高达 100 万塞斯特斯的土地，条件是市政府要把一年可预期达 3 万塞斯特斯的收益用作育英基金，以资助市内贫困家庭的子弟，直至其成年。当时，3% 的收益应该是很低的，因此，小普林尼捐赠的土地很可能是森林地区。当时的罗马人认为，投资这样的地方安全性高，但是收益率偏低。

在这里我就不多举例了。总之，图拉真皇帝提出的就是这一类育英基金制度，并把这种制度作为国家政策执行。

以振兴意大利本土农业为目的而设立的罗马帝国的“中小企业金融国库”，资金不是从“艾拉留姆”（Aerarium，元老院行省税）中出，而是从“费斯库斯”（Fiscus，皇帝行省税）中出，放贷的利息收入作为育英基金的资金来源。利息收入的收款方不是“中小企业金融国库”，而是贷款人的农场土地所在的地方自治体。由于年化率只有5%，所以贷款变成永久性借款的概率非常大。因此，可以想象得到汇入地方自治体的利息收入也是稳定的、持久的。作为育英基金的资金来源，最理想的莫过于金额稳定且年年都有入账来源。

根据图拉真的《育英基金法》，接受资助的资格年龄截至成年。同时，它对金额也做了相应的规定：

嫡出男孩儿——每月 16 塞斯特斯
嫡出女孩儿——每月 12 塞斯特斯
庶出男孩儿——每月 12 塞斯特斯
庶出女孩儿——每月 10 塞斯特斯

按照罗马时代的惯例，男孩儿 17 岁成年，女孩儿 14 岁成年。孩子成年后，不需要归还曾经接受过的育英基金，哪怕是分期归还。当时，军团兵的月薪是 75 塞斯特斯。

也许现代的女权主义者会因为对男女不同性别提供资助的金额不同而提出批判，但是在 1 900 多年前，能把女孩儿列入资助范围，已经是一大进步。还有，虽然资助金额有别，把庶出的孩子也列入资助范围，这应该是一项前所未有的举措。但是，基督教只承认在神前宣誓结婚后生的孩子，那还是罗马时代之后的事。在基督教的国度，允许庶出的孩子继承遗产更是近代的事情。

图拉真提出此项法案，是以培养下一代为目的的。因它的实施而获益的，不仅仅是直接享受该基金资助的本土贫困家庭。

这是因为，第一，由于自己支付的利息是用在自己居住地区的贫困孩子身上，所以农民很乐意支付应付的利息。

第二，它有利于促进享受到这一法案的地方自治体的崛起。尽管《育英基金法》规定了每人每月的资助金额，但是，没有规定接受该基金资助的人数。由于资金来源是利息收入，所以，不同的地方自治体，资金充裕度不同，有的地方收入相对较少。但是，地方自治体不能根据资金收入的多少，按比例决定接受资助者的人数。显然，这个法案的实施能让尽可能多的孩子得到实惠，这是皇帝的本意。因此，利息收入较少的自治体，通过动员小普林尼这样的富裕大户来尽可能地弥补资金的不足。

就这样，作为个人行为的育英活动和以国家法律的形式规定的育英基金制度有机地结合起来了。同时，这个法案也为有效防止意大利本土人口流失起到了作用。不能不说，这也是提出这个立法的图拉真想要的结果。造成所谓国内空洞化的现象，首先就是从人口流失开始的。

在意大利全境，《育英基金法》的受益者究竟有多少人，因为没有史料保留下来，所以我们不得而知。不过我们还是知道凡雷亚一地的情况。凡雷亚是一个很小的小镇，位于意大利北部主要城市之一皮亚琴察的近郊。尽管这个镇很小，但是，接受育英基金资助的人据说就有 18 个男孩儿和 1 个女孩儿。

此外，有些地方根本无法奢望有更多的利息收入，就连耕地稀少的首都罗马也一样。而大都市罗马正因为大，所以贫困家庭的数量自然相对也多。于是图拉真对《小麦法》做了修改。《小麦法》规定每月向贫困家庭免费提供约 30 公斤小麦，他提出这个规定同样适用于贫困家庭的儿童。原来的规定是只有成年公民才有资格免费领取小麦，图拉真把资格年龄下调到了 10 岁。根据保留下来的小普林尼的记录，按照新的规定，可免费领取主食小麦的贫困家庭的孩子人数达 5 000 人。

规定元老院元老必须把资产的三分之一投资于意大利本土的法案，以及规定向贫困家庭的孩子提供育英基金的法案，先不论起草这些法案的图拉真本人是否早已预料到，总之，它们还产生了一个不容忽视的作用。

到了图拉真时代，在 600 名元老院元老中，行省出身的人占的比例有增无减。而且，皇帝本人也是行省出身的人。因此，本土出身的元老自然会带着怀疑静观这一切。由于登上帝位的图拉真行省出身，这些元老自然担心帝国的中枢会因此离开罗马，离开意大利本土，迁到图拉真的出生地西班牙。然而，上述两个法案的出台，给了他们一颗定心丸。因为这两个法案是以激活本土经济为目标的，体现了图拉真对意大利本土的重视。

也许图拉真本人早已意识到自己必须首先消除大家的这种疑虑，因此，他即位皇帝后，一直没有回过故乡，甚至没有到过伊比利亚半岛。他也没有在故乡意大利卡建造神殿，现在依稀可见的神殿遗迹等公共建筑物都是在图拉真死后修建起来的。

当然，图拉真并非为了有意识地拉大本土和行省之间的差别而提出上述两个法案，尤其是《育英基金法》。自然，他也不是为了获取本土出身的元老院元老的好感而制定这两个法案的。图拉真认为意大利本土应该成为各个行省的楷模，让首都罗马的市政建设成为行省各城市建设的样板，让意大利地方自治体的自治体系成为行省各城市自治体系的榜样。

这两个法案的立法目的虽然很微妙，却是不一样的。规定元老院元老必须把资产的三分之一投资于意大利本土的法案，目的在于提高领导层对本土发展的关注度。因为人们只有从自己的腰包里掏出钱来进行投资，才会真正关心投资对象的发展状况。

表现皇帝与孩子们在一起的金币

说到《育英基金法》，图拉真一定真心希望它能在各行省推广开来。皇帝与孩子们在一起的图案不仅出现在金币上，也被刻印在了银币和铜币（塞斯特斯）上，而这两种货币作为日常流通货币被广泛使用。希腊和迦太基时代的货币与罗马时代的货币的不同之处在于罗马货币图案呈多样化，且货币上文字很多。应该说这也是罗马为政者的高明之处，他们把货币作为绝好的宣传媒介，有效地利用了它。因此，对于后世的研究者来说，罗马货币实在是不可多得的一手资料。图拉真不过是按照罗马人的行事风格，把货币有效利用起来的其中一人而已。

在图拉真统治期间，广为人知的另一件事情就是大兴公共工程。公共工程最先从首都开始，逐渐扩大到行省。只是，在公元 99 年秋至 101 年春的一年多时间里，生活在首都罗马的图拉真，在这方面几乎没有作为，因为此时的他另有事情需要考虑。当然，这个时期的罗马也有一些原因导致对公共工程的需求并不多。

图密善同样是位热衷于兴建公共工程的皇帝。在他遭到暗杀时，尚有几项工程在建，这些工程都是在涅尔瓦时代完成的。由于图密善被处以“记录抹杀刑”，所以，像广场和建在台伯河岸的大仓库的名称前都被冠以涅尔瓦的家门名。与现代意大利人不同，古罗马人的工程进展速度很快。但是即便如此，仅用一年左右的时间完成工程如此浩大的建筑绝无可能。因此，这些建筑的开工时间应该是在图密善时代。对于首都罗马的居民来说，他们与建筑工地相邻而居的生活应该持续了很久。

尤里乌斯·恺撒制定了一项法律，可以称之为“缓解交通堵塞法”。根据这项法律，首都罗马白天禁止载货马车通行，但专为公共建筑工地运输物资的马车除外。

罗马是一个拥有百万人口的首都。有的学者认为，到了图拉真皇帝时代，罗马的人口更多。因此，市区一定嘈杂无比。装满了沉重石材的马车，伴随着车轮发出的沉闷的声音穿行于人群之间。尽管公路都铺上了柏油，但是在那个尚不懂得使用橡胶制作轮胎的时代，仅是装满建筑材料的马车络绎不绝，就足以令人难以忍受。对于居民来说，他们有时候一定会盼着尽早从这种喧嚣中解脱出来，毕竟不是人人都有郊外别墅。

与图拉真同时代的、来自小亚细亚的希腊人狄奥·克里索斯托指出，罗马皇帝的三大职责是：一是保障国家安全；二是维护国内统治；三是充实社会资本。对皇帝的职责比常人有更强意识的图拉真不可能不关心基础设施的完善。事实上，后来他成了可用“轰轰烈烈”来形容的公共设施建设高潮的领头人。但是，不管愿望多么强烈，没有建筑师的帮助终究只是空想。在公元 100 年的时候，绝大部分被派往多瑙河边境地区的工程师还没有回来。

图拉真要与达契亚重新开战的想法始终未变，为此他要做好周密的战前准备。首先，他决定投入三倍于图密善当年使用的兵力。除了驻防在多瑙河中游至下游前线的 7 个军团，他还把驻扎在温迪施的第十一克劳狄亚军团、驻扎在波恩的第一密涅瓦军团从莱茵河防线调过来。其次，他新整编了 2 个军团，分别命名为第二图拉真军团和第三十乌尔庇亚军团。除了这些兵力，他还要从莱茵河防线和幼发拉底河防线以分队规模抽调兵力前来参战。因此，仅作为主力参战的罗马军团兵就达 8 万人，罗马军队在战斗中还要投入辅助部队及具备特殊技能的部队。其中，有光着上半身作战的日耳曼士兵，有身着东方式长袍上战场的弓箭手，还有以攻势凌厉闻名的北非毛里塔尼亚骑兵。这就是多国籍的、军装五彩缤纷的罗马军队。在使用各种不同语言交流的人群中，一队身着华丽戎装的近卫军团士兵穿行而过。罗马军队就是罗马帝国的一个缩影。

图拉真发起的达契亚战争，投入了军团兵 8 万人，再加上略少于这个数字的辅助部队士兵，总计达 15 万人。这支由罗马最高统帅率领的战斗部队是罗马有史以来规模最大的。

图拉真把在战地的一切战前准备工作交给了李锡尼·苏拉。自从图拉真于公元 99 年夏天回到首都以后，苏拉一直留在前线担任指挥官。他与图拉真是同乡，两人年龄相仿，而且军团生涯好像也都是在一起度过的。他是图拉真的知心好友，图拉真比任何人都信赖他。

然而，战前准备工作就绪并不意味着马上可以发起进攻。小普林尼曾经当着图拉真的面说过："战争并不可怕，但是战争不应该由我们挑起。"不仅如此，罗马和达契亚之间还有一份由图密善皇帝和达契亚国王德凯巴鲁斯签署的和平条约。因此，图拉真不能贸然出手，他需要发动进攻的借口，需要掌握达契亚方面违约的证据。也就是说，他必须等待达契亚方面首先出手。就在这时，一部分达契亚士兵看到集结在多瑙河对岸的罗马大军心生恐惧，鲁莽地采取了一些授对方以口实的行动。消息很快传到了首都罗马。适宜远征的春季一到，图拉真就离开了首都，时间是公元 101 年 3 月 25 日。

身着各色军装的罗马军队士兵（拍摄自图拉真记功柱）

达契亚问题

公元14年去世的第一代皇帝奥古斯都曾经留下遗训，禁止罗马帝国进一步扩张霸权，至此已过去近90年。第二代皇帝提比略又明确界定了“进一步扩大”国界的范围是到莱茵河、多瑙河、幼发拉底河和撒哈拉沙漠为止。第四代皇帝克劳狄乌斯曾经攻打不列颠（今英格兰和威尔士），并征服了这一地区。但是，这次军事行动不能算是违反奥古斯都遗训的行动，因为很早以前，尤里乌斯·恺撒就曾经攻打过这一地区。除了征服不列颠，罗马帝国采取的所有军事行动都是为了维护帝国边境的稳定或镇压内部的叛乱。

尽管这是罗马帝国史上值得大书特书的大事，但是，关于图拉真发起的这场战争的详细情形，可以说几乎已无人知晓。图拉真无法激起历史学家的悲愤情绪，无法使他们产生写作的激情。甚至作为贤帝，他居然连传记也没有。有关征服达契亚的史料也只有下面三种：

一、传说是图拉真亲笔书写的《达契亚战记》（*Commentarii Dacii*）。

二、卡西乌斯·狄奥著的《罗马历史》中有关这场战争的记述部分。

三、在被称为“图拉真记功柱”的胜利纪念碑上，有记述战争过程的超过200米长的浮雕。

虽然考古学调查可能有助于为这三种史料提供实证，但是由于战场位于现在的罗马尼亚境内，所以考古学上的调查研究到目前为止尚没有任何进展。

据说《达契亚战记》是图拉真模仿尤里乌斯·恺撒的《高卢战记》亲自著述的。凡是研究罗马史的人自然都会认为要是这部著作保留下来就好了。然而，遗憾的是，如今这部作品已经无迹可寻，唯一留下来的只有后来有人引用过的一行话。

在卡西乌斯·狄奥的《罗马历史》中，也只能找到有关五贤帝时代的部分片段。

只有图拉真记功柱在过去了1 900年以后的现在，依然挺立在原址上。如果你希望近距离观看浮雕上的每一处细节，那么，位于罗马郊外罗马博览会新城（Esposizione Universale Roma，EUR。——译者注）的罗马文明博物馆里有高质量的复制品。图拉真记功柱是一部用凿子代替笔书写的“达契亚战记”，只是它的缺陷很明显。尽管全长达200多米，画面数量也有140多个，但它与文章传达的信息量和准确性不可同日而语。刻画在白色大理石浮雕上的士兵手里拿的所有长枪和剑都是铜质的，这充分证明当时的罗马人非常注重现实。虽然在帝国灭亡后，这些铜质的长枪和剑都被取下来熔化，可能已经做成了其他什么东西，但是能够想象得出，在这些铜质的武器留在各自所在位置上的那个时代，这些浮雕的逼真程度一定非常之高。图拉真记功柱不仅是历史史料，也是罗马造型艺术的杰作。

由于这样或那样的原因，要讲述达契亚战争，对任何人来说都是一个难题。可以想象，让研究者一声叹息的是，就算阅读了他们这些专家的著作，依然无法把握这场战争的全貌。不能把握战争的全貌，自然无法透彻地理解这场战争。正因如此，要清楚地讲述这场战争，便是难上加难。但是，就我本人而言，在研究了图拉真记功柱上的所有画面后，自认为对这场战争似乎有了一些了解。所以在这里，我想对这根圆柱上的每个画面进行说明，来取代我用自己的理解对这场战争过程的整理做出的描述。我知道，如果能把这根圆柱上的所有画面都拍成照片刊登出来是最理想的，但是鉴于版面

图拉真记功柱

的原因，显然做不到这个程度。因此，我只选取若干画面的照片，希望读者朋友们谅解。

第一次达契亚战争

图拉真率领罗马军队于公元 101 年春季横渡多瑙河。关于渡河的具体地点在哪里，卡西乌斯·狄奥在《罗马历史》中完全没有提及。图拉真的《达契亚战记》中也只有刚才提到的有人引用过的那一行字：

Inde Berzobim, deinde Aizi processimus.

翻译过来应该是："我们的军队向贝尔佐宾和埃兹挺进。"

研究者认为贝尔佐宾就是现在罗马尼亚境内的雷希察，至于埃兹在哪里尚不清楚。不管怎样，他的目标应该是达契亚人的首都萨米泽杰图萨（现在依然使用此名）。因此，为了攻打位于特兰西瓦尼亚阿尔卑斯山脉北侧的这个地方，罗马军队一定是绕过山脉西侧，顺着多瑙河的支流，通过贝尔佐宾，向东北方向挺进的。

由此可以推断，罗马军队横渡多瑙河的地点很可能是罗马时代的费米拉孔（今科斯托拉茨热）。此地位于现在的贝尔格莱德以东直线距离 60 公里的地方，而贝尔格莱德的起源就是罗马军团的基地。也就是说，公元 101 年，罗马军队是在现在的南斯拉夫和罗马尼亚国界线相接的一带渡过多瑙河，然后一路向东北进入罗马尼亚的。在过去了 1 898 年后，北约军队空袭了南斯拉夫，多瑙河上的许多桥梁被毁。

当年图拉真北渡多瑙河就是在北约军队空袭的地点略靠下游的位置。

图拉真虽然在军团基地和要塞位置部署了防守人员，但是，仅靠船只相连做成的浮桥，要保证 10 万大军全部过河，显然耗时太长。而且，把如此规模的大军集中在一个地点，再用若干天的时间横渡多瑙河，在战术上也是极不明智的。因此，兵分两路实施渡河的说法变得更加有力。但是，如果真是这样的话，除了科斯托拉茨热，另一个渡河地点又会是哪里呢？

科斯托拉茨热被认为是罗马军队的第一个渡河地点。在从此地向东直线距离 100 多公里处，多瑙河向北拐了一个很大的弯。在公元 98 年至 101 年的备战期间，罗马军队在这里集中进行了公路建设等土木工程，削崖修建的公路痕迹现在仍然依稀可见。此外，利用第一次和第二次战争间隙兴建的、连接多瑙河南北两岸的第一座石桥也在这一带。第一次战争期间，罗马军队兵分两路后，第二支部队的渡河地点在这一带的可能性非常大。当然，渡河利用的一定也是用船串联起来的浮桥。如果横渡多瑙河的地点确定是这里的话，那么，第二支部队很可能在过河后向北行军，并在雷希察与第一支部队会合。

刻在图拉真记功柱上的战记，自下而上呈螺旋形展开，每个情节之间用细小的树枝相隔。恺撒在《高卢战记》中没有铺垫，直接进入故事的主题。与此相似，这部“达契亚战记”的故事也是直接从多瑙河沿岸开始的。

（1）这个画面中有面向多瑙河而建的、用于监视的要塞。要塞虽小，却都是石结构。周围有一圈木栅栏围着，保护层有两道。看得出有很多建木栅栏的原木堆在一起。稍微高一些的要塞，最上层是一个高台，长长的火把从这里伸出来。这让人很容易想象到罗马军队在紧急状态下是如何传递消息的。要塞附近还有全副武装的哨兵在站岗。

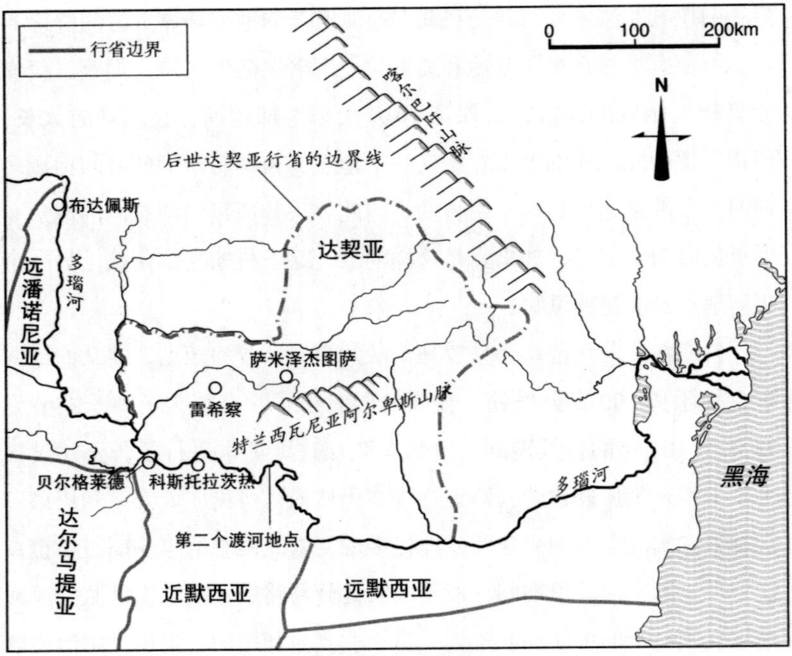

达契亚及其周边地区

（2）这个画面中有几座石结构的建筑物。用木栅栏围起来的一角应该是储存军粮的仓库。盛满葡萄酒的酒桶就装在船上。不管是用凉水还是用温水兑着喝，葡萄酒是罗马士兵一日三餐必不可少的饮品。也正因如此，只要气候条件允许，罗马人称霸的地方，无论是哪里都会有葡萄园。德国最具代表性的葡萄酒——摩泽尔葡萄酒的产地曾经就是罗马帝国境内的一个地方。

（3）接着换下一个画面。这里是建筑物鳞次栉比的街道，有会堂和高耸的石结构建筑。装备齐整、从城门出来的罗马军团兵开始横渡由船只连成的浮桥。河中是多瑙河河神。他探着半个身子，正安详地

罗马军队横渡由船只连成的浮桥

看着眼前这一切，似乎在祝福罗马军队顺利渡河。

说到装备齐整，其实不仅仅是作战的装备，还有行军的装备，因为除了武器，士兵的长枪头上还绑着从不算太多的粮食到锅碗瓢盆等日用品。作为罗马军队主要战斗力量的军团兵，行军时必须背负的装备，加上穿在身上的盔甲，据说重达 40 公斤。

再说桥。虽说它是用船只连起来的，但是并非简单地把船只横向排好后，在上面放上木板。首先，为了减小水流的冲力，船头必须对着上游。其次，如果船与船之间连得太紧，船体就要承受全部水流的冲击，浮桥会不可避免地被冲垮。因此，每艘船之间必须有一定的间隙。为此，必须用粗壮结实的木头把它们连接起来。最后才是在上面铺设木板。另外，罗马人为了防止从浮桥上渡河的马匹、载货车辆踏空落入水中，甚至还装上了木栅栏。

此外，渡河地点也不是河面越窄越好。因为河面窄的地方通常水流也比较湍急，所以桥适宜建在河面开阔、水流缓慢的地方。因此，在欧洲第一大河多瑙河上用船只连成的浮桥，全长至少超过 1 公里。

（4）到这里，图拉真才出场。这个画面中的他，作为总司令官，不是威风凛凛地骑在马上的姿态，而是坐在马扎上。将军们围在他的周围，正在举行作战会议，一侧是渡过多瑙河后继续行军的士兵队伍。皇帝左侧还有一个人也坐在马扎上，据说此人就是图拉真的好友，在达契亚战争中担任副将的苏拉。

（5）这个画面是部队过河来到多瑙河北岸后，在敌人的地盘上举行第一次祭神仪式。用作祭品的牛和羊被带了上来。图拉真以大祭司的形象主持仪式，祈求士兵英勇作战，也祈求诸神能保佑自己取得胜利。在这里，图拉真的大祭司形象，只是脱去了红色大斗篷和钢铁胸甲，在白色短衣外披了件托加长袍，再用托加长袍的一端覆盖在头上而已，非常简单。

（6）画面一变，换上戎装后的图拉真再度登场。他正对着集合完毕的士兵演讲。士兵的背后是密密麻麻竖立着的军旗。认真聆听演讲的士兵身上的军装五花八门，一看便知，皇帝的演讲对象不只是属于罗马公民的军团兵。仔细想想，这也正常，因为罗马军队要取得战斗的胜利，除了由罗马公民构成的主力部队之外，由行省人民构成的辅助部队协同作战也必不可少。

虽说演讲的对象是士兵，但是，罗马军队不会连声高呼："加油！"图拉真没有留下他的演讲内容。但是，只要看看其他将军的演讲内容，就可以推测出图拉真的演讲主题就是鼓励和动员。

演讲者首先会列举一些确定的因素，例如士兵人数、军粮调配情况等。他会把不确定因素放到演讲的最后，例如士气，也就是士兵的求战欲望等。他会说：“如此这般，与敌人相比，我方的优势显而易见。所以结果如何，就要看你们的士气了。加油！”之所以人们都说“罗马军队靠后勤保障取胜”，就是因为他们深知，只有后勤这一确定因素得到了保障，才能充分调动士气这一不确定因素。

（7）也许有人会认为，因为第一场动员演讲就在敌人的地盘上进行，所以演讲结束后马上就会向敌人发起进攻。但是，图拉真记功柱完全颠覆了你的想象。就像在祭神仪式那个画面中看到的背景一样，在渡过多瑙河、司令官还在举行作战会议的时候，士兵已经着手搭建坚固的宿营地了。接下来的四个画面描绘了士兵使用石材、木料搭建宿营地的情形。不分军团兵还是辅助兵，所有人都在参与这项工程，只不过工程的最重要部分要由军团兵中掌握熟练土木工程技术的士兵负责。同一时期，在北非的努米底亚行省，仅仅靠驻扎在那里的第三奥古斯都军团兵，就建起了提姆加德一整座城市。由此可见，罗马军团兵在土木工程上的造诣非常之高。达契亚地区无论气候还是地势都与撒哈拉沙漠相反，在这里搭建宿营地之类的事情，对罗马军团兵来说易如反掌。在士兵全力以赴搭建宿营地的几个画面中，描绘了图拉真皇帝视察工地的情形，因为建设牢固的宿营地也是重要的战略任务。

有时候断了士兵的退路，让士兵下定决心勇往直前，战斗效果会更好。也有时候，事先保证了退路，让士兵知道一旦形势不妙有路可退，放心地投入战斗效果会更好，因为心情放松的感觉会像弹簧一样，能激起士兵的士气。当然，究竟哪种方法更好，要看具体情况。罗马指挥官采用的几乎都是后者。

（8）充当工兵的罗马士兵修建的土木建筑工程不只是搭建宿营地。当时的欧洲遍地是森林，因此，砍伐树木、打通道路的作业必不可少。因为行军途中无法浇注柏油，所以，路要尽可能修得平坦。遇到河流，要就地伐树建桥。这样做的目的，一方面是为了提高军队的行军速度，另一方面，也是为了防止熟知当地地形的敌人采用游击战术，毕竟看不见的敌人才是最可怕的。罗马指挥官需要最大限度地让自己的士兵看得见敌军。

（9）一名达契亚俘虏被带到了正在视察工地的图拉真面前。俘虏没有戴无檐帽，大概只是个普通的侦察兵，因为达契亚权贵阶层的人都习惯戴无檐帽。

根据罗马军的惯例，即便对方只是一介普通的侦察兵，审讯俘虏也要由指挥官亲自负责。所谓收集情报，不只是单纯地收集客观的数据，同时还要找出隐藏在表面事实背后的某些东西。这是一件极其重要的工作，不允许总司令官偷懒，交由他人去做。

（10）通过审讯俘虏，图拉真好像获悉了敌军就躲在河对岸的森林中这一事实。这个画面描绘的是战争即将开始前，士兵在作战前准备的情形。画面中有精神饱满的战马和神情严肃、整装待发的军团兵，刻画得非常生动逼真。

最先出发的是骑兵和步兵，步兵的任务是伐林修路。紧随其后的是军团兵，也被要求边砍树修路边前进。

（11）果然不出所料，罗马军队来到森林尽头开阔的平原时，达契亚军队已经等候在那里了。图拉真率领的罗马军队和德凯巴鲁斯率领的达契亚军队之间展开了第一场大战，历史上叫作“塔帕伊（Tapae）之战”。2 000 年后的今天，已经无法确定战场的具体位置，好像是在距离达契亚王国首都萨米泽杰图萨以西约 50 公里的地方。

专注于搭建宿营地的罗马士兵

在塔帕伊之战中，罗马军队似乎没有充足的时间摆开他们最擅长的会战阵型，部队没有按左翼、中央和右翼的阵型发起进攻。在图拉真记功柱上，战斗的画面连着有好几个。每个画面都是军团兵中的骑兵、重装步兵和作为轻装步兵的辅助部队混杂在一起的场面。罗马士兵和达契亚士兵混战在一起，白刃战似乎是塔帕伊之战的真实场景。只能看出达契亚士兵既没有戴头盔也没有佩胸甲，他们全身的装束非常简单，只是短衣加裤子，佩上剑和盾而已。相反，在罗马军队中，主力部队士兵身穿钢铁胸甲，辅助部队的士兵穿着皮胸甲。在后者之中，格外引人瞩目的是光着上半身作战的日耳曼士兵。这大概是他们的习惯吧。在画面中，骑马技术高超、没有马镫也能随心所欲驾驭坐骑的北非毛里塔尼亚骑兵闯入敌阵之中，冲散了达契亚士兵。毛里塔尼亚骑兵在战斗中利用腕力和马的冲力投枪，以战斗力极强而闻名。

在所有这些画面中，图拉真都在关注着战斗的进程。画面中还可以看到敌军背后，站在树林前的达契亚国王德凯巴鲁斯的面孔。

（12）塔帕伊之战以罗马方面的胜利而结束。这场战斗自始至终打得都很激烈。有罗马士兵拿着砍下来的达契亚士兵的头颅给皇帝看；也有罗马士兵无暇给皇帝看，只从敌人头上割下一缕头发叼在嘴里继续战斗。

罗马士兵一路追击败兵，前面突然出现一堵城墙。在城墙上立着被达契亚夺走的队旗和绑有被杀罗马士兵脑袋的长枪。不知道是不是图拉真的命令，画面中的罗马士兵正在火烧全城。

（13）图拉真站在士兵前面，称赞他们作战勇敢。

（14）五位达契亚使节求见图拉真，图拉真带着幕僚出来迎接。达契亚使节没有戴无檐帽，说明他们不属于达契亚统治阶层。看到此

达契亚士兵的服装

达契亚士兵的服装（右边是国王德凯巴鲁斯）

（1）在街上放火的罗马士兵

（2）溃败的达契亚士兵

情形，图拉真应该对达契亚国王德凯巴鲁斯提出和谈的诚意产生过怀疑吧。

（15）塔帕伊之战结束了，但是战争并没有结束。继续前进的罗马军队像地毯式清除一样，攻打并烧毁所有妨碍他们前进的城镇、村落以及堡垒。见到男子一律格杀勿论，见到老人、女子和儿童就抓起来移送到多瑙河南岸，只剩下狗、牛、羊等家畜。

这时，公元101年冬季好像快到了。图拉真在达契亚留下一半军队，自己率领另一半军队向南回到多瑙河沿岸的基地过冬。

（16）达契亚国王为了转移已经追至距离首都50公里处的罗马军队的进攻矛头，制订了一个方案——向位于多瑙河下游的罗马军团基地发起进攻。他们的进攻目标是远默西亚行省的诺维伊，驻扎在这里

（3）夸赞士兵作战勇敢的图拉真（左）

（4）图拉真和达契亚使节

的是第一意大利军团。诺维伊相当于现在保加利亚的斯维什托夫。从达契亚王国到诺维伊只要沿河边一路南下即可，途中绝不可能遭遇罗马军队。

然而，达契亚国王德凯巴鲁斯的计划实在有失周密。他小看了横渡多瑙河这件事，事先没有做好周密的渡河准备，骑兵就已经催马下河，士兵也挤满了渡船。在整个渡河过程中损失了不少兵力。好在达契亚人口众多，而这也是达契亚对罗马构成威胁的原因之一。

（17）终于过河上岸的达契亚士兵，对诺维伊基地发起了围攻。罗马士兵从城墙上展开反击。因为罗马军队一半以上的兵力被派去攻打达契亚，所以防御战应该打得异常艰难。这时，德凯巴鲁斯再次判断失误，他没有料到罗马皇帝会亲自赶来救援，毕竟诺维伊只是一个军团基地。他自己没有参加进攻诺维伊的作战，所以无论如何也想不到敌方统帅会亲自赶来增援基地。

（18）在这个画面中，背景是林立的石结构公共建筑物以及圆形竞技场。由此推测，图拉真过冬的地方一定是城市化程度已经很高的军团基地，很可能是近默西亚行省的首府辛吉杜努姆（今贝尔格莱德）。如果是这样的话，顺多瑙河而下，没有600公里无论如何到不了诺维伊。如果选择走陆路，因为多瑙河是一条防线，所以，以提高战时行军速度为首要目的的道路修建应该已经完成。

图拉真记功柱上的这个画面描绘的是基地前河岸边的情景。有的士兵正在往船上搬运军粮，有的士兵穿着军装正在依次上船。图拉真身着便装，也就是托加长袍，正准备登船。自从把多瑙河当作防线以来，同莱茵河一样，罗马在多瑙河安排了船队，甚至还有专门用来运送马匹的运输船。

（19）在这个画面中，罗马船队正顺着多瑙河往下游前进，其中一艘船由皇帝亲自掌舵。进入下游地带后，多瑙河的河面渐渐开阔，转而向东。到了这里，划桨动作越快，船速也会越快。此外，机动部队大概是走陆路向东去的。

（20）距离敌人正在攻打的诺维伊以西五六十公里的地方是伊斯克尔基地。就在该基地附近，图拉真和士兵弃船上岸，与走陆路前来的机动部队会合后，前去救援诺维伊。这时的图拉真换上了军装，他骑在马上，行进在军队的最前面。紧随其左右、身后的是身着各色军装的士兵。

（21）前去侦察的骑兵队回来了，在向皇帝报告敌情。

（22）了解敌情后，图拉真下令，首先出动的是来自北非的骑兵部队。

（23）迎战这支毛里塔尼亚骑兵部队的是萨尔马提亚人的骑兵部队。萨尔马提亚人是达契亚统治下的一个部族，他们的特征是士兵和马匹全部披挂鱼鳞状的盔甲。

在毛里塔尼亚骑兵的猛烈进攻面前，对方即便是全副武装也毫无用处。图拉真身先士卒，亲自率领罗马骑兵部队加入了战斗。面对罗马军队的攻势，达契亚方面全无回击之力。在画面中，光着上半身的日耳曼步兵团也加入了战斗。背景是达契亚的货车队列，车上装满了掠夺来的物品，是他们袭击基地周边百姓居住区时抢夺而来的。这又是一场白刃战。这场战斗一直持续到太阳下山，并以罗马方面的胜利而告终。

（24）一身戎装的图拉真带着三名幕僚正在视察士兵搭建的宿营地。这是罗马士兵早就习以为常的事情。这时，一些达契亚老人带着女人、孩子来到他的身边。他们表示愿意归降，希望罗马军队放自己一条生路。这些人没有戴帽子，显而易见，他们并非正式使节。达契亚人与日耳曼民族相似，有把女人和孩子带到战场上去的习惯。

（25）尽管第一次战斗取得了胜利，但是，图拉真救援诺维伊基地的目的还没有达到。在这个画面中，有的士兵把俘虏双手反绑后串联在一起，有的军医正在为负伤的士兵治伤，还有的士兵为了迎接第二天将要来临的下一场战斗，正在检查队旗和军号。

（26）第二场战斗是在多瑙河下游一带进行的。这场战斗的主角是主力部队，即重装步兵团。

由于这一带是平原，所以罗马军队好像采用了最擅长的会战方式。罗马人的会战方式是首先包抄敌人，最后予以彻底消灭。在这个画面中，军团兵手持长枪，围着敌人，正在发起进攻。他们手握铜质长枪和剑，其逼真程度堪与现在我们在大屏幕上看到的战斗场面相媲美。

（27）为了确保围而歼之的战术取得成功，必须有骑兵配合，绕到敌人背后协同作战。

罗马军队的骑兵手持长枪，正冲向被逼得节节后退的达契亚士兵。达契亚士兵一旦摔倒在地，等待他的命运就是被踏扁。战场上堆起了一座座达契亚士兵的尸山。

（28）这个画面是战斗结束后，皇帝在做总结演讲，他称赞士兵作战勇敢。所有人都看着正在演讲的图拉真，崇敬之情形于颜色。这是因为他们知道会战要取得胜利，担任总指挥的人是否具备军事才能非常重要。

（29）这个画面是被押送到宿营地的达契亚俘虏。接下来的画面是皇帝在表扬每一名在战斗中表现突出、特别勇敢的士兵。

（30）这个画面是一些女人正在刑讯被脱光了衣服的三名俘虏。其中一名俘虏的发型是罗马式的短发，而且没有蓄胡须。因此，研究者中有人认为这个画面描述的是达契亚女人正在刑讯被捕的三名罗马士兵。但是，在刑讯的不远处，图拉真正坐在马扎上与士兵说话。因此也有这样一种可能，就是生活在基地附近的居民，之前遭受过达契亚士兵的袭扰，被抢走了粮食等所有东西。此时，情形已经彻底改变。他们出于报复的目的，在戏耍达契亚士兵。因为罗马军队自带军粮参加战斗，而达契亚人则通过掠夺满足军粮需求。

（31）结束对诺维伊基地的救援后，图拉真再次登上了船。尽管达契亚老人们不断向这位皇帝哀求，但是，他们（包括女人和孩子在内）作为俘虏的命运已无法改变。

就这样，达契亚军队进攻多瑙河下游地区的作战企图以失败告终。向着多瑙河上游一路前进的图拉真和士兵终于可以放心过冬了。

（32）又是新的一年。图拉真记功柱继续用浮雕的形式，向我们描述了公元 102 年春季以后的“达契亚战记”。

这个画面与上一年一样，描绘的是正在往船上装运军粮的士兵和准备通过由船只连成的浮桥的军团兵。从军团旗帜上的标志可以了解到，这是驻扎在波恩的第一密涅瓦军团。波恩是莱茵河防线基地之一。

同样，与上一年一样，罗马军队依然于行军途中在路旁修建宿营地和堡垒。但是，这一年，图拉真改变了战术。一定是上一年达契亚人攻打位于多瑙河下游的罗马军团基地诺维伊，让他做出了改变战术的决定。

公元 102 年的达契亚战争，他采用了兵分两路的战术，向位于山脉北侧的达契亚首都萨米泽杰图萨发起进攻。一路进军的路线与上一年相同，自西绕过山脉，另一路从东侧绕到山脉北侧。这就意味着，在离开位于多瑙河南岸的军团前线基地的时候，他已经决定采用围而歼之的战术了。上一年冬季，达契亚军队攻打诺维伊的时候，已经证明了即便是一支人数庞大的军队，从东侧绕过山脉到达多瑙河也是完全可能的。既然自北向南可以，那么反方向应该也可以。

只是，自东迂回的路线与自西迂回的路线相比，显然困难得多。自西迂回的路线上一年已经走过，沿线已有坚固的宿营地和开通好的道路，还有留下来的一半军队。但是，对罗马军队来说，自东迂回的路线还是第一次走，并且距离又是自西迂回的三倍。因此，图拉真决定从东侧迂回的军队由骑兵和年轻力壮的精锐军团兵组成，姑且称这支军队为第二路军，由率领毛里塔尼亚骑兵团的威震一方的卢修斯·昆图斯担任总指挥。如果说图拉真的同乡、来自西班牙的李锡尼·苏拉是第二号人物的话，那么来自北非的昆图斯可以说是第三号人物。图拉真本人和苏拉一起率领第一路军自西迂回。

（33）浮雕上关于第二年“达契亚战记”的重点好像放在了对第一路军进军过程的描述。接连几个画面描绘的都是罗马军队从延伸至坚固宿营地及木栅栏的桥上通过的情形。每个画面都有皇帝带着苏拉等幕僚。图拉真与图密善皇帝不同，图密善总是让军队先行，而图拉真是一位与军队不离片刻的皇帝。

（34）图拉真再次见到留在敌人地盘上过冬的士兵，并向他们表示慰问。

（35）在皇帝一旁，士兵已经在着手伐林修路了。虽然从西侧迂回的路线距离目的地较近，可以放慢行军的速度，但显而易见，第一路军行军的这条路线将成为联结多瑙河北岸辽阔的达契亚地区和多瑙河南岸罗马领土的主要通道。罗马军队在战争结果尚未出来以前，就已经在考虑胜利以后的事情，并为此开始修建基础设施了。

（36）三位达契亚使节前来拜会正在视察备战工作的图拉真。从着装上看，他们应该是富庶人家出身。但是，他们没有戴帽子，因此，这些人可能只是达契亚某部落的代表，而不是达契亚国王的重臣。他们发誓脱离国王，向罗马军队投诚，归顺皇帝图拉真。达契亚内部出现分裂正是罗马方面希望的。

（37）场景一变，画面中是在宿营地举行祭神仪式的情景。图拉真以用托加长袍一端盖住头部的大祭司形象主持这一仪式，供品是价格不菲的牛和羊。举行这样的仪式预示着战斗就要开始。

（38）献上祭品，祈求诸神保佑的图拉真这次以一身戎装的形象站在士兵面前，进行战前动员。战前祭神和对士兵进行动员，是罗马军队必不可少的两个仪式。当然，遭遇敌人突然袭击，匆忙迎战的时候，就无法像这样从容不迫地举行仪式。在这种情况下，他们会在战斗结束后，补上祭神仪式和动员讲演。罗马人相信，这样的弥补方式，诸神是会谅解的。

（39）这也是图拉真发动的达契亚战争中的一个特色，他没有在战前动员演讲结束后马上出兵投入战斗。图拉真记功柱上有好几个画面描绘的都是基础设施的建设工地。工地上的主角是把盾和长枪等武器放在一旁、从事土木工程劳动的军团兵。在劳动中，他们依然身着军装。这是因为一旦有敌人来袭，他们必须立即起身迎战。在画面中，可以看到达契亚士兵正在山头寻找机会。

感觉好像是罗马军队用在备战工程上的时间比参加战斗的时间还要多，让人不由自主地想起尼禄时代的名将科尔布罗说过的一句话："罗马军队以镐取胜。"我在想，像这样经常参加土木工程建设，从而成为土木工程专家的话，一旦结束20年的军旅生涯，退役后，他不是就可以顺利融入公民生活了吗？20年的军旅生涯，始于17岁。因此，如果未能升任百夫长，以一介士兵的身份退役的话，就是37岁，他可以拿到服役期满后的退职金。如果用这笔退职金作为资金，开始建筑事业的话，在没有大规模建筑商出现的地方乡村，应该可以获得成功。现代国家的军队也培养某些领域的专家。但是，因为服役时间过长，在回归公民生活后，他在服兵役期间掌握的技能在应用上受到很大的限制。第一代皇帝奥古斯都规定服役的年限是，作为罗马公民权拥有者的军团兵为20年，作为行省居民的辅助部队士兵为25年。我认为，这一规定在有效利用资源这一点上非常有意义。还是让我们再回到当时吧。

（40）在鼓励军团兵建造石结构城堡的同时，身穿军装的图拉真接见了达契亚使节。跪在皇帝面前的这个达契亚人戴着圆圆的毡帽，穿戴也很整洁。也许因为知道此人与之前的那些达契亚使节不同，所

图拉真和达契亚使节

以士兵正远远地注视着这边。因为如果这是达契亚国王派来和谈的正式使节的话，那么战争很可能就要落下帷幕。

事实上，这位使节正是达契亚国王德凯巴鲁斯派来请求和谈的。为了交涉和谈的条件，图拉真也向国王派去了自己的心腹苏拉和近卫军团长官利维亚努斯为使节。不过，图拉真记功柱上没有记录这一段细节。由于罗马提出的条件和达契亚方面提出的条件相去甚远，谈判破裂，战争再度降临。这时传来了自东而来的、由卢修斯指挥的第二路军已经临近目的地的消息。

（41）决战好像进行了不止一次，原因是达契亚方面没有投入全部兵力。国王德凯巴鲁斯不想与罗马军队主力发生正面冲突。然而正因如此，感觉罗马方面的进攻都是被迫的，是不得已而为之，因为达契亚军队采用了游击战术。当他们来袭时，罗马军队奋起击退他们，然后投入基础设施的建设，当敌人再次来袭时，士兵再度投入战斗，战斗结束，再继续基础设施的建设，如此反复。总指挥图拉真的军事风格不像恺撒那样以采用出其不意的战术见长。他更擅长采用张开大网，再一点一点稳稳收紧这一类型战术。图拉真记功柱的浮雕也忠实地呈现了这一情形。当时的罗马人即使没有参加战斗，也能充分理解图拉真的这一战术。在犹太战争期间，韦斯帕芗皇帝利用的也正是这种战术。

就像30年前的犹太战争已经显示出来的那样，一旦罗马军队开始收拢包围圈，没有一个对手可以与之抗衡。看到一车车沿自己修建的道路运来的军粮，又看到一个接一个城堡被攻克，罗马军队士气大振。相反，达契亚士兵或在战斗中被杀，或在城堡被攻陷之时无处藏身，只能向首都方向拼命逃窜。城市一旦被围，不管愿不愿意，只能面对决战了。

（42）在这次决战中，罗马军队投入了全部战斗力。达契亚士兵在后方督阵的国王德凯巴鲁斯的指挥下也奋勇作战。只是，尽管已经进入决战阶段，但是罗马军队没有采用在开阔平原的战斗中通常采用的会战战术。这是因为罗马人注意到达契亚还是一个未经开发之地，森林地带一直延伸到距离首都不远的地方。浮雕上呈现的场景也证实了这一点。因为，达契亚士兵也像罗马士兵一样，一边砍伐森林一边作战。

（43）然而，一切抵抗终究是徒劳的，因为仅次于首都的重要城市落入了罗马军队之手，国王的妹妹被俘。被罗马军队俘虏的达契亚贵族人数在不断增加。

（44）大批戴着帽子的达契亚贵族放下手中的剑和盾，跑到还在继续基础设施建设的罗马军队前请求和谈。这次来的人很多，而且显然都是有权势的人。在图拉真记功柱上，可以看到国王德凯巴鲁斯的身影在这些人的后面。看得出，使达契亚部族得以兴旺的这位领导者是身材魁梧的人。

但是，画面中没有德凯巴鲁斯跪倒在胜利者图拉真面前的情形。这意味着达契亚国王虽然请求和谈，却没有亲自参与。当然，图拉真也没有亲自参与和谈。

罗马转向帝制后，与共和制时代一样，除了军事指挥权，从和谈过程到和谈条约的缔结，都是全权交给前线总指挥负责的。敌我双方的条件达成共识后，由总指挥署名，然后，和谈文书会被送到首都罗马。在共和制时代，需要公民大会和元老院通过；在帝制时代，只要皇帝和元老院同意，和谈内容即正式生效。

公元 102 年，当时的图拉真完全可以沿用这一传统，而且他又是皇帝，只要得到元老院的同意，和谈结果就可以马上生效。

但是他没有这样做，他把达契亚的代表送到了罗马，让这些人直接与元老院谈判。

元老院认为图拉真这样做，表明了他对元老院的尊重。但是，我不这么想。我想，他是把与达契亚和谈的这个"球""踢"给了元老院。因为我认为，图拉真从来就不认为和谈可以彻底解决达契亚问题。当然，拖延战争也不是作为总指挥官的他希望的。

第一次达契亚战争历时只有一年零几个月，因和谈得以通过而告结束。和谈内容如下：

一、罗马授予达契亚国王“罗马的友人与同盟者”称号，达契亚从此成为罗马帝国的同盟者。

二、罗马保证国王德凯巴鲁斯和全体重臣地位不变。

三、达契亚国王同意罗马派遣一支军队驻扎在其首都萨米泽杰图萨近郊。

四、罗马没收包括攻城武器在内的所有达契亚的兵器。

五、拆除达契亚在多瑙河北岸的所有城堡要塞。

六、双方同时释放对方俘虏。

七、达契亚保证以后不再侵犯位于多瑙河以北的与罗马建有友好关系的部族。

作为胜利者的罗马军队接受这样的条件似乎有些过于温和。但是所谓的“罗马的友人与同盟者”，事实上是罗马附属国的意思。在图密善时代，曾经与罗马帝国订立过对等条约的德凯巴鲁斯是否心甘情愿地接受这样的地位，应该是个问题。

（45）图拉真记功柱上的这个画面是胜利女神维多利亚。关于第一次达契亚战争的描述，到这里就算结束了。这年冬天，与达契亚相反，罗马上空阳光明媚，让人感觉不到冬天已经来临。在这里举行了以图拉真为主角的凯旋仪式。这位时年 49 岁的凯旋将军得到了“德基库斯”（Dacicus）的尊称，意思是“征服达契亚的人”。

公元 103 年至 104 年，罗马与达契亚之间处于和平状态，没有发生任何事情。帝国其他前线也是同样的情况。因此，在这两年里，图拉真不再需要穿军装。

身穿托加长袍的皇帝循规蹈矩地参加元老院会议，检查达契亚战争之前已经法制化的各种政策的执行情况，并开始关注作为皇帝的另一项重大职责——完善国内基础设施的建设。虽然他身在罗马，但是多瑙河上的一项重大工程已经启动。事实上，这项工程就是在与达契亚刚刚达成和谈后着手动工的。

建筑师阿波罗多洛斯

莱奥纳多·达·芬奇的意思是“芬奇的莱奥纳多”。用他的出生地来代替姓氏称呼他，不是因为他没有姓，而是为了把他与其他众多的同姓人区别开来。也就是说，当人们称呼某人为某地的某某时，证明此人尚在人世时就已经是一位名人了。“大马士革的阿波罗多洛斯”是一位在图拉真时代参与并完成了所有标志性公共建筑建设的建筑师。

其实无须小亚细亚行省出身的哲学家克里索斯托强调，罗马皇帝一直以来就有以下三大职责：

一、保障国家安全，也就是对外政策。

二、治理国内秩序。

三、用现在的话来说，就是完善基础设施的建设。

第一条和第二条要形成相关的政策，需要得到元老院的通过。只有第三条，皇帝可以按自己的想法去实施，因为完善帝国全域内的基础设施，所需经费不是从国库里出，而是从皇帝的公库里出。

因此，罗马皇帝兼任了事实上的建设大臣。不同的皇帝，因其性格不同，他们与建筑师之间的关系也有所不同。

一种情况是皇帝自身有一定的艺术修养。在这种情况下，设计方案通常由皇帝提出，建筑师只负责解决技术问题，并把方案变成现实。

另一种情况是皇帝自觉缺少艺术修养。这样的皇帝会把所有事情都交给建筑师来做。

前者的代表人物是尤里乌斯·恺撒和继图拉真之后的哈德良。此外，提出建造“黄金宫殿”（Domus Aurea）的尼禄也属于这一类，虽然他的设计与罗马人的感觉不太一样，应该减分。

后者的代表人物是韦斯帕芗和图拉真。圆形竞技场是韦斯帕芗建的。这类皇帝统治期间的建筑师名垂青史的概率自然要大很多。

用不着我多做解释，“大马士革的阿波罗多洛斯”和“芬奇的莱奥纳多”，他们的才能完全施展在不同的方面。阿波罗多洛斯的才能用在了解决他全权负责的项目上，而莱奥纳多的兴趣在于探求事物的基本原理。因此，我们可以毫不犹豫地称阿波罗多洛斯为建筑家或建筑工程师，却不知道什么样的称呼适合莱奥纳多。

也许正是上述原因，莱奥纳多在土木、建筑领域表现出来的才华只体现在极少量的一些图纸上。而阿波罗多洛斯则留下了大量的建筑遗迹，为现代考古学家提供了极富价值的研究实物。莱奥纳多在有生之年不够幸运，除了像科学家那样探求事物基本原理的精神之外，他没能遇到一位愿意把一切事务都交给他负责的皇帝。

莱奥纳多的家乡不是佛罗伦萨，他却成了以佛罗伦萨为发祥地的文艺复兴精神的最高体现者。同样，希腊人阿波罗多洛斯尽管出生在大马士革，却是所有建筑师中最具备罗马风格的建筑师。我想，他和图拉真一定是极其相像的两个人，因为图拉真虽然出生于西班牙，却比罗马人更像罗马人。

在彻底解决达契亚问题之前，图拉真没有亲自负责过一个像样的公共建筑项目。因为那时的他，不得不把阿波罗多洛斯牢牢地拴在多瑙河畔。

阿波罗多洛斯

在英语中，建筑师及建筑工程师叫作“architect”，意大利语叫作“architetto”。它们都是以希腊语派生出来的拉丁语“architectus”为词源的。把它译成无法体现出以拉丁语为词源关系的日语时，我想与其翻译成“建筑师”，不如翻译成“构筑师”更贴切。因为，罗马时代的“architectus”必须负责所有土木工程，不管是用于军事的还是非军事的。当然，这与罗马人的土木工程本身很难区分军事用途或非军事用途有关，像道路和桥梁的设计修建就是典型的例子。第一次达契亚战争结束后，阿波罗多洛斯接到的任务就是建桥。

如果在普通的河面上修建石结构桥，罗马军团中的那些普通工程师就足以完成。但是，“大马士革的阿波罗多洛斯”接到的任务是在多瑙河这条大河上架起一座石桥。

在波涛滚滚的大河上建桥有过先例。那是在150年前尤里乌斯·恺撒下令修建的，就在欧洲仅次于多瑙河的莱茵河上。据说那座桥建在波恩和科隆之间的某个地方。莱茵河在那个位置的河面宽度不足500米。还有，恺撒下令建的桥是木结构桥。这一次，图拉真要求建一座石结构的桥，位置在多瑙河中游，是河面宽度远远超过莱茵河宽度两倍的地方。图拉真建这座桥的目的是要联结罗马本土与达契亚属地。

现在，多瑙河两侧还能找到一点儿桥墩的遗迹，因此还可以确定阿波罗多洛斯在现场指挥完成的这座桥所在的位置。北岸位于罗马时代叫作德罗贝塔的城市，现在叫塞维林堡，属于罗马尼亚；对面的南岸是在塞尔维亚。

那么，为什么建桥的地点一定要选在这个位置呢?

首先，过了桥来到多瑙河北岸后，从这里绕过特兰西瓦尼亚阿尔卑斯山脉，可以直线到达达契亚首都萨米泽杰图萨。

其次，方便与其他战略要地的交通。这座大桥现在还叫图拉真大桥（Tabula Traiana），其建筑风格非常符合阿波罗多洛斯的作品风格。现在，这座桥已经被完全淹没在水面以下，看不到它的原貌了。因为它与劈山而建的大道相连，所以，在罗马时代，想与费米拉孔（今科斯托拉茨热）和辛吉杜努姆进行往来联系非常便利。

建桥的地方属于近默西亚行省。这个行省位于国界线上，所以有2个军团常驻。贝尔格莱德是第四弗拉维亚军团的基地，科斯托拉茨热是第七克劳狄亚军团的基地。

一旦发生紧急状况，作为辅助部队的第二亚狄托里克斯军团可以从远潘诺尼亚行省首府阿昆库姆（今布达佩斯）自西北赶到达契亚；第一意大利军团可以从远默西亚行省诺维伊（今斯维什托夫）基地自

图拉真大桥

东南赶到达契亚。也就是说，图拉真大桥正好位于4个军团基地在多瑙河中游沿岸的活动范围的交叉中心。

第三，在帝国最前线的多瑙河上建起这座桥，方便前线与帝国首都罗马之间的交通往来。

建桥的地方有一条向南延伸的罗马大道。从纳伊苏斯（今尼什）沿这条道路向西南走，在里斯（今列泽）抵达亚得里亚海。出了亚得里亚海，快的话只要一整天，慢的话也只需要两天的航程就可以到达意大利半岛。登陆意大利后，意大利境内完善的道路网甚至会让你迷失方向，不知道该选择走哪条路去罗马。此外，从贝尔格莱德沿罗马大道向西，也可以到达位于亚得里亚海东岸的斯帕拉托（今斯普利特）。如果走这条路的话，从斯普利特到位于意大利中部的海港安科纳只需要横渡亚得里亚海即可。就算发生了需要皇帝亲临现场的大事，也能保证军队的行动迅速快捷。走这条路线与绕道意大利北部抵达罗马的路线相比，无论是距离还是时间上都会大大缩短。

我有一个罗马尼亚朋友住在罗马，他父母生活在罗马尼亚西部。他很少选择坐飞机从罗马到罗马尼亚首都布加勒斯特，再折回向西的出行方式。更多的时候，他会选择开车去，理由是这样可以更好地了解社会。那么，他会选择走哪条路线呢？

首先，从罗马经过佛罗伦萨、博洛尼亚到帕多瓦，再到的里雅斯特，他会走意大利人引以为傲的高速公路。从的里雅斯特向东北穿越斯洛文尼亚，目的是要避开在克罗地亚境内的旅途。然后进入匈牙利，虽然这样走有点儿绕远。进入匈牙利境内后，目标直指位于东北方向的布达佩斯，而不是直接向东去。到布达佩斯后再转而向东，越过国界线，进入罗马尼亚境内。

当然，从罗马到罗马尼亚并非只有这一条路可走。如果你想沿着

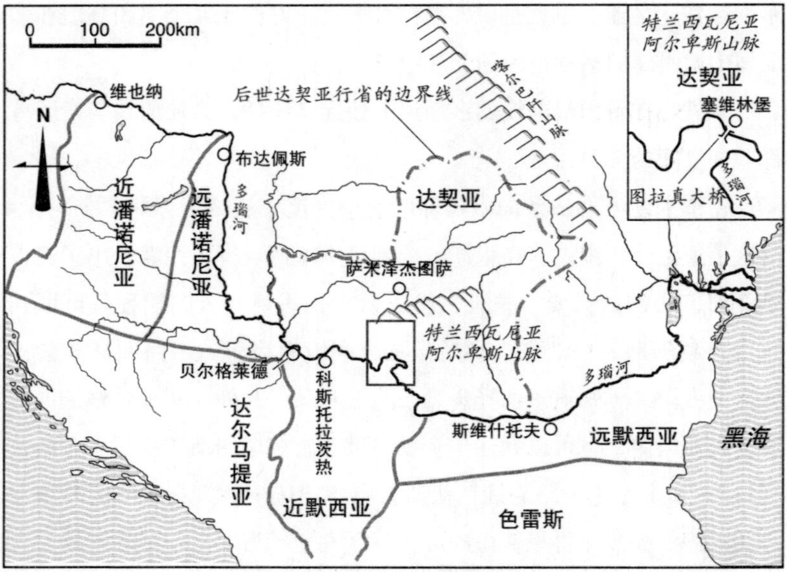

图拉真大桥和达契亚以及周边

2 000 年前古罗马人走过的路线走一遍的话，现在依然可行。

首先，只要走高速公路，从罗马到达亚得里亚海的港口城市安科纳或位于安科纳以南的佩斯卡拉非常容易。这两个港口都有摆渡船到斯普利特，这种船可以装运汽车。此外，同样先走高速公路，到达巴里，从巴里到列泽以南、罗马时代的迪拉基乌姆（今都拉斯）。这条路线同样有可以运送汽车的航路。

如果在斯普利特上岸，需要穿过克罗地亚，纵贯波斯尼亚和黑塞哥维那（现在通常简称为“波黑”。——译者注），并在到达贝尔格莱德以后，渡过多瑙河才能进入罗马尼亚。如果在阿尔巴尼亚的都拉斯上岸，行驶的路线就变成了先穿过阿尔巴尼亚、科索沃，然后通过塞

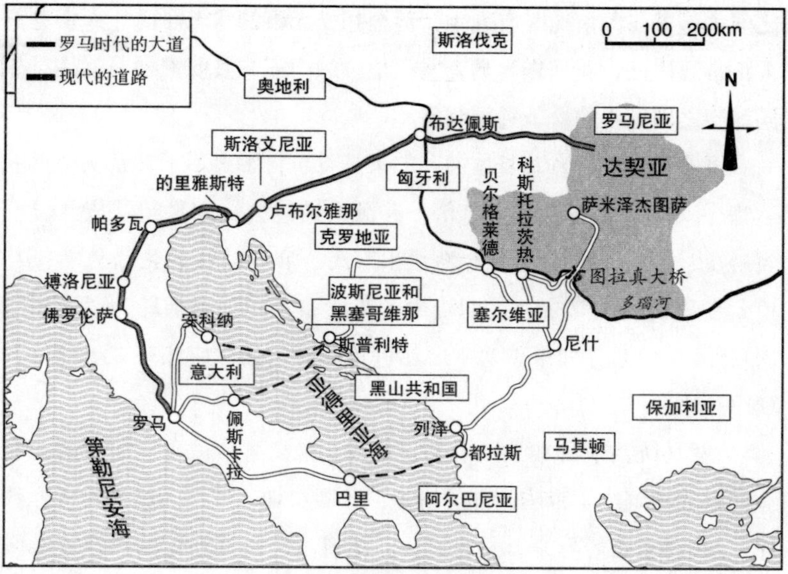

从罗马到达契亚

尔维亚，再横渡多瑙河进入罗马尼亚。从上面所列自罗马到罗马尼亚需要经过的地方，我们知道，在波黑战争及科索沃战争以后，除非记者，这里实在不适合普通百姓开车旅行。尽管战争已经结束，但是，战争中遭到毁坏的道路及桥梁还没有得到修复；同时，旅途中的住宿也得不到保证；此外，为数不少的当地居民依然拒绝交出武器。可以说，这些地方绝对不能说治安状况良好。到这些地方旅行，在罗马帝国统治时代过去了近 1 700 年后的今天，反而变得更危险了。

所谓“罗马统治下的和平”，不只是为了保护帝国本土内的居民不受生活在罗马帝国国界之外的人——罗马人称之为蛮族的人——的侵扰而享有的“和平”。罗马帝国是个多民族国家，相邻而居的民族之间关系紧张的情况时有发生，甚至相安无事的状态反而让人感觉不太正常。因此，罗马作为具有霸权地位的国家，其职责之一就是对不同民族之间发生的纷争进行调停。

调停首先由行省总督出面。如果行省总督解决不了，就从中央下达指令，皇帝会写一封亲笔信，并派人送过去。如果问题依然得不到解决，罗马就会毫不犹豫地派出军团。罗马时代的希腊哲学家克里索斯托提出的皇帝三大职责中的第二条，我把它翻译为“治理国内秩序”。但是，如果忠实于原文进行翻译的话，应该是“治理行省秩序”。

“罗马统治下的和平”不是只要成功抵御外敌就可以实现的。只有同时成功解决了帝国内部的纷争，才能实现“罗马人维持的世界秩序”。在普通百姓看来，只有这样，才有可能选择最近的路线放心旅行，不管你去哪里。

可以说，图拉真大桥是古罗马科技的结晶之一。在阿波罗多洛斯的指挥下，建成这座大桥仅用了一年多一点儿的时间。建设者就是士兵。采伐石材和木材等工作由辅助部队的行省士兵负责，需要建造技术的主体施工部分工程由军团兵负责，因为他们熟悉此类工作。此时，罗马和达契亚之间已经达成和谈协议，所以估计士兵都是把盔甲、武器等放在基地内，穿着短衣从事劳动的吧。罗马人非常讨厌工程遥遥无期地拖延，再加上图拉真大桥是建在水量丰沛的大河上，所以能否尽早完工直接关系到工程成功与否。尤里乌斯·恺撒下令在莱茵河上建的桥只用了 10 天时间，那是因为建桥地点河面较窄，建的又是木结构桥。而在多瑙河上建石桥，从开工到结束也仅用了一年多一点儿的时间，我想，这一定是突击施工的结果。还有一个原因，我想是因为士兵有长年积累起来的丰富的建筑施工经验，大桥才有了在

为纪念图拉真大桥建成而发行的塞斯特斯铜币
（正面是图拉真侧面像，背面是变形的拱形大桥）

短时间内建成的可能性。

为了纪念此桥的建成，同时也出于宣传罗马拥有了可以在多瑙河上架设如此巨大规模桥梁的技术的目的，在大桥建成后的第二年，图拉真发行了塞斯特斯铜币，图案是一座变形的拱形大桥，这是因为铜币是圆形的。

因为罗马人把桥梁看作道路的延伸，所以他们修建的桥面通常与路面高度一致。如果你看到的桥有台阶或坡度，那一定是在罗马帝国灭亡后修建的。

考虑到流经桥下的河水涨落情况，必须把桥的高度设计成在水量猛增时也不会被淹。同时，要想使桥梁高度与道路一致，直接从一边河岸建到另一边河岸，是不可能做到的。因此，桥脚必须深入内陆距离河岸很远的地方。同样，在河的另一边，也要延伸至距离河岸很远的地方。这样一来，桥的长度大大增加，高度自然也可以增加了。根据建桥位置的地势条件，建桥方法各有不同。但是，罗马人建桥的基本原理就是上面的要求。

图拉真大桥

关于桥梁，与其看实为外行的我生涩的解释，倒不如看图可以一目了然。在这里，我想介绍的是选自加利亚佐著的《罗马的桥》中的图（见下图），首先令人惊讶不已的是其建造规模。

全长——1 135 米

高度——27 米

宽度——12 米

桥体由 20 个石结构桥墩支撑。

桥墩间隔——33 米

高度——14 米

宽度——18.5 米

桥墩下面埋木桩，桩与桩之间紧密无缝，木材的耐水性出奇地好。水城威尼斯的下面就埋了无数木桩。

桥墩之间的距离有 30 多米，三层桨战船通行完全没有问题。

建这种巨大的桥墩时采用的施工方法是，先用紧密无缝的木栅栏围住一个地方，排空里面的水，然后再在木栅栏内建桥墩。我问过一个在日本本州和四国参加过建桥工程的人，他告诉我，尽管机械化程度与现在不能相提并论，但是，当时的罗马人采用的施工方法与现在的完全一样。

这座连接多瑙河左岸的德罗贝塔和右岸的庞特斯的桥梁，只有桥

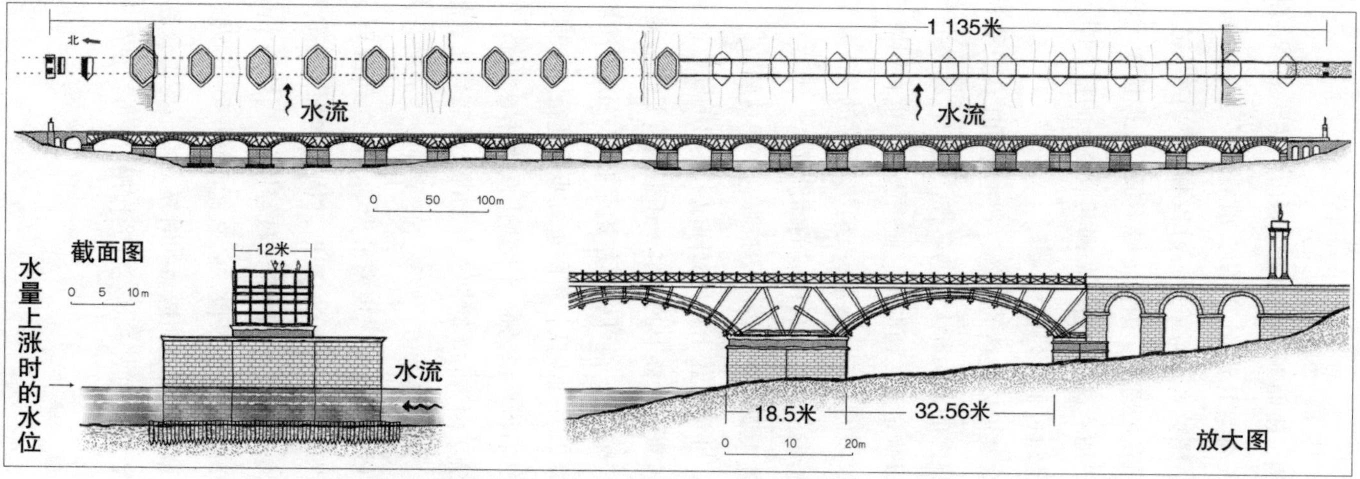

图拉真大桥（复原图。最上层是从上往下看的桥的平面图）

墩部分是石结构，桥面部分用的是木板。当然，如果在陆地上建近1公里长的桥梁或高架引水渠，即使要求全程都是石结构，罗马人也具备这样的技术。图拉真大桥采用石材和木材混用的方式，一定是出于减轻整座桥体重量的考虑，因为桥墩不仅要支撑桥体，还要承受桥下水流的冲击。再加上这座大桥与帝国其他地区的桥不同，它的长度不是数十米，而是超过了1公里。

按照罗马公共设施建造的惯例，建这样的工程，会在所用石材的表面刻上参与施工的军团和大队的名称。从图拉真大桥存留下来的极少遗迹中，可以确定第二西斯帕尼亚军团和第三布列塔尼亚军团，以及第一克里特军团的各个大队都参与了该桥梁的施工建设。用大队称呼的部队是由行省出身的士兵构成的辅助部队。当然，这些大队也都参加了第一次达契亚战争。因为图拉真为了建这座桥，在与达契亚达成和谈协议后，并没有让士兵马上回原来各自的驻地。

无论是图拉真记功柱上的浮雕，还是铜币上的图案，都显示出图拉真大桥有上下两层。很可能下层用于装载有沉重武器及粮食的货车，并用于通常以三列纵队行军的重装步兵通行，上层用于负责警戒的士兵和老百姓通行。罗马帝国不禁止百姓过境交流，他们甚至鼓励内外往来的交流。因为和平时期人与物的交流越频繁，越容易降低生活在国界外蛮族的掠夺欲望。罗马人把掠夺欲望的消退叫作文明化。

图拉真大桥是罗马时代规模最大的一项建筑工程。但是，根据100年后的卡西乌斯·狄奥的描述，“因为痛恨这座桥被蛮族利用，哈德良皇帝下令，桥的木结构部分被解体”。当然桥本身并没有因此失去它的用途，因为有记录说，后来这座桥得到了维修加固。但是，到了帝国末期蛮族入侵愈演愈烈的时候，木结构部分遭到彻底破坏。作为一座桥，它完全失去了其应有的作用。6世纪前后开始，每个世纪总会有一两个人对此桥表现出特别的兴趣。到了17世纪，终于有人画出了图纸，尽管只是石结构的桥墩部分。到了19世纪中叶，第一本研究该桥梁的正式书籍出版。然而，到了那个世纪末期，奥匈帝国为了方便大型船只在多瑙河上航行，对破损已经非常严重却依然矗立在河中的桥墩实施了爆破，自此图拉真大桥彻底从人们的视线中消失了。现在，我们只能通过研究者掌握的桥体复原图和位于罗马博览会新城的罗马文明博物馆里的模型来想象它作为桥梁发挥作用的那个时代的情形。

让我们回到1 900年前的古代吧。看到罗马堂而皇之地在自己的眼皮底下建造如此规模的大桥，而且只用了一年多一点儿的超短时间完成，达契亚国王德凯巴鲁斯又是怎么想的呢？

罗马方面声称建这座桥只是为了联结位于多瑙河右岸的庞特斯和位于多瑙河左岸的德罗贝塔，因为庞特斯本来就是罗马的领土，德罗贝塔则在第一次达契亚战争结束后成了罗马的基地之一。这个理由应该说是成立的。还有，因为达契亚与罗马已经建立了同盟关系，所以，图拉真大桥的竣工可以进一步促进两国之间的交流，有利于维护两国间的和平。这一理由同样成立。

但是，在达契亚方面看来，罗马军队在第一次战争期间建起来的石结构扎营地从德罗贝塔一直连到了达契亚首都萨米泽杰图萨。战争结束后，罗马并没有从这些扎营地撤走全部士兵。

我们不清楚图拉真皇帝是否故意刺激达契亚国王。从种种迹象来看，我想他多少是有这个想法的。只是关于这一点，没有人给我们留下只言片语。不管怎样，对达契亚来说，罗马建造图拉真大桥就是公然的挑衅行为。同时，对于德凯巴鲁斯来说，他忘不了自己在图密善时代，曾经以强硬的姿态得到过对己有利的和谈结果。虽说罗马皇帝换了，但是，那次经历不过是10年前的事情而已。

达契亚国王认为第二次战争一定会来。这一次，他改变了策略。他要鼓动帕提亚国王和自己联合起来，从东、北两个方向同时攻打罗马帝国。达契亚使节好像确实去了帕提亚国王的宫殿。只是，从公元前1世纪开始与罗马接触之前，帕提亚王国虽然一直拥有可以对罗马边境构成威胁的军事力量，却没有足够的力量可以攻下罗马。这个国家只有在国王更替的时候，才会威胁罗马的领土。因为这个时候，它需要通过向外国示威，来控制国内局势。公元105年，帕提亚并无这方面的需求。

从黑海到红海

对于达契亚国王试图拉拢帕提亚的情况，图拉真知道的可能性极大。因为与帕提亚接壤的叙利亚行省，其总督的重要任务之一就是监视帕提亚的动向。当然，总督并不需要派遣间谍冒险潜入帕提亚。那时来自东方的物产必须通过帕提亚才能进入罗马，而罗马正是东方商人最大的客户。因此，只要用心搜集并分析商人带来的情报，就可以了解到帕提亚的现状，其准确率非常之高。罗马帝国的国界线无论在哪里，都是开放的，与帕提亚之间的国界线又比其他任何地方都更加开放。

也许是知道了达契亚国王拉拢帕提亚的策略失败，也许是将计就计，要好好利用这件事情，这个时期，图拉真计划兼并阿拉伯。

罗马人叫作阿拉伯的地方不是后来的阿拉伯半岛，而是以盛产香料、没药以及珍珠而闻名的富庶的阿拉伯半岛南部。罗马人把这个地方叫作“肥沃的阿拉伯”（幸福的阿拉伯），省略形容词，就是阿拉伯，指的是现在的约旦一带。

叙利亚行省总督科尔涅利乌斯·帕尔马接到图拉真的命令后，只带了属下的一个军团就实现了对该地区的兼并。纳巴泰王国早已没有了昔日的威风，兼并该地区无须诉诸战争。仅靠一个军团就完成了对阿拉伯的兼并，是因为帕提亚对此没有任何动作。成功兼并约旦，使得罗马帝国确立了从黑海到红海的边界线。

这条边界线始于黑海，在幼发拉底河岸沿着与亚美尼亚王国接壤的国界线一路南下，在幼发拉底河转向东南方向去的地点离开河岸继续南下，经过帕尔米拉，再通过波斯特拉（今布斯拉）、费拉德尔菲亚（今约旦首都安曼）以及纳巴泰王国的首都佩特拉附近，直达与红海相接的亚喀巴。

在被罗马帝国兼并成为行省的地方，罗马首先要做的事情是兴建相当于古代高速公路的罗马式大道。现在的约旦纳入罗马帝国后被命名为“阿拉伯纳巴泰行省”。在这里，可以称之为干线的道路铺设同样开始了。这条大道纵贯约旦，从大马士革出发，经过布斯拉、安曼，到达亚喀巴。根据现在发掘出来的石板路标，可以知道它完成的时间是公元 114 年。阿拉伯行省的首府不是安曼，而是布斯拉，原因一定是这里距边境更近。驻扎在布斯拉的是第三昔兰尼加军团。

后来，阿拉伯的劳伦斯攻打亚喀巴时，不得不穿越灼热的沙漠。但是，在罗马时代，尽管灼热的状况相同，却有铺设完好的大道，只要沿大道行进就可以了。最近有报道说，约旦政府要在安曼和亚喀巴之间修建一条高速公路。

至此，故事的情节总在古代和现在的时间隧道中穿梭，不时地偏离主题。这是因为我在学习罗马史的时候，强烈地感受到完善基础设施建设的重要性，并且感受到因基础设施的完善，人与人之间的交流变得更加顺畅。我非常希望阅读此书的您能与我共享这一想法。同时，我也在想，罗马时代可以做到的事情，为什么在其后漫长的岁月里却总是做不到呢？有人和我有相同的疑惑，他们对此进行了调查研究。在这里，我想介绍其中一个人的调查结果。这是一条模拟路线，模拟了从苏格兰到耶路撒冷，也就是从罗马帝国的西端到东端的行进路线。除了不得不走海路以外，全程利用古代的罗马大道。罗马大道每隔一罗马里就立一个里程碑，在这里我就用罗马里来表示距离，以示对历史的尊重。1 罗马里相当于 1.478 公里。

从安敦尼·庇护皇帝时代所建长城附近的达拉斯哥，经过哈德良长城，到军团基地所在地约克是 222 罗马里。

从约克到伦敦是 227 罗马里。

从伦敦到多佛尔是 67 罗马里。

横渡多佛尔海峡，到法国布洛涅的海路是 45 罗马里。

从布洛涅经亚眠到兰斯是 174 罗马里。

从兰斯到里昂是 330 罗马里。

从里昂翻过阿尔卑斯山脉，到意大利的米兰是 324 罗马里。

从米兰到罗马走埃米利亚大道和弗拉米尼亚大道是 426 罗马里。

从罗马走阿庇亚大道到意大利南部港口城市布林迪西是 360 罗马里。

从布林迪西横渡亚得里亚海，到现在的阿尔巴尼亚都拉斯的海路是 40 罗马里。

从都拉斯到拜占庭（今土耳其伊斯坦布尔），走埃格纳提亚大道是 711 罗马里。

从伊斯坦布尔到安卡拉是 283 罗马里。

从安卡拉沿罗马大道到地中海一侧的塔索斯（今塔尔苏斯）是301罗马里。

从塔尔苏斯到叙利亚的安提阿（今安塔基亚）是141罗马里。

从安提阿到黎巴嫩的蒂洛斯（今提尔）是252罗马里。

从蒂洛斯到以色列的耶路撒冷是168罗马里。

合计4 071罗马里。在这6 000多公里的旅程中，不需要出示“护照”。

如果达契亚国王德凯巴鲁斯甘愿接受被纳入罗马文明圈的命运的话，第二次达契亚战争就不会爆发了。但是，自视甚高的达契亚人最终选择了与罗马兵戎相见。达契亚国王家里金银堆积如山，因为当地盛产这些东西。又因为这是一个君主专制国家，所以君主的手中不仅掌握着权力，也聚敛了国内的财富。

罗马帝国与东方的君主国家之间的不同之处在于，前者总是努力维持常备的军事力量，后者则在需要军队的时候用钱招募士兵。

第二次达契亚战争

公元105年春，达契亚单方面撕毁和平条约，挑起了战端。德凯巴鲁斯向罗马在达契亚境内的扎营地、正在铺设道路的第七克劳狄亚军团以及多瑙河下游的罗马领地同时发起了进攻。

6月4日，图拉真皇帝离开首都罗马，达契亚战争正式爆发。让我们回到图拉真记功柱上，通过追溯每个画面来了解这场战争。

（46）图拉真记功柱上的浮雕对第二次达契亚战争的描述从图拉真在意大利中部的海港城市安科纳登船开始。画面中有一座位于山顶的为女神维纳斯而建的神殿，还有港口附近为纪念图拉真取得第一次达契亚战争的胜利而建的凯旋门。这两个建筑物显示的地点就在面向亚得里亚海的安科纳。

(47) 画面中有无数条海船，罗马军队分乘这些船，横渡亚得里亚海。摇橹的士兵穿着短衣，盔甲放在脚边。图拉真身披大红斗篷，站在其中一艘船的船尾，大声地和着摇橹的节拍，领着众人喊号子。一群海豚出现在波浪之间，显示了船队正在海上航行。

（48）图拉真和士兵横渡亚得里亚海，并在现在的克罗地亚海港城市登陆。前来迎接的所有居民都身披罗马式斗篷，后面宏伟的石结构建筑林立。由此可见，这个地方不是达尔马提亚行省的首府索林，就是位于其南边的海港城市斯普利特。

（49）图拉真一身便装，短衣外披了件斗篷，骑马向内陆进发。公民在道路两侧目送他们离去。人群中有女人和孩子。

（50）画面中，正在举行正式的祭神仪式，祭品是几头牛，脖子上挂着用蔓草和花编成的项圈。虽然奔赴前线是当务之急，但是对罗马人来说，向神祈求是万万不可怠慢的事情。士兵和公民全体参加了祭神仪式。

（51）也许是正在过河吧。士兵同时利用船只和石桥在行军。

（52）皇帝和士兵进入了一座宏伟的城市。图拉真正在主持祭神仪式，上面有用作祭品的牛。

如果图拉真登陆的地点是斯普利特的话，那么图拉真记功柱上的这些城市应该是现在位于波斯尼亚和黑塞哥维那的城市。虽然这一带距离意大利本土较近，但是，在罗马时代，这里的文明程度已经高得令人有些难以置信。

（53）在这片巴尔干地区，随着距离多瑙河前线越来越近，画面中的背景建筑和石结构城堡也多了起来。罗马骑兵军团一边侧目看着这一切一边疾驰而过。

周边居民出来迎接走在队伍最前头的图拉真。从服装和头发的长度来判断，他们是达契亚人。人群中有女人和孩子。对于生活在国界线以外的人，只要他们爱好和平，专事劳作，罗马帝国就允许他们移居到罗马领地内。

（54）在人群中，身着罗马式服装的居民也很多。罗马帝国多民族的居民构成即使在边境地区也是如此。

图拉真在人群的簇拥下，向祭坛倒葡萄酒，祈求罗马军队胜利。我觉得罗马人祭神的频率有点儿过高。但是在即将进入战区的时候，向诸神祈求保佑是一个必不可少的仪式。

（55）这里，场面变了。画面是士兵把盾放在一旁，穿着短衣，脱下一只袖子，正在砍伐森林。看着这样的场景，我真切地感受到，罗马军队与其他国家的军队最大的区别就是后者即使有诸多不便，也宁愿利用已有的路；而前者则为了方便行军，每一次都是边修路边行军。

（56）场面又变了。这个画面描绘的是攻打位于多瑙河南岸的罗马军团基地的达契亚士兵。达契亚士兵参加战斗时只穿上衣和裤子，不戴胸甲，即使官至高位也是如此装束。护身就用大型的盾。在发动攻势的达契亚军阵前指挥的是蓄着胡子、戴着帽子的达契亚高官。由此可见，国王德凯巴鲁斯反对罗马的呼吁是得到达契亚举国支持的。

（57）处于防守的罗马士兵并不示弱。比罗马帝国任何边境的士兵都要艰苦的是驻守在多瑙河防线的士兵。在气候、地势、精神及肉体等各方面都很险恶的环境让平凡的士兵变成了精锐之师。对于多如蚂蚁的达契亚士兵的进攻，他们积极应战，绝不后退一步。

（58）战斗好像不是隔着防御工事进行的，而是罗马军队走出基地迎战达契亚人的进攻。图拉真记功柱上有好几个画面描绘了双方激烈的白刃战。这些足以让人们想象到罗马军队士兵手持铜枪铜剑作战的逼真画面，不愧是浮雕作品的杰作。

（59）战况逐渐向有利于罗马的方向发展。随着画面的推进，被打倒在地的达契亚士兵人数不断增加。尽管如此，最终决定罗马军队胜利的是图拉真率领的骑兵队的到来。达契亚人只能留下无数尸体逃回多瑙河北岸。

这时秋季来临，罗马军队不得不推迟到第二年春天再横渡多瑙河，反攻达契亚。东欧的冬天异常寒冷。在第二年春天向北发动进攻之前，有必要让士兵得到充分的休整。

这个冬季发生了一个插曲，故事至此戛然而止。

达契亚国王德凯巴鲁斯与罗马为敌，不是因为他念念不忘要消灭罗马帝国，而是因为他有野心。他希望与罗马缔结一个对达契亚方面有利的和平条约，就像图密善时代缔结的条约那样，然后在多瑙河北岸建立起一个庞大的王国。为此，他总是在发动侵略战和寻求和谈之间一次次地变换策略，让人琢磨不透他到底想要干什么。可是，德凯巴鲁斯的如意算盘打错了。罗马人不是一个甘愿长期容忍只对对方有利而对自己不利的不平等条约的民族。

罗马还在继续修建道路。但是，修路地点不知道是在多瑙河南岸的罗马领地，还是在多瑙河北岸的达契亚领地。不管怎样，达契亚军队趁罗马军队因和谈正在进行而放松警惕的机会，袭击了正在修建道路的第七克劳狄亚军团。这次袭击非常成功，达契亚军队成功抓获了军团长和 10 名罗马士兵。达契亚国王准备用这张“王牌”，向罗马皇帝要求有利于自己的和谈条件。

被俘的军团长朗基努斯，担任驻扎在多瑙河沿岸基地科斯托拉茨热的第七克劳狄亚军团的军团长之职已经很长时间了。他是一位勇敢善战的将军，在第一次达契亚战争中，就没有辜负图拉真的信任。他还是首都罗马的名门之后，祖辈都属于元老院阶级。

这样一个人物被俘，如果坐视不管，难免会引起元老院的不满，从而成为元老院的对立面。也许达契亚国王认为行省出身的图拉真不可能担当这样的风险。

朗基努斯虽然被俘，但是，达契亚国王既没有把他捆绑起来，也没有把他投进监狱，在达契亚城堡内，他的行动完全自由。甚至德凯巴鲁斯还劝他多与当地居民接触，允许他带着照顾他生活起居的解放奴隶外出散步。他希望自己优待朗基努斯的做法可以传到图拉真的耳朵里。

当然，达契亚国王也没有忘记把罗马的这位军团长叫来，向他打听罗马皇帝的军事计划。对此，朗基努斯的回答总是同一句话，就是“不知道”。

德凯巴鲁斯还向位于多瑙河下游的罗马军团基地发动了进攻，但是以失败告终。这次就算是德凯巴鲁斯，也不得不相信翌年春天，罗马军队必定进行反攻。这年冬天，达契亚国王终于决定使出手中的这张王牌。

达契亚提出的和谈条件是：第一，罗马承认多瑙河北岸直到黑海的全域为达契亚领土；第二，罗马向达契亚赔偿其对罗马作战时付出的战争费用。

只要罗马接受这两个条件，达契亚国王就释放朗基努斯和 10 名俘虏。他让朗基努斯负责劝图拉真答应达契亚方面的这些条件，并签署和谈条约。

听到国王提出的这个要求，罗马的军团长终于点头了。他答应给图拉真写信，暗地里却让解放奴隶——他的仆人设法弄来毒药。因为他有行动自由权，所以并没有太费周折。

我们不知道朗基努斯给图拉真的信中都写了些什么，很可能他没有用德凯巴鲁斯看得懂的拉丁语，而是用希腊语写的。朗基努斯借口图拉真认识自己的仆人，坚持让仆人把这封信送到图拉真手中。然后，估算着送信的解放奴隶已经到达安全地带的时候，这位罗马将军喝下了毒药。

失去“王牌”的达契亚国王怒不可遏。但是，他依然没有放弃让罗马皇帝做出让步的幻想。

这一次德凯巴鲁斯亲自给图拉真写了一封信。他提议，图拉真用那个可恶的、对所有情况了如指掌的解放奴隶来交换朗基努斯的尸体和 10 名罗马兵俘虏。他把送信的任务交给了 10 名俘虏中职位最高的百夫长。

图拉真既没有答应和谈，也没有答应交换。解放奴隶和百夫长就这样留在了罗马营地内。

百夫长是罗马公民权拥有者，也是罗马军团的中坚。但是，解放奴隶是罗马公民的可能性实在很小。虽然罗马对解放奴隶打开了取得罗马公民权的大门，却是有条件的。首先解放奴隶必须有孩子，其次要有 3 万塞斯特斯以上的资产。前线的司令官通常都是单身赴任，长期在这样的主人身边服侍的仆人有妻室儿女的可能性几乎为零。虽然主人对解放奴隶很好，把他从奴隶的身份中解放出来，但是，这名解放奴隶很可能还没有取得罗马公民权。

如果按达契亚国王的要求，把这名非罗马公民的解放奴隶交出去，那么那位将军，元老院元老，同时也是共和制时代以来的名门之后的遗体就可以被送回来了。

关于这段插曲，在罗马元老院拥有一席之地的希腊人、担任过行省总督的历史学家卡西乌斯·狄奥说过这样一句话：

> 图拉真认为与其给朗基努斯一个葬身的坟墓，不如保证罗马帝国的尊严。

图拉真记功柱上没有这一段插曲。浮雕接着上一年夏天继续讲述在多瑙河下游取得阻击战胜利后的第二次达契亚战争。翌年，即公元106年春季，罗马军队开始反攻。这一年，图拉真52岁。

（60）罗马军团集结在庞特斯。这是阿波罗多洛斯指挥修建的图拉真大桥的起点。在画面中，作为主要战斗力量的军团兵全副武装，身着随时可以投入战斗的装束。被他们簇拥着的图拉真正在主持简单的祈祷仪式，向祭坛献酒。他身后雄伟的图拉真大桥遮挡住了所有的背景。

（61）画面中是周边的部族酋长在桥对岸的德罗贝塔出迎的情形。他们在达契亚国王势力强大的时候，曾经为选择投靠达契亚还是罗马犹豫不决。但是此刻，这些人的眼中流露出的是投靠罗马的决心。

（62）罗马军团兵的行列，举着军旗的队伍正在绵延不绝地过桥，百夫长走在各队的最前面。走在骑兵团最前面的是皇帝图拉真。背景中有罗马士兵修建的城堡。至此，我们已经知道，罗马军队走的是与第一次战争时一样的路线。

（63）这个画面描绘了上一年遭到达契亚人袭击后的残余部队与皇帝重逢的情形。这支部队在第一次战争结束后留在了达契亚。

在画面中，这些士兵与随皇帝同来的士兵一样精神振奋。他们队

在图拉真大桥前集合的罗马军队

伍整齐，正在前进，显示出士兵也怀着和图拉真一样的决心。鼓着两腮吹奏笛子和喇叭的军乐队在为士兵加油鼓劲儿。

（64）演讲坛上，图拉真带着幕僚在进行战前动员。士兵表情严肃，在全神贯注地倾听。站在皇帝后面的幕僚中，据说就有时年30岁的哈德良，他在图拉真之后继承皇位，成为罗马帝国的皇帝。

（65）在以石结构做屏障的坚固城堡内，众人正围着皇帝召开作战会议。在罗马军队中，除了幕僚及军团长级别的人之外，由行省出身的士兵构成的辅助部队的指挥官、士官身份的百夫长中的代表列席参加作战会议被认为是理所当然的事情。富有实战经验的指挥官的意见比“参谋本部”的高级将领的意见更受重视。

（66）为了随时可以投入战斗，士兵在行军途中也戴着头盔。对面，是士兵驱赶着满载军粮的载货马车正在同方向行进。

（67）在这里，部队分成两路，说明图拉真围而歼之的战术拉开了帷幕。

（68）士兵正在往要塞中搬运刚到的军粮。面前的行军队伍中有佩戴钢铁盔甲的军团兵、身穿皮胸甲的辅助部队士兵、光着上半身的日耳曼士兵，以及来自东方的穿着长及脚踝的长衣、身背箭筒的弓弩兵，显示出罗马军队是一个多民族的集合体。可以说，罗马的军队也是罗马帝国的一个缩影。

（69）士兵全副武装，手持镰刀，正在收割麦子。这表明公元106年已经进入夏季。这个画面非常有助于我们对其他事情做出判断。

通常，受到进攻的一方，无论是为了储备军粮，还是为了军粮不被敌方抢去，都会提前完成收割。没有收割，是否意味着罗马士兵已经占领达契亚属地，并深入了首都萨米泽杰图萨附近呢？根据研究者的推测，在第二次达契亚战争中，图拉真投入了13个军团，加上辅助部队，组成了多达15万人的一支大军，远多于第一次战争时的参战士兵人数。

（70）这个画面表现的是先行出发的辅助部队与达契亚军队的第一场接触战。下一个画面是达契亚士兵，无论是在城堡内还是在城堡外，得知罗马军队临近，都表现出极度不安的状态。

（71）在达契亚城堡前，罗马士兵和达契亚士兵之间展开了激战。达契亚士兵作战也很勇猛，但是，尸体遍地的白刃战的结果还是以罗马方面的胜利而告终。

（72）罗马军队的“网”正在稳稳地、一点一点地收紧。这个画面描绘的是一场攻防战，围绕建在首都周围的一个坚固的城堡展开。此城堡的作用是为了保卫首都萨米泽杰图萨。罗马士兵正在向城堡发起进攻，达契亚士兵在城墙上向下投掷石块进行防守。城墙下面是达契亚士兵的尸体，他们是被罗马士兵的箭射中后，从城墙上掉落下来的。在首都周围的其他城堡，大概也展开了同样的攻防战。

（73）图拉真利用攻防战的间隙，带着幕僚视察战场。对面是绵延相连的达契亚城墙。看得出来，在城墙的建筑手法上，达契亚人和罗马人并不相同。罗马式城墙使用的是长方形石材。与此不同，达契亚城墙的建筑方法是把小石子嵌入木板或石板之间。不过，两者也有共同之处，就是在每个重要的位置上，都建有瞭望塔。达契亚的这种建筑方式用于环绕城市的城墙未尝不可，但如果是建造大规模建筑物，就不太适用了。至于用于建桥，那是绝对行不通的。

这堵高高的城墙显然是攻城的障碍。因为相比攻守双方，在上面进行防守的条件无疑要有利得多，毕竟那个时代还没有大炮。

在不得不进行攻城战的时候，罗马军队通常采用三种战术：

一、挖地道，直抵城墙下面，然后用木材围住一个地方，里面放入可燃物并点上火。接着就是等待木材燃烧出现真空状态，导致上面的城墙坍塌。

二、用木材垒成与城墙等高的堡垒，或者建若干与城墙等高的高塔，把敌人压制在城墙内，以此解除自下而上进攻的不利因素。

三、作为攻城武器，向城墙抛掷直径达30厘米的石弹，摧毁城墙。同时，其他士兵以龟甲阵型，头顶盾牌，一边注意护身一边接近城墙，并从被毁城墙的位置攻入城内。

针对达契亚的城墙，图拉真判断无须使用第一和第二种方法，有第三种就已足够。下一个画面描绘的是攻城武器已经被运至集结完毕的士兵身后。

（74）达契亚方面没有坐以待毙，他们冲出城门，向罗马军队发动了白刃战。面对冲在最前面杀入罗马军队的达契亚将领，罗马士兵好像显露出了一丝慌乱，尽管这只是在瞬间的事情。

（75）罗马军队的攻城行动并没有被城墙外的白刃战牵制，他们终于成功攻入城墙内。画面中是攻入城墙的军团兵和协助攻城、正在射杀敌兵的辅助部队士兵。

（76）城堡沦陷。达契亚贵族跪倒在率领幕僚进城的图拉真面前。同样的场景，大概在以保卫首都为目的而建的其他城堡里也重复上演了。进攻的包围圈在不断缩小。

（77）首都萨米泽杰图萨终于进入了罗马军队的视线。这座城市的城墙采用了罗马式的石结构筑城方法。不知为什么，这里没有隔着城墙展开攻防战。出人意料的是，达契亚人竟然在城内四处放火。也许是已经意识到沦陷不可避免，他们不想把首都完完整整地交到敌军手中。

（78）在熊熊燃烧的街上，达契亚人表现出种种绝望的神情。有人举着双手，咒骂命运对自己不公；有人抱头匍匐在地；有人从容地喝下毒药；有人欲抱起毒性发作倒在地上的同伴。

这是一个集体自杀的场面。各种情形一一呈现在画面中，密度之大无愧于“浮雕杰作”的称号。

（79）还是集体自杀的场面。有一个身材魁梧、神情沉着的人，大概是一位将军。他站在前面，旁边放着一个装有毒药的壶。在他面前的是伸着手请求给自己毒药的达契亚士兵。这位将军亲手把毒药递到每一名士兵手里。他背后是一名仰面倒在地上的达契亚年轻士兵，可能喝过毒药后，药性发作了。双手抱着这名年轻士兵遗体的大概是士兵的父亲。

（80）选择出逃的达契亚人也有很多，其中一人就是国王德凯巴鲁斯。出逃的情形非常混乱，称之为溃逃或许更合适。罗马军队则井然有序地在追击敌人。两者形成了非常强烈的反差。

（81）攻下敌人的首都后，图拉真接见了跪倒在地、乞求宽恕的达契亚人。士兵正在从敌人弃逃后的街上往外搬运战利品。

（82）一名大队长举着右手在向称赞士兵勇敢作战的图拉真敬礼。士兵好像已经在对自己的司令官高呼："大将军！"意思是胜利者。可见此时，罗马士兵已经确信第二次达契亚战争的胜利已成定局。

（83）尽管胜利的结局已经不容置疑，但是罗马军队毕竟是罗马军队。军团兵又把石材扛在肩上，开始在战略要冲上修建堡垒。伐林修路的施工也在进行。同时，在较窄的河面，紧急搭建桥梁，继续追击达契亚人。敌人一路向北逃窜。

（84）达契亚士兵并非一味地只顾逃跑，趁着夜色袭击罗马士兵宿营地的达契亚士兵也为数不少。罗马士兵在防备敌人的袭击。说达契亚士兵勇猛，不仅是评价，而且是事实。国王德凯巴鲁斯透过树丛看着这一切。

（85）尽管国王亲临战场，但是达契亚方面的战况看不出有一丝一毫的改善。达契亚士兵只有一边提防后面罗马军队的追击，一边继续向北逃窜。

（86）追击还在继续，图拉真不忘鼓励士兵。

（87）罗马士兵打捞出达契亚国王藏在河中的财宝，正在往马背上装，准备运回罗马。

（88）与此同时，达契亚国王德凯巴鲁斯把士兵集中在森林里，向他们做最后一战前的动员演讲。

（89）达契亚人再也不愿意听国王的话了。他们中有人趁机逃跑；有人把剑插入自己的胸膛试图自杀；有人伸着脑袋请同伴帮忙杀死自己；有人挥剑砍向求死的同伴；还有达契亚贵族跑到图拉真阵营里表示愿意投降，归顺罗马皇帝，并乞求饶命。至此，达契亚王国彻底土崩瓦解。

（90）只剩下少数骑兵的国王德凯巴鲁斯继续逃窜。罗马骑兵团继续追杀他。关于追杀国王的情形多达好几个画面。随着画面的推进，被射中落马的达契亚骑兵人数在不断增加。

（91）德凯巴鲁斯被四面八方逼近的罗马军队追得走投无路。达契亚国王弃马跪倒在一棵树下，举起短剑刺进了自己的胸膛。没有人

达契亚国王德凯巴鲁斯的末日

试图阻止他自杀，相反，罗马骑兵好像眼睁睁地看着他自尽，也许是出于军人的同情心吧。但是，随后国王的脑袋被砍了下来。

（92）被反绑着双手的俘虏和一位穿戴整洁的年轻姑娘——可能是国王的女儿，被带走了。

（93）大银盘上放着达契亚国王的脑袋。两名军官端着这个大盘来请罗马皇帝鉴定。德凯巴鲁斯企图建立与罗马帝国并驾齐驱的王国的梦想持续了不到 20 年。

（94）罗马军队对逃亡者的追捕行动还在继续，对追随达契亚与罗马作战的周边小部族也毫不留情。

（95）尸体堆积如山，成群的俘虏被带走。画面中的背景是群山，由此可见，清除残余势力的战斗延伸到了达契亚最北端的山岳地带。

（96）达契亚人向更北的方向继续行进。这些人没有被杀，也没有被抓。但是，罗马军队禁止他们继续生活在祖先传下来的土地上。

长长队伍中的老人、女人和孩子们背井离乡，沦为难民。被这些人牵着走的有牛、猪和羊群……

公元 106 年夏天，达契亚战争宣告结束。

凯旋

53 岁的胜利者凯旋，把首都罗马带进了狂欢的热潮之中。

达契亚王国的灭亡意味着这些年来变得越来越危险的敌人已不复存在。

图密善时代不得不吞咽下去的屈辱的和谈结果也成了过去。

多达 5 万人的俘虏和达契亚国王丰盛的财宝，让罗马人在很长一段时间里都沉浸在胜利的喜悦之中。

图拉真宣布将达契亚纳入罗马帝国的行省行列。

自从第一代皇帝奥古斯都禁止版图进一步扩大以来，罗马在帝制政体下，尽管防卫成了主要战略目标，但是并非没有纳入过新的行省。细数一下，就有小亚细亚的本都、加拉太、卡帕多西亚、科马根、巴勒斯坦的犹太、北非的毛里塔尼亚以及不列颠。只是，罗马人认为犹太变成行省是他们自食其果，因为犹太人发动叛乱，罗马人不得不在镇压他们的叛乱后将其纳为行省。其余各国，除了不列颠，都是国王主动把自己的国家交给罗马，和平过渡成为罗马行省的。而且，这些王国都是罗马事实上的附属国。它们是罗马的同盟国，本来就在罗马的霸权之下。因此，它们变成行省，在罗马人看来，并没有什么新奇。只有不列颠变成行省是依靠军事力量征服的结果。也许你会觉得罗马人怎么会愿意花上长达 40 年的时间，去征服位于帝国最北方的国家呢？

图拉真征服达契亚的战争进行了两次，但实际作战时间加起来不过两年。但是，在罗马人看来，这次胜利与尤里乌斯·恺撒花了 8 年时间，用图拉真三分之一的战斗力，征服了包括现在的法国、比利时、荷兰南部、德国西部、瑞士在内的“高卢”，从而称霸这些地区给他们的感受是一样的。也就是说，罗马人认为这是一次伟大的胜利。达契亚成为罗马帝国新的行省，这足以让罗马人在相当长的一段时间内举起双臂，高喊“太好了”。

事实上，兼并了达契亚后的图拉真时代是罗马帝国版图最大的时代。正因如此，图拉真才会模仿尤里乌斯·恺撒的《高卢战记》写下了《达契亚战记》，后者在其统治的共和制末期也极大地扩张了罗马的版图。

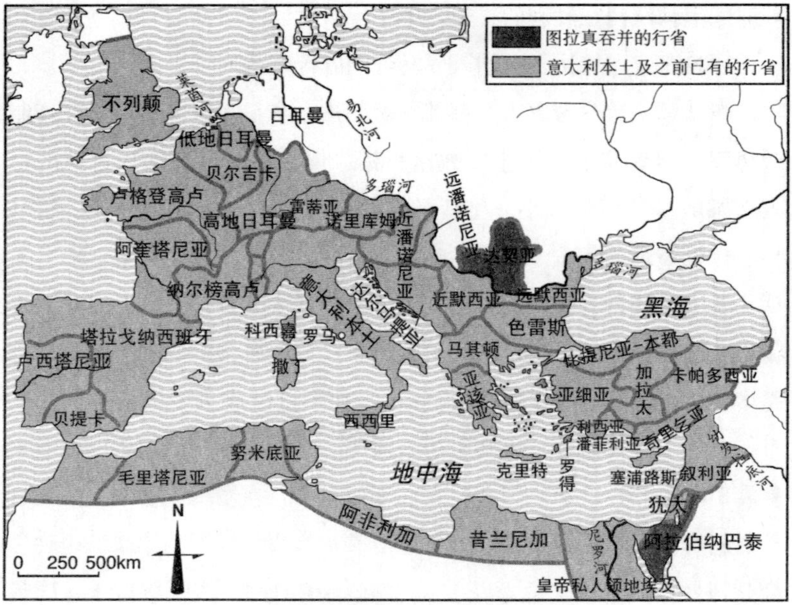

吞并达契亚后的罗马帝国版图

也许从即位皇帝开始，图拉真一直很在意自己是第一位行省出身的皇帝。总之，他在所有事情上都表现得非常谦虚和谨慎。然而，在达契亚战争完胜以后，他不再低调行事。公元 107 年初举行的凯旋仪式以其盛大的规模和奢华的场面，让罗马人惊诧不已。

乘坐四匹白马拉的战车、身披镶嵌金丝的紫色斗篷、头戴绿色桂冠、身材魁梧的图拉真，在罗马人眼里也许是托付帝国命运的最佳人选吧。

走在他前面的货车上是被囚的达契亚贵族。仅仅在 10 年前，他们还向罗马要求为罗马的俘虏每人每年支付 2 阿斯，作为归还俘虏的条件。罗马人虽然不是一个记仇的民族，但是，没有人不会为内心的憋屈得到释放而感到畅快淋漓。

达契亚国王堆积如山的财宝不得不分装在几辆货车上。图拉真宣布把这些财宝全部用于公共建筑事业。

为庆祝这次战争胜利而举行的竞技和演出活动，也是帝国成立以来规模最大的一次。

在古罗马圆形竞技场举行的角斗比赛，据说有上万名角斗士参加，其中大多数是被捕的达契亚士兵。有的俘虏不得不与在角斗士训练场接受过专业训练的角斗士角斗，最终难逃命丧赛场的结局。有的俘虏不得不与同伴角斗而在绝望中死去。

在圆形竞技场还举行了野兽之间或人兽之间的角斗。为庆祝达契亚战争的胜利，据说共投入了 1.1 万头野兽。

如此壮观的场面整整持续了 123 天。其间，首都罗马一直沉浸在胜利的喜悦之中。在此期间，死去的达契亚俘虏不计其数。据说俘虏的总数达 5 万人。没有死的俘虏，等待他们的便是做奴隶的命运。

战后处理

图拉真皇帝没有单纯地把达契亚王国变成罗马的行省，没有对曾经在多瑙河北岸耀武扬威并对罗马构成威胁的敌人进行清算，也没有要求他们臣服罗马，因为他想让他们从地球上彻底消失。

图拉真只允许战争初期早早表示愿意投降、发誓归顺的达契亚人继续居住在达契亚。对战败后的达契亚人，无论老人、女人还是孩子，不允许他们继续在故国生活。图拉真把他们全部驱逐出达契亚，远远赶到了喀尔巴阡山脉以北。多达 5 万名俘虏和奴隶也被带离故国。达契亚几乎成了一个空国。

图拉真让生活在达契亚周边的人移居到这个几乎已经变成空国的地方。这些人不是来自同一个地方，而是很多个地方。为此，达契亚居民的构成彻底改变，达契亚成了一个风俗习惯、语言表达互不相通的人的混合体。于是，图拉真开始在他们中间普及罗马人的语言，即拉丁语，作为他们的通用语。我们知道，意大利、法国、西班牙和葡萄牙的语言都是以拉丁语为母语发展起来的。罗马尼亚远离这些拉丁语系国家，但是罗马尼亚语也属于拉丁语系。只要会意大利语，罗马尼亚语就可以听懂一半左右，因为现在的罗马尼亚就是曾经的达契亚。

普鲁塔克的《希腊罗马名人传》是一部希腊和罗马名人的传记作品。普鲁塔克是希腊人，出生于公元 50 年前后，卒年估计在公元 120 年至 125 年。普鲁塔克与公元 53 年出生、公元 117 年去世的图拉真是不折不扣的同时代人，而且为了写传记需要了解第一手资料，他曾经多次前往罗马，并长期在罗马逗留。说普鲁塔克是图拉真皇帝统治时代的见证人之一毫不为过。同时，他与元老院元老之间的交往也很频繁。

普鲁塔克说过这样一句话 :

> 罗马人之所以强大，在于他们“同化败者”这一统治模式。

尤里乌斯 · 恺撒征服高卢并成功地把高卢变成了行省，其后的高卢被认为是罗马行省化的模范，就是因为胜者恺撒实行了“同化败者”的政策。他允许战败者高卢人继续存在，原谅了在阿莱西亚攻防战中把刀剑指向自己的人，同意高卢各部族继续生活在原居住地。不仅如此，他还兴建了罗马式大道，把高卢各城镇联系起来 ; 赋予部族的权势阶层世袭的罗马公民权；为部族长提供元老院席位，甚至还把自己的门第姓氏尤里乌斯赐给他们，使他们成为同族人。

恺撒遭暗杀后，他的继任者继承了他的思想。他的开国方针成了罗马帝国行省统治的基本理念，他的政策得以稳固。也就是说，无论胜利者还是失败者，都是罗马帝国这一命运共同体的一员。如果不是这样，就不会出现图拉真即位皇帝的事情了，因为他身上流淌着的是曾经的失败者的血液。罗马过渡到帝制以后，再也没有发生过迦太基灭亡时那样，把盐巴撒到沦陷的城市里使其变成不毛之地、全体居民沦为奴隶被带走的情况。

进入帝制时代以后，罗马继承了恺撒的行省统治思想。这种做法让来自曾经的失败之地的希腊人普鲁塔克为胜利者罗马人大献溢美之词。

那么，图拉真为什么要对达契亚的居民进行大换血，而没有采取同化当地失败者的政策呢？

难道是罗马度过兴盛期达到鼎盛期后，作为胜利者表现出来的傲慢自大吗？

或者是为了让罗马人从此彻底摆脱图密善时代被迫品尝到的屈辱的痛苦记忆？

如果不是这样，难道是图拉真和图密善皇帝一样，认为要从根本上解决达契亚问题，只能把它变成一片荒芜之地吗？

关于在达契亚变成行省的过程中对居民进行大换血的情形，与图拉真同时代的普鲁塔克和塔西佗都没有留下一句谴责的话。不仅如此，他们似乎对图拉真的所有政策主张都非常认同。

身为元老院元老的塔西佗出生于法国南部行省，希腊人普鲁塔克出生于希腊南部。这两个身世和背景迥然不同的人难道都超越了各自的出身、民族和社会地位，而对罗马帝国——他们现在的命运共同体——持有完全相同的感情吗？

为了做出客观评价，我想，我们有必要研究相关背景，来了解恺撒对高卢的战后处理和图拉真对达契亚的战后处理有何不同。

恺撒面对的是由近百个部族组成且各自为政的高卢民族。日耳曼民族恰恰是利用高卢民族内部相互间的不和谐关系，一次又一次地从莱茵河东部对它进行入侵。恺撒是这样忠告高卢人的："如果现在这种状况继续下去的话，结局不外乎两个——一是沦为日耳曼民族的奴隶，二是选择在罗马的同化政策下自由地生活。"

除了日耳曼威胁论这一张"王牌"外，恺撒还有另外一张牌，那就是高卢民族是由大大小小无数个部族组成的，它不是一个统一的联合体。

既然如此，各部族之间一定会发生利害冲突。每当出现利害冲突时，处于劣势一方的部族就会求助于莱茵河以东的日耳曼人，这也是日耳曼入侵高卢的原因之一。也许高卢人对此也早有意识，因此，他们把协调各方利益关系的任务交给了一年一度举行的酋长会议。但是，由于各部族势均力敌，协调工作很难开展下去。

恺撒在征服高卢后，允许高卢各部族酋长会议继续每年召开一次，只是负责协调的人，即议长，换成了罗马人。这样做的结果是，自从罗马军队保护高卢人不受日耳曼入侵以后，他们开始由从前的狩猎民族转变成为安心劳作的农耕民族。

图拉真没有恺撒那样的王牌。首先，不存在一个会从背后威胁达契亚的强大民族。其次，达契亚是一个统一的国家，而且它的统治者是一个很有能力的人。

恺撒实行的是"同化败者"的政策，图拉真没有实行同样的政策。两者从方法上来看完全相反。但是，从结果来看，这两种做法都取得了成功。尽管罗马在达契亚只驻扎了1个军团，但是，这个行省让罗马中央政府可以不用过多操心。

当然，这不是因为征服了达契亚才有这样的结果。事实上，图拉真没有忘记在战争结束后继续巩固多瑙河防线的重要性。

首先是西侧相邻的莱茵河防线。从莱茵河河口经日耳曼长城到雷根斯堡的这条防线被确定为帝国的国界线。多瑙河防线始于莱茵河防线的东侧。沿着多瑙河的流向，一直到下游，都有罗马的军团基地。罗马人说的“superior”和“inferior”，用在河流上，意思分别是上游的“高处”和下游的“低处”。此外，它们也被用于表示距离罗马“远”和“近”的意思。

“近潘诺尼亚行省”有3个军团基地，分别位于维德伯纳（今奥地利首都维也纳），距离维也纳30公里、地处下游的卡农图姆（今奥地利佩特罗内拉）和布里吉提欧（今匈牙利苏尼）。

“远潘诺尼亚行省”——阿昆库姆（今匈牙利首都布达佩斯）。

“近默西亚行省”——有辛吉杜努姆（今贝尔格莱德）、费米拉孔（今科斯托拉茨热）2个基地。

“远默西亚行省”——有诺维伊（今保加利亚斯维什托夫）、杜罗斯托鲁姆（今锡利斯特拉）和河口附近的托罗米斯（今依格里扎）3个基地。

“达契亚行省”——有阿普鲁姆（今罗马尼亚阿尔巴尤利亚）基地。

以上共计10个军团基地，驻扎的军团数量也是10个。4个行省分别派驻一位元老院元老担任总督。作为主力部队的军团兵达6万人，加上辅助部队士兵，从多瑙河中游到下游的区域内共部署了多达12万人的兵力。

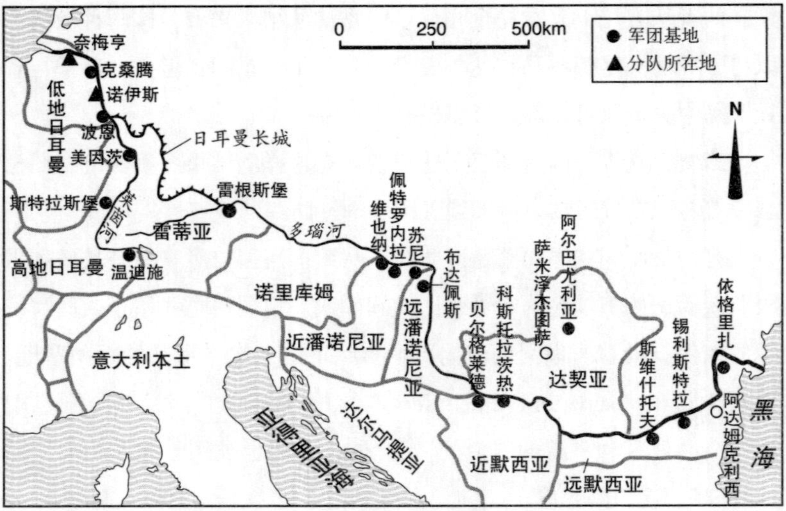

莱茵河、多瑙河两河流域的防线

达契亚王国昔日的首都萨米泽杰图萨更名为“萨米泽杰图萨的图拉真殖民都市”。大批参加过达契亚战争的期满退役士兵住进了这座城市，目的是希望他们成为达契亚行省经济建设的主要力量。同时，一旦发生变故，他们还可以成为保卫城市的后备力量。此外，图拉真还在位于多瑙河河口附近的阿达姆克利西山上修建了一座胜利纪念碑，隔多瑙河睥睨北方。

上述举措取得的成果有如下几项：

一、确立了罗马帝国的北方防线。

二、稳定了历史上以多民族聚居为特点的巴尔干地区。

三、作为东方与中欧的物资中转基地，黑海西岸的希腊系各城市变得更加活跃。欧亚之间通过多瑙河也能够进行交流了。

不用说，达契亚变身为行省后也建起了罗马式的基础设施网。即使在 150 年以后蛮族大举入侵的时代，达契亚依然为罗马帝国起到了防波堤的作用。

达契亚战争结束后，图拉真获得了普通公民、元老院、军队以及各行省的支持。同时，他的行省出身这一原本的不利因素也渐渐转变成为有利因素。对此，图拉真比任何人都看得清楚。

公共建筑事业

我想，一个人开展工作的方法大致可以分为以下两类：

一类是一件一件地去完成。

另一类是把所有事情都考虑进去，然后同时进行。

以文艺复兴时期的代表性艺术家为例，莱奥纳多·达·芬奇属于后者，而米开朗基罗则属于前者。当然，这不是说他们的工作方法总是一成不变的。事实上，这种划分有一个前提，就是“基本上”如此。

在罗马五贤帝中，图拉真和哈德良被评价为最重要的两位皇帝，这是人们公认的。根据上述论点，对于这两个人的工作方法也可以进行分类。基本上，图拉真的工作开展方法属于米开朗基罗的类型，而哈德良则属于莱奥纳多的类型。如果要写他们，显然，米开朗基罗的类型写起来要容易得多。

只是，艺术家是“个体”，他们的工作方法更多是基于他们的性格。但是，作为“公众人物”，对于皇帝工作方法的划分，绝对不能说是纯粹基于他们的性格。因为，作为一位皇帝，如果没有突发事件，他可以有充裕的时间去一件一件地完成每一项工作。但是一旦发生紧急事态，他必须优先解决新的突发问题。如果图拉真即位时幼发拉底河前线乌云密布的话，估计他也不可能只把心思花在解决达契亚问题上了。我想，这两位皇帝最大的幸运在于他们之前的皇帝都很好地履行了各自的职责，这才使得他们有了依自己的性格开展工作的可能性。

图拉真虽是公众人物，却以个人的方式发起了达契亚战争。让我们回顾一下战争结束后，与图拉真同时代的哲学家克里索斯托提出的“罗马皇帝的三大职责”。把它们翻译成现代语言就是：

一、保障边境安全；

二、维护国内政治秩序；

三、完善基础设施建设。

就第一条而言，图拉真一定认为由于达契亚问题的解决和随之确立的多瑙河防线，这一职责已经顺利完成。

从第二条工作的性质来看，就算图拉真希望早日完成，也是不可能做到的。这一条不适宜采用第一类工作方式。只要他在位一天，就必须踏踏实实地坚持做下去。

至于第三条，事实上，在公元 107 年至 112 年的 6 年多时间里，图拉真都在全力以赴地努力完善基础设施的建设。

当时，罗马各方面的情况都很好，非常有利于开展基础设施建设。

一、维持防线需要经费，但是战争所需费用更高。随着达契亚战争的结束，罗马帝国得以从庞大的战争费用开支中解脱出来。

二、在短时期内，不能指望生活在达契亚行省的居民可以缴纳行省税。因为绝大多数居民都是外来的，所以在这些人的基本生活状态稳定之前，不能向他们征税。尽管有一小部分达契亚人被允许继续居住在达契亚，但是他们饱受战乱之苦。与那些移民一样，他们也必须从头开始。还有一部分新居民是罗马军队的期满退役士兵，他们是罗马公民权拥有者，不是行省税的课税对象。

从共和制时代开始，罗马的税收制度规定，刚刚成为行省的地方，经济状况恶化的时期以及遭受地震、火灾、洪水等自然灾害的地方，可有几年免除收入的 10% 的行省税。同时，原本 5% 的关税和 1% 的营业税也减至原税额的三分之一或二分之一。这个制度同样适用于达契亚行省。因此，尽管是暂时的，但是来自达契亚行省的税收应该难以满足驻扎在达契亚的 1 个军团所需的经费。话虽如此，征服达契亚还是给罗马人带来了不小的经济利益，足以让他们将行省税忽略不计。

三、达契亚地区有以金银储量丰富的矿脉而闻名的矿山。

四、达契亚国王德凯巴鲁斯积攒下来的数量庞大的财宝。

图拉真一心一意建设的无数公共建筑事业，其财源都出自第三条和第四条。还有一个重要的因素，即第五条。这一条为图拉真兴建的各项公共建筑更加实用、美观、宏伟起到了重要的保障作用。

五、以阿波罗多洛斯为首的建筑师和工程师，可以投入一项又一项的公共建筑事业建设中了。

达契亚战争结束后，多瑙河沿岸不再需要这些人，因为殖民城市的建设和一般规模的基础设施建设，有军团随团的技术人员和士兵就足够了。

其结果是，不仅在首都罗马和意大利本土，甚至在帝国整个疆域内都掀起了公共建筑事业的高潮。其规模之大和数量之多，让我在查证这些建筑的过程中疲惫不堪。如果要悉数列举出来的话，恐怕用上 20 页稿纸也不够。因此，我只列举其中比较著名的几个。这些建筑给了我极大的震撼——一位皇帝和一位建筑总工程师，这两个 50 多岁的人，他们的激情、他们的魄力、他们的执行力彻底折服了我。建设横跨多瑙河这条大河之上的图拉真大桥体现出来的高超的工程技术、推崇外形壮观的设计风格和重视实用性的建造方式等等，在当时的帝国全境内遍地开花。我想图拉真这个男人在对待公共建筑事业的态度上也与其对待战争的态度一样，表现出的是磅礴大气。他亲自主持的工程大多数集中在首都罗马和意大利本土。当然，这并不意味着他有意要拉开意大利本土与行省之间的差距。同他制定的所有其他政策一样，图拉真的真实想法是，首都罗马应该是帝国所有城市的楷模，意大利本土应该是所有行省的榜样。

前面已经提到过，相关文献史料少之又少是历史上的图拉真的一大特点。既然如此，人们很自然会产生疑问：我们是怎样确定公元107年至112年他主持的那些工程的？凭什么说我们掌握的情况还相当准确呢？

自从实行帝制以后，罗马的职业分工又进了一步。当然与现在的企业相比，还没有走出手工业制作的阶段，但是已经走出了家庭作坊的阶段。以建筑市场为例，所需资材分别由不同的专业工厂提供，这样的做法在当时已经很平常了。

建筑物的主体是砖块。公元前2世纪就已发明了混凝土制造方法的罗马人，采用的建筑方法是用混凝土把一块块砖垒砌起来，这就有了基本墙体。墙体建成后刷上灰泥，然后在灰泥表面或画画，或张贴大理石板。至此，墙体才算全部完工。因为所需砖块数量惊人，所以，制砖工厂自然生意兴隆。

这些制砖工厂为了保证产品质量，要在砖块上压印工厂名称和制造时间等，然后再进行烧制。这就是商标。因为是在砖块尚未变硬的时候压印上去，然后再烧制的，所以只要砖头在，商标也就留下来

印有商标的砖块

了。当然，并非每一块砖都有商标，应该是每包砖头中有一块印有商标。这一点，从带商标的砖块数量上可以推测出来。

有一些学术论文专门研究了印在罗马时代的砖块上的商标。这些研究结果表明，公元前 1 世纪中叶尤里乌斯·恺撒时代就已经有了这种带“商标”的砖块。实行帝制后，从尤里乌斯—克劳狄乌斯王朝到弗拉维王朝，每经历一个王朝，这种砖块的数量就会有所增加。到公元 2 世纪的五贤帝时代，它们的需求数量进入鼎盛时期；到公元 3 世纪开始减少，直至公元 4 世纪几乎销声匿迹。

需求量的变化和随之出现的行业分工化趋势大概是经济发展状况的风向标。如果真是这样，我们就可以知道公元 4 世纪基督教的兴起极不利于经济的繁荣。既然基督教重视来生甚于现世，我们自然无话可说。但是对于图拉真时代的罗马人来说，他们看重的只是现世。掀起基础设施建设高潮应该是他们自信心大爆发的一次体现。

也许又会有人提出另外的疑问：就算印在砖上的商标让我们了解到砖块制作的时间，我们又如何知道它们被用于建筑的年份呢？为什么说关于建筑物的建造时间，我们“掌握的情况还相当准确”呢？

考虑到现代社会有库存的可能，产生这样的疑问自然无可厚非。但是，与建一家医院需要花上 30 年时间的现代意大利人相反，古罗马人的施工速度非常快。就连圆形竞技场，他们也只用 4 年时间就建成了。建设横跨多瑙河的图拉真大桥也只花了 1 年多一点儿的时间。不难想象，砖块未待入库就被直接从工厂送到了施工现场。因此，我认为制造时间和使用时间之间，应该相差无几。

当然，从开工到完工，时间跨度 10 年以上的情况也不少。这种情况，通常是加上了装修的时间，因为对细节处的装修非常耗费时间。通常情况下，完工仪式要在所有工程都结束，能够投入使用时才举行。

为什么罗马人的施工速度如此之快呢？那是因为他们是一个重视生产效率的民族，甚至有学者称罗马人是“效率狂”。

前面已经说过，我想就在这里选择几个图拉真主持下兴建的公共建筑中影响较大的进行介绍。首推的应该是“图拉真大浴场”（Thermae Traiani）。这个大浴场占据了整个奥庇乌斯山丘。这座山位于罗马七个山丘之一的埃斯奎里山西侧。在这座山丘的西南方向，已经有一个大浴场，是提图斯皇帝修建的。这两个大浴场的建成，使得尼禄皇帝修建的“黄金宫殿”的主体部分被完全埋入了地下。

无须多加说明，罗马式的“浴场”，除了洗浴设施，更是一个集各种娱乐设施于一体的娱乐中心。按照罗马人的生活理念，他们把一天分成了“工作”（negotium）和“休闲”（otium）两大部分。“浴场”为他们提供了消磨闲暇时间和保持个人卫生两大功能。修建图拉真大浴场用了两年时间。浴场需要大量的水，由于可以利用尼禄兴建的“黄金宫殿”的水渠输送，所以无须修建新的水渠。

但是，图拉真还是修了一条新水渠。这条水渠建在自西进入罗马的古罗马大道沿线，目的在于给工业生产提供用水。台伯河右岸后来有了梵蒂冈，南边是一大片平民居住区，叫“特拉斯特维雷”（Trastevere），意思是“台伯河对面”。在罗马时代，右岸除了富人临河而建的住宅外，还有卡利古拉皇帝兴建的竞技场。此外，大多数手工业者也生活在这个地区。特拉斯特维雷已经有一个第一代皇帝奥古斯都修建的蓄水池。图拉真在它的北侧，也就是现在的梵蒂冈东面，与该蓄水池毗邻处又修建了一个蓄水池。与奥古斯都一样，他的政策是要振兴台伯河以西开阔地带的工业。水首先被引到蓄水池贮存起来，然后再输送出去使用，所以池里的水不是饮用水而是工业生产用水。不过话说回来，引来的水质原本是可以饮用的。在被直接引入蓄水池之前，这些水曾经是用作饮用水的。

罗马人把这种城中蓄水池叫作“海战表演池”（naumachia）。因为在庆祝蓄水池完工的时候，奥古斯都把船开进蓄水池进行了一次海战表演，供市民欣赏。很可能图拉真也模仿了第一代皇帝的这一做法，只是，奥古斯都在位的44年间，海战表演只进行过一次。与“蓄水池”相比，“海战表演池”的名称更令人心动，于是这个称呼就固定下来了。“奥古斯都海战表演池”和“图拉真海战表演池”指的都是工业生产用水的蓄水池。

不管怎么说，图拉真在首都罗马兴建的公共建筑物中，最著名的当属“图拉真广场”。这一大型建筑物是建于古罗马广场附近的、皇帝们兴建的广场中的最后一个广场，也是规模最大的一个广场。在了

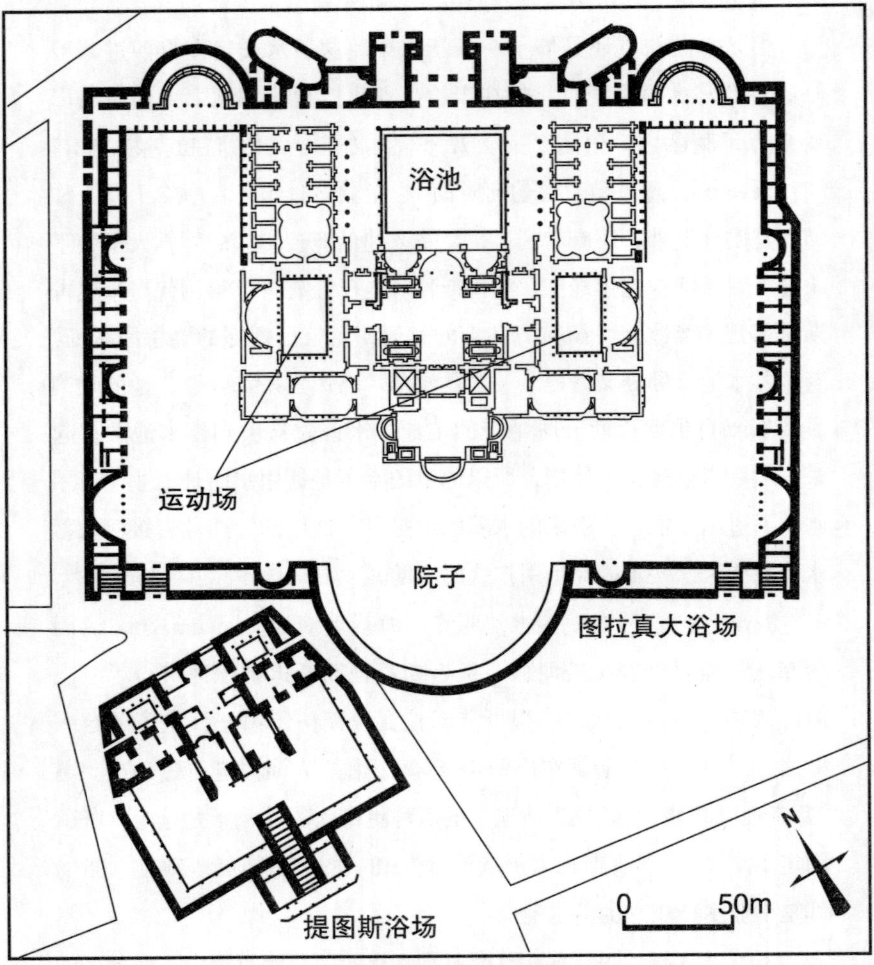

两个相邻而建的皇帝浴场

解了有关它的背景知识后，站在这个遗迹上，除了感慨，我忽然想到一句不知是谁说过的话："大就是好。"我于是情不自禁有了想笑的冲动。一想到图拉真和阿波罗多洛斯二人的组合，竟以如此规模的杰作作为收官之作，我忍不住笑了。图拉真广场不仅雄伟，而且非常壮观。它的气势彻底征服了我，同时它的美也让我深深折服。

以浮雕的方式再现了达契亚战争的图拉真记功柱就建在这个广场上。

现在我们称作"皇帝广场"的一带和古罗马广场一同成为帝国统治的中枢，是在共和制末期，即尤里乌斯·恺撒进行扩张事业的时期。在共和制时代，国家的中枢机关只有位于埃米利亚会堂和元老院南边的古罗马广场。

恺撒首先重建了元老院会堂。接着，在元老院会堂北侧，兴建了"恺撒广场"。夹在元老院会堂和埃米利亚会堂之间的道路通往苏布拉平民区。

"广场"（forum）这一名称，很难被翻译成日语这种没有受到拉丁语影响的语言。词典的解释是："位于古罗马城市中心的大广场，是政治、经济、司法的中心，也用作商业交易、审判及公民集会的场所。"它是一个公共场所，日语吸收了这个意思，甚至把纯粹聊天的场所也命名为"广场"。就像前面讲述的那样，古罗马广场内建有行使政治权力的元老院议事厅、可用于审判或商业交易的大厅、神殿（神殿的下面是国库）、用于集会演讲的讲坛，以及凯旋门和胜利纪念碑，它同时起到点缀市容的作用。也就是说，一旦有什么事情，这里就是公民聚集起来的地方。

"广场"因恺撒的设计而成为具有独特罗马风格的建筑样式，它把古罗马广场具备的这些功能都集中到了一个地方。其形状呈长方形，一条边建有神殿，另三条边建有带顶的双层列柱走廊。走廊内侧是商业交易的办公室和店铺，还有不少私塾。被神殿和走廊围起来的内部是广场。中央矗立的是一尊兴建该广场的人的骑马像，即恺撒的骑马像。神殿前面的台阶在面向人群演讲时用作讲坛。

也许你会认为这个广场的建设者是最高权力者，因此这个地方是神圣的，应该充满肃穆的气氛，有卫兵站岗护卫，普通百姓极少光顾。然而事实恰恰相反，除了有祭祀仪式的日子这里的气氛略显严肃外，其余时候，男女老少在这里频繁穿梭，热闹异常。这就是古罗马广场，也是恺撒心目中的“广场”。

尤里乌斯广场（Forum Julium），也就是恺撒广场的建造理念，连同恺撒在其他诸多方面的想法一起，被他的继任者们继承了下来。继恺撒之后修建广场的是奥古斯都皇帝，所建广场叫“奥古斯都广场”（Forum Augusti），其规模是恺撒广场的近两倍之大。我想，至少在规模上要超过前人的这种虚荣心，我们应该给予谅解吧。广场的基本形状未变，只在左右两侧分别加出两个半圆形空间，被称为“艾萨多拉”。

下一位在这里修建“广场”的是韦斯帕芗皇帝。经历了尼禄皇帝死后的内战，又镇压了犹太叛乱的这位皇帝，修建的广场没有冠以自己的名字，而是选择了用“和平广场”（Forum Pacis）这个名称。

韦斯帕芗皇帝兴建的和平广场和奥古斯都广场之间有一个窄长的空间，韦斯帕芗的次子图密善皇帝把它变成了“广场”。这原本是苏布拉地区通往古罗马广场的一条道路，他把这条纯粹的通道升格成了有神殿和列柱走廊环绕的广场。这条路彻底改变了模样。原先的石板路变身“广场”后，铺上了大理石。罗马百姓前往古罗马广场的时候，就像走进大宅邸的列柱大厅，他们就穿着草鞋从大理石的地面上走过。

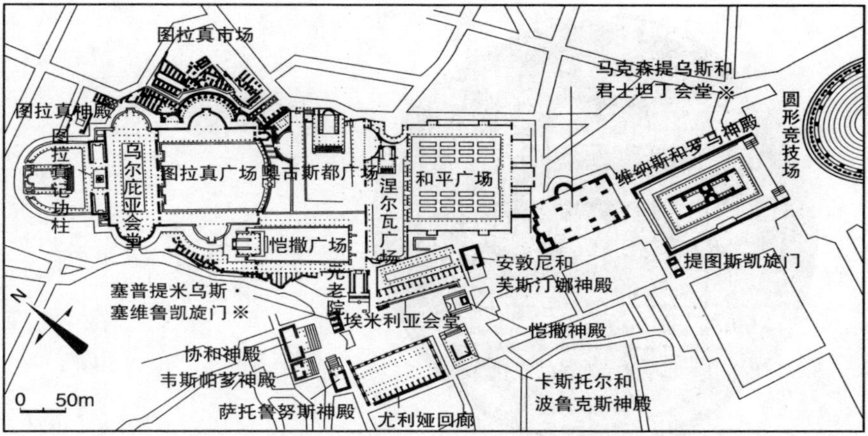

五贤帝时代的皇帝广场和古罗马广场（为便于区别，后来的建筑后标了 ※）

因为图密善皇帝死后被处以“记录抹杀刑”，加上完工时间是在下一任皇帝涅尔瓦在位期间，所以这个细长形的广场就被命名为“涅尔瓦广场”（Forum Nervae）。

图拉真也决定建一个“广场”。但是，可以用来建广场的地方只剩下奥古斯都广场的西北侧。西南是卡匹托尔山，前面的空地已经被恺撒广场占据，东北是苏布拉平民居住区。和平广场的东南在其延长线上有圆形竞技场，中间过于狭窄。如果建在奥古斯都广场的西北侧，同样过于窄小，因为背后有奎里尔诺山连绵的山脊阻碍。

图拉真希望建一个比所有前任皇帝广场都要大的广场，建筑师阿波罗多洛斯帮助他实现了这一愿望。他采用了一个极其大胆的方法，把奎里尔诺山山脊线以下的山坡削平，并在下面开辟出一大片平地。

图拉真和阿波罗多洛斯这两个人的性格实在有很多相似之处：为了修建大道，他们可以削去多瑙河沿岸的岩壁；为了修建阿庇亚大道

刻有图拉真广场入口的硬币

的支线以缩短距离，他们也可以削去特腊契纳的山腰。总之，凡遇到阻碍时，两个人都会不约而同地选择正面突破而不是迂回解决的方式。也正因为如此，他们得到了五倍于奥古斯都广场的土地面积。

但是，图拉真想要的不只是比所有前任皇帝广场都大的广场，他还想要一个拥有更多功能的“广场”，是所有前任皇帝广场都不具备的。阿波罗多洛斯同样满足了他的这一要求。

人们来到图拉真广场，最先映入眼帘的是列柱。穿过列柱进到里面，出现在人们眼前的是地面铺着大理石的巨大广场。广场的三条边都由双层列柱走廊围绕着。这么多圆柱连成一片，气势非凡。列柱内侧是办公场所和店铺，左右是连通的半圆形建筑，这里是孩子们上学的学校“艾萨多拉”。正面高出几个台阶的是乌尔庇亚会堂（Basilica Ulpia），建有屋顶，可以遮阳挡雨，地面是色彩斑斓的大理石。这里用于商业谈判或审判。乌尔庇乌斯是图拉真的家门名。

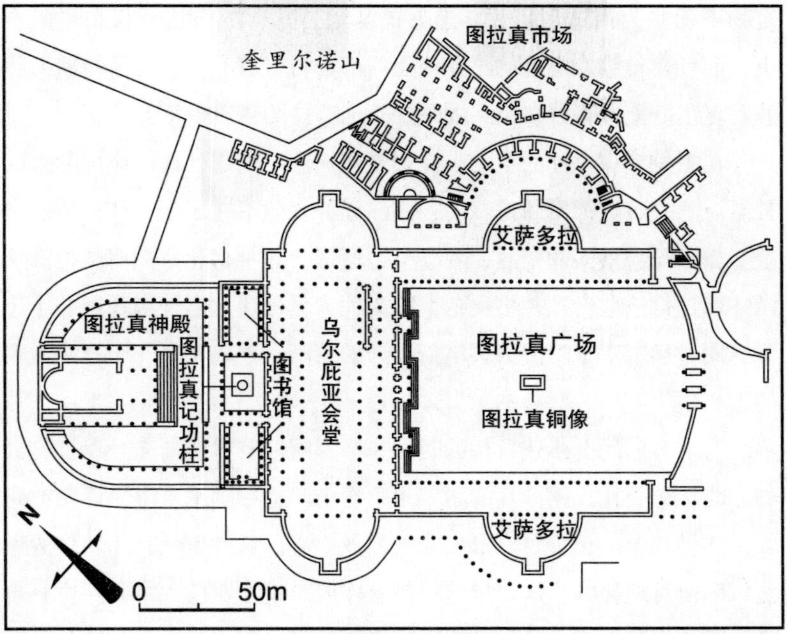

图拉真广场全貌

会堂对面沿墙而建的是公共图书馆，里面有陈列卷轴读本的书架。图书馆分左右两个馆，一个馆陈列的是希腊语读物，另一个馆陈列的是拉丁语读物。

通过螺旋上升的浮雕描述达契亚战争的图拉真记功柱就建在这两个图书馆的中间，而没有建在从远处也能看得到的广场中央。这大概是为了方便人们既可以从下面往上看，也可以在会堂和图书馆的台阶上就近欣赏吧。除去基座，高达 40 米的圆柱上面，是身穿军装的图拉真铜像。只是在进入基督教时代后，圣徒彼得的铜像取代了它。圆柱下面是图拉真和他的妻子普洛蒂娜死后埋放骨灰的地方。在公共建筑物下面是为捐造者事先建造好的墓地，这样的做法不仅在希腊本土，而且在希腊人定居的小亚细亚西部，自古就有。一定是希腊人阿波罗多洛斯把这一习惯用到了图拉真记功柱的建造设计上。

在图拉真记功柱的里侧，计划要建一座三面用列柱走廊围起来的神殿。这是献给神君图拉真的，建造任务自然落在了下一任皇帝的身上。如果没有意外的变故，罗马皇帝通常会被神格化。大概图拉真从没怀疑过自己也会被神格化吧，因为他为后任建这座神殿预留好了位置，同时还留下了阿波罗多洛斯设计的图纸。他确实是一个思维缜密的人。

与在多瑙河上修建石桥的时候一样，阿波罗多洛斯充分发挥自己的才能，让委托人图拉真的名字永垂青史。他在削平奎里尔诺山的斜坡上建了几个人工平台，形成一大商业中心。这种有效利用斜坡的做法，即便对现代的建筑师依然有借鉴作用。现在，这一带叫图拉真市场，顺着奎里尔诺山下行的路可以进入这里。因为是建在斜坡上，所以站在这里，下面的广场一览无余。

就这样，图拉真的愿望得以圆满实现，他建成了所有前任皇帝都无法与之相媲美的广场。首先，其规模之大非以前的广场能及；其次，不仅有会堂，还有图书馆和描绘达契亚战争的圆柱，甚至还有巨大的商业中心。除了这些，广场中央还矗立着驾驭四匹战马的图拉真铜像。

罗马时代的广场不是为了军队的阅兵仪式而建，而是人们集会、工作和学习等日常生活的场所。只有这样的生活场所才是真正的“广场”，这就是罗马人的观点。

在 1 900 多年后的今天，我们已经很难想象出如此雄伟、壮观的图拉真广场的全貌，以及以它的建成作为收官之作的皇帝广场的全貌。

必须一提的是，一心为了在德国人无论如何也不可能拥有的场所向希特勒展示军队阅兵仪式，墨索里尼在这里铺了一条宽阔的大道，使得皇帝广场横遭分割。我们知道，右边可以观古罗马广场、左边可以观皇帝广场、正面可以眺望圆形竞技场的这条路是独一无二的。尽管墨索里尼在努力保护罗马时代的遗迹上面花过不少气力，但由于铺设了这条左右两侧配有绿地的大道而遭人痛批。现在，道路的左右两侧一直在进行考古挖掘作业。可是，只要不拆除被墨索里尼命名的“帝国广场大道”，要想完全复原罗马时代的中枢完全没有可能。倘若不能完全复原，那么要想象其全貌终究是难事一桩。事实上，韦斯帕芗的和平广场已经被其他建筑物挡得严严实实，建在图拉真神殿上面的建筑也不可能被拆除。所谓考古学，就是在这种状态下展开工作的一门学科。通过研究及调查获取的知识必不可少，但是，仅此远远不够。最重要的是在掌握知识的前提下加上想象力。

为此，我想说三个常识性的问题。当你站在遗迹上的时候，这或许会对你有所帮助。

第一，罗马人建造的所有建筑物，都是把人类的存在放在第一位进行设计的。只要想象一下圆形竞技场可以容纳 5 万人的情况，也就不难理解为什么那种规模对圆形竞技场来说是最合适的。电脑制图只能为我们提供模拟的“盒子”，却无法让我们体验到“盒子”加“人”的感觉。

第二，在现代人类活动的区域内保留下来的遗迹，大多数都在 5 米以上的低洼处。但是，古罗马广场和皇帝广场不是一开始就建在低洼地上的。罗马帝国灭亡后的 1 000 年间，建筑物的倒塌，石头、沙砾的不断堆积，导致地面上升。后人就在新形成的地面上建起新的建筑物，铺设新的道路，遗迹随之被掩埋。19 世纪中叶，在这里进行了挖掘工作，终于重现了旧时的原貌。也就是说，到了现代，古代罗马的地上一层变成了地下一层。

第三，现在我们看到的遗迹，不是因为漫长岁月的风吹雨淋等自然侵蚀造成的。进入基督教统治时代后，这些遗迹被看作异教的象征，成为他们泄愤的对象，也成了建材最便捷的提取场。雕像、圆柱、多色大理石地面、刻有浮雕的墙面，能拆的都被拆走了。甚至贴在墙上的大理石板，因为容易揭下来，也全部被拿走了。石材本来就是切割好的，所以揭下来就可以直接用作建材。

如果你想看罗马时代的圆柱，与其找它的遗迹，不如直接去基督教堂，不仅方便，还能看到很多。这就是当今的现实。即使在文艺复兴时期，对古代建筑资材的使用不尽相同，遗迹被看作建材的提取场的情况也和以前没有任何不同。当时，唯一的例外是米开朗基罗把戴克里先皇帝的浴场中心部分变成了教堂。除此之外，没有一处逃过变成建材提取场的命运。甚至连圆形竞技场也只剩下了三分之一，据说也是因为能取走的都被取走了，留下来的只有混凝土加固过的砖块，因为只有这些东西既无法被取走又没有再利用的价值。但是，尽管如此，依然有人把它们挪作了墙体。图密善皇帝的竞技场（今纳沃纳广场）周边公寓的墙就是原本用来支撑竞技场观众席的墙体。

连美国人都说，图拉真是务实的罗马皇帝中尤其务实的一位。他建造的所有公共建筑都具有实用性。在首都罗马以外，我最先想说的就是奥斯提亚港湾的建设。

罗马不靠海，所以需要在台伯河河口建港口。图拉真首先把奥斯提亚建成了港口。奥斯提亚本来就是一座临河的城市，没有船只避风港。再有，因为台伯河的水流从上游带来的泥沙，海岸线不断向海里退去。因此船要想在奥斯提亚靠岸，必须逆流而上。为此，来自东方和非洲的大型船只能到那不勒斯附近的部丢利（今波佐利）靠港，在那里卸下物资，再通过阿庇亚大道运往罗马。

尤里乌斯·恺撒最早意识到首都罗马附近需要有一个可供大型船只安全靠岸的港口，克劳狄乌斯皇帝把他的这一想法变成了现实。关于当时的建筑情形，我在《罗马人的故事 07·臭名昭著的皇帝》中已经做了详细描述，在这里不再重复。然而，到了半个世纪后的图拉真时代，鉴于港口的吞吐量以及其他情况，有必要对港口进行改造。

图拉真和阿波罗多洛斯在克劳狄乌斯港再往里的位置，新建了一个六角形的海湾码头。六边形的每条边都可以横向停靠船只。码头上还建了仓库。就这样，这里变成了一个完美的港口。它不仅避免了顺河而下的泥沙淤积，还能同时停靠多艘船只并装卸大量货物。在有了这种新的运输体系后，大船上的货物卸到小船上，通过运河，进入台伯河，再逆流而上运至罗马。

罗马帝国灭亡以后，这个港口随之被废弃。现在，克劳狄乌斯港已经完全被埋在地下，图拉真港成了一个六边形的池子。从被叫作“霍萨图拉真”（Hossa Traiana）的图拉真港到台伯河的运河也名存实亡，只有近海捕鱼的小渔船还会利用这条运河。这个曾经是地中海最大的港口，现在只用于从渔船上卸下供罗马人吃的鱼这类东西了。

图拉真是一个实用主义者，他并不满足于只修建奥斯提亚港一个港口。因为无论什么事，仅靠一个方案很难从根本上解决问题，因此，图拉真在另外的地方又建造了三个港口。其中两个此前曾经是渔港，他把它们改造成了正式港湾。另一个则是完全新建的，之前那里是一个空无一物的地方。

第一个曾经的渔港所在地是安提乌姆（今安齐奥）。因为这个地

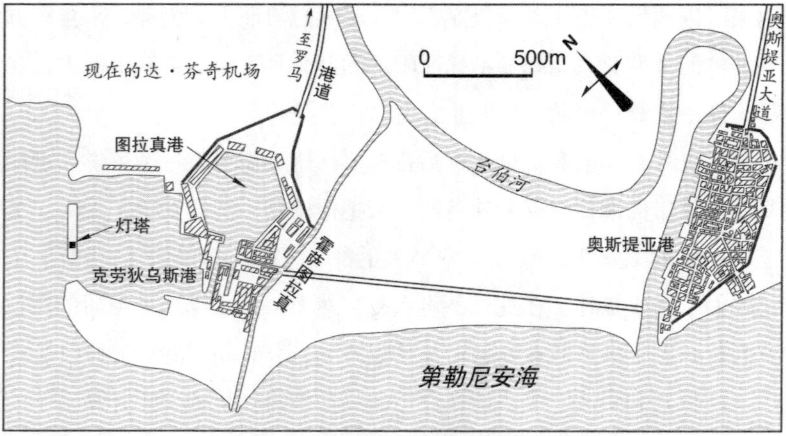

图拉真皇帝改造后的奥斯提亚港湾

方建有皇帝别墅，又是卡利古拉、尼禄出生的地方，所以，已经有小型的港口。图拉真把它改造成了避风港。地中海的风向随时都在变化，当时船只遇难的主要原因就是遭遇暴风雨。之前，船只遇到暴风雨，只能想方设法开往奥斯提亚港。图拉真为船只提供了躲避暴风雨的场所。

泰拉奇纳（今特腊契纳）港兼具避风港和装卸港的双重用途，因为从特腊契纳到罗马有一条几乎笔直的阿庇亚大道。

这两个港口位于罗马南边。位于自罗马向北的罗马大道沿线的森图姆塞利（今奇维塔韦基亚）的港口是图拉真新建的。这里同样兼有避风港和装卸港两种功能。森图姆塞利这个名称本身就是“仓库很多”的意思。由于该港口的建成，当时负责向首都罗马供应小麦的、来自科西嘉和撒丁岛的船只可以直接进入奇维塔韦基亚港，航路缩短了许多。在这里卸下的货物再通过奥雷利亚大道运往罗马。为此，奥斯提亚港的负荷量大大减轻，也为来自东方和北非的船只提供了方便。

意大利半岛一直伸向地中海中部。罗马从共和制时代开始，作为主要粮食的小麦一直依赖海外进口。长筒靴形状的意大利半岛东侧是亚得里亚海，西侧是第勒尼安海。亚得里亚海的一侧有意大利中部的拉文纳和安科纳（现在还用此名称），意大利南部已经有巴里乌姆（今巴里）、布伦迪西姆（今布林迪西）、特兰特（今塔兰托）等港口。绕到第勒尼安海的一侧，自北向南有热努亚（今热那亚）、比萨（现在还用此名）、奇维塔韦基亚、奥斯提亚、安齐奥、特腊契纳、波佐利、拿波里（今那不勒斯）、雷吉乌姆（今雷焦）等港口。“条条大路通罗马”，这句话同样适用于海上。

在注重效率的图拉真看来，他一定认为改变随罗马历史一起流传下来的传统，不需要任何犹豫。其结果是被罗马人称为“女王大道”的阿庇亚大道变成了复线。

公元前 312 年在阿庇乌斯领导下兴建的第一条罗马大道——阿庇亚大道，从罗马出发，经过特腊契纳到达加普亚，在这里与同样从罗马出发、由内陆南下的拉蒂纳大道会合后，进入内陆，经过贝内文托姆（今贝内文托）、维努西亚（今韦诺萨）到达塔兰托。从这里向东再走 70 公里，抵达终点布林迪西。这条道路现在依然在使用，叫国道 7 号线。

公元 107 年，图拉真考虑从贝内文托到布林迪西再建一条支线，以期实现道路的复线化。这条支线在贝内文托与南下的阿庇亚大道分离，指向东方的亚得里亚海，经过卡努基乌姆（今卡诺萨）到达布林迪西。最初的阿庇亚大道在离开贝内文托后，要穿过层层山谷。因此，与此相比，这条被命名为“阿庇亚图拉真大道”的道路，其优势

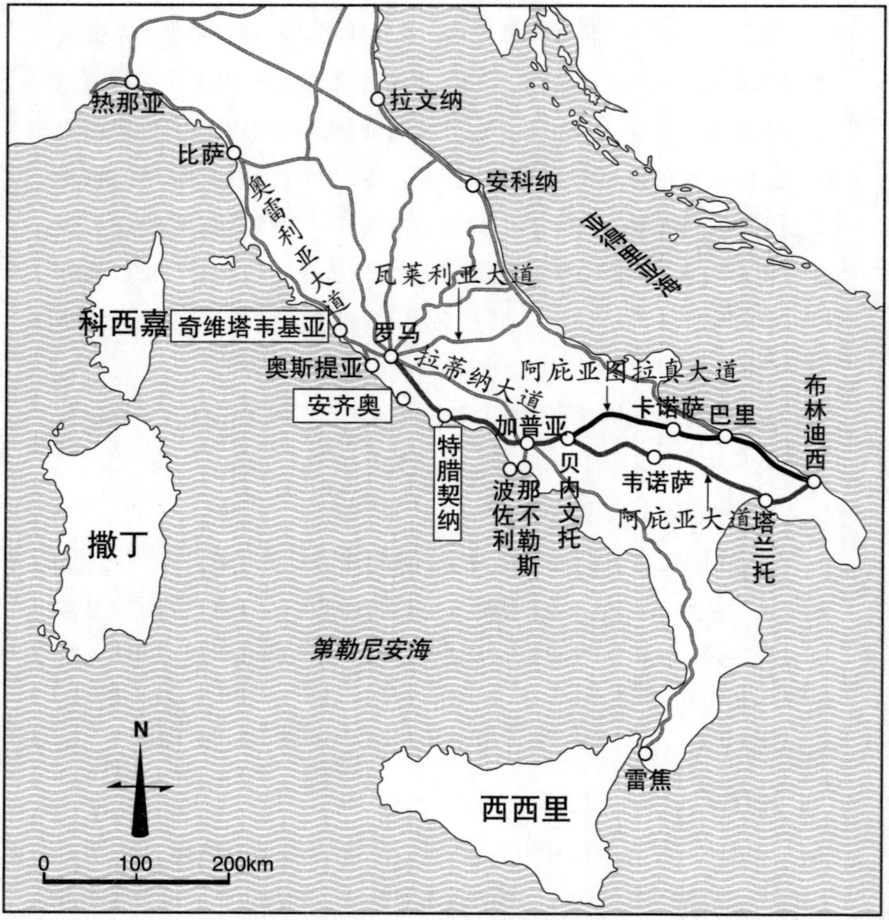

意大利半岛的主要道路和港口（▭为图拉真改造成港湾后的地方）

在于只需越过亚平宁山脉，就可以到达普利亚地区的平原。

这条大道在巴里附近，与沿亚得里亚海南下的大道会合。于是，罗马有了两条向东延伸的干线。再加上从罗马出发，沿瓦莱利亚大道一路向东，到亚得里亚海再沿海南下，直抵布林迪西的大道，通往东方的路就有了三条。

最初的阿庇亚大道因遇到海边的悬崖而不得不绕道，图拉真则采用劈山修路的方法，使这条路的距离大大缩短。为此，特腊契纳的山腰被劈开一大块。从悬崖顶上垂直铲凿的痕迹，即使到现在也依然清晰可辨。站在这里，没有新的感慨，也没有其他任何感受，只有一个想法：又是这样做的。

意思为“阿庇亚和图拉真的大道”的这条阿庇亚图拉真大道的起点是贝内文托。为了纪念这条大道的开通，在贝内文托建造了一座凯旋门。

既然这座凯旋门不是为图拉真凯旋而建的，也许你会认为实用不是它的目的。如果你真是这样想的话，那就大错特错了。一件东西，无论其实用性多强，终究比不上让人心情愉悦更为实用。拱形的凯旋门不仅是大道的装饰性建筑，同时也起到了宣传大道建设者功绩的作用。在贝内文托的凯旋门上，雕刻的是推出育英基金政策的图拉真向孩子们发钱的画面。

在图拉真主持的公共建筑中，仅在首都罗马和意大利本土，而且还只是列举了其中一些主要的建筑，其质和量就已经达到了相当高的水平。那么，如果扩大到帝国全境，其数量之庞大让人想起来都觉得头痛。因此，对于意大利本土之外的公共建筑，我只举一个例子。最具代表性的要数西班牙的阿尔坎塔拉桥。这座桥至今依然保存完好，见到这座桥的人一定会发自内心地感慨，罗马人建的桥竟是这样的！

贝内文托的凯旋门

向孩子们发放育英基金的图拉真（凯旋门的一部分）

阿尔坎塔拉桥

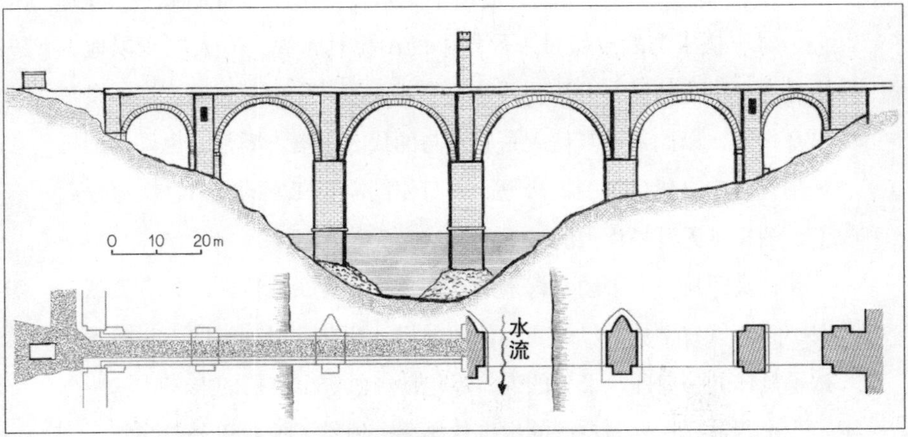

阿尔坎塔拉桥侧面图（上）和平面图（下）

同时他也会明白，为什么桥既是大道的延长线，又是大道的装饰性建筑。这座桥是典型的一例，既实用又美观，展示出罗马建筑的高超水平。这座桥建在流经阿尔坎塔拉的塔霍河上。由于它靠近现在的西班牙和葡萄牙的国界线，所以有人会发出疑问：“为什么图拉真要把桥建在如此偏远的地方？”那是因为在罗马时代，伊比利亚半岛属于罗马帝国，从地中海到大西洋的干线需途经此地。这条大道从现在的加的斯向北，通过希斯帕利斯（今塞维利亚）以及图拉真的出生地意大利卡，到卢西塔尼亚行省首府古斯塔埃梅里塔（今梅里达）。从那里再向北，经过阿尔坎塔拉，到达布拉卡拉奥格斯塔（今葡萄牙的布拉加）。从城市的名称中我们可以了解到，这是第一代皇帝奥古斯都修建的伊比利亚半岛的干线之一。阿尔坎塔拉需要一座水量大增时也能保持纹丝不动的桥梁。

只是这座现在依然是名桥的桥不是图拉真皇帝建的。碑文上有这样的内容：“建造者：尤里乌斯·雷切尔及其朋友，感谢图拉真提供了帮助。”这里所谓的帮助，应该不是指资金帮助，而是派了工程师去。对于从未为故乡做过一件好事的图拉真来说，有人愿意以地方出身的皇帝为榜样，参与公共建筑事业，他一定由衷表示欢迎。皇帝以身作则，以此带动其他人一起参与的代表是奥古斯都。也许，图拉真是效仿第一代皇帝的做法吧。以身作则需要旺盛的精力，在这一点上，图拉真无疑是优秀的。

在被图拉真“带动”起来的人中，我想介绍几位。因为有文献及石碑，所以有幸让后世的我们认识他们。我在这里列举的人只限于捐赠了具体的公共建筑设施的人，不包括提供资金支持的人。

小普林尼——向自己的出生地科莫市捐赠了神殿和图书馆。

小普林尼的岳父卡尔普尼乌斯·法巴图斯——向科莫市捐赠了列

柱走廊。

公元113年的执政官科尔涅利乌斯·多拉贝拉——向自己的出生地科菲尼昂捐赠了公共浴场。

佩特罗尼乌斯·墨德斯图斯（属于骑士阶级）——全额承担了的里雅斯特半圆形剧场的改建费用。

图拉真的贴身仆人、解放奴隶乌尔庇乌斯·维苏威——向意大利中部的切尔韦泰里市捐赠了学校。

来自西班牙的元老院元老——向自己的出生地科尔多瓦捐赠了会堂。

图拉真的头号亲信李锡尼·苏拉——替没有为出生地提供任何好处的皇帝，在连接塔拉戈纳和巴塞罗那的大道上建造了凯旋门。

在现在的马其顿和阿尔巴尼亚的都拉斯，有个人向市里捐赠了图书馆。

弗拉维王朝时代进入元老院的、来自小亚细亚的三位元老院元老共同向以弗所捐赠了图书馆。

在捐赠的公共建筑物中，图书馆最多，是因为当时的读物都是手写的，非常昂贵，普通百姓很难接触到。

由此可见，把自己的财富回赠给社会的不仅仅是被后人称为属于既得利益阶层的人——罗马社会领导阶层的元老院元老。即便是原来的奴隶，能否向自己的出生地或打算安享晚年生活的地方城市捐赠公共建筑，只取决于一个条件，就是他是否有足够的资产。

同样在地方自治体，也具备被图拉真“带动”起来的条件。先皇涅尔瓦提出的有关个人遗产继承的法律同样适用于地方自治体：非直系亲属继承，需要缴纳5%的遗产税。遗赠给公共组织是否需要纳税，我们不清楚。假如遗产税或赠予税的税率过高，也许会是一个问题，但如果是 5% 的话，地方自治体应该是能够承受得起的。

正因为如此这般的条件都具备，所以，图拉真时代出现了公共建筑事业的高潮。当然，尽管建筑物建造的目的是为了公用，也不能没有计划地乱建。小普林尼在比提尼亚行省担任总督期间，曾经写信给图拉真，询问是否可以允许建普鲁萨浴场。对此，图拉真是这样答复的：

> 如果建设所需的费用不会使普鲁萨市的财政负担过重，同时能确保建成后的管理费用，可以同意建造公共浴场。

之后，关于尼西亚在建的体育中心，小普林尼再次向皇帝征求意见。这个中心附设剧场，也许是因为场馆规模过大，也许是因为偷工减料，尚未建成就有几个地方开始坍塌。他向图拉真讨要主意，对此，图拉真的回答是这样的：

> 希腊人这个民族真是让人无话可说，一说到建体育场就忘乎所以。因此，体育馆的规模才会越建越大。他们真应该好好学一学如何满足于适合自己的规模。

为了便于理解公共建筑和行省统治密不可分的罗马时代，我想介绍下面这封信：

普林尼致图拉真皇帝

> 尼科美底亚居民为了建造引水渠，已经耗资 331.8 万塞斯特斯，尚未完工。非但没有完工，甚至因为停工，侵蚀情况非常严

重。为此，不得不又拿出20万塞斯特斯新建了一条引水渠。但是，这条引水渠目前也处于半途而废的状态。虽说这样的结果已造成很大的浪费，但是为了向人们提供生活用水，别无选择，需要继续投入资金。

为此，我亲自到现场做了实地考察。水源没有问题，水质很清澈，水量也很充沛。问题是如何把这些水引到市区。我想，只能像最初那样，把拱桥连起来，建一座高架桥。但是，最初建起来的拱桥可以利用的少之又少，因此只有重建。我想，第一次建引水渠时，用的石材可以拿来继续使用。其余部分用砖块就可以了，因为用砖块施工方便，而且费用也相对较低。

为了不重蹈以往的覆辙，我请求派引水渠和建筑方面的专家来协助完成这项工程。我的任务只有一个，就是确保在您统治期间建造起来的公共建筑不会辱没您的崇高威望。

图拉真皇帝回复普林尼

向尼科美底亚市内引水的必要性我已充分了解。希望你全力以赴地完成此项工作。同时，追查造成这一不幸事件的负责人的责任——工程是怎样开始的，为何半途而废，等等。我等待你对此事的调查结果报告。

图拉真怀疑工程的发包方和承包人之间有不正当的交易。在罗马共和制和帝制时期，公共建筑的建设过程中出现的不正之风，是受到严加监管的事情之一。

对行省人民的不正之风，图拉真当然会感到愤怒。但是，有时候他对耿直的部下小普林尼也会发泄不满。对于比提尼亚行省总督提出的派遣引水渠和建筑专家，皇帝是这样回答的：

> 你那儿不可能没有建筑师，因为帝国内不存在没有这方面专家的行省。既然这样，你为何还要求我从罗马派遣专家？更何况，罗马现在还需要特意从希腊请专家来参与建设。

小普林尼任职的比提尼亚行省位于面向黑海和马尔马拉海的小亚细亚西北。在历史上，生活在这里的希腊人为数不少。而且，图拉真开展公共建筑事业的左膀右臂阿波罗多洛斯虽然出生在叙利亚的大马士革，却是地地道道的希腊人。小普林尼的任职地是希腊人居多的帝国东方，因此，图拉真的意思是，你想要建筑工程师，自己在当地找吧。读到图拉真的这些话，真的很想笑，甚至让人有一种情不自禁想偷看这位皇帝真容的冲动。只可惜在留下来的雕像中，他的表情无一例外都是沉着稳重的。

可以说，罗马的公共建筑事业没有希腊人就无法取得成功。另一方面，活跃在这个领域的希腊人，只要与罗马人合作，通常都会有好的结果。但是如果是希腊人之间的合作，结果往往不甚理想。这个现象的确很有意思。从伯里克利和苏格拉底时代开始，希腊人就是一个想象力和进取心都超常的民族，但是，在组织能力和效率方面，这个民族总是得不了高分，只能是不及格。既然上帝不同时予人两物，只有相互合作，取长补短了。

在罗马皇帝的职责中，除了保障边境安全和完善基础设施建设之外，维护国内政治秩序也是一项必不可少的内容。说是维护国内政治秩序，实则意味着维护罗马帝国全境的秩序，直率地说，就是维护行省统治的秩序。

行省治理

行省治理的好坏，是决定帝国命运的重要问题。

所谓行省，原本是罗马实施征服后纳入自己势力范围的地方。所谓行省人民就是被征服的人民。如果这些人起来造反，罗马只能派出军团予以镇压。即使没有发展到叛乱的地步，只要出现不稳定的迹象，罗马也会派遣军事力量驻扎在那里。但是为了防备外敌入侵，常驻国界线的军事力量不能减少。这样一来就只有增加军队的数量。由此增加的费用也只能通过增加以行省税为主的各种税收来补充。如此一来，就会陷入恶性循环。行省人民难免会因纳税负担加重而产生不满，从而起来反抗。

为了避免出现这种情况，罗马规定：

第一，不得提高税率。这是基本政策。

第二，通过完善当地的基础设施，努力促进行省的经济发展，以此提高行省人民的生活水平。这样做不是因为罗马人已经认识到了人文主义的精神。事实上，人只要不必担心会饿肚子就会追求安稳。过激化行为通常是绝望的产物。既然罗马的税收制度是按收入的百分比征收的，那么只要经济发展活跃，行省税、关税和营业税自然会随之增加。

行省治理的第三条策略是彻底贯彻地方分权制。

在享有罗马公民权的军团兵中，有很多人在服役期满退役后留在了当地，加入当地的殖民城市建设。罗马把这些殖民城市和地方自治体变成了行省统治的中心。那些成为罗马地方自治体的城市，本来就是原住民的城市，也就是行省人民的城市。“自治”的方式在意大利本土和城邦的传统影响时间较长的希腊系城市采用的是“选举”的形式，这与以部族酋长统治为传统的高卢实行的世袭制形式不同。但是，罗马人是务实的民族，他们并不介意行省采用什么样的“自治”方式，只要当地居民接受就可以。

但是，过分纵容地方分权，国家就会解体。疆域辽阔的罗马帝国之所以能在较长的时期内实现令人满意的统治，是因为它把中央集权和地方分权有机地结合在一起。如何把矛盾的两个方面结合起来是一个重要课题。罗马人很好地解决了这个课题。他们把“地方”内政交给各地方自治体，“中央”则对这些地方自治体所属的行省进行统一管理。

行省总督从帝国中央——罗马派遣。行省人民有义务服从总督对全行省的统治。当然，如果只有义务没有权利，很难指望义务会得到很好的执行。于是，罗马给了行省人民监督权。首先，如果他们对总督的统治不满，可以向中央提出指控，条件是指控必须等总督任期结束之后提出。因为，尽管是指控的形式，实质上它也是对行省总督工作的鉴定。这样的鉴定应该贯穿整个任期。其次，审理在首都罗马进行，原、被告双方都必须到庭。再次，行省总督的任期只有一年，行省人民无须忍受太长时间。

作为原告行省人民的代理而担当公诉人之职的是兼任辩护律师的小普林尼和塔西佗这样的元老院元老。因为元老院协助皇帝统治帝国是帝国的国策，那么弄清行省人民不满的原因也是元老院元老的责任。也就是说，这是公务要求。律师费有规定，上限是 1 万塞斯特斯（相当于一名士兵 10 年的薪金收入）。因此，因无法承受庞大的律师费而选择忍气吞声的情况并不多见。

这一制度开始执行是在进入帝制时代以后。此时的罗马，基本国策已经由强调对外扩张转为重视对内建设。于是，通过施行仁政确保国内稳定的政策受到了重视。甚至连塔西佗，这位曾经把很多皇帝批得一无是处的人，也说与共和制时代相比，进入帝制以后，行省总督的“透明度”更高了。原因之一是皇帝们都很重视对受到指控的行省总督的审判。他们经常亲临现场，聆听审理的整个过程。被告是元老院元老，判决结果由他的同僚——其他元老院元老——投票决定。皇帝虽然立场中立，但是他亲临现场意味着最高权力者的重视。

站在被告席上的前行省总督当然允许有辩护律师，但是与从前的处境相比已经完全不同。提比略、克劳狄乌斯和图密善等皇帝都是以积极参与对他们的庭审而闻名的。至于提比略，还有一件很有名的事，就是他总会在法庭上提出尖锐的问题，不仅被告本人，甚至连辩护律师也会不知所措。图拉真虽然不会提出过于尖锐的问题，但他也是经常光顾庭审现场的皇帝之一。

那么，为什么指控前行省总督的状况始终没有停止过呢？

关于罗马帝国内的行省，第一代皇帝奥古斯都把它们分成了“皇帝行省”和“元老院行省”两类，区别在于行省是否有常驻军队。罗马军队的最高司令官是皇帝，因此，由他领导的军团驻屯的行省是皇帝行省，没有军队驻扎的行省是元老院行省。皇帝行省通常都在边界线附近，需要军团常驻。元老院行省因为地处内地，而且行省化历史较长，比较稳定，所以无须部署军事力量。这是皇帝行省和元老院行省之间的区别。

担任皇帝行省的总督要求有军事方面的才干，所以任命权在罗马全军的最高司令官，也就是皇帝的手上。

担任元老院行省总督，条件是出任过执政官，任命方式是通过元老院元老互选产生。

在日语中，这两种人都叫总督。同样，几乎所有行省总督都在元老院拥有一席之地。但是如果用拉丁语原文的话，首先他们的官名就不一样。皇帝行省的总督叫“Legatus Imperiale”，元老院行省的总督叫“Proconsul”。前者的意思是“皇帝特使”，后者的意思是“代执政官”。按照现代人的观点，前者来自军队，后者来自政府部门。

皇帝行省总督的任期不止一年，通常都是若干年。其任免权在直属上司皇帝的手中。

元老院行省总督的任期是一年，与执政官一样，目的是尽可能地为更多的元老院元老创造机会。元老院行省总督的任期超过一年的情况几乎没有。对元老院元老来说，这是个名誉职位，所以即使当选行省总督，也不领取工资。与皇帝行省必须时刻防备外敌来犯不同，元老院行省的特点就是太平，无须整天神经紧绷。在这种环境中，自然会有人乘机让自己的腰包鼓起来。因为后世的我们知道的这类审判中的被告，几乎无一例外都是元老院行省的总督。

也许有人会说，不要区分皇帝行省和元老院行省，让皇帝来任命元老院行省的总督不就可以了吗？然而，如果你试图这样做，就算是好评如潮的皇帝，估计也会立刻被从他的皇帝宝座上赶下来。因为罗马帝国的真正掌权者不是皇帝，而始终都是罗马公民和元老院。所以元老院行省的总督只能由元老院选举产生，监管他们的只能是行省总督的检举制度。

小普林尼是直接参加庭审的人，有时候作为原告的代理，有时候为被告做辩护。从他写给朋友的信中，我想介绍两例此类庭审。在这两例庭审中，皇帝都出席并聆听了辩控的全过程。

其中一例是指控西班牙南部贝提卡行省（图拉真出生地所在的行省）总督库拉希克斯而进行的庭审。

原告不是该行省的几个居民，而是整个行省，指控的理由是受贿。原告揭发库拉希克斯在担任总督期间，收受的贿赂足以积累起庞大的财产。贝提卡行省议会议员来到罗马后，请小普林尼担任原告代理，他接受了。作为公诉人，元老院元老小普林尼邀请了另一位同事一起担任原告代理。因为需要搜集证据，仅靠一个人很难做得周全。审判行省总督不只是司法的判决，同时具有政治意义，所以关注审理过程的人，以皇帝为首，非常多。

公诉人小普林尼和他的同事在审理开始前确定了起诉方案。他们决定集中力量，各个击破，而不同时指控所有被告，因为贝提卡行省议会指控的除了总督库拉希克斯，还有两位副总督加上库拉希克斯的妻子、女儿、女婿以及贝提卡行省警察长共计 7 人。小普林斯掌握了有力的证据，其中有库拉希克斯发布的命令文书和库拉希克斯写给他在罗马的女友们的亲笔信。要证明库拉希克斯有罪非常容易，因为信中有这样的内容：

> 太好了！真是太好了！终于从债务中解脱出来了，我可以一身轻松地回到你们身边了。我已经攒下了 400 万塞斯特斯。不过，我为此出卖了半个贝提卡行省。

不知道是因知道公诉人掌握了确凿的证据而感到绝望，还是因已经意识到等待他的会是什么结果，在庭审开始前，库拉希克斯死了。不清楚他是病死还是自杀。但是，被告的死亡并不意味着指控可以撤销，罗马法律允许缺席审判。这个案例除了受贿罪，还适用渎职罪，因为被告中的大多数都是“官员”。

当然，被告方也有辩护律师。

此人叫雷斯提托斯，和小普林尼一样也是元老院元老。按照小普林尼的说法，他是一个“在这样的庭审中表现老练、反应灵敏、遇到不可预知的证据或证人时能迅速做出反应的人”。但是，即便是如此优秀的辩护律师，雷斯提托斯好像也放弃了为库拉希克斯做无罪辩护。因此，辩护集中在了两位副总督身上。他让他们说因为是上司的命令，不得不服从。两位副总督没有否认受贿的事实。非但如此，他们还承认自己曾经索贿并得到了贿赂。但是，他们辩称自己这样做是不得已而为之。

至此，法庭上的争论焦点集中到了对于上司的命令，下属是否不分对错，都有义务服从这个问题上。为了推翻被告方提出来的这个论点，小普林尼和他的同事着实“捏了一把汗”。

为了寻找判例，原告的两位辩护律师找到了军团，也就是军事法庭，并且他们的努力有了回报，因为他们用下面的话辩驳了被告方的辩护律师：

> 在罗马，即使是上司的命令，如果这个命令违犯法律，军团兵就没有服从的义务。

指控总督的这场庭审，审判长由执政官担任，陪审员由元老院元老担任。判决结果如下：

前总督库拉希克斯——有罪。因为被告已死，无法进行体罚，所以只判处没收财产。但是，对他就任总督前和之后的财产要分别处置。就任总督前的财产由其女儿继承，就任总督后的财产全部归还贝提卡行省；已用于还债的部分向债权人索回，还给贝提卡行省。

这一判决有两点很值得关注：

第一，在弗拉维王朝时代固定下来的、父母之罪不株连子女的判例中，又多了库拉希克斯案一例。

第二，与图密善时代相比，刑罚轻了很多。图密善受到元老院元老憎恨的原因之一就是对行省总督的不正当行为处罚过于严厉。那么，刑罚变轻，是不是也反映了图拉真不喜欢过于严厉的做法呢?

两位副总督——有罪。理由除了受贿罪，还有一项，就是盲目服从上司的命令。这样的人不适合担任公职，二人被发配到边境地区 5 年。

贝提卡行省的警察长——有罪。他被判处逐出意大利本土 2 年。也就是说，在这 2 年内，他不得踏进首都罗马甚至意大利本土一步。

库拉希克斯总督的女婿——因证据不充分，被判无罪。他只是随妻子前往贝提卡，没有担任或公或私的工作。

库拉希克斯的妻子和女儿——无罪。与其说是因证据不充分而被判无罪，不如说是因犯罪的可能性极小而做出的无罪判决。有关这两个人，原告方的辩护律师小普林尼从一开始就认为无罪，所以他甚至没有寻找证据。

姑且认为胜诉的小普林尼和他的搭档拿到了辩护费的上限近 1 万塞斯特斯。在罗马时代，这笔钱规定由委托人分两次付清，第一次是提出委托时，支付 6 000 塞斯特斯，第二次是判决结果出来后，支付余下的 4 000 塞斯特斯。辩护费包括取证及寻找证人的经费，所以，这样的付款方式也许是考虑到会有败诉的可能吧。

顺便提一句，诬告者会被处以诋毁名誉罪。

在图拉真时代，民事审判的陪审员总数有所增加。原来是 100 人，后增加到了 180 人。人数在 100 人的时候，陪审员分 4 组，每组 25 名陪审员，分别负责一个庭审，所以有 4 个庭审同时进行。但是人数增加到 180 人以后，不知道是负责一个庭审的陪审员人数增加到了 45 人，还是同时进行的庭审数增加了。总之，增加到180人以后，“百官法庭”这个称呼没有变，尽管它的意思是“100个男人”。美国有一部电影《十二怒汉》，其中陪审员的称呼在罗马时代就已经有了。

在第二个案例中，小普林尼担任的是被告方的辩护律师。原告是生活在小亚细亚西北部的比提尼亚行省人民，被告是担任该行省总督的尤里乌斯·巴苏斯。

指控的理由是巴苏斯在任期间收受赠品，并根据自己的好恶对行省人民区别对待，只重用他怀有好感的人。

对此，被告方辩护团进行了反驳。他们称巴苏斯的统治是公正的，原告方收买部分行省人民起来反对他，这件事有力地证明了这一点。因此，作为行使统治的责任人，巴苏斯不仅不应该受到弹劾，反而应该给予嘉奖。

于是，原告方改变了策略。他们把巴苏斯接受的赠品数量和价格作为问题提了出来。于是，行省总督可以接受什么样的礼品成了辩论的焦点。

根据尤里乌斯·恺撒制定的法律，只要馈赠物的总额不超过1万塞斯特斯就可以接受。但是，在图密善执政的15年间，他严格要求行省总督做到公正。受到他的执政思想影响的罗马人认为，不管馈赠物是什么，一概拒绝接受才是值得赞赏的态度。

亲临庭审现场的图拉真说，在担任高地日耳曼行省总督的时候，自己也接受过赠礼，但是，只限生日和萨图努斯节（农神节，对罗马人来说是冬季休假）。他还坦白地说事后都归还了。出席庭审的元老院元老也分成了两派，一派坚决主张不允许收受礼品，一派认为只要在合理的范围内就可以接受。双方为此展开了激烈的辩论。

好像是后者的意见占了上风。总之，对巴苏斯做出的判决结果是无罪。后来，尤里乌斯·巴苏斯依然占有元老院席位。

有意思的是，审判巴苏斯时，站在比提尼亚行省一方，作为原告辩护人的维拉努斯后来任职比提尼亚行省总督，一年后结束任期，刚回到罗马就受到了比提尼亚行省人民的指控。这次指控没有进行庭审，因为行省人民撤诉了。但是，这件事引起了皇帝图拉真的警觉。他想，来自比提尼亚行省人民的指控如此之多，或许原因不在派去那儿的总督身上，而是在行省方面。

但是，比提尼亚是元老院管辖的行省，这就意味着皇帝不得随意干涉。如果皇帝想要运用自己的权力来解决比提尼亚的问题，他最好按照第二代皇帝提比略提出并定下来的做法，也就是设立一个由元老院元老组成的委员会。然而，图拉真这个男人的性格特点是遇到问题从不选择迂回战术，他会果断实施正面突破。再加上所谓的法律只要没有做出明确规定，有些事情就是可以变通的。

这种做法也是提比略开的先例。那就是如果有必要，元老院行省可以暂时划归皇帝行省。图拉真很好地利用了皇帝的这一权力。尽管只是暂时的，但是，比提尼亚行省成了皇帝的管辖范围。被派往该行省的总督，任务之一就是弄清该行省究竟存在什么问题，同时妥善地解决这些问题。于是，该行省总督的官名由"Proconsul"变成了"Legatus"。也就是说，这个位置从担任过执政官的人发迹的"中继站"，变成了皇帝直属特使的位置。图拉真任命小普林尼担任该行省的总督，一定是在庭审巴苏斯时，看到小普林尼的表现，听到他辩护时的见识，而对他倍加赏识吧。因为，在这之前，小普林尼甚至从未去过比提尼亚，而且，无论是在皇帝行省还是在元老院行省，他都没有担任过总督之职的履历。

就这样，才有了后来的《小普林尼与图拉真皇帝之间的往来信函》，为后世的我们了解罗马帝国行省统治提供了依据。信件是在小普林尼驻比提尼亚期间，也就是公元 111 年至 113 年春季的一年半时间里写的。当时，小普林尼的年龄在 50 岁左右，皇帝图拉真快 60 岁了。

小普林尼

我在《罗马人的故事 08 · 危机与克服》中写到过的普林尼是小普林尼的舅舅，也是巨著《博物志》的作者。为了区别于那个普林尼，在这个普林尼的名字前，欧美人用“年轻的”、日本人用“小”来称呼。他是一个人品极好的人，对于同行文人，他从不妒忌，也不带任何偏见。他会由衷地赞美对方的才能。他是罗马社会领导者阶层元老院中的一员，为此，他充分履行了自己的职责。同时他还是一个乐善好施的人，积极参与把财产回馈给社会的活动。他热心关照自己的熟人，对自己身为罗马帝国的一员而备感骄傲。他是一个懂得感受幸福的罗马人，甚至仅仅因为妻子喜欢自己的作品就会感到幸福不已。塔西佗与他不同。作为同时代人，塔西佗总是在指责自己国家的缺点，并为这些缺点悲愤激昂，结果成了一名悲观主义者。性格如此不同的这两个人，不仅作为文友相处融洽，而且在辩护律师的工作中也经常合作。这些事实让人觉得很有些不可思议。也许既有悲观主义者又有乐观主义者，才构成了人类社会的全貌吧。

塔西佗比小普林尼年长五六岁。在小普林尼写给塔西佗的一封信中有这样一段话：

我知道您绝对不会炫耀自己的作品。但是，我在欣赏您的作品时，最想把自己内心真实的想法和盘托出，甚于其他任何时候。

不知道后世的人们是否会记得我们，虽然我认为我们多少有一些被记住的价值。我不会说，这是由于我们的天分，因为这样说显得过于傲慢。我只想说，这是缘于我们的勤勉，缘于我们的热忱，缘于我们对名誉的尊重。

人生就是怀着这样的理想不断努力。但是，只有少数人可以得到显赫的声誉。除此之外的绝大多数人，我想至少还值得从默默无闻和被忘却中得到拯救。

看到这样的话，我不由自主地起了同情心。于是，我一边嘟哝着说“没关系，我会引用你的东西”，一边继续阅读他的作品。同时我也在猜测，塔西佗读到这封信时是怎么想的。我想，塔西佗一定不会写回信，因为他很清楚自己的才能。与谦虚的小普林尼不同，他坚信自己有历史学家的天分，坚信能为后世留下辉煌名声的是自己。

塔西佗也属于元老院阶级，因此，他应该也是一个家境殷实的人，拥有符合元老院阶级身份的资产。但是，我们从来没有听说他曾经捐赠过图书馆或者为贫困家庭孩子的育英基金提供过资助。当然，他也没有帮助过自己的文友，更别说向皇帝举荐什么人。关照熟人之类的事情一概与他无关。他既不炫耀自己的作品，也从不夸奖朋友的作品。

因此，对于这两人的作品，后世给出的评价是，小普林尼的作品是“幸福的罗马行政官文人的墨宝”，相反，称塔西佗的著作是“罗马帝制时期最优秀的历史学家的杰作”。

因为最适合做朋友的小普林尼缺少创作成熟作品必不可少的，也可以说是恶意的“毒”。因此，此人留下来的作品只是一些写给朋友知己的书简以及与图拉真之间的往来信件，外加当选候补执政官时的演讲。除此之外，他好像也写过一些东西，只是水平仅限于得到妻子的称赞。

我想请读者朋友们再看一遍他写给塔西佗的信，就从“不知道后世的人们”开始读到最后。在阅读的过程中，把其中的“我们”换成“罗马人”：

> 不知道后世的人们是否会记得罗马人，虽然我认为罗马人多少有一些被记住的价值。我不会说，这是由于罗马人的天分，因为这样说显得过于傲慢。我只想说，这是缘于罗马人的勤勉，缘于罗马人的热忱，缘于罗马人对名誉的尊重。
>
> 人生就是怀着这样的理想不断努力。但是，只有少数人可以得到显赫的声誉。除此之外的绝大多数人，我想至少还值得从默默无闻和被忘却中得到拯救。

在很长一段时间里，我都有这样一个想法，就是把这段文字放到某一册的卷首。

塔西佗和小普林尼都是元老院元老，他们的经历有很多相似之处。两人都在他们给予恶评的图密善皇帝统治时代，屡次担任过公职。年长的塔西佗在涅尔瓦皇帝时代当选过候补执政官，小普林尼在图拉真皇帝时代当选过候补执政官。只是，做到行省总督的只有小普林尼一个人，因为塔西佗尚未为自己的公职生涯画上圆满句号就结束了他的人生，虽然小普林尼被派往比提尼亚行省的时候，塔西佗尚健在。还有一点，他们都没有孩子，更别说有 3 个孩子了。因此，他们都不是《有孩子的元老院元老优待法》这一条法律的受益者。

第一代皇帝奥古斯都制定的这条法律，是为了防止统治阶层下一代子女人数日渐减少。该法律规定，在官职选举中，优先考虑有 3 个以上孩子的人选。此外，每个官职都有若干年停职时间，但是，根据该法律，有 3 个孩子的人不适用于这一规定。

当然，这不是绝对条件。即使一个孩子也没有，皇帝也有权让他成为不受这条法律约束的人。图拉真对小普林尼就使用了这一权力。

塔西佗应该是罗马帝制时期最优秀的历史学家。相信同时代的人一定也是这样认为的。但是，有能力的作家并不代表一定是有能力的行政官，而且当时的社会正处于以统治公正而闻名的图拉真时代。在对阿非利加行省总督普利斯库斯（Priscus）的庭审中，塔西佗和小普林尼合作进行了辩护，而坐在审判长位置上的正是图拉真。那么，图拉真起用小普林尼难道只是看中了他对比提尼亚的了解吗？还是像现代美国历史学家评价的那样，这位务实的皇帝要的不是一位能够写文采斐然的报告的特使，而是要一位能够忠实履行职责的特使呢？

不管怎样，假如塔西佗也担任了行省总督，情形又会怎样呢？这一设想深深地吸引了我，让我备感好奇，欲罢不能。

被称为“光荣的公职人员”的元老院元老必须担任的国家官职，包括财务监察官、法务官和执政官，其任职地都是首都罗马。但是，行省总督不同。代执政官虽然是元老院元老仕途的终点，但是不能自由选择任职地。任职地要通过抽签决定。这个官职任期只有一年，但是在开展日常政务和司法活动的同时，必须弄清该行省存在的问题，解决总督职权范围内可以解决的问题。超出总督职权范围的问题则向元老院汇报，并请求元老院对解决方案进行立法，就好像对铺设完成的罗马大道用心进行维护维修，使其继续发挥作用一样。

皇帝的工作与此相同，只是范围更大，遍及帝国全境。如果塔西佗担任过行省总督的话，那么，他应该会更深刻地理解皇帝的职责之严肃和重要，并因此让评论家的身份得到升华。如果真是这样的话，塔西佗或许就会从“罗马帝制时期最优秀的历史学家”一跃成为“贯穿共和制和帝制时代的罗马最优秀的历史学家”了。他的写作能力，堪与尤里乌斯·恺撒相媲美，他的批判精神是创作杰出历史著作的重要条件。当然，这不是唯一的条件。

在被后世评价为“幸福的罗马行政官文人的墨宝”的小普林尼的著作中，称得上是白眉之作的《小普林尼与图拉真皇帝之间的往来信函》，总共由 124 封信组成，其中 73 封是普林尼写的信，51 封是图拉真的回信。这部书已经有了日文版，就是国原吉之助教授翻译的《普林尼书信集》，收录于讲谈社学术文库中。只是，这部译作不是全文翻译，而是节译。前面介绍的小普林尼写给塔西佗的信就没有被收录进去。小普林尼写的 73 封信只收录了 32 封，图拉真写的 51 封回信也只收录了 12 封。但是，既然日语版已经有了，所以在这里，我只想说说我的感想。

我有一个疑问。就算小普林尼的信确实是他自己亲笔写的，那么，皇帝图拉真的信也是亲自回复的吗？

事实上，皇帝官邸有一个部门，直译叫“书信科”。因此，我们可以这样认为，小普林尼写给图拉真的信首先由该部门的官员拆看，然后向皇帝汇报。皇帝对此做出口头答复，再由“书信科”官员写成文字，送到比提尼亚。

专门研究了这些信件的学者对拉丁语原文进行逐字分解后得出的结论令人咋舌：几乎所有回信都是图拉真亲自回复，而绝非出自其他官员之手。因为连专业水平不高的我也知道，无论是口述还是亲笔书写，这些信一定出自敢于对自己说过的话负责的人。

那么，图拉真皇帝为什么会如此诚恳地把自己的想法告诉小普林尼呢?

前面已经提到过，为了彻底解决问题，小普林尼担任总督的比提尼亚行省从元老院行省变成了皇帝行省。鉴于这一特殊情况，负责解决该行省问题的责任人此时是皇帝图拉真。当然，除此之外，还有不为人知的情况。

比提尼亚一带在米特拉达梯国王时代曾经是盛极一时的本都王国（我在《罗马人的故事 03 · 胜者的迷思》中有详细描述），成为罗马行省以后依然是一个具有古老历史、经济发达、城市居多、人口较为稠密的地方。以行省首府尼科美底亚为首，这里有后来的君士坦丁堡、再后来的伊斯坦布尔的前身拜占庭、尼西亚、普鲁萨等城市，还有黑海南岸的赫拉克利亚和锡诺普等。另外，面向黑海以及东部与亚美尼亚王国接壤的地理位置，也使这里成了一个战略要地。把小普林尼派到此处的时候，图拉真心中已经悄悄萌发了远征帕提亚的想法。这个想法在几年后变成了现实。帕提亚王国与亚美尼亚王国之间的关系非常密切，不是可以轻易分割开的。远征的时候，最重要的是要保证后方的稳定。比提尼亚行省就属于远征帕提亚的大后方之一，而且从经济实力上来说，它也是帝国极为重要的地区之一。

当然，皇帝没有把自己的这一想法透露给他的特命全权总督。因此，小普林尼天真地相信图拉真要求重建财政、维护社会秩序都是为了比提尼亚行省的发展，因而干劲儿十足。

小普林尼去行省各城市了解了财政问题的原因后，写信给皇帝，说向罗马派遣表敬使节团和对默西亚行省总督进行表敬访问，两项所需的 1.2 万塞斯特斯的支出毫无必要。比提尼亚行省没有军队驻守，默西亚行省兼顾保护比提尼亚的安全任务。他说，自己只是给默西亚行省总督送去了表敬文书。他询问这样做是否妥当。图拉真回信说：“你做得很好，我亲爱的塞孔都斯。”

尽管重建财政是当务之急，但不能削减岁出。就像前面讲到的，为了居民用水，需要建设引水渠。当然，总督还有一个任务就是必须弄清之前工程发包时的不正当嫌疑，并追查相关责任人。此外，同样是前面提到过的体育中心的建设。皇帝已经下令，体育中心的规模只要符合该地方自治体的财政即可，所以需要缩小规模后重新开工。

对于小普林尼提出的为了重建财政，是否有必要强制下调利息这个问题，皇帝表示反对。他回答说：“我充分理解这样做的必要性。但是由国家强制下调利息，不符合我们这个时代的公正精神。”对“私”强制下调利息等于强迫“私”向“公”提供资金，大概他是不希望因此出现行省人民的骚乱。

至于图拉真为什么要如此执着于重建比提尼亚的财政，原因是当财政出现漏洞的时候，获利者一定只有少数人，绝大多数人都会成为受害者。如此一来，社会就会出现动荡。相反，施行仁政归根结底就是要建设本分人不吃亏的社会。

维护社会稳定的障碍是一小部分人占据权力，组织封闭，排除异己。小普林尼提出是否可以允许消防员成立工会。对此图拉真回答：消防员之间相互帮助是可以的，但是不宜成立工会组织。他讨厌政治结社。

我非常佩服这两人之间的通信有如此之多。小普林尼因为写信对象只有一个人，所以每月平均写 4 封信可以理解。但是，图拉真写信的对象绝不止小普林尼一个人。仅仅在皇帝行省任职的总督就有 13

人之多，还要加上各军团基地从负责人即军团长，到各级长官、财务负责人等，少说也有100多人。此外还有来自百姓的请愿书等等，需要他回复的信件很多。就好像公司董事长创建主页后，需要答复所有进入主页的电子邮件一样。我想就算有人求我，我也不想当这个罗马皇帝。

但是，对于皇帝来说，这一切都是宝贵的信息来源。在小普林尼写给图拉真的信中，甚至写到了前往比提尼亚的旅行路线，尽管初看这件事情好像跟比提尼亚行省总督并无关系。作为皇帝的代理，他甚至把自己进入比提尼亚时，比提尼亚行省人民如何迎接自己的经过也写信向皇帝做了汇报。

“勤勉”是同时代人献给图拉真皇帝的颂词之一。像提比略皇帝，尽管与图拉真一样，创建了“主页”，但是，对于进入主页的邮件，他一概不做答复。而图拉真皇帝却认真地一一作答。因此，前者得到的是很差的评价，后者得到的则是极高的好评。特别是属于元老院阶级的人们对以这两位皇帝为代表的类型的评价倾向于哪一方，与他们担任的职务有关，因为他们的工作内容之一就是要随时发送“电子邮件”，即报告。

那么，对于以地中海为中心，势力范围遍及欧洲、中近东和北非的幅员辽阔的罗马帝国，皇帝们又是如何进行统治的呢？这应该是每个人都想知道的问题。要统治如此庞大的帝国，情报必不可少。为了使报告和指令的上传下达顺畅、安全，他们很早就发展了国有邮政制度。由此可见，他们早就了解情报传递的重要性。以公务为目的的国有邮政系统也服务于普通百姓。在这一点上，它与出于军事目的而遍布罗马帝国的罗马大道一样。罗马大道也方便于民间的物资交流。

至于罗马为政者如何收集信息，大致可以分为如下两种：

一、来自在各行省担任公职的人的汇报。

二、来自行省人民的消息。

第一种情况，最好的一个例子就是小普林尼写给图拉真的信。

第二种情况又可以分为四类：

（1）行省议会代表一年一度前往首都罗马做表敬访问。因为是表敬访问，所以与元老院和皇帝会谈无疑是行程内容之一。

（2）按现在的说法就是院外活动。按罗马时代的说法，则是保护者与被保护者的关系。这种活动在（1）的表敬访问制度尚未固定下来的共和制时代尤为常见。格拉古兄弟的被保护者在北非，原因可追究到其祖父西庇阿·阿非利加努斯时代。庞培的被保护者在他本人统治的中近东。尤里乌斯·恺撒作为全高卢的保护者而闻名。总之，征服一个地方后，成为这个地方的保护者，是罗马的风格。

进入帝制时代以后，这样的关系并没有消失。虽然因为不再是征服的时代，像共和制时代那样有名的利益代表已经消失，但是因为还有（1）的制度在起作用，所以尽管院外活动的重要程度有所下降，但是，只要地方和中央还有联系，它无疑还是有用的。在帝制时代的保护者中，有与行省人民建立起良好关系的、在行省任职的总督，有与行省经济往来密切的人，等等。通过这些人的介绍，正在做表敬访问的行省代表有了参加皇帝的宴请，也就是私下接触皇帝的可能性。

（3）与（1）一样，是行省通过正规途径，直接向皇帝请愿的方法。请愿好像以文书的形式居多。罗马帝国还为此在官邸内特设了一个接收请愿书的部门，叫“文书科”。

（4）是最激进的信息收集方法，同时也是中央和地方的接触方法，即审判行省总督。因为是审判，所以有原告和被告双方的辩论。通过辩论，不仅总督统治的问题，就连该行省存在的其他问题也会一起弄清楚。进行庭审的时候，被告、公诉人、被告方辩护律师、陪审员都是元老院元老。这时候，皇帝只要在首都，一定亲临庭审现场。甚至有的皇帝为出席庭审，推迟了前往别墅的时间。

庭审行省总督的制度是为反映行省呼声之目的而制定的，是了解行省现状的绝好机会。

作为帝国统治的最高责任人，皇帝通过这些方法收集信息，并以此为基础，根据帝国统治的政治策略做出判断。对于当场可以解决的问题，他会马上下达指令。如果是需要通过制定政策来解决的问题，他会交给元老院，请他们制定相关的法律实施。就连从不回复“电子邮件”的提比略皇帝，他平时据说也是忙得不可开交。罗马皇帝们即使不遭遇暗杀，其统治时间也只有 20 年左右。也许过于繁重的工作是造成这一情况的原因之一。

在图拉真统治期间，皇帝和元老院相处非常融洽。这是罗马时代和后世的人们给出的一致评价。其原因之一是图拉真作为一位领袖很会关心他人。

小普林尼曾经请求皇帝给予自己的朋友、熟人特别关照，这多少有些令人吃惊。他曾经请求皇帝授予给自己治过病的、来自埃及的希腊医生罗马公民权；希望皇帝同意朋友苏维托尼乌斯（《罗马十二帝王传》的作者）享受“有 3 个孩子的特权”。也许小普林尼尽管人格高尚，也一心想着要好好利用皇帝这个关系。对于小普林尼的这些要求，图拉真既没有置之不理，也没有让他难堪，而是尽可能地予以满足。当然，不是所有要求他都满足。毕竟图拉真虽然不是极端的保守主义者，但还是一位保守主义者。与他相比，作为既得权力阶层，元老院比皇帝的保守倾向强烈得多。我想，皇帝能与这样的元老院保持良好关系，也有部分原因是他们相似的思想基础。

话说回来，帝制时代的小普林尼也好，共和制时代的西塞罗也好，阅读他们的书信，感觉都跟走关系有关，让人以为罗马社会似乎是靠人际关系来维系的。但是，关系到选拔人才，这作为一个制度难道真的有那么不好吗？

罗马人没有中国的科举制那样的制度。希腊的雅典、小亚细亚的罗得岛以及埃及的亚历山大可以算作当时的大学所在地。但是，在这些地方学习过的人仅靠这一点，是不可能进入帝国中枢的。以培养精英为目的的机构只有元老院。但是，有一个当元老的父亲，也不意味着就可以自动进入元老院。要进入元老院，条件是当选过财务监察官或护民官，并顺利结束任期。皇帝有推荐权，所以经过军团基层锻炼的人也有可能进入元老院。

罗马人在人才选拔方面注重关系。我认为，这是他们务实主义性格的一种体现。所谓关系，就是你推荐一个人就要为你的推荐负责。如果推荐者人格高尚又有才能，那么他推荐的人同样人品好又有才能的概率也会大。当然，风险是避免不了的。但是，通过客观考试选拔人才，风险难道就能完全规避，就不会出现无能或品行低劣的行政官吗？

在共和制时代，只要是西塞罗推荐的年轻人，尤里乌斯·恺撒一概收为自己的部下，因为他赏识西塞罗的见识。图拉真对小普林尼提出的请求基本上也给予满足，同样因为他认可小普林尼的诚实和一心为公的精神。选拔人才是一场竞赛，参赛者不只是录用者和被录用者两个人，还要加上推荐者。这些参赛者都要承担责任，我想这就是罗马人经常采用靠关系录用人才这种方式的理由。

不管是认真听取他人建议的结果，还是其他什么原因，所做的事被人喜欢总是好的。图密善皇帝做一件事的时候，元老院经常怨声载道。而图拉真做同样的事情，别说反对，就连元老院元老自己也会去做。他们既没有抱怨，也没有不满。想象一下确实有点儿意思。

小普林尼写给皇帝的信，常常以“主人”（domine）开头。所谓主君，意思是“统治自己的人”，在基督教中就是“神”的意思，因此通常翻译成“主啊”。但是，在罗马，就是“主人”一个意思。

讽刺诗诗人马提雅尔在他的诗中称皇帝是“主人”，对此图密善皇帝置之不理，让元老院非常生气。塔西佗还因此断定图密善是一位专制君主，对皇帝的称呼也改成了“恺撒”或是“第一公民”。此后仅仅过了十几年，元老院元老小普林尼又称呼皇帝为“主人”，图拉真坦然接受了。为此，就连不指责他人缺点就难受的塔西佗也没有批评他。甚至图拉真在亲生父亲和姐姐死后，神格化他们，为他们铸造了纪念银币这件事情，也没有人提出异议。提比略对“主人”这一称呼很敏感。每次听到这样的称呼，他都表现得很神经质，说：“主人是我家用人对我的称呼，大将军是士兵对我的称呼，第一公民是公民对我的称呼。”他这样解释完全无助于人们对他产生好感。人真是难以捉摸啊！

不管怎样，图拉真是元老院给予很高评价的一位皇帝。元老院还给了图拉真一个称号，叫“Optimus Princeps”。之前没有一位皇帝得到过这样的称号，直译就是“最高第一公民”，意译是“至高无上的皇帝”。图拉真最初推辞过，但最终还是接受了。这一件事情非常有助于我们了解罗马人心目中的理想皇帝是怎样的。

被罗马人看作理想皇帝的这位皇帝，对基督教徒又是怎么看待的呢？还有，在法治国家罗马帝国担任过辩护律师和公诉人，直接参与过与法律相关工作的小普林尼对基督教徒又是怎么看的呢？在《小普林尼与图拉真皇帝之间的往来信函》中，最著名的就是关于二人如何对待基督教徒的部分，我想在这里做全文介绍。顺便提一句，行省总督享有对行省人民的司法权。

普林尼致皇帝图拉真

主人啊，当我难以做出判断的时候，我总是询问您的意见。因为您会比任何人都能更好地引导迷茫中的我，为无知的人指明前进的方向。

迄今为止，我还没有接触过对基督教徒的审判案例，因此不知道这种审判该如何进行。有什么样的证据就可以起诉？反国家罪或无信仰者的刑罚适用于什么样的罪状？被指控的当事人年龄能否作为减轻刑罚的依据？对于成年人和 25 岁以下的年轻人，尽管都是基督教徒，是否需要像其他刑罚一样区别对待？为自己是基督教徒而表现出悔意，并愿意放弃这一信仰的人，是否可以赦免他的罪？或者，不管他现在多后悔，只要他曾经是基督教徒，就要给予处罚？还有，对于从未做过一件坏事的人，仅仅因为他是这个邪恶组织的一员，就应该给予处罚吗？

对于被指控为基督教徒的人，目前我采用以下一些做法：

我会一而再再而三地问他们："你们是基督教的信仰者吗？"如果回答说"是"，我让他们想清楚，并告诉他们如果说谎，我只能采取刑讯手段。因为我认为，皈依基督教意味着什么没有多大关系，仅执迷不悟这一条就可以定罪。

在直到最后依然坚称自己是基督教徒的人中，也有罗马公民权拥有者。这些人有权向皇帝上诉，所以我把他们押送去罗马了。然而，不知道是否受我这一做法的影响，告发基督教徒的人数在不断增加，而且情形也起了变化。

罗列有很多人名的匿名告发增多，为此我改变了我的做法。

第一，遭到告发的人，如果表明自己不是基督教徒，或者在我第一次审讯的时候向诸神祈求，并对您的雕像表示敬意的人，以及诅咒基督教的人，一律无罪释放。为此，我叫人在法庭上准备了您的雕像和供奉雕像所需的香料和葡萄酒。

第二，即使是被检察官提起公诉的人，虽然一开始承认自己是基督教徒，但是后来翻供否认自己是基督教徒的人，或者曾经是基督教徒现在已经不是的人，不管这个曾经是 3 年还是 20 年，一律判处无罪。当然，判他们无罪释放的条件是他们要敬畏我们的诸神，诅咒基督教的神。

根据我收集到的信息，基督教徒的罪行或过失是这样的：他们在规定的那天（大概是星期天）黎明集合，齐唱赞颂基督的歌。唱歌结束后，庄严宣誓。宣誓的内容不过是不做对社会有害的事情，不盗，不抢，不通奸，严守承诺，发誓受托保管的东西必须按委托人的要求随时归还，等等。这个仪式结束后，大家回家一起用餐，吃些面包，喝点儿葡萄酒。仪式很普通，也没有恶意。当然，根据您的意思，凡是与我宣布过的秘密社团相勾结的集会我是禁止的。

被告如果是奴隶的话，我想有必要在审讯时进行拷问。然而，在审讯两个他们称之为副主祭的女奴隶时，并没有发现邪恶而疯狂的迷信以外的东西。

因此，在了解您的想法之前，我决定推迟与基督教相关的一切审判。因为我认为，关于裁决的尺度，我应该征询皇帝的意见。现在的情形是：第一，被告发的人很多；第二，不分年龄、社会地位、性别，这样的人今后还有增加的趋势。

受这种迷信蛊惑的除了城市，也已经殃及地方。但是我感觉可以防止这种蛊惑继续蔓延，因为一度被废弃的神殿和寺庙因前去敬神的人的增加而变得热闹起来了。还有，被宣判无罪的祭祀活动也已经出现，尽管时间还不算太长。把用作供品的家禽肉拿来售卖的人在减少，这一情况现在也得到了很大程度的改善。

在被认为是基督教信仰者的人之中，我想大多数只是因新鲜而被骗入教的。因此我认为，这类人只要有悔改的表现，并决心脱离基督教的话，应该予以免罪。

图拉真回复普林尼

亲爱的塞孔都斯，你根据法律处置被告发的基督教徒的做法非常好，因为在对待这个问题上，用规范帝国全域的标准来处理本身就是不可取的。（基督教最初出现在罗马帝国的东方，公元2世纪时尚未波及帝国西方。图拉真时代殉教的主教有两个人：一个是耶路撒冷的主教，另一个是安提阿的主教。）

搜捕基督教徒，借口有罪强行追查这种做法不可取。当然，受到正式检举并招供的人应该受到惩罚。对于弃教者应该予以关心，但是，他们必须明确表示敬畏我们的诸神，明确表示自己的悔意。只要这些想法明确，不管以往怎样，都可以免罪。

匿名告发没有任何法律价值。接受这样的告发，违背我们这个时代的精神。

在这里，我想顺便介绍一下《圣经·使徒行传》中圣保罗对信徒们的教诲：

你们的日常生活不可张扬，互不说坏话，发泄不满，也不起争端。因为神的孩子都是完美无缺的，是纯洁的。同时也为了不给这个邪恶、堕落的社会授以口实。

尽管生活在这个邪恶、堕落的社会里，你们必须恪守神的教诲，就好比黑夜里双手捧着一盏明灯。

虽说同为一神教，但是，与屡屡反对罗马的犹太教徒不同，基督教徒以公元70年耶路撒冷沦陷为分水岭，与犹太教划清界限，并进一步加强了暗中活动的做法。但是，多神教和一神教的对立，与其说是宗教的对立，不如说是缘于文明观不同的罗马帝国和基督教的对立，这种对立虽发展缓慢，却实实在在地开始了。

图拉真的私生活

也许有人会问，为什么我没有写图拉真皇帝的个人生活。那是因为实在没有可写的东西。站在基督教徒的立场去看，罗马皇帝无疑是邪恶、堕落的罗马社会的象征。然而，在图拉真身上，你找不出一丝一毫跟邪恶或堕落有关的东西。很多人之所以能出人头地，是因为他们身后有一群亲人或亲戚为他们铺好了路，让他们轻而易举就能得到诸多好处。但是，像这样能帮得上自己忙的人，图拉真一个都没有。

图拉真没有孩子。他有一个比他年长5岁的姐姐，叫马尔恰娜，姐弟俩关系非常好。弟弟当上皇帝后，姐姐也住进了首都罗马的皇宫。但是，她从不炫耀自己的身份，生活简朴，不好出风头，非常满足于管理家中事务。姐姐唯一担心的是弟弟的健康。但是，图拉真是一个身体强健的人，从来不知道生病是什么。因此，这件事情也无须她过多操心。姐姐死后，弟弟神格化了她，把她加入了诸神的行列里。对此，罗马人全然不介意。因为就连被罗马打败的失败者的诸神，他们也会授予“罗马公民权”，这才有了30万之众的神。基督教徒有一个说法曾经流行一时，说罗马有意把基督教的神也纳入诸神的行列中，但是因为基督教徒的拒绝，最终没有成功。对罗马这样的提议，基督教徒自然会拒绝，因为假如接受这个提议，基督教就不是一神教了。

马尔恰娜有一个女儿叫马提蒂亚，图拉真非常喜欢这个比自己小15岁的外甥女。这个女人的性格与她母亲相似，同样无法为编年史的作者提供写作素材。

在这方面，图拉真的妻子普洛蒂娜也一样。可以说，她是一位当之无愧的贤妻。只要看她与同住在皇宫中的大姑子相处融洽这件事上就可以略见一斑。马尔恰娜和马提蒂亚出生于行省西班牙，在小镇意大利卡长大，普洛蒂娜则出生于南部法国行省的主要城市之一尼姆，在罗马长大。她是一个非常有修养的人，甚至可以聊有关希腊哲学的话题。其修养之高，据说超过她的丈夫图拉真。

但是，这个女人同样不喜欢抛头露面。图拉真没有封她“奥古斯塔”（Augusta，意思相当于“皇后”），对此，她丝毫没有怨言。有意思的是，图拉真没有给妻子“皇后”的封号，却在姐姐马尔恰娜死后，给了她“奥古斯塔”的封号。

这三位女性都是皇帝身边的人，她们的地位自然不容忽视。既然她们如此质朴，罗马上流社会的夫人们也不敢张扬。因此，图密善时代的夫人们那种盘得高高的夸张的发型在图拉真时代已难得一见。

图拉真对自己的姐姐、姐夫、外甥女、外甥女婿以及妻子的亲属

普洛蒂娜

马尔恰娜

都没有给予特殊的照顾。他把外甥女的女儿萨宾娜嫁给哈德良，也许与自己是哈德良的监护人身份有关。但是，哈德良的升迁跟他没有关系，完全是靠自己的能力。可以说，对待别人的事，图拉真总是尽可能地给予满足。但是，对待自己家的事情，却从不徇私，非常光明磊落。

至于图拉真的缺点，罗马时代的史学家们能指出的其中一条据说是饮酒。其实他和普通罗马人一样，每天当星星还在天空闪烁的时候起床，结束一天繁忙的公务后入浴、按摩，然后用晚餐，这时他会喝一点儿酒。当然，并不是说他离不开葡萄酒。只是希腊人和罗马人习惯用凉水或温水兑酒喝，而他从不兑水，这才是他被说成酗酒的原因。

图拉真还有一个缺点，就是喜欢让漂亮的年轻人陪侍他共进晚餐。那么，他的这一嗜好是否带有邪恶、自我堕落的倾向呢？有人认为，望着被夕阳染得通红的天际，听着树叶摇曳发出的声响，结束一天的生活是人生的最大享受。小普林尼就是这样一个人。对图拉真来说，他最大的享受来自美少年们。无论是希腊时代的作品，还是罗马时代的上等仿制品，年轻人的雕像之美总是令人叹为观止。图拉真的这种感情不是同性间的爱，他只是欣赏少年纯真的美，就像欣赏风景一样。证据是在图拉真的“风景”中，没有一个人的名字被外界传扬或议论。

私生活健康，缺点也只是这些无伤大雅的事情，这让传记作家实在难以下笔。正因为如此，这位“至高无上的皇帝”没有好运到可以有他的传记留下来。

被誉为“至高无上的皇帝”，对于皇帝来说不是一件容易的事。对于元老院一致同意授予他“至高无上的皇帝”的称号，图拉真一度拒绝接受，不是因为他觉得自己配不上这个称号，而是因为他想在自己真正配得上这个称号的时候再接受。对于图拉真来说，他已经取得了达契亚战争的胜利，实现了帝国有史以来的最大版图。但是他认为要配得上这个称号，还有一件事要做，那就是完成之前的诸位皇帝没有做到的一件事情。

帕提亚问题

罗马与帕提亚的关系说到底就是希腊罗马文明与波斯文明的关系。亚历山大大帝消灭了波斯帝国。但是，在大帝死后出现的希腊诸城邦中，希腊人能掌控的地方，即便是旧波斯领地内，也只成功保住了其邻近地中海的西边部分。而把这些希腊人带回他们自己的国家的正是罗马人。因此，罗马与帕提亚的正式接触始于庞培称霸希腊诸城邦。其后的经过简要介绍如下：

公元前 63 年，庞培消灭了希腊诸城邦之一的叙利亚塞琉古王朝，为罗马称霸中近东一带奠定了基础。希腊诸城邦中唯一留存下来的埃及已经成为罗马事实上的附属国。(《罗马人的故事 03 · 胜者的迷思》中有详细描述。)

在庞培、恺撒和克拉苏结成的“三头同盟”中，庞培的名气如日中天，恺撒在高卢战争中屡屡建功立业。受到这两人成就的刺激，公元前 54 年，克拉苏决定远征东方，征服帕提亚。遗憾的是，一年后惨遭失败。总司令官克拉苏以下的将官，除了率领 500 名骑兵逃脱的卡西乌斯，其余全体阵亡。4 万人的远征军，最终逃到叙利亚安提阿的不足 1 万人，其中包括那 500 名骑兵。2 万人阵亡，被俘人数多达 1 万人。这些俘虏虽然躲过了被杀的命运，却被送到了帕提亚王国最东北边境的木鹿（今梅尔夫），终生在那里服役。这种遭遇无异于被发配到边疆。[《罗马人的故事 04 · 恺撒时代（上）》中有详细描述。]

公元前 44 年，击败庞培拉开内战序幕的恺撒准备远征帕提亚。远征的目的之一是为 9 年前的战败报仇雪耻。通过这次远征，中东各国重新认识了罗马的实力，并救出 1 万名罗马俘虏。然而，就在出征前的 3 月 15 日，恺撒遭到了布鲁图和卡西乌斯等人暗杀。[《罗马人的故事 05 · 恺撒时代（下）》中有详细描述。]

公元前 36 年，为了与恺撒的养子屋大维抗衡，试图向东方扩张势力的安东尼，与企图扩张领土的他的情人埃及女王克娄巴特拉一拍即合，开始了第二次远征帕提亚。但是，这次远征再次以失败告终。在 8 个月的远征中，11 万大军损失了 2 万人。尽管这次失败不是毁灭性的，却也改变不了失败的事实。一心想成为恺撒继承人的安东尼的野心落空，还给后人留下了一个未解决的隐患。[《罗马人的故事

05·恺撒时代（下）》中有详细描述。]

公元前21年，第一代皇帝奥古斯都（以前的屋大维）认为不解决帕提亚问题，就无法实现帝国东方的稳定。于是，在帝国建立还不到10年的情况下，着手解决这个问题。他希望通过外交手段而不依靠军事手段解决。当然，他所谓的外交手段并非单纯通过对话。帕提亚与亚美尼亚接壤，他首先发兵攻打亚美尼亚，并与亚美尼亚订立了同盟条约。然后拿着这份同盟条约，与帕提亚进行谈判，并最终签订了友好条约。

条约的内容是这样的：帕提亚承认亚美尼亚归罗马统治；幼发拉底河为罗马和帕提亚各自势力范围的界线，双方互不侵犯；允许并尊重两国国民之间的通商自由。帕提亚方面接受了上述所有条件。谈判在幼发拉底河中的小岛上进行，当时21岁的提比略代表奥古斯都参加谈判，并签署了条约。

帕提亚方面归还了在33年前打败克拉苏军队和15年前战胜安东尼军队时抢走的所有罗马军团旗帜——银鹫旗，并且归还了帕提亚士兵从阵亡的罗马士兵身上剥下来作为战利品保存起来的罗马将士的盔甲和武器，但是并没有归还俘虏，因为33年前被送到梅尔夫的罗马士兵已经全部死亡。(《罗马人的故事06·罗马统治下的和平》中有详细描述。)

此后，罗马和帕提亚之间维持了70余年的和平。

帕提亚王国是典型的东方君主专制国家，为了继承王位，内讧不断。每当出现难以收拾的局面时，他们就会对外采取强硬措施。还有，与自己同属波斯文明的亚美尼亚竟臣服于异域文明的罗马帝国，这对帕提亚人来说也是难以释怀的事情。

维持了较长时间的和平最终被打破，是在进入尼禄皇帝时代以后。这次挑起战争的是帕提亚。罗马派往前线迎战的是名将科尔布罗。

尼禄任命科尔布罗指挥大军，甚至给了他一份空白委任状，全权委托他解决帕提亚问题。科尔布罗是一位武将，但是他时刻都在关注中东的情势。所以虽然在军事上取得了节节胜利，他还是认为从国家形态到生活习惯，把亚美尼亚长期置于罗马统治之下是不现实的，因为与罗马相比，帕提亚距离亚美尼亚要近得多。因此，科尔布罗提出了一个方案，帕提亚国王欣然接受。这个方案就是亚美尼亚国王的候选人由帕提亚国王推荐，罗马皇帝主持亚美尼亚国王的加冕仪式。皇帝尼禄也同意了这一有名无实的解决方案。公元65年，亚美尼亚国王来到罗马接受由尼禄皇帝主持的加冕仪式。自此，和平再次降临到罗马与帕提亚之间，并且维持了半个世纪之久。这次问题得以解决，虽说是科尔布罗做了工作，但是也显示了尼禄在对外政策上的政治敏锐性着实了得。(《罗马人的故事07·臭名昭著的皇帝》中有详细描述。)

公元68年至70年，罗马发生内战，后来又有犹太叛乱。但是，帕提亚不仅没有乘人之危，甚至还主动提出向罗马派遣援军。由此可见，罗马和帕提亚之间以这种形式相处，多么受帕提亚方面的欢迎了。(《罗马人的故事08·危机与克服》中有详细描述。)

图拉真接手的正是这种状态下的帕提亚问题。依靠军事力量远征帕提亚，似乎并无必要。然而，长期和平的状态会麻痹当事者。事实上，来自帕提亚的挑衅行为并非完全没有。

对罗马人来说，帕提亚问题的导火索常常是亚美尼亚。帕提亚把亚美尼亚列入了本国统治势力范围的一个国家。在帕提亚宫廷之上，地位仅次于帕提亚国王的就是亚美尼亚国王。正是基于这样一个现实，尼禄的和平条约才得以长期维持。帕提亚国王是专制君主，专制君主最害怕的不是外敌而是内患，即可能威胁到自己王位的人。只有让危险人物成为名誉、权力以及财富均居帕提亚第二的亚美尼亚国王，并让他远离自己，帕提亚国王的位置才能安然无恙。

亚美尼亚国王梯里达底由衷敬佩名将科尔布罗。他到访罗马后，又把尼禄当兄长看待。尼禄也没有亏待他的殷勤，派出工程师团队，帮助其重建了亚美尼亚首都。为了表示感谢，梯里达底甚至把首都改名为尼禄市。可以看出，出身帕提亚王室的这位国王有多么强烈的亲罗马倾向了。梯里达底去世的时间不清楚，据说他比公元 37 年出生的尼禄小几岁。梯里达底的寿命较长，在亚美尼亚国王位置上的时间也不短。如果他比尼禄小三四岁的话，可以推断，图拉真即位的公元 98 年，他尚在世。那个时候，帕提亚国王已经从沃洛吉斯换成了帕科罗斯。梯里达底一死，帕科罗斯国王就把自己的儿子阿克西达瑞斯扶上了亚美尼亚国王的位置。此时，因为与尼禄之间的条约依然有效，所以叙利亚行省总督代替皇帝，为亚美尼亚新国王举行了加冕仪式。

公元 110 年，帕科罗斯去世，继承帕提亚国王王位的是帕科罗斯的弟弟奥斯罗埃斯。即位不到两年，这位国王就以无能为由，要推翻侄子阿克西达瑞斯，让阿克西达瑞斯的弟弟帕尔塔马西里斯当亚美尼亚国王。围绕亚美尼亚的王位，亲兄弟之间分成两派，引发了争端。新国王在帕提亚军队的帮助下，向亚美尼亚发起进攻。现任国王于是向罗马皇帝发出了求助。

罗马和亚美尼亚是同盟关系。对于同盟一方提出的求助，另一方给予回应是同盟者的义务。同时，对罗马方面来说，未征求罗马皇帝的意见，擅自更换亚美尼亚国王，是违反尼禄与帕提亚之间和平条约的行为。无疑，帕提亚国王的做法让罗马皇帝颜面扫地。但是，帕提亚没有直接攻打罗马。而且，面对弟弟的进攻，亚美尼亚国王在国民的支持下进行了出乎意料的顽强抵抗。如果要派遣援军，那么只要是驻扎在与亚美尼亚接壤的卡帕多西亚的2个军团就应该足够了。

但是，图拉真认为此时正是从根本上解决帕提亚问题的绝好机会。他所谓的从根本上解决，就是通过军事力量，彻底铲除这个隐患。图拉真是一个遇到阻碍绝不迂回而是果断采取正面击破的人。45岁当上罗马皇帝的图拉真此时即将迎来60岁。

远征

公元113年10月27日，带着公民和元老院对自己马到成功的期待，图拉真皇帝离开了罗马。同行的将军阵容与达契亚战争的时候几乎一样，只少了一个人。图拉真率领这些比自己年轻一代的武将，准备在达契亚战争胜利的基础上，再次赢得胜利。然而，远征帕提亚的参谋中少的不是单纯的一个人。

少的这个人正是李锡尼·苏拉，他是图拉真的同乡，与图拉真年龄相仿，任职地也几乎相同，因此他既是图拉真的好友，又是图拉真的第一亲信。遗憾的是，达契亚战争结束不久，他就去世了。公元107年以后，敢于对图拉真犯颜直谏的人再也没有了。好在图拉真的自我约束能力很强，因此在相当长一段时间里，弥补了这一缺憾。研究者中有人认为，如果苏拉还活着，很可能图拉真不会远征帕提亚。图拉真不缺少追随他的有能力的武将。但是，追随偶像的人，其想法往往比自己的偶像还要过激。更何况，图拉真并不完全信任绝对忠诚的这一代之后的下一代。这又是成功者身上容易出现的一个现象。

参加这次远征的将军与达契亚战争的时候是同一批人。但是，在他们指挥下作战的军团，由于战场从多瑙河转移到了幼发拉底河，所以自然不是之前的那些军团了。当然，军团不需要新编，因为卡帕多西亚有2个军团，叙利亚有3个军团，犹太有1个军团，罗马时代称为阿拉伯的地方现在叫约旦，那里有1个军团。仅这些就已经有7个军团了。如果再调来埃及的2个军团，光是主力部队就达9个军团，共计5.4万人。除了主力部队，罗马军队通常还有辅助部队的士兵以及有特殊技能的士兵参加战斗。因此，投入帕提亚远征的兵力合计达10万人之众。前线基地是叙利亚行省首府安提阿。罗马帝国虽然在较长的时间里维持了和平的状态，但是在防卫方面从不松懈，始终处于临战的状态。从战略要地的设施到军粮补给以及为确保这一切而完善的帝国动脉——道路网，一切都是完善的。从黑海到红海的帝国防线建设已经完成，并开始发挥作用。20世纪发掘出来的罗马时代的里程碑的上面，显示的建设年份都是在帕提亚战争之前。

也就是说，只要图拉真有此想法，任何时候都可以越过黑海—红海防线，向东攻打帕提亚。

在秋日的阳光下，图拉真离开了罗马。他沿着阿庇亚大道一路南下到达贝内文托，从这里，在自己修建的阿庇亚图拉真大道上向布林迪西行进。这一次他带上了女人——不仅带上了妻子普洛蒂娜，还带上了与普洛蒂娜年龄相仿的外甥女马提蒂亚。高官去地方任职，妻子随行，这在罗马帝国是司空见惯的。但是，那都是去和平、安稳的行省（小普林尼也带妻子去了比提尼亚），带女性上战场没有过先例。

庞培在横扫东方之行时，没有带妻子同行。恺撒在高卢战争的8年间，也是独自度过的。当然因为离异，当时的他没有妻子也是原因之一。但是，即便有妻子，大概也不会带她同行。对于罗马武将来说，让妻子随同前往战地是否合适，是无须再三思量的一件事情。克娄巴特拉曾经因为随同安东尼出征，让安东尼手下的士兵愤怒不已。

也许图拉真只是想把她们留在安提阿，并没打算带去帕提亚，所以无须担心。但是，只要战争一打响，与埃及的亚历山大相匹敌的、在东方数一数二的大城市安提阿，就会变成前线阵地。或许，图拉真比普通公民和元老院元老更相信，即使面对的敌人是强大的帕提亚，只要有他图拉真在，一定稳操胜券。

图拉真一行从布林迪西坐船，横渡亚得里亚海，在希腊登陆后，来到第一个落脚点雅典时，帕提亚国王的使节已经等候在那里了。

受国王奥斯罗埃斯的委托，使节前来请求图拉真同意让帕尔塔马西里斯即位亚美尼亚国王。图拉真对此置若罔闻。他继续挥师向东，从希腊进入小亚细亚。经过小亚细亚南岸，到达叙利亚安提阿的时候，已经是公元 113 年年末了。

事实上，当帕提亚国王得知雅典谈判破裂后，向安提阿发起了进攻。当然，所谓的进攻其实只是制造点儿小麻烦而已。因此，一接到图拉真接近的消息，帕提亚军队马上撤走了。

在适合远征的春季到来之前，图拉真是在叙利亚行省首府安提阿度过的。这里是帕提亚战争的前线阵地。其间，他应该对军队进行了全面检阅，并选拔了远征军。具体情形不详，因为我们找不到任何记录帕提亚战争的同时代人写的文献，也没有像记录达契亚战争的图拉真记功柱那样的物证，更无法在卡西乌斯·狄奥 100 年后写的历史著述中查找线索。好在还是有人执着地寻找相关记录。根据他们提供的信息，图拉真好像只带了卡帕多西亚的 2 个军团、叙利亚的 3 个军团、犹太的 1 个军团以及约旦的 1 个军团，共计 7 个军团参加远征，但不是所有将士都参加。因为处于边防要地，各军团基地需要留下至少 2

个大队。因此，远征军人数不是 7 × 6 000 人，而是 7 × 5 000 人，即主力部队为 3.5 万人。

图拉真认为这个战斗力还不够强大，于是命令莱茵河防线的 1 个军团和多瑙河防线的 3 个军团移师幼发拉底河前线。他没有选择从距离更近的埃及调兵，理由大概有两个：第一，虽然只有罗马公民权拥有者才有成为罗马军团兵的资格，但是根据罗马开国以来的做法，在驻扎在东方的军团中，很多士兵是拥有罗马公民权的当地人。甚至这样的当地人在军团中占了大多数。图拉真无心让这样的军团去参加远征。第二，他更相信自己在亲自指挥下参加过达契亚战争的士兵。

为了确保基地自身的安全，这两个防线同样分别留下了两个大队驻守。因此，参加远征的人数大概是 4 × 5 000 人，即 2 万人。这样，仅主力部队就达到了 5 万人，再加上辅助部队的士兵，共计 10 万人。不知道为什么，远征比达契亚大得多的大国帕提亚，图拉真调动的军队与达契亚战争的时候相比并没有增加，甚至还有所减少。

公元 114 年春天，图拉真留下家眷，把她们托付给时年 38 岁的哈德良后，离开了安提阿。与他同行的是已经与他很默契、参加过达契亚战争的将军们。行军的第一个目的地是第十二雷电军团基地梅利泰内（今土耳其的马拉蒂亚）。这个位于最前线的基地是韦斯帕芗皇帝建立的，位于幼发拉底河上游，前面就是亚美尼亚。

从梅利泰内继续向北走罗马大道到达萨塔拉（今土耳其的凯尔基特）。这里是第十五阿波利纳里斯军团的驻军基地。在这里，大部队与从多瑙河移师而来的军团先遣部队会合。

图拉真把周边各国的国王和酋长们召集到了一起。发生战争时，参战的罗马军队通常是一支多国籍军队。能够让这些小君主国和豪族参战，本身就是罗马统治已经覆盖了他们的居住地的证明。所有人都响应了罗马皇帝的号召，唯独不见亚美尼亚新国王帕尔塔马西里斯的身影。

图拉真下令全军向艾雷盖亚（今土耳其的埃尔祖鲁姆）进发。艾雷盖亚位于罗马帝国和亚美尼亚王国国界线的东部。这意味着罗马军队开始向亚美尼亚境内发起进攻了。而帕尔塔马西里斯真的很有意思，他竟然在艾雷盖亚等候图拉真的到来。

帕尔塔马西里斯极力辩解，说自己没有应召前去萨塔拉，是因为在前往萨塔拉的途中受到了前国王的阻挠。他说，因为亚美尼亚前国王阿克西达瑞斯无能，所以，同是帕提亚王室出身的自己才会取代他即位国王。这样做并没有违背和尼禄皇帝之间签订的条约，因为罗马皇帝只有主持加冕仪式的权力。他还说，对于图拉真皇帝主持加冕仪式，他没有异议。

说完，帕尔塔马西里斯摘下戴在头上的亚美尼亚国王王冠，把它放在了图拉真的脚边。

图拉真正色答道，帕提亚国王可以不经罗马皇帝同意，擅自撤换亚美尼亚国王之类的话，在尼禄条约中找不到一个字。他让帕尔塔马西里斯和一行随员滚出去。

随即，在距罗马军队扎营地不远的地方，帕尔塔马西里斯和他的一行随员全体被杀。

一接到报告，图拉真马上宣布，卡帕多西亚和亚美尼亚合并，成立行省，并任命有过执政官经历的卡提留斯·塞维鲁（Catilius Severus）就任新行省总督。图拉真没有把王位还给前国王阿克西达瑞斯，还杀了帕提亚王室成员帕尔塔马西里斯。至此，罗马和帕提亚彻底撕破脸，即将进入正面对决。

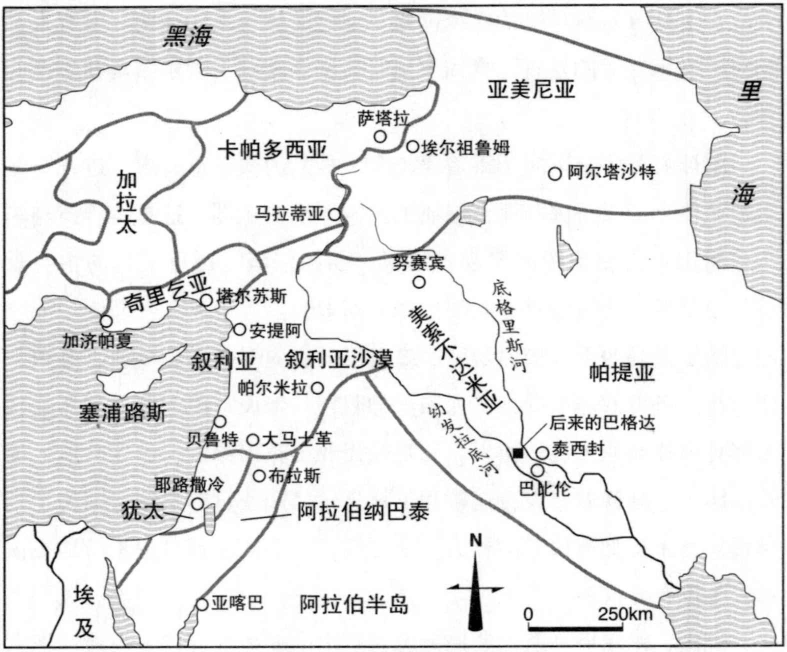

图拉真远征帕提亚时的中东

接到图拉真命令的将军们率领各自的军团分散到了亚美尼亚全境。群情振奋，好像要争相立功。其中卢修斯·昆图斯率领的军团跃跃欲试，他们离开历史上作为罗马势力范围边界的幼发拉底河，一直打到了底格里斯河上游。这年夏天，这一带的重要城市尼西比斯（今努赛宾）很快被攻陷。美索不达米亚北部（今土耳其、叙利亚、伊拉克国界线相接的一带）全部落到罗马军队的手中。在这次远征行动中没有展开一场正式会战。

得知这一消息的首都罗马一片狂欢。这时，图拉真向元老院提出愿意接受自己曾经拒绝过的“至高无上的皇帝”称号。

短暂的秋季到了，漫长的严冬已经临近，官兵们需要休整。图拉真受到当地贵族的盛情款待，他没有回安提阿，就在战地和士兵一起度过了冬季。

战争爆发的第二年，即公元 115 年，从春季到秋季，罗马军队继续向东、向南扩大着占领的范围。图拉真也来到了底格里斯河畔。他宣布，已经被彻底占领的美索不达米亚全境也被纳入了罗马行省之列。

新的势力范围一经确定，罗马帝国东方的国界线就不再是从黑海沿幼发拉底河到红海的这一条线，而是变成了黑海、亚美尼亚、底格里斯河以及红海出口的阿拉伯半岛。也许图拉真曾经这样想过，也许他做过这样的梦，他要进一步扩大称霸的版图，征服帕提亚王国，继而与印度接壤。有记录显示，几年前，曾经有印度使节来到罗马与图拉真会面。根据研究者的研究，来自中国的使节也到访过罗马。不管怎样，这年年底，为图拉真取得的胜利而欢欣鼓舞的元老院，早早决定要授予他“帕提库斯”（Parthicus）的称号，意思是“帕提亚征服者”。

不清楚图拉真是否因为对战果感到满意，这年冬天，他回到了安提阿。然而，在逗留期间，安提阿发生了地震，图拉真因此受了轻伤。图拉真不迷信，但是，士兵中有不少人认为这是个不祥之兆。

公元 116 年，罗马把进攻目标定在了亚述和巴比伦曾经风光无限的地方。春天一到，图拉真离开安提阿，率领南下而来的军队向东直抵底格里斯河，然后沿河南下，直指帕提亚王国首都泰西封。这条路线与亚历山大大帝东征的路线一样。当然，图拉真不是为了效仿亚历山大大帝而选择这条路的。选择前人，特别是亚历山大大帝这样具备异乎寻常的战略眼光的人开辟的行军路线，就像选择数学定理一样，对任何人来说都是最简便合理的。这与古代港口现在依然被用作港口的道理一样。当然，选择450年前亚历山大大帝走过的路线，对提升士兵的士气也相当有效。

向帕提亚王国首都泰西封（位于现在的伊拉克首都巴格达以南40公里处）发起的攻城战尽管因为找不到任何文献资料，不知其详情，但好像没有持续很久，城市就被攻陷了。沿幼发拉底河运来的罗马式攻城武器在这次攻城战中第一次有了用武之地。

帕提亚国王奥斯罗埃斯在城市沦陷前已经逃走。罗马军队的战利品是由黄金制成的宝座和国王的一个女儿。在士兵清理首都期间，图拉真带领幕僚去了距泰西封不算太远的古都巴比伦。据说当时，他说了这样一句话："要是我再年轻一些，或许军队已经开进印度了。可惜……"

因为攻陷帕提亚首都，连元老院元老也不禁欣喜若狂，他们只能强忍着，让自己不至于失态。元老院一致同意，只要皇帝图拉真愿意，举行什么样的凯旋仪式都不为过。

图拉真此时的年龄是当年亚历山大大帝东征时的三倍。他没有带领队伍向东，而是转向南方，来到了底格里斯河和幼发拉底河流经的波斯湾。

之前到过这个地方的人，别说是罗马皇帝，就连军团长级别的人也没有过。如果把波斯湾纳入罗马统治之下，那么就意味着来自东方的通商路线黑海、波斯湾和红海悉数落入罗马的控制范围。这样一来，帕提亚作为连接东西方的枢纽，其重要性将大大降低。

对罗马来说，解决帕提亚问题有难度，原因之一就是以叙利亚的安提阿和埃及的亚历山大为两大中心的罗马帝国东方与作为东方物产集散中心的帕提亚之间，有着密不可分的经济关系。因此，守卫帝国东方的幼发拉底防线只能作为“开放的国界线”，“边境的城墙”（屏障）不能建得太高，因为只有确保帝国东方的经济稳定，才能保证包括西方在内的罗马帝国的统治安然无恙。

如果帕提亚王国从地球上消失，或者迫使它成为一个小国蜗居于波斯湾以东的话，那么承担着罗马帝国东方经济发展任务的希腊系居民，很可能会像亚历山大大帝东征时那样深受鼓舞，把他们的经济交流活动一步步向东扩展。帕提亚境内星星点点地坐落着希腊人的许多城市，那是亚历山大大帝留下来的礼物。若是幼发拉底河这条罗马与帕提亚之间的边界线消失，由于当地人同属希腊民族，那么在这一区域实现共存共荣易如反掌。

至于图拉真为什么一定要发动对帕提亚的战争，因为没有可查证的史实，所以只能依靠想象。如果他想到过亚历山大大帝，那么远征帕提亚不是因为他对一个未知之地充满好奇，也不是因为他无止境的领土占有欲，而是因为他感受到了一种魅力——亚历山大大帝东征的遗产之一，即促进东西方人和物的交流，对他有一种深深的吸引力。罗马帝国时代的西方已经发展成为人和物交流的一大中心，与亚历山大大帝时代的西方不可同日而语。因此，如果远征帕提亚取得成功，到那个时候，图拉真才是实至名归的“至高无上的皇帝”了。

但是，结论下得太早，结果很可能只是一场梦。

帕提亚王国被认为是专制君主国家。但是，它不是一个强权在握的国王下面官僚机构完善、国家运作规范的王国，而是国王统辖各地割据势力的国家形式。因此，它有一个明显的缺陷：当王室因继承人问题发生内讧时，各地割据势力因为支持对象不同，会发生争端。此时的帕提亚尽管仍属于波斯民族的国家，但是，与亚历山大大帝攻打的波斯帝国在形式上已经完全不同。

当然，这种形式的国家在受到外敌威胁时，会显示出其另一面。因为一旦帕提亚王国被征服，各地方势力就会成为直接的受害者。如果在以前，罗马总是善待征服地的权贵阶层，把家门名授予他们，把他们吸纳进统治机构，等等。但是，在达契亚战争结束后，达契亚民族被彻底从其原住地清除出去了。这样的战后处理方式就不允许帕提亚的那些地方割据势力心存幻想。

如果这些割据势力纷纷调集各自的兵马，集结到逃亡中的国王身边奋起反对罗马的话，对图拉真来说，或许并不难对付。亚历山大大帝东征时，大流士也曾集结了 15 万人的兵力，后来增加到 30 万人之众。尽管图拉真不像亚历山大大帝那样是个天才的统帅，但是，他率领的也是一支以辽阔大地为战场、善于打会战并在战斗中所向披靡的罗马军队。

不知道是否因为满足于到达波斯湾，图拉真决定回安提阿过冬。沿幼发拉底河逆流而上到达中游，从那儿再顺着罗马大道向西回到安提阿。然而就在这个时候，美索不达米亚全境爆发了起义。

不清楚这次起义是否和逃亡中的国王奥斯罗埃斯有关，也不知道这次起义是不是各地方势力相互商议的结果。总之，帕提亚方面利用游击战术，向驻留在当地的罗马军队发起了反击。这次反击，与其说是为了拯救处在生死存亡关头的帕提亚王国，不如说是各个地方势力痛感自己已陷入危机之中。

在战争中，正规作战不是胜利就是失败。但是游击战不同，就算没有取得胜利，也不能说它失败了。美索不达米亚的起义大大牵制了罗马军队，在这个占领后已经变成要塞的地区动弹不得，而且事态愈演愈烈，甚至有军团长中了游击战的诡计而战死。在安提阿的图拉真接到的报告显示出美索不达米亚全域内的起义呈现出了烽火燎原之势。

等到翌年春天，大举攻打起义者，罗马军队或许可以彻底浇灭这把火。但是，火被浇灭后该怎么做？如果继续依靠军事力量进行压制，投入帕提亚战争的 11 个军团就要全部被困在美索不达米亚一地。然而，罗马帝国的防线不只是东方。继续占据美索不达米亚需要付出的代价，帝国能承受得起吗？

在安提阿的叙利亚行省总督官邸，将军们围绕这个问题展开了激烈的争论。在图拉真的指挥下，参加过达契亚战争和帕提亚战争的大多数将军，为了罗马帝国的荣誉，力主大举反攻。但是，我们不清楚图拉真的想法。我们只知道，从不知道生病为何事的皇帝病倒了。此外，已经 63 岁的图拉真除了帕提亚问题，还担心一件事情。

在图拉真率领罗马军队向美索不达米亚北部远征的前一年，即公元 115 年，犹太发生了叛乱。原因与以前一样，是出于对希腊系人民的反感，并且，他们对周围希腊系人民的憎恶进一步转移到了对霸权者罗马人的憎恶。希腊人很有经济头脑，在这方面，犹太人丝毫不在希腊人之下。这两个民族的人很难做到利害一致，极易导致民族感情激化。此外，希腊人对于与罗马人共生共荣持欢迎的态度。但是，犹太人不一样。严格奉行一神教的犹太教徒拒绝共存，他们总是伺机闹独立。他们认为罗马专心对付帕提亚的这个时期，正是奋起反抗的最佳时机。

然而，犹太是罗马帝国的行省。行省人民叛乱，对罗马人来说，就不是单纯的叛乱，而是一种背信弃义的行为，而且是从背后下手的卑劣行径。事实上也的确如此。

希腊人是擅长贸易的民族，犹太人也是长于通商的民族。居住在

图拉真

幼发拉底河东西两岸的希腊人之间互有来往。自然，生活在罗马境内的犹太人和生活在帕提亚境内的犹太人之间也有交流。罗马方面因此认定导致犹太人叛乱的导火索是帕提亚。事实上，有研究者认为，美索不达米亚各城市的犹太人居住区，为采用游击战术反击罗马军队的帕提亚人提供了后援。

发生在犹太的叛乱之火很快蔓延到了帝国版图内的埃及、昔兰尼加以及塞浦路斯岛。叛乱的始作俑者犹太人没有攻打罗马的军团基地，而是把进攻的矛头指向了希腊系人民的商店和农庄。埃及行省长官手中握有 2 个军团，却没有及时采取行动，导致叛乱范围迅速扩大，因此遭到免职。新派去的年轻将领托尔波在希腊系人民的配合下，成功镇压了埃及和塞浦路斯的叛乱。发生在塞浦路斯岛的叛乱，行为非常过激，当地人对非犹太人一律格杀勿论。他们把享有罗马公民权的人关进圆形竞技场，之后大开杀戒。最后，从帕提亚战争中抽调出第七克劳狄亚军团，才得以镇压塞浦路斯的叛乱。幸存的犹太人被驱逐出境。从此，犹太人被禁止进入塞浦路斯，否则以死罪论处。

叛乱虽然被镇压下去了，但是，已经燃烧起来的这把反叛之火并没有被完全扑灭，还在四处起烟。同时，已经发展到帕提亚西部地区的游击战也必须予以全面打击。适合作战的公元 117 年春季已经来临，图拉真却没有向东进发。这一年 7 月底，他终于离开安提阿，目的地却是罗马。在他的妻子普洛蒂娜、外甥女马提蒂亚的陪伴下，身患重病的皇帝坐上船向西出发了。帕提亚战场的总司令官换成了哈德良。

去世

向西行驶的船上的旅行时间并不长。沿着小亚细亚南岸向西航行期间，图拉真的病情突然恶化，船不得不就近停靠在塞留斯（今土耳其的加济帕夏）港口，等待病情稳定后再继续前进。然而，皇帝的病情始终不见好转。公元 117 年 8 月 9 日，皇帝图拉真因病去世，离 64 岁生日还差一个月零几天。图拉真统治罗马帝国长达 20 年，临死前，他指定哈德良继承皇位。

进行简单的火葬仪式后，图拉真的骨灰在同行的妻子普洛蒂娜和外甥女马提蒂亚、近卫军团长官的守护下，继续前往罗马。从带着雄心壮志向东去的那一年算起，已经过去了 4 年时光。罗马公民和元老院没有为皇帝举行丧礼，而是用凯旋仪式迎接他们的皇帝归来。皇帝的骨灰瓮被放在四匹白马拉的战车上。凯旋仪式的主人公是已故之人，这样的凯旋仪式在869年的罗马历史上尚属首次。

正因为图拉真是位受到高度评价的好皇帝，所以他的雕像在经过了1 900多年后的现在还有很多。站在其中一尊雕像前，我脱口说出了这样一句话：

为什么你会如此努力？

大理石雕像当然不会回答我，因此就由提出问题的我来代为回答。从学术的角度讲，这只是假设。词典对“假设”的解释是，为了合理解释事实所做的假定，也就是想象。当然，想象是基于种种事实的基础展开的，没有任何事实基础的想象只是空想。因此，我试图揣测图拉真的内心想法，做出这样的回答：

因为我是第一位行省出身的罗马皇帝，所以需要比常人付出更多的努力。

这样的人难道不是很常见吗？那些因为是女人中的第一个人，或者因为是东方人中的第一个人，所以他或者她只能格外努力。

不管怎样，图拉真在统治的20年间，真正做到了一心一意地认真履行皇帝的职责。

第二章　皇帝哈德良

（117 年 8 月 9 日—138 年 7 月 10 日在位）

少年时代

公元76年1月24日，普布利乌斯·埃里乌斯·哈德良（P. Aelius Hadrianus）在意大利卡出生。这个城镇在古代叫西斯帕尼亚，位于伊比利亚半岛南部。图拉真也出生在这座城市。哈德良比图拉真小23岁。意大利卡是公元前3世纪第二次布匿战争期间，西庇阿·阿非利加努斯让退役的军团兵留在当地兴建起来的殖民城市。因此，可以认为，出生于此地的罗马人，祖籍都是意大利本土。我们不清楚图拉真的祖先出生于意大利的何处，但是，我们知道哈德良祖先的出生地。那是一个叫哈德利亚的小镇，位于意大利中部，靠近亚得里亚海，据说地名就源于亚得里亚海。

图拉真的家族进入罗马社会统治者阶层——元老院阶级——是在他父亲这一代。与他的家族相比，哈德良的家族要早许多。公元前1世纪，尤里乌斯·恺撒在与元老院一派的斗争中获胜。他愿意选用行省出身的人，哈德良的祖先就是因为恺撒的推荐而进入了元老院。只是后来，他们在历史上似乎销声匿迹了。也许是因为缺少才能，哈德良的父亲最高只做到法务官，当然不幸早逝也是原因之一，因为他去世的时候还未达到担任执政官的资格年龄。

到了公元1世纪，原本名不见经传的图拉真家族，其地位突然超越了哈德良家族。在韦斯帕芗皇帝时代，图拉真的父亲曾立下赫赫战功。经他的推荐，哈德良的父亲进入了贵族行列。这两个家族有姻亲关系。侄子经叔伯的推荐成了元老院元老中地位较高的贵族。后来登上皇位的图拉真与哈德良的父亲是表兄弟关系。

父亲哈德良和出生于加的斯的波利娜结婚后，生下了一儿一女。女儿与母亲同名，儿子就是哈德良。母亲的娘家位于100公里开外、同属贝提卡行省的一个小镇。她虽然良家出身，也不过是镇上一个普通女子。姐姐波利娜嫁给了出生于同一行省的塞尔维亚努斯。

尽管哈德良是元老院阶级中地位较高的贵族的儿子，但是，他并没有在罗马帝国的特殊环境中长大。10岁之前，哈德良不过是西班牙南部的一个乡下孩子。10岁那年，父亲去世了。哈德良的父亲不是猝死的，因为在临死前，他为儿子指定了监护人。

监护人有两位，一位是图拉真，另一位是阿奇利乌斯·阿提安。

当时，图拉真33岁，还只是军团中的一名大队长。没有人能够预测到12年后他会当上皇帝。哈德良的父亲仅仅因为和图拉真是同乡，又是表兄弟，把年幼的儿子托付给了当时33岁的图拉真。另一位监护人阿提安也是图拉真的同乡，属于骑士阶级（equitas），在罗马社会中，地位仅次于元老院阶级。接受监护人委托时，他的地位如何，我们不清楚。但是，作为身强体壮、行省出身的人，他一定以图拉真的父亲为榜样，正走在军团生涯的发展道路上。为了儿子的将来，哈德良的父亲没有选择把他托付给居住在罗马的贵族，而是选择了年纪尚轻却很有发展前途的这两个人。

在罗马社会，因战争或其他诸多原因过早失去父亲的孩子有很多，因此委托他人做监护人是一个非常普遍的现象。接受委托后的监护人通常也会尽力完成好这一职责。父亲早早去世的小普林尼就是在舅舅老普林尼身边长大的。可能是哈德良的两位监护人图拉真和阿提安商量后的结果，他们决定让这个10岁的少年到首都罗马接受中等教育。于是，哈德良来到了意大利卡无法比拟的大城市罗马，

涅尔瓦皇帝到马可·奥勒留皇帝的世系图（略去了一部分）

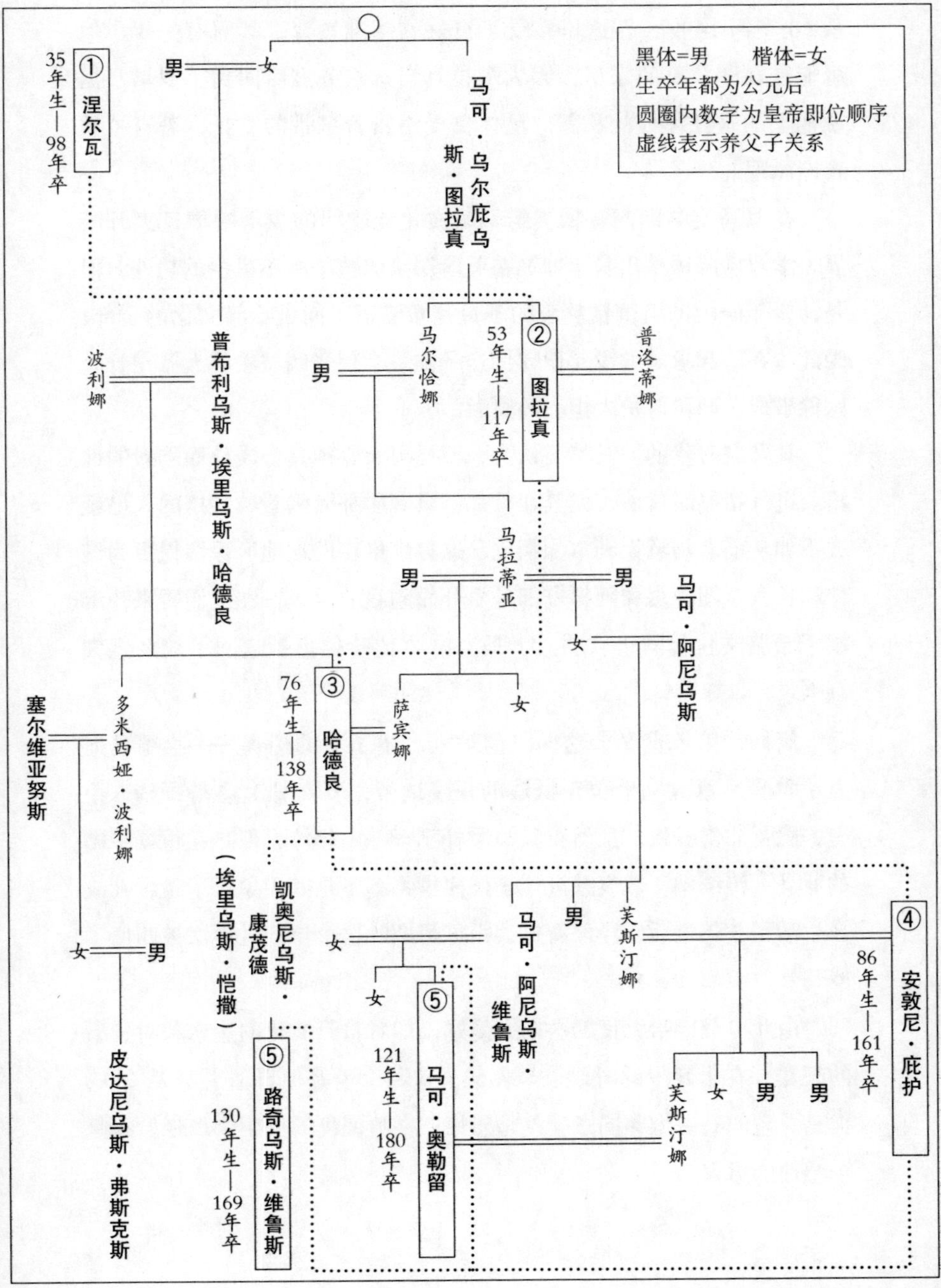

从 10 岁到 14 岁，在这里接受了良好的基础教育。其间有一年，他可能住在图拉真的家里，因为图拉真当选法务官后回到了罗马。据说他上的是昆体良的私塾。昆体良受图密善皇帝的委托，著有《教育论原理》。

在罗马上学期间，精美的希腊文化让聪明的少年哈德良大开眼界。学习希腊语是出身于罗马精英阶层家的孩子必不可少的功课，但是，少年时代的哈德良热衷的不只是希腊语，而是希腊文化的全部。为此，在一起求学的少年伙伴们送了他一个外号叫“希腊人”。然而，这件事成了两位监护人担心的原因。

共和制时代的罗马精英认为，罗马男人必须具备质朴而刚毅的性格。进入帝制时代后，尤其在首都，具有质朴而刚毅的性格的人已经大不如从前。与意大利本土相比，这种性格在偏远地区保留得更为纯粹和长久。图拉真和阿提安都是质朴而刚毅的男人。在他们看来，沉溺于希腊文化等同于软弱。于是，14 岁的哈德良被送回了故乡意大利卡。

然而，哈德良又让这两位监护人产生了新的担忧——哈德良迷上了狩猎。意大利卡位于低矮的丘陵地带，骑在马上追猎野猪、小鹿，感觉非常畅快。虽然狩猎与质朴刚毅并不相悖，但是在重视平衡的罗马人传统中，热衷或沉迷于任何事物都不是好现象。于是，在故乡生活了 3 年之后，已经有过兵役见习期的这个年轻人再次被叫回了罗马。

由此可见，哈德良的这两大爱好，即对希腊文化的迷恋和对狩猎的狂热，在十几岁的时候已经养成。这两个爱好粗看似乎毫无关联，但是，它们有一个共同点，就是感性。在哈德良的一生中，他始终是个感性的男人。

青年时代

再次被叫回罗马的这个年轻人，等待他的是最基层的行政职务。这一定又是两位监护人商量后的结果。这个部门在共和制时代就已经存在。他的工作内容主要是审查奴隶变成解放奴隶后，是否已满足取得罗马公民权的必要条件。当然，这个职位上的工作并非只此一项。第一代皇帝奥古斯都把另一项工作也放在了这个部门，那就是审查遗产继承和监护是否得当。如果审查结果符合条件就予以核准，如果需要通过裁决，就转到法务官那里。该部门共有 10 名工作人员，都是 20 岁上下的人。

无论在共和制时代还是帝制时代，罗马精英的培养体系完全一样。20 岁出头的年轻人，就要负责处理民间琐事，接触人类社会的底层。在按察官的职责中，有一项是监督公娼制度是否正常健全；财务监察官的任务是检查经费的收支情况；护民官则保护普通百姓。一句话，这些都属于社会工作。从事过这类工作，也担任过要求是通才的军团士官后，年满 30 岁就可以进入元老院并成为元老院元老，负责的工作就不再局限于社会工作，也要参与国家大事。

因此，哈德良在 20 岁前后，担任的下一个职务就是军团士官。

第一个任职地是驻扎在远潘诺尼亚行省的第二辅助军团。军团基地位于现在的匈牙利首都布达佩斯，是多瑙河防线的要塞之一。也就是说，他被送到了前线。

他在军团中的地位很高，担任副军团长（Tribunus Laticlavius）之职，我把它翻译成“穿红披肩的大队长”。这是出身于元老院阶级的人的惯例。“穿红披肩的大队长”是 10 名大队长（Tribunus）中的首席。我在本书有关图拉真的章节中已经有过描述，因为他们的正式军装有一条“披肩”，与元老院元老的托加长袍同色，都是红色，要从肩上垂下来，因此得名。担任该职位的人需要有一定的能力。仅仅因为漂亮的军装就自以为是的人是难以胜任的。因为，担任该职位的人，其地位仅次于军团长。当军团长因故不能履行职务时，必须马上代替军团长，指挥 6 000 名军团兵加上辅助部队士兵，共计 1 万人。

让一个对军务可以说是一无所知的、20 来岁的年轻人担任责任如此重大的职位，也许你会认为过于轻率。但是在罗马帝国，这是常有的事。因为，既然担任了受人尊敬的职位，理应担负起更重的责任。尽管暂时对军务一无所知，但是，他的周围有很多专家。没有红披肩的大队长多数是军团基层锻炼者。尤其在“罗马军团骨干”的百夫长中，不乏作战经验丰富的老兵。

因此，可以理解在这种情况下，像空降兵那样降到军团基地的“穿红披肩的大队长”，尽管表面上得到了大家的尊重，却免不了让实战经验丰富的老兵们内心颇不以为然。因此，对于此时的哈德良来说，最重要的事情就是要把他们表面上的尊敬变成发自内心的敬佩。当然，这需要能力。好在士兵都是战斗在最前线的人，他们很清楚，指挥官的无能会直接关系到自己的生死。年轻的哈德良似乎合格了。

过了大约两年时间，他接到了调令。他这次的任职地是位于多瑙河下游的远默西亚行省，身份是第五马其顿军团的“穿红披肩的大队长”。该军团的驻扎地在托罗米斯（今依格里扎），位于现在的罗马尼亚境内，附近有负责守卫多瑙河下游和黑海的舰队基地。

在该地任职期间，皇帝图密善遭遇暗杀。涅尔瓦在元老院的大力支持下继承皇位。公元96年似乎过去得很匆忙，这一年哈德良20岁。

第二年，即公元 97 年 10 月，涅尔瓦指定图拉真为皇位继承人。两个月后的公元 98 年 1 月 27 日，年事已高的涅尔瓦去世。

根据《罗马皇帝传》一书的描述，为了让图拉真尽早知道涅尔瓦的死讯和他继承皇位的消息，时年 22 岁的哈德良沿着多瑙河上游一路策马狂奔，一气通过日耳曼长城，来到位于莱茵河中游的科隆，赶去通知图拉真。也许正因为图拉真是自己的监护人，所以他的内心充满了喜悦之情。当时正值隆冬时节，那一带天寒地冻。虽然走的是相当于现代高速公路的罗马大道，那也是因为他年轻才做得到。这里有一个疑问：先皇去世和新皇帝登基这样重要的消息，为什么没有从罗马一路北上送到科隆，而是从罗马送到多瑙河下游，再由哈德良骑马带到科隆呢？对于这个疑问，我决定不做展开。因为已经过了 45 岁的图拉真，看到曾经“让自己担心”的哈德良长大了的样子，又是冒着严寒远道而来，感觉比当上皇帝还要高兴。

不清楚哈德良在随后的日子里是否留在图拉真身边，协助一心一意备战达契亚的皇帝；也不清楚一年半后，他是否与终于回到首都罗马的图拉真在一起，或者传递完消息后，又返回多瑙河下游的基地，继续履行他的“穿红披肩的大队长”职责。公元 101 年，哈德良当选为财务监察官，迈出了“光荣的公职人员”的第一步，年龄刚刚 25 岁。他的第一步走得非常顺利。

但是，皇帝图拉真没有特别关照这位财务监察官，反倒因为关系亲近，还委派他兼做另外一件事——当皇帝因故不能出席元老院会议时，他要把写有皇帝意见的文书拿到元老院，并在会上宣读。

第一次代替皇帝参加元老院会议的时候，他受到了元老院元老的嘲笑。他们取笑这位年轻的财务监察官拉丁语“地方口音”太重。虽然当时的通用语言是希腊语，但是，罗马还有一种通用语言，就是罗马人的母语拉丁语。因此，不管你的希腊语说得有多好，但如果拉丁语说不好，就没有资格成为帝国的精英。为此，哈德良开始发愤学习拉丁语，并在很短的时间里，克服了从少年时期形成的地方口音。无独有偶，尤里乌斯·恺撒的写作能力也是经过了磨炼，就连他的政敌也不得不称赞他的写作“看不出丝毫小地方的土气”。

哈德良的勤奋刻苦让自己得到了新的职位。在顺利结束财务监察官的任期后，他担任了编辑《元老院纪事》部门的负责人。该部门的具体工作是：在对元老院会议上的讨论内容及决议等进行汇总后，让专职记录的人记录下来并进行妥善保管。但是，该部门的工作不只是保存记录，还要抄送很多份，发到帝国全境的所有行省、军团及地方自治体。因为能看到这些记录，所以即使在边境的人，也能够了解首都的情况。这就是现代研究者说的“罗马时代的报纸”。想出这个主意的人是尤里乌斯·恺撒。但是，设立这个叫“Curator Actorum Senates”的职位，并以制度化的形式固定下来的人是第二代皇帝提比略。如果一定要翻译这个职位的话，就是《元老院纪事》负责人。被委以这项工作，表明哈德良的拉丁语水平已经达到了“看不出丝毫小地方的土气”的程度。

在这个时期内，他结婚了。新娘萨宾娜是图拉真的姐姐马尔恰娜的外孙女，也是皇帝的外甥女马提蒂亚的女儿。哈德良的父亲与图拉真是表兄弟关系。因此，与萨宾娜结婚，使得他与皇帝之间的关系又近了一步。图拉真没有孩子，在他最近的亲属中，哈德良是唯一的男性。

大概从这个时候起，哈德良萌发了想当皇帝的念头。图拉真的继承人就是自己。要继承皇位，23 岁的年龄之差正合适。当然，要实现这个雄心壮志，还不能掉以轻心，因为图拉真最看重公正。尽管是亲属，不，正因为是亲属，反而得不到特殊的照顾。在 44 岁那年被涅尔瓦指定为继承人之前，图拉真做梦也没有想过自己会当上皇帝。

萨宾娜

哈德良

相反，在哈德良 25 岁那年，这件事就已经进入了他的筹划之中。实现这一愿望的方法，恰恰由于图拉真是个公正的人，反而更加简单容易。与其去做一些风险性很大的冒险尝试，不如脚踏实地履行好自己的职责。

公元 101 年到 102 年，第一次达契亚战争爆发。哈德良好像是中途才加入这场战争的。当时，他没有被委以重任，所以也没有什么战功被记录在案。事实上，与其说他是一个参战者，不如说他是一个观战者，只是待在图拉真的大本营里而已。在哈德良亲自撰写的回忆录中，据说有这样一句话：那时，他已然是图拉真关系最亲密的圈子中的一员。罗马帝国皇帝们的回忆录随着帝国的灭亡早已消失。根据罗马时代的历史学家的说法，能够陪伴图拉真畅饮葡萄酒到最后的正是哈德良。在其他下属一个个被皇帝灌倒后，只有年仅25岁的哈德良能够陪伴他到最后。事实上，身为司令官的图拉真，其身边的人，包括每一个列席参加作战会议的人，都是久经沙场的勇将。与他们在一起，会让这个20多岁的年轻人感到有压力。

到了3年后的公元105年至106年，第二次达契亚战争一开始，图拉真便对哈德良委以重任，任命他为军团长，统率驻扎在波恩的第一密涅瓦军团，参加达契亚战争。以30来岁的年纪，指挥包括主力军团兵和辅助军团兵共计1万人的部队，这种情况在罗马并非绝无仅有。与以往不同的是，他接受任命是在战时而不是平时。与第一次不同，第二次达契亚战争期间的罗马军队，就像突然被放归山野的猛虎，彻底投入战斗。对于这个雄心勃勃的年轻人来说，这正是表现其战略战术才能的最佳时机。哈德良充分抓住了这次机会。在战场上，他率领的第一密涅瓦军团表现突出。很快，在驻扎在莱茵河和多瑙河防线的军团中间，哈德良的名字被传了开来。

迈向皇帝之路

达契亚战争取得完胜之后，哈德良随图拉真回到罗马。同年，他参加法务官竞选，并顺利当选。从此，他进入了“光荣的公职人员”生涯的第二阶段。为此，他要承担“既得利益阶层回馈社会”的义务。这项义务在罗马就是出资举办角斗比赛和竞技比赛。他所需的400万塞斯特斯是图拉真替他出的，一方面因为哈德良在经济上并不富裕，另一方面，图拉真作为他的监护人，也算是尽义务。在罗马社会，监护人的意思就是“代理父亲”。

说到监护人，除了图拉真，哈德良还有一位，名叫阿提安。他在图拉真登基后被提拔为近卫军团长官。于是，哈德良有了皇帝和近卫军团长官这两位实权在握的监护人。

结束法务官任期后，作为前法务官，哈德良已经具备了担任行省总督的资格。只是，仅有过法务官的经历，他只能担任任命权在皇帝手中的皇帝行省的总督。元老院行省的总督选举权在元老院手中，只有担任过执政官的人才有被选举权。

因此，哈德良任职的地方位于多瑙河前线的远潘诺尼亚行省，这是他曾作为“穿红披肩的大队长”驻守过的第一个行省。总督官邸所在地——行省首府阿昆库姆（今布达佩斯）也是军团基地的所在地。作为总督，他的任务不仅仅是率领军团，负责防卫，他还是对包括地方百姓在内的整个行省实施统治的责任人。时间是在达契亚刚刚成为行省之后。因此，位于达契亚西侧、负责监视达契亚的布达佩斯，其重要性大大提高。任命他掌管远潘诺尼亚行省，充分证明了皇帝图拉真对他的信任。

已经 31 岁的哈德良没有辜负皇帝对他的信任。当时，萨尔马提亚人看到达契亚王国灭亡后，自以为是地认为多瑙河北岸势力最强大的部族非己莫属。于是，他们横渡多瑙河，试图入侵罗马领地。作为回应，哈德良率领的第二辅助兵团一举击退了他们的进攻。

第二年，哈德良应召回国，离开了远潘诺尼亚。原因是他被推荐为执政官候选人并顺利当选。既然是皇帝推荐的，那么在元老院的选举中，候选等于当选。以 32 岁的年纪当选执政官，除了破格，找不到更合适的词来描述了。图拉真曾受到图密善皇帝的偏爱，第一次当选执政官时，年龄虽不大，但是也已经 38 岁。因此，32 岁当选只能说是既破格又破例。传说这是李锡尼·苏拉强烈推荐的结果。苏拉是图拉真的同乡、同龄人、第一亲信，也是最好的朋友。也许苏拉早就看出，哈德良尽管也是出生于西班牙，但是，他与图拉真和自己的性情完全不同。正因如此，哈德良才最适合成为图拉真的接班人。

然而，年纪轻轻就担任执政官之职的哈德良，在4年后却陷入了低谷，非常不得志。

原因之一是，非常认可他的苏拉在哈德良当选执政官之前不幸去世了。

另一个原因是，因为苏拉的去世，被称作图拉真手下“四大天王”的几位将军开始表现出不满，他们对哈德良的破格升迁颇有微词。图拉真不能无视他们对哈德良的抵触情绪，同时，他好像也在反省自己是否过于重用哈德良了。

图拉真是信仰公正至上的人。哈德良正因为与他关系亲近，才更不愿意表现出有偏袒行为。

这样一来，哈德良在35岁以后的4年间，虽有“前执政官”的资历，却始终无缘成为行省总督。当然，图拉真并不是真的不喜欢他，因此，在哈德良未被委以重任期间，才会让他替自己做一些事情，如起草正式演讲的草稿等。

这4年间，哈德良都想了些什么，我们不得而知。相信就算回忆录留存至今，我们也不可能找出他在那个时期的一些思想活动。在他最不得志的4年中，最后一年，即公元112年，哈德良被希腊雅典市授予了“执政官”（Archon）的称号。这是雅典在鼎盛时期的最高官职，也是一个荣誉头衔。梭伦和特米斯托克利斯都曾经得到过这一荣誉。随着雅典城邦的衰落，罗马时代的雅典“执政官”除了荣誉头衔，已经没有任何实质性的价值。雅典方面授予他这个荣誉称号，目的是希望哈德良作为皇帝家庭成员之一，能够做雅典的保护者。少年时代外号叫“希腊人”的哈德良，一定对这个荣誉满心欢喜。

哈德良虽然不得志，但是依然不失为一个引人关注的人。毕竟他年纪尚轻，仍有机会。这个时期，罗马出现了两大派系，一派不看好哈德良，另一派非常认可他，而且，这两派的分歧越来越呈现表面化。前一派是自认为拥戴图拉真的将军们，后一派则是年轻的一代，他们虽然和前一派一样受到图拉真的重用，但是，地位多处于军团长的级别。在这个时期，图拉真对哈德良的态度很不明朗，或许这正是担心两派对立的图拉真真实思想的写照。

当然，图拉真不是一个因有这种顾虑而完全束缚自己用人安排的人。公元113年，在出发远征帕提亚的图拉真的随行人员中，哈德良位列其中。

一个年长自己的女人

《罗马皇帝传》的作者说，哈德良37岁那年，再次返回前线是因为皇后普洛蒂娜的推荐。他还说普洛蒂娜特别欣赏哈德良。这里所谓的“欣赏”，是“爱恋”或是“喜欢”的意思。那么，事实又是怎样呢？

首先是普洛蒂娜的年龄问题。我们知道她去世的年龄，却不清楚她出生的年份。从图拉真身边的人的夫妻年龄差距来推断，很可能普洛蒂娜比丈夫图拉真小12岁或13岁，比哈德良大10岁至11岁。顺便提一句，哈德良与妻子萨宾娜的年龄差距是12岁。

那么，能让年长自己10岁的女人“欣赏”的年轻男性需要具备什么样的条件呢？

第一，是漂亮。当然这里说的漂亮不是指容貌，应该是能让人感到赏心悦目的“美”。

第二，是年轻。这不是说年龄越小越好，它的意思应该是随时能让人感受到充满活力的青春朝气。没有一点儿朝气的年轻人很多；从另一方面来看，充满朝气的中年人却也不少。

第三，是思维清晰。这一条，重要的不是知识，而是智慧。年长的女人爱上的年轻人是能成为下一代中的佼佼者的人。

第四，是感性。正因为看多了缺少感性的丈夫和同龄男性，所以才会喜欢感情丰富又努力自我克制的男人。

第五，是要胸怀大志。既然能打动一个对世间百态了然于胸的女人的心，可见，这种胸怀大志不是仅满足于出人头地或成为有钱人之类的狭隘想法，它必须是远大志向。为实现自己的远大志向，当事人一定会比普通人处心积虑得多。

哈德良具备所有这些条件。

但是，一个女人对丈夫的要求则不同。即使不具备上述五个条件，也不妨碍他们成为夫妻。女人对丈夫的要求，是懂得人情世故，并且能让她感到踏实就可以了。哈德良似乎更加擅长与年长自己的女性沟通，他与普洛蒂娜、图拉真的姐姐马尔恰娜和外甥女马提蒂亚这些年长的女人相处非常融洽，却始终与妻子萨宾娜的关系欠佳。原因在于萨宾娜比他年轻，更糟糕的是她还是他的妻子。对哈德良来说，最难的事情莫过于让身边的人有一种安全感。

罗马时代的历史学家和编年史作者试图求证普洛蒂娜和哈德良之间的真实关系，结果都以失败告终，因为他们关心的只是两人是否有

普洛蒂娜

性关系。普洛蒂娜是一个有教养、有自尊心的女人。对于这样的女人来说，情感并不等于性。她并不害怕出轨行为暴露后，女人遭到流放，男人被处死刑。而是一旦发生性关系，两人就会变成平凡的男女关系，这样的结果会让她感到非常失望。再说，图拉真是个不错的丈夫，哈德良是个雄心勃勃的年轻人。既然如此，她有什么必要让两人的关系沦落为庸俗的男女关系呢？普洛蒂娜不是希腊悲剧中的费德拉。在尊重自己的感情方面，可以说她是个利己主义者。还有，如果用一句话来评价哈德良，只能说，他也是个彻头彻尾的自我中心主义者。

我坚信这两人之间不存在性关系。正因为他们之间没有性关系，所以，普洛蒂娜才会一直活在哈德良的心中。

先不论是不是皇后力荐的结果，总之，哈德良参加了帕提亚战争。只是，这次他没有像第二次达契亚战争那样，率领军队参加战斗，因为图拉真任命他担任叙利亚行省的总督。换言之，就是在战争期间，他要负责看守后方基地安提阿。但是，在地位等同于埃及亚历山大的东方大都市安提阿，想过奢华的官府生活是不可能的。所谓后方基地，对于重视后勤的罗马来说，就是补给基地。因此，负责后勤保障的任务就落在了总督哈德良的身上。此外，他还有一个任务，就是保证随图拉真同来的普洛蒂娜和马提蒂亚的安全。

驻扎在帝国东半部的所有军团都在叙利亚行省总督的管辖之下。因此，他同时又是帝国东方防线的负责人，“名气”很大。但是，在帕提亚战争期间，哈德良没有亲自率领军团参加战斗的“实绩”。图拉真把战场指挥权统统交给了那些经验丰富的将军了。他们自达契亚战争以来一直追随图拉真共同作战。因为没有找到有文字的任何史料，所以我们不清楚自尊心极强、对自己的才华深信不疑的哈德良，是如何度过37岁至41岁这个“蛰伏期”的。但是，他终究是哈德良。尽管身在后方，他一定是清醒地睁大了眼睛，注视着帕提亚战争的进展。

我在本书有关图拉真皇帝的章节中已经做过详细描述。图拉真怀着必胜的信念发动了帕提亚战争，结果却与这位皇帝的期待相悖。因操劳过度一病不起的皇帝大概听从了妻子和外甥女的劝说，答应回首都罗马。从安提阿走海路向西出发之前，他任命叙利亚行省总督哈德良为远征军总司令，命令他继续战斗。

然而，在沿小亚细亚南岸航行的途中，图拉真的病情急剧恶化。船紧急停靠在最近的港口塞留斯，等待病情稳定后继续航行，然而结果却不是大家期待的。公元117年8月9日，被全帝国的人盛赞为“至高无上的皇帝”的图拉真结束了64年的人生。据说临死前，他把哈德良收为养子，并指定他继承皇位。

然而，这件事成了哈德良登基之谜的起源。至今，论述此事的研究论文依然层出不穷。

登基之谜

图拉真真的是在指定哈德良为皇位继承人之后去世的吗？还是在皇帝去世后，皇后普洛蒂娜暂时隐瞒了图拉真去世的消息，同时，紧急派出信使前往安提阿通知哈德良，等哈德良接受属下军团的宣誓效忠，造成登基的既成事实后，才公布皇帝死讯的呢？一直以来，大家怀疑的正是这一点。

在皇帝临死前，陪伴在他身旁的是他的妻子普洛蒂娜、外甥女马提蒂亚、禁卫军团长官阿提安和皇帝的御医 4 个人。

图拉真宠爱的外甥女马提蒂亚好像比普洛蒂娜小两三岁。但是，她与几乎同龄的这位舅妈相处得非常好，就像一对姐妹，对普洛蒂娜总是言听计从。她也很欣赏女儿萨宾娜的丈夫哈德良，甚至对女儿向她发泄的对丈夫的不满充耳不闻。对于女婿来说，她无疑是个理想的岳母。

近卫军团两名长官之一的阿提安和图拉真一样，受哈德良父亲之托，作为监护人，从哈德良 10 岁开始，就一直在照顾他。

而皇帝的御医，几天后却蹊跷地死了。

认为图拉真并没有指定哈德良继承皇位的人提出了以下三条论据：

一是亚历山大大帝在死前也没有指定具体的继承者，只留下一句遗言，说："把帝国交给有统治能力的人。"

二是有传言说，图拉真生前曾经对法学家奈拉提乌斯·布里库斯说过："万一自己发生不测，我的帝国就拜托您了。"

三是在帕提亚战争期间，图拉真给元老院写过一封信，内附一份名单。说是为了避免帝国统治出现空白，万一自己发生不测，请元老院从中推选继位者。当然，这也是传闻。

第一条即使在事发当时也只不过是出现在街头巷尾的传言。图拉真是个责任心非常强的人，他绝不可能为了效仿亚历山大大帝而做出如此不负责任的事情。更何况，亚历山大大帝没有合适的人选可继承皇位，而图拉真则有这样的人选。

第二条也因为图拉真是一个务实的人，所以其可能性极小。法律方面的专家正因为是专家，才更容易受到已有法律条文的束缚。而政治家在需要的时候，必须制定新的法律。推荐“内阁司法部部长担任首相”这类事情，图拉真是一定不会做的。

问题在于第三条。图拉真以公正为终生信条，对元老院始终表现出极大的尊重。因此，这个做法不是没有一点儿可能。问题是元老院没有收到过那样的信，而且，是否真有这样一份名单也不清楚。

当时的罗马人不像后世的研究者那样执着于要解开这个谜团。因为只要冷静观察，在当时的领导者阶层中，确实没有比哈德良更适合继承皇位的人。

第一，41 岁的年龄让人们感觉很放心。

第二，哈德良至此的经历也无可挑剔。他担任过各种职位，有足够的资历成为帝国统治的最高负责人。

第三，哈德良思维清晰。这在元老院里也是众所周知的。

第四，他在军团将士中享有很高的威望。

根据哈德良写的《回忆录》，8 月 9 日，他在安提阿接到了被图拉真收为养子的消息。

8 月 9 日，皇帝在塞留斯去世。

8 月 11 日，东方军团的将士们向他宣誓效忠——“大将军”的欢呼声在新皇帝哈德良的身边响起。

从塞留斯到安提阿，海上距离400公里。坐高速船，两天就能到达。如果照看皇帝的人决定隐瞒皇帝去世的消息，只要拖延两天再向外宣布就可以了。而且，因为图拉真一生表现出来的强烈责任感，又因为大多数人认为哈德良是最合适的人选，所以，尽管皇帝在临死前指定继承人的决定非常仓促，但是，当时的人们相信哈德良继承皇位是图拉真的真实心愿。

图拉真在哈德良10岁那年成为他的监护人。在随后的30年间，他们虽然时有分离，但是，作为监护人，很难想象图拉真会不了解形同儿子的哈德良的性格。

首先，他应该清楚哈德良在每个职位上都充分履行了他的职责。论责任心，哈德良完全没有问题。

其次，哈德良在历任公职时表现出来的作为领导者的潜质尽人皆知。因此，说图拉真不放心他实在说不过去。

对于罗马人来说，只要哈德良对希腊文化的热爱和对狩猎的嗜好不是太过分，就都是“德”的一部分。

尽管如此，图拉真在64岁之前，的确一直没有指定他为继承人。按照图拉真的性格，如果说是因为担心将军中有一些人怀有对哈德良不满的情绪，这样的解释也让人难以接受。

按照我的想象，很可能是图拉真在哈德良身上看到了某种自己无法理解的东西。那种东西或许可以叫作性情。它不会成为他讨厌哈德良的理由，但是，它会让他感到不安。这种东西在女人普洛蒂娜的眼里，是一种魅力，非常具有吸引力。但是，对于男性图拉真来说，即使在理性上他可以接受，但是，真要指定其为继承人，会让他犹豫再三。

拉丁语中有一个词叫“临终”（in extremis），意思是最后时刻。

现在，英语、法语和意大利语都还在使用这个拉丁语。哈德良继承皇位正是在“in extremis”时。

当上皇帝后，哈德良在安提阿写了送往罗马元老院的第一封亲笔信。

在信中，他首先对自己未等元老院同意就接受军团的宣誓效忠一事表示了歉意。同时，他为自己的这种做法做了解释。他说帝国的统治不允许出现空白，即便是极为短暂的空白期。的确，从安提阿到罗马，往返需要两个月的时间。或许元老院对此也深有同感，总之，对于哈德良登基，元老院的态度非常积极。前面已经多次提到过，罗马皇帝只有得到元老院的同意才能正式成为皇帝。

哈德良信中还提出了一个请求，表面上看，这个请求似乎名正言顺，实际上，它暗含了非常深的含义，那就是把已故的图拉真神格化。这件事情同样必须征得元老院的同意，现任皇帝才能把它付诸实施。涅尔瓦统治罗马不到一年半的时间，也成了罗马诸神中的一个，就是因为图拉真提出把先皇神格化并且在元老院接受这个请求后得以实现的，所以，新皇帝只是请求把先皇神格化而已。但是，在罗马，继承人至少与先皇要有养父子的关系。因此，如果图拉真成了神，那么养子哈德良就是“神之子”。恺撒的养子奥古斯都在恺撒被神格化以后，尽管肉身依然是凡人，却成了“神之子”。从这个意义上来说，哈德良与奥古斯都一样。不同的是，因为图拉真的养父涅尔瓦也是神，所以，哈德良是两个神的“后代”。

拥有多达30万个神的罗马人，对于皇帝死后被神格化，不会有任何不良反应。但是，在政治上，“神之子”拥有不容小觑的力量。之前他不过是集中了罗马帝国精英的元老院的一员，成为神之子后，就成了可以凌驾于他们之上的人。奥古斯都充分理解并运用了神格化的这一作用。不难想象，拒绝成为奥古斯都第二的哈德良，一定也有同样的想法。哈德良身在安提阿，已经早早开始为巩固自己的地位做准备了。

身为皇帝的哈德良

作为皇帝，哈德良得到了正式名字，叫“Imoerator Caesar Traianus Hadrianus Augustus”。同时，他的统治，按罗马人的说法叫“皇帝的日常作息”（dies imperi）——在堆积如山的急需解决的问题中开始了。

第一个问题是犹太问题。发生在两年前，即公元 115 年的犹太教徒叛乱还没有被完全镇压下去。为了彻底镇压这次叛乱，罗马派出了勇将托尔波。哈德良指示他尽快终结这场叛乱。犹太人有很强的散居倾向，只要地方合适，无论城市还是乡村，一定会有他们的居住区。因此，要稳定帝国东方，就不能允许犹太社会处于不安稳的状态之中。

第二个问题是发生在不列颠的原住民暴动。不列颠原住民的居住地好像是后来的苏格兰与英格兰接壤的地带。要解决这个问题无须皇帝亲征，因为在不列颠常年驻有 3 个军团。既然如此，为什么这里还会发生叛乱呢？犹太人造反是利用图拉真全力投入帕提亚远征的这个机会。同样，不列颠人也认为，此时正是奋起反抗罗马的好时机，因为当兵力集中在辽阔帝国的某个地方时，其余地方的防卫就会减弱。这种时候，减弱的不是实际的防御力量，而是防御的意识。骁勇善战的喀里多尼亚（今苏格兰）人正是瞄准了罗马驻军思想麻痹的机会发起了暴动。但是，正因为问题出自上层的思想意识，所以，只要作为最高司令官的皇帝认真对待，态度严厉，驻扎在当地的军团兵就会受到感染。事实上，罗马军团刚一开始反击，不列颠问题就解决了。

第三个问题是发生在北非毛里塔尼亚行省的叛乱。关于这次叛乱的详情不清楚，只知道，托尔波在结束对犹太人叛乱的镇压后，马不停蹄地赶往毛里塔尼亚行省，去解决此次叛乱。因此，这次叛乱在发生之初就被早早镇压了。但是，这次叛乱性质与前面提到的两次叛乱不同，它不是在罗马发动帕提亚战争时借机而起的。

叛乱的主角好像是来自毛里塔尼亚的骑兵们。他们在达契亚战争和帕提亚战争中，作为罗马军队的组成部分，始终战斗在最前线。事实上，这次事件反映出的是他们的队长卢修斯·昆图斯的态度。一方面，看到后期的图拉真对帕提亚战争表现软弱，他不以为意；另一方面，对于哈德良继承皇位，他更是不满。因此，对哈德良来说，尽管这次叛乱规模很小，也必须予以镇压。

第四个问题是位于多瑙河北岸的萨尔马提亚人的问题，因为他们威胁到了罗马领土，哈德良决定亲自出马，理由是这个对手在他常驻布达佩斯、担任行省总督时曾经打过交道。当然，这只是表面的理由，事实上还有一个不能公开的理由，那就是他要从帕提亚战争中撤出驻扎在多瑙河防线上的军团。而皇帝亲自率领这支军队前去击退入侵蛮族的理由，可以模糊撤军的意图。

也就是说，刚刚登基的哈德良亟须解决的最大问题是，如何在不伤害罗马帝国名誉的前提下，结束先皇发起的帕提亚战争。

事实上，哈德良对这件事早有打算。一位英国研究者说过："为了维护帝国的安全，和平必不可少。为了帝国的将来，哈德良决定冒险一搏。"哈德良正是这样去做的。

奥古斯都曾经试图扩大对日耳曼的称霸，直至易北河。但是，继他之后的提比略皇帝则冒着风险，果断地把军团撤到了莱茵河沿岸。而哈德良面临的是与提比略相同的风险。此时，将士们还在摩拳擦掌，准备继续战斗；元老院因罗马军队攻陷帕提亚首都还沉浸在欣喜之中，甚至他们一致同意，只要图拉真愿意，举办任何形式的凯旋仪式都可以接受。因此，哈德良要撤军，必须做好充分的心理准备——承受来自将士们和元老院的反对和蔑视。

提比略皇帝把总司令官日耳曼尼库斯调到了东方，同时，把年年都要向日耳曼发起进攻的罗马军队留在了莱茵河畔的军团基地，从而实现了从日耳曼撤军的计划。哈德良也采取了类似的做法。

哈德良被图拉真任命为指挥帕提亚战争的总司令官。但是，他以击退萨尔马提亚人的入侵为由去了多瑙河前线。

于是，东方防线重新退回到了帕提亚战争开始之前、图拉真确立的从黑海到红海的防线。参加帕提亚战争的东方各军团也分别回到战争开始前各自的驻扎地，努力保护黑海至红海的防线。

哈德良对将军们的安置与提比略皇帝不同。日耳曼尼库斯被提比略调到东方，与属下将军们一起去了新的任职地。但是，前往多瑙河前线的哈德良没有采用调任的方法，他直接让将军们回罗马去了。理由是自图拉真登基以来，一直与他同甘共苦的这些将军不能缺席专门为图拉真——实际上是图拉真的骨灰——在首都举办的凯旋仪式。当然，哈德良的真正用意是为他们事实上的引退做准备，而且，结果也确实如此。在他们回到意大利本土后，没有一个人重回前线。

看到罗马军队不再打过来，帕提亚国王回到了首都泰西封。原本已经扩大到美索不达米亚一带的反抗罗马的游击战活动，好像跟从来没有发生过似的偃旗息鼓了。帕提亚国王重新任命了帕提亚王室的一个人为亚美尼亚国王。哈德良表示接受。

一切又回到了帕提亚战争开始之前的状态，只不过哈德良没有归还帕提亚首都沦陷时图拉真缴获的黄金宝座和国王的女儿，也没有派人代表皇帝和帕提亚国王坐在幼发拉底河中的小岛上，为帕提亚和罗马回归和平签署正式条约。因为他担心这样做，会使那些反对他的、已经显出端倪的暗火燃烧起来。不管出于什么理由，撤军总是不体面的。他希望尽可能低调地完成撤军。他把图拉真任命的亚美尼亚行省总督塞维鲁调到帝国东方防线担任当地的最高统治者，即叙利亚行省总督，这也是出于这一考虑。

在东方结束了所有该做的事情后，哈德良于这一年的 11 月率领军团向西方出发了。部队穿过小亚细亚，渡过赫勒斯滂海峡（今达达尼尔海峡）进入欧洲。在行军途中，他把随行的军团一个个安置在沿线的驻扎基地。后来，有同时代的人评价哈德良是“immensi laboris”（不知疲倦的人）。他从不浪费机会和时间。

注入黑海的多瑙河下游北岸，夹在向北突出的达契亚行省和黑海之间，是伦克索拉尼人的居住地。该部族好像属于苏拉布人的一支。部族首领与哈德良进行了会谈，并成功缔结了同盟关系。按罗马惯例，哈德良向该部族的权贵们授予了罗马公民权。

第二年，即公元 118 年，哈德良来到了多瑙河中游地带。在达契亚行省和远潘诺尼亚行省之间，生活着雅兹盖斯人。为了巩固与该部族之间的同盟关系，哈德良与该部族代表进行了谈判。从地图上看，你一定会奇怪罗马为什么没有把这里变成行省。如果这里变成行省，就可以大大缩短多瑙河防线。然而，对于长期与罗马保持同盟关系的部族，即使它是未开化的民族，罗马也会尊重它的独立地位。不过，从上面种种事例来看，哈德良似乎是一个喜欢通过上层之间的谈判来解决问题的人。

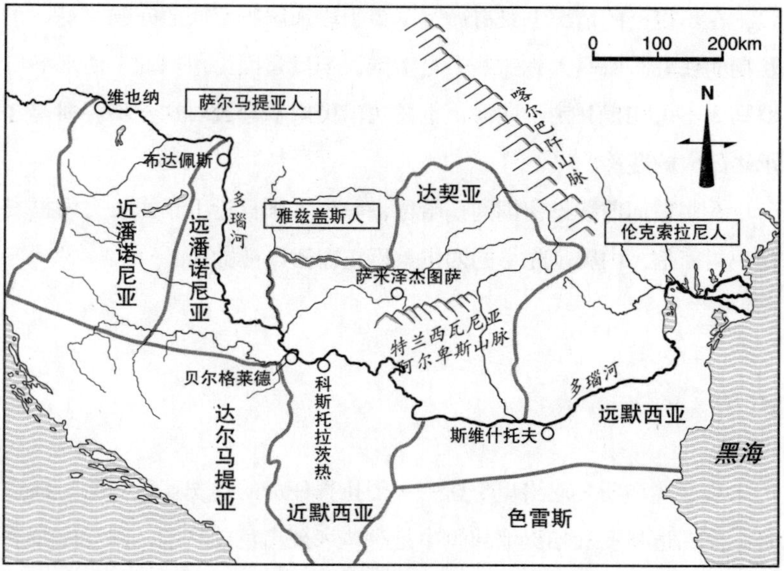

多瑙河流域

春天，皇帝沿多瑙河逆流而上，来到了远潘诺尼亚行省。在这里，他只能通过诉诸武力来解决萨尔马提亚人的问题。不过，他好像留在了布达佩斯的总督官邸，没有亲自出阵。因为英勇善战的将领托尔波在平息毛里塔尼亚的叛乱后，已经来到了多瑙河防线。他全权委托托尔波指挥作战，把这个蛮族远远地赶到了多瑙河以北。这时，图拉真任命的远潘诺尼亚行省总督在与萨尔马提亚人的战斗中阵亡了。

图拉真消灭了多瑙河北岸势力最大的达契亚王国，这对于罗马帝国来说是一件值得庆贺的事情。但同时，这也意味着达契亚人气焰嚣张时，悄无声息的中小部族开始猖獗的时代已经到来。虽然对手越分散越容易对付，但是，必须清楚，在可能的情况下应该通过外交手段，在不得已的情况下只有通过军事手段来解决蛮族的问题，是一个长期的任务。罗马人称这些人是蛮族，不只是因为他们的生活水平与罗马人不可相提并论，同时，也是法治民族罗马人对这些不习惯遵守承诺的人的蔑称。

在多瑙河前线逗留期间，哈德良收到了来自近卫军团长官阿提安的一封密信，内容是先皇的四位重臣正在密谋推翻他。

肃清

哈维迪乌斯·尼格里努斯——图拉真任命的达契亚行省第一任总督。他在达契亚和帕提亚战争中是一位表现出色的将领，深受图拉真的信赖。

科尔涅利乌斯·帕尔马——横扫阿拉伯（今约旦）的功臣，阿拉伯行省第一任总督，两次当选执政官。

普布利乌斯·塞尔苏斯——也是图拉真手下的将军，同样当选过两次执政官，图拉真也只担任过三次执政官。

卢修斯·昆图斯——本书已多次提到过他。此人是出生于北非昔兰尼加（今利比亚）的将军，在达契亚战争和帕提亚战争期间，率领毛里塔尼亚骑兵勇敢征战，是图拉真事实上的左膀右臂。他在图拉真记功柱上出现的次数仅次于图拉真。他和另外三人一样，仅凭“前执政官”的身份，当时的罗马人就知道他是元老院元老中属于地位最高一层的人。

哈德良不可能没有想过会出现这种情况。就像英国研究者说过的那样，为了维护帝国的安全，和平必不可少。对于为确保和平，决心冒险一搏的哈德良来说，所谓的“危险”，就是因他的执政理念与图拉真的截然不同，因而受到攻击。

看完密信后，哈德良秘密派人给阿提安送去一封信，指示他马上采取行动。在近卫军团中，有类似现在美利坚合众国 FBI（联邦调查局）的职能部门。指挥官阿提安“马上采取了行动”，近卫军团的士兵在接到指挥官的命令后分头行事：

尼格里努斯在意大利北部法恩扎的别墅中被杀

帕尔马在意大利中部特腊契纳的别墅中被杀

塞尔苏斯在意大利南部拜亚的别墅中被杀

昆图斯在旅途中被杀，不清楚他正要往哪里去

这一结果让元老院备受打击，好像突然被当头浇了一盆凉水。首先，这四个人不是在被捕后判处死刑被杀，士兵也没有假扮成强盗半夜入室实施暗杀。他们是在光天化日之下，被近卫军公然杀死的，甚至连辩解的机会都不曾有过。其次，这四个人都是“前执政官”。在图拉真统治的 20 年间，别说当选过执政官的元老，就连普通元老院元老，也没有一个人受到过谋杀皇帝罪或叛国罪的指控，更没有人因此罪名受到审判，被判死刑。虽然在担任过执政官的人中，有人受到过审判，但那是因他们在担任行省总督期间实施苛政而遭到弹劾。因叛国罪受到审判的人一个也没有。

第一代皇帝奥古斯都非常忌讳恺撒被杀事件重演。他把谋杀皇帝的行为等同于叛国行为，把叛国罪变成了法律。然而，这个法律被继他之后的几任皇帝利用，以肃清元老院内的反对派。在提比略、尼禄、图密善这三任皇帝的时代，皇帝和元老院关系不融洽的原因之一，就是他们把这个制度当成了清算反对派的武器。哈德良刚登上皇位，就杀死四个元老院中的有权势者，这让元老院元老想起了曾经的噩梦。他们害怕图密善皇帝后期的恐怖政治会再次降临。

据说古代曾经发现过哈德良亲自撰写的回忆录，里面对杀死四位前执政官做了辩解。哈德良声称自己没有下令杀死他们，杀他们是阿提安个人的意思。在《罗马皇帝传》中，对这个问题也展开了论述。还有，在现代最著名的历史小说、法国女作家玛格丽特·尤瑟纳尔写的《哈德良回忆录》（*Mémoires d'Hadrien*）中，关于这件事情的解释也没有突破以往的说法。

尤瑟纳尔的这部著作是杰出的文学作品，采用了书信的形式。信是年事已高的哈德良在临死前写给年轻的马可·奥勒留（哈德良之后的第二任皇帝，被称为哲学家皇帝，是五贤帝中名气最大的）的。因为是老年哈德良的回忆，所以整部作品充满了忧郁的情绪。虽然这只是一部小说，但是，在这部文学作品中，对相关事件的调查非常详尽。在阅读的过程中，你可以找出它们的出处，或来自这个史料，或依据了那个史实等。从这个意义上来说，它与德国剧作家布莱希特著的《尤里乌斯·恺撒的事业》堪称双璧之作。只是与生性乏味的、过于现实的恺撒相比，哈德良因为性格相对更具多面性，也更接近现代的人，所以作为小说主人公，写起来似乎更容易些。当然，布莱希特的作品写得非常传神，完美地展示了从共和制过渡到帝制的转变过程中恺撒那段充满了快乐的经历。

尤瑟纳尔描写哈德良的作品是一部成功之作。据说因为这部作品，她作为女性，第一个成功跻身于法兰西学院。这本书的日语译本很早就有了，是多田智满子翻译的，题目叫《哈德良回忆录》，由白水社出版发行。在罗马时代的所有皇帝中，现代法国人最喜欢哈德良，想必也是尤瑟纳尔的功劳。先不论你是否接受尤瑟纳尔心目中的哈德良，至少《哈德良回忆录》是一部具有最高文学创作水平的杰作，它一定会让你享受到阅读这类杰作时的愉悦之情。

杀死四位前执政官可以说是哈德良一生中唯一的污点。那么关于这件事，尤瑟纳尔又是如何解释的呢？对此，虽然篇幅较长，我还是打算做全文介绍而不是概述。我之所以这样做，是为了向尤瑟纳尔表示敬意。因为我想，一篇佳作是不能够用概述来替代的。

> 收到曾经的监护人送来的密信之时，正逢我接受萨尔马提亚人权贵们的归顺即将返回意大利的时候。信中说，昆图斯回到罗马后，去见了帕尔马。信中还说，我们的对手利用他们现有的社会地位，开始召集曾经的属下士兵。他还写道，只要这两个人继续密谋，我们的安全就得不到保障。
>
> 我命令阿提安马上采取行动。这位令我充满敬意的老人于是雷厉风行地行动了。但是，他的行为超出了我的预想——他出击的结果是让我的对手从地球上彻底消失了。
>
> 几个人在同一天被杀，相隔仅仅几个小时。塞尔苏斯在拜亚的别墅中被杀，帕尔马在特腊契纳的别墅中被杀，尼格里努斯在法恩扎的别墅中被杀，昆图斯在结束与同伙的密谋后正准备上马回城的时候被杀。
>
> 一时间，首都罗马笼罩在恐怖之中。我那已不再年轻的姐夫塞尔维亚努斯，表面上因为我的登基似乎放弃了自己的觊觎，内心里却正等待着看我出错。所以清除这四个人，一定让他感受到了前所未有的欣喜。我的周围又一次充满了恶意中伤的谣言。
>
> 我是在回意大利的船上得知这一情况的，这让我非常震惊。

无论是谁，一旦除掉了对手，一定会松口气。采取行动的人竟是我的监护人——一个长期以来对任何事情总是表现得无动于衷的老人。但是，在决定采取行动之时，他忘记了在以后长达20年的岁月里，我将生活在这四个人的死亡带来的阴影之中。

这让我回想起几件事：我想到了在屋大维时代，奥古斯都因肃清反对势力而留下了永远抹不掉的污点的事实；我想到了尼禄在即位之初犯下的罪行，以及这些罪行与他后来的罪孽之间的关系；我还想到了图密善在最后几年虽然政绩平平，却在这一点上比起前面几位皇帝有过之而无不及，因为他失去了人性，他的行为让人不寒而栗，虽然他身在皇宫中，却像是一头被逼到森林尽头穷途末路的野兽，最后只有面对死亡。

我的执政生涯从一开始就毁在了自己的手中。在有关我的记载里，这件事永远会出现在第一行，抹也抹不去。它再也不会从我的脑海里消失。元老院——那个伟大又脆弱的政治集团，那个一旦感觉受到威胁就会团结一致的机构，一定忘不了他们的四位同僚因我的命令而被杀这一事实。如此一来，那三个可恶的阴谋家和一个凶残的野兽就会被尊崇为殉道者吧。

我给阿提安送去一封信，严厉地命令他马上到布林迪西来，向我解释他的所作所为。

他在港口附近一个旅馆的房间内等我。房间朝东，据说维吉尔就是死在这里的。我去的时候，他拖着一条腿到房间门口迎接我。他患了痛风。

当剩下我们两个人的时候，从我的口中冲出的是一句又一句的批评和责备。

我对他说，我希望自己的执政是温和的、理想的，没想到我执政之初就杀死了四个人。在这四个人中，只有一个人罪有应得。尽管如此，至少也该摆摆样子。像这样缺少合法程序的处置，必定遭到众人的谴责。不管以后我的表现多么公正、多么宽容，这一次权力的滥用，一定会被别有用心的人拿去作为随时向我发难的口实。不仅如此，甚至连我的美德也会被认为是虚伪的。它将成为暴君传说的源头，再也难以在历史上抹去。

我还说出了自己的担忧。我说，难道我就像嗜血成性的野兽那样，已经无法从人性的残忍一面中挣脱出来了吗？难道我也成为犯一次罪会导致犯另一次罪这种说法的一个例子吗？

这位忠心耿耿的、年事已高的朋友，难道不是利用我内心希望尽快从这件事中解脱出来的弱点，打着为了我的幌子，对长期以来他与尼格里努斯和帕尔马之间的不和做了了断吗？他不仅把我希望以和平方式推进的事业毁于一旦，而且把我回到罗马的执政经历变成了黑暗之旅。

老人问："可以坐下吗？"坐下后，他把缠着绑腿的那条腿放到旁边的脚台上。我一边继续发泄着不满，一边把护膝盖在他那条病腿上。

他任由我一吐为快，脸上始终带着微笑，好像老师看着学生正勉为其难地背诵很难的课文一样。

我说完后，他用沉着的语调问我："你想过怎么对付反对你的这些人吗？"他说："如果有必要，收集这四个人合谋试图杀你的证据并不难，虽然这有多大用处另说。"他继续说道："要完成政权的顺利交接，不排除异己是不可能的。我的职责就是做这些事情的时候，保证你的手是干净的。如果舆论要求有人做出牺牲，你把我从近卫军团长官的位置上撤下来就行了。我想，没有比这更简单的事情了。”

他已经想好了对策，并建议我采用他的方案。他说：“为了改善与元老院之间的关系，如果需要我做出更大的牺牲，降我的职，流放我，我都愿意。”

至此，阿提安对我来说，是父亲，是一个忠实的领路人。他会给我零花钱，在我困难的日子里，给我鼓励。但是，直到现在，我才第一次认认真真地看他那胡须剃得干干净净的、沉稳的面庞和静静地放在拐杖上的满是皱纹的双手。

很早，我就知道这个男人为什么总是装出很幸福的样子。因为他有深爱的妻子，虽然她身体不是太好；他有两个女儿，都已经结婚；他还有女儿的孩子们。他把自己朴实而强烈的希望寄托在了这些外孙的身上，就像自己曾经的那样。他嗜好美食，喜欢希腊产的浮雕贝壳以及年轻的舞者。

但是，与所有这一切相比，他对我的爱总是放在第一位。在漫长的30年里，他最关心的就是如何保护我，为我效力。

然而，我却把自己的想法、自己的打算以及对未来的梦想，放在了他和我的关系之前。也许他认为对我真诚是一件非常自然的事情，但是我觉得这简直就是奇迹，太不可思议。他的真诚已经超越了一般的理解，即没有一个人值得为之做出如此献身。即使到了这个年龄，我依然无法对此做出解释。

我接受了他的建议，他失去了地位。浮现在他脸上的笑容显示，他早已料到我会这样做。他知道，没有比立刻接受他的忠告更好的办法来回报昔日的友人。而且，敏锐的政治感觉证明，在找不到其他更好的对策时，尤其如此。

他不需要做出更大的牺牲。几个月的隐居生活之后，我成功为他争取到了元老院的席位。对于骑士阶级出身的人来说，这是最高的荣誉。

他像个从不怠慢家人及工作的人那样，静静地安享富裕却不张扬的晚年。我也成了他家的常客，频频前往位于阿尔巴诺山附近的他的别墅。

那件事情已经过去，没有留下后遗症。就好像亚历山大大帝在会战前夜，进入罗马前，向恐怖之神供奉牺牲之类的事情已经成为往事一样。但是，我没有忘记，在这次供奉的牺牲中，还有阿提安。

…………

多么动人的一个场面。作为同行，我不得不甘拜下风。在《哈德良回忆录》中，我想这应该是最动人的一个场面吧。

但是，事实果真如此吗？哈德良在得知四位前执政官的阴谋后，命令近卫军团长官阿提安“马上采取行动”。那么，他所谓的“行动”难道只是逮捕这四个人，而没有杀掉他们的意思吗？

据说哈德良在自己的回忆录中说，杀死四个人是阿提安擅自做出的决定。但是，有些事情，当事人不一定会说出真实情况。特别是当这件事必定会影响后世对自己的评价时更是如此。因此，如果你认为当事人亲自写的就一定是事实，那就太幼稚了。还有，以哈德良写的回忆录为基础写成的《罗马皇帝传》是在戴克里先统治时期出版发行的，比哈德良时代整整晚了170多年。因此，它也只是众多事例中的一个，和其他“史实”一样，不得不思索一个永远不解的问题。这个问题就是，被认为是史实的事情就一定是真相吗？

尤瑟纳尔的小说是立足于这一“史实”来写的。但是我想，也许她不希望哈德良身上有杀人的污点，不希望哈德良是个会做违背人性的事情的人。

那么，“马上采取行动”的“行动”到底是什么意思呢？所谓采取行动，按照词典的解释，就是做出相应的处理。因为说是证据很容易找到，那么他的意思难道是拿证物证据，揭发并逮捕他们，然后进行有律师辩护的正式审判吗？

可是，如果那样做的话，难道就可以免遭非议吗？

罪名是叛国罪。这样的重罪要由元老院进行裁决。在先皇图拉真统治期间，没有一个人被指控这一罪名，自然也就没有过这样的裁决。事实上，尽管做出裁决的是元老院，但是只要皇帝态度坚决，最后元老院总是会服从皇帝的意志。因此，如果这四个阴谋家被宣布有罪，大概也会被执行死刑。但是，这样做是否能有效地消除元老院元老的恐慌呢？这样做难道就可以抹去以此罪名剪除政敌的事实吗？既然如此，那么，哈德良与提比略、尼禄以及图密善又有什么不同呢？图拉真从来不以叛国罪来置元老院元老于死地，而继图拉真之后的哈德良，却要用这一罪名来惩罚元老院中的四个位高权重者。因此可以说，他的处境极为不利。

君主或领袖的道德观与普通人的道德观不同。作为普通人，诚实、正直、忠诚和清廉是极好的美德。但是，作为公职人员，尤其是公职人员中地位最高的人，就不一定能守住这些美德。在拉丁语中，同样一个词“美德”（virtus），如果是说普通人，可以翻译成“美德”，但是，如果是说公职人员，可以翻译成“才能”。但是，很多时候感觉这一译法似乎并不全面，所以屡屡被翻译成了“力量”。图拉真能做到普通人的道德观和皇帝的道德观相统一，是因为他功绩卓著。达契亚战争的胜利扩张了罗马帝国的版图。因此，如果有人试图谋杀图拉真，普通公民首先就不愿意，元老院也不会答应。正因为图拉真没有出现政敌的可能性，所以才无缘叛国罪。但是，哈德良不要说是扩张领土，就连战争他也决定远离，除非不得不打。不仅如此，为了把军队从图拉真远征之地撤回来，他也做得小心翼翼，生怕引起别人的注意，而且，还做好了遭到谴责的心理准备。就像提比略，不惜违背奥古斯都的意愿，把军队从易北河撤到莱茵河时，做好了接受指责的心理准备一样。如果提比略不顾帝国全体的安全保障，而是和奥古斯都一样，一心要征服日耳曼，把称霸的脚步伸至易北河，元老院应该会支持他。还有，作为元老院元老，历史学家塔西佗或许也不会那样指责提比略了。

如果说哈德良是在年事已高的监护人表白后才猛然醒悟的，那么在此之前，难道他真的没有想过要杀掉这四个阴谋家吗？下令“马上采取行动”中的“行动”真的没有杀死的意思吗？杀死四个人真的是阿提安擅自做出的决定吗？

公元 118 年时，哈德良已经不是一个 20 岁或 30 来岁的年轻人，而是一个非常成熟的成年人了。再过半年，他就要迎来 43 岁的生日。从共和制时代开始，在罗马，作为国家最高领导人的执政官，资格年龄是 40 岁以上。

哈德良最出名的是他在统治期间，有三分之二的时间用在了对帝国全域进行巡回视察上。他实施统治，一定亲力亲为。无论什么事，他都要用自己的眼睛去实际观察，然后做出判断。这就是他的性格。任何事情，必须由他自己来做决定。因此，对于先皇的四个重臣，同时又是元老院中的位高权重者，哈德良下达的命令，可能会是含糊其词的“采取行动”这么简单吗？再说，他回到罗马以后，也没有找到更好的对策。

如果用写小说的手法对这件事情进行改写，我会假设哈德良下达的“采取行动”的命令中，包括杀死这四个人。

我那年事已高的监护人等候在港口附近旅馆的一室内，拖着一条腿到房间门口前来迎接我。他患了痛风。

老人对着已是皇帝的我问：“可以坐下吗？”在椅子上坐下后，他把缠着绑腿的那条腿放到旁边的脚台上。我很自然地把护膝盖在了他那条病腿上。

从我10岁起，在很长一段时间里，阿提安经常给我零花钱，在我困难的日子里会给我鼓励。他脸上的胡子剃得干干净净的，态度沉稳，那双满是皱纹的手静静地放在拐杖上面。我好像第一次看到他似的，盯着他看了好一会儿，然后毅然开口道：

“请你辞去近卫军团长官的职务。”

看到自己亲手抚养长大的年轻人已经成长为一个成熟的男子汉，老人的脸上浮现出了发自内心的微笑。

被免去近卫军团长官之职后，阿提安过了几个月的隐居生活。随后，我成功地为他争取到了元老院的席位。对于出身于骑士阶级的人来说，这是最高荣誉。

他的别墅位于阿尔巴诺山附近，我成了这座别墅里的常客。阿提安很富裕，但是不张扬，他非常满足于过安静的晚年生活。我们之间再也没有提起曾经发生过的那件事。……

如果有人批评我的这篇文章缺乏文学色彩，我心甘情愿地接受。但是，政治是无情的。如果你不正视这一点，就不可能成为成功的政治家，更别提要实现人人幸福的目标。从政，权力基础稳固是前提。

如果权力基础不稳固，权力的行使就不能贯穿始终。

我和一些学者不同，我不认为哈德良采取了转嫁责任的做法。我完全同意尤瑟纳尔的意见，是阿提安主动做出了牺牲。所谓牺牲，根据词典的解释，就是献出自己的生命，舍弃自己的利益。我认为这个词还有一个意思，就是虽死犹生。领袖身边有一个愿意为自己牺牲的人，我认为这就是领袖的“美德”力量。

挽回失地

公元 118 年 7 月，在离开罗马 11 个月之后，哈德良以皇帝的身份首次回到首都，迎接他的是罗马冷冰冰的气氛。哈德良以皇帝的身份第一次参加元老院会议的时候，元老院元老个个面孔紧绷，表情漠然。会上，42 岁的皇帝极力为自己辩解。他说：“杀死四位前执政官不是自己的本意。虽然在接到有人密谋加害皇帝的报告后，我曾下令马上采取行动，但是，我的本意只是要求查实此事，而不是采取不合法的行动。近卫军团长官阿提安误解了我的意思，擅自做出了杀人的决定。因此，我决定免去阿提安近卫军团长官的职务。”

接着，哈德良庄重起誓，以后不经正式审判绝不乱杀一位元老院元老，这样的不幸事件绝不会再发生。然后，他又明确表态，即使元老院元老应该受到处罚，也要经过元老院的审判，而且在超过半数的元老院元老投票认为有罪的情况下，才实施惩罚。

元老们的表情并没有因此轻松下来。因为哈德良没有像图拉真刚登基时那样，明确表态说绝不用叛国罪来惩处元老院元老。而且，他们也许在心里暗自思忖，刚刚杀死四个反对派的人，居然还能这样发誓。

哈德良希望元老院元老理解政治必须无情。在这一点上，他显然过于现实。因为，罗马帝国的正式掌权者是罗马元老院和公民。

在回到首都不到一年的时间里，哈德良大刀阔斧地做了一系列决定，让认真严肃的税务人员大跌眼镜。

为庆祝皇帝登基，哈德良向公民权拥有者发放每人 70 第纳尔银币的一次性赏金。虽然没有留下任何记录，但是，这件事情一定是有的。因为在图拉真死后，哈德良接受效忠宣誓时，为了削弱从帕提亚撤军的印象，已经向军团兵发放了一次性赏金，他们都是罗马公民权拥有者。

除了“赏金”，哈德良还热心组织公民热衷的表演，在圆形竞技场举办了角斗比赛，在大竞技场举行了由四匹马拉的战车比赛等。

只是，这些事情都不是哈德良的首创，任何一位皇帝登基时都会这样做。因此，他不过是承袭了以往的惯例而已。举办这些活动、发放赏金的理由是和公民同庆皇帝登基，因此，所需资金要从皇帝公库中支出。哈德良发放的一次性赏金，金额是其他皇帝的两倍。

哈德良收买人心的策略不只针对首都罗马的公民。按照惯例，在皇帝登基时，意大利本土的地方自治体及行省要向新皇帝赠送黄金制作的头冠。哈德良决定免去本土地方自治体的贺礼，来自行省的贺礼减半。这个决定的意义不只是减税这么简单。在古代，赠送黄金制作的头冠是表示恭顺的意思。亚历山大大帝在东征途中，收到过不计其数的黄金头冠。免去这样的贺礼，意味着本土地方自治体从此与首都罗马的地位完全平等，行省也向平等迈出了一步。哈德良还把这一决定变成了法律。因此，只要不修改此项规定，作为帝国政策，它就要被执行下去。

研究者中有人认为最早取消头冠贺礼的是图拉真。不管怎样，正是这两位行省出身的皇帝，让意大利本土和行省开始走向平等。至于哈德良的下一个决定，图拉真一定做梦也没有想过，尽管这件事情实际上毫无必要。

要让这件事情收到预期的效果，必须出其不意，同时必须大获成功。就在几年前刚刚建设完工的、墙体还在发出耀眼光芒的白色图拉真广场上，他宣布，税金的滞纳部分一笔勾销。至此没有一位皇帝有过如此大的手笔。在中央矗立着先皇图拉真骑马雕像的开阔广场上，记录有未纳税人名单及金额的纸莎草文书堆积如山。熊熊燃起的大火把这些文书变成了灰烬。勾销滞纳金的这一举措，不仅惠及滞纳者本人，也惠及了其家族子孙。为此，皇帝公库和国库的岁入至少减少了9亿塞斯特斯。不明就里会聚而来的市民发出了阵阵欢呼声，他们情不自禁地围着熊熊燃烧的大火狂欢庆贺。

至此，这件事情还没有结束。因为，如果就此结束的话，辛勤劳作、规规矩矩纳税的人就会吃亏。哈德良深知只有建立一个正直人不吃亏的社会才是善政的根本，他自然不会忘记要实施公平的税收制度。他决定，以后每隔15年登记一次不动产，根据不动产的价值来决定征税额。拖欠税款的不只是那些精明人以及生性懒惰者。因为“人口普查”是每30年到40年进行一次，其间，资产的价值难免会发生变化。为此，出现了很多愿意缴税却不能缴的人。

所谓公平的税收制度，换一个说法，我想应该是一种惠及面广并且简单明了的课税制度。根据研究者的研究，罗马帝国已经实施了公平的税收制度。既然对税制有这样的认识，罗马的皇帝们自然会极力避免提高税率。关税为“二十分之一”（vicesima）、营业税为“百分之一”（centesima）、国有土地租赁费（因为几乎是永久性的，所以可以认为是税）为“十分之一”（decima）的固定税率，就是税率没有变化的最好证明。在这一点上，哈德良也采取了保守的态度。

在努力推行公平税制的同时，哈德良也致力于改善社会福利。只是图拉真已经把很多福利变成了制度，所以哈德良只是对这些制度做了微调，以便其能更好地发挥作用。它们是向贫困家庭子女提供养育资金的育英基金制度，向中小规模的农业及手工业者提供低息贷款的贷款基金制度，向元老院阶级中经济困窘的人提供援助的制度，向除母亲品行不端以外的原因造成的贫困母子家庭提供资助的制度。最后一条是哈德良的首创，附加了除母亲品行不端以外的原因这一条件，很有意思。可见，罗马帝国的福利援助对象，必须是自身努力的人。

作为统治者，哈德良认为除非不得已，否则无须把所有事情制度化或法制化。在现代研究者中，有一个人评价哈德良是“功能和效率的信奉者”。

就这样，不到一年的时间，围绕着皇帝哈德良的气氛彻底改变。虽然元老院元老中还有一些人对那次事件念念不忘，但是，普通公民因为那件事本来就和自己没有关系，它只是特权阶层的不幸，所以，把它从记忆中删除，没有任何抵触。

这一时期，哈德良连续发行了新的银币和铜币。之所以没有发行金币，是因为银币和铜币的流通量远多于金币。大家都会使用的流通货币，也是罗马为政者用于政策宣传的媒体。哈德良在这些罗马货币上刻上了自己的统治宗旨，它们是：

宽容（Pietas）

和睦（Concordia）

公正（Iustitia）

和平（Pax）

罗马帝国统治的最高权力者是皇帝。因此，刻在货币上的这些政见能否变成现实，关键在哈德良。而施行这些政策的基础，因为图拉真的四位重臣已经被除掉而变得非常完美。

但是，如果你认为这些举措就是为了让人们忘记曾经杀害四位前执政官的话，哈德良也太可怜了。善于运用政治策略的人，做任何事情绝不会只为了一个目的。哈德良的真正目的，是希望元老院和公民忘掉远征帕提亚无功而返的事情。罗马人确信自己才是霸权者。正因为他们的信念如此坚定，所以才愿意承担起保障帝国安全的重任，甚至做好了流血牺牲的准备。既然罗马人有这样的想法，那么对他们来说，没有一件事情比撤退远征之地更有损霸权者的声誉，没有一件事情比撤退远征之地更动摇作为霸权者的信心。

为了达到这一真正目的，哈德良不惜说了谎。在元老院，他说："图拉真决定回罗马前任命自己担任远征军总司令官的时候，重病在身的先皇指示我从美索不达米亚地方撤退，我服从了先皇的意志。"

按照图拉真的性格，即使他心里承认远征帕提亚是一次失败的行动，也绝不可能说出"撤退"两个字。但是，可以证明此事的四个人已经被杀，死无对证。虽然除了这四个人外，近卫军团长官阿提安也能做证，但是，他是哈德良的忠实支持者，无论说谎还是做别的什么，他都会站在哈德良一边。

此外，还有一个人可以证明此事，只要她愿意这样做的话。这个人就是图拉真的妻子普洛蒂娜。但是，她和阿提安一样，也是哈德良的支持者。她保持了沉默。先皇的皇后好像离开了帕拉蒂尼山上的皇宫，在宫廷举办的公共活动及私人宴会上都见不到她的身影。她回归宁静的生活，享受自小热爱的希腊文化。如果说她做了什么带点儿官方性质的工作的话，那就是担任了希腊哲学研究团体，按现在的说法，就是希腊哲学研究基金会的名誉会长。

尼禄的母亲阿格里皮娜让他的儿子非常讨厌自己，是因为她动不动就会说："你当上皇帝都是我的功劳。"阿格里皮娜是第一代皇帝奥古斯都的后代，在罗马社会中属于贵族阶层。相反，普洛蒂娜只是出生于法国南部行省的一个女人，充其量只有世袭的罗马公民权。但是，说到生活品位，也许真的跟血脉没有关系。普洛蒂娜和哈德良都住在意大利本土，但是，两人之间好像仅限于偶尔的通信。哈德良因为被图拉真收为养子，所以，在户籍上，他们是母子关系。

在第一年放手实施笼络人心的政策后，第二年，哈德良也没有离开意大利本土。公民很高兴看到皇帝留在首都。在斗兽场或竞技场的贵宾席上，只要看到有皇帝在，大家就会觉得很安心。从哈德良的角度来说，他留在罗马是为了监督各项政策是否得到了落实，同时，还要让大家发自内心地相信自己是位好皇帝。

他甚至没有出去打猎以满足自己的爱好。因为罗马人认为，打猎是东方君主的嗜好。这一点，只要想到亚历山大大帝就知道了，因为他也有这个爱好。而且继亚历山大大帝之后的希腊诸城邦的君主，也都继承了他的这一爱好。除了希腊诸城邦的君主，罗马人还知道，东方的各君主，从帕提亚国王、亚美尼亚国王到贝都因人的酋长，在爱好打猎方面，兴趣完全一致。还有一个原因，在意大利境内，所谓的狩猎，充其量就是追逐野猪或者鹿，这对于以捕猎狮子为梦想的哈德良来说，完全满足不了他的兴趣。

哈德良的另一个爱好是希腊文化。在这个时期，哈德良同样没有表现出他对希腊文化的热爱。一方面是为了不引起元老院中保守派的疑心，另一方面，他不希望自己被普通公民看作与尼禄、图密善一样的皇帝，因为这两位皇帝对希腊文化的热爱尽人皆知。不管怎样，他在身为“至高无上的皇帝”之后，要让大家承认自己是位好皇帝非常不易。

只要不是因为外出巡视意大利各地，或者有无论如何也离不开的工作，他一定出席元老院会议。和其他元老一样，他会起身欢迎担任议长的执政官，并积极参与讨论。每一次他都不忘做出这样的声明：为了维护国家的统治，作为皇帝，在必要时行使权力是为了罗马公民，而不是为了自我满足。他拒绝一切为他举行的竞技活动，除非庆祝他的生日。他努力和所有元老院元老平等相处。有人邀请他去家里做客，他总是高高兴兴地答应。他努力以“第一公民”而不是“皇帝”的姿态出现在大家面前。

作为皇帝，职责之一是完善基础设施。在这方面，因为图拉真做得很彻底，所以几乎没有必要再建新的基础设施。维护修缮工作随时都在做，因此，这一时期，哈德良只做了一件事，就是为已经神格化的先皇建一座神殿。在图拉真广场建设之初，神殿的基础已经打好，设计也已经完成。在建筑师阿波罗多洛斯的指挥下，这项工程进展得非常顺利。

作为“第一公民”，他的工作不只是参加元老院会议。罗马有一项法律，是尤里乌斯·恺撒制定的。凡是教师和医生，不分人种，不论民族，一律授予罗马公民权。条件是，他们用合理的价格传授知识，医治病人。这项制度在当时依然有效，所以在罗马，诊疗所很多。只是，大规模的医院设施只有“台伯河中岛”上有。哈德良去那里看望了接受治疗的病人。

同样也是拜恺撒制定的这项法律所赐，在首都罗马，有很多私塾，但是没有一所大学。作为高等教育的学府，大学所在地一直是罗马称霸以前就很出名的希腊雅典、小亚细亚的帕加马、罗得岛、埃及的亚历山大的专利。因此，在罗马，就算哈德良想访问大学也无处可去。如果首都罗马或意大利本土有大学的话，我想，哈德良一定会去的。因为无论是慰问病人，还是激励学生，访问的根本目的并没有多大区别。

因此，不知疲倦、埋头苦干的哈德良，这个时期关心的对象是一般民众。只是，如果过度关注的话，即便是哈德良，也难免会有力不从心的时候。

在首都，公共浴场多如牛毛。一天午后，皇帝去了其中一家公共浴场，很可能是图拉真浴场。当时，这个浴场不仅新而且大，还很壮观，所以最受市民的欢迎，去的人也最多。去公共浴场与市民一起享受泡浴，是标榜自己民主的皇帝们常做的事情，所以哈德良不是第一个。但是，去浴场的次数，哈德良无疑最多。也许有人会担心保安的问题。但是，在浴场，所有人都是裸体。不知道是不是这个原因，在罗马史上，公共浴场内没有发生过一起行刺事件。或许这里比元老院会场，甚至比皇宫还要安全。在罗马，无论是雕像还是竞技选手，罗马人早已看惯了裸体。但是，即便如此，如果自己的肉体变老变丑，相信也不会有人愿意把自己的身体暴露在众人面前。皇宫里有正式的罗马式浴池。好在哈德良本来身体就很健美强壮，再加上这个时期他才 40 岁出头，正是男人最有魅力的时候，因此，他才会经常去公共浴场。在那里，不管他愿不愿意，都要和大家一样赤身裸体。

这天午后，哈德良看到一位老者胡乱地在身上抹完肥皂（不是现在的肥皂，但是用途与肥皂相似）后，用力在浴场的墙壁上上下来回地蹭后背。记忆力超群的哈德良记起了这位老者曾经是自己手下的一名百夫长。于是，他把他叫过来，问他为什么要那样做。

上了年纪的百夫长自然认识哈德良。虽然他们现在是皇帝和公民的关系，但是，他曾经是被哈德良称为战友的士兵中的一人。他实实在在地回答说自己没有钱雇人帮自己搓澡。在古代，所谓搓澡，是用类似于小型镰刀的工具把身上的泥垢刮下去。也许你会担心会不会受伤。但是，那是个用小刀剃胡子的时代，因此，尽管刀具很锋利，只要熟练就不会有问题。

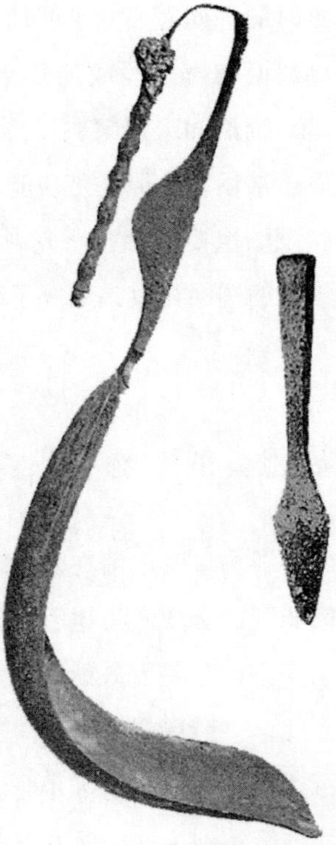
两种除垢刀

深表同情的哈德良于是送给这位上了年纪的昔日部下专门搓澡的奴隶，一送就是两个，而且，雇用奴隶所需的费用也帮他出了。老兵感激涕零自不必说，而哈德良自己也心满意足地走在了回皇宫的路上。

有意思的是，第二天下午再次走进浴场的哈德良，看到的是站在墙前蹭背的老人排了满满一墙。不知道皇帝是怎么应付这一场面的。或许刚看到时会大吃一惊，继而哑然失笑吧。我们唯一知道的是，老人们的公开表演一无所获，以及在随后一段时间里，这一事件成了市民们最开心的谈资笑料。

不管怎样，在透着寒冷的气氛中回到罗马的哈德良，用了短短两年时间，彻底改变了罗马公民对自己的看法。甚至，哈德良认为，自己离开首都罗马或离开意大利本土，已经完全没有问题。更重要的是，统治的组织架构已经非常稳固，即使皇帝不在，“内阁”依然可以正常运转。但凡是功能和效率的信奉者，不用说，他一定知道组织建设的重要性。有研究者评价哈德良是“天才型组织者”，而哈德良进行的巡回视察，则成了尽情发挥他组织才能的机会。

哈德良的“旅行”

罗马皇帝出门在外的时间之多超乎想象。原因是皇帝为了履行他的职责，必须做实地考察，了解情况。所谓皇帝的职责，一是保障国家安全，二是有效统治行省，三是完善帝国境内的基础设施。但是，至此，皇帝在全帝国境内进行巡回视察好像没有计划性。只有需要皇帝亲自出马时，皇帝才会出行。有战争的时候，皇帝出行的目的是亲征。既然到了这个地方，他自然会顺便视察周边地区的统治情况，同时，尽可能完善当地的基础设施。对皇帝来说，实地考察非常有用。在历任皇帝中，只有提比略自登基后，从未离开过意大利本土。那是因为，在 56 岁那年继承皇位以前，作为先皇奥古斯都的军队司令官，他的足迹几乎已经踏遍了帝国的重要地域。而且，他当了皇帝以后，由于边防建设做得很彻底，所以没有发生需要皇帝亲征的战争。就连图拉真皇帝，尽管发动了达契亚和帕提亚两场大的战争，在其统治期间，除了为军事目的，也没有“旅行”过。没有公共事务的需要，罗马皇帝一般不会“旅行”。如果以旅游为目的离开罗马的话，一定会受到元老院和公民的批评。尼禄皇帝之所以遭到抨击，正是因为他游览了他向往的希腊。

但是，哈德良没有在意罗马人的这种想法，毅然决然地进行了大规模的“旅行”，目的是视察，并根据视察情况，进一步完善基础设施。从他“旅行”的全过程来看，没有一位皇帝可以与他相提并论。不仅时间跨度大，而且，范围也极广。唯一可以与他相比的，只有事实上的第一代皇帝尤里乌斯·恺撒。但是，恺撒到过很多地方是因为转战各地的需要，而且，正因为他是恺撒，所以，在前往下一个战场的途中，常常顺便解决了希腊系居民和犹太系居民在经济权利方面的矛盾（很显然，这类工作是属于皇帝行省统治的职责范畴）。

作为罗马全军的最高司令官，皇帝哈德良在出行时，一个军团都不带。罗马人是一个崇尚现实的民族，只要皇帝的所作所为有成效，他们就不会向皇帝发难。这是哈德良敢于外出“旅行”的根本原因。然而，要让人们看到“旅行”的成果需要时间。因此，哈德良通过发行货币让人们随时了解自己的行踪。在货币上，印上当时的罗马人很容易理解的象征性图案和文字。例如，生活在帝国西部的人们，只要看到全新的银币和铜币，马上就会知道，皇帝视察了东方的以弗所，等等。元老院因为会有报告送来，自然知道皇帝的行踪，而首都罗马和意大利本土其他地方的居民，通过新发行的货币也能了解自己的皇帝此时在何处。因此，从意图上来说，哈德良的做法与图拉真把建在多瑙河上的石结构大桥和被征服的达契亚的象征性图案刻在货币上是一样的。不同的只是刻在货币上的图案和文字与战争的主题无关。

正因为他采用了这样的方法，所以，我们作为后人，尽管看不到哈德良亲自撰写的回忆录，也能找到他旅行的路线。对于哈德良来说，所到之处，只要有需要，马上着手解决问题是常事。于是，这些地方都会立起一块记录这件事的石碑。通过这些史料，我们知道哈德

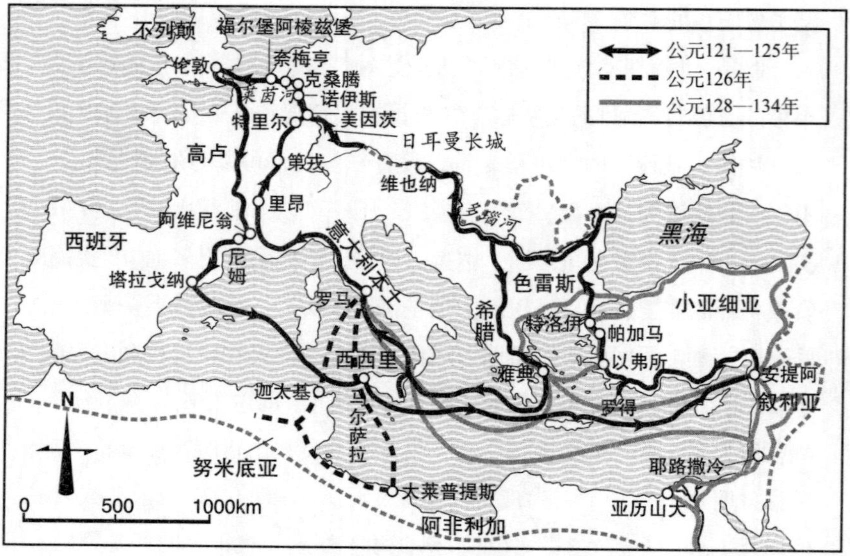

哈德良巡回视察路线

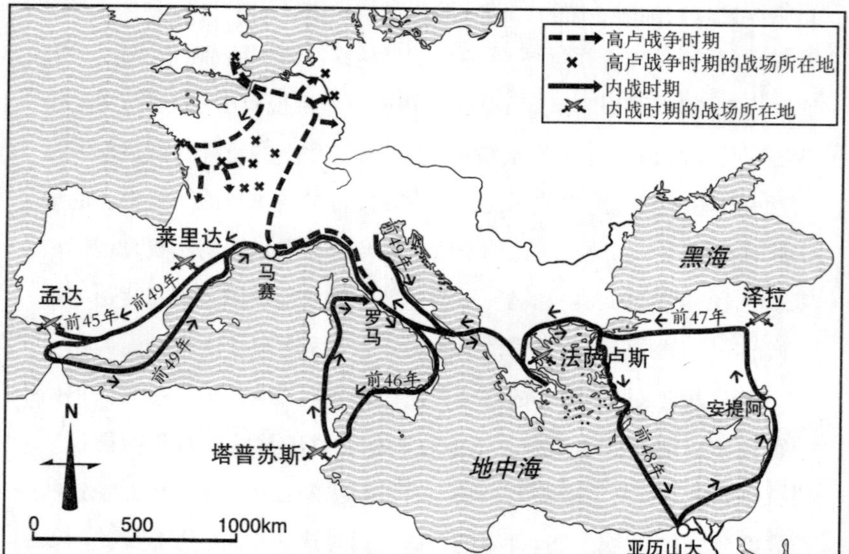

尤里乌斯·恺撒转战各地的路线

良的巡视，不是我们想当然地以为只是走走形式、夜夜歌舞升平的那种。哈德良巡视过的地方，绝大多数是边境及偏远地区。因为他要视察的是边防设施，所以自然会是这样的地方。

哈德良出行不带军团，甚至带皇后一起出行也只有一次。但是，哈德良从来不会漫无目的地、由着性子走到哪儿是哪儿，也不像我们想当然认为的那样，皇帝出行会带很多不干事的宫里人。常常与他同行的是建筑领域的一支专家队伍。此外，他也带过诗人一起出行，在旅途中可以陪自己聊聊天。只要不是不适宜旅行的冬季，在显示皇帝所到之处的货币发行时，哈德良已经向下一个目的地出发了。他的确是一个“immensi laboris”（不知疲倦的人）。

公元 121 年，新的一年到了。1 月 24 日是哈德良的生日。41 岁半登基的哈德良迎来了自己的 45 岁。为庆祝皇帝生日，首都罗马举行了赛会。与往年的生日不同，这一年，皇帝向全体市民发放了一次性赏金。理由很充分，就是提前祝皇帝巡回视察圆满成功。

4 月 21 日是罗马的建国纪念日。大家都相信罗马建国是在公元前 753 年 4 月 21 日，由罗穆路斯创建。每年的这一天举行盛大庆祝活动已成惯例，皇帝兼任大祭司。在卡匹托尔山的朱庇特神殿里，哈德良以大祭司的形象，用托加长袍的一端遮住头部，主持了这一神圣的庆祝仪式。仪式结束后，皇帝宣布要在首都罗马建一座献给维纳斯的神殿。根据神话传说，罗马建国始祖罗穆路斯是维纳斯女神的后代，传承了女神的血脉。

就这样，哈德良在动身踏上旅途之际，做好一切他认为必要的准备。换言之，他采取了一系列对策，以避免元老院和公民产生被皇帝抛弃的感觉。他的第一个目的地是帝国西部。

为什么他最先去的不是东部而是西部呢？理由很简单，因为，在帝国东半部结束帕提亚战争的时候，哈德良已经大体上完成了设施的建设。

莱茵河

从首都罗马出发，沿奥雷利亚大道北上，进入相当于现代法国南部的纳尔榜高卢行省，然后顺罗讷河逆流而上到达里昂。在罗马时代，里昂叫卢格杜努姆。可以认为，这个城市是除法国南部之外的整个高卢的中心。

尤里乌斯·恺撒在征服高卢后，原封不动地保留了作为失败一方的高卢各部族的聚居地。后来的皇帝们继承恺撒的做法，建设大道，把这些城市连了起来。因此，在罗马时代盛极一时的高卢城市，源于罗马人建设的城市极少，而里昂就是这极少的城市之一。里昂是罗马人建起来的城市，在古代，它的地位远比巴黎重要。如果单纯从地理条件上做比较，在法国，显然巴黎要优越得多。但是，如果把罗马帝国西部都考虑进去的话，无疑里昂更加重要。因为无论是伊比利亚半岛，还是意大利半岛，或者是莱茵河前线，从里昂去这些地方，几乎都是等距离的。

除了驻扎在莱茵河沿岸斯特拉斯堡的一个军团以外，在包括法国南部的高卢全境，罗马没有派一个军团常驻。里昂也只有一个大队，不到 500 人的士兵实在称不上是常驻军队。有这样一支军队，是因为罗马在实行帝制以后，把皇帝职权范围内的金币和银币铸造厂设在了里昂。铜币的铸造权在元老院，因此，铸造厂就设在首都罗马。

公元前 1 世纪中叶，恺撒征服高卢后，战后处理做得非常完美，以至于到了公元 2 世纪，也就是经过了 200 年以后，罗马仅在高卢东端的斯特拉斯堡派驻了一个军团，而该军团的主要任务只是守卫莱茵河防线。这样的事实确实值得大书特书。好的政治路线直接关系到军事经费的节减。

正因为高卢是罗马化的典范，哈德良在里昂的任务非常简单。他无须视察高卢全境，在里昂只逗留了几天，就出发前往莱茵河防线。

从里昂沿罗马大道北上，经过第比奥（今第戎）后，继续北上，到达摩泽尔河沿岸的奥古斯塔特列维罗拉姆（今特里尔）。这里是特雷维利人的家乡，奥古斯都把它建成了一座城市，贝尔吉卡行省的首府就设在了这里。哈德良把莱茵河防线的所有负责人召集到了特里尔。从莱茵河河口到日耳曼长城的莱茵河防线，自北向南有基地位于佩特拉（今克桑腾附近）和波恩纳（今波恩）的低地日耳曼 2 个军团、基地位于摩功提亚库姆（今美因茨）和阿根图拉特（今斯特拉斯堡）的高地日耳曼 2 个军团，共计 4 个军团负责。把高地日耳曼、低地日耳曼两个行省的两位总督和两位总督指挥下的 4 个军团的军团长以及在各基地任职的高层士官们召集起来，最合适的地点莫过于特里尔，因为这里是与各基地相连的大路交会处。

特里尔会议的议程一定是前线的现状汇报。会议结束后，哈德良沿莱茵河去了美因茨，目的是视察前线。因为没有蛮族来袭的报告，所以我想，他一定带上了所有参加特里尔会议的人。一位指挥官如果只了解自己负责的区域，那么要让这个区域的防卫做到尽善尽美绝无可能。

视察整个莱茵河防线，首先从日耳曼长城开始。在视察过程中，发现问题当即确定解决方案并立即执行。在图密善皇帝建的日耳曼

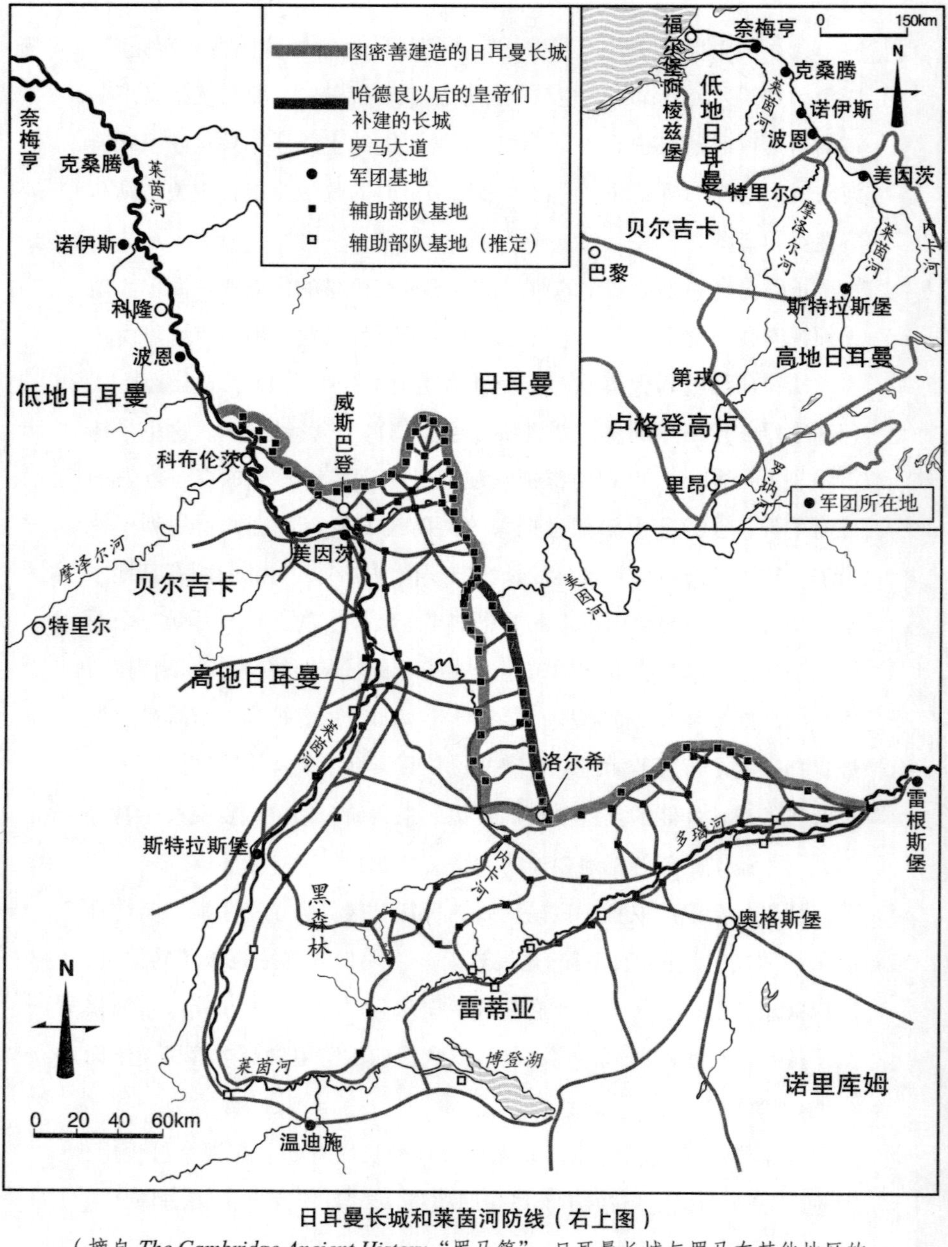

日耳曼长城和莱茵河防线（右上图）

（摘自 *The Cambridge Ancient History*“罗马篇”。日耳曼长城与罗马在其他地区的防御体系一样，由碉堡、辅助部队基地、军团基地和纵横交织的罗马大道构成）

长城中间地段，往东增建了约30公里，就是这个时期哈德良视察的成果。

其间，哈德良始终与士兵同吃同住在一起。

结束对日耳曼长城的视察后，皇帝一行回到美因茨，顺着莱茵河的流向，又视察了低地日耳曼防线。此时已进入公元121年的秋天。

在这里，他还视察了波恩。这里是第二次达契亚战争期间，他指挥过的第一涅尔瓦军团的驻扎地。他也视察了军团的分队基地诺瓦伊西乌姆（今诺伊斯）和图拉真组编的第三十乌尔庇亚军团驻扎的克桑腾。随后，经过莱茵河河口附近的分队基地诺维奥马基（今奈梅亨），在河口建了一座城市，命名为“科林哈德良”（意思是“哈德良广场”。——译者注）。这一带现在属于荷兰境内。在罗马时代，罗马的手已经伸到了包括乌特勒支在内的莱茵河河口一带。当时，乌特勒支叫特莱尔腾。顺便提一句，现在位于福尔堡阿棱兹堡的科林哈德良并不是军团及其分队驻守的基地，而是罗马帝国的自治体之一，原住民有自治权，当时叫“地方自治体”。当然，承认其自治权的是哈德良。这个穷乡僻壤得到了一个文明的名字——科林哈德良。也许你会想到，哈德良之所以给这个地方这样一个名字，是因为在这里也建了一个广场吧。真实情况究竟如何，只能等考古学的研究结果。不管怎样，哈德良巡视的第一年全部花在了莱茵河防线。

这年冬天，他就在该前线的某个基地度过。考虑到第二年春季的日程，他过冬的地点应该离河口很近。在北欧严寒的冬季里，就连青壮年男子也不敢轻易走出户外。在近两个月的时间内，他很可能住在以基地为中心的军民混住的城里。准确地说，他应该是在克桑腾而不是在只有军人居住的军团基地度过的。

重建

哈德良在视察莱茵河防线期间，做了所有在以后巡视其他地方时同样要做的事情，那就是要重建防御体系。不是改变防线的位置，也不是迁址军团基地，更不是改造联结各基地的道路网，而是他对整个防御体系进行了合理的重建。对设施已经退化的地方，毫不犹豫地加以修复；需要加固的地方立即予以加固，使整个防线更符合现状的需要。一位研究者对哈德良做的事业给出的评价是“重建”，翻译成日语应该是“革新”。

我接触罗马史，感受最强烈的是罗马人做事一以贯之的延续性。

最典型的一个例子就是阿庇亚大道。阿庇乌斯把大道从罗马修到了加普亚，继他之后的人从加普亚修到了贝内文托，接下来的一个人又从贝内文托修到了塔兰托，再后来的什么人从塔兰托修到了布林迪西。至此，阿庇亚大道才算完成。在这条大道建设完成后，罗马人还在继续。尤里乌斯·恺撒对阿庇亚大道进行了全线修复。奥古斯都也对弗拉米尼亚大道实施了全线修复。以他们为代表，其后的皇帝和权贵们不断对已有设施进行修复或扩建。在罗马人看来，重建和新建一样，都是了不起的公共事业，例如阿庇亚图拉真大道。图拉真认为与其绕山路南下，不如直达海岸再南下更合理。于是，他在贝内文托把这条大道一分为二，直接修到了布林迪西。阿庇亚大道是第一条罗马式大道，又是南下的干线道路，在当时被誉为“女王大道”。即便是这样一条道路，罗马人也没有特殊对待。只要需要，就毅然决然地进行重建；如果不需要，就不做修改。假如这就是真正意义上的保守主义，那么，罗马人堪称真正的保守主义者。哈德良出生于西班牙，但是，他也是真正的罗马人。以莱茵河防线为例，哈德良需要做的只是

“革新”，因为之前的几位皇帝已经在这里打下了坚实的基础。尤里乌斯·恺撒最早确定这条防线；提比略稳定了这条防线；图密善通过建设日耳曼长城，进一步提高了这条防线的作用。

那么，哈德良采取怎样的措施，来实现帝国安全保障的重建呢？

所谓组织工作，不管它本身多么完善，决定其职能的终究是人。在人事安排上，哈德良可谓颇费心思。

高地日耳曼和低地日耳曼这两个行省的总督都是指挥一个战略单位，即两个军团的司令官。前线行省相当于军事行省，因此，总督是军事和民事两方面的负责人。担任这样的总督，可以没有当选过执政官的经历，但是，担任过法务官是基本条件，因为只懂军事的人成不了真正的军事家。前线行省通称皇帝行省，属于皇帝的管辖范围，总督任免权都在皇帝手中。在哈德良巡视高地日耳曼、低地日耳曼两个行省时，两位总督都是先皇图拉真任命的。也许是图拉真的眼光确实不错，哈德良没有换掉他们。但是，在巡视其他地方时，哈德良撤换过总督。当然，他没有采用生硬的做法，例如免职、撤换等，而是采用了迂回的方法，保全他们“光荣的公职人员”的职位。首先，他以回元老院的名义，免除其职务，然后由皇帝提名参加执政官选举。在他们有了执政官的经历后，再将其派往远离前线的和平的行省，去担任元老院管辖下的行省总督。这样做的结果是，负责帝国安全保障的前线总督，全部变成了哈德良认为能力足够强的人。

军团长的任免权也在兼任罗马全军最高司令官的皇帝手中。作为军团长，统率的是有罗马公民权的军团兵6 000人和来自行省的人数相当的辅助兵，其资格条件是担任过法务官。身经达契亚和帕提亚两大战争的图拉真，任命了不少虽然资格条件不符但军事才能突出的人。对这样的人，哈德良采用的方法是，首先免除其职务，让他们回到首都罗马。认为确有能力的人，皇帝推荐他当选法务官。在有了法务官资历后，再派他回到前线。在平时，只有遵守秩序，组织才能有效发挥作用。

就像下页图表反映的那样，罗马军团中有 10 名大队长。除了第一大队长指挥 960 名士兵外，其余 9 名大队长的手下都是 480 名士兵。在罗马军队里，说到分队，其实就是大队。因此，如果有分队驻扎的基地，防守该基地的责任在大队长。

大队长由军团长任命。与军务能力相比，军团长更倾向于任命那些受士兵欢迎的人为大队长。因为进入帝制以后，军团的主要目的变成了防守。对于这一倾向，哈德良进行了改革。他要求任命大队长必须以军事能力为首要条件，而不是士兵中的人气。当然，“穿红披肩的大队长”的职位，只有元老院子弟才能担任，因为这是给元老院子弟的特殊待遇，这一传统做法没有改变。自身担任过这个职务的哈德良很清楚，作为帝国领导阶层的预备力量，让他们一开始就担任重责，亲身体验实际事务非常重要。

大队长之后是下士官百夫长。他们是“罗马军团的中坚”。这个名称是共和制时代留下来的。实际上，到了这个时候，除了第一大队的百夫长统率 160 名士兵外，其余的百夫长下面只有 80 名士兵。百夫长大概相当于现在的中尉，只是翻译成中士好像并不合适。因为尽管他们是下级军官，但他们之中有四分之一的人有权参加军团长及司令官召集的作战会议。

与大队长不同，对于百夫长的任命条件，哈德良加上了他是否受士兵欢迎这个条件。大概是因为百夫长总是和士兵在一起，无论是在军团基地，还是在野外的宿营地，他们与士兵在同一个房间内或同一个帐篷里生活起居。他们不像大队长，有军官专用的设施。用餐的时

罗马军团（罗马公民兵，约 6 000 人）

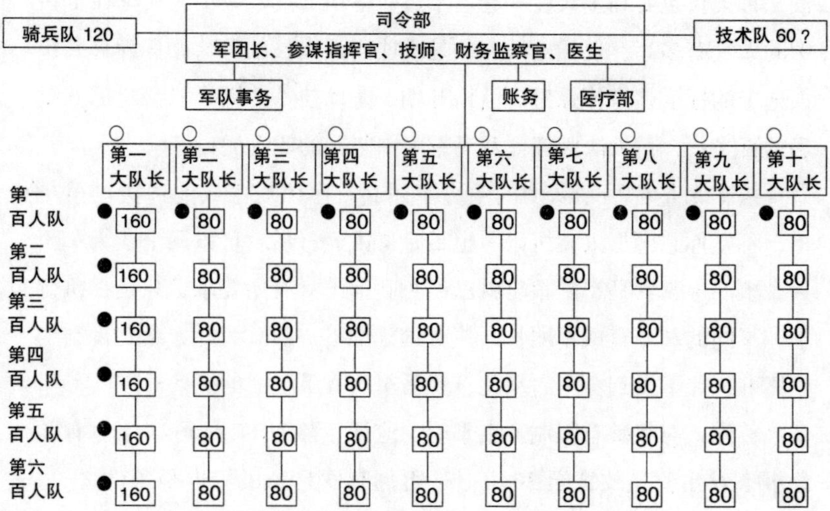

罗马军团 ——军团长指挥

大队 ————大队长指挥

百人队 ——百夫长指挥

骑兵队 ——骑兵队队长指挥

技术队 ——技术队队长指挥

重装步兵————————5 280 名

※ 第一大队————160 名 × 6 队 = 960 名

第二至第十大队——80 名 × 6 队 = 480 名　480 名 × 9 大队 = 4 320 名

骑兵队——————————120 名

技术队（负责操作轻重石弩等投射武器）——60？名

辅助部队（行省兵，4 500~6 000 人）

说明： 1. 指挥官级别的将领来自部落酋长的子弟，他们也是行省人，但是多半获得了罗马公民权。

2. 财务、医疗由军团相关部门的指挥官协助辅助部队。

○印 —— 有资格参加司令部的作战会议者。

●印 ——有 1 个人可以参加作战会议的大队。

（参考 Edward N. Luttwak, *The Grand Strategy of the Roman Empire*）

候，百夫长也要和士兵在一起。不过，话虽如此，一个人无论在士兵中的人气有多高，仅凭这一点，是不能当百夫长的。哈德良为百夫长人选定的标准是身体强健，性格开朗，主动热情。因为只会对部下温和的百夫长，是无法胜任“罗马军团中坚”的职责的。

接下来是罗马军队中的主力军团兵。军团对士兵的选拔也很严格，不是你志愿加入就可以，也不是考试通过后就可以马上成为军团兵。事实上，罗马军队很早就已经对新征士兵有所要求，只是在执行上，不同的司令官或军团长，执行的标准不一样。为此，哈德良制定了标准，并下发到全军。从此，罗马军队有了统一的征兵标准。

首先，对年龄有限制。在平时，应征年龄为 17 岁至 21 岁。有紧急事态发生时，放宽至 30 岁。是否拥有罗马公民权也是条件之一。但是，即使年龄等条件都符合要求，有不良前科的人和奴隶商人也一律不得录用。

其次，对身体条件也有要求。身高必须在 1.65 米以上，体格和视力也要达标。

再次，智力也是检查内容之一。这不是要求志愿者有多高的智商，只是要求有普通的读写、计算能力。罗马一直采用双语制，拉丁语和希腊语并存。但是，军队中的通用语言是拉丁语，所以如果拉丁语特别好，会比较有利。

志愿者通过上述测试后，还不能马上加入军团，通常还要经过 4 个月的“试用期”（probatio）。在此期间，要测试他们是否适应集体生活。他们还要参加预备役的演习，当然使用武器是必不可少的。

只有顺利结束“试用期”的人才允许入伍。他们会拿到刻有所属军团及自己姓名的金属身份牌（signaculum）。他们要把身份牌挂在脖子上，向诸神和皇帝效忠宣誓（sacramentum），之后，才正式成为军团兵。期满退役的年限分别是：军团兵20年，不要求有罗马公民权的来自行省的辅助兵25年，海军26年，只有近卫军团士兵为16年。期满退役时，根据在军团中的地位，可以领取相应的退职金。辅助兵还会得到世袭的罗马公民权。

像这样片面追求士兵的素质，使得对于来自帝国各地士兵的素质要求越来越高。后来的历史学家一致认为哈德良应该对这样极端的做法负有最主要的责任。他这样做的直接后果是把罗马军队变成了行省人民的军队，使罗马军队失去了罗马的特点。提出这一观点的人，依据的是佛尔尼教授发表于1963年的*II Reclutamento delle Legioni*一文，直译叫《军团兵招募法》，里面有这样一张表。

表中记录了每个行省的详细数据。在这里，我只摘录行省出身的军团兵总数。还有，这个数字仅限陆军，不包括海军和近卫军团。

《军团兵招募法》中收录的表（单位：人）

	奥古斯都—卡利古拉	克劳狄乌斯—尼禄	韦斯帕芗—图拉真	哈德良—3世纪末
意大利本土	215	124	83	37
行省	134	136	299	2 019

话虽如此，如果你真心相信这个数字的话，难免会有错误的认识。这是因为：

一、既然罗马时代的公文都已不存在，那么可以参考的就只有考古调查发掘出来的碑文。还有，或依然躺在地下，或被挪作新建房屋的材料，或遭毁损后又回到土里的众多史料，究竟都说了些什么，始终是个未知数。

二、这个数字不是每一年的数字，也不是这个时期全军人数的总计。

三、如果不考虑罗马军团兵的总数和每年因期满退役、战死及病死而需要补充的缺员人数，表中的数字不能作为判断的依据。研究者们认为一个军团每年出现的缺员人数在 240 人左右。

军团及军团兵数和缺员数（估算）

	奥古斯都—卡利古拉（9—14 年）	克劳狄乌斯—尼禄（41—68 年）	韦斯帕芗—图拉真（69—117 年）	哈德良—3 世纪末（117—192 年）
军团总数（个）	25	28	30	28
军团兵总数（人）	150 000	168 000	180 000	168 000
每年的缺员总数（人）	6 000	6 720	7 200	6 720

因此，我想上面这个表也有必要一并列出。

也就是说，第一个表中的数字并未正确反映罗马军队的全貌，它只是反映了一种倾向。随着时代的变迁，负责罗马帝国安全保障的士兵，由意大利本土出身的人更多地转向了行省出身的人。

原因是生活在繁华帝国的本土——意大利的罗马公民，即使不服兵役，也有很多其他谋生手段。事实上，在尤里乌斯·恺撒时代作为主要兵源地的意大利北部，经过 200 年以后，已经被多瑙河沿岸地区，即现在的巴尔干地区取而代之了。军团兵人数少于意大利本土的行省只有希腊，那一定是因为受到了希腊人在各个方面的才能以及通商、海运及建筑美术等方面才能的影响。

在罗马军队中，非意大利本土出身的人开始加入的时间，要追溯到与迦太基名将汉尼拔作战的西庇阿·阿非利加努斯时代。而且，从那时起，这种状况成了罗马军队的常态。尤里乌斯·恺撒率领的罗马军骑兵，几乎都是曾经的对手高卢人和日耳曼人。继恺撒之后，第一代皇帝奥古斯都把惯例变成了明确的制度，规定构成罗马军队的两大部分是有罗马公民权的军团兵和来自行省的辅助兵。

本土出身的罗马人和行省出身的罗马人，占比例发生逆转，也许是在从韦斯帕芗到图拉真的时代。还有，可以确定的是，在哈德良以后，这一逆转比例的差距越来越大。

原因之一是，随着时代的变迁，行省出身的罗马公民权拥有者的人数不断增加。首先，军团兵中，服役期间与当地女子相识相知，期满退役后结婚，继续留在兵役地附近的人很多。其次，辅助兵期满退役时，要授予他们罗马公民权。罗马公民权是世袭的，这就意味着其子女也名正言顺地成了罗马公民。而且，因为父亲的职业，孩子志愿加入罗马军团就成了一个极自然的选择。

因此，本土出身的士兵人数和行省出身的士兵人数比例逆转，不能笼统地说是因为本土出身的人不愿意服兵役的结果，更不是兼任罗马全军最高司令官的皇帝图拉真和哈德良因为自己是来自行省的罗马公民，就更愿意选择行省出身的人，而不选择意大利本土出身的人。

我想起了本田宗一郎说过的一句话。只要能继承本田精神，无论他是美国人还是其他任何国家的人，都可以来做本田的社长。罗马人，尤其是哈德良，一定也是这样想的吧。那么，哈德良是如何把“罗马精神”灌输给士兵的呢?

他全面推出了高强度的实战模拟演习。罗马军队的训练之严格自古有名。即使是在军团兵互为敌人的模拟作战中，双方也是真刀真枪地打。在演习中，打伤战友一律不问责。当然，在演习之外打伤战友，掌握士兵生杀大权的军团长会给予严厉处罚。

有人认为，连日不断地参加如此高强度的训练，不如改行当角斗士更能赚钱。于是，他们会选择中途退役。在罗马军团，士兵期满退役时可以拿到退职金，而中途退役，也会有很多特殊待遇。其中之一，引用《罗马人的故事 05 · 恺撒时代（下）》的内容，是这样的：

> 恺撒把地方自治体议会议员的候选资格年龄，也就是被选举权的资格年龄分成了三种：
>
> 一、无兵役经历者——30 岁以上；
>
> 二、作为军团兵，服过兵役的人——23 岁以上；
>
> 三、服过兵役的骑兵，或担任过百夫长的人——20 岁以上。
>
> 恺撒还明确规定了什么样的人只有选举权没有被选举权。他们是犯罪者、做伪证者、军团逃兵以及被流放者、角斗士、演员、妓女。

尤里乌斯 · 恺撒制定的这个法律，到了公元 2 世纪以后的哈德良时代依然沿用。

行军是必不可少的训练内容之一。只要不是事发突然，罗马军队行军的平均速度是每小时 5 公里，一天的行军路程是 30 公里上下。在行军中，每个人必须自带 15 天左右的干粮，武器加上粮食、餐具等，全部装备重达 40 公斤。

据说哈德良在检阅士兵行军的时候，与士兵一起徒步行军。他非但不骑马，甚至从着装到其他装备，都与普通士兵无异。他这样做的目的是为了让士兵懂得，既然成了罗马的战士，首先必须学会吃苦耐劳。无论是普通士兵还是皇帝，在这一点上没有区别。

在演习中，哈德良加入了又大又重的攻城武器使用方法这一项。罗马军团中有专门负责管理这种武器的人，却没有专门操作这种武器的士兵。通常的做法是，军团兵按负责人的指示操作武器。因此，只要是军团兵，每个人都必须掌握它的使用方法。

有记录说，德国皇帝威廉二世（1859—1941）曾经复原了罗马军队的这种机械武器，并进行了实际操作。根据这一记录，据说石弓，当时叫“弓”（arcus），射出去的第一支箭命中了50米开外的靶子，第二支箭把扎在靶子上的第一支箭漂亮地断成了两截。除了石弓，还有一种叫“蝎子”（scorpio）的投石器，用于投射长达60厘米的超强箭。射出去的箭据说一下子射穿了立于340米开外的厚度达2厘米的板子。现代研究者绘制了图纸，对罗马军队使用的各种兵器的射程距离做了图解（见下图）。

从这些图中可以看出，与其他同时代的国家相比，罗马军队在兵器机械化的先进程度上远远走在了前面。除了兵器本身有很高的精确度以外，它们都被做成了可移动的武器。甚至，百夫长指挥下的每个军团中队就配有一个“蝎子”。努力提高机械化程度是最高司令官同时又是皇帝的责任。使用这些机械则是军团兵的任务。这大概就是哈德良的想法吧。

在演习之余，皇帝对士兵在基地内的日常生活，也做了严格要求。

起床、用餐、就寝等，一切听从喇叭声指挥；夜间站岗打盹儿是死罪；在基地内，不得有罗马式城里必有的列柱走廊，也不可有庭院；罗马人在用晚餐时，通常一条胳臂要支在类似床的桌子上，但是，在基地内，即便是晚餐，这样的进餐方式也是不允许的；偷盗战友的财物，立即被开除；士兵可以抗议或反对，但是，严禁聚众抗

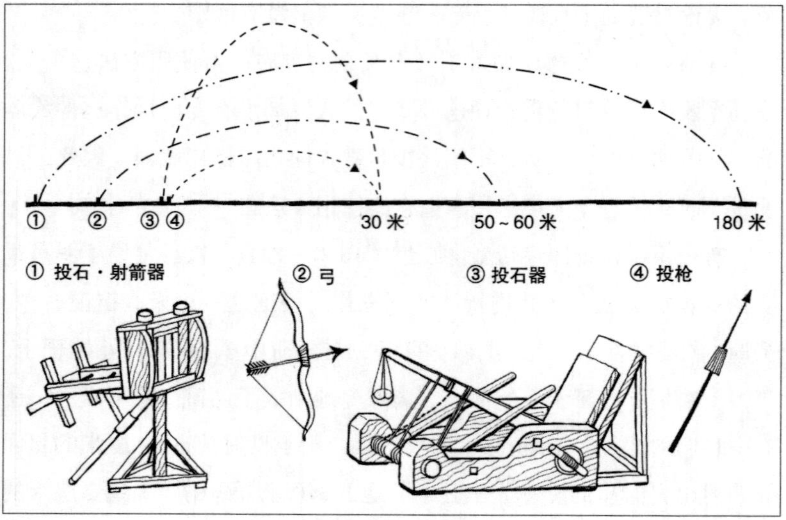

各种兵器的射程距离

议，必须通过百夫长；无正当理由或未经上司同意擅离基地，会受到严惩。

话虽如此，哈德良并非只是单纯地严格要求士兵。他视察了基地内的医院。为了让伤病员都能得到充分治疗，他逐一检查了医院设施及人员配备的情况。罗马军团都有附属医疗队，有内科医生、外科医生和护士。甚至还有为马、牛治病的兽医。罗马军团基地内的医院向生活在基地周边的居民开放。虽然身为百姓，但是他们总是以这种或那种方式与基地有着千丝万缕的联系。因此，从情理上和策略上来说，这也应该吧。军队的医院允许有庭院，这一点确实符合哈德良的想法。他深知，如果只重视精神生活，一旦发生紧急情况，很难指望士兵能发挥较强的战斗力。这是一支被称为以后勤补给取胜的罗马军

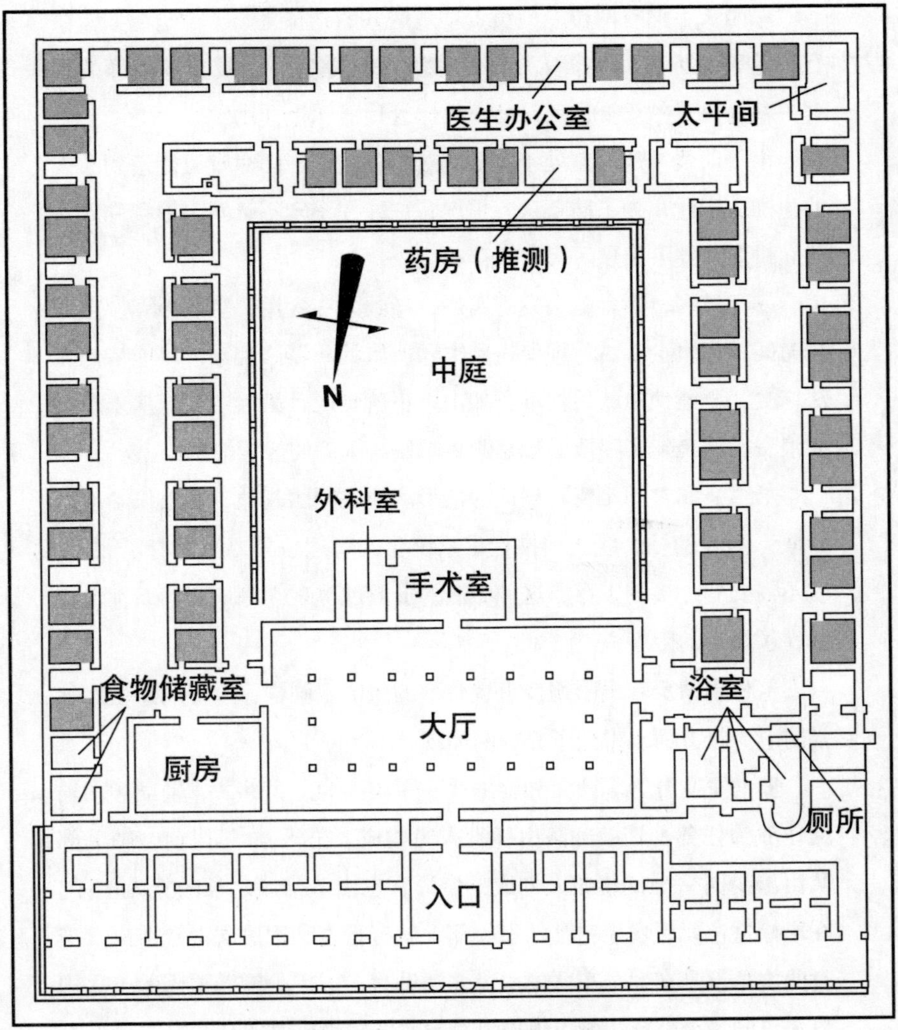

克桑腾军团基地的军队医院平面图（■为病房）

队。哈德良视察后勤，并根据视察结果做出的指示往往一语中的，让人不得不深表敬佩。

军团长下面有两位专门负责基地内务的指挥官：一位是财务监察官，是财务方面的负责人；另一位是基地总管，负责基地内部的管理。基地总管的重要任务是补充并保管兵器和粮食。

由于前线基地时刻处于和敌人对峙的状态，随时有可能遭到敌人的包围。因此，为了防备这一情况，往往在不知不觉间，粮食和武器补充过多，结果出现了大量库存积压。

库存过多，粮食就会发霉腐烂，导致无法食用，只能丢弃。兵器长时间不用也会生锈，即使送到军团所属的兵器修理站，可能依然无法修复，不能使用的兵器堆积如山。也就是说，虽然主观上从未想过要浪费，但是，实际情况却是购买军粮、军需的经费浪费极大。

哈德良非常不希望看到这种情形。他在军团基地、军粮供给地以及联系两者的补给线之间推行了系统化的管理。只要流通有了保障，就不需要有过多的库存。这种做法的成效就体现在基地内的库存量控制在了最小的限度内。

这件事情反映出哈德良重视效率的想法。同样，这样的想法在加强防卫力量方面也得到了充分的体现。

罗马军队分为军团兵和辅助兵。军团兵为主力部队，辅助兵以辅助作战为任务。辅助部队由行省人民构成。公元 69 年以前，辅助部队由出身同一个部族的人构成，指挥官也由该部族之长的族人担任。在尼禄皇帝死后发生内乱的那一年，就有行省利用这次混乱造反。当时的主角就是在罗马军队中服役的辅助兵。正因为辅助军团的士兵构成来自同一个部族，所以他们要拿起武器转而反对罗马非常容易。

吃过一回亏的罗马，在结束内战后，从韦斯帕芗时代开始，改变了辅助部队的构成。由原先清一色的同族人，变成了不同部族出身的人。指挥官也变成了由罗马军团的老兵来担任。

其结果是，虽然依然保留了辅助兵的名称，但实质上他们已经非常接近正规士兵。期满退役时，他们不仅可以领到退职金，还能得到罗马公民权。这些做法进一步推进了辅助兵向正规士兵的转变。

“和平”是哈德良的格言。他相信要维护和平，首要条件是确立防御体系。但是，在帝国财政方面，他并不希望增加军团兵。在他统治期间，甚至还成功裁减了2个军团。事实上，增加辅助兵的做法也行不通。因为，这样做违反奥古斯都制定的政策，即辅助兵人数不得超过军团兵人数的规定。虽然辅助兵已经变成了正规的兵力，但是，他们始终都是行省人民。在负责帝国安全保障的罗马军队中，即使在数量上，行省人民也不能超过罗马公民。

哈德良通过招募临时兵（Numerus），成功地解决了这个问题。

所谓“临时兵”，直译的意思是“数目多的人”或“众多的人”。临时兵由居住在周边的行省人民中的志愿者构成。他们不定期服役，也没有兵役期限的规定。说起来这有点儿像季节性的服兵役。他们主要担任警戒任务。因为不能指望他们会有战斗力，所以无须对他们进行训练。临时兵在服役期间，饮食起居可以得到保证，还能有些许薪酬。所以对于农闲期的农民及一时失业的人来说，这是一项非常有利的制度。

对于罗马帝国来说，因为是临时性的士兵，所以，在他们退役时，无须支付退职金，也不需要授予他们罗马公民权。在不增加罗马公民人数的情况下，这一措施既补充了战斗力，同时，还有利于消除因贫困引起的叛乱苗头。

因为是临时充当士兵，所以我们不清楚临时兵的具体人数。在

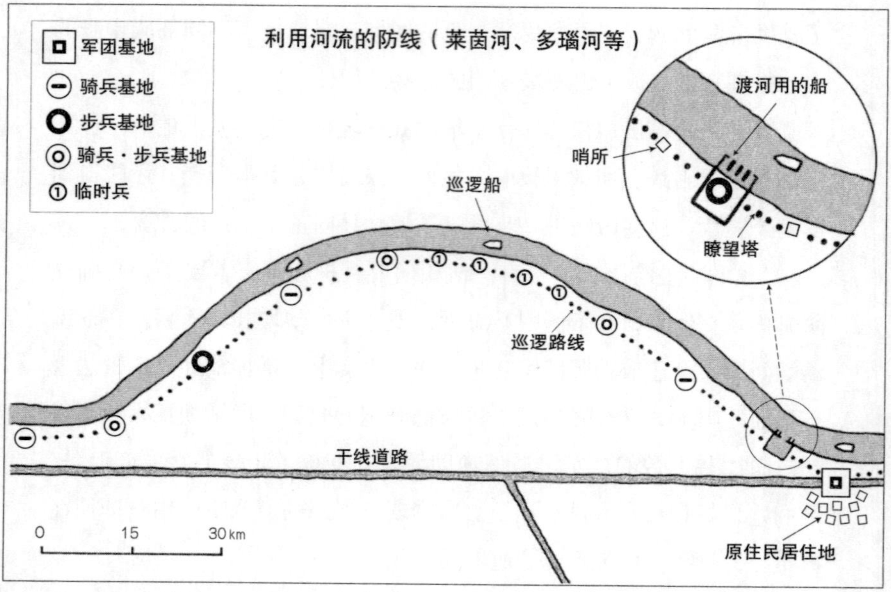

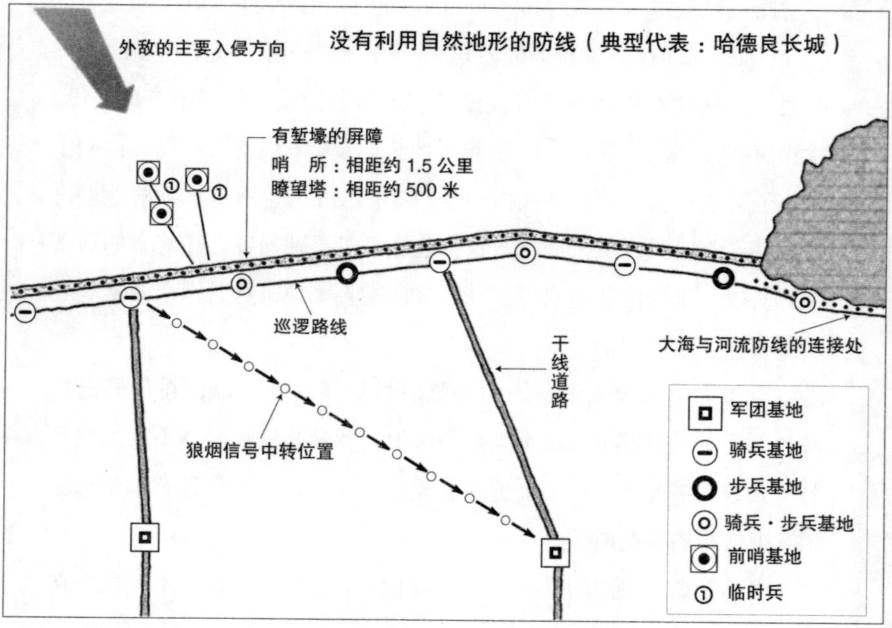

（摘自 Edward N. Luttwak, *The Grand Strategy of the Rome Empire*）

莱茵河和多瑙河两条防线以及不列颠，每个军团好像有 500 人左右。在军团兵 6 000 人、辅助兵略少于 6 000 人的军队里，500 人的数字，我想只能说是对军事力量的补充，但算不上是加强。

以上是哈德良在视察包括日耳曼长城在内的莱茵河防线全线时做的全部事情。这些事情是在不到一年的时间内完成的。因此，发行刻有“日耳曼前线军队”（Exercitus Germanicus）的货币应该可以接受。在以后的巡回视察中，哈德良的风格与这一时期完全一样。就是说，无论走到哪里，非做不可的事情和解决此地独有的问题，这两件事同时进行。例如，在莱茵河沿岸，不需要修建新的屏障。但是，到了下一个目的地不列颠，却需要这样的屏障。

哈德良在处理这两件事情时，可以看出一个共同点，就是明确军团基地内部的责任体系。为了加强组织架构的功能，明确责任之所在是首要条件。在组织架构中，经常会有一些非常不希望责任分明的人，原因是这样的人通常都不喜欢承担责任。既然人类社会是由形形色色的人构成的，那么，这样的人就不可能会消失。但是，在一个组织架构内，如果这样的人占了多数，那么这个组织的功能就会弱化。

哈德良要避免出现这样的情况。军团基地是罗马社会的一个缩影。这些地方后来成了后世欧洲的主要城市，恰恰充分证明了这一点。军团基地内部不仅有医疗设施和公共浴场，甚至还有成衣铺、银行和邮局。没有的只是为士兵的妻儿建的设施。因为，在罗马军队中，下级军官以下的士兵在服役期间禁止结婚。当然，在父亲服役期间出生的孩子，在父母结婚后，承认其为嫡出。还有一点，不清楚为什么，罗马的军团基地内没有宪兵。

哈德良既没有增加也没有减少军团基地的人员数。但是，他明确了每个人的职责范围。从军团基地的人员一览表中可以看出，职责分工非常细，让人深切地感受到要转嫁责任绝无可能。

对自己的行为负责，是比意大利本土出身的罗马人更像罗马人的皇帝哈德良，努力让和自己一样行省出身的士兵牢记在心的罗马精神。

不列颠

皇帝哈德良的统治长达 21 年。其间，他待在意大利本土有 3 次，加起来只有 7 年。从 45 岁到 58 岁的 13 年，他基本上都巡游在各行省之间，进行视察。

前面已经讲过，我把哈德良在巡回视察过程中完成的业绩大致分成了两类：

一、无论走到哪里，非做不可的事情。

二、解决此地独有的问题。

关于第一类事情，我在哈德良视察莱茵河防线的章节中已经讲过，因此，在有关哈德良以后的出巡篇幅中，我将略过不讲，而只讲第二类事情。但是，请读者朋友不要忘记，不管他走到哪里，总是有第一类事情要做。正因为在哈德良的每一次巡游中，都有第一类和第二类事情要做，所以他的出巡才有了意义。它们让我们充分理解到，哈德良耗费如此长的岁月巡回视察帝国各地的意图。

公元 122 年的春天一到，已经 46 岁的哈德良登船离开莱茵河河口，向不列颠出发。不列颠之行一定是早有计划的，因为 5 年前的 117 年，在这里发生了布里甘特人起义、第九西班牙军团惨遭歼灭的不幸事件。虽然哈德良即位后不久，从大陆派遣另一个军团，增援常驻的两个军团进行反击，成功镇压了这次起义，但重建不列颠防御体系的工作已经刻不容缓。

罗马在不列颠常驻有3个军团：第二奥古斯塔军团驻扎于威尔士地区加的夫附近的伊斯卡（今卡莱奥恩）；第二十瓦莱利亚胜利军团驻扎于英格兰西部的德瓦（今切斯特）；第六胜利忠诚军团驻扎于英格兰东部的埃布拉库姆（今约克）。这3个地方的军团基地与以伦底纽姆（今伦敦）为中心的东南部之间，早已布满了罗马式的道路网，因为罗马在伦底纽姆统治的时间已经很久。还有，相当于高速公路的大道，也分别从切斯特和约克通到了罗马人称为喀里多尼亚的地方，即后来的苏格兰。在图密善皇帝时代，历史学家塔西佗的岳父，也是身为罗马军队的将军阿古利可拉提出了主动进攻的作战策略，使罗马帝国的征服步伐迈到了苏格兰的腹地。

公元117年发动叛乱的布里甘特人是原住民，生活在当时尚未区分开的英格兰和苏格兰交界处。这个部族更早的名称并不清楚，“布里甘特”是罗马人取的名字，在拉丁语中，意思是山贼或强盗。英语中的“brigand”可能就是以这个拉丁语为词源的。既然罗马人为这个民族取了这样一个名字，那么，这个民族一定很抵触向罗马化的方向发展，拒绝定居下来从事农牧业。

但是，并非所有布里甘特人都拒绝罗马化。随着罗马人移植而来的果树及花草扎根、开花、结果，英格兰受罗马的影响不断加深。生活在这一带的布里甘特人不断被罗马同化。也就是说，生活在这个部族居住地以南的布里甘特人，已经在相当程度上接受了罗马的同化。也许发生在公元117年的起义，是起因于居住在北部的布里甘特人看到自己的同族人日益受到罗马化的影响而心生不满。因为他们残忍虐杀的不只是罗马士兵，对站在罗马一边的布里甘特人同样毫不留情。

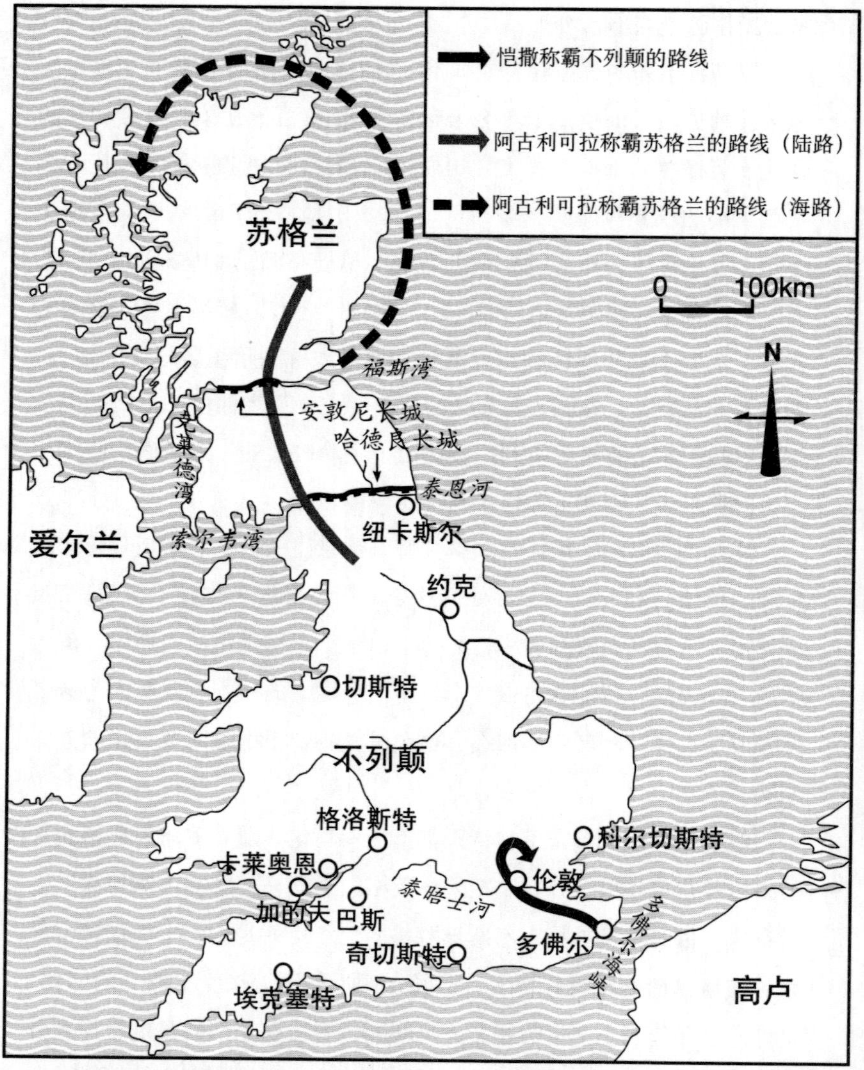

哈德良皇帝时代的不列颠（为方便起见，加入了安敦尼·庇护皇帝建的长城）

罗马是称霸一方的国家，他们的责任是要保护接受其统治的人们。哈德良要重建不列颠防御体系，具体地说，就是为了保护已经接受罗马化的人免遭外族的侵扰，于是就有了著名的“哈德良长城”。

古代罗马人称为“哈德良壁垒”（vallum Hadriani），现代英国人命名为“哈德良长城”(Hadrian’s Wall）的这个屏障，是不列颠行省的防御设施，始于泰恩河河口，经过纽卡斯尔到索尔韦湾，共 80 罗马里（约合 117 公里）。全程由石结构城墙、塔楼以及要塞构成，没有利用大河这种天然界线。在这一点上，它与日耳曼长城的理念有异曲同工之处。日耳曼长城就建在莱茵河与多瑙河之间。

石结构城墙的剖面图，如下页图所示，“北”属于罗马帝国之外，“南”属于帝国以内。因此自北向南依次为：

（1）堑壕——是一条宽度为 9.1 米、深度为 9 米的“V”字形壕沟。贯穿城墙顶部有一条监视通道。通过这条通道，可以看到堑壕最深处。建堑壕的目的，首先是对付蛮族的马队进攻，其次是阻碍蜂拥而至的蛮族集体进攻。

（2）石墙——向北部分高度为 6 米至 10 米，南侧为 4 米到 6 米。高度不同是因为地势造成的。石墙厚度与地势无关，都在 3 米左右。

（3）道路——沿石墙而建的路，全线按罗马式大道建造而成，即全线铺设。它的目的是为了马匹和货车也能顺利通行。大路的宽度也和罗马大道一样，为两车道。

（4）野战工事——这是一条高 3 米、宽 6 米的距离很长的堤防线，同样沿城墙而建。共有两条，是平行的。两条工事之间有堑壕。

（5）堑壕——宽度和深度都在 6 米左右。

如果外敌骑马试图突破城墙，（4）和（5）可以起到阻挠的作用。如果蛮族成群袭来，它们也有双重屏障的作用。哈德良长城包括（1）

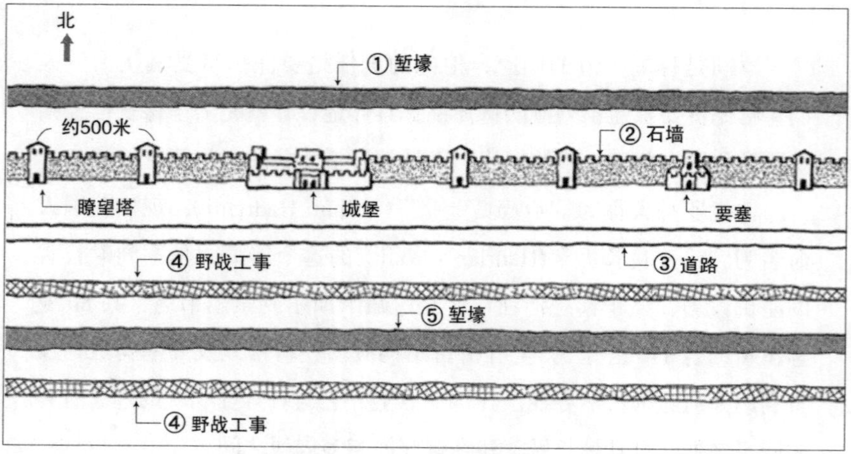

哈德良长城的模型图

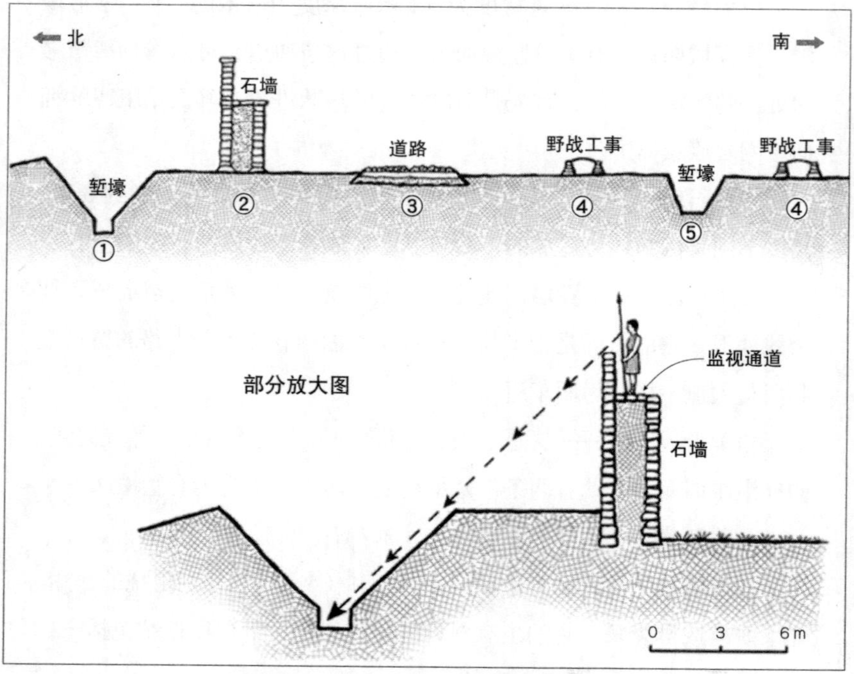

只有石墙位置（没有塔之类的位置）的截面图

到（5）的全部内容。

哈德良长城的各个要冲位置都建有城堡、要塞和监视塔。出于战略需要的考虑以及地势的原因，分别部署了守备队。位于平原地带的城堡上部署的是骑兵部队、骑兵和步兵的混合部队；位于丘陵地带的城堡上部署的是步兵部队；以警戒为任务的塔楼上部署的是临时兵；设在哈德良长城外侧的前哨基地，部署了由辅助兵和临时兵构成的混合部队。各城堡要塞之间的平均距离为 1.5 公里。监视塔之间的距离因受地势的影响，平均 500 米。

这是最前线。从这里，有罗马式大道通往军团基地。一旦哈德良长城抵御不住外敌的入侵，位于约克和切斯特的两个军团基地可以派出主力部队迎战敌人。

1 900 年后的哈德良长城，因为长年累月的风吹雨淋，又因为长期被当作采石场而得不到保护，与罗马时代的其他遗迹一样，想知道它曾经的样子，只能借助自己的想象力了。英国人非常重视对古罗马的研究。对于英国人来说，这条长城又是位于自己国家境内的重要的罗马遗迹，因此，他们为保护这一遗迹，做了全面细致的调查。甚至，在这条长城沿线还出现了小型旅馆，为参观遗迹的客人提供住宿方便。这里成了初夏到初秋，适宜周末旅行的一个景点。令人感到欣慰的是，尽管如此，这里并没有带上一丝庸俗的商业气息，非常符合英国人的作风。罗马时代的遗迹，即便在意大利境内，也应该交给英国人来管理，这是我一贯的主张。位于不列颠的罗马时代的遗迹和雕像，在质和量上，绝对比不上意大利本土的，就连大英博物馆中的文物也不例外。但是，英国人悉心照料罗马时代留下来的遗物，难道真的只是单纯地出于对古罗马的热爱吗？又或者是他们依恋这样一种信念，即继承古罗马人的是大英帝国子民自己？不管怎样，站在哈德良长城上，要追忆强者们曾经的梦想，必须在大雪纷飞、寒风呼啸的冬季去。建造这座长城的哈德良前往不列颠的时间是春季至夏季。这是英国最好的季节。但是，在此执行军务的罗马士兵，却要在寒风凛冽的地方守护这条建成后的长城，防御来自被大雪覆盖的敌人阵地的进攻。守护帝国的疆界并非易事。

顺便提一句。在哈德良之后的安敦尼·庇护皇帝时代，在哈德良长城以北，连接福斯湾和克莱德湾的中间，又建了一条长城，叫“安敦尼长城”。如果以这条线为边界线，并作为罗马帝国的防线稳固下来的话，那么后来的爱丁堡和格拉斯哥也进入了帝国的版图以内。这样一来，意味着苏格兰也将被罗马同化。然而，作为接受了罗马化的地区和未罗马化地区的界线，帝国防线最终停留在了哈德良长城上。而这一结果，直接影响到了后来英格兰和苏格兰的各自为政。

我想，看到这两条长城的人，即使不是军事专家，也能感觉到，哈德良长城是亲临现场的人构想并建造的成果。相反，安敦尼长城则是以收集到的情报为基础规划建造起来的，是坐在办公室里的成果。

不清楚哈德良于公元 122 年的何时横渡多佛尔海峡进入高卢的。但是，从他随后的行动范围来推测，他离开不列颠的时间很可能是夏末或初秋。他需要视察的帝国疆域太大，时间不允许他等到士兵把哈德良长城建成后再离开。不列颠多雨，所以在建造这条长城时，必须考虑把粮库建成高脚楼，还要考虑在前线服役的士兵的卫生条件。根据罗马人的风格，又要考虑舒适性。因此，在潺潺流动的小河畔还建起了浴场。然而，包含这一切设施的长城建成后，哈德良却无缘亲眼一见就离开了人世。在现实生活中，这样的事情再正常不过了。有人很幸运地可以实现自己的梦想，有人则享受这些人带来的成果。以公共利益为目的的成果尤其如此。

就像前文所述，在受罗马化影响至深的高卢，需要哈德良进行改革的地方几乎没有。我们只知道他做了一件事情，就是建设阿维尼翁。就在这个地方，哈德良接到了先皇图拉真的妻子普洛蒂娜去世的消息。我们不清楚，哈德良听到这位总是默默支持他，甚至在必要的时候毅然站出来为他撑腰的女人去世的消息时，是怎样的心情。我想，就算他亲自撰写的回忆录保留至今，也不可能会有类似这样的关于个人情感的内容。我们只知道一个事实，得知普洛蒂娜去世的消息之后，皇帝哈德良在这个女人的出生地尼马苏斯（今尼姆），为这位户籍关系上的养母修建了一座神殿。

西班牙

鉴于上述原因，哈德良在高卢逗留的时间很短。在这短短的时间里，哈德良还接到了一个来自遥远东方的消息。在埃及的亚历山大，当地居民之间发生了冲突。这次冲突和以往不同，不是希腊系居民和犹太系居民之间的冲突，而是发生在埃及原住民中间的一场骚乱。骚乱的起因是一头牛。

自古以来，埃及就有一种信仰——崇拜牛，认为牛为神圣之物。公元前 5 世纪的希腊历史学家希罗多德还为此记录下了“往事”。根据希罗多德的描述，那不是一头普通的牛，而是吸收了日月之精华的牛，证据就是这头牛皮肤上呈现出来的特殊斑纹。人们于是深信，这种斑纹表明它吸收了来自太阳和月亮的神奇力量。

当时，神牛来到了地球上，人们在它身上发现了其他牛身上没有的斑纹。人们欣喜若狂。然而围绕着把这头牛放在哪个城市、交给什么人来奉养等问题，当地居民之间发生了争执。相信这种神奇事情的人竟然是罗马帝国的子民。

对此，哈德良认为无须亲自出面解决，他只写了一封措辞严厉的亲笔信，余下的事情全权交给了驻埃及的行政官。但是实际上，如果是听到劝告头脑就会冷静下来的人，一开始就不会起争执。因此，哈德良认为，自己早晚必须去埃及，重整那里的统治秩序。只是眼下他在西方还有不得不做的事情。公元 122 年至 123 年的冬季，皇帝在西班牙的塔拉戈纳度过。在塔拉戈纳，他召集了伊比利亚半岛的殖民城市和地方自治体的代表。

罗马公民权拥有者的人数在不断增加。行省出身的辅助兵不是罗马公民，但是，因为他们为保卫帝国出过力，所以在他们期满退役后要授予他们罗马公民权。因此，简单计算一下，每 25 年就会诞生 15 万新的罗马公民。这就是罗马帝国的国策。因为这一制度，罗马帝国保证了前提条件为罗马公民权拥有者的军团兵的数量。但是，如果长期维持这样的政策不变，难免会使新老罗马公民之间出现矛盾。因为无论新老公民，既然都是罗马公民权拥有者，他们的利益当然也一样。除了必须遵守罗马公民法的规定外，他们同样无须缴纳相当于收入的 10% 的行省税。

于是，老公民心里就会产生不满。他们的不满导致了新老公民间的针锋相对。在有三个行省的伊比利亚半岛，这具体表现在招募军团兵时，新老公民都不予配合。

老公民统称“意大利人”，他们祖祖辈辈生活在意大利本土。图拉真和哈德良也属于这一派人。面对应招军团兵，这些老公民平静却明确地说“不”。而被统称为“西班牙人”的新罗马公民，则态度强硬地回答说“不”。之所以一派态度平静，一派态度强硬，大概跟哈德良属于老公民派有关。新公民派担心属于老公民派的皇帝会向老公民派妥协，提出损害自己既得利益的方案，于是表现出了强硬的态度。作为帝国全军最高司令官的皇帝，有必要采取措施。

在塔拉戈纳召集两派代表举行的会议上，不知道哈德良采用了什么样的调停策略。根据罗马人惯常的做法，很可能提出了妥协的方案。即凡是罗马公民都能享受到的各种权利中，某些权利只对新公民设限。所谓某些权利，应该不是免除行省税这种关乎实际利益的权利，很可能是地方自治体议会的议员候选资格之类的权利。人这种动物，只要流动性有保证，还是愿意接受待遇上的不同的。在已经有300年历史的罗马公民和3年前刚刚成为罗马公民的人之间，这种不同的待遇只要不是一成不变的，很多时候更利于社会的稳定。

不管怎样，哈德良成功解决了这一问题。来到塔拉戈纳后，他没有回故乡意大利卡，也没有修建纪念皇帝登基的建筑物。这样做或许是为了不刺激到这两派。

在西班牙停留期间，发生了这样一件事。当时，哈德良正在总督官邸独自散步，一名奴隶突然手持利刃向他刺来。等人们得知变故，匆匆赶来时，皇帝已经制伏了刺客。他把犯人交给了来人。后来，当他知道这个犯人因为神经错乱才有此行为后，不仅没有惩罚他，反而下令给他治疗。

这一插曲让人联想到这样两件事：

第一，很可能在罗马时代，对于精神病人就已经不问责了。

第二，尽管哈德良已经47岁，但是体格尚好。他本人似乎对此也信心十足。

哈德良在西班牙唯一的消遣就是骑着马在故乡的山野狩猎。

然而，就像在等待春天到来似的，哈德良接到了一个重大消息。

这是叙利亚行省总督送来的紧急报告，报告称，帕提亚王国出现了不稳定的动向。尽管它和埃及的骚乱一样，都是来自东方的消息。但是，帕提亚王国出现动荡，与发生在埃及的围绕神牛问题的当地居民之争不能相提并论。哈德良相信外交也是解决问题的重要手段之一。于是，皇帝决定亲自前往。

地中海

这次旅行从西班牙出发，目的地是叙利亚。要自西向东横向穿越罗马帝国。因为哈德良决定中途不做停留，直接前往叙利亚，所以这次他选择的是航海旅行，自西向东要横跨地中海。

虽然是皇帝航海旅行，但没有大规模的护航队，因为罗马早就清除了曾经的海盗巢穴。长期以来，地中海一直享受着“罗马统治下的和平”。不带护航队旅行，本身就是安全与和平的明证。本来就不喜欢兴师动众的哈德良，好像只带了三四艘快船就出航了。

从塔拉戈纳港到罗马外港奥斯提亚，顺风的话，只需要 5 天时间。即使只靠划桨，20 天到 25 天也能到达。途中回趟罗马非常方便，但是哈德良没有这样做。因为一旦回去，脱身就没那么容易了。具体航程我们不清楚。总之，离开塔拉戈纳以后，他可能站在船的左舷，一路上眺望着撒丁岛南端。到了位于西西里岛西端的马尔萨拉时，船停靠了一下，接着绕过西西里南端，到达克里特岛。然后，哈德良站到船的右舷，望着克里特岛的北边，一路向塞浦路斯岛驶去。经过塞浦路斯岛后，继续航行，直到安提阿外港塞琉西亚。如果他走的路线是这样的话，那么，当时的季节应该是初夏。从塔拉戈纳只需要一个月多一点时间，就可以进入安提阿。

尤里乌斯·恺撒在翻越阿尔卑斯山脉时，充分利用旅途中的时间，为《类推论》撰写了比较论考，还将它送给了西塞罗，让他过目。这两人虽是政敌，但是，对于写文章，两人的观点一致，就是清晰明了。哈德良与恺撒也有共同之处。两人不仅行动范围广，而且都是不肯浪费时间的人。那么，在近两个月的航海期间，哈德良都想了些什么呢？

因为没有留下任何史料，连传说也没有，所以我们只能依靠想象。他在进行思考时，面对的是一片大海，不是咆哮不休的北方大海，也不是一望无际的大洋，而是初夏平静的地中海。从飞机上看下去，就连拖着一条白色浪花的渔船都能看得清清楚楚。罗马人称地中海是“我们的海”或“内海”。它是罗马帝国全体人民的海，既不存在现在这样200海里主权的问题，也不会发生捕鱼船被抓的事件。也许在这期间，他思考的是两年后实施的罗马法汇编的事情。这里的想象，或者更准确地说是猜测，其唯一的依据是哈德良回到首都罗马后开始实施的这一浩大工程，无论在工作的内容上，还是在人选的问题上，初期就已经基本确定。苏拉最先尝试做这项浩大的工程，后来恺撒也尝试过，但是他们最终都没有完成。

东方

皇帝到达叙利亚行省首府安提阿时，那里已经处于临战状态，做好了随时应对帕提亚战争的准备。然而，哈德良没有选择战争。他决定采用领导人会谈的方式，与帕提亚国王协商解决问题。哈德良很清楚帕提亚的特殊情况。他知道，帕提亚王国对罗马帝国摆出强硬的态度，并非国王所愿，更多的原因是国王受到了来自国内强硬派的压力。两国领导人会谈的地点定在了幼发拉底河中的小岛上，哈德良没有带军团随行。

关于帕提亚国王与罗马皇帝之间会谈的详细经过，我们无从知晓，但是我们知道结果，那就是避免了一次战争危机。罗马方面曾经担心帕提亚军队会进攻罗马帝国的领地。但是，帕提亚国王回到首都后，马上下令解散了军队。帕提亚与罗马不同，除了正常的警备以外，这个国家没有常备军。当战争爆发时，常常临时组织军队。而且，帕提亚历代国王最害怕的不是罗马帝国，因为罗马帝国是一个可以讲理的国家，他们最害怕的是王室内部的权力之争以及来自帕提亚东北部的亚细亚高原部族的进攻。哈德良选择领导者之间的会谈，不是因为他只喜欢这种手段，而是他认为，解决罗马与帕提亚之间的问题，高层会谈是有效的。

就这样，帕提亚问题轻松得到了解决。既然已经到了帝国的东方，从不肯浪费时间的哈德良决定从安提阿北上，进入小亚细亚，视察小亚细亚南部和西部。

这是一次愉快的旅行。现代的小亚细亚南部是向德国输送劳动力的一大劳动力来源地。与土耳其语这种当地的通用语言相比，在这个地方，使用简单的德语沟通起来更方便。但是在罗马时代，这里是个城镇，拥有可容纳上万人的半圆形剧场。拥有可容纳上万人的公共设施，意味着这是一个人口数倍于这个数的城市。从飞机上看下去，小亚细亚只是一片荒芜的土地。但是，走进里面，你会发现，这是一个非常富庶的地方，富到历史上的强国都要争相占为己有。在罗马时代，这里属于元老院行省。这意味着，这里的罗马化历史已经很久，

哈德良

社会稳定，不需要驻扎军队。作为帝国最高责任人，需要亲自抓的事情极少。因此，对哈德良来说，这一定是一次可以满足他从小的愿望和好奇心的旅行。

哈德良访问了罗得岛。罗得岛的意思是蔷薇花盛开的岛屿，这里风景优美，气候宜人，当时还是文化中心之一。按照哈德良的性格，想必他会去林都斯神殿吧。这座神殿建在高高的悬崖上，必须攀爬险峻的小路才能到达。回到小亚细亚西端后，他也去了历史学家希罗多德的出生地哈利卡纳苏斯、希腊哲学鼻祖泰勒斯的出生地米利都、美丽的商业港口以弗所以及曾经的希腊诸城邦之一、后来一直是文化中心之一的帕加马，还到了荷马叙事诗《伊利亚特》的故事发生地特洛伊。以雅典为代表的希腊文化都起源于小亚细亚西部一个叫爱奥尼亚的地方。现在，这里属于土耳其的领土。但是，即便是现代，只要到这个地方旅行，你依然会抑制不住地怀念起希腊文化。因此，这些遗迹依然保存完好，应该说，这一带和罗马时代的希腊本土并没有两样。也许，哈德良与比提尼亚出生的美少年安提诺乌斯相识，就是在这个时期，就是在小亚细亚。哈德良没有直接去雅典，尽管到爱奥尼亚旅行的人都想去。因为，从季节上来说，他还可以继续视察边境。

皇帝和人数不多的随行人员横渡达达尼尔海峡，进入了欧洲大陆，并向北去了色雷斯。色雷斯曾经是为亚历山大大帝培养骑兵的地方，这个山岳地带作为马的产地非常出名。在罗马帝国的军团中，有很多骑兵出生于色雷斯。

经过色雷斯，到达多瑙河防线。这里是哈德良在青年时期度过军旅生涯的地方，也是他登基后，回归首都罗马前，进行过重建的地方。因此，在视察期间，他需要做的事情很少，视察的速度也很快。尽管如此，他还是从多瑙河河口开始视察，直到维也纳所在的中游地带。在视察莱茵河防线时，他已经完成了对日耳曼长城的全线视察。因此，作为罗马全军的最高司令官，这个时候，皇帝哈德良完成了对莱茵河和多瑙河这两大帝国防线的视察。

冬季已经临近，皇帝的行程朝向了南方。他打算在亚该亚行省首府雅典过冬。

雅典

哈德良从少年时代起就一直向往的地方，到了 48 岁才得以亲眼所见。如果是你，你会做何感想？哈德良曾经被他的学友们取了一个外号，叫“希腊人”，他的两位监护人图拉真和阿提安曾经因为担心他过于迷恋希腊文化，把他送回了西班牙乡下，让他远离只会培养出软弱性格的希腊文化，代之以学习质朴而刚毅的罗马式生活。后来，军务和政务又占据了哈德良的全部生活，因此，尽管从距离上来说，意大利距离希腊不远，但是，对他来说，希腊始终是一个遥不可及的地方。这一次，哈德良来到雅典，一待就是6个月。这就不只是过冬了，很可能他把出生于比提尼亚的美少年也叫到了雅典。

哈德良是第一个蓄胡须的罗马皇帝。从共和制初期开始，罗马男子已经习惯把胡子剃得干干净净。我想这是因为，在历史上，罗马的崛起和希腊的衰退正好在同一个时期。罗马人大概不愿意自己被看成与希腊人一样吧。当然，这只是我的想象。自古以来，希腊人一直喜欢蓄长而密的胡须。但是，深受罗马人爱戴的亚历山大大帝，虽然是希腊人，留下来的雕像却几乎都没有胡须。因此，罗马人养成不蓄胡子的习惯也很正常。

罗马成为强权大国后，希腊进入罗马的统治之下。这一时期，胡须成了通称“学者”的教师的标志。即使是现在，看到一个不知名的男性雕像，如果蓄有胡须，我们常常会认为他是“学者”。在图拉真活着的时候，哈德良即使心里很想蓄胡须，但是，也许终究没有这个胆量。

当然，就像在图拉真记功柱上看到的那样，罗马男人并非没有一个蓄胡须的。在尤里乌斯—克劳狄乌斯王朝，有专职的奴隶，每天早上为主人剃胡须。距离那个时代，帝国历史已经过去了一个世纪。其间，热爱希腊文化的尼禄曾经遮遮掩掩地蓄过一些胡须。到了哈德良时代，也许这种顾虑已经不再需要了。不管怎样，保存到现在的哈德良雕像都是有胡须的，当然这些都是他当上皇帝以后的雕像。那个时候，至少有一点可以确定，罗马皇帝蓄希腊式的胡须已经不会成为新闻。继哈德良之后的皇帝们，留下来的雕像绝大多数都是蓄胡须的形象。尽管不像女人的发型那样变化繁多，但是，蓄胡须也是一种时尚。

哈德良在访问希腊之前已经开始蓄胡须。只是，哈德良就像第一次出国旅行似的，只要是希腊的东西，每一项他都愿意亲身体验。雅典市内自不必说，像德尔斐、科林斯、斯巴达、奥林匹亚等所谓的名胜古迹，他全部游览到了。还有，虽然没有记录，他一定也去了矗立在苏尼翁海峡的波塞冬神庙，在那里欣赏了太阳从地平线缓缓升起的日出景象。他甚至还迷上了依洛西斯秘仪，这实在让人忍俊不禁。

依洛西斯秘仪是一种宗教，因起源于距离雅典不远的依洛西斯而得名。这一宗教信奉的是宙斯的姐姐、富饶的大地之神德墨忒尔和她的女儿珀耳塞福涅。仪式通常是在夜里秘密举行，一切无关人员不得进入，因此被称作秘仪。希腊人认为年年必至的冬季，是德墨忒尔在哀叹与女儿的别离。因为女儿要去冥界 6 个月，不能回来。这是一种民间宗教，与信奉狄俄尼索斯的宗教一样。自古以来，信奉狄俄尼索斯的宗教在希腊人中间一直都很盛行。拉丁语叫巴克斯的信奉狄俄尼索斯神的宗教仪式，有唱又有跳，气氛非常热闹。与此相反，只因为与冥界有关，依洛西斯秘仪是在夜间悄悄举行，而且对信徒的选择也很严格。如果说信奉狄俄尼索斯的宗教是大众宗教的话，那么依洛西斯秘仪则是少数精英的宗教。所谓宗教，不管是什么教，一定有利益值得期待。依洛西斯秘仪向信徒承诺的是死后可以得到平安。在罗马，皇帝兼任大祭司，是负责祭祀罗马守护神的最高权力人。然而，加入这个秘仪的皇帝却大有人在。第一代皇帝奥古斯都和第四代皇帝克劳狄乌斯就是其中的两人。奥古斯都是一位冷静的统治者，他加入该教是出于政治上的考虑，他需要顾及被统治者希腊人。克劳狄乌斯加入该教是在登基之前。希腊和罗马都是多神教世界。虽然他们加入了希腊精英的宗教——依洛西斯秘仪，但是，保守的元老院没有说一句责难的话。到了公元 4 世纪末，因为皇帝狄奥多西毅然推行一神教——基督教，依洛西斯秘仪与古代其他众多宗教一起，被作为异教遭到了扼杀。

秘仪于深夜在依洛西斯的一个深洞内举行，所有参加者都会携带短刀前往，虽然这是被禁止的。但是，哈德良总是一个人前去参加，既不带武器，也禁止警卫同行，忠实地遵守古代的规则。

欧美的美术馆、博物馆中展出的哈德良皇帝雕像与皇妃萨宾娜的雕像放在一起的不多。相比之下，与他宠爱的安提诺乌斯的雕像放在一起的占了绝大多数。皇帝与这个比提尼亚出生的美少年之间的关系，在当时和后世都很引人关注。

比提尼亚位于小亚细亚的西北，图拉真曾经任命小普林尼作为特命全权总督到此地赴任。自古以来，这个地方多希腊系居民。但是，出生于此的希腊人没有任何特别，特别的只是安提诺乌斯的容貌不同寻常的美。

我们不清楚安提诺乌斯是在何时、何地与哈德良相识的，只知道他出生于 11 月 27 日，但不清楚具体是哪年的 11 月 27 日。从我们唯一清楚的他的殁年开始倒推，再加上被神格化之人的特权——裸体雕像显示的身体年龄进行推测的话，与哈德良相识的时候，安提诺乌斯很可能在 15 岁左右。这个希腊人身上流露出的东方甜美的忧愁多于希腊人的知性，是一个完美无缺的希腊人。成熟、内心充满激情的 48 岁的罗马皇帝爱上了这个美少年。他们的相识可以被形容为“命运的邂逅”。这一次，哈德良爱上了同性年轻人，而不是异性。这是发生在他视察向往已久的希腊文明圈之旅期间的事。

按照我个人的想法，不管是异性还是同性，对于“美”的敏感反应，是人类感情极其自然的流露。对美的敏感反应发展成为爱也是非常自然的结果。古代希腊是男性的世界。所谓“男性的世界”，指的是男性最有吸引力的时代。在这个“男性的世界”里，也有女同性恋者。女诗人萨福就是其中一例。成年男性爱上少年的事例更是不胜枚举，例如苏格拉底、柏拉图等。一句话，你可以把这种感情看作只要热爱希腊文化，就会爱上美少年。

当然，这并不意味着不爱美少年就不是希腊作风。事实上，伯里克利从来无缘少年之爱，他爱的始终只有女人。而他却被认为是比一般希腊人更像希腊人的人。

伯里克利是雅典人，生活在雅典人自许自己就是希腊的那个时代。对于伯里克利来说，希腊是他的祖国，不是他憧憬的地方。但是，对哈德良来说，希腊却是他憧憬的地方。无论他付出怎样的努力，希腊都不会成为他的祖国。

我没有一丝一毫小看哈德良的意思。我只想说，只要站在他的立场上，你就会非常理解他的那种感情。

本来只是为了过冬，却逗留了 6 个月之久。可见哈德良在希腊并非只是像游客一样，两眼闪着光，欣赏自己向往的这个地方。他是皇帝。正因为他是皇帝，就有他可做的事情。

哈德良是个有梦想的人，也是个现实的人。看到希腊，尤其是雅典，早已没有了昔日的风光，他的心一定被深深刺痛了。也许，正是这样的感觉让他产生了重振雅典的念头。

雅典衰退的原因就在雅典人身上。希腊民族是一个优秀的民族，对于他们来说，在海外寻找更大的发展平台易如反掌。按现在的说法，希腊人才外流导致本地人才缺少才是希腊衰退的根本原因。

如果继续放任这一状态，留在希腊的将是那些走不出去的人。如此一来，经济就会衰退，社会活力也会随之衰退。一个社会失去了活力，人和物就只有出没有进了。罗马在多瑙河畔保护着希腊的安全，但是所谓真正的安全保障，如果后方不能承担起后方的职责，一切就都是徒劳。如何让以雅典为中心的希腊全域再次兴旺起来，也是罗马帝国统治者面临的一个问题。

哈德良是一个冷静而现实的人，他应该不想让雅典重回伯里克利时代的繁荣，因为民族与人类一样，都是有寿命的，要让进入老年期已经很久的希腊重返青壮年时期，是绝对不可能的。

因此，哈德良很可能设想要把雅典建成一座文化艺术及观光城市，把希腊建成一个商业及观光地。

尽管历史已经进入了罗马时代，但是历代罗马皇帝都没有想过要把文化艺术的中心迁到罗马去，它还在雅典。因此，如果要把这座城市变成文化艺术城市，只需建立起一个稳定的运行体系即可。然而，只有教授和学生的城市，充其量只能促进人和物的流入。为此，哈德良着手对那些曾经实用的、现在已成为名胜古迹的雅典公共设施进行了彻底修缮。同时，他还为雅典市新建了一座公共建筑，叫“经济中心”，是一个很壮观的市场。对此，雅典市民自然是喜出望外。

为了使全希腊成为观光之地，他倡议开展希腊自古就有的四大赛会，以期找到出路。

希腊在鼎盛时期曾经有四大颇具影响力的泛希腊赛会。每当举行赛会时，人们会从希腊各城邦纷纷前去助阵。即使在战争期间，也会临时休战，为赛会让路。

皮提亚赛会——每四年举行一次。地点是在希腊中部的德尔斐。此项竞技活动是献给阿波罗的。

尼米亚赛会——每两年举行一次。地点是在伯罗奔尼撒半岛中部的阿尔戈斯。此项竞技活动是献给宙斯的。

科林斯地峡赛会——每两年举行一次。地点是伯罗奔尼撒半岛东北部的科林斯。此项竞技活动是献给波塞冬的。

奥林匹亚赛会——每四年举行一次。地点是在伯罗奔尼撒半岛西部山区的奥林匹亚。此项竞技活动是献给主神宙斯的。

这四大泛希腊赛会的举办安排非常合理，每年总有一个地方会举行赛会。古代希腊人心目中的"竞技"主要形式是体育竞技。但是，除了这一种形式以外，音乐、诗歌、戏剧等，只要是希腊人心目中的文化，都是竞技活动的内容。赛会举办地以神殿为中心，有很多活动场馆。当然，神殿内供奉的神一定是这些竞技活动奉献的对象。希腊人在各个场馆都装饰了希腊雕刻及绘画。因此，前来观看竞技的人，可以同时接触到希腊艺术的精粹。

哈德良为了振兴这些活动，不仅亲临现场观看比赛，为活动助兴，还拿出赏金奖励优胜者。他的目的只有一个，就是聚拢人气。只要人多了，物也会随之丰富起来。总之，哈德良想同时采用精英之道和大众之道的方法，使希腊重新获得生机。希腊正好有一个精英和大众都接受的东西——德尔斐神谕。苏格拉底也曾经去求过。

哈德良在以雅典为首的全希腊投入了超乎寻常的热情。有人认为这是源于他个人对希腊文化的热爱。但是，我认为，除了这一条，还有一个原因。作为皇帝，他有统治上的考虑。为庆祝他捐赠给雅典市的奥林匹亚宙斯神殿完工，在该神殿完工 3 年后的公元 128 年，发行了刻有"Olympeion"的货币。对于哈德良来说，在雅典建造神殿和视察军团基地一样，都是为了政治。但是，在修复后的老街和新的街区之间，他建了一个拱门，面向雅典卫城的那面的框檐上刻着"这里是忒修斯远古的雅典"（忒修斯被认为是雅典建国的始祖），另一面刻着“这里是哈德良的雅典”，充分反映了哈德良表面上对人宽容，本质上却是自我中心主义倾向极强的个性。

当然，仅仅6个月的时间，不可能完成上面说的所有事情。事实上，公元124年秋到125年春，在雅典逗留期间，他只是提出设想，制订实施方案，并下令着手建设而已。与建在不列颠的哈德良长城不同，对于“哈德良所建雅典”，他要在建设完工以后，亲自去看一看。不对，他只想亲自去看一看而已。

既然回到了希腊，那么，他一定会从这里直接回意大利。如果你真是这样想的话，那你实在没有资格去体验哈德良的旅行。最适合旅行的季节——春季还没有过去。而且，在希腊逗留6个月之后，哈德良已经彻底迷上了希腊。因此，当他乘船离开雅典外港比雷埃夫斯以后，目的地却不是意大利本土的港口城市布林迪西，而是西西里岛。

西西里岛上的大多数城市是希腊移民建设的。由于罗马使用双语制，希腊语和拉丁语并存，所以虽然与意大利本土只隔了一个狭窄的墨西拿海峡，但是西西里成为罗马帝国领土以后，通用的语言依然是希腊语。特别是岛屿的东半部分，曾经被叫作“大希腊”（Magna Graicia）的一带，锡拉库萨、塔兰托、墨西拿等，由希腊人以殖民的方式兴建起来的城市非常多。在这些希腊色彩浓郁的城市里，一定也留下了哈德良的足迹。在保存至今的记录中，说他登上了当时埃特纳活火山，不是因为对火山本身感兴趣，而是为了在埃特纳山上欣赏从东边海面冉冉升起的太阳。据说在埃特纳山上看到的日出是七彩的。在古代，这里是有名的景观之一。

在这年夏天即将过去的时候，哈德良终于回到了首都罗马。为了尽早让全帝国知道自己已经回到意大利本土，皇帝发行了刻有这条消息的银币。离开意大利四年半回来后，必须通过发行货币，上刻“皇帝回到意大利”（Adventui Augusti Italiae），告知全帝国，这的确有点儿意思。但是，正因为哈德良喜欢亲赴各地视察，所以，他才能够充分履行自己的职责。

只是，普通百姓不会理解他的这种想法。于是，哈德良组织并举办了由 1 835 组角斗士参加的比赛。在比赛期间，他向首都罗马普通公民通报自己已经结束巡视之行，回到了罗马。

所有人都以为这下皇帝会踏踏实实地留在罗马了。然而，哈德良踏踏实实待在罗马的时间只是一个冬季。公元 126 年春天一到，已经 50 岁的皇帝再次动身向北非出发了。这个男人的行事风格的确出人意料。可想而知，他与妻子之间一定相处不好。不过，他这一次出巡纯粹是为了工作。

北非

哈德良一行从首都外港奥斯提亚出发，一路直奔迦太基。第三次布匿战争结束后，因被撒上了盐而变成不毛之地的迦太基，在经过了 3 个世纪后的此时，作为罗马帝国的一个城市已经相当繁华。在罗马到迦太基沿线的海底，现代水下考古工作人员打捞无数在此遇难的船上遗物的工作还在进行。这些遗物充分显示出，迦太基在成为罗马领地以后，与第二次布匿战争时代一样，再次成为北非物产的一大集散地。除了物产，迦太基还有杰出的人物，例如马库斯·科尔涅利乌斯·弗龙托。哈德良不仅让他进入元老院成为元老，还请他负责马可·奥勒留的教育。从其个人的名字和家族的名称来看，他似乎是拉丁人。实际上，他曾经是迦太基人。

以迦太基为首府的阿非利加行省是元老院行省，罗马化历史较长，因此很稳定。和高卢的里昂一样，首府迦太基只驻扎了不足500名士兵。守卫漫长防线的军团基地在西侧相邻的努米底亚，负责抵御来自埃及以外的昔兰尼加到毛里塔尼亚（今利比亚到摩洛哥）的沙漠游民的袭扰。哈德良此行的主要目的就是视察这个军团。

哈德良在迦太基几乎没做停留就向西南出发了，通过铺设在北非的罗马式道路网，进入了拉姆巴希斯（Lambesis，今阿尔及利亚的龙柏斯）。这里是守卫非洲防线的唯一的主力部队——第三奥古斯都军团的基地。

通过在龙柏斯发掘出来的纪念柱（现收藏于卢浮宫博物馆）上所雕刻的文字内容，我们仿佛听到了哈德良在视察期间讲话的声音。在为纪念皇帝巡游而建的这根纪念柱上，刻画了哈德良在看完士兵的演练后，面对整整齐齐地站在自己前面的士兵发表演讲的场面。在毒辣的阳光照射下，参加近乎实战的演习的是第三奥古斯都军团的全体士兵和第二西班牙骑兵部队以及附属于罗马军团的由行省居民构成的辅助部队。

哈德良站在士兵面前，首先称赞了军团兵在训练时，战术运用非常熟练。他说，这是士兵利用前线执勤及建设城墙、要塞等防御设施的间隙刻苦训练的成果，所以更值得赞赏。他又说，作为战士，每一名士兵对战术的运用越精通，对帝国精简军人数量越有利。士兵人数的减少，可以大大减轻帝国在防卫方面的经费负担。

接着，他表扬了第三奥古斯都军团长官费边·卡图里努斯的治军能力。4年后，在皇帝的推荐下，此人当选了执政官。

随后是对骑兵部队的讲话，他盛赞骑兵运用的战术。他说："这种战术看似简单，但是，只有经过长期艰苦的训练才能熟练运用。身负沉重的全副武装、高举长枪的第二西班牙骑兵部队让我看到了他们冲锋时无坚不摧的力量和训练有素的战术。”

最后，他没有忘记对辅助部队的士兵讲话。他慰问了在部队指挥官科尔梅阿努斯的领导下从事要塞建设的士兵。他说：“正是你们的付出，才使军团兵和骑兵在战斗中有更出色的发挥。也正因此，你们的家园、土地以及家人才免遭来自沙漠游民的袭扰。”

我有一点感想。我想，作为最高司令官，哈德良对士兵做的演讲应该很出色，完全可以和尤里乌斯·恺撒的演讲媲美。根据同时代人的记录，据说士兵绝对拥戴哈德良。我想，这一点完全可信。

相信哈德良在视察其他地方时，也会做类似的演讲。同样，为了纪念皇帝亲临视察，让士兵记住皇帝的到来，一定都建了纪念碑。此外，好像为了告知天下自己履行了皇帝职责似的，每视察一个地方，哈德良都会发行一套纪念自己巡回视察的货币。

在龙柏斯军团基地，哈德良召集了从昔兰尼加到毛里塔尼亚的前线所有指挥官，听取了他们的汇报，并下令要求他们马上着手进行必要的工作。

因为历代皇帝采取的一系列措施，非洲前线的设施建设基本已经完成。此时的问题是如何合理分配现有军事力量，使之发挥更高的效率。请读者朋友们参看下页的图。守卫利比亚到摩洛哥前线的是一个军团的 6 000 名士兵加上分队规模的骑兵以及人数相近的辅助兵，保守估计不超过 2 万人的兵力。因此，最大限度地追求效率成了当务之急。

来自沙漠游民的袭扰必须予以击退。虽然他们来袭只是掠夺财物，不会侵占土地，但是如果这种袭扰的频率过高，当地居民会无法容忍，长此以往，他们会设法迁往临近大海的城市避难。一旦居民离去，田园就会荒芜。天长日久，这里就会变成沙漠。要防止出现沙漠

北非及其周边地区

化现象，必须通过不间断地种植农作物，保证绿色植物的生长。在古代北非，绿洲很多，不像现在变成了沙漠。原因是最初的迦太基和随后的罗马都很重视振兴农业。迦太基人甚至拥有技术性极强的农书。消灭迦太基后，罗马很快把这种农书从腓尼基语翻译成了拉丁语。此外，这两个大国还有一个共同点，它们都保护定居的农民不受来自沙漠游民的侵扰。罗马帝国灭亡后，北非的居民很多是定居下来的曾经的游民。我想，他们理解只要有绿地就会有降雨的道理，也理解为保护绿地，唯一的办法就是“和平”的道理。

离开龙柏斯后，哈德良马不停蹄地来到了东部相邻的塔姆加第（今提姆加德）。这是在图拉真时代，根据图拉真皇帝的指示，为第三奥古斯都军团士兵服役期满退役后留在殖民地建的殖民城市，建设者是正在服役的军团兵，他们在服役期间为自己建造了退役后的落脚之处。不知道是不是这个原因，建成后的城镇呈正方形，感觉好像把军团基地放大后搬过来的一样。不过，就因为它不是基地，所以城中有

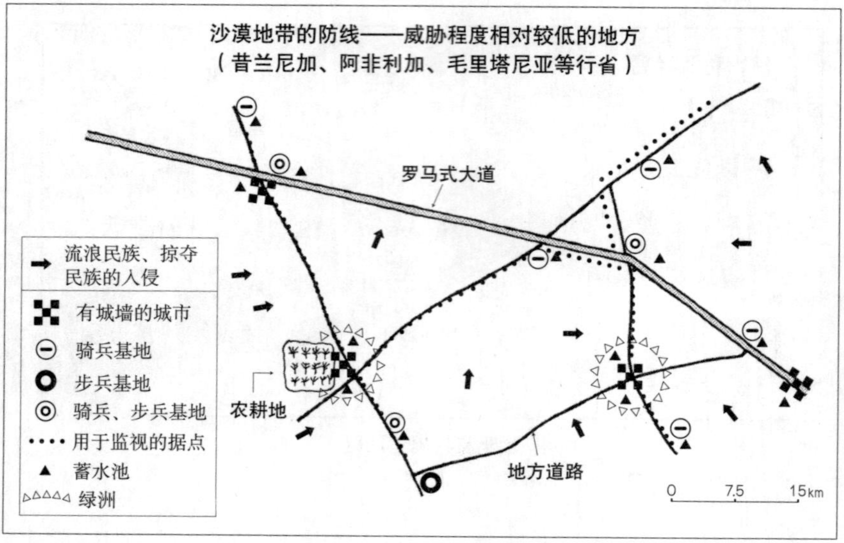

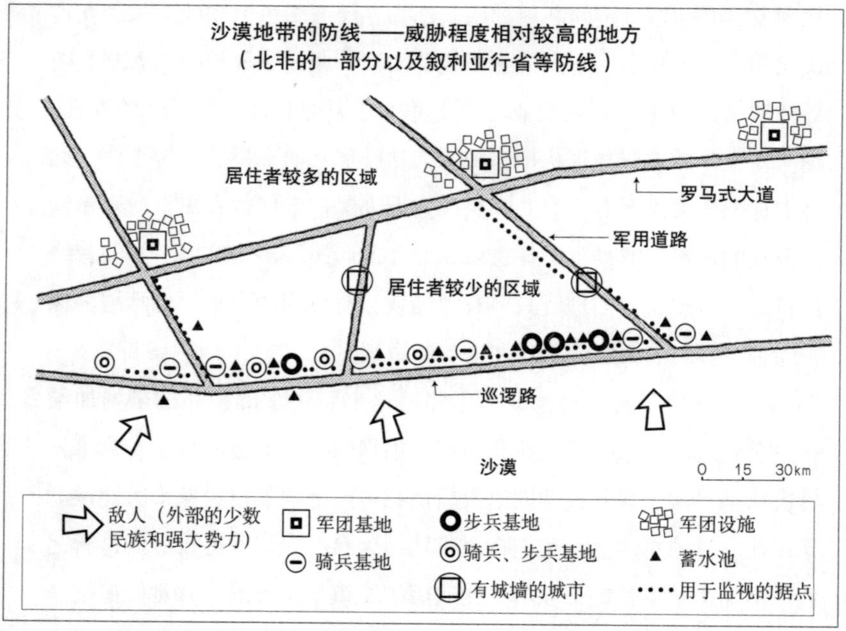

（参考 Edward N. Luttwak, *The Grand Strategy of the Rome Empire*）

半圆形剧场，有作为公共场所的广场，就连公共浴场，大大小小加起来也有 14 座之多。罗马人面临沙漠的威胁，也要营造完美的罗马式生活。

统称殖民城市的这种共同体，绝大多数是退役士兵与当地女子结婚后定居下来而形成的城镇。罗马中央政府不仅承认其自治，还给予多方优惠政策，帮助殖民城市发展。一方面是希望这些城镇成为本地区经济发展的中心，另一方面还因为它们在安全保障方面可以发挥一定的作用，因为这里的居民曾经是军队中的“老兵”。在现役军团基地附近，只要有退役士兵居住的城镇，这个地方的防卫力量就可以得到极大的加强。

除了非洲前线，罗马在所有前线都采用了这一做法。罗马军团基地不是孤立存在的，附近有地方老百姓居住的“平民居住区”（canabae）。在军团基地、辅助部队基地、城堡、用于监视的要塞及监视塔构成的军事“屏障”内侧，相当于基地城市的“平民居住区”、退役士兵居住的“殖民城市”以及当地居民长期生活的地方很多。这些都是“地方自治体”，罗马承认其自治权。这些地方通过罗马式大道相连，形成了功能性更强的统一有机体。正因为如此，仅仅 15 万人左右的主力士兵不仅守住了整个帝国，还为后来欧洲那些起源于罗马军团地基的主要城市打下了良好的建设基础。一个基地，如果只有驻扎的军团，那么在罗马军队撤离后，它的结局只有一个，就是逐渐荒废。但是，罗马军队的基地是一个有机体，有当地的百姓生活在附近。因此，在罗马军团撤离，甚至罗马帝国灭亡后，地方百姓移居到基地内，依然可以继续他们的生活。

罗马军队最高司令官哈德良在巡回视察中，优先考虑的当然是前线军团基地。但是，他也没有忘记走访地方百姓居住的地方，按罗马人的说法就是行省人民居住的“地方自治体”。对罗马来说，这些人不只是被保护对象，也是参加防卫的人。

哈德良访问了退役士兵居住的城镇提姆加德之后，向东沿罗马式大道回到阿非利加行省（今突尼斯、利比亚北部），视察了萨布拉塔、的黎波里和大莱普提斯（Leptis Magna）等沿海城市。在布匿战争时期，这些城市都属于迦太基，因此，居民都是迦太基人。遗留至今、保存完好的遗迹大莱普提斯，因为皇帝塞普提米乌斯·塞维鲁出生于此地，一下子发展成为一座宏伟的城市。但是，在这位迦太基人的罗马皇帝出生前20年，哈德良已经为这个城市建起了大规模的罗马式公共浴场。在这一带的城市里，罗马帝国没有派驻一个军团，甚至一支部队。建浴场意味着要有水渠。罗马时代的北非，不仅已经有了纵横交错的罗马式道路网，也建起了漫长的高架引水渠，水就从山区引到城市。

离开大莱普提斯，哈德良坐船回到了罗马。这次巡视始于公元126年春季，回到首都罗马的时候，据说夏天还没有完全过去，大概这次旅行的日程安排很紧。

在接下来将近一年半的时间里，哈德良没有离开意大利本土，也没有离开首都。大概在这期间，他开始了《罗马法大全》的编纂工作。

《罗马法大全》

所谓法律，是决定“善良和公平的艺术”（ars boni et aequi）。这句话出自法学家培特·J. 杰尔苏（P. J. Celsus）。他受哈德良之邀，参与了把罗马法集大成的这一项大事业。顺便提一句，我把拉丁语

“ars”翻译成了“艺术”。它的意大利译语是“arte”，西班牙语也是“arte”；法语是“art”，英语也是“art”；德语是“Kunst”。被认为是“善良和公平的艺术”的罗马法，反映了罗马人的法律观。他们认为，所谓法律应该顺应时代，做相应的修改。罗马法的历史大致可以分为三个时期：

第一个时期——公元前753年到公元前150年前后的600年间。其间，罗马建国，意大利半岛统一，在与大国迦太基的生死较量中胜出，并称霸于地中海。说起来，这个时期制定的法律，应该只考虑本民族，即拉丁民族即可。

第二个时期——公元前150年至公元300年的450年。这个时期，大量的其他民族加入了罗马帝国。相应的，法律变成了多人种、多民族、多宗教、多文化共存共荣的法律。这一时期的罗马法已经可以称作国际法了。

第三个时期——公元4世纪到6世纪的约250年。这是从君士坦丁大帝承认东方的基督教的合法性，狄奥多西一世正式宣布基督教为国教，直到东罗马帝国皇帝查士丁尼发行《罗马法典》（Codex Justinianus Repetitae Praelectionis，又称《查士丁尼法典》）为止的时期。

用一句话概括，第一个时期和第二个时期的罗马法是真正的罗马法，第三个时期的罗马法，我认为它已经变成了东方化的、基督教的法律。

在哈德良之前，已经有两个人尝试把第一和第二个时期的真正的罗马法进行汇编。两人做这件事的时间都在公元前1世纪。

第一个人是独裁官科尔涅利乌斯·苏拉（关于这个人，我在《罗马人的故事03·胜者的迷思》中有详细描述）。苏拉思维清晰，又具备大胆果敢的行动力，而且为了实现目标，有持之以恒的决心。但是，恒心不是一成不变的。为了完成元老院强化政策，他甚至出任了独裁官。但是，当他看到这一政策成功后，却选择了引退。而且，他从刑法尤其先进的法令集大成的工作中也抽身而退了。

第二个人是尤里乌斯·恺撒。他成为终身独裁官以后，找出了苏拉未完成的法令集大成，开始挑战民法的法令集大成。遗憾的是，因为他遭到了布鲁图的暗杀，这项工作再次半途而废。

在前两任的尝试过去了170年以后的此时，皇帝哈德良为什么又要再次着手进行这项工作呢？

他在帝国内巡回旅行的目的是视察帝国防线。在视察过程中，为了重建帝国安全保障体系，他废弃了一些他认为无用的东西，也重新整理了他认为可以继续保留的东西。

所谓的法令集大成，不是单纯地把所有法令汇总起来就可以了。首先，要把不好的法令，或者因不符合时代的需要事实上已经失效的法令全部废除，同时，要制定必要的新的法律，然后再把数量庞大的法令进行汇总整理，重组罗马社会的规则，即罗马法。所谓整理、重组，无论是军备还是法律都是一样的。我想，哈德良的确是对罗马帝国实施了真正意义上的“重建”的人。

在受哈德良之邀参与罗马法集大成工作的法学家中，我们只知道三个人的名字，他们是涅拉修·普利斯库斯、培特·J.杰尔苏以及塞尔维乌斯·尤里安努斯。

这三个人无疑都是法律方面的专家。但是，如果你认为他们只是单纯研究法律的、类似于大学教授那样的人，那就大错特错了。这三个人不仅法律知识丰富，而且都有丰富的实践经验。当然，哈德良选择他们来做这项工作，不是因为他们有丰富的实践经验，因为在罗马，精通法律的人都有丰富的实践经验。他只要以法律知识是否足够丰富作为选择条件就可以了。因为，掌握法律知识的人一定都有丰富的实践经验。

在三个人中，普利斯库斯年纪最大，他的经历也最不清楚。我们只知道，在图拉真和哈德良时代，他一直是皇帝的“内阁”成员之一。他是元老院元老，因此，他大概也担任过几次被称为“光荣的公职人员”的国家要职。

杰尔苏好像比哈德良年长几岁，在图拉真时代，曾担任过法务官，并两次当选执政官。此人也是哈德良的“内阁”成员之一。除了多达 39 卷的《学说汇纂》（*Digesta*）以外，其著作的涉及面很广，包括书信集、评论等。他是一个出生于法国南部的罗马人。

根据后来的职业生涯推断，尤里安努斯接到哈德良的任命，负责这项工作的时候 30 岁左右。他出生于曾经是迦太基领地的阿非利加行省。他的全名叫路奇乌斯·奥克塔维厄斯·科尔涅利乌斯·尤里安努斯。因此，他的祖先可能是迦太基人，在罗马人征服迦太基后，被卖身为奴。后人又从奴隶成功变身为解放奴隶，并得到了昔日主人的家族名称，这种可能性非常大。在帝制时期的罗马，这样的人并不罕见。

此人同样多次担任过罗马的重要职位，例如财务监察官、军团大队长、国税厅厅长等。国税厅厅长之职，小普利尼也曾经担任过。这个部门的任务是管理从元老院行省收上来的税。杰尔苏也出任过这个职位，卸任后，还担任过皇帝行省的税收总管。除了上述职位，尤里安努斯还担任过只有元老院元老才有资格担任的法务官。在哈德良时代，他似乎晋升到了“光荣的公职人员”的中间阶段。

下一代皇帝安敦尼·庇护刚登基，尤里安努斯就当选了执政官兼任祭司。在罗马，大祭司由皇帝兼任。此外，他还曾经任职低地日耳曼驻军的司令官。

尤里安努斯的寿命好像很长。在皇帝马可·奥勒留时代，他依旧很活跃，曾赴西班牙出任塔拉戈纳行省总督，还到阿非利加行省（首府迦太基）担任阿非利加行省总督，然后才结束官职生涯。此人留下了多达 90 卷的《学说汇纂》。

这三个人分别留下了各自的《学说汇纂》。由此看来，我想，哈德良应该没有让这三个人坐在一起共同来完成《罗马法大全》，而是分门别类，每人负责一部分，交给他们各自完成。普利斯库斯也留下了《学说汇纂》，只是不清楚一共有多少卷。尤里安努斯负责的是按年度分类的临时措施法的集大成，内容是皇帝有权在征得元老院同意之前发布的命令。这部集大成没有和《学说汇纂》编在一起，而是作为独立的著作被保留了下来。这三个人使用的基本资料是保存于公文书库中的、由历任法务官记录下来的判例。

完成这一大事业并正式出版这部《罗马法大全》，据说是在迎来哈德良统治第 14 个年头的公元 131 年。从此，罗马的政治家、行政官、检察官以及律师，凡是与法令及判例相关的人，都可以有自己的《罗马法大全》了。也就是说，公元 6 世纪中叶，在东罗马帝国皇帝查士丁尼完成的《罗马法典》出版发行的 400 年前，罗马人已经有了自己的法令集大成。甚至现代罗马法研究者们也说，查士丁尼完成的只能算是东方基督教性质的“罗马法大全”中也转载了大量哈德良时代三位法学家整理的集大成中的法令及判例。也就是说，哈德良重组的罗马法成果，也被查士丁尼吸收进了自己的《罗马法典》中。我想，这就是哈德良在法律方面做出的具有历史和法律意义的贡献。关于这一点，就让我们交给专家们做进一步的研究吧。在这里，我只想从这三人的《学说汇纂》中摘录一些有意思的内容。需要声明的是，我只是从学者们明确指出为哈德良时代制定的法律中摘录几例而已。在现代法学界，把一生都献给了罗马法研究的研究者依然为数不少。

一、不以叛国罪提起诉讼。一想到哈德良本人登基之初，即以此罪名惩处了四位前执政官的事情，这一条似乎显得有点儿虚伪。但是，也许这条法律已无必要，因为后来它受到了统治阶层的藐视。

二、对故意杀人、过失杀人以及正当防卫杀人进行区别对待。虽然没有明确指出后两者无罪，但是，新制定的法律倾向于无罪。

三、被判处死刑或流放的人，按照之前的规定，其资产全部充公进入国库。新的罗马法规定，留下其总资产的十二分之一给他的家人。其实，皇帝为了表示自己实施仁政，这一做法早已是既成事实。因此，这一条只是把既成事实以法律的形式加以规定而已。

四、明确遗产继承权。罗马人很早就承认私有财产权，因此，对他们来说，这是理所当然的事情。但是，哈德良制定的法律还规定，不得接受不相识之人赠予的遗产，不得接受有子女的熟人赠予的遗产。我想，制定这条法律的目的是保护家族继承权，摆脱来自以皇帝为代表的统治阶层有形无形的压力。

还有一条法律规定，父亲死后 11 个月内出生的孩子有要求继承遗产的权利。也许你会说妊娠时间不是 9 个月吗？对此，我们并不清楚罗马时代的人们是怎么想的。

五、士兵服役期间不得结婚。在其服役期间出生的孩子只能算庶出。但是，这个庶出的孩子也为家庭一员，享有遗产继承权。

此外，关于士兵的资产也做了明文规定。规定指出，在其阵亡、病死甚至自尽后，家人有继承权，但违犯军规被判死刑的除外。这条法律一定是在哈德良重建军事力量期间实施的。也就是说，这是一项提高士兵社会地位的法律。

六、对于攻击并掠夺因船只遇险游到岸边的落难者的人，之前的法律通常不加以追究。新法规定，对于这种行为，按盗窃行为严加惩处。

七、严禁对孕期女性进行处罚。

八、关于奴隶，新法规定，不管出于什么理由，严禁主人滥杀奴隶或割除其身体的任何部位；禁止主人动用私刑。若有必要应该提起诉讼，交给法庭裁决。

严禁在家设置禁闭奴隶或其他用人的设施。

虽然奴隶是主人的私有财产，但是严禁把他们卖到妓院或角斗场。

主人或主人家成员遭奴隶杀害时，为获取证词，对用人采用持续刑讯的范围，只限于当时在事发现场或现场附近的人，而不是所有用人。

在确定罪犯就是奴隶，并决定判处其死刑的情况下，原法律规定，要对这家所有奴隶执行死刑。新法废除了这一条，并明文规定，只判处罪犯一个人死刑。事实上，之前的法律虽然规定有连坐，但是在现实中，已经有相当长时间没有那样执行了。在尼禄皇帝时代，曾经因为连坐，一次处决了400名奴隶。对此，当时的市民群情激奋，抗议声此起彼伏。从此以后，再也没有人因连坐而受到惩处。

九、明文规定埋于地下的金子及其他物品的所有权。根据这一规定，如果发现金子或物品的人为土地所有人，那么，埋藏物全部归此人所有；如果金子或物品所埋之处为公有土地，原规定埋藏物归国家或地方自治体所有，新法则改成了土地所有者和发现藏物的人平分埋藏物；如果金子或物品所埋之处为他人土地，则由土地所有人和发现藏物的人平分埋藏物。

几年前，有报道说，一位英国农民在自己所有的土地里发现了大量罗马时代的硬币，他得到了那些硬币，因为他有这些埋藏物的所有权。由此看来，哈德良的法律在现代英国似乎依然有效。不过，我更关心的是大英博物馆是否会把这些罗马时代的货币统统买下来。大英博物馆里收藏有多达10万枚罗马时代的硬币，博物馆还专门辟出一块地方展出这些硬币，供人们欣赏或研究。我想与其把这些新发现的硬币拿出去拍卖，让它们散落在社会上，不如集中保存于一个地方供人们随时欣赏，更符合人类共同遗产的使命。我不知道那些硬币后来的命运如何。

让我们再回到哈德良的法律上来。除了上面这些规定外，还有几条法律，非常符合哈德良疾恶如仇的性格。

十、严惩擅自修改用于买卖活动的重量等计量器具、为自己获取更多利益的人。哈德良认为经济活动的基础一定是公正。

十一、严禁为获取廉价、方便的建材而毁坏有历史价值的古老建筑。按现代人的说法，就是保护文化遗产。遗憾的是，到了基督教成为国教、其他宗教一律遭到排挤的时代，这条法律彻底失效。

十二、禁止公共浴场内男女混浴。罗马人早已习惯裸体，几乎所有神像都是裸体，参加竞技比赛的选手也是半裸体。因此，罗马人从来没有禁止在浴场男女混浴。欣赏眼前女性美丽的裸体或许会让人们联想到活生生的维纳斯。只是，话虽如此，类似“性骚扰”的行为并非全然不存在。对“公”与“私”相当敏感的哈德良皇帝不能容忍这类事件。

禁止男女混浴需要相应的设施。之前建的公共浴场都不分男浴和女浴。而且因为坚固，改造这些浴场也不是一件容易的事。于是，通过划分入浴时间来区分男浴和女浴。上午第七时（13点）之前为女浴时间，第八时（14 点）到日落（18 点前后）之前为男浴时间。在罗马时代，男人劳作的时间通常是从日出到下午 1 点。当然，关于入浴时间的规定，各行省可以按照当地的习惯做适当调整。例如，有矿山的地方，浴室会开到夜里 9 点。禁止男女混浴，是以法律的形式加以规定的，所以任何人都必须遵守。然而，对此心怀不满的真的只是男性吗？或许女性也会有不满吧？

不管怎样，严禁男女混浴，绝对受基督教及伊斯兰教的欢迎。落落大方的罗马式沐浴从此永远不再有了。

维纳斯神殿

哈德良在公共建筑领域方面，值得大书特书的业绩很少。原因是在图拉真时代，出现过建设大规模公共建筑的高潮。古人留下来的史实，都是“新”的，是同时代人的成果。所谓“新”，是指少且引人注目，经常做的事情就不叫“新”。对于罗马人来说，修理或修复已有的东西是理所当然的事情，因此很少会被记录下来。只有道路或桥梁等，因为希望对其进行修缮的人是直接受益者，所以，为了感谢实施修缮的人，会留下一些记录。只是，这些史实不会出现在文献史料中。后世的我们只有通过发掘出来的石板、铜板上的碑文才能得以了解。根据这些碑文，我们了解到，在哈德良巡回视察之际，带建筑师及技术员团队随行，是因为他有明确的目的。对于那些无须通过发行货币进行宣传的皇帝的日常职责，他也做得很完美。所谓保养，难道不是检测一个组织机构是否健全的有效指标吗？到了哈德良时代，建于首都罗马市中心的公共建筑物，已经有 200 年的历史。至于阿庇亚大道，其使用寿命已经长达400年。

话虽如此，罗马时代皇帝的三大职责之一就是完善基础设施建设。皇帝作为最高权力者，不能无视社会舆论，如果只做与“新”毫无关联的事情，他很难长期稳坐权力之巅。哈德良深知这一道理，所以，在第一次巡察出发之际，他宣布要兴建一座神殿，用来供奉女神维纳斯和同为女神的、被神格化的罗马。

这座神殿建在古罗马广场东南端，圆形竞技场前面，建筑形式非常特别。按照以往的建筑方法，在一座神殿内可以同时祭祀两位神，即维纳斯女神和被神格化的罗马。但是，哈德良建的这座神殿，因为两位女神是背靠背连在一起的，只能分别祭祀。在这座颇具独创性的神殿内部，特别是祭祀维纳斯女神一侧的神殿内部，圆柱都是产自希腊的深红色大理石，现代人称其为“古代红”。地面据说是用灰白色和红色大理石铺就的马赛克图案。现在，这座神殿只剩下两位女神背与背相连部分的一点儿内壁，因此，我们不清楚祭祀罗马女神的神殿部分，用于圆柱和地面的大理石是什么颜色。不管怎样，与壮观的图拉真式样相比，华丽是哈德良的特色。

前面已经提到过，作为建设者，哈德良与图拉真不同。图拉真是把所有与建筑相关的事情都交给出生于大马士革的希腊人建筑师阿波罗多洛斯去完成。哈德良则与尤里乌斯·恺撒同属一个类型，他有自己的想法，建筑师及工程师需要做的只是把他的想法变成现实而已。对于建筑界的行家来说，他这类人应该不太容易打交道。哈德良的建筑师们不像阿波罗多洛斯，只要了解图拉真的性格和他想要的东西，就可以充分展示作为建筑师的才能。然而，正因为恺撒和哈德良不是建筑专家，所以，他们才不会受建筑概念的束缚，才能想出集多种功能于一身的广场设计，才能想到两位女神背靠背连在一起这种前所未

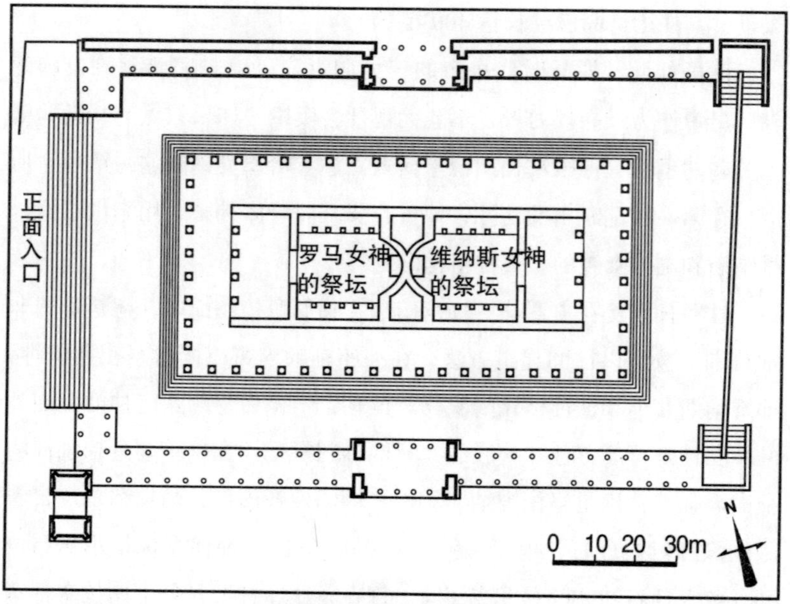

维纳斯和罗马神殿平面图

闻的建筑式样。在这两人中，恺撒是幸运的。他的设计在后来各位皇帝兴建“广场”时得到了传承。而背靠背连在一起的神殿设计风格就没那么走运了。毫无疑问，这样的风格既美观又华丽，却没有一个后人模仿。也许罗马人不太适应在祭拜完维纳斯女神后，出门绕到相反位置再去祭拜罗马女神的做法吧。这座神殿因其独创性而成为到访首都罗马的行省人民必看的名胜，而罗马人民却用行动对皇帝的这一独创性神殿做出了评价。他们常常只祭拜两位神中的一位，省略祭拜另一位神。事实上，行省人民中好像也没有人模仿这座神殿的式样。因为，在罗马帝国境内找不出一个地方留下过这种样式的神殿。

对于这座颇具独创性的建筑，阿波罗多洛斯好像说过这样的话：

"女神站起来会穿透神殿屋顶。"这话传到了哈德良的耳朵里，让皇帝感觉很不爽，被说成是外行令他难堪。哈德良的统治开始以后，阿波罗多洛斯参与公共建筑事业的机会少了很多，而这件事让他更加受到冷遇。我想，哈德良充其量只是个艺术爱好者，而不是真正的艺术家。

然而，尽管他是外行，他的设计和代表当时最高水平的技术完美结合后，却创造了辉煌的成果。最好的一个例子，我认为非万神殿莫属。

万神殿

虽然后世对其内部有过若干改动，万神殿依然不失为古罗马留存至今的保存最完好的建筑。万神殿最早建于公元前 1 世纪末，由阿格里帕建造。当时，尤里乌斯·恺撒把屋大维时代的奥古斯都收作养子，打算让他做自己的继承人。但是，奥古斯都缺乏军事才能，因此，为了弥补这一缺陷，恺撒提拔了一名年轻武将，做屋大维的助手。此人就是阿格里帕。恺撒的眼光非常独到，这位名叫马尔库斯·阿格里帕的武将对奥古斯都非常忠诚，无论在他登基之前或之后，态度始终如一，被认为是独一无二的忠臣。他还是奥古斯都独生女的第二任丈夫。夫妇俩生了很多孩子，使奥古斯都后继有人。因此，他也是个忠义之士。

阿格里帕在公共建筑事业方面也是皇帝最得力的助手。在首都罗马，他建起了为数众多的公共建筑物。首都的第一座正式公共浴场就叫"阿格里帕浴场"。到了哈德良时代，这座浴场还在使用。曾经身份低微的他，得到恺撒的提拔，一跃成为罗马帝国一人之下万人之上的人。阿格里帕为了表示感谢，计划建造“万神殿”（Pantheon），意思是“祭祀所有神的神殿”。于是，公元前 15 年前后，他在自己建的浴场的北侧、恺撒建的尤利娅回廊西侧，建起了这座万神殿。

万神殿遭遇过几次火灾。虽说这座神殿是石结构建筑，但是，木材的使用量出乎意料地多。一旦下面的木板着起火来，架在列柱上面的梁、用木材支撑的天花板、用瓦片覆盖的屋顶就会坍塌下来。虽然受损不太严重的部分得到了修复，但是到了哈德良时代，万神殿几乎已经完全倒塌，重建是最好的方法。因此，后世的我们看到的万神殿，完全是哈德良重新建的。神殿正面刻着“M. AGRIPPA L. F. COS TERTIVM FECIT”，意思是马尔库斯·阿格里帕所建。这是哈德良为了对第一个建造者表示尊重而刻上去的。而考古学的研究结果，也证实了阿格里帕建造的万神殿不是圆形而是方形的。哈德良在原万神殿的位置上，重建了一个式样完全不同的万神殿。

用文字进行说明，不如看图直观，因此我在这里省去了说明。我想，在不用一根木材、大胆创新方面，万神殿与圆形竞技场堪称绝世双璧。关于建筑，就连比常人更外行的我也不得不为其圆形之完美而由衷地赞叹。

从力学上来说，圆形也许是最牢固的结构。此外，万神殿中支撑半圆形屋顶的水泥天花板，不只是单纯地越往上越薄。为了减轻天花板的重量，在向上建筑的过程中，加入了越来越多的浮石。这座万神殿是多神教的象征。在基督教时代，这座神殿得以保留下来，一方面是因为其结构牢固，不容易毁坏；另一方面是它被基督教用作了教堂。在诸神像合围而成的圆周边上，神像换成了耶稣和圣徒们的像。

现在，万神殿又恢复了罗马时代的原貌。它不再是基督教的教

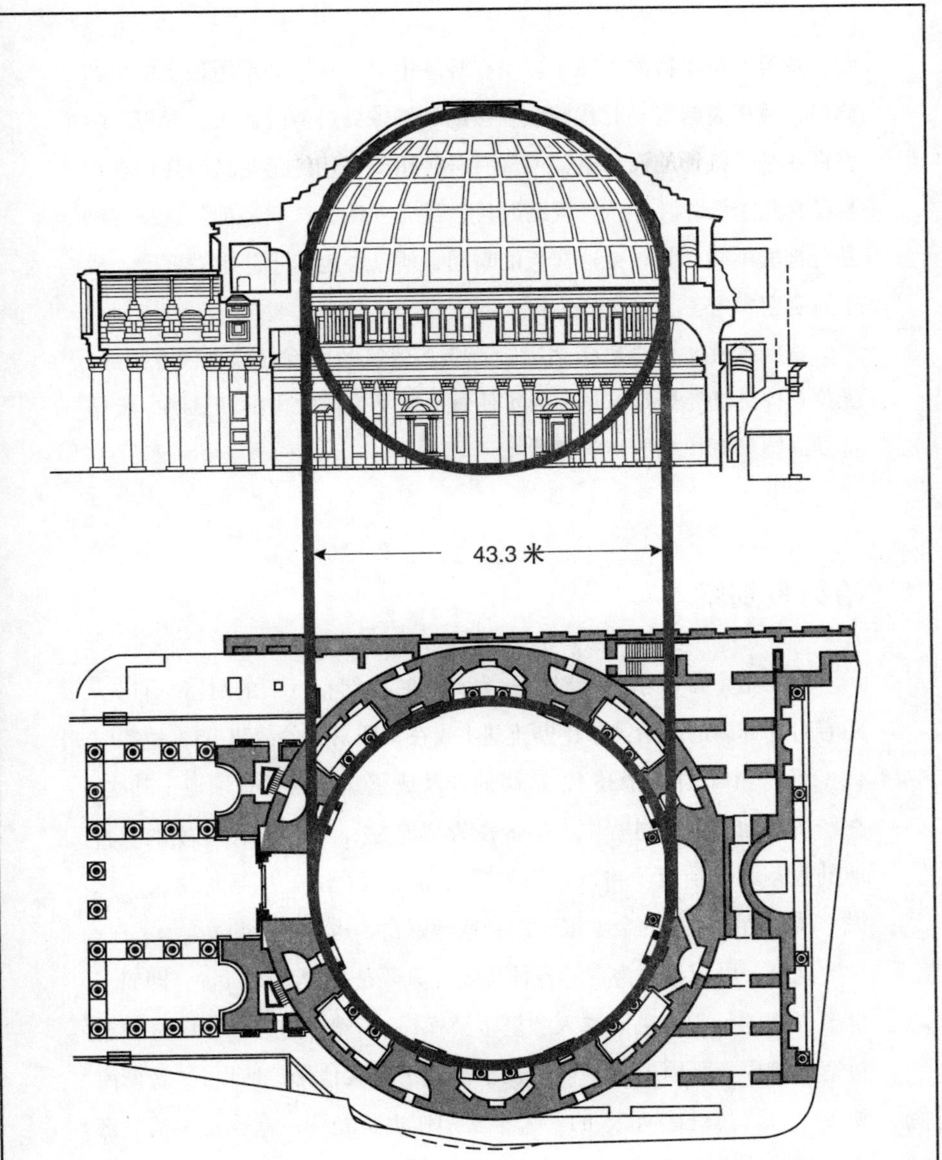

万神殿（平面图和截面图）

堂，雕像也基本拆除干净了。站在神殿中央，从半圆形屋顶正中央的洞口，眺望着与罗马时代完全一样的、好像染过似的蓝天，我想，哈德良在想到圆形的设计时，或许有一种想要飞翔的感觉。或许他在想自己真是个天才。在古代罗马时代，没有人认为“我是神”这种想法是对神的不敬。就在他这样想的瞬间，他已经超越了艺术爱好者，成了一名艺术家。

直到现在，万神殿依然影响着众多建筑师。就好像现代竞技场，无论是棒球场还是足球场，为了使观众席不受风吹雨淋和日晒，设施都如同圆形竞技场的翻版似的。

哈德良别墅

罗马皇帝不仅享有绝对的权力，同时也拥有巨额的财富。首先，随着对外称霸的政治需求不断推进［我在《罗马人的故事 05 · 恺撒时代（下）》中有详细描述］，富饶的埃及成了皇帝的私有领地；其次，在经济活动发展的过程中，皇帝作为“地主”，来自帝国全境的农耕地的收益归他所有；再次，因为矿山都是国有的，从某种意义上来说，从矿山挖出来的金、银、铜、铁等财富，也都属于皇帝。

此外，以行省税为首的各种税收，只要是来自皇帝行省，即属于皇帝管辖的行省，也要进入“皇帝公库”。当然，金、银、铜必须被铸造成货币，又因为皇帝行省几乎都位于前线地带，所以，“费斯库斯”（皇帝行省税）收入的一大半要用作边防经费，这也是实情。现在的英格兰和威尔士这两个地方在罗马时代是帝国边境，常驻 3 个军团，有总计 1.8 万名军团兵和人数几乎相等的辅助部队士兵，以及哈

哈德良

德良时代增添的临时兵。我常常在想，仅靠这两个边境地区缴纳的进入“皇帝公库”的行省税，有可能满足如此庞大规模的军队开支吗？然而，尽管这方面的开支数额巨大，皇帝作为大财主的这一事实却是不会改变的。

罗马始于城邦，它的真正主人是公民，而不是皇帝。皇帝只是受公民委托来行使权力的人。在罗马，作为掌权者的公民虽然把权力赋予了他们的领导者，但是他们绝不允许皇帝们利用自己手中的权力中饱私囊。这种情形在雅典也一样。伯里克利在雅典施行事实上的独裁统治长达 30 多年，但是他的个人财富没有丝毫增加。尤里乌斯·恺撒虽然在政治斗争中不惜钱财，但是他没有把钱用于改建或建造私宅，就连去温泉资源丰富的那不勒斯西部度假时，他也选择了借住在朋友的私人别墅。在成为罗马最高权力者之后，恺撒只建过一个庭院，位于台伯河以西。就连这样一个庭院，他还特意留下遗言，要求在自己死后赠予罗马公民使用。因为恺撒属于“体制”内的人，他是受“体制”约束的。与他相反，同时代的西塞罗因为不属于“体制”中人，不受任何约束，除了在罗马最高级的住宅区帕拉蒂尼山上拥有自己的宅邸之外，还有8处别墅，其中位于拜亚的别墅曾经接待过恺撒。正因为他处于“体制”之外，没有一个人指责他奢华的生活。

进入帝制以后，因为上面提到的理由，皇帝的财源充足，拥有巨大的财富。第一代皇帝奥古斯都在帕拉蒂尼山上建了公馆和私宅，只是建筑非常简朴，值得称道的只有它所在的位置，因为帕拉蒂尼山是当时的罗马最高级的住宅区。按照罗马人的生活方式，别墅是必不可少的。奥古斯都的别墅是其妻利维娅名下的别墅。他唯一花钱较多的是建在卡普里的别墅，但那是他用自己私属的伊斯基亚岛换取属于那不勒斯市的卡普里岛后建造的，而且新建的别墅本身既不奢侈也不华丽。

第二代皇帝提比略出身于克劳狄乌斯家族，是罗马首屈一指的名门望族。在他登基前就已经有足够多的别墅，因此，除了在帕拉蒂尼山上修建了一座官邸之外，有名的就只有卡普里岛上的别墅了。同样，除了所处位置风景绝佳，其建筑的规模和豪华程度都不及普通元老院元老的别墅。

第三代皇帝卡利古拉既没有建私宅，也没有建别墅，他把钱花在了建造豪华游艇上。这艘游艇就在内米湖上，却不能够让他逢凶化吉。游艇建成不到4年，他被杀了。

第四代皇帝克劳狄乌斯生活节俭，从不铺张浪费。但是皇后梅莎里娜热衷于假公济私之举，这也是他作为皇帝得到的评价欠佳的原因。

第五代皇帝尼禄因在罗马市中心建造了黄金宫殿（Domus Aurea）而出名。事实上，这座宫殿兼具官邸、公馆和私邸的用途，整个规划非常大胆且符合生态要求。宫殿内有一大片绿化带，还有大面积的人工湖和牧场。这座宫殿是为公民建的，向公民开放。但是，把宫殿命名为“domus”（独栋私宅）误导了人们，成了问题的根源。“宫殿”的意思是建于市内的独立建筑，“别墅”的意思是建于郊外的独门独院的房屋。黄金宫殿是后世的人对它的意译，直译是“光芒四射的私邸”。把最高权力授予尼禄的罗马公民对“domus”的理解就是这个意思。于是，他们认为，既然皇帝建造了“光芒四射的私邸”，那么他就不再适合拥有最高权力。

经过一年半内战之后登基的韦斯帕芗以及继他之后的提图斯没有建官邸、公馆或者私邸，只建造了圆形竞技场。可以说这也是他们顺利完成统治的原因之一。但是，随后登场的图密善皇帝与他们不同。

这位皇帝不仅兴建了大量公共建筑，同时在帕拉蒂尼山上也建了一座豪华建筑，兼具官邸、公馆以及私邸的用途，占地面积极大。整座建筑的规模之大，使得他之后的皇帝们无须对其进行扩建。此外，他还在凉爽的山区阿鲁巴建了一座山庄，在海边的奇尔切奥建了一座华丽的别墅。不能不说，这一切直接影响到了他作为皇帝的评价。与尼禄皇帝一样，他遭到暗杀后被处以“记录抹杀刑”，雕像全部被毁。

接下来的一任皇帝涅尔瓦在位仅一年半时间，因年事过高而去世，所以即使他有心建别墅，也没有时间。但是，图密善死后登基的他，在因私开支方面一定行事谨慎。继涅尔瓦之后的图拉真为了不重蹈覆辙，与涅尔瓦一样，行事也很谨慎。

图拉真建造了无数公共建筑，甚至让人怯于统计。但是，因为他出生于西班牙行省，同时，在当上皇帝之前，他一直在前线任职，所以我想，他在罗马很可能连私邸都没有，也没有建一座类似于私邸的建筑。他只是把图密善皇帝建的住宅等直接拿来用了。作为私人用途的建筑，他只建了一栋别墅，在奇维塔韦基亚的港口附近。但是，根据小普林尼的说法，这栋别墅极其简朴。继他之后的是哈德良，这是一个有品位的人。

哈德良想要的别墅一定要符合他的趣味爱好，首先在地点的选择上，他非常慎重。市内他是绝对不会考虑的，他也没有选择罗马近郊，而是选择了距离罗马以东 30 公里处的提布尔（今蒂沃利）。

别墅建在蒂沃利，有这样几个好处：第一，因为不在首都罗马圈内，所以不必担心会引起民众的关注。一旦有什么情况，因为距离罗马不算太远，不会影响他的公务。第二，因为地处乡村，所以可使用的土地面积很大。第三，阿涅内河流经此地，用水方便。第四，有提布尔丁大道与首都相连，从蒂沃利沿瓦莱利亚大道还可以直接到达亚得里亚海。

既然是皇帝，在巡回视察帝国各地的时候自不必说，就是在私邸度假期间，也是公务缠身。提比略后来一直住在建于卡普里岛悬崖上的别墅里，但是，到了波浪滔天的冬季，就要转移到米塞诺海军基地附近的别墅，因为从这里走陆路可以直达首都罗马。同时，位于海军基地附近，意味着还可以接到来自海路的报告或情报。哈德良建在蒂沃利的别墅以“哈德良别墅”（Villa Adriana）之名而闻名。与提比略在卡普里的别墅一样，这栋别墅内同样设有公务活动区。对于无法从公务中抽身的皇帝来说，是否有全线铺设的罗马大道直接与首都相连，是非常重要的一个条件。

根据印刻于所用砖块上的制造商商标可以推断出哈德良别墅动工

建设的时间。研究人员的调查结果显示，最早的砖块是公元 123 年的。在砖块需求量极大的罗马，工厂接到的订单一定很大，而且交货期很紧，通常应该是刚做好就要送往施工现场。如果开工时间是公元 123 年，那么就是哈德良登基 6 年以后的事情。这个时期，他已经开始在帝国各地进行巡回视察，也就是说，他已经走在旅途中了。公元 123 年这一年，正是为了与帕提亚国王之间进行最高层谈判，从西班牙横越地中海到达叙利亚的那一年。

因此可以断定，在他当上皇帝回到罗马的公元 118 年，再到离开首都的 121 年，不到三年的时间里，他已经决定要建一座别墅，并且选定了地点，甚至设计好了基本格局。根据自己的喜好建一个休闲地一定是他很早以前的梦想。但是，就连公共建筑都不放手交给建筑师的哈德良，不可能把这项工作交给别人来做。因此，还可以断定，他在视察帝国各地的时候，一定在考虑自己要建一座什么样的别墅。这座别墅从开工到完工耗时极长，建成后的别墅完全不同于罗马时代的任何一座别墅，说好听点儿是具有独创性，但是，严格来说，它不过是一件业余爱好者的作品。

加上周边的土地，整座别墅规模宏大。现代美国大富豪保罗·盖蒂受这座别墅的影响，在美国西海岸的马里布也建了一座别墅，但是，规模只有它的五分之一左右。连世界上最强大、最富有的美利坚合众国的大富豪，也只能做到罗马皇帝的五分之一的规模，想想还真有点儿意思。更何况，这两人手中掌握的权力……

哈德良皇帝开始第二次大范围旅行是在公元 128 年，距离别墅开工已经过去了 5 年时间。在这一阶段，别墅的结构应该还不明朗，因为这座别墅中的“哈德良风格”很大程度上源自他第二次巡回视察到过的地方。大概皇帝在视察帝国各地的过程中，随时都在向蒂沃利传

哈德良别墅复原模型

递自己的想法。无论是纪念品，还是艺术作品，我想他都有很强的收集癖。

研究者们说，在蒂沃利的别墅建设中，哈德良仿造了很多他在视察帝国各地时看到的、符合自己趣味的东西。哈德良要把符合自己兴趣爱好的世界引入别墅中，在这一点上，恺撒与他截然不同。恺撒认为，不管符合不符合自己的兴趣爱好，对他来说，世界就是家。难道这是行省出身的罗马人和纯粹的罗马人之间的不同？或者是这两个男人的“器量”不同？如此说来，我想起来了，尤里乌斯·恺撒是没有收集癖的。

按照罗马人的生活方式，“negotium”（工作）与“otium”（休闲）泾渭分明，非常清楚。普通公民通常都是日出而作，日落而息。上午工作，下午休息。条件还不错的公民，除了在市内有一个家，通常在乡下也会有一个家，目的是为了确保农牧业的生产和收获。作为公众人物，皇帝却不能像公民那样把每一天的时间划分得如此一清二楚。但是，对于哈德良来说，他应该是把蒂沃利的别墅，包括别墅的建设过程看成了自己的“休闲”。也正因为如此，他才会在这座别墅中投入自己的所有嗜好。

但是，哈德良不是一位置工作于不顾的皇帝。我在本书有关图拉真的章节中曾经介绍过一个插曲，我认为很值得回顾一番。

有一天，哈德良作为大祭司前往神殿主持祭祀仪式的途中，被一个女人拦住了。她要向皇帝请愿。皇帝说了一句“现在没有时间”，抬脚准备继续前行。那个女人于是冲着他的背影喊了起来：

“既然这样，你没有权力统治我们！”

哈德良于是转身回到女人身边，倾听了她的陈述。

再次“旅行”

公元128年夏季，已经52岁的哈德良开始了第二次漫长的旅行。第一次旅行是视察帝国西方，这次旅行的目的则是视察帝国东方。视察是一件耗时很长的事情，这一点，想必他从一开始就预料到了。因此，在离开首都罗马前，他接受了元老院一再表示要授予他的10年来他一直在推辞的“国父”的称号，并授予了妻子萨宾娜“奥古斯塔”的封号，意思相当于“皇后”。作为最高统治者，因为他是公职人员，所以我想，他的“工作”，与其说是“工作”，不如说是“职责”更恰当。他之所以接受“国父”的称号，也许是他自觉很好地履行了自己的职责。同时，也因为他认为自己没有必要向元老院和公民表明自己是一个多么谦虚的人。

船离开罗马外港奥斯提亚以后，首先向南驶去，穿过意大利本土和西西里岛之间狭窄而水流湍急的墨西拿海峡后转而向东，绕过伯罗奔尼撒半岛南侧，进入爱琴海域。从这里开始北上，目的地是他心向往之的雅典。

上一次逗留雅典是3年前的事情。这3年间，根据哈德良的指示，在“忒修斯远古的雅典”旁边，“哈德良的雅典”的建设工程已经接近尾声。资金的流动可以带动人的流动。虽然雅典不可能恢复到伯里克利时代那样，但是在哈德良振兴雅典的政策推动下，包括雅典在内的希腊各地一定呈现出了欣欣向荣的局面。哈德良在希腊各地巡回的过程中，在雅典逗留的时间加起来长达6个月之久。和上次一样，这一次他也参加了依洛西斯秘仪。不同的是，这一次，他频频出席了公共建筑物的完工仪式。这些建筑物都是他上次逗留雅典期间下令建设的，其中有“奥林匹亚宙斯神殿”。这座建筑物象征了希腊的重振，为了纪念它的完工，哈德良发行了刻有“Olympeion”字样的货币，不是纪念币，而是用于日常流通的货币。它证明哈德良是把振兴希腊当成了一项国家大事来做的。

为了向哈德良表示感谢，雅典公民授予这位罗马皇帝“奥林匹乌斯”的称号。它意味着哈德良加入了居住在奥林匹斯山上的诸神行列。在这一点上，希腊和罗马不同。很多时候我们把希腊和罗马文明看作一个整体进行论述。但是，这件事情充分显示在很多方面，希腊和罗马之间存在很大的差别。在罗马，尚在世的人是不允许被神格化的，相反，希腊人不反对神格化一个活着的人。也许这是希腊更靠近东方的缘故，因为东方人普遍认为国王就是神。尽管哈德良在新旧雅典城之间的拱门上，明白无误地写上了“哈德良的雅典”，但是他拒绝在一切自己下令建设的建筑物上冠以自己的家门名。对于这样一位皇帝，处于罗马统治之下的雅典公民能给予他的，或许只有把他加到奥林匹斯山的诸神行列中了。哈德良理解雅典公民的感情，所以他欣然接受了雅典人神格化自己的做法，虽然这一做法只在以雅典为中心的希腊境内有效。事实上，哈德良虽然成了诸神之一，但是他在奥林匹亚宙斯神殿内只拥有一个祭坛而已，没有自己的神殿。作为统治者，满足被统治者的愿望，接受馈赠，也是统治上的一个策略。

视察希腊不仅安全而且舒适，这种感觉与视察前线基地不可同日而语。尽管如此，哈德良并没有带皇后萨宾娜同行。在随行的人员中，除了美少年安提诺乌斯，还有诗人弗罗鲁斯。在整个旅途中，弗罗鲁斯充当了他的聊天对象。他不愿意带那些不懂得欣赏希腊文化的人，即使是妻子也一样。在这一点上，他是一个非常固执的人。但是，他又与尼禄不同，因为尼禄只做自己感兴趣的事情。愉快的6个月过后重新开始处理的公务，对他来说，只是极其自然的工作内容的改变而已。

公元 129 年春天一到，他离开比雷埃夫斯港，从海上向小亚细亚西岸出发了。在以弗所上岸以后，他一路直奔小亚细亚北部。此次旅行的目的是视察以锡诺普为中心的毗邻黑海的小亚细亚北部地区。在随行的人员中，没有一个来自皇宫中的派不上用场的人。与以往一样，这次与皇帝同行的人以建设领域的专家为主，人数不多。一行人还去了特拉比松（今土耳其的特拉布宗）。这座城市位于黑海南岸各城镇的最东面，从这里再向东 50 公里就是亚美尼亚王国。这个地区没有罗马的军团基地，但是希腊人建的这些城市依然属于罗马帝国统治的“核心”区域。

结束了对黑海地方的视察以后，哈德良沿着罗马帝国的边界向南进入了小亚细亚内陆，目的是视察萨塔拉和梅利泰内（今马拉蒂亚）。与亚美尼亚王国接壤的罗马行省是卡帕多西亚，而萨塔拉和梅利泰内则位于罗马防线的最前沿。前者是第十五阿波利纳里斯军团的驻扎基地，后者是第十二雷电军团的驻扎基地。为了向全帝国的人民告知皇帝已经来到这里，哈德良发行了货币，上刻“Exercitus Cappadocicus”（卡帕多西亚军团）。

有一篇短文可以帮助我们了解哈德良是如何视察国界线上的防御设施的。从前后内容来看，这篇短文可能出自这一时期伴随哈德良视察的弗拉维乌斯·阿里安之手。

我们来到了洛希尼岛。这是一个基地，驻扎着由辅助部队士兵构成的 5 个大队。我们一行首先视察了武器库，然后又看了国绕基地的屏障以及在屏障外侧的堑壕，接着看望了伤病员。离开病房后，去仓库了解了粮食的储备情况。同日，我们还视察了附近的城堡及要塞，检阅了骑兵的演习。在骑兵队基地，我们绕过基地屏障，从屏障外围视察了堑壕，访问了医院，视察了粮库和兵器库。

此外，皇帝每到一个基地，都会向士兵发表演讲，激励大家。对于担任边境防卫任务的士兵来说，他们每天都在紧张和焦虑中度过。因此，皇帝的到来本身就是对他们的一种激励。

阿里安是出生于小亚细亚比提尼亚行省尼科美底亚的希腊人。他的名字中有弗拉维乌斯的家门名，表明了他父亲那一代，在从韦斯帕芗到图密善时代里，因为弗拉维王朝某位皇帝的推荐，取得了罗马公民权。据说他的出生年份是公元 95 年前后，因此年龄比哈德良小 20 岁左右。他热爱以哲学为代表的希腊文化，为自己身上流淌着希腊人的血液而深感自豪。同时，他又是一位积极投身于罗马帝国事业的希腊人。他很有教养，思维清晰，还有敏锐的洞察力。哈德良非常欣赏他。在这次巡回之旅开始两年后的公元 131 年，哈德良任命他担任卡帕多西亚行省总督，当时他只有 36 岁。前线的防卫任务很艰巨，哈德良连续 6 年没有撤换他。其间，他为击退来自东北部的蛮族的侵袭，立下了汗马功劳。在担任总督期间，阿里安根据自己的切身体会，发表了有关防卫问题的论述，并献给皇帝哈德良。上面引用的短文就摘自他的著作。

阿里安既是一位行政官员，又是一员武将，深受哈德良的喜爱和重用。在顺利结束卡帕多西亚行省总督的任职后，皇帝没有把他调到其他前线继续承担前线的工作，而是把他派到了雅典负责行政事务。

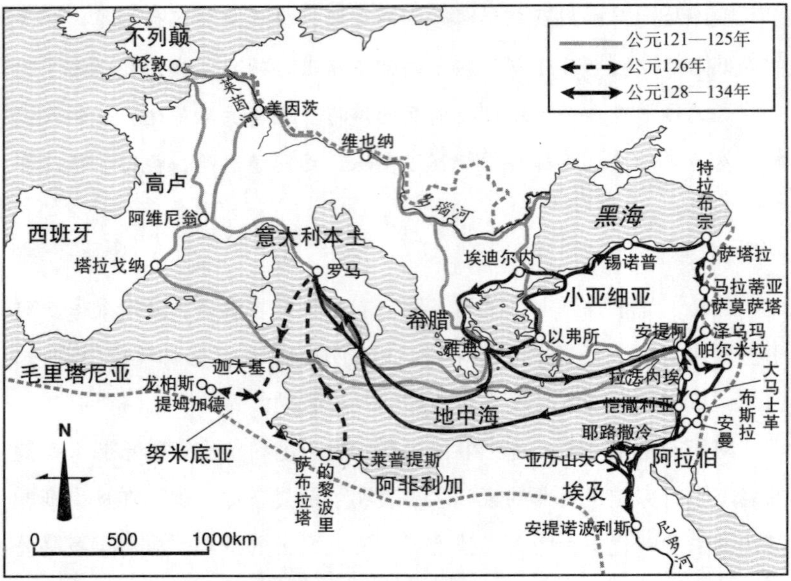

哈德良巡回视察的路线

雅典是一个享有完全自治权的城市，这类城市叫自治城市，罗马官员无权干涉其内政。因此，是年已经43岁的阿里安首先要做的事情是以个人的名义取得雅典的公民权。不惜牺牲一位有能力的武将，把阿里安送到雅典，这反映了哈德良的真实想法。因为这位武将和他一样，对希腊文化有着非同一般的热爱，他认为雅典就应该交给这样的人来管理。一年后哈德良去世，继他之后的皇帝安敦尼·庇护也许认为把雅典交给阿里安不失为良策，所以，在其后很长一段时间里，阿里安都在雅典忠实地履行自己的职责。

取得雅典公民权以后，阿里安作为文人的才能开始显现出来。他敬重色诺芬，因为色诺芬与他一样文武兼备，也因此，阿里安的才能在讲述历史故事方面结出了丰硕的成果。《亚历山大远征记》（*Anabasis Alexandri*）被认为是他的代表作。这部作品留存至今，共有7卷。即使在现代，它依然不失为一部关于亚历山大大帝的阅读性强、可信度高的历史传记。作为历史传记，它与库尔提乌斯·鲁弗斯（Q. Curtius Rufus）的《亚历山大大帝史》（*Historiarum Alexandri Magni Libri X*）一样，受到了很高的评价。

让我们回过头来再接着说哈德良。结束了对卡帕多西亚前线基地的视察后，哈德良一行去了叙利亚。从卡帕多西亚到叙利亚只要一路南下即可到达。此行的目的是要在安提阿过冬，时间是公元129年至130年的冬季。安提阿是帝国东方与埃及的亚历山大齐名的大城市。哈德良是个从不肯浪费时间的人，所以可以想象，他在安提阿逗留期间，一定视察了驻扎在叙利亚行省的军团基地。叙利亚与另一个大国帕提亚接壤，常驻有3个军团，其中2个军团的基地位于从小亚细亚到安提阿的沿途。它们是第十四弗拉维亚军团基地和第四西提卡军团基地。前者位于幼发拉底河上游的萨莫萨塔（今土耳其东南部萨姆萨特），后者位于泽乌玛（今土耳其巴尔奇斯）。只有第三高卢军团的基地在安提阿以南的拉法内埃（今叙利亚沙玛）。

罗马有28个军团，军团基地也有28个。除了视察军团基地，哈德良还要视察辅助部队的基地、骑兵部队的基地、城堡和警戒哨位等等。同时，他也一定视察了由服役期满退役士兵建设起来的殖民城市以及原住民的地方自治体，它们也是罗马防御体系的重要一环。虽说视察是哈德良自己要做的事情，但这无疑是一件苦差事。

在视察某军团基地时，一天，在晚餐席上发生了这样一件事。与哈德良同行的人员中有一个以讽刺诗见长的人，名叫弗罗鲁斯。他在席上即兴作了一首打油诗：

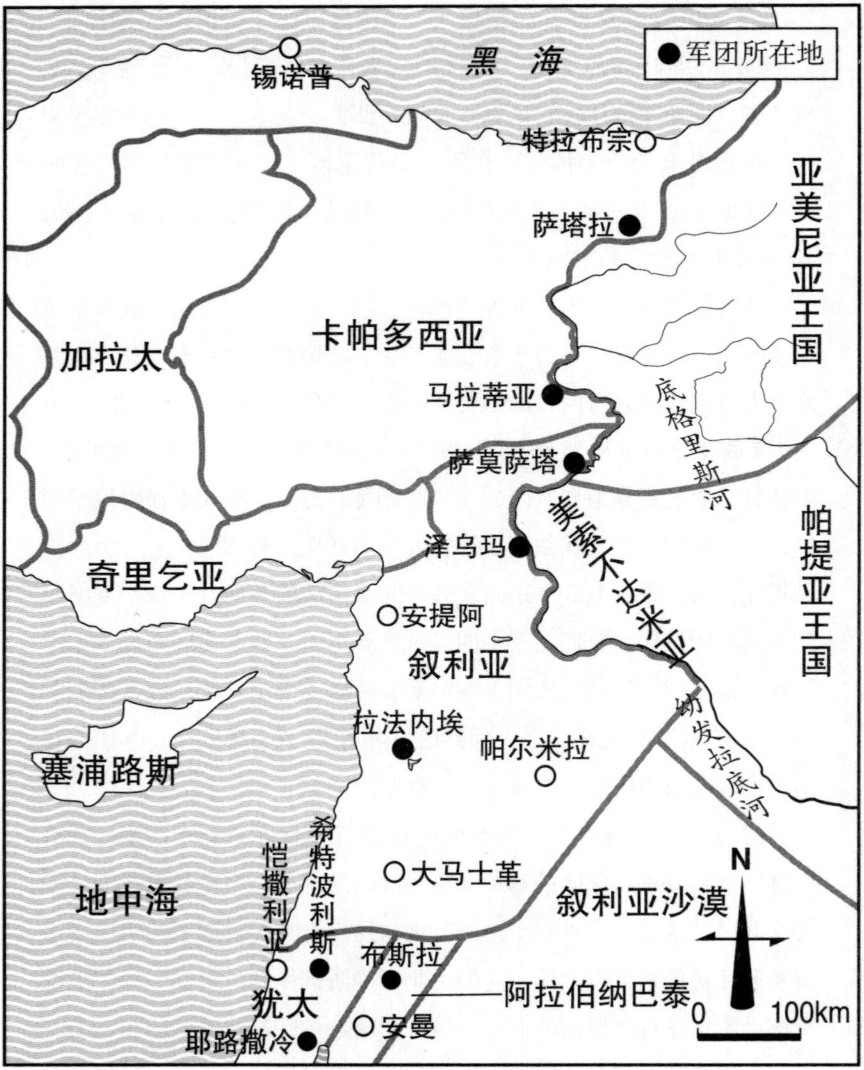
军团所在地
黑海
锡诺普
特拉布宗
萨塔拉
亚美尼亚王国
卡帕多西亚
加拉太
马拉蒂亚
底格里斯河
萨莫萨塔
帕提亚王国
美索不达米亚
泽乌玛
奇里乞亚
安提阿
叙利亚
拉法内埃
帕尔米拉
幼发拉底河
塞浦路斯
希特波利斯
恺撒利亚
大马士革
叙利亚沙漠
地中海
N
布斯拉
阿拉伯纳巴泰
犹太
安曼
耶路撒冷
0
100km
小亚细亚东部及叙利亚

我可不想做皇帝
整日走在不列颠人中间
往来于（边境）
忍受斯基泰的严寒

哈德良当即回了一首：

我可不想做弗罗鲁斯
整日进出廉价酒馆
徘徊于酒桶之间
忍受胖蚊子的叮咬

在这里，我把拉丁文原文也写下来。因为只要用罗马发音就可以，所以很简单。

ego nolo Caesar esse,
ambulare per Britannos,
latitare per ...
scythicas pati pruinas

ego nolo Florus esse,
ambulare per tabernas,
latitare per popinas,
culices pati rutunolus

在这一时期，哈德良完成了一项极其重要的外交工作。不清楚具体地点在哪里，好像是幼发拉底河附近的某个希腊系小城。在这里，他邀请了中东所有地方的首领，据说连帕提亚国王也来了。罗马和帕提亚这两个东西方强国的最高权力者能够坐在一起，本身就有重大的意义，但是，哈德良的目的绝不仅止于此。一直以来，与这两个大国相邻的小国常常见风使舵，投向两者中更强的一方。现在，让这些态度摇摆不定的中东地方首领出席帕提亚国王和罗马皇帝的友好会面活动，对他们的心理一定会产生影响。

14 年前，图拉真攻陷帕提亚首都时，抓获了帕提亚的公主，并把她作为人质一直扣押在罗马。此时，哈德良把这位公主送还给了其父帕提亚国王。这次会面并非因帕提亚方面出现反罗马的迹象，为处理这种局面而进行的。因此，罗马方面完全没有必要以返还人质为条件，要求帕提亚方面做出妥协。但是，哈德良归还了人质，由此可见其外交手段之高明。外交和战争一样，常常因为出其不意的战术，收到最佳效果。这次会谈的结果是确保了中东一带的和平。

公元 130 年，新一年的春季，哈德良离开安提阿前往帕尔米拉。帕尔米拉位于地中海和幼发拉底河接近正中间的地带，是叙利亚沙漠中心的一座城市。但是，就像它的名字——“棕榈（椰子树）之城”表明的那样，它是个绿洲城市，是骆驼商队从东方运向西方的物资中转地，因而很繁荣。因为经济实力雄厚，独立意识更强，又因为通商方面的有利条件，所以，帕尔米拉繁荣无论对帕提亚还是罗马来说都是好事。但是帕尔米拉有一个不利因素，就是经常受到沙漠民族贝都因人的侵扰和掠夺。在贝都因人的意识中，掠夺不是罪孽，而是正业。然而，他们的这种正业一定会伤害到他人，一定会有人成为受害者。如果商队因痛恨贝都因人的这种正业而选择其他通商路线的话，帕尔米拉就会彻底失去生命力。但是，帕尔米拉这个民族只会一心一意地从事经济活动，却不重视军事力量的发展。

罗马的势力扩张到幼发拉底河以后，担负起了保护帕尔米拉的责任。帕尔米拉自然而然地进入了罗马帝国的统治范围之内，同时贝都因人也被纳入罗马的统治之下。从此，帕尔米拉的富豪们不必再担心贝都因人的掠夺。顺便提一句，在贝都因人的“正业”被禁止后，罗马帝国把他们编入防守边境的军队中，以此保证了他们的生活来源。

帕尔米拉是一座位于幼发拉底河防线的边境城市，对于罗马来说，它非常具有象征性。它不像其他防线的“屏障”，栅栏、堑壕、城墙和堡垒绵延相连，是封闭的“屏障”。这是一个开放的“屏障”，由联结瞭望塔、堡垒、军团基地以及通往各个军事要塞的大路构成。虽然这个“屏障”建在北非沙漠的前方，但是，幼发拉底河防线在防御敌人来袭的防御体系中，在保护，不，应该说是在鼓励人与物产交流方面，作为威慑力量，是一个成功的例子。只要守住帕尔米拉，就证明开放的“屏障”——幼发拉底河防线是有效的。在沙漠中，罗马大道呈放射状从帕尔米拉铺设到了安提阿、大马士革及红海的亚喀巴。哈德良离开安提阿后，只要选择走其中的一条大道即可。

结束了对帕尔米拉的访问后，哈德良选择了去大马士革。在沙漠中，罗马式大道几乎呈一条直线，从帕尔米拉到大马士革只有 230 公里的路程。

他在大马士革只是稍做停留而已。他选择这条路线的真正目的是前往波斯特拉（今布斯拉）基地，视察驻扎在阿拉伯行省（今约旦）的第三昔兰尼加军团。不用说，和视察其他基地时一样，他一定视察了这里的所有设施，观看了士兵的演习，对士兵发表了演讲。他还发行了货币，上刻“Adventui Aug(usti) Arabiae”（皇帝视察阿拉伯）。当然，这是为了让帝国民众了解皇帝已经来到中东沙漠，正在这里视察这一事实。

罗马军团

至此，哈德良完成了对罗马帝国所有主要防线的视察，它们是莱茵河和多瑙河、不列颠、北非、联结黑海至红海的幼发拉底河等防线。在视察过程中，皇帝除旧立新，重新整顿后的军事力量又是怎样一种情形呢？我想从犹太人写的《犹太战记》中摘选一段进行说明。篇幅略有些长，作者是弗拉维乌斯·约瑟夫斯：

> 在这一点上，我们对罗马人的见识只能表示敬意。他们甚至要求在军团基地劳动的奴隶也参加训练。对奴隶们进行军事训练的好处是，当敌人来犯时，他们也能拿起武器，加入防御作战中。事实上，罗马人制定的所有军事制度，让我们深深体会到他们之所以能守护这样一个辽阔的帝国，不是得益于运气，而是缘于他们坚强的意志和努力的结果。
>
> 在战时，罗马士兵理所当然要拿起武器迎击敌人，但是他们不是只在需要的时候才拿起武器；在平时，他们也从不贪图享乐。武器就像他们身体的一部分，须臾不离。他们每天勤于训练和演习，从来不会等待在实战中检测自己的作战能力。
>
> 罗马军队的训练非常严格，其激烈程度与实战几无二致。不，应该说在演习中，他们的气势和严肃程度与实战完全一样。

正因为如此，他们在实战中才能做到不会惊慌失措，不会自乱阵脚，不会喊累，不会打乱作战阵型。正因为如此，他们才能百战百胜。罗马士兵和其他国家的士兵之间的区别显而易见，没有一个敌人像他们那样过着严格的军团生活。对于罗马士兵来说，军事训练就是不流血的实战，实战就是伴随有流血牺牲的训练。这样说应该不会有错。

罗马的军团兵很少突袭敌人。他们在攻打敌人的时候，要做的第一件事情不是向敌人发起进攻，而是用栅栏围住一个地方修筑坚固的宿营地。他们会慎重选择修建宿营地的位置，从来不会盲目行事。营址确定后，全体士兵马上投入劳动。如果因为战时的需要，不得不在凹凸不平的地方修建宿营地时，他们会首先平整土地。因为地面不平坦，适合防御的四角形营地就无法充分体现其有效性。像这样，因为罗马士兵兼做工兵，所以他们在行军的时候，总要背负数量繁多的建筑工具。

无论是在共和制时期还是在帝制时期，就算只宿营一个晚上，也要修建牢固的宿营地，这是罗马人一贯的做法。对他们的这一做法，现代战争的专家们给予了高度的评价。他们认为，一方面，士兵知道一旦战况失利，自己有地方可退，就会在战斗中表现勇猛；另一方面，如果打了败仗，只要逃回宿营地，他们可以在这里平息内心的恐惧，恢复内心的平静，有利于在下次战斗中表现更加勇敢，从而挽回失地。也就是说，虽然在建造牢固而安全的宿营地时付出了辛苦，但是，它为士兵提供了心理上的依靠，辛苦是有回报的。

犹太人继续评价罗马军队：

他们会在宿营地内搭建很多帐篷，用原木连起来的栅栏环绕在整座宿营地的外侧。瞭望塔建在栅栏做成的屏障的重要位置上，每座瞭望塔之间都配有重兵器，以投石器为主的各种重兵器随时可以投入使用。

四边形营地的每个边都有一个门，门的宽度适合可移动的重兵器及士兵列队进出。

宿营地内的中央通道把营地一分为二。通常，中央通道的一边是仓库、病房和士官们的帐幕，另一边是士兵的帐篷。军团长的帐幕既高又大，位于宿营地的正中央，就像神殿一样。

罗马人的宿营地变成固定基地后，完全可以进一步发展成为一座城市。士兵集合的地方可以用作广场，兵器修理所可以用作工匠的车间，审判违犯军规的士兵以及军团长召集将官会议的会场可以用作大会堂，兼做法庭。就算只宿营一个晚上的营地，因为士兵早就习以为常，所以无论是环绕宿营地的栅栏还是别的设施，其修建速度之快，整座宿营地之牢固，令人惊叹不已。如果需要，他们还会在栅栏外侧，挖一条深度和宽度都为 4 腕尺（约 2 米）的堑壕。这一切都与普通村落无异。

宿营地修建完成后，士兵进入各自的帐篷。随后，由当天值勤的小队整齐有序地开展其他工作，包括分配柴薪、粮食、水等。

罗马军队规定士兵的一切行动要听从军号的指挥。在军号响起之前，任何人不得擅自提前进餐、就寝。四班倒的夜间岗哨、起床等也要听军号的号令。

天快破晓的时候，起床号响起。在第一声军号中起床的士兵在各自的百夫长面前列队。百夫长清点士兵人数后，前去向他们的上司——大队长报告。然后，大队长带领百夫长们一起前去向军团长报告，并接受军团长的指示，随后再把军团长的指示传达给士兵。罗马军队这种上传下达的方式同样用于实战，因而在战斗中，即使改变战术，也能迅速而准确地传达下去。因此，无论是进攻还是撤退，罗马军队按照命令，都可以做到阵脚不乱。

士兵出发离开宿营地的时候也要听从军号的号令。在军号的指挥下，所有人参加宿营地的拆除工作，没有一个人会偷懒。第一声军号是拆除、折叠并捆绑帐篷的命令。第二声军号是行李装车、推出重兵器、牵出马匹及牛的命令。这些事情完成后，军队在宿营地外集结。全体士兵队伍整齐，看上去就像参赛的马匹排成一条直线，准备冲向跑道一样。然后，第三声军号响起，这声军号是催促迟到者，同时命令百夫长和大队长清点士兵是否全部到齐。最后，他们会点燃环绕宿营地的栅栏，因为他们认为与宿营地被敌人占用相比，不如重建更有利。

出发的准备工作完毕后，站在军团长右侧的发令员用拉丁语连续三次问大家是否已经做好战斗准备。每一次，士兵都会斜着举起右手敬礼，同时齐声回答："准备完毕。"

之后行军开始。全体士兵就像在战场上坚守各自阵地一样，安静而有序地走在自己的位置上。军团兵穿上胸甲，戴上头盔，腰的两侧佩剑，佩带在左侧腰部的罗马短剑比佩带在右侧腰部的短剑要长一些。走在司令官周围的是步兵部队，他们只拿长矛和圆形的盾。余下的军团兵除了投枪和长方形的盾以外，还要携带锯、镐、斧子、铁锁以及用于搬运的皮质宽运输带、可用来割皮的大型刀具，再加上三天的粮食等等，让人感觉他们背负的行李比牛或驴拉的辎重车还要重。

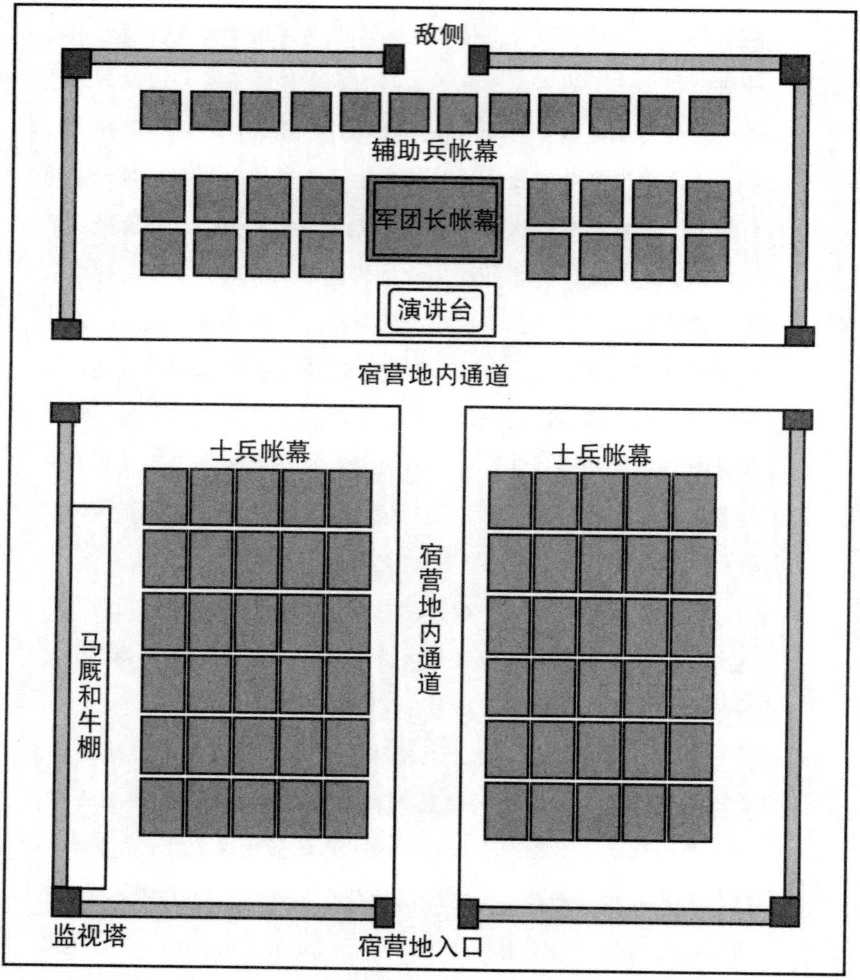

罗马军队宿营地略图

骑兵们右手拿长矛，剑佩带于右侧腰部，盾挂在马鞍的一侧，箭筒背在背上，装在箭筒内的箭又尖又长。骑兵用的头盔和胸甲与步兵用的是同一类东西（罗马人不按社会地位区分骑兵和步兵，只按他们的性质区分。作者是出生于犹太的犹太人，对于这位东方人来说，想必罗马人的这种做法一定让他深感惊讶。——引者注）。骑兵的装备和战场上担任两翼进攻的骑兵一样，走在司令官的周围。此外，在罗马军队里，由哪个军团走在队伍的最前面要通过抽签决定。

以上就是罗马人的军队在宿营地建设、行军方法以及装备方面的真实情形。同样，在战斗中，他们也不会盲目行动。因为每一个计划都关系到相应的行动，而每一个行动都关系到下一个计划。正因为如此，他们极少出错，即使出错，也可以在很短的时间内加以改正。

罗马人认为，与预想之外的运气带来的成功相比，宁可在周密的准备工作之后出错。他们的理由是，无计划的成功会让人忘记准备工作的重要性，而经过周密的准备后的失败是积累经验的有效途径，可以避免重蹈覆辙。凭借运气获得的成功不是哪个人的功劳，而经过周密准备后，尽管结果不好，但是至少心里很踏实，因为他做过努力，而且充分考虑过对策。

通过军事活动，罗马人不仅锻炼了肌体，也锻炼了意志。军事训练帮助他们克服了恐惧心理，严厉的军规教会了他们集体生活的方式。在罗马的军队里，私自逃跑会被判死刑；即使是一丝小小的失误，如果影响到了整个军团的安全，也会受到重罚。士兵最害怕的不是法律，而是司令官。当然，司令官并非只会严厉对待士兵，对于值得称赞的士兵，他们从不吝惜褒扬之词以及奖励。他们很善于在严格和宽容之间找到平衡。无论在平时还是战时，罗马军队的士兵必须绝对服从指挥官，而这一点，正是罗马军队可以保证有序行动的重要因素。

在战场上，罗马士兵不会擅自打乱战斗阵型，他们一定会和战友同进共退，就像一个整体。他们的耳朵不会遗漏任何一个命令，他们的目光不会离开军旗，他们的手脚会按指令迅速行动。即使在形势不利的情况下，如敌人在数量上占优势，敌人在战场上占主动等，甚至命运女神的意志都不能削弱他们的斗志。就好像他们完全相信，与运气相比，自己更强大，更可靠。

搜集尽可能全面的情报，并以此为基础，对形势做出判断，制订战略计划，然后按计划行动。这就是罗马民族。他们在实施计划时的效率之高以及计划制订前考虑问题之周密着实令人赞叹。他们的帝国版图之所以可以东到幼发拉底河，西至大西洋，北及多瑙河和莱茵河，想来理应如此，不值得大惊小怪。可以毫不夸张地说，尽管他们征服的地域如此辽阔，但是，与征服者付出的努力相比，显然还不算大。

以上是我对罗马军队做的详细描写。在这里，我没有丝毫赞美罗马军队的意思。相反，我是为了安慰那些被他们征服的人，告诉他们，你们被征服不是因为你们自身的缺陷造成的，而是因为罗马人非同一般的素质。同时也是为了劝告那些试图挑起叛乱的人，告诉他们，你们要对付的人是罗马人，从而让他们把叛乱的想法扼杀在萌芽之中。最后，我衷心希望我对罗马军队做的描述，对那些关心罗马的人有所帮助。

我知道这是犹太人对罗马军队的溢美之词，但是，这些文字留给我的印象好像罗马军队只是一架精巧的军事机器。然而，罗马军团兵不是纯粹的“齿轮”，而是活生生的人。在这里，我想介绍两块墓碑，它们属于阵亡的士兵。通常，罗马人的墓志铭上会有本人生前写过的话：

有生之时，我一直享受着畅饮的快乐，因此，你们在有生之年也要尽情畅饮。

我在心里默默起誓，为了和平，我要尽一己之力，我做到了。

我发誓要杀死达契亚人，我做到了。

我希望参加凯旋仪式并纵情享乐，我体会到了。

我想当首席百夫长，得到相应的荣誉和回报，我得到了。

我想膜拜女神的胴体，我膜拜过了。

《犹太战记》的作者约瑟夫斯感兴趣的是罗马军队的组织机制，而不是罗马士兵的人性。

关于这位作者，我在《罗马人的故事 08 · 危机与克服》中已经做了详细描述。这个犹太人生活在公元 1 世纪后期，很可能与罗马人有过共同生活的经历。他曾经是反罗马的犹太军队的指挥官之一，与罗马军队有过正面交锋的经历。他亲眼见识过总司令官韦斯帕芗率领的罗马军队是如何镇压犹太叛乱的。上文是他对这支军队的评价，他用心观察并研究了罗马军队强大的原因。

也许有人会说，约瑟夫斯看到的是公元 70 年前后的罗马军队，不是公元 130 年前后哈德良改良后的罗马军队。但是，一个高效的组织与时间的推移没有关系，因为对一支军队起决定作用的是它的效率和功能性。

约瑟夫斯看到的是在犹太战争期间处于战争状态下的罗马军队。在图拉真时代，一直采取进攻态势的罗马军队大概与约瑟夫斯描述的韦斯帕芗时代的罗马军队一样，作为军队，充分展示了其威力。但是，到了哈德良时代，他要求罗马军队即使在和平时代也要保持这样的状态，而这种状态正是帝国维持不增加税收的、和平的唯一方法。我们知道，战时表现出色的军队在平时不一定强大，但是，如果一支军队在平时有功能完善的组织机制，那么它在战时一定可以大展拳脚。哈德良耗费整个统治期间的大半时间视察帝国边境的目的，也是为了确立在和平时期也能有效发挥作用的防御体系。

罗马皇帝的职责是保障“安全”和“食物充足”，其中保障安全为先。因为只要安全有了保障，人们才能靠自己的双手获得所需的食物。统治者的责任就是向人们提供这样的生活环境。保障“食物充足”可以依靠个人的努力，而保障“安全”超越了个人努力的范围。哈德良的方针自始至终是要尽一切可能避免战争。他不惜付出比别人更多的努力来确立防御体系，是因为他深知要避免战争，在防卫上切不可掉以轻心。为此，尽管“整日行走在不列颠人中间，往来于（边境），忍受斯基泰的严寒”，他也不得不为之。而这一切，在普通人看来，的确怯于“想当皇帝”了。

从大马士革到红海的亚喀巴有一条全线贯通的罗马式大道，是图拉真皇帝时代铺设的。结束对幼发拉底河防线的要塞之一——波斯特拉军团基地的视察后，哈德良沿着这条大道去了费拉德尔菲亚（今约旦首都安曼）。到了这里，他没有继续向南，而是转身去了犹太行省，目的是为了视察罗马帝国的“火药库”——犹太的统治。

罗马在这个问题不断的行省常驻了2个军团。驻扎在北部的是第六菲拉塔军团，在南部的是第十弗雷腾西斯军团。向犹太派驻军团是在公元70年以耶路撒冷沦陷而告终的犹太战争之后，只是，当时常驻犹太的罗马军团只有一个。在图拉真皇帝统治末期，犹太再次发生叛乱。这次叛乱被镇压后，常驻军团增加到了2个。

哈德良要削减军团的数量。他没有打算编组新的军团来加强在犹太的军事力量，而现状又不允许他从其他防线调动军队。为此，他必须依靠现有的2个军团来控制暗流不断涌动的犹太地区。哈德良需要决定如何安置军团，基地设在何处。

他把第六菲拉塔军团的基地设在了犹太北部的希特波利斯（今以色列的贝特谢安），这里距离毗邻地中海、传统上一直亲罗马的城市恺撒利亚不远。如果与驻扎在波斯特拉（今叙利亚的布斯拉，位于其他行省）的第三昔兰尼加军团联合起来共同作战的话，完全可以控制住犹太北部。

问题是第十弗雷腾西斯军团的基地应该设在何处。这个军团负责的是包括耶路撒冷在内的犹太南部。公元70年犹太叛乱被镇压后，韦斯帕芗皇帝把这个军团安置在了耶路撒冷市内，哈德良必须决定是否继续维持这一现状。

他没有选择维持现状。他在耶路撒冷北侧为第十弗雷腾西斯军团另建了一个基地，并以该基地为中心，兴建了城镇，取名为“埃里亚卡匹托尔”。埃里乌斯是哈德良的家门名，因此，这个名称的意思就是哈德良之城。卡匹托尔是首都的罗马七丘之一，上面只建有神殿，祭祀以最高神朱庇特为首的诸神。对罗马人来说，这是个神圣的地方。耶路撒冷是犹太人的圣城。哈德良为距离这座圣城不远处的城市冠以这样一个名称，并把它作为军团基地，对此，当时的犹太人会怎么想呢？犹太教是一神教，不承认其他任何神。卡匹托尔山是罗马式多神教的象征，连失败者的诸神也会在得到“罗马公民权”后进入这里。哈德良给基地所在城市取这样一个名字，意味着他在一神教麦加的旁边建了一个多神教的城市。应该说，它反映了哈德良作为和平主义者的另一面。

同时，哈德良还下令禁止犹太教徒实施割礼，不，不是单纯的禁止。对于罪犯，他要求强行对其实施割礼，以表明自己极度鄙视这种行为。对犹太教徒来说，割礼是极其重要的一件事情。所谓割礼，就是用自己的身体来证明自己是犹太教徒。然而，对于不信仰犹太教的罗马人来说，这是一种不尊重身体、随意伤害肉体的野蛮习俗。

哈德良做的这两件事情成了犹太人中暗流涌动的起因，只是当时这股暗流并没有喷发。前面已经提到，约瑟夫斯在文章中写的那些话，是对试图挑起叛乱的人提出的“忠告”。他的同胞，即犹太教徒，之所以没有起事，并非因看了他的“忠告”而犹豫不决，更不是因他的“忠告”而放弃叛乱。犹太教徒深信自己是上帝的选民，是正义的代表，是最优秀的人，因此最听不得其他民族的忠告。约瑟夫斯虽然是犹太人，但是在犹太人眼里，他是个叛徒，是把身体和灵魂都出卖给了罗马的叛徒。犹太人之所以没有马上起义，只是因为他们还没有做好起义的准备。

这是严重伤害犹太民族信仰的两件事情，那么，哈德良为什么胆敢这样做呢？还有，在埃里亚卡匹托尔的第十弗雷腾西斯军团基地内，很早就建有犹太教堂。然而，这座教堂也被哈德良拆除，取代它的是祭祀希腊罗马宗教中众神之首朱庇特的神殿。

难道是热爱希腊文化的罗马皇帝哈德良，与生活在东方的希腊人一样，也染上了反犹太的情绪？自古以来，居住在东方的希腊人和犹太人之间关系一向交恶。

原因之一是，在希腊时代，东方的统治者是希腊人，犹太人长期处于其统治之下。原因之二是，希腊人和犹太人都是在经济活动方面能力超群的民族，他们之间有利害冲突。原因之三是，罗马成为统治者以后，希腊人非常配合，而犹太人因为宗教上的理由，坚决不予配合。

犹太人并不要求在罗马社会中享有平等的权利，他们向统治者罗马要求的只是在经济活动方面与希腊人享受平等的权利。原因是，如果他们要求社会中的平等权利，那么就必须承担与权利相应的义务，即公务、军务以及向罗马皇帝宣誓服从。但是，这样做会违背犹太教教义，因为犹太教要求教徒只服从自己的神。对他们来说，要求在经济活动方面享有平等的权利就足够了，因为单纯的经济活动并不意味着需要承担罗马人的义务。而希腊系居民通过承担相应的义务，表现出了对罗马帝国统治的服从，因此，他们极度反感犹太人的利己做法。

那么，哈德良难道只是因和希腊人有相同的文化爱好而在感情上也感染了希腊人的反犹太感情吗？或者对于他来说，自己为确立帝国防御体系四处奔波，而犹太教徒却坚持拒绝合作，这样的人实在太可恶？然而事实上，他并非讨厌所有的犹太人。当时，虽然人数不多，却也有一些犹太人选择和罗马人生活在一起，例如约瑟夫斯，例如在罗马军队中一步步高升的提比略·亚历山大。哈德良深恶痛绝的只是那些坚决拒绝和罗马人生活在一起的狂热的犹太教徒。

不知道是不是因为反应迟钝，对于哈德良显而易见的挑衅行为，犹太教徒在哈德良逗留当地期间，没有做出任何回应举动。这让哈德良误以为自己对犹太的打击已经完成，在犹太做短暂停留后出发去了埃及。此时，希腊化王国之一的埃及已经非常稳定，在经过罗马两个世纪的统治后，这个辽阔的地域只要常驻一个军团就已经足够。维护经济富裕、国土辽阔的埃及只需要一个军团，与此相比，除了毗邻海岸的希腊系城市，罗马在贫穷而面积狭小的犹太巴勒斯坦，却需要常驻两个军团。针对这一情形，致力于提高防御体系效率的哈德良，一定比常人有更深的感触。

埃及

这一次，哈德良把皇后萨宾娜也带到了埃及。应该说，对希腊文化毫无兴趣的人是不会对希腊的城市产生兴趣的。但是，当时的埃及虽然属于希腊文化圈，却充满了异国情调，几乎很少有人不被其深深吸引。尤其是近现代西欧人，其中最具有代表性的是英国人，他们对埃及的兴趣之浓，充分反映出埃及在欧洲人眼中有着极其浓厚的异国情调。也许哈德良认为，尽管萨宾娜对当地文化毫无兴趣，但是在她身边的罗马上流社会的夫人们，应该会很乐意来埃及。这是他对妻子萨宾娜极其难得的一次关照。

但是，哈德良终究是一个自制力很强的人。在埃及逗留期间，他没有把时间花在陪同妻子观光上，而是视察了埃及行省长官全权负责的位于行省首府亚历山大的行省统治机构，也视察了第二图拉真军团位于亚历山大不远处的尼科波利斯基地。最后，才把已经所剩不多的时间花在了自己感兴趣的事情上。

根据史学家的说法，其中一件他感兴趣的事情，就是访问了著名的亚历山大图书馆，希腊的名字叫“Mouseion”（缪斯神庙）。

之所以把这里叫作“图书馆”，是因为这里曾经收藏过埃及在托勒密王朝时期收集的万卷读本（卷轴）。只是，在公元前1世纪中叶尤里乌斯·恺撒攻打亚历山大时，这些读本中的一大半化为灰烬。此时，图书馆中的读本很多是后来收集的，藏书不如以前那样多，但是，藏书的规模已经达到了不会辱没图书馆称号的程度。

有藏书的地方自然会吸引阅读这些书的人。因此，图书馆成为研究机构也是很自然的事情。埃及进入罗马统治的时代之后，拥有缪斯神庙的亚历山大成了与希腊的雅典、小亚细亚西部的帕加马和罗得岛不相上下的罗马世界最重要的知识中心之一。不，与以人文学科为主流的雅典和罗得岛相比，埃及的亚历山大除了人文学科，还有自然科学学科，应该说它是一个综合性的知识中心。

顺便提一下，公元前1世纪，罗马上流社会阶层认为“在雅典接受过教育的希腊人”水平最高。尤里乌斯·恺撒出身于名门望族中的名门望族，但是经济条件并不富裕。他的母亲奥雷利娅很有教养，也热衷于对儿子的教育，却没有能力为恺撒雇用希腊人做家庭教师，于是她请了一个高卢人做自己独生儿子的家庭教师。此人曾在亚历山大的缪斯神庙求学，就好比现代社会毕业于牛津、剑桥、普林斯顿、哈佛等大学的印度人或新加坡人。根据历史学家蒙森的说法，作为“非本土人士”的这个高卢人，向“罗马史上唯一的创造型天才”尤里乌斯·恺撒传授了大量知识，其中包括罗马人的母语拉丁语、当时的国际通用语希腊语、有助于开阔思维以及视野的哲学和历史、有助于逻辑性思维及表达的逻辑学和修辞学、能促进和谐感的数学和音乐等等。恺撒后来制定了人类历史上最早的有关医生和教师的法律。他规定，从事医疗行业的医生和从事教育事业的教师，不分民族、宗教、肤色，一律授予罗马公民权。也许正因为他是恺撒，才会致力于提高这两类人的社会地位及其经济待遇（有罗马公民权的人，不承担缴纳行省税的义务）。

实行帝制以后，罗马的皇帝们依然优先关照这些服务于罗马上层的研究机构，连图拉真皇帝的妻子普洛蒂娜也担任了希腊哲学研究所的名誉所长。她不是学者，人们只是期望她作为所长可以促进研究所的发展。同样，哈德良对雅典的支持也是由于这样的理由。

皇帝以直接过问的方式保证了在亚历山大的缪斯神庙学习的研究者们的社会地位和经济收入。皇帝用他的私人领地——埃及收缴上来的税金支付这些研究者的年金。因此，哈德良访问缪斯神庙实际上就是出资人访问受资助的机构。

为了对皇帝的到来表示欢迎，学者们举行了研讨会，即通过发表各自的研究成果进行学术交流的活动。作为学术圈外的人，哈德良在这种场合本应该做的事情只是倾听，但是他并不满足于只做一个倾听者。

罗马皇帝与学者们展开了辩论。他谈锋犀利，说得学者们哑口无言。记录下这一事件的史学家们认为哈德良是为了炫耀自己的学识。的确，在这种场合，皇帝最好的做法就是摆出认真倾听的姿态。我想，哈德良只是没有忍住罢了。

哈德良评价一个人的标准是这个人是否很好地履行了自己的职责。社会地位在他眼里只是第二个标准。对他来说，普通士兵也好，行省出身的人也罢，都不是左右他评价一个人的决定性因素。缪斯神庙的学者们从皇帝那里领取年金。所以在哈德良看来，既然搞研究可以拿到工资，那么就应该全力以赴从事研究。我想，这大概就是哈德良在驳倒学者们的论点时内心的真实想法。每个人履行自己职责的重要性，不仅体现在军队和行政界，在学术界也一样。我想，这也是他的想法。

只是被哈德良驳得哑口无言的学者好像并没有理解他的本意。据说其中有一人后来说过这样的话："对一个身后有 30 个军团（实际上是 28 个军团）的人，我们怎么可能驳倒他。"但是，在著名学者和皇帝展开辩论的时候，在场旁听的学者中还是有人理解了哈德良的想法。其中一人叫托勒密。在哈德良访问图书馆的时候，托勒密年仅 30 岁。虽然我们没有确切的证据证明他领会了哈德良的意思，但是在随后的几年里，他发表了大量的著作，内容涉及天文学、数学、地理学等，是革命性的集各学科之大成。还有一人叫盖伦。哈德良访问缪斯神庙的时候，盖伦在帕加马刚刚崭露头角。后来他出版了论述解剖学方法的著作。这部著作非常有名，后世的我们因此得以了解罗马时代的医学水平已有如此之高。这项研究成果就是他在亚历山大的缪斯神庙完成的。1 300 年后的莱奥纳多·达·芬奇对解剖产生兴趣，就是缘于此人的这部著作。

缪斯神庙融合了人文科学和自然科学，在其后很长时间里，这个研究机构一直运转正常。哈德良虽然把他们驳得哑口无言，但是没有停止提供资助。

这个插曲也说明，哈德良绝对不是一个容易相处的最高权力者。罗马时代的人撰写的唯一一部关于哈德良的历史传记《罗马皇帝传》的作者是这样评价哈德良的：

> 皇帝在诗歌和文学方面修养极高，同时，对数学、几何学及绘画的理解也有相当高的水平，他还热衷于学习演奏乐器和唱歌的技巧，而且从不背着人偷偷练习。

他唯一缺少的是拒绝放纵行乐的能力，他甚至还写过几首情诗，赞美他爱的人。

在很多方面，他都是当之无愧的第一达人，甚至可以熟练地使用角斗士的那些复杂而危险的武器。

他的性格很复杂。如果说他严厉，有时候却非常和蔼可亲；如果说他平易近人，有时候却性情乖僻；如果说他放纵行乐，有时候却坚持节欲生活；如果说他吝啬，有时候花起钱来却大手大脚；如果说他不诚实，有时候让你觉得再也没有人比他更诚实的了；如果说他不留情面甚至残忍，一转身他又表现得非常宽容。总之，变化不定是他一贯的风格。

在这篇文章的最后部分，即“他的性格很复杂”之后的部分，被认为是讲述哈德良时必不可少的第一手史料。小说家尤瑟纳尔在《哈德良回忆录》中也引用了这段内容。至于“变化不定是他一贯的风格”这句话，大概很多人看到后会哑然失笑吧。但是，哈德良难道真的只是一个变化不定的人吗？或是《罗马皇帝传》的作者观测的视角值得推敲？我想以“和蔼可亲”为例加以说明。

《罗马皇帝传》中写哈德良章节的作者也好，认可这一评价的读者也好，在他们看来，只有对所有人都表现出和蔼可亲才叫真正的和蔼可亲，否则就不是。然而，哈德良只对他认为值得和蔼相待的人才会表现得和蔼可亲。

神职人员这一类人对任何人都必须和蔼可亲，这是他们的职业要求的。作为普通人，如果对所有人都和蔼可亲的话，难道不是意味着他对所有人都不和蔼可亲吗？也许因为哈德良是罗马皇帝，是最高权力者，所以人们才会要求他对所有人都表现得和蔼可亲。但是，他做不到。

该严厉的时候，他会很严厉；该平易近人的时候，他会平易近人；值得他亲切以待的人，他会亲切以待；他认为不值得亲切以待的人，他从不掩饰自己乖僻的一面。还有，可以纵乐的时候，他会尽情享受；需要自制的时候，他会变成禁欲者；需要吝啬的时候，他从不顾忌别人的想法；应该给予褒奖的时候，他不惜给予重奖，甚至重到让人目瞪口呆的程度。他认为无须坦诚以待的人，岂止是不坦诚，他甚至还会撒谎；他认为值得以诚相待的人，他诚恳的态度让人觉得再也没有人比他更诚实的了；他认为不值得宽恕的人，他会毫不留情地追查到底。相反，认可一个人的功绩时，他会表现出稳重、宽容和礼貌，甚至令人怀疑这个人是不是哈德良。

在忠实于自己的事情上，哈德良从不“变化不定”，而是“一贯如此”。

但是，按照哈德良式的这种“标准”，即便是同一个人，在不同的场合完全有可能受到皇帝不同的对待。正因为这样，人们才会不知所措，结果就有了“变化不定是他一贯的风格”这样的评价。

我想再介绍一个插曲，也许会有助于大家对哈德良的了解。

即使到了现代，《罗马十二帝王传》依然是一部畅销书，被人们广为传阅。这本书在日本很早就有译本，作者是苏维托尼乌斯，比哈德良大 6 岁左右，是在罗马任职的官员之一。他是小普林尼的朋友，因此，他一定也是塔西佗的文人圈中的一员。人们知道他好像不是因为他是官员，而是因为他是作家。《罗马十二帝王传》从尤里乌斯 · 恺撒写到图密善，共 12 位罗马皇帝。同现在一样，这本书当时就吸引了为数众多的读者。顺便提一句，公元 300 年前后写的《罗马皇帝传》讲述的是哈德良以后的皇帝，是苏维托尼乌斯作品的续本，但是不知道为什么，里面没有关于涅尔瓦和图拉真的内容。

不管怎样，苏维托尼乌斯生前不只是一名普通官吏，这是毫无疑问的。他是一个可以随时出入主人长期不在的皇宫的人。他的《罗马十二帝王传》与后来的《罗马皇帝传》相比，闲话或流言蜚语的色彩很浓。想必作者对闲话的兴趣超乎常人，因此，他一定深受宫中女人的欢迎，因为宫中女人都很喜欢闲话，喜欢流言蜚语。后来，哈德良免去了苏维托尼乌斯的职位，把他从皇宫中赶了出去，理由是他对皇后萨宾娜的态度过于随便。

对于他的遭遇，世人深表同情。他们认为这位家臣只是对皇帝并不爱的妻子态度熟稔了一些，就给予这样的惩罚，未免过于严厉。但是，尽管哈德良不爱萨宾娜，但她终究是皇帝的妻子。按照哈德良的想法，上对下可以不拘小节，相反，地位低的人对地位高的人必须做到有礼有节，有规有矩。

对于身边的人来说，像哈德良这种性格的人实在很难相处。只要对哈德良的想法理解不透，就很容易被他弄得不知所措，结果只好仰天大声喊着“变化不定是他一贯的风格”，回过头来依然死心塌地地为他服务。也许皇后萨宾娜并非有意去了解什么，却也发现长时间留在哈德良身边是一件多么困难的事情。然而，尽管知道在他身边很难，依然有人不得不待在哈德良的身边。

美少年

来到埃及的皇帝好像例行活动一样乘船游览了尼罗河，这与其说是为了讨好皇后和那些追随皇后的贵妇，倒不如说是为了满足自己的好奇心。在埃及，只要乘船在尼罗河上逆流而上，途中随时下船走进建在河畔的神殿，就可以看到应该看的一切。乘船游览尼罗河等同于游览名胜古迹，而且还有贵妇们同行。这次旅行一定不同于哈德良以往随行人数少又禁欲的旅行。

在载着皇帝和皇后的华丽御用船队到达距亚历山大300多公里的尼罗河上游时，发生了一起突发事件。皇帝宠爱的美少年——那个无人不知、无人不晓的安提诺乌斯在尼罗河里溺水身亡。史学家们口径一致地说，哈德良得知这一消息后，像女人一样哭得死去活来，没有人能劝得住他。

那么，安提诺乌斯真的是不小心落水溺亡的吗？可当时，罗马人中间很盛行游泳，所以他应该会游泳吧。而且，令人不可思议的是，同船旅行的人中竟然没有一人注意到他落水。

难道他不小心落水后，受到了据称是“尼罗河主人”的鳄鱼的袭击，当人们发现并要救他上来的时候，他已经被咬死了？

或者安提诺乌斯是为了哈德良而做出的自我牺牲？因为占卜者预言哈德良有生命之虞。当然，这个说法是基于哈德良亲自撰写的回忆录。如果真是这样的话，那么，他的死是他自己做出的决定。为了拯救心爱的人而牺牲自己的生命，这样的爱称得上是至高无上的。

罗马社会不像苏格拉底时代的雅典，有恋童癖的男性是得不到公民权的。罗马权贵虽然可以有恋童癖，但是不能公然蓄娈童。哈德良无所顾忌地爱恋安提诺乌斯，让看重罗马传统的人极度不满。罗马史学家在讲述哈德良的时候，好像都不愿意提及这件事情。安提诺乌斯溺亡事件，皇后以及随行的贵妇们是如何看的，我们不得而知。至少，皇后像什么事情都没有发生过一样，高高兴兴地继续她的尼罗河之旅。可以想象，对她来说，安提诺乌斯的死和一个用人的死没有区别，她也不会同情哈德良。也许她和她的随行贵妇们与《罗马皇帝传》的作者一样，并不相信哈德良的说法，说安提诺乌斯是为了让他远离死亡而做出的自我牺牲。

既然死于事故的可能性极小，也不是自我牺牲，那么安提诺乌斯为什么要自杀呢?

从保留至今的众多雕像中，我们可以想象，公元131年安提诺乌斯死的时候，应该还不到25岁。我们不知道这位少年与哈德良相识是在什么时候，在哪个地方。假设是在哈德良去他的出生地比提尼亚的时候，即公元124年，那么，当时安提诺乌斯只有15岁上下。在其后的7年间，哈德良一直把这位出生于小亚细亚的希腊美少年带在身边。

安提诺乌斯的雕像数量极多。看到这些雕像，感觉他的确很美，美到几乎无可挑剔，甚至让人会有性的冲动。但是他的表情很呆板，看上去一点儿也不机灵，才智几乎为零。他看上去顶多是一个娇嫩的美少女换成了少年的形象而已。再看哈德良充满智慧的雕像，难免让人猜想，也许正是因为他们的不相配才成就了他们如此融洽的关系。但是，哈德良是一个非常不擅长与人相处的人。

后来的研究者中有人认为安提诺乌斯自尽的原因是他从少年成长为青年后，感觉自己的容颜日渐衰退，因此害怕失去哈德良的宠爱，于是选择了在哈德良尚未厌倦自己的时候结束自己的生命。对普通的年轻人来说，20岁上下的年纪，别说是容貌衰退，应该正是不断增色的时候。但是对于安提诺乌斯这样因少年的美貌而得宠的人来说，这个年龄也许是开始走下坡路的分水岭。

但是，如果安提诺乌斯不是男性而是女性的话，他的心境又会是怎样的呢?

安提诺乌斯

女人要留住男人的心，最好的方法不是一直待在他的身边，而是和他保持距离，而且是去一个永远不可能追到的地方。哈德良是一个情绪极不稳定的人，在他身边，一定少不了看到他大发雷霆。即使他有时候看上去非常和蔼可亲，人们也弄不懂这个时候，他为什么会这样和蔼。

安提诺乌斯是比提尼亚出生的希腊人，阿里安也是比提尼亚出生的希腊人，但是他们不是同一类人。阿里安是前线的司令官，又是文人，哈德良与他之间有很多共同的话题，从希腊文化到罗马军队的防御体系等。皇帝格外垂爱这位年轻的部下，但是，他们之间是知性的关系。而皇帝和美少年的关系则不同。尽管安提诺乌斯会漫不经心地写几首诗，会弹竖琴，还有一张让人觉得无与伦比的完美的侧脸，但是，光靠这些很难长期吸引哈德良。而且，希腊美少年已经到了年龄和肉体都趋向成熟的时期。

那么，会不会是安提诺乌斯为了永远留住哈德良的爱才选择死的呢？如果是这样的话，我们只能说他如愿以偿了。

安提诺乌斯死后，哈德良像个女人一样哭得昏天黑地，让人不知如何是好。但是，他没有一味地沉浸在悲伤之中。首先，他神格化了已故的安提诺乌斯。在埃及有一个传说，凡是被居住在尼罗河中的鳄鱼吃掉的人都会变成神，所以人们很容易接受哈德良的决定。其次，哈德良在事故发生地的对岸建了一座城市，命名为“安提诺波利斯”（安提诺乌斯之城），还让希腊系的埃及人大批移居此地。人们很愿意移居到安提诺波利斯，无须哈德良采取强制措施，因为皇帝建的这座城市充满了希腊情调。接着，哈德良又铺设了一条从尼罗河畔的这个城镇穿过沙漠，到达苏伊士湾的罗马式大道。这条大道沿着海湾一直延伸至红海。这样一来，安提诺波利斯就可以作为一个物资中转站而变得繁荣起来。因为来自东方的物资要运到亚历山大，首先要从红海进入尼罗河，再在尼罗河上顺流而下经过安提诺波利斯。虽然哈德良像女人一样失声痛哭一场，但是上述举措绝对符合哈德良的作风，是帝国最高统治者经过冷静思考后做出的决定。

这一时期，哈德良也实现了自己少年时代以来的梦想，他终于骑着阿拉伯产的骏马捕猎狮子。好像为了挑战 55 岁的年龄一样，他充分展示了自己的体力。也许哈德良本人比任何人都更愿意相信，安提诺乌斯的死就是为了让自己避免将要临头的灾难而做出的牺牲。

安提诺乌斯死后，哈德良恢复了视察工作。皇后和跟随她同来的一行人出发回罗马后，离开已经开工建设的安提诺波利斯的皇帝又变成了一个人。他首先去了叙利亚的安提阿，从那里进入小亚细亚，北上到达黑海，再从黑海向西，前往希腊，最后来到了雅典。沿途中他又建了一座城市，将其命名为“哈德良波利斯”，也就是哈德良堡。现代土耳其的第三大城市埃迪尔内就是他建的这座城市，埃迪尔内是“哈德良”的土耳其语读音。

在雅典，很容易找到优秀的雕刻家。皇帝让他们雕刻了大量已故安提诺乌斯的雕像，好像为了永远留住心爱的人的美丽一样。安提诺乌斯的雕像完全没有宗教的感觉，有的只是感官的刺激。经过漫长的基督教时代之后，现在依然保存下来如此之多，可见当初雕刻的数量之多该是多么惊人。哈德良把这些雕像送到了希腊以东的罗马世界，但是，在罗马好像只有他的私邸哈德良别墅中有，其他地方完全看不到安提诺乌斯的雕像，而且也看不出他有什么举动要让帝国西方的人们去信仰已经神格化的这个宠儿。由此可见，无论内心多么悲伤，他依然没有忘记自己应该顾及罗马人对这件事的看法。

然而，这个时期降临在哈德良身上的不幸并不只是他失去了自己宠爱的年轻人。这件事情过后不久，一直以来暗潮涌动的犹太人的反叛终于爆发了。在雅典逗留期间获知这一消息的哈德良，不顾此时已经进入冬季，毅然回到安提阿。他要收集精确的情报，并根据这些情报制订对策。

犹太叛乱

无论如何我都认为禁止割礼和建设“埃里亚卡匹托尔”是哈德良

有意为之的事情，是在挑衅犹太教徒。不管其他民族如何认为，对于犹太教徒来说，割礼是他们证明自己存在的一种仪式。罗马人允许失败者信仰自由，因此禁止割礼违背了罗马的这一方针。自从罗马与犹太人有了直接关系以后，200 年来，无论是共和制末期的最高权力者还是进入帝制以后的皇帝们，没有一个人禁止割礼。不仅如此，自第一代皇帝奥古斯都以后，罗马一直采取了承认犹太教徒特殊性的政策。除了割礼问题，更没有人在犹太教徒视为圣城的耶路撒冷眼皮底下建设军团基地，还取了“埃里亚卡匹托尔”这样一个含义明确的名字。纵观哈德良的整个统治，我们知道他有极强的洞察力，因此，他绝无可能不了解犹太的特殊性。事实上，后来通过对犹太人采取“隔离”政策解决了犹太问题以后，虽然没有明确解除割礼的禁令，但是，哈德良已经不再要求严守这一禁令，甚至采取默认的态度对此放任自流。我想，他真正的用意并非永远禁止犹太教徒行割礼。

在这 200 年间，虽然时有冲突，罗马对犹太教徒几乎始终如一采取了宽容政策。允许他们在多神教的罗马世界里信仰一神教，允许他们有割礼的习惯，允许他们因信仰一神教而不承担帝国公职和军职的义务，允许他们在其他人工作的星期天休息。总之，从他们的生活习惯到其他的一切，罗马都接受了他们的特殊性。但是我们不能忘记，这一宽容政策的背后有一个明确的条件，那就是，绝不允许有反帝国统治的行为。图拉真皇帝把阿拉伯（今约旦）纳入了行省行列，之后，哈德良皇帝确立了从黑海到红海的帝国东方防线。犹太位于阿拉伯行省以里，因此，在罗马统治下，要稳定犹太这个地方，帝国的防线战略就变得越来越重要。

我在《罗马人的故事 08 · 危机与克服》中已经讲过，在罗马帝国内选择“与众不同”的生活方式的犹太教徒倘若居住在黑海以北，罗马人在安全问题上不会太在意他们。但是，他们居住的地方北面是叙利亚行省，东面是阿拉伯行省（今约旦），南面和西面是属于埃及行省的区域。更糟糕的是，生活在这里的犹太教徒并不安分。

当然，这不是说所有的犹太教徒都高举创建一神教国家的标语来反抗罗马。事实上，他们中间的分化态度非常强烈。只要规模像样些的城市，一定会有犹太人的居住区。生活在那些东方城市的犹太人，虽然与生活在同一座城市的希腊系居民时有冲突，但是他们接受和罗马帝国共生共存的现状。只有那些居住在犹太本土的犹太人坚持维护犹太教的纯粹性，也许与其他文明接触越少越容易保持纯粹性吧。正是这个原因，反抗罗马的运动总是发端于犹太本土。确切地说，是发端于犹太教的中心耶路撒冷。

公元 131 年秋天爆发的犹太叛乱有两位领袖：巴尔·科赫巴（Bar Kokhba）和拉比·阿基巴（Rabbi Akiba）。前者自称救世主，是这次叛乱的直接指挥者。后者是犹太教的祭司，他不只是参与叛乱，还宣扬这是一场圣战，从宗教方面来支持科赫巴。巴尔·科赫巴在希伯来语中的意思是“星星的孩子”，所以他才自称救世主。对此，拉比·阿基巴大声叫好，说：“他才是犹太之王！他就是救世主！”

人类社会中常常会出现这样一种情形，不仅限于犹太人，那就是，当激进势力开始强大的时候，保守势力就会退缩。这个时期，在耶路撒冷，原本为数不少的稳健派渐渐失去势力，他们或者投向激进派的阵营，或者找亲朋好友帮忙离开耶路撒冷，去往国外。这一年是公元 131 年，罗马军队在耶路撒冷的驻兵好像只是分队，规模很小。驻扎在犹太的两个军团中，一个在北部的加利利地方，另一个第十弗雷腾西斯军团因埃里亚卡匹托尔城尚未建成，一部分在南部，大部分

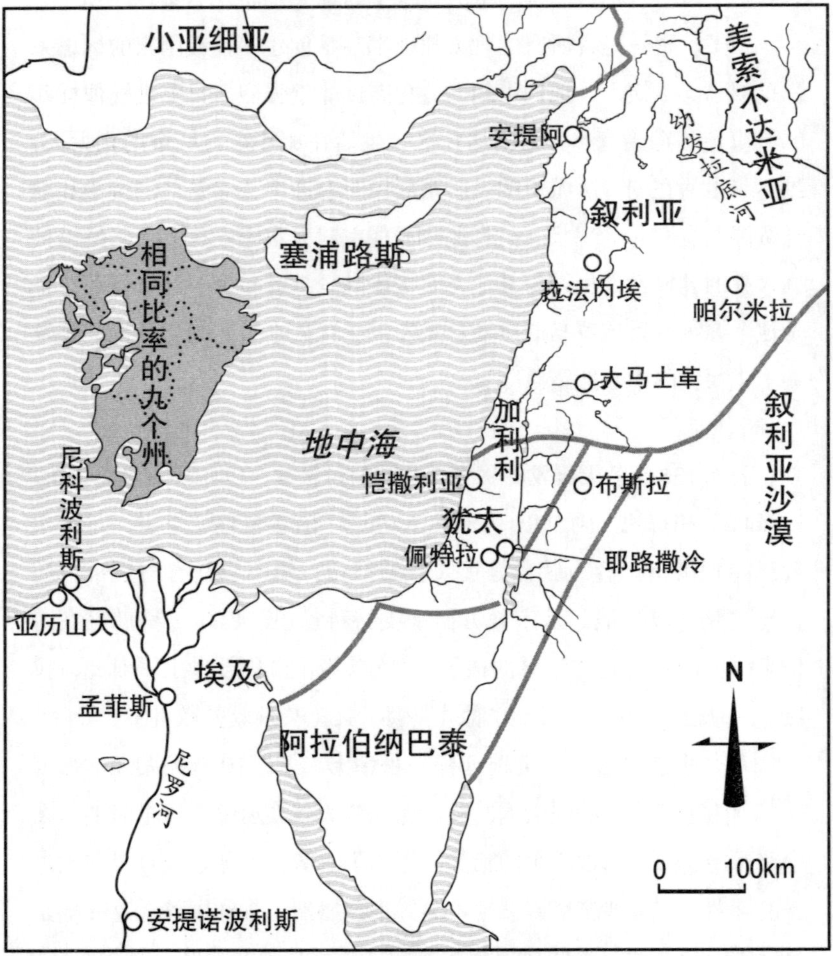
小亚细亚
美索不达米亚
幼发拉底河
安提阿
叙利亚
塞浦路斯
相同比率的九个州
拉法内埃
帕尔米拉
大马士革
叙利亚沙漠
加利利
地中海
恺撒利亚
布斯拉
犹太
佩特拉
耶路撒冷
尼科波利斯
亚历山大
埃及
孟菲斯
阿拉伯纳巴泰
尼罗河
N
0
100km
安提诺波利斯
战争前的犹太周边地区

在恺撒利亚。巴尔·科赫巴轻而易举地占领了耶路撒冷。身在雅典的哈德良就是在这个时候获悉这一紧急报告的。

第二年，即公元 132 年，已经控制了耶路撒冷的科赫巴铸造了银币和铜币。发行货币是表示独立的最直接的象征。货币正面刻的是“耶路撒冷”，背面刻的是“以色列解放元年”。后来，人们在发掘出来的这些硬币中，还发现了刻有“次年”字样的硬币。当时在耶路撒冷流通的罗马货币很多，有韦斯帕芗、图密善、涅尔瓦、图拉真以及哈德良等多位皇帝的货币，因为在罗马帝国，即使皇帝换了，刻有各位皇帝头像的货币依然通用。科赫巴要求大家把这些货币拿来，用锤子砸扁刻有皇帝头像的一面，然后还给大家。他没有想过要把这些货币熔化后再铸造成新货币。

这次叛乱没有严密的计划，没有资金，甚至没有考虑过兵力的问题。但是很显然，在叛乱初期，它成功了。居住在海外的犹太人纷纷加入志愿兵行列，也有人提供了武器。

他们筹集武器的办法非常巧妙。当地有兵器制造业者，罗马军团基地与他们签署了武器买卖合同。根据合同，犹太人兵器制造业者要把制成后的武器送到基地。但是在制造过程中，他们做了手脚，制造出来的成品变成了次品。罗马军队不会接受次品，尤其是在哈德良视察之后，即使很小的一点儿瑕疵，也不会放过。于是制造业者就把这些所谓的次品，也就是罗马军队不接受的兵器，暗地里转手卖给了科赫巴。

同时，犹太商人也积极配合叛军，大大地削弱了罗马军队的战斗力。他们按照购买合同，把葡萄酒送到罗马军团的基地，但是，他们在酒中掺了毒。很多士兵喝了这种酒后虽然没有死去，却病倒了。

像这样，连商人也在支持叛军。其结果是，在犹太巴勒斯坦的罗马军队补给彻底中断。此外，地震的发生也让犹太人似乎看到了罗马帝国崩溃在即。

哈德良是在叙利亚的安提阿接到这些报告的。他制订了反击计划。

理所当然，他决定派出驻扎在犹太的第六菲拉塔军团和第十弗雷腾西斯军团 2 个军团。只是，罗马军队的 2 个军团通常应该有 1.2 万名士兵，但是这 2 个军团因缺员补充不及时以及病患者众多，能上战场的只有 1 万人左右。就算加上辅助部队中的 2 个骑兵大队和 4 个步兵大队，也只有 1.4 万人。他把指挥这支队伍的任务交给了犹太行省总督路福斯。

接着，他命令第三高卢军团离开北方相邻的叙利亚行省出兵犹太，并决定由叙利亚行省总督马尔凯鲁斯担任指挥。该军团基地位于距离犹太不远的拉法内埃（今叙利亚的沙玛）。

同时，他命令驻扎在阿拉伯行省的第三昔兰尼加军团从东方相邻的约旦出兵。作为辅助部队，贝都因人的 2 个大队加入了这个军团。

他还从位于西南方向的埃及调遣了一个军团，在叙利亚大马士革编组的辅助兵一个大队也加入了这个军团。

除此之外，他又向莱茵河、达契亚行省、多瑙河各前线也下达了按分队规模集结的命令。这时候的罗马军队依然是一支多民族的混合军队，由罗马人、高卢人、西班牙人、色雷斯人、希腊人、加拉太人、阿拉伯人还有与叛乱无关的犹太人构成，总兵力大约有 4 万人。

皇帝哈德良把总指挥权交给了不列颠行省总督尤里乌斯·塞维鲁。因为出兵的命令已经下达，所以这一人选大概是哈德良一开始就已经定下的。按常理，在罗马军队中，叙利亚行省总督马尔凯鲁斯的地位绝对高于不列颠行省总督塞维鲁，但是，他的这个决定是向尼禄学的。在之前的一次犹太叛乱中，当时的尼禄皇帝就提拔了韦斯帕芗为总司令官，原因是他在征服不列颠的过程中名声大震。

提拔塞维鲁的理由也和尼禄的时候一样，因为在对付游击战方面，他经验丰富。也许你会认为喀里多尼亚（后来的苏格兰）山野多雨，而犹太的沙漠很干旱，两者完全没有相同之处。但是这只是表象。事实上，苏格兰多森林，犹太的沙漠中岩洞随处可见，两个地方对于一个外来人来说，都像是迷宫，只有熟知地形的当地人才能进出自如。此外，这两个地方还有一个共同点，那就是，无论是在喀里多尼亚还是巴勒斯坦，都不可能采用会战的方式，因为会战方式只适用于平原。

塞维鲁必须穿越帝国，从最西北长途跋涉来到最东南。前线司令部一定是等到塞维鲁到来后，才从安提阿移师恺撒利亚的。哈德良决定不上战场，但是他也去了恺撒利亚，并且一直在那里逗留到战争结束。出生于大马士革的建筑师阿波罗多洛斯也出现在这个前线司令部，此人曾经参加过先皇图拉真发动的几次战争，只是这个时候的他已经老态尽显。他之所以来这里，是因为哈德良交给了他一个任务，改良耶路撒冷攻防战中将要使用的攻城武器。也许战斗正式打响的时候，哈德良已经清楚地预料到了战争的结束。这次犹太叛乱与公元70年的那次叛乱一样，以耶路撒冷的沦陷而告终。

镇压犹太北部加利利叛乱的行动好像非常顺利。军队在挺进犹太中部后，塞维鲁改用地毯式搜索的战术，把全军分成了小规模的部队。这种战术虽然耗时长，但是成功率极高。罗马军队开始正式反击的时间，再早也应该是在公元132年夏季以后，而犹太战争一直持续到第二年的133年年底。

犹太教徒叛乱时，经常会出现一种现象，这个时候也出现了。教条主义者常常会有过激的行为，因为他们努力要做到纯粹，为此，他们绝不允许有一丝一毫的不纯。其宿命就是过激行为的不断激化。

巴尔·科赫巴不能原谅放弃割礼的人们，不管他们与哈德良的禁令是否有关。他禁止没有接受过割礼的男子出入耶路撒冷，否则一律处斩。也就是说，要在耶路撒冷居住，条件是必须接受过割礼。

在犹太人的保守稳健派中，有不少人用从头冲水的洗礼方式来替代割礼。但是，自称救世主的科赫巴和支持他的阿基巴都拒绝这样的洗礼方式。

在犹太人中，用洗礼代替割礼的人大多数是基督教徒，他们并不承认科赫巴是救世主。因为对他们来说，唯一的救世主就是耶稣基督。于是，那些自认为正统的犹太教徒开始了对基督教徒的迫害。科赫巴和他的追随者们非常偏激，他们的行为已经超出了一般意义上的迫害程度，他们是要消灭基督教。

尽管犹太人中既有犹太教徒也有基督教徒，但是到公元 70 年耶路撒冷沦陷时，他们之间已经出现不和，开始分离，只是还没有走到决裂的地步。然而，以公元 132 年为界，犹太教徒和基督教徒彻底决裂，互为敌人。这种状态一直持续到 20 世纪，不，也许到现在，这种悲剧性的敌意依然没有完全消失。

犹太人战争看似进展缓慢，但是，罗马军队在这个过程中可谓稳扎稳打，步步紧逼。到了公元 134 年年初，耶路撒冷沦陷，犹太战争宣告结束。与 64 年前一样，一把火把耶路撒冷彻底烧毁了。

在这场持续了两年的战争中，犹太人占领过的 50 个要塞遭到破坏，985 个村落被烧毁，多达 50 万名犹太人被杀，俘虏被卖为奴隶，价格等于或低于家禽的售价。卖后剩余的俘虏被送到加沙，被迫从事繁重的体力劳动，重建被他们自己破坏的城市。

尽管如此，叛乱之火并没有被完全扑灭。位于耶路撒冷西南的佩特拉成了公元 2 世纪的“马萨达”（马萨达是公元 70 年的犹太战争中，犹太人最后负隅顽抗的地方。——译者注）。但是到了公元 136 年，这里也被彻底毁灭。巴尔·科赫巴战死，拉比·阿基巴被捕并死于刑讯。

与当年的马萨达一样，对于罗马人来说，犹太人在佩特拉的最后抵抗只是小事一桩，完全不是问题。他们认为公元 134 年年初，耶路撒冷的沦陷已经宣告了犹太战争的结束。皇帝哈德良给罗马元老院写了一封亲笔信，告知他们战争已经结束。只是，信中全然没有表现出取得战争胜利后的喜悦，只是很平淡地写了一句话：“你们和你们的儿子健在令人高兴，在这里，我也要向你们报告，我和我的士兵也都安好。”

不少研究者推测罗马方面付出的代价可能也很大。但是，没有任何史料可以证明这一点。犹太方面的史料只是盛赞巴尔·科赫巴是犹太的英雄，认为战争结局应该归咎于犹太民族的宿命，因为公元 136 年 9 月 26 日，在佩特拉进行抵抗的最后一点星火熄灭的时间，正巧与公元 70 年耶路撒冷沦陷是同一天。犹太的史料中没有任何有关罗马方面损失的记录，只说罗马士兵因为喝了有毒的葡萄酒，病倒了很多。按照我的想象，可能是因为哈德良太累了。当时的他已经 58 岁，而且在两年半前就不再巡察各地，一直待在前线司令部。

犹太人的大流散

皇帝虽然把作战的指挥权放手交给了手下的经验丰富的将领，但是耶路撒冷沦陷后，他没有把犹太战争的战后处理权交给别人。此时，犹太已经不再叫作犹太，巴勒斯坦成了它的正式名称。

耶路撒冷的名字也随之消失，变成了埃里亚卡匹托尔。根据罗马的市政规划，哈德良对耶路撒冷市区进行了重建。令人啼笑皆非的是，现在的耶路撒冷市区基本轮廓保留了犹太民族曾经的最大敌人哈德良建的城市原貌。在罗马人建的城市中，中央大道一定自北向南贯穿市区。在现代的耶路撒冷，始于大马士革的中央大道，就是这样一条大道。除此之外，哈德良时代留下的其他印记也随处可见。对于犹太教徒来说，耶路撒冷始终是他们的圣城。然而，圣城现在的情形却是哈德良为杜绝犹太教徒叛乱而采取的激进措施形成的。不能不说这是历史的讽刺。

因为公元 134 年结束的犹太民族叛乱，让哈德良对犹太教徒实施了让犹太人大流散的政策，把犹太教徒彻底逐出了耶路撒冷。

“大流散”（Diaspora）这个词同时有“播撒种子”的意思，所以它不是单纯的贬义词。犹太人与希腊人相似，自古就有很强烈的“散居”倾向。只要有利可图，他们可以移居到任何地方，然后在那里建立起只属于自己的社区。他们会移居到其他民族建的城市，但是不会融入那个民族中去。这时候，他们的“散居”是自发的，不是被迫的。

强制“流散”犹太人最早要追溯到公元前 700 年，是亚述的命令。第二次是在公元前 600 年前后，这次移居的目的地是巴比伦，历史上称之为“巴比伦之囚”。如果要追溯至更遥远的古代，还有摩西率领在埃及为奴的犹太人成功返回祖国的传说。

此后再没有发生过强制性让犹太人“大流散”的事件，直到哈德良再一次采取这一措施。但是，这次犹太人的大流散与亚述、巴比伦时期不同，当时犹太人“大流散”还有一个目的，就是集中优秀的劳动力。哈德良实施的“大流散”只是禁止犹太人居住在耶路撒冷，不指定流散后的居住地，犹太人可以去他们愿意去的任何一个地方。流散的对象也不是所有的犹太人，而只限于犹太人中的犹太教徒，并且只禁止他们生活在耶路撒冷，因为耶路撒冷常常成为反罗马的源头。

哈德良的这条禁令不针对居住在耶路撒冷之外的犹太人，即此时更名为巴勒斯坦的犹太教徒，也不适用于生活在包括首都罗马在内的、巴勒斯坦以外的犹太教徒。在这一点上，哈德良遵从了罗马帝国自奥古斯都皇帝以来采取的对犹太人的政策，即只要不反对罗马帝国的统治，罗马便可以承认犹太人的习惯。但是尽管如此，居住在耶路撒冷以外的犹太教徒恐怕已经牢牢记住了历史的教训：只要反对罗马，等待他们的就是“流散”。因为在哈德良的统治初期，已经有过这样的先例，当时塞浦路斯的犹太人发动叛乱，杀戮当地居民。结果，哈德良一纸禁令，犹太人从此不得再进入塞浦路斯。

就这样，犹太人失去了自己的祖国。犹太人大流散政策经元老院决议通过，于公元135年正式生效，并一直持续到20世纪中叶以色列建国。就这样，搅得哈德良心神不安的犹太问题得到了彻底解决。从此，犹太教徒再也没有发起过大规模的叛乱。

研究罗马史，已经再无必要提及犹太民族。但是回顾以往的历史，我想，或许对我们理解罗马人与犹太人的关系会有一点儿帮助。

罗马人和犹太人

公元前63年，在出征东方期间，庞培成了第一个与犹太正式接触的罗马人。由于这位罗马将军名震地中海，而当时的犹太内讧不断，于是，犹太人请他进行调解。庞培提出，犹太人应该重新认识政教一体的统治体系。

罗马的宗教没有教典，因此没有专门的祭司阶层。所谓祭司，就是向普通信徒传授、讲解教典（或者《圣经》）的人。犹太教是以教典为依托的宗教，因此，祭司阶层的权力很大，他们认为政治应该依据教典来实施。而在罗马，既没有教典，也不存在祭司阶层，政教分离非常自然。

庞培作为罗马人提出的政教分离方案自然遭到了犹太人的拒绝。于是，这位罗马将军认为既然如此，就只有通过武力来征服犹太了，于是他向耶路撒冷发起了进攻。经过三个月的对抗，犹太最终屈服于罗马的统治。庞培下令摧毁了环绕耶路撒冷的城墙，犹太归入叙利亚行省总督管辖之下，但是承认其自治。

公元前 47 年，尤里乌斯·恺撒在征战埃及的归途中经过犹太。这个时候的他，在与庞培及其追随者的抗衡中胜出，正在一步步地确立自己在罗马世界中最高权力者的地位。此前一年，他在亚历山大停留期间，已经同意犹太人在经济活动方面享有与希腊人同等的权利。在政治方面，恺撒的想法也与庞培有所不同。

恺撒接受了犹太人的请求，让犹太教的最高祭司做犹太自治政府的最高长官。他认为，在犹太，政教可以不分离。当然这一宽容政策的条件是犹太人不反罗马。据说三年后，恺撒遭到布鲁图及其同伙的暗杀后，很多犹太人流下了伤心的眼泪。

奥古斯都以恺撒描绘的宏伟蓝图为基础创立了罗马帝国。我在想，如果他像继承恺撒的其他很多想法一样，继承了恺撒对犹太的政策的话，其后罗马与犹太的关系是不是会完全不同呢？

对疆域辽阔的罗马帝国如何实行统治，是以庞培为首的罗马元老院和恺撒发生激烈冲突的分歧所在。元老院派坚持沿用元老院体制，认为国家应该由罗马社会的精英，即 300 位（进入帝制时期后增加到了 600 位）元老院元老来统治。在政治史上，这种体制叫寡头政治。恺撒与他们针锋相对，他的理由是：首先，300 人合议进行统治的效率极其低下；其次，这种体制不可避免地会出现元老院阶级的僵化，导致不同阶层之间流动性的丧失；再次，因为罗马帝国作为统一的命运共同体，实施的政策是同化包括曾经的战败者在内的所有人。领导者阶层一成不变的体制不利于维持帝国的长治久安。

假若支持元老院体制的庞培、西塞罗和布鲁图等人代表的共和制一派在斗争中获胜的话，罗马会不会一直维持共和政体呢？或者会不会成为像后来的英国和法国那样，属于本土统治殖民地类型的帝国呢？然而，胜利者是恺撒。通过本土和行省一体化，他使帝国成为一个命运共同体，使罗马走上了一条普通的帝国之路。

站在伟大设计者的角度去看，普通帝国的罗马是这样的。

在罗马征服西方的这一时期，西方还没有统一的国家，部族数量众多，相互间纷争不断。罗马征服当地部族后，承认他们居住的村落及其周边地区为地方自治体，享有自治权，同时给部族首领和家人世袭的罗马公民权，把他们纳入帝国之中。此外，在每个重要的位置建设殖民城市，作为罗马军团兵服役期满退役后定居的地方。那个时代的“高速公路”——罗马大道遍布各地，联结当地人居住的地方自治体和罗马人居住的殖民城市。在帝国的西方，罗马实施统治的核心就是地方自治体和殖民城市。

在被罗马人征服以前，东方的历史与西方不同。在希腊以东，城邦和王国的历史很长。罗马人非常善于协调与不同民族之间的关系。

他们会根据不同情况，采取不同的对策。在东方，可以供士兵服役期满退役后定居的殖民城市极少，这样的城市是帝国潜在的防御基地。于是，罗马人把统治的重心放在了城邦和王国上。希腊系各城市继承了城邦传统，非常配合罗马的统治。在罗马统治之下，希腊人不仅享有充分的自治权，而且与近邻城市发生争执时，罗马人会出面调解；当他们受到外敌入侵时，罗马人会出面保护自己。因此，对希腊人来说，他们很愿意接受罗马的统治。此外，对于那些习惯中央集权制即王权的地方，罗马采取的政策是把王国变成罗马的同盟者，纳入罗马的统治之下。不用说，帝国的大动脉——纵横交织的罗马式大道也遍布了东方各地。

中央集权和地方分权并存就是罗马帝国的真实写照。正因为如此，恺撒作为罗马帝国的第一位伟大设计者，才会认为犹太的特殊统治形式完全可以接受。

当然，不同于“普通”的“特殊”无疑是异类。犹太民族有着自己是上帝选民的思想，他们坚定地相信自己是一神教徒，不承认任何其他神。《犹太战记》的作者约瑟夫斯为了替犹太民族辩护，写下了《驳斥阿庇安》一文。其中有这样一段话：

> 法律规定，希望在犹太人的法律下生活的其他民族，我们表示欢迎。但是，不遵守犹太人的法律，只想得到生活的便利，拒绝他们才是正确的做法。

在这一点上，历史学家塔西佗的说法代表了同时代罗马人的看法：“犹太教徒对于和他们的生活方式不同的人，即使表面上并未表露，内心总是怀有强烈的憎恶感。”塔西佗甚至断言，犹太教不是宗教，只是迷信，因为它完全否认他人的神。

现实生活中的犹太人以上帝不允为由，拒绝承担公职和服兵役的义务，却在经济方面要求平等的权利。在罗马共同体的其他成员看来，这样的民族实在令人难以接受。尤其是希腊系居民，他们对犹太系居民最没有好感。因为他们辛辛苦苦建设起来的城市，不知什么时候住进了犹太人；他们好不容易发现的一条航路，犹太人使用起来心安理得。犹太人不但不会开发新的航路，甚至连危险的海域都不去，只想着如何卖掉货船运来的物资挣钱。帝国东方的暴乱，可以说几乎都发生在希腊系和犹太系之间。为此，罗马不得不经常为这两个民族之间的纷争出面进行调停。克劳狄乌斯皇帝的《致亚历山大公民的一封信》就是其中一例。

统治者的职责之一是调解其统治下的人们之间的矛盾。因此，在这方面，罗马人从来不辞辛苦。但是，对于自由的理解，希腊人和罗马人与犹太人不同。

如果你认为自由中还有选择的自由，那么你持的就是希腊人和罗马人的自由观念。但是，对于犹太教徒以及近代基督教徒来说，他们的自由中没有选择的自由。对他们来说，自由就是遵循神的教诲建设国家。也许你认为免除了他们的公职及服兵役义务，也同意他们有周六和周日，就是给了他们自由。但是，对他们来说，只要他们要的那种自由得不到承认，就是没有自由。

既然犹太人是这样一个民族，那么全面接受他们的特殊性，即按照他们的愿望，允许其在巴勒斯坦建设政教一体的国家又有何不可呢？有上帝选民思想的犹太人并不想把自己的生活方式渗透到其他民族中去，我们甚至很少听说犹太教徒的传教活动。因为他们认为犹太教徒的人数过多，上帝选民的珍贵之处就会被弱化。既然这样，允许他们在帝国的某个地方建立一个祭司阶层统治的国家又有什么不可以的呢？如果犹太人满足于此，并且愿意稳定下来的话，那么，对于帝国的统治来说不也算是一件好事吗？正因为他们在犹太本土无法实现这种自由，所以，居住在帝国东方各城市的犹太人才会带着怨愤不时地揭竿造反。

在经济权利方面，恺撒让犹太人享有了和希腊人同等的权利，他的这一政策很值得我们思考。犹太人的生活方式从来都是围绕宗教的，所以常常陷于孤立。对犹太人来说，他们与帝国相连的“血脉”就是经济活动。恺撒认为有必要阻止犹太民族的封闭倾向。当然，他这样想不是出于人道的考虑，而是因为他知道封闭是导致关系激化的温床。

继恺撒之后的奥古斯都，几乎在所有问题上都继承了恺撒的思想，唯独在犹太问题上，他的想法与恺撒相左。奥古斯都是一位罕见的“政治人物”。作为政治人物，他甚至超过了恺撒，但是他构思不出真正具有战略意义的宏伟蓝图。他认为对于犹太人这一特殊群体，实施间接统治才是上策。于是，犹太人中的希律王成了统治犹太的真正主人。由希律王统治犹太还有一个好处，希律王是位专制君主，他绝不允许以最高祭司为首的祭司阶层对政治指手画脚。因此，只要希律王的统治能够持续，在犹太就有可能实现政教分离。我想奥古斯都作为西方人，也许和其他西方人一样，认为统治必须做到政教分离。

奥古斯都对犹太问题的处理方法决定了其后罗马帝国对犹太的政策。希律王死后，犹太人要求恢复神圣统治，奥古斯都一口拒绝。他选择从罗马派遣长官，对犹太实施直接统治。但是，他给了犹太人更多的自由，甚至连司法权也予以认可，当然杀人除外；他还成立了由

70 位长老组成的长老会，并对该长老会提供支持。

奥古斯都一定以为自己已经给了犹太人足够的自由，然而，犹太人依然认为自己没有“自由”。这实在是一个不幸的误会。

研究罗马和犹太问题的学者大体可以分为两类：一类着眼于犹太是怎样受到罗马帝国的压迫；另一类着眼于罗马对犹太采取的政策是如何宽容。我认为无论从哪个角度研究罗马和犹太问题，他们做的都是无用功。因为不管犹太人如何坚称自己深受罗马人的压迫，罗马人也永远不会理解；相反，不管罗马人如何强调自己对犹太人已经宽容至极，犹太人依然一如既往地疾呼：“我们要自由！”

尤其是继奥古斯都之后的提比略皇帝，他过于顾及犹太人感受的种种做法让人觉得那不过是善意的无为之举，从一开始就是错误的。但是，就像历史学家塔西佗记述的那样，无疑，“在提比略统治期间，犹太是太平的”。也许因为皇帝的态度如此，罗马的官员们也纷纷效仿，他们为了不刺激犹太人，一味地维护犹太人，甚至不惜违反罗马的司法制度，处死了耶稣基督，因为正是控制了耶路撒冷、对犹太社会有强大影响力的祭司阶层强烈要求处死这个自称救世主的犹太年轻人。

随着时代的变迁，当初致力于为希腊人和犹太人进行调解的罗马人也在改变。罗马人的改变或许与犹太人态度的强硬程度成正比。尽管如此，除了卡利古拉皇帝时代发生的事件（我在《罗马人的故事07·臭名昭著的皇帝》中有详细描述）之外，罗马对犹太人采取的政策始终是宽容的。例如，继卡利古拉皇帝之后的皇帝克劳狄乌斯再度尝试了由犹太人统治犹太的方式。遗憾的是，犹太方面对罗马的敌意非但没有减弱，反而更加强烈。与此同时，罗马方面的焦虑感也在增强。它体现在，派往犹太的官员们对犹太的统治越来越严厉，这引起的后果就是在尼禄皇帝末期，爆发了大规模的犹太叛乱。自恺撒遭暗杀以后的110年间，罗马与犹太之间的关系一路磕磕绊绊地走来，到了这个地步，对于犹太提出的建设政教合一国家的要求，罗马已经不可能做出让步了。而犹太人依然坚持只有满足这一条件，对他们来说，才是真正的自由。自公元前1世纪起，罗马以统治者的姿态登上历史舞台，把此前的统治者希腊人赶下了台。为此，犹太人曾一度对罗马人心怀感激。然而，到了公元1世纪的这个时候，曾经的感激已彻底变成了敌意。

后来先后成了罗马皇帝的韦斯帕芗和他的儿子提图斯对犹太的叛乱都实施了镇压。其间，因为尼禄皇帝的死以及其后的内乱，镇压中断了一年半。但是，他们的镇压给罗马带来了导致耶路撒冷沦陷的犹太战争。这场战争始于公元66年，终于公元70年秋天。关于这场战争的经过，我在《罗马人的故事08·危机与克服》中已经做了描述，所以在这里略去不提。但是，在这场战争发生之前和以后，犹太的情形发生了翻天覆地的变化。

第一，耶路撒冷自治机构“70人长老会”被迫解散。

第二，此前，罗马在耶路撒冷连一个中队也没有派驻，此后则派驻了一个军团。这意味着罗马不再承认犹太自治，而要对其实行直接统治。

第三，无论居住在犹太本土还是生活在海外的犹太人居住区，凡是犹太教徒，作为义务，每人每年要捐献2德拉克马的香火钱。犹太战争之前捐献的对象是耶路撒冷大神殿。在此之后，韦斯帕芗皇帝把捐献对象改成了罗马的朱庇特神殿。事实上，韦斯帕芗没有太复杂的想法，他只是想借此对犹太祭司阶层实行经济制裁，从而阻止犹太人的反罗马活动。但是，对犹太教徒来说，这一规定触犯了他们的神，是他们难以接受的屈辱。

希腊的德拉克马与罗马的银币等值。如果研究者们说的每人2德拉马克正确的话，那么也就是每人2第纳尔银币。在韦斯帕芗时代，军团兵的年薪是225第纳尔银币。因此，2第纳尔银币相当于一名士兵年薪的1/112。10年后，到了图密善皇帝统治的时候，士兵的年薪提高到了300第纳尔银币，所以犹太人捐献的金额，在公元84年以后，只是一名士兵年薪的1/150。在罗马时代，消费者购物需要缴纳营业税（或消费税），税率是1%。因此，从金额上来说，只要没有穷到吃不上饭，这对任何一个犹太人来说都不是什么负担。然而，问题不在金额上。

《摩西十诫》中的第一诫就是除了犹太人的神，不能把其他任何东西当作神。作为犹太教徒，他们必须遵守这一戒律。因此对他们来说，尽管金额不大，但是由于捐献的对象是朱庇特神，所以这种行为本身已经违反了戒律的规定。

由于献给罗马卡匹托尔山上的朱庇特神殿的捐款只向犹太教徒征收，所以人们给这一捐款取了一个名称叫“犹太人税”。这个说法深得犹太人的赞同。因为犹太人更愿意把一年一度向朱庇特神捐献的2德拉克马看作罗马向犹太人征收的税而不是捐献。站在他们的立场上，这种心情很容易理解。但同时，我想这也是罗马人和犹太人之间的文化摩擦。

尽管如此，按塔西佗的说法，“在韦斯帕芗、提图斯、图密善、涅尔瓦以及图拉真统治期间，犹太都是太平的”，只是，这种太平不过是犹太人把怨愤压在心底的表面上的“太平”而已。

图拉真皇帝对待犹太人的态度非常理性，因此，在犹太人眼里，他也是一位好皇帝。尽管如此，当图拉真专注于攻打帕提亚的时候，他们还是乘机举起了反旗。公元 115 年，犹太发动起义，这激起了罗马人的极大愤怒。罗马人最憎恨毁约和乘人之危的行为。再加上有消息说，在这次叛乱中，犹太人与敌人帕提亚暗中勾结。如果罗马方面得到的这个情报属实，这显然是卖国行为。这次叛乱除了犹太本土，还波及了塞浦路斯以及昔兰尼加等海外的犹太人居住区。这一情况促使罗马果断采取了措施。继图拉真之后的哈德良首先着手解决的问题之一就是镇压犹太人的这次叛乱。

这一时期，“和平”暂时得到了恢复。我想这一定是哈德良的想法：他想通过清除涌动于地下的反叛岩浆，以彻底解决犹太问题。如果恺撒之后的皇帝们采用了他的方式，罗马与犹太之间的关系很可能是另一番景象。然而，到哈德良执政时，距离恺撒时代已经过去 170 年。罗马对犹太采取的政策，唯一的目的已经变成了维持帝国的秩序。对于哈德良来说，他能做的事情也只有这一件。他对待犹太教徒的态度是无所忌惮的，不仅禁止犹太教徒实行割礼，而且还建起了一座名叫“埃里亚卡匹托尔”的城市。为了惩罚为此敢于造反的犹太人，他毫不犹豫地对犹太人采取了“大流散”的政策，把犹太教徒全部逐出耶路撒冷。

有研究者批评哈德良在打压犹太教徒势力的同时，助长了基督教徒的势力。但是，这样说并不公平。哈德良没有打压所有的犹太教徒，他打压的只是反对罗马统治的犹太教徒。对于那些愿意接受罗马统治的犹太教徒，他没有采取任何打压措施。在犹太激进派与罗马之间的矛盾不断升级的过程中，基督教徒和犹太教徒彻底决裂。基督教徒并不反对罗马的统治，因此他们可以继续居住在耶路撒冷。

有一点可以确定：不管犹太人是否起来反抗罗马的统治，哈德良对犹太教徒的感情始终是冷漠的，他对犹太人的处世理念深恶痛绝。

犹太教徒认为，真理只属于他们，独一无二的神就是他们的真理。在哈德良看来，他们的这种处世理念是视而不见人类社会多样性的态度，是过于自我的表现。他无法接受犹太人对信仰其他诸神的人表现出来的轻慢，无法接受犹太人因崇拜自己的神而憎恨人类的偏见。由于深受希腊罗马文明的影响，哈德良有这样的想法非常自然。因为希腊哲学的本质是不墨守成规，可以随时提出质疑。如果这一时期的基督教徒与犹太教徒一样，也起来反抗罗马、发动叛乱的话，我想哈德良一定会毫不犹豫地同样对他们实施镇压。

攻占耶路撒冷的公元 134 年春，皇帝哈德良离开恺撒利亚，乘船返回罗马，途中没有再去别的任何地方。这时距离他离开首都已经 6 年多了，他的统治也已经过去了 17 年。在回国途中，他一定在想自己该做的事情都已经完成。

晚年

公元 134 年 5 月底，哈德良已经回到首都罗马，因此，他一定是在这年的年初攻占耶路撒冷后，马上对战后处理做出指示，然后就踏上了回国的旅途。罗马元老院一致通过用凯旋仪式来欢迎皇帝相隔 6 年后的归来，但是哈德良拒绝了。他把这一荣誉让给了塞维鲁——这位始终坚守在前线指挥犹太战争的总司令官。当然，塞维鲁虽然得到了这份荣誉，但是他的凯旋仪式规格远远低于作为最高司令官的哈德良的凯旋仪式。他没能乘坐由四匹白马拉的战车，只是骑在一匹白马上。因为罗马实行帝制以后，只有作为罗马全军最高司令官的皇帝才有资格乘坐由四匹白马拉的战车出现在凯旋仪式上。一支军队的司令官，只能像共和制时代那样，接受规格低一些的凯旋仪式。为塞维鲁举行凯旋仪式应该是在两年之后，因为在罗马军队占领佩特拉，犹太叛乱之火最终灰飞烟灭以后，塞维鲁才得以回到首都。在这期间，元老院通过了皇帝提出的法案，彻底驱逐在耶路撒冷的犹太教徒，使犹太人"大流散"正式成为罗马帝国的政策。尽管如此，有关禁止犹太教徒实行割礼这一明显带有侮辱性质的规定，一句话也没有提及。

在与相隔 6 年回到首都的哈德良接触后，元老院元老中的大多数人感觉他变了，只是这个时候的他，变化还不是很大，至少还没有人认为他像换了一个人一样。

就像其后《罗马皇帝传》的作者评价的那样，在没有真正了解他的人看来，哈德良从来就是一个性格复杂的人。"如果说他严厉，有时候却非常和蔼可亲；如果说他平易近人，有时候却性情乖僻；如果说他放纵行乐，有时候却坚持节欲生活；如果说他吝啬，有时候花起钱来却大手大脚；如果说他不诚实，有时候让你觉得再也没有人比他更诚实的了；如果说他不留情面甚至残忍，一转身他又表现得非常宽容。"这就是哈德良。然而，在结束第二次巡回视察，又解决了犹太问题后，他从"变化不定"变成了"一意孤行"。在常人眼里，他的性格缺陷暴露无遗。他变得严厉，变得怪癖，为了一己私利，他不惜大把花钱。同时，他又表现得异常吝啬、不诚实、冷酷无情。这一阶段的罗马社会正值从"壮年"迈入"老年"的转型期。

绝大多数研究者试图从他年事渐高的角度去解释他性情的变化。的确，自制力减弱是老年人普遍的特征之一。但是，公元 134 年回罗马的时候，哈德良只有 58 岁。到公元 138 年去世的时候，他也不过 62 岁而已。虽然古代因为幼儿死亡率高，导致平均寿命偏短，但是到了七八十岁依然身体健康的也大有人在。

罗马时代的史学家们把哈德良性情的改变归结为疾病。《罗马皇帝传》中有这样的内容：“在巡回视察帝国全域的过程中，很多时候要在暴雨、严寒或酷暑中跋涉，这严重损害了皇帝的健康，最终使他倒在了床上，一病不起。”

当然，这样说并不意味着哈德良回国后直到去世的4年间，是在病床上度过的。事实上，他依然带病坚持履行自己的职责，没有人可以质疑他对国事的关心。同时，在满足个人爱好方面，他也投入了一定的时间和精力，只是他再也无法掩盖体力的衰退。

从年轻时起，哈德良对自己的健康一直充满自信，即使有时候体力透支也能很快恢复。对于渐渐变老的他来说，或许是因为自己再也不能像以前那样随心所欲地行动，所以内心产生了焦虑，结果导致性情大变。总之，在这个时期，哈德良痛恨自己的身体。他的晚年与生来多病的奥古斯都全然不同。

但是，我认为除了年龄和疾病以外，导致哈德良性情改变的原因还有一个，那就是该做的事情他都已经做完。因为需要他做的工作已经全部结束，曾经紧绷的神经突然松弛下来，他感到极度不适。一直以来，非常自我的他突然失去了精神支柱。

当一心一意履行皇帝职责时，他非常注意维护自己的权力。因为要做自己想做的事情，权力必不可少。为了保证权力在握，他必须控制自己的情绪。换句话说，他有所顾忌。但是现在，职责已经完成，于他而言，权力已经没有那么重要，他不再需要像从前那样有所顾忌，不再需要在意元老院及民众对自己的评价。作为一名统治者，哈德良看重的是业绩，而不是他人的评价。如果与业绩相比，他更看重评价的话，在言行举止方面，他一生都会小心翼翼的。

在这里我想介绍两个逸闻，来认识一下不再有所顾忌的哈德良。

种种迹象表明，发生这件事的地点可能是圆形竞技场。既然是圆形竞技场，那一定是在举行角斗比赛。角斗比赛是让罗马人最狂热的两项赛事之一。这一天，圆形竞技场淹没在5万多名观众发出的阵阵欢呼声中。哈德良忍受不了这种喧闹，他叫来时刻跟随在皇帝身边待命的布告官，要他下令全场安静。布告官心想，如果按照皇帝的要求命令观众安静的话，观众一定会对皇帝心生反感。于是，布告官走到贵宾席前面，向观众张开了双手。观众以为皇帝要发布什么消息，一下子安静下来，等待皇帝说话。布告官说："这就是皇帝想要的。"

得到的回应是观众的哄堂大笑。哈德良这才意识到自己的命令有失考虑，他向布告官表示了谢意。

还有一件事情发生在一个叫"大竞技场"（意大利语叫 Circo Massimo）的大型比赛场馆，这里可容纳的人数是圆形竞技场无法相比的。最初，尤里乌斯·恺撒对这一赛场进行改造后，可容纳15万人，后来图密善和图拉真也对其进行了改造，可容纳人数多达25万人。2 000年以后的现在，作为赛场，它的规模之大依然罕见。在这个大竞技场进行的比赛是最受大家欢迎的战车竞速比赛，战车由四匹或两匹马拉着。为了举行这种比赛，必须保证有大量的赛马、战车和驭手，所需费用很高。同时还要有类似于现代一级方程式赛车的团队组织，比赛就在这些队之间进行。主要的参赛队有四个，分别用白、红、蓝、绿四种颜色来区分。在比赛中，选手要同时驾驭四匹马，所以他们必须有高超的驾驭能力。各队都会物色擅长驾驭马匹的年轻人，也会收买有一定天赋的奴隶，训练他们成为优秀的驭手。在罗马，最受欢迎的运动项目——战车竞速比赛的每个队都已经具备了完

马赛克上留下的骑兵像

美的商业组织架构。

比赛开始后，战车要沿着宽大的跑道奔跑 7 圈，然后向终点冲刺。从上午到晚上，每个队都需要参加若干场比赛。这天的比赛结果是一名驭手成了最后的胜者。

现场观众情绪激昂，齐声高呼“自由”，声浪一阵高过一阵，涌向坐在贵宾席的哈德良。他们是要哈德良把那名驭手从奴隶的身份中解放出来，给他自由。

在如此氛围的赛场里，布告官即使喊破嗓子也无济于事。再加上这天的布告官好像没有在圆形竞技场时的那名布告官机灵，他把皇帝的话写在告示板上，举着这块板绕场走了一圈。告示板上写的是：

诸位，这名奴隶不属于你们任何人，你们没有权力要求解放他，也没有权力要求我违背法律，解放这名奴隶。

顿时，巨大的赛场观众席上陷入了一片寂静。哈德良说得没错。但是，观众认为，不管怎样总该为这名驭手做点儿什么。他们觉得，以前的哈德良一定会满足观众的愿望。

四驾战车竞速比赛的明星驭手与角斗士一样，不全是奴隶。驭手的收入很高，受此诱惑而选择这一危险职业的罗马公民不在少数。就算哈德良用自己的钱买下这名奴隶，给他自由，这名驭手继续驭手生涯的可能性极大，他的主人无须担心会失去这样一名优秀的驭手。事实上，既然这名明星驭手表现如此出色，他的主人应该还会给他加薪。因为在罗马，奴隶也有挣钱的机会，所以才有“解放奴隶”这一阶层。他们中的大多数人就是用自己挣的钱买回自由的前奴隶。在这种情况下，如果哈德良出手买下这名奴隶，不只是这名驭手本人，观众也会对他感激不尽，一切将会非常圆满。然而，哈德良此时表现出来的是性情乖僻的一面。

因为该做的都已经做完，哈德良也因此变得性情古怪。能让他的内心安宁下来的地方只有建于蒂沃利的哈德良别墅，意大利语不发“H”音，所以叫“Villa Adriana”。

哈德良别墅里汇聚了皇帝哈德良的很多回忆。所谓回忆，就是希望想起来的事情。因此，收集在这里的，不是哈德良曾经亲眼所见、亲身所到之地的全部。首先，在蒂沃利别墅的回忆里，没有建于不列颠的哈德良长城，但是有吕克昂，一个因创建者是亚里士多德而闻名的雅典高等教育机构；有雅典市的市议会——普吕坦内昂（prytaneion，城市公共会堂）；有充满异国情调的埃及老人星水池（Canopus）。当然，他收集在别墅里的这些建筑模型，没有仿照原样，

哈德良别墅一角（复原模型）

而只是根据这些建筑及建筑所在地留给他的印象，把它们做成了具有象征意义的形状。研究者们很想弄清楚这些东西的意思，但是我想除了哈德良，大概没有人能够真正明白它们的含义。这栋别墅结构复杂，完全不同于当时的罗马式别墅，非常符合哈德良“复杂性格”的特征。

这里还有数量庞大的美术作品，大概是哈德良在视察帝国的旅途中购买的。这些美术作品几乎都是希腊鼎盛时期的雕像仿制品。只是虽说是仿制，其技术水平之高令人叹为观止。不管它们是在不断制造雕像仿制品的希腊得到的，还是哈德良把优秀的雕刻家送到罗马后在罗马制造的，总之，这些美术作品都称得上是杰作，充分显示了哈德良对美术作品的审美能力。

别墅里没有祖先们的雕像，这也是这栋别墅有别于罗马人普通别墅的地方。然而，别墅里见不到创造罗马历史的祖先们，不正是行省出身的皇帝哈德良的特点吗？

同样，这栋别墅里也几乎看不到罗马精英们喜欢摆在家里的希腊哲学家、诗人及悲剧作家们的雕像。取而代之的是，哈德良的别墅里有很多男性和女性的雕像，其中有裸体雕像，也有着装的雕像。

希腊人相信最美莫过于人体之美，而裸体又是最能体现美的形式。但是，用裸体形象来体现美的特权，只有诸神才有。因此，如果现实生活中的人想表现裸体美，就要雕刻成诸神的形象。例如，如果把带箭筒的皮带从右肩挂到左腋下，就用阿波罗的形象；如果拿着一串葡萄，就用狄俄尼索斯的形象。罗马人承袭了希腊人的这种想法。因此，如果罗马皇帝的雕像是裸体像，那一定是他死后被神格化的作品。在哈德良收藏的艺术作品中，几乎没有历史伟人像，因此，裸体雕像中没有先皇们的雕像。除了希腊诸神，裸体雕像只有安提诺乌斯年轻貌美的形象。

除了安提诺乌斯的雕像，阿波罗和狄俄尼索斯的雕像看上去也是“感官冲击”远比“知性感受”要强烈得多。我想，如果可以把希腊鼎盛时期的雕刻家菲狄亚斯和普拉克西特列斯都雕刻过的阿波罗像，或者哈德良时代上好的希腊时代的亚历山大大帝的雕像仿制品摆在眼前的话，比每天与一个活着时做事任性、有时还会说傻话的年轻人一起生活，应该更能感受到恬静、愉悦吧。

在哈德良别墅内，无论是铺设了图案漂亮的彩色大理石地面的、只放了少量必不可少的家具的室内，还是蓄有引自附近河流的、干净而清澈的水的池畔，都矗立着沉默的美丽雕像。遗憾的是，这座别墅的主人已经无法步履轻盈地徜徉其间了。没有用人的搀扶，哈德良连走下台阶来到庭院都力不从心。此时的哈德良，就连他的不开心也会引发人们的同情之心。他体力的衰退在不断加速。对他来说，更要命的是，他亲自建立的“内阁”统治机构组织齐全，不仅在他离开首都期间运转正常，而且，在他回到罗马，病倒在床上以后，这一帝国统治机构依然一如既往地履行着它的职责。因为他出色的组织能力，已经60岁的哈德良除了在别墅深居简出，没有一件事情需要他操心。

工作可以分为两种类型：一种是日复一日的工作，另一种是连贯的工作。后者的缺点是工作结束后，就会无所事事。此时的哈德良需要做的事情只剩下一件，那就是决定皇位继承人。

继承人问题

公元136年，回到本土将要满两年，已经60多岁的哈德良知道自己不能再拖延继承人的人选问题了。体力的衰退早已难以掩饰，继续拖延就是不尽职责的行为。他与皇后萨宾娜没有生育子女，收谁为养子意味着此人将是皇位继承人。

这是众所周知的事实，它成了元老院中有权势的人一见面就会聊起的话题。但是，并非人人手中都有“王牌”。自以为握有“王牌”因而表现得比谁都活跃的人，就是哈德良的姐夫塞尔维亚努斯（Severianus）。

哈德良唯一的姐姐叫多米西娅·波利娜，她的丈夫就是塞尔维亚努斯。他与图拉真和哈德良一样，也是西班牙行省出身的罗马人，年龄比图拉真大8岁，比哈德良大31岁。在图拉真被涅尔瓦指定为继承人，从而成为罗马全军最高司令官后，他受命在图拉真曾经的任职地高地日耳曼担任总督。涅尔瓦去世，图拉真登基的时候，作为高地日耳曼的总督，他协助推迟回罗马的新皇帝加固莱茵河防线。或许，他也曾率领军团参加过图拉真指挥的达契亚战争。只是，此人好像并不具备出类拔萃的军事才能，因此也没能成为在图拉真发动的战争中战功赫赫的将军。另一方面，也正因为如此，他才得以避免卷入哈德良登基伊始就肃清四位将军的那起事件中去。作为罗马社会的精英，他当然也担任过“光荣的公职人员”，并担任过其中的最高职位——执政官。在图拉真时代，他当选过两次；在哈德良时代，他当选过一次。共三次担任执政官的经历，再加上现任皇帝是他的内弟，因此他理所当然地成为元老院中最有权势的人之一。正是这一切，让塞尔维亚努斯变得狂妄自大。

从性格上来看，哈德良对待家人非常冷漠。我们找不到有关他生母去世年份和他姐姐去世年份的记录。如果哈德良对她们特别挂念或做过什么的话，应该逃不过喜欢写随笔的史学家们的笔墨。比哈德良大 30 多岁的姐夫塞尔维亚努斯大概并不了解哈德良的性格。在位皇帝哈德良的姐夫有一个孙子，也就是哈德良外甥的儿子，叫皮达尼乌斯·弗斯克斯，当时的年龄大概是十七八岁。

塞尔维亚努斯坚信自己的这个孙子才是继承皇位的不二人选。我们不知道他都做了些什么。也许他利用自己是元老院实力派的身份，呼吁元老院元老拥立弗斯克斯；也说不定他一次次地召集秘密集会。总之，他的这些动作很快传到了哈德良的耳朵里。

哈德良极度厌恶背地里搞小动作的人。他对自己的绝对主导能力非常自信，因此最讨厌有人瞒着他自作主张。虽然这不是谋害皇帝的阴谋，但毕竟插手到皇帝自己的事情。塞尔维亚努斯的举动触怒了哈德良，他派了一队近卫军到塞尔维亚努斯家，以谋杀皇帝的罪名，赐

埃里乌斯·恺撒

塞尔维亚努斯和他的孙子自尽。

元老院元老好像被当头浇了一盆冷水。一位已经90岁高龄的老人和一个刚举行完成人仪式的年轻人被迫自尽。临死前，他们甚至连接受审判并做出辩解的机会也被剥夺了。组织专家把罗马法编纂成集并完成了这项集大成工作的，正是哈德良本人。其中就有一条法律规定不得以叛国罪提起诉讼。皇帝本人践踏了自己定的法律，这让元老院元老想起了哈德良登基之初肃清四位最有影响力的元老院元老的旧事。他们的态度于是变得激愤起来。

事实上，哈德良有一个人选，他早就在考虑是否让此人来继承皇位。为了给群情激愤的元老院一个交代，也为了转移人们的注意力，不再关注自己杀害姐夫及其孙子的这一事实，皇帝公布了继承人的姓名。此人叫凯奥尼乌斯·康茂德，据说当时他的年龄在30岁上下。成为哈德良的养子后，康茂德改名叫埃里乌斯·恺撒。他的出生地是托斯卡纳地区，当时叫伊特鲁里亚，所以他是意大利本土出身的罗马人。他的妻子是哈德良登基之初被肃清的四人之一——尼格里努斯的女儿，两人育有一个 6 岁的儿子。

对于这一人选，元老院的反应很冷淡。甚至有元老说哈德良之所以选他为继承人，就因为他是美男子。也有元老好像对一切了如指掌似的，到处散布说，他是哈德良爱上安提诺乌斯之前喜欢过的人。埃里乌斯·恺撒有一双蓝眼睛。当听到 2 000 年前美男子的条件是有一头金发、一双碧眼，也许你会觉得好笑，然而在罗马时代，蓝眼睛就是美男子的条件。

埃里乌斯成为哈德良的养子，意味着他将成为下一任皇帝。事实上，他不只是个美男子，他的言谈举止和气质也非常优雅，同年代的其他年轻人无法与他相提并论。除此之外，他也不像元老院元老评论的那样是个性格软弱的人。他喜欢优雅的、有品位的人和物；他善于言辞，演讲非常精彩，让听者心悦诚服。在反对他的人列举的理由中，有一条是他爱好奥维德和马提雅尔的文学作品。但是，与冗长的维吉尔文学和过于庄重的贺拉斯文学相比，他不过是偏爱充满机智的奥维德和马提雅尔文学而已，而这仅仅是个个人爱好的问题。除了文学，他在其他方面也很有教养，完全有资格成为一国之主。此外，他还是个非常看重家庭的男人。以我的想象，哈德良之所以选择他，或许是出于补偿的心理——补偿自己为稳固权力基础，在登基之初肃清的四个人。因为埃里乌斯·恺撒当上皇帝后，他的儿子将顺理成章地成为继承人。在此时只有 6 岁的这个少年身上，流淌着被肃清的四人之一——尼格里努斯的血液。

很难想象，像元老院指责的那样，这一人选只是哈德良一时的想法。在宣布埃里乌斯为养子的同时，哈德良也让他分享了皇帝的特权——“护民官特权”和“全军最高司令权”。同时为了与市民同庆继承人的诞生，哈德良花费3亿塞斯特斯举办了角斗比赛和战车竞速比赛，还发行了银币，正面为埃里乌斯的侧脸，背面为慈爱女神。我想，哈德良是真心诚意地想让埃里乌斯·恺撒来继承他以自己的健康为代价进行重建后的帝国。

然而，这个被认为是合适人选的年轻人身体不好。按照现代医学的解释，他很可能患了结核病。哈德良认为疾病是老年人的专利，所以他不理解年轻患者的痛苦，也没有一丝一毫的同情心。他坚信只要锻炼，身体一定会恢复。

公元137年，又是新的一年。这一年，当选执政官的埃里乌斯·恺撒被派往前线，因为哈德良指示他应该积累指挥军团的经验。他去的前线不是科隆、美因茨这样已经城市化了的地方，也不是安提阿这样能保证舒适生活的城市，而是潘诺尼亚行省的布达佩斯。布达佩斯虽然有完善的基地，但是，它是位于多瑙河畔的最前线基地。在罗马军团基地中，这是地势和气候等自然条件较为恶劣的基地之一。

基地生活给埃里乌斯的健康造成了毁灭性的打击。他以在罗马过冬为由，在经过不到一年时间后，回到了意大利本土。此时，本来就身体羸弱的他，变得更加弱不禁风。在第二年即公元138年1月1日举行的元老院会议上，按惯例，他应该向皇帝发表感恩演讲，感谢他指定自己为继承人。然而，就在前一天晚上，他突然大口吐血，再也没有能够醒过来。

哈德良以新年伊始的1月1日不宜服丧为由，禁止为埃里乌斯举办国葬仪式，而且，他此时已经很常见的火暴脾气大发，说："我竟然会倚靠这座即将倾倒的墙。"哈德良对自己非常生气，甚至说出了特别没有教养的话，他说："白白浪费了3亿塞斯特斯。"但是，埃里乌斯作为皇位继承人得到“恺撒”的称号虽然只有一年多一点的时间，哈德良还是下令用符合这一称号的规格为他下葬，让他进入了不久前刚刚动工建设的新皇帝陵园中。因为奥古斯都建设的皇帝陵园已经满了，这才有了新的皇帝陵园建设。这个陵园（Mausoleum）在文艺复兴时期被改造成法王厅的城堡，叫“圣天使堡”，现在依然矗立在台伯河的西岸。

埃里乌斯·恺撒去世后，哈德良必须尽早决定新的继承人。

好像在十几年前，哈德良就已经注意到一位少年。他就是马可·奥勒留，哈德良之后的第二代皇帝。当时他的名字叫马可·阿尼乌斯·维鲁斯。他是出生于西班牙的、深得哈德良信任的、两度担任过执政官的马可·阿尼乌斯的孙子。马可·奥勒留出生于罗马，父亲早亡，从小由祖父抚养。在罗马长大的这位少年刚满6岁就进入了骑士阶级，8岁被选为祭司之一。当然，他之所以小小年纪能这样平步青云，一定是借助了皇帝的力量。当上皇帝以后，他用希腊语写过一部《沉思录》。他从小就是个勤勉好学之人，尤其醉心于希腊哲学流派之一的斯多葛派。皇帝哈德良揶揄这位少年探求真理的想法，甚至在他的姓氏前加了“热爱真理”，给他取了个绰号叫“热爱真理的阿尼乌斯”。但此时，这位“热爱真理的阿尼乌斯”只有16岁。40岁登基的哈德良无法接受太年轻的皇帝。

公元138年1月24日是哈德良62岁的生日。这一天，早已不再邀请朋友和熟人为自己举办生日宴的哈德良，邀请了一个人。接受邀请前往蒂沃利别墅的就是安敦尼。安敦尼的父亲出生于纳尔榜高卢行省，即现在的法国南部。他本人则出生于罗马近郊的拉努维奥，这年他52岁。他在元老院中占有一席之地，而且还是“内阁”的常任成员。也就是说，在哈德良巡回视察帝国期间，安敦尼是长期留守罗马的值得信赖的人之一。他有一个女儿，儿子已经去世。

哈德良向安敦尼表示有意收他为养子，但是有一个条件，安敦尼必须把快满 17 岁的热爱哲学的阿尼乌斯和已经去世的埃里乌斯·恺撒快满 8 岁的儿子路奇乌斯收为养子。对此，安敦尼只回答了一句“让我考虑一下”，之后向皇帝表示了生日的祝福。

一个月后，安敦尼再次到来，告诉哈德良愿意接受他提出的条件。于是哈德良立刻宣布，收安敦尼为养子，安敦尼收阿尼乌斯和路奇乌斯为养子。同时，他利用临时措施法，即可以不征求元老院的同意，由皇帝决定的法律，修改了有关养父与养子关系的法令。罗马法规定养父和养子之间必须有一定的年龄差，但我们不清楚具体是多少岁，而哈德良和安敦尼之间只有 10 岁的年龄差。

指定安敦尼为继承人的这一决定受到了元老院的欢迎，因为大家都对安敦尼颇有好感。就这样，继承人问题一解决，哈德良作为皇帝的职责就全部完成了。

迎来死亡

温暖的春天开始降临到蒂沃利的哈德良别墅，但是住在里面的人一点儿也开心不起来。我们不清楚哈德良患的到底是什么病，因为古人说的病名靠不住。但是，可以肯定的是，他的病情在不断加重。此时的他，即便有用人搀扶，也已经无法行走，要去开阔而漂亮的庭院里呼吸室外空气，只能躺在四个用人抬的轿子上。

罗马时代的男人，特别是一个包括自己在内的所有人都认为是精英的男人，在感觉自己已经失去作为一个人的价值后，会认为活着是一种耻辱。对于周围的人来说，罗马统治阶层的男性在这种时候选择绝食而死，完全可以理解。

服侍这位年老体衰的皇帝的用人中有一名年轻的奴隶，因为做事稳重、机灵，引起了哈德良的注意。有一天，皇帝叫来这名奴隶，把自己的短剑交给他，命令他用这把短剑刺向自己的胸膛。年轻的奴隶惊呆了，他流着眼泪乞求皇帝原谅，说自己无论如何不能这样做。哈德良很失望，但是没有强求。

年轻的奴隶担心皇帝哪天又会要求自己杀死他，于是向安敦尼报告了这件事。安敦尼大吃一惊，连忙赶往蒂沃利劝导皇帝：“应该有尊严地接受病痛带来的一切后果。”

哈德良勃然大怒。他很气恼，恨自己因为身体的原因，不得不听这样的劝解。他更生奴隶的气，口口声声说他犯了死罪，原因是他急急忙忙向安敦尼报告了这件事。他还向周围的人乱发脾气。安敦尼担心这名年轻奴隶的安全，甚至把他藏匿了起来。

但是，哈德良并没有放弃自杀的念头。每次安敦尼都会赶往蒂沃利，到了后来，他甚至不再劝说，而是哀求他：“您要是这样做的话，我就会变成弑父的罪人。”他收走了哈德良的短剑。

这让哈德良再次大动肝火。事实上，他已经几次三番地尝试用短剑自尽，无奈连刺入自己胸膛的力气都没有。他痛切地感到自己体力的极度衰弱。在他看来，收走短剑，意味着他已经被当成一个没有思想的孩子。

蒂沃利别墅里有一位御医，是希腊人。他是哈德良视察帝国之旅时随队的医生。哈德良非常严厉地命令这位忠实侍奉自己的御医为自己调制毒药，同时命令他对任何人严加保密。既然是皇帝的命令，御医就有服从的义务。但是在这件事情上，服从等于犯罪。御医很苦恼，他既不能服从哈德良的命令，又不能违抗他的命令，再加上要求他这样做的是自己长期侍奉左右、内心非常敬佩的人，因此，他也不能告诉安敦尼。结果，第二天一早，人们发现御医已经死去，他喝下了自己调制的毒药。

这件事终于让哈德良幡然醒悟，他再也不想方设法结束自己的生命了。他只能自己一个人生闷气，而要让自己开心起来，唯一的办法就是尽快让病好起来，只是彻底痊愈绝无可能。于是，哈德良把无法向任何人发泄的怒气发向了元老院。

这个时期，元老院元老经常受到来自蒂沃利的指控。对此，安敦尼首先会将其提交至法庭，然后，一次次地拖延审判。元老院元老对哈德良的看法已经彻底改变，原因就在于哈德良不断地指控他们。《罗马皇帝传》的作者写道：哈德良“已遭所有人嫌弃”。安敦尼劝说这位“父亲”换个环境，去海边住些日子。因为蒂沃利别墅虽然很大也很舒适，但是吹不到海风。

那不勒斯向西 20 公里处的海湾有皇帝的别墅。这栋别墅最早为共和制末期的哲学家西塞罗所有。西塞罗死后，奥古斯都从他儿子的手中买过来，成了皇帝的私人别墅。其后的皇帝们一次次地对其进行修缮，现在已经变成一座非常宏伟的别墅。这一带温泉资源丰富，从共和制时代开始，罗马上流社会阶层的人们纷纷来这里建别墅。因此，作为度假胜地，这里非常出名。在维苏威火山喷发导致庞贝以及周边城市被埋以后，在开阔的那不勒斯湾，位于维苏威另一侧的波佐利、拜亚、米塞诺一带，作为度假胜地，也受到了罗马人的追捧，名气越来越大。

哈德良离开蒂沃利别墅后，沿着提布尔提那大道前往罗马。他一定是坐轿子去的，而且一定用布帘把轿子围得严严实实。他从东面进入首都罗马，没有停留，向南直接穿城而过。罗马人是现代化道路的创始者，但是当时，他们还没有环线的概念。所以要通过一座城市，必须穿行市内。

从罗马向南沿奥斯提亚大道来到海边后，不清楚哈德良是沿海岸线继续南下，还是选择了沿笔直的阿庇亚大道到达特腊契纳的。但是，有一点可以肯定，从特腊契纳向南到那不勒斯湾，他应该走的是沿海岸南下的图密善大道。这条大道是图密善皇帝铺设的，是去海湾最近也是最舒适的一条大道。公元前8世纪，处于向海外发展高峰期的希腊人在意大利半岛建设的第一座城市是库马。选择图密善大道前往库马，海湾就在它的前面。此时是初夏时节，是包括卡普里在内的南国那不勒斯一带最美也是最舒适的季节。

在拜亚别墅住下来后，哈德良看着海面平静、犹如染过色的碧海，脑子里想了些什么，我们不得而知。但是，我们知道他作了一首诗：

animula vagula blandula,
hospes comesque corporis,
quae nunc abibis in loca,
pallidula rigida nudula,
nec ut soles dabis iocos.

翻译过来，意思大概是这样的：

我可爱的灵魂已经穷途末路，

一直以来，我的灵魂都是肉体高贵的宾朋，

如今却变得如此阴冷、灰暗，

我想该去那个世界的时刻到了，

那个没有快乐、听不到你曾经最喜欢的玩笑的世界。

等到安敦尼接到消息从罗马赶来后，哈德良终于闭上了眼睛，时间是公元138年7月10日。哈德良享年62岁5个月零16天，统治罗马帝国21年。

民众的反应如何我们不得而知，但是，元老院元老听到皇帝去世的消息后应该是兴高采烈的。

新皇帝召集元老院会议，宣告了哈德良的死讯，同时提出神格化先皇的建议，却遭到为数不少的元老的反对。

在哈德良之前的皇帝中，除了提比略生前坚辞自己死后被神格化，没有被神格化的只有卡利古拉、尼禄和图密善三人。元老院反对神格化哈德良，意味着他将被列入臭名昭著的皇帝行列。尼禄和图密善两位皇帝更是在死后受到了“记录抹杀刑”的处罚。对罗马人来说，没有一件事情比受到这种处罚更耻辱的了。一个人如果被元老院处以“记录抹杀刑”，那么，他生前的一切业绩都会被从记录中删去，他的雕像会遭到毁坏，碑文上的名字也会被抹去。元老院没有给哈德良这样的处罚，但是既然有尼禄和图密善的先例，反对把他神格化，事实上离“记录抹杀刑”也只差一步之遥了。安敦尼含着眼泪不断恳求元老神格化先皇。

好像是元老院不忍心辜负新皇帝的殷殷期望，结果，神格化哈德良的决议最终得以通过。如果这时候元老院固执地坚持反对神格化哈德良，并顺着这一势头决定对他处以“记录抹杀刑”的话，哈德良为重建帝国付出的一切心血早就消失在历史的一隅，不会被传到后世。因为这件事情，安敦尼得到了一个外号叫“庇护”，意思是“慈悲的人”，也因此，“安敦尼·庇护”成了历史上的安敦尼正式的称呼。

安敦尼·庇护统治的第5年，也就是哈德良去世后的第5年，即公元143年，出生于小亚细亚的哲学家阿里斯·艾利斯泰迪斯应邀前来参加4月21日举行的建国纪念活动，他向皇帝安敦尼和与皇帝并排而坐的元老院元老发表了一场演讲。我想介绍其中的两段话：

> 对于我这样的希腊人，不，对于其他任何民族来说，现在，要去一个地方旅行，非常自由、安全而且便捷。只要是罗马公民权拥有者，连证明身份的文件都不再需要申请。不，甚至不一定是罗马公民，只要是生活在罗马帝国统治之下的人们，自由和安都可以得到保证。
>
> 荷马曾经说过这样的话：“地球属于每一个人。”罗马把诗人的这个梦想变成了现实。你们罗马人测量并记录下了纳入你们保护之下的所有土地。你们在河流上架设了桥梁，在平原甚至山区铺设了大道。无论居住在帝国的何处，完善的设施让人们的往来变得异常便捷。为了帝国全域的安全，你们建起了防御体系。为了不同人种、不同民族的人们和谐地生活在一起，你们完善了法律。因为这一切，你们罗马人让罗马公民之外的人们懂得了在有序稳定的社会里生活的重要性。

邀请阿里斯·艾利斯泰迪斯演讲是为了庆祝罗马建国，所以也许你会认为他是闻名全帝国的著名学者，年龄应该和皇帝安敦尼·庇护一样50岁出头，或者与先皇哈德良一样，已经60多岁。然而，艾利斯泰迪斯在做上述演讲的时候，只有 26 岁。也就是说，皇帝和元老院没有邀请著名学者，而是邀请了这位出生于小亚细亚、其学识刚刚崭露头角的年轻学者。由此，我们知道了上面两段颂词不是出自已经在享受既得权益的中老年人之口，而是出自下一代年轻人之口。

当然，这些话是说给罗马当时的统治者们听的。但是，说这些话的时候，离哈德良去世只有 5 年。因此，我想，这些话应该最适合被刻到哈德良的墓碑上。就像 1 800 年以后，有研究者说："不是行省人民派代表到罗马诉说自己的要求，而是皇帝下到行省倾听行省民众的心声。"

第三章　皇帝安敦尼·庇护

（138 年 7 月 10 日—161 年 3 月 7 日在位）

ANTONINVS AVG

幸福的时代

要讲述这位皇帝的统治，像图拉真和哈德良的章节那样按年代顺序几乎是不可能的。至于为什么不可能，我想，您在阅读的过程中，自然会了解。一句话，因为没有值得大书特书的事件——也就是新的事情，这也是他作为皇帝实施统治的特点。

后来的人们把从涅尔瓦登基的公元96年，历经图拉真、哈德良和安敦尼·庇护，到公元180年马克·奥勒留去世的这个时期叫作“五贤帝时代”。与五贤帝同时代的罗马人也把这个时期称作“黄金世纪”（Saeculum aureum）。然而，真正配得上用“黄金的”（aureum）这个词来形容的三位皇帝只有图拉真、哈德良和安敦尼·庇护。如果用皇帝的名字作为书名来写他们的话，可以用副标题对他们进行评价如下：

图拉真——“至高无上的皇帝”（Optimus Princeps）

哈德良——“和平的罗马和永恒的帝国”（Pax romana et Aeternitas imperii）

安敦尼·庇护——“稳定的秩序”（Tranquilitas ordinis）

从“稳定的秩序”这一说法中我们可以了解到，在安敦尼·庇护统治的23年间，是用稳定的秩序统治帝国全域的时期。但是，稳定的秩序很难出“新”，同时，这一时期的皇帝也没有任何丑闻。如果有哪怕只是些微的“新”或“丑闻”，喜欢写随笔的编年史作家一定会欣喜若狂。既没有戏剧性的生活，又与丑闻无缘，不仅对于同时代的史学家们，对于后世的传记作家来说，写安敦尼都是一件“无从下手”的事情。因此，直至今日，关于他的传记，除了《罗马皇帝传》中有一个章节之外，我们完全找不到。原因就在于他没有任何能激起同时代人好奇心的举措，在他统治期间，也没有发生任何能激起后世学者及作家产生好奇心的事件。

但是，他是一位真正的“贤帝”。按照意大利文艺复兴时期的政治思想家马基雅弗利的说法，一位领袖必须具备三个条件，那就是“能力”（Virtu）、“运气”（Fortuna）和“时代的适应性”（Necessita）。马基雅弗利认为，即使有能力也有运气，但是，如果不能顺应时代要求的话，就不是好的领袖。

与图拉真、哈德良一样，安敦尼·庇护完全满足这三个条件，虽然他与前两者从性质上来说并不相同。对于被统治者来说，所谓幸福的时代也许就是在满足这三个条件的前提下，不同“类型”的领袖更替的时代。

在日本曾经有一个时期，每次进行国会议员选举时，都会有人说：“与其推荐那些自己想出人头地的人，倒不如推荐推荐者愿意推荐的人。”事实证明，这句话直到现在都没有失去它的意义。如果套用这个标准的话，我想图拉真应该属于“想出人头地的人”和“推荐者愿意推荐的人”各占一半的类型，哈德良显然百分之百属于“想出人头地的人”的类型，而接下来要讲述的安敦尼·庇护皇帝则百分之百是属于“推荐者愿意推荐的人”这一类型。只是有一点我们不能忘记，安敦尼·庇护继承皇位的时候，正是最适合“推荐者愿意推荐的人”来统治罗马帝国的时代。

安敦尼·庇护出生于尼马苏斯（今尼姆）。在登基后，他的正式名字改成了“Imperator Caesar T. Aelius Hadrianus Antoninus Augustus Pius”。尼马苏斯位于罗讷河附近，属于现在的法国南部、当时的纳尔榜高卢行省。在罗马时代的高卢，它是重要的城市之一，因嘉德水道桥（Le Pont du Gard）而闻名。这座高架引水桥在2 000年后的今天依然存在。尼姆的原住民是高卢人，罗马承认高卢人的村落为“地方自治体”。它不像图拉真和哈德良的出生地——意大利卡那样，是作为罗马军团兵服役期满退役后居住的殖民地而兴建起来的城市。也就是说，在尤里乌斯·恺撒的推荐下，进入元老院的这个出生于尼姆的人不是来自意大利本土，而是“罗马化了的高卢人”。不同于图拉真和哈德良的祖先，安敦尼·庇护的祖先是被罗马征服的高卢人。

作为行省出身的罗马皇帝，图拉真和哈德良是第一代，安敦尼·庇护应该是第三或第四代。他是祖父那一辈移居到意大利本土的，在尼姆早就已经没有房子和土地了。

事实上，与当时的人相比，现在的我们似乎更关注皇帝的行省出身身份。在罗马时代，除了第一代皇帝不得不时刻提醒自己行省出身以外，后来，几乎没有人在意自己的出生地了。也许全帝国包括行省在内的人民，一致认为帝国是一个大家庭（拉丁语叫 familiar）。事实上，安敦尼·庇护家族虽然是行省出身的罗马公民，但是到了他这一代，作为罗马公民已经是第三或第四代了，所以在他身上看不到一丝一毫行省的痕迹。他的祖父和父亲都担任过执政官，出身于这样的家庭，他很自然地认为自己就是罗马人。

安敦尼出生在图密善皇帝最鼎盛的时期。公元86年9月19日，后来的这位皇帝在首都罗马沿阿庇亚大道南下30公里左右的拉努维姆（Lanuvium）诞生。也许是父亲因公务总不在家的原因，他的少年时代是在祖父家度过的。在祖父离世，父亲也去世后，他的外祖父担负起了养育他的责任。外祖父的别墅位于从首都罗马沿奥雷利亚大道向北 20 公里的洛里姆（Lorium）。这里就是他从少年到青年时期生活过的地方。这个年轻人接受了全面的教育，而且长得既健康又漂亮，深受大家的喜爱。他还继承了包括祖父和外祖父在内的众多亲属的遗产。在进入元老院之前，安敦尼已经是罗马屈指可数的富翁之一。对于罗马人来说，遗产不一定只留给直系亲属，它也可以作为奖励，留给同族中前途在望的年轻人。正因为如此，奥古斯都提出了古代最早的“遗产税”，并使之成为罗马国家的税收之一。这一税种通称“二十分之一税”，只向罗马公民征收。但是如果继承人为直系亲属，则免征遗产税。

这一时期，一个元老院阶级出身的年轻人理所当然要走“光荣的公职人员”的发展道路，成为帝国的精英。安敦尼在图拉真统治期间的公元 111 年当选了财务监察官，公元 116 年进入元老院，同时当选了法务官。他当选执政官是在公元 120 年，此时已经进入哈德良统治时代。其后，他在负责国家行政的“内阁”中任职多年。“内阁”是皇帝哈德良因长期离开本土视察帝国各地而授权负责国家行政事务的一个机构。在 49 岁到 50 岁的那一年，他以前执政官的身份，出任了亚细亚行省的总督。其间，他广施善政，获得了一致好评，被认为是元老院人事安排中最成功的案例之一。

可以看出，安敦尼的职业生涯不是源自皇帝的任命，而是典型的元老院人事安排。也就是说，安敦尼完全没有在前线执行公务的经验。去行省任职也只是一次，而且还是在小亚细亚西部。这里的文明程度之高，在帝国境内屈指可数。罗马没有在这里驻扎军团兵，甚至连官邸警备都由当地的辅助部队的士兵担任。罗马皇帝是罗马全军的最高司令官，也是帝国安全保障的最高责任人。不能不说，作为皇帝，他完全没有军队指挥的经验，这是一大缺憾。

幸运的是，安敦尼继承的罗马帝国已经非常稳固，因为图拉真确立了多瑙河防线，哈德良又对帝国境内左右防御体系进行了整顿。的确，他不适合做乱世的皇帝。但是，统治一个和平的帝国，他完全可以胜任，因为他只要管理好正常的行政就可以。哈德良一定很清楚这一点，所以才会指定安敦尼做自己的继承人。而安敦尼本人又比任何人都清楚自己统治的这个帝国的现状，因此，他才有可能在继前两位皇帝之后，成为又一位贤帝。

一个人在登上最高权力者的位置后，通常会对人事进行大幅度的调整，尤其是意大利本土中唯一一支军事力量——近卫军团长官，皇帝通常会任命自己的心腹。但是，安敦尼既没有调整其他人事，也没有撤换近卫军团长官，他完全延续了哈德良安排的人事。至于近卫军团长官，在任的时间更是长达20年，直到他主动提出辞呈希望引退，才换成安敦尼选出的人。安敦尼·庇护之所以没有调整人事，一方面是因为哈德良的人事安排非常合理，因为他始终贯彻一条，即在合适的位置上安排合适的人选，另一方面是因为安敦尼的用人观。他认为一个人只要长期担任一项工作，一定可以把工作做好。他自始至终贯彻了自己的这一想法。由此可以看出，安敦尼·庇护还是一个相当固执的人。

有一次，妻子芙斯汀娜因为他的小气而对他发了一通牢骚。对此，皇帝这样告诫妻子：

“你真是个愚蠢的人。我现在是帝国之主，不再是从前那些东西的主人了。”

他还说过这样的话：

“在没有必要的情况下，浪费属于国家所有的资产，是最卑劣、最无耻的行为。”

正因为安敦尼·庇护的想法如此，在和市民们同庆皇帝登基时，他没有像以往的皇帝那样，动用皇帝公库的钱来发放“一次性赏金”（congiarium），而是用他自己的个人财产发放。居住在首都罗马的公民权拥有者（仅限 17 岁以上的男子）有 20 万人，加上驻扎在帝国防线的军团兵 16.8 万人，当时，接受“赏金”的人数多达 36.8 万人。据说每人拿到了 75 第纳尔银币，因此，这一次安敦尼的个人财产支出总额高达 2 760 万第纳尔银币。

皇帝的日常生活没有改变，与登基前、担任元老院元老的时候完全一样，虽然富裕却不奢华。首先他没有建宏伟的别墅，而仅仅满足于使用已有的别墅和成为皇帝后继承的皇帝别墅。事实上他的确也没有新建的必要，因为在已有的别墅中，仅安敦尼最喜欢去的别墅就有 8 处。只是不知道为什么，有 3 处他从来不去，那就是哈德良建在蒂沃利的别墅、图密善建在奇尔切奥的别墅和提比略隐居的卡普里岛上的别墅。虽然以我的审美观，我认为这 3 处别墅比其他任何别墅都要漂亮。

世人评价安敦尼是个没有欲望的人，我完全不同意。我认为，说这样的话，只能证明此人极其缺乏想象力。因为安敦尼的做法非常符合他的性格，虽然他的统治方法与哈德良不同，但是这并不影响他取得丰硕的成果。52 岁的新皇帝在登基后不久，就公布了他的想法。

他宣布，自己不会去帝国各地进行巡回视察，他会留在首都罗马和意大利本土对帝国进行统治。

他的理由有两个：

一、首都罗马是帝国的中枢，留在这里便于了解更多的情况，可以根据这些情况，制定政策或采取紧急措施。

二、减轻皇帝出行目的地城市或地方自治体的经济负担。

关于第一个理由，我完全同意安敦尼的说法。因为它关系到建立一个更加有效的组织，以便及时了解情况，传递命令。前文讲过，皇帝了解情况的途径大体分两类：一是来自以行省总督为首的国家公职人员的汇报，二是来自行省的请愿。

在本书哈德良章节的最后部分，艾利斯泰迪斯于公元 143 年做的演讲中，还说过这样的话：

> 总督作为行省统治的责任人，在决定一项政策或接到行省人民的请愿时，只要有一丝疑问，马上就会给皇帝写信，请求指示。这就是罗马帝国。在皇帝的指示到达之前，总督只会一味地等待，就好像合唱团演员等待指挥举起指挥棒一样。

如同军事才能出色的指挥官那样，罗马人都清楚搜集情报的重要性。因此，他们对于情报传递的安全性和速度方面格外用心。在历代皇帝的努力下，那个时代，在情报传递的安全性和速度这两大要素方面，罗马帝国的国有邮政体系已经达到了较高的水平。在陆地上传递情报，走当时的“高速公路”——由罗马式大道构成的交通网，一个驿站接一个驿站地骑马送往目的地。在海上传递情报的时候，船只一进入港口，马上换乘最早出港的其他船只送往目的地。这种传递方法同样适用于普通邮件。艾利斯泰迪斯说：

> 只要能保证消息的传递，无论皇帝在何处，都不会影响他对帝国的统治。即使他身处帝国边境，仅靠书信也可以实施统治。因为皇帝的信一写好，就会有一个好像长了翅膀的使者（希腊语叫“Hermēs”，拉丁语叫“Mercurius”），会迅速而安全地把它送到目的地。

关于安敦尼提出的第二个理由，如果他不去帝国各地进行巡回视察的目的之一，只是为了减轻当地经济负担的话，那么哈德良实在太可怜了。的确，为了迎接皇帝一行的到来，一点儿费用不花是不可能的。但是，哈德良巡回视察的地方，绝大部分是边境地区，是皇后不会陪同去的地方。而随行的人员中，又是以技术人员为主，几乎都是不需要花钱的人。视察军团基地的时候，他们住的帐篷与士兵住的一样；需要留在城市里过冬的时候，有总督官邸就住官邸，没有总督官邸，就住在当地城里的权贵人家里，而且自始至终都是这样做的，因此，当地的所谓“经济负担”极轻。不但如此，皇帝视察的结果，如果需要完善防御体系，需要铺设大路，架设桥梁，军团兵就要承担起这些工程。因为军团兵的薪酬自有国家开支，所以，应该说，在经济方面，获益的是皇帝视察的目的地。

因此，我认为安敦尼·庇护的这个理由不过是一个借口，因为他的真实想法不便说出来。首先，因为哈德良皇帝长时期不在包括首都罗马在内的意大利本土，对此，本土居民一定心存不满，安敦尼·庇护要消除大家的这种不满；其次，是为了自身的健康。哈德良上了年纪后，身心备受煎熬。对此，安敦尼一一看在眼里。哈德良 41 岁当上皇帝，而安敦尼登基的时候已经 52 岁。而且，安敦尼可能与《罗马皇帝传》的作者看法一致，他认为使哈德良痛苦万分的疾病，就是长期巡回视察帝国边境的旅途劳顿造成的。提比略很长寿，他登基的时候已经 56 岁，统治帝国长达 23 年。他在统治帝国期间，就不曾离开过意大利本土一步。因此，大概安敦尼认为要长寿必须善待自己的身体。另外，经过哈德良重建后的帝国一切正常，无须皇帝亲自出马前往各地监督检查。就这样，安敦尼·庇护活到了 75 岁，比 62 岁去世的哈德良长寿许多。

安敦尼·庇护几乎全盘继承了先皇的业绩，只对某些他认为不太合适的地方做了微调。而违背先皇意志的事情，他只做过两件，很难说这算不算微调的范畴。

其一，安敦尼·庇护刚登基就下了一道赦免令，撤销了哈德良在执政末期对元老院的无理指控。这件事情他做得顺情合理，既无损养父的名誉，也没有宣扬自己施行善政的意图。它不会让人产生误解，以为他是在"纠正"先皇的暴政。他在撤销先皇指控的时候说，如果"父亲"活着，一定也会这样做。他的这一言行让元老院元老和罗马公民更加觉得他是个"慈悲的人"（庇护）。

其二，按照哈德良的要求，他将阿尼乌斯和路奇乌斯收为养子。但是，哈德良还为这两个少年指定了未婚妻。他把曾经指定为继承人却因病去世的埃里乌斯·恺撒的儿子的姐姐配给了17岁的阿尼乌斯（后来的马可·奥勒留皇帝），把安敦尼的女儿配给了路奇乌斯（埃里乌斯·恺撒的儿子），并且定下了婚约。只是，对于8岁的路奇乌斯来说，他的未婚妻年纪太大了。虽然安敦尼·庇护知道自己应该尊重哈德良对年纪轻轻、30岁就吐血而死的埃里乌斯·恺撒的哀惜之情，但是他现在只剩下这一个小女儿了，因为两个儿子夭折，大女儿也在生产时死亡。他认为，从年龄上来看，女儿和阿尼乌斯结婚显然更合适。而且，他好像也想过，继自己之后的皇帝应该是阿尼乌斯，路奇乌斯要在阿尼乌斯之后。如果把女儿嫁给阿尼乌斯，那么自己的骨肉就是下一任皇帝的妻子。

当然，安敦尼没有擅自决定这件事情。他不是一个会把这种事强加于人的人，他叫来阿尼乌斯，征求了他的意见。这年已17岁、未来的"哲学家皇帝"经过考虑，同意了"父亲"的想法。

人格高尚的人

皇帝安敦尼·庇护做事从来不会擅做主张，无论是出台政策还是法案，一定会跟“内阁”或“法庭之友”这些智囊团商量。当然，他这样做并非因为他不知道该如何做决断。对于如何统治罗马帝国，他有自己的理解和想法。一方面，因为他是继哈德良之后的皇帝，所以，有必要表现出对他人的尊重，避免独断专行。另一方面，通过“征求意见”使自己的想法成为一项政策的做法也符合他的性格。

根据《罗马皇帝传》以及其他历史书籍的描述，安敦尼是这样一个男人。

他是个美男子，长得很帅。即使在人潮涌动的人群里，他依然引人注目。他身材修长，即使上了年纪以后，依然保持了很好的体形。但是，因为他个子高，终究没有能够避免高个子容易出现的佝偻症状。为了矫正驼背，他在托加长袍里面穿了一件紧身衣。

他举止大方，性格开朗，行事稳重，说话声音低沉，演讲浅显易懂。他的演讲不会令听众为之狂热，却能深入人心。与其说他是演讲达人，不如说他是座谈高手。

他是个非常有教养的人，正因为如此，他极其重视教育。对于两个年轻的继承人，他甚至亲力亲为地负责培养。哈德良曾经推荐迦太基出生的学者弗龙托进入元老院，并全权委托他负责教育年轻的阿尼乌斯。而安敦尼则把另一个继承人路奇乌斯的教育任务也交给了这个迦太基人。

安敦尼·庇护处理任何事情都好像春日里和煦的阳光一般。他非常擅长采用平衡的策略，不会把问题扩大，也没有丝毫的虚荣心。毫无疑问，他是一位真正的保守主义者。

安敦尼·庇护

犹太教徒叛乱的原因之一，是哈德良强制执行的禁止割礼法。公元134年耶路撒冷沦陷以及随后对犹太教徒实施“大流散”之后，哈德良不再提这一禁令。到了安敦尼时代，这一禁令实际上已经形同虚设。安敦尼明确解除了这一禁令，但是他没有解除犹太教徒不得居住在耶路撒冷的禁令。也就是说，他只解除了禁止割礼法，而对犹太教徒实施“大流散”的法令依然有效。这一法令决定了犹太民族在其后1 800年的历史。

罗马皇帝最大的职责是保障帝国边境的安全。为此，哈德良曾经亲赴前线地区，视察并重整了帝国所有的防御体系。皇帝安敦尼除了继承哈德良重建的防御体系，只建了一个冠以他的名字的前线防御体系，那就是“安敦尼长城”。安敦尼长城位于哈德良长城以北120公

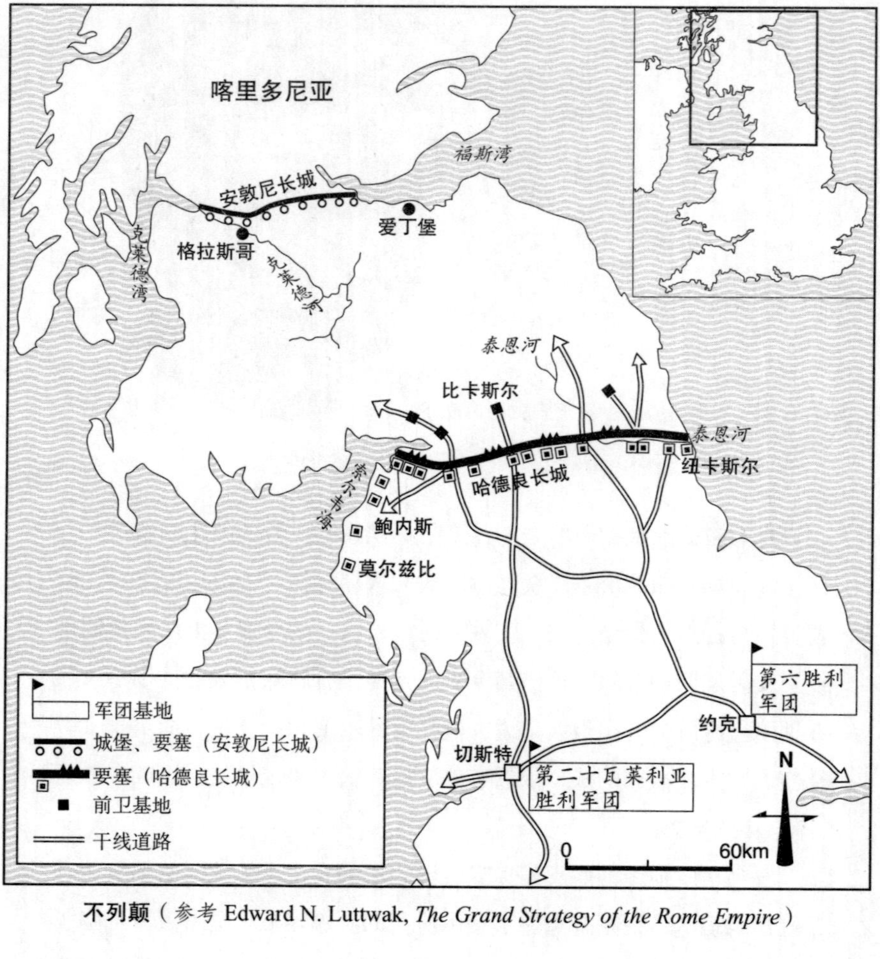

不列颠（参考 Edward N. Luttwak, *The Grand Strategy of the Rome Empire*）

里处，长达60公里。在这条长城以北、相互呼应的瞭望塔最前端，还建了一个前哨基地，感觉好像要深入苏格兰内陆一样。公元139年至142年，由于当地民众叛乱，驻扎在不列颠的3个军团被牢牢地困在那里。安敦尼长城和这个前哨基地，就是在镇压了当地民众的叛乱后建起来的。

建设安敦尼长城的目的只是为了巩固防线，而不是为了取代哈德良长城。如果当时安敦尼长城成为帝国罗马的国界线，那么位于此长城以内的爱丁堡、格拉斯哥应该难逃被罗马化的命运。但是，罗马人既没有把自己的高速公路网延伸到那些地方，也没有把位于约克和切斯特的2个军团基地迁至那里。结果，喀里多尼亚（后来的苏格兰）被留在了罗马文明圈以外。

有一份记录保留至今，那是关于安敦尼·庇护皇帝时代罗马军团驻扎地的记录。当然，这些防御体系都是哈德良确立的，他不过是原样保留下来而已。但是，我们可以从中了解到，在帝国的鼎盛期，明确专事防守的哈德良和安敦尼时代，罗马是如何实现安全保障的。罗马统治者们认为“和平”不是理想，而是今世应该享受的利益，因此，精神和物质方面的投资一样都不能少。按现代的说法，就是作为威慑力量，军事力量必不可少。

作为威慑力量，只要军备完善，那些试图挑起叛乱反对罗马帝国的人，就不敢贸然行动，他们必须先考虑清楚后果。也许正因为如此，在安敦尼·庇护统治的23年间，罗马军团需要认真对付的只有前面提到过的不列颠。而在其他防线，虽然偶尔会有外敌侵扰，但是，皇帝接到报告总是在事情解决之后。还有，帕提亚国王受到来自国内的压力时，虽然照例会对罗马表现出强硬姿态，但是，只要安敦尼写信与其沟通，问题就可以得到解决。因为与哈德良相比，

军团配置一览表

	行省名称	军团数量	军团名称	基地（当时地名）	基地（现在地名及国名）
	Britannia（不列颠）	3	II Augusta	Isca Silurum	卡莱奥恩 / 英国
			XX Valeria Victris	Deva	切斯特 / 英国
			VI Victrix Pia Fidelis	Eburacum	约克 / 英国
莱茵河防线	Germania Inferior（低地日耳曼）	2	I Minerva	Bonna	波恩 / 德国
			XXX Ulpia	Castra Vetera	克桑腾 / 德国
	Germania Superior（高地日耳曼及日耳曼长城）	2	VIII Augusta	Argentorate	斯特拉斯堡 / 法国
			X XII Primigenia Pia Fidelis	Mogontiacum	美因茨 / 德国
多瑙河防线	Pannonia Superior（近潘诺尼亚）	3	X Gemina	Vindobona	维也纳 / 奥地利
			X IV Gemina	Carnuntum	佩特罗内拉 / 奥地利
			I Adiutrix	Brigetio	苏尼 / 匈牙利
	Pannonia Inferior（远潘诺尼亚）	1	II Adiutrix	Aquincum	布达佩斯 / 匈牙利
	Moesia Superior（近默西亚）	2	IV Flavia	Singidunum	贝尔格莱德 / 塞尔维亚
			VII Claudia	Viminacium	科斯托拉茨热 / 塞尔维亚
	Moesia Inferior（远默西亚）	3	I Italica	Novae	斯维什托夫 / 保加利亚
			XI Claudia	Durostorum	锡利斯特拉 / 保加利亚
			V Macedonica	Troesmis	依格里扎 / 罗马尼亚
	Dacia（达契亚）	1	VIII Gemina	Apulum	阿尔巴尤利亚 / 罗马尼亚

（续表）

	行省名	军团数	军团名	基地（当时地名）	基地（现在地名及国名）
幼发拉底河防线	Cappadocia（卡帕多西亚）	2	XII Fulminata	Melitene	马拉蒂亚 / 土耳其
			XV Apollinaris	Satala	萨达克 / 土耳其
	Syria（叙利亚）	3	X IV Flavia	Samosata	萨姆萨特 / 土耳其
			IV Scythica	Zeugma	巴尔奇斯 / 土耳其
			III Gallica	Raphaneae	沙玛 / 叙利亚
	Palestina（巴勒斯坦）	2	VI Ferrata	Scythopolis	贝特谢安 / 以色列
			X Fretensis	Aelia Capitolina	耶路撒冷 / 以色列
	Arabia（阿拉伯）	1	III Cyrenaica	Bostra	布斯拉 / 叙利亚
	Aegyptus（埃及）	1	II Traiana	Nicopolis	亚历山大东北部 / 埃及
	Numidia（努米底亚）	1	III Augusta	Lambaesis	龙柏斯 / 阿尔及利亚
	Hispania（西班牙）	1	VII Gemina	Legio	莱昂 / 西班牙

共计 28 个军团 Legionaris（军团兵）——16.8 万人（主力）

Augiliaris（辅助兵）——约 14 万人（包括特殊技能兵种）

Numerus（季节兵）——3 万至 4 万人

另外还有海军——除在米塞诺、拉文纳和弗雷瑞斯等军港以外，在多佛尔海峡、莱茵河、多瑙河、黑海等处也有配备。它是由水兵、划桨手、操舵手，当然还需加上医生，构成类似陆上军团的战斗力量。

安敦尼·庇护更受东方专制君主们的欢迎，甚至远在里海附近的地方部族首领也在安敦尼统治期间访问了罗马，并表示愿意归顺罗马帝国，而在哈德良时代，他们拒绝访问罗马。一切似乎都很顺利，帝国子民每天生活在讴歌和平的生活中，享受着繁荣经济带来的和平果实。

然而，天灾从来不顾及人类的辛勤努力。在安敦尼 23 年的统治期间，首都罗马发生了一次大火灾，造成 340 户人家无家可归；安提阿发生了地震和火灾，市内部分地区不得不进行重建；火灾造成了迦太基市内受损；等等。由于天灾不断，尤其是处于地震带上的小亚细亚西部和罗得岛发生的地震，皇帝不得不下令成立赈灾委员会。此外，台伯河洪水泛滥，阿拉伯行省瘟疫流行，法国南部的纳博讷也遭遇了火灾。

每当发生这类灾害，罗马人通常采用罗马式的解决办法。这种方法是自第二代皇帝提比略确立以后一直沿用的。它分三个步骤实施：首先，皇帝拨款发放给受害者；其次，从附近的军团基地调遣军团兵及辅助部队士兵，进行基础设施的恢复建设；最后，罗马皇帝发布临时措施法，就是根据受灾情况，在若干年内，免征行省税的制度。通常，免征年数为 3 至 5 年。

安敦尼统治期间的特点是诸事顺利，他只需要按部就班地管理行政即可。当然，诸事顺利是因为皇帝从不放松监管的结果。通常，当经济状况保持良好发展势头时，公职人员的数量就会增加。但是，安敦尼在国库持续盈余的情况下，也不会忘记财政的节流。对于那些拿空饷的人，他会毫不犹豫地予以开除，因为安敦尼不管做什么事都会把理由放在明处。对于这种情况，他的理由是这样的：

“对于国家来说，不承担责任而领取报酬的行为，就是无耻的浪费行为。”

抒情诗人米索米德（Mesomedes）出生于克里特岛，哈德良曾经为他发放年金，安敦尼果断削减了他的年金。理由是他没有发表作品，因此难以认定他是否具备领取年金的资格。

他坚持认为，把私有财产用于公共事业是那些富裕家庭应尽的职责。他的这种私有财产观也体现在小事上。与图拉真、哈德良一样，他也是一位频繁出入公共浴场的皇帝，只是，每次他都会给赤身相处的人们小小的惊喜。那就是皇帝去公共浴场的当天，对去浴场的所有人免收入场费。作为休闲设施，公共浴场的门票很便宜，金额本身并不大。但是免费这种事情对任何人来说都是值得高兴的。为此，在安敦尼去浴场的日子，入浴者人数急增，使得属于元老院阶级和骑士阶级的人士避之唯恐不及。

安敦尼认为皇帝是公仆中的公仆，所以他认为皇帝做什么，怎么做，都应该起到表率的作用。对于他来说，做什么已经不是问题，因为前两任皇帝几乎把一切都做好了，所以，继他们之后的他，要做的事情只有一件，就是专心思考应该怎么做。

安敦尼认为，任何事情必须做到条理清楚，简单明了。同时，公正和透明是绝对条件。在人事安排方面，他尽可能避免为了情面而任人唯亲。因为他与熟人或朋友相处绝对平等，所以，他的熟人和朋友也不好强求这位皇帝。

但是，如果因此说他是一位完完全全的民主主义者，我只能说那也是罗马式的民主主义。哈德良曾经坚辞了10年的“国父”称号，安敦尼在登基一年后就接受了。而且，他一当上皇帝，就把皇后的封号“奥古斯塔”给了妻子芙斯汀娜。我想，他是真心诚意地想做罗马帝国全体人民之“父”的。他没有“做什么”，但是他要通过“怎么做”来表明自己的这一立场。

在安敦尼登上皇位后的第三年，皇后芙斯汀娜去世了。安敦尼用妻子的遗产和自己的资产设立了一个基金，叫芙斯汀娜基金会。冠以亡妻之名的这个基金会向出身卑微的少女提供结婚资助。

像这样说不出任何缺点且人格高尚的人，往往会让人感觉很无趣。但是安敦尼不同，他的言行举止总是稳重中透着幽默，没有人因他是皇帝而对他敬而远之。

在皇宫举行宴会时，他经常邀请同盟国的君侯及行省的权贵们。以安敦尼为主人的宴请，应该是皇帝的筵席，却常常变成田园别墅里的晚餐会。每当这时，他会用自己的别墅或山庄生产的肉、鱼、蔬菜及果实等做成一道道菜肴供大家品尝。每上一道菜，他都会一一向客人解释材料是从哪里弄来的。在葡萄成熟的季节里，他会和众多罗马人一样，放下工作前往别墅，穿着短衣和农民们一起劳动。看着采摘下来的葡萄酿成葡萄酒，是皇帝安敦尼最开心的事。顺便提一句，与爱好狩猎的哈德良不同，安敦尼·庇护喜欢垂钓。总之，在安敦尼身上可以感受到一种完美乡绅的气息。

绅士的言行举止必须有风度，必须稳重。批评他人的时候，也要注意自己的态度。有一次，他看到未来的哲学家皇帝马可·奥勒留因一位家庭教师去世而哭泣。身担“父亲”职责的他教导“儿子”说：

> 要控制感情，有时候凭借贤者的哲学、皇帝的权力都没有用。这种时候，只能想着自己是个男人，努力自我控制。

哲学家弗龙托虽然是迦太基人，但是受哈德良的委托，负责身为未来皇帝的这个年轻人的教育。当年轻人长大、以马可·奥勒留之名登基后，弗龙托给这名曾经的学生写过一封信，信中对已故的哈德良和安敦尼做了比较：

很难说我对哈德良怀有亲近感。他是一个思维清晰的人。面对他，我只有努力让自己不要拂逆他的想法。站在他面前，就好像站在战神马尔斯或冥界之神普鲁托面前一样，我总是紧张万分。为什么会有这样的感觉呢？因为亲近感必须以自信和亲密为前提。他与我之间没有这样的亲近感，因此在他面前，我没有自信。我从心里尊敬他，但是，无论如何不能说我对他有亲近感。

但是，安敦尼不同。我像热爱太阳一样，像热爱月亮一样，不，我像热爱人生、热爱爱人的呼吸一样爱他。我总是坚信，他对我也有亲近感，就像我对他怀有亲近感一样。

从这段文字中可以看出，哈德良和安敦尼·庇护留给人们的印象是如此不同。但是，所谓史实，在没有得到验证的情况下，是不能用作参考的。要验证史实，最简单的方法就是进行比较。比较他实际接触两位皇帝时的年龄和地位。弗龙托出生于旧迦太基，年轻时来到罗马，是一位成功的辩护律师。受哈德良之托，负责未来皇位继承人之一马可·奥勒留的教育是在公元138年。

这一年，哈德良62岁，因为疾病，性情变得越发暴躁，让伺候在他身旁的人总是提心吊胆。虽然他把皇帝的权限分了一半给继承人安敦尼，但是无疑，哈德良依然是统治帝国已经20年的最高权力者。

这个时期来到哈德良面前的弗龙托，据说出生于公元100年前后。所以当时他的年龄大概在38岁上下。38岁的人面对62岁的老人，通常都会有点儿紧张，更何况对方还是罗马皇帝。而且，因为高龄和疾病，哈德良怎么可能会气定神闲地对待他呢？

公元143年，皇帝安敦尼·庇护把另一个“儿子”路奇乌斯的教育也委托给了弗龙托。所以这位罗马皇帝与出生于迦太基的教育家之间，很可能接触较多。另外，哈德良和弗龙托之间年龄相差 24 岁，而安敦尼和弗龙托的年龄差只有 14 岁。顺便提一句，老师弗龙托和学生马可·奥勒留之间的年龄差是 20 岁。

考虑到存在这些不同的因素，因此，要掩盖哈德良和安敦尼的性格差异几无可能。按照哈德良的性格，即使在他身体好的时候，也不会让对方感受到阳光般的温暖，从而消除紧张感；也不会让对方感觉月光般的宁静清澈，从而平静下来。但是，他正因为性格如此，才能成就真正意义上的重建，也就是改革。人格完满的人没有一名能够成为改革的推动者。

但是，能够让人产生亲近感是一种“美德”，是马基雅弗利提出的作为领袖的三大条件之一。这个词的词源是拉丁语，应该是“virtus”。与“力量”的译法相比，把“virtus”译成“德行”应该更适用于那些让人有亲近感的人。比较而言的话，用在哈德良身上，把“virtus”翻译成“力量”更加合适，用在安敦尼·庇护身上的话，也许翻译成“德行”更合适。

那么，马可·奥勒留是怎么看待哈德良和安敦尼·庇护的呢？这两个人和他的关系都非常密切。前者从他小时候起就给了他很多关照，后者毫无保留地为他提供了作为皇位继承人必须积累经验的机会。从《沉思录》中，我们可以了解到他对哈德良和安敦尼的看法。

马可·奥勒留

出自罗马最高权力者之手的《沉思录》，是继尤里乌斯·恺撒的《高卢战记》和《内战记》之后出版并留存下来的唯一一部著作。

当然，苏拉、提比略、克劳狄乌斯、图拉真、哈德良和塞普提米乌斯·塞维鲁也都写过回忆录或战记。但是，在帝国末期和随后的中世纪基督教时代，这些著作消失殆尽，留存至今的只有恺撒和马可·奥勒留的作品。在这部《沉思录》中，马可·奥勒留从自己向谁学习了什么开始写起，除了祖父、父亲、母亲、家庭教师（包括弗龙托）、哲学家等，对安敦尼·庇护的着笔也很多。但是，他没有提及哈德良，虽然是哈德良要求安敦尼收他为养子，以便他继承皇位的。也许不提哈德良，正是这位哲学家皇帝对哈德良的认识。

关于安敦尼，后世称之为“哲学家皇帝”的马可·奥勒留是这样写的。虽然有点儿长，我还是做了全文引用：

> 我从父亲那里学到了很多。
>
> 决定一件事情时，要慎重、稳健，同时要有恒心；不追逐社会名利而热爱工作，对工作要有耐心；应树立这样的态度：只要有利于公共利益，任何建议都要认真听取；公正地评价每个人的成绩；根据实际情况评价一个人的能力，并据此判断应该对其严厉处置还是宽厚以待；没有同性恋的性倾向（很显然，这一点是针对哈德良做出的评价。——引者注）。
>
> 他一心为公，从不强行要求他人陪同自己一起用晚餐或去别墅，一切由朋友们自己决定。若有人因公务或私事拒绝邀请，缺席晚餐会或不去别墅，他既不会表现不愉快，也不会心存芥蒂，对他们的态度一如既往。
>
> 他处理政务时很慎重，虚心聆听他人的忠告或建议。做决定时，为了避免受周围人的意见左右，他亲自了解情况。与友人相处，他不受一时情绪波动的影响，因此始终与朋友保持良好的

关系。

他满足于做自己能做的事情，因此自始至终可以做到平心静气。他不断培养自己的预知能力，不管预知的事情多么微不足道，也要力争处理完好。他从来不会因做某件事而成为人们茶余饭后议论的对象。他不喜欢毫无意义的鼓掌喝彩和阿谀奉承，这类事情会令他徒生烦恼，他认为没有这种烦恼才能更好地履行自己的职责。

他时刻关注国家的各种需求，尽力避免浪费国家财政，为此他也承受了来自民众的不满。

他不是失去理智的信徒。他信仰诸神，但不依赖诸神。

他不会为了讨好他人而无原则地赞美他们，向他们提供不合理的帮助。对任何事情，他都是有节制的，可以说他是一个非常规矩的人。他不是为了面子做事，而是凭良心做事，因此反而容易达到目的。

幸运女神很关照他，所以在他的一生中，他才能做到谦虚，才会没有那么多亟待他去解决的事情。

对于他这样的人，没有一个人可以攻击他，说他是诡辩家，说他不知廉耻，说他是形式主义者。非但如此，他是一个思想成熟的人，很完美，没有虚荣心，完全可以管理好自己和他人。

他尊重真正的哲学家，蔑视徒有虚名的哲学家，无论他们在社会上的名气有多大，也不会被他们的说教蛊惑。

友善与稳重是决定他举止得体的两大要素。他很注意自己的健康，当然这并非因为他贪恋人生，他只是希望在有生之年可以很好地享受人生。在健康方面，他不会做任何毫无意义的事情，通常情况下，他会选择尽可能地自行康复，只有在迫不得已的情况下才会求助医生或药品。

他从不妒忌有才能的人，这是他最大的德行。他会为有才能的人们提供机会和相应的位置，让他们可以充分施展自己的才能。这些才能包括演讲的才能、熟悉法律知识以及其他民族风俗习惯的才能、战略上的才能等等。正因为有了皇帝的支持，这些人才有可能一展自己的才华。他的这种做法遵循了罗马自古以来的优良传统。因为皇帝以身作则，所以，古人的优良传统在罗马领导层中间也得以复兴。

我还从他那里知道了优柔寡断、考虑不周带来的严重后果；学到了在同一个地方重复同一种行为的重要性；学到了遭受沉重打击时，先退一步，休息之后再采取行动的权宜做法；学到了尽可能不要有秘密，如果必须保密，只限国家大事；学到了在为公民提供娱乐活动、建造公共设施、向公民和士兵发放一次性赏金时要谨慎行事，把东西和数量控制在必要的范围之内。

在私人生活方面，我从他那里也学到很多。入浴必须在结束一天的工作之后；在私人宫殿和别墅的建设方面，不投入过多的精力和热情；不过分关注饮食；不关心衣服的数量和色彩；对照顾自己生活起居的奴隶不以貌取人。

他在洛里姆时给我写的信中告诉我，在对洛里姆的别墅列柱走廊进行维修时，为了避免浪费，他是怎样要求的。还有，在对图斯库鲁姆的别墅进行维修时，他也努力避免出现同样性质的浪费。

皇帝安敦尼从来都是公私分明，举止合宜，没有厚颜无耻的行为，不会言辞激烈地伤害他人。有一个词叫“事无巨细”，对任何事情他都要经过深思熟虑，所以他的言谈举止总是恰如其分，而这又使得他的言行充分表现出和谐、有序和一以贯之。

每次想到他，色诺芬笔下的苏格拉底就会浮现在我的脑海里。也就是说，他是一个不仅懂得享受快乐的人，也是一个有自制力的人。虽然大多数人往往会经不住诱惑，控制不住自己，从而过度沉溺于享乐之中。

到了迟暮之年，他的健康和耐心开始衰退，但是他仍然懂得如何用稳重沉着来弥补肌体的衰老。就像我的一位老师克劳狄乌斯·马克西穆斯说过的那样，他是一个清正廉洁的人，一个有不屈精神的人。

由此可以看出，马可·奥勒留皇帝一句未提哈德良的原因是不言自明的。此外，他还让我想起了一件事，就是安敦尼·庇护时代兴建的公共建筑少之又少。原因是两位前任皇帝，尤其是图拉真皇帝，大兴土木，该建的基本上都已经建起来了。

被称为“哈德良陵墓”（Mausoleum Hadriani）的皇帝陵园建于台伯河西岸，完成于哈德良去世一年后的公元 139 年。这项工程在哈德良生前已经动工，安敦尼继续这项工程，并完成了它的建设。后来成为法王厅城堡、被叫作“圣天使堡”的这座陵园中，埋葬了公元 137 年去世的皇后萨宾娜，公元 138 年初去世的埃里乌斯·恺撒，同年夏天去世的哈德良。后来，安敦尼的妻子芙斯汀娜也葬于此。20 年后，安敦尼也在这里拥有了自己的陵寝。

根据哈德良的意见，他还在台伯河上建了一座桥，可以直接通往皇帝陵园。安敦尼给这座石桥取名为“埃里乌斯桥”（Pons Aelius），与陵墓一样，意思是“哈德良的桥”。埃里乌斯是哈德良的家门名。

除了这座桥，完全是在安敦尼皇帝时代新建的建筑物还有一座，

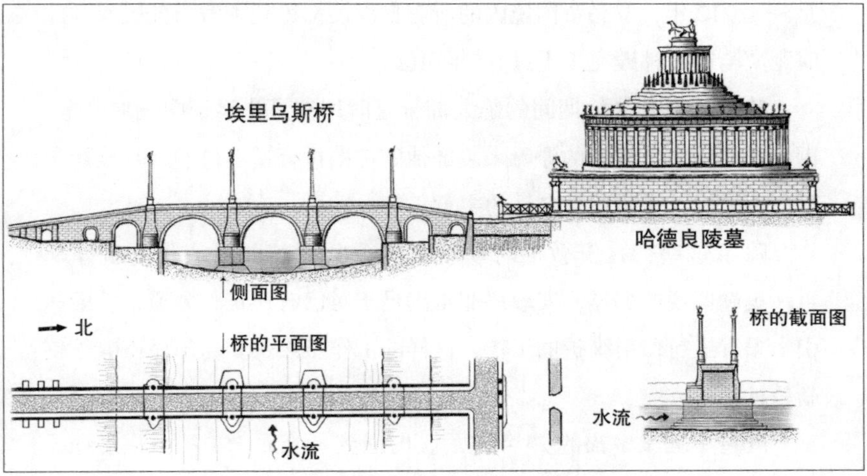

哈德良陵墓和埃里乌斯桥（复原图）
（摘自 Vittorio Galliazzo, *I Ponti Romani*）

那就是祭祀被神格化的哈德良的神殿。这座神殿位于万神殿附近，现在被用作税务机关等办公的地方。这座神殿没有被完全保存下来，只剩下位于神殿右侧的 11 根科林斯式圆柱，而且，圆柱与圆柱之间被水泥填埋。这座神殿建成于公元 145 年，即哈德良去世 7 年之后。朝东的入口前面有一个广场。

如果说神君哈德良神殿（Templun divus Hadriani）和供奉其他诸神的神殿有什么不同，那一定是装饰墙面的 38 个人物的浮雕，它们代表构成罗马帝国的 38 个行省。现在，罗马和那不勒斯的美术馆中只保留了其中的 16 个。任何人看到这些浮雕都会联想到，帝制时代的行省已经与共和制时代的行省完全不同，后者是屈服于罗马的，而帝制时代的行省之间却是平等的。行省人民不再是被征服的民族，他们同征服者罗马人已经完全融合在一起。在卡拉卡拉皇帝时代，也就是公元 212 年，罗马帝国境内的所有自由民都得到了罗马公民权，此时距离哈德良神殿完工不过 67 年而已。

哈德良把其统治期间的绝大部分时间用在了视察帝国全域之上。因此，用代表各行省的浮雕来装饰他的神殿再合适不过了，甚至让我不能不猜想这是哈德良自己的主意。

除了这些，在安敦尼时期新建的公共建筑就没有了。就像马可·奥勒留说的那样，安敦尼非常满足于对已有建筑、大道、桥梁和引水渠等进行修缮维护的工作。这样的工作虽然重要，却显得缺乏创新精神。

度过幸运又幸福的 23 年之后，时间到了公元 161 年。这年春天的某一天，安敦尼在洛里姆的别墅里吃过晚饭后不久，突然呕吐不止，把吃下去的东西全部吐了出来。这天夜里和第二天一整天，他高烧不退。当时已经 40 岁的马可·奥勒留和 29 岁的路奇乌斯·维鲁斯这两位皇位继承人马上从首都罗马赶了过去。第三天，又叫来了近卫军团长官。再过半年就满 75 岁的安敦尼只说了一句“国葬不要太隆重”，随后就安详地闭上了眼睛。

罗马人认为，年老去世是很自然的事情，只有死者亲人会哀悼死者。但是安敦尼虽然是寿终正寝，元老院元老和意大利本土公民及行省人民像死了一个年轻人似的，为他深深悲伤。所有人都为“安敦尼·庇护”（意为“慈悲的安敦尼”）之死而感到惋惜。

“国父”

作为安敦尼·庇护皇帝这一章节的结束，在这里我要再次提到在本书有关哈德良皇帝章节的最后部分介绍过的阿里斯·艾利斯泰迪斯，这位出生于小亚细亚的希腊学者当时刚满25岁。在皇帝安敦尼和元老院元老面前，他做了这样的演讲：

罗马世界终于在辽阔的疆域内实现了民主统治。我们可以认为，它是曾经的希腊城邦扩大了规模后的国家。领导者阶层集中了公民中有才华的一部分人，他们的出生地遍及所有行省，也就是说，统治帝国全体人民的这些人才来自帝国各地。

他们有的生为罗马公民权拥有者，有的是后来取得罗马公民权的。由于他们杰出的才能以及由行政和军事构成的完美组织机构——由于这些代表帝国的人和组织机构的作用——罗马实现了对辽阔帝国的统治。

战争只有在边境地区才会发生，帝国内部的纷争早已结束。帝国内到处洋溢着和平、繁荣和幸福，甚至让人觉得生活在帝国之外的、在部族纷争中度日的人们看上去是如此的可怜。

罗马的门户向所有人开放。不同人种、不同民族、不同文化相互交融，构成了罗马世界。生活在这个世界里的人们可以在各自的领域勤奋工作。皇帝主持祭祀仪式，庆祝全帝国人民共同的节日。不同民族、不同宗教也可以自由举行只属于自己的祭祀活动。这一宽容的做法维护了每个人的尊严和正义。

尽管人种、民族不同，文化各异，但是罗马通过制定适用于所有人的法律，实现了以法律为基础的共存共荣。同时，罗马还保证人们享受更多的权利，让人们知道，与罗马共存共荣对他们来说是一件多么有幸的事情。

罗马世界是一个大家庭，这个大家庭让生活在其中的人们时时意识到自己就是罗马帝国这一大家庭中的一员。

这是公元 143 年艾利斯泰迪斯做的演讲，这里说的是安敦尼统治进入第五年的罗马帝国。因此，也许有人会说，用这样的演讲内容来总结安敦尼·庇护的统治并不合适。

的确如此。因为在这次演讲之后，安敦尼的统治又持续了 18 年。但是，与罗马的道路网从兴建到完成的经过相比，这个结尾“完全合适”。

无论是概念还是铺设工程的彻底性，罗马的道路网可以被看作古代的高速公路网。罗马道路网从公元前 312 年开始兴建，到哈德良皇帝统治时期的公元 130 年前后完成，历时整整 4 个半世纪。罗马世界的形成与此相似。尤里乌斯·恺撒最先向行省人民开放元老院席位，把行省纳入命运共同体。继他之后的皇帝们虽然程度有所不同，但是在延续他的基本方针方面保持了政策的一贯性。

为了让被征服的民族认可罗马的这种生活方式，这种生活方式必须能给他们带来利益。这与罗马大道是一样的。虽然罗马大道是以方便军团行军为目的而铺设的，却为周边地区的经济发展提供了便利。

一个组织机构无论多么完善，随着时间的推移，也会不可避免地老化，无法跟上时代的步伐。因此，必须进行改革，维持并提高组织机构的效率。在本书讲述的几位皇帝中，图拉真通过征服达契亚成功地巩固了多瑙河防线。通过巡回视察帝国全境，并对帝国实施重建的哈德良是担负起“改革”重任的人。继他们之后的安敦尼，他的任务不是“改革”，而是“巩固”改革成果。

假如艾利斯泰迪斯做的这次演讲不是在公元 143 年的罗马建国纪

念日，而是在安敦尼去世前的公元 160 年 4 月 21 日，我想，出生于小亚细亚的这个希腊人说的话很可能一样。

希腊人的历史和罗马人的历史最明显的不同是，前者是城邦之间争斗的历史，后者虽然时有权力之争，却没有城市间或部族间的争斗。

在罗马帝国，无论热爱希腊文化的皇帝尼禄和图密善多么努力，终究没有能够把奥林匹亚式的赛会引入罗马，因为罗马人不能接受希腊人的理念：为了四年一度的体育、文化及音乐比赛，希腊人甚至可以暂时休战，聚集到奥林匹亚。罗马征服各地以后，在帝国的西方，部族变成了“地方自治体”；在帝国的东方，“城市”享有市内自治权。在罗马的统一管理之下，部族间的抗争和城市间的争斗已经成为过去。我不怕被人说固执，我还要一次次地重复这样的话：对人类来说，最重要的莫过于保障安全和粮食。保障粮食的前提是安全必须得到保障。因此，和平才是最重要的。

与哈德良不同，安敦尼在统治帝国期间一直留在首都罗马。但是，他想要的统治，不，不只是想法，他要实行的统治，就是确保罗马帝国是一个大家庭，生活在帝国境内的全体人民都是这一大家庭的成员。

“国父”是授予皇帝的尊称，哈德良曾经推辞了很久，终于在 10 年之后接受了，因为他认为“国父”的称号是对皇帝做出的成绩给予的表彰。相反，安敦尼几乎在登基之时就接受了“国父”的称号，这表明安敦尼对这一称号的理解就是其字面的意思“Pater Patriae”。

尽管都是罗马皇帝，但是图拉真和哈德良是作为统治者对帝国实施了统治，而安敦尼始终在扮演父亲的角色。马可·奥勒留皇帝描述的安敦尼难道不是一位理想的父亲形象吗？

大事年表

年份（公元）	罗马帝国			其他地方
	意大利本土	西方行省	东方行省	
53		9月18日，马可·乌尔庇乌斯·图拉真在西班牙南部贝提卡行省的意大利卡出生		
54	皇帝克劳狄乌斯去世，**尼禄即位**			
55	历史学家塔西佗出生			倭奴国向东汉朝贡，接受金印（57年）。中国东汉第一代皇帝光武帝薨，明帝即位（57年）。中国洛阳城西创建白马寺（67年）
61		不列颠人起义反对罗马，遭到罗马军队的镇压		
66			第一次犹太战争（—70年）	
68	尼禄自杀。**加尔巴、奥托、维特里乌斯相继登基**			
69	**第九代皇帝韦斯帕芗即位**，开启了弗拉维王朝			
70			罗马军队攻陷耶路撒冷	
75	图拉真以“穿红披肩的大队长”的身份，随同被任命为行省总督的父亲赴叙利亚任职			

（续表）

年份（公元）	罗马帝国			其他地方
	意大利本土	西方行省	东方行省	
76		1月24日，普布利乌斯·埃里乌斯·哈德良在图拉真的出生地——西班牙的意大利卡出生		
77	图拉真调任至驻扎于莱茵河防线的军团			
79	韦斯帕芗去世，**长子提图斯即位**。维苏威火山喷发			
81	提图斯去世。9月14日，**弟弟图密善登基**。图拉真当选财务监察官			中国《汉书》完成
83	图拉真进入元老院			
86	按照监护人图拉真和阿提安的安排，10岁的哈德良来到罗马。9月19日，安敦尼（后来的安敦尼·庇护）在罗马南部的拉努维姆出生	哈德良之父去世		
87	图拉真当选法务官	图密善攻打达契亚失败		
88		图拉真被任命为驻扎在西班牙的第七杰米纳军团长官。尤里安努斯根据图密善的命令，横渡多瑙河，向达契亚发起进攻，洗刷了前耻。但没有乘胜攻打达契亚人的老巢		

（续表）

年份（公元）	罗马帝国			其他地方
	意大利本土	西方行省	东方行省	
89		高地日耳曼军司令官萨图尼努斯叛乱，皇帝命令图拉真前去镇压。萨图尼努斯自尽，叛乱结束		
90	因皇帝的推荐，图拉真当选公元91年度的执政官	根据监护人的安排，哈德良回到出生地意大利卡		中国班超出任西域都护（91年）
92		图拉真被任命为高地日耳曼军司令官，并兼任当地行省总督		中国《汉书》作者班固死于狱中
93	哈德良被召回罗马，就任行政官职，负责审查公民权、继承权			
94		哈德良被派到布达佩斯军团基地，担任"穿红披肩的大队长"。图密善与达契亚缔结和平条约		中国班超出使西域，50多国归附汉朝
96	9月18日，皇帝图密善遭暗杀，享年44岁。元老院推荐**涅尔瓦为第十二代皇帝**。元老院通过决议，对图密善处以"记录抹杀刑"		哈德良被调任至位于远默西亚行省的第五马其顿军团	
97	10月27日，涅尔瓦指定图拉真为继承人			中国班超派遣甘英出使大秦（罗马帝国）
98	图拉真和涅尔瓦共同担任执政官。1月27日，皇帝涅尔瓦去世，享年71岁。塔西佗撰写《阿古利可拉传》。塔西佗开始撰写《日耳曼尼亚志》（—100年）	1月28日，哈德良前往科隆，给图拉真带去了涅尔瓦去世、**图拉真即位第十三代皇帝**的消息。图拉真继续在莱茵河前线逗留。冬，图拉真前往多瑙河沿岸		

（续表）

年份（公元）	罗马帝国			其他地方
	意大利本土	西方行省	东方行省	
99	夏末，图拉真以皇帝的身份首次回到首都罗马			
100	9月，小普林尼就任候补执政官			
101	哈德良当选财务监察官。3月25日，图拉真离开罗马，攻打达契亚	第一次达契亚战争爆发		柬埔寨在湄公河下游建立扶南国
102	哈德良被任命为《元老院纪事》负责人。哈德良与图拉真侄女的女儿萨宾娜结婚。冬，图拉真回罗马，举行凯旋仪式。元老院授予图拉真"德基库斯"的称号	与达契亚和谈达成协议（第一次达契亚战争结束）。达契亚成为罗马事实上的行省。		
103		横跨多瑙河的图拉真大桥建设完工		中国蔡伦发明造纸术
105	6月4日，图拉真离开罗马，再次前往达契亚	春，达契亚撕毁和约，袭击罗马军宿营地。第二次达契亚战争爆发，哈德良作为驻守波恩的第一密涅瓦军团总指挥参战		印度《摩奴法典》完成
106	哈德良当选法务官。塔西佗开始撰写《同时代史》（—109年）。图拉真凯旋。达契亚被纳入罗马行省之列	春，罗马军队再次渡过多瑙河，攻入达契亚。夏，达契亚首都萨米泽杰图萨沦陷。达契亚国王德凯巴鲁斯自杀，其居民被迫移居北部边境（第二次达契亚战争结束）	罗马吞并阿拉伯（今约旦），建立阿拉伯纳巴泰行省。	
107	年初，为图拉真举行凯旋仪式。哈德良被任命为远潘诺尼亚行省总督。图拉真的心腹苏拉去世			倭国国王帅升等向东汉献生口

（续表）

年份（公元）	罗马帝国			其他地方
	意大利本土	西方行省	东方行省	
108	哈德良当选下一年度的执政官			
110			帕提亚国王帕科罗斯去世。围绕亚美尼亚王国的王位，帕提亚和亚美尼亚矛盾激化	
111	安敦尼当选财务监察官		图拉真把比提尼亚从元老院行省变成皇帝行省。秋，小普林尼作为行省总督前往比提尼亚任职（—113 年春），与图拉真互通书信	
112	元旦，图拉真广场竣工		雅典市授予哈德良“雅典执政官”的称号	
113	5 月，描绘达契亚战争的图拉真记功柱对外开放。图拉真利用亚美尼亚和帕提亚之间的矛盾，决定远征帕提亚，10 月 27 日离开罗马		哈德良被任命为叙利亚总督，与远征帕提亚的图拉真同行	
114	夏，元老院授予图拉真“至高无上的皇帝”称号		春，图拉真离开叙利亚行省首府安提阿，向帕提亚进军。罗马军队与帕提亚交锋，占领美索不达米亚北部。亚美尼亚成为罗马行省	
115	塔西佗开始执笔《编年史》（—117 年）。元老院一致通过授予图拉真“帕提亚库斯”尊称		从春季到秋季，罗马军队到达底格里斯河。犹太一带发生叛乱。叛乱波及埃及、昔兰尼加、塞浦路斯	

（续表）

年份（公元）	罗马帝国			其他地方
	意大利本土	西方行省	东方行省	
116	安敦尼进入元老院，并当选法务官		冬，罗马军队冬营地安提阿发生大地震，图拉真受轻伤。罗马军队占领帕提亚首都泰西封，奥斯罗埃斯逃走。罗马帝国版图达到最大。年末，到达波斯湾的图拉真回到安提阿越冬，美索不达米亚发生叛乱	
117	图拉真的骨灰被送回罗马。公民和元老院为他的骨灰举行凯旋仪式	不列颠发生布里甘特人起义，驻扎于此的罗马军团被歼	图拉真病倒。7月底，把后事托付给哈德良后离开安提阿，踏上了回罗马的旅途。8月9日，哈德良获悉自己被图拉真收为养子的消息。同日，皇帝在奇里乞亚的塞留斯去世，享年63岁。**哈德良即位第十四代皇帝**。8月11日，东方军团的将士向哈德良宣誓效忠。11月，哈德良率领军团离开东方战线	
118	哈德良的监护人、近卫军团长官阿提安命令近卫军团士兵杀死四位前执政官。7月，哈德良回到罗马。哈德良宣布滞纳税金一笔勾销			
120	安敦尼当选执政官			
121	哈德良离开罗马前往高卢。开始第一次巡回视察之旅	4月26日，马可·阿尼乌斯·维鲁斯（后来的皇帝马可·奥勒留）出生。哈德良从里昂途经日耳曼长城，视察莱茵河防线		

（续表）

年份（公元）	罗马帝国			其他地方
	意大利本土	西方行省	东方行省	
122	图拉真的妻子普洛蒂娜去世	哈德良从莱茵河河口来到不列颠，下令建设哈德良长城；从夏季到秋季，横渡多佛尔海峡，进入高卢，建设阿维尼翁城。接到普洛蒂娜的死讯后，在其出生地尼姆为她建造神殿。冬天到达西班牙，在塔拉戈纳过冬	埃及发生暴乱。哈德良命令埃及行省长官镇压叛乱	
123	在罗马近郊蒂沃利动工兴建“哈德良别墅”	春，接到帕提亚局势不稳的消息后，哈德良变更计划，向叙利亚出发	解决了与帕提亚之间的危机后，哈德良视察了小亚细亚。第二年，哈德良从小亚细亚前往色雷斯，视察多瑙河防线，直到维也纳	
124			秋天到第二年春天，哈德良在雅典逗留。建造宙斯神殿	
125	春，哈德良离开希腊，访问西西里后，于夏末回到罗马			
126	春，哈德良前往非洲，开始第二次巡回视察之旅。夏，结束对非洲的视察后，哈德良回到罗马。哈德良命令法学家涅拉修·普利斯库斯等三人开始编纂罗马法令的集大成			
128	夏，哈德良出发，开始第三次巡回视察之旅（视察东方）		哈德良到达雅典	

（续表）

年份（公元）	罗马帝国			其他地方
	意大利本土	西方行省	东方行省	
129			哈德良离开雅典，视察小亚细亚、叙利亚。在安提阿过冬	
130	12月15日，路奇乌斯·凯奥尼乌斯·维鲁斯（后来的皇帝路奇乌斯·维鲁斯）在罗马出生		哈德良视察犹太。在耶路撒冷近郊建城市“埃里亚卡匹托尔”，禁止犹太教徒行割礼。视察犹太之后，前往埃及	
131	按哈德良的要求编纂的《罗马法大全》完成		在埃及游览尼罗河途中，深受哈德良宠爱的美少年安提诺乌斯溺水身亡。哈德良离开埃及，经过安提阿、土耳其，前往雅典。秋，犹太教徒以耶路撒冷为中心，在巴尔·科赫巴和拉比·阿基巴的领导下，发动叛乱	
132			年初，科赫巴占领耶路撒冷。哈德良从雅典前往安提阿。罗马军队反攻开始	中国东汉的张衡发明浑天仪和地动仪
134	春，哈德良返回罗马		年初，罗马军队攻陷耶路撒冷，结束了犹太教徒叛乱。哈德良把参加叛乱的犹太教徒逐出耶路撒冷，犹太行省改名为“巴勒斯坦”	
135			安敦尼就任亚细亚行省总督（—136年）	
136	哈德良以暗杀皇帝的罪名处死姐夫塞尔维亚努斯及其孙子。哈德良收埃里乌斯·恺撒为养子，并指定其为皇位继承人		9月26日，参加叛乱的犹太教徒固守的最后堡垒佩特拉沦陷	

（续表）

年份（公元）	罗马帝国			其他地方
	意大利本土	西方行省	东方行省	
137	埃里乌斯·恺撒当选执政官，被派往潘诺尼亚前线。哈德良的妻子萨宾娜去世。为参加第二天的元老院会议而回到罗马的埃里乌斯·恺撒于除夕之夜吐血身亡			
138	1月24日，哈德良生日那天把安敦尼叫到别墅，表示要收他为养子。2月，安敦尼答应做哈德良的养子，并按哈德良的要求，收马可·奥勒留和路奇乌斯·维鲁斯为养子			
138	哈德良把马可·奥勒留的教育托付给弗龙托。7月10日，皇帝哈德良在海湾的别墅中去世，享年62岁。**安敦尼即位第十五代皇帝。**围绕神格化哈德良的问题，安敦尼和元老院意见相左。为哈德良辩护的安敦尼被叫作“安敦尼·庇护”（意为“慈悲的安敦尼”）			
139	哈德良陵墓建设完工	不列颠原住民叛乱		
140	安敦尼·庇护的妻子芙斯汀娜去世			
142		不列颠叛乱被镇压。安敦尼·庇护在哈德良长城以北建设安敦尼长城		

（续表）

年份（公元）	罗马帝国			其他地方
	意大利本土	西方行省	东方行省	
143	安敦尼·庇护把路奇乌斯·维鲁斯的教育托付给弗龙托			印度贵霜王朝的迦腻色伽一世即位
145	神君哈德良神殿完工			
161	3 月 7 日，安敦尼·庇护在罗马近郊的洛里姆别墅去世，享年 75 岁			

参考文献

一、原始资料（为方便读者查阅，也将翻译的著作列入）

阿普列尤斯（Lucius Apuleius，约 125—约 180 年）

Metamorfosi/Asinus aureus，*Della Magia*，*Apologia*

阿里安（Flavius Arrianus，约 95—175 年）

《亚历山大远征记》，*Historia India*

《亚历山大远征记及印度志》，大牟田章译注，东海大学古典丛书，1966 年

《亚历山大远征记附印度志》（上、下），大牟田章译，岩波文库，2001 年

阿里斯德岱斯（Publius Aelius Aristides Theodorus，117—约 185 年）

Panēgyrikos eis Rhōmēn

盖伦（Claudius Galenus，129—199 年）

Corpus Medicorum Graecorum

苏维托尼乌斯（Gaius Svetonius Tranquillus，约 69—122 年后）

《罗马十二皇帝传》, *De viris illustribus*，国原吉之助译，岩波文库，1986 年

塔西佗（Publius Cornelius Tacitus，约 56—约 120 年）

《编年史》,《同时代史》,《日耳曼尼亚志》,《阿古利可拉传》, *Dialogus de oratoribus*

《编年史》（上、下），国原吉之助译，岩波文库，1981 年

《同时代史》，国原吉之助译，筑摩书房，1996 年

《日耳曼尼亚志　阿古利可拉传》，国原吉之助译，筑摩学艺文库，1996 年

保萨尼阿斯（Pausanius，143—176 年）

Descriptio Graeciae

《希腊导览》（上、下），马场惠二译，岩波文库，1991—1992 年

斐洛（Philon Judaeus，公元前 30 年前后—公元 45 年）

De vita contemplaiva

老普林尼（Gaius Plinius Secundus，23—79 年）

《博物志》

《普林尼博物志》，大槻真一郎编，八坂书房，1994 年

小普林尼（Gaius Plinius Caecilius Secundus，61/62—约 113 年）

《小普林尼与图拉真皇帝之间的往来信函》

《献给图拉真的颂词》,《普林尼书信集》，国原吉之助译，讲谈社

学术文库，1999 年

普鲁塔克（Plutarchus，约 50—120 年后）

《希腊罗马名人传》

《普鲁塔克英雄传》（共 12 卷），河野与一译，岩波文库，1952—1956 年

《普鲁塔克英雄传》（上、中、下），村川坚太郎编，筑摩学艺文库，1966 年

弗龙托（Marcus Cornelius Fronto，约 100—约 166 年）

Epistulae

马提亚尔（Marcus Valerius Martialis，38/41—约 103 年）

Epigrammata，*Liber spectaculorum*，*Xenia*

尤维纳利斯（Decimus Junius Juvenalis，约 50—约 130 年）

Saturae

约瑟夫斯（Flavius Josephus，37、38—100 年）

Bellun Judaicum，*Antiquitates Judaicae*，*Contra Apionem*，*Vita*

《犹太战记》（1、2），新见宏译，山本书店，1975—1981 年

《犹太战记》（3），秦刚平译，山本书店，1982 年

《犹太古代志》（共 11 卷），秦刚平译，山本书店，1979—1984 年

《驳斥阿庇安》，秦刚平译，山本书店，1977 年

《自传》，秦刚平译，山本书店，1978 年

二、后世撰写的历史书、研究专著

ABRAMSON, E., *Roman Legionaries at the Time of Julius Caesar*, London, 1979.

ALBERTARIO, E., *Introduzione storica allo studio del Diritto Romano Giustinianeo*, Milano, 1935.

ALEXANDER, W.H., *The "Psychology" of Tacitus*, 《Classical Journal》 47, 1952.

ALFIERI, N., *I fasti consulares di Potentia*, 《Athenaeum》 26, 1948.

ALFÖLDI, A., *The Moral Barrier on Rhine and Danube*, 《Congress of Roman Frontier Studies》, 1949.

AMATUCCI, A.G., *La letteratura di Roma imperiale*, 《Storia di Roma》 25, Bologna, 1947.

ARANGIO RUIZ, V., *Pubblicazioni della Società Italiana per la ricerca dei papiri Greci e Latini in Egitto*, Firenze, 1933.

ARIAS, P.E., *Domiziano. Saggio storico con traduzione e commento della "Vita" di Svetonio*, Catania, 1945.

ARNOLD, E.V., *Roman Stoicism*, Cambridge, 1911.

AUDOLLENT, A., *Carthage romaine*, Paris, 1901.

BAATZ, D., *Der römische Limes. Archäologische Ausflüge zwischen Rhein und Donau*, Berlin, 1975; *Die Wachttürme am Limes*, Stuttgart, 1976.

BADIAN, E., *Roman Imperialism in the Late Republic*, Pretoria, 1967.

BALLIF, Ph. & PATSCH, C., *Die römischen Strassen in Bosnien und der Herzegowina*, Wien, 1893.

BARADEZ, J.L., *Fossatum Africae*, Paris, 1949; *Organisation militaire romaine de l'Algérie antique et l'evolution du concept défensif de ses frontières*, 《Revue internationale d'histoire militaire》 13, 1953; *L'Enceinte de Tipasa: Base d'opérations des troupes venues de Pannonie sous Antonin Le Pieux*, 《Quintus Congressus Internationalis Limitis Romani Studiosorum》.

BARCLAY, J.M.G., *Jews in the Mediterranean Diaspora: From Alexander to Trajan*, University of California Press, 1996.

BARKER, P., *The Army and Enemies of Imperial Rome*, London, 1972.

BAVIERA, G., *Le due scuole dei giureconsulti romani*, 《Scritti giuridici》, Palermo, 1909.

BEGUIN, P., *Psychology et verité historique, Réflexions sur un récent ouvrage de critique tacitéenne*, 《Antiquité Classique》 23, 1954.

BELL, H.I., *Jews and Christians in Egypt*, London, 1924.

BENNETT, J., *Trajan, Optimus Princeps*, Indiana University Press, 1997.

BESNIER, M., *L'île Tibérine dans l'antiquité*, Paris, 1901.

BETTI, E., *Diritto Romano*, Padova, 1935.

BIANCHI BANDINELLI, R., *Roma, L'arte romana nel centro del potere*, Milano, 1969.

BIONDI, B., *Il diritto romano*, 《Storia di Roma》 20, Bologna, 1957.

BIRLEY, A.R., *Hadrian's Wall: An Illustrated Guide*, Ministry of Public Building and Works, London, 1963; *Hadrian: The Restless Emperor*, Routledge, 1998.

BIRLEY, E.B., *The Brigantian Problem and the First Roman Contact with Scotland*, 《Roman Britain and the Roman Army（RBRA）》 pp. 31-47; *Britain after Agricola and the End of the Ninth Legion*, 《RBRA》 pp. 25-28; *Britain under the Flavians: Agricola and His Predecessors*, 《RBRA》 pp. 10-19; *Hadrianic Frontier Policy*, 《Carnuntina》 pp. 26-33; *Alae and Cohortes Milliariae*, 《Corolla Memoriae Erich Swoboda Dedicata》 pp. 54-67; *Hadrian's Wall and Its Neighbourhood*, 《Studien zu den Militärgrenzen Roms》 pp. 6-14.

BLAKE, M.E., *Ancient Roman Construction in Italy: from the Prehistoric Period to Augustus*, Washington, 1947; *from Tiberius through the Flavians*, Washington, 1959; *from Nerva through the Antonines*, Philadelphia, 1973.

BLOCH, H., *I bolli laterizi e la storia edilizia romana*, Roma, 1947.

BOATWRIGHT, M.T., *Hadrian and Cities of the Roman Empire*, Princeton University Press, 2000.

BOESWILLWALD, E., CAGNAT, R. & BALLU, A., *Timgad, une cité africaine sous l'Empire romain*, Paris, 1892-1905.

BOETHIUS, A. & WARD PERKINS, J.B., *Etruscan and Roman Architecture*, Harmondsworth, 1970.

BONFANTE, P., *Storia del diritto romano*, Milano, 1923.

BOWERSOCK, G.W., *A Report on Arabia Provincia*, 《Journal of Roman Studies》

61, 1971; *Limes Arabicus*, 《Harvard Studies in Classical Philology》80, 1976.
BRAND, C.E., *Roman Military Laws*, London, 1968.
BREEZE, D.J. & DOBSON, B., *Hadrian's Wall*, London, 1980.
BRIZZI, G., *I sistemi informativi dei Romani*, Wiesbaden, 1982; *Studi militari romani*, Bologna, 1983; *Annibale, strategia e immagine*, Perugia, 1984.
BROGAN, O., *The Roman Limes in Germany*, 《Archaelogical Journal》92, 1935.
BRUCE, J.C., *Handbook to the Roman Wall*, Newcastle, 1966.
BRUÈRE, R.T., *Tacitus and Pliny's Panegyricus*, 《Classical Philology》49, 1954.
BURN, A.R., *The Government of the Roman Empire from Augustus to the Antonines*, London, 1952.
CAGNAT, R., MERLIN, A. & CHATELAIN, L., *Inscriptions Latines d'Afrique*, Paris, 1923.
CAGNAT, R. & GAUCKLER, P., *Les monuments historiques de la Tunisie*, Paris, 1898.
CAMPBELL, J.B., *The Emperor and the Roman Army*, Oxford, 1984.
CARY, M., *The Geographic Background of Greek and Roman History*, Clarendon Press, Oxford, 1949.
CASSON, L., *Ships and Seamanship in the Ancient World*, Princeton University Press, 1971.
CASTAGNOLI, F., CECCHELLI, C., GIOVANNONI, G. & ZOCCA, M., *Topografia e urbanistica di Roma*, 《Storia di Roma》22, Roma, 1958.
CASTAGNOLI, F., *Topografia e urbanistica di Roma antica*, Bologna, 1969.
CHAPOT, V., *La frontière de l'Euphrate de Pompée à la conquête arabe*, Paris, 1907; *The Roman World*, London, 1928.
CHARLESWORTH, M.P., *Trade Routes and the Commerce of the Roman Empire*, Cambridge University Press, 1926.
CHATELAIN, L., *Inscriptions Latines du Maroc*, Paris, 1942.
CHEESMAN, G.L., *The Auxilia of the Roman Imperial Army*, Oxford, 1914.
CLARKE, M.L., *The Roman Mind. Studies in the History of Thought from Cicero to Marcus Aurelius*, London, 1956.
CLAUSETTI, E., *L'ingegneria militare dei Romani*, Roma, 1942.
COARELLI, F., *Roma (I grandi monumenti)*, Verona, 1971.
COCHRANE, C.N., *Christianity and Classical Culture. A Study of Thought and Ac-*

tion from Augustus to Augustine, Oxford, 1940.
COLLINGWOOD, R.G., *Roman Britain*, Oxford, 1934.
CONDE de AQUIAR, *Italica*, Barcelona, 1929.
CONNOLLY, P., *The Roman Army*, London, 1975; *Greece and Rome at War*, London, 1981.
COOK, S.A., ADCOCK, F.E. & CHARLESWORTH, M.P. (ed.), *The Cambridge Ancient History, vol. X: The Augustan Empire, 44 B.C.-A.D. 70*, Cambridge, 1952; *vol. XI: The Imperia Peace, A.D. 70-192*, Cambridge, 1956.
CORBIER, M., *L'aerarium Saturni et l'aerarium militare*, Paris, 1975.
Corpus Inscriptionum Latinarum, Berlin, 1891-1916.
COSTA, E., *Crimine e pene*, Bologna, 1921.
CREMA, L., *L'architettura romana*, Torino, 1959.
CROOK, J., *Consilium Principis. Imperial Councils and Counsellors from Augustus to Diocletian*, Cambridge, 1955.
DAVIES, O., *Roman Mines in Europe*, Oxford, 1935.
DAVIES, R.W., *The Daily Life of the Roman Soldier under the Principate*, 《Aufstieg und Niedergang der Rŏmischen Welt》 1.
DECEI, A., *Le pont de Trajan à Turnu-Severin*, 《Anuarul inst. stud. clas.》 1, 1932.
DEGRASSI, A., *I fasti consolari dell'impero romano, 30 B.C.-A.D. 613*, Roma, 1952; *L'amministrazione delle città*, 《Guida allo studio della civiltà romana antica》, Napoli, 1959.
DELBRÜCK, H., *History of the Art of War I*, Westport-London, 1975.
DE MARTINO, F., *Storia economica di Roma antica*, Bari, 1980.
DESSAU, H., *Inscriptiones Latinae Selectae vol. I-III*, Berlin, 1954-55.
DEVIJVER, H., *Prosopographia militiarum equestrium*, Louvain, 1976-87.
DIESNER, H.J., *Kriege des Altertums*, Berlin, 1971.
DILL, S., *Roman Society from Nero to Marcus Aurelius*, London, 1905.
DIVINE, A.D., *The Northwest Frontier of Rome. A Military Study of Hadrian's Wall*, London, 1969.
DONNADIEU, A., *La Pompéi de la Provence: Fréjus*, Paris, 1927; *Fréjus: le port militaire de Forum Iulii*, Paris, 1935.
DRINKWATER, J.F., *Roman Gaul*, London, 1983.
DURRY, M., *Les cohortes prétoriennes*, Paris, 1968.

ESPÉRANDIEU, E., *Inscriptions Latines de la Gaule I, II*, Paris, 1928-29.

FENTRESS, E.W.B., *Numidia and the Roman Army*, Oxford, 1979.

FERRI, S., *Arte romana sul Reno*, Milano, 1931; *Arte romana sul Danubio*, Milano, 1933.

FINK, R.O., *Roman Military Records on Papyrus*, Princeton, 1971.

FORBES, R.J., *Studies in Ancient Technology I-VI*, Leiden, 1955-58.

FORNI, G., *Il reclutamento delle legioni da Augusto a Diocleziano*, Milano-Roma, 1953; *Contributo alla storia della Dacia romana*, 《Athenaeum》 36, 1958-59; *Limes*, Roma, 1959; *Sull'ordinamento e impiego della flotta di Ravenna*, 《Atti Conv. Int. Studi Antichità di Classe》, Faenza, 1968; *Esperienze militari nel mondo romano*, 《Nuove questioni di storia antica》, Milano, 1968; *Esercito e marina di Roma antica*, Amsterdam, 1987; *Estrazione etnica e sociale dei soldati delle legioni nei primi tre secoli dell'impero*, 《Aufstieg und Niedergang der Römischen Welt》 1.

FRANK, T. (ed.), *An Economic Survey of Ancient Rome*; *II, Egypt* (JOHNSON), Baltimore 1936; *III, Britain* (COLLINGWOOD), *Spain* (VAN NOSTRAND), *Sicily* (SCRAMUZZA), *Gaule* (GRENIER), Baltimore 1937; *IV, Africa* (HAYWOOD), *Syria* (HEICHELHEIM), *Greece* (LARSEN), *Asia Minor* (BROUGHTON), Baltimore 1938; *V, Rome and Italy of the Empire* (FRANK, T.), Baltimore 1940; *VI, General Index* (BROUGHTON & TAYLOR), Baltimore 1940.

FREIS, H., *Die cohortes urbanae*, 《Epigraphische Studien》, Bonn, 1967.

FRERE, S.S., *Britannia: A History of Roman Britain*, London, 1967.

FROVA, A., *The Danubian Limes in Bulgaria and Excavations at Oescus*, 《Congress of Roman Frontier Studies》, 1949.

GABBA, E., *Sulla storia romana di Cassio Dione*, 《Riv. Stor. Ital.》 67, 1955; *Storici greci dell'impero romano da Augusto ai Severi*, 《Riv. Stor. Ital.》 71, 1959; *Per la storia dell'esercito romano in età imperiale*, Bologna, 1974; *Tecnologia militare antica*, 《Tecnologia, economia e società nel mondo romano》, Como, 1980.

GARBSCH, J.G., *Der Spätrömische Donau-Iller Rhein Limes*, Stuttgart, 1970.

GARZETTI. A., *L'Impero da Tiberio agli Antonini*, 《Storia di Roma》 6, Istituto di studi romani, Bologna, 1960; *Problemi dell'età traianea: Sommario e testi*, Genova, 1971.

GATTI, C., *Riflessioni sull'istituzione dello stipendium per i legionari romani,* 《Acme》23, 1970.

GATTI, G., *Il viadotto della via Aurelia,* 《Bullettino Comunale》68, 1940.

GEIGER, F., *Philon von Alexandreia als sozialer Denker,* Stuttgart, 1932.

GIARDINI, A., *Società romana e produzione schiavistica,* Bari, 1981.

GIUFFRÉ, V., *La letteratura "De re militari,"* Napoli, 1979; *Il diritto militare dei Romani,* Bologna, 1980.

GIUFFRIDA IENTILE, M., *La pirateria tirrenica, Momenti e fortuna,* Roma, 1983.

GONELLA, G., *Pace romana e pace cartaginese,* Istituto di studi romani, 1947.

GOODENOUGH, E.R., *The Politics of Philo Iudaeus. Practice and Theory, with a General Bibliography of Philo,* New Haven, 1938.

GRANT, M., *Roman Coins as Propaganda,* 《Archaeology》5, 1952; *Roman Imperial Money,* Edinburgh, 1954.

GRAY, W.D., *A Political Ideal of the Emperor Hadrian,* 《Annual Report of the American Historical Association》, 1914.

GRENIER, A., *Manuel d'archéologie gallo-romaine,* Paris, 1934.

GRILLI, A., *Il problema della vita contemplativa nel mondo greco-romano,* Milano, 1953.

GSELL, S., *Les monuments antiques de l'Algérie,* Paris, 1901; *Inscriptions Latines d'Algerie I,* Paris, 1932.

GUEY, J., *Essai sur la guerre parthique de Trajan,* Bucarest, 1937.

HAMMOND, H., *Pliny the Younger's Views on Government,* 《Harvard Studies in Classical Philology》49, 1938.

HARMAND, L., *L'Occident romain: Gaule, Espagne, Bretagne, Afrique du Nord (31 B.C.-A.D. 235),* Paris, 1960.

HATT, J.J., *Histoire de la Gaule romaine,* Paris, 1959.

HEITLAND, W.E., *Agricola: A Study of Agriculture and Rustic Life in the Greco-Roman World from the point of view of labour,* Cambridge, 1921.

HIGHET, G., *Juvenal the Satirist,* Oxford, 1954.

HOFFILLER, V. & SARIA, B., *Antike Inschriften aus Jugoslavien I, Noricum und Pannonia Superior,* Zagreb, 1938.

HOHL, E., *Die Historia Augusta und die Caesares des Aurelius Victor,* 《Historia》4, 1955.

HOPKINS, K., *Conquerors and Slaves,* 《Sociological Studies in Roman History》, Cambridge, 1978.

HUMBLE, R., *Warfare in the Ancient World,* London, 1980.

ILARI, V., *Gli Italici nelle strutture militari romane,* Milano, 1974; *L'interpretazione storica del diritto di guerra romano fra tradizione romanistica e giusnaturalismo,* Milano, 1981.

Inscriptiones Graecae vol. I-XIV, Berlin, from 1873.

Inscriptiones Italiae, l'Unione Accademica Nazionale (ed.), Roma, from 1931.

JALABERT, L., MOUTERDE, R. & MONDÉSERT, C., *Inscriptions grecques et latines de la Syrie I-V,* Beyrouth, 1929-59.

JARRETT, M.G. & MANN, J.C., *Britain from Agricola to Gallienus,* 《Bonner Jahrbücher》 170, 1970.

JENS, W., *Libertas bei Tacitus,* 《Hermes》 84, 1956.

JOHNSON, R., *Roman Forts of the 1st and 2nd Centuries in Britain and the German Provinces,* London, 1983.

JORDAN, H. & HÜLSEN, Ch., *Topographie der Stadt Rom im Alterthum I, 1-3; II,* Berlin, 1878-1907.

JULLIAN, C., *Histoire de la Gaule vol. V, VI,* Paris, 1920.

KALINKA, E. & HEBERDEY, R., *Tituli Asiae Minoris,* Vienna, 1944.

KENNEDY, D.L., *Archaeological Explorations on the Roman Frontier in North-East Jordan,* Oxford, 1982.

KEPPIE, L.J.F., *The Making of the Roman Army,* London, 1984.

KROMAYER, J. & VEITH, G., *Antike Schlachtfelder,* Berlin, 1903-12; *Heerwesen und Kriegsführung,* München, 1928.

LACEY, R.H., *The Equestrian Officials of Trajan and Hadrian,* Princeton, 1917.

LANCIANI, R., *Storia degli scavi di Roma I-VI,* Roma, 1902-04; *L'antica Roma,* Roma, 1970; *La distruzione di Roma antica,* Milano, 1971.

LANDER, J.L., *Roman Stone Fortifications,* Los Angeles, 1984.

LAUR-BELART, R., *The Late Limes from Basel to the Lake of Constance,* 《Congress of Roman Frontier Studies》, 1949.

LAZZATI, G., *Apologia di Aristide,* Venegono, 1938.

LEPPER, F.A., *Trajan's Parthian War,* Oxford, 1948.

LEVI, A., *Storia della filosofia romana,* Firenze, 1949.

LEVI, M.A., *La Politica estera di Roma antica,* 《Istituto per gli studi di politica internazionale》, Milano, 1942; *Aspetti sociali della poesia di Giovenale,* 《Studi Funaioli》, Roma, 1955.

LIBERATI, A. & SILVERIO, F., *Organizzazione militare: esercito, vita e costumi dei romani antichi 5,* Roma, 1988.

LUGLI, G., *Roma antica, Il centro monumentale,* Roma, 1946; *Il Vaticano nell'età classica,* Firenze, 1946; *Fontes ad Topographiam veteris urbis Romae pertinentes,* Roma, 1952-69; *La tecnica edilizia romana,* Roma, 1957; *Itinerario di Roma antica,* Milano, 1970.

LUTTWAK, E.N., *The Grand Strategy of the Roman Empire,* Baltimore-London, 1979.

MacDONALD, W., *The Architecture of the Roman Empire,* New Haven, 1965.

MacMULLEN, R., *Proceedings of the International Congresses of Roman Frontier Studies:* 1. Newcastle 1949. *The Congress of Roman Frontier Studies,* Durham, 1952; 2. Carnuntum 1955. *Carnuntina. Ergebnisse der Forschung über die Grenzprovinzen des römischen Reiches,* Gratz, 1956; 3. Rheinfelden 1957. *Limes-Studien. Vorträge des 3. internationalen Limes-Kongresses in Rheinfelden,* Basel, 1959; 4. Nitra 1957. *Limes Romanus-Konferenz,* Bratislava, 1959; 5. Zagreb 1961. *V Congressus Internationalis Limitis Romani Studiosorum,* Zagreb, 1963; 6. Stuttgart 1964. *Studien zu den Militärgrenzen Roms. Vorträge des 6. internationalen Limeskongresses in Süddeutschland,* Köln-Gratz, 1967; 7. Tel Aviv 1967. *Roman Frontier Studies 1967: Proceedings of the Seventh International Congress of Frontier Studies,* Tel Aviv, 1971; 8. Cardiff 1969. *Roman Frontier Studies 1969. Eight International Congress of Limesforschung,* Cardiff, 1974; 9. Mamaia 1972. *Actes du IX congrés international d'études sur les frontières romaines,* Bukarest, 1974; 10. Bonn 1974. *Studien zu den Militärgrenzen Roms II: Vorträge des 10. internationalen Limeskongresses in der Germania Inferior,* Bonn, 1977; 11. Budapest 1976. *Limes. Akten des XI internationalen Limeskongresses,* Budapest, 1977; 12. Oxford 1979. *Papers presented to the International Congress of Roman Frontier Studies,* Oxford, 1980; 13. Aalen 1983. *Studien zu den Militärgrenzen Roms III. 13 internationalen Limeskongress,* Stuttgart, 1986.

MAGIE, D., *Roman Rule in Asia Minor,* Princeton, 1950.

MANN, J.C., *A Note on the Numeri,* 《Hermes》 82, 1954; *Legionary Recruitment and Veteran Settlement*, London, 1982; *The Role of the Frontier Zone in Army Recruitment*, 《Quintus Congressus Internationalis Limitis Romani Studiosorum》.

MANNA, M.G., *Le formazioni ausiliarie di guarnigione nella provincia di Numidia da Augusto a Gallieno*, Roma, 1970.

MANNI, E., *Recenti studi sulla Historia Augusta*, 《Par. Pass.》 8, 1953.

MARCHESI, C., *Della Magia*, Bologna, 1955.

MARCHETTI, M., *Le provincie romane della Spagna*, Roma, 1917.

MARENGHI, G., *Caratteri e intenti del Periplo di Arriano*, 《Athenaeum》 35, 1957; *Sulle fonti del Periplo di Arriano*, 《St. Ital. Fil. Class.》 29, 1957; *Periplus maris Euxini*, 《Collana di studi greci diretta da V. De Falco》 29, Napoli, 1958.

MARQUARDT, J., *De l'organisation militaire chez les Romains*, Paris, 1891.

MARIN & PEÑA, M., *Instituciones militares romanas*, Madrid, 1956.

MARSDEN, E.W., *Greek and Roman Artillery*, Oxford, 1971.

MATTINGLY, H., *Coins of the Roman Empire in the British Museum I (Augustus to Vitellius)*, London, 1923; *II (Vespasian to Domitian)*, 1930; *III (Nerva to Hadrian)*, 1936; *IV (Antoninus Pius to Commodus)*, 1940.

MERLIN, A., *Inscriptions Latines de la Tunisie*, Paris, 1944.

MIDDLETON, P., *The Roman Army and Long-Distance Trade*, 《Trade and Famine in Classical Antiquity》, Cambridge, 1983.

MIHAILOV, G., *Inscriptiones Graecae in Bulgaria repertae I, II*, Sofia, 1956-58.

MOMIGLIANO, A., *An Unsolved Problem of Historical Forgery. The Scriptores Historiae Augustae*, 《Journ. Court. & Warb. Inst.》 17, 1954.

MOMMSEN, T., *Digesta. Corpus Iuris Civilis* (ed.), Berlin, 1902; *Le provincie romane da Cesare a Diocleziano*, Torino-Roma.

NASH, E., *Pictorial Dictionary of Ancient Rome*, London, 1968.

NESSELHAUF, H., *Tacitus und Domitian*, 《Hermes》 80, 1952.

OLIVER, J.H., *The Ruling Power. A Study of the Roman Empire in the Second Century after Christ through the Roman Oration of Aelius Aristides*, Philadelphia, 1953.

ORGEVAL, B.d', *L'empereur Hadrien: Oeuvre législative et administrative*, Paris, 1950.

OSGOOD, R.E. & TUCKER, R.W., *Force, Order, and Justice*, The Johns Hopkins

Press, 1967.
PACKER, J.E., *The Forum of Trajan in Roma: A Study of the Monuments*, University of California Press, 1997.
PARETI, L., *Storia di Roma e del mondo romano*, Torino, 1960.
PARIBENI, R., *L'Italia imperiale da Ottaviano a Teodosio*, Milano, 1938; *Optimus Princeps*, Messina, 1969.
PARKER, H.M.D., *The Roman Legions*, Chicago, 1980.
PARKER, S.Th., *Romans and Saracens. A History of the Arabian Frontier*, Winona Lake, 1986.
PASSERINI, A., *Legio*, 《Dizionario Epigrafico》 4, Roma, 1949; *Le forze armate*, 《Guida allo studio della civiltà romana antica》, Roma, 1959; *Le coorti pretorie*, Roma, 1969.
PELLATI, Fr., *I monumenti del Portogallo romano*, 《Historia》 5, 1931.
PEPE, L., *Marziale*, Napoli, 1950.
PETERSEN, H.E., *Governorship and Military Command in the Roman Empire*, Harvard University, 1953.
PHILLIPS, E.D., *Three Greek Writers on the Roman Empire, Aristides, Crisostomus, Plutarcos*, 《Class. & Med.》 18, 1957.
PICHLER, F., *Austria romana*, Wien, 1902-04.
PIGHI, G.B., *Lettere latine d'un soldato di Traiano*, Bologna, 1964.
PIPPIDI, D.M., *Periplus maris Euxini*, 《Athenaeum》 36, 1958.
PLATNER, S.B. & ASHBY, Th., *A Topographical Dictionary of Ancient Rome*, Oxford, 1929.
POIDEBARD, A., *La trace de Rome dans le désert de Syrie*, Paris, 1934.
RAMSAY, A.M., *The Speed of the Roman Imperial Post*, 《Journal of Roman Studies》 15, 1925.
RECHNITZ, W., *Studien zu Salvius Iulianus*, Weimar, 1925.
REDDÉ, M., *Mare nostrum*, Paris-Roma, 1986.
RÉMONDON, R., *Palmyra under the Aegis of Rome*, 《Journal of Roman Studies》 53, 1963.
REYNOLDS, P.K.B., *The Vigiles of the Ancient Rome*, Oxford, 1926.
RICCOBONO, S., *Corso di Diritto Romano*, Milano, 1933-35.
RICHARDS, G.C., *The Composition of Josephus' Antiquities*, 《Classical Quartery》

33, 1939.
RICKMAN, G., *Roman Granaries and Store Buildings*, Cambridge, 1971.
ROBERTSON, A.S., *The Antonine Wall*, 《Congress of Roman Frontier Studies》, 1949.
ROMANELLI, P., *Leptis Magna*, Roma, 1925; *La vita agricola tripolitana attraverso le rappresentazioni figurate*, 《Afr. Ital.》 3, 1930; *Storia delle province romane dell'Africa*, Roma, 1959.
ROSSI, L., *Trajan's Column and the Dacian Wars*, London, 1971.
ROSTAGNI, A., *Storia della letteratura latina II: L'impero*, Torino, 1952.
ROSTOVTZEFF, M., *La vie économique des Balkans dans l'antiquité*, 《Rev. internat. des ét. balc.》, 1935.
ROSTOVZEV, M., *Storia economica e sociale dell'impero romano*, Firenze, 1933.
ROWELL, H.T., *The Honesta Missio from the Numeri of the Roman Imperial Army*, 《Yale Classical Studies》 6, 1939.
ROXAN, M., *Roman Military Diplomas*, London, 1985.
SALWAY, P., *The Frontier People of Roman Britain*, Cambridge, 1965.
SCAZZOSO, P., *Plutarco interprete barocco della romanità*, 《Paideia》 12, 1957.
SCHÖNBERGER, H., *The Roman Frontier in Germany: An Archaeological Survey*, 《Journal of Roman Studies》 59, 1969.
SCHWARTZ, J., *Note sur la famille de Philon d'Alexandrie*, 《Ann. Inst. Phil. Hist. Or.》 13, 1953.
SCIVOLETTO, N., *Plinio il Giovane e Giovenale*, 《Giorn. It. Fil.》 10, 1957.
SEABY, H.A., *Roman Silver Coins II, I-2: Tiberius to Domitian. Nerva to Commodus*, London, 1955.
SERAFINI, A., *Studio sulle Satire di Giovenale*, Firenze, 1947.
SHERWIN-WHITE, A.N., *The Letters of Pliny: A Historical and Social Commentary*, Oxford, 1966; *The Roman Citizenship*, Oxford, 1973.
SIRAGO, V.A., *La proprietà di Plinio il Giovane*, 《Antiquité Classique》 26, 1957; *Funzione politica della flotta misenate*, Puteoli, 1983.
SPEIDEL, M.P., *Exploratores. Mobile Elite Units of Roman German*, 《Epigraphische Studien》 13, Köln-Bonn, 1983.
STARK, F., *Rome on the Euphrates, the Story of a Frontier*, New York, 1968.
STARR, Ch.G. Jr., *Civilization and the Caesars. The Intellectual Revolution in the*

Roman Empire, Ithaca, 1954; *Aurelius Victor, Historian of Empire*, 《Amer. Hist. Rev.》61, 1955-56; *The Roman Imperial Navy*, Cambridge, 1960.

STRAUB, J., *Studien zur Historia Augusta*, Bern, 1952.

STRONG, E., *Art in Ancient Rome*, London, 1930.

SUTHERLAND, C.H.V., *Coinage in Roman Imperial Policy, 31 B.C.-A.D. 68*, London, 1951.

SWOBODA, E., *Traian und der Pannonische Limes, Empereurs romains d'Espagne*, Centre nationale de la recherche scientifique.

SYME, R., *Some Friends of the Caesars*, 《American Journal of Philology》77, 1956; *Tacitus I, II*, Oxford, 1958.

TCHERIKOVER, V., *The Jews in Egypt in the Hellenistic-Roman Age in the Light of the Papyri*, Jerusalem, 1945.

TERZAGHI, N., *Storia della Letteratura latina da Tiberio a Giustiniano*, Milano, 1934.

TOYNBEE, J., *The Hadrianic School*, Cambridge, 1934; *Roman Medallions, their Scope and Purpose*, 《Num. Chron.》, 1944.

TOZER, H.F., *A History of Ancient Geography*, Cambridge, 1935.

TRACY, S., *Philo Iudaeus and the Roman Principate*, Williamsport (U.S.A.), 1933.

TRAUB, H.W., *Pliny's Treatment of History in Epistolary Form*, 《Transactions and Proceedings of the American Philological Association》86, 1955.

VALENTINI, R. & ZUCCHETTI, G., *Codice topografico della città di Roma I-IV*, Roma, 1940-53.

VAN BERCHEM, D., *On Some Chapters of the Notitia Dignitatum Relating to the Defense of Gaul and Britain*, 《American Journal of Philology》76, 1955.

VENDRAND-VOYER, J., *Normes civiques et métier militaire à Rome sous le Principat*, Clermont-Ferrand, 1983.

VIDMAN, L., *Fasti Ostienses*, Praha, 1957.

VIELMETTI, C., *I discorsi bitinici di Dione Crisostomo*, 《St. It. Fil. Class.》18, 1941.

VIERECK, H.D.L., *Die römische Flotte. Classis Romana*, Herford, 1975.

VITUCCI, G., *Ricerche sulla praefectura urbi in età imperiale (sec. I-III)*, Roma, 1956.

VON FRITZ, K., *Tacitus, Agricola, Domitian and the Problem of the Principate*, 《Classical Philology》52, 1957.

WAGNER, W., *Die Dislokation der römischen Auxiliarformationen in den Provinzen Noricum, Pannonien, Moesien und Dakien von Augustus bis Gallienus*, Berlin, 1938.

WARD PERKINS, J.B. & REYNOLDS, J.M., *The Inscriptions of Roman Tripolitania*, Roma, 1952.

WARRY, J., *Warfare in the Classical World*, London, 1980.

WATSON, G.R., *The Pay of the Roman Army: The Auxiliary Forces*, 《Historia》 8, 1959; *The Roman Soldier*, New York, 1981.

WEBSTER, G., *The Roman Imperial Army*, London, 1974.

WESTERMANN, W.L., *The Slave Systems of Greek and Roman Antiquity*, 《Mem. Amer. Philos. Soc.》 40, Philadelphia, 1955.

WEST, L.C., *Imperial Roman Spain: The objects of trade*, Oxford, 1929.

WETHERED, N.H., *The Mind of the Ancient World. A Consideration of Pliny's Natural History*, London, 1937.

WHEELER, R.E.M., *The Roman Frontier in Mesopotamia*, 《Congress of Roman Studies》, 1940.

WHITE, L.T., *The Transformation of the Roman World: Gibbon's Problems after Two Centuries*, University of California Press, Berkeley, 1966.

WHITTAKER, C.R., *Trade and Frontiers of the Roman Empire*, 《Trade and Famine in Classical Antiquity》, Cambridge, 1983.

WICKERT, L., *Die Flotte der römischen Kaiserzeit*, 《Würzburger Jahrbücher f. die Altertumswiss.》, 1949-50.

WILKES, J.J., *Dalmatia: History of the Provinces of the Roman Empire*, London, 1969.

图片版权

金币图　大英博物馆（伦敦 / 英国）© The Trustee of the British Museum

金币图　新潮社写真部摄

金币图　大英博物馆 © The Trustee of the British Museum

p.010　新潮社写真部摄

p.032　罗马市议会议事堂（罗马 / 意大利），樱井绅二摄

p.049　大英博物馆 © The Trustee of the British Museum

p.052　罗马文明博物馆（罗马 / 意大利），樱井绅二摄

p.055　图拉真记功柱（罗马 / 意大利），樱井绅二摄

p.059　罗马文明博物馆，樱井绅二摄

p.063　同上

p.065　同上

pp.066—067　同上

p.074　同上

p.080　慕尼黑州立古代博物馆（慕尼黑 / 德国）© Koppermann

p.087　大英博物馆 © The Trustee of the British Museum

p.089　峰村胜子绘

p.102　罗马文明博物馆，樱井绅二摄

p.107　同上

p.128　大英博物馆 © The Trustee of the British Museum

p.138　贝内文托凯旋门（贝内文托 / 意大利），樱井绅二摄

p.139　峰村胜子绘

p.171　大英博物馆 © The Trustee of the British Museum

p.188　濑户照绘

p.192　新潮社写真部摄

p.201 左　罗马国家美术馆（罗马 / 意大利）su concessione del Ministero per i Beni e le Attività Culturali–Soprintendenza Archeoligica di Roma

p.201 右　乌菲兹美术馆（佛罗伦萨 / 意大利），樱井绅二摄

p.207　大英博物馆 © The Trustee of the British Museum

p.256　峰村胜子绘

p.260　同上

p.266　同上

p.275　大英博物馆 © The Trustee of the British Museum

p.288　峰村胜子绘

p.305　罗马国家美术馆 © Alinari Archives, Florence

p.310　哈德良别墅（蒂沃利 / 意大利），樱井绅二摄

p.343　乌菲兹美术馆，樱井绅二摄

p.369　罗马国家美术馆，樱井绅二摄

p.371　哈德良别墅，樱井绅二摄

p.375　大英博物馆 © The Trustee of the British Museum

p.388　博洛尼亚考古博物馆（博洛尼亚 / 意大利）© Museo Civico Archeologico di Bologna

p.399　罗马国家美术馆 © Alinari Archives, Florence

p.413　峰村胜子绘

地图制作 :综合精图研究所（p.008，p.019，p.058，p.084，p.085，p.110，p.116，p.124，p.127，p.129，p.134，p.136，p.182，p.217，p.240，p.244，p.257，p.264，p.287，p.300，p.303，p.316，p.318，p.326，p.348，p.400）

图书在版编目（CIP）数据

罗马人的故事：全15册/（日）盐野七生著；计丽屏等译. -- 2版. -- 北京：中信出版社，2020.8（2025.1重印）

ISBN 978-7-5217-0750-2

Ⅰ.①罗… Ⅱ.①盐… ②计… Ⅲ.①古罗马－历史 Ⅳ.①K126

中国版本图书馆CIP数据核字（2019）第126892号

罗马人的故事（全15册）

著　者：[日]盐野七生
译　者：计丽屏　等
出版发行：中信出版集团股份有限公司
（北京市朝阳区东三环北路27号嘉铭中心　邮编　100020）
承 印 者：北京通州皇家印刷厂

开　本：787mm×1092mm　1/32　印　张：182.25　插　页：44　字　数：4 500千字
版　次：2020年8月第2版　印　次：2025年1月第9次印刷
京权图字：01-2010-4502　审 图 号：GS（2019）2414号
书　号：ISBN 978-7-5217-0750-2
定　价：760.00元（全15册）

荷马曾经说过这样的话："地球属于每一个人。"罗马把诗人的这个梦想变成了现实。你们罗马人测量并记录下了纳入你们保护之下的所有土地。你们在河流上架设了桥梁，在平原甚至山区铺设了大道。无论居住在帝国的何处，完善的设施让人们的往来变得异常容易。为了帝国全域的安全，你们建起了防御体系。为了不同人种、不同民族的人们和谐地生活在一起，你们完善了法律。因为这一切，你们罗马人让罗马公民之外的人们懂得了在有序稳定的社会里生活的重要性。

——艾利斯泰迪斯（公元2世纪希腊哲学家）

阿庇亚大道

各地修建的罗马大道

格雷多斯山地（西班牙）

庞贝遗址

普罗旺斯的道路（法国）

曼彻斯特附近的道路（英国）

迦太基的道路（突尼斯）

迪翁附近通往奥林匹斯山的大道（希腊）

古罗马时期的三大城市，自上而下：安提阿、罗马、君士坦丁堡

全长6.75米的波伊廷格地图

波伊廷格地图局部

（自巴尔干半岛至今利比亚附近的地区）

克劳狄亚高架引水桥

恺撒利亚（以色列）

各地修建的高架引水桥

塔拉戈纳（西班牙）

以弗所（土耳其）

迦太基水渠水源地之一
扎格万（突尼斯）

迦太基附近（突尼斯）

意大利本土的基础设施

古罗马时期意大利本土的道路网（罗马帝国时期）

现代的意大利

奥地利
瑞士
匈牙利
多瑙河
斯洛文尼亚
卢布尔雅那
萨格勒布
克罗地亚
科莫
米兰
维罗纳
帕多瓦
威尼斯
克雷莫纳
都灵
曼托瓦
皮亚琴察
波河
摩德纳
帕尔马
波斯尼亚和黑塞哥维那
热那亚
博洛尼亚
拉文纳
卡拉拉
里米尼
萨拉热窝
阿尔诺河
佛罗伦萨
比萨
安科纳
斯普利特
阿雷佐
丘西
意大利
巴斯蒂亚
台伯河
佩斯卡拉
亚得里亚海
科西嘉
罗马
奥斯提亚
巴里
布林迪西
贝内文托
那不勒斯
萨莱诺
塔兰托
撒丁
第勒尼安海
卡利亚里
墨西拿
巴勒莫
西西里岛
锡拉库萨
高速公路
干道公路
铁路
边界线
首都
N
0
100
200km

布匿战争以前罗马和迦太基的铸币技术对比

迦太基的金币
（公元前4世纪末）

罗马的铜币
（公元前3世纪初）

意大利遗址

1 圆形竞技场（波佐利）

2 哈德良皇帝的别墅（蒂沃利）

3 表示弗拉米尼亚大道终点的奥古斯都凯旋门（里米尼）

4 图拉真凯旋门（贝内文托）

5 古罗马时代的广场（阿奎莱亚）

6 协和神殿（阿格里真托）

7 半圆形剧场（陶尔米纳）

8 圆形竞技场（锡拉库萨）

奥斯提亚的街景

海神浴场

9 位于台伯河入海口的罗马国际港口奥斯提亚

半圆形剧场

古罗马时期罗马近郊道路网（罗马帝国时期）

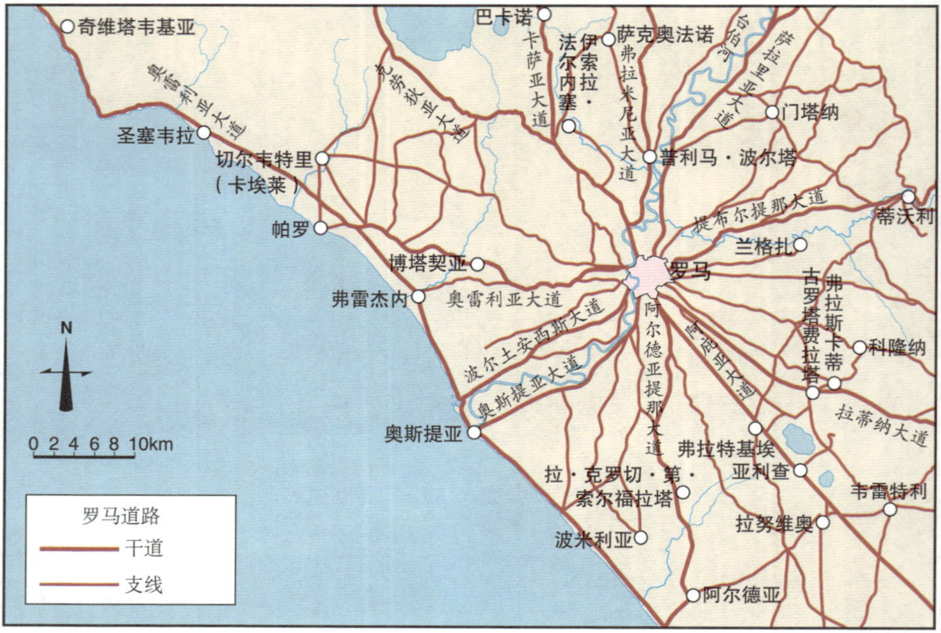

现代的罗马市近郊

罗马广场

从卡匹托尔山俯瞰的罗马广场全景

中央是塞维鲁凯旋门，右侧是元老院

左边是萨图尔努斯神庙遗址，中间穿过的是通往卡匹托尔山的坡道，右边是韦斯帕芗和提图斯的神殿

罗马市区图（罗马帝国时期）

公元前6世纪的罗马与君士坦丁大帝时代的罗马（复原模型）

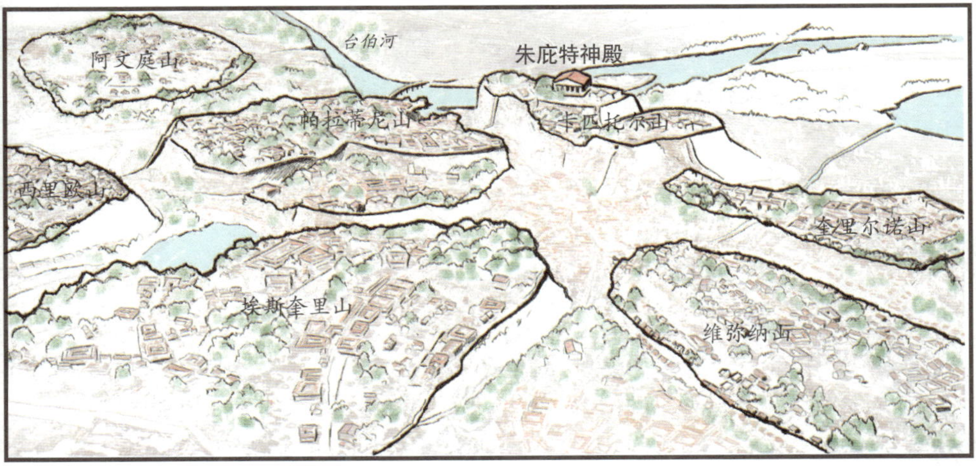

罗马七丘示意图

罗马市区遗址

万神殿及其内部

卡拉卡拉浴场复原模型

卡拉卡拉浴场遗址

马西莫跑马场
（大竞技场。上图为复原模型，右图为其现状）

“真理之口”，据说在古罗马时期曾经是下水道的井盖

圆形竞技场（右上）和克劳狄亚高架引水桥（复原模型）

奥古斯都陵
（上为其现状，右为复原模型）

圣塞巴斯蒂亚诺门

（阿庇亚大道与奥勒良城墙的交点。左下为阿庇亚大道第一个里程碑）

罗马大道沿途的墓碑

圆形竞技场（又名斗兽场）

罗马市区的桥梁

米尔维奥大桥
（公元前 109 年建成使用至

埃米利乌斯大桥
（文艺复兴时期后改名为圣天使大桥。哈德良皇帝开工，安敦尼·庇护皇帝于139年建成，1892年修复。左图为修复时古代大道的照片）

后代起名为西斯特大桥

（马可·奥勒留皇帝在此地修建的大桥于794年坍塌。现在的大桥修建于15世纪）

君士坦丁大帝时代的台伯岛

（复原模型，近处为埃米利乌斯大桥，现仅存局部）

法布雷西奥大桥

（公元前62年建成，经多次修复，迄今仍在使用的罗马桥梁之一）

古罗马时期那不勒斯近郊的道路网（罗马帝国时期）

现代的那不勒斯近郊

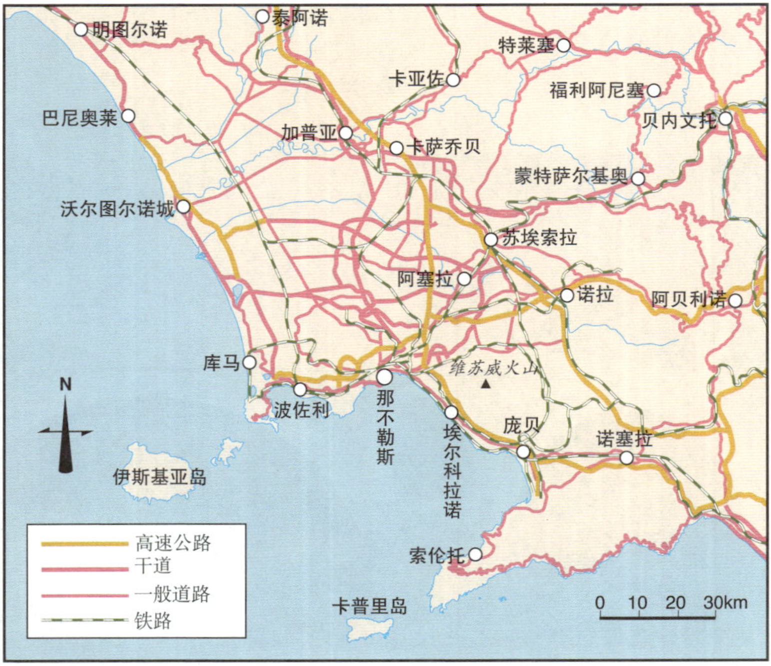

那不勒斯近郊遗址

1 庞贝遗址

2 埃尔科拉诺遗址

提比略皇帝的乔伊斯别

卡普里遗址

建在卡普里岛中央索拉罗山上的奥古斯都雕像

ローマ人の物語

罗马人的故事

10

すべての道はローマに通ず

条条大路通罗马

[日] 盐野七生 著 韦平和 译

中信出版集团 | 北京

银币故事

罗马与希腊、迦太基及其他古国的货币最大的不同在于，罗马的金币、银币、铜币既有货币的基本作用，同时兼具宣传的功能。具体来说，硬币的一面雕刻当事人的侧面像，另一面则雕刻此人的丰功伟绩，而且硬币的四周环绕相关的说明性文字。因此，其他古国的硬币往往几百年都是同样的图案，而罗马即使同一位皇帝，也会铸造多种不同图案的货币。光把货币罗列起来，就可以写出一部罗马史，而无论是雅典，还是迦太基、马其顿，都无法做到这一点。

究其原因，是因为在既没有报纸、电视，也没有互联网的时代，要让普通老百姓了解最高统治者的功绩，最合理有效的方法就是使用他们日常拿在手里的货币。

那么，是谁想出了如此合理有效的宣传方法呢？这个人就是被德国历史学家蒙森称为罗马唯一具有创造性天才的尤里乌斯·恺撒。

盐野七生

2006 年 7 月于罗马

S C

铜币故事

尤里乌斯·恺撒是一位凡事追求有效性的皇帝，正是他别出心裁地把硬币当作了一种宣传媒介。在金币、银币、铜币三种硬币中，这种用处主要集中于银币和铜币。这是因为，如果一个奥里斯金币价值为 1 000 美元，那么一个第纳尔银币便相当于 50 美元，一个塞斯特斯铜币则相当于 10 美元。由于硬币同时也是一种宣传媒介，所以拿在手上越合适，其宣传效果越好。

正因如此，相当于古罗马高速发展时期的共和制末期和相当于稳定发展时期的元首制时期铸造的第纳尔银币和塞斯特斯铜币都具有明确的发行目的，做工极其精细。因为硬币是用作宣传，所以让使用者一目了然，这样才能达到它的目的。

也正因如此，后代人通过这些硬币，便可以了解某位皇帝在统治的第几年对道路进行了全面的维修，某位皇帝在统治的第几年在多瑙河上架设了第一座桥梁。另外，我们从硬币的做工还可以看出罗马造型技术的进步和衰落。

盐野七生

2006 年 7 月于罗马

目　录

序

在本书的开头，我想把写作时遇到的一些问题开诚布公地交代给读者。所谓著作，本来就是有了作者和读者以后才能成立的一种表现形式，而本册我尤其需要读者的协助。这是因为，唯独这一册不得不采取与前面的 9 册，还有后面的 5 册，完全不同的结构。

早在撰写《罗马人的故事 01 · 罗马不是一天建成的》的时候，我的大脑里便有了这个想法，那就是要把计划共 15 册的《罗马人的故事》丛书中的一册专门奉献给罗马人修建的基础设施，而且这一册的标题也被确定为“条条大路通罗马”。这是因为我相信，无论是译为“公共设施”，还是译为“基础设施”，世界上没有什么比它更能体现这个民族的天赋。

尤其是罗马人，他们对于同样认识到基础设施重要性的现代人来说，堪称“基础设施之父”。基础设施的英语“infrastructure”这个词本身就是现代产生的一个合成词，它是由罗马人使用的拉丁语中表示“下层”或“基础”之意的“infra”和表示“结构”或“修建”之意的“structura”组合而成。英语以外的其他语言也只是发音略有不同而已。例如，最接近拉丁语的意大利语将之称为“infrastruttura”。总之，词源都是拉丁语，这本身便是罗马人是“基础设施之父”的一个最好证明，因此完全有理由专门给这个主题奉献单独的一册。

然而，迄今为止，没有一部题为“古罗马的基础设施”的著作。即使在互联网上访问欧美著名大学的出版部门，得到的答复也都是“没有符合条件的作品”。20世纪的历史记载几乎全部是组织研究各个时代的专家撰写各自专题的形式，而即便是这种通史，也连专门阐述罗马基础设施的章节都没有。我不由得感到不可思议：为什么没有一个人写这个题目呢？与此同时，我也感到了几分自鸣得意。因为我要挑战一下研究人员没有挑战过的事情。

随着学习的深入，我明白了其中的缘由。研究人员不挑战这个题目，完全不是因为他们没有认识到罗马基础设施的重要性，而是因为他们懂得，不可能对这个题目进行综合的论述。相反，我以“条条大路通罗马”为题写一本书，并为这个想法而得意，正可谓无知者无畏。

那么，为什么不可能呢？

罗马人的基础设施已经涵盖了道路、桥梁、港口、神庙、会堂、广场、剧场、竞技场、公共浴场、自来水等所有现代的基础设施。但这还只是硬件基础设施，它还包括安全保障、治安、税制以及医疗、教育、邮政、货币系统等软件基础设施。只要不提到所有这些内容，都称不上是阐述了罗马的基础设施。

然而，现代学问的特点是专业化，还有它的最终归宿——细分化。因此，要克服这种“不可能”，学者们采取的方法也就是细分化，即一个人写道路，另一个人便以桥梁为研究课题。而且，这种细分化最终必然走向技术的研究论述。事实上，从技术方面谈论罗马某一类基础设施的研究书籍，则比比皆是。

但是研究领域的这种现状难以回答我们一个简单而根本的疑问，那就是，为什么明明已经有人修出来道路，罗马人却要不惜花费巨大的人力和财力全部铺砌成罗马式的城市道路？而且，罗马城边明明流淌着著名的台伯河，并不缺水，为什么它却要“劳民伤财”地修建罗马式的引水工程，舍近而求远呢？没有人来回答这些根源性的问题。

“不可能”的第二个原因在于难以叙述。各种各样的事件顺着历史的河流依次发生，历史方可撰写。而一旦以基础设施为题，便不再具有时间的顺序。换言之，就是不能再按照时代的顺序叙述下去。以道路为例，如果不往返于从公元前 3 世纪至公元 5 世纪的 800 年，就不能写出罗马道路的历史。

总之，阐述罗马人修建的硬件和软件基础设施，面临的困难就在于，它要求作者能够自如地处理横跨欧洲、中东、北非的罗马世界以及上千年的古罗马时期这种空间和时间上的巨大跨度。而对于讲求专业分工的现代学术界来说，这种事往往被认为不是一门学问，因此专家学者不愿意去做这种事。另外，即使不顾一切地挑战这个题目，也极有可能因为主题过于宽泛，最终只能流于表面。

这个难题对于并非学者的我来说，也是一个不容忽视的问题。这是因为，如果创作中遇到难以逾越的困难，阅读时也会同样感到困难。对于以卖文为生的我来说，这显然是不利的。这是因为我写出来的东西有可能没有人看，或者读者不堪卒读。我的自鸣得意随即烟消云散，开始觉得连专家也不愿挑战的题目，像我这样的人只会是自不量力，只有放弃《条条大路通罗马》这一册了。这个想法，在我调查一件事的时候发生了改变。

罗马人是一个非常重视基础设施的民族，被现代人誉为“基础设施之父”。基础设施起源于罗马是不争的事实，甚至在创造

“infrastructure” 这个合成词的时候，只能借用拉丁语。这一点正如“条条大路通罗马”这句话无人不知一样。

既然如此，在罗马人的母语拉丁语中，理应有“infrastructura”这个词，但是并没有。正因为没有，所以到了现代，人们才只好造出这个词来。

罗马人修建了如此大规模而且高质量的基础设施，却没有用来表达它的词语，这是一件令人疑惑不解的事。因为，语言是为了表达现实生活而产生的。按照这个想法，我查找了各种资料，结果遇到了一个词“moles necessarie”，翻译过来，相当于“必需的大事业”。而且在使用这个词的一篇文章中，在“必需的大事业”之前，有“人类的文明生活”这样一句话。也就是说，罗马人把基础设施视为“人类文明生活必需的大事业”。

这件事足以令我长时间地陷入沉思。此前我所想的词一直是现代的合成词“infrastructure”的词源“infra”和“structura”。同时还有历史学家们称的“罗马文明的伟大纪念碑”这样的赞美之词。

然而，在罗马人的著述中，不仅文献，即使碑文中也从未出现过表示流传后世的纪念碑之意的词。罗马人并不是想让其成为流传后世的纪念碑而进行这项伟大事业的，而是因为它是人类文明生活所必需。只是它最终变成了罗马文明的伟大纪念碑而已。

有了这样的想法，我才下定决心，无论最终结果如何，一定要用一册的篇幅专门写罗马的基础设施。

还有一件事，让我对是否写这一册不再犹豫不决。那是在几年前，我与即将担任首相、声望很高的一位日本政治家见面。当时，他问我：“当了首相之后，你认为我应该做什么？”我不假思索地回答道：

“以全新的思路实施根本的、划时代的税制改革。非此莫属。”

他听后，回答我说：“在税的问题上，我没有梦想。”

“梦想因人而异，并不存在制定政策不可或缺的客观标准。这并不是政治家、官僚领导的一类问题。政治家、官僚的工作应该在于提供一个基础，让每个人都能够有自己的梦想和尊严。”

看了后来此君发表的政见，我明白白费口舌了。但这件事在我撰写罗马史的时候起了作用，因为它让我考虑这样一个问题：

生活在古代的罗马人是如何考虑公私之分的？这个问题可以通过研究他们定义为“人类文明生活必需的大事业”的基础设施，找到答案。

鉴于此，我对读者有几个愿望：

第一个愿望是，写作困难，阅读当然也会困难。在阅读这一册的时候，不要期待像阅读战争描写较多的《罗马人的故事 02 · 汉尼拔战记》《罗马人的故事 · 恺撒时代》那样一气呵成地读完或者获得惊心动魄的快感。

第二个愿望是，在您阅读的时候，心中要有长达 2 000 年的漫长岁月。不过，谈到罗马大道，话题却突然跳跃到 19 世纪中叶开始出现的铁路，这样的情况只有一次而已。

第三个愿望是，您的心中还要装着一幅世界全图，因为书中会有一些将西方大国罗马和东方大国中国进行比较的内容。

第四个愿望是，“基础设施”这个题目，从它的性质来说，往往看图片比用文字说明更容易理解。因此，书中不得不插入大量的地图、图表和照片，有些不伦不类的感觉，这一点也请读者谅解。

总之，在读者开始阅读之前，就让读者做好思想准备，作为作者来说，会让读者觉得没有比这种说明更加怪异的了，但犹豫再三，我认为还是应该写，这也实属无奈之举。不过，如果您能够耐心地理解这些说明，并在阅读的时候，结合这些地图和图表，那么，有一点我可以向您承诺，那就是，这本书将让您懂得，“条条大路通罗马”的“路”不仅仅是道路之意，而且您会通过这些“路”了解到罗马人真正的伟大。

0 250 500km
N
北海
都柏林
约克
切斯特
不列颠
卡利恩
伦敦
阿姆斯特丹
哥本哈根
里加
莫斯科
维尔纽斯
明斯克
柏林
华沙
日耳曼
布鲁塞尔
克桑腾
科隆
特里尔
波恩
美因茨
布拉格
基辅
卢格登高卢
巴黎
兰斯
高卢
斯特拉斯堡
奥格斯堡
威尔士
布拉迪斯拉发
萨尔马提亚
雷蒂亚
维也纳
苏尼
基希尼奥夫
博斯普鲁斯
日内瓦
诺里库姆
布达佩斯
达契亚
波尔多
里昂
阿尔卑斯山脉
彼得罗内尔
潘诺尼亚
阿尔巴尤利亚
埃姆
苏萨
米兰
卢布尔雅那
乌尔庇亚
依格里扎
莱昂
阿奎塔尼亚
阿奎莱亚
特莱亚纳
布加勒斯特
比利牛斯山脉
纳尔榜高卢
都灵
萨格勒布
多瑙河
黑海
卢西塔尼亚
萨拉戈萨
纳博讷
马赛
达尔马提亚
贝尔格莱德
科斯托拉克
锡利斯特拉
马德里
塞米亚兹
意大利
索林
萨拉热窝
莫埃西亚
斯维什托夫
锡诺佩
特拉布宗
里斯本
托莱多
巴塞罗那
君士坦丁堡
梅里达
塔拉戈纳西班牙
塔拉戈纳
科西嘉
罗马
斯科普里
索非亚
色雷斯
比提尼亚-本都
萨达克
亚美尼亚
科尔多瓦
加普亚
马尔马拉埃莱利西
加拉太
卡帕多西亚
那不勒斯
马其顿
帖撒罗尼迦
伊兹米特
安卡拉
开塞利
马拉蒂亚
加的斯
贝提卡
撒丁
塔兰托
布林迪西
卡塔赫纳
尼科波利斯
帕加马
萨姆萨特
美索不达米亚
底格里斯河
丹吉尔
巴勒莫
亚细亚
巴尔基斯
舍尔沙勒
阿尔及尔
雅典
以弗所
君士坦丁
科林斯
拉巴特
毛里塔尼亚
迦太基
西西里
锡拉库萨
亚该亚
利西亚-潘菲利亚
塔尔苏斯
安塔基亚
巴格达
龙柏斯
突尼斯
希腊
卡莱
奇里乞亚
夏玛
叙利亚
努米底亚
罗得
地中海
塞浦路斯
幼发拉底河
克里特
贝鲁特
大马士革
帕提亚
尼科波利斯
加贝斯
贝森
凯撒利亚
布斯勒
尼罗河
的黎波里
大莱普提斯
舍哈特
耶路撒冷
亚历山大
犹太
阿非利加
昔兰尼加
埃及
开罗
亚喀巴
孟菲斯
阿拉伯
意大利本土
五贤帝时代罗马帝国最大版图边界
当时的道路
州府兼军团基地
州府
军团基地
现在的首都
其他城市
罗马帝国的主要道路网

第一章　硬件基础设施

道路

在罗马人的母语拉丁语中，将铺设道路称为“viam munire”。但“munire”原本还有“修筑壁垒（mūrus）”的意思，也就是说，古罗马人也许认为，铺设绵延不断的大道与修筑蜿蜒不绝的壁垒异曲同工。实际上，就物体本身而言，这两者并无二致。这是因为，罗马大道的干道在设计上全部用巨石砌成，包括4米多宽的车道和两侧各为3米宽的人行道，总体路宽超过10米，路基厚度也达1米以上，分四层铺设。只要将“水平”的大道“垂直”立起来，便完全是一道固若金汤的壁垒。

也许是历史的巧合，公元前3世纪的时候，地球的东方和西方都正在开始大兴土木。

在东方有万里长城。公元前3世纪秦始皇修建的长城，加上16世纪明代修建的长城，全长达到5 000多公里。

在西方则是罗马道路网。在公元前3世纪至公元2世纪的500年间罗马人铺设的道路仅干道总长就达8万公里，如果加上支线在内，则长达15万公里。

为什么中国和罗马开始兴建全国性的土木工程的时候，一个国家选择了修筑长城，而另一个国家选择了铺设道路呢？当然，中国古代并非没有道路，同时代的罗马也并非没有壁垒。只不过是，重点是放在长城上，还是放在道路上。

显然，问题不在于技术能力，因为只要想做，两个民族当时都能够把“垂直”和“水平”互换。另外，罗马人也并非不用抵御外敌的侵略，不关心国家的防御。在罗马统治下的和平时期之前，从时代上来说，在公元前的共和制时期，罗马人一直战争不断。然而，他们却选择了优先修筑道路，而不是修建壁垒。由此我们可以看出，修建长城的中国人和修筑四通八达的道路网的罗马人的不同，就在于对国家应该兴建什么样的大工程这件事认识的不同。壁垒是断绝人的来往，而道路则是促进人的来往。那么，国家防卫这一最为重要的目的，是通过断绝与其他民族的来往来实现，还是通过促进领土内人们的来往来实现呢？

两个民族在这一方面观念的不同，对于中国和罗马这两大古代强国来说，甚至决定了以后的国家形态。

罗马人没有像同时代的中国人那样修筑翻山越岭、绵延不绝的万里长城，而是选择了修筑长度10倍乃至20倍于长城的道路，他们把道路视为国家的动脉。也许正因如此，他们才认为修建一两条道路远远不够，而是让道路四通八达。正如只有通过人体的血管将血液输送到全身，人才能活下去一样，国家要健康地生存下去，也不可缺少像血管一样遍布全国的道路网络。

一方面，道路本身并非罗马人的发明，然而它的网络化，而且是实行日常养护的网络化，却完全是罗马人的独创。另一方面，道路的网络化促进了道路功能的飞速提高，这本身也把罗马人塑造成了一个注重现实、高效的民族。基础设施不仅耗费巨大的人力、物力，并且需要漫长岁月才能建成，正因如此，它不仅仅是硬件领域的成果，而且还会对软件领域，也就是精神领域产生深远的影响。换言之，如何建设基础设施，将决定这个民族今后的走向。我想，万里长城和罗马

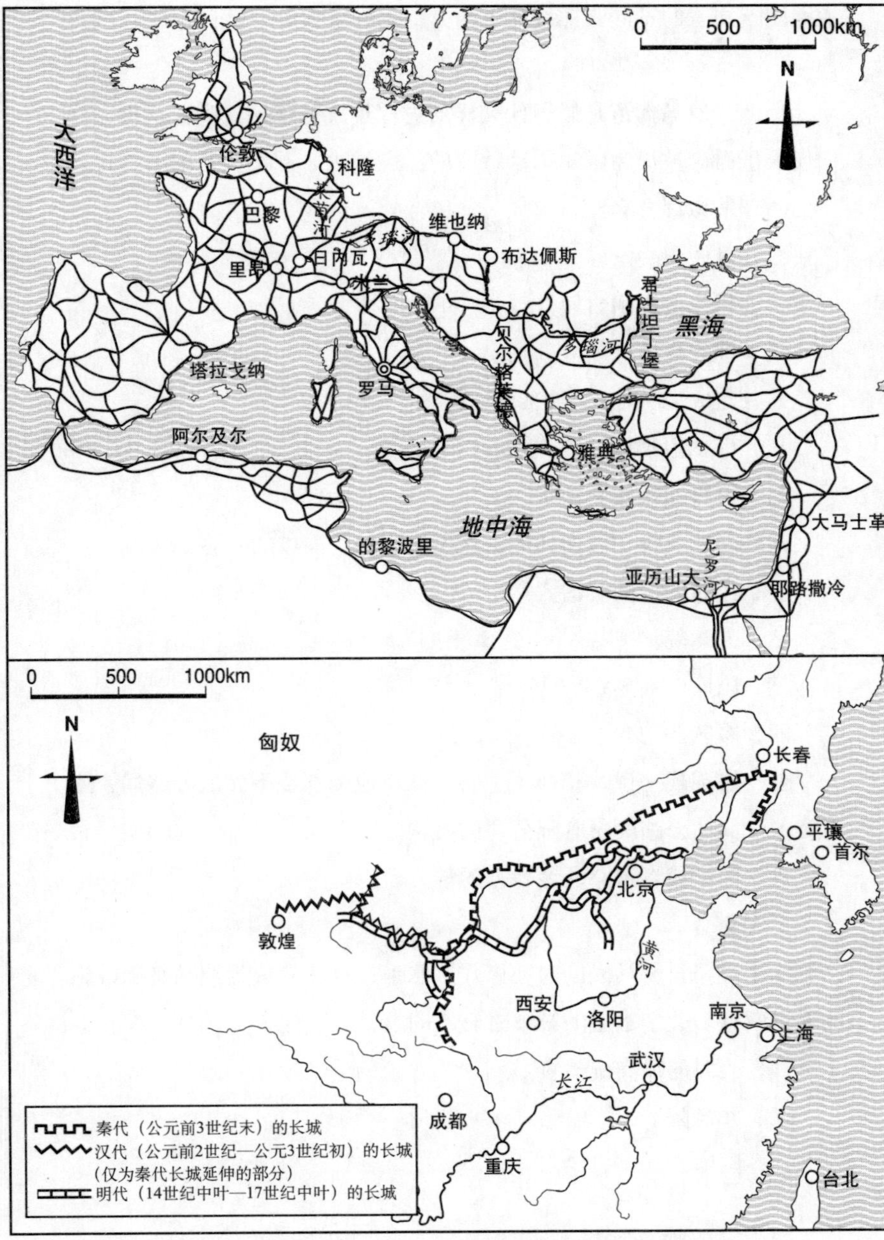

罗马帝国时期的罗马道路网（上）与各个时期中国的万里长城（下）

道路网这两者的不同，比地球东西方的差异还大。

那么，罗马大道是经过什么样的过程建成并维护的呢？这里，我们仅限于讨论被视为国家“动脉”的、全长达 8 万公里的干道。

一、谁拟订方案？

二、谁做出决定？

三、建设费用出自何处？

四、谁进行施工？

五、建成后，谁来养护、运营？

六、谁承担其他经费？

七、道路通行费是多少？

这些问题我将在后面详述，这里先做一个简单的回答：

一、当时的最高统治者。

二、元老院。

三、国库。

四、军队。

五、按现代来说，相当于主管公共事业的部委下面的公路局，或者类似于高速公路股份有限公司的机构。

六、国家或者道路所经地方的地方政府。

七、免费。

除了道路，罗马人同时还修建了水道，这两者成为罗马基础设施的绝世双璧。关于水道的答案略有不同：

一、当时的最高统治者。

二、元老院。

三、国库。

四、通过招标制度中标的“社团”（societas）负责施工。

五、水务局或者类似于自来水公司的机构。

六、国家或者地方政府。

七、公用水槽中整天都会有水，盛到容器里使用的部分免费。只有想要把水引到自己家里的人才支付相应的费用。

看到这里，谁都会想，罗马人根本不考虑是否合算。事实上，罗马人把基础设施视为“人类文明生活所必需”，当作极其重要的国家义务，也就是政府应该承担的领域。

在罗马共和制时期，修建道路和水道的审批程序是：由财务官或者执政官拟订方案，提交给元老院。元老院在审议重要性和可行性以后进行表决。如果表决通过，拟订方案的人就成为工程的最高负责人并开始施工。

在罗马过渡到帝王制之后，拟订方案的人常常是皇帝本人，但是即使是皇帝拟订的方案，仍然全权委托元老院表决，这种形式并没有改变。虽然《临时措施法》规定可以由皇帝一个人决定，但是罗马人也许认为，修建道路不能依靠只有皇帝在位时才有效的《临时措施法》。因此，修建道路法案依旧要由决定国策的元老院表决。元老院通过以后，皇帝作为最高负责人的工程才能正式开工。

因此，无论是共和制时期还是帝制时期，都是由国家最高领导人来拟订方案，决定权也在罗马国家的立法机构、相当于现代国会的元老院。既然如此，修路费用理所当然出自国库，也就是说通过国税来筹措。

当时，罗马没有通过发行建设国债来筹措修路资金。类似于发行国债的概念，在罗马与迦太基之间进行布匿战争时，曾经存在过，但是它应该称为战时国债，接近于国家生死存亡的危急时刻向富裕阶层强制进行的征税。因此，在战胜迦太基以后，这项政策便随之废除了。

布匿战争时期是罗马允许国家出现财政赤字的唯一例外，这是由于当时财政系统尚不成熟，而并非因为罗马这个国家重视财政健全制度。罗马的税制也确实简单，行省税被称为“十分之一税”，关税被称为“二十分之一税”，相当于消费税的营业税被称为“百分之一税”，这些税都是全国通行的。由此可见，不提高税率是他们的税收政策。也许他们认为，与其征收苛捐杂税，最终官逼民反，派兵镇压，不如减轻税负更加明智。

但是，古罗马人缺少财政方面的知识，结果却导致了他们一直坚持健全的国家财政。铺设道路的庞大费用也必须通过相应的国库收入来筹措，因此不仅需要明确国家和地方政府如何分担，而且普通公民的参与也只能通过有权有钱的人以修建、捐赠的方式来弥补国家经费的不足。

阿庇亚大道和弗拉米尼亚大道并非阿庇乌斯、弗拉米尼乌斯个人出资修建的，但是埃米利亚会堂、尤里乌斯会堂却是马其顿战争的胜利者埃米利乌斯和高卢战争的胜利者尤里乌斯·恺撒个人出资修建，并捐赠给国家的公共财产。如果不把这种贵族义务计算在内，罗马的基础设施便难以达到当时的规模。罗马人没有现代的经济知识，他们没有想到累进税制这种征税方式，即按照课税对象数额的大小而规定不同等级的税率。

罗马人也没有想到发行建设国债，因此在古罗马时期也不必为支付借款利息而苦恼。此外，由于无法征收道路通行费，当时也不可能产生通过道路通行费收入偿还道路建设费之类的想法。不仅道路如此，水道也是同样的情况。

在罗马人看来，基础设施是人类文明生活所必需的，因此既然国家征税，那么，由国家来负担无疑是理所当然的。倘若古代罗马人听说现代的高速公路股份有限公司的经营困境，他们肯定无法理解，会这样说：“不要借款，有多少预算做多少工程。正因如此，要明确国家能负担多少，其他部分能不能由地方政府和个人的公益活动来负担。”

他们之所以会这样说，是因为既然国家决定不提高税率，也不借款，那么，如果不明确国家能够完成的部分，其他依靠地方政府和个人的话，基础设施建设也就只能是天方夜谭。

接着，由谁来负责实际施工呢？道路建设是由军队来负责的。这是因为，修建罗马大道本来的初衷是要修建功能完善的军用道路。

那么，建成后又由谁来进行养护、运营呢？答案是，道路和水道都由国家或者地方政府负责。罗马人认为基础设施建设是应该由国家来做的事，并对此深信不疑。这种想法在罗马帝国时期丝毫没有改变。虽然罗马统治者们都十分顽固，但是他们又都具有灵活性，那就是，即使前任皇帝臭名昭著，只要认为他开始的工程对国家有益，就会继续下去。而罗马人对基础设施的这种想法最终变成了巨大的成果，那就是遍布罗马帝国、全部由石头铺成的 8 万公里的干道。正是这个罗马道路网成了罗马帝国的动脉。研究人员也断言：“人类到了 19 世纪下半叶开始普及铁路，人类交通运输的速度才超过了罗马大道。”

下面，再看水道。20 世纪，人类的生活发生了一个大的变化，那就是在家中只要一拧水龙头，就会出水。不过，要缴纳水费。但并不是世界上所有的人都能够享受这种文明的进步。世界上很多人面临缺水，这已经成为 21 世纪人类面临的一个重大挑战。

罗马人经常用“文明”一词来表示人类的体面生活，而表示“文明”的词无论是英语，还是法语、意大利语，全部来源于拉丁语“civilitas”。

路本来是人走出来的，因此只要有人住的地方，必有路。对于罗马人来说，最初的路大概也是这种道路吧。在阿庇亚大道出现之前，罗马已经有几条历史悠久的道路。

萨拉里亚大道是“盐路”的意思。人们把台伯河入海口一带产的盐装在袋子里，放在小船上，沿着台伯河逆流而上，到罗马卸货。这些装满盐的袋子在罗马改由驴驮，沿着“盐路”运往内地，卖给居住在意大利半岛山地的人。对于早期的罗马人来说，盐几乎是唯一的物产，只要生产出来就肯定能卖掉。这条路自然而然就被人们称为“盐路”，由此可见，对于当时的罗马人来说，这条路多么重要。

“拉蒂纳大道”“提布尔提那大道”“诺曼塔那大道”的意思分别是“到拉蒂纳的大道”“到提布尔提那的大道”“到诺曼塔那的大道”。这些都是联结罗马和与罗马有贸易往来的城镇的道路，与“盐路”一样，肯定也是自然形成的道路。自建国以后的400年，对于罗马人来说，道路大约就是这样几条。

对于道路的想法发生根本性变化，始于从公元前312年开工的阿庇亚大道。这条路既不是用于运送物资的道路，也不是通往某个目的地的道路。道路的名称以人名冠之。所谓阿庇亚大道，就是“阿庇乌斯的大道”的意思，是由当年的财务官阿庇乌斯拟订方案，元老院批准，并由阿庇乌斯亲自监督修建的，所以以他的名字命名。在罗马，法律也以提案人的名字冠名，例如《森普罗尼乌斯道路法》《尤里乌斯土地法》。这说明，当时已经进入通过制定法律决定国家政策，并视修建道路为国政的时代。

毫无疑问，阿庇乌斯·克劳狄乌斯拟订了修建道路的方案，并在元老院的会议上说明了这条以全新的概念修建的道路将到达什么地方。他肯定说，首先，到达加普亚。因为加普亚位于当时罗马势力范围的南端。这一工程开创了罗马士兵征服某地以后，再由罗马士兵在当地修建道路的罗马人统治方式的先河。阿庇亚大道在公元前268年贝内文托归入罗马疆界时，随即延伸到了贝内文托，其后一直贯通到韦诺萨，进而又延伸至塔兰托，最后到达终点布林迪西时，已是这个亚得里亚海沿岸港口城市纳入罗马版图20年以后的事了。从开工到贯通花了整整70年，这是因为按照把道路通到统治下的疆土这一方针，工程也不得不分阶段进行。阿庇亚大道全线贯通的那一年，阿庇乌斯已经不在人世了。而在此20年以后，在地球的另一面，中国开始修筑万里长城。

罗马人将阿庇亚大道称为“女王大道”。这并不仅仅是因为它是最早的罗马式大道，也不仅仅是因为只要罗马帝国存在，它就是通往东方的大动脉，而是因为阿庇亚大道展示了罗马大道的一个样板。

首先，它必须完全起到军用道路的作用，那就是能够快速调遣军队。

罗马通常不在被征服的地方常驻军队，这是因为战胜方与战败方往往会产生摩擦。他们采取的办法是，不常驻，一旦有事，迅速由基地派兵。公元前3世纪，军队驻扎在首都罗马，因此调遣军队时，便要从罗马行军至目的地，而确保一条从首都罗马安全抵达目的地的道路，则是当时军事上的一个重要问题。

其次，罗马大道必须同时是一条带有政治策略的道路，而真正体现这种罗马思想的便是阿庇亚大道。阿庇亚大道通过的地方是早先还与罗马敌对的部落居住的地方。罗马人将道路一直通到他们刚刚征服的地方。军人手中用来打仗的剑换成了施工的丁字镐，所以修路所需的费用当然也由罗马承担。而且，罗马大道的特色之一在于它穿过城市的中央。罗马人不考虑环绕城市的环线。这是因为道路穿城而过，不仅便于罗马调动军队，而且方便这个城市的居民使用，这也是修路的目的之一。

以前，雨后路面便会泥泞不堪，车辆陷入泥潭是常有的事，但罗马大道不必有这种担心。由于路面平坦，而且经过铺砌，因此便于人们往来，缩短了人们在交通上花的时间，也大大增加了车辆的载货能力。随着人员往来的频繁、物资流通的增加，改变了以自给自足为主的生活方式，这就意味着提高了周围居民的生活水平。

败者对胜者再次拔刀相向，往往是出于经济方面的不满和在政治上被剥夺自治权。罗马没有犯这种错误。战败的城市成为“地方政府”，而且这种共同体内部的自治得到完全承认。

因作品《希腊罗马名人传》而著名的罗马历史学家普鲁塔克将罗马国家的强盛归功于“同化败者”的政策，而对这种“同化败者”，也就是形成一种命运共同体，做出最大贡献的便是罗马大道。只要看一看阿庇亚大道在什么时候修建，修到什么地方，我们就能够懂得罗马人的统治哲学。

历史证明，罗马通过修建道路与被征服者形成命运共同体的政策是一个正确的选择。最著名的例子便是罗马与迦太基之间发生的布匿战争。

几乎就在阿庇亚大道全线贯通的同时，爆发了第一次布匿战争。当时的战场是在西西里岛及其周围的海面上，因此意大利半岛幸免于难。然而，完全不是海洋民族的罗马却与海军强国迦太基为敌，并最终战胜了迦太基。这是因为那不勒斯、塔兰托这些希腊城邦为罗马提供了造船技术和熟练的水手。但是，在古代名将汉尼拔入侵意大利而发动的第二次布匿战争中，本应是罗马人擅长的陆地战，罗马人却体验了一次国家面临生死存亡的危机。这是因为，所向披靡的汉尼拔盘踞在意大利半岛，也就是罗马，长达 16 年之久。

企图一举灭亡罗马的汉尼拔不会没有考虑进攻首都罗马。但是他没有尝试包围战。这并不是他不想这样做，而是他无法做到。如果要包围和攻陷一座城市，只有使其陷入孤立无援的状态，反复进攻，才能达到目的。势如破竹、士气高涨的汉尼拔的军队也许完全有能力不断地发动进攻，但是无法让罗马这座城市孤立无援。罗马不仅道路四通八达，而且它让罗马的男性移民，并与当地的女子结婚，通过这种形式实施混血政策，从而成功地同化了它所征服的城邦。这样，即使是古代首屈一指的名将也必须考虑到腹背受敌的危险。身处敌地，不允许他采取这样的包围战。终于，罗马开始转入反攻，战场由意大利转移到了北非。决定第二次布匿战争胜败的一场战役便是在迦太基领地内的扎马平原展开的、历史上著名的扎马会战。

在这里，汉尼拔惨败于西庇阿率领的罗马军队，仅仅几个人逃回首都迦太基。迦太基议会倾向于坚持首都保卫战，但是唯独汉尼拔主张与罗马讲和。他凭着16年在意大利征战的经验，懂得迦太基与国内各个城邦清楚地划分为统治者和被统治者的关系。如果罗马包围了迦太基，那么这些被统治者会对统治者被围的首都迦太基见死不救。他认为在扎马会战获胜的罗马军队进攻首都迦太基之前讲和是迦太基的必然出路，因而坚决主张讲和。

迦太基议会接受了汉尼拔的意见，罗马与迦太基讲和，第二次布匿战争宣告结束。但是除了汉尼拔以外，其他迦太基人是否理解当时讲和的必然性，不得而知。半个世纪以后，爆发第三次布匿战争，国内的各个城邦对迦太基见死不救，孤立无援的迦太基经过三年的坚守之后，最终城池被攻陷。公元前146年，迦太基从此在历史上彻底消失。

决定三次布匿战争胜败的，既不是两个国家的经济力量，也不是军事力量相差悬殊，而是国家形态不同。北非一带四通八达的古代道路网不是迦太基统治时期修建的，而是在它变为罗马行省以后修建的。这说明，罗马的基础设施不是因为有经济实力所以才建设，而是因为认为它重要所以才建设。

早在迦太基灭亡的100年前修建的阿庇亚大道之所以成为后来所有罗马大道的样板，第三个原因在于它表明了道路要有多种选择路线的重要性。

公元前312年以前，从罗马到加普亚已经有一条拉蒂纳大道，因此如果需要一条联结罗马和加普亚的正式道路，只要对拉蒂纳大道进行全面改造就应该足够了。但是阿庇乌斯并没有选择改造那条穿过内陆地区的拉蒂纳大道，而是决定修建一条新的沿海道路。这样，罗马与意大利南部的重要城市加普亚之间便有了两条干道。其后不久，从

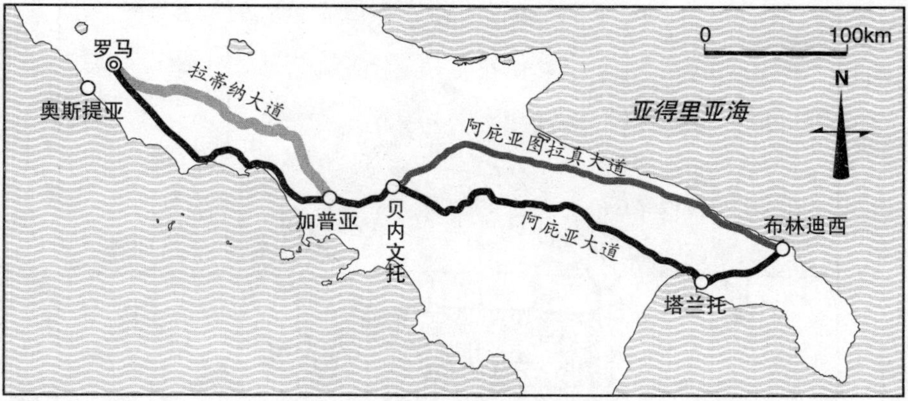

从罗马至布林迪西的两条大道

距离加普亚不远的贝内文托到终点布林迪西之间也有了两条线路：在共和制时期修建了米努基亚大道，到罗马帝国时期又修建了阿庇亚图拉真大道。

罗马人认为生活应该有多种选择，这种观念极其自然地让他们想到了将道路修建成一个庞大的网络。全线铺设的道路并非罗马人的发明。早在公元前5世纪的波斯帝国，就已经出现了让古希腊历史学家希罗多德叹为观止的一条从波斯湾到达地中海的道路。但是发现道路只有网络化才能更加便捷，并将之变为现实的是罗马人。罗马的道路如果不作为道路网来考虑，就无法理解其真正的伟大。

然而，要让被征服者认识到罗马人铺设道路对他们自身也有好处，只有在罗马的道路比他们自己修建的道路更加便捷的时候才会成为可能。那么，从阿庇亚大道开始的罗马式的道路究竟是怎么修建的呢？

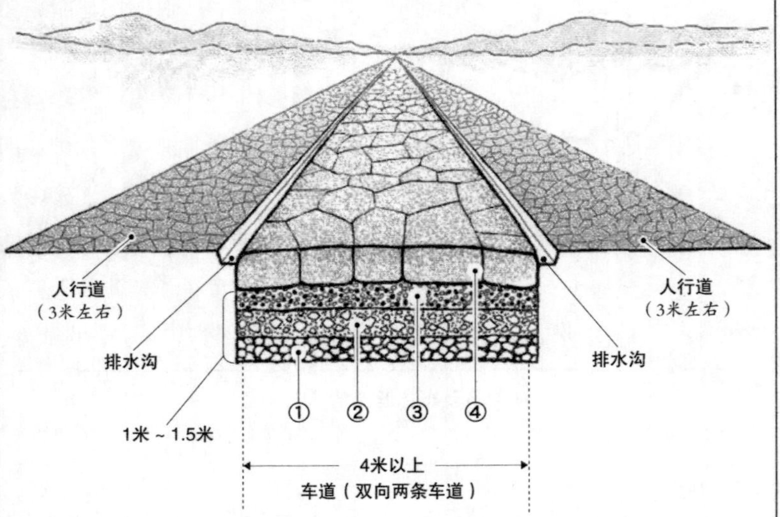

①最底层：因地形而异，通常以 4 米～4.2 米宽挖至地表以下 1 米～1.5 米深，平整后，铺上至少 30 厘米厚的石子。这种地基的施工有两个目的：(1) 即使是平原，通常也会有高低不平的地方，因此需要使其完全平坦；(2) 为了防止厚度达到将近 2 米的四层地基的道路内部积水。
②第二层：将石头、石子、黏土混合后，铺在第二层。
③第三层：不使用自然形成的石块，而使用人工砸碎的小石块，使顶部铺成平缓的弧形。
④最顶层：铺满切割整齐、单边 70 厘米高的大石块。
最值得一提的是，这样修建起来的罗马大道一律不使用水泥，虽然当时并非没有水泥。

罗马大道的基本构造

在可以笔直穿过的平原上，罗马大道的基本结构如上图所示。

上述内容是车道或者主道的修建阶段。罗马大道的一大特色是车道两侧设有排水沟。为了保持道路的坚固，必须绝对避免在约 4 米宽、1 米厚的主道内浸入和积存雨水。

首先，让道路的表面形成一个平缓的弧形，使雨水和积雪融化的水自然地流向道路的两侧，这些水流入排水沟以后，顺着路边的洞口流向道路的外侧。这种结构可以避免道路浸水。罗马工程师的信条是："石为友，水为敌。"

罗马大道的第二个特色是，在铺有石头的道路两旁附近严禁种树。如果有树，则一律砍倒。这是为了防止树根延伸到地下，破坏四层路基的主体部分。

第三个特色是，与市区的道路一样，郊外的道路也是带人行道的道路。在城市附近和路口之类交通流量大的地方，车道两侧的人行道宽度超过 3 米，有些地方甚至达到 5 米。即使在交通流量小的地方，通常也有 1 米的人行道。没有人行道的道路仅限于山腰地带和隧道内。即使是罗马人视为道路的延伸的桥梁，不论多窄，也必须设人行道。穿过树林的道路，则在宽达 10 米的车道和人行道的两侧，砍倒树木，以确保更加宽敞的安全地带。当然，这是为了防止盗贼从树林中袭击路过的人。

在那个时代，有许多徒步旅行的人，因此这种顾虑也是理所当然的，但是明确区分车道和人行道的原因不止于此。

罗马人修建的道路，正如现在罗马市区的科尔索街、里佩塔街、由广场向北延伸的弗拉米尼亚大道那样，只要地形允许，全部是笔直的道路。至于阿庇亚大道，有长达 43 公里是笔直的道路，即使驱车，也会令人惊叹不已。

不仅如此，即使在平原上，也要重新整地。如果遇到湿地，则打进无数的木桩，修成堤坝，然后在上面铺上道路。另外，无论桥梁下面是河流还是山沟，为了避免道路的上下起伏，罗马人都是在与道路同样的高度架桥。他们将在没有水的地方架设的桥称为"高架桥"。

罗马人之所以采用这些修建道路的方法，是因为他们认为道路应该是为了让人们尽可能快地到达目的地。既然如此，对于罗马人来

阿庇亚大道上的第一个里程碑

说，区分人行道和车道是一件理所当然的事。因为如果人行道和车道不分，由于要避让行人，就会失去修建道路是为了让马和马车全速驰骋的意义。在中间的车道上大摇大摆地前进的，只有通常排成三列纵队行进的军团兵。

从公元前120年左右开始，罗马共和国时期著名政治家格拉古兄弟中的弟弟盖约·格拉古起草的《森普罗尼乌斯道路法》正式颁布实施。这部法律被视为世界上最早的公路法。该法规定，所有的罗马大道每隔一罗马里竖立一根石柱。古罗马的“1里”约等于“1 000步”，换算成公里数，大约1.5公里。这种里程碑大约与人一样高，直径30厘米，上面刻有从道路的起点数第几个里程碑，因此，如果它是阿庇亚大道的第十个里程碑，旅行者便会知道这里距离首都罗马将近1.5公里 × 10 =15公里。除此之外，古罗马的里程碑上还刻有到附近城市的距离，起着各种信息布告牌的作用。另外，还有地址编码。据说，我在意大利的住处位于阿庇亚大道的第七个里程碑处。以首都罗马附近的阿庇亚大道为例，按照这个程序施工的罗马大道的截面图如下。值得一提的是，罗马人习惯于在公路边上建墓碑、墓

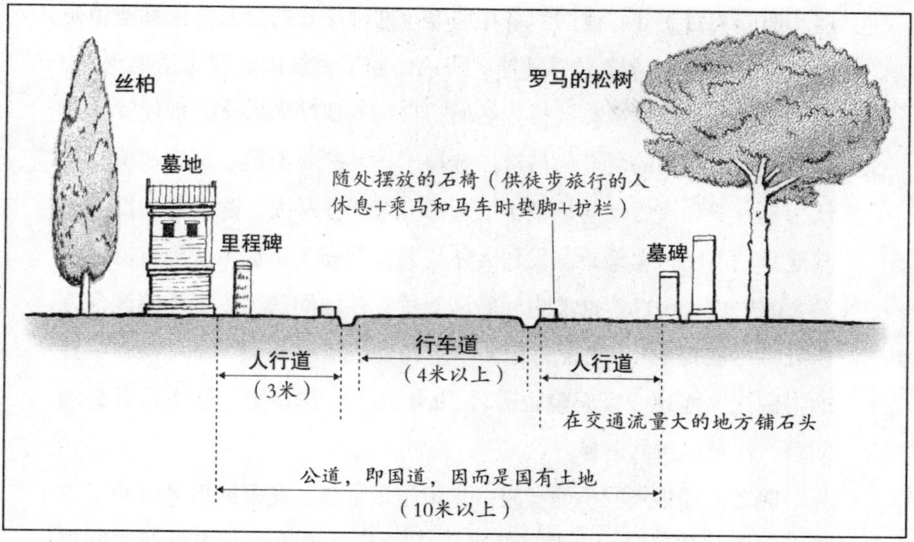

罗马大道截面图

地，而这种习惯的创始人也正是阿庇乌斯。他临终前曾留下遗嘱，要求将自己的墓地建在阿庇亚大道的旁边。

自阿庇亚大道开工，迄今为止已经 2 300 多年。时至今日，它仍然闻名于世，因此尽管阿庇亚大道距离罗马不远，还是被认定为重点文物，只要去那里，任何人都可以看到它。但是将其当作文物是最近的事。第二次世界大战后修建环城公路的时候，意大利人将这条历史大道断成了两截。这种情况至今没有发生任何变化。有的人想要穿过这条古代阿庇亚大道，走到断成两截的地方的时候，只能注意左右来往的汽车，趁着没车的时候，横穿马路。但是当时罗马政府不能把阿庇亚大道和环线的交叉点修成地下通道。之所以如此，是因为许多罗马人都是火葬，因此埋在墓地里的是骨灰，而犹太人、基督教徒不同，他们实行土葬，他们的墓在地下，这种形式的墓是公用墓地，公用墓地在地下与道路平行延伸。所以，如果重视阿庇亚大道的保存，这个交叉点只有修成高架桥。然而，自称古罗马人后代的现代罗马人却以缺少这样做的资金为借口，选择了将其断成两截。准确地说，自认为是古罗马人后代的是极少的一部分现代罗马人，除了他们以外的其他罗马市民，无论是意大利人还是其他欧洲人，都不认为自己是罗马人的后代。所以，谁能想到修高架桥呢？他们认为，工程应该全力以赴，尽快完成。“先人”花 4 年时间建成了斗兽场，而 2 000 年后的“后代”连建一家医院也需要 30 年之久。这显然已经不是资金的问题，而是思想的差异。

加之，近年来罗马的市政一直由左派掌权，左派的旗号是为了市民，因此，被认定为文物的阿庇亚大道也必须成为对市民开放的场所，于是他们把这里建成了一条可供罗马市民散步的大道。

最终，这里变成了孩子的游乐场。罗马史的研究人员中，也有一些有心人对此表示愤慨，认为如果古代的罗马人看到今天这个样子，也许会气得晕倒过去。我也认为，当年歌德在这里漫步，对古罗马产生无限遐想的时候，这里曾经是一块充满历史感的地方，其后长期无人问津，所以事到如今，不如保留其原来的历史风貌。这是因为，将它改造成游乐场以后，罗马大道便失去了它的历史价值，让慕名而来的人产生误解。不仅意大利人，其他欧洲人，还有美国人，世界各地的人都来罗马旅行参观。把它变成市民散步的道路也无可厚非，但是至少要将 10 米左右的路段复原成这条著名的历史大道作为当年干道中的干道的状态：分四层修建，完全不使用水泥，却严丝合缝，石头路面铺成平缓的弧形，两侧设有排水沟，再外侧是向远处延伸的、宽阔舒适的人行道，随处可见的石椅，每隔一段距离竖立的里程碑，还有给大道增添不少趣味的墓碑和墓地。如果将至少 10 米的路段复原成这样的历史原貌，慕名而来的游客便会理解，基石磨掉了棱角是因为在罗马帝国衰落以后的漫长岁月里年久失修造成的。也许游人会想象到，这种年久失修是国家主管部门未发挥应有的职能而产生的，而国家不发挥应有的职能势必对个人也会产生影响。遗址的保护具有深远的意义。所幸的是，古罗马广场现在还没有被改造，但斗兽场近年来日渐蜕变为一个商业化的迪斯尼乐园。

据称，阿庇亚大道在修建的时候就完全具备坚固、功能性、美观的特色。这三点是古罗马时期公共建筑物一贯的原则，而不仅仅是一种方针。作为拟订这条大道施工方案的人，同时又是工程的最高负责人，阿庇乌斯为了确认道路是否平整，据说曾经脱掉凉鞋，赤脚在路面上行走。另外，由于阿庇亚大道是干道中的干道，对道路的维护也绝不偷工减料。既然是“动脉”，当然应该努力让血流畅通。现在人们看到的阿庇亚大道，石头已经磨损，石缝间积满了尘土，在这样的道路上策马而行，一天绝对走不了 70 公里。在这样的道路上，有可能马会摔倒，即使不摔倒，也走不远，远不如在道路旁边的平原上疾驰更快、更安全。古罗马时期的工程师们曾经夸口说，自己修建了一条一百年不用修补的道路，但是要保持修路当初的状态，绝对需要不断的养护。到了 6 世纪，一位拜占庭帝国的高官面对过了 800 年仍然保存完好的阿庇亚大道惊叹不已。而罗马帝国在此半个世纪以前已经灭亡了，而且到了罗马帝国时代的末期已经无人过问道路的养护，因此阿庇亚大道在 6 世纪的时候已经有 300 多年处于顺其自然的状态。不仅如此，一直到 19 世纪中叶为止，没有一个民族像罗马人这样认识到道路的重要性。古代的阿庇亚大道除了今天被认定为历史古迹的路段以外，全部铺上了沥青，变为机动车道，成为国道 7 号线，到终

绕过山腰的罗马大道复原想象图（18 世纪铜版画，皮拉内西作）

点布林迪西的540公里的路段至今仍在使用。

因阿庇亚大道而千载留名的阿庇乌斯·克劳狄乌斯不仅是罗马大道的创始人，同时还是罗马基础设施中的另一雄观——罗马水道的创始人。而罗马水道也与阿庇亚大道一样，在公元前312年正式开工。在从首都罗马出发的12条大道中，阿庇乌斯修通了其中的第一条，他同时也是修建通向首都罗马的11条水道中的第一条水道的人。也就是说，正是他告诉自己的同胞，路不仅仅是人踩才形成的，而水也不仅仅是到河里去打就足够的。我时常不由得想，这个人的大脑里是什么样子，为何有如此多的奇思妙想？而让我产生这种想法的人，在1 200年的罗马史中，也只有两个人：一位是尤里乌斯·恺撒，另一位便是阿庇乌斯·克劳狄乌斯。阿庇乌斯并没有征服过其他民族，也不是为罗马扩疆拓土的将军。尽管如此，他也不是一位与军事毫无关系的政治家。历史上流传着这样一个故事：

大约在公元前272年，罗马遭到古希腊人皮洛士国王的进攻，尽管浴血奋战，最终两次都被打败。罗马的领导人中间弥漫着悲观情绪，元老院开始倾向于接受皮洛士提出的讲和要求。此后发生的事，我已在《罗马人的故事01·罗马不是一天建成的》中讲过，在此不再赘述。

当时因年事已高退出政坛的阿庇乌斯·克劳狄乌斯闻讯勃然大怒。这位修建了阿庇亚大道，开创了修建具有政治、战略意义的罗马大道先河的人是罗马名门贵族克劳狄乌斯家族中的一员。阿庇乌斯这个名字是他们的家传常用名，因此叫这个名字的男子很多，为了将其中修建阿庇亚大道的阿庇乌斯与其他人区分开来，人们便称他为“财务官阿庇乌斯”，或者“失明的阿庇乌斯”。在罗马与皮洛士国王浴血奋战的时候，阿庇乌斯已经因年老而几乎失明了。

行走不便的阿庇乌斯在别人的搀扶下，来到了阔别多年的元老院，并在元老院元老们面前，发表了一篇几近训斥的严正演说。

他说，皮洛士撤出意大利是讲和的前提条件。闯进了我们家院子不走的敌人无论是讲和还是什么，绝对不能谈判。他的话改变了元老院的气氛。

这个故事对于罗马人来说，后来竟成为一个传统。这是因为罗马在被打败的时候绝不签订讲和协定，对于罗马来说，和约只有在取胜以后才签订，它成为罗马传统的一个“里程碑”。即使在与迦太基这样的大国之间进行布匿战争的时候，罗马也咬牙拒绝了汉尼拔提出的讲和要求。

然而，当时考虑了国家百年之计，甚至是800年乃至千年之计的阿庇乌斯到底长得是什么样子，谁也不得而知，这是因为历史上没有留下他的雕像。有文献证明，在古罗马时期确有其人。后人甚至挖掘出了他的雕像的底座，但没有发现他的全身像或者胸像。其原因也许是在漫长的中世纪基础设施建设不被重视。相反，在古罗马时期，这位“基础设施之祖”的雕像甚至被普遍放在孩子们的教室里，并排列在古罗马市中心的公共集会广场中央的会堂内，把他视为本国最伟大的人物之一。

如今，驱车经高速公路去罗马，首先遇见的便是环城公路。环城公路是现代的产物，这是因为现代的人重视汽车交通的效率。但是汽车在罗马环城公路上行驶，与在伦敦、巴黎的感受会截然不同。

在路上不断出现的道路标识上，写着蓝底白字的“SS.1.VIA AURELIA”，这个标识表示“国道1号线——奥雷利亚大道”，指示进入这条大道的入口，其中，“SS”表示国道。沿着顺时针方向，绕罗马环城公路一周，映入眼帘的道路标识的顺序如下。作为参考，我们同时注明开工的年份。

国道 1 号线——奥雷利亚大道，建于公元前 241 年，自罗马至热那亚。

国道 2 号线——卡萨亚大道，建于公元前 154 年，自罗马至佛罗伦萨。

国道 3 号线——弗拉米尼亚大道，建于公元前 220 年，自罗马至里米尼。

国道 4 号线——萨拉里亚大道，建于阿庇亚大道以前，自罗马至波尔图皮切诺。

国道 5 号线——提布尔提那大道，建于阿庇亚大道以前，自罗马经蒂沃利，与同为国道 5 号线的、公元前 307 年开工的瓦莱利亚大道相接，最终至亚得里亚海一侧的佩斯卡拉。

国道 6 号线——拉蒂纳大道，建于阿庇亚大道以前，自罗马至加普亚。

国道 7 号线——阿庇亚大道，建于公元前 312 年，自罗马至布林迪西。

国道 8 号线——奥斯提亚大道，建于阿庇亚大道以前，自罗马至奥斯提亚港。

此外，还有一条并非起于罗马的单号国道，便是国道 9 号线。

国道 9 号线——埃米利亚大道，建于公元前 187 年，自里米尼至皮亚琴察。

将 2 000 年前的罗马大道稍加改造，在几乎一样的路线上铺上沥青，就成了意大利的国道。而高速公路在意大利语中称为“Auto strada”，直译便是“机动车道路”，它们与国道不同，不允许步行。

道路标识上标注的符号是A，从罗马至北部米兰的高速公路称为“A1”，至南部那不勒斯的高速公路称为“A2”。除此之外，还有两条东西方向的高速公路，均以环线为起点。

这样，意大利将古罗马的大道加以改造而变成的国道从数量上来看，也比高速公路这一现代文明的产物占有优势。这种现状并不是因为现代意大利人懒惰，而是因为古罗马人修建道路的技术精湛，使其能够经得起2 000年的沧桑岁月。

虽然常说“条条大路通罗马”，但也许“条条大路出罗马”更为贴切。这是因为罗马是帝国的心脏，而从这个心脏向身体的各个部分输送血液的动脉便是罗马大道。在罗马大道中，起于首都罗马的一共有12条，北至严寒的北海，南至酷热的撒哈拉沙漠，西至大西洋，东至幼发拉底河，再从英国至叙利亚，从德国、巴尔干地区至埃及，延伸到了罗马帝国的每个角落。仅仅全线石头铺设的干道便多达375条，全长达8万多公里。加上铺石子的支线在内，这张庞大的血管网络遍布了罗马帝国整个躯体。而所有这些大道中首屈一指的当数阿庇亚大道。

我们前面已经说过，有“女王大道”之称的阿庇亚大道曾经是“同化败者”的政策手段之一，而且我们还提到，在道路修筑技术方面，与此前的道路截然不同。不仅如此，这些道路的路线也具有革命意义。

我们说过，罗马大道的一个特色在于它们从城市中央穿城而过，但并非只要是城市，就全部有罗马大道从其中央穿城而过。罗马人在修建大道的时候，首先确定在政治上、战略上最重要的城镇，然后让大道尽可能笔直地通向目的地，因此干道会避开那些不太重要的城镇。但是这些城镇并非被弃之不顾，而是用支线联结它们。这种想法与现代的高速铁路、高速公路是一样的。

继公元前 312 年开工的、最早的人工修建的道路阿庇亚大道之后，罗马人按照罗马式的道路修筑方法重新修建了自然产生的重要道路拉蒂纳大道、萨拉里亚大道和提布尔提那大道。但是，这三条大道的路名仍然全部保留原来的名称。这也许是因为这些名称已经为人们熟知。

第五条罗马大道叫作瓦莱利亚大道，据说始建于公元前 307 年。这条大道并非起于罗马，而是起于提布尔提那大道的终点——蒂沃利，越过亚平宁山脉，通到亚得里亚海一侧的佩斯卡拉。由于萨拉里亚大道也通到亚得里亚海，因此就形成了联结意大利半岛西面第勒尼安海和东面亚得里亚海的两条线路。从这条路的名称来看，也许是当时罗马的名门望族瓦莱利乌斯家族出身的执政官修建的。

接着修建的罗马大道是始建于公元前 287 年的克劳狄亚大道。伊特鲁里亚人在与罗马人的战争中战败后，日益被罗马人同化，而这条大道便是联结位于现在的托斯卡纳地区南端的萨图尔尼亚和罗马的一条道路。这条路随着联结罗马和位于托斯卡纳中心的佛罗伦萨的干道——卡萨亚大道的建成，不久便成为后者的一条支线。在铺设克劳狄亚大道的同一时期，阿庇亚大道也延伸到了意大利南部山区的韦诺萨。

但在这一年以后的40年中，罗马没有修建过一条干道。罗马的军队已经无暇顾及修路，而必须全力以赴于与强敌的战争。首先是针对意大利南部强大的希腊后裔大城市塔兰托的一场战争，紧接着便是与塔兰托请来的伊庇鲁斯国王皮洛士之间的战争，士兵们连休息的时间也没有。公元前270年，罗马终于取得胜利。原本只是台伯河边的一个村庄的罗马随之摇身一变，成为卢比孔河以南意大利半岛的霸主。当然，阿庇亚大道也就随之延伸到了塔兰托，不久延伸到了布林迪西。

罗马统一意大利半岛以后，本来应该能够全力修建四通八达的道路网，但是没有重新开始道路的施工。这是因为仅仅6年后，即公元前264年，罗马与迦太基之间爆发了一场布匿战争，而此次战争的敌国是一个大国，与上次交战的希腊小国伊庇鲁斯不可同日而语。

由于两个国家都没有取胜的实力，第一次布匿战争持续了23年之久，最终也没有解决问题。但战场是西西里岛及其周边的海域，因此战火并未烧到意大利半岛。尽管如此，意大利半岛内却没有新修一条道路。这也许是因为工程需要的人力、财力和物力被全部投入与迦太基的战争了。

我有一枚公元前300年左右的迦太基金币，每当我拿在手里凝视的时候，便不由得感慨万分。我想，罗马怎么会与一个流通如此精巧、优质的金币的国家进行战争呢？第一次布匿战争时的罗马还没有本国的金币，而且，能够铸造银币也只是爆发布匿战争三年前的事。两国的经济实力竟有如此大的差距。尽管这场战争是因为迦太基控制了墨西拿海峡而发起的，但与强大的迦太基进行第一次布匿战争的20年中，毫无疑问罗马已经无暇顾及修建道路的事了。

共和国时期意大利的罗马大道

当时的罗马人修建了阿庇亚大道，却连银币也没有铸造过。他们开始实施需要投入大量人力和资金的庞大的公共工程。他们认为，基础设施不应该是经济实力提高了才去建设，而应该是为了提高经济实力而建设的。

第一次布匿战争中获胜的罗马得到的最大收获不是赔款，而是领土。西西里岛由迦太基的领地变成了罗马的领地。当然，罗马人在西西里岛上修建了罗马式的道路。这条大道由执政官瓦莱利乌斯修建，取名为瓦莱利亚大道，联结离罗马本土最近的墨西拿和原本被迦太基统治的巴勒莫。希腊和迦太基对西西里岛有漫长的统治历史，但是它们尽管有着强大的经济实力，却对修建道路毫无热情。瓦莱利亚大道是在西西里岛这个地中海最大的岛屿上修建的最早的一条正式道路。而在第一次布匿战争结束的时候，在意大利半岛上也重新开始了道路修建。

据说，从罗马往北直至热那亚的奥雷利亚大道是罗马和迦太基之间缔结和约之后不久开工的，可见罗马人对修筑道路的巨大热情。尽管如此，沿着第勒尼安海一路往北，穿过比萨，通向热那亚的这条 2 000 年后的国道 1 号线竟然与阿庇亚大道几乎一样长。它的施工也分三期进行：至科萨（安塞科尼亚），为旧奥雷利亚大道；至比萨，为新奥雷利亚大道；至热那亚，为埃米利亚·斯考利大道。这三条路统称为奥雷利亚大道是罗马过渡到帝制以后的事。这条大道的名称也照例以道路设计人兼施工负责人的名字命名，因此奥雷利亚大道就是“奥雷利乌斯的路”之意，而且修建这条大道最终计划是与穿过法国南部通往西班牙的大道相联结的。在公元前 3 世纪的时候，热那亚还不是一个大道终点的城市，只不过是一个普通的渔村。

随着第一次布匿战争的结束，罗马开始了第二次大规模的道路修建。这次道路修建开始于公元前225年开工的米努基亚大道。顾名思义，这条路是由一位名叫米努基乌斯的执政官设计，交给元老院批准后，并由其负责施工的。300年后，图拉真皇帝对这条大道进行了全面的改造，改名为阿庇亚图拉真大道。

这条大道在贝内文托与阿庇亚大道分道扬镳，另辟一条道路，在终点布林迪西与阿庇亚大道会合。因此，阿庇亚大道不仅在罗马与加普亚之间，而且在贝内文托与布林迪西之间都实现了复线化。

所谓复线化，就是有多个路线选择。它主要发挥两个方面的作用：第一，防止自然灾害。假如发生洪水、塌方而在一段时间内无法使用时，又无其他选择，会让政府的功能出现很大的差异。第二，国家的防御。如果敌人控制了一条道路，自己还能够使用另一条道路，就不至于成为瓮中之鳖。我们不能忘记，罗马大道本来最早是军用道路，如果说保卫国土需要按照重要性排列先后顺序的话，那么基础设施排在首位，这对于罗马人来说也许是一个常识。

公元前220年，当年的执政官盖乌斯·弗拉米尼乌斯开始修建弗拉米尼亚大道，这条大道与阿庇亚大道齐名，是罗马历史上出现次数最多的一条道路。如果说阿庇亚大道是罗马往南的一条最重要的干道，那么往北的最重要的干道便是这条弗拉米尼亚大道。从全长来看，阿庇亚大道为540公里，与之相比，弗拉米尼亚大道为340公里，长度虽不及阿庇亚大道，但是阿庇亚大道通过的多是平原，而弗拉米尼亚大道不同，它通过的地带大多数是山地。越过亚平宁山脉，直至里米尼的340公里，要翻山越岭，修成车道和人行道加起来4至10米宽的大道，可谓难于上青天。现存的弗拉米尼亚大道是修建200年后，第一代皇帝奥古斯都对其进行全线改造以后的样子，由于是山地，溪流众多，考虑到涨水的情况，大道都是绕山腰而过，并且修建

弗拉米尼亚大道沿线的弗尔洛隧道（右：共和制时代；左：韦斯帕芗皇帝时代）

了许多高耸入云的桥梁。有的地方则穿过宽 6 米、长 40 米的隧道。

尽管如此，现代的国道 3 号线弗拉米尼亚大道与古代的弗拉米尼亚大道走的并非完全一样的路线。有些地方重合，有些地方则并行，另一些地方则离得相当远。但如果我们仔细看一下什么地方重合，什么地方并行，什么地方离得远，我们就会发现最早修建的时候，对地形的判断是如何准确无误。虽然同样是绕山腰而过，但是最早的道路都是尽可能选择降雪量少而又不容易结冰的山腰。罗马大道通到什么地方是完全出于政治需要，而如何通过则由实际负责工程的军团工程师们决定。你也许会觉得，让道路从山涧穿过的方法会比较简单，而他们之所以不这样做，选择绕过山腰，无疑是考虑到在涨水的季节，洪水有可能冲垮道路。前文我们曾经感叹过阿庇亚大道一往无前，那么弗拉米尼亚大道的修建则是克服了错综复杂的自然环境，令人不由

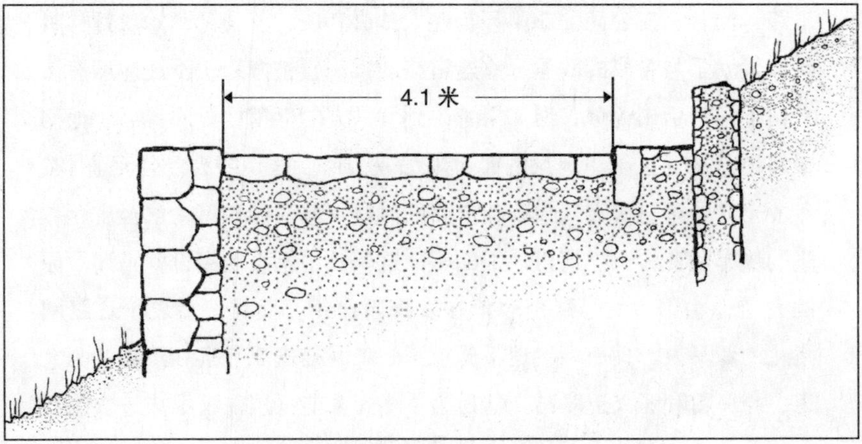

沿山腰修建的罗马大道截面图

得叹为观止。

但这条弗拉米尼亚大道还没有全线贯通到终点里米尼就爆发了第二次布匿战争，因而被迫中断。而且这一次战火烧到了罗马人的本土意大利半岛。迦太基名将汉尼拔发誓要打败罗马，带着大象翻越阿尔卑斯山脉，开始进攻意大利半岛。这是公元前 218 年的事。次年，即公元前 217 年，罗马军队离开首都，迎击汉尼拔的军队。罗马军队在距离弗拉米尼亚大道不远的特拉西梅诺湖边展开的激战中遭到惨败，而弗拉米尼亚大道的施工负责人，当年的执政官，同时就任军团司令的盖乌斯·弗拉米尼乌斯也阵亡了。

所谓第二次布匿战争，指的是自公元前 219 年汉尼拔发动军事行动开始，直至公元前 202 年在迦太基领地内的扎马平原展开的扎马会战中罗马取得胜利为止的 17 年。在此期间，罗马仍然无暇顾及修建道路，而且，在公元前 201 年与迦太基讲和后，罗马又开始攻打马其顿，发动了与希腊的战争，修建道路的事一直被搁置。不过，虽然没有留下任何历史记载，但如果考虑到罗马人的性情，毋庸置疑，他们最终还是修通了至里米尼的弗拉米尼亚大道。这是因为在公元前 187 年罗马开始第三次大规模修建道路的时候，修建的是里米尼至皮亚琴察的埃米利亚大道。值得一提的是，这条几乎笔直地穿过罗马涅平原的大道作为国道 9 号线至今仍在发挥着作用。而且，热衷于道路网络化的罗马人，理所当然地又修筑了一条联结皮亚琴察和热那亚的大道，与奥雷利亚大道联结。这是为了增强未能抵挡住汉尼拔进攻的意大利北部的防御能力。罗马人几近顽固地始终坚持选择修筑道路网来保障国家安全，而不是通过修筑壁垒来保障国家安全。在此以后，罗马一直在不断地缓慢而执着地修建意大利半岛的道路网。

从罗马通往佛罗伦萨的卡萨亚大道始建于公元前 154 年前后，这就是现代的“国道 2 号线”。同一时期，罗马还修建了一条起自佛罗伦萨，越过亚平宁山脉，直至沿埃米利亚大道部署的军团基地——博诺尼亚的大道。到了现代，沿着这条道路，修建了与之平行的高速公路和铁路。

公元前 149 年至前 146 年的第三次布匿战争是罗马与迦太基的最后一场战争。也许是因为它始终是围绕首都迦太基的攻防战，也许是因为对于罗马来说，与迦太基的这场战争已经不需要投入全部力量，所以它对罗马的道路修建完全没有产生影响。尽管在地中海的另一边开展了长达三年的攻防战，但是在意大利半岛相继铺设了许多道路。

在意大利北部，公元前 148 年开始修建现代称为国道 10 号线的波斯图米亚大道。这条道路联结了皮亚琴察和阿奎莱亚。罗马道路的网络化一直在不断地完善。而且，这一时期的意大利北部对于罗马来说还不是它的本土。这是因为，直到恺撒将这个意大利北部行省合并到意大利本土之前，意大利本土的边界一直是位于弗拉米尼亚大道的终点里米尼稍北的卢比孔河。

另一方面，在意大利南部，公元前 131 年开始修建的阿尼亚大道把加普亚和雷焦卡拉布里亚两座城市联结起来。从首都罗马至加普亚之间，有一条阿庇亚大道，然后从加普亚至雷焦卡拉布里亚建一条阿尼亚大道。这是意大利半岛的道路网络通过每条大道传递接力棒的方式最终联结起来的一个典型例子。这样，从阿庇乌斯开始修建，历经 200 年的岁月，罗马人终于修通了一条贯穿整个意大利半岛的主“动脉”。

但是，如果有人对罗马人在修建道路上不分本土和行省的做法感到吃惊，就说明他不了解罗马人。在罗马人修建意大利北部道路网的几乎同一时期，他们还在铺设一条横穿法国南部的多美亚大道。另外，罗马人隔着亚得里亚海还修建了一条从都拉斯横穿希腊的埃格纳提亚大道。这样，罗马就修通了通往东、西方的正式道路，按现代说法来说，相当于高速铁路或高速公路。我们不能忘记修建道路的目的之一是同化被征服的民族，也就是说把昨天的敌人纳入同一个命运共同体中。征服后随即在当地修建道路，这是罗马人一贯的做法。

在公元前 1 世纪罗马共和国末期，通过军事力量掌握霸权，又用这些征战的士兵修筑道路的政治家有：马略、苏拉、庞培、恺撒。“罗马大道也是罗马政治”，这样说并不为过。

罗马大道在实际发挥作用的时期是什么状态？要让 2 000 年后的现代人想象一下的话，最简单的方法就是想一想我们熟悉的高速铁路的线路。

由于要让许多节车厢联结在一起的列车高速行驶，土地不能有起伏不平的情况。为了使地面保持平坦，就需要修筑像堤坝一样的高速列车专用的铁路。即使架桥，也必须修建在铁路的延长线上。

在古罗马时期，无论是道路还是桥梁，都是按照与此相同的想法修建的。这种修路的方法在意大利本土积累了成熟的经验以后，到了罗马帝国时代行省道路网的修建也如法炮制。罗马人完全没有因为它是被征服的行省而简化道路的修建方法或者偷工减料。如果说有所不同的话，也只不过是因就地取材而造成的差异。在木材丰富、湿地遍布的北欧，有不少道路是用耐潮湿的木桩打地基的。相反，到了北非、中东的沙漠地带，且不说没有木材，连石材也稀缺。在这种情况下还要坚持按照罗马的方式用石头铺路的话，是不现实的。因此，在这种地方，除了值得花费劳力从远处运来石材修建主要道路以外，只能用石子铺设道路。不过，干燥地带也并非没有优势，那就是北欧不敢奢望的强烈的阳光和雨季的集中降水。罗马的工程师们充分利用了这个条件，他们将石子和黏土混合后铺设道路，并将路面铺成平缓的弧形，然后等待雨季。道路经过雨季的浸泡，等旱季来临的时候，经阳光暴晒之后，便会变成像混凝土一样坚固。罗马人擅长随机应变，此举在道路施工中也发挥得淋漓尽致。

建造金字塔的埃及人和修筑道路网的罗马人的不同也许就在于，埃及人不惜一切从远处运来需要的材料，相反，罗马人首先考虑的是就地取材。另一个不同之处还在于，是为了一个人死后修建工程，还是考虑有益于更多人的现世生活而修建工程。罗马公共事业的宗旨是：坚固、耐用、功能好而且美观。用阐述罗马建筑法的《建筑十书》一书的作者维特鲁威的话说，就是：坚固、有效、美观。

也许是罗马人本身对此相当自信吧，《博物志》的作者老普林尼这样写道：

“金字塔不过是毫无用处的、愚蠢透顶的权力炫耀。”

古罗马工程师弗朗提努斯著有一部研究罗马水道的著作。正因为他本人是一名工程师，所以留下了一句技术人员才会说出来的话：

“希腊的美术品以精致而闻名，但是对人类的日常生活而言，只能说毫无用处。”

尽管如此，与他们生活在同时代的许多罗马人却热衷于收集古希腊的艺术品，而且大举到埃及参观旅游，这种现象颇耐人寻味。如今，我生活在罗马式基础设施完善的社会，只要去美术馆就能够欣赏希腊的杰作，时而去参观一下埃及的金字塔就觉得非常理想，这种状态与当时的罗马人相比别无二致。

然而，罗马人在基础设施方面的自信除了自身的信念外，还因为受到了希腊人的赞赏。希腊的历史学家、文人和地理学家都写到，罗马人创造了三项伟大的杰作，而在希腊，连鼎盛时期的雅典都没有关注过它们，那就是：街道、上水道、下水道。这也证明了每个民族都有各自擅长的领域。

关于这些罗马大道的正式研究，从它们建成以后过了 1 700 年，才由一个年轻的法国人开始。这位名叫尼古拉斯·贝尔吉尔（Nicolas Bergier）的年轻律师出生于法国北部城市兰斯，并在那里当律师。有一天，他突然发现自己每天去法院经过的路是一条古代的罗马大道。兰斯在尤里乌斯·恺撒统治高卢时期，曾经是势力强大的雷米人的根据地，而在它成为罗马的行省以后，作为 7 条罗马大道会合的交通要冲，依旧非常繁华。这样的一个城市，修建罗马大道的概率本来就非常高，但是这位年轻人并没有就此作罢。他辞去了律师的工作，将其后的一生奉献给了对法国境内罗马大道的研究。他的研究成果便是 1622 年在巴黎出版的《罗马帝国道路史》（*Histoire des Grands Chemins de l'Empire Romain*）。这部著作被公认为罗马大道研究的一个里程碑。

从那时开始至今，已经过去了 400 年，因此，当然会有人认为对罗马大道的研究应该应有尽有了，但是实际上远非如此。学者们没有浪费这 400 年，尤其是自 19 世纪中叶开始的 150 年中，发表了大量的学术研究成果。但这种研究成果一般都是分工研究的，例如意大利的学者研究意大利，法国的学者研究高卢，英国的学者研究不列颠，西班牙的学者研究伊比利亚半岛。而当地出生的研究人员不关心的巴尔干、小亚细亚、中东以及北非一带，则由欧洲的研究人员成立小组去实地调查，这种状态一直延续至今。石头铺成的干道长达 8 万公里，再加上石子铺成的支线在内，则长达 15 万公里，这个数字也是根据各国的研究成果加在一起的一个数字。也就是说，在今天，研究者个人甚至一个研究小组，也无法彻底勘察罗马人在 2 000 年前在广大地区修建的四通八达的道路网。

但是到了 20 世纪中叶，有人在一定程度上完成了这个壮举。他是一个名为维克多·沃尔夫冈·冯·哈根（Victor Wolfgang von Hagen）的德国人。第二次世界大战后，美国急切地抢夺战败国顶尖的科学家，在这样的环境中，受到美国的资助，这个德国人开始了他的调查研究。也许由于这个原因，起初他研究的是印加帝国的道路。但他认为，道路能表现一个社会的文明程度。罗马大道进入了他的视野，就好像预先注定的命运。

1959年，开始文献研究。

1960年，成立一个由研究人员组成的调查小组，小组的全部人员都从事各种资料的调查研究。

1962年，研究人员分乘两辆吉普车出发前去实地考察意大利半岛内的罗马大道。由于是罗马帝国的本土，意大利半岛的调查之行当年并没有完成，次年仍在继续进行。

1964年，两辆吉普车驶至撒丁岛和西西里岛，在走遍这两个岛屿之后，经海路奔赴北非，开始了阿尔及利亚、突尼斯、利比亚、埃及的调查之行。

1965年，两辆吉普车渡过直布罗陀海峡，在调查了西班牙、葡萄牙、法国和挪威之后，开赴巴尔干地区。

1966年，调查人员抵达中东地区。他们在土耳其、叙利亚、约旦展开了调查。此后，小组兵分两路：第一组奔赴英国和德国，第二组则奔赴阿尔及利亚、突尼斯、利比亚，对该地区进行第二次调查。

1967年，小组分成了三支队伍：英国人组成的小组，负责调查希腊和小亚细亚的内陆地区；意大利人组成的小组，负责对意大利和法国进行第二次调查；团长冯·哈根率领的美国小分队开赴埃及东部的沙漠地带。

但是，就在这一年，阿拉伯国家与以色列之间爆发了中东战争。

按照常识，为了躲避战火，这些调查人员最好撤出战争地带，然而这些人却一直在埃及士兵喧嚣不宁的战场上，继续他们的调查之行。在这些人的一再恳求下，埃及军队指挥员最终同意了他们从苏伊士至亚喀巴的调查之行。当时西奈半岛战火纷飞，因此，他们沿着古代的罗马大道，行至亚喀巴之后，又经红海回到埃及，调查了穿过尼罗河和红海之间的罗马大道。冯·哈根在他的文章中写道："虽然战争开始了，但是我们仍然按照原计划完成了调查。"不仅如此，到那一年秋天为止，他们还完成了小亚细亚南岸所有的调查，因此，他们走遍罗马大道的速度可以与尤里乌斯·恺撒相媲美。此后，他们途经保加利亚，调查土耳其的欧洲部分，然后南下希腊，直奔目的地埃格纳提亚大道。这条路便是在 500 年中罗马军团开赴东方的路线。

埃格纳提亚大道隔着一天的海路与阿庇亚大道相望，是通往东方的最重要的一条大道。冯·哈根的小分队在调查了穿过希腊、南斯拉夫（当时）的这条大道之后，抵达了阿尔巴尼亚边境，并在此等候获批入境。但是调查队等待了多日，也没有获得批准。当时的阿尔巴尼亚不仅对本国人出入境限制严格，对外国人的出入境也严格限制。这件事不免令人遗憾。当时，这个调查小组未能进入的国家，只有阿尔巴尼亚和古罗马时期称为达契亚的罗马尼亚这两个国家。如果他们被批准进入阿尔巴尼亚，就能走到埃格纳提亚大道的终点都拉基乌姆，由此乘船到对岸的布林迪西，然后从阿庇亚大道一路北上，到达罗马。未能实现这个计划的调查团沿着贯穿亚得里亚海东岸的加维纳大道北上，从东北方向回到了意大利。

1968 年，调查团成员在罗马集合。经过实地考察，他们绘制了大量的图片，并将图片插入研究著作中。著作标题用英语，题为

The Roads That Led to Rome。可以说，在走遍了罗马大道的调查之后，这个标题也许是发自他们内心的感受吧。这部著作的初版最终在伦敦发行。

如此庞大的调查工作，难免让人想象这是一支大规模的调查队，但实际上并非如此。冯·哈根介绍的“和我一起进行此次漫长的调查之行的伙伴”只有 5 个人——麻省理工学院的大卫·梅林（David Mehlin）、罗马大学的阿道夫·托默齐（Adolfo Tomeucci）、剑桥大学的罗宾·维卡斯－哈里斯（Robin Vicars-Harris）、斯坦福大学的英国人凯斯·里奇蒙德（Keith Richmond），还有制作地图的专家、意大利人迪诺·里格洛（Dino Rigolo），加上不是大学研究人员的冯·哈根在内，一共 6 个人，只能称为一支小规模的调查队。但他们工作的独特之处就在于，无论是距离帝国首都罗马较近的主要干道，还是穿过帝国边境的大道，都由同一个人走遍。20 世纪英国著名历史学家汤因比曾经说过，即使有缺乏完整性的风险，通史也应该由一个人撰写。以同一个人的观点来看待一切，似乎与专业分工高度发展的现代做法背道而驰，但我认为实际上这是非常重要的。

这一次由年轻的研究人员开展的调查，其调查对象只局限于罗马大道。而关于这些大道上不可缺少的桥梁，只有留待其他人去调查。这件事是由意大利的一位学者完成的。

桥梁

既然人类有依水而居的习性，那么无论谁都会想到要修建过河的桥梁。正因如此，有村落的地方必有桥梁。桥梁的种类很多，有独木桥、吊桥，还有在打入河床上的木桩上铺上木板而成的桥。这里，我们要谈的不是这些原始的桥，而仅限于罗马人建造的桥梁。提到古罗马时期的桥梁，谁都会想到高耸入云的石头桥。但是罗马人建造的桥梁并不仅仅是这种石头桥。不要忘记，罗马人是随机应变的高手。另外，与2 000年后的现代相比，他们在材料、技术方面也有一定的局限。

首先，是简单易造、临时架设的舟桥。将船排成一排，为了防止被水流冲走，船与船之间保持一定间隔。将这些船连在一起，再在上面铺上木板，即告完工。据说，如果只铺木板，过桥时会发生晃动，因此他们先在船上绑上木头，再在上面铺上用水泥搅拌的石子，这样就可以使用相当长的时间。

除了这种舟桥，罗马人考虑的另一种临时桥梁便是木桥。这种桥最为著名的，也许是高卢战争中恺撒命令在莱茵河上打桩架设的那座桥。虽说是木桥，但建造非常合理，而且只用了十多天便将莱茵河这条大河的两岸连接了起来，因此罗马人建桥的技术水平连日耳曼人也吓得发抖，这并非无稽之谈。这座桥是莱茵河上最早的一座桥。

有趣的是，军队渡河之所以不是分散地乘船渡河，也不是像汉尼拔那样在罗讷河上造筏渡河，而是造桥渡河，恺撒在他的书中曾写道，是因为他考虑到自己和全体罗马公民的名誉。为了名誉而建，这一点颇耐人寻味。但我想，所谓大事业，也许只是需要是不够的，还要加上荣誉心和自豪感才能称得上大事业。尽管如此，当时的这座桥在罗马人显示了自己几天便能建造出木桥进攻日耳曼人领土之后，便被恺撒下令放火烧掉了。他无意征服莱茵河以东的地区。可见，木桥在罗马人看来，不过是临时的桥梁。

不过，有一种桥在我们现代人看来认为是临时的桥，而罗马人却

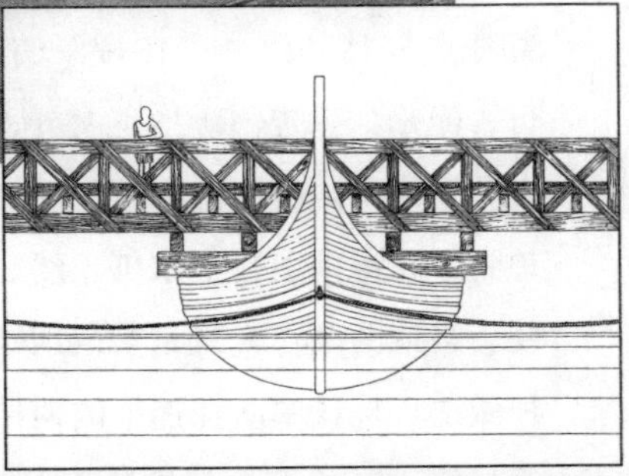

舟桥的复原模型。右图为舟桥局部

（摘自 Vittorio Galliazzo, *I Ponti Romani*）

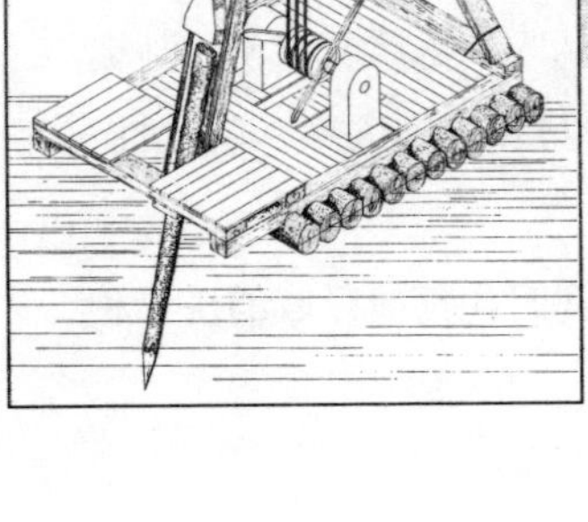

恺撒在莱茵河上建的木桥复原模型。左图为河床打桩机

（摘自 Vittorio Galliazzo, *I Ponti Romani*）

完全不认为它是临时性的。这种桥被罗马人称为“长桥”，它也是恺撒想出来的。

恺撒征服的统称为高卢的地方，按照现代的国家位置来看，包括法国和挪威的全部、瑞士和德国的西部以及荷兰的南部，疆土十分辽阔。在公元前 1 世纪，还有许多尚未开垦的土地，尤其在北部，分布着许多森林和沼泽。在行军的时候，遇到森林都尽可能选择绕道而行，但是如果连沼泽地也避开，势必无法行军。因此，在直接踩上去人和马都会陷进去的湿地，就必须想办法让军队走过去。于是，人们想到了在湿地上打上木桩，然后在木桩上铺上木板，再在上面铺上树枝。当地的高卢人就是采取这样的方法。但恺撒并没有单纯地模仿这种做法。他让军队在铺平的树枝上又铺上一层碎石子，而且这种长桥不是修一座，而是并排修建多座。这正如不是单车道，而是四车道、五车道一样。这样，不仅更加安全，而且可以节约军队通过所需的时间。它是通过至今仍然时常从地下挖掘出来的材料复原而成的（见下页图）。木材格外耐水浸泡。在北欧一带，罗马化等于开发，因此随着人们不断地开发，湿地也逐渐消失。长桥在进入罗马帝国时期以后也不再有任何历史记载了。

尽管如此，提起罗马人建造的桥梁，毕竟首先还是石桥。这是因为，如果说罗马式的石头大道是反映罗马人思想的一个外在表现，那么石桥也同样如此。

罗马人将桥梁称为道路的弟弟。“道路”一词是阴性名词，因此是姐姐，而阳性名词的桥梁则是弟弟。他们认为，既然是姐弟，那么必须是相互帮助的关系，正是有了这种关联与和谐的关系，耐久性、功能性和美观才得以成为现实。

古罗马时期按照这种思想建造的桥梁与同时代其他民族的桥梁相

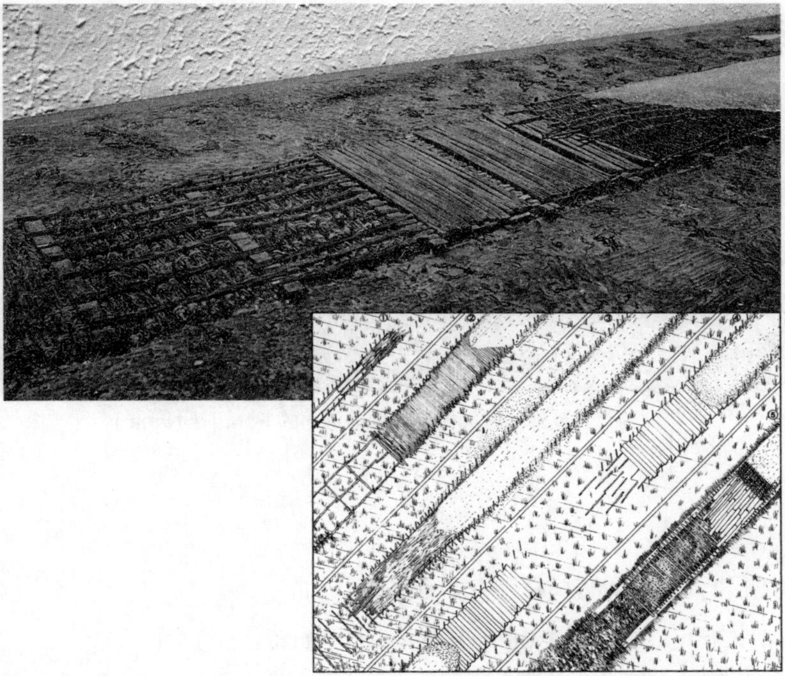

长桥建造中的复原模型。右图为 5 条长桥的建造过程

（摘自 Vittorio Galliazzo, *I Ponti Romani*）

比，还有与后世中世纪至近代建造的桥梁相比，下面的几种特质尤为突出：

第一，是石桥。

第二，不是拱桥那样上坡然后下坡的桥，而是水平架设的桥。

第三，即使是桥梁，也建在道路的延长线上。

第四，桥梁和与其相连的道路多采用同样的铺设方法。如果是石头铺砌的干道，则桥梁上面也用石头铺砌。如果是用石子铺设的支

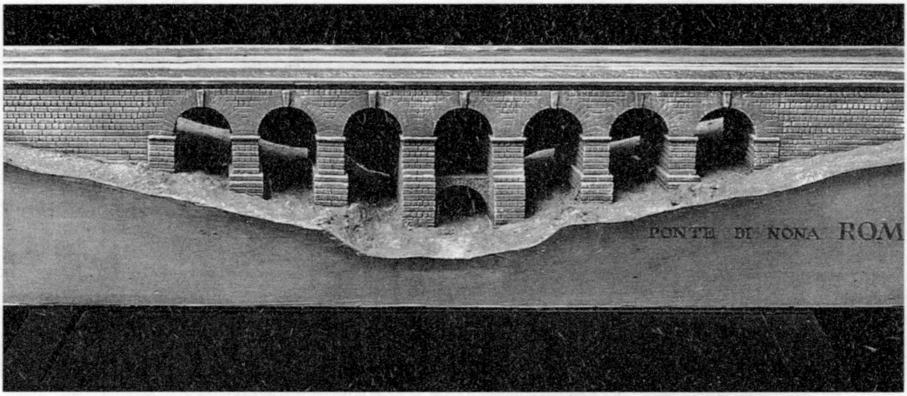

作为道路延伸的桥梁模型（罗马近郊的 Ponte di Nona）

线，上面的桥梁也同样用石子铺设。

第五，桥梁上面也严格划分车道和人行道。

第六，桥梁的两端多建有凯旋门式的门楼。这些门楼表示桥梁的出入口，同时也是一种装饰。

不过，正是由于门楼不仅仅是单纯的装饰，所以在桥梁养护的时候，也会同时对这些拱形的门楼进行修复。它的意义也同样与罗马历史有着密切的联系。

罗马经历了王国、共和国、帝国三个历史时期，而谈到道路和桥梁，则可以把焦点集中在后两个时期。从军事方面来划分，可以说在共和国时期，罗马处于进攻的时期，而帝国时期则是处于防御的时期。在帝国时期纳入罗马统治范围的地方，只有不列颠（今英格兰）和达契亚（今罗马尼亚）。正如罗马帝国的标语“罗马统治下的和平”

那样，罗马自从进入帝国以后，就没有发动过征服别国的战争。

但所谓凯旋门，是为了迎接得胜回国的将士而创造出来的一种罗马特有的建筑形式。进入帝国时期以后，皇帝便成为罗马全军的最高指挥官。在共和国时期，凯旋将军是全军的最高指挥官，建造凯旋门就是为了纪念他们的功绩，让他们对国家的贡献流传后世。而对于作为帝国时期最高指挥官的皇帝来说，如果因为他们不是战争的胜利者就不建造凯旋门，则有失公允。无论如何，对于罗马的男人来说，成为凯旋将军，穿过罗马公民赠送的凯旋门，举办凯旋仪式是至高无上的荣誉。在那个时代，一个人举办过几次凯旋仪式，将成为他一生中的辉煌经历。

包括罗马帝国的开国皇帝奥古斯都在内，他以后的许多皇帝都未经历过凯旋仪式。胜利归来并举行凯旋仪式的皇帝只有两位，一位是征服不列颠的克劳狄乌斯皇帝，一位是征服达契亚的图拉真皇帝。此时的“罗马统治下的和平”已经根深蒂固。

尽管如此，掌握罗马最高权力的皇帝与罗马男人的最高荣誉无缘毫无疑问有悖常理。因此，从倡导“罗马统治下的和平”政策的奥古斯都开始，建造道路和桥梁的皇帝也有了获赠凯旋门的资格。为了纪念对弗拉米尼亚大道进行全线改造的奥古斯都而建造的凯旋门，便矗立在这条大道的终点里米尼。越过阿尔卑斯山脉，通往高卢的大道也是由奥古斯都铺设的，在这条大道的起点奥斯塔就建有一座奥古斯都凯旋门。在整个罗马帝国疆域内，至今仍保留着许多为皇帝建造的凯旋门。它们几乎都不是纪念胜利的凯旋门，而是为了感谢修建了大道或者大街，而由该地方的民众建造并送给皇帝的凯旋门。

率先推行这种做法的奥古斯都在执行其他政策的时候，也以想出各种堂而皇之的理由而著称。他对并非战胜了敌人而仅仅是建设了基础设施就可以获赠凯旋门，做出了这样的解释：在战场上战胜敌人，对保卫祖国做出贡献，理所当然应该建造凯旋门，而为了公共利益铺路修桥也同样对保卫祖国有所贡献。当时，与其他民族作战的是军队，而从事铺路修桥的也是军队，因此，奥古斯都所说的理由毫不费力地就被他们接受了。

而且，这也是符合罗马人的名誉观的。不仅如此，继这位奥古斯都之后，建造凯旋门的人并不仅仅限于皇帝这样的公职人员。这是因为，即使是私人，如果他自费兴修了公共工程，同样被允许建造纪念其功绩的凯旋门。皇帝与私人的差异就是：皇帝的凯旋门是行省、地方政府赠送的，而私人的凯旋门则由其本人所建。但两者的工程规模不可同日而语，这种差异也可以说是理所当然的。而且，建设基础设施工程也可以获得凯旋门，由此可以看出罗马帝国公共事业的重要性。这是因为，罗马人认为，它与战胜敌人、保卫国家具有同等的价值。

上面我们已经说过，与其说“条条大路通罗马”，不如说“条条大路出罗马”更能让人准确地了解实际情况。犹如遍布人体的血管一样，覆盖整个罗马的道路网的建设始于阿庇亚大道。而罗马大道不可缺少的桥梁的建设始于流经首都罗马的台伯河上的一座桥梁。

它就是萨布利休斯桥。这座桥为“木桥”，据称建于罗马第四代国王安库斯·马尔西乌斯时期，因此建造年代应该在公元前620年左右。在王政时期，这一带有市场，还有从奥斯提亚经台伯河运盐的船只停靠的码头，这座桥便起了联结这一带和台伯河对岸的作用。

公元前7世纪，罗马人的技术水平还不高，台伯河虽然称不上大江大河，但是，也不算狭窄，在这样的河流上架一座桥梁，当然也只有使用木材。不过，这座罗马最早的桥梁，甚至没有用铁钉来加固。当时，罗马的统治还没有到达台伯河的西岸，经常遭到伊特鲁里亚人等民族的进攻。在这种状态下，台伯河对于罗马人来说，也是一种壁垒。每当敌人来进攻的时候，桥梁便会被破坏掉。因此，这座桥在建

造的时候，只是将木材组装在一起，以便发生紧急情况时方便切断这条通道。

但罗马人冒着在来不及毁掉桥梁的时候，敌人会过桥直驱而入罗马市区的风险，仍然架设了这座桥梁。即使冒着便于敌人来袭的风险也要修建桥梁，这一点与铺设高速公路式的罗马大道出于同样的想法。如果说长达 8 万公里的罗马大道最早的一条是阿庇亚大道的话，那么据称多达 3 000 座的罗马式桥梁，最早的一座便是萨布利休斯桥。它们都是按照同样的意图建成的，那就是，不是将自己居住的地方和别人居住的地方隔离开来，而是将彼此联系在一起。早在罗马城还只是台伯河岸边的一座小城的时候，罗马人就有了强烈的向外拓展的倾向，而不是闭关自守。当时，伊特鲁里亚人比罗马人势力强大，而他们那里却看不到有一座桥梁考虑到了可以随时破坏的需要。

以首都罗马为起点的大道，从公元前 312 年开工的阿庇亚大道开始变成石铺的道路，实现了“高速公路”化。与此同时，台伯河上也开始相继架设石造的桥梁。按照罗马人的观点，如果大道铺石，那么桥梁也必须采用与之相同的构造。

我们前面已经说过，石铺的干道，中央的车道宽 4 米以上，两侧并行的人行道宽均将近 3 米，而罗马建造的桥梁也明确分为车道和人行道。尤其是随着罗马成为“世界之都”，也许是考虑到了百万以上的人口规模，首都罗马的桥梁宽度也开始变成与大城市附近干道一样的宽度。通常使用的马车宽度在 1.5 米左右，因此，4 米多宽的车道可以说是相向双车道。如果道路是双车道，那么桥上也是双车道。

虽然在建造方法上，罗马桥梁是罗马大道的延伸，但是地面上铺设的大道和河流上架设的桥梁还有几个差异：

首先，在建造工序中，罗马的工程师最重视的是排水问题。

城市郊外的大道，通过将车道表面铺成平缓的弧形，让雨水流进车道两侧的排水沟，以此解决这个问题。而市内的大道，是将排水沟隐蔽在人行道下面，两者在将雨水引到车道两侧这一处理方法上并无不同之处。

在这一点上，桥梁的雨水处理方法有所不同。桥梁本身呈平缓的弧形。下雨的时候，水会沿着平缓的弧线流到桥梁的两侧。但是这样，你也许会想，如果下暴雨，会不会导致桥梁的两旁突然被淹没，造成无法通行呢？罗马的工程师们对于这个问题，也准备了解决方案。他们在设计的时候，在桥旁积水之前，让雨水顺着两侧人行道下面的暗沟流到桥下的河流中。这是因为，对于土木工程来说，水是第一大敌，对其处理的好坏会决定建筑物的寿命。

但是，修建道路的时候，是从地面往下挖 1 米多深，修筑地基，而桥梁是从水上通过的，当然，在进行桥墩施工的过程中谁也不能阻止河流的流淌。那么，罗马的工程师们是怎么做的呢？他们按照下面的步骤解决了这个问题：

一、确定桥墩所处的位置，然后将其前后左右用木桩和木板围成一堵墙。

二、把围墙内的水排干。

三、这样，河床就形成了与干燥地面一样的状态。然后，将河床向下挖，并堆砌石头，建造起桥墩部分。

这种作业方法除了作业机械化这一技术进步以外，即便到了现代也采用完全一样的方法。虽然多瑙河上的图拉真大桥那样长达 1 135 米的桥梁采用了在石头下面进一步用防水木桩填实的方法，但是台伯河上只需 150 米左右的桥梁，当时并无这样做的必要。图拉真大桥只有桥墩部分用石头建造，桥墩上面则全部使用木头，而其他桥梁则从上到下都是用石头建造的，而且连桥梁的栏杆部分用的也是石头。

为什么罗马人如此尽可能多地使用石头呢？2 000 年前的欧洲，森林比耕地还多，因此并不缺少木头。可他们为什么还如此执着于使用石头呢？

阅读研究人员的论文，我们便会知道，古罗马时期的桥梁每平方米能够承受 2 吨的负荷。

但是，据现代实际建造道路和桥梁的技术人员说，桥梁必须承受的重量有两种：

其一，是活载重。桥上通过的人、汽车、马车等是活动的重量，在这个意义上称为“活载重”。

其二，是静载重。桥梁本身的重量是不动的重量，因此称为“静

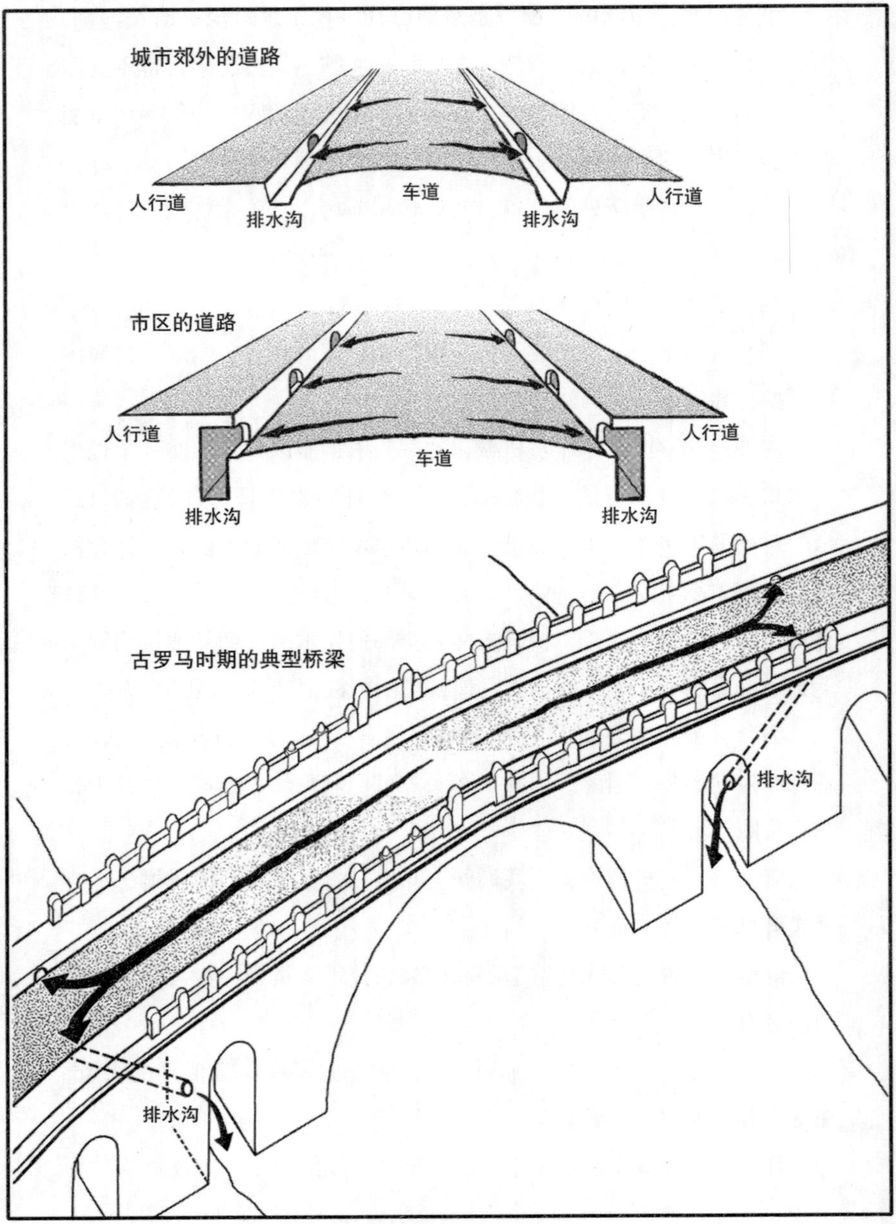
城市郊外的道路
人行道
排水沟
车道
排水沟
人行道
市区的道路
人行道
车道
人行道
排水沟
排水沟
古罗马时期的典型桥梁
排水沟
排水沟

道路、桥梁的排水系统

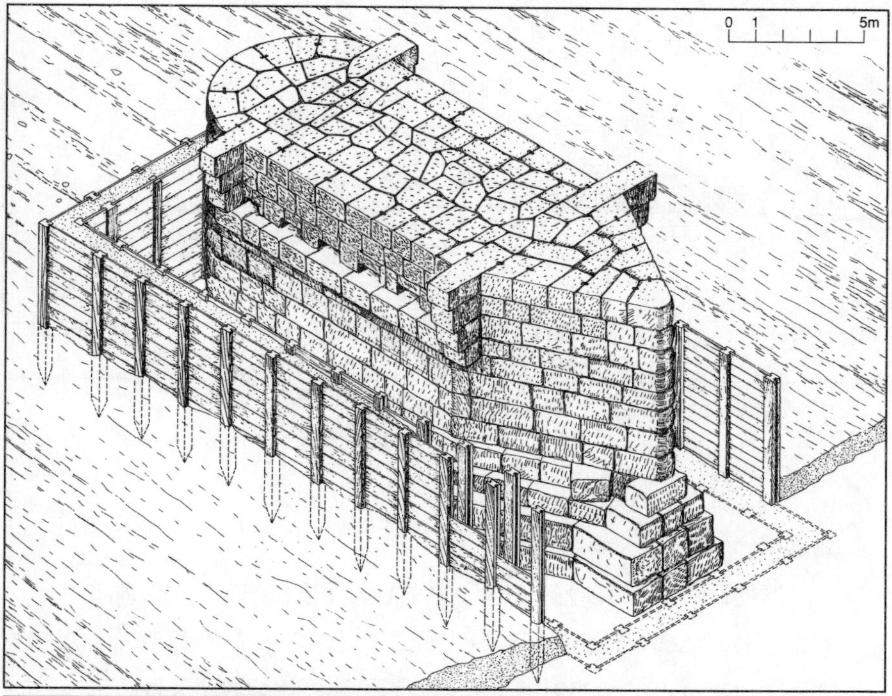

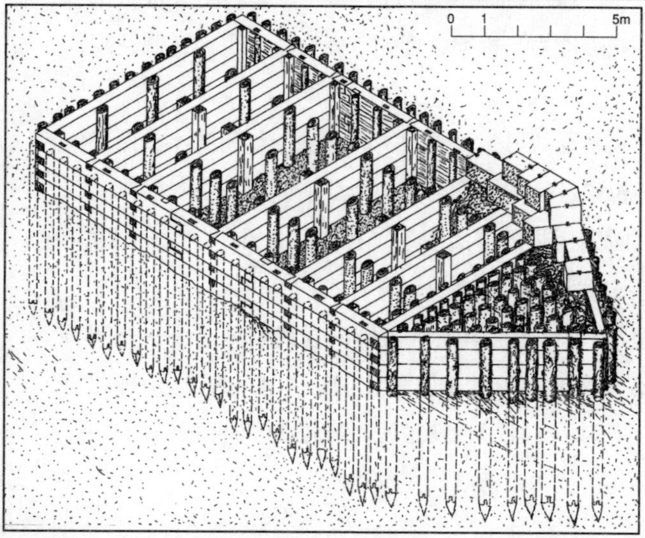

桥墩施工方法：桥墩建在排干水的围墙中。左下图是在石头下面用木桩填实的方法

（两张图均摘自 Vittoro Galliazzo, *I Ponti Romani*）

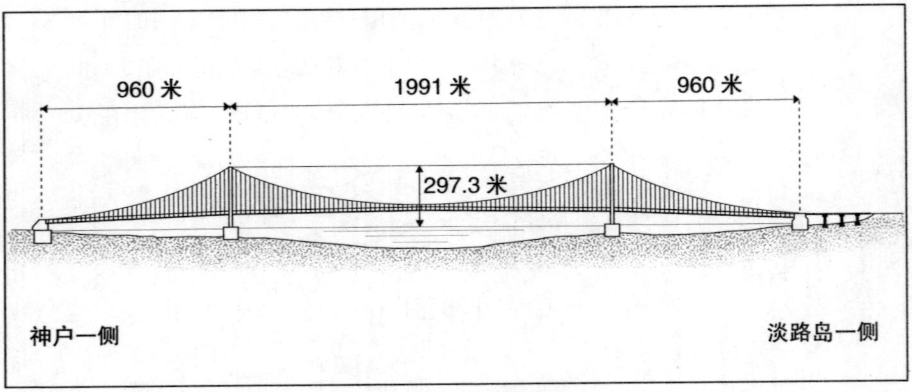

明石海峡大桥侧面图

载重”。

据说，古罗马时期每平方米 2 吨的石桥载重应该是指“活载重”。而实际的“活载重”也许只是其十分之一（$200kg/m^2$），乃至二十分之一（$100kg/m^2$）。但当时的工程师们为了加强桥梁的耐久性，选择了大于实际需要的载重能力。桥梁强度的“安全率”也因此高达现代桥梁的三倍。

那么，桥梁必须承受的另一种重量“静载重”如何呢？按照现代的工程师对古罗马桥梁进行的推算，大约为每平方米 10 吨。

因此，古罗马时期桥梁的“活载重”和“静载重”的比例就为 1 比 5，合计载重达到每平方米 12 吨。

值得一提的是，2 000 年后具有代表性的现代桥梁之一——明石海峡大桥的“活载重”和“静载重”的比例为 1 比 10，这两种载重加在一起，每平方米为 178 吨。也就是说，历经 2 000 年漫长的岁月，使用的材料和桥梁建造技术都有了长足的进步。

尽管如此，在台伯河上的11座只使用石头的古罗马时期的桥梁中，有5座至今仍在使用，有300座以上古罗马时期的桥梁在2 000年后的今天仍然有人和车在上面通过。不仅如此，2 000年后住在欧洲的人每天使用的欧盟货币——欧元上，也采用了古罗马时期的桥梁图案。

欧元纸币有7种面值：5、10、20、50、100、200、500欧元。而它们的背面全部印有不同风格的桥梁的图案：

5欧元——古代，古典式风格

10欧元——中世纪，罗马式风格

20欧元——中世纪，哥特式风格

50欧元——近代，文艺复兴式风格

100欧元——近代，巴洛克式风格

200欧元——现代，钢铁和玻璃

500欧元——现代，20世纪风格

所有的欧盟纸币都以桥梁图案相统一，也许是想要通过促进交流的“桥梁”而不是拒绝人与人交流的“壁垒”来象征欧洲联盟吧。而且，欧盟的“桥梁”绝对不能缺少那些至今仍在欧洲各地使用的古罗马时期的桥梁。我甚至想，如果把这些纸币给古罗马时期的工程师们看一下，他们一定会十分自豪。

我们的话题再回到古罗马时期。在那个时期，道路和桥梁都是不收费的，而水道也只有有限的一些可以计收水费，这一点我们将在后面阐述。因此，根本谈不上盈利。这一点让我越来越觉得，罗马人把

5 欧元纸币（古代，古典式风格）

10 欧元纸币（中世纪,罗马式风格）

20 欧元纸币（中世纪，哥特式风格）

欧盟纸币上的各种桥梁图案（每张图片中的“specimen”意为“样本”）

50 欧元纸币（近代，文艺复兴式风格）

100 欧元纸币(近代,巴洛克式风格)

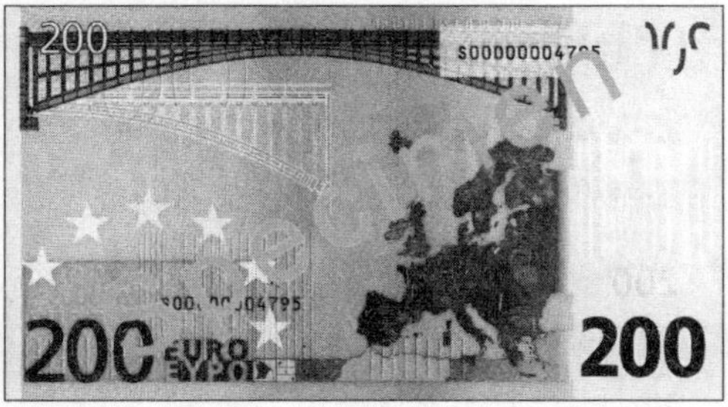

200 欧元纸币（现代，钢铁和玻璃）

500 欧元纸币（现代,20 世纪风格）

基础设施视为不惜一切代价的一项重大工程。正因如此，这些工程建设的决定权掌握在相当于现代国会的元老院手里，而制订方案的权力和施工的最高责任则掌握在共和国时期的财务官、执政官手里，在帝国时期则掌握在皇帝手里。之所以这样想，是因为如果它不将基础设施当作国家政治，而只是单纯的土木工程，那么绝对不会由同为国家最高领导人的执政官或皇帝管辖。

在整个古罗马时期，没有一条道路和一座桥梁经过当时执政官、独裁官或者皇帝的家附近，这一事实也反映了罗马人的一种思想，那就是基础设施必须以公为主，以私为辅，而不能以权谋私。

从罗马经佛罗伦萨、博诺尼亚通往米兰的意大利 1 号线高速公路，在靠近佛罗伦萨的地方，穿过了时任首相的选区阿雷佐。本来可以笔直通过的地方修成了一条弯曲的道路。这样的事情在古罗马时期，即使皇帝也没有做过。哈德良皇帝位于蒂沃利的别墅，距离提布尔提那大道不远，但是联结这条干道和皇帝别墅的却是一条由哈德良皇帝自费修建的私人道路。不过，这条路并非我们想象的那种“无关人员请勿入内”的“私人道路”，其实，住在皇帝别墅附近的人，无论是谁，都可以自由使用。

有了这种对基础设施的认识，当然就不会胡乱建设道路和桥梁。在罗马共和国时期，由财务官和执政官明确优先顺序，并予以落实，而在罗马帝国时期，负责这项工作的人则是将这两个官职集于一身的皇帝。值得一提的是，在古罗马时期，罗马人将视为一体的道路和桥梁分成以下几类：

（一）公路：由国家铺设，其后的养护由身为皇帝直属公务员的“大道监督官”负责。按照《道路法》，公路必须保证 4 米以上的石铺车道和左右各 3 米的人行道，此外还要每隔一罗马里立一个里程碑，每隔一天路程要提供住宿和换马等服务。除了有徒步旅行的人以外，可以说罗马的干道提供与现代高速公路一样的服务。

（二）军用道路：单纯出于军事上的需要而建造的道路，大半为石铺的道路，也有只铺石子的道路。但不论哪种铺设方法，车道均为相向双车道。很多道路是沿着防御的路线铺设的，无论是铺设还是养护，都由当地驻扎的军团负责。

（三）支线：相对于按照国家政治需要铺设的干线道路，支线道路由地方政府根据自己的需要铺设。铺设工程和其后的养护都由地方政府负责。

（四）私人道路：铺设、养护都由土地所有人负责。但所有人以外的人也可以通行，因此应该视为个人私有土地内的道路，而不仅仅是通往居住地的道路。

根据研究人员的推算，这四类古罗马时期的道路全长为：

（一）为 8 万公里
（一）+（二）+（三）为 15 万公里
（一）+（二）+（三）+（四）为 30 万公里

而建在所有这些道路上的桥梁，据称总共达到 3 000 座之多。

说到这里，历史爱好者，甚至连专门研究历史的学者也同样想知道，当时古罗马到底花了多少费用来建设道路和桥梁呢？然而，遇到

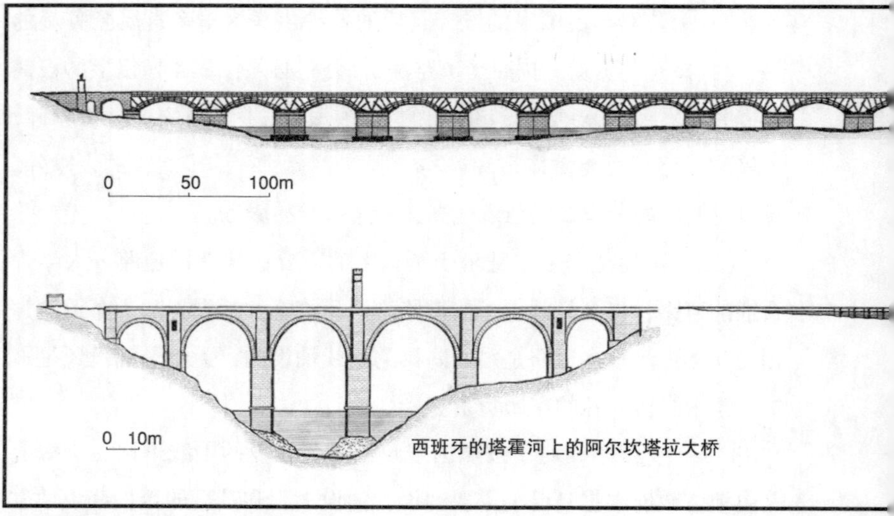

古罗马时期各式各样的桥梁

这个问题，无论多么大胆的研究人员也只会三缄其口。其原因并非像其他事情一样，在古罗马时期曾经有文献记载，经历了中世纪便遗失了，而是罗马人本身没有相关的记载。至于施工人员之间的联系事项之类，无疑是存在的。但是，无论是维特鲁威的《建筑十书》，还是弗朗提努斯的《关于罗马水道》，或者百科全书式的老普林尼著的《博物志》这样的著作中，都没有谈到建设费用。当然，更不用指望对基础设施并不是特别关心的历史学家的著作。

其原因大致有二：

第一，现代的基础设施工程，遇到的第一个问题常常是征地难问题，而这一点对古罗马时期的基础设施工程来说，并不是什么大不了的问题。

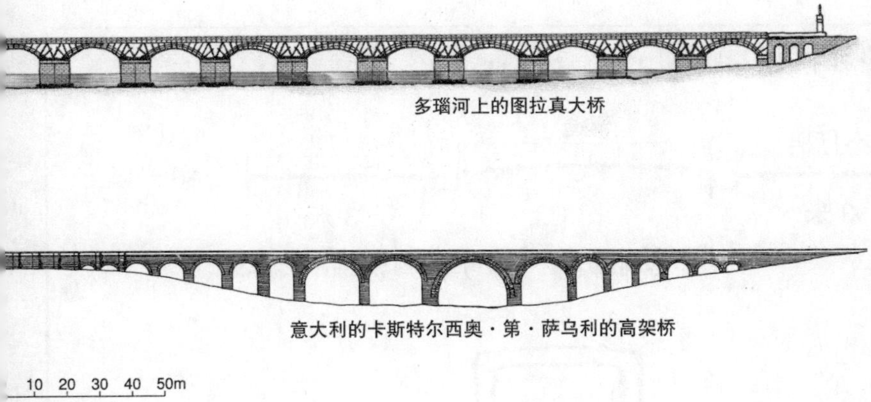

多瑙河上的图拉真大桥

意大利的卡斯特尔西奥·第·萨乌利的高架桥

第二，古罗马时期的基础设施工程，无法计算工程师、熟练工人的人工费。

因此，关于买地的问题，所需用地的宽度如上图所示，需要购买12米宽、数十公里至数百公里长的土地。

水道无论是走高架引水桥，还是走地下通道，宽同样是大约2.4米。另外，桥梁是从河流上通过，所以有人也许会说不用购买土地。但是罗马人认为桥梁是道路的延伸，因此即使是斜坡，到水为止的土地也需要购买。

然而，根据古罗马的法律，私有财产绝对得到保护，不允许以公共事业为由强行剥夺所有人的权利。因此，只能由国家购买。

尽管如此，所需要的只是呈带状的12米宽的土地。据史书记

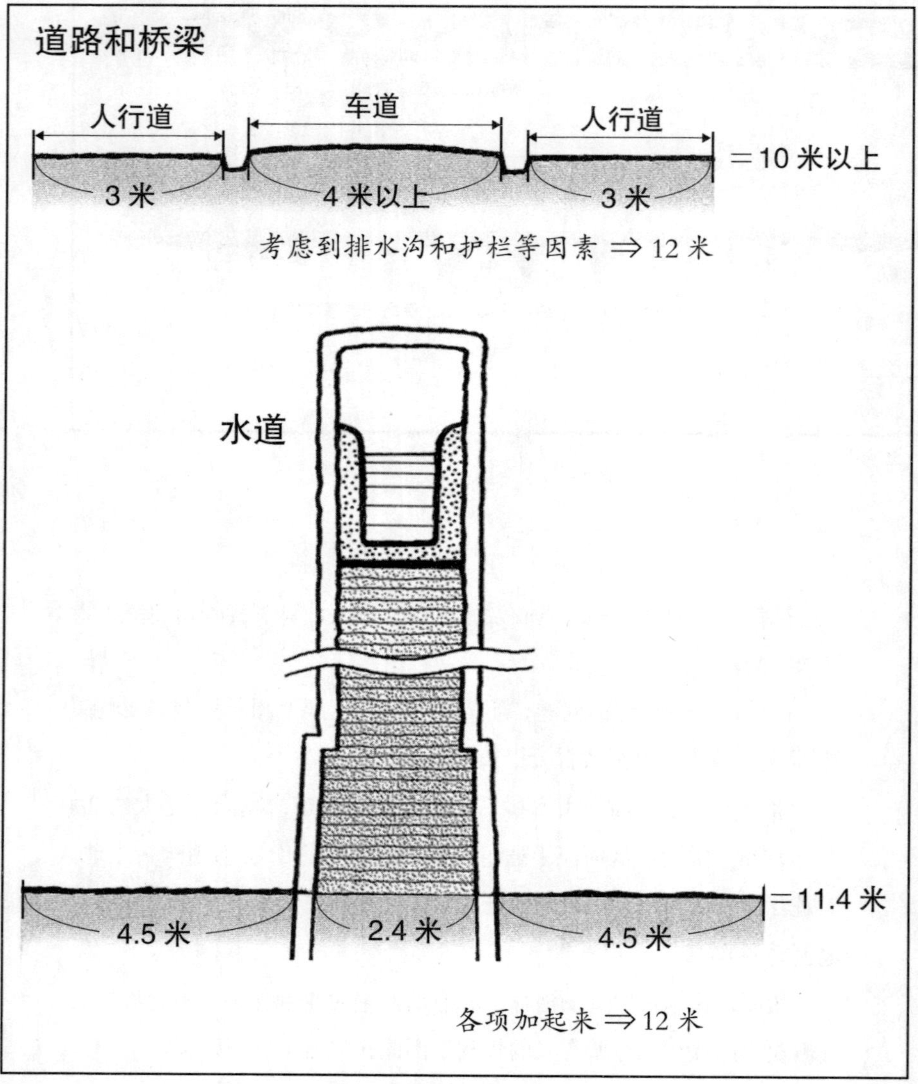

道路、桥梁和水道用地的宽度

载，有时有人不愿意自己的土地被一截两半，国家便买下建设所需的土地和其两边的土地，再将建设用地以外的土地卖给别的人。不愿意土地被截断是因为，无论是道路还是水道，都禁止家畜在其间往来，因为这会给养护带来不便，也会影响道路和水道的保护。

在古罗马时期，国家购买人口密集的市中心的土地也不是一件轻而易举的事，这一点从尤里乌斯·恺撒建造恺撒广场时花费了巨资 6 000 万塞斯特斯用于征地就可以得到证明。但是，在确定了要修建道路、水道的时候，这一带的地价是否趁机飞涨，或者土地的所有人是否不肯卖地之类的情况没有留下任何记载。这是因为，修路、架桥、修引水道，首先从中受益的便是住在附近的居民。

相当于当时高速公路的罗马大道与现代的高速公路不同，徒步旅行的人也可以使用，而且没有收费站，出口、入口也不是固定的，因此只要建造通到这些罗马大道的私人道路，任何人都可以随时免费使用罗马大道。

当时，水道也可以引到附近的土地和居民的家中。当然，这需要得到水道局的批准，因为这会涉及通过地下通道内的水压问题。

但最为重要的是，我们不能忘记罗马人强烈的公共精神。甚至有人为了公共利益，把 12 米宽的带状土地捐赠给了国家。在古罗马时期，国家征地没有发展成为一个严重的社会问题，从这方面来说，它也是一个基础设施的天堂。

第二个理由，即无法计算工程师和熟练工人的人工费，因为它和军费开支是重合的。

在古罗马时期，像神庙、广场、水道这样的基础设施工程，是采取招标制度由私人企业承包的。但是，唯独大道和桥梁，实际施工的是军团兵，尤其公路、军用道路更是如此。这是因为，罗马大道本来的目的便是军用道路。无论是工程师还是工人，都是属于军团的工程师和士兵。这样，就好像整个部队从事铁路和高速公路的修建一样，因此人工费都是从军费里开支，也就无从知道总体的建设费用。而且，有趣的是，罗马人自己并不认为不允许存在这种不透明，而是认为存在这种现象理所当然。

罗马式的基础设施延伸到各个行省，是在进入罗马帝国时期以后。这个时期也是罗马的国家方针由攻转守的一个时期。随着第一代皇帝奥古斯都提出的“罗马统治下的和平”成为现实，部署在整个国防线上的军团跟敌人打仗的日子比以往减少了。尽管如此，国家仍然需要居安思危，因此缩减军力自然是有限的。奥古斯都曾经说过：“坐着的士兵称不上士兵。”他认为，对于通过同化被征服的民族而开拓了疆土的罗马帝国这样的多民族国家来说，进行基础设施建设就是保障国家安全。

而且，士兵也不会抱怨说，自己是为了从事军务而参军的，参军并不是来铺路的。当然，也许心中这样想，却说不出口。这是因为，皇帝作为罗马军队的最高指挥官，要考虑道路从哪儿通到哪儿，获得元老院的批准后，又作为工程的最高负责人组织施工。因此，有义务服从皇帝的军团兵，无论是在战场上还是在施工现场，这一点都是一样的。前面我们讲过，当时对铺设道路的皇帝都有赠送凯旋门的习俗，以示感谢，而这种凯旋门上，通常肯定会清楚地刻上“工程由第 ×× 军团的军团兵完成”这样的字样。这样，横跨欧洲、中东和北非的罗马帝国长达 8 万公里的干道几乎是由军团兵铺设的，而且罗马人认为，仅仅修路架桥，作为交通道路还不完整。

这就需要了解，统称为罗马大道的罗马式道路——也就是全线铺石头的道路——是用来运送什么的。

使用罗马大道的人

罗马大道，首先是用来把军团从驻扎地运送到需要派兵的地方的道路。虽然称为军团，但它并不是只指军团兵。罗马军团的士兵主要分为三类：军团兵，当这种军团兵的条件是必须享有罗马公民权；辅助兵，由行省的志愿兵组成；还有骑兵，也多为出身于行省的人。这三种士兵，也可以分别称之为重装步兵、轻装步兵、骑兵。在数量上，步兵最多。罗马军团的主要战斗力，首要的是军团兵，而军团的构成从罗马的战术上也分为这三类。

不过，罗马军团的编制还包括其他人员。因此，军团调遣时，战斗人员以外的人和车也会随之一同行动。首先是医疗队。除了救护伤病员的医生和护士外，罗马军团还配有给牛马等治病的兽医。其次是军团里的工程师。这些人相当于工兵队长，但是除了当助手的人之外，并没有专门的工兵队员。罗马军团的特色是，不仅军团兵是熟练的修路工人，还包括辅助兵在内的所有士兵都是“工兵”。甚至有人说：“罗马军队是靠丁字镐取胜的。”

此外，一切运输工具都带有轮子，以便可以在战场上移动。在行军的时候，还会有用牛车运送攻城器械的队伍同行。考虑到节省运送这种重型武器所需的劳力，铺设罗马大道的时候，必须尽量平坦、笔直，而且用石头铺设得密不漏缝，甚至刮风的时候路面上也不会尘土飞扬。

另外，在行军时，也少不了运送野营帐篷、军粮的车辆，这些车辆往往都是牛车。也有人说："罗马军队是靠兵站（后勤）取胜的。"罗马人认为，战争最后依靠的是每名士兵的精神力量，而在此之前必须做的便是，创造一个能让每名士兵都发挥最大精神力量的环境，也就是"后勤"。

由这一切组成的罗马军团行军的时候，即使拥有4米宽车道的罗马大道，大概也会显得拥挤不堪。为了在行军的时候便于一般的路人通过，绝对需要与车道并行的人行道。

使用罗马大道的第二种人，便是普通的民众。所谓罗马大道，就是有人行道而且没有收费站的现代高速公路，这样联想比较容易理解，因此它是谁都可以使用的道路，无论是一般旅行的人还是运送附近农产品的车辆，这与行人不能通过的现代高速公路不同。而且，罗马大道上，既有每逢节日便浩浩荡荡地出发去郊外别墅度假的城里人，也有一心想要在这个被称为"世界之都"的罗马创业，而从西班牙行省出发，翻越比利牛斯山脉，横穿法国南部，越过阿尔卑斯山脉，经意大利北部千里迢迢来到罗马的人。另外还有艺术家为了得到权贵的赏识，满怀希望地从东方远道而来。

此外，从罗马大道获益的人，还有农民和商人。这是因为，在闭塞的山区，人们原来都是过着自给自足的生活，而建设了道路网之后，村子里的农产品便可以很容易地运到城里了。人们懂得了通过促进物产流通提高生活水平，而这些人占了使用罗马大道的人中的很大一部分。平坦笔直而且铺设整齐的罗马大道与以往的乡间土路相比，不仅可以缩短通行时间，而且能够运送更多的货物。交通的次数增加了，每次的运输量也增多了。

随着人员的频繁交流和物资的频繁流通，经济也会随之发展起来。遍布整个罗马帝国的道路网把罗马帝国连成了一个巨大的经济圈。这个罗马经济圈，不仅仅是现代的欧盟，而是覆盖了欧洲、中东和北非。如此大范围的经济圈，即使 2 000 年后的现代人也没有实现。而经济圈能够发挥作用，正是因为社会能够保持持久的和平。如果说“罗马统治下的和平”是因为成功地抵御了外敌的话，那只说对了一半。这是因为，罗马帝国还成功地消除了多民族国家容易发生的帝国内部的纠纷，才得以维持长久的和平，而且是长达大约 300 年的和平。而对维持这种“罗马统治下的和平”做出贡献的，便是罗马大道。如果人要保持健康，那么，将血液输送到人体各个部位的血管必须正常地发挥作用。罗马的道路网便是罗马帝国的血管。这是依靠仅仅不足 20 万人的军团兵就能够维持庞大帝国安全保障的最大原因。

利用罗马大道的第三种人是邮递员。古罗马的邮政制度采用国有邮政投递系统，但在古罗马，不是步行，而是骑马或驾马车投递邮件，并通过反复换马的方法加快速度。而且，这种制度并不是想要投送邮件的时候邮递员才会出发，而是不论有无邮件，邮递员都要定期往返。

这种制度也是尤里乌斯·恺撒发明的，当时在他远征的高卢和首都罗马之间需要快速联系，因而想出了这种办法。奥古斯都当上皇帝以后，将它变成了一种国有制度。

值得一提的是，在发动高卢战争的时候，恺撒的行动惊人地迅速，令高卢人和日耳曼人闻风丧胆，而恺撒之所以能够做到行动神出鬼没，正是归功于他想出来的情报传递方式。

首先，组织一支专门负责传递情报的士兵队伍。同时，在高卢通往意大利本土的路线上（当时的高卢还没有开通罗马式的大道，但是已经有通行的道路），每隔一天的骑马行程，配置一个更换人马的驿站。也就是说，马累了以后，可以换乘另一匹马，而且人也可以轮换。换句话说，这是一种接力方式，亦即驿传制度，早在2 000年前已经变成了现实。高卢人和日耳曼人也并非没有传递情报的方法。但他们的传递方法是，只有需要传递情报的时候才去传递，而恺撒的方式的不同之处在于，他创建了一个可以随时传递情报的系统。通过这种方式，恺撒在当时比任何人都更快地获得情报，而他自己行动的时候也使用这个系统。当全速疾驰的马口吐白沫、气喘吁吁的时候，他便会跳下这匹马，骑上牵来的另一匹马继续疾驰而去。据说，紧急的时候，恺撒一天走的路程为100公里。即使他自幼擅长骑马，如果不采用这种换乘方法，肯定也不可能做到如此神速。所以说，神出鬼没也是人类智慧的产物。据说，在恺撒转战的地方，像线上的点一样，全部设有常备几匹马的站点。

在独创才能方面远远不及这位养父的奥古斯都，在把恺撒的指示变成国家政策的才能上，却丝毫也不逊色，而且这位罗马帝国的开国皇帝统治罗马长达40年之久，他有足够的时间贯彻任何一项政策。国有邮政制度就是由他完成的。

在尤里乌斯·恺撒转战各地、开疆拓土之后，奥古斯都得以专注于防御，用他自己的话来说，就是确立了罗马的和平。而传递情报的方式也随之发生了变革。

作为罗马的第一代皇帝，在他 40 年的统治期间，几乎全部在首都罗马统治整个帝国。只要看一看地图，我们便会看到，首都罗马位于罗马帝国的中央。只要建立了这样的系统——全国各地的情报传递到罗马，皇帝的指令传达到帝国各地——即使不离开首都，也能够统治广大的领土。意大利本土内的道路网在共和国时期已经大致完成，而把道路网扩大到所有行省则是在建立罗马帝国之后。而且，随着道路网的扩大，用来搜集情报和传达命令的国有邮政系统也不断扩大。

奥古斯都如此坚持建立这种制度，也有他个人的原因。与其养父恺撒不同，他自幼身体虚弱，而且不善于长时间骑马，不是那种活跃型的领导。不仅如此，他与养父完全相反，如果由他指挥战斗，必输无疑。此外，奥古斯都时期的罗马帝国还处于形成过程。罗马帝国要把征服的地方变成行省，让它们与其融合成一个“命运共同体”，也正在付诸实施。为了镇压在此过程中不可避免地发生的地方叛乱，作为罗马军队最高指挥官的皇帝需要有战略和战术方面的才能，而奥古斯都并不具备这种才能。为了弥补这方面的缺陷，他只有依靠曾经追随恺撒的阿格里帕。当然，罗马帝国幅员辽阔，仅靠阿格里帕一个人显然难以平定天下。阿格里帕既然受到恺撒的赏识，自然有武将之才，但他并不是天才型的军人。虽然在与布鲁特、安东尼的交战中，他都战胜了敌人，但如果遇到汉尼拔，他也许会一败涂地。事实上，奥古斯都任用了多名武将。虽然奥古斯都并无武将之才，但他具备用人之才。也就是说，在取长补短方面，他是一个天才。他参考了阿格里帕的建议，派遣到当时尚未臣服的边境地区的总督人选都非常胜任，而且，在与这些驻扎在帝国战略要地、推动这些地区与罗马帝国融合的将军之间，保持密切的联系，这对于在首都统治整个帝国的皇帝来说，必不可少。

恺撒

奥古斯都

提比略

铺设罗马大道本来的目的就是方便军团的调遣，而罗马的邮政制度也是出于统治庞大帝国的需要而诞生的。但是，为了达到某个目的而建立的系统也可以转用于其他目的。这个为了皇帝和将军们之间的联络而建立的制度，自然而然也逐渐被国内的人利用。与道路有助于使帝国融合为一体一样，邮政制度也有助于使帝国各地的人融合为一体。古罗马执政者的目的，不是在征服民族和被征服民族之间建一堵墙来相互隔离，而是如普鲁塔克所言，通过“同化败者”，整个罗马帝国融为一体。因此，对于他们来说，要避免的第一件事，便是各个民族和部族的孤立。

一种社会系统，不应当是为了社会上的当权者而存在，它必须符合普通人的要求，满足他们的需要。因此，它应该与发明人个人的能力无关。否则，它就不能发挥作用，而且作为一个系统，也不会有持续性。我想，所谓罗马帝国，就是由恺撒绘制蓝图，由奥古斯都建立，并由第二任皇帝提比略巩固而形成的一个国家。国有邮政制度便是其中一个典型的例子。提比略所做的就是，每个驿站都配置一队治安人员，以保障罗马大道上行人、车辆以及邮政的安全。

恺撒是一个体力充沛、骑乘能力出色的人，一天能够驰骋 100 公里，而提比略据说也曾经昼夜不停地骑马驰骋过 140 公里。相反，奥古斯都即使去位于罗马近郊的妻子利维娅的别墅这样不到 10 公里的路程，并且只走弗拉米尼亚大道，也喜欢坐轿子前往。这是因为四面拉上帘子以后，他可以在轿子里面读书或者躺着休息。然而，由体质如此不同的三个人修建的罗马大道，其各种设施却完全满足普通人的需求，这一点确实有趣。领导人也许不能忘记这种以人为本的观念。即使背着装有“公务电报”的皮筒策马疾驰的人，罗马帝国也不要求他们一天必须走 70 公里以上。不过，一天走 70 公里在当时被当作一个标准，他们平均每隔 8 罗马里（约合 12 公里），就配置一处保持这个速度所需的换马站，也就是用来换马接力的设施。像罗马的领导人这样践行“坚持就是力量”的人绝无仅有。在罗马人的母语拉丁语中，沿路配置的换马设施，就是驿站，比前面所说的“站点”更加单纯，有强烈的“只是能够交换马匹的设施”的意义。拿现代的高速公路来说，就相当于加油站这样的设施。

当时的公文都是写在莎草纸上的卷轴，因此把它装在一个皮筒内，背着皮筒策马驰骋，就是当年邮递员的工作状态，这些人都带着证明其任务的“公文”。而且，按照奥古斯都施行的、可以称为《邮政法》的法律规定，携带这个证件的人必须达到所有规定的要求。当然，所需的费用由国家承担。

由此看来，建立国有邮政制度的目的在于传递公文，但是，虽然罗马人热衷于制定规章制度，但在执行的时候具有一定的灵活性。反正都是寄到首都罗马，皇帝和元老院也都默许捎带行省总督给妻儿、亲友的私信。

古罗马时期的邮政马车浮雕

但是罗马帝国的国有邮政制度，并不仅仅包括带着公文疾驰的马匹和邮递员。它还办理用马车投递的信件和包裹，这种马车可以被称作邮政马车。在边境执勤的士兵寄给家人的信，还有家人寄给士兵的物品，都是采用这种邮寄方式。而且，如果使用马车的话，除了换马的站点以外，还需要能够修理马车的设施。除了邮递马车以外，罗马大道上还有用于运送普通旅客的私人马车和公共马车，因此旅馆也不可缺少。毕竟能够住在亲友别墅里的人是少数，所以，考虑到大多数人，每隔一天的行程，在罗马大道上就设有一个设施完善的“驿站”。据说，每隔 5 个换马站设一个驿站，驿站间的距离是 60 公里至

70 公里。这种"驿站"在拉丁语中被称为"mansiones"，现代英语中的"mansion"（公寓）一词便是由此而来的。古罗马时期的驿站，在现代来说就相当于简易汽车旅馆。

驿站间的距离并不固定，其原因与我们前面谈到换马站之间的距离时，只能以"平均数"来说明是一样的。这是因为，平坦的路面与崎岖的山区，无论是人还是马，疲劳程度都会有所不同。如果是阿庇亚大道 43 公里的笔直道路，即使是徒步旅行的人，一天也能走完，但是翻越阿尔卑斯山脉的大道，就不能指望走这么远。虽然据说翻越阿尔卑斯山脉的大道由于铺设时地形选择非常合理，而且排水装置十分完善，所以冬天也能通过，但是它比通过平原的大道需要建设更多的设施，这也是理所当然的。

这里有一幅图，这幅图说明了从今天法国的瓦朗斯至意大利的都灵之间翻越阿尔卑斯山脉的罗马大道沿线设置了什么样的服务设施。记载这幅图的史料出自公元 333 年从波尔多旅行至耶路撒冷的朝拜者留下的记录。这本名为 *Itinerarium Hierosolymitanum Burdigalense* 的游记特点在于，作者记录了自己一路经过的大道上所有的设施。这位朝拜者之所以如此规规矩矩地把这些沿途的设施记录下来，也许是想要供他之后的朝拜者作为参考。但是它不仅成为公元 4 世纪到罗马旅行的人的一个参考，而且对后世的古罗马研究也做出了贡献。看到这张图，我想会让您理解我为什么把罗马大道看作当时的高速公路。

首先，城门一样的符号表示的是城镇。马厩一样的符号表示换马

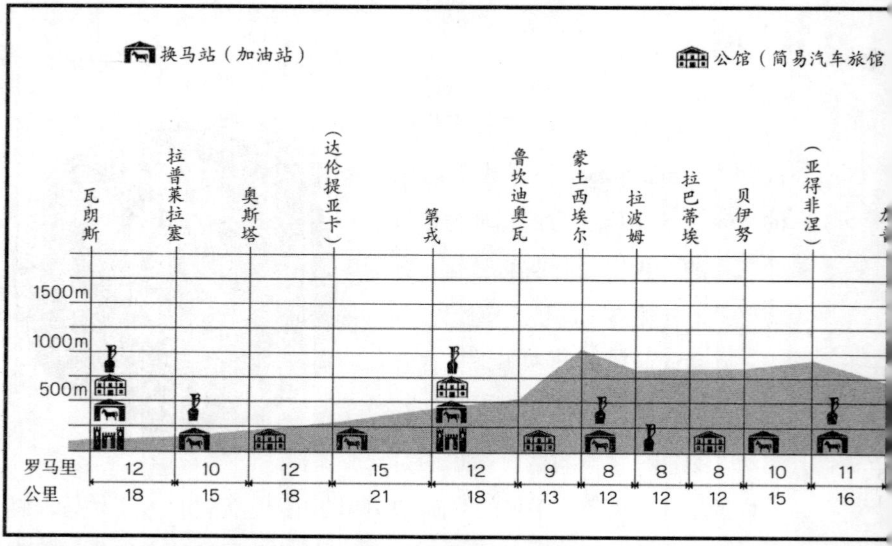

翻越阿尔卑斯山脉的罗马大道沿线的各种设施（瓦朗斯至都灵）

并有马车修理设施的地方，用现代的高速公路来打比方，便是带汽车维修站的加油站，在古罗马时期称为“站”。房子形状的符号表示有住宿设施的地方，称为“公馆”。用稻草编织的、装葡萄酒的包装袋的符号表示可以用餐的地方，如果是现代的高速公路，就相当于快餐馆，古罗马时期称为“他贝尔那”。它是一种坐下来就能用餐的地方，也可以说是小吃店。

在古罗马时期，今天法国的瓦朗斯和意大利的都灵已经是中等城市，因此城市设施完善也是理所当然的，但法国的第戎和意大利的苏萨这两个地方具备同等水平的设施，则是在罗马大道通到阿尔卑斯山脉之后的事，也就是说，是在意大利和高卢之间翻越阿尔卑斯山脉建成高速公路之后。如图所示，这是因为从这里开始终于翻过山脉了。

表示每隔几罗马里有什么设施的这张图上，只有瓦朗斯至都灵的这条路。但是出自罗马人之手的翻越阿尔卑斯山脉的大道并非只有这

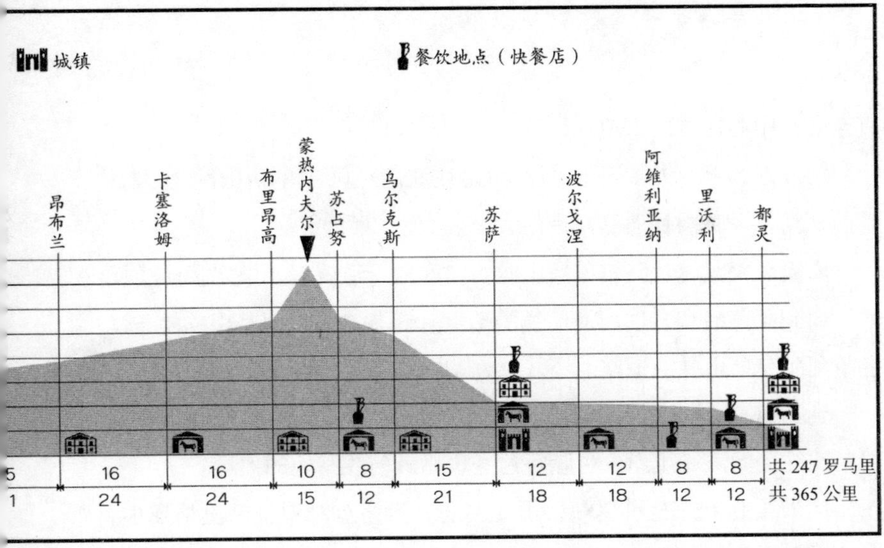

一条。我们要想到，罗马大道的特色在于复线化、网络化。因此，我们可以想象，翻山越岭的其他罗马大道也大体上是这种情况，各种服务设施都非常完善。

对于罗马帝国来说，意大利半岛是它的本土，它的北端环绕着阿尔卑斯山脉。在现代，意大利由西向东分别与法国、瑞士、奥地利、斯洛文尼亚接壤，而在古代，这些国家所在的地区全部是罗马帝国的领地，因此罗马的干道理所当然地越过阿尔卑斯山脉向西、向北、向东延伸。这些干道由西向东依次为：

从热那亚沿海越过阿尔卑斯山脉，到达法国南部的一条大道。这条路直接越过比利牛斯山脉通向西班牙。

从都灵越过阿尔卑斯山脉，通向罗讷河沿岸的瓦朗斯，然后北上通往里昂的大道。

从位于都灵北部的奥斯塔越过阿尔卑斯山脉，经过格勒诺布尔，直至高卢中心地带的大道。

同样起自奥斯塔，不向西，而是往北越过阿尔卑斯山脉，到达日内瓦湖，经日内瓦通往高卢的大道。

所以，仅仅越过阿尔卑斯山脉，向西的干道就有 4 条之多。

通到莱茵河和多瑙河最前线的干道有 6 条之多，而其中的 4 条是翻越阿尔卑斯山脉的道路。

到达日内瓦湖之后，继续北上，通往莱茵河上游，经斯特拉斯堡，通往美因茨、波恩、科隆等这些边境最前线基地的大道。

从米兰北上，至科莫湖，由此向北，沿博登湖岸，向奥格斯堡，通往雷根斯堡的大道。多瑙河沿岸的雷根斯堡在古罗马时期被称为卡斯特拉雷吉纳，这里和莱茵河沿岸的军团基地美因茨之间有一条日耳曼长城相联结，因此是战略要地。

起自维罗纳、翻越阿尔卑斯山脉的大道，则是北上至特伦托，由此翻越阿尔卑斯山脉。然后，经因斯布鲁克、萨尔茨堡，到达多瑙河的前线。

威尼斯水城是罗马帝国末期防御蛮族入侵而诞生的城市，因此在古罗马时期还没有这座城市。在古罗马时期，意大利东北部的重要城市就是位于后来形成威尼斯的海湾陆地上的阿奎莱亚。通向多瑙河这个帝国最前线，越过阿尔卑斯山脉的大道也是起自阿奎莱亚。从意大利出发，越过阿尔卑斯山脉后，便是维也纳、布达佩斯。保卫帝国最重要的防线的军团基地全部部署在多瑙河沿岸，多瑙河与莱茵河一样，军队的船只一直在巡逻。

值得一提的是，上面提到的现代欧洲各国的各个城市，全部是由决定翻越阿尔卑斯山脉修通“高速公路”的罗马人将其变成城市的，一直延续至今。

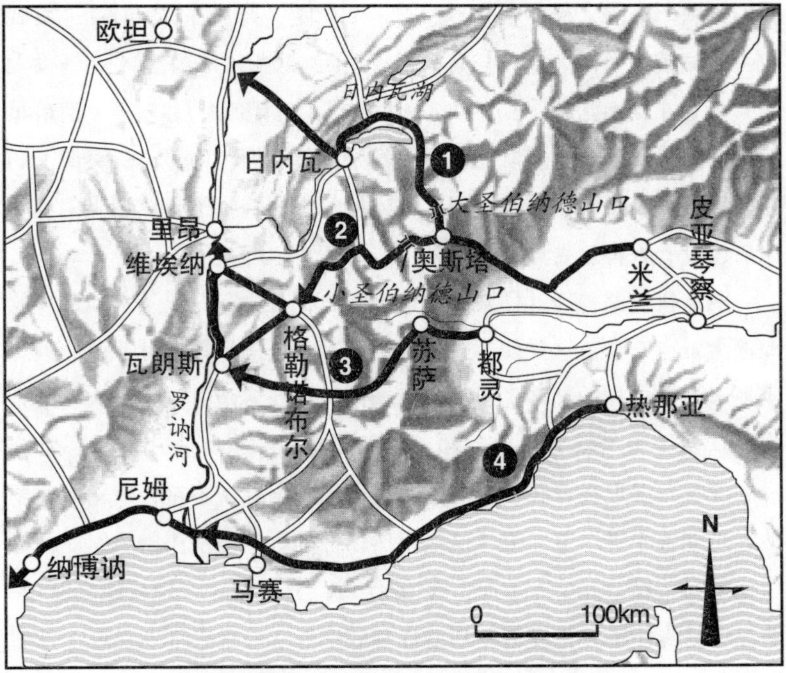

翻过阿尔卑斯山脉通往高卢方向的 4 条路线

有一次，我在科莫湖边的宾馆休养了数日。由于是休养，因此既没有带稿子，也没有带与工作相关的书籍。科莫湖作为一处疗养胜地，以风光秀丽著称，与南部的卡普里岛一样世界闻名。不过，我避开了喧嚣的地方和宾馆，待在前面只有一片湖的十分静谧的角落。

但是，虽然肢体在休养，脑子却还在运转，这也是我的职业病。我时而眺望暮霭中云雾缭绕的阿尔卑斯山脉，时而凝视水波不兴的湖面，开始思考这个湖当年会不会用于翻越阿尔卑斯山脉。想到这里，我站起身来，请人准备了一条小船，赶到镇子的图书馆，查阅了相关的资料。原来，科莫本来不过是一个村庄，到了古罗马时期才发展成一个城镇。罗马人想，与其把科莫湖四周陡峭的湖岸削平，铺设大道，不如在湖上常备一支船队，来联结现代的意大利和瑞士。而最早决定在这里常备一支船队的罗马人便是尤里乌斯·恺撒。科莫湖上的船队后来消失了，是因为帝国末期入侵的蛮族烧掉了科莫湖上的船队以后，没有人再想去补充。

既然科莫湖曾经这样被使用过，那么，日内瓦湖以及其他许多的湖泊无疑也曾经被这样使用过。我们一听到阿尔卑斯山脉，就会联想到悬崖绝壁一样的高峰，但阿尔卑斯山脉在许多地方也是对人类敞开的。这是因为沿着穿过山谷和湖泊的路走下去，人来车往都非常容易。况且，汉尼拔曾经带着大象越过了这条山脉。不过，罗马人想要的，是能够不受季节、天气这些自然条件的影响而使用的道路。要寻找他们行为的理由，只要想一想做什么，怎么做才合理，便会明白。罗马人是古代唯一重视提高功能性和效率性、最大限度地发挥全部力量的民族。对于他们来说，合理是一个基本条件。这是因为，瓦朗斯至都灵之间的罗马大道的各种设施确实配置得十分合理。

有一句格言：贤者学习历史，愚者学习经验。但我个人认为，如果不能既学习历史又学习经验，就不是真正的学习。因为历史是一种知识，而经验则让历史充满活力。

那是三年前我到多瑙河沿岸调查的时候发生的事。我乘飞机从罗马到保加利亚的首都索非亚，在那里租了一辆配有司机的汽车。我的目的是，首先北上到多瑙河，然后逆流而上，到达维也纳。因为，贝尔格莱德、布达佩斯、维也纳这一带才是罗马帝国最重要的前线。

实地考察进展得很顺利，但是到了维也纳，当我想抛弃汽车坐飞机回罗马的时候，在机场候机过程中，我却改变了主意。因为我想起来，从维也纳至罗马是通直达列车的，于是，我把空中旅行改成了地面旅行。从奥地利首都维也纳到达意大利东北部的城市的里雅斯特，与从的里雅斯特到达意大利首都罗马的时间几乎一样。没有任何东西比当时的经验更让我深切地感受到了多瑙河防线对于罗马帝国的重要性。从最前线到意大利本土竟是如此之近！这样看来，皇帝在得知多瑙河防线被蛮族突破的消息后，为了进行还击，从罗马出发赶到维也纳，也是理所当然的事。当时没有铁路，但是完全按照罗马的方式铺设的干道从多瑙河翻越阿尔卑斯山脉，一直通到罗马。这条古代的"高速公路"方便了罗马军队的北上，但也方便了蛮族的南下，当时的皇帝马可·奥勒留在迎击敌人的战斗中在维也纳阵亡。要想接近那个时代的古罗马人，如果坐飞机从它的上面飞过去，是不可能体会到当时罗马人的感受的。

罗马的道路网是帝国的动脉，正因如此，即使是阿尔卑斯山脉，也要翻越而过。在谈论它的时候，还有一件事值得我们注意，那就是，尽管这些道路从山中穿过，但是丝毫不用担心会有强盗袭击过往的行人。罗马帝国从公元 4 世纪以后开始走向衰落。虽然在此以后的情况不敢肯定，但是直到罗马帝国处于强盛时期的公元 2 世纪为止，道路上的治安确实非常好。

我想，"罗马统治下的和平"才是罗马人完成的最重要的基础设施。它并不仅仅是保卫国家，抵御敌国、蛮族的侵袭。"罗马统治下的和平"的意思是"罗马创造的和平"，它可以分为三个部分：

第一个部分是，保卫罗马帝国和境内的居民，抵御外敌。在本书中，我们专门插入了一张罗马帝国的全图。负责保障罗马安全的罗马军团基地全部部署在边界线上，或者能够迅速赶到边界线的地方。甚

至可以说，罗马军队的主力就在边境执勤。

第二个部分是，罗马人自己认为，只有结束了帝国内部的纠纷，才能真正称得上“罗马统治下的和平”。罗马早在进入帝国时期之前，就已经是一个多民族、多宗教、多文化的国家。在罗马人中，既有头上缠着头巾的东方人，也有将长发编成小辫的北方高卢人。罗马的执政者们通过安全保障、道路网、邮政体系，建造水道和浴场，制定罗马法律等措施普及“文明”，同时承认各民族各具特色的“文化”，对这个复杂的国家实行统治。这是因为，防止民族间的纠纷是实现“罗马统治下的和平”的一个重要条件。值得一提的是，过去曾是罗马帝国领地的地方，在今天纷争不断的地区就有巴勒斯坦、科索沃、马其顿。在提倡通过民族自决解决民族纠纷的现代，解决民族纠纷也许变得越来越遥远了。

“罗马统治下的和平”的第三个要素就是治安。我想没有比这一点更能体现罗马人的现实倾向了。如果说保卫国境由军团负责，帝国内部的稳定是政府的工作，那么，治安便是警察负责的领域。保障公众安全的警察制度的首创者是罗马的第一任皇帝奥古斯都，而将这种制度推广并贯彻到整个帝国的则是第二任皇帝提比略。后者似乎相信，没有秩序的地方就没有真正的自由。他深知，治安的重要性不亚于抵御外敌。

实际上，无论建造多么完善的道路和桥梁，如果社会上盗匪横行，即使想要云游四方，也只能望洋兴叹。如果一个人走在街上会感到害怕，经济也会因此萧条。至于邮政体系，也只有人们觉得不会中途被劫才会利用邮政体系。罗马帝国的极刑是将犯人带到竞技场内，绑在柱子上，让猛兽活活咬死。除了暴君尼禄统治的一段时期外，直至公元3世纪后半期，罗马帝国处以极刑的不是基督教徒，而是山贼和海盗的头目。我在《罗马人的故事09·贤君的世纪》中写到哈德良皇帝到外地视察时的感叹，并不仅仅是这位皇帝视察之行的规模。连军队也不带，只是寥寥的几个人，而且掌握最高权力的皇帝，虽说是在帝国境内，却如此大摇大摆地云游四方，不能不令人由衷感叹。

所谓史料，如果不能领会到书外的东西，就不能算真正读过。撰写哈德良皇帝视察全国各地的编年史的作者对皇帝旅行中的安全未提一字，但谁都知道不是处在军队的保护之下。另外，用“没有什么特别值得大书特书的事件”来描述安敦尼·庇护皇帝统治时期的，是这位皇帝同时代的人。所谓“没有什么值得大书特书的事件”，正是国家太平无事的一个证明。编年史作者就是当时的“媒体人”。所谓媒体人，就是人们所说的这样一类人：如果是狗咬人，就不会被当作新闻，反之，人咬狗，就会被当作新闻。即使治安得不到保障，如果能够雇得起保镖，就能够得到保护。然而，允许这样做的，只限于有钱有势的人。所谓社会治安，应该是手无寸铁的普通公民的安全也能够得到保障。雇用专门的警卫，或者居民共同组织自卫队这样的事，是国家失去功能的一个标志。

人们把罗马帝国灭亡以后称为黑暗的中世纪，正是由于失去了昔日的“罗马统治下的和平”。这是一个抵御外敌的能力、各宗教和民族间和睦共处、治安保障都已经土崩瓦解的时代。它指的就是一个“罗马统治下的和平”建立起来的社会秩序崩溃的时代。封建领主代替业已崩溃的国家来保护他们统治下的民众，而接受保护的民众要

向领主缴纳贡赋。这些封建领主成为中世纪初期的主人公。在这个时期，道路和桥梁也开始由领主们收取通行费。所谓群雄割据，对于据守各地、争权夺利的当权者们来说，也许是一个乱世出英雄的时代，但对于普通人来说，只是一种文明的崩溃。甚至有人说，要恢复古罗马时期的开放与繁荣，只有等待中世纪即将结束的公元14世纪。

我们的话题还是回到强盛时期的罗马。

刚才我们谈到那个时期旅行的人，那么，在现代人看来，属于旅行必需品的地图是什么样呢？首先，古罗马有地图这样的东西吗？如果有，又是什么样子呢？

所谓地图，是搜集情报的一种产物。霸权国家无一例外地知道情报的重要性，因此无论搜集情报的结果变成地图也好，变成其他形式也好，在热衷于搜集情报方面，所有霸权国家都是一样的。但其中仍有所不同，那就是搜集到的情报只是由统治者占有，还是公之于众。古罗马不论是共和国时期，还是帝国时期，这种情报都是公开的。据说，只要是皇帝下令建造的公共建筑物，它们的列柱回廊的墙面上都会用彩色大理石制作一张罗马国家的全图，通过这些彩色大理石的颜色区分各个行省。另外，市内的书店也出售各种各样的地图。

在拉丁语中，地图被称为“itinerarium”。古罗马时期的地图分为两大类：一类是用文字说明的地图，另一类是用图画表示的地图。但是有一点毋庸置疑，那就是大多数的人都认为，只有其中的一类地图是不够的。这是因为使用目的不同。罗马人对这两类地图的重要性是这样描述的：

> 如果军团司令官没有负责防卫的整个地区的准确地图，就无法履行军务和公务这两个职责。就拿军团基地、辅助兵基地、部署在前线的要塞之间的距离来说，只了解英里数是不够的，必须熟悉它们分布地带的地形，因此注明这些详细情况的地图是不可缺少的。
>
> 另外，如果有除了军团司令自己负责的地方的地图以外，还包括相邻的行省以至帝国全境的地图，是比较理想的。这样，如果得到报告说，在帝国的什么地方发生了什么事情，便能够立刻判断它的重要程度。另外，皇帝下令调遣军团的时候，军团司令马上便能够当机立断，执行皇帝的命令。因此，只有“用文字说明的地图”是不够的，需要具备这两类地图。军团司令必须对许多人的生命负责，对他来说，不仅要用头脑把握这些必不可少的情报，而且要用眼睛来把握。

上面所说的是，对于统率 1 万人以上的军团司令来说，地图的重要性；而对于普通的旅行者来说，地图同样重要。

2 000 年后的今天，仍然保存着几张古罗马时期旅行用的地图。其中，令人感兴趣的有以下两点：

它们是否可以被当作地图，不得而知，在现存的四个古罗马时期的银杯上都刻有地图。它们都是为了用于旅行而制造的，这一点确定无疑。之所以这么说，第一个理由在于它的圆筒状的杯子形状。在罗

古罗马时期旅行用的银杯（上面刻有城市名称和各城市间的距离）

马大道上，每隔一罗马里（约合 1.5 公里）就立一个里程碑，而杯子的形状正是“里程碑”的形状，在拉丁语中被称为“Miliarium”。

第二个理由是，杯子的表面刻着文字和数字。用拉丁语刻的文字，表示沿途的旅馆、换马站和马车维修站、提供餐饮的设施，还有可以提供这些服务的某个城市的名称。用罗马数字标记的数字，表示它们之间的距离，当然表示的是罗马里数。拿现代的高速公路来说，就相当于这个杯子上刻有简易汽车旅馆、带汽车维修站的加油站、快餐店，还有沿途的城市名称和它们之间相距的公里数。

现存的、挖掘出来的银质旅行杯上面，刻的是从西班牙最南端的重要港口加地尔（现为加的斯）至帝国首都罗马沿途所有的城镇名称和它们之间的距离。这条大道是从伊比利亚半岛北上，越过比利牛斯山脉，横穿法国南部，再越过阿尔卑斯山脉，进入意大利，由此南下弗拉米尼亚大道，到达罗马。这段路程是贯穿罗马帝国西部的一条大动脉，全长为 1 853 罗马里，约相当于 2 780 公里。必须越过的山脉有比利牛斯山脉、阿尔卑斯山脉和亚平宁山脉。途经的大河有埃布罗河、罗讷河和波河。这段绝对非同小可的路程平均每隔 26 公里就设有某种设施，给旅行者提供所需的各种服务。这一点已经得到这个旅行杯的佐证。

这种杯子不会只有从西班牙的加的斯至罗马旅行的人才使用。对于从杯子上刻的城市——例如法国南部的纳博讷、意大利北部的都灵——去罗马的人来说，肯定是非常方便的。途中的里程碑上写有从这条大道的起点开始第几个“碑”，因此很容易知道从起点开始的距离，但是没有记载各个服务设施之间的距离。而这种杯子上却刻着所有这种有益的信息。这样，旅行的人就可以知道走多远会遇到什么样的设施，从而制订旅行的计划。想象一下，古罗马时期风尘仆仆的旅客从“驿站”里的店铺买一只这样的银杯，一边喝水，一边寻找它上面刻的地名和距离，那种情景不由得让人会心地微笑。

从罗马至加的斯全程都是按照罗马人的观念由国家负责管理的“公路”，也就是必须全线用石头铺设的干道像接力一样联结起来的道路，但是这 2 780 公里只是遍布整个罗马的、长达 8 万公里的干道的极小一部分。这就是说，当时在其他主要大道上，也应该制造和销售这种旅行杯，这种假设也是有道理的。例如，从罗马通过里昂，越过多佛尔海峡，直至不列颠的伦敦；又如，从罗马穿过瑞士，沿莱茵河至科隆；从罗马，经阿庇亚大道，至布林迪西，由此经两天的海路后登陆，再横穿希腊，到达现代的伊斯坦布尔的道路。罗马的“公路”上修建了各种旅行用的设施，这是当时许多人在流传后世的文章中记载的一个事实。另外，在古罗马时期，全国各地都制造和销售画有名

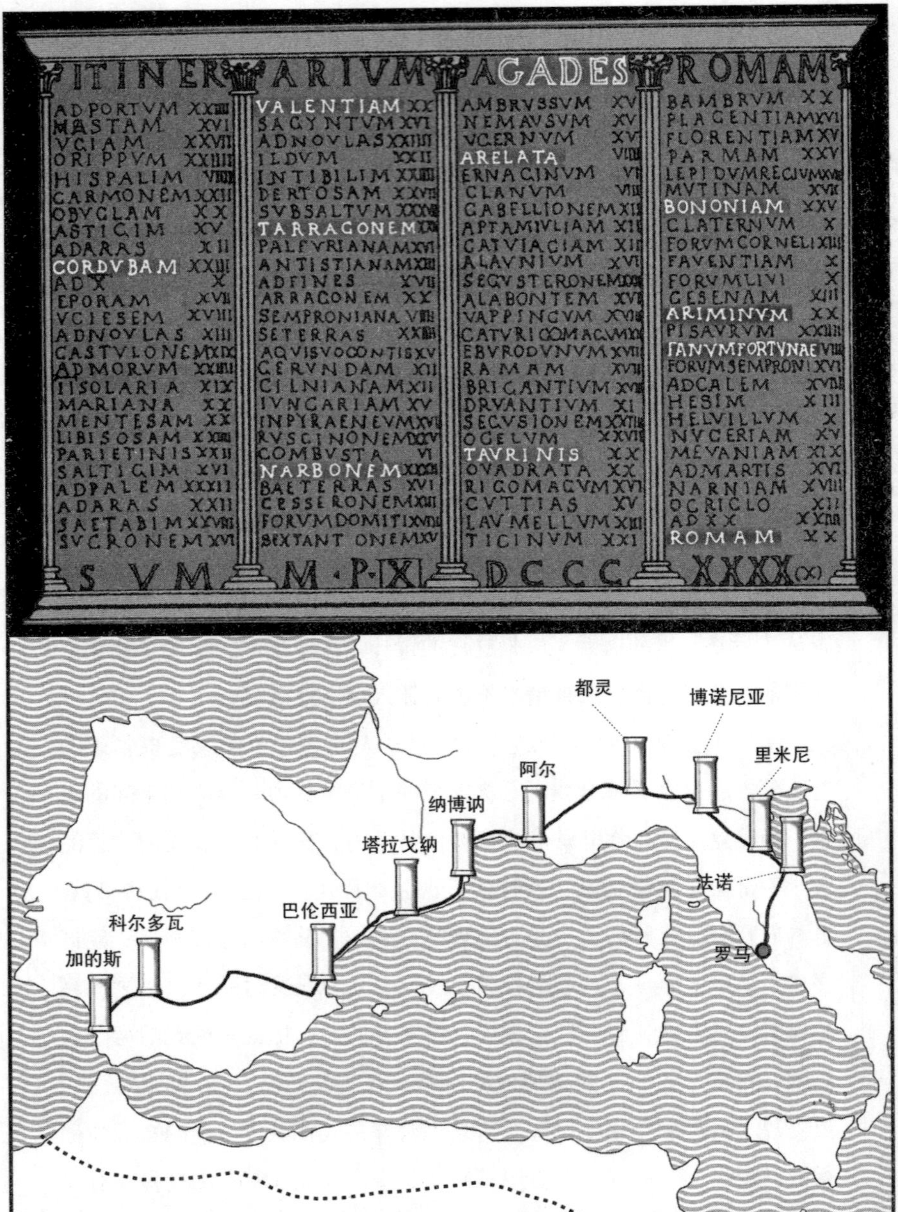

银杯表面展开图（上）和加的斯至罗马的大道

胜古迹的纪念品。我想，带有地名和距离的旅行杯比纪念品有益得多，所以需求应该也是很多的。

除了这种杯子外，还有一种地图，让我想到是不是古代版的将欧洲的饭店和餐馆按等级进行划分的米其林旅游指南，它属于“用图画表示的地图”一类。

这类地图被称为“波伊廷格地图”（Tabula Peutingeriana），公元4世纪中叶前后制作，到11世纪的时候有人临摹，收藏于维也纳国家图书馆，保存至今。它由11张羊皮纸横接而成一个卷轴，6.75米长，34厘米宽。不过，这幅古代地图的中世纪复制品在打开卷轴的时候，缺少了应该位于左端的不列颠（今英国）。因此，原版地图应该是用12张羊皮纸连接在一起后绘制而成的卷轴式地图，尺寸为7.4米长、34厘米宽。在这样大的羊皮纸上，画着西自不列颠，东至印度河，北起波罗的海，南至撒哈拉沙漠的“世界”情报。

罗马帝国东边的国界是幼发拉底河，因此这并不是罗马帝国的全图。但是经波斯直至流过印度西部的印度河这一片区域，是罗马的精英们视为先驱者的亚历山大大帝曾经走过的地方。另外，对于罗马帝国来说——几乎唯一的假想敌国帕提亚（后来被波斯取代）——这个中东地区一直是不敢放松戒备的地方。

罗马人并不是不知道印度河以东的世界。早在公元2世纪，在埃及的亚历山大从事研究的地理学家克劳狄·托勒密，这位古罗马时期的希腊人就已经绘制出了现代人所用的这种地图。在这张用拉丁语书写的世界上最早的地图上，画有从不列颠至中国的广大地区。罗马人不知道的地方是非洲大陆的中部和南部、澳大利亚、日本、韩国、东南亚，还有南北美洲。

我们的话题再回到波伊廷格地图。它与克劳狄·托勒密的地图最大的不同之处在于，它宁愿牺牲实际的距离，也就是通过变形，也要在地图中加入尽可能丰富的、有用的旅行信息。它在交通量大的意大利半岛上，使用了很大的版面，而只画了一条绿色的带子来表示地中海。我们已经习惯忠实于纬度、经度的托勒密式地图，但是要理解波伊廷格地图，需要某种程度的适应。这种地图的目的，并不看重地理上的准确性，而在于提供对旅行有用的信息。

古罗马时期恐怕已经出现多种地图并用的现象，这些地图包括：托勒密式地图、波伊廷格式地图、上述银质旅行杯类的地图，还有仅用文字说明的文字地图。用彩色大理石拼贴在谁都能看见的列柱回廊墙面上的罗马全图，应该属于托勒密式地图。军团指挥官携带的地图，应该属于托勒密式地图和只有文字的“地图”。一般的旅行者使用的地图，则应该属于杯子式和波伊廷格式地图。而这些在市内的书店、沿街的“驿站”和“换马站”都可以买到。

我之所以购买希腊、迦太基、罗马的金币、银币、铜币，并不是因为我有收藏的兴趣，而是为了赏玩，想象一名士兵一年的薪资会是几枚这样的硬币，用一枚这种硬币能买几公斤面粉。另外，有时也会根据硬币的样式想到英国人、迦太基人的性格倾向。值得一提的是，希腊、迦太基的货币上面几乎不刻文字，而罗马的货币则同时用作对皇帝的宣传，因此它的设计是在皇帝的侧面像周围环绕文字。货币是最好的史料。

由于我有此喜好，所以如果有古罗马时期的旅行杯的仿制品销售的话，我会毫不犹豫地买下来。但是没有人仿制，因此我只有前往罗马国家美术馆，隔着玻璃柜的一层玻璃，远远地观望。但是古罗马时

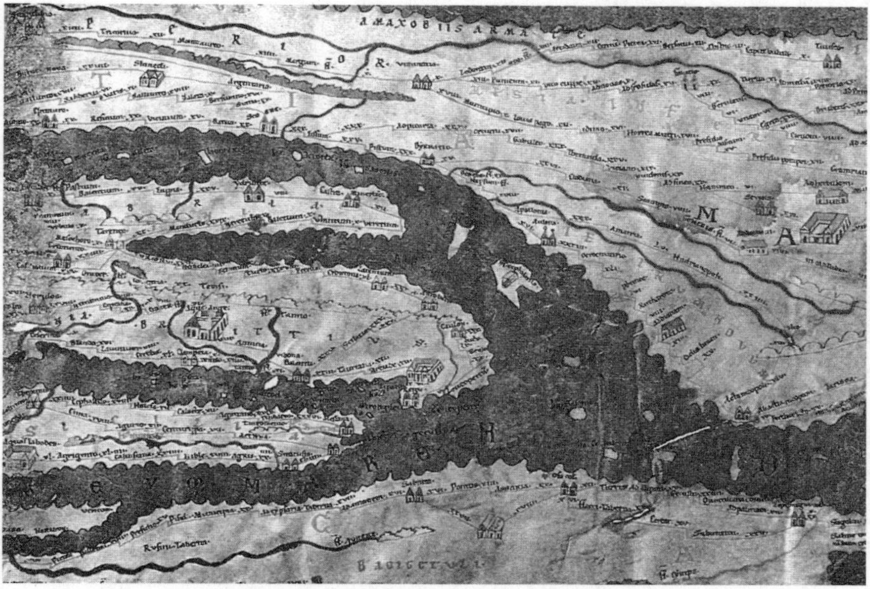

波伊廷格地图局部（左边是意大利半岛的南部）

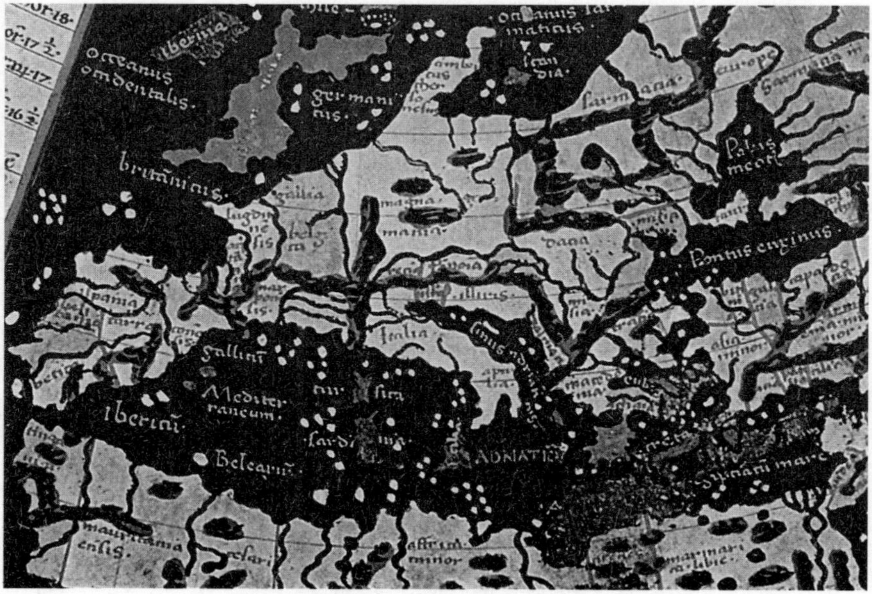

托勒密地图一例（欧洲及其周边）

期的地图仿制品，我买到了。

波伊廷格地图本身是古罗马时期地图的复制品，因此我手上的是复制品的复制品。尽管如此，它与维也纳国家图书馆收藏的第一代复制品相比，也只是用纸上由羊皮纸换成了普通纸这一点不同，长度和宽度完全是原来的尺寸。而且，就像古罗马时期的旅行者实际使用时那样，把它装在一个贴小牛皮的箱子里，地图的两端分别由两根小棍固定，因此可以一边用手转动小棍，一边看想要看的部分。如果只是地图的复制品，也许不会有多大价值。在我 20 年前购买它的时候，花了 10 多万日元，这也许是因为它的箱子贴了优质的小牛皮吧，连箱子中装的说明书的封皮都是皮面装订。尽管是仿制品，却如此精致。首先，也许是因为预料到购买的人数不会多。这种东西只有对其相当好奇的人才会购买。其次，是一个更冠冕堂皇一点的理由，那就是重现古罗马时期生活富裕的旅行者实际使用的状态。事实上，在这 20 年中，我常常把这幅地图从箱子中取出来翻看，仿佛自己也是一名社会上层的旅行者。

因此，下面将让读者看一看实物的照片，在此先谈几点我的想法。

虽然这是一幅西起不列颠、东至印度的地图（包括锡兰也画在上面），但是内容比较详细的，还是从不列颠至幼发拉底河的一段，这一点需要先提醒一下读者。也就是说，准确详细的信息只限于罗马帝国的范围内。虽然说它是地图，在位于最东端的印度河附近的地图上，却标注着这样一句话，令人忍俊不禁：

> 这里是亚历山大听见神谕的地方，神跟他说，亚历山大呀，你走到哪里去？

东征中的亚历山大大帝不管是不是听信了神谕，到了印度河便返回了西方。地图上这样标注这个著名的典故，不乏幽默。

也许古罗马时期的地图制作人认为，只要是著名的故事，就应该全部写在地图说明上，因此，地图上甚至有《旧约圣经》中的故事。在地图上的西奈半岛部分，有下面这样的文字：

> 这一带是摩西率领以色列人漂泊了 40 年的沙漠。

在西奈山的地方，则写着："摩西在此山上接受上帝赐予他的十诫法板。"

读到这样的说明性文字，令人愉快，但是这种文字虽然在地图上罗马帝国的边界处能够看到，然而随着靠近帝国的中心，便逐渐消失了。这并非因为著名的历史故事少了，而是因为实际旅行所需的信息越来越多，地图上没有地方把这样的故事全部标注出来。也许是因为当时购买这种地图的人都是在罗马帝国境内旅行的人吧。

这种波伊廷格地图的特色是，许多基本信息都使用符号来表示。

大海用绿色的平面，河流用绿色的曲线，山脉用褐色的峰峦形状，森林用树丛形状来表示，这些都比较普通，而其他的内容则有些像漫画，令人赏心悦目。

关于这幅地图制作的时间，研究人员的看法是一致的，即公元 4

“这里是亚历山大听见神谕的地方，神跟他说，亚历山大呀，你走到哪里去？”

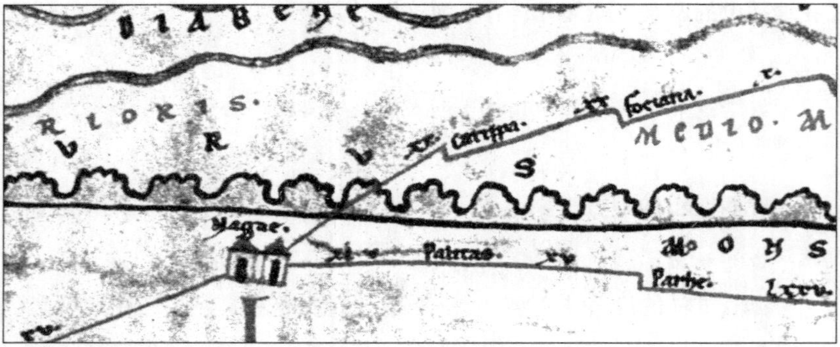

山脉（波斯附近）

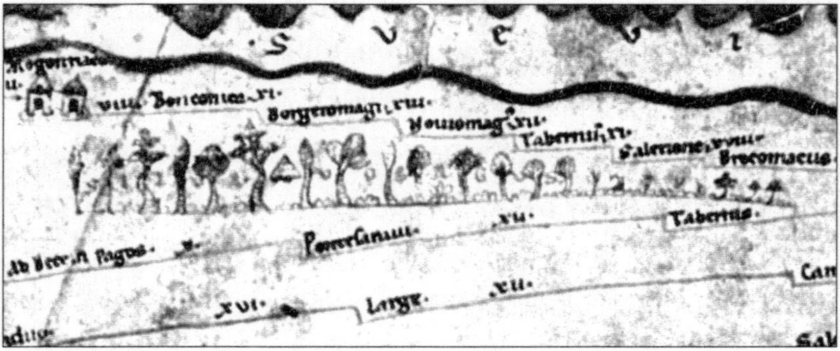

森林（日耳曼附近）

波伊廷格地图局部

世纪中叶。当时的罗马帝国有三大城市：意大利半岛上的罗马、希腊人所建的君士坦丁堡、叙利亚的安提阿。在这个地图上，这三大城市也是用特殊的符号标记的。

除了这三大城市以外，地图上还有六个主要城市，它们是用城墙环绕的符号表示的，分别是：意大利的拉韦纳和阿奎莱亚，希腊的塞萨洛尼基，土耳其的安卡拉、尼西亚、尼科美底亚（伊兹米特的旧称）。这六个城市中有四个位于帝国的东方，这也许是受到君士坦丁大帝在公元 330 年把帝国首都从罗马迁至拜占庭的影响。罗马帝国的中心从西方转到了东方。从此，拜占庭改称为君士坦丁堡，“君士坦丁之城”之意。公元 1453 年，拜占庭帝国灭亡后，它被改称为伊斯坦布尔。另外，微不足道的城市尼西亚被列为六个主要城市之一，应该是因为公元 325 年著名的普世会议曾经在此举行，对于公元 4 世纪的基督教徒来说，这是一个重要的地方。这样，公元 313 年，基督教由于君士坦丁大帝的努力，终于得到社会公认。

这里值得一提的是，之所以把波伊廷格地图的制作时间推定为公元 4 世纪中叶前后，是因为这幅地图上面有始建于公元 4 世纪的圣彼得大教堂。尽管如此，上面也有为数众多的祭祀希腊、罗马诸神的神庙。出现这种现象的原因在于这样一个历史背景：君士坦丁大帝正式承认了基督教，但他并没有禁止其他宗教。而到了公元 392 年，狄奥多西皇帝把基督教以外的所有宗教定为异教，开始彻底清除这些异教。也就是说，罗马帝国从公元 313 年至 392 年长达约 80 年的时间里，是一个众神共存的时代，包括希腊、罗马的诸神，叙利亚、埃及的诸神以及犹太教、基督教的一神教的神，尽管它们有地位上的逆转，但并不妨碍它们彼此共存。波伊廷格地图对神庙和教堂同样标记，它也是反映诸神共存，也就是信仰不同的人可以共存的古代最后

阿奎莱亚

拉韦纳

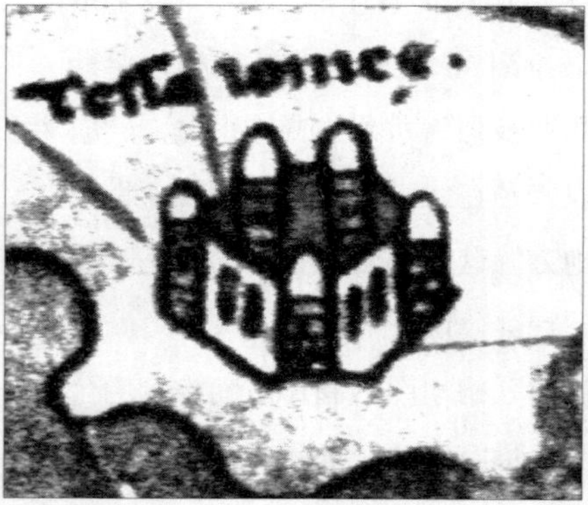

塞萨洛尼基

尼科美底亚

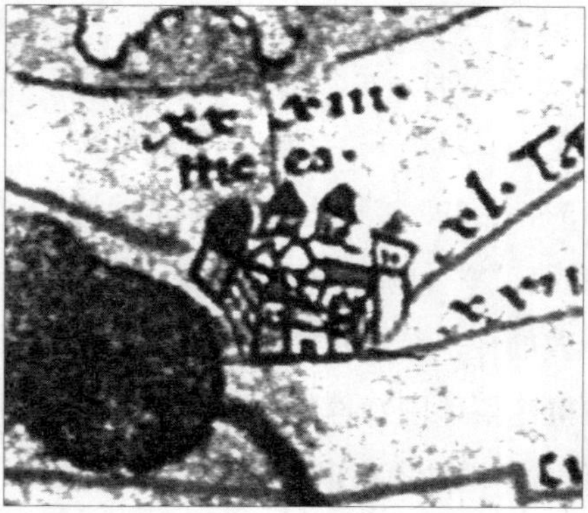

尼西亚

安卡拉

波伊廷格地图局部（古罗马时代六个主要城市）

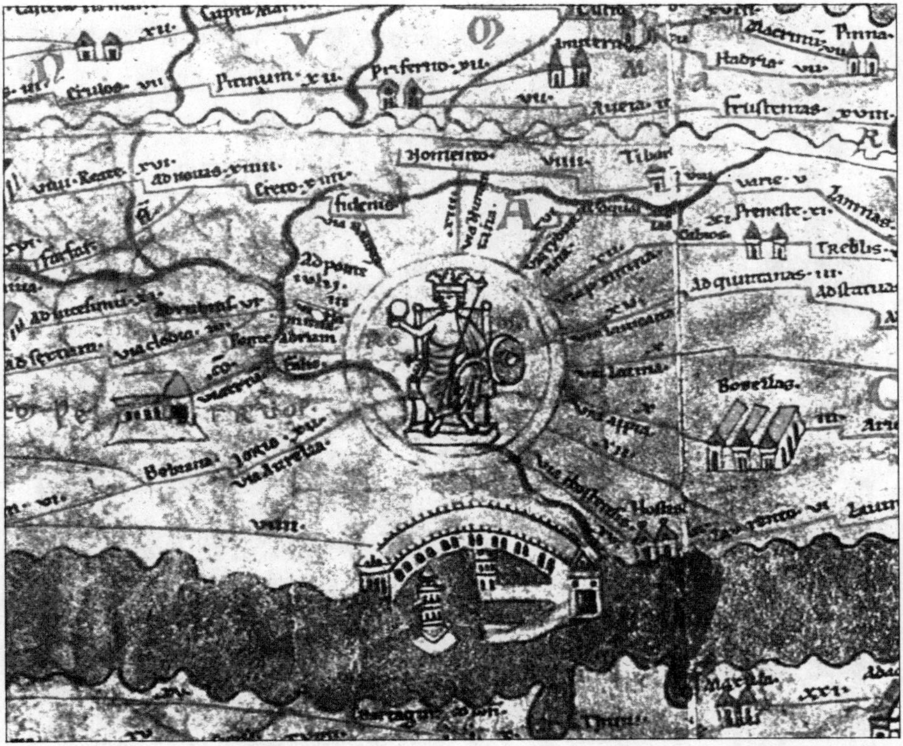

罗马周边（其下方是奥斯提亚港）

那不勒斯（最右侧的城市是那不勒斯，它的左侧是隧道符号）

波伊廷格地图局部

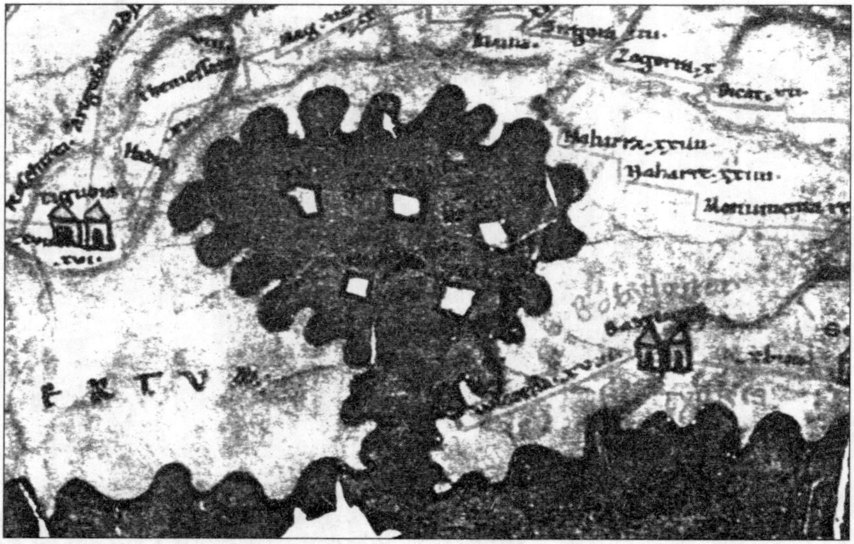

波斯湾

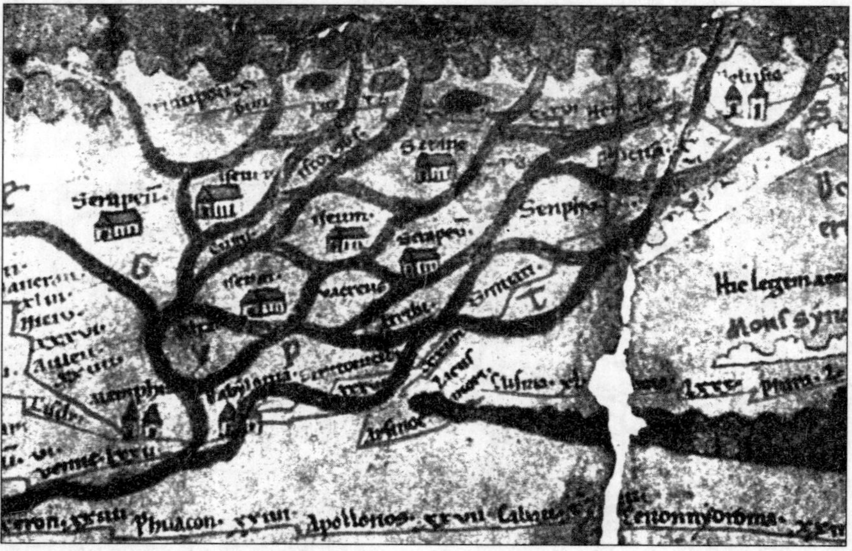

尼罗河入海口的三角洲地带

波伊廷格地图局部

时期的一幅地图。

值得庆幸的是，对于走陆路的旅行者来说，道路和可以住宿的城镇，对于走海路的旅行者来说，重要的港口和灯塔这样的设施，无论你信仰什么宗教，这些都是必要的基础设施。因此，波伊廷格地图上的主角是用红色的直线标记的道路、沿着道路用罗马数字标记的距离数以及表示有住宿设施的房子形状的符号。

在波伊廷格地图上，道路采用红色的直线表示。在古代，红色是一种仅次于紫色的重要颜色，用这种颜色表示本身就说明波伊廷格地图相当于现代驾车旅行所需的交通地图。也就是说，这种地图表示的最重要的内容就是道路。

另外，所有的道路都用直线表示，并不完全表示道路本身是笔直的。波伊廷格地图的目的，不在于地形的准确性，而在于告诉地图使用者从哪儿到哪儿有什么道路，它们之间的距离是多少。这一主要目的以外的内容都简化了，这本身也是地图制作者必须用心才能做到的一种智慧。

简化的最终结果必然是符号化。无论是神庙还是教堂，在古罗马时期都是用一种被称为“巴西利卡”（basilica）的带屋顶的长方形会堂的符号来表示。古罗马时期的“巴西利卡”的意思是长方形会堂，是用于审判和经济交易的场所。而到了制作波伊廷格地图的公元4世纪中叶，不断衰落的罗马帝国的政治、经济实力与开始抬头的基督教势力正好呈反比例的关系，在某种意义上，可以说是这两条线交叉的时期。作为法治国家和自由经济象征的礼堂在当时有很多变成了基督教徒集会的教堂。值得一提的是，自中世纪以后至现代，教堂的别名就一直被称为“巴西利卡”。位于罗马的圣彼得大教堂的通称也是“圣彼得巴西利卡”（St. Peter’s Basilica Church）。

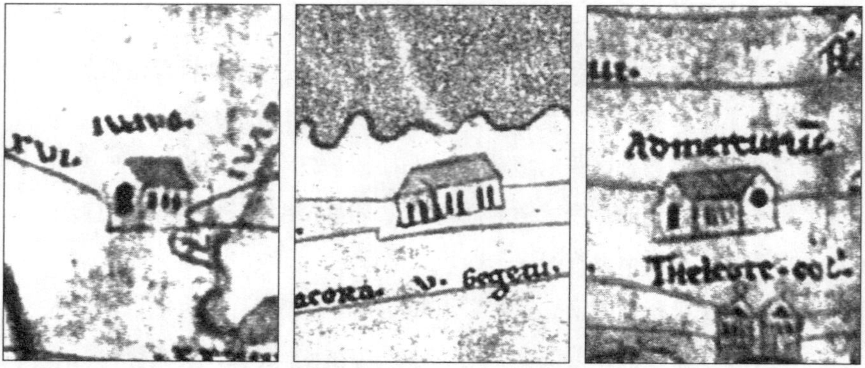

各式各样的“巴西利卡”（礼堂、神庙、教堂等）

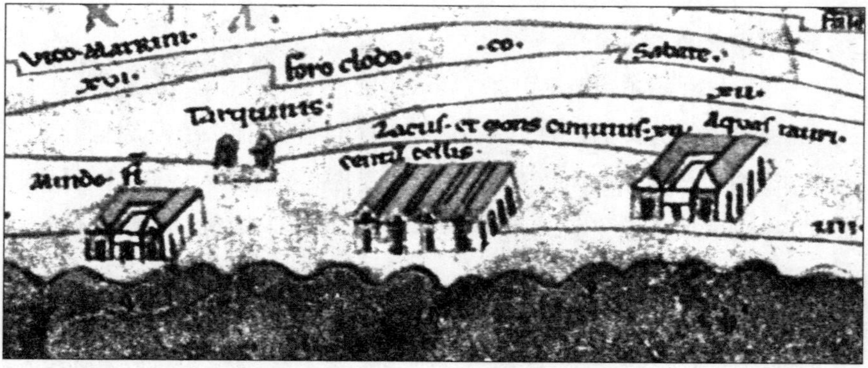

仓库林立的奇维塔韦基亚港口（中央）

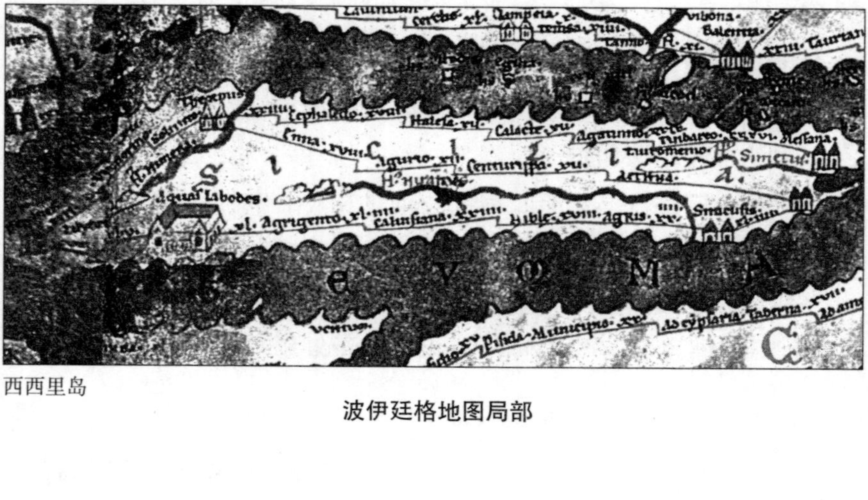

西西里岛

波伊廷格地图局部

有住宿设施的城镇（表示该城镇中级别最高的旅馆等级）

温泉场所（高卢东部）

波伊廷格地图局部

尽管如此，有不少证据表明，在这种波伊廷格地图制作的时期，古罗马依然国力强盛。其中一个例子便是，这幅地图上画有数量众多的温泉场所。罗马人认为，不仅拥有许多人口的城镇，连守卫边境的军团基地，洗澡的习惯也是不可缺少的，而如果使用天然的温泉，而且位于干道附近，就会让人无法抵抗它的诱惑。一位现代历史学家写道：温泉对于罗马人是一种磁铁，无论是旅途的风尘还是身体的疲劳，只要一泡温泉，都能够一扫而光。它在波伊廷格地图上比城市更加突出。考虑到这种地图是为旅行的人制作的，这一点是可以理解的。波伊廷格地图上的符号总数为550个，其中52个是表示温泉的符号。

多达550个的符号中，有429个用房子或者塔的符号表示可以住宿的地方。不过，这429处并非全部用同一符号表示，而是用4种符号。我将其依次分级为二星、三星、四星、五星，但这不过是按照城市大小猜想的一种假设。二星相当于简易汽车旅馆。用五星表示的城镇则意味着，按照旅行者付钱的多少，可以选择二星至五星的旅馆。在帝国的首都罗马曾经有成排的小房间，以至于考古学家惊呼：“这是商务酒店！”

而且，在表示这些住宿设施的符号下面，用拉丁语标注了城镇和村庄的名称。我们只要看一看它们，便会明白，现代欧洲、中东和北非的大多数重要城市都是从2 000年前古罗马时期的“可以住宿的地方”发展而来的。

综上所述，在古罗马时期，已经出现许多旅行地图，既有银杯上的地图，也有波伊廷格地图。它们上面都标注有表示距离的数字，包括每隔一罗马里立一个里程碑。

这里首先要产生的疑问是，旅行者是如何测量距离的？如果是行走的距离，只要数一数每罗马里建造的里程碑就会知道。但是逐个数出每隔不到1.5公里就出现的里程碑显然是一个不太聪明的办法。另外，怎么知道从早晨出发走了多少距离？再走几罗马里路，能到达有马车修理店的驿站？现代的汽车通过里程表显示的数字便可以知道这些，而古代显然不能指望这样。无论是古代还是现代，知道距离对于旅行的人来说都是一个重要的问题。罗马人是如何解决这种问题的呢？

虽然与现代的汽车里程表不同，但古罗马时期已经出现了测量里程的仪器。当时罗马人还没有发明齿轮，但是他们已经掌握了齿轮的原理，并加以运用。据说这种仪器的结构是这样的：

长途旅行的时候，罗马人通常使用四轮马车，而四轮中每个车轮的圆周也大体是固定的。车轮转一圈，就会掉下一颗小铁珠。小铁珠达到10个的时候，就会掉下一个稍大一点的铁珠。如此反复，达到一罗马里（将近1.5公里）的时候，便会掉下最后的铁球。这种装置即使没有达到一罗马里，也可以在中途测量行走的里程，这是因为这种装置不是装在密封的盒子里，而是安装在马车后部的外侧，以便在中途也能够数出铁珠的数量。也许古代人与现代人不同，不需要十分追求准确和精密，因此这种程度的简单装置也就足够了。当然，这种里程表是安装在旅行马车上的仪器，而道路铺设工程之类的土地测量使用的是专用的仪器。

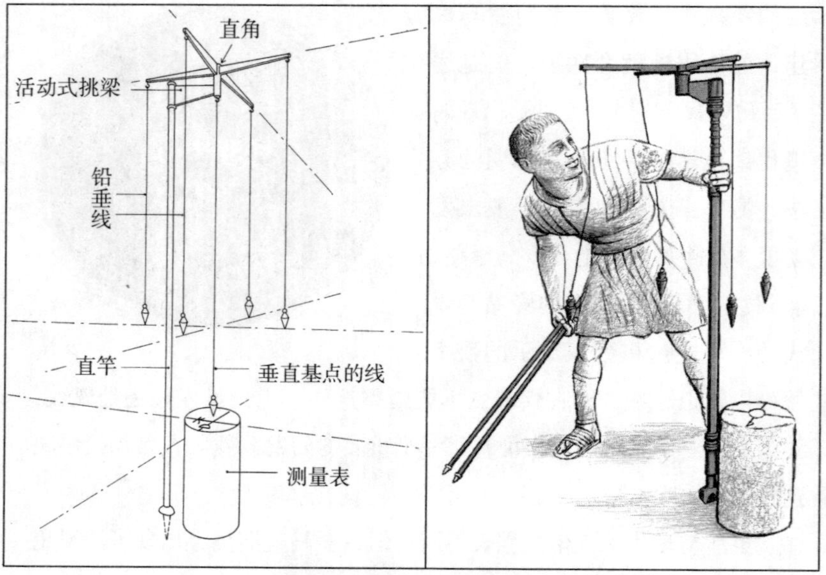

直角测量仪（右为使用方法）

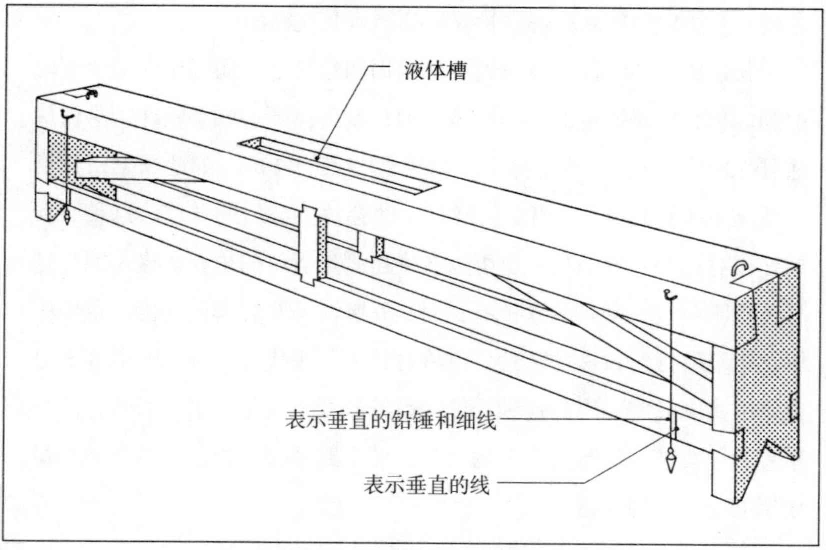

水平仪（测量是否水平的仪器）

在古罗马时期，不仅修通了道路，建设了堪比现代高速公路的各种服务设施，而且制作了旅行地图，那么，旅行的人使用的交通工具又是什么呢？这一点与出现铁路和汽车——也就是20世纪——以前并无太大的不同。

首先，就是步行。全线用石头铺设的干道和“公路”都严格区分双车道和左右两侧的人行道，由此也可看到步行的人所占的比例不小，尤其是短途的行人很多。罗马大道与现代高速公路的不同，不是道路铺设的水平，也不是各种服务设施的完善程度，而在于它有人行道和通行免费这两个特点。

其次，是借助马、牛、驴等家畜。每逢有紧急传递前线的指挥官发给在首都的皇帝（皇帝同时也是罗马全军的最高指挥官）的“公务电报”的时候，一早就要乘马疾驰，而且每站都要换马。

另外，罗马人称为“国有邮政”的制度多使用邮递马车。这是一种四轮马车，为了保证安全，每天晚上在“公馆”歇宿，次日凌晨出发。它们不仅投递邮件，不少情况下还会捎带到外地赴任的行政官。马车的构造是轿式的，因此可以遮风挡雨。

即使同样是四轮车，有的车并不是由四匹马拉的，而是由两头或者四头牛拉。这种牛车往往是敞篷车，如果运送军用物资，就是武器、军粮等辎重，而运送民用物资，则是农产品和手工产品。当然，运送物资的时候，不仅用牛，还经常使用驴和马。罗马帝国的主要城市，不仅首都罗马，连行省的城市在市区也几乎没有耕地。这说明，这些城市已经建立了从城外运进大量粮食以及各种物资的

(1)

(2)

(3)

刻画旅客的浮雕

(1) 路边休息的人

(2) 乘坐两匹马拉的马车旅行的一家人

(3) 二轮马车

供应体系。

除四轮车外，还有轻快的二轮马车。这时候，一般由一匹或两匹马拉车。乘车的人也是一个或者两个人。即使装货，也只允许装载较轻的货物，因此也许相当于短途的小排量汽车或者赛车。

另外，还有一种称为“卡鲁卡”（carruca）的卧铺车。用蒙皮的车篷覆盖，既可以一边睡觉，一边旅行，也可以坐在床铺上一边下棋，一边旅行。蒙皮的车篷上左右各开一扇窗户，因此光线充足。有的人用处理工作来打发旅途的时光，有的人则把这个时间用来安静地读书。一天的行程平均下来为25公里至30公里。

那么，也许有人会想，没有马车那种自己出钱的旅行工具的人只有步行了，但是实际上完全不是这样。

首先，当时实行一种类似于现代的配司机租车的制度。由于是古罗马时期，所以是连车带赶车人一起租用。在现代，就相当于包租式出租车或者普通的出租车。这种行业也有行会。在大道的起点附近，出租马车的店铺鳞次栉比，因此只要谈好价钱，然后乘坐就行了。

付不起租车费的人，还有更便宜的旅行工具，那就是公共马车。我们想一想在西部片中司空见惯的驿站马车，便容易理解了。这种马车每到一个公馆、站点、快餐店都会停车，所以从停车的地点到目的地只要走人行道就行了。如果肯稍微多给点小费，也许还可以在目的地附近下车。即使遇到严格遵守公共马车规定的赶车人，旅客要走的距离最多也不到10公里。可以把它看作坐公共汽车旅行。

罗马大道上就是这样来来往往各式各样的人和交通工具穿行其上，但是到了交通量大的大城市附近，无疑噪声也非常大。与现代不同，当时既没有汽车尾气，也没有引擎的噪声。但是，那个时期还没

有橡胶，也就是说，没有轮胎。人们用铁圈保护车轮外侧。无论大道表面如何平坦，铁圈接触路面上的石头产生的噪声也肯定非常大。但是这也视习惯而定，也许古罗马人会说，来往的汽车产生的噪声更让人难以忍受。

因此，也可以说，对噪声的忍耐度要看生活习惯的不同，但是到了市区，这些因素会引起交通堵塞，因而难以处理。

在进入罗马帝国之前的公元前1世纪中叶，罗马已经是一个近百万人口的城市。即使要妥善处理这些蜂拥而至的人，也是一项庞大的工作。罗马已经日益发展成为“世界之都”，不论政治、经济，还是文化，形形色色的人汇聚到这里，已经是大势所趋，成为不可阻挡的潮流。因此，自费修建公共集会广场并赠送给国家的恺撒不仅扩大了古罗马市中心的古罗马广场，而且不惜破坏共和国时期的城墙，把城外的马尔斯广场纳入了市中心的范围。

但是恺撒似乎并没有认为扩大市中心会解决交通堵塞的问题。也许他已经预料到，越来越多的人会汇聚到罗马。因此，他在进行扩大市中心的公共建设工程（在马尔斯广场，他在万神殿的旁边建造并捐赠了规模宏大的尤利娅回廊）的同时，实施了防止交通堵塞的措施。这就是可以被称为《尤里乌斯交通堵塞处理措施法》的一部法律。这部法律的主要内容就是，从日出开始到日落为止，严禁乘马车进入罗马市区，只有国家举行祭祀活动用的马车和用于公共建设的物资运输车辆例外。人和物资在有太阳的时候到达罗马，一律不允许在日落之前乘车进入市区。人只能步行，物资只能由行李搬运工背着进入市区。不过，日落以后便会解禁，因此一直在城外等候的运输车便会一齐拥向市区。住在临街房子里的人，因为铁车轮和石板地面相碰撞产生的噪声而难以入眠。

在城市里生活，无论是在工作方面还是在娱乐方面，虽有许多优点，但是缺点也不少。正因如此，古罗马人热衷于在郊外拥有一栋别墅。尤里乌斯·恺撒制定的这部法律谁也不想修改，因此在罗马帝国时期一直有效。据说，在恺撒制定这部法律的时候，只是在首都罗马实行，而进入帝国时期以后，也开始适用于意大利本土内的其他城市，随着古罗马实行帝制，实施范围又扩大到了行省的主要城市。到了公元 2 世纪的五贤帝时代，大多数城市都开始施行这部法律。

这样，乘马车到达罗马的旅客在进入市区之前就要下车。如果通过的道路是阿庇亚大道，那么下车的地方就是这条大道的终点卡佩纳门的门前。但即使下了车，身体疲惫或者虚弱的人还有另一种交通工具可选，那就是由两个人抬的轿子。这是因为，当时是允许使用轿子的。没有自家的用人来迎接的人也可以租轿子。总之，市内交通主要是步行。就任终身独裁官而实际上成为皇帝的恺撒，在从位于罗马广场的官邸去往布鲁图等人带刀埋伏的庞培剧场的回廊时，就是步行。图拉真皇帝在从多瑙河前线回到罗马时，也是在大道的终点下马，徒步走进市内的。

经历了 2 000 年沧桑岁月的现代罗马，已经看不见当年阿庇亚大道的起点同时也是终点的卡佩纳门了。但是，这里至今仍是许多道路的交会点。它现在的名称是“卡佩纳门广场”。左边可以望见卡拉卡拉大浴场遗址，走近市内，正面便是昔日的大竞技场。右边相继进入视野的，则是古罗马时期代表性建筑的遗址，包括建在帕拉蒂尼山上的皇宫遗址、君士坦丁大帝的凯旋门，以及圆形竞技场。

古时候，人们在这里只能放弃交通工具，徒步进入市内，但是现在汽车和公共汽车都通畅无阻地进入市内。也正因如此，现在罗马的市中心到处交通堵塞，充满了汽车的尾气。到了 16 世纪，米开朗基罗设计了卡匹托尔广场，而作为罗马城的象征物被转移到卡匹托尔山上的马可・奥勒留皇帝骑马像在修复后为了防止尾气的腐蚀而被移入了附近美术馆的玻璃柜中。每当我走过卡佩纳门广场的时候，都会痛感从这里开始的罗马实在不应该通行汽车。但是如果徒步，或者用人力车的话，现代人能答应吗？也许过去的人腿脚比现代人强健吧。

值得一提的是，按照研究人员的主流看法，人类超过在罗马大道上行驶的速度，是由于始于 19 世纪中叶的铁路发展和进入 20 世纪以后汽车的普及。这是因为罗马帝国灭亡后的 1 400 年中，交通工具一直是人类的脚、马和马车，这种状态始终没有变化，但是道路的状况越来越差。

在西罗马帝国已经崩溃的公元 6 世纪，阿庇亚大道仍然令访问意大利的东罗马帝国大臣赞叹不已。这是自公元前 312 年开工，历经 800 多年后，对罗马大道的最高评价。但是，罗马大道能够经得起长达 800 年的漫长岁月和沉重的车辆的辗轧，也归功于一直坚持的维修养护。罗马的工程师们曾经夸口说，罗马大道 100 年不需要维修养护，但他们说的是 100 年，而不是 800 年。罗马的各条大道有专门的养护负责人，被称为“大道保护人”，相当于交通部公路局局长的职务。也就是说，阿庇亚大道的“保护人”、弗拉米尼亚大道的“保护人”都有专人负责。正是由于这些国家的高级公务员负责管理，全长达 8 万公里的罗马大道的干道一直发挥着帝国动脉的作用。

罗马人把这些干道称为“公路”。按照罗马人的观点，既然被称为“公共道路”，就意味着它是国家负责的工作。不过，它并不拒绝在财政方面的私人赞助。相反，皇帝本人就自掏腰包修建道路，并鼓励私人赞助。在整个帝国境内，至今仍遍布着这样的石碑，这些石碑上刻着某某人捐赠了从哪儿到哪儿的路段的修建费用。在罗马道路网的维护方面，也实行中央政府、地方政府和个人三方参与的政策。

但是强大的罗马帝国最后也势所必然地开始走向衰亡。尤其是从公元 235 年开始的 50 年中，罗马帝国陷入严重的危机之中，史称“3 世纪危机”。在政局动荡的半个世纪中，一年内就更迭了多位皇帝。政局的动荡势必导致经济的恶化。在这个时期以后，罗马大道便开始无人管理。在戴克里先皇帝和君士坦丁大帝的强力统治下，暂时克服了“3 世纪危机”，但是即使如此，罗马帝国的国力也已经无力维护这些基础设施。公元 6 世纪拜占庭帝国的大臣通过的阿庇亚大道，是已经有 300 年无人管理的大道了。尽管如此，当时这条大道仍然令人惊叹，也许是铺设时工程技术水平的高超和其后 500 多年中坚持不懈的维修养护的结果吧。

一位现代的研究人员曾写道：“只有保持政治上一贯性的国家，才可能有健全的路政管理。”

现代人所见的，是一个保持政治上一贯性的国家灭亡后长期无人管理、路石磨损、满地尘土，甚至杂草丛生、路面颠簸不平的罗马大道。但我们不能因此就误以为这就是当初的罗马大道。以保存古罗马时期原貌为特色的庞贝街道路石也已经磨损，但庞贝只不过是意大利南部多个中小城市之一，而且这条街道是城里的一条通道。市内的街道属于地方政府管辖，另外，城里正如我们现代限制车速一样，在古罗马时期白天禁止马车往来。当时，城里的街道不需要像被称为“公路”的干道那样严格管理。

古埃及人由于有尼罗河这样的天然交通运输线，所以没有修建过一条像样的道路。埃及的道路完全是古罗马时期的产物。

古希腊人也由于海上交通发达，而且城邦之间斗争激烈，连想也没想过要修建联结各城邦之间的道路网。遍布希腊的道路全部是在处于罗马统治之下以后建成的。

波斯帝国在公元前 5 世纪已经开通了一条令古希腊历史学家希罗多德惊叹的被称为“王道”的大路。这是一条联结从波斯湾附近的波斯波利斯至地中海一侧的萨迪斯的道路，长达 2 500 公里。沿途每隔一定距离就建一个驿站，但全线是否是用石头铺成不得而知。根据比希罗多德晚 100 年的色诺芬的记载，当年亚历山大大帝行军的时候，脚下是一片泥泞，因此也许当时“王道”已经成了历史。但是，长度相当于 5 条阿庇亚大道的这种道路在波斯只有一条。虽然是漂亮的大路，但是如果只有一两条，只要动用国王的权力和财力，修建它并不是一件难以做到的事。但是罗马大道是呈“网”状的 8 万公里，罗马大道最大的特点不是它的距离之长，而在于它的网络化。

我们不妨看一下地图。与用大量的文字说明相比，看地图更加直观。在本书中，与古罗马道路网的图一起，同时提供了现代的公路和铁路的交通图，以便读者比较 2 000 年前和现代的基础设施的建设情况。因此，在古罗马时期道路网的地图上也使用的是现代名称，比如：不用伦丁尼姆，而是用伦敦；不用鲁特西亚，而是用巴黎；不用科隆尼亚阿格里皮内西姆，而是用科隆；不用维多波纳，而是用维也纳；等等。

看到这些地图，就不难理解，遍布整个帝国的道路网对于罗马帝国来说就是一张庞大的血管网，而且它是将罗马帝国融为一体的最有效的手段。

在此，我介绍一下曾经是被征服国家的人的话，作为佐证。公元 143 年，出生于小亚细亚的古希腊哲学家、当时年仅 20 多岁的阿里斯·艾利斯泰迪斯在罗马做了一次演讲。下面是他演讲的一部分。这个内容已经在《罗马人的故事 09·贤君的世纪》中做了介绍，这里请允许我再重复一下：

> 对于我这样的希腊人，不，对于其他任何民族来说，现在，要去一个地方旅行，非常自由、安全而且便捷。只要是罗马公民权拥有者，连证明身份的文件都不再需要申请。不，甚至不一定是罗马公民，只要是生活在罗马帝国统治之下的人们，自由和安全都可以得到保证。
>
> 荷马曾经说过这样的话："地球属于每一个人。"罗马把诗人的这个梦想变成了现实。你们罗马人测量并记录下了纳入你们保护之下的所有土地。你们在河流上架设了桥梁，在平原甚至山区铺设了大道。无论居住在帝国的何处，完善的设施让人们的往来变得异常便捷。为了帝国全域的安全，你们建起了防御体系。为了不同人种、不同民族的人们和谐地生活在一起，你们完善了法

律。因为这一切，你们罗马人让罗马公民之外的人们懂得了在有序稳定的社会里生活的重要性。

我忘了一件事，法律也是一个非常好的基础设施。

还有，在这个罗马帝国动脉流动的，有人，有物资，还有信息，而艾利斯泰迪斯也没有忘记提到信息传递制度。

总督作为行省统治的责任人，在决定一项政策或接到行省人民的请愿时，只要有一丝疑问，马上就会给皇帝写信，请求指示。这就是罗马帝国。在皇帝的指示到达之前，总督只会一味地等待，就好像合唱团演员等待指挥举起指挥棒一样。

只要能保证消息的传递，无论皇帝在何处，都不会影响他对帝国的统治。即使他身处帝国边境，仅靠书信也可以实施统治。因为皇帝的信一写好，就会有一个好像长了翅膀的使者（希腊语叫“Hermēs”，拉丁语叫“Mercurius”），会迅速而安全地把它送到目的地。

古罗马时期与现代不同，信息不是马上就能送达。但是他们深知建立信息传递制度的重要性。

在讲到罗马人社会的时候，我使用了“命运共同体”这个词，但在古罗马时期，并不存在这个词。罗马人用非常简单的“familia”这个词来表达，也就是“家庭”。对于他们来说，罗马帝国就是一个大家庭。正是由于有这种想法，他们才会不分本国还是行省，修建道路网，并且建立水道系统，使得任何人在任何地方都能得到对于人类生活来说最为重要的水。

罗马人建造的基础设施，用罗马人自己的话来说，就是“人类文明生活必需的大事业”。它在硬件方面的主角之一是罗马大道，而另一个主角便是我们下面要说的罗马水道。

水道

罗马为了引水而不惜投入巨大的人力、财力架设高耸入云的高架桥，是不是因为罗马缺少水资源呢？答案是否定的。首先，罗马城边就有一条大河，它就是即使进入枯水期的夏季也水量充沛的台伯河。此外，罗马城坐落在七座小山丘上，这些小山丘也有许多溪流，山间的洼地在下大雨的时候，就会变为一片湿地。据说罗马下水道的修建早于上水道，这也是因为需要把多余的雨水汇集起来，排入台伯河。如果不加管理，湿地便会产生大量的蚊虫。当时，有不少城镇因为疟疾肆虐而让人无法接近。

由于罗马并不缺水，所以自公元前 753 年建国起，至公元前 312 年为止长达 440 年的漫长岁月中，罗马人与古代的其他民族一样，也是饮用泉水、井水、溪水。这种情况由于一位生活在公元前 4 世纪至公元前 3 世纪的罗马政治家而发生了根本的改变。

此人就是阿庇乌斯·克劳狄乌斯。他也是提出并修建了最早的罗马大道阿庇亚大道的人。阿庇乌斯修建了罗马式的人工道路，以之代替人和车的踩轧而形成的自然道路。也许他认为，水也一样，光依赖于自然是不够的，建立人工的稳定供应系统是必不可少的一项工程。与阿庇亚大道一样，公元前 312 年开工的罗马最早的水道，也以制订

方案和工程最高负责人的名字而命名为“阿庇亚水道”。

当时的阿庇乌斯任财务官。古罗马共和制时期的最高官职是执政官，而财政官是从当过数任执政官的人中间选出来的。设置这种官职，最初的原因是开展人口调查，而当时人口调查的目的，是弄清服兵役的适龄男性青年人数。担任这个职务的人必须做到公正，因此通常要从元老院德高望重的人中选拔。

另外，当时的罗马与周边的各个部族之间一直战争不断，因此执政官大多数时间都率领军团在外打仗。在这种情况下，内政自然而然地就经常由财务官负责，因而财务官的任务也增多了。而且，与任期一年的执政官相比，财务官的任期长达五年。我想，这给阿庇乌斯创造了一个环境，让他可以进行历时一年以上的公共事业。最早想到利用这个职位的人，便是阿庇乌斯。这是因为，此前没有一位财务官尝试过这样的事情。在阿庇乌斯之后，形成了一个惯例：没有战争时，负责公共事业建设的人由执政官担任；如果不问战时和平时，则由财务官担任。甚至在罗马实行帝制以后，皇帝想要开展一项大的公共工程的时候，也亲自兼任财务官。可以说，阿庇乌斯树立了一位财务官等于公共事业最高负责人这一罗马传统的“里程碑”。

但是，在道路和水道这两大基础设施工程开工的公元前 312 年，罗马国家刚刚开始征服意大利半岛中部。正如还没有汽车就修通了一条宽阔的机动车道，房子没有浴室却先建好了自来水管道一样。尽管如此，在不久的将来就会有汽车，而且能够每天洗澡，因此，所谓基础设施，也许并不是因为有需要才去做，而应该是为了创造需求而去做。

虽然如此，在那个时期，能够想到并且建造不仅在意大利半岛，而且罗马在成为覆盖欧洲、中东和北非的庞大帝国之后，仍然完全能够适用的基础设施，确实是一个伟大的创举。毋庸置疑，阿庇乌斯把基础设施视为重要的国政，而不是单纯的土木工程。否则，他就不可能提出并实施罗马大道和罗马水道这两项国家百年大计，甚至国家八百年大计。

公元前 312 年对于罗马这个国家来说，是“基础设施元年”。这是因为阿庇亚大道成为后来所有罗马大道的样板，同样，阿庇亚水道也成为后来所有罗马水道的样板。

阿庇亚水道全长 16.617 公里。

其中，通过地下的长度为 16.528 公里。

地上部分总计 89 米。

地下的水道要挖地下通道，让水从通道中通过。地上的水道则要修建旱桥或者高架桥，让水从上面通过。与此后的罗马水道相比，阿庇亚水道的地下和地上的比例也高达 158：1，通过地下的距离远比地上要长。研究人员认为，这是为了防止遭到敌人的破坏。在建造罗马最早的水道的时候，最多只有周边二三十公里是比较安全的。但是罗马成为庞大的帝国之后建造的水道，同样是通过地下通道的距离更长，地上与地下的比例为 2：4 或 2：5。其原因，第一是为了控制流动过程中水温升高，第二是为了防止流动过程中水分蒸发。古罗马是一个南方国家，水温升高，水就会变质。由于是从路途遥远的山中引来的水，所以建设水道的目的，当然是稳定、随时地向市民提供优质的水。

阿庇亚水道的水源是罗马东部山地涌出的泉水。古罗马时期的水道工程人员是如何确定水源的呢？那个时代并不像现代这样，有调查水质的化学知识和手段。

首先，他们从山地众多的泉水中舀来检验用的水，通过人的肉眼对水本身进行观察。如果清澈无色，且无杂质，即为合格。

其次，是调查泉水周边的地区。草木的生长状态如何？土壤的颜色如何？调查对象还包括住在附近的居民，是否脸色好？眼睛的颜色是否清澈？骨骼如何？生病的人和残疾人的数量是否异常？同时，将舀来的水倒入优质的青铜壶中，放置数日，以检验水是否容易变质。除此以外，还要检验水煮开以后是否起泡，杂质是否浮到表面上来。总之，由于当时没有消毒剂，所以在决定水源时，各种勘察和检验都十分仔细。即使确定为水源，罗马人也不从湖面或者泉水的水面附近取水使用，而是挖一个坑道，通到湖泊或者山泉的旁边，以便引来深处更清澈的水，而不是使用水面的水。

确定水源之后，面临的问题便是如何把水从水源引到城市。如果是道路，只要把路修得尽量平坦，人和车就会自己在上面行走。但是水与之不同，它自己不会流动。罗马人似乎还不知道地球有引力，但是懂得水往低处流的道理。

而且在没有消毒剂的时代，他们想出的保持水质清洁的方法就是让水不停地流动，也就是所谓的“流水不腐”。

虽然相比而言阿庇亚水道比较短，但其长度也仍然有 16 公里之多。而且，从山区到处于平原地带的罗马，其间既有山丘、低谷，也有河流。因而，必须解决的一个问题是，在这样复杂的地形下，水道修成多大的坡度，水才会流动。如果坡度过小，水就不会流动。相反，如果坡度过大，无论是地下还是地上，所产生的水压显然都会破坏引水通道。这是因为在那个时代还没有钢管，因此水流经的通道是用水泥来防护的。计算出适当的倾斜率，对于水道工程来说，是一项尤其不可缺少的工作。《建筑十书》一书的作者维特鲁威与《关于罗马水道》的作者弗朗提努斯在倾斜率的说法上并不一致，但是无论是地下还是地上，如果地势平坦，坡度似乎在 0.2% 左右。当然，这与如何消化复杂的地势这个问题密切相关，因此理应没有一个固定的数值。维特鲁威认为它是 0.5%，而且据说有些地方达到 16.5%。

如果山丘不是很大，一般采用在山的侧面挖一个通道穿山而过的方法，为此需要从山上往山下每隔一段距离挖几个竖坑。如果将挖坑产生的沙土、石头运到外面，那么这种竖坑在工程完工的时候，应该就不再需要了。但是实际上，这种竖坑仍然是有用的。它被维修人员用来检查情况或者作为施工的一个通道。

如果山谷不是太深、太大，罗马工程师就运用虹吸原理，沿着下降、上升的山谷的脊线修建坑道。流到山谷边缘的水通过坑道时下落，然后利用这个力，被送至山谷对面的山丘边缘。

但是如果山谷比较大，或者比较深，就不能使用这种虹吸方法。因此，罗马人采用与修路一样的方法，即从山谷的这一边架桥到另一边。不过，人车通行的桥梁与水通行的桥梁不同，后者必须有一个坡度。

既然罗马人架设了这么多引水的高架桥，理应完全可以让行人、车马也从上面通行，但是罗马人不允许这样。即使允许，也只有人可

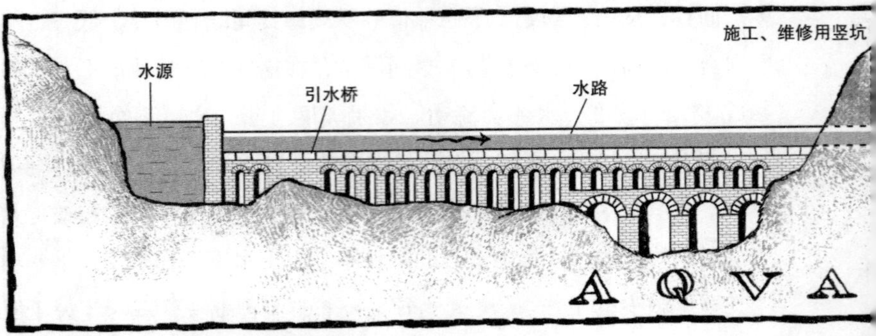

罗马水道的原型（从水源至蓄水池）

以通行，而车和马则严禁从这些引水桥上通行。这是因为，需要维修时，它的上部可以随时打开，同时也是为了保护铺盖在坑道上面的石头。

如果山谷下面有河流，当然不能采用虹吸的方式，而必须架桥，让水从桥上通过。桥上、桥下水流潺潺，交相辉映，往往令游人赏心悦目。

古罗马地下水道的建筑遗址并不是谁都能够看到的，但是建在地面上的高耸入云的高架引水桥，无论在罗马近郊还是法国南部的城市尼姆、西班牙中部的塞哥维亚古城、非洲北部的迦太基，在 2 000 年后的今天仍然任何人都可以看到。每次我看到它们，都不由得感叹，仅仅为了水的稳定供应，竟然兴建如此规模宏大的工程。当我看到穿过一望无际的沙漠，从水源地一直通到迦太基城市的那条古罗马时期的高架引水桥遗迹的时候，我不仅感动，而且彻底惊呆了。就在此时，我的身边走过一辆驴拉的车，上面堆满了装水的瓶子。那是一辆

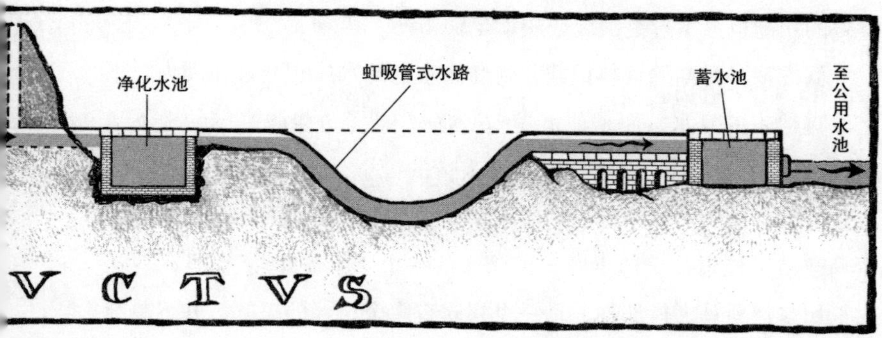

卖水的车。这令我不由得想起，在古罗马时期是没有卖水的小贩的。

尽管如此，罗马人并非为了炫耀权力和财力而建造数十米高的高架引水桥，而是出于实际的需要。罗马的工程师们了解利用水下落的力量把水压上去的虹吸原理，甚至懂得它的机械化，但是他们并没有把机械化应用到水道上。当时，一些街道作坊已经在应用虹吸原理，但是水道工程的规模与之截然不同。因此，如果运送大量水的水道也运用虹吸原理，就只有把水引到高处，将水落下的力量变成水的推力。然而，“对方”不是一个小小的村落，而是一座巨大的城市，必须推动极大的水量。而且，罗马人把水先放在蓄水池中，然后再输送到城市，所以城市内外的水道必须建成高架桥。

这种蓄水池发挥的功能，首先在于贮存从水源地引来的水，并使杂质沉淀，再把水供应到市内。此外，它还有一个功能，那就是在枯水期的时候，按照优先顺序供水，这种功能恰恰体现了罗马人的“公”和“私”的概念。关于这一点，我们将在后面详细阐述。这是因为，在建造阿庇亚水道的时候，罗马的人口还比较少，要求蓄水池具备的功能也只不过是沉淀杂质就足够了。

据古罗马时期的资料记载，阿庇亚水道的水质相当好，因为它不是取自地表的泉水，而是往下挖 16 米深，把流进泉眼之前的地下水引到地下的坑道内。根据现代研究人员的推算，每天的送水量为 7.3 万立方米，作为给罗马市内的供水量是否足够，不得而知，但至少古罗马建造了稳定持续地供应人类用水的一个“里程碑”。而且，罗马人正如修建罗马大道那样，是一个喜欢有多个选择的民族，并不单纯地依赖于水道。即使在阿庇亚水道建成之后，他们也没有抛弃以往一直使用的利用雨水的方法。

罗马市内的民宅，无论是独栋住宅还是一栋多户的住宅，屋顶都不是朝向房子的外侧，而是朝向房子的内侧倾斜。这是因为，雨水沿着屋顶流下来，通过导水管贮存到地下的蓄水池里，可以供日常使用。罗马与意大利北部相比，雨水稀少，而正是因为雨水少，所以他们才想出了利用雨水的方法。这种利用雨水的方法有一个值得关注的优点，那就是，不需要到户外舀水。由于有这个优点，即使在修建了水道，可以稳定供应清澈的生活用水之后，罗马人也继续利用雨水。这是因为，这些雨水足可用于清扫、洗涤，以及浇灌种在庭院里的花草，用于冲水式厕所。另外，把水道的水引到自己家里，需要缴纳水费，这可能也是他们热衷于使用雨水的一个原因。

总之，罗马人在交通上采用了三位一体的修建方法，即作为干道的“公路”、作为支线的地方道路以及私有道路。同样，水也一直有三个选择，即水道、井、雨水。

即使从它们让罗马人懂得了拥有多种选择的好处这个意义来说，阿庇亚大道和阿庇亚水道的建造也是罗马值得永载史册的两项伟大工程。意大利历史学家马基雅弗利说过：“民众即使对于抽象的事情

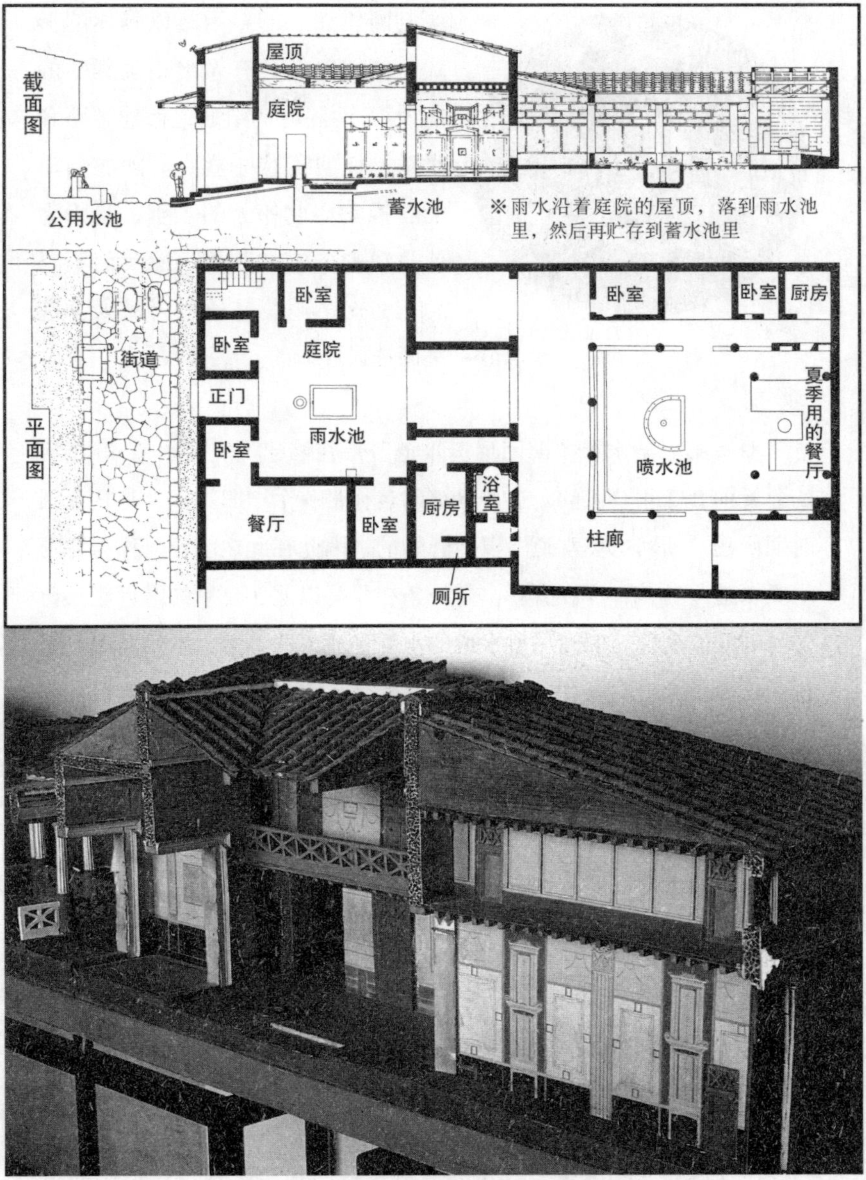

独栋住宅的雨水利用方法。上为截面图，中为平面图（摘自 J.-P. Adam, *La construction romaine. Materiaux et techniques*），下为独栋住宅复原模型（中央向内侧倾斜的屋顶下面是雨水池）

会判断错误，如果示之以具体的形式，他们也会具有做出正确判断的能力。”而阿庇乌斯通过修建道路和水道，证明了这一观点。阿庇乌斯能够推动如此伟大的工程，是因为他身居财务官的职位。而我们不要忘记，这个职位是通过公民大会选举而选拔任命的。

罗马第二条水道“旧阿尼奥水道”是在修建阿庇亚水道40年后的公元前272年开工的。这条水道的名称带一个“旧”字，是从帝制时期修建“新阿尼奥水道”以后开始的，因此在此之前，只称为“阿尼奥水道”。所谓“阿尼奥”，是一条在罗马以北3公里的附近流入台伯河的河流名称。旧阿尼奥水道的水源是流入这条河上游的溪流。据说，这两条水道的名称以河流的名字命名是因为制订方案并负责工程总体监督的财务官有两个人，将两个人的名字连在一起太长，便用河流的名称取代。

阿尼奥水道全长63.680公里。

通过地下的长度为63.352公里。

地上部分总计328米。

输水量为每天175 920立方米，相当于阿庇亚水道的2.5倍。

但是如果连续降雨，这条水道常常会变得混浊，水质不如阿庇亚水道。据说，这是由于这条水道直接引的是溪流的水，而不是地下水。

在这两条水道之后，与道路工程一样，水道工程也被迫中断了

100 多年。这 100 多年与古罗马和迦太基之间发生战争的年代完全吻合。也许古罗马人虽然知道这件事重要，但当时也无暇顾及基础设施了。

第三条罗马水道开工于公元前 144 年。在开工之前的两年，随着迦太基被烧毁，第三次布匿战争也终于宣告结束。这样，罗马便可以将大部分的国家经费投入基础设施上。

这条水道的设计人，便是当时任法务官的马西乌斯，因而这条水道也就被命名为“马西亚水道”。在罗马共和时期，法务官虽然也是一个要职，但是并不是像执政官、财务官那样高权威的官职。实际上，当初分派给马西乌斯的任务是阿庇亚水道和阿尼奥水道这两条水道的修复工程。不过，马西乌斯完成修复工程的调查工作之后认为，即使修复这两条水道，也不能满足不断增加的罗马人口的需要，必须修建新的工程。公元前 2 世纪中叶，罗马战胜了迦太基，又战胜了马其顿共和国，成为地中海一带最强大的国家，罗马城也已经成为事实上的帝国首都。因此，马西乌斯在元老院提出了自己的这个想法。元老院不仅接受了他的想法，而且把只是一位 30 多岁的年轻人的马西乌斯任命为工程总监，甚至批准了罗马第三条水道建成后冠以马西乌斯的名字。

马西亚水道中的水也与阿尼奥水道一样来自阿尼奥河，但是它来自比阿尼奥水道的水源远得多的上游，而且不是直接引溪流，而是以流入其中一条溪流的地下水为水源。因此，它的水质与后面将要讲到的维哥水道齐名，在最终修建成的 11 条向首都罗马输水的水道中，被评价为水质最好。

马西亚水道全长 91.64 公里。

地下部分 80.56 公里。

地上部分 11.08 公里。

地上部分中，有 9.6 公里为高架水道。

马西亚水道不仅水质最好，而且每天的输水量也达到了当时最大的输水量，为 18.56 万立方米。

这条水道与其他 10 条给罗马输水的水道一样，由于公元 538 年蛮族入侵而停用。尽管如此，在此前 680 多年的漫长岁月中，它一直给罗马输送城市用水。虽然这像执政官和皇帝对道路所做的那样，一直勤勤恳恳地对水道进行维修保养不无关系，但是归根结底，要归功于年轻的法务官马西乌斯，因为正是他找到了最好的水源地，并建造了一条能够在保持水质的同时将水源地的水输送到 90 公里以外的罗马的水道。

实际上，即使到了现代，马西亚水道也一直在发挥着它的功能。这是因为，意大利统一后的 1870 年，人们又想起了它良好的水质，并恢复了对它的使用。而 21 世纪的今天，它仍然在给罗马的市中心输水。它的名称也沿用古代的称呼——“马西亚水道”。这条水道在古代每天输水量为 18.56 万立方米，而到现代，增加了 60%，约 30 万立方米。许多古代的罗马大道变成了现代的国道而被重新使用，而罗马水道并没有与罗马帝国一同消失。不过，现代重新启用的马西亚水道不是像过去那样“放任自流”，而是变成了拧水龙头的现代方式。也就是说，为了保持水的清澈，不得不使用消毒剂，因此它也带有漂白粉的味道。

公元前 140 多年已经建造了水质好、水量充足的水道，20 年后，罗马又开始着手修建新的水道，因此毫无疑问，在地中海开始成为罗马的内海的时期，首都罗马的人口一直是不断增长的。

关于公元前125年开工的罗马第四条水道“特普拉水道”，现在只知道当年两位财务官的名字，无论是长度还是输水量都不得而知。“特普拉”这个水道名称以水源地命名，似乎也是因为这条水道由两位财务官制订方案，冠以两个人的名字太长，但唯独关于这条水道的情况后人知之甚少。这有两个原因：其一，它是沿着马西亚水道建造的，基本上相当于一条支线；其二，它后来被纳入100年后建造的罗马第五条水道。

尽管如此，特普拉水道对于罗马人来说，并非一条无关紧要的水道。公元前1世纪指的是自公元前100年开始的一个世纪，而这100年正值共和国的末期，在罗马史上，这是罗马当权者之间权力斗争最激烈的一个世纪。马略、苏拉、庞培、恺撒，这些在政治上、军事上都具有卓越才能的当权者为了争夺霸权而相互争斗。而且这不是单纯的权力斗争，而是围绕古罗马采取什么政体的斗争，因此同时也是一种政治斗争。苏拉和庞培是坚持一直以来的元老院主导的共和体制这一派的领袖，而恺撒则想要实行对于罗马人来说耳目一新的帝制。

虽然这些人政治观点不同，却都需要罗马公民的支持，在这一点上是一致的。无论是元老院的苏拉、庞培，还是恺撒，都热心于公共事业。尽管他们都宣称，身居高位就应该热心于公共事业，这是罗马的传统，但是在获取民众支持这一点上，公共事业也是一项选举活动。苏拉修建了古罗马国家档案馆，庞培在马尔斯广场上修建了一个规模宏大的剧场和与其配套的列柱回廊，赠送给市民。恺撒更是修建了不止一处公共建筑。首先，在古罗马广场上修建了尤里乌斯会堂，然后，又修建了公共广场，扩大了古罗马广场。在马尔斯广场上还修建了“尤利娅回廊”，在选举时用于投票场所，没有选举时则供市民散步。此外，他还下令开工建造了马萨鲁斯剧场。

上图为汇集5条水道的马焦雷门附近复原模型。模型右边的三层水道分别为尤里亚、特普拉、马西亚三条水道。模型左边的两层分别为新阿尼奥水道、克劳狄亚水道。右图为今马焦雷门

我们不能说这些当权者只关心建筑物，而不关心道路和水道。恺撒启动了阿庇亚大道的修复工程，尽管他没有对全线进行维修。因此，如果这个时期的罗马缺水，这些当权者肯定会考虑修建水道。这是因为，虽然政治、经济场所和娱乐设施对城市生活都很重要，但如果缺水，首先会影响平民的生活。在共和制时期的罗马，平民也是拥有一票选举权的人。

然而，在堪称基础设施活跃期的这段时期，唯独新的水道工程一项也没有。究其原因，是因为阿庇亚、阿尼奥、马西亚、特普拉这四条水道输送到罗马的水满足了罗马人的需要，还是因为即使不能说足够，至少缺水问题不严重，水基本够用了呢？或者罗马历史学家们一致称为“内乱”的这个时期，无法进行像道路、水道这样为未来考虑的大规模土木工程呢？

我认为这些都是原因。将自己的著作《建筑十书》呈献给当时的皇帝奥古斯都的维特鲁威在书中也曾经写过，皇帝的义务已经不仅仅是保护公民的生命安全，也不仅仅是建设罗马帝国，还在于完善相关的基础设施。正因如此，在奥古斯都的养父恺撒手下的军团担任军事工程师的维特鲁威才决定，通过写这本书研究包括民用建筑在内的建筑情况。

作为古罗马帝国开国皇帝的奥古斯都，同时也是“罗马统治下的和平”路线的创始人，要想真正着手基础设施的建设，也需要和平，而且基础设施是提高人们的生活水平、维护永久和平的最佳手段。事实上，在实行帝制的同时，罗马人的基础设施工程也取得了飞速的发展。仅进入首都罗马的水道，就有三条是在奥古斯都时期建造的，尽管他的统治时间长达 40 年。

按照意大利思想家马基雅弗利的观点，好领导分为两种：其一，自己有无所不能的能力，因此事必躬亲的人；其二，自知自己没有无所不能的能力，因此把自己不能做的事委托给别人的人。

尤里乌斯·恺撒属于前者，而奥古斯都属于后者。

但是恺撒将这位奥古斯都收为养子，并将其定为继承人的时候，似乎已经看到了这个当时只有17岁的年轻人的性格。他富有政治才能，而缺少军事才能。因此，恺撒为了弥补他的这个缺点，提拔了一位与其养子同龄的、身份卑微的军团兵作为他的左右手。他就是马尔库斯·阿格里帕。

恺撒的眼光不久便得到了证明。在恺撒被暗杀后长达14年的内乱中，奥古斯都取得了最后的胜利，首先靠的是其与年龄不相称的巧妙的政治和外交才能。但是靠政治、外交不能解决而只能诉诸武力的时候，阿格里帕的存在便显得尤其重要。

如果没有阿格里帕发挥了左右手的作用，那么奥古斯都也许就不会在与布鲁图之间发生的腓立比战役、与安东尼之间发生的亚克兴海战中取得胜利。因与被后世称为“埃及艳后”的克娄巴特拉的爱情而闻名的马克·安东尼，虽然缺乏政治才能，但具有卓越的军事才能。正因如此，恺撒在法萨卢斯战役这场罗马内战的决定性战役中，将左翼的指挥权交给了安东尼。虽然，天生的政治家奥古斯都缺乏军事才能，但他手下有阿格里帕这样的战将。

公元前30年，随着安东尼与克娄巴特拉战败自杀，漫长的罗马

马尔库斯·阿格里帕

内乱也宣告结束。覆盖欧洲、中东、北非的罗马帝国进入了当时年仅33岁的奥古斯都统治的时代。虽然此后也发生过战争，但是由于奉行“和平”政策，大规模的战争已经成为过去。用建筑学家维特鲁威的话来说，“担心公民生命安全的时代”已经过去，进入了坚定不移地“建设罗马帝国”的时代。

随着和平时期的到来，由于军事才能受到赏识而被提拔、功勋卓著的阿格里帕似乎失去了其存在的价值。但是这里正体现了奥古斯都的伟大之处。他没有冷落阿格里帕，而是给了这位盟友一个新的发挥才能的舞台，这就是基础设施建设。我们再借用维特鲁威的话，他自己来“建设罗马帝国”，而给予阿格里帕的角色是“完善基础设施”。这样，在战场上所向披靡的阿格里帕在进入了以和平为旗帜的时代以后，仍是奥古斯都的“左右手”。

一名优秀的将领同时也是出类拔萃的组织者。奉命从事公共事业的阿格里帕组织了一个由240人组成的技术员队伍。这些人全部是奴隶，他们并不是从培养罗马技术人员的军团中选拔、组织起来的。也许这是因为，作为将领的阿格里帕懂得，工程师对于罗马军团来说是不可缺少的。另外，这些人是奴隶，指的是他们都是昔日的被征服者。但是即使昨天还是敌人，只要是可用之才，就要起用，这也是罗马人擅长的一种利用被征服者的手段。阿格里帕组织的这支技术员队伍中，除了他曾经与之征战的高卢人、西班牙人、日耳曼人以外，还有在建筑方面具有卓越才能的希腊人。

阿格里帕率领这样一支队伍开始了“完善基础设施”的巨大工程，但是他并没有排除罗马的技术人员。身为军团下属的技术人员，显然与军团兵一样拥有罗马公民权的维特鲁威，也并非把退役后的生活全部用于写作《建筑十书》这本书，而是作为工程师参与了奥古斯都在阿格里帕的帮助下进行的弗拉米尼亚大道全面改造工程。与其他公共工程不同，道路和桥梁原本就是为了军用而建造的，因此实际上由军团兵负责施工。也许指挥罗马公民出身的军团兵进行施工的工程师最好是罗马公民，而不应该是来自希腊的东方奴隶。虽然罗马帝国是一个多民族国家，但是无论如何，有些时候完全消除民族差异并非一个聪明的做法。

但是，建造水道和其他民用基础设施采用的方法是：技术员队伍负责制订工程计划和建成后的维修，而实际的工程则委托中标的私人企业。在这样的情况下，负责工程的技术人员即使是奴隶身份，也无可厚非。总之，阿格里帕组织的 240 人的技术员队伍当时实际上成了掌管罗马帝国“公共建设”的一个部门。

阿格里帕率领这支技术人员队伍修建了什么呢？要想列举的话，我想，无论是作者还是读者都会感到索然无趣，因此我们在此只列举一些著名的建筑。仅仅在罗马市内，就有如下的建筑物：

万神殿。后由哈德良皇帝改建。

阿格里帕浴场。位于万神殿的南侧，是罗马最早的大规模公共浴场。

阿格里帕湖。位于浴场西侧，作为市民休憩的地方，四周用回廊环绕，森林郁郁葱葱，属于人工湖。

维普萨尼亚回廊。位于万神殿东北面，与古罗马时期建有“和平祭坛”的地方隔着一条弗拉米尼亚大道，回廊的墙面上装饰着用五颜六色的大理石镶嵌的整个帝国的地图。维普萨尼亚是马尔库斯·维普萨尼亚·阿格里帕的家族名字。

从战场转向基础设施建设的阿格里帕，在行省也留下了他的足迹。历经 2 000 年依然耸立在法国南部尼姆的嘉德水道桥便是他下令修建的引水桥，用来供应尼姆居民的用水。

除了单个的公共建筑以外，他甚至建造了包括所有基础设施在内的城市。今天德国的主要城市之一科隆最初不过是获准住在莱茵河西岸的日耳曼人的一个部族村落而已，而将它变成城市的正是阿格里帕。它在古罗马时期的名称是科隆尼亚阿格里皮内西姆，只不过表示殖民城市的“科隆尼亚”转成德语后，改成了科隆罢了。

阿格里帕在行省也修建了正式的水道。也许他认为，帝国首都罗马仅仅靠维护已有的四条水道不够用，便又修建了两条水道。如果包括他死后建成的一条在内，则是修建了三条。这就是尤里亚水道、维哥水道和阿尔谢提那水道。

“尤里亚水道”以奥古斯都的家族名尤里乌斯命名。

尤里亚水道全长 22.9 公里。

地下部分 12.5 公里。

地上部分 10.4 公里。

其中地上部分有 9.6 公里为高架水道。

每天的输水量为马西亚水道的四分之一，约为 5 万立方米。水质与特普拉水道差不多，因此应该属于中等。据说，建造这条水道是为了进一步满足罗马东部城区的供水。

不过，阿格里帕倾注热情最多的一条水道，还是维哥水道。之所以这么说，是因为这条水道的主要目的是把水引到他建造的完全罗马式的大浴场——阿格里帕浴场。之所以说是“主要”目的，是因为它同时还向马尔斯广场供水。它从北面进入罗马市区，从今天的西班牙广场附近通过高架水道向南穿过市区，一直到达位于万神殿南部的浴场。之后，又进一步向南延伸。唯独这条水道的建成时间是清楚的。据说，公元前 19 年的 6 月 9 日正式向水道内放水。此时，罗马实行帝制已经 11 年了。

维哥水道全长 20.946 公里。

地下部分 19.104 公里。

地上部分 1.842 公里。

其中地上部分有 1 公里多走高架水道。

每天的输水量为 103 846 立方米。

这条水道与马西亚水道一样，水质非常好。与其他水道一样，它在公元 538 年遭到破坏后，一直处于停用状态。到 1453 年，在文艺复兴时期的教皇尼古拉五世帮助下，时隔 900 年这条水道被修复，重新投入使用。重新投入使用后的维哥水道按照意大利语的读音，称为“维尔吉内水道”，意为“少女水道”。据说，这是因为在寻找这条水道的水源的时候，工程师们遇到了一位少女，她领着他们找到了一处水质清澈的泉水，因此得名。

2 000 年前的维哥水道在文艺复兴时期重新使用后，直至今天一直给罗马市中心输水。包括特莱维喷泉、西班牙广场上的喷泉，罗马市区为数众多的喷泉几乎全部使用这条水道的水。

不仅仅是喷泉，在罗马的旧城区，还可以见到许多整日哗哗流水的水道口，这些水也是从古代维哥水道流出的。由于它是罗马水道式

特莱维喷泉

的"放任自流"，因此与现代式的马西亚水道不同，唯独这条水道的水不需要借助消毒剂就能保持水质，因而没有漂白粉的味道。我在罗马的家前面的路上，沿路走 10 米，就有这种水道口。日本的朋友对我说，没有消毒的水道不安全，不要喝，但是我几乎不会听从这些忠告。我一边用这种水泡茶，一边想我喝的是阿格里帕的水。

阿格里帕在维哥水道建成 7 年之后便离开了人世，由 240 人组成的技术员队伍全部留给了奥古斯都。这位皇帝不仅解放了这些人的奴隶身份，而且把他们直接提升为"骑士阶级"，使他们越过了解放奴隶、一般市民、地方议员三个阶级。这就是具有理智气质的奥古斯都。他并非只是因为他们是他的盟友阿格里帕组织培养起来的人就给予这种优待，而是认可这些工程师的功劳。这样，作为阿格里帕的私人机构诞生出来的这支技术人员队伍就被提升为罗马帝国的政府机构，堪称"公共建设部"。这位罗马帝国的第一代皇帝马上利用他们建造了另一条水道。

罗马的第七条水道是阿尔谢提那水道。它于阿格里帕去世 10 年后的公元前 2 年建成。

阿尔谢提那水道全长 32.9 公里。

地下部分 32.39 公里。

地上部分 510 米，大部分为高架水道桥。

据说，输水量是 11 条水道中最小的，水质也最差。但是唯独这条水道的目的不同于其他，它不是用作市民的生活用水，而是供应工场作坊。

这条水道主要是一条直接通到位于罗马西北偏北方向的马提尼亚诺湖中间的地下通道，从那里引水，并由罗马西面进入市区。从高架水道流下来的水直接流入巨大的蓄水池。现代称之为“特拉斯提弗列”(意为台伯河对面)的台伯河西岸一带，由于在地理上靠近河流，以前一直是小工场密集的地区。奥古斯都皇帝期望通过建立这一带稳定的供水系统，繁荣中小手工业。

蓄水池并不仅仅是挖一大片土地，把水储存在里面。它的内部全部用水泥进行了防水处理，其周围环绕着列柱回廊，因此完全像一个巨大的游泳池。净化水质的设施也非常完善，水从这个蓄水池供应给各个工场。因此这一带使用各种水车和许多应用虹吸原理的供水机械。

罗马人把这个蓄水池称为“海战表演池”，引起了后代研究者们的许多猜测。但是在奥古斯都长达 44 年的统治期间，只有一次在这里的水面上用船只举行模拟海战，供市民娱乐。它也许是为了祝贺水道和蓄水池建成而举办的一项活动。在此之后，再也没有用蓄水池进行演出的历史记载，因此所谓的“海战表演池”应该是台伯河西岸建造的蓄水池的通称。比较务实的奥古斯都应该不会为了偶尔进行的模拟海战，而不惜投入巨大的人力和财力修建水道和蓄水池这样的庞大工程。

继奥古斯都之后成为罗马皇帝的是提比略。这位皇帝统治期间，在水道建设方面没有任何建树。我认为，所谓罗马帝国，就是由恺撒绘出蓝图、奥古斯都负责建构、提比略加以巩固而形成的一个国家。第二代皇帝提比略是一位热心于维修养护公共建筑的统治者，几乎没有建造新的水道。这正如奥古斯都创建了国有邮政制度，而提比略则在每一个驿站部署了卫兵，以保障邮政系统和旅行者的安全一样。提比略就是这样一种人。

提比略在位23年中，不仅对首都罗马，而且对从意大利本土到行省的主要城市的水道都进行了充分细致的维护。这一点在许多碑文上得到了证实。水道也与道路一样，并非只要建成了便可一劳永逸。即使引水桥本身没有问题，如果不及时处理其通道内部，水垢会越积越厚，也会产生水压升高的问题。倘若水压超过了容许限度，便会影响引水桥本身的构造。水道的日常维护如此重要，难怪有的石碑上刻着对从事这项工作的人表示感谢的文字。日常的维护正如维修自己的房子一样，其重要性不言而喻。

只要人口不增加，罗马有7条水道便绰绰有余了。但是帝国进入“和平”时期以后，罗马作为帝国的首都，人口大量流入已经是很自然的事情。卡利古拉登上皇位以后，由于他本人好大喜功，下令建造大型的水道，而且两条同时开工。这是公元38年的事。

然而，这位年轻的皇帝由于多行暴政，三年后便被人杀死。由于罗马人施工进度快，因此当时水道已经修建了相当长的距离。然而，最高负责人一死，工程也随之中断。

卡利古拉死后，克劳狄乌斯继承皇位，但是他没有立即重新启动水道工程。这可能是因为，他想优先建造自己设计的奥斯提亚港。另外，为了彻底征服不列颠而发起的军事行动也可能在费用方面限制了水道工程。总之，直到公元47年以后，才重新开始水道建设工程，此时距离工程中断已经过去了6年。

但是工程重新开始以后，至竣工为止，仅仅花了不到5年的时间。这是因为克劳狄乌斯皇帝把阿格里帕组织起来的240人的技术员队伍扩大到了700人，并把他们投入两条水道的建设施工中。

公元52年8月1日，为了庆祝克劳狄乌斯皇帝的生日，两条水道正式贯通。这两条水道中，一条以皇帝的家族名命名为“克劳狄亚水道”，另一条因为以流入阿尼奥河的溪流为水源而命名为“新阿尼奥水道”。这条水道建成后，在公元前的共和制时期建造的“阿尼奥水道”便改称“旧阿尼奥水道”。这样，罗马通过9条水道完成了稳定的供水体系。

克劳狄亚水道全长68.9公里。

地下部分53.8公里。

地上部分15.1公里。

其中地上部分有9.6公里为高架引水桥。

水质好，输水量为每天191 196立方米。

新阿尼奥水道全长87.17公里。

地下部分73.20公里。

地上部分13.97公里。

其中地上部分有9.64公里为高架引水桥。虽然它的水质不是最好的，但它的输水量是11条水道中最大的，为每天196 727立方米。这个水量在罗马帝国全境所有的水道中也位居第一。

罗马的第十条水道称为图拉真水道。顾名思义，它是由图拉真皇帝于公元109年建成的。水引自位于罗马西北偏北30公里的布拉恰诺湖。当然，不是直接引自这个大湖，而是以流入这个湖的溪流为水源。这条水道也是从西面进入罗马市区。建造这条水道的目的是改善台伯河西岸一带的供水状态，这里在现代就是罗马教廷所在的梵蒂冈周边。据说，到公元 2 世纪的五贤帝时代，罗马市区的人口数量已经超过 120 万，而在并非市中心的台伯河西岸，人们居住的地区也一直不断扩大。

关于这条水道，今天已经无法了解它的详细构造。这并不是由于无人问津的岁月过于漫长而无从了解，而是因为它经历了多次修复，以供罗马教廷使用，所以现代人无从知道它古代的状态。罗马皇帝建造的水道也把水输送到了对罗马帝国深恶痛绝的基督教中心，由此可见，完善的基础设施对于任何人都是有用的。

但是罗马教廷尽管觉得水不可缺少，却不愿意以皇帝的名字给水道命名。因此，图拉真水道取圣保罗的名字，改名为“保罗水道”。这条水道至今仍在向台伯河西岸一带供水，输水量为每天 95 000 立方米。

公元 3 世纪以后建造的罗马第十一条，同时也是罗马最后的水道，被称为“安东尼亚娜水道”。它是以卡拉卡拉皇帝的家族名字来命名的。这条水道的主要目的是把水引到卡拉卡拉大浴场。这个浴场作为著名的遗址保存至今。修建这条水道并非因为当时罗马市区缺水。向罗马市区稳定供水的系统早在克劳狄亚水道和新阿尼奥水道建成的公元 1 世纪中叶就已经非常完善，能够充分满足需要。否则，对罗马帝国进行真正意义上的重建的哈德良皇帝不会在这方面无所作为。

公元 1 世纪中叶的时候，每天向罗马输水的总量超过了百万立方米。按照百万人口来计算，每人每天的供水量为 1 立方米。学者们考虑到中途的供水和输水中的损失，认为每人每天的供水量应该在

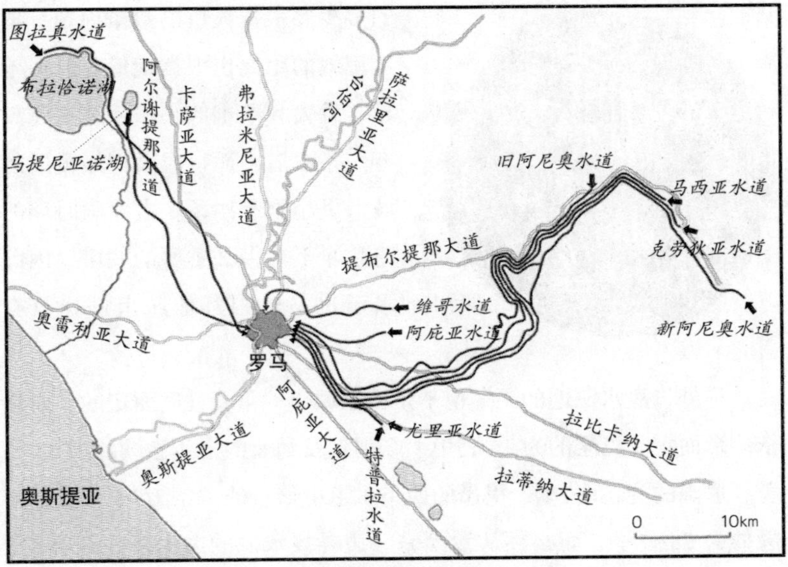

从水源地至罗马

它的一半左右。即使如此，它也与现代的大城市处于同样的水平。以1983年为例，纽约每人每天为0.6立方米，伦敦为0.5立方米，巴黎为0.45立方米，罗马为0.46立方米，东京为0.47立方米。

在现代大城市中，正如在东京的首都高速公路见到的那样，市区高架桥上跑的都是汽车，而在古罗马时期却是水。仔细观察一直通到市中心的高架引水桥的复原模型，便会发现当时水是“大摇大摆”地通过市区的。人类的文明生活最重要的条件之一就是有充足的水可供使用，而满足这个条件的，当时并不仅仅是帝国首都罗马。

只要是罗马大道的干道通过的城市，必有罗马水道。当然，水道

的多少要根据人口的数量而定，离水源地的距离也根据地形有长短差异。意大利本土的小城市之一庞贝有一条水道，而行省高卢最重要的城市里昂则有四条。古罗马时期的巴黎还不是多么重要的城市，因此水道也与法国其他城市一样只有一条。

另外，离水源地的距离也不是根据城市的重要程度而定的，而是依地形而定。巴黎的为 16 公里，今阿尔及利亚的舍尔沙勒的为 35 公里，尼姆的为 50 公里，里昂的四条水道中最长的一条为 75 公里，科隆的为 78 公里，而必须从沙漠另一边寻找水源的迦太基的则有 132 公里。如果说道路是当时的统治者政治意志的体现的话，那么水道也是如此。

要让与罗马人思想不同的民族理解和接受快速、安全的交通方式以及稳定的供水带来的好处，只有将实物展示在他们的眼前，让他们自己亲身体验。亲身体验之后，他们便会明白，与从远处的泉、井和河流汲水使用相比，从城内的公用水槽汲水使用要方便得多。实物展示的场地毫无疑问首选水道设施完善的首都罗马，还有各行省的首府。无论是阿尔及利亚的舍尔沙勒，还是法国的里昂、德国的科隆、突尼斯的迦太基，都是当时罗马帝国行省的首府。

罗马人是昨天的战胜者、今天的统治者，而行省的民众则是昨天的战败者、今天的被统治者，因此，罗马皇帝可以强制行省的民众建造水道。但是仅仅靠强制是不够的，让他们理解这样做的好处，也是一项重要的工作。这是因为，与道路不同，水道的建造费用和维护费

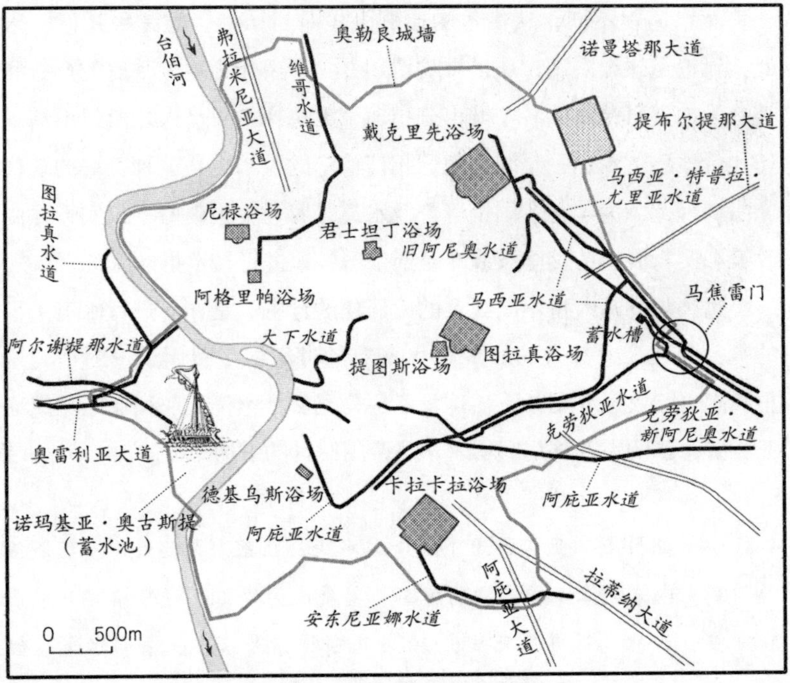

进入罗马市区以后的各条水道

用都由行省的民众承担。

罗马大道原本是作为军用道路铺设的。如果普通的旅行者遇到军团行军，想必是要避让到路的一旁，让军团先过去。而且，肯定谁也不会对这种状态感到不满。但是正是由于根据军事战略的需要而铺设的，所以要求全线用石头铺砌的干道，也就是“公路”的铺设工程可以使用军团兵，而且工程的最高负责人理所当然地由罗马全军的最高指挥官皇帝担任。总之，铺路的施工费用由中央政府承担，但其后的维护费用可以责令沿路的地方政府承担。

而水道则不同，从供水的比例上也一目了然，它是民用的。因此，无论是建设费用，还是维护费用，除了由作为地方政府的行省和被称为地方自治体的各个城市分担，别无选择。罗马人之所以不惜一切代价地建造水道，是因为他们相信稳定的供水也是一种美好的现代文明。因此，为了在帝国全境普及水道，罗马中央政府不仅实行强制政策和实物展示，甚至派遣专家到全国各地进行技术指导。

过去与罗马人持不同观点的人居住的行省，是如何进行水道工程的呢？我在《罗马人的故事09·贤君的世纪》中引用了一封信，这里我想再给大家介绍一下。这是一封公元2世纪任小亚细亚的比提尼亚行省总督的小普林尼写给罗马皇帝图拉真的书信：

> 尼科美底亚居民为了建造引水渠，已经耗资331.8万塞斯特斯，尚未完工。非但没有完工，甚至因为停工，侵蚀情况非常严重。为此，不得不又拿出20万塞斯特斯新建了一条引水渠。但是，这条引水渠目前也处于半途而废的状态。虽说这样的结果已造成很大的浪费，但是为了向人们提供生活用水，别无选择地需要继续投入资金。
>
> 为此，我亲自到现场做了实地考察。水源没有问题，水质很清澈，水量也很充沛。问题是如何把这些水引到市区。我想，只能像最初那样，把拱桥连起来，建一座高架桥。但是，最初建起来的拱桥可以利用的少之又少。因此只有重建。我想，第一次建引水渠时，用的石材可以拿来继续使用，其余部分用砖块就可以了，因为用砖块施工方便而且费用也相对较低。
>
> 为了不再重蹈以往的覆辙，我请求派引水渠和建筑方面的专家来协助完成这项工程。我的任务只有一个，就是确保在您的统

治期间建造起来的公共建筑不会辱没您的崇高威望。

尼科美底亚的居民大半是希腊人。人们常说希腊罗马文明，可见两者关系之接近。但是对于这样的希腊人，要让他们理解水道的好处，也绝非易事。然而，即使面对以中东的腓尼基人为祖先的迦太基人，罗马也成功地建造了一条长达100多公里的高架引水桥。但是正是由于如此不惜一切代价，罗马水道才像罗马大道一样，遍布了庞大的罗马帝国的每一个角落。

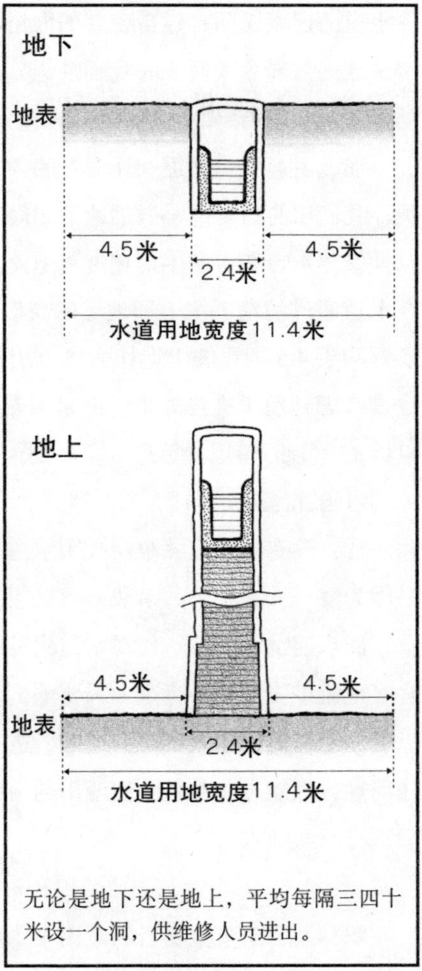

罗马水道截面图（简图）

在建筑和艺术上都相信自己无与伦比的希腊人也认为，罗马人的道路和上水道、下水道的建设是希腊文明自愧不如的。我们不能忘记，完善的上水道、下水道对于卫生具有无比重要的作用。希腊诞生了医圣希波克拉底，却不关心上水道、下水道的建设，而罗马人在医学和医疗上都依靠希腊人，却热衷于上水道和下水道的建设，而且建造公共的大浴场，坚持保持身体的清洁。这两个民族的差异令人回味。我不禁想，也许苏格拉底以及苏格拉底欣赏的俊美青年满街跑的雅典并不如我们想象中的那么干净。

那么，与罗马大道一样令希腊人折服的罗马水道到底是什么样子呢？我们用简图来说明通过地下和地上的罗马水道。

修建水道所需的用地宽度与道路基本一样，将近 12 米。实际上，在水道通过的地下坑道和地上的高架桥所需的 2.4 米宽的两侧，政府还要购买 4.5 米宽的土地作为水道用地。这是为了保护引水桥，同时也是考虑到便于维修养护。但是两侧的 4.5 米在进入土地紧缺的市区以后，有 1.5 米就足够了。

水道用地宽达约 12 米，遇到私有土地时，便由政府收购。与道路一样，没有史料记载政府收购水道用地有什么困难。也许并不仅仅是因为罗马人关心公共事业，而是因为道路给居住在沿途的人带来利益，而水道也是如此。住在水道附近的人不会看着水从自己身边叮叮咚咚地流过去而袖手旁观。只要他们提出供水的申请，水道部门批准以后，水道的工作人员便会过来，进行施工，开始供水。不过，与从任何地方都能进入并且免费使用的道路不同，把水道引到自己家里以后，必须缴纳水费。

罗马大道由于主要目的是用于军事，所以可以使用军团兵进行施工。与此不同，罗马水道的施工是由建筑公司接到订单以后承包的，因此有关水道的建设费用留下了一些史料。其一，是巨著《博物志》的作者老普林尼记载的数字。据说，克劳狄亚水道和新阿尼奥水道的建设费用合计为 3.5 亿塞斯特斯。前者与水源相隔 69 公里，后者则从地下和地上通过了漫长的 87 公里。将这个费用一分为二，每条水

行省的基础设施

古罗马时期西班牙、葡萄牙的道路网（罗马帝国时期）

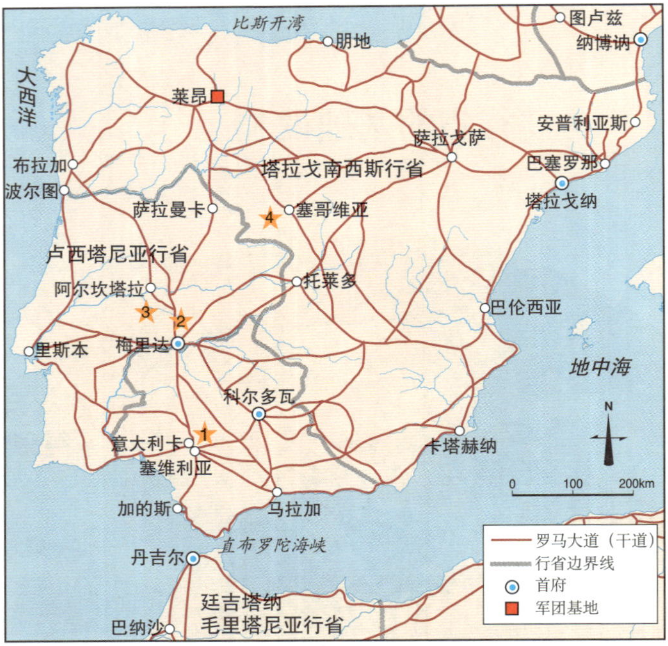

现在的西班牙、葡萄牙

1 圆形竞技场（意大利卡）

2 剧场遗址（梅里达）

阿尔坎塔拉大桥
（图拉真皇帝时期建造）

4 引水桥（塞哥维亚）

罗马时期北非的道路网（罗马帝国时期）

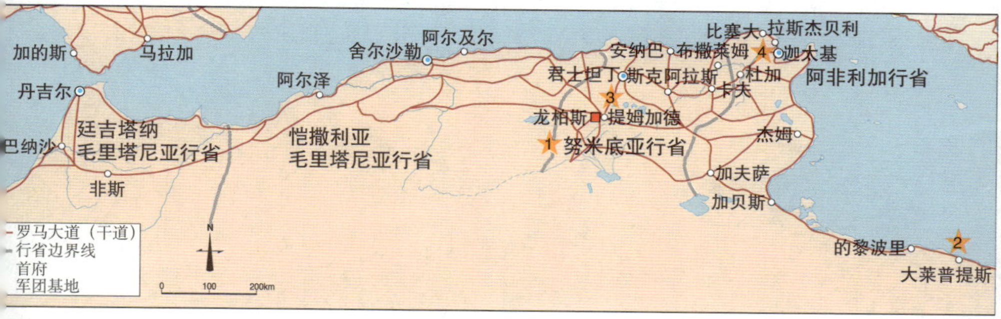

代的北非

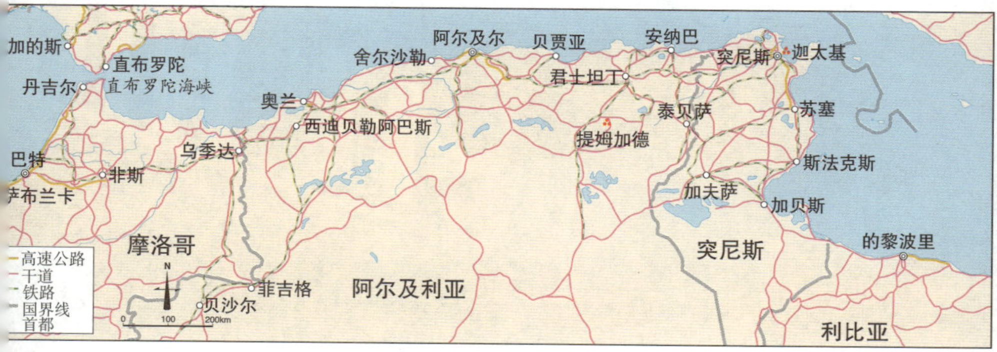

北非遗址

1 龙柏斯的四柱门（阿尔及利亚）

2 大莱普提斯的剧场遗址（利

4 迦太基郊外的引水桥遗址（突尼斯）

3 提姆加德的罗马大道。远处为图拉真纪念门（阿尔及利亚）

古罗马时期高卢的道路网（罗马帝国时期）

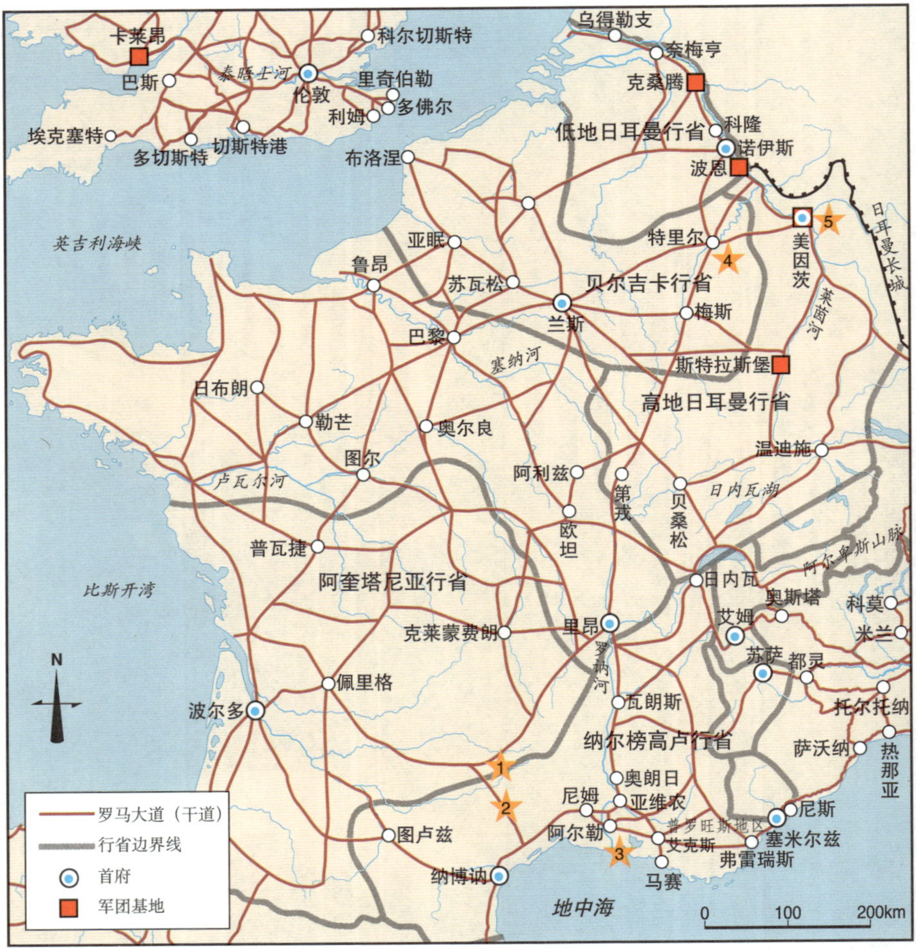

现代的法国周边

英国
伦敦
多佛尔
埃克塞特
布赖顿
英吉利海峡
莱茵河
杜赛尔多夫
德国
挪威
科隆
布鲁塞尔
波恩
里尔
法兰克福
美因茨
卢森堡
亚眠
卢森堡
勒尔弗尔
鲁昂
兰斯
巴黎
斯图加特
南锡
莱茵河
雷恩
勒芒
南特
卢瓦尔河
图尔
法国
第戎
苏黎世
伯恩
瑞士
普瓦捷
日内瓦
比斯开湾
科莫
克莱蒙费朗
里昂
米兰
意大利
N
格勒诺布尔
都灵
波尔多
热那亚
罗讷河
加龙河
高速公路
干道
铁路
国界线
首都
尼姆
尼斯
阿尔勒
图卢兹
马赛
纳博讷
土伦
0
100
200km

1 尼姆的引水桥“嘉德水道桥”（法国）

2 尼姆的神殿“四方神殿”（法国）

3 位于阿尔勒的圆形竞技场遗址（法国）

高卢（法国、德国）遗址

5 尼禄皇帝的纪念柱（德国美因茨）

4 特里尔现存古罗马时期的城门（德国）

古罗马时期英国的道路网（罗马帝国时期）

现代的英国

高速公路
干道
铁路
国界线
首都
0
100
200km
N
北 海
因弗内斯
内斯湖
阿伯丁
邓迪
爱丁堡
格拉斯哥
纽卡斯尔
卡莱尔
贝尔法斯特
米德尔斯伯勒
爱尔兰海
约克
利兹
曼彻斯特
利物浦
都柏林
林肯
切斯特
爱尔兰
诺里奇
莱斯特
伯明翰
剑桥
英国
牛津
伦敦
加的夫
布里斯托尔
多佛尔
南安普敦
布赖顿
埃克塞特
多切斯特
法国
英吉利海峡

1 要塞
（里奇伯勒）

2 要塞遗址
（多切斯特）

3 哈德良长城（诺森伯兰郡）

4 罗马时代的浴场（巴斯）

5 圆形竞技场遗址（圣奥尔本斯）

古罗马时期多瑙河流域的道路网（罗马帝国时期）

高速公路
干道
铁路
国界线
首都
斯图加特
捷克
斯洛文尼亚
德国
慕尼黑
林茨
维也纳
布拉迪斯拉发
萨尔茨堡
奥地利
摩尔多瓦
瑞士
因斯布鲁克
布达佩斯
德布勒森
罗马尼亚
基希纳乌
匈牙利
斯洛文尼亚
卢布尔雅那
塞格德
阿尔巴尤利亚
米兰
维罗纳
的里雅斯特
萨格勒布
威尼斯
皮亚琴察
克罗地亚
波河
帕尔马
博洛尼亚
普洛耶什蒂
摩德纳
贝尔格莱德
布加勒斯特
康斯坦察
拉文纳
波斯尼亚和黑塞哥维那
卡拉拉
里米尼
多瑙河
比萨
佛罗伦萨
萨拉热窝
塞尔维亚
安科纳
阿雷佐
锡耶纳
斯普利特
瓦尔纳
台伯河
保加利亚
门的内哥罗
意大利
佩斯卡拉
索菲亚
波德戈里察
亚得里亚海
普罗夫迪夫
罗马
奥斯提亚
斯科普里
马其顿
君士坦丁堡
（伊斯坦布尔）
N
地拉那
巴里
那不勒斯
萨莱诺
布林迪西
阿尔巴尼亚
希腊
塞萨洛尼基
0
100
200km
塔兰托
土耳其

现代的多瑙河流域

1 日耳曼长城沿线的要塞遗址（德国艾宁）

2 多瑙河上的图拉真大遗址（塞尔维亚）

3 图拉真皇帝的胜利纪念碑遗址(罗马尼亚阿达姆克利西)

4 布达佩斯遗址（匈牙利）

5 戴克里先皇帝的宫殿遗址（克罗地亚斯普利特）

6 图拉真石碑——纪念沿多瑙河罗马大道开通的石碑（塞尔维亚）

古罗马时期希腊的道路网（罗马帝国时期）

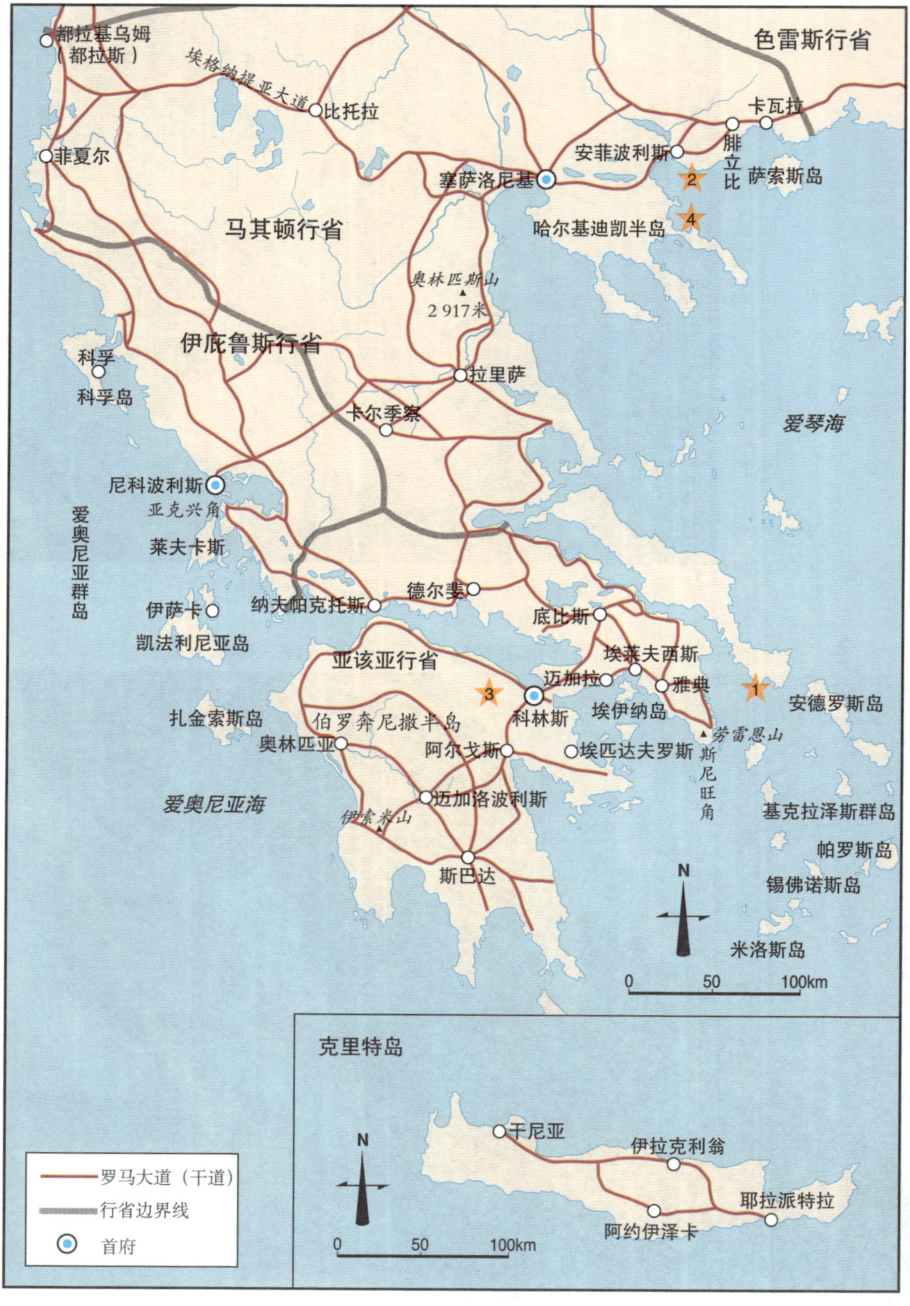

现代的希腊

都拉斯
地拉那
马其顿
艾巴申
比托拉
塞雷
克桑西
卡瓦拉
萨索斯岛
塞萨洛尼基
发罗拉
阿尔巴尼亚
奥林匹斯山
2 917米
利姆诺斯岛
科孚
科孚岛
特里卡拉
拉里萨
沃洛斯
爱琴海
阿尔塔
拉米亚
斯基罗斯岛
爱奥尼亚群岛
莱夫卡斯
希腊
埃维亚岛
底比斯
凯法利尼亚岛
帕特雷
伯罗奔尼撒半岛
比雷埃夫斯
雅典
安德罗斯岛
扎金索斯岛
皮尔戈斯
特里波利斯
基克拉泽斯群岛
帕罗斯岛
锡佛诺斯岛
斯巴达
爱奥尼亚海
N
米洛斯岛
0
50
100km
克里特岛
雷西姆农
伊拉克利翁
N
0
50
100km
高速公路
干道
铁路
国界线
首都

希腊遗址

1 哈德良拱门（雅典）

2 纪念屋大维（奥古斯都）和马克·安东尼战胜布鲁图和卡西乌斯的腓立比战役（公元前42年）的狮子像

3 科林斯浴场遗址

★4 腓立比近郊的罗马大道
（埃格纳提亚大道）

古罗马时期小亚细亚的道路网（罗马帝国时期）

N
0
100
200km
黑海
君士坦丁堡
（伊斯坦布尔）
埃迪尔内
宗古尔达克
锡诺普
萨姆松
特拉布宗
伊兹米特
马尔马拉海
布尔萨
爱琴海
巴勒克西尔
埃斯基谢希尔
安卡拉
克勒克卡莱
锡瓦斯
幼发拉底河
土耳其
阿菲永
开塞利
埃拉泽
马拉蒂亚
迪亚巴克尔
伊兹密尔
科尼亚
代尼兹利
加济安泰普
科斯岛
安塔利亚
阿达纳
罗得港
罗得岛
安提阿
（安塔基亚）
哈拉伯
（安塔基亚）
叙利亚
拉塔基亚
代尔祖尔
尼科西亚
塞浦路斯
哈马
地中海
霍姆斯
帕尔米拉
高速公路
干道
铁路
国界线
首都
现代的土耳其

1 阿芙罗迪西亚的竞技场遗址

2 阿斯潘多斯的会堂

3 以弗所遗址

（上图为通往剧场和港口的大道，下图为遗址内的克莱特斯大道和哈德良神殿）

4 以弗所的图书馆遗址

古罗马时期中东的道路网（罗马帝国时期）

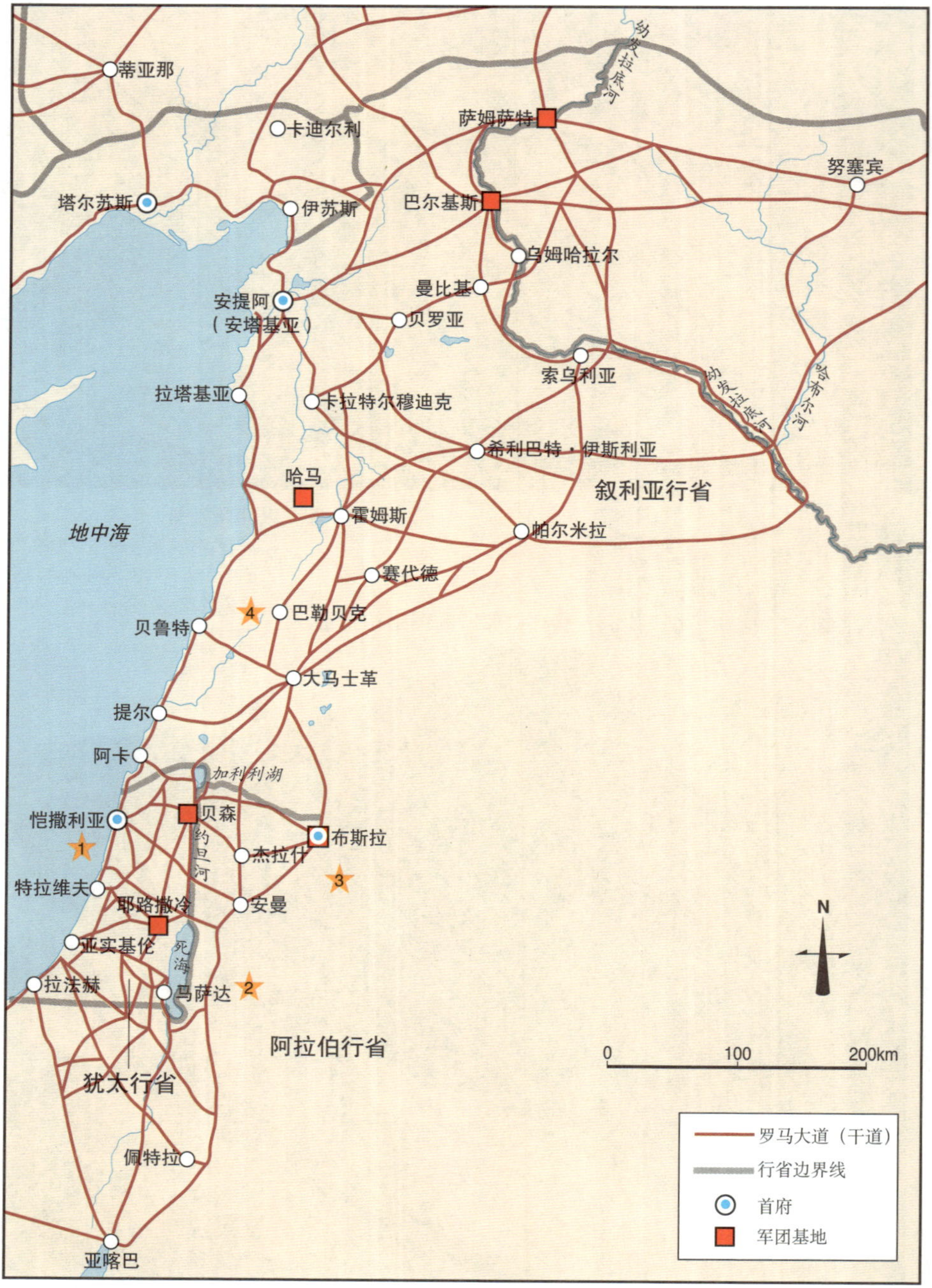

现代的中东

土耳其
迪亚巴克尔
卡赫拉曼马拉什
乌尔法
阿达纳
加济安泰普
努塞宾
梅尔辛
伊斯肯德仑
哈赛克
安提阿
（安塔基亚）
哈拉伯（阿勒颇）
幼发拉底河
拉塔基亚
代尔祖尔
巴尼亚斯
哈马
叙利亚
霍姆斯
帕尔米拉
地中海
的黎波里
贝鲁特
伊拉克
黎巴嫩
大马士革
加利利湖
海法
以色列
布斯拉
约旦河
特拉维夫
安曼
耶路撒冷
加沙
死海
N
约旦
0
100
200km
高速公路
干道
铁路
国界线
首都
亚喀巴

中东遗址

2 为了进攻死海附近的马萨达要塞建造的罗马基地遗址（以色列）

1 恺撒利亚沿岸的引水桥（以色列）

列柱广场（约旦的杰拉什）

4 巴勒贝克的神殿（黎巴嫩）

古罗马时期埃及和昔兰尼加的道路网（罗马帝国时期）

现代的埃及和昔兰尼加

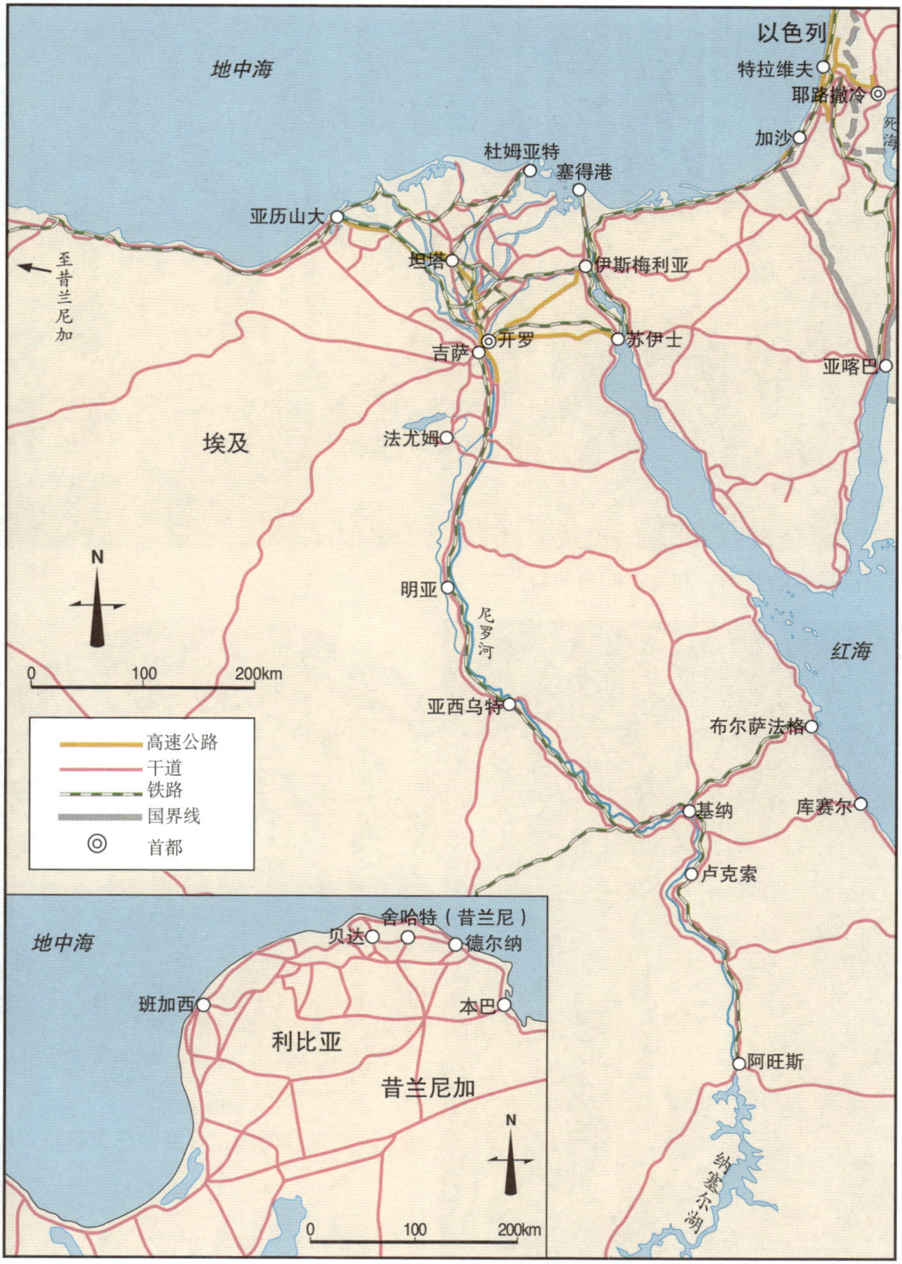

地中海
以色列
特拉维夫
耶路撒冷
死海
加沙
杜姆亚特
塞得港
亚历山大
至昔兰尼加
坦塔
伊斯梅利亚
开罗
吉萨
苏伊士
亚喀巴
埃及
法尤姆
N
明亚
尼罗河
红海
0
100
200km
亚西乌特
布尔萨法格
高速公路
干道
铁路
国界线
首都
基纳
库赛尔
卢克索
阿旺斯
纳塞尔湖
地中海
舍哈特（昔兰尼）
贝达
德尔纳
班加西
本巴
利比亚
昔兰尼加
N
0
100
200km

埃及、昔兰尼加遗址

1 图拉真皇帝的浴场（利比亚的舍哈特）

2 菲莱现存的图拉真皇帝纪念建筑（埃

3 亚历山大的剧场遗址（埃及）

4 狮身人面像旁边矗立的庞培柱（埃及的亚历山大）

位于阿庇亚大道的终点——布林迪西的圆柱

道花费 1.75 亿塞斯特斯。这个数字除以用历史资料记载的当年水费收入 25 万塞斯特斯，得出的数字为 700。如果这个数字正确的话，那么仅仅靠水费收入收回全部的水道建设费用，要等到 700 年以后。研究人员也放弃了对这个问题的进一步研究，因为只凭这个数字，就连试算也不可能。但是许多人在下面

这一点上意见是一致的。那就是，与道路一样，罗马中央政府从一开始就没有考虑过建水道是否合算的问题。这也许是因为，正如他们把罗马大道称为"公路"一样，他们认为建罗马水道也应该是由政府来做的事。用他们的话来说，就是"人类文明生活必需的大事业"。这一点可以从被称为"castellum"的蓄水槽的结构得到证实。

"castellum"是一个拉丁语词，英语的"castle"正是来自这个词，因此通常译为城或者城堡。城堡有集中驻扎士兵并根据需要让其出动的作用。这种作用与罗马水道的蓄水槽有相似之处。蓄水槽是先把引过来的水贮存起来，让其沉淀或者过滤杂质后，根据用途，配送到各条供水线路上。正因如此，罗马人将它命名为表示城堡的"castellum"，而不是表示贮存意思的"piscina"。值得一提的是，如果是单纯为了蓄水、过滤杂质的蓄水槽，罗马人也称之为"piscina"。而用现代语言只能译为蓄水槽的"castellum"的最重要作用在于配水。

由此可见，罗马水道的蓄水槽具有十分重要的作用，它根据需要控制供水的优先顺序，因此并不是每条水道都是一个蓄水槽。《关于罗马水道》的作者弗朗提努斯在涅尔瓦皇帝时代曾经主管水道事务，

他记载了涅尔瓦统治时期建成的9条罗马水道进入市区后通过的“蓄水槽”的个数。

阿庇亚水道——20个

旧阿尼奥水道——35个

马西亚水道——51个

特普拉水道——14个

尤里亚水道——17个

维哥水道——18个

阿尔谢提那水道——0个（可能是因为这条水道直接通到工场专用蓄水池）。

克劳狄亚水道和新阿尼奥水道——合计92个

这些数字中不包括弗朗提努斯死后修建的图拉真水道和安东尼亚娜水道的蓄水槽数量。因此，尽管只有9条水道，但蓄水槽总数就达到247处。值得一提的是，庞贝有1个。这里也体现出帝国首都罗马与小城市之一的庞贝的差异。但是庞贝也是罗马文明下的城市，这里至今还有按照不同用途和配水量分为三条配水路线的古代蓄水槽建筑。它在枯水期时优先顺序如下：

（一）公共用：其代表就是公用水槽，配水比例为总体的44.2%。

（二）皇帝用：不过，它并不仅仅指给皇宫及其他地方供水，亦即皇帝私用的部分。大型公共浴场是皇帝建造后赠送给市民的，因此它需要的大量用水也算作皇帝用的水。通过这条配水路线的水的比例为总体的17.2%。

（三）私用：申请引水到自己家中，获得批准后，由“水道局”的施工人员来铺设管道。给通过这条途径用水的人供水，称为私用水。在私用水中还包括给分散在郊区的别墅的供水。不过，由于担心

庞贝的蓄水槽外观。右图为蓄水槽的配水构造平面图，下图为截面图（摘自 J.-P. Adam, *La construction romaine. Materiaux et techniques*）

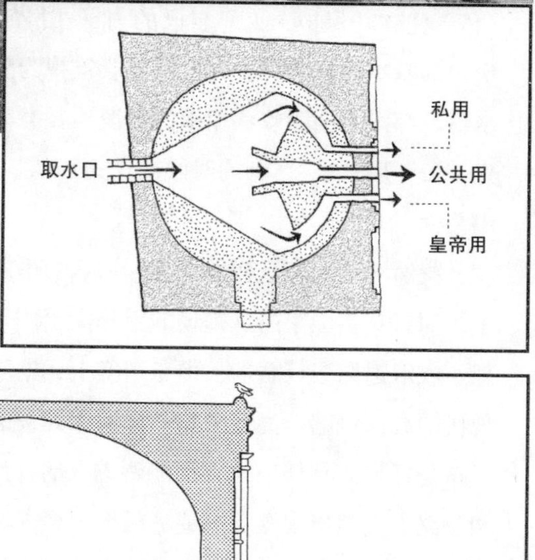

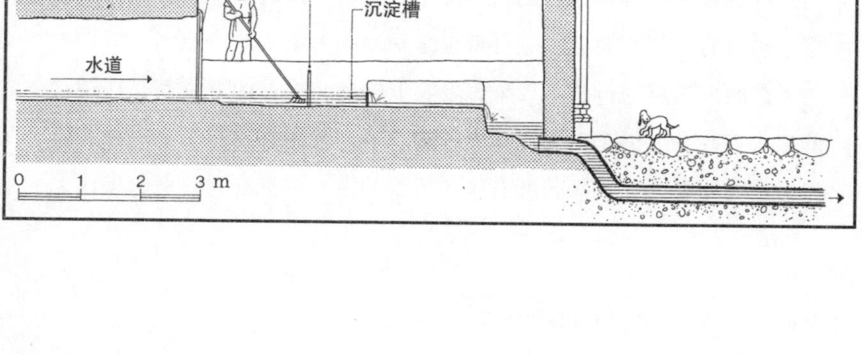

水道内的水压下降，这种情况获得批准并非轻而易举的事。这种私用水的比例占总体的38.6%。只有这一类用水的人才缴纳水费。也就是说，前两种被认为是公用的，用水免费。

罗马人并不是一切都认为应该先公后私。只不过他们认为，既然用公费修建的工程，当然“公”比“私”优先。保护个人靠自己的力量获得的私有财产甚至被作为罗马法律的基本内容之一，在罗马社会被视为天经地义。无论是道路还是水道，都没有强制收购用地的情况。在罗马人的社会中，有的时候是先“公”后“私”，有的时候则是先“私”后“公”，两者在相互平衡中共存。

既然罗马人有这样的思想，那么由军团兵这样的国家公务人员施工，而且花费国家的钱铺设的罗马大道用作私用的时候，他们应该是想要收取道路通行费的。但是事实上，这不可能。虽然罗马大道是像现代的高速铁路、高速公路一样人工铺设的道路，但是古罗马时期的道路是任何人从任何地方都能够进入的。如果在车辆高速行驶的铁路和公路上突然出现人、马或者板车，会非常危险，但是在罗马大道上通过的都是马和马车，它们的速度不会太快，因此不仅没有挡墙，连栅栏也没有，甚至对徒步旅行者也是开放的。由于这个原因，罗马大道无法收取道路通行费。如果想要收取的话，唯一的方法就是在桥梁的出入口收费。但是由于罗马人的观念是，凡事都要有多个选择，所以桥梁并不是一处。倘若所有这些桥梁的出入口都配置收费的工作人员，仅仅人工费就是一个巨大的开支，道路免费对于国家来说反而更加合算。只有哈德良皇帝在位的时候尝试过一次道路收费，但它只是在一个地方、一个时期尝试便告终了。结果，罗马大道自始至终一直都是不收费的。

但是水道的情况不同。

首先，当局把总水量的将近一半配送到公共水槽，可以说发挥了水道的公共作用。罗马人把这种公共水槽称为“公共喷泉”，但它们很少是从优美的雕塑喷出巨大水柱的那种类型，而是从雕刻成兽首的喷水口中，整日不断地流出水来。只要是从这里取水使用，无论多少都是免费的。根据各地的考古调查情况来推断，即使是最好的情况，也要从家走 40 米远才会遇到一个公共水槽。这种公共水槽设在大路边上，因此溢出的水便会流到路面下边挖的下水道。这是因为，考虑到供应清澈的水，正如前面所述的那样，罗马水道里的水是 24 小时不断地流淌的。

给公共水槽配水 44.2%，加上 17.2% 的皇帝用水，后者主要是用于公共浴场，这两者加起来，可以说罗马水道总水量的约 60% 是给市民的供水。它作为一项卫生措施也具有重要意义。饮用清洁的水，用清洁的水洗涤食物，用清洁的水做饭，而且每天去公共浴场洗澡，保持身体清洁。这多么有益于健康，有助于防止流行病！如果我们想一想罗马帝国统治的区域之广和统治的岁月之长，便会发现罗马历史上瘟疫流行少得惊人。

医圣希波克拉底提倡预防疾病比治疗疾病更加重要的理念，而罗马则在整个国家做到了这一点。如果我们了解，2 000 年后的今天地球上仍有许多人处于缺水状态，那么我们就不能不感叹罗马人对公共事业的关注，因为他们毫不怀疑，稳定供应清洁的水是人类文明生活

庞贝的公共水槽。下图为公共水槽的截面图和平面图

（摘自 J.-P. Adam, *La construction romaine. Materiaux et techniques*）

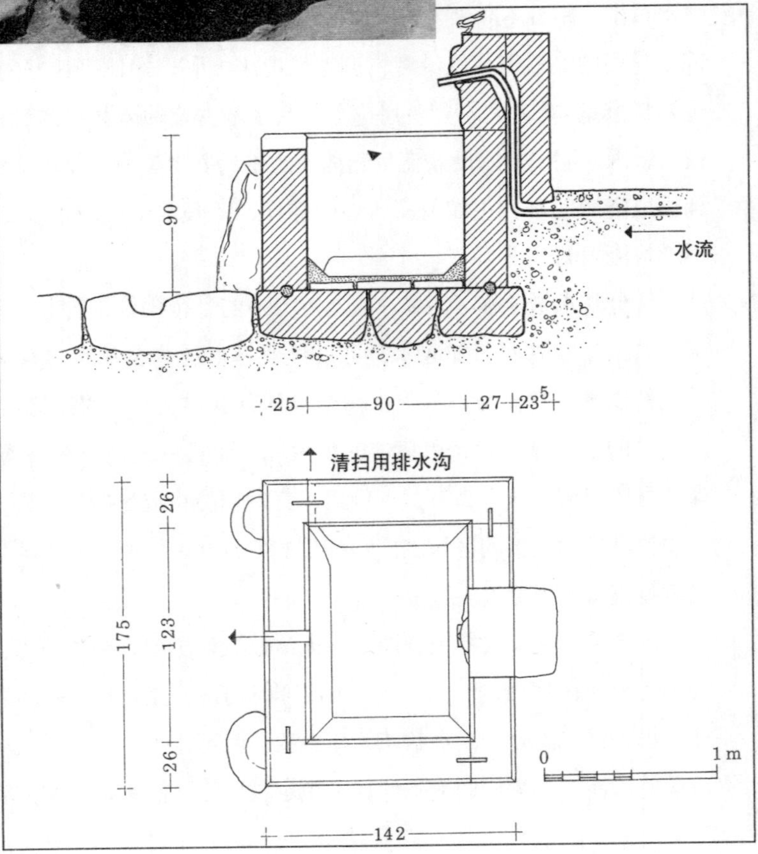

必需的大事业。正因如此，既然政府已经免费提供足够的用水，那么如果想要更多服务的话，政府就可以理所当然地收费。走 40 米取水使用是免费的，而要将水引到自己家里，这种服务就超过了政府的责任，因此这种情况就属于私用，应该付费。而且，引水到家必须向“水道局”申请，获得批准后，让“水道局”的工作人员施工。在这个阶段，就可以掌握“私用水”的数量，从而可以收取费用。

但是让居民缴纳水费的时候，如何确定水费呢？现代的自来水由于安装了测量用水量的仪表，只需要按照用水量缴费，但古罗马时期又是如何确定的呢？罗马水道通过昼夜不停地流水保持水的清洁。古罗马时期的“水道局”的任务就是，计量不停流动的水量。古罗马时期的水务工作人员通过一个办法解决了这个难题。在介绍这个办法之前，我们先谈一谈在古罗马时期是如何引水到户的。

想要把水引到自己家里的人必须首先申请。如果在首都罗马，要向皇帝提交申请。而在米兰、那不勒斯这样本土内的地方自治体，则是提交给市议会的议长。如果是像科隆、里昂这样行省的首府，便是提交给行省总督。在巴黎、托莱多这样的行省内的地方自治体，则要向市议会的议长申请。另外，像雅典这样罗马特别认定的自由城市，要向所在城市的议会申请。我们不能忘记的是，如此庞大的帝国之所以能够国泰民安，是因为中央集权和地方分权的绝妙结合。我们也许认为，不过是把水引到自己家里，这样做岂不小题大做吗？但是 2 000 年前的罗马人却不这么认为。

在古罗马时期，稳定供水被视为政府负责向居民保证的义务之一，虽然收费，但也不能无限制地批准私用水。在水道建设上投入巨大的财力和人力之所以能够得到人们的赞同，是因为它会带来公共利益。研究人员认为，从庞贝挖掘出来的古代蓄水槽，公用、皇帝用、私用三者的配水比例与行省的其他城市的蓄水槽大致一样。其中，皇帝用水也包括公共浴场及其他公共建筑物使用的水，因此如果将它也计入公共用水，那么罗马水道输送的水公私比例应为 6：4。也就是说，罗马水道输送的水 60% 为公共用水，40% 为私用水，后者不允许超过 40%。如果私用水超过 40%，公共用水就会相应减少。在现代，家庭使用自来水的比例很高，在古罗马时期，使用公共水槽的人则占绝大多数。既然水道是公共事业，就必须将“私用水”控制在 40% 以下，那么是如何控制的呢？

首先，任何人都会想到的是收取水费。在道路和桥梁都理所当然免费的那个时代，唯独水道是一个特例，需要缴纳水费。由于平均每隔 70 米就设一个可以免费用水的公共水槽，因此也许收费制度本身就有效地制约了私用水。尽管如此，当时并没有因为重视制约的作用而出现高昂的水费。

这是因为被纳入私用水范畴的人中，有许多工作上要用水的手工业者。比如，染色业就需要大量的水。为了保证工业用水而建造专用水道的，是被公认为贤帝的奥古斯都和图拉真两位皇帝。相信罗马人不会无视水在产业方面的功效。对于工作上设有直接用水需求的富人，不能以“引水到自己家中只是为了奢侈享受”为由断然拒绝其申请。这些有钱人家光在市区置有宅院，就能增加消费，从而活跃城市的经济。即使位于郊区的别墅，也有类似的作用。原本是农耕民族的罗马人心目中的“别墅”就是农牧业的生产基地。有人住，可以防止土地荒芜。一旦创造了安全、舒适的环境，人就能定居下来。安全可以靠“罗马统治下的和平”来保障，而保证舒适的首要条件便是稳定、清洁的供水。

庞贝的阿波坦查大道想象图

（摘自 J.-P. Adam, *La construction romaine. Materiaux et techniques*）

由于这些原因，古罗马时期的水道虽然收费，但是水费并不高。罗马帝国一年的水费收入总计只有 25 万塞斯特斯也未免太少了，它只相当于罗马市区最高档公寓一年租金的 8 倍或 9 倍。我们不由得怀疑，这会不会是中世纪的笔误或者罗马 11 条水道中的一条的水费？但是并无史料感叹当时水费昂贵。无论如何，基础设施的目的是公共利益，所以罗马人压根儿没有考虑过靠收费来收回成本。

鉴于上述原因，在古罗马时期，收费基本上没有能够阻止申请人的增加。在这种情况下，将私用水控制在 40% 以下的方法之一，便是由罗马的皇帝、行省的总督来审批。也就是说，将申请手续本身复杂化，并延长审批的时间。它的真正目的便是防止申请的人过多。

方法之二，就是规定，即使审批以后，其有效期限也仅限于申请本人这一代，不允许世袭，也不允许继承和转让。在罗马公民权、国有土地租借权均为世袭的当时，水道权只限一代是一件值得一提的事。父母死后，即使孩子继续住同一所房子，也必须重新申请引水到自己家里。另外，购买了已经引好水的房子的人也要重新申请批准使用水道的水。由此可见，一直确保 60% 公共用水也并非易事。

正因如此，当时对于盗用水道的水的人处以巨额的罚款。据说，最高达到 10 万塞斯特斯。以军团兵来说，相当于 84 个人的年薪。但是似乎仍然有偷水的人。偷水也必须进行管道的施工。这也就是说，偷水的不法之徒与身为公职人员的“水道局”内的人内外勾结。因此，工程的负责人甚至到早晨才将当天的施工计划通知他下面的工人。

如果发生偷水行为，不仅国家不能收取水费，而且在保持水道内的水压上也不能允许。罗马是一个法治国家，既然有《水道法》，就必须遵守。假如法律不切实际，可以修改法律。

那么，被划分为“私用”范畴的用水是如何确定水费的呢？为了保持水质，罗马水道是昼夜不停地流动的，这样使用的水量就无法测量。不能测量，就不能确定水费是多少。既然不能确定水费是多少，就无法收费。但是无论怎么不停地流动，水也是从总管通过分出来的输水管输送到家庭或者工厂的。

因此，古罗马时期的水务人员按照输水管的圆周来确定水费。铅

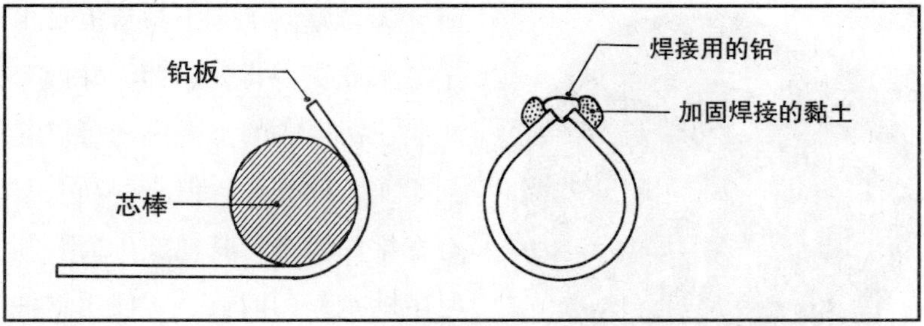

铅管的制造方法

（摘自 J.-P. Adam, *La construction romaine. Materiaux et techniques*）

制的输水管由粗到细共有 10 种，长度一律为 3 米。它们由制造铅管的工厂按照规格大量生产。然后，工程人员根据申请表上填写的使用目的和使用区域的面积等计算所需的水量，由此确定所用输水管的尺寸和数量。此外，这种工程必须由专家进行，因此对于“当局”来说，用这种办法确定水费并不困难。

但是，用这种办法确定水费就说明，在古罗马时期即使家庭中也是通过不断地流动来保持水质的。而且，昼夜不停地流水不仅可以保持水的清洁，而且能够非常有效地让下水道发挥作用。这是因为，由于有大量的水永不停歇地流动，下水道也会因此变得通畅，在卫生方面也会产生极好的效果。

希腊人把道路、上水道和下水道列为罗马人的三大独创，而这三者都不仅仅要建设，而且只有不断地发挥作用才有意义。正是因为这些基础设施发挥着巨大的作用，它们才令世人感叹。也许在对上下水道不感兴趣的希腊人眼里，古罗马时期的城市都相当清洁。

那么，在以“水流不息”为水道基础的古罗马时期没有水龙头吗？水龙头恰恰是存在的，而且原理与现代的水龙头完全一样。现代

研究人员复制了一个与从庞贝出土的水龙头一样的东西，并做了实验，据说它的水平完全可以起到水龙头的作用。但是罗马人只有在维修和进行其他施工需要临时阻断水流的时候，才使用这种水龙头。这是因为罗马水道的基本特点就是“水流不息”。也正因为如此，罗马人才能够喝到没有消毒剂味道的水。

这里我想谈一谈曾经轰动一时的一个假说。有一种说法认为，罗马灭亡的原因在于铅中毒。罗马水道使用的是铅管，因此古罗马时期饮用通过铅管的水以后，因铅中所含的毒素而产生慢性中毒症状，不仅末梢神经受损，而且引起大脑功能障碍，这是导致罗马帝国灭亡的原因。

这种说法作为一个假说有许多弱点，我们在这里姑且不论，我们先探究一下罗马人是不是当时对铅的毒性一无所知？

罗马人不仅知道铅毒，而且很了解。早在公元前1世纪发表的《建筑十书》中，作者维特鲁威就阐述了铅的毒性，并谈到了防止铅中毒的方法。书中提到，铅溶于水以后会产生毒性。若它对人体有害，从铅管制造厂的工人的脸色和姿势就能看出来。因此，从健康考虑，应该尽可能地少用铅管。如果想要供应有益于健康的水，最好使用木制的或者赤陶土制的输水管。

但是罗马水道却一直使用铅管。它们用在什么地方？又是为什么呢？

首先，从水源地一直到位于城市入口的蓄水槽，无论是地下还是地上，都是石砌的通道，因此不需要使用铅管。问题在于从蓄水槽到公共水槽或者家庭这一段进入城市以后的输水管。这部分使用的是铅管。水要输送到各个地方，往往输水管也不得不弯曲。铅制的输水管易于进行这样的作业。欧洲北部挖掘到了木制的管道，欧洲南部挖掘到了赤陶土制的管道，但是在市区，绝大多数还是采用铅管。

那么，为什么罗马人明知有毒性，还继续使用铅管呢？

正如维特鲁威写的那样，罗马人知道铅溶于水以后才会产生铅毒。既然如此，只需要尽可能地让它少与水接触，问题便迎刃而解了。所幸的是，罗马水道“水流不息”的方式。由于在宽阔的通道中，水流也相当快，因此在引到比它狭窄的铅管中以后，流速更快。另外，由于不使用水龙头，在排水口也同样是采用“水流不息”的方式。这样，铅溶解到水中的危险就微不足道了。还有一点，我想，水中含的碳酸钙也会降低铅毒的毒性。我见过古罗马水道的坑道遗址，令人吃惊的是，其内部覆盖着一层厚厚的白色石灰层。这让我想到，水道之所以总是需要维护，其中一个原因便是去除石砌的坑道内不断堆积的石灰层。但是如果是铅管的话，这种附着在管道内壁的石灰岂不正好成为隔开铅和水的一层隔膜吗？总之，市区水道使用铅管导致了罗马帝国灭亡的说法，在罗马水道的研究人员中完全被视为无稽之谈。

关于罗马水道，最后当然要提到大规模的公共浴场。因为没有水道的作用，它们根本无从谈起。罗马人喜欢洗澡令后人望尘莫及。即使是一个小城市，也有许多公共浴场。这种情况在当时被视为理所当然。我参观过位于今天英国的哈德良长城。它在当时是罗马帝国的前线之一。当我看到前线士兵使用的浴场的时候，简直惊呆了。这是

位于哈德良长城沿线的士兵浴场遗址

一个引用河水的规模不大的浴场，但是这说明，即使在最前线，罗马人仍然坚持洗澡。而帝国首都罗马的浴场则规模更大，也更加豪华，因为它们都是由皇帝建造并赠送给市民的。

位于罗马市区的著名浴场，按修建的时间顺序有：阿格里帕浴场、尼禄浴场、提图斯浴场、图拉真浴场、卡拉卡拉浴场、德基乌斯浴场、戴克里先浴场、君士坦丁浴场。

除了第一任皇帝奥古斯都的左右手阿格里帕建造的浴场以外，其他所有浴场都是皇帝建造的。内部的构造都很相似，因此正如下页图所示的卡拉卡拉浴场那样，从浴场内外装饰的艺术品质量之高、数量之多来看，公共浴场宛如古罗马时期的美术馆一样。据说，皇帝提比略因为喜爱阿格里帕浴场里的一尊雕像，觉得平民不能理解艺术杰作，便把它搬到了皇宫，但是遭到了人们的强烈抗议，最终又放回原位。

现代人在美术馆看到的希腊、罗马的雕像中，有不少是从这些公共浴场旧址挖掘出来的。收藏于梵蒂冈美术馆的拉奥孔群像雕塑也曾经用于装饰图拉真浴场。现在收藏于那不勒斯国家考古博物馆、被称为“法尔内塞公牛”的大理石组雕，还有同样被收藏在那不勒斯国家考古博物馆的“法尔内塞的赫拉”雕塑以及现在用于法国大使馆的、文艺复兴时期的建筑物——法尔内塞宫前面广场上的两座喷泉，都是曾经用来装饰卡拉卡拉浴场的艺术品。至于来自戴克里先浴场的装

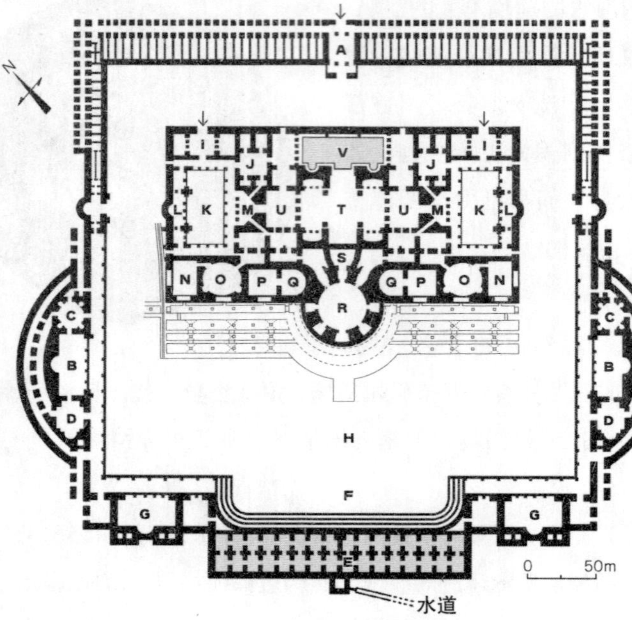

大浴场总体：337 米 ×328 米　　浴场部分：220 米 × 114 米

出入口的外面、左右两侧排列着商铺，商铺的二楼用于住宿

A　出入口
B、C、D　展示绘画、浮雕等的美术馆
E　大型蓄水槽（双层构造）。水道直通到此处
F　从花园走下地下蓄水槽（地面铺砌）的阶梯
G　图书馆（2 个。右边收藏希腊语书籍，左边收藏拉丁语书籍）
H　用喷泉、雕塑装饰的大花园
I　进入浴场内部的入口
J　更衣室
K　列柱回廊环绕的体育场
L　展示雕塑的美术馆。正对列柱回廊
M　半圆形的“艾萨多拉”，伟人雕塑摆在墙边，多用于教室等
N、O、P、Q　中央的浴池，每间都盛满不同温度的热水，所有房间为墙壁暖气。N 可能为厕所
R　热浴室。朝向外侧的半圆形的各处窗户大开，从而最大限度地利用朝南的好处
S　温浴室
T　冷浴室
U　喷泉（这两个喷泉，一个现在法国大使馆前的法尔内塞广场，另一个保留在梵蒂冈的院内）
V　水池

卡拉卡拉浴场平面图

拉奥孔群像

法尔内塞公牛

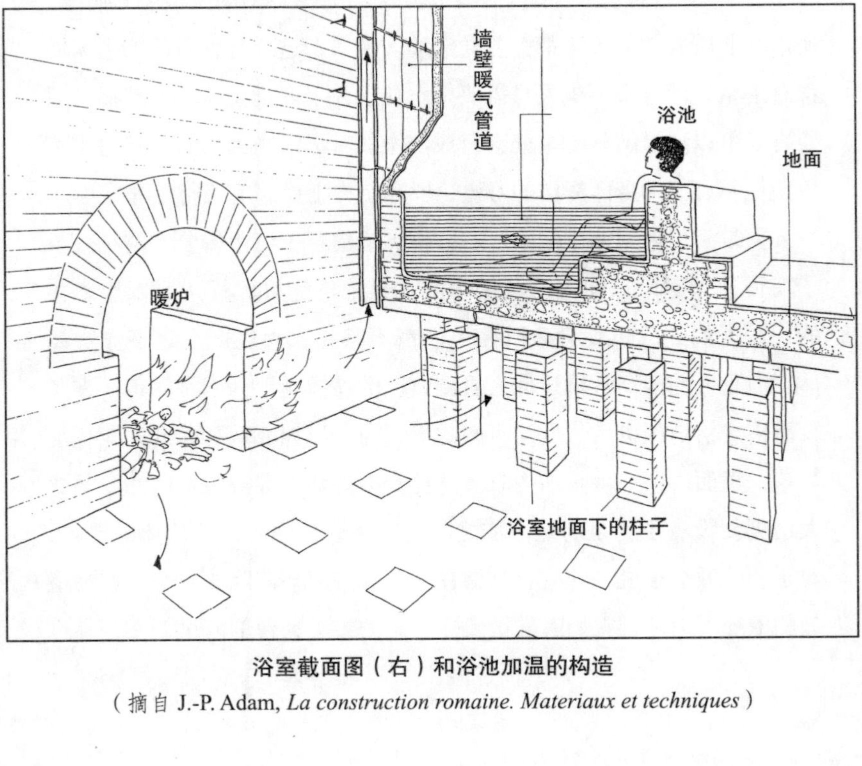

浴室截面图（右）和浴池加温的构造

（摘自 J.-P. Adam, *La construction romaine. Materiaux et techniques*）

饰，读者可以去参观一下将这个浴场遗址建成浴场美术馆附近新设的“八角形光环”。

由此我们也就能够理解，为什么罗马的民众把用这些杰作装饰的浴场称为“我们穷人的宫殿”了。虽然有着这样豪华的设施，但是票价只相当于一个面包和一杯葡萄酒的价格，为半阿斯，而且，士兵和儿童免费。奴隶也可以进入浴场，如果他是公务员，则与服兵役的人一样享受免费待遇。在古罗马时期，每个城镇都有这种公共浴场，有很长一段时间采取男女混浴的方式。从哈德良皇帝时代开始，改为男女分浴。不过，不能把浴场内部分为男女两个部分，因此用时间来分开。大多数在家中做家务的女子从上午 10 点至下午 1 点可以入场。一早就出去工作的男子和上学的儿童则在下午 2 点至 5 点可以入场。

罗马的人口比罗马市区所有公共浴场能够容纳的人数要多得多，所以并非所有的人每天都去公共浴场。像皇帝这样有权有势的人家中都有浴室，而且有不少人只需要把水从上往下一浇就行了。然而，只要有了可以洗澡的环境，就会养成洗澡的习惯。正因为有足够的水可以使用和有保持身体清洁的习惯，罗马历史上疾病的流行才非常少。

但是到了公元 4 世纪末，罗马帝国境内各个城市的公共浴场一下子变得萧条起来。向大浴场供水的水道依然完好无损，而发生变化的，是人们的思想观念。以往人们都不避讳在大庭广众之下赤身裸体，但是人们逐渐觉得让他人看到自己的裸体是一件不好的事。在基督教占统治地位以后，罗马帝国的男人为了不裸露肩膀，开始穿托加长袍，里面再穿一件长袖内衣。这样，以许多人混浴为特色的罗马式大浴场便没有了立足之地。加之，公共浴场装饰着许多裸体的雕塑，对于基督教徒来说，这些正是被视为邪教的应该清除的希腊、罗马宗教的象征。因此，它们有的被毁坏，有的被扔到台伯河里，幸存的也被人们忘记，陷于无人问津的境地。昔日罗马平民的宫殿更是被拆得面目全非，一切能够用作教堂和民房的建筑材料都被拿走了，成为只有砖墙还让人们依稀想象出昔日辉煌的巨大遗址。

此后，罗马水道还继续使用了将近 150 年。在西罗马帝国灭亡的公元 476 年，水道的坑道内还一直流动着水。但是到公元 538 年，也终于宣告结束了。在这一年，拜占庭帝国（又称东罗马帝国）的将军贝利撒留开始抗击日渐频繁的蛮族入侵。

指挥防御的将军获得了一个情报：到了夜里，看见水道坑道的对面有灯光在闪烁。罗马市区依靠公元 3 世纪奥勒留皇帝修建的城墙来防御，但水道桥跨过这道城墙进入市区。贝利撒留为了防止蛮族通过水道坑道攻入罗马城内，下令封锁了进入罗马的所有水道的水源地取水口，同时在水道桥进入市区的地方用砖头和水泥封锁了坑道。罗马水道就此成为历史。

此后蛮族仍然不断入侵，因此没有人试图把封锁的水道恢复原状。当时，罗马的人口已经减少到 3 万人，已经不需要为百万人口的城市建造的 11 条水道了。与之相比，有可能沿着水道桥入侵的蛮族更加可怕。中世纪的罗马的确黑暗。罗马大道不再有人维护，结果路面开始变得坑洼不平，尘土飞扬，杂草丛生，逐渐被废弃了。而罗马水道的废弃则是短期内就造成了。只要国家没有强烈的意志和能力维护，无论建得多好的基础设施，也唯有死路一条。这不仅是硬件的基础设施，软件的基础设施也是如此。

第二章　软件基础设施

医疗

我有一张名为“ROMA URBS”（首都罗马）的地图，宽为95厘米，长为115厘米。因为是在商店出售的，所以应该谁都能够买到。不过，现代的罗马市政与古代的不同，缺少持续性。因此地图常常会脱销，这种脱销的现象往往持续很久，所以也许不会轻易弄到手。尽管如此，这张地图做工非常精致，可见现代的罗马人创意还是有的。这张地图是一张平面图，它用浅褐色标记现代的罗马市，然后在上面用黑色和灰色画出了帝制时期的罗马。地图上面还标记了君士坦丁大帝下令建造的凯旋门和公共浴场，可见所画的是公元4世纪时的“世界之都”。地图上还使用了蓝色来表示水道的高架桥和台伯河。

看着这张地图，我注意到的第一件事是，尽管画的是公元4世纪时的罗马，但是公元前的共和制时期建造的主要建筑物几乎全部仍然健在。有些建筑甚至超过了500年。不过，臭名昭著的尼禄皇帝的黄金宫殿变成了图拉真皇帝下令建造的大浴场附属花园。阿格里帕建造的万神殿也在被一场大火烧毁后，由哈德良皇帝按照完全不同的建筑风格进行了重建，地图上标记的是后来的样子。这些都是例外中的例外，其他全部保留了建造时的样子。这证明这些建筑都得到了不断的修缮。而对建筑物的妥善维护也说明了帝国的国力强盛。

看着这张地图，我注意到的第二件事是，我再一次深切感受到，古代的罗马与现代的罗马市是重合的，尽管这其实是一件理所当然的事。起源于古罗马时期的其他许多城市也同样有这种现象。但是科隆、美因茨、里昂、伦敦以前是行省的主要城市，它们与帝国的首都罗马在规模和人口密度上不能相提并论。而且由于上面有人生活，所以系统地进行考古发掘只能是梦想。罗马大学考古专业的一项不为人知的主要工作便是，只要听说有改建工程，马上就要赶过去。这一点也可以理解。相反，罗马的建筑商的烦恼便是，工程被赶来的文物保护委员会的人阻止。罗马一直没有修地铁，现在终于修了，也只有两三条线，而且挖到了很深的地底下。这是因为，往下随便挖一点点，就会碰到遗址。由于同样的原因，罗马的路面上停车特别多。这是因为，现代的地下一层就是 2 000 年前的地面一层，所以无法修建地下停车场。

不仅如此，令人不可思议的是，由于尊重传统，兵营本来完全可以搬迁到其他地方，但是在罗马，它还是在 2 000 年前的近卫军团兵营一样的地方，导致无法挖掘。因为近卫军团是罗马军队的精华，所以在宽阔的兵营地下应该埋藏着许多的雕像，但是这里一直作为军事设施被列为军事禁区。

这是罗马的现状，乃至是其他许多起源于古罗马时代的城市现状，英国的考古学家称，考古学最需要的是想象力。这种说法令人信服。

因此，这张地图不禁令我浮想联翩。另一件事也引起了我的兴趣，而学者们都没有谈到过这个问题。不过，并不是他们不了解，而是早已了解而懒得提及。所谓学者，就是这样一类人，对于他们之间不言自明的事情就懒得提及。我与他们不同。令我这个外行感兴趣的是，作为帝国首都的罗马，竟然没有大规模的教育和医疗设施。

古代的罗马人对教育、医疗不热心吗？连首都都没有正规的教育机构、医疗设施，这是一些学者指出的“没有公立学校”“完全缺乏医疗系统”的例证。它是否说明，在这个方面罗马人比较落后呢？

罗马在很长的一段时期，没有专业的医生。有记载表明，公元前3世纪，希腊医生开始在罗马行医，因此在建国后的500年内，罗马人住在一个没有医生的国家。但是没有医生并不等于没有医疗。罗马人的医疗从建国后就一直存在，而且他们认为有了这些医疗就足够了。这种医疗主要分为家庭医疗和求神保佑两大类。

家庭中的医疗负责人是一家之长。罗马的家长权力非常大，但义务也多而且繁重。家长不仅对家人负责，而且对在家中和农场工作的奴隶们的健康状况也负责。在罗马首先普及的不是医疗书籍，而是阐述药草种类及其效用的书籍，这是因为当时存在家长这一消费群体。家长想方设法给病人治疗的时候，会让住在家里的奴隶当助手。在帮忙的过程中，奴隶们学会了治疗方法，这样就诞生了被称为“奴隶医生”的家庭医生。

医疗是家长的任务。这样的时期之所以能够长期延续，是因为这样做，在当时的社会不乏合理性。被尊称为医圣的希波克拉底的医学，本质上也就是预防医学的集大成，其目的就是增强身体的抵抗力。他主张，为此，必须保证健康的饮食、适度的劳动、充足的睡眠和卫生，而这些也是一家之长所要严格管理的事情。一位称职的家长还应该注意到在家中和农场工作的奴隶们的健康。这并不是因为尊重人权，而不过是考虑保持劳动力。尽管如此，对生病的奴隶也给予治疗，只有古代的罗马才这样做。

求神保佑是任何民族都有的共同倾向。无论什么人，在生病的时候，都会感到担心，因此只要有能够依靠的，什么都想要依靠。而在罗马，有许多可以依赖的对象。罗马人对自己征服的民族也毫不吝啬地授予罗马公民权，用现代某位学者的话来说，“甚至对被征服的民族信仰的神灵也授予罗马公民权”。正因如此，罗马神增加到了 30 万之多，所以给每种病配一个主管的神是一件轻而易举的事。他们甚至知道掌管流行病的神，而发烧、腹泻、腰痛这些疾病就更是微不足道了。这些神灵都有一个小的寺庙，如果本人腰痛而无法动弹，就由别人替他去拜神。

但是罗马神也有等级制度，位于顶层的神有主神朱庇特（希腊神话中为宙斯）、他的妻子朱诺（赫拉）、密涅瓦（雅典娜）。掌管医疗的神也同样有等级，它的主神是希腊神阿斯克勒庇俄斯，他的权杖上缠绕着一条蛇。在现代的欧洲，大学医学系的毕业证书上，仍然使用一条蛇缠绕的权杖作为医生的象征。古罗马人将台伯河中的一个岛（台伯岛，或译提贝里纳岛）全部敬献给了这位医神。据编年史记载，这个岛在公元前 291 年传染病流行的这一年进行了修建，而根据考古调查绘制成的复原想象图，可以看出这并不是一座医院，而是把整个岛都敬献给医神阿斯克勒庇俄斯的一个神殿。由于它是河中的一个岛，因此这里与世隔绝，而且还有清澈的泉水，非常适合病人住在里面祈祷治愈。这里距离市中心很近。这座台伯河上唯一的岛屿在帝国灭亡以后仍然与医疗保持密切的关系，到了现代被改成了医院。

除此以外，在地中海世界还有许多与医疗有关的拜神的地方。真正有医生实施医疗，是在医圣希波克拉底设立医学校很久之后，在科斯岛等几个地方才出现。到神庙拜神的病人只是把自己闭居在那里，一心祈求出现奇迹。但是有意思的是，并不能说拜神就不科学。

首先，为了拜神，就被迫请一定时间的假。也就是说，有一段时间让自己从平时的工作中完全解脱出来。

其次，虽说过了桥就能到达台伯岛，但是与医疗有关的神庙往往

台伯岛的复原模型

医神阿斯克勒庇俄斯雕像

建在远离人烟的山上。特别是，希腊人是一个喜欢把神庙建在高处的民族，因此，病人无论是自己走，还是骑在驴、马的背上，或者躺在担架上，都要经过这段路程。在这个过程中，已经在体力方面对病人进行了考验。

这样，只有通过考验的人才会闭居在神庙里。而在闭居期间，即使不断食，也只有简单的食物。这样，就会清洁身体内部，从而离治愈更近一步。相反，体力衰弱而受不了粗食的病人，即使神灵就在身边，也只有等死。

另外，虽然同样是祭神祛病，罗马人与希腊人也有所不同。他们愿意去的神庙往往都在温泉附近。甚至有一位研究人员说，温泉对于罗马人来说就像磁铁一样。这样，闭居期间，在卫生方面也会得到保证。温泉本身就有治病的效果。

最后，是同病相怜的环境。这个词本身的意思是，患有相同病的人相互怜悯。人类虽然是无意识，却是非常自私的。在家里孤独地卧在床上的时候，对自己遭遇的不幸感到绝望的人，在左右都是病人的环境中，觉得自己病情不严重，就会感到幸运，从而产生战胜疾病的力量。当然，经过比较以后明白自己病情严重的人会更加绝望，甚至死亡。

因此，可以想象“拜神”的治愈率也许非常高。目前已经挖掘出的许多陶器，都是治愈的人为感谢神灵而捐献的，其形状仿照身体得病的部位。

另外，罗马帝国还有法律规定，如果奴隶生病，主人把他扔到神庙这样的地方，奴隶被治愈以后，以前的主人就不能主张对这个奴隶的所有权。虽然后来有不少来自希腊的“打工”医生，但是这些医生只是给有权有势或者有钱的人治病，对于普通市民来说，生病依靠家长和求神保佑的情况并没有改变。

对一直处于这种水平的古罗马医疗进行革命性改革的是尤里乌斯·恺撒。但是，在许多方面都制定中央集权法律、把共和制的罗马改为帝制的恺撒在建立医疗和教育系统的时候，并没有采用国家控制的办法。也就是说，他没有将医疗和教育作为政府负责的领域。不过，他没有忘记创造私人能够开展这项工作的条件。

恺撒以 10 年任期为限就任独裁官，迈出了当皇帝的第一步。在第一年，即公元前 46 年，着手进行许多改革，其中包括制定“尤里乌斯历”。这些改革之一便是给医生和教师授予罗马公民权。

条件只有一个，那就是，在首都罗马，医生从事医疗，教师从事教育，人种、肤色、出生地、社会地位一律不问。当然，信仰的宗教不同，也不问。对于这项改革，生活在两个世纪后的五贤帝时期的历史学家苏维托尼乌斯这样评论：“恺撒有两个方面的目的，即改善已经在罗马从事医疗事业的医生的环境，吸引更多优秀的医生来罗马。”

获得罗马公民权，无论在社会上还是在经济上，都有不少的好处。

第一个好处是，可以受到罗马法律的保护。恺撒构想的帝国是中央集权和地方分权并立的国体，因此无论是医生还是教师，如果出生于希腊的雅典，就必须遵守雅典的法律。但是无论是民法还是刑法，罗马法律都更加完善：私有财产得到完全的保护，即使被判有罪，也可以行使上诉权，等等。总之，处于罗马法律保护之下，绝对有利。

第二个好处是，假如希望成为医生、教师的人不是出生于像雅典这样被罗马指定为“自由都市”，被承认完全地方分权的地方，好处就会更大。这是因为，拥有了罗马公民权，就会免除相当于收入10%的行省税。也就是说，不再有义务缴纳直接税。至于间接税，想当医生和教师的人一般不会去做生意，所以应该不用缴纳5%的关税，消费时必须支付的营业税不过是商品价格的1%。尽管如此，由于行省的人民也享受与祖祖辈辈拥有罗马公民权的人一样的待遇，所以在第一代皇帝奥古斯都以后，必须依法缴纳只有拥有罗马公民权的人才必须缴纳的5%的遗产继承税。不过，如果继承人是血亲，那么这种税也是免除的。

此外，他们还可以享受拥有罗马公民权的人才有的特殊待遇。其一，是由《小麦法》保证的、每月免费领取大约30公斤的小麦。只要愿意每月排一次队，就可以免费领到基本上不会被饿死的主食。

第二个特殊待遇是，如果有批准免费领取小麦的证明，就可以免费观看圆形竞技场的角斗比赛，还有在大竞技场举行的四匹马拉的战车竞速比赛。也就是说，在娱乐方面，他们也可以享受与罗马公民一样的待遇。

尤里乌斯·恺撒没有拿出圣职这个概念招揽对于文明社会来说所需要的医生和教师，而是采取了给予在罗马从事医疗、教育的人好处的方法。医生是一种圣职这个理念，早已以医圣希波克拉底让跟自己学医术以后自立门户的年轻医生宣誓的形式被保留了下来。誓言是：“我将毕生当一名神圣、纯洁的医生，一心为病人考虑，谨慎行医。”在欧洲的医学系，与毕业证书一起，还会发给毕业生这个“希波克拉底的誓言”。在有些执业医生的诊所，与毕业证书并排挂着写有这句誓言的匾额。这样，如果医生乱收治疗费，对比2 500年前的神圣、

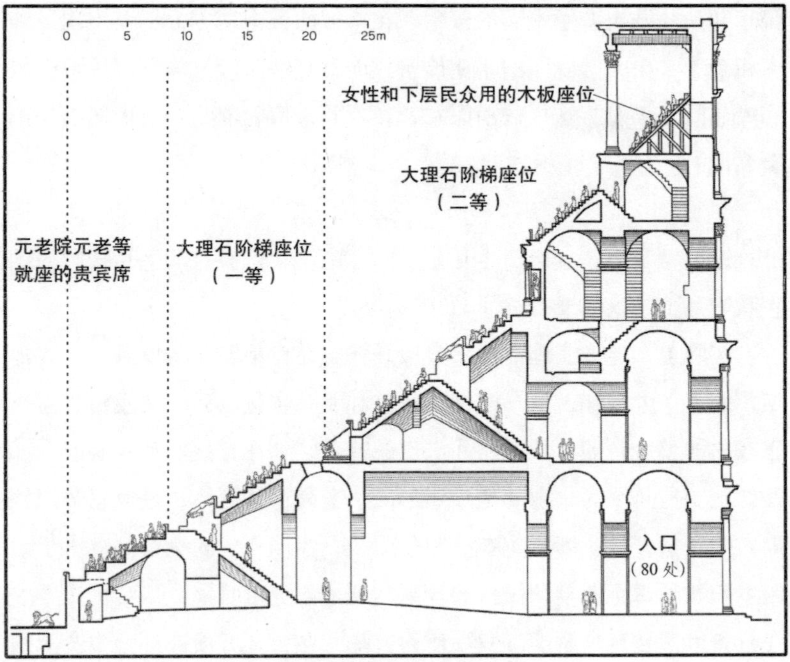

圆形竞技场的阶梯状座位

纯洁的医生的宣誓，心里便会产生愧疚。

2 000年前的尤里乌斯·恺撒并没有抱这种期待。他的方法就是，通过在法律上和税制上，还有其他许多方面给予优惠政策，让医生收取适当的治疗费从事治疗，让教师收取适当的学费教育孩子。他不是成立公共机构，努力提高医疗、教育水平，而是把医生、教师放到一个自由市场上。

结果，想要去罗马的医生和教师的数量激增。不仅保卫边境的军团也有了医疗队，而且，虽然工作地点在罗马，但工作性质有危险的警察和消防队也有了专属的医生。在市区的各个地方，不仅出现了许多相当于“白天医院”的小型诊所，而且有些医疗设施可以接纳少数病人住院。不过，这样的小医院，在百万人口的罗马全市地图上是不会标记的。

这里，我想读者会产生几个疑问。第一，恺撒对医生和教师的优惠政策是不是仅限于首都罗马？

实际上，恺撒实施的优惠政策是针对在首都罗马从事医疗、教师工作的人。但是在古罗马时期，在首都罗马实行以后，波及了包括行省在内的整个帝国。从道路和水道的普及，到在竞技场观看表演，都是如此。这是因为，由此使国家形成一个命运共同体，是罗马帝国领导人的一贯方针。因此，在恺撒死后，一代接一代的皇帝都继承了给医生和教师赋予罗马公民权的政策。到了五贤帝时期，皇帝仍然要求在行省也实行这项制度。罗马作为首都，在所有方面都是整个帝国的样板。

第二个疑问应该是，在边境保障帝国安全的士兵的问题。罗马军队的主力是军团兵，只有拥有罗马公民权的人才有资格当军团兵，而帮助军团兵战斗的辅助兵都是行省出身的人。国家规定，这些辅助兵在期满退役时，赋予罗马公民权，而期满退役是指必须服役满 25 年。在前线打仗的士兵必须过 25 年才能拿到的罗马公民权，医生和教师马上就能拿到，这是不是不公平呢？

如果单纯比较取得罗马公民权需要的时间，确实不公平。但是，非主力的辅助兵也是罗马军团的一员，在服役期间衣食住都是由国家保障的。而医生和教师则是必须在“自由市场”生存的“自由职业者”。我想，恺撒是这样考虑的。因此，对这两者的优惠政策当然会存在任务结束时和任务开始时的差异。

不过，由于没有见到确凿的史料，我们只能加以推测，赋予这两者的罗马公民权似乎还有世袭权和仅限一代的不同。

服满 25 年兵役后给予辅助兵的罗马公民权是可以世袭的，而给医生、教师的公民权则似乎仅限于一代。辅助兵的儿子作为拥有罗马公民权的人参加军团兵的例子，不胜枚举。另外，还有的人因享受父亲让给的罗马公民权，成了给军团基地供应物资的商人。而医生、教师的儿子从事了其他职业仍然拥有父亲享受的罗马公民权的例子，却闻所未闻。当然，有许多人与父亲一样成为医生、教师，因此，也获得了罗马公民权，有可能给人的感觉他们取得的罗马公民权也是世袭的。

不仅如此，赋予医生和教师的罗马公民权还有一点与行省士兵期满退役后被授予的罗马公民权不同，那就是，他们在取得罗马公民权后，会经常受到检查，是否真正在从事医疗、教育工作。过去，在古代属于罗马行省的多个城镇曾经发现一些铜板，上面写有享受这种特殊待遇的医生、教师的数量。

这是因为，也有一些人“钻空子”，在取得罗马公民权后，便放弃了从事医疗、教育工作。罗马人对于过去是被征服者而现在对保卫帝国做出贡献的人，同样给予罗马公民权，把他们视为自己人。因此，通过从事医疗、教育工作对帝国做出贡献的人理所当然也会被纳入“同化败者”中。普鲁塔克在《希腊罗马名人传》中认为，罗马的强大，最大原因就在于“同化败者”。不过，它的前提条件是他们履行了义务。

我们前面说过，罗马帝国是由恺撒绘出蓝图、奥古斯都建构、提

比略巩固而成的一个国家。随着时代的发展，罗马帝国越来越繁荣，帝国的各种制度也日趋复杂化和专业化。医疗系统也不例外。医生的种类分成了研究医生、家庭医生、执业医生、军医，但他们之间并没有明确的界限。

相对来说，职责范围比较明确的是家庭医生，他们继承了以前家长做的工作。被视为领导阶级的元老院元老的家中一般都有100多个用人，其中肯定有一至两名医生。但是，他们只是分担各种工作的众多用人中的一员，往往是奴隶身份。也许由于他们的工作只限于家庭，所以这种家庭医生并不享受恺撒的优惠政策。不过，如果这种奴隶医生成为解放奴隶，加入自由民，并开办个人诊所的话，他便有条件被授予罗马公民权。有许多人在成为执业医生后，仍然兼任原来主人的家庭医生，因此家庭医生未必等同于奴隶医生。

另外，即使皇家御医这种地位最高的家庭医生，也可以一边领取巨额的工资，一边为其他病人诊治。卡利古拉皇帝和克劳狄乌斯皇帝的御医曾经说过，给其他病人诊治能够挣60万塞斯特斯，所以皇帝只要给50万就行了。也许是他们利用皇帝御医的身份，作为执业医生拼命赚钱吧。著名执业医生的高额诊疗费曾经受到老普林尼等有良心的学者的抨击，而讽刺作家则将之作为反面教材。

但是正因为是突出的例子，所以这些人才会成为众矢之的。因此，许多医生即使身居高位，治疗病人的时候仍然只收取合理的诊疗费。也许是罗马公民权这个特殊待遇仅限一代，因此必须接受监督，

看病的医生（希腊浮雕）

防止他们滥用特权。被称为“解剖学之祖”、生于小亚细亚的帕加马的盖伦曾经长年在当时基础医学研究的最高学府——埃及亚历山大城的“博学园”学习，回到故乡后在角斗士训练所当了一名医生，后被皇帝看中，成了一名御医。这个希腊人追求的不是利用皇帝御医的身份大发横财，而是继续他的解剖学研究。

不过，盖伦似乎对御医的工作也尽心竭力。他不仅随同皇帝参加了对日耳曼人的战争，而且还著书立说，阐述应对病人的方法。他认为，医生应该首先像对待亲人一样对待病人，但是最好避免过于亲密。在前去为病人看病之前，不应该吃葱、蒜，而且最好不要喝葡萄酒。除此之外，作为医生应有的态度，应该注意与病人之间保持平静的对话，使用正确、礼貌的语言，说话方式自始至终都心平气和。如果病人有很好的教养，态度应该努力保持自然谦虚，衣着也以选择稳重的颜色为宜，不要穿着华丽、流行的服装，发型、胡须、指甲的修剪要考虑适合病人的气质，这些非常有趣。盖伦医生的病人就是以思想家著称的马可·奥勒留皇帝。

由于当医生可以获得罗马公民权这样的现实利益，在古罗马时期的医生中，希腊人占了绝大多数，但是并非土生土长的罗马人都对医疗毫不关心。由于他们已经拥有罗马公民权，所以没有必要当医生。但是罗马人本来就具有百科全书式的个性，他们擅长把各种现象搜集、分类并记录下来。名声仅次于《博物志》的作者老普林尼的罗马著作家塞尔苏斯编撰的《技术论》，分为农业论、医术论、辩证论、战术论四个部分。这部书大部分已经遗失了，但外科、内科等论及医术的八卷还幸存于世，被称为《医术》。其中，他认为，在医生应该采取的态度方面，开始医疗之前需要诊察，而诊察之前要做的是搜集信息。不过，听取病人惊恐不安的时候说的话，并不能得到准确的信息，因此，首先要做的是稳定病人的情绪。坐在病人身边，拿起病人的手，一边亲人般地跟他交谈，一边消除病人的不安。做完这些，才应该开始对病人身体进行触诊。这就是奥古斯都时期的罗马人塞尔苏斯的医生论。

但是并非所有的医生都能做到这样，这是人类社会的现实。由于过于热衷于研究，想要从近处观察维苏威火山的爆发而丧命的老普林尼这样评论：

所谓医生，是一种乘人之危，在病人的危险和死亡上积累自己的经验的职业。世界上，唯独医生可以杀人而不偿命。

这番话到了讽刺作家的笔下，变成了下面的样子。在马提雅尔的讽刺诗中，就有两个版本：

我确实已经奄奄一息。但是门辛马柯斯啊，你领着100个弟子来给我看病，让100只手从我身上摸过去，它们都像北风一样冰冷，而我本来没有发烧，却一下子发起了高烧。

安德拉戈拉与我们一起洗澡，然后我们一起开心地吃饭。可是，第二天早上他死了。福斯提努斯啊，你知道他为什么突然死去？人们都猜测他是做了一个噩梦，梦见埃尔蒙克拉特斯医生来了。

有一位眼科医生开了一家诊所，失败后，只得改行当角斗士。诗人写了一首题为“致海鲍医生”的诗加以嘲笑：

以前当眼科医生的你，现在以角斗士谋生。可是你在角斗场上做的事，却是以前在治疗室做的事。

尽管如此，能成为讽刺作家写作的素材也证明了罗马世界中医生的地位和收入的提高。

从收入的多少来看，研究医生无论如何不会成为讽刺作家的目标。在现代来说，学习基础医学的人、讲授医学的医学系教授属于这种研究医生。但如果认为这种医生会远离责难和嘲笑，而事实并非如此。

古罗马时期的医学校位于小亚细亚西岸的帕加马、士麦拿（伊兹密尔的旧称）、以弗所、尼多斯，还有科斯岛、叙利亚的安提阿和埃及的亚历山大。这些地方都处于希腊化的东方，到古罗马时期医学术语还一直是希腊语，也就不足为奇了。在这些医学校，不仅学习解剖学、生理学、病理学的理论，而且每个学生分配一个病人，同时学习临床医学。这些医学校的运营经费不是学生缴纳的学费。医学校所在的行省，也就是亚细亚、叙利亚、埃及三地负担一切所需的费用，包括教授的年薪和研究设施。其中，埃及是皇帝的私人领地，因此，被誉为医学研究的“麦加”的亚历山大博学园靠罗马皇帝的资助金运营。

在日本，经常把亚历山大的“博学园”译为“图书馆”，这里收集了上万卷书籍（当时的抄本呈卷轴形状），因此这种翻译也不能断定为误译。但是，这个词的词源希腊语“mouseion”，如果直译过来，是学问、艺术女神缪斯居住的圣域之意。收集了书籍之后，想要读书的人便会聚集到这里，因此图书馆就会自然而然地变成研究机构。而且，希腊语“mouseion”变为拉丁语之后就成了“museum”，意为收集、展览艺术品和历史文物的地方。这个含义被现代的梵蒂冈美术馆、大英博物馆继承。但是古代的博学园是一个研究所，也是最高学府。如果说柏拉图在希腊雅典创办的“学园”是人文科学的“麦加”，那么埃及亚历山大的“博学园”可以说就是自然科学领域的“麦加”，以天文学、地理学、医学研究而闻名。

关于在博学园工作的教授们的年薪，没有史料记载，但是有的史料上记载了“学园”教授的年薪。据史料记载，根据年龄不同，这些

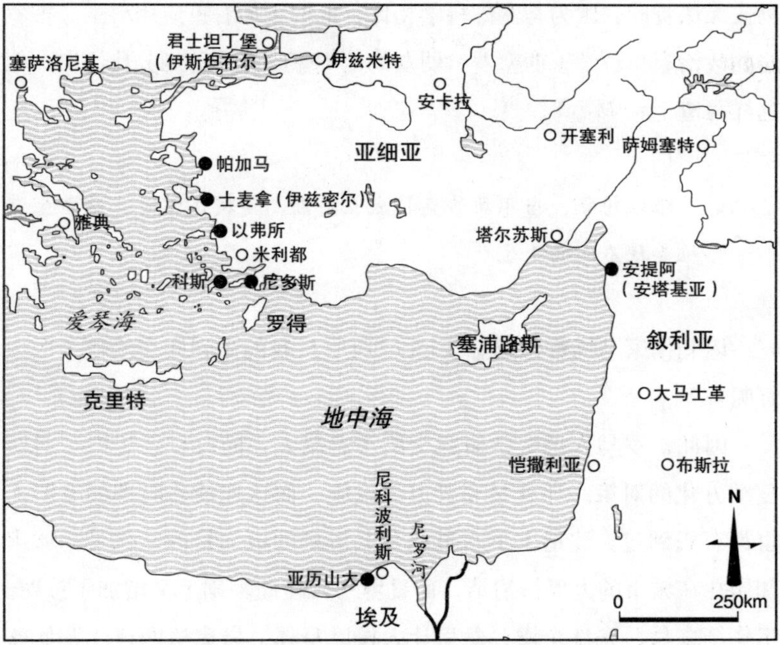

古罗马时期的医学校所在地（● 表示城市）

教授的年薪在 4 万至 6 万塞斯特斯，因此可以推测博学园的教授也与此相当或者在此之上。此外，研究医生也被允许给病人治疗，收取诊疗费。即使如此，也不能与执业医生相比。据说，罗马一位有名的执业医生留下了数千万塞斯特斯遗产。而研究医生遭受批评的地方在于他们医疗的专业化。

越是钻研，其对象越是走向细分化，这也是研究的一个必然宿命。即使在古代，内科、外科、妇产科、眼科、耳鼻科、牙科也是专业化的，但是对于对自己的专业以外的病情不予关心的希腊医生，罗马人无法赞同，因为与基础科学相比，他们更加看重应用科学。古罗马的政治家、哲学家西塞罗给朋友的信中感叹医疗的细分化倾向，他这样写道：

> 难以想象，当年希波克拉底在科斯岛传授医学时，每个生病部位要找不同的医生。

讽刺作家马提雅尔则感叹道："哎呀！我的命到底交给哪个医生好呢？"

因此，罗马人把医学研究交给了希腊人，同时自己想出了对医疗细分化的对策，那就是完善卫生设施，而这连鼎盛时期的希腊人也没有想到过。建造上下水道和公共浴场的最大目的，就是让城市和居住在城市的人保持清洁，而且罗马人在此基础上又增加了按摩。工作结束后，先洗个澡，然后让人按摩身体，做完这两样才开始吃晚餐，这是当时罗马人每天的生活方式。如果说清洁度的话，西塞罗绝对在苏格拉底之上。虽然人们经常把希腊、罗马文明相提并论，但这两个民族仍然有所不同。军医就是反映罗马人思维方式的一个典型例子。

1970年，有一部叫作《风流医生俏护士》（*MASH*）的美国电影。这是一部以朝鲜战争中在前线工作的两名军医为主人公的喜剧。我当时与一些年轻的外科医生一起观看了这部电影。看完后，他们的感想不是说这是一部非常成功的喜剧，而是说："美国人在野战医院使用的医疗器械，在意大利连大学医院里也没有。"

这与罗马人在2 000年前的做法如出一辙。

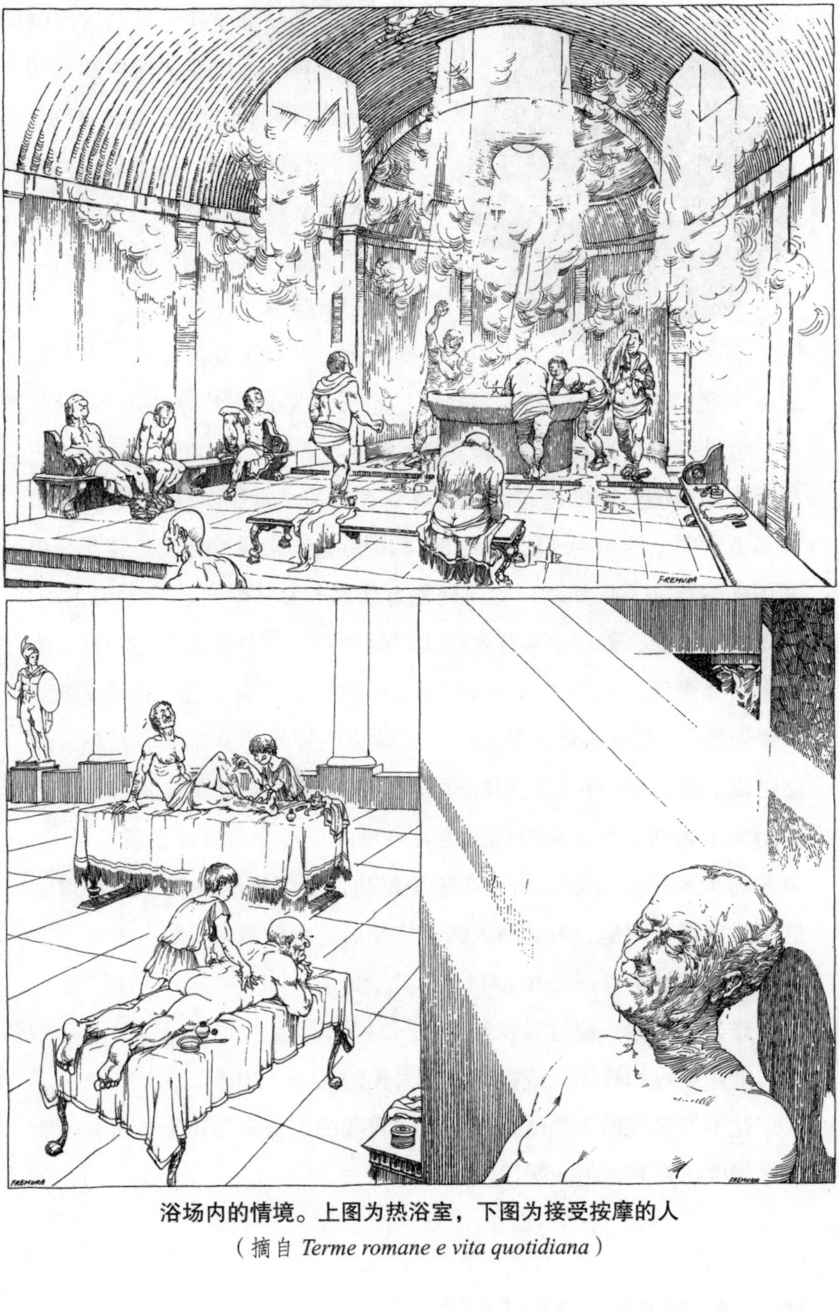

浴场内的情境。上图为热浴室，下图为接受按摩的人

（摘自 *Terme romane e vita quotidiana*）

历史学家苏维托尼乌斯曾经说过，尤里乌斯·恺撒之所以制定给所有从事医疗和教育工作的人授予罗马公民权的法律，目的是提高罗马世界的医疗和教育水平。正是因为深知这是一项有效的政策，所以皇帝们都继承了这项政策，并一直重视让这个系统发挥作用。但是在这里，我们把话题仅限于“医疗”。恺撒制定这个政策的最初动机，是给自己率领的军团的军医以保障。

罗马帝国时期的思想家普鲁塔克在他的《希腊罗马名人传》中，将尤里乌斯·恺撒与亚历山大大帝相提并论，可见恺撒是一位具有雄韬伟略的人。不仅如此，他还在各方面都非常体恤自己手下的士兵。即使在战斗中，他也不会让他们无谓地牺牲。在执行军务的时候，即使他自己借钱，也要保证士兵们有足够的粮食。有人说“罗马军队靠兵站取胜”，而证明此言非虚，将之确立为罗马军队基本方针的，便是恺撒。而且他没有忘记照顾原来的部下退役后的生活。庞贝遗址遗留的文字表明，罗马帝国内的地方自治体在选举地方议会的议员时，要举行大规模的选举活动。有选举权的人是当地居住的、17 岁以上的罗马公民。但是，被选举人的资格年龄是由恺撒规定的：

无兵役经历者——30 岁以上。

作为军团兵，服过兵役的人——23 岁以上。

服过兵役的骑兵，或担任过百夫长的人——20 岁以上。

这不是单纯的士兵优待政策。最重要的，首先是出于让士兵能够从军旅生活顺利地进入平民生活的考虑。

其次，从 20 岁或 23 岁以上这样的年龄，我们也可以看出，这项政策考虑到了因为疾病或者负伤不能继续留在军队的人。这是因为，从 17 岁开始服兵役，到 45 岁为止，为“现役”，而后来的奥古斯都规定的兵役期限正式实行之后，37 岁便期满退役。这是罗马军队通常的服役过程。如果不是期满退役，似乎也不能领取退职金。而体恤士兵的恺撒没有忘记照顾这些领不到退职金的中途退役的人。奥古斯都之所以能够战胜暗杀恺撒的布鲁图，就是因为恺撒手下的士兵加上已经进入市民生活的退役兵全部跟随了奥古斯都。据说，这支恺撒军团，即使战斗中负了重伤，濒临死亡，士兵也总是不肯合上双眼。士兵深信不疑，总司令官一定会来到将死的士兵跟前，为他送行。这样的恺撒当然会考虑尽一切可能为士兵治疗，并为此不惜一切代价。

尽管如此，至今没有发现有史料——例如在军团工作的医生的墓碑——能够证明恺撒手下的军团中有军医。但是，在许多方面继承了恺撒的想法的奥古斯都之后的罗马军团中有医疗队，这一点是千真万确的。一支医疗队要负责照顾 6 000 名士兵。除了给人看病的医生以外，还包括给牛、马看病的兽医和当护士的奴隶，这样的一支医疗队多达 30 人。这支医疗队至少要有两位医生负责指挥。但是既然是军医，他们便也是军团兵的一员。罗马军团兵入伍的资格是拥有罗马公民权。虽然手上拿的不是剑，而是手术刀，但军医也需要符合这个资格。恺撒制定法律授予所有从事医疗的人罗马公民权，毫无疑问，首先是为了确保拥有大量的优秀军医。而结果，这项法律对提高罗马帝国的医疗水平做出了贡献。这一点，与作为军用道路修建的罗马大道对周边的人员和物产的交流做出了贡献，提高了生活水平，可谓殊途同归。

尽管如此，2 000 年前的基地军医院的设施竟然如此完善，也令人惊叹。军医院不只是在军团驻扎的地方才有。考古发掘表明，行省出身的辅助兵驻扎的基地也有军医院。由此可见，当时不仅给罗马军团兵配军医，而且给辅助兵也配军医。

我们在前面已经说过，遗址的考古发掘之所以非常困难，是因为在绝大多数情况下，古罗马时期的基地绝大多数都发展成了现代的城市。要在德国的美因茨、法国的斯特拉斯堡、匈牙利的首都布达佩斯这些大城市的市中心进行大规模的考古发掘，显然是不可能的。我在《罗马人的故事 09 · 贤君的世纪》中介绍的克桑腾军医院，之所以能够了解它的全貌，不过是因为现代的克桑腾不是大城市，而且这个地方古代的基地和现代的城镇并不完全重合，这一点实属罕见。

克桑腾曾经是第三十乌尔庇乌斯军团的驻扎基地，在古罗马时期称为维提拉堡军团（Castra Vetera）。它是接近莱茵河帝国防线的前线基地，因此设在这里的军医院相当于野战医院。

这家医院忠实于古罗马的建筑风格，采用朝内敞开的形式，为四角四面的结构，仿佛医院本身是军团基地一样。只有北面有一个区域，可能是医院工作人员的住处，这一点与军团基地有所不同。

除了北面的这个区域以外，医院本身的规模为边长 83.5 米、将近 7000 平方米的巨大四边形。如平面图所示，进门以后，便是排列着几根圆柱的大厅。这里可能是住院病人休息的地方。不过，按照通常的罗马建筑形式，大厅的中央部分应该是无顶的雕塑，但这里是一个被屋顶完全遮盖的封闭空间。这是考虑到北欧的地势和气候上的条件。紧挨着大厅的手术室也有几扇朝南开的大窗户，宽敞而且明亮。

医院中央是一个宽阔的院子，一边有 40 多米。视察过所有帝国防线的哈德良皇帝要求基地内的广场用石头铺砌，用作士兵集合的地方，而军医院的院子则允许用喷泉、花草树木来装饰。这样，住院的

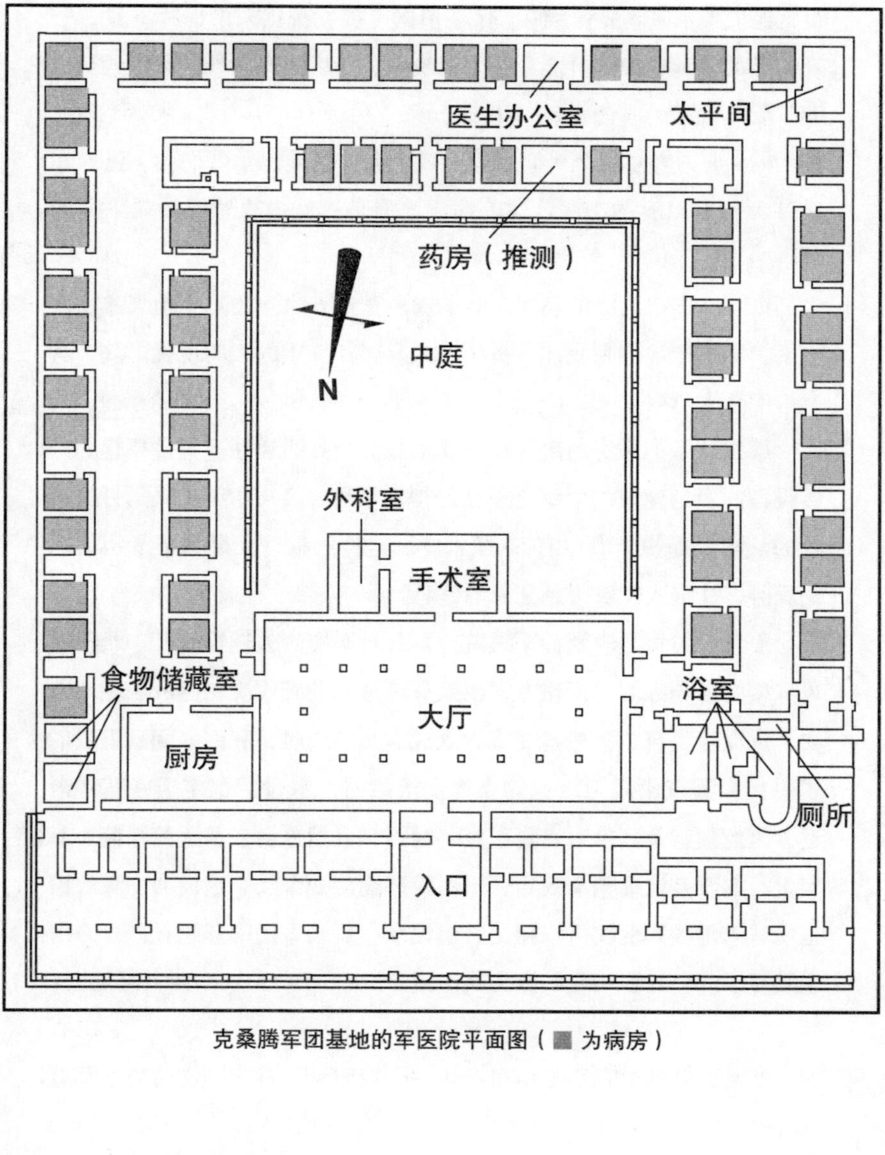

克桑腾军团基地的军医院平面图（■ 为病房）

病人只要体力和天气允许，就可以在宽敞的院子里散步。院子的三面环绕着 3 米纵深的列柱回廊。它们的后面联结着两排病房。

医院总共有 65 个房间。除了根据考古发掘出来的医疗器具、贮存药品的容器等推测可能是医生值班室、药房的房间外，研究人员推测，用于病房的应该是 60 个房间。每个病房的大小为 3.5 米 × 4.5 米，即 15.75 平方米。每个房间可以住 3 个人，因此，学者们称，这家军医院大约可以容纳 180 名住院病人。但是让我由衷感叹的是下面两件事：

第一，连成两排的病房之间的通道宽达 6 米。相比于担架车、医生、护士忙碌地你来我往、挤满病人家属和探望的人的现代医院，其宽敞度令人感叹。

第二，各个病房的出入口与 6 米宽的中央通道并不直接相连的巧妙设计。罗马建筑的墙壁之厚已经得到了历经 2 000 年风吹雨打的遗址的证实，即使内墙也有 50 厘米厚。这样的构造无疑保证了病房内的安静，让病人能够得到充分的休息。

而且，古罗马时期的军医院并不只对军团的人进行治疗。既没有可以接受普通人的皇帝诏令，也没有经过元老院表决制定成法律的条文，所以这是自然而然地变成的既成事实。当时，有许多期满退役的军团兵在服役期间与结识的当地女子结婚，退役后也定居在基地附近，因此他们及其家属需要医疗的时候，自然也会去基地的医院。事实上，并没有法律明文规定，军医院只能接受士兵，这说明中央政府也承认基地的军医院可以接受普通民众。罗马军团的基地在医疗方面也发挥了将行省罗马化的排头兵作用。

然而，到这里我们不由得产生一个疑问：罗马帝国在边境上都有如此完善的医疗设施，却为何在帝国的首都罗马没有建一所大医院呢?

解开这个疑问有以下几个要点：

第一，在行省也有设施完善的医院，但只是在军团兵、辅助兵常驻的基地。而在像科隆、里昂、伦敦这样的行省首府，完全像小型的罗马一样，从广场、大浴场到圆形竞技场，这些公共设施应有尽有，但是这些地方即使像帝国首都罗马一样有祭祀医神的神殿，却没有一所大医院。

第二，在罗马皇帝中，没有一个人像中国古代的某些皇帝那样，拼命寻求长生不老的方法。而且，也没有史料记载，中央政府向神殿发出布告，下令举行祭神仪式，祈求神灵延长死期将近的皇帝的寿命。在德高望重的皇帝病倒的时候，人们自发地去神殿祈祷。但是即使这样，也不是来自上面的命令。而且，达官显贵在知道死期将至的时候，有不少人选择自己绝食而死。这样的例子不胜枚举，例如，西塞罗的亲友阿提库斯、涅尔瓦皇帝的祖父，就都是自愿结束生命的人。

从这些现象也可以说，由恺撒提出、奥古斯都将之变成政策的罗马帝国医疗体系反映了古罗马人的生死观。用俗话说就是，既然寿命已尽，就该顺从天命。对于年轻、健壮的人负伤或者生病，要竭尽全力加以治疗，而如果并没有遭遇不幸，寿命已尽，则从容升天是自然的生活态度。罗马人的墓碑多以“D”和“M”两个字母开始，它们是表示“致在两肋带着死者升天的两位天使”的意思的缩写。一般的民众相信，人死后，会有两位天使来迎接，拉着死者的两个肩膀，让他升天。

当然，有教养的人并不抱有这样的幻想。哈德良皇帝在绝命诗中感叹自己将要下到“阴暗、寒冷、空荡荡、没有人可以说笑的世界”。确实如此，但是我最喜欢的是下面这样一句话，它是一个不知名的罗马人墓碑上的文字：

> 我死了，被葬在这里。现在的我只是变成了一撮灰，但是灰会变成土壤，土壤会融入大地，创造人类世界的基础。如此一来，我并没有死，而是活在这个世界上。

不过，这是一个严肃的墓碑的例子，下面是一个相反的例子：

> 我知道，洗浴、饮酒、女人是长寿的敌人。但是没有洗浴、饮酒、女人的人生不是人生。我是这样想的，到 52 岁的时候，它结束了。

罗马大道在靠近城市的地方便开始从一排排的坟墓之间穿过。罗马人并不认为坟墓是不吉的东西。干道两侧布满了各种各样的坟墓。第一个原因是，在人们聚集的市中心无法保证埋葬死人的地方。无论是奥古斯都建造的奥古斯都陵也好，还是存放着图拉真皇帝骨灰的地基上耸立的图拉真记功柱也好，或者在奥古斯都陵爆满后，哈德良皇帝建在台伯河右岸、现代称之为“圣天使堡”的皇帝陵也好，都位于罗马市中心以外的地方。皇帝尚且如此，那么其他人更不用说，只有在城市外面建造坟墓了。

第二个原因是，除了科尔涅利乌斯家族这样极少数的例外情况，罗马人大多是埋葬骨灰。骨灰是清洁的，不需要特意挖到很深的地下埋葬。伊特鲁里亚人和犹太人正是因为与罗马人不同，采用埋葬遗体的方式，所以需要在与世隔绝的地方建造死人的墓地。同样是罗马帝国臣民的埃及人，按照自古以来的习惯，一直采用把尸体变成木乃伊后埋葬的方法。仅仅看一看坟墓，就可以想象这个民族的生死观。

罗马人的坟墓基本上没有只刻“某某人之墓”或死者姓名的，几乎每块墓碑上面都刻有类似于墓志铭这样的信息。由于这些坟墓都面朝大道，所以这些给予生者的信息极有可能会被人看到。

父母表达对不幸夭折的子女的惋惜之情的碑文当然很多。而更多的是像履历书一样的碑文。另外，还有不少像前面介绍的、表达自己人生观的碑文以及吐露对死去的丈夫或者妻子的爱情的碑文。与地位高的人相比，平民的碑文要饶舌得多，而且，这些坟墓对于道路上来往的人来说，恰好也是一个休息的地方。

罗马大道的干道是由 4 米宽的车道和两侧 3 米宽的人行道组成的，总共 10 米宽的道路外侧不允许栽种树木。由于是石头铺砌的路面，这样做是为了防止地下树根蔓延，破坏这些石头。但路旁人行道的外侧允许建造一排排的坟墓，墓地的周围也可以栽树。这样，风尘仆仆的旅行者可以坐在树荫下的墓地阶梯上，一边看着死者寄予生者的信息，一边休憩一下。在埋葬骨灰、没有地狱概念的那个时代，生者和死者可以这样相邻共生。但是这个情况在公元 4 世纪以后发生了变化，医疗制度也随着基督教的胜利而发生了改变。

如果说由国家负责医疗是医疗制度的一个进步的话，这个时代终于来临了。在罗马划分的 14 个居民区中，每个区都建了医院，而且这些医院的医生都由国家支付工资。如果去这些医院，医疗全部免费。这是因为在以友爱和慈善为宗旨的基督教看来，支付不起诊疗费的穷人也有接受医疗的权利。

但是这只是一个场面话，而不是真心话。公元4世纪的时候，只是罗马帝国的中央政府正式承认了基督教，并非所有的罗马帝国居民都已经成为基督教徒。许多平民在生病的时候，仍然跟以往一样，到医神阿斯克勒庇俄斯的神殿或者主管发烧、腹痛的神灵的神庙求神保佑。对于基督教来说，这是它不愿见到的现象，因为它是一神教，不承认其他的神。因此，他们要通过免费医疗把人们从神殿吸引到公立医院来。

然而，这并没有马上取得成功。基督教徒的医生不是按照医学知识的标准，而是以信仰的程度来选拔的，他们还没有足够的治疗能力，所以人们仍然到城镇的医生那里看病，而且以往的神灵已经在心中根深蒂固，人们早已习惯于求神保佑。基督教下的公立医院制度取得成功，是在公元4世纪末狄奥多西皇帝宣布禁止其他各种宗教之后。从这个时候开始，基督教以外的其他宗教一律被视为异教，信仰它们的人则被定为异教徒，被判有罪。这样，就不再有人去神殿或神庙了。

把医疗当作以政府为主体负责的领域，需要庞大的经费。这一点，我们只要看一看现代国家预算中医疗费用占的比例之高就会明白。但是公元4世纪罗马帝国的经济，由于种种原因，用一句时兴的话来说，就是处于破产状态。而在把医疗当作以私人为主体负责的领域的恺撒时期，罗马的经济力量却在不断上升。因此，现代的一些研究人员认为，罗马帝国完全缺少医疗制度，这种医疗制度并不是反映经济力量的一项政策。它是一个只能归于以政府为主体还是以私人为主体的概念差异的问题。

如果要从如何看待“贫穷”这一点来比较一下希腊和罗马代表的古代鼎盛时期和基督教兴起的古代末期，只要对比下面两个人说的话便足够了。

> 贫穷并不可耻，可耻的是安于贫穷。
>
> ——古希腊雅典政治家伯里克利

> 当穷人是幸运的事。
>
> ——耶稣

基督教的“慈爱”到了近现代被“人权”取代，医疗也被认为是由政府主导的领域，直至今天。而教育也从由私人主导转变成了由政府主导，在这一点上与医疗是相似的。

教育

在罗马，有很长一段时期教育是父母的职责。名门贵族和富裕家庭聘请家庭教师教育自己的子女是在公元前3世纪以后。这并不是因为当时罗马的经济实力提高了，而是因为当时提供教师的希腊的国内情况发生了变化。这也与医生的情况一样。

公元前3世纪前后的希腊处于亚历山大大帝东征、死亡及其后的希腊化时期。相对而言，希腊城邦的国力与叙利亚、埃及这样的希腊化大国相比，是比较落后的。尽管如此，希腊人本来就具有强烈的向海外发展的倾向，在本国内难以施展才能的时候，便会到海外寻求发展。用现代的词来说，就是人才外流。当然，移居到希腊化国家的人居多。但是，也有些希腊的人才外流到了并非希腊化文明圈的地中海西部的国家。

当时，地中海西部势力最强大的国家是迦太基，因此希腊人应该也可以移民到迦太基。但是迦太基人除了贸易以外，以封闭著称，对于学习当时的国际语言——希腊语采取消极的态度。

而在罗马，一定水平以上的家庭都要求子女同时学习本国语言拉丁语和国际语言希腊语。迦太基与罗马之间爆发的布匿战争中的两大主人公——迦太基方面的汉尼拔，罗马方面的西庇阿·阿非利加努斯——前者在 30 岁以后才开始学习希腊语，而后者自幼在希腊裔家庭教师的教导下长大，能流利地说两国语言。而且，崇拜希腊文化对于罗马人来说，甚至成了一种传统。希腊的人才外流不是选择经济更加发达的迦太基，而是罗马，也有这个原因。

由于有供有求，公元前 3 世纪以后，罗马达官贵人的家中，希腊裔教师已经是必不可少的成员。但是家庭教师也有“品牌”。顶级品牌是在雅典出生并在雅典接受教育的希腊人。其次是在作为学府而著称的小亚细亚的帕加马、以弗所、罗得岛、叙利亚的安提阿、埃及的亚历山大接受过教育的希腊人。当然，品牌不同，支付的报酬也会不同。不仅西庇阿出身的科尔涅利乌斯一族、克劳狄乌斯一族这样罗马贵族中最高贵的门第，连平民出身的贵族格拉古一族以及据传是罗马首富的克拉苏一族的孩子，也都曾师从“顶级品牌”的希腊裔家庭教师。

尤里乌斯·恺撒出身于名门贵族，其家族甚至不亚于科尔涅利乌斯、克劳狄斯家族，但是在经济上处于中等水平。恺撒的母亲奥雷利娅出身于以学者著称的奥雷利乌斯一族。她也懂希腊语，有很高的教养。这位母亲在选择独生子恺撒的家庭教师的时候，采取了实用主义，选择了一位据称在埃及亚历山大接受教育的高卢人。拿现代的话来说，就类似于聘用在牛津、剑桥学习过的新加坡人或者印度人。恺撒在少年的时候，跟着高卢人家庭教师不仅学习了拉丁语和希腊语，而且还学习了从数学、地理、历史到逻辑学的所有知识。

可以想象，或许这段少年时期的经历让恺撒在就任独裁官、能够为建构帝国打基础时，首先决定授予医生和教师罗马公民权。正是由于他小时候的家庭教师不是罗马人，而是高卢人，所以他才能想到，不问民族、宗教，只要从事教育就授予罗马公民权，而且在实行这项政策的时候，没有任何障碍。不过，在我儿子看来，则是另一种解释：因为恺撒学习希腊语的时候一犯错误就要挨打，对家庭教师充满了怨恨，所以在他长大以后，就要报复，进攻并征服了高卢。这虽然是个笑话，但是古罗马时期教师体罚学生，就跟以前英国的公立学校一样，也是事实。即使身份是奴隶，在惩罚主人孩子的时候也毫不留情。而在古罗马时期，罗马人将此视为理所当然的事。

恺撒的法律规定：授予从事医疗工作的医生和从事教育工作的教师罗马公民权。这项法律当时是一项根本的改革，它甚至改变了时代的潮流。这是因为，在此之前，罗马只有有钱的人才能够享受充分的医疗，除了他们之外，便是在这些人的家中工作的用人和奴隶，这不禁让人想起“大树底下好乘凉”这句话。而属于中等以下阶级的公民则处于求神保佑的状态。

教育也处于与此相同的状态。在雇得起家庭教师的家庭中，奴隶住在家里，他们的孩子也与主人的孩子一起接受教育。这是因为，在那个时期，罗马上层社会家庭的子女在长大后理所当然地会就任公职，而自幼一起学习一起长大的奴隶的孩子在成人之后就成为他们忠实的得力助手，比任何人都更加宝贵。而且，有权有势的人家都有财产，在理财方面也需要有才能的人。总之，在罗马的上层社会家庭，无论是住在家中的奴隶的孩子，还是在奴隶市场上买来的年轻奴隶，都有合理的理由给他们提供教育。

有不少希腊裔教师移居到罗马以后，不当家庭教师，而是开办私塾，所以中等以下家庭的子女也就有了接受教育的机会。但是这个时候能否付得起学费会让他们产生差距。为了缩小这种差距，只有增加教师的数量。恺撒做到了这一点，而且通过制定法律，将之政策化、制度化。

这里便涉及学费的金额。恺撒实行的方法是，像对医生一样，把教师投入自由市场。因此，学费也完全不同。由于后面将要阐述的原因，不能无限地增加学生数量，因此支付给受欢迎的教师的学费比较高。历史研究是在没有完整史料留存的情况下进行的，而且古罗马时期是 2 000 年前的事，因此我们在这里只能介绍有文字记录遗留下来的数字。根据记载，接受初等教育的学生支付给私塾老师的学费为一个月 8 阿斯。

那么，8 阿斯有多少购买力呢?

公共浴场的门票由于国家政策的限制，成年男子每张门票只需半阿斯，成年女子每张门票需 1 阿斯。

另外，每公斤面粉的价格为 1.5 阿斯至 5 阿斯，由于是自由市场，这里面包括最差和最高质量的面粉。

非熟练工人的日薪为10阿斯左右。

第一代皇帝奥古斯都时期的军团兵的工资在国家保障他们衣食住的基础上，按天计算为10阿斯。

即使家里有几个孩子达到学龄期，父母是非熟练工人，只要愿意，他们也能够让孩子上私塾。图拉真皇帝制定了一项“育英基金”制度，目的就是资助贫穷家庭的孩子。按照这项制度，每个月发放64阿斯，因此8阿斯的学费完全支付得起，而且不需要交教材费。初等教育的“读、写、算”的“读”，就是背诵老师朗读的古今文章。“写”就是把这些文章用铁笔写在学生自带的涂蜡木板上。至于“算”，在最初的一两年，用双手的手指就足够了。使用涂蜡木板这样的“笔记本”则是在进入分数计算以后。更加复杂的计算就需要用算盘。古罗马时期初等教育的对象是7岁至11岁。在这5年中，从学习字母和罗马数字开始，学习所谓的“读、写、算”。这个时期的小学对女子也开放，因此虽然数量不同，但都是采用男女同校的方式。

在选拔罗马军团志愿兵的时候，条件就是拉丁语的读写能力和计算能力。之所以能够这样做，正是因为在低额学费下初等教育已经非常普及。现代的研究人员也认为，古罗马的文盲率之低在古代来说令人吃惊。另外，军团兵寄给故乡的信，虽然遗留下来的不多，但是从这些信来看，所写的拉丁语相当准确。它们不是出自军官之手，而是出自士兵之手。值得一提的是，罗马帝国一贯使用两种语言，甚至连皇帝的布告在属于希腊语圈的东方也使用希腊语。只有罗马军团内的通用语统一使用拉丁语。

古罗马时期的孩子在小学学习的数字，当然不是中世纪末才传到西欧并开始普及的、现代人使用的阿拉伯数字，而是现代在一些高级

的钟表盘或者纪念碑的刻字上使用的罗马数字。没有零的概念。它们分别用Ⅰ、Ⅱ、Ⅲ、Ⅳ、Ⅴ、Ⅵ、Ⅶ、Ⅷ、Ⅸ、Ⅹ、L、C、D、M分别代表1、2、3、4、5、6、7、8、9、10、50、100、500、1000。

另外，他们也学习所谓的“九九乘法”。在大英博物馆的收藏品中，就有上面写着1×1、2×2这样的九九乘法表的木版。为了便于计算，他们也使用算盘，从铜制的便携式小算盘至大型的算盘，各式各样。现在已经挖掘出了手里拿着大型算盘的商人浮雕。不过，古代的中国和巴比伦都使用算盘，所以它并不是罗马人的发明。

在小学学习的数学范围到分数计算为止。分数的计算能力，对于罗马人来说是绝对需要的。这是因为税的计算全部是分数：行省税为“十分之一税”，营业税为“百分之一税”，遗产税为“二十分之一税”。

私立小学，更准确地说私塾，开办在什么地方呢？通常它们都在广场的一角、街上有屋顶的地方。罗马的广场上都有一个半圆形的空间，被称为“艾萨多拉”，作为市民的学习区。这也是从恺撒建造的广场开始的一种建筑形式。它的目的或许就是给私塾提供教室。在“艾萨多拉”中一般会沿着半圆形的墙面摆放着罗马史上伟人们的塑像，因此也适合用作教室。虽然是贴着大理石的墙壁，上面却至今留有“教师伊利乌斯是死猪”这样的涂鸦。

街上也开私塾，学生人数通常为15人至20人。如果这样的学校就设在自己房子的窗下，可以想象，是多么吵闹不堪。有位诗人感叹

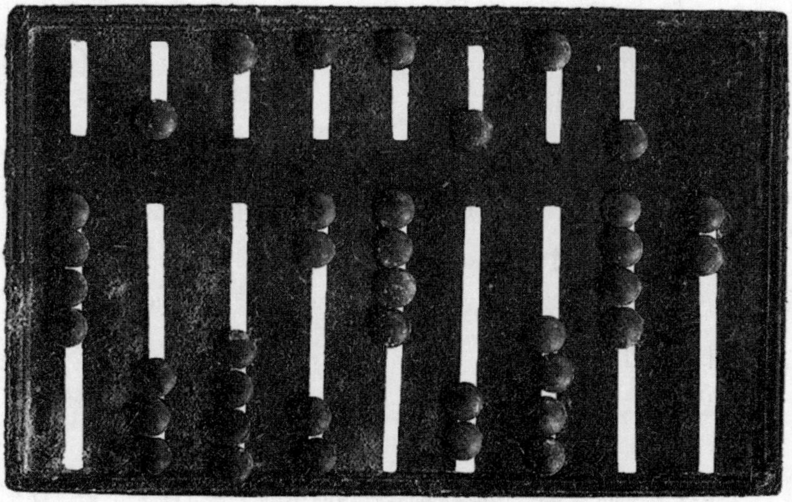

古罗马时期的算盘

过这种古罗马时期的“麻雀学校”，看了这篇文章令人忍俊不禁。

重现古罗马时期小学生的一天，大致是下面这样的情境：

早晨，被母亲或者家奴叫醒。罗马人习惯于星星还在天上闪烁的时候起床，日出便开始工作，因此大清早人们已经开始活动了。不过，哪个孩子都不喜欢早起，要在母亲的催促下，才开始洗漱。

接着开始穿着打扮。气候宜人的季节，穿棉的或者麻的、一种被称为“丘尼卡”的短衣服。春秋季节，丘尼卡就换成了毛衣。再冷一些，毛衣也变厚了，在皮凉鞋里面穿上长筒袜。怕冷的人在脖子上围上一条长围巾，下雨的日子则穿有帽子的短式斗篷。这是因为，即使下雨，学校也不放假。

打扮完了，准备当天要带到学校的东西。涂蜡的笔记本，铁笔、算盘也是必不可少的。还需要折叠式的简易椅子。

这一切结束以后，去向父母道早安。然后，去拜家神与祖先的神龛。罗马人是一个重视祖先的民族。

之后，坐在椅子上吃简单的早餐——面包、水、少量的水果。用完早餐，出门上学。在途中，经过路旁的酒馆时，一般买一个刚出炉的意式风味派，用作加餐。这是因为早餐比较简单，坚持不到午餐的时候就会饿。也有些孩子经不住刚出炉的风味派喷香的味道，一边啃着风味派一边上学。

此时，大人们已经正式开始工作，而孩子们一直到正午都是学习时间。

下课后，回家。等候他们的是一顿简单的午餐。吃完午餐，便把学校的事忘得一干二净，赶到公共浴场。当然，不是为了洗澡，而是因为儿童免费的大公共浴场有宽敞的体育场和偌大的花园，在那里不论天气如何，都可以与其他孩子一起玩球。

然而，这也只能玩到下午 5 点闭馆的时间。回家后，孩子与父母一起吃晚餐。然后，一直睡到第二天早晨。

古罗马中等教育的教学对象是 12 岁至 17 岁的少年，相当于现代的初中至高中二年级。古罗马时期的教育制度中，中等教育非常重要，甚至拉丁语中的“教师”一词都来源于表示中等教育的“grammatici schola”一词。学费也稍微高一些。私塾式、露天，这些都与小学一样。但是，中等教育不仅加入了希腊语的学习，而且学习内容也集中于文学和历史。教材则是希腊和罗马著名作家的作品。在希腊文学方面，叙事诗人荷马和埃斯库罗斯、索福克勒斯、欧里庇得斯这三大悲剧作家的作品是必学内容，而拉丁文学方面，则有恩尼乌斯、卡图卢

古罗马时期学校的情境。站着的是迟到的学生（德国特里尔出土的浮雕）

下课后，孩子们在公共浴场的院子里玩耍

（摘自 *Terme romane e vita quotidiana*）

斯、普劳图斯、泰伦提乌斯、维吉尔、贺拉斯、奥维德、卢卡，因此就是整个希腊、拉丁文学史。学习无疑是一件辛苦的事。不过，并不是学习全文，而是采取教师挑选其中适当部分的方式，因此感觉上与其说是文学课，不如说是通过用文学作品做教材学习文章的结构。

上课一般按照下面的顺序进行：第一，教师朗读文章；第二，解释文章内容；第三，挑选重要的词语，寻找它的词源，学习它的含义；第四，查找其他人的作品，寻找是否有与之类似的词语；第五，是相互讨论感想或者批评的时间。这些内容水平相当高，准确把握词语的意思有助于培养向别人正确表达自己思想的能力。以擅长演讲而著称的尤里乌斯·恺撒说过，演讲的好坏取决于选择用词。

古罗马时期的中等教育应该也是学习一般教养的地方。17 岁以后，少年们便走向各自的人生道路。因为军团兵的年龄条件下限也是 17 岁，而且 17 岁以后的年轻人接受的教育已经完全是专业教育了。

现代的研究人员将“rhetoris schola”翻译为“高中”。这是因为，它是 17 岁至 20 岁的年轻人学习的“学校”。从这里的教学内容来看，其目的是培养律师或者政治家。这里的教师称为“rhetor”，而现代这个词是指大学校长。在古罗马时期，这种学校的教师教的是雄辩术，也就是通过辩论传达思想的技巧。

使用的教材是西塞罗及其他这个领域著名人物的著作。而且，西塞罗的许多著作都是将他自己在法庭上进行的辩论出版发行的书籍，因此最适合作为教材。如果想学习希腊式的雄辩术，公元前5世纪至前4世纪古希腊著名雄辩家吕西阿斯的法庭辩论集则是一部很好的教材。

使用这些教材的教学方法是，教师首先将辩论本身进行分解：

一、揭示主题的绪言；

二、列举事实和提出证据；

三、使用证据和事实展开对对方的反驳；

四、结论。

我没有学过法学，对于这些译词是否恰当没有把握，但是明白了一点，那就是“起承转合”不仅仅是中国唐诗的结构章法，也是古今东西只要使用语言都可以适用的一个定理。用起句开头，用承句承接上文，用转句转折，用合句结束全文，因此，应该完全可以应用于法庭上的辩论和元老院会场上的演说。与用眼睛阅读的著作不同，用耳朵听的演说和辩论，如果结构不是十分明快，就无法产生良好的效果。

但是并不是只要采用起承转合的结构就足够了，不管怎样，必须让听众聆听你的话。除了内容以外，让听众聆听的技巧也非常重要。什么样的姿势比较适合？什么样的声音会让人感觉比较好？另外，在什么地方、如何插入幽默会产生良好的效果？进行辩论的地点在哪里？听众是什么样的人？这一切都依赖于沟通技巧。这样，教材只依靠法庭辩论是不够的，还要涉及政治家、军官的演说。据说，尤里乌斯·恺撒的演说一句话就能改变整个局面，他的演说也是一个绝好的教材。值得一提的是，在古罗马时期，几乎没有人终身只做过律师，而律师多半有过从政或担任武将的经历，因此雄辩术对于精英来说是一个必不可少的技能。在现代，越是重要的人物，越是喜欢让人撰写演讲稿。尤其在美国的政治家中比较多见。在古罗马时期，没有演讲稿撰写人，而且他们也不想依靠这种专家。文如其人，文章会体现一个人的整体情况。正因如此，想要成为社会精英的年轻人必须掌握有效地表现自我所需的技能。

当时的罗马就有这些教育机构。这是因为，有许多行省出身的、野心勃勃的青年从法国南部、西班牙、迦太基到首都罗马留学。然而，虽然罗马是帝国的首都，却并没有更高的教育机构。这是古罗马的地图上没有标记大规模的学校的原因。而之所以如此，是因为在罗马建立霸权的时期，已经有雅典的学园和埃及亚历山大的博学园这两个地中海世界的最高学府，罗马人在征服后也没有想过把它们搬到罗马。这是理所当然的事情，同时它作为一项统治异族的政策也很妥当。另外，罗马人是一个重视实用性的民族，因此他们认为，只要满足培养精英的需要，让别的地方进行更高的教育就行了。

事实上，柏拉图创建的雅典学园和以万卷藏书著称的亚历山大博学园都不是教育机构，而是研究机构，可以说是本来意义上的研究生院。在这种最高学府学习过的罗马人有不少，包括曾经在雅典留学的西塞罗、诗人贺拉斯，但是没有一个人当过罗马的皇帝，这一点耐人寻味。至于奥古斯都，17岁便开始进入政治斗争的世界，因此连高中也没有读完。属于军团锻炼出来的韦斯帕芗皇帝和图拉真皇帝自不必说，连不是军团锻炼出来的哈德良皇帝也没有上过大学。在古罗马时期，出人头地与学历毫无关系。然而，尽管社会不问学历，但是罗马帝国对于学园和博学园却给予国家资助。研究机构是国有的，这里的教师享受的年薪相当于公务员的工资。

这实在是一个有趣的现象。小学、初中、高中都是私立学校，这是罗马帝国教育制度的一个特色。恺撒制定的法律，目的在于赋予所有教师罗马公民权，也就是免除他们的当时称为行省税的直接税。教师在享受这个特殊待遇的同时，从事教育时必须收取适当的学费。没有国家指定的教科书、课程这样的东西，选择教材和教学方法完全由任课教师决定。如果教学效果不好，父母就会将孩子送到其他私塾，因此这完全是一个自由市场，教师也必须不断努力。脱离这种竞争的是最高学府的教师。也许皇帝们虽然没有在这样的地方接受过高等教育，但是他们懂得研究与竞争未必是一种好的关系。

但是后来，罗马帝国的小学教育、初中教育、高中教育也变成了国有。随着基督教统治的加强，教育制度也同时实行了国有化。

教师的资格也要通过考试来决定。考试的内容不是知识、教学方法，而是是否信仰基督教。教材也禁止使用教会认定之外的书籍。教会还严格监视教学方法。不过，教师开始领取固定工资，学生的学费也是免收的。当时，医疗体系国有化了，教育体系也国有化了。令人感到不可思议的是，在罗马帝国经济繁荣的时期，医疗和教育都是私营的，而在经济衰退的时期却变成了国有。那些认为社会应该用一种思想来统一的人在掌握权力的时候，想要实行的便是按照自己的思想重新组织教育和福利。基督教成为罗马帝国的国教以后，基督教会所做的就是这件事。半个世纪以后，西罗马帝国灭亡了，留下来的是可以称之为基督教帝国的拜占庭帝国。位于罗马帝国东方的雅典学园和亚历山大博学园不久也停办了。这是因为，怀疑是研究的根本。而当时人们成了清一色的基督教徒，必须信仰基督教。

结　语

在学习罗马史的过程中，我逐渐认识到，基础设施是因为个人无法做到，所以由国家、地方政府代替个人进行的一项社会工程。按照罗马人的定义，基础设施是一种“人类文明生活必需的大事业”。我将之分为硬件基础设施和软件基础设施两个方面。所谓硬件基础设施，由于体现为建筑物的形式，所以是眼睛能够看到的。所谓软件基础设施，是一种系统，因而是眼睛看不到的。下面具体列举一下这两个方面的内容。

硬件基础设施：包括作为交通设施的道路、桥梁、港口。神殿，还兼有进行集会和审判的作用，并且建有公共图书馆、可以称之为市民生活中心的广场和巴西利卡（长方形会堂）。娱乐设施有希腊式的椭圆形竞技场、希腊式的半圆形剧场、罗马大斗兽场风格的圆形竞技场。在卫生方面，有上水道和下水道、公共浴场。

软件基础设施：包括安全保障、治安、税制、货币制度、邮政制度、扶穷济贫系统、育英基金制度，还有医疗、教育。

在古罗马时期，不具备所有这些要素，就不能被视为城市。事实上，看着研究人员绘制的罗马帝国内各个城市的复原地图，你就会想，它们就是一个个小罗马。帝国首都罗马在基础设施方面也是其他城市的样板。

然而，我在本书中并没有谈到全部的基础设施。这是因为在前面的 9 册书中，我们已经涉及许多内容，而且我们视为最重要的基础设施的安全保障，在每一册中都必然谈到，在第 11 册以后还将继续谈到。因为在罗马皇帝的三大义务——安全保障、内政、公共事业中，安全保障被排在最前面，其重要性可想而知。罗马皇帝还是包括主要兵力和辅助兵力在内的 30 万罗马军队的最高指挥官。而且，罗马皇帝正式受到罗马公民和元老院这些有选举权的人委托，才即位的。在那个时期，人们认为，统治者的义务是保障被统治者的安全和食物。有了“职业”才会有“食物”的保障，而且无论是“食物”还是“职业”，只有“安全”得到保障，才能实现。因此，对于人类生活来说最重要的，古今东西无一例外，都是安全保障。即使在现代，我们看一看居住在战乱地区的人颠沛流离的痛苦，便能理解这一点。

罗马人把这个最重要的义务交给了皇帝。我们译为“皇帝”的“Imperator”这个词本来是士兵送给率领自己取得胜利的司令官的尊称。正因如此，在帝制以前的共和制时期，称为“Imperator”的不止一人，那就是被获准在首都举行凯旋仪式的这些人。实行帝制以后，最高统治者同时兼任最高司令官成为惯例，因此在统治期间从未率兵打过仗的最高统治者也就成了“Imperator”，即皇帝。

“皇帝”这个词具有如此重要的意义，是在古罗马时期。在古罗马，写通史就不由得变为写军事史。每一次蛮族的侵犯都不是在帝国末期突然出现的。蛮族一直就有，而且一直想要侵犯罗马，但是在皇帝们有能力击退他们的时候，他们不敢侵犯。

另外，在本书中未提及的不仅有安全保障。在硬件基础设施方面，没有涉及港口、神殿、巴西利卡、广场、半圆形剧场、圆形竞技场。这是因为在前面的9册书中，在谈到建造这些设施的权贵、皇帝的部分，已经讲过了。例如，关于广场，在讲恺撒的《罗马人的故事·恺撒时代》中，关于圆形竞技场，在《罗马人的故事08·危机与克服》中，都已经讲过，因此在本书中不再赘述。

在软件基础设施方面，本书没有提到治安、税制、货币制度。关于这些内容，已经在《罗马人的故事06·罗马统治下的和平》中详述过，这册的主人公奥古斯都无愧于古罗马第一代皇帝的名声，他奠定了罗马帝国的全部基础。

因此，在本书中，我们得以把内容集中在人们耳熟能详的罗马大道，还有桥梁、上下水道上。这些也正是罗马人修建的基础设施的代表。

在今天，发达国家无论是道路还是铁路的设施都非常完善，所以它们在生活中往往会忘记基础设施的重要性。但是在其他国家，还不能期待达到这种程度，因此反而会让这些国家的人想到基础设施的重要性。水也是如此，至今全世界还有许多人处于缺水的状态。

这是因为经济上还比较贫穷，还是因为缺乏对建设基础设施的充分认识？是领导人缺乏实行上述想法的强烈的政治意图，还是持久的和平得不到保障？

2001年秋写于罗马

参考文献

一、原始资料（为了方便读者查阅，也将翻译的著作列入）

奥古斯都（Gaius Julius Caesar Octavius Augustus，公元前 63—前 14 年）

Res Gestae

《神君奥古斯都功业录》（简称《功业录》），国原吉之助译，岩波文库，收入苏维托尼乌斯的《罗马十二帝王传》（上），1986 年

阿庇安（Appianus，公元 2 世纪）

Historia Romana

阿忒纳乌斯（Athenaeus，公元前 2 世纪）

Deipnosophistai

《餐桌上的贤人们》（1~5），柳沼重刚译，西洋古典丛书，京都大学学术出版会，1997—2004 年 /《餐桌上的贤人们》，柳沼重刚编译，岩波文库，1992 年

阿米安努斯 · 马塞林努斯（Ammianus Marcellinus，330—395 年）

《编年史》(*Historia*)

维特鲁威(Marcus Vitruvius Pollio，公元前 1 世纪)
De Architectura

老加图(Marcus Porcius Cato，公元前 234—前 149 年)
De Agricultura

盖伦(Claudius Galenus，129—216 年)
Gli Antidoti
《关于自然的功能》，种山恭子译，西洋古典丛书，京都大学学术出版会，1998 年

塞尔苏斯(Celsus，Aulus Cornelius，公元 1 世纪)
De Medicina

苏维托尼乌斯(Gaius Suetonius Tranquillus，约 69—122 年以后)
De vita Caesarum
《罗马十二帝王传》(上、下)，国原吉之助译，岩波文库，1986 年

斯特拉波(Strabon，约公元前 64—约前 23 年)
Geographia

斯帕提阿努斯(Aelius Spartianus)等 6 人
Historia Augusta(公元 4 世纪末)
《罗马皇帝传》，南川高志译，西洋古典丛书，京都大学学术出版会，2004 年起刊载

卡西乌斯·狄奥（Cassius Dio，约 150—235 年）
Historiae Romanae

戴克里先（Gaius Aurelius Valerius Diocletianus，230—313 年）
Edictum de Maximis Pritiis

狄奥多罗斯（Diodorus Siculus，公元前 1 世纪）
《历史丛书》（*Bibliotheca Historica*）

泰奥弗拉斯托斯（Theophrastus，公元前 372—前 287 年）
De Lapidibus

德尔图良（Septimus Florens Tertullianus，155/160—222 年以后）
De Spectaculis

希波克拉底（Hippocrates，公元前 460 —前 377 年）
Corpus Hippocraticum
《关于古代的医术》等 8 篇，小川政恭译，岩波文库，1963 年

法文蒂努斯（Cetius Faventinus，公元 2 世纪或 3 世纪）
De Diversis Fablicis Architectonicae

老普林尼（Gaius Plinius Secundus，23—79 年）
Naturalis Historia
《普林尼博物志》，大槻真一郎编，八坂书房，1994 年

小普林尼（Gaius Plinius Caecilius Secundus，61、62—约 113 年）
Panegyricus an Traianum

《普林尼书信集》，国原吉之助译，讲谈社学术文库，1999 年

普罗柯比（Procopius，490 年至 507 年之间—565 年）
Historia Bellica

弗朗提努斯（Sextus Julius Frontinus，35—103 年）
Da aquae ductu urbis Romae

海伦（Heron of Alexandria，1 世纪）
Mechanica

波里比阿（Polybius，公元前 200—前 118 年）
Historiae

《通史》，城江良和译，西洋古典丛书，京都大学学术出版会，2004 年起刊载

二、后世撰写的历史书、研究专著

ADAM, J.-P., *La construction romaine. Materiaux et techniques*, Paris, 1984.

ALBENGA, G., *I ponti*, Torino, 1958.

ASHBY, Th., *The Classical Topography of the Roman Campagna*, British School at Rome I, II, III, IV, London, 1902-07; *The aqueducts of ancient Rome*, Oxford, 1935; *The Roman Campagna in Classical Times*, London, 1970; *Un archeologo fotografa la campagna romana tra '800 e '900*, British School at Rome, London, 1986.

ASHBY-FELL, *The Via Flaminia*, London, 1921.

ASHBY-GARDNER, *The Via Traiana*, London, 1916.

ASHBY-PLATNER, *A Topographical Dictionary of Ancient Rome*, London, 1929.

AURIGEMMA, S., *Villa Adriana*, Roma, 1961.

BAGGI, V., *Costruzioni stradali ed idrauliche*, Torino, 1926.

BALDSON, J., *Life and Leisure in Ancient Rome*, London, 1969.
BALL, J., *Egypt in the Classical Geographers*, Cairo, 1942.
BEHR, C.A., *Aelius Aristides and the Sacred Tales*, Amsterdam, 1968.
BERNARDI, M., *L'igiene nella vita pubblica e nella vita privata di Roma*, Udine, 1941.
BIANCHI BANDINELLI, R., *L'arte romana nel centro del potere*, Milano, 1969.
BIRLEY, E., *Hadrian's Wall*, London, 1981.
BLAKE, M.E., *Ancient Roman Construction in Italy, I: From the Prehistoric Period to Angustus*, Washington, 1947; *II: From Tiberius through the Flavians*, Washington, 1959; *III: From Nerva through the Antonines*, Philadelphia, 1973.
BLOCH, H., *I bolli laterizi e la storia edilizia romana*, Roma, 1947.
BODEI GIGLIONI, G., *Lavori pubblici e occupazione nell'antichità classica*, Bologna, 1974.
BONACASA, N. 编, *Cirene*, Milano, 2000.
BORGHINI, G. 编, *Marmi antichi*, Roma, 1998.
BOWMAN, A.K., *Life and letters on the Roman frontier*, London, 1994.
CAPPELLI, R. 编, *Viae publicae romanae*, Roma, 1991.
CARCOPINO, J., *La vita quotidiana a Roma all'apogeo dell'impero*, Bari, 1978.
CARDINI, M., *L'igiene pubblica di Roma antica*, Prato, 1909; *Condutture delle acque nell'antica Roma*, Firenze, 1916.
CASSON, L., *Travel in the ancient world*, London, 1974.
CASTAGNOLI, F., *Topografia e urbanistica di Roma antica*, Bologna, 1969.
CAVALIERI, G. 以下2人, *Piemonte, Valle d'Aosta, Liguria, Lombardia*, Roma-Bari, 1982.
CAVALLO, D., *Via Cassia*, Roma, 1992.
CHARLESWORTH, M.P., *Trade Routes and Commerce of the Roman Empire*, Cambridge, 1926.
CHEVALLIER, R., *Les voies romaines*, Paris, 1972.
COARELLI, F., *Dintorni di Roma*, Roma, 1981; *Roma*, Roma-Bari, 1989.
COLONNA, G. 以下5人, *La Via Aurelia*, Roma, 1968.
COZZO, G., *Ingegneria Romana*, Roma, 1970.
CROOK, J., *Law and Life of Rome*, London, 1967.
D'ARMS, J.H., *Romans on the Bay of Naples: A Social and Cultural Study of the Vil-*

las and their Owners from 150 B.C. to 400 A.D., Cambridge, Mass., 1970.
DE ANGELIS D'OSSAT, G., *Civiltà romana: tecnica costruttiva e impianti delle terme*, Roma, 1943.
DE CAMP, L., *Ancient Engineers*, New York, 1963.
DE MARIA, S., *Gli archi onorari di Roma, e dell' Italia romana*, Roma, 1988.
DE RUGGIERO, E., *Lo stato e le opere pubbliche in Roma antica*, Torino, 1925.
DOLCI, E., *Carrara, cave antiche*, Carrara, 1980.
DONINI, A., *Ponti su monete e medaglie*, Roma, 1959.
D'ONOFRIO, C., *Le acque di Roma*, Roma, 1977.
DUNCAN-JONES, R., *The Economy of the Roman Empire*, Cambridge, 1974.
DUVAL, P.M., *La vie quotidienne en Gaule pendant la paix romaine*, Paris, 1952.
FERNANDEZ CASADO, C., *Historia del puente en España puentes romanos*, Madrid, 1955.
FERRI, S. 编, *Vitruvio. De architectura*, Roma, 1960.
FOCILLON, H., *Gian Battista Piranesi*, Bologna, 1967.
FORBES, R.J., *Studies in ancient technology*, Leiden, 1965; *Notes on History of Ancient Roads and Their Construction*, Amsterdam, 1934.
FUSTIER, P., *La route*, Paris, 1968.
GALLIAZZO, V., *I ponti di Padova romana*, Padova, 1971; *I ponti romani*, Treviso, 1995.
GATTI, G., *Topografia ed Edilizia di Roma antica*, Roma, 1989.
GAZZOLA, P., *I ponti romani*, Firenze, 1963.
GIACOBELLI, M., *Via Clodia*, Roma, 1991.
GIACOMINI, P., *La rete idrica nelle città antiche*, Bologna, 1985.
GIOVANNONI, G., *La tecnica della costruzione presso i Romani*, Roma, 1969.
GIULIANI, C.F., *L'edilizia nell'antichità*, Roma, 1995.
GNOLI, R., *Marmora romana*, Roma, 1971.
GRANT, M. & POTTINGER, D., *Romans*, Edinburgh, 1960.
GREGORY, J.W., *The Story of the Road*, London, 1938.
GRIMALE, P., *La civilisation romaine*, Paris, 1968; *Les jardins romains*, Paris, 1984.
GROS, P. & TORELLI, M., *Storia dell'urbanistica, il mondo romano*, Roma-Bari, 1998.

HAGEN, J., *Die Römerstrassen der Rheinprovinz*, Bonn-Leipzig, 1923.
HARRISON, D., *Along Hadrian's Wall*, London, 1962.
HEINZ, W., *Römische Thermen. Badewesen und Badeluxus in Römischen Reich*, München, 1983.
HIDE, W., *Roman Alpine Routes*, Philadelphia, 1935.
HODGES, H., *Technology in the Ancient World*, London, 1970.
HOMO, L., *Roma imperiale e l'urbanesimo nell'antichità*, Milano, 1976.
JENISON, M., *Roads*, London, 1949.
KAHANE, A. 以下2人, *The Ager Veientanus, North and East of Rome*, British School at Rome, London, 1968.
KLEBERG, T., *Hotels, restaurants et cabarets dans l'antiquité romaine*, Uppsala, 1957.
KRETZSCHMER, F., *La technique romaine*, Bruxelles, 1966.
LANCIANI, R., *La distruzione di Roma antica*, Milano, 1971; *Forma Urbis Romae*, Roma, 1989.
LANDELS, J.G., *Engineering in the Ancient World*, London, 1978.
LEVI, A., *Itineraria picta, Contributo allo studio della Tabula Peutingeriana*, Roma, 1967.
LEZINE, A., *Architecture romaine d'Afrique, recherches et mises au point*, Tunis, 1963.
LUGLI, G., *Le grandi opere pubbliche*, Roma, 1934; *La tecnica edilizia romana*, Roma, 1957; *Itinerario di Roma antica*, Milano, 1970.
MACDONALD, W., *The Architecture of the Roman Empire*, London, 1986.
MARGARY, I., *Roman Roads in Britain*, London, 1957.
MARROU, L., *Histoire de l'education dans l'antiquité*, Paris, 1955.
MARTINEZ, A., *El puente romano de Mérida*, Badajoz, 1983.
MARTINORI, E., *Via Flaminia*, Roma, 1929; *Via Salaria*, Roma, 1931.
MESQUI, J., *Le pont en France avant le temps des ingénieurs*, Paris, 1986.
MILLER, J.I., *The Spice Trade of the Roman Empire, 29 B.C. to 641 A.D.*, Oxford, 1969.
MILLER, K., *Itineraria romana*, Stuttgart, 1916; *Die Peutingersche Tafel*, Stuttgart, 1962.
MOMMSEN, Th., *Der Maximaltarif des Diokletian*, Berlin, 1883.

MOONEY, W.W., *Travel among the Ancient Romans*, Boston, 1920.
PANIMOLLE, G., *Gli acquedotti di Roma antica*, Roma, 1968.
PAOLI, U.E., *Vita romana*, Firenze, 1973.
PASQUINUCCI, M. 编, *Terme romane e vita quotidiana*, Modena, 1987.
PAVOLINI, C., *Ostia*, Roma-Bari, 1983; *La vita quotidiana ad Ostia*, Roma-Bari, 1986.
PELLATI, F., *L'ingegneria idraulica ai tempi dell'impero romano*, Roma, 1940.
PELLEGRINO, A., *Itinerari Ostiensi*, Roma, 1984.
PIRANESI, G.B., *Antichità romane, ponti, teatri portici e altri monumenti di Roma*, Roma, 1756.
QUILICI, L., *La Via Prenestina*, Roma, 1977; *La Via Latina*, Roma, 1978; *Dintorni di Roma*, Roma, 1981; *Via Appia da Porta Capena ai Colli Albani*, Roma, 1989; *Le strade Viabilita tra Roma-Lazio*, Roma, 1990.
RADKE, G., *Viae publicae romanae*, Bologna, 1981.
RIVOIRA, G.T., *Architettura romana, Costruzione e statica nell'età imperiale*, Milano, 1921.
RODDAZ, J.M., *Marcus Agrippa*, Roma, 1984.
ROMANELLI, P., *Topografia e archeologia dell'Africa romana*, Torino, 1970.
ROSE, A.C., *Via Appia in the Days When All Roads Let to Rome*, Washington, 1935.
SALAMA, P., *Les voies Romaines de l'Afrique du Nord*, Alger, 1951.
SCHMIEDT, G., *Contributo della foto-interpretazione alla ricostruzione della situazione geografico-topografica dei porti antichi in Italia*, Firenze, 1964.
SINGER, C., *A History of Technology*, Oxford, 1956.
SQUASSI, F., *L'arte idrosanitaria degli antichi*, Tolentino, 1954.
STAHL, W., *La scienza dei Romani*, Bari, 1974.
STARR, C., *The Roman Imperial Navy*, Cambridge, 1960.
STERPOS, D., *Comunicazioni stradali attraverso i tempi, Roma-Firenze*, Novora, 1964; *Comunicazioni stradali attraverso i tempi, Roma-Capua*, Roma, 1966; *La strada romana in Italia*, Roma, 1969.
TARACENA, B. 编, *Carta Arqueologica de España*, Madrid, 1941.
THOMSON, J., *History of Ancient Geography*, Cambridge, 1948.
TOMASSETTI, G., *La Campagna Romana antica, medioevale e moderna, vol. I: La*

Campagna Romana in genere; vol. II: Via Appia, Via Ardeatina e Via Aurelia; vol. III: Via Cassia, Via Clodia, Via Flaminia, Via Tiberina, Via Labicana, Via Prenestina; vol. IV: Via Latina; vol. V: Via Laurentina, Via Ostiense; vol. VI: Via Nomentana, Via Salaria, Via Portuense, Via Tiburtina, Firenze, 1979-80.

TORELLI, M., *Innovazione nelle tecniche edilizie romane tra il I sec. a.C. e il I sec. d.C.*, Como, 1980.

TRANOY, A., *La Galice romaine,* Paris, 1981.

TUFI, S.R., *Archeologia delle province romane,* Roma, 2000.

VAN DEMAN, E.B., *The Building of the Roman Aqueducts,* Washington, 1934.

VENDITTI, E., *La Via Portuense,* Roma, 1992.

VILLA, C., *Le strade consolari di Roma,* Roma, 1995.

VON HAGEN, V.W., *The Roads that Led to Roma,* London, 1967; 同书伊訳, Roma, 1978.

WARD-PERKINS, J.B., *The Ancient Road,* London, 1957.

WHEELER, M., *Rome Beyond the Imperial Frontiers,* London, 1954.

WHITE, K.D., *Greek and Roman Technology,* London, 1984.

WISEMAN, F.J., *Roman Spain,* London, 1956.

著者多数: *Tabula Imperii Romani, Tergeste,* Roma, 1961; *Tabula Imperii Romani, Mediolanum-Aventicum-Brigantium,* Roma, 1966; *Tabula Imperii Romani, Aquincum-Sarmizegetusa-Sirmium,* Amsterdam, 1968; *Tabula Imperii Romani, Romula-Durostrum-Tomis,* Bucarest, 1969; *Tabula Imperii Romani, Lutetia-Atautuca-Ulpia-Noviomagus,* Paris, 1975; *Tabula Imperii Romani, Dyrrbachion-Scupi-Serdica-Thessalonike,* Ljubljana, 1976.

展覧会カタログ: *Il Trionfo dell'Acqua, Acque e Acquedotti a Roma, IV sec. a.C.-XX sec.* (全2巻), Roma, 1986; *Viae Publicae Romanae,* Roma, 1991.

图片版权

正文图版

银币、铜币图　大英博物馆（伦敦 / 英国）© The Trustee of the British Museum

p.010　阿尔坎塔拉桥（西班牙）© Scala, Florence

p.024　峰村胜子绘

p.026　樱井绅二摄

p.027　峰村胜子绘

p.041　同上

p.051　（模型）罗马文明博物馆（罗马 / 意大利），Giorgio Benni 摄

（插图）选自 Vittorio Galliazzo, *I Ponti Romani*, Edizioni Canova, Treviso, 1995

p.053　同上

p.054　罗马文明博物馆，Giogio Benni 摄

p.060　峰村胜子绘

p.061　选自 Vittorio Galliazzo, *I Ponti Romani*, Edizioni Canova, Treviso, 1995

p.062 峰村胜子绘

pp.068—069 （图拉真大桥、阿尔坎塔拉桥）峰村胜子绘

（卡斯特尔西奥·第·萨乌利的高架桥）选自 Vittorio Galliazzo, *I Ponti Romani*, Edizioni Canova, Treviso, 1995

p.070 峰村胜子绘

p.078 （恺撒、提比略）新潮社写真部摄

（奥古斯都）罗马国家博物馆（罗马 / 意大利）© Ministero per i Beni e le Attivit à Cultural, Soprintendenza Archeoligica di Roma

p.080 玛丽亚萨尔教堂（克恩滕州 / 奥地利）© Erich Lessing / PPS

pp.082—083 峰村胜子绘

p.092 罗马国家博物馆 © Ministero per i Beni e le Attivit à Cultural, Soprintendenza Archeoligica di Roma

p.094 峰村胜子绘

p.097 Giogio Benni 摄

p.100 同上

p.102 同上

p.103 同上

p.104 同上

p.106 同上

p.107 同上

p.110 （右上）峰村胜子绘

（其他）选自 Jean-Pierre Adam, *La construction romaine. Materiaux et techniques*, Editions A.& J.Picard, Paris, 1984

p.112 （1）乌菲兹美术馆（佛罗伦萨 / 意大利）© Alinari, Florence

（2）罗马国家博物馆 © Erich Lessing / PPS

（3）莱茵河地方博物馆（特里尔 / 德国）© Erich Lessing / PPS

p.122　克劳狄亚引水桥（罗马 / 意大利），铃木美知摄

pp.126—127　峰村胜子绘

p.129　（截面图、平面图）选自 J.-P. Adam, *La construction romaine. Materiaux et techniques*, Editions A.& J.Picard, Paris, 1984

（模型）罗马文明博物馆，Giorgio Benni 摄

p.134　（上）罗马文明博物馆，Gioio Benni 摄

（下）© Alinari, Florence

p.137　罗浮宫美术馆（巴黎 / 法国）© Charles & Josette Lenars / CORBIS / CORBIS JAPAN

p.141　© Alinari, Florence

p.147　峰村胜子绘

p.149　同上

p.151　同上

p.155　（照片）© Mimmo Jodice / CORBIS / CORBIS JAPAN

（蓄水槽平面图）峰村胜子绘

（蓄水槽截面图）选自 J.-P. Adam, *La construction romaine. Materiaux et techniques*

p.158　（照片）© Vanni Archive / CORBIS / CORBIS JAPAN

（截面图、平面图）选自 J.-P. Adam, *La construction romaine. Materiaux et techniques*

p.161　选自 J.-P. Adam, *La construction romaine. Materiaux et techniques*

p.163　同上

p.166　诺森伯兰郡（英国）© Robert Estall / CORBIS / CORBIS JAPAN

p.168　峰村胜子绘

p.169 （拉奥孔群像）梵蒂冈美术馆（梵蒂冈），樱井绅二摄

（法尔内塞公牛）那不勒斯考古学博物馆（那不勒斯 / 意大利）

© Mimmo Jodice / CORBIS / CORBIS JAPAN

（插图）选自 J.-P. Adam, *La construction romaine. Materiaux et techniques*, Editions A.& J.Picard, Paris, 1984

p.174 图拉真凯旋门浮雕：给孩子们发放“育英资金”的图拉真（贝内文托 / 意大利）© Alinari, Florence

p.179 （上）罗马文明博物馆，Giorgio Benni 摄

（下）© Mimmo Jodice / CORBIS / CORBIS JAPAN

p.183 峰村胜子绘

p.187 大英博物馆 © Araldo de luca / CORBIS / CORBIS JAPAN

p.193 选自 Marinella Pasquinucci 编，Alberto Fremura 绘，*Terme romane e vita quotidiana*, Franco Cosimo Panini Editore, Modena, 1987

p.209 罗马文明博物馆 © Scala, Florence

p.211 （上）莱茵河地方博物馆 © Erich Lessing / PPS

（下）选自 Marinella Pasquinucci 编，Alberto Fremura 绘，*Terme romane e vita quotidiana*, Franco Cosimo Panivi Editore, Modena, 1987

正文中的硬币　博洛尼亚考古学博物馆（博洛尼亚 / 意大利）© Museo Archeologico, Bologna

地图制作：综合精图研究所（p.007，p.013，p.023，p.037，p.085，p.191，p.197）

彩色图版

Giorgio Benni :p.1，p.6 全部，p.13，p.22 上，p.25 上，p.26 上，p.28 中，p.28 左下，p.29 全部，p.33

樱井绅二 :p.2—3，p.8—9，p.12 下，p.23 上，p.24 左上，p.24 左下，p.24 右中，p.25 右中，p.26 右下，p.27 右中

新潮社写真部 :p.4 右上，p.12 上，p.16 右上，p.16 左中，p.17，p.24 右上，p.27 下，p.42—43 上，p.42 左下，p.54 左上

CORBIS / CORBIS JAPAN ：p.4 右中（© Vanni Archive），p.4 左（© Francesc Muntada），p.5 上（© Robert Estall），p.5 中（© Bernard and Catherine Desjeux），p.10—11 上（© Archivo Iconografico, S.A.），p.18 左上（© Royalty-Free），p.18 右上（© Royalty-Free），p.18 左中（© Royalty-Free），p.18 右下（© Vanni Archive），p.25 左下（© Araldo de Luca），p.31 上（© Roger Ressmeyer），p.31 下（© Roger Ressmeyer），p.32 下（© Royalty-Free），p.35 上（© Hans Georg Roth），p.35 中（© Macduff Everton），p.36（© Bettmann），p.38 上（© Roger Wood），p.38—39（© Yann Arthus-Bertrand），p.38 下（© Roger Wood），p.39 下（© Roger Wood），p.42 右下（© Ruggero Vanni），p.43 右下（© Adam Woolfitt），p.46 中（© Cordaiy Photo Library Ltd.），p.46 下（© Adam Woolfitt），p.47 上（© Michael S. Yamashita），p.47 下（© Robert Estall），p.51 上（© Bettmann），p.51 下（© Adam Woolfitt），p.58 上（© Jonathan Blair），p.58 下（© Vanni Archive），p.62—63 下（© Hanan Isacher），p.66 上（© Roger Wood），p.66 右下（© Vanni Archive），p.66 左下（© Araldo de Luca），p.67（© Araldo de Luca）

Erich Lessing / PPS：p.5 下，p.10 下，p.11 下，p.19 上，p.43 右上，p.50 全部，p.54 右上，p.54 下，p.55，p.59 全部，p.62 左上，p.63 左上，p.63 右上

Scala, Florence：p.16 右下，p.32 上，p.35 下

Akg-Images：p.19 右下（© Gérard Degeorge），p.31 右中（© Hervé Champollion）

Vanni / Art Resource, NY：p.19 左下

铃木美知：p.21

高桥千裕：p.26 左下，p.27 左上，p.27 左中，p.28 上

峰村胜子：p.22 下，p.23 下

Alinari, Florence：p.68

综合精图研究所（地图制作）：除 p.22 下方以外的全部地图

图书在版编目（CIP）数据

罗马人的故事：全15册/（日）盐野七生著；计丽屏等译. -- 2版. -- 北京：中信出版社，2020.8（2025.1重印）

ISBN 978-7-5217-0750-2

Ⅰ.①罗… Ⅱ.①盐… ②计… Ⅲ.①古罗马－历史 Ⅳ.①K126

中国版本图书馆CIP数据核字（2019）第126892号

罗马人的故事（全15册）

著　　者：[日]盐野七生
译　　者：计丽屏　等
出版发行：中信出版集团股份有限公司
　　　　（北京市朝阳区东三环北路27号嘉铭中心　邮编　100020）
承 印 者：北京通州皇家印刷厂

开　　本：787mm×1092mm　1/32　　印　　张：182.25　　插　　页：44　　字　　数：4 500千字
版　　次：2020年8月第2版　　印　　次：2025年1月第9次印刷
京权图字：01-2010-4502　　审 图 号：GS（2019）2414号
书　　号：ISBN 978-7-5217-0750-2
定　　价：760.00元（全15册）

服务热线：400-600-8099
投稿邮箱：author@citicpub.com

ローマ人の物語

罗马人的故事

11

終わりの始まり

结局的开始

[日] 盐野七生 著 陈涤 译

中信出版集团 | 北京

M ANTONINVS AVG TR P XXVIII

IMP VI COS III

金币故事

法国历史学家费尔南·布罗代尔说过，货币也是国力的反映，所以货币也是了解历史最好的指针。

但是，国力有用眼睛能看到的，也有用眼睛看不到的。落实到货币上，前者为金银含量等材料本身的价值，后者指的就是铸造技术。为什么这么说呢？因为前者明确反映国力，而技术上的衰落则需一段时期之后才会得以显现。也就是说，当我们注意到铸造技术方面的衰退的时候，其国力可能已经枯竭了。

从本册开始，罗马走上了逐步衰落的道路。货币也是如此，乍一看没什么，但再次细细端详，发现上面预示了帝国的衰亡。

盐野七生

2007 年 7 月于罗马

银币故事

一个出色的人本应该取得出色的成绩，然而事实却总是不顺利。正因为如此，阅读历史的时候，愉悦的同时又生出很多感慨。

真要追究个中缘由只怕很不容易。他们是生不逢时，还是适应时代的能力欠佳？我不想对他们品头论足。在这种情况下，我只能逃避似的一路写下来。

然而到了众多历史学家诟病的罗马衰退期，虽年代都已久远，我却还是无法释然。我不能继续“逃避似的”书写了。

如果用佛教术语来表述的话，就是“谛观”。这个词除了表示“醒悟”，还有“事无巨细，明察秋毫”的意思。

盐野七生

2007 年 7 月于罗马

SEVERVS PIVS AVG P M TR P X

FELICITAS
SAECVLI

金币故事

马可·奥勒留皇帝出生在气候温暖的罗马，却在维也纳死于多瑙河北岸吹来的凛冽寒风里。而两代后的皇帝塞维鲁出生在北非的大莱普提斯，本可以在地中海接受阳光慷慨的照耀，可最后却在阴雨连绵的约克闭上了双眼。

罗马帝国的皇帝最重要的职责是保障帝国的安全，即率领士兵同敌人战斗。领导者的克己奉公对他们个人却是一种摧残。罗马时代精英们的词典中，似乎没有适应“障碍”这个词。

在欧洲采风过后经由罗马前往北非，携带的衣物必须全部替换，所以我深有感慨：罗马帝国真是太广阔了。

盐野七生

2007 年 7 月于罗马

目　录

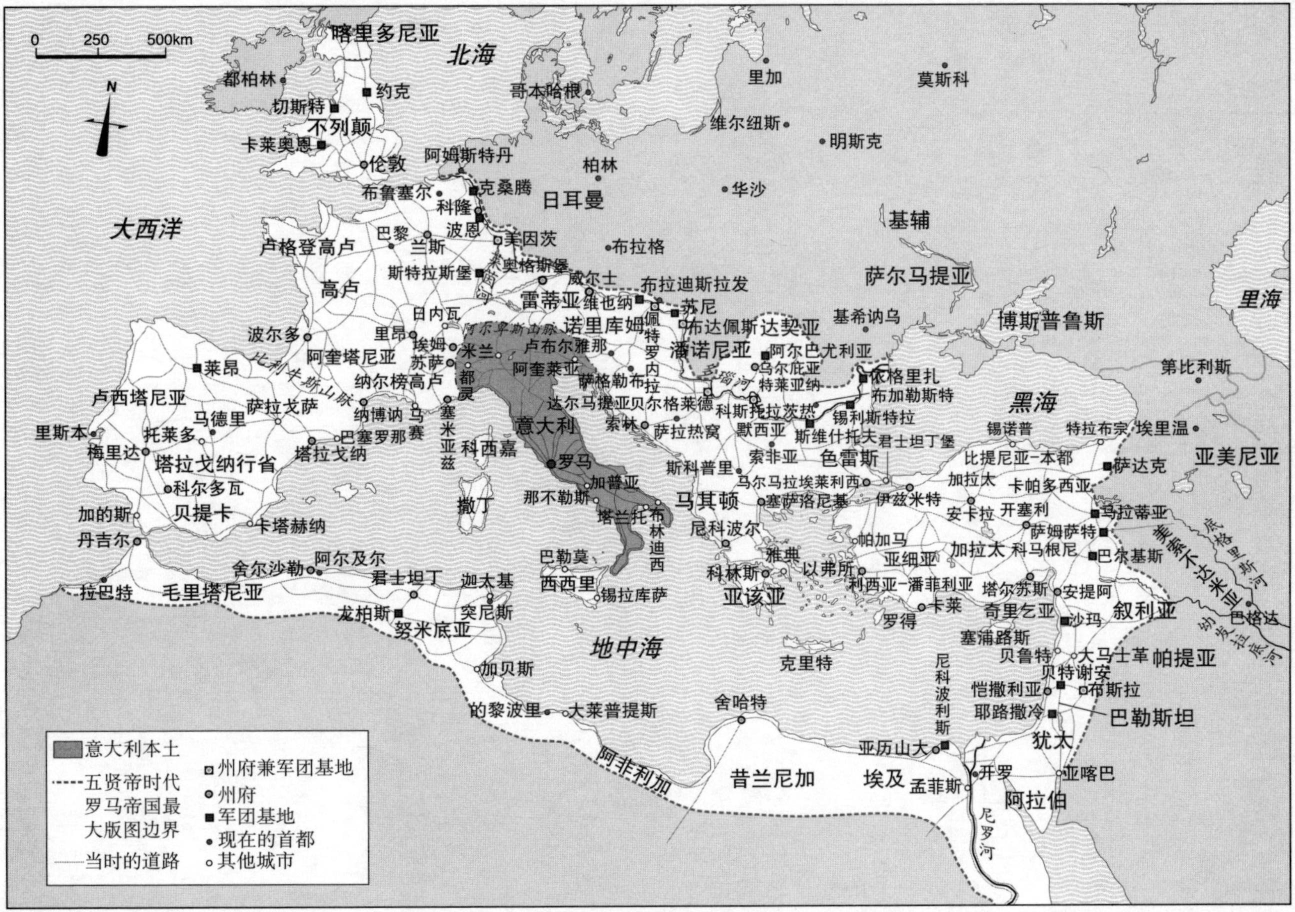

公元 2 世纪的罗马帝国版图

第一章　皇帝马可·奥勒留
（161—180 年在位）

序言

没有哪一位罗马皇帝能拥有马可·奥勒留那样良好的口碑。此人位列五贤帝的最后，也因人称“哲学家皇帝”而赫赫有名。他不仅在当时深受人们的爱戴，直到今天，在将近 2 000 年的漫长岁月里，其他罗马皇帝也没能像他一样一直享有如此崇高的声望。

如果论统治者的能力，那么罗马史上超越马可·奥勒留的统治者也有几位，例如帝政事实上的创始人尤里乌斯·恺撒，以及其后建立起罗马帝国的开国皇帝奥古斯都，出生于行省却对故乡西班牙一视同仁的帝国统治者图拉真，不惜折损自身寿命巡视整个帝国辽阔疆域并重建防御体系的哈德良。即使我们不看共和时期，只说鼎盛期的帝政时期，也能立刻列举出这些名字。然而，纵然是他们，在紧抓后世人心的两个有效手段——留下“声音”以及“形象”——方面，均不及马可·奥勒留，因为哲学家皇帝在这些方面无疑更占优势。

马可·奥勒留遗有一部后世人称之为《沉思录》的著作，正因这部著作他才获得“哲学家皇帝”的称谓。而从《沉思录》的书名可以看出，这完全不是学术性的哲学著述。他身为罗马皇帝，要务之一就是抗击蛮族，该书只是战斗间隙记录所思所想的小册子而已。马可·奥勒留自少年时代起就喜爱哲学，书里基本都是他的自省与思考。而现代的西欧学者则从不吝惜“古人伦理的极致表达”“高贵灵魂的真情呐喊”等溢美之词。

柏拉图曾说，国家让喜爱哲学的人来负责政治是最为理想的。我们暂且不论柏拉图的这种论断是否恰当，对于启蒙运动过后的近现代学者而言，马可·奥勒留正好是历史上实现了柏拉图理想的唯一案例。

> 不要无止无休地讨论人们究竟能否公正和善良，我们只需追求公正善良的行为，这个时刻已经到来了！

这就是罗马大帝国最高权力者的“声音”。

而紧随声音的就是“形象”。马可·奥勒留的骑马像至今仍旧屹立在罗马七丘之一的卡匹托尔山上。

即使有人不知道柏拉图，也可能没有读过《沉思录》，但只要一看到这尊骑马像，就能立刻感觉到它是至高无上的杰作。从古代到今天，2 000 年来人们制作的骑马像不可胜数，可就算有几万尊，我相信马可·奥勒留骑马像的地位也绝不会动摇。因为不管怎样，米开朗基罗产生了利用它的念头。

当初，这尊骑马像并不在卡匹托尔山上，在上千年的岁月里，它一直位于罗马市中心南端的拉特兰教堂广场上。这尊骑马像之所以能在公元 4 世纪末席卷罗马的基督教徒破坏与希腊、罗马相关作品的风暴中得以保留，却并不是因为狂热之徒中有人读过《沉思录》，也不是因为有人发现了骑马像的艺术价值，觉得销毁太可惜，因此对其伸出援手，只不过是当时人们单纯地误以为它是第一位承认基督教的罗马皇帝君士坦丁的雕像。马可·奥勒留蓄有浓密的大胡子，不知人们为什么会将他和总是刮净胡须的君士坦丁搞混，而正是因为这个误会，马可·奥勒留骑马像才最终在当时 22 尊罗马皇帝骑马像中仅存下来。据记载，其他 21 尊骑马像，包括尤里乌斯·恺撒、奥古斯都、图拉真等皇帝的骑马像，因为和马可·奥勒留骑马像一样均用青铜制作，结果都被熔化，转为他用，最后消失得无影无踪了。

其后又过了 1 000 多年，罗马经过漫长的中世纪，迎来了文艺复兴时期。在这一光辉时期，即使他不被误认为君士坦丁，即人们发现了这是马可·奥勒留的骑马像，也不会将它投进熔炉。还有遭到唾弃的异教徒圣地卡匹托尔山，在长期闲置之后也出现了变化，开始人来人往地热闹起来。而负责这一带规划的，正是米开朗基罗。这位文艺复兴晚期的代表性艺术家决定利用傲然屹立的马可·奥勒留骑马像，作为重建卡匹托尔山的重要元素。就这样，哲学家皇帝的骑马像不但在漫长的中世纪得以存留，现在又幸运地享受荣光，能在古时凯旋将军向诸神祈祷还愿的卡匹托尔山上占有一席之地，这完全是因为骑马像制作工艺的精湛。试想，如果它在艺术价值上存在什么瑕疵的话，造诣极深的雕刻家米开朗基罗绝不会将它安放在自己设计的广场中央。

不过，这场名为“文艺复兴”的精神运动，不但使马可·奥勒留得以重现，而且同样使其他皇帝在经过长眠之后再次苏醒。文艺复兴时期就是以“复兴古代”为口号的，因此它也是大规模挖掘古代遗迹的时代。可是从地下走出展现身姿的皇帝们，大多是只有上半身的胸像，纵然偶有全身像出土，也都是身披铠甲或者身着托加长袍的立像。骑马的皇帝像，马可·奥勒留依旧是独一无二的。

并且，这尊骑马像的风格非常不一般。骑在马上的马可·奥勒留既没有身着最高司令官的甲衣，也没有披上皇帝那种华丽的袍衫，而是摘下头盔，脱掉胸甲，在短衣之外只罩了一袭轻薄的斗篷，似乎正在接受战士和公民的欢呼。他既不是耀武扬威，也没有居高临下，是一位极其真实自然的皇帝。显然，这是极其高超的艺术家通过人物沉

马可·奥勒留骑马像

身着铠甲的总司令官尤里乌斯·恺撒

披托加长袍的大祭司奥古斯都

静的状态展现了他刚毅的性格，这是人和马的完美结合。考察过罗马的后代历史学家吉本、蒙森、汤因比看到的，就是这尊马可·奥勒留的骑马铜像，而作家歌德和司汤达看到的，也同样是它。凡到过罗马的人，大家共同瞻仰的，就是这尊马可·奥勒留骑马像。因为只有这尊铜像既不像尤里乌斯·恺撒像那样被安放在罗马市政厅，也不像奥古斯都像那样在美术馆里展览，而是矗立于卡匹托尔山上，在苍穹之下沐浴着阳光。

不过，近来人们担心铜像遭到汽车尾气的污染，不得不改在室内展出，所以马可·奥勒留铜像最终也被搬进了卡匹托利尼博物馆。500多年前米开朗基罗确定的位置上，现在只剩下一个粗糙的复制品了。

1990 年人们曾修复过这尊骑马像，修复完毕后将它从台伯河岸运回卡匹托尔山。虽然用大型货车装载，道路也并不遥远，可毕竟物品弥足珍贵。大型货车在晨曦之中移动之缓慢真的如同马匹慢步。当时我正在路边眺望装运的情景，突然身后传来一个美国男人的声音：

“太伟大了！我竟然在罗马遇见了罗马皇帝！”

如果当时运送的是恺撒或奥古斯都的立像，那么游人未必会发出如此的感叹。要瞻仰罗马皇帝的话就必须面对他骑马的形象。对源于罗马文明的欧美人而言，这想必是他们最率真的感想。相比于其他罗马皇帝，马可·奥勒留在这一点上实在是好运气，连人们这种天真的愿望都能予以满足，真可谓独一无二。

成长时代

有一段时间，意大利的一家电视台曾播放过索尼公司的商业广告。画面先是逐个介绍这家企业的产品，最后画面渐暗，推出白色的大字——“It’s a Sony”（“这就是索尼”）。

我想如果拍摄罗马帝国的宣传广告，也可以用同样的构思。剧本就引用艾利斯泰迪斯的《罗马颂词》，我们在《罗马人的故事 09 · 贤君的世纪》里已经探讨过这位年轻的希腊学者的演说，现在还可以再详细介绍一下。如果这个广告是发表在报纸的一个版面上，那么完全可以用上面的三分之二刊登艾利斯泰迪斯《罗马颂词》中的语句，然后用下面的三分之一横向排列出大字——“It’s a Rome empire”（“这就是罗马帝国”）。

如果这个广告用电视来呈现，可以用艾利斯泰迪斯的《罗马颂词》作为背景音，同时推出相应的画面。当表述人们自由、安全、便捷的旅行时，最好采用阿庇亚大道上服装、肤色各异的人们来来往往的影像。然后，在这则罗马帝国广告的最后，画面渐暗，仍旧是推出白色的大字——“It’s a Rome empire”。

艾利斯泰迪斯的《罗马颂词》内容如下：

对于我这样的希腊人，不，对于其他任何民族来说，现在，要去一个地方旅行，非常自由、安全而且便捷。只要是罗马公民权拥有者，连证明身份的文件都不再需要申请。不，甚至不一定是罗马公民，只要是生活在罗马帝国统治之下的人们，自由和安全都可以得到保证。

荷马曾经说过这样的话：“地球属于每一个人。”罗马把诗人的这个梦想变成了现实。你们罗马人测量并记录下了纳入你们保护之下的所有土地。你们在河流上架设了桥梁，在平原甚至在山区铺设了大道。无论居住在帝国的何处，完善的设施让人们的往来变得异常便捷。为了帝国全域的安全，你们建起了防御体系。为了不同人种、不同民族的人们和谐地生活在一起，你们完善了法律。因为这一切，你们罗马人让罗马公民之外的人们懂得了在有序稳定的社会里生活的重要性。

总督作为行省统治的责任人，在决定一项政策或接到行省人民的请愿时，只要有一丝疑问，马上就会给皇帝写信，请求指示。这就是罗马帝国。在皇帝的指示到达之前，总督只会一味地等待，就好像合唱团演员等待指挥举起指挥棒一样。

只要能保证消息的传递，无论皇帝身在何处，都不会影响他对帝国的统治。即使他身在帝国边境，仅靠书信也可以实施统治。因为皇帝的信一写好，就会有一名好像长了翅膀的使者（希腊语叫“Hermēs”，拉丁语叫“Mercurius”），迅速而安全地把它送到目的地。

罗马世界终于在辽阔的疆域内实现了民主统治。我们可以认为，它是曾经的希腊城邦扩大了规模后的国家。领导者阶层集中了公民中有才华的一部分人，他们的出生地遍及所有行省，也就是说，统治帝国全体人民的这些人才来自帝国各地。

他们有的生为罗马公民权拥有者，有的是后来取得罗马公民权的。由于他们杰出的才能以及由行政和军事构成的完美的组织机构——由于这些代表帝国的人和组织机构的作用——罗马实现了对辽阔帝国的统治。

战争远在边境，帝国的内部毫无纷争，每个角落都浸染着和平、繁荣与幸福。而帝国之外执迷于纷争的各民族就显得太可悲了。

罗马的大门向所有的人敞开着。在这个多民族、多文化、多宗教相容并存的罗马世界，每个人都能在各自的领域里安心工作。在这里，国家的节庆日由皇帝亲自主持祭祀仪式，而不同民族、不同宗教的人们也分别举行各自的祭祀仪式，这有助于每个人都保持自己的尊严和价值。

罗马人告诉我们，纵然人种和民族各不相同，纵然各种文化和宗教难以并存，可是通过完善的法律也能以法制为中心实现共存共荣。为了显示这种生活给人们带来的利益，罗马人甚至保证了曾经的败者仍能享有很多权利。

罗马是个大家庭，居住在这里的人都时刻意识到自己是大家庭中的一员。这个罗马世界就是这样的大家庭。

早在小亚细亚出生的艾利斯泰迪斯发表《罗马颂词》之前，整个帝国就已经实现了“罗马统治下的和平”（Pax Romana）。用历史学家吉本的话来讲，那是“人类最幸福的时代”。罗马帝国的统治阶级都是元老院元老，公元 143 年，艾利斯泰迪斯在元老院发表了这篇《罗马颂词》的演讲。这一年也是安敦尼·庇护继哈德良之后在位的第五年。

而当时 26 岁的艾利斯泰迪斯在演讲的最后，并没有面对着 57 岁的安敦尼·庇护，而是面向自己的同龄人，已经取得恺撒称号、被确立为下任皇帝的 22 岁的马可·奥勒留，用下面的话作为结尾：

年轻人啊，你在高贵的宫殿中占有最高贵的地位，你的肩膀担负着沿先人足迹前进的责任！

身世

虽然从罗马七丘之一的西里欧山能登上从古罗马圆形竞技场（又叫斗兽场）南面延展开来的丘陵，但观光客相当稀少。2 000 多年后，仍旧留存在这里的古罗马公共建筑，只有供奉被神格化的克劳狄乌斯皇帝的宏伟的神殿，以及自东向西横跨丘陵南部的克劳狄亚高架水道桥。显然，连纪念柱都被移走只剩巨大墙面的神殿和断断续续的高架水道桥很难成为观光景点。如果我们不是对罗马历史非常感兴趣，肯定不会到这里驻足。因此，这里虽距离观光客云集的斗兽场和罗马广场很近，却保持着一种特有的宁静。

然而，却有一个完美的原因促使我们巡访西里欧山，那就是观赏水道桥遗址。我在《罗马人的故事 10 · 条条大路通罗马》中曾经写到，通往现代东京市中心的是首都高速路，而通往古罗马市中心的则是高架水道桥。只要是熟悉首都高速路的人就很难想象道路附近鳞次栉比的会是高级住宅，然而在罗马时代，高架水道桥附近却属于上好地段。桥上跑的是汽车还是水流当然有所不同，不过更大差异恐怕还在于承载它们的是钢筋水泥立柱还是砖石圆拱，我认为二者给人的印象完全不同。传说罗马的第二代国王努马经常到西里欧山一带和仙女（nymph）相会，可见这里自古就充盈着清澈的泉水和茂盛的植被。据发掘调查，这里曾有着很多深宅大院和数个聚居区，也靠近市中心，可人口相对较少，在罗马时代应该是高档居住区。马可 · 奥勒留就出生于西里欧山，时间为公元 121 年的 4 月 26 日，时值哈德良统治的第四年。

马可的母亲的娘家拥有丰厚的资产，并且母亲多米提亚 · 露西拉是家族里的唯一财产继承人。据说其家庭资产包括两家制砖厂。罗马时代的建筑框架都是用砖石砌成，中间采用灰泥黏合。看来，哲学家皇帝的母亲的娘家从事的是罗马时代的基础产业。

马可·奥勒留的父亲出身于维鲁斯家族，追寻其先祖，可以得知他们来自罗马的行省西班牙。大约在马可·奥勒留出生前的100年，他们迁徙到了罗马，是当时罗马人所谓的“外来户”之一。可是后来他们顺利地融入了罗马社会，不但曾祖父成功进入元老院，而且被韦斯帕芗皇帝升为贵族。话虽如此，维鲁斯家族的兴起却并不是特例，而只是当时罗马社会阶级间平常的流动变化而已。

到了祖父这一代就进入了帝国的权力中枢，祖父马可·阿尼乌斯·维鲁斯深得皇帝哈德良的信赖。每当皇帝外出视察，阿尼乌斯·维鲁斯经常接受委托，代替皇帝处理国家事务。在马可·奥勒留出生的公元121年，祖父正好第二次就任执政官，五年之后祖父第三次当选。该职位不但是个荣誉，而且也掌握着实权。当朝三次就任执政官的，除皇帝哈德良之外，只有奥勒留的祖父一人。

罗马在共和时期的最高官职就是执政官，转变为帝制之后，皇帝成为最高权力者，而执政官虽然是由元老院选举产生，任期也依然只有一年，实际上执政官的重要性已经下降。不过，即使皇帝身在首都，元老院的会议议长却仍由执政官担任，在内阁中，全权处理事务的也是执政官。也许帝政时期的执政官和现在的日本官房长官很相似，不，这个官职应该比官房长官的责任更重大，因为哈德良皇帝有三分之二的当政时间并不在首都。

不过哈德良也的确以知人善用而著称。因为有哈德良的推荐，阿尼乌斯·维鲁斯曾三次担任执政官，其余的时间里也依然是内阁成员。毫无疑问，他是皇帝的重臣之一。这样看来，无论是社会地位还是资产，马可·奥勒留生来就属于当时罗马社会的最上层。两年之后，他的妹妹降生了。当马可·奥勒留 3 岁时，父亲亡故。因为缺乏详细的记录，估计不是战死就是病故。幼年丧父的孩子一般由祖父收为养子，这种情况在罗马社会并不少见，也就是说从那以后，祖父成了马可·奥勒留的坚强后盾。

成长

在罗马人的家庭里，婴儿一出生，父亲就用双手高举着，展示给亲友和仆人看。婴儿出生后的第九天，举行祛除邪秽的仪式，此时给婴儿起名。我想之所以一定要等到第九天才冠名，很可能是当时婴儿的死亡率比较高的缘故。当一个人成为他人的养子，或是地位有所上升，往往会用家门名作为伴随自己一生的个人名，因为此人这时的社会生存率无疑比较高。后来的哲学家皇帝起的名字，和他的父亲及祖父一样，都叫马可。罗马人的姓名由个人名、家门名、家族名三部分构成，在做皇帝之前，马可·奥勒留用的名字是马可·阿尼乌斯·维鲁斯。

罗马人的家庭还有一个习惯，就是在起名的同时赠给婴儿两种东西：一种是在又细又轻的金环上挂些东西，一摇就发出声音，有点类似于拨浪鼓；另一种是黄金质地的护身符，用一根细绳挂在脖子上，直到成人礼举行之前，这个护身符都不能摘下。

历史学家塔西佗曾留有以下文字，我们可以从中一窥公元 2 世纪前后罗马上流家庭养育孩子的状况。

> 在从前的罗马，一个经过正式结婚生出的小孩不可能放在女

少年时代的马可·奥勒留

多米提亚·露西拉

奴的小屋里，而是要在母亲的怀抱中成长。亲手养育子女不但关系到母亲的颜面，而且展示母亲的爱心，是非常风光的事情。流传至今的很多资料显示，格拉古兄弟的母亲科尔涅利娅和尤里乌斯·恺撒的母亲奥雷利娅最关注的事情就是养育孩子。她们毫不吝惜地倾注母爱，对孩子的文化修养和身体健康等方面都给予了无微不至的关怀，最终培养出了罗马的领袖。

可是如今，母亲的任务在婴儿落地时就宣告结束，为婴儿哺乳的是奶妈，断奶之后就利用学习希腊语的托词，将孩子交给来自希腊的女奴。在上流社会的家庭里，养育幼儿的通常不是某一个人，而是由好几个人共同负责。这些女人除了会说希腊语之外别无所长，大多难以胜任其他重要工作。也就是说，孩子处在低贱的毫无教养的女奴们的包围之下，听着她们无休无止地闲谈，看着她们绞尽脑汁地偷懒耍滑，结果整个家庭中没有一个人真正关注小主人的内心感受和言谈举止，尽管真正意义上的养育子女正需要在这些细节上体察入微。

塔西佗生活在帝国的鼎盛期，他不管对什么事情都持悲观态度，因此，我们在接受这位一流的帝政专家的言论时，还是打些折扣才好。不过，对公元 2 世纪培养孩子的现状大发感慨的，却并不只有塔西佗一人。在恺撒时代 200 年以后，统治阶层教育子女的方式恐怕也是当时诸多变化之一。马可·奥勒留在他的《沉思录》中也谈到了自己是由奶妈哺乳的。

不过，他的母亲多米提亚·露西拉却完全不是那种执迷于社交生活而把孩子甩给女奴的贵妇。马可·奥勒留 3 岁时，父亲就故去了，而当时女子一般在 15 岁时就结婚，所以马可·奥勒留的母亲成为寡妇时很可能还不到 20 岁。富有，年轻，又有生育的经验，这些都是罗马社会里女性再婚的绝好条件。尽管如此，多米提亚却没有再婚。她的儿子后来这样描述自己年轻的母亲：

> 从我的母亲那里，我濡染了虔诚、仁爱和不仅戒除恶行甚而戒除恶念的品质，以及远离奢侈的简朴的生活方式。

虽然马可·奥勒留的母亲可能不像格拉古兄弟的母亲和尤里乌斯·恺撒的母亲那样，能够和以后活跃于政坛的儿子平等交流，但她也没有将育儿大事推给别人。马可·奥勒留在确定成为下一任皇帝之后，仍旧和家庭教师之间保持书信往来。他在书信的最后，往往特地附上母亲发出的问候。一位母亲和孩子少年时代的教师之间密切的沟通于此可见一斑。

马可·奥勒留的记忆里不曾存留父亲故去的情景，母亲的离开则是在他 34 岁的时候。因此，他是在慈爱平和的祖父及母亲的呵护下度过的少年时代，而这一时期正值罗马帝国的和平年代。

少年时代

公元 127 年，后来的皇帝马可·奥勒留仅仅 6 岁，还使用着马可·阿尼乌斯·维鲁斯的名字。然而就是在这个年龄，他就已经成为仅次于元老院阶级的骑士阶级的一员。在罗马社会中，贵族是当然的元老院元老，在罗马统治阶层的子嗣中，也曾有过 15 岁的成人礼之后就立刻位列骑士阶级的人。因为贵族阶层直到 30 岁才能获得进入元老院的资格，做骑士就成了一个领袖的预备阶段，所以 15 岁之后列为骑士的不乏其人。然而，如果一个人在 6 岁就做了骑士，实在是出人意料的年轻。话虽如此，在位 10 年的皇帝哈德良也未必认为这个 6 岁的少年表现出了皇帝的潜质，毫无疑问，这更多是皇帝赐予忠臣的礼物。祖父维鲁斯经常在皇帝外出视察的时候代为处理政务，是皇帝的左膀右臂，对于马可而言，他也是父亲的化身。

从公元 128 年开始，马可就要接受 7 岁到 11 岁的初等教育。社会地位和经济地位都极为优越的他当然不会像其他孩子那样到市井中的私塾去读书，而是聘请了家庭教师。当然，无论是进私塾还是聘请家庭教师，初等教育都是以读写和计算为基本内容，无须赘述，不过这一时期倒是有一件事值得特别一提。

像犹太教或基督教这种一神教既然有经典，那么负责向一般信徒进行解释的祭司阶层就必不可少。而与此相对，信奉多神教的罗马社会里没有宗教经典，也就不需要专职的祭司或神职人员。这样也不必担心神职人员在行政事务方面多嘴多舌，进而自然而然地实现政教分离。现在我们认为，所谓的政教分离就是政治由政治家负责，宗教由宗教人士负责，可是当时的情形仍旧有些不同。从理论上讲，只要是信奉罗马诸神的成年男子都有担任祭司的资格。

因为不是专职的神职人员，所以在举行祭典时也没有专门的法衣。即便是罗马皇帝，通常的装束也不过是在短衣之外裹上托加长袍，社会里的中上层男子都是如此。作为大祭司，皇帝必须在节庆日举行祭典，这时他也是身着托加长袍来主持的。不过有一点不同。在元老院会场上，人们的托加长袍并不遮挡头部，而在神殿前举行祭典时，人们才会用托加长袍把头部遮住。这是人们敬畏神灵的具体表现。每个罗马人家庭都拥有自己的守护神，而各自的祭神仪式也不过是皇帝主持的祭典的缩小版，由遮挡住头部的家长主持，参与者也仅限于家庭成员和奴仆。在多神教的古代，诸神与人的亲密关系远超后世我们的想象。

马可在 7 岁时获得了拉丁语叫作“Salius Palatinus”成员的称号，若要翻译过来的话，意思是“战神马尔斯的祭司会”。在意大利半岛，祭祀战神马尔斯的活动每年举行两次，分别在3月19日和10月19日，因为这两个日期代表着战争季节的开始和结束。仅在罗马一地，就有两组人负责这个延续已久的祭典，他们每组都有 12 名少年，每逢举行祭祀活动，少年祭司们都要身着古代意大利的战斗装束：皮制的胸甲，军用的斗篷，圆锥形的战盔，腰佩短剑，左手持八角形盾牌，右手持长矛。

披托加长袍的大祭司奥古斯都

12 人组成的战团在街道上行进，他们不时地停下来为战神马尔斯表演舞蹈，同时用长矛叩击盾牌，口唱赞歌。每当这种古老的仪式操练告一段落，沿街围观的人们就兴奋地拍手欢呼。献给战神马尔斯的赞歌全部用古拉丁语写就，对于一个 7 岁的少年来讲显然是太难了。可是少年马可却将其背诵得滚瓜烂熟，每次祭典都积极参加。因此，一个人不畏艰难认真完成每一项任务的刚毅性格应该在这时就已经显现出来。并且，后来成为皇帝的马可 · 奥勒留十分尊重罗马的传统，或许就是少年时代教育与经历的结果。

到 12 岁就要开始接受中等教育。在通常情况下，一个人 17 岁就步入社会，所以罗马人非常重视步入社会前的5年中等教育。最有力的证据就是表示中学教师的词语“grammticus”也指代所有的教师。马可的教育环境优越，家庭教师们也都由声誉最高的希腊人担任，并且不同的学科由不同的人负责。可见在公元2世纪，随着学科的确立，培养学生的家庭教师也出现了专业分工。我在《罗马人的故事10·条条大路通罗马》的“教育”一节里已经就教育内容进行过阐述，现在就不再重复了。不过有趣的是，当时人们很重视辩论，即“dialogus”。这种学习的重要内容就是首先要知道不同意见的存在，然后通过了解，掌握说服持不同意见的人的技巧。这种辩论技巧在希腊以苏格拉底最为有名，在罗马人们将其应用于元老院会场和法庭。

然而，学习这些内容的12岁少年马可却迷上了希腊哲学家们的生活方式。他执意穿着粗布衣服听课，晚上就直接睡在地板上，虽然最后他还是没能拗过母亲，几天后结束了这种苦修，改为在铺有毛皮的床上睡觉。如果用通俗的话来讲，这时的马可·奥勒留已经掉进了希腊哲学的“陷阱”。而喜欢开玩笑的哈德良皇帝当然不会放过马可。因为马可的姓“维鲁斯”的意思是“真实”，皇帝就在其后加上了表示“最大”的词尾，“维鲁西姆斯”就成了皇帝给少年马可起的绰号，意为“真实最好”。

公元135年，经常离开首都视察帝国全境的哈德良皇帝自觉体力日衰，终于决定回归本国。相比于罗马市内的皇宫，59岁的皇帝更喜欢待在郊外的蒂沃利别墅里。而14岁的马可在祖父的带领下谒见皇帝的机会并不少，因为此时的哈德良皇帝对这位少年的态度显然已经超越了对一位忠臣的孙辈通常的关注。

成人礼

对努力自强、尽职尽责的最高统治者而言，此时还有一项任务没有完成，就是选择继承人。这件重要的事情如果不经过深思熟虑的话，那么无论以前的政绩多么出色，都如同画龙没有点睛，存在着前功尽弃的风险。哈德良走遍了整个帝国，缔造了罗马的黄金时代，同时他也致力于帝国的长治久安。因此，在继任者这个问题上，他绝不能有丝毫马虎。

那一年，59 岁的哈德良皇帝的目光停留在了 30 岁上下的路奇乌斯·凯奥尼乌斯·康茂德身上。此人虽然身体纤弱，但品质与智力都无可挑剔。不过，在哈德良内心里，选择这个年轻人还有一个不可言说的缘由。

20 年以前，哈德良继位不久就动手清除了前任皇帝图拉真在位时的四位重臣。当时并没有进行正式审判，而是以图谋政变的罪名直接杀掉了。为了将帝国由图拉真的军事扩张路线转变为专事防守路线，哈德良采取强硬手段虽然是迫不得已，但也不能排除他神经过敏的成分。那时的情景他大概永远也不会忘记，因为四位重臣纵然在国策上持有不同意见，但他们都是不折不扣的爱国者。

四位重臣中的尼格里努斯有一个女儿，凯奥尼乌斯·康茂德迎娶了她做妻子。夫妻二人生有一个男孩，当时年仅 6 岁。在这个男孩体内，实实在在地流淌着蒙冤的尼格里努斯的血液。选择凯奥尼乌斯·康茂德作为继任者，在哈德良的内心里是不是存在着对自己从前无奈手段的赎罪心理呢？凯奥尼乌斯·康茂德还有一个 11 岁的女儿，而这一年，少年马可 15 岁。

拉丁语“toga virilis”的意思是成人礼。男孩要脱掉少年时代的短衣，换上成年男子的服装托加长袍，宣示自己成年并接受亲朋好友的祝贺。或许此时祖父已经故去，也有可能是皇帝哈德良暗中帮忙，因为成人礼结束之后，马可很快就确定了婚约。

未婚妻就是凯奥尼乌斯·康茂德的女儿凯奥尼娜。不久之后，哈德良就宣布凯奥尼乌斯·康茂德为皇帝的继任者，改名为“埃里乌斯·恺撒”，并成为皇帝哈德良的养子。马可因此成为下一任皇帝未来的女婿。马可和这位下任皇帝之间存在着15岁的年龄差距，如果一切顺利，埃里乌斯·恺撒的儿子将来也有望继承皇位，他比马可小9岁。或许，当初哈德良并没有把马可作为候补皇帝之一，马可也本可以更好地辅佐埃里乌斯·恺撒，并在其子继位以后以姐夫的身份尽心尽力地协助他治理国家。大概正是因为有着这些可能性，马可和凯奥尼娜才得以确立婚约。

有的人至死也不会为了自己的升迁而不择手段地排挤、肃清别人，马可·奥勒留就是这种人。哈德良应该也注意到了马可的这个特质，哈德良本人也绝不会为了升迁而去排挤别人，但他同时也认为“一将功成万骨枯”是理所当然的事情。一个人如果自己是自我中心主义者，反而会更加重视他人诚实可靠的品质。

不难想象，哈德良的金手指还在发挥作用。15岁的马可被任命为首都罗马在拉丁节期间的行政长官。“拉丁节”（Feriae Latinae）是一种古老的庆典，在距离罗马20公里的阿鲁巴诺山上举行。两位执政官都要出席庆典，为了不耽误首都的行政事务，需要在庆典期间任命一位“特别长官”。尽管这实际上只是个名义上的官职，通常都在年轻的领袖后备队伍中选拔，可是马可对这一职位同样一丝不苟。顺便说一下，这一年的执政官之一就是被哈德良指定为下任皇帝的埃里

埃里乌斯·恺撒

乌斯·恺撒，他对未来女婿的兢兢业业十分满意，特地赶往蒂沃利别墅汇报此事。

在公元136年，马可的家里喜事连连，十分忙碌，最后也是以喜事结束。比马可小两岁的妹妹克鲁尼菲奇亚和表兄渥米狄斯·库瓦特拉托斯结婚。新娘的父亲和新郎的母亲是同胞兄妹。在罗马的上流社会中，表亲之间的婚姻已经并不少见。而这种情况即使不回溯到共和时期，在百年前的帝政初期也是不可想象的。

帝王教育

尽管举行了成人礼，但马可毕竟只有15岁，学习非但不能因此而终止，围绕在马可周围的教师阵容反而越加豪华。据说这些教师都是哈德良亲自指定的人选。如此说来，在老皇帝的心目中，对少年马可的评价可谓一天比一天好。

我们仅举三位经过选拔的教师，就可以看出当时的情形。

出生于小亚细亚弗里吉亚的希腊人阿勒库桑多斯，是研究荷马的著名专家，在纯正的希腊语教学方面无人能出其右。

托西乌斯·阿贝尔出生于今天的斯洛文尼亚，在罗马时代属于意大利，所以也可以说他是出生于意大利的拉丁人。理所当然，他负责教授纯正的拉丁语。

北非曾是过去的大国迦太基的领土，来自那里的科尔涅利乌斯·弗龙托指导马可的辩论技能。

罗马帝国把欧洲、中近东和北非都并入了自己的版图，后世的历史学家都一致认为哈德良治下的罗马帝国的确是世界性大国。其实即使历史学家没有这种论断，现代人也能从当时的教师人选上发现这一点。不过，意味深长的是，这些人教授少年马可的科目和自己的出生地全然没有关联，凭借的完全是自己精英分子的技能。

拉丁语和希腊语是双语国家罗马帝国的两大官方语言，教师们除了讲授纯正的拉丁语和希腊语之外，同时也传递出一种价值观，即有些人的母语既不是拉丁语也不是希腊语，对于他们生硬的词汇或错误的语法，倾听的时候绝不能表露出丝毫的不快与轻视。语言交流中最重要的，是了解对方要表达的内容，至于交流方法则是次要的。人们之所以不必特地纠正对方的语法和发音，是因为如果人们都在统治者跟前三缄其口，那么对统治者来讲肯定是非常不利的。

既然如此，那么一个人不论来自帝国的什么地方就都不是问题了。青少年时期的马可后来的教师里面不乏来自希腊、中近东和北非的人，不过都是根据这种实力主义进行选拔的结果。在这种观念的引导下，那些受到重用的行省人，就像后代的历史学家强调的那样，几乎都认为自己是罗马人，而不是什么高卢人、西班牙人、希腊人、叙利亚人或北非人。当年掌握英格兰正音，同时对于语言上未必说得如此纯正的殖民地人民，同样愿意以绅士风度倾听的英国人无疑很多，但是印度和新加坡、埃及等地的人们几乎从不认为自己是英国人。这就是虽然同为“帝国”，但罗马和英国之间存在着决定性差异。在确立精神修养的少年时代，马可·奥勒留就是在哈德良缔造的世界主义中度过的，然而还不到两年，马可的人生却发生了巨大改变。

公元 138 年 1 月 1 日，已经被确定为下任皇帝的埃里乌斯·恺撒在出席元老院会议之前，突然大口吐血而死。此前一年，为了锻炼身体，加上哈德良皇帝也主张其为了日后登基治国，应当体验边境军营的生活，埃里乌斯·恺撒前往多瑙河前线。但是，他看上去似乎患上了肺结核，根本无法适应剧烈的环境变化。今天的维也纳和布达佩斯都是欧洲国家的首都，但这两大都市都起源于罗马时代的军团基地，虽然到公元 2 世纪已经出现了一定程度的城市化，但和帝国首都罗马的舒适生活远远不能相提并论，当地的气候对出生于南国的他而言也十分严酷，纵使他 30 岁出头正值盛年却最终没能经受住这次考验。

对皇帝哈德良而言，以前的计划完全被打乱了。这个时候最重要的是赶快寻找一个替代人选，因为 62 岁的老皇帝心里最明白，以前长年累月地在外视察，过度的操劳和病痛正在煎熬着自己。

埃里乌斯·恺撒死后还不到一个月，替代者就已经选出来了。此人就是后来著名的皇帝安敦尼·庇护。他的祖上来自高卢行省，本人不但是元老院的元老，而且作为“内阁”成员深得哈德良皇帝的信赖。他的年龄是 52 岁，在注重成熟度的罗马社会里，这是富有竞争力的年龄。

哈德良

安敦尼·庇护

目前还没有证据表明，这个安敦尼在埃里乌斯·恺撒死前就是皇帝的候补者之一。首先哈德良与安敦尼两人在性格上就完全不同。一言以蔽之，相对于哈德良的犀利，安敦尼表现出来的则是稳健，这也正是哈德良欠缺的资质。正如小普林尼所说："元老院的元老们喜欢皇帝像元老院的成员一样行事。"在这一点上，安敦尼简直可以得满分。

从哈德良的角度看，安敦尼最大的好处在于他只有女儿没有儿子。此外安敦尼 52 岁的年龄也是有利因素。哈德良当时 62 岁，他肯定认为比自己年轻 10 岁的继任者可以在位 13 年。只要维持住这 13 年，当时 17 岁的马可就 30 岁了，达到了就任国家要职的最低年龄要求。毫无疑问，自从埃里乌斯·恺撒死去以后，在哈德良的头脑中，马可的存在已经是越来越重要了。

安敦尼作为继任者的唯一不利因素，恐怕是他缺乏丰富的国外任职经历，他只在小亚细亚做过一年的行省总督，而且这个行省并不像卡帕多西亚（土耳其中部高原地区的古地名，主要城市为开塞利，公元前3世纪独立，公元17年并入罗马。——译者注）那样，即使不在战争状态下，也必须对假想敌帕提亚时刻保持警戒，其总督并不负有指挥边境防卫军团的任务，当地还盛行着希腊文化，如同西方一样舒适与和平。在罗马帝国，即使同样被称为行省，位于边境防线上的行省总督由皇帝亲自任命，一般选择有军旅经验的人。而没有防卫任务的行省总督则是在元老院元老们中间相互评选产生，只需具备执政官的经验即可。所以即使同样称为行省，也有皇帝行省和元老院行省之分。二者还有一个区别，就是皇帝行省的总督任期经常能够长达数年，而元老院行省的总督任期则规定为一年，因为这样可以使尽可能多的元老分享到担任行省总督这种"荣誉"。安敦尼担当的职务正是元老院行省的这种总督。不过，总督时代的安敦尼广施仁政，在意大利本土也树立了良好的口碑，清廉、诚实、具有强烈责任感的他无疑胜任这一职务。

并且在皇帝哈德良看来，继任者缺乏行省任职的经验可能也算不上了不起的问题，毕竟他本人已经视察过全部的36个行省，所有必要的行政措施都已推行下去。在马可成为皇帝之前的10多年间，让帝国保持现状不是很好吗？

然而，预计是13年，实际上却成了23年。

公元138年2月25日，皇帝哈德良宣布了新的继承人。这时安敦尼已经接受了哈德良提出的所有条件：第一，收养即将17岁的马可以及已故的埃里乌斯·恺撒之子——现年8岁的路奇乌斯——为养子。第二，在马可与埃里乌斯·恺撒的女儿到达适婚年龄的时候，让他们履行婚约。第三，当路奇乌斯也到达适婚年龄时，安敦尼的女儿芙斯汀娜要嫁给他。

只要看一下这些条件，我们就知道哈德良不但重新构筑了帝国的防御体系，而且还完善了帝国的法律体系，其追求尽善尽美的个性于此可见一斑。很明显，其实哈德良想让马可继承皇位，安敦尼只是一个过渡人物。还有一点，在自觉来日无多的哈德良的内心里，充斥着对执政初期整肃图拉真四重臣的赎罪意识。他为其中一人的血脉安排了美好的前程。

就这样，在所有的责任和义务都完成的 5 个月以后，皇帝哈德良终于撒手人寰。

今天我们往往喜欢强调这位皇帝的奇妙灵感和他对希腊文化的依恋，这虽然是事实，却并非他的全部。作为多民族国家罗马帝国的统治者，排在尤里乌斯·恺撒和奥古斯都之后的，我想就是这位哈德良皇帝了。他是卓越的政治家，拥有自己的简明哲学，虽然没有像马可·奥勒留那样有《沉思录》和骑马像传世，却留下了他的哲学思想，其代表就是至今屹立不倒的罗马万神殿（Pantheon）。

罗马人的哲学

不管外形是圆是方，只有这座万神殿和其他为数众多的神殿截然不同。即使在雅典的帕台农神殿，参拜的人也只能面对雅典娜一个神。在人神关系方面，建在罗马卡匹托尔山上的朱庇特神殿也因袭了帕台农神殿的做法。

顾名思义，万神殿则加进了不同民族甚至战败者信奉的神，是“供奉全部神的神殿”，并且，万神殿的特点还不仅如此。对从入口进来的人们而言，神殿里面的诸神并没有矗立在神殿深处，而是环绕在周围，从而构成建筑物本身。这座万神殿是唯一现存的保持着古罗马时代风貌的建筑，既没有立柱，也没有横梁，宽度和高度却达43米。其实这些令建筑学家们吃惊不已的现象不说也罢，但优秀的建筑肯定能体现出建造者的哲学。真正令我们感叹不已的，正是万神殿的哲学。

进入万神殿内部，站立在浑圆的殿堂中央，抬头就能望见圆形天窗外的蓝天。这时，流连于此的游客仿佛都消失了，一切喧闹声都归于沉寂，在宏伟的万神殿里，只有伫立在中央的你和排列在墙面上的诸神。在其他神殿里，被供奉着的神是主角，可是在万神殿里，人被守护神围绕，成为主角。这种安排形式，是多神教的古代精神的具象化，也体现了罗马帝国的哲学。

这座万神殿当初是由奥古斯都皇帝的左膀右臂阿格里帕在公元1世纪主持修建的。可是到公元2世纪需要重建的时候，哈德良皇帝将其从方形改成了圆形，并且把诸神的位置从中央挪到了周围。哈德良属意待时机成熟后在马可守护下的罗马，正是“万神殿”体现的罗马帝国。

顺便说一下，罗马的万神殿自建造开始到现代已经经历了近2 000年的岁月，然而在这期间，却没有第二座、第三座万神殿出现，因为自从进入了一神教时代以来，直到今天，人们都视自己不信奉的神为邪神。万神殿是多神教时代的产物，已经成为过去时代的“纪念碑”。

“庇护”的意思是“深怀慈悲的人”，在哈德良皇帝之后，安敦尼因“庇护”的称号而名垂青史。历史学家们评论安敦尼·庇护统治的

万神殿内部

时代是“罗马人最幸福的时代”。史学家吉本也曾感慨地说，该时期几乎找不到值得记录的问题。的确，这位皇帝态度宽容，行事果断，致力于人才的公平选拔，遏止了公帑的浪费，维持了健康的财政体系。他这些举措在23年的德政中一以贯之，统治着大家庭一样的罗马帝国。后世的研究者们将其列为五贤帝之一时不曾有过丝毫犹豫。不过，他之所以能够如此专注于政治，或者说专注于政事，是因为他在执政时期，正好很幸运地享受到了先人的丰功伟绩。

说到先人的丰功伟绩，仅帝政时期，皇帝们在保障国家安全这一职责方面，就有很多重要事件。

帝国的安全保障史

尤里乌斯·恺撒——征服了高卢全境，确定了莱茵河防线，阻挡住了日耳曼民族的侵略，对狩猎民族高卢人推行的农耕化十分成功。因为农耕民族以土地为生产基础，很难想象他们会舍弃自己的土地去侵犯别人的疆域。

奥古斯都——如果谈判的对象不像高卢人那样分成多个部族，而是有着领袖的统一国家的话，那么他也往往表现出妥协的态度。和帕提亚王国之间最终能以幼发拉底河为界，就是因为外交比武器发挥了更大的作用，东方防线定为幼发拉底河也由此成为罗马帝国的基本战略。

提比略——此人真正建立起了多瑙河防线，和莱茵河一起构成了帝国的北方边界。匈牙利首都布达佩斯的起源，就是提比略为监视多瑙河对岸的蛮族而设立的营地。不过，这位皇帝值得大书特书的功绩，还在于整饬了帝国内部的治安。这虽不像抵御外敌那样光芒四射，然而重要性却毫不逊色。因为无论怎样用石头铺设罗马式道路，面对旅途中盗贼袭扰的危险，道路网也难以发挥动脉的作用。

克劳狄乌斯——尤里乌斯·恺撒认为，面对日耳曼人的入侵，只靠莱茵河还不足以维持高卢的稳定，必须在不列颠建立霸权才能断掉敌对者的后路。100 年以后，正是克劳狄乌斯实现了这个目标。结果驻扎在高卢地区的罗马军队只需在里昂配备一个大队，也就是说有 1 000 名士兵就足够了。因为这 1 000 人还负责守卫帝国设在里昂的金币、银币铸造所，相对于后世完全覆盖法兰西的高卢而言，罗马士兵的驻扎数量几乎接近于零。至于以斯特拉斯堡为基地的另一个军团，仅从地势上也能看出，他们的任务就是死守莱茵河防线。

而一旦高卢安定下来，与其以比利牛斯山脉为界的西班牙也得以安定。在整个伊比利亚半岛也驻有一个军团，因为他们需要隔着“赫丘利之柱”的直布罗陀海峡与北非对峙。

对罗马而言，高卢的安定就是这么重要。当军事力量集中在莱茵河与多瑙河防线上的时候，后方高卢的不稳定是不可想象的。

图密善——莱茵河与多瑙河都发源于阿尔卑斯山脉，因而这两条大河的上游相互接近。对莱茵河与多瑙河两道防线而言，这一带就犹如人的软肋，也就是最薄弱的部分。提比略最早考虑到要强化这里的防卫，而将这一想法付诸实施，建立起日耳曼长城（Limes Germanicus）的则是图密善。因为日耳曼长城的修建，一向被日耳曼人视为自家庭院的黑森林（Schwarzwald）也被囊括进罗马的版图。以往人们不敢轻易涉足的可怕的黑森林，如今修通了罗马式的道路，不但利于行军，一般的旅人也可以进入了。并且，莱茵河—日耳曼长城—多瑙河，由此形成一道相互联系的有机整体，从北海一直延续到

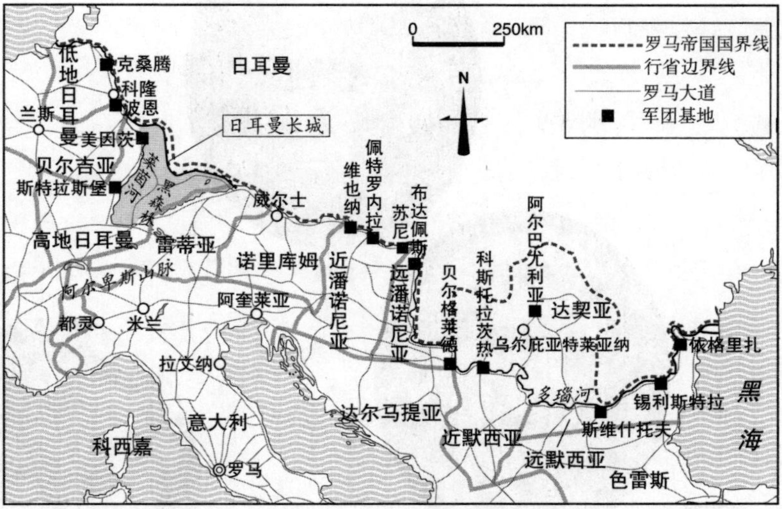

罗马帝国的北方防线

黑海，构成了罗马帝国的北方防线。军团的转移也变得更加方便，进而遏制了军费的膨胀。而图拉真的强化和哈德良的重建，也凸显了日耳曼长城战略价值的重要性。因为罗马帝国在欧洲北部面对的，并不是行动一致因而可以寻求妥协的帕提亚，而是以蛮族统称的众多部族集团。

图拉真——对罗马而言，分散居住的蛮族虽容易被各个击破，但一旦对方出现强有力的领袖，分散的各部族就有团结起来的危险。例如达契亚部族的首领德凯巴鲁斯就拥有了自称为王的力量，罗马当然不能坐视不管。在罗马的图拉真记功柱上，有一组以“达契亚战争”为题的浮雕，展现了这场罗马取得全胜的战争。达契亚由此成为罗马的行省，多瑙河下游的居民也看不见对岸蛮族的踪影了。也就是说，多瑙河防线又得到了进一步强化。

恺撒

奥古斯都

克劳狄乌斯

提比略

图密善

图拉真

罗马人对未开化民族感到束手无策的缘由之一，在于对人命的不同态度。每当要渡河时，相比于利用木筏或小船，罗马人更喜欢架桥。而蛮族却对自己在架桥技术方面的欠缺不以为然，因为他们最大的“力量”就在于利用木筏和小船强渡多瑙河时对可能的牺牲无动于衷。图拉真征服了达契亚，将其划为罗马的一个行省。而元老院对他“至高无上的皇帝”的称颂并不只是祝贺他取得战争的胜利，更是欢庆新领土的获取。并且，有一点不能忽略，即元老院元老们虽然都安全地居住在远离多瑙河防线的首都罗马，却和前线的士兵一样，日夜都能感受到蛮族的威胁。“头脑”与“四肢”思虑相通的组织是健全的，因而也是强大的。

哈德良——和前任截然不同，这位皇帝一次也没有举行过凯旋仪式。不过此人推行的坚守防卫策略不同于现代的和平主义。他深谙人类欺软怕硬的本性，因而采取了这样的策略。他在长达 21 年的统治期间，绝大部分时间都花费在对帝国辽阔边疆的视察上了，最后的结果就是所有防线都固若金汤。换句话说，无论是北非沙漠深处的游牧民族，还是意图跨越幼发拉底河进行领土扩张的帕提亚，也无论是多瑙河与莱茵河岸边伺机而动的北方蛮族，还是企图越过哈德良长城的喀里多尼亚人，都不得不承认，面对这样严密的防御体系，轻易出手必定招致严厉的反击。现代人称这种战略为“威慑”。

尽管防线犹如铜墙铁壁，却并没有造成内外隔绝。罗马的国界本来就不是关闭的，应该说是开放的国界，而哈德良也继承了这一传统。每到集市日，经常可以看到防线外部的蛮族也带着自己的土特产进入防线内出售，然后购买罗马境内的物产。不只是普通百姓，就是驻扎在当地的军团也都从防线两侧的商品交流中购买必备的物资。当然，军团并非只有购买蛮族的物产才能满足日常所需，而是通过商业交流来抑制蛮族的掠夺欲望。这同样是极为高超的政治策略，后世的研究者称其为“半罗马化”。意思是当国界内推行“罗马化”的同时，也没有忘记在国界外侧推行“半罗马化”。而所谓的“罗马化”，就是组成命运共同体。

不过，尽管遵循坚守防卫的路线，却同样是在强化防御体系，而与之俱来的费用膨胀是不可避免的。可是罗马帝国很难再增加税收，正如“百分之一税”“二十分之一税”等别名所示的那样，开国皇帝奥古斯都确定的税率已经固定，对待拥有选举权的人，上调税率可不是一个聪明的办法。罗马的皇帝并不像基督教世界里的皇帝或国王那样“君权神授”，所有的权力最终都要归结到人上面。统治者只有在得到拥有权利的罗马公民和罗马元老院的委托之后才能行使权力，因此，凡是拥有罗马公民权的人就都是当权者。而间接税是主体，增税的最大受害者就是普通公民。

那么，是不是可以向不具罗马公民权的行省民众增收行省税呢？这话说起来虽然轻巧，一旦推行同样困难重重。行省税又称“什一税”，顾名思义就是收入的十分之一。在古代，无论什么地方，税率都大致处于这个水平。迦太基按照25%的税率征税，就被人说是高得离谱。尽管免除了兵役，这种行省税的推行依然十分勉强。这时如果调高税率，必然招致叛乱。那样的话，就算没有外敌威胁，内乱也同样会破坏安全保障体系的重建。在这种状态下推行改革，只能走节约之路。

我在《罗马人的故事09·贤君的世纪》中详细记录了哈德良皇帝的事迹。在此我想引用其中几段文字来说明哈德良的施政方针：

军团长下面有两位专门负责基地内务的指挥官：一位是财务

监察官，是财务方面的负责人；另一位是基地总管，负责基地内部的管理。基地总管的重要任务是补充并保管兵器和粮食。

由于前线基地时刻处于和敌人对峙的状态，随时有可能遭到敌人的包围。因此，为了防备这一情况，往往在不知不觉间，粮食和武器补充过多，结果出现了大量库存积压。

库存过多，粮食就会发霉腐烂，导致无法食用，只能丢弃。兵器长时间不用也会生锈。即使送到军团所属的兵器修理站，依然可能无法修复，不能使用的兵器堆积如山。也就是说，虽然主观上从未想过要浪费，但是，实际情况是购买军粮、军需的经费浪费极大。

哈德良非常不希望看到这种情形。他在军团基地、军粮供给地以及联系两者的补给线之间推行了系统化的管理。只要流通有了保障，就不需要有过多的库存。这种做法的成效就体现在基地内的库存量控制在了最小的限度内。

我回想起自己撰写这一段时，不禁哑然失笑。这简直就像丰田汽车的“及时生产方式”（JIT）。

当然，发明丰田“及时生产方式”的人很难从2 000年前的罗马皇帝那里获得什么启示。但我认为，不论是谁，只要明确了最重要的目标，再加上无往而不胜的意志力，就都能想出类似的策略。在这里还可以顺便说一下，后世人们对哈德良皇帝的一个评价就是：“务实的罗马皇帝中尤其务实的一位。”

但是，哈德良的这种做法也存在着缺陷。正如很多精密机械，只要一个齿轮出现问题，就会导致整部机械设备出现故障。为防范这种风险并继续发挥制度的效能，只能不断地进行调整。我认为，安敦尼·庇护虽是大家公认的贤明皇帝，他却并没有很好地做到这一点。他可能会辩解说，制度已经在发挥效用了。可是，前一天万里无云，第二天就大雨倾盆的情况并不少见。如果所有的公民都准备了雨伞，那么领袖就没有存在的必要了。领袖之所以被赋予强大的权力，就是要让他未雨绸缪，在大雨不期而至的时候为大家准备好雨伞。哈德良真正的伟大之处，就是在众人都未曾想到的时候，他认识到了重建帝国制度的重要性并加以推行。

下任皇帝马可

公元 138 年 7 月 10 日，随着哈德良皇帝的过世，安敦尼·庇护的时代开始了。不过他还不算正式登基，因为还需要元老院元老以多数赞成票的形式予以承认。然而这就像一家公司，如果退休的总经理指定了一位新经理，董事会都予以承认。注重实际的罗马人往往把老皇帝的逝去之日算作新皇帝统治的开始。事实上新皇帝安敦尼也没有浪费时间，尽管他并不是那种一掌权就变脸的人。

安敦尼已经把马可收为养子，所以自己就是养父。此时养父召见了马可，向他提出了一个建议，即马可应该解除与埃里乌斯·恺撒女儿之间的婚约，转而与自己的女儿芙斯汀娜订婚。只有 17 岁的马可稍加思索之后，便应承了下来。而芙斯汀娜已经同埃里乌斯·恺撒的儿子路奇乌斯订婚，安敦尼此举等于让埃里乌斯·恺撒的两个遗孤同时解除了婚约。安敦尼虽然公正慈悲，可最终还是没能免俗，安排了自己的独生女成为下任皇帝的皇后，使老皇帝哈德良当初的如意算盘化作了泡影。

据说当时芙斯汀娜只有 8 岁，所以即便订立了婚约，却并不能立刻结婚。然而，因为承认了这纸婚约，后来的哲学家皇帝马可 · 奥勒留也制造了一例近亲结婚。

皇帝安敦尼 · 庇护的妻子和马可的父亲是同胞兄妹，所以安敦尼也是马可的姑父，安敦尼的女儿芙斯汀娜和马可属于表兄妹关系。统治阶级往往喜欢在家族内部相互通婚，这种婚姻绝不是个人问题，而是家族和家族之间的结盟。罗马当然也不例外。不过以前离婚并不少见，所以下一代往往是同父异母，即便结婚也不是那种姑表近亲。历史学家塔西佗总是大张旗鼓地抨击统治阶级伦理混乱，但具有讽刺意味的是，正是这些伦理乱象有效地防止了近亲结婚的发生。到了公元 2 世纪，离婚的现象减少了，或者也可以说离婚现象消失了，五贤帝之中没有一人离婚，一夫一妻成为通行法则。然而这种能令墓中的塔西佗喜极而泣的伦理进步却导致了近亲结婚的增加，而婴儿的存活率大为降低也不知是不是由此导致的。

到了第二年，即公元 139 年，18 岁的马可首次担任了公职。他被选举为财务监察官，这是担任国家要职的开始。在元老院进行的选举中，马可因为得到了皇帝的推荐，候选也就等同于当选。当时 25 岁左右的人出任此职较为常见，18 岁当选当然是太年轻了，是特例。人们称担任无薪的国家要职的人为“光荣的公职人员”，这是领导阶层的责任和义务。图拉真在 28 岁时，哈德良在 25 岁时，他们才开始分别成为“光荣的公职人员”，但他们此前都积累了军旅经验，而马可则省略了这一步。很明显，这是皇帝安敦尼安排的结果，因为在接下来的公元 140 年，马可在皇帝的推荐下，很快就要作为候选人参加执政官的选举。

执政官本来有两位，其中的一位就这样被早早地指定了。所谓的

“光荣的公职人员”，往往先是担任财务监察官，接下来成为元老院元老，然后做法务官、执政官等，按部就班地高升，而马可既不是元老院元老，也没有法务官的经历，出人意料地突然成为执政官，而且只有19岁。

早在公元139年，马可18岁的时候，皇帝安敦尼就授予了他“恺撒”的称号。按照常规，任何一位罗马皇帝都要将罗马帝国的开创者尤里乌斯·恺撒和奥古斯都二人的名字加进自己的正式名称中。我们以安敦尼·庇护为例，他的正式名称是“皇帝·恺撒·提图斯·埃里乌斯·哈德良·安敦尼·奥古斯都·庇护”，其中的“提图斯”是安敦尼的个人名，之所以还加进了“埃里乌斯·哈德良”，是根据古代的记名办法，养父和父亲的名也要记入，而如果是下一任皇帝，名称中只需记入“恺撒”。又如马可，把出生时的姓名“马可·阿尼乌斯·维鲁斯”变成“马可·埃里乌斯·维鲁斯·恺撒”，也可以这样理解，名称中只要包含“恺撒”“奥古斯都”，就意味着“皇帝”，如果只有“恺撒”，就意味着“皇太子”。可见，哲学家皇帝早在18岁时就已经获得了帝位的保证。在这里，我们除去五贤帝中在位时间只有一年半的涅尔瓦，将其余四位的职历列成表格，供大家参考。

从图拉真到马可·奥勒留四位皇帝的职历年龄比较

	财务监察官	法务官	执政官	被指定为下任皇帝	即皇帝位	过世
图拉真	28	34	38	44	45	64
哈德良	25	30	32	41	41	62
安敦尼·庇护	25	30	34	52	52	74
马可·奥勒留	18	—	19	18	40	58

如果是我，肯定会产生疑虑。可是当时，无论是元老院元老还是普通公民，都对执政伊始就宣布继承人的安敦尼·庇护表示赞赏，认为他恪守了对先帝的承诺，是一位公正无私的皇帝。

不错，安敦尼的确遵守了他和哈德良之间的约定，将马可·奥勒留确立为下任皇帝，可是这一切都建立在马可成为他女儿的丈夫这一前提之上。而哈德良也并没有临终嘱托，让两任后的皇帝人选马可在10多岁时就获得“恺撒”的称号，然后立即让他做执政官。哈德良在指定安敦尼为帝位继承人的时候，附带的条件只是让其将尚是少年的马可与路奇乌斯收为养子，尽管养子就意味着继承人。

也就是说，安敦尼·庇护在登上帝位还不足一年的时候急急忙忙加以实施的，竟然是给未来女婿提供关照。历史学家对这一点视而不见，而吉本之后，更将其定义为充满人格魅力的明君，塑造出了一个“慈悲的安敦尼”。不过，话也说回来，人格高尚的人也未必就一定是卓越的政治领袖。

安敦尼·庇护的责任感非同一般，对继承人的培养也是一丝不苟。不过，他的培养方法并不是让继承人外出经历风雨，而是安排在自己身边积累经验。

公元139年，马可虽然只有18岁，却获得了“恺撒”称号，被确立为下任皇帝。因为安敦尼希望马可能和自己一起住在皇宫里，所以马可从西里欧山搬到了帕拉蒂尼山。

这一时期的马可正在接受高等教育，他豪华的教师团队网罗了北非的弗龙托、希腊的赫罗狄亚斯·阿提库斯等知名教授。虽然这些教授是被招聘到罗马的，教育对象是下任皇帝，可他们坚持认为自己同马可依然是师生关系。也就是说，他们理所当然地认为教师无须到弟子家去讲课，而是马可应该主动到教师家里来听课。无奈之下，安敦尼也只好接受了这一点，并且还开玩笑说，老师们从希腊来到罗马，舟车劳顿，可能不愿在罗马市内往来奔波。就这样，18 岁的马可每天都走下帕拉蒂尼山，前往教师家中学习。冬去春来，到了公元 140 年，马可除了上学，还要承担起另外两项重要政务。

无论是共和制时期还是帝制时期，每年 1 月 1 日都是罗马的公务起始日。这一天不仅要召开新年第一次元老院会议，而且该年度执政官的任期也从这一天开始。公元 140 年两位执政官中的一位，依照上一年的预定，由距离 19 岁还有 4 个多月的马可来担任。而同他一起掌权的另一位执政官，则是皇帝安敦尼。和现任皇帝共事当然是极其崇高的荣誉，而每当皇帝想向一般公民宣示自己对某人的重视时，也经常采用这一办法。

在罗马，人们表述年份时并不说建国多少年，而是说“某人和某人担任执政官的那一年”。对葡萄酒产地和生产年份的关注也是从罗马人这里开始的。罗马的美食家一边把葡萄酒从陶壶注入玻璃杯或者银杯中，一边向客人劝酒说：“这是意大利南部萨莱诺出产、安敦尼和马可担任执政官那一年的酒……”

附带提一句，“酒”（vinum）这个词在拉丁语系的意大利语中表述为“vino”，到了希腊语中，它又变成了“oinos”。只要观察一下现代各国语言中对“葡萄酒”一词的表达就可得知，在帝国西部的欧洲，种植葡萄并把葡萄酒推广开来的，就是古罗马人。法国和西班牙自不待言，甚至德国名酒“摩泽尔”的产地也位于罗马帝国境内。而同在帝国境内的英国之所以没能成为葡萄酒产地，是因为罗马人认为那里根本不适合种植葡萄。葡萄酒有过这样一段历史，所以我每当看到有人用英文“wine”来代表葡萄酒时，总觉得不能接受。就好像“地中海”这三个字，音义结合，相得益彰，“葡萄酒”这个词不也同样是形神兼备的译法吗？

言归正传。这一年 19 岁的马可需要完成的另一项重要政务，是担任“内阁”（consilium）的常任委员。和常年不在首都的哈德良不同，此时皇帝直接担任全权处理政务的内阁主席。内阁委员除了有皇帝，还有两位执政官，该年度如果财务官存在的话也要出席，法务官、财务监察官和按察官虽然都有好几位，但只要派出各自的代表列席会议就可以了。此外还有从元老院元老中抽选出来的 15 人。公元 140 年马可成了执政官，当然也就充分具备了参加内阁会议的资格。其实即便马可在年龄上不够资格，安敦尼也希望他能出席。就这样，内阁会议中皇帝旁边的位置，就留给了这个最年轻的人。

马可纵然年轻，可毕竟也是下一任皇帝，所以应该使其积累政务经验。安敦尼出于这样的考虑培养马可，本人也受到了元老院元老们的交口称赞，因为他没有去独霸权力，而是周到细致地考虑到了对继承人的培养。不过这样贤明的举措同时也意味着马可无止无休、辛勤操劳的日子开始了。

罗马人的一天

罗马人习惯于日出而作，无论是元老院会议还是内阁会议都在上午进行。如果这两大机构均无事可议，马可就跑到家庭教师之一的家里去接受一对一的教学。罗马人每天工作和休闲的时间各占一半，因而教师们也只在上午开展教学。

到了下午，马可也没有时间像其他同龄人那样去竞技场锻炼身体。在人类社会里，地位和权力的上升也意味着工作量的增加。再加上乐于同他人分享权力的安敦尼甚至把皇帝的工作也一并推给马可，自己则始终在优哉游哉的闲散中度日。

其实马可真正感兴趣的学问是哲学，可是如此一来，他刻苦钻研哲学的时间恐怕就只有夜晚了。皇宫当然不同于一般家庭，不管灯亮到多晚都不会有人提出意见，可是这样的生活对身体健康十分不利。何况次日一早如果内阁召集会议，基本上没有睡觉的马可还要跑去参加。当年图拉真和哈德良在这个年龄的时候，都是身处边境军团，亲率军士在多瑙河畔往来巡查，再看看首都皇宫中的马可，虽然环境无比舒适，但这样度过青年时代实在有些可怜。搬到皇宫的最初几年，马可的身边没有母亲的陪伴，如果有母亲同住的话，肯定有人惦记马可的健康。总之，这样的生活持续了 5 年，皇帝即使到乡间的别墅去，也都叫上马可跟随左右。虽然内阁会议和元老院会议不会在乡间别墅里召开，但无论皇帝身在何处，需要他亲自决断的事情总会找上门来，并且安敦尼执着于古罗马人的田园生活，对扶犁耕田情有独钟。马可随侍皇帝左右，下午散步和垂钓时也要听候吩咐，学习时间就更不得不推迟到夜晚进行了。

教师弗龙托

生活在将近 1 900 年之后的我们之所以能够一窥马可青年时代的生活，是由于他与教师弗龙托之间往来的书信被流传了下来。弗龙托是马可的拉丁语教师，所以与用希腊语撰写的《沉思录》不同，二者之间的书信大部分用拉丁语写就，偶尔夹杂一些希腊语。

致我最敬爱的老师：

专门传递公文的信使终于出发了，而我才因此得以向您报告这三天的情况。话虽如此，可我向您的倾诉也只能到此为止了，因为我现在总算将30多件公文口述完毕，声音沙哑，累得都快喘不过气来了。

致我敬爱的老师弗龙托：

只有您能从我写作能力的不稳定上正确判断出我现在的健康状况，实际上我也感觉到了这一点，也就是说我终于稍稍恢复了健康。因为我听从了医生的劝告，胸口的疼痛已经有所舒缓。我想，克服病痛的唯一办法，就是认真遵从专家们提出的治疗方案。

尽管如此，我患病的时间却越拖越长，心理方面不可避免地受到了影响，真是太可悲了。因此，现在我每天都在深刻地体会着健康的重要性。

再见！我的尊师。母亲也向您表达问候。

从不满20岁的这个时期开始，马可·奥勒留直到死去，都一直被这种“胸口痛”纠缠。尽管痛感恢复健康的必要，可是他由衷地热爱学习，尤其是哲学。这种愿望达到了极致，使他不由得提起笔来，给老师写了下面这样的书信。在介绍这封信的时候，我忍不住要在旁边多嘴。我在大学里主修的也是哲学，唯一的收获就是了解到了自己是个多么形而下的人。在热衷形而上的马可的字里行间插入括号，括号内的文字就是我这个形而下到无可救药地步的人的“声音”：

我狂怒不已，同时也极度悲伤，因为我追寻的东西丝毫不见踪影。

（当然了，3 000 年的哲学史上，还没有可以轻易发现的真理。）

冥思苦想之余，我不禁把自己的能力和其他哲学家做对比。

（最好别这样。）

我茶饭不思，头脑中充斥的都是一知半解造成的焦虑，简直就要爆炸了。

（这毫无意义。）

在雅典的议会里，当辩论出现白热化，无法形成一致意见时，有一位议员提出了这样的建议，即每当争执不下的时候，全体议员先回家睡上一觉，然后再做决定。现在我也要采取这个办法，把所有的一切都放下，先去睡觉。

（这就对了，这是最好的办法。）

信中的马可以令人感动的坦率表现出了真实的自我。但是马可的教师并非只有弗龙托一人。如果将来自北非的弗龙托比作马可高中时代的老师，那么其他灿若群星的希腊学者们也在负责马可的教育。可是马可并没有像对待弗龙托一样与他们每个人都保持书信往来。我想如果用平常的话来讲，这可能是因为希腊的学者们都有些俗不可耐。很多希腊人都持有这样的观点，即希腊人虽然受到罗马人的统治，可是希腊在文化上更胜一筹。罗马的精英阶层对希腊文化的偏爱也对这种意识起到了强化作用。凡是罗马的精英人物就都懂希腊语，然而在希腊，即使是知识分子也未必通晓拉丁语。罗马帝国是双语国家，西部的官方语言是拉丁语，东部的官方语言是希腊语，所以这种意识的源头还得从学习意愿上去寻找。

弗龙托来到首都罗马，在法庭上做辩护律师，取得了成功，最终被哈德良选拔为少年马可的家庭教师。不过这个弗龙托的家乡，却远在努米底亚行省，位于今天阿尔及利亚境内的君士坦丁。如果再上溯350年，那个地方还归迦太基领有，所以弗龙托遗有一篇《代表迦太基人在元老院的致谢演说》。然而他同时也无视自己的出身，坚持认为自己就是罗马人。那么他代表迦太基人发表演说就如同一个仅是出生于静冈的日本人声称自己代表静冈一样。其实如果探寻马可·奥勒留的祖先，就会发现他们来自西班牙南部的贝提卡行省。

可弗龙托也是极其优秀的教师，他在写给学生马可的信中，有这样一句话：

“哲学告诉你该说些什么，而雄辩告诉你怎么说才令人信服。”

当时的马可痴迷于哲学，甚至一度模仿犬儒学派的哲学家，身穿粗布衣服直接在地板上睡觉，后来虽然不再坚持，但在内心仍存留着些许遗憾。而弗龙托这样开导马可：

> 恺撒啊，我们先假设你同克雷安德和芝诺（二人均为公元前3世纪希腊形成的斯多葛学派的代表人物。该学派认为幸福实际上并不依赖于任何外在的善。他们采取与苏格拉底和柏拉图同样的立场：一个人幸福的唯一条件是过一种有德行的生活，而德行是以知识为基础的。——译者注）等卓越的哲学家一样，生来就具有非凡的智慧，可是你单单与这个愿望背道而驰，命中注定穿不上哲学家的粗布衣服，而是披着皇帝紫色的斗篷。

就这样，师徒二人的亲密关系一直保持了将近30年。身披紫色斗篷成为皇帝的弟子是老师的骄傲，弗龙托曾这样回复皇帝马可·奥勒留写给自己的祝寿信：

就我个人而言，我对人生感到充实和满足。可是我的人生不止于此。

你将来必定像我强烈期待的那样，是位英明的皇帝。在你尚且年幼时，我就确信这一点。那么在你身居帝位的现在和将来，你也的确是公正完美的君主。身为教师的我还有一个长远的梦想，就是你能受到罗马帝国广大民众的爱戴，由衷地拥护你做他们的领袖。并且你还是我心目中暗自期待的弟子。这些虽然是你平时的自我要求，你却通过鼓舞性的言论引导了人们，充分展现出了领袖的风采。

很多年过去了，在人生的最后，皇帝马可在《沉思录》中这样阐述他领导下的罗马帝国的最终目标：

与法相合的事情对一切都是公正的。个人的权利与言论自由都受到保护。实现这个目标，正是以全力保护全体臣民的自由为基础的君主政体存在的理由。

文中关于法制平等、尊重人权、言论自由等观点丝毫不亚于1 000年以后在欧洲兴起的启蒙主义思想，真正的问题是怎样将其付诸现实。

对“res publica”这种共同体或国家进行运筹管理，并不是只要树立一个崇高的理想就能够实现。如果不把共同体中那些和崇高理想距离遥远的成员拉拢过来，理想永远不能变成现实。人和人之间本来就各不相同，所以这也是理所当然的。

1 350 年以后出生的政治思想家马基雅弗利说，构成共同体的民众尽管对抽象的事物判断错误，可是对具体事项往往能够做出正确的判断。而词典中所谓的“形而上”，就是“无法感知的形”“超越有形的（事物）”，也就是“无形”。反之，“形而下”则是“用形来展示的事物”“具备形的东西”，也即“有形”。只靠形而上的思想无法推行政治，原因也正在于此。马基雅弗利还说，保证自由和法制平等虽然无比重要，可是民众最关注的仍旧是安全与粮食的保障。对待民众，的确需要通过简单明了的“形”，而且是与他们最关注的事物相联系的“形”去宣示理想。

那么，怎样才能展示出崇高理想的具体的“形”呢？

这些已经不是通过课本就能够学到的东西，可以去实际体验，只能根据现实情况研究适当的对策。头脑中的冥思苦想未必能找到有效的解决方案，尤其是在精神形成期的青年时代没有积累过实际经验的人更是如此。在这种情况下，结婚可能是一个转机，可是在马可这里，婚姻非但没有带来转机，反而使他当时的生活固定化了。

结婚

从公元 145 年开始，在马可写给老师弗龙托的信件的结尾，“母亲也向您表示问候”这句话变成了“我妻子也向您表示问候”。虽然母亲多米提亚·露西拉并没有过世，可是马可在自己 24 岁的这一年和皇帝的女儿芙斯汀娜结婚了。此前双方的婚约延续了 7 年，因为他

马可的妻子芙斯汀娜

们要等到新娘长到 15 岁。

皇帝安敦尼以从不关照亲朋好友而闻名，不过对自己的女儿却是例外。有人说，如果皇宫里没有芙斯汀娜，那么安敦尼宁可去流放地生活。在皇帝的安排下，马可获得“恺撒”称号后不久就住在皇宫里，包括中间结婚，前后长达 22 年。这正符合安敦尼对“甜蜜家庭”的喜好。

不过，正如众人称道的那样，皇帝并没有垄断所有权力。女儿大婚之际，女婿也第二次就任执政官，又成了皇帝的同事，真可谓双喜临门。在罗马，担任执政官是莫大的荣誉，甚至有“前执政官”这种专门称谓。当时罗马人只要一听说某某是前执政官，立刻就知道他肯定是元老院里的重量级人物。通常情况下 30 岁才是进入元老院的年龄，可是马可早在24岁时就已经是第二次成为执政官了。

又过了两年，即公元147年11月30日，芙斯汀娜产下第一个孩子。因为是女儿，所以采用了祖母和外祖母的名字，即以多米提亚·芙斯汀娜为名。

第二天，12月1日，因外孙女的诞生而兴奋不已的安敦尼将皇帝的特权之一“护民官特权”赐予了马可，同时赐予女儿“奥古斯塔”（皇后）的称号。

所谓护民官特权（tribunicia potestas），指的是共和制时代具有独特意义的护民官（tribunus plebis）得到的特权。这个词翻译得十分精彩，因为在共和政体初期，罗马和希腊的雅典都发生了贵族和平民的严重对立，这个职位就是为了保护平民而设立的。之所以说是“特权”，是因为执政官以下的其他要职，都是在公民大会上由拥有罗马公民权的贵族和平民毫无差别地投票选举出来的，唯有护民官是通过平民集会进行选举的，只有平民才有权参选。我以前曾把这个职位比喻为“工会主席”。

皇帝拥有护民官特权是从尤里乌斯·恺撒开始的，因为在他构想的罗马新秩序即帝制之下，罗马国内不允许存在体制与反体制两种力量。社会的分裂会造成国家的衰落，他可不想重蹈雅典城邦的覆辙。

恺撒之后，奥古斯都按照恺撒描绘的蓝图建立了帝国，护民官特权也作为历代皇帝的职责之一被延续了下来，而现在安敦尼·庇护却将其赐予了马可，这就使马可不再仅仅是单纯的皇位继承人，而是成为一个真正接近帝位的下任皇帝。在帝位继承人时期就获得“护民官特权”的还有图拉真，可图拉真是在44岁时才获得的，而马可仅26岁就已经获得了未来职位的保障。如果这不是皇帝因含饴弄孙赠予女婿的礼物，那还能是什么呢？另外，赋予生产不久的年仅17岁的女儿“奥古斯塔”的称号，也让我们看到了贤明皇帝安敦尼·庇护的另一面。

“奥古斯塔”（Augusta）是“奥古斯都”（Augustus）的阴性词，“奥古斯都”既是开国皇帝的名字，同时也代表着后来的历任罗马皇帝，所以“奥古斯塔”指的是“皇后”，而绝不是“太子妃”。若用拉丁语称呼“恺撒·奥古斯都”指的就是皇帝，而“奥古斯塔”就是“皇后”。如果只有“恺撒”一词，则指“皇太子”。此时安敦尼的妻子已经去世 6 年多了，宫中第一夫人的位置长期空缺，也不排除皇帝可能有填补空缺的考虑，然而丈夫尚且只是“下任皇帝”，妻子却提前一步荣获皇后才拥有的名号，这令马可的地位出现了微妙的变化。

哈德良皇帝之所以指定安敦尼为继承人，是因为安敦尼接受了把马可收为养子这一条件。然而，登上帝位的安敦尼很快就撕毁了哈德良为马可订立的婚约，而把自己的女儿芙斯汀娜推过来李代桃僵，时至今日，又为她罩上了“奥古斯塔”的光环。因为妻子的捷足先登，马可认为自己是先成了芙斯汀娜的丈夫，然后才获得的下任皇帝的资格。据说后来有人建议马可·奥勒留和芙斯汀娜离婚，可是马可回答说：“如果离婚，那么我必须交出帝位。”就这样，先帝哈德良早就为马可安排好的皇帝位置，结果却被安敦尼·庇护拿来做了女儿芙斯汀娜的嫁妆。

结婚的马可日常生活并没有什么变化，获得“护民官特权”之后也同样如此。马可的皇宫生活从公元 139 年开始，直到 161 年安敦尼撒手人寰，其间经历了 22 年之久。如果从结婚后开始计算则是 16 年，这 16 年间夫妻二人共生了 9 个孩子，其中有 4 个未满周岁就夭折了，但如果加上公元 161 年出生的一对双胞胎，这个帕拉蒂尼山上的“甜蜜家庭”简直就是个幼儿园。

几点疑问

在这里，我想说一说内心里长期保留的疑问，共分三点：

一、自登上帝位开始，23 年来，皇帝安敦尼·庇护的行动范围就仅限于罗马和那不勒斯之间的地区，这难道对罗马帝国的未来没有影响吗？

二、对下任皇帝马可而言，这 23 年相当于从 17 岁直到 40 岁，为什么安敦尼没有让马可离开自己，到帝国的行省去体验生活呢？

三、在人的一生中，从精神到肉体，17 岁到 40 岁之间都可谓是最佳时期。马可本人难道不曾向皇帝提出过请求，希望也能获得去地方上积累经验的机会吗？如果没有，那又是为什么？

据我所知，目前还没有任何历史书籍或研究论文提出并回答上面的第一条疑问。

后世不吝以“五贤帝时代”这个词来称颂涅尔瓦、图拉真、哈德良、安敦尼·庇护和马可·奥勒留五人的统治，时间则是从公元 96 年开始直到公元 180 年间的近一个世纪。只要是出生于这个时代的人，无论是罗马人还是希腊人，都会用“黄金世纪”（saeculum aureum）来称呼这一世纪。吉本在《罗马帝国衰亡史》中用前三章对帝制时期进行总结，而真正开始讲述衰落与灭亡过程的第四章，是从马可·奥勒留死后，其子康茂德于公元 180 年登上帝位时起笔的。也就是说，吉本认为，罗马的衰亡是随着五贤帝时代的结束才开始的。不只是吉本，直到现代，盛行的观点都大致如此。正因为这样，也就没有人试图从安敦尼·庇护的统治中探寻后来罗马帝国的灭亡原因。实际上，如果只从表面现象看，安敦尼·庇护的确是个贤明的皇帝，在公元 2 世纪，当时他的罗马人同胞也认为安敦尼·庇护的统治具有

“秩序支配下的稳定”（tranquillitas ordinis）的特征。后世的历史学家也曾叹息，说这 23 年间简直“无事可记”。

除了在不列颠及北非的极少数冲突，包括与国界外伺机而动的蛮族之间，罗马几乎没有发生过什么战争。虽然有些继任者喜欢随意改变前任的人事安排，可安敦尼完全加以延续，没做任何改变，甚至连围绕着人事安排的情感变化都不曾出现，这种“稳定”代表了安敦尼的治国风格。人才录用的公正和战争的平息也使国家财政制度得以健全。既然国家财政保持着盈余，那么也就没有必要去变更行省和地方自治体的财政秩序，因此，罗马帝国的城市核心与地方自治体也都能充分发挥功能。我在《罗马人的故事 09 · 贤君的世纪》中描述的安敦尼 · 庇护，就是在这样一位没有任何问题的时代里幸运地治理着国家的皇帝，也就是迄今为止的历史学家们认识到的贤明皇帝安敦尼 · 庇护的形象。

并且从理论上看，即使蛰居于首都罗马 23 年，安敦尼也仍有充分可能对整个帝国实施有效统治，因为这其实取决于组织机构能否迅速快捷地搜集情报和发送指令。送抵皇帝处的情报大致分为两种：一种是总督或军团长通过罗马派出的信使呈送而来的报告，另一种则是行省民众发出的请愿。而罗马的历任皇帝都致力于加强帝国的国有邮政制度，其水准之高在当时是毋庸置疑的。陆地上的罗马大道有如今天的高速公路，每个驿站都可以换马，日夜兼程。而海路上的每个港口都能保证信使换上最早出发的船只。直到 1 700 多年以后发生了产业革命，人们才终于突破公元 2 世纪罗马人在安全和快捷两方面达到的信息传递水平。故而，当安敦尼指出“留在首都罗马这个帝国中枢能够掌握更多的情况，也方便依此做出决策或发布紧急命令”，宣布自己不会像先帝哈德良那样去帝国各地视察时，当时没有任何人提出批评意见。而且，皇帝安敦尼·庇护在长达23年的时间里，也证明了自己的做法是无可指责的。后世的历史学家发出“一切顺利，无事可记”的叹息就是证据。

其实安敦尼内心的真实意图是不愿让自己犹如晚年的哈德良那样健康受损，所以才把自己的活动范围局限在罗马和那不勒斯之间，而结果说明一切，尽管皇帝除了在上述两地工作和休息之外从不去周边地区，帝国却完美地发挥着功能。当然，这也是皇帝对监督的确从不懈怠的缘故，虽然他进行的只是一种遥控式的监督。我想也正是这种成功的结果导致了后世的历史学家没有去关注皇帝安敦尼23年仁政背后的各种因素，因为如果有人问：“难道这种管理不完美吗？”我们似乎也只能回答：“不，它很完美！”

身居意大利本土而能够顺利统治整个帝国的先例，比安敦尼更为彻底的是提比略。此人连首都罗马都放弃了，直接搬到了那不勒斯湾的卡普里岛上统治帝国。不过，虽然登上帝位之后再也没有离开过意大利本土，可是像他那样在成为皇帝之前就踏遍了帝国全境的人也是凤毛麟角。因为当年皇帝奥古斯都将责任重大的职位赋予了妻子利维娅带过来的与前夫生的提比略和杜路苏斯两兄弟，把尚且年轻的他们送往各地的战场。提比略未能涉足的地方，恐怕只有北非了，也就是说，在56岁继皇帝位时，他已经积累了充分的实际经验。在这方面，仅仅在小亚细亚担任过行省总督的安敦尼不可与其同日而语。而且，提比略同样没有忘记在情报的搜集和命令的下达方面开动脑筋。在气候恶劣的冬季，卡普里岛有沦为孤岛的危险，这时提比略会选择离开，搬到那不勒斯湾西侧米塞诺海军基地附近的别墅里。这里和海上的联系很方便，并且同首都罗马之间有阿庇亚大道相连。很明显，这是为了避免情报断绝而采取的措施，而最后他也是在这座别墅里离世的。

帝国初期提比略皇帝能做到的事，帝国鼎盛时期的哈德良皇帝当然也不会做不到，因为紧接着他登上帝位的安敦尼事实上就采用了同提比略相似的方式来治理国家，而且安敦尼和提比略在位的时间同样都是 23 年。可是，为什么只有哈德良不惜折损自身的寿命，呕心沥血地到帝国各地去视察呢?

第一，他把思考的重点放在了知识与经验的关系上。

有一句格言 :“智者学习历史，愚人学习经验。”可是我认为，如果想成为智者，历史和经验两方面缺一不可。“历史”也可以说是书籍，学习它的好处在于能对自古至今人们无比丰富的思想与经验进行再体验，这些知识是一个人穷其一生也不可能直接获得的。而另一方面，我们自身的“经验”会告诉我们怎样灵活运用这些依靠再体验而获得的知识。也就是说，书本上学来的东西只有和现实体验相结合才能成为可以灵活运用的知识。树立起这样的指导思想以后就会明白，那种认为只要依靠正确情报就能采取适当对策的论调，不但是过于依赖了没有知识含量的情报，而且制定出的对策也是充满危险的。

第二，出于他对于情报本质的认识。

情报不可能自动汇聚，在搜集情报阶段，人为因素的掺入是无法避免的。情报负责人只搜集和呈送他们自己认为重要的情报，也就是说，在搜集整理阶段就已经掺杂了个人对问题的认知标准，即忧患意识，而且还不止于此，在接收情报加以利用的阶段，个人的忧患意识就更无法回避了。即使在现今的计算机时代，这一点仍旧没有丝毫改变。哈德良之所以选择了身体力行、眼见为实的做法，可能就是因为他谙知情报的这一性质。因为不管是多么优秀忠诚的部下，也未必具备与他完全一致的忧患意识。

第三，在于他对合理与不合理的关系的认识。

他通过亲自巡回视察来重建帝国的安全保障体系，是“合理”的。相对的，他检阅承担防卫任务的兵士，对他们承受边境不便生活的苦劳表示慰问，用“你们挑起国家安全的重担”等豪言壮语去激励他们，所有这些都诉诸感性，因而是“不合理”的。众所周知，战场上的胜利必须依靠主力，但如果没有辅助力量从旁策应，主力就不可能运用得完美。合理与非合理的关系也是如此。对驻扎在边境上的军士而言，能够亲眼看到身兼最高司令官的皇帝、亲耳听到皇帝讲话的机会，无疑一生只有一次。罗马帝国疆域辽阔，防线漫长，由于当时的交通情况所限，纵然是哈德良也不可能一而再、再而三地多次视察同一地区。

罗马帝国是多民族国家，有点类似于现在的跨国公司。总裁毫无遗漏地巡视分散在各个国家的分公司和当地法人，一旦发现问题立刻提出解决办法并加以实施，选拔负责人时也本着人尽其才的原则，发现了值得提拔的人才以后，不分人种和民族一律录用。——跨国公司的这些做法也是哈德良在20年间的国家治理中不断思考并加以推行的政策方针。

而与此相对，安敦尼·庇护则类似于蛰伏于公司本部、根据搜集到的各种信息来管理跨国企业的总裁。他的全部海外经历只不过是董事时期曾在一家分公司担任过总经理而已。尽管如此，由于皇帝在位时期国泰民安，所以也没有人对这种做法提出质疑。当皇帝75岁故去时，整个帝国都沉浸在哀思之中。

接下来是第二个疑问。在安敦尼·庇护在位的23年间，对下任皇帝马可·奥勒留而言，就是从18岁直到40岁之间的时光，安敦尼为什么没有让马可离开自己，到帝国的行省和边境去体验生活呢？

虽然以前的历史学家和研究人员不曾关注过这个问题，可我还是找到了一位和我同样持有这个疑问的人。他就是曼彻斯特大学的安敦尼·巴勒（Anthony Birley）教授。据这位英国学者计算，马可真正离开皇帝安敦尼的生活可以说只有 2 天。23 年乘以 365 天得到的结果超过 8 300 天，可是马可只拥有 2 天自己独立的生活。该教授认为，皇帝安敦尼已经安排下任皇帝即自己的女婿马可充分参与了中央的政治生活，再加上帝国基本维持了和平，他可能觉得没有必要让马可再去边境地区进行实地体验了。不过，只要想一想马可成为皇帝以后需要面对众多这样那样的困难，我们也可以说，安敦尼的这种做法是"应该加以批评的"。

我心中的第三个疑问，就是在皇帝安敦尼身边生活，从 18 岁到 40 岁之间，难道马可自己不曾主动要求过到地方上去积累经验吗？对此问题，安敦尼·巴勒教授一句话也没提。罗马时代的"家长权"十分强大，是不是养子马可只能遵从"父皇"的意见呢？

可是，在罗马的"儿子"里面，也有不少反对"父亲"的。当年在跨过卢比孔河的恺撒麾下，就聚集着元老院元老的儿子们，以致西塞罗发出悲叹，称当时是"儿子张弓瞄准父亲的不幸时代"。西塞罗的儿子也是恺撒的拥护者，结果西塞罗只好把这个儿子送往希腊留学，以免他卷入内乱。而且，罗马时代人们在 18 岁到 40 岁的这个时期，和现代迥然不同。如果是一名军团兵，那么此时 20 年的服役期即将结束，他会带着退职金开始自己新的人生。难道说，即使在这样的人生阶段，马可也一直遵从着"父亲"的安排吗？

我认为，解开这个谜题的钥匙应该隐藏在此间马可和恩师弗龙托频繁的通信中。很遗憾，这些信件还没有译文，每当阅读这些信件时，马可的形象就浮现在我的脑海里。

诚实好学，具有强烈的责任感，能够毫无抵触地接受别人教给的知识。好学生，重视家庭生活。身为皇帝，有着率先垂范的强烈自觉，对于自己的引路人充满深厚的敬爱之情。

马可忠实地恪守师长的教诲，在观赏有如现代一级方程式的四马战车竞速比赛时，也绝不倾向于任何一方。看来所谓的帝王教育，还要求接受者必须做出巨大的牺牲。然而，在这些工工整整的信笺中，我们却丝毫没有发现一个年轻人应该具备的强烈的独立精神，而当时人们对贤明的马可·奥勒留皇帝的唯一批评，就是他的“虚伪”。

不过我想更重要的原因是，或许登基前的马可和安敦尼一样，都不具备哈德良的那种忧患意识。现在我们只要用罗马大道的整修做比喻，就可以说明这个问题。

罗马的工程技术人员曾夸下海口，说他们铺设的是一条100年也无须整修的大道。可是，他们所谓的“无须整修”，指的是不必像尤里乌斯·恺撒、奥古斯都以及图拉真那样，把道路最上层的铺路石全部掀开，重新对四层路基进行整修。工程师们的意思绝不是说道路不用进行日常维护。事实上，每一条罗马大道都设置了一种名为“驿长”（curator）的官职，专门负责日常维护等必需的小规模工程，以使道路时刻保持完美的状态。

哈德良的治国方式就如同奥古斯都对弗拉米尼亚大道进行全线整修。距哈德良100年后出现的历史学家卡西乌斯·狄奥曾说，直到他那个时代，哈德良重建的军事体制仍旧在充分发挥功能。

虽然真正的大修100年进行一次就已经足够，但日常的维护必不可少。安敦尼·庇护也好，马可·奥勒留也好，恐怕都对这种“日常维护”的必要性缺乏自觉。晚年的哈德良变得性情暴躁，难以交流，所有人都对他敬而远之。我想这很可能是因为即便是对他毕生事业具备理解能力的人，也不能真正理解他，所以他才深感绝望和愤怒。顺便说一下，马可在《沉思录》中用了很长的篇幅表达自己对安敦尼的温馨回忆，而对哈德良却只字未提。我认为，一个人和别人之间能否具有共同的忧患意识，可能并不在于他社会地位的高低，也不在于他掌握知识的多寡，而是在于他对那些日常生活细节的内心感受。

各位读者可能以为，本册故事会上承《罗马人的故事 09 · 贤君的世纪》，以马可 · 奥勒留的统治为开篇，肯定想不到我竟然用如此之长的篇幅做铺垫。可是，如果不把这些背景叙述清楚，我们就无法谈论登基后的马可。因为和安敦尼时代“秩序支配下的稳定”截然不同，到了马可 · 奥勒留时代，棘手的问题变得堆积如山。

作为罗马帝国口碑最佳的皇帝，关于马可 · 奥勒留的传记和评论也为数众多。这些文字对马可的一贯评价是，他虽生于艰难时世，却是一位全力以赴、坦率处理所有难题的贤明皇帝。尽管他死后罗马帝国很快滑向衰亡的下坡路，但那也是从他那无德无能的儿子康茂德登上帝位之后才开始的。也就是说，成为皇帝的马可 · 奥勒留连遭不幸，所以他在《沉思录》中流露出了失意与忧愁也事出有因。然而，我怎么也不能接受这种简单的解释，因为我认为皇帝马可 · 奥勒留必须面对的众多难题可以分为以下四种 ：

一、像天灾这种任何人都无法预测的问题。

二、在安敦尼 · 庇护统治的 23 年间，如果始终怀有忧患意识的话有可能预测到的问题。

三、马可在登基之前，从 18 岁到 40 岁的时间里，如果去积累实际经验，那么做了皇帝以后的他可能改变对策的战略战术问题。

四、时代的变化问题。

在此希望读者阅读本书时能把这四种问题放在脑海里。这并不是说皇帝马可昏庸无能，而是恰恰相反，这有助于大家更深刻地体会连贤明卓越的马可皇帝都不得不饱尝的苦恼。

皇帝马可·奥勒留

公元 161 年 3 月 6 日，在罗马近郊别墅里小住的皇帝安敦尼·庇护，突然感到身体不适，两天之后就去世了。与 23 年来国家"秩序支配下的稳定"相映照，他像睡着一样安详地离开了人世。再有半年皇帝就 75 岁了，深感自己阳寿已尽的他只来得及留下一句遗言和一道指示。遗言的内容是国葬不要过于奢华，而最后的指示则是吩咐侍臣把应该放在皇帝卧室中的幸运女神金像搬到马可的卧室中去。他这样做只表示一个意思，即下任皇帝是马可。

当一个家庭里的长辈离世，首先要安排的就是死者的葬礼，帝王之家当然也不例外。安敦尼的养子和继任者马可的任务就是为"父亲"安敦尼举行国葬。然而马可并非单枪匹马，而是和比自己小 9 岁的弟弟路奇乌斯共同主持此事。当年安敦尼接受哈德良的要求，同时收养了马可和路奇乌斯两个人为养子，然而在安敦尼·庇护治世时，只有马可被提拔到权力中枢，路奇乌斯则是配角，形象模糊，差距明显。因而在出席国葬的元老院元老们看来，兄弟二人只是在父亲的葬礼上同时出现而已。

随着遗体火化完毕，国葬也就宣告结束。安敦尼生前作为最高统治者为国操劳，死后还想继续守护罗马国民，所以当他的骨灰被安放到哈德良陵墓（Mausoleum Hadriani）后，两个养子还有一项必须完

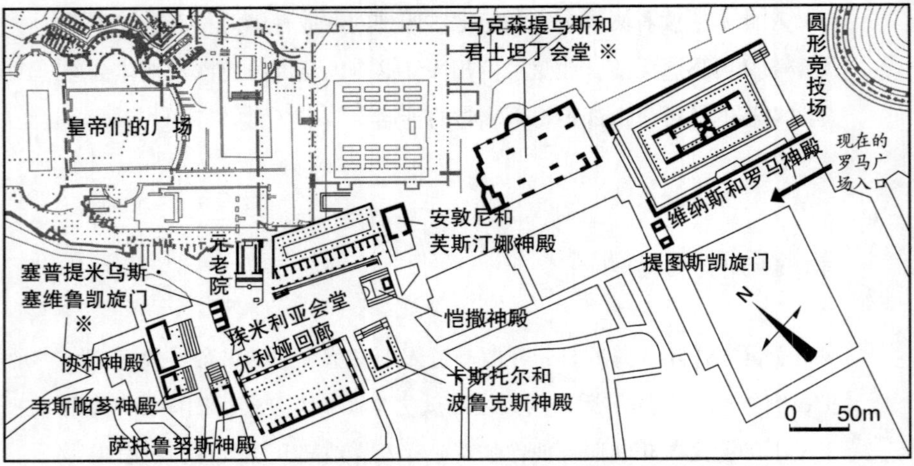

马可·奥勒留时代的罗马广场（带有 ※ 的为帝国后期建筑物）

成的任务，那就是提请元老院通过决议，将亡父神格化。

可是在罗马，连败者的神明也能获得类似公民权一样的存在资格，所以尽管说是提请决议，也只不过是让罗马人多达 30 万的神明多出一个而已，而并不是要树立一个像一神教的那种万能的神明。

实际上，前任皇帝安敦尼·庇护的神格化很顺利地就实现了，因为早在马可提出请求前，元老院就已经全票通过了该决议。这和哈德良的情况完全不同。当时元老院在安敦尼提出请求前，就迫不及待地通过了拒绝将哈德良神格化的决议，以至于安敦尼为推翻决议不得不苦苦哀求，几乎流下了眼泪。这是因为哈德良个性独断，在任内总是离开首都外出视察，而元老院则喜欢凡事与自己沟通的皇帝。安敦尼·庇护在位期间一直住在意大利本土，做决策时也一贯尊重元老院的态度，所以最后享受优待也是理所当然的。

神格化的同时，还要建设供奉升格为神的前任皇帝的神殿。献给安敦尼·庇护的神殿竟然建在了罗马的中心地带罗马广场。在罗马按照王政、共和、帝政依次发展的历史进程中，罗马广场一直是政治、经济、司法和行政的中心地带，很像是现在的国会，元老院也位于此地。帝政时期的皇帝们先后建设广场，中心地带不断扩大，但只要一听“罗马广场”这个词，就连从未到过罗马的偏远行省的居民也会立刻知道，这一带就是罗马帝国的发源地。皇帝和元老院的关系类似于今天的总统与国会，而元老院居然以全票通过将“安敦尼和芙斯汀娜神殿”建在罗马的中心地带，也进一步证明了安敦尼与元老院的关系十分融洽。作为继任者，马可直到40岁都一直围绕在安敦尼身边，政务处理能力不输给任何人，毫无疑问，元老院的元老们也相信马可治国期间会像安敦尼一样，继续维持“秩序支配下的稳定”。

两位皇帝

皇帝的登基典礼在元老院会堂举行。既然是仪式，就有一套既定的程序。首先，由元老院的全体元老派出一位代表，面向前任皇帝指定的继任者发出邀请，请他就任皇帝。而被邀请的人则需表示自己无力承担此项重任，予以回绝。于是元老代表只好再次发出请求，对方此时才可以正式接受邀请，同时向元老们宣布自己出任皇帝将要采用的名称。

登基典礼至此才算宣告结束，因为不管怎么说，罗马的正式统治权仍属于罗马元老院和罗马公民权的拥有者，罗马帝国的皇帝只是接受他们的任命，代为治理国家。

可是，那一天的典礼打破了这套既定的程序。因为马可当场宣称，要接受登基邀请的不能只有他自己一人，而是他和路奇乌斯两人。

这可完全超出了元老院的预料，元老们都难掩惊讶之情。因为在罗马的帝政时期，还不曾有过同时拥立两位皇帝的先例。然而，马可那静静伫立着的沉着姿态，表现出了深思熟虑后的坚定决心。于是元老院的代表只好同时向 40 岁的马可和 31 岁的路奇乌斯两人发出登基邀请。两人也依照惯例，拒绝过一次之后接受了邀请。两位皇帝还公布了自己的正式名称，如下：

马可——“皇帝·恺撒·马可·奥勒留·安敦尼·奥古斯都”（Imperator Caesar Marcus Aurelius Antoninus Augustus）。

路奇乌斯——“皇帝·恺撒·路奇乌斯·奥勒留·维鲁斯·奥古斯都”（Imperator Caesar Lucius Aurelius Verus Augustus）。

请各位注意，在两人的正式名称中，都含有“皇帝”“恺撒”“奥古斯都”这三个词。“恺撒”和“奥古斯都”应该不必再解释了，而意味着最高司令官的“皇帝”一词，当年终身独裁官尤里乌斯·恺撒使用了这个名称并得到元老院的承认以后，自奥古斯都开始的后代历任皇帝都在自己的名称前冠上了这个词，意思是说虽然与尤里乌斯·恺撒没有血缘关系，但罗马帝国的历代皇帝都是这位实质上的首位皇帝的继承人。

那么，马可·奥勒留为什么要突破先例，毅然决然地实行两帝共治制呢？而且两人还不是“首席皇帝”和“次席皇帝”的关系，而是拥有同样的权威与权力、完全平等的两位皇帝。

一、共同享有代表皇帝的“恺撒·奥古斯都”的称号。

二、共同享有罗马军队最高责任者的“全军最高司令权”。

三、共同享有保护一般公民权利的“护民官特权”。

马可·奥勒留

路奇乌斯·维鲁斯

四、共同享有“第一公民”的称号，意思是公民中的“第一人”。

罗马没有专职的祭司阶层，所以他们二人唯一不能共享的，是由皇帝兼任的大祭司。依据罗马的传统，这个职位只能由一人担当，于是马可·奥勒留单独就任了大祭司。

我想当哈德良要求安敦尼收养尚处于少年时期的马可和路奇乌斯的时候，并没有考虑过让这两人同时就任皇帝，而是认为马可体质孱弱，一旦出现意外，路奇乌斯就可以顶替马可，履行皇帝的职责。后来安敦尼·庇护即位，把意味着下任皇帝的“恺撒”称号只授予了马可一人，也很明确地表明了将来只让马可一人登基。而元老院也理所当然地认为马可·奥勒留即位之后，再把“恺撒”的称号授予弟弟路奇乌斯，明确弟弟下任皇帝的地位。

可是现在，马可做出了与路奇乌斯共享帝位的选择，这是为什么呢？

在《沉思录》中，某些内容涉及了罗马帝制的反对者，即“反体制派”的人们。马可通过塞维鲁斯知道了这些人，并一一列举出了他们的姓名。除了其中一个，其余的都是元老院元老。我想，研究马可·奥勒留对这些“反体制派”的记述，应该是了解他当时思想的一个有效手段。

马库斯·波尔基乌斯·加图——为了和历史上的大加图相区别，史称此人为小加图。西庇阿·阿非利加（约公元前235—前183）在第二次布匿战争中击败迦太基名将汉尼拔，此后一直享有救国英雄的荣誉，是大加图基于“共和制的罗马无须英雄”的信念，将其拉上法庭，使其失去政治势力。小加图是大加图的后代，斯多葛学派的哲学家，同样是彻底的共和主义者。于是理所当然，小加图发誓要打倒的敌人，只能是尤里乌斯·恺撒。这个人有名的地方在于，他与恺撒作战失败，逃到了乌蒂卡，明知投降就能获得赦免，却依然慷慨赴死。他并没有服毒或割腕，而是选择用切腹的方式自杀，悲壮的死给人们留下了深刻印象。

马库斯·尤尼乌斯·布鲁图——小加图的侄子，同时也是小加图的女婿。此人执迷于斯多葛学派的哲学，是共和主义者，元老院派领袖。公元前44年3月15日，布鲁图暗杀了尤里乌斯·恺撒。两年以后，在希腊的腓立比郊外，他同恺撒派的马克·安东尼和屋大维（后来的奥古斯都）组成的联军展开激战，败走途中，刎颈自杀。

托拉塞亚·佩多斯——是帝政时期有名的共和主义者卡艾奇纳·佩多斯的女婿，此人撰写了斯多葛学派哲学家小加图的传记。在每年布鲁图的诞辰日，他家都要举办庆祝宴会。当尼禄下令杀掉母亲阿格里皮娜时，他从元老院退场以示抗议。这一举动当然会引起尼禄的愤怒，最后佩多斯被迫割破自己的血管自杀。

埃尔维狄乌斯·普利斯库斯——托拉塞亚·佩多斯的女婿，斯多葛学派哲学家，曾受到岳父的牵连而入狱，获释后毫无顾忌地四处宣讲自己的共和主义主张，招致了皇帝韦斯帕芗的不满，被以图谋推翻帝政的罪名处以死刑。

普鲁萨的狄奥——图密善时代到图拉真时代的最有名的辩论家，他并没有隐瞒自己共和主义者的身份，但在《沉思录》里提到的共和主义者中只有他活了下来。

即使在帝政时期，人们也不会仅仅因为憧憬共和而遭到镇压。比如小加图就一直敌视恺撒，再比如布鲁图的投降也被恺撒接受。恺撒曾给立场对立的共和派雄辩家同时也是自己友人的西塞罗写信，其中有下面这样一段话：

> 从我手中重获自由的人，哪怕再次用剑指向我，我也绝不后悔。不管面临何种状况，我始终要求忠实于自己的内心而活，因此我也认为别人也当以此为准则。

开国皇帝奥古斯都是恺撒的后继者，也是他的养子。在奥古斯都统治下，罗马刊行了被共和派视为“圣经”的西塞罗著作全集。历史学家李维从不掩盖自己共和主义者的身份，而奥古斯都却戏称他为“庞培迷”。而庞培和小加图、西塞罗以及布鲁图一样，都属于反恺撒派，后在与恺撒的法萨卢斯会战中败北。

也就是说，在罗马帝政时期，人们只要没有推翻现行体制的行为，大可以自由向往共和。可是，如果作为帝国象征的皇帝本人也对共和政体态度暧昧的话，情况就会出现微妙的不同。因而皇帝马可·奥勒留似乎也只能在并无刊行计划的私人笔记《沉思录》中，悄悄记下这些“反体制派”的名字。我想，即使只从这一行为来看，也不难理解马可推行两帝共治制时的心情。罗马在共和时期，公职的特性之一就是复数并立制度。除了大祭司职位以外，就连职位最高的执政官也都是由两人共同担任。这样做的目的当然是为了避免权力过分集中到一个人手里。那么实施了帝制以后，只有皇帝是一人制，理所当然，皇帝一人集中了权力。恺撒和奥古斯都都认为，如果不推行这种专制体制就不可能成功管理这样的大帝国。这虽然是出于现实主义的考虑，可假如有人认为不论何种理由都不该垄断权力的话，那么在这种帝制之下，他只能加入反体制的阵营。即使在罗马的帝制政体稳固以后，共和主义者依然层出不穷，因为帝制下的共和主义已经成了理想主义。既然人称马可·奥勒留为“哲学家皇帝”，那么他也应该是个理想主义者。我想就是这个原因，最后造成了史无前例的两帝共治事件。而真正的问题在于，帝国能否在这种体制下发挥功能。

皇帝路奇乌斯

两位皇帝共同统治国家无比顺利地开始了。元老院起初虽然错愕不已，但他们还是正确理解了马可推行这一制度的真正意图。本来对此事漠不关心的士兵和普通公民也都同样友好地接受了这一结果。按照皇帝即位后的惯例，在访问首都附近的近卫军军营时，两位也是共同出场，他们还同样按惯例给近卫军发放了赏金。至于庆典时送给普通民众的礼物，如在圆形竞技场（斗兽场）举行角斗比赛，或者在大竞技场举行四马战车比赛，两位皇帝也是同时出现在并排的贵宾席上。和70多岁死去的安敦尼皇帝相比，40岁的马可和31岁的路奇乌斯给人一种鲜活的感觉，民众十分满意。

路奇乌斯·维鲁斯并没有像马可·奥勒留那样接受过正统的帝王教育，不过“养父”安敦尼也让这个“儿子”成了一名“光荣的公职人员”，即23岁时就任财务监察官，24岁第一次就任执政官。安敦尼·庇护过世的公元161年，执政官正巧是马可和路奇乌斯二人，当时马可是第三次任执政官，路奇乌斯则是第二次。安敦尼·庇护肯定以为自己已经让哈德良托付的两个孩子充分积累了政务经验，可是，路奇乌斯·维鲁斯直到31岁时既没有军旅生活的经历，也没有离开过意大利本土，在这一点上，马可和路奇乌斯两人简直毫无二致。

至于这个路奇乌斯的性格，一言以蔽之，可以说具备着一般次子性格的优点。他没有长子型的马可那种强烈的责任感，却有着奔放豪迈的性情。如果说我们从马可与家庭教师弗龙托的通信中可以看出自我控制下的坦诚，那么这个路奇乌斯的坦诚就完全是自然流露出来的。路奇乌斯并不是十分好学，但他也知道自己必须具备出类拔萃的教养。

并且，与自幼丧父的埃里乌斯·恺撒相仿，路奇乌斯也生有一副令女性倾倒的纤美容貌。虽然不能无视他略微狭窄的额头，但额头下面却是一张瓜子脸，所以他用哈德良式的大胡子遮住下巴来改变这种脸型带来的纤弱形象。其实后来罗马历任皇帝都在模仿哈德良的大胡子。

对皇帝安敦尼而言，路奇乌斯即便成了“光荣的公职人员”，也仍然不是马可之后的候补皇帝。简单说来，他只是个板凳队员，本来与安敦尼的女儿芙斯汀娜订有婚约，这是哈德良早就安排好的，可是后来安敦尼把芙斯汀娜改许给了马可，对路奇乌斯的婚姻就不再问津了。

结果现在路奇乌斯·维鲁斯已经31岁，却仍旧是个没有订婚的单身汉。不过，这一点发生在皇帝身上却正好是个优点，整个罗马的女性都为这个年轻的光棍皇帝而疯狂。

最值得浓墨重彩予以书写的，是这个路奇乌斯对马可的感情。待遇的差距往往造成羡慕和怨恨，可是路奇乌斯却完全不以为意，反而似乎认为兄长马可本该处处领先才是。两人虽然没有血缘关系，但的确情同手足。

路奇乌斯性格和善，即位之后仍旧和马可一样，与恩师弗龙托保持着书信往来。所以从弗龙托的角度看，两个弟子同时登基，真是让人又高兴又自豪。而皇帝幼时的教育居然是由来自偏远行省的人负责，这也为后世的历史学家提供了极好的理由，说罗马是一个世界主义国家。

而从马可这方面看，登基的公元161年是于公于私都忙得不可开交的一年。

首先，8月31日，妻子芙斯汀娜生下了一对双胞胎，这样40岁的马可就已经有过11个孩子。可是11个孩子中的4个不到1岁就夭折了，这一年出生的双胞胎中也有一个在5岁时死去，长大成人的只有5个女儿和这对双胞胎中的另一个男孩。这个男孩就是后来即位的皇帝康茂德。到第二年，即公元162年，马可家又诞生了一个女婴，随后又有婴儿降生但很快死掉了，如果加上公元170年最后出生的女儿，马可前后共生养过14个孩子。看来，哲学家皇帝在制造继承人这个问题上，也和哲学方面的思考一样认真。然而在政务方面，仅凭认真是远远不够的。

饥荒与洪水

他们遭到的第一个灾难，就是农作物的歉收。或许是公元 161 年的气候就不正常，往年的夏季几乎不下雨，而这一年的雨天却格外多。这当然会影响农作物的收获。罗马人的主食是小麦，这些小麦除了从埃及、北非以及西西里岛和撒丁岛购入之外，意大利本土也有出产。可是这一年小麦颗粒无收，并且葡萄、水果和蔬菜等其他农作物也受到了严重打击。灾民的悲号传到首都，即位不久的两位皇帝只能埋头商讨对策。然而祸不单行，到了秋季，台伯河水又出现了严重泛滥。

现在的台伯河因两岸筑有高高的堤坝，中间的河水缓缓地向下游流淌。然而这样的护岸工程是 19 世纪才建设而成的，在这之前的台伯河水是直接流过两岸人家的房前。如果沿着台伯河的东岸向下游走，与曾经的哈德良陵墓“圣天使堡”相对，西岸鳞次栉比的房屋尽收眼底，比沿河岸修筑的车道还要低五六米。现代的护岸工程修筑前的台伯河岸也就是这个高度。

罗马现在的纳沃纳广场就是当时的图密善竞技场，今天仍旧能看到通往竞技场入口的大门已位于地面以下。而附近的万神殿是至今唯一保持完好的罗马时代的建筑物，当时需要登上台阶才能到达神殿入口，但是现在，游客必须走下万神殿前面广场的缓坡，才能进入神殿的内部。这是因为只有万神殿存留至今，而周围的古代建筑早已崩塌，被掩埋在地表之下，后来各朝代又在上面大兴土木。台伯河向西弯曲，东边的陆地在罗马时代是公共建筑比较集中的地区，被称为马尔斯广场（Campus Martius，即战神广场），尤其在这一带，现在的地下一层实际上是古代的地上一层。每当人们修建地下停车场时，随便

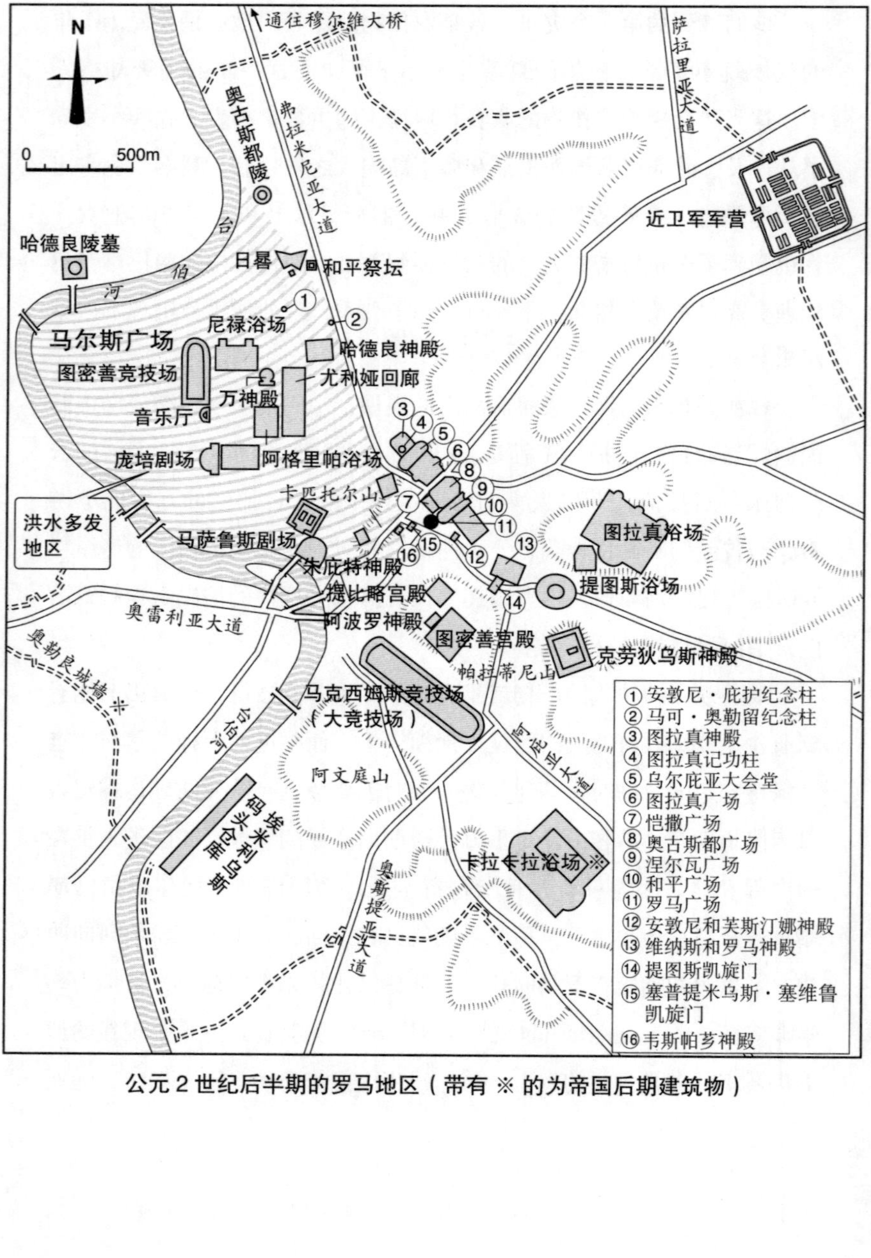

公元 2 世纪后半期的罗马地区（带有 ※ 的为帝国后期建筑物）

一挖就会挖到地下古迹。所以人们只好把汽车停在路边。如图所示，台伯河水泛滥时，容易受灾的也正是这一带。

因此，尽管有常任官员专门负责台伯河岸的整修，但帝国的首都罗马仍旧不能避免洪灾，尤其是在马可即位之初的这一年，洪水尤其肆虐得厉害。虽然没有造成公共建筑的倒塌，但洪水的消退相当耗费时日。

正当焦头烂额之时，叙利亚行省总督的紧急报告又接踵而至，帝国的东方有危险的动向。不难想象，对帕提亚国王而言，罗马皇帝的更替期正是发起军事行动的绝好时机。这也是经常出现的情况，并非不可预知。然而，这一年帕提亚军队对亚美尼亚的进攻却完全超出了罗马军队的预料。

东方战云

罗马人对情报的搜集从不懈怠，所以情报并不短缺。当时罗马帝国和帕提亚王国以幼发拉底河为界相互对峙。无论哪一段的罗马防线，都允许内外居民往来通商，是“开放的国境”，而在幼发拉底河防线，这种倾向就更为明显。罗马境内的东方都市，无论是安提阿还是大马士革，或者帕尔米拉，都依靠与东方的贸易生存。

另外，幼发拉底河与底格里斯河的中间地域被称为美索不达米亚地区，在这一带，亚历山大大帝东征时遗留下来的希腊人建起很多城市。而幼发拉底河西侧广阔的罗马帝国境内，主要都市的居民也都是希腊人的后裔。对这些人而言，所谓防线是两国发生军事冲突时才在意的东西，而在和平时期，几乎等同于没有。

因此情报就可以自由传递。在幼发拉底河上来往的人，容貌、服装、语言等完全相同，就连派遣间谍潜入帕提亚王宫，也并不是什么难事。而帕提亚在罗马皇帝更替时期发起的挑衅也一再重复，甚至到了令人感到愚蠢的地步。可是这一次，位于安提阿的叙利亚总督府还是大意了。为什么呢？自从哈德良皇帝重建帝国防卫制度，东方的防线坚如磐石，持续了44年的和平或许已经太久了。

帕提亚国王沃洛吉斯四世率军侵入的地区，并不是幼发拉底河以西广阔的叙利亚行省，而是位于幼发拉底河上游，即位于帕提亚王国北方的亚美尼亚王国。罗马的传统政策是利用结盟的亚美尼亚去牵制帕提亚，所以历代罗马皇帝都十分期待亚美尼亚的王位掌握在亲罗马人士的手中。

然而，相对于罗马，亚美尼亚在文化上更从属于帕提亚。因此，出于现实考虑，尽管附加了国王必须是亲罗马人士的条件，罗马的领导阶层却也不得不认可由帕提亚王室成员出任的亚美尼亚国王。而帕提亚之所以接受“亲罗马人士”这一条件，也不外乎是惧怕罗马的攻击能力。因此，一旦出现可乘之机，帕提亚经常要挑起事端。

攻入亚美尼亚境内的帕提亚军队进展神速，他们围攻首都，并利用不安的居民发动叛乱，成功驱逐了亲罗马的国王，拥戴反罗马的帕科鲁斯取而代之。而罗马当然无法对这样的事态袖手旁观。

只是叙利亚的行省总督对峙的是拥有庞大军事组织能力的帕提亚王国，所以罗马帝国赋予了他远超于其他行省总督的权力。其他行省总督只具备本行省驻军的指挥权，而叙利亚的行省总督则是幼发拉底河防线上卡帕多西亚、叙利亚、巴勒斯坦、阿拉伯4个行省的总负责人。所以每到紧急时刻，除了驻扎在自己任职地叙利亚的3个军团，还有卡帕多西亚的2个军团、巴勒斯坦的2个军团、古代的阿拉伯即

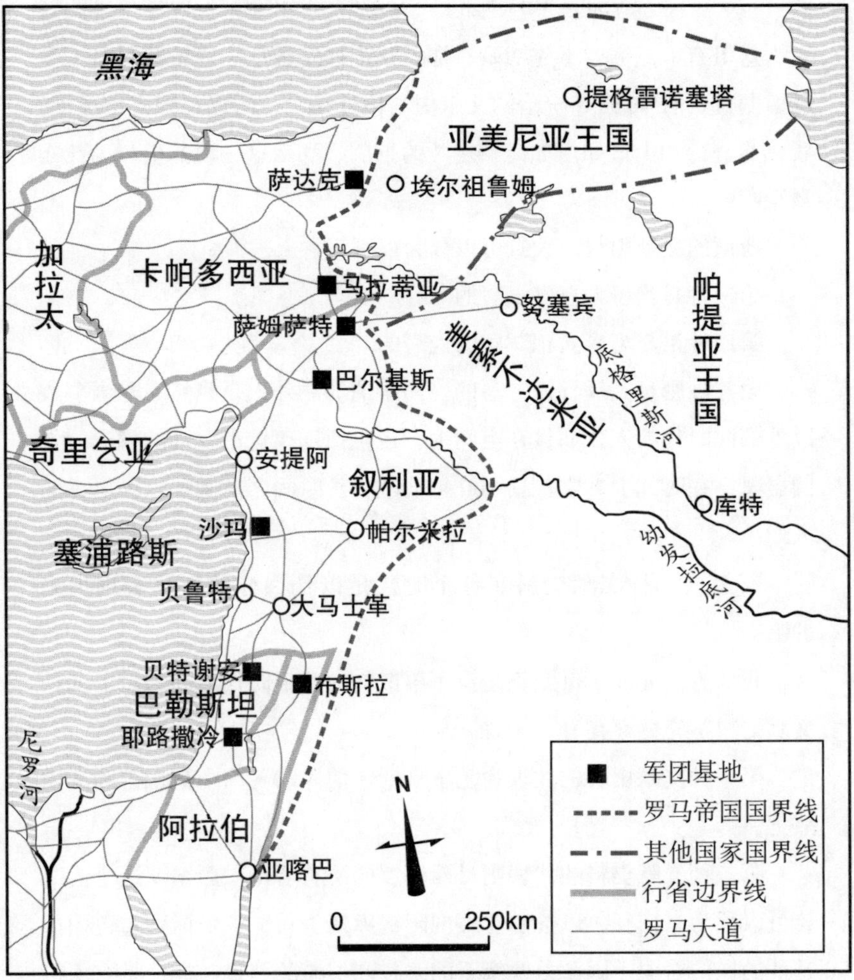

马可·奥勒留时代的幼发拉底河防线

今天的约旦地区的 1 个军团，共计 8 个军团都会归入叙利亚行省总督的麾下。

这里有一点需要事先明确，那就是记述安敦尼·庇护和马可·奥勒留两位贤君 40 余年统治的文献史料格外稀少，所以在很多情况下，我只能进行“大概如何如何”之类的推测。那么这一段的史料为什么稀少呢？

所谓的文献史料，大致可以分为以下三种：

第一种是当事人自己书写的。

第二种是与当事人相对立的人写的。

第三种则是“局外人”写的。而所谓的局外人，当然有除当事人以外的同时代的人，而且在空间上，也包括远离首都罗马的偏远行省的居民，在时间上，则包括 100 年甚至更长时间之后阐述以往历史的人们。

那么这三种文献史料在各个时代是以什么样的作品表现出来的呢？

我认为公元前 1 世纪正是拉丁语散文的黄金时代，因为以上三种文献史料都充分存在着。

第一种文献史料的代表为尤里乌斯·恺撒的《高卢战记》和《内战记》。

第二种文献史料的代表则是西塞罗的所有著作。西塞罗这个人简直可以称为书信狂，以推心置腹的阿提库斯为首，从恺撒到布鲁图都是他的通信对象。因此，西塞罗的著作和恺撒的著作一样，具有不可估量的历史价值。

只要第一种史料和第二种史料内容充实，深受其影响的第三种史料的质量也绝不会逊色。这包括可视为优秀文学作品的撒路斯提乌斯[Gaius Sallustius Crispus，公元前86—前34年，古罗马著名历史学家。主要作品有《喀提林阴谋》(*Conspiracy of Catiline*)、《朱古达战争》(*Jugurthine War*)。——译者注]的两部著作，以及出自恺撒部将之手的《亚历山大战记》《阿非利加战记》《西班牙战记》等。如果同时代人的记录很丰富的话，那么几百年后的人们就会很容易地阐述过去的历史。即便是对2 000年后关注罗马的我们而言，那一政局动荡的时代同时也是文献史料最为丰富的时代。

这是因为该时代的当事人尤里乌斯·恺撒需要为自己的行为进行辩护，至少他本人感觉到了辩护的必要性。如果想用言论作为武器，那么只有让自己的支持者理解事件经过，并说服那些态度尚不明朗的人才能做到。文笔不凡的恺撒知道，要想达到这个目的，客观叙述比自我辩护更有效果。因此，记述的虽然是他自己的言行，但他没有用第一人称"我"，而是用第三人称"恺撒"。因此，尽管著名的《高卢战记》和《内战记》是恺撒的自辩书，但人们还是将其视为最重要的历史资料。

那么，恺撒为什么认为有自我辩护的必要呢？具体到《高卢战记》，因为恺撒有必要向元老院和罗马公民说明为什么罗马必须去征服高卢。当时小加图义正词严地指责恺撒，说他不等元老院做出决定就擅自攻入高卢，这就是无视元老院的证据，所以应该解除恺撒的总督职务，把他交给被他击败的日耳曼人。对恺撒而言，如果不想垮台的话，绝对应该将自己的行为正当化。

而执笔《内战记》的目的，则是把他渡过卢比孔河的行为予以正当化，而他这一次并不是没有元老院的许可而出击蛮族。卢比孔河虽然仅仅是一条小河，却是罗马本土与北意大利行省的边界。依照规定，罗马将军不得率军由此南下，带领第十三军团一起渡过卢比孔河的尤里乌斯·恺撒已经触犯了罗马的国法。罗马人是人类史上第一个建成法律体系的民族，也就是说，他们认为自己的国家是法治国家。面对这样的民众，恺撒当然有必要说明自己为什么不得不触犯国法。

当权者如此热衷于舆论战，反对派当然也不会沉默。在军事方面，反恺撒派的头面人物是庞培，在元老院，小加图主导了论战，而西塞罗的著作则为反对派提供了理论支持。西塞罗撰写了一篇名为《论加图》的文章，歌颂小加图剖腹自杀的壮烈行为，转眼之间，恺撒也发表了《反加图论》一文，对西塞罗的观点予以回击。这个时代的确是武力称霸的时代，但同时也是唇枪舌剑的论战时代。

公元1世纪初，既不是武力称霸的时代，论战的风气也逐渐衰退，帝政开始走向前台。为使自己不像恺撒一样遭到谋杀，奥古斯都一方面公开宣称共和政体的回归，背后却稳固扎实地推行帝政。狮子披上了斑马皮，暂时按捺住百兽之王的咆哮。也就是说，对开国皇帝奥古斯都而言，大张旗鼓地出版自我辩护的书籍，恐有此地无银之嫌，在政治上反而对自己不利。他留下的《圣君奥古斯都功业录》（简称《功业录》）只是列举了他统治期间传给后世的一些无关痛痒的措施。

当权者推行怀柔政策，反对派也就失去了锐气。所以说，“罗马统治下的和平”已经剥夺了反对派的存在理由。因为在万千人面前，帝政也能维持罗马国家正常运转的事实得到了充分展示。我认为，在想象力方面恺撒可能略占上风，但在推行政策方面，奥古斯都的手腕无疑更加巧妙。

可是，到了公元1世纪中期，随着帝政的稳固，狮子开始掀掉斑马皮。这么说并不是因为当事人的话语权增加了，而是因为皇帝们已经没有必要再为自己辩护了，而反对派也不得不承认帝政更适合于统治辽阔的疆域，不再采取反体制的行动。不过，他们虽然不再反对皇帝的统治体制，但当皇帝出现不胜任的情况时，他们也不会噤若寒蝉。这种体制内反对派的代表是塔西佗，此人被视为帝政时期最优秀的历史学家，其著作充满了悲观情绪，虽然有些令人望而却步，但的确是忧国之士的真诚呐喊。悲愤真可谓杰作之母。

公元 2 世纪是五贤帝的时代。在这一时代出现的历史著作本应为数众多，然而事实远非如此。我在《罗马人的故事 09 · 贤君的世纪》中一开始就叹息有关图拉真皇帝的史料过于稀少，其实，这也是很多历史学家共同面临的问题。

首先是作为当事人的皇帝们的言论。不过贤明的皇帝们连“必要之恶”都没有沾过，所以他们也的确没有为自己辩护的必要。只有哈德良皇帝曾经从事过“必要之恶”，所以他写过回忆录，目前却已经散佚。而马可 · 奥勒留的《沉思录》是自己与自己的对话，并没有记载试图向他人表达的事项，在该书中没有“他人”存在的空间。

如果连当事人都是这种状态，那么塔西佗自然也就失去了阐述事实的兴趣。而这些事实也表明，对皇帝们表示不满的人几乎没有。也就是说，文献史料极度缺乏。后世的我们之所以能够得知这些人当时的业绩，主要是因为在 19 世纪人们关注的不仅是文献，而且也包括碑文和货币。从历史著作的角度看，平安无事的稳定时代注定也是史料歉收的时代。

那么，当动荡年代再次到来时，历史著作就会显现活力吗？也不能简单地得出肯定的结论。思维如同肌肉，需要不停地锻炼。换句话说，就是一旦长期疏于思考，感觉也会变得迟钝。

现在让我们回到公元161年。当时叙利亚的行省总督是阿提狄乌斯·科内利安努斯，此人老迈年高，已经决定退休，每天都在等待新皇帝任命的下任总督到达。因为安敦尼时代的史料欠缺，我们无法得知此人承担叙利亚行省总督的重任已经多久了。不过，安敦尼·庇护只要觉得一个人能够胜任职位，就会毫不在意地让他一直做下去。以往曾有先例，相当于罗马市长的“首都长官”的职务竟然被同一个人占据了20年之久，直到这位“首都长官”本人提出了隐退的要求，安敦尼才让别人取代他。

我想，不论是多么称职的官员，在同一职位上停留10年、20年绝非良策。历史研究者们一致认为，安敦尼·庇护是对人事安排轻易不做改变的皇帝。在习惯于安定生活的时候，突然传来的帕提亚国王亲率大军入侵亚美尼亚的消息，显然是叙利亚总督科内利安努斯最不愿听到的。不过，既然已经知道了，那么他就有采取行动的义务。

作为东方防线的最高负责人，科内利安努斯命令卡帕多西亚总督塞达狄乌斯·塞维利安努斯率领两个军团中的一个进攻亚美尼亚，迎击帕提亚大军。

对卡帕多西亚的驻军下达的迎击命令本身并没有问题，因为负责守卫卡帕多西亚行省的两个军团的基地都位于亚美尼亚国界附近，只要越过国界向东进发就可以了。然而，面对帕提亚国王亲自率领的大军，却只命令一个军团出击，我们只能说，在拥有44年之久的和平之后，罗马人的感觉已经变得迟钝了。

如果把技术人员和医生等特殊人员也计算进去，那么罗马的每个军团由6 000人组成。而哈德良皇帝重建了帝国的防御体系，如下页表所示，每个战略要地都配备了一个军团，它们像佛珠一样彼此相连，构成了帝国的整个防线。也就是说，每个军团都分别担负着基地及其

军团配置一览表

	行省名称	军团数量	军团名称	基地（当时地名）	基地（现在地名及国名）
	Britannia（不列颠）	3	II Augusta	Isca Silurum	卡莱奥恩 / 英国
			XX Valeria Victris	Deva	切斯特 / 英国
			VI Victrix Pia Fidelis	Eburacum	约克 / 英国
莱茵河防线	Germania Inferior（低地日耳曼）	2	I Minerva	Bonna	波恩 / 德国
			XXX Ulpia	Castra Vetera	克桑腾 / 德国
	Germania Superior（高地日耳曼及日耳曼长城）	2	VIII Augusta	Argentorate	斯特拉斯堡 / 法国
			X XII Primigenia Pia Fidelis	Mogontiacum	美因茨 / 德国
多瑙河防线	Pannonia Superior（近潘诺尼亚）	3	X Gemina	Vindobona	维也纳 / 奥地利
			X IV Gemina	Carnuntum	佩特罗内拉 / 奥地利
			I Adiutrix	Brigetio	苏尼 / 匈牙利
	Pannonia Inferior（远潘诺尼亚）	1	II Adiutrix	Aquincum	布达佩斯 / 匈牙利
	Moesia Superior（近默西亚）	2	IV Flavia	Singidunum	贝尔格莱德 / 塞尔维亚
			VII Claudia	Viminacium	科斯托拉茨热 / 塞尔维亚
	Moesia Inferior（远默西亚）	3	I Italica	Novae	斯维什托夫 / 保加利亚
			XI Claudia	Durostorum	锡利斯特拉 / 保加利亚
			V Macedonica	Troesmis	依格里扎 / 罗马尼亚
	Dacia（达契亚）	1	VIII Gemina	Apulum	阿尔巴尤利亚 / 罗马尼亚

（续表）

	行省名	军团数	军团名	基地（当时地名）	基地（现在地名及国名）
幼发拉底河防线	Cappadocia（卡帕多西亚）	2	XII Fulminata	Melitene	马拉蒂亚 / 土耳其
			XV Apollinaris	Satala	萨达克 / 土耳其
	Syria（叙利亚）	3	X IV Flavia	Samosata	萨姆萨特 / 土耳其
			IV Scythica	Zeugma	巴尔奇斯 / 土耳其
			III Gallica	Raphaneae	沙玛 / 叙利亚
	Palestina（巴勒斯坦）	2	VI Ferrata	Scythopolis	贝特谢安 / 以色列
			X Fretensis	Aelia Capitolina	耶路撒冷 / 以色列
	Arabia（阿拉伯）	1	III Cyrenaica	Bostra	布斯拉 / 叙利亚
	Aegyptus（埃及）	1	II Traiana	Nicopolis	亚历山大东北部 / 埃及
	Numidia（努米底亚）	1	III Augusta	Lambaesis	龙柏斯 / 阿尔及利亚
	Hispania（西班牙）	1	VII Gemina	Legio	莱昂 / 西班牙

共计 28 个军团 Legionaris（军团兵）——16.8 万人（主力）
Augiliaris（辅助兵）——约 14 万人（包括特殊技能兵种）
Numerus（季节兵）——3 万至 4 万人

另外还有海军——除在米塞诺、拉文纳和弗雷瑞斯等军港以外，在多佛尔海峡、莱茵河、多瑙河、黑海等处也有配备。它是由水兵、划桨手、操舵手，当然还需加上医生，构成类似陆上军团的战斗力量。

周边的防卫任务。在这种情况下，即使命令整个军团全体出击，6 000 人也不可能全都离开驻地。实际上，就算军团长率先出动，高举着代表军团的银鹫旗，跟随他的也只有 6 000 人的一半。当危险程度稍低时，或许也能派出三分之二的兵力。在罗马军团的基地附近，肯定会有辅助兵基地。由行省民众构成的辅助兵与拥有罗马公民权的军团兵在数量上相同或略少，但在哈德良建立的防御体系里，绝不允许只让辅助兵守卫基地而军团兵倾巢而出的情况发生。出击亚美尼亚的罗马军团也是如此，士兵的数量有可能达到 6 000 人，但主要作战力量恐怕只有 3 000 人。而东方的君主则普遍认为，能亲率大军才是王者风范。

身在安提阿的叙利亚总督发往罗马的第二份战报，是由突围的士兵层层递交上来的。当时军团遭到包围，士兵奋勇抵抗，最后整整一个军团全军覆没。前敌指挥卡帕多西亚行省总督塞维利安努斯虽然是高卢出身的将领，但他效仿以往的罗马武将，承担起失败的责任，愤而自尽。

对于罗马帝国的两位皇帝而言，必须采取紧急对策的时候到了。一是因为一个军团的覆灭是军事上的巨大损失；二是因为一向战无不胜的罗马军团惨遭失败，必然会对形势复杂的东方产生深刻影响。

罗马帝国的东方防线并不是只以幼发拉底河为界与帕提亚王国相对峙这么简单。在两大强国之间还有类似亚美尼亚的为数众多的小王国，以及处于当地豪门部族支配下的领地。他们发挥着必不可少的缓冲作用，而这也正是中近东地区特有的情况。这些国王和领主之所以站在罗马一边，并不是出于政治和社会等方面的价值判断，而只是单纯对罗马军事力量的仰慕。东方的人们追随强者，当年亚历山大大帝东征之所以所向披靡，原因之一就在于这个马其顿的年轻人总是取得压倒性胜利。只要阅读一下亚历山大大帝的东征记就可以知道，每当他获得全胜，周边的国王和豪族都会带着黄金桂冠前来劳军。献上黄金桂冠表示归顺之意，他先以雷霆万钧之势取得胜利，收集黄金桂冠，接受周边地区的归顺，然后再度进军，胜利之后再度收集桂冠。亚历山大大帝重复这一过程，终于在最短的时间内成就了东征大业。如果必须一个一个地击溃面前的敌人，那么纵然他发动闪电战，也不可能在不足十年的时间里打到印度。因此，在东方世界，罗马必须不断宣示自己的强盛，否则罗马将失去缓冲地带，不得不与帕提亚直接对峙。

然而，这种情况在西方就截然不同了。西方人倾向于从自身的角度出发，不但在军事上，而且在其他所有方面都做出价值判断，然后再决定是否结盟。在第二次布匿战争中，每每给予罗马以重创的迦太基名将汉尼拔的错误，就在于他在西方的意大利也因袭亚历山大大帝的战略。尽管汉尼拔所向披靡，其战绩甚至可以作为现代军事院校的教材，但与罗马结盟的意大利人并没有归附于他。在罗马和迦太基正面冲突的布匿战争中，这才是罗马人取得最终胜利的真正原因。

因为在东方防线常年配置着 8 个军团，可见公元 2 世纪的罗马统治者也谙知东方人这种特殊的习性。而在公元 161 年罗马受到的打击，其危险性也远超一个军团的覆灭。罗马必须抓紧时间，专心开展应对策略。

帕提亚战争

形势紧迫，可是马可和路奇乌斯都没有丝毫的军事经验。他们既不曾到访过守卫边境的军团基地，更没有接见过军团士兵。如果说两位皇帝接触过的军事人员，恐怕只有驻扎在首都罗马近郊的近卫军将士。至于他们认识的将军级人物，往往都是经皇帝推荐当选为执政官的边疆行省总督或军团长。这些人在执政官的一年任期结束后仍旧返回边疆行省。进行人事安排不能缺少基本资料，可是偏偏在这一点上，先帝安敦尼没能使马可拥有足够的经验。如果以往出现过类似情况，那么当时的对策也可以作为现在的判断依据，然而在先帝统治的23年间，连编年史的作者都叹息无事可记，所以这种判断资料也同样是白纸一张。

结果，马可和路奇乌斯任命斯塔提乌斯·普利斯库斯继任战败自杀的卡帕多西亚行省总督塞维利安努斯。因为这位将军是两年以前即公元159年的执政官，两位皇帝认识他。不过，这样的人事安排并不是单纯因为面熟。此人出身于元老院阶级之下的骑士阶级，在当选为执政官之前，已经先后担任过达契亚、默西亚等多瑙河前线行省的总督。这种人在军中百炼成钢，从能力考虑的确是最佳人选，45岁到50岁之间的年龄也是一个积极因素。但是，决定将其派往卡帕多西亚的时候，普利斯库斯正在不列颠行省总督任上。从不列颠前往卡帕多西亚，是从帝国的西端到东端的漫长旅行，相当于从今天的英国前往土耳其，并且他还无法利用飞机、火车等现代交通工具，只能靠船只和马挨过这一艰难的行程。

如果是我来决策，那么我会找身在附近的人才接替战败自杀的行省总督塞维利安努斯，暂且填补上总督这个空缺。战败的军队士气低落，司令官也已自尽，在这种情况下，不但少数侥幸突围逃脱的士兵惊魂未定，就连驻守在卡帕多西亚行省的另一军事基地里的士兵肯定同样心惊胆战。而且，在卡帕多西亚以南，是帝国东方的防卫要冲叙利亚行省，与帕提亚之间已经40多年未曾开战，刚一交手就大败，对驻扎在叙利亚行省的3个军团不可能没有影响。

而暂时填补空缺，也不存在人才不足的问题。哈德良皇帝任用人才一贯重视能力，安敦尼·庇护则萧规曹随，那个时代的武将仍旧占据着各行省总督的职位，他们的手下也是人才辈出。马可在今后不得不面对的战争中，依靠的还是这些与自己同时代的年轻将领，不过，要认识这些离获选为执政官还有一段年龄差距的军官，只能到远离罗马的军团基地。

在罗马军队中，普通的军团士兵几乎是终身被雇用，在20年的兵役期间，都隶属同一军团在同一基地服役。但是到了大队长以上的职位，所属的军团和基地发生变更则比较常见。马可早在20多年前就已经是内阁成员，肯定知道这些年轻将领的姓名和经历，只不过没有和他们见面说话的机会。

既然决定让不列颠行省总督普利斯库斯前往卡帕多西亚，那么也应该尽快填补普利斯库斯离任形成的空缺。罗马时代的不列颠行省相当于今天的英格兰与威尔士，以哈德良长城为界，北面是广阔的苏格兰，当时称为喀里多尼亚，位于罗马的势力范围之外。它每年的重要活动就是骚扰罗马，因此，罗马只好派出3个军团，常年驻守不列颠。皇帝马可任命卡尔普尼斯·阿格里科拉为总督，指挥驻军，承担保卫不列颠行省安全的任务。同时，马可还更换了莱茵河防线上两个行省之一的高地日耳曼的总督。前往美因茨赴任的新总督是马可的同窗，也是恩师弗龙托的女婿，名叫奥菲狄乌斯·维克托利努斯。不过，这与其说是新皇帝的改弦更张，不如说是先帝时代的防卫负责人因年龄关系的正常轮替。

正当马可忙得不可开交的时候，东方的第三封战报到达了。攻陷亚美尼亚、歼灭罗马一个军团的帕提亚军队这次改变了进军路线，挥师叙利亚行省。总督科内利安努斯虽以老迈之躯奋勇出击，依然不幸败北。罗马军队虽然免遭覆没，却不得不全线后退。因罗马的败绩，东方的一些小君主已经蠢蠢欲动，意欲断绝与罗马的同盟关系，改同帕提亚结盟。如果这种倾向表面化，那么罗马帝国的东方防线就有可能全面崩溃。

御驾亲征

马可·奥勒留知道，目前除了真正与帕提亚展开较量，已经没有其他办法了。而罗马所谓的真正的较量，指的就是皇帝御驾亲征。自图拉真皇帝东征以来，罗马已经半个世纪不曾做出这样的举动了。在这半个世纪中，哈德良、安敦尼·庇护两位皇帝任上都没有战事，而现在居然要由气质上距离战争最为遥远的马可·奥勒留来打破困境，并且还是在他即位的第一年。对哲学家皇帝而言，这应该是一个痛苦的抉择。不过，罗马皇帝最重要的职责，正如“Imperator”（凯旋将军，元首，皇帝）字面上的含义，就是指挥军队保卫帝国。正因为他是罗马全军的最高司令官，所以才被称呼为“皇帝”（Imperator）。

最后出征东方的，是31岁的皇帝路奇乌斯·维鲁斯。据历史学家卡西乌斯·狄奥记载，当时人们认为路奇乌斯比马可“年轻力壮，更适合于前线指挥”。虽然大家很快就意识到了这是严重的失误，但在当时都觉得这是非常稳妥的选择。马可则留在首都，在后方做总指挥。如果两位皇帝一前一后各司其职的战略体系能够发挥作用的话，也可以从实践方面证明马可·奥勒留推行的两帝共治政策的有效性。

然而，路奇乌斯和马可一样，既没有在行省任职的经历，也不具备相应的军事经验。因此，马可安排了很多能力卓越、经验丰富的人随侍在路奇乌斯左右。这些人并不直接指挥军团，官职叫“comes

Augustorum”，直译过来的意思是“奥古斯都的随从”，用现在时尚一点的话来说，就是“智囊”。

在这个智囊团中有一个人，名叫弗利乌斯·维克托利努斯，他除了曾经常年担任包括卡帕多西亚在内的小亚细亚全境的财务官，而且还有埃及长官的任职经历，非常了解帝国东方的具体情况。此人的军事经验也很丰富，曾在不列颠、多瑙河防线以及西班牙有过长期的军旅生活。一般“皇帝的随从”都是元老院元老，而之所以把本属于骑士阶级的这个弗利乌斯·维克托利努斯提拔成智囊团的领导，首先就是因为他具备的经验。在元老院元老中挑选出来的随行人员，也都是以经验的多寡作为评判标准的。比如庞提乌斯·雷利亚努斯虽已老迈，但历任不列颠、日耳曼、潘诺尼亚、叙利亚等重要行省的总督，通晓莱茵河、多瑙河、幼发拉底河帝国三大防线的所有情况。马可的恩师弗龙托曾经称赞他“是踏实正派的人，罗马传统军纪的奉行者”。我想马可或许期望此人发扬传统，为东方军团“纠偏”。因为在罗马出现了一种专断的声音，认为时隔 44 年连败两阵的原因就在于东方军团的软弱化。

尽管马可如此贯彻实力主义，可是在考虑力不从心的叙利亚总督的替代人选时，却任命了自己的表兄阿尼乌斯·里布，这个人与马可年龄相仿，也是 40 岁出头，承担重任虽无不妥，但同样没有行省与军团的任职经历。

在罗马，与马可·奥勒留同辈甚至小一辈的元老院阶级，很多人既没有离开过意大利本土，也全然不知边境地带的军团生活。这与其说是因为和平持续得太久，还不如说是当年在位的皇帝安敦尼·庇护根本不重视实地经验的风气起了主导作用。连皇帝本人都仅在罗马和那不勒斯两地之间往来，良家子弟间自然不会流行积极进取的精神。

背景深厚的里布就任叙利亚总督，最后果然事与愿违。不过，依靠自身实力奋斗出来的骑士阶级还是支撑住了大局，从这个时代起，出身于罗马社会骑士阶级的人士纷纷当上了军团长。

既然是由皇帝路奇乌斯·维鲁斯担任最高司令官的罗马军队，更需要在量与质两个方面都得到绝对保证。或许马可对负责幼发拉底河防线的 8 个军团仍旧不太放心，决定再从西方抽调 3 个军团和几个军团大队，即从莱茵河防线的军团中抽调驻守波恩的第一密涅瓦军团，从多瑙河防线的军团中抽调驻守布达佩斯的第二亚狄托里克斯军团，以及驻守在依格里扎的第五玛肯多尼加军团。这 3 个军团都以银鹫旗为先导，由军团长亲自率领。另外，以维也纳为基地的第十杰米纳军团也派出了几个大队，由军团长带队向东挺进。

如前所述，军团里的 6 000 人不可能悉数离开基地，所以虽然是以军团为单位的抽调，可是前往东方的，也不过是三分之二的兵力。在通常情况下本来只能派出二分之一的兵力，可是这位罗马皇帝给各基地的军团长发出了命令，如果驻地发生意外，不要去刺激境外的蛮族，而是尽量采取外交手段和平解决。毫无疑问，虽然 3 个军团明知后方空虚，可还是尽最大努力抽调兵力前往东方。这样，来自西方的援军就达到了 1.5 万人左右，加上东方的 8 个军团可以派出三分之二的兵力，即 3.2 万人，计划于公元 163 年开始大反攻的罗马军团，主力军团兵已经达到了 4.7 万人。这个数字虽不是多得令人瞠目，却也没有少得令人可怜。

路奇乌斯·维鲁斯离开罗马向东进发的时候，已经是第二年即公元 162 年的初夏。从罗马先沿阿庇亚大道南下，到终点布林迪西港换乘等在那里的舰队继续向东，马可送行到了半路上的加普亚。可是，当马可回到罗马后接到的，却不是部队已从布林迪西港起航的消息，而是路奇乌斯在阿庇亚图拉真大道旁的小镇卡诺萨病倒的紧急报告。惊讶不已的马可于是策马赶往卡诺萨。路奇乌斯的症状并不严重，主要是登基以来首次外出，欣喜若狂，而沿途城镇也一再举行欢迎宴会，令他疲于应对。经过三天修养之后，路奇乌斯再度踏上征程，从布林迪西港出发，在舰队的护卫下，浩浩荡荡向东进发。

在十万火急的情况下，皇帝一行完全可以一直航行，直接前往叙利亚行省的首府安提阿。顺风时 10 天左右，假如风向不稳必须击桨而行，也不会超过 40 天。这就是“有桨战舰”的海上速度。皇帝路奇乌斯乘坐的是罗马帝国设备最先进的米塞诺舰队。只要路奇乌斯下达命令，舰队完全可以不做任何停靠，横穿东地中海，直接抵达安提阿。40 年前的哈德良皇帝曾数次穿越东地中海，甚至还曾从西班牙的塔拉戈纳出发，主要海港城市都没停留，从海路直抵安提阿。虽然哈德良的行程是路奇乌斯的两倍，但只用了一个月时间。因此，只要有激昂的意志，完成这一半航程绝对不在话下。可问题是路奇乌斯没有这种意志，因为如果只在海上航行的话，就无法享受到陆上举办的迎宾大典和美味珍馐。

即便路奇乌斯不是皇帝，而是一个普通的人，这种心态也不难理解。自年幼时期开始，他就一直在务实耿直的“父亲”安敦尼·庇护和顺从的“兄长”马可身边长大，家庭教师也都是有名的学者，在这方面他和马可并没有区别。但 30 年的生活中如果只有这些的话显然很无聊，如今路奇乌斯·维鲁斯已经过了 30 岁，终于可以摆脱繁文缛节的束缚了。

从布林迪西港起航，经海路到达希腊，在科林斯上岸，然后沿陆路前往雅典。或许在路奇乌斯看来，皇帝就应该这样出行，一路上歌手和乐师随侍左右，排场十分风光。

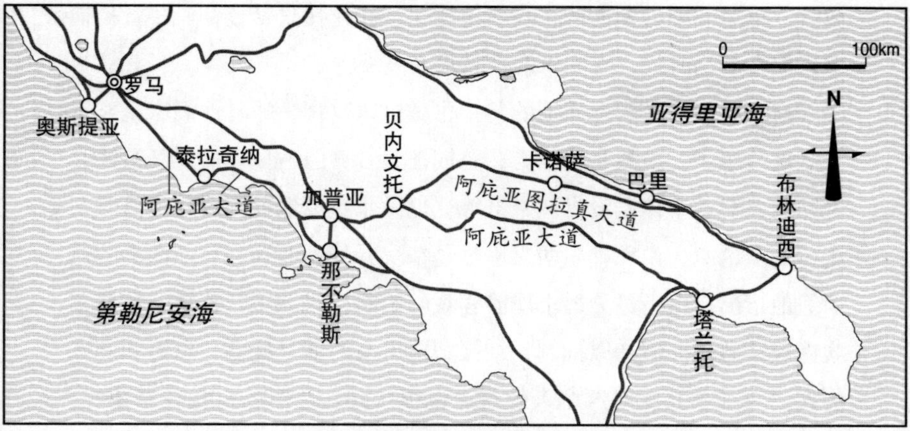

从罗马到布林迪西的主要道路

在雅典，名师中的名师赫罗狄亚斯·阿提库斯已经安排好了豪华的欢迎仪式，迎接昔日的弟子，如今的皇帝路奇乌斯。所谓“阿提库斯”，本是个诨名，指的是以雅典为中心的“阿提克地区的人”，此人真名为提比略·克劳狄乌斯·赫罗狄亚斯。从姓名可以看出，这个人的家族是在皇帝克劳狄乌斯时代获得罗马公民权的希腊人。不过，真正使他成为公元 2 世纪文化圈代表人物的不只是学问，更是因为弗龙托等人都望尘莫及的富有，而且人们对他的评价是“极善花钱”。罗马帝国的公共事业有中央政府、地方自治体和个人捐赠三大支柱，因赫罗狄亚斯·阿提库斯的存在，第一个近水楼台先得月的，便是他所属的地方自治体雅典。同时，对雅典的学术中心地位不惜大手笔投入的罗马中央政府，也知道对这种热心支持公益的人给予回报。安敦尼时代的公元 143 年，赫罗狄亚斯·阿提库斯获得了皇帝的推荐，被选为执政官。虽然同为皇位继承人家庭教师的弗龙托在这一年也荣任执政官，可是和阿提库斯的正式职位相比，弗龙托只是替补。尽管是捐款，但在罗马时代，对国家的贡献最受重视。

赫罗狄亚斯·阿提库斯的父亲也做过执政官，那时他们家就属于元老院阶级了。虽然是希腊人，是被征服者，但阿提库斯早已被征服者同化，对整个体制没有丝毫抵触。他大张旗鼓地批判罗马鼎盛时期流行的辩论术，说那种东西只不过是在玩弄辞藻而缺乏直面内心的热情。他指出，由于过分追求冷静客观的论断，对欲望、苦恼、愤怒和欢喜等情感却一概加以抑制，结果塑造出来的就是忧郁、怠惰和麻木的人生与社会。我对这个人的观点也很认同。适当的自我控制还好，可当时很多教师主张皇位继承人应当自重，即使在欣赏四马战车比赛时也不该为心仪的赛手加油助威。因此，在我看来，阿提库斯不但是位教师，更是一个理智的人。顺便说一下，马可·奥勒留在《沉思录》中表示谢意的“恩师”，几乎都是教他“自重”的人，因而马可对赫罗狄亚斯·阿提库斯只字未提。

啰唆一下。在我参观过的罗马时代的别墅遗址中，比较令人惊叹的有 4 处：卡普里岛的提比略皇帝别墅、奇尔切奥的图密善皇帝别墅、蒂沃利的哈德良皇帝别墅，以及紧邻阿庇亚大道的赫罗狄亚斯·阿提库斯别墅。这个公元 2 世纪的“享乐主义者”不仅热心于公共事业，在个人消费方面也有着自己的价值观。

当路奇乌斯途经雅典时，赫罗狄亚斯·阿提库斯正好 60 岁。这个生活充满情趣、万事顺遂的人一掷万金，为皇帝举行了极为奢华的欢迎大典。年龄只有他一半的路奇乌斯当然乐不思蜀，结果停留在雅典的时间一再拖延。直到 32 岁的生日都快临近的时候，路奇乌斯才依依不舍地登船。尽管离开了雅典，但他也没有直航安提阿，而是尽情享受爱琴海上的美丽风光，还在连接小亚细亚西岸的以弗所和米利都等海港城市靠岸。皇帝一行最终到达安提阿的时候，已经是那一年的冬天了。

反攻开始

幸运的是，与优哉游哉的皇帝截然不同，斯塔提乌斯·普利斯库斯正在策马扬鞭，日夜兼程，从不列颠赶往卡帕多西亚。他先渡过了多佛尔海峡，横穿高卢，然后乘上巡弋在多瑙河上的船只直达黑海，再经由赫勒斯滂海峡（Hellespont，今达达尼尔海峡）踏上小亚细亚，最后到达了卡帕多西亚。从罗马帝国的西端直到东端，真可谓一鼓作气，并且赶到之后，他仍旧马不停蹄，每天都努力鼓舞败军的士气。

而同一时期，远在罗马的马可也是日夜操劳，身心俱疲。不但帝国的西方需要他统领，而且在路奇乌斯已经前往的东方，当地官员也依旧把紧急信件送至罗马。马可写信给无话不谈的恩师弗龙托，说自己因繁忙与焦虑造成身体极度不适，可是就连在别墅疗养的四天里也同样不得休息。弗龙托给弟子回信，提醒他至少应该保证充足的睡眠。我推测，马可·奥勒留或许在精神方面的承受力比较薄弱，当然，皇帝有一位那样的搭档，产生焦虑也不足为奇。

叙利亚的安提阿和埃及的亚历山大港同为东地中海的最大都市，然而每当战云覆盖帝国东方，这座城市总逃不掉前线参谋总部的命运。东方前线最高司令官路奇乌斯皇帝好不容易到达安提阿，可是他主持的作战会议一开始就陷入了争执，令满怀期待的将军们大失所望。由于编年史和史书语焉不详，我们无法猜测其具体内容。可能是战略构想存在差异，也可能是单纯的个人恩怨。总之，激烈的争论并不是在路奇乌斯皇帝和将军们之间展开，而是发生在皇帝与先期到达的叙利亚新任总督里布之间。

路奇乌斯与里布二人，第一个共同点就是年龄虽然相差 10 岁，但属于同代人；第二个共同点是两人都属于罗马社会里的最高层，一个是皇帝，另一个则是皇帝马可的表兄；第三个共同点是两人虽然都担任过执政官，可至今没经历过边境的军旅生活，也不曾在其他行省担任过公职。据说，虽然同住在总督官邸，可是除了出席作战会议之外，这两个人互不理睬，形同陌路。

最后使事态得以平息的，是马可为路奇乌斯配备的“皇帝的随从”。然而，说是平息，却并不意味着对帕提亚战争的最高司令官和副司令官之间关系的改善，而是众人在作战会议上干脆无视他们二人的存在。皇帝路奇乌斯很快就发现了心仪的女人，而总督里布则不适应东方的气候，身体健康受到损害，所以这两个人事实上都相当于脱离了战线。

不久以后，总督里布病死在安提阿。这个消息对路奇乌斯是个打击，据说他开始后悔自己从前的言行。如此看来，路奇乌斯皇帝虽然缺乏责任感，但人还算不坏。

在对帕提亚展开正式反攻前夕，绝不能让叙利亚行省的总督职位出现空缺。虽然路奇乌斯也是皇帝，同样拥有人事权，可是选择继任者的工作还是只能由马可来完成。或许是已经领教过了上流社会名门子弟的把式，马可这一次任命的是老辣的尤里乌斯·维鲁斯。这个人在公元 151 年做过执政官，所以年龄可能也就是 50 岁出头。他也出身于行省的骑士阶级，在首都罗马担任过执政官以后又返回行省任职，曾连续 6 年做日耳曼和不列颠的总督。在后来危急关头的叙利亚，这个人担任过 4 年叙利亚总督。他在公元 179 年离世，尽管一生

0
250
500km
N
罗马帝国国界线
罗马大道
军团基地
维也纳
苏尼
佩特罗内拉
布达佩斯
达契亚
阿尔巴尤利亚
多瑙河
乌尔庇亚特莱亚纳
依格里扎
贝尔格莱德
科斯托拉茨热
锡利斯特拉
黑海
斯维什托夫
布林迪西
默西亚
色雷斯
君士坦丁堡
锡诺普
特拉布宗
比提尼亚-本都
萨达克
马其顿
马尔马拉埃莱利西
伊兹米特
安卡拉
卡帕多西亚
塔兰托
塞萨洛尼基
赫勒斯滂海峡
亚细亚
开塞利
马拉蒂亚
萨姆萨特
尼科波尔
帕加马
加拉太
亚该亚
斯密尔纳
巴尔基斯
科林斯
雅典
以弗所
塔尔苏斯
米利都
利西亚-潘菲利亚
安提阿
奇里乞亚
叙利亚
卡莱
沙玛
罗得
塞浦路斯
贝鲁特
大马士革
克里特
地中海
贝特谢安
尼科波利斯
恺撒利亚
布斯拉
巴勒斯坦
舍哈特
耶路撒冷
亚历山大
亚喀巴
昔兰尼加
埃及
孟菲斯
阿拉伯
尼罗河

罗马帝国的东方

几乎都在行省任职，但在当时看，70 来岁的人生应该是很长寿的了。

我为撰写这部《罗马人的故事》丛书而暂住在罗马，好处之一就是考察罗马帝国的任何防线都可以乘飞机在两小时以内到达。因为罗马处于古罗马帝国的中心位置，往来十分便捷。不过在日常生活中，我也深切地感受到，罗马帝国不但在各个种族、民族和文化上多姿多彩，而且在地理气候上也同样差异巨大。

维也纳和布达佩斯现在已经成为欧洲中部国家的首都，当年却是罗马人沿“北方前线”莱茵河和多瑙河设立的基地。在这里的古代遗迹中流连，还能发现房屋地面下的暖炉构造。冬季我在多瑙河流域中部旅行，以为可以追寻马可·奥勒留之死时，不禁想起在罗马久违的“严冬”一词。而在北非的突尼斯和利比亚，我也看到了当年人们为躲避酷暑，在地下修建的住宅遗迹。在灼热的沙漠里，罗马人甚至学会了制作类似水果冰激凌一样的食物。他们了解水分蒸发会带走周围热量的原理，故而在热带也生活得十分惬意。

我之所以关注罗马领导层的行省经历，是因为他们这样不仅可以增长见闻，还能使身体习惯于各种不同的气候。普通的士兵在 20 年时间里，都会在同一军团同一地点服役，退役后大多同当地女子结婚，然后住在基地附近。罗马军团士兵的这种“原住民化”是罗马防卫战略的组成部分，因而逐渐得到接受和巩固。但是百夫长以上的职位就不同了，尤其是大队长和军团长，任职地点变化频繁，这也同样是防卫战略的一环，他们不但强健了体魄，而且适应了各种各样的气候。

在那个时代，具备这些经历以后即位做皇帝的，是图拉真和哈德良。然而时间仅过去 20 年，像马可·奥勒留和路奇乌斯·维鲁斯这样的上层人物，在走向统领国家的过程中，他们都与这种生活体验无缘。而真正的问题还不在这里。因为安敦尼·庇护的示范作用，人们都对行省经历的重要性缺乏认识，认为不出本土也同样可以统治整个帝国。这就好比一个跨国公司，如果在总公司里就能顺利经营的话，谁还会忍耐着时差的困扰，跑到分散于世界各地的分公司，辛辛苦苦地接触不同种族的客户呢？我认为安敦尼·庇护这位皇帝至多是位擅长处理眼前问题的优秀官员，怎么也算不上是未雨绸缪的政治家。

可是，尽管经过了安敦尼·庇护统治的23年，哈德良皇帝重建的帝国防御体系却依然充分发挥着功能。公元163年开始的帕提亚战争一直是总督和军团长们大显身手的舞台。路奇乌斯皇帝令人称道的地方在于，他不但对亲自带兵不感兴趣，而且也从未对带兵在前线出生入死的将军们拟定的战略战术指手画脚，因而到了真正反击的时刻，罗马军队依然所向披靡。

因公元161年帕提亚国王进攻亚美尼亚引起的“帕提亚战争”历时5年，至公元166年结束。战线的移动大致分为以下三个阶段：

第一阶段从公元161年到163年，战场在亚美尼亚境内。

第二阶段从公元163年到165年，在这两年间，战场越过了幼发拉底河，进入了帕提亚境内。

第三阶段从公元165年到166年，这一年战火继续向东蔓延，越过底格里斯河深入东方腹地。

仅看战场的移动变化，罗马军队的反击状况也可一目了然。而且，罗马国内还有一大批前线那样骁勇善战的军事指挥家。

公元163年春，罗马开始在亚美尼亚战线展开反攻，战争的主角就是奉诏从不列颠紧急赶来重整旗鼓的斯塔提乌斯·普利斯库斯。卡帕多西亚总督麾下本有两个军团的武装力量，其中的一个在战争伊始就遭歼灭，现在有了援军的加入，又重新凑够了两个军团。另一个任务就是消除军中蔓延的失败情绪，鼓舞士气。不过这对军中老将而言简直轻而易举，士兵们甚至开玩笑说，只需我们的将军在阵前一声断喝，敌军就如同中箭一样纷纷倒地。从这种玩笑话可以看出，军中的失败情绪已经一扫而光了。

在亚美尼亚战场，在来自小亚细亚的军团长克劳狄乌斯·弗龙托的率领下，驻守在波恩基地的第一密涅瓦军团参战。驻在维也纳的第十杰米纳军团派出的虽然是分队，却是由军团长亲自带领，这个军团长名叫喀米尼乌斯·马尔奇亚努斯，是来自北非的武将。并且只要有需要，在叙利亚行省伺机而动的两个军团随时可以挥师北上，指挥他们的是第三高卢军团的军团长，来自叙利亚的亚维狄乌斯·卡西乌斯，总之，当时罗马军中高手如林，骁将荟萃。

罗马军队有个传统，如果初战失利，他们一般不会匆忙反击，而是假以时日，为反攻做充分准备。一旦准备妥当，他们会迅速出击，一蹴而就。这次的帕提亚战争也充分体现了罗马军队的这一特点。

尤其是率领卡帕多西亚军团的普利斯库斯的行动更是疾如闪电。他们一攻入亚美尼亚境内就挥师东指，春天尚未结束时，就对阿拉伯海以西 300 公里的首都阿尔塔沙特展开了攻城战。从西方赶来的援军在弗龙托和马尔奇亚努斯的率领下，积极发挥了侧翼的牵制掩护作用，所以进军首都变得非常顺利，也能专注于攻城。

在罗马军队的猛烈进攻下，帕提亚控制的阿尔塔沙特终于陷落。由帕提亚国王扶上王位的帕科鲁斯遭到驱逐，亲罗马派的索菲埃姆斯登上了王位。这个人既是帕提亚的王室成员，同时也是罗马元老院元老。罗马从实际出兵到夺取亚美尼亚，实现初步战略目标，前后用了不到半年时间。在年底之前，亚美尼亚境内的帕提亚军队已经被全部驱逐了出去。

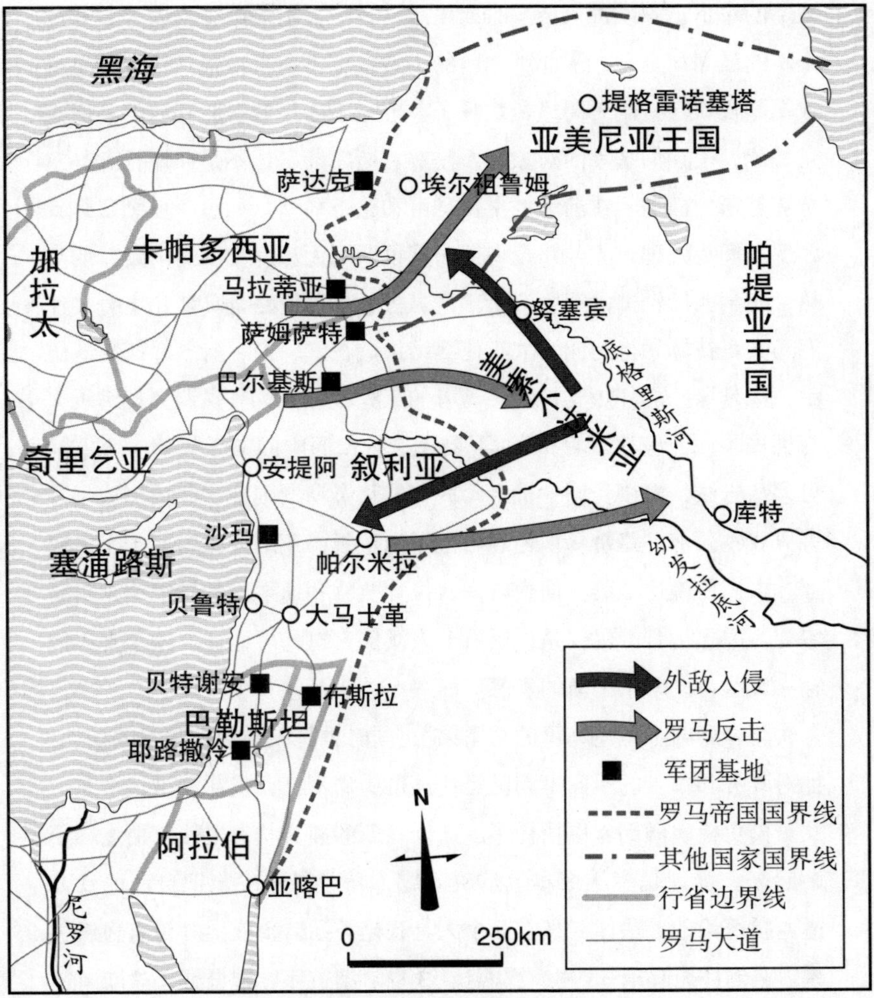

帕提亚战争中的幼发拉底河防线

在共和政体时代，取得胜利后的罗马军队士兵都会面向率队征战的司令官高呼“Imperator”，我们翻译成“皇帝”，实际上这个词带有浓厚的军事色彩。进入帝政时期以后，政治上的最高统治者开始兼任全军的最高司令官，因此胜利后的士兵也不再向直接指挥作战的总督或军团长欢呼，而是向皇帝欢呼了。公元 163 年取得胜利后的场面也是如此，士兵们欢呼的对象既不是普利斯库斯，也不是弗龙托和马尔奇亚努斯，而是不在前线的皇帝马可和路奇乌斯。马可·奥勒留每天在罗马埋头处理政务，路奇乌斯·维鲁斯则无法忍受安提阿夏日的炎热，跑到西风轻拂的地中海沿岸避暑去了。据说路奇乌斯还十分关注罗马大竞技场举行的四马战车比赛结果。在红、白、蓝、绿四支队伍中，他是绿队的狂热支持者。马可的家庭教师曾反复强调皇位继承人与庶民不同，应该“自重”，不要在这种比赛中倾向于任何一方。马可遵从告诫，而接受同一批老师教育的路奇乌斯则把这些话当成了耳旁风。不久前，路奇乌斯还勾搭上了出生于小亚细亚的希腊美女潘提亚。人们传说这个美女简直就是普拉克西特利斯雕刻的维纳斯，头脑睿智，举止优雅，仅仅是说话就令人倾倒。对马可而言，这个女人的存在又给自己增添了新的焦虑。

路奇乌斯不但是马可的“弟弟”，同时也是一起治理国家的搭档。他对政务和军务的不闻不问已经使马可头痛不已，现在又被这个东方女子搞得神魂颠倒就更糟糕了。路奇乌斯的独身状态也使事情变得复杂起来。也许是想从根本上解决问题，马可居然决定把自己的女儿露西拉嫁给他。法律名义上两个人是叔侄关系，事实上并没有血缘关系。当时路奇乌斯 33 岁，露西拉 13 岁。第二年，即公元 164 年，露西拉前往东方，结婚时刚好 14 岁。马可为路奇乌斯安排婚事的消息当然很快传到了路奇乌斯的耳朵里，有趣的是他竟欣然应允。还有一

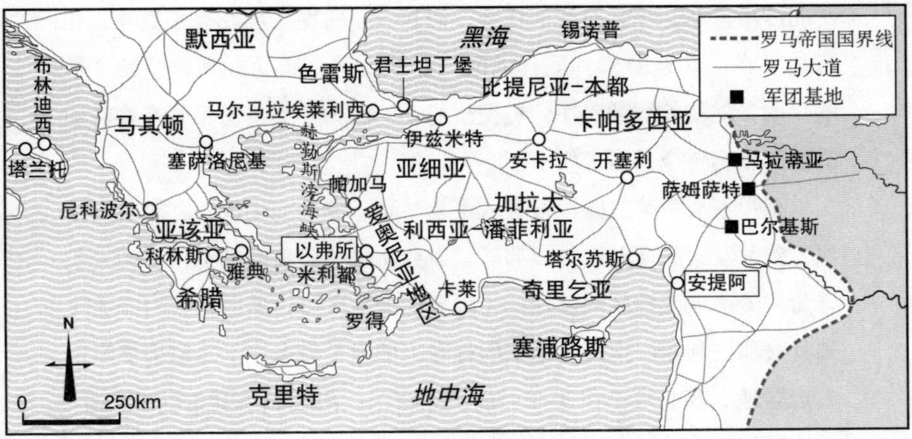

希腊、小亚细亚地区

种说法，就是路奇乌斯在前往东方以前，和露西拉两人就订有婚约，马可只不过是把婚礼提前了而已。但不管怎么说，帕提亚战争和这些宫闱之事并无关联，而是很快进入了第二阶段。

战争的第二阶段和第一阶段稍有些重叠，因为参加第一阶段战争的将士并没有返回基地，而是直接向南推进，进入了第二阶段的战场。而在第一阶段一直待命的叙利亚军团，也向东长驱直入。从北、西两面突入帕提亚腹地，是罗马在帕提亚战争第二阶段的战略目标。

在第二阶段大显身手的将军有两位：一位是率领莱茵河防线驻军精锐参战的希腊武将克劳狄乌斯·弗龙托；另一位是亚维狄乌斯·卡西乌斯，他率领着一直摩拳擦掌急于复仇的叙利亚军团。此外，被马可和路奇乌斯赋予“智囊”头衔的庞提乌斯·雷利亚努斯也带领着一个军团向前线进发。除了北非，这个老练的武将亲临过帝国的所有防线，现在虽然老迈，但他没有在舒适的避暑胜地侍奉皇帝，而是选择了向沙漠进军。年轻时代的他曾在图拉真皇帝麾下同帕提亚战斗，或许他现在急切地盼望和同样的敌人再次交锋。无论如何，皇帝“智囊”的参战使前线的将军们更便于行动，因为不必再向不断变换驻地的皇帝派出传令兵请求指示了。

帕提亚战争第二阶段也进入了第二年，即公元 164 年，路奇乌斯离开叙利亚，经海路前往以弗所。以弗所是一座美丽的都市，被人们誉为“爱奥尼亚地区的珍珠”。（爱奥尼亚地区是古希腊时代对今天土耳其安那托利亚西南海岸地区的称呼，即爱琴海东岸的希腊爱奥尼亚人定居地。其北端约位于今天的伊兹密尔，南部到哈利卡纳苏以北，此外还包括希俄斯岛和萨摩斯岛。——译者注）路奇乌斯将在这里迎接露西拉并举行结婚典礼。露西拉离开罗马时，父亲马可把 14 岁的女儿一直送到阿庇亚大道的终点布林迪西港，并授予了露西拉“奥古斯塔”的尊称。在罗马，嫁给皇帝并不意味着自动获得“奥古斯塔”的称号，皇帝没有授予的话，是不能自称“奥古斯塔”的。当年图拉真皇帝讨厌繁文缛节，至死都没有给妻子普洛蒂娜颁发“奥古斯塔”称号，普洛蒂娜之所以拥有该称号，还是哈德良即位以后才授予她的。“奥古斯塔”的尊称代表了一种特殊的地位，虽然表达了马可对女儿的深切关怀，可是到了 20 年以后，这个称号却成为宫廷内斗的导火索。

在以弗所举行过婚礼的路奇乌斯，带着皇后露西拉返回了安提阿。至于那个希腊美女，早已经被他抛在脑后了。虽然是一场政治婚姻，但路奇乌斯和露西拉的婚姻生活一直比较美满。身为皇帝的路奇乌斯诚实正直，光明磊落，是个善于交际的美男子。

帕提亚战争的第二阶段也十分顺利。面对越过幼发拉底河攻入境内的罗马军队，帕提亚军队只能一再后退，不但无法有效迎击，甚至全线濒临崩溃。罗马在不足三年的时间里，成功夺回了被帕提亚侵占的土地。第二阶段的战争就要以罗马的胜利而告终了。

可是这时候，皇帝路奇乌斯“似乎”对战略问题开始插嘴了。我之所以说“似乎”，是因为没有可资证明的史料。他认为战争的目的已经达到，眼下正是议和的好时机。时至今日，我们无法获知作战会议的具体经过，总之路奇乌斯收回了自己的提议。因为将军们反对此时讲和，战争继续进行。史书没有告诉我们这些职业军人反对讲和的原因，但是从战争第三阶段的进展我们可以略知一二。第三阶段的目的和第一、第二阶段的夺回被占领土不同，而是跨过了底格里斯河，深入帕提亚的腹地，彻底打击对方之后再行撤退。

第三阶段的战斗是叙利亚行省出身的亚维狄乌斯·卡西乌斯一个人的舞台。他对中近东的情况烂熟于心，手下的罗马骑兵神出鬼没，因此，当罗马的重装步兵挺进的时候，面前一名帕提亚士兵都没有。进行过如此彻底的打击之后，罗马军队才向西方回撤。

这场战争使东方人再次认识到，一旦罗马军队出手，将会是怎样的后果。也正是因为这次战争，帕提亚王国走向衰落，成为60年后波斯萨珊王朝兴起的原因之一。（萨珊王朝，是波斯在公元3世纪至7世纪的统治王朝，亦是波斯自阿契美尼德帝国之后的首次统一，被认为是第二个波斯帝国。当时萨珊王朝与中亚的印度贵霜王朝及欧洲的罗马帝国并称，三国雄霸欧亚。萨珊王朝在最强盛时，曾多次威胁比邻的贵霜王朝及东罗马帝国。——译者注）罗马当时的战略方针无疑是正确的，让整个中近东再次领教了罗马的军事力量，保证了罗马帝国在这一地区后来30年的和平。那时帕提亚国王再也没有向罗马境内出兵。通过帕提亚战争，罗马展示了自己即便在东方也能充分施展的强大的军事力量。与其说这是两大强国相互对峙，不如说是罗马

凯旋仪式上的马可·奥勒留浮雕

一国独霸。更不用说，在两个大国之间起缓冲作用的那些小王国和部族再次倒向罗马一边。

公元 166 年 10 月，帕提亚战争结束了。为庆祝战争的胜利，欢迎路奇乌斯回国，罗马举行了盛大的凯旋仪式。实际上，距上次举行凯旋仪式已时隔 49 年之久。上一次凯旋仪式的主角是图拉真的骨灰坛。他在完成对帕提亚的战争后，死在了回国路上。而这一次凯旋仪式的主人则是 45 岁的马可和 36 岁的路奇乌斯。这两人身着军装，大红斗篷随风飘摆，民众当然为之疯狂。

不过，公元 166 年的凯旋仪式与罗马传统的凯旋仪式还有一点不同，即马可和路奇乌斯都是带着自己的妻子一同乘坐凯旋将军的黄金战车。以往都是由将军亲自驾驭 4 匹白马拉的战车，头上还戴着用黄金打造的月桂冠。战车后面载着一名奴隶，在仪式的过程中不断提醒他："不要忘记你终将难逃一死。"可是现在，胜利者的一家老小都挤上战车，后面那名起警醒作用的奴隶也不知被打发到哪里去了。总之，长期以来被罗马男子视为最高荣誉的凯旋仪式，在经历了半个世纪的和平以后，变成了其乐融融的家庭聚会。车上的胜利者也从"一个人"变成了"一大家子"。

哲学家皇帝的政治

发生变化的还不仅仅是凡事都携带家眷的风气。正当东方的帕提亚战争如火如荼的时候，身处西方的皇帝马可也在为国务忙得不可开交。这里所说的国务，指的是修改罗马旧时的法律，使之与现实相契合，以及根据需要制定一些新法律。今天我们追寻这些变化，就可以了解当时罗马社会的整体要求。其中的大多数可谓日常政务，比如确保基础设施的维护费用，改善奴隶的待遇，向各行省推广救济穷人的福利政策，加快法庭的审判速度，每年开庭 320 天，等等，虽然都是贤明皇帝应该大力推行的政策，但其中有一些的确是由马可制定并实施的新法律。

其中的一条法律就是，罗马公民权的拥有者生小孩时必须在婴儿降生后的 30 天之内进行登记。这项法律的适用范围，不但只限于罗马公民权拥有者占绝大多数的意大利本土，而且也包括居住在其他各行省的罗马公民权拥有者。至于该法的目的，应该是对军团兵的后备力量有个大致的估计。我想这里也不必重复，负责保障帝国安全的军团兵必须拥有罗马公民权。如果军团兵的数量得不到保证，那么自然也不能奢谈帝国的安全。虽然罗马推行募兵制而不是征兵制，但为了有效发挥哈德良建立的防御体系的功能，必须大致了解具备应募资格的人数。有的学者认为，马可此时的政策是希望增加税收，可是罗马公民权拥有者负责保卫帝国，本来就免除了直接税，只有不承担防卫义务的行省居民才缴纳同时也是安全保障费的行省税。这样罗马公民权拥有者需要缴纳的就只有遗产税，而且直系亲属之间还免税，非直系亲属之间的税率只有 5%，所以很难想象马可此举是为了增加税收。我还是坚持认为，马可的目的是为了预测将来能服兵役的罗马公民的人数。

可是，既然马可强烈地意识到了预测人数的必要性，那么就出现了一个疑问，在马可时代，志愿当军团兵的罗马公民权拥有者是不是减少了呢？罗马当然能够保证 16.8 万名军团兵用作主要作战力量，不过问题在于，如果志愿者的选拔还像哈德良皇帝时代那么严格的话，这种保证会不会出现一定困难呢？和平年代军人往往被忽视，虽然开展了帕提亚战争，但那是在遥远的东方进行的，并且以胜利告终，帝国西方的居民没有受到直接影响。另外，社会祥和而繁荣，除了从军以外还有许多其他职业可供选择，尽管当时服兵役能得到一笔可观的退职金，但只怕其吸引力也会有所下降。这也可算“和平的代价”之一吧。

其次，马可还制定了一系列法律，用来遏制地方自治体（地方政府）的元老候选人减少的倾向。这也很引人注目。

无论是共和制还是帝制，罗马都能保证事务官员和办事人员的薪水，但以执政官为首的中央政府官员以及地方自治体官员都是没有工资的。因为参与公务尤其是出任高级职位，不但是国家公民的义务，同时也是一种荣誉。正如庞贝遗迹中残留的那些涂鸦所示，当时地方议会的选举竞争激烈，因为候选人数量众多。这些职位不但没有报酬，而且如果有人胆敢利用职权收受贿赂，等待他的也只有遭到揭发一途，所以在这方面绝不能抱有任何幻想。不仅如此，由于皇帝的率先垂范，人们还往往期待地方上的强势人物能对公共事业有所贡献。正是因为重视这种贵族义务，罗马才完成了那么大范围的公共建设，如果地方议会选举的候选人减少，有可能关系到地方自治体本身功能的降低。在这些法律条文中，把候选者减少的原因用“apatia”一词来表达，意为“缺乏朝气”。以前罗马人一说到代表共同体或国家的“共和”往往热血沸腾，或许此时个人主义已经开始蔓延了。具有讽刺意味的是，人们的国家意识在暴君尼禄时代尚且强烈，到了贤君马可时代却开始衰退了。

毫无疑问，制定这些法律的马可肯定发现了上述问题。时代正在变化，而且是在向坏的方向变化。在皇帝安敦尼·庇护的时代，罗马人充分享受了史无前例的安定与繁荣。和“父亲”相比，哲学家皇帝马可·奥勒留需要面对以往历任皇帝都没有面对过的深刻问题，而在这一时期，他又失去了可以推心置腹的恩师弗龙托。

瘟疫

战败的帕提亚采用了另一种形式对胜利者罗马实施报复，那就是在凯旋仪式上的士兵中间流行着瘟疫。返回莱茵河与多瑙河基地的士兵也有因同样症状而倒下的。瘟疫的源头显然就在东方。

在拉丁语中，“瘟疫”一词写为“pestilentia”，虽然用“pest”（虫害）作为词源，但其症状、传染程度、死亡率等都不可同日而语了。古埃及人已经知道，瘟疫的传播媒介是老鼠。

西欧史上有名的瘟疫最早发生在公元前 430 年的希腊雅典。由于希腊与斯巴达之间发生的伯罗奔尼撒战争起始时间正好和瘟疫的流行时间相重合，雅典城邦遭受了莫大的打击。打造雅典黄金时代的政治家伯里克利也死在这一时期。

第二个有名的例子，就是公元 166 年至 167 年袭击罗马帝国的这场瘟疫。

从现有的记录看，上述两次瘟疫都远不如薄伽丘在《十日谈》里描述的黑死病，那是在 14 世纪的意大利，一年之内整个城市的人口减少了三分之一。

到公元 167 年年末，瘟疫的高峰已经过去，不过即使在一年以前的公元 166 年，也没有出现过一天死亡几十人或上百人的情况，并没有人逃往郊外，两位皇帝及其家属仍旧居住在罗马市中心。

可是，就好像止不住血的伤口一样，还是有人陆陆续续因瘟疫而死。尤其在帝国最重要防线上的莱茵河和多瑙河军团基地，接二连三的死亡令罗马不胜其痛。发现罗马守备虚弱的北方蛮族又开始蠢蠢欲动。而在这一时期，罗马还面临着一个新问题。

基督教徒

瘟疫的蔓延造成社会生活停滞，再加上来自北方蛮族的威胁，使罗马人的内心变得忧郁沉重，人们甚至已经逐渐淡忘了凯旋仪式时的那种祝福与欢欣了。

皇帝马可为了改变人们这种沉重的心情，决定面对诸神举行一次隆重的祈愿祭典。皇帝虽然有两位，但大祭司只由马可一人担任。举行祭典时，他身着白色的托加长袍，遮住头部，带领队伍，依次前往罗马市内各主要神殿祭拜，附近居民老幼咸集，共同参加。

但是，罗马人对诸神的祈愿，并不是祈求诸神把自己从不幸之中拯救出来，而是人们决心为脱离不幸而付出艰苦努力，祈求诸神给予帮助。在犹太教和基督教等一神教中，神会为人们的生存指明道路，而希腊人和罗马人却不会向诸神提出这些要求。他们认为，人类的生存应该由人类自己思考决定，诸神的任务只是为人类的努力提供帮助而已。

为了使众人都能参加，并且还要动用火，因此祭祀活动往往在室外举行。在残留到今天的遗迹中，可以看到神殿正面的台阶中央有一个平台，这里就是设置祭坛的场所。所谓祭祀，就是在上面烘烤牺牲时进行祈祷。如果只烘烤动物的话，只能称为烤肉大会，而祭祀活动

在朱庇特神殿前主持祭祀的马可·奥勒留（中央左）

则需将阿拉伯香料投入火中，同时必须在香烟缭绕中祈愿。活动结束后，烤熟的肉会被切开，分给参加祭祀的人们。罗马人的宗教里根本就没有祭司阶级的存在，所以这个过程既没有冗长的说教，也无须吟唱赞美诗。在国家级别的典礼上，大祭司由皇帝充任，而家庭规模的祭祀则由一家之主来主持。不过，因为到处都举行这种万众欢聚的祭祀，一些不肯参加的人就显得过于特立独行了。

在第 12、13 和 14 居民区，有为基督教徒开辟的独立聚居点。第 12、13 区位于罗马南部，第 14 区在台伯河以西，都远离市中心。基督教徒们遵从着圣保罗的教诲，安静地生活着。圣保罗这样教诲信徒：

> 你们在日常生活中不得相互诽谤和不满，也不得争斗，切勿引人注目。虽说任何神的子民都是完美无缺且洁净的，但你们不能给这邪恶堕落的社会留下指责的口实。即使生活在这邪恶堕落的社会里，你们也必须如同在黑夜中捧着明灯一样，恪守神的教诲。

基督教徒不肯参加皇帝主持的祈愿，应该说是理所当然的。因为所谓“邪恶堕落的社会”显然指的是罗马，若罗马帝国崩溃的话，到来的将是神的国度，即基督教徒的时代。并且，一神教是排斥其他诸神的宗教，信徒自然不会参加面向诸神的祈愿活动。

不久以后，这些基督教徒的生活方式就发生了巨大转变，不过这些内容我们还是安排在下一册里讲述，至少在马可·奥勒留时代，基督教徒依然能够忠实地遵循着圣保罗的教诲。也就是说，即便身处同

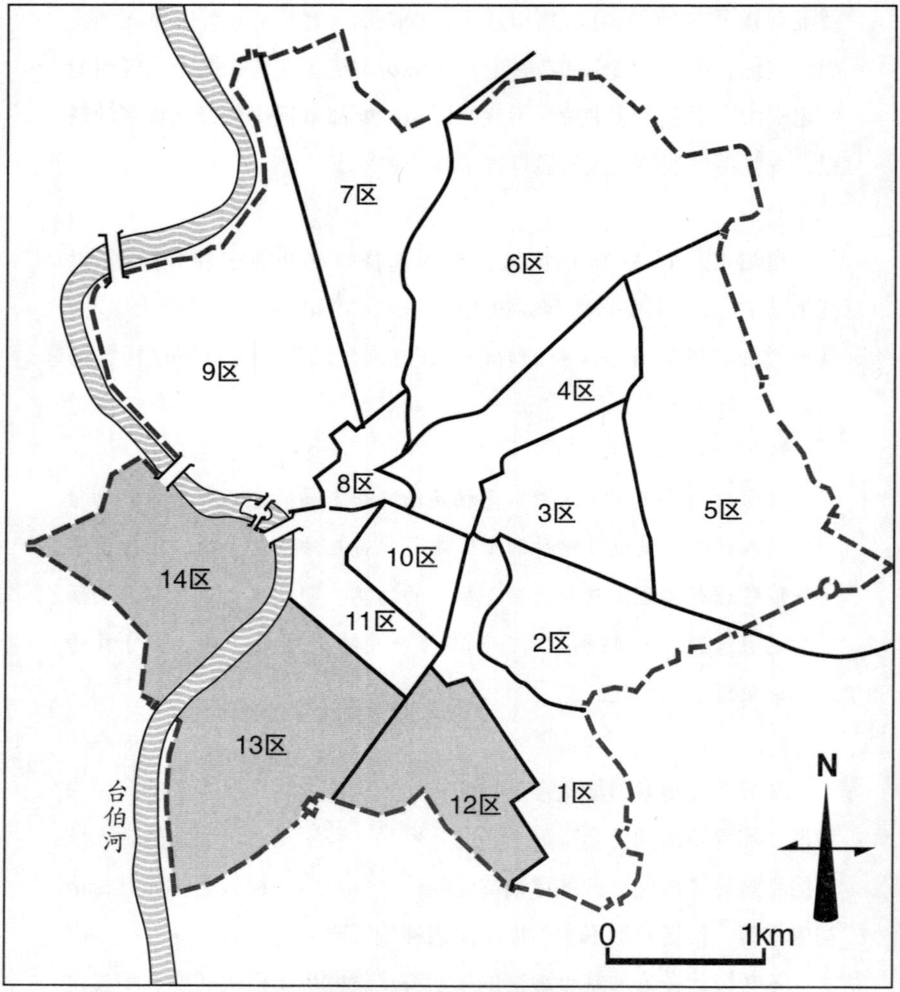

罗马的 14 个居民区（阴影部分为基督教徒聚居的地区）

一座城市，他们的生活却和其他罗马人保持着距离。

可是，危机也能唤起人们心目中的爱国热情。这一时期，罗马人重新认识了传统诸神，对拒绝保持同步的基督教徒产生了极大的反感。罗马人指责基督教徒为“ateo”。这个词起源于希腊语，现在翻译成“无神论者”，但是在罗马时代，这个词的意思是“无信仰者”。

古代是多神教的世界。所谓多神教，就是对自己信奉的神和他人信奉的神都同样予以认可，结果就是共存的神明与日俱增。在罗马，神明的数量高达30万，既然人们在信仰中认同众神共存，那么对众神共存不予认可的信仰就不能称其为信仰。因此，基督教徒被人们斥责为“无信仰者”。

罗马公民对基督教徒的责难还有一点，就是他们拒绝参与公共生活。基督教徒之间热情互助，却对所在城市或地方自治体的公共事业和福利建设漠然置之。当时人们视公共生活为公民义务的观念尚未衰颓，基督教徒的做法的确给人们提供了非难的理由。不过，从基督教徒的角度去看，他们的漠然是理所当然的。他们生活在这个社会里就是为了等到神的国度的到来，如果对这个“邪恶堕落的社会”有所贡献，那么只能导致神的国度的姗姗来迟。

不过，在公元2世纪后半期马可·奥勒留的时代，二者的对立还不是很强烈，首要的原因就是基督教徒仍旧是少数派，力量薄弱。而基督教徒数量和势力的发展之所以停滞不前，主要是因为罗马人仍然信赖自己的领袖，对自己的生活充满自信。

下面，我想介绍这一时代关于基督教的三段“现场录音”：

第一段是皇帝马可眼中的首都罗马长官拉斯蒂克斯的形象。

第二段是这个拉斯蒂克斯对基督教传教士游斯丁的审问全文。

第三段是皇帝马可对基督教的感受。

第一段“现场录音”：昆图斯·尤尼乌斯·拉斯蒂克斯这个人不但是著名的斯多葛学派哲学家，而且他积极承担罗马时代精英分子的义务，充分参与公共生活，曾两次就任执政官，并出任罗马政府的要职之一“首都长官”（Praefectus Urbi）。首都长官这一职务涵盖司法工作。

皇帝马可在《沉思录》的开头部分写到了这个人对自己产生的影响。原文如下：

从拉斯蒂克斯那里，我领悟到我的品格需要改进和训练，知道不迷误于诡辩的竞赛，不写作投机的东西，不进行烦琐的劝诫，不显示自己训练有素，或者做仁慈的行为以图炫耀；学会避免辞藻华丽、构思精巧的写作；不穿出门用的托加长袍在室内行走，或者做出类似的夸张举动；学会以朴素的风格写信，就像拉斯蒂克斯在锡纽埃瑟给我的母亲写的信一样；对于那些以言辞冒犯我或者对我做了错事的人，一旦他们表现出和解的意愿，我就乐意地与他们和解；从他那里，我也学会了仔细地阅读，不满足于表面的理解，不轻率地苟同那些夸夸其谈的人；我也感谢他使我熟悉了爱比克泰德的言论，那是他从自己的收藏中传授给我的。

爱比克泰德是公元1世纪到2世纪之间出生于小亚细亚的希腊人，曾是服侍皇帝尼禄的解放奴隶爱帕夫罗迪德的奴隶。所谓解放奴隶，原本也是奴隶，但在罗马时代，解放奴隶与社会上的普通公民无异，所以他们也可以拥有服侍自己的奴隶。但是，爱帕夫罗迪德深感自己的这个奴隶思想深邃，于是也给予了他自由。成为解放奴隶的爱比克泰德在首都罗马成功开办了讲授斯多葛学派哲学的“学园”。他的弟子中有一个名叫阿里安的，后来受到哈德良皇帝的重用，成为作家，撰写了《亚历山大远征记》。

后世学者把曾为奴隶的爱比克泰德和皇帝马可·奥勒留并列，一起作为代表罗马帝制鼎盛时期的斯多葛学派哲学家。

是拉斯蒂克斯使马可对爱比克泰德深邃的理性产生了兴趣，下面介绍的第二段“现场录音”就是这个拉斯蒂克斯对前来罗马传教的希腊人游斯丁的审问记录。作为首都长官，拉斯蒂克斯也是首都警察的首脑。罗马法律规定，对于实名检举，司法机构有进行调查和审判的义务。检举游斯丁的，是犬儒学派的哲学家革勒士。

传教士游斯丁的思想也是以希腊哲学为起点，首先学习斯多葛学派，接着是亚里士多德学派，但他还是不满足，又加入了毕达哥拉斯学派，进而学习柏拉图学派，最后找到了基督教。这个人一直四处奔波，追求真理，最后从哲学转到了基督教，是当时帝国东方知识分子的典型。

拉斯蒂克斯：“你过的是什么样的生活？”

游斯丁：“我过的是任何人都会赞同的纯洁的生活。”

“你实践什么样的教理？”

“我学习了所有教理，结果基督教的教理最为真实。这是我在学习了被教会斥为虚假和异端的东西后，得到的信念。”

“那么你是怎样获得这种信念的？”

“我通过自己接受的东西。”

“何谓接受？”

“我们信徒对基督的崇拜，来自世界唯一的神的创造。而神之子耶稣基督为拯救人类，给予人类以真正的知识，由神派到地上，也就是派到我们人类中间。但是在耶稣的神性面前，我的这些说明毫无意义。因为对我们而言，最重要的事情不是理解而是信仰。我们相信预言者的话，他们预言神之子即将降临。正如你所知，历史上的预言者好几次都预言到了救世主的到来。”

拉斯蒂克斯改变了话题，但游斯丁委婉地躲开了他的矛锋。

“你们在哪里相会呢？”

“在大家想相会又能相会的地方。你难道以为全体基督教徒都在事先约定好的地方相会？”

“我想知道的是，你和你的同伙在罗马的什么地方会面？”

“这是我第二次来罗马，我住在罗马的米尔提努斯浴场（罗马为数众多的小浴场之一）楼上。他们只到这里拜访我，没有其他地方。我欢迎任何人来，我们谈论真理。”

“你承认自己是基督教徒吗？”

“是的，我是基督教徒。”

在游斯丁房间里一起被逮捕的基督教徒还有另外四男一女，其中一名男子是出生于卡帕多西亚的奴隶，在帕拉蒂尼山上的皇宫里做奴仆，其他四人的职业不详。不过从姓名可以看出，他们应该是被人从东方带来，或者是在罗马工作的希腊人。当时罗马的基督教仍然是住在首都的异邦人信奉的宗教，在罗马人之间并不流行。首都长官拉斯蒂克斯对游斯丁说：

“罗马帝国供奉诸神，使帝国得以统一。根据帝国法律，拒绝信仰罗马诸神的基督教徒实施的是反国家行为。放弃目前的信仰可以被无罪释放，拒绝放弃的人将被处以鞭刑然后斩首。如果你遭受鞭刑之后被斩首的话，你相信自己死后会升往天堂吗？”

“只要我始终保持信仰坚定，我想自己应该能升往天堂。不过只有遵循基督教的正义生活的人才会得到这种恩宠（基督教中神特意给予人的爱）。”

“这么说你确信自己能升往天堂？”

“不，我虽然希望自己能够升往天堂，但并无把握。”

“我劝你放弃自己的宗教，你知道，如果你拒绝的话，等待你的就只有死刑。”

“我知道。可是我也知道，如果我不放弃自己的信仰，死后等待我的必定是救赎。”

首都长官拉斯蒂克斯宣布了判决：

“对拒绝向我们罗马的诸神供奉牺牲的人，根据罗马的法律（图拉真法），我宣判，鞭挞之后处以斩首。”

五人均被处以死刑。不过他们并非像后世传说的那样，被弄到竞技场喂野兽，而是在监狱内像其他死刑犯一样被斩首。真正把犯人送到名为“Arena”的圆形竞技场公开处死的场面，发生在10年后的里昂，那是自皇帝尼禄处死基督教徒100年过后，罗马再次开始公开处死基督教徒。

这一时代最后一段“现场录音”，是哲学家皇帝马可·奥勒留在《沉思录》中唯一提及基督教徒的语句：

> 当灵魂不得不离开肉体时，如果能安详地接受，该是多么美好的事情啊。但是这种心理准备必须是人依据自由的理性而达成的，而不是像基督教徒那样顽固地自以为是

无论如何，马可·奥勒留毕竟是皇帝，以守卫罗马帝国为自己的第一职责。正因为如此，罗马皇帝才被赋予强大的权力。他还有很多

必须处理的其他事务，例如面对迫近北方防线的蛮族，就无法依靠信仰去缓解。公元 168 年 1 月 6 日，年届 47 岁的马可视察罗马近郊的近卫军军营，对士兵们说："北方问题已经不能再拖下去了。"这年春天，马可和路奇乌斯两位皇帝决定向多瑙河进发。

日耳曼战争

有一个名叫阿庇安的希腊人，在罗马时代撰写了《罗马史》。也就是说，他是同时代的历史学家。此人生于埃及的亚历山大，具体生年不详，只知道当时处于图拉真皇帝统治时期（公元 98—117 年）。当时阿庇安记录了这样一件事：当图拉真皇帝专注于帕提亚战争时，亚历山大的犹太人乘机暴动，突袭罗马的后方，仅以罗马人所建为由，毁坏了埃及人供奉涅墨西斯（希腊神话中的复仇女神。——译者注）的神殿。这一事件发生在公元 116 年，由此可以推断阿庇安的生年应该在公元 110 年或那之前的两三年，这样的话他比皇帝马可·奥勒留年长 10 岁左右，可以算同代人。

行省出身的年轻人只要积极向上，即便不是罗马公民权拥有者的后代，也有两种选择：

第一种是从军，在军队中积累资历。因为不具有罗马公民权，所以不能做军团兵，但辅助兵的大门一直朝行省出身的人敞开着。根据才能的不同，一两年之内完全可以升到 50 人小队的队长，当能指挥 500 人的时候，就获得了列席总督或军团长召开的作战会议的资格。这时如果他还不具备罗马公民权的话就显得很不合适，因此一般都会得到。实际上很多人在领导 150 名士兵时就已经获得罗马公民权，以后的升迁之路就全凭实力了。顺便说一下，即便始终是一名辅助兵，在25年的服役期满离队时，也能得到罗马公民权，这和退职金一样，都是在入伍时就约定好的条件。

第二种是到帝国的首都罗马去，在那里开始自己新的人生。有不少人一开始就确立了这种志向，十几岁时就到首都接受高等教育。不管怎样，只要到了罗马，可以做医生，或者接受教育后做教师，还可以出任中央政府的行政人员，总之获得公民权的办法有很多。因为《尤里乌斯·恺撒法》依然适用，规定向医生和教师颁发罗马公民权，行政人员从事的也是“公共服务”，也必须拥有“罗马公民”的身份。

阿庇安在哈德良皇帝时代就来到了罗马，在安敦尼·庇护时代获得了罗马公民权。这个人的最终资历，是马可·奥勒留皇帝时代类似首都国税厅的机构官员。因此，人们在接受过高等教育后出任公职人员，就能够获得罗马公民权，或者也可以先从事教职，取得罗马公民权后再出任公职人员，两条路都没问题。罗马时代的公务员制度并不严格，从教师到公职人员然后又当作家的例子也并不稀奇。

我们不知道阿庇安的创作活动是什么时候开始的，根据其他人的做法去推测，有可能是从公共生活中引退返回故乡亚历山大之后才开始的。这个人留下来的主要著作是记录从罗马建国时期到帝政时期的罗马史，以及记录同一时期事件的其他文章。下面介绍的是他著作中的一种。根据阿庇安的记述，该事件发生于公元160年，也就是说，当时身在罗马的阿庇安是现场目击证人。

> 蛮族的首领来到首都，他们向皇帝提出请求，要与并入帝国版图的其他行省的人享有同等地位。但是皇帝回答说，罗马帝国不能接受没有任何作用的人，拒绝了他们的请求。

这正是时代变化的预兆。公元 160 年是安敦尼·庇护在位的最后一年，这个“慈悲”的皇帝在第二年就过世了，马可·奥勒留接替了他。不过安敦尼·庇护虽然高龄，但直到离世前几天仍很精神，接见外国代表又是皇帝的事务，所以说皇帝很可能亲自接见了这些蛮族首领。而安敦尼一直让下任皇帝马可积极参与国政，当年 39 岁的马可极有可能参加了接见。

蛮族提出了向帝国境内移居的请求，我们暂且不讨论罗马是否应该接受请求，这里应该注意的问题是，皇帝是否意识到了这件事的重要性。因为安敦尼拒绝了对方的请求后并没有采取任何相关措施，可见他还是对该事件缺乏认识。不过，即使马可当时没有参加接见，但据说安敦尼凡事都找马可商量，所以马可知道这件事的可能性极大。如此看来，马可·奥勒留同样没有注意到这一事件预示着时代的变化。

对今天的西欧人而言，德国人蒙森和英国人吉本一样，也是罗马史的权威。但是，蒙森对马可·奥勒留的评论却与吉本截然不同。蒙森十分明确地做出马可“不是伟大的智者”的判断，他认为，只有尤里乌斯·恺撒一人堪称“伟大的智者”，是天才。而所谓的天才，并不是能看到别人看不到的东西，而是在众多看到了问题却没有意识到其重要性的人当中，唯一能意识到问题的重要性的人。

这一问题安敦尼·庇护草率地应付了事，却对马可·奥勒留造成了终生困扰。

公元 168 年新年不久，马可和路奇乌斯两位皇帝就离开了首都，前往多瑙河前线。47 岁的马可和 38 岁的路奇乌斯都身披红色斗篷，骑着高头大马，只要一看就知道，他们绝不是去前线视察，而显然是出征。实际上，这是自图拉真皇帝进行达契亚战争以来，时隔60年之久，罗马第一次向国内外宣示，决心要在多瑙河防线展开真正的战争。

对马可·奥勒留而言，这不仅是47岁的他第一次到前线去，而且是他第一次离开意大利本土，甚至是第一次踏上意大利中部托斯卡纳以北的土地。这种经历不但不能同17岁就积累了边境军团经验的图拉真皇帝相提并论，而且在经验上也无法和行省任职的军团长们一较高下。皇帝之所以亲临前线，是作为罗马全军的最高司令官，把所有军团长都置于直接指挥之下。皇帝即使把具体的战斗委派给军团长们指挥，但在一窍不通的情况下委任他人和在了如指掌的情况下委任他人当然差异巨大。这一时期，马可·奥勒留总算强烈地意识到了自己实地经验的欠缺，即便从跟随皇帝的“comes”即智囊团的人选上，我们也能看出这一点。他们以帕提亚战争时被派到路奇乌斯皇帝身边的庞提乌斯·雷利亚努斯为首，还包括熟知多瑙河战场周围情况的潘诺尼亚、默西亚各行省的历任总督。这些人虽已隐退，但仍然应邀与马可同行。帕提亚战争时，因为路奇乌斯皇帝只是一味地在避暑胜地逍遥，对政治军事不闻不问，所以这些“智囊团”的作用是代替最高司令官推动战争的进展，但是在这次日耳曼战争中，“智囊团”的作用是弥补皇帝马可经验不足的缺陷。一旦发现自己存在缺点就立刻努力弥补，这一点也是马可·奥勒留被当作贤君的原因。

皇帝一行从罗马出发，经由弗拉米尼亚大道前往亚得里亚海，然后沿亚得里亚海海岸到达阿奎莱亚，再从亚得里亚海最北端的阿奎莱亚取道东北方向，最后到达多瑙河防线。所有的行军只需沿着遍布整个帝国的罗马道路网前进即可。

对罗马人而言，皇帝御驾亲征是60年来的盛举，而对居住在多

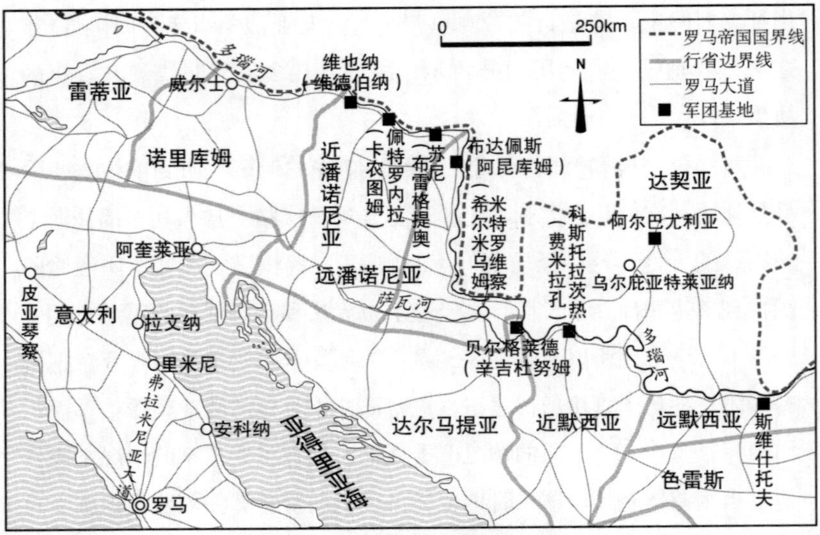

从罗马到多瑙河防线的主要道路

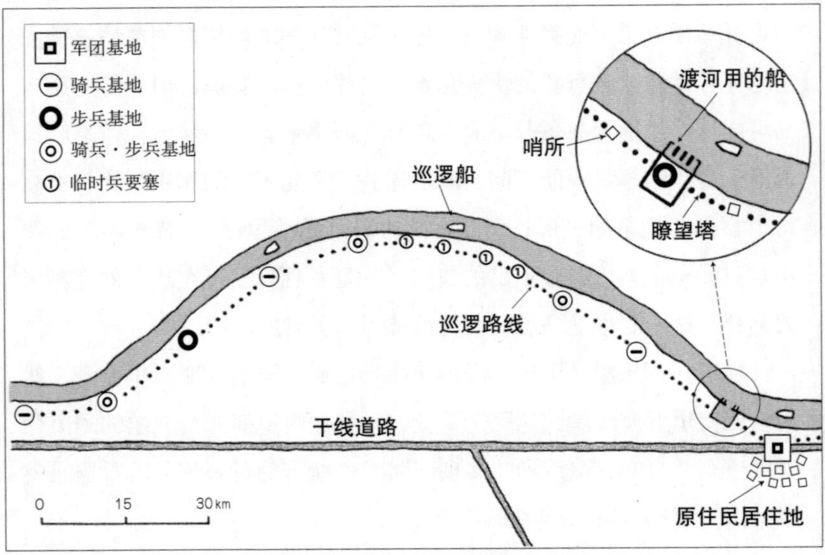

利用河流的防线（莱茵河、多瑙河等）

（摘自 Edward N. Luttwak, *The Grand Strategy of the Rome Empire*）

瑙河北岸的蛮族而言，事情同样如此。既然两位皇帝亲自出马，那么其麾下的罗马大军肯定也是所向披靡。日耳曼各部族以前经常乘坐小舟或木筏渡过多瑙河，频繁袭扰南岸的罗马军团基地和居民区，此时他们都闻风而逃，再也找不到踪影了。

从春到秋都是适于开战的季节，此时皇帝却能毫无顾虑地在前线驻留，正是进行视察的绝好机会。在这一时期，皇帝马可在饱受蛮族侵犯的多瑙河中游各基地反复巡视。罗马的防御体系由“点”和“线”构成。“线”指的是罗马大道，“点”指的则是军团基地。仅在这一带，沿河流布防的“点”相互联结，计有：

第十杰米纳军团基地维德伯纳（今奥地利首都维也纳）
第十四杰米纳军团驻地卡农图姆（今奥地利佩特罗内拉）
第一亚狄托里克斯军团守卫的布里吉提欧（今匈牙利的苏尼）
第二亚狄托里克斯军团基地阿昆库姆（今匈牙利首都布达佩斯）
第四弗拉维亚军团基地辛吉杜努姆（今塞尔维亚首都贝尔格莱德）

上述这些军团基地之间也并非荒无人烟，不但有辅助兵部队的骑兵驻地、步兵基地，而且更有当地临时征召的雇佣兵建起的要塞，所有这些不可或缺的防守设施都像珠子一样连成了一串。而且在多瑙河防线上还有执行巡逻任务的带桨帆船基地。

马可·奥勒留就这样在拉丁语称为“limes”（边墙）的防线上巡视，同时听取智囊团提出的主张和建议。他直到 47 岁才开始体验哈德良皇帝当年的部分征程。不过，当年哈德良皇帝视察此地的结果是确立了和平，而现在轮到马可，视察则是战争的前奏，这种差异对后者而言就是不幸。

两位皇帝决定把阿奎莱亚作为公元 168 年到 169 年的越冬地点。蛮族方面仍旧暗流涌动，阿奎莱亚处于意大利本土的东北端，同时又位于从多瑙河返回罗马的半路上。有一种说法，即多瑙河基地的瘟疫仍在流行，御医盖伦担心皇帝被传染，于是提出忠告，劝两位皇帝回到阿奎莱亚。还有一种说法，就是皇帝路奇乌斯强烈地希望返回罗马，马可则苦苦挽留。此时前线比较平静，两位皇帝相互妥协，最后采取折中办法，到了靠近罗马的阿奎莱亚。也许这两种说法可能都正确。不管怎么说，两位皇帝已经决定，在阿奎莱亚的越冬营区内，对公元 169 年的活动做出安排。

路奇乌斯之死

史书没有记载两位皇帝对公元 169 年的活动是如何安排的，可以确定的是，新年伊始，路奇乌斯就出发返回罗马。但是，他在到达距离首都约 100 公里的亚尔提诺时，突然病倒了，接着就一直处于昏睡状态，两天之后停止了呼吸。后世学者推测他死于脑出血。因为路奇乌斯虽然只有 39 岁，但生活奢靡，饮食起居极不规律。两帝共治本是马可 · 奥勒留公平精神的产物，8 年来路奇乌斯却始终没能为他分忧，在没有取得任何成果的状态下，现在总算了结了。

我们虽然不了解两位皇帝起初的安排，但知道马可伴随着皇帝搭档兼女婿的路奇乌斯的遗体一起返回了罗马，然后举行了隆重的国葬，骨灰被安放在今天称之为“圣天使堡”的哈德良陵墓。元老院顺利地通过了马可提出的将路奇乌斯神格化的申请，不过供奉前任皇帝的神殿却没有修建。马可给出的理由是，国家处于非常时期，可以用万神殿暂时代替。

路奇乌斯·维鲁斯的国葬结束后，马可在首都逗留了一段时间。这可不是因为对前线之行有所犹豫，他毕竟是罗马军队的最高司令官，出现在前线肯定对整个日耳曼战争都有积极意义，所以他的决心没有丝毫动摇。不过在离开之前，他还有一些事情必须处理，就是路奇乌斯皇帝过世，自己的女儿露西拉成了寡妇，应该对她做出安排。

一些人可能会疑惑，露西拉丧期未满，至于这么着急吗？不过从马可的角度看，这个问题刻不容缓。因为自己马上要赶往与敌人针锋相对的前线，万一出了什么闪失怎么办？以前有两位皇帝在位，一位出了意外还有一位，可是现在只剩马可孤身一人了，而自己的儿子康茂德刚刚 8 岁。因此，此时马可·奥勒留需要的是一个能在紧急关头扶助康茂德并避免帝国陷入内乱的人选，而且既然这个人负担如此沉重的任务，为了清除可能出现的障碍，必须事先保证他的地位。

被选为露西拉再婚对象的人，名叫提比略·克劳狄乌斯·庞培亚努斯。虽然从姓名上看他很像意大利本土人，其实他是出生在安提阿的叙利亚人。据说在他父亲那一代才刚刚取得罗马公民权，在罗马社会里处于仅次于元老院阶级的骑士阶级的行省居民。被选为皇帝女婿时，他正在远潘诺尼亚行省任总督，而且是驻扎在布达佩斯基地的第二亚狄托里克斯军团的军团长。在帕提亚战场骁勇善战的将军名册中，这个人并没有出现过，看样子，罗马东征帕提亚时，他当时可能驻守在多瑙河防线。此人生年不详，不过从他后来的履历推测，应该同皇帝的年龄不相上下。顺便说一句，前任皇帝路奇乌斯的遗孀露西拉这时才 19 岁。

马可为什么放弃了其他目标偏偏选中庞培亚努斯呢？显然不是出于这个来自叙利亚的武将取得的业绩。当时的庞培亚努斯不过是最前线的军团司令官，负责的区域以防守为主，因而也没有值得一提的战功。此人作为武将的才能，直到后来在日耳曼战争中才得以发挥，而在公元 169 年的选拔考试上，这一点还不能为他加分。他就任执政官也是在4年以后，公元169年时他连“前执政官”的荣誉头衔都没有。

就是这样一个人物居然抓住了皇帝马可的心。我想其原因不外乎以下几点：

第一，一年前马可前往多瑙河防线视察时，远潘诺尼亚行省总督庞培亚努斯全程陪同，他对形势做出了正确、恰当的判断，并热情地为毫无军事经验的马可提供了实用的建议。

第二，优秀的领导不会忽视对部下的能力培养，而庞培亚努斯率领的第二亚狄托里克斯军团的年轻将士的确表现得训练有素。

第三，人格正直，无比朴实。

第四，恐怕这一点最能抓住马可·奥勒留的心，即这个叙利亚行省出身的“罗马公民”表现出了强烈的罗马精神，这也是西班牙行省出身的图拉真皇帝和哈德良皇帝拥有的精神。可以毫不夸张地说，在公元 2 世纪的罗马帝国，和意大利本土的罗马人相比，反倒是拥有强烈自觉的行省人在支撑着罗马精神。庞培亚努斯就是其中的一个，马可·奥勒留上溯四代也来自西班牙。

事实证明，马可在政治上完全取得了成功。在此后持续了 10 年的日耳曼战争中，马可虽身在前线，但实际指挥全靠庞培亚努斯。再放眼后来 20 年，肩负守卫帝国重任的武将绝大多数都出自庞培亚努斯的帐下。他为人诚实，从没有背叛过马可。当马可死后，年幼的康茂德即位，深感孤立的康茂德当时唯一信任的人，就是这个庞培亚努斯。

可是，庞培亚努斯与露西拉的婚姻在政治上固然很成功，在现实生活中却比较失败。夫妻间的年龄差异还不是主要原因，问题是前任皇帝的皇后、现任皇帝的女儿露西拉不满庞培亚努斯卑微的出身。据说她母亲芙斯汀娜起初也站在不愿屈尊下嫁的女儿一边。这个问题双方以露西拉继续保持“奥古斯塔”尊称为条件相互妥协。后来两人也有了小孩，可见露西拉并没有拒绝与丈夫同床共枕，但不管怎么说，二人的婚姻生活自始至终都是冰冷的。

既然连热爱哲学的皇帝马可·奥勒留都无法回避家庭问题的困扰，那么我们现在就索性谈谈这位哲学家皇帝的婚姻生活。

共治皇帝路奇乌斯的突然死亡以及随后举行的国葬，女儿露西拉的再婚，接着 7 岁的次子又夭折，公元 169 年发生了很多事，马可为此忙得焦头烂额。等到他再次离开首都赶赴多瑙河前线的时候，已经是这一年的秋天了。而第二年，他最后的孩子萨宾娜出生。

从第一个孩子降生的公元 147 年算起，加上中间两对双胞胎，马可夫妇在 23 年中共生下了 14 个孩子，虽然长大成人的只有一男五女共六人，但我想这 23 年里 14 个孩子的纪录不仅表示高产，也表现了性生活的和谐。而且马可·奥勒留是忠诚的丈夫，从不拈花惹草。还有一个理由可以推测他们家庭生活的幸福。马可离开 4 年以后，皇后芙斯汀娜追随马可来到了多瑙河沿岸，此后终生陪伴在丈夫身边。另外，芙斯汀娜也没有像一般皇后那样沉迷于豪华舒适的生活，而是居住在混杂不堪的基地内，慰问伤兵，关注军团兵们基地外事实上的家属的生活。士兵们赠予了这位皇后“基地之母”（mater castrorum）的尊称。

可是，同时代的人对芙斯汀娜的评价非常差。这其实是受了儿子康茂德皇帝口碑不佳的连累。女人们都知道，贤妻与良母未必总能集于一身。芙斯汀娜或许不是一位良母，但应该算是位贤妻。丈夫马可在《沉思录》中也曾言及自己死去的妻子，他这样写道：“我幸而有一位贤妻，如此柔顺，如此亲爱，如此朴素。”两个人的婚姻生活一直持续了 30 年。

在马可·奥勒留长达 19 年的统治期间，所有的灾难竟然像烈焰一样同时喷发，令人不禁扼腕叹息，而马可深得自己人生伴侣的助益。《沉思录》虽然是马可在哲学思辨方面的遗作，但我认为，在这部著作中，他的贤淑妻子拥有充分的资格得到体现。如果没有芙斯汀娜，马可纵然是贤君，也会因沉重的精神压力患上胃溃疡。

战争开始

我们把话题回到公元 169 年。再次回到多瑙河前线的皇帝马可决定，公元 169 年到 170 年的冬天在远潘诺尼亚的补给基地之一希尔米乌姆（今塞尔维亚的米特罗维察）度过。皇帝的驻地自然就是参谋总部。

罗马时代的希尔米乌姆是重要性仅次于军团驻地的补给基地之一。巴尔干半岛上的萨瓦河向东奔流，在贝尔格莱德附近注入多瑙河。希尔米乌姆就位于萨瓦河沿岸，从这里向北 20 公里就能到达多瑙河，距离近默西亚行省首府、第四弗拉维亚军团基地贝尔格莱德 60 公里。5 条罗马大道都会聚到了这里，在哈德良防御体系中，是军团基地附近设置大规模补给基地的现实演示，在城镇建设方面也不亚于军团基地和行省首府，配备有罗马人都市中的必要设施。只要是补给基地，最重要的条件就是交通便利。顺便说一下，在不列颠，前线是分隔英格兰与苏格兰的哈德良长城，哈德良长城后方是约克、切斯特、卡莱奥恩三个军团基地。向这些防卫组织提供物资供应的补给基地就是今天的伦敦，在罗马时代被称为“伦底纽姆”（Londinium），因为从高卢出发渡过多佛尔海峡的运输船可以直接上溯进入泰晤士河。罗马帝国的防御体系是由“点”和“线”构成的，伦敦和希尔米乌姆虽然不是军团基地，但也是重要的“点”。罗马军队的确是“后勤制胜”。

之所以选择希尔米乌姆作为公元 169 年到 170 年间的越冬地，除了因为这里适合于召集多瑙河中游流域的防卫负责人之外，还有一个原因，就是由图拉真皇帝开辟为帝国行省的达契亚，是越过多瑙河突出到北岸的一片地域，达契亚成为行省，的确减少了北方蛮族对多瑙河下游的袭扰。不过，达契亚这面“盾牌”本身却处于多瑙河北岸，就如同突出到蛮族之海中的半岛一样。可是罗马在达契亚只配备了一个军团，因为这里和北方蛮族之间还横亘着一座喀尔巴阡山。山岳地带人烟稀少。

可是，到了公元 2 世纪后半期，自然条件严酷的山岳地带也越来越多地出现了居民，因为更北的蛮族开始南下，这些人就如同多米诺骨牌一样被挤到山地居住。这种现象正是时代出现变化的证据，但当时罗马的统治者都没有认识到这一点。皇帝马可之所以把参谋总部设置到希尔米乌姆，是因为他想把不稳定的达契亚行省北方开辟为第二年的战场，在这一地区击退来敌非常方便。

公元 170 年春，罗马军队渡过了多瑙河，北上达契亚，展开了大规模攻势。我们不知道当时军队的规模大到什么程度，却知道指挥这次进攻的人，他就是曾经活跃在帕提亚战场上的克劳狄乌斯·弗龙托。从东方回来以后，他兼任近默西亚行省和达契亚行省的总督，因此开展本次攻势的，应该就是他麾下的三个军团。考虑到瘟疫造成的

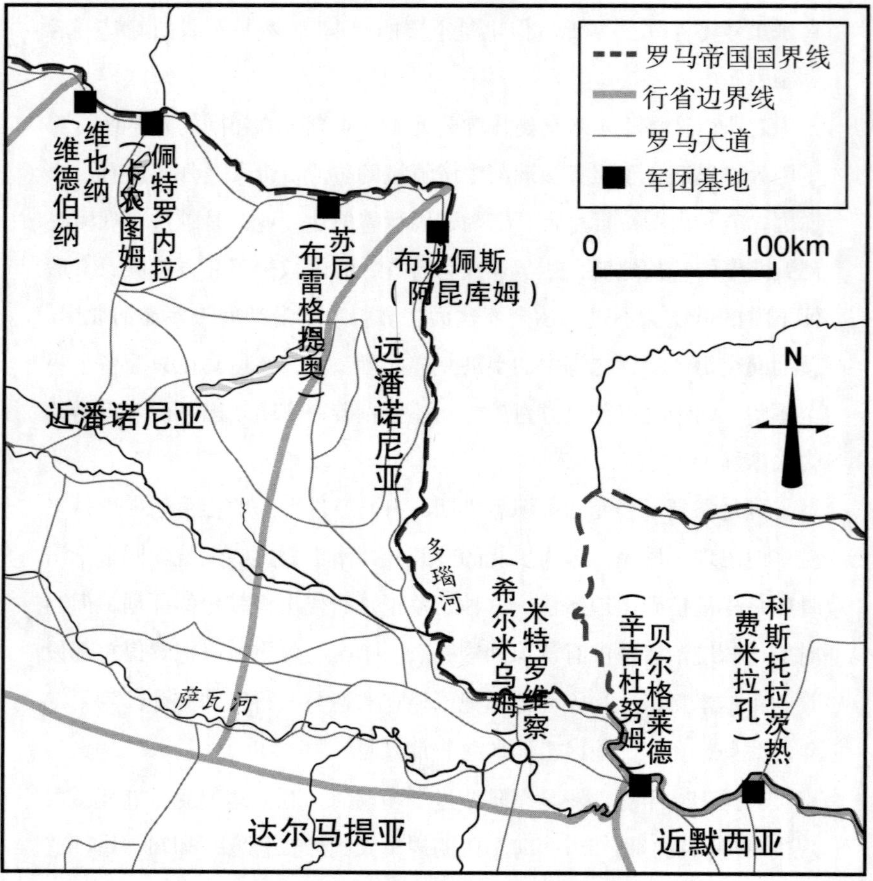

远潘诺尼亚及其周边地区

减员以及必须留守基地的力量，或许实际上只相当于两个军团。就大规模的攻势而言，这些兵力简直微不足道。不知道主持作战会议的马可为什么竟然同意了这次行动。

克劳狄乌斯·弗龙托是智勇双全的武将，因为没有完整的战记留存至今，我们只能根据一些零散的记录，推测他似乎是乘胜追击才进入的山岳地带。以重装步兵为主力的罗马军队在平原上当然所向披靡，到了狭窄的战场却难以发挥以往的战斗力。而亲自渡过多瑙河来到达契亚行省等待捷报的皇帝，最终盼来的却是坏消息。激战后虽然敌军败逃，可是司令官弗龙托战死，敌人俘虏的士兵和平民多达2万人。

出生在阳光普照的北非，却殒身于春雪尚未消融的欧洲腹地，一代名将的墓碑上，镌刻着下面这样的文字：

> 激战群蛮无往不胜的马尔库斯·克劳狄乌斯·弗龙托为罗马帝国鞠躬尽瘁，长眠于此。

在同代人撰写的史书中，将公元170年称为“最糟的一年”，而这一年并不会因总督的阵亡而宣告结束。当罗马大军都集中在达契亚北部的时候，有两个日耳曼部族乘机从侧翼南渡多瑙河，做出了大胆的举动。

“防线失守啦！”

马科曼尼人回避了维也纳军团基地，从遥远的上游渡过了多瑙河，进入罗马境内后大举南下，袭击了阿奎莱亚。尽管阿奎莱亚位于东北角，却属于意大利本土。另一方面，科斯特波奇人也在达契亚行省的东面南渡多瑙河，疾风骤雨一般，深入了希腊的腹地。他们这一路的目标是财宝，希腊各地的神殿成了掠夺的对象。

“防线失守啦！”这个消息就如同不断扩大的涟漪，传遍了帝国的西部。

拉丁语所谓的防线，意指屏障、防御体系，还有安全保障的意思。现在意大利最权威的国防杂志的名字就叫“*Limes*”。已经维持了270年的防线，结果现在被攻陷了，罗马人当然深受打击。那么，防线为什么会被如此轻易地被突破呢？

第一，在多数情况下，日耳曼民族入侵时都拖家带口，但公元170年全员都是战斗人员，也就是说是一群男人，且全体都是骑兵。

第二，罗马军队的骑兵只善于在养护完善的罗马大道上行进，而未开化的蛮族则习惯于在山野里疾驰，结果是他们突破了罗马方面的监视网。

阿米阿努斯·马尔塞利努斯是公元4世纪末的历史学家，这次事变比他生活的年代早了200年，他参考着当年的记录，写下了如下文字：

> 日耳曼民族的暴行使阿奎莱亚整个城市遭到损害，他们以难以置信的速度展开，阿奎莱亚的居民甚至不敢相信自己的眼睛。蛮族似乎所向无敌，烧杀劫掠，只要是好东西什么都抢，把女人和年轻人都绑走。现在不但帝国北方的防线失守，就连北阿尔卑斯山防线都被攻克。马可皇帝只能组建新的部队，用来防卫帝国的本土意大利半岛。

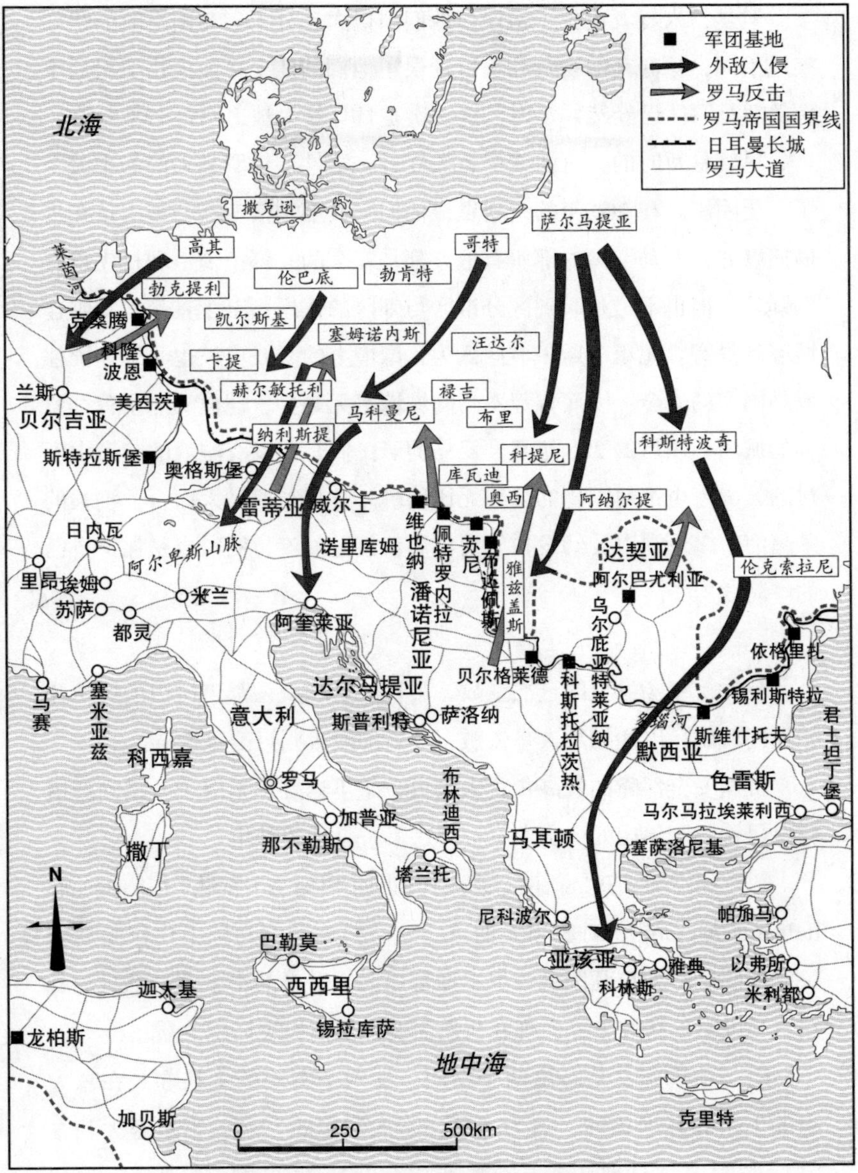

公元 2 世纪后半期蛮族对罗马帝国的入侵

但是，入侵者也犯了错误，他们闹得太过分了。与南下时的快如疾风不同，掠夺来的物资和人口延误了他们的北上，而庞培亚努斯率领的罗马军队已经恭候多时。这一次是日耳曼人被追杀得七零八落。

尽管是暂时的，可防线毕竟失守过，这件事给罗马人的心中蒙上了一层阴影。在300年的时间里，他们一直都相信蛮族会被阻挡在多瑙河以北，罗马帝国内部所有地方都是安全的。都市街道和村庄虽有“城墙”，但也不过是起到区分市区与郊区的作用。至于首都罗马则连城墙都没有。尤里乌斯·恺撒认为，国境上的防线应该也必须守护住罗马国家的安全，因而首都罗马的城墙毫无必要。恺撒拆除了首都罗马的城墙。以后的220年间，罗马的居民们是在没有城墙的状态中度过的，大家也都对国境的防线无比信赖。并且对罗马人而言，漫长的莱茵河、多瑙河以及幼发拉底河都不仅仅是河流，同时也是保护自己的“防线”。

公元170年发生的这次变故，最初的影响就是都市村镇的居民开始加固城墙。以往的敌人是盗贼，今后的敌人则可能是蛮族。

帝国安全保障的最高负责人马可，毫不迟疑地采取了一系列新措施，尽管200年后的历史学家批评这不过是亡羊补牢。

第一项措施，就是新设“意大利和阿尔卑斯防卫部队”（Praetentura Italiae et Alpium）。对罗马人而言，这一措施的意义绝不仅仅是新增一支部队。因为自开国皇帝奥古斯都以来，罗马的军事力量都只配备在罗马国家的防线上，而现在居然需要在国内设置防卫力量了。

第二项措施，是新增两个军团。这两个军团的士兵都是在意大利本土招募并训练的，名为“第二意大利军团”和“第三意大利军团”，常驻基地分别在今天奥地利的洛尔希和德国的雷根斯堡。这两个地方都是日耳曼长城附近的战略基地。当年图密善皇帝为把莱茵河与多瑙河连接成一条防线，着手兴建日耳曼长城，以后图拉真和哈德良又不断强化。也就是说，皇帝马可意图进一步加强日耳曼长城与多瑙河防线的作用。

第三项措施，就是重新调整多瑙河从中游到下游地区的防卫力量。具体就是改换远默西亚行省和达契亚行省驻守军团的布置。

马可·奥勒留强化后的多瑙河防线

行省名称	军团数	军团名称	基地（当时地名）	基地（现在地名及所在国家）
Raetia（雷蒂亚）	1	Ⅲ Italica	Castra Regina	雷根斯堡 / 德国
Noricum（诺里库姆）	1	Ⅱ Italica	Lauriacum	洛尔希 / 奥地利
Pannonia Superior（近潘诺尼亚）	3	Ⅹ Gemina	Vindobona	维也纳 / 奥地利
		ⅩⅣ Gemina	Carnuntum	佩特罗内拉 / 奥地利
		Ⅰ Adiutrix	Brigetio	苏尼 / 匈牙利
Pannonia Inferior（远潘诺尼亚）	1	Ⅱ Adiutrix	Aquincum	布达佩斯 / 匈牙利
Moesia Superior（近默西亚）	2	Ⅳ Flavia	Singidunum	贝尔格莱德 / 塞尔维亚
		Ⅶ Claudia	Viminacium	科斯托拉茨热 / 塞尔维亚
Moesia Inferior（远默西亚）	2	Ⅰ Italica	Oescus	吉根 / 保加利亚
		Ⅺ Claudia	Durostorum	锡利斯特拉 / 保加利亚
Dacia（达契亚）	2	Ⅷ Gemina	Apulum	阿尔巴尤利亚 / 罗马尼亚
		Ⅴ Macedonica	Potaissa	图尔达 / 罗马尼亚

说明：阴影部分为新配置的军团（参见本书第 81—82 页表）

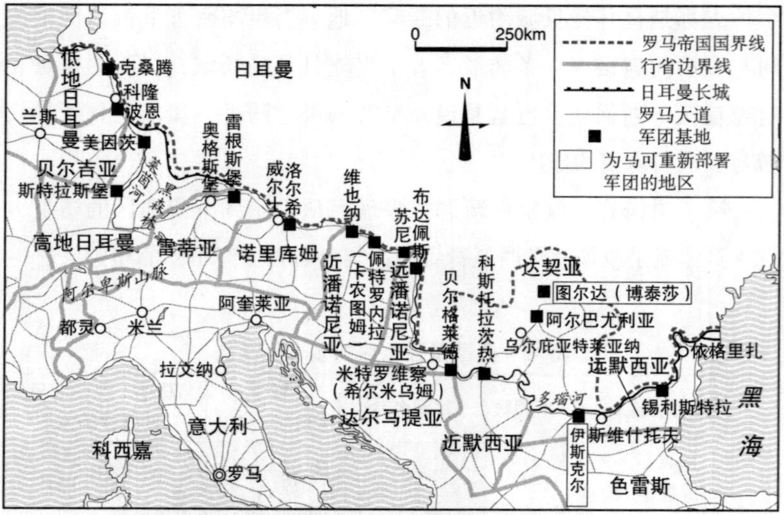

从莱茵河到多瑙河的防线（马可·奥勒留强化后）

首先是驻扎在远默西亚行省的三个军团，其中以多洛斯特姆（今保加利亚的锡利斯特拉）为基地的第十一克劳狄亚军团原地不动，负责多瑙河下游到黑海的防卫。

另一方面，以诺维伊（今保加利亚的斯维什托夫）为基地的第一意大利军团向上游转移 100 公里，到伊斯克尔驻防。因为伊斯克尔和达契亚将多瑙河夹在中间，北岸是达契亚行省，南岸是伊斯克尔，这种安排相当于在多瑙河流域建立了双重防御体系。

而以特罗埃斯密斯（今罗马尼亚的依格里扎）为基地的第五玛肯多尼加军团转移到达契亚行省的博泰莎（今罗马尼亚的图尔达）。这样远默西亚行省内的 3 个军团就减少到 2 个，而达契亚行省的常驻军团由 2 个增加到 3 个。这种安排表现了马可的防守战略，即在防守多瑙河之前，应先防守达契亚。

马可·奥勒留

多瑙河的防御体系自哈德良皇帝确定下来以后，在半个世纪的岁月里不曾出现过丝毫变动，现在终于得到了进一步强化。投入的军团数量也从 10 个军团增加到了 12 个军团。而帝国其他防线上的军团数量和位置都没有变化。话说回来，仅仅变动这个多瑙河防线就已经殊为不易了。我在触及地名时都标注了“今罗马尼亚”或“今德国”等，为的就让大家理解进行所谓的“国境防卫”是一件多么困难的事情。罗马时代的多瑙河防线，意味着包含了今天德国、奥地利、匈牙利、原南斯拉夫、罗马尼亚、保加利亚等多个国家庞大复杂的防御体系。

出生于小亚细亚的希腊历史学家卡西乌斯·狄奥，在距马可时代半个世纪之后担任潘诺尼亚行省总督。他在著作中写道：

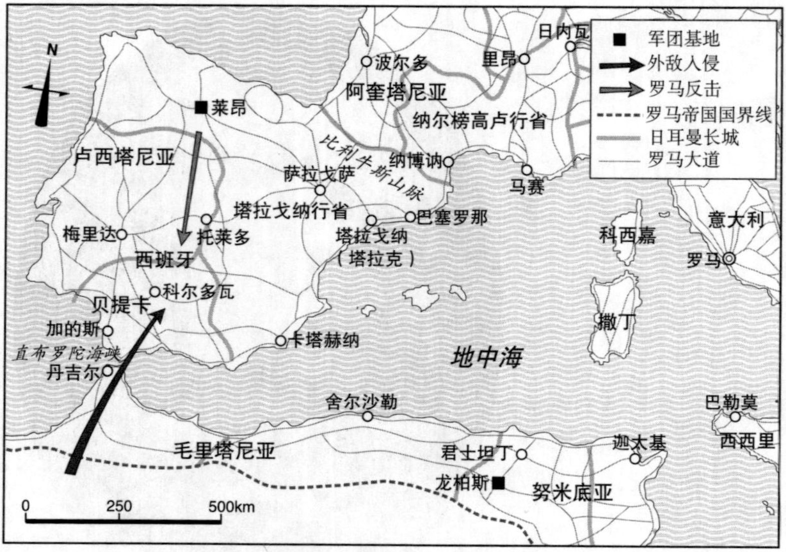

伊比利亚半岛和北非的防线

多瑙河防线是罗马帝国安全保障指数测量器。罗马帝国的存亡是和多瑙河沿岸各行省（包括潘诺尼亚）的安全紧密联系的。

到了马可·奥勒留时代，的确不得不考虑这些问题了。

公元170年，尽管是暂时的，但罗马人的确是眼睁睁地看着日耳曼的两个部族突破了多瑙河防线。第二年，马可以维也纳下游50公里的卡农图姆为基地，精心策划来年展开的大反攻。然而这时从西班牙传来了坏消息。住在北非的毛里塔尼亚人的一部分渡过了古称“赫丘利之柱”的直布罗陀海峡，在伊比利亚半岛登陆，他们烧杀抢掠，赶走原住民，占据了贝提卡行省一带。行省总督发来了十万火急的求援文书。

毛里塔尼亚行省以北非西端的丹吉尔为首府，它的存在阻止了当地异族入侵靠近地中海的富饶地区。结果异族把目光转向了狭窄的直布罗陀海峡对岸，转而把入侵并占据的目标变更为富饶的西班牙南部。入侵者都拖家带口。看来不但在帝国的北方，连西方的防线都出现了破绽，而在整个伊比利亚半岛上，罗马仅以西北部的莱昂为基地驻扎了一个军团。并且在这一时期，第七杰米纳军团的军团长出缺，由身在首府塔拉克（塔拉戈纳）的行省总督兼任，毕竟整个伊比利亚半岛已有 200 多年不曾发生战事了。

皇帝马可连忙派出了在帕提亚战争中大显身手的猛将奥菲狄乌斯·维克托利努斯。实战经验丰富的他一出马，情况就为之一变。罗马军团以训练严格认真而闻名，据说他们的训练与实战的区别只在于是否流血而已。自不待言，非洲来的入侵者犹如落叶一般，果然被一扫而光。然而这次入侵的蛮族也显现出了不同以往的征兆。马可·奥勒留与先人截然不同，将不得不面对新的艰难时局。当然时隔不久，马可自己就发觉了这一点。因为和以前不同的疑难问题也在帝国北方出现了。

罗马人和蛮族

如果一定采用“蛮族入侵”这个词，不免太过于偏重罗马人的史观了。实际上，这种应称为“民族大迁移”的历史现象是公元 476 年罗马帝国灭亡的导火线。不过，这种现象绝不是公元 5 世纪才突如其来的，蛮族入侵的历史几乎覆盖了罗马的整个历史。换句话说，从公元前 2 世纪开始，罗马人的力量与财富就吸引了周围居民的眼球，到公元 5 世纪灭亡的 700 年间，罗马人始终要剑拔弩张地应对周边的蛮族。

那么，为什么蛮族只从帝国的北方入侵，却不从东方袭扰呢？

古代欧洲东北部一带，首先气候很恶劣，再加上是狩猎民族，所以当地人都很贫穷。先进国家的人们可能以为，既然他们生活贫穷，粮食不足，人口应该会减少才是。然而事实并非如此。蛮族除了物资匮乏，文明程度也比较低。一般的家庭只有一间房子，狩猎归来之后往往无所事事，所有的活动都在这仅有的房子里进行，其中当然包括性生活。所以他们从无聊的幼年时代起就对此司空见惯，多产是当然的结果。如果在繁衍后代时多考虑一下孩子的养育问题，那么他们就不叫“蛮族”了。

因此，在欧洲的东北一带，即今天的德国东部与北部、波兰、斯堪的纳维亚诸国、捷克、斯洛伐克以及原苏联境内多国，蛮族南侵就像一次次的水位上涨然后溃堤一样，这和气候等自然条件并无干系。溃堤之后河水向西南方向奔流，因为西南部是农耕地带，物产丰富，贸易兴盛。在生产效率上，农耕社会的确比以狩猎为生的部族要高得多，而蛮族也并不是因为生性勇猛才发动侵略，而是因为他们本身生产水平低下，所以才南侵。

而在罗马帝国的东方之所以没有出现这种现象，完全是因为有帕提亚王国像一面盾牌一样挡在那里。

亚洲同样有蛮族，他们向西南进攻也是经常的。但是相比于欧洲蛮族以罗马为目标，亚洲蛮族瞄准的则是中近东最富裕的帕提亚。罗马帝国自奥古斯都以来对帕提亚的政策完全正确，他们以帕提亚为假想敌，长年不懈地坚持防备，时而动用军事力量出击牵制，却始终保持在帕提亚王国不至崩溃的限度上。对罗马而言，帕提亚王国只要不向自己境内进攻，它的存在利大于弊。

至于帝国南部北非地区的防卫，原住民没有能力组织大军越过沙漠进击，因而不成问题。因此，罗马帝国的蛮族政策，重点都是如何抵御来自欧洲北部的侵袭，而实际承受这些压力的，就是莱茵河、多瑙河以及不列颠的哈德良长城。罗马常驻不列颠的三个军团也不仅仅是防备哈德良长城以北的喀里多尼亚，斯堪的纳维亚半岛上也有很多蛮族会渡过海峡，侵入苏格兰，进而南下袭扰罗马帝国。

公元前 102 年，罗马在马赛以北 20 公里处展开了有名的“埃奎亚塞克斯提亚之战”。这是罗马首次采取真正的对抗措施。执政官马略率领的罗马军队将 10 万多日耳曼人打得落花流水，取得了压倒性胜利。但是，面对当时入侵的 30 万蛮族，仅靠这一次胜利还不足以彻底解决问题。因为如果把从法国南部入侵意大利的 10 万日耳曼人算作第一阵营的话，那么还有 20 万人的第二阵营经由瑞士南下，一直推进到了意大利北部的波河。战争持续到第二年，即公元前 101 年，直到彻底战胜了这支敌军之后，意大利才终于从蛮族入侵的恐惧中解放出来。关于公元前 2 世纪末的蛮族入侵，我在《罗马人的故事 03 · 胜者的迷思》中已经有详细讲述，这里我们只做简要的说明。

讲述罗马与蛮族的关系，绝不能遗漏尤里乌斯 · 恺撒在公元前 1 世纪中期进行的高卢战争。

这次战争不但没有像马略那样仅是击退来敌，而且也没有单纯停留在未受侵犯却主动出击，最后征服高卢使之成为罗马的行省的高度上。蒙森曾评价恺撒，说他是“罗马唯一的创造型天才”。我也同样认为，详谈恺撒需要贯穿整个罗马的历史，因为他为罗马后来的统治者提供了指引，而后来的罗马统治者也都基本遵循着他的理念。

恺撒认为河流比山脉更适于防卫，用远征显示了对不列颠的占领是高卢甚至整个帝国西部安全不可或缺的组成要素，并且他还用具体事例说明，在蛮族的应对策略方面，不应该只是击退，还应该注意同化对方。

恺撒把莱茵河确定为防线，西侧是归顺罗马的高卢民族，东侧则是持敌对态度的日耳曼民族。然而在公元前 1 世纪，已经有很多日耳曼人侵入莱茵河以西并定居下来。当时被罗马征服的高卢人希望恺撒能帮他们把敌对已久的日耳曼人赶回莱茵河东岸去，可是这种希望最终落空，恺撒允许已经移居西岸的日耳曼人继续存在下去。

到恺撒的后继者奥古斯都将整个高卢划分为六个行省时，之所以把靠近莱茵河的两个行省分别命名为“低地日耳曼”和“高地日耳曼”，也是因为这两个行省的居民属于日耳曼民族。也就是说，早在公元前 1 世纪，日耳曼人就已经在莱茵河两岸定居了。从民族性的角度讲，现代德国的领土跨越着莱茵河是理所当然的结果。当然，在罗马时代，罗马化的日耳曼人和非罗马化的日耳曼人是截然不同的。例如，是罗马人移植了葡萄，因而摩泽尔葡萄酒的产地也位于莱茵河西岸的罗马境内。

当然，尤里乌斯·恺撒的功绩不止于此。乌比人是日耳曼的部族之一，虽然居住在莱茵河东岸，但是和那些大张旗鼓地反对罗马的其他部族相疏离，结果遭到其他部族的攻击，失去了居住地。恺撒允许他们移居到现在的科隆一带。乌比人不但亲罗马，而且是日耳曼民族中的强大部族，这更使恺撒坚信自己的政策是行之有效的。现在的波恩和美因茨等大都市都是从罗马的军团基地发展而来的，只有科隆不是这样。这里最初只是日耳曼的一个部族聚居地，幸亏战略位置重要，在奥古斯都时代由皇帝的得力干将阿格里帕安排退役的军团兵迁入开垦，最终变成莱茵河沿岸的大城市。开垦地的拉丁语为“科隆尼亚”，按德语发音就是“科隆”。

恺撒的这项政策不但为开国皇帝奥古斯都所遵循，而且被第二代皇帝提比略继承。阿格里帕死后，提比略代之而成为奥古斯都的左右手，而现在多瑙河南岸的大城市，绝大部分是他开始建设的。当时他也没有用种族作为亲罗马和反罗马的划分标准。已经居住在那里的人只要愿意接受罗马的统治，就属于亲罗马一方，当时尚未定居，但也愿意服从罗马命令的，也可以移居到多瑙河南岸的罗马境内。故而多瑙河的南北两岸和莱茵河的东西两岸情形相同，即用河流把罗马化的日耳曼人和非罗马化的日耳曼人区分开来。

在整个地区推行同化政策的，是图拉真皇帝。他征服了达契亚并将其列为行省。总之对罗马人而言，只要接受帝国统治，在帝国境内生活，种族差别根本就不是问题。

马可·奥勒留无疑也继承了这种思维。不过到了他的时代，真正的问题在于，蛮族入侵的性质已经发生了变化。公元 5 世纪灭亡罗马的伦巴底、哥特、汪达尔等蛮族的名称，已经犹如远方的雷声，滚滚而来了。

时代的变化

公元 171 年，在多瑙河前线，马可·奥勒留迎来了 50 岁生日。从登上帝位开始计算，10 年过去了，但马可对人的态度没有发生丝毫改变。苏维托尼乌斯在《罗马十二帝王传》中这样描写马可：

在做出决定前，无论是军务还是政务，他都注意倾听相关专家的意见。这是皇帝的风格。对于那些抱怨他拖泥带水的人，他经常这样说："相比于让朋友们简单地服从我个人的意见，先听听他们的想法，然后再做决定，难道有什么不对吗？"

并且，由于倾向于自己的哲学（斯多葛学派），无论身处军旅还是日常生活，他都严格自律。这种严格甚至经常招致部下的批评。心怀意见的人可以当面堂堂正正地展开批评，而皇帝也有条有理地进行反驳。

马可在《沉思录》中也讲述了别人批评他像位教师。

不过有一件事，他一直坚持自己的主张，那就是对将军们给他的"前线太危险，应该返回首都"的忠告，坚决给予拒绝。

公元 171 年，马可 50 岁，在这一年里，他第一次开始亲自接见蛮族的代表。很多部族使节会渡过多瑙河，拜访驻留在卡农图姆军团基地中的马可。这些人向马可提出了如下愿望，按照来源的不同，大致可以分成三大类：

第一种——蛮族提出的。

停止侵略，准备与罗马皇帝讲和。他们将来如果能与罗马结盟，愿意今后站在罗马一边，阻止经常觊觎罗马的其他日耳曼部族，可以成为帝国防线的最前沿。不过这需要罗马提供资金帮助。如果罗马不接受这种建议，那么他们恐怕只能继续开展敌对行动。

第二种——在多瑙河中游北岸居住着马科曼尼、雅兹盖斯和库瓦迪三大部族，这种方案是由库瓦迪人提出的。

和罗马建立友好关系，如果成功，库瓦迪人愿意解除与马科曼尼人的联盟，自己的马匹和家畜只卖给罗马军队，遣返所有逃兵，先返还 1.3 万名成为俘虏的平民，其余的将逐渐返还。希望罗马保持开放集市的习惯做法，他们可以渡过多瑙河卖出土产，购买其他必需品。

第三种——这不是大部族的建议，而是中小部族提出的方案，或者也可以说是一种请求。在多瑙河北岸，即使只计算罗马防线正面的部族，大大小小加在一起就已经超过了 10 个。

他们同样遭受来自北方的侵略，要么坐以待毙，要么只能逃往罗马境内。如果罗马能保证他们维持生活的土地，他们愿意终止迫不得已的暴力入侵。

那么，和顾问及部下商讨之后的马可是怎样对待这些提议的呢？

首先第一种，同意媾和，提供他们要求的资金援助。用昨天的敌人去阻挡今天的敌人，如果顺利的话对防卫力量是一种增强。马可虽然对希腊哲学很狂热，但面对这种情况却保持着罗马式的理性。不过具体到这个建议，资金援助的数额只能增不能减似乎是命中注定的。

对待第二种提议，因为对方是强大的部族，必须态度谨慎。

皇帝同意购买对方的马匹和家畜，当然也接受逃兵的遣返和平民俘虏的归还，但是不许库瓦迪人进入罗马境内参与集市贸易。无论是想讲和的库瓦迪人，还是明目张胆反罗马的马科曼尼人，同样都属于日耳曼民族。对罗马的军团兵而言，他们从外貌到语言都相同，无法区别，绝不能让马科曼尼人冒充库瓦迪人混杂在集市的人群中，乘机刺探罗马方面的防卫设施和军粮补给状况。

话虽如此，不过如果终止贸易关系的话双方的经济都难以维持。在幼发拉底河防线自不待言，就是在与经济落后的日耳曼民族相对峙的防线上，罗马帝国也没有让内外完全隔绝，而是利用共同的经济关系保持着一定程度上的内外交流。这也是罗马帝国的基本国策，因为只要存在着有利因素，对方就不至于做出过激举动。而既然罗马与缔结了友好条约的蛮族之间一直保持着这种传统往来，此时也不能只把库瓦迪人排除在外。用小船载着一家老小渡过多瑙河，到罗马境内赶集，除了货物的买卖以外，还是一种近乎娱乐的活动。如果连这都加以禁止的话，对方有可能认为自己遭受了侮辱。

同样，罗马军队正在准备在来年春天展开大规模攻势，对象就是马科曼尼人，此时绝不能让他们的密探靠近罗马领地。

皇帝马可告诉库瓦迪人的代表，接受议和请求，不过在对方和马科曼尼人断绝关系的行动得到确认之前，对议和条件之一的开放集市，还暂时不能答应。言外之意，这项内容以后可以修正。

和谈成功了。对这一时期的罗马而言，与库瓦迪人的议和意义非凡。

粗略地分析，公元 2 世纪后半期多瑙河中游一带的形势如下：

沿着多瑙河，右岸依次是奥地利首都维也纳、匈牙利首都布达佩斯、原南斯拉夫首都贝尔格莱德。这些城市起源于罗马的军团基地，在罗马时代都是前线。而日耳曼民族则居住在多瑙河左岸，维也纳对面的是马科曼尼人，布达佩斯对面的是库瓦迪人，贝尔格莱德对面的是雅兹盖斯人。与库瓦迪人媾和的实现，就等于将蛮族的共同阵线从中间腰斩。实际上，到了次年，即公元 172 年，罗马军队大举进攻，一路从维也纳出发，另一路从贝尔格莱德出发，两路人马同时越过了多瑙河。

那么，现在还剩下第三种提议。马可如何处理蛮族提出的向罗马境内移居的请求呢？尤里乌斯·恺撒已有先例，允许日耳曼人的乌比人移居，最终发展起了科隆，马可·奥勒留也同样允许了这些人移居到罗马帝国境内。因为都是些中小部族，不但可以在达契亚、默西亚、潘诺尼亚等各个行省内分别划拨土地，而且也可以让他们前往低地日耳曼和高地日耳曼两个行省定居。不管怎么说，在莱茵河和多瑙河沿岸的这些行省，居民和他们的生活习惯原本就属于日耳曼民族。皇帝预计他们会像已经罗马化了的当地居民一样，也实现罗马化，而在这种情况下的罗马化，其实是“农耕化”。

虽然向这些地方的移居行动取得了成功，但马可还考虑了一处移居地。那就是意大利本土的拉文纳。蛮族虽然移居到了拉文纳提供的近郊土地上，但整个行动完全失败了。拉文纳和那不勒斯附近的米塞诺一样，是罗马帝国的两大海军基地之一。这就如同把吴或佐世保（吴位于日本广岛湾东岸，第二次世界大战前为重要军港。佐世保位于日本长崎县北部，第二次世界大战结束前以海军城闻名。——译者注）近郊的土地拿出去供别人耕种一样。无论在哪一方面，移民和附近居民的差距都太大了，这绝不仅仅是民族、语言或生活习惯上的不同，而是在生活水准上有巨大差距。我们不明白马可为什么要做出这种决定。可能只是出于单纯的善意，或者也想让蛮族生活在意大利人中间，以使习惯了和平的本国人有所警醒。

总之，结果是狼狈不堪，连一年都没到就已见分晓。移民们成群结队袭击了拉文纳城区，烧杀劫掠，无恶不作。直到镇守阿尔卑斯和意大利本土的部队赶到，才好不容易将他们镇压下去。然而此时，拉文纳居民的不满已经转向了做出这一决策的皇帝。马可也不得不承认自己的错误，将移居到拉文纳近郊的日耳曼人全部赶出了意大利半岛。我们不知道这些人究竟去了哪里，罗马大概是提供了和其他移民相类似的土地，让他们第二次移居。

有那么几位后世的历史学家，喜欢批判马可此时的政策，认为这是罗马帝国蛮族化的发端。可是，坚持这种观点的学者大概没有想过，早在罗马帝国建立以前，尤里乌斯·恺撒就已经开创了这种“蛮族化”的先例。纵然我们不去争论什么罗马的蛮族化和蛮族的罗马化，只要击退入侵蛮族就算万事大吉的时代也都一去不复返了。

那么，处于时代变化中的马可本人也应该意识到这一点了吧？

或者他还没有意识到？

又或是他在公元 172 年真正开始第一次日耳曼战争时还没有意识到，但到 6 年之后的第二次日耳曼战争时就已经意识到了？

罗马皇帝是罗马军队的最高负责人，如果此人身在前线，那么整个战线的战略都由皇帝亲自决定。可战略并不是只靠正确把握现状就能够确立的，而需要将过去、现在和将来全部纳入视野，将各种因素综合考虑。否则即使取得胜利，也难以有效利用胜利成果。如果没能有效利用胜利成果，那么战争虽胜犹败。这种意识上的“自觉”的重要之处，就在于它正好可以作为一贯战略的支柱，如果这种“自觉”的战略支柱没能确立，那么战争就很容易陷入长期化。不但是遭受攻击的一方，对进攻的一方，战争也是一种“恶”。因为是“恶”，所以尽早地结束战争的确就是“善”。

马可·奥勒留也没有忘记这一点。为尽早结束战争，罗马军队的传统就是投入大军一蹴而就。为此，马可的准备工作在三年之前就已经开始了。

罗马军队的主力是军团兵。即便在平时，一个军团的 6 000 名士兵中，也需要保持 250 名左右的补充兵员，因为随时都会有 20 年服役期满的人脱离队伍。不过在公元 170 年的时候，补充兵员是平时的两倍。因为在帕提亚战争时，罗马军队远征东方，带回的瘟疫造成了减员，一年前克劳狄乌斯·弗龙托战死时也造成了兵力折损。罗马实行募兵制，需要花费时间等待志愿者的到来，所以不能保证及时补足缺额。为达到目的，马可也只好开始不择手段。

首先，他在军团兵的辅助力量辅助兵中选择出色的人，提拔为军团兵。因为成为军团兵的条件之一是拥有罗马公民权，所以来自行省人民的辅助兵在编入军团时，都被授予了罗马公民权。

这样一来，又需要补充辅助兵部队的空缺了。这时马可甚至接受了奴隶之中的志愿者。行省出身的辅助兵在25年的服役期满后就能得到罗马公民权，马可承诺奴隶也享有同等待遇。

这一点在普通公民中间也议论纷纷。把奴隶编入罗马军队是布匿战争时候的事，当时和迦太基名将汉尼拔进行殊死决战的罗马派上了全由奴隶组成的两个军团。那时罗马正处于生死存亡的紧要关头，可是380年之后，历史在重演，也难怪平民大为震惊。

可是，纵然奴隶愿意去服兵役，也只能在获得其主人的允许之后才可实现，这样这项政策的效果就大打折扣了。于是马可接下来又为角斗士开辟了应募的道路，可他们又都是舞枪弄棒的高手，从事着当时的热门职业，收入相当不错，很少有人愿意抛家舍业投身军旅。结果，屈指可数的应募者都是被服役期满即给予解放奴隶资格的待遇吸引，他们是奴隶之中的角斗士，而且是二流水准。我总觉得，马可的这些措施都是在隔靴搔痒，可能他也是病急乱投医吧。

不过，在马可这一时期的政策中，倒是有两项效果斐然：

第一，新设了由山贼组成的部队。皇帝贴出布告，凡有山贼肯投降去服兵役者，即可不问前罪。山贼们纷纷响应。其实这未必是山贼们愿意以后生活在阳光之下，所以痛改前非了，而是因为在烽烟四起的战乱年代，盗贼的营生也很艰难。

第二，把因各种缘由脱离自己部族的日耳曼人组织起来形成部队，他们并不是正规军，而是作为雇佣兵编入罗马军队。

尽管如此，和当年与汉尼拔进行殊死决战的罗马统治者一样，马可·奥勒留也没有接受17岁以下的少年志愿者。很久以来罗马人就坚信不疑，未来的罗马公民的成长，必须要有一个非常适当的环境，因此罗马军队中没有童兵。

组织军队并使其发挥作用，还需要庞大的资金。先帝安敦尼临终时留下了富足充实的国库，这并不只是因为他治国有方，还因为在他任上不曾发生过战争。无论结局胜败如何，只要开战就要花钱。

因此，马可需要大笔的军费，可是他还不想提高税率或者临时征收特别税。同时代的历史学家列举出了下面这些理由：

第一，避免招致纳税人的批评。

第二，增税阻碍社会生产。

第三，皇帝应该率先垂范。

于是马可决定拍卖皇宫中的收藏品，这并不是出售皇帝的私人物品。在皇帝的周围，自然会积攒着其他国家的王侯或部族首领赠送的礼物。即使到今天，各国王室或总统、首相之间也仍旧保持着相互赠送礼物的习惯，这些赠品的所有权往往很模糊。在罗马帝国，这些物品属于皇帝，也就是属于国家。马可决定出售的就是这些东西。《罗马十二帝王传》记录了当时的情形：

> 在首都罗马最宽阔的神君图拉真广场上，展示出了众多的皇宫物品。黄金和水晶制作的摆件、填充着阿拉伯香料的大壶，还有很多装饰皇宫的美丽花瓶，以及无疑是赠予皇后的丝绸和布满刺绣的布匹。其中最大放异彩的，是在最近偶然找到的，是当年哈德良皇帝的珠宝首饰收藏品。
>
> 将这些收藏品全都拍卖完毕，竟然花费了整整两个月！在此期间，罗马境外的买家也加入进来，买走了很多豪华收藏品。皇

帝与众人约定，当与马科曼尼人的战争结束后，只要买家提出要求，皇帝可以把藏品赎回。不过，似乎没有人有此意愿。

另外，编年史的作者和其他历史学家都不曾注意，皇帝马可还施展了另一种调动资金的办法，那就是虽然幅度微小，但金币和银币的重量都被削减了。当时的人们都没有注意到，因为削减的分量的确微乎其微。如果削减过多，货币的价值就会下跌。

直到盛行研究罗马货币的现代，人们才发现了这个秘密。我们对货币这种反映时代的一级史料抱有强烈的兴趣，终于注意到了五贤帝时代唯一的一次货币缩水。不过，考虑到马可·奥勒留的名誉，我们必须强调，这次货币缩水是暂时现象，并非通货膨胀的征兆，4 年以后，货币又恢复到了原来的分量。

马可·奥勒留纪念柱

公元 172 年，万事俱备之后，第一次日耳曼战争终于开始了。有关这次战争的过程，说实话，我真的无法追寻。不但是我，别人也同样不明就里。历史学家卡西乌斯·狄奥虽然留有一些记述，却也只不过是战争进程中的片段集成，而不是前后连贯的战记。

可是，如果说恺撒留下的《高卢战记》为后世研究提供了方便条件，那么图拉真皇帝进行的达契亚战争也和马可的日耳曼战争一样面临着史料上的不利。然而后代的历史学家们仍旧能够追寻出达契亚战争的过程，因为只要从下向上沿螺旋方向依次研究图拉真记功柱上面的浮雕就可以了。我在《罗马人的故事 09·贤君的世纪》中就逐一解读纪念柱上雕刻的场景，用这种方法叙述了达契亚战争的进程。

马可·奥勒留也采用了和图拉真记功柱同样的形式，雕刻了一根记录日耳曼战争的圆柱，并且这根纪念柱的位置就位于现在罗马市中心，即首相官邸前面。但在这个地方是先有纪念柱，只不过到了17世纪，红衣主教琴奇有意借助纪念柱作景，于是在旁边建起宫殿，今天作为首相官邸使用。顺便说一下，在意大利，无论是报纸还是电视，都不称这里为首相官邸，而称“琴奇宫”。和马可的纪念柱相对照，图拉真记功柱所在的地区现在只剩下了一片遗址，从位置上看，还是“马可·奥勒留纪念柱”更容易吸引众人的目光。然而时至今日，关于图拉真记功柱的研究著作为数众多，而正式名称为“Columna Marci Aurelii”的马可纪念柱却有些落寞。

研究人员解释说，从艺术价值和历史价值上看，马可纪念柱比不上图拉真记功柱。

我们必须承认，艺术价值的确有所不如。一级的艺术品都是舍弃一切不必要的东西才能成立，而马可纪念柱上的浮雕场面过于拥挤了。其实如果真能把所有内容都体现在上面也不乏历史价值，可是在这一点上又不尽如人意。和图拉真记功柱相对照，即使从下向上沿螺旋方向探求马可纪念柱的浮雕的内容，我们对战争全貌也还是一头雾水。因为那上面全都是关系不明的战斗场面，即战争片段而已。

为什么会这样呢？如果从其他角度观察，可以找出以下原因：

在图拉真皇帝进行的达契亚战争中，真正投入重兵的时期可以分为两个阶段：第一阶段从公元101年开始，第二阶段从公元105年开始。但这两个阶段都是拉开战端一年之后很快就结束了，在第一阶段的公元102年和第二阶段的公元106年，图拉真皇帝在首都两次举行凯旋仪式。也就是说，无论是第一阶段还是第二阶段，都正好只用一

马可·奥勒留纪念柱（左边的建筑物为琴奇宫）

年时间就达到了战争目的。投入重兵的两个阶段加在一起，也仅有两年时间而已。

可是在马可·奥勒留进行的日耳曼战争中，我们观察其真正投入重兵的时期，从公元172年到174年年末是第一阶段，接下来因为我们后边要讲到的一种变故，不得不在公元175年到177年的三年间暂时中止军事行动。公元178年烽烟再起，到179年第二阶段的战争宣告结束。前后合计一共进行了5年，随后马可离开了人世。虽然目标近在咫尺，他却只能抱恨而终。如果把尽早结束战争作为对战争这种“恶行”所能做的唯一的“善行”，那么在这一点上马可·奥勒留是很失败的。

有些研究者认为，敌方日耳曼各部族受到从东北方向南下的其他部族的压迫，也就是说，他们前有罗马军队，后有日耳曼其他部族，遭到两面夹击，只能殊死抵抗，这才造成了马可的“迟缓”。可是，在图拉真东征的时候，达契亚国王德凯巴鲁斯也在破釜沉舟，拼死作战，他们也的确到了生死关头，对图拉真指挥下的罗马军队而言，对方绝不是束手待毙的敌人。

还有不少研究者指出，负责具体指挥的军团长等一干武将素质低下，造成了战争的拖延。其实这种观点也经不起推敲。帕提亚战争就发生在10年以前，罗马军队实际上只用了3年时间，不但横扫了亚美尼亚境内的帕提亚军，还攻入了帕提亚境内，一直把对方打得元气大伤，完全达到了当初的作战目的。当时无奈在前线做总指挥的皇帝路奇乌斯实际上等于不存在，而是军团长等一班指挥官根据自己的谋划将战争向前推进。即便过了50年之后，卡西乌斯·狄奥还指明，镇守前线的罗马军队仍在哈德良皇帝重新构筑的国防体制下充分发挥着自己的机能。这位历史学家本人曾任潘诺尼亚行省的总督，亲自指挥过3个军团，所以他的话具有非常高的可信度。而且，各军团的指挥官都遵从着最高司令官认可的战略采取行动，尤其在战时，更加强调这种指挥系统的统一。

日耳曼战争时，马可一直身在前线，而没有像路奇乌斯那样，到别处去避暑或享受温泉。这么看来，我们似乎只能得出皇帝马可作为最高司令官，其实欠缺相应能力的结论。历史学家蒙森谈到这一点时，也相当苛刻：

就本来的气质而言，马可·奥勒留的思考重于行动。

所谓思考，按照词典里的解释，指的是反复琢磨。其本身应该是一种值得赞赏的气质，可是到了需要随机应变和雷厉风行的战时，却容易成为一种缺点。亚历山大大帝曾说："战场是瞬息万变的世界，所以在战场上一切都要果断勇敢。"对马可而言，应变与果敢是最为无缘的两种气质。

但是，仅凭这些还是不足以解释日耳曼战争的"迟缓"，因为在挑起战端之前必须先拟定战略，就是要把所有的因素都置于脑海，经过反复思考才能确立。这时"思考"不但不是缺点，反而应该加分了。我认为，这种"迟缓"的真正原因，或许是马可·奥勒留这个人一直没能真正弄懂战争为何物。

马可·奥勒留纪念柱上的浮雕表现出来的"日耳曼战记"之所以和图拉真记功柱不同，而只是片段的集合，就是因为日耳曼战争本身就是由一些片段构成的。也就是说，这次战争并没有遵循着一个灵活机动的基本战略加以展开，而是由战线上各处发生的战斗组成的。这是一场没有战略、只靠战术蛮干的战争。除了方法拙劣，别无其他。

这个问题和马可本人的诚实担当毫无关系，我们一言难尽的只能是无限的遗憾，或者只能对人性的复杂发出叹息。而马可自身苦恼的产物《沉思录》，也是在这个时期开始动笔的。

我总觉得，应该先从宏观角度去观察日耳曼战争。很多历史学家想只靠具体史料就展开说明，可是那些东西无论读多少都很难把握战争的全貌。这就好比端着望远镜，一圈一圈地围绕着马可·奥勒留纪念柱观察上面的螺旋状浮雕，最后只能绝望地叹息："这究竟表现了什么呀？"当年我用这种姿势望到第三天的时候，招来了首相官邸警卫的盘问。总之我认为，对于马可任统帅的日耳曼战争，最好还是先了解这种战争的性质，然后再去接触具体史料，这样更有利于认识它的全貌。

有一件事情忘了说明，现在可以补充，就是我们能不能分别用一个词来表现图拉真记功柱和马可·奥勒留纪念柱？这也是我围绕着纪念柱漫步时想到的，图拉真记功柱的浮雕是"realistic"（现实），而与此相对，马可·奥勒留纪念柱上的浮雕则是"pathetic"（感伤）。情感的过剩，不但在政治和军事方面是个缺点，在艺术上也会形成不足。

多瑙河战线

公元 172 年，罗马军队渡过了多瑙河，向北进攻。本来罗马方面是展开攻势的一方，可实际上却吃了个败仗。我们不知道当时罗马军队采取的是什么策略，但既然皇帝亲征，近卫军团肯定也加入了战线。结果他们与敌人发生激战，近卫军团长官维狄克斯阵亡。马科曼尼人满足于既有战果，撤退而去。罗马军队要职一定会安排离职代理，指挥官的阵亡并不意味着全面溃败，但失败就是失败，并且军事上的失败必然导致政治上的颓势。在前一年刚刚议和的库瓦迪人看到马科曼尼人取得了胜利，就立刻毁弃和约，重回日耳曼阵营。罗马本来已经把日耳曼各部族形成的同盟战线拦腰斩断，可是不到一年时间，这条同盟战线又重新连接了起来。

由于上述原因，这一年罗马军队始终焦头烂额。下面介绍的，是卡西乌斯·狄奥曾写下的一个片段。当时雷雨的出现被视为奇迹，也表现在了纪念柱上：

> 这是罗马军队在一次转战中陷入的危机。最后之所以柳暗花明，只能说是承蒙诸神的恩典。精于骑术的库瓦迪人把罗马军队逼到了对他们有利的地形，形成了对罗马军队的包围。罗马士兵于是把盾牌排得密不透风，勇猛地抵挡着来自侧面和上方的攻击（这是罗马军团的典型战斗队形之一，叫龟甲阵形）。
>
> 蛮族见状，索性停止进攻。他们以为，平原上无情的烈日和酷暑造成的干渴会消耗罗马士兵，只要耐心等待，对方只有投降一途。而罗马军队完全陷入包围之中，无法向附近的河流转移，更何况蛮族还占有数量上的优势。
>
> 罗马军队陷入极为艰难的境地。疲劳与伤痛几乎无法忍受，再加上炽热的太阳和无声的焦渴，既不能进攻，也无法后退，只能在太阳的炙烤下保持原地不动。
>
> 可是就在这时，天边出现了乌云，紧接着电闪雷鸣，倾盆大雨不期而至。罗马士兵都打开盾牌，面向天空，让雨水打在脸上，流进口中。然后他们用头盔和盾牌内侧承接雨水，供给伤员和马匹饮用。

龟甲阵形（马可·奥勒留纪念柱上的浮雕）

看到形势突变，蛮族冒着暴雨再次展开进攻。罗马士兵一边喝着雨水，一边迎击，就连伤员也都吞咽着头盔上流下的雨水和额头上流下的血水投入了战斗。

暴雨和雷电也同样笼罩着敌人，可是此时阵脚大乱的，却不是罗马士兵，而是蛮族。……

恪守军规的习惯和终日训练的结果，在这种情况下开始显现出了真正的价值。改换了阵型的罗马军队成功扭转了战局，最终取得了这一天的胜利。

在这一年年底，罗马军队终于战胜了马科曼尼人。罗马元老院授予前线的皇帝“日耳曼尼库斯”的尊称，意为“日耳曼征服者”，这个尊称同时也颁发给了马可 11 岁的儿子康茂德。或许是意识到了自己国外经验的欠缺，皇帝马可把自己唯一的儿子带到了多瑙河前线。然而，元老院的决定还是有些过早，公元 172 年的罗马军队苦战恶斗，实际上是因为好不容易战胜了日耳曼民族中的马科曼尼人和库瓦迪人，终于挽回了一些颜面。

而在这一年，帝国的东方也在暗流涌动。

埃及实质上由居住在亚历山大等城市的希腊人和犹太人管理，而罗马则支配着这些人。也就是说，原来的埃及人被这些受罗马掌控的希腊人和犹太人统治。在主导埃及传统宗教的祭司们的煽动下，这些埃及原住民举行了暴动。虽然暴动针对的是住在埃及的希腊人和犹太人，但命中注定，事态的发展还是会指向掌控经济的这两个民族背后的罗马。不管怎么说，埃及是罗马的行省，因而维持此地的治安是罗马的责任。

于是为了镇压暴动，罗马决定出动驻扎在东方的军团。然而，从当初埃及托勒密王朝的末代女王克娄巴特拉向罗马军队投降时起，埃及就并不归以元老院和公民为主权者的罗马帝国领有，而是罗马皇帝的私人领地。之所以如此，是因为埃及有着特殊的状况。在号称“神之子”的女王克娄巴特拉之后，如果改由元老院和公民这些“人之子”来管理，那么对习惯于“神治”的埃及人的刺激就过于强烈了。

刺激过度是领有和统治的大敌。因此，由神君恺撒的养子即“神之子”奥古斯都来做主权者，比较适合于对埃及实施统治，元老院也同意了这一点。

由于这种特殊状况，唯独埃及成了罗马皇帝的私人领地，这导致了驻扎在其他罗马领地内的军团无法向那里派遣。埃及没有行省总督，而是由长官带领一个军团常驻，足以维持一般的治安，直到公元172年发生了这次暴动。

多瑙河畔的马可接获报告后，决定一举解决此事。他命令在帕提亚战争中大显身手并在战后升任叙利亚行省总督的亚维狄乌斯·卡西乌斯，率领属下的两个军团向埃及进发。但是，“神治”下的埃及还是很特殊。在埃及出任要职都由皇帝亲自任命，可以说元老院元老也只是一般官吏，如果没有皇帝的许可，他们连入境都不可以。而对于出身于仅次于元老院阶级的骑士阶级的人而言，如果能够成为埃及的长官，应该就是从政的顶峰了。亚维狄乌斯·卡西乌斯已经是行省总督，在元老院也拥有一席。

在不触犯既有法则的情况下，派遣卡西乌斯的最好办法只有一个，那就是让他从叙利亚行省总督升任为帝国东方全区的总司令官。这一职位和帕提亚战争时皇帝路奇乌斯的地位相当，尽管只限于东方，但地位仅次于皇帝。

罗马人是“法之民”，在做出决策时，无论如何都要追求法律的正当性。如果不能保证法律上的正当性，那么他们就制定新法来保证这种正当性。毫无疑问，为卡西乌斯升职既不需要制定新法，也不必拿到元老院去请求通过，只需要把以往的法律扩大解释就可以了。

被任命为东方全区总司令官的卡西乌斯十分漂亮地完成了任务。他不但迅速镇压了埃及的暴动，而且没有招致当地居民的愤恨。埃及境内的希腊人也好，犹太人也好，或者是原住民也好，都对卡西乌斯评价极高。而在镇压了暴动之后，皇帝马可也没有变更返回叙利亚行省的卡西乌斯的职位。结果这个问题在三年之后引起了灾难。

公元 172 年东方的另一次变故发生在亚美尼亚境内。罗马和帕提亚一直争相拉拢亚美尼亚王国，罗马有帕提亚战争的成功，亚美尼亚的王位还是由帕提亚王室的亲罗马人士担任，可在宫廷内部依然存在亲帕提亚派。这些人瞄准了罗马大军都集中在多瑙河前线的可乘之机，企图发动政变。但这件事能在尚未发生之前就得以迅速解决，全赖临近亚美尼亚的卡帕多西亚行省总督马尔提乌斯·维尔斯高超的外交手腕。罗马的武将中不乏文武双全的人，历史学家卡西乌斯·狄奥这样描写他：

马尔提乌斯不是一个只会利用军事力量压制敌人的人。的确，他的快速进攻和出其不意总是让自己占据主动，这些武将的看家本领是他力量的基础，不过，他还非常善于不战而屈人之兵。

他能敏锐地看穿对方究竟想要什么，然后用真挚的言语商谈条件。他生活简朴，但对别人的馈赠常令东方人都瞠目结舌。最重要的是，他的话总是让人对罗马抱有希望而不是绝望。

接触到他的人，很难把眼前这位言语热情、态度温和的人和战场上那位叱咤风云、激励士兵的武将联系起来。他的言语和态度充满魅力，即使对面的东方人暴跳如雷，他也能使其平息怒火。他深知什么时候该对谁循循善诱，什么时候该对谁一掷千金。

但即便他万般低调，对方也无法忘记战场上的他活力四射，行动积极。因此，所有的人都愿意和他放弃敌对，开展合作。

转眼到了公元173年，如上所述，东方的局势逐渐稳定，但西方的日耳曼战争仍在紧锣密鼓地进行。

依照握有铸币权的皇帝马可的命令，罗马铸造发行刻有“征服了日耳曼”（Germania subacta）字样的货币，再加上罗马元老院做出决定，将“日耳曼尼库斯”尊称授予马可，两件事都是有着确切证据的历史事实。因此，如果只根据确凿的史实去阐述历史的话，公元172年的日耳曼战争是以罗马方面的胜利宣告完结的，可是无论史实多么真实可信，我们仍旧不能忽略对其背后内容的探究。

也就是说，盲目相信容易使自己走进牛角尖。如果不想自掘坟墓，那就应该进行跟踪调查，参考调查结果去发现材料背后的内容，另外也需要一定程度的“人性之恶”。“人性之恶”的我通过阅读史料，发现元老院的决议是当时罗马屡次出现的对皇帝的谄媚行为，而货币的发行则是深谙事实的马可在提振民心。

为什么这么说呢？因为如果依据史实所表现的那样，公元172年的战争以胜利而告结束，那么第二年即173年就没有必要改变作战方针。然而罗马却改变了策略，从上一年的全线作战变成了各个击破。

尤里乌斯·恺撒早就看透了蛮族的特性，后来的罗马皇帝们也因袭了这种思维，就是蛮族不善团结协作。故而后世有名的“divide et imperi”（“分而治之”）就逐渐被确定为罗马的对外政策。公元172年，日耳曼各部族虽然结成了共同战线，但他们并没有团结在同一位领袖周围共同对抗罗马。

在这种情况下，罗马采取的战略应该是先各个击破，然后再全面

刻有“征服了日耳曼”字样的铜币

进攻，可是当初罗马为什么反其道而行之呢？

罗马在宽阔的平原上拉出大军展开会战，能够发挥出无与伦比的力量，因为这种方式的战斗可以充分运用战略战术，与敌军面对面的大会战也能发挥出军令严明和日常训练的效果。相反，罗马军队很不擅长同蛮族战斗，因为蛮族本来就没有什么一贯战略，当然也就无从把握。在这种情况下的有效办法，就是恺撒曾经施展过的策略，即先迫使敌军集结，然后予以打击，最后取得巧妙绝伦的战果。这样一来，敌方叹服，连未曾加入战端的人都会在胜利者面前低下头来。一次这样的会战，能在尽量减少敌我双方牺牲者数量的情况下达到战争目的，是非常合理的手段。之所以也要减少敌方的牺牲，是从胜利后统治管理的角度加以考虑的结果。不过即便是恺撒，在阿莱西亚攻防战之前采用的也都是各个击破的战术。

但话又说回来，能在一年里就发现战略方面的失误，对马可和罗马二者而言都是很幸运的事。公元 173 年的战役，首先限定在了雷根斯堡到布达佩斯之间的多瑙河北岸，敌人仍旧是马科曼尼和库瓦迪两大部族，不过发生变化的是，这次罗马军队并没有直接进攻这两大部族，而是首先把矛头对准了他们旗下的中小部落。马科曼尼和库瓦迪两大部族的专横跋扈也是因为有下面这些中小部落为之张目。如果能将他们各个击破，大部族也就无所谓大了。毋庸置疑，罗马的战略就是要先砍掉敌人的爪牙，然后再集中力量一举击溃。我之所以在这里强调“毋庸置疑”，是因为我们并没有连贯的战记和记述战略的史书，而仅是凭借想象，根据前后的战况，推测出 173 年罗马军队的战略就是如此，并且也已经取得了成功。

以往罗马军队的作战方式，是由重装的军团兵、轻装的辅助兵以及机动部队骑兵组成 6 000 人的军团，在军团长的率领下冲锋陷阵。可是这一年罗马改变了做法。各军团分成不同兵种的几支部队，任凭他们分别进击各个中小部落。在公元 173 年的一整年里，由皇帝担任议长的总参谋部可能都在指挥这种作战。

还是因为缺乏战记，从纪念柱上也难以找出更多的东西，所以我们无法获知这种新战略的具体成果。不过倒是有一份历史学家遗留下来的资料。率领骑兵团的瓦莱利乌斯・马克西米亚努斯，和敌方纳利斯提部落的酋长单打独斗，最后杀死了对方。蛮族失去了首领，四处溃逃。纳利斯提部落是马科曼尼人的一支，他们脱离战线是对马科曼尼人势力的削弱。皇帝马可特地把全军召集到一起，在众人面前高度赞扬了骑兵团长马克西米亚努斯立下的军功。

这时的马库斯・瓦莱利乌斯・马克西米亚努斯应该在 40 岁左右，出生于潘诺尼亚行省，本来是个行省居民，应该属于罗马军队中那种身经百战苦熬出头的人物。在帕提亚战争中，他崭露头角，表现突出，于是在日耳曼战争中负责指挥骑兵团。他的第一乌尔庇亚骑兵团驻扎在阿拉波那，正好位于维也纳和布达佩斯两大军团基地之间。今天这个地方是匈牙利的杰尔，当然也濒临多瑙河。

此人就是电影《角斗士》中主人公的原型。因为马克西米亚努斯这个名字过于拗口，电影将其改为马西墨斯。不过此人后来成为角斗士的情节则是虚构的。尽管是虚构，但我们分析他被虚构的原因也同样大有裨益。关于他以后的故事，我们还将在皇帝康茂德的篇章里继续讲述。

关于公元 173 年的战果，我们只知道这些，但各个击破的策略无疑是成功的。因为无论是马科曼尼人还是库瓦迪人，或者是没有和罗马军队发生激烈冲突的雅兹盖斯人，都纷纷来向皇帝马可求和。有着库瓦迪人不到一年就反目的前车之鉴，马可认为蛮族无法信守和约，一度严厉拒绝。当然，皇帝最后还是接受了对方的请求，讲和了。

和谈的第一项条件，双方交换俘虏。

第二项条件，是在多瑙河北岸设置 5 罗马里 [milia 一词是后代 "mile"（英里）的词源，5 罗马里相当于今天的 7.5 公里弱] 宽的无人地带。早在提比略皇帝当政时期，罗马就已经领有了莱茵河流域的西岸，在对面的东岸，罗马就设置了 5 罗马里宽的无人地带。不过，无论是莱茵河还是多瑙河，所谓无人地带指的都是"无蛮族人地带"，在每个要地都耸立着罗马军队的监视塔。在科隆那种城市的对岸，不但有监视塔，而且还建设了军事要塞。所有这一切就是为了及时掌握蛮族的动向。多瑙河流域设立无人地带的目的当然也是如此。

和谈的第三项条件，是罗马帝国和境外的蛮族讲和或签署友好条约时的必须条款，即对方可以参与罗马境内的集市交易。皇帝马可当然也认可了这一条款。然而，出于对蛮族强烈的不信任感，皇帝要求

罗马帝政时期的科隆（想象图，右侧为莱茵河）

在条款上明确，罗马方面拥有集市日对蛮族开放的区域和时间做出规定的权力。

尽管如此，蛮族方面还是获得了出入罗马集市的好处。在当时罗马统治无法到达的中欧腹地，今天仍能发掘出罗马货币。不过，和向罗马输出宝石、丝绢和香料的印度、中国和斯里兰卡等地出土的高面值货币不同，中欧发现的多数是低面值货币。我们可以据此推测罗马人向日耳曼人购买的货物档次。

尽管如此，和谈终于成功了。

或许这只是罗马方面的权宜之计。可是这一时期的罗马也的确需要议和，因为第二年，即公元174年，罗马军队又将面对其他敌人。在布达佩斯附近转弯南流的多瑙河与达契亚行省之间，居住着雅兹盖斯人，他们受到从北方南下的萨尔马提亚人的压迫，和罗马军队发生了冲突。罗马人将发生在公元174年的战争称为“萨尔马提亚战争”，其实敌人是雅兹盖斯人。对于驻留在卡农图姆军团基地的皇帝马可而言，这真令人心神不宁，而这一年的他已经50岁出头了。

因为罗马公民拥有向皇帝提起上诉的权利，所以皇帝的职位也有点接近于最高法院的大法官。历史学家卡西乌斯·狄奥这样描写这一时期的马可·奥勒留：

> 从战争方面的诸多事务中一脱出身来，皇帝就把所有的空闲时间都投入司法问题的处理上。这时他总要准备一个罗马法庭也使用的计时漏壶，所不同的是，他的计时漏壶总是灌了更多的水，因为皇帝对自己的要求并不仅仅是下达判决就万事大吉了。他自己口述需要在法庭上宣读的判决，同时用漏壶计算时间。因为他考虑到即便是在遥远的基地书写的判决，也都要送到首都的法庭上去宣读。皇帝不但精心控制法庭宣读判决的时间，而且在内容上也做到充分、透彻。他在检查以往的判决时，控辩双方的证词都无一遗漏。结果一个判决他就有可能花上十一二天时间，并且经常熬到深夜。
>
> 皇帝的工作态度已经不是“勤勉”一词所能形容，因为他坚信，自己下达的判决应该在任何人眼中都是公正的，也就是说，包括被告在内都要认为判决无可指责，所以他必须事无巨细、毫不疏忽。然而，这种性格也使皇帝总是字斟句酌，连遣词造句都要花上一天时间。力求公正的责任感以及洁癖一般的完美主义，都促使他一直坚持着这种繁重的工作。
>
> 在身体方面，皇帝远远谈不上健康。据说他最初来到多瑙河

前线时，就难以忍受当地的寒冷气候。当士兵队列严整地等待他出现时，他不止一次一言不发地就离开了。他食量极小，不到日落不肯吃饭，白天则什么都不碰，只是把一种叫"提瑞阿克"的药物溶在水里喝下去，而且这种药物他也绝不多用，可能是担心成为习惯。他一直有着胃痛和胸口痛的老毛病，药物可以缓解那些疼痛。据说只要一喝下这种药物，胃痛以及其他身体上的不适就都可以忍耐了。

卡西乌斯·狄奥是出生于小亚细亚的希腊人，他的著作是用希腊语写成的，但是这种名为"提瑞阿克"的药物用拉丁语表示也是"theriac"。皇帝马可的御医盖伦是罗马时代最有名的医学家，这是他为皇帝特别配制的药物，里面含有鸦片的成分。

据说马可曾一度停止该药物的服用，因为会嗜睡，可是停止服用之后，马可又发现自己变得失眠了，只好恢复服用。而盖伦也十分谨慎，既要使皇帝不致染上毒瘾，又要通过含有微量鸦片的药物缓解皇帝的疼痛以保证睡眠。由此看来，不但是整个日耳曼战争，就连马可·奥勒留本人，也都充满了悲壮感。

同样是在军事基地中生活，尤里乌斯·恺撒就截然不同。在高卢战争中的恺撒营区，每当冬季来临，偃旗息鼓，恺撒就宴请周围蛮族的首领和豪强，让他们观看士兵们表演的希腊悲剧。尚未开化的高卢人竟然要看古代文化精华的希腊悲剧，只要想象一下就令人不由得发笑。高卢人是因为受到了军事力量的钳制在勉为其难地坐在那里吧？或者他们真的是被未知的文化精粹吸引，尽管一头雾水却还是愿意陪伴在自得其乐的恺撒身边？

《高卢战记》里没有丝毫悲怆感，全书洋溢着的是作者兼主人公恺撒那压倒一切的自信。恺撒坚信，对罗马这个“共同体”（res publica）而言，自己做的一切都是有益的，能够做到这些的也只有他自己。这是一种如果再向前一步就变成了盲目自大的强大自信。尤里乌斯·恺撒和马可·奥勒留是罗马仅有的两位留下完整著作的最高统治者，这也让人不由得比较这两部作品的不同。是作者性格使然，还是时代的差别？

如果恺撒没有出现在公元前 1 世纪而是生活在公元 2 世纪，那么日耳曼战争的结果会发生变化吗？后世的孟德斯鸠评论恺撒：“无论率领什么军队都能获胜，无论诞生在哪个国家都能成为领袖。”如果由恺撒统领，公元 2 世纪后半期的罗马军队能取得对日耳曼民族的压倒性胜利吗？或者即便是恺撒，也改变不了当时多瑙河前线的形势？

公元前 1 世纪和公元 2 世纪还有一点不同。在恺撒时代，即便是总司令官也不能拖家带口地前往战地。法律并没有明文禁止，只不过是大家都没有家人陪伴，然而公元 1 世纪这种现象开始出现，到了公元 2 世纪就几乎成为常态了。

公元 173 年到 174 年的冬天，可能是担心丈夫的身体健康，皇后芙斯汀娜造访多瑙河畔的军营，嫁给潘诺尼亚总督庞培亚努斯的露西拉也与母亲同行。庞培亚努斯一直是皇帝的左右手。两个女人就这样留在了丈夫身边。我们前面已经讲过，留在丈夫马可身边的皇后被士兵们尊称为“基地之母”。阔别 5 年后，马可和皇后又重新开始了共同生活，他此时并不驻扎在卡农图姆军团基地，而是在多瑙河更下游的希尔米乌姆，因为战线已经从近潘诺尼亚移动到了远潘诺尼亚，相当于从今天的奥地利和匈牙利推进到了前南斯拉夫。希尔米乌姆并不是军团的常驻基地，但是相比于 80 公里以东的军团基地贝尔格莱德（前面“战争开始”一节说二者距离是60公里，原文如此。——译者注），这里北距多瑙河20公里，离前线更近。罗马人在第二年，即公元174年，展开了萨尔马提亚战争，总参谋部就设在这里。虽然儿子康茂德为了学业返回了首都，但妻子和女儿都在希尔米乌姆住了下来，也算是一家团圆。这就是和纯属男人世界的恺撒时代基地不一样的地方。而且到了帝政时期，就基地的规模和设施而言，已经完善到了足以接待妇女和儿童的水平了。

前线基地

军团基地的稳定化支撑起了帝政时期的防卫政策，实际上是将防线上一个个的据点罗马都市化。因此，以罗马时代为背景的好莱坞电影根本不能作为参考，那些电影中的基地简直和西部片里骑兵队的基地毫无二致。在当时的罗马帝国，即便是由行省人民组成的辅助兵部队的驻地也比电影里的规模大，并且里面还建造了很多永久性设施。如果说条件像电影里那么艰苦的，恐怕只有转战高卢各地，无奈在当地过冬那年的恺撒冬营地。进入帝国时代的罗马军团基地，甚至连辅助兵部队的基地，医院、剧场以及罗马式的浴场都相当完善。

而在军团基地，规模更大，设施也更为完善。和附近的维也纳与布达佩斯一样，皇帝马可长期驻留的卡农图姆也是第二代皇帝提比略创立的基地。但与后世的都市都建在维也纳和布达佩斯这样的罗马城市之上不同，卡农图姆距离现在奥地利的佩特罗内拉大约一公里远。随着发掘工作的进展，我们发现第十四杰米纳军团常驻的卡农图姆尽管是军团基地，但包含着如下要素：

长500米、宽400米（精确数据可能比此略小）的坚固城墙围绕着军营，除了面向河流的一面外，其他三面都是军团相关人员的居住区，称为“卡纳巴埃”。营区和“卡纳巴埃”形成了卡农图姆的一大支柱。穿过这一区域，沿着两边排有墓地的道路，可以通往原住民和退役军团兵家庭杂居的街区（地方共同体），这是卡农图姆的另一个支柱。以这两大支柱为两端构成一个圆形区域，因多瑙河流过，实际上是个半圆形区域，这就是军团基地卡农图姆。居住区“卡纳巴埃”和杂居区地方共同体分别建有供居民在紧急时刻集合的广场，还各有一个罗马式的大浴场，两个区域也分别都有斗兽场式的竞技场。只有一所医院，设在军营附近的“卡纳巴埃”地区，但比我在《罗马人的故事09·贤君的世纪》里介绍过的克桑腾军医院规模还要大。地方共同体常年开设贸易集市。也就是说，在防线上的每个战略要地建立的军团基地完全不是只有士兵，而是包括普通民众生活区在内的居民共同体。

正因为如此，这些军团基地才孕育出了后世的都市。古希腊人追求的是“真”与“美”，而古罗马人则追求“美”和“舒适”。追求舒适的结果，就是成就了街道、港口和上下水道等城市基础设施，如果后世又一次发现城市基础设施的重要性，也随时可以重建。总之，罗马人选择建设地域时，连地势因素都考虑了进去。顺便说一下，卡农图姆在罗马时代的重要性也能从圆形竞技场的规模上判断出来，虽然比不上维罗纳的竞技场，但比庞贝的要大。维罗纳和庞贝虽然是小城市，却位于意大利本土内，而卡农图姆则只是边境上的防卫据点而已。

希尔米乌姆并不是军团基地，所以没有城墙环绕着的军营，附近也没有宽阔的“卡纳巴埃”。然而，即使在平时，这里也是常驻在贝尔格莱德的第四弗拉维亚军团的补给基地。凡是罗马人认为的城市必要设施在这里都很完善，当然，在发掘多瑙河畔城市遗址时总能发现的地下火炕和火墙在这里也一应俱全。纵然是女性，只要能忍耐住不断严酷的气候和社交上的寂寞，游刃有余地生活还是没问题的。不过，公元 174 年的希尔米乌姆毕竟是距离多瑙河畔只有 20 公里的前线基地，不管怎么推进城市化，和首都罗马还是不能同日而语。在这种环境里，芙斯汀娜还能获得“基地之母”的尊称，难道还不能说马可·奥勒留有一个贤妻吗？并且，这一年芙斯汀娜把 4 岁的小女儿留在罗马赶往前线时，才 44 岁。

和以前一样，因为缺乏连贯的战记，我们无从得知公元 174 年进行的萨尔马提亚战争的具体过程。纪念柱上的浮雕也没有留下可供探寻的故事。不过，从一些场景片段中我们可以推断，尽管战斗激烈，互有攻守，但战争的主动权始终掌握在罗马军队手里。这表明罗马方面占据着优势，因而经过恶战的雅兹盖斯人只好求和。马可接受了对方的请求，双方议和。

但是，对于雅兹盖斯人而言，和罗马的议和并不意味着战争的结束。接下来他们必须回头向北，与南下侵占了自己过半居住地的萨尔马提亚人一决高下。

蛮族的多米诺现象

似乎直到这一时期，皇帝马可才发现，蛮族问题已经不是像从前那样予以击退就能够解决的了，浮现在他头脑中的办法，是图拉真皇帝曾在达契亚推行的“行省化”。不是击退蛮族，而是战胜并收编他们。这样一来，他们居住的地区北部就成了前线，正好构成了一道对付南下蛮族的防波堤。图拉真在 70 多年前就实行过这一方法，把达契亚变成了罗马帝国的行省。

如果推行这一政策，那么第二年，即公元 175 年，倒是不错的时机。罗马已经与马科曼尼人和库瓦迪人媾和，雅兹盖斯人虽然是后来讲和的，但应该重视的对手仍旧是强大的马科曼尼人和库瓦迪人。这两个部族居住在多瑙河中游的北岸一带，即今天的维也纳以西直到布达佩斯的多瑙河北部流域，古称波希米亚。如果马可的愿望能够实现，那么后世的捷克会被整个纳入罗马帝国的版图，也是与图拉真皇帝建立达契亚行省相比肩的壮举。

而且这一构想在战略上也相当有效。从地图上看，新构想的行省和达契亚行省都往多瑙河北岸大为凸出，看上去似乎难以防守，但如果筑起了城墙则未必被动。相比于一条直来直去的防线，在每个战略要地前面都构建前凸的“桥头堡”，那么投入同样的兵力就能策应更长的防线。

马可·奥勒留比其他皇帝更疏远军事，他比较喜欢进行哲学思考。在埋头解决眼前的问题 5 年之后，他终于领悟到了表象之下真正的问题所在。也许他最后的结论是，只有运用军事力量努力扩大帝国版图，才能最终解决蛮族问题。

然而，马科曼尼人和库瓦迪人虽然求和了，但他们并未要求行省化。以受到北方蛮族的压迫而无处可去为理由，请求罗马提供境内土地定居的，都是比较弱小、人口也很少的中小部族。马科曼尼人和库瓦迪人虽然同样感受到了北方蛮族南侵的多米诺现象带来的危机感，但他们毕竟是能和罗马军队鏖战两年的强大部族，所以比较现实的推断，是他们肯定会拒绝行省化的要求。

如此一来，就只剩下军事施压一途，再以后就只能行省化了。然

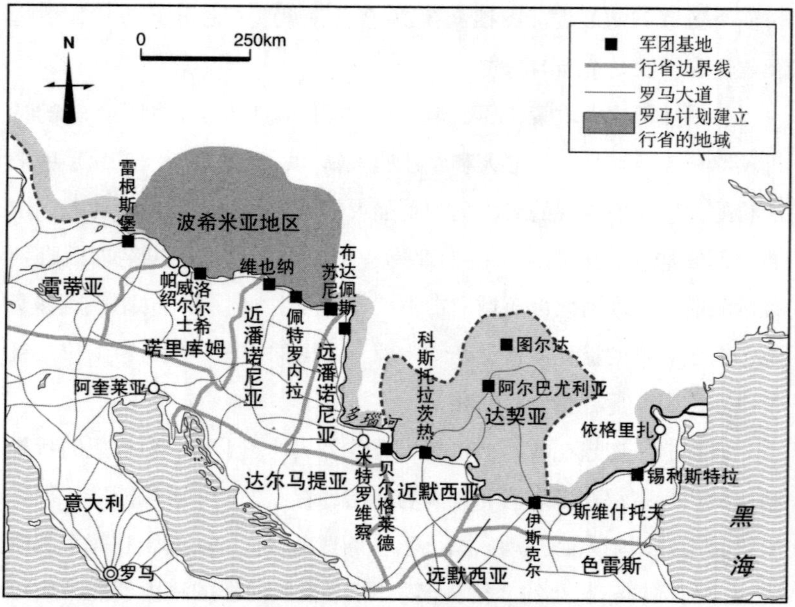

多瑙河防线（马可·奥勒留设想的波希米亚“桥头堡”）

而若走这条路的话，强大的军事力量和高明的总司令官二者缺一不可。距图拉真皇帝进行达契亚战争已经过去 70 多年了，罗马的军事力量仍旧强大，可是总司令官嘛……

马可有着深刻的洞察力，他当然知道自己逊于图拉真。既然如此，那就只能指望自己的左膀右臂庞培亚努斯或者骑兵团团长马克西米亚努斯这些人了。顺便说一下，这个阶层的司令官尽管出生于行省，但都洋溢着罗马精神。马可不仅为自己再婚的女儿露西拉选择了庞培亚努斯，而且五个长大成人的女儿中有三个都嫁给了这个阶层的武将。为了让军人也能积累行政经验，马可还推荐他们去做执政官。

不过，他们仍旧只是军团长级别的司令官，并不是总司令官。总司令官的职责无论如何也都要由皇帝来承担。

在这一时期成文的《沉思录》中，尽管我们努力寻找涉及波希米亚行省化的只言片语，但最后得到的也都是失望。马可·奥勒留完全不提政务，只管埋头表达自己的思绪。后世的研究人员也都认为，在战争前线撰写，却完全找不到任何战争内容，这绝对是《沉思录》的一大特色。

这是为什么呢?

也许马可认为，发动对蛮族的战争是自己的责任，属于自己内心以外的问题。而《沉思录》的内容即便易名为“我同内心的对话”亦无不可，所以他决定只写和自己内心有关的问题。

可是，无论多么喜欢哲学思考，马可毕竟成不了犬儒学派哲学家第欧根尼，也没有人可以像第欧根尼那样彻底地嘲讽人生。曾有这样一个故事，第欧根尼衣衫褴褛地住在一个大桶里，东征路上的亚历山大大帝前去礼节性地拜访他。“请问你需要我帮什么忙吗？”年轻的大帝问道。第欧根尼回答：“麻烦你帮忙让开一下，不要挡住我的阳光。”

第欧根尼当然可以衣衫褴褛地住在大桶里，不论他做什么，都不会过于影响别人的生活。然而马可是位皇帝，帝国境内的民众安全，以及有了安全保障才得以继续维持的民众生活，都是他肩负的责任。

哈德良也仰慕希腊文化，也喜欢美貌少年，可是尽管同行的诗人弗罗鲁斯揶揄说：“我可不想做什么皇帝，整日走在不列颠人中间，往来于边陲之地，忍受斯基泰的严寒。”但哈德良还是坚持在帝国全境视察，同时成功地重建了帝国的制度。在哈德良这里，哲学和现实密不可分，两个方面加在一起，才构成了完整的哈德良。

可是，现在轮到了马可，哲学和现实却似乎无法结合。不，或许在马可的内心，正在将二者暗暗分裂开来。尽管没有直接言及战争，但在《沉思录》中还是有些内容使人联想到了战场：

如果你曾见过一只手被切断，或一只脚、一个头，如果你看见离开了身体的其他部分躺在那儿……

一只蜘蛛抓住一只苍蝇时是骄傲的；而当另一种动物抓住一只可怜的野兔时，在网里抓住一点鱼时，捕获一头野猪或者熊时，俘虏萨尔马提亚人时，也是骄傲的。如果你考察他们的意见，这些人不是强盗吗？

亚历山大大帝、庞培和恺撒在粉碎数十万计的骑兵和步兵，频繁地把整个城市夷为平地之后，他们最后也告别了人世。

书写了这样文字的人，在位期间却连年烽火，屠戮不止，真是令人无限感慨。而尽管《沉思录》中没有一处哪怕是只言片语讲述战略和战争，可是如果一个人没有战场经历，他不可能成就这样的著作。

当人们要彻底思考时，往往躲到远离人群的地方，田园、海边、山中……以前也常常梦想着这种生活，然而这是个愚昧的解决方法。如果真的感到要直面内心，人随时随地都可以逃到自己的心中。

你现在置身于充满苦恼的地方，是全天下最适于修习哲学的环境。

《沉思录》全书都用希腊语写就，罗马时代的社会精英全都是拉丁语和希腊语的双语人才，但马可大概认为，皇帝处理行政事务时要用拉丁语，进行哲学思考时要用希腊语。虽然他完全能够像西塞罗那样用拉丁语表达自己的哲学思想，但语言毕竟存在着形式与感觉的问题，身为罗马人的马可在阐述哲学思想时应该更愿意用希腊语。

在马可的《沉思录》中丝毫找不到波希米亚行省化的字样，虽然从后来的形势发展看，这一时期的马可无疑正在考虑这项计划。正在这时，一场突如其来的变故导致该计划难产，叙利亚行省总督亚维狄乌斯·卡西乌斯谋反称帝了。

叛乱

这场叛乱起因于一次信息方面的错误。卡西乌斯接到了皇帝马可病殁的消息，认为自己比马可 13 岁的儿子康茂德更适合于继位，于是迅速宣布登基为帝，并得到了叙利亚行省 3 个军团驻军的拥护。没有确定情报的真伪就仓促动手只能说明他处事草率，而马可已经到了 54 岁的年纪，考虑到他平时的身体状况，如果真有什么三长两短却也不是太出人意料。

还不到一个月，大家就发现了这是一场误会。可叙利亚总督已经采取行动，当然无法回头，只能将错就错地在东方集结，确立自己的势力。也就是说，明知皇帝还在人世，卡西乌斯的行为就是对马可本人的背叛。

公元 175 年，正是马可决定利用雅兹盖斯人为前导，与萨尔马提亚人进行决战的一年。马可亲自渡过多瑙河督阵，却接到了卡帕多西亚行省总督维尔斯的紧急报告，得知叙利亚总督发动叛乱。马尔提乌斯·维尔斯拒绝了卡西乌斯的引诱，是整个东方唯一没有叛变的总督。

马可立即采取行动。叙利亚总督卡西乌斯在帕提亚战争时期军功显赫，声名远播，西方的军团兵也都知道他。马可首先考虑的问题就是不能让西方的军队发生动摇。他召集将士，面对着他们，讲了下面这样的话：

> 我有一位非常信赖的朋友，现在我知道他背叛了我。如果以后的危机都只针对我个人的话，我愿意听凭军团和元老院在我和卡西乌斯之间做出选择。如果卡西乌斯获选，我也不诉诸战斗，只会心平气和地把帝国交给他。因为这是对国家和公民危害最小的解决办法。
>
> 可是，东方的形势极为紧迫，以至于我不得不做出判断，那就是如果这样讨论下去的话，对国家和公民都是不利的。所以我想，为了国家和公民，我应该勇敢地面对这种与身处战斗前线同样的危险。我已老迈，状况不佳，吃饭和入睡都很困难。可是，我仍然愿意等待你们的支持，然后以毫不动摇的决心，处理这一问题。

这番讲话情真意切，多瑙河前线的将士也都注视着深受疾病折磨但仍不离前线的皇帝。支持马可的声音不但响彻多瑙河前线，而且成了帝国西方的共同声音。在驻守西方的军队中，非但没有响应卡西乌斯的军团，连思想动摇的人都没有。

面对危机时，需要寻求多种解决措施，按照重要程度排出先后顺序，然后依次实施，这才是最安全有效的。但是，很多时候我们无法决定先后顺序，这样就不得不同时推进多种措施。在这种情况下，重要的是速度和果断。马可在气质上就喜欢深思熟虑，只有和别人商议才能下达决定，可是在公元 175 年春天，他表现得干脆利落。下面列举了他当时的决断。

一、确定帝国西方的军事力量全都支持自己。这一点我们已经讲述过了。

二、要求罗马元老院判决亚维狄乌斯·卡西乌斯为“国家公敌”，并对外宣布。

在致罗马元老院的请求信中，马可这样写道：

> 日月经天，江河行地，我认为丝毫不存善念的人是没有的。纵然卡西乌斯辜负了我们的希望，可是在我的内心仍无意使用尖刻的言辞去侮辱他的人格。

马可这封书信的风格和他对将士们的演讲如出一辙。我们说这位皇帝如果不是正直纯粹、光明磊落的人，那么就只能是巧舌如簧、城府极深的人。

这种高风亮节的做法面对士兵取得了成功，元老院也全票通过了对卡西乌斯“国家公敌”的宣判。尽管只是一时的轻举妄动，但叙利亚总督卡西乌斯的罪行是一目了然的。

三、把在首都读书的儿子康茂德召回多瑙河前线基地。

马可想要表明，如果自己出现意外，那就由儿子继位。即使在帝政时期的罗马，人们依旧不认为皇位的世袭，即父死子继是天经地义的。如果要世袭，就应该公开宣布。皇帝一般采用收为养子的方式明确继承人的地位，或者行皇太子礼。

康茂德在5月末离开首都，6月初就到了多瑙河畔的父母身边。马可有14个子女，但活到成年的只有五女一男，所以康茂德实际上等于独生子。他出生于公元161年8月31日，当时他还只是一个13岁的少年，还没举行成人礼。

传说7月7日是罗马建国的初代国王罗穆路斯死后升天的日子，马可选择了这一天，在多瑙河畔举行了面向诸神供奉牺牲的典礼，以此作为康茂德的成人礼。在罗马时代，用拉丁语表述成人礼为“toga virilis”，直译过来就是“壮年男子的托加长袍”，在那之前，人只能穿短衣，举行过成人礼之后，人们就可以在隆重场合穿托加长袍了。不过，在康茂德这里，成人礼之后又举行了一个仪式，皇帝向康茂德授予了“预备第一公民”的称号，相当于后世英国的“Prince of Wales”（威尔士亲王）。举行了成人礼的康茂德还差两个月才满14岁，很明显是提前了。

还有一项措施，虽然按顺序排在了最后，但马可针对卡西乌斯叛乱采取的重要措施几乎都是同时推进的，所以这项措施也同样迅速实行，就是和正处于交战状态的萨尔马提亚人议和。马可告知军团和元老院，自己要亲自前往东方镇压叛乱。对此时的他而言，最担心的就是多瑙河防线。

战端虽然才拉开两三个月，然而士兵们已经开始向马可欢呼带有胜利者意味的“皇帝”（Imperator）了。所以说萨尔马提亚战争是在罗马方面占据优势的状态下展开的，遭到痛击的萨尔马提亚人对罗马提出的议和要求当然求之不得。尽管叫作议和，但对罗马而言只是暂时的休战，在罗马无须做出让步的条件下，很顺利地实现了。

媾和当然并不只针对萨尔马提亚人，在此之前，罗马已经和马科曼尼、库瓦迪、雅兹盖斯等多瑙河北岸的诸多蛮族缔结了和约，因此马可前往东方时不必过于顾虑。只不过罗马军队占尽优势的战争只能被迫中断，作为最高司令官，马可心中肯定无限遗憾。

当时日耳曼各部族的首领表示愿意派兵帮助平叛，然而马可冷漠地拒绝了。“罗马人之间的问题，和罗马以外的人不相干。”

实际上，在马可前往东方之前，问题已经解决了。叙利亚总督卡西乌斯被属下的一名百夫长所杀，其首级已经被送了过来。

三个月的时间一枕黄粱，马可甚至没有检视卡西乌斯的首级，就直接命人下葬了。

当众人都以为马可无须再去东方的时候，马可却执意前往。发生叛乱的东方不会因为一个人的死亡就完全没有威胁了，卡西乌斯曾经参与过的东方防卫也需要重新安排。在将要事托付给庞培亚努斯之后，马可带着儿子康茂德和皇后芙斯汀娜向东方进发。而前锋部队为了和卡帕多西亚的两个军团会师，已经先行开拔。

沿多瑙河顺流而下，不久就进入了巴尔干地区，然后弃船登岸，经由色雷斯、马其顿取陆路，到拜占庭（今伊斯坦布尔）渡过海峡前往亚洲。

跟随皇帝的武将有佩提纳克斯、马克西米亚努斯、昆提里乌斯兄弟等。只从名字就可以看出，帝国前线三分之一的老将都随侍皇帝左右。马克西米亚努斯出生于潘诺尼亚，昆提里乌斯兄弟则来自小亚细亚，只有佩提纳克斯出生于意大利本土，不过此人是热那亚解放奴隶的儿子。帝政时期的特点就是无论籍贯和阶级，都只凭借实力录用人才。随侍马可身边的这些武将也正好说明了这一点。

那么为什么卡西乌斯比上述的武将待遇更优厚，他还要起兵叛乱呢？为什么他一听说马可病逝，连确认情报真伪的时间都等不及了呢？

将军卡西乌斯

盖乌斯·亚维狄乌斯·卡西乌斯出生于叙利亚行省首府安提阿（今土耳其安塔基亚）东北约 100 公里的丘洛斯。今天的丘洛斯只不过是土耳其南部的边境小镇，土耳其语称为“基利斯”，可是在古代，这里却处于联结首府与军团基地的干道上，守卫边境的部队兵士以及从事东方贸易的商人频繁经过，是个非常繁荣的所在。卡西乌斯的父亲名叫盖乌斯·亚维狄乌斯·赫琉多尔斯，从赫琉多尔斯这个姓氏判断，他们是希腊裔的叙利亚人。据说卡西乌斯生于公元 130 年前后，比皇帝马可年轻 10 来岁。

其父赫琉多尔斯是个非常有修养的人，被哈德良皇帝重用，长期担任皇帝的秘书官。到了安敦尼·庇护时代，他升任埃及长官。这堪称是行省人担任行政官员的事业顶峰了。卡西乌斯在父亲官邸所在的亚历山大度过了少年时代，然后前往首都罗马接受高等教育。

出身于重视教养的官宦之家，卡西乌斯和当时尚是下任皇位继承人的马可一样，都在赫罗狄亚斯·阿提库斯与科尔涅利乌斯·弗龙托门下学习。卡西乌斯可以说是马可的“学弟”。

公元 175 年，当阿提库斯得知卡西乌斯发动叛乱，给这位曾经的弟子写了一封信，上面只有一句话：“你疯了吗？”

而弗龙托在 9 年前就已死去，最终没有目睹爱徒的轻狂。

和终身文官的父亲不同，卡西乌斯选择了从军的道路。毫无疑问，他也是在这一时期把自己明显是希腊人姓氏的赫琉多尔斯改为卡西乌斯这种罗马传统姓氏。在罗马世界实行双语制，帝国的东方连皇帝的文告都采用希腊语公布，但唯有军队通行拉丁语。

作为武将，亚维狄乌斯·卡西乌斯声名最为显赫的时期，是在公元162年开始到165年进行的帕提亚战争过程中，尤其是在渡过幼发拉底河长驱直入帕提亚境内的战争后期，几乎可以说是他一个人的舞台。我们甚至可以从弗龙托致爱徒的书信中看出35岁前后的卡西乌斯的活跃程度。当时的军团长卡西乌斯派遣手下的一名大队长前往罗马传送捷报，同时令他顺路去探望弗龙托，因为这名大队长也是弗龙托的弟子。下面我们介绍的书信就是此时弗龙托写给卡西乌斯的：

你的大队长尤尼乌斯·马克西姆斯将你用月桂树叶装饰的捷报送到罗马，公务完成后立刻就到我这里来了。据说这是你的命令，这种情意令我深感欣慰。

他不知疲倦地向我诉说了你的表现。你在战争中不分昼夜地操劳，以及你为了自己种种战略战术的推行付出的思虑和牺牲。

说实在话，他到访的那天，我的身体不太舒服，因而到罗马近郊的别墅来静养。当尤尼乌斯来访时，起初他还很顾虑我的身体，后来说起你的消息后，他好像忘记了我身体的不适，一直聊到深夜方才罢休。可是，我听他说话始终没有感到厌烦。你计划并实施的远征；你成功确立的种种军规，古代的武将也不过如此；在战场上要如何激起士兵的斗志；你决定要何时何地进行战斗时的敏锐的眼光与胆识。

向我诉说这些时的尤尼乌斯，对你的热爱与崇敬之情溢于言表。我想这样的年轻武将同样值得他的上级给予关爱和帮助。我的确认为，给予一个崇敬自己的年轻人获得荣誉的机会，等于为你自己增加更多的荣誉。

不知为什么，到了五贤帝时代，像亚维狄乌斯·卡西乌斯这样才华横溢的武将就越来越少了。因帕提亚战争中的功绩，他在而立之年从一名军团长上升为叙利亚行省总督，统率3个军团。战争结束后的第二年获选执政官，5年后的公元172年为镇压埃及暴动，被马可任命为东方全军的司令官，而在此要职上的卡西乌斯也完美地报答了皇帝的期待。

那么，对卡西乌斯如此崇拜的尤尼乌斯·马克西姆斯是否也参与了叛乱呢？我曾用心调查，发现事发之前，尤尼乌斯已经被调往西方的军团任职了，与公元175年发生的叛乱毫无关系。不知他得知老上级叛乱的消息时内心都想了些什么。

获知叛乱的马可实施的第一项工作就是确认西方军团对自己的支持，这是非常正确的。受士兵拥护的司令官，第一要能打胜仗，第二是能打令人瞠目结舌的胜仗。作为优秀的武将，卡西乌斯不但在帝国的东方，而且在西方的军团兵中间也都拥有崇高的声望。

既然已经如此声名显赫，他为什么还要如此轻举妄动呢？

如果皇帝马可的死不是误报而是事实的话，那么在大多数人看来，康茂德即位是顺理成章的。在整个五贤帝时代，涅尔瓦、图拉真、哈德良、安敦尼·庇护四位皇帝都没有亲生儿子，这个儿子尽管才13岁，还没举行成人礼，却是马可亲生的。10多岁的皇帝当然需要有人摄政，而距离摄政位置最近的，就是马可在多瑙河战线上的左膀右臂庞培亚努斯。因为是露西拉的丈夫，所以此人也是康茂德的姐夫。

庞培亚努斯与卡西乌斯一样来自叙利亚，但和高官儿子的卡西乌斯不同，庞培亚努斯是从军团中苦熬出来的，接受过的教育也不能和“马可的学弟”卡西乌斯同日而语。而二者最大的差异则在于卡西乌斯一直引以为傲的“武将的资质”。

优秀的庞培亚努斯也深受士兵的尊敬与信赖，对待身为最高司令官的皇帝无限忠诚，是典型的罗马式武将。可凡是他指挥的战斗，虽能获胜，却不是那种令敌方心惊胆寒的胜利。在多瑙河前线和蛮族之间的战争之所以如此拖泥带水，不能不说是马可与庞培亚努斯两人的气质作风使然。而卡西乌斯和这两人的类型完全相反，他肯定在想，自己何苦一定要屈居庸才庞培亚努斯之下呢？

我认为，这或许才是他连情报真伪都不曾确认就急于起事的真正原因。才华横溢的人最不能忍受的，就是屈居庸人之下，何况那人还是自己的同乡！卡西乌斯于公元 175 年起兵称帝，时年大约 45 岁，正是一个男人的黄金年代。

不过，另一方面，卡西乌斯也并不只是因为听信了错误的情报才兴兵发难的，心中肯定对皇帝马可也不无牢骚。《罗马十二帝王传》中记录了卡西乌斯起兵后写给自己女婿的一封书信：

> 可怜的罗马帝国啊！你深受故步自封和苦心钻营的人所拖累；可怜的马可啊！你虽具备高尚的品德，却妄享宽容的虚名，结果令贪婪的人横行。
>
> 都哪里去了？先祖们恪守律例的生活！我知道，律例会随着时代的前进而逐渐宽松，可是现在人们连追求律法的心思都消失殆尽了。
>
> 沉迷于哲学的马可·奥勒留虽热衷于探求人类的善念、正直与公平，可是对国家为何物、怎样发挥其功能等问题漠然置之。非常遗憾，我们国家需要的却是剑与法，正如先祖示范给我们的一样。
>
> 难道我们只能对利欲熏心的高官们满怀崇敬，交口称颂？你

知道吗？我们的哲学家倚重的一位近卫军团长官，接到任命的三天前还很贫穷，可就任之后立刻就变成了富翁。他是怎么做到的？我真想问问他，怎么才能在不损公肥私、不敲诈勒索的条件下发财致富？

我们罗马帝国的公民，无论是身居高位还是普通人家，都拥有一定的财产，可是人们也不得不叹息国库的空虚。为打破这散漫的现状，只能依靠诸神把真正优秀的资质和能力赋予人们。我，卡西乌斯，愿成为找回罗马从前威严的带头人！

善后处理

既然叛乱的首犯已经人头落地，那么皇帝似乎也不必为善后而亲自出马了。但马可还是执意亲自前往东方，因为不但是军团兵，即使在行省的行政官员中，赞同卡西乌斯的也大有人在，并且，在埃及的亚历山大和叙利亚的安提阿这两大东方都市中，居民普遍对身为罗马统治者的卡西乌斯抱有亲近感。亚历山大是卡西乌斯少年时代生活过的地方，他父亲的仁政依然被人们广为传颂，更重要的是，三年前他迅速镇压了埃及原住民的暴动，其雷厉风行的手段获得了人们的高度赞誉。

在叙利亚的安提阿，人们也把卡西乌斯当成自己人。和当地人一样，卡西乌斯也是希腊裔的叙利亚人，入主安提阿的总督官邸 9 年来政绩斐然。在此期间的帕提亚战争中，他更是纵横沙场的武将，帕提亚方面无一人敢与之对垒。多年来帕提亚人正像一只老猫眼皮底下的耗子，在幼发拉底河对岸一动也不敢动。对马可而言，即便是对卡西乌斯的善后处理，也不是一件轻松简单的事。然而，如果卡西乌斯黄泉有知，只怕又会对马可的善后方式大加指责。

军团先行开拔后，皇帝、皇后和皇太子一行经由小亚细亚取道向东，首先前往安基拉（今土耳其首都安卡拉），然后转而向南，计划渡过地中海之后进入叙利亚。然而在只要翻越托罗斯山脉就可到达地中海的地方，皇后芙斯汀娜却倒下了。此时已是冬季，尽管石头铺就的罗马大道在当时已经相当于高速公路，但对一个 45 岁的女人来讲，秋季以来的漫长旅行还是过于严苛了。皇后并没有缠绵于病榻而是很快撒手人寰，30 年的婚姻生活，虽只有 6 个子女长大成人，但她产过两次双胞胎，前后共有 14 个子女。

得知皇后死讯的罗马元老院不等皇帝提出请求，就全票通过决议，将皇后神格化。丈夫马可随即将妻子最后的安息之地赫拉拉改名为芙斯汀娜堡，并下令在当地建造纪念亡妻的神殿。

火化后的骨灰将被埋葬在罗马台伯河畔的哈德良陵墓。望着火葬遗体的烈焰，马可的思绪是怎样的呢？在目送骨灰坛远去之后，马可又重新踏上了向东的旅程。虽然还有儿子康茂德，但《沉思录》中那位“如此的柔顺，如此的亲爱，如此的朴素”的妻子已经永远不会再陪伴他左右了。

从小亚细亚进入叙利亚的皇帝一行直接沿地中海东岸前往埃及，中途没有进入安提阿。这是叙利亚行省的首府，卡西乌斯派的老巢，还是暂时规避。当时的记载是说皇帝在用忽略的方式惩罚安提阿人。在埃及，只有带头响应卡西乌斯叛乱的长官斯坦提亚努斯被召回本国，处以流放的轻微刑罚，长官的部下全部释放，对拥护卡西乌斯称帝的亚历山大居民也没有施加任何惩罚。马可在埃及的驻留分成两部分，其一是作为皇帝完成工作，其二是作为哲学家享受思想的愉悦。

皇帝的工作是多次接见包括帕提亚在内的中近东多位君主、王侯和首领，相互重申和平的主张。工作闲暇时，皇帝会拜访和雅典齐名的帝国最高学府，同时也是研究机构的"博学园"（Mouseion）。但是，马可·奥勒留并没有像哈德良皇帝那样和众多学者展开论战并驳倒对方。

两位皇帝的差异不在学识而在气质。

马可从亚历山大经海路折回叙利亚，这次才进入了安提阿。在安提阿的总督官邸，皇帝公布了对叙利亚相关人员的处罚。

卡西乌斯的妻子已经亡故，育有两个儿子和一个女儿。长子已经和父亲一起被杀，次子被处以流放，女儿、女婿被交给身为元老院元老的伯父管束。至于通常的没收财产则没有施行。马可将这种宽大的处理报告给了元老院，也得到了元老院的多数赞成。

整个过程基本没有流血。只有支持卡西乌斯的城市拜占庭面对先行到达的军团拒开城门，引发了攻城战斗，这是武力镇压的唯一事例。不过，皇帝马可之所以能用如此宽容的态度去处理善后，和卡帕多西亚行省总督维尔斯的敏捷果断是分不开的。

归纳卡西乌斯叛乱的过程如下：

公元 175 年 4 月，得到皇帝马可病殁的消息，亚维狄乌斯·卡西乌斯起兵称帝，同时向卡帕多西亚总督马尔提乌斯·维尔斯寻求支持。维尔斯不但予以拒绝，还将卡西乌斯起兵发难的消息紧急报告给了多瑙河防线上的马可。在后来的三个月里，维尔斯始终拒绝卡西乌斯的引诱。

同年 7 月，得知皇帝之死是谣传的一位百夫长开始动摇，杀死了卡西乌斯。维尔斯接获消息，连忙离开卡帕多西亚进入叙利亚，首先将叙利亚行省的 3 个军团和驻扎在巴勒斯坦的 2 个军团，以及以约旦为基地的1个军团都纳入自己麾下。他打出的旗号是，面对假想敌帕提亚，前线绝不能没有司令官。

完成这一切的维尔斯这才前往安提阿的总督官邸，但到达之后立即烧毁了所有的文件证据。叛乱首犯已经死亡，如今为避免事后的肃清扩大化，最好的办法就是销毁文件证据。在马可离开多瑙河防线向东方进发之前，他已经将这些处理干净。

亚维狄乌斯·卡西乌斯因忧国而起兵，马尔提乌斯·维尔斯想的也同样是国家，而马可·奥勒留理解维尔斯的做法，并依此处理善后。针对反叛事件，这次的宽大处理堪称史无前例。

将维尔斯任命为叙利亚的新总督之后，马可就返回了首都罗马。这次返程兼有观光性质，他们先到达了以壮美而闻名的小亚细亚西岸都市以弗所，然后在斯敏诺再次会见了著名哲学家艾利斯泰迪斯，最后经海路前往雅典。

马可·奥勒留这个人直到47岁才离开意大利本土，目力所及的行省也都是多瑙河防线所在的北方地区，到了50多岁才首次踏上帝国的东方和南方地区。无论是埃及还是叙利亚，或者是小亚细亚，这都是他第一次也是最后一次访问了，而从小亚细亚扬帆前往希腊的航程，更使他饱览了遍布着珍珠般岛屿的爱琴海风光。当一座岛屿尚未消失在海天之际，又有一个新的岛屿逐渐浮现在眼前，初次体验这种爱琴海上的旅行，就能深刻地体会到什么是希腊文明，以及这种文明的形成过程，比如气候和地形是怎样影响着文化和文明的形成。

如果说意大利的罗马是帝国的政治、经济和军事中心，那么希腊的雅典则是帝国智慧的故乡。哲学在这里绽放出最灿烂的花朵。早在马可到访的500年前，斯多葛学派的创始人芝诺就已经在雅典开始了他的“哲学家事业”。当时他讲学的场所在雅典的“壁画回廊”（stoà poikìle)，所以人称该学派为斯多葛学派（画廊学派）。对崇尚斯多葛学派的马可而言，这次雅典之旅无异于朝圣。并且，在雅典迎接皇帝的不是别人，正是赫罗狄亚斯·阿提库斯。他是当时最有学问、最有教养、最富有的人，积极履行公民的公职义务，出任执政官，是深孚众望的希腊人。身为学者的同时，他目光长远，为公共建设捐献巨额款项，用以响应众人的期待，是个善于处世的智者。对马可而言，阿提库斯还是和弗龙托并重的恩师。

能作为赫罗狄亚斯·阿提库斯的客人住在雅典，每天的款待谈不上奢华却也无微不至，马可当然心情舒畅。不过这次在雅典，马可并没有新建任何文化设施，因为没有这种必要。哈德良皇帝重建的文化中心雅典，半个世纪之后仍处于完美的状态。

马可所做的，是将带有雅典特色的哲学学府重新划分成四个学科，并为负责授课的教授们确定了固定薪酬制度。四个学科分别为柏拉图哲学、亚里士多德哲学、斯多葛哲学以及其他诸派哲学。至于教授们的薪酬，虽然只相当于帝国的事务官吏，但马可少年时代就曾模仿哲学家身披粗布睡在地板上，也许他认为哲学家无须高薪酬。

哈德良和马可都是醉心于希腊文化的皇帝，比较他们关注对象的差异也很有趣。哈德良的注意力在造型艺术方面，而马可·奥勒留只关心哲学。前者注重“美”，后者注重“真”，虽然“美”和“真”都是希腊文化的终极目标。

这一年，即公元176年秋，皇帝一行回到了首都罗马。这是55岁的马可7年以来的首次归乡。为庆祝针对日耳曼诸部族取得的胜利，11月27日，罗马举行了欢迎皇帝和皇太子凯旋的盛大庆典，首都的民众为之狂热。

世袭确立

转眼到了公元177年1月1日，这一天，15岁的康茂德开始第一次就任执政官。在新执政官的就职演说结束后，马可面对列席的元老院元老，发布了一个对今后帝国无比重要的决定，即他任命儿子康茂德为自己的共治皇帝。

马可在15年前就任皇帝时，就宣布“弟弟”路奇乌斯为共治皇帝，现在康茂德得到和当年路奇乌斯同等的地位。也就是说，马可将和儿子一起分享皇帝的下列权力：

全军最高司令权，罗马整个军队的最高司令官才可行使的最高指挥权。

护民官特权，保护一般公民的权利。

接受士兵们“皇帝”欢呼的资格。

康茂德唯一没能得到的，是“大祭司”这一宗教最高负责人的职位。传统上这个职位只能由一人出任，无法分享。除此以外，父子二人在所有方面都具有相同的级别。就这样，随着康茂德首次就任执政官，共治体制也开始实施了。从前以最小的年龄登基的是尼禄，即位时16岁又10个月，现在康茂德比尼禄还年轻，15岁又4个月就成了共治皇帝。

马可一生守正不阿，父子亲情肯定不是这一决定的主导因素。在儿子康茂德就任执政官的同时，马可也让女婿昆提里乌斯担任另一位执政官。马可的另外四个女婿都有执政官的任职经验。这5个女婿都是老辣的武将，其中至少有3人来自行省。马可希望自己死后，年轻的皇帝能在姐夫们的辅佐下治理国家。如果一切顺利，就可以避免因争夺帝位而出现的内战。马可也从卡西乌斯叛乱中得到教训，内战就如同人体流血一样，必须用尽一切手段来避免内战的发生。而元老院也没有提出反对意见，通过了马可的决定。看来内战的危害也深深印刻进元老院元老们的心里。

当所有这一切都处理完毕，可能是操劳过度，马可终于病倒了，由御医盖伦随侍左右。

就这样，马可一直在首都和罗马近郊的别墅之间往来，在静养中度过了公元 177 年。然而虽说有两位皇帝，但实际上所有工作都是马可一人承担。不论身在何处，无尽的政务都会找上门来。事务中绝大多数都是平常内容，不过其中倒是有一项意味深长的判决，就是针对一个疯子的犯罪，应该给予怎样的惩罚才适当。我已经讲过多次，罗马皇帝还是“最高法院大法官”，这次判决成了罗马法的判例。不过皇帝发表的意见未必都作为判决在法庭上宣读。一般情况下，作为法庭主审官的“首都警察长官”遇到疑难案件时会向皇帝请示，皇帝不在首都时就以书信作答，然后长官再根据皇帝的意见下达判决。因而马可这封书信的对象是坐在法庭主审法官席上的首都警察长官：

> 我仔细阅读了您送过来的搜查和讯问结果，觉得被告艾利乌斯·普利斯库斯连最低限度的自我控制能力都很欠缺，我只能说，他在杀害自己的母亲时，对这种行为的善恶没有判断能力。我也不认为他是伪装的疯子。在这种情况下，不应该问罪。因为发疯本身就是诸神对人施加的一种惩罚。
>
> 不过，即便是无罪判决，也不意味着将其立刻释放，而是通过严密的监视保护他，并且还要根据实际情况的需要，考虑是否给他带上镣铐。这不是对他施加惩罚，而是为了保护他身边的其他人。我们在下达判决时必须充分考虑到可能发生的意外。

就算是一个疯子，也常有头脑恢复理性的时候。所以您绝不能放松监视的另一个原因，就是需要判明他在杀害母亲时究竟是否神志清醒。如果当时他是清醒的，那么就不能以精神问题判他无罪。

话虽如此，但是在您的报告中已经表明，这名被告在犯下暴行时已经被隔离于家中，处于家人和朋友的监视和保护之下。所以您应该从上述角度出发，重新讯问所有照顾被告的人。这是和被告的无罪判决不同的问题，即被告的暴行是否是因这些人疏于监管才导致的。如果经调查这是事实，那么必须以履行义务不力的罪名惩罚这些人。我要再次重申，我们这些掌管司法的人必须关注的，不仅在于如何处罚犯下重罪的疯子，还应该预防更多的其他人成为这种犯罪的牺牲品。

这一年，有5名基督教徒在高卢行省的里昂被处以死刑，这是马可·奥勒留治下第二次处死基督教徒。

为什么这一事件会发生在里昂呢？归根到底，是因为马可为处理卡西乌斯叛乱而前往东方时，日耳曼人的一个部族乘机突破了莱茵河防线南侵，使得高卢人心惶惶。多年来他们已经习惯了享受和平，蛮族的入侵就如同被人当头浇了一盆冷水。为防守莱茵河，高卢人都奋不顾身地提供后方支持。在这种情况下，基督教徒还在期待堕落颓废的罗马帝国灭亡，祈祷神国降临，终于导致了人们对其不满的爆发。另外，基督教徒形成自己的封闭型社区，对罗马帝国的公务及军务态度消极，也是引起他人反感的重要原因。还有，到高卢传教的人大多来自遥远的东方，同样为人们的排外情绪提供了温床。后世以两个希腊语词组成一个词，称为“xenophobia”，意为“厌恶外国人”“外国人恐惧症”“排斥外国人”。

自从图拉真法推行以来，只有被实名检举的基督教徒才成为逮捕和审讯的对象，如果他们放弃原有信仰的话则会被无罪释放，否则将被处以死刑。其罪名为抵制罗马宗教罪。罗马的宗教属于多神教，是多民族国家罗马帝国实现统一的构成要素之一，从这一点来讲，抵制罗马宗教当然是一种罪名。而罗马的统治者在基督教徒的问题上，也并没有将其作为宗教问题对待，而是当成反社会行为加以制裁。因而尽管基督教徒将这种赴死视为殉教，但在其他罗马人看来，信奉基督教本身就是犯罪，也应该处以和其他罪犯同样的刑罚，即鞭笞之后斩首。

然而，在公元 177 年的里昂，因为诸多因素叠加在了一起，被处死的 5 个人中，除一人因具有罗马公民权而被斩首外，其余 4 人则是被拉到圆形竞技场公开处刑。

在里昂对基督教徒的死刑判决和皇帝马可并无关联，和驻留在里昂的高卢行省总督也没有瓜葛，下达死刑判决的是一个名为“高卢部族长自治议会”的组织，其成员全部由高卢行省民组成，就是尤里乌斯·恺撒征服高卢以前的高卢部族长会议。在高卢成为行省之后，这个组织之所以还能存在，是因为恺撒认为适当程度的自治更有利于罗马对高卢的管理，而恺撒这种思维也被后来的皇帝们继承。因而，尽管当初的目的已经模糊，但这个由高卢豪强组成的会议机构依然存留了下来。每当总督想要找人做些事情，往往会由这个组织代办，而这个组织成员的工作之一就是在圆形竞技场组织角斗比赛。

然而马可·奥勒留在位期间，很多角斗士都被送往前线，导致竞技场里角斗士的出场费用暴涨。皇帝马可甚至发出布告，说举办角斗比赛的目的是欣赏角斗士们的高超武艺，而不是为了目睹某一方的死亡。可见这时角斗士的绝对数量已经出现了不足。既然不足，价格自然上涨。结果除了首都罗马还承担得起，行省的首府就捉襟见肘了。走投无路的组织者们于是想出了一个利用死囚代替的主意，得到了议会的批准。

里昂位于索恩河与罗讷河的汇合处，圆形竞技场隔着索恩河与市中心相对，四名基督教徒在这里与猛兽搏斗，或者说根本谈不上搏斗就被咬死了。这是将基督教徒拉到圆形竞技场处死的最早事例。而罗马斗兽场则一次也没能成为基督教徒的殉教之地，因为在皇帝担任组织者的首都，人们能够用高额的出场费吸引角斗士们的到来。

直到公元 178 年上半年，马可的生活都在平静中度过。唯一比较重要的事情，就是儿子康茂德总算到了 17 岁，与克丽丝庇娜结婚了。

马可为四个女儿挑选夫婿，丝毫不问籍贯和出身，他们都是实力强大的武将，但是轮到选择儿媳妇时，他却瞄准了元老院阶级的女儿。克丽丝庇娜的祖父布尔提乌斯·普勒赞斯深得哈德良皇帝的重用，也是安敦尼·庇护的心腹。马可通过迎娶元老院豪门的女儿做将来的皇后，希望康茂德将来即位之后，还能和元老院维持良好的关系。

这一年，马可也 57 岁了。如此高龄，加上经常出问题的健康状态，是不是不愿再去多瑙河了呢？建设新行省是自图拉真以来的宏伟计划，可是，将军们连击败蛮族的前期计划都没能实现。历史学家卡西乌斯·狄奥这样写道：

尽管昆提里乌斯兄弟勇敢谨慎，经验丰富，但他们兄弟俩好像欠缺一些终结战争必需的东西。

马可·奥勒留决定再度亲临战场。他认为自己即便只是接近前线，对罗马的将士也能产生积极影响。他决定在 8 月 3 日出征。

第二次日耳曼战争

面对始终威胁北方防线的日耳曼诸部族，罗马终于下定决心，要采取明确而大胆的军事行动了。其实早在 11 年前，即公元 167 年开始，多瑙河防线上的蛮族侵略就已经表面化了。从公元 175 年到 177 年的 3 年间，罗马不得不处理卡西乌斯叛乱，而其余的 8 年时间则付之东流了。既然尽早达到目标结束战争是战争唯一的“善行”，那么罗马的战争却一直未能终止，我们只能感叹 8 年时光都白白虚度了，而拖延战争的责任似乎只能在马可身上寻找。

早在多瑙河问题表面化阶段，就尽早看清这个问题的本质，有哪些解决方案以及凭借罗马的力量可以将哪些方案付诸实施，然后全力以赴，尽早解决事态，这才是一个最高负责人应该采取的战略政策。战争拖延本身就是“罪恶”，本来在开始阶段只要采取小范围行动就有可能解决的问题，拖延得越久，解决起来牺牲和费用就会越多。

而且，由此引起的更为严重的弊端是，不管是当事者还是非当事者，都丧失了自信。一个人如果捉襟见肘十分窘迫，那么与其自身努力，不如牺牲他人更能消愁解闷。在里昂的圆形竞技场围观基督教徒处刑场面并拍手喝彩的人们，就是其中的一例。罗马皇帝作为军队的最高司令官，同时也是整个罗马帝国的最高负责人。最高负责人的作用，就是将所有的人心动向都体察入微之后做出决策。在国泰民安的时代里人们未必需要领袖，但到了急需打开局面时，领袖就不可或缺了。

罗马军队计划在公元179年春天发动巨大攻势。首先，从两位皇帝都亲临前线就可以想见罗马的投入程度，而且当年的两位执政官也加入了进来。给人的感觉，似乎只有警察长官和负责首都的司法官员留在了首都罗马，其他高官都倾巢而出，亲临前线。而直接统领大军的总督以下的指挥官，都是此后20年间站在帝国防卫最前线的悍将。

毫无疑问，两位皇帝亲临前线，士兵们当然奋勇向前。仅仅是一睹皇帝的容颜，他们就已经士气百倍了。而且，马可身在前线对将士的具体行动也产生了积极影响。这种影响是怎样发挥出来的呢？请看马可自己的解释：

> 指挥官们无一例外都是军事专家，所以他们当然知道怎样才能把自己的能力发挥到极致。但是战争是集体行动，不能完全听凭各自的愿望行事，我的用心之处，就是以国家利益为重，然后决定由什么人在哪一领域执行任务。这时作为最高司令官，我必须注意为大家在各自的领域充分发挥自己的专长努力创造条件。

简单概括这番话的要点，就是“调整”，然而这种调整也不是那种技术上的指导。这时马可是以皇帝的权威而不是以最高司令官的职责来处理这些问题的。说到权威，他是57岁的皇帝，治理国家17年，完全当之无愧。

而这一时期的罗马人，也终于开始认识到不能把所有的北方蛮族都简单地视为一个整体。在当时的历史记录里，也开始把蛮族分为

“近蛮族”和“远蛮族”两种。所谓“近蛮族”，就是在罗马防线附近地区生活的人，所以他们和罗马常有交战，也时而谈判和通商，马科曼尼人、库瓦迪人以及雅兹盖斯人，都属于这一种。而“远蛮族”则住在更北方，和罗马没有直接接触，罗马人在这一时期才开始听说他们部族的名称，如萨尔马提亚、伦巴底、汪达尔、哥特、法兰克、撒克逊等。这些远蛮族向西南方向迁移，压迫着近蛮族不断侵略罗马。

马可·奥勒留的宏伟计划是兼并这些近蛮族，建立行省，在和远蛮族发生直接接触时，新的行省将成为前沿要塞。

这个计划本身很不错。可以说，罗马帝国版图扩大的历史就是强化防卫的产物。尤里乌斯·恺撒将北部意大利划入本土就是对卢比孔河以南的意大利半岛的保卫策略，恺撒把高卢划为行省也是如此，是为了加强防守包括北部意大利在内的意大利本土，继承恺撒的衣钵，克劳狄乌斯皇帝完成了对不列颠的征服，也是为了高卢的安全。庞培将叙利亚列为行省，也是在强化对大国帕提亚的防卫。

如果说，罗马人最初并没有建立大帝国的企图，只是随着防卫加强，他们不断开展军事行动，征服地域不断扩展，最后自然而然地形成了大帝国。这种说法并非毫无根据。出于防卫而建立新的行省是罗马人的传统政策，而图拉真皇帝建立达契亚行省则是最近的例子。

因此，最重要的问题是，是否有充足的军事力量去推行这一政策，马可的时代还好，只要避免因用人失误而出现的浪费，罗马军队还是具备压倒性优势的。

而第二个问题则是，作为最高负责人的皇帝，是否具备始终坚持推行这一政策的坚强意志。公元 178 年的马可·奥勒留的确具备这种意志。

因为这两项条件都具备了，罗马大军在公元 179 年连战连胜也是理所当然的。最高司令官的坚强意志都贯彻到了每一名士兵身上，使他们都有着不达目标决不罢休的气势。

坐镇卡农图姆军团基地的皇帝陆续接到了整个多瑙河中游流域战场传来的捷报，无论是马科曼尼人还是库瓦迪人、雅兹盖斯人，都是一触即溃，四散奔逃。

在这场正式名称为“expeditio Germania secunda”的第二次日耳曼战争中，几乎所有的指挥官都声名鹊起，而其中率领骑兵团的瓦莱利乌斯·马克西米亚努斯表现最为出色。出生于潘诺尼亚的他充分利用了骑兵部队的机动能力，扰乱敌阵，不给对方丝毫喘息之机。他的活动范围甚至深入多瑙河以北 120 公里。因为马可计划中的行省把后世的捷克都包括了进去，所以可以说马克西米亚努斯几乎踏遍了整个战场。皇帝为表彰他的战功，任命他为驻扎在布达佩斯的第二亚狄托里克斯军团的军团长。也就是说，把面对敌军的最前线交给了他。不过，军团长必须有担任执政官或法务官的经历，总之要有元老院元老的资格。从行省一步一步磨炼出来的马克西米亚努斯不具备这种条件。马可丝毫没有犹豫，当场提名他为元老，并请求元老院予以通过。

可是，这并不意味着罗马方面没有牺牲。这一年的执政官之一尤里乌斯·维鲁斯就阵亡了。连司令官都有阵亡的，那么其手下牺牲的士兵肯定为数不少。不过，罗马方面一直占据着压倒性优势。既然已经胜利在望，将士们当然个个奋勇争先。

马可决定在卡农图姆以西 50 公里的维德伯纳（今维也纳）过冬。这里同样是军团基地，距离卡农图姆也不远，但这里比较安静。既然皇帝迁移驻地，那么整个作战指挥部也都跟着转移。从公元 179 年到 180 年，维也纳人来车往，人们都在为春季开始的第二次日耳曼战争的第二年精心准备着。

逝世

如果是在濒临地中海的南国，战争3月份就可以展开，但是到了北方多瑙河流域，这个时间就来得迟一些。皇帝马可正是在这时候病倒的，即公元180年3月初，战争迫在眉睫的时候。

可以说马可·奥勒留一直忍受着病痛的折磨。即使御医不说，他自己也知道这一次是气数将尽了。

他将儿子康茂德和军队的重要将领都召到了房间里，面对在第二次日耳曼战争中立下汗马功劳的总督和将军们，嘱托了两件事：

第一，请他们辅佐康茂德尽力维护帝国的安全，绝不能发生内战。

第二，继续日耳曼战争。估计到秋季，行省化进程中军事制霸的第一阶段目标就有望达成。

宣布遗言后，皇帝开始拒绝服药，也拒绝食物，甚至连水都不喝。对罗马的男人们而言，半死不活地苟延残喘是一种耻辱。而且马可作为斯多葛学派的门徒，从容就死是自己终止人生的应有方式。

得知皇帝病危的消息，士兵们也都陷入了深深的悲痛中。他们不仅为最高司令官走向死亡而哀伤，还因为在这漫长的岁月里，他们已经习惯了一直在前线督战的皇帝。他们看到马可的生命正在走向尽头，就如同身边的战友永远离去一样苦恼和悲伤，而将领们的心情也同样如此。

4天过后的3月17日，马可离开了人世。再过一个月他就59岁了。作为治理国家的皇帝，他在位19年，尽管个人气质不适合于军事征战，但在这19年里战争从未停息。

军团基地中央的广场上，在整装列队的将士们面前，跃动的火焰

马可·奥勒留

逐渐包裹了皇帝的遗体。皇帝的骨灰将入葬台伯河畔的陵园。

在北方，遥远的多瑙河畔，这个写下“我热爱绿影婆娑的西里欧山，我热爱罗马”的人，在夹杂着细雪的冷雨中告别了人间。马可·奥勒留是第一个逝世于前线的皇帝。

随着皇帝的逝世，出现了皇位继承的问题。而康茂德已经是共治皇帝，虽然他只有18岁又5个月，但还是平稳地接管了权力，继承了大祭司职位。康茂德从此成了唯一的皇帝。

马可的第一项遗言，要求众人辅佐年轻的皇帝，维持帝国的安全，避免内战。第一项遗言被完美地实现了。然而第二项遗言，在坚持战争上则非常不尽如人意。

这一年，卡西乌斯·狄奥25岁，不久他移居罗马。他在后来撰写的史书中这样评价马可·奥勒留：

> 以这个人真挚的生活方式，以及贯彻一生的强烈的责任感，如果能遇上幸运的太平盛世就太好了。然而事实恰恰相反，他首先身体健康状况极为不佳，其次则是在位期间饱尝了各种苦难。
>
> 但也正因为这样，我才会对他抱有更深厚的敬意，何况还有他那深邃的思想。作为皇帝，他面对的问题都是陌生而艰难的。尽管如此，马可·奥勒留还是以病弱之躯坚持活到了59岁，成功地延续了罗马帝国的生命。

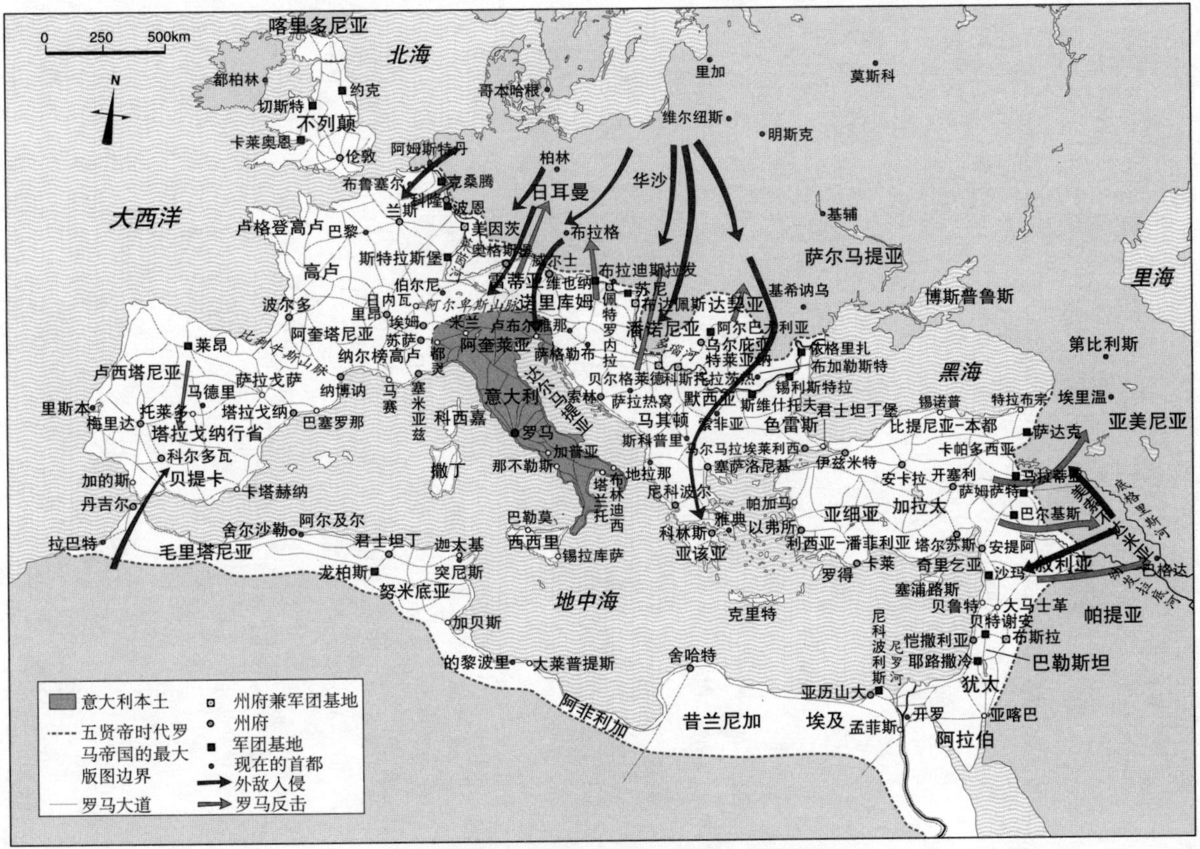

马可·奥勒留时代蛮族的入侵与罗马军队的反击

第二章　**皇帝康茂德**

（180—192 年在位）

电影与历史

马可·奥勒留在“声音”上，留有表达自己哲学思考的著作《沉思录》，在“形象”上，他的骑马像可谓罗马帝政时期造型艺术的最高杰作。而他的儿子康茂德留给后世的“形象”，则是头披狮子皮，手持狼牙棒模仿大力神赫拉克勒斯的一尊眼神空洞的半身像。康茂德自己没有留下“声音”，但有一个同代人替他留下了，此人就是比康茂德年长 6 岁，当时居住在罗马的卡西乌斯·狄奥。历史学家卡西乌斯·狄奥毫不留情地称康茂德的统治是“帝国的灾难”。

以上的种种不利，当然会影响到后世的历史学家。吉本的《罗马帝国衰亡史》用前三章总结了到马可·奥勒留时代的帝国历史，从康茂德开始正式进入主题。也就是说，罗马帝国的衰亡是从康茂德时代开始的。自吉本以来直到当代，200 多年的时间里，这种看法一直没有变化。

在罗马历史上，被人们视为昏君的，有提比略、克劳狄乌斯、尼禄、图密善等人，自从伏尔泰开始为提比略辩护以来，人们不再纠缠于克劳狄乌斯和图密善的个人品质，而是重新评价他们作为统治者的历史作用。在吉本的时代，研究历史只能依据仅有的文献资料，但是后来通过对各种遗址、碑文、货币等的实证研究，这些“昏君”有了恢复名誉的可能。就连尼禄，人们也认为他在金融、外交以及大火灾之后的罗马规划方面成绩斐然。唯独没有得到救赎的昏君是卡利古拉，但卡利古拉的在位时间只有短短 4 年。而另一个尚未得救的就是康茂德，在位时间 12 年。

并且，后世评价皇帝康茂德时还有一个特别的问题始终无法回避，那就是贤明的马可·奥勒留明知儿子不能胜任，为什么还把帝位交给他呢？马可这样一个热烈追求正确人生方向的人，不可能仅仅出于溺爱就做出这种不负责任的事情来。迄今为止，共有两部电影涉及康茂德，都是围绕着这个问题展开的。

一部是 1964 年上映的 *The Fall of the Roman Empire*，我们忠实地把片名直译为《罗马帝国衰亡史》，实际上对一部电影来讲，这种译法显然有些夸张了，由此可见，吉本的影响力依然很强大。电影导演是安敦尼·曼，亚力克·吉尼斯饰演马可·奥勒留，克里斯托弗·普卢默饰演儿子康茂德，而女儿露西拉公主的扮演者是索菲亚·罗兰，老皇帝马可暗中属意的托付帝国的将军则由在电影《宾虚》中饰演反派角色的史蒂芬·博伊德扮演。

第二部《角斗士》（*Gladiator*）拍摄于 2000 年，这个词是由“角斗士”的拉丁语“gladiātor”翻译成英语而来的。导演是雷德利·斯科特（Ridley Scott），老皇帝马可由理查德·哈里斯（Richard Harris）扮演，康茂德由杰昆·菲尼克斯（Joaquin Phoenix）扮演，康茂德的姐姐露西拉在剧中是女一号，但剧中真正的主角还是马西墨斯，老皇帝马可想把帝国托付给他，由罗素·克劳（Russell Crowe）扮演。

这两部电影的剧情都是讲述马可认为儿子康茂德不能胜任皇位而想把一位部将立为继承人。发现了这一点的康茂德先发制人，杀死了父亲。虽然第一部电影中是御医揣摩到了康茂德的心思，为了讨好他代为动手的，但是在这两部电影中，马可都不是病逝的，而是遭人杀害的。

电影与书籍不同，无法对复杂的背景关系进行解释。虽然很多用文章难以表达的事情用图像瞬间就能表达出来，但从传送信息的质与量上看，文章还是比电影要有力得多。不过，当然不是每个人都有着可以接受如此信息的头脑和情感，因此书籍的读者与电影观众相比数量悬殊。而我写的既然不是电影剧本，就总希望自己能详细铺陈事件复杂的背景关系。

那么，马可明知儿子不合格，为什么还一定要让他继承皇位呢？其实这个问题在前面已经有所阐述了，就是马可别无选择。

五贤帝时代的皇位传承有个特点，即皇帝选择合适的人将其收为养子，然后指定其为继承人。涅尔瓦皇帝挑选了图拉真为养子，图拉真皇帝挑选了哈德良，哈德良皇帝挑选了安敦尼·庇护，而安敦尼·庇护皇帝则将马可·奥勒留收为养子。皇帝以个人能力为标准选择自己中意的人，收为养子则赋予了对方继承皇位的正当性。只凭自己的实力主义标准选择继承人的话，其他有实力的人未必接受，所以用收为养子的办法使其具备正统性。这种皇位传承体系之所以能持续近一个世纪，就是因为五贤帝之中有 4 个人本来就没有儿子，即哈德良皇帝所谓的“我无法选择儿子，但我能选择继承人”的状态。可是，现在马可有儿子。

如果马可继续贯彻以往的实力主义，放弃康茂德做继承人，那么帝国的将来会怎么样呢？

答案很明显，帝国无疑会陷入内战。不管怎样广施仁政，反对派却总是存在的，因为能使所有人都满意的统治肯定就不是统治了。不论是出于公义还是私愤，对最高统治者不满的人迟早会出现。在这种情况下，如果有合适的人，反对派就会拥戴他，内乱由此而生。一个人如果是老皇帝的亲生儿子，却又没能继承皇位，那他真是再合适不过的拥戴人选了。康茂德是父亲登基那一年出生的，是皇帝事实上的独生子，如今长大成人，如果被剥夺了皇位继承权，一来他自己心有不甘，二来肯定也有人会利用他这种落寞情绪。

皇帝马可正是要对这种事态防患于未然，并且马可为了使皇位继承更加顺利，早早地就让儿子当上了共治皇帝。当时的康茂德只是一个 15 岁的少年，丝毫不能断定他将来一定不称职。的确，康茂德不喜欢学习，而是对竞技与格斗感兴趣，不过这是和他那好学的父亲进行比较的结果。人们总是喜欢拿儿子和父亲相比。其实总体说来，19 岁的康茂德还没有什么缺点能让父亲马可非要下定决心把帝国托付给别人。我们以后会讲到，造成康茂德性格骤变的，是父亲离世两年后的一场阴谋。

我们还可以做个假设，即马可发现 19 岁的儿子无法承担整个国家的责任，转而想让手下一位 40 来岁的将军继位。且不说这种假设能不能成立，就算马可有此打算实际上也不可能实现。

我们现代人或许以为，古代的皇帝都能够为所欲为，但至少在罗马帝国并非如此。在罗马，绝不能忽视法律。如果皇帝想有什么新举动，那他必须先让相关法律通过之后才可施行。

无论是共和时期还是帝政时期，罗马国家的主权都掌握在元老院和罗马公民权拥有者手中。当时人们常用“S. P. Q. R.”来代表罗马，这是“罗马元老院与公民”（Senātus Populusque Romānus）的缩写。在这里，既没有“第一公民”（Princeps）的“P”，也没有“皇帝”（Imperator）的“I”。罗马皇帝只不过是接受掌握着主权的罗马公民和元老院的委托实施统治的。因此，一个人只凭老皇帝的指派并不足以成为皇位继承人，他还必须取得元老院的承认和罗马公民的拥护。元老院的表决就如同现代社会里首相就职必须有国会多数通过一样，而公民是否拥护则要观察圆形竞技场和大竞技场里的情形。在当时这就是舆论调查，罗马公民权拥有者广泛分布于帝国全境，所以只能在罗马的民众中取样。如果皇帝入场时观众席上发出一片嘘声，就意味着皇帝的支持率在急速下降。

没有比马可·奥勒留更尊重法律和追求公正的皇帝了。既然康茂德已经得到了元老院承认，也在圆形竞技场接受过公民的欢呼，那么马可就绝不会再轻易把儿子从共治皇帝的位置上赶走。除非康茂德死了，他才不再担任共治皇帝，可是康茂德一直活蹦乱跳。在这种情况下，马可不可能对某一位部下说：“我觉得康茂德不行，下任皇帝我看好你了……”

罗马的法律不会允许他有类似的言行，他也绝不能无视罗马国家正式的主权拥有者元老院和罗马公民，那不是马可·奥勒留的风格。也就是说，康茂德丝毫没有弑父的动机。总之，不论有多少人竞争，只要康茂德活着，共治皇帝的地位就固若金汤，而这也正是马可·奥勒留期待的结果。

这么看的话，《罗马帝国衰亡史》也好，《角斗士》也好，剧情都失去了成立的基础。当然电影可以虚构，但如果在一开始就这么虚构的话，那么接下来的故事就只能继续虚构下去了。接下来让我们比较历史事实，讨论一下《角斗士》的虚构情节，以及这部电影的主人公马西墨斯和他在史实中的原型马克西米亚努斯之间的差异。

一、罗马时代的史书和编年史都不曾提到马可·奥勒留死于他杀。这里边只有一个例外，就是卡西乌斯·狄奥的著作。不过即使在这唯一的资料中，作者也只是陈述了人们谣传御医为讨好康茂德而毒死了皇帝，而且这个谣言并不是在马可死后就立刻散布开的，而是在康茂德的弊政暴露无遗，即马可离世10年后才开始流传的。电影《罗马帝国衰亡史》采纳了这个御医下毒说，毕竟电影可以虚构。实际上马可在最后几年里，身体的衰弱是常年侍奉在他身边的家臣和将军们人所共知的事实。如果皇帝马可也像其他战死沙场的将领一样立一块墓碑，那么碑文恐怕也是“一个为国家安全奉献了一切的人永垂不朽”之类的话。他勉强以老迈之躯一直奋斗到59岁，在人生的最后迎来的就是死亡。没有一册史书指出康茂德和马可的死有瓜葛，至于后世的历史书都是以文献史料为基础的，同样没有一册认为是康茂德杀死了父亲。

二、在电影《角斗士》中有一个场面，皇帝在自己的大帐中召见为当天获胜立下功劳的将军马西墨斯。马可最后表示想让对方取代康茂德，成为皇位继承人。不过在说这番话之前，皇帝询问将军有什么愿望。当时马西墨斯回答，说自己想回到家人身边。尽管这个情节是为了强调主人公的个人性格而安排的，不过在马可·奥勒留看来，这种回答已经足以说明马西墨斯不适合做皇帝。

在电影中，马西墨斯指挥的是步兵和骑兵组成的混编部队，说明这是个军团。既然是军团，那么光是作为主力的军团兵就有6 000人，再加上辅助兵就可达1万到1.2万人之多。激战之后盼望与家人团聚，这是大家都可能产生的想法。在罗马军中，军团兵20年、辅助兵25年，服役期满可以退伍，但是将官没有这种制度。虽然可以告老还乡，但罗马的老年是从60岁开始算的，并且由于无人接替等原因，一直留在前线的老将也为数不少。至于身为最高司令官的皇帝，更是不能以任何理由离开自己的岗位。

斯多葛学派的哲学最早本来在希腊人中间兴起，之所以能被罗马时代的精英阶层广泛接受，就是因为这种哲学为罗马的男人们提供了存在的理由。

第一，这种哲理被罗马人接受后形成了法律规范，但对于文化、宗教和风俗习惯都各有不同的其他众多民族而言，这种哲理也可以成为一种综合文明。

第二，让这种哲理在各个民族间广泛传播是对这种哲理的效用有认识能力和实施能力的人的任务。罗马的精英认为，这些“有认识能力和实施能力的人”正是自己。

“Stoic”（禁欲的）这个词本来是形容推广斯多葛（Stoa）学派哲学时追求的一种态度，所以罗马的精英阶层对公务的态度也是“Stoic”。不，至少他们认为这时应该“Stoic”。因而除了事务性人员，罗马的所有国家要职都没有薪酬，人们称这些人为“光荣的公职人员”。

但是，以希腊为滥觞的地中海文明认为“中庸”最重要。所谓中庸，就是指“不偏不倚的中正之道”。如果真的能够实现禁欲，那么人们就不必为生活如此操劳了。只要直面人性，就能发现那种伟大的“道”不可能存在，所以古希腊人思考的是在两个相反的“道”之间取得平衡。相对于重视公务的斯多葛学派，伊壁鸠鲁学派则侧重“私务”和内心，认为人“内在的东西”更重要。我们常把伊壁鸠鲁学派翻译为“享乐派”，这恐怕容易引起误解，实际上翻译为“私生活派”比较合适。因为不管怎么说，这个学派和斯多葛学派最大的不同，就是他们认为私生活比公共生活更重要。

在罗马的精英阶层中，既有坚持斯多葛学派生活方式的人，也的确有少数对立的伊壁鸠鲁学派。

前者的代表人物是始终反对尤里乌斯·恺撒的小加图，不过真正贯彻禁欲的生活实在是太难了，其结果难免是思维枯竭。对小加图这种政治家而言，其影响力会下跌，支持者也随之减少。

后者的代表应该是西塞罗的好友阿提库斯。“阿提库斯”（阿提卡人。阿提卡，是古希腊以雅典为统治中心的地区，在今希腊东南部。——译者注）是个诨名，此人热爱希腊文化，故而得名。他不分党派，和所有的人都保持着良好的关系，终生不曾染指过公务。也可能因为他本身极其富有，所以才能做到这些吧。享乐主义生活的条件之一，就是一定要拥有和所有人都保持同等距离的经济能力。

可是罗马人仍旧属于奉行中庸的地中海文明。那么他们是怎样在斯多葛学派和伊壁鸠鲁学派之间取得平衡的呢？罗马人把一天的时间分成“工作”（negotium）和“闲暇”（otium）两部分，从黎明到正午是工作，工作结束后到公共浴场去消磨时光，直到晚餐时间，都是闲暇。尽管到了精英阶层，时间很难这么一分为二了，但在他们的意识里，二者的界限依然是分明的。

后世的历史学家认为恺撒既是斯多葛派又是伊壁鸠鲁派，因为在面对军事和政治事务时，他是禁欲的，但当他与西塞罗谈论希腊诗歌，或者勾引女人时，他又变成享乐派了。哈德良皇帝也是如此，当他远涉帝国的边境地区视察防卫设施时，他是禁欲的，但当他欣赏希腊文化或者迷恋美貌少年时，他又是享乐派了。马可·奥勒留也同样把公共生活和私生活截然分开。当他是马可皇帝时，在公务方面坚持斯多葛学派的立场，把哲学思考当成休息，而这个禁欲的皇帝的另一面，我想就是他在和妻子芙斯汀娜团聚的时候。对罗马的领导者而言，“工作”是他们在响应时代的要求，与此相对，“闲暇”则是他们在满足个人要求，所以每个人都拥有自己与众不同的生活方式。

既然罗马的领导者在生活上都如此自律，那么在战争就要看见胜利的曙光时，就绝不会允许一位不可多得的武将说出“我要回家”的话来。这对坚持奋战的士兵来讲也是不负责任的，马可·奥勒留也绝对不会指定这样的人为皇位继承人。这时他多半会一声断喝：“你把任务看成什么了?！”即使到了个人主义昂扬的现代，我想这种认识也依然不会改变。

三、在电影《角斗士》中，康茂德用力将父亲按到自己的胸前，结果使皇帝窒息而死。得知皇帝死讯的马西墨斯赶到皇帝的大帐里，只见康茂德站在马可的遗体前，向他伸出了手。亲吻那只手就意味着向新皇帝宣誓效忠，然而马西墨斯看都没看一眼就走出了大帐。

很明显，这种行为就是部将拒绝向最高司令官效忠。马西墨斯立刻就遭到逮捕，差点被斩首。因为拒绝效忠等于反叛，这并非康茂德无视法律，擅自越权。可是，杀害马西墨斯全家则完全是越权，这也成了沦为角斗士的马西墨斯誓死复仇的理由。罗马人区分暴君与贤君的标准，就看处罚当事人时是否株连其家属。就连马可·奥勒留处分煽动军团叛乱的叙利亚总督卡西乌斯时，对其家属也只是重者流放，轻者只需闭门思过而已。

至于马西墨斯的原型马克西米亚努斯，这个在现实中存在过的人物在公元 186 年当选为执政官。当时康茂德已经在位 6 年了。一个在边境任职的军团长能够当选为执政官，通常是得到了皇帝的推荐，然后才能在选举中占优势。也就是说，在马可·奥勒留离世 6 年以后，马克西米亚努斯仍旧担任着前线的司令官。由此可见，当皇帝马可死后，新皇帝康茂德伸出手时，马克西米亚努斯绝对亲吻过那只手。

四、大家对马可放弃康茂德的期待之情当然是可以理解的，不过如果没有女主人公，那么虚构的电影和小说都会变得很不好办。应这种需求而出场的女主角就是皇帝马可的女儿露西拉。但在历史上，这个女人在父亲离世两年后即公元 182 年也撒手人寰了，故而在公元 192 年弟弟康茂德遭暗杀时，她早已不在人世。也就是说，她和康茂德的死没有丝毫关联。

五、《罗马帝国衰亡史》和《角斗士》这两部电影有一个共同点，即皇帝康茂德是在角斗中被杀的。当时人所共知，康茂德的爱好就是和专业角斗士一比高低。然而他最后却不是死于角斗，因为他武艺高超，不论是徒手肉搏还是使用武器，对方都拿他无可奈何。实际上康茂德是在皇宫的浴室里遇害的。

当然，影像也有文章不可比拟的优势，最能发挥这种优势的，就是对战争场面的表现了。因为时代考证做得到位，电影《角斗士》开始时的战斗场面相当逼真，这也引起了我很多思考。

首先，片中日耳曼的蛮族和罗马军队都是背对森林，在中间一块好似开辟出来的狭长地带上展开对垒。当时的阵势是蛮族从高处向下冲锋，罗马军队在低处进行迎击。这种战斗方式对罗马方面非常不利。

正如尤里乌斯·恺撒早就看出的那样，蛮族的强悍之处在于，战斗初期他们能利用人数优势大举进击。而罗马军队的优势则是运用轻装步兵、重装步兵以及骑兵这三大要素，就像在棋盘上排兵布阵一样，相互配合，充分施展战略战术。罗马军队之所以在开阔的战场上所向无敌，甚至投入敌方数分之一的兵力就可大获全胜，就是因为罗马士兵训练有素，号令统一，司令官也善于施展各种战略战术。

既然这样，罗马军队要想发挥自身优势的话，战场的选择就显得至关重要了。最好是能找到一片开阔的平原开战，让敌人从高处向下冲锋绝对是大忌。当然很多时候遭到敌人的突然袭击，不得已只好就地迎战。然而从电影中的场景看，双方似乎都是排好战阵进行会战的模样。

我在电影院第一次观赏这部电影时，以为导演、编剧以及历史顾问都没能理解罗马军队的战法。可是后来，我为撰写本书买来 DVD

SER
BELLEREFONS
CVPIDO
AVRIVS
PAM
PINE
ASTACIVS
ASTACIVS
IACVLATOR
RODAN
ASTIVVS

描绘角斗场面的镶嵌画

在家里反复观看之后，我又改变了看法。我甚至推测，由马可·奥勒留领导的日耳曼战争，无论是第一次还是第二次，进行的恐怕都是类似这种阵势的战斗。

从地势上看，战场的选择就很糟糕，而战斗方式也是混战，并且不是部分战场在混战，而是整个战场都在进行混战。对罗马军队而言，混战是最不利于发挥自身力量的状态。因为在混战中，指挥官发出的命令无法及时下达。

如果在战场的某一区域发生混战或者肉搏战，那也是迫不得已，因为通常的战斗状态肯定就是那样的。“gladiator”（角斗士、剑士）一词最早起源于拉丁语“gladiãtor”，意思是手执一种叫作“gladius”的双刃短剑进行格斗的人。这种武器最早在西班牙的原住民中间使用，因为适合于步兵的近身战，所以第二次布匿战争的主要人物西庇阿·阿非利加努斯将其作为“剑”引入罗马军队。中世纪骑士的剑是长剑，适合“砍杀”，而古罗马的这种“gladius”则是一种“刺杀”剑。既然罗马军队指定这种剑为常用兵器，可见近身战也是罗马军团很擅长的战法。

可是近身战并不是混战。近身战是指以小队、中队或大队为单位进行战斗，而混战则容易变成与敌军一对一的搏斗。日耳曼人身材高大，膂力惊人，就连恺撒麾下的士兵都对他们望而生畏。罗马的将军们不得不在战略战术上刻苦钻研，一个重要原因就是为了弥补本军士兵在这一点上的缺陷。从罗马人的角度看，如果一场战斗以混战为开端简直是荒谬绝伦。

而名将指挥的战斗自始至终都像是在一张白纸上作画。这并不是这些司令官在寻求自我满足，而是为了最大限度地发挥自身优势，即揣摩如何以最小的代价换取最大的战果，于是战斗自然而然地就如同画卷一样漂亮地展开。这种战斗比较常见的是围歼战，因为战争的最终目标是尽早结束战争。

与此相对，一旦整个战场都陷入混战，那么即使最后获胜，充其量也只是击退敌军，却不能给其毁灭性打击。也就是说，败退的敌军卷土重来的危险性始终存在。蛮族有一个特点和罗马军团截然不同。在罗马军中，如果指挥官阵亡，马上会有副官代为指挥，可是蛮族的首领一旦被杀，他的部下立刻四散奔逃。这时如果死去的是部族首领，那么整个部族并不会投降，而是同时逃得不见踪影。结果一场战斗的胜利根本影响不到整个战争，战争状态还是无法终结。

我想，不论电影的制作方是否有此意图，《角斗士》开始时的战斗场面或许正好反映了当时的真实状态。马可·奥勒留纪念柱上的浮雕，不也正是一些没有内在联系的混战吗？日耳曼战争的目的是征服后世的捷克地区，将其划为行省，可是后来战争变得拖沓冗长，而其始终无法结束的原因很可能就在这里。

图拉真皇帝征服比这大两倍的达契亚地区，战争分两个阶段进行，耗时合计两年，最终大功告成。尤里乌斯·恺撒发动高卢战争，历时 7 年，但如果把划入意大利本土的卢比孔河以北地区也算进去的话，恺撒的战场面积要比日耳曼战争大 10 倍。这就是“恺撒创建欧洲”一说的由来。而且到第八年，整个高卢战争的善后处理工作就都已完毕，因此可以说，恺撒用了 8 年时间把一个行省化完备的高卢送给了罗马。而马可·奥勒留即使减去平定卡西乌斯叛乱的中断时间，他和日耳曼民族之间的战争也持续了 10 年，并且直到他离世，这场战争仍旧没有终结。身为最高司令官的他同时也是最高负责人，我们只能指责他欠缺军事战略方面的能力。如果领导者能力欠佳，他领导的组织肯定会发生力量损耗。

即便像我这样不隶属于任何组织，也不曾指挥过他人，对军事更是一窍不通的人，都能想到这些。在这两部电影中都有康茂德从罗马赶往前线的场面，实际上，他从公元178年开始就一直和父亲马可一起处于多瑙河前线了。尽管从18岁到19岁还不够两年时间，但作为共治皇帝，他的确曾以最高司令官的身份，参加了第二次日耳曼战争。

如果说，这个康茂德看到了父亲马可的战略思想以及罗马军队真实的战斗场面，内心觉得这么下去不是办法的话，他会怎么样呢？并且纵然他内心不以为然，可他是否有能力改变或者怎样改变，就又是另外的问题了。如果康茂德知道父亲的做法不妥而他自己又和父亲一样无能为力的话，那又会是什么结果呢？

战争结束

焚烧皇帝马可·奥勒留遗体的火焰渐渐熄灭，“expedition Germania secunda”（第二次日耳曼战争）也随之烟消云散。

这是因为继位的皇帝康茂德宣布战争结束了。但是将军们，尤其以先帝马可的左膀右臂、年轻皇帝的姐夫庞培亚努斯等人为首，似乎极力主张把战争进行下去。他们认为，再有一年，至多两年，战争的预期目标就可以达成。

因为在火葬结束两天后举行的作战会议上，如果新皇帝结束战争的主张没有遭到任何反对的话，那么康茂德4月就可以回到首都，最迟也不会超过6月。然而实际上，当康茂德回到首都时，已经是10月下旬了。康茂德当然想尽快回到首都，所以我们只能推测是有人拖住了他的脚步。

将军们看到新皇帝已经下定了决心，于是转而提出了一个妥协方案，即如果保持目前的攻势，然后在此基础上讲和，罗马就可以抛出类似“城下之盟”那样的和约。这种和约条款肯定会把各项苛刻条件都罗列进去，比如提供人质担保、支付战争赔偿、解散武装，以及在没有得到罗马允许的条件下，即使是自卫也不能行使交战权等。“军人”是战争专家，军人主张既然开战就要坚持到底，如果开战却不能坚持到最后的话，那还不如当初就不开战。令人意外的是，很多战争却是“文官”在主导。文官并非战争专家，却往往受到舆论的压力，匆忙开战，或者无法承受舆论的打击，草率停战。也就是说，多数文官都对“拖延”这种战争最大的“恶”缺乏理解。从这个角度讲，康茂德就是这种文官，而且在他这个“文官”的头脑里，唯有停止战争的想法，没有其他。

毫无疑问，在这位年轻的皇帝面前，将军们都面临着一种矛盾。

他们在马可临终的时候，都曾发誓要把战争进行下去，同时他们也发誓要协助康茂德，避免内战的发生。

也就是说，如果他们违逆新皇帝的旨意继续战争的话，就违背了协助新皇帝的誓言。可是，对罗马的男人而言，违背誓言，哪怕没有誓约书仅仅是对口头誓约的违背，也是绝对不能接受的行为。

罗马人是“法之民”，而且他们认为，如果指望用法律来规范人类社会的话，那么必须从法律关照不到的地方开始做起，这样才能成为法治民族。即只有把不合理的地方也纳入视野，合理的追求才会成为可能。他们讲求法治的同时，却又重视人情和裙带关系，原因也在这里。到了战场上，这种思考方式就变成了利用辅助兵力协助主力、后勤补给的兵站必不可少等指导思想。这些罗马人认为，纵然是口头誓约，也和书面契约拥有同样的效力，因为二者的基础“信义”都是一致的。

罗马人是能将任何东西都神化的民族。他们供奉的神明，不仅包括死去的皇帝和败者的神明，而且还把道德这种不可替代的价值也予以神化。例如调和社会各阶层关系的“协和女神”（Concordia），还有“信义之神”（Fides），都在此列。

临终的马可并没有要求将军们签署书面誓约，而是要求将军们以“信义”为基础遵守誓言，而将军们也都答应了。

可是，将军们立下辅佐康茂德的第一项誓约，是熟知罗马法的马可和将军们个人之间的约定，而把战争进行下去的第二项誓约，则是一位皇帝和他的部下之间的约定，这二者是不一样的。总之，第一项誓约即使某一方死去也仍然有效，而第二项誓约，既然皇帝已经更换，那么誓言是否履行则要看新皇帝本人的意见了。

罗马将士效忠的对象，是罗马全军的最高司令官皇帝，宣誓作为一种礼仪每年都要举行。在罗马帝国，每年1月1日，所有的军团基地都举行向皇帝宣誓效忠的仪式。

将军们当然也有向新皇帝康茂德宣誓效忠的义务，而康茂德又执意结束战争，于是将军们为了恪守面对马可立下的第一项誓言，不得不违背第二项誓言。

有的学者批评说，此时将军们已经开始向新的掌权者卑躬屈膝了。可是我并不这么认为。康茂德在位时间达12年，如果观察各路将军们在此期间的行动，也不能说他们紧随马可离世而发生的“转变”只是单纯地服从新皇帝。并且马可·奥勒留时代的作战会议有个特色，即皇帝和部下之间都可以自由发表言论，想必在马可死后，这种特色还是会继续延续。然而从结果看，将军们还是没有拗过皇帝。

非常可惜，没有一部史书记载了当时4个多月的时间里作战会议是怎样进行的，以及什么人都说了什么话。

面对着一个不了解也不想去了解战争为何物的年轻“文官”，将军们只能服从。唯一值得众人庆幸的是，康茂德在和蛮族草草媾和之后，把多瑙河防线完全委托给了将军们，而他自己则匆匆赶回罗马。防守还在将军们的权限范围内，也是可以做到的，不过防守环境却比以前恶化了，造成恶化的原因，还在于与蛮族的媾和条款。

在罗马军队的强大攻势下，各蛮族已经走投无路，也是命不该绝，这时罗马方面突然释放出讲和的消息。马科曼尼人和库瓦迪人当然求之不得。但是，根据长年与罗马人打交道的经验，他们也能略微探察出罗马此时讲和的原因，结果被抓住弱点的反而是罗马方面。

罗马同马科曼尼人和库瓦迪人分别签署了和约，蛮族方面的义务条款为：

一、立即遣返逃兵与俘虏。

二、每年向罗马方面提供小麦，代替进贡。

三、有权参与罗马境内的集市贸易，但是每月仅限一次，而且地点仅限于罗马方面允许的都市，并在百夫长和属下士兵的监视下进行。

四、对于从后面威胁“近蛮族”的“远蛮族”，允许他们移居1.2万人到达契亚行省内。各族不许与这些移民发生争斗。

五、马科曼尼人和库瓦迪人分别担负向罗马军队提供1.3万名士兵的义务。

六、沿多瑙河北岸设置5罗马里（相当于今天的7.5公里弱）宽的无人地带。罗马方面设置于此的要塞及监视塔予以拆除，而蛮族的牧人和家畜也严禁进入该区域。

这的确不像城下之盟。由于罗马比较着急，没能仔细考虑如何能对己方更加有利就签署了。这与以往罗马为暂时休战而与蛮族签署的协定并无二致。

并且，和约的第二条一次都没实施过就已经化成了泡影。这项要求原本代替战争赔偿，或许可以为罗马保住些颜面。康茂德甚至没有要求明确小麦的数量、提供时间、持续时期等。蛮族还没有愚蠢到那种地步，竟然去履行连对方都不坚持的要求。

至于第五条，马科曼尼人和库瓦迪人分别向罗马提供 1.3 万名士兵，合计 2.6 万名日耳曼士兵，很多现代罗马史学者批判这一条款，认为这开创了罗马军队混编蛮族的先例。

我对这种观点还是不能认同。无论称他们为蛮族也好，还是称他们为异族也好，罗马军队收编他们的做法可以一直上溯到战胜迦太基名将汉尼拔的西庇阿·阿非利加努斯时代。如果当时未把努米底亚的骑兵纳入，罗马军队就不可能在扎马会战中获胜。尤里乌斯·恺撒也毫不犹豫地在刚刚征服的地区募兵，就连进行高卢战争时，恺撒军中的骑兵也有很多高卢人和日耳曼人。

图拉真记功柱堪称达契亚战争的战记，遍布其上的浮雕也表现出了罗马军队的多民族性。其中有身着及踝长裙的东方弓弩兵，有轻装上阵的毛里塔尼亚骑兵，有上身赤裸的日耳曼步兵，还有全身包裹着鱼鳞状铠甲的萨尔马提亚骑兵，他们和罗马军队的主力军团兵、辅助战力的行省兵一起参加战斗。

而电影《角斗士》主角的原型瓦莱利乌斯·马克西米亚努斯出生于潘诺尼亚行省，很明显是日耳曼后裔。这名罗马武将体内流淌着日耳曼民族的血液，却在对日耳曼人的作战中战果累累，功勋卓著，后来一直升至执政官。

问题不在于罗马军队是否可以收编异族，而在于这些被收编的异族是否认为自己是留在罗马的异类，或者他们已经融入罗马社会，认为整个帝国就是一个大家庭，自己已经是罗马公民中的一员。至于前线的基地，问题就在于他们能否作为罗马军中的一员服从军规，并与同一民族的敌人作战。

公元2世纪末的这一时期，罗马军队还是具有这种风纪和吸引力的。第一，以出生于叙利亚行省的庞培亚努斯为首，多瑙河防线上的异族将军为数不少。不，甚至可以说他们比出生于意大利本土的人还多。第二，基地附近的居民本来就以日耳曼裔为主。第三，在罗马军队的强大攻势下，田地荒芜，无论是耕种还是放牧，都很难取得从前那么多收获了。也就是说，蛮族的男子及其家庭失去了赖以维生的手段。而这次媾和，这些男人可以在罗马军中服役，也得到了一个获取收入的门路。总之，罗马通过提供职业的方式，让他们能够糊口，使2.6万名随时可能入侵罗马的危险分子变成了稳健派。

“60年的和平”

其实我们不必等待吉本撰写《罗马帝国衰亡史》，早在罗马时代就已经有很多历史学家指出康茂德非常糟糕了。他们指出，对帝国而言，康茂德这位皇帝简直就是灾难。历史学家卡西乌斯·狄奥比康茂德年长6岁，可谓同代人，他也早就开始谴责康茂德了。

其主要理由就是康茂德在父亲马可死后立即与蛮族议和，后来与皇帝关系恶化的元老院认为，这是一次屈辱的媾和。

康茂德名声不佳的第二个原因，在于媾和使得波希米亚地区行省化的流产。

然而，康茂德难道真的错了吗？

图拉真皇帝在达契亚建立行省，为多瑙河下游的防御发挥了长久的作用，这是不可否认的事实。可是，达契亚即后世的罗马尼亚地区即使成了行省，也并不意味着部署在多瑙河下游的军团可以撤防。在辛吉杜努姆（今塞尔维亚首都贝尔格莱德）、费米拉孔（今科斯托拉茨热）和今天保加利亚的伊斯克尔（斯维什托夫附近）三地仍然分别驻扎着一个军团，这种布防体系并没有发生变化。达契亚地区充其量只是从多瑙河天险突出去的桥头堡，而罗马帝国真正的北方防线仍然是多瑙河。当北方蛮族南侵时，第一道防线是达契亚，达契亚被突破后还有多瑙河，这是一个双重的防御体系。在马可·奥勒留时代，罗马在多瑙河下游南岸部署了 3 个军团，加上驻扎在达契亚行省内的 2 个军团，共计 5 个军团。其主力军团兵就达到了 3 万人，如果把辅助兵也计算进来的话，就接近了 6 万人。由此可见，即使达契亚并入了罗马版图，可是在防卫上仍然需要投入如此巨大的人力和资金。

即使像马可·奥勒留当初计划的那样，罗马真的把覆盖了现在奥地利北部、从捷克到斯洛伐克地区的波希米亚全部征服，悉数划为行省，那么在多瑙河中游流域，由这些行省（马可当初计划建立两个行省）和南流的多瑙河构成的双重防御体系，也仍旧不会脱离达契亚的窠臼。也就是说，在多瑙河沿岸维德伯纳（今奥地利首都维也纳）、卡农图姆（今佩特罗内拉）、布里吉提欧（今匈牙利的苏尼）、阿昆库姆（今布达佩斯）部署的 4 个军团依然保持不变，而在两个新行省还要各部署一个军团。这样，为建立双重防御体系而投入的人力和资金，就由 4 个军团变为 6 个军团。如果多瑙河中游的军备也要这么增加的话，罗马能够承受这种负担吗？何况在马可·奥勒留时代，帝国

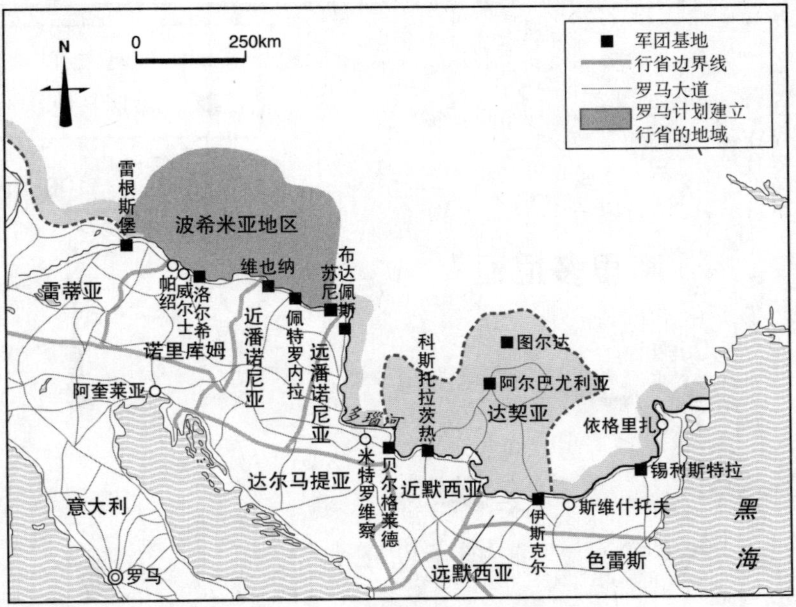

多瑙河防线

的防御力量已经从 28 个军团增加到了 30 个军团，而现在还要继续增加 2 个新军团。

进行军事防守既要付出人力，也要耗费资金。虽然当地人愿意为此纳税，但罗马人的安全保障也包括修路造桥，建设城镇，此外再加上军团基地的消耗，的确对国库是一笔相当沉重的负担。

不列颠相当于今天的英格兰和威尔士，此地除了盛产锡以外以农牧业为主，属于帝国的贫困地区。尽管当地的财政收支经常处于赤字状态，但罗马还是在这里驻有 3 个军团，就是为了高卢的稳定。尤里乌斯·恺撒是最早渡过多佛尔海峡的罗马大员，他在《高卢战记》中

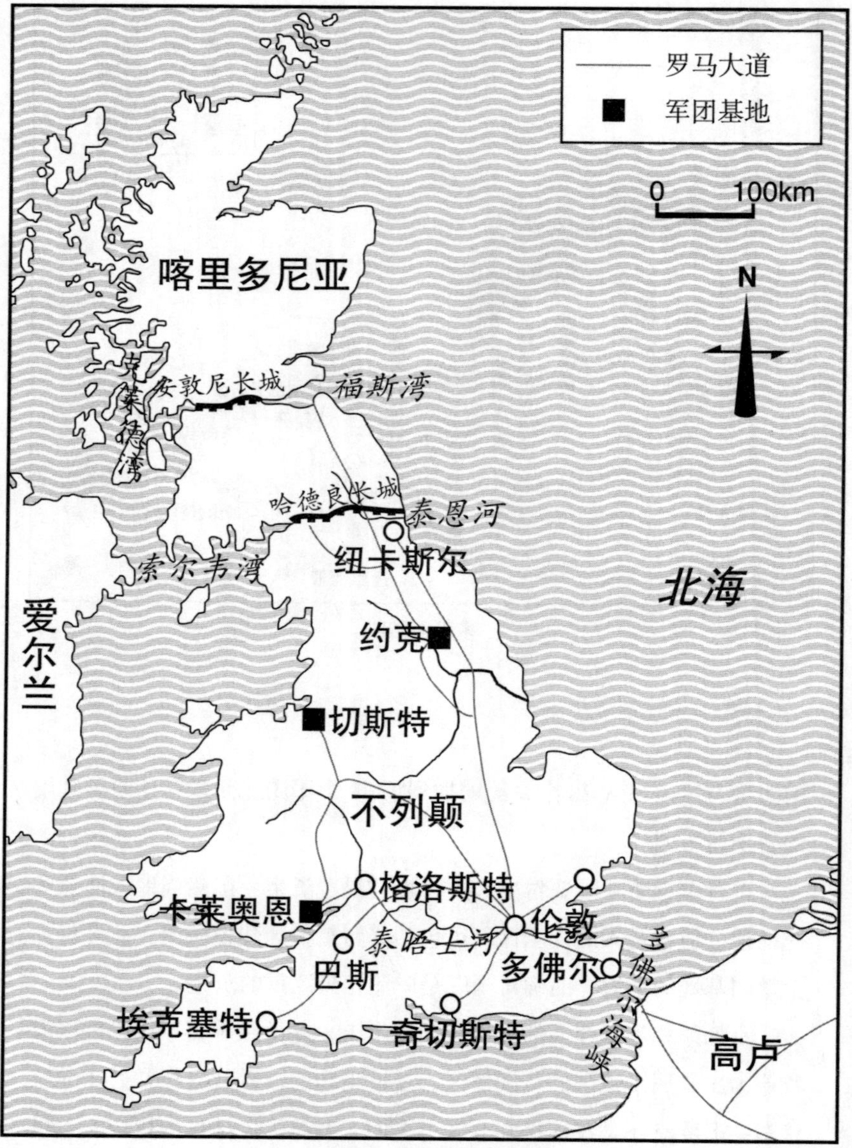

公元 2 世纪后半期的不列颠

写到，自己之所以远征不列颠，就是为了切断高卢的反罗马分子的后路。到了帝政时期，高卢变得非常稳定，是学习罗马的模范学生。尽管如此，不列颠的战略地位却没有丝毫下降。因为罗马不再试图征服苏格兰（罗马时代称为喀里多尼亚），从斯堪的纳维亚地区渡过北海的入侵者绵绵不绝，喀里多尼亚已经成为弱肉强食之地，为了防止这些人南侵，罗马只好修筑了哈德良长城，并分别在卡莱奥恩、约克和切斯特各驻扎一个军团。

丘吉尔曾说，大英帝国的历史以恺撒渡过多佛尔海峡为开端。而在罗马史研究领域，英国学者也取得了骄人的成绩。可是很遗憾，对罗马人而言，不列颠只不过是一个稳定高卢的存在而已。《希腊罗马名人传》的作者普鲁塔克认为，罗马之所以强大在于它的"同化败者"的政策，在人才选拔方面，罗马一直敞开着大门。可是，在整个不列颠却没有出过一位元老院元老，也没有一位行省总督或军团长。一个地方如果缺乏培养人才的基础，当然不可能人才辈出。

行省化的达契亚也没有出现过以帝国兴盛为己任的人才，假如波希米亚成为行省，可以想象结果会大抵如此。虽然此地十分辽阔，但对罗马而言，至多也不过是桥头堡而已。既然这样，战略的制定实施就不能被征服欲左右，而是应该在冷静的分析之后做出判断。我认为，在公元 2 世纪末期，终结持续了 10 年仍没有取得决定性胜利的战争的时候，康茂德没有把蛮族逼迫成困兽，而是以温和的条件达成和解，放弃了在波希米亚地区建立行省的计划，对罗马而言，他这种选择是正确的。

但是，即便是现在的政治家，举手投足间的不妥都有可能导致支持率下跌，而罗马皇帝居然从正在进攻的地方撤退，其结果也可想而知。

开国皇帝奥古斯都曾立下雄心壮志，把帝国的边界推进到易北河畔，但到了提比略时代，帝国的防线则退回到了莱茵河。不知元老院给予了提比略怎样的谴责。而图拉真皇帝曾征服过美索不达米亚地区，一直攻到了底格里斯河，可是哈德良皇帝放弃了上述地区，将罗马的防线退回到了幼发拉底河。哈德良皇帝甚至为此除掉了意见相左的图拉真的四位重臣，而元老院一直对此事耿耿于怀，对于常年出巡在外的哈德良皇帝始终态度冷淡。

直到公元 19 世纪，盛行考古发掘，人们发现多瑙河沿岸的基地绝大多数是提比略皇帝修建的，才开始重新评价这位皇帝。现在我们知道，提比略从易北河撤退，代之以在多瑙河防线夯实防卫基础。

哈德良皇帝在整个帝国四处巡视，这种功绩更早地被人理解。自从帝国的防线被突破以后，人们才开始理解为罗马防卫奉献终身的哈德良皇帝。马可·奥勒留也是直到自己做了皇帝，真正面对蛮族入侵的时候，才领悟到这个问题有多么困难，同时也理解了哈德良。至少，晚于哈德良百余年的历史学家卡西乌斯·狄奥非常赞赏哈德良的功绩。

尽管如此，在哈德良生前，他指定的继承人安敦尼·庇护以及年轻的马可都没有理解哈德良的政治思想。不管怎么说，这两个人都深信，只要在首都罗马广施仁政，那么就没有必要千里迢迢地跋涉到行省和边境去视察军事基地。

本来就得不到公民的支持，再加上元老院态度冷淡，连继承人都不能理解自己的政策，提比略和哈德良之所以还一意孤行，就是因为他们坚信自己的政策是行之有效的，并且这两个人都是强烈的自我中心主义者。也就是说，他们对负面评价具有免疫力，两个人都四五十岁，正是不易被他人左右的成熟年龄。

而这时康茂德才19岁，既没有坚定的信念，又缺乏强韧的精神。他之所以放弃行省化，结束战争，当然只是因为厌倦了长年累月的战地生活。其实如果他内心愿意遵从父亲继续战争的遗言，他也完全可以把这个差事交给手下的将军们实施，然后自己返回罗马。是否亲自参战完全是皇帝个人的事情，而并不是法律有所规定。在这种情况下，康茂德仍然固执地结束战争，可能就是因为对战争本身已经厌烦。总之，与敌对的马科曼尼人和库瓦迪人媾和以后，罗马军队从多瑙河北岸7.5公里宽的中立地带撤军，维也纳和布达佩斯再次成为最前沿的基地。这就是罗马人说的“屈辱的媾和”的结局。

但是，如果我们暂且不去讨论康茂德此举的出发点，只是单纯观察他这一决定给罗马带来的成果，实际上是出人意料的。

吉本对哲学家皇帝马可赞赏有加，也因此对康茂德评价很低。而与此相反，德国至今仍然享有盛誉的罗马史作者、学者蒙森却认为康茂德此时的决定为罗马换回了“60年的和平”。蒙森的著作甚至可以用来修养身心。的确，从公元180年到240年，罗马在多瑙河流域没有进行过激烈战争，在这60年里之所以实现了和平，我想是由好几个重要因素完美地契合到了一起才形成的。

一、虽然被指责为“屈辱的媾和”，但公元180年缔结的和约使罗马和被称为“近蛮族”的马科曼尼等部族之间形成了良好的关系。

二、马可·奥勒留通过10多年的战争，使多瑙河北岸的马科曼尼人元气大伤，一时难以重新发起挑衅。虽然通过谈判达成和解是再理想不过的事情，然而从人类社会的现实看，还是某一方占据优势时更容易达成妥协。

三、驻守在多瑙河畔的武将们对马可·奥勒留深怀崇敬之情，他们愿意恪守对先帝的誓约。连后来成为潘诺尼亚行省总督的历史学家卡西乌斯·狄奥都为马可所倾倒。

四、马可·奥勒留在位期间几乎都在和帕提亚以及日耳曼人作战，可以说是个很不幸运的皇帝。然而，20 年征战的结果，使罗马军队恢复了实战能力。不只限于军事方面，凡是能力，只要不去磨炼，很快就会退化，只是这一特性在军事方面表现得更加明显。罗马军队，尤其是驻扎在多瑙河畔的将士极为强悍，这也使得蛮族不敢轻举妄动。用时髦一点的话来说，就是 20 年的实战本身已经成了一种威慑力量，在战争结束后的 60 年里，一直发挥着作用。

康茂德其人

可是，我为康茂德也只能辩护这些了，在其后的 11 年中，即从 20 岁到 31 岁之间，身为帝国统治者的他尸位素餐，一事无成。

如果他能抽出几年时间学学哈德良皇帝就好了。父亲马可在成为皇帝之前，不但没有离开过意大利本土，甚至连意大利北部都没去过，但是康茂德从少年时代起就跟随父亲，踏遍了小亚细亚、叙利亚、埃及和希腊，还曾以共治皇帝的身份巡访多瑙河防线。就帝国的行省经历而言，康茂德在登基以前就已相当丰富。可是尽管如此，他还是没有意识到帝国的最高负责人在行省和边境“露脸”的重要性，仅从这一点上看，他就无法成为哈德良那样的皇帝。不过，就算他理解视察的重要性，就当时的罗马形势而言，他也很难具体施行。

我们可以简单分析一下哈德良皇帝为什么在同代人中间声誉不

高。这就像是万里无云的好天气，可是皇帝总是为不知何时到来的洪水做准备。他离开首都，到帝国各地去加强堤防。当时无论是沉溺于观赏角斗比赛和四马战车比赛的平民，还是忙于主持会议的元老院元老，当皇帝始终缺席的时候，他们却都没有意识到未雨绸缪的重要性。

而安敦尼·庇护皇帝的形象就相当不错，因为他和哈德良的施政方式恰好相反。如同塔西佗和卡西乌斯·狄奥一样，生活在罗马的元老院元老们都用“记录历史”这种方式对各位皇帝加以评价，这就是当时的“媒体”，而拥挤在首都罗马圆形竞技场和大竞技场里的公民们，则代表着当时的“舆论”。

康茂德年纪尚轻，谈不上有什么坚定的信念，又不具备面对非议毫不动摇的坚强性格，所以他选择留在首都也是可以理解的。即使在今天，很多总统和首相不也在电视或报刊上频频露面以提升人气嘛！因为只有这样才能获得媒体的好感，提高支持率。另外，在马可·奥勒留时代，帝国的防线经常被蛮族攻破，以至于马可不得不赶往战场，可是在他的儿子康茂德主政的12年里，边境上却没有发生过能令皇帝亲自出马的战事。我们当然可以说这是命运的不公，然而如果考虑到安敦尼·庇护时代23年间都在和平中度过，那么马可·奥勒留时代的帕提亚军以及北方蛮族的入侵显然就是一种反弹。不过，在康茂德时代，台伯河水也不曾泛滥，风调雨顺，没有出现过饥荒，更没有远征东方带回瘟疫，我们只能说，康茂德的运气实在是太好了。

“屈辱的媾和”后的康茂德还都罗马，民众的情绪出人意料地平稳，可以说不冷不热。罗马公民毕竟已经承受了20年的战争压力，国库的负担也已经到了极限。虽然被动防守也要出人出钱，但战争爆发花费会更大。康茂德主政期间，虽然没有实施过什么像样的政策，但国家财政得以维持，原因就在于没有战争。

一旦恢复和平，罗马帝国的经济依然强劲，人们也能安心享受富裕的生活。当罗马终止了举国战争，就连远离边境的安全地带的人们也都变得心态平和了。尽管康茂德被认为是昏君，但和口碑良好的图拉真以及马可·奥勒留相比，当时罗马竟然没有发生过迫害基督教徒的事件。甚至在盛行反基督教的里昂，都有基督教徒说："近来能安心生活了。"这是因为民心日趋安定，再加上康茂德与父亲马可不同，没有把基督教徒视为罗马社会里的危险分子。不过他之所以如此并不是因为对基督教的哲理有所领悟，而只不过是采取了一种漠然置之的态度而已。据说，康茂不喜欢他的妻子克丽丝庇娜，因此身边时常会有情妇，在他的情妇之中却有一个是基督教徒。

康茂德的统治就是在这种和平的气氛中展开的。父亲马可给儿子留下了一班忠诚且拥有责任感的将军，同时还留下了一大群富有才能的行政官员。

不管康茂德有没有意识到巡察边境激励将士的重要性，或者就算他意识到了却不肯付诸行动，这些都无所谓，反正他已经作为帝国的最高负责人开始实施统治了。虽然他爱好竞技胜过爱好学习，但对罗马的平民而言，这并不是负面因素。要知道，曾经有人批评过马可·奥勒留伪善，而热衷于竞技的年轻皇帝自然与这种批评沾不上边。

然而，到了公元 182 年，也就是康茂德即位刚刚两年的时候，发生了一起令他性格大变的事件。有人阴谋暗杀皇帝，而且还是一桩家庭伦理悲剧，其主谋就是皇帝的姐姐。

姐姐露西拉

哲学家皇帝马可·奥勒留共生有 14 个子女，但其中长大成人的只有儿子康茂德和 5 个女儿。在 5 个女儿之中，露西拉实际上相当于长女。她出生于公元 150 年，比康茂德大 11 岁。

康茂德生于马可登基那一年，而露西拉则是父亲成为安敦尼·庇护事实上的共治皇帝 3 年后出生的，露西拉 11 岁时，马可即位，露西拉自然成了公主。也就是说，自从出生之日开始，露西拉就一直生活在皇宫里。到了 14 岁，她嫁给了比自己年长 20 岁的路奇乌斯·维鲁斯。因为路奇乌斯也是共治皇帝，露西拉实际上成了皇妃。不仅如此，父亲马可为了庆祝他们结婚，赋予了露西拉“奥古斯塔”（皇后）的尊称。当时所有人都认为，马可·奥勒留之后，将由年轻 10 岁的路奇乌斯继位，而他的妻子露西拉当然是下任皇后了，因此获得“奥古斯塔”的尊称也可以说是实至名归。

然而天有不测风云，5 年之后，路奇乌斯·维鲁斯竟然死了。露西拉和他前后共生有 3 个孩子，其中两个降生不久即告夭折，只有一个女儿存活了下来。

露西拉就这样成了寡妇，当时她还不到 19 岁，而半年以后，父亲马可在她丧期未满时就急急忙忙地将她许配给了自己的爱将庞培亚努斯。露西拉虽然遵从了父命，然而自尊心受到了极大伤害。庞培亚努斯这个人虽然是极其优秀忠诚的武将，是马可的左膀右臂，却来自行省，出身卑微，自己贵为公主，并且还是共治皇帝的妃子，为什么一定要做低微的行省总督的妻子呢？开始时母亲芙斯汀娜也站在女儿一边，所以哲学家皇帝要说服母女二人绝非易事。最后的结果是，露西拉以后仍旧保持“奥古斯塔”（皇后）的地位和称号，才使这一问

露西拉

康茂德

题得以解决。尽管如此，露西拉还是对丈夫庞培亚努斯抱有轻蔑的态度。而自从母亲在小亚细亚去世以后，露西拉成了罗马唯一的“奥古斯塔”，也就是罗马帝国的第一夫人，因为后来和弟弟康茂德结婚的克丽丝庇娜虽然是共治皇帝的皇妃，却还没有获颁“奥古斯塔”的尊称。在电影《角斗士》中，主人公马西墨斯称呼虽然年长却同为将军的庞培亚努斯的妻子为“Your Majesty”（皇后陛下），古罗马人此时居然说出英语来，多少令人有些哭笑不得，其实在这种情况下，电影应该使用拉丁语“Augusta”（奥古斯塔）这个词。

自从父亲马可离世，弟弟康茂德成了唯一的皇帝以后，露西拉虽然也感受到了自己地位的变化，可她仍旧是唯一的“奥古斯塔”。然而两年后，即公元 182 年，坊间出现了皇妃克丽丝庇娜怀孕的传闻。尽管这只是一个未经证实的小道消息，但在露西拉听来十分刺耳。

克丽丝庇娜

相比于元老院大员的女儿克丽丝庇娜，露西拉的外祖父则是先帝的先帝安敦尼·庇护，父亲是上任皇帝马可·奥勒留，并且她的前夫路奇乌斯·维鲁斯的亲生父亲埃里乌斯·恺撒曾被哈德良皇帝指定为继承人，也和马可一起同为安敦尼·庇护的养子，后来又是马可的共治皇帝。很多富贵人家的女子极其重视这些东西，因为除了血统之外她们找不到自己存在的理由。

可以说露西拉也是这种执着女性的代表，在她看来，克丽丝庇娜只是一位元老院元老的女儿，如果也获得“奥古斯塔”的尊称是不可接受的。就像露西拉的母亲芙斯汀娜一样，第一个孩子的降生往往就是获颁这一称号的契机。克丽丝庇娜还不到20岁，如果真的生了小孩，她也很可能获得“奥古斯塔”的尊称。如果那样的话，自己只是皇帝部下的妻子，皇帝的姐姐之一，却头罩“奥古斯塔”的光环，既没有意义也没有力量，怎么看都有些夸张。32岁的露西拉恼怒之下，想出了一个愚蠢的办法，就是杀掉能够颁发“奥古斯塔”尊称的皇帝。

马可·奥勒留临终时曾经要求手下的将军们协助康茂德治理国家，其实他更应该要求露西拉发誓像母亲一样协助弟弟。在《沉思录》中，马可曾写到了家庭生活的重要性。这位哲学家皇帝从不拈花惹草，坚持一夫一妻制，相信多子多福，毫无疑问，他做梦也想不到一个姐姐会去杀害弟弟。他深深迷恋的哲学或许能教导他应该怎样正确地生活，却没有告诉他在人类社会里，不但有崇高的行为，也有卑劣的暗算。只有历史才会讲述人类社会的真实状态。如此看来，马可·奥勒留热衷的学问是哲学和伦理学，而不是历史。

如果一个人始终在追求正确的人生，可是其子女之间上演着家庭内部悲剧，这不能不说是个巨大的遗憾。

阴谋

暗杀皇帝的阴谋或许因为是露西拉主导，计划显得相当毛糙。

既然要杀死皇帝，那么必须事先考虑好由谁来继位。庞培亚努斯是露西拉的丈夫，因而算是比较恰当的人选，但露西拉讨厌自己的丈夫。并且在康茂德返回首都以后，庞培亚努斯成为多瑙河防线的最高负责人，此时他正在前线忙于保卫国家，培养新人。其实就算他身在首都，也不可能违背对先帝马可立下的誓约。庞培亚努斯自始至终都和暗杀计划毫无关系。

最后，露西拉选择了马库斯·渥米狄乌斯·库瓦特拉托斯。这个人是马可过世的妹妹安妮亚的儿子，和露西拉算是表兄妹关系。虽然生年不详，可是此人在公元 167 年曾就任执政官，所以在酝酿阴谋的这一年大概在四十五六岁。然而他的军旅经历可以说是一片空白，只不过是一位享受着罗马舒适生活的元老院元老。

我们不知道露西拉究竟是怎样说服此人的。或许露西拉可能用暗杀成功后自己与庞培亚努斯离婚然后嫁给他为诱饵。露西拉虽然面容坚毅，但仍不失为一个美女。

具体执行暗杀任务的是克劳狄乌斯·庞培亚努斯·昆提亚努斯，他是丈夫庞培亚努斯的外甥，身体强健，武艺高强，年轻而不善思考。

行动地点的选择也很草率。他们计划埋伏在希腊音乐剧的剧场出口，等康茂德散场出来时动手。可是皇帝当然不会独自出行，何况年轻的康茂德身边总是簇拥着很多和他年龄相仿的追随者。

尽管如此，刺客还是成功地接近了皇帝。那一时期的康茂德还以为自己深受民众爱戴，又是在演出刚刚散场的时候，因而没有过多防备。事情坏在刺客拔出剑后喊了一句多余的口号："以元老院的名义！"实际上元老院和这起暗杀阴谋没什么关系，但元老院和公民一样，都是罗马帝国的主权拥有者。在罗马，"以元老院的名义"这句话是人们打倒暴君时的经常性用语，然而这句口号也等于向康茂德发出预警，还没等刺客挥剑，人们就已经将其拿下。

对于一个 21 岁的年轻人而言，知道自己成了别人的靶心当然会恐惧，可是审讯刺客之后呈现出来的事实更令人心惊肉跳。主谋居然是露西拉，五姐妹中年龄最长，头脑聪慧，性格坚强，母亲在世时就获得了"奥古斯塔"的尊称，而其本人的言行也与此尊称完全相称。而且在康茂德看来，露西拉还不仅仅只是五姐妹中的一个。康茂德似

公元2世纪后半期的罗马地区（带有※的为帝国后期建筑物）

乎总是对性格坚强的女子很倾心，自从 14 岁时母亲过世以后，年长 11 岁的姐姐就成了她最为信赖的亲人。

刺客昆提亚努斯很快被处以斩首，阴谋计划中的继任者库瓦特拉托斯也被判死刑。服侍这两人的两个奴隶也被当作同谋处死。

露西拉被判流放卡普里岛，不久之后就被杀害，遗体也不许葬在皇家墓地哈德良陵墓。

这起失败的阴谋使 21 岁的康茂德皇帝彻底成了猜忌的俘虏，他本与“暴君”一词无缘，可是从此变成了真正的暴君。

实行帝政之后的罗马创设了近卫军团，大约有 1 万兵力，驻扎在距离首都不远的近卫军团基地。这个地方与现在的罗马大学相邻，不知为什么，到了 2 000 年之后的今天仍然是座军营。因为皇帝有自己的贴身卫队，所以近卫军团的任务就是维持首都罗马和意大利本土的治安。出于近卫军的性质，在皇帝御驾亲征的时候，他们也跟随皇帝到前线作战。这支部队在马可·奥勒留时代一直被部署在前线，到了康茂德时代才返回首都。

根据传统，这个近卫军团的“长官”由两个人担任，其中一人名叫帕提鲁诺，他早在先帝马可时代末期就担任此职，是希腊裔的罗马人，长期跟随在皇帝马可身边，深受信赖，才能卓越，起着办公厅主任的作用。和蛮族进行外交谈判也由他一手负责。后来这个帕提鲁诺被皇帝马可任命为近卫军团长官，直到皇帝离世他依然担任此职，也是马可·奥勒留临终托付的武将之一。在康茂德继位后，他仍旧信守曾经的誓约，辅佐新主，恪尽职守，保卫国家。

疑神疑鬼的康茂德把目光停留在了帕提鲁诺身上。他认定对方了解暗杀阴谋却没有采取任何行动。这本来是毫无根据的猜忌，但帕提鲁诺的命运因此而改变。他首先被撤职，不久以后就在一次伪装的事故中遭到杀害。

受到怀疑的不只帕提鲁诺一人。从公元 182 年开始到 183 年的一年时间里，因知情不举的罪名而受到处罚的人达 6 人之多。他们都是元老院的元老，而且都是担任过执政官的要员。其中 4 人被判死刑，其余 2 人被判流放。

另外，还有 2 名元老院元老受到牵连，他们就是先帝马可帐下的军团长昆提里乌斯兄弟。哥哥娶了马可的一个女儿，也因此成为康茂德的姐夫。千钧一发之际，驻扎在叙利亚的弟弟成功逃脱，哥哥因为身在首都，不幸被捕，未经审判就被处死了。

现在离开罗马，沿古代阿庇亚大道前行，不久就能看到一处壮观的别墅遗迹。这家别墅的主人虽然可以从高架水道桥引水，可是又自费另修了高架桥到自家院内，以保持充足的水量。直到今天，这里仍被称为“昆提里乌斯别墅”。这里的主人正是当年康茂德的姐夫，两人在公元 177 年时还一起出任过执政官。其实昆提里乌斯兄弟参与暗杀阴谋的可能性微乎其微，就连平民都传言，说是康茂德看上了这处别墅，于是才罗织罪名，害死了兄弟俩。

哈德良皇帝生前曾不无讥讽地说，元老院就是平时只考虑自己的元老集团，可一旦灾难临头，他们却又能团结一致。因为这一连串事件，元老院的元老们对皇帝康茂德的感情为之一变，而普通平民对皇帝的印象也和以前不一样了。对平民而言，元老院元老都是富有的上流阶层，当这些人被皇帝处死，财产被没收时，大家只会感到痛快，而不会产生丝毫的同情之心。如果现在去形容罗马皇帝和元老院的关系，可以说很像美国总统与在野党占多数席位的上下两院的博弈。所以说，皇帝和元老院不和才是常态，二者关系良好的时期仅限于图拉真、安敦尼·庇护以及马可·奥勒留时代，首都的平民都喜欢围观元老院元老的失势和覆灭。

然而有一种情况却令平民心灵震颤，那就是骨肉相残。传统的罗马人极为重视家庭，平民本能地认为不修身齐家则无以治国平天下。可是从公元182年开始，一年间的疯狂报复中，皇帝的亲姐姐和另一位姐姐的丈夫都死于非命。

直到公元183年后半，这场风暴才逐渐平息。不可思议的是，露西拉的丈夫庞培亚努斯却始终没有受到怀疑。父亲马可极其信赖这位出生于叙利亚的武将，儿子康茂德也继承了这一点。帕提鲁诺死后，近卫军团的长官只剩下佩雷尼斯一人，据说庞培亚努斯曾奉劝皇帝要信任佩雷尼斯。其实这个人之所以能成为近卫军团长官，本来就是因为老上级庞培亚努斯的极力举荐。

开始的5年

姐姐策划的暗杀阴谋，彻底改变了22岁的皇帝的性格。当然，只有近臣才了解这些变化。可康茂德不是个普通的年轻人，而是皇帝，他本来就对帝国统治漠不关心，而佩雷尼斯在这一时期恰好弥补了这种致命缺陷。

在公元2世纪前后，军队中出生于意大利本土的将领已经为数不多，塞克斯托斯·提吉狄乌斯·佩雷尼斯就来自意大利本土。此前他一直身在前线，是庞培亚努斯帐下的得力干将，不仅曾在多瑙河前线任职，而且踏遍了帝国边境各地，最后才受命担任近卫军团长官。不过这个人也有缺点，就是常年征战，他毫不掩饰自己对首都那些追求舒适生活的元老院元老的鄙视，而元老院也把佩雷尼斯视为政治暴发户。此人应该在 50 岁上下，当康茂德对统治失去兴趣的时候，实际上是他一手承担起了帝国的政务。

马可·奥勒留治下 20 年的战争状态结束后，罗马得以享受和平。不过这种和平和安敦尼·庇护时代的那种无忧无虑的和平已经截然不同。帝国的边境防线必须始终保持临战状态，否则就有遭到攻击的危险。

只有马可·奥勒留征战过的幼发拉底河和多瑙河两个地区比较安全，其他地方要么出现了危险的征兆，要么就已经到了刻不容缓的紧急状态。佩雷尼斯的边境经验使他能够快速应对这些情况，而这一时期的帝国比以往更加需要具有这种能力的人。

据史书记载，罗马帝国曾于公元 183 年和 185 年两次强化北非毛里塔尼亚地区的边境防线，其具体位置相当于今天的摩洛哥和阿尔及利亚两国，在罗马时代，这里分别是以廷吉（今丹吉尔）为首府的“毛里塔尼亚·廷吉塔纳行省”和以恺撒利亚（今舍尔沙勒）为首府的“毛里塔尼亚·恺撒恩西斯行省”。从这两个行省向东，依次为“努米底亚”“阿非利加”“昔兰尼加”以及“埃及”等罗马诸行省。除了皇帝私人领有的埃及，其他 5 个行省总共只部署了一个罗马军团，即驻扎在努米底亚行省兰帕西斯（今龙柏斯）基地的第三奥古斯都军团，该军团的军团兵和辅助兵合计 6 000 人，是罗马常驻北非的正规部队。

之所以如此单薄，是因为北非的情况和与帕提亚王国对峙的中近东地区有所不同。这里的主要敌人是越过沙漠发动袭击的原住民部族。罗马方面认为，对方并不是正规部队，只是一群强盗而已，派驻一个军团已经绰绰有余了。

但这并不意味着可以轻敌。如果把强盗的劫掠仅仅视为暂时性的

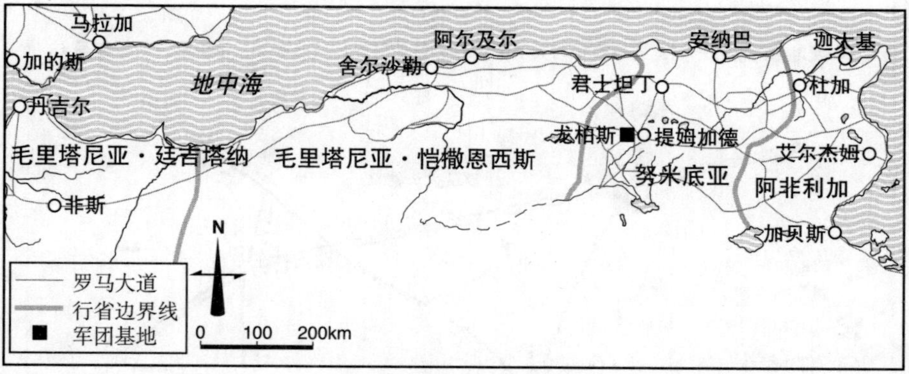

北非主要的罗马大道

灾害而不加以防范的话，当地居民就会放弃土地，逃到安全的沿海城市去。无人耕种的土地不仅将要荒芜，而且会被流沙逐渐掩埋，最后导致气候发生变化。田野有绿意才会下雨，雨水可以储存起来用于灌溉，然后才可能有下一次的降雨。人类的定居是防治荒漠的最好办法。罗马帝国在这一地区的任务，就是要保证居民的定居。不过，为了不给帝国的其他地区增添防卫负担，还是有加强防卫措施的必要。

第一项措施是，充分利用由原住民组成的辅助兵。军团基地只有龙柏斯一处，辅助兵在这里接受过训练之后，被分派到各个战略要地去守卫要塞，各要塞之间还修筑了用于监视的据点，守在里面的也是行省出身的辅助兵。第二项措施是，把未服兵役的居民也发动起来。罗马将每个绿洲中的部落都建成堡垒，把各个行省的居民也容纳到帝国的防御体系中来。第三项措施则不仅限于北非的沙漠地带，在帝国的其他边境地带也同样实施，即把服役期满退役的军团兵组织起来，让他们建设聚居的城镇。

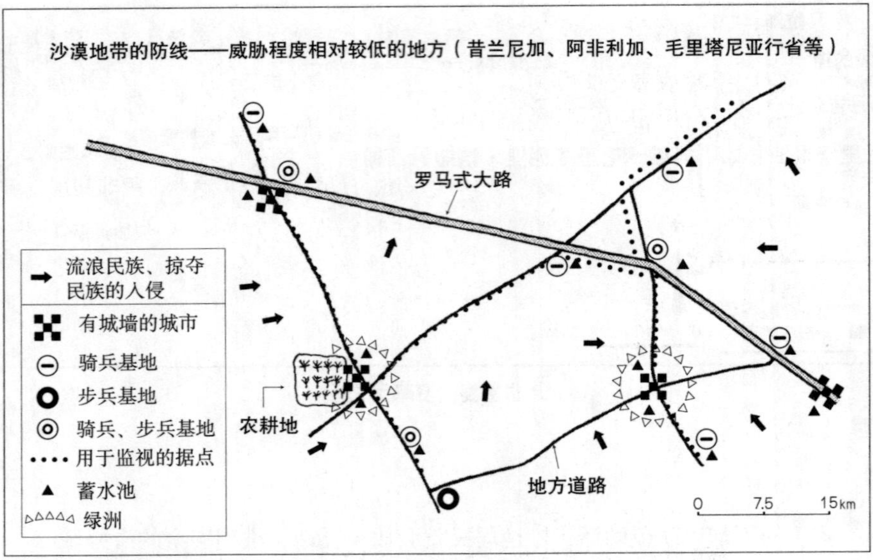

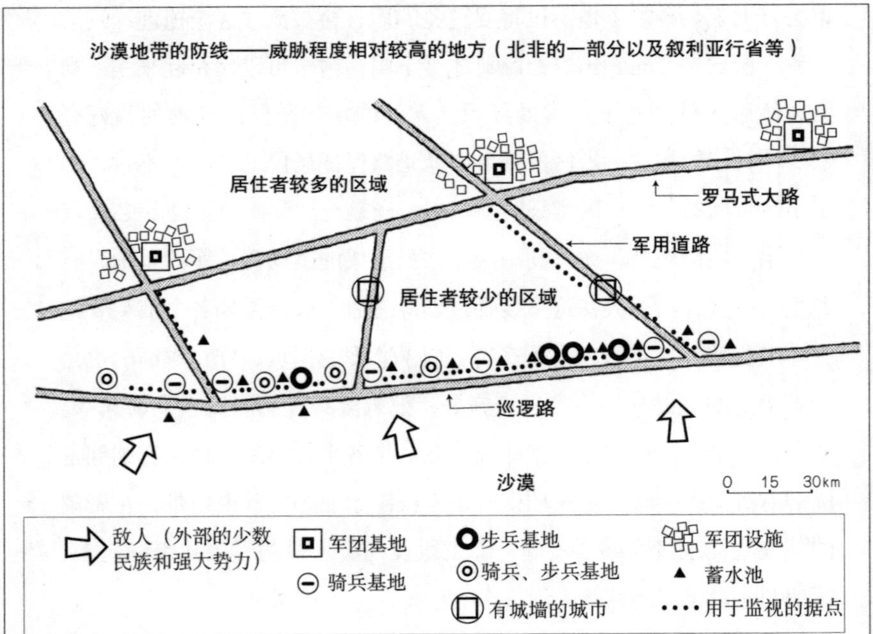

（摘自 Edward N. Luttwak, *The Grand Strategy of the Rome Empire*）

提姆加德遗址

提姆加德是发掘进展最为顺利的遗址，也因成果丰硕而著名。这座城镇就在龙柏斯的第三奥古斯都军团基地附近，是由图拉真时代的军团兵为自己退役后的生活建设起来的。很多罗马人建设的城镇都很像大型的军团基地。在罗马时代，这里被称为塔姆加狄，的确处处都显现出军团基地的痕迹。也可以说它是边长为400米的四方形小镇，两条中央大街呈十字形交叉。虽说这座小镇出自退役的军团兵之手，但仍令人感到好笑。不过罗马人头脑中的都市机能在这里都很完备，既有神殿，也有广场，还有公共图书馆和剧场。大大小小的公共浴场共有 14 家。这里发掘出来的公厕更是典型的罗马式公厕，在建筑史专业的书籍中经常对其样式有所介绍。当然，道路也都是经过铺装的，上下水道也当然齐备。今天这里已经无人居住，周围也都是沙漠，而以前有人居住的时候，附近还有宽阔的耕地和果园。

在罗马时代，类似提姆加德这种起源的城镇不在少数。军团基地、辅助兵部队基地、要塞、监视据点、退役兵的聚居地，以及原住民城镇形成的地方自治体等作为“点”，罗马式的大道等作为“线”，“点与线”二者相结合，共同构成了罗马帝国在北非的防线。因此，所谓的强化北非防线，就是进一步加强各“点与线”的规划与构成。如果这项工作得不到重视，那么不但北方地中海沿岸城市会受到威胁，就连直布罗陀海峡对岸西班牙的安全也得不到保证了。

代替皇帝处理帝国政务的佩雷尼斯所面临的第二个问题，是公元 184 年发生的蛮族对不列颠的入侵。不列颠地区就是后世的英国，而喀里多尼亚相当于现在的苏格兰，前者似乎命中注定永远要承受后者的袭扰。因为尽管罗马军队能征善战，但是喀里多尼亚有隔着北海相望的斯堪的纳维亚半岛源源不断地给自己“输血”，人口总不见减少。因而面对不列颠的边境防线就不能只依靠“点与线”了，而是建起了绵延不断的城墙哈德良长城，此外常驻的军团也增加到 3 个。公元 184 年罗马收到紧急战报，迎击喀里多尼亚来敌的一个军团遭到重创，被迫撤退，负责指挥的军团长已经阵亡。

获此消息，元老院极为震动，认为应该从莱茵河防线或伊比利亚半岛抽调至少一个军团前去救援。然而近卫军团长官佩雷尼斯拒绝了这项建议。因为罗马没有多余的兵力可供委派，并且从时间上看也来不及。那么如何是好呢？佩雷尼斯以康茂德的名义，命令身在莱茵河防线的乌尔庇乌斯·马萨鲁斯火速赶往不列颠，顶替阵亡的军团长。

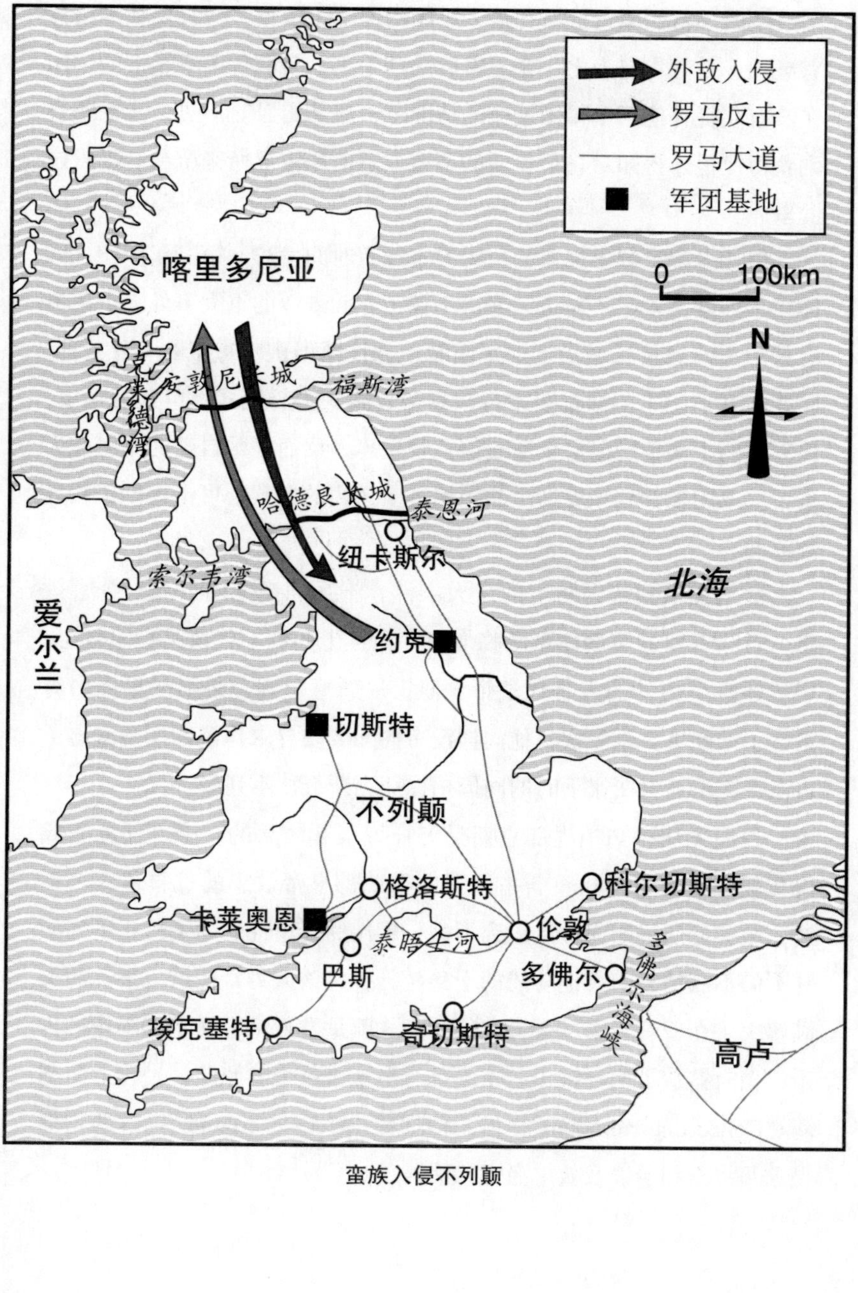
外敌入侵
罗马反击
罗马大道
军团基地
0
100km
N
喀里多尼亚
克莱德湾
安敦尼长城
福斯湾
哈德良长城
泰恩河
纽卡斯尔
索尔韦湾
北海
爱尔兰
约克
切斯特
不列颠
格洛斯特
科尔切斯特
卡莱奥恩
泰晤士河
伦敦
巴斯
多佛尔
多佛尔海峡
埃克塞特
奇切斯特
高卢

蛮族入侵不列颠

前线经验丰富的佩雷尼斯知道，军团即便吃了败仗，但只要新的指挥官赶到，士气肯定为之一变。最后的结果是，马萨鲁斯率领下的军团在没有获得其他两个军团策应的情况下，成功雪耻。不过，元老院直到获得捷报才得知对马萨鲁斯的调遣，事前佩雷尼斯完全没有报告过此事。

但元老院对佩雷尼斯的反感根本没有时间发酵，第二年年初，同样在不列颠，发生了对帝国来讲不亚于异族入侵的重大事件。卡莱奥恩是距离哈德良长城最远的军团基地，按照惯例，每年的1月1日，驻扎在基地的军团兵都要举行向皇帝效忠的宣誓仪式。可是这一年，该军团的士兵拒绝向皇帝康茂德宣誓效忠，反而拥戴自己的军团长为皇帝。军团长普利斯库斯虽然拒绝了士兵们的拥戴，可士兵们依然蠢蠢欲动。

这是关系到帝国防卫的重大事件。士兵们拒绝向最高司令官效忠，意味着罗马防御体系濒临崩溃，而且士兵们不仅仅是拒绝效忠，居然还推举另外的人替代皇帝。佩雷尼斯意识到，必须尽早提出对策，了结此事。这一次，他同样没有向元老院寻求建议，而是派出了自己在庞培亚努斯帐下时的同僚柏提那克斯赶往不列颠。

我们无从得知柏提那克斯是怎样说服军团兵的，总之任务完成得比较圆满，军团兵重新举行了向康茂德皇帝效忠的宣誓仪式。不过，佩雷尼斯仍旧充分认识到了这一事件的严重性。为了防止不列颠驻军的不满情绪向其他防线的士兵蔓延，应该大力宣传这一事件的圆满解决。在罗马帝国，大力宣传的方式就是发行刻有文字和图像的货币。当时铸造了两种银币，正面都有皇帝康茂德的侧脸，一种上面刻着“Concordia exercitum”，另一种刻着“Fides exercitum”。这两句都是歌颂将士和谐以及效忠皇帝的话语。

歌颂军团将士和谐的银币

佩雷尼斯的担忧是有根据的。驻扎在达契亚的军团兵，甚至多瑙河防线上的守军发出呼声，认为自己在边境上辛辛苦苦保卫国家，可是却遭到了皇帝的抛弃。这是因为士兵们还对坚守前线的先帝马可·奥勒留念念不忘。如果康茂德还惦记着前线的士兵，那么他就应该向哈德良皇帝学习。即使当年没有战事，哈德良皇帝仍旧到不列颠和多瑙河视察，慰问前线的将士。

士兵的薪酬是用第纳尔银币支付的，银币上面刻的宣传语句是否奏效我们不得而知，总之发生在不列颠的这次事件没有扩散到其他防线上去。然而与这种安定相反，元老院对佩雷尼斯的排斥却开始表面化了。这使 24 岁的康茂德深感不安。

无论在共和时期还是在帝政时期，元老院都是人才储备机构，因此这个组织才得以存留下来。“元老院”这种译法往往使我们误以为这里充斥着一群功成名就的老人，七嘴八舌地对在职官员鸡蛋里挑骨头。然而，事实并非如此。我经常把元老院比作现代国家里的议会，罗马公民只要满 30 岁就有资格取得议席，担任国家要职的人选都来自元老院，任职期满后也要回到这里。元老院与现代议会的不同之处，在于这里的元老并不是选举产生的，任期也是终身制。不过，如果某些元老被认为不合格，最后也会失去席位。

这样的罗马元老院元老，不但在政治和军事方面才能卓越，经验丰富，而且在学识和教养方面也同样出类拔萃。在罗马时代，撰写哲学和历史著作的人没有元老院席位者屈指可数。这些元老之所以能够形成罗马时代的“媒体”，也是因为一旦进入元老院这个机构就能更方便地获取各种信息，并且善于用文字来表现社会现象和思想的人都集中在这里。当然，不管是什么组织，都存在着鱼目混珠的现象。

公元 2 世纪末期的罗马元老院仍然保持着这些传统，对国家政治怀有责任感的元老仍旧占多数。这些人虽然不满佩雷尼斯轻视元老院的态度，却也没有将他的态度与实施的方针政策混为一谈。只是元老们的不满情绪很容易表面化，而且佩雷尼斯代理政务已有 5 年，5 年的时间对于评价功绩而言还是有些匆忙，但对于忽略不满而言则又太漫长了。

逃脱姐姐谋害后的康茂德变得性格内向，但也没有孤僻到缩在皇宫里不见任何人。年轻的皇帝依然出现在斗兽场和大竞技场，和民众保持接触，还经常到各地的皇帝别墅小住，骑马狩猎。每当这时，他总是为社会各阶层的人所簇拥。所以他并非不跟外人接触，而是只跟自己喜欢的人在一起罢了。而且，就如同一个儿子对父亲总是存在逆反心理，康茂德始终热衷于体力和武艺方面的竞技。

不过从本质上讲，这种倾向却是一种自闭。尽管他大部分时间都不在家里，但他生活的世界是狭窄的。相比之下，把终生都奉献给政务、学问以及家庭的马可·奥勒留的世界显然更为广阔。活在自我享受的世界里是老年人才有资格享受的人生勋章，一个20多岁的年轻人早早地被局限在自我的世界里，明显就是病态。而面对这样的患者，恶魔的耳语往往最容易奏效。

利用元老院对佩雷尼斯不满的，是皇帝寝宫里的一个侍臣库雷安德罗斯。他本是奴隶的儿子，进宫以后，不知用了什么手段，很快就摆脱了奴隶的身份，成了“解放奴隶”。从名字上推测，他是希腊人的后裔，由于专门在寝宫做事，接触皇帝的机会当然不少。

这个人把元老院对佩雷尼斯的不满添油加醋地说给了康茂德。而康茂德虽然身在首都，却总是缺席元老院的会议，因此自己无法确定库雷安德罗斯话语的真伪。并且，如果他能认识到有核实的必要，那也不能说他是病态了。偏听偏信之余，康茂德又担忧起来，他担心元老院对佩雷尼斯的不满可能会转移到自己身上来，毕竟是自己提拔重用了佩雷尼斯。

这时，寝宫的奴隶再次发出一击。他告诉康茂德，说佩雷尼斯企图指使手下1万名士兵除掉皇帝。佩雷尼斯是名武将，前往皇宫汇报政务时并不像其他官员那样重视繁文缛节，其态度有点像马可·奥勒留时代在作战会议上发言的百夫长，开门见山，畅所欲言，向年轻的皇帝进言时也并不注意字斟句酌。此时的康茂德于是认为佩雷尼斯轻视自己，曾遭暗算的他以为危险再次降临了。

可是，这次的对手是近卫军团的首领，有1万名部下就驻扎在首都罗马附近。如果要除掉此人，必须以迅雷不及掩耳之势造成既成事实。

杀手似乎来自皇帝的贴身卫队。在夜色的掩护下，一伙人离开帕拉蒂尼山袭击了佩雷尼斯官邸。不但佩雷尼斯本人，他的妻子、妹妹以及两个孩子全都死于非命。

到第二天清晨，这个消息就传遍了罗马，连元老院都难掩震惊之情。而康茂德为了证明自己幸运地挫败了暗杀阴谋，宣布在自己的官方正式名称中，加上“菲利克斯”一词，意为“幸运的人”。

历史学家卡西乌斯·狄奥应该在这起事件不久前获得了元老院席位。虽说是小亚细亚出身的希腊人，但他的父亲曾担任过奇里乞亚和达尔马提亚两个行省的总督，是元老院的资深元老，这样他的儿子在30岁的时候也成为元老院元老肯定不是很困难的事情。新晋元老当然只能敬陪末座，可正因为如此，卡西乌斯·狄奥才不至于沾染上元老院那种权威主义，能够比较客观地评判当时的气氛。他对佩雷尼斯的评价如下：

> 他是个野心家，但清廉公正，无法收买。在政策方面较为稳健，从不意气用事，虽然对元老院态度强硬，但仍不失为一个有才能的公职人员，他本应获得更好的结局，而不是以这种方式死去，他有这种资格。

随着佩雷尼斯的遇害，康茂德的统治也就彻底不可救药了。代替佩雷尼斯掌舵的，是解放奴隶库雷安德罗斯。

亲信政治

职业没有贵贱之分，但是人生却有贵贱之分。

即便是奴隶，也有人保持着纯粹的人生。例如与格拉古兄弟中的弟弟同生共死的奴隶。当尤里乌斯·恺撒遭到布鲁图一伙杀害，连恺撒帐下最强的武将、同为执政官的马克·安东尼都因恐惧而不敢上前，这时是恺撒的三个奴隶在无人指示的情况下，在手持带血利剑的嚣张凶手面前穿过，将恺撒的遗体搬回家中。克劳狄乌斯皇帝患有小儿麻痹后遗症，并且说话结巴，但他的奴隶纳尔奇索斯在皇帝遭毒杀时最后和主人一起殉难。即使在奴隶社会，超越阶级的人际关系也依然存在。

可是，这种超越的人际关系也存在弊端。无论是奴隶还是解放奴隶，他们都没有接受过什么教育，缺乏用以自律的“过去”，所以只能重视“现在”。当他们服侍的主人是最高权力者皇帝时，对“将来”的安全感就更谈不上了。在他们看来，唯一能够保证自己将来的就是“现在”，直截了当地说就是金钱。奴隶出身的人一旦有了影响上层的机会，第一个想到的问题就是敛财。库雷安德罗斯就是这样，为了敛财他可谓只争朝夕。

从一个寝宫里的奴隶一跃成为皇帝的亲信，库雷安德罗斯很快就开始半公开地卖官鬻爵。罗马把远离边境、不必派驻军团的安全行省称为“元老院行省”，成为这种行省的总督，就意味着站在了仕途上升的起点上，并且这种职位也更容易获取利益。而要想成为行省总督，则首先要具备执政官的履历，因此所有的元老院元老，不论是谁，都挖空心思地想当执政官。买卖这种职位，获利空间巨大。既然康茂德热衷于竞技，那么库雷安德罗斯就忙于存钱。这种情况不但引起了元老院正直人士的愤慨，而且帝国边境的将士也开始不满。

能够制约库雷安德罗斯的，除了皇帝，还有近卫军团的长官。可能是近卫军团长官真的有所行动，因为这一时期近卫军团长官的人事更迭十分频繁。有人在职期间只有5天，记载中最短的只有6个小时。

在这种社会氛围里，公元 187 年第二次出现了针对皇帝的暗杀。我们至今仍旧不能肯定这种阴谋计划是否真的存在，也不排除是库雷安德罗斯一门心思要保住自己的官位，向被害妄想狂康茂德煽风点火的结果。总之，主谋马梅尔提努斯和布鲁斯未经审判就被处死了。

这两个人都是皇帝康茂德的亲戚。马梅尔提努斯是马可·奥勒留五女儿科尔尼切亚的丈夫，不但武艺高强，而且曾于公元 182 年担任过执政官。布鲁斯则是出生于北非的武将，娶了先帝的小女儿萨宾娜，也曾于公元 181 年担任过执政官。如果加上四年前被处死的昆提里乌斯，哲学家皇帝的 5 个女婿中已经有 3 人死在了小舅子手上。这就是马可一直珍视的家庭，最后竟落得如此下场。不过姐夫妹夫虽遭处决，但有史书记载他们的妻子又再婚了，可见康茂德还没有对自己的其他姐妹下手。

只要有感情存在，那么人和人还是骨肉至亲，如果没有感情了，这种关系就与路人无异。康茂德对自己的妻子很冷漠，本来克丽丝庇娜与暗杀阴谋毫无关系，只是因为皇帝另有新欢，她比较碍事，于是就被扣上通奸罪的帽子流放卡普里岛，不久之后也惨遭杀害。

此时的康茂德已经完全失控，只有一个人还能阻止他，那就是先帝马可留下的忠臣、一直深得皇帝康茂德信赖的庞培亚努斯。这个人把多瑙河防务安排妥当之后回到了首都，可是自从自己的旧部佩雷尼斯于公元 185 年遇害，他就彻底隐退，不再露面了。可能是对康茂德过于绝望，但他并没有加入反康茂德的阵营，也没有理会社会上的不满声音，而是实实在在地恪守着自己曾经立下的誓约。

恪守誓约的不只是庞培亚努斯一人，先帝马可临终时那些不在场的军队将领也没有人起来反对康茂德。马可·奥勒留那高洁的人格与强烈的责任感始终警醒着众人，直到今天，罗马男人对契约的认真态度仍然令人惊叹。康茂德在位的11年里，恶政接连不断，但先帝马可起用的武将没有一个兴兵发难的。

那么，在这个时期，公认的皇权监督机构元老院又在做什么呢？

我们说元老院里鱼目混珠，其实如果“鱼目”和“明珠”都很明确的话，事情就变得简单了，可实际上能够确定为“明珠”或“鱼目”的只是极少数，剩下的大多数往往相时而动，他们时而是“明珠”，时而又成了“鱼目”。也许是因为看到皇帝处死姐夫们而噤若寒蝉，感到害怕，或者是看到了近卫军团长官走马灯一样换来换去，总之从公元187年以后，元老院里“鱼目”占了上风，到了公元190年，一年里就任执政官的竟然高达25人，原来的执政官每年只有2人，至多也不过4人，现在居然有25人。就算库雷安德罗斯愿意经销官职，但元老院里如果没有人付款，这种交易也不可能成立。

所以，当奴隶出身的库雷安德罗斯就任近卫军团长官时，没有人站出来反对也就不足为奇了。不仅如此，元老院甚至还弄了一个“Pater Senatus”（“元老院之父”）的肉麻称号赠送给他。我们只能说此时的帝国政治已经走向荒谬，而被共和主义者视为“罗马帝国的良心”的元老院竟也堕落到如此地步！佩雷尼斯生前对元老院极端鄙视，从政治角度看这种态度可能有失偏颇，但是其心情也是可以理解的。看来，这种对元老院的轻蔑态度也影响到了康茂德。

然而在这种状态下，帝国仍旧维持着运转。这除了要感谢驻守边疆的武将，基层行政机关发挥的作用也令人赞叹。中央政府已经是一团乱麻，但乡村还平静如常，帝国的运转就好像一辆飞驰的列车，即便拉下制动也不可能立刻停车。不过这种状态只持续了4年。

用今天的概念看，共和时期的罗马已经开始推行社会福利事业了，贫穷的人每个月能免费领到约30公斤小麦。将军凯旋或皇帝举行庆典时分发的礼金至多不过是一种礼物，而每个月的小麦配给则是公民的权利。然而这种权利的拥有者只局限于罗马公民，即拥有罗马公民权的 17 岁以上的男子。如果一家有夫妻二人和两个未成年的孩子的话，30 公斤小麦当然无法糊口，只是国家保证不饿死人而已。

罗马法对私有权加以保护，而与此呼应就出现了自由市场。免费领取的小麦质量低劣，优质小麦都在自由市场上出售。只要个人经济条件允许，人们可以把免费领取的小麦给奴隶食用，自己则出钱到自由市场上购买优质小麦做成的面包。

库雷安德罗斯专心敛财，对这些事项本不关注，也可能是有官员接受了贿赂，总之原本不该在市场上出现的劣质小麦也拿来买卖了，这样用于免费供应的小麦自然会大量减少。

平民被激怒了。既然罗马公民权包含这项权利，大家当然会愤慨。阵容庞大的抗议游行队伍以女性为主、男性为辅，一直逼向康茂德的住处。

皇宫就在帕拉蒂尼山上，可是这时皇帝并不在皇宫，而是住在阿庇亚大道旁的昆提里乌斯别墅里。这一带都是平原，别墅周围虽有高墙环绕，但面对着愤怒的平民越逼越近，28 岁的康茂德不由得心惊胆战。

皇帝的贴身卫队看到这种架势也不敢轻举妄动，而近卫军团驻在罗马的北部，距离别墅的位置还很远，不胜惶恐的康茂德只好丢卒保帅，他把库雷安德罗斯推出别墅大门，然后在后面关上了大门。

库雷安德罗斯被呐喊的平民拖回了罗马，很快被杀，他储存的金银财宝也尽归国库，但康茂德并没有用这些钱重建小麦市场，而是用来举行了一场规模盛大的角斗表演。他不但主持比赛，而且为了取悦观众，还亲自下场和职业选手进行较量。以前康茂德总是在角斗士学校或皇宫内和人一比高低，还从未在观众面前亮相过。从此，康茂德有了一个别名，“角斗士皇帝”，相比于他父亲“哲学家皇帝”的称号，真是令人不胜唏嘘。

“罗马的赫拉克勒斯”

康茂德执政从公元180年开始，到192年为止，最初的5年有佩雷尼斯代劳，接下来的4年被库雷安德罗斯把持，本来最后3年他怎么也应该亲自出马了，然而事实并非如此。如果一个人直到28岁还没能独立，那么他永远也不可能独立了。康茂德执政的最后3年，受以下3个人的影响最大：

马尔奇亚——康茂德的新欢。这个女人本来是库瓦特拉托斯的奴隶，公元182年，库瓦特拉托斯追随露西拉谋刺皇帝，失败被处死以后，他的个人财产包括奴隶都被皇帝接收了。马尔奇亚是个基督教徒，但她没有四处张扬。只要没人揭发检举，保持一种信仰其实没那么难。而康茂德不但对国家政务不感兴趣，对基督教的危害也同样漠然置之。

艾克雷科图斯——继库雷安德罗斯之后，他成为皇帝寝宫内的侍臣，是希腊的解放奴隶，马尔奇亚在成为皇帝的情妇之前和之后，都和他保持着夫妻关系。

埃米里乌斯·雷特——近卫军团长官。库雷安德罗斯被杀后，他是唯一的近卫军团长官。

连这种人都能围绕在皇帝周围，那些有真才实学的人自然知难而退。他们要么遭到排挤，要么主动辞职，到最后连给行省总督和军团长撰写行政文书的人都找不到了。当然康茂德可以自己署名，但文书的内容不得不找他人代笔。一旦这种秘书出现紧缺，那么皇帝发出的书信往往就只有一个词“vale”。这个“vale”本是一句客气话，意义很宽泛，类似于请保重、拜托、再见等，是书信结尾时的习惯用语。当信使带着皇帝的文书，沿着罗马大道策马飞奔，日夜兼程抵达目的地之后，收信人展开文书，雪白的莎草纸上面赫然只有一个“vale”。当边境的军团长们手捧这种文书，内心会有什么感想呢？而元老院也开始醒悟，意识到自己是康茂德恶政的帮凶。

这时的皇帝已经无所顾忌，终日沉溺于竞技场内。实际上，年轻的康茂德身体强健，力大无穷，武艺堪与职业角斗士相匹敌。并且，父亲马可生前的体弱多病也成了他藐视的对象，称自己真正的父亲是朱庇特，自己是赫拉克勒斯再世，让大家今后称呼他为“罗马的赫拉克勒斯”。

就是在这一时期，他命人给自己制作了头披狮子皮、手持狼牙棒的雕像。以致后世人们传说，康茂德的父亲并不是马可·奥勒留，而是皇后芙斯汀娜和一个角斗士通奸造就的孽种。在现代电影《罗马帝国衰亡史》中就采用了这个传说，其实招致这样的谣言也只能怪康茂德自己了。

不过到今天这种说法已经被否定了。康茂德出生前后，正是芙斯汀娜每年都生小孩的时期，很难想象她还有时间去和角斗士情人幽会，并且从雕像和钱币上看，马可和康茂德父子二人的容貌极为相像。况且角斗士虽然有点类似于今天的拳击冠军，但仍属社会底层。角斗士在应募军团兵时往往遭到拒绝，虽然马可·奥勒留曾因兵源短缺征召角斗士入伍，但那也是命令角斗士自己形成一队，不能和罗马的正规军团并肩作战。

扮成赫拉克勒斯的康茂德雕像

在公元2世纪末期，尤里乌斯·恺撒颁布实施的《地方自治法》仍然有效。该法针对地方议会的选举，规定了下列人等拥有选举权却没有被选举权：有犯罪前科的人（包括作伪证者）、军团逃兵、被军团开除的人、戏子、色情业者，最后是角斗士。

所以康茂德肯定了解这些情况，他不可能四处吹嘘自己的父亲是角斗士。他所谓的“父亲”是希腊罗马宗教中的最高神朱庇特（希腊为宙斯）。不过这也是一种心理变态。现代人对马可·奥勒留评价甚高，不相信他会把帝位传给这个愚蠢的儿子康茂德。这种心情是可以理解的，在这种心态下也促成了两部电影和多部小说的问世。马可·奥勒留是后人最为喜欢的罗马皇帝，可惜康茂德虽然继承了血统和皇位，但人生截然不同。这就是世界，既有龙兄鼠弟，也有虎父犬子。

皇帝康茂德人生的最后3年正是历史学家卡西乌斯·狄奥从35岁到37岁的时期，并且他也和康茂德一样住在首都，还是元老院的元老，这真是可遇而不可求的最佳现场证人。不过，我们在参考这个人的著作时，有些地方需要加以注意。

首先，卡西乌斯·狄奥的文笔固然优美，但他显然是过于自信了，喜欢把别人的现场演说换成自己的语言来表述。这种倾向在我们只能依靠文献获知过去史实的时候表现得尤为明显。就连以简洁明快为特色的尤里乌斯·恺撒的演讲，到了他笔下也都换成了缓慢冗长的叙述。幸好我们还有恺撒自己的著作作为旁证，可是当没有其他文献可供对照时，我们就要注意了。卡西乌斯·狄奥之所以有这种毛病，可能因为他是公元2世纪末到3世纪初的知识分子，还没能强烈地意识到言语鼓动是胜过千军万马的武器。如果恺撒生于今天，那么当他在议会、支持者集会、电视辩论以及同其他国家首脑围着圆桌举行高峰会谈等各种场合发言时，肯定都会根据现场实际情况，经常改变说话的方式。这就是作为政治家的恺撒和一心只惦记着读者的卡西乌斯·狄奥之间的区别。

当然，重视读者也有好处，就是愿意把自己知道的所有事情都网罗进著作里。因而在他的巨著《罗马史》中，最有价值的地方，就是他不但记录了自己的所见所闻，而且直率地表达了自己的感想。关于他的感想我们前面已经有好几处介绍过了，下面介绍的则是他的亲眼所见。公元192年皇帝康茂德31岁，出现在了斗兽场。

那天在竞技场，我们元老院元老都坐在观众席的前排，欣赏皇帝的武艺。当时康茂德的对手是一只大得令人难以置信的鸵鸟。面对冲过来的鸵鸟，康茂德只一挥刀，立刻就把鸟头斩落。随后他以骄傲的表情转向元老院元老们，将手中的利剑从左向右一挥，好像在说："只要我愿意，你们的人头也会像这只鸵鸟一样，瞬间落地。"

这真是可怕的一幕，同时也有些滑稽。元老们反而笑了起来，笑声从元老院元老专用席的一边传到了另一边。

这时卡西乌斯·狄奥（作者和恺撒一样，在著作中以第三人称称呼自己）本能地感觉到这样下去会有麻烦。于是他从头上的月桂冠上摘下一片树叶，放进嘴里咀嚼，同时让其他元老也这么做。

康茂德见此情景，只好在内心安慰自己，元老院元老因为咀嚼月桂树叶而蠕动嘴巴，并不是对他发出的威胁报以嘲讽。于是，他为自己的残酷内心寻求满足的借口也就没有了。

暗杀

几个月以后，公元 192 年 12 月 31 日夜晚，针对康茂德的暗杀终于成功了。

谋划此事的，是皇帝的情妇马尔奇亚以及寝宫内的侍臣艾克雷科图斯，而真正的刺客则是纳尔奇索斯，用今天的话来说，他是康茂德的摔跤教练。正在入浴中的皇帝是被扼住脖子绞杀的，31 岁的人生，12 年的统治，就这样结束了。

谋杀的动机不明。马尔奇亚和艾克雷科图斯正是假借康茂德的威势才得以飞扬跋扈，康茂德的死使他们失去得最多，并且史书中也没有找到任何证据表明元老院在暗中穿针引线，甚至连令人怀疑的迹象都没有。我们只能认为这是皇帝近臣的个人行为。如果真是这样，那么他们之间肯定发生了外人有所不知的龃龉，最后凶手狗急跳墙。杀人动机这种东西本来就没有客观标准。对某些人来讲可能是微不足道的因素，拿到另外的人那里就有可能变成杀人的动机。

不管怎么说，干掉康茂德之后，三个人采取的行动倒是非常干练。他们立即以康茂德的名义召见近卫军团长官埃米里乌斯·雷特，雷特到达后，三个人把事情经过告诉了他。雷特的行动也十分迅速，当天夜里就和元老院的资深元老商议妥当，决定了皇帝的后继人选。

在此期间，皇宫内也在静悄悄地处理善后。原本放置在浴室内的尸体被用床单简单地裹好，悄悄地抬到外面掩埋了。对多数罗马人来讲，传统的做法是火葬，但当时只能将尸体草草掩埋，5 年之后，经过塞维鲁皇帝最后拍板，康茂德才得以火葬，骨灰被安放于哈德良陵墓。

马尔奇亚、艾克雷科图斯和纳尔奇索斯当天夜里就从皇宫消失了，以后也再没有他们三人的消息。是近卫军团长官雷特把他们灭口了吗？或者长官为他们办理了通行许可，三个人隐姓埋名回故乡希腊去了？总之，他们此后就从罗马历史中消失了。

掌权者在行使权力时为了能让人接受，只依靠武力是远远不够的，还需要正统性。尽管康茂德昏庸无能，是个不合格的皇帝，但他在正统性方面无可挑剔。他是先帝马可指定的继承人，又有三年共治皇帝的经历，登基时获得了元老院的承认，执政伊始还受到了罗马公民的欢迎。当康茂德被杀后，罗马自然变成了只靠武力说话的时代，而凭借武力得以幸存的统治者最重要的任务，也还是寻求正统性。没有正统性，权力的行使会变得十分困难。正统性和武力之间的关系就是这样相互对立又相互依存，二者相互调和的结果就形成了后世的君主立宪制。

因为只依靠武力行事会导致整个社会的不稳定，对国家而言就是内乱频仍。随着康茂德的被杀，公元 192 年也结束了，将军们为马可·奥勒留坚守的誓约也随之解除。12 年来，面对这样一位昏聩的皇帝，将军们始终没有越雷池一步。坊间开始传说，自从佩雷尼斯遇害后，在乡间隐居了 7 年的老将庞培亚努斯已经决定接受自己的旧部、新任皇帝柏提那克斯的邀请，即将前往首都罗马。这是军人时代到来的前兆。

另外，元老院全体一致通过处以前任皇帝康茂德“记录抹杀刑”（Damnatio Memoriae）。康茂德是继皇帝尼禄、皇帝图密善之后，第三个被处以这种刑罚的皇帝。一旦死后遭受如此耻辱的刑罚，当事人的雕像就会被破坏，刻有功绩的石碑也会被除去姓名。不过，与尼禄和图密善相比，康茂德几乎没有任何功绩，也没有兴建或修复过任何公共建筑，所以实在是没有什么东西可供抹杀。

第三章 内乱时代
（193—197 年）

柏提那克斯
(Pertinax)

狄第乌斯・尤利安
(Didius Julianus)

克劳狄乌斯・亚尔比努斯
(Clodius Albinus)

培辛尼乌斯・尼戈
(Pescennius Niger)

塞普提米乌斯・塞维鲁
(Septimius Severus)

我们把皇帝康茂德之后争夺帝位的5个人并列起来看，就会发现他们都是马可·奥勒留时代负责保卫帝国的人，这不禁令人心生感慨。在他们的实力之中，兵权当然是必须考虑的因素。军队这种组织，不管是在罗马时代还是在其他民族的什么时代，都面对社会底层敞开着大门，而在其中一言九鼎的，则是少数实力派人物。什么叫乱世呢？就是以下犯上的世道。这时元老院元老世家或者权贵姻亲等因素都不起决定性作用了，就如同野生动物的世界一样，最重要的是依靠武力和智慧，胜者为王！

军团里的实力派

柏提那克斯最初并没有称帝的野心，更没有称帝的举动。他从5年前开始担任首都罗马的长官，结果率先得知康茂德已死的近卫军团长官雷特说服了他。雷特的理由是元老院属意柏提那克斯，所以说柏提那克斯的登基是基于他个人的爱国热情。

当时柏提那克斯已经66岁，即使宣布隐退也不会令人感到意外。但是他意识到，在康茂德死后，如果政治生活不能尽快恢复正常的话，罗马帝国就会像尼禄死后那样陷入内乱状态。年纪尚轻就死去的皇帝还有图密善，但是元老院马上推举了涅尔瓦继位，成功地控制住了事态的恶化。古稀之年的涅尔瓦即位一年后，迅速指定了继承人图拉真。柏提那克斯认为自己的使命就是要做第二个涅尔瓦。

康茂德死后的第二天是 1 月 1 日，在罗马时代，这一天是工作开始的日子，元老院将召开新年的第一次会议，执政官也将在这一天就任。公元 193 年的 1 月 1 日，元老院元老以绝对多数票通过了柏提那克斯登基。

据说年逾七旬的庞培亚努斯也出现在会场。这位马可·奥勒留的老臣，军事方面的左膀右臂，兢兢业业把一生都奉献给帝国前线的武将，利用自己对元老院一贯的尊重姿态，为元老院元老们提供了一种安全保障。而柏提那克斯也向这位老上级发出就任"共治皇帝"的邀请。结果身为先帝马可女婿的这位老将拒绝了，他认为应该由更年轻的人出任此职。

带着柏提那克斯登基文告的信使们迅速奔赴帝国各地。1 月 1 日也是边境军团基地的将士向最高司令官，也就是皇帝举行效忠宣誓仪式的日子。帝国如此广阔，即使是紧急文告，送到遥远的边疆也要费时一个月。防止混乱的最好办法，就是尽快把新皇帝登基的消息通知给边境军团，让已经向康茂德宣誓过的将士重新向新皇帝宣誓效忠。

事实证明，有些担忧是多余的。所有的军团基地都传回了消息，他们宣誓效忠新皇帝。这完全是因为柏提那克斯从前的经历博得了将士们的好感。

公元 126 年，普布利乌斯·赫尔维斯·柏提那克斯出生于意大利北部的热那亚，父亲是贩卖毛料的解放奴隶。柏提那克斯只比马可·奥勒留小 5 岁，可是二者的家世和成长经历却有着天壤之别。

少年时代的柏提那克斯就头脑聪颖，他知道，要想在罗马帝国出人头地，首要条件是必须取得罗马公民权，而取得罗马公民权的捷径则是从事医疗或教育工作。根据尤里乌斯·恺撒制定的法律，不论民族、出身、肤色，只要是医生和教师，都授予罗马公民权。因为做医生需要一定的经验，这个解放奴隶的儿子选择了教师。他很快就开设了私塾，教室曾设在广场的一角，也曾设在被称作“茵斯拉”的四五楼公寓的檐下。他似乎只接受过中等教育，就开始担任“grammaticus”中等教育的教师，可见其胆识过人。这样过了五六年以后，他认为还是在军队能更快地出人头地。加入军团必须具有罗马公民权，但他是教师，已经获得了这种资格，于是他得以加入罗马军团。

在罗马的军团中，应募者一旦合格，并不都是从普通士兵干起，有前途的年轻人有可能被任命为30人小队的指挥官。以柏提那克斯的条件，即便加入防卫莱茵河和多瑙河的军团，当个小队长是不成问题的。然而，这个解放奴隶的儿子却更加巧妙。

他回避了著名的西方精锐部队，志愿加入叙利亚军团。驻扎在多瑙河的军团兵往往不无轻蔑地称呼叙利亚军团为“东边的”，因为自从安敦尼·庇护时代起，尽管边境防线享受了很长时间的和平，但西方还是和蛮族经常发生小摩擦，而与此相对照，面对帕提亚王国的形势则是高枕无忧，以至于士兵都变得软弱了。这个军团驻扎在叙利亚，应募而来的自然都是当地希腊人或塞姆人（Semu，亦称闪米特人，又称闪族人，是起源于阿拉伯半岛的游牧民，相传挪亚的儿子闪即为其祖先。阿拉伯人、犹太人都是闪米特人。生活在中东、北非的大部分居民，就是阿拉伯化的古代闪米特人的后裔。——译者注）的后裔。这时突然出现一个意大利本土出身的年轻人，不但成绩优异，而且看上去颇具胆识，这无疑会引起上级军官的注意。结果柏提那克斯的军旅经历，是以百夫长为起点的。

但是，百夫长这种称呼是从前沿袭下来的官名，到了帝政时期，百夫长手下只有 80 名士兵。百夫长必须和手下士兵同吃同住，有点类似于今天的士官。不过自从尤里乌斯・恺撒充分运用百夫长制度以来，军中就流传一种说法 ：“百夫长是罗马军团的脊梁。”在罗马军团中，资深的百夫长可以参加司令官召集的作战会议。

柏提那克斯就这样一直做着百夫长，而且逐渐从普通的百夫长晋升到了顶级百夫长。一般来讲，百夫长自下而上分四个等级 ：

一、指挥 80 名士兵的百夫长。

二、同样是指挥 80 名士兵，但有参加作战会议的资格，手下的“百人队”是所属大队 6 个百人队里最强的。

三、隶属 10 个大队里最强的大队，指挥着 160 名士兵，具有参加作战会议的资格。

四、一个军团里唯一的顶级百夫长，成为军团里最强大队中最强百人队的领袖，称为“首席百夫长”。

一旦成为首席百夫长，尽管地位仍相当于士官，却比那些入伍不久就担任大队长的元老院元老子弟资格还老。这就如同经验丰富的护士长比刚毕业的见习医生更懂得手术一样。

在和平年代，仅用几年时间就升到这么高的职位，可见柏提那克斯的确表现优异，并且这些升迁都是在叙利亚行省一地完成的，百夫长以下的职位极少换防。

35 岁的时候，柏提那克斯迎来了命运的转机。就任皇帝的马可・奥勒留最不希望发生的事情出现了。和平终于结束，战争年代到来了。

不过，柏提那克斯没有任何裙带关系，即使当上了首席百夫长，也并不意味着下一步就是大队长。指挥 6 个百人队共 480 人的大队长都是军官，柏提那克斯想到达那种位置还必须先登一个台阶，而这个台阶就是一个大队中的“长官”职位。大队里军事指挥方面的任务由大队长负责，除此之外的所有事项都是大队长官的业务范围，比如宿营地的选择，军粮的调运与分配等等，相当于总务长。就在柏提那克斯担任这种长官期间，罗马与帕提亚之间的战争爆发了。结果被调派来参战的西方军团发现了柏提那克斯，立刻就非常重视他。在这种微妙时刻，或许是商人父亲遗传给他的处事的灵活性发挥了作用。

总之罗马的将军们极为赞赏柏提那克斯在这一时期的表现，甚至将此事汇报给了皇帝马可，由此可见柏提那克斯是多么突出。罗马军队极其重视后勤补给，兵站管理专家和战场上的将领拥有同等地位。有了这一时期的成绩，柏提那克斯顺利地晋升为大队长。

一旦成为指挥一个大队的大队长，任职地点往往频繁转换。从守卫幼发拉底河的叙利亚行省，到多瑙河防线上的默西亚行省，到处都留下了柏提那克斯的足迹。不久以后，他又被任命为驻扎在默西亚的骑兵队的负责人。骑兵队的基地和军团基地不在同一处，因此柏提那克斯是一处独立基地的首脑。

然而他此后的工作突然变化，其实在罗马时代这种变化也很平常，他被任命为行省的“财务长官”。总督是行省政治、军事和司法的负责人，而财务长官则负责行省的财政，其业务既要管理以公共基础建设为主的支出，也要管理行省税等其他收入，属于行省的“财政厅长”。柏提那克斯好像先后在好几个行省担任过这一官职。

后来柏提那克斯又负责管理埃米利亚大道。这条大道的起点在里米尼，途经皮亚琴察，最后到达米兰，是由东南向西北贯穿意大利北部的主要交通干线。柏提那克斯负责这条大道的维护管理。

完成这些工作的柏提那克斯获得了广泛赞誉，最后他终于进入了帝国的精锐部队。在莱茵河防线像佛珠一样排列着一串基地，柏提那克斯被任命为一个辅助兵部队的基地长官。由于部下都不是罗马公民而是行省出身的士兵，这种任务并不简单。接着又有达契亚行省财务长官的职位在前面等着他，然后是多瑙河防线上的分队指挥官。

应该就在这一时期，柏提那克斯在将军庞培亚努斯的领导下，与入侵意大利本土阿奎利亚的日耳曼部族作战。柏提那克斯战功卓越，元老院的大门终于向他敞开了。

成为元老院元老的柏提那克斯后来取得了法务官的职位，然后他前往近潘诺尼亚行省的布里吉提欧（今匈牙利的苏尼），担任驻扎在那里的第一亚狄托里克斯军团的军团长，直接面对自多瑙河北岸南侵的蛮族，是最前沿军团基地的首脑。当时庞培亚努斯是多瑙河防线事实上的指挥官，柏提那克斯在庞培亚努斯麾下，与日耳曼民族战斗了好几年。

因军功，柏提那克斯被选为“候补执政官”，顾名思义，相对于每年1月1日就任的正式执政官，这个候补执政官实际上是板凳队员，一般在一年中的最后两个月走一下过场。不过，这个职位在“执政官经历”上的意义显然要大于“候补”的字面含义，因为不管怎样，要想成为行省总督，有执政官的经历是必需的。既然如此，就有不少人当选了候补执政官之后却并不前往首都就职。柏提那克斯也是这样，他没有回首都，而是选择继续留在前线。

既然柏提那克斯获得了“执政官经历”，帝国也就立刻利用了这个头衔。皇帝马可任命50岁的柏提那克斯为近潘诺尼亚行省的总督，任职地点就在这个行省的首府辛吉杜努姆（今塞尔维亚首都贝尔格莱德）。这样柏提那克斯就成了最前线的将军，指挥两个军团。他接下来的职位是远潘诺尼亚行省总督，这一地区在多瑙河下游，相当于现在的保加利亚，柏提那克斯的任务是率领两个军团死守边境防线。后

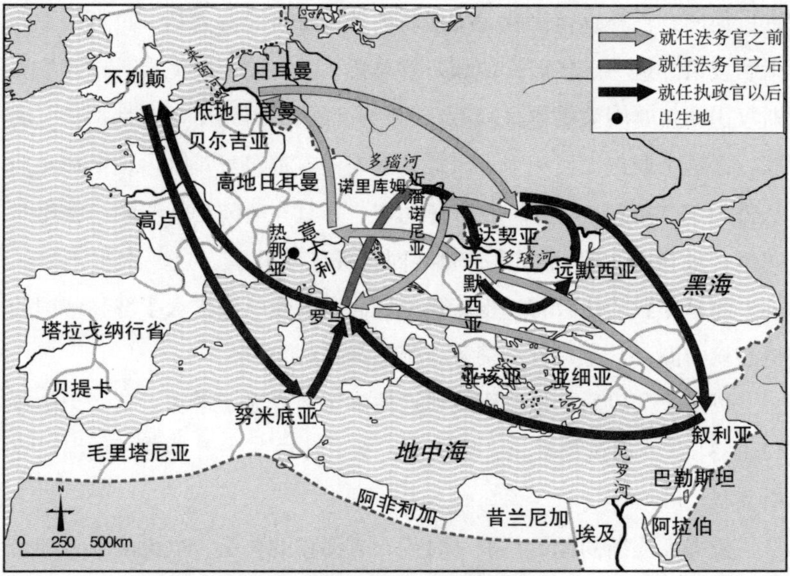

柏提那克斯任职地点的变化

来他又前往达契亚行省担任总督。达契亚位于多瑙河北岸，是一个突出来的桥头堡，与其他防线相比，这里的任务无比危险艰巨。

马可·奥勒留于公元 180 年离世，在那之前，即公元 179 年，也可能是 178 年，皇帝任命柏提那克斯为叙利亚行省的总督。叙利亚是东方防线上最重要的行省，柏提那克斯当年入伍就在这里，年过半百之后，他成了这里的总督，并且是指挥着三个军团的司令官。皇帝马可离世后，他仍在这个职位上，直到公元 183 年有人来接替，柏提那克斯才回到首都。

然而首都的舒适生活还没过两年，公元 185 年就发生了士兵拒绝向皇帝康茂德宣誓效忠的事件，柏提那克斯又被派往不列颠。骚乱平息后他回到首都，很快就前往阿非利加行省首府迦太基，负责当地的福利政策。这项工作需要他和行省总督相配合才可能完成，柏提那克斯仅用两年时间就做得很圆满。回到首都的他得到了“首都长官”的职位，这个职位大概相当于市长，也兼任首都警察首脑。柏提那克斯从公元 187 年到 192 年一直担任此职，并且在公元 192 年的一整年时间里，他还和皇帝康茂德一起共同担任了执政官。这一次可不是候补，而是正式的执政官。也就是说，此时的他已经进入了罗马帝国的核心权力圈，甚至有资格接替康茂德。

可是不久以后，接替康茂德这件事居然变成了现实。公元 192 年 12 月 31 日，康茂德被杀，第二天，公元 193 年 1 月 1 日，柏提那克斯登基。

柏提那克斯的经历是罗马时代布衣卿相的典型，也说明罗马社会是流动着的社会。一个解放奴隶的儿子最后竟然做到了皇帝，而且这也是他一步一个脚印，扎扎实实，逐步高升，不仅为自己，也为他所属的共同体不断做出贡献的结果。

皇帝柏提那克斯

在公元 193 年 1 月 1 日举行的元老院会议上，柏提那克斯的即位获得了承认，66 岁的他随后发表了演讲，明确提出自己的施政方针将效仿马可·奥勒留。这意味着他将和元老院合作，共同治理国家。柏提那克斯还表示，在没有经过审判的情况下，不得处罚元老院元老。这种政策简直就像回到五贤帝时代一样，元老院元老们内心的石头总算落了地，都对柏提那克斯的施政演讲表示满意。

军事经验丰富的柏提那克斯明白，自己在施政之初，必须要像在战场上一样，采取迅速行动。于是，一条又一条新政策相继出笼，元老院也都抓紧时间，审议处理。在罗马帝国，如果没有元老院的通过，政策是不可能成为法规的。当然皇帝有发布暂行措施的权力，但既然柏提那克斯已经表明要与元老院相互配合，所以他不想只依靠那些暂行措施，而是要想方设法地取得议会的首肯。

柏提那克斯最优先的政策是健全国家财政。这并不是说康茂德时代因挥霍无度已经入不敷出。在康茂德主政的12年里，罗马因为没有发生战争，财政方面意外地健全。后世的历史学家总是想把所有的脏水都泼到康茂德身上，结果把马可·奥勒留时代对货币的偷工减料都安到了康茂德头上。柏提那克斯说的健全国家财政，指的是精简机构，裁减冗员，降低花费。像罗马帝国这样庞大的组织，如果不加以控制的话，其自身就会不断膨胀。柏提那克斯在元老院表示，由于做出机构精简重组的计划案需要花费时间，眼下正在紧锣密鼓地做着准备，其具体内容将不得不等到4月21日罗马建城日才能公布。

除此之外，他有条不紊地推进着相对容易的行政举措。例如着手平反康茂德时代的冤案，为遭到处刑的人恢复名誉，返还被没收的财产等。当然，柏提那克斯也没有忘记改善边境防线上将士们的待遇。还有，对于罗马时代主导舆论的首都居民，新皇帝在上任之际也发放了礼金，每个居住在罗马的公民权拥有者都得到了大约100第纳尔的“赏金”。

新皇帝还明确表示不搞皇位世袭。柏提那克斯和妻子拥有一对儿女，但他并没有向妻子颁发“奥古斯塔”的称号，至于儿子和女儿，更是连皇宫都不许进。他虽然发行了刻有自己侧脸的货币，但上面的

刻有“公民的自由”的银币

文字却是“公民的自由”。

似乎一切都很顺利。然而，实力角逐的世界正如同野生动物的世界，只要稍不留神就有可能丢掉性命。在下面这件事上，柏提那克斯犯了非常严重的错误。

柏提那克斯之所以能轻而易举地登上皇帝的宝座，近卫军团长官雷特立下了莫大的功劳，而雷特也正在等待柏提那克斯报答自己。具体地说，就是他想让新皇帝任命自己为埃及的长官。

近卫军团的长官手下有1万名士兵，在首都罗马的权力仅次于皇帝。但是，如果能代替皇帝去做埃及的长官，不但能成为这块皇帝私人领地的最高统治者，而且还能享受到权力带来的财富。官员如果在首都收受贿赂，一旦遭到揭发就有可能性命不保，而在行省，民告官的行为也已正常化。但埃及和其他行省不一样，这里是皇帝的私人领地，在这里受贿损害的只是皇帝的利益，而不是以罗马公民和元老院为主权拥有者的帝国的利益。换句话说，只要皇帝自己睁一眼闭一眼，这种行为简直算不上犯罪。很多过去的文献都有记载，某个前行省总督遭到行省人民的告发，坐在被告席上，元老院元老分成两方，一方接受原告委托提出控诉，另一方则为被告辩护。公元1世纪的历史学家塔西佗和文人小普林尼，以及公元2世纪到3世纪间的卡西乌斯·狄奥，都经常做这种审判的辩护律师。也就是说，这种审判在罗马并不少见。可是在文献记录中，行省埃及这种民告官的审判则一例也没有。因为在帝国的其他行省由罗马公民和元老院共同拥有主权，只有埃及是皇帝的私人领地。

在罗马帝国，政治和军事方面由元老院阶级负责，经济和行政方面则是由骑士阶级做主，他们构成了社会的前两个阶层。而一般认为骑士阶级人士的仕途的顶点就是出任埃及的长官，其理由之一就是在这个职位上可以大发横财。雷特在权力方面已经是一人之下万人之上，他下一步的愿望就是出任埃及的长官，原因也正在这里。

柏提那克斯当然是了解这些内情的，他肯定也想寻找一个恰当的时机满足雷特的愿望。但是柏提那克斯同样知道自己缺乏皇帝的正统性，所以他既然已经当上了皇帝，那么下一步就只能去提升政绩，来为自己树立正统性。在柏提那克斯心里，对正统性的渴望占了上风，压倒了他本来拥有的灵活性。

新皇帝为争取敌视气氛浓厚的元老院的支持，专心致志地推行各种正当的行政措施，暂时把雷特的愿望向后推迟。大概新皇帝也有一些顾虑，如果登基后立刻把雷特派往埃及，无疑会招致元老院方面的指责。

从国家利益出发，对康茂德时代的统治进行矫正是“大事”，对促成登基的功臣进行报答不过是“小事”而已，然而，如果皇帝不愿在“小事”上忍耐批判的话，“大事”肯定也无法实现。即使到今天，大胆改革的人也都需要具有“水至清则无鱼”的意识。

转眼三个月过去，望眼欲穿的雷特终于等不及了，开始煽动属下的近卫军。他说新皇帝柏提那克斯成了元老院的傀儡，对皇帝偏袒元老院的政策大加指责。至于自己的愿望，雷特则只字未提。似乎柏提那克斯并没有像马可·奥勒留那样登基后立刻前往近卫军团发放特别奖金，他也把这件事向后推迟了。现在雷特也把这一条拎了出来，指责皇帝忽略近卫军团。如果从加强权力基础的角度看，急速上升中的柏提那克斯的确是在这一点上疏忽了。

讲明道理，当面说服 10 个人可能算不上难事，可是当对面站了 100 人的时候，说服对方就很困难了，当对方达到 1 000 人时，这就成了不可能完成的任务。而近卫军团有 1 万人，这也正是谣言得以惑众的原因。如果想在 1 万人中间掌握主动，就需要其他一些因素，人们称这种东西为人格魅力。不过，一旦错过恰当的时机，就算有什么人格魅力也无力回天。

公元 193 年 3 月 28 日，近卫军团士兵在雷特的煽动下，袭击了帕拉蒂尼山上的皇宫。他们来势汹汹，皇帝的贴身卫队和侍从只能逃命，最后柏提那克斯只剩下孤身一人。近卫军团的一名队长一剑就刺死了在位仅仅 87 天的皇帝。唯一值得庆幸的是，皇帝的妻子和两个孩子总算没有卷进这起灾难。

成功除掉柏提那克斯的雷特安排的下一位皇帝，是刚从北非卸任回到首都的狄第乌斯·尤利安。

政变的成败全都系于能否迅速造成既成事实。然而，狄第乌斯·尤利安虽然承诺继皇帝位，但这时出现了一个竞争者。他就是柏提那克斯的岳父，元老院元老弗拉维斯·斯皮切努斯。那么，到底由谁来出任皇帝呢？这个问题只能由雷特煽动起来的近卫军团士兵来回答。

元老院认为近卫军团夺走了主导权，根据元老院元老、历史学家卡西乌斯·狄奥不无嘲讽的记录，我们可以体会到当时的气氛。两位皇帝候选人站在近卫军营地的围墙下，士兵们则站在围墙上，睁大了眼睛做见证人。帝位竞标就这样开始了。到了约定的时间，斯皮切努斯只能给每名近卫军团士兵 5 000 第纳尔，而尤利安则付出了 6 250 第纳尔。元老院尽管愤愤不平，但最后也只能承认竞标成功的尤利安就任皇帝。

然而，皇帝得到了元老院的承认，却没能得到边境将士们的承认。柏提那克斯登基时没有异议的军团面对狄第乌斯·尤利安时，很快就有了不服的表示。其实军团兵对尤利安本人倒并不反感，这个人完全不是那种只在首都享受舒适生活、温文尔雅、有气无力的元老院元老，在军团兵看来，尤利安和他们的总督以及军团长都是一样的。然而此时，这种“一样”却成了狄第乌斯·尤利安的负面因素。

柏提那克斯是罗马帝国布衣卿相的典型，而尤利安的经历则是世家子弟一路升迁的代表。

公元 133 年已经是哈德良皇帝主政末期，狄第乌斯·尤利安在这一年出生于意大利北部的米迪欧兰尼恩，即今天的米兰。尤利安家是当地有名的财阀，代代都是元老院元老。

15 岁举行成人礼之后，尤利安离开父母前往首都求学。作为地方豪绅的儿子，他的寄宿地点也很排场，住在马可·奥勒留的母亲家里。

在当时的罗马，这算不上稀罕的事情。上流社会的家庭有收留行省或地方豪绅子弟的传统，不但支持他们求学，而且安排他们与上层人物交流，习惯首都生活。而寄宿在皇宫的，当然都是盟国的王侯子弟。由于这是一种传统，所以寄宿的人往往不仅一两个，结果罗马很多上流家庭都弄得像学生宿舍一样。

少年时代的尤利安就这样在首都开始了求学生活。但马可比他大12岁，已经离开了家在皇宫生活，所以尤利安并不曾和当时的下任皇帝住在一起。不过马可很惦记母亲，在妹妹出嫁以后，他经常回家看望独居的母亲，所以少年的尤利安很有可能见过马可。

在罗马，只要是元老院元老的子弟，一般都会成为“光荣的公职人员”，尤利安也是如此。

他第一次成为“光荣的公职人员”是当选财务监察官，任职地点在首都罗马和各行省的军团基地之间转换。这种官职经常调动。

然后他做了按察官。这一次是在首都，从角斗表演和四马战车比赛的策划，到食品市场的管理、取缔青楼等，都是他的业务范围。这种工作需要充分接触社会基层，虽不乏乐趣，但深奥而艰巨。

当这项工作完成时，尤利安也到了30岁，获得了进入元老院的资格。元老的子弟只要个人品行没什么问题，一般都能获得元老院的席位。他以元老的资格参选法务官并顺利当选。法务官的经历是践行下一阶段“光荣的公职人员”的必要条件，而这时的罗马已经进入了马可·奥勒留时代。

有了“前法务官”的头衔，狄第乌斯·尤利安先是被派往北非，接着是小亚细亚，后来是高卢的一个行省贝尔吉亚。贝尔吉亚的首府是兰斯，在今天法国的北部。尤利安在此地任职期间，日耳曼民族的一支迦提族越过了莱茵河南侵。在贝尔吉亚行省本没有军团驻守，之所以能坚持到莱茵河基地援军的到来，完全是因为尤利安组织当地居

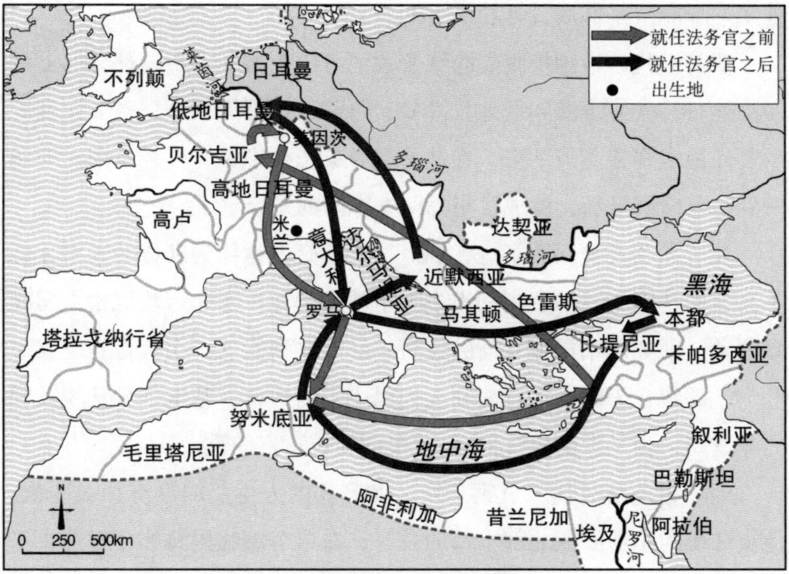

尤利安任职地点的变化

民奋勇抵抗的结果。

尤利安这个时期的表现得到了肯定，旋即被任命为第二十二普利米捷亚军团的军团长。该军团驻扎在莱茵河防线上的要地摩功提亚库姆，即今天德国的美因茨。狄第乌斯·尤利安在进入政界之前就好像做过军团的大队长，现在总算升到了军团长官的位置，手下的军团兵和辅助兵加在一起有 1.2 万人。

这一阶段结束后，尤利安当选为执政官。不是候补，而是正式的执政官。“前执政官”的头衔把他助推到达尔马提亚总督的位置上。这个行省虽然没有军团驻守，但隔亚得里亚海与意大利本土相望，也是重要的行省之一。尤利安在这里的任务应该完成得非常圆满，因为他下一个职位是低地日耳曼行省的总督。

罗马时代，帝国把重要防线莱茵河分为上游和下游两部分。上游叫高地日耳曼，下游叫低地日耳曼，行政上也分为两个行省。尤利安的赴任地点在莱茵河下游，在波恩和克桑腾分别驻有一个军团。尤利安到达首府科隆后，就成了指挥两个军团的司令官了。

此后尤利安又回到了意大利。这并不是说他作为武将的军事才能不高，而是因为罗马帝国的人事本来就经常在军团和行政机构之间频繁调动，就如同柏提那克斯的经历一样。尤利安这一次负责管理意大利本土的粮食来源。在意大利人们以小麦为主食，基本依赖从埃及和北非进口，为了保证粮食供应，“粮食局长”责任重大。

到了康茂德时代，狄第乌斯·尤利安的人生仍旧没有什么变化。他被任命为小亚细亚北部本都的总督，在这个濒临黑海的行省埋头于行政事务。在这种没有派驻军团的元老院行省，总督的任期往往只有一年，所以尤利安又很快平调到了西边相邻的比提尼亚行省任总督。虽然这两个行省都是元老院行省，但这并不意味着工作生活的轻松。在小亚细亚的最东边是卡帕多西亚行省，驻有两个军团，因为那里是与亚美尼亚王国相邻的边境。大国帕提亚和罗马发生龃龉的时候，往往拿亚美尼亚的王位说事。一旦帕提亚和罗马之间战云笼罩，小亚细亚所有的行省都将成为后勤基地。

历任如此要职的尤利安终于在公元 192 年，自己年近花甲的时候，获得了一份轻松的行省工作，就是在包含今天突尼斯和利比亚的阿非利加行省任总督。当他结束任期回到首都时，皇帝柏提那克斯遇害。于是，名门子弟、一直作为“光荣的公职人员”勤勤恳恳的狄第乌斯·尤利安，在他 60 岁的时候，又面临着重大的人生转折。

皇位争夺战的序幕

既然帝国边境的军团开始动作，那么不是只靠政变更换首脑就能解决的问题了。军人之间针尖对麦芒，内战的时代到来了。

公元 193 年 1 月 1 日，柏提那克斯接替了被杀的康茂德，继任皇帝，获得了元老院的承认。

同年 3 月 28 日，柏提那克斯遇害。

同日，狄第乌斯·尤利安即位，元老院也承认了。

4 月 9 日，近潘诺尼亚行省总督塞普提米乌斯·塞维鲁在军团兵的拥戴下称帝。

几天之后，不列颠行省总督克劳狄乌斯·亚尔比努斯同样为部下所推举，宣布加入帝位争夺战。

并且在帝国的东方，叙利亚行省总督培辛尼乌斯·尼戈也在属下士兵的欢呼声中称帝，同时派出信使将这一消息紧急报告给元老院。

以上的顺序是依照消息到达罗马的时间排列的。维也纳的塞维鲁炮制出来的“新闻”显然比伦敦和安提阿的消息更早地传到了罗马。

那么，边境军团在柏提那克斯登基时表现淡定，为什么一听说尤利安就任皇帝就立刻揭竿而起了呢?

解答这个问题的要点有好几个：

第一，军团兵对近卫军很反感。

当皇帝身在前线时，近卫军团随行保护，也承担作战任务。在马可·奥勒留时代，近卫军团面对日耳曼诸部族作战骁勇，甚至指挥战斗的长官都阵亡数人，可见他们经常身处最前线，其勇猛甚至连军团兵都自叹弗如。

与多数来自行省的边境军团士兵相比，近卫军团是罗马军队的精锐，出生于意大利本土的人占了绝大多数，薪酬和退职金也比军团兵高出三成。服役期限军团兵是 20 年，而近卫军团士兵则是 16 年。因为是军队最高司令官皇帝的“近卫”，所以军装也非常华丽夺目。

如果军团兵看到近卫军勇敢地杀入令人望而却步的战阵，待遇方面的差距也就不难接受了。可是在康茂德治下的 12 年间，却基本没有发生过战争，尤其是必须由皇帝亲自督战的重要战争更是一次也没有。既然皇帝身在首都，那么近卫军团士兵自然也都驻扎在首都近郊的军营里。然而 12 年里，戍边的军团兵承担的防线上的压力却丝毫没有改变。在边境军团中，没有一个人相信与蛮族的一纸和约就能保证高枕无忧。

康茂德被杀后，柏提那克斯成了皇帝，他曾与军团兵同生共死，对近卫军团并没有采取特别的优待政策。虽然这种做法直接导致了他登基不到三个月就死于非命，但在军团兵看来，柏提那克斯是对边境情况了如指掌的皇帝。而后来由近卫军团推举出来的尤利安则恰好和柏提那克斯相反，军团兵拒绝向他效忠也就不难理解了。

第二，执掌军团兵的各行省总督也反对尤利安。

总督们倒不是不认同尤利安的资历，问题在于尤利安的辈分。

庞培亚努斯曾是先帝马可的左膀右臂，如果把他算作第一代的话，那么从年龄和资历上看，柏提那克斯就是第二代，因为长年以来他都是庞培亚努斯的副将。至于尤利安、亚尔比努斯、尼戈三人都出生于公元 2 世纪 30 年代中期，塞维鲁虽然还要年轻 10 岁，但职位级别已经到了，所以都算第三代。也就是说，第三代的四位武将都是在第一代、第二代手下积攒资历的。

在这四人中，柏提那克斯之所以没有引起反感，是因为他的上级、众人所敬仰的老将庞培亚努斯在后面支持他。

而现在柏提那克斯被杀，接下来登基的竟是和自己“一样”的尤利安！如果用通俗的语言表达其他三人此时的心情，那就是：“他算什么东西？胆敢骑在我们头上！”

和人类社会的其他事物一样，实力主义既有好处，也有坏处。所谓实力主义，就是问题最后仅能依靠实力去解决。

第三，就是军团兵究竟有没有资格和权利，通过推举一个人做皇帝这种方式来参与国家政治呢？

答案是当然有！

我们不要忘记，罗马国家是由城邦发展而来的，这也是地中海文明的特点。所谓城邦，就是由城市居民构成的市民共同体，由市民来掌握主权。在王政时期，负责统治的国王也是由市民选举产生的，不过罗马还创建了一套独特的体制，就是在委托“国王”治理国家的同时，又组织士绅和学者成立“元老院”，这个机构负责对国王提出建议，同时把国王的政策确定为法律。进入共和时期以后，以前委派给国王的任务转而由执政官操办，元老院和公民的地位和职能不变。进入帝政时期以后，三者依然共存，只是以前每年选举的执政官由终身制的皇帝取代了。罗马人总是信不过帝位世袭，也是因为有着上述传统。

因此，无论是在王政时期还是共和时期，或者是帝政时期，公民权拥有者也都拥有国家主权，从形式上讲，皇帝只不过是接受元老院和公民的委托，代为实施统治的存在而已。

第二任皇帝提比略说得好：“罗马皇帝的定义不只有一个。”因为身兼最高司令官，所以士兵称之为“皇帝”，到了普通公民那里，这种称呼就变成了“第一公民”。在历代皇帝的正式名称中都有“奥古斯都”和“恺撒”两个词，“奥古斯都”的意思是“尊贵的人”，用于平时的称谓难免有些夸张，通常人们都称“恺撒”。可是，就像开国皇帝奥古斯都喜欢的称谓，罗马皇帝至多也就是“第一公民”。虽然皇帝不再由公民通过选举产生，但公民不仅还是主权拥有者，而且仍有反映自己意见的方式。

首先，当皇帝进入斗兽场或大竞技场时，普通公民可能会鼓掌喝彩，但也有可能发出嘘声。公民还可能游行示威，这些都是表达民意的方式。

并且，和普通公民一样拥有罗马公民权的军团兵，在每年 1 月 1 日举行效忠皇帝的宣誓仪式。这也是他们表达意见的机会。这不单纯是对最高司令官宣誓效忠，因为如果仅仅是宣誓，就没有必要每年都重复。每年的宣誓意味着皇帝和士兵之间已经缔结契约，士兵对皇帝投了信任票。因此在军团基地，每年年初都要举行这种仪式。

虽然理论上讲这种宣誓是每名军团兵根据自己的态度由个人意志来决定的仪式，然而就像前面讲过的近卫军团一样，煽风点火的人还是有很大的活动空间。具体地说，如果军团长授意几名大队长和百夫长，那么军团的整体意愿很容易就受到左右。公元 193 年各地军团内部肯定也出现过这种情况，但最后的决定仍旧是军团整体的意志。

当得知尤利安就任皇帝的消息并需对他宣誓效忠时，军团兵就拒绝进行这种信任投票，不仅拒绝，而且推举出了自己的司令官。这就说明皇帝狄第乌斯·尤利安没有得到信任。即使元老院表示信任，那也是在元老院和公民这两大主权拥有者之中只取得了单方面的支持。

于是，解决问题的办法就只剩下动武一条路了。从公元 193 年春开始，帝位争夺战拉开了序幕。我们也能从四位主角的出生地区观察出时代的变化。

我们在前面已经讲过，狄第乌斯·尤利安出生于意大利北部的米兰，其实还有一个人也出生于意大利本土，就是在叙利亚称帝的培辛尼乌斯·尼戈。我们不知道尼戈出生于意大利的什么地方，但与元老院元老子弟的尤利安不同，尼戈属于骑士阶级。他虽然不像解放奴隶的儿子柏提那克斯那样艰难，但也绝对是在军团中经过千锤百炼才崭露头角的。这个人一直没做过什么名震天下的大事，据说元老院得知他称帝的消息时都瞠目结舌。

不列颠行省总督克劳狄乌斯·亚尔比努斯出生于北非的哈德尔米托姆。哈德尔米托姆位于今天的突尼斯境内，追寻历史，当后来被罗马全力击溃的迦太基还是一个强大国家时，这里就已经是个港口城市了。

而近潘诺尼亚行省总督塞普提米乌斯·塞维鲁来自港口城市大莱普提斯（Leptis Magna，莱波蒂斯玛尼），位于现在利比亚境内，古代也属于迦太基，到了罗马时代被划为“阿非利加行省”。

四位主角中，有两位出生于意大利本土，两位出生于北非。在罗马帝国时代，出生于行省而担当要职的人并不少见，他们来自除不列颠和埃及以外的各个行省，但随着时代的变化，这些行省出身的人也会形成势力。学者们认为，罗马帝国的人有个共同点，即无论是出生于希腊还是出生于中近东，或者无论是出生于高卢还是西班牙，或是出生于北非，他们都认为自己是罗马人。在我看来，这就好像无论是北海道人还是九州人，尽管都认为自己是日本人但有时也的确会发生同乡结党现象。例如在五贤帝时代，图拉真、哈德良以及马可·奥勒留都出生于西班牙，可见当时是来自西班牙的人大显身手的时代。到了公元 2 世纪末，这种地域优势转移到了北非。在马可·奥勒留时代，皇帝的 5 位女婿中就有 2 人来自北非。马可的恩师弗龙托也来自阿非利加行省的城市锡尔塔（今阿尔及利亚的君士坦丁）。在当时定员 600 人的元老院中，出生于北非的元老就占了两成。随着时代的变化，这种情况的确会出现，不过究竟能不能抓住机会，就全靠个人能力了。

到了依靠实力争夺帝位的时代，由前任皇帝指定或者就是前任皇帝的血脉等显示出来的正统性已经没有了，在罗马帝国就是靠兵权说话。现在让我们比较一下争夺帝位的 4 个人的拳头大小。

尤利安——明确的支持者只有 1 万名近卫军团士兵，并且这 1 万人仅仅是支持他，并不是他直接指挥的士兵。

尼戈——负责幼发拉底河防线，手里有卡帕多西亚的 2 个军团、叙利亚的 3 个军团、驻扎在巴勒斯坦的 2 个军团，还有驻扎在阿拉伯行省即今天约旦境内的 1 个军团，共计 8 个军团，光是主力军团兵就达 4.8 万人。

亚尔比努斯——直属兵力为常驻不列颠的 3 个军团，他称帝以后对他表示拥护的还有莱茵河防线上的 4 个军团，共计 7 个军团，这样支持他的士兵就有 4.2 万人。

塞维鲁——其他三位竞争者都已是花甲之年，但这个人只有 47 岁，是出生于北非的最年轻的总督。帝国规模最大、最骁勇善战的多瑙河防线上的军团都团结在他的周围。他们是驻守在日耳曼长城的 2 个军团、潘诺尼亚的 4 个军团，默西亚的 4 个军团，达契亚的 2 个军团，共计 12 个军团，仅军团兵就达 7.2 万人。

当然，这些总督都深知守卫边境防线的重要性，没有人会把所有兵力都投入内战中去。不过，就算他们不得不把半数兵力留在防线上，那么对原本兵力占优势的人依然有利。

最先展开敌对行动的是塞维鲁，这是因为他比其他人更早地得知

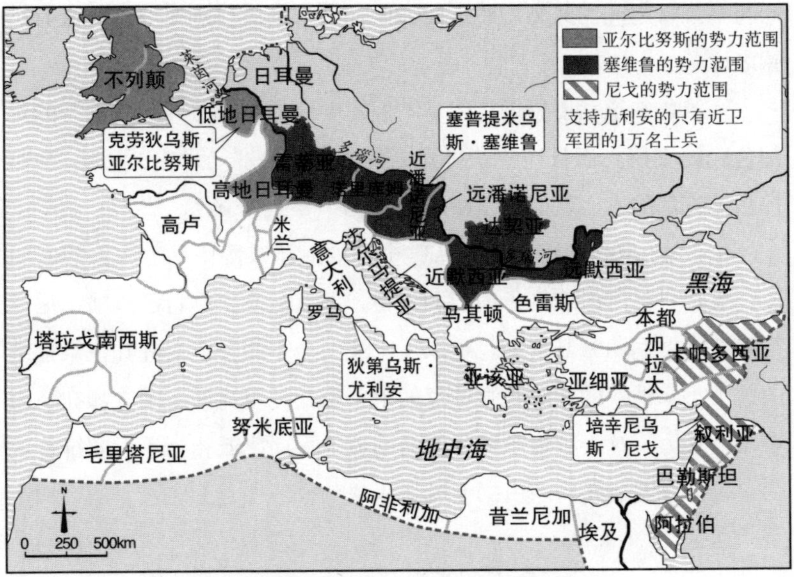

柏提那克斯遇害时四将的任职地和势力范围

了尤利安就任皇帝的消息，并且他手下的兵力也占据着压倒性优势。

不过塞维鲁并没有直接冲向首都，而是先拉拢同样称帝的亚尔比努斯。此时亚尔比努斯已经渡过了多佛尔海峡进入高卢，开始在当地扩大影响，巩固势力。这两个人都出生于北非。塞维鲁派遣心腹赶到里昂，向亚尔比努斯提出建议，即塞维鲁愿意把“恺撒”的称号送给对方，然后两个人联手战斗。塞维鲁的意思并不是要亚尔比努斯做下任皇帝。在罗马皇帝的正式名称中，都必然含有“奥古斯都”和“恺撒”两个称号，塞维鲁把“奥古斯都”的称号留给自己，把“恺撒”的称号送给对方，意思是要和亚尔比努斯共同实施统治。

亚尔比努斯接受了这个建议。毫无疑问，这种选择也是考虑到自己与塞维鲁之间的兵力差距。而如此一来，塞维鲁进军罗马就没有后顾之忧了。

塞维鲁知道，要想做皇帝，不但需要取得主导帝国“舆论”的首都公民的支持，而且还要获得元老院的承认。罗马过去的历史表明，控制了首都的人也就能控制整个帝国。

这位 47 岁的武将认为，从整个多瑙河防线集中兵力太浪费时间了，既然自己已经取得了他们的支持，那么只要率领自己近潘诺尼亚行省的 2 个军团开赴罗马就可以了。这两个军团分别为驻扎在维也纳的第十杰米纳军团和驻扎在苏尼的第一亚狄托里克斯军团，加在一起有 1 万兵力。这个数量虽然与罗马的近卫军团旗鼓相当，但塞维鲁认为，自己在实战经验上占据上风。

进军罗马

5 月，塞维鲁率领两个军团开始南下。他们从多瑙河中游流域出发，取道西南，直指首都。行军路线就是沿着渔网般铺设良好的罗马大道前进。

一般情况下，罗马军团行军时总有满载军粮的牛车队随行。但这一次为了加快进军速度，塞维鲁没有带军粮车，而是只让每名军团兵按惯例背负 15 天的粮食。如果这些给养消耗完毕，塞维鲁就从当地征调。

我根据自己的经验，立刻就理解了塞维鲁的做法。从帝国边境的多瑙河到意大利本土西北部用的时间，和从意大利西北部到罗马用的时间基本上是一样的，不过这么说也还是不能真切地表达多瑙河防线对罗马帝国的重要性，那我们现在只要看看塞维鲁率领的两个军团，当士兵们随身背负的粮食将尽的时候，他们已经进入了意大利本土。

皇帝尤利安当然不会坐以待毙，不过他手里没有直属的军团，因而手段有限。他首先要求元老院表决，宣判塞维鲁为“国家公敌”。在近卫军团方面，他通过长官雷特在那不勒斯近郊米塞诺军港征召海军和划桨手，确立起迎击态势。

可是，元老院元老们已经掩饰不住他们的动摇态度，近卫军团内部也未就迎击一事达成一致，不管是元老还是近卫军团士兵，都对塞维鲁的进军神速感到不知所措。

面对迅速进入意大利本土的塞维鲁，拉文纳基地的海军首先背叛了尤利安。

同处意大利半岛，面向第勒尼安海的是米塞诺军港，其驻军管辖地中海的西半部分，是西地中海的警备总管；而面向亚得里亚海的则是拉文纳军港，其驻军负责管辖地中海的东半部分。仅拉文纳的海军投靠塞维鲁就已经令人心惊胆战，而这一叛变也等于为敌军打开了通往首都的大门。难怪尤利安得知这一消息后吓得面色苍白。并且，塞维鲁在进军的同时，还向罗马派出密使，企图分化近卫军团。

深感焦虑的尤利安认为，自己至少要取得民众的支持，于是就将人们深恶痛绝的近卫军团长官雷特抓住斩首了。然而这样做的后果只是令近卫军团更加疏远自己。首都的市民们深谙内战状态下的生存之道，他们把贵重物品都隐藏了起来，然后躲到安全的地方静观其变。

最后尤利安只剩一条路了。他派遣几名元老院元老做使节，带着任命塞维鲁为共治皇帝的信函，前往敌方。可是塞维鲁没有对这一信函做出回应，只是继续进军。招安的办法最终落空。

皇帝狄第乌斯·尤利安已经众叛亲离，即便在皇宫里也没有人愿意搭理他。公元 193 年 6 月 1 日，当尤利安独处一室的时候，几名后悔与他走得太近的近卫军团士兵杀害了他。尤利安在位时间只有 64 天。

而此时塞维鲁已经走过弗拉米尼亚大道三分之二的路程。

得知尤利安已死的元老院立即撤销了对塞维鲁“国家公敌”的宣判，决定重新写一封邀请其登基的文件，让 100 名元老院元老一起送达塞维鲁。既然塞维鲁沿弗拉米尼亚大道南下，那么元老们只需沿这条干线道路北上，就可找到他。

双方终于在小镇特鲁尼相遇。虽然这 100 名元老院元老仅身披白色托加长袍，可还是遭到了士兵的严格搜身，以防他们暗藏匕首之类的武器。当所有人都被检查过后，全副武装的塞维鲁才带着卫队姗姗来迟。这一幕预示着罗马直到公元 211 年，都是皇帝塞维鲁的时代。

说到被宣判为公敌却又率领军队突入本国的人，人们的头脑中立刻就回想起科尔涅利乌斯·苏拉（参见《罗马人的故事 03·胜者的迷思》）和尤里乌斯·恺撒（参见《罗马人的故事·恺撒时代》），这两个人虽然都对同胞罗马人刀兵相向，但取胜后的态度截然相反。苏拉毫不留情地整肃了从前的对手，而恺撒则宽恕了公开反对自己的人，将他们无条件释放。现在塞维鲁效仿的是苏拉，不过他的方式又和苏拉有所不同。他认为根据具体情况，作为一种战术人也可以说谎。而苏拉则完全不能容忍谎言，如果自己的言论与事实不符，那他宁愿去改变事实。

公元 164 年 4 月 11 日，路奇乌斯·塞普提米乌斯·塞维鲁出生在莱波蒂斯玛尼，这是一座濒临地中海的城市，位于今天的利比亚境内。

向上追溯，他们家是早在罗马战胜迦太基时就移居到北非的意大利人，不过移居来的罗马人基本都和当地人通婚，所以我们还是说塞维鲁是混血的北非人比较准确。据说他的母亲和两个妹妹都说当地的腓尼基语，不太懂拉丁语。

塞维鲁一家属于骑士阶级，虽然在罗马社会是第二等级，但在地方城市负责行政事务或从事经济活动的人有很多都属于这一阶层。塞维鲁家似乎很富有，因为他 18 岁时就离开了故乡，前往首都罗马求学。当时正是马可·奥勒留时代。

在首都接受高等教育的 5 年时间里，好像皇帝马可·奥勒留发现了他。尽管这个青年出身于骑士阶级，但热衷学问的马可还是让他像元老院阶级的年轻人一样，踏上了“光荣的公职人员”的道路。

24 岁，他做了财务监察官。

26 岁，他被派往西班牙南部行省贝提卡，一年里仍旧是财务监察官。

27 岁，他被派往撒丁岛工作了一年。

次年，他改换任职地点，来到北非，任职地点大概在阿非利加行省的首府迦太基。

公元 176 年，30 岁的塞维鲁被选为护民官。这一官职是专门为平民设置的，可见塞维鲁的资历虽然可与元老院阶级的子弟相媲美，但仍旧被视为“骑士阶级”。不过在罗马社会，担任过护民官的人下一步肯定能进元老院。塞维鲁当然也不例外，有了护民官经历的他很快获得了元老院的席位。虽然他只是新来的，但毕竟是元老院阶级的人了。

应该是在进入元老院的第二年，他被选为法务官，因为从那以后他就增添了一个“前法务官”的头衔。戴着这顶官帽，32 岁的他被派往西班牙。不过和上一次不同，这次他的任职地点在西班牙北部莱昂的军团基地。在西班牙卸任之后，塞维鲁第一次前往帝国的东方叙利亚行省任职。他被任命为第四西提卡军团的军团长。该军团驻扎在安提阿东北方向200公里处的巴尔奇斯，是面对幼发拉底河的前线基地之一。塞维鲁在这里神经紧张地监视了大国帕提亚整整两年。恐怕连皇帝马可·奥勒留的死讯，他也是在幼发拉底河前线获知的。

康茂德继位后，不知为什么，塞维鲁没有获得年轻皇帝的赏识，逐渐偏离了帝国的仕途轨道。也有可能凡是父亲马可重视的东西，儿子康茂德都看不上眼。不过塞维鲁并没有因此而消沉，赋闲之中的他尽管已经30多岁，但仍旧前往希腊的雅典求学。在雅典，有一座和埃及"博学园"相媲美的帝国最高学府"希腊学园"（Akademeia），当年连哲学家皇帝马可·奥勒留都梦想着有朝一日到这里深造，而塞普提米乌斯·塞维鲁则亲身体验了这种生活。以前的历任罗马皇帝没有一个有"大学文凭"，塞维鲁是第一个修习了"硕士"课程的皇帝。

到了康茂德时代后期，可能是得到了什么人的推荐，41岁的塞维鲁重新回到了"光荣的公职人员"的轨道上。他被派往卢格登高卢行省任总督。这里是高卢四个行省（前面"罗马人与蛮族"一节谈到恺撒将高卢划分为6个行省，这里的4个行省应该指以高卢人为主体的行省，排除了低地日耳曼和高低日耳曼。——译者注）中最为重要的行省，首府在里昂。塞维鲁在任上待了两年，其间第二次结婚，对象是叙利亚祭司的女儿尤利亚·多姆娜。在里昂，他们的长子降生，即后来继承父位的皇帝卡拉卡拉。

从高卢卸任后，等待着他的职位是帝国的另一个行省西西里的总督。和卢格登高卢行省一样，西西里也没有驻扎军团。公元190年，塞维鲁当选为"候补执政官"，这时他已经44岁了。

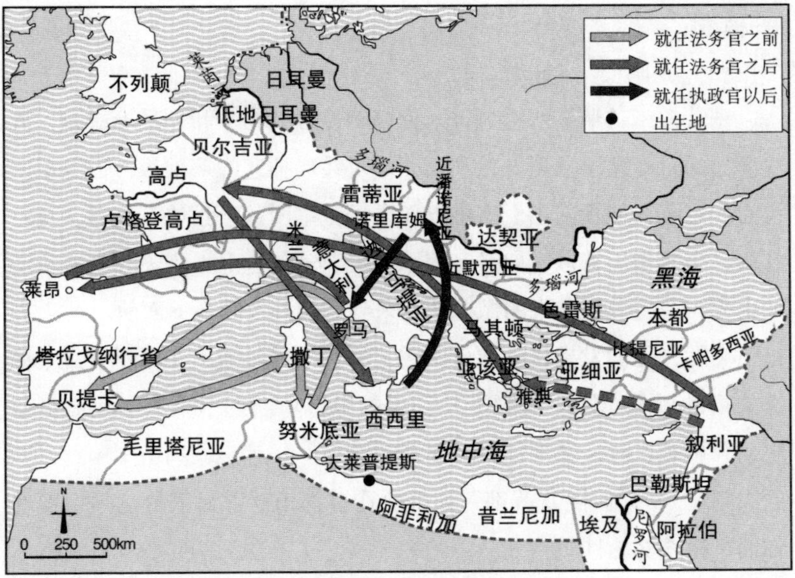

塞维鲁任职地点的变化

第二年，即公元 191 年，获得“前执政官”头衔的塞维鲁被任命为近潘诺尼亚行省总督。这一带是多瑙河防线的最前沿，仅军团基地就有维德伯纳、卡农图姆和布里吉提欧三处，基地和基地之间还有辅助兵部队基地、骑兵队基地、监视据点等，沿多瑙河 200 公里的范围内几乎都是防卫设施。45 岁的塞维鲁的任务，就是率领 3 个军团死守防线。

在任上两年之后，公元 192 年年底，皇帝康茂德被暗杀。

康茂德之后，柏提那克斯即位，塞维鲁没有行动，当柏提那克斯也被杀，尤利安即位，塞维鲁终于按捺不住了。他后来的言行远远超出了“渡过卢比孔河”的限度。

在首都

塞普提米乌斯·塞维鲁进入首都的过程极为平和，兵不血刃，流尽鲜血的只有狄第乌斯·尤利安。面对兵贵神速的塞维鲁，近卫军团没有经过战斗便投降了。塞维鲁要求近卫军团的士兵放下武器，身着礼服，全部走出营区，向自己表示臣服。于是近卫军团士兵身着华丽的甲胄，手持象征和平的橄榄枝，来到塞维鲁及其部下面前。

突然，他们发现自己被全副武装的军团兵包围了。军团兵命令惊慌失措的近卫军团士兵脱下礼仪用的甲胄。当近卫军团士兵卸下盔甲，只剩短衣时，塞维鲁高声宣布：

“我命令你们离开首都，如果我在首都 100 罗马里的范围内发现你们，格杀勿论！”

由开国皇帝奥古斯都创立、220 年来一直都是罗马军队的精锐、光荣的近卫军团就这样被解散了。塞维鲁随即将自己部下的军团兵升为近卫军。在多瑙河防线上，即便是意大利本土出身的军团兵，退役后也都和当地女子结婚，并且辅助兵在服役期满后也都获得罗马公民权，因为这种权利可以世袭，所以在罗马军团的正式士兵中也有不少日耳曼血统的人。在军团兵混血儿越来越多的情况下，近卫军团是唯一意大利本土出身者占多数的部队。现在这支部队出现了这种变化，就和其他军团毫无二致了。意大利本土的空洞化于此可见一斑。

这场政权更替的大戏自始至终只有尤利安一人牺牲，为了强调这一点，塞维鲁在举行罗马入城仪式时，虽然有军队前呼后拥，但身为最高司令官的他只穿着托加长袍。尽管是便装，但为了表明他的元老院元老的身份，在托加长袍上镶着红边，并且第二天参加元老院会议时，他仍旧是这身打扮。也就是说，虽然塞维鲁身穿和其他元老院元老一样的服装，但是他的背后总是跟着一队全副武装的近卫军团士兵。当元老院举行会议时，他们就守在门口。元老院元老在武装卫兵的包围下，倾听着塞维鲁的讲话。

塞维鲁的态度丝毫没有威胁的意思，他只是以极端克制的语气，简明扼要地诉说了自己的意见。

首先，他强调自己的行为是为帝国着想，其次，他说自己这是为柏提那克斯复仇，最后表明自己的统治是马可·奥勒留时代的延续。接着，他请求元老院承认身在高卢的亚尔比努斯为共治皇帝。

元老院一致通过了决议。塞维鲁随后表示衷心感谢。接着塞维鲁又要求第二年即公元194年的执政官由他和亚尔比努斯两人担任。对这一要求，元老院也做了肯定的答复。

获得元老院的承认后，下一步就要争取公民的承认了。塞维鲁来到首都规模最大的图拉真广场，在上万名观众面前，高声发表演说。他还是那么举止从容，态度坚毅。他知道，民众或许对自己这样的领袖感到亲近，但是并不会为自己所倾倒。尤其是在危机到来时，这种倾向更加明显。

塞维鲁在图拉真广场上的演讲有几个要点。因为面对公众也是一种需要，相比于发表政见，更要抓住机会自我宣传。而公民也知道，无论是谁做皇帝，其职责都是一样的，用不着喋喋不休地重复。重要的是怎样履行自己的职责，而这就要看每位皇帝的个性了。

塞维鲁的这次演讲可以说是一个谨慎的人所做的谨慎演讲。换句话说，他只是对一些很不具体的事情做了保证。因为到现在他只击败了一名对手，还剩下一名，不，在他的头脑中还剩下两名对手。

塞维鲁并非出身于元老院元老世家，对首都罗马居民而言，他完全是个陌生人。当有生以来第一次面对公众，这位47岁的新皇帝说：

在战场上需要刚毅果敢，但是我保证，在政治上我将严谨慎重。

我要采取强有力的措施打击敌人和反叛者，但是对于公民我要公正而温和。

在私生活方面，我要严格自律，而在公共场合，我绝不骄傲自满。

虽然不必刻意炫耀，但我是罗马公民的代表，我要保持与之相称的坦荡与坚忍，庄重而不严厉，亲切而不谄媚，与人为善，深谋远虑，真诚而公正。

通过努力，我希望自己能够成为代表各位公民的"第一公民"！

这时在旁倾听的几位元老院元老有些不满意了，批评道："他不是说自己在雅典留学过吗？怎么还改不掉非洲口音？"然而，公众对这次演讲却很满意，甚至很热情，因为罗马公民早已厌烦了领导层那些冗长乏味的讲话。就这样，塞维鲁成功获得了普通公民的支持。

1 300 年后，马基雅弗利提出，所谓民众，就是更容易接受具体事物而不是抽象议论的人群。现在看来，塞维鲁早就谙知这种人性特点。那么，要说民众要求的具体事物无外乎就是安全与食品。安全分为抵御外敌和维持治安两个方面，外敌已经有 500 年不曾入侵过首都了，罗马的居民都生活在祥和之中，所以他们所谓的安全，指的就是治安。塞维鲁任命了自己的亲信蒂斯特罗斯为"首都长官"，全权负责治安，严令他"连一个小偷都不得放过"。

据推算，首都有 120 万居民，作为粮食方面的具体措施，塞维鲁要求确保主食小麦 7 年的供应。平时这个期限是 2 年。塞维鲁还要求重新安排仅次于埃及的北非、西西里和撒丁的小麦收储体系。意大利本土的小麦主要来自埃及，约占总需求量的三分之一。现在这个埃及似乎倾向于塞维鲁的头号敌人叙利亚总督尼戈。如果从埃及进口粮食这条路走不通了，必将导致小麦价格飞涨，引起民众恐慌。因此维持7年的粮食储备是防患于未然的策略。

当然，塞维鲁也没有忘记军事行动。他命令驻扎在努米底亚龙柏斯的第三奥古斯都军团向东方进军，同时，命令驻扎在默西亚防守多瑙河下游防线的4个军团各选拔出一个分队，也前往东方。策略已经相当明确，即塞维鲁要从北非和欧洲出发，双管齐下，撼动以帝国东方为根基的尼戈。另外，尽管只是做表面文章，但是也能产生其效果，塞维鲁请求元老院宣判尼戈为“国家公敌”，元老院很快就通过了。

塞维鲁进入首都仅10多天就完成了所有的工作。速战速决不仅在战场上，在其他方面也十分有效。随后，他只带领一队全员换血之后的近卫军团士兵，离开了首都，向尼戈所在的东方进发。

通常情况下，人们沿阿庇亚大道南下，到终点布林迪西港乘船，横渡亚得里亚海，在希腊登陆，然后一路向东。然而塞维鲁没有选择传统路线，他从罗马沿卡萨亚大道北上，到达佛罗伦萨后翻越亚平宁山脉，然后经博诺尼亚，沿埃米利亚大道到达摩德纳。后来他就一路向北，经维罗纳、特伦托，翻越阿尔卑斯山脉，直到多瑙河畔的军团基地雷根斯堡。这条道路艰难而曲折。然后，塞维鲁又沿多瑙河东进。这样他在巡视多瑙河防线各军团基地的过程中，可以亲自进行精锐部队的选拔。面对在东方拥有8个军团的尼戈，塞维鲁虽然人数上不占优势，但可以实施精兵战略。他也可以发动大军，但那样需要时间。对他而言，时间的确太宝贵了。离开首都一个月之后，塞维鲁已经到达了欧洲与亚洲的分界处——达达尼尔海峡。

对手亚尔比努斯

我还是弄不明白，当塞维鲁向东方进军的时候，为什么亚尔比努斯不抄他的后路呢？既然塞维鲁命人预备7年的粮食，就说明他认为打垮东方的尼戈需要好几年时间。虽然实际上他只用了3年，但至少在这3年里，亚尔比努斯的天地是宽阔的。明确站在亚尔比努斯一边的，有不列颠、高卢、莱茵河防线地区，现在西班牙也开始支持他。并且在公元194年的这一年里，亚尔比努斯和塞维鲁同为执政官。

如果以执政官的名分挺进首都罗马，再加上不列颠的3个军团、莱茵河防线上的4个军团、西班牙的1个军团，共计8个军团，完全可以成就一番事业嘛！

但是这个人在部下的拥戴下，"渡过卢比孔河"称帝，接着却又踟蹰不前了。这是为什么呢？

提吉姆斯·克劳狄乌斯·亚尔比努斯，从姓名上看，他好像是地地道道的罗马人，然而实际上他出生在自迦太基时代一直繁荣至今的港口城市哈德尔米托姆，是个行省人。但是他家里世代经商，相当富有，长辈很早就取得了罗马公民权。虽然不及其他元老院元老那般显赫，但也绝对算系出名门。

他30岁前后开始从军，相对较晚，有的学者认为他在那以前的时间都用于继承和打理家业了。或许是从前的经历引人注意，他入伍后只用了几年时间，就从一个行省出身的士兵做到了辅助兵部队的指挥官。

就在这一时期，亚尔比努斯吸引了马可的目光。在皇帝的推荐下，他也开始成了"光荣的公职人员"，先后担任财务监察官、按察官，最后顺利进入元老院。然后又经历法务官一职，获得了指挥军团

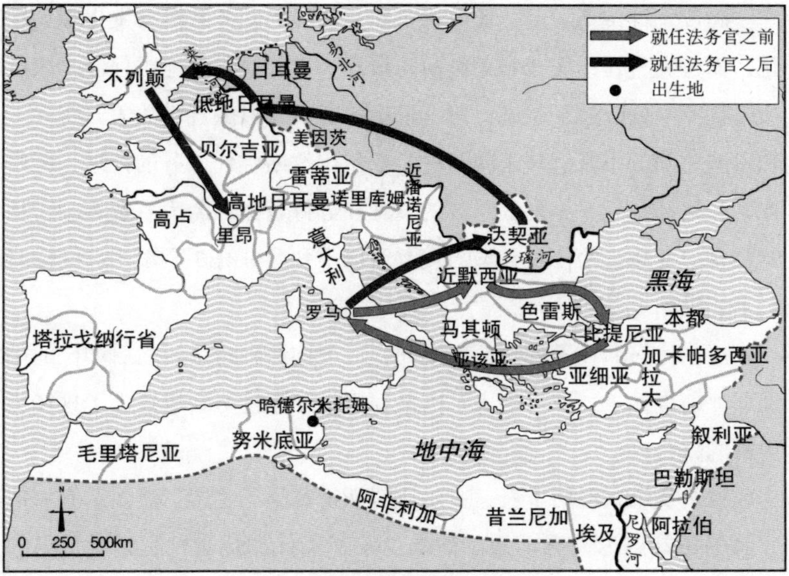

亚尔比努斯任职地点的变化

的资格。

年近 40 岁的他出任多瑙河防线近默西亚行省总督，这是个要职，指挥着 2 个随时保持临战状态的军团。3 年之后，他又成了濒临黑海的比提尼亚行省总督。

公元 175 年，在亚尔比努斯任比提尼亚总督期间，发生了亚维狄乌斯 · 卡西乌斯叛乱。这是马可 · 奥勒留时代发生的唯一一起部将叛乱，当时比提尼亚行省和东邻的卡帕多西亚行省一起拒绝了卡西乌斯的诱惑，始终对皇帝马可非常忠诚。为表彰他的表现，在皇帝的推荐下，亚尔比努斯于公元 176 年就任执政官，并不是“候补执政官”，而是任期从 1 月 1 日开始的“正式执政官”。

康茂德继位皇帝后，亚尔比努斯在前线的职务并没有发生很大变化，而是一直在达契亚和莱茵河防线等与蛮族对峙的地区任职。康茂德时代罗马处于和平状态，但这仅指没有发生过大规模战争，实际上和蛮族之间的小摩擦从未间断过。亚尔比努斯胜任职务的证据，就是在莱茵河卸任后，不列颠总督的位置在等待着他。因为有蛮族经常从喀里多尼亚越过哈德良长城入侵，所以不列颠驻有 3 个军团，同样时刻不能松懈。

亚尔比努斯在不列颠任职期间，康茂德遭到暗杀，之后即位的柏提那克斯也被杀，罗马陷入了内乱，于是亚尔比努斯也登上了这场历史剧的舞台。

如果从个人经历上看，亚尔比努斯绝非泛泛之辈，然而手握一把好牌的他却迟迟没有动手。如果说控制了首都就能控制整个帝国的话，那么从公元 194 年开始的 3 年间，他只要当机立断，肯定能碰到终点线。难道亚尔比努斯认为自己年近六旬，已经到了应该考虑隐退的年龄，因此而犹豫不决了吗？

或者他把塞维鲁关于共治皇帝的话当真了？或者年届花甲的他真的满足于“共治皇帝”，只要塞维鲁将高卢、不列颠以及西班牙划归自己统治，他就停止脚步了吗？不管怎么说，在长达 3 年的时间里，他在里昂按兵不动是非常致命的。一个人一旦“渡过卢比孔河”，那他就只能继续前进。

又一个“实力派”

我们看亚尔比努斯，尽管没有像元老院元老世家的子弟那样一帆风顺，但也不是从基层一步一个脚印逐渐晋升上来的。但是，现在和塞维鲁正面对垒的尼戈，虽然出生于意大利本土，却在军中千锤百炼，是个典型的实力派。

我们只知道培辛尼乌斯·尼戈出生于意大利半岛，却不知具体在什么地方。不过他既然出生于意大利本土，就应该拥有罗马公民权，有可能属于骑士阶级。

或许是因为出生于意大利本土，可能也有骑士阶级的因素，尼戈的军旅经历是从百夫长开始的。我们在讲述柏提那克斯时已经说过，百夫长分四个等级，尼戈经历过所有等级，甚至两次被任命为百夫长里的顶级“首席百夫长”。

接着他升任大队长，先后3次任大队长一职，我们不知这些职务分别处于哪个防线，不过此后关于尼戈的记录就比较详细了，因为他成了众多重要职业军人中的一员。从这一时期开始，尼戈逐渐崭露头角。

40岁时他迎来了人生的转机。当时他被任命为驻守埃及的罗马军团中的“长官”，也就是说，除了军事指挥以外，他是其他所有事务的负责人。在任职过程中，终结亚维狄乌斯·卡西乌斯叛乱的马可到访埃及，从此尼戈幸运地进入了皇帝的视野。

虽然尼戈进入元老院是由于皇帝马可的推荐，但在后面真正起作用的，还是皇帝的干将庞培亚努斯。因为从以后的经历看，尼戈之所以能进入领导层，边境上军团长和总督的职位锻炼显然比他接受的精英教育更为重要。并且尼戈真正受到重用是在马可死后，庞培亚努斯辅佐康茂德的时期。康茂德相当尊重亡父的部将，我们有充分理由认为是庞培亚努斯向新皇帝进言，因为尼戈以后的工作地点都是皇帝有任命权的地方。

而尼戈被重用为边疆要员也有着充分理由。边境的防卫不能只依靠以军团为代表的军事力量。一个人被军团兵接受固然是必要条件，但在边疆行省并不是只有军队。罗马在每个战略要地都建立军团基地和辅助兵部队基地，在这些基地周围逐渐会有人群聚居，慢慢形成城市。而在边疆行省的非战略要地也有原住民居住，有时他们和罗马军队有往来，也有的没有任何关系。只有对他们这些人都有所掌握，整个防御体系才能固若金汤。因此，在帝国防线上任职的行省总督，也要求有政务处理能力。

尼戈在这方面可谓是最佳人选。当皇帝马可到访埃及时，尼戈并不是负责埃及防卫的尼克波利斯军团基地的军团长，而是其属下的军团长官，埃及防卫的主导者。庞培亚努斯一生从事边境保卫工作，最需要的就是这样的人才。

在这种情形之下，尼戈最终进入元老院。因为年龄快 50 岁了，所以两年之后就获选“候补执政官”，这样他才得到指挥军团的资格。皇帝康茂德于是很快任命他为达契亚行省总督。

达契亚是罗马帝国伸向日耳曼部族领地的桥头堡，此地的防卫当然不简单。除了在军事方面要坚持不懈，同时面对那些希望移居罗马境内的北方蛮族，还必须予以一定程度的满足。所以当地的居民中日耳曼裔占了压倒性多数。尼戈在如此复杂的行省担任了 5 年总督。

公元 188 年，新的任务又来了。由罗马军队逃兵组成的强盗团伙袭扰高卢，而当地没有常驻军团，尼戈的任务就是恢复高卢的治安。虽然耗时两年，但尼戈将强盗全部肃清，因此得到赏识的尼戈接着被派往帝国东方。仅在叙利亚行省就有 3 个军团驻扎，尼戈是指挥 3 个军团的行省总督。

如果把总督分为鹰派和鸽派，那么尼戈无疑属于鸽派。在叙利

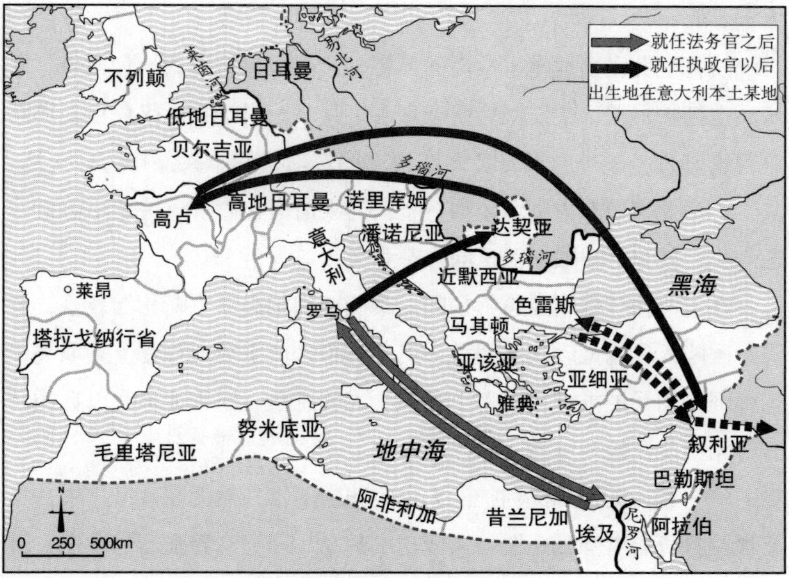

尼戈任职地点的变化

亚，他同样很成功。

罗马帝国总是把帕提亚王国作为假想敌，但同时认为一个稳定的帕提亚对自己也有好处。由于该王国苦于境内波斯势力明显增强，尼戈的两大国共存路线等于在侧面缓解了它的压力，因此在帕提亚王室内部甚至出现了“亲尼戈派”。

在帕提亚和罗马两大国中间还有很多小国和小部落，为双方起缓冲作用，尼戈也和他们维持着良好的关系。

在这种形势下获益最大的，当然是从事东西方贸易的商人。在罗马帝国的东方，经济界基本是希腊人和犹太人的天下，在常年纷争的两个大国之间维持一个相互都能接受的状态，有助于帝国东方的社会安定。

总督尼戈在当地享有崇高的声望，这同时也是他的治理成果。军团兵也拥护尼戈，主要因为两个理由：其一，尼戈并不仅仅在安提阿总督官邸发号施令，而是经常巡视军团基地，和士兵保持密切交流。其二，尼戈坐镇东方最重要的行省，为人清廉正直。这一点不但对普通士兵，就是对一般居民也同样有意义。

在尼戈担任叙利亚总督期间，康茂德和柏提那克斯相继被杀，罗马帝国陷入了内乱时代。我认为尼戈称帝，似乎更大程度上是取决于安提阿军团兵的推举，而不全是他个人的意愿。因为他称帝以后的所有行动都是模棱两可的。

乍一看，能受如此拥护的人肯定非常不错，然而在乱世之中，只有那些自身有着强烈意愿的人成功率最高。因为有着强烈的意愿，目的才会明确，才会认真选择达成目的的手段。相反，如果只是应周围人的要求，那么目的就很模糊，选择手段时也会犹豫不决，所有的事情都容易半途而废。既然已经“渡过卢比孔河”，再采取模棱两可的态度肯定就是最糟糕的。实际上，称帝以后的尼戈无论做什么事情都很迟缓，即便有所行动，也往往虎头蛇尾。此时的尼戈和亚尔比努斯一样，都已年过花甲。

伊索斯平原

在帝国的西方，举事的成败取决于能否占领首都罗马，而在帝国的东方，则看能够占领大城市安提阿。塞维鲁进军罗马时虽然兵不血刃，但通往安提阿的道路就不那么平坦了。

现在尼戈手握重兵，卡帕多西亚 2 个军团，叙利亚 3 个军团，约旦和巴勒斯坦合计 3 个军团，再加上埃及的 1 个军团，共计 9 个军团，只要他下定决心，这些兵马随时可以倾巢出动。因为帕提亚王国已经表示保持中立，为他解除了后顾之忧，亚美尼亚王国甚至愿意为他提供兵力援助。也就是说，尼戈只要愿意，就可以把所有的兵力都投入与塞维鲁的战斗中去。

但是，尼戈采用的战略不是寻找时机一决胜负，而是把战争分为三个阶段：

第一阶段，尼戈决定抢在塞维鲁的军队到达亚细亚之前，在拜占庭以西 200 公里处的培林托斯进行迎击。

如果迎击失败就进入第二阶段——拜占庭保卫战。

如果在拜占庭再次失败，就等对方越过小亚细亚东南部的托罗斯山脉，在他们进入叙利亚行省之前迎击。这是第三阶段。

公元 193 年年末，双方在培林托斯展开激战，尼戈获胜。获胜后的尼戈随即给塞维鲁修书一封，提出担任共治皇帝的要求。然而，塞维鲁没有回复。

尼戈本来打算在第二阶段进行拜占庭保卫战，但是他也知道这并非良策。如果敌军回避重兵守卫的城垣绕道进军亚细亚，尼戈的如意算盘就会落空。于是尼戈把第二阶段的战场转移到了亚细亚一侧尼凯亚附近的平原。双方于公元 194 年 1 月展开第二次战斗，结果塞维鲁方面获胜。

虽然在小亚细亚最初并不是败退而只是转移战场，但第二阶段败北的影响远超一次战斗的失利，因为这表示整个小亚细亚都落入了塞维鲁手中。这也使原本站在尼戈方面的各个军团发生了动摇。首先，

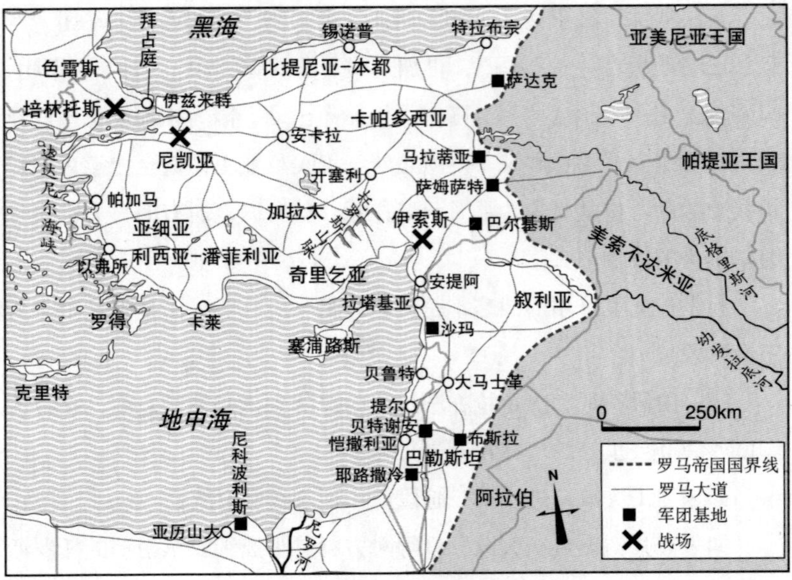

塞维鲁和尼戈的对阵

驻扎在约旦的第三昔兰尼加军团和驻扎在巴勒斯坦的第六菲拉塔军团就脱离了尼戈，并且叙利亚的两座城市拉塔基亚和巴勒斯坦的提尔也从支持尼戈转为支持塞维鲁。在这两座城市，本来相互对立的希腊裔和犹太裔此时却取得了一致，甚至在尼戈派面前紧闭城门。尼戈依靠个人声望打造的势力圈早早地破裂了。

事态紧急。公元 194 年 10 月，塞维鲁大军已经越过托罗斯山脉进入叙利亚，双方在伊索斯平原展开了决战。

无论是陆战还是海战，不知为什么，尽管时代不断变化，但交战双方总能选择相同的战场。在 500 年前，伊索斯就是亚历山大大帝和波斯王大流士一世进行正面激战的战场。这是一片面朝地中海的平原，没有任何特别之处，在此往来的人们几乎不知道这里是古战场。现在对垒的双方都是罗马人，起初是尼戈方面占了上风，但最后的胜利还是属于塞维鲁。

众所周知，塞维鲁和恺撒不同，战后对投降的士兵决不轻饶，并且西方军团的士兵一直很鄙视东方军团。这样一来，对方只要没有取胜的把握就只有逃命一途了。尼戈方面的士兵作战时也当然时刻注意逃跑的时机，一旦露出破绽，马上逃之夭夭。这才是尼戈在伊索斯决战中败北的真正原因。

而且尼戈自己也在逃跑。他首先逃回了安提阿，安排妻子和孩子逃往埃及，然后自己率领少数士兵继续向东。他打算渡过幼发拉底河，向帕提亚国王寻求保护。

结果尼戈在距离幼发拉底河还很远的地方，就被塞维鲁派出的追兵赶上了。总督心想，与其被捕，还不如一死了之。于是他转过身来冲向追兵，最后被杀。他的妻子和孩子也都被捕获。但塞维鲁只是在形式上判处他们流放。因为尼戈的妻子和两个孩子同样以清廉闻名，人们转而开始同情他们的遭遇。就这样，塞维鲁顺利地清除了一个对手。

尼戈垮台后，塞维鲁继续挥军东指，越过幼发拉底河，攻入美索不达米亚地区。这只是对倾向尼戈的帕提亚和亚美尼亚进行警告，防止它们得寸进尺。在帕提亚组织反击之前，塞维鲁已经撤回罗马境内。可以说这不过是一次示威而已，对帕提亚方面加深尼戈战败的印象。

在接下来的一年里，塞维鲁重新组织了帝国东方的防御体系。公元 196 年夏，塞维鲁离开了安提阿。他沿着来时的路线，自多瑙河下游走向上游，逐一视察防线上的所有基地，然后瞄准了西方。

只有到这个时候，身在里昂的亚尔比努斯可能才意识到自己已经浪费了太多的时间。

掌握了东方军团的塞维鲁兵力比三年前增加了一倍，而亚尔比努斯方面的力量则减少了二分之一。当帝国在西方得知尼戈败北的消息后，莱茵河防线上的 4 个军团脱离了他的阵营。结果亚尔比努斯手里只剩下自己总督时代直属的不列颠 3 个军团以及西班牙的 1 个军团。塞维鲁当然不会放过这个机会。

尽管塞维鲁给人的感觉是顺势一刀，但双方于公元 197 年 2 月 19 日在里昂附近平原展开的战斗始终异常激烈。这是罗马军队主力的军团兵之间进行的正面作战，而且一方是多瑙河的边防部队，另一方也毫不逊色，驻守不列颠的军团兵以实战经验丰富为傲。军团里虽然指挥官调动频繁，但百夫长以下的军团兵直至服役期满，20 年里往往都在一地度过。因此罗马军队对当地出生的人并不抵触，具体到多瑙河边防部队多为日耳曼血统，而驻扎在不列颠的军团兵体内则多流着不列颠人的血。他们同样都是经过严酷训练的罗马战士，塞维鲁和亚尔比努斯也都亲自指挥战斗，因此战斗当然自始至终都很激烈。

可是，战斗结束时获胜的是塞维鲁。亚尔比努斯意识到大势已去，于是选择自尽。据说塞维鲁还驱马践踏亚尔比努斯的遗体。尽管两人都出生于北非，但塞维鲁依然毫不留情。

将不列颠的 3 个军团完成改编后，当年 6 月，塞维鲁返回首都罗马。51 岁的他成了唯一的胜利者，也是唯一的皇帝。

不管怎么说，内战毕竟是悲剧。对死去的人而言当然是悲剧，对国家（共同体）而言也同样是悲剧。如果没有内战，那么多能为罗马帝国这个共同体做出贡献的优秀人才就不至于仅仅因为一场战斗的失败而沦为冤魂。这不禁令人回想起了马可·奥勒留，他清楚地认识到了内战是最大的危害，为此他宁愿采取罗马人难以接受的帝位世袭制度。

内战就如同一个人伤害自己的身体，然后让鲜血流淌。出血即使不会造成死亡，但肯定会造成体力的衰退。当年恺撒渡过卢比孔河以后，采取了宽容的态度，这是与他敌对的元老院顽固派都知道的事实。小加图和布鲁图认为，一个罗马公民对其他众多罗马公民行使宽容正是对共和精神的背叛，因此他们都批评恺撒只不过是在寻求自我满足罢了。然而这是他们没有理解恺撒的内心。恺撒想的是因自己渡过卢比孔河引发的内战，损失了很多优秀人才，只要有可能，恺撒就要尽量挽救一些生命，让流血尽量少一些。这并不是多愁善感，而是冷静观察事实就能很容易得出的结论。塞维鲁当然也理解内战的危害，不过，理解是一回事，至于如何贯彻则需看个人资质了。

第四章 皇帝塞普提米乌斯 · 塞维鲁（193—211 年在位）

皇帝尤利安被杀后，路奇乌斯·塞普提米乌斯·塞维鲁于公元193年6月进入首都称帝，随即获得了元老院和罗马公民的承认，所以说他是从公元193年开始执政的。但是在其后的3年多时间里，他不得不和对手尼戈以及亚尔比努斯进行战斗，所以我认为还是把他的主政时间从公元197年6月开始算比较恰当。这并不是时间问题，而是政治问题。在公元197年之前，塞维鲁因为受到两个对手的牵制，无法按照自己的意见实施统治。可是，当他于公元197年在元老院发表演讲时，无论是语气还是内容，都比公元193年发生了很大变化。作为唯一的最高统治者，塞维鲁直率地陈述自己的主张，然后一丝不苟地加以推行。不过他的做法却吓坏了元老院。

据当天出席元老院会议的历史学家卡西乌斯·狄奥记载，皇帝塞维鲁演讲的主旨有两个：

第一，他自命为马可·奥勒留的继承人，所以要求在正式名称中加入“马可”和“奥勒留”两个词，以及皇帝马可的家门名“安敦尼”。

元老院并未觉得皇帝塞维鲁的做法有何不妥。尽管塞维鲁就如同其他三个帝位竞争者从未存在过一样，不但没有提到他们，甚至连柏提那克斯都没有言及。可在元老院元老们看来，塞维鲁的意思也许要让持续了4年的内乱全部成为过去，一切都从现在重新开始。因为马可·奥勒留时代是皇帝和元老院相互配合管理帝国的时代，元老院当然愿意回到那个时代。然而，塞维鲁接下来的话像对元老泼了一盆冷水。

塞维鲁要求元老院撤销在康茂德遭暗杀次日，由元老院对其做出的“记录抹杀刑”。

这等于让元老院否定一项已经生效的决议，是明显损害元老院威信的要求。可是当元老院面对手握重兵、接连击溃所有竞争对手、取得丰功伟绩的最高统治者，既没有抗争的意志，更缺乏制约的手段。并且，在康茂德被杀后，元老院对接二连三出现在皇位上的人都予以承认，这种事实早已令元老院的权威摇摇欲坠。

塞维鲁当然不是欣赏康茂德，也不是对其英年早逝怀有同情之心。相反，早在 17 年前，康茂德对年长于自己 15 岁的塞维鲁相当冷淡。塞维鲁之所以要求为康茂德恢复名誉，是因为塞维鲁已经自称为马可·奥勒留的继承人，那么康茂德又是哲学家皇帝亲自指定的继承人，就不能一直接受对罗马精英来说最为屈辱的“记录抹杀刑”的处罚。如果对这一情况视而不见的话，那就等于说自己和康茂德都是一路货色。

元老院撤销了四年前的宣判。草草埋葬的康茂德的遗体也重新得到了罗马式的火葬，然后与哈德良以后的历任皇帝一样，被放置于今天称之为“圣天使堡”的哈德良陵墓。不过，康茂德并没有被神格化。如果将其神格化，元老院就真的威严扫地了。塞维鲁没有这样做的真正原因是他心里比任何人都清楚，康茂德根本就不具备那种资格。在这一点上，皇帝和元老院倒是维持了一致意见。

不过，当塞维鲁又提出下面的要求时，元老院才领悟到他自称马可·奥勒留继承人的用意所在。塞维鲁要求元老院承认他的儿子卡拉卡拉为“Imperator Disignatus”。如果把这句拉丁语直译过来的话，只能是“既定皇帝事务参与者”，而不是“共治皇帝”的意思。因为不管怎么说，卡拉卡拉才 8 岁，距离举行成人礼还有四五年的时间，无论怎么提拔也不能指定为皇位继承人。

在共和时期的罗马，传统上是在夏天进行下任执政官选举。当选的人获得“Consul Disignatus”称号，距离实际进入任期还有半年时间。在这半年时间里，每当元老院举行会议，发言权首先在现任执政官手里，现任执政官发言过后，接下来发表意见的就是这个“Consul Disignatus”。塞维鲁为了表明他让当时年仅8岁的儿子世袭皇位的意愿，重新挖出了这个共和时期的官名。既然卡拉卡拉获得“Imperator Disignatus”的称号，尽管还没有到举行成人礼的时候，在元老院的会议上也拥有了发言权。

从那以后，不论是壁画还是浮雕，或者是货币，塞维鲁都把自己和夫人尤利亚·多姆娜以及两个孩子卡拉卡拉和盖塔的形象体现在上面。他还设计了很多包含家人在内的全家福肖像，总让人觉得其不无英王室官方照片的做派。

元老院元老们当然感觉到了塞维鲁帝位世袭的意图，然而却无可奈何，因为塞维鲁当天演讲的第二个主旨已经直接冲击到他们个人。

塞维鲁身材中等，但体格强健，经常是一副严肃的表情，甚至人们几乎记不起他的笑容。这一天他依旧是那副严厉的面孔：

> 帝国已经到了必须认真改革的时候，否则将积重难返。我们需要像马略、苏拉以及奥古斯都那样，扯下反对派的假面具，对他们进行严厉处罚。

塞维鲁说完后，提交了第一批26名元老院元老的处罚名单。

马略和苏拉相互整肃，每当他们之中的任何一方占了上风，都会导致其反对派人头落地。但是后人往往不解，开国皇帝奥古斯都和尤里乌斯·恺撒一样被称为“神君”，为什么塞维鲁此时也把奥古斯都拿来说事呢？

实际上，奥古斯都在屋大维时代，一直都在有条不紊地整肃和自己并肩战斗的安敦尼以及暗杀恺撒的布鲁图一派，正是他将西塞罗列为清洗名单中的首要分子，其实后者仅为反恺撒派的精神支柱。从这一点上看，把奥古斯都与马略以及苏拉相提并论并不是没有道理。而生怕漏掉塞维鲁讲话一个字的元老院元老们当然也谙知个中曲直。

但是，称被列入名单的26位元老院元老反对皇帝，或者说他们反对罗马帝国，则完全是冤枉的。他们被塞维鲁指责为亚尔比努斯派。

这个理由相当牵强。因为亚尔比努斯直到受到塞维鲁进攻之前，一直接受着后者赠予的“恺撒”名称，说起来还和塞维鲁一样，都是共治皇帝。以与此人过从甚密为由就判为反皇帝罪，这实在令人无法接受。据说在这26人中，来自北非的占了大多数。和塞维鲁一样，亚尔比努斯也来自北非，来自北非的元老院元老当然拥护同乡做皇帝，和他们两人中的某一个密切往来也是极其自然的事。然而，对塞普提米乌斯·塞维鲁而言，只有存在利用价值时，同乡才是同乡，如果一个人没有利用价值甚至成为一种障碍，那么塞维鲁肯定翻脸攻打他。塞维鲁只需要绝对服从自己的人，并且如果一个人非要等塞维鲁提出“绝对服从”要求时才绝对服从他的话，就已经太迟了。这使包括卡西乌斯·狄奥在内的众多元老院元老心情极为沉重。他们总觉得塞维鲁和以往的罗马皇帝们有些不一样。

尤里乌斯·恺撒曾经给自己政治上的反对派西塞罗写信，其中有下面这样的话：

我始终要求忠实于自己的内心而活，因此我也认为别人也当以此为准则。

奥古斯都虽然整肃了西塞罗，但没有阻止西塞罗全集的刊行。这套著作集由西塞罗的好友阿提库斯与西塞罗的助手两人共同编辑，其中对恺撒遭到暗杀后的权力斗争，以及年仅 20 岁的奥古斯都如何巧妙地刺激西塞罗的虚荣心等都做了生动描写。尽管如此，奥古斯都仍未禁止其刊行。如果奥古斯都将其列为禁书的话，那么我们今天就有可能读不到西塞罗的著作了。附带一提，日本也终于翻译了西塞罗全集，由岩波书店出版发行。

即使到了公元 2 世纪，罗马人之间的言论自由还是有一定程度的保证。当年马可·奥勒留也曾写到自己遭受过批评，说有很多人认为自己“伪善”，“好为人师”。

皇帝是唯一的最高掌权者，罗马是皇帝治理下的国家，同时这个社会却不是铁板一块，而是相互融通。但是现在这种状态恶化了。对反对派的宽容态度本是强大自信的证据，难道塞维鲁不具备这种宽容吗？还是他认为如果允许这种宽容存在，社会将变得不可收拾？

不过，塞维鲁仍旧坚信自己是个忠实于传统的罗马人。

为了和广大罗马公民一起共同庆祝卡拉卡拉地位的确立，他不惜花费重金，在斗兽场和大竞技场举行了盛大的角斗表演和四马战车比赛，并且他还热衷于公共事业。罗马人不称公共事业为“城市基础设施”，而是称为“人类文明生活必需的大事业”。虽然安敦尼·庇护和马可·奥勒留两位皇帝曾经搞过一些维修工程，但罗马的确有 30 年之久没有上马新的建设项目了。塞维鲁从罗马的外港奥斯提亚沿着海岸修建了一条通往泰拉奇纳的“塞维利亚大道”。

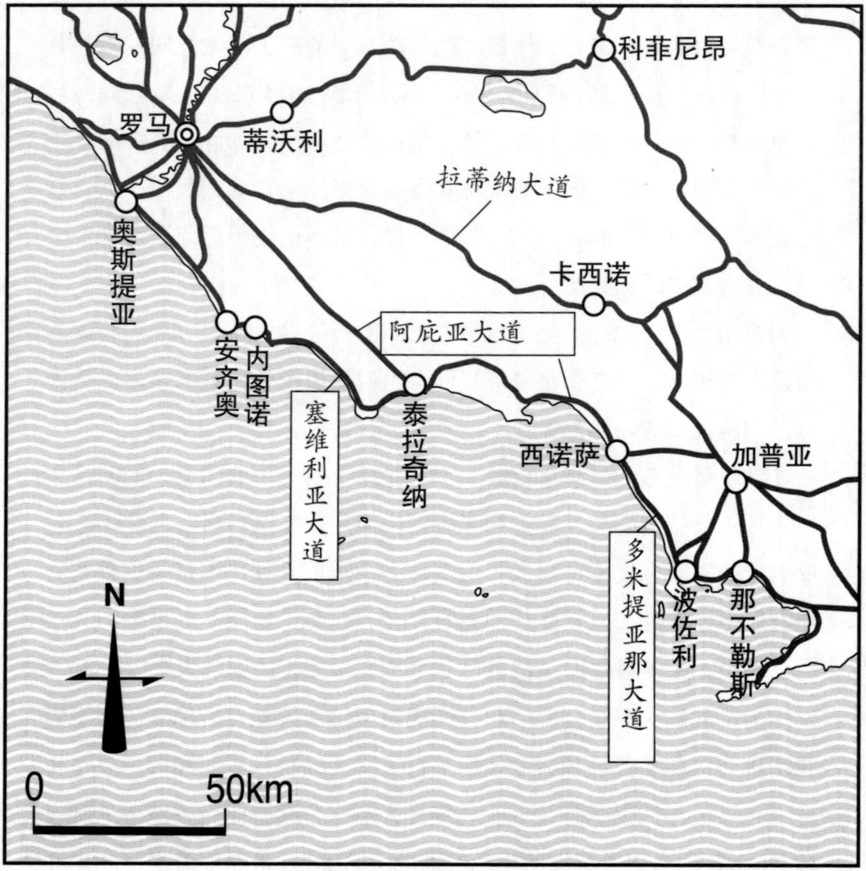

从罗马到那不勒斯的主要道路

卡拉卡拉浴场（复原模型）

从罗马到泰拉奇纳早已经有了一条阿庇亚大道，因此，铺设塞维利亚大道的目的，就是方便在沿海一带拥有别墅的权贵们往来。并且在这一带有着安齐奥、内图诺以及奥斯提亚等适合于船只避风的良港。如果满载小麦前往奥斯提亚的船只遭遇风暴，可以在这些避风港靠岸，如果道路完善可以就地卸货，然后经由陆路运走。

这样，沿罗马以南的海岸线就都有这种石头铺就的罗马式“高速公路”了。从奥斯提亚到泰拉奇纳的是塞维利亚大道，从泰拉奇纳到西诺萨的是阿庇亚大道，从西诺萨到与奥斯提亚齐名的商港波佐利，再到那不勒斯的是多米提亚那大道。既可以运送物资，也有利于人员往来。这条塞维利亚大道是罗马铺设的最后的道路工程。

两年以后，塞维鲁又在罗马广场的中央修建了一座凯旋门。罗马广场是市中心，这座凯旋门也是皇帝在此地修建的最后的建筑。另外，塞维鲁还修建了大浴场，因为直到他儿子卡拉卡拉当政时期才完工，所以叫“卡拉卡拉浴场”。该浴场极尽奢华，甚至附设有图书馆，罗马南部的居民都亲切地称它为“平民的宫殿”。这的确是塞维鲁送给平民的礼物。但在塞维鲁看来，公共建设是罗马皇帝的职责，自己既然身为罗马皇帝，这也只不过是履行职责而已。

当然，皇帝的另一个职责，或者说最重要的职责，在于保障帝国的安全。塞维鲁并没有忘记这一点，并且他的措施非常彻底，与其他历任皇帝的做法迥异，甚至改变了整个罗马帝国的进程。

军人皇帝

从下表可以得知，塞维鲁强化军事力量并没有采用增加军团数量的方法，而是提高所有作为主要军事力量的军团兵的待遇。首先就是上调年薪。尽管通货膨胀已经一点一点缓慢出现，但到公元 2 世纪末的这一时期，仍旧没有到必须采取应对策略的地步。因此，塞维鲁给保障罗马安全的军团兵提高薪酬，可以被视为和恺撒、奥古斯都以及图密善一样是一种提高军团兵地位和待遇的政策。不过，从图密善皇帝时开始，提高的那一部分都存在军团内，等士兵服役期满时再一起支付给他们。但塞维鲁采取了不同的做法，即直接将提高的部分反映到每个月的薪酬数额中。不言而喻，士兵们获得了看得见摸得着的好处，当然更加满意。

罗马帝国的军事力量及部署变化（单位：军团）

	行省名	奥古斯都时代（前30—公元14年）	提比略—尼禄时代（至70年）	韦斯帕芗—图拉真时代（至117年）	哈德良时代（至138年）	奥勒留时代（至180年）	塞维鲁时代（至211年）
	Britannia（不列颠）	0	3	3	3	3	3
莱茵河防线	Germania Inferior（低地日耳曼）	4	4	2	2	2	2
	Germania Superior（高地日耳曼）	4	4	2	2	2	2
	Limes Germanicus（日耳曼长城）	0	0	0	0	2	2
	小计	8	8	4	4	6	6
多瑙河防线	Pannonia Superior（近潘诺尼亚）	3	3	4	3	3	3
	Pannonia Inferior（远潘诺尼亚）	0	1	2	1	1	1
	Dalmatia（达尔马提亚）	2	0	0	0	0	0
	Moesia Superior（近默西亚）	0	3	2	2	2	2
	Moesia Inferior（远默西亚）	0	3	2	3	2	2
	Dacia（达契亚）	2	2	1	1	2	2
	小计	7	12	11	10	10	10
幼发拉底河防线	Cappadocia（卡帕多西亚）	0	0	2	2	2	2
	Syria（叙利亚）	4	4	3	3	3	3
	Palestina（犹太—巴勒斯坦）	0	0	1	2	2	2
	Arabia（阿拉伯）	0	0	1	1	1	1
	小计	4	4	7	8	8	8

（续表）

	行省名	奥古斯都时代（前 30—公元 14 年）	提比略—尼禄时代（至 70 年）	韦斯帕芗—图拉真时代（至 117 年）	哈德良时代（至 138 年）	奥勒留时代（至 180 年）	塞维鲁时代（至 211 年）
	Aegyptus（埃及）	1	1	1	1	1	1
	Africa（阿非利加）	1	1	1	1	1	1
	Hispania（伊比利亚半岛）	1	1	1	1	1	1
	合计	22 个军团（加入机动部队为 25 个）	30 个军团	28 个军团	28 个军团	30 个军团	30 个军团

每个军团包括：

Legionaris（军团兵）——主力（6 000 人）

Augiliaris（辅助兵）——辅助战斗力（人数与军团兵大致相同）

Numerus（不定期服役兵）——监视敌人（1 000 人）

另外，还有海军部署于地中海、多瑙河、莱茵河、多佛尔海峡、直布罗陀海峡等地。

罗马军团兵（人）年薪的增长

	第纳尔银币	塞斯特斯铜币
共和时期	70	280
尤里乌斯·恺撒提薪后（前 45— ）	140	560
奥古斯都提薪后（前 30— ）	225	900
图密善提薪后（82— ）	300	1 200
塞普提米乌斯·塞维鲁提薪后（197— ）	375	1 500

提高地位和待遇的第二个办法，是赋予全体军团兵戴黄金戒指的权利。以前只有百夫长以上的军官和骑兵才拥有这种权利。在罗马时代，戒指这种东西不仅是装饰品，更是一种印鉴。因此，戴上黄金戒指或金镶玉戒指，可以证明一个人社会地位的确立。

第三个办法，是即使是普通士兵，只要有能力或取得了某项成绩，就可以打开通往百夫长或骑兵的道路。正如同塞维鲁的那些帝位争夺者经历过的那样，在罗马军团里通过努力可以步步高升。不过这种情况虽然不少见，但只有出类拔萃或红运当头的人才有望获得这种机会，并没有制度化。现在塞维鲁将其形成制度，编入罗马的军事管理体系里。

第四个办法，是军团兵可以结婚。

公元前 2 世纪末，马略实施军事体制改革，以往罗马军队实行征兵制，因此已婚士兵甚至有子女的士兵并不罕见。当时的战争往往从春天开始，持续到秋天，到了休战期，有的军团兵就回家了。不过，随着罗马统治版图的扩大，战争地点也越来越远，军团兵秋季回家春季再来的做法开始行不通。另外，流进城市的下层贫民也需要实施救济，于是马略想出了一个两全其美的办法，即把征兵制改为募兵制。

可是对军团而言，募兵制意味着职业军人的出现，军团士兵由年满 17 岁并通过了种种考试的人组成，直到服役期满的 20 年间保持未婚状态成为从事这项职业的一种义务。

这项义务对军团兵而言并不算苛刻。一个人如果 17 岁入伍，退役时也不过 37 岁，当时人的平均寿命之所以比较短，主要是因为婴儿死亡率很高，实际上在罗马时代，40 岁以前都是开创第二段人生的绝佳年龄。此时退役，和以前就暗暗往来的相好正式结婚，以退职金做本钱，老兵由此进入第二段人生。即使在服役期间，罗马军队也承认士兵的女人，所以她们都在军团基地附近的“卡纳巴埃”地区居住，每到休息日都等待着自己的男人到来，甚至还有不少人生了孩子。

不过塞维鲁尽管允许军团兵正式结婚，但还是不许百夫长以下的军团兵和妻子同居。士兵必须像以前一样，和战友们在基地内共同作息。当每天训练作战之余的几个小时，或者到了祭典等节假日，士兵才可以回家与妻儿团聚。所以说，塞维鲁这种允许士兵结婚的改革，只限于法律层面。尽管如此，士兵在这一点上已经和军官平起平坐了。不，实际上比军官的地位更高。在帝政时期，带家属随军的都是军团长或总督，大队长级别的人就会被频繁地调来调去，基本都是单身赴任。正因为这种情况，塞维鲁的改革自然会受到军团兵的欢迎。

意外的结局

毫无疑问，皇帝塞维鲁是为了强化罗马的军事力量才推行这些措施的。不管怎么说，这些措施非常人性化，提高了保障帝国安全的士兵们的社会地位和经济地位，受到了广泛拥护。塞维鲁的出发点当然是善意的，不过早在 250 年前，尤里乌斯·恺撒就曾经说过：

> 很多事情尽管结果很糟糕，但是当初的意图都是好的，也是充满善意的。

塞维鲁的改革使军团生活过于舒适了。薪酬上调，升职有望，还给了以前暗中往来的女子以正式的名分，所有这些都不必等到 20 年服役期满就可以得到，因此军团兵也就不必苦苦等待退伍。以前边境形势紧张，上级一旦要求士兵延期服役，往往引发可能导致士兵哗变的抵制行为。而现在这些危险都烟消云散了。士兵延期服役当然也都有报酬，并且随着服役期的延长，退职金也会增加。换句话说，只要体力允许，永远在基地里生活都没什么不合适的。

这就是罗马政权军事化的开端。士兵们满足于军人的身份，退伍开创第二段人生的意愿出现衰退，造成罗马的军人与社会脱节。

尤里乌斯·恺撒就任终身独裁官以后，推行过很多国家改良政策，其中之一就是关于地方城市议会议员的选举。当时规定了下列条件：

一、未曾服过兵役者——30岁以上才可参选

二、在军团中做过步兵的——23岁以上即可参选

三、做过骑兵或者百夫长的——20岁即可参选

这是为那些在服役期间因伤病而不得不退伍的军人安排的救济政策，而对于那些服役期满回归社会的人，这种规定也是一种奖励。天才的尤里乌斯·恺撒认为，罗马军团是从土木工程到医疗机构等各项事业都积极参与的集团，在军团中获得技术和经验的人在民间社会也同样大有用武之地，而这种政策也能使帝国的重要组成部分“地方自治体”提高效能。

恺撒的后继者奥古斯都萧规曹随，把服役期定为20年，创立了古代世界史无前例的退职金制度，使军人回归社会的道路更加顺畅。如果军人和社会脱节，不但对军人自身不利，而且还会使社会出现扭曲。因为孤立的人更容易相互勾结到一起，最终的结果只能是打破社会平衡，使形势失去控制。

但是现在塞维鲁只重视两方面中的一个，这就打破了自恺撒以来军民维持了250年的均衡关系。我们相信塞维鲁是为了罗马帝国才推行这些措施的，但是从塞维鲁死后的现实看，其效果完全和皇帝的意图背道而驰。

军人和社会脱节造成自身的孤立，不难想象，最后的结果就是他们致力于强化自己的组织，具体而言就是增加军费，这当然会对国家财政造成压力。这种倾向本来是所有组织的共同特点，只不过因为军方拥有武力，一旦偏离正轨就很难纠正。

塞维鲁对军团兵的优待政策，也是人类社会古往今来十分常见的情况，即善意的出发点其实未必导致圆满的结果。不，或许我们可以说，整个人类社会的历史，基本上就是由不乏恶意的冷静促成的成功和充满善意的盲动导致的失败相互弥合而成的。善意且有效的措施往往只限于那些立竿见影的举动，比如慈善事业。我有时认为，如果我们都只能直面人性的现实，那么越熟悉历史就越容易陷入悲观。

总之，历史学家们对塞普提米乌斯·塞维鲁的评价是“非罗马式的专制君主”，是罗马政权军事化的始作俑者。

罗马皇帝被评判为昏君的不在少数，可是说一位皇帝“非罗马式”，塞维鲁则是第一个。罗马人所谓的“非罗马式”，指的就是“东方式”，但元老院提出的这种批评无疑是因为塞维鲁的妻子，也即当时的“奥古斯塔”尤利亚·多姆娜，她是叙利亚祭司的女儿。实际上她是第一个登上罗马帝国皇后宝座的东方人。

尤利亚·多姆娜面容姣好，富有教养。她可能是在塞维鲁驻留在叙利亚时嫁给他的，不过这肯定不是一桩政治婚姻。如果说塞维鲁在高卢总督任上就觊觎帝位的话，那么他就不会娶一个可能招致元老院和首都公民疑虑的东方女子。然而塞维鲁即位之后，马上毫不犹豫地

尤利亚·多姆娜

明确了妻子的皇后资格。无论是此前还是此后，塞维鲁都不曾有过绯闻，就如同马可·奥勒留一样恪守着一夫一妻制。和恺撒、苏拉或奥古斯都相比，200 年后的罗马统治者在生活方面似乎更加循规蹈矩。

尤利亚·多姆娜的父亲信奉的宗教崇拜太阳，这种宗教从远古时起就在中近东流行，是一神教的一种，但又不排斥其他诸神，所以和犹太教或基督教那种一神教又有所不同。尤利亚·多姆娜出身于一个世代都是祭司的家庭，她自己则精通希腊文学和哲学。也许正是这一点，使她和“硕士”出身的塞维鲁琴瑟和谐。

元老院中潜伏着一种反塞维鲁的情绪，元老们指责皇帝受了东方皇后的影响，可是元老院拿不出有说服力的证据。因为尤利亚·多姆娜并没有在帝国的首都建造供奉太阳神的神殿，甚至连这种愿望都没有。在罗马人的宗教意识里，只要不怠慢诸神，那么个人信仰则是自由的。在这一点上，皇后简直无懈可击。

并且，尤利亚·多姆娜成为第一夫人以后，并没有和那些喜欢传闲话要阴谋的上流名媛贵妇混在一起，而是加入法学家和文人们组成的圈子。可能她希望通过自己去淡化丈夫甩不掉的军事色彩。我们只要看一下出现在皇宫沙龙里的常客，就可以知道他们不是声名远扬的大学教授，就是名副其实的作家，里面没有一个是野心勃勃寻找机会的新锐。因此，我们说尤利亚绝对是生活中的“VIP”级伴侣，是皇帝的贤内助。

尽管人们喜欢津津乐道尤利亚对丈夫的影响力，但塞维鲁自身的性格相当坚定，绝不会轻易被女性左右。另外，罗马人所谓的“对男人的影响”，指的绝不是正面影响。据说后来尤利亚妹妹的女儿，即尤利亚的外甥女们触碰了这一禁忌，当然也有可能是元老院反感这些女人，故意地把她们说成是影响帝国高层的叙利亚势力。在丈夫塞维鲁在世的时候，尤利亚的生活还比较幸福，但最后的结局却是自杀，所以也是悲剧性人物。而悲剧的起因则在于她对两个儿子的教育方法上。

无论是倾向于罗马的学者还是倾向于基督教的专家，在塞维鲁的宗教方面，尤其是他对待基督教徒的态度，都无法提出有说服力的结论。

罗马派史学家指责他受了妻子崇拜太阳神的影响，打开了一神教的大门。而基督教方面则认为，在塞维鲁主政前半期，他容忍基督教徒组成自治体，即使身边的人信奉基督教也没有被看成是问题，可是到了他主政后期，他的态度出现了倒退，和以前的皇帝们一样，即使人们可以自由信仰基督教和犹太教，但禁止传教，以至于使人不由得怀念康茂德时代。因为康茂德不理朝政，也就没有出现过针对基督教徒的检举和宣判。而随着塞维鲁本人对基督教态度的变化，各行省总督的态度自然也发生了变化，尤其是在埃及和北非，又出现了迫害基督教徒的事件。

但这些不过是塞维鲁担任罗马皇帝的必然结果。罗马对基督教的官方意见是，信仰自由但不能有反罗马倾向，之所以禁止其传教，是因为基督教与罗马人的思考方式背道而驰。

犹太教徒也好，基督教徒也罢，他们不说“信奉我主可使你的灵魂安宁，请改信我教”，而是说“只有信奉我主才是正途，抛弃你信奉的邪神吧”。这与希腊、罗马容忍他人信奉自己神明的观念完全对立，并且罗马人把以朱庇特为代表的诸神视为统治多民族、多文化、多宗教的罗马帝国的纽带，可犹太教和基督教的思维对宗教的这种功用表示怀疑。塞维鲁皇帝在宗教信仰这一点上倒是比较“罗马式”，也就是说，他采取了一种宽容的态度。

东征及其后果

公元 197 年夏，塞维鲁作为唯一的胜利者返回首都，还不到两年，公元 199 年秋，他又不得不匆匆离开罗马。虽然带着妻子和两个儿子同行，但他的目的是把帕提亚王国不稳定的苗头封堵在罗马帝国之外。至少他是这么对外宣称的。

然而帕提亚方面并没有侵入过罗马境内，甚至没有证据显示在幼发拉底河附近发生过冲突。早在罗马时代就有历史学家认为，塞维鲁成为皇帝以后，尽管成功铲除了争夺帝位的对手，但是在对外作战中表现平平。现在塞维鲁需要这种战绩了。总之，这场战争并不是自身受到侵犯而展开的迎击，而是在对方发动可能的进攻之前就主动出击。尽管如此，在待遇得到改善的罗马军队中却没有人反对这种“预防战争”。或许因为只是一种预防策略，在这一年对帕提亚的战争中，帝国西方的军队并没有东移，而只是由东方军团完成了这次任务。

塞普提米乌斯·塞维鲁在帝国内部争夺帝位的过程中发挥出了卓越的才能，但即位以后在政治军事方面就乏善可陈了。这是众多历史学家的基本论断，我也持类似看法。塞维鲁的悲剧性就在于他坚信自己做的一切都是为了罗马帝国。帝位世袭是这样，提高军队待遇也是这样，这次战争还是这样。

公元 195 年，塞维鲁打败帝位竞争者之一、叙利亚总督尼戈以后，为了宣示胜利，曾攻入过支持尼戈的帕提亚王国境内。罗马军队越过了幼发拉底河，一直打到底格里斯河附近，几乎逼近了帕提亚王国的首都。当时大军刚刚战胜尼戈，士气正盛。现在塞维鲁卷土重来，帕提亚方面却没有足够的兵力去迎击罗马军队，因为其境内波斯势力高涨，帕提亚政府已经摇摇欲坠了。

早在罗马进入帝政时期的 100 多年前，与帕提亚的关系就是罗马最重要的外交问题和军事问题。按照东方人的思维方式，只有受到压力时才肯坐到谈判桌旁。而在罗马方面，苏拉、卢库鲁斯、庞培、恺撒等都贯彻“军事优先，外交在后”的方针。就连侧重外交的奥古斯都也没有改变军事优先的做法。不过，这项策略之所以能成功维持，是因为帕提亚王国是一个有着统一指挥系统的国家。

因为指挥系统明确，军事方面的成果就能在外交方面反映出来。也就是说，知道用哪些筹码和谁去讨价还价，这样更容易达成妥协。相反，在面对尚未形成国家的蛮族时，即使在战场上取胜也无法立即反映在谈判桌上。不知向谁施压，也不知和谁谈判，是罗马和由众多部族构成的蛮族集团作战时相当大的不利。

300 年来，帕提亚的确一直是罗马最大的假想敌。不过，当了 300 年的假想敌这件事本身也证明了对罗马而言，帕提亚是一个不难对付的敌人。通俗地说，就是帕提亚是很容易就能找到弱点的对手。即便是奥古斯都、提比略、尼禄、哈德良以及安敦尼·庇护等与帕提亚交过手的皇帝也都命令军团在东方坚持不懈地固守，就是因为他们可以经常找到帕提亚的破绽。尼禄虽然为进攻帕提亚做了精心准备，但因将军科尔布罗坚持自己的帕提亚政策，尼禄最后没有一意孤行。事实证明尼禄的改变是恰当的，从此罗马和帕提亚之间维持了半个世纪的和平。

此外我已经讲述过好多次，就是罗马与帕提亚之间还有着与其他防线的不同之处。以安提阿、阿勒颇、大马士革、帕尔米拉为代表的帝国东方城市是依靠与东方的贸易生存的。正因为商队能安全自由地在延展到幼发拉底河岸的叙利亚沙漠里往来，帝国东方的经济才得以发展。相比于让强盗般的沙漠暴民横行，不如使帕提亚维持存在更方便。

根据常年的较量可知，无论是罗马还是帕提亚，两个国家的军事力量都可以进攻对方，却不足以长期占领。由于这种共同点以及其他诸多因素，罗马和帕提亚都成了善于寻找对方破绽的高手。

而现在帕提亚受到波斯势力的威胁，整个国家到了生死存亡的危急关头。而新兴势力往往不按常理出牌，所以叙利亚总督尼戈的政策完全是正确的，即罗马绝不采取任何使帕提亚走向衰败的行动。然而和尼戈相反，塞维鲁分别在公元195年和199年两次采取行动。当年马可·奥勒留当政时期的帕提亚战争，是为了迎击帕提亚方面的挑衅行为，而塞维鲁的远征却不是应对挑衅，因为帕提亚王国已经没有那个力量了。

当波斯的萨珊王朝取代帕提亚王国的时候，已经是塞维鲁死后15年的事了。虽不是本意，但塞维鲁的确为帕提亚内部的新兴势力助了一臂之力。

帕提亚是绝对君主专制的国家，其生命力可能会比罗马短暂。然而，罗马在进入公元3世纪以后，也出现了历史学家所谓的“3世纪危机”。这也是关系到国家存亡的危急时刻，正是这一时期，罗马开始面对崛起中的敌人波斯萨珊王朝。在这个问题上，罗马自身的确也有部分责任。对罗马而言，被萨珊王朝支配的东方再也不是假想敌，而是真正的敌人了。

既然帕提亚王国已经这般窘迫，皇帝塞维鲁的远征也就当然如同探囊取物。罗马军队一直攻到底格里斯河畔，将底格里斯河与幼发拉底河之间广阔的美索不达米亚地区划为罗马的行省，然后班师西去。对于这场战争，随军同行的卡拉卡拉似乎比父亲塞维鲁还要自豪。

尽管树立了新的敌人，但胜利就是胜利。塞维鲁在呈送给元老院的报告中，要求后者允许修建凯旋门。皇帝的要求，尤其是来自塞维鲁的意见，元老院只有唯命是从。但值得强调的是，不管是元老院还是平民，都为皇帝的捷报而兴奋不已，凯旋门的建设计划也在一片欢呼声中获得通过。

不管对谁来讲，为胜利感到喜悦都是很自然的反应。可正因为如

塞维鲁凯旋门

此，统治者的责任就是考虑胜利可能带来的后果。以往凯旋的将军都是驾着四马战车通过“神圣大道”前往卡匹托尔山的朱庇特神殿。这次甚至等不及塞维鲁归国，人们就开始在“神圣大道”前方着手兴建凯旋门。自从图密善建造胜利纪念柱以来，罗马广场的中央已经有一个世纪不曾兴建新的建筑了，而凯旋门也一直存留到了今天。

在埃及短暂停留之后，公元 202 年春，塞维鲁带着妻子和两个孩子回到了罗马。两个孩子也亲身参与了盛大的凯旋仪式。雄伟壮观的队伍通过竣工不久的凯旋门，登上卡匹托尔山。据说队列的前排到山顶的时候，队列的末尾才刚刚进入罗马广场。毫无疑问，对 56 岁的塞维鲁而言，这是人生最荣耀的时刻。

不久以后，尚且 14 岁却已举行过成人礼的卡拉卡拉又举行了结婚仪式。新娘的父亲是近卫军团长官、皇帝不在首都时耀武扬威的普劳提亚努斯。这个人也来自北非，与塞维鲁同辈，二人过从甚密。塞维鲁让他和次子盖塔一起就任第二年即公元 203 年的执政官，而盖塔到公元 203 年时才刚满 14 岁。

总之，在最高统治者塞维鲁身边，北非出身的人是越来越多。虽然图拉真、哈德良以及马可·奥勒留都是以起用行省人而闻名的皇帝，可是得到重用的人才都来自帝国各地，而不是只偏重于皇帝的同乡。

光耀门楣

从公元 202 年开始到 208 年的 7 年里，皇帝塞维鲁一直留在意大利本土。不过，从公元 204 年开始的 5 年间，他经常到自己出生的故乡莱波蒂斯玛尼（大莱普提斯）小住。从罗马的外港奥斯提亚出发向南，首先在左舷望着西西里岛西端，然后在左舷望着马耳他岛一路航行即可到达。

大莱普提斯是濒临地中海的港口，自古以来就是商业繁荣的地方。尤其在哈德良皇帝视察过后，城市的功能飞速提高。不过，在塞维鲁看来，这些仍旧不够。依照他的指示进行了大规模的改扩建工程，大莱普提斯的面貌为之一变。从保存至今的遗迹中，我们仍能想象出这座被誉为“地中海珍珠”的港口城市当初的繁华景象。可以说，这是塞维鲁在装点门楣，其他任何一位罗马皇帝都不曾这样

大莱普提斯的希腊剧院遗迹

做过。

我们和西班牙的意大利卡比较一下就一目了然。意大利卡出过图拉真和哈德良两位强势有为的皇帝，然而当我们眺望这座城市时肯定会感到意外，因为这里和罗马帝国境内的其他城市毫无二致。历史遗迹虽然也有，但多数都是两位皇帝死后，当地出于宣传而修建的。就算加上这些后修的古迹，意大利卡也赶不上同为地方小城市的庞贝。

图拉真也好，哈德良也好，成为皇帝以后，都不曾回过故乡。他们并非忘了故土，而是他们认为，自己既然是整个国家的皇帝，那就不能只对故乡一地施予特殊照顾。

反倒是一些元老院元老，甚至一些事业有成的解放奴隶，喜欢捐赠公共建筑，或者出资维修家乡的道路，将其作为光宗耀祖的义举。其实如果没有这些个人的捐赠行为，很多著名的罗马公共设施甚至无法出现。用今天的话来说，这种行为叫“位高责重”，罗马人认为，因为社会提供了机会而获得利益的成功人士应该回馈社会。为表彰这种慈善行为，人们会在受到捐赠的项目上冠以捐赠者的名字。比如“尤里乌斯会堂”“图拉真大浴场”等。

假如塞维鲁得知人们不满他这种装点门楣的行为，他大概会反驳说，自己已经主持铺设了塞维利亚大道，并且自己下令开工的大浴场，竣工时采用的是已成皇帝的卡拉卡拉的名字，所以自己已经充分履行了罗马皇帝的职责。

这话不无道理，可连奥古斯都都没有改造过自己的故乡韦莱特里（Velletri）小镇。尽管是开国皇帝的出生地，但韦莱特里始终是阿庇亚大道旁的一个小镇。韦斯帕芗和提图斯虽然喜欢经常回故乡列阿特（今瑞耶提），但列阿特和其他地方城市也没有丝毫不同。有些事情即便元老院元老或其他成功人士能够无所谓，可是到了皇帝这里反而有所顾忌了。

也可以说这是一种矜持，看来罗马的这种感觉已经日渐迟钝。在希腊历史学家卡西乌斯·狄奥看来，塞普提米乌斯·塞维鲁人生的顶点是在登基时刻，后来就开始逐渐下滑，最后沦为一位“非罗马式”的皇帝。卡西乌斯·狄奥出生于小亚细亚，坚信自己是罗马的一分子，他不仅是元老院元老，而且还身为前线上的行省的总督。可能是距离塞维鲁比较近，因而他得出这种观感。掌握着权力的人其实远没有我们想象的那样自由，但正因为他们能够忍耐这种“不自由”，人们才愿意把权力托付给他。

皇帝塞维鲁的权力基础已经无比稳固。帕提亚已经苟延残喘，多瑙河防线仍旧保持着相持状态，元老院对皇帝的意愿除了赞同就是沉默，首都罗马的平民也都满足于饮食和娱乐。虽然针对军团的优待政策和无谓的帕提亚战争使国家财政出现了本质性的恶化，银币中的银含量也在慢慢减少，但在供应充足、熙熙攘攘的市场上，几乎没有人注意到这一点。不过，塞维鲁充分享受着的权力已经从他身边开始崩溃。

首先，公元205年，皇位的第一继承人卡拉卡拉和近卫军团长官普劳提亚努斯的矛盾公开化了。这位长官是皇帝塞维鲁的同乡好友，手握1万名近卫军重兵，为人傲慢专横，自然引起倔强好胜的卡拉卡拉的排斥。或许，与妻子普劳提拉之间的感情淡漠也加深了他对岳父的反感。面对儿子与亲信之间的冲突，皇帝塞维鲁左右为难，皇后尤利亚·多姆娜也同样束手无策，因为在这场冲突里还牵扯到了第三者。

他就是比卡拉卡拉小1岁的弟弟盖塔。如果两兄弟因四马战车比赛而意见相左的话倒还没什么，然而一旦触及帝位，事情就不仅仅是

卡拉卡拉

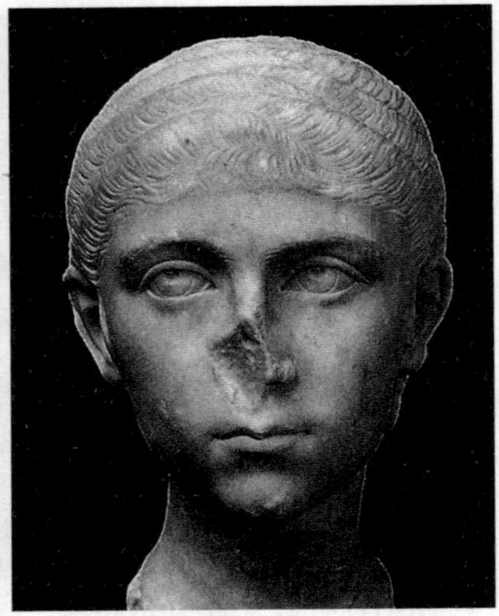

普劳提拉

兄弟间的不和了。兄弟二人年少时经常和父母一起出现在全家福雕像上，不过现在看来，所谓的全家福只是其父母的一厢情愿罢了。

公元 205 年的 1 月 1 日，在父亲塞维鲁的安排下，17 岁的卡拉卡拉和 16 岁的盖塔一起就任了执政官。然而，兄弟不睦的解决办法似乎也仅此而已。

1 月 22 日，不知普劳提亚努斯的什么话一下子点燃了卡拉卡拉的怒火。17 岁的下任皇帝在父亲面前拔出腰间的佩剑，杀死了普劳提亚努斯。接下来的第二天，在元老院举行的会议上，卡拉卡拉行使执政官首先发言的权力，毫不留情地指责近卫军团长官普劳提亚努斯企图谋害皇帝一家然后自己取而代之，因此死有余辜。同为执政官列席会议的盖塔自始至终没有发言。最后，元老院元老们只好用沉默认可了卡拉卡拉对近卫军团长官的女儿普劳提拉及其弟弟的流放决定。

具体的流放地点是西西里岛附近的利帕里岛。以往皇族的流放地，或者说隔离地，都在蓬扎岛或文托特内岛，这两座岛屿距离那不勒斯都很近，岛上从罗马式的蓄水池到鱼池都很完备，可是利帕里岛却是火山岛，仅有一个小渔村。普劳提拉和弟弟被流放到这里，6 年以后，卡拉卡拉即位，两人被新皇帝派来的士兵杀死了。

兄弟间的不和一直持续着，没有任何改善，两年过去了。塞维鲁虽然不是毫无作为，但此时推行的政策基本上都不过是既往方针的延续而已。尽管塞维鲁以自己身体强健而自豪，但毕竟已年过六旬。正如壮年期身体健硕的人常常遇到的那样，他也难逃痛风的折磨。虽然罗马人的主要食物是鱼类、谷物、蔬菜和乳酪，但塞维鲁可能是肉类等动物性蛋白质摄取过量。随着年龄的增长，痛风日渐严重，但他仍旧不失以往的霸气。好像要重塑病体一样，他决定远征不列颠。

不列颠

今天的英格兰和威尔士都属于罗马时代的不列颠行省。再向北就是罗马版图以外了，即罗马人称之为“喀里多尼亚”的苏格兰。在不列颠和喀里多尼亚之间，罗马人修建了哈德良长城，不再向北继续进攻了。这是因为当初占领不列颠的目的，不过是为了守卫多佛尔海峡对面的高卢。既然已经达到目的，自然也就没有继续向寒冷多雨、物产贫乏的喀里多尼亚展开进攻的积极性了。冬季游览哈德良长城的人都会认同这种做法。站在哈德良长城的城墙上向北眺望，阴沉沉的天空里是厚重的云层，下面则是一望无际的萧瑟荒野。地中海沿岸的人恐怕都不会对这蛮荒之地感兴趣吧？然而在古代，这片荒原的对面则是凶悍好斗的喀里多尼亚民族。

罗马人并没有把喀里多尼亚人和居住在莱茵河与多瑙河对岸的日耳曼各蛮族等同，特别是丝毫不掩饰厌恶之情，将喀里多尼亚民族中的一支命名为“布里坎提斯”，拉丁语意为“盗贼”。可笑的是，英语也采用了指代自身某一部族的这个词作为“brigand”的词源。也就是说，部分喀里多尼亚人，尤其是接近罗马领地的居民，为了从荒野上的贫困生活中解脱，专以盗抢为生。因为不管怎么说，哈德良长城以南就是遍布着城镇的肥沃土地。

皇帝塞维鲁之所以远征不列颠，是因为有一件事令他很生气。“布里坎提斯”们将一大批物资连同押运的军团兵一并劫掠而去，当时的不列颠总督无奈之下，只好用金钱赎回了人马。堂堂的罗马总督竟然屈从于盗贼的恐吓，这岂能置之不理？

历史学家塔西佗的岳父阿格里科拉将军在图密善时代曾经试图征服整个喀里多尼亚，现在塞维鲁认为，要想彻底改变现状，就应该把前人未竟的事业进行到底。只要苏格兰还处于罗马的管辖范围之外，盗贼的横行和喀里多尼亚人的南下就不会止息。就这样，塞维鲁把公元 208 年都耗费在战争准备上了。

第二年，即公元 209 年，塞维鲁等到了春天，于是和皇后及两个儿子离开了罗马。正式的作战应该是在公元 210 年春开始的。既然要征服整个苏格兰，罗马军队一开始就积极出击。他们越过了哈德良长城，向苏格兰腹地挺进，前卫部队甚至一直深入了苏格兰高地的山岳地带。

不过，率领士兵打前锋的却是年轻的卡拉卡拉。深知兄弟不睦的父亲有意识地将盖塔留在后方的伦底纽姆，任命他为不列颠行省的总督。而塞维鲁本人，天不遂人愿，已经无法冲锋陷阵了。

他的身体已经不能服从意志了，不但不能骑马，连马车的颠簸都难以忍受。战争的第一年，他尚能乘轿接近身战场观战，到了第二年，即公元210年，连乘轿都不行了。最后塞维鲁只好在最接近前线的埃布拉库姆（今约克）军团基地里一动不动。

滞留在约克的皇帝一直心情忧郁，然而病痛的折磨还在其次。要想征服喀里多尼亚全境，除了缜密的计划，还需要过人的果敢，但是，这副重担对22岁的卡拉卡拉而言有些勉强。显然，除年龄原因之外，更重要的是军事才能问题。塞维鲁当然也注意到了这一点。因此说，真正折磨64岁的皇帝的，不仅是病痛，更是现实。面对丈夫的苦恼，任凭皇后尤利亚·多姆娜有多么高深的教养，到这时也都无济于事了。

逝世

转过年来的公元211年2月4日，皇帝塞普提米乌斯·塞维鲁在约克停止了呼吸。驰骋疆场的卡拉卡拉、接到病危消息稍早赶到的盖塔、始终紧紧追随丈夫的妻子尤利亚·多姆娜，以及不列颠战争中的主要将领们都见证了他生命的最后一刻。再有两个月他就65岁了，在位18年，安静地死去后就万事皆空了。据历史学家卡西乌斯·狄奥记载，塞维鲁在气息奄奄的时候对卡拉卡拉和盖塔两兄弟说了下面这样的话：

> 统治国家时，兄弟之间要和睦，互相为对方着想。不要忘记优待士兵，这是最应该优先的事情。

然后塞维鲁又像是自言自语，接着说道：

我做到了一切。做过元老院元老，做过律师，也做过执政官，还做过大队长，做过将军，然后做到了皇帝。也就是说，我经历了一个国家的所有要职，并且我认为自己勤勉称职。

可是现在回过头看，好像一切都是徒劳啊……

罗马的史学家知道卡拉卡拉和盖塔之间关系的发展，于是对皇帝塞维鲁最后的遗言做了解释，认为他当时已经预感到了自己创立的皇统行将结束，因而发出感叹。而后世的历史学家则了解罗马帝国的整个衰亡过程，于是认定塞维鲁在人生的最后终于明白日暮途穷的罗马已经不可挽回了。或许这两种解释都有道理吧。不过我因另一件事对这位皇帝心生同情。

了解北英格兰严冬的人如果也去过北非这个季节的大莱普提斯，我想他肯定也会同意我的观点。

铅灰色的天空下阴雨连绵，只要没有特殊需要大家都不会外出，焕发生气的只有那些常绿树木和青草。可是，在塞维鲁的出生地大莱普提斯，即便在冬天也是阳光普照，光影分明，极目远眺，蔚蓝的地中海风景如画，一望无边。

在纪念柱矗立的大厅或回廊下，斜披托加长袍的男人们在高谈阔论。不远处的广场上，出来购物的女人们身上的各色长衣，花团锦簇。而身穿麻色短衣应对客人的，则是无处不在的商人。还有跑来跑去给店主帮忙的奴隶，如果仅从短衣上看，他们与平民阶层的罗马公民并无区别，然而脖子上皮绳吊挂的铜牌却表明了他们的身份，还有他们的肤色也多种多样。广场一角的私塾里，吵吵嚷嚷的孩子们与奴隶一样也是短衣打扮，脸和手脚都晒得黝黑。

塞维鲁一边回忆着故乡温暖的太阳，一边在阴冷潮湿的北英格兰等待死神把自己带走。纵然不为两个儿子以及帝国的将来而苦恼，这种气候的差异就足以令人备感忧郁了。马可·奥勒留在人生的最后，面对着维也纳冬季的萧瑟，写下了“我热爱绿影婆娑的西里欧山，我热爱罗马”的语句。现在已经到了连罗马皇帝都要死在前线的时代了。尽管后来皇帝殁于前线的事例越来越多，但在这一点上，塞维鲁的确是马可·奥勒留之后的第一人。

两位皇帝死后发生的事情也很相似。父亲塞维鲁死后，23 岁的卡拉卡拉成了新皇帝，很快就和喀里多尼亚人缔结了和约。然后以护送先帝骨灰为名，返回罗马。全面征服苏格兰的计划从此不了了之。

果不出所料，塞维鲁死后仅一年，即公元 212 年 2 月 12 日，帕拉蒂尼山上的皇宫里发生了惨剧。卡拉卡拉不顾母亲在场，拔剑刺向弟弟盖塔。年仅 22 岁的盖塔最终死在了母亲的怀里，鲜血浸透了母亲的衣衫。

卡拉卡拉随后下达命令，将罗马所有“全家福”雕像中弟弟的形象尽数除去。后来，这一命令被严格执行。

马可·奥勒留之后是姐弟之争，而在塞维鲁之后则是兄弟相残。马可和塞维鲁一直致力于打造甜蜜和谐的大家庭，但最后的结局完全一致，都酿成了家庭悲剧。无论是《沉思录》的结语还是塞维鲁的遗言，如果说其中散发出的人生感伤，哲学家皇帝和军人皇帝并没有什么不同。马可·奥勒留也曾写过，人难免一死，皇帝和奴隶都一样。

罗马从前的领导者都怀有强烈的责任感，他们认为人固然都有一死，但每个人生前都是不一样的。然而，那样的时代已经成为过去。

塞维鲁一家的肖像
（左下方盖塔的面部后来被卡拉卡拉削去了）

以责任感作为人生支柱的人以后仍会出现，不过由他们主导的时代的确一去不复返了。

此后的罗马帝国进入了历史学家所谓的“3 世纪危机”。据说“鱼是从头部开始腐烂的”，其实罗马帝国也是如此。

大事年表

年份（公元）	罗马帝国			其他地方
	意大利本土	西方行省	东方行省	
121	4月26日，马可·阿尼乌斯·维鲁斯（日后的马可·奥勒留）生于西里欧山	哈德良皇帝前往不列颠，下令修建“哈德良长城”（122）		日本弥生时代
126	柏提那克斯于意大利北部的热那亚生于解放奴隶之家			
127	马可名列骑士阶级			
128	马可成为“Salius Palatinus”（战神马尔斯的祭祀会）成员			
130	12月，路奇乌斯·维鲁斯出生		耶路撒冷爆发犹太教徒叛乱事件（131—134）	中国东汉的张衡制作浑天仪与候风地动仪
133	狄第乌斯·尤利安出生于米兰社会上层人士家中			
136	哈德良皇帝任命路奇乌斯的父亲凯奥尼乌斯·康茂德为继承人。凯奥尼乌斯更名为埃里乌斯·恺撒。马可与凯奥尼乌斯的女儿凯奥尼娜订婚。马可被任命为拉丁节期间的罗马“特别长官”			
138	元旦，埃里乌斯·恺撒殁。2月25日，哈德良指名安敦尼为继承人。应哈德良的要求，安敦尼收马可与路奇乌斯为养子。哈德良聘任弗龙托为马可的教师。7月10日，哈德良离世，享年62岁。**安敦尼登基**。安敦尼将女儿芙斯汀娜许配给马可。为哈德良神格化问题，安敦尼与元老院意见对立。为哈德良辩护的安敦尼日后获得“庇护”的称呼。马可获选为财务监察官			

（续表）

年份（公元）	罗马帝国			其他地方
	意大利本土	西方行省	东方行省	
139	马可获颁“恺撒”称号，移居帕拉蒂尼山上的皇宫。神君哈德良陵墓竣工	不列颠原住民发动叛乱		
140	马可初次就任执政官			
142		镇压不列颠原住民叛乱。安敦尼·庇护于哈德良长城北建设安敦尼长城		
143	安敦尼·庇护聘弗龙托为路奇乌斯的老师			印度贵霜王朝的迦腻色迦一世即位
145	马可第二次就任执政官。与芙斯汀娜成婚			
146		4月11日，塞普提米乌斯·塞维鲁诞生于北非莱波蒂斯玛尼		
147	11月30日，马可的长女多米提亚出生。12月1日，安敦尼·庇护将护民官特权授予马可，并赠予芙斯汀娜“奥古斯塔”的称号			
153	路奇乌斯担任财务监察官			
154	路奇乌斯担任执政官			
161	马可与路奇乌斯担任执政官。3月6日，安敦尼·庇护于罗马近郊别墅逝世，享年75岁。**马可·奥勒留与路奇乌斯·维鲁斯即位为共治皇帝**。8月31日，马可之子康茂德出生。气候失调造成罗马饥荒，台伯河泛滥成灾。马可决定派路奇乌斯亲临叙利亚		帕提亚军入侵亚美尼亚，废黜亲罗马派的国王，将亲帕提亚的帕科鲁斯送上王位。马可命卡帕多西亚行省总督塞达狄乌斯·塞维利安努斯进攻（帕提亚战争开始）。卡帕多西亚一个军团溃败，塞维利安努斯自尽。马可任命不列颠总督斯塔提乌斯·普利斯库斯为卡帕多西亚行省总督。帕提亚军由亚美尼亚向叙利亚进军。倾向罗马的边境小国开始动摇	

（续表）

年份（公元）	罗马帝国			其他地方
	意大利本土	西方行省	东方行省	
162	夏，路奇乌斯前往东方。途中不幸病倒，长期滞留希腊，冬季才抵达安提阿			
163	马可将女儿露西拉许配给路奇乌斯		春，普利斯库斯率罗马军于亚美尼亚战线获胜。普利斯库斯攻陷亚美尼亚首都阿尔塔沙特	
164			驱逐帕科鲁斯，扶植亲罗马的索菲埃姆斯上台。路奇乌斯与露西拉于以弗所完婚。露西拉获“奥古斯塔”称号。罗马军越过幼发拉底河追击帕提亚军	
165			叙利亚驻军长官亚维狄乌斯·卡西乌斯指挥罗马军彻底击败帕提亚军队	
166	10月，马可与路奇乌斯返回罗马，举行凯旋仪式。帕提亚战争带回的瘟疫开始蔓延		帕提亚战争以罗马获胜告终	
167			日耳曼人开始入侵多瑙河防线	
168	马可与路奇乌斯离开罗马亲临多瑙河前线视察，后回到阿奎莱亚冬营地			
169	路奇乌斯离开阿奎莱亚返回罗马途中，病逝于亚尔提诺。享年39岁。马可护送路奇乌斯骨灰返回罗马并举行国葬。马可将路奇乌斯遗孀露西拉改嫁潘诺尼亚行省总督庞培亚努斯。秋，马可再度前往多瑙河		马可于远潘诺尼亚行省希尔米乌姆（今塞尔维亚的米特罗维察）越冬	
170	塞普提米乌斯·塞维鲁就任财务监察官。马可的小女儿萨宾娜出生		近默西亚、达契亚两行省总督克劳狄乌斯·弗龙托指挥罗马军越过多瑙河，于山地落败。弗龙托阵亡，2万人被俘。其间，马科曼尼、科斯特波奇两日耳曼部族越过多瑙河入侵罗马领地。270年来防线第一次失守	

（续表）

年份（公元）	罗马帝国			其他地方
	意大利本土	西方行省	东方行省	
170			马科曼尼人袭击阿奎莱亚。科斯特波奇人入侵希腊中央地带。庞培亚努斯率罗马军歼灭两部族。“Praetentura Italiae et Alpium”（意大利与阿尔卑斯防卫部队）设立。于洛尔希、雷根斯堡新设两个军团。罗马军调整多瑙河畔配置。以诺维伊（今保加利亚斯维西托弗）为基地的第一意大利军团向上游转移100公里，到伊斯克尔驻防。特罗埃斯密斯（今罗马尼亚伊古利茨）为基地的第五玛肯多尼加军团转移到达契亚行省的博泰莎（今罗马尼亚图尔达）	
171		毛里塔尼亚人之一部越过直布罗陀海峡入侵伊比利亚半岛，占据贝提卡行省一带。罗马派遣奥菲狄乌斯·维克托利努斯驱逐	马库斯驻军卡农图姆与日耳曼库瓦迪人和谈	
172	元老院授予马可与康茂德“日耳曼尼库斯”的称号		第一次日耳曼战争开始。罗马由维也纳与贝尔格莱德渡过多瑙河进军。与马科曼尼人初期作战失利，近卫军团长官维狄克斯阵亡。与罗马言和的库瓦迪人再次回到日耳曼阵营。苦战后击垮库瓦迪人。年底罗马击败马科曼尼人。埃及发生暴动。命叙利亚行省总督亚维狄乌斯·卡西乌斯为东方全区总司令，率两军团镇压。亚美尼亚发生政变，卡帕多西亚总督马尔提乌斯·维尔斯通过外交途径加以解决	印度此时贵霜王朝的胡维什卡一世即位

（续表）

年份（公元）	罗马帝国			其他地方
	意大利本土	西方行省	东方行省	
173			继续日耳曼战争。罗马军策略由大会战改为各个击破策略并获得成功。骑兵团团长瓦莱利乌斯·马克西米亚努斯与纳利斯提部落酋长决斗获胜。与马科曼尼、库瓦迪、雅兹盖斯等部族和谈。冬，由芙斯汀娜、露西拉陪伴，马可前往多瑙河畔希尔米乌姆基地	
174	柏提那克斯就任候补执政官		受萨尔马提亚人压力，雅兹盖斯人再度南下与罗马发生冲突（萨尔马提亚战争）。罗马于优势下与雅兹盖斯人和谈	
175	卡西乌斯叛乱，元老院宣判其为“国家公敌”	西方行省各军团一致支持马可	尼戈被任命为埃及军团长官。4月，叙利亚总督卡西乌斯误信马可死去的消息，起兵称帝。卡帕多西亚总督维尔斯拒绝卡西乌斯引诱，派人报告给多瑙河前线的马可。马可与交战中的萨尔马提亚人和谈。马可将康茂德召往多瑙河前线。7月7日，康茂德举行成人礼，获“预备第一公民”称号，相当于“皇太子”。卡西乌斯被部下所杀，维尔斯迅速进入叙利亚接管支持卡西乌斯的军团。马可将前线交给庞培亚努斯处理，带康茂德、芙斯汀娜前往东方。冬，路过安卡拉到赫拉拉时，芙斯汀娜病逝（享年45岁）。赫拉拉更名为芙斯汀娜堡，建纪念神殿	
176	亚尔比努斯获选执政官。塞维鲁获选护民官。11月27日，马可于罗马举办凯旋仪式		马可经埃及进入安提阿，宽容处置叛乱人员。任命维尔斯为叙利亚总督。经由小亚细亚、希腊后返回罗马。柏提那克斯获任近默西亚行省总督	

（续表）

年份（公元）	罗马帝国			其他地方
	意大利本土	西方行省	东方行省	
177	康茂德出任执政官。**马可将康茂德列为共治皇帝**	高卢部族长会议在里昂公开处死基督教徒		
178	康茂德与克丽丝庇娜成婚。马可与康茂德再度前往多瑙河前线		罗马计划于多瑙河北岸建立新行省，但与日耳曼诸部族作战受挫。第二次日耳曼战争开始。约此时，柏提那克斯获派叙利亚总督	
179			罗马军击溃马科曼尼、库瓦迪、雅兹盖斯各部族。骑兵团长马克西米亚努斯进军多瑙河北方 120 公里处。执政官尤里乌斯·维鲁斯阵亡	
180	佩雷尼斯获任近卫军团长官。塞维鲁受命为叙利亚行省军团长。10 月，康茂德回到首都		马可于维也纳冬季营地离世，享年 58 岁，**康茂德成为唯一皇帝**。康茂德决定结束战争，与日耳曼诸部族和谈	
182	康茂德的姐姐露西拉暗杀康茂德未遂，遭流放卡普里岛，不久遇害。近卫军团长官帕提鲁诺以暗杀康茂德嫌疑遭解任，不久遇害。至翌年为止，另有 8 名元老院元老遭清洗。佩雷尼斯掌握帝国统治实权			
183		于北非毛里塔尼亚地方加强防线（公元 185 年再次强化防线）		
184		不列颠一个军团迎击由北入侵的喀里多尼亚人失败，军团长阵亡。佩雷尼斯由莱茵河防线急调马萨鲁斯前往，成功雪耻		中国黄巾起义爆发

（续表）

年份（公元）	罗马帝国			其他地方
	意大利本土	西方行省	东方行省	
185	佩雷尼斯遭康茂德侍臣库雷安德罗斯谋害。库雷安德罗斯成为近卫军团长官并掌握实权	元旦，驻不列颠行省卡莱奥恩基地军团拒绝向康茂德效忠，推军团长为皇帝。佩雷尼斯派遣柏提那克斯成功说服		
187	康茂德以谋害皇帝罪处死亲属马梅尔提努斯、布鲁斯。柏提那克斯受命为首都长官	塞维鲁受命为卢格登高卢行省总督。此时，塞维鲁与叙利亚祭司的女儿尤利亚·多姆娜成婚		
188		4月4日，卡拉卡拉出生于里昂		
189	库雷安德罗斯遭示威平民杀死。其后由康茂德情妇马尔奇亚、侍臣艾克雷科图斯、近卫军团长官雷特掌握实权	3月7日，盖塔出生于米兰		
190	塞维鲁就任候补执政官		尼戈被任命为叙利亚总督	
191		亚尔比努斯任不列颠总督	塞维鲁任近潘诺尼亚总督	
192	柏提那克斯与康茂德共同就任执政官。康茂德于斗兽场斩杀鸵鸟。12月31日，康茂德被情妇马尔奇亚、侍臣艾克雷科图斯、摔跤教练纳尔奇索斯三人暗杀，享年31岁			中国曹操起兵
193	**元旦，柏提那克斯登基，获元老院承认**。元老院决定判处康茂德“记录抹杀刑”。3月28日，柏提那克斯遭雷特率领的近卫军刺杀，享年66岁。**前阿非利加行省总督狄第乌斯·尤利安获元老院承认登基**	4月中旬，不列颠行省总督克劳狄乌斯·亚尔比努斯受麾下军团兵推举称帝，前往里昂	4月9日，近潘诺尼亚行省总督塞普提米乌斯·塞维鲁受军团兵推举起兵称帝。叙利亚行省总督培辛尼乌斯·尼戈受军团兵推举起兵称帝	

（续表）

年份（公元）	罗马帝国			其他地方
	意大利本土	西方行省	东方行省	
193	尤利安要求元老院宣判塞维鲁为“国家公敌”。6月1日，尤利安遭近卫军杀害，享年60岁。元老院取消塞维鲁“国家公敌”的宣判，并请求其登基。塞维鲁进入罗马，命近卫军团解散。**元老院承认塞维鲁与亚尔比努斯登基为共治皇帝**。塞维鲁为征讨尼戈向东行军	塞维鲁向亚尔比努斯赠送“恺撒”称号，相约为共治皇帝。亚尔比努斯驻留里昂	5月，塞维鲁率军团南下，前往首都。尼戈于培林托斯迎击塞维鲁，获胜	
194			1月，尼戈于小亚细亚尼凯亚附近的平原迎击塞维鲁，失败。东方行省各军团多数投向塞维鲁阵营。10月，塞维鲁于伊索斯平原战胜尼戈。尼戈逃亡时被追兵杀死	
195			塞维鲁攻击支持尼戈的帕提亚王国。塞维鲁重新部署东方防御体系	
196			夏，塞维鲁离开安提阿前往多瑙河防线，并西行	中国曹操挟帝迁都许昌
197	6月，塞维鲁回首都。元老院应其要求撤销康茂德的“记录抹杀刑”。塞维鲁以亚尔比努斯派名义肃清26名元老院元老	2月19日，塞维鲁于里昂近郊同亚尔比努斯决战，后者战败自杀。**塞维鲁成为唯一皇帝**		
199	秋，塞维鲁带妻子尤利亚与两个儿子卡拉卡拉、盖塔离开首都。塞维鲁凯旋门于罗马广场开工		塞维鲁远征帕提亚，将美索不达米亚地区行省化	
201	塞维鲁开始铺设由奥斯提亚通往泰拉奇纳的塞维利亚大道			

（续表）

年份（公元）	罗马帝国			其他地方
	意大利本土	西方行省	东方行省	
202	卡拉卡拉就任执政官。春，塞维鲁一家回到罗马，举行凯旋仪式。卡拉卡拉与近卫军团长官普劳提亚努斯的女儿普劳提拉成婚			
204	盖塔就任执政官		塞维鲁在故乡莱波蒂斯玛尼小住（—205），大兴土木	
205	卡拉卡拉与盖塔共同担任执政官。卡拉卡拉、盖塔、普劳提亚努斯三人冲突公开化。1月22日，普劳提亚努斯遭卡拉卡拉杀害。卡拉卡拉将妻子普劳提拉流放西西里岛附近的利帕里岛			中国诸葛亮辅佐刘备（207）刘备、孙权击破曹操军（赤壁之战，208）
209	塞维鲁带妻子与两个儿子远征不列颠	春，罗马军于不列颠越过哈德良长城向北进攻		
210		塞维鲁在约克病倒		
211	普劳提拉在利帕里岛上遭卡拉卡拉派遣的士兵杀害		2月4日，塞普提米乌斯·塞维鲁在约克离世，享年64岁。**卡拉卡拉与盖塔登基**。卡拉卡拉与喀里多尼亚人和谈后回到罗马	
212	2月12日，卡拉卡拉于帕拉蒂尼山的皇宫中杀死了盖塔			

参考文献

一、原始资料

Cassius Dio "Historiae Romanae"
Cornelius Fronto "Epistulae"
Fasti Ostienses (Inscriptiones Italiae)

二、后世的研究著作

AFRICA, T.W., *The opium addiction of Marcus Aurelius*, 《Journal of the History of Ideas (JHI)》22, 1961.

ALFÖLDY, G., *Fasti Hispanienses. Senatorische Reichesbeamte und Offiziere in den spanischen Provinzen des römischen Reiches von Augustus bis Diockletian*, Wiesbaden, 1969; *Der Friedenschluss des Kaisers Commodus mit den Germanen*, 《Historia》20, 1971; *Herodian über den Tod Mark Aurel's*, 《Latomus》 32, 1973; *P. Helvius Pertinax und M. Valerius Maximianus*, 《Situla》14/15, Ljubljana, 1974; *Konsulat und Senatorenstand unter den Antoninen. Prosopographische Untersuchungen zur senatorischen Führungsschicht*, Bonn, 1977; *Bellum Mauricum*, 《Chiron》15, 1985.

ALFÖLDY, G. & HALFMANN, H., *Iunius Maximus und die Victoria Parthica*, 《Zeitschrift für Papyrologie und Epigraphik (ZPE)》35, 1979.

AMELING. W., *Herodes Atticus. I. Biographie. II. Inschriftenkatalog*, Subsidia Epigraphica 11, Hildesheim, 1983.

ANDREOTTI, R., *Commodo*, Roma, 1942.

ASTARITA, M.L., *Avidio Cassio*, Roma, 1983.

AURIGEMMA, S., *Villa Adriana*, Roma, 1961.

BANNERT, H., *Der Tod des Kaisers Marcus, Latinität und alte Kirche. Festschrift R. Hanslik*, 《Wiener Studien (WS)》Beih. 8, Vienna, 1977.

BARNES, T.D., *Hadrian and Lucius Verus*, 《Journal of Roman Studies (JRS)》 57, 1967; *A note on Polycarp*, 《Journal of Theological Studies (JTS)》18, 1967; *Legislation against the Christians*, 《JRS》58, 1968; *Pre-Decian Acta Martyrum*, 《JTS》19, 1968; *The chronology of Montanism*, 《JTS》21, 1970; *The embassy of Athenagoras*, 《JTS》26, 1975; *The Sources of the Historia Augusta*, Collection Latomus 155, Brussels, 1978; *Eusebius and the date of the martyrdoms*, Les martyrs de Lyon, 1978; *Constantine and Eusebius*, Cambridge (Mass.) & London, 1981.

BARTA, G., *Lucius Verus and the Marcomannic Wars*, 〈Acta Classica Universitatis Scientiarum Debreceniensis (ACD)〉 7, 1971.

BÉRANGER, J., *L'hérédité du Principat*, 〈Revue des Études Latines (REL)〉 17, 1939.

BIRLEY, A.R., *Two names in the Historia Augusta*, 〈Historia〉 15, 1966; *The invasion of Italy in the reign of Marcus Aurelius*, Provincialia. Festschrift R. Laur-Belart, Basel, 1968; *Some teachers of Marcus Aurelius*, 〈Historia-Augusta-Colloquium (HAC)〉 1966/67, 1968; *Septimius Severus the African Emperor*, London, 1971; *Roman frontier policy under Marcus Aurelius*, 〈Roman Frontier Studies〉 1967, Tel Aviv, 1971; *Roman frontiers and Roman frontier policy: some reflections on Roman imperialism*, 〈Transaction of the Architectural & Archaeological Society of Durham & Northumberland〉 3, 1974; *Die Aussen- und Grenzpolitik unter der Regierung Marc Aurels*, *Marc Aurel* (ed. by R. Klein), 1979; *The Fasti of Roman Britain*, Oxford, 1981.

BIRLEY, E., *The Brigantian Problem, and The First Roman Contact with Scotland*, London, 1952; *A note on Cornelius Repentinus*, 〈HAC〉 1982/83, 1985.

BLOCH, R., *The Origins of Rome*, 1960.

BÖHME, H.W., *Archäologische Zeugnisse zur Geschichte der Markomannenkriege*, 〈Jahrbuch des Römisch-Germanischen Zentralmuseums Mainz〉 22, 1975.

BOL, R., *Das Statuenprogramm des Herodes-Atticus-Nymphäums*, Olympische Forschungen 15, Berlin, 1984.

BOWERSOCK, G.W., *Greek Sophists in the Roman Empire*, Oxford, 1969.

BOWMAN, A.K., *A letter of Avidius Cassius?* 〈JRS〉 60, 1970.

BRUNT, P.A., *Marcus Aurelius in his Meditations*, 〈JRS〉 64, 1974; *Marcus Aurelius and the Christians*, Studies in Latin Literature and Roman History I, Collection Latomus 164 (ed. by C. Deroux), Brussels, 1979.

CALDERINI, A., *Settimio Severo*, Roma, 1942; *La donne dei Severi*, Roma, 1945.

CANTARELLI, L., *La famiglia e il Cursus honorum dell'imperatore Didio Giuliano*, Roma, 1884.

CAPRINO, C., *La colonna di Marco Aurelio*, Roma, 1955.

CARCOPINO, J., *L'hérédité dynastique chez les Antonins,* 《Revue des Études Anciennes (REA)》 51, 1949; *Encore la succession d'Hadrien,* 《REA》 67, 1965.

CARRATA THOMES, F., *Il regno di Marco Aurelio,* Torino, 1953.

CHADWICK, H., *Origenes Contra Celsum,* Cambridge, 1953.

CHAMPLIN, E., *The Chronology of Fronto,* 《JRS》 64, 1974; *Hadrian's heir,* 《ZPE》 21, 1976; *Fronto and Antonine Rome,* Cambridge (Mass.) & London, 1980; *The glass ball game,* 《ZPE》 60, 1985.

CHATELAIN, L., *Le Maroc des Romains,* Paris, 1944.

DAILLY, R. & VAN EFFENTERRE, M.H., *Le cas Marc-Aurèle: essai de psychosomatique historique,* 《REA》 56, 1954.

DALFEN, J., *Formgeschichtliche Untersuchungen zu den Selbstbetrachtungen Marc Aurels,* Monaco, 1967.

De FRANCISCI, P., *La politica imperiale di Settimio Severo,* Roma, 1937.

DEGRASSI, A., *Il confine nord-orientale dell'Italia romana,* Bern, 1954.

De REGIBUS, L., *Antonio Pio,* Roma, 1946.

DOBIÁŠ, J., *Rom und die Völker jenseits der mittleren Donau,* Corolla Memoriae E. Swoboda Dedicata, Graz & Colonia, 1966.

ECK, W., *Die Staatliche Organisation Italiens in der hohen Kaiserzeit,* Monaco, 1979; *Die Statthalter der germanischen Provinzen vom 1.-3. Jahrhundert,* Epigraphische Studien 14, Cologne & Bonn, 1985.

FARQUHARSON, A.S.L., *The Meditations of Marcus Antoninus I-II,* Oxford, 1944; *Marcus Aurelius, His Life and His World,* Oxford, 1951.

FITTSCHEN, K., *Die Bildnistypen der Faustina minor und die Fecunditas Augustae,* Göttingen, 1982.

FITZ, J., *Der markomannische-quadische Angriff gegen Aquileia und Opitergium,* 《Historia》 15, 1966; *Claudius Pompeianus, gener Marci,* 《Alba Regia》 19, 1981; *Ti. Claudius Pompeianus und die geplante Provinz Sarmatia,* Lebendige Altertumswissenschaft. Festgabe H. Vetters, Vienna, 1985.

FREND, W.H.C., *Martyrdom and Persecution in the Early Church,* 1965.

FUNAIOLI, G., *La conquista dell'individuo nel mondo antico,* Milano, 1951.

GABBA, E., *Esercito e società nella tarda repubblica romana,* Firenze, 1973.

GIBBON, E., *The History of the Decline and Fall of the Roman Empire,* 1776, (*Declino e caduta dell'impero romano,* Mondadori, Milano, 1986).

GILLIAM, J.F., *The plague under Marcus Aurelius,* 《American Journal of Philology (AJP)》82, 1961.

GNECCHI, F., *I Medaglioni Romani descritti e illustrati I-III,* Milano, 1912.

GOERLITZ, W., *Marc Aurel, Kaiser und Philosoph,* Stuttgart, 1954.

GRENADE, P., *Le réglement successoral d'Hadrien,* 《REA》52, 1950.

GROSSO, F., *La lotta politica al tempo di Commodo,* 《Mem. Accademia Scienze Torino》, Torino, 1964.

GUEY, J., *La date de la "pluie miraculeuse" (172 après J-C) et la Colonne Aurélienne,* 《MEFR》60, 1948; 61, 1949; *Encore la "pluie miraculeuse": mage et dieu,* 《Revue de Philologie》22, 1948.

HAINES, C.R., *The composition of the Thoughts of Marcus Aurelius,* 《Journal of Philology》33, 1914; *The Communings with Himself of Marcus Aurelius Antoninus Emperor of Rome,* (Loeb ed.), London & New York, 1916; *The Correspondence of Marcus Cornelius Fronto I-II,* (Loeb ed.), London & New York, 1919-20.

HALFMANN, H., *Die Senatoren aus dem östlichen Teil des Imperium Romanum bis zum Ende des 2. Jh. n. Chr.,* Hypomnemata 58, Göttingen, 1979.

HAMBERG, P.G., *Studies in Roman Imperial Art, with special reference to the State Reliefs of the Second Century,* Copenhagen & Uppsala, 1945.

HAMMOND, M., *Imperial Elements in the Formula of the Roman Emperors during the First Two and a Half Centuries of the Empire,* Roma, 1957; *The Antonine Monarchy,* Roma, 1959.

HAMPL, F., *Kaiser Marc Aurel und die Völker jenseits der Donaugrenze. Fine quellenkritische Studie,* Festschrift R. Heuberger, Innsbruck, 1960.

HASEBROECK, J., *Untersuchungen zur Geschichte des Kaisers Septimius Severus,* Heiderberg, 1921.

HOUT, M.P.J. van den, *M. Comelii Frontonis Epistulae. I., Prolegomena, text, index,* Leida, 1954.

HOWE, L.L., *The Pretorian Prefect from Commodus to Diocletian,* Chicago, 1942.

HÜTTL, W., *Antoninus Pius. I. Historisch-politische Darstellung,* Prague, 1936; *II Pomisch Reichsheamte und Offiziere unter Antoninus Pius. Antoninus Pius in den Inschriften seiner Zeit,* Prague, 1933.

JOBST, W., *11, Juni 172 n. Chr. Der Tag des Blitz- und Regenwunders im Quaden-*

lande, Sb. Akademie Wien 335, Vienna, 1978.

JONES, C.P., *A new letter of Marcus Aurelius to the Athenians*, 〈ZPE〉 8, 1971; *Aelius Aristides, EIS, BASILEA*, 〈JRS〉 62, 1972; *The EIS BASILEA again*, 〈Classical Quarterly〉 31, 1981.

KERLER, G., *Die Aussenpolitik in der Historia Augusta*, Habelts Dissertationsdrucke, Reihe Alte Geschichte 10, Bonn, 1970.

KLEIN, R. (ed.), *Marc Aurel*, Wege der Forschung 550, Darmstadt, 1979.

KORNEMANN, E., *Die unsichtbare Grenzen des römischen Kaiserreiches*, Gestaltenund Reiche, 1943.

LAMBRECHTS, P., *L'Empereur Lucius Verus: essai de réhabilitation*, 〈L'Antiquité Classique (AC)〉 3, 1934.

LANGMANN, G., *Die markomannenkriege 166/167 bis 180*, Militärhistorische Schriftenreihe 43, Vienna, 1981.

LAZZATI, G., *Gli sviluppi della letteratura sui martiri*, 1956.

LEVI, A., *Storia della filosofia romana*, Firenze, 1949.

LITTMANN, R.J. & M.L., *Galen and the Antonine plague*, 〈AJP〉 94, 1973.

LUGLI, G., *Roma. I Monumenti Antichi III*, 1938.

MACCHIORO, V., *L'impero romano all'età dei Severi*, Roma, 1905.

MAGIE, D., *Roman Rule in Asia Minor I-II*, Princeton, 1950.

MANN, J.C., *The raising of new legions under the principate*, 〈Hermes〉 91, 1963.

MANNI, E., *La lotta di Settimio Severo per la conquista del potere*, Roma, 1947.

MARQUARDT, J., *Das Privatleben der Römer*, 1886 & 1964.

MARTINAZZOLI, F., *La successo di Marco Aurelio*, Bari, 1951.

Martyrs de Lyon, Les, 〈Colloques Internationaux du Centre National de la Recherche Scientifique〉 575, Paris, 1978.

MATTINGLY. H., *Coins of the Roman Emperor in the British Museum*, London, 1940.

MAZZARINO, S., *La fine del mondo antico*, Milano, 1988.

McDOWELL, R.H., *Coins from Seleucia on the Tigris*, 1935.

MILLAR, F., *A Study of Cassius Dio*, Oxford, 1964; *The Emperor in the Roman World 31BC-AD337*, London, 1977.

MÓCSY, A., *Das Gerücht von neuen Donauprovinzen unter Marcus Aurelius*, 〈ACD〉 7, 1971; *Pannonia and Upper Moesia*, London, 1974.

MORRIS, J., *The dating of the Column of Marcus Aurelius*, 《J. Warburg and Courtald Institutes》 15, 1952.

MUSURILLO, H., *The Acts of the Christian Martyrs*, Oxford, 1972.

NESSELHAUF, H., *Hadrians Reskript and Minicius Fundanus*, 《Hermes》 104, 1976.

NOYEN, P., *Divus Marcus princeps prudentissimus et iuris religiosissimus*, 《Revue Internationale des Droits de L'Antiquité》 1, 1954; *Marcus Aurelius the greatest practician of Stoicism*, 《AC》 24, 1955.

NUTTON, V., *Galen on Prognosis. Edition, Translation, and Commentary*, Corpus Medicorum Graecorum, 5.8.1, Berlin, 1979.

OLIVA, P., *Pannonia and the Onset of Crisis in the Roman Empire*, Prague, 1962.

OLIVER, J.H., *The Ruling Power. A study of the Roman empire in the second century after Christ through the Roman Oration of Aelius Aristides*, 《Transactions of the American Philosophical Association》 43, 1953; *Marcus Aurelius: Aspects of Civic and Cultural Policy*, 《Hesperia》 supp. 13, Princeton, 1970; *A New letter of Antonius Pius*, 《AJP》 79, 1958.

OLIVER, J.H. & PALMER, R.E.A., *Minutes of an Act of the Roman Senate*, 《Hesperia》 24, 1955.

OMODEO, A., *Saggi sul Cristianesimo antico*, Napoli, 1958.

PETZL, G., *T. Statilius Maximus Prokonsul von Asia*, 《Chiron》 13, 1983.

PFLAUM, H.G., *Les Procurateurs équestres sous le Haut-Empire romain*, Paris, 1950; *Les carrières procuratoriennes équestres sous le Haut-Empire romain I-III*, Paris, 1960-61; *Les gendres de Marc-Aurèle*, 《JS》, 1961; *Le réglement successoral d'Hadrien*, 《HAC》 1963, 1964; *Les sodales Antoniniani de l'époque de Marc-Aurèle*, 《Memoires prés. par divers savants à l'Acad. Des Inscr.》 15, Paris, 1966; *La valeur de la source inspiratrice de la Vita Hadriani et de la Vita Marci Antonini à la lumière des personnalités contemporaines nommément citées*, 《HAC》 1968/69, 1970.

PRICE, S.R.F., *Rituals and Power. The Romain imperial cult in Asia Minor*, Cambridge, 1984.

RIST, J.M., *Stoic Philosophy*, Cambridge, 1969; *Are you a Stoic? The case of Marcus Aurelius*, Jewish and Christian Self-Definition III: Self-Definition in the Graeco-Roman World (ed. by B.F. Meyer & E.P. Sanders), London, 1982.

ROBERTSON, S., *The Antonine Wall*, The Congress of Roman Frontier Studies, 1949.

ROMANELLI, P., *Leptis Magna*, Roma, 1925; *La colonna Antonina, Rilievi fotografici eseguiti in occasione dei lavori di protezione antiaerea*, Roma, 1942.

ROMANELLI, P. & others, *La colonna di Marco Aurelio*, Roma, 1955.

ROSSI, L., *Sull'iconografia e storiografia celebrativa di Marco Aurelio dall'epigrafe di M. Valerio Massimiano*, 〈Quaderni ticinesi di numismatica e antichità classica〉 6, 1977.

ŠAŠEL, J., *Über Umfang und Dauer der Militärzone Praetentura Italiae et Alpium zur Zeit Marc Aurels*, 〈Museum Helveticum〉 31, 1974.

SCHENKL, H., *Zum ersten Buche der Selbstbetrachtungen des Kaisers Marcus Antoninus*, 〈WS〉 34, 1912.

SCHMID, W., *Ein Inversionsphänomen und seine Bedeutung im Text der Apologie des Justin*, Forma Futuri. Studi in onore di Card. M. Pellegrino, Torino, 1975.

SCHUMACHER, L., *Prosopographische Untersuchungen zur Besetzung der vier hohen römischen Priesterkollegien im Zeitalter der Antoninen und Severer* (*96-235n. Chr.*), Mainz, 1973.

SCHWENDEMANN, J., *Der historische Wert der Vita Marci bei den Scriptores Historiae Augustae*, Heidelberg, 1923.

SORDI, M., *I "nuovi decreti" di Marco Aurelio contro i Cristiani*, 〈Studi Romani〉 9, 1961.

STANTON, G.R., *Marcus Aurelius, emperor and philosopher*, 〈Historia〉 18, 1969; *Marcus Aurelius, Lucius Verus, and Commodus: 1962-1972*, 〈Aufstieg und Niedergang der römischen Welt〉 2.2, 1975.

SWOBODA, E., *Carnuntum. Seine Geschichte und seine Denkmäler* (4th ed.), Graz & Colonia, 1964.

SYME, R., *Antonine relatives: Ceionii and Vettuleni*, 〈Athenaeum〉 35, 1957; *Tacitus I-II*, Oxford, 1958; *Pliny's less successful friends*, 〈Historia〉 9, 1960; *Hadrian the intellectual, Les Empereurs romains d'Espagne*, 〈Colloques du CNRS〉, Paris, 1965; *The Ummidii*, 〈Historia〉 17, 1968; *Roman Papers I-II*, Oxford 1979; *Ummidius Quadratus, capax imperii*, 〈Harvard Studies in Classical Philology〉 83, 1979; *The proconsuls of Asia under Antoninus Pius*, 〈ZPE〉

51, 1983; *Roman Papers III*, Oxford, 1984; *P. Calvisius Ruso, one person or two?* 〈ZPE〉 56, 1984; *The Testamentum Dasumii: some novelties,* 〈Chiron〉 15, 1985; *Avidius Cassius, His rank, age and quality,* 〈HAC〉 1984; *Roman Papers IV-V*, Oxford.

THOMAS, J.D., *An imperial constitution on papyrus,* 〈Bulletin of the Institute of Classical Studies of the University of London〉 19, 1982.

TRAUPMAN, J.Ch., *The Life and Reign of Commodus*, Princeton, 1956.

VIDMAN, L., *Fasti Ostienses* (2nd ed.), Prague, 1982.

WALKER, D.R., *The Metrology of the Roman Silver Coinage III*, 1978.

WILLIAMS, W., *Formal and historical aspects of two new documents of Marcus Aurelius,* 〈ZPE〉 17, 1975; *Individuality in the imperial constitutions. Hadrian and the Antonines,* 〈JRS〉 66, 1976.

WITKE, E.C., *Marcus Aurelius and mandragora,* 〈Classical Philology〉 60, 1965.

ZWIKKER, W., *Studien zur Markussäule I,* Amsterdam, 1941.

图片版权

金币图　大英博物馆（伦敦 / 英国）© The Trustee of the British Museum
银币图　新潮社写真部摄
p.002　卡匹托利尼博物馆（罗马 / 意大利）© Araldo de Luca / CORBIS / CORBIS JAPAN
p.006　卡匹托利尼博物馆 © Musei Capitolini, Sovraintendenza Beni Culturali del Comune di Roma
p.007 右　罗马国家美术馆（罗马 / 意大利）© Archivi Alinari, Florence
p.007 左　罗马市政厅议事厅（罗马 / 意大利），樱井绅二摄
p.015 右　乌菲兹美术馆（佛罗伦萨 / 意大利）© Archivi Alinari, Florence
p.015 左　薛鲁美术馆（阿尔及利亚）© Roger Wood / CORBIS / CORBIS JAPAN
p.019　濑户照绘
p.023　大英博物馆 © The Trustee of the British Museum
p.026　两幅都取自乌菲兹美术馆，樱井绅二摄
p.030　樱井绅二摄
p.034 左（右上）　大英博物馆 © The Trustee of the British Museum

p.034 左（中） 罗马国家美术馆 © Erich Lessing / PPS

p.034 左（左下） 那不勒斯博物馆（那不勒斯 / 意大利）© Scala, Florence

p.034 右（右上） 梵蒂冈美术馆（梵蒂冈）© Scala, Florence

p.034 右（中） 乌菲兹美术馆 © Archivi Alinari, Florence

p.034 右（左下） 卡匹托利尼博物馆 © SEF / Art Resource, NY

p.050 乌菲兹美术馆 © Archivi Alinari, Florence

p.065 右 罗马国家美术馆 © Araldo de Luca / CORBIS /CORBIS JAPAN

p.065 左 卡匹托利尼博物馆 © Archivi Alinari, Florence

p.104 卡匹托利尼博物馆 © Erich Lessing / PPS

p.110 同上

p.122 下 峰村胜子绘

p.137 梵蒂冈美术馆 © Scala, Florence

p.153 © Art Resource, NY

p.158 © Archivi Alinari, Florence

p.163 大英博物馆 © The Trustee of the British Museum

p.166 罗马日耳曼博物馆（科隆 / 德国）© Romisch-Germanisches Museum, Köln

p.201 卡匹托尔广场（罗马 / 意大利）© Archivi Alinari, Florence

p.206 卡匹托利尼博物馆 © Araldo de Luca / CORBIS /CORBIS JAPAN

p.217 三幅都取自博尔盖塞美术馆（罗马 / 意大利）© Archivi Alinari, Florence

p.236 两幅都取自罗马国家美术馆 © Soprintendenza Archeologica di Roma

p.237 同上

p.247 峰村胜子绘

p.251 大英博物馆 © The Trustee of the British Museum

p.261 卡匹托利尼博物馆 © Erich Lessing / PPS

p.268 柏提那克斯：梵蒂冈美术馆 © Archivi Alinari, Florence

尤利安：乌菲兹美术馆 © Archivi Alinari, Florence

亚尔比努斯：梵蒂冈美术馆 © Archivi Alinari, Florence

尼戈：卡匹托利尼博物馆 © Archivi Alinari, Florence

塞维鲁：卡匹托利尼博物馆 © Araldo de Luca / CORBIS/CORBIS JAPAN

p.278 法国国家图书馆（巴黎 / 法国）© Bibliothèque nationale de France

p.316 卡匹托利尼博物馆 © Archivi Alinari, Florence

p.323 罗马文明博物馆，新潮社写真部摄

p.331 梵蒂冈美术馆 © Archivi Alinari, Florence

p.337 罗马广场（罗马 / 意大利）© Scala, Florence

p.339 新潮社写真部摄

p.342 右 卢浮宫美术馆（巴黎 / 法国）© Photo RMN-Herve Lewandowski / distributed by Sekai Bunka Photo

p.342 左 罗马国家美术馆 © Soprintendenza Archeologica di Roma

p.348 柏林国家博物馆 © Bildarchiv Preussischer Kulturbesitz, Berlin

地图制作：综合精图研究所（p.xiii，p.033，p.062，p.072，p.075，p.091，p.095，p.099，p.101，p.112，p.122，p.130，p.133，p.136，p.138，p.174，p.203，p.227，p.228，p.240，p.245，p.246，p.249，p.275，p.283，p.291，p.297，p.303，p.307，p.310，p.322）

图书在版编目（CIP）数据

罗马人的故事：全15册/（日）盐野七生著；计丽屏等译. -- 2版. -- 北京：中信出版社，2020.8（2025.1重印）
ISBN 978-7-5217-0750-2

Ⅰ.①罗… Ⅱ.①盐… ②计… Ⅲ.①古罗马—历史 Ⅳ.①K126

中国版本图书馆CIP数据核字（2019）第126892号

罗马人的故事（全15册）

著　者：[日]盐野七生
译　者：计丽屏　等
出版发行：中信出版集团股份有限公司
（北京市朝阳区东三环北路27号嘉铭中心　邮编　100020）
承 印 者：北京通州皇家印刷厂

开　本：787mm×1092mm　1/32　　印　张：182.25　插　页：44　字　数：4 500千字
版　次：2020年8月第2版　　印　次：2025年1月第9次印刷
京权图字：01-2010-4502　　审 图 号：GS（2019）2414号
书　号：ISBN 978-7-5217-0750-2
定　价：760.00元（全15册）

ローマ人の物語

罗马人的故事

12

迷走する帝国

迷途帝国

[日] 盐野七生 著 朱悦玮 译

中信出版集团 | 北京

M AVREL ANTONINVS PIVS AVG GERM

S C

铜币故事

在我创作这一册的时候，曾经前往卡拉卡拉浴场遗址参观。当我亲眼见到那宏伟壮观的遗迹，并且查阅了将这座浴场充分利用起来的那个时代的相关资料之后，不由得被当时罗马人民拥有的高超技术水平震撼。但与此同时，我的心中也产生了一种难以抑制的惋惜之情。

因为我认识到一个无比清晰的事实，那就是无论多么强大的经济实力和技术实力，都不一定和其拥有的国力成正比。

就连当时的货币也反映出同样的情况。虽然高超的铸造技术使其至今仍然保持完好，但是，在雕工精美的罗马帝国皇帝像的下方，能够看到虽然微小却十分明显的金属劣化的痕迹。

硬币上的卡拉卡拉皇帝头像，不知为何看上去给人一种烦躁不安的感觉。难道是这位年轻的皇帝因为急于要为这个处于危机之中的帝国做些什么而无意中流露出的焦虑之情吗？

盐野七生

2008 年夏于罗马

铜币故事

在古董收藏市场，硬币的价值是由以下两个条件决定的：

第一，硬币不仅要做工精美，还要保存状态良好。

第二，稀有。也就是说硬币本身被制造出来的就少，流通到市场上的更少。

因此，那些当了很多年皇帝，或者赶上罗马帝国经济腾飞时代的皇帝的硬币，反倒可以以很低廉的价格买到。

前者最具代表性的人物是奥古斯都，而素以暴君闻名的尼禄的硬币也可以轻松搞到，就是因为他统治时期正好是罗马经济的繁荣期，市场上需要大量的硬币。

综上所述，在古董收藏市场，价值最高的硬币当属“3 世纪危机”时期的罗马帝国皇帝的硬币。因为随着帝国陷入危机之中，皇帝在位的时间也非常短，所以这些短期在位的皇帝其硬币就变得非常稀有。在这些皇帝之中有很多都是被谋杀身亡，不过他们的硬币在 2 000 年后的今天变得如此价值不菲，或许也算是对他们的一种慰藉吧。

盐野七生

2008 年夏于罗马

银币故事

因为公元3世纪的罗马皇帝大部分继位不久便惨遭杀害，所以在位5年对当时的皇帝来说也算是比较长的时间了。不过，奥勒良的价值并非在于他统治时间的长短。关于这位皇帝，我没能找到像样的雕像，而硬币上面的肖像则完全无法令我满意。

虽然奥勒良称不上是什么美男子，但是从硬币上的模样来看，铸造技术实在是退化得惨不忍睹。人们常说国力的衰退首先就表现在货币上，这么说来，也难怪历史学家们都将当时称为“3世纪危机”。

奥勒良在短暂的统治时期为了帝国的重建一直东奔西走，甚至连给自己建造雕像的时间都没有，我一想到这里，难免为他感到有些难过。

尤里乌斯·恺撒以罗马国家的安全应由“防线”即国界线来构筑，而不是依赖首都的城墙为由，拆除了城墙。而时隔325年之后，奥勒良又将城墙重新建造了起来。其中的缘由不得不引起我们反思。

盐野七生

2008年夏于罗马

目　录

致读者

托尔斯泰在小说《安娜·卡列尼娜》的开头这样写道：

幸福的家庭都是相似的，而不幸的家庭则各有各的不幸。

如果这个说法在历史中也适用的话，那么或许可以这么说：每个民族在兴盛时期都是一样的，而衰败的时期则呈现出各自不同的模样。

但实际上，作为家庭集合体的民族以及民族集合体的帝国，并不适用于以上的公式。我在《罗马人的故事 01 · 罗马不是一天建成的》到《罗马人的故事 05 · 恺撒时代（下）》中描写的罗马的兴盛期，是具有罗马特色的兴盛，而我在《罗马人的故事 06 · 罗马统治下的和平》到《罗马人的故事 10 · 条条大路通罗马》中描写的罗马的稳定期，其治理方式也非常具有罗马的独特风格。

就连我在《罗马人的故事 11 · 结局的开始》到最后的《罗马人的故事 15 · 罗马世界的终曲》中描写的罗马从衰败到灭亡的时期，其产生的原因也和导致其他民族衰败与灭亡的原因有着很大的不同。

当然，其中也包含着这样或那样的共同点，但最主要的因素具有十分明显的“罗马特色”。

因此，在我们阅读从《罗马人的故事 11 · 结局的开始》开始的罗马帝国衰亡史之时，与其寻找罗马帝国与其他民族衰亡的共同点，不如将目光集中在究竟是什么原因导致罗马衰亡这个问题上。毕竟作为历史上生命周期最长的帝国，如果我们能够了解它的衰亡原因，那么在研究其他国家的衰亡原因时，应该也会从中得到一些启示吧。

盐野七生

2003 年夏于罗马

“危机”性质的区别

在本书中，我们将看到罗马帝国从公元211—284年这73年的历史。这个时期在罗马历史上专门被称为“3世纪危机”而大书特书，正如本书第223页的浮雕展示的那样，在这个时期甚至发生了罗马皇帝被敌人生擒这样前所未闻的惨剧。但造成“3世纪危机”的原因并非仅止于此。虽然和罗马帝国以前遇到的众多危机一样，“3世纪危机”也被冠以“危机”（crisis）之名，但实际上这两者的性质完全不同：前者是能够克服的危机，后者则是只能疲于应对并终将导致灭亡的危机。从前的罗马人只要坚持发扬自己的特点就能够克服出现的危机，而这个时期的罗马人为了应对眼前的危机已经竭尽全力，甚至因此改变了自己的本质，结果只能导致危机越发严重。从本册开始，罗马帝国便很明显地走上了后者的道路。

后世的历史学家和研究学者都将“3世纪危机”的原因归结为以下几个方面：

统治阶级的昏庸

蛮族的频繁入侵

经济的衰退

知识分子的愚钝

基督教势力的崛起

以上的分析都没有错，但是在罗马人漫长的历史中，绝对不是第一次遇到这些问题。除了基督教势力的崛起之外，其他的那些问题他们多少都经历过。可是为什么之前都能够克服的问题，到了公元 3 世纪就变成无法逾越的鸿沟了呢？在本书中我将按照年代顺序依次为大家详细地解开这个疑问。为了使大家更清楚地了解公元 3 世纪究竟是一个怎样的年代，请参照下表。通过这张表格我们立刻就可以看出，造成“3 世纪危机”的最大原因，就是政局的不稳定。

公元 1 世纪的皇帝（共 128 年，9 位皇帝+内乱）

在位时间	皇帝（在位年数和死因）	所在丛书册数
公元前 30 年—公元 14 年	奥古斯都（44 年，病死）	第六册
14—37 年	提比略（23 年，病死）	第七册
37—41 年	卡利古拉（4 年，谋杀）	
41—54 年	克劳狄乌斯一世（13 年，谋杀）	
54—68 年	尼禄（14 年，自杀）	
68 年	内乱期	第八册
69—79 年	韦斯帕芗（10 年，病死）	
79—81 年	提图斯（2 年，病死）	
81—96 年	图密善（15 年，谋杀）	
96—98 年	涅尔瓦（2 年，病死）	

公元 2 世纪的皇帝（共 113 年，6 位皇帝+内乱）

在位时间	皇帝（在位年数和死因）	所在丛书卷数
98—117 年	图拉真（19 年，病死）	第九册
117—138 年	哈德良（21 年，病死）	
138—161 年	安敦尼·庇护（23 年，病死）	
161—180 年	马可·奥勒留（19 年，病死）	第十一册
180—192 年	康茂德（12 年，谋杀）	
193 年	内乱期	
193—211 年	塞普提米乌斯·塞维鲁（18 年，病死）	

公元 3 世纪的皇帝（共 73 年，22 位皇帝）

在位时间	皇帝（在位年数和死因）	所在丛书册数
211—217 年	卡拉卡拉（6 年，谋杀）	第十二册
217—218 年	马克里努斯（1 年，谋杀）	
218—222 年	埃拉伽巴路斯（4 年，谋杀）	
222—235 年	亚历山大·塞维鲁（13 年，谋杀）	
235—238 年	马克西米努斯·色雷库斯（3 年，谋杀）	
238 年	戈尔迪安一世（半个月，自杀）	
	戈尔迪安二世（半个月，战死）	
	普皮恩努斯（3 个月，谋杀）	
	巴尔比努斯（3 个月，谋杀）	
238—244 年	戈尔迪安三世（6 年，谋杀）	
244—249 年	阿拉伯人菲利普（5 年，自杀）	
249—251 年	德基乌斯（2 年，死于与蛮族的战斗）	
251—253 年	加卢斯（2 年，谋杀）	
253—260 年	瓦勒良（7 年，被俘，死于狱中）	
253—268 年	加里恩努斯（15 年，谋杀）	
268—270 年	克劳狄乌斯二世（2 年，病死）	
270—275 年	奥勒良（5 年，谋杀）	
275—276 年	克劳狄乌斯·塔西佗（8 个月，病死）	
276—282 年	普罗布斯（6 年，谋杀）	
282—283 年	卡鲁斯（1 年，意外）	
282—283 年	努梅里安（1 年，谋杀）	
282—284 年	卡里努斯（2 年，谋杀）	

政局不稳定，即便在通信手段十分发达的今天，也会对政策的连续性造成不可忽视的影响，更何况从广阔疆域的边缘向首都罗马传达信息，最快也要一个月左右时间的 2 000 多年以前了。对于那个时代的罗马帝国来说，帝位频繁更迭导致的政策无法延续，对帝国的统治造成了非常深远的影响。

第一部分　公元3世纪前期的罗马帝国

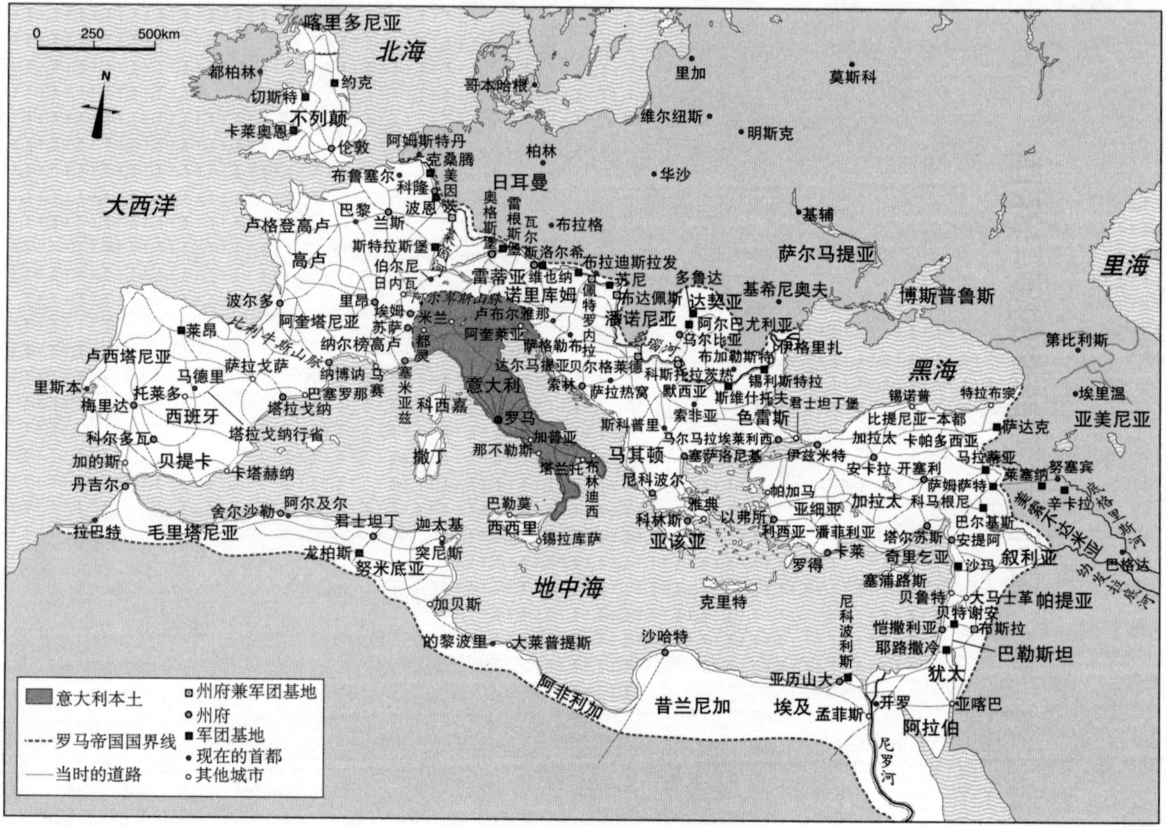

公元 3 世纪初期的罗马帝国版图

第一章　公元 211—218 年

皇帝卡拉卡拉（公元 211—217 年在位）

每到夏天甚至会在其中上演歌剧的卡拉卡拉浴场（意大利语为“Terme di Caracalla”），大概可以被视为罗马遗迹中最著名的一个。虽然这座浴场因为其建造者卡拉卡拉皇帝而得名，但实际上卡拉卡拉并非这位皇帝的本名。据说按照罗马皇帝的命名公式，他的全名是“皇帝·恺撒·马可·奥勒留·塞维鲁·安敦尼·庇护·奥古斯都”。

“皇帝”“恺撒”和“奥古斯都”是每一位罗马皇帝都可以使用的敬称。塞维鲁是他的父亲即前任皇帝的姓氏，儿子继承这个姓氏在古代来说是很正常的现象。他的问题在于将安敦尼·庇护和马可·奥勒留这两位与他没有任何血缘关系并且在几十年前就已经去世的皇帝的姓名加在自己的名字之中。不过这实际上是他的父亲、前任皇帝塞维鲁的安排。

塞普提米乌斯·塞维鲁出生于北非的大莱普提斯，身份属于在罗马社会地位仅次于元老院阶级的骑士阶级。行省出身的罗马皇帝自图拉真与哈德良之后，还接连出现过安敦尼·庇护以及马可·奥勒留等人，因此这种情况在当时的罗马帝国并不少见。虽然北非地区在 450

年前一直属于罗马帝国的死对头迦太基人的领地，但是对于一贯实行同化政策的罗马帝国来说，行省出身也算不上什么负面因素。不过即便如此，军团长和行省总督与皇帝还是不可相提并论的。正如图拉真作为第一位行省出身的皇帝而始终被后世铭记一样，塞维鲁作为第一位来自北非的皇帝也不会被后世遗忘。

除此之外，塞维鲁还有另外一个不可忽视的负面因素。在公元 2 世纪的罗马帝国，有很多行省出身的人爬上统治阶级的地位，这些被罗马人称为“新贵”（Homo novus）的新兴精英阶层之所以能够在帝国之内身居要职，大部分都是因为迎娶了元老院元老的女儿为妻。但是塞维鲁的妻子尤利亚·多姆娜只是一位叙利亚祭司的女儿。因此，她和塞维鲁生下的儿子卡拉卡拉，身上基本没有意大利本土出身的罗马人血统。

塞维鲁在决定将这个儿子作为自己的继承人时，感觉到有必要为他增加一些特别的权威，所以他才将两位德高望重的皇帝——安敦尼·庇护和马可·奥勒留的名字加进儿子的全名之中，为的是使儿子能够像这两位明君一样治理好自己的国家。也就是说，他为年纪轻轻就将继承皇位的儿子镀了一层金。

因为哲学家皇帝马可·奥勒留是安敦尼·庇护的养子，因此“安敦尼”是这两位皇帝共同的姓氏。卡拉卡拉继承的也是这个姓氏。当卡拉卡拉登基之后，他的正式名称应该是安敦尼，所以大浴场的正式名称也是“安敦尼浴场”（Thermae Antoninianae）。至于卡拉卡拉这个名字，只是别人给他取的绰号，因为他在成为皇帝之后依然经常穿着高卢人传统的长袖大衣。虽然在天气寒冷的不列颠和高卢地区这种服饰十分常见，但是在气候温和的意大利，这种装扮却显得十分引人注目。这或许是因为他从小跟随父亲在驻地高卢生活，所以他对孩提时

卡拉卡拉

盖塔

代的服装情有独钟。不过，也有人认为这是由于 23 岁便继承皇位的卡拉卡拉具有非常强烈的自我展示欲望。

不管是后世还是当时都得到人们高度评价的塞维鲁和马可·奥勒留，都将自己的儿子作为皇位继承人。但是如果将继承皇位的这两个人相比，康茂德和卡拉卡拉则有着非常明显的区别。身为皇帝的康茂德显得非常消极，而卡拉卡拉则明显十分激进。也就是说，卡拉卡拉在继承皇位的时候干劲十足地想要闯出一番伟业。这位 23 岁的年轻皇帝的理想是能够成为像亚历山大大帝那样的伟人。

公元 211 年 2 月 4 日，皇帝塞普提米乌斯·塞维鲁在远征途中病逝于不列颠的罗马军团基地约克，享年 64 岁。皇帝的位置立刻被塞维鲁的两个儿子——23 岁的卡拉卡拉和 22 岁的盖塔共同继承。因为塞维鲁很早便安排好他们兄弟二人共治，因此皇位继承进行得非常顺利。但是卡拉卡拉无法忍受和性格温厚的弟弟共同分享权力，甚至当着母亲的面就将自己的弟弟杀害了。公元 212 年 2 月 12 日，距离父亲去世仅一年时间，卡拉卡拉终于如愿以偿地独揽大权。因为元老院一直对盖塔的能力持怀疑态度，所以也没有追究卡拉卡拉谋杀弟弟的行为，并且承认了他的独裁统治。而就在此后不久，一项法令便贴满了罗马帝国的大街小巷和广场回廊。

在开始讲解卡拉卡拉皇帝的"公民权法"之前，我希望读者朋友能够将自己的认识从现在的21世纪退回到2 000年以前的古罗马帝国。虽然在现代社会每个人都理所当然地拥有平等的权利，但在 2 000 多年以前的古代社会，这并非那么"理所当然"。毕竟在 1 600 年之后才出现《人权宣言》，在 1 800 年之后才出现普通选举法。尤其是相比于因为"血缘"不同而没有公民权的雅典而言，不分人种与民族全部授予其平等权利的"公民权法"，在当时可以说是具有特殊意义的一大进步。

了解了这个历史背景之后，我们就可以更好地理解下面的内容。

每个人都是罗马公民！

罗马作为一个法治国家，所有的政策都是以法律的形式颁布的。这个被称为《安东尼努斯敕令》（Constitutio Antoniniana）的法令规定，凡是居住在罗马帝国范围之内的自由人，全部拥有罗马公民权。至于做出这项决定的原因，身为颁布者的卡拉卡拉在公告中是这样解释的：

我不应该只让我的臣民们分担守护帝国的责任，也同样应该与他们分享帝国的荣誉。通过这项法令，曾经那些只有罗马公民才能够享受的荣誉，现在将平等地沐浴在每一个国民的身上。

从此之后，罗马帝国的特色之一——“罗马公民”（romanus）与“行省居民”（provincialis）之间的区别被彻底废除了。征服者与被征服者之间的差异，在公元 212 年，即罗马帝国建立 250 年之后，终于完全消失了。不仅仅是曾经的胜利者与失败者之间的区别，在人种、民族、宗教以及文化等各个方面都不尽相同的罗马帝国中的所有居民，将全部享有和罗马公民同等的权利。这完完全全是一项具有跨时代意义的法令，甚至可以说自从尤里乌斯·恺撒以来一直坚持同化政策的罗马帝国，至此终于宣告完成。就连对公元 4 世纪之前的罗马帝国的政策一向持反对态度的基督教会，都对这项法令从人道的角度给予了肯定。

可是，这样一项具有划时代意义的法令，却很少被那些研究罗马历史的专家和学者提及。首先，关于这项法令的描述就非常少，也基本没有人正面提及此事。就算偶尔有人提到，对此也没有一个正面或负面的评价，最终使这项法令变成了一个鲜为人知的史实。

造成这种现象的原因，一是罗马时代的历史学家们鲜有留下关于这项法令的评价和文献史料，导致后世的历史学家和研究者无从着手；二是为了尊重当时的学者对这项法令的看法。当时唯一对这项法令做出评价的历史学家卡西乌斯·狄奥认为，卡拉卡拉扩大公民权的目的只是为了增加税收罢了。而就是他的这个评价，对后世的历史学家造成了决定性的影响。时至今日仍然有很多人认为卡拉卡拉颁布这项法令的目的就是为了增加税收。当然他们之所以会做出这种判断，在某种程度上也是有事实依据的。

罗马帝国的税制是由第一位皇帝奥古斯都确立的，根据他制定的税制，像营业税和关税这样的间接税种，不管是罗马公民还是行省居民都要缴纳相同税率的税。但是在直接税种上，拥有保卫帝国义务的罗马公民不必缴纳税金，而没有这种义务的行省居民却要缴纳收入的10% 作为行省税。哲学家西塞罗将行省税称为“被保护者向提供和平与安全保障的一方缴纳的税金”。

但是，并非所有的罗马公民都拥有进入军团服役 20 年的机会。奥古斯都时期军团兵的数量大概在 16 万人左右，但是拥有罗马公民权的人数在当时帝国刚刚建立的初期就超过 500 万。也就是说，在 30 个拥有罗马公民权的人中只有一个人能够履行保卫帝国的义务。

奥古斯都认为这种现象非常不公平，于是他决定向拥有罗马公民权的人追加两种直接税，分别是遗产税和奴隶解放税，税率都是 5%。但即便是这种程度的税款，对于“胜者通吃”思想根深蒂固的古代人，尤其是身为胜利者一方的古罗马人来说，也是非常难以接受的。因为考虑到这一点，奥古斯都巧妙地将这两种直接税设计成目的税，那就是将其作为军团兵服役满期退役之后的退职金。这样一来，那些同样拥有保卫帝国义务的罗马公民就无法对此提出任何反对的意见了。

而就是这种延续了 200 多年的罗马帝国税制，在卡拉卡拉统治时期得到了彻底的改变。由于公元 212 年颁布的《安东尼努斯敕令》，行省居民获得了和罗马公民一样的权利，从此他们不再需要缴纳行省税。但是，在他们从“行省居民”变成“罗马公民”的同时，需要承担缴纳遗产税和奴隶解放税的义务。不仅如此，卡拉卡拉还将这 200 年来被看作“罗马公民税”而稳定在 5% 的税率一下子提升到了 10%。这也是后世的历史学家将《安东尼努斯敕令》看作增加税收政策的原因。

罗马帝国历代的皇帝对税收政策都非常敏感，甚至可以说达到了神经质的程度。首先，罗马的税收制度一向简单明了。因为税制越复杂，需要从事这方面的人员也就越多，这样不仅会增加人工费用的支出，还会给税务相关的从业人员留下钻空子的机会。不管对此的惩罚多么严厉，仍然无法杜绝贪腐行为的发生。想要建立公平公正的税制环境，就必须将税制本身简化到无须专门安排人员管理的程度。

只有公正的税制才是善政的基础，所谓善政，除了要使社会中善良的民众得到公正的对待之外，将税率控制在尽可能低的范围内并且不再提升，也是实现善政的重要条件。人们对直接关系到自己利益的政策都会表现出非常激烈的反应，由此引发的暴动或叛乱最终只能通过武力手段进行镇压。对于幅员辽阔的罗马帝国来说，配置在国境附近的军团数量尚且不足，如果维持国内秩序还要出动军团的话，那么为了增强自己的军事力量势必需要增加军费，而如此一来就要继续增加税收，结果导致恶性循环。政府想要避免这种情况发生，就要将税率控制在一定程度，使纳税人不会感觉税率太高。

实际上，罗马帝国已经成功地将这一税制保持了 200 多年。行省居民缴纳的行省税为收入的“十分之一”（decina）。关税除了从东方舶来的奢侈品之外一律为“二十分之一”（vicesima）。营业税为“百分之一”（centesima）。只面向拥有罗马公民权的民众征收的遗产税和奴隶解放税都为“二十分之一”。从以上这些通称之中就可以看出，古罗马帝国的税制一直是非常稳定的。

后世的研究者们一致认为，罗马帝国实行的广范围和低税率征收税金的制度是非常成功的。这是因为确立了帝国税制的奥古斯都以及其后的众位皇帝并不仅仅将税制看成经济问题，而是将其与政治问题结合在了一起。

正如前文所说，与卡拉卡拉颁布敕令同时代的历史学家卡西乌斯·狄奥批判这项法令是只为了增加税收的政策，如果他的观点正确的话，那么通过将行省居民全部纳入罗马公民范畴，应该会成功地增加大量税收。但令人感到奇怪的是，在历史资料上完全看不到与此相关的任何记载，就连卡西乌斯·狄奥都没有提到最后的结果。因此，我个人认为，《安东尼努斯敕令》的颁布，虽然使卡拉卡拉改变了自奥古斯都以来延续了200多年的税制，但是非但没有为他增加税收，反而还起到了完全相反的效果。

首先，因为马可·奥勒留与塞普提米乌斯·塞维鲁坚持不懈的努力，入侵的北方蛮族终于在公元212年被成功击退，帝国的防线依旧发挥着应有的作用。也就是说，帝国还处于“罗马统治下的和平”状态。在防线保护之下的行省经济呈现出一派欣欣向荣的景象。市场上的商品种类繁多，非常完美地诠释了罗马帝国疆域广阔，就算你住在多瑙河沿岸，也一样能够买到北非的产品。行省税能够很好地反映出一个行省的经济实力，在这种情况下，占收入10%的行省税在帝国税收之中占据的重要位置自然不言而喻。但是卡拉卡拉将其完全废除了，而且，将行省居民全部升级为罗马公民带来的影响并非只有行省税的损失。因为行省税是每年都会缴纳的稳定收入来源，而即便将原有的行省居民全部转变为罗马公民，增加了课税对象，但遗产税和奴隶解放税带来的收入只是一次性的。就算将税率从5%提高到10%，也无法弥补完全废除行省税之后造成的损失。

在卡拉卡拉统治下的罗马帝国，其前任塞维鲁皇帝实施的军事强化政策导致在防卫上的支出大幅增长。军团数量也因为新编成了3个军团而增加到 33 个。同时，军团兵的年薪也在不断增长，到了塞维鲁时期已经从最初延续了百余年的 300 第纳尔增加到 375 第纳尔。总之，在这种状况下实施的大规模减税政策，对帝国的财政造成了非常严重的影响。

不仅如此，在那些原本就拥有罗马公民权的人看来，一直稳定在 5% 的遗产税与奴隶解放税突然增加了一倍。古往今来没有任何一个正常人会对突然增加的税赋感到开心。而且就算征税对象扩大为全体民众，并且税率也增加了一倍，但是遗产税和奴隶解放税与行省税之间的不同，并不仅仅在于稳定性。罗马帝国之所以会向这两种行为征收税金，主要是由于罗马人具有下列特质：

首先，这和罗马人的性格有着非常重要的关系。对罗马人来说，即便没有血缘关系，也会将遗产的一部分赠送给那些未来充满希望的年轻人，或者自己一直以来尊敬的人。这种习惯曾经深深地根植于每一个罗马人的性格之中。奴隶解放税也是如此，使奴隶获得自由身的行为本身就是主人对奴隶的最大馈赠，就相当于给辛苦劳作了一辈子的奴隶发放一笔退职金。因此，在奴隶获得自由的时候，需要向国家缴纳一定的税金。这个钱既可以是奴隶自己支付，也可以是主人支付，或者别人垫付。在罗马有一种被称为“解放奴隶”的阶级存在，这在古代的其他任何地方，甚至标榜自由与民主的雅典都是没有的。当然，如果没有一定数量被解放奴隶，肯定无法形成一个社会阶级，由此可见解放奴隶在当时的罗马是相当普遍的现象。

但是，罗马社会也在不断地发生着改变。罗马人逐渐地变得更加内向，而这种改变最终导致的结果，就是个人主义的产生。根据史料记载，早在马可·奥勒留时代，志愿成为地方自治体议员的民众数量就已经开始呈下降趋势。这并非因为议员是不会获得报酬的公职，而是因为在罗马社会，担任地方自治体公职的人为了充实当地的社会资本，需要向政府进行捐赠。因此，在遗产的继承上，人们不再愿意将自己的财产赠送给毫无关系的人。而需要说明的是，有血缘关系的人获得遗产是不需要缴遗产税的。

另外，奴隶解放税没能取得预期的效果，提高财政收入也是出于同样的原因。不过，与其说奴隶主不愿意给予奴隶自由身，不如说在罗马社会中的奴隶数量大幅减少。自从罗马实施帝政以来，在“罗马统治下的和平”局面下，基本上不再发动用于增加奴隶的侵略战争。从五贤帝时代制定的奴隶保护法就可以看出，当时罗马社会中的奴隶数量已经大幅减少。另外，鼓励奴隶之间的婚姻，对奴隶生育下一代给予奖励的行为，更使得奴隶主不愿解放自己的奴隶。当时的人们完全无法想象如果没有奴隶罗马社会将变成什么样子，奴隶的重要性在这个时候逐渐显现出来。因为奴隶如此重要，所以奴隶主们自然也没有像西塞罗时代的罗马人那样好像支付退职金一样给予奴隶自由的心情。在这种情况下，仍然将遗产税和奴隶解放税作为税收的主要支柱，只能说卡拉卡拉不但对经济一无所知，身为一名统治者也过于缺乏经验。

事实上，被认为是增加税收政策的《安东尼努斯敕令》恶评如潮，在卡拉卡拉死后不到两年的时间便被废除，遗产税和奴隶解放税都回到了以前 5% 的水平。但是赋予所有行省居民罗马公民权的内容被保留了下来。也就是说，恢复原状的只有税率，而“行省居民”和“罗马公民”之间的差别已经不复存在。同时被废除的还有行省税。由此可见，所谓的权利，一旦赋予之后再想要剥夺回去基本上是不可能的。

但是，卡拉卡拉颁布的《安东尼努斯敕令》给罗马社会造成的影响，不仅仅是废除了作为国税支柱的行省税，导致帝国的财政恶化，更关键的问题在于，这个法令动摇了罗马帝国的根基“罗马公民”存在的意义。

“既得权”与“期待权”

作为最早的城邦，罗马和希腊的雅典都属于同一类别。不管是宗教、风俗还是文化，后世都将这个时期称为“希腊罗马时代”，给人一种先有雅典再有罗马，就好像两个民族直接连续下来的感觉。但是在公民权这个问题上，两者有着截然不同的看法。我们可以将公民权看成现代的国籍。

雅典的“公民权”，只有在父母双亲都是雅典公民的前提下，他们生下来的孩子才会被承认为雅典公民。就算母亲同属于希腊民族，但只要出生在雅典以外的城邦，那么仅凭这一点她的孩子便永远无法取得雅典的公民资格。更不用说双亲都出生在希腊北部地区的情况了。还有在意大利南部众多由希腊人建设的殖民城市出生的人，不管这个人对雅典做出了多么重大的贡献，他的身份都永远是外国人。苏格拉底和柏拉图都是雅典人。亚里士多德尽管创办了闻名于世的“吕克昂学园”，为雅典文化的进步做出了卓越的贡献，但是雅典依然没有授予这位伟大的哲学家雅典公民的身份。不，应该说在雅典人的头脑中，根本就没有将公民权授予外国人的想法。因为对雅典人来说，“公民权”是以“血缘”关系为基础的。

另外，雅典社会的构成方式也加强了这种封闭的倾向。雅典城邦经历了从王权到贵族制最后到民主制的转变，是被后世称为“伯里克利时代”的民主制时代最为繁荣的国家。民主制最早就是由这个时代的雅典人创立的政治体制，在 2 500 多年之后的今天，已经成为我们每个人都非常熟悉的常识。

但是，民主政体需要拥有权利的所有公民享有同等的地位。因为虽然每个人的能力不尽相同，但是每个人拥有的权利是平等的。也就是说，不管拿在谁手里的选票，具有的功能都是一致的。

对于一个全民平等的社会来说，那些外来者即外国人很难融入其中。就好像一个素不相识的家伙，却在一夜之间成为你的家人，这种事情想必任何人都接受不了吧！所以说全民平等是外来者融入雅典的最大障碍。甚至就连帮助他们打败了宿敌波斯的亚历山大大帝，雅典都没有授予其公民权。

反观罗马，自从在台伯河沿岸建国开始，罗马人对于“公民权”的认识就和雅典人完全不同。

罗马在建国初期与周边各部族战争不断，但是就算罗马人取得了战斗的胜利，也不会将对方作为自己的奴隶，更不会像斯巴达那样将战败者当作农奴使用。只要对方承认罗马的胜利并且缔结和平协议，那么这些战败者从领袖到平民都可以移居罗马，并获得罗马公民权，其中有能力的人甚至还会获得罗马元老院的席位。罗马最初将其作为一种增加人口的政策，虽然在共和政体成形之后不再强制人民向首都迁徙，但这种同化政策仍然被保留了下来。如果没有同化政策，那么也就不会有后来的尤里乌斯・恺撒、奥古斯都以及克劳狄乌斯一世。追溯他们家族的历史，可以发现这些人的祖先都是曾经的战败者。事实上不仅上述的这些皇帝，就连组成罗马领导阶层的大部分人，其祖先也都是曾经的战败者。但是，对于这个问题，罗马人毫不在意。这一点实在是非常有趣。

罗马人的“公民权”并不像雅典人那样以“血缘”为基础，而是由“志同道合”联系在一起的。因此，就算是那些曾经被打败的人，只要愿意为守护罗马这个“共和国”贡献自己的力量，那么便可以和其他的罗马公民一样，拥有同等的资格和权利。

尤里乌斯·恺撒在他担任军团总指挥的时候，就以高卢战争需要帮助为由，赋予居住在意大利北部的所有人以及居住在法国南部和西班牙的有能力者罗马公民权。而且，当他打败高卢之后，不仅赋予高卢的有能力者罗马公民权，还向强大部族的族长提供元老院的席位。当恺撒成为帝国全境的实际领导人之后，他还向教师和医生这些从事教育和医疗事业的人，不分人种、民族与肤色，全部授予罗马公民权。如果亚里士多德出生于罗马的话，那么他一定会是最早获得罗马公民权的人。

作为罗马第一位皇帝的奥古斯都，不但忠实地延续了恺撒的这种开放路线，甚至还确立了一种更大规模提供罗马公民权的系统。这个决定就是行省出身的人如果作为预备兵加入罗马军队，那么在25年服役期满之后，就算这个人一直都没有得到任何晋升也一样会被授予罗马公民权。而且通过这种方式获得的罗马公民权和教师以及医生获得的罗马公民权不同，其不同之处在于，前者拥有可以继承的权利。那些获得罗马公民权的行省居民，他们的孩子一出生就拥有罗马公民权。就算他们的孩子身上没有一丁点儿罗马人的血统，也可以和在本土意大利出生的罗马公民享有完全同等的权利和义务。

虽然前面只列举了几个例子，但实际上罗马人对“公民权”的看法如此开放，并非出于人道主义之类的感情。应该说同化政策对于罗马人来说，相当于帝国运营上的“政略”。在帝国创建初期恺撒和奥古斯都制定的这条开放路线，之所以会被随后的皇帝们沿用下来，是因为这是最适合罗马帝国统治广阔疆域的政治体系。甚至可以说从罗马建国初期就实行的开放路线，正因为符合罗马人自身的特点，所以才会被贯彻下来。因为人类只有在进行基于自己本质的行为之时，成功率才是最高的。

因为创作了《希腊罗马名人传》而闻名于世的普鲁塔克，将罗马强大的原因归结于它的同化政策。这位生于五贤帝时代的希腊人，深知希腊之前连同盟都市的居民都不会获得公民权的历史，所以从他口中说出的这句话显得更有一番深意。

对于希腊人来说，公民权是一出生就享有的“既得权”。而对于罗马人来说，公民权是可以通过自身的意愿和努力而获得的“期待权”。因此罗马自然更容易对外人敞开门户。虽然“血缘”自己无法改变，但“意愿”完全可以由自己决定。

从罗马社会的构成上来看，更容易使外来者融入它的社会体系之中。

希腊时期最具代表性的城邦雅典，自上而下分为领导者、公民、奴隶三个等级，而罗马帝国的社会各阶层则更为细致地分为以下几个阶级：皇帝、元老院、骑士、一般公民、解放奴隶、奴隶。之所以能够划分得如此细致，是因为罗马并没有采用民主政体，因此不必特意去维持全体公民的平等性。同时，这种阶级的细化也更加方便外来者融入罗马社会之中。因为只要社会各阶级之间保持良好的流动性，那么对于不同种类社会之间的融合也会起到积极的作用。对于外国人这样的不同种类的社会分子，想要融入罗马社会的话，首先就将其排在社会底层，至于接下来的发展就要看其个人的能力和奋斗了。

正如我在《罗马人的故事 10 · 条条大路通罗马》中将罗马帝国纵横交错的道路设施比作人体的血管一样，罗马公民权也和罗马的交通网一样在帝国的发展中扮演着重要的角色。不断涌现的人才就像罗

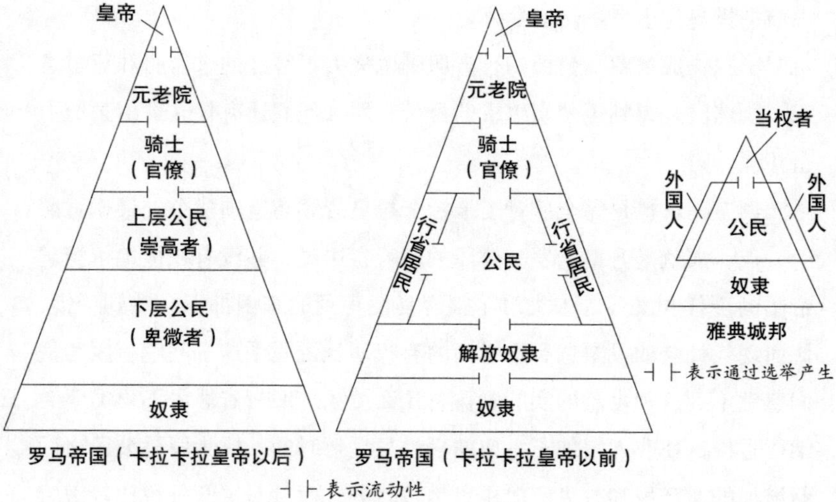

马帝国的新鲜血液，通过同化政策的公民权系统提供给罗马帝国。只要肯努力便有机会获得的罗马公民权，对于行省居民来说充满无穷的诱惑，这也是使罗马帝国长期保持活力的奥秘。

但是这个长久以来的政策在卡拉卡拉的法令下被彻底改变。行省居民不管贡献如何，都将获得罗马公民权，这样一来，原本作为“期待权”的罗马公民权就变成了和雅典一样的“既得权”。

“期待权”变成“既得权”带来的影响

这个改变给罗马帝国带来了极其深远的影响。

第一，那些从前便拥有罗马公民权的人失去了自己身为帝国支柱的自豪感。因为既然全国所有人都一样了，那么他们也就没有理由像以前那样身先士卒、鞠躬尽瘁。

第二，成为罗马公民的行省居民也失去了曾经的进取心和竞争意识。既然已经得到了梦寐以求的身份，那么他们还有什么理由去努力奋斗呢？

第三，这也是完全违背了卡拉卡拉皇帝颁布这项法令的最初意愿的一点，那就是升格为罗马公民的旧行省居民，并没有积极地承担起帝国的责任和义务。人类对于很容易便得到的东西都不会感到珍惜，比如现代社会的投票选举中极高的弃权率就说明了这一问题。因为他们感觉不到这和自己的实际利益有什么关系。旧行省居民不再需要缴纳行省税，使收入增加了一成的喜悦只是暂时的。成为罗马公民之后新增加的遗产税和奴隶解放税也是暂时的，而且对这两种税比较敏感的富翁，一般来说早已经获得了罗马公民的身份。因此，摆在那些刚刚得到罗马公民身份的旧行省居民面前的问题是因为取消了行省税而产生的国家财政缺口。为了填补这个缺口，他们需要缴纳大量的临时税。所谓临时税，是皇帝以向前线调拨军费为由临时征收的税种，但是在当时的社会，这种临时税频繁出现。卡拉卡拉不仅彻底改变了公民权的意义，还将罗马一直以来沿用的简单明快的税制，发展为临时税频繁出现的复杂奇怪的形式。就算后来遗产税和奴隶解放税都恢复到了从前的税率，但是关于临时税频出的问题仍然没有得到彻底解决。

第四，行省居民与罗马公民之间的区别消失之后，罗马社会最具特色的流动性也随之消失。由此导致的社会僵化就如同人类的动脉硬化一样会产生不可挽回的后果。

最后，虽然没有了罗马公民与行省居民之分，但是在这两者共存的一般公民中出现了非常严重的两极分化局面。这种两极分别是“崇高者”和“卑微者”。也许人类本就无法忍受全员平等的状况，必须人为地制造出一些差别才能够生存下去。而那些出身于奴隶阶级和“卑微者”阶级的人，在罗马社会将一辈子没有晋升的机会。对于这些人来说，罗马也变成了永远没有希望出人头地的绝望之地。

由此可见，卡拉卡拉颁布的《安东尼努斯敕令》对罗马帝国造成了非常严重的负面影响。罗马帝国的一角在这项法令颁布之后便宣告崩塌，就好像帝国损失了一座坚固的要塞。而造成这种损失的人并非敌人，恰恰是罗马人自己。

也许正如敕令上写的那样，卡拉卡拉的本意是希望能够实现罗马国民的地位平等，因此才会实施“行省居民全部罗马公民化”的政策。这位崇拜亚历山大大帝的年轻人，在登基数年后甚至谋求罗马与帕提亚王国之间的合并。连自古以来的宿敌都能够想要合并，那么他做出废除罗马帝国阶级的举措也不足为奇。因此，我认为卡拉卡拉的《安东尼努斯敕令》并不是为了增加税收而颁布的法令。毕竟只要从常识的角度考虑一下就会发现，利用这项法令增加税收是不可能的。因此，与其煞费苦心地从深层含义去理解《安东尼努斯敕令》，不如单纯地从字面上理解更加贴近事实。也就是说，这项法令只是24岁的年轻理想主义者的一个美好愿望罢了。而他之所以会做出如此草率而肤浅的决定，想必是因为他没有理解尤里乌斯·恺撒的那句名言吧：

每一个导致糟糕结果的决定，其出发点都是好的。

我之所以会对公元212年颁布的《安东尼努斯敕令》得出这样的结论，是因为一个疑问和一篇碑文。

如果《安东尼努斯敕令》真的如基督教的评价那样是一项人道主义的法令，那么为什么被称为优秀政治家的五贤帝们没有颁布这种法令呢？特别是其中坚信尊重人权是皇帝的责任与义务的哲学家皇帝马可·奥勒留，就连自己的女儿选择行省出身的人做丈夫，他都没有表现出任何的不满和阻挠，如此开明的贤君，别说颁布这种法令，甚至连诸如此类的想法都从来没有过，这又是为什么呢？

罗马时代的墓碑背面的碑文会将这个人一生的履历都刻在上面。就连那些默默无名的普通公民，都会在墓碑上明确地表明其“罗马公民”的身份。但实际上从这个人的家族名上就可以看出他的祖先并不是拉丁系的罗马人，而是希腊人或者高卢人，由此可见，他生前是一名取得了罗马公民权的行省居民。而在这些墓碑中还有几个特别标明自己是《安东尼努斯敕令》颁布之前的罗马公民。也就是说，他是在所有人都成为罗马公民之前就已经取得了罗马公民的身份。

卡拉卡拉使罗马公民权失去了其长久以来一直保持着的魅力。而失去了魅力之后，附加在罗马公民权之上的义务感和责任感也随之消失。这对于多民族、多文化、多宗教融合在一起的罗马帝国而言，无异于动摇了其存在的根基。每个人都有的东西，就相当于每个人都没有，用现在的话来说，就是一个品牌的消亡。

帝国防卫

虽然坚信废除行省居民与罗马公民之间的区别，就能够使全国上下团结一致的想法过于浅薄，但是卡拉卡拉对于皇帝的最大责任和义务就是保卫国家安全这一点的认识，却非常有罗马先贤的风范。而这时他才只有 24 岁。因为讨厌虽然性格稳健但做事消极的弟弟盖塔，卡拉卡拉采取了积极的行动。年纪轻轻便成为最高统治者的他，毫不留恋首都罗马奢华安逸的生活，他在杀害盖塔成为独裁者的第二年，即公元 213 年，立刻奔赴北方前线。就好像迫不及待地想要去感受阿尔卑斯北部那充满活力的春季一样，他只带了非常少的近卫军便动身出发了。

他不在首都时的内政全权交由一个叫作“Concilium”的机构负责。如果说元老院相当于国会的话，那么这个 Concilium 就相当于“内阁”。这一时期在暗中支持内阁的是一位处事相当周全的女性——尤利亚·多姆娜。可以说正因为有这样一位贤明的母后，卡拉卡拉才能够毫无后顾之忧地出征。虽然尤利亚·多姆娜对于自己的儿子杀害了自己另一个儿子的事实感到非常难过，但出于母亲的本能，她还是不遗余力地为卡拉卡拉的统治贡献自己的力量。

虽然关于卡拉卡拉越过阿尔卑斯山脉之后都去了哪些地方，并没有确切的史料记载，但是从他包括视察和战斗在内总共只用了半年时间这个情况来看，其活动范围应该仅限于莱茵河防线和日耳曼长城（Limes Germania）周边地区。不过他既然视察了防线，那么用于向防卫基地输送“血液”的帝国交通网络也自然不容忽视。事实上，卡拉卡拉也确实下令将从高卢到伊比利亚半岛的所有道路全部整修一新。罗马的交通网络在公元 3 世纪时仅主干道便超过 8 万公里，即便没有必要全部重新铺设，但要想使其完美地发挥作用，定期的维护也是必不可少的。虽然罗马的历代皇帝都不曾忘记这项重要的工作，卡拉卡拉下令进行的却是比之前更加认真的整修工程，关于这件事的记载还被刻在石碑上流传于世。

在单纯的军事基础设施建设上，日耳曼长城也在卡拉卡拉的整顿下得到了进一步的强化。就连曾经只有壕沟加木栅栏的地方，现在也用岩石和砖块加固起来。

位于莱茵河与多瑙河两大河流上游的地带，是罗马人征收十分之一农耕税的重要产粮区。这个被称为“阿格里戴可美特”（Agri Decumates）的地区位于莱茵河防线与多瑙河防线的中间，从安全保障的意义上讲相当于我们人类的软肋。这片地区布满连绵起伏的山脉，导致在河流沿岸建立防线十分困难，周围溪流众多，使得军队难以驻扎，加上覆盖了这片区域大半面积的黑森林（Schwarzwald），这些都让罗马帝国对这片地区的防卫问题头痛不已。更重要的是，日耳曼民族一向将森林看成日耳曼人的母亲，他们每当进入森林作战的时候都会变得英勇无比，难以阻挡。

最早考虑保护这道“软肋”的人是提比略皇帝，在莱茵河与多瑙河沿岸建立罗马帝国北方防线的人也是他。真正将包括黑森林一带的全部地区都包围在防线之内，却是图密善继位之后的事了。从此以后，在莱茵河沿岸的波恩和科布伦茨中部以南、美因茨以北 30 公里处直到多瑙河沿岸的雷根斯堡，出现了一道守卫罗马帝国北方边境的重要防线。这道将莱茵河防线与多瑙河防线连为一体的日耳曼长城，使罗马帝国的防御体系更加合理化。所谓合理化，就是将经费控制在一定范围内同时还能够维持足够的防卫能力。

但是，这片区域如果稍有疏忽便会再次回归到曾经的“软肋”局面，因此历代皇帝都不忘对这里的防线加以强化。特别是哈德良与马可·奥勒留两位皇帝对此进行的强化非常正规，卡拉卡拉皇帝在前人的基础上于 40 年之后进行了更进一步的巩固。虽然他并不是一个善于揣摩人民心理的政治家，但在军事战略方面的才能是有目共睹的。

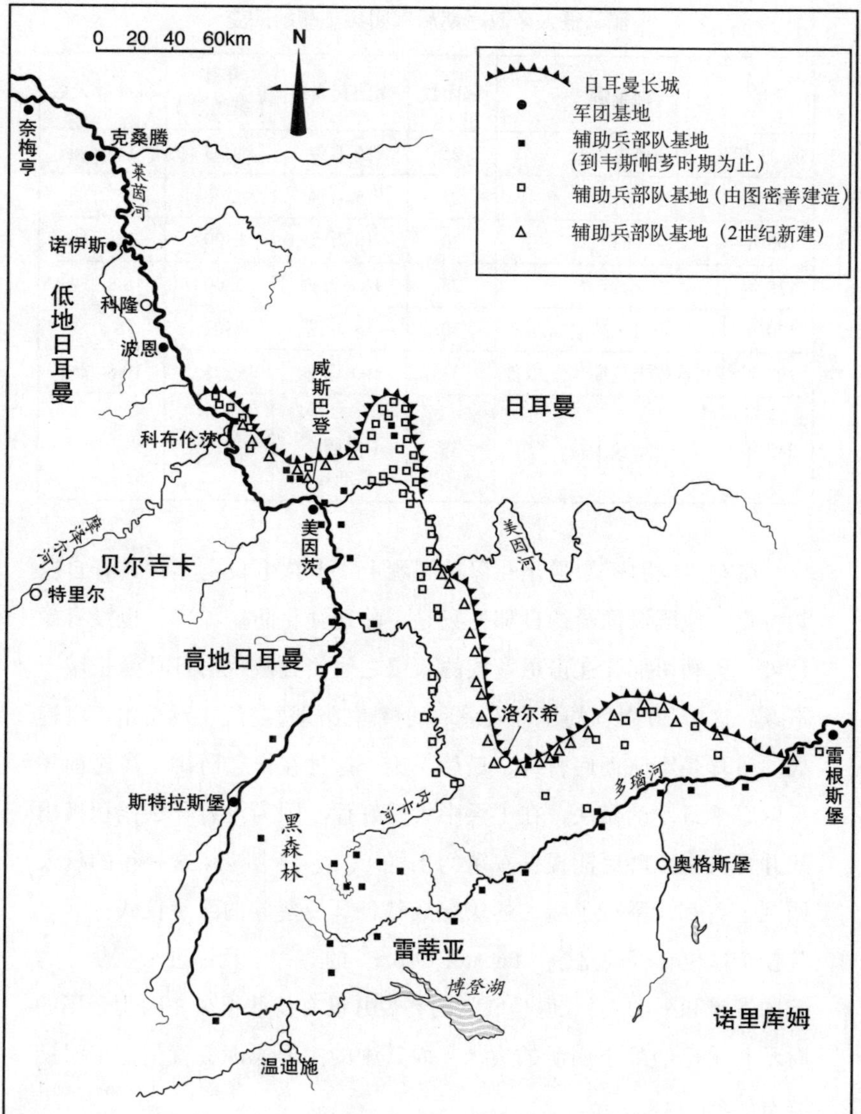

完成时的日耳曼长城

（摘自 *The Grand Strategy of the Roman Empire*）

罗马进入帝政时期后军团兵年薪的演变

年份	皇帝	军团数	军团兵人数	年薪（第纳尔）	辅助兵人数
前 23 年	奥古斯都	25	15 万强	225	15 万弱
90 年	图密善	25	15 万强	300	15 万弱
106 年	图拉真	30	18 万强	300	18 万弱
138 年	哈德良	28	16.8 万强	300	16.8 万弱
170 年	马可·奥勒留	30	18 万强	300	18 万弱
197 年	塞普提米乌斯·塞维鲁	33	19.8 万强	375	19.8 万弱
213 年	卡拉卡拉	33	39.6 万左右（包括原辅助兵）	375	—

在对“软肋”的强化和保护问题上，卡拉卡拉也非常具有自己的特点。他既没像哈德良那样只是一味地强化防御工事，也没有像马可·奥勒留那样在击退蛮族的入侵之后便置破败的日耳曼长城于不顾。这个 20 多岁的年轻人采取的策略是越过防线主动出击，将迎战的日耳曼军队彻底打垮，最后凯旋。这种在修整防御工事之前先采取军事行动的做法，在士兵中大受好评。因为没有什么比积极出战并且大获全胜更能提振军队的士气了。卡拉卡拉在这一年的秋天回到了首都，举行了盛大的庆祝战胜日耳曼蛮族的凯旋仪式。元老院授予这位年轻的皇帝“Pacator Orbis”的尊称，直译过来就是“为帝国带来和平的人”。但是胜利的喜悦并没有持续很久，因为帝国的财政状况已经处于崩溃的边缘，而其中的主要原因，就是这个时期军费猛增。

罗马的通货膨胀

卡拉卡拉并没有像他的父亲那样增加军团的数量，也没有提高军团兵的年薪。但是因为他实施的《安东尼努斯敕令》赋予所有的行省居民罗马公民权，因此，之前只招收罗马公民的军团兵和允许招收行省居民的辅助兵之间的区别也不复存在。从法律上来讲，这些人都属于军团兵。结果罗马军团的士兵数量在卡拉卡拉颁布法令以后猛增为之前军团兵与辅助兵的总和。而这样一来对于之前的辅助兵也要按照军团兵的标准在期满退役的时候给予退职金。

因为并没有留下明确的记录，所以关于卡拉卡拉以前的罗马军队辅助兵的年薪究竟是多少我们无从得知。但是，与军团兵相比，这个数字应该是非常少的。

第一，辅助兵都来自被罗马军队征服的行省，也就是说他们处于罗马人的支配下。在古代，支配者拥有被支配者的一切是理所当然的。

第二，行省士兵的任务仅仅是帮助军团主力作战的辅助战斗力。

第三，军团兵的服役期为 20 年，而辅助兵的服役期则是 25 年。

第四，虽然奥古斯都为军团兵确立了退职金制度，但是对于辅助兵的奖励则是服役期满后赋予其罗马公民权，至于其他的物质奖励想必是没有的，而且也没有任何史料对此有所提及。

通过以上几点不难看出，军团兵与辅助兵之间的收入应该有相当大的差距。当然，在《安东尼努斯敕令》颁布的时候，不可能立即将原先辅助兵的待遇提高到军团兵的水平。但是既然行省居民也拥有了罗马公民权，那么在军队的待遇上也无法继续区别对待。就算是分阶段提高，但最后辅助兵的收入一定会逐渐接近甚至达到军团兵的水平。

塞普提米乌斯·塞维鲁
发行的第纳尔银币

卡拉卡拉实行的《安东尼努斯敕令》虽然从人道主义的角度来说无法对其进行批判，但实际上对罗马帝国的财政造成了严重的影响。而且将行省居民提升为罗马公民之后引发的一系列问题，并不是将遗产税和奴隶解放税恢复到 5% 就能够简单解决的。就连军队内部也因为这项赋予所有人公民权的法令而产生了和罗马社会一样两极分化的现象。尤其在正规辅助兵和被称为“Numerus”的临时兵之间，这种现象尤为突出。因为完全取消阶级之间的区别，反倒切断了各阶级之间的流动性。

因为父皇塞维鲁不断增加军费，以及为辅助兵提供与军团兵相同的待遇，仅这两条就足以使卡拉卡拉的帝国财政状况相当吃紧。再加上过去 30 年来一直平静地持续着货币贬值，更成为他不得不面对的一大问题。

支撑罗马帝国经济的基础货币大体上可以分为奥里斯金币、第纳尔银币和塞斯特斯铜币三种。其中流通最广的当属第纳尔银币，甚至称之为银本位也不为过。不管是派往行省的官僚还是军团兵，都用第纳尔银币为计算单位发放工资。

对货币制度进行全面改革的开国皇帝奥古斯都认为，货币的信用度在于其面额与实际价值的统一。同时他还认为货币和税制一样，要想被大众广泛接受，就应该越简单明快越好。

就这样，在公元前 23 年实施的货币改革中，奥古斯都确立了 1 枚奥里斯金币 =25 枚第纳尔银币 =100 枚塞斯特斯铜币的货币体系。这个体系一共维持了 87 年，直到公元 64 年才被皇帝尼禄做了少许的改动。

虽然历史学家普遍将尼禄进行货币改革的原因归结为他的铺张浪费，但我不这么认为。尼禄将奥里斯金币的重量从 7.8 克下调到 7.3 克，第纳尔银币的重量从 3.9 克下调到 3.4 克，而且将银币的材质从纯银调整为含银率 92% 的合金。如果说尼禄进行的货币改革是为了填补其建造黄金宫殿造成的财政漏洞，那么在尼禄死后继位的皇帝们，为什么谁也没有将这一改革调整回来呢？而且从那个时代的经济状况来看，罗马帝国完全有能力重新恢复奥古斯都时代的金币和银币重量。

但即便如此，也没有任何一位皇帝进行这样的尝试。就算韦斯帕芗将尼禄想要建造广阔人工湖的土地改建成了竞技场，提图斯和图拉真也在黄金宫殿被毁坏的废墟上分别建造了公共浴场，使得皇帝尼禄曾经的都市计划都变为一张白纸，但是尼禄制定的货币体系仍然被后来的皇帝沿用，而且这一用就是 120 多年。由此可见，尼禄皇帝的货币改革，对于公元 1 世纪中期到公元 2 世纪后半期的罗马帝国来说是非常合适的。

罗马进入帝政时期后货币的演变

金属	名称	换算值	重量（克）	含量
皇帝奥古斯都的货币改革（公元前 23—公元 64 年）				
金	奥里斯	25 第纳尔	7.80	金 100%
银	第纳尔	4 塞斯特斯	3.90	银 100%
铜	塞斯特斯	4 阿斯	28	铜 80% 锌 20%
皇帝尼禄的货币改革（64—214 年）				
金	奥里斯	25 第纳尔	7.30	金 100%
银	第纳尔	4 塞斯特斯	3.41	银 92%
铜	塞斯特斯	与奥古斯都时期的铜币相同		
皇帝卡拉卡拉的货币改革（214—260 年左右）				
金	奥里斯		6.50	金 100%
银	第纳尔		3	银 70%
	安东尼	2 第纳尔	5.5	银 50% 铜 50%
铜	塞斯特斯	与之前的铜币相同，铸造量减少了		
皇帝加里恩努斯时代（253—268 年）				
金	奥里斯		5.5	金 100%
银	安东尼		3	银 5% 铜 95%（镀银）
铜	基本不再铸造			
皇帝奥勒良的货币改革（274—294 年）				
金	奥里斯		6.5	金 100%
银	安东尼	5 第纳尔	3.9	银 5% 铜 95%
铜	由于铜币的制作材料价格不断下跌，铜币失去存在的价值而停止铸造			

那个时代可以说是罗马帝国最为兴盛的时期，当然经济实力也处于鼎盛时期。而经济的活跃自然会带来货币流通量的提升，也就是说，市场上流通需要的货币数量超出了现有的货币供应量。但是如果为了适应经济增长的需求而加大金银矿的开采数量的话，那么用不了

多久矿脉就将枯竭。因此，皇帝尼禄需要的是一个不用增加矿山的开采量，也可以解决货币流通量不足的办法。也就是说，尼禄的改革并非单纯地降低造币的成本，而是在“罗马统治下的和平”局面下，为了应对经济增长的需求而不得不采取的金融缓和手段。

但是，在距离尼禄时代 150 年之后的卡拉卡拉时代进行的货币改革完完全全是为了填补因军费增加而造成的财政缺口。上表是从奥古斯都时期开始罗马帝国的货币演变情况。通过这个表格我们不难看出，公元 3 世纪时期的罗马帝国已经在经济上面临着非常严重的危机。

帕提亚战争

对 26 岁的卡拉卡拉来说，经济改革显得非常枯燥乏味，他迫不及待地想要回到像一年前那样驰骋沙场的生活之中。公元 214 年春季，他将刚刚制定不久的货币改革政策全权交由内阁负责，随后便向北方进军。这次他的母亲尤利亚 · 多姆娜也和他同行。虽然卡拉卡拉最初的目的地是多瑙河前线，但他如果想要与帕提亚开战，那么便不得不踏入叙利亚的土地，而叙利亚正是尤利亚 · 多姆娜的故乡。因为这次的对手是强大的帕提亚，所以卡拉卡拉带上了他全部的近卫军团士兵。近卫军团的长官马克里努斯也借助这次机会加入随行幕僚的队伍中。

正如生活在当时的历史学家卡西乌斯 · 狄奥在他记载的罗马史中描述的那样，多瑙河防线的状况直接反映出罗马帝国的安全保障体制是否在正常地运行。这条从维也纳连接布达佩斯、穿过贝尔格莱德直达黑海的多瑙河防线，是“罗马统治下的和平”的生命线。皇帝巡视如此重要的防线，巩固这一带的防御体系，对罗马人来说有着非常重要的意义。

卡拉卡拉此次进军做好了战和两手准备。通过巧妙的外交手腕，他使同为日耳曼民族的马科曼尼人和汪达尔人关系破裂。同时，他又与达契亚人结盟。紧接着当场逮捕并处死了拒绝自己结盟要求的库瓦迪人族长。随后，他将能够在短期内打败的各个小型部族一网打尽，使其无法对罗马境内构成威胁。总之，他成功地沿用了罗马人“分而治之”（divide et impera）的传统对外政策。就这样，通过他父亲塞维鲁时代的不列颠战争，他统治时期对莱茵河防线与日耳曼长城的巩固，加之现在对多瑙河防线巩固的完成，卡拉卡拉终于可以毫无后顾之忧地向东方进军了。正如我之前说的那样，虽然他算不上一位贤明的政治家，但在军事方面拥有不俗的能力。

同巩固莱茵河防线与日耳曼长城的时候一样，成功巩固多瑙河防线的巡查过程，使这位年轻的皇帝在士兵中的威望进一步提升。对于经常要和敌人以命相搏的士兵们来说，指挥官的能力直接决定他们的生死，而且他们也深知由胜利带来的自信比兵器更加强大。就连首都居民因为对高卢风格的服饰感到好奇而流传开来的绰号“卡拉卡拉”，也成为前线士兵对这位皇帝的爱称。不管这位皇帝穿着怎样的奇装异服，只要他拥有卓越的军事才能，便足以作为军队的最高统帅受人敬仰。曾经只被看作先帝塞维鲁儿子的卡拉卡拉，逐渐地以皇帝卡拉卡拉的身份被士兵接受。士兵对卡拉卡拉的这种感情，即便在这位皇帝死后也仍然持续了很长时间。

成功巩固了多瑙河防线的卡拉卡拉，并没有继续沿河向黑海进发，而是顺着东南方向的道路来到下游的远默西亚行省。这条穿越巴尔干半岛抵达赫勒斯滂海峡（今达达尼尔海峡）的道路，当然也属于罗马那纵横交错的交通网络。

跨过赫勒斯滂那狭窄的海峡进入小亚细亚之后，卡拉卡拉也没有率先进入在政治与军事上都处于重要地位的尼科美底亚（今土耳其的伊兹米特），而是径直奔向荷马长篇战争叙事诗《伊利亚特》发生的舞台，以古战场闻名于世的特洛伊。与其说卡拉卡拉喜欢读《伊利亚特》，不如说他崇拜的亚历山大大帝喜欢读《伊利亚特》，因此，卡拉卡拉造访特洛伊的举动完全是效仿那位年轻的帝王在远征波斯之前的所作所为。当年亚历山大大帝造访特洛伊的时候只有 22 岁，而现在的卡拉卡拉也不过 26 岁而已。

效仿自己的偶像造访古代英雄遗迹的卡拉卡拉，在参拜《伊利亚特》的主人公之一、英年早逝的阿喀琉斯的坟墓时，为了祭奠这位英雄而和麾下的年轻武将们在运动会上同场竞技。希腊和罗马时期的运动会不单是为了强身健体，主要是为了祭祀神灵。据说卡拉卡拉在访问特洛伊的时候脸上始终带着淡淡的忧伤，似乎是在吊唁不久前去世的好友法斯托斯。也许他这个时候也体会到了因为好友帕特洛克罗斯的战死而悲痛不已的阿喀琉斯的心情吧。

离开特洛伊古战场，卡拉卡拉沿着海岸线南下来到帕加马。因为罗马时代的帕加马是仅次于希腊雅典和埃及亚历山大港的文化中心，所以这也被看作他送给同行的母亲尤利亚·多姆娜的一个礼物。作为一个多神教国家的皇帝，他也非常称职地参加了对医神阿斯克勒庇俄斯的祭祀活动。在访问完帕加马之后，卡拉卡拉转向东北，为了度过这一年的冬天而前往尼科美底亚。

位于拜占庭（今土耳其的伊斯坦布尔）附近的尼科美底亚之所以显得尤为重要，不仅因为它是比提尼亚行省的首府，这里是从欧洲前往亚细亚时最先抵达的城市，同时也是因为它毗邻博斯普鲁斯

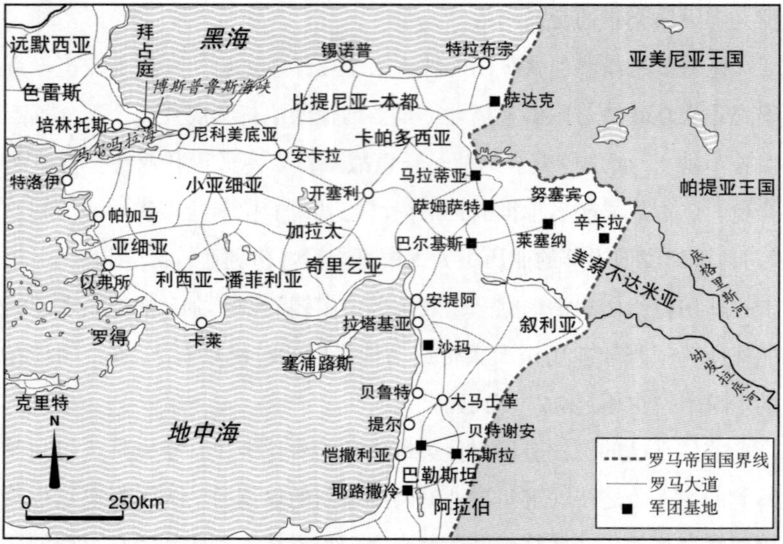

公元 3 世纪初期小亚细亚及其周边

海峡，拥有对黑海的制海权和防卫优势，可以说是从欧洲进军亚洲的后方基地。卡拉卡拉之所以特地选择在尼科美底亚越冬，也是为了顺便视察在黑海巡航的舰队。对于联结帝国“西方”与“东方”的小亚细亚地区来说，不仅要重视与“罗马统治下的和平”息息相关的南侧地中海海域，用来时刻抵御北方蛮族入侵的黑海制海权也同样至关重要。

公元 215 年，离开了尼科美底亚的卡拉卡拉一行从小亚细亚西北部直接向东南部的叙利亚进发，不到 5 月他便抵达了位于地中海东部的安提阿。在与帕提亚王国交战的时候，罗马军队都会习惯性地将这个与埃及的亚历山大港并称为帝国东方最大都市的安提阿作为后方基地。卡拉卡拉当然也不例外，在这个叙利亚行省的首府开始着手编组与帕提亚王国交战的部队。

虽然不知道卡拉卡拉与帕提亚王国交战时率领的军队阵容，但是因为史料上并没有关于其调用多瑙河沿岸防卫军团的记载，由此可见，这次进行作战的部队是由驻扎在东方的各个罗马军团整编而成。

负责帝国东方的防卫任务，同时也肩负着幼发拉底河防线防守重任的罗马军队共计 10 个军团。由北向南分别是驻扎在小亚细亚东侧卡帕多西亚行省的 2 个军团、驻扎在叙利亚的 3 个军团、以巴勒斯坦为基地的 2 个军团、驻扎在被罗马人称为阿拉伯的现约旦附近的 1 个军团，以及被先帝塞维鲁从帕提亚手中夺取之后成为罗马行省的北美索不达米亚基地的 2 个军团。军团兵多达 6 万人，如果加上辅助兵更是超过 10 万人，可以说拥有非常强大的战斗力。如果只给这些军团留下防守的基础兵力，将其余的士兵全部动员起来的话，就可以编成一支即便与强大的帕提亚王国交战也完全处于优势地位的强大军队。虽然历代的罗马皇帝采用的都是这样一种战斗方式，但是卡拉卡拉打破了一直以来的传统，他开创性地设立了在此以后逐渐成为罗马军队战斗主力的机动部队。

机动部队

在拉丁语中被称为“Vexillationes”的机动部队并非卡拉卡拉的原创。图拉真和马可·奥勒留两位皇帝也曾经采用过这种方法。卡拉卡拉只是沿用了这个名称，实际上部队的成员和用途与之前完全不同，简直可以说是重新设计。

以前的“机动部队”，顾名思义只是从其他军团临时调派出来的军队，在完成当前任务之后还会回到其所属的军团中。但是卡拉卡拉的“机动部队”是由从各个军团中选拔出来的士兵组建的独立于军团之外的部队，并且在完成任务之后这个部队也仍然会被保留下来。也就是说，在卡拉卡拉的改造下，罗马军队除了原先拥有的 33 个军团之外，又多出了一个“机动部队”。

从前的机动部队只以“精锐老练”作为选拔基准而不问年龄，但是卡拉卡拉要求机动部队的成员必须年轻。他认为只有那些还没有成家的单身士兵才能够承受长期离开驻地前往各处作战的艰苦，所以他手下的机动部队中年轻人占了绝大多数。

虽然从没有研究者留下关于这部分内容的记载，但是我觉得卡拉卡拉之所以会颁布授予所有行省居民罗马公民权的《安东尼努斯敕令》，或许也是出于下列的考虑：

罗马军团原本是由拥有罗马公民权的军团兵以及属于行省居民的辅助兵组成的。虽然自从三年前的法令颁布之后，军团兵和辅助兵之间的区别也随之消失，但是军团兵与辅助兵之间战斗力的差距依然存在。军团兵长期作为主要战斗力接受训练，对于重装步兵常用的各种武器也掌握得十分熟练。而行省士兵不管在训练上还是使用武器上，都只不过是辅助战斗力而已。因此，这两者的一体化进程绝对不是一朝一夕就能够实现的，而且既然会有民众特别在墓碑上刻着“《安东尼努斯敕令》颁布前的罗马公民”，军团兵拥有的罗马公民荣誉感也不容忽视。即便在敕令颁布之后，军团兵与辅助兵之间的区别依旧延续了下来。为了解决这个问题，年轻的皇帝想出了一个特别的办法。

卡拉卡拉希望通过不分军团兵还是辅助兵，只要年龄合适便可以加入机动部队的方式来实现两者的平等。同时，他还将已经成家立业的士兵以及中层以上的干部都留在军团之中。这种让老兵留守基地、年轻人冲锋陷阵的新系统，得到了双方的一致好评。因为没有在任何史料上发现对这一举措的批判性言论。顺便说一下，罗马人所谓的“现役”可以持续到45岁，而新兵志愿入伍的年龄只有17岁。另外，自从罗马进入帝政时期以来便一直不允许士兵在服役期间结婚的罗马军队，在卡拉卡拉的父亲塞维鲁皇帝时期得到了“解禁”。也就是说，军团兵能够在退役前正式结婚只是短短10年前的事情，到了卡拉卡拉统治时期的军团兵则正在充分地享受塞维鲁皇帝馈赠的这份礼品。

但是卡拉卡拉的这项政策也和《安东尼努斯敕令》一样，随着岁月的流逝逐渐由正面因素向负面因素转变。或者说只取得了短期的积极效果，而之后却给帝国造成了非常严重的影响。

之所以这样说，是因为罗马帝国边境的和平从没有超过20年，在稳定一段时间之后必然要再次面对四方蛮族的大举入侵，而到了那个时候，防线上就不得不面对战斗力量老龄化的问题，因为防卫基地的军团兵与机动部队的年龄差距已经成为罗马军队的常态。

卡拉卡拉以前的皇帝之所以在组建机动部队完成任务之后又让其回归到所属部队，是有一定道理的。为了确保防线的稳固性，在抽调其中的士兵之后必须再次补充回去。虽然体力旺盛的年轻人对机动作战非常重要，但如果因此使留在防线的战斗力老龄化是得不偿失的。当所有人都认识到这种将军团和机动部队两极分化的举措带来的负面影响时，却发现已经没有办法回到图拉真和马可·奥勒留时期的做法了。因为基地防守力量的老龄化问题已经成为连蛮族都非常清楚的事实。结果蛮族的入侵一下子频繁起来，面对这些不知何时会从什么地方攻来的敌人，却只有机动部队能够与之抗衡。

每一项政策在实施之前都应该考虑是否会给将来带来不好的影

响。缺乏深谋远虑就会导致目光短浅，虽然不能将蛮族入侵的原因完全归结于卡拉卡拉的机动部队政策，但至少是导致蛮族频繁入侵的原因之一。

前往美索不达米亚

不过，回到公元 215 年的那个时期，27 岁的皇帝在与自己年纪相仿的士兵们的簇拥下一定充满了自信吧。而且能够被选拔进“机动部队”，士兵们的士气也一定十分高昂。毕竟他们直属的司令官正是虽然年纪轻轻却未曾有败绩的卡拉卡拉。没有什么比对胜利的自信更能够使士兵们斗志昂扬，而在卡拉卡拉身为总指挥的军队中充满了这种胜利的信心。

虽然年轻气盛，但是他仍然忠实地遵循罗马的传统，在进军之前派遣外交使节前往帕提亚。特使向帕提亚国王沃洛吉斯五世传达了罗马皇帝和平解决战争问题的条件。那就是将明显对罗马帝国持有敌意的梯里达底和他的支持者全部交出来。如果帕提亚接受这个条件，那么罗马将和帕提亚签订互不侵犯条约，否则将不可避免地开战。

卡拉卡拉认为对方一定会拒绝自己的要求。因为梯里达底是沃洛吉斯五世的伯父，就算为了媾和，对方也不可能将如此重要的人物交给罗马帝国。派遣外交使节只不过是为了遵循罗马帝国一直以来的传统，但实际上他是渴望开战的。

可是帕提亚国王沃洛吉斯五世的回答却是同意。他之所以会做出如此出人意料的回复，或许是因为自从卡拉卡拉进入小亚细亚以来，驻扎在帝国东方的罗马军队的活动一下子变得异常频繁，而这些情况都传到了帕提亚王国。本就为宫廷内斗而烦恼不已的帕提亚国王根本

沃洛吉斯五世

不希望与罗马之间再发生什么争执。结果这样一来，卡拉卡拉就失去了开战的理由，只好与帕提亚签订停战协议。利用这段时间，卡拉卡拉访问了埃及。他将与帕提亚使节交涉停战协议的任务全权交给大臣们，自己则沿着地中海穿过巴勒斯坦地区南下进入埃及。

虽然他在参拜亚历山大大帝的陵园以及参观金字塔和尼罗河沿岸的古建筑群时心情都非常不错，但是当他在亚历山大港遭到年轻人的责备时忽然大发雷霆。究竟这些年轻人对他说了些什么，因为没有留下任何记录而无从考证。但是这场因为卡拉卡拉的一时冲动而引发的惨案是无可争议的事实。

据说当时很多年轻人聚集在体育场中向卡拉卡拉提出抗议，但当他们回过神来的时候发现自己已经被大量的士兵包围，随后这些年轻人全被杀害了。这场惨无人道的虐杀引起当地市民的强烈愤慨，而卡拉卡拉甚至等不及调动驻扎在亚历山大港附近基地的军团兵，便指挥近卫军团镇压了市民的暴动。在这场骚乱中数千名亚历山大港的市民被杀。也许对卡拉卡拉来说，这些被自己赋予罗马公民权的行省居民，根本不应该对自己提出任何抗议。不过即便如此，他的做法也确实过于残暴。就连一直对卡拉卡拉没有什么特别意见的罗马元老院，也因为这次事件而对这位年轻的皇帝产生了其他的看法。从元老院元老到普通公民，卡拉卡拉曾经杀害了自己的岳父、妻子以及弟弟的行为，又重新浮现在他们的脑海中。

在这次惨剧发生后不久，卡拉卡拉便急急忙忙地从埃及返回叙利亚，因为他听说帕提亚王国内部发生了政变，阿尔达班打败了他的皇兄自立为王，并且成功控制了除巴比伦尼亚以及王国南部地区以外的全部国土。

这对于一直盼望与帕提亚开战的卡拉卡拉来说简直就是一个天大的好消息。虽然在停战中不能向对方发动攻击，但因为停战协议是与先王签署的，既然现在帕提亚王国的政权发生了变化，那么曾经签订的一切协议就全部变成了一纸空文。于是卡拉卡拉命令手下的全部军队做好向东方进军的准备。

于公元216年春季打响的帕提亚战争，前期完全由罗马军队占据着优势。从北美索不达米亚南下的罗马军队和从叙利亚向东部进发的罗马军队对帕提亚军队形成夹击之势，迫使对方节节败退。但是，伴随着夏季的到来，战况也发生了转变。与北部的攻势全由军团负责不同，从叙利亚方向进军的罗马军队是以卡拉卡拉最引以为傲的“机动部队”为主。伴随着战斗的不断深入，这支新编成的队伍逐渐显露出其经验不足的弱点。老兵的优势在于即便陷入困境，也能够凭借自身的经验重整旗鼓，并且找出解决的办法。但是当经验不足的新兵陷入苦战之时很容易产生恐慌心理，变得只想逃跑。另外，这些新编成的队伍中指挥官也能力不足，卡拉卡拉在选拔人才时犯下的错误一下子全显露了出来。

不过，这毕竟是一支被先帝塞维鲁强化过的罗马军队，在老兵的帮助下并没有那么容易崩溃。两国在幼发拉底河与底格里斯河之间的战斗陷入了胶着状态。

深入敌境的罗马军队迫切需要打破这种胶着状态，于是卡拉卡拉向帕提亚国王阿尔达班提出要迎娶对方的女儿为妻。据说他之所以会提出这个要求，是因为希望通过这次联姻使罗马和帕提亚这两大强国联合起来，将罗马的步兵和帕提亚的骑兵组成拥有最强战斗力的军团。也许因为他的偶像亚历山大大帝就曾经迎娶了波斯国王的女儿，而帕提亚正好和古代波斯处于同一地理位置上，所以他才产生这种想法。亚历山大大帝确实拥有将希腊与波斯这两个民族融为一体的梦想，但他为了实现这个梦想进行了三次大规模的会战，并且都大获全胜，而且是在将波斯帝国灭亡之后，才迎娶了幸存下来的公主。也就是说以胜利者的姿态与对方融合。反观卡拉卡拉提出请求的对象帕提亚王国，不但没有被打败，甚至还将罗马军队牢牢地钉死在两河流域动弹不得。对罗马人来说，从来都是在战胜之后才会讲和，战败的时候必须咬紧牙关坚持到底。而且罗马人对皇帝迎娶其他国家的公主这件事，也有自己的一番看法。

虽然军团兵在驻扎地与当地的原住民女性结婚，生下来的混血儿都会获得罗马公民权，但是身为最高统治者的皇帝不能够迎娶外国的女性为妻。因为军团兵和原住民女性之间生下来的孩子不会对国家未来的方向产生影响，但是身为最高统治者的皇帝与其他国家的公主之间生下的孩子就没那么简单了。如果这个孩子将来继承了皇位的话，

阿尔达班

那么罗马这个国家的命运就完全掌握在他的手中，甚至还有可能产生被拥有他另一半血统的国家吞并的危险。不过对于罗马公民来说，他们拥有防患于未然的权利。因为元老院和公民才是罗马这个国家真正的主人，皇帝只不过是这个“共同体”真正的主人委托的统治者而已。皇帝在被授予至高无上的权力的同时，也要承担相应的义务。正如尤里乌斯·恺撒所说：“越是身居高位者越没有个人的自由。”因此，有些事情普通公民可以做，但是位高权重的人不能做。这就是普通公民观念的依据。

恺撒虽然深爱着克娄巴特拉，却不能娶她为妻，就是这个原因。

后来安东尼敢于和这位埃及女王结婚，但是他的这一举动使罗马人对他失去了信心。在清除了暗杀恺撒的布鲁图一派之后，同为恺撒派的安东尼与屋大维（后来的奥古斯都）之间展开了激烈的权力斗争。在军事才能上完全处于优势的安东尼之所以败给后者，就是因为当时一大半的罗马人都已经不再支持他而转投屋大维麾下。

公元1世纪时，皇帝提图斯曾经想要迎娶当时与罗马帝国处于同盟关系的犹太的一位公主。但是，得知这一消息的罗马民众甚至顾不上观看精彩的角斗表演，纷纷向坐在圆形竞技场特别座席上的提图斯发出了强烈的抗议和嘘声。面对如此强大的舆论压力，皇帝不得不放弃与这位女性结婚的打算。罗马民众之所以反对皇帝迎娶这位公主，并不是因为她的犹太人身份，只是因为皇帝不能和其他国家的女性结婚。不过行省出身的女性并不在被禁止的范围之内，因为在罗马人看来行省也是罗马帝国的一部分。但是同盟国就完全不行了。

罗马人就算在内乱时期也只是自己人之间的争斗，从来没有一个人会去寻求其他国家的帮助。尽管在罗马漫长的历史中曾经发生过许多次以内乱为名的势力斗争，但是其中完全没有出现过借助外国势力来击败同胞的情况。这应该也算是罗马人的特点之一吧。而之所以没有人这么做，恐怕是因为这种行为会彻底失去同胞的支持。

实际上，当卡拉卡拉提出要与帕提亚的公主结婚时，就已经遭到了罗马元老院的一致反对。而这种情绪在首都居民之间扩散开来也只不过是时间问题。

不惜付出失去自己国民支持的高昂代价（或者说，卡拉卡拉虽然深知这一点却又不得不这样做），罗马皇帝卡拉卡拉仍然提出要与帕提亚公主结婚的请求。虽然这一完全违背罗马人民意愿的行为最终遭到对方的拒绝，但是帕提亚国王的拒绝也无法拯救卡拉卡拉犯下的过错。罗马元老院将这一事件评判为伤害罗马皇帝权威的草率之举，也是理所当然的。

对于求婚与媾和的请求都被拒绝的卡拉卡拉来说，秋季的到来成

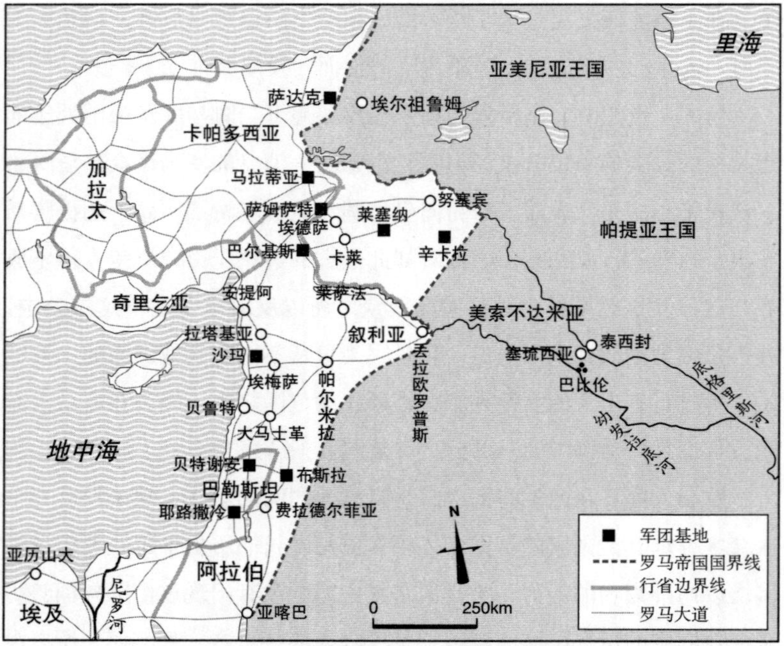

公元 3 世纪初期美索不达米亚及其周边

为他撤退的最佳理由。因为他不能让士兵们在战场上过冬。但是不管是士兵还是身为最高司令官的他，都没有撤退到作为后方基地的安提阿。这位年轻的皇帝将军队驻扎在距离幼发拉底河以东 50 公里处的埃德萨（今土耳其的乌尔法）越冬，这里也是当时罗马军队与帕提亚王国交战的前线基地。军团兵纷纷在附近的城镇驻扎下来，不管是皇帝还是士兵都没有离开美索不达米亚地区的战场。这也意味着等到来年也就是公元 217 年的春天，罗马与帕提亚之间的战争还会重新开始。

谋杀

与忙于战事的士兵相比，在冬季的军营中无所事事的士兵更加难以管束。在公元 216 年到 217 年的冬天临近尾声时，一些犯了错误的士兵遭到皇帝卡拉卡拉严厉的训斥和惩罚。批评也是一种艺术，属于人际关系中比较难以掌握的技巧，会使对方感到屈辱的批评方法显然不是好方法。而卡拉卡拉施加的惩罚，对于士兵来说就有些过于严厉了。

士兵将内心中的不满向他们的长官马克里努斯倾诉，并且还对他说："卡拉卡拉陷入与帕提亚的苦战，如果您有取而代之的想法，我们都会支持您。"

身为两位近卫军团长官之一的马克里努斯来自北非的努米底亚行省（今阿尔及利亚），他的父亲是摩尔人解放奴隶，所以他是一个从底层一步步爬到现在的位置的人。与那些虽然出身低贱却因才能出众而一路飞黄腾达的人不同，马克里努斯在成功的道路上一直默默无闻。他深知，自己能否维持如今的地位，完全要看任命自己的卡拉卡拉的心情。因此，他在听到士兵们对他的倾诉时，心中首先感到的只有惶恐和不安。

更糟糕的是，本应该秘密进行的这场会谈，却传到了卡拉卡拉一位朋友的耳朵里。这件事如果被皇帝知道，那么他就彻底完蛋了。忧心忡忡的马克里努斯于是利用自己的职务之便，将他的一名直属部下提拔为皇帝的警卫队队长。据说这个人因为卡拉卡拉向帕提亚公主求婚而感到非常的愤慨。

公元 217 年 4 月，在北美索不达米亚度过冬天的罗马军队重新开始行动起来。他们的攻击目标也早已确定，就是位于幼发拉底河与底

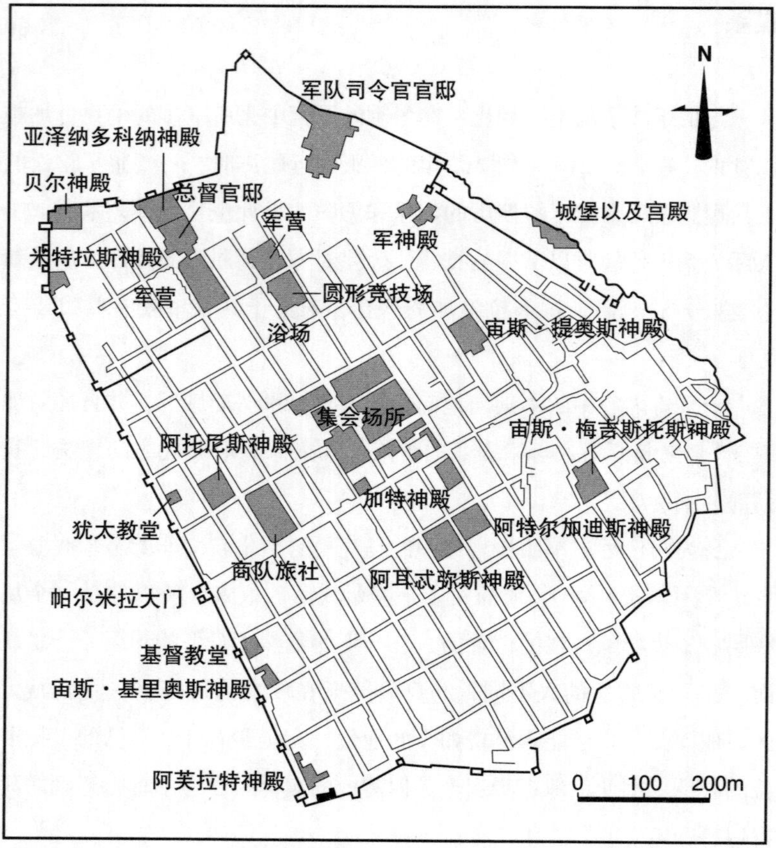

丢拉欧罗普斯

格里斯河中间的帕提亚首都及主要都市。卡拉卡拉带着志在必得的决心，仅仅 8 天便将作为越冬营地的埃德萨远远地抛在了身后。

从各越冬营地赶来的罗马军队，如同千万道溪流汇聚成一条大河。军队计划首先在幼发拉底河沿岸的某处军事基地集结，随后沿着河岸向东南方向进发，目标直指帕提亚首都泰西封。据说罗马军队的集结地是丢拉欧罗普斯（Dura Europus），这座由罗马人一手建造起来的要塞城市，早在马可·奥勒留时期便因为与帕提亚交战之时的重要地理位置而被作为罗马帝国的前线基地之一，距离当时已有半个多世纪的历史。但是，卡拉卡拉连这个地方都没能走到。

从军团驻地萨莫萨塔（今土耳其的萨姆萨特）出发来到埃德萨，然后经由卡莱南下前往幼发拉底河的旅途，都有罗马铺设的大道。从埃德萨到卡莱只有不到30公里的路程，就在这段大道的中间，与城市相隔很远的平原上有一座神殿。虽然这只是一座用来祭祀太阳神的小庙堂，但卡拉卡拉还是决定顺路参拜一下。在皇帝和他的警卫们离开大道向平原进发的过程中，从萨莫萨塔军团基地出发奔赴前线的第十四军团的士兵已经超越他们走到了前面。

当卡拉卡拉在这个人迹罕至的小庙堂中祈祷的时候，警卫队队长将手中的短剑刺入了他的后背。等候在外面的士兵听到里面的叫声纷纷冲了进去，假意查看皇帝的伤势，脱下他的胸甲，随后大家一起用手中的武器向卡拉卡拉的胸膛刺去。

警卫队的士兵们抬着浑身沾满鲜血的皇帝遗体，在警卫队长的带领下返回大道上。而近卫军团的长官马克里努斯早已在那里等候多时了。

不知道他对皇帝的突然死亡给出了怎样的解释，但是如果说皇帝是被隐藏在神殿中的疯子杀害，那么身为皇帝警卫队的士兵却没有受到惩罚，一定会让人感到非常难以理解吧。总之，卡拉卡拉就这样在刚刚迎来自己29岁生日之后不久便被杀害了。而得知罗马军出征的帕提亚国王及其军队，此时正在为了迎击而北上前往美索不达米亚的途中。

卡拉卡拉被谋杀与马克里努斯继任皇帝只隔了三天。在这三天中，军团长与将军之间究竟都说了些什么已经无从考证。总之，三天后，即11日，不管怎样，马克里努斯还是在士兵们一致的推举声中登上了皇帝的宝座。身为罗马公民的士兵是真真正正的选民。由这些选民举手表决推举出来的皇帝，可以说是一种直接民主制的选举方式。但是直接民主制的弊端在于，只要有几个煽动者及其同党，便很容易决定最终选举的结果。虽然士兵对于卡拉卡拉的突然死亡也难免心存疑虑，但是他们毕竟是士兵，面对不断逼近的敌方大军，最高司令官的位置绝对不能够空缺。

卡拉卡拉的遗体被当场以罗马的方式火化，只有骨灰被送往安提阿。留在安提阿的尤利亚·多姆娜在得知这个消息之后毫不犹豫地选择了自杀，没有留下任何遗言。新任皇帝马克里努斯并没有派人前来迫害。这位塞维鲁皇帝的妻子，就算能够承受盖塔被杀的悲痛，但是在失去另一个儿子卡拉卡拉之后终于崩溃了。母子二人的骨灰都经海路被送回罗马，埋葬在耸立于台伯河岸边的哈德良陵墓中。马克里努斯向元老院申请将卡拉卡拉神格化，元老院通过了他的这一请求，将卡拉卡拉追封为神明。罗马人就是这样一个什么都可以神格化的民族。

就这样，摩尔人的儿子，连元老院元老身份都没有的马克里努斯，在53岁的时候成了罗马帝国的皇帝。士兵们因为大敌当前而推举他作为全军统帅的行为可以理解，而连罗马元老院也如此痛快地承认了他的皇帝身份，想必是因为他们也对卡拉卡拉感到厌烦了吧。马克里努斯在从美索不达米亚送往罗马的书信中要求罗马帝国以马可·奥勒留时期的统治为标准，并且将卡拉卡拉提高的遗产税和奴隶解放税的税率从10%重新调整回之前的5%。受到这两种税率倍增影响的大部分人是富裕阶级，而元老院元老们正属于这一范畴。对于出身贫贱的皇帝来说，必须想尽一切办法去讨好元老院，元老院方面一定也认为自己可以随心所欲地操纵这位皇帝。但是对面对帕提亚大军的马克里努斯来说，帝王之路并没有他想象的那么简单。

皇帝马克里努斯（公元217—218年在位）

将卡拉卡拉的死亡伪装成一场意外，又在其死后请求元老院将其神格化的马克里努斯，不管他内心是怎么想的，都不得不继续面对由卡拉卡拉挑起的帕提亚战争。但是，因为从先帝的突然死亡到新皇帝的继位之间耗费了三天的时间，加之将各个军团的司令官召集到新皇帝的身边进行协议又花费了不少时间，导致罗马军队失去了进攻敌人大本营的最佳时机。

面对趁这段时间不断逼近的帕提亚军，罗马军从原来的进攻方迫不得已变成防守方。为了在会战开始前争取时间集结军队，马克里努斯向帕提亚军中派遣使节媾和。但是已经得知罗马方面发生变故的帕提亚国王给出的答复完全超出马克里努斯的预期。

对方开出的条件是要求罗马军队撤出美索不达米亚全境。美索不达米亚指的是被夹在幼发拉底河与底格里斯河之间的大片区域。从美索不达米亚撤军意味着要将军队全部退回到幼发拉底河以西。这实际上就退回到80年前哈德良皇帝划定的罗马帝国与帕提亚之间的国界线。如果同意这个条件，就等于放弃了马可·奥勒留以及塞维鲁付出巨大牺牲才获得的北美索不达米亚。因为马克里努斯从来没有展现过自己的实力，也没有像卡拉卡拉那样身为先帝继承人的正统性，如果他接受对方的这个条件，那么毫无疑问会引起士兵们的不满，甚至还会导致叛乱。

结果，在临近夏季的时候，罗马与帕提亚之间的第一场战斗在位于美索不达米亚东北方的努塞宾（今土耳其东南部的努塞宾）打响，这里也是先帝塞维鲁划定的罗马与帕提亚的国界线。不知为何，当时罗马与帕提亚之间的国界线与现代叙利亚和伊拉克之间的国界线完全一致。

虽然这场发生在古代两大强国之间的第一场会战以双方不分胜负暂时告一段落，但是由于罗马方面的指挥无法统一，帕提亚方面略占上风。等到秋季进行第二场会战时，虽然最终的结果仍然是不分胜负，但是这次自始至终占据优势地位的变成了罗马军队。

在古代一到秋天，只要没有什么特别的情况都会自然地进入休战期。敌我双方都会偃旗息鼓，转向冬营地进发。这一年帕提亚国王已经返回首都，但是罗马皇帝马克里努斯没有像卡拉卡拉那样为了在来年春天立刻开战选择附近的冬营地，而是将军队全部撤回了安提阿。或许成为皇帝的他希望在比前线基地更加舒适的大城市越冬，不过他之所以选择在罗马境内安全舒适的都市越冬，并非只是为了满足个人的需求。因为他连士兵的冬营地都安排在了叙利亚各处，而非美索不达米亚。由此可见，他并不打算明年春天继续与对方开战。

撤退

事实上，这场战斗也确实没有在公元 218 年的春天再次展开。因为在冬季的时候，双方进行了极其秘密的和谈。

马克里努斯希望能够尽早回到首都罗马，凭借对自己表示出友好态度的元老院元老们的帮助巩固帝位。

帕提亚国王也为了稳固自己杀害王兄夺来的王位，而希望能够专心于政事。

本来双方都有着共同的利害关系，但是马克里努斯采取的并不是外交手段。所谓外交，是要通过尽可能少的“付出”换来尽可能多的“回报”。但马克里努斯为了尽快达成自己的目的而将对方的条件全盘接受了下来，以此缔结了和约。

他首先将被卡拉卡拉抓为人质的帕提亚国王的母亲送还对方，随后还支付了数额不明的赔偿金，就连之前战斗中缴获的战利品也如数归还给帕提亚王国。

他还应对方国王的要求，向对方赠送了一顶雕工精致的黄金桂冠。在此之前，只有“西方人”接受东方赠送的黄金桂冠，比如之前的亚历山大大帝以及随后的罗马诸位皇帝。因为向曾经的敌人赠送黄金桂冠的行为，被看作表示恭顺和降服的意思。而这次赠送黄金桂冠的人却换成了罗马皇帝。

至于帕提亚国王提出的从美索不达米亚地区全部撤军的要求，因为对方的态度十分强硬，一步也不肯退让，马克里努斯自然也只能接受。从北美索不达米亚被塞维鲁皇帝正式划为罗马行省开始仅仅过了20年的时间，便重新回到了帕提亚的支配之下。之前驻扎在当地的2个军团也撤回了叙利亚地区，分别派往其他的驻地。

就这样，位于罗马帝国行省美索不达米亚地区的所有城市，也在时隔40年后再次回归帕提亚的统治之下。在这些城市中，不管埃德萨、卡莱还是努塞宾，其中的上层阶级基本都是希腊人。追溯到其起源的话，这些城市都是在亚历山大大帝东征时，由那些从西方移民过来的希腊人建造的。因为这些希腊人在东方生活了很久，并且经常与东方人进行通商等贸易往来，所以不管统治者是罗马人还是帕提亚人，

马克里努斯

对他们来说影响都不大。他们只希望战斗不要发生在自己家门前。

不过话虽如此，当地的居民还是比较欢迎罗马人的统治，也许是因为罗马人的统治方式更加有利于贸易的发展。罗马皇帝基本不会征用行省居民作为劳动力，但是对于东方的专制君主们来说，被统治阶级都可以在必要的时候被征用作为劳动力。美索不达米亚地区经常成为罗马帝国与帕提亚以及随后的萨珊王朝之间的战场，只要罗马帝国不抛弃他们，他们就会站在罗马的一边参与战斗。但是，在公元218年，他们被罗马抛弃了。

“美索不达米亚”这个名字最早见于公元前4世纪的史书中，在希腊语中指的是被夹在幼发拉底河与底格里斯河之间的广阔区域。现在除了位于叙利亚境内的西北部地区之外，其余地区全部位于伊拉克境内。自古以来这里就是“东方”与“西方”两股势力经常发生激烈碰撞的地方。从波斯到帕提亚，东方国家的主要城市全部集中在美索不达米亚地区，罗马帝国从这个地方撤军，在东方看来，意味着西方势力的衰退。

皇帝马克里努斯应该也非常清楚这一点，虽然他宁愿付出这样的代价也想要尽快与对方媾和，希望能够早日返回首都巩固自己的统治。可惜事与愿违，这一举动最终导致了他的灭亡。因为即便皇帝能够接受失去美索不达米亚行省，士兵们却无法接受。那些帮助马克里努斯继承皇位的士兵开始后悔自己的决定，而这些士兵的心理变化都被一位女性看在眼里。

叙利亚的女人

出生于地方的人一旦登上高位，必然会将他的势力全部转移到中央，这一点从古至今都没有任何变化。公元 193 年继位的塞普提米乌斯·塞维鲁自然也不例外。塞维鲁皇帝的妻子尤利亚·多姆娜有一个叫作尤利亚·梅萨的妹妹，她也和姐姐一起离开了故乡叙利亚，住进位于帕拉蒂尼山上的宏伟宫殿里。这位叙利亚祭司的女儿由此便成了皇帝的妻妹，她的丈夫也是元老院的元老。姐姐多姆娜生下了盖塔和卡拉卡拉两个儿子，而妹妹梅萨则生下了两个女儿，这两个女儿分别和两个罗马人结婚，并且各自生下了一个儿子。不过，她的这两个女儿在结婚后不久便跟随前往叙利亚执行勤务命令的丈夫回到了她们的故乡。孩子们也都是在叙利亚出生并长大。当然，她们享受的待遇和

尤利亚·梅萨

其他的叙利亚女性是完全不同的，因为毕竟是皇帝的亲属。

就这样，原本位于叙利亚都市埃梅萨（今叙利亚的霍姆斯）的一个祭司家庭，因为有女性亲属嫁入皇室而爬上了帝国统治阶级的位置。其中对此感到最满意的人当属皇后尤利亚·多姆娜的妹妹尤利亚·梅萨。但是她在帝国首都罗马的奢华生活，随着外甥卡拉卡拉的突然死亡戛然而止。皇帝马克里努斯向元老院提出申请，要将与先帝有关的所有人都赶出首都，本就对卡拉卡拉心怀不满的元老院自然满心欢喜地执行了这一请求。因为卡拉卡拉没有后代，他的母亲尤利亚·多姆娜又已经自杀，所以与他有直系血缘关系的人都已经不复存在。剩下与卡拉卡拉有亲属关系的人尤利亚·梅萨便首当其冲，无法继续留在首都罗马的她只好回到故乡埃梅萨。

埃梅萨自古以来便作为太阳神信仰的中心而广为人知。

太阳神信仰是东方从古代开始流传下来的宗教之一，正如其他的东方宗教一样，太阳神信仰拥有世袭且独立的祭司阶级。当尤利亚·梅萨回到阔别20年的故乡时，迎接她的是双双失去丈夫成为寡妇的两个女儿和成长为少年的两个外孙。两个外孙中比较年长的埃拉伽巴路斯，虽然只有13岁，却已经继承了祖先传下来的祭司职位，而另一个外孙亚历山大当时只有9岁。虽然常年居住在叙利亚的两个女儿以及只知道叙利亚的两个外孙，对于当前的生活并没有什么太多的不满，但是习惯了首都罗马生活的尤利亚·梅萨在心中发誓一定要打倒马克里努斯，将自己被夺走的一切重新夺回来。而这个机会却比她预想中来得还要早。虽然自己手中没有一兵一卒，但尤利亚·梅萨制订的计划可以说是天衣无缝。

正如之前所说，埃梅萨作为东方传统的宗教发源地，太阳神信仰的中心，是在被罗马征服之前便已经存在的大都市。不仅如此，从埃梅萨往西70公里便可抵达地中海，向北140公里便可抵达安提阿。穿过东方的沙漠经由帕尔米拉来到丢拉欧罗普斯便可以抵达幼发拉底河河畔。南部经过大马士革和费拉德尔菲亚（今约旦首都安曼）就可以从亚喀巴进入红海。在地理位置上四通八达的埃梅萨，在战略上也同样具有非常重要的意义，这一点当然不会逃过罗马人的眼睛。实际上，叙利亚与巴勒斯坦地区的道路网正是以埃梅萨为中心展开的。如此重要的战略要地，罗马人却没有将其作为军团基地，是因为埃梅萨自古以来便是东方人的都市。

在罗马时代的都市中，凡是军团基地与居民住宅区相距较近的，比如维也纳、布达佩斯以及斯特拉斯堡，都是先有军团基地，随后才在其附近建立居民区。也就是说因为有军团基地的存在，才吸引了其他人纷纷移居过来。与此相反，在被罗马军队征服之前便已经有当地居民生活的城市，不管那里在战略上具有多么重要的意义，罗马人都不会强迫当地居民离开自己的家乡，然后将那里作为军团基地。他们会选择距离这个城市稍远一些的地方重新建设军团基地。这样一来不但可以避免与当地人发生冲突，而且因为相互间只有半天的行军路程，就算出现什么突发状况也可以及时赶到，另外，军团基地的存在本身也可以起到震慑作用。因此，位于近东地区交通要地的埃梅萨，也在距离其 40 公里左右的拉法内埃（今叙利亚的沙玛）有第三高卢军团常驻于此。

作为一个多民族、多宗教、多文化的国家，罗马帝国安全保障的基本理念当然也是守护帝国整体的安全，但在具体操作上，可以说是各人守护自己生长的地方。而且除了战争时期的调动之外，基本上各个军团都常驻在自己的军团基地。军团兵与当地女性结婚的行为完全得到国家认可，并且鼓励两人生的孩子也加入罗马军队。在罗马人看来，与防卫整个帝国的抽象概念相比，守护自己生长的土地这种具体的行为更容易被人接受。罗马的安全保障系统就是在这样现实的基础上建立起来的，第一代皇帝奥古斯都时期组建的 25 个军团，一直到 250 年后的塞普提米乌斯·塞维鲁时期仍然被保留了下来，也是这个原因。

不过，虽然军团本地化是基本方针，但是因为各个防线重要性的转变，有时候军团也不得不进行转移。到塞维鲁皇帝统治时期军团数扩增为 33 个，其中大部分军团在过去这 250 年间都进行过三四次的迁移。其中从来没有迁移过、一直在同一个基地驻扎的只有 2 个军团，一个是位于莱茵河北部，为了防范日耳曼民族入侵而驻扎在美因茨的第二十二普利米捷亚军团，另一个就是为了时刻监视幼发拉底河对面帕提亚王国动态而驻扎在拉法内埃的第三高卢军团。虽然叙利亚行省总共驻扎有 3 个军团，但是在这 250 年来一直都没有进行过迁徙的只有第三高卢军团。

正如军团名字显示的那样，这个军团当初是由来自高卢的士兵组成的。但是经过两个多世纪以来不断地在当地补充兵员以及与当地居民的混血，现在这个军团中叙利亚行省出身的士兵已经占了绝大多数。不过像这样的组织都非常注重他们的传统，而且当士兵身处一个拥有悠久历史传统的军团之中，每当通报军团名的时候都会产生一种荣耀感，更有利于激发士兵对其所属组织的忠诚。不仅如此，罗马军队还统一使用一种在顶端装饰有银鹫的军旗，银鹫下方的军旗上印有各军团的标志性动物。在军旗下战斗的士兵自然就是属于这个军团，而且不管军团中的士兵来自什么地方，只要站在银鹫旗的下方战斗就都是罗马帝国的战士。

从这种背景上考虑，第三高卢军团的

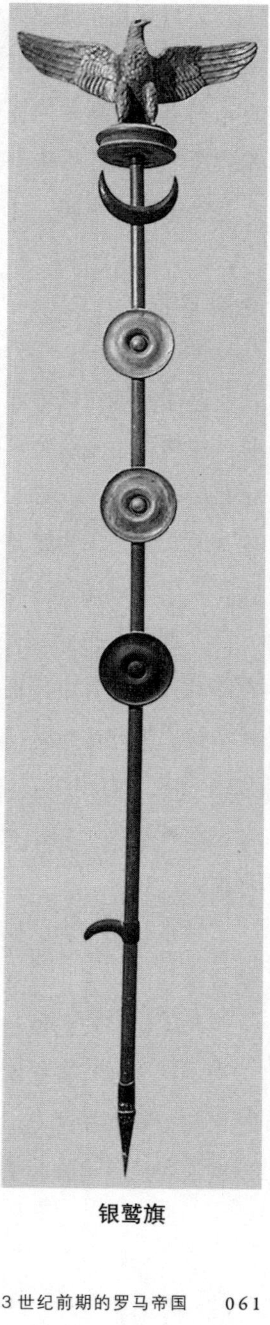

银鹫旗

士兵们与驻扎在叙利亚其他地区的军团兵相比，对帕提亚的抵抗意识更加强烈，认为守护罗马帝国的东方防线是自己当仁不让的职责。而皇帝马克里努斯对帕提亚表现出来的懦弱外交政策使他们难以容忍也是理所当然的。心中一直渴望打倒马克里努斯的尤利亚·梅萨利用的正是第三高卢军团。

重夺皇位

军团基地拉法内埃与埃梅萨之间如果骑马的话只有 4 个小时的路程。埃梅萨也是这个军团基地周围唯一的都市。因此第三高卢军团的士兵经常会为了放松心情前往埃梅萨消遣。而自从尤利亚·梅萨回到埃梅萨之后，因为她是先帝卡拉卡拉的姨母，所以不管是军团长还是将军，出于对先帝的尊敬，也经常会去拜访她。

尤利亚·梅萨趁此机会将当时已经 14 岁的外孙埃拉伽巴路斯引荐给众人，并且声称这个孩子的亲生父亲并非她的女婿，而是外甥卡拉卡拉。虽然这只是一个谎言，但是人类并不只因为事实而相信，还会因为希望而相信。生前的卡拉卡拉原本在士兵中就拥有极高的声誉，这样一来，第三高卢军团的士兵们更拥有了打倒马克里努斯的理由。

当尤利亚·梅萨成功地将第三高卢军团拉拢过来之后，剩下的事情就顺利得多了。从埃梅萨沿着罗马大道北上前往安提阿的途中有一个叫作阿帕美亚的城镇。皇帝马克里努斯与帕提亚缔结和约之后，从美索不达米亚行省撤军的第一和第三帕提亚军团的士兵们在确定屯驻地之前被安置在这里。因为两个军团不可能被安排在同一个基地，所以这很明显只是临时的安排。而这两个军团的士兵也和第三高卢军团一样对马克里努斯非常不满，当然理由也更加直接，他们在这 20 年来一直拼命守护的美索不达米亚行省，竟然因为马克里努斯的一纸和约便轻而易举地交到了帕提亚的手中。这对于为此贡献了一生的士兵来说，无异于晴天霹雳。因此他们被第三高卢军团说服也只是时间问题。

之所以说尤利亚 · 梅萨是一个精明的女人，是因为她在极短的时间内便拉拢到大量的支持者。公元 218 年 5 月 15 日太阳落山之后，她带着外孙埃拉伽巴路斯秘密地离开埃梅萨，前往 40 公里之外的拉法内埃军团基地。第三高卢军团的军团长亲自迎接他们的到来，并在第二天一早就将这个 14 岁的少年引荐给手下的将士们。因为一切都早已安排妥当，伴随着大队长的一声令下，百夫长纷纷齐声响应，最后士兵也全部发出推举新皇帝的欢呼，自始至终都按照预定的计划顺利进行。

身处叙利亚行省首府安提阿的马克里努斯很快便得知了这个消息，但是组织讨伐的军队花费了他不少时间。趁着这个空当，尤利亚 · 梅萨带着第三高卢军团进驻阿帕美亚基地，与第一和第三帕提亚军团会合。

马克里努斯任命一位近卫军团的长官带领着好不容易集结起来的军团从安提阿出发南下向阿帕美亚进军，结果半路便与埃拉伽巴路斯的三个军团相遇。眼看就要演变成罗马军队内战的局面，实际上并没有发生。在两军对垒都摆好阵势之后，马克里努斯手下的士兵发现在不远处的山丘之上耸立着一个卡拉卡拉的全身像，而旁边站着身着军装、威风凛凛的埃拉伽巴路斯。马克里努斯手下的士兵在看到这一幕之后，纷纷不由自主地放下手中的兵器。双方的士兵拥抱在一起，庆祝避免了自相残杀的悲剧。当天只有近卫军团的长官被杀，原因是他是由马克里努斯任命的。

被士兵抛弃的马克里努斯就算继续留在安提阿也是十分危险的。于是他果断地逃了出来，而逃亡的目的地则是遥远的罗马。也许他认为只要能够回到罗马，那么对自己抱有好感的元老院一定会想出办法。但是他不能从海上逃跑，因为一旦在船上被发现，那么自己就彻底无处可逃了。于是只能选择陆路的马克里努斯化装成邮政马车的警卫兵逃出了安提阿。帝国东方的所有士兵现在已经都成了他的敌人。统治者就算被憎恨也不能被蔑视，而马克里努斯却因为对帕提亚的外交政策表现出来的懦弱而遭到了所有人的蔑视。

马克里努斯的逃亡之路在小亚细亚的比提尼亚行省画上了句号。当地警卫队认出了马克里努斯，他正打算从邮政马车上逃跑，被追上来的士兵当场杀死，因为对他的厌恶，在将其杀死后才想起来应该事先通报上级。皇帝马克里努斯的统治只持续了不到一年的时间便宣告终结。这位悲惨的皇帝甚至在自己统治时期一直到死都没有踏入过帝国的首都罗马半步。

第二章　公元 218—235 年

皇帝埃拉伽巴路斯（公元 218—222 年在位）

横跨东西的罗马帝国终于迎来了第一位出生于“东方”的皇帝。在过去的那 120 年中罗马人对于行省出身的皇帝已经司空见惯，从西班牙人图拉真与哈德良，到北非的塞维鲁和他的儿子卡拉卡拉，这些行省出身的皇帝都是来自帝国的西方，就连仅仅做了一年皇帝的马克里努斯也是北非人，而埃拉伽巴路斯则是土生土长的叙利亚人。不仅如此，他还是东方太阳神信仰宗教的祭司。

因为卡拉卡拉在位时还那么年轻，所以埃拉伽巴路斯的母亲索艾美亚迪从来没有想过自己的儿子会继承皇位，于是从小对他的教育都是为了将来继承祭司的职位而进行的。也就是说，埃拉伽巴路斯完全没有接受过帝王的教育，而且他没有时间与环境满足对其他方面的好奇心，14 岁就当上了皇帝。我们自然不能期望埃拉伽巴路斯具有图拉真、哈德良以及塞维鲁甚至卡拉卡拉都有的气魄，认为自己不属于西班牙或北非地方，而属于全罗马。埃拉伽巴路斯彻头彻尾是个叙利亚人，本人也对这一点丝毫不感到疑惑。他心中也从来没有成为罗马皇帝就应该更像一个罗马人的自觉。

当他将自己作为皇帝的全名改为“马可·奥勒留·安敦尼·恺撒·奥古斯都”的时候，每个人都认为这个名字与他不搭调。结果大家虽然当面都称他为“恺撒”，但是背地里都叫他“埃拉伽巴路斯”。不过他自己也很喜欢别人叫他这个名字，因为“埃拉伽巴路斯”在叙利亚语中是“太阳神的虔诚侍奉者”的意思。由此可见，他即便在成为罗马皇帝之后，也不愿放弃祭司的身份。

这位 14 岁的罗马皇帝不只有一个东方人的名字，而且在行动上也更像一位东方君主。他不管做什么事情都表现得漫不经心，在准备行动前就慢吞吞的，开始行动之后更是磨磨蹭蹭。再加上他的队伍里拥有许多随从、祭司和乐师，因此他的行进速度变得更加缓慢。虽然在公元 218 年 4 月他就已经成了罗马帝国实际上的皇帝，但是为了得到元老院的承认他必须亲自前往罗马。结果他从叙利亚出发之后，一路上花费了一年零五个月的时间，在公元 219 年的秋天终于抵达了罗马。

公元 219 年 9 月 29 日，沐浴在早秋和煦阳光中的首都罗马迎来了皇帝一行。时年 15 岁的新皇帝身着罗马式的军服，骑着马进入首都，跟在他身后的是一顶由 6 名健壮的奴隶抬着的轿子。从轿子那豪华的装饰来看，大家都猜测坐在其中的应该是皇帝的外祖母尤利亚·梅萨，但是当一阵风将帘子吹起来的时候，大家惊讶地发现里面只是一块圆锥形的黑色石头。据说这块石头是太阳神的象征，原本被安置在埃梅萨的神殿中，但埃拉伽巴路斯执意要将其搬到罗马来。

罗马本身就是一个多神教的民族，所以对于这位新神灵的到来并没有表现出太多的惊讶。只不过他们从来参拜的都是神殿中的神像，而从来没有参拜过一块单纯的石头。

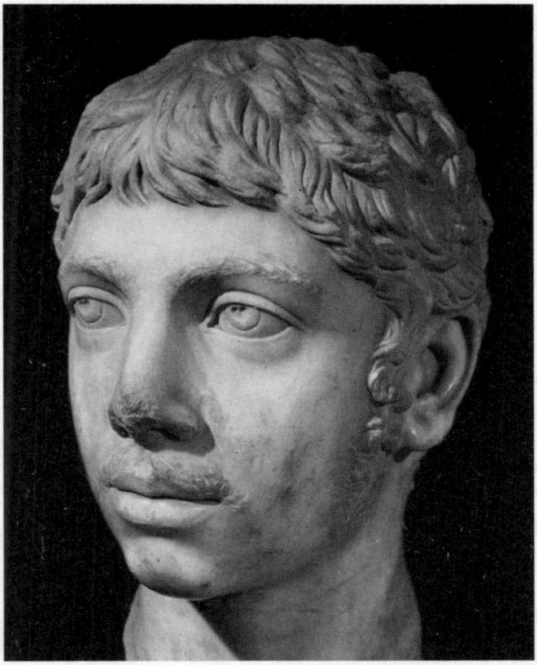
埃拉伽巴路斯

顺便说一句，希腊人和罗马人都认为人类的裸体是世界上最美的东西，而只有神灵才配得上这种美丽，所以他们的神灵全部以裸体的形象表现出来。不仅如此，就连死后被神格化的皇帝也是一丝不挂。当然裸体的皇帝像一定是在其死后才能制作，给活着的人塑像是必须为其穿上衣服的。

因此，对于习惯了赤裸裸的全身像或者半身像的罗马人来说，真是第一次见识到把眼前这块圆锥形的黑色石头当作神明的。就这样，在大家目瞪口呆的场面中，皇帝埃拉伽巴路斯对罗马帝国的统治开始了。

很久以前便在中近东一带影响广泛的太阳神信仰，是种一神教。不过与基督教、犹太教完全不同，他们不会奉自己的神明为唯一真神，把其他宗教打为异教。因此，从信奉天地诸神的罗马人的想法来看，这个宗教一点问题没有，理所当然成为罗马帝国内的宗教之一，可以不受任何迫害，自由发展信徒。这是没有任何问题的个人信仰。

问题在于，埃拉伽巴路斯现在是罗马帝国的皇帝。而罗马皇帝往往兼任大祭司。除了朱庇特、朱诺和密涅瓦三主神之外还敬奉其他众多神明的罗马人，甚至连象征着全国上下团结一致的“融合”都神格化。罗马人坚信这些神明守护着自己的国家，因此在祭祀的日子里，往往由身为大祭司的皇帝率先垂范。不过因为罗马并没有设置专门的神职人员，所以也没有祭祀用的特别服装，一般都是将平时穿的托加长袍一端遮住头部表示尊敬。遇到举行国家祭典时，只要皇帝没有出征就必须出席。

但是皇帝埃拉伽巴路斯极力主张，他可以履行皇帝的义务，但是必须将对太阳神的祭祀放在更加重要的位置。为此他还建造了一个专门用来安置那块石头的太阳神殿，位于能够将竞技场尽收眼底的帕拉蒂尼山上一角。

尽管埃拉伽巴路斯十分沉迷于他的太阳神信仰，但仍然没有将太阳神作为唯一的真神，将其他的信仰打成异教进行排斥，他只是希望罗马人能够承认太阳神信仰在朱庇特和密涅瓦之上。不过仅仅这一点，在罗马人看来都属于无视他们的传统精神和文化的独断专行。

虽然罗马人民最初对这种异国风情表现出好奇，但是后来发生的事件给他们的心中留下了不甚愉快的印象。

埃拉伽巴路斯强行占有了一位居住在罗马广场深处的女祭司，随后又很快将其抛弃。这些被严格挑选出来的女祭司在任职期间必须保持纯洁的处女之身，而祭祀的时候她们甚至享受比皇后都要高的待遇。但是埃拉伽巴路斯以为这些女祭司就相当于东方神殿中的巫女。因为在东方，这样的女性会经常与前来神殿参拜的信徒们进行性交易。但是罗马的女祭司别说与异性接触，就连产生恋爱关系都会遭到活埋的严厉惩罚。

尽管皇帝埃拉伽巴路斯犯下的错误都被后世的历史学家详细地记录了下来，但是如果要将其逐一列举的话恐怕我们的故事就没有办法继续进行了，因此接下来就再举一个例子作罢。

罗马人对于同性恋的态度是不赞成也不批判。虽然没有像希腊社会那样严格地不给予同性恋“公民权”，但是也认为同性恋者从事公职是不太合适的。毕竟这种人际关系在某些场合不太容易被大众接受。但是埃拉伽巴路斯在公众面前肆无忌惮地与自己的男伴牵手，并且大抛媚眼，一直到仪式结束都将对方的手放在自己的手上。由于不止一次地出现这样的情形，虽然元老院元老只是表面上做出不愉快的表情，但是民众难掩自己内心的愤怒。他们向这位轻浮的皇帝发出猛烈的嘘声和嘲笑，不过沉浸在自己东方思想中的埃拉伽巴路斯却表现得毫不在意。

即便如此，这位荒淫无道的皇帝还是维持了 4 年的统治，历史学家们认为这是因为他的外祖母尤利亚·梅萨在背后控制着一切。这应该也算是原因之一，不过我认为帝国周边地区的平静，才是埃拉伽巴路斯能够维持帝位的真正原因。

当时的帕提亚王国因为国内形势严峻，根本无暇对罗马境内发动攻击。

北方的蛮族在这个时期也没有足够的力量去突破被卡拉卡拉强化过的防线。毕竟当时卡拉卡拉不仅强化了国境的防卫设施，还深入敌境给予日耳曼各部族彻底的痛击。只能说埃拉伽巴路斯继位的时期实在是太幸运了。

但是这位最高统治者轻率的言行和举止，终于导致了他的灭亡。在埃拉伽巴路斯进入首都正式开始皇帝统治的两年后，即公元 221 年，连他的外祖母尤利亚·梅萨也决定放弃这个东方风格的罗马皇帝。她怂恿皇帝将比自己小 4 岁的弟弟亚历山大立为“恺撒”。而被赋予恺撒称号也就意味着成了皇位的继承人。梅萨的理由是，将亚历山大提升为恺撒之后，政事和公务就可以都交给他去做，埃拉伽巴路斯则可以专心于自己侍奉太阳神的祭司职责。当时 17 岁的皇帝对此深以为然。就这样，尤利亚·梅萨将自己的另一个外孙——13 岁的亚历山大——以“马可·奥勒留·塞维鲁·亚历山大”的名字，通过皇帝正式地介绍给元老院。

不过埃拉伽巴路斯很快便后悔了。亚历山大成为正式的继承者之后，支持他的元老院元老和当权者越来越多，得知这件事的埃拉伽巴路斯认为自己不应该如此草率地早早决定继承人。于是他向外祖母提出想要撤回“恺撒”的封号，但是没有得到对方的回答。时间不知不觉又过了一年，在这段时间里埃拉伽巴路斯满脑子想的都是如何除掉自己的竞争对手。要说暗杀的话本来应该派一个谁都不认识的人秘密进行，他却命令自己的军团长官去执行这个任务，由此可见他这个时候已经疯了。但是军团长官让自己手下的近卫兵去谋杀的目标并非亚历山大，而是埃拉伽巴路斯。

公元 222 年 3 月 11 日，18 岁的皇帝在士兵们的嘲笑声中被杀害了。他的尸体被从皇宫一直拖到罗马广场，在遭到全城市民的唾弃之后，又被拖到台伯河岸边从桥上扔进河里。皇帝的母亲索艾美亚迪也同时被杀。

埃拉伽巴路斯死后，首都罗马的太阳神信仰以及与之相关的所有东方文化都被一扫而光。就连建造在帕拉蒂尼山一角的太阳神殿也被愤怒的罗马人改建成了供奉朱庇特的神殿。不过，那块圆锥形的黑石头还是被归还给了叙利亚的埃梅萨神殿。因为太阳神信仰在叙利亚拥有非常广泛的群众基础，对于允许多神教信仰的罗马人来说，破坏这个神像就相当于对其他宗教的不尊重。因此，从罗马人的思维方式来看，将其送回原来的地方才是最好的选择。

皇帝亚历山大·塞维鲁（公元 222—235 年在位）

要想继续在帕拉蒂尼的皇宫稳坐，尤利亚·梅萨就不能够再有任何的闪失。外孙埃拉伽巴路斯和女儿索艾美亚迪那悲惨的结局对这个叙利亚女人来说都已经是过去的事情。因为两年前便已经将亚历山大立为“恺撒”，所以皇位的继承十分顺利。问题在于从此以后，新皇帝的外祖母和母亲这两位女性不得不站在统一战线上，为了避免重蹈埃拉伽巴路斯的覆辙而紧密地团结在一起。如果再次失败，恐怕不仅皇帝的母亲被杀，就连她这个做外祖母的也无法幸免。

公元 208 年 10 月 1 日出生于叙利亚小城市阿卡恺撒利亚（Arca Caesarea）的亚历山大，终于在公元 222 年 3 月 11 日得到元老院的承认而正式继承皇位。从塞普提米乌斯·塞维鲁开始到亚历山大为止的统治时期，在历史上被称为“塞维鲁王朝”，但是在这个王朝之中最引人注目的，却是活跃在其中的叙利亚女性。阿卡恺撒利亚毗邻埃梅萨，距地中海只有 5 公里。这一地区的大部分城市是希腊人建造的，当地居民中的上层阶级由希腊人和犹太人占据。总体上来说是一个文

塞维鲁王朝世系图

尤里乌斯·巴西亚努斯

（叙利亚埃梅萨太阳神殿的祭司，从他的姓“尤里乌斯”来看，大概是在恺撒和奥古斯都时期便已经拥有罗马公民权。）

皇帝塞普提米乌斯·塞维鲁（193—211 年在位）— 尤利亚·多姆娜（217 年去世）

尤利亚·梅萨（226 年去世）— 元老院元老阿比都斯

皇帝卡拉卡拉（211—217 年在位）

盖塔（212 年去世）

尤利亚·索艾美亚迪 — 元老院元老马凯斯

尤利亚·梅亚 — 马克里努斯

皇帝埃拉伽巴路斯（218—222 年在位）

皇帝亚历山大·塞维鲁（222—235 年在位）

化交融气氛很强的东方都市。

亚历山大就是在这样一个环境中成长起来的。他受的教育与埃拉伽巴路斯不同，完全是希腊—罗马式的教育。因为在罗马社会中一般都是由母亲负责教育子女，所以这也可以看作他母亲尤利亚·梅亚的意向。总之，亚历山大虽然出身于太阳神的祭司家庭，但是并没有接受祭司的教育。因为他生于皇帝塞维鲁统治时期，也许他的母亲梅亚是为了让他能够在塞维鲁和卡拉卡拉统治的罗马帝国担任重要的公职，并且充分地发挥自己的能力，所以才对其进行了这样的教育吧。虽然亚历山大继位的时候还只是一个还差半年才满 14 岁的少年，但他已经是那两位叙利亚女性手中最后的王牌了。

当他成为皇帝之后将正式名字改为“马可·奥勒留·塞维鲁·亚历山大”。之所以取这个名字，有两个目的：第一，强调他和塞维鲁以及卡拉卡拉的血缘关系；第二，表示自己向那位备受当时的罗马人尊敬的哲学家皇帝学习善政的决心。同时，因为塞维鲁很受军队的支持，强调他的血统有利于博得帝国士兵的好感。而强调学习哲学家皇帝马可·奥勒留的统治方法，是为了获得元老院的认可。

元老院立刻承认了亚历山大的皇位继承。不仅如此，还将皇帝可以得到的一切权力，全部授予了这位还不足 14 岁的少年：

奥古斯都称号

罗马全军最高司令官的称号

内政最高统治者“终身护民官”的称号

罗马帝国“国父”的尊称

在元老院议会一天提请 5 个议案的权力

皇帝亚历山大·塞维鲁

元老院之所以匆忙地授予他这些权力，并不是因为相信他学习哲学家皇帝的宣言，而是为了在军队采取行动之前使皇位成为既成事实。因为之前的两位皇帝马克里努斯和埃拉伽巴路斯都非常不受士兵的欢迎，当得知埃拉伽巴路斯死亡的消息之后，负责国境警备任务的各个军团的士兵都想抓住这个大好时机拥立自己的总督或军团长夺取皇帝的宝座。如果任由其发展下去，迟早会演变成内战。元老院为了避免这种情况发生，守护自己的既得利益，才如此匆忙地赋予亚历山大所有的皇帝权力，不过这个办法也非常有效地阻止了军队的行动。

皇帝亚历山大虽然并不是什么美少年，但也是一个认真稳重的人，而且他还会使所有接触过他的人都不由自主地产生一种想要保护他的欲望。另外，亚历山大还将从马可·奥勒留之后便被废除的传统重新发扬光大，不管是元老院元老还是总督，只要是比亚历山大年长的人，都可以与皇帝平起平坐。虽然在皇帝面前下跪是“东方”的传统，属于“西方”的罗马人对此看不习惯，但是最开始罗马人在皇帝面前是要站着的。亚历山大则规定，既然身为元老院元老，就算到了皇帝面前也有资格坐下。

罗马的元老院并不是功成名就的老人们养老的地方，除了不需要通过选举这一点之外，和现代国家的国会没什么两样。另外，只有经过元老院认可的决议才能够法制化，因此元老院也可以被看作一个立法机关。虽然罗马的皇帝拥有极大的权力，但是皇帝提案的法律也需要经过元老院的认可，才能够成为拥有恒久性保证的国家政策。皇帝单独决定的法律只是暂时性的，在这位皇帝死后便会自动废除。如果想要将自己的想法反映在帝国政策上，就必须得到元老院的认可。从这一点来看，与元老院之间保持良好的关系，对于身为帝国最高执政者的皇帝来说是非常重要的。亚历山大谦虚的态度使他很快赢得了元老院元老们的好感。另外，少年皇帝提出的合理政策也使得元老们找不到反对的理由。

法学家乌尔比安

决定这次小心行事的尤利亚·梅萨，为自己的外孙找到了一个非常好的商量对象，这个人就是在罗马法律界大名鼎鼎的法学家乌尔比安。

图密善·乌尔比安出生于地中海沿岸的港口城市提罗斯，位于现在的黎巴嫩境内，他应该属于希腊系的东方人。从他的姓氏乌尔比安来看，大概是在图拉真统治时代就取得了罗马公民权的家族后代，并由皇帝赐姓。既非罗马人，又不是出生于意大利，却能成为罗马的法律专家，这一点令人觉得有趣。正因为即使来自行省，只要获得罗马公民权，就能在各个领域施展才能，罗马帝国才会成为国际化的"res publica"（共同体）。

罗马这个国家具有的另外一个有趣的特点是，罗马人建立了非常完整的法律体系，但是没有让法律成为脱离社会的桌上空谈。在子弟教养科目中包括修辞学、伦理学、几何学、历史和地理等，但是唯独没有法律。因为在罗马人看来，所谓法律（lex），是拥有不同的文化和宗教的人，为了在同一个"共同体"中一起生活必须遵守的规则。对罗马人来说，法律只有亲身体验学习的份儿：在家中是餐桌的话题，在外则是到广场上的会堂旁听几乎天天都有的法庭审判。

因为这些背景，罗马人口中的法律专家没有学者的意味，而是成为法务官担任审判，或者为人进行辩护的人，再不然就是与公务相关的实务专家。

不过，仍然有一种被后世称为"法学著述家"（jurist）的存在，指的是那些创作了与法律相关的著作的人。乌尔比安凭借其在首都罗马丰富的工作经验，创作了上百部与法律相关的著作。尤利亚·梅萨为她外孙选择的，就是这样一位对法律了如指掌的实务专家。正如从总统助理到国防长官的现代升迁路线一样，乌尔比安也经历了皇帝助理（magister libellorum）、粮食厅厅长（praefectus annonae）等职位，最后才爬到了一人之下万人之上的近卫军团长官（praefectus praetorio）这个位置。近卫军团长官共有两名，就相当于皇帝的左膀

乌尔比安（现在罗马最高法院前与西塞罗等法学家并列在一起）

和右臂。

尤利亚·梅萨要求乌尔比安不仅在公事上，就连在私下里也要时刻陪伴在亚历山大身旁，换句话说就是形影不离。特别是最初的几年，皇帝不管走到哪里，身旁必然有乌尔比安的身影。尽管不久后乌尔比安当上了公共机构的最高负责人，到了罗马人风俗中每天最悠闲的晚餐时分，皇帝的餐桌旁也从来没有缺少过乌尔比安的位置。

但是，这个人物对少年皇帝的最大贡献，在于他重新恢复了皇帝和元老院“二人三脚”的统治体系。

为了帮助皇帝进行统治，在罗马帝国开国皇帝时期便有“内阁”组织存在。但是在亚历山大统治时期，又增设了一个类似于摄政团的机关。摄政团共由 16 名成员组成，全部从元老院元老中选出，“内阁”决定的法案只有在经过这个机关同意的前提下，才会被提交到元老院。这项改革很明显是为了表明其对元老院的尊重。因为以前的元老院在接到法案之前，并不知道这项法案是经过怎样的过程被确立起来的，而现在元老院则可以完全参与到立案的过程之中。尤其是亚历山大还明确表示欢迎大家进行讨论，对于那些经历了塞维鲁和卡拉卡拉独断统治时期的元老院元老来说，就好像重新回到了马可·奥勒留统治时期一样感到非常欣喜。不过在身为辅佐官的乌尔比安看来，年轻的皇帝这样做可以最大限度地避免元老院对其产生不信任感。因为在这个时候最好的办法就是“公正”（jusitia）。如果通过内政的公正能够消除元老院的不信任感，那么这个方法对于军队应该也是适用的。

为了统治这个横跨欧、亚、非三大洲的庞大帝国，罗马的当权者习惯于将所有的事情全部记录下来。但是其中的大部分记录都已经散失，只有从公元 4 世纪末到 5 世纪的“Notitia Dignitatum”存留了下来。这是一个可以称之为“官员名簿”的文书记录，上面按照地区分门别类地记载了当时所有的文职与军队官员的名称、官职和地区。公元4世纪末到5世纪这段时间已经属于罗马帝国的末期，在如此动荡的年代还能够留下这样详细的记录，由此可见处于“罗马统治下的和平”时期的帝国初期和中期，这种记录更是确实存在的。根据《罗马皇帝传》的记载，亚历山大就经常随身携带这样一本厚厚的文书记录，时不时地打开来看一看。这位少年皇帝最为用心的部分，就是与罗马全军相关的记录。

在关于罗马军队的记录中，按照勤务地和军团分别记载了所有将官的全部信息，包括经历、军功、年龄、曾经获得几次褒奖等。因为其中记录的信息还会不时地发生变动，所以要将这些东西全部记住绝非易事。但是据说亚历山大将这些内容全部牢牢地记在了脑子里。每次他和将军们谈话的时候，都会立刻说出这位将军麾下大队长的名字。这也许只是出于他做事过于认真的性格，却使将士们产生一种皇帝对他们非常关心的感觉。这样一来不管是升迁还是调任，都会因为皇帝给人留下的公正印象而使将士们更容易接受。

在尤利亚·梅萨的支持以及乌尔比安的辅佐下，年轻的皇帝逐渐得到了人们的信赖，使得其统治非常顺利地进行下去。

先帝埃拉伽巴路斯统治时期耀武扬威的宦官们以及妖里妖气的占卜师和戏子，都被从皇宫中赶了出去。其中埃拉伽巴路斯任命的宦官，也都被从首都流放。同时亚历山大还大幅减少了皇宫中用人的数量，一是为了减少国家财政开支，二是因为他和自己的“老师”乌尔比安一样不喜欢喧闹的排场。奢华的宴会在亚历山大统治时期已经彻底成为过去。

亚历山大虽然年轻，但是私生活非常俭朴。他迎娶了一位元老院元老的女儿为妻，据说除此之外再没有任何女伴。但这并不意味着他不善于与人交往，他有很多同龄的好友经常在一起运动。另外，他也喜欢自己一个人读书，他经常读柏拉图的《理想国》以及西塞罗的《论责任》，同时他也喜欢那些讴歌男女爱情的诗歌，由此可见，他和普通的年轻人并没什么两样。不过，他最喜欢的还是和自己同名的亚历山大大帝的传记，但是他并不喜欢这位英雄不时地显露出来的醉态，也不赞同其非常残忍地对待自己多年好友的做法。从这一点上来看，这位少年皇帝也不过是一位普通人而已。

据说在他的寝宫中装饰着自己尊敬之人的画像，分别是生于小亚细亚的毕达哥拉斯学派的哲学家阿波罗尼俄斯、传说中的诗人与竖琴手俄耳甫斯、犹太民族的祖先亚伯拉罕以及基督耶稣这四位伟人。这并不是因为亚历山大脑子有问题，而是意味着罗马帝国是一个能够包容众多民族和文化的帝国。正因为如此，在涅尔瓦长方形广场的两旁并列摆放着死后被神格化的罗马皇帝雕像也不会显得突兀，而且正如前文说过的那样，被神格化的皇帝雕像全部是裸体像。

六年和平

亚历山大皇帝的统治在乌尔比安的指导下公正而稳健地进行着，这也是他本身的性格使然。

在公共事业领域，经过历代皇帝的不断完善，建筑物和道路基本没有需要新建的工程，但是适当的修复和保养还是必要的。虽然有些只要稍做修缮即可，但也有一些必须重新建造才能够继续使用的情况。

首都罗马规模第二大的公共浴场是由皇帝尼禄在 160 多年前建

造的，这座位于万神殿附近的浴场虽然经过历代皇帝的不断维护保养，但是毕竟年代久远，到了亚历山大统治时期必须进行彻底的改建。改建完毕的浴场被以最初的建设者尼禄与重建者亚历山大的名字共同命名，叫作“Thermae Neronianae Alexandrinae”（尼禄亚历山大浴场）。

另外，还有一个对于历代的皇帝来说都非常重要的问题，那就是保证居住在首都的人民的粮食供应。为了对此进行调整，乌尔比安亲自上阵指挥。罗马居住着上百万的人口，为了保证这些人的粮食供应，必须使与之相关的所有组织之间保持十分紧密的联系，充分发挥各自的作用。另外，因为罗马帝国并没有将运输业并入国有范畴，因此负责运送粮食的都是私人企业，而对于商人来说利润是高于国家利益的，所以罗马帝国对于运输业的从业者给予各种优惠待遇。首先是完善各种港湾设施，减免关税和其他税赋，还给因为海难沉没的船只补偿。不过享受这种优惠政策的只限于主食小麦的运输，对于小麦以外的其他食物，罗马帝国采取的是相当于现如今市场经济的控制手段。因此，所谓的保证粮食供应，实际上就是保证主食的供应。在粮食厅厅长乌尔比安的努力下，亚历山大统治的 13 年间，首都罗马从来没有出现过粮食紧张的问题。

平稳的治安与公正的税制同为善政的根本，皇帝亚历山大也明确宣称扰乱治安的人就是“国家公敌”。如果治安混乱，普通公民将是最大的受害者。当权者有国家军队作为保护，有钱人可以雇用保镖破财消灾，但是普通公民则没有任何办法，因此普通公民的安全问题必须由国家来承担。

实际上罗马帝国非常清楚这个问题的重要性。从开国皇帝奥古斯都开始便在城市中设立了警察组织，提比略更是在联结都市与都市之间的大道上设立了治安亭。因为如果无法保障国内的安全，那么人们便不愿意出门经商和耕作。根据迄今为止的考古发掘结果可以证明，在古罗马时代，当权者和有钱人全部集中在首都以及行省的都市之中，但是所有这些地方都没有高高的围墙，门口也没有全副武装的守卫24小时站岗放哨，由此可见，当时罗马的治安状况相当稳定。

要实现“罗马统治下的和平”，不仅要成功抵御外敌的入侵，同时还要保证国内的治安稳定，这两者缺一不可。对于扰乱国内治安的人，罗马当局一向采取严厉的惩罚措施。亚历山大也继承了传统的做法，不过这并不意味着他的责任会更轻松，因为他需要强大的自制力和艰苦的努力去将传统维持下去。在他的统治时期，对于强盗的惩罚力度比杀人犯更加严厉。因此，对于普通公民来说，除了锁门之外，只要在玄关门口的墙上描绘一个正在狂吠的狗并且写上“注意猛犬”的字样即可。

说到治安政策，就不得不提一提皇帝亚历山大留下的一项法律。那就是将在此之前一直属于皇帝和元老院的司法最终决定权移交给各个行省的总督。

罗马史专家认为，这项法律的实施对于20年后镇压基督教徒具有非常显著的效果。但是我认为这项法令的影响并非仅仅如此，甚至和卡拉卡拉当初颁布的《安东尼努斯敕令》一样，从根本上动摇了罗马帝国的基础。

不管是共和时期还是帝政时期，只要是拥有罗马公民权的人都同时拥有上诉权。

居住在行省的居民即便被行省总督判为有罪，也可以向执政官

写有“注意猛犬”字样的镶嵌画

（共和时期）或者皇帝（帝政时期）提起上诉。所谓上诉，就是指在不服从一审判决的情况下，向上级审判机构提出重新审理的要求。由行省总督进行一审，皇帝和元老院作为上级审判机构，这就是罗马时代的“司法”。

皇帝尼禄时代出现的圣保罗案件，可以说就是一个最好的例子。圣保罗和圣彼得并称为基督教两大支柱人物，在罗马帝国东方进行传教活动时被捕。当时的罗马帝国认为基督教是扰乱社会秩序的宗教，因此以传播异教的罪名将其逮捕并判其有罪。但因为圣保罗拥有罗马公民权，所以他行使了自己上诉的权利，于是他在罗马军队的护送下被带往首都罗马。罗马的法律规定，在最终的判决结果出来之前，被捕者都不是罪人。而从帝国东方经地中海前往罗马的旅程十分漫长，圣保罗搭乘的船只在路上需要停靠很多港口，在船只进港的时候，圣保罗也不会被送进监狱，而是可以居住在当地基督教徒的家中直至船只重新出海为止。这种待遇即便在他进入意大利本土之后也没有改变。对于那些没有罗马公民权的人来说，拥有罗马公民权就可以无论何时何地都能够享受法律保护，这正是罗马公民权最吸引人的一点。

但是这种状态被皇帝亚历山大彻底改变了，从此之后上诉权基本不复存在。因为这是在重视公正的法学家乌尔比安辅佐时期做出的决定，所以其目的绝对不是单纯地为了减轻皇帝的工作负担。当然也不可能是为了镇压20年后才抬头的基督教势力。那么只有一个可能，就是皇帝当时已经无法处理众多的上诉请求。

因为卡拉卡拉的一道法令，居住在广阔的罗马帝国的所有自由人，不管是犹太人还是希腊人，甚至北方蛮族的后代，都可以拥有罗马公民权。拥有公民权的人的增加，也就意味着上诉的数量随之增加。在卡拉卡拉之前的皇帝，在处理上诉问题时就需要花费很多的时间。虽然皇帝会将这些任务交给位于首都罗马的高级法院审判长，但是仍然需要很多时间。请想象一下，当年在多瑙河前线作战的马可·奥勒留，结束白天战场最高司令官的任务之后，晚上还要进行与司法相关的工作。而在统治时期几乎一半以上的时间都在视察帝国全境的哈德良，不管走到哪里都会有“司法”如影随形。

上述这些情况还是在只有少数人拥有罗马公民权的时代发生的，而在卡拉卡拉使所有人都拥有罗马公民权之后，这种情况更会如同井喷一般出现。亚历山大统治时期距离卡拉卡拉颁布法令已经过去了

15 年，因此根本无法处理那些堆积如山的上诉请求。

总之，从此以后罗马人就失去了上诉的权利。这也可以看作都有就是都没有的典型例子。或许会有人认为，只让一部分人享受的权利，还不如将其完全剥夺使之成为人人平等的状态。但是罗马的特色就在于公民权并非“既得权”，而是只给予那些希望得到它的人的“期待权”。在卡拉卡拉的《安东尼努斯敕令》颁布之后，“期待权”变成了“既得权”，罗马也逐渐失去其作为罗马的特点。

所以说废除上诉权的责任，其实并不在亚历山大身上。这一切都是卡拉卡拉颁布法令之后导致的必然结果。对亚历山大来说，面对明显已经无法处理的工作，只有想办法改变这种现状。即便他明知这会给行省总督可乘之机也没有其他的选择。

身为皇帝的亚历山大·塞维鲁对待自己的工作非常认真和努力。虽然他并不因为自己的身上流着叙利亚人的血而感到羞愧，但是他并不喜欢别人称呼他为叙利亚人。每当有人开玩笑地这样称呼他，他都会非常认真地回答说，所有为了建设罗马帝国而努力的人都是罗马人，自己也是其中的一员。而且，他在慰劳臣下的时候也不说“谢谢”（gratia），而是说“国家感谢您”（gratias tibi agitres publica）。如果没有什么意外发生的话，或者说在“罗马统治下的和平”年代，他一定会在皇帝的宝座上直到天寿之年吧。但是，命运女神并没有眷顾他。在他继位之后的第四年，即公元 226 年，外祖母尤利亚·梅萨的死给他的统治带来了一层阴影。这个叙利亚的女人属于寿终正寝，她的遗体在盛大的送葬队伍簇拥下经过哈德良皇帝兴建的圣天使桥（又名哈德良桥）被送往耸立在台伯河岸边的哈德良陵墓下葬，据说当时的罗马下起了非常罕见的大雨。

忠臣失足

代替尤利亚·梅萨成为青年皇帝监护人的是太后尤利亚·梅亚。梅萨是个邪恶但精明的女人，她的女儿梅亚却是个邪恶但愚蠢的货色，也就是说，梅亚没有大奸大恶的才能。对于工作需要后台的人来说，这是一个难以推动工作的环境。其中因为尤利亚·梅萨的死受到影响最大的人莫过于地位有如帝国宰相的乌尔比安。

虽然就连普通公民都感觉到皇帝处于他母亲的阴影之下，但是尤利亚·梅亚对于这件事的危险性毫不在意，而且她还抓住一切机会向外界展示身为皇帝母亲的她才是这个国家真正的最高统治者。用一句俗语说，太后开始抢风头了。她的高调作风很快就遭到了一个人的反对，这个人就是皇后塞丝蒂安。不过因为塞丝蒂安婚后一直没有生孩子，这成了梅亚攻击她的借口。最终梅亚迫使亚历山大与塞丝蒂安离婚，并将她流放到了北非。

皇宫中的气氛变得如此紧张，波及号称皇帝身边第一忠臣的乌尔比安也只是时间问题。但是因为帝国的统治非常顺利，他作为实干派官员的能力没有任何可以挑剔的地方。不过作为尤利亚·梅萨时期皇帝身边的红人，乌尔比安自然拥有很多政敌。而梅萨死后他与梅亚之间保持距离的态度，则使得他的政敌们找到了可乘之机。

对于乌尔比安来说无比艰难的这个时期，同样也是使亚历山大感到左右为难的时期，这位皇帝从 18 岁成长到了 20 岁，已经不能够再被称为“少年”了。如果他能够表现出坚决果断的态度，或许还能够避免未来一系列悲剧的发生。但是，这个年轻人在面对困难事态的时候缺乏圆滑的处理能力，没有当断则断的气魄。仅仅凭借善良和责任感无法成为一名合格的领袖。公元 228 年，尤利亚·梅萨去世之后两

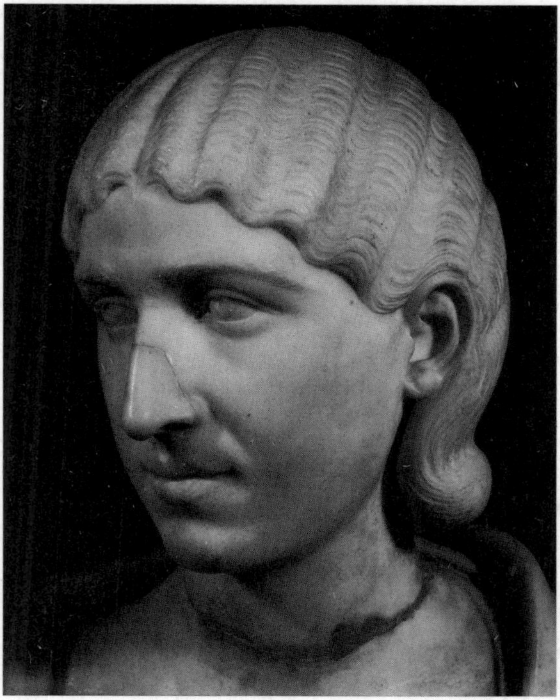

尤利亚·梅亚

年，在得到皇帝母后默许的反对派煽动下，忠臣乌尔比安被他下属的近卫军团士兵杀害了。

4 年后，皇帝亚历山大 24 岁。在这 4 年里他没有再婚，而是专心于对国家的管理。似乎是为了回报皇帝的艰苦付出，帝国的秩序也是一片祥和。同时代的历史学家艾罗迪亚鲁斯这样写道：“没有一位元老院元老以叛国罪受到控告，不管是在会堂里还是在大街上，到处都可以自由自在地提出不同的意见，亚历山大·塞维鲁统治下的罗马帝国，在所有意义上来说都是和谐稳定的。”

但实际上这只不过是表面现象。看上去安静祥和的水面，下方却是暗流汹涌。罗马帝国已经再也无法回到乌尔比安辅政的那个时候了，至于亚历山大向往的马可·奥勒留统治时期则更加不可能。因此，一名统治者要想将盛世尽可能地维持下去，需要非常仔细小心地为国家这条大船掌舵。因为等到改变之后再想回到过去，是非常困难的。

历史学家狄奥

说起从公元 2 世纪后半期到 3 世纪前半期的罗马帝国历史，首先提到的必然是卡西乌斯·狄奥的《罗马史》。这部用希腊语写成的著作共有 80 卷，但是流传至今的只有断断续续的 25 卷。从历史书的价值来说，其中关于他自己生活的那个时代的描述还值得信赖，但是对他之前时代的描述则明显有很多修饰和值得怀疑的部分。不过即便如此，作为一名生于帝国后期的典型才子，他的一生仍然非常耐人寻味。

卡西乌斯·狄奥，公元 165 年生于小亚细亚西北部的比提尼亚行省首府尼科美底亚，他的家庭也是当地的名门望族。虽然他是希腊人，但拥有罗马公民权，因为他的祖父从当时的皇帝涅尔瓦那里得到科克亚努斯的名字作为家族的姓氏，所以他的全名应该是卡西乌斯·科克亚努斯·狄奥。由此可见，从他的祖父辈开始便是罗马化的出生于罗马行省的希腊人。

他的父亲被哲学家皇帝马可·奥勒留任用，从而成功跻身于帝国上层社会，担任元老院元老的职务，后来又被哲学家皇帝推荐当选执政官，随后以“前执政官”的身份赴小亚细亚东南部的行省奇里乞亚出任总督。身为其儿子的卡西乌斯也按照当时的惯例跟随父亲来到这里，度过了整个少年时期。不过，当他到了应该上学的年龄之时就被父亲送回首都罗马接受学校的教育。在这个时期，他的父亲被调到与意大利本土隔着亚得里亚海的达尔马提亚行省任职。他身为希腊人的后代，却没有前往雅典、帕加马或者亚历山大城接受大学教育这一点实在是令人费解。大概是因为他的父亲希望儿子能够继承自己的发展路线吧。

这也是行省出身的罗马人非常典型的发展路线，说明进入帝国时代的罗马已经成功地实现了同化政策希望达到的目标。因为不管罗马多么渴望同化对方，如果对方没有这种意愿，那么也是无能为力的。在著作《希腊罗马名人传》中断言罗马帝国强大的原因就是实行了同化政策的普鲁塔克，其本人就是和卡西乌斯·狄奥的祖父同时代的希腊人。

与他父亲期待的一样，后来的历史学家卡西乌斯·狄奥在帝国的任职经历也以元老院元老的儿子的身份顺利开始。公元 180 年，即马可·奥勒留去世的这一年，他也成了元老院元老，似乎是接替死去的父亲担任元老院的职位。

康茂德统治时期的卡西乌斯·狄奥只不过是元老院元老中的晚辈，但是与生俱来的敏锐观察力为他后来的著述活动提供了非常重要的帮助。他对于康茂德那不稳定的言行的描写，就好像是将这位皇帝的内心世界都挖掘出来了一样，或许是他和这位皇帝年纪相仿的缘故吧。

康茂德被谋杀之后柏提纳克斯继位，卡西乌斯被提拔为法务官。但是他在这个“光荣的公职人员”职位上并没有坐多久，很快柏提纳克斯也被谋杀，帝国陷入三位将军内战的状态。这个时期的卡西乌斯早早地便加入塞维鲁派，或许是因为他看出虽然年轻但拥有冷静性格的塞普提米乌斯·塞维鲁是最有可能取得这场内战胜利的人。身为爱国者的卡西乌斯·狄奥非常重视罗马帝国的兴亡。

内战结束后，卡西乌斯首次在塞维鲁皇帝的身边获得执政官的职位。虽然只是辅助执政官，但是他已经获得了以“前执政官”头衔被派往行省进行统治的资格。

卡拉卡拉继承皇位之后，虽然他也跟随这位皇帝参加了帕提亚战争，但和其父亲塞维鲁统治时期不同，他和卡拉卡拉的关系仅仅维持在皇帝与元老院元老之间的普通关系。卡拉卡拉被谋杀后继位的马克里努斯任命卡西乌斯·狄奥为小亚细亚的主要都市士麦拿（今土耳其西部港口城市伊兹密尔）和帕加马行省的行政负责人。即便在马克里努斯被杀、埃拉伽巴路斯统治时期，他仍然继续留任在这个职位上。

卡西乌斯·狄奥的从政生涯在亚历山大·塞维鲁统治时期得到了飞跃性的发展。

首先，他被任命为父亲也曾经担任过的达尔马提亚行省总督。任期结束后，他又穿过地中海前往阿非利加行省担任总督，在阿非利加行省的首府迦太基（今突尼斯）度过了一年的时间。他在这两个行省的统治能力得到了一致肯定。而从阿非利加行省卸任之后，卡西乌斯·狄奥内心最希望的是能够前往不管在地理上还是在气候上都与北非完全不同的多瑙河防线执行勤务。虽然在多瑙河执行勤务就相当于在如今的克罗地亚、突尼斯、奥地利等地不断地来回巡视，但是对于将希望完全寄托在亚历山大统治时期的卡西乌斯·狄奥来说，他根本感觉不到其中的辛苦。

虽然他的新勤务地近潘诺尼亚行省的首府长久以来一直是卡农图姆，但是在马可·奥勒留统治时期行省总督的官邸便被设在了维德伯纳（今奥地利的维也纳）。不过，他并没有为了舒适的居住环境而移居维也纳。这两座城市都是军团基地，而且都是多瑙河上的军事要地，与位于东方的以布达佩斯为首府的远潘诺尼亚行省共同构成了多瑙河中部一带罗马帝国的北方防线。总督卡西乌斯·狄奥除了负责整个行省地区的行政和司法等工作之外，还要负责统率下属的两个军团。这也是距离国界较远因此没有军队驻扎的行省和位于国界附近拥有军团基地的行省之间最大的区别。前者被称为“元老院行省”，后者被称为“皇帝行省”。从防御层面上来说，后者处于相当重要的地位。担任元老院行省总督的人能够被任命为皇帝行省总督，说明他的能力得到了充分的认可。而卡西乌斯·狄奥在这个如此重要的前线位置上，从公元 224 年一直到 227 年总共任职了 3 年的时间。他在卸任的时候已经 62 岁了。也正是这 3 年的经历，使他在自己的著作中将多瑙河防线称为“罗马帝国国防能力测量仪”。同时，他也是在这段时间得知了在背后支持乌尔比安的尤利亚·梅萨的死讯。

他在卸任后回到首都之后的两年间，并没有什么太大的动作。但是乌尔比安的死一定对他造成了非常严重的影响。虽然并没有史料记载他和乌尔比安之间有多么深厚的友谊，但是同为爱国者，并且为了亚历山大的统治殚精竭虑的两个人，总会有惺惺相惜的感觉。因此，对于相当于亚历山大左膀右臂的乌尔比安的死，卡西乌斯·狄奥一定会在心中暗自神伤吧。

公元 229 年，卡西乌斯·狄奥再次被推举为执政官。这次他并非候补而是正式的执政官，而且与他共同执政的还是身为皇帝的亚历山大，可以说这是一个名誉和地位双丰收的职位。64 岁的卡西乌斯·狄奥终于登上了罗马帝国一人之下万人之上的官职生涯的顶峰。

但是首都的气氛在乌尔比安死后完全发生了改变。卡西乌斯·狄奥以旧病复发并且持续恶化为由，放弃了与皇帝共同执政的机会，返回位于那不勒斯的家中闭门不出，甚至连在罗马召开的元老院会议一次也没有出席。他做出一副虽然拥有满腔的爱国热情但是在面临死亡恐怖的时候还是难免退缩的样子。或许是因为他冷静地判断自己没有强大的后盾支持，“当第二个乌尔比安”是不切实际的行为。

关于他究竟何时离开了舒适的意大利南部，返回自己的故乡比提尼亚并隐居起来，史料上并没有确切的记载，但可以肯定的是，他正式的创作活动就是在这个时候开始的。除了80卷的《罗马史》之外，他还留下了许多其他的著作，可见他也是比较长寿的人。原本恶化的旧病或许也因为悠闲的生活而逐渐减轻，至于他去世的具体年份则无从知晓。在他开始隐居生活的第二年，皇帝亚历山大东征时正好经过卡西乌斯隐居的地方，不知道他会不会和皇帝打声招呼。而当3年后他得知皇帝死讯的时候，又是怎样的心情呢？

表面上看起来一直维持着相当良好状态的亚历山大统治时期，实际上即将面对的危机并非来自内部，而是由于帝国以外的形势发生了急剧的变化。危机之一就是在遥远的东方，罗马的宿敌帕提亚王国被波斯萨珊王朝取代。

波斯萨珊王朝

在我的工作室中有两张托斯卡纳风格的木桌子，比较小的一张被我当作书桌，稍大点的那个用来摆放词典和地图。现在这张大桌子上被两张中近东地区的地图占据，一张是古地图，另一张则是现代地图。在每天面对这两张地图的过程中，我终于逐渐地意识到，为什么自古以来“西方”便一直将“东方”看作一种威胁。

说起东方与西方的冲突，就算不追溯到特洛伊战争那么久远的年代，公元前5世纪波斯和希腊之间发生的波斯战争也是历史上非常著名的事件。其中的萨拉米斯海战以及马拉松战役，更是因为“历史之父”希罗多德的记述而流传后世。

虽然自从这场长达半个世纪的战争之后波斯便退出了地中海世界的舞台，但是因为波斯帝国人才辈出，丝毫不见衰弱的迹象，所以对于希腊的各个城邦来说波斯的威胁一直存在。

直到公元前334年到前323年的亚历山大大帝东征为止，波斯的威胁才被彻底解除。希腊的宿敌波斯在其至高无上的王者大流士被消灭之后，终于屈服在西方的统治之下。不过这种臣服实际上也仅仅维持了不到10年，因为这位身为军事天才的年轻征服者，在33岁的时候便英年早逝。而在亚历山大大帝死后，继承了他领地的下属将军们只关心地中海附近的区域，至于幼发拉底河以东的地区实际上处于搁置状态。

身为游牧民族的帕提亚人利用了这一机会，他们占领了曾经是波斯帝国的心脏部位——幼发拉底河与底格里斯河流域中间的美索不达米亚平原。公元前247年，帕提亚王国诞生。

这个时期的罗马才刚刚征服意大利半岛，与强敌迦太基人正在第一次布匿战争中打得难解难分。在经过导致一代名将汉尼拔盘踞在意大利16年之久的第二次布匿战争，以及最终灭亡了迦太基人的第三次布匿战争之后，时间已经过去了百余年。而以帕提亚民族为主融合了众多部落的君主专制国家帕提亚，则靠着东方两大财源——农耕和通商——成了一个富强的国家。

消灭了迦太基之后成为地中海世界霸主的罗马，开始接连征服希腊诸国，势力范围也逐渐向地中海东部扩张。马其顿、希腊、叙利亚、埃及全部陆续归入罗马的版图。公元前1世纪，地中海彻底成了罗马人的“内海”。在这一时期罗马那些著名的武将，比如苏拉、鲁库卢斯、庞培等都有远征东方的经验。恺撒也计划直接与帕提亚交锋取胜，借以确立罗马的东方防线，但因被暗杀而没有机会实现。

罗马帝国的开国皇帝奥古斯都完全继承了恺撒的政略，在帝国东方的防卫问题上也是一样。但是在帕提亚问题上他选择了外交方式而非军事手段。一是因为自从恺撒被暗杀之后，罗马帝国经历了14年的内战，所以奥古斯都首先希望能够恢复国计民生。二是因为他并不像恺撒那样拥有过人的军事才能，对于战斗非常不擅长。战场上的局势瞬息万变，需要非常敏锐和迅速的判断力，但是奥古斯都是一个做事喜欢深思熟虑的人。大概上天也了解这一点，所以只给了恺撒不到两年的统治时间，却给了奥古斯都40年。顺便说一句，亚历山大大帝成就霸业之后的统治时间为零。

恺撒和奥古斯都之后的历代罗马皇帝，虽然希望稳固幼发拉底河附近国界线的目的相同，但是在做法上分为恺撒派和奥古斯都派。前者主张进攻敌方的根据地，彻底摧毁敌人侵略的意图，后者主张通过确立防御体制和强化防御设施来防止敌人侵略。恺撒派最具代表性的人物就是图拉真，奥古斯都派最具代表性的人物则是哈德良。

图拉真的东征曾经攻陷了帕提亚王国的首都泰西封，甚至顺着底格里斯河直达波斯湾一带，但是他的足迹仅仅到此为止，没有继续向底格里斯河以东的方向前进。后世的历史学家们认为图拉真之所以没有继续进军是因为当时他年事已高，但是对于一路长驱直入未曾有过败绩的图拉真来说，我认为其中一定另有原因。

古代的帕提亚王国拥有包括现在的伊拉克、伊朗、阿富汗以及巴勒斯坦的广阔地域。当时的罗马人所谓的“东征”，实际上只是越过作为国界的幼发拉底河攻至底格里斯河的岸边而已。因为帕提亚王国的主要都市大多集中在这里，相当于现在的伊朗以西，伊拉克境内，也是两河流域美索不达米亚平原的腹地。对于罗马帝国的统治者们来说，只要占领了这里就相当于征服了帕提亚王国，所以根本没有必要继续向东前进。

伊拉克现在的首都巴格达是在这个地方伊斯兰教化之后于公元7世纪建设的都市，距离帕提亚的首都泰西封只有不到40公里的路程。因为这两个都市的地理位置非常接近，都是位于两河流域一带，所以从古代的泰西封到现在的巴格达并没有什么太大的变化。而现代伊朗的首都德黑兰，在13世纪遭受蒙古人入侵的时候只是一个小村庄，19世纪的时候也不过是一个小城镇而已。进入20世纪后，伊朗、伊拉克、阿富汗以及巴基斯坦都保留了各自的独立，如果这些国家重新合并起来，想必“西方”人一定会再次感觉到来自“东方”的威胁吧。毕竟就算没有石油问题，仅仅居住在这里的人数就足以对西方构成足够的威胁。这也是罗马帝国不得不时刻提防“东方”国家的原因。

话又说回来，对罗马帝国来说，帕提亚王国在很多方面是个好对付的“敌人”。

第一，虽然帕提亚拥有越过幼发拉底河入侵罗马境内的军事实力，但是并没有将罗马帝国东部控制在自己手中的实力，更别说征服整个罗马帝国了。

当然对于罗马来说也不可能允许帕提亚控制帝国的东部地区。如果位于幼发拉底河防线西侧的叙利亚行省落入帕提亚手中，那么整个罗马帝国东部地区就将完全暴露在对方的面前。位于叙利亚北部的小亚细亚、南部的约旦和巴勒斯坦，甚至被称为罗马粮仓的埃及，都将面临沦陷的危险。军事防线的重要程度是由其被破坏后可能产生的损失决定的。因此，罗马人认为，幼发拉底河防线的重要性甚至与被称为北方生命线的莱茵河与多瑙河防线相比也不遑多让。为了保证这条东方防线的安全，罗马帝国专门建立了行省总督负责制的防御系统，只要叙利亚行省的总督发令召集，就可以立刻集结10个军团共计6万人的战斗力量。之所以这么做，是因为东方的君主们常常喜欢通过统率的士兵数量来显示自己的实力。拥有广阔的疆域且下属的封建诸侯都拥有大量直属士兵的帕提亚国王则更是如此。

这样一来，两大强国以幼发拉底河为界，形成了某种意义上军事平衡的状态，由此产生两国之间“共存”的局面。

第二，不管是罗马还是帕提亚，都拥有明确的最高统治者，两国都拥有统一的指挥系统。这样就给两国提供了通过高层会谈商议解决问题的途径。这一点和同为罗马帝国宿敌的北欧日耳曼民族就完全不同。罗马和帕提亚进行高层会谈和签订协议的地点一般选在幼发拉底河中的一个小岛上，这也成为两国之间关系的象征。

第三，两国的统治者都以实际情况为出发点考虑双方之间的问题。罗马帝国的东方都市，不管是安提阿、大马士革还是帕尔米拉，都是因为与亚洲之间的通商而繁荣发展起来的。而用于交易的商品和原料都需要经由帕提亚国内流通过来。凡是从亚洲来的商品虽然另外还经由黑海、红海进入罗马，然而大多数的商品无论是走陆路经过大草原，还是走海路至波斯湾上岸，都需要通过帕提亚的领地运往西方。

对于罗马帝国来说，帕提亚虽是敌国，但手里握有罗马人想要的

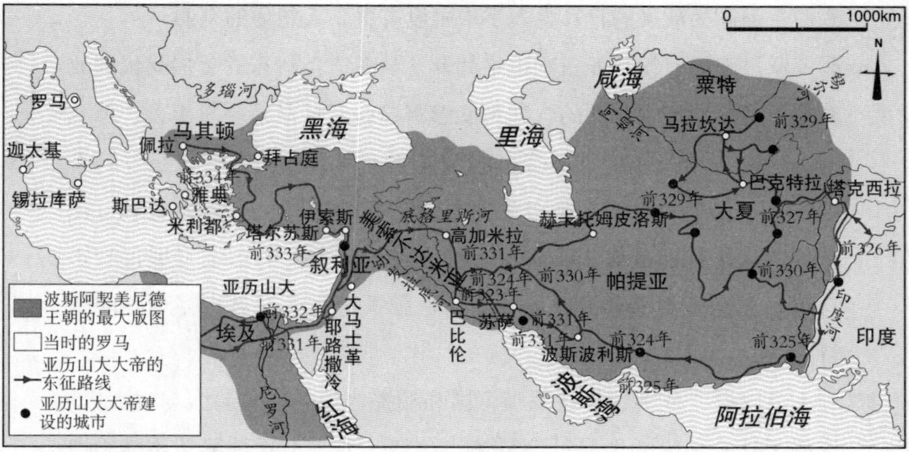

波斯阿契美尼德王朝的最大版图（公元前 500 年左右）与亚历山大大帝的东征路线

公元 2 世纪中期的罗马与帕提亚

东西，而同为敌人的日耳曼人手中则没有罗马人想要的东西。

反过来说对帕提亚王国也是如此。从东方传过来的奢侈品仅仅放在那里是无法产生利润的，如果能够将这些奢侈品转手卖出去，那么本国的经济繁荣便指日可待。而帕提亚王国最大的客户就是罗马帝国。从亚历山大大帝东征以来便移居于此的希腊人和只要有利可图就一定会出现的犹太人，将这个被夹在两国中间的市场发展得有声有色。在经商头脑和流散风俗上，希腊人与犹太人具有完全相同的特点。

可以说，分别居住在罗马帝国和帕提亚境内的希腊人与犹太人，构成了这一地区的上层社会群体。这样一来，不管是罗马还是帕提亚，都没有封锁国境的理由。而且就算它们真的打算封锁国境，也因为当地多河流与沙漠的自然条件而无法实施。罗马和帕提亚都非常清楚地认识到，最好的办法就是维持双方之间的这种状态。虽然两国间经常会因为各自国内的种种原因而纠纷不断，但是军事冲突从来都不会上升到你死我活的境地。这也是两个大强国之间“敌对”了 300 余年仍然能够共存的最主要的因素。

但是罗马帝国与帕提亚王国之间这种微妙的关系终于在公元 3 世纪走到了尽头。终结帕提亚王国 500 余年的历史，并且取代其“东方”霸主地位的，就是我们接下来即将提到的波斯萨珊王朝，同时也是皇帝亚历山大·塞维鲁不得不面对的强大敌人。

虽然“东方”更换了统治者，但是东方与西方之间的通商活动仍然被保留了下来，波斯萨珊王朝没有将首都定为波斯波利斯，而是沿用了帕提亚时代的泰西封就是最好的证明。也许会有人认为波斯萨珊王朝和“西方”罗马帝国之间的关系也将和帕提亚王国时一样。但实际上并非如此。

复兴的旗帜

波斯萨珊王朝的创建者阿尔达希尔，在公元 224 年将长久以来对波斯民族进行统治的帕提亚国王从统治者的宝座上推了下去。在随后的两年时间里阿尔达希尔统一了帕提亚全境，终于在公元 226 年登上王位。而他的目标则是复兴居鲁士与大流士统治时期的波斯帝国。

请大家参照前面的两幅地图，我们不难发现亚历山大大帝征服的土地和古代波斯帝国的领地几乎一致。这是因为当初亚历山大大帝彻底征服了波斯帝国。

而且我们将这两幅地图对比之后还可以看出，亚历山大大帝的领土在希腊化时代之后，被帕提亚王国与罗马帝国东半部正好从中一分为二。

由此可见，波斯萨珊王朝的目标与帕提亚王国有着本质上的区别。也就是说，波斯萨珊王朝的目标在于复兴被亚历山大大帝征服之前的波斯帝国。而罗马对于这种诉求当然不可能保持沉默。因此，罗马和波斯萨珊王朝之间的关系已经不可能回到之前同帕提亚王国的关系了。

复兴曾经的波斯帝国，重新恢复 500 年前的荣耀，虽然想要实现这个愿望需要付出无比的艰辛，但是人类这种生物就是拥有这样一种近乎固执的坚持。被哈德良皇帝瓦解的犹太民族，历经 1 800 余年的颠沛流离，仍然固执地想要回到自己的故乡。也正因为如此才有了以色列这个国家的诞生。与之相比，波斯人的 500 年也并不漫长。在帕提亚人的统治下度过 500 年，已经充分地点燃了波斯民族的抗争热情。因此，波斯萨珊王朝将琐罗亚斯德教（中国史称为祆教、拜火教）重新定为国教。

生于现代的我们都知道，波斯萨珊王朝最终也没能够实现其复兴

阿尔达希尔

波斯帝国的理想。直到400多年以后的穆斯林才算是实现了他们的目标。但是，对于公元3世纪的波斯人来说，复兴被亚历山大大帝灭亡的波斯帝国，重振波斯民族的荣耀，并非无法实现的梦想。因此，他们才会结成统一战线，为了这个共同的理想而努力。这也是同为东方民族的帕提亚人没有的气概。

另外，还有一个适用于古今东西所有人类社会的原理。那就是现实主义者往往会将对方也看成现实主义者，从而认为对方如果站在现实的角度上看问题，就一定不会犯愚蠢的错误。但身为现实主义者的罗马人万万没有想到的是，波斯萨珊王朝是一个彻头彻尾的理想主义者。当年以幼发拉底河为界，即便双方交战也仅仅限制在美索不达米亚地区的时代，已经一去不复返了。

而且带来这种变化的并不是历史上那个波斯帝国统治者的后代，虽然同为波斯民族，但是新兴的萨珊王朝与500年前统治波斯的皇族之间没有任何血缘关系。这对于罗马人来说更是一种严重的威胁。正如其在历史上被称为“波斯萨珊王朝”一样，公元3世纪时的罗马人面对的敌人，并不是曾经被亚历山大大帝彻底摧毁的那个波斯帝国，甚至都不是那个帝国的直系子孙。准确地说，波斯萨珊王朝并不是曾经的波斯帝国的复兴，而是由新兴的波斯民族组成的。像这样的新兴民族往往都具有很强的冲击力。

位于“西方”的罗马似乎对于公元227年“东方”发生的变化并没有正确的认识，而且，这个时期对罗马来说也是多灾多难。一年前，皇帝亚历山大的幕后支持者尤利亚·梅萨去世。而就在阿尔达希尔于波斯民族的大本营波斯波利斯举行了盛大而华丽的加冕仪式，并且入主首都泰西封之后不到一年，失去了靠山尤利亚·梅萨从而地位不保的乌尔比安也死于其政敌之手。刚刚20岁的亚历山大，因为其母亲梅亚并没有继承外祖母梅萨的气度，导致他在这个艰难的时期失去了所有值得信赖和能够给他提供帮助的人。在当时的“西方”没有任何一个人能够对“东方”发生的重大变化做出正确的判断，并提供相应的对策。就这样，开始逐渐衰退的罗马帝国与燃烧着旺盛斗志的波斯萨珊王朝发生了剧烈的碰撞。

顺便说一句，罗马皇帝并没有加冕仪式。因为在加冕仪式上必须有“某个人”为皇帝戴上皇冠，表示正式授予其统治国家的权力。而罗马帝国的“某个人”则是帝国的两大主权者元老院与罗马公民。但是因为主权者的数量过于庞大，如果将所有人都集合起来举行加冕仪式不仅场面过于庞大，甚至也会失去加冕本身的意义。不过对于东方人来说，皇帝的权力并非委托而是授予，所以需要通过举行盛大的仪式来给平民百姓留下深刻的印象。

在罗马帝国甚至都不存在“皇冠”这个概念。在硬币和雕像上最常见的是用橡树枝编织出来的头冠，这种被称为“公民冠”的头冠在

刻有皇帝两种头冠的硬币（左：太阳冠；右：公民冠）

共和国时代便已经存在，经常被授予那些在战场上拯救同伴的军团兵。一个大男人在头上戴着橡树枝编成的公民冠，象征着守护公民的安全是罗马皇帝的首要任务。

除了公民冠之外，还有另外一种展现罗马皇帝权威的皇冠。这种皇冠被设计成类似太阳光芒集中在一起的造型，与公民冠在“西方”普及不同的是，太阳冠是专门面向帝国“东方”使用的。对于没有公民传统的东方人来说，公民冠也没有任何意义，而太阳冠显然更加有利于他们对皇权的理解。入乡随俗是统治多民族国家的传统法则，罗马人就连皇冠也坚定地贯彻了这一方针。

因为加冕仪式具有非常重要的意义，因此负责授予皇冠的人不能是普通的人类，而必须是某种超越注定一死的人类的存在，也就是我们说的神。而神是无法亲自为人类加冕的，所以这个任务就落到了那些传达神意的大祭司、祭司以及其他神职人员的身上。这样，掌权者的统治才具有正当性。

通过加冕仪式，皇帝与神之间更加紧密地联系起来。这也是“东方”比“西方”更加重视加冕仪式的原因。由此可见，犹太教、基督教、伊斯兰教等一神教全部源于“东方”也并非偶然。“加冕”一词被解释为“证明欧洲皇帝即位而为其戴上皇冠的仪式”，但实际上这里说的应该是进入基督教时代之后的“欧洲皇帝”。

让我们回到还没有被基督教统治的罗马帝国时代。没有加冕仪式的罗马帝国皇帝亚历山大·塞维鲁的对手，是被琐罗亚斯德教祭司亲自授予皇冠的阿尔达希尔。当然阿尔达希尔对罗马帝国的威胁，并非因为波斯萨珊王朝与之前的帕提亚相比宗教色彩更加强烈，而在于其是一个新兴的国家。

新兴国家甚至能够置国内的反对派于不顾而坚决对外采取攻击的态势。所以从阿尔达希尔加冕开始到向西北方出兵为止，甚至都不到4年的时间。

北上越过幼发拉底河的波斯大军在征服了罗马的盟友亚美尼亚之后，又马不停蹄地突破了罗马帝国的防线，攻入卡帕多西亚行省。而越过幼发拉底河向西进发的波斯大军则将叙利亚行省带入了恐怖的深渊。商人们停止了一切交易活动，躲在戒备森严的城墙下瑟瑟发抖。曾经在罗马大道上活跃的商队也被全副武装的波斯骑兵取代。屯驻在叙利亚行省的诸多军团，面对突如其来的危机也失去了应对的能力。自从马克里努斯屈辱地媾和撤退之后，经过埃拉伽巴路斯治下的4年以及亚历山大统治的10年，这里一直被中央忽视，因此出现这样的情况也是理所当然的。

但是如果任凭这种状态继续下去，居住在罗马帝国东部的人民将全部处于水深火热之中。于是皇帝亚历山大决定亲自出征解决这场危机。公元232年，24岁的亚历山大·塞维鲁在继承皇位10年后，终于要亲自证明其作为皇帝的价值。

罗马人对皇帝最重要的要求就是他能否保证帝国和居民的安全。也就是说，罗马人需要自己的皇帝能够在必要的时候展现其强大的军事能力。“皇帝”（Imperator）一词原本在拉丁语中是士兵对凯旋将军的尊称。早在开国皇帝奥古斯都建立帝国之前，“Imperator”就一直是凯旋将军的意思。

这个对率领军队取得胜利的将军的尊称，在进入帝国时代之后直接变成了“皇帝”的称号，因为罗马的皇帝同时也是全军的最高司令官。

由此可见，所有的罗马皇帝都有上阵杀敌的军人使命。维持了10年的和平统治之后才初次踏上战场的亚历山大皇帝，可以说算是比较幸运的。唯一不幸的是，他的对手是一个斗志旺盛的新兴民族。

波斯战争（一）

在做出亲征的决定之后，亚历山大的动作非常迅速。虽然他也知道在这种情况下行军速度的重要性，但是仍然非常谨慎地选择随行人员并妥善地准备辎重，并没有草率地贸然出兵。离开首都罗马之后，皇帝一行首先花费了大约一个月的时间来到多瑙河沿岸。之所以先来到这里，是为了整编东征的军团。因为在波斯军队进攻的初期，屯驻在叙利亚的军团就已经用实际行动证明了其根本靠不住。

据说亚历山大召集了6个军团以及辅助兵部队，参加这次波斯战争的罗马兵力应该在5万人左右。但是作为主要战斗力的军团兵只有3万人左右，这是因为他原计划在抵达叙利亚行省之后与驻扎在叙利亚周边的军团会合，并将其吸收进来。

就这样，庞大的罗马军团浩浩荡荡地向东方进发了，其阵势只能用“壮观”一词来形容。

从多瑙河南下来到色雷斯，继而沿着通往东南方的道路越过作为欧洲与亚洲分界线的赫勒斯滂海峡进入小亚细亚。根据当时遗留下来的记载，罗马军队的全体士兵都穿着正规的军装，每个人根据自己的职责手持不同的武器，整齐划一地在罗马大道上行进。行军的秩序直到太阳下山以后也没有丝毫的紊乱。在行军的过程中，不管是皇帝还是士兵全部需要在野外搭帐篷宿营。罗马军队非常重视传统的兵站建设，而野营正是兵站发挥其作用的时候。因为只有在满足了战士们最基本的物质层面需求之后，他们才能够保持高昂的斗志和士气。与军队一起行军的皇帝亚历山大，在维持罗马传统这一点上可以说做得相当到位。

亚历山大没有选择使用四周有帷幕遮挡、可以安心躺卧的轿子，也没有选择比较节省体力的马车，而是和军团长与大队长一样骑在马上与军队同行，偶尔还会和百夫长与士兵们一起徒步前进。

吃饭的时候他也和士兵吃一样的食物。唯一不同的是士兵自己做饭，而皇帝有随行的厨师负责料理。他在吃饭的时候会将帐篷四面高高掀起，让士兵能够看到皇帝吃的是什么。如果在行军过程中发现有开小差跑到附近农家偷东西的士兵，会被押往皇帝面前接受严厉的鞭打。因为亚历山大虽然并没有亲历过战场，但是他深知军规必须严格遵守，只有严格遵守秩序的军队才能够在战场上发挥出强大的力量，这一点已经得到罗马帝国之前无数次战役的证实。而对此深信不疑的亚历山大在经历了漫长的行军之后见到的一幕，却使他的心中充满了绝望。

士兵罢战

作为防守幼发拉底河防线的主力而常驻于叙利亚行省的3个军团，分别以3个战略要地作为其军团基地。其中2个军团分别位于现在土耳其境内幼发拉底河上游的萨莫萨塔和泽乌玛，另外一个军团位于之前提到过的埃梅萨附近的拉法内埃。但是在公元232年的时候，叙利亚行省还有从北美索不达米亚撤军回来尚未被安排屯驻基地的第一和第三帕提亚军团。不能在城市内设置军团基地是罗马一直以来的传统，因此一时间没有地方驻扎的这2个军团就在安提阿以南10公里处的达芙妮驻扎下来。达芙妮是以祭祀希腊诸神的神殿为中心发展起来的小镇，所以即便驻扎大量的士兵也不会对当地的居民造成什么不便。当皇帝亚历山大进入安提阿的时候，前来迎接他的就是这2个军团的士兵。

接下来将要为大家介绍的，就是在迎接皇帝的时候发生的小故事。所谓历史，就是由无数的细节组合起来的，这次的小故事也是其中之一。这些细节之所以如此重要，是因为其能够为我们了解历史提供很多的参考。身为领袖的亚历山大·塞维鲁究竟能不能得到人们的认可呢？

小故事共分为"过去"和"现在"两个部分。"过去"指的是亚历山大曾经阅读过无数次的历史，虽然不知道普通的士兵是否了解，但是将官级别的人都应该知道。同时这也是被罗马时代的历史学家们无数次提到过的一个非常著名的事件。"过去"的主人公是尤里乌斯·恺撒，"现在"的主人公是皇帝亚历山大·塞维鲁。虽然"过去"的这段历史我在《罗马人的故事05·恺撒时代（下）》中描述过，但我们在这里还是要重新回顾一次：

公元前 47 年的小故事

恺撒解决完西塞罗的事情后，沿着阿庇亚大道奔向首都期间，接二连三地收到了安东尼从罗马发来的急报。罢战又发生了，精锐军团中的部分士兵集体要求退役。而且此次的主谋第十军团的士兵们已经手持武器，齐聚城外的马尔斯广场。大法务官撒路斯提乌斯（后来的历史学家）带着奖赏方案前去交涉，结果被士兵们赶了回来。

说起这个恺撒一手调教出来的第十军团，在地中海世界可谓家喻户晓。英雄团如今举起了罢战的大旗，这事非同小可。况且，对恺撒而言，现在正是需要他们前往北非肃清庞培余党的关键时刻。

从阿庇亚大道进入首都的正南方向，正好与马尔斯广场所在方位相对。恺撒对近侍们的劝阻置若罔闻，连日耳曼骑兵担任的侍卫们都没带，策马横穿罗马城，单骑出现在闹事的士兵面前。时隔一年，再次与第十军团兵相见的恺撒，没有任何寒暄，而是突然开口道："说！想要什么？"士兵们纷纷叫嚷着要求退役。实际上，他们也很清楚，在即将开始的北非战场上恺撒是非常需要自己的，因此，这个退役的要求不过是希望恺撒能答应增加军饷提高奖励而已，原本他们就没想过要真正退役，还是希望能跟随恺撒继续征战。然而恺撒只说了一句话："我准了。"

闹事的士兵没料到恺撒会这样回答，挥舞剑的手顿时停在空中，叫嚷声也瞬间停止了，广场上陷入一片沉寂。面对哑然的士兵，恺撒接着说："公民们，我恺撒一言九鼎，在我及我的士兵凯旋之后，各位的饷银及其余奖赏定会如数给付。在此之前，请乡亲们到安全的地方静候。"

恺撒的这一声"公民们"，在以精锐自居的第十军团兵听来，无异于晴空霹雳。这下他们真是成了退伍士兵，成了和恺撒无情无缘的普

尤里乌斯·恺撒

通老百姓。多少年来，一直被恺撒热切对待的“战友们”，现如今却成了“公民们”。这种被恺撒当成陌生人的感觉，让第十军团的士兵深受打击，再没心情要求罢战、要求加军饷。士兵一边流泪一边高喊道：

“我们要重回军队！”

“我们要追随恺撒继续战斗！”

不过对于这一切，恺撒不再应答。曾经意气风发的第十军团此刻显得无比消沉。在随后阿非利加战役的备战过程中，恺撒下令麾下军队在西西里岛的马尔萨拉集合，却唯独没有通知第十军团。被冷落的第十军团像只丧家犬一样，夹着尾巴默默跟在前往西西里岛集结的大部队后面。等他们再度接到恺撒的参战命令时，已是两个月以后的事了。这是后话。这一次恺撒又赢了，既没有发奖金也没有提高薪水就收拾了第十军团，而且最后还让他们乖乖地主动要求作战。后来有位学者这么评价：

“恺撒简直是个演技一流的幽默剧大师。”

古代的历史学家在介绍这一幕时，异口同声地称赞恺撒“仅出一言，便已扭转乾坤”。

这一幕里的恺撒表现出了十分卓越的语言才能，正如他所说：“文章好坏，取决于言辞。”

公元 232 年的小故事

当皇帝亚历山大来到安提阿的时候，前来迎接他的是队伍散乱、衣衫不整而且还有很多缺席者的军团。经询问，那些缺席者基本都没有回到位于达芙妮的屯驻地，而是在安提阿的公共浴场、竞技场以及妓院中逍遥自在。甚至在明知皇帝驾到的情况下，仍然流连在那些地方以致错过了集合时间。

愤怒的亚历山大下令将所有缺席的士兵都抓起来扔进监狱。这一命令得到了非常严格的执行。

但是，当其他士兵得知这一消息后，为了表示对同伴遭到处罚的抗议，将皇帝居住的行省总督官邸围了个水泄不通。当然，他们每个人的手中都拿着武器。接到报告的亚历山大命令将被逮捕的士兵用铁链锁着带到官邸前的广场上，并且亲自来到总督官邸的阳台上。前来抗议的士兵在阳台下方围成一个半圆形，虽然他们看到皇帝出现而停止了愤怒的呐喊，但周围紧张的气氛丝毫也没有减退。皇帝的声音就在这样的环境下响了起来：

战友们，如果你们前来抗议，是因为我对你们的同伴处罚过

亚历山大·塞维鲁

轻，那么说明我们的祖先定下的军规还没有被忘记，我们的罗马帝国还依然拥有希望。但是，如果你们的抗议是认为我对你们的同伴处罚过重，那么罗马帝国的未来就非常令人担心了。也许在先帝（暗指埃拉伽巴路斯）统治时期违犯军规算不上什么严重的问题，但在我的统治下这是绝对不被允许的。这种过度的散漫，与肩负着帝国防卫任务的士兵是完全不相符的。

肩负着守卫帝国重任的士兵，绝对不能像普通公民那样贪图享乐。这一点对于身为诸位最高司令官的我，以及直接指挥诸位的将官们也是同样的。连我都有这样的觉悟，难道诸位还坚持认为违犯军规的人不应该接受处罚吗？况且我并没有对他们处以死刑，仅仅只是鞭打而已，难道这样的惩罚也过于严厉了吗？

一直默不作声的士兵听到这里忽然爆发出愤怒的抗议。24 岁的亚历山大为了压过士兵的怒吼，进一步提高了声音说道：

为什么你们的情绪如此激动？与其将怒火发泄到我的身上，不如将其留给你们战场上的敌人。日耳曼和波斯才是你们真正的敌人，而我则是发给你们军饷、保证你们的衣食住行甚至分发给你们战利品与土地的皇帝。快停下你们威胁的怒吼吧。

虽然你们的怒火应该留在战场上，但是恐怕无法实现了。因为你们现在的行为不但与军人的身份不符，甚至违犯了罗马公民应该遵守的法律，我只好命你们退伍了。

士兵听到这段话，认为皇帝搬出退伍当武器，情绪顿时更加激动起来，不但没有停止愤怒的呐喊，甚至还将手中的武器指向皇帝。亚历山大再次大声说道：

放下你们手中的武器。如果你们的身上还残留一丁点儿战士的灵魂，就应该将你们的右手指向敌人。

你们的威胁对我根本起不到任何作用。就算你们现在杀了我，我也是身为一个男人轰轰烈烈地死去。而你们，则将遭到元老院和罗马全体公民的唾弃和报复。

士兵的愤怒依然没有消减，24 岁的皇帝高声说道：

公民们，放下武器，马上离开！

士兵终于安静下来。但是他们对于自己被称为“公民”并没有表现出任何的悔恨之情，甚至为了证明自己从“士兵”变成“公民”，不仅放下了手中的武器，还脱掉了身上的军装，随后所有人都从广场上散去。不过，他们并没有回到达芙妮的基地，而是直接在安提阿的众多旅馆中住了下来。

放下武器离开，也就意味着军团的解散。直到一个月之后这些士兵才重新回到位于达芙妮的驻地，恢复军团的编制。关于双方究竟做出了怎样的妥协与让步，以及这场闹剧对士兵的情绪造成了怎样的影响，并没有留下任何的记载。我们知道的只有煽动抗议集会的几个人被处以死刑，以及这些士兵全部参加了第二年即公元 233 年爆发的波斯战争。

这两个小故事给我们带来很多启示。虽然当时的恺撒已经 53 岁，而皇帝亚历山大只有 24 岁，两人之间的年龄差就像父子一样悬殊，但是这也并不能被看作后者失败的借口。毕竟亚历山大大帝率领数万大军进行东征的时候，也只不过 20 多岁而已。

比年龄更加重要的问题在于是否拥有洞察人类心理的能力。“公民”这个词，只有对那些习惯了“战友”称呼的人才有作用。恺撒与第十军团的士兵，自从高卢战争开始一直到后来经历的内战，并肩战斗长达 13 年之久，可以说是相互间有着深厚感情的“战友”。即便在那个小故事发生的时候，他们也已经与恺撒在一起共同度过了 10 年的艰苦岁月。正因为如此，他们才能够在明知触犯国法的前提下，依然义无反顾地跟随恺撒越过了卢比孔河。就是这样一支跟随恺撒多年的军队，竟然被曾经的统帅称为“公民”，并且像对待普通公民一样对待，毫无疑问会受到非常强烈的打击。恺撒正是看准了他们的这一心理，才会故意做出那样的表现。

而皇帝亚历山大与第一和第三帕提亚军团兵之间的关系正好相反。这些士兵之前甚至连这位最高司令官的样子都没见过。用现在的话来说，皇帝亚历山大就好像是突然空降到前线士兵面前的最高司令官一样，而且这位最高司令官面对即将开始的波斯战争，不但没有对将士们进行任何的鼓励和奖赏，反倒将很多人逮捕入狱。虽然“道理”在皇帝这边，毕竟无视长官的集合命令确实应该遭受惩罚，但是有“道理”不见得就一定要这么做。正所谓“匹夫不可夺志”，对于前线作战的士兵来说更是如此。

第一与第三帕提亚军团当时并没有常驻基地。一般来说罗马军团的常驻基地除了兵营以外，浴场、剧院以及竞技场等设施也是一应俱全。只要在军团基地内部就可以满足士兵一定程度上的放松需求，这也是为了使士兵不至于频繁出入附近城镇采取的措施。但是屯驻在达芙妮临时基地的士兵并没有这样的休闲环境，所以前往10公里之外的安提阿进行放松，对于这些士兵来说也是迫不得已的选择。不过即便如此，他们放松的次数也确实有些过于频繁。

皇帝亚历山大在叱责这些士兵的时候，以“战友们”为开头。因为同伴受到严厉的处罚而前来抗议的士兵，在听到这句话的时候一定会感到非常刺耳吧。毕竟在这位皇帝统治的10年里，都没有为他们安排一个正式的军团基地。这样的家伙在见面的第一天就大言不惭地称呼大家为战友，士兵肯定不会感到满意。身为一位领导者需要具备非常强大的说服力，措辞则是其中十分重要的一环，而亚历山大的失误之处正在于他的措辞。

虽然历史就是一个不断重复的过程，但是在每次重复的过程中人类的心理活动不尽相同。为了掌握这些心理，敏锐的洞察力和换位思考的想象力缺一不可。否则，即便是历史上取得成功的事例，也会因为时过境迁而导致失败。皇帝亚历山大的例子就是最好的证明。

最后一个问题是战术问题。投机取巧的战术必须在一瞬间解决战斗。对于那些长篇大论搞不定的问题，在进行投机取巧的时候最忌讳的就是浪费时间。亚历山大的演讲就显得过于冗长了，而且这件事在当场并没有得到妥善的解决，直到一个月后士兵的不满才逐渐平息下来。但是即便骚乱平息了下来，皇帝与士兵之间的关系并不见得有什么好转。由此可见，这是一个解决问题失败的例子。

第一战

罗马帝国与新兴的波斯萨珊王朝之间的第一场正面冲突在公元233年的春天正式打响。罗马与帕提亚曾经交战过无数次的美索不达米亚平原，如今换个对象，又成了战场。因为两国军队都由当时的最高统治者亲自率领，所以双方应该都是大军。据说罗马方面有六七万人，波斯方面则超过10万人，因为没有留下准确的记载，所以具体数目现在已经无从考证。波斯萨珊王朝建国7年才出动了10万军队，恐怕是其身后的国土过于广阔的缘故吧。但是即便如此，萨珊王朝仍试图将西方势力赶回地中海沿岸，重铸波斯民族的辉煌。

发生在公元233年的波斯战争，对于罗马方面来说本是一场防卫战争，但是罗马帝国采取了积极的进攻战略，将全军分成三路，分别是从幼发拉底河上游进攻的左翼、从叙利亚沙漠东部越过幼发拉底河中游进攻的中央主力部队以及从西南方向朝美索不达米亚地区发动进攻的右翼。这种三方同时夹击的战术本身并没有什么问题，但是要想充分发挥三军协同作战的效力，需要整齐划一的战术体系。而根据不同的战况对全军进行及时的调整，则是全军最高司令官亚历山大的工作。

罗马帝国因为将整个地中海区域全部纳入自己的统治之下，所以拥有将其称为“内海”的资格。而将罗马帝国赶回西方，重新将罗马人的内海变成地中海的，就是波斯萨珊王朝。曾经紧紧围绕着亚美尼亚王国以及北美索不达米亚的争夺，随着帕提亚王国的灭亡成了过去，从此以后罗马帝国在东方最大的敌人变成了波斯萨珊王朝。但是双方之间在公元233年展开的这第一场战争，没有在历史上留下任何正式的记录。波斯方面没有留下记录的原因很容易理解，专制君主国家一般来说只会记录那些取得胜利的战争。而罗马方面也仅仅留下少量记录的原因，恐怕是因为当时的罗马方面并没有认识到这场战争具有的划时代意义。至少皇帝亚历山大就没有认识到，如果他认识到的话，断然不会以那样的形式结束这场战争。

于是，关于公元233年罗马帝国与波斯萨珊王朝之间最初的战争，我们知道的事情只有如下几点：

一、两军都遭受了非常严重的损失，到最后也没有分出胜负，双方都退回到各自的出发地停止战斗。没有媾和，也没有签署任何停战协议。

二、罗马方面并没有详细公布自己的损失情况，从总体上来看，恐怕至少损失了1 000人到2 000人，相当于一个大队规模的部队。

三、即便如此，罗马帝国还是将15年前马克里努斯割让给帕提亚王国的北美索不达米亚（今叙利亚境内，位于幼发拉底河与底格里斯河之间的地区）重新夺了回来。第一与第三帕提亚军团再次回到自己原来的常驻基地。

四、因为罗马方面公布了战争结果，那么就说明罗马在这场战争中处于优势地位。既然如此，罗马应该趁此机会进攻美索不达米亚平原中部地区，波斯萨珊王朝的主要都市大多集中于此。因为占领最接近幼发拉底河与底格里斯河这两条大河流域，等待波斯萨珊王朝攻回来，才是对罗马帝国来说最完美的选择。战争在夏初的时候便宣告结束，由此可见罗马人拥有足够继续进攻的时间。但是皇帝亚历山大以越冬为由做出撤军的决定。如果他打算明年春天继续战斗的话，就应该像卡拉卡拉那样将军队驻扎在前线附近，但是他只将第一与第三帕提亚军团留在北美索不达米亚，其他军队则全部撤回幼发拉底河以西。他自己也为了举行凯旋仪式而回到首都罗马。同年 9 月 25 日，皇帝亚历山大向元老院提交了关于这次战争的报告。考虑到从美索不达米亚到罗马的距离，可以认为是西方主动停止了这场战争。

根据《罗马皇帝传》的记载，在 9 月 25 日这一天，25 岁的亚历山大·塞维鲁面对挤满了整个会场的元老院元老，做了如下的演讲：

诸位元老院元老，我们在与波斯的战争中取得了胜利。想要证明这一点并不需要多做说明，只要列举几个事例，你们立刻便会知道。

冲在敌阵最前方的是 700 头大象。为了方便作战，这些大象的背上都用皮带固定着高高的塔楼，上面站着许多弓箭手，一边突击一边射箭。我们的士兵毫不畏惧，采取积极果敢的攻势，成功击杀了 200 头大象，并且捕获了 30 头，其中的 18 头被我们带了回来。

敌人在象群身后，还投入了 1 800 辆战车。这些战车都是东方式的设计，在战车的四个轮子外侧都固定着镰刀和利刃。我们通过击杀拉车的战马，成功地使其中的200辆战车失去战斗力。虽然这200辆战车我们也打算作为战利品带回来，但是因为很多已经严重破损，剩下那些粗制滥造的，没有带回来的价值，所以就扔在战场上了。

波斯军队大概有12万人，我们成功地击败了他们作为主要战斗力的1万名重装骑兵。其余的波斯步兵大多被我们当场歼灭或者俘虏，因为俘虏数量太多，除了分给士兵们做奴隶以外，剩下的那些人都被带到奴隶市场卖掉了，获得的收入将归于国库。

另外，我们的军队将失去多年的两河流域重新收复，也是值得夸耀的战果。

我们击败了波斯军队，迫使他们的国王阿尔达希尔撤退。虽然这位国王独揽大权，在国内拥有很高的地位和声望，但是，他手下的臣民都看到了他畏惧臣服而不顾一切落荒而逃的狼狈相。当时他疯狂地抽打着胯下的坐骑，沿着大道一心只想逃回自己的首都泰西封。他们曾经在那条路上将我们的军旗作为战利品拖曳而行，带回波斯（暗指公元前53年克拉苏的军队全军覆没）。而今天，我们却将波斯的军旗拖回了罗马。

诸位元老院元老，这就是我们军队的战绩。其余的想必不用我再多说。接下来就由诸位来决定，这场胜利有没有感谢神灵的价值，是否应该举办一场能够使神灵满意的凯旋仪式。

元老院元老纷纷起身向汇报完战况的皇帝恭贺道：

“亚历山大·塞维鲁！愿神灵永远保护您！”

当亚历山大从元老院会场走出来时，聚集在罗马广场上的民众立刻对他发出热情的欢呼：

“期待您带领我们取得对日耳曼人的胜利！”

“只要有您在，不管同多么强大的敌人战斗都会取得胜利！”

“只有胜利者，才能随心所欲地统率军队！”

《罗马皇帝传》中记录皇帝亚历山事迹的主要作者，是生于君士坦丁大帝时代的人，在他创作这部作品之时距离这个小故事的发生已经过去了百余年。每一个记述历史的人都必须尊重史实，这个人自然也不例外。但是在他忠实地记录了皇帝亚历山大的波斯战争之后，又添加了如下的感想：

虽然这些都是笔者从罗马公文书库中收藏的官方记录和编年史中搜集到的资料，但是也难免会有人提出不同的意见。之前就曾经有人认为罗马与波斯之间的第一次战争，实际上是皇帝亚历山大为了避免最终落败而提前做出的撤退决定。

但是，如果我们查阅众多官方以及非官方的资料就可以发现，这只是当时极少数人的意见。就连当时以发表反对言论著称的艾罗迪亚鲁斯也非常客观地这样写道：

跟随皇帝亚历山大参与波斯战争的士兵们，大多死于饥寒交迫和疾病。

艾罗迪亚鲁斯是生于哲学家皇帝马可·奥勒留统治时期叙利亚行省的希腊人，从公元 192 年开始他在首都罗马生活了 12 年。虽然他前往罗马是为了接受高等教育，但是在那之后他究竟从事了什么工作现在已经无从得知。总之，在公元 204 年的时候他返回了叙利亚，在罗马帝国东方的大都市同时也是他出生的故乡安提阿定居下来。这个人之所以会被后世称为历史学家，是因为他著述了一部名为《马可·奥勒留死后的罗马帝国史》(*Storia dell'Impero dalla morte di Marco Aurelio*) 的史书，书中详细地记述了从公元 180 年到 238 年的历史。全书只有 8 卷，算不上长篇大作，而且内容也因为过于平铺直叙，没有任何对人物的深刻描写而使其读起来索然无味，它很快成为被后世遗忘的作品。不过因为书中记述的都是作者亲身经历的时代，所以对于现在来说仍然具有一定的参考价值。

但是即便艾罗迪亚鲁斯生于那个时代并且描述的就是发生在他身边的事情，也不见得就完全是事实。有句话叫作"眼见为实"，人类往往只相信自己亲眼看到的东西。叙利亚行省的首府安提阿，在公元 233 年发生的波斯战争中是罗马军队的后方基地。他在安提阿看到的事实，与其说是对战争整体的客观认识，不如说是参战士兵们的感受。仅仅通过一场战斗根本无法判断战争胜负的走向，而且明明正值战斗的好时节，皇帝却草草下令撤军，这对于士兵来说一定非常难以理解，心中也自然会产生一些负面情绪。

但是公元 233 年的波斯战争，对罗马方面来说即便没有失败，也算不上是什么值得夸耀的大胜。关于这一点，我们不需要现场的目击证人，只要从皇帝亚历山大向元老院做出的报告就可以分析出来。

首先，700 头大象之中的 200 头被杀，30 头被捕获，那么波斯方面应该还剩下 470 头。迦太基人与波斯人自古以来使用的战象就相当于我们现在的坦克，而波斯人在这场战争中也只不过损失了三分之一的"坦克"而已。

接下来让我们看一看"东方"军队常用的战车，1 800 辆战车损失 200 辆，只是区区九分之一。

虽然罗马人成功地击败了 10 万名波斯步兵，并且俘虏了其中绝大部分，但是东方的步兵和罗马的重装步兵是完全不同的两个概念。对于罗马人来说，重装步兵是主要战斗力，但是东方的君主制国家的步兵中充斥着大量被强行征用的农民，仅仅作为辅助作战的力量。所以不管击败多少波斯步兵都不会对战斗的结果造成影响。事实上，曾经征服了东方的亚历山大大帝从来都没有将这些步兵放在眼里，他身先士卒进行突击的目标，只有敌军的主要战斗力量。

波斯方面的主要战斗力量是骑士和战马都披挂重甲的重装骑兵。因为骑士和战马都需要装备，所以武装一名重装骑兵需要一大笔开销，同时也需要相当长时间的训练才能够使骑士在身披重甲的情况下熟练地进行战斗，就算是喜欢在战场上投入大军的东方君主，也无法一下子纠集起几万名重装骑兵。皇帝亚历山大声称其击败了 1 万名重装骑兵，可以说相当于摧毁了波斯方面几乎一半的重装骑兵。由此可见，发生在公元 233 年的波斯战争，罗马军队彻底摧毁了波斯军队的主要战斗力量。罗马人之所以认为自己取得了对波斯战争的胜利，应该也是基于这个原因。而波斯国王也许就是因为看到自己的主力部队遭到如此沉重的打击，才那么仓皇地逃回首都去了吧。

罗马军队之所以能够在这场战争中大获全胜，是因为当时的罗马军团兵还依然发挥着主要战斗力的功能，而且能让战局发展到使重装步兵与重装骑兵发生冲突，让双方主要战斗力相互对决。

骑兵，尤其是重装骑兵，要想发挥其令人恐惧的冲击力，必须保持一段相当长的突击距离。如果没有这段加速距离，尽管波斯骑兵的重装备有如中世纪的骑士，那么骑兵也很难发挥其应有的威力，甚至有可能彻底失去攻击力。一旦失去灵活机动的性能，那么骑兵也就失去了作为骑兵的价值。另外，因为重装骑兵身披重甲，一旦陷入步兵的包围之中，更加难以躲避对方的攻击。

这就是恺撒在公元前 48 年于法萨卢斯会战中击败庞培的战术。在公元 233 年与波斯的战争中，罗马再次将其复制过来，通过将敌人侧翼的骑兵分割包围，使其从友军中孤立出来，然后趁其移动不便之时将其消灭。重装步兵之所以在罗马帝国与波斯萨珊王朝的第一次战役中展现出如此强大的战斗力，是因为他们完全发挥了自己一直以来的作战方式。人类在坚持自己习惯之时，往往会发挥出更加强大的力量。

皇帝亚历山大向元老院的报告，虽然没有将所有的事实都阐述出来，但是也并没有说谎。

首先，他击退了入侵的波斯军队，完全实现了当初的出兵目标。其次，他还彻底摧毁了敌军的主要战斗力量，这一点至关重要。事实上，波斯萨珊王朝在此后的 20 年间都没有能力再向罗马的领地发起进攻。最后，他将沦陷长达 15 年的北美索不达米亚收复回来。这样罗马帝国今后就可以在西北与西侧两个方向同时对波斯萨珊王朝进行牵制。

总之，皇帝亚历山大在波斯战争中的表现可圈可点，但是他的不幸之处在于，大家高估了他的胜利。从元老院到普通公民，全部认为他拥有率领军队战胜波斯人和日耳曼人的能力，这给 25 岁的皇帝造成了极大的心理压力。结果，公元 234 年，即波斯战争刚刚结束一年，罗马帝国的两大主权者——元老院与罗马公民—— 一致同意将亚历山大 · 塞维鲁送上莱茵河前线。而正是这个决定夺走了这位年轻皇帝的性命。

日耳曼对策

很多人认为蛮族的罗马化是造成罗马帝国衰退的主要原因，但我并不同意这种观点。所谓蛮族的罗马化，是指生活在罗马帝国防线外侧的蛮族，经常与罗马境内的居民进行方方面面的接触。这是由于当时的罗马属于高度文明的国家，拥有先进文化的同时，物产也十分丰富，境内的市场上可以买到种类繁多的商品，吸引境外的蛮族频繁前来进行贸易活动。对于此种现象，历代的罗马皇帝都采取鼓励的态度，认为这样做可以有效地缓解罗马与蛮族之间的矛盾。罗马的统治者们唯一关心的，就是这些罗马化的蛮族是否团结起来采取统一的行动。罗马人将这些蛮族称为“近蛮族”，虽然时常提防他们的一举一动，但是并不将他们看作真正的敌人。因为这些“近蛮族”与罗马帝国之间一直保持着比较良好的关系。

正如我在《罗马人的故事 11 · 结局的开始》中描述的那样，哲学家皇帝马可 · 奥勒留统治的时代罗马面对的“时代变化”，是指一直以来被他们称为“蛮族”的外国人在那个时代环境下，逐渐分成“远蛮族”和“近蛮族”两种类型。与居住在罗马防线附近的“近蛮族”相比，“远蛮族”指的是居住在现在的斯堪的纳维亚半岛与德国东北部、波兰以及俄罗斯的民族或部落。这些民族随着人口的不断增加，就好像暴涨的河水往低处流一样，开始向南部以及西南部扩张。当然，他们不会去那些无人的地区。既然是无人区，肯定是不适宜人类生存的土地，物产丰富的地方早就有人居住在那里了。而且如果他们能够开垦无人区并将其变成适宜人类居住的地方，那还叫什么蛮族。

既然叫作蛮族，那一定是为达目的不择手段，而且还会选择最简单直接的方法。所以蛮族的扩张方式无非就是将原先居住在这片土地上的人打败，或者将其作为奴隶，或者使其臣服于自己。而从公元2世纪后半期开始，罗马帝国的防线之外就逐渐地发生着这种变化。马可·奥勒留统治时期之所以一直因北方蛮族的问题而疲于奔命，正是因为这个问题刚好在那个时期显现出来。被“远蛮族”打败吞并的“近蛮族”不断地入侵罗马领地，其中比较弱小的部族甚至向罗马帝国提出移居的请求。虽然罗马的历史就是不断抗击蛮族入侵的历史，但是随着时代的发展，其表现形式也在不断地发生着变化。

因为皇帝卡拉卡拉采取的积极攻势，罗马帝国北部的莱茵河防线与多瑙河防线才得以维持了15年的和平与稳定。但是这并非唯一的原因，还有一个原因就是在这段时间，防线之外的“近蛮族”正遭到“远蛮族”的不断进攻。蛮族的入侵之所以在15年后才卷土重来，也是因为这时候“远蛮族”已经将“近蛮族”吞并，开始觊觎起罗马帝国的领地来。想要一夜致富的最好办法莫过于发动侵略战争，而对蛮族来说，罗马帝国无疑是最值得侵略的对象。

基于上述原因，罗马帝国到了公元3世纪同样要为入侵的蛮族伤脑筋。而有趣的是，公元3世纪的罗马人已经不再称呼“近蛮族”和“远蛮族”，重新被统一为马可·奥勒留时代以前的“蛮族”这个称呼。可是其中代表的意义已经不是马可·奥勒留时代以前在某些方面罗马化、与罗马人共存的“蛮族”。“近蛮族”已经完全被与罗马从未接触因此没有罗马化的“远蛮族”取代，莱茵河与多瑙河防线北部地区也都成了这些人的地盘。由此可见，导致罗马在这一时期急速衰落的，并非罗马化的蛮族，而恰恰是这些没有罗马化的蛮族。25岁的皇帝亚历山大不得不面对的，也是这些更加凶狠残暴的蛮族中的蛮族。

当皇帝出征的时候，元老院元老和公民代表从首都罗马送行了长达100罗马里，折合成现代的公里，相当于150多公里。由此可见，举国上下都对皇帝亚历山大抱有极高的期望，这位年轻的皇帝必须取得辉煌的胜利。

莱茵河畔

现在德国的美因茨在罗马时期被称为摩功提亚库姆，原本是一个凯尔特人的聚居区。因为位于美因河注入莱茵河的河口，罗马人发现其具有重要的战略位置，因此在这里建设了军团基地，从此使原本的小村落逐渐发展成一个城镇。现在美因茨附近仍然存留着大量的罗马时代的遗迹，证明这里从很早以前就是罗马帝国的领地。从开国皇帝奥古斯都开始的150年间，美因茨一直因为其重要的战略位置而常驻有2个军团。但是因为公元2世纪中期多瑙河防线的重要性逐渐增强，美因茨的常驻军团数量减少为1个，不过如果战况紧急，立刻会从莱茵河下游的波恩以及上游的斯特拉斯堡调遣军团前来支援。顺便说一句，在罗马灭亡1 000多年以后，发明了活字印刷的谷登堡就出生在这里。

美因茨作为罗马帝国时期重要的军事基地，和科隆一样都是沿河而建的要塞，一般在这种情况下罗马人还会在河对面修建一座稍小一些的防御堡垒用于侦察和监视。这座建在河对面的小要塞通过一架浮桥与正式的要塞相连，因为这架浮桥在敌人来袭的时候必须及时切断，所以通常的做法是将小船并排连在一起，上面铺上木板，组成临时的通道。只有少量的步兵和骑兵可以在上面通行，也只有罗马军方在大军渡河时，才会像恺撒那样修筑有一定规模的木桥，或平行铺设多道舟桥。虽没有残存的史料记录，不过可以肯定，皇帝亚历山大到达美因茨时，曾下令修筑上述两种桥梁之一。莱茵河防线迎来皇帝的亲临，士兵们久违了的战争气氛重新沸腾起来。而罗马军队之所以在莱茵河上架设能供大军通过的桥梁，大概也是为了渡过莱茵河直接向敌人的领地发起进攻。

常驻于美因茨的第二十二普利米捷亚军团与从波恩赶来的第一密涅瓦军团以及从斯特拉斯堡赶来的第八奥古斯都军团齐聚在银鹫旗下，就连当时还只是一座要塞的法兰克福也挤满了罗马军团的士兵。甚至唯一在意大利本土拥有军团基地的第二帕提亚军团都接到命令正在北上的途中。从总督到军团长再到每一名士兵，所有人都因为如此庞大的兵力投入而对这次全面开战深信不疑。不过身为总司令的皇帝亚历山大心中却开始产生另外一种想法。

皇帝亚历山大·塞维鲁或许是一个为达目的不择手段的人。但是对于这位年仅 26 岁尚未经历过人生真正苦难的皇帝来说，所谓的不择手段，只不过是不从伦理道德的角度出发做出的选择，但是他没搞清楚如何选择有效达成目的的方法。

这也是他的性格使然，每当面对突发事件的时候，说好听点是慎重，说难听点就是优柔寡断和胆小怕事。波斯战争的时候就是如此，当初就算追着逃跑的波斯国王一直逼近他们的首都泰西封实际上也并非难事，可是他就是无法下定决心。结果在一年后的日耳曼战争中，他也犯下了同样的错误。

集结在美因茨前线基地的罗马军队，在公元 234 年冬天之前就已经完成了所有的战斗准备。剩下的只需在罗马境内等待北欧寒冷的冬天过去，来年春天便越过莱茵河向日耳曼发动总攻。但是，皇帝亚历山大在这个冬天和日耳曼人开始了交涉。目的当然是使日耳曼各部族停止对罗马帝国境内的入侵。也许皇帝认为通过经济手段解决问题比动用武力更加稳妥，于是他提出向日耳曼人提供经济援助，希望能够以此来解决日耳曼问题。

这个方法对于罗马的皇帝们来说并不算什么新手段。从五贤帝时代开始，这就是罗马帝国的惯用伎俩。但是，在那个时代罗马人面对的是能够理解罗马化优点的“近蛮族”。

罗马方面的经济援助分为现金援助、技术援助以及市场开放三种。但是罗马的这种政策实际上是为了将“近蛮族”的生活基础从狩猎转变为农耕。一旦社会进入农耕阶段，就需要长期固定在一个地区不再迁徙。与不断移动的敌人相比，固定的敌人更容易应对。另外，当生活水平提高之后，人类也会更趋向于保守。当恺撒征服高卢之后，将当地的居民从狩猎民族转变为农耕民族，被固定在土地上并且物质生活不断富裕起来的高卢人，逐渐失去了进攻意大利的热情和理由，所以说高卢是罗马化的典型代表就是这个原因。与狩猎相比，农耕更能够稳定而持续地提高生活水平，这个道理即便在古代也是一样。

与恺撒时代的高速成长不同，罗马帝国在五贤帝的统治下迎来了鼎盛时期，而处于鼎盛时期的帝国已经不再将扩张领土作为其基本政略。除了图拉真征服达契亚人（现在的罗马尼亚）之外，帝国一直处于稳定的发展之中。但是对于罗马帝国来说，居住在防线以北的蛮族一直是心头大患。于是罗马的皇帝们决定对蛮族实施“经济援助”，真正的目的却是希望让这些敌人也过上和平稳定的生活，以此巩固罗马帝国的防线。事实证明这一举措非常成功，“近蛮族”的罗马化成为罗马帝国安全保障的重要一环。但同时我们也不能忘记，这一举措成功的原因，首先是建立在罗马帝国压倒性的军事实力基础之上的，在这种条件下采取的和平政策必然会被对方接受。同样对于接受罗马帝国“经济援助”的蛮族来说，也深知这绝对不是罗马帝国示弱的表现。

亚历山大·塞维鲁在时隔一个世纪之后，再次采取了同样的举措。大概一向喜好读书的他是在从前的文书记录中看到了这些记载，于是也想效仿吧。但是他没有意识到与100年前那个深刻认识到罗马帝国的防线如铜墙铁壁般不可侵犯的蛮族相比，现在的蛮族已经完全不同。公元3世纪的蛮族没有多少与罗马帝国接触的经验，也对成为农耕民族没有多大的热情，是一群只想着掠夺的日耳曼人。因此，他们认为罗马方面提出的经济援助，只不过是为了阻止日耳曼民族入侵罗马境内而做出的让步。与只懂得参考文书记录的皇帝亚历山大不同，驻扎在莱茵河防线的士兵拥有丰富的对敌经验，他们立刻意识到现在的蛮族已经和从前不同。向他们提供援助，无异于帮助其加快吞并其他弱小部族的脚步。

就在亚历山大与日耳曼人进行交涉的时候，集结在美因茨一带的军团兵开始对一心只想媾和的皇帝产生不信任感。并非有人煽动这种情绪，每个人都自然而然地开始看不起皇帝的所作所为，这种不满的情绪与日俱增。最终，驻守在莱茵河防线的罗马士兵发生了暴动。

公元235年3月，驻跸在美因茨附近村落的皇帝亚历山大，被冲进他帐篷的士兵杀害。据说士兵在杀害他的同时，口中还大喊着："没有断奶的家伙，去死吧！"本次战役与皇帝同行的皇帝母亲尤利亚·梅亚也在这个时候被杀害了。虽然亚历山大·塞维鲁与他的母亲都死于叛乱，但是他们的遗体还是被送回首都罗马，在举行了盛大的葬礼之后，被埋在历代皇帝长眠的哈德良陵墓中。这位还不到27岁便英年早逝的皇帝，共在位13年。

这次导致皇帝被害的叛乱并非一场计划严密的阴谋，而且也并没有多少士兵参与其中。但是因为皇帝亚历山大的被害，驻扎在美因茨及其附近的罗马军团还是陷入混乱之中。士兵们立刻与在科隆指导新兵的马克西米努斯将军取得联系，并且一致推举他就任罗马帝国的皇帝。同时没有丝毫证据可以证明这个叫作马克西米努斯的人，与谋杀皇帝亚历山大之间有任何的联系。

接下来的50年，在罗马历史上被称为军人皇帝时代。因为在这半个世纪之中，各个军团完全不顾元老院的意见，纷纷擅自推举自己的司令官做皇帝。而罗马帝国的衰退与这些军人皇帝的层出不穷也有非常大的关系。后世之所以对皇帝亚历山大·塞维鲁的统治予以高度评价，也是因为他并非一名军人皇帝。

诚然，由此开始的半个世纪，罗马帝国真正地步入了迷途之中，但是责任不能单纯地推到军人出身的皇帝身上。不管是卡拉卡拉还是亚历山大·塞维鲁，都不是军人出身，但正是他们种下了导致罗马帝国衰退的种子。我之所以在前文如此详细地描写了卡拉卡拉与亚历山大·塞维鲁的事迹，就是为了向大家表明，公元3世纪军人皇帝层出不穷的原因并不是一种偶然，而是历史发展的必然结果。

后世之所以对军人皇帝提出如此多的质疑，实际上是用现代文明统治的观念批评古人，简直像是一种过敏反应。

当然，当时的军人皇帝是应时代需求而出现的，但也确实带有一定的缺点，这也成为导致罗马帝国逐渐走向衰退的重要原因。不过需要澄清的一点是，用现代的观念去评价古人，是对历史的误读。在我们解读历史的时候，不应该用先入为主的观点草率地否定任何事。另外需要说明的是，罗马帝国的“文官”指的是元老院出身的人，而“武将”则是指那些军团中历练出来的人。

当然罗马帝国历史上也不乏文武双全的人物。尤里乌斯·恺撒就是其中最著名的一位，直到帝国中期，虽然没有恺撒那么强大的实力，但是也有不少深知军事的重要性并且精于此道的皇帝。而公元3世纪的罗马欠缺的，正是这种类型的统治者。

第三章 公元 235—260 年

皇帝马克西米努斯·色雷库斯（公元 235—238 年在位）

虽然他希望后世能够将他看作尤里乌斯·恺撒和马可·奥勒留这两位伟大皇帝的传人，但这位全名为盖乌斯·尤里乌斯·维鲁斯·马克西米努斯的人并没有那么幸运。在罗马史上，他最广为人知的称号是“色雷斯人马克西米努斯”（Maximinus Tracus）。之所以这么称呼他，是因为他出生于古罗马的行省色雷斯。

行省出身的罗马皇帝，早在 100 多年以前的罗马帝国并不少见。比如同为西班牙行省出身的图拉真和哈德良，但是并没有人将他们称为“西班牙人图拉真”和“西班牙人哈德良”。这是因为在距离当时 300 多年前于意大利出身的军团兵在服役期满退役之后都驻扎在一个统称“科洛尼亚”的殖民都市之中，而前面提到的那两个人，就出生于其中一个叫作意大利卡的地方，早在他们上台之前，就已经在帝国的元老院中占有席位，而且他们还属于行省的精英阶层。因此，他们并不认为自己是当地人，而是地地道道的罗马人，并且作为罗马的皇帝统治整个帝国。

马克西米努斯虽然也和这两位前辈一样同为行省出身，但是他非

马克西米努斯·色雷库斯

但不是罗马血统，甚至连行省的精英阶层都算不上。不仅如此，他和首都的统治阶级之间也没有任何联系。他的父亲只是一个羊倌。

色雷斯位于多瑙河下游南岸远默西亚行省（今塞尔维亚与保加利亚地区）南部，是从多瑙河防线通往小亚细亚的交通要道，西邻马其顿。除了毗邻地中海的南部地区之外，整体地形以山地为主，自古以来便以出产良马闻名。亚历山大大帝被认为是最早活用骑兵的将军，在他的率领下远征东方的，就是色雷斯的骑兵。

虽然色雷斯很多人都是羊倌，但并不意味着羊倌只养羊，他们还养牛和马，特别是马的饲养非常盛行。即便在地中海地区改由罗马人统治，对色雷斯出产的骏马的需求也依旧没有任何改变。少年时代的

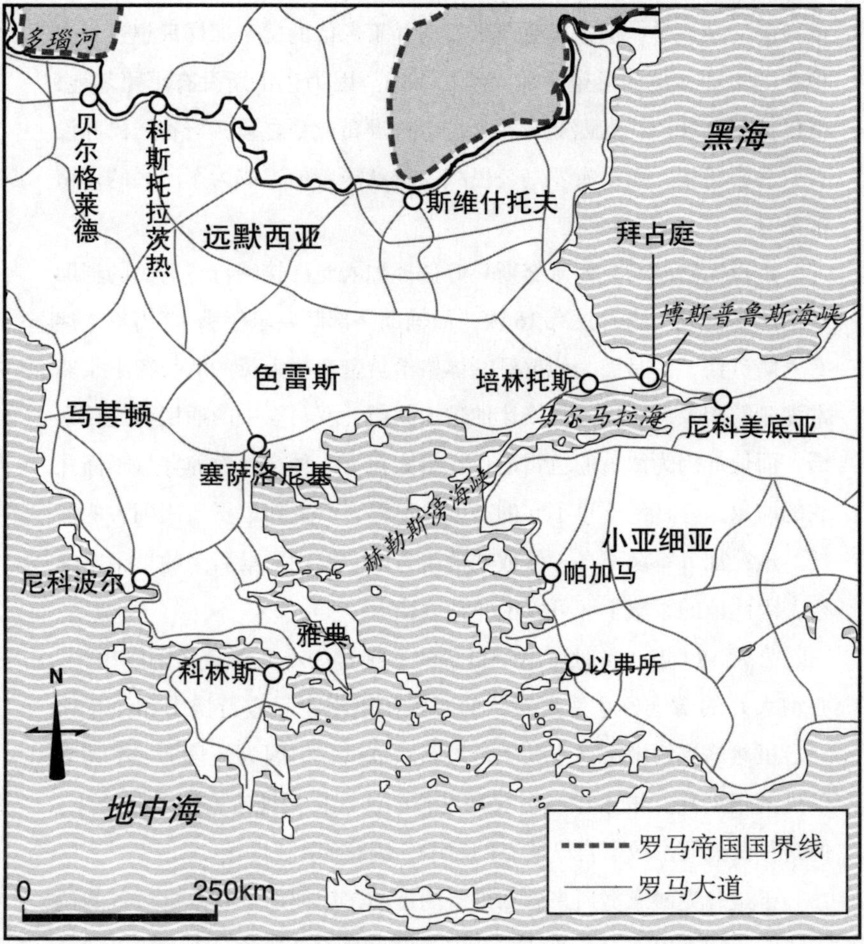
多瑙河
贝尔格莱德
科斯托拉茨热
斯维什托夫
黑海
远默西亚
拜占庭
博斯普鲁斯海峡
色雷斯
培林托斯
马其顿
马尔马拉海
尼科美底亚
塞萨洛尼基
赫勒斯滂海峡
小亚细亚
尼科波尔
帕加马
雅典
科林斯
以弗所
N
地中海
罗马帝国国界线
罗马大道
0
250km

色雷斯及其周边

马克西米努斯一直跟随父亲放羊，但是在那时候的色雷斯，羊倌并非拿着手杖，带着牧羊犬，能够边走边唱的悠闲工作，而是像牛仔一样，需要随身带着武器骑在马上随时准备防范强盗的袭击。虽然从小便帮助父亲放羊，但是马克西米努斯并不像他的父亲那样只想过安安稳稳的生活，他的愿望是加入罗马军团。因为色雷斯没有军团基地，所以他就打算前往默西亚。在卡拉卡拉颁布敕令之前，行省居民并没有罗马公民权，而没有罗马公民权，就意味着他连成为军团兵的资格都没有。

走投无路的马克西米努斯只好选择加入允许接纳行省居民的辅助兵部队。据说他当时只有 16 岁，而辅助兵部队要求年满 17 周岁才拥有入队资格，但是因为他健硕的体格给负责选拔人员的队长留下了非常深刻的印象，所以才破格让他进入队伍。罗马军中的通用语是拉丁语，而他却因为浓重的色雷斯口音给人留下一种毫无教养并且不懂礼貌的印象，好在他不卑不亢的态度，使得自己重新取得了周围人的信任。他在加入军队不久，就成功地将自己“推销”给后来的皇帝塞维鲁，因此他的军旅生涯可以说非常愉快。

公元 189 年，当时还不是皇帝的塞维鲁的小儿子盖塔刚刚出生。心情大好的塞维鲁在视察军队的时候便组织士兵进行搏击和体育比赛。虽然马克西米努斯干劲十足地跃跃欲试，但因为他只是一个初来乍到的辅助兵，根本没有引起塞维鲁的注意，只能专心于竞技之中。但是很快他便击败了自己所有的对手，脱颖而出。

于是马克西米努斯来到塞维鲁的近前，用他那带着浓重口音的拉丁语向长官提出了自己的请求。因为新兵都不是他的对手，所以他希望能够和老兵过过招。

塞维鲁虽然不愿扫他的兴，但是也没办法答应他这个请求。因为在罗马军团中，不管是比赛还是演习，都绝对不允许老兵与新兵交手。罗马军队素以训练严格著称，甚至可以说演习与实战之间的区别仅仅在于是否会流血牺牲。在有些训练中，士兵都是真刀真枪地进行战斗。为了防止对老兵心怀怨恨的新兵趁此机会杀伤对方，所以罗马的军规规定，不管是演习还是比赛，都只能够在同级别的士兵之间进行。

但是塞维鲁知道如果不违犯军规的话，没有办法满足这个年轻人的愿望。于是他允许这个色雷斯的年轻人可以和军团的酒保，也就是负责保管葡萄酒的士兵进行比赛。虽然只是酒保，但毕竟也是在前线基地服役的士兵，所以对武器的使用都十分精通。

但是马克西米努斯将这些士兵一个接一个地打败了，到最后总共击败了 16 个人，之后再也没有人敢上来挑战。这个色雷斯的新兵将塞维鲁为辅助兵准备的奖赏都揽入自己的怀中，包括银质的护腕和斗篷的纽扣，以及带银质扣环的腰带等。

连续击败 16 名对手取得胜利的消息一下子传开了，这个色雷斯的年轻人顿时成了军营中的名人。而且他不仅体格健壮，性格也非常忠厚朴实，因此深得大家的喜爱。

两天后，在塞维鲁骑马巡视军团基地的时候，发现马克西米努斯在辅助兵部队的营帐外与其他士兵发生了争执。于是塞维鲁命令随行的大队长让那个野蛮的年轻人明白罗马军队的规矩。

关于大队长究竟对其做出了怎样的训斥，我们不得而知。但是当这个色雷斯的年轻人被带到塞维鲁面前的时候，认错的态度显然并不诚恳。塞维鲁对此并没有表示任何的不满，只是对他说道：“接下来我要策马前行了，你能跟上来吗？”说完，塞维鲁真的开始策马向前方疾驰。

因为这里是军团的常驻基地，所以到处都是用来进行骑兵训练的马场。塞维鲁沿着马场飞速地奔驰了好几圈，但是始终无法甩掉跟在身后奔跑的少年。于是塞维鲁停下来对这个新兵说道：

“色雷斯人，在跑了这么多圈之后你还能进行格斗吗？（就是我们现在说的摔跤。）”

当然，大气都没喘一下的年轻人给出了肯定的回答。因为是没有武器的较量，所以塞维鲁为这个年轻人挑选的对手都是罗马军队的主力军团兵。结果这名16岁的年轻人仍旧连续击败了7名对手。塞维鲁破格提拔这名新兵为自己帐篷的警卫兵，色雷斯羊倌的儿子从此走上了自己人生的辉煌之路。

公元211年，皇帝塞维鲁在远征途中病死于不列颠的约克，罗马帝国进入其子卡拉卡拉统治时期。这一年马克西米努斯38岁，并且已经升任为百夫长，手下统率着80名士兵，由此推断他应该在此之前就取得了罗马公民权，而不是在公元212年颁布《安东尼努斯敕令》之后才得到的罗马公民资格。在卡拉卡拉统治的6年时间里，正是他作为一个男人最成熟的时候，因为他总是身先士卒冲锋陷阵，所以深受士兵的爱戴，他的百夫长的地位也稳如泰山。即便他出身低微，只是一个色雷斯羊倌的儿子，但是有些权力对他来说也是唾手可得。不过马克西米努斯对塞维鲁一家的忠心却丝毫不为这些外界的诱惑所动。

公元217年，卡拉卡拉被害，皇帝的近卫军团长官马克里努斯继位。虽然士兵们也猜测马克里努斯就是幕后策划杀害卡拉卡拉的凶手，但因为当时罗马帝国正在与帕提亚王国交战，所以他们只能在新皇帝的领导下继续战斗，只有马克西米努斯例外。他以马克里努斯杀害了自己恩人的儿子为由，拒绝向新皇帝效忠，并且返回了故乡色雷斯。他的行为严重地违犯了军纪，显然难逃军法的处置，但是马克里努斯并没有对他做出任何惩罚。因为马克西米努斯在士兵中的声望极高，对统率军队小心谨慎的新皇帝大概也是考虑到这一点，害怕在军中造成不好的影响吧。

马克西米努斯回到色雷斯之后，用服役期间积攒下来的钱买了一块耕地，开始自己的农耕生活。他的母亲据说出身于哥特人的分支阿拉尼族，因此从事农牧业的马克西米努斯便将收获的农作物通过这层关系卖给哥特人。哥特人是居住在帝国北方防线多瑙河对岸的民族，他们对待马克西米努斯就像同胞一样，由此可见，多瑙河沿岸的蛮族与罗马人之间的交易活动实际上非常顺畅。不过马克西米努斯的农耕生活仅仅持续了一年便因为马克里努斯的被杀而结束了。卡拉卡拉的外甥埃拉伽巴路斯继承皇位。

45岁的“色雷斯人”在新皇帝前往首都罗马的途中请求拜见，并且对新皇帝提出希望自己能够像塞维鲁时代一样重新回到皇帝身边负责警卫工作。因为他一直认为如果自己不去担任百夫长，而能够一直留在皇帝身边的话，那么卡拉卡拉或许就不会被杀。但是新皇帝埃拉伽巴路斯这样说道：

> 听说你以前可以跟10个、20个，甚至30个士兵打斗，都能够大气不喘。那么，要是和一个女人连续玩上30次，你行吗？

马克西米努斯难掩失望的神情，一言不发地从皇帝面前退了出去。因为他实在无法忍受跟在这样的皇帝身边担任护卫，甚至产生了回到色雷斯去继续种地的打算。不过，皇帝的外祖母尤利亚·梅萨却对埃拉伽巴路斯提出了忠告。因为马克西米努斯是在罗马军团中非常有名的人物，就这样将他置之不理并非上策。新皇帝接受了外祖母的忠告，任命马克西米努斯担任大队长的职务。于是马克西米努斯将自己的耕地交给别人，带领着1 000多名部下以大队长的身份重回前线战场。不过在这个色雷斯人的脸上，看不到任何升迁大队长之后的喜悦和感恩之情。在埃拉伽巴路斯统治的4年间，马克西米努斯一直尽力避免出现在皇帝面前与其见面。一般来说，大队长级别的将官为了升任军团长或行省总督，都不会放过任何一个能够与皇帝见面的机会，只有他偏偏反其道而行之。即便如此，马克西米努斯还是得到了升迁的机会，可是他屡次以工作繁忙或者身体不适等理由推脱，绝对不肯前往首都罗马半步。

公元222年，埃拉伽巴路斯也被害身亡，亚历山大·塞维鲁继位。已经50岁的马克西米努斯在得知这件事之后立刻起身前往首都罗马。少年皇帝亲自接见了他，并且将这位已经拥有大队长资格的色雷斯人任命为新兵训练负责人。

这个安排大概是皇帝身旁第一红人乌尔比安出的主意，不过也算得上是人尽其才。自从卡拉卡拉颁布敕令以后，行省居民也可以不受限制地加入罗马军团，因为罗马军团的惯例是在驻扎地直接招收新兵，所以在公元3世纪的罗马军团中就充斥着大量拥有蛮族血统的士兵。因为在国界附近，不管是国界之内还是国界之外，基本上都处于民族混居的状态，所以当地的居民也大多都是和蛮族之间的混血。负责训练这些新兵的马克西米努斯本人就拥有哥特人的血统。他高大的身躯和魁梧的体格非常具有北方人的特征，加之被太阳晒过之后会变成红色的皮肤，更证明了他的北方血统。经常被新兵们称为“色雷库斯”（色雷斯人）的马克西米努斯，对他们来说非常具有亲近感。而马克西米努斯自己对于训练新兵这个任务也感到非常满意，并且十分认真。

罗马军队的新兵训练就相当于现代海军陆战队的入队前训练，但是马克西米努斯的训练虽然严格却不残酷。不管是每四天进行一次的实战训练，还是每天都会进行的装备检查，马克西米努斯都非常严格，但是这种严格并不是长官对下属的严格，更像是父亲对孩子的管教，整个训练都在这样的气氛中进行着。当新兵赤裸上身进行摔跤比赛的时候，马克西米努斯也会同样光着膀子加入进来。虽然他当时已经 60 岁了，但是仍然能够连续击败 7 名新兵。他在每次胜利之后大喊“下一个”的声音也丝毫不显苍老。

某天，一位大队长对他说道：

“马克西米努斯，你整天在训练中欺负这些刚入伍的新兵，就算赢了他们也没什么值得夸耀的吧。”

马克西米努斯答道：“那我和你比试比试如何？”

大队长欣然应允，随即摆开架势。结果马克西米努斯只是用手向对方的胸口一推，对方便被他重重地推倒在地。紧接着马克西米努斯大声地叫道：“下一个还有谁想挑战，站出来。但是仅限大队长级别！”

由此可见，他受到士兵的爱戴也是理所当然的。对皇帝亚历山大的懦弱感到不满的士兵，在将其推翻之后第一个就想到了马克西米努斯。当时这个“色雷斯人”已经 62 岁了，没当过军团长，也没当过行省总督，当然，在元老院中也没有席位。

实力与正统性

面对眼前的既成事实，元老院只能承认马克西米努斯为罗马帝国的皇帝。但是他虽然得到了元老院的认可，身为罗马帝国权力集团的元老院元老们却在背地里称呼他为“半蛮族”。实际上他们心里都非常不愿意这位新皇帝来到首都罗马。

马克西米努斯不是既有的权贵阶层，也不是“新贵”，亦即新的权贵阶层，心中或多或少有些自卑。他下令从官方记录中删去他父亲那一听就知道既非拉丁人，也非希腊人，而是巴尔干半岛贱民的姓名，同时也删去了他母亲那令罗马人更听不习惯的姓名。而对于他本人来说，就算罗马是自己统治的这个帝国的首都，他也不愿意前往。

虽然他拥有声望和实力，但是仅仅凭借这些无法使其拥有的地位正当化。为了使地位正当化，除了实力之外还需要正统性。世袭制之所以能够流传这么久，就是因为在实力不明的情况下，只要拥有正统性就可以使其他人理解和接受。身为叙利亚太阳神祭司的埃拉伽巴路斯之所以能够继承皇位，就是因为他是先帝卡拉卡拉的外甥。除了马可·奥勒留以外的贤帝们，在决定让有能力的人继承皇位之前也要将其收为养子，就是为了使其成为皇帝的“儿子”，从而拥有正统性。

因为罗马是多神教的国家而非一神教，如果是一神教的国家，可以通过神的承认来获得正统性，但是对于多神教的国家来说，只有获得国民的认可才行。即便拥有正统性的人，在成为统治者之后也要证明自己拥有统治这个国家的实力。而通过实力占据了统治者宝座的人，也要时刻证明自己拥有坐在这个位置上的正统性。此二者缺一不可，如果稍有懈怠，就算是先帝的亲儿子也会被杀害。因为皇帝是终生的权力者，在这种制度下，皇帝被杀意味着人民对皇帝的不信任。

“色雷斯人马克西米努斯”深知自己既没有功绩也没有正统性，很难将继承皇位这件事正当化。他仅有的功绩，只是在新兵训练上小有成效，却没有抵御外敌的显赫战功。

于是马克西米努斯决定在回到首都之前先给自己积累一些战功。对他来说，这称不上是牺牲。元老院的元老们比日耳曼的蛮族难对付得多。不管前方的战况多么惨烈，只要有支持他的士兵在身边，他就对自己充满信心。

从皇帝亚历山大被杀之后的公元235年开始，罗马帝国在背水一战的皇帝带领下，与日耳曼民族之间展开了全面的战争。马克西米努斯率军越过莱茵河前进了50公里，直达现在的威斯特法伦，与迎击的日耳曼人发生了激烈的交战。随后他又赶走了入侵高卢的蛮族，还一路乘胜追击，彻底摧毁了蛮族的大本营，使其不得不从高卢境内彻底撤军。罗马军队在所有的战线上都大获全胜，马克西米努斯立刻趁此机会向元老院提交了一份报告书：

> 诸位元老院元老，我很想向你们传达我们罗马士兵英勇战斗的功绩，但是不知该如何说起。我们越过防线，深入敌境四五十罗马里（相当于60公里至75公里），摧毁了沿途所有的日耳曼人村落，掠夺了他们的家畜，杀掉了他们的士兵，俘虏了他们的女人和小孩。最后阻挡我们前进脚步的并非日耳曼人，而是一大片沼泽。如果能够越过这片沼泽地，那么我们的士兵甚至可以攻陷日耳曼人著名的黑森林。

在这种积极的进攻战术下，罗马军队从莱茵河畔一直到日耳曼长城都一路高歌猛进，没有打过一场败仗。春风得意的皇帝再次向元老院发出战报：

> 诸位元老院元老，从我继位至今虽然只有短短数月，但是我

敢说到目前为止我的战绩不输于之前的任何一位帝王，而且，我还在连续不断地取得胜利。通过这些胜利，我缴获了无数的战利品，绝对能够让所有人都大吃一惊。被我们的士兵俘虏的日耳曼战俘数量，如果都带回去的话，想必就算是首都罗马也装不下。

在发出了这些战报之后，皇帝向元老院提出在首都中心的回廊上设立一幅描绘罗马军队胜利场面的版画。

听说罗马军队取得了久违的辉煌战果，元老院中立刻响起一片欢呼声。但是那些元老院元老在聆听皇帝报告的时候都是一副苦涩的表情。被他们蔑称为“半蛮族”的家伙竟然取得了如此出人意料的战果，他们当然高兴不起来。但是更加令他们难以容忍的是马克西米努斯在报告中暴露出来的低劣的文学素养。身为传统贵族阶级的他们，完全无法接受自己被这样一个男人统治。

简洁是优点，坦率也不坏，但是既简洁又坦率就会拉低一个人的品位。同样一件事或一句话，有品位的人做出来或说出来就会显得特别有分量，使人更加容易接受。也许马克西米努斯也对自己的出身感到自卑，所以他不喜欢自己的身边出现有教养的人。皇帝身边一般都有秘书官和负责记录皇帝口述的书记员，但是马克西米努斯将皇帝亚历山大时期擅长这些工作的官员都赶了出去。也许他觉得身边的人只要能够将自己说的内容原原本本地记录下来就足够了。但是他忽视了一点，那就是他和出口成章的尤里乌斯·恺撒相比还差得很远。

元老院元老们连续听了三年皇帝发来的战报，也就是说，这个“色雷斯人”连续打了三年的胜仗。在继位第三年的公元 238 年，皇帝马克西米努斯将前线大本营迁移到希尔米乌姆。通过积极进攻的战术重新恢复了莱茵河防线与日耳曼长城的防御功能之后，下一个目标自然就是多瑙河中游。同时代的历史学家艾罗迪亚鲁斯这样写道：

> 如果上天能够多赐给他一些时间的话，那么莱茵河、日耳曼长城以及多瑙河等罗马帝国北方的生命线大概就会平稳下来吧。

罗马人说的平稳，指的是自己所在的国家罗马处于和平状态，用他们自己的话说叫作“pacificatio”。但是罗马人想要享受和平，在公元前 1 世纪的时候需要通过武力征服高卢人，公元 2 世纪开始需要用武力征服日耳曼人。也就是说，所谓的“罗马统治下的和平”，实际上只是对罗马人来说的和平。不过即便如此，这个“和平”（Pax）的受益者仍然遍及居住在欧洲、中近东以及北非等地的所有人。

虽然马克西米努斯希望将罗马帝国的北方防线稳定下来，但是本应与他站在统一战线上的罗马人扯了他的后腿。事件的起因是阿非利加行省爆发的抗议运动。

在尤里乌斯·恺撒还是执政官的时代确立的《土地法》，在某种意义上来说，是一个保护中小规模自耕农的政策。这一法令在罗马进入帝国时代之后仍然被保留了下来，所以在意大利本土，中小规模的农场比大规模的农场更加受到重视。对于像格拉古兄弟以及尤里乌斯·恺撒这样以民众支持为基础的政治家们来说，保护那些拥有投票权的中小农民是非常重要的政策。进入帝国时代之后，虽然皇帝的权威同时也要受到来自元老院方面的限制，但是自耕农的支持基础仍然没有发生任何变化。所以后来的皇帝在意大利本土实行了仅限于自耕农的利息优待政策。

但是，上述情况在被罗马人征服的行省中完全不同。这些地方在被罗马征服之前就已经确立了使用许多奴隶进行劳作的大规模农场形

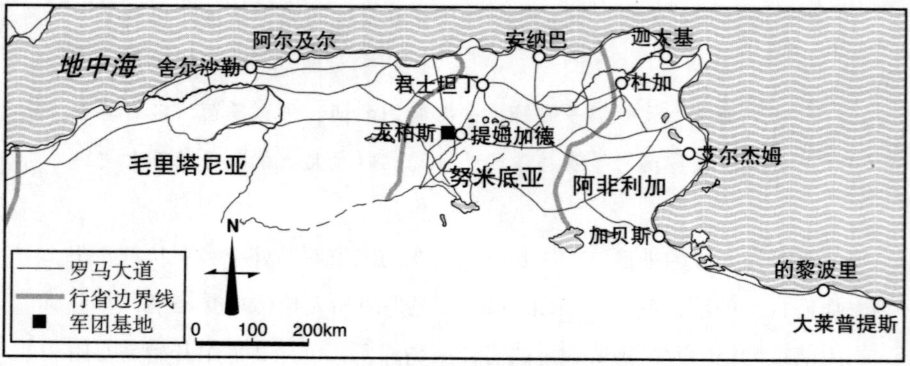

罗马时代的北非

式，而且这一形式在他们加入罗马帝国之后也仍然保留了下来。因为罗马人统治外族的方式一向是具体问题具体分析，再加上行省的农民并没有罗马公民权，对皇帝来说没有投票权，所以罗马方面对此也没有做出什么改变。

大规模农场形式在北非地区普遍存在，基于两个原因：

一、与满是山丘的意大利半岛相比，在布匿战争前一直处于迦太基人统治之下的北非属于平原地势，加之迦太基人自古以来便以高效的农耕技术著称，因此与中小农场相比，大农场更加符合他们的生产模式。

二、虽然在现在看来很难想象，但是在当时北非地区和埃及是罗马帝国重要的粮食产区，向意大利本土提供三分之一的小麦资源。除了小麦以外，还出口大量的其他农产品。既然意大利本土这样一个具有大量需求的市场就在旁边，提供货源的北非的粮食生产效率是一个非常敏感的问题。

现在依然残留在北非一代的宏伟遗迹，非常完美地证明了当时罗马帝国在北非地区强大的经济实力。正因为拥有强大的经济实力，才能够在政治和文化方面做出积极的发展，从而留下这些遗迹。哲学家皇帝马可·奥勒留的老师就是生于北非的弗龙托，他的女婿和手下优秀的武将中也有不少北非出身的人。塞普提米乌斯·塞维鲁也是出生于阿非利加行省的皇帝。可以说北非的大农场就是向帝国输入这么多人才的基础。所以公元 238 年爆发的抗议活动，虽然从帝国整体来看只是一个发生在地方的事件，但实际上对整个帝国造成了非常大的影响。

罗马时期阿非利加行省的首府位于迦太基，就是现在的突尼斯。从迦太基向东南方向前行 200 公里就是蒂斯德鲁斯（现在的艾尔迪约姆）。在这里拥有众多罗马时代的遗迹，其中以圆形竞技场最为著名，由此可见这里在罗马帝国时期是一个繁荣的都市，周围都是广阔的耕地。

当负责征税的皇帝财务官从行省首府迦太基前来这里收税的时候，农场主们对其提出了强烈的抗议。这位看上去丝毫不懂通融的财务官，宣称在北方作战的皇帝马克西米努斯下令征收战时特别税，并且不接受任何的协商。这件事引起大农场主的强烈不满。其中一些年轻的农场主表现尤为激动，甚至在与财务官发生争执的时候失手杀了对方。结果，原本对于税收不满而产生的抗议因为民众的激昂情绪而演变成一场暴动。年轻的农场主们将自己手下的农民武装起来，率领这些民兵向行省首府迦太基进发。他们打算向行省总督投诉财务官过于苛刻的税收要求，因为当时的总督戈尔迪安是一位非常体谅民众的统治者。

但是当他们在迦太基的总督府进行会谈的时候，事情却发生了完全出人意料的变化。年轻的农场主们决定推举他们的总督作为罗马帝国的皇帝。

元老院的反击

在5年前皇帝亚历山大·塞维鲁统治时期，因为深受皇帝的信任（有留传下来的书信证明）而被任命为阿非利加行省总督的戈尔迪安，当时已经80岁高龄。但是这个人在所有方面都能够代表公元3世纪罗马社会的传统统治阶级。

首先，戈尔迪安的家世显赫。他父亲的家族从共和国时期就是名门望族，400年以来一直在元老院中拥有席位。他母亲的家族有图拉真的血统，也常年在元老院中拥有一席之地。他的妻子是安东尼·庇护的曾孙女，为他生有一儿一女。他的儿子戈尔迪安二世一直没有结婚，随他一同前往迦太基赴任。他的女儿嫁给了一位元老院元老——这位元老的家族自尤里乌斯·恺撒时期便是名门——并且育有一名现年13岁的男孩。

其次，作为传统统治阶级的另外一个条件——财力，戈尔迪安家族也远超其他同僚。他的位于罗马七丘之一西里欧山上的宅邸，原本是“伟大的庞培”所建。因为庞培的家族是意大利中部的大地主，所以他的宅邸在当时就以豪华而闻名。在庞培被恺撒打败之后，恺撒的副将马克·安东尼将庞培的这座豪宅买下作为自己的宅邸。很快安东尼也在与克娄巴特拉联手对抗屋大维的斗争中失败，死于埃及，他的产业被后代继承。后来这座宅邸又屡次转手，最后在五贤帝时代被戈尔迪安家族买下。因为经过历代所有者的改建和装修，加之当时正是罗马帝国鼎盛的时期，这座被称为罗马市内最豪华的宅邸在整个公元

戈尔迪安一世

戈尔迪安二世

2 世纪都十分著名，就连建在其旁边的马可·奥勒留的老宅，在华丽程度上也无法与之相比。

但是，真正象征着戈尔迪安家族大量财富的并非这座宅邸，而是建立在罗马市中心以东 5 公里之外、位于帕雷斯蒂纳大道和凯西利纳大道交叉口附近的郊外别墅。

建于郊外的别墅因为可以不受土地限制，所以与市中心的宅邸相比更加气派，可以说豪华程度完全取决于建造者的财力。其中最能够表现出豪宅华丽程度的，莫过于庭院中被无数立柱围成的四方形回廊了。戈尔迪安别墅庭院中的回廊共由 200 根大理石圆柱组成。这 200 根圆柱分为产自希腊的白色和绿色花纹圆柱、产自埃及的红色圆柱、产自努米底亚的黄色圆柱以及产自小亚细亚的白色和灰色斑点圆柱四种。这四种圆柱交互穿插，矗立在中庭周围的回廊上。在那个时代，大理石圆柱可以被看作一种资产的证明。这200根圆柱都是比意大利产的大理石更加昂贵的进口货，同时运费也价格不菲。这些彩色的大理石之所以比纯白色的大理石昂贵，是因为白色的大理石在意大利境内随处可见，同时境内开采的运费相对也比较低廉。甚至可以说，帝国时代初期的公元1世纪与帝国时代中期的公元2世纪的建筑物之间最大的区别，就在于其使用的是纯白色的大理石还是彩色的大理石。由此可见，戈尔迪安别墅的回廊是罗马帝国富豪的象征。

顺便说一句，戈尔迪安别墅中那些在当时令人瞠目结舌的美丽圆柱，于中世纪文艺复兴时期被红衣主教拿去用于建造自己的宫殿，结果现在那里已经一根都找不到了。不过戈尔迪安别墅曾经所在的地方，即便在1 700多年以后的今天，仍然被称为“波尔加达戈尔迪安”。在意大利语中，“波尔加达”是新开垦地区的意思，一般很容易成为低收入阶级的聚居区，这里也不例外。曾经遍及罗马帝国首都郊外的豪华庄园，现在基本上都落得与“波尔加达戈尔迪安”相同的境地。

相信戈尔迪安一定想象不到自己家族的名字能够流传到1 700多年以后的今天，但是出乎意料地被推举为皇帝的他，也确实算得上公元3世纪罗马帝国元老院元老的典型代表。公元3世纪罗马的上流社会渐渐不重视后代的军事经验，戈尔迪安也从没有前线的战斗经验。不过身为元老院元老，他也与其他元老一样都要经历许多被称为“光荣的公职人员”的职业生涯。戈尔迪安也同样经历了财务监察官、法务官、执政官等公职，并且以前执政官的身份被派往行省出任总督，可以说人生之路一直都十分顺畅。

生活在顺境之中的人往往也喜欢回报社会，戈尔迪安将自己收藏了6万卷读物的私人图书馆向大众开放，并且热心于赞助艺术家和诗人。他自己也创作了不少诗歌，并且还创作了描写安东尼·庇护以及马可·奥勒留时代的叙事诗共30卷，可惜这些作品并没有流传下来。他的言行举止都非常稳健，虽然他生在公元3世纪，但精神状态和公元2世纪时期的罗马人十分相似。用一句话来概括的话，戈尔迪安就是公元3世纪前期罗马帝国传统统治阶级的典型代表。

但即便是如此合适的皇帝人选，还是需要得到元老院的承认。于是在公元238年6月26日，元老们齐聚在元老院会场，当时担任执政官的尤里乌斯·希拉努斯宣读了阿非利加行省总督戈尔迪安提交的报告：

> 诸位元老院元老，代表着阿非利加行省未来的年轻人们，推举我为罗马帝国的皇帝。因为自己年事已高，我本打算拒绝，但是考虑到国家在如此困难的时期，我应该承担起自己的责任和义务。不过，决定权还是在诸位的手上，至于我是否继承皇位，希望遵循元老院的决定。

对“色雷斯人”一直心存不满的元老院立即抓住了这个机会。在戈尔迪安的报告被宣读完毕之后，元老们立刻爆发出热烈的欢呼。激昂的元老纷纷站起身，嘴里大声地叫道：

“戈尔迪安·奥古斯都！愿众神保佑您。您一定能够给帝国带来美好的明天。”

“我们终于解放了。戈尔迪安一定能够拯救这个国家。让我们向将帝国从野蛮人手中拯救出来的新皇帝致以最诚挚的谢意。”

身为议长的执政官让众人安静下来之后说道：

“诸位元老，现在我们必须决定如何解决马克西米努斯的问题。”

“敌人，他是公敌，应该宣布他为国家公敌。”

“悬赏通缉他，杀掉他的人将得到褒奖。”

执政官继续问道：

“留在马克西米努斯身边的人要如何处置？”

“他们也是公敌。杀掉他们的人同样将会得到奖赏。”

元老院一致达成以下的处理意见：

“国家公敌将被处以和奴隶一样的刑罚。元老院的敌人不管逃到哪里都会遭到通缉，必须将他们彻底消灭，一个不留。”

第二天一早，使节们便将元老院的通告发布到全国各地：

元老院与罗马公民，向行省总督、军团长、军团所属的将士们以及各地方都市的议会等政府机关发表如下通告：为了将帝国从野蛮人手中解放出来，所有国民都必须紧密团结在戈尔迪安皇帝的周围。

在众神的祝福下就任皇帝的戈尔迪安是我们完美的楷模，身为元老院元老的他长期以来一直为国家做出了卓越的贡献，因此元老院决定授予他奥古斯都的称号。同时考虑到他年事已高，为了避免帝国的统治出现空白期，授予他的儿子作为共治皇帝的地位。

现在将由你们决定，这个国家是否应该回归到其真正合适的统治者之手。为了不给野蛮的敌人反击的余地，我们必须立刻团结在戈尔迪安父子的身边。元老院一致认定马克西米努斯及其追随者为国家公敌，必须将其彻底消灭。

罗马元老院向皇帝马克西米努斯下达了战书，可以说是元老院打开了内战的大门。驻扎在多瑙河附近的马克西米努斯得知这一消息顿时火冒三丈，将手边能抓到的东西都用力地扔了出去，拔出佩剑疯狂地挥舞，身边人谁也拦不住他。在他发完脾气之后，吩咐人拿酒过来，这个平时不管喝多少都不会醉的男人，那一天却醉成一摊烂泥。然后，就好像忘了所有的烦恼一样沉沉地睡去了。

第二天，在召集起来的将士面前，被元老院称为野蛮人和国家公敌而遭到弹劾的皇帝马克西米努斯开口说道：

我的战友们，想必你们也早有耳闻。阿非利加行省和元老院都违背了在我就任皇帝时对我效忠的誓言。甚至还将那个已经一只脚踏进棺材里的戈尔迪安推上了皇帝的宝座。贵为罗马社会第一等级的元老院，实际上是经常不遵守誓言的惯犯。罗慕路斯和尤里乌斯·恺撒的死，都是这些家伙干的好事。

我为了这个国家与蛮族交战，而且取得了如此辉煌的胜利，可是元老院那些家伙却将我看作国家公敌。他们不仅弹劾了我，还将为了这个国家与我共同浴血奋战了3年的诸位战友也称为国家公敌。元老院将奥古斯都的称号授予戈尔迪安父子，这不仅是对我的侮辱，也是对将我推举为皇帝的诸位最大的侮辱。

如果你们还是男人的话，如果你们还有身为男人的尊严的话，就和我一起向首都进军，打倒元老院和那些非洲人。如果我们能够战胜他们，那么打倒他们之后所得到的财产将都属于你们！

皇帝马克西米努斯将与居住在多瑙河对岸的蛮族之间的战争放到一边，率军向首都罗马进发。罗马帝国公元3世纪时期的内战正式开始。

一年之中的五位皇帝

反观戈尔迪安皇帝那边，事情也进展得不太顺利。因为这一切都发生得太过突然，他根本来不及做准备。

阿非利加行省西邻努米底亚行省，而努米底亚拥有除埃及之外北非唯一的军团基地。由开国皇帝奥古斯都创立的第三奥古斯都军团在这 300 年来一直保护着北非的居民，使其免受穿越撒哈拉沙漠而来的敌人袭击。第三奥古斯都军团的士兵都具有非常强的军人荣誉感，即便在服役期满退役之后也依旧居住在军团基地附近不肯离去。位于龙柏斯军团基地不远处的提姆加德就是这些退伍兵为了开始他们的第二人生而自己建成的城镇。因为考虑到这些人可以随时作为军团基地的预备力量，所以历代皇帝对于这种退伍兵继续居住在军团基地附近的做法都非常支持。

但是第三奥古斯都军团对东侧的阿非利加行省的居民与首都罗马元老院共同拥立的皇帝戈尔迪安持反对态度。他们并不是对戈尔迪安父子有什么不满，也不是讨厌阿非利加行省的那些农场主，更不是对皇帝马克西米努斯有什么特别的感情，而是因为元老院否定了军队拥立的皇帝，所以他们对此感到非常难以接受。正如我在前文中说过的那样，塞普提米乌斯・塞维鲁优待军队的政策，将罗马军队代表的“士兵”与元老院代表的“公民”一分为二，并且军队高高在上。因此第三奥古斯都军团才会对元老院的决定做出如此强烈的反应。

军团的士兵高高举起象征自己军团的银鹫旗，向戈尔迪安父子所在的迦太基进军。一般来说军团不会扔下军团基地倾巢而出，但是在北非另当别论。越过沙漠前来袭击的游牧民族并不会组成像日耳曼人那样的大军。也就是说，龙柏斯军团基地负责的防线主要面对的是不

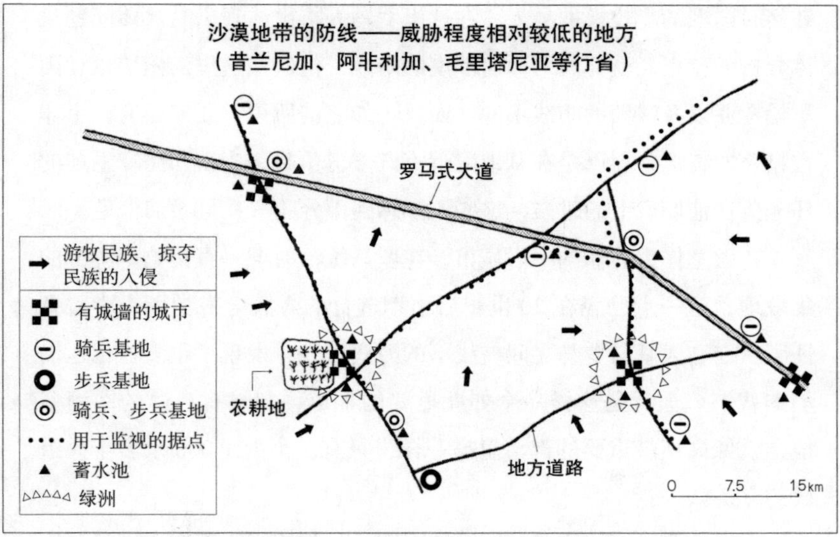

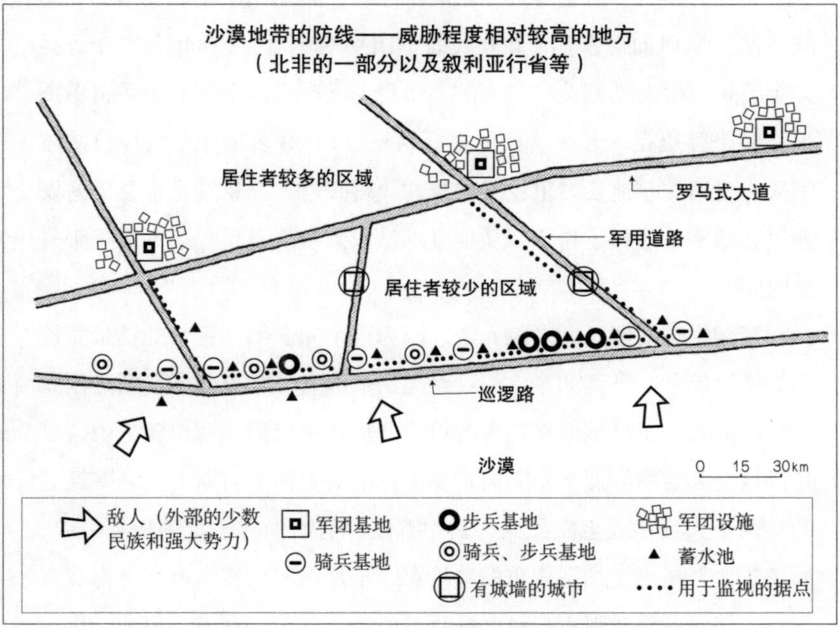

（参考 Edward N. Luttwak, *The Grand Strategy of the Rome Empire*）

知何时出现的小规模的敌人。在这里罗马人再次体现出其具体问题具体分析的特点，就算同为面向沙漠的防线，他们在这里的做法也和面对帕提亚以及波斯的防线不同。而且正如之前所说，北非还有一个非常显著的特征，那就是在基地附近有许多退伍兵，当得知防守基地的任务落在他们肩上的时候，这些人都感到十分欣喜并且干劲十足。

迦太基作为北非的中心城市，在罗马统治时期一直是物产资源的集散地，这一点已经在20世纪后半期进行的海底考古学调查中得到证明。在迦太基与罗马之间航线下的海底深处，发现了很多古代运输船的残骸。但就是这样一个如此重要的都市，却没有自己的军团基地。就像高卢最重要的都市里昂一样，只有一个由1 000余名士兵组成的守备队。

而作为罗马军队主要战斗力的军团兵，就相当于现在美国的海军陆战队。所以面对多达6 000人的军团兵的进攻，1 000多名守备兵完全不是对手。虽然戈尔迪安的儿子身先士卒带领手下的士兵奋勇抵抗，但是胜负在一开始就已经显而易见。1 000多名守备兵很快便被消灭，皇帝戈尔迪安二世也战败身亡。得知这一消息的皇帝戈尔迪安一世在绝望中选择了自杀。从他继承皇位到自杀身亡，还不到一个月的时间。

接到报告的罗马元老院元老，因为这个完全出乎意料的结果而惊慌失措。但是，事到如今他们已经无法取消宣称马克西米努斯为国家公敌的通告。于是他们在彻夜的讨论之后，决定拥立两位新皇帝，并且以这二人为中心迎击不断向首都逼近的马克西米努斯。元老院拥立的这两个人都是元老院元老，其中普皮恩努斯拥有丰富的指挥经验，而巴尔比努斯则是德高望重的政治家。于是巴尔比努斯留在首都负责内政，普皮恩努斯则率军北上抗敌。

但是这两个人与戈尔迪安父子之间没有任何联系。虽然戈尔迪安父子二人刚刚继位就宣告死亡，但毕竟也是元老院拥立的皇帝，因此元老院有必要向世人证明自己的选择并没有失误。于是元老院便向居住在首都罗马的戈尔迪安的孙子授予恺撒的称号，这样也就意味着戈尔迪安的孙子将是未来的皇帝。当时戈尔迪安三世还只是一名 13 岁的少年，元老院匆忙地为他提前举行了成人礼，并将其介绍给罗马帝国的另一大主权者“罗马公民”。

马克西米努斯在离开多瑙河南下途中也得知了戈尔迪安父子死亡的消息。但是这个“色雷斯人”仅仅高兴了一会儿，便发现元老院又拥立了另外两位新皇帝。这件事使得原本就对元老院深恶痛绝的马克西米努斯感到更加的无法忍受。同时他也认识到要想打败元老院，只有通过武力解决问题。曾经他还天真地以为只要自己能够击败蛮族，承担起罗马皇帝的责任就可以保住皇位，现在他终于发现这一切只不过是自己一厢情愿的想法罢了。不过，他现在才认识到这一点实在是太晚了。

因为这 3 年来他率领手下的士兵与蛮族交战大获全胜，保护帝国的边境平安稳定。所以马克西米努斯认为，他的军队所到之处必定会受到当地居民的盛情款待。但是事实完全出乎他的意料。元老院宣判马克西米努斯为国家公敌的通告早已经传遍了罗马帝国的每一个角落，而且越接近意大利本土，通告的效力就越强。皇帝马克西米努斯的军队也由此陷入了粮草不足的困境之中。

居民会有这种反应也不难理解。毕竟对于他们很多人来说，别说没见过皇帝的样子，甚至连马克西米努斯这个名字都没听说过。也就是说，马克西米努斯是一位非常陌生的皇帝，而元老院的布告他们却是司空见惯。

对于元老院来说，这次也是背水一战。元老院中主张积极防御的 20 名元老组成了防御委员会，尝试一切可能打败这个“色雷斯人”的办法。

最终决定皇帝马克西米努斯命运的，还是当地居民的反抗。沿着多瑙河的大道进入意大利本土之后抵达的第一个都市，就是位于亚得里亚海深处的阿奎莱亚。这里的居民在皇帝马克西米努斯到来之前便紧紧地关闭了自己的城门。而在这个时候，从首都赶来的皇帝普皮恩努斯甚至还没有进入阿奎莱亚。

如果是以前的马克西米努斯，一定会使用自己最擅长的速攻战术，绕过阿奎莱亚直取首都。虽然途中会遇到皇帝普皮恩努斯率领的军队，但是马克西米努斯手下的军团兵在与蛮族的战争中积累了丰富的经验，那些生活在首都的近卫军团士兵根本不是他们的对手。而一旦在与普皮恩努斯的交战中取得压倒性的胜利，马克西米努斯或许能够趁机打破僵局，形势也会发生逆转。

但是遭到居民抗拒的马克西米努斯已经不再是从前那个信心满满的他了。于是他在阿奎莱亚城前布下阵势，准备进行攻城战。阿奎莱亚城里只有几百名警卫兵，而进攻方则是战无不胜的强大军队。看上去似乎很容易被攻陷的城池，却迟迟未能攻陷。一方面是因为居民众志成城地顽强抵御对方的进攻，另一方面是因为进攻方的粮食补给所剩不多。而且冬天即将到来，虽然与多瑙河沿岸相比地中海附近的气候还算比较温暖，但是意大利东北部地区的冬天依然十分寒冷。随着时间的推移，马克西米努斯手下的士兵内心开始产生动摇。尤其是在首都附近的阿尔巴诺拥有自己的军团基地，并且老婆孩子都留在那里的第二帕提亚军团的士兵心中的动摇最为严重。因为他们跟随被元老院弹劾的马克西米努斯一起战斗，所以害怕自己的妻子和孩子会被对方抓去当作人质。

于是第二帕提亚军团的士兵决定趁晚上皇帝睡觉的时候袭击他的帐篷。这就是以“色雷斯人”的称呼而广为人知的皇帝马克西米努斯最后的下场。“色雷斯人”的首级在 4 天后被送到罗马的元老院接受检查，之后他的尸首被扔进台伯河，没有一位元老对此提出异议。

在马克西米努斯被杀之后，围攻阿奎莱亚的士兵立刻解除了包围。阿奎莱亚的居民也热情地打开城门，为他们提供温暖的住宿和食物。就这样，当皇帝普皮恩努斯抵达阿奎莱亚时，马克西米努斯手下的士兵以及当地居民全部向新皇帝宣誓效忠。成功避免了内战的罗马帝国在元老院的主导下，似乎恢复了曾经以两位皇帝为中心的一体化统治模式。但是“色雷斯人”才刚刚退出历史舞台，两位新皇帝之间的关系就出现了裂痕。

当时已经 70 岁的普皮恩努斯身为元老院元老，他的席位完全是凭借自身的实力获得的，用罗马人的话来说，他属于“新贵”。虽然他生于意大利本土，但属于“平民”阶级。像他这样出身低微的人想要往上爬，加入军团是最快的途径。他在皇帝康茂德统治时期就开始了自己的军旅生涯，并且一路顺风顺水。在战场上表现突出的士兵会得到皇帝的赏识，从而得到机会被推荐进入元老院，即便是平民出身的人也可以在元老院拥有一席之地。普皮恩努斯曾先后在多个前线和行省中服役，范围西至高卢，东抵小亚细亚，直到被任命为首都长官才终于安顿下来。他在首都的工作得到了大家的一致好评，元老院之所以拥立他为皇帝，就是因为他在首都居民中的声望极高，而且他已经 70 岁高龄，就算做了皇帝在心境上也不会有太大的变化，毕竟这已经是一个无欲无求的年纪了。

另一位皇帝巴尔比努斯出身于贵族家庭，生来便属于元老院阶

普皮恩努斯

巴尔比努斯

级。但即便如此，他也没有一味地在首都罗马享受奢华的生活。当时已经 60 岁的巴尔比努斯几乎管理过帝国境内所有的行省，拥有非常丰富的统治经验。由此可见，他并不是一名无能的“贵族”。

巴尔比努斯的魅力，凡是见过他的人都会留下非常深刻的印象。他的身材十分高大，而且是一个美男子。他平时的打扮很有品位，还擅长辩论，所以当他出庭为人辩护时，可以说在视觉上和听觉上给人双重的享受。不仅如此，他还是一个对自己感兴趣的事物喜欢钻研到底的人，这一点在葡萄酒方面表现得尤为突出。罗马人自古以来就对“酒”（vinum）的产地和酿造年份十分挑剔，公元 3 世纪的罗马人最重视的是用来调制葡萄酒的水，他们会在水中加入各种香料来调制葡萄酒。据说巴尔比努斯就曾经发现了好几种新型的香料，并且使之成为当时非常流行的调制方式，在当时他就以这方面的造诣而闻名于世。

他们两人之间的关系之所以会变得紧张起来，虽然也有他们个人的原因，但更重要的是元老院没想到马克西米努斯会如此轻易地被打败，一直紧绷着的神经突然放松下来，导致其内部逐渐产生分歧。元老院逐渐分为两派，各自支持其中一位皇帝独揽大权。而出现这种情况，也说明不管是普皮恩努斯还是巴尔比努斯，都没有掌控大局的能力和气概。这两个人虽然在身为元老院元老之时表现出与之相应的能力和责任感，但是再往上就不行了。

当元老院内部出现混乱的时候，最先对此感到失望的，正是那些追随马克西米努斯向首都进军但在马克西米努斯被杀之后向两位新皇帝宣誓效忠的士兵。身为军人的他们现在才终于意识到，自己竟然因为这些虽然拥有高高在上的地位但缺乏统治能力的元老院元老们，杀害了自己的司令官。对他们来说，马克西米努斯与这些人相比简直要强上百倍。

被失望和悔恨支配了所有情感的士兵决定推翻两位新皇帝的统治。普皮恩努斯和巴尔比努斯甚至都来不及反抗便被群情激昂的士兵杀死了，而元老院直到这两位皇帝的尸体被扔在他们的面前时才知道这件事情已经发生。

在公元 238 年这一年中，包括皇帝马克西米努斯以及在当年出任皇帝的戈尔迪安一世和他的儿子戈尔迪安二世，还有普皮恩努斯和巴尔比努斯在内共有 5 位皇帝先后出现又死去。最后剩下的，只有一个 13 岁的少年。

皇帝哈德良曾经这样讽刺道 :“元老院虽然总是各持己见，但是一旦面临危害到其自身利益的问题就会立刻团结起来。”

元老院在不到半年的时间里先后拥立了戈尔迪安父子以及普皮恩努斯和巴尔比努斯，但是这些人都相继被杀。被拥立为皇帝的人落得如此下场，完全是因为元老院的判断失误。罗马的元老院并非像其名字“元老”那样是功成名就之人的养老院，而是为国家的重要职位提供人才储备的机构，每一位罗马公民只要年满 30 岁便可以拥有元老的资格。即便从共和国转变为帝国之后，元老院的性质也没有发生任何改变。我之所以说元老院相当于现代的国会，也是基于这个原因。因为其中充满了人才，所以如果能够活用这些资源的话，元老院就能够发挥出相应的力量，而这个时代也不例外。

眼前的危机使元老院元老们再次团结起来。因为当时年仅 13 岁的戈尔迪安三世已经被授予了“恺撒”的称号。所以元老院一致决定授予这位继承人“恺撒·奥古斯都”的称号，这也就意味着元老院承认了其皇帝的地位。

在拥立普皮恩努斯和巴尔比努斯为皇帝时成立的“二十人委员会”，顺理成章地作为少年皇帝的“政府”被保留下来。同时由 600 人组成的元老院也在当前的紧急事态下答应帮助其迅速地制定相关法案。幸运的是，因为“色雷斯人”采取的积极战术，防线外侧的蛮族在短期内无法轻易地越过防线入侵罗马。

还有另外一个值得注意的地方，那就是这位少年皇帝的祖母与母亲和对塞维鲁王朝造成巨大影响的叙利亚的女人们不同，因为她们都出身于罗马元老院阶级，所以对政治这种男人的事情完全不闻不问。

在未经选举的情况下出现女性把持政权的局面只有两种可能：一种是这位女性生来便为女王，另一种是在拥有强烈后宫政治传统的国家。所以说只有在君主专制的国家才会出现女性活跃在政治舞台上的情形。而“东方”国家绝大多数都处于君主专制的统治之下。所以对

戈尔迪安三世

于叙利亚的女人们来说，凭借自己的儿子登上政治舞台是天经地义的事情，甚至有些人还会有意为之。但是对于君主专制传统薄弱，甚至在基督教占统治地位以前就非常反感世袭制度的“西方”国家来说，如果一个母亲对她成为皇帝的儿子处处指手画脚，势必会引起人民的不满。皇帝尼禄的母亲阿格里皮娜的下场如此凄惨，也没有得到罗马人民的丝毫同情，就是这个原因。

实务专家提梅吉提乌斯

在少年皇帝戈尔迪安三世的统治下，罗马帝国出人意料地平稳度过了 6 年。虽然上述的那些幸运之处也是非常重要的原因，但是统治方法本身也是不容忽视的因素。由元老院元老组成的“二十人委员会”之所以能够充分地发挥功能，就是因为他们拥有某个擅长实务工作的人物的判断与组织才能。

这个人的名字叫作提梅吉提乌斯，全名叫作盖乌斯·弗里乌斯·萨比尼乌斯·阿奎拉·提梅吉提乌斯，这个听起来非常夸张的拉丁风格的名字很容易让人以为他是建国以来的贵族阶级，但实际上用这些罗马历史上的名人的名字作为自己姓名的人，绝大多数都是政治圈里的“新贵”。提梅吉提乌斯的出生地在历史上都没有留下任何记载。有人说他生于意大利本土，也有人说他生于一个叫作“普罗维尼亚”的地方，位于现在法国南部的普罗旺斯。但不管怎样，他毕竟不是“东方”人，并且深知不管在什么领域要想出人头地，必须具备一定的教养。

他的职业生涯可以说不管在什么地方、不管担任什么职务，从事的都是行政类工作。虽然他也拥有在军团中服役的经历，但是并没有率军作战的经验。因此如果要将这个人的履历列举出来的话，那么你一定能够看到一长串罗马帝国行政官职的名称。

提梅吉提乌斯似乎从一出生便拥有罗马公民权，并且在西班牙行省开始了他的职业生涯。在伊比利亚半岛常驻有一个军团，在作为主要战斗力的军团附近，往往会有一个作为辅助战斗力的辅助兵部队与之一同行动。辅助兵常驻的基地，为了与军团兵的基地之间保持及时有效的联系，所以与军团兵的基地相隔并不太远。因为当时还在卡拉卡拉颁布敕令之前，所以辅助兵部队全部由行省居民组成。年轻的提梅吉提乌斯担任的职务，就是由这些辅助兵组成的大队的“praefectus”。一般将这个词翻译为“长官”，实际上就是除了战斗指挥之外一切相关问题的总负责人。

军队因为经常要深入敌境进行作战，所以必须是完全自给自足性质的组织。换句话说，就是能够自己解决绝大多数问题的组织。因此每当出现自然灾害和难民救援等问题时，往往都会派遣军队出面解决。在军队的组织中，管理各种事务的“长官”是仅次于指挥战斗的“军团长”的第二重要的职位。人们常说“罗马的军队赢在兵站上”，而“长官”的任务就是负责军团和辅助兵部队与兵站当地居民之间的协调，时刻保证部队的供给。军队在召开作战会议的时候，长官就坐在军团长与大队长的旁边，由此可见其作用非常关键。

提梅吉提乌斯在这方面的能力似乎得到了大家的肯定，于是他分别转任各个军团的兵站负责人。但是后来，他擅长的领域转为行省的财务方面。正如这个职位的名称“皇帝财务官”一样，担任这一职务的人需要掌管整个行省的财务状况，其主要业务就是征收税金。因为被夹在征税方与缴税方的中间，所以这份工作并不轻松。他偶尔会不得不面对那些对课税不满的民众，搞不好的话就会像之前那个前往阿非利加行省收税的财务官一样有性命之虞。而且自从进入 3 世纪以来，罗马帝国的税率大幅提高，引发了民众的强烈不满，加之战争临时税以及名目繁多的特别税也频繁出现，所以对于财务官来说征税的工作越来越难做。

但就是在这样一个步履艰难的时代，提梅吉提乌斯担任财务官的行省并没有发生一起民众因为对税收不满而抗议的事件。大概是元老院也发现了他的业绩，于是他以“皇帝财务官”的身份任职的行省，也几乎遍及广大帝国领土的一半以上。

他先后任职于高卢北部的比利时行省、莱茵河沿岸的高地日耳曼行省与低地日耳曼行省，以及相当于现代的约旦的罗马时代的阿拉伯行省，叙利亚以及巴勒斯坦、小亚细亚西部的比提尼亚行省与亚细亚行省。随后他又返回西方，在高卢的卢格登高卢行省和阿奎塔尼亚行省任职。财务官是仅次于行省总督的职务，如果总督因为某种原因不在，财务官也可以兼任行省的最高统治者。

直到皇帝马克西米努斯统治时期，提梅吉提乌斯才终于等到在首都罗马任职的机会。他在首都的职务是遗产税总负责人。随后，他一直以实际行动支持着由元老院元老组成的“二十人委员会”。通过这个职务，提梅吉提乌斯的能力得到元老院和皇帝戈尔迪安三世的一致认可。公元 241 年，也就是少年皇帝统治的第三年，提梅吉提乌斯被皇帝任命为近卫军团长官。

近卫军团长官是统领 1 万人近卫军团的总负责人，历代皇帝都会将这个职位任命给自己最信赖的人，提梅吉提乌斯正是最合适的人选。

从皇帝戈尔迪安三世与提梅吉提乌斯遗留下来的信件我们不难看出，这两人之间的关系甚至超出了普通的信赖之情。提梅吉提乌斯在给皇帝的亲笔信中温和地叮嘱这位年轻的最高统治者要明确自己身为皇帝的责任和义务。皇帝 16 岁的时候迎娶了提梅吉提乌斯的女儿为妻。但是皇帝重用提梅吉提乌斯并非因为他是自己妻子的父亲，事实恰恰相反，正因为她是自己最尊敬的人的女儿，所以皇帝才会娶她。不管怎样，年轻的皇帝与脚踏实地一步步爬上这个相当于宰相位置的男人，以非常理想的合作关系共同走过了后来的三年时间。但是最终他们还是不得不面对罗马帝国最为深刻的问题，因为现实总是那么残酷。

远征东方

公元 241 年，也就是提梅吉提乌斯被任命为近卫军团长官的那一年，波斯萨珊王朝的创始人阿尔达希尔去世。按理说王位应该由他的长子继承，结果却被他的二儿子取而代之。于是在罗马历史上最令人难忘的沙普尔一世登场了。

通过武装政变迅速稳定了王室内部的局面之后，新登基的国王为了转移国内的不满情绪，一般情况下都会选择将这种危机转嫁出去。也就是说发动对外战争。因为波斯萨珊王朝的理想就是重建曾经被亚历山大大帝灭亡的波斯帝国，所以他们进攻的对象也自然是与其国境接壤的罗马帝国。

虽然他为了转嫁国内危机而发动战争的想法是认真的，但实际上并没有完全攻占罗马帝国东部地区的实力。不过毕竟距离上次与罗马军队交手已经过去了 8 年，在当时遭到沉重打击的波斯军队主力重装骑兵也已经基本完成了重新组建。于是越过幼发拉底河向西方进军的波斯军队，很快便逼近了罗马帝国在东方最重要的城市之一安提阿。

沙普尔与他的父亲阿尔达希尔之间最大的区别就在于，作为波斯萨珊王朝第二位国王的沙普尔，是一个为达目的不择手段的男人。他派遣自己宫廷中一名生于安提阿的希腊人偷偷潜进城内。这个叛徒在城内的煽动果然产生了效果，号称中近东最具魅力的城市安提阿就这样轻而易举地落入了沙普尔手中。

但是沙普尔并没有打算长期占领这里，他知道配置在罗马帝国东方防线附近的罗马军团很快就会赶来，于是这位波斯国王在进入安提阿之后立刻进行了彻底的搜刮。安提阿是东西方贸易往来的集散地，许多商人将这里作为根据地，希腊系与犹太系的商人们也普遍比其他的商人更加富有。这些有钱人都有一个共同的特点，那就是只要用钱能够搞定的问题对他们来说都不是问题。因此，当面对波斯军队的掳掠时，他们毫不犹豫地交出了自己的财产以求活命。而那些普通百

沙普尔一世

姓可就没有那么幸运了，全部在波斯军队的掠夺下家破人亡。不过波斯军队的暴行并没有持续多久，沙普尔将那个叛徒任命为安提阿的市长，然后就带着抢来的金银财宝越过幼发拉底河返回了首都。至于留在安提阿的那个“市长”最后的命运如何，史料上并没有记载。但是想必他一定会有一个很符合其叛徒身份的结局。

在西方得知此事的提梅吉提乌斯立刻意识到这绝对不是一次偶然性的袭击，而是意味着波斯对罗马的攻势再次“开始”。而且作为叙利亚行省首府的安提阿竟然如此轻易地被敌人攻陷，对居住在罗马帝国东部的居民一定会造成非常大的影响。帝国之所以被称为帝国，就是因为其能够保证在其霸权统治下的人民的生命和财产安全。有了这种安全的保障，在其统治下的人民才会向其缴纳税金。曾经在帝国的各个行省中负责税收的提梅吉提乌斯深知这件事关系重大，于是他说服了认为这只是一次性袭击而不打算进行东征的元老院。于是皇帝和元老院双方达成一致，决定对波斯展开全面战争。

与波斯之间的战争，可以说是完全以提梅吉提乌斯为主角，而且他的做法又非常具有罗马特色。或者说是他将被后世淡忘了的罗马传统战术重新发扬光大更合适一些。

罗马人自古以来就以严谨慎重著称，就连在清除地中海上的海盗时，罗马人也没有与海盗在海上硬碰硬，而是将海盗在陆地上的大本营和根据地一个不落地全部摧毁，最终实现了地中海上的“和平”。对于战争，罗马人习惯于在上战场之前便确立自己的绝对优势，而且即便面对数量很少的敌人，他们也不惜出动大军与之交战。进入帝国时期之后，罗马再也没有像苏拉、卢库鲁斯以及尤里乌斯·恺撒那样的战术大师，而这种战术恰恰最适合这个时期的罗马人。实际上，即便是将帝国领土扩张到最大范围的图拉真，也配不上“战术大师”这个称号。

图拉真在进行第一次和第二次达契亚战争之前，都进行了非常充分的战前准备，因此，当战争正式开始之后，图拉真的军队只用了不到一年的时间便取得了胜利。在140多年以后，提梅吉提乌斯也决定模仿图拉真的做法。所不同的是，图拉真的目的是彻底征服达契亚，而提梅吉提乌斯则只是想让波斯无法轻易向罗马发动侵略战争。这一点实际上也和罗马在东方战略上的传统做法不谋而合。

远征波斯的罗马军队主力依然是驻扎在多瑙河沿岸的军团兵。因为他们经常与防线之外的强敌交手，所以都是罗马帝国最精锐的战士。关于东征军队的编成和其他的一切准备，都无法在首都罗马遥控，而必须在多瑙河沿岸的前线基地进行。因为士兵在准备东征的同时，还要不时地应对日耳曼蛮族的袭击。在大军出发前往东方之前，首先将背后的威胁彻底清除。这对于罗马方面来说，可谓是“一石二鸟”之计。提梅吉提乌斯在这个时候充分地发挥出他强大的组织才能，使得皇帝率领的东征军在这一年的冬季到来之前便抵达了他们的目的地安提阿。

虽然皇帝当时年仅 16 岁，但是御驾亲征还是表明了罗马帝国此番出战的决心。虽然安提阿还到处残留着被波斯军队烧杀抢掠的痕迹，但仍然不失其被称为东方“首都”的气派和繁华。当地的居民也对罗马军队的到来表示出踊跃的支持态度。

曾经有一位英国学者说，罗马帝国有如英国人主导、于第二次世界大战后实现的“联邦国家”。也许对于安提阿的居民来说，与强调中央集权的波斯人相比，更加倾向于对地方自治给予充分认可的罗马人的统治吧。同时，他们也对罗马帝国将被统治者同化作为基本政策的统治哲学有了更进一步的认识。因此在作为波斯战争补给基地的安提阿进行的一切准备，都在没有阻碍的情况下顺利地进行。罗马帝国与波斯萨珊王朝之间的战争即将在公元 243 年的春天拉开帷幕。

古代的地缘政治学

底格里斯河与幼发拉底河都发源于将中东地区南北一分为二的安纳托利亚高原。但是在众多支流汇聚成大河的过程中，底格里斯河与幼发拉底河分别向东西两边迂回，在两条大河中间形成了一个被称为美索不达米亚的平原。在这两条大河附近，自古以来就有巴比伦、塞琉西亚、泰西封以及公元 7 世纪由伊斯兰教势力在泰西封以北 40 公里处兴建的巴格达等重要城市，这些城市的存在表明不管时代如何变迁，美索不达米亚平原都是一个集民族或者国家主要机能于一身的地区。底格里斯河与幼发拉底河在并行500公里之后，再次汇聚在一起注入波斯湾。

从帕提亚王国开始，一直到波斯萨珊王朝取而代之之后，东方国家与罗马帝国之间一直围绕着美索不达米亚平原，尤其是北美索不达米亚展开非常激烈的争夺。但这并不是因为罗马帝国永无止境的扩张欲望，而是因为“地缘政治”问题。

“地缘政治学”（geopolitics）一词是后世将两个希腊单词拼在一起组成的新词，但是即便没有这个词语，罗马人也非常清楚其重要性。罗马人对于防线之外的国家和民族，一直都尽可能地采取友好的政略。这一政略在东方最具代表性的对象就是亚美尼亚王国。罗马将亚美尼亚视为自己的同盟国，并且为这个国家的基础设施建设提供经济和技术两方面的援助。但是亚美尼亚的文化和文明仍然具有浓重的“东方”色彩。因此，帕提亚王国才会一直声称自己拥有介入亚美尼亚的权力。即便东方的主人变成了波斯，在这一点上仍然没有发生任何改变。

从之前的帕提亚到后来的波斯之所以一直没有机会染指亚美尼亚，就是因为在前两者与后者之间隔着北美索不达米亚。也就是说，如果这片地区落入波斯手中，那么亚美尼亚对其来说也是唾手可得。用现代的地理位置来说，就相当于一个控制了叙利亚东北部以及伊朗和巴基斯坦，并且主要城市全部集中在伊拉克附近的大国从东部向土耳其发动袭击。如果这种局面一旦形成，那么罗马帝国从黑海一直到红海的东方防线，将与同样实力强大的波斯发生直接接触。我们都知道，罗马人的对敌方针一向是“分而治之”。而对敌人的统一置之不理，明显与罗马的传统政略是不相符的。所以北美索不达米亚的归属问题，对于罗马的统治者们来说是一个非常重要的问题。这不仅仅关

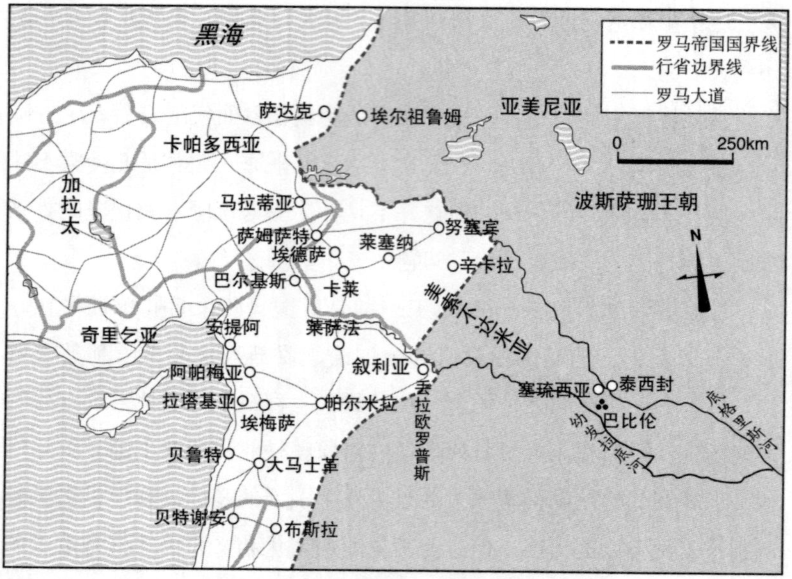

公元 3 世纪中期的美索不达米亚及其周边

系到领土的扩张，更关系到地缘政治。

北美索不达米亚（现在叙利亚东北部地区）的归属问题，直到哲学家皇帝马可・奥勒留统治时期才被重视起来。而在此之前，罗马帝国的防线只在幼发拉底河沿岸，也就是说那时的罗马帝国并没有确保北美索不达米亚的必要。这是因为从奥古斯都到安敦尼・庇护时期，罗马一直处于和平稳定的环境之中，而且那个时代的罗马帝国在军事力量上也具有压倒性的优势。

历代的帕提亚国王都尝试越过幼发拉底河入侵亚美尼亚，但是就算其成功地占领了亚美尼亚，也无法与随后赶来的罗马军队相抗衡。虽然哈德良重新将幼发拉底河作为两国之间的边界，并且承认拥有帕提亚血统的人继承亚美尼亚王位，还表示罗马不会向北美索不达米亚出动一兵一卒，但是他的这种政略也是建立在压倒性的军事力量之上的。最好的证据就是幼发拉底河防线在此期间没有遭到一次入侵，而且亚美尼亚的国王明显倾向于罗马方面，当地的居民也主要由希腊文明时期的希腊人后裔组成，北美索不达米亚的城市虽然在统治上属于帕提亚王国，但实际上仍然是罗马的盟友。以幼发拉底河为界，对于哈德良以及罗马方面来说，都没有任何坏处。而且这一举措保全了帕提亚国王的颜面，成功阻止了对方的入侵，在政略层面上可谓取得了极大的成功。

但是，随着时代的变化，罗马帝国的敌人性质发生了改变。而且罗马帝国的军事力量也在不断消耗的过程中失去了压倒性的优势地位。在这种局面下，对北美索不达米亚的直接控制权，也就是将亚美尼亚从波斯的地缘政治中剥离出来，对罗马帝国的东方防线来说变成了一个关系到生死存亡的重要问题。正因为罗马军队失去了压倒性的强大力量，所以北美索不达米亚的归属问题才变得尤为重要。不管是马可·奥勒留还是塞普提米乌斯·塞维鲁，率军东征的主要目的都是为了占领北美索不达米亚。当卡拉卡拉在北美索不达米亚被杀之后，这里就一直是罗马帝国同东方国家之间争夺的焦点。就连罗马皇帝变成基督教徒之后，这里的局势也仍然没有发生任何改变。由此可见，地缘政治上的问题与信仰无关。

由于上述原因，罗马的东征军在离开安提阿以后便一路向东进发，越过幼发拉底河向北美索不达米亚发起进攻。首先攻占北美索不达米亚，随后再向波斯首都进军，这是罗马军队不得不遵循的基本战略。

公元 243 年，名义上是皇帝戈尔迪安三世率领，实际上却完全由提梅吉提乌斯指挥的罗马军队，在上述战略的指引下越过了幼发拉底河。沙普尔对罗马军队的这个战略可以说了如指掌，既然已经掌握了对方的行动，那么也就没有必要再派间谍刺探情报，只要将自己放在罗马军总司令的位置上换位思考一下，就可以大概了解对方接下来会采取怎样的战略。虽然这种方法对于拥有出人意料手段的战术天才来说并不适用，但是在公元 3 世纪的罗马帝国早已没有那样的将领。因此，即便在战术上并没有什么过人之处的沙普尔，也可以安心地与罗马帝国交手。于是，当得知罗马军队开始向东部进发的消息之后，波斯国王也毫不犹豫地下令挥军北上。

不出所料，战斗在北美索不达米亚展开。罗马军从一开始便占据了优势，人数超过 5 万的罗马军团主要由驻守在多瑙河沿岸的士兵组成，虽然中近东地区的气候条件与其常驻地完全不同，但是由于罗马军队的补给十分充足，所以士兵的战斗力没有受到丝毫的影响。在常驻于叙利亚与约旦的军团兵的协助下，罗马军团顺利地收复了埃德萨和卡莱，并且继续向东部进军，逐渐逼近底格里斯河。因为这里大部分是希腊裔的居民，所以当罗马军队抵达时，当地居民纷纷开城迎接，使得罗马军队兵不血刃地就收复了大量失地。与罗马军团遭遇的波斯军队刚一交手就被打得溃不成军，仓皇逃窜。很快罗马人便将波斯势力从北美索不达米亚彻底地赶了出去。

成功收复北美索不达米亚之后，罗马军队就将开始进行战争的第二阶段——向波斯首都泰西封进军。士兵们士气高涨，因为一路走来都没有遇到任何阻碍，所以每个人都对今年内结束波斯战争深信不疑。罗马军团如雪崩般从美索不达米亚平原南下，却不知不幸也在这个时候向他们袭来。

提梅吉提乌斯的突然死亡，在这种情况下完全可以看成正常现象，而且在史书上也没有留下任何关于其被谋杀和毒害的记载。他在一次作战会议中忽然失去意识晕倒在地，并且从此再也没有醒来。从他这 3 年来不辞辛劳、废寝忘食的工作状态来看，他的死因很有可能是过度劳累。这位从平民百姓一步一步走到职业生涯顶峰的“人民公仆”，在去世时刚刚 50 岁。

提梅吉提乌斯死后，完全凭借他一己之力组织起来的罗马东征军顿时陷入瘫痪的状态，攻打波斯首都、将沙普尔赶回东方去的目标也无法实现。更糟糕的是，军队的补给系统也随着提梅吉提乌斯的死而混乱起来，罗马军队在幼发拉底河的岸边陷入了进退两难的境地。虽然提梅吉提乌斯的副手菲利普临时顶替了他的位置，但是对改善当前状况起不到任何的作用，罗马军队只能依靠储备的粮草度日。

在敌人的领地陷入如此困境，对军队来说有覆灭的危险，深知这一点的士兵难免会发生骚乱。本来对皇帝戈尔迪安三世来说，这是一个显示个人能力的大好机会，但是当时已经 19 岁的皇帝，仍然没有摆脱继位时的那种青涩。

戈尔迪安三世当着士兵的面倾诉了罗马军队当前面临的窘境。虽然坦白地说出自己内心的想法并没有什么不对，但是这样做需要注意时间、地点和对象。士兵在这种局面下听到皇帝无能为力的叹息，必然会感到大失所望。于是士兵为了摆脱眼前的困境，呼吁身为近卫军团长官的菲利普帮皇帝想想办法。但是菲利普以自己没有权力为由，眼看着皇帝的处境一步步陷入绝境而袖手旁观。

即便处境如此艰难，皇帝仍然在作战会议上决定于明年春天继续向波斯的首都泰西封进军。于是，为了来年春天能够立即展开军事行动，皇帝决定全军留在北美索不达米亚越冬。皇帝也没有返回舒适的大都市安提阿，而是和士兵一起在幼发拉底河沿岸等待明年春天的到来。这个被罗马称为“美索不达米亚行省”的地区，即便在冬季也不会出现补给困难的情况。

士兵在战时压抑心中的不满情绪，一旦闲暇下来就会突然爆发，而且与绝对的资源匮乏相比，相对的资源匮乏更容易诱使这种情绪产生。虽然位于幼发拉底河沿岸的罗马军队不必忍受饥寒交迫的痛苦，但是一想到距离他们不远处的皇帝帐篷中花天酒地的生活，他们也难免会出现不平衡的心理。按理说身为统治者必须及时地遏制住这种苗头，但是当时年仅19岁的皇帝完全没有这种意识。而这种不满的情绪不知为何持续了整个越冬期，直到越冬期即将结束的时候才爆发出来。

公元244年2月末的一天，9名士兵悄悄潜入皇帝戈尔迪安三世的帐篷，将其杀害。据说这9个人都是被菲利普重金收买。近卫军团长官菲利普在皇帝死后立刻向元老院提交了一份报告，声称皇帝在东征途中病死。随后这位近卫军团长官立刻召集全体士兵，以战争中不能没有最高司令官为由，迫使士兵推举自己继任新皇帝。

所谓推举，也不过是有几个人带头支持的，然后其他人随声附和的过程而已。正如前文所说，这种直接民主制很容易被煽动者控制。军官们之所以同意推举菲利普做皇帝，是为了避免在战争时期出现最高司令官空缺的局面。毕竟在这个时候提出继承皇位的人只有菲利普一个人而已，虽然这个人并没有任何值得夸耀的经历和功绩，但是对当时的他们来说也已经别无选择。

面对戈尔迪安三世意料之外的突然死亡，以及既成事实的局面，元老院也不得不承认这个突然冒出来的菲利普就任皇帝。同时，他们还根据菲利普的要求，决定将已故的皇帝戈尔迪安三世神格化。

但是，在幼发拉底河畔失去皇帝的罗马军队的士兵，却自发地为他们的皇帝举行了吊唁仪式。他们临时收集石材，筹措石灰，在皇帝的帐篷处面向幼发拉底河修建了一座雄伟的罗马式墓碑。因为皇帝的骨灰已经被送回首都罗马，所以这只是一个单纯的墓碑。但是士兵仍然在这座墓碑的四面刻下罗马帝国皇帝戈尔迪安三世被授予的所有称号，并且明确地写下皇帝在此去世的记录。墓碑上的文字分别用拉丁文、希腊文、波斯文以及希伯来文写成。之所以这样做，是为了让居住在这里的人以及路过的旅行者都能够看懂上面的内容。

皇帝阿拉伯人菲利普（公元 244—249 年在位）

虽然菲利普这个名字非常具有希腊人的特点，但是正如他经常被人在名字前面加上“阿拉伯人”的称号一样，他是一个地地道道的阿拉伯人。菲利普出生于叙利亚行省西南部的一个小城镇，当他坐上皇帝宝座之后，便立刻将自己的故乡命名为“菲利普波利斯”（现在保加利亚的普罗夫迪夫）。他的家族是久居于此的阿拉伯贵族，这个一心想要出人头地的阿拉伯年轻人，选择罗马军团作为自己将来发展的道路。但是关于他取代突然死亡的提梅吉提乌斯出任近卫军团长官之前的履历，在史书中找不到任何记载。也许对于不问民族出身的罗马军队来说，他之前的业绩没有什么值得记录的地方吧。

行省出身的人成为皇帝，自从图拉真开始已经有 150 余年的历史。而且在公元 3 世纪的时候，以“色雷斯人”的称号而为众人熟知的马克西米努斯，其母亲出身于多瑙河防线外的哥特人分支。至于母亲出身于叙利亚的皇帝也有卡拉卡拉、埃拉伽巴路斯以及亚历山大·塞维鲁三位。所以要想成为皇帝，血统并不是问题。不管你体内的拉丁血统多么稀少，甚至一点都没有也没关系，只要你拥有身为罗马帝国最

阿拉伯人菲利普

高统治者的自觉，就可以出任这个职位。至少在当时的罗马人看来，皇帝的血统不是问题，问题在于其有没有身为皇帝的责任心。

“阿拉伯人”菲利普在继承皇位之后做的第一件事，就是向波斯国王沙普尔派遣使节商议媾和。皇帝菲利普并不是什么和平主义者，他只是不想犯下和“色雷斯人”马克西米努斯一样企图以战胜蛮族来获取元老院认可的错误罢了。

萨珊波斯王朝的第二位国王沙普尔一世，虽然在军事才能上和他的父王相比差了许多，但是在其他方面则都明显优于他的父亲。特别是把握时机并最大限度加以利用的能力尤为突出。在罗马方面的领导者普遍缺乏这种能力的公元3世纪，东方却出现了像沙普尔这样的人物，只能说是罗马帝国最大的不幸。

在公元244年时，波斯方面明显处于劣势。甚至毫不客气地说，沙普尔的命运就好像处于强风之中的蜡烛一样岌岌可危。虽然他在打败兄长继承皇位的第三年就成功掠夺了安提阿，但是随后便不得不面对罗马帝国的大军压境。波斯宫廷内的反对派趁机活跃起来，说不定在被罗马军队攻入首都把他赶出东方之前，沙普尔有可能被宫廷内的反对派杀掉。而向沙普尔伸出援手的人，正是阿拉伯人菲利普。而且自认为拥有东方民族之中最高文明的波斯人，对于在这种情况下阿拉伯人可能采取的做法可谓是心知肚明。

沙普尔接受了皇帝菲利普的媾和提议。但是作为媾和的条件，罗马人必须完全放弃北美索不达米亚的控制权。不仅如此，沙普尔还要求罗马皇帝默许亚美尼亚王国成为波斯的附属。

虽然这个要求对于罗马帝国来说会留下诸多后患，但是渴望尽快以皇帝的身份回到首都罗马的菲利普，毫不犹豫地接受了沙普尔提出的所有条件。罗马与波斯之间最终达成了媾和协议。

公元3世纪的罗马帝国有一个最大的特点就是失去了其在政略层面上的连续性。这一点与皇帝统治的时间长短无关。从前的罗马帝国，即便是被后世称为暴君的皇帝，如果他的继任者认为他的政策是良策的话，不但会彻底地继承下来，甚至还会毫不犹豫地将其发扬光大。因此罗马帝国的基本政策才会得以延续。罗马的皇帝们深知，继承和发扬前人留传下来的政策才是防止资源浪费的最好方法。而公元3世纪的罗马帝国，却不断地消耗着自己的资源。这也是罗马人逐渐失去罗马人特点的征兆。

拉丁民族在哲学和艺术方面不如希腊人，在体力上不如高卢人和日耳曼人，在经济能力上不如迦太基人和犹太人，就连城市的基础设施建设都是依靠从伊特鲁里亚人那里学来的技术完成的。但就是这样一个没有什么长处的民族，却将其他所有民族都收归于自己的统治之下，建立起庞大的罗马帝国，并且将其维持了数百年的时间。究其原因，完全是因为罗马人执着于彻底且合理地活用自己拥有的力量。

在公元 3 世纪的罗马帝国中，几十位皇帝相继登场又逐一退场，甚至多到要列表才能搞清楚的程度。伴随着皇帝的不断改变，罗马帝国的政策也随之被打断。就活用力量这点来说，“持续即力量”的确是真理。

而对这种浪费力量的情况最为敏感的莫过于发挥这些力量的当事人——战斗在罗马帝国最前线的军团兵。由于同波斯的媾和而返回多瑙河基地的士兵心中难免会有不满的情绪，而从海路匆忙赶回罗马的新皇帝菲利普却丝毫没有察觉到这一点。

当皇帝菲利普回到首都罗马时，发现大家对他的评价并没有他担心的那么糟糕。这和他对元老院毕恭毕敬的态度不无关系。在元老院元老们的心中，一直因为这位新皇帝的贝都因人出身而对其持轻蔑的态度。在过去，位于地中海与幼发拉底河之间广阔的沙漠地带，一直是骑着阿拉伯马袭击沙漠商队的贝都因盗贼的天下。后来执着于在境内确立“罗马统治下的和平”的罗马帝国，将这些沙漠之中的盗贼团伙收编为辅助兵部队。位于叙利亚沙漠中心的帕尔米拉之所以在罗马时期达到繁荣的顶峰，就是因为在沙漠地区也实现了“罗马统治下的和平”。被吸收进罗马军队的贝都因人，在这 200 年来从游牧民族逐渐转变为定居民族。因此，他们认为皇帝菲利普出身于贝都因人的传言，也并非空穴来风。

不管怎样，皇帝菲利普在首都罗马的这两年间，并没有遭到元老院的弹劾，普通公民也没有对其表现出任何的不满。之所以会出现这种平稳的局面，一是因为东方的波斯王国没有采取任何的行动，北方的日耳曼人也一直老老实实；二是因为这位阿拉伯人对元老院自始至终都表现出非常谦虚谨慎的态度；三是因为菲利普在政策层面没有采取任何实质性的行动。

皇帝菲利普提案征求元老院通过实现法制化的政策，基本上都是根据元老院的意见提出的。阿拉伯人菲利普在位期间共通过了以下几项法案：

一、没有皇帝辅佐机构“内阁”的同意，皇帝就无法提出法案。

二、被从首都流放的人全部回归。因为在当时并没有任何人被流放，所以实际上因这项法令而回到首都的人数为零。这实际上是为了保护元老院元老不会被从首都流放而制定的法案。

三、将亚历山大·塞维鲁统治时期法制化的、赋予各行省总督的控诉权重新收归皇帝和元老院所有。

但是这项法案并没有什么实际效果，一切都是因为卡拉卡拉颁布的《安东尼努斯敕令》。《安东尼努斯敕令》使所有的行省居民（除了罪犯之外）都变成了罗马公民，导致司法层面上的问题陷入无法处理的状态。曾经控诉权是只有罗马公民才享有的权利，而现在拥有这项权利的人数一下子增加了几十倍，位于首都罗马的高级法院每天都人满为患。就是这个原因，亚历山大·塞维鲁统治时期才将控诉权下放到各行省总督的手中，而20年后菲利普又想要将其恢复过来。但是，在卡拉卡拉颁布的公民权法还继续存在的情况下，他的这种做法根本没有任何实际意义，只不过是为了帮助元老院元老维持他们的既得权而做出的一种姿态。

四、地方自治体议员的后代之中，必须有一个人和父亲一样承担议员的责任和义务。

这项法案在历史层面上的意义远大于其政策层面的意义。罗马帝国地方议会的议员和元老院元老一样都是没有薪水的公职。因此这些职务被看作在社会地位以及经济条件上都处于优势地位的人用以回报社会的责任和义务。而且这些职务不仅没有薪水，甚至还需要任职者自己承担公共支出的费用。就算是“光荣的公职人员”，也是需要凭借自己的财产来回报社会的“光荣的公职人员”。但即便是这样的职务，仍然有很多人对此趋之若鹜，必须经过激烈的选举竞争才能够最后胜出。这只能说那时的罗马人拥有极强的奉献精神。

但罗马人对“光荣的公职人员”的热情在进入公元 3 世纪之后逐渐冷淡下来。举世闻名的庞贝古城原本是公元 1 世纪时罗马的地方都市。时隔 1 800 多年考古学家把它发掘出来后，至今在这些遗迹的墙壁上还能够看到许多关于地方议会议员选举用的宣传画。但是，如果公元 3 世纪的地方城市也能够像庞贝古城一样被完整保留至今的话，我们一定很难在那个遗迹的墙壁上找到类似的东西吧。就连当时罗马社会的中产阶级，都尽可能地回避参与公职。从这个角度来看，罗马人正在逐渐失去其身为罗马人的特质。

罗马庆祝建国一千周年

关于阿拉伯出身的罗马皇帝菲利普，在史书中最广为人知的记载是他成功举办了罗马建国一千周年的纪念活动。自从罗慕路斯在公元前 753 年建国以来，到公元 248 年刚好是建国一千周年。这个由拉丁人组成的国家却由一个阿拉伯人举办建国庆典，在我们现在看来也许会感到有些不可思议，但是对奉行“同化败者”政策的罗马人来说，这恰恰是他们基本哲学路线取得的成果表现。事实上，在从公元 248

年 4 月 21 日开始连续进行了三天的建国一千周年庆典中，这位阿拉伯人一直身着罗马式的托加长袍，并且用托加长袍的一角包住脑袋。而参加庆典的元老院元老和罗马公民对此没有提出任何意见。也许在他们看来，这才是罗马帝国应有的样子吧。

白天和煦的阳光映照在人们的身上，夜晚熊熊的篝火照亮人们的脸庞，建国一千周年的庆祝活动在台伯河边庄严而隆重地进行着。伴随着庆典举办了各种竞技类项目，其中最引人注目的战车竞速比赛和角斗比赛一应俱全。皇帝菲利普因为自己能够举办罗马建国一千周年的庆祝活动而打从心底里感到无上的荣幸，不惜自掏腰包花费重金将庆典打造得盛况空前。

这位阿拉伯出身的罗马皇帝，对首都罗马的赞叹是发自内心的。当他来到这个被称为“世界之都”的大都市之后，曾经许多次在城里游览驻足，仍然百看不厌，而且每次他游览的时候，都会忍不住自言自语，无法相信自己竟然就是拥有如此宏伟首都的国家的皇帝。

在叙利亚也遗留有数量众多的罗马时代的遗迹，可见罗马时期的建筑物数量极其庞大。仅仅一个行省的城市都有如此规模，那么位于意大利本土的首都罗马，必然在规模和壮丽程度上更上一层楼。公元 1 世纪时建造的公共建筑即便进入公元 4 世纪之后仍然保存完好而且一样能够正常使用，除了鬼斧神工的建造工艺之外，历代皇帝坚持不懈的改造和修复工作也不容忽视。

因此，在公元 3 世纪举办建国一千周年庆祝活动时的首都罗马，如果算上公元前的共和国时期的话，实际上是历经 400 余年不断建设而成的结果。罗马与其他地方的区别，不仅仅限于叙利亚，位于帝国西方的伦敦、里昂、科隆、维也纳以及布达佩斯等，在城市的规模和壮观程度上都完全无法与罗马相提并论。大英博物馆收藏的古罗马文

罗马建国一千周年纪念硬币

物，不伦从品质上还是数量上都和现在罗马任意一个美术馆之中展示的古罗马文物相差甚远，这是因为大英博物馆的藏品大多是在不列颠本土发掘出来的，而在古罗马时期不列颠只不过是罗马帝国的一个行省罢了。由此可见，在古罗马时期，地方行省与首都罗马之间可谓有天壤之别。因为皇帝菲利普在就任皇帝之前从来没有到访过首都，所以当他亲眼见到“世界之都”的时候，才会被其壮观的景象震撼。

但是，就在罗马人庆祝建国一千周年的同时，北方的日耳曼人也如潮水般南下涌入，从此开始了长达半个世纪的大举入侵。这大概是历史对罗马人开的一个恶意的玩笑吧。

很多研究者习惯将蛮族的大举入侵称作民族大迁徙。但从我个人的观点来看，公元 5 世纪罗马帝国崩溃时的蛮族入侵，才称得上是民族大迁徙。因为公元 5 世纪时入侵的蛮族直接在侵入地居住下来。而公元 3 世纪时的蛮族入侵没有这种情况出现。当时入侵的日耳曼人，在突破了罗马帝国的防线之后只是进行了大肆掠夺，紧接着便返回他们位于防线之外的领地。换句话来说，完全是大规模的强盗行为。

但是，为什么罗马帝国，特别是公元3世纪的罗马帝国，对于这些蛮族的劫掠行径束手无策呢?

启蒙主义学说将其原因归结为罗马人喜欢在城市中安逸地生活，而不愿驻留在前线基地，长久以来这一观点也被绝大多数人接受。但是如果这个说法成立的话，那么罗马帝国早在公元3世纪就应该已经崩溃了。可实际上罗马帝国却在随后的200年间一直在北方蛮族的骚扰中存续了下来。由此可见，罗马人完全能够忍受在前线的危险生活。

还有一种说法是，因为日耳曼民族的人口不断增加，居住地的耕地面积无法满足他们的粮食需求，所以只能向罗马帝国境内入侵。但是这种说法实际上并没有多少说服力。日耳曼民族所在的地区相当于现在的德国、波兰、乌克兰等地，当时不管在地势上还是在气候上，都是并不适宜人类居住的地区。就连现在欧洲的主要粮食产区法国，在恺撒统治时期也是一片森林和沼泽。罗马帝国在征服了高卢之后，为了保证当地的和平与稳定，让居民能够定居在那里，才进行了开垦荒地的作业，使曾经的狩猎民族转变为农耕民族。

但是日耳曼人与高卢人不同，直到公元3世纪他们仍然不知道应该如何灵活地利用土地进行耕种。因此，他们在斯堪的纳维亚半岛和俄罗斯地区的生活可以说是饥寒交迫，一直无法摆脱贫穷与饥饿的状态。但是在这种生活条件下，他们的体格变得更为强健，远超当时的罗马人。而且有一句老话叫作“光脚的不怕穿鞋的”，这些“光脚的”日耳曼人在作战时也表现得异常勇猛。

当然，公元3世纪的蛮族已经不再像公元前1世纪恺撒时期那样，身上只披着一件兽皮。而且从哈德良统治时期之后的罗马人也开始留胡须，所以也不能再以是否有胡须来进行分辨。但是蛮族一直以来留长发的传统仍然没有改变。因为罗马军队的士兵在战斗时需要戴头盔，所以只能留短发，而没有戴头盔进行战斗习惯的蛮族则全部是一头长发。到了公元2世纪初期图拉真统治时期，“图拉真记功柱”上刻着日耳曼人加入罗马军队作为辅助战斗力，但是他们在战斗时只穿着一个兜裆布。罗马军队对于其他民族的辅助兵在军装上并没有特别的要求，允许他们穿着适合自己作战的任何服装参战，所以这种几乎全裸的服装应该是日耳曼人的活动服。

公元3世纪中期距离图拉真时代已经有150年，日耳曼人的外观会发生一些变化，但是其内在的本质很难改变，亦即他们在提高生活水准时，不是以“汗水”而是以“鲜血”为代价。

公元2世纪时期的罗马人将居住在防线以外经常与自己发生接触的蛮族称为“近蛮族”，而将居住在更北方鲜有接触机会的蛮族称为“远蛮族”，但是进入公元3世纪之后，蛮族的性质发生了改变。“远蛮族”南下向“近蛮族”发起了攻击，并且将“近蛮族”打败吞并，最终取代了“近蛮族”的位置。当这些只知武力掠夺的蛮族逼近罗马帝国边境的时候，给罗马帝国带来了非常大的麻烦。

罗马帝国在公元2世纪五贤帝时代，就已经对“近蛮族”实施经济援助。罗马方面之所以这样做，是为了提高那些居住在防线以外的居民的生活水平，防止他们入侵罗马境内。但是所谓的经济援助并非只在金钱方面，罗马开放了边境的市场，并且在军团采购生活必需品的时候优先选择从对方购买，为的是帮助其实现经济独立。罗马人还特意向对方的部落族长赠送华丽且价值不菲的军装、武器以及马具，但是这些东西并不适用于实战。罗马方面希望通过这种形式的经济援助，使蛮族罗马化。而这个从综合安全保障角度出发的政略，对“近蛮族”取得了非常成功的效果。

但是，当进入公元3世纪，“近蛮族”被“远蛮族”吸收之后，这个政略的效果逐渐变得不那么明显。而且与罗马式的经济援助相比，“远蛮族”更喜欢罗马帝国直接支付金钱。简单地说，就是要想不遭到蛮族的入侵，便老老实实地拿出钱来买平安。最恶劣的是，在罗马皇帝中竟然出现了同意这一条件的人。也许对于他们来说，不管付出多少金钱的代价，都比遭到蛮族侵略要好得多吧。

就这样，曾经的经济援助逐渐演变成弱小而富有的一方向强大而贫穷的一方每年支付年贡性质的金钱。公元248年，在罗马帝国建国一千周年那庄严而华丽的庆典活动结束后还不到半年的时间，在多瑙河下游与罗马对峙的日耳曼民族中最强大的部族之一哥特人，就对默西亚行省总督抗议年贡迟迟未缴。其实抗议也只是形式罢了，消息还没传到总督耳里，哥特人就已经大举渡河了。

虽然罗马方面立刻对此做出了反应，但因为敌人的目标只是掠夺，所以前来袭击的都是以骑兵组成的机动部队。而且他们还专门避开了屯驻有重兵的军团基地，专挑那些居民区大肆抢掠。罗马军队能做的只有埋伏在蛮族抢掠之后的返回途中将对方击退，解救被蛮族掳获的平民并夺回战利品。但是即便如此，被蛮族破坏的城镇和耕地也无法恢复原样，当人们重返住地的时候，眼前见到的只有深深的绝望。

驻扎在多瑙河帝国前线的士兵以及当地居民，全部希望位于首都的皇帝菲利普能够亲临前线，带领罗马军队向蛮族发动大规模的报复袭击。可是菲利普的做法出乎所有人的意料，这位阿拉伯人皇帝仅仅派遣了当时任首都长官的德基乌斯前往多瑙河前线。这不仅使因为没能及时阻止哥特人的袭击而深感悔恨的士兵大失所望，甚至还激起了他们的愤慨之情。

士兵们对菲利普的不满主要表现在以下三个方面：

第一，他们远赴东方，实现了美索不达米亚行省的光复，结果却因为皇帝与波斯之间的媾和而将这一地区再次拱手让人。

第二，皇帝在首都罗马的政策完全是为了讨好元老院而制定的。而在前线奋战的士兵对于那些整天在首都享受舒适生活和高高在上的元老院元老，常常抱有非常强烈的不满情绪。

第三，皇帝身为罗马军队的最高司令官，自从就任以来从没有在战场上出现过。而且在这种众人翘首期盼的情况下，他都不肯御驾亲征，而仅仅派遣一个代理人了事。

士兵对于被派来的德基乌斯并没有什么不满，只是深深地感觉到菲利普果然只是一个“阿拉伯人”，根本不配做罗马帝国的皇帝。

德基乌斯在面对哥特人的战争中发挥出远超士兵期待的能力。在他的指挥下，多瑙河防线再次得到了巩固。随后一年间，哥特人的再度入侵也被其成功阻止。但是他的成功却成了士兵发泄不满情绪的导火索。公元 249 年的某一天，士兵们来到德基乌斯的住处，表达了想要推举其就任皇帝的意愿。

德基乌斯担心如果自己拒绝，驻扎在多瑙河沿岸基地的 10 个军团不知会发生怎样的变故。于是他暗地里给身在首都的菲利普送去一封密信，在信中他说自己表面上接受士兵的要求出任皇帝，但是等回到罗马之后就会将皇帝的位置交出来还给菲利普。可是皇帝菲利普根本不相信德基乌斯在信中说的话，于是他集结手下一切可用的力量，甚至连米塞诺军港的乘务员都被编入近卫军团。皇帝菲利普率领着这支临时编成的讨伐德基乌斯的部队开始北上。虽然菲利普对元老院表现出那样诚挚的敬意，但是元老院中都是一些十分善于审时度势的人。因此，当菲利普出阵之时，元老院元老都谎称抱病，逃回了自己位于罗马郊外的别墅，没有一个人前来送行。

不但被扣上了谋权篡位的罪名，而且讨伐军也在逐渐向自己逼近，别无选择的德基乌斯只能挥军南下，双方部队在意大利北部的维罗纳遭遇。但是这场内战根本没有发生任何激烈的战斗便宣告结束。被自己手下的士兵抛弃的皇帝阿拉伯人菲利普，在被对方俘虏之前选择了自杀。元老院在得到这个消息后，做出对菲利普进行“记录抹杀刑”（Damnatio Memoriae）的决定。将名字和业绩从帝国的一切官方记录中抹除，这对于极其看重个人荣誉的罗马人来说，是最为严厉的惩罚。阿拉伯出身的皇帝菲利普在这方面倒是得到了和尼禄相同的待遇。

皇帝德基乌斯（公元249—251年在位）

德基乌斯也是一个行省出身并且最终爬上皇帝宝座的人。他出生于远潘诺尼亚行省的希尔米乌姆（今米特罗维察），毗邻近西米亚行省的首府，现在塞尔维亚的首都贝尔格莱德，同时也是第四弗拉维军团的基地。另外，远潘诺尼亚行省的首府，现在的匈牙利首都布达佩斯，当时是第二亚狄托里克斯军团的基地。因此，希尔米乌姆虽然不是军团基地，但是全权负责军团基地的补给任务，换句话说，德基乌斯出生于罗马帝国的最前线地区。

他和图拉真与哈德良一样，都是出生在意大利本土的军团兵在服役期满退役后，与当地的女子结婚生的后代。当他成为皇帝之后，曾经申请元老院承认他在名字前面加上“图拉真”的姓氏，由此可见德基乌斯的祖先大概是在 150 年前随图拉真进行达契亚战争的军团兵。以希尔米乌姆为中心的这片区域出现了许多最终坐上罗马皇帝宝座的人，德基乌斯就是其中的第一个。但是，他和后来的皇帝不同，据说他出身于一个富裕的农家。他之所以加入军团，完全是因为在前线地区每天都接触军团士兵和行军打仗的场面，由此习惯性地选择了当兵而已。

他从 17 岁开始的军团生涯似乎十分顺利，最终在 45 岁的时候成功进入元老院。如果是元老院阶级出身的人，只要 30 岁就可以在元老院中获得一席之地，但是对于行省出身的德基乌斯来说，即便晚了 15 年仍然算是非常成功的。他结婚很晚，妻子是首都罗马上流阶层人家的女儿。两个儿子都在首都罗马接受教育。在皇帝菲利普统治时期，他担任相当于现在首都市长职位的首都长官，表现出极强的行政能力，得到大家的一致好评。因为他有丰富的军队任职经验，所以当哥特人入侵时，皇帝菲利普派他前往远默西亚行省，实际上也算是一个正确的选择。

身为皇帝的德基乌斯，在军事上和政治上都具有非常出众的能力，可以说正是罗马帝国最为需要的人才。但是他的不幸之处在于，当时位于多瑙河下游的哥特人，刚好在这个时候将积攒多年的力量一股脑地爆发出来。

在一个男人堪称黄金年龄的 40 多岁登上皇帝宝座的德基乌斯，就任后的第一件事就是重新整顿多瑙河防线。眼下多瑙河防线已经成为帝国的生命线，因此，在首都享受舒适生活的元老院元老们对皇帝的这一决定也没有提出任何的异议。罗马帝国在多瑙河沿线总共布置了 10 个军团，相当于罗马帝国全部兵力的三分之一。问题是这 10 个军团相互之间缺乏联动，如何灵活运用这些作为主要战斗力的 6 万军

德基乌斯

团兵，成为摆在德基乌斯面前的一大难题。发源于阿尔卑斯山脉的多瑙河，沿途流经现在的德国、奥地利、匈牙利、塞尔维亚、保加利亚、罗马尼亚，最后注入黑海。虽然罗马军团设置在多瑙河沿线的基地都发展成了现在的重要城市，比如维也纳、布达佩斯以及贝尔格莱德，但是仅仅凭借这10个军团基地无法彻底封锁漫长的多瑙河。在相邻的两个军团基地之间，平均每隔10公里左右就会配有辅助兵部队、骑兵以及监视用的要塞等警戒措施，因此才称之为“防线”。

将全部防线重新整顿是一个非常艰巨的工作，皇帝德基乌斯首先做的，是将联结军团基地、城堡和要塞之间的军用交通网做了一次彻

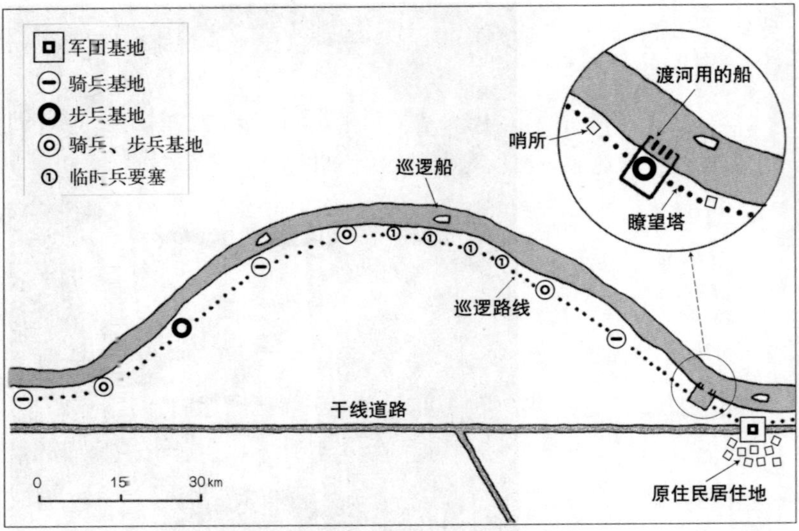

利用河流的防线（莱茵河、多瑙河等）

（摘自 E. N. Luttwak, *The Grand Strategy of the Rome Empire*）

底的修复。眼看着多瑙河的对面逐渐被蛮族占据，士兵们最怕的就是陷入孤立无援的困境，而交通网的修复则会使他们彻底摆脱后顾之忧。在修复了交通网之后，德基乌斯开始着手整顿军纪，重新制定军规。特别是对于那些驻守哨站的士兵来说，他们的任何一个疏忽都会影响到其附近整个区域的罗马军团。当德基乌斯死后，士兵们提议在他的墓碑上刻下了这样一行字："reparator disciplinae militaris"（重整军规的人）。

皇帝德基乌斯不仅重新整顿了军团的纪律，他还尝试恢复社会纪律，并且真的付诸行动。于是德基乌斯也成了对基督教实行迫害的皇帝之一。

镇压基督教徒（一）

罗马人对基督教徒的镇压，并非因为基督教徒信仰与他们不同的神灵。罗马是一个多神教的国家，而多神教，与其说信仰的神灵数量多，不如说他们认可别人信仰不同的宗教。所以，不管你信仰什么神灵，都不会因此而获罪。但是如果信仰某宗教的信徒组建孤立的小团体，并且通过这个团体进行一些反社会行动，那么这种行为就是犯罪。在现代法律上有一项条款叫作“破坏公共安全罪”，罗马人对基督教徒的态度，就相当于将其看作“破坏公共安全”的团伙。

所以说罗马皇帝对基督教徒的镇压，并不是为了压制他们的信仰，而是为了阻止他们进行反社会活动。最明显的证据就是因为贤明的统治而被后世称为“五贤帝时代”的这个时期，同样出现了镇压基督教徒的情况。不过镇压的对象并不是信仰基督教的信徒，而是认定以传教布道为己任并不断宣扬教义的主教以下的神职人员。

除了皇帝尼禄为了转嫁民众对罗马大火的不满情绪而大量迫害基督教徒的事件之外，从公元 64 年开始直到公元 250 年的 186 年间，共有如下数量的基督教徒殉教：

图拉真统治时期，分别处以安提阿和耶路撒冷的 2 名主教极刑。

安敦尼 · 庇护统治时期，在首都罗马处以 5 人极刑。

马可 · 奥勒留统治时期，在高卢的里昂有 5 人殉教。

从皇帝尼禄时期大量基督教徒殉教之后，直到图拉真皇帝统治时期的 34 年间，有许多基督教的神职人员被流放，但是其中没有一个人因为其基督教徒的身份被处以极刑。随后直到五贤帝时代，因为信仰而殉教的基督教徒只有如上文所述的 12 人。

虽然塞普提米乌斯 · 塞维鲁在自己统治的后半期一改从前的宽容

政策，对基督教徒进行严厉的镇压，但也只是为了阻止他们“秘密结社”进行反社会活动，因为严禁秘密结社是从开国皇帝奥古斯都起便留传下来的帝国方针。塞维鲁仅仅关闭了各地的基督教会，而并没有对基督教徒做出任何惩罚。而且那些被关闭的教会也在后来不知何时重新恢复了。

皇帝塞维鲁死后又过去了 24 年，在被称为“色雷斯人”的马克西米努斯统治时期，偶尔会有教会的主教被人起诉。但是马克西米努斯对这些主教的惩罚也仅仅是流放而已。

上述的那些数字并非出自罗马帝国的记录，而是基督教会的记录。虽然在君士坦丁大帝以前的罗马皇帝，无一不被基督教会看作暴君，但是在公元 64 年至 250 年间殉教的基督教徒仅有 12 人而已。

在这 186 年的时间里只有 12 人殉教，从这个数字上来看，即便对基督教徒进行镇压，殉教者的人数也应该不会出现大幅度的增加。因为镇压的对象只是那些传播基督教信仰的神职人员，而不是信仰基督教的个人。但是，将打击面首次扩大到一般信众身上的，就是皇帝德基乌斯。

因为他决定颁发一份证明持有者不是基督教徒身份的证明书，所以他的打击对象已经不再仅限于基督教的神职人员，而是拥有罗马公民权的所有人。自从卡拉卡拉颁布敕令以来，就连行省居民也拥有了罗马公民权，因此他也能够趁此机会将那些广泛存在于行省中的基督教徒一网打尽。

颁布于公元 250 年的这项法令，是皇帝在某一时期临时决定的暂时性措施。之所以颁布这项法令，是因为皇帝认为想要实现帝国的彻底和平和长治久安，仅仅依靠前线的士兵抵御外敌是远远不够的，还需要帝国全体国民在后方的大力支持。而基督教徒却将他们现在居住的这个罗马帝国说成堕落而邪恶的帝国，在面对北方蛮族和东方波斯王国威胁的罗马皇帝看来，基督教完全是存在于罗马帝国之内的敌对势力。

这份证明书被称为“Libellus”。在帝国的每一个城镇都设立了专门负责发放证明书的特别委员会。被叫到委员会的公民，要在委员们的监视下参拜罗马自古以来的众神，然后将自己带来的香料点燃，在香料燃起的烟雾中发誓自己不是基督教徒。没有任何其他的确认和调查，只要经过这样的仪式就可以得到证明书。

但是，即便如此简单的仪式，也在基督教徒之间引发了极大的震动。围绕这件事，基督教会分裂成两派：一派主张宁死守护自己的信仰，另一派则认为这种程度的仪式只要装装样子骗取证明书，随后再继续保持自己的基督教信仰，一样会得到上帝的宽恕。当然在这种时候后者的做法明显是比较明智的，但德基乌斯的政策还是导致大量的基督教徒放弃了自己的信仰。

然而，即便普通的信徒认为这样做会得到上帝的宽恕，但是身兼传教任务的神职人员并不那么想。于是那些神职人员便在被叫去进行祈祷前纷纷选择了逃跑。迦太基的主教西普里安就在这个时候躲了起来，不过他在公元251年的复活节，即第二年春天，再次出现在迦太基。他之所以能够在不到一年的时间内重返迦太基，是因为皇帝德基乌斯在这个时候已经无暇顾及国内的基督教势力了。

蛮族全面入侵

当时的哥特人，就如同即将决堤的大坝一样充满了危险。对罗马方面来说另一个不幸的消息是，哥特人居住的地区正是多瑙河防线自古以来最薄弱的地区——多瑙河下游北岸。这一地区被分为近默西亚行省和远默西亚行省。德基乌斯在就任皇帝之前就曾经在这里任职过一段时间，所以对这一带罗马防线的弱点十分清楚。

他不仅授予自己两个年轻的儿子“恺撒”的称号，还在得知哥特人的动向之后，又授予其“奥古斯都”的称号，使其成为自己的共治皇帝。他之所以这样做，与其说是为了世袭皇位，倒不如说是为了面对即将到来的暴风雨做的准备。因为不管发生什么，他都必须使帝国能够顺利地运转下去。元老院或许也认清了这一点，所以对于这两个尚无公职经验的年轻人成为共治皇帝一事都没有提出反对意见。不幸的是，事情果然按照皇帝德基乌斯预料的那样发展。

与作为新兴民族并且统一在国王领导之下的波斯相比，由众多部族不断地聚散离合组成的日耳曼民族对于罗马来说更加难以应对。这并非因为日耳曼人与波斯人相比作战更加勇猛，而是因为想要搞清楚日耳曼人的动向基本上是不可能的。

在 1 800 多年后的今天，我们站在多瑙河的南岸向北眺望，或许想象不到 1 800 多年前的情景，但是只要你走出城市到郊外看看，就能够找到一些当年的影子。一望无际的黑森林一直绵延至多瑙河岸边，在广阔河面的另一边向对岸眺望，根本无法发现对面的森林之中究竟隐藏着什么。罗马帝国经常安排船队在多瑙河上进行巡逻，但是即便在河中央向北岸眺望也很难看清森林深处的情况。因此，罗马帝国在多瑙河防线的关键地区都建有军团基地，并且在相应的北岸修建要塞，在河面上用浮舟将基地与要塞相连。即便蛮族向北岸的要塞发动袭击，罗马方面也可以凭借完善的防御体系将对方击退。

但是经过这么多年的交手，日耳曼人也不会再做出这样的自杀举动。而且他们在数量上占据着绝对优势。以另外一个衡量文明程度的尺度来看，日耳曼人偏偏又对人力损害不在意。

当罗马人意识到对岸的森林变得比平时更加茂密的时候，其实就已经来不及了。那些不知隐藏在何处的船只一下子全部涌上河面，中间载有战马、两侧排满水手的大量船只就好像要将河流截断一样向对岸飞速前行。船底碰到岸边的岩石发出的声音就像是出发的号令，从船上将战马牵下来的水手们也在此时摇身一变成为骑兵。

河边的防线和陆地上的哈德良长城与日耳曼长城不同，无法修建壕沟、栅栏以及城墙。即便罗马帝国在岸边像串珠一样修建了大大小小许多要塞和城堡，但是相互之间仍然有 10 公里到 15 公里左右的距离。而蛮族挑选的登陆地点就在这些没有防守的空白区域。他们成功登陆之后，就会立即奔向有掠夺价值的城镇或村庄，如狂风扫落叶一般将那里洗劫一空，然后扬长而去。而等当地的士兵快马赶到军团基地通报有蛮族入侵的消息时，他们早已经不知跑到什么地方去了。罗马军队之所以对蛮族的入侵束手无策，就是因为对方的袭击经常像这样突然而且又无法判断。

当日耳曼各部族之间逐渐合并起来，聚集在一个自称国王的人旗下之后，这位国王为了证明自己的能力，势必要扩大掠夺的规模。于是蛮族的入侵开始如同决堤的洪水一样汹涌袭来，而且又一再发生。这成为公元 3 世纪中期的特色之一。但是即便蛮族入侵的规模不断扩大，想要判断他们的行动仍然十分困难。

对岸那茂密的森林中，埋伏敌船（上面载着敌人以及他们的战马）的流域范围变得更广了。虽然各部族之间进行了合并，但是日耳曼人仍然没有组织化的军队，君王也不见得成了全军的总指挥。各个部队仍然像从前一样，以部族为单位单独行动。这反倒使得他们的行动更加难以捉摸，甚至可以说正好点中了组织严密、行动统一的罗马军团的死穴。

不仅如此，北方蛮族的主要战斗力量由骑兵组成。相对的，罗马军队的主要战斗力量则由传统的步兵组成。像希腊和罗马这样的城邦，其城邦的公民同时也是军队的主要组成部分，从社会构成上来看，这也是理所当然的。而日耳曼人则没有“公民”这个概念，他们的军队是由各部族中最强壮的男人组成的战斗集团。这些战士与战马组合在一起，突击力更提升了一个档次。而且他们身为狩猎民族，没有固定的居住地，战马在他们平时的生活中也具有举足轻重的作用，是他们生活中不可或缺的一部分。因此，他们对于马匹的饲养也颇有心得。

与一天只能行军 25 ~ 30 公里的步兵相比，骑兵一天可以行军 75 公里。同时，公元 3 世纪的蛮族与公元 2 世纪后期的蛮族相比，在规模上也要庞大许多。

虽然经过了如此漫长的岁月，但蛮族仍然没有转变为文明人，所以自然也没有兵站的概念。如果他们有这种逻辑上的概念，那么至少可以根据他们的补给点来判断他们的行动。但实际上这些蛮族是走到哪里抢到哪里，根本没有任何战略可言。面对这样一群不按常理出牌的敌人，罗马军队的士兵没有一点办法。

哥特人

公元 250 年的夏天，日耳曼人中的哥特人与汪达尔人趁着多瑙河下游水量减少的机会，大举入侵罗马帝国境内。虽然哥特人的国王尼瓦名义上是这次侵略行动的总指挥，但哥特人与汪达尔人依然以部族为单位各自单独行动。

蛮族的渡河地点选择在第一意大利卡军团基地的原所在地诺瓦埃

（现在保加利亚的斯维什托夫）附近，但是在公元 2 世纪末期，罗马帝国为了保证达契亚行省的安全，而将这个军团迁移到了上游 60 公里处的奥埃斯库斯。虽然在下游远默西亚行省的多洛斯特姆（现在保加利亚的锡利斯特拉）中还有第十一克劳狄军团的军团基地，但是蛮族选择的登陆地点是在这两个军团基地的中间地带。

时任远默西亚行省总督的特雷波尼安努斯·加卢斯在奥埃斯库斯得到这个消息之后，立刻率军向蛮族的渡河地点进发。但是等他赶到的时候，丝毫不见大举入侵的蛮族人的踪影。因为这时候的蛮族主力部队早已经沿着四通八达的罗马大道一路南下扬长而去了。

蛮族南下的路上，有对罗马军队来说至关重要的补给基地尼可波尔。如果这个补给基地遭到蛮族的劫掠，那么负责远默西亚行省防卫任务的两个军团将陷入彻底的瘫痪。但是，当年的蛮族并没有向尼可波尔发动攻击，而是一路南下径直朝着巴尔干地区的腹地——色雷斯行省进发。

虽然色雷斯行省并不是罗马帝国的边境地区，但是距离多瑙河前线并没有多远的距离。从西北到东南分别有纳苏斯、塞尔迪卡（现在保加利亚的首都索非亚）、亚历山大大帝的父亲建设的菲利普波利斯、图拉真建设的贝罗埃以及哈德良建设的哈德良波利斯等罗马时代非常重要的城市。也就是说，这个色雷斯地区是联结罗马帝国东方与西方的交通要冲。日耳曼人进攻的目标正是这里。虽然蛮族在马可·奥勒留统治时期就曾经攻打到了西班牙以及意大利北部地区，但是那时候的蛮族入侵规模很小，所以很快就被击败了，而这次却比以往的规模都要大很多。身在首都罗马的皇帝德基乌斯，因为曾经担任过默西亚行省的总督，所以对这一事态的重要性有着非常深刻的认识。于是他决定御驾亲征，同时还带上了与自己共同治理国家的长子赫伦尼乌斯。小儿子奥斯特良因为身体不佳留在首都负责内政。对罗马帝国来说，还是头一次出现蛮族如此深入境内的情况。

名将之所以被称为名将，是因为他们能够指挥自己的士兵用他们最擅长的方法进行战斗。而对于罗马军队来说，在平原上布阵进行会战就是他们的绝对强项。因为军纪严明、训练有素，在平原作战的罗马军队能够通过最小限度的牺牲取得胜利，可谓名副其实的“战争机器”。但是要想将这一战略应用在巴尔干地区，就必须将分散于各处忙于掠夺的蛮族引诱到一起，然后一网打尽。皇帝德基乌斯大概就是想要采取这种战术，于是他和儿子分别率领第一和第二部队从西方进军，同时命令色雷斯行省的总督普利斯库斯率领第三部队从南方进军，默西亚行省的总督加卢斯则率领第四部队从北方进军，意图将敌人赶到色雷斯的平原地区。

这个战术要想取得成功，就必须将主动权从敌人手中抢过来。但是因为蛮族拥有速度优势，罗马军队只能不停地在后面追赶敌人的脚步，这样一来主动权还是掌握在对方的手中。名将如果在战斗初期被敌方占据了主动，那么他一定会想尽办法重新夺取主动权。因为只有掌握了主动权，各部队之间的协同作战才能够顺利地进行。但是发生在公元 250 年夏季到 251 年春季的这场战争，完全朝着与之相反的方向发展。换句话说，罗马军队一直被在速度上占据优势的蛮族玩弄于股掌之间。

但是这并不意味着罗马军队会就此一败涂地。因为不管是哥特人还是汪达尔人，当他们与罗马军队发生正面冲突时，绝大多数情况下都是以罗马军队的胜利告终。就算无法取胜，但至少在场面上也是罗马军队占优势。当德基乌斯得知尼可波尔和菲利普波利斯被蛮族包围的消息后，立刻率军前去救援，结果敌军见到援军前来，纷纷放弃了

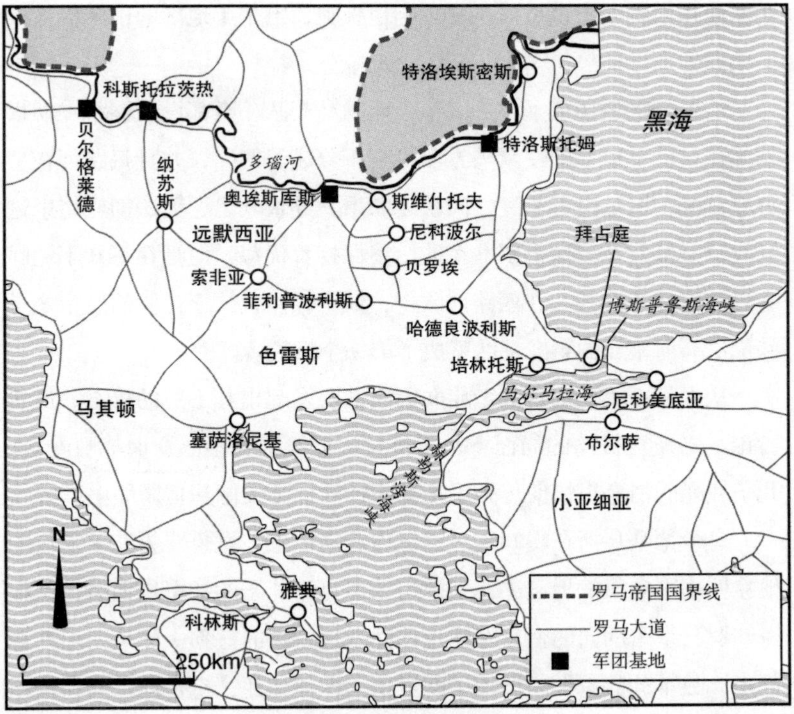

巴尔干地区与小亚细亚

围攻，四散而逃。蛮族甚至都没机会接近哈德良波利斯。另外，在贝罗埃近郊展开的大战，最后以罗马军队的大胜收场，战败的哥特人的军队甚至顾不上带走掠夺来的战利品，一心只想着尽快渡过多瑙河逃回自己的领地。

但是，对于骑马的北方蛮族来说，石头铺成的罗马大道并不是他们的必经之路。当时的罗马大道主要是为了作为罗马军队主要战斗力的重装步兵方便行军，以及运送重型攻城器械而设计的。而蛮族的骑兵即便在山野之中也可以不受影响地疾驰，巴尔干地区的山脉恰恰成了他们的地形优势。

结果，战争持续了将近一年，而罗马军队一直都没能够将主动权掌握在自己手中。即便罗马方面将全军分成了四路，并且每路都在努力地奋战，但是由于相互之间缺乏联系，导致其迟迟无法彻底结束这场战争。虽然在场面上罗马军队始终保持着优势，但是在不知不觉间为自己挖好了坟墓。在四路部队中，最年轻而且缺乏经验的皇帝之子赫伦尼乌斯率领的第二部队就成了第一个牺牲者。

从森林中突然出现的蛮族向第二部队发起出其不意的攻击，虽然赫伦尼乌斯在被动的局面下奋勇抵抗，但终因寡不敌众而战败身亡。儿子战死的消息很快便传到了正在不远处行军的德基乌斯那里。

皇帝德基乌斯在得知这一消息后悲痛欲绝，发誓要为儿子复仇的他立即率军向事发地赶去。当他与杀害自己儿子的敌军遭遇时，其他得知罗马皇帝动向的蛮族军队也如同发现猎物的鬣狗一样从四面八方赶来，敌军的数量顿时增加了两三倍。即便如此，皇帝德基乌斯依然没有丝毫的退缩。但是被复仇冲昏了头脑的他只顾着追击敌军，却没发现自己的军队已经进入了沼泽地带。陷入沼泽之中的罗马士兵遭到蛮族的围歼，死伤大半，皇帝德基乌斯也在力战之后不幸身亡。他的遗体在战乱中沉入深深的沼泽之中，最终也没有找到。在混战中被杀的赫伦尼乌斯的遗体也同样不知去向。

石棺

罗马市内有很多美术馆，其中有一个叫作阿尔忒弥斯的美术馆，以专门展示希腊罗马时期的雕刻作品而闻名。在这个美术馆最大的展厅内，有一具占据了整面墙壁的石棺，这具石棺因为其最初被红衣主教路德维希收藏而得名“格兰第·路德维希石棺”（Grande Ludovisi）。石棺全长2.73米，高1.55米，宽1.37米。整体是一块完整的大理石，从正面到两边都刻着精致的浮雕，浮雕最深处可达18厘米。虽然是公元3世纪的作品，但是保存至今依然完好无损，非常完美地体现了罗马雕刻技术的鬼斧神工。

这具石棺正面雕刻着长将近3米、宽1.5米的战斗场面。从双方武装可以立即判别，这是罗马军队与蛮族作战的场景。而这幅杰作的主角正是公元251年在与哥特人的战争中牺牲的皇帝德基乌斯的儿子赫伦尼乌斯。如果仅仅欣赏这幅雕刻作品，会使人感觉罗马是获胜的一方。因为在雕刻中央骑在马上的赫伦尼乌斯，怎么看都像是一副胜利者的模样。但实际上，在这场战斗中，罗马军队全军覆没，年轻的皇帝赫伦尼乌斯也战败身亡。

据说这具巨大的大理石石棺，是失去了儿子的母亲下令制作的。但是，因为没有找到死者的遗体，所以在这具石棺中并没有遗体。而且在基督教统治罗马之前，罗马人一般都采用火葬的方式，大型的石棺更像是一种用来悼念死者的纪念碑，只能供活着的人寄托哀思罢了。如此巨大而精美的石棺，想必不管是材料费还是雕刻费都相当惊人，赫伦尼乌斯的母亲出身于伊特鲁里亚的名门，不惜重金建造了这样的石棺，足以证明这位母亲对自己英年早逝的儿子怀有怎样的悲痛之情。

据说这具石棺最早在17世纪于罗马与蒂沃利之间的提布尔提那大道旁挖掘得来的。一般来说，城市周围、大道附近都是有钱人的住宅区，罗马时期的首都郊外则分布着大量上层阶级的别墅。或许皇帝德基乌斯的妻子，赫伦尼乌斯的母亲就居住在这一带吧。要安置如此

路德维希石棺

巨大的石棺，必须有与之相应的别墅，或许在圆柱环绕的回廊一角，这具石棺一面贴着墙壁，另一面正对着种满鲜花、装饰有喷泉的美丽庭院，因为在这具石棺的正面和两旁都刻有精美的浮雕，只有背面是空白的。

皇帝德基乌斯是罗马帝国第一位在与蛮族的战争中阵亡的皇帝。但是，罗马帝国即便付出了如此巨大的代价，仍然没能将哥特人和汪达尔人从巴尔干地区驱逐出去。也就是说，罗马帝国与蛮族之间的战争还在进行当中。而且，不仅皇帝德基乌斯，与他共治的儿子赫伦尼乌斯也一同阵亡。虽然在首都还有与德基乌斯共治的另一个儿子，但是正在作战的前线一刻也不能没有最高司令官。

于是以远默西亚行省总督的身份参加对蛮族作战的加卢斯被士兵们一致推举为皇帝。虽然大家希望他能够继续作战，将蛮族彻底赶出罗马帝国，但是这位出生于意大利本土并且属于元老院阶级的新皇帝，却选择了与蛮族媾和。

与蛮族媾和

罗马帝国选择的媾和对象是在蛮族中实力最强的哥特人。

罗马方面的要求只有一个，那就是蛮族撤出罗马境内，返回多瑙河对面自己的领地。代价则是接受哥特人的全部要求。哥特人不仅可以得到掠夺来的全部物品，甚至还可以将俘虏带回他们的领地。而且从今往后每年罗马还会向哥特人缴纳贡金。

在这样的条件下，哥特人自然非常痛快地签订了和约。顺利实现媾和之后，加卢斯将埃米利安努斯任命为远默西亚行省的总督，自己则立即返回了首都罗马。

但是，这个时期袭击罗马帝国的并非只有北方的蛮族。一场非常严重的疫病也同时笼罩在罗马帝国的上空，就连首都罗马也难逃疫病的侵袭。德基乌斯的儿子霍斯蒂利安在这场疫病中不幸身亡，加卢斯也因此而顺理成章地成了罗马帝国唯一的皇帝，不过他的统治并没有持续多久。

在多瑙河附近的远默西亚行省（现在的保加利亚）担任总督的埃米利安努斯，出生于北非的毛里塔尼亚行省（现在的摩洛哥）。他对于皇帝加卢斯在面对蛮族之时的懦弱表现感到难以抑制的愤慨。当对皇帝的媾和做法十分不满的士兵发现自己的司令官也怀有同样的心情时，这种积压已久的情绪终于爆发出来。

总督埃米利安努斯不承认皇帝加卢斯与哥特人之间的媾和条款。那些被蛮族掠夺了财产并俘虏了家人的罗马士兵，在得知这一情况

加卢斯

后，再次看到了复仇的希望。愤怒的罗马军队越过多瑙河突袭了哥特人的居住地。虽然这并不是一次有准备的攻击，而且罗马方面仅仅出动了1万人左右的兵力，但是即便如此，他们仍然达到了复仇的目的，成功地将被哥特人俘虏的亲人重新抢了回来。终于发泄了心中的怨愤而心情大好的士兵在返回基地之后立刻拥立他们的司令官埃米利安努斯为皇帝。不过埃米利安努斯在当时并没有立刻答应下来。

哥特人自然不会就此善罢甘休。因为罗马的皇帝加卢斯完全按照他们的要求签订了和约，所以给哥特人留下了罗马帝国非常软弱的印象。于是他们甚至不顾与罗马方面签订的和约，立刻着手准备再次发动进攻。

哥特人对罗马帝国的这种印象，甚至影响到了居住在日耳曼长城之外的阿拉曼人。阿拉曼人也是日耳曼民族中比较强大的一支，现如今居住在德国西南部的德国人仍然还保留着“阿拉曼人”这个称呼。阿拉曼人不断地向罗马行省总督索要贡金，并且提出增加贡金数额的要求。而且交涉过程中，他们已经不使用“经济支援”一词。身为行省总督的瓦勒良也因为不满皇帝加卢斯的做法，而果断地拒绝了阿拉曼人的无理要求。结果日耳曼长城立刻遭到阿拉曼人的全面入侵。而与此同时，因为上一次的入侵而尝到甜头的哥特人也在此挥军南下，侵入罗马境内巴尔干地区。

日耳曼民族第一次来到地中海

从公元 252 年到 253 年，共有 30 万蛮族人大举入侵罗马帝国境内。而且，蛮族在越过多瑙河之后已经不仅从陆地上发动攻势，从这一年开始，北方的蛮族甚至开始出现在海上。

这一点显示出蛮族在战略层面上有了非常大的进步。

因为蛮族意识到正面进攻罗马帝国的防线，只会造成大量的伤亡，并且不会获得多少收益，所以他们开始选择军团基地之间的空虚地带突破。但是即便如此，当蛮族带着战利品返回自己领地的时候，仍然会遭到等待多时的罗马军团的伏击。运气好的话，他们或许还能捡回一条命，要是运气不好，他们都得客死异乡。毕竟以蛮族的战斗力还无法与罗马的正规军发生正面冲突。

于是蛮族想出了一个新主意，那就是不与防线发生正面接触，绕过防线从背部进入罗马境内。于是他们突破多瑙河防线，经由黑海抵达爱琴海，向小亚细亚和希腊的富裕城市发动袭击。

这个战术是非常正确的。虽然黑海之上有罗马帝国的巡航舰队，但是舰队基地都设在马尔马拉海深处的港口城市尼科美底亚。这个远离前线的地方作为海军基地之所以一直都没有发生任何问题，是因为黑海地区自从罗马帝国开始统治的300年间一直处于和平状态。也就是说，在黑海之上的商船和渔船在这300年间一直没有受到任何的侵扰。但是黑海中的和平被哥特人彻底打破了，他们将停泊在港口的商船和渔船据为己有，并且强迫船上的水手为他们效力，就这样，原本与大海无缘的哥特人也轻而易举地获得了海上通行的能力。要想容纳30万大军至少需要1 500艘以上的船只，虽然黑海之中的船只无法达到这个数量，但是在哥特人经过马尔马拉海进入爱琴海的南下途中，又陆续在沿岸的港口抢夺了不少的船只，所以掠夺1 500艘船只对他们来说并不是什么难事。

说起海盗，大家的第一印象都是他们会袭击在海上航行的船只，对其进行烧杀抢掠，但实际上这只是海盗的一面。海盗真正的可怕之处，在于他们会出其不意地从海上来到陆地进行烧杀抢掠，得手之后又乘船扬长而去。即便是在地面上防守严密的大城市，在面海的一面的防守一般来说都比较薄弱，又加上当时“罗马统治下的和平”已经渗透海上300多年。而原本是一群山贼的日耳曼人之所以会这么容易地变成海盗，归根结底还是因为公元3世纪的罗马人已经习惯了和平生活。

虽然和平是无价之宝，但如果醉心于和平，那么便会很容易失去它。也许大家曾经在好莱坞的影片中看到过这样的场面，一群全副武装的罗马士兵将聚集在广场上的公民赶到一旁，然后大摇大摆地横穿过去，实际上这完全是杜撰出来的场面。健全的国家与不健全的国家之间最大的区别就在于这个国家拥有的军事力量究竟是对外的还是对内的，而罗马帝国的军团基地就几乎全部位于国界线附近。即便是位于国内的军团基地，如斯特拉斯堡，也是设在莱茵河或穿过黑森林的日耳曼长城附近，一接到敌人入侵的消息，马上可以派兵驰援。也就是说，罗马帝国的军事力量都是为了防守罗马人称之为“limes”的防线而准备的。因此，在罗马帝国境内的很多行省中都没有军团基地。而在城市中常驻有1 000人守备队的也只有西欧的重要城市里昂以及北非的重要城市迦太基。其他的城市只有负责行省总督官邸安全的100余名士兵而已。

罗马帝国是由罗马公民统治的国家。“罗马统治下的和平”既是每一位罗马公民的愿望，也是通过每一位罗马公民来实现的和平。因此，罗马帝国才能够凭借其不足20万人的兵力，守护帝国长达300余年的和平。因此，在他们看来不会受到外敌入侵的希腊以及小亚细亚地区一个军团基地都没有。而哥特人从海上发动袭击的，正是这个地区。

从黑海通往马尔马拉海的博斯普鲁斯海峡，因为黑海与马尔马拉海的水位差而产生巨大的激流，而且航路还非常曲折。虽然很多船只在这里触礁搁浅，但因为哥特人船队的数量过于庞大，所以还是有大量的船只顺利抵达马尔马拉海。位于博斯普鲁斯海峡出口的拜占庭虽然在半个世纪之后便被命名为君士坦丁堡而成为东罗马帝国首屈一指的大都市，但在公元3世纪中期还只是一个名不见经传的小城市而已。虽然哥特人并不将这个小城市放在眼里，但对强盗来说任何一个能够被称为城市的地方都不能够放过。

尼科美底亚首先沦陷，紧接着尼西亚也没能免于劫难，随后就是布尔萨。而以物产丰饶著称的比提尼亚行省就连都市附近的郊区也都惨遭蹂躏。满载而归的哥特人的船队沿着马尔马拉海穿过赫勒斯滂海

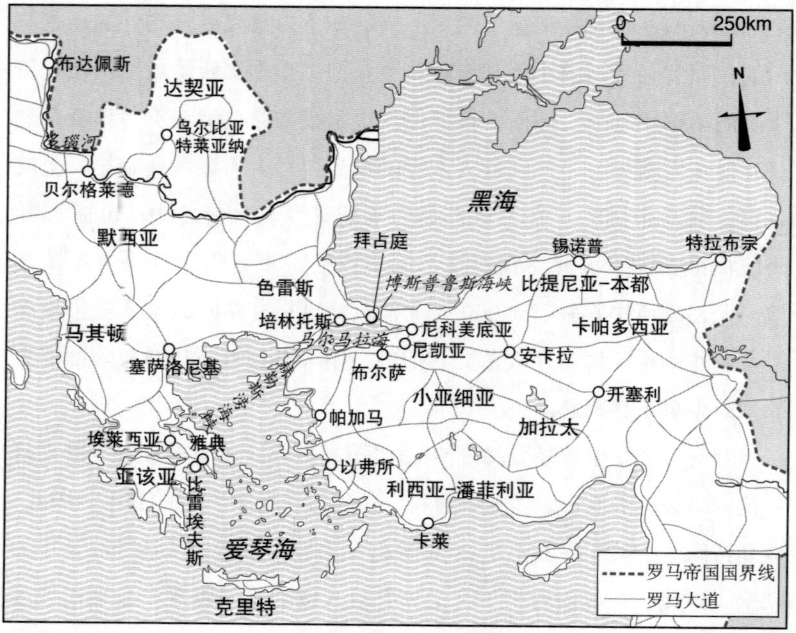

黑海、爱琴海及其周边

峡，继续向爱琴海进发。

虽然爱琴海分布着大大小小众多岛屿，但是哥特人绕过这些岛屿直接向雅典发动了袭击。位于雅典外港的比雷埃夫斯，面对从海平面上大举进攻的敌军毫无还手之力。城内几乎没有像样守备队的雅典，彻底落入哥特人的手中。而位于雅典北部不远处的埃莱西亚也同样落入了日耳曼人的魔掌。

在顺利地实现了他们掠夺的目的之后，心满意足的哥特人满载着他们掠夺来的战利品北上凯旋。

不仅地面上的防线被突破，现在就连海上的和平也宣告结束，居住在罗马帝国境内的公民们首次感到无比的震惊。对蛮族的恐惧，以及因为不断蔓延的疫病而产生的绝望，人们将希望寄托在守护罗马的众神身上。神殿里挤满了前来祈祷的人，神殿前的祭坛上摆满了献祭的牲畜，用于祭祀的香火源源不绝。国难当头，罗马公民都虔诚地为国家祈祷，唯有基督教徒对此反应冷漠，于是人们将积压在心头的不满情绪都向基督教徒发泄出来。虽然被起诉的基督教徒并没有被处以死刑，但是罗马国内对基督教徒的厌恶和迫害愈演愈烈。

与此同时，因为皇帝加卢斯对蛮族的懦弱政策而感到不满的，也不仅仅限于防守多瑙河防线的士兵，位于日耳曼长城附近的士兵同样对皇帝充满了愤慨。特别是当他们发现直到阿拉曼人被击退为止，皇帝都未曾在前线出现过，对皇帝这种消极态度的责备声更是日益高涨。但是他们并没有像默西亚行省的士兵那样拥立埃米利安努斯为皇帝。或许是因为埃米利安努斯出生于北非的毛里塔尼亚行省，而且身上还有当地原住民的血统。于是他们决定拥立自己的司令官瓦勒良为皇帝。

当年与尤里乌斯·恺撒共同创立了“三头政治同盟”的另外两名是庞培和克拉苏，瓦勒良正是出身于克拉苏所属的李锡尼乌斯家门。因为其家族从共和国时期就是名门望族，所以他的家族历代都属于元老院阶级，如果将人分为三六九等的话，那么他毫无疑问是罗马帝国中最上等的人。而对于人类来说，越是在乱世越期待有这样的“贵人”来拯救他们。

当瓦勒良也被他手下的士兵推举为皇帝之后，原本就处于风雨飘摇之中的罗马帝国，又陷入了同时出现3位皇帝的混乱状态。

但是，在皇帝由军团兵推举产生的情况下，即便最终演变成内战，实际上也不会出现罗马士兵自相残杀的局面。内战的最终结果完全取决于士兵更加支持哪一方。发生在公元 253 年的这场内战也是如此，首先，加卢斯与埃米利安努斯的军队遭遇，因为加卢斯手下的士兵都倒向了埃米利安努斯一边，于是后者取得了胜利。紧接着埃米利安努斯又与瓦勒良发生了交战，但是这一次埃米利安努斯手下的士兵则投靠了瓦勒良那一边，最后剩下的瓦勒良成为唯一的皇帝。虽然内战仅仅从 6 月持续到 10 月便宣告结束，瓦勒良也在当年秋天顺利地登上了皇帝的宝座，但对于罗马帝国来说，还是因为这场骚乱浪费了整整 5 个月的时间。经常发生这样的骚乱是公元 3 世纪罗马帝国的最大特点，同时也是帝国实力不断消耗的一个典型事例。

皇帝瓦勒良（公元 253—260 年在位）

普布里乌斯·李锡尼乌斯·瓦勒良在就任皇帝的时候已经 63 岁了。在罗马人看来，63 岁已经是应该退休的年纪了。瓦勒良似乎也明白这一点，于是授予自己 37 岁的儿子加里恩努斯“奥古斯都”的称号，元老院也承认他的儿子作为共治皇帝与他一同统治罗马帝国。由此可见，当时的罗马帝国已经陷入了单独一位皇帝无法应对的境地。

罗马帝国的皇帝在共和国时期被称为“Imperator”。所谓“Imperator”，指的就是带兵打仗的凯旋将军，因此，保卫国家的安全就是皇帝最大的责任和义务。一旦前线发生战事，身为罗马全军最高司令官的皇帝自然要身先士卒御驾亲征。但是对于公元 3 世纪的罗马帝国来说，因为前线多处战事频发，仅仅依靠一位皇帝无法面面俱到，这也是公元 3 世纪的罗马帝国会出现这么多共治皇帝的原因。可以说这都

瓦勒良

是外敌频繁入侵导致的连锁反应。

瓦勒良就任皇帝之后做的第一件事，就是将罗马全军的指挥官队伍进行了彻底的整顿。皇帝亲自选拔人才，将那些怀才不遇的年轻将官破格提拔为军团的指挥官。不问出身与阶级，唯一被看重的只有他们在军事方面的才能。

这些完全靠实力说话的人才，基本上都出生于多瑙河南部的潘诺尼亚以及默西亚这两个地区。因为这里临近罗马帝国的最前线，所以居住在这里的人几乎都有亲人在军团中服役。而且这里与意大利本土、希腊、高卢以及西班牙等先进地区相比，属于不发达地区。生于这个地方的人，如果家里没能力供他去首都罗马留学，那么要想出人头地就只有加入军团这一条路。公元 3 世纪后期的罗马帝国，军人皇帝层出不穷，那些最终登上皇帝宝座的军人几乎都是在这个时候被瓦勒良破格提拔上来的人才。

镇压基督教徒（二）

似乎每一位认识到帝国面临的困境并且积极寻求解决方法的皇帝，都会对基督教徒进行非常严厉的镇压。就连被公认为是贤帝的哲学家皇帝马可·奥勒留统治时期，在里昂也发生了基督教徒的殉教事件，而等到他的儿子康茂德继位时，基督教徒不但没有继续遭到镇压，甚至连流放的情况都没发生过。与做皇帝相比更热衷于做祭司的埃拉伽巴路斯统治时期，也没有发生过一起基督教徒遭到迫害的事件。之所以会出现这种情况，既说明了罗马帝国对基督教徒的政策缺乏连贯性与一致性，也证明了每位皇帝对帝国统治的关心度各不相同。

罗马帝国长期以来对基督教徒一直沿用皇帝图拉真制定的政策，即只处理被起诉的教徒，而且处理基准和普通的罪犯一样。但是事隔150年，即在公元3世纪后半期，皇帝德基乌斯将这一规定更改为不管是否遭到起诉都可以对基督教徒实施镇压。也就是说，罗马社会开始正式将镇压基督教徒作为维持社会治安的方法之一。

虽然德基乌斯的这个政策由于蛮族入侵只维持了不到一年，但仍然使许多人被迫退出了基督教，还有1 000余人因为誓死不肯退出基督教而殉教，另外还产生了一部分像西普里安一样的逃亡者。

两年后，瓦勒良将德基乌斯对基督教徒的镇压政策重新推广开来。他要求所有的罗马公民都必须拥有一份证明自己不是基督教徒的"证明书"。颁发证明书的特别委员会也被重新组建，开始继续运作。不过，发生在罗马社会内部的这场运动，并非仅仅出自皇帝一人的想法。

当时的罗马公民都对基督教徒感到非常不满。因为在国难当头的紧急时刻，基督教徒却为了自己的信仰而逃避罗马公职，拒绝服兵役，而这些都是每一名罗马公民必须承担的责任与义务。因此，自古以来就对一神教持否定态度的罗马人，终于因为3世纪以来不断出现的天灾人祸而将积压已久的愤怒爆发出来，并且发泄到基督教徒的身上。

距离公元212年卡拉卡拉颁布敕令使行省居民也获得罗马公民权已经过去了半个世纪。以往行省人民可以免除罗马公民才应当负担的公务与兵役，如今却人人都是罗马公民。原本行省人民里的基督教徒比例较罗马公民高，如今这些教徒也要承担罗马公民的义务，使得公元3世纪的基督教徒政策更趋复杂。从罗马人的角度来说，如今基督教徒也是罗马公民了，却不愿意承担公民的义务。而基督教徒认为，基督教的教义不允许他们承担帝国的政务。

历史学有个专有名词叫“护教者”（apologist），这些人曾试着从基督教徒的角度为当时的行为辩护。护教者反讽说，蛮族入侵怪罪到基督教徒头上，疫病暴发也怪到基督教徒头上，反正有什么事情都把责任丢到基督教徒头上就是了。

而在这个时期的人物，于公元253年过世的护教者奥利金曾经向与自己有相同信仰的人表示：

> 信仰基督教的人比罗马帝国的皇帝更加强大，比皇帝的所有行政官更加强大，甚至比罗马的元老院和罗马公民更加强大。罗马人信仰的神灵总有一天会从这个世界上消失。我们现在对统治者宣誓效忠，以及在皇帝像前的所作所为都将烟消云散。
>
> 因为蛮族的入侵而引发的这些惨剧，并不像罗马人说的那样绝望。那些蛮族总有一天也会领悟到我们基督教的真谛，到那

时，他们自然会抛弃那些野蛮而残酷的思想。因此，现在的惨剧只是在蛮族皈依我们基督教之前，上帝对我们的考验。

我并不是基督教徒，所以对其中那句“我们现在对统治者宣誓效忠”非常感兴趣。或许基督教徒之所以能够接受罗马帝国的统治，是因为相信终有一天罗马人也会皈依基督教。但是据基督教方面所说，他们所谓的宣誓效忠的对象是罗马皇帝。我认为这或许有什么误会的地方吧。

信奉一神教的基督教徒会拒绝效忠罗马皇帝，是因为在罗马人看来罗马皇帝就是神。不过，只有死后被神格化的罗马皇帝才是神。而且罗马人说的这种神，与基督教徒信仰的神并不相同。因为皇帝在生前对罗马帝国做出了卓越的贡献，所以罗马人希望他们死后也能够化为神灵继续保佑帝国的和平。虽然在罗马帝国境内到处都能见到皇帝的雕像，但是对罗马人来说，将香料供奉在皇帝雕像的面前，意味着祝愿皇帝身体健康。而在皇帝雕像之前敬礼，就像我们现代人对国旗敬礼一样。也就是说，罗马皇帝的雕像，与其说是神像，不如说是罗马帝国的象征。

对于这一点，基督教徒们应该也十分清楚，所以他们拒绝参拜皇帝的雕像，并且在将罗马帝国控制在自己手中之后，开始积极地而且有意识地将这些皇帝雕像全部破坏。

所以说罗马帝国与基督教之间的对立，与其说是两种不同宗教之间的对抗，不如说是两种不同文明之间的抗争。

但是，瓦勒良和德基乌斯一样都没有时间和精力将基督教徒彻底镇压下去。因为对于罗马帝国的皇帝来说，与镇压基督教徒相比，抵御外敌的入侵是更加重要的事情。但是即便如此，在基督教方面的记录中，仍然将瓦勒良特别称为“基督教的公敌”，由此可见，虽然瓦勒良的镇压时间很短，但仍然是非常有组织有计划的行为。

公元 257 年，在将原本列为第一优先的帝国防卫体制彻底重整完毕之后，瓦勒良在继位的第四年颁布了一项针对基督教的临时措施法。不过这项法令仍然只是针对基督教会神职人员而不涉及一般信众，这项法令规定，基督教的一切祭祀活动以及基督教徒的捐款都被明令禁止。违犯这项法令的人将被直接逮捕，并且处以流放或者死刑。

虽然不知道具体有多少人因为这项法令而牺牲，不过神职人员中的殉教者却留下了明确的记录。

首都罗马的主教斯提法努斯在当年 8 月 2 日殉教身亡。8 月 30 日，前面提到过的迦太基主教西普里安被行省总督逮捕并接受讯问。其实他这次也逃了出去，但是因为与教会有关的人受到了牵连，所以他才返回为其他人辩护，并且最后从容地选择死亡。

到了第二年，即公元 258 年，皇帝瓦勒良好像乘胜追击似的，又颁布了第二项临时措施法。法令中重新规定，凡是拒绝参加祭祀罗马诸神活动的神职人员，都将被判处流放或死刑。其中最值得我们关注的是，这项法令初次将普通的信众也列入处罚的范围之内，而且导入了没收财产的概念。

第二项临时措施法不仅以神职人员为对象，还把对象扩大到普通信徒，尤其富有的信徒身上。由此可见，罗马帝国也已经清楚地认识到，要想阻止基督教在罗马帝国范围内继续扩大，最有效的办法就是截断基督教会的资金来源。

罗马社会原本并没有独立且专业的神职人员，因为罗马是一个多神教的国家，所以并没有统一的教典，也没有教理，而没有教典和教理自然就不必向普通信徒进行传教，也就不需要专门负责传教的神职人员。在罗马社会中，维护神殿和举办祭祀活动等事宜，都是由国家以及地方自治体来负责，费用也由其承担。正因为罗马社会之前并没有专门的神职人员来负责这些运营活动，所以罗马人也一直不能理解由信徒捐赠资金，用于营运教会、培养教会人员、举办弥撒等教会事务的概念。直到因为外敌的频繁入侵而导致国库空虚，罗马帝国无力维持神殿的日常运作时，唯独基督教会的活动依然丝毫不受影响，罗马人才终于发现宗教可聚财的现象。

虽然罗马人不知道为什么教会要聚敛钱财，但身为当事人的教会内部对此清楚得很，而且基督教会的一大特色就是派系纷争非常激烈。围绕教理展开的争论，即便在被镇压的时代仍然火爆异常。关于教理的详细内容在这里就不予赘述。简单地说，争论的目的就是为主教的位置分出一个高下。之所以会产生这样的争论，是因为成功占据上位的主教能够掌控信徒更多的捐款。

虽然从动机上来看教理论争非常令人不齿，但这实际上并没有什么不妥之处。因为一个宗教仅仅依靠信仰是无法存活下来的。教会要想保持宗教信仰的大旗，就必须使自身成为一个严密的组织。而要想充分地发挥组织的机能，纯粹的信仰和强大的组织能力都是不可或缺的。而要想维持一个组织的正常运转，金钱更是必不可少的一环。所以说在罗马帝国晚期逐渐兴起的基督教，恰恰反映出了这个从古至今一直保持不变的真理。

虽然皇帝瓦勒良对基督教徒的镇压已经做得相当彻底，但是因为波斯国王沙普尔再次向罗马帝国发动了攻击，迫使他无法继续对基督教徒进行镇压。对基督教徒来说，这场来势汹汹的暴风雨终于过去了。而直到公元 303 年皇帝戴克里先再次开始对基督教徒进行大规模迫害为止，居住在罗马帝国中的基督教徒得以享受45年的和平生活。

在这45年里有许多皇帝上台又下台，光是重要人物就有6人。并非因为德基乌斯与瓦勒良对基督教的镇压感到后悔，所以才采取了宽容的政策，而是因为他们在内忧外患面前根本无暇顾及基督教的问题。公元260年，在罗马帝国的面前出现了前所未有的关系到生死存亡的巨大危机。

第二部分　公元3世纪后期的罗马帝国

第一章　公元 260—270 年

波斯国王沙普尔

因为罗马帝国的皇帝、外号为“阿拉伯努斯”（阿拉伯人）的菲利普与波斯国王沙普尔一世签订的和约，罗马帝国失去了美索不达米亚行省。而且罗马军队从北美索不达米亚撤军，导致波斯势力得以渗入亚美尼亚王国。在随后的 15 年间，罗马帝国因为北方蛮族的不断入侵而一直疲于应对，波斯国王则趁此机会为向西方的进军做好了充足的准备。

从北美索不达米亚撤军之后，曾经是罗马与帕提亚之间的国界线——幼发拉底河——再次成了罗马与波斯之间的国界线。以幼发拉底河为界与帕提亚王国相安无事，现在的对手却换成了一心想要重振波斯雄风的萨珊王朝。因此，波斯国王越过幼发拉底河进攻叙利亚，也可以说是意料之中的事情。毕竟距离上次大战已经过去了 15 年，曾经被皇帝戈尔迪安三世的近卫军团长官提梅吉提乌斯重创的波斯军队主要战斗力重装骑兵得到了充分的重整和再建，同时，在波斯人看来如果再不向西方发动攻击，恐怕复兴波斯帝国的理想就将失去号召力。

波斯国王沙普尔在首都泰西封整编大军的情报，通过叙利亚行省总督传到首都罗马皇帝耳朵里。

皇帝瓦勒良在继位当初便将儿子加里恩努斯设为自己的共治皇帝。在这 6 年间，瓦勒良一直在首都统治帝国全域，加里恩努斯则在莱茵河、多瑙河以及日耳曼长城负责北方最前线的防卫任务。也就是说，两位皇帝分别在首都和前线两地维持着帝国西方的和平。但是，当波斯军队大举入侵帝国东方时，两人之中必须有一个人前往东方进行抵抗。当时的瓦勒良已经 70 岁高龄，但是不知为何，他仍然执意亲自前往遥远的东方。或许在瓦勒良看来，相对于无法预知侵略规模与时间的北方蛮族，波斯国王率领的大军更容易对付一些。于是他将帝国的西方交给儿子，自己则亲自踏上了东征的道路。这样做元老院也同意。

虽然已经上了年纪，但是瓦勒良在与波斯的战争中依然一上来就占据着主动。这是因为他来到叙利亚之后，在当地又选拔了许多年轻有为的将官。之所以在当地选用人才，为的是更好地调动起当地士兵的斗志。在这些被瓦勒良选中的将官中就有后来成立了帕尔米拉独立王国的奥迪纳图斯。

虽然皇帝瓦勒良号称统领 7 万大军，但实际上远远没有达到这个数量。当时罗马境内疫病流行，很多士兵都被从军团基地派遣出去帮助稳定疫情。但即便如此，在双方的交手中罗马军队仍然始终占据着主动，瓦勒良不仅将占领安提阿的波斯军队赶了出去，随后还率军越过幼发拉底河，就连收复北美索不达米亚也是指日可待。

波斯军队之所以如此不堪一击，并不是因为波斯士兵的战斗力有多么低下，而是因为他们的总司令沙普尔是一个非常不善于带兵打仗的人。

在波斯萨珊王朝的历史中，沙普尔一世堪称最为著名的君主，同时他也是第一位给东方带来启蒙的君主。他不仅在文学和艺术领域拥有非凡的造诣，同时还深知科学技术的重要性。他将希腊与东方的学者都召集到一起，建立了一座科学与医学的研究中心，这就是在后世非常著名的“贡德沙普尔”(Gundeshapur)。不过他虽然是一位非常优秀的政治家，在战场上的表现却只能用“无能”两个字来形容。这个人担任总指挥的战斗基本上都打了败仗。当然罗马方面也有不擅长战斗的优秀皇帝，比如奥古斯都和哲学家皇帝马可·奥勒留都属于此类。毫无疑问，沙普尔一世也是这种类型。

但问题在于沙普尔是东方的君主，他的臣民们认为自己的统治者必须在政治和军事上都拥有首屈一指的能力。不管采用什么样的手段，只有胜利才能够使他的臣民们得到满足。即便奥古斯都和马可·奥勒留因为手段过于卑劣并且效果不甚明显而放弃的方法，沙普尔却不得不去尝试。

皇帝瓦勒良被俘

公元 260 年年初，一个爆炸性的消息迅速地传遍了整个欧洲世界。罗马帝国上下尽皆骇然，就连居住在罗马帝国周边的人都因为这个消息而感到极度的震惊——罗马皇帝瓦勒良被波斯国王沙普尔俘虏。关于这个消息，波斯方面的记录如下：

> 罗马帝国皇帝瓦勒良率 7 万大军朝我国进犯，敌我双方之间展开激烈战斗，最终我军成功俘虏瓦勒良。我军得此重大战果，

趁势进攻叙利亚、奇里乞亚、卡帕多西亚，烧杀抢掠，将敌方居民俘虏为奴。岂知此地，原本就是我波斯帝国之领土。

沙普尔深知宣传工作的重要性，而自己获得如此辉煌的战果，自然要想方设法地流传下去。位于波斯帝国的首都波斯波利斯（位于现代伊拉克与伊朗国界线附近）以北不远处的纳什洛斯坦（Naqshi Rustam）的崖壁上，就留有记载这一内容的浮雕。

沙普尔一世骑在马上，罗马皇帝瓦勒良则跪在马前。站在旁边的另一位皇帝则是在15年前为了缔结和约而答应了沙普尔全部要求的阿拉伯人菲利普。波斯国王征服了两位罗马皇帝，这既是波斯国王沙普尔一世渴望向世人夸耀的辉煌，同时也非常直白地表现出公元3世纪的罗马帝国与波斯之间的“关系”。

但是，关于罗马皇帝究竟是如何落入波斯国王手中的，在历史上没有留下任何记载。

总之，瓦勒良率领的罗马军队与沙普尔指挥的波斯军队之间肯定是发生了战斗。在得知罗马方面正式出阵迎敌的消息之后，15年间一直处于波斯统治之下的美索不达米亚地方城市埃德萨与卡莱也纷纷起义反抗波斯的统治。沙普尔对此当然不能置之不理，于是波斯军队向这两座城市发起了攻击。而罗马帝国——15年前统治此地的统治者——自然也不能眼看着这两座城市遭到波斯的围攻而袖手旁观。于是皇帝瓦勒良与“7万”罗马大军赶去救援这两座城市，并且在当地与沙普尔率领的波斯军队遭遇。战斗就是在这个时候进行的。

但是关于这场战斗最后的结果似乎是不分胜负。关于皇帝瓦勒良落入波斯国王沙普尔一世手中的原因，自古以来有一个流传甚广的说法是，并非因为罗马军队战败，而是中了沙普尔的某种计谋。总之，

雕刻在纳什洛斯坦崖壁上的沙普尔一世与两位罗马皇帝

如果胜利的天平明显倒向波斯一边的话，那么沙普尔也不用如此冒险玩弄策略了。

后世的历史学家认为，沙普尔采用的计谋是假借双方首脑会谈的机会诱骗瓦勒良前来约定的地点，随后趁机将罗马皇帝与为数不多的随从一网打尽。

面对因为皇帝御驾亲征而士气高昂并且始终占据着优势的罗马军队，一直处于被动防守状态的波斯军总司令官沙普尔，为了一举扭转这种被动的局面而采取的这种方式，也确实符合波斯萨珊王朝一代枭雄沙普尔一世的作风。毕竟他就是这样一个为达目的不择手段的人。

不管实际情况如何，皇帝瓦勒良被敌人生擒是千真万确的。在此之前的罗马皇帝，像马可·奥勒留以及塞普提米乌斯·塞维鲁，是在与外敌交战的前线基地中去世的。还有德基乌斯父子，是在与哥特人的战斗中阵亡的。但是，被敌人生擒的罗马皇帝瓦勒良是史无前例的第一个。

罗马军队以前也曾经出现过一位差点被敌军俘虏的最高司令官，这个人就是公元前 53 年率军远征帕提亚结果全军覆没的克拉苏。这位与恺撒和庞培共同组成“三头政治同盟”的巨头之一，在东方战败即将被捕之时，被身边的侍卫及时地用短剑结果了性命。这样一来就避免了罗马的统治者被敌人生擒，从而避开了政治层面上的不利影响。但是公元 260 年的瓦勒良就没有这么幸运。难道是因为 300 年后皇帝身边的侍卫们失去了关键时刻弑君以保全大局的气概吗？还是说他们连做出这种举动的时间都没有，就被立即与皇帝分隔开了呢？

得知皇帝瓦勒良被捕的消息，居住在罗马帝国境内的每一个人都遭到了异常沉重的打击。他们感到的并不是愤怒和绝望，而是一种难以言表的茫然和失落。发生在公元 260 年的这一事件对罗马人精神层面造成的打击远远比物质层面要大得多。

因为这一消息而感到高兴的，只有居住在罗马帝国境内的基督教徒。当时年仅 10 岁、后来成为基督教史学家的拉克坦提乌斯在其著作《论迫害者之死》中这样写道：

> 瓦勒良的统治时间虽然不长，却是一位对上帝大不敬的皇帝。因为他的镇压政策，造成许多善良的人无辜身亡。但是上帝用一种前所未有的方法给予这个迫害者以最为严厉的惩罚。这个令人欣喜的事例是上帝必将对基督教的敌人施以相应惩罚的佐证之一。

被波斯人俘虏的瓦勒良不仅失去了皇帝的权力，同时也失去了他从我们手中夺取的自由。曾经的罗马皇帝现在过着奴隶一般的生活，据说每当沙普尔要骑马的时候，都会命令罗马皇帝跪在他的面前，将他作为自己上马的垫脚石。瓦勒良的名字既是罗马帝国的耻辱，也是波斯人嘲笑和愚弄的对象。囚犯的身份使他生不如死。

这篇文章是在承认基督教合法地位的君士坦丁大帝时期写成的，属于基督教的官方记录。但是后世的研究者们认为，这篇文章描述的内容并不都是事实。尤其是关于沙普尔侮辱瓦勒良的这段描述，多半是因为公元3世纪基督教徒出于对瓦勒良的憎恨，因此希望这个基督之敌落个悲惨下场，而到最后转化成文字叙述。

实际上瓦勒良在被捕后不到一年便因病去世了。毕竟他当时已经70岁高龄，而且作为共和国时期的名门之后，在元老院中也占有席位的上层阶级，仅仅成为敌人阶下囚的这件事就足以使他的心脏停止跳动了吧。而且波斯国王沙普尔一世被人称为东方第一位启蒙君主，可见也不是会做出那种野蛮行径的人。甚至那些与皇帝一并被俘的罗马官兵，都没有被他单纯地贬为奴隶。

波斯的基础设施建设

当时被俘虏的官兵被波斯人押解到首都泰西封，又往东渡过底格里斯河，最后到了现在的伊朗西南部一带。被波斯俘虏的罗马官兵实际数字已经无从考证，但可以肯定的是并没有7万那么多。后世的研究者认为，既然是因为沙普尔的计谋而被一网打尽，那么这个数字大概在1万上下。沙普尔命令他们在波斯民族自古以来的发源地进行基础设施的建设。

沙普尔深知罗马军团是号称“用丁字镐获胜”的战斗兵团，自古以来就以善于建造工事著称。而且波斯人在入侵叙利亚时也亲身体验到了罗马军团兵铺设的道路交通网络。所以波斯国王沙普尔决定利用一下这些罗马士兵的能力。

在得知竟然要为俘虏自己的敌国进行基础设施建设时，这些罗马士兵心中究竟会是怎样的滋味呢？但是不管建造什么样的工程，对于这些罗马士兵来说都是迫于无奈的选择。他们身为俘虏，如果不听从波斯人的命令，等待他们的只有死路一条，要不然就是被送到环境更加恶劣的矿山劳作，或者被送到奴隶市场卖为奴隶。虽然他们建造的设施都将为敌国提供更为便利的条件，但是既然没有别的选择，他们还是决定认认真真地建好每一座建筑，不负罗马人能工巧匠的称号。当时的那些罗马士兵想必都是在这样的信心支撑下，才能够在波斯国内建造那么多的基础设施吧。

即便敌人能够夺走他们肉体的自由，但是精神上的自由是任何人都无法限制的。而精神上的自由之所以不受任何人的限制，是因为有自尊心的支撑。那些被波斯国王俘虏的罗马士兵，就是在自尊心的支撑下，建造了一座又一座建筑。

让我们来看一看他们在波斯都建造了哪些建筑吧。

首先，他们建造了一座城市，这座城市被沙普尔命名为“贡德沙普尔”，在波斯语中这个名字的意思是“沙普尔的武器”。这座城市与罗马帝国内的城市一样，都是模仿军团基地的正方形模样建造而成的。

过去的 Band–i–Kaisar（现已经崩塌，只剩遗迹）

在建成了这座城市之后，沙普尔将每一名罗马军团兵都单独作为技术指导，又给他们安排了很多工作。有人负责道路，有人负责桥梁，但所有这些都是公共设施。其中有三座兼具大坝功能的桥梁历经 1 700 余年仍然被保留了下来。这三座桥梁全部位于舒什塔尔（Shushtar）近郊，除了作为桥梁之外，还具有蓄水以及向周围耕地供水的作用。

其中被称为“Band-i-Gurgar”和“Band-i-Miyan”的两座桥梁已经遭到了严重的破坏。只有三座桥梁中规模最大的“Band-i-Kaisar”，意为“皇帝桥”，一直到近代仍然发挥着作用。我并没有亲眼见过这座桥，但是从研究人员拍下来的照片上来看，与其说是桥梁，不如说其水坝的功能更为重要。

“皇帝桥”全长 550 米，或许是因为河床的原因，其形状并非直线，而是以弯曲的蛇形与两岸相连。支撑桥梁的拱形桥墩共有 41 个，其中35个都是建筑当初保留至今的，另外6个被近年来的大洪水冲毁，后又被重新修建。

这座桥梁不仅具有桥梁和水坝的功能，同时还是将河水引到舒什塔尔的水道。

支撑这座桥梁的41个桥墩都是正方形，长4.5米。夹在两个桥墩之间的拱顶高度受河床岩石的高度影响，从8米到10米不等。

最令专家们叹为观止的是，这座桥梁完全根据河床的实际情况，选取了一种最为坚固的建造方法。而且桥墩底部通过十分巧妙的设计将水流造成的影响减轻到了最低。想必在这1 700多年之中，这座桥梁也承受了无数次洪水的袭击仍然屹立不倒。这些被俘的罗马士兵用他们的聪明才智，顽强地维护了罗马人的尊严。如果沙普尔命令他们到附近砍树赶工搭桥的话，也许他们会顶嘴说，要建这样的破桥宁愿去死。

皇帝加里恩努斯（公元253—268年在位）

罗马皇帝落入波斯国王手中的消息，在罗马军中，尤其是在军官群体之中，引起了巨大的反响。因为这些将官几乎都是被瓦勒良破格提拔起来的，所以他们极其盼望另一位皇帝加里恩努斯能够率军东征，将被俘虏的父皇以及其他官兵营救回来，而且他们也都自告奋勇地想要随军前往。可是，加里恩努斯并没有那样做。应该说，局势不允许他那样做。

西方当前的局势不允许皇帝东征。罗马皇帝被波斯生擒的消息也同样传到了北方蛮族的耳朵里，因此日耳曼人的袭击必将愈演愈烈。

要想进行东征，必须保证西方处于安全的状态之下。即便是五贤帝统治时期的罗马帝国，也没有在西方与东方同时展开大规模战争的实力，所以五贤帝都通过非常巧妙的方法避免了这样的情况发生。但是在公元 3 世纪，西方与东方的敌人都变得异常强大。就算加里恩努斯也想进行复仇，却没有多余的兵力让他这样做。

因此，42 岁的皇帝加里恩努斯迫不得已放弃了他的父亲。在瓦勒良被捕的上一年，罗马帝国还在发行以他的头像为装饰的银币，但是在他被捕之后，这种硬币便彻底停止了铸造，甚至连官方的记录都消失了。也就是说，当皇帝被波斯人俘虏的那一瞬间，他的存在本身就被从罗马帝国的历史中彻底地抹掉了。既然身为罗马皇帝的瓦勒良已经不存在了，那么即便这个人被波斯俘虏也和罗马帝国之间没有任何的关系了。虽然这对于加里恩努斯来说是一个非常痛苦的决定，但为了帝国的未来，他别无选择。罗马帝国从公元 260 年开始，陷入了前所未有的危机之中。

实际上，在这个时期，即便罗马帝国就此彻底崩溃恐怕也不足为奇。

前所未有的国难

罗马作为一个由众多民族组成的国家，其皇帝具有非常重要的作用。而就是这样一个重要的人物，竟然被敌人俘虏，如此前所未有的灾难性事件，对罗马帝国的方方面面都造成了极其不良的影响。

首先，这件事对罗马帝国皇帝的权威造成了不可挽回的影响。对这一变化感受最深的，莫过于那些在前线带领士兵守卫帝国的总督和军团长们。虽然这些人在刚刚得知皇帝被俘的消息时感到有些茫然失措，但是在帝国面临生死存亡的危机之时，他们非但没有团结一致，反而变得四分五裂。人类社会每当权威扫地，不知为何，剩下的人四分五裂的概率总是要比团结一致大得多。也许是因为将所有人团结在一起的力量消失了，结果一直以来被这股力量约束在一起的人就自然而然地散乱了吧。总之，从此以后，罗马帝国进入了被后世称为“30位皇帝”的时代。

在北方的蛮族看来，罗马皇帝成为敌方的俘虏这件事，意味着罗马帝国的衰退。原本由于加里恩努斯在北方前线的英勇表现，蛮族在这7年中一直无法逾越防线半步。但是东方发生的变革给这些蛮族带来了继续入侵罗马帝国的勇气。

首先是法兰克人越过莱茵河涌入高卢地区，然后是阿拉曼人突破对罗马帝国来说相当于“要害”的位于莱茵河与多瑙河上游交汇处的日耳曼长城，翻过阿尔卑斯山脉直逼意大利北部。紧接着，哥特人也顺着多瑙河涌入罗马帝国境内。哥特人在不久前曾经穿过黑海进入小亚细亚西部与希腊进行掠夺。即便这次他们故技重施，罗马方面也束手无策。300年来守护帝国西方的“防线”，现在几乎处于全线崩溃的状态。

相比之下帝国东方的状况更加令人感到绝望，就连幼发拉底河防线甚至都已经不复存在。

波斯军队虽然不善于会战，但是在入侵掠夺方面却能够发挥出非常强大的威力。这是因为波斯军队的主要战斗力量是重装骑兵。重装骑兵直到中世纪还是军队的主力，到了近代又拿起了火枪，转型为龙骑兵（Dragoon）。龙骑兵到了现代就转变成所谓的战车了。不管是重装骑兵还是战车，都是依靠速度和突击力取胜。也就是说，在公元260年的时候，罗马帝国的东方遭到了波斯“战车”的无情蹂躏。

对于当时的罗马帝国来说，并不是没有迎击波斯军队的战斗力量，而是没有将这些残存的罗马兵力集结在一起、团结一致抵御外敌的领导者。不仅如此，分散在各地的军团长还梦想着借此机会一战成名从而登上皇帝的宝座。结果这种无政府状态反倒被波斯军队利用。在这个极其艰难的时期，唯一积极果断、始终如一地与波斯军队抗衡的，只有一直被罗马人看作商人的帕尔米拉人以及他们的统治者奥迪纳图斯。

公元 261 年，罗马帝国还遭到了疫病的袭击。不知为何，疫病总是从东方传到西方继而扩散开来。这种被罗马人称为“黑死病”（鼠疫）的疫病，自古以来便一直存在，并不是在公元 3 世纪突然出现的。但是，因为这种疫病的流行而造成的危害，会因为国家陷入战争状态而变得更大。这是因为战争时期粮食不足而导致人民体质普遍偏弱，同时卫生状况也得不到保障。总之，这时候爆发的疫病比之前任何一次的情况都更加严重。

像这种持续性的灾害与地震造成的危害一样。因为罗马帝国的领土幅员辽阔，其中很多地区都处于火山地震带上，所以自古以来罗马帝国就建立了应对地震灾害的国家政策。这项政策基本分为三个部分，在灾害发生的同时，这三个部分同时发挥作用，将灾害造成的损失降低到最低限度。

一、皇帝从国库中拿出援助金，作为向受灾地区民众发放的应急款项。

二、从距离受灾地区最近的军团基地中派遣军团兵，帮助受灾地区恢复基础设施建设。

三、从设置在元老院内的特别委员会中派遣调查团前往受灾地区，根据实际情况，减免当地 3 至 5 年占收入一成的行省税。

这个由罗马的第二位皇帝提比略制定的政策，被后来历代皇帝作为罗马帝国的国策沿用，即便到了公元3世纪仍然存在。但是公元3世纪后期的现实使得罗马帝国的这个政策无法发挥其应有的作用。

一、为了迎击不断入侵的敌人，导致罗马帝国的军费激增，皇帝的国库中没有多余的资金用来赈济灾民。

二、军团兵不是在抵御外敌的入侵，就是被将军们动员起来发动内战，根本无暇顾及受灾地区的民众。

三、因为卡拉卡拉的敕令，行省居民在半个世纪之前就已经成为罗马公民，因此行省税也不复存在。因此，曾经的免税政策也随着这个税金的消失而变得名存实亡。至于其他的间接税以及营业税等，因为本身的税率就很低，即便免除，对灾民们的帮助也不大。而且最重要的问题在于，帝国的国库还要依靠战时特别税等临时税的征收来勉强维持，所以对受灾地区的重建工作根本提供不了任何的帮助。

结果，受灾地区迟迟得不到重建，灾民们复兴家园的希望也变得渺茫起来。于是人们纷纷抛弃了毁坏的家园，抛弃了因为灌溉设施遭到破坏而无法耕种的土地，源源不断地涌入城市之中。

而且这种现象还不仅仅发生在遭受自然灾害的地区，那些因为蛮族的入侵而遭到破坏的地区也同样出现了这种现象。其中最严重的，就是那些因为接近前线而反复遭到蛮族蹂躏的地区。

罗马帝国的安全保障不只依靠配置在防线之上的军团基地。作为纯战斗集团的罗马军团，只有在周围居民的支持下，才能够充分地发挥其作为纯战斗集团的力量。深知这一点的罗马政府，特别鼓励那些服役期满退役的士兵继续居住在军团基地的周围，同时给予当地一般民众优惠税率，军团向他们采购物资时可享受特别待遇，力图建造一个以军团基地为中心的城市生活圈。

加里恩努斯

在人们逐渐定居下来的同时，这片区域的周围环境也会变得更加适于人类生活和居住。这就是罗马时期的军团基地和补给基地，即便经过中世纪漫长的荒废期，到了近代仍然能够以大都市的姿态复活的重要原因。人类定居过的土地会在无形之中留下生命的力量。即便会经历暂时的荒废，但是这个深埋在土地里的种子总有一天还会生根发芽。由此可见，公元3世纪后半期的罗马帝国面对的最大威胁，就是大量的人口涌入城市，而其他地区广阔的国土变得越发荒芜。

失去父皇之后成为唯一皇帝的加里恩努斯不得不面对的，就是罗马帝国的这个现状。

这位全名叫作普布里乌斯·李锡尼乌斯·加里恩努斯的人，不管好坏，都是公元3世纪后半期的罗马人中精英的代表。

他不仅是公元3世纪后半期为数不多的从共和国时期便存留下来的名门之后，还具有非常好的教养。他十分热爱希腊文化，甚至迎娶了一位出生于小亚细亚的希腊人元老院元老的女儿为妻。他在希腊哲学上的造诣很深，最崇拜的哲学家是新柏拉图学派的普罗提诺。他还和哈德良与马可·奥勒留一样，进行过依洛西斯秘密仪式。如果他出生在五贤帝时代的话，他一定会将毕生的精力都用在保护和振兴文化都市雅典上，并且在这个他无比憧憬和向往的地方充实而安稳地度过一生吧。可惜他生活在公元3世纪后期，这对他来说实在是一种不幸。

不过加里恩努斯也是一个地地道道的罗马人，只要他肩负着皇帝这个帝国最高统治者的责任，那么他就必须履行自己的义务。只不过，对于他的统治方法，与他生活在同一时代的人和后世的历史学家毁誉参半，因为他和在帝国兴盛期的公元1世纪与稳定期的公元2世纪进行统治的皇帝们相比有很大的不同。

自从公元260年瓦勒良被波斯俘虏这一前所未有的国难之后，一直到公元268年，皇帝加里恩努斯总共统治了罗马帝国8年时间。如果将他统治时期的所有事件逐一记录下来的话，不但身为作者的我会写花眼，身为读者的诸位也一定会看花眼。总之，在这8年中加里恩努斯几乎就没怎么回过首都罗马，而是一直奔波在帝国的西方不断地修补着已经千疮百孔的帝国防线。而且他要面对的还不仅仅是防线外侧的北方蛮族，还有防线内侧觊觎皇位的军团长和总督们。

面对如此繁重的事务，皇帝加里恩努斯竟然还能够坚持得住，完全得益于他当时正处于42岁到50岁之间这段男人的黄金时期。对当时的罗马人来说，这个年龄正是男人肉体和精神都最充实的时候。

当听到皇帝被俘的消息之后，那些被瓦勒良一手提拔起来的将官面对这突如其来的不幸以及罗马史上最大的危机，感到的只有茫然失措。而加里恩努斯却和他们完全不同，他并没有慌慌张张地去寻找解决危机的办法，而是尽自己的最大努力，使这个关系到帝国生死存亡的危机不会继续恶化下去。可是他的这个做法遭到了前线的将官以及元老院元老的一致反对。

高卢帝国

公元 260 年，当皇帝瓦勒良被波斯国王俘虏的消息传到罗马帝国西方的时候，直接引发了一场事件，那就是名字听起来很威风的高卢帝国的创建。虽然这一事件导致高卢行省从罗马帝国中独立出去，但实际上这件事的起因既不是叛乱也不是独立运动。

这件事的起因源于负责莱茵河防线安全的两位将军之间的争论。在成功击退进犯的蛮族之后，这两位将军围绕着从蛮族手中抢回的战利品的处理问题产生了争论。波斯图穆斯主张将战利品分配给参加战斗的士兵，而希尔瓦努斯则主张先将战利品收归国库，然后再返还给那些遭到蛮族掠夺的人。双方各不相让，最后甚至升级到武装冲突。波斯图穆斯向希尔瓦努斯驻扎的科隆发起攻击。但是科隆的居民一致认为不值得为这样的事情牺牲自己的生命和财产，于是他们将总督希尔瓦努斯以及他的手下都抓了起来献给波斯图穆斯。波斯图穆斯毫不留情地将这些人全部处决。

可是在这些被处决的人中有一个年轻人是皇帝加里恩努斯的长子。当波斯图穆斯知道这件事的时候已经晚了，于是他干脆一不做二不休，直接宣布高卢从罗马帝国中脱离出来。

波斯图穆斯

高卢帝国（Imperium Galliarum）就这样诞生了，实际上并不是高卢的居民希望从罗马帝国中独立出来而建立的国家。最有力的证据就是，独立之后的高卢不管在统治形式上还是在其他各个方面，都与罗马毫无二致。皇帝当然非波斯图穆斯莫属，同时每年还有两个人被选为执政官负责内政，作为立法机关的元老院也必不可少。高卢帝国的首都位于莱茵河附近的托利亚。虽然这个地方现在只是德国境内临近卢森堡的一个小城，在罗马时期却是贝尔吉卡高卢行省的首府，与附近的亚眠与兰斯联系在一起形成一道坚实的屏障。将首都设立在托利亚，就是为了将包括贝尔吉卡高卢行省的整个高卢地区都挡在其后面。

对于罗马皇帝来说，当然不能坐视高卢帝国的创建而置之不理。如果允许高卢地区从帝国中分离出去，那么就意味着帝国将失去与高卢只有一山之隔的伊比利亚半岛的控制权，甚至连多佛尔海峡对面的不列颠也难以保全。

加里恩努斯首先尝试使用武力夺回高卢。但是波斯图穆斯手下拥有负责莱茵河防卫任务的4个军团，基地分别位于波恩、克桑腾、斯特拉斯堡以及美因茨。这4个军团都是常年与法兰克人交战的精锐力量，共4万人。加里恩努斯与波斯图穆斯率领的这4万大军总共交手了两次，结果是一胜一负。由此可见，不管是罗马帝国还是高卢帝国都没有一击制胜的能力，不过这也是理所当然的，毕竟双方都是同等规模的罗马军队。

于是加里恩努斯对高卢的态度发生了一百八十度的转变。他知道波斯图穆斯拥有如此强大的力量，与当地居民对他的支持是分不开的。而高卢人之所以支持他，是因为每当高卢遭到蛮族入侵的时候，波斯图穆斯都身先士卒奋不顾身地战斗在最前线。既然如此，只要在波斯图穆斯成立高卢帝国之后，拜托他和从前一样继续抵御法兰克人的入侵就可以了。就算波斯图穆斯的地位从曾经的罗马帝国总督变成了高卢帝国皇帝，但是他肩负着的保护高卢地区不受蛮族入侵的责任仍然没有发生任何变化。高卢帝国就这样被默许下来，直到公元274年重回罗马帝国版图，保持独立14年的时间。不过在这十几年间，高卢地区也得以免遭蛮族的入侵和掠夺。在国家利益面前，加里恩努斯不仅舍弃了他的父亲，就连杀害自己长子的深仇大恨也忍受了下来。

但是，对于加里恩努斯放弃高卢地区的决定，从前线的官兵到首都的元老院全部表示出强烈的不满。因为高卢自从被尤里乌斯·恺撒征服之后，一直是罗马化的代表性地区。同时高卢也是罗马帝国境内最安全的地区，就连货币的铸造厂都被安排在这个地区，

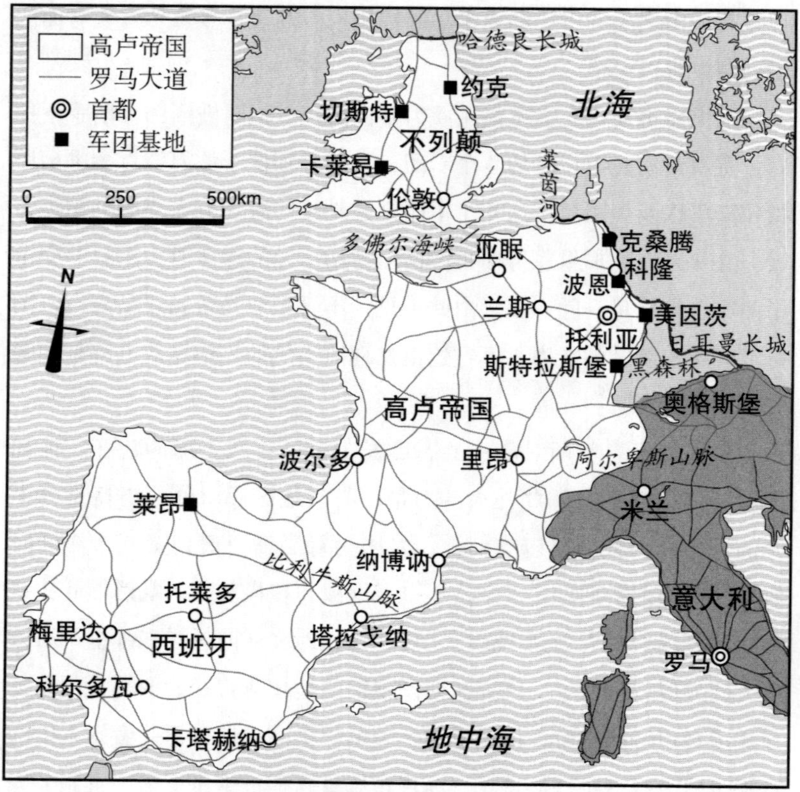

高卢帝国（公元 263 年）

集中了大量的贵金属资源。罗马帝国的金币与银币，从开国皇帝奥古斯都以来就一直在里昂铸造。现在分别属于法国与比利时的高卢地区中部与北部的广阔地区，在罗马帝国时期，除了负责里昂铸币厂警戒任务的 1 000 名士兵之外，甚至连军团基地都没有。高卢人很久以前就认为自己是罗马人，即便高卢帝国成立之后，他们仍然没把自己当作高卢人，而是依然将高卢看作罗马帝国的一部分。

至于现在法国南部的普罗旺斯，就因为其自古以来便被罗马人称为“prõvincia”（行省）而得名，其罗马化的历史甚至可以追溯到被恺撒征服以前。皇帝安敦尼·庇护就出生于高卢南部的这个地区。

另外，罗马时代的伊比利亚半岛，后世把此地区分为葡萄牙与西班牙，这个地区也是通过罗马化的南法地区与意大利本土相连，如果包括南法地区的高卢地区全部独立出去，那么也就意味着图拉真与哈德良两位皇帝的故乡也将被从罗马帝国中分离出去。

与高卢和伊比利亚相比，虽然位于边境地区的不列颠并没有为帝国提供任何一位统治者，但这一地区与罗马帝国之间的联系仍然十分紧密，就连后来的英国首相丘吉尔都曾经说过，大英帝国的历史是从尤里乌斯·恺撒越过多佛尔海峡之后才开始的。因为罗马帝国将不列颠全岛都看作罗马帝国的“防线”，因此，当克劳狄乌斯皇帝征服不列颠之后，特意安排了 3 个军团常驻于此。哈德良皇帝在公元 2 世纪初期修建的哈德良长城更成为后来英格兰与苏格兰之间的分界线。而皇帝塞普提米乌斯·塞维鲁就是在这里抵御敌人入侵的时候病死于约克的军团基地。

高卢、伊比利亚以及不列颠早已经超出了罗马帝国行省的范畴，成为罗马帝国不可或缺的一部分。反观罗马帝国从前的这些历史，完全可以理解为什么那么多的罗马人无法接受这些地区从帝国中被分离出去的现实。

加里恩努斯制定的另一项政策，就是将北方蛮族的部族之一阿拉曼人引入日耳曼长城以内。阿拉曼人经常突破这道位于莱茵河与多瑙河上游的日耳曼长城入侵罗马帝国境内，现在加里恩努斯允许他们居住在防线内，但同时也将防卫这一地区的任务交给了他们。

当时的罗马人认为这是因为加里恩努斯无法阻止阿拉曼人的袭击

而不得不做出的妥协，甚至还有人传言说加里恩努斯爱上了阿拉曼人族长的女儿。但是后世的研究者认为，加里恩努斯之所以遭到如此严厉的批评，是因为他将守护帝国的重任寄托在蛮族的身上。但是，至少在当时，他的决定使这一带成功地获得了短暂的和平。不过，阿拉曼人还是以建筑居住地的名义向罗马方面索要援助金，从蛮族的立场上来说，或许是将其当作不进行掠夺行为的贡金了吧。

不管怎样，这条由提比略提议、图拉真开始建设、哈德良和马可·奥勒留进一步强化、守护了罗马帝国 250 年的日耳曼长城，在进入公元 3 世纪后期不久便失去了它的作用。内卡河与黑森林再次成为任由日耳曼民族纵横驰骋的地区。

将莱茵河防线交给高卢帝国，将日耳曼长城交给蛮族之后，皇帝加里恩努斯得以将罗马方面残余的军事力量全部集中起来专心整顿多瑙河防线。不过他的这一举措只能够起到暂时性的作用，因为多瑙河一带的哥特人早已经拥有了抵达爱琴海的经验，并且还尝到了从海上进行掠夺的甜头。而要想阻止他们前往爱琴海，仅仅依靠多瑙河防线是完全不够的，还需要将小亚细亚西部全部划入防御范围。小亚细亚地区与罗马帝国的东方之间存在着非常重要的联系。对于皇帝加里恩努斯来说，与在帝国东方凭借一己之力同波斯国王相抗衡的帕尔米拉的统治者奥迪纳图斯建立合作关系，成为摆在他面前最重要的问题。

帕尔米拉

帕尔米拉位于幼发拉底河与地中海之间刚好正中的位置，是叙利亚沙漠中首屈一指的绿洲。虽然这里自古以来就是商队的中转站，被称为“叙利亚沙漠中的珍珠”而繁荣发展起来，却是在其被纳入罗马帝国统治之后的事。

罗马人深知帝国东方以安提阿为中心的经济基础建立在东西方的贸易交流之上，于是罗马人将经常在沙漠中袭击往来商队的贝都因人吸收为帝国军队的辅助战斗力，从而实现了沙漠中的和平，帕尔米拉也就是从这时开始逐渐地繁荣起来。分散在幼发拉底河与地中海之间的城市都由罗马大道联结在一起，这就是"罗马统治下的和平"同样存在于这一沙漠地区的最有力证明，帕尔米拉也是"罗马统治下的和平"的产物，因为商业贸易只有在和平的环境中才能够不断发展和繁荣。通过这一地区众多遗留至今的文物遗迹不难想象出这里曾经的繁荣景象，而这些都是"罗马统治下的和平"的产物。当"罗马统治下的和平"成为过去的时候，帕尔米拉也只能随之消失。

据说奥迪纳图斯出身于帕尔米拉的贵族家庭。不过帕尔米拉是以通商起家的城市，奥迪纳图斯想必也是出身于靠东西贸易发财的士绅家庭，因为保卫帕尔米拉是罗马的责任，所以帕尔米拉人没有武将的血统，也没有身为武将的必要。

因此，奥迪纳图斯的出现，意味着进入公元3世纪之后帕尔米拉周围的局势发生了巨大的变化，就连原本没有自卫必要的帕尔米拉，也出现了拥有军事才能的领导者，并且还编成了自己的军队，肩负起自我防卫的任务。

虽然在罗马军中有不少行省出身最后出人头地的例子，但是像奥迪纳图斯这样一开始就自己组建军队参战的人却是史无前例。当皇帝瓦勒良为了迎战波斯军队而来到东方时，奥迪纳图斯率领着自己组建的以弓箭为武器的波斯式轻骑兵团出现在皇帝的面前，瓦勒良当即任命他为罗马军队的正规司令官，并且同时授予他"Vir Consularis"（前执政官）的称号，能够获得这一称号的人必须是元老院元老，而

帕尔米拉的遗迹

奥迪纳图斯并非元老院元老，由此可见，皇帝给他的待遇甚至比一般的司令官还要高。可以说这位帕尔米拉出身的武将，在罗马军中的政治生涯一开始就站在非常高的起点上。

两年后，皇帝瓦勒良被俘的消息传来，面对这前所未有的灾难，众多罗马高官不是茫然失措就是互相斗争，唯有奥迪纳图斯依旧保持着冷静。当波斯国王以为俘虏了罗马皇帝就等于征服了罗马帝国，趁势越过幼发拉底河攻入叙利亚地区时，正是奥迪纳图斯的英勇抵抗，才使得沙普尔不得不放弃了继续进攻的想法，返回幼发拉底河以东。而每当波斯军队越过幼发拉底河进犯时，这种情形都会重复上演，使波斯军队每次都无功而返。

皇帝瓦勒良被俘，加里恩努斯又一直忙于帝国西方的事务而分身乏术，导致帝国东方处于无人问津的状态。而恰好在这个时候出现的奥迪纳图斯自然得到了当地居民的大力支持。在这些人看来，既然罗马帝国已经无力保护他们，那么只有将希望寄托在那些能够保护他们的人身上。于是原本只是商业城市帕尔米拉一介武将的奥迪纳图斯，一下子成了整个帝国东方唯一能够与波斯抗衡的人。

于是，皇帝加里恩努斯开始考虑如何利用奥迪纳图斯的力量。加里恩努斯任命这个帕尔米拉人为“Dux Orientis”，直译就是“罗马东方总司令”，负责从分隔小亚细亚、叙利亚的托罗斯山脉起到阿拉伯边界为止的帝国东方的防卫任务，相当于现在的叙利亚、巴勒斯坦、黎巴嫩、约旦、以色列等中近东整个地区。小亚细亚与埃及并不包括在其中。因为小亚细亚与多瑙河防线紧密相连，所以属于西方防卫体系，而埃及则是皇帝的私人领地，并不属于“帝国东方”的概念。

一般来说，保护罗马帝国东方的安全是叙利亚行省总督的职责。而东方总司令在罗马军队中的地位，可以说仅次于身为罗马全军最高司令官的皇帝。如此重要的职位竟然任命给一个帕尔米拉人，说明在公元 260 年时，罗马的东方防御体系已经形同虚设。

对于罗马皇帝加里恩努斯对自己的厚爱，奥迪纳图斯也用实际行动做出十分令人满意的回报。在公元 260 年到 267 年的这段时间里，这个帕尔米拉人对罗马皇帝一直都贯彻着被罗马人看作最高道德准则的“信义”二字。虽然小亚细亚不属于奥迪纳图斯的防卫范畴，但是当他得知哥特人入侵小亚细亚西部地区的时候，仍然亲自率兵击退了蛮族的入侵。如果他们二人之间的关系能够一直保持下去的话，也许加里恩努斯会和奥迪纳图斯建立同盟关系，并且授予他一直以来渴望的帕尔米拉国王的称号吧。

但是皇帝加里恩努斯与奥迪纳图斯之间的良好关系在公元 267 年的时候戛然而止。在一次庆祝战胜哥特人的宴会上，奥迪纳图斯被他的一个外甥杀死，同时被杀的还有奥迪纳图斯的长子。

这次事件似乎完全是由个人的恩怨导致，最后以杀人者当场被杀的结果告终。奥迪纳图斯的妻子芝诺比阿在这件事情发生之后则表现得十分冷静。芝诺比阿是奥迪纳图斯的第二任妻子，她在丈夫被杀之后立即将自己的亲生儿子立为奥迪纳图斯的继承人，并且作为国王的监护人将实权掌握在自己的手中。帕尔米拉的女王芝诺比阿就此登上历史的舞台。

帝国三分

因为我自己也是女性，所以每当想到这里都会感到十分遗憾，不过一旦权力落入女人之手，就好像越过了不可跨越的界线一样。而且当女人执掌大权的时候往往喜欢乘虚而入，也就是说奥迪纳图斯不会做的事，芝诺比阿却毫不顾忌。为此感到苦恼的自然是皇帝加里恩努斯。因为从小亚细亚东部的卡帕多西亚到埃及的大片领土都被帕尔米拉侵占。

卡帕多西亚行省是帝国东方防线的北半部，其重要性自然不言而喻。至于埃及则不仅仅是皇帝的私人领地，更是罗马帝国最重要的粮仓，负责向意大利本土提供其所需小麦数量的三分之一。深陷帝国西方事务之中无法自拔的加里恩努斯眼看着芝诺比阿的嚣张气焰却无可奈何，而芝诺比阿则将此看作罗马帝国承认了自己的统治权。

或许她认为罗马皇帝就算摆脱了西方的困境，也无暇顾及东方的重建，甚至她根本就认为罗马帝国已经无力改变现在的局面。不过即便如此，芝诺比阿还是宣布埃及地区仍然会像从前那样向罗马出口小麦。但是对于已经习惯了将埃及作为自己粮仓 300 多年的罗马人来说，这绝

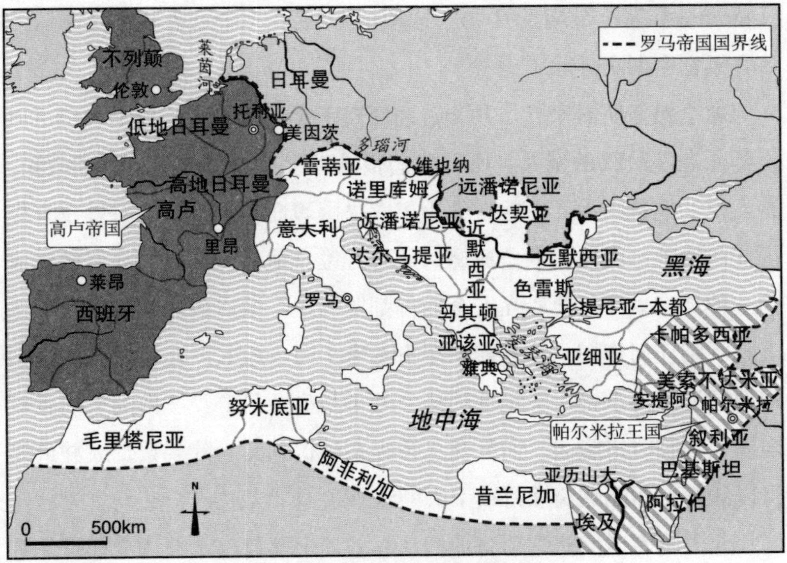

三分的罗马帝国（公元 270 年左右）

对不是一纸宣言能够解决的问题。

因为芝诺比阿对埃及的占领，导致皇帝加里恩努斯的地位进一步动摇。自从公元 260 年父皇瓦勒良被俘以后，他一直将保持现有状况不会继续恶化作为自己统治的基本方针，但是卡帕多西亚以及埃及全部落入芝诺比阿的手中，非常充分地证明了他并没能够阻止情况的恶化。

一项法令

在加里恩努斯制定的法令中，或者说由他构思并实施的政策中，遭到后世一致否定的，就是将“元老院”（senatus）与“军队”

（exercitus）完全分离的法令。这项法令将元老院元老从罗马军队的将官级别中彻底排除了出去。

加里恩努斯的家族从共和时期便属于元老院阶级，他本人也可以说是元老院阶级的宠儿，所以我们很难理解他为何会提出这项政策。有人说，他是因为元老院在他为了解决困境而苦苦奔走的时候没有提供任何帮助，所以才恼羞成怒。还有人说，他认为蛮族的入侵已经成为一种常态，而只会躲在安全的首都罗马撰写演讲稿的元老院在战场上起不到任何作用，他只需要军事专家来迎击敌人。在我看来，恐怕这两种说法都没错。毕竟这项法令并不是皇帝只要经“内阁”同意就能颁发的临时措施法，而是在皇帝提案后得到元老院多数赞成并最终得以法制化而能够长期持续下去的法令。

元老院元老们对这项将他们从军务之中解放出来的法令都投了赞成票。虽然加里恩努斯之后的罗马帝国军人出身的皇帝层出不穷，但拥立这些军人皇帝的实际上并不是军人，而恰恰是那些军队之外的文人。这就是公元 3 世纪的罗马帝国越来越失去其自身特点的原因之一。同时，这也是一项对后来的罗马帝国走向产生深远影响的法令。

罗马不管在共和时期还是帝国时期，元老院都是向国家源源不断输送高级人才的人才库，而那些在元老院中拥有一席之地的人，都有进入军团服役的责任和义务。

从 17 岁成年开始，每一个想要进入帝国统治阶级的人都必须拥有至少 10 年以上的军事经验。即使中间允许有中断期，也一直是领导者应该经历的课程。即便进入帝国时期，“罗马统治下的和平”的确立使得对军事经验的年限要求稍微有些放宽，但是观念上依旧认为，对于在元老院中拥有席位的人来说，在军团中服役仍然是非常重要的经验。因为指挥一个军团的军团长必须拥有元老院元老的资格，所以那些出身低微但通过自身的努力终于在军团中升任为军团长的人，都会通过皇帝的推荐而直接获得元老院的席位。罗马帝国的统治阶级中，几乎没有一个人曾经在希腊的雅典或者埃及的亚历山大港接受过大学教育，就是因为这些人的青年时期基本都在军团中积累实战经验，而没有时间去学习那些理论知识。

一名率领士兵冲锋陷阵的中队队长，即便完全不知政治为何物，也可以很好地完成他的战斗任务。但是一个完全没有军事经验的人绝对搞不好政治。在罗马人看来，军人可以不懂政治，但是政治家不能不懂军事。

罗马人自古以来就理解这个人性现实，所以不在军务和政务之间设限，重视于两者间自由往来培育起的拥有广阔视野的人才。

综合由爱德华·吉本至现代的诸位罗马史专家对加里恩努斯法令的批评，结论是不再参与力量者终将失去统治力。以罗马帝国而言，力量就是军队，因此这个批评相当正确。正如我之前说的那样，将军务与政务完全分离对人才培养方面造成了损失，也对今后的罗马帝国造成了非常深远的影响。加里恩努斯之后出现的那些军人皇帝，虽然在军事才能上十分出众，但没有一位称得上是政治家。而罗马帝国从此以后再也没有出现精通军事的政治家以及深谙政治的军人，就是对这一点最好的证明。罗马从此变得越来越不像罗马了。

皇帝卡拉卡拉颁布的《安东尼努斯敕令》使行省居民都拥有了罗马公民权，使得罗马公民权从期待权变成了既得权。在五贤帝时代小普林尼曾说，罗马公民权是“最有魅力的权利”。可是当其成为人人与生俱来的权利时，魅力也随之消失。不分人种与宗教，只要对国家做出卓越贡献人人都可以获得的罗马公民权，自从皇帝卡拉卡拉的敕令颁布之后就失去了其真正的意义。

皇帝加里恩努斯制定的这项将军务与政务完全分离的法令，在使罗马失去自身特色这一点上起到的作用，和卡拉卡拉的《安东尼努斯敕令》相比也不遑多让。卡拉卡拉的敕令使普通公民失去了奋发向上的动力，加里恩努斯的这项法令则连统治阶级的干劲都给抹杀了。

不过，考虑到当时那段历史时期罗马面对的巨大变革，加里恩努斯的这项法令也是迫不得已的选择。甚至在颁布这项法令的同时，他还将以重装步兵为主体构成的罗马军队传统体系，转变成了以骑兵为主的日耳曼式军队。

防线的历史变迁

绝大多数情况下，图解只是为了对文字叙述的部分进行补充说明。但是，有些情况无论如何都无法用文字来进行表达，在这个时候就必须直接用“图”来进行说明。接下来的这 4 幅图就是如此：

图（1)、(2）和（3）表示的是位于河流附近的防线根据时代的不同而发生改变的情况。对于罗马帝国来说，沿河修筑的防线主要集中在莱茵河与多瑙河沿岸地区。

图（1）显示的是罗马军队通过主动攻击，使北方蛮族一时间无力向帝国境内发动侵略时期的国境图。从共和末期的公元前 1 世纪正式开始实施的这项战略，一直持续到进入帝国时期的公元 1 世纪和 2 世纪。正所谓“进攻就是最好的防御”，当时的罗马帝国采取的正是这种“以攻为守”的战略。

这一时期的帝国防线，即便称之为铜墙铁壁也毫不为过。位于防线内侧的城市和乡镇全部没有城墙。就算有也仅仅是木栅栏之类的围墙，甚至都挡不住强盗的袭击，也就是一个摆设而已。

由于帝国的防线完全集中在国界附近，因此首都罗马的城墙已经起不到任何的作用，于是尤里乌斯·恺撒以妨碍首都罗马发展扩张为由，拆除了从王国时代一直保留下来的塞尔维乌斯城墙。恺撒的这种想法不仅影响了首都罗马，还发展到罗马帝国的其他地方。正如图（1）所示的那样，即便在防线附近的地区，被石头围墙保护起来的也只有军团基地和武器库等军事设施而已。

能够反映社会安全程度的，除了当地人民居住区周围是否有城墙保护之外，还有另外三点。这三点同时也能够反映出一个社会的健全程度。

第一，人民不居住在易守难攻的高地，而是分散居住在平原之上。这能够反映出对土地的有效利用度。

第二，主要产业并非能够随时带着逃跑的畜牧业，而是固定在一处的农业。农耕盛行说明社会处于和平时期。

第三，便利的交通条件以及安全的交通环境，使人与人之间的贸易往来更加频繁，打破各地区居民相互之间的封闭状态。用现在的话来说，就是在罗马帝国境内实现了“经济全球化”。

这就是“罗马统治下的和平”的真实面貌。罗马帝国甚至将这种和平的状态一直扩展到边境附近，并且这种和平并非10年20年的昙花一现，而是持续了300余年的现实。即便在马可·奥勒留统治时期，蛮族一度突破了罗马帝国的防线，也很快就被罗马军团击退，随后的战斗都是在国界之外进行的。也就是说，在“罗马统治下的和平”充分地发挥着其自身作用的时代，罗马帝国的基本战略是将战场转移到帝国的防线之外。

“罗马统治下的和平”被破坏的时代，帝国边境的情况如图（2）所示。图（3）则是边境局势进一步恶化时的状态。

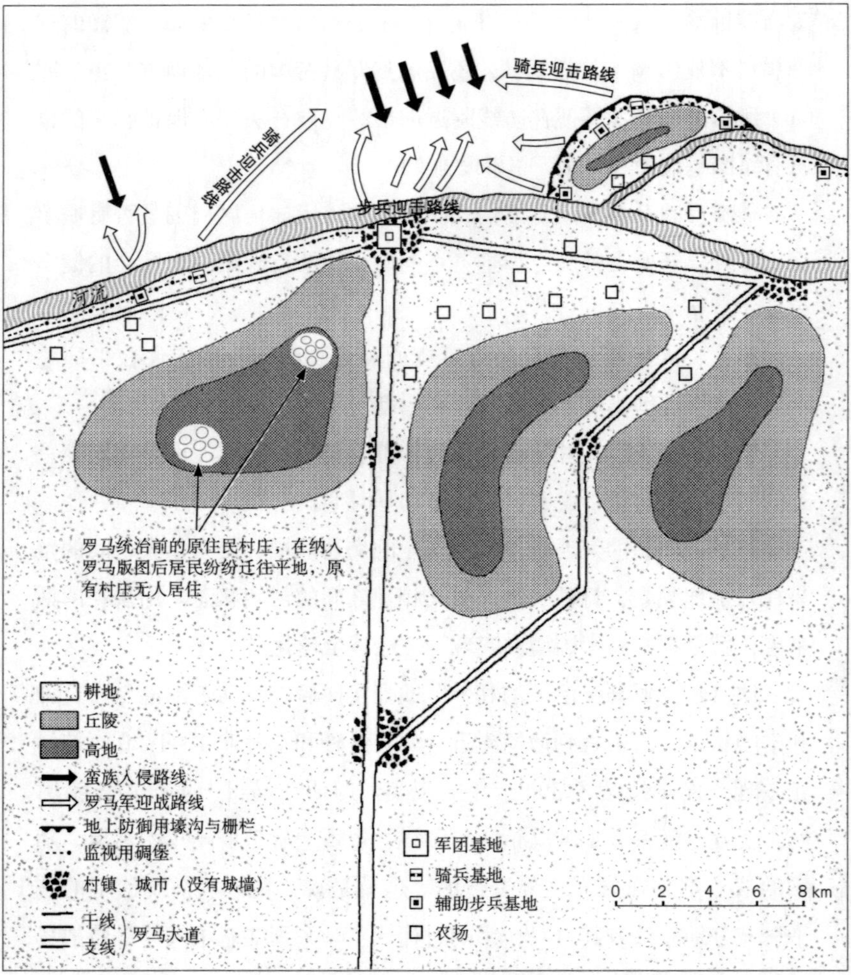

（1）罗马的防线：共和时期、帝政时期的公元 1 世纪和 2 世纪

（摘自 E. N. Luttwak, *The Grand Strategy of the Roman Empire*）

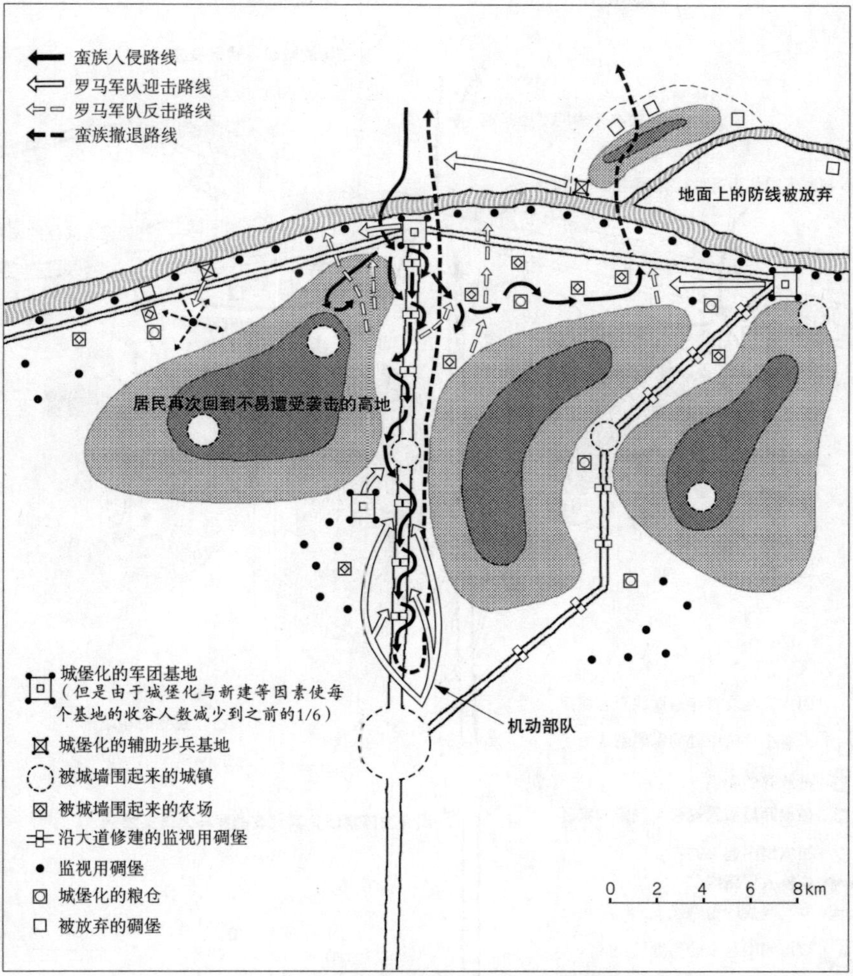

（2）罗马的“防线”：公元3世纪中期

（摘自 E. N. Luttwak, *The Grand Strategy of the Roman Empire*）

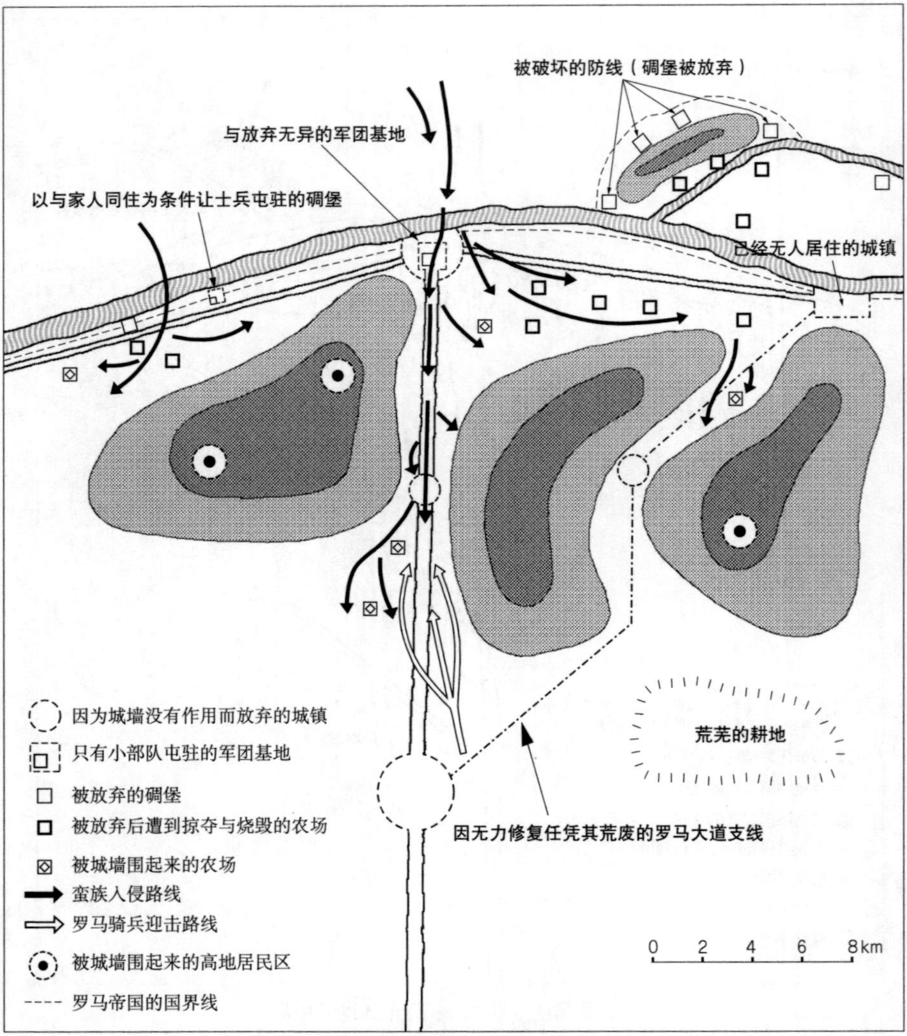

（3）罗马的防线：公元 3 世纪后期

（摘自 E. N. Luttwak, *The Grand Strategy of the Roman Empire*）

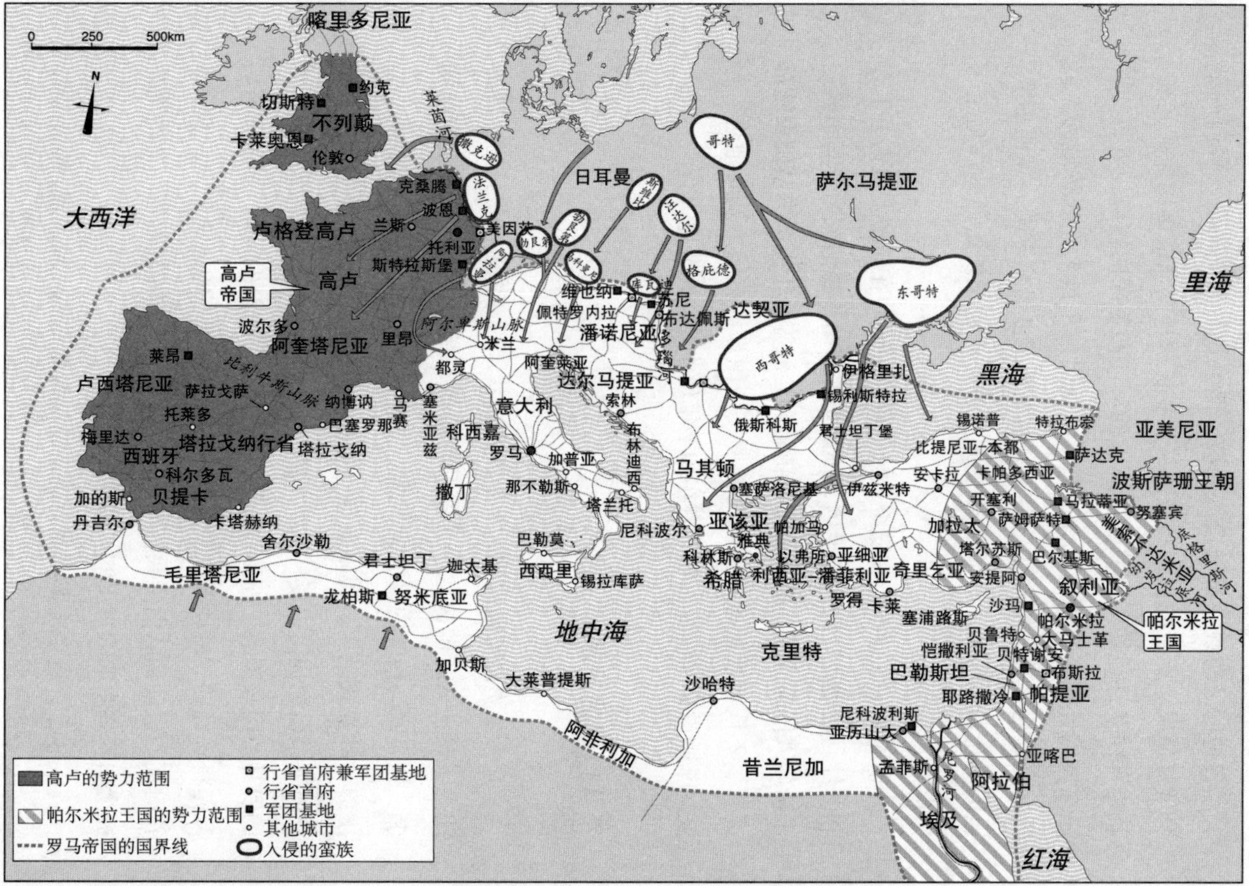

（4）遭遇前所未有的危机的公元 3 世纪时期的罗马帝国从公元 260 年到 270 年的状况（选自意大利高中的历史教科书）

各地的“防线”都被蛮族突破，而且这种情况每隔一段时间就会重复一次。所有的都市和城镇甚至乡村都被高高的围墙保护起来。就连军团基地也在周围修建了高耸的塔楼和坚固的城墙，更有甚者还在城墙外挖了深深的壕沟，时不时地引河水过来充当护城河。就连在当地居民移居平原之后由于交通不便而被当作羊圈的高地小屋，也因为蛮族的频繁入侵而重新受到重视，人们又纷纷回到高地定居下来。

平原上的农业不但在安全上缺乏保障，同时在经济上也失去了有利条件。耕地荒废的主要原因，不能单纯归结于耕地成为罗马军队迎击蛮族入侵的战场，而是因为像街道和运河等用于灌溉的基础设施都遭到了不同程度的破坏，当时的罗马帝国却没有能力及时地进行修复。基础设施的修复工作只有在和平年代才能够充分地进行。

军队组织的改革

皇帝加里恩努斯深知，要想改变现状，只有恢复和平这唯一的办法。于是他为了解决这个难题，将希望寄托在改变军队的组织结构上。他将罗马传统的以重装步兵为主的军团系统，改编为以轻骑兵为主的日耳曼式结构。实际上这一系统早在 40 多年前皇帝卡拉卡拉在位时期就已经提出组建“机动部队”(Vexillationis)，但是公元 3 世纪的罗马帝国政策缺乏连续性，导致后来没有被保留下来，加里恩努斯只是将曾经的“机动部队”重新建立起来。唯一的区别在于，卡拉卡拉时期的机动部队由步兵与骑兵共同组成，而加里恩努斯组建的则是完全由骑兵组成的真正的“机动部队”。

实际上，这也是罗马变得越来越不像罗马的一种表现。从历史学的角度上来看，就是罗马逐渐变得“中世纪化”。罗马的军队体制反映的是罗马的社会构成，同时军队体制的变化也会导致社会构成的改变。重装步兵不再是罗马军团的主要战斗力量，意味着城邦时期以公民为主的公民兵退出主角地位，取而代之的则是在当时社会中仍然属于少数派的骑兵。

骑兵军团与以步兵为主力的军团相比规模变得更小。动辄出动几万骑兵这样的事情首先就是不可能的，在战术上也起不到积极的效果，而且率领 5 000 人和率领 5 万人，对总司令的能力要求也是不一样的。也就是说，素质参差不齐的大规模集团军的领导者，必须是一个全才，而少数精锐部队的领导者，只要挑其中最优秀的专才即可胜任。

而且加里恩努斯将元老院与军队完全分离的政策，也加速了这一变化的进程。罗马元老院自古以来就以为国家培养全才为己任。即便是军团出身的精英分子，也会在升迁途中给予其元老院的席位，逐渐将其培养成一个全才。结果这一过程却由于加里恩努斯的政策而彻底中断。不仅如此，因为罗马军团的主要战斗力量从步兵转变为骑兵，罗马军队的主力指挥官也从军团长变为骑兵队长。在加里恩努斯死后继位的罗马皇帝几乎都是军人，而且清一色都是骑兵队长，充分地说明了在这一时期罗马军队的实权已经发生了转移。

通过军队组织上的改变，罗马帝国面对蛮族入侵的时候，在速度上不再处于劣势，这样一来罗马帝国就能够成功击退蛮族的入侵。但是蛮族在罗马帝国境内肆意掠夺的情况，以及战场完全位于罗马帝国境内的状态依然没有得到改善。也就是说，现在的罗马帝国“只有招架之功，而无还手之力”。至于“以攻为守”的时代，早已经成了过去。

滞胀

想必在各位读者看到前面那四幅图的时候，一定会感觉到公元3世纪的罗马帝国，在经济方面的生产力也十分低下。实际上，公元3世纪的罗马帝国之所以在经济方面持续衰退，最主要的原因之一就是国税收入的不断减少，而且在收入减少的同时，支出还在不断增加，其中最主要的支出都在军费方面。

军费激增的主要原因并非军事机构过于庞大。因为自从进入公元3世纪以来，罗马军团的数量就一直维持在33个，没有进一步增加，军费激增的主要原因在于战争次数的增多。与驻扎在军团基地中相比，前往战场作战自然会消耗更多的费用。

那么，对于由此产生的“赤字”，罗马皇帝究竟要如何应对呢？在卡拉卡拉颁布敕令之后，罗马帝国就失去了行省居民缴纳的10%行省税这一稳定的收入来源。仅仅依靠5%的关税和1%的营业税远远不够填补军费激增带来的财政赤字。

于是以战时特别税为名的临时税就成了皇帝们的救命稻草。这些临时税由于战争的频发而变成了固定税，结果遭到罗马人的一致反对，甚至还因此爆发了人民起义。

所以皇帝们最终只能采取降低银币中的含银量这个下下之策。最早采用这种办法的，是以重视军事力量著称的皇帝塞普提米乌斯·塞维鲁，他因为新编成了3个军团导致军费激增，于是只能通过降低银币中的含银量来维持军费。

但是这种做法会导致币面价值与实际价值之间的差别增大，相当于促使通货膨胀的产生。对于身为帝国最高统治者的皇帝来说，这是绝对不允许出现的过失。

于是在塞维鲁之后继位的卡拉卡拉，在将第纳尔银币的含银量降低到 50% 的同时，发行了另外一种含银量相同但重量高达 5.5 克的安东尼银币，希望以此来阻止银币价值的下跌。罗马帝国的货币政策之所以总是围绕着银币展开，是因为罗马社会当时采取的是银本位制，银币自古以来就是罗马帝国的基准货币。因此，银币价值的变动，往往反映出罗马经济实力的变动。

皇帝卡拉卡拉在公元 215 年发行的安东尼银币以及罗马帝国自古以来代表性的第纳尔银币，在半个世纪之后的加里恩努斯统治时期究竟变成怎样了呢？

重 3 克左右的第纳尔银币已经消失不见。当时成为唯一流通银币的安东尼银币不仅重量从 5.5 克降低到 3 克左右，含银量更是降低到了 5%。与其说是银币，不如说是镀银的铜币。至于曾经的塞斯特斯铜币则因为价值过低而从市场上彻底销声匿迹。

罗马帝国主要流通货币银币的价值变迁

奥古斯都至克劳狄时期（公元前 23—公元 64 年）		
第纳尔银币	3.8 ~ 3.9 克	100% 纯银
尼禄至马可·奥勒留时期（公元 64—180 年）		
第纳尔银币	3.2 ~ 3.8 克	含银量 92%
康茂德至塞普提米乌斯·塞维鲁时期（公元 180—211 年）		
第纳尔银币	3.2 ~ 3.8 克	含银量 70%
卡拉卡拉至瓦勒良时期（公元 214—253 年）		
第纳尔银币	3 ~ 3.2 克	含银量 50%
安东尼银币	5.5 克	含银量 50%
瓦勒良被俘至加里恩努斯时期（公元 260—268 年）		
安东尼银币	3 ~ 3.2 克	含银量 5%

皇帝加里恩努斯的安东尼银币（原大）

与开国皇帝奥古斯都时期重达3.5克、100%的纯银、沿用了200年的第纳尔银币相比，公元3世纪时期罗马帝国的通货膨胀已经达到了极其严重的程度。由此可见“罗马统治下的和平”的消失，对罗马社会的方方面面都造成了十分深远的影响。

在纯银货币的时代，不仅印度，连远方的中国都能找到罗马货币的踪迹。可悲的是，镀银硬币也在历史上留下了痕迹。我手中有一枚皇帝加里恩努斯的银币，虽然在重量上与马可·奥勒留、康茂德、塞普提米乌斯·塞维鲁以及亚历山大·塞维鲁时期的银币相同，但是因为加里恩努斯的银币比上述那些皇帝的银币都要大上一圈，所以厚度就相对薄一些。而且银币上面的浮雕也没有以前的那些银币凹凸有致，给人一种稍微用点力就能够将这枚硬币掰成两半的感觉。另外，加里恩努斯银币中的含银量只有5%，使人不免担心如果将附着在表面的那层镀银擦掉，是不是就会露出里面的铜芯。手中拿着这枚硬币，能够使人真正地感受到公元3世纪的罗马帝国处于怎样的经济困境之中。因此，很多研究者认为，公元3世纪罗马帝国面临着非常严重的货币贬值问题。

但是在我看来，给公元3世纪特别是公元3世纪后半期的罗马帝国带来巨大冲击的，是由于货币贬值引发的通货膨胀，以及紧随其后发生的通货紧缩。

但是这种通货紧缩并不是因为市场商品极其丰富而引发的通货紧缩，而是因为当时罗马境内成为迎击蛮族的战场，因而耕地荒废，生产力大幅下降，物产不可能充斥市场。

由于耕地变成了战场，土地荒废，农村人口流失，使投资者失去投资农业的意愿，最终导致通货紧缩的产生。

从公元3世纪后半期开始，罗马帝国的存款利率就开始不断下调。“罗马统治下的和平”时期罗马的存款利率为12%，但是到了公元3世纪后期，存款利率仅为4%。这正是投资者缺乏投资热情的一种表现。

如果我的推断没有错的话，那么公元3世纪后期的罗马帝国面临的情况，用现在的话来说就是“滞胀”（stagflation）——经济增长停滞与通货膨胀同时存在。对于以农业为主要产业的古代社会来说，这无异于一种满目疮痍的国家状态。

“藏在家里的存款”

说起罗马帝国的银币第纳尔，正好借此机会和诸位读者共同探讨一个困扰了我多年的问题。

因为我渴望亲手触摸到罗马的历史，于是开始收集古罗马时期的硬币，我在《罗马人的故事》丛书中提到的这些硬币都是在伦敦召开的古董硬币拍卖会上买来的。也就是说，罗马货币虽然是古董，但还是有市场的。在帝国初期的公元1世纪以及鼎盛时期的公元2世纪流通的纯银第纳尔银币的拍卖价格并不高，就连我都买得起。也就是说，这些银币的数量很多。

拍卖会上拍卖的罗马时期第纳尔银币数量很多，如果是在罗马时代的遗迹中零散发现的话，那么绝对不可能在2 000年后的古币市场上出现这么多。由此可见，这些银币肯定是装在坛子里或者其他的什么容器之中，被一次性地大量挖掘出来的。

而且，在伦敦的硬币拍卖市场上，到公元2世纪为止，含银量

100% 的第纳尔银币的数量比公元 3 世纪后半期含银量 5% 的银币数量要多出很多。于是在 2 000 年之后的古董硬币市场上，当年的“精品”和“次品”卖出了同样的价格。因为那些硬币收藏家和渴望通过硬币触摸历史的我不同，在他们眼中，古董硬币的价值只在于其稀有程度以及保存是否完好。

因此，每当我手中拿起奥古斯都和哈德良的硬币时，都会对自己也能买得起这些硬币感到十分庆幸。可是当我把玩这些硬币时，心中却产生了疑问：

这些在公元 1 世纪和 2 世纪之时一直保持着币面价值与实际价值一致的“精品”，却在公元 3 世纪后期便从市场上销声匿迹的第纳尔银币，为什么在 2 000 年后的今天仍然会保存下来如此之多的数量呢？

这个疑问困扰了我许多年，直到某天我看到皇帝瓦勒良的货币政策才终于有了灵感。虽说是货币政策，实际上只是政府允许公民用从前的第纳尔银币兑换等值的安东尼银币（含银量 5%）。

不过据说愿意拿第纳尔银币兑换安东尼银币的人寥寥无几，这项货币政策自然也以失败告终。

当时罗马人的心情实际上也不难理解，即便是皇帝的命令，这样的赔本买卖想必也是没人愿意去做的吧。于是这些钱被罗马人藏在家里，幸运地躲过蛮族的掠夺，在地下埋藏了千百年之后最终被发掘出来陈列在博物馆中，甚至还出现在古董硬币的拍卖市场上。我猜测，大概就是这样一个过程吧。

失去信任

我们将话题重新回到 1 700 多年前。在我手中这枚薄到几乎能够被掰断的银币被铸造出来还不到一年时间的公元 268 年秋天，皇帝加里恩努斯在军队的武装政变中被杀害。事情的起因是骑兵队长奥莱欧鲁斯在米兰谋反，虽然皇帝加里恩努斯率军将其逼入米兰城内，但是皇帝身边的其他骑兵队长纷纷发动政变将皇帝杀害，当时加里恩努斯才刚刚 50 岁。

杀害加里恩努斯的骑兵队长们并没有归顺与他们属于同一级别的奥莱欧鲁斯，而奥莱欧鲁斯也在随后不久遭到杀害。骑兵队长们之所以发动政变，是因为他们认为加里恩努斯身为皇帝却没有表现出相应的能力。不过政变的主谋者克劳狄乌斯以及其他骑兵队长，实际上都是被皇帝加里恩努斯一手提拔上来的军事专家。也就是说，在这些专家的眼中，加里恩努斯的军事能力遭到了质疑。

罗马的皇帝是终身制的，而身为终身制的最高统治者一旦失去人民的信任，那么等待他的下场只有死路一条。加里恩努斯的死就是由这种不信任导致的。实际上正如前文图（4）显示的那样，自从皇帝瓦勒良落入波斯国王之手以后，罗马帝国面对的前所未有的危机一直持续了 8 年时间仍然得不到任何的改善。高卢帝国仍然存在，被允许居住在罗马境内的阿拉曼人也没有停止他们的侵略，哥特人的入侵成为家常便饭，帕尔米拉的女王芝诺比阿在罗马帝国的东方为所欲为。

后世有很多为加里恩努斯辩护的研究者认为，面对前所未有的困境，他努力地尝试着使罗马帝国重新振作起来的办法。实际上，加里恩努斯也确实为了使罗马帝国摆脱危机而一直东奔西走。但政治要的是结果，经过 8 年的时间仍然交不出令人满意的答卷，他自然难免会失去人民的信任。另外，身为罗马帝国精英代表的皇帝加里恩努斯在统治时期显示出来的无能，也证明了罗马帝国统治阶级的能力开始下降。从此以后，在罗马帝国中频繁出现原本不属于统治阶级的人进入统治阶级的事例，这种被称为“以下犯上”的现象，说明罗马人民已经对传统的帝国精英们失去信任。由此可见，权威的崩溃是不仅仅体现在银币之上的。

皇帝克劳狄乌斯二世（公元 268—270 年在位）

在失去人民信任的加里恩努斯被杀之后，克劳狄乌斯二世继承皇位。克劳狄乌斯二世作为皇帝的全名是马可·奥勒留·克劳狄乌斯·奥古斯都·哥特库斯。虽然 33 年前的马克西米努斯的名字中有“色雷库斯”，意为“色雷斯人”，24 年前的菲利普的名字中有“阿拉伯努斯”，意为“阿拉伯人”，但克劳狄乌斯与他们的完全不同，他名字中的“哥特库斯”并不是“哥特人”的意思。与当年在第二次布匿战争中因为击败了战无不胜的汉尼拔而获得“阿非利加努斯”（意为“非洲征服者”）称号的西庇阿一样，“哥特库斯”是在克劳狄乌斯击败哥特人之后所获得的称号，意思是“哥特征服者”。因为公元 1 世纪的时候也有一位名叫克劳狄乌斯的皇帝，所以当时的罗马人习惯将克劳狄乌斯二世称为“哥特征服者克劳狄乌斯”来加以区分。

当然，克劳狄乌斯二世和公元 1 世纪的克劳狄乌斯一世之间并没有任何的血缘关系。不仅如此，他和公元 1 世纪的皇帝提比略、克劳狄乌斯所属的那个从共和时期便堪称名门中的名门的克劳狄乌斯家族也没有任何的关系。那么，他又是如何获得克劳狄乌斯这个家族名的呢？

罗马人的姓名正如盖乌斯·尤里乌斯·恺撒这个具有代表性的名字一样，由个人名、家门名以及家族名三部分组成。而行省出身的

克劳狄乌斯二世

人，绝大多数的家族名都是尤里乌斯与克劳狄乌斯。这是因为尤里乌斯·恺撒最早提出向行省出身的居民开放门户的政策，而克劳狄乌斯则是随后的几位皇帝中最为积极推进这一政策的人。所谓开放门户政策，就是指为行省出身的居民打开一条通往罗马上层社会的道路，具体来说包括授予罗马公民权，为强大的部族首领以及能力出众的人才提供元老院的席位等。在这些行省出身的人才被国家录用的时候，往往会赋予他们尤里乌斯或者克劳狄乌斯的家门名，以示对这些人的身份保证。

关于尤里乌斯·恺撒的这个开放政策，我在《罗马人的故事·恺撒时代》中已经多有提及，至于克劳狄乌斯则留有一篇专门关于这个问题的演讲稿。我在《罗马人的故事 07 · 臭名昭著的皇帝》中也曾经说过，这是对罗马帝国同化政策的统治哲学最简洁明快的解读。

正如我之前说过的那样，在行省中有很多人自称属于尤里乌斯家族和克劳狄乌斯家族，但实际上这些人并非都是被赋予恺撒以及皇帝克劳狄乌斯家族名之人的后代子孙。即便是一些与这两个家族毫无关系的行省出身者，在军团中得到晋升机会的时候，都会虚报尤里乌斯或者克劳狄乌斯作为自己的家族名。因为这两个家族都非常庞大，所以就算深究也不怕被人拆穿。公元 268 年继承皇位的克劳狄乌斯二世，也和那些人一样。

被罗马人称为伊利里亚的地方，大体上来说就是指位于多瑙河与亚得里亚海之间的那一片区域。不过这片区域却因为地理和历史上的原因而被分为两部分，山脉众多却有着天然港口优势的南部地区早早地便被罗马帝国建设起来，都市化程度较高，北部地区虽然有大量适宜耕种的平原，却因为毗邻罗马帝国的边境防线而发展缓慢。发展到后来，南部地区被重新命名为达尔马提亚，伊利里亚成为仅仅针对北部地区的名字。如果说位于亚得里亚海与意大利本土之间的达尔马提亚属于都市经济体系，那么位于帝国国界附近面向多瑙河的伊利里亚地区则属于农村经济体系。

正是这个属于农村经济体系的伊利里亚地区，在罗马军队的主力从步兵转变为骑兵后，成为罗马帝国统治者的摇篮，而且这种现象一直持续了半个多世纪。

克劳狄乌斯二世就出身于伊利里亚的一户农家。虽然克劳狄乌斯二世日后成了罗马帝国家喻户晓的皇帝，但是他父母的名字早已经无从考证。因为他生于公元 214 年以后，由于卡拉卡拉颁布的敕令，他一出生就拥有了罗马公民权，这样他就可以直接加入骑兵队。克劳狄乌斯二世的军旅生涯一直都是骑兵，在35岁的时候他被当时的皇帝德基乌斯任命为骑兵队长，紧急派往希腊的温泉关抵御南下入侵的蛮族。随后他率领骑兵队又取得了大量骄人的战绩，可以说皇帝加里恩努斯之所以将罗马军队的主力从步兵转变为骑兵，多多少少也是因为受到了他的影响。

罗马军队主要战斗力的变迁

时代	主要战斗力	辅助战斗力
到公元212年为止近500年的时间	重装步兵（罗马公民）、骑兵 军团（罗马公民）	轻装步兵（行省居民）、骑兵 辅助兵部队（同盟国与行省居民）
公元212年卡拉卡拉颁布敕令以后	重装步兵（老兵） 全体都是罗马公民	轻装步兵（新兵）、骑兵
公元257年开始步兵向骑兵转变	骑兵 全体都是罗马公民	步兵

军队主力从重装步兵转变为骑兵之后，主要战斗力的屯驻基地也必须随之改变。因为罗马人无法预知蛮族究竟会从防线的什么地方入侵，所以如果将基地设置在防线上，那么当蛮族入侵时必然无法及时进行迎击。于是罗马军队将骑兵基地后撤到远离防线的国境内，这样不管蛮族从哪个地方入侵，都可以及时地前往当地防线进行迎击。目前被确定有罗马时期骑兵军团基地的只有希尔米乌姆和米兰两处。希尔米乌姆距离多瑙河防线不到20公里的距离，而米兰却是位于意大

利本土。考古学家之所以仅仅确定了这两个基地，是因为当时的骑兵部队根本没有优哉游哉地等在基地的空闲时间，绝大部分时间都在不断地往来于被蛮族入侵的各个地区之间。

由此可见，即便将军队的主要战斗力转变为骑兵，罗马帝国在防卫战略上仍然没有改变被动挨打的局面。因为罗马帝国已经无力将战场推到国界线以外，所以不管骑兵部队多么神勇，对于阻止耕地荒废以及居民迁徙都起不到任何作用。

哥特人来袭

继位之后甚至没时间回到首都罗马的克劳狄乌斯二世，在一次迎击哥特人的入侵前向位于首都的元老院送去一封书信。从文体来说，与其说是皇帝的报告，不如说是一名戎马一生的骑兵至今 50 岁过半的男人单纯率直的表白：

> 诸位元老院元老，听了我接下来要说的事情你们一定会大吃一惊。但是我说的事情并非噩梦，而是现实。现在有 32 万名全副武装的哥特人侵入罗马帝国境内，并且已经越过了阿尔卑斯山脉，接近意大利北部。如果我们不能阻止敌人的大军，那么罗马帝国一定会陷入极其悲惨的处境之中，但是我们的军队已经筋疲力尽，不仅精神上如此，就连我们的武器也已经残破不堪。
>
> 这既是自从皇帝瓦勒良被俘以后征战连年不断的结果，也说明我们的武器，无论盾牌、剑，还是标枪，早就过了使用年限却仍然被继续使用。此外，长年向帝国提供活力的高卢与西班牙现在也已经落入泰特里库斯（高卢帝国当时的皇帝）手中。还有一

点，虽然我觉得丢脸，不太愿意提起，但是我们罗马军队中最优秀的弓箭手都被那个东方女人芝诺比阿据为己有了。

这就是我们罗马帝国现在的状况。在这种情况下，哪怕仅仅取得一丁点儿的成绩恐怕都是值得我们去庆祝的吧。

皇帝克劳狄乌斯二世在发出这封书信之后不久便在意大利北部的加尔达湖附近与入侵的哥特人发生了激战，并且成功将对方击败。惨败的哥特人丢下掠夺来的战利品和俘虏仓皇逃回多瑙河北岸。

拯救了意大利本土的克劳狄乌斯二世从此被冠以“哥特征服者”的称号，用以纪念他在抵抗哥特人时的英勇表现。

不过，哥特人在第二年改变了入侵的路线，沿着多瑙河下游涌入巴尔干半岛。克劳狄乌斯二世立刻率领骑兵部队前往迎敌，双方的战场位于现在的保加利亚，罗马时期的默西亚行省之内。这一次交战也以克劳狄乌斯二世大获全胜告终，使得他“哥特征服者”的称号越发地名副其实。

经过这两次战役之后，克劳狄乌斯二世对哥特人的政策发生了转变。他挑选年轻力壮的哥特人俘虏加入罗马军队，其他人则以放下武器为条件，允许他们在默西亚行省进行农耕作业。自愿成为农民的人还可以从故乡把他们的妻儿接过来，并且获得相应的耕地。

默西亚行省属于罗马帝国多瑙河下游的防线之一。“哥特征服者”克劳狄乌斯二世之所以将哥特人安置在这片区域，是希望以此来阻止耕地的继续荒废和人口密度大幅降低的问题。

他的这一政策取得了极大的成功。加入罗马军队的哥特人即便在面对自己同胞的入侵时也毫不手软，英勇战斗。成为农民的哥特人也顺利地在安置地定居下来。

克劳狄乌斯二世的统治似乎一直都十分顺利，但是他的统治并没有持续多久，夺走他性命的既不是蛮族的入侵，也不是士兵的叛乱，而是疫病的爆发。

在帝国全境都处于“罗马统治下的和平”之中的时代，即便人与人之间的往来十分频繁，但是因为那时的人们普遍都身体健康，也没有营养不良，加之罗马人喜欢入浴的生活习惯，旅途中的卫生状况也非常好，所以就算发生疫病也不会大规模流行。但是进入公元3世纪后期，帝国境内的人员流动主要以因为蛮族的入侵而逃离家园的难民为主，同时罗马帝国在各个方面都捉襟见肘，对基础设施的维护和建设更是无能为力。罗马帝国之所以在后期疫病频发，就是因为连年的战火导致难民不断增加，难民又将疫病散播到帝国各处。公元270年1月，在潘诺尼亚行省的主要城市希尔米乌姆的骑兵基地越冬的克劳狄乌斯二世，仅仅统治了罗马帝国一年半之后，便死于当时爆发的疫病。在出身于罗马名门的加里恩努斯死后拒绝承认其神格化的元老院，对克劳狄乌斯二世却毫不犹豫地追封了他的神格。这位生于帝国边境伊利里亚地区的农民的儿子，终于在死后加入了“神君”的行列。

克劳狄乌斯二世没有子嗣，只有一个弟弟。在他去世的时候，他的弟弟昆提卢斯正在位于意大利东北部的阿奎莱亚。在当时那个蛮族入侵意大利本土也不足为奇的年代，位于意大利西北部米兰和东北部阿奎莱亚的这两个军团基地，肩负着守护意大利本土的重要任务。而负责指挥屯驻在阿奎莱亚的军团的人正是昆提卢斯。

当首都罗马的元老院得知克劳狄乌斯二世去世的消息时，立即承认身在阿奎莱亚的昆提卢斯为继任皇帝，并且将这一决定通告全国。因为克劳狄乌斯二世得到军队的一致推崇，所以元老院认为他的弟弟也一定会得到同样的支持。实际上这也是元老院尊重军队意见的一种表现。虽然昆提卢斯在军事方面的才能非常一般，但是在选定罗马帝国皇帝这个问题上，元老院一直处于主导地位，所以才如此当机立断地做出了决定。

但是元老院的这一决定引起了士兵们的强烈不满。他们认为罗马帝国现在的状态必须有一位十分优秀的武将来担任身为罗马军队最高司令官的皇帝。虽然元老院也知道士兵们的意见完全正确，但是元老院已经宣布的任命是无法撤销的。皇帝加里恩努斯颁布的使元老院与军队完全分离的法令，很快便显露出其中的弊端。军队一致推举奥勒良继任皇帝，元老院也只能承认军队的这一决定。昆提卢斯发现手下的士兵都站在奥勒良那一边，就连元老院也背叛了自己，最终因为无法忍受这种耻辱而选择了自杀。

在克劳狄乌斯二世继位之前，曾经担任罗马全军骑兵总司令的职务。而在克劳狄乌斯二世统治期间，罗马全军骑兵总司令的职务落在奥勒良的肩上。从前军人出身成为皇帝的都是军团长，而现在则都变成了骑兵团团长。另外，不管出生地还是出身阶级也脱离了过去的常态，这也是当时社会发生急剧变化的证明。

至此公元3世纪已经过去了四分之三。克劳狄乌斯二世以及其后的奥勒良、普罗布斯、卡鲁斯、戴克里先等都出生于一个被称为伊利里亚的地方。他们的出身阶级也无一例外都属于下层阶级，而且这种出身低微最终登上皇帝宝座的现象，在当时那段时期从曾经的特例演变成为一种常态。在公元270年就任皇帝的奥勒良，堪称这种类型皇帝中的佼佼者，并且留下了令后世赞叹不已的成绩。

第二章　公元 270—284 年

皇帝奥勒良（公元 270—275 年在位）

路奇乌斯·图密善·奥勒良，从姓名上来看很像是出生于意大利本土的罗马人，但实际上正如前文所说，他出生于位于多瑙河附近的边境地区。当时居住在边境地区的人都被称为“罗马化的蛮族”，奥勒良正是其中之一。他的出生地位于现在塞尔维亚的首都贝尔格莱德以外 30 公里处，距离多瑙河不到 20 公里的一处边境城市。在罗马时期，这个地方以希尔米乌姆的名字为人所熟知。这个城市之所以频繁地出现在罗马帝国末期的历史中，是因为罗马帝国的多瑙河防线在帝国末期的时候重要性逐渐提升。虽然自公元 3 世纪后期开始，以希尔米乌姆为中心的附近地区出现了众多皇帝，但是希尔米乌姆的兴盛并非因为这些皇帝。因为这些军人出身的皇帝对于建设故乡之类的事情没有多少兴趣。

奥勒良父亲的名字已经无从考证。据说他的父亲从军团退役后主要依靠农耕生活，并且娶了一个太阳神殿的女巫为妻。由此可见，奥勒良的出身也十分低微。对那些出生于帝国不发达地区的人来说，要想有朝一日出人头地，加入军队是他们最好的选择。也许奥勒良在刚

奥勒良

满 17 岁获得参军资格的同时就迫不及待地开始了他的军旅生涯吧。

他和自己的前任克劳狄乌斯二世算得上是同辈，所以他在继位皇帝的时候应该在 56 岁左右。古罗马将 40 多岁看作男人的黄金期，奥勒良成为皇帝的时候正好比这个基准晚了 10 年。但是奥勒良在 40 多岁的时候就已经成为众人瞩目的焦点。因为他也是被皇帝瓦勒良破格提拔上来的行省出身的人才之一。

瓦勒良生前不仅破格提拔优秀人才出任军中要职，而且不只是升迁而已。当他发现在军中扶摇直上却对发财不关心的人时，也会在经济上给予资助。瓦勒良曾下旨赠予下列财物给当时年约 45 岁的奥勒良：

按照官职给予一定数量的金币、银币以及铜币；墨林斯产的男用短衣 10 件；埃及产的粗麻上衣 20 件；塞浦路斯产的宴会用餐巾 2 打；阿非利加行省产的地毯 10 张；毛里塔尼亚产的宴会用垫子 10

张；还有一些用来举办宴会招待客人的羊和猪。因为在罗马时期人们都是用手抓取食物就餐，所以餐巾是宴会上的必需品，而就餐时罗马人的正规姿势是一只胳膊肘支撑身体侧躺，如果坐在椅子上吃就好像我们现在快餐店或者路边摊随便吃一口或者站着用餐。奖赏品的最后则是一些食用猪、羊。

通过这份清单我们可以看出，身为最高司令官的皇帝，对于自己下属的关怀可谓是无微不至。同时这些产地各异的奖赏品也反映出公元 3 世纪时期的罗马帝国仍然保持着其广阔的贸易范围。

虽然生活上的关怀也具有一定的效果，但是对于这些被破格提拔上来的人来说，能够在战场上得到重用才是最使他们感到开心的事情。皇帝瓦勒良也深知这一点，于是他对奥勒良可以说是委以重任，在皇帝发给军团基地负责人的亲笔信中这样写道：

> 奥勒良是难得一见的人才，我委任他视察各个基地，并且有权对他认为有必要改善的地方进行修正。

通过这项任务，奥勒良对堪称帝国最重要防线的多瑙河防线全域都有了一个系统性的把握。在《罗马皇帝传》中，也有关于奥勒良这次视察的记载。

奥勒良在视察途中对各自手下拥有 1 000 名士兵的大队长这样说道：

> 如果你们想保住自己大队长的位置，或者说你们想要在战场上保住性命，那么最重要的一点就是时刻将你们手下的士兵完全掌握在自己手中。

随后，他又向士兵说道：

你们身为罗马军团的士兵，绝对不允许抢夺平民的任何东西，就连一枚鸡蛋也不行。哪怕是橄榄油、盐，甚至是一根柴火都绝对不允许随意从平民那里夺取。你们必须满足于军队分配给你们的粮饷。如果你们抢夺了平民的东西，使他们没有东西拿去贩卖，他们就无法维持自己的生活。罗马士兵的财富应该建立在打败蛮族获得的战利品上，而不应该建立在行省居民的泪水上。

你们应该时刻保养好自己的武器，磨尖你们的剑，不要让你们的皮靴有任何破损，及时更换你们的武装。因为我们不知道敌人究竟会在何时攻来，必须随时做好充分的准备。

你们的军饷都存在基地内的银行中。勤俭节约是每一名罗马战士应有的美德。不过，希望带着金链子、手镯和金戒指上战场的人，我也不会阻止。

他实际上并不是在鼓励罗马士兵一身珠光宝气地上战场，而是希望这些士兵能够为了保护自己的财产而更加奋勇地进行战斗。

在骑兵面前，他是这样说的：

对于你们来说，最重要的问题是保养好自己的马匹。当然需要保养的不仅仅是战马，拉货车用的马和牛也同样不容忽视。偶尔会有人将喂马的饲料偷运出去卖给别人，这种事情一旦被发现绝对不会轻饶。另外要时刻牢记，这些牲畜不是你的个人财产，而是整个部队的财产，所以在保养它们的时候要特别小心谨慎。

紧接着，他将全体士兵召集在一起，向他们说道：

在军队中，因为军官与士兵处的立场不同，因此难免会在方方面面都有着不同的看法与做法。但这一切都是为了维护军队内部的纪律，并不涉及个人的人格问题。军官不能像对待奴隶一样对待手下的士兵，士兵也没有服侍军官的义务。因为不管是军官还是士兵，都是军队组织中的一员。

每个人都有平等接受军医治疗的权利。那些通过支付金钱来获得更为优越治疗条件的事情，绝对不允许发生。

最后，他这样说道：

不管你们信仰什么宗教都是你们的自由，但是不能因为你们的信仰影响到军团的行动。对平民必须时刻保持彬彬有礼的亲切态度，我把丑话说在前头，如果有人在外面惹是生非，那么等待他的只有死路一条。

因为奥勒良非常严格地执行军规，所以士兵们给他取了一个绰号：拉丁语写作“Aurelianus manu ad ferrum”，翻译过来就是“手执宝剑的奥勒良”。

一手将奥勒良提拔上来的皇帝瓦勒良，还派遣他到各个前线积累经验。其中关于奥勒良在拜占庭负责防卫任务时的记载，因为他将手下的士兵按照民族区分而令人印象深刻：

出让于巴勒斯坦北部的弓兵 300 人。亚美尼亚士兵 600 人。阿拉伯士兵 350 人。出身于美索不达米亚地区的士兵 400 人。多瑙河地区赶来的骑兵 800 人。还有 4 名大队长，全部出生于叙利亚以及巴勒斯坦。

上述的军队构成也反映出罗马作为一个多民族国家具有的特点。虽然在罗马帝国的东方希腊语比拉丁语更为普及，而且罗马几乎人人通晓这两种语言，就连皇帝的布告都是用双语写成，但是在军队中统一使用拉丁语。因为只有统一语言才，士兵之间的交流才不会出现任何障碍。奥勒良的任务就是在皇帝瓦勒良前往东方与波斯国王交战的这段时间里，率领这支由 2 450 人组成的多民族军队保障罗马军队大后方的安全。拜占庭（在 70 年后改名叫君士坦丁堡）的防卫任务并不仅仅局限于那一个城镇，而是意味着这条联结欧洲与亚洲通道的整体安全保障。

但是仅仅过了不到一年，进入了令罗马帝国举国上下一片震惊的公元 260 年。皇帝瓦勒良被波斯国王俘虏的消息使每一名罗马士兵都陷入茫然失措的状态之中，尤其是对于备受瓦勒良器重的奥勒良来说，一定是他 46 年人生中遭受到的最大冲击。而且这场前所未有的惨剧还是发生在距离他镇守的拜占庭极其遥远的幼发拉底河东岸。即便他想要赶去营救也完全来不及，更何况当时的奥勒良不但没有擅自带兵救援的权力，就连手下士兵的数量也不到 2 500 人。

公元 260 年的 10 年后，即公元 270 年，奥勒良自己登上了皇帝的宝座。但是，他继承的这个罗马帝国，和 10 年前的状态相比没有丝毫的改善。

奥勒良虽然身材魁梧，但是与身体相比头部不成比例地显得很小，而且在狭窄的额头上刻满了深深的皱纹，完全没有皇帝威武霸气的形象。但是在公元 3 世纪的罗马皇帝当中，他是唯一在继位初期便拥有明确统治方针的皇帝。而且他不仅拥有远大的理想，同时还拥有为了使其实现而必不可少的沉着与冷静。对于被罗马人看作国耻的瓦勒良，他一直毫不掩饰自己对瓦勒良的感恩之情，同时他也能够平静地接受恩人之子加里恩努斯由于失去人民的信任而遭到杀害的事实，当时的历史学家将奥勒良称为“真正拥有罗马人灵魂的皇帝”。毕竟奥勒良在继位初期便明确了应该优先处理的问题，为罗马帝国争取到许多宝贵的时间。

反击开始

奥勒良继承的罗马帝国，和10年前相比几乎没有任何变化，仍然是一个被分成三份的帝国。

西方的高卢帝国和东方的帕尔米拉王国基本上与独立的国家没有什么区别，罗马皇帝的统治范围只有被这两方势力夹在中间的一片区域。

奥勒良决定先将高卢帝国的问题放在一边。因为这个在政体上几乎可以称为小罗马的帝国，虽然拥有高卢全境、西班牙以及不列颠等地，但是从来没有越过阿尔卑斯山脉对意大利本土做出过任何有威胁的举动。因此，这个从来没对罗马帝国采取过任何敌对行动的帝国，可以暂时先不必考虑。

同样，对于在帝国东方拥有广阔势力范围的帕尔米拉王国，奥勒良也没有急于动手。

自称女王的芝诺比阿对扩张势力范围的执着，即便与她崇拜的对象克娄巴特拉相比也有过之而无不及，不过她也和克娄巴特拉一样，从没有组织军队主动向罗马帝国发出过挑战。而罗马帝国之所以在这10年间一直没有向帕尔米拉派遣军队，是因为虽然女王芝诺比阿一

正反面都刻有人物肖像的帕尔米拉硬币
左（正面）瓦巴拉图斯
右（反面）奥勒良

直在蚕食着罗马帝国东方的领土，但是从来没有公开宣称帕尔米拉脱离罗马帝国而独立。

关于这一情况，从帕尔米拉发行的货币上就能够看得出来。奥勒良继承皇位之后罗马帝国发行了刻有他肖像的银币，在芝诺比阿统治下的帝国东方也同样发行了背面刻有奥勒良肖像，正面刻有芝诺比阿的儿子、帕尔米拉国王瓦巴拉图斯肖像的硬币。从硬币正反两面的安排上来看，似乎瓦巴拉图斯比奥勒良的地位要高，但是从雕刻在硬币边缘的文字上来看，非常清楚地表明处于上位的是皇帝奥勒良，而不是身为“Dux Romanorum”（罗马东方司令）的帕尔米拉国王。这种自相矛盾的情况在芝诺比阿的统治中随处可见。也许皇帝奥勒良正是看准了芝诺比阿的这个特点，所以才没有将帕尔米拉的问题放在第一位。

最终，奥勒良将帝国北方边境的防卫问题即对蛮族的政策放在了最重要的位置。因为这个问题已经由先帝克劳狄乌斯二世开了个好头，接下来应该继续沿用先帝的方法，将之前取得的战果善加利用，就是最好的办法。

但是奥勒良在这个时候在战略上犯了一个错误，那就是在蛮族入侵的时候他没有选择第一时间迎击，而准备等对方带着掠夺来的战利品而行动缓慢时，在对方返回的路上进行伏击。

可是当时入侵的汪达尔人似乎不知道通过什么方法得知了罗马军队的伏击计划，于是他们将掠夺来的战利品和俘虏全部集中存放在意大利北部的某处，然后留下一部分人防守，其余的全部军队则继续沿着意大利半岛南下。

从意大利北部的皮亚琴察到中部的里米尼，汪达尔人的大军势如破竹般穿过埃米利亚大道，一路上没有遭到任何抵抗。帕尔马、摩德纳、博洛尼亚以及埃米利亚大道的终点里米尼，一路上的所有城市都没有逃过蛮族的烧杀抢掠。这一惨剧又继续沿着亚得里亚海南下持续到法诺。而从法诺沿着弗拉米尼亚大道就可以直达首都罗马。

感觉到后院起火的奥勒良，终于在法诺进入弗拉米尼亚大道的入口处附近追上了蛮族的部队。双方的骑兵以梅托罗河注入亚得里亚海的入海口附近为战场展开激战。

奥勒良取得了这场战斗的胜利。虽然罗马军队大获全胜，但因为敌人都是骑兵部队，所以也让他们逃掉了不少。不过这时的蛮族已经无心恋战，只想着尽早逃回多瑙河北部。而奥勒良的脑海里也只有将敌人一鼓作气彻底消灭这唯一的想法。最终双方在米兰以南 30 公里处的帕维亚展开决战。在这场战斗中失败的汪达尔人被奥勒良全部歼灭，没有一个人活着逃回他们的故乡。

虽然奥勒良击败了入侵的汪达尔人，但是之前在描写罗马帝国与蛮族之间的交战时从来都不用打开意大利的地图，结果到了公元 3 世纪后期的时候，意大利的地图也不得不被打开了。这就是历史上说的“3 世纪危机”的真实体现。

身在首都的元老院元老也被这次事件震惊，他们不由得想起 500 年前汉尼拔兵临城下的往事，甚至祈求西比拉的预言来拯救自己。但是，当他们得知入侵的蛮族已经被击败的消息之后，前一秒还因为恐惧而瑟瑟发抖的元老院元老的态度一下子发生了一百八十度的转变。对让蛮族侵入意大利中部地区的皇帝奥勒良的批评声一下子甚嚣尘上。

这件事一直持续了很久也没有平息下来，因为皇帝加里恩努斯的法令而被从军务中彻底赶出来的元老院元老们，对于军人出身的皇帝一直都抱有成见。从此与军事无缘的元老们，一方面十分享受在首都罗马舒适而安全的生活，另一方面也对从他们手中夺走实权的军队持有某种难以名状的想法。这些曾经代表着罗马社会统治者阶级的元老院元老，现在已经失去了实际的权力，而成了一群批评家。在这些批评家的眼里，皇帝就相当于他们雇用来的佣兵部队的队长。因此，让蛮族侵入意大利本土的中部地区，就是这些负责保护国家安全的佣兵的失职，对奥勒良的批评之声也是由此而来。

因为元老院的这种态度，军人皇帝们自然对元老院也没有什么好印象。先帝克劳狄乌斯二世写给元老院的报告还有遗留下来的，到了奥勒良这里却连一份报告都找不到。实际上奥勒良应该也写过报告，只不过是否会在史料上留下记载就是一个概率的问题了。不过我们也完全有理由相信，奥勒良没有像先帝克劳狄乌斯二世那样经常性地向元老院提交报告，而且奥勒留在成功地彻底击败蛮族之后首次以皇帝的身份回到首都罗马时，立刻强行颁布了两项十分刺激元老院元老神经的政策：

第一，货币改革政策。

第二，决定在首都罗马周围建设一道新的城墙。

但是，这在当时看上去必须尽快解决的两件事，为什么会刺激到元老院元老们的神经呢?

首先我们来看货币改革，这并不是一项从头开始的彻底改革，换句话说，这只是一项针对铸币的违法行为进行的改革。

货币的发行权

罗马帝国的货币制度是由开国皇帝奥古斯都确立的，他将奥里斯金币、第纳尔银币以及塞斯特斯铜币作为罗马帝国的基本货币，其中金币与银币的发行权属于皇帝，元老院则拥有铜币的发行权。在随后的290年间，金币和银币一直在高卢的里昂进行铸造，铜币则在首都罗马进行铸造。

公元260年，因为皇帝瓦勒良被波斯国王俘虏，导致帝国陷入一片混乱，高卢帝国趁机崛起，从罗马帝国中分离出去，位于高卢境内的里昂也脱离了罗马帝国的控制。无法继续在里昂进行货币铸造的罗马帝国，只好将金币和银币的铸造也放在首都罗马进行。当时，身为金币、银币铸造最高负责人的皇帝加里恩努斯因为忙于抵御蛮族的入侵而没有时间回到首都罗马，在加里恩努斯之后继位的皇帝克劳狄乌斯二世也同样专心于击退蛮族，还没来得及回到首都便结束了他短短一年半的统治。结果在公元260年到270年这10年间，金币、银币以及铜币全部在首都罗马进行铸造，而货币铸造的管理权实际上都掌握在执政官的手中。至于每年的执政官，则都是由元老院元老互相选举产生的。

虽说让敌人入侵到弗拉米尼亚大道的入口，奥勒良皇帝还是成功地击退了敌人，迫使其退回多瑙河以北。当奥勒良回到首都罗马之后，首先开始着手处理货币铸造人员的违法行为。当时金币的重量大幅减少，银币中的含银量也降低到5%，皇帝声称这些问题都与铸造者的违法行为有关。不过这些铸造厂的负责人从姓名上来看都属于希腊系，因此他们应该是获得了罗马公民权的解放奴隶阶级。这些社会地位低下的人不可能有那么大的胆量敢于在铸造货币的过程中私自克扣金银含量。因此，皇帝改革的矛头，实际上指向的是那些在背后支持这些铸造者做出违法行为的元老院元老。但是苦于没有确凿的证据，所以奥勒良只能惩罚那些货币铸造厂负责人以下的工人。

工人们为了表示抗议而举行了大规模的罢工，甚至还占领了罗马七丘之一的阿文庭山。

皇帝奥勒良用自己的权力对此做出了回应。据说有7 000人牺牲于罗马骑兵的铁蹄之下。

货币铸造厂的工人们远远没有7 000人这么多。之所以会有如此多的抗议群众，恐怕是因为那些唆使他们罢工的元老院元老把自己家里的用人也派遣过去以壮声势了吧。

虽然正如我上文所说，并没有确凿的证据表明这件事和元老院有关，但是银币从纯银变成镀银的现状，真实地反映出罗马帝国当时国家经济的状况已经不容乐观。即便是对罢工活动进行残酷镇压的奥勒良，也不得不承认这个事实，所以他对帝国的货币政策只进行了些许的改变。因为他知道，要想恢复从前含银量100%的货币状态，唯一的办法就是解决罗马帝国境内耕地大量荒废的问题。而要想实现这一点，只有将蛮族彻底赶出国界之外才行。

奥勒良属于那种不管是对自己还是对他人都十分严格的统治者，

所以即便没有证据，他也仍然不会就这样放弃对元老院的惩罚。因为这才是奥勒良提出货币改革的真正目的。

第一，金币的重量恢复到公元 260 年以前的 6.5 克。

第二，作为银本位制的罗马帝国最重要货币的银币，含银量维持现状 5% 不变。但是银币的重量要恢复到开国皇帝奥古斯都规定的 3.9 克。

第三，由于银币的价值大幅下跌，铜币没有继续存在的必要，因此塞斯特斯铜币从此以后全面停止发行。

这在金融方面可以说得上是非常正确的选择。毕竟当年银币重 3.9 克，含银量是 100%。也只有在纯银的状态下，1 枚银币兑换 4 枚铜币的等值关系才得以成立。而当银币的含银量降低到 5% 之后，想要维持 1 枚金币兑换 25 枚银币的等值关系已经是不可能的了。

虽然奥勒良的货币改革政策在金融角度上来说属于唯一的办法，不过在政治角度上来说并没有那么简单。

塞斯特斯铜币的正面一般都雕刻有当时皇帝的侧脸，背面则雕刻着那位皇帝值得纪念的丰功伟绩，比如哈德良铜币的背面雕刻的就是他在多瑙河两岸修建的大桥的落成纪念。另外在硬币的背面还刻有“S”和“C”的字样。这是“Senatus Consulto”的缩写，翻译过来就是“元老院发行”的意思。

曾经有位英国学者将罗马帝国称为联邦制国家，因为罗马承认全国绝大多数地区的地方自治。罗马不仅承认各地在内政层面上的自治，像雅典那样对人类历史做出卓越贡献的城市，罗马人甚至还赋予它们发行自己货币的权力，以此来延续它们的民族自豪感。对于其他同盟国和附属国，罗马帝国也承认它们的货币发行权。身为盟主的罗马帝国并没有将其控制下的所有国家货币全部统一为罗马货币，而是保存

元老院发行的铜币（哈德良时期）

了它们各自的货币，仅仅将罗马货币作为基准货币，稳定相互之间的兑换价值。这就是开国皇帝奥古斯都在确立罗马帝国货币制度时的想法。罗马帝国之所以在全国各地都设有货币兑换站，就是这个原因。

综上所述，货币的发行权并不仅仅是一个金融问题。彻底取消铜币的发行，也就意味着奥勒良从元老院手中夺走了从皇帝奥古斯都以来保持了300年的铜币发行权。从此以后，雕刻着“S”和“C”字样的货币便彻底从罗马帝国消失了。不知道元老院的元老们在为这项政策投赞成票的时候，究竟心里是何滋味。

奥勒良城墙

在首都罗马周围建设一道新的城墙，使每个人都切身地感受到了时代的变化，曾经的“罗马统治下的和平”已经一去不复返了。

罗马王国第六位国王塞尔维乌斯修建的“Murus Servii”（塞尔维乌斯城墙），曾经保护了罗马城区500余年。在其建成500年后的公元前1世纪中期，被尤里乌斯·恺撒拆除。恺撒之所以想要拆除这道城墙，是因为其影响到他对首都罗马的扩建工程，但是对于这座保存了500余年并且已经深入人心的历史文物，想要将其拆除必须有一个更加冠冕堂皇的理由。于是恺撒以罗马帝国的“防线”已经很好地起到了保护首都罗马的作用为由，声称首都罗马周围已经不再需要城墙的保护。而随后的“罗马统治下的和平”也切实地证明了恺撒的说法并非谎言。不过恺撒并没有将塞尔维乌斯城墙全部破坏。虽然他只摧毁了妨碍扩建的地方，但遭到破坏后的城墙实际上就已经失去防御的意义，于是在随后的建设中城墙被不断地拆除，现在只有在“终点站”前的广场和其他几个地方还留有遗迹。居住在首都罗马的公民们享受了整整300年没有城墙的和平生活。

但是，到了公元3世纪中期，罗马帝国境内的其他城市和街道都被城墙保护起来，首都罗马自然也不会例外。不过在没有城墙的这300年间，首都罗马已经比之前扩大了许多倍。所以新建的城墙也必须将整个罗马都包围在其中。

这座始建于公元271年，总共用了6年时间才完工的城墙，按照罗马帝国的传统，以公共建设发起者的名字命名为“Murus Aureliani”（奥勒良城墙）。城墙全长19公里，平均高达6米，厚3.5米，总共拥有18座城门，并且在各个重要位置设有碉堡，具有典型的防御性城墙特征。因为在随后的很长一段时间里罗马帝国一直都处于内忧外患的困境之中，所以罗马人民也丝毫不敢怠慢对这座城墙的修复工作，于是在时隔1 700多年以后，这座早已成为历史遗迹的城墙仍然有很大一部分被完好地保留了下来。即便如此，在地理位置上位

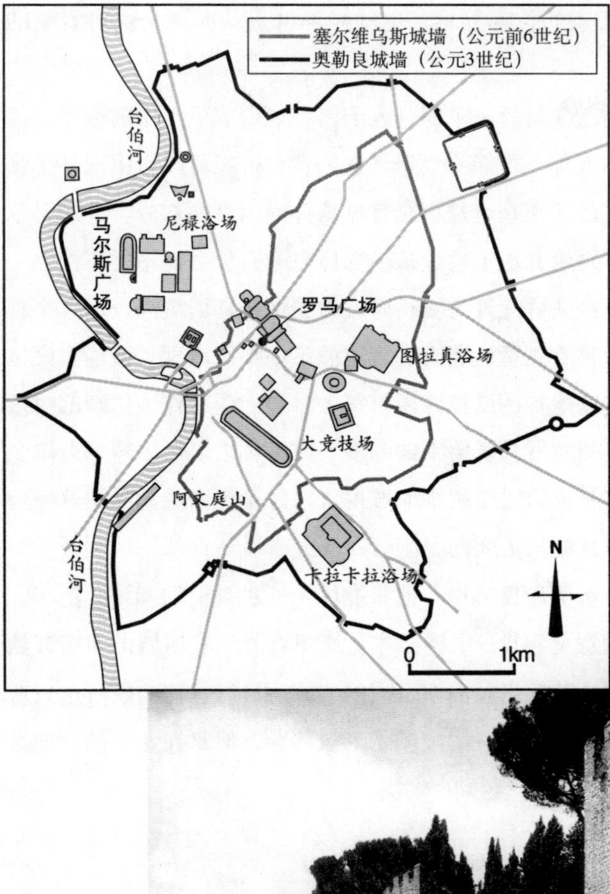

罗马的两座城墙

现在仍然随处可见的奥勒良城墙残段

于罗马帝国中心点的首都罗马，也已经不再是从前那个绝对安全的地方了。

外部环境的改变对每一个罗马人的内心也造成了不小的影响，每一个看到城墙的人都不可能不意识到这一点。曾经可以自由向外扩张的罗马市居住区域，现在也被奥勒良城墙分为内外两部分。分散于罗马郊外的富人区别墅，也不再像从前那样完全开放，而不得不建立一些防御措施。经济条件允许的富裕阶级纷纷选择移居城内，而这个现象在那些比较容易遭到蛮族袭击的行省城市中早已出现。就连农民也纷纷转移到有城墙保护的城镇之内，每天早晨出门耕作，傍晚的时候回到城里休息。当“罗马统治下的和平”成为过去之后，罗马帝国全境都开始出现郊外人口过于稀少而城内人口过于稠密的现象。这一现象成为助长基督教势力扩大的温床。

但是对于皇帝奥勒良来说，他只能优先解决眼前的问题，至于元老院对此提出的意见和批评，他根本就毫不在意。在城墙的建造开始之后，奥勒良便从首都出发前往帝国的北方边境。在他的脑海里只有接下来该做的第二件事——解决帕尔米拉问题。但是在此之前，他必须将多瑙河防线附近的问题彻底解决。

放弃达契亚行省

皇帝奥勒良与公元 3 世纪罗马帝国的其他皇帝相比最大的特点在于，在处理任何事情上都以“速攻”见长。之前所说的国内政治问题，他仅仅用了不到两个月的时间便基本搞定，至于接下来要说的多瑙河防线问题，他也只用了不到半年的时间就确立下来。当然，与蛮族之间的策略和国内政治的做法是完全不同的。针对于此，奥勒良的战略基本上按照如下的顺序进行：

一、首先采取积极的进攻，给予蛮族彻底的打击。

二、在对蛮族造成沉重打击之后，等待陷入劣势的蛮族提出媾和。

三、用非常威严的舞台场面来迎接那些前来提出媾和的部族首领。具体来说，就是奥勒留身着罗马帝国皇帝的正式军装伫立在舞台中央，在他的身后，与蛮族作战并取得辉煌胜利的历代皇帝的大理石雕像呈半圆形排列开来。雕像左右站满全副武装的将军，身后是他麾下的重装步兵和骑兵，每名士兵的手中都高举着代表他们军团的银鹫旗。总之，这场面看起来绝对不像是和谈会场。

四、在前来媾和的蛮族代表被如此威严的场面压倒之时，以尽可能对罗马帝国有利的条件来达成和约。

不过奥勒良也没有忘记给蛮族留面子。这就是罗马人最擅长的“胜而让步”政策。

在与蛮族签订和约之后，奥勒良决定从达契亚行省撤军，将这一地区让给哥特人。罗马帝国在图拉真征服达契亚建立行省165年之后，再次失去了对达契亚的统治。位于多瑙河下游北岸的达契亚，就像是一个巨大的桥头堡一样深入蛮族腹地。奥勒良深知以罗马帝国的现状无法继续统治这一地区，进入公元3世纪中期之后的事实已经证明，仅仅依靠常驻达契亚的2个军团根本无法完成他们的防卫任务。之前的皇帝之所以不敢放弃达契亚行省，是害怕因此失去公民的信任，一不小心还会丢了小命。但是奥勒良毫不犹豫地做出了这一决定。

驻扎在达契亚行省各处的罗马军队以及市政负责人全部撤出达契亚，返回多瑙河南岸。当地居民可以自由选择是继续留在达契亚，还

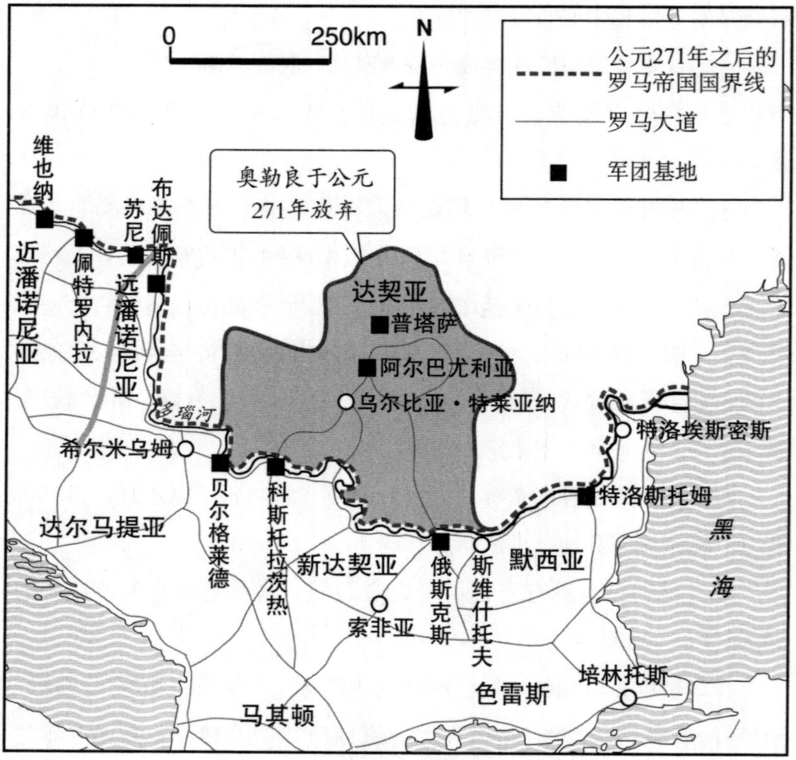

达契亚及其周边

是移居到罗马境内。虽然有很多人都移居到了多瑙河南岸，但是据说决定留下来的罗马人也不少。毕竟刚刚从罗马帝国手中接过达契亚地区的哥特人缺乏对这里的统治经验，所以当地居民对于哥特人来说也是非常宝贵的人才资源。虽然我们不知道皇帝奥勒良与哥特人之间围绕着达契亚问题究竟签订了怎样的协议，但是因为事件发生当时没有出现任何的混乱局面，由此可见罗马从达契亚的撤退并没有引发什么深刻的社会问题。

但是奥勒良并没有单纯地从这里撤军。他从多瑙河下游南岸广阔的默西亚行省、西部的达尔马提亚行省以及南部的色雷斯行省各自分出一部分，建立了一个新的达契亚行省。将从达契亚撤退出来的 2 个军团安置在这里。新达契亚行省的首府塞迪卡就是现在保加利亚的首都索非亚。这样一来，奥勒良就在多瑙河的下游用默西亚与新达契亚组成了防线上的双保险。

从达契亚撤军的罗马帝国与进入达契亚的哥特人之间仅仅一河之隔，但是这两股势力之间并非敌对关系，在某种意义上来说甚至还保持着友好的关系。我之所以会这么认为，是因为以下两个理由：

第一，在 200 年后导致罗马帝国灭亡的蛮族大入侵时代，只有达契亚的蛮族没有南下进攻。

第二，古代达契亚相当于现在的罗马尼亚，而罗马尼亚语和意大利语、法语以及西班牙语一样都同属拉丁语系。但是意大利属于罗马帝国本土，法国及西班牙则直到罗马帝国终结是一直属于罗马帝国的行省，罗马尼亚显然与上述情况都不相符。罗马尼亚成为罗马帝国行省的时间比法国和西班牙都要晚，脱离罗马帝国的时间却比法国和西班牙早。但是即便如此，罗马尼亚语仍然属于拉丁语系。如果你懂得意大利语的话，那么就能够理解一大半的罗马尼亚语。

从公元 106 年皇帝图拉真征服达契亚开始，直到公元 271 年奥勒良放弃达契亚的短短 165 年时间里，达契亚能够和罗马帝国建立如此根深蒂固的联系吗？因此，我认为在罗马帝国撤出达契亚的时候，选择继续留在当地的罗马公民一定为数不少，而从此之后双方之间的关系一定也十分密切，毕竟他们拥有共同的语言和习惯。

既然皇帝奥勒良从达契亚行省撤退的决定在政策层面上取得了成

功，那么将其作为长久性的政策又将如何呢？关于这个问题的答案并没有那么简单。之所以这么说，是因为在日耳曼民族中并不只有哥特人，而且在哥特人中也有不满足于农耕生活、渴望其他生活模式的部族。

总之，在解决了帝国北方多瑙河防线的问题之后，奥勒良终于可以把注意力放在帝国的东部。公元 271 年夏季还没结束的时候，皇帝已经率军向东方进发，“速攻”特色一如既往。

帕尔米拉女王芝诺比阿

自从公元 260 年皇帝瓦勒良被波斯国王俘虏以后，就再没有一位罗马皇帝越过赫勒斯滂海峡踏足亚细亚的土地。加里恩努斯和克劳狄乌斯二世都忙于应对西方的蛮族，根本无暇顾及原本只是一个商业都市的帕尔米拉在帝国东方的势力扩张。从公元 260 年到 270 年的这 10 年间，帝国东方基本处于搁置的状态。逐渐地，帕尔米拉的女王芝诺比阿开始对罗马帝国产生轻蔑的心理，认为即便在军事上也能够战胜对方。

与奥勒良一同前往东方的军队，被认为是他从多瑙河防线选拔出来的精锐骑兵，因为他们在行军速度上非常迅速。

进入小亚细亚之后，奥勒良率领的军队立即向被帕尔米拉统治了 10 年的地区进发。罗马军队首先一路向东，直到抵达安基拉（现在土耳其的首都安卡拉）为止，都没有遇到任何帕尔米拉的军队。不仅如此，当地的居民还纷纷打开城门欢迎罗马皇帝与军队的到来。一路畅通无阻的奥勒良率军从安卡拉转道向东南方向前进，来到位于小亚细亚与叙利亚交界处的托罗斯山脉，结果罗马军队却出人意料地在迪亚纳遭到了当地居民的抵抗。

奥勒良当机立断包围了迪亚纳，开始进行攻城战。迪亚纳仅仅是当地的一座小城，帕尔米拉甚至没有派遣援军前来支援。结果不出数日，因为自己的冲动之举而感到后悔的居民便打开城门宣布投降。不过奥勒良并没有对迪亚纳进行任何的掠夺和破坏，也没有对当地的居民进行任何惩罚。这实际上是奥勒良向其他处于帕尔米拉统治下的地区居民发出的一个信息，他对迪亚纳的宽大处理，也比罗马军队更早越过托罗斯山脉，传遍了10年来帕尔米拉统治下的帝国东方地区。本应在这个时候改变战略却没有那么做的芝诺比阿，大概是唯一没有理解这个信息含义的人。

女性执掌国政的事例在历史上来看大多出现于东方，因为东方国家在政治体制上拥有非常悠久的君主专制传统。不过，同样是女性执掌政权，也分为在傀儡统治者身后垂帘听政以及亲自出面执掌大权两种类型。克娄巴特拉可以说是后者的典型，而以克娄巴特拉为自己榜样的芝诺比阿也同样属于后者。

芝诺比阿在方方面面的表现都和男人毫无二致。她热衷于骑马狩猎，战斗时亲自披甲上阵，从不缺席任何一次政治场合，还经常和招聘来的希腊教师探讨关于希腊哲学与希腊悲剧的问题。除了喜爱珠宝饰品这个东方女性共同的特点之外，芝诺比阿在各个方面都与男性的君主毫无二致。虽然帕尔米拉名义上的统治者是她的儿子瓦巴拉图斯，但实际上每个人都知道芝诺比阿才是真正意义上的统治者，她本人对此也毫不掩饰。

支持芝诺比阿统治的，是他的亡夫奥迪纳图斯生前培养出来的帕尔米拉军队。帕尔米拉原本只是一座商业都市，并没有组建军队的传统。所谓的帕尔米拉军队，最开始只是通过经商积累下来大量财富的帕尔米拉花钱招来的雇佣兵而已。不过因为奥迪纳图斯的英勇战斗取得的辉煌战绩，吸引了很多罗马帝国屯驻在东方的军团兵加入帕尔米拉军队。

芝诺比阿手下拥有的就是这样一批军队。在她控制了帝国东方的全部区域之后，就相当于掌握了帝国东方的经济力量，而罗马帝国东方的经济实力一直凌驾于西方之上。她之所以不畏惧皇帝奥勒良的进攻，就是因为她清楚自己在经济实力上处于优势地位。她坚信只要有钱，就有源源不断的士兵。同时芝诺比阿的自信也并非毫无根据。帕尔米拉军队的主力是和波斯军队一样的重装骑兵，装饰着黄金盔甲的战马和骑士，仅仅从军装的华丽程度上就足以压倒对手。

另外，芝诺比阿在战略层面上也表现出非常强大的控制欲。虽然指挥实战的将军是希腊人，但在何时、何地开始战斗，完全要由她的判断来决定。

在越过托罗斯山脉之后，奥勒良给芝诺比阿送去一封书信：

刚刚继位罗马帝国皇帝不久，决心光复帝国东方领土的奥勒良，致书芝诺比阿以及她身边的军事同盟者：

我向你们下达的这项命令，本应由你们主动提出，因你们没有那样做，所以只好由我亲自下令。

我命令你们即刻解除武装，开城投降。若你们遵从，我可保你们性命无虞。尤其是芝诺比阿，我与罗马元老院将为其安排一个合适的地方，保证她和她的家人及亲友以及用人们都能安度余生。但是芝诺比阿拥有的金银珠宝及其他一切财物都将收归罗马帝国所有。此外，帕尔米拉的市民们从今往后仍然享有一切罗马帝国到目前为止对你们提供的权利。

对于这封书信，芝诺比阿的回信如下：

东方女王芝诺比阿，致书罗马皇帝奥勒良：

至今为止，尚无人敢于像阁下一样对我提出这样的要求。若阁下身为一名战士，应知此事非由书信决定，而应于战场之上一较高下，胜者为王。你劝我不战而降，岂不知宁死不肯使自己名誉受辱的克娄巴特拉的往事？

我已得到波斯援军，不日即可抵达。阿拉伯人与亚美尼亚人皆已与我结盟。从叙利亚沙漠中赶来的贝都因人，想必也正令贵军烦恼不已吧。

阁下尚需何等情报？若知我方援军正从三方赶来，阁下必然不会如此傲慢，仿佛已经将胜利收入囊中一般劝我投降了吧。

公元272年，双方之间的战斗不可避免地展开了。因为帕尔米拉军队的主要战斗力量是重装骑兵，所以芝诺比阿将战场选择在安提阿北部不远处的欧罗登斯河平原上。

第一战

虽然现在被土耳其人称为安塔基亚的这个地方，只是叙利亚与土耳其国界附近的一个小城市，但是在古罗马时期，这个被称为安提阿的地方是帝国东方与埃及的亚历山大港齐名的地中海世界代表性的大都市。安提阿的城区位于欧罗登斯河的东南部，这条全长20公里最终注入地中海的河流，在当时具有充分的航运条件。自古以来便是东西方物产集散地的安提阿，在中世纪以后逐渐衰落下去的原因，就是欧罗登斯河的河道变浅，不再适宜货船航行所致。

芝诺比阿之所以没有在大都市安提阿进行防守，而是与罗马军队在郊外的平原地带进行会战，从某种原因上来说也是迫不得已的选择。

在得知奥勒良对迪亚纳居民的宽大政策之后，安提阿的居民顿时对自己这10年来屈服于帕尔米拉统治之下的做法感到十分后悔。他们对芝诺比阿以及帕尔米拉军队的态度也开始变得冷漠起来。芝诺比阿知道安提阿现在已经靠不住了，而且她热切盼望的波斯援军也迟迟没有出现。不仅如此，约定好的亚美尼亚人和阿拉伯人都没有赶来。唯一出兵支援的贝都因人仅仅对罗马军队发动了一次袭击，结果却以失败收场。几乎与此同时，曾经活捉了罗马皇帝瓦勒良的波斯国王沙普尔一世也与世长辞。对于这个连奥勒良都知道的情报，如果芝诺比阿不知道的话，那么这位“东方女王”在战斗方面的信息就未免太闭塞了。因为援军不知何时才能到来，芝诺比阿只能在安提阿郊外与罗马军队一决胜负，而她唯一能够依赖的只有自己的重装骑兵。

双方在欧罗登斯河的两岸拉开阵势。位于帕尔米拉军队正中央位置的中枢主力重装骑兵军团即便在河对面，看上去仍然显得威风凛凛。骑兵出身的奥勒良亲自出现在罗马军队的最前方。战斗在罗马骑兵越过欧罗登斯河的同时展开。

但是越过欧罗登斯河的罗马骑兵只有十几人，而且当他们看到帕尔米拉的骑兵迎面冲来之后，这十几名罗马骑兵就好像被帕尔米拉骑兵的气势压倒一般，仓皇地掉转马头向回逃去。

帕尔米拉骑兵在逃跑的罗马骑兵身后紧追不舍。对于身为罗马全军总指挥的皇帝奥勒良来说，能否抓住那转瞬即逝的战机就是这场战役取胜的关键。而他所等待的时机，就是帕尔米拉的重装骑兵在追赶罗马轻骑兵的过程中，骑士和战马都显露出疲态的时候。

奥勒良一声令下，罗马的骑兵部队转身向一直穷追不舍的帕尔米拉骑兵发动了反击。与此同时，一直在附近高地待命的罗马步兵部队也出现在帕尔米拉骑兵部队的左右两侧。面对突然被敌人三方面包围的情况，正在追击中的帕尔米拉重装骑兵无法及时掉转方向，转眼间便遭到罗马军队的围剿。只有位于队伍后方的骑兵在唯一没有被围住的出口逃出，并且一路向欧罗登斯河对面的己方阵地逃去。

虽然并没有全歼帕尔米拉军队，但罗马军队已经很明显地获得了这场战斗的胜利。作为帕尔米拉军队主要战斗力的从波斯雇用来的重装骑兵，被罗马军队消灭了三分之二。在得知这场战斗的结果之后，那些被雇用来的步兵都因为恐惧而不顾佣兵的约定，纷纷四散而逃。不得不承认失败的芝诺比阿知道自己已经失去了安提阿居民的支持，只能率领残余的部队退回位于安提阿以南 200 公里的埃梅萨，并且打算将这里作为她与奥勒良交手的第二战场。

获得第一战胜利的奥勒良率领全军进驻安提阿。当地居民对时隔 12 年之久的皇帝再次驾临表示热烈的欢迎。而对于安提阿这 12 年来对罗马帝国的背叛，皇帝以安提阿也是迫于无奈的选择为由，并没有对其做出任何惩罚。从此以后，安提阿便不是帕尔米拉王国的主要都市，而是以罗马帝国东方代表性城市的身份重新华美地绽放。

这座堪称国际性都市的大城市，由希腊人、犹太人以及其他东方各个民族的居民组成。不仅如此，这里还有许多在当时不断增加的基督教徒。虽然奥勒良在安提阿逗留的时间并不长，但是有很多事情有待他来做出裁决。其中之一就有居住在安提阿的基督教徒们恳请他来帮助解决的一个争论。

罗马皇帝奥勒良将产生纠纷的两派代表叫到自己的面前。双方争论的焦点在于基督教之中，罗马主教和安提阿主教哪一个的地位更高。基督教徒非常热心于向将他们统一起来的教会组织捐款，并且以此作为自己与拥有其他宗教信仰之人的不同之处。因此，决定谁是组织中最高级别的主教，就相当于决定一个拥有分配捐款权力的主教。只怕在公元 3 世纪已经过去四分之三的这个时候，安提阿主教的信徒数以及捐款数量都要远远高出罗马主教。

但是被请求帮助解决这一问题的皇帝奥勒良，不知是根据何种判断基准，做出罗马主教是基督教最高主教的裁决。虽然这个问题成为后世基督教内部一个非常重要的争论话题，但是根据奥勒良当时的裁决，罗马主教拥有比安提阿、亚历山大港以及迦太基的主教都高的地位。耐人寻味的是，这一决定并不是由基督教徒做出的，而是由被基督教视为异教徒的罗马皇帝做出的。顺便说一句，现代的罗马教皇也必须以罗马的主教为最优先人选。

奥勒良本身大概是受母亲的影响，信奉太阳神。但同时，他也是一个支持多神教的古代人。古代人大多认为信仰是个人的自由，而且对于别人的信仰一向持宽容的态度。

第二战

皇帝奥勒良与女王芝诺比阿之间的第二战在埃梅萨的郊外展开。芝诺比阿仍然以重装骑兵为主，但是奥勒良并没有使用和上次同样的战术。这次他派出罗马步兵与帕尔米拉的重装骑兵相抗衡。不过这些罗马步兵的手中并没有他们传统的长枪和罗马短剑，取而代之的却是又粗又长的棍棒。

轻骑兵一般用弓箭来作为武器，重装骑兵则多以长枪和长剑来作为武器。也就是说，重装骑兵只有在接近对手的时候才能够发挥他们的战斗力。而罗马的步兵们则遵照奥勒良的命令，一直等待敌军的骑兵来到非常近的距离之后才开始行动。步兵队长看准时机一声令下，罗马步兵一齐用棍棒向重装骑兵的马腿打去。马匹被打翻在地以后，因为浑身披满沉重的铠甲，不管是战马还是上面的骑士都难以起身。趁此机会，罗马步兵将手中的棍棒换成长枪和短剑，向倒在地上的帕尔米拉骑兵发起攻击。这次，没有一人幸免于难，就连芝诺比阿的儿子，帕尔米拉王国的国王瓦巴拉图斯都在这场战役中身亡。毫无疑问，罗马军队取得了最后的胜利。连续遭遇两次惨败的芝诺比阿，只有逃回故乡帕尔米拉这唯一的选择。

帕尔米拉攻防战

芝诺比阿以及她手下由希腊人组成的重臣们，对在叙利亚沙漠正中央的帕尔米拉进行攻防战，具有很强的信心。位于地中海与幼发拉底河中间的帕尔米拉，与安提阿和埃梅萨相比，距离波斯的领土更为接近。他们坚信曾经成功俘虏了罗马皇帝瓦勒良的波斯人，在面对10年后攻打帕尔米拉的罗马皇帝时，一定会派遣军队前来支援。况且罗马军队也不可能不忌惮波斯方面的动向，所以只要帕尔米拉能够抵挡住对方的围攻，那么罗马军队早晚会撤军。

对于芝诺比阿来说，坚守帕尔米拉还有另外一个优势，那就是帕尔米拉在地理位置上被沙漠包围。罗马军队要想围攻帕尔米拉，只能依靠安提阿的补给。但是这条补给线太长，而且补给线越长，其效率

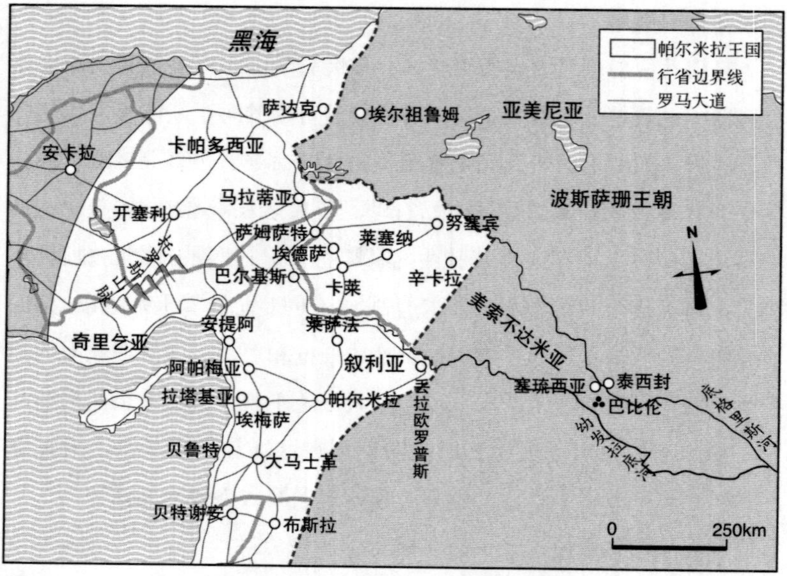

公元 270 年左右的美索不达米亚及其周边

就越低。最终，补给难以为继的罗马军队只能放弃包围，无奈撤军。总之，帕尔米拉能够在罗马军队的围攻中坚持多久就是问题的关键。而当时的帕尔米拉城中储备了大量物资，足以应对长时间的包围。

准备对帕尔米拉发动攻击的奥勒良也将全部精力都放在了安提阿的后方支援上，他在写给自己最信赖的秘书官姆卡波勒斯的信中向对方吐露了自己的心声：

> 在首都的那群家伙，似乎在嘲笑我身为罗马皇帝竟然向一个女人宣战。看样子，他们以为这是一个男人与一个女人之间赤手空拳的肉搏。但实际上我并不是在和女人战斗，我的对手是全副

武装的正规军队，只不过他们的首领是一个勇气不输于男人的女人。但是这种情况会对其他人造成影响，很多人一听说对方是个女人就会产生同情的心理。

帕尔米拉军队使用的弓箭、投石器、标枪性能之精良，我几乎无法用语言来形容。在他们的城墙上，满满地排列着数不清的大型投石器，这些投石器连续不断地向我们投出巨石。有时这些大型投石器还会投出燃烧着的炮弹，一旦落地，周围全部化作一片火海。

除此之外，我也没什么好说的了。即便芝诺比阿的内心深处仍然拥有女性的恐惧，但是当她站在阵前的时候，却比任何一个男人都更加勇猛。在给予她惩罚之时，应该也考虑到这一点吧。

我坚信最后的胜利一定是属于我们的。诸神总是赐予我们罗马人无穷的力量。这次也一定会帮助罗马帝国再次复兴！

当然奥勒良不会将胜利的希望完全寄托在诸神的身上，同时他也深知仅仅依靠安提阿的补给，会使补给线过于狭长。于是他在围攻帕尔米拉之前，首先将补给基地分散到战场附近的许多地方。以帕尔米拉为中心，罗马的大道联结着西南的大马士革、西方的埃梅萨、北方的莱萨法以及东方的丢拉欧罗普斯。位于幼发拉底河防线附近的这些罗马帝国东方城市，和帕尔米拉一样都属于通商城市，奥勒良就在这里建立起罗马军队的补给网络。这些城市的居民主要由希腊人组成，因为罗马帝国之前就给予他们很大程度的自治权，所以即便在失去控制 10 年以后，罗马帝国仍然很容易地重新接管这些地方。而这些城市的居民对于自己能够向罗马军队提供补给都感到十分荣幸。这一点也是芝诺比阿始料不及的。

这样一来，即便在沙漠中央，罗马军队“以兵站取胜”的传统战斗模式仍然得以顺利进行，因此，奥勒良率领的罗马军队的攻势丝毫不见减弱的迹象。结果帕尔米拉的居民纷纷开始动摇起来，他们原本就是一群商人，而商人都是非常现实的。支持芝诺比阿的市民一天比一天减少。

面对如此情景，这位“东方女王”也开始绝望起来。眼见坚守无望，她只能带着重臣连夜逃出城去。从她向东逃跑的线路来看，大概是打算请求波斯国王的帮助吧。但是她还没逃出多远，就被追来的罗马骑兵包围。得知芝诺比阿被捕的帕尔米拉居民主动打开城门迎接罗马军队的到来。

芝诺比阿的亡夫和她的儿子都曾经被皇帝加里恩努斯授予“罗马东方总司令”的称号。也就是说，他们是负责罗马帝国东方防御任务的总负责人。而身为东方长官的他们对罗马皇帝刀剑相向，是很明显的反叛之罪。于是被逮捕的芝诺比阿及其手下重臣们都被带到皇帝奥勒良的面前接受审判。

在接受审判时，芝诺比阿的行为暴露了她到底不是克娄巴特拉。她将反叛的责任全部转嫁到重臣们的身上，她坚持声称自己是被大臣们欺骗了，只是被那些大臣的野心利用的牺牲品。

奥勒良当然不可能相信芝诺比阿的狡辩。不过罗马自古以来就对那些不会对罗马造成威胁的人给予宽大处理，即便这个人是敌国的君主也不会处以死刑。因此，奥勒良仅仅处死了帕尔米拉的重臣们，而将芝诺比阿活着带回意大利。

时隔10余年终于解决了帕尔米拉问题的奥勒良，为了能够尽快去处理其他事务，不愿意继续在这里浪费时间。于是他在重新恢复了帝国对埃及的统治权之后，便将东方的防御任务交给他的副将普罗布斯，自己率军向西方进发。他没有对帕尔米拉的居民做出任何的惩罚，仅仅以防御部队的名义，命令600名士兵屯驻下来。

但是帕尔米拉人错误地理解了奥勒良的宽大政策。他们在皇帝的军队离开之后，杀害了屯驻于此的600名士兵，并且宣布从罗马帝国中独立。

已经翻越了托罗斯山脉的奥勒良在得知这一消息后，立刻不分昼夜地赶回帕尔米拉。罗马人将“信义”二字看得比什么都重要。他们甚至将“信义”神格化，将其供奉在神殿之中。所以，对罗马人来说，不遵守约定是最为严重的罪行。

在罗马军队的猛攻之下，帕尔米拉很快便被攻陷。在此之前对投靠芝诺比阿的东方城市从来没有进行过任何惩罚的奥勒良允许罗马军队将帕尔米拉洗劫一空。帕尔米拉在此之后虽然仍然作为东西方贸易的中转站而被保留了下来，但是再也没能恢复往日的辉煌。

高卢光复

若要将三分天下的罗马帝国恢复到公元260年前的模样，那么现在只剩下高卢帝国这一个问题。奥勒良之所以不愿意在东方浪费太多时间，就是希望能够趁着收复帕尔米拉的气势，一口气解决帝国西方的问题。而转向西方的奥勒良及其罗马军队的行军速度，也丝毫不愧于“速攻奥勒良”的称号。在他沿着多瑙河防线向西进军的路上，一旦发现防线外围的蛮族有可疑的举动，便立刻毫不犹豫地投入兵力进行打击。品尝到胜利滋味的官兵们变得越发强大起来。而连战连胜的态势给罗马军队带来前所未有的士气和信心。这样一来，即便在放弃了达契亚行省之后，若用多瑙河防线作为衡量帝国安全指数的仪器时，恐怕指针会一路往合格的方向跑。随着珍惜光阴、办事有头有尾的奥勒良从多瑙河下游往上游移动，指针的高度也随之节节攀升。

对于奥勒良采取的这一系列行动，高卢帝国的皇帝泰特里库斯可以说比任何人都更加敏感。虽然这个人身为从罗马帝国分离出去的高卢帝国的皇帝，但是他的祖先世世代代都属于罗马的元老院阶级，他本人也在罗马元老院中拥有一席之地。也就是说，这个人有着非常传统的罗马人的思维方式。

泰特里库斯一定深切地感觉到皇帝奥勒良的下一个目标就是高卢帝国。同时，他也对高卢帝国存在的意义产生了怀疑。因为他出身于罗马元老院阶级，所以认为罗马帝国理所应当地应该拥有西至西班牙、东至叙利亚、北至北海、南至撒哈拉的广阔领土。而且，高卢帝国的诞生并非出于当地居民的独立愿望，只是发生在公元 260 年的那件震撼帝国全境的瓦勒良皇帝被波斯国王俘虏的大事件引发的余震之一。也就是说，高卢帝国只是在特殊环境下产生的偶然结果罢了。

公元 273 年秋，奥勒良率领的罗马帝国军队与泰特里库斯率领的高卢帝国军队，在高卢北部后来被称为香槟地区的塞纳河上游平原展开对峙。但是，就在双方决定开战的前一夜，泰特里库斯秘密造访奥勒良的营帐。双方似乎早已对这次访问做好了准备，不过两人都保守了这一秘密。

关于他们二人会谈的内容我们已经无从得知。但是会谈的结果，以高卢帝国皇帝泰特里库斯向罗马帝国皇帝奥勒良宣布投降告终。第二天一早，双方军队都按照预定计划出现在战场上，但是随后两军并没有发生交战，只有士兵们的欢呼声响彻战场。仔细想来，他们其实原本都是罗马军队中的战友。就这样，存在了14年的高卢帝国宣告终结。高卢、西班牙以及不列颠全部兵不血刃地重新回到罗马帝国的统治之下。就在奥勒良处理完这一切准备返回首都罗马之际，收到了元老院答应为他举办凯旋仪式的消息。

凯旋仪式

公元274年春，首都罗马的居民久违了的盛大凯旋仪式，伴随着和煦的春光沐浴在每一个人的身上。在庆祝的队伍中，俘虏们多姿多彩的服装样式，显示出奥勒良在面对众多民族时都取得了辉煌胜利。俘虏中包括北方的哥特人、萨尔马提亚人、法兰克人、汪达尔人、阿拉曼人，东方的大夏人、阿拉伯人、萨拉森人、帕尔米拉人以及埃及人。高卢帝国最后的皇帝泰特里库斯和他的儿子也都穿着高卢特色的民族服装，坐在敞篷马车上作为整个庆祝队伍的点缀而出现在凯旋仪式上。出席凯旋仪式的元老院元老们有不少人对与他们同样在罗马元老院拥有席位的泰特里库斯现在的模样，表现出极度的愤慨与不满。

在凯旋仪式的队伍中最引人注目的还是帕尔米拉曾经的女王芝诺比阿。她身着具有浓重东方色彩的帕尔米拉民族服装，被用黄金锁链囚禁在她最喜欢的金色敞篷马车上，而且身上还挂满了她拥有的全部首饰，因为首饰太过沉重，她保持身体的平衡都显得十分困难。

凯旋仪式的主人公当然是凯旋的将军。罗马的传统做法是凯旋将军身披大红斗篷，坐在4匹白马拉的战车上。但是奥勒良驾驶的战车前方并非白马，而是4头雄鹿。用雄鹿牵引战车原本是北方蛮族的首领在祭祀时采用的方法。但是奥勒良这样做并非为了模仿北方的蛮

帕尔米拉墓地出土的浮雕

族，而是为了证明自己凯旋仪式的真正价值，不在于收复了帕尔米拉和高卢帝国，而在于他击败了多瑙河以北频繁入侵罗马帝国的蛮族。遗憾的是，很多人并没有领会他的本意，只是为这很少见的4头威风凛凛的雄鹿一个劲地拍手喝彩。这4头雄鹿在凯旋仪式最后的祭祀典礼中被作为向卡匹托尔山上的最高神朱庇特神殿供奉的祭品而“牺牲”了。

在这些被强迫参加凯旋仪式的俘虏中，唯一牺牲的只有那4头雄鹿。而其他的俘虏甚至连牢狱之灾都得以幸免。高卢帝国最后的皇帝泰特里库斯被允许继续保有他原本就拥有的元老院席位。不仅如此，他还被任命为意大利本土某地的行政长官。他的儿子也被授予了一个

凯旋仪式上使用的战车（复制模型）

与其元老院元老儿子的身份相符的国家要职。泰特里库斯回到他加入高卢帝国之前拥有的宅邸中，并且举办了一场晚宴，皇帝奥勒良也出席了这场宴会。

奥勒良在距离首都罗马20公里之外的蒂沃利为芝诺比阿提供了一座别墅供其安度余生。虽然无法与皇帝哈德良那豪华的别墅相比，但是与首都罗马距离适中的蒂沃利，仍然是一个环境优雅、山清水秀的地方。居住在这样一座开放式的罗马别墅中，想必芝诺比阿的生活一定也是非常舒适的。关于她去世的日期没有留下任何记录。因为她自从被带到罗马之后便一直没有做出任何给人留下深刻印象的举动，所以也没有引起那些编年史作者的注意。每年从帝国国库中发放给她的生活费，非常充分地保全了她曾经身为帕尔米拉女王的颜面。与她一同被带到罗马的两个女儿，也在不久后分别嫁给了两位元老院元老为妻。由此可见，帕尔米拉王国寿命只有从公元 260 年的那场动荡局势中起算的 10 年。

帝国再次统一

正如一向对皇帝奥勒良没有什么好感的元老院不得不为他在公元 274 年举行凯旋仪式一样，奥勒良取得的成就使他有足够的资格来要求这一切。

自从皇帝瓦勒良在公元 260 年被波斯国王俘虏以来，皇帝加里恩努斯统治的 8 年再加上皇帝克劳狄乌斯二世统治的 2 年，共计 10 年的时间都没能完成的任务，奥勒良只用了短短 4 年的时间便宣告完成。元老院经过举手表决，一致通过授予其“Restitutor Orbis”的称号，意为“重建帝国的人”。

政治的世界并非座谈会会场，当权者必须用具体的行动和事实来证明他的能力。对罗马皇帝来说，最重要的一点就是能否保护罗马帝国不受外敌的侵扰。但是，如果罗马帝国各部分处于四分五裂的状态，那么帝国就无法充分地发挥其应有的功能。这就是罗马帝国的特质。

因此，皇帝奥勒良花费了 4 年时间实现的帝国再次统一，不仅仅意味着领土的回归，更意味着帝国功能的再次恢复。罗马帝国是个巨大的共同体，无论为恶为善，如果不强大，就无法发挥力量。想象一下那些遍布帝国全境的交通网络彻底瘫痪的情景，就不难理解这一点。60 岁的奥勒良虽然出生在边境的小城，或许还有蛮族的血统，但是在看透罗马帝国本质这一点上，以及为了实现具体的目标而不浪费一点时间，都堪称是一位真正的罗马人。

在举行完凯旋仪式的第二年，即公元275年，皇帝奥勒良甚至等不及春季到来，便离开了首都罗马来到帝国的北方边境。他一边视察多瑙河防线一边沿着河流向东方进发，与波斯萨珊王朝的战争就是他接下来的目标。

或许在奥勒良的心中一直没有忘记为他的恩人皇帝瓦勒良复仇这件事情。不过除此之外更重要的原因在于，曾经战胜过罗马帝国的波斯萨珊王朝对帝国东方的统治是一个很大的威胁。而且，被夹在幼发拉底河与底格里斯河之间的美索不达米亚地区北部，是否被掌握在罗马帝国的手中，也是关系到罗马帝国确立东方防线不可忽视的问题。不仅如此，波斯萨珊王朝的著名君主沙普尔一世在三年前去世，随后围绕着继承人问题波斯陷入了一片混乱之中，这对于罗马方面来说是一个主动出击的大好时机。

4月，奥勒良在视察完多瑙河防线之后转道朝东南方向进发，他的目标毫无疑问正是东方的波斯。他穿过色雷斯，来到正对马尔马拉海的皮林塔斯。虽然这里仍然属于欧洲，但越过马尔马拉海后的对岸便是亚洲的土地。只要穿过小亚细亚抵达位于叙利亚的安提阿，奥勒良就可以与驻扎在当地的军队会合，开始远征波斯的战争。

当罗马军队进驻皮林塔斯之后，奥勒良似乎因为某事而训斥了他的秘书艾洛斯。奥勒良是一个对人对己都十分严厉的人，虽然不知事情的起因，但艾洛斯确实因为皇帝严厉的态度而感到非常的恐慌。恐慌之下，他开始害怕起自己或许会因此而失去性命。虽然这个人从名字上来看像是个希腊人，但实际上大概以前属于奴隶阶级吧。于是这个担心自己有生命危险的秘书伪造了一份文书。这份文书上写有皇帝身边的警卫以及几名军官的名字，声称皇帝将下令处死他们，文书的

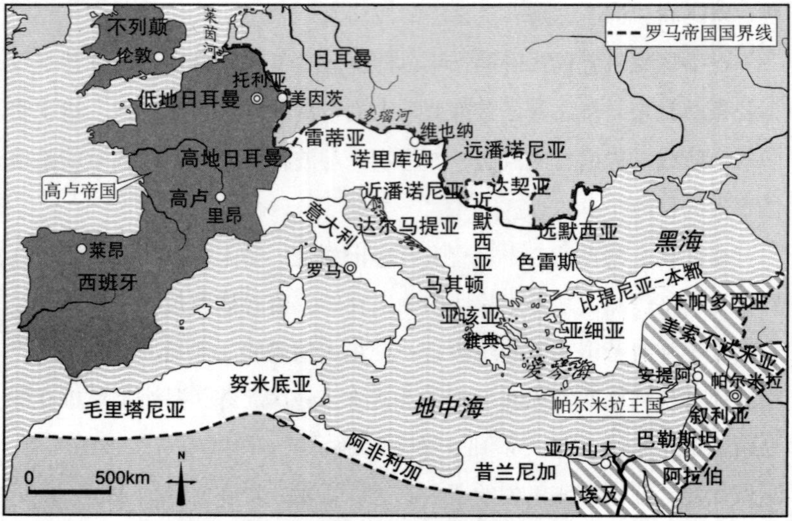

三分的罗马帝国（公元 270 年左右）

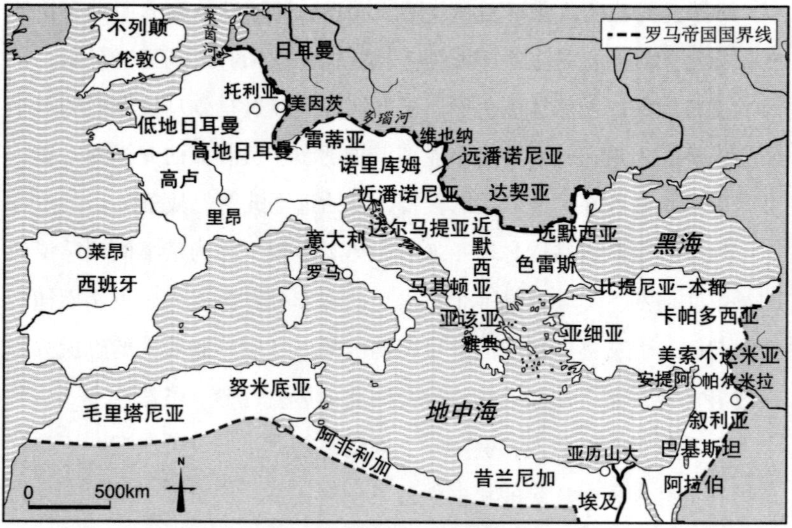

公元 274 年的罗马帝国

最后艾洛斯的名字也赫然在列。因为秘书经常替皇帝撰写文书稿件，而且可以轻易地拿到皇帝的印章，所以他伪造的文书完全能够以假乱真。秘书艾洛斯将这份假文书拿给上面写有名字的将军们看，结果将军们都感到异常震惊。被恐惧冲昏了头脑的将军们，甚至一时间都没想到去确认这件事的真伪。

在秘书艾洛斯的带领下，将军们悄悄潜入皇帝的房间将其杀害。皇帝奥勒良在经历了短短4年零9个月的统治时期后便遇刺身亡。当时的编年史作者这样写道："奥勒良统治时期的罗马帝国非常幸福，人民爱戴他，士兵尊敬他，敌人惧怕他。"但就是这样一个英雄式的人物，最后竟然落得一个如此荒诞的结局。

皇位空缺

因为整个过程都被一位用人看在眼里，所以这次谋杀事件很快便败露。被逮捕的将军们在得知这一切都是艾洛斯的阴谋之后痛心不已，甚至有人因此选择了自杀。艾洛斯被处以五马分尸的极刑，亲手杀害皇帝的将军们也被处以死刑。

当整个事件真相大白之后，军队因为这场比悲剧更加凄惨的事件而陷入茫然失措的状态之中，甚至失去了面对这样的情况应该选择何种对策的判断力。奥勒良的死对官兵们造成的打击十分巨大，使他们连推举继任者这件事都做不到。于是军队的高层只能向元老院送去一封书信：

罗马全军将士致罗马元老院与全体罗马公民：

我们的皇帝奥勒良因为一个人的背叛和其他人的误解而惨遭

杀害。恳请元老院批准将已经去世的皇帝神格化，以此来微微宽慰我们悲痛的心情。另外拜托罗马元老院的诸位元老，为我们推举出一位足以胜任罗马帝国皇帝的人选。只要是你们认为合适的皇帝，我们都会对他宣誓效忠。

这对于元老院阶级来说，是一个夺回国政主导权并且展示自己统治能力的大好机会。因为奥勒良既没有子嗣也没有兄弟，所以不管对他个人的评价有多高，也无法利用他的名声来扶持继承人。只要推举出一位能够赢得士兵们信任的继承人，那么罗马军方就会对罗马元老院的统治能力刮目相看。

但是元老院仅仅承认了奥勒良的神格化，至于继承人的选择权又再次推给军队方面。皇位空缺的状态一直持续了5个月，据说在此期间，罗马军队与元老院相互推让的书信总共往来了3次。而且在这5个月里，没有一个人敢于站出来称帝，士兵们也没有爆发出任何不满的情绪，就好像每一个人都在凝神静气地等待着奥勒良继任者的出现。至于蛮族也在这5个月中风平浪静的原因，完全是奥勒良对防线强化的成果使然。

终于，在奥勒良死后过了5个月的9月12日，罗马帝国的又一位新皇帝登场了。这个人就是75岁的塔西佗，他时常因为自己是著名历史学家塔西佗的后裔而引以为傲，虽然他既没有在行省从政的经验，也没有从军的经验，却是一位十分有教养的人。

实际上，他在接到元老院提名的时候，也和这5个月以来被提名继位的其他元老院元老一样首先选择了拒绝。他在申请元老院重新考虑的时候这样说道：

诸位元老院元老，坦白地说，你们能够推举我使我感到十分惊讶。在拥有如此雄才伟略的皇帝奥勒良之后，诸位竟然选举我这样一个老头子来继承皇位吗？看看我的样子吧，我这把老骨头，既不能拉弓射箭，又不能骑马投枪，就连拿起盾牌翻山越岭都十分吃力，更别说带兵打仗了。实际上，我就连出席元老院会议都十分艰难，每次发言后都感到十分疲惫。我想很快就会有年轻人来顶替我的位置。

那些为了保护帝国而赌上性命的官兵，会接受一个像我这么衰老的皇帝去做他们的最高司令官吗？诸位心目中的理想皇帝，和现状需要的皇帝或许并不一致。在这种情况下，还希望诸位面对现实。即便在场的诸位都同意这一决定，也请考虑到这一决定在现状下有可能导致的不幸结果，三思而后行。

但是皇位空缺的现状不能继续下去，而除了塔西佗之外，元老院中已经再也没有能够就任皇帝的合适人选，于是其中一位元老站起来说道：

我们之所以推举高龄的皇帝，是因为年长者更容易受到别人的尊敬，而且年长者能够像父亲一样理解我们每一个人。另外，因为皇帝年事已高，我们就不必勉强他去四处征战履行其身为最高统治者的义务，也不必为整天担心皇帝的失败而寝食难安。不仅如此，年长者作为皇帝，在政策上也会经过深思熟虑小心谨慎地执行，罗马帝国将会重新回到曾经那个不是由军事而是由法律支配的国家。

这番话反映出当时的元老院元老们保守的政治态度。显然元老院元老们都在强词夺理地逃避自己的责任，不过当时已经 75 岁高龄的塔西佗还是接受了他们的提名。元老院向军队发出的官方通告这样写道："元老院根据诸位的要求，推举塔西佗继承皇位。"就这样，罗马帝国史无前例的长达 5 个月的皇位空缺终于宣告结束。

皇帝塔西佗（公元 275—276 年在位）

虽然塔西佗对继任皇帝百般推辞，在继位后却表现出非常认真的态度。他变卖了自己的所有财产，将得到的收益全部捐献给国库作为士兵们的军饷。并且他还将自己在市中心的宅邸拆除，将包括大理石圆柱在内的建材都捐献出来，作为建造公共浴场的材料。他十分节俭，连皇帝专用的紫色托加长袍都没有特别制作，而是仍旧穿着他自己的衣服。这位新皇帝唯一提出的个人要求，就是罗马帝国各地的公共图书馆中都必须收藏历史学家塔西佗的全部著作。公元 276 年，将继承先帝奥勒良的遗志作为自己责任和义务的塔西佗，率领罗马军队向东方进发。

但是与军队一同行军，对于从没有过军务经验并且已经 75 岁高龄的塔西佗来说实在是太过煎熬。他几乎无法骑在马上，绝大多数的时间都是躺在车里跟随部队前进。终于在公元 276 年 6 月的一天，皇帝塔西佗在前往叙利亚的途中去世，并非因为谋杀，而是自然死亡。

得知皇帝塔西佗去世消息的元老院，立刻指名塔西佗的亲弟弟弗洛里安努斯为继任皇帝。这个人也和他的哥哥一样，属于在皇帝加里恩努斯颁布将元老院与军队完全分离的法令之前，就没有任何军务经

塔西佗

验的元老院元老。但是这一次军队并没有老老实实地接受元老院推举弗洛里安努斯作为皇帝的决定。

首先，屯驻在叙利亚和埃及的军团，推举他们的总司令普罗布斯为皇帝。随后，驻扎在其他地区的军团也纷纷宣布支持普罗布斯。

元老院在看到军团的动向之后立刻产生了动摇。得知此事的弗洛里安努斯因为深感自己失去支持而陷入孤立无援的恐惧中无法自拔。皇帝的这种心情也传染到他身边的警卫队身上。他们预感如果普罗布斯率军攻打过来，那么自己只会成为弗洛里安努斯的陪葬。要想活命，只有将失去元老院支持的弗洛里安努斯杀掉这唯一的办法。于是他们真的这样做了，这样一来也避免了一场罗马士兵自相残杀的内战。

在公元276年到282年这6年间担任罗马帝国最高统治者的皇帝普罗布斯，和克劳狄乌斯二世以及奥勒良一样，都出生于多瑙河附近潘诺尼亚行省的希尔米乌姆。而且他也和那两位前辈一样，都是由皇帝瓦勒良一手提拔起来的年轻人才。

不过和那两位前辈相比，普罗布斯的成长经历却截然不同。普罗布斯的父亲原本是多瑙河防线附近军团基地的百夫长，后来被调往埃及升任驻屯在当地军团的大队长，结果却扔下远在故乡的妻子和儿子客死他乡。于是，普罗布斯在成人后以大队长儿子的身份理所当然地进入军团开始了他的军旅生涯。加之他本人也具有非常出众的才能，所以在参军不久便被提拔为百夫长。

当时还只有20多岁的普罗布斯得到了皇帝瓦勒良的青睐。瓦勒良在写给身为他共治皇帝的儿子加里恩努斯的信中这样说道：

> 父亲致信儿子，不，皇帝致信另一位皇帝：
>
> 我最近发现了一名叫普罗布斯的年轻士兵。据我观察，这个人虽然年轻，但能力出众。我想任命他为大队长，指挥主要由高卢人和阿拉伯人的辅助兵组成的6个大队（大概3 000人）。我亲爱的儿子，希望身为皇帝的你，也能够充分地利用这个年轻人的能力。虽然现在说是为了帝国还为时尚早，不过他至少可以作为其他年轻将官的楷模。

皇帝瓦勒良在写给他朋友的信中也提到了普罗布斯：

大概您也对我任命这样一个连胡子都没长出来的年轻人为大队长而感到十分惊讶吧。但是现在和神君哈德良统治时期那个帝国全境人才济济的时代不同了，我必须亲自寻找可用之才。另外，既然连您都听说过普罗布斯，至少也说明我的判断没有错吧。

这个年轻人，正如他的名字普罗布斯一样（在拉丁语中代表着积极的意思，大概是从他父亲那一代留下来的绰号，被他作为家族名），果断的作风和勇敢的胆识远超与他同辈的其他人。不过，他虽然能力出众，但并不富裕。所以即便是辅助兵部队的大队长，希望多少可以增加他的收入，关于这方面的事情还要拜托您帮我考虑一下。以下是我个人赠送给他的财物。

红色的上衣 2 件，带雕金纽扣的高卢短披风 2 件，丝绸镶边的睡衣 2 件，雕有花纹的 10 罗马磅（1 罗马磅约合 300 克）银盆一个。

另外，既然他升任为大队长，那就必须有一些私房钱用于帮助那些一时间用光了军饷的部下（罗马军团每半个月发一次军饷）。因此，我决定赠予他金币 100 枚、银币 1 000 枚、铜币 1 万枚。而且，还应该给他提供一个符合罗马军队军官身份的住所。这就全权交给您来安排了。

当时年仅二十三四岁的普罗布斯得到皇帝的如此厚爱，自然更加奋勇作战。他指挥的辅助大队连续取得比由正规军组成的大队更加辉煌的战果。于是在公元 260 年，皇帝瓦勒良任命还未满 30 岁的普罗布斯为正规军团的军团长，这可以说是平步青云。瓦勒良还借此机会赠送给他 3 套军装。

但是随后不久，皇帝瓦勒良便被波斯国王沙普尔一世俘虏。罗马军中的高官们都陷入了茫然失措的状态，普罗布斯受到的打击更为严重。同为被瓦勒良提拔起来的克劳狄乌斯二世以及奥勒良在遭遇这一不幸的时候已经46岁，而普罗布斯当年还不满28岁。

随后普罗布斯为自己恩人的儿子加里恩努斯尽职尽责，加里恩努斯也任命普罗布斯为最前线区域的总督。在皇帝加里恩努斯统治的8年时间里，就连克劳狄乌斯二世与奥勒良以刺杀皇帝的方式表示对皇帝不信任时，普罗布斯都没有参与。即便后来克劳狄乌斯二世以及奥勒良登上了皇位，普罗布斯也对他身为一名军人的职责尽忠职守。当时的皇帝奥勒良在写给普罗布斯的亲笔信中这样说道：

> 皇帝奥勒良致信普罗布斯：
>
> 虽然我看重你的能力已经是众所周知的事情，但我还是决定任命你为第十骑兵团的总指挥。这个第十军团是由罗马军中最强的精锐骑兵组成的，也是克劳狄乌斯二世在继承皇位时，将总指挥的位置转让给我的军团。现在，我将这个位置转让给你。

皇帝奥勒良在位的5年间，率领着第十军团的普罗布斯也在这位皇帝积极的战略指导下四处征战。就在奥勒良同帕尔米拉军队交战的时候，正是普罗布斯重新收复了埃及地区。因为他非常迅速地完成了自己的任务，甚至在随后还有时间赶去参与帕尔米拉的攻防战。在解决了芝诺比阿并收复帝国东方的领土之后，奥勒良在赶回西方解决高卢帝国问题时，就将普罗布斯留在当地负责整个东方的防卫任务。当时普罗布斯才刚满40岁。3年后，皇帝奥勒良被害。又过了一年，在奥勒良之后继位的塔西佗于东征途中病死。普罗布斯在44

岁的时候继位罗马帝国皇帝。这对于一个男人来说，是就任要职的黄金年龄。

皇帝普罗布斯（公元 276—282 年在位）

普罗布斯在继位皇帝之后，改名为马可·奥勒留·普罗布斯，以此表明他要将那位不仅在统治方面实行善政并且在帝国防卫上也鞠躬尽瘁死而后已的哲学家皇帝马可·奥勒留作为学习楷模的决心。普罗布斯继承皇位，并非因为他自己的精心谋划，完全是他手下士兵们自发推举的结果，而且这一决定也得到了其他防线将士们的赞成，最后成为罗马全军的一致决定。在得到元老院承认之后，普罗布斯成为罗马帝国名副其实的皇帝。

普罗布斯拥有十分强烈的责任感，也许这就是他将自己比作那位哲学家皇帝的原因吧。而且他从继位之初便和那位哲学家皇帝一样，表现出对元老院传统的尊重，在统治上与元老院共同合作。与独断专行的奥勒良相比，普罗布斯的这种态度也算是对元老院被军方夺走推举皇帝的主导权之后的一种慰藉吧。

罗马皇帝在即位之时，分为改名和不改名两种，从人性的角度来看这种现象十分耐人寻味。那些改名的人，认为自己的行为应该学习前辈，而不改名的人则认为自己的做法就足以统治帝国。奥勒良在继承皇位的时候就一直保持着自己路奇乌斯·图密善·奥勒良的名字。而普罗布斯登上皇帝宝座的公元 3 世纪末期，与哲学家皇帝统治时期的公元 2 世纪末期相比，罗马帝国内外的环境都发生了非常剧烈的变化。

不过，能够以先贤作为自己的榜样励精图治，可见普罗布斯也是一位优秀的领导者。我想这也是他能够在罗马帝国如此危急的状态下仍然统治了 6 年时间的主要原因。

普罗布斯也是在成为皇帝之后没有立刻回到首都罗马的皇帝之一。那些继位之后便急急忙忙地返回首都，在元老院中毕恭毕敬地接受元老院承认其身份的皇帝已经成为过去。对于公元 3 世纪后半期的皇帝们来说，首都罗马的存在意义，仅仅是他们同蛮族和波斯战斗胜利之后举行凯旋仪式的场所而已。元老院只能承认军方选举出来的皇帝，所以他们也就没有专程前往首都罗马的必要。况且，对他们来说也没有在皇宫之中悠闲享受的时间。要是这个时候的罗马皇帝有机会看到好莱坞拍摄的那些关于罗马历史的电影的话，一定会愤愤不平地抱怨说："早知会遭到这样的误会，不如当初真的这么来一下试试。"

这就是公元 3 世纪后期罗马皇帝的实际情况。在叙利亚的安提阿被推举为皇帝的普罗布斯，继承皇位后甚至没等元老院的承认便立刻动身开始履行皇帝的首要职责——帝国防卫。他成为皇帝之后的第一个战场便是遭到哥特人袭击的小亚细亚西部。只要有一位优秀的将领，罗马军队就能够发挥出极其强大的力量，罗马军队将前来进犯的哥特人一直赶到黑海北部，被哥特人掠走的财物和俘虏也都被抢了回来。普罗布斯继任皇帝的第一年就这样过去了。当年冬天，他一直在博斯普鲁斯海峡监视北方的动向。公元 277 年春，蛮族大举入侵高卢境内，得知此消息的普罗布斯立刻动身前往多瑙河防线选调精锐组成对抗蛮族的军队。

入侵高卢的蛮族没有像往常那样烧杀抢掠一番后逃之夭夭，而是在 60 多个城镇和乡村驻扎下来。在罗马帝国传统的方针中，高卢地

普罗布斯

区并没有常驻军团。因为高卢地区的防卫任务完全由莱茵河防线上的军团基地负责。具体说来，就是在莱茵河沿线的伯恩、克桑腾、斯特拉斯堡以及美因茨。而犹如大坝一样的莱茵河防线一旦被攻破，那么整个蛮族的入侵就如同泛滥的洪水肆虐高卢全境，一发而不可收。面临如此严重的事态，身为皇帝的普罗布斯之所以亲赴前线也是理所当然的。

对于以骑兵为主的蛮族军队，罗马方面也必须以骑兵应对。但是罗马军队拥有优秀的步兵传统。针对几乎占据了高卢一半区域的蛮族，普罗布斯采取先用罗马骑兵击败蛮族部队，然后派出步兵团消灭

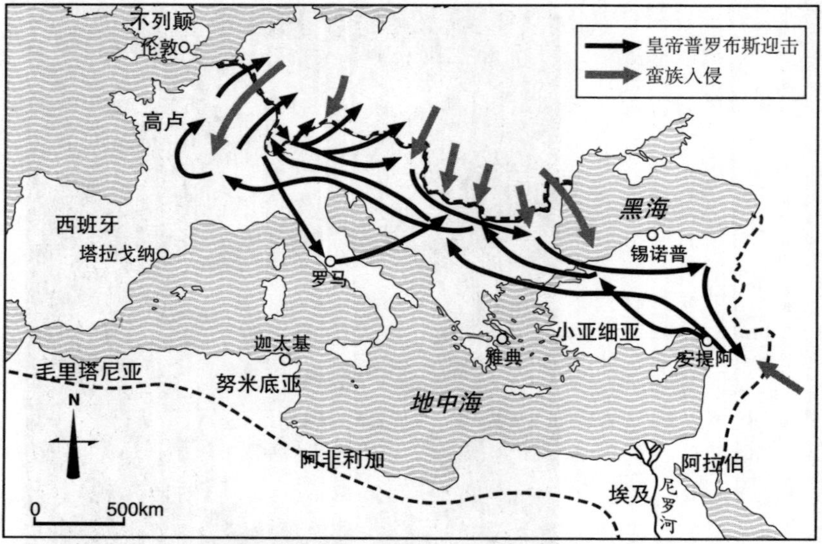

公元 3 世纪皇帝普罗布斯统治时期（6 年间）的路线

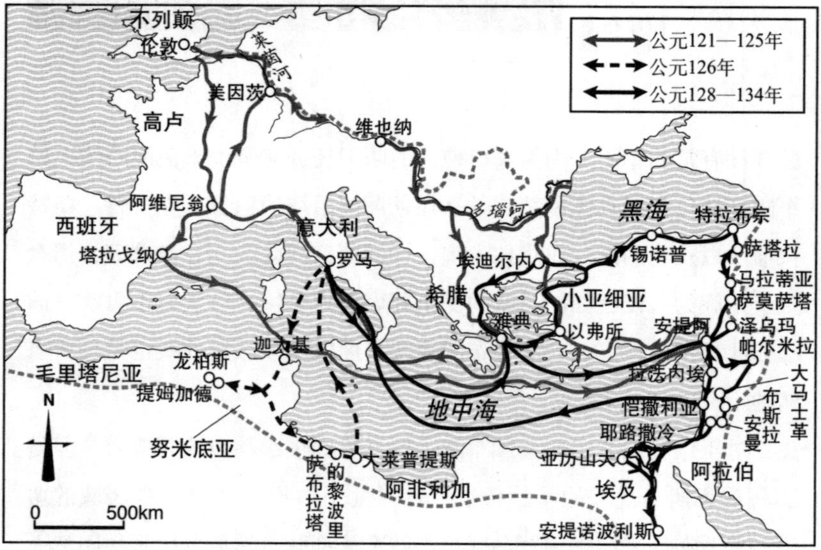

公元 2 世纪皇帝哈德良统治时期（20 年间）的路线

敌方残余力量的战术。这样一来，在击退蛮族之后就可以立即让人民安心地在当地居住和生活。把军事行动取得的成果立即在民事方面反映出来，这就是皇帝普罗布斯特有的做法。

到公元278年夏季，蛮族被彻底赶出高卢。但是普罗布斯也没有丝毫的懈怠，立刻命人搭桥越过莱茵河攻入对岸的蛮族领地。普罗布斯这种打出去的积极战术不仅仅限于莱茵河流域，位于莱茵河与多瑙河上游附近的日耳曼长城以及多瑙河中游地区都处于他这种战术的影响之下。在普罗布斯的领导下，罗马军队终于重新实现了久违的“以攻为守”。即便是在日耳曼民族中最为强大的法兰克人、阿拉曼人以及汪达尔人，在面对普罗布斯的时候都只能逃回森林和沼泽之中，遭到烧杀抢掠的变成了蛮族的村落。普罗布斯继任皇帝的第二年，就是这样度过的。

同化蛮族政策

但是皇帝普罗布斯并不满足于仅仅将敌人击败便就此撤军。罗马之所以如此强大，并且能够保持其长期霸权统治的最主要原因，就是罗马帝国坚持“胜而让步”的统治政策。

被俘虏的1.6万名日耳曼男性并没有被当作奴隶，而是被编入罗马军队。但是让他们单独组成一支军队的话显然过于危险，于是这些俘虏被分成许多由十几人组成的小队，分散安排在帝国边境的防线上。这样就不会出现危险。

但是，罗马军中的蛮族士兵没有引发的问题，却被那些罗马将军自己引发了。这种不幸事件也可以称得上是公元3世纪的特色之一，普罗布斯也不得不为镇压各地将军的叛乱而浪费了两年的时间。

叛乱主要集中在包括埃及在内的帝国东部，共有 5 处地方，虽然镇压这些叛乱并不需要太多的时间，但是这 5 处地方相互之间都有一定的距离。普罗布斯这两年中的大部分时间基本都浪费在来回的行军上了。

这些人的叛乱最后之所以都以失败告终，是因为总结起来他们有以下几个共同点：

第一，虽然在叛乱初期，他们都得到了自己手下官兵的支持，但是没有将这种支持保持下去。结果他们还没等被皇帝的军队镇压，就已经被反悔的部下推翻了。

第二，被妻子或者亲信唆使而叛变的情况出乎意料地多。这些人因为不够坚定，在军事行动上也会畏首畏尾，最终导致失败。

因为叛军要面对的是当权的皇帝，所以没有相当强的信心和行动力是很难成功的。像这样的大事竟然没有经过自己的深思熟虑，仅仅受人怂恿便轻易叛乱，这就是国家开始衰退的征兆。而经常因为这样毫无意义的事情浪费时间和精力，也是国家衰退的证明之一。

通过积极进攻的战术在对抗蛮族的战争中取得成功的皇帝普罗布斯，却在镇压国内叛乱上浪费了两年时间，这对他来说实在是非常痛心的事情。就在普罗布斯为了确立东方防线而准备远征波斯的时候，已经从之前的战斗中恢复过来的北方蛮族再次进犯帝国西部，结果普罗布斯只能放弃东征计划奔赴西方战场。

公元 280 年以及 281 年，罗马帝国在莱茵河与多瑙河全线展开了与入侵蛮族的战役。普罗布斯在战胜蛮族之后，允许他们移居到罗马帝国境内。蛮族也纷纷放弃了从前依靠袭击进行掠夺的方式，选择移居到帝国境内的土地之上。普罗布斯决定将 10 万人以上的蛮族安置在多瑙河南岸的广阔地区。关于皇帝普罗布斯对蛮族的同化政策，在当今史学界已经有了定论。但当时的人们有如下的看法：

蛮族是早晨刚和你签订合约、到晚上就能反悔的人。

罗马帝国在公元1世纪和2世纪时期更加重视对帝国的防卫，而当时与罗马帝国签订合约的国家与民族之所以能够遵守约定，是因为罗马在军事上拥有压倒性的优势。而公元3世纪的罗马帝国，已经不再拥有使对方完全遵守约定的军事力量了。

公元281年秋，普罗布斯首次以皇帝的身份踏上首都罗马的土地。他这次回到首都也是为了举行凯旋仪式，虽然他击败了入侵的蛮族，但是没有像奥勒良将帝国再次统一那样明显的丰功伟绩，而且也没有像芝诺比阿女王那样引人注目的“战利品”。所以他的这次凯旋仪式可以说并没有太多的华丽场面便结束了。

而普罗布斯在举行了对于罗马男人来说相当于最高荣誉的凯旋仪式之后，更加深刻地认识到身为皇帝的责任和义务。于是他打算将因为长期处于“被动挨打”局面下而荒废的土地重新变成耕地，并将其作为自己必须完成的责任之一。在他停留在首都罗马的这段时间里，表面上看好像是在为凯旋仪式做准备，可实际上他的大部分时间都花在安排埃及的行政长官修建灌溉工程，以及与高卢行省的总督们商讨河川利用的问题上。耕地的大量荒废以及城市人口的不断增加，已经发展到不得不进行处理的程度。

公元282年春，普罗布斯离开首都向北进发。虽然继续进行东征攻打波斯仍然是他的主要目的，不过在那之前，他希望将故乡希尔米乌姆恢复为曾经产出率极高的农耕地区。不过他之所以这么做并不是为了照顾自己的故乡，而是希望将这里作为一个榜样，为帝国的其他地区起一个带头作用。

不过这就需要士兵们放下武器拿起锄头，不情愿地投入农耕作业之中。而对于那些曾经深入敌境主动作战的士兵来说，如此繁重的农活使他们难以忍受。

同年8月末的一天，为了视察工程进展情况，皇帝普罗布斯登上专为视察而建造的高塔之上。因为工程动员了大量士兵，所以其中有几名士兵来到高塔下没有引起任何人的怀疑。但是接下来的一瞬间，视察用的高塔忽然倒塌下来。随后，装作赶去帮助皇帝的士兵用短剑将普罗布斯杀害了。

这次事件与将官没有任何的关系，一切都是士兵们自己的主意。皇帝马可·奥勒留·普罗布斯遇刺身亡时年仅50岁，在不辞辛劳地为罗马帝国奔波忙碌了6年之后，最终迎接他的竟然是如此悲惨的结局，实在是令人惋惜。

同时代的人对于之前的奥勒良以及随后的普罗布斯的死，这样感慨道：

> 这两位皇帝的死，可以说是罗马帝国完全陷入命运捉弄的最好例证。

皇帝奥勒良的死与皇帝普罗布斯的死都说明了一件事，那就是当时统治者与被统治者之间的距离已经被极大地缩短。这些军人出身的皇帝实际上就是实力至上主义的政策导致的结果。这些没有接受过任何精英教育的人之所以能够登上皇帝的宝座，是因为对传统的统治阶级感到绝望的民众需要真正拥有实力的人出现。

但是实力至上主义的政策与人类社会的所有现象一样，既有利也有弊。实力至上主义会使昨天还和自己平起平坐的人，今天就变成对自己发号施令的人。要想接受这个现实需要拥有相当宽广的胸襟，不幸的是具备这种合理精神的人并不多见。同时，下层民众对于王侯将相这些一生下来就高高在上的阶级却拥有莫名的敬意。或许对于人类来说，更容易接受不合理的感性而不是合理的理性吧。

那么通过实力取得地位的人面对习惯了不合理的感性的普通民众，要如何树立自己的威信呢？唯一的办法就是与人民群众保持距离。但是这个方法需要必不可少的时间。奥勒良的统治时期只有不到5年，普罗布斯也仅仅统治了6年时间，他们都没有树立威信的时间。如果他们能够像五贤帝那样，或者像后来拯救帝国于危难之中的戴克里先那样有20年的统治时间的话，结果又将如何呢？身为一名统治者，当面对一群容易被感性左右的民众时是最困难的。因为他既要给民众亲近感，又要保持距离感。

皇帝卡鲁斯（公元282—283年在位）

皇帝普罗布斯死后，军队对于皇帝的推举不再征求元老院的意见，因为普罗布斯的死并非因为军队对他的不信任。在杀害皇帝的士兵都被判处死刑之后，这场不幸的事件便宣告结束。接下来最重要的事情就是尽快决定皇帝的继任人选。

在如同作战会议一样的气氛中，高官们一致决定推举皇帝的得力助手近卫军团长官卡鲁斯继承皇位。当时正在莱茵河附近的科隆训练

卡鲁斯

新兵的卡鲁斯，在接到通知之后即刻赶到位于多瑙河岸边的希尔米乌姆接受皇位。

卡鲁斯在继承皇位之后将自己的名字改为马可·奥勒留·卡鲁斯。不过他改为这个名字的原因和普罗布斯不尽相同，后者是为了表明自己以著名的哲学家皇帝为榜样，而卡鲁斯则是为了表明自己是在军队中声望极高的先帝普罗布斯的继承人。因为前任皇帝普罗布斯的官方全名为马可·奥勒留·普罗布斯。不过，卡鲁斯唯一真正继承的只有姓名而已。

公元 282 年秋，军方的高官们为了决定继任皇帝的人选而聚集在希尔米乌姆，我想他们在这个时候一定也在讨论关于改变政策的话题。而他们讨论的话题应该是围绕着与派遣士兵开垦荒地相比，是否更应该让他们在战场上发挥作用。普罗布斯原本正在进行东征波斯的准备，与此同时又动员士兵参与到开垦荒地的土木工程中来。虽然因为对此感到不满而杀害了普罗布斯的士兵只是极少数，但这也足以说明目前存在的问题。高官们害怕这种情绪会蔓延到罗马全军，而新皇帝卡鲁斯也深有同感。

波斯战争（二）

罗马帝国要与波斯萨珊王朝开战的第一个理由是先帝普罗布斯已经对此开始了准备；第二个理由是因为波斯曾经俘虏皇帝瓦勒良，所以罗马军队要为曾经的屈辱一雪前耻；第三个理由是因为当时的波斯王国已经处于无法对罗马军队造成任何威胁的状态。

如果说波斯萨珊王朝的创建者阿尔达希尔是一只凶猛的狮子，那么他的继承人以俘虏罗马皇帝瓦勒良这一伟大战果而名留青史的枭雄沙普尔一世则是一只狡猾的狐狸。但是在这两人之后继位的波斯国王都是一些泛泛之辈，统治者力量的衰退加上王朝内部的斗争，导致整个王国的实力一落千丈。幼发拉底河防线甚至与经过大幅强化之后的莱茵河防线和多瑙河防线相比更为安全，这完全是因为位于防线对面的波斯王国战斗力低下。

士兵们在得知罗马帝国即将再次进行波斯战争之后都欢欣鼓舞起来。这不仅意味着他们能够从繁重的体力劳动中解放出来，同时东方对于他们来说也是遍地黄金的富裕之地。就好像日耳曼的蛮族每当听到意大利与高卢这两个名字的时候只会联想到堆积如山的金币银币一样。公元 3 世纪末期的罗马士兵在这一点上已经和蛮族毫无二致……

为了尽快转移士兵的不满情绪，公元 282 年秋天，新皇帝卡鲁斯在继位不久便率领着罗马大军从多瑙河前线基地出发朝东方进发。当时 58 岁的卡鲁斯将他 35 岁的长子卡里努斯立为共治皇帝，任命他负责西方的防守。同时将 31 岁的次子努梅里安也立为共治皇帝，与

卡里努斯

他一同东征波斯，父亲卡鲁斯率领第一军，次子努梅里安则率领第二军。

在公元 283 年春天开始的波斯战争中，越过幼发拉底河的罗马军队一直连战连胜。与其说罗马军队强大，不如说波斯方面的防御体系完全没有发挥作用。不过胜利就是胜利。一鼓作气的罗马军队首先将罗马帝国与波斯之间争夺的焦点——北美索不达米亚重新光复。随后战火蔓延到位于幼发拉底河与底格里斯河之间的整个美索不达米亚平原，直逼波斯王国的首都泰西封。不过罗马军队在占领泰西封上并没有浪费多少时间和精力，因为波斯的王室和高官们早已弃城逃跑了。结果罗马军队只用了不到 3 个月的时间便占领了相当于现代伊拉克的美索不达米亚平原全部地区。

在占领泰西封之后夏季才刚刚结束，距离冬季的休战期还有很长一段时间，于是罗马军队越过底格里斯河继续进军，打算将波斯势力彻底赶出美索不达米亚，赶回他们的发源地波斯，即现代伊朗西南部地区。

落雷

即便在沙漠地区也有落雷的情况发生，或者应该说发生在沙漠之中的落雷更加恐怖。这年夏末，就在罗马军队进入沙漠之后的某天夜里，落雷袭击了他们的营地。

一道非常骇人的落雷，伴随着巨大的轰鸣声划破夜空，照亮了整个地平线。当时的士兵们甚至忘记了自己正身处险境之中，都惊讶地望向天空那耀眼的雷光。

事故就在此时发生了。因为皇帝的帐篷比其他的帐篷都更大更高，结果遭到落雷的直击。皇帝卡鲁斯当场毙命。

罗马军队一下子失去了全军最高司令官，本来应该由与卡鲁斯同行的次子努梅里安接替这个位置，但是这位年轻的将军完全无法胜任，于是罗马军队只能撤军。当时他们本打算先暂时撤回收复的北美索不达米亚，但是在罗马军队北上的途中，又一件意外袭击了罗马军队。

当罗马军队抵达基地点的时候，一路上都坐在马车中的努梅里安却没有从车中走出来。周围的人满心狐疑地打开车门，却发现这位刚

努梅里安

戴克里先

刚继位不久的皇帝死在了车里。

军方立刻开始追查皇帝离奇死亡的原因。人们把怀疑的目光逐渐集中在努梅里安的岳父，唯一可以自由出入皇帝马车的阿普尔斯身上。但是阿普尔斯说有人以皇帝生病为由，不允许他接近皇帝的马车。结果这件事一下子变得复杂起来。

在皇帝努梅里安身边负责护卫任务的，是一名38岁的名叫狄奥克莱斯的队长。当时狄奥克莱斯忽然抽出腰间的宝剑将阿普尔斯刺死，为这起奇怪的事件画上了一个句号。

但是这个叫作狄奥克莱斯的男人深知自己一旦渡过卢比孔河，随后的事情就将一发而不可收。为了进行波斯战争而被动员起来的罗马军队被迫面临两个选择：一是追随西方的卡里努斯，另一个就是追随眼前的狄奥克莱斯。结果与其说军队认可狄奥克莱斯的能力，不如说卡里努斯在这一年的表现令人大失所望。但是如果军队选择狄奥克莱斯，那么也就意味着他们将同位于西方的皇帝卡里努斯之间展开内战。于是，狄奥克莱斯带领着罗马军队向西方进军。

不过，公元 284 年并没有发生罗马军队之间自相残杀的悲惨事件。皇帝卡里努斯因为被自己的部下背叛而惨遭杀害，结果狄奥克莱斯就成了唯一的皇帝。随后他将自己的名字改为更具有罗马风格的“戴克里先”。罗马帝国又迎来了一位出生于多瑙河附近的皇帝。

虽然没有明确的证据表明努梅里安的死与戴克里先有直接的关系，但同样也没有明确的证据表明他与此毫无关系。

但是不管怎样，正是这位叫作戴克里先的皇帝带领着罗马帝国走进了一个崭新的时代。关于这段历史，我将在下一册中为大家详细地加以介绍。先不管他带来的变化对于罗马帝国来说是好事还是坏事，总之，戴克里先很幸运地做到了他想做的事。而这一切都得益于他长达 21 年的统治时间，这么长的统治时间对于 3 世纪的皇帝来说是绝无仅有的。

公元3世纪初到4世纪中期在位的皇帝

	在位时间	皇帝（在位年数和死因）	所在丛书册数
73年间共22位皇帝在位	211—217年	卡拉卡拉（6年，谋杀）	第十二册
	217—218年	马克里努斯（1年，谋杀）	
	218—222年	埃拉伽巴路斯（4年，谋杀）	
	222—235年	亚历山大·塞维鲁（13年，谋杀）	
	235—238年	马克西米努斯·色雷库斯（3年，谋杀）	
	238年	戈尔迪安一世（半个月，自杀）	
		戈尔迪安二世（半个月，战死）	
		普皮恩努斯（3个月，谋杀）	
		巴尔比努斯（3个月，谋杀）	
	238—244年	戈尔迪安三世（6年，谋杀）	
	244—249年	阿拉伯人菲利普（5年，自杀）	
	249—251年	德基乌斯（2年，死于与蛮族的战斗）	
	251—253年	加卢斯（2年，谋杀）	
	253—260年	瓦勒良（7年，被俘，死于狱中）	
	253—268年	加里恩努斯（15年，谋杀）	
	268—270年	克劳狄乌斯二世（2年，病死）	
	270—275年	奥勒良（5年，谋杀）	
	275—276年	克劳狄乌斯·塔西佗（8个月，病死）	
	276—282年	普罗布斯（6年，谋杀）	
	282—283年	卡鲁斯（1年，意外）	
	282—283年	努梅里安（1年，谋杀）	
	282—284年	卡里努斯（2年，谋杀）	
21年	284—305年	戴克里先	第十三册
30年	307—337年	君士坦丁	

第三章　罗马帝国与基督教

我从在大学攻读西方哲学的时候起，心中就一直抱持一个疑问。在这种情况下的“抱持”，意大利语是“accarezzare”，意思是“爱抚”。这个修辞法颇为有趣，总之，我长年“爱抚”的这个问题如下：

为什么基督教从耶稣基督之死开始直到被君士坦丁大帝定为国教为止，也就是说从创教开始到发展成为一个不可忽视的势力为止，经历了近 300 年那么漫长的时间呢?

耶稣被钉死在十字架上发生在公元 33 年左右，君士坦丁大帝承认基督教已经是公元 313 年的事情。

这个疑问并不是在我年轻的时候自己产生的，而是某件事情使我引发的联想。

16 世纪时，有一个日本人向当时来到日本的传教士提出了这样一个问题：

既然你所说的基督福音是唯一能够拯救世人灵魂的真理，那么为什么这个真理竟然过了这么多年才传到日本呢?

因为不知应该如何回答这个问题，传教士只好将其写进送给总部的报告中。当我看到这段记载的时候不由得笑了起来，因为我觉得这个问题很好回答，传教士只要这样说即可：因为信仰无法生出翅膀，所以只能通过对其深信不疑的人来亲口进行传教，而要这些人从地球的一端来到另外一端，需要花费很长的时间。不过想必这位传教士一定和我不同，在他看来宗教是一种信仰问题，而我却将宗教作为人类现象、社会现象以及历史现象来看待。

但是，罗马帝国与基督教之间的对立，无法仅仅用信仰问题来简单地解释。而且，即便是当时那个时代，从耶路撒冷到罗马之间的距离并没有多远，即便没有翅膀也可以很容易抵达。虽然罗马帝国是横跨欧、亚、非三大洲的庞大帝国，但从帝国的最西边到最东边，也远远没有达到横跨地球的程度。更何况在罗马帝国中还有遍及全国的道路网络。耶稣死后不到 30 年，基督教便已经传入了首都罗马，由此可见，基督教在罗马帝国的传播是十分迅速的。公元 64 年发生在罗马的那场大火，当时的皇帝尼禄将责任全部转嫁到基督教徒的身上，导致相当一部分基督教徒在那场浩劫中殉教。实际上那场大火最初只是有人不小心引发的火灾，结果因为风势猛烈，最后才演变成波及罗马全城的大灾难。受灾民众都将自己的愤怒发泄在当时的皇帝身上，感觉到必须将民众的仇恨转移给其他目标的尼禄，选择将基督教徒作为自己的替罪羊。

能够在这种情况下被当作牺牲品的，必须是平时就在首都罗马的社会中比较孤立，而且经常被其他民众投以不信任目光的群体。而符合上述条件的群体，如果其中包含的人数太多的话也无法作为牺牲品。因此，在当时居住在首都的犹太人就已经数以万计，并不适合被作为牺牲的对象。根据史学家对当时处刑情景的描写，刑场似乎就是位于台伯河西岸的大竞技场，由此可见，牺牲者的人数不是数千人，也不是数十人，应该是几百人。公元 1 世纪时首都罗马的居民人数大概接近 100 万，其中有几百人因为这场火灾而被处刑，应该也算是足以轰动一时的大新闻了，也就是说这个数字是比较真实的。

不过在当时的首都罗马，还有耶稣生前亲自指定的继承人圣彼得以及虽然没有与耶稣见过面但确立了基督教初期基础的圣保罗这两个人。这两个人都因为尼禄对基督教的迫害而在首都罗马殉教身亡。后来基督教在圣彼得殉教的地方建立了一座大教堂，命名为“圣彼得大教堂”，以此实现了耶稣当年对圣彼得的预言：“在你殉教的地方会建起一座教堂。”也就是说，仅仅在耶稣死后不到 30 年的时间里，基督教就已经从巴勒斯坦传到了帝国的首都罗马，并且还拥有了几百名信徒。就连当时坐教会头两把交椅的人物也出现在这里，不用说肯定是为了传教而来。当时圣保罗拥有罗马公民权，他是在行使了自己的上诉权之后被带往首都罗马的，但是在上诉中他仍然可以拥有自由，所以这一路上他都可以居住在信徒的家中，并且拥有与信徒们任意接触的自由。如果基督教的发展势头就这样保持下去的话，那么罗马帝国恐怕早就被基督教侵占了吧。

但实际上基督教的发展并没有那么迅猛。像皇帝尼禄那样对基督教徒的迫害基本上只是一次偶然事件，在随后的很长一段时间里都没有再次发生针对基督教徒的镇压行动。不过基督教徒一直以来都迫切希望从犹太教中独立出去，而当时正是他们脱离犹太教的大好时机。犹太教徒对罗马帝国的叛乱因为公元 70 年耶路撒冷被攻陷而宣告失败，但是这时的基督教会和几乎可以称为其宗主的犹太教会之间保持着一定的距离，这一点也被后世的众多学者证实。就连基督教徒在首都罗马的居住地，都从传统犹太人聚集的位于台伯河西岸的第 14 区，搬到了位于台伯河东岸、距离市中心比较远但相对地价也比较便宜的第 12 区和第 13 区。犹太教徒与基督教徒已经被清楚地划分开来。同时这也说明基督教徒在罗马社会中已经成为比较引人注目的存在。

在罗马史上第一次出现“Christianus”（信仰基督的人）这个词，是著名的历史学家塔西佗关于皇帝尼禄虐杀基督教徒的记载，而这个词第二次出现，则是半个世纪之后皇帝图拉真统治时期。公元111年，被派往小亚细亚西北部比提尼亚行省出任总督的小普林尼向位于首都的皇帝图拉真请示应该如何解决基督教问题，皇帝图拉真专门为此回信则用上了这个词。

关于这封著名的书信，虽然我已经在《罗马人的故事09·贤君的世纪》中做过介绍，但还是让我们在这里重新做一简单的回顾。毕竟，图拉真做出的决定，不仅影响到当时的政策，甚至从公元2世纪初直到公元3世纪末接近200年的时间里，都是历代罗马皇帝解决基督教问题时的“基准”。

> 即便基督教徒是有罪之人，我们也不能像当年迫害基督教徒那样强行对其进行惩罚。只有遭到正式起诉并且承认自己身份的人才可以进行处罚。但是对于自愿放弃基督教信仰的人，只要他们能够对罗马诸神表示出明确的敬意，并且表现出足够的悔改之情，我们可以不追究他们的过去，免除他们的罪行。
>
> 另外，匿名的告发不具备法律效力。因为匿名告发这种行为与我们这个时代的精神不符。

因为历史上的这些“记录”，都是写给对当时的情况十分了解的同时代人看的，而并非专门面向我们这些后人的。因此，我们在阅读这些记录的时候，必须了解一些当时的相关情况。

在罗马人看来，因为基督教徒心中没有对罗马帝国的责任感，也没有尽到其身为国民的义务，所以并不属于罗马国家的一员。而对基督教徒来说，正如圣保罗在《使徒行传》中写的那样，他们认为罗马帝国是邪恶和堕落的社会，因此自己没有为这样的国家承担责任的义务。只有在罗马帝国灭亡之后出现的“神之国”才是属于他们的“国家”。不过，他们并没有采取恐怖行动来加速罗马帝国的灭亡，只是通过逃避公职和兵役来消极地抵抗罗马帝国对他们的统治。

但是对于将罗马帝国看作一个大家庭，并且将居住在国境之内的所有人都看作命运共同体的历代罗马皇帝来说，基督教徒的这种做法是明显的叛国行为。所以说基督教徒的“罪”并不是他们的信仰，而在于他们通过这种信仰组成了一个反对国家的组织。图拉真皇帝说的“有罪之人”指的就是这个意思。

虽然犹太教徒也因为逃避公职和兵役而在罗马社会中遭到孤立，但是除了建立以犹太教为主的神权国家之外，罗马人承认这些犹太教徒的其他一切权利。就算他们不肯参加公职也不肯参军都没有关系，这是因为在公元 70 年犹太教徒的叛乱被镇压以后，罗马帝国开始向犹太人课以重税。原本全世界的犹太教徒都要向位于耶路撒冷的大神殿供奉金钱，但是在公元 70 年以后，罗马人以大神殿被火烧毁为由，将供奉金的收纳地点更改为位于首都罗马的朱庇特神殿。因此，虽然犹太人从不参与罗马帝国的公职和兵役，但是至少他们缴纳的税金能够作为相应的代价被罗马人接受。与之相比，基督教徒却是既没有履行公民的职责，也没有缴纳相应的税金。

从图拉真能够说出“不强行进行惩罚”这一点上来看，说明这位皇帝虽然是行省出身，却拥有罗马人传统的宗教观。虽然罗马人不干涉每个人的信仰自由，但是作为一个多民族国家，还是希望国民能够参加象征着罗马精神的“罗马诸神”的祭祀活动。不过信仰毕竟只是个人的问题，即便有人的信仰与国家的信仰正好相反，但只要不做出任何反对国家的行动，那么也不会对其强行进行惩罚。因此，所谓的“弃教者”，与其说是放弃了自己的信仰，不如说是建立起罗马的宗教观，并且站在这个立场上重新审视自己之前的信仰。

古代就是这种意义上的多神教世界，因此，对于其他神灵一概不予承认的犹太教，在古代人眼中看来属于异端分子。历史学家塔西佗对此的评价是：“并非信仰，实为迷信。”基督教正是脱胎于被如此评价的犹太教，同样属于一神教。因此，站在基督教徒的立场上来看，完全无法接受罗马的宗教观，自然也不可能将自己的信仰与其他宗教信仰排列在一起。

关于基督教徒必须有正式的起诉这一点，对现在的国家来说，只要接到起诉必须进行相应的调查已经成为司法的义务，至于能否立案则是之后的问题。因此，图拉真的态度体现的是创立法律体系的罗马人的法律观念。其中最能够表现这一点的当属“匿名的告发不具备法律效力”这一条。正因为如此，图拉真的这条规定才能够被罗马帝国作为对待基督教徒的法律沿用200年之久。

但是，在图拉真去世100多年之后的公元3世纪，却有一位基督教的神学家对他的这项法令提出了异议，这个人就是来自阿非利加行省首府迦太基的德尔图良。德尔图良是一位百夫长的儿子，青年时便已经皈依基督教，他在其著作《护教篇》（*Apologeticum*）中这样写道：

这（指图拉真的法令）是一种模棱两可的表现方式。一边说不要迫害基督教徒，一边鼓励查明有罪就进行惩罚；一边说不要强行进行惩罚，一边鼓励对他们进行迫害；一边说不要在意基督教徒的存在，一边鼓励将其杀害。这是法律吗？这只是自欺欺人的自我安慰。

如果他真的认为基督教徒是反社会的存在，那么为什么不将我们都抓起来呢？根本不用理会什么匿名不匿名的起诉。反之，如果他认为没有那种必要的话，又为什么不肯承认所有的基督教徒都是无罪的呢？

至于在罪名之中最严重的叛国罪，罗马帝国特意在各个行省都配置了专门的审判官，不仅审讯犯人，还要找到他的同犯和证人。只有对基督教徒，他们认为自己主动去审讯是不合法的，但是如果有人起诉的话，接受起诉对基督教徒进行审讯却变成了合法的。也就是说，关于基督教徒是否有罪，完全凭借起诉的那个人来进行判断吗？

从道理上来说，德尔图良是正确的。图拉真皇帝的法令在道理上说不通。

但是人类社会不管在道理上还是在法制上，有时候就是无法面面俱到。为了约束聚集在一起的各种各样的人群，罗马人创造了法律。同时他们也认为虽然信仰何种宗教是个人的自由，但是在大家都在一起的时候，还是应该共同祭拜大多数人都信仰的那个神灵，所以才采用了这种“模棱两可”的方法。

换句话说，法律就好像齿轮。而像这样模棱两可、能够随机应变的方法，就像是使许多齿轮在一起共同转动时必不可少的润滑油。更何况在图拉真统治时期的五贤帝时代，因为当时的基督教徒数量十分稀少，所以这条针对基督教徒的法律也没有过于严谨的必要。

而且，对于如此复杂的人类世界来说，就算真的按照一神教的思维模式将神赐予的法律作为整个世界的法律，那样就能够真正实现人类的信仰自由了吗？在这一点上，我和德尔图良之间一定会产生分歧。所以说“罗马帝国与基督教”之间的问题，在于双方思维模式的差异，也就是文明的差异导致的问题，绝对不是能够通过起诉与审判得到解决的问题。

到了公元 3 世纪，就在双方针对这个问题争论不休的时候，基督教徒的人数出现了大幅度的增长。正如我在前文中曾经说过的那样，即使在公元 3 世纪，罗马帝国对基督教徒的镇压并没有形成多大的规模，而且镇压的政策也由于皇帝的不断更换而缺乏连续性，导致无法彻底地进行下去。

那么，这是导致基督教徒人数不断增加的原因吗？

或者说，不管罗马帝国是否对基督教徒进行镇压，基督教徒都会持续增加，那么这究竟是什么原因造成的呢？

在罗马皇帝中，对基督教徒镇压最为彻底的当属公元 4 世纪初期的皇帝戴克里先。关于这位皇帝的事迹我将在下一册为大家做详细的讲解，不过他之所以对基督教徒进行如此彻底的镇压，是因为当时罗马帝国境内的基督教徒已经发展成为仅仅依靠“模棱两可”的法规完全无法抑制的强大势力。为了更好地了解究竟是什么原因导致基督教徒变得如此强大，我们首先要将本书中关于罗马帝国“3 世纪危机”的背景牢牢地记在脑子里。

接着，我们需要研究两位罗马史权威对此的意见。这两个人就是吉本（Edward Gibbon）和多兹（E. R.Dodds），他们分别著有《罗马帝国衰亡史》（*The History of the Decline and Fall of the Roman Empire*, 1776—1788）、《焦虑时代的异教徒和基督教徒》（*Pagan and Christian in an Age of Anxiety*, Cambridge University Press, 1965）。

之所以选择这两个人，是因为他们都同为英国人，更加方便我们进行比较，而更重要的一点在于，他们是为数不多的对基督教在罗马帝国崛起的原因进行分析的研究者。

为了表示对今天仍有深远影响的吉本的敬意，让我们先从他开始，作为启蒙时代史学家的著名代表，他举出了以下五条主要原因：

（一）坚持一神教。基督教徒对于这件事的执着程度可以用“固执”来形容。虽然他们的这种强硬态度是受到犹太教的影响，但也是犹太教徒不接受基督教徒的原因之一，因为过于强硬的态度最终会导致其群体与社会产生脱节。

（二）相信灵魂不灭，宣扬有来生的教理。这一教理之所以会成为增加信徒的强力武器，与罗马帝国（公元 3 世纪）摇摇欲坠的状况有关，当时的罗马人都处于茫然和恐慌的状态之中。

（三）基督教初期的领导者创造的众多奇迹。

（四）人们皈依基督教之后极端禁欲的生活方式。

（五）以团结和有组织著称的基督教徒之间的联系，随着时代的不断进步而逐渐组成一个独立的社会群体，基督教徒的社会在罗马帝国内部形成一个国中之国。

在 200 年之后同样提出这一问题的多兹教授，将基督教势力崛起的因素归结为以下四项：

（1）基督教特有的绝对的排他性。

基督教宣称除了基督教之外没有任何使灵魂得到救赎的可能，虽然这一理论在现在看来或许并不是无懈可击，但在当时那个充满了动荡和不安的年代，给人们提供了生存下去的勇气和力量。

希腊罗马时代被认为是理所当然的多神教观点，给当时的人们提供了许多获得救赎的办法。诸多神灵共存于罗马世界，无数祭祀活动泛滥成灾。过于自由的选择，也是使很多人产生不安的原因。

但是基督教将这种不安一扫而光，将人们从为数众多的选择中解放了出来。既然得到救赎的道路只有一条，那么人们也就没有其他的选择，自然也不会再有不安和困惑。

其他宗教对基督教的批判大多集中在其强烈的排他性上。但是对于生活在充满不安的时代的人们来说，与宽容自由的信仰相比，一个不宽容的全体主义信仰具有更强的吸引力。

（2）基督教的大门面向任何人敞开。

基督教对于社会各阶层都一视同仁。不管是农民、奴隶还是被流放者，甚至罪犯，基督教都毫不排斥地接受下来。即便在进入公元 3 世纪之后教会逐渐组织化，形成了专门的神职人员阶层，但是晋升主要看重的还是个人能力而非出身。

特别需要说明的一点是，基督教世界在最初与新柏拉图主义的哲学世界完全不同，并不重视学历与教养的高低。从公元 2 世纪到 3 世纪末期，构成基督教群体的主要成员，大部分来自社会底层。

（3）成功给予信徒希望。对于生活在公元 3 世纪的罗马人来说，现世就像是含银量一路下跌的银币一样，生为罗马人的魅力也在不断地减小。而与这个不甚如意的现世相比，基督教的来生说就显示出非常动人的光辉。

当时的罗马人中也有不赞成这种逃避现实思想的人，他们称基督教徒为行尸走肉。但是在当时的那个时代，“行尸走肉”的数量在不断地增加。由此可见，越来越多的罗马人，不管是有意还是无意，都对死亡感觉到无法抗拒的魅力。这也是导致他们加入基督教的原因之一。

（4）皈依基督教，也会给他们的现实生活带来利益。

基督教与其他宗教组织相比，具有更强的凝聚力。基督教徒们不只在举行宗教仪式的时候才聚集在一起，他们可以说从思维方式到生活方式都保持着惊人的一致。正如坚决反对基督教的凯尔苏斯说的那样，对罗马帝国来说这一点正是基督教最危险的地方。

当基督教徒遭遇不幸的时候，其他教徒会毫不犹豫地对其提供物质上的援助。相互扶持正是这个集团最为重要的职责，而罗马方面也承认基督教这种具有积极意义的运营模式。

当然，对有困难的人伸出援手其实并不仅仅是基督教的美德。但是在公元3世纪时期的罗马帝国，罗马人的社会奉献精神日趋淡薄，这时出现的基督教刚好比其他宗教在这方面的表现都更加积极，于是吸引了很多人加入。

基督教会可以为信徒们提供一切生存上的基本保障。他们帮助生活贫困的寡妇，照顾无人认养的孤儿，并且向老人和失业者以及其他各种与社会脱节的人伸出援手。他们会为潦倒而死的人举办葬礼，甚至在疫病暴发的时候肩负起医院的职责。

基督教会对公元3世纪的罗马人造成的影响最成功的一点在于，它使很多罗马人对其产生了严重的依赖心理，甚至达到离开了基督教便很难继续活下去的程度。

人类最痛苦的事莫过于无依无靠的孤独感。

被入侵的蛮族破坏了家园，不得不背井离乡逃往城市中的难民。

因为与蛮族的战争导致耕地荒废，无法继续耕种只能前往城市寻找其他出路的农民。

服役期满退役后却因为蛮族的肆虐而无法像从前那样在军团基地附近进行耕种，同时又没有朋友和家人，只能到城市里流浪的老兵。

因为通货膨胀和通货紧缩同时存在，导致无法继续进行投资的小资产者。

获得自由之后，却没有任何生活基础的奴隶。

这些人在加入基督教之后，立刻重新感受到了人间的温暖，他们感觉到自己的今生与来世都有人关心和照料。

这就是基督教徒的数量在城市中比在乡村中增加更为迅猛的主要原因。同时，在那些大城市中，比如首都罗马、安提阿以及亚历山大港，基督教徒的数量增加得更为迅速。

以上就是这两位专家各自的见解。我之所以用了更多的篇幅去介绍多兹教授的见解，是因为吉本的见解已经在其著作的第 15 章与第 16 章进行了详细的描述，我在这里仅仅是做了总结。另外，吉本的著作在很久以前便有日文译本，而且直到如今仍然在持续出版，所以关于这两章的内容大家有兴趣的话可以亲自去看一看。

横亘在这两人之间长达 200 多年的时间，也是不可忽视的因素。我之所以在现代为数众多的研究学者中选择多兹，是因为在他列举的事例中，我对（4）产生了强烈的共鸣。而且，他生活的时代与现在也已经相隔了半个世纪。因为失去归属心而烦恼的人，现在一定还在不断地增加。至于社会贫富差距不断扩大的问题，在吉本的时代想必是不用考虑的吧。

不过即便相隔了 200 多年，这两个人的见解仍然有诸多共同点。我将他们两人的共同点简单归纳为一张图例。

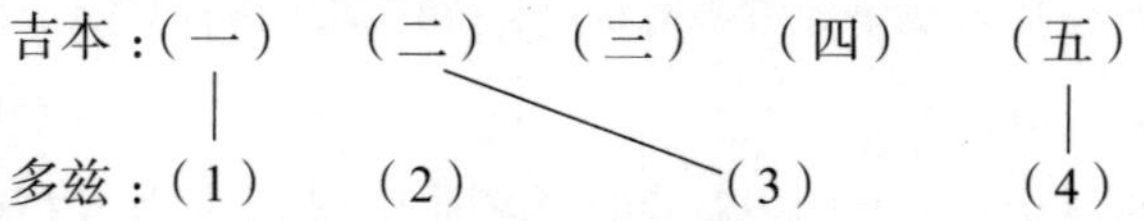

通过这张图例我们可以看出，吉本没提到的只有多兹的（2），即基督教的大门面向任何人敞开，并且在组织内部没有阶级差异。吉本之所以没认识到这一点，是因为他当时正身处大英帝国的鼎盛时期，

而且因为其本人也是属于当时的精英阶层，所以对于自己的身份拥有绝对的自信。他一定也将自己看作在罗马时代拥有罗马公民权的罗马精英阶层，因此才将向全体行省居民授予罗马公民权的《安东尼努斯敕令》批判为过度开放的政治路线。

不过，被多兹完全忽视的吉本见解中的（三）和（四），我认为恰恰说到了关键之处。

首先是关于奇迹的（三），奇迹是人民群众喜闻乐见的东西，因为他能够使人产生期待，即便现在没有出现，将来总有一天一定会出现。而且奇迹能为基督教灵魂救赎的教义增添神秘的色彩。正因为有许多对奇迹的描写，耶稣的故事才能够吸引世界上那么多并非基督教徒的人去阅读，否则的话，《圣经》恐怕只会是基督教徒们自己的读物吧。虽然我个人完全不相信什么奇迹之类的事情，但是我能够理解奇迹会给人的心灵带来温暖和希望的力量。这就是直到 21 世纪的今天仍然有很多人相信奇迹的原因。

至于吉本提到的（四），关于基督教徒极端的禁欲主义生活方式，我认为这是一种含蓄的指责。与单纯的思想相比，端正的品行更能够影响别人与他的思想产生共鸣。一个人格高尚、品行端正的人说出的话，更容易使别人信服。即便是同样的思想，因为说出这句话的人不同，产生的影响也不一样。

由此可见，吉本列举出的五点与多兹列举出的四点，都是导致基督教势力在罗马帝国崛起的主要原因。

另外，在承认以上观点的同时，算不上什么专家的我也想补充一些自己的看法。

如果说在动荡不安的年代，拥有绝对的排他性的宗教更能够显示出强大实力的话，那么除了基督教之外不承认其他一切信仰的一神教还有犹太教。可是为什么在公元 3 世纪的时候崛起的不是犹太教而是基督教呢？

我认为，基督教虽然坚决不承认其他的信仰，在一神教的立场上毫不让步，但是在其他许多方面还是对罗马帝国保持着相当程度的妥协。或许是因为看到在各个方面都毫不让步，与罗马帝国进行正面对抗并最终被消灭的犹太国家的下场，基督教才采取了如此灵活的态度。于是在犹太教与罗马帝国发生正面冲突的时候，基督教却在罗马帝国内部缓慢地进行渗透。那么，基督教到底是怎么做的呢？

我认为基督教势力崛起的原因，并不是罗马帝国主动接近基督教，而是基督教主动接近罗马帝国。我之所以会有这种推论，是因为以下四个方面：

（一）偶像崇拜。

（二）割礼。

（三）帝国的公职和军务。

（四）灰色地带。

第一点，关于偶像崇拜，这在犹太教中是被明令禁止的，但是基督教承认这种行为。不过，就像圣保罗禁止的那样，古代的基督教也不允许偶像崇拜，只是到了中世纪时期才得到教会的承认。罗马时代基督教徒的集会场所墙壁上偶尔会看到拙劣的耶稣画像，大概是因为当时的基督教徒大多为犹太人，所以偶像崇拜的行为无法得到公认吧。但即便如此，他们的这种行为还是得到了教会方面的默许。因为圣保罗只是禁止“人类使用金、银以及大理石等雕刻神像”，所以在墙上画像并不在这个范围之内。

虽然这是没有得到正式承认的行为，但是其产生的效果非常巨大。因为人类非常渴望见到自己崇拜之人的样子，而且早期的基督教徒生活的世界到处都充满了希腊罗马健美的神像。常年接触这些的信徒当然也非常希望能够见到耶稣的样子。我认为对基督教的胜利做出最大贡献的，就是对神和圣人的偶像崇拜。如果基督教和犹太教一样严禁这种行为的话，那么基督教恐怕无法为后世留下如此灿烂的文化，而且这种文化将庄严而神圣的教义用通俗易懂的方式传达出来，将神与人类非常完美地联系在一起。

第二项是割礼，在词典上的解释是切除男子阴茎包皮的宗教惯例。这是犹太教徒与神达成契约的证明，一般在出生以后的第八天行割礼。不过对婴儿还好说，如果是对成年男子进行割礼，那么一定会伴随着剧烈的疼痛和大量的流血。因为犹太教徒不热衷于向其他民族传道布教，所以接受割礼的对象一般都是犹太人自己的婴儿。但是对于不问民族与人种，对任何人都一视同仁的基督教来说，接受割礼的对象则无法限定在婴儿的范畴。

在《使徒行传》中有关于罗马军中一位叫哥尼流的百夫长皈依基督教的记载。但是这个在公元1世纪中期便拥有罗马公民权的男人并没有接受割礼。也就是说，虽然早期的基督教会的使徒们都是割礼主义者，但是这件事要实行起来是非常困难的。毕竟，基督教对于那些完全没有割礼习惯的人仍然敞开大门。当然，后来加入基督教的人基本上都是成年人。为了适应这种情况，割礼的习惯实际上已经等同于消失。

对于生活在罗马时代的人们来说，不必进行割礼产生的效果十分明显。罗马人从一开始就非常厌恶割礼这种习俗。他们之所以讨厌犹太民族，很大一部分原因就是不赞成他们的割礼。皇帝哈德良甚至在政治上推出了一项政策，在严禁犹太教徒进行割礼的同时，还将割礼作为一种对犯罪者的惩罚措施，为的是将割礼代表的意义贬低下去。

因此，当罗马人得知这种本来就不被他们接受而且还伴随着剧烈痛苦的割礼习俗，基督教并不强行要求的时候，心里一定长出了一口气吧。

割礼虽然可以免除，但是入教仪式还是必不可少的。因为希腊罗马的宗教都没有入教仪式，所以基督教更加需要一个独具特色的入教仪式，而且对于人类来说，在免除一项内容的同时，往往会寻找另外一项内容来取代它。

于是基督教在免除了割礼之后，将洗礼作为自己的入教仪式。不得不说，想出这个办法的人真是个天才。洗礼不必像割礼那样伤害自己，也不必像其他一神教那样，通过宰杀牲畜来举行入教仪式。基督教的入教仪式只要在头上点一滴清水，给人一种朴素无邪的庄严感觉，而且还是一种非常经济的方法。同时这种方式也使得基督教的门槛变得更低，更加容易被普通民众接受。

关于第三点，基督教对帝国的公职和军务的看法，圣保罗曾经说过这样的话：

> 正如组成人类身体的各个部分都有其各自的功能一样，我们基督教徒也可以通过各种各样的方式做出自己的贡献。因为每一个人拥有的能力不同，所以擅长行政的人可以做行政官，擅长授课的人可以做教师，擅长辩论的人可以做律师。

这就好比说基督教徒也可以从事罗马帝国的公职。另外，在人类社会中，如果没有统治阶级就无法充分地运作。针对于此，圣保罗这样说道：

> 每个人都应服从上级领导。虽然我们除了神之外不承认其他任何的权威，但是在现实世界中存在的统治者，都是因为神的旨意才成为统治者的。我们服从他们的统治，实际上就是服从凌驾于现世所有统治者之上的、至高无上的神的旨意。

这样一来，基督教对罗马帝国的统治就不会有任何的影响，与完全不承认罗马帝国权威的犹太教相比，基督教的这种灵活性实在是令人惊叹。另外，基督教在承认君权神授的基础上，还能够接受权力世袭，我想这才是统治阶级能够容忍基督教的最主要因素吧。

那么基督教对于军务的看法又是如何呢？在我调查史料之后发现，基督教从确立时起，就从来没有发表过任何与军务势不两立的声明。不仅如此，当士兵从犹太教改信基督教的时候，施洗约翰对这些身为犹太国王士兵的基督教徒这样说道：

> 满足于国王支付给你们的军饷。即便在军事行动中也不要过于残暴，更不能通过伤害同伴来实现自己升迁的目的。

不管是《新约圣经》还是《使徒行传》，都没有专门针对罗马士兵的批判。不仅如此，罗马士兵规律的生活习惯还成为基督教徒学习的榜样。

总之，在基督教看来，公元1世纪时基督教的教义与在罗马军团服役之间是没有任何冲突的。但是之所以基督教势力没能渗透进罗马军团之中，是因为当时的罗马帝国正处于兴盛期，士兵们都以自己身为罗马公民而骄傲，对其他的信仰没有丝毫的兴趣。同时，他们都将保护“罗马统治下的和平”作为自己的使命。

即便在罗马帝国进入稳定期的公元 2 世纪，基督教势力依然没有渗透进帝国公职和军务之中的迹象。但造成这种现象的原因完全出在教会方面。

公元 1 世纪，准确地说是自从公元 70 年耶路撒冷被攻陷之后便开始与犹太教划清界限的基督教，也从内部开始产生了分裂。围绕着这次的分裂发生了一系列的事件，但一般来说一个组织之所以会产生分裂，是因为满足于现状的稳健派与主张快速发展的激进派之间的斗争。公元 2 世纪时期的基督教也不例外。

稳健派主张遵守圣保罗制定的方针，而激进派则主张积极加入罗马帝国的公职和军务。这些激进派大肆扩张的时期，正是皇帝马可·奥勒留统治时期。连这位以治世贤明著称的哲学家皇帝都对基督教徒进行了镇压，就是因为当时的基督教势力已经表现出越来越强的与罗马帝国对立的姿态。前文提到过的对皇帝图拉真的法令提出异议的德尔图良，就是激进派的一员。

即便在五贤帝时代的公元 2 世纪，罗马军中大概也有信仰基督教的士兵。不过这些人数量一定不多，并且和同样身为一神教并且在罗马军中拥有大量信徒的密特拉教的信徒一样，在作为帝国国教的罗马诸神与自己信仰的基督之间，采取了一个折中的态度。因为罗马人认为个人信仰是每个人的自由，五贤帝在这一点上也显示出非常典型的罗马统治者的特点。

密特拉教在罗马大竞技场南部圣克莱门特教堂地下遗留有一个集会所，与其说是宗教，不如说更像是一个结社。虽然不是秘密结社，但是仍然选择在地下狭小的地方进行集会，由此可见他们非常重视相互之间的团结。他们用宰杀公牛流出鲜血来进行入教仪式，这种凶残的表现形式使得密特拉教在士兵群体中很受欢迎。不过反过来说，这

密特拉教的集会所（圣克莱门特教堂地下）

种血腥的做法也妨碍了密特拉教在女人和小孩之间广泛传播。之所以选择在地下深处进行集会，大概是为了掩盖杀牛之后流出的大量鲜血吧。在圣克莱门特教堂的地下遗迹中，至今依然能够听到罗马时期遗留下来的排水系统发出的声音。

基督教会内部稳健派与激进派的斗争终于在公元 3 世纪后期以稳健派的全面胜利告终。据说由于德基乌斯与瓦勒良这两位皇帝对基督教徒进行的镇压，激进派的指导者阶层全军覆没，是稳健派取得最终胜利的主要原因。不过即便在这个时期，罗马帝国对基督教徒的镇压仍然没有对军团内部进行任何处理。从皇帝瓦勒良被波斯国王俘虏的公元 260 年开始，直到皇帝戴克里先对基督教徒进行大规模镇压为止的 43 年间，由于罗马皇帝们一直忙于应对蛮族的入侵，基督教徒们得以安稳地度过这段岁月。

皇帝戴克里先对基督教的镇压，首先从罗马军队开始。他流放了罗马军队中所有信仰基督教的士兵，这位将罗马帝国从公元 3 世纪的迷途中拯救出来的皇帝，不可能做出将罗马军队彻底瓦解的举动。由此可见，即便他将所有信仰基督教的士兵全部流放，罗马军队仍然保持着原本的作用。

但是表面上的数字不能完全代表一切。研究者们一致认为，在君士坦丁大帝正式承认基督教之前，即便在叙利亚的大城市安提阿，基督教徒的数量也只有当地居民的 5%。虽然 5% 这个比例并不大，但关键的问题在于另外的那 95% 处于怎样的一种状态呢？况且即便 20 个人里面只有 1 个人，那么要是这些人都团结起来的话会产生多么强大的力量呢？所以关键的问题并不在于数字。

关于基督教势力崛起的第四点原因“灰色地带”，可以看作我前三点推论的总结。我认为罗马帝国与基督教之间并没有一个黑白分明的界线，而是中间存在着一个十分宽广的灰色地带。

当人类从白一下子转向黑的时候，会因为踌躇的心理而犹豫不前。因为要想跨过这道明确的界线，需要很大的勇气和决心。不过如果从白色转移到无限接近于白色的浅灰色则没有那么困难，随着这个浅灰色不断地加深，终于在连自己都没感觉到的时候完全变成了黑色。于是从白到黑的转变具有的抵触感也会变得非常微弱。

公元 3 世纪的罗马帝国与基督教之间的关系，就和上述这种情况十分相似。相反，罗马帝国与犹太教之间却没有这个灰色地带，而是完全的白与黑的对立关系。

正是由于初期基督教的指导者拥有的令人惊叹的灵活性，基督教与罗马帝国之间才出现了这样一个灰色地带。这样在产生变化的时候才不会出现任何的不良反应，而且就算变化也是潜移默化的。一般来说，一神教在否认其他宗教的同时也否认了信仰该宗教的人，这对以多神教为主的古代世界来说是完全无法理解且无法想象的。但有趣的是，这一点直到基督教统治整个欧洲长达千年之后的中世纪文艺复兴时期才被西欧人发现。

我每当读到罗马时期的知识分子关于基督教的著作时都会产生一种异常沉痛的感觉，那就是这些人谁也没有理解基督教属于一神教的本质。没有一个人提出关于一神教与多神教之间的区别。但实际上这也是情有可原的，因为在古代人的心目中任何信仰的神灵都是可以共存的。

但是这种观念对于对抗基督教势力崛起的罗马时期的知识分子来说，却等于剥夺了他们进行论战的武器。也就是说，他们只能围绕着灵魂救赎的问题展开讨论，换句话说，就相当于站在敌人的主场上与对方进行战斗。于是，因为希腊罗马诸神没有拯救人类灵魂的责任，他们只能求助于哲学来解释这些问题。

在皇帝马可·奥勒留的著作《沉思录》中有这样一段话：

> 当灵魂即将离开肉体的那一刻，如果我们能够平静地接受这个现实的话，那将是多么伟大的事情啊。但是，这种心理上的准备，只有凭借我们人类自由的理智才能够实现。而不像基督教徒那样，通过僵硬的信仰来寻求救赎。

这就是被称为哲学家的皇帝毫无保留的真情流露。我也十分赞成他的这一观点，只要能够平静地接受死亡，那么对于一切都无所畏惧。但是要做到这一点，需要极其强韧的精神力量。对于生活在公元 3 世纪那个动荡不安年代的普通人来说，能够做到这一点的又有多少呢？况且就连这位哲学家皇帝自己也对他信仰的斯多葛哲学不够坚定，甚至还参加过依洛西斯秘密仪式。

所谓依洛西斯秘密仪式，是在多神教的希腊自古以来便存在的一种祭祀活动。因为祭祀的地点在距离雅典西北部 20 公里处的依洛西斯，所以被称为依洛西斯秘密仪式。这种仪式祭祀的主神是宙斯的妹妹大地女神德墨忒尔。关于这种秘密仪式如何举行，现在已经无从考证，但是据说信仰这个仪式的人将会得到死后的平安和灵魂的救赎。虽然皇帝哈德良参加过这个秘密仪式，但是他仅仅是出于对希腊文化的热爱，而并非为了追求死后灵魂的平安。至于马可·奥勒留的动机就很明显了，毕竟他不是那种会为了其他的目的而做出这种事情的人。

依洛西斯秘密仪式一般在夜晚的神秘气氛中举行，与公元 3 世纪在地中海世界广泛传播的新柏拉图主义哲学一样，都具有逃避现实的倾向。我认为正是这种倾向使得马可·奥勒留之后的罗马帝国的知识分子全部陷入了认知危机。

罗马帝国的知识分子曾经拥有非常坚定的现实主义世界观。

出生于公元前 1 世纪的诗人贺拉斯曾经在一次聚会中说过这样一句话："虽然罗马征服了希腊，在文化上却被希腊征服。"当时在座的所有人都纷纷表示赞同，就连开国皇帝奥古斯都也对此深表同感地说道："确实如此。"因此，罗马人将哲学、艺术和科学都交给擅长这些的希腊人去做，自己则专心搞好现实生活必不可少的安全保障、法律、政治、基础设施建设以及粮食问题。著有《自然史》(*Naturalis Historia*) 的老普林尼曾经自豪地说道，虽然金字塔的雄伟令人叹为观止，但那毕竟只是为了一位死去的法老建造的。而我们罗马人却要为尽可能多的活着的人创造这样的奇迹。

那个时代的罗马人根本没有什么认知危机。要问他们为什么而活着，他们一定会非常自豪而且毫不犹豫地对此做出回答。到了公元3世纪，罗马人却无法回答了。即便为了寻求答案而投入新柏拉图主义哲学的怀抱，也只有少数的知识分子能够从中得到解脱，至于其他许许多多的普通民众则仍然陷入迷茫之中。对于这些普通民众来说，眼前的贫穷和不安才是最为关键的。至于死后世界和未来将会怎样，这些文化水平比较低的人是根本不会去考虑的。

蛮族的不断入侵导致当地居民频繁遭到屠杀和劫掠。

农耕地区由于上述原因而逐渐荒废。

生产力低下的同时，由于防御经费的不断增加而频繁出现的临时税也变得越发沉重。

为了谋生而背井离乡流亡到城市中的民众，却发现城市中挤满了四面八方来的难民，导致许多人找不到工作，家庭生活一天比一天艰难。

与此同时，社会福利政策也无法正常运转，曾经免费发放的粮食和面向贫困家庭子女提供的教育经费等福利政策，也只有在首都罗马才能够勉强维持。至于完全依靠当地富裕阶级私人捐赠来维持社会福利的地方自治体，则由于富裕阶级公共意识的下降，当地的福利措施形同虚设。

上述这些事件最终只会导致民众丧失希望。

罗马鼎盛时期的哲学家塞内加曾经说过，对于那些身处不幸和逆境中的人来说，只有“希望”才是他们最后的救赎。但是在公元3世纪后期的罗马帝国，不但无法保证帝国居民的“和平”，甚至还使他们失去了“希望”。对于这样一群深陷绝望之中的人，哲学家皇帝马可·奥勒留提出的那种需要自由的理性以及强韧精神的方法，显然是行不通的。

所以说基督教崛起的原因，实际上只是罗马帝国的虚弱与疲惫。而当时的罗马帝国就连维持自身活力最重要的气概都已经荡然无存。

每当我看到皇帝马可·奥勒留的骑马像时，都会感觉这是一个品格高尚的人。但同时也感觉他有些软弱。与之相比，我在《罗马人的故事 01·罗马不是一天建成的》中使用的创立共和国的尤尼乌斯·布鲁特斯的肖像看上去充满了刚毅。《罗马人的故事 02·汉尼拔战争》中使用的西庇阿·阿非利加努斯的肖像看上去甚至比名将汉尼拔更加充满活力。《罗马人的故事 03·胜者的迷思》中讲述的也是一位毅然决然并充满理想的年轻统治者。

我在《罗马人的故事·恺撒时代》中讲述的尤里乌斯·恺撒可以说是罗马时期的代表性人物。他在战场上战无不胜，在政治上有令必行，在用演讲和著作等言论作为武器的情况下，甚至能够令政敌都对其心悦诚服。在他的身上，似乎让人们看到了布鲁特斯的影子。

在恺撒之后实现了其伟大理想的帝国开国皇帝奥古斯都，堪称古代世界三大美男子之一，而且他那让人过目不忘的冷峻表情，更给人留下十分深刻的印象。

《罗马人的故事 07·臭名昭著的皇帝》中的皇帝提比略，正如世人的评判那样，是一位十分具有贵族气质的统治者。而到了《罗马人的故事 08·危机与克服》中的韦斯帕芗，则使人感觉到一种来自地方的人的朴素，以及脚踏实地的安定感。《罗马人的故事 09·贤君的世纪》中的图拉真和哈德良，堪称五贤帝时代的代表性人物。这两个人的肖像充满了对自己统治时期罗马帝国的自信，以及对此深信不疑的昂然之情。

与上述这些罗马统治者相比，公元3世纪时期皇帝们的肖像又如何呢？出身名门的皇帝，虽然面相俊美，但略显柔弱，而出身低微的皇帝，则全是一副有勇无谋的样子。与追求理想美的希腊造型艺术相比，罗马造型艺术的特点是真实反映现实的状态。因此，这些罗马统治者的雕像也反映出他们统治的这个时代的气息。

在意大利语中有一种说法叫作“colpo di grazia”，翻译过来就是“致命的一击”。我认为罗马帝国与基督教之间斗争的致命一击在于罗马诸神与基督教神灵之间性质上的区别。

我举一个可能不太贴切的例子——罗马宗教与基督教分别如何对待吵架的夫妇。

基督教徒夫妇会分别前往不同的教会，将夫妻之间吵架的事情向上帝忏悔告白。告解神父会教导前来忏悔的教徒，夫妇关系是在神面前发誓的神圣关系，所以不但不能离婚，就连吵架都是不应该的。然后让前来忏悔的教徒念诵10次“我们的主啊”，就这样结束了。

那么罗马宗教对于夫妻吵架应该如何处理呢？罗马社会是个多神教的社会，据说数量之多高达30万尊。因此，在多神教的罗马社会中有专门针对夫妻关系的守护女神，叫作维里普拉卡。关于这位女神我已经在《罗马人的故事01·罗马不是一天建成的》中做过介绍，这里再次摘抄如下：

一对夫妻就是不是所有人都不吃狗肉的问题发生了争执。双方都认为自己是正确的，于是在争吵中声音也越来越大。因为一旦沉默下来就会让人感觉自己输了，而且为了压过对方的声音也只能不停地争辩。结果两个人越说越来气，要是继续下去非动起手来不可。为了不至于演变到无法收拾的局面，所以两人决定到女神维里普拉卡的神殿去寻求答案。

但是在神殿中除了女神雕像之外一无所有，连祭司的人影都看不到。因为罗马的神灵太多，如果每座神殿中都安排祭司的话，那么这恐怕是一个非常庞大的数字。而且罗马本身就没有专门的神职人员。也就是说，在女神维里普拉卡的神殿中，除了这对吵架的夫妻之外就再也没有别人了。因为罗马人与诸神之间的关系十分亲密，所以根本不需要派人值守神殿。而在维里普拉卡女神像前的倾诉，一次只能一个人进去。

于是，在一个人向女神倾诉的时候，另一个人即便不情愿也只能默默地倾听。而就在倾听的过程中，一方会发现另一方的话语中也含有一定的道理。同时在双方轮流倾诉的过程中，声音也逐渐变得平和下来，最后双方都认识到自己的错误，终于重归于好。但是如果这样也无法解决问题，那么只有离婚这唯一的选择，罗马人也将其看作女神维里普拉卡的裁决。

通过上述事例我们可以很清楚地看出，基督教的神是能够给人类指明前进方向的神，而罗马诸神则是帮助人找到前进方向的神。这两者之间可以看作绝对神与守护神之间的区别。但是这种区别对那些生活在动荡年代失去了自己寻找前进方向的信心的人来说，有着非常重要的意义。

正如在战斗中取得胜利的将军在凯旋仪式的最后都会前往位于卡匹托尔山上的朱庇特神殿汇报自己的胜利，对保佑他取得胜利的诸神表示感谢一样，罗马诸神的主要职责是守护那些不懈努力的人。而在罗马持续获胜、繁荣发展的时代，这是非常适合其国情的宗教。

但是，公元3世纪的罗马经常失败，即便胜利也是击退入侵的敌人。结果在繁华背后开始出现阴暗的黑影。这个时候的罗马人心中又是怎样的想法呢？会不会认为他们的神灵已经抛弃他们了呢？感觉自己被神灵抛弃的罗马人内心产生无比的绝望。不要忘记，与现代人相比，古代人认为神灵与人类之间的距离是非常接近的。

那么在这个时代，基督教的神灵又是怎样表现的呢？

基督教认为一切都是神的旨意。蛮族的入侵、家园遭到破坏、疫病的流行、贫穷的烦恼，甚至连死亡都是神的旨意。不仅如此，这一切都是神对人类进行的考验。

基督教认为这些苦恼能够使人类得到净化。在基督教创立初期，这一思想使信徒们相信悲惨的现状是神给予他们的考验，而苦恼能够使自己的灵魂得到净化，以此来获得死后的平安。虽然没有人能够预言有来世，但是至少保证灵魂的平安可以使人在死后不会遭遇危险。

基督教之所以在随后的这么多年一直流传下来，就是因为人类世界总是难免有悲惨与绝望的情况发生。而在“罗马统治下的和平”充分地发挥着作用的时代，罗马人根本不需要基督教的这种信仰。因此，在耶稣死后200多年，认识到基督教魅力的罗马人才一下子增多起来，就连一向坚持多神教的罗马人都被基督教的魅力吸引，这是因为当时罗马诸神的立场逐渐衰弱，人们感觉到诸神守护自己的力量也在逐渐地消失。而恰好在这个时候基督教的神灵却展现出强大的可靠性。在人类与神灵之间距离很近的古代社会，神灵力量的强弱对于人类来说是非常重要的问题。

越是积极解决帝国危机的皇帝，对基督教徒的镇压越是严厉。这是因为他们深知，如果人民失去了对罗马诸神的信仰，那么也就意味着失去了对罗马帝国的信仰。

基督教徒并不想打倒罗马帝国，相反他们想要取代罗马帝国。相比之下，一心只想实现犹太独立的犹太教徒就显得太可怜了。而基督教取代罗马帝国的行动也一直在有条不紊地进行当中。毕竟，罗马帝国正在逐渐呈现出衰弱和疲惫的状态。

最后，让我用因为殉教而被追封为圣人的迦太基主教西普里安写给他不肯加入基督教的朋友德梅特良的信来作为这一册的结尾吧：

你说导致这个世界陷入动荡不安、遭遇众多不幸的原因，是我们基督教徒。因为我们基督教徒不肯祭拜你们的神灵。

虽然你从来都没有阅读过我们神圣的经卷，而且一直生活在远离真理的环境之中，但是有一件事你不得不承认，那就是罗马已经非常衰老了。曾经稳健地伫立在大地之上的双脚，现在也已经衰老到几乎无法支撑其自身庞大的重量。

即便基督教的《圣经》中没有明确地指明这一点，帝国日益衰亡的现实也已经是尽人皆知的事情。冬天播下的种子却得不到充足的雨露。夏季也没有像从前那样充足的阳光，使小麦无法变成金黄色。春季和煦的阳光成为人们的奢望。秋季也很难见到硕果累累的果树。

石料场已经找不到从前那样优质的大理石。矿脉几近断绝，金银的产量大幅减少。水源中涌出的清水也越来越少。农田中看不到农民的身影，海面上难寻过往的商船。军团基地中鲜有士兵出现，法院里也不再有旁听的民众。

不仅如此，朋友间的亲密氛围、艺术上的高深造诣、日常生活中的习惯和秩序，一切的一切都和从前不再一样。

帝国已经十分衰老。你还期盼着这个帝国能够像年轻的时候那样充满活力，拥有同样强大的力量吗？

在临近终结的时候，任何事物都会变得衰弱。就像傍晚的太阳，光线不再那么耀眼，而黎明时的月光也变得十分微弱。

这就是世界的真理，也是神的旨意。一切活着的事物都难逃死亡的命运。成熟后必然会老化，老化后就只有死亡。再强大的国家也有衰弱的一天，再巨大的东西也有缩小的时候。衰弱、缩小，最终消失灭亡。

我们不知道这位叫作德梅特良的朋友在看到这封信之后，是否皈依了基督教，但是写出这封信的西普里安坚持着基督教的信念直到死亡。他是否坚信，对于罗马帝国这个已经衰老的国家，如果将其中的血液全部换成基督教这个新鲜血液的话，就一定能够重新获得年轻的活力呢？

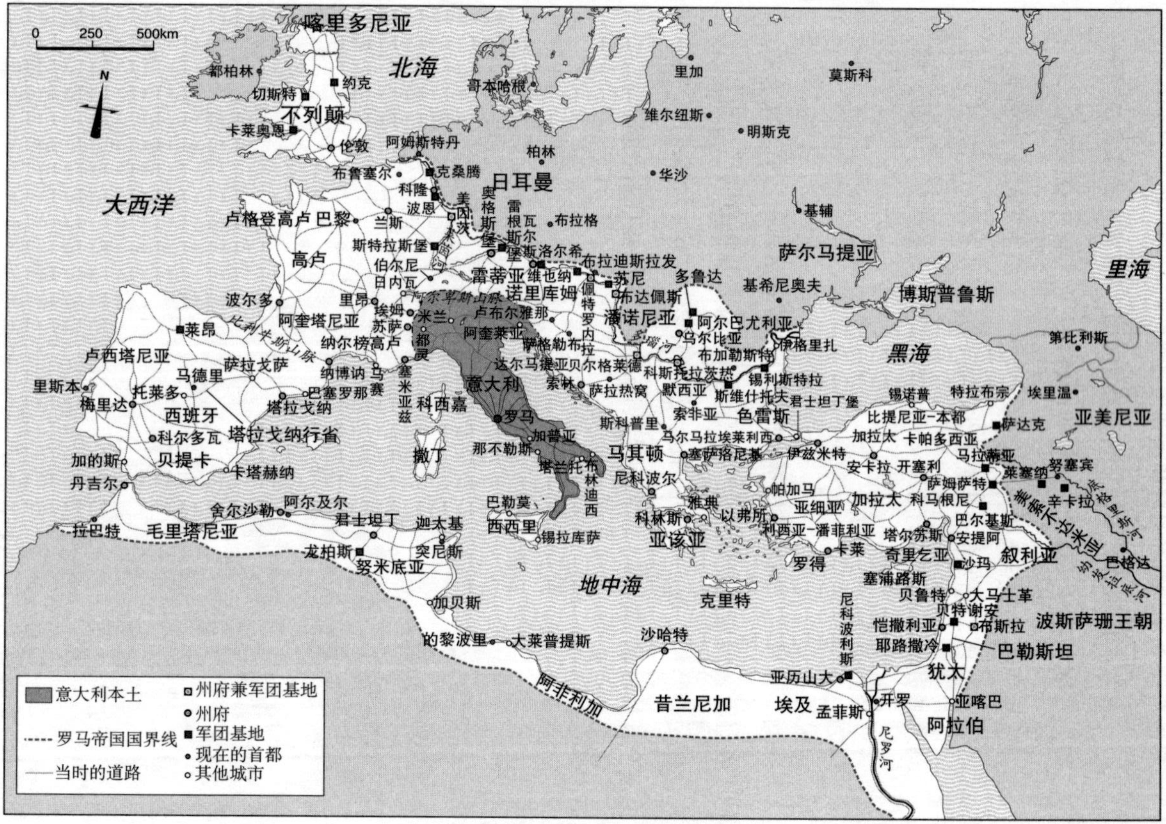

公元 3 世纪末期的罗马帝国

大事年表

年份（公元）	罗马帝国			其他地方
	意大利本土	西方行省	东方行省	
193	3月，皇帝柏提纳克斯被近卫军团士兵杀害，包括塞普提米乌斯·塞维鲁在内的五位皇帝同时出现，随后四年罗马帝国陷入内乱期			日本弥生时代
197	2月，塞普提米乌斯·塞维鲁在与亚尔比努斯的对抗中取得胜利，亚尔比努斯自杀，塞维鲁成为五位皇帝之中唯一活下来的人，**成为罗马帝国唯一的皇帝**			
199			塞维鲁远征帕提亚，将北美索不达米亚列为罗马行省	
202	塞维鲁的长子卡拉卡拉就任执政官			
204	塞维鲁的次子盖塔就任执政官		塞维鲁在故乡莱波蒂斯玛尼进行大规模的改造工程	中国刘备与孙权在赤壁击败曹操（赤壁之战，208年）
209	塞维鲁偕妻子与两个儿子远征不列颠			
211		2月，皇帝塞普提米乌斯·塞维鲁在不列颠的约克去世。**卡拉卡拉与盖塔共同继位**		
212	2月12日，卡拉卡拉在帕拉蒂尼山上的皇宫中将盖塔杀害。卡拉卡拉颁布《安东尼努斯敕令》，赋予行省居民罗马公民权			
213	春，卡拉卡拉前往莱茵河防线。秋，卡拉卡拉返回罗马举行凯旋仪式。被元老院授予“Pacator Orbis”的称号	卡拉卡拉整顿莱茵河防线与日耳曼长城		
214	春，卡拉卡拉前往帕提亚	卡拉卡拉在东征途中视察多瑙河防线		

（续表）

年份（公元）	罗马帝国			其他地方
	意大利本土	西方行省	东方行省	
215	卡拉卡拉发行安东尼银币		5月，卡拉卡拉抵达叙利亚行省的首府安提阿。卡拉卡拉与帕提亚国王沃洛吉斯五世媾和后前往埃及，在亚历山大港虐杀当地居民数千人。帕提亚发生政变，沃洛吉斯五世的弟弟阿尔达班登上王位。卡拉卡拉再次率领军团向帕提亚进军	日本弥生时代
216			帕提亚战争开始。卡拉卡拉提出与帕提亚公主结婚为条件媾和，遭到帕提亚国王的拒绝	
217			4月，罗马军队再次向帕提亚进军。4月8日，在前往卡莱的路上，卡拉卡拉被皇帝警卫队的士兵暗杀，享年29岁。4月11日，**近卫军团长官马克里努斯被军团推举为皇帝**。卡拉卡拉的母亲尤利亚·多姆娜在安提阿自杀身亡。罗马军队与帕提亚军队在努塞宾交战，结果不分胜负	
218			马克里努斯与帕提亚媾和，放弃美索不达米亚行省。尤利亚·多姆娜的妹妹尤利亚·梅萨集结位于东方的军团反抗马克里努斯。马克里努斯在逃亡途中于比提尼亚行省被捕处死，享年53岁。6月8日，尤利亚·梅萨的外孙**埃拉伽巴路斯继承皇位**	
219	9月29日，埃拉伽巴路斯带着太阳神的神体进入首都罗马			中国曹丕篡东汉建立魏王朝（220年）

（续表）

年份（公元）	罗马帝国			其他地方
	意大利本土	西方行省	东方行省	
221	埃拉伽巴路斯授予弟弟亚历山大恺撒称号			
222	3月11日，埃拉伽巴路斯在皇宫内被杀，享年18岁。**亚历山大·塞维鲁继承皇位**。尤利亚·梅萨启用乌尔比安担任皇帝的辅佐官			刘备建立蜀汉（221年） 孙权建立吴国（222年）
224			阿尔达希尔击败帕提亚国王阿尔达班	日本弥生时代
226	尤利亚·梅萨去世，皇帝的母亲尤利亚·梅亚执掌大权		阿尔达希尔继承王位，建立波斯萨珊王朝	
227			阿尔达希尔占领泰西封（帕提亚王国灭亡）	
228	乌尔比安被暗杀		波斯入侵卡帕多西亚行省，直逼叙利亚	
232	亚历山大·塞维鲁亲自率军东征			
233			春，罗马军在美索不达米亚地区与波斯军交战，双方不分胜负	
234	亚历山大·塞维鲁向北方进军	亚历山大·塞维鲁在莱茵河沿岸与蛮族没有进行交战便进行媾和		
235		3月，莱茵河防线的罗马军团起义，皇帝亚历山大·塞维鲁被杀，享年26岁。他的母亲尤利亚·梅亚同时遇害。负责训练新兵的色雷斯人**马克西米努斯被推举为皇帝**		

（续表）

年份（公元）	罗马帝国			其他地方
	意大利本土	西方行省	东方行省	
238	北非的农场主推举阿非利加行省的戈尔迪安为皇帝。元老院承认这一决定。**戈尔迪安以及他的儿子戈尔迪安二世共同继位**。戈尔迪安父子遭到驻屯在努米底亚行省的军团攻击，即位后仅仅一个月便被杀。马克西米努斯被罗马附近的守卫军团杀害。元老院元老**普皮恩努斯与巴尔比努斯共同继位**。普皮恩努斯与巴尔比努斯双双被马克西米努斯手下的军团兵杀害。戈尔迪安一世的孙子**戈尔迪安三世继位**	马克西米努斯率领多瑙河防线的军团向罗马进发		日本弥生时代
241	提梅吉提乌斯被任命为近卫军团长官。戈尔迪安三世迎娶提梅吉提乌斯的女儿为妻		波斯国王沙普尔一世率军侵入罗马帝国东方，逼近安提阿	倭国女王卑弥呼派遣难升米前往带方郡。魏国赐卑弥呼金印与铜镜（239年,《魏志·倭人传》）
242	提梅吉提乌斯率领多瑙河军团与皇帝一同东征。在冬季之前进驻安提阿			
243			罗马军队在北美索不达米亚击败波斯军队，恢复美索不达米亚行省。提梅吉提乌斯在罗马军中死去。副官菲利普升任为近卫军团长官	日本倭王派遣使节前往魏国（243年）

（续表）

年份（公元）	罗马帝国			其他地方
	意大利本土	西方行省	东方行省	
244			2月，戈尔迪安三世在军营中被军团兵暗杀，享年19岁。**阿拉伯人菲利普继位**。阿拉伯人菲利普与沙普尔一世媾和，再次放弃美索不达米亚行省。阿拉伯人菲利普在与波斯媾和之后返回罗马	
248	4月11日　至13日，罗马举行建国一千周年庆典。阿拉伯人菲利普派遣首都长官德基乌斯前往多瑙河前线	哥特人越过多瑙河入侵罗马帝国境内		日本卑弥呼殁。台与继任女王
249	阿拉伯人菲利普从罗马出发讨伐德基乌斯。阿拉伯人菲利普在维罗纳与德基乌斯的军队遭遇，因为自己手下的士兵叛变，他自杀身亡。**德基乌斯继位**	德基乌斯成功阻止了哥特人的入侵，被多瑙河防线的军团推举为皇帝。德基乌斯向罗马进军		
250	德基乌斯要求公民随身携带证明自己不是基督教徒的文书。德基乌斯率军迎击蛮族	夏，哥特人与汪达尔人大举入侵罗马境内，抵达色雷斯行省		
251	罗马爆发疫病，德基乌斯的次子霍斯蒂利安在这场疫病中病死	德基乌斯与长子赫伦尼乌斯双双在与蛮族的战斗中牺牲。远默西亚行省总督**加卢斯被推举为皇帝**。加卢斯与哥特人媾和，返回罗马。远默西亚行省总督埃米利安努斯越过多瑙河进攻哥特人，取得胜利		

（续表）

年份（公元）	罗马帝国			其他地方
	意大利本土	西方行省	东方行省	
252		阿拉曼人越过莱茵河入侵罗马帝国境内。北方蛮族从黑海经由博斯普鲁斯海峡来到地中海，劫掠了小亚细亚与希腊的诸多城市		
253	瓦勒良再次面向非基督教徒发放证明文书	埃米利安努斯被默西亚的军团推举为皇帝。同时守卫日耳曼长城的军团司令瓦勒良也宣布继位。6月，加卢斯在与埃米利安努斯的军队交战时死亡。10月，埃米利安努斯在与瓦勒良的军队交战时死亡。**瓦勒良继承皇位**		
257	瓦勒良颁布临时措施法，禁止基督教徒进行祭祀和集会活动			
258	镇压基督教徒的第二部临时措施法颁布，规定将没收违反者的财产			
259	瓦勒良率领罗马军队迎击波斯	波斯国王沙普尔一世率领大军入侵罗马帝国，占领叙利亚首府安提阿		
260	瓦勒良的儿子**共治皇帝加里恩努斯继位**。秋，远日耳曼行省总督波斯图穆斯宣布建立高卢帝国，自封为高卢帝国皇帝	瓦勒良被波斯军队俘虏。加里恩努斯任命帕尔米拉的贵族奥迪纳图斯为东方担任司令官		

（续表）

年份（公元）	罗马帝国			其他地方
	意大利本土	西方行省	东方行省	
261	罗马帝国遭遇严重的疫病和地震灾害。加里恩努斯颁布将元老院与军队彻底分离的法令			
267			奥迪纳图斯被外甥杀害。他的妻子芝诺比阿取而代之，成为东方的统治者	中国魏灭蜀（263 年）。司马炎（武帝）建立西晋，取代魏（265 年）
268	加里恩努斯被武装政变的骑兵队长杀害。武装政变的发动者**克劳狄乌斯继位**。克劳狄乌斯二世击败侵略意大利北部的哥特人，获得“哥特征服者”的称号			
269		哥特人侵略巴尔干半岛。克劳狄乌斯二世将哥特人击败		
270	元老院指名克劳狄乌斯二世的弟弟昆提卢斯继承皇位。士兵们推举骑兵军团司令官**奥勒良继位**，昆提卢斯自杀。汪达尔人入侵意大利中部，被奥勒良击败	1 月，克劳狄乌斯在潘诺尼亚行省因感染疫病去世		
271	奥勒良取消了元老院的货币发行权。奥勒良开始在罗马郊外着手修建奥勒良城墙（公元 276 年完成）	放弃达契亚行省，转让给哥特人，在多瑙河南岸建立新达契亚行省	奥勒良前往帕尔米拉征服东方的女王芝诺比阿	
272			罗马军队供献帕尔米拉，俘虏芝诺比阿	

（续表）

年份（公元）	罗马帝国			其他地方
	意大利本土	西方行省	东方行省	
273	奥勒良率军平定高卢帝国	秋，高卢帝国皇帝泰特里库斯臣服于奥勒良		
274	春，奥勒良返回罗马举行盛大的凯旋仪式			
275	奥勒良开始东征。9月25日，元老院指名**塔西佗继位**		4月，奥勒良在小亚细亚因为秘书的阴谋而遭到杀害	
276	塔西佗开始东征。元老院指名塔西佗的弟弟弗洛里安努斯继位。弗洛里安努斯被身边的警卫士兵杀害	6月，塔西佗在前往叙利亚的途中去世。军队推举东方军团的司令官**普罗布斯继位**。普罗布斯击败入侵小亚细亚的哥特人		
277		普罗布斯击败入侵高卢的蛮族，随后继续与蛮族交战		
278		普罗布斯将蛮族彻底赶出高卢		
279			从东方到埃及都出现了将军叛乱的情况。普罗布斯平定了这些叛乱	
280		普罗布斯花了整整一年时间击败了莱茵河与多瑙河防线的蛮族		中国西晋灭吴，中国统一（280年）
281	秋，普罗布斯回到罗马举行凯旋仪式			
282	普罗布斯开始东征	普罗布斯在多瑙河沿岸的希尔米乌姆被士兵杀害，享年50岁。近卫军团长官**卡鲁斯被推举为皇帝**	秋，卡鲁斯指名**长子卡里努斯与次子努梅里安为共治皇帝**，带着努梅里安一起向东方进军	

（续表）

年份（公元）	罗马帝国			其他地方
	意大利本土	西方行省	东方行省	
283			春，波斯战争再次展开。罗马帝国成功收复美索不达米亚。夏，卡鲁斯因为落雷意外身亡。努梅里安被暗杀。皇帝警卫队队长狄奥克莱斯向罗马进军	
284	卡里努斯被暗杀。狄奥克莱斯改名为戴克里先，继位			

参考文献

一、原始史料

《罗马皇帝传》[*Historia Augusta*，由公元 4 世纪的 6 位作者合著，包括了从哈德良到努梅里安这段时间（公元 117—284 年）的所有皇帝]

卡西乌斯·狄奥（Cassius Dio Cocceianus）

《罗马史》(*ΡΩΜΑΙΚΗ ΙΣΤΟΡΙΑ*，从建国至 229 年）

艾罗迪亚鲁斯（Herodianus）

《马可·奥勒留死后的罗马帝国史》(*Storia dell'Impero dalla morte di Marco Aurelio*，公元 180—238 年，意大利语翻译）

西普里安（Caecilius Cyprianus，迦太基主教，公元 257 年左右殉教）

Ad Donatum

De habitu virginum

Testimonia ad Quirinum

De lapsis

De catholicae Ecclesiae unitate

Ad Demetrianum

塞尔修斯（Κέλσος）

《正统教义》（*ΑΛΗΘΗΣ ΛΟΓΟΣ*）

奥利金（Ωριγένηζ）

《驳塞尔修斯》（*Κατά Κέλσου*）

拉克坦提乌斯（Lactantius，君士坦丁大帝孩子们的家庭教师）

De mortibus persecutorum

优西比乌（Eusebius，基督教史学的奠基人，据说就是他为临终的君士坦丁大帝进行洗礼的）

《基督教会史》（*Εκκλησιαστική Ιστορία*）

德尔图良（Tertullianus）

《护教篇》（*Apologeticam*）

Iscrizioni funerarie sortilegi e pronostici di Roma antica

Notitia dignitatum

二、后世撰写的史书、研究专著

AA.VV.（著者多数），*La fine dell'impero romano d'Occidente,* Istituto di Studi Romani, 1978.

ABBOTT, Fr. & JOHNSON, A.Ch., *Municipal administration in the Roman Empire,* Princeton, 1926.

ADCOCK, F.E., *The Roman Art of War under the Republic,* Martin Classical Lectures XIII, Cambridge（Mass.），1940.

ALFÖLDI, A., *La Grande Crise du monde romain au IIIᵉ siècle,*《L'Antiquite classique》7, 1938; *Daci e Romani in Transilvania,* Budapest,1940; *The Moral Barrier on Rhine and Danube,*《Congress of Roman Frontier Studies（CRFS）》, 1949; *Die Hilfstruppen der römischen Provinz Germania Inferior,*《Epigraphische Studien（ES）》6, 1968.

ALLARD, P., *Storia critica delle persecuzioni,* Firenze, 1924.

AMIT, M., *Les Moyens de communication et la défense de l'empire romain,*《La Parola del Passato》20, 1965.

ANCONA, M., *Claudio il Gotico e gli usurpatori,* Messina, 1901.

APPLEBAUM, S. & GICHON, M., *Israel and her Vicinity in the Roman and Byzantine Periods,* Tel Aviv, 1967.

BACHRACH, P. & BARATZ, M.S., *Two Faces of Power,*《American Political Science Review（APSR）》56, 1962; *Decisions and Non-Decisions: An Analytical Framework,*《APSR》57, 1963.

BADIAN, E., *Foreign Clientelae（264-70 B.C.）*, Oxford, 1958.

BARADEZ, J.L., *Vue-Aerienne de l'organisation romaine dans le Sud-Algérien, Fossatum Africae,* Paris, 1949; *Organisation militaire romaine de l'Algérie antique et l'evolution du concept défensif de ses frontières,*《Revue internationale d'histoire militaire》13, 1953; *L'Enceinte de Tipasa: Base d'opérations des troupes venues de Pannonie sous Antonin Le Pieux,*《Quintus Congressus Internationalis Limitis Romani Studiosorum（QCILRS）》; *Les Thermes légionnaires de Gemellae,* Corolla Memoriae Erich Swoboda Dedicata, Graz, 1966; *L'Enceinte de Tipasa et ses portes,* Mélanges Piganiol（Chevallier编）II, Paris, 1966; *Compléments inédits au 'Fossatum Africae,'*《Studien zu den Militärgrenzén Roms（SMR）》I, Cologne, 1967.

BARTOCCINI, R., *Il Porto di Leptis Magna nella sua vita economica e sociale,*

Hommages á Albert Grenier (Renard編) I, Brussels, 1962.

BAYNES, N.H., *The effect of the Edict of Gallienus,* 〈Journal of Roman Studies (JRS)〉 15, 1925; *The Early Church and Social Life: The First Three Centuries,* London, 1926.

BECKER, A., *Imperatore L. Domitius Aurelianus, restitutor urbis,* Monasterii, 1866.

BELL, R., EDWARD, D.V. & WAGNER, H.R., *Political Power: A Reader in Theory and Research,* New York, 1969.

BERCHEM, D. van, *L'Annone militaire dans l'empire romain au III è me siècle,* 〈Mémoires de la société nationale des antiquaires de France〉 80, Paris, 1937; *On Some Chapters of the 'Notitia Dignitatum' Relating to the Defense of Gaul and Britain,* 〈American Journal of Philology〉 76, 1955; *Conquête et organisation par Rome des districts alpines,* 〈Revue des études latines (REL)〉 11, 1962.

BERSANETTI, G.M., *Gordiano I e II; Gordiano III; Timesteo; Valeriano; Gallieno* 以上全て Enciclopedia Italiana, 1933; *Massimino il Trace,* Roma, 1940.

BETZ A., *Zur Dislokation der Legionen in der Zeit vom Tode des Augustus bis zum Ende der Prinzipatsepoche,* Carnuntina (Swoboda編).

BIRLEY, A.R., *Hadrian's Wall: An Illustrated Guide, Ministry of Public Building and Works,* London, 1963; *Marcus Aurelius,* London, 1966; *Excavations at Carpow,* 〈SMR〉 I, Cologne, 1967; *Septimius Severus: The African Emperor,* London, 1971.

BIRLEY, E.B., *A Note on the title 'Gemina,'* 〈JRS〉 18, 1928; *The Brigantian Problem and the First Roman Contact with Scotland,* 1952; *Roman Britain and the Roman Army: Collected Papers,* Kendal, 1953; *Hadrianic Frontier Policy,* Carnuntina (Swoboda編), 1956; *Research on Hadrian's Wall,* Kendal, 1961; *Alae and Cohortes Milliariae,* Corolla Memoriae Erich Swoboda Dedicata, Graz, 1966; *Hadrian's Wall and its Neighbourhood,* 〈SMR〉 I, Cologne, 1967 ; *Septimius Severus and the Roman Army,* 〈ES〉 8, 1969; *The Fate of the Ninth Legion, Soldier and Civilian in Roman Yorkshire* (Butler編), Leicester, 1971.

BLAU, P., *Exchange and Power in Social Life,* New York, 1964.

BOWERSOCK, G.W., *Augustus and the Greek World,* Oxford, 1965; *A Report on Arabia Provincia,* 〈JRS〉 61, 1971.

BRAND, C.E., *Roman Military Law,* Austin, 1968.

BREEZE, D.J., *The Organization of the Legion: The First Cohort and the Equites*

Legionis, 〈JRS〉 59, 1969.

BREEZE, D.J. & DOBSON, B., *Hadrian's Wall: Some Problems,* 〈Britannia〉 3, 1972.

BREZZI, P., *Cristianesimo e impero Romano,* Roma, 1942.

BRISSON, J-P.編, *Problèmes de la guerre à Rome,* Paris, 1969.

BROGAN, O., *The Roman Limes in Germany,* 〈Archaeological Journal (AJ)〉 92, 1935.

BROWN, P., *Il mondo tardo antico. Da Marco Aurelio,* Einaudi, 1974.

BRUCE, J.C., *Handbook to the Roman Wall* (Sir I.A. Richmond編), Newcastle, 1966.

BRUSIN, G., *Le Difese della romana Aquileia e la loro cronologia,* Corolla Memoriae Erich Swoboda Dedicata, Graz, 1966.

BURY, J.B., *The Invasion of Europe by the Barbarians,* New York, 1963.

BUTLER, R.M., *The Roman Walls of Le Mans,* 〈JRS〉 48, 1958; *Late Roman Town Walls in Gaul,* 〈AJ〉 116, 1959.

CAGNAT, R., *Les Frontières militaires de l'empire romain,* 〈Journal des savants〉, 1901; *L'Armée romaine d'Afrique et l'occupation militaire de l'Afrique sous les empereurs,* Paris, 1913.

CALDERINI, A., *I Severi: La crisi dell'impero nel III secolo,* Istituto di studi Romani, 1949.

Cambridge Ancient History (J.B.BURY編代表) X, XI, XII, Cambridge, 1934-39.

CARAMELLA, S., *La filosofia di Plotino e il Neoplatonismo,* Catania, 1940.

CARCOPINO, J., *Les étapes de l'impérialisme romain,* Paris, 1961.

CARETTONI, A., *Banchieri ed operazioni bancarie,* Roma, 1938.

CARY, M., *The Geographic Background of Greek and Roman History,* Oxford, 1949.

CASSON, L., *Ships and Seamanship in the Ancient World,* Princeton, 1971.

CAVAIGNAC, E., *Les Effectifs de l'armée d'Auguste,* 〈REL〉 30, 1952.

CECCHELLI, C., *Cristianesimo e Impero,* Roma, 1938.

CHAPOT, V., *La Frontière de l'Euphrate: De Pompée á la conquête arabe,* Paris, 1907.

CHARLESWORTH, M.P., *Trade Routes and the Commerce of the Roman Empire,* Cambridge, 1926; *Five Men: Character Studies from the Roman Empire,* Martin Classical Lectures VI, Cambridge (Mass.), 1936; *The Lost Province, or the*

Worth of Britain, Cardiff, 1949.

CHEESMAN, G.L., *The Auxilia of the Roman Imperial Army*, Hildesheim, 1971.

CHEVALLIER, R., *Rome et la Germanie au Ier siècle: Problèmes de colonisation*, Brussels, 1961; *Les Voies romaines*, Paris, 1972.

CHILVER, G.E.F., *Cisalpine Gaul: Social and Economic History from 49 B.C. to the Death of Trajan*, Oxford, 1941; *The Army in Politics, A.D.68-70*, 〈JRS〉 47, 1957.

CHRISTENSEN, A., *L'Iran sous les Sassanides*, Copenhagen, 1944.

CHRISTESCU, V., *Istoria militară a Daciei Romane*, Bucarest, 1937.

CICCOTTI, E., *Lineamenti della evoluzione tributaria del mondo antico*, Udine, 1921.

CLEMENTE, G., *La 'Notitia Dignitatum,'* Cagliari, 1968.

COLLINGWOOD, R.G., *The Purpose of the Roman Wall*, 〈Vasculum〉 8, 1920.

CONDURACHI, E., *Neue Probleme und Ergebnisse der Limesforschung in Scythia Minor*, 〈SMR〉 I, Cologne, 1967.

COSTA, G., *Religione e politica nell'impero romano*, Torino, 1923.

COURCELLE, P.P., *Histoire Littéraire des grandes invasions germanigues*, Paris, 1964.

COUSSIN, P., *Les Armes romaines: Essai sur les origins et l'evolution des armes individualles du légionnaire romain*, Paris, 1926.

CREES, J.H.E., *The Reign of the Emperor Probus*, London, 1911.

CRUMP, G.A., *Ammianus and the Late Roman Army*, 〈Historia〉 23, 1973.

CURZON, G.N., Lord Kedleston, *Frontiers*, Romanes Lecture Series, Oxford, 1907.

DAHL, R.A., *Modern Political Analysis*, Englewood Cliffs (N.J.), 1963.

DAICOVICIU, C., *La Transylvanie dans l'antiquité*, Bucharest, 1945; *Dacica*, Hommages à Albert Grenier (Renard编) I, Brussels, 1962.

DAICOVICIU, C. & DAICOVICIU, H., *Columna lui Traian*, Bucharest, 1968.

DAVIES, R.W., *The 'Abortive Invasion' of Britain by Gaius*, 〈Historia〉 15, 1966; *A Note on a Recently Discovered Inscription in Carrawburgh*, Appendix, 〈ES〉 4, 1967; *Joining the Roman Army*, 〈Bonner Jahrbücher (BJ)〉 169, 1969; *The Medici of the Roman Armed Forces*, 〈ES〉 8, 1969; *Cohortes Equitatae*, 〈Historia〉 20, 1971; *The Romans at Burnswark*, 〈Historia〉 21, 1972; *The Daily Life of the Roman Soldier under the Principate*, 〈Aufstieg und Niedergang der Rōmischen Welt

〈ANRW〉〉(Temporini編) II-1, 1974.

DEGRASSI, A., *Il Confine nord-orientale dell'Italia romana: Ricerche storico-topografiche*, Dissertationes Bernenses I-6. Bern, 1954.

DEMOUGEOT, É., *La Formation de l'Europe et les invasions barbares: Des origines germaniques à l'avènement de Dioclétien*, Paris, 1969.

DODDS, E.R., *Pagan and Christian in an Age of Anxiety*, Cambridge,1965.

DOISE, J., *Le Commandement de l'armée romaine sous Theodose et les débuts des régnes d'Arcadius et d'Honorius*, 〈Mélanges d'archéologie et d'histoire, École française de Rome〉 61, 1949.

DONINI, A., *Storia del cristianesimo dalle origini a Giustiniano*, Milano, 1975.

DURRY, M., *Les Cohortes Prétoriennes*, 〈Bibliothèque des écoles françaises d'Athènes et de Rome (BEFAR)〉 146, Paris, 1938.

DYSON, L., *Native Revolts in the Roman Empire*, 〈Historia〉 20, 1971.

EADIE, J.W., *The Development of Roman Mailed Cavalry*, 〈JRS〉 57, 1967.

EMMET, D., *Function, Purpose and Powers*, London, 1958.

EUZENNAT, M., *Le Limes de Volubilis*, 〈SMR〉 I, Cologne, 1967.

FINK, R.O., *Roman Military Records on Papyrus*, 〈Philological Monographs of the American Philological Association〉 26, Cleveland, 1971.

FINLEY, M.I., *Recensione di 'Manpower Shortage' di A.E.R. Boak*, 〈JRS〉 48, 1958.

FISHWICK, D., *The Annexation of Mauretania*, 〈Historia〉 20, 1971.

FITZ J., *A Military History of Pannonia from the Marcomann Wars to the Death of Alexander Severus (180-235)*, 〈Acta Archaeologica Academiae Scientiarum Hungaricae (AArchASH)〉 14, 1962; *Réorganization militaire au début des guerres marcomannes, Hommages à Marcel Renard* (Bibaw編) I.

FLORESCU, R., *Les Phases de construction du castrum Drobeta (Turnu Severin)*, 〈SMR〉 I, Cologne, 1967.

FORNI, G., *Il Reclutamento delle legioni da Augusto a Diocleziano*, 〈Pubbicazioni della facoltà di filosofia e lettere della Università di Pavia〉 5, Milano & Roma, 1953; *Contributo alla storia della Dacia romana*, 〈Athenaeum〉 36, 1958-59; *Limes*, Dizionario Epigrafico Ⅳ; *Estrazione etnica e sociale dei soldati delle legioni nei primi tre secoli dell'impero*, 〈ANRW〉 (Temporini編) II- 1 , 1974.

FRANK, R.I., *Scholae Palatinae: The Palace Guards of the Later Roman Empire*, 〈Papers and Monographs of the American Academy in Rome (PMAAR)〉

23, Roma, 1969.

FRANK, T., *An Economic History of Rome*, Baltimore, 1927.

FRERE, S.S., *Britannia: A History of Roman Britain*, London, 1967.

FROVA, A., *The Danubian Limes in Bulgaria and Excavations at Oescus*, 〈CRFS〉, 1949.

GALDERINI, A., *Le associazioni professionali in Roma antica*, Milano, 1933.

GALLIAZZO, V., *I Ponti Romani*, Treviso, 1994.

GARBSCH, J.G., *Der Spätrömische Donau-Iller Rhein Limes*, Stuttgart, 1970.

GARZETTI, A., *L'Impero da Tiberio agli Antonini*, *Istituto di studi romani*, 〈Storia di Roma〉 6, Bologna, 1960; *Problemi dell'età traianea: Sommario e testi*, Genova, 1971.

GEWEKE, L.K., & WINSPEAR, A.D., *Augustus and the Reconstruction of Roman Government and Society*, 〈University of Wisconsin Studies in the Social Sciences and Philosophy〉 24, Madison, 1935.

GHIRSHMAN, R., *Les Chionites-Hephtalites*, 〈Mémoires de la délégation archéologique française en Afghanistan〉 13, Cairo, 1948.

GIANNELLI, G., *Trattato di storia romana* (Santo Mazzarino編), Roma, 1953-56.

GIBBON, E., *The History of the Decline and Fall of the Roman Empire*, 1776-88, (*Declino e caduta dell'impero romano*, Mondadori, Milano, 1986)

GICHON, M., *Roman Frontier Cities in the Negev*, 〈QCILRS〉; *The Negev Frontier, In Israel and her Vicinity in the Roman and Byzantine Periods* (Applebaum編); *The Origin of the Limes Palestinae and the Major Phases of its Development*, 〈SMR〉 I, Cologne, 1967.

GIGLI, G., *Forme di reclutamento militare durante il basso impero*, 〈Rendiconti della classe di scienze morali, storiche e filologiche dell'Accademia dei Lincei〉 8, 1947.

GITTI, A., *Ricerche sui rapporti tra i vandali e l'impero romano*, Bari, 1953.

GONELLA, G., *Pace romana e pace cartaginese*, Quaderni di studi romani II-1, Roma, 1947.

GOODCHILD, R.G., *The Limes Tripolitanus II*, 〈JRS〉 40, 1950; *The Roman and Byzantine Limes in Cyrenaica*, 〈JRS〉 43, 1953.

GOODCHILD, R.G. & WARD-PERKINS, J.B., *The Limes Tripolitanus in the*

Light of Recent Discoveries, 〈JRS〉 39, 1949.

GORDON, C.D., *The Subsidization of Border Peoples as a Roman Policy of Imperial Defense,* University of Michigan, 1948.

GRAY, W.D., *A Political Ideal of the Emperor Hadrian,* 〈Annual Report of the American Historical Association for the Year 1914〉 1.

GREGG, J.A., *The Decian Persecution,* London & Edinburgh, 1898.

HAMMOND, M., *The Antonine Monarchy,* 〈PMAAR〉 19, Roma, 1959; *The Augustan Principate: In Theory and Practice During the Julio-Claudian Period,* New York, 1968.

HARDY, E.G., *Studies in Roman History,* London, 1909; *Augustus and his Legionnaires,* 〈Classical Quarterly (CQ)〉 14, 1921.

HARKNESS, A., *The Military System of the Romans,* New York, 1887.

HARMAND, J., *L'Armée et le soldat à Rome (de 107 à 50 avant notre ére),* Paris, 1967; *La Guerre antique, de Sumer à Rome,* Paris, 1973; *Les Origines de l'armée impériale: Un Témoignage sur le réalité du pseudo-principat et sur l'évolution militaire de l'Occident,* 〈ANRW〉 (Temporini編) II-1, 1974.

HARMAND, L., *L'Occident romain: Gaule, Espagne, Bretagne, Afrique du Nord (31 av. J.C. à 235 ap. J.C),* Paris, 1960.

HARMATTA, J., *Studies in the History of the Sarmatians,* Budapest, 1950.

HATT, J-J., *Histoire de la Gaule romaine (120 avant J.C. 451 après J.C.): Colonisation ou colonialisme,* Paris, 1966.

HAVERFIELD, F., *Some Roman Conceptions of Empire,* 〈Occasional Publications of the Classical Association Cambridge〉 4, 1916頁.

HEALI, P.J., *The Valerian Persecution,* London, 1905.

HOLMES, T. R., *The Architect of the Roman Empire 27 B.C.-A.D.14,* Oxford, 1928-31.

HOLSTI, K.J., *International Politics: A Framework for Analysis,* Englewood Cliffs (N.J.), 1972.

HOMO, L., *Essai sur le règne de l'empereur Aurélien (270-275),* 〈BEFAR〉 89, Paris, 1904; *Les privileges administratifs du Sénat romain sons l'Empire et leur disparition graduelle au cours du IIIe siècle,* 〈Revue Historique (RH)〉, 1921; *Le Siècle d'or de l'empire romain,* Paris, 1947; *Vespasien l'empereur du bon sens (69-79 ap. J.C.),* Paris, 1949.

HOPKINS, R.V.N., *The life of Alexander Severus*, Cambridge, 1907.

HOWARD, M.（編）, *The Theory and Practice of War: Essays Presented to Captain B. H. Liddell Hart*, London, 1965.

HUSSEY, J.M., OBOLENSKY, D & RUNCIMAN. S.（共編）, *Proceedings of the XIII International Congress of Byzantine Studies*, Oxford, 1967.

JARRETT, M.G., *The Roman Frontier in Wales*, 〈SMR〉 I, Cologne, 1967.

JARRETT, M.G. & MANN, J.C., *Britain from Agricola to Gallienus*, 〈BJ〉 170, 1970; *The Frontiers of the Principate*, 〈ANRW〉（Temporini編）II-1, 1974.

JONES, A.H.M., *Another interpretation of the Constitutio Antoniniana*, 〈JRS〉 26, 1936; *A History of Rome through the Fifth Century*（編）, New York, 1970; *Il tramonto del mondo antico*, Laterza, 1972.

JOUVENEL, B. de, *Power: Its Nature and the History of Its Growth*, Boston, 1967.

JULLIAN, C., *Histoire de la Gaule IV*, Paris, 1929.

KALTENBACH, P.E., *Non-Citizen Troops in the Roman Army*, Johns Hopkins University, 1948.

KATZ, S., *The Decline of Rome and the Rise of Mediaeval Europe*, Ithaca, 1955.

KEYES, W.C., *The Rise of the Equites in the Third Century of the Roman Empire*, Princeton, 1935.

LA PENNA, A., *Orazio e l'ideologia del principato*, Torino, 1963.

LAUR-BELART, R., *The Late Limes from Basel to the Lake of Constance*, 〈CRFS〉, 1949.

LEMOSSE, M., *Le Régime des relationes internationales dans le haut-empire romain*, 〈Pubblications de l'Institut de droit romain de l'Université de Paris〉 23, Paris, 1967.

LESQUIER, J., *L'Armée romaine d'Ègypte d'Auguste à Dioclètien*, Cairo, 1918.

LEVA, C. & MERTENS, J., *Le Fortin de Braives et le Limes Belgicus*, Mélanges Piganiol（Chevallier編）II, Paris, 1966.

LEVI, M.A.（Canavesi, M.）, *La Politica estera di Roma antica*, 〈Manuali di politica internazionale〉 34, Milano, 1942.

LEVICK, B.M., *Roman Colonies in Southern Asia Minor*, Oxford, 1967.

LOT, F., *Les Invasions Germaniques: La pénétration mutuelle du monde barbare et du monde romain*, Paris, 1939.

LUTTWAK, E.N., *The Grand Strategy of the Roman Empire*, Johns Hopkins University Press, 1976.

LYKES, P., *A history of Persia*, London, 1921.

MacMULLEN, R., *Soldier and Civilian in the Later Roman Empire*, 〈Harvard Historical Monographs〉 52, Cambridge (Mass.), 1963.

McLEOD, W., *The Range of the Ancient Bow*, 〈Phoenix〉 19, 1965.

MACURDY, Gr.H., *Vassal-Queens and some contemporary women in the Roman Empire*, Johns Hopkins University Press, 1937.

MAGIE, D., *Roman Rule in Asia Minor to the End of the Third Century after Christ*, Princeton, 1950.

MANN, J.C., *A Note on the Numeri*, 〈Hermes〉 82, 1954; *The Raising of New Legions during the Principate*, 〈Hermes〉 91, 1963; *The Role of the Frontier Zone in Army Recruitment*, 〈QCILRS〉.

MANNI, E., *L'Impero di Gallieno: Contributo alla storia del III secolo*, Roma, 1949.

MARIN, A., *Hippagogi*, Dictionnaire des antiquités greques et romaines, Daremberg-Saglio.

MARIN & PEÑA, M., *Instituciones militares romanas*, Enciclopedia Clasica II, Madrid, 1956.

MARQUARDT, J., *De l'Organisation militaire chez les Romains*, Paris, 1891.

MARSDEN, E.W., *Greek and Roman Artillery: Historical Development*, Oxford, 1969.

MARSH, F.B., *The Reign of Tiberius*, London, 1931.

MARUCCHI, O., *Le Catacombe Romane*, Roma, 1933.

MAZZA, M., *Lotte sociali e restaurazione autoritaria nel III secolo d.c*, Laterza, 1973.

MAZZARINO, S., *La fine del mondo antico*, Garzanti, 1959.

Mélanges Marcel Durry, 〈REL〉 47, Paris, 1969.

MERTENS, J., *Oudenburg, camp du Litus Saxonicum en Belgique?* 〈QCILRS〉.

MILLAR, F., *P. Herennius Dexippus: The Greek World and the Third-Century Invasions*, 〈JRS〉 59, 1969.

MILLAR, F., BERCIU, D., FRYE, R.N., KOSSACK, G. & TALBOT, R.T., *The Roman Empire and its Neighbours*, London, 1967.

MINOR, C.E., *Brigand, Insurrectionist and Separatist Movements in the Later Roman Empire*, University of Washington, 1971.

MOMIGLIANO, A., *Contributo alla storia degli studi classici*, Roma, 1955; *Terzo*

Contributo alla storia degli studi classici e del mondo antico, Roma, 1966; *Ricerche sull'organizzazione della Giudea sotto il dominio romano (63 a.C.-70 d.C.)*, Amsterdam, 1967; *Quarto Contributo alla storia degli studi classici e del mondo antico*, Roma, 1969.

MORESCHINI, C., *Cristianesimo e impero*, Sansoni, 1973.

MORGENTHAU, H.J., *Politics Among Nations*, New York, 1962.

MORICCA, U., *Storia della letteratura Latina Cristiana*, Torino, 1923.

MORRIS, J., *The Vallum Again*, 〈Transactions of the Cumberland and Westmoreland Antiquarian and Archaeological Society (TCWAAS)〉 50, 1951.

MOSCOVICH, M.J., *The Role of Hostages in Roman Foreign Policy*, McMaster University, Canada, 1972.

MOSS, J.R., *The Effects of the Policies of Aetius on the History of the Western Empire*, 〈Historia〉 23, 1973.

MUSSET, L., *Les Invasions: Les vagues germaniques*, 〈Nouvelle Clio (NC)〉 12, Paris, 1965.

NOCK, A.D., *The Roman Army and the Roman Religious Year*, 〈Harvard Theological Review〉 45, 1952; *La conversione. Societa e religione nell'mondo antico*, Laterza, 1985.

OATES, D., *Studies in the ancient History of Northern Iraq*, London, 1968.

OELMANN, F., *The Rhine Limes in Late Roman Times*, 〈CRFS〉, 1949.

OLIVA, P., *Pannonia and the Onset of the Crisis in the Roman Empire*, Prague, 1962.

OMAN, C., *The Decline and Fall of the Denarius in the Third Century A.D.*, 〈Numismatic Chronicle〉, 1916.

ONDROUCH, V., *Limes Romanus na Slovensku (il limes romano in Slovacchia)*, Bratislava, 1938.

O'NEIL, R.J., *Doctrine and Training in the German Army 1919-1939*, The Theory and Practice of War (Howard編).

OSGOOD, R.E. & TUCKER, R.W., *Force, Order, and Justice*, Baltimore, 1967.

PARKER, H.M.D., *The Roman Legions*, Oxford, 1928; *The Antiqua Legio of Vegetius*, 〈CQ〉 26, 1932.

PARSONS, T., *On the Concept of Political Power*, New York, 1967.

PASCHOUD, F., *Roma aeterna: Études sur le patriotisme romain dans l'occident latin à l'époque des grandes invasions,* 《Bibliotheca Helvetica Romana》 7, Roma, 1967.

PAOLI, U.E., *Vita romana. Usi, costumi, istituzioni, tradizioni,* Milano, 1997.

PASSERINI, A., *Gli aumenti del soldo militare da Commodo a Massimino,* 《Athenaeum》 24, 1946; *Legio,* Dizionario Epigrafico Ⅳ; *Le Coorti Pretorie,* Roma, 1969. *Linee di storia romana in età imperiale* (Nicola Criniti編), Milano, 1972.

PEKÁRY, Th., *Studien zur römischen Währungs und Finanzgeschichte von 161 bis 235 n. Ch,* 《Historia》 8, 1959.

PELHAM, H.F., *Essays,* (F. Haverfield編), Oxford, 1911.

PETERSEN, H.E., *Governorship and Military Command in the Roman Empire,* Harvard University, 1953.

PETRIKOVITS, H. von, *Fortifications in the North-Western Roman Empire from the Third to the Fifth Centuries A.D.,* 《JRS》 61, 1971.

PFLAUM, H-C., *Forces et faiblesses de l'armée romaine du Haut-Empire,* Problèmes de la guerre à Rome, Brisson.

PICCOLO, L., *L'ascesa politica di Palmira dalla conquista romana all'epoca di Zenobia,* Rivista di Storia Antica, 1905.

PIGANIOL, A., *La Notion de Limes,* 《QCILRS》.

POIDEBARD, A., *La Trace de Rome dans le désert de Syrie: Le limes de Trajan à la conquête arabe, recherches aériennes,* (*1925-1934*), Paris, 1934.

PUECH, H.C., *Storia del cristianesimo,* Laterza, 1983.

PUGLIESE, C., *L'età di Valeriano e Gallieno: Appunti di storia romana,* Pisa, 1950.

RACHET, M., *Rome et les Berbères: Un Problème militaire d'Auguste à Dioclétien,* Collection Latomus CX, Brussels, 1970.

RAMSAY, A.M., *The Speed of the Roman Imperial Post,* 《JRS》 15, 1925.

RAPPAPORT, B., *Die Einfälle der Goten in das röm,* Leipzig, 1899.

REGIBUS, L. de., *Problemi d'impero nella storia romana del III secolo,* Torino, 1936; *La Monarchia militare di Gallieno,* Recco, 1939.

RÉMONDON, R., *Problèmes militaires en Egypte et dans l'empire à la fin du IV siècle,* 《RH》 213, 1955; *La Crise de l'empire romain de Marc Aurele a Anastase,* 《NC》 11, Paris, 1964; *La crisi dell'mondo romano,* Mursia, 1975.

REYNOLDS, P.K.B., *The Vigiles of Ancient Rome,* Oxford, 1930.

RICHMOND, Sir I.A., *The City Wall of Imperial Rome: An Account of its Architec-*

tural Development from Aurelian to Narses, Oxford, 1930; *Trajan's Army on Trajan's Column*, 〈Papers of the British School at Rome〉 13, 1935; *The Romans in Redesdale*, 〈History of Northumberland〉 15, 1940; *Hadrian's Wall 1939-1949*, 〈JRS〉 40, 1950; *A Roman Arterial Signalling System in the Stainmore Pass*, Aspects of Archaeology (Grimes編); *The Roman Frontier Land*, 〈History, U.K.〉 44, 1959; *Palmyra under the Aegis of Rome*, 〈JRS〉 53, 1963.

ROBERTI, M., *Le associazioni funerarie cristiane e la proprietà ecclesiastica nei primi tre secoli*, Milano, 1927.

ROBERTSON, A.S., *The Antonine Wall*, 〈CRFS〉, 1949.

ROBINSON, H.R., *Problems in Reconstructing Roman Armour*, 〈BJ〉 172, 1972.

ROMANELLI, P., *La Cirenaica Romana 96 A.C.-642 D.C.*, Verbania, 1943.

ROSTOVTZEFF, M., *Storia economica e sociale dell' impero romano*, Firenze, 1933; *Città carovaniere*, Bari, 1934.

ROUGÉ, J., *Les Institutions romaines: De la Rome royale à la Rome chrétienne*, Paris, 1969.

ROWELL, H.T., *The Honesta Missio from the Numeri of the Roman Imperial Army*, 〈Yale Classical Studies〉 6, 1939.

SADDINGTON, D.B., *Roman Attitudes to the Externae Gentes of the North*, 〈Acta Classica, S.A.〉 4, 1961; *The Development of Roman Auxiliary Forces from Augustus to Trajan*, 〈ANRW〉 (Temporini編) II-3, 1975.

SAINT-DENIS, E. de, *Mare Clausum*, 〈REL〉 25, 1947.

SAITTA, A., *2000 anni di Storia. I Cristiani e barbari. Dall'impero di Roma a Bisanzio*, Laterza, 1978-79.

SALAMA, P., *Occupation de la Maurétanie césarienne occidentale sous les Bas-Empire romain*, Mélanges Piganiol (Chevallier編) III, Paris, 1966.

SALMON, E.T., *The Roman Army and the Disintegration of the Roman Empire*, 〈Proceedings and Transactions of the Royal Society of Canada〉 III-52, 1958.

SALVIOLI, G., *Il capitalismo antico*, Bari, 1929.

SALWAY, P., *The Frontier People of Roman Britain*, Cambridge, 1965.

SAXER, R., *Untersuchungen zu den vexillationen des römischen Kaiserreichs von Augustus bis Diokletian*, 〈ES〉 1, Cologne & Graz, 1967.

SCHLEIERMACHER, W., *Der römische Limes in Deutschland*, Berlin, 1967.

SCHÖNBERGER, H., *The Roman Frontier in Germany: An Archaeological Survey*, 〈JRS〉 59, 1969.

SEGRE, A., *Circolazione monetaria e potere d'aquisto della moneta nel mondo antico*, Firenze, 1920.

SHAW, R.C. & SIMPSON, F.G., *The Purpose and Date of the Vallum and its Crossings*, 〈TCWAAS〉 27, 1922; *Geographical Factors in Roman Algeria*, 〈JRS〉 34, 1944; *The Letters of Pliny: A Historical and Social Commentary*, Oxford, 1966; *The Roman Citizenship*, Oxford, 1973.

SIMPSON, G., *The Roman Forts in Wales: A Reassessment*, 〈SMR〉 I, Cologne, 1967; *Britons and the Roman Army: A Study of Wales and the Southern Pennines in the 1st-3rd Centuries*, London, 1964.

SINISCALCO, C., *Il cammino di Cristo nell' impero romano*, Laterza, 1987.

SMITH, R.E., *Service in the Post-Marian Roman Army*, Manchester, 1958; *The Army Reforms of Septimius Severus*, 〈Historia〉 12, 1972.

SOLARI, A., *La Crisi dell'impero romano*, Milano, 1933; *Il Rinnovamento dell'impero romano*, Milano, 1938.

SORDI, M., *Il cristianesimo e Roma*, Cappelli, 1965.

STARR, C.G., Jr., *The Roman Imperial Navy, 31 B.C.-A.D. 324*, 〈Cornell Studies in Classical Philology〉 26, Ithaca, 1941.

STEER, K.A., *The Antonine Wall: A Reconsideration*, 〈SMR〉 I, Cologne, 1967.

STEVENS, C.E., *The British Sections of the Notitia Dignitatum*, 〈AJ〉 97, 1940.

STEVENSON, G.H., *Roman Provincial Administration till the Age of the Severi*, Oxford, 1930.

SWOBODA, E., *Traian und der Pannonische Limes*, Empereurs romains d'Espagne.

SYME, R., *Rhine and Danube Legions under Domitian*, 〈JRS〉 18, 1928; *Some Notes on the Legions under Augustus*, 〈JRS〉 23, 1933; *The Roman Revolution*, Oxford, 1939; *Tacitus*, Oxford, 1958; *The Lower Danube under Trajan*, 〈JRS〉 49, 1959; *Hadrian the Intellectual*, Empereurs romains d'Espagne.

SZILÁGYI, J., *Roman Garrisons Stationed at the Northern Pannonia-Quad Frontier-Sectors of the Empire*, 〈AArchASH〉 2, 1952; *Les Variations des centres de prépondérance militaire dans les provinces frontières de l'émpire romain*, 〈Acta Antiqua Academiae Scientiarum Hungaricae (AAntASH)〉 2, 1953.

TEMPORINI, H.（編）, *Aufstieg und Niedergang der Rōmischem Welt: Geschichte und Kultur Roms in Spiegel der neueren Forschung*（ANRW）, Berlin & New York, 1974.

THOMPSON, E.A., *A Roman Reformer and Inventor: Being a New Text of the Treatise De Rebus Bellicis with a Translation and Introduction*, Oxford, 1952; *The Settlement of the Barbarians in Southern Gaul*, 〈JRS〉 46, 1956; *The Early Germans*, Oxford, 1965; *The Visigoths in the Time of Ulfila*, Oxford, 1966; *Una cultura barbarica, I Germani*, Laterza, 1976.

THOMPSON, H.A., *Athenian Twilight: A.D. 267-600*, 〈JRS〉 49, 1959.

TORRI, A.P., *Le corporazioni romane*, Roma, 1940.

TOVEY, L-C. H., *Elements of Strategy*, London, 1887.

VANNÉRUS, J., *Le Limes et le fortifications gallo-romaines de Belgique: Enquête toponymique*, Brussels, 1943.

VÁRADY, L., *New Evidences on Some Problems of Late Roman Military Organization*, 〈AAntASH〉 9, 1961; *Additional Notes on the Problem of Late-Roman Dalmatian Cunei*, 〈AAntASH〉 11, 1963.

VEYNE, P., *La società romana*, Laterza, 1995.

VIGNERON, P., *Le Cheval dans l'antiquité gréco-romaine, de guerres médiques aux grandes invasions*, Nancy, 1968.

VITA, A.Di., *Il Limes romano di Tripolitania nella sua concretezza archeologica e nella sua realtà storica*, 〈Libya Antiqua〉 1, 1964.

VOGT, J., *Il declino di Roma*, Saggiatore, 1966.

WADE, D.W., *The Roman Auxiliary Units and Camps in Dacia*, University of North Carolina, 1969.

WALTER, E.V., *Terror and Resistance: A Study of Political Violence*, New York, 1969.

WATERS, K.H., *The Reign of Trajan and its Place in Contemporary Scholarship*, 〈ANRW〉 (Temporini編) II-2, 1975.

WATSON, G.R., *The Pay of the Roman Army: The Auxiliary Forces*, 〈Historia〉 8, 1959; *The Roman Soldier*, London, 1969.

WEBSTER, G., *The Roman Imperial Army of the First and Second Centuries A.D.*, London, 1969.

WELLS, C.M., *The German Policy of Augustus: An Examination of the Archaeologi-*

cal Evidence, Oxford, 1972.

WHEELER, R.E.M., *The Roman Frontier in Mesopotamia*, 〈CRFS〉, 1949; *Rome Beyond the Imperial Frontiers*, London, 1954.

WHITE, L.T.（編）, *The Transformation of the Roman World: Gibbon's Problems after Two Centuries*, Berkeley, 1966.

WILKES, J.J., *A Note on the Mutiny of the Pannonian Legions in A.D. 14*, 〈CQ〉 13-2, 1963; *Dalmatia: History of the Provinces of the Roman Empire*, London, 1969.

WILL, E., *Les Enceintes du bas-empire à Bavay*, 〈QCILRS〉.

图片版权

铜币、银币图　© Classical Numismatic Group, Pennsylvania

p.011　梵蒂冈美术馆（梵蒂冈）© Archivi Alinari, Firenze

p.032　作者收藏

p.043　大英博物馆（伦敦 / 英国）© Copyright The Trustees of the British Museum

p.046　同上

p.056　卡匹托利尼博物馆（罗马 / 意大利）© Archivi Alinari, Firenze

p.058　同上

p.061　罗马文明博物馆（罗马 / 意大利）© Scala, Firenze

p.067　新潮社摄影部摄

p.072　塞普提米乌斯·塞维鲁：作者收藏。其他四个：大英博物馆 © Copyright The Trustees of the British Museum

p.074　卢浮宫美术馆（巴黎 / 法国）© Ruggero Vanni / CORBIS

p.077　© Archivi Alinari, Firenze

p.083　庞贝（意大利）© Ancient Art & Architecture Collection

p.087　维也纳艺术史博物馆（维也纳 / 奥地利）© Erich Lessing / Pacific Press Service p.100　大英博物馆 © Copyright The Trustees of the British Museum

p.102　同上

p.108　濑户照摄

p.110　乌菲兹美术馆（佛罗伦萨 / 意大利）© Scala, Firenze

p.130　卡匹托利尼博物馆 © Archivi Alinari, Firenze

p.145　同上

p.151　峰村胜子绘

p.156 左　卡匹托利尼博物馆 © Archivi Alinari, Firenze

p.156 右　阿尔巴尼美术馆（罗马 / 意大利）© Archivi Alinari, Firenze

p.159　罗马国家博物馆马西莫（罗马 / 意大利）© Archivi Alinari, Firenze

p.164　大英博物馆 © Copyright The Trustees of the British Museum

p.174　梵蒂冈美术馆 © Scala，Firenze

p.180　大英博物馆 © Copyright The Trustees of the British Museum

p.187　卡匹托利尼博物馆 © Archivi Alinari, Firenze

p.188　峰村胜子绘

p.200　罗马国家博物馆阿尔滕普斯宫（罗马 / 意大利）© Scala, Firenze

p.202　卢浮宫美术馆（巴黎 / 法国）© photo RMN / H. Lewandowski / distributed by Sekai Bunka Photo

p.209　作者收藏 © Bridgeman Art Library

p.223　濑户照摄

p.227　Ugo Monneret de Villard, *L'Arte Iranica*, Verona, 1954

p.233　罗马国家博物馆马西莫 © Archivi Alinari, Firenze

p.236　大英博物馆 © Copyright The Trustees of the British Museum

p.242　© K. M. Westermann / CORBIS

pp.250—252　峰村胜子绘

p.258　作者收藏

p.263　布莱西亚罗马博物馆（布莱西亚 / 意大利）© per concessione dei Civici Musei d'Arte e Storia di Brescia

p.271　大英博物馆 © Copyright The Trustees of the British Museum

p.277　作者收藏

p.283　大英博物馆 © Copyright The Trustees of the British Museum

p.285 下　圣保罗大门附近（罗马 / 意大利）© Archivi Alinari, Firenze

p.304　罗马国家东方美术馆（罗马 / 意大利）© Giraudon / Bridgeman Art Library

p.305　罗马文明博物馆 © Araldo de Luca / CORBIS

p.313　卢浮宫美术馆 © Lauros / Giraudon / Bridgeman Art Library

p.319　卡匹托利尼博物馆 © Musei Capitolini, Soprinten-denza Beni Culturali del Comune di Roma

p.326　大英博物馆 © Copyright The Trustees of the British Museum

p.328　卡匹托利尼博物馆 © Archivi Alinari, Firenze

p.330 左　波士顿美术馆（波士顿 / 美国）Photograph © 2003 Museum of Fine Arts, Boston

p.330 右　卡匹托利尼博物馆 © Archivi Alinari, Firenze

p.351　圣克莱门特教堂（罗马 / 意大利）© Archivi Alinari, Firenze

地图制作 :综合精图研究所（p.008，p.029，p.038，p.048，p.050，p.097，p.131，p.142，p.168，p.197，p.206，p.238，p.245，p.253，p.285 上，p.288，p.298，p.308，p.320，p.362）

图书在版编目（CIP）数据

罗马人的故事：全15册/（日）盐野七生著；计丽屏等译. -- 2版. -- 北京：中信出版社，2020.8（2025.1重印）
ISBN 978-7-5217-0750-2

Ⅰ.①罗… Ⅱ.①盐… ②计… Ⅲ.①古罗马–历史
Ⅳ.①K126

中国版本图书馆CIP数据核字（2019）第126892号

罗马人的故事（全15册）

著　　者：[日]盐野七生
译　　者：计丽屏　等
出版发行：中信出版集团股份有限公司
（北京市朝阳区东三环北路27号嘉铭中心　邮编　100020）
承 印 者：北京通州皇家印刷厂

开　　本：787mm×1092mm　1/32　　印　　张：182.25　　插　　页：44　　字　　数：4 500千字
版　　次：2020年8月第2版　　印　　次：2025年1月第9次印刷
京权图字：01-2010-4502　　审 图 号：GS（2019）2414号
书　　号：ISBN 978-7-5217-0750-2
定　　价：760.00元（全15册）

ローマ人の物語

罗马人的故事

13

最後の努力

最后一搏

[日] 盐野七生 著 糜玲 译

中信出版集团 | 北京

银币故事

我在写作过程中，实在无法想象其笑脸的，就是这位戴克里先皇帝了。当然，本来我们在雕像或银币上看到的人物一般都是一副严肃的神态。可是人们在写作这些皇帝事迹的时候，通常还是可以想象得到他们的笑脸的。比如，恺撒大帝会哈哈大笑，奥古斯都则是微笑中略带一点儿无可奈何的样子，而个性阴沉的提比略，想必会是一脸的冷笑吧。

遇事时连当事者的表情都可以想象得到的话，意味着可以近距离地审视他们。但是这位戴克里先皇帝给人的感觉很模糊，我们好像站在很远的地方遥望他。

但是，无论对个人，还是对国家，我都不喜欢以后世的眼光进行评判。我只想在本书里将戴克里先为重振日趋衰落的罗马帝国而做出的所有努力，一一道来。即使这样，我还是会在写作时忍不住感叹：站在他的立场，能做到这一步真是不容易。

盐野七生

2009 年初夏于罗马

VOT
XXX

铜币故事

在写作罗马通史的过程中，我有两点深切的感受：第一，一个人的幸与不幸与他生活的时代息息相关。资质、才能、努力程度在时代面前都不值得一提。因此，我不想将这本书当成总结成功经验或者失败教训的读物来写。在我看来，无论成功还是失败，都不是可以简单概括的。第二，无论何种改革，只要不体现当事人的意志，都只能以失败收场。

戴克里先也好，君士坦丁也罢，为了重振江河日下的罗马帝国，都尽了最大的努力。但是，无论是增强军事力量还是承认基督教，都与传统“罗马式的政策”相背离。也许这种转变反而正好说明帝国已经穷途末路。

盐野七生

2009年初夏于罗马

CONSTANTINVS AVG

金币故事

君士坦丁大帝承认基督教之后，罗马帝国货币的图案上，皇帝的头像越来越多地倾向于采用斜向上的构图设计。据货币专家表示，这是为了表达皇帝仰视神灵的含义。

的确，以前的罗马帝国皇帝视线总是采用平视设计，取注视众人的寓意，而非仰视神灵。

一边是注视人的领袖，一边是仰视神的统治者，两者的区别显而易见。一些史学家甚至认为，罗马帝国史到君士坦丁时代就该画上句号了。

不过，我倒认为，与其获知死亡即将来临就趁早离开病房，倒不如守护她到最后，目送她走向死亡更显敬意。因此，《罗马人的故事》丛书不是在第十三册收尾，而是一直写到了第十五册。但无论如何，看着自己的心头至爱走向灭亡，终归还是哀伤不已。

盐野七生

2009 年初夏于罗马

目　录

致读者

如果把公元前 8 世纪到公元 5 世纪这段时期的史实称为罗马史的话，整个罗马历史按照时间进程可以分为以下几个阶段：

王政时期 → 共和时期 → 前期 · 中期帝政时期（元首制）→ 后期帝政时期（绝对君主制）→ 帝国末期

本书要讲的故事，史学上命名为“后期帝政时期”，也就是罗马帝国由元首制向君主制过渡时期发生的事情。

为什么此时罗马帝国会过渡到君主制?

事情到底是如何发生的?

它和元首制有什么区别?

这种转变最终会带来怎样的结果？

面对这些必然会产生的疑问，我无法简洁、快速地给出答案，也不想这么做。因为我认为，只有将史实一一叙述开来，才能得出问题的答案。

在罗马帝国，任何事都具有大规模、多样化的特点。繁荣期、鼎盛期是如此，进入不可抑制的衰退期以后，也唯有这一点依然没有改变。

盐野七生

2004 年夏于罗马

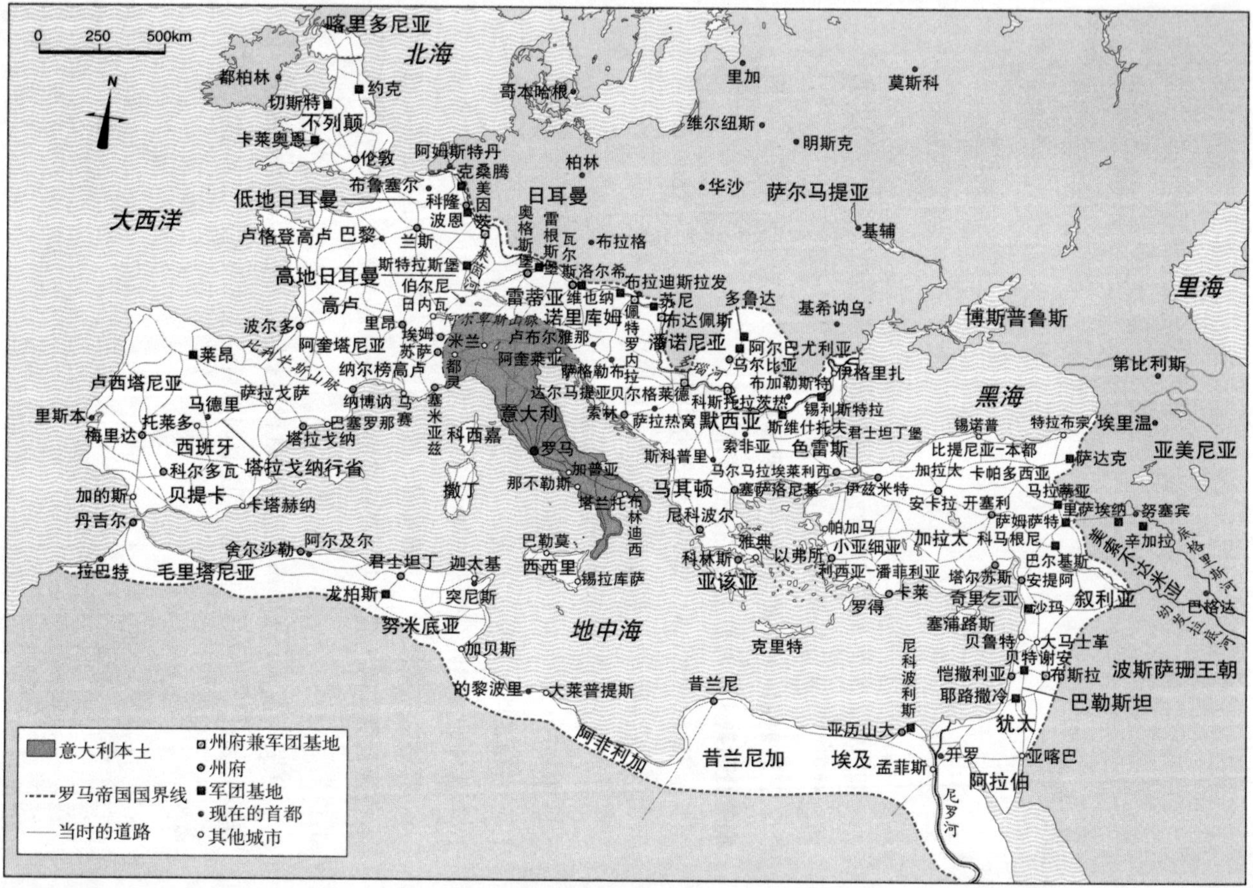

罗马帝国全境图（公元 3 世纪末期）

第一章 戴克里先时代

（284—305 年）

走出迷雾

我们都十分了解公元 284 年登基称帝后按罗马风格改名为“戴克里先”的这个人，但是在他登基之前，即他名叫“狄奥克莱斯”时，有关他的事情，史料记载很少。但有一点可以确定，他是暴虐的努梅里安皇帝的警卫队队长。除此之外，只知道他于公元 245 年前后出生于亚得里亚海的东海岸，现在克罗地亚境内的斯普利特附近，生身父母姓名不详。有人说他是农场的解放奴隶的儿子，出身卑微。在罗马时代，17 岁意味着成年。到了这个年纪，如果立志参军，那就意味着今后 20 年会以士兵的身份在罗马军队中度过。

但是，在这一段时间里，我们找不到他凭战功而扬名的一丝痕迹。从士兵升到百夫长，即指挥百十人的中队长，平均需要五六年的时间，就算扣除这个时间段，还有 15 年的时间，这 15 年正是罗马帝国刚刚摆脱公元 260 年时任皇帝瓦勒良被波斯俘虏的空前危机之后。这一时期的皇帝奥勒良、普罗布斯、卡鲁斯都是军人出身，奉行的是积极作战的方针。换句话说，这正是一个人人都可以在战场上扬名立万的最佳时期。但是，在这段时间内，没有人听说过“狄奥克莱斯”这个名字，而且，这个时期正是他 20 岁出头 40 岁不到的年纪，是建功立业的最佳年龄段。

由此看来，我也似乎有些倾向于认同一部分研究者的看法，即戴克里先的军事才能并不突出。但是，我们也不能排除这种可能，即这个时期他虽然隶属军队，却不是一线上阵的士兵，而是以军团里某类小官的身份在积累军旅经历。军队是一个凡事均需自行处理的地方，这一点在罗马军队里表现得尤为突出，已成为一项传统。军队里不但有军医、建筑工，还有厨师、裁缝。当年，为了使手下士兵退伍后的生活有着落，尤里乌斯·恺撒是第一个在意大利本土以外的地方建设多个殖民城市的武将。一座殖民城市正好迁入一个军团。由于军团已经具有了居民共同体的特征，所以迁入后，殖民城市能够马上发挥城市的功能。到了帝国时期，这项传统也没有改变。比如，北非城市提姆加德就是一座著名的殖民城市，它由当时的图拉真皇帝下令建设，目的是为了让手下的第三奥古斯都军团士兵在退役后有安身之地。这座城市由士兵自己在服役期间建设完成。

由此可见，待在罗马帝国的军队里，不只是要拿刀拿枪上战场，也有其他很多忙不完的事情。从戴克里先登基以后一系列的举措来看，他在军队担任长官时，能力应该还是很强的。后来他能登基做皇帝也是缘于军团士兵的拥护。士兵的目光通常都会放在带领大家冲锋陷阵的司令官或者指挥官身上。可是，在皇帝暴毙这样的紧急情况下，士兵推举的却是后方的官员。可见，平时戴克里先的工作成绩应该是非常突出，因而在士兵中享有很高的威望。而且，士兵选择的不是适合过渡时期的稳重的年长者，而是戴克里先。要知道，当时的戴克里先还非常年轻。

而且，这位军队长官不是所谓的小公务员那一类型的人。很多人讨厌别人干涉自己负责的事情，戴克里先却不一样。“知人善用”是皇帝戴克里先的基本国策。如果冷静而透彻地评估帝国当时的现状和他自身的资质，我们会很自然地认同他的这一做法。但是，并不是谁都能做到这一点。

公元284年戴克里先登上帝位时，这位罗马皇帝要处理的迫在眉睫的问题很多。其中戴克里先最为重视的，是以下两件事：

第一是安全保障，第二是帝国内部的结构改革。

具体来说，第一项的首要问题是如何处理与东方大国波斯的关系。关于这个问题，前皇帝卡鲁斯曾经率军跨过幼发拉底河攻入波斯境内。但因为卡鲁斯后来遭雷击死亡，战争无法再继续进行，罗马大军只好向西撤军，在没有与波斯签订休战条约的情况下结束了战争。因此，战争随时有死灰复燃的可能。不过，由于卡鲁斯率领的罗马大军在他去世前已经给波斯军造成了重大打击，波斯国王应该无法轻易举行反攻。根据目前的状态，戴克里先判断这个问题可以暂缓处理。

不过，有一个问题却是当务之急，就是如何对付居住在罗马帝国北方防线莱茵河、多瑙河对面的蛮族。当罗马军队主力集中在东方与波斯作战时，北欧各部族蠢蠢欲动，认为再次大举进攻罗马的时机到了。远征东方的罗马军是由皇帝卡鲁斯率领的。既然是皇帝御驾亲征，那么罗马精锐肯定随行。蛮族判断当下帝国西方防守最为薄弱，是入侵的大好时机。于是，他们马上付诸行动，开始进攻。

此外，在帝国边防线上需要严密坚守的已经不仅仅是北方防线。在帝国南部北非一带，面对不时出现的沙漠游民的袭击，也有必要认真对待。南方的危机和北方蛮族的袭击一样危险。虽然这个时期还没有演变成外敌进攻后占领该地并长期盘踞于此的程度，对方仅仅是采取掠夺人口、家畜和财产，然后带回领地这样一种模式，即盗匪似的抢劫模式。但如果任由这种情况持续，边境将无人敢继续居住。恐慌的居民为了逃避危险纷纷涌入城市，这样一来，地方人口越来越稀少，城市人口越来越密集，如此下去将带来帝国境内城市和农村人口分布失衡的后果。原先人口适度分散的平衡被打破，这必然带来生产力低下、失业者增多的恶果。要阻止这一切的发生，唯一的办法就是保障边境安全，即大力做好防卫工作，维护地方和平。公元3世纪初，帝国北方防线，即莱茵河、多瑙河沿岸，开始出现农村人口流失严重而城市人口过度集中的现象，随后这种现象逐渐蔓延，到公元3世纪末已扩散至帝国南部的北非沿线一带。

当时，在辽阔的北方，蛮族犹如源源不断涌现的云雾一样，向气候温暖、土地肥沃的罗马境内入侵。对此，罗马帝国总计投入了16个军团的力量进行防卫。与此相对，南方的北非防线长度与北方防线不相上下，却只配备了1个军团的防卫力量。这个军团以现在阿尔及利亚境内的龙柏斯为基地，被称为第三奥古斯都军团。从名称来推测，这个军团应该是由开国皇帝奥古斯都创建的。北非防线蜿蜒绵长，以现在的摩洛哥为起点，经过阿尔及利亚、突尼斯，最后至利比亚。如此绵长的防线在过去300年的时间里，仅仅依靠6 000人的主力军团兵在守卫。他们能够完成守卫任务，最主要的原因在于沙漠游民的数量比北方森林蛮族要少得多，另一个原因要归功于地区的防卫布局。整个地区以主力军团驻扎基地为轴心，周围辅以退役兵以集团形式移居组建的殖民城市，再加上原住民的城镇，它们之间通过道路网相互连接。大家在各险要处设置战略据点，据点上再建设城池和碉堡进行防卫。如此由点及面，构成整个地区的防御体系。这个体系在当时发挥了重要的防卫功能。但是，300年后的公元3世纪末期，这个功能逐渐丧失了。

公元3世纪末的罗马帝国受到越过莱茵河、多瑙河入侵的北方蛮族的强烈威胁，已经没有余力增强防卫力量来抵抗实力较弱的北非沙漠游民。话虽如此，形势也不允许帝国对此不予理睬。在罗马时代，北非一带绿草如茵，是以农业为中心的大型产业区。其中埃及是小麦的主要产地，埃及以西的北非各类产品更加丰富，从小麦、橄榄油、水果到手工艺品，应有尽有。因此，当地居民的生活水平较高，连接意大利半岛和北非的航线上，商船更是常年络绎不绝。换句话说，罗马帝国的大本营——意大利半岛是一大消费区，那么北非则是一大生产基地。双方的关系比意大利与西班牙的关系还要密切。现在北非一带也开始受到威胁。对罗马帝国而言，事情已经不是派遣增援部队赶走盗匪就可以了结那么简单的了。

而且，对公元3世纪末的罗马帝国而言，即使击退外敌也无法恢复到“罗马统治下的和平”时期的状态了。换句话说，帝国内部也开始出现“敌人”。帝国内部的敌人并不是指行省叛变反抗罗马中央政府，而是指罗马境内盗匪横行，让政府苦于应对。特别是在高卢行省，盗匪不仅组成了大规模的集团到处作乱，甚至就连多佛尔海峡的警备军舰也被他们夺下，使得暴力范围波及不列颠行省。

这种流氓集团的实力之所以能够如此强大，有一种有趣的说法是，因为盗贼的“素质”提高了。原先的盗贼主要是威胁农民、拦路抢劫的流氓，如今却是罗马正规军队中退役原因不一的士兵和蛮族中激进分子的联合。简单地说，这些人不久前还是隔着防线对峙的敌人，现在却轻易地为了财物而互相勾结，组成暴力集团到处横行霸道。这伙人原本就熟悉武器使用和攻击技巧，而且他们的首领就是不久前还在担任多佛尔海峡警备任务的罗马军队指挥官。这个人从军官改行做强盗的原因，据说是与蛮族作战后的战利品分配不公。也许我们可以说，盗贼集团素质的提升起因于罗马军队品质的下降。不管怎么说，现在这个时代，恐怕就连处理盗贼问题也要皇帝亲自出马率领正规军来解决了。

该如何对付上面这些“敌人”，是登基后的戴克里先要马上解决的问题。只不过，这些都还算不上攸关生死的大问题。要知道，20年前罗马帝国刚经历过时任皇帝被敌俘虏、帝国一分为三的空前危机。后来通过前线出身的军人皇帝们的奋力作战，虽说没有完全克服危机，脱离惨状，至少国家大势恢复到了以前的状态。与当时的情况相比，现在面临的危机，其危险程度要低得多。在挽回帝国颓势上，功劳最大的要数奥勒良皇帝。他处理问题的方式总是将事情按照轻重缓急排序，然后毫不拖延地跑遍每一条战线，亲自解决所有的问题。奥勒良与戴克里先都出身于社会底层，都来自巴尔干地区，但处理问题的方式很不一样。这种不同一方面来源于两位皇帝性格上的差异和才能上的区别，另一方面与两人面临的危机严重程度不同有关。

“两帝共治制”

早在称帝之前，戴克里先就有一位亲密好友，此人与奥勒良皇帝一样，出生在多瑙河附近的西尔米乌姆（现在的科索沃北部城市米特罗维察），也就是说他也出生于巴尔干地区，公元3世纪至4世纪的罗马皇帝大多出生于此地区。由于出身于社会底层，他也是通过参军走上仕途的，也同样具备称帝的资格。他的名字叫作马克西米安，据说他的年龄比戴克里先小5岁左右。

不过，这两个人的性格可以说是截然相反。与内敛、不轻易将内心想法示人的戴克里先相比，马克西米安不仅会把内心所想表现在脸上，而且还会马上付诸行动。

假如两人同时听到屋外有异常声响，戴克里先的表现是不动声色，先设法探知声音的起因，而马克西米安则会立马拿着武器冲出去。这样的两个人为什么会成为好朋友，原因不得而知。不过，马克西米安内心极为钦佩戴克里先是毋庸置疑的，而戴克里先则是最了解马克西米安才华的人。他的才华就是身为武将的战斗才能，战无不胜，因此，他很受士兵拥护。对马克西米安，士兵不仅是尊敬，更多的是对他的爱戴。在战场上，大多数司令官是站在后方发号施令，而马克西米安的身影永远出现在战斗的最前线。

公元 283 年夏天，皇帝卡鲁斯在对波斯的战争途中遭雷击而亡。

同年秋天，卡鲁斯之子努梅里安皇帝在从美索不达米亚撤军至小亚细亚的尼科美底亚（现在的土耳其西部城市伊兹米特）时，被发现暴毙在行军的马车中。随后，士兵们拥立戴克里先为皇帝。

第二年，即公元 284 年夏天，卡鲁斯的另一个儿子卡里努斯也在战争中死去。至此，卡鲁斯家族灭亡，从此退出了政治舞台。

戴克里先刚满 40 岁就登上了罗马帝国的最高权力宝座，而且当时无一人可以威胁到他的地位。

对于刚刚到手的罗马帝国最高统治者的权力，一般人是绝对不会马上分给他人共享的。但是，戴克里先这样做了。同年秋天，他就任命马克西米安为“恺撒”，开始了“两帝共治制”。

长期以来，“恺撒·奥古斯都”的称号代表皇帝，“恺撒”的意思是皇位继承人。不过，在这种情况下，通常双方要有 20 岁左右的年龄差。恺撒作为次任皇帝，有一定的年龄差是必要的。但是，戴克里先需要的并不是继承人，而是自己在位期间能辅佐自己的得力干将。戴克里先实际上将与皇帝同等的权力分给了比自己小 5 岁的朋友。他的这一举动也意味着马克西米安被委以解决帝国西方各种问题的重

象征"两帝共治制"的纪念币

任，而戴克里先自己则专注于帝国东方的治理。这一时期帝国的东西分界线大致在埃及和意大利之间。如此一来，多瑙河防线属于戴克里先的责任范围，马克西米安则负责高卢、不列颠、西班牙以及北非。将帝国一分为二进行治理，是因为戴克里先认为，靠自己一个人的力量无法解决当前面临的所有问题，故而做出这样的决定。戴克里先清楚地知道，自己没有奥勒良皇帝那样卓越的军事才能，可以在短短5年时间里就将分成三块的帝国重新统一起来。这一时期，他的这一判断之准确，令人赞赏。顺带说一下，奥勒良皇帝纵马驰骋、纵横四海的时候，戴克里先的年龄在25岁至30岁之间，正是人生中学习的黄金期。虽然当时的戴克里先还是无名小卒，但已经具有了相当敏锐的观察力。

一个人即使有洞察自我极限的能力，并能够以此为依据制定出相应的方针策略，但是在时机成熟的情况下能毫不犹豫地付诸实践，还是需要果敢和魄力的。戴克里先正是这样一个极具魄力的男子汉。

戴克里先任命马克西米安为“恺撒”，委托他全权处理帝国西方的问题，即使保留一段时间作为观察期，看看这位“左右手”能否做出成就，也一定不会遭人异议，马克西米安本人也不会有任何怨言，毕竟他受托整顿恢复帝国西方秩序才半年不到的时间。虽然这期间马克西米安的军事行动朝着好的方向发展，但是要取得值得大书特书的成果，半年的时间还是太短了。换句话说，被封为“恺撒”后的马克西米安还在建功立业的表现阶段。尽管如此，戴克里先又做出了进一步的行动。现在看来，应该说是他迈出了决定性的一步。公元 286 年 4 月 1 日，他升任马克西米安为“恺撒·奥古斯都”，即皇帝。要知道，此时戴克里先自己登基称帝还不满两年。马克西米安升任皇帝并不是士兵推举的结果，而是皇帝戴克里先个人的决定。至此，41 岁和 36 岁的两位皇帝同时治理帝国东方和西方的统治体系形成。当然，戴克里先并没有将帝国分裂为东、西两部分的意思。

同样，虽然两人都被称为“奥古斯都”（皇帝），但戴克里先的称谓前加上了“约维乌斯”（Iovius），意为最高神朱庇特，而马克西米安称谓前加上的是“赫拉克勒斯”（Hercules），是半人半神，希腊神话中英雄的名字。当前，在自己的名字上添加神或者半神的名字并不表示大众就要把这个人当成神来崇拜。

对戴克里先来说，要维持帝国统一的局面，就不能给民众造成两位皇帝并列执政的印象。古代人一听到这些名称马上就能理解，冠上神或半神的名字只是为了显示两人地位上的差别。当时的罗马人也喜欢给自己的别墅冠上神的名字。可是即使这套别墅被称为“维纳斯”，并不表示这就是爱与美的女神维纳斯的住处。提比略皇帝虽然将卡普里岛上的别墅命名为“朱庇特”，但他是历代罗马皇帝中唯一死后拒绝被神格化的人。不过，罗马人这种多神教传统以及神的亲民化风格，的确会刺激到信奉一神教的基督教徒的神经。因为即使是为别墅命名，也不会有基督教徒取宙斯、耶稣基督或者马利亚之类的名字。

言归正传，一直以来，赫拉克勒斯给人的印象就是一位气势雄壮的大力士，得了这个称号的马克西米安也备受鼓舞，表现异常突出，成绩斐然。原本他只是一位在战场上冲锋陷阵、表现不俗的武将，加上出身又只是处于社会底层的农家，可是现在一跃成了万人之上的两位皇帝之一。志得意满的马克西米安没有花费多少时间，就完成了恢复帝国西方秩序所需的军力重整工作。看来，与“次任皇帝”相比，“现任皇帝”这一称号促动力更强，效果更明显。之后，马克西米安挥师进入莱茵河流域。

从现代角度来看，莱茵河发源于阿尔卑斯山脉，之后穿越瑞士、法国、德国、荷兰，最后注入北海。自尤里乌斯·恺撒征服高卢、定莱茵河为国界后，350 年来这里一直是罗马帝国最重要的防线之一。在 2 000 年后的今天，沿这条大河而建的重要城市，大都起源于罗马时代的军团基地。现在的斯特拉斯堡、美因茨、波恩、科隆，在当时都是罗马军团基地。

2 000 年后的今天，这里依然可以供人居住。原因在于：一方面，建城之初，罗马人在地势的选择上判断精准；另一方面，建设城镇时，罗马人的基础设施建设不仅规模宏大，而且完善、彻底。即使在帝国末期到中世纪期间，因蛮族的多次侵略而遭到破坏，有些设施已经完全不能使用，但坚固的石壁依然能够为幸存的人们提供遮风避雨的场所。随着时间的推移，这些石壁内，无论是原先的广场、竞技场，还是水道、桥梁，都逐渐被划分为小块，成了一般民众的住家。这些居住下来的人规模逐渐扩大，慢慢地也就演变成了现代的城市。不过，这种现象只有在气候宜人的欧洲才能产生，北非就没有那么幸运了。那里无人居住的城镇，包括其周边在内，因为无人整顿，最后唯一的下场就是等着沙漠化。但是，从现代考古学界来看，欧洲的城镇被深埋在现代都市之下，想要挖掘难如登天。而北非的城镇，只要挖开那些沙子就可以重见天日，倒是更适合做研究。

同样，多瑙河沿岸的维也纳、布达佩斯、贝尔格莱德，这些东欧国家的首都，也是由 2 000 年前的罗马军团基地发展起来的。莱茵河、多瑙河对罗马人来说，已经不单单是河流，还是守卫帝国的“城墙”。顺带说一句，在罗马人的语言拉丁语中，莱茵河叫作莱姆斯河（Rhemus），多瑙河则叫作多努布河（Danubu）或多努维乌斯河（Danuvius）。

我在《罗马人的故事 12 · 迷途帝国》中已经谈论过陷入“3 世纪危机”中的罗马帝国。虽然莱茵河防线对罗马帝国来说非常重要，但当时这条防线已经残破不堪。这种残破不堪的情况并非仅仅体现在 4 个军团守卫的莱茵河防线一处，就连投入了 10 到 12 个军团的多瑙河防线，也是不堪一击。老实说，公元 3 世纪末的罗马帝国，安全保障岌岌可危，情况的严重性已经到了不是投入一员猛将就可以从根本上解决的程度。

但是，既然承担了解决问题的责任，那么当务之急是要消除眼前的恐慌，然后再慢慢从根本上解决问题。东方的一号皇帝戴克里先，西边的二号皇帝马克西米安，在公元 286 年至 293 年的 7 年时间里，便忙于处理这些危机。

首先，我们来看马克西米安负责的帝国西方，他本来就是一位在战场上极其活跃的人物，在战线推移过程中也自始至终保持着积极的作战方针。

马克西米安打败了渡过莱茵河向西入侵的法兰克人，并乘胜追击，渡过莱茵河向东进攻，将北方蛮族一个主要部落的根据地化为灰烬。

如此在确保大后方稳定的前提下，马克西米安再掉头专心对付横行高卢地区的盗匪集团。盗匪集团的成员复杂：有被罗马军队开除或直接逃离的士兵，有脱离原属部落的蛮族，有因社会动荡而无法进行耕种而舍弃耕地的农民，有因帝国经济恶化而公费、私费资助的公共娱乐活动减少从而失业的角斗士，甚至还有因农村人口大量涌向城市而丧失谋生手段的城市居民。这就是公元 3 世纪末盗匪集团的成员结构，也因此他们的组织更为严密，袭击方法也更加巧妙。此外，政府长期忙于对付蛮族和波斯等强敌的入侵，无暇顾及国内治安状况，也是盗匪集团猖獗的原因之一。

“罗马统治下的和平”固然代表着由罗马帝国确立起来的和平，但“罗马统治下的和平”体制之所以能得到那些被帝国征服的行省居民的支持，是因为政府不但能抵御外敌的入侵，也能成功维持国内的治安。

当年哈德良皇帝在位期间，大半时间都用于巡视帝国全境，尤其是边境地带，他也因此而享有盛名。而哈德良皇帝在巡视期间，并不带军团随行。既然是皇帝，肯定至少要带个警卫队，但人数绝对不会多到让受访地区疲于接待的程度。显而易见，到包括哈德良在内的五贤帝时代，“罗马统治下的和平”还发挥着良好的作用。

原因在于，当时的罗马统治者长期将治安和防卫摆在同等重要的位置。现在即使治安败坏，有钱有势的人还是有办法自保。因为他们有财力去组织私人警卫或者雇用保镖，但普通民众就没有办法了。因此，如果放任这种状态不管，首先就会导致从事生产的人减少。即使生产出东西也会被夺走，还有谁愿意劳动呢？其次，旅途安全得不到保障的话，就会导致人员、物资交流不畅。长期下来，最终带来经济活力下降、失业者增多的恶果。正因如此，维护治安和保障国家安全都是“公家”的职责所在。哈德良皇帝在世的公元2世纪，和戴克里先统治的公元3世纪末期，两者差别在于以前击退盗匪根本不需要皇帝出马，而现在则很有必要。因此，当马克西米安皇帝将蛮族赶到莱茵河对岸后，就立刻回头积极准备对付盗匪。这在当时的罗马人看来，也没有什么好奇怪的。

当时的盗匪集团不仅人员素质有所提升，而且规模庞大。该如何消灭他们，这似乎比将蛮族赶到莱茵河对面还要耗费时间。高卢地域广袤，按现代国别来说，包括法国、比利时、瑞士的西半部、德国西部的四分之一以及荷兰的南部。另外，高卢北部、莱茵河最终流入的北海沿岸，也亟须派兵讨伐。因为这一带近年出现了一个名叫撒克逊的部落。无论出现哪个部落，对罗马帝国来说都必须出兵严防，以阻止蛮族和盗匪相勾结。

好不容易处理完高卢剿匪工作的马克西米安，又开始将战线移向北非。虽然有几个盗匪团伙渡过多佛尔海峡逃到了不列颠，不过对罗马帝国统治者来说，恢复北非的秩序远比恢复不列颠的秩序重要得多。因为北非距离帝国中心的距离要比不列颠近。

北非虽然是罗马帝国的南方边境，却没有一位皇帝率领军团来过这个地区。

当地人只是听说有一位哈德良皇帝来这里巡视过。来自北非的塞维鲁皇帝衣锦还乡的模样，长期以来一直是人们津津乐道的话题。还有一位与北非渊源甚深的皇帝戈尔迪安一世，只可惜这位皇帝仅仅在位半个月。虽说北非是帝国的重要地带，但自从打败迦太基之后，450 年来，这里的民众一次也没有见过率领军团行军的皇帝。也就是说，常年只需要一个军团就可以守卫的北非，现在皇帝也必须亲自率军支援。时代真的是不一样了。

不过，由皇帝亲自带兵介入，的确取得了不一般的效果。将沙漠游民驱赶到沙漠另一端的战斗，花的时间要比扫清高卢境内盗匪短得多。如此一来，负责罗马帝国西方事务的马克西米安皇帝将初期任务暂时完成了。

与此同时，负责帝国东方事务的皇帝戴克里先也是一样，忙得不可开交。不，也许应该说他比小 5 岁的同事更忙，因为他还要往来于气候、地势都截然不同的各个地区巡视。在东方事务中，首要任务是要击退突破多瑙河防线入侵至境内的蛮族。在各种史料中都找不到戴克里先亲自指挥作战的记录。由此可见，他应该是在后方坐镇，将实际指挥权交给了属下的将领。话说回来，御驾亲征，哪怕只是在战场的一角，这一消息也会给战斗中的士兵莫大的鼓舞。多瑙河发源于阿尔卑斯山脉，横贯中欧、东欧，最后注入黑海。就防线来说，的确蜿蜒绵长。将越境南下、大举入侵的蛮族赶回多瑙河以北，戴克里先花了两年的时间。

解决这一问题之后，戴克里先又马不停蹄地向东方挺进。当然，除了留下必要的守备军外，其余兵力全部带走。在他的规划中，除了使用武力打击敌人，还包括依赖军事力量向敌人施压谋求谈判的策略。不管采用哪种手段，最终目的是要逼迫波斯国王交出幼发拉底河和底格里斯河之间的区域的北部（被称为“北美索不达米亚”的广袤地区）。他的目的倒不是为了扩张罗马的领土，而是要进一步强化与莱茵河防线、多瑙河防线并称罗马三大防线的幼发拉底河防线。

这一计划算是成功了一半。戴克里先虽然没能让波斯国王把北美索不达米亚让给罗马，但是迫使他默认了罗马帝国对这一地区的统治权。此外，罗马成功扶持亲罗马派的梯里达底三世登上了亚美尼亚王国的王位。

亚美尼亚王国的立场是偏向东方的波斯还是西方的罗马，是东方的统治者还是曾经的帕提亚王国，对罗马帝国来说，就是一个极其重要的外交问题。如果有了亚美尼亚的协助，罗马除了能从西侧的幼发拉底河监视之外，还能从北美索不达米亚更深处的山岳地带监视整个美索不达米亚地区。而且，如此一来，罗马军队在必要的情况下可以随时南下，进入曾经的帕提亚王国，现在的波斯王国首都所在地——美索不达米亚地区。从战略角度来说，意义极其重大。顺带说一下，曾经的亚美尼亚王国大约相当于 2 000 年后今天的土耳其东部地区。现在的美国政府也是极力拉拢土耳其，力促其加入北大西洋公约组织（NATO），原因就在于以伊斯坦布尔为中心的土耳其西部，控制着连接黑海和地中海的博斯普鲁斯海峡，有着重要的战略地位。不过这还不是唯一的原因。在苏联解体前，这个地区的战略意义更为重要，现在则相对减弱了许多。不过，土耳其东部还衔接着伊拉克。

到公元 288 年，戴克里先成功强化了这一地区的防卫。首都的元老院也在这一年通过表决，决定颁赠意为“波斯征服者”的“Persicus Maximus”称号给戴克里先。虽然这场军事外交没有经过任何战争就取得成功，但是元老院之中还是有人能正确理解其重要意义的。但是，即使在这种情况下，戴克里先还是没有返回首都。登基 4 年来，戴克里先一次也没有来过罗马。这一年，戴克里先率军从叙利亚的安提阿向西返回，前往多瑙河和莱茵河上游的雷蒂亚地区。他的目的是要屯兵莱茵河上游，确保正在高卢和盗匪作战的马克西米安的后方安全。

公元 290 年，高卢剿匪结束以后，戴克里先和他的军队再次移师东进。这次的东方之行，是为了消灭罗马帝国叙利亚行省内开始出现的萨拉森人强盗。当帝国灭亡后，中世纪的主角正是撒克逊、法兰克、伦巴底、萨拉森等部族，如今这些部族的名字已经开始出现在人们的视野中了。

对萨拉森人的战斗很快就结束了，第二年，即公元 291 年，戴克里先已身在埃及。他的目的既不是观光，也不是考察旅游，而是要率领罗马的正规军击退从尼罗河上游袭来的原住民。埃及，作为罗马帝国的粮仓，有一个军团的常驻兵力。但是现在，就连在埃及地区，仅凭常驻兵力也已经无法对抗以前被视为“零星威胁”的敌人了。

戴克里先在埃及的任务也在很短的时间内完成了。第二年，即公元 292 年，他又返回多瑙河防线。这次的目的是要击退跨河南下的北方蛮族之一萨尔马提亚人。

以上记载就是从公元 286 年开始到 292 年结束的 7 年时间里两位皇帝的转战经历。在这 7 年时间里，两位皇帝只见过一次面。当时正值公元 289 年到 290 年间的冬天，两人在罗马时代被称为米迪欧兰尼恩（Mediolanium）的米兰一起度过了屈指可数的几天时间。当时，正值马克西米安准备转战北非、戴克里先准备前往叙利亚对付萨拉森人之前，正是“山雨欲来风满楼”的非常时期。

总而言之，在这 7 年时间里，如果从戴克里先登基那年算起，该是 8 年时间里，帝国面临的重大问题算是暂时都解决了。这足以证明，帝国东、西方由两位皇帝共同管理的“两帝共治制”，在实际应用中能够发挥功效，起到良好的作用。但是这时 47 岁的戴克里先又在构思一个更加缜密的政治制度了。

“四帝共治制”

公元 293 年 5 月 1 日，戴克里先在他的根据地，小亚细亚西部的尼科美底亚，马克西米安在其驻地意大利北部的米兰，同时发表声明，开始了历史上叫作“四帝共治制”（tetrarchia），即四个人分担统治的体系。

即在两位“奥古斯都”之下，再各自任命一位“恺撒”。

帝国西方的“奥古斯都”马克西米安任命的“恺撒”是君士坦提乌斯·克洛鲁斯。这两个人之间没有年龄差距。

帝国东方的“奥古斯都”戴克里先任命的“恺撒”是伽列里乌斯。这个人出生在公元 260 年前后，和戴克里先有 15 岁的年龄差。

不过，得到“恺撒”称号的君士坦提乌斯和伽列里乌斯，似乎都是由戴克里先一人挑选决定的。因为这两个人的作用并不仅仅是作为皇帝次任者选出来安定政局那么简单。

首先，这四个人都来自罗马军队，是身经百战的“武将”。其次，这四个人均出生于多瑙河到亚得里亚海之间，即现在的巴尔干地区，在当时这个地区因良将辈出而闻名于世。他们还有一个共同点，即都是农民的儿子。

总的来说，这四个人既是容易沟通的老乡，又有能力，特别是在战场上，都是响当当的武将，而且他们的出身与个人主义、消极情绪浓厚的经济利益既得阶层无缘。从年龄上来看，四个人都处于体力、精力旺盛的壮年期，再加上丰富的经验，从各方面看都比较理想。相信这也正是戴克里先选人的基准吧。

在这之前，我们可以把“奥古斯都”理解为“皇帝”，“恺撒”理解为“次任皇帝”，但是实施“四帝共治制”之后，称之为“正帝”“副帝”更符合当时的实际情况。当然，这只是我们的理解，在当时的记录资料上依然还是和以前一样，记为“奥古斯都”（Augustus）和“恺撒”（Caesar）。戴克里先保留了旧的称号，但实质内容已经变了。“恺撒”不再是等待继位的皇储，而是和“奥古斯都”一样，具备了相同的职责。这一内情可以从四个人的年龄上看出端倪。“四帝共治制”的实施开始于公元293年，现将四个人的年龄罗列如下。由于资料记录不详，所以这里罗列的数字后面得加上“左右”两个字。

帝国东方　“正帝”戴克里先，48岁。
　　　　　“副帝”伽列里乌斯，33岁。
帝国西方　“正帝”马克西米安，43岁。
　　　　　“副帝”君士坦提乌斯·克洛鲁斯，43岁。

这时，不仅“正帝”，东、西方两位“副帝”也有明确的防卫区域划分。用地图表示，帝国由西向东划分如下：

“副帝”君士坦提乌斯所辖区域，包括不列颠、高卢、西班牙以及隔着古代被称为“赫丘利之柱”的直布罗陀海峡的非洲西北部。首都设在莱茵河支流摩泽尔河上游的特里尔。这个地方现在位于德国和比利时的国界线附近。

“正帝”马克西米安所辖区域，以现在德国南部多瑙河上游一带为起点，跨过阿尔卑斯山脉到达意大利本土，又经过科西嘉岛、撒丁岛、西西里群岛，以现在的阿尔及利亚、突尼斯、利比亚的北非地区为终点。首都定在米兰。据说选择米兰是因为从这里出发，无论是跨越阿尔卑斯山脉北上，还是前往帝国的首都罗马，交通都极为便利。

有趣的是，在古代人眼中，地中海不是交通的障碍，而是连接目

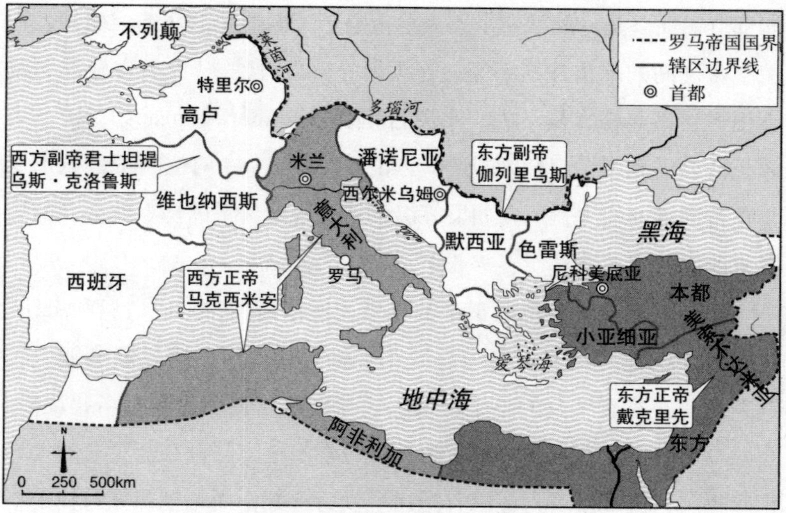

“四帝共治制”时期的罗马帝国略图

的地的道路。在 2 000 年后的今天，还抱有同样想法的，只有来自北非、将生命依托给小船和橡皮艇的难民了。

再把话题转到帝国东方，“副帝”伽列里乌斯所辖区域，包括多瑙河防线以南全境。这个地区当时又细分为潘诺尼亚、默西亚、色雷斯三地。整个地区以多瑙河为北界，以亚得里亚海、爱奥尼亚海、爱琴海为南界，囊括了希腊在内的整个巴尔干地区。从地图上看，这个区域是四个人当中最小的，却担负着多瑙河防线这一号称“罗马帝国国防能力测量仪”的最重要防线的维护重任。戴克里先将四个人当中最年轻的伽列里乌斯安排在这里，正是出于这一用意。首都是西尔米乌姆，距离多瑙河不到 20 公里，意味着总司令可以随时去往前线。

虽然实行了“四帝共治制”，但是“大奥古斯都”（Senior Augustus）戴克里先的优势地位并没有变。“四帝共治制”并不是把帝国分裂成四部分，而只是分配给四个人去承担整个帝国的防卫任务。而且，四位皇帝之间的地位并不平等，等级划分得很清楚。“大奥古斯都”戴克里先居最高位，其下为“小奥古斯都”（Iunior Augustus），接下来才是两名“副帝”，呈金字塔形。由于在军事上，两位副帝被赋予了与正帝同等的权力，所以如果等级不划分清楚，帝国马上就会真的分裂成四部分了。

四个人当中居首位的正帝戴克里先所辖范围，是以“奥利恩斯”（Oriëns）为总称的东方地区。以小亚细亚为起点，跨过叙利亚、巴勒斯坦，一直到埃及的整个区域。这片区域最强大的敌人当属波斯。在罗马历史上，东方防线的边防长官通常都把官邸设在叙利亚的大城市安提阿，但戴克里先并没有把这里设为首都，而是把都城设在了小亚细亚西北部的尼科美底亚。因为尼科美底亚作为海港城市，既可以由此向西渡海，向多瑙河防线输送援军，又可以借由海路通往东方的叙利亚、南方的埃及，交通极为便利。

四位皇帝都将自己的大本营设在接近帝国防线的位置，或者容易驰援防线的地方。由此可见，“四帝共治制”设立的最大目的是出于帝国防卫安全的考虑，亦即明确划分四个人的责任区域，使四个人可以同时肩负罗马帝国的国防重任。

因此，四个人当中的戴克里先的地位和“两帝共治制”时又有了区别。他不再是“约维乌斯”，而是“大奥古斯都”，当然，这并不是说，他在四个人当中年龄最大，而是说，在帝国军事方面，四个人共同分担，但在统治处理帝国事务方面，仍然由戴克里先一个人说了算。这也是“四帝共治制”的构成实质。

在戴克里先的思想里，他坚信，帝国防卫只有采用“四帝共治制”，才能达到长治久安，“两帝共治制”只能应付一时的蛮族入侵，维持短暂的和平。这一点，从罗马的国防安全体制演变可以明显地看出来。

其实，帝国和皇帝统治的国家并不能画等号。“帝国”一词源于拉丁语“imperium”，这个词是由含有“支配”“统治”“命令”等含义的动词“imperare”派生出来的。一个国家，共和制也好，王政也好，不管政体如何，只要是把其他国家或民族纳入自己支配下的霸权国家，它就成了“帝国”。因此，当古代的罗马人在公元前2世纪打败大国迦太基，并趁势收服地中海周边，将地中海称为“我们的海”“内海”时，虽然当时罗马还是共和时期，罗马人已经开始自称“帝国”，并留下了书面记录。因为他们已经将以地中海为中心的周边国家和民族纳入自己的霸权统治之下。

从公元前2世纪开始，到戴克里先实施“四帝共治制”的公元4世纪初，罗马防御体系的演变大体上按下图所示。

为什么戴克里先如此看重帝国的防卫工作呢？因为他虽然出身于社会底层，但做了皇帝以后，想法也就和历代罗马皇帝一样了。那就是，身为帝国之首，一国之君，最大的责任就是要保证帝国境内所有子民的人身安全，如果连这一点都做不到，那么还谈什么国家，做什么皇帝呢？乍看之下，这个想法太过理所当然，甚至没有说明的必要。但是，当一个国家深陷危机之中，要想摆脱，就必须立足于最根本的问题来制定方针政策。这种立足根本的做法，在处理问题时，不容易偏离方向，有助于优先解决眼前的当务之急。不过，做任何事情都要讲一个度，如果过分专注眼前的事情，就容易忽略长远的目标。“四帝共治制”就是戴克里先针对眼前最重要、最根本的问题构建的政治体系。

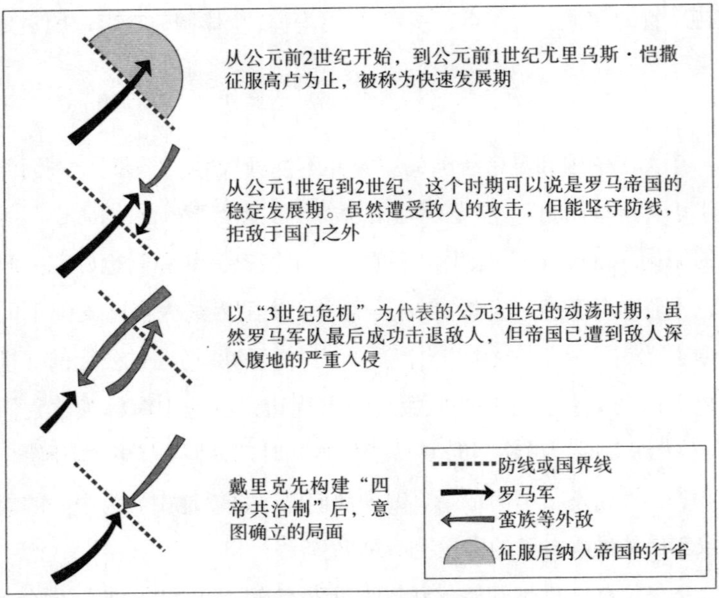

罗马帝国防御体系的演变

在解决这一最重要问题上，“四帝共治制”的确起到了不可磨灭的重要作用。“四帝共治制”的特点是，四位皇帝都将据点设在靠近防线的地方压制敌人，这一战略效果有目共睹。公元 3 世纪，蛮族大举入侵，攻入帝国腹地，使当时的罗马人陷入绝望之中，这样悲惨的情景，现在已经消失得无影无踪了。

虽然防卫形势没有恢复到公元 1、2 世纪那样，可以越过防线攻入对方阵地的程度，但是至少公元 3 世纪那种任由蛮族跨过莱茵河、多瑙河大举入侵，攻入帝国腹地烧杀劫掠后才反击成功的境况已经成为过去。有相当一部分历史学家认为，戴克里先的出现，以及之后他推行的“四帝共治制”，使罗马帝国进入了伟大的复兴时期。

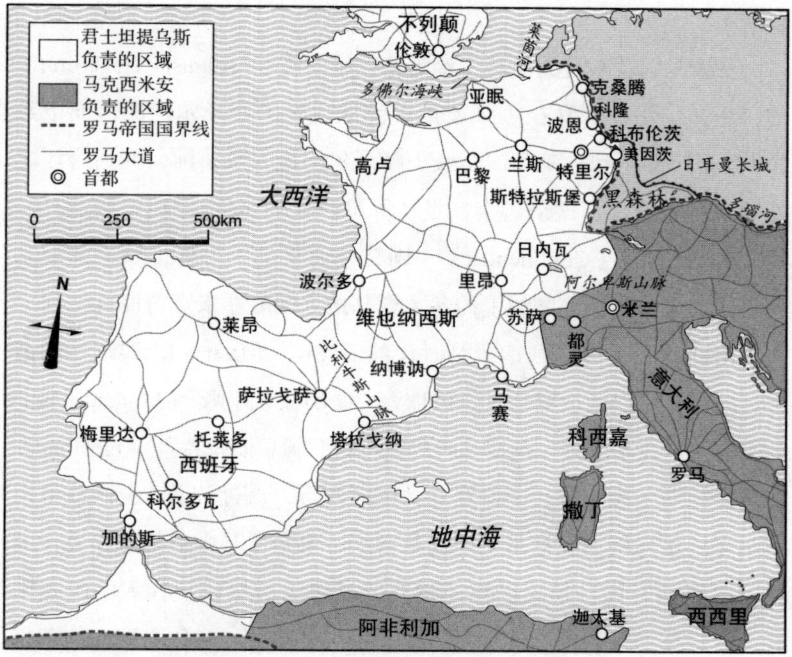

罗马帝国西部

如果单就国防来说，的确如此。不是敌人消失不见了，而是局势逆转了。罗马帝国从被敌人压制的一方，变成了压制敌人的一方。这一点可以从蛮族再也不能侵入帝国内地清晰地反映出来。这也意味着国内恢复了安全、和平的状态。戴克里先登基后一个人治国的时间为一年多，然后他推行的“两帝共治制”维持了7年时间，再加上“四帝共治制”存在的12年，一共是20年的时间。在这20年里，百姓不用担心蛮族或者盗匪侵入自己家中，也不用担心自家的院子沦为罗马军队驱逐敌人的战场。可以想象，当时的罗马人是多么放心。和平，对人类来说，是最宝贵的东西。但是，如果无所作为，它很快就会溜走。

从罗马时代被称为“奥古斯塔特列维罗拉”（Augusta Treverorum）的特里尔，沿着摩泽拉（Mosella）河即现在的摩泽尔河顺流而下约100公里，即可到达莱茵河防线。摩泽尔河流入莱茵河，两河合流之处叫作科布伦茨，这个名字也是从罗马时代的名称、意为“合流处”的“科富伦特”（Confluentes）一词转变而来的。另外，城中的罗马大道使这里和莱茵河防线上的各主要基地之间的往来变得极其便利。

由此北上，可以到达罗马时代的“波纳”（Bonna），即现在的波恩。向东，可以到达罗马时代被称为“摩功提亚库姆”（Mogontiacum）的美因茨。在东南方，与罗马时代被称为“阿根图拉特”（Argentorate）的斯特拉斯堡相连接，顺着罗马大道向西行，通过兰斯、亚眠就可以到达多佛尔海峡。无论是兰斯还是亚眠，都是罗马大道的交会点，因此，在罗马时代，是比巴黎还重要的城市。虽然以现代人的眼光来看，这只是横贯德国、比利时、法国的一条路线。时代不同，地理感觉也会变化。也就是说，这只是个“习惯”问题。想必在罗马人的脑海中，很自然地放着一幅罗马帝国的全境图。即使在现代有汽车可开的年代，也会觉得这么长的一段距离，往来很费事。但副帝君士坦提乌斯经常往返于这条路上，而且，他甚至还要渡过多佛尔海峡到达不列颠，在那里征讨蛮族和盗匪。可以想象，对君士坦提乌斯来说，在担任副帝的这12年，过的恐怕就是不断奔波于东、北、西三方的日子吧。但也正因为如此，高卢和西班牙才能享受和平。

在实行“四帝共治制”之后的12年里，有副帝君士坦提乌斯横刀立马，纵横沙场，身为西方正帝的马克西米安，相对过得比较安稳、平和。

罗马时代的米迪欧兰尼恩，即现在的米兰，这里既不是罗马军团基地，也不是退役兵的殖民城市，却被西方正帝选为根据地，这本身就体现了罗马帝国后期军事状况的变化。因为这里有罗马大道通过，容易派兵穿越阿尔卑斯山脉，前往莱茵河上游或者多瑙河上游地区。假如守护犹如腹部要害般重要地带的日耳曼长城没有弃守，还能发挥作用，或者公元3世纪后半期没有经历过蛮族侵入意大利本土的惨痛经历，米兰也不会成为身兼总司令的皇帝的根据地。时代的变迁使中心地带也发生了变化。

北非地区在500年后将属于伊斯兰文明圈，而意大利半岛现在属于基督教文化圈。实际上，在这两个地区染上这两大一神教色彩之前，其实有着相当密切的关系。当阿尔卑斯山脉以北的危险度下降之后，身在米兰的皇帝马克西米安的注意力很自然就会转移到北非。而且他在任期间，也的确花了很大的气力，重整责任区内的北非防御体系。因此，北非地区民众的支持几乎全部集中在他一个人身上。不过，对于首都罗马，尽管在其管辖范围之内，但是他从不轻易涉足。马克西米安曾让人质疑，是否因为虚荣心作祟，才跑到北非去让有钱的农场主奉承。但这一点正体现出他对年长的好友戴克里先的尊重、守礼，某种意义上可以看出他是一个忠诚、守规矩的人。如果没有戴克里先在场，他绝不会踏入帝国首都罗马半步，也因此，虽然罗马和米兰之间的距离，按现在快速列车计算，只有5个小时的车程，但首都罗马的居民长年过着看不见皇帝的日子。

帝国东方的副帝伽列里乌斯是四位皇帝中最年轻的一位，但也正因如此，他被赋予了守护帝国生命线难度最大的多瑙河防线的重任。他在担任副帝之后花了两年的时间来整顿防务，光是防线长度就有西方副帝君士坦提乌斯经常往来的莱茵河、多佛尔海峡、不列颠之间距离的两倍多。而且，多瑙河防线以北居住的蛮族，无论数量还是彪悍程度都是其他防线不能比的。但是他在短短的两年时间里就修复了如此漫长且难以防御的多瑙河防线，成功阻止了蛮族的入侵。由此可见，伽列里乌斯的军事才能的确非同凡响。他甚至还在正帝马克西米安的责任区，成功阻止了多瑙河上游地区蛮族的入侵，帮助马克西米安减轻了工作负担。同样的，正帝戴克里先原本待在尼科美底亚，随时准备派兵支援马克西米安，而伽列里乌斯的行为也减轻了他的负担。从这一点可以看出，虽然戴克里先自觉军事才华不足，但在选拔优秀军事人才方面，还是很有眼光的。

话说回来，副帝表现不俗，正帝戴克里先也没有借机躲在尼科美底亚的皇宫里享乐。他不仅去了叙利亚、埃及，而且更为重要的是，他开始着手推动仅有他握有实权的帝国结构改革的工作。关于改革详情，容待后叙。也正因如此，戴克里先要尽早处理好各类事情，减少不必要的担忧，因为也许不知道什么时候又会冒出更多烦心事。而事实也正如他预料的那样。

与波斯的关系

三年前，波斯王位交替，新换了国王。在君主专制国家，所有的权力都集中在君主一人手中。当新国王继位时，即使过渡平稳，也必然会产生反对派。新任国王为了压制国内反对势力，必然要对外表现强硬。自古以来，对外作战都是调和国内矛盾的特效药。即使幼发拉底河对岸的主人从帕提亚换成了波斯，但它们展现强硬的对象依旧还是罗马。再加上这个时期的波斯，背负着 8 年前受戴克里先军事胁迫、心有不甘地默认北美索不达米亚归于罗马旗下的旧恨，这一地区

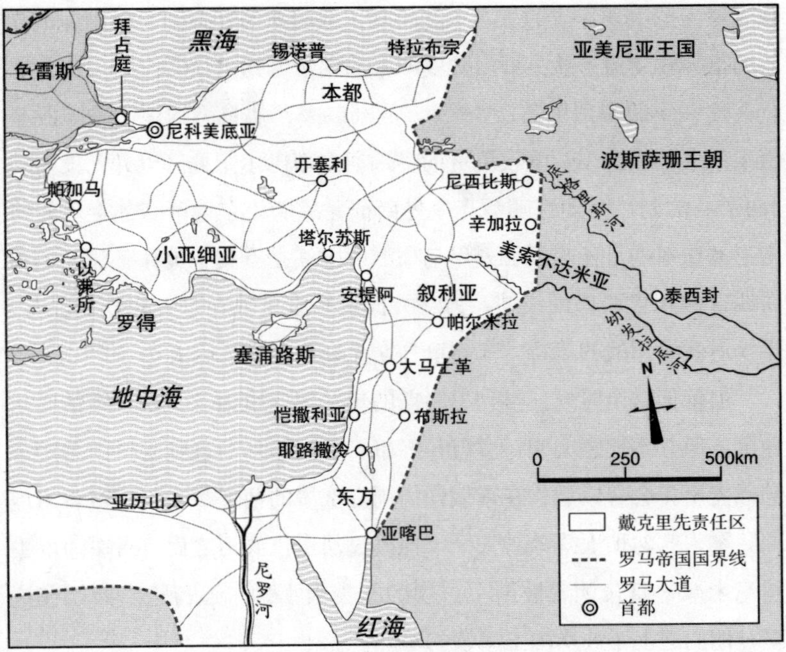

罗马帝国东方

对波斯来说，有着重大的战略意义。罗马取得该地区因而获利，就代表波斯方面失手陷于不利的境地。古往今来有许多兵家必争之地的存在，对罗马和波斯来说，必争之地就是北美索不达米亚，以及北方的亚美尼亚王国。

公元 296 年，波斯国王亲自率领大军北上美索不达米亚，攻入属于罗马帝国的北美索不达米亚，而且，还趁势将亲罗马派的亚美尼亚国王拉下王位。

帝国的东方，现在称为中东地区，是正帝戴克里先直接负责防卫的区域。一旦这个地区受到敌人侵袭，率军迎战的正是他本人。但是戴克里先把手下作战的主力军迁移到了叙利亚的安提阿，而把迎敌作战的指挥权交给了从多瑙河防线调来的副帝伽列里乌斯。

这一年的伽列里乌斯36岁。从军以来，他熟悉的地区除了既是出生地又是作为副帝全权负责的多瑙河南部巴尔干地区以外，就是在“两帝共治制”时期跟随戴克里先南征北战的中东地区。戴克里先将击退波斯军的重任交给伽列里乌斯，一方面是看到了他在整顿多瑙河防线这两年里取得的成绩，另一方面也是看重他在东方积累的经验。选择对波斯作战的武将，伽列里乌斯无疑是最合适的人选。

但偏偏这个时候，伽列里乌斯的年轻气盛给他惹了祸。军情固然危急，但并不代表大胆行事就是好事。伽列里乌斯赶到安提阿与等待的戴克里先会合以后，在未做任何周密部署的情况下，仅仅带着当地的驻军，就匆忙上阵杀敌去了。他渡过幼发拉底河之后，行军速度也丝毫未减，直接朝着波斯军占领的北美索不达米亚行进。而就在这里，他们遇上了波斯国王率领的军队。

副帝伽列里乌斯倒是没有忘记罗马军队里多国军队联合作战的传统模式，他马上与刚从亚美尼亚流亡出来的国王梯里达底进行了会合。但是，在战场的选择上则没有动太多的脑筋。他居然选择了幼发拉底河东面的一片沙漠地带，作为与波斯国王作战的战场。这样一来，局势对于习惯在沙漠作战的波斯军来说，变得非常有利。

在第一场、第二场战役中，双方还处于胜负未分的状态。这与其说要归功于罗马军队的勇敢善战，还不如说是跟随国王出征的亚美尼亚士兵习惯在烈日炎炎的平地上作战。但是，因为这些士兵都是跟随国王匆匆出逃而来，所以人数并不多。在第三次战役中，伽列里乌斯率领的罗马军也就一败涂地了。

唯一幸运的是，战场靠近幼发拉底河。被波斯骑兵围困而与自己士兵离散的亚美尼亚国王梯里达底急中生智，连人带马跳进河里，拼尽全力游到对岸，再策马飞奔至安提阿，才捡回一条命。伽列里乌斯的情况虽然没有这么惊险，但是败军之将的身份是逃不掉了。在安提阿等候的戴克里先，对盟友亚美尼亚国王隆重欢迎，热情款待，对伽列里乌斯则十分冷淡。正帝乘车出行时，按照惯例，副帝应该在旁边骑马随行，但伽列里乌斯被要求徒步跟随。也就是说，伽列里乌斯在众目睽睽之下，彻底地接受了败军之将的惩罚。不过，51 岁的正帝后来还是给了 36 岁的副帝一次雪耻的机会。这个雪耻的机会定在第二年，即公元 297 年的春天。

这一次，伽列里乌斯格外慎重。首先，他调来了多瑙河防线上受他指挥过的 3 个军团，并且还调用了战败后被收编的哥特人骑兵团。即使现在的敌人从北方蛮族换成了东方的波斯大军，但是，这 2.5 万人的将战斗当成日常生活的精锐部队，还是堪当一雪前耻的主力军的。

其次，伽列里乌斯对战略也重新进行了调整。上次他是选择渡过幼发拉底河后向东直行，在沙漠地带进行作战。这次他要从上游渡过幼发拉底河，然后沿着山路迂回地接近敌人。地势越复杂，对于习惯了多瑙河边复杂作战地形的士兵来说，越容易发挥战斗力。问题是，该如何诱使波斯大军前来呢？一年前大败罗马大军，波斯国王正志得意满。这时，波斯国王对于罗马骑兵的挑衅行为并没有深究其真实的意图就贸然出兵了。这样，在公元 297 年，罗马和波斯之间的战斗，虽然战场还是在北美索不达米亚，但上一年是在接近幼发拉底河附近地区，而这次则相反，跑到底格里斯河附近去了。

与此同时，伽列里乌斯还增添了另一种作战方法，那就是日落后夜袭波斯军。与没有夜间作战经验的波斯军相比，罗马军队已经习惯了这种作战方法。当然，就在不久前这还是敌人针对罗马军的袭击手法，只不过现在善于夜袭的高手——哥特人骑兵团，却在罗马军队的阵营里了。

但是，利用夜间袭击敌人的策略，需要有赌徒的冒险精神才能制胜。因为一旦夜袭开始，中途就不可能再做任何改变。伽列里乌斯强悍的性格，这次起到了正面的作用。

波斯阵营先是受到哥特骑兵的奇袭，之后又遭到罗马精锐部队的攻击，早已乱成一团，根本无力组织还击。士兵只顾自保，就连国王的警卫队也只能勉强将受伤的国王带离战场，而无力顾及其他。现场一片混乱。按照东方的习惯，国王御驾亲征时都会带着妻妾和子女同行，在国王营帐和附近的华丽帐篷里，现在这些惨遭遗弃的人也只能缩在那里惊恐地发抖。

在明亮的火把映照下，看着眼前被士兵带上来的妇女和孩子，那一瞬间，也许伽列里乌斯想起了 600 年前战胜波斯国王的亚历山大大帝吧。他当众宣布，以王妃为首的女眷，以及诸位王子和公主，虽然身为俘虏，但是人身安全将得到保障，并且可以得到与身份相符的待遇。随后他也确实做到了这些承诺。

当然，伽列里乌斯没有忘记一早派快马向身在安提阿的戴克里先传去捷报。战争获胜以后，就该轮到正帝出面解决善后事宜了。捷报上也明确要求正帝移驾尼西比斯（Nisibis）。尼西比斯位于土耳其东部边境，邻近叙利亚国界，现代名叫努塞宾（Nusaybin）。这个地方是亚历山大大帝当年远征波斯时由希腊人建设的城市。600 多年来，虽然统治者由原来的帕提亚人换成了波斯人，但这个地方依然是东西贸易的集散地和中转站。在东方有不少拥有同样历史的希腊裔城市存在，尼西比斯就是其中之一。基于防卫上的需要，罗马人在占领北美索不达米亚之后，就把这里作为军事基地，修筑要塞设施，当地居民对此也并不抵触。或许是因为他们本身就是希腊后裔，觉得与其被东方君主使唤，还不如归在罗马人旗下。既然尼西比斯有这样好的条件，安全方面也就无须顾虑，作为罗马帝国东方正帝和副帝会面的地方，自然颇为合适，而且，这里位于北美索不达米亚，用来接见波斯特使，无论距离还是时间都比较合适。

伽列里乌斯身在底格里斯河附近的战场上，从这里出发，只要南下一小段路就可以到达尼西比斯。而戴克里先从安提阿出发，要先取道向东，渡过幼发拉底河，绕过大半个北美索不达米亚，才能到达目的地。如此一来，自然是伽列里乌斯比戴克里先先到达。而且，在戴克里先到达会面地点之前，波斯国王已经一早派特使来到了尼西比斯，想必是非常担心被俘的嫔妃、儿女。此外，对东方男人来说，女人、孩子被敌人俘虏而不夺回是一种耻辱。但是，很显然，波斯军队现在已濒临崩溃，短期内无法再采取任何军事行动。特使前来尼西比斯，目的在于代替波斯国王向罗马皇帝提出议和的请求。

由于戴克里先尚未到达，伽列里乌斯只能一个人接见了波斯特使。特使首先代表波斯国王，感谢罗马方面对本国王妃及其他王室成员的优待。但是，特使接下来的话证明他也只不过是个东方君主专制国家的宫廷文人：

> 罗马和波斯这两大帝国就好像世界的两只眼睛，不管缺少了哪一方，世界都会残疾，失去其完美的面孔。

伽列里乌斯听了这段话之后立刻火冒三丈。他毕竟还年轻，才37岁，刚刚经历过一年前的大败，手下将领、士兵死伤大半。他听了这话自然也就不客气了。

我们还轮不到你们波斯人来教导什么是宽容的美德。你们对不幸的瓦勒良皇帝（罗马帝国第一位被波斯俘虏的皇帝。——译者注）的态度，真不知该如何评价。罗马皇帝并非在战场上战败被俘，而是被你们的阴谋诡计欺骗才沦为俘虏，可是你们一再地羞辱他，给予他与身份完全不符的待遇。而且这期间，波斯国王完全无视周遭各国君主劝告释放的声音，依然我行我素，直至瓦勒良皇帝不堪羞辱而逝世。最后将他的遗体弃置于民众的嘲笑声中的，又是谁？

然后，副帝伽列里乌斯接着说：

罗马人对失败者绝对不会落井下石，这并非我们顾虑到失败者的心情，而是因为这违背了罗马人的自尊心。

等皇帝驾到以后，我会跟他商讨要有什么样的条件，才能维持两国间长久的和平。一旦条件确定下来，我会马上通知你们。

波斯国王的特使只好空手而归。几天后，戴克里先也到达了尼西比斯。戴克里先和伽列里乌斯一样，不喜欢浪费时间。他到了以后，很快定下了和波斯之间议和的条件。

当然，首先准许先前遭波斯国王驱逐的亚美尼亚国王梯里达底复位，这是必不可少的条件。其次，也是最重要的，是下面两个条件：

一、以尼西比斯及其南边的辛加拉为前线，由此延伸至幼发拉底河为界，波斯要正式将这个范围内涵盖的北美索不达米亚割让给罗马。

9年前，戴克里先不费一兵一卒，即以军力为支撑，在谈判中迫使波斯“默认”了罗马对北美索不达米亚的支配权，但并不是“割让”。“默认”的效果就如同设置一个缓冲地带，所以罗马并不能在这一带设置连绵的防卫要塞，使其“防线化”，但是“割让”的话就可以，因为这里已经成了罗马帝国正式的领土了。

二、将位于底格里斯河东面的五个地区的统治权转让给罗马。

这意味着，流经美索不达米亚地区的底格里斯河和幼发拉底河，这两大河流的整个上游地区，将全数落入罗马人手中。按现代国别来说，就是占领了约旦、叙利亚和土耳其三国。如此一来，就可以同时从西、北两个方向监视伊拉克。从防卫意义上来说，罗马帝国享有史上空前的、绝对的优势。

波斯国王别无选择，只能答应。被俘虏的王妃、公主们也在财物、人身毫发无损的情况下返回波斯。

这一次，即公元297年缔结的和平条约，维持了这两个大国之间40多年的和平，一直到君士坦丁大帝统治末期才被打破。原因有两个：一是罗马帝国本身在防卫上占尽优势；二是戴克里先不是那种因为一时胜利而得意忘形的人，他一直没有忘记在所得地区加强防卫措施。

北美索不达米亚加上幼发拉底河，实际上有四道防线可守：

第一道，经过辛加拉到幼发拉底河为第一道防线。

第二道，是经过尼西比斯，流入幼发拉底河的支流沿线。

第三道，也是幼发拉底河的一条支流，起点是叙利亚的罗马军团基地萨莫萨塔，经过埃德萨、卡莱，到达幼发拉底河这一条线。

第四道，也是最后一道，沿着以托罗斯山脉为源头向东南方奔流的幼发拉底河主流。从地图上可以看到以泽乌玛为开端的诸多城市，几乎都是希腊人后裔建的，将这些城市连成一线以后就成了第四道防线。

如果敌人想攻打帝国东方的关键城市安提阿，就必须攻破这四道防线。

此外，戴克里先实施的帝国东方防御体系重整工作，还不仅仅是在北美索不达米亚。

比如，现在的叙利亚和约旦，过去一直是罗马帝国的领土，这里也铺设了罗马式的防卫路网。这样的防卫路网涵盖了帝国东方所有通往波斯的大道，换句话说，朝东通往波斯的全部道路都变成了防线。都市的城墙改建得更加坚固，连接城市的大道上建设了无数的要塞、监视塔和堡垒。

不过，罗马人不能修筑连续的石墙来阻断波斯和罗马的国界。因为罗马帝国东方的居民以及波斯人都要依靠东西方的贸易为生。堡垒和监视塔的作用并不是为了阻止敌人进攻，而是在允许商人往来的同时，设法尽早探知敌人来袭，通知后方的军事基地。

在这之前，拉丁语中表示大道、道路含义的词，只有“via”一词。从大马士革开始，穿越叙利亚沙漠到达帕尔米拉，再由此向幼发拉底河延伸的道路，之前一直被称作“Via Hadrianus”（哈德良大道）。但是，从这个时期开始，称呼改成了“Strata Diocletiana”（戴克里先大道）。拉丁语“strata”，是意大利语“strada”以及英语“street”的词源。研究人员认为，这个词出自罗马帝国后期的拉丁语。我认为，当时传统的四层结构的罗马式道路应该还是跟以前一样，叫作“via”。只不过同样的道路结构上，如果沿线按一定距离设置要塞、堡垒的话，就改称为“strata”，以示区别。之所以这么说，是因为从

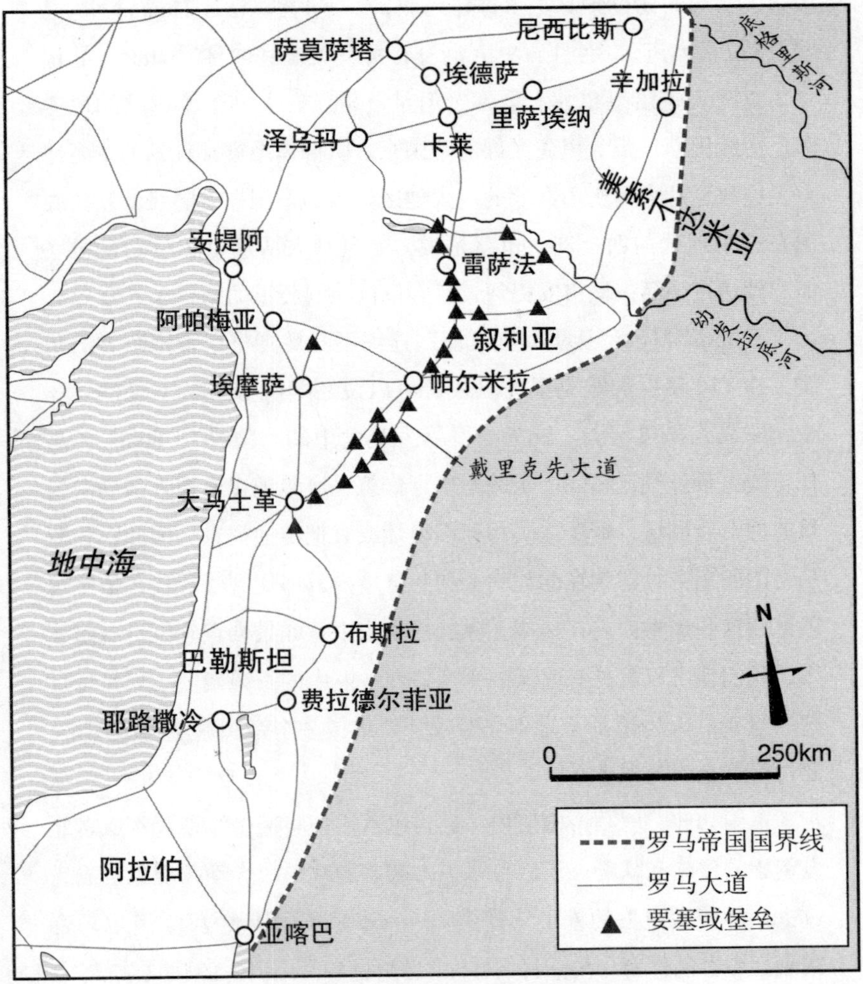

戴克里先皇帝时代的帝国东方道路网

大马士革开始，到罗马军团基地所在的布斯拉，再经由罗马时代的费拉德尔菲亚（现在的约旦首都安曼），到达红海小镇亚喀巴这一条大道，由当时的图拉真皇帝修建而成，一直叫作“Via Trajana Nova”（新图拉真大道），而且历史上也没有留下关于其改称“strata”的记录。这条大道沿线也建有要塞，但是数量没有大马士革以北的地方多。由此推断，戴克里先主导的帝国东方防御体系重整计划的主要地点，应该是从大马士革向北的广大地区。因为帝国东方防线幼发拉底河在这个地区向西迂回。也就是说，一旦敌人从这里越过幼发拉底河，到达帝国第一城市安提阿，只有仅仅500公里的路程了。

五贤帝时代，“从黑海到红海”连绵不断贯穿整个帝国东方的防线，在150年后的戴克里先时代，可以说还是能够维持下去的。至少，罗马人做过努力。此外，罗马人观念中的“防线”（limes），是在防线主轴外侧，每隔一定的距离，修筑一座单纯以监视外敌动向为目的的石质碉堡，碉堡之间相互以狼烟或火把传递消息。因此，在罗马帝国的东方，即现在的叙利亚和约旦境内，即使到了现代，依然可以见到这些碉堡矗立在一望无际的沙漠当中。如果乘直升机沿着防线飞，我们就可以看见一座又一座半掩在沙漠中的石壁残骸。只要见过这一景象的人恐怕都会忍不住感叹，要维持一个帝国竟然这么困难，要付出这么大的艰辛。

正因如此，罗马帝国境内深处再也不用担心遭受波斯大军或者北方蛮族的侵略和蹂躏。而因皇帝一再被杀导致的政局动荡现象也成为过去。即使写史书的人不是爱德华·吉本（英国历史学家，《罗马帝国衰亡史》的作者。——译者注），恐怕也会发出以下的感叹：

要拯救因无能的领袖和蛮族的侵略而陷入绝境的帝国，是一件莫大的难事。可是伊利里亚出身的农民办到了。

只不过，由人类决定并实施的任何事情，当然，即使是天神决定的事情也一样，都是既有积极的一面，同时也必然具备消极的一面，即利弊共存。到这里为止，我叙述的都是有利的地方，后面就要来说说弊端所在了。

兵力倍增

在戴克里先设立的“四帝共治制”当中虽然有“正帝”和“副帝”之分，但实际上，在军事上由于4位皇帝各自有明确的责任区域划分，他们就共同承担了整个帝国的体系防卫工作。以前是1位皇帝，现在则变成了4位。而且，按照以前的制度，罗马军队的最高司令官是皇帝，下设行省总督。其中邻近边界线的行省总督一般会指挥2个军团负责防卫事务。2个军团的兵力包括以拥有罗马公民权为应征条件的正规兵，即军团兵，数量为1.2万人。同时还包括行省居民可以应征的辅助兵，数量与军团兵相等，有时略少。这样，2个军团的整体兵力约为2万人。另外，在过去的时代，皇帝如果御驾亲征，一般带5个军团以上的兵力，但这仅限于紧急事态。一般军事活动中常常只有别名为“战略军团”的2个军团进行活动。

这一军事体系使罗马帝国在公元1世纪和2世纪的200年间，成功实现了罗马主导下的“和平”。但是，到了被称为“危机世纪”的公元3世纪，这一体系已经失去作用。“四帝共治制”正是为了克服上述危机而计划并实施的新制度。

但是，其结果是皇帝增加到了4个人。既然是皇帝亲自领军，当然不能跟行省总督等同，只率领2个军团。此外，经历过公元3世纪惨状之后，新兵老兵混编的2万兵力，连击退蛮族的一个部落都很困难。虽然没有正确的史料可供参考，但4位皇帝手上应该都握有8万人左右的兵力。这里有数据为证，据研究人员表示，自实行“四帝共治制”之后，罗马帝国的总兵力从以前的30万人增长到了60万人，翻了一倍。军团兵与辅助兵混编的30万人兵力，依旧紧盯着帝国的边防线。没有任何资料显示，帝国边境防卫能力是依靠新的兵力投入增强的。既然如此，那60万人兵力扣除这30万人，剩下的就是4位皇帝的直属部队了。

西方副帝君士坦提乌斯的大本营是特里尔，正帝马克西米安的皇宫在米兰；东方副帝伽列里乌斯选择的根据地是西尔米乌姆，正帝戴克里先的皇宫则在尼科美底亚。这4位皇帝的根据地显然也是由戴克里先一人决定的。4个地方都处在可作为前线基地的位置，常年驻有七八万兵力，也是合情合理的。要知道，以前的紧急状态现在已经变成了常态。罗马帝国国防力量复苏，既能阻止北方蛮族大规模的入侵，还能压制东方大国波斯，首要原因就在于兵力的增强。

但这里会让人产生一个疑问：到底是兵力倍增保证了“四帝共治制”机能的发挥，还是四人分担帝国的防卫任务导致了兵力倍增的结果呢？从戴克里先对国家经济的关心（详见后述）来推测，我认为应该是属于后者。

分担任务时有些事情并不是将现有的东西分割完毕就可以解决的。因为分担任务后各自的责任归属被划分得很清楚，从人性的角度来说，成员之间必然会产生竞争。四个人都想要提高自己所辖区域的治理业绩。在这里，军事战果是最明显的业绩表现。因此，他们自然都会尽量提高旗下部队，尤其是直属兵力的质与量。从“3 世纪危机”的经验来看，作战主力很明显已经由传统的重装步兵转为罗马军历史上长期为特殊技能兵的骑兵。

那么，优秀的骑兵要从哪里征调？这是一个还没有发明马镫的时代。由于在古代还没有任何设备可以支撑垂在马背两侧的双脚，所以只有善于骑裸马的人才能成为骑兵。这样一来，骑兵成员仅限于出身于上流社会、从小习惯骑马的人，以及一出生就与马为伍的人。也因此，出产良马的地方同时也是产生优秀骑兵的地方。

罗马军的作战主力由步兵转变成骑兵，最大的原因在于在实际作战中，需要在机动能力上与大举入侵的蛮族骑兵团对抗。即使步兵利用全线用石头铺设、相当于现代高速公路的罗马大道，在机动能力上也要五比一才能与骑兵打个平手。对于那些热心于提高部队战斗力的指挥官来说，将前不久进攻罗马失败而投降的蛮族骑兵纳入自己旗下为己所用，自然是毫不犹豫的事。这样一来，也就意味着罗马军队的主力正逐渐蛮族化，而且未来有愈演愈烈的态势。

不过，真正的问题并不是蛮族是否成为罗马军队作战主力的问题。我们回顾罗马历史，不难发现，将战败者纳入旗下、引入异族分子为我所用的先例，一直都存在，甚至已经成为一项传统。

比如，尤里乌斯·恺撒在进行高卢战争时，不仅将战败归降的高卢骑兵纳入旗下，甚至连战败后拒不合作的日耳曼人也引入军中，以强化骑兵的战斗力。

进入帝国时期以后，“引进异族分子”成为帝国的基本国策。这已经不再像共和时期那样，全由统治者个人的性格决定，必须仰赖出现像恺撒这样思想开放、头脑灵活的领导人才会实行。现在“引进异族分子”成了国策以后，则不管谁做皇帝，都必须遵照执行。当然，这一点也要归功于恺撒的继任者奥古斯都，他认为养父恺撒的行事方针有助于罗马的国家发展。

此外，奥古斯都还进一步设立了辅助兵制度。这项制度的最大特色在于，行省居民，即被罗马征服归属的人民，可以自愿选择参军，且服役满 25 年就可以获得罗马公民权。只要想想不久前这些人还被罗马人称为“蛮族”，就可以知道罗马人思想有多么开放，对环境的适应能力有多强。在这种情况下取得的罗马公民权具有世袭的性质，因此辅助兵的下一代一出生就是罗马公民，未来他们就可以堂堂正正地报名参加正规军团，并且在军团中也不会受到任何歧视，完全凭个人资历和才干来升迁。此外，行省出身、才能特别出众的人不用等到服役满 25 年，就可以和真正的罗马公民享有同等的权利。如果在行省兵组成的军队中当上辅助兵大队长，就可以马上获得罗马公民权，而且还有出席作战会议的资格。即使他们获得罗马公民权的理由，是因为在总司令召开的作战会议上不能出现没有罗马公民权的人物。

当然，这样开放的结果必然也会带来一些风险。在历史上就曾经出现过行省出身且熟悉罗马军队战略战术的辅助兵大队长起兵叛乱，使罗马方面焦头烂额、难以镇压的例子。但综观整个罗马史，这种在现代社会可能被记者作为新闻争相报道、在罗马时代会被编年史作者留意的案例，一共也就出现了两次。300 年里，竟然只有两件案例！正是因为深信这一政策的效益，即使在经历了条顿堡森林战役之后，罗马也没有改变这一政策。在条顿堡森林战役中，设计进行伏击的就是在罗马大军中当上将军的阿尔米尼乌斯（日耳曼名字叫赫尔曼）。这场战役罗马方面损失了 3 个军团、3 个骑兵队以及 6 个辅助兵大队，共计 3.5 万名士兵。整个战役中罗马方面全军覆没，损失极为惨重。对整个罗马帝国来说，也是一个沉重的打击。

而且，这次事件发生在公元9年。从公元前30年开始的帝国政治，好不容易刚刚走上正轨开始前进。开国皇帝奥古斯都政治上的一项重要政策，就是在军队中引入异族分子。在推行这项政策的途中发生了这样的惨事，恐怕身兼全军最高司令的奥古斯都皇帝也会有很多个夜晚睡不安稳。尽管如此，71岁的奥古斯都却没有对这项政策做任何改变。如果，因为忌讳这次事变而改变罗马军队引进异族分子的策略，以后的罗马帝国也就不会走全面开放的路线，最终形成一大特色吧。因为接下来300年的罗马帝国继承了大部分由开国皇帝制定的政策。

既然是以保障霸权下人民安全为第一要务的霸权国家，对罗马帝国来说，军队是国家的一大支柱。也就是说，在罗马军队里实行的政策，普及罗马社会其他领域的可能性也很大。比如说，以军团快速移动为首要目的而铺设的军用道路，形成了罗马道路网。这一点同时也为民间、物资交流提供了极大的便利。罗马军队引入异族分子的策略又衍生出异族移居罗马境内，或者以居住地区为单位整个编入罗马帝国的政策。

这一开放路线的首创人是尤里乌斯·恺撒。他发现居住在莱茵河东岸的日耳曼人当中，有一个叫乌比的部族对罗马没有敌意，于是将乌比人迁移到刚征服到手的莱茵河西岸。今天德国的主要城市之一科隆，就是从移居后的乌比人根据地发展而来的。在这之后，科隆一直是罗马帝国莱茵河防线上的重要城市，从没有发生过居民起兵叛变罗马的事件。

将异族居住的地区整个纳入本国版图的先例，是意大利北部地区。从卢比孔河到阿尔卑斯山脉之间的这一片地区，原先是高卢人的地盘。当时居住在卢比孔河以南的罗马人把这带叫作“阿尔卑斯的这一边”（Cisalpina）。米兰和特里诺都是从高卢人的村落发展而来。罗马人在这些地方附近建设罗马大道，兴建了皮亚琴察、克雷莫纳等殖民城市。这些都属于北意大利行省，与被称为“阿尔卑斯的那一边”（Transalpina）的南意大利行省地位相同。恺撒在进行高卢战争时，作为北意大利行省总督，为了褒扬北意大利行省居民在高卢战争期间提供后方支援，战后恺撒将此地编入意大利本土。

如果没有这项政策，出生在曼托瓦的维吉尔和出生在科莫的卡图卢斯，也就不会在拉丁文学史上大放异彩了。除此之外，恺撒的开放政策还涉及很多领域。录用行省居民担任秘书官的职务算是家常便饭，投降的高卢较大部落的首领不仅可以获得罗马公民权，还可以获得元老院的席位。恺撒的所为遭到布鲁图及其一派的不满，因而遭到暗杀。恺撒虽然死了，但他的思想得到了继承。在恺撒身故百年之后，元老院元老的出生地已遍布帝国全境。俗话说，万事开头难。就像罗马大道的铺设一样，正是罗马的工程师们在一开始就选用四层结构来铺设罗马大道，所以他们敢夸下海口，这些大道即使过100年也不需要维修。

也就是说，不管是异己还是蛮族，引入机制本身没有问题。问题在于，被引入一方有无罗马化的意愿。

公元260年，罗马正处于前所未有的“3世纪危机”之中。当时的皇帝加里恩努斯试图将一再突破日耳曼长城入侵的阿勒曼尼人移居长城内侧，借此将他们纳入罗马旗下。

如果罗马还是公元2世纪的罗马，想必原本属于日耳曼民族一支的阿勒曼尼人，会很乐意成为罗马的“盾牌”，进而全力守护莱茵河、多瑙河上游的罗马帝国国防要害——日耳曼长城。因为他们确信，这是成为“罗马公民”的最佳捷径。

但是，在公元3世纪，这种现象就没有发生。阿勒曼尼人迁移到这一带以后，当罗马的军事力量增强时，他们就依附罗马。反之，当罗马势力衰落时，就和其他日耳曼人一样，再次展开侵略。

投靠罗马有利的一面在于能得到罗马军事力量的保护。一旦罗马的军事力量不足以信任，也就难怪他们要背叛罗马了。如此一来，也就意味着罗马帝国北方防线的最重要地带，在这场迁徙之后，形同弃守了。这也就难怪在官方资料上再也看不到“Limes Germanicus”（日耳曼长城）这个专有名词。可见，这件事情给帝国北方防线工作造成的伤害实在是无法估量。

同理，逐渐渗透到罗马军队内部、蛮族出身的官兵们也是同样的情况。

自从卡拉卡拉皇帝颁布敕令，使得罗马公民权变成“既得权”之后，罗马公民权就丧失了“期待权”时代的魅力和优点。

此外，曾经被行省居民视为最高荣誉的元老院席位，不但不再是憧憬的对象，反而会成为以后职业生涯的绊脚石。这是因为加里恩努斯皇帝制定法律，规定元老院元老不得担任军队司令官。而且30年之后，戴克里先皇帝又实施了改革，将文官和武将的职业生涯完全分离。在公元2世纪之前，军团出身的人可以在皇帝的推举下担任元老院元老，获得政治上的历练，然后再以军团长身份回到军中发展。但是，现在这些都没有了。因此，通过军务、政务交叉体验培养通才的罗马精英教育体系，就和罗马社会的其他很多事情一样，已经成了历史。

以上这些话题，从戴克里先重整罗马军事体系这个主题来看，似乎绕远了。但是，要弄清楚罗马帝国为什么从这个时期开始被人们称为帝国“后期”的话，上述事实是无法避开的知识。研究人员中的多数用“罗马军队的蛮族化”“罗马帝国的蛮族化”来评价这个时期以后的罗马帝国。但是，如果我们光看这几个字，就认为理解了当时的情况的话，那就可能会看不到真正的内情。罗马军队以骑兵为战斗主力的确蛮族化了。罗马帝国将文官和武将相分离，也的确蛮族化了。这些都是事实。但是，真正的问题并不在这里，而是蛮族不再想被罗马化。罗马帝国本身也一天比一天更不像罗马，这才是关键所在。确实以前实行同化战败者的政策，使得罗马走上了兴盛的道路。但是，同样的路线放在300年后的公元3世纪末期，却成为罗马帝国衰退的主要原因之一。以前战败者会喜滋滋地融入罗马，但现在不会了。世事无常，说的就是这么回事儿吧。

现在回到戴克里先重整罗马军队的话题上来。军队是一个联合作战组织，不管单兵个人战斗力有多强，光有骑兵还是无法完成所有任务。大家可以把古代的骑兵当成现代的空军来看。成功击破敌人之后的占领工作——对这个时代的罗马来说就是重新恢复被侵略的领土，还是绝对需要派遣地面部队来进行。罗马帝国灭亡之后，中世纪欧洲的战斗主力全部转变为骑兵。这是因为战争的规模已经沦为隔着山谷对峙、根据地设在山丘上的封建领主间的相互冲突。因此，军队纯粹是以获取战斗胜利为目的。那时候，统管庞大领地的方法主要是将属地的大小领主尽可能多地聚集在自己手下。欧洲在中世纪推动的十字军远征之所以失败，原因之一就在于他们将在欧洲熟知的战斗方法，照原样搬到了叙利亚和巴勒斯坦。就连在罗马帝国后期，骑兵抢回土地之后还是需要步兵去维持领土。

那么，优秀的步兵从哪里抽调呢？其实，答案不言而喻，那就是历代皇帝为了维持边防线质量而苦心经营的各军团基地。除此之外，也没有其他来源可供选择了。

“四帝共治制”下的 4 位皇帝，各自的责任区域中都含有重要的防线在内。君士坦提乌斯有莱茵河，马克西米安有莱茵河、多瑙河上游一带，伽列里乌斯有多瑙河，而戴克里先则是幼发拉底河。皇帝要从军团基地抽调精锐部队，自然不需要其他人的批准。

如此下来，罗马时代的史学家就已经发现的“防线战斗力老龄化和衰弱化”现象，现在也就变得更为严重。罗马军团兵的服役年龄为 17 岁到 45 岁。皇帝抽调的精锐，想必是以 30 多岁的青壮年为主，且素质也要高于平均水平。罗马军团士兵总数从 30 万扩增到了 60 万，然而这是以边防线守卫战斗力的衰竭为代价换取的“增强”。

而且战斗力衰竭因另一个因素而更加恶化，那就是竞争关系导致的各位皇帝之间的地盘意识。戴克里先委派伽列里乌斯进行波斯战争，算是一个例外。“四帝共治制”体系下的 12 年里，二帝并肩作战的例子，除了这场波斯战争之外就再也没有了。就像皇帝只有一个人的时代一样，从多瑙河防线抽调部队前往不列颠、北非支援作战的现象，也已经完全消失了。4 位皇帝之间好像形成了一条不成文的规定，那就是不希望别人来干涉自己的地盘，相对的，自己也不会插手别人的管辖区域。

但是，以前的罗马帝国，由于各地间的兵力可以根据需要弹性抽调，所以才能以较少的兵力守卫如此绵长的防线，如此广阔的领土。罗马人不分本土、行省都铺设了纵横交错的罗马式道路网。其存在的首要原因就是为了便于设置在各防线的军团能够根据需要快速移动。“四帝共治制”带来的结果之一就是筑墙一般阻断了军队之间的流通。而且，既然军队之间不再可以弹性流通，那么各位皇帝也就唯有增强手头兵力一条路可走。罗马的总兵力 300 年来几乎没有发生什么变化，现在却在短短的10年间增加了一倍。这种由于责任分割带来的结果，套用现代的说法，可以叫作“官僚体系化”带来的副作用。

军事力量的增强必然带来军费的增加，接下来也就会造成增税。关于这方面的内容请容许我留待后叙。在这里，我想先提供给各位读者一个事例，用来理解安全保障和税收的关系，以及安全保障和土地面积大小的关系。

在罗马帝国，向国家租借土地耕种的农民依法每年向国家缴纳收成的10%作为地租。但是，尤里乌斯·恺撒颁布了《土地法》以后，土地租借权实际上就被无限延长，佃农实质上已经犹如自耕农。

而到了中世纪，农民向土地所有者——领主缴纳的地租，如果只占收成的50%就算是活在天堂了。大部分要缴纳收成的70% ~ 80%才算完事。这是因为除了土地租种费之外，还包括安全保障费。因为领主们认为，既然他们要保护农民不受敌人暴力威胁，那么也就有权向农民征收相关的费用。

罗马皇帝曾经向行省居民征收占收入十分之一的行省税。按照西塞罗（罗马著名演说家和政治家。——译者注）的说法，这是一种“安全保障费”。当时的行省居民也是认可的。不管怎么说，正是由于罗马军队镇守边关，所以农民才能安心耕种。而且，“安全保障费”也仅占收入的一成。当然，之所以能够维持这么低的税率，是因为罗马帝国国土辽阔，而且当时军团能够根据需要移动作战，这种弹性的调兵体制大大节约了军费开销。国土辽阔，人口众多，平均到每个人头上的负担就小。反之，国土狭小，人均负担自然也就会加重。中世纪的领主手头能够持有的武装力量应该并不庞大。但是，如果没有武装在手，也就无法继续担任领主。换句话说，就算没有必要，也必须花钱维持一支武装力量。虽然时代在变化，但这种现象产生的原因并没有变。即使“四帝共治制”仅仅是在军事防卫上将帝国分割，分摊了各自的责任区域，但这必然会带来国防费用的暴增。在这里重新强调一下，分担责任，并不是将现有的事物分配完毕就可以了结的。

戴克里先这个人一向视野开阔，遇事冷静，而且个性务实，他会看不出这些问题吗？也许他也知道会产生这些弊端，但是他认为这是帝国目前能走的唯一的路。无论付出多大的代价，也一定要守住帝国的边境。因为在 4 位皇帝当中，只有戴克里先一个人有权处理政事。他甚至将必然会带来人员增加的分割政策定为国策。而这可以说是从开国皇帝奥古斯都以来从没有发生过的全国性的大改革。

帝国改造

以第一代皇帝奥古斯都为首的罗马帝政时期，历史上称为“元首政治”。而戴克里先之后则称为“绝对君主政治”。我们翻译时虽然译为“元首”，其实在拉丁语中叫作“Princeps”，意思是“第一公民”，其中并不含有最高统治者的意思。罗马人常用“S. P. Q. R.”（Senātus Populusque Rōmānus）这个缩略语来代表自己的国家罗马，它是“罗马元老院与公民”的意思，只有这二者才是罗马的最高统治者。罗马是从城邦发展起来的，这种主权在民的思想普遍存在于当时人们的观念中。自建国以来，罗马政治体制经历了王政、共和、帝政时代，然而国王、执政官、皇帝都是受类似于近代国会的“罗马元老院”（Senatus Romanus）以及地位相当于现代国民的“罗马公民权拥有者”（Civis Romanus）这两大主权者委托治国。

确实，共和时期的执政官和帝国时期的皇帝，名义上都是受主权者委托治国，但在其他很多方面又存在着很大的差异。执政官是经由选举产生，而皇帝却是经由前一任指定。最大的差异还在于，执政官任期为一年，而皇帝却是终身制。但是我认为，这是因为领土日益扩大，罗马公民也逐渐分散发展之后，为适应时代发展需要而不得不采取的对策。在共和制末期，罗马公民权拥有者，即有投票权的人，数量已经逼近 500 万。如何让这 500 万人每年聚集在首都投一次票？如果按照旧制，在首都举行公民大会投票，根本无法反映真正的民意，顶多只能反映出首都地区 3 万多公民的意愿而已。代议制从英国发展起来，已经是 1 900 年以后的事情了。直接民主制能够发挥作用，势必要受到拥有选举权的人员数量以及他们居住的土地大小的影响。

“第一公民”为什么后来会成为“皇帝”？那是他身兼罗马全军最高司令的缘故。

因此，“皇帝”（Imperator）其实是军方的称呼，这个词起源于战斗胜利后，士兵对总司令欢呼的赞词。“凯旋将军”在进入帝国时期以后，也就演变成身兼政治上最高负责人的“皇帝”了。

但是，无论称呼是“第一公民”，还是“凯旋将军”，或者是“奥古斯都”，在公元 1、2 世纪时，都可以统一译为“皇帝”。因为在当时的罗马帝国，皇帝的性质依旧是受罗马元老院和公民委托治理国家的人物。

要成为皇帝，最重要的是要得到元老院的承认以及罗马公民的同意。新皇帝必须在罗马广场上向元老院发表就职演说，然后登上元老院会议场附近通称“Rostrum”的演讲台，向公民做就职演说。这两个程序顺利结束以后，还要从罗马广场爬上坡道前往卡匹托尔山上的神殿，向诸神参拜祈求庇佑。这样才算完成整个就职过程。这期间，新皇帝和其他元老院元老一样，穿着镶红边的白色托加长袍，目的是

刻有皇帝两种头冠的硬币（左：太阳冠；右：公民冠）

为了强调自己身为“第一公民”的身份。

这里希望读者注意，在罗马皇帝的登基仪式中，没有中世纪以后皇帝或者国王即位时必有的加冕仪式。这一点是最能体现罗马皇帝特质的地方。

没有加冕仪式，是因为罗马没有皇冠，也没有给皇帝加冕的对象存在。雕像或者硬币上刻着的罗马皇帝头上一般会戴着东西，这一般是授予在战场上拯救同伴的军团兵的“公民冠”，多用橡树枝编织而成。纪念战争胜利的场合，也跟奥林匹克运动会上给冠军赠送头冠一样，都是用月桂树的树枝编成的。即使制作头冠的材料由树枝换成金银，但代表的意思还是一样的。由于“公民冠”的制作和花冠是一样的，有时还会在脑门后面看见连接树枝用的缎带打的结。偶尔我们会看到仿阳光照射的黄金头冠，脑后也有金质的连接线，但这是极个别的例子。当皇帝名义上还是“第一公民”，即罗马帝国还在“元首政治”时代时，并没有我们现代人印象中的那种镶嵌着大量珠宝的奢华皇冠。

没有人能给皇帝戴上皇冠，为他加冕的原因在于罗马是由“人”来决定和承认谁做皇帝，而不是“神”。罗马诸神也是帮助、鼓励人类奋斗的神，而不是高高在上命令人类做事的神。也就是说，神灵不会插手人间的人事问题。皇帝人选由人类自己选出，只要这个人自己愿意奉献力量，履行责任，那么诸神也会全力支持。

在罗马帝国，主权人是罗马元老院和公民。在神灵问题上也是如此。以侍奉神灵为工作的祭司并非专职人员，而是由公民轮值或选举产生。而神职人员的最高职位“大祭司”，自尤里乌斯·恺撒以来，一直是皇帝兼任。这样说来，也许唯一能帮皇帝戴上皇冠的人，就只有皇帝自己了。以上就是罗马皇帝登基时的背景。罗马帝国和人类史上其他帝国有诸多差异，没有加冕仪式就是其中之一。正因为如此，才会发生下面这样一个故事。

某天哈德良皇帝正前往神殿准备举行祭祀活动，途中被一名女子拦住。这名女子为了向皇帝请愿，特意等在通往神殿的路上。但是，哈德良皇帝表示他正在赶路没有时间，便打算离去。女子朝着他的背影喊道：“你没有资格统治国家！”这句话逼着哈德良只好回过头来倾听这名女子的陈述。

在这位哈德良皇帝离世 150 多年后，罗马帝国的皇帝形象在戴克里先的主导下发生了新的改变。罗马依旧没有加冕仪式，但是一直被罗马人鄙视、认为是东方专制君主特色的镶着宝石的皇冠，开始出现在罗马皇帝的头上。据说，第一个戴上这种皇冠的就是戴克里先皇帝。当然，这并不是说他抛弃了历代皇帝戴的在后脑勺打结的那种头冠。无论是用于雕像还是货币图案，大多数皇冠依旧保持着旧有的形式。因此，这个时期以后的皇冠发生变化，在于以往的皇冠都是用金银打造成橡树、月桂树的树枝外形制作完成，之后的皇冠又镶嵌了很多珠宝作为装饰，显得更加金碧辉煌。

戴克里先不认为自己是“第一公民”。不，或许他觉得，不当“第一公民”反而更有助于政局的稳定。

这个人在罗马军队度过青年时期时，正是军人出身的皇帝辈出的时代。其中奥勒良、普罗布斯两位皇帝更是采用积极作战的方法，将帝国从崩溃的边缘拯救出来。这两位皇帝不仅得到军人的支持，更受到一般公民的爱戴。但是，奥勒良仅仅在位 5 年，普罗布斯也只在位 6 年，两人都因为不起眼的小事遭到部下的刺杀。凭这两位皇帝的声望，他们完全无须担忧部下的阴谋，但事实是他们都丧命于亲信之手，而下手的人在事后都感到后悔不已。戴克里先在 30 岁到 37 岁这段时间里，两次经历这样的惨事，也难怪他在 39 岁登基之后，一直无法忘记这段历史。

这样，罗马帝国踏上了从元首制到“绝对君主制”的第一步。皇帝的形象也从“第一公民”转变为“远离公民的统治者”。当然，这并非因为戴克里先为了防止自己被杀而采取的对策，而是因为戴克里先生活在公元 3 世纪的后半期，他深知，要维持帝国存续，稳定的政局是不可缺少的条件。而罗马帝国政局稳定的前提在于皇帝地位的稳固。戴克里先试图换掉深居公民中的皇帝形象，改以远离公民的皇帝来实现这一目标，同时也让士兵认识到，皇帝不是和自己同样的公民，而是与自己迥异的高不可攀的存在。这条路线以保持距离为基本方针，理由也正出于此。

但是，戴克里先并没有像厌恶群众的提比略皇帝、晚年的哈德良皇帝那样，与人民形成两条平行线，而是在一条线上，与群众垂直拉开距离，使皇帝成为一般人仰视的对象。对于元首制时期的提比略皇帝而言，只有自己家里的仆人才会称呼他“主人”（dominus）。但到了戴克里先时代，这个名词成为公民称呼皇帝的用语。“第一公民”（princeps）变身为“统治者”（dominus）之后，“公民”（civis）也就成了“臣民”（servus）。

既然皇冠变得越来越豪华，服装自然也要搭配起来，不能寒酸。除了参加祭典以外，皇帝再也不会穿一般公民常穿的白色托加长袍了。在古代，染色成本最低的蓝色、茶色布料已经是高价商品，如果染成皇帝常穿的紫色或者红色，且布料用量相当大的话，价格更是天文数字。更别提整面的金银丝刺绣，以及点缀用的珍珠、宝石了。最后甚至连皇帝用的靴子都要刺绣，镶珠宝。这一路下来，使得好莱坞电影里面看到的罗马皇帝形象变为现实。在元首制时期，只有卡拉卡拉、尼禄这种将奇装异服当成自我个性展示的年轻皇帝才会定做的服装，如今却成为四位壮年皇帝的日常打扮。与其说他们爱好奢华，不如说是戴克里先想要拉开君臣之间的距离。而其他三位皇帝也认同并仿效了他的做法。

罗马人保持着“日出而作，日落而息”的良好习惯，对他们来说，“清晨请安”（salutatio matutina）是一种生活习惯。在稍有身份的家庭里都有一个叫作“Tabularium”的会客区，相当于现在的客厅。对罗马人来说，每天清晨就从被保护者“clientes”（“client”的词源）与保护者“patronus”（“patron”的词源）的会谈开始。罗马人向来注重人际交往。在元首制时期，有很多平民出身的人后来登上了皇位。但当他们还是元老院元老时接待的访客，往往在即位之后依旧会保持天天来请安的习惯。

但对以保持距离为基本方针的戴克里先来说，自然要废除这个习惯。即使难得批准一次，性质也已经不是“请安”，而是“觐见”，由

“dominus”（统治者）接见那些获批觐见的“servus”（臣民）。在端坐皇位的皇帝面前，不管是谁，无论是年老者还是官居高位者，都必须站着请安，不准坐下。应对的言辞、态度自然也要变得恭敬。以前只要到场就可以见到皇帝，而现在却必须通过皇宫内复杂的官僚机构进行申请。也就是说，与皇帝见面交谈本身也已经是一项“特权”。

戴克里先即位后的19年时间里，身为皇帝，却从未造访过帝国的首都罗马。因为他要转战各地，忙于公务，这的确是事实。但是，他在到访米兰时，只要经过埃米利亚大道，再转道弗拉米尼亚大道就可以到达罗马，可是他并没有去。我想他并不是讨厌罗马或者罗马公民，而是因为在首都罗马存在着罗马帝国两大传统的主权者——罗马元老院和公民，虽然现在他们已经名不符实。

元老院元老应该会称呼皇帝为“主人”吧，但心中会怎么想，就不得而知了。

当戴克里先出现在罗马斗兽场的贵宾席上时，罗马公民应该会鼓掌欢迎戴克里先。不过，与其说是欢迎公民领袖，倒不如说是对皇帝的好奇心使然。

在800年的历史中，元老院一直是为国家提供栋梁人才的机构。罗马公民也以在斗兽场、圆形竞技场拍手或喝倒彩来发挥舆论导向的功能。虽然现在皇帝和公民之间的关系产生了新的变化，但这种长年养成的习惯不是一朝一夕就能改变的。因此，戴克里先打算延后访问帝都的日期，直到元老院元老、罗马公民都不得不对他拍手喝彩的时机来临。这个时机就是向元老院汇报胜利成果、和公民一起庆祝、向神灵表达感谢的凯旋仪式举行的时候。

公元303年11月20日，戴克里先和马克西米安两位正帝在罗马举行了隆重的凯旋仪式。不过，并不是因为罗马又攻占了新的土地。

这场凯旋仪式举办的目的是为了庆祝北非、不列颠、莱茵河、多瑙河、幼发拉底河、尼罗河等各条防线守卫成功。不过，这也是以首都罗马为舞台举办的最后一场凯旋仪式。之后，罗马的皇帝渐渐都与胜利无缘。而且，似乎是为迎合这种趋势，此后罗马也不再是帝国的首都了。

罗马的地位沦落到与叙利亚的安提阿、埃及的亚历山大同等的级别。帝国的根据地意大利本土也开始与其他行省平起平坐。这也是戴克里先实行帝国大改造，即“最后一搏”的一部分。

下面的两张地图可以清楚地说明情势的变化。在元首制时期，罗马帝国虽然实行寡头政治，但依然由“第一公民”进行统治。而实行“四帝共治制”以后，罗马帝国就变成了“绝对君主制”国家。

关于这一点，还需要再稍做一些说明。

一、“四帝共治制”，说到底，指的是四个人共同承担国防上的防卫责任，帝国整体的政治事务依然由四帝之首的戴克里先负责，决定权也掌握在他手里。“tetrarchia”中的“tetra”在希腊语中，除了有“四”的含义，还有“军事指挥官”的意思。因此，“四帝共治制”如果按意译，可以译成“四名防卫指挥官”，而且，戴克里先也完全没有将帝国一分为四的意愿。

二、在公元 2 世纪初的图拉真皇帝时代，即元首制时期，罗马帝国有本土和行省之分。但是，到了公元 4 世纪初的戴克里先时代，这种划分被取消了。

不过，这是政治发展的必然结果。公元 3 世纪初，卡拉卡拉颁布的《安东尼斯敕令》将罗马公民权赐予全体行省居民之后，就废除了罗马公民和行省居民之间的差别。原本意大利本土并未禁止行省公民居住，行省里也并不是只有行省公民。实际上，这两种公民一直处于

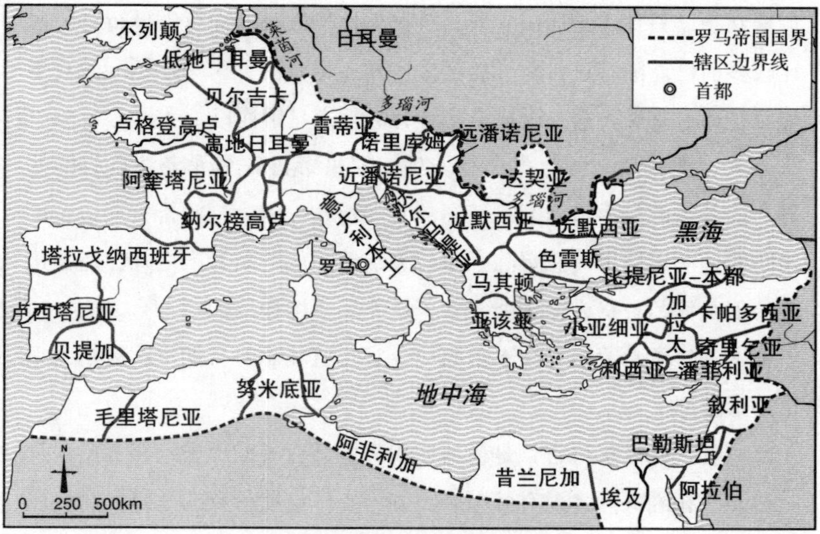

图拉真皇帝时代的罗马帝国

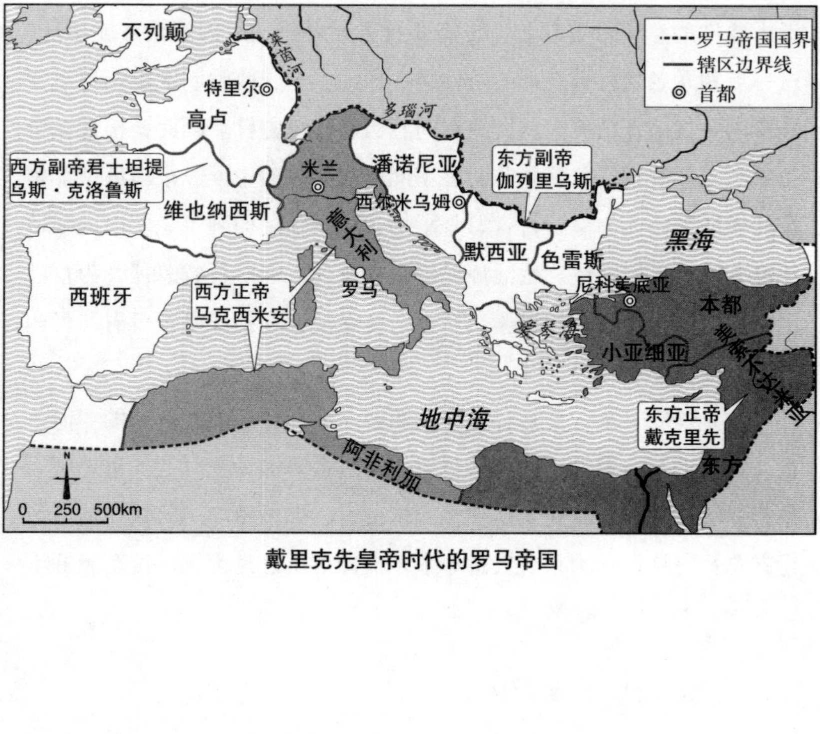

戴里克先皇帝时代的罗马帝国

混居状态，只是本土居民中罗马公民的比例较高，而行省里行省公民比较多而已。随着这种差异的消失，两者也就同化为一体了。戴克里先只是通过立法将这一既成事实转化成官方见解而已。

三、现在消失的分类还有一项，即皇帝行省和元老院行省的差异。前者指的是由皇帝亲自任命总督的行省。因为这些行省连接帝国边防线，所以这里的总督除了是行省统治工作的负责人之外，还是边境防卫工作的负责人，还要经常担任率领军团作战的司令官之职。由于帝国的皇帝身兼罗马全军最高司令官，这些总督自然也就被视为皇帝的直属部下。

后者，元老院行省，是指那些成为罗马行省的历史已相当悠久且与边防线相隔甚远，没有驻军必要的行省。这些行省的总督任命权属于元老院。元老院元老要想担任这一职务，必须具有执政官任职的经历，顶着“前执政官”的头衔才能赴任。此外，以军事才能作为第一考虑要件的皇帝行省总督，也需要具备元老院元老的资格才能担任，这一点和元老院行省总督的条件是一样的。这一政治制度也体现出罗马帝国一直培育精英人员文武双向经历的传统方针。因此，担任皇帝行省和元老院行省总督并非两种不同路线的政治生涯。很多精英都是在壮年期被任命为皇帝行省总督承担边防重任，而到了老年以后则转任没有外族入侵隐忧、生活环境舒适优越的元老院行省总督，为自己漂亮的公职生涯画上句号。当然，前提是他们在担任皇帝行省总督期间没有战死沙场。

在元首制时期，文官和武将的职业生涯是可以弹性流通的。但是在公元 3 世纪后半期，这项特色也成了过去。因为当时的加里恩努斯皇帝立法禁止元老院元老担任军团指挥官，即把镇守“防线”的皇帝行省总督资格调整为只要具备军事才能即可。这是为了对抗蛮族的不断入侵而采取的不得已政策。只是这项政策的结果却使元老院失去了储备国家要职人才的功能，而且这项政策使得元老院元老与罗马帝国的首要政务“国防安全”问题绝缘，导致元老院元老渐渐丧失治国者不可或缺的公共安全意识。权力固然会使人“堕落”，但没有权力也同样会使人“堕落”。

更糟糕的是，在公元 3 世纪后半期，罗马帝国的边防线经常被蛮族突破，帝国深处也深受其害。就连元首制时期公认为安全舒适地区的元老院行省也不再安全。也就是说，元老院行省也需要派出军事人才担任防卫任务了。这意味着经历了重重危机的公元 3 世纪之后，罗马帝国已经奠定了戴克里先体系的基础。

官僚大国

“四帝共治制”并不意味着帝国被一分为四，所以四位皇帝之间也有地位高低之分。具体如下图所示：

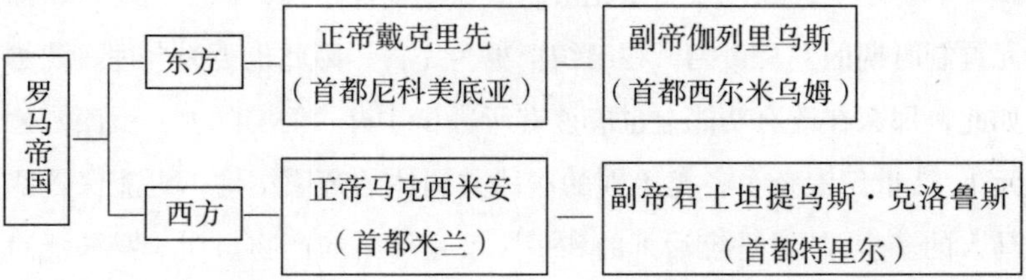

从每位皇帝选择根据地定为首都的位置可以看出，“四帝共治制”的最终目的还是为了巩固帝国的边防线。这四个“首都”都位于能够快速驰援帝国“防线”的地点。四位皇帝，包括总理政务的戴克里先在内，都是名副其实的“Imperator”（指古罗马的凯旋将军，元首），以率领军队作战为主要任务。

如此一来，自然就有必要另外安排专门的行政人员。戴克里先对帝国的行政区划进行了新的划分。他把每位皇帝的管辖区域又细分为新辖区，叫“diocesi”。然后在各“辖区”里重新安排“vicarious”（意为皇帝的代理人）进行治理。但是大家参看本书第 59 页下方的地图就可以知道，尽管 1 700 多年前的人口和现在相比少得可怜，但是每位皇帝代理人负责的区域还是太广阔了，所以戴克里先在各辖区之下又细分了“provincial”。

这里要说明一下，戴克里先后来划分的“provincial”，虽然与元首制时期的行省在字面上是一样的，但无法再翻译成“行省”。拉丁语“provincial”后来直接成为意大利语。从现代意大利的制度来看，这个名词应该相当于现代日本的“县”。而将行政区划进一步细分的背后真正目的在于方便征收税金。

如果将元首制时期的罗马帝国和“四帝共治制”以后的罗马帝国在行政区划上进行比较的话，则如下页图表所示。

乍看之下，经过戴克里先重组的后期罗马帝国，似乎比奥古斯都元首制时期的罗马帝国，在组织上更为完善，因此也更为合理。既然如此，那么在政府功能上也应该有所进步才对。但实际上，反而是公元 1、2 世纪混杂了各类不同的居民共同体的帝国结构，更能保障罗马人的安全。“罗马统治下的和平”就是那时的产物。在“罗马统治下的和平”之下，罗马帝国的经济蓬勃发展，各个阶层都享受到了繁荣的成果。这是为什么？

公元 4 世纪以后，罗马帝国有着戴克里先设置的明显更为先进的组织结构为什么却无法挽回 150 年后灭亡的命运？

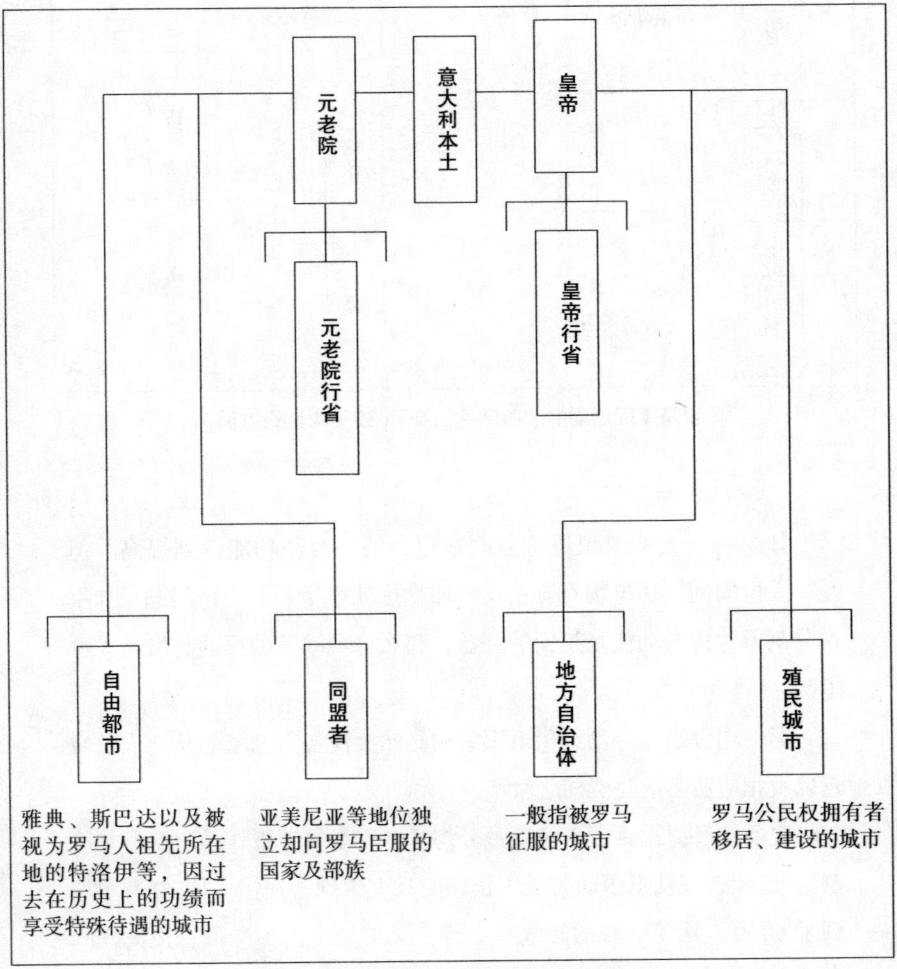

罗马帝国前期和中期元首制（公元 1、2 世纪）

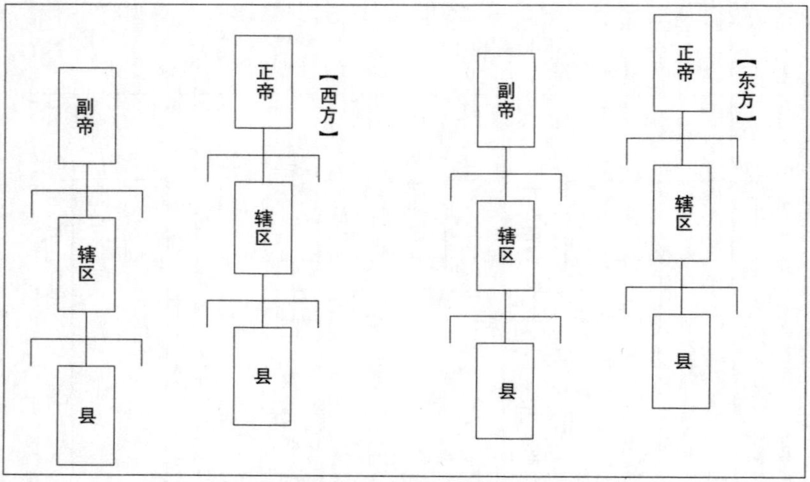

罗马帝国后期的“四帝共治制”（公元 4 世纪以后）

如果将巨大的组织进行分割细化，的确会使功能得到提高。但是，人世间的一切事物都有正反两面。这就产生了一个新问题：如果说分割重整提升功能是正面的利益，那么这项政策的反面弊端又在哪里呢？

第一项弊端，分割细化组织结构必然会使各个领域的从业人员数量以及相应所需的经费随之激增。

之前已经提过，由 4 位皇帝分担帝国安全保障责任的“四帝共治制”，已经造成从事国防防卫工作的士兵人数翻了一倍，从 30 万增加到了 60 万。除了既有的防线兵力外，又增加了由各皇帝直接率领的直属部队，所以兵力增加到 60 万人也并不稀奇。顺便提一句，从这个时期开始，在帝国边境防御即在防线守卫的各军团基地的士兵，开始被称为“limitanei”，这个名词的含义既可以指守卫防线的士兵，也可以说是将守卫防线限定为唯一任务的士兵。在元首制时期，作为罗马军队主要战斗力的军团兵，到了公元 4 世纪也已经沦落至此。

另外，由皇帝亲自率领、任务是跟随皇帝随时驰援外敌入侵地区的官兵，现在则被称为“palatini”。因为这些官兵要随时紧跟在皇帝身边，这个名词应该有“御林军”的意思吧。在元首制时期，这本来是近卫军团的士兵的工作，但所有的近卫军团的士兵加起来也只有 1 万人左右。到了“四帝共治制”时代，每位皇帝手下都有 7 万多人。4 位皇帝的兵力加起来就有 4 倍的人数，共计约 30 万人。

此外，由于 4 位皇帝各有自己的根据地，因此称为“首都”的地方就增加到了 4 个。这 4 个“首都”——特里尔、米兰、西尔米乌姆、尼科美底亚——以前就是帝国的重要城市，因此，不仅有现成的大道、市区及郊区道路以及上下水道，而且罗马人公认为城市必须具有的公共广场、公会堂、体育场、圆形竞技场、半圆形剧场、公共浴场等诸多设备也都一个不少。唯一欠缺的，就是一座皇宫。

但是，4 位皇帝之中没有人仅仅满足于盖一座公私两用的普通皇宫。也许是因为这 4 个人都出身于社会底层，所以他们那种要以有形的事物夸示自己称帝的意识更为强烈。特里尔、米兰、西尔米乌姆、尼科美底亚经过大幅度的城市改造，足以让人们忘记这些地方原本是前线基地。在这些地方不但新建了很多原先缺乏的设施，而且也对旧有设施进行了大规模的改造。当然，一切都是为了向帝国首都罗马看齐。

首都可不是那么容易建设的城市，并不是光把硬件设备整顿得很完备，就可以宣称为首都。米兰现在已是国际大都市，自然难以找出 1 700 多年前的首都痕迹。但是，和同时代的其他城市相比，摩泽尔河上游的特里尔、多瑙河附近的西尔米乌姆、小亚细亚西北部的尼科

代表“四帝共治制”的四帝雕像

公元 1204 年第四次十字军东征时，威尼斯军队从君士坦丁堡抢回来的战利品之一，之后长期被放置在圣马可广场上的总督府入口处至今。

注意：皇冠、佩剑的风格已经偏离古罗马，比较接近于中世纪的欧洲。

美底亚，罗马时代的痕迹，即古代的遗址之少，还是令人印象深刻。以副帝君士坦提乌斯的首都特里尔为例，其都市化程度还比不上受他管辖的里昂、亚眠、纳博讷、波尔多这些城市。毕竟，城市要发展成首都，需要经过长时间岁月的洗礼，以及居住在那里的人们不断的建设和发展。

也就是说，在公元293—305年这段“四帝共治制”能发挥较好功效的时期，4位皇帝煞费苦心将根据地首都化的费用，恐怕还没有昂贵到让帝国财政吃紧的地步。关键的问题是，修建城市的“外壳”虽然花费不多，但是里面的人事费用可就惊人了。

首先，作为中央政府的皇宫，里面得有人工作。从现代角度来说，这些人就相当于总统或首相官邸或者公馆里的工作人员。既然是“四帝共治制”，那么这些人的数量、所需费用自然也会变成4倍。而且，皇帝的任务除了做好自己负责区域的安全保障工作外，还包括整个责任区的内政工作。但实际上，皇帝身在前线的时间比较多。

为此，戴克里先建立了相对于中央政府，类似地方政府的“辖区”，任命“皇帝代理”担任行政工作的新的行政体系。而且，在“辖区”之下，又细分了很多的“县”。在这项体系之下，行政机构的所有官员任命权均掌握在皇帝手里。历史研究人员将戴克里先开启的罗马帝国后期认定为“绝对君主政治”或者“专制君主政治”，原因就在这里。

除此之外，还有一项不能忽略的是，戴克里先是将文官和武将的职业生涯由上至下完全分离的皇帝。40年前加里恩努斯皇帝立法，只是禁止元老院元老出任军队司令官的职务，这还只是限制上层人员的流动。但是，以后40年的岁月足以使民众麻痹，对军事、行政人员从上至下完全分离的政策无动于衷。因为从同时代的史学家的叙述

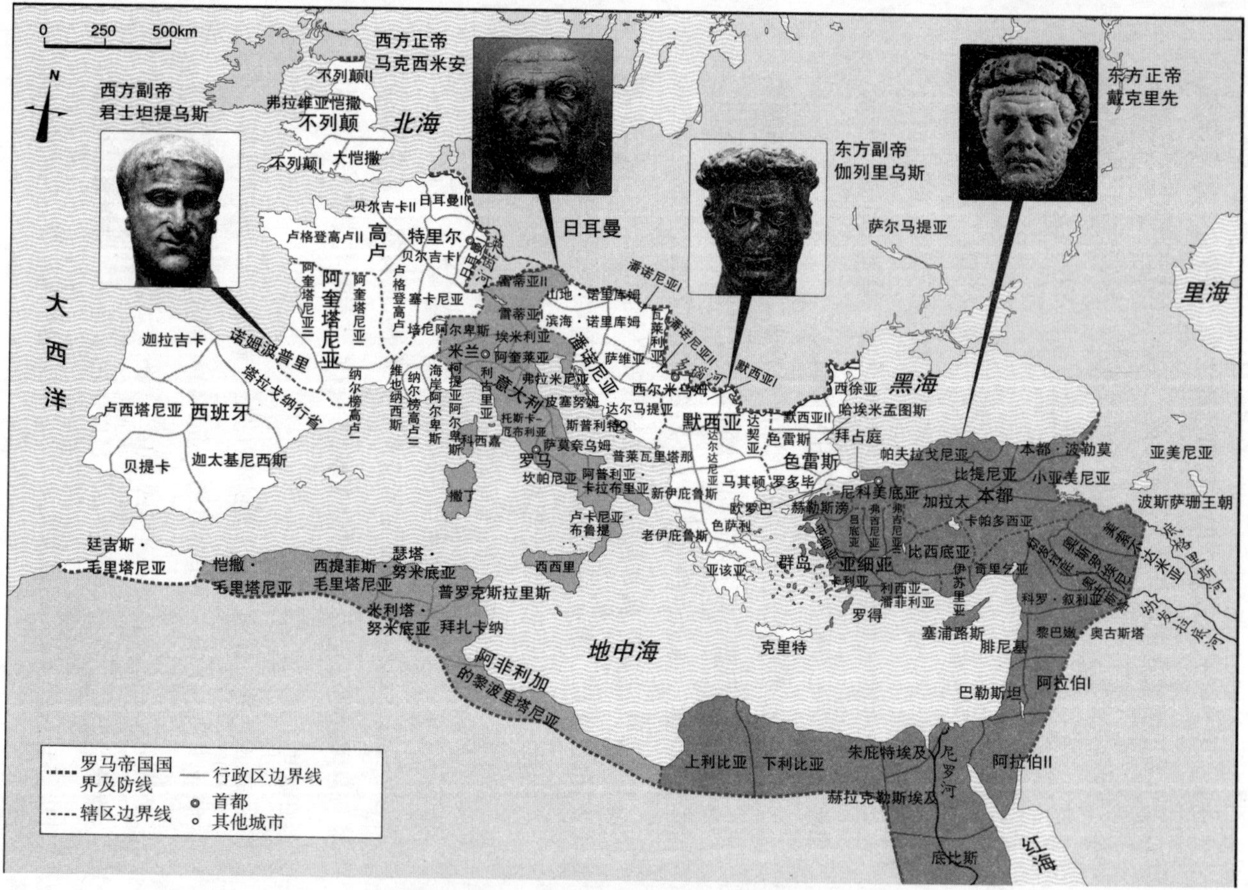

戴克里先皇帝构建的“四帝共治制”时代的罗马帝国

中完全看不到大家对戴克里先这一变革有任何的反对意见。

但是，这项改革使罗马出现了一个和庞大的军事机构并列的庞大官僚机构。而且，由于两者是完全分离的状态，所以这两大机构之间没有任何人员的流动性。这样必然带来一大结果，那就是两大机构人员的不断增长。

戴克里先可能认为，专职化有助于培养人员的责任感和完成任务的能力，所以设计了这套成为罗马帝国后期特色的制度。问题是，人一旦习惯于归属某个组织，担任某个任务之后，就会产生不希望其他领域人员干涉的心态。而且，不希望别人干涉自己的心态也就衍生出不去管他人事务的作风，此即所谓“各人自扫门前雪，莫管他人瓦上霜”的心理。这种思想必然会导致所属组织的膨胀。为了不被干涉，不必向外求援，即使现在没有存在必要的单位或个人，也会继续保留，以备不时之需。戴克里先构思创立的罗马帝国后期的官僚结构，比他预想的还要庞大得多，原因可能也在于这种组织隐含的性质上。若从效率方面来考虑，“专职专责”似乎是一个合理的体系，但背后隐藏着很大的陷阱。

在元首制时期，政府组织没有这样细分、整合，也没有直线领导、纵向统合的观念。那时候遗留下来的大道、水道等产物的维修情况，如今又变得如何呢?

打个比方，假如有以河流为界的两个县存在，自然，河流这边的大道由这个县负责，河流那边的大道由那个县负责。而桥梁也只能以正中间为界。如此一来，需要同样材料、统一技术的维修工程，岂不是无法推动了？关于当时基础设施的维护情况，史书上并没有介绍。

但史实告诉我们，从公元 3 世纪开始，罗马帝国一直苦于应付蛮族的不断入侵，根本没有余力从事维修工作。一直到公元 4 世纪，

现在的阿庇亚大道遗址

罗马帝国也没有推动过像样的维修工程。戴克里先本人倒是关心基础设施的整顿工作，只是仅限于防线附近，那些元首制时期被定位为纯军事设施的工程。阿庇亚大道的石头之间曾经是紧密贴合，连风沙都吹不进去，如今石头已经磨损不堪，变成了圆石面的道路。这还不仅仅是罗马帝国灭亡之后 1 500 年来无人过问的结果，而是从距离亡国还有 300 年的公元 3 世纪开始追溯，整整 1 800 年来弃之不管的结果。

研究人员热衷于研究罗马帝国知名的军事力量，以及帝国后期暴增的军人数量，最后不同的学派得出的数字也各不相同。像我这样的作家，只有取大多数专家认可的数字，即 60 万兵力。不知道为什么，这些专家对行政官僚数量的暴增，就没有对军人数量的研究那么热心，让我连个推测数据都提不出来。但据我估计，行政官僚的数量应该不是像军人这样仅仅是倍增而已。

元首制时期的罗马社会，在政治体系上，横向、纵向都可以自由流动，有能力的人才可以不分军事、民事，充分发挥自己的才干，这使得社会资源可以得到有效利用，也符合奥古斯都巧妙搭配中央集权和地方分权的统治哲学。元首制时期的罗马帝国，用现在的政治术语形容，就是“小政府，大社会”。一个地地道道的霸权国家，也因此发展成一个庞大帝国的罗马帝国居然是“小政府”，听起来像是一个笑话。但正因为是“小政府”，罗马帝国才有办法高唱“罗马统治下的和平”。但罗马帝国到了后期，转变成了“大政府”，其主要原因恐怕还在于军事、行政两大机构的膨胀。

我的这一假设是根据公元 4 世纪时的罗马人留下的一句话：

> 如今的社会，收税的人比纳税的人还多。

由 1 位增加到 4 位的皇帝、翻倍的兵力、庞大的官僚机构，这些都必须靠国家财政来维持存续。而戴克里先推动的这场轰轰烈烈的帝国改革，却是发生在公元 3、4 世纪之交不满 10 年的时间里。罗马帝国刚刚脱离“3 世纪危机”这一历史上前所未有的迷途时代。帝国的轴心货币第纳尔银币的含银量，在公元 3 世纪初期的卡拉卡拉皇帝时代，还能勉强维持 50%，过了半个世纪之后却暴跌至 5%。这时的罗马帝国的经济正处在令人绝望的疲惫状态。重整帝国带来的大量支出，不可能仰赖日益减少的收入来维持。在戴克里先推动的帝国改造计划中，不可避免地要对税收制度进行彻底的改革。这样一来，在公元3世纪末4世纪初的罗马帝国，对税收的观念，即所谓的税收哲学，也将发生巨大的变化。

税收大国

我们如果将归纳出来的由开国皇帝奥古斯都建立、其后 300 年由历代皇帝继承的元首制时期的税收哲学，与戴克里先实施的、制约公元 4 世纪之后罗马帝国后期的税收哲学进行比较，结论如下：

奥古斯都税制——先纳税人再国家。国家仅承担税收可以维持的事务。

戴克里先税制——先国家再国民。国家所需的经费以税收形式向纳税人征收。

对于税收的态度，可以说是来了个一百八十度的大转变。

我在《罗马人的故事 06 · 罗马统治下的和平》中已经详细叙述过，由奥古斯都创设的元首制时期的税制，可以归纳如下：

自古至今没有一个人会乐意纳税。不仅如此，如果遭受重税压迫，还会因民怨引起暴动或者叛乱。

但是，没有一个国家可以不收税。个人无法承担的事务，比如国防、治安、基础设施建设、社会福利等，必须由作为居民共同体的国家来实施。如果忽略了这些事务，有能力、有资产、能自给自足的个人就会和其他人分离，形成社会不安的源头。

那么，政府如何拟定让民众虽不满意但可以接受的税率，就是一个重大问题了。当罗马还处在共和时期正在朝着将地中海纳为“内海”的霸权国家发展时，摆在罗马面前的有三个前例可供参考：

东方君主制国家——税率不定，因此无法判断轻或重。不过这种税制使民众要多负担被征召劳役或战争的风险。

迦太基——最高可达 25% 的重税国家。不过据说迦太基向其统治下的所有领地提供农业技术指导以振兴经济。

锡拉库萨——属于僭主专制政体，但这个地方社会安定，连造访的柏拉图都感到惊讶。这个国家的税率一直保持在10%的程度。

罗马人和希腊人不同，不会把原理或原则当成金科玉律死守不放。正如尤里乌斯·恺撒所言，只要是好的，就要毫不犹豫地引进，哪怕它是敌人的东西也无妨。罗马也正因为这项政策路线而不断强大。当罗马成为霸权国家、实行帝政时，税收制度也必然要求随之发生变化。此时，罗马人同样遵循了这一路线。因此，上述的三个例子，视情况不同，可以成为仿效的对象，也可以成为反面教材。顺带提一下，创设新税收制度的奥古斯都正是尤里乌斯·恺撒指定的皇位继承人。

这位开国皇帝创立的罗马帝国税制，实际上遵循了一个极为简单明了的方针，那就是尽量压低税率，但是要让尽可能多的人纳税，而且税率要维持不变，一直延续下去。

这一方针现代的税收专家听了可能会笑掉大牙。然而罗马帝国的税制就是从这个外行、胆识符合常识的想法开始的。后世的历史学家在评述罗马帝国的税制时是这么说的：

> 元首制时期的罗马帝国将“广征收、薄税赋”的想法变成了现实。

在讨论奥古斯都创设的罗马帝国新税制的细节之前，我们有必要先了解一下在这之前的古代，到底是一个什么样的社会。

在古代社会，胜者和败者之间有着严格的区分。在当时，只有战败者才必须纳税。此外，罗马是由城邦发展而来，因此是以其公民为国家之主。公民享有参与国政的权利，同时负有持武器护卫国家的义务。因此，当时的兵役又被称为“血税”。也正因如此，只要不沦为战败者，古代人就没有缴纳直接税的必要。换句话说，古代本质上属于间接税社会。现在要在社会上推行“广征收、薄税赋”的税制，就有必要构建一个体系，把胜利者罗马人也纳入纳税的行列。在当时能实现这一点，奥古斯都创设的新税制在古代就有划时代的意义。我认为，“罗马统治下的和平”的建立和长期维持，除了要归功于绝对强大且高机动性的罗马国防力量外，新税制也是功不可没。因为税制不仅仅是税收的问题，也是衡量政治优劣的计量器。

接下来要讨论奥古斯都设置的罗马帝国税收的种类。帝国的税制不但方针简明扼要，项目分类也简单明了。我在写作《罗马人的故事06·罗马统治下的和平》时，就一直深深觉得罗马用不着什么税务人员。

以下是被罗马征服，即属于败者的行省居民要缴纳的税：

行省税——收入的10%。因此在帝国向来以“什一税”（decima）通称。行省居民没有服兵役的义务，所以西塞罗说，这是行省居民支付给肩负防卫义务的罗马帝国的安全保障费。既然这个税种的由来是安全保障费，那么志愿加入罗马军队充当辅助兵的行省居民，自然也就免除了这项税负。

下面是征服者一方，即属于胜者的罗马公民权拥有者要缴纳的税。

古代社会首创的遗产税——仅限于六等亲以外的人继承财产的情况。税率为5%。

罗马人常会把遗产馈赠他人。首先，他们有馈赠部分财产给非亲非故但前途光明的有为青年的习惯。其次，赠予有事能为自己出力的律师。罗马人是创立法律制度的民族，自己一旦遇到争执也就喜欢对簿公堂，能交到一位能言善辩的律师朋友，可以说是受益终身。再次，馈赠对象是平时自己尊敬的人。希望自己的遗产能让这些人物尽其用。总之，罗马人把馈赠遗产当成教育基金、感谢金或者表达敬意的方式。地方出身、后来就职于中央法庭的西塞罗，他之所以能够成为富翁，可不是因为由于政治原因被压得很低的律师费，而是因为他的财产大多来自委托人的遗产赠予。

罗马人向来极为重视私有财产的赠予权，仿佛要拥有这项权利才能称为一个合格的公民。帝国在改善士兵待遇时，首先提到的就是这项权利。而终身未婚的女性则以失去这项权利的方式，接受其未对国家做出贡献的惩罚。因为罗马社会有这样的风气，所以“二十分之一的遗产继承税”已经足够成为税收的一大支柱。

奴隶解放税——这项税收能够成为税赋支柱的原因，在于罗马人有为了感谢奴隶的多年侍奉，而以恢复奴隶自由身作为报酬或者退职金的习俗。在古代欧洲，各国都是奴隶制社会，只有罗马无论是共和时期还是帝政时期，在公民和奴隶之间都有“解放奴隶”这样一个阶层存在。话说回来，奴隶等同于劳动力，罗马也正是因为有这些劳动力的存在才构成了奴隶制社会。不过，奴隶解放税与奥古斯都开创的遗产继承税不同，它是共和时期开始的。如果政府强烈禁止民众表达温情，政治上说不过去。但是为这一方式增加一些阻力还是可以的。这种背景下诞生的税率是获得自由奴隶市场价格的 5%。因此，这项税收也叫“二十分之一奴隶解放税”。

无论是胜者罗马人还是败者行省居民，只要生活在罗马帝国境内，就必须缴纳的赋税，即间接税如下：

关税——原文“portorium”，直译“港湾税”，即在大海、河流的港口设施处设置海关，对经过的船只征收税金。税率在 1.5% 到 5%

之间。对从东方进口的珍珠、丝绸等奢侈品，则征收25%的关税。税率并非全国一致，主要是考虑到帝国各地经济实力有差异。经济实力雄厚的意大利半岛，虽为帝国本土，税率却要达到5%。而接近莱茵河、多瑙河的边境行省，税率只有1.5%。不过，如果这些地方依靠税收减免的好处，经济力量慢慢提升之后，也会和发达地区一样，征收5%的税收。

营业税——针对所有流通的物产、服务征收的税金，相当于现代日本的消费税。不论何时何地，税率一律为1%。在罗马帝国境内，如果没有任何辅助说明，只是说“百分之一”，就是指营业税。

这里值得我们注意的，不光是税率低，而且这么低的税率却能维持200多年不变的事实。这不得不让人佩服创立这套税收体系并将之定为国策的开国皇帝奥古斯都，有着多么深刻的政治思维，多么敏锐的心理洞察力。另外，在推行这项税制的同时，罗马还进行了大规模的裁军。

公元前30年，奥古斯都打败了政敌安东尼和埃及女王克娄巴特拉的联军。获胜的奥古斯都手上握有包括降军在内的50万兵力。为了不刺激反对派，奥古斯都用自己惯用的方式，花费多年时间逐步削减，最终将军队人数裁减到16.8万人。

这16.8万人作为正规军，分配之后组成28个军团。想必奥古斯都判断，这些兵力加上由行省居民组成的辅助兵，总人数可以达到30万，足以担任帝国漫长的边防线的守卫任务了。在公元1世纪奥古斯都晚年的时候，发生了条顿堡森林战役，一夕之间罗马损失了3个兵团，加上辅助兵在内死伤总人数达到3.5万人。28个军团从此变成了25个，但奥古斯都并没有想办法填补空缺。有研究人员认为，这是由于奥古斯都年老体衰，加上精神打击，已没有精力补充损失。但是如果国家有补充兵力的需要，奥古斯都却怠忽职守没有补充的话，那5年后继位的提比略皇帝应该会马上补充才对，因为当时的罗马帝国人力、物力都很充足。

但是，在整个公元1世纪的百年时间里，罗马军队的主要战斗力，军团数量一直维持在25个，军团兵力保持在15万人左右。进入公元2世纪，罗马才扩增到28个军团，到马可·奥勒留皇帝时代则扩增到30个。200多年的时间只增加了5个军团，3万兵力，这个事实足够令人惊叹不已。因为在这200多年的时间里，罗马帝国没有必要派兵镇压行省叛乱，罗马士兵只要专心对付外敌就可以了。这表明奥古斯都税制重整以后，罗马帝国的军事力量不会膨胀到超乎国家经济能力承受的程度。奥古斯都向来是一个依靠社会常理进行事务判断的统治者，因此我推断他的税制应该是立足于以下想法：

重税往往是叛乱的导火线。一旦发生叛乱，政府就要派兵镇压。对外御敌的防卫力量不能削减，国家若要随时准备部队镇压国内势力的话，唯一的出路就是扩充兵力。扩军又必然引发加税问题。加税则易引发叛乱。要阻止国家陷入上述的恶性循环当中，只有实行以“广征收、薄税赋”为基本方针的税制。我认为，奥古斯都建立的“罗马统治下的和平”之所以能稳定持续下来，就是因为有军制、税制两大支柱作为支撑。可见，军务、税务都是国政。对于税金的看法也就是国政的根本。

说到这里，大家可能心里都会产生疑问：“广征收、薄税赋”固然很好，但是这样的财政规模能够满足整个帝国运营的需要吗？另外，“小政府”的想法是好的，但是国家只承担税收能够维持的事务，怎么能够满足多民族国家罗马帝国的民众需求呢？

在税收中，每年可以预期征收的只有行省税。罗马公民权拥有者要缴纳的直接税，不论是遗产税还是奴隶解放税，并不是每年固定的税收。而恒定的间接税，包括关税和营业税，能够用“二十分之一”和“百分之一”来代称，可见这200多年来，税率一直都没有变化，而且非常低廉。也许低廉的税收可以使地方不再发生叛乱，但是作为一个规模庞大的居民共同体，罗马帝国能够推动国家该推行的政策的实施吗？

答案很简单，不能。但是，只有东方的君主专制国家才能以一句“不能”打发。罗马帝国是个典型的西方国家，政府在很多方面不得不迁就身为当权者的公民的意向，更何况罗马还是从城邦发展而来的。那么罗马帝国是用什么方法来解决这个难题的呢？

开国皇帝奥古斯都没有其养父恺撒那样的创意天才。可是他善于寻找符合常理却又不让众人觉得突兀的症结点，从中入手，在民众不知不觉中已造成既成事实，这方面他能力突出，称得上是个天才。关于国家财政的问题，他决定利用罗马人在共和时期就耳熟能详的两件事来解决。这两件事按现代说法，可以形容为“地方分权”和“利益回馈社会”。

翻译为“地方自治体”的“muicipia”一词，起源于被罗马征服的战败者的城市或部落根据地。因此，无论是意大利本土还是行省都有这种性质的地方。作为胜利者的罗马，将这些地方分类为地方自治体或者自由都市，对内部赋予其完全的自治权。因此，公元前1世纪，除了意大利本土的地方自治体获得了罗马公民权以外，意大利半岛以外的“地方自治体”居民，主要还是由行省居民构成。

另一方面，翻译成“殖民城市”的“colonia”一词，起源于民间募集而来的军团兵退役后安排的迁居地，由士兵在服役期间建成。因此，居民的主体是罗马公民权拥有者。也许正因为如此，在建设之初，这座城市就享有完全的自治权。

虽说自治权仅限于共同体内部，但是真正行使起来，还需要政府财政作为基础。我试图寻找相关资料来说明“地方自治体”“殖民城市”以及“自由都市”在财政上的基础，可惜一无所获。可能是因为相关资料已经遗失，研究者们也无从下手研究。不过我们可以试着从下面这件事情上来寻找蛛丝马迹。

那就是由图拉真皇帝确立的“育英基金”制度，即对贫困家庭子女进行资金援助的制度，其财政来源于缴纳给地方自治体的国有土地使用租金。

早在共和时期，罗马政府就开始在各地持有“国有土地”（ager publicus）。原本是战争获胜后，战败者割让部分土地给罗马作为赔偿款，后来又由罗马政府租借给农民耕种。公元前 1 世纪尤里乌斯·恺撒颁布《土地法》之后，确立了包括转让权在内的租种权。农民只要缴纳收成的 10% 给政府就可租种，实际上就等于永久租借。我认为，这是恺撒针对当时的社会局势，觉得如果置之不管，会因为生产效率因素而走向大型农庄化，所以立法提出了“中小企业振兴方案”。因为在古代，农业是社会之本。

虽说没有足够的研究来证明，仅仅是我的推测，不过国有土地的租金很可能就是地方自治体的财政基础，或者至少会是财政基础的一部分。因为地方自治体和中央政府一样，具有罗马人传统的强烈公德心。

无论是共和时期，还是帝政时期，罗马绝大多数的公共建筑都是以建设者的家门名来命名的。罗马人并不会像肯尼迪机场、戴高乐机场那样，以纪念某个特定人物来命名公共建筑。唯一的例外，是由尤里乌斯·恺撒开工，但他遇刺身亡后由奥古斯都来完工的马萨鲁斯剧场。这是奥古斯都为纪念自己有意提拔为继承人却不幸英年早逝的外甥马萨鲁斯而命名。其他公共建筑都是以建设者的家门名来称呼的，比如“埃米利亚会堂”“尤里乌斯会堂”“庞培剧场”等。以“Colosseum”之名闻名于世的罗马圆形竞技场，官方名称是“弗拉维乌斯圆形竞技场”。这是因为开工修筑的韦斯帕芗皇帝属于弗拉维乌斯家门。

罗马人这一独特的习惯，不失为一项利益回馈社会的行为。为什么这么说呢？埃米利乌斯、尤里乌斯·恺撒、庞培都是由罗马公民选出并获得元老院认可的执政官，凭着“前执政官”的头衔获得军团指挥权，之后立下累累战功确实是他们的才能。但是给他们立功机会的确是罗马公民。当时的社会认为，投入私人财产建造公共建筑，并捐赠给居民共同体，是这些成功人士理应负担的责任。受赠人给予捐赠人的唯一权利，就是让他们有权以家门名为建筑命名。因此，在罗马时代，人们住在其他国家没有的、街头建筑冠满人名的城市中，而且，这一习俗在进入帝政时期以后，没有任何衰减的迹象。不仅如此，还应该说在开国皇帝奥古斯都亲自示范并积极鼓励下，更加兴盛了才对。对身为“政治人物”的奥古斯都而言，这也是一项了不起的政治行为。

罗马圆形竞技场、通称为“thermae”的公共浴场、码头的仓库群等，都可以看到历任皇帝的家门名称。这是因为在元首制时期，皇帝的性质依然是罗马公民和元老院委托治国的存在，因此皇帝将利益回馈给权力者也是理所当然的。公共浴场中陈列了很多杰出的雕刻、壁画，被人们称为“平民的宫殿”。顺带提一下，2 000 多年前陈列在公共浴场供人们一边洗澡一边观赏的、以雕像为首的造型美术品，现在正被人们毕恭毕敬地供奉在美术馆里。

但是，历代皇帝为什么能有如此巨额的财富回馈给社会呢?

因为皇帝已经比共和时期的任何富豪都要有钱。不是因为皇帝把国家税收当成私有财产来花费，而是因为皇帝手头持有巨大面积的耕地。

公元前 30 年，女王克娄巴特拉自杀之后，统治埃及 300 年的托勒密王朝画上了句号。率领军队完成这一任务的奥古斯都并没有按照古代惯例，将战败者的一切划归为胜利者所有。罗马军队征服的所有地方，按官方说法都应纳为罗马帝国的行省，归国家的两大主权者——罗马元老院和公民所有。尽管如此，埃及却是例外，它不是罗马帝国的行省，而是皇帝的“私人领地”。

因为到克娄巴特拉女王为止，埃及一直处在“神之子”的特殊统治习惯下。征服了新土地之后，随之而来的就是长期统治问题。统治的成败关键看如何将被征服者的排斥感降至最低。罗马人向来擅长随机应变，他们判断，对埃及人来说，以“神之子”的名义要比以“罗马元老院和公民”的名义统治，更容易接受。养父恺撒遭到布鲁图一派的暗杀之后被神格化，成了“神”，身为养子的奥古斯都自然也就是“神之子”。奥古斯都之后的历任皇帝也同样都以“神之子”的身份君临埃及。因此，整个罗马帝国中只有埃及不是由行省总督治理，而是由皇帝代理人（vicarius）进行统治。

对于埃及人来说，只是统治者由希腊裔的“神之子”换成了拉丁裔的“神之子”而已。对罗马皇帝来说，则是获得了巨大的收入来源。在当时，光是埃及产的主食小麦便占有意大利市场三分之一的需求。

善用巨款也是一项了不起的才能。奥古斯都把到手的巨款投入社会软件、硬件两方面的基础建设上。关于详细内容大家可以回头看看我在《罗马人的故事 06 · 罗马统治下的和平》中的相关叙述。我把书名定为《罗马统治下的和平》是想告诉各位读者，“罗马统治下的和平”绝非单纯依靠军事力量达成的。《罗马统治下的和平》一书的主角奥古斯都可是将 50 万大军裁减为 16.8 万人的改革高手。

而且当时的奥古斯都是帝国唯一的最高权力者，是领袖中的领袖。“利益回馈社会”的风气在他的积极带动下，横向传播到各个行省，纵向影响到元老院元老，甚至在罗马社会出人头地的解放奴隶也积极效仿。到了帝国时代，这种罗马式的贵族义务观念比以往更为盛行。比如：假如皇帝新建了一所公共图书馆，那么就会有元老院元老捐赠不动产作为“育英基金”的财源；某个公民会在修复大道时承担某个路段的相应费用；事业有成、经济富裕的解放奴隶会为家乡的神殿修缮提供资金；等等。不过罗马人并未让这些“利益回馈社会”的义举成为不欲人知的善行，反而认可事成后在建筑物上冠上当事人的姓名，或者在大道修缮后，准许负担经费者在路旁竖立记载事迹的石碑。此外，罗马人的墓碑背面往往刻有当事人的履历表，除了刻有死者在世时担任过的文官武职外，还会记载与其身份、财力相吻合的为公共事业付出的事迹，有些看了令人感动不已。但是这些事情在公元 3 世纪以后都消失不见了。

广阔的罗马帝国由国家、地方、个人“三大支柱”支撑，以一个基本信念相统一，因此才有办法发挥功能，维持运营。从最能代表罗马的罗马道路网就可以清楚地看出这一点。

主干道路——总计 8 万公里。由国家负责铺设和维修，全线四层结构，最上层由石头铺成。

支线道路——总计 7 万公里。地方自治体或殖民城市握有决定权，并负责维修。大多是碎石路面。

私人道路——总长度 15 万公里。由个人负责铺设、维修。虽说为私人道路，但并不禁止外人进入，允许任何人自由通行。在罗马帝国，其地位等同于公共道路。

研究人员表示，这“三大支柱”负责下的道路总长度达到 30 万公里。如果把国家比作人体的话，这 30 万公里的道路囊括了人体从动脉到毛细血管的各类输送管道，及时为帝国输送新鲜血液。如果所有的道路工程都由国家来负担，那么只有通过大幅度提高税率才能实现。罗马帝国能长期维持低税率，在于采用了“三大支柱”并存的体系。尤其是成功地让富裕阶层参与到公共事业上来，这一点最为重要。

各位读者要知道，当时的社会是间接税时代。一来当时还没有发展出累进税制，二来间接税的税率很低。如果放任这种状态不管，富人会变得更富，而穷人将变得更穷。贫富差距的扩大是造成社会动荡的根源。要阻止这种情况的发生，只有让富人把钱吐出来。不过，财富税这类的点子，用脚趾头想想也知道行不通。罗马社会的富人阶层与胜利者的身份是重叠的。如果要实施这样的税制，即使奥古斯都的用意在于设立与帝国政治相符合的新税制，也会因既得利益者的反对而失势，甚至下台。因此，凡事谨慎的开国皇帝没有追逐这个危险而又不现实的梦想。

首先，他以身作则，亲做典范。由他的两位忠实助手阿格里帕、梅塞纳斯动员并实施“利益回馈社会”行动。成果可以借用奥古斯都一句略带夸张的话来概括：“我接手的是砖瓦修建的罗马城，留下的却是大理石的城市。”顺带提一句，阿格里帕、梅塞纳斯在“协助”

奥古斯都鼓励回馈社会的同时，也成为在埃及拥有大片耕地的地主。

其次，除了诉诸富裕阶层的公德心之外，奥古斯都也没有忘记刺激他们的虚荣心。修筑公共建筑的事迹可以立碑歌颂，成立财团用以资助贫困女子的嫁妆时，可以给财团冠上自己的名字。如果能留下有形的事迹，人们做事的热情会更加高涨。

罗马的国家财政和地方财政没有像现代国家一样留下详细的数字记载，因此后人只能进行推测。不过我认为在元首制时期，罗马帝国社会非常仰赖个人积极地参与。从大家公认的罗马至高无上的纪念碑——罗马大道，它的网络化分布也能清楚地说明这一点。即使充当的是毛细血管的作用，30 万公里的罗马大道有一半是私人修建的。由奥古斯都创立、随后持续 200 多年的元首制时期的税制，正因为能深刻洞察人的心理，才能成为“罗马统治下的和平”的要因之一。暴政和仁政的区别，可以说就看税制如何定夺。

这项可以称为奥古斯都税制的制度，在进入公元 3 世纪之后崩溃了。引发税制崩溃的导火线，是公元 212 年颁布的《安东尼努斯敕令》。由于提案及实施的皇帝又名卡拉卡拉，所以这道法令通称为《卡拉卡拉敕令》。这道法令公布以后，居住在罗马境内除奴隶以外所有拥有自由身的人民，一律都可以享有罗马公民权。这样，罗马公民（romanus）和行省居民（provincialis）的差别就完全消失了。只要是罗马帝国境内的居民，不分人种、民族、宗教信仰、文化差异，一律平等地成为“罗马公民”。从人道主义观点来看，这的确是一道无可批评的好法令。

可是这道法令使奥古斯都税制走上了绝路。既然行省居民的身份没有了，那么缴纳行省税的义务也就消失了。没有了行省税这一罗马帝国的税收支柱，国家行政如何维持？卡拉卡拉皇帝似乎认为，将原本向罗马公民权拥有者征收的遗产税和奴隶解放税的税率从 5% 提高到 10%，就足以弥补行省税消失带来的财政漏洞。如果他真的认为行省居民变成罗马公民后，全国百姓都会乖乖缴纳这两项税金的话，那只能说这位年轻皇帝太肤浅了。毕竟，这是两个不同性质的税种。

第一，遗产税和奴隶解放税都不是年年持续缴纳的税金。

第二，把遗产留给血亲以外的对象，或者把给予奴隶自由当作退职金，这是罗马人特有的情感，不能对行省居民抱有同样的期待。

第三，这项敕令引起所有罗马公民的不满。这也难怪，因为他们不但失去了所有特权，而且还要缴纳翻倍的税金。

这两项税收的税率，在卡拉卡拉遭到刺杀之后，由继位的马克里努斯调回原税率。但是消除罗马公民与行省居民差异的法令并没有被废止。其后帝国一直处在没有行省税收入的状态。而如果不采用其他税收来代替行省税，国家财政就要崩溃。走投无路之下，国家只好开始征收与奥古斯都税制思想完全相反的特别税和临时税，而且渐渐变成一种常态。

整个公元 3 世纪，人们再也听不到象征税率稳定不变的“二十分之一税”“百分之一税”这一类名词了，在史学家的记述中也不再出现。公元 3 世纪的罗马帝国，局势紊乱，国家前途迷茫，可以用“3 世纪危机”一词来代称。当时，蛮族入侵不断，换皇帝跟换衣服似的，政治上缺乏连贯性，就连税制也陷入无政府状态。在公元 3 世纪末期登基的戴克里先当然也想解除这种无政府的状态，只是他推行的税制和元首制时期的税制完全背道而驰。我在《罗马人的故事 06 · 罗马统治下的和平》中已经详细讲述奥古斯都的税制，刚才又重新提出来论述，是因为只要知道帝国后期的税制和奥古斯都的税制是完全相反的，就能容易理解后期这项税制的内涵了。而且，税制的变化，也是学者把公元1、2世纪的罗马帝国分类为元首制，公元4世纪以后划为“绝对君主制”的原因之一。

戴克里先皇帝实施的新税制有以下几个特点：

一、皇帝每年决定一次国家财政所需的金额。无论该年度收益如何，纳税人都必须按照规定额度缴纳税款。

二、所有税务一律统合，纳入中央政府旗下管理。

如此一来，地方分权成为历史。因为没有独立的财政来源，自治也就成为一句空话。现如今“地方自治体”已经名存实亡。

三、税收分为以生产基础“耕地”为对象征收的“地租”（iugatio）和以生产手段“人”为对象征收的“人头税”（capitatio）两类。每五年审查一次税金，决定金额。

罗马帝国的税制从此转变为以直接税为主。此外，对于税金审查结果，若有异议，只能向皇帝申诉。

这样一来，事实上由税收官审查得出的税收金额，民众只能乖乖地缴纳到下次审查为止。

这样，长久以来支撑罗马国家体制的“中央政府”“地方自治体”“个人回馈社会”这三大支柱体系，也就彻底崩溃瓦解了。除了地方自治体失去自治能力之外，以直接税为主体的税制给人民带来重税，个人回馈社会的意愿也消失了。从“三大支柱”变成“一柱擎天”，从税制这一项就可以明显地看出来，罗马已经从元首制转变成“绝对君主制”国家。

而且戴克里先这个人做什么事都讲究规范化、系统化，从之前已经叙述过的“四帝共治制”到接下来马上要讨论的“物价管制”都可以看出这一点。当然，他也的确有这个能力。问题是，政治制度如果连细节都一一规范，反而会变成缺点。一旦遭遇意外，反而不知如何应对。罗马帝国地域辽阔，罗马人爱泡温泉，可见火山、地震等意外也不少。气候是不会按照人的意愿行事的。但偏偏戴克里先的税制制定得精密细致，滴水不漏，而负责推行的税务官又一板一眼地严格依法行事。

这里顺便举一个税务“审查”的案例。下面罗列的各地租对象，在法律上被视为具有同等价值：

5 公顷的肥沃耕地

10 公顷的二级耕地

15 公顷的三级耕地

1.25 公顷的葡萄园

超过 3 米高、预计可获丰收的橄榄树 220 棵

种植在坡地上、每年收获尚可的橄榄树 450 棵

至于以生产手段为对象征收的人头税，则以 14 岁到 65 岁的国民为对象。在那个时代，到 65 岁，也就等同于到死亡为止了。女性也同样被列为征税对象，只是不知道为什么地区间存在着差异，比如叙利亚是男女同等纳税，埃及的女性却是免税的，而小亚细亚的女性税金为男性的二分之一。而且，一旦被审定为劳动力，则无论是生病还是死亡，都要乖乖纳税到下次审查为止（而且君士坦丁时代又把审查改为每 15 年一次）。另外，奴隶也被当成与一般民众同等的劳力来计算。

这是农村的情况，城市又是怎样的呢？新税制的宗旨就是要以税收满足国家需要的金额。那么找容易征收的地方或个人抽税肯定是必然趋势。戴克里先推动的税制改革，受打击最大的是农村，这一点毋庸置疑。不过，城市居民也别想躲得开。

虽然城市居民没有地租可收，但是店面、工厂等生产基础还是可以作为征税对象的。至于具体如何审定，由于没有这方面的史料留下，所以详情无从得知。不过可以肯定的是，对劳动力征收的人头税是肯定跑不掉的。尽管如此，戴克里先的新税制还是对农村的打击更为严重。地方人口流失严重而城市人口过度集中的情况依旧没有得到改善，就是最好的证明。当时的罗马帝国，农业是基础产业，国之根本，情况跟现在以工业为基础的发达国家完全不同，因此受到的打击也要沉重得多。

公元 3 世纪后半期的罗马帝国的农民是为了逃避如波浪般接连不断的蛮族侵略而舍弃耕地，同时也为谋求人身安全和新的生活手段涌入城市。而公元 4 世纪以后的罗马帝国农民，则是为了逃避重税而舍弃耕地涌入城市。

皇帝戴克里先通过扩增兵力，成功阻止了蛮族的入侵。但是，由此带来的负面影响，正如当时人们的感叹，“收税的人比纳税的人还要多”。由此可见，在官僚机构的扩增上，他也“成功”了。这表示，士兵、官僚这些仰赖国库发工资的人增多了，导致国家需要的经费至少增加两倍，严重的话说不定四倍都有可能。随着戴克里先的上台，农民们不再需要逃避蛮族的入侵，相对的，多了逃税的必要。

虽说情况没有农民严重，但是商人、手工业者也因新税制遭到了严重的打击。这些人本身住在城市里，所以不像农民可以逃离家乡。但是，儿女们开始不愿意继承父业。此外，创业的人也急剧减少。金融利率也从元首制时期的 12%，降低至 4%。在货币价值不断下跌的情况下，金融市场利率却一再滑落。这种现象唯一的解释就是市场投资意愿低落的反映。而与税制改革几乎同时，戴克里先又推出了货币改革。

戴克里先推动的货币改革内容，简而言之，就是为 300 年来身为罗马帝国轴心货币的第纳尔银币，做最后一场保卫战。

当时银币的实际价值已经跌落至含银量仅为 5%。而戴克里先打算把货币价值恢复到当年尼禄皇帝为适应流通量扩大，推行货币改革之后的样子。当时，1 罗马磅（libra，约 327 克）纯银可以铸造 96 枚第纳尔银币。而公元 4 世纪初，市场上流通的第纳尔银币，则是 1 罗马磅纯银可以铸造 6 000 枚的劣币。

所谓劣币，指面额和实际价值不一致的货币。这两者之间的差距越大，代表货币越劣质。在没有纸币的年代，面额与实际价值是否一致，是货币唯一的信用基准。顺带说一句，现代国家发行的纸币，其实际价值不过是一张纸，要靠发行纸币的国家来保证实际价值和面额的一致。一旦这项保证出现危机，纸币价值也会随之下跌。在古代，货币是由金、银、铜铸造，国家保证货币价值的唯一方法，就是保持上述金属的含量，使其实际价值不至于下跌。

因此，戴克里先当然会认为，要让帝国的轴心货币第纳尔银币恢复价值，就必须满足下面两个条件。

第一，把每一枚第纳尔银币的重量，恢复到尼禄皇帝改革后 150 年没变的 3.4 克这一定量。

第二，含银量不变回尼禄皇帝时期的 92%，而是改回到奥古斯都皇帝发行时的 100%，即重新发行纯银的第纳尔银币。

顺带一提，从奥古斯都时代起到戴克里先时代为止的第纳尔银币含银量的变化如下表所示：

第纳尔银币含银量的变化

奥古斯都皇帝的改革（公元前 23 年）	3.9 克	纯银 100%
尼禄皇帝的改革（公元 64 年）	3.4 克	含银 92%
卡拉卡拉皇帝的改革（公元 215 年）	3 克	含银 50%
公元 3 世纪后半期（公元 260—300 年）	3 克	含银 5%
戴克里先皇帝的改革（公元 295 年）	3.4 克	纯银 100%

戴克里先这一大胆的货币改革方案，可不是纸上谈兵，而是真的付诸实施。新发行的银币质、量兼具，被命名为“阿根图斯”（Argenteus）。戴克里先皇帝应该是认为：只要这种面额和实际价值一致的银币在市场上流通，罗马帝国的轴心货币银币的信用也会跟着恢复，货币信用不足造成的通货膨胀现象也会渐渐消失。含银量跌至 5% 的第纳尔银币就此废止，改为含银量依然为 5% 但重量将近 3 倍的“富利斯”（Follis）大铜币。

理论上，事情应该照着戴克里先的想法发展。但实际上，新发行的银币很快从市场上消失，留下来的旧银币和新铜币根本无法阻止价值的下跌。因为拿到新银币的人不愿意脱手，而持有旧银币的人又想尽早换成新银币，使得旧银币的价值进一步下跌。在新银币发行后，大多数的货物价格依旧以第纳尔银币的价值为准，就足以证明上述观点。这说明，发行纯银的良币依然无法抑制通货膨胀。

顺带说一下，名为“奥里斯”（Aureus）的金币价格则没有波动。原因是罗马帝国虽然以货币的形式发行金币，但严格意义上来说，这并非货币。奥里斯金币的性质，如同现代的金条、克鲁格金币（Krugerrand，著名的南非金币。——译者注），因为是纯金打造，持有的主要目的在于资产保值。当然，也可以作为货币使用。只是因为其价格太高，一般不作为日常生活中的常用货币。罗马帝国以银币为轴心货币的理由也正在于此。但是，正因为金币的性质犹如金条，所以才能一直维持 100% 的含金量。

经济管制

也许是戴克里先对通货膨胀的无法抑制感到绝望，在货币改革 6 年后，即公元 301 年，他开始着手实施人类历史上第一次物价管制政策。他把罗马帝国境内流通的所有物产、服务均设定了价格上限，并规定，如果有人以超过上限价格进行交易，就要接受严厉的制裁。当然，所有价格都是根据旧第纳尔银币规定的。像小麦、葡萄这样的农产品，有质量高低之分，价格自然也有区别。而教师、律师这类专业人士在酬劳上则没有区分。能力差异与报酬不相干，也是经济管制的一项特色。

> 市场与日常交易之所见价格无限攀升，即使在农产品丰收的年份也无法抑制。归根结底还是缘于人们对金钱的无限贪婪。

戴克里先皇帝的敕令以上述内容为开头，其后列举了庞大的职业分类和管制价格。即使到了现代，其中大部分内容还是可以调查到。因为敕令适用于帝国全境，只要将帝国境内挖掘出来的大理石碑、铜牌拼凑起来，将上面雕刻的敕令内容进行整理，要掌握政策的整个内容并不难。

这道敕令具有重要的史料价值，原因如下：

刻有戴克里先皇帝价格管制敕令的石板（部分）

一、这是历史上第一次实行经济管制的实例。

二、这类资料庞大且有系统，是最适合了解罗马时代职业分类的史料。

换句话说，这项资料对于历史学家研究当时的平民社会具有重要的价值。而从怀疑经济管制效果的立场来看，大家首先会被如此细致的分类惊得目瞪口呆，同时也会对这种徒然的努力感到黯然。这种强硬、严密的经济管制无论在什么年代，都会以失败收场。至于个中缘由只能留待专家解说。戴克里先的敕令给罗马社会带来的影响如下：

一、经济活动地下化。

二、以物易物型经济活动时隔500年后再次复苏。

三、所有领域劳动质量下降。

这道敕令的最大目的是消除通货膨胀，但结果自不待说，自然是一败涂地。

对戴克里先来说，眼前还有一件难题必须马上解决，那就是农民脱离农业致使耕地荒芜以及青年脱离商店、工厂的现状。如果放置这个问题不闻不问，自耕农、商人、手工业者这类罗马社会的中坚阶层将逐渐走向没落。以强硬手段应对通货膨胀的戴克里先，在解决这个问题时也采取了强硬的政策。

社会上绝大部分的职业被列为世袭制。也就是说，子承父业成为一项人人必须遵守的法律。而且，儿子还必须住在父亲工作的地区。

在当时，边境防卫兵大都一边屯田一边担任边境警卫工作，这已成为一种常态。现在这些士兵的儿子从此以后也只能从事跟父亲一样的职业。元首制时期的士兵服役期满退伍时可以领到一笔现金或者相当面积的土地作为退职金，而到了戴克里先时代，退职金大幅缩水，变成当事人家中身为劳动力的妻小可以免征人头税的政策。这样，一方面大家都觉得国家变得越来越小气，另一方面当时的官兵第二代也渐渐丧失子承父业的意愿。防线也面临着人口流失的问题。在如此背景下，军人也成为“人员—土地—职业”捆绑政策的一分子。当然，各位皇帝的直属部队成员也在子承父业政策的范围内。在这一法令的推动下，持续了400多年的罗马帝国募兵制也转为实质上的征兵制了。

至于商人、手工业者的第二代自然也不能例外。皇帝鼓励这些人按职业组成社团并给予奖励，名义上是为了有益于社员间的相互扶持，实际上是为了稳固世袭制度。这也是构成中世纪社会结构支柱的工会制度的雏形。

在元首制时期，罗马社会分为皇帝、元老院元老、骑士阶级（官僚和商人）、平民、解放奴隶、奴隶等阶级，属于阶级社会。而且，民众可以自由选择职业，自由进行居住地迁徙，这些权利得到国家的保护。正因为如此，各阶级之间才能保持流动性，为成熟社会容易产生的僵化现象起到预防作用，其最大的功效在于为社会挖掘人才，输送新鲜的血液。

但是这种效益首先在文官武将职业分离的政策之下土崩瓦解。其后国民又失去了职业选择和居住地任意迁徙的自由。有位研究人员表示，如果以现代社会打比方的话，当时的罗马简直就是社会主义国家。

戴克里先与基督教

在戴克里先的统治之下，罗马的政治体系已变成权力集中于中央政府，尤其是站在政府顶端的皇帝手中。在此背景下，国家的权威自然也要发生变化。皇帝要行使绝对的权力，就必须让大众认同其绝对的权威。而元首制时期那种由罗马元老院和公民权拥有者委托皇帝行使权力的权威形式，已经不够充分了。

既然人类赋予的权威不够充分，那就只有求助神灵了。戴克里先推动绝对君主制后把自己逼进脱离罗马传统的立场中，陷入背后必须有神灵做后盾维护权威的局面。戴克里先皇帝大力提倡复兴对罗马诸神的信仰，其政策背后其实隐藏着上面的苦衷。当然，不是希腊罗马诸神都可以拿来做后盾。既然要赋予当权皇帝绝对的权威性，唯一的选择就只有 30 万众神的领袖——最高神朱庇特。早在“四帝共治制”之前的“两帝共治制”时，戴克里先就把意为朱庇特的“约维乌斯”当成自己的称号，把同事皇帝马克西米安别号改为半神半人的“赫拉克勒斯”。也许在即位不到两年的当时，他已经意识到加强皇帝权威的必要性了。

问题是，希腊语称为宙斯、拉丁语称为朱庇特的最高神，要成为行使绝对权力的后盾依然行不通。正如我在《罗马人的故事12·迷途帝国》“罗马帝国与基督教”一节中提到的，希腊罗马诸神与犹太教、基督教的神在性质上完全不同。

希腊人、罗马人心中的神是帮助人类摆脱困境的神，而犹太教、基督教的神则是对人类下命令的神。希腊罗马诸神完全没有管理人类的想法，而犹太教和基督教的神名义上是指引人类走上真实信仰的道路，而实际上则是管理人类生活方式的神。

希腊罗马宗教神灵众多，起因于每个人希望得到帮助的领域都不一样。而犹太教、基督教之所以是一神教，原因在于其性质特点既然要把人类纳入其管理之下，那么就需要有绝对的权威，而只有在“一神”的前提下，才可能产生绝对的权威。无论是权力还是权威，如果分给很多的人和神，是不可能有绝对的权威的。

简而言之，即使是希腊罗马诸神中的最高神，也无法成为能给绝对权力赋予正统性的绝对权威。

可是，戴克里先似乎认为，即使是希腊罗马诸神也能称为绝对的权威。当然，前提是先把障碍对象清除干净。所谓的障碍，自然就是宁死也不肯承认罗马诸神的基督教徒了。

这就是罗马历史上第一次持续、坚决、有组织地大规模镇压基督教徒运动的开始。对基督教徒来说，这是在过了40年平稳日子之后，再度遭遇到的晴天霹雳。

公元303年2月，戴克里先发布了有关镇压基督教徒政策的第一道敕令。这一年也是戴克里先在位的第 19 个年头。在这段时间里，戴克里先经历了“两帝共治制”“四帝共治制”，一直都是唯一的最高权力者。如果想要镇压基督教徒，随时都有充分的地位和权力来实施。但是，他选择了在位的最后一段时期开始实施。

为什么是这个时期？对这个问题很多的研究人员也深感困惑。但是当事人戴克里先不但没有留下答案，连让人接近答案的言辞都没有留下。基督教徒方面虽然身为受害人，然而教会提出的史料也只是写着老皇帝脾气发作了，或者受到邪恶的副帝伽列里乌斯的怂恿。

戴克里先是个城府极深、不轻易向他人透露心事的人，而且，就连在行动上也不会暴露其内心想法。由于他性格强韧，善于自我控制，所以他是最不可能因一时愤怒而推行重大政策或者轻易受他人怂恿的政治人物。尽管如此，他却实施了镇压基督教徒的政策。罗马帝国的重建是戴克里先在位期间最优先考虑的问题，那么会不会对他来说，在诸多重建政策中，镇压基督教徒是用来收尾的呢？我在《罗马人的故事 12 · 迷途帝国》中也提到过，在公元 3 世纪不停上台又下台的诸位皇帝中，越是热衷于重建帝国的人，就越是热衷于镇压基督教徒。也许是皇帝们的危机意识在作祟，认为人民不信仰传统的罗马诸神，也就是不信任罗马帝国。也许戴克里先在担任皇帝多年之后，也越来越有这种危机意识。不管如何，毕竟距离上次镇压已经过了 40 年，除非有相当的把握，否则当权者是不会推行镇压政策的。

有本史书原名叫 *Acta Martyrum*，翻译名为《殉教者行传》，专门记录殉教的基督教徒事迹。在这本书中，从图拉真皇帝时期的公元 115 年开始，到公元 320 年为止的 200 多年间，仅仅列举了殉教的 12 个事例。即使书中只记录著名的殉教事例，但 200 多年只有 12 个例子还是太少了。在这里向大家介绍一个发生在戴克里先皇帝时代却是在他尚未发起镇压政策之前的“殉教”事例。这件事发生在公元295年，也就是戴克里先主政的第11年，距离大镇压还有8年。事情发生在北非努米底亚行省的主要城市之一的提威苏特。

事件的主角马克西米里阿努斯当时22岁。他的父亲现在是国家税务部门的公务员，因为曾经在军营里当过兵，所以马克西米里阿努斯也不得不受命前往兼做考场的军营报到。毕竟军人也在世袭制之列，当时兵役制度的实质已经转变成了征兵制。主考官是狄奥总督，似乎还身兼军团长。以下是两人之间的对话。从这段记载我们可以具体了解当时罗马军队与基督教的关系，以及罗马人对基督教徒的看法。

主考官：“你叫什么名字？”

年轻人：“你为什么要知道我的名字？我不能服兵役，因为我是基督教徒。”

主考官不理会，继续说：“脱掉衣服做体检。”

年轻人一边脱衣服一边重复：“我不能服兵役。我不能做伤害别人的事情。我是基督教徒。”

主考官不理会，接着说：“帮他量身高。”

军官：“5佩蒂斯又10温奇亚（约合150厘米）。”

主考官狄奥向另一位军官下令：“合格了。给他罗马士兵的身份牌。”

但是，年轻人拒绝了。

“我不能接受这种东西。因为我不能服兵役。”

主考官到这时才看着一再抗议的马克西米里阿努斯的脸说：

“乖乖入伍，如果你不想死的话。”

年轻人：“办不到！你想砍我的头就砍吧。我不属于这个世界的军队，我是隶属于神的军队。”

主考官狄奥问年轻人：“是谁这么告诉你，让你有这种想法的？”

年轻人：“是我的灵魂，还有召唤我的那位尊者。”

狄奥向列席的那位父亲说：“你能不能劝劝你儿子？”

父亲：“没有用的。他已经无可救药了。”

狄奥再次面朝年轻人，说：“加入军队，领取士兵身份牌。”

年轻人：“我不能收。我已经领到基督士兵的身份牌了。”

狄奥：“如果你一再抗拒，我只能送你去见你那个基督。”

年轻人：“要送的话，请尽快。越快对我来说越光荣。”

狄奥向军官下令：“押着他把身份牌戴上。”

年轻人：“不管你们做什么我都不会佩戴这个身份牌。你们强制我的话，我只好把它砸烂。我是基督教徒，身受耶稣救赎的我不能在脖子下吊着铜片走路。你不知道的神之子，天神为救赎世人脱罪而派来地上的耶稣基督，只有顺从引领人生的这位尊者，才是我的工作。”

狄奥：“我不管你说什么，给我把身份牌收下，开始服役。如果你继续拒绝，只有死刑在等着你。”

年轻人：“虽然我的肉体死了，但灵魂将永存世间。既然身为我主军中的一员，就不能成为其他军队的士兵。”

狄奥：“想想你还那么年轻。别这么顽固。现在赶紧服兵役。这是身为帝国一员的青年对国家应尽的义务。戴克里先、马克西米安、君士坦提乌斯、伽列里乌斯这几位皇帝的直属军中同样有基督教徒士兵。可是他们并没有舍弃保卫国家的义务。”

年轻人：“他们也许有他们的理由吧。但是既然身为基督教徒，我就不能染上恶行。”

狄奥：“服兵役保卫国家，难道是恶行吗？”

年轻人：“你应该知道士兵实际都是干什么的吧？”

狄奥：“乖乖入伍。如果你继续冥顽不灵，我只有将你的言行视为不屑为共同体服务的证据判处你死刑。”

年轻人：“我是不会死的。即便失去了现世的生命，我也会与我主基督同在。”

主考官狄奥总督写下判决书，并当众宣读：“马克西米里阿努斯，因缺乏令人信服的理由，单以反抗心拒绝兵役的罪名，在考虑此事对其他诸多方面的影响之下，将给予相应的处分。”

总督判决马克西米里阿努斯承担叛国者应受的斩首刑。这名青年听了判决后高兴地大喊：“啊，神啊！我打从心底感谢您。”

到公元303年开始镇压基督教徒为止，戴克里先主政的19年里，留下记录的殉教事件只有这一件。另外，在《殉教者行传》里，这次事件的上一位殉教者，也是我在《罗马人的故事12·迷途帝国》末尾引用的信件作者，迦太基主教西普里安（Cyprianus）。这个人殉教的时间是公元258年。也就是说，就连出自基督教徒笔下的《殉教者行传》在叙述殉教者时，讲完公元258年之后就一下子跳到公元295年。对基督教徒来说，当然是列出的殉教者越多越好。可是就连他们提出的史料，也只有西普里安殉教37年后才发生的这起年轻人拒绝服兵役的事例。而若将时间跨度延长到戴克里先镇压基督教徒为止，则时间长达45年。

不过，总督狄奥在判决时是以拒绝服兵役为理由，而不是以是基督教徒为判刑依据。这是当然的，因为总督表示过，基督教徒也有服兵役的。不久前，推行征兵制的现代国家意大利，才接受因宗教理由回避服兵役的人，条件是这些人必须依法承担社会福利工作，且服务时间要略长于兵役。这种制度在罗马帝国时代当然不会有。大家不要忘了，要到 20 世纪，社会才会承认“良心兵役拒绝”方式的存在。

话说回来，如果 1 700 年前的古代就有这种制度的存在，也很难保证这个除了基督教之外任何指示都不遵从的年轻人，会不会愿意顺从国家制定的社会福利体系。正是由于这份不确定，身为主考官的狄奥总督才做出如此严厉的判决吧。因为判决书中清楚地写着“在考虑此事对其他诸多方面的影响之下”这一句话。

实际上，在所有职业都沦为世袭制的当时，服过兵役的人其子嗣也只有服兵役一条路可走。虽说如此，但人在本质上都会厌恶被强迫。但在当时兵力倍增的年代，补充兵力的新兵招募网自然也要比原来密集得多。

在殉教事件中，主考官狄奥对新兵的合格要求放得很低，也证明了这一点。在身体检查中，不管体格和视力，只要身高达到 150 厘米，就可以通过新兵测试，拿到象征士兵身份的身份牌。

同样是在罗马帝国，一个世纪之前的新兵考试可没有这么简单。那个时候还是募兵制，士兵的人数也只有现在的一半。也因此能够考虑到维持士兵的质量，募兵时会严格遵守哈德良皇帝定下的新兵标准。

当时规定，新兵入伍身高必须在 165 厘米以上，体格匀称，视力良好，并具有基本的读写计算能力。罗马帝国一直在全国推行希腊语、拉丁语的双语政策，唯有军中以罗马人的母语——拉丁语为官方语言。所以条件中要求的“读写”能力，无论是在不列颠还是叙利亚都是代表拉丁语的读写能力。而且，即使这些参军青年通过以上条件也不等于就可以马上入伍。一般情况下，还要经过4个月的“试用期”(probatio)。这期间测试当事人是否适应军队生活，具体活动包括持武器参加演习，以及一些军中实习。只有通过“试用期”的人，才能被允许入伍。脖子上挂着刻有所属军团、个人姓名的铜质身份牌(signaculum)，向身兼最高司令官的皇帝表示效忠，之后才正式成为罗马士兵。

相隔百年之后，新兵入伍标准的差异真是令人印象深刻。只要身高达到150厘米就能入伍。其他考试也一律简化取消，就连“试用期”也没有了。虽然罗马帝国经历了前所未有的“3世纪危机”，但100多年的时间也不可能让罗马男人的身高缩减15厘米吧？新兵测试的简化，以及合格标准的降低，看来只能归结为罗马帝国的兵力从30万人扩增至60万人的影响。而且，在这一扩军时期，如果有人试图以宗教理由逃避服兵役，那么将会“在考虑此事对其他诸多方面的影响之下”，施以严重的刑罚。

这名基督教青年拒绝服兵役的事情，不知道后来有没有传入戴克里先的耳朵里。但身为主考官的狄奥，既然被称作总督，那应该属于罗马军队指挥官一级的人物。部下应该不会做出忤逆上司的行为。尤其是这个时期，罗马帝国已经在戴克里先领导下逐渐充满君主专制色彩。如果这件事传入戴克里先的耳朵里，恐怕他也会担心“对其他诸多方面的影响”吧。因为让罗马帝国兵力倍增的，就是戴克里先本人。

不过这件事“对其他诸多方面的影响”似乎并不严重，而且这件事发生在帝国南部，事发地点又是新兵测试场所，帝国机构的最下层，所以影响并不大。但是三年后又发生了一件跟基督教徒有关的事情，这一次却是发生在戴克里先的眼皮底下。

在有皇帝出席的一场祭祀活动中，出席的皇宫官员里有人在胸前画十字。既然是皇帝出席的祭典，那自然是献给罗马传统诸神的仪式。有人在仪式进行中画十字，想必是祈祷借由画十字来消除自己参加异教仪式造成的罪孽。基督教是一神教，向来不承认其他神灵的存在。在认同其他神灵从而形成多神教的罗马人看来，这是一种反社会的行为。这就好像开工破土、拈香拜神时，列席的基督教徒突然画十字，穆斯林开始向安拉乞求忏悔一样。总而言之，这是非常失礼的行为。据说戴克里先看到之后大为震怒，但并没有处罚相关人员。在向罗马诸神祈祷时画十字的人，似乎也认为这只是皇帝一时的愤怒，而没有人为可能发生的事情未雨绸缪。可是，戴克里先没有忘记。

在这件事发生 5 年之后，即公元 303 年，戴克里先开始镇压基督教徒。而公元 303 年这一年对戴克里先来说也有着不同以往的特别意义，这一年的秋天，戴克里先登基后首次造访罗马，他和同事马克西米安一起为登基后 19 年的战斗胜利做了总结，并举行了盛大的凯旋仪式。对戴克里先来说，如果抵御外敌入侵，守卫边境平安是其一系列治国举措的开始，那么镇压基督教徒就是之前诸般努力的总结和收尾。换句话说，镇压基督教，不是戴克里先一时的心血来潮，而是执政 19 年来逐步酝酿的决断。

但是，对基督教徒来说，这无疑是晴天霹雳。毕竟在遭此横祸之前，他们已经过了 40 多年平稳的生活。在这 40 年里，教会内部还发生过罗马主教和安提阿主教的权位之争，当时基督教徒还特别延请皇帝奥勒良出面裁决。尤其在帝国东方，基督教势力发展迅猛，尼科美底亚的主教官邸就隔着广场建在戴克里先皇宫对面。这种感觉就好像连日来一直晴空万里，却一下子雷电交加，狂风暴雨。

由戴克里先实施的日后被基督教徒形容为“大镇压”的政策，第一道敕令在公元 303 年 2 月 24 日向全国发布。这道敕令的原文无论铜版还是书信都没有留下。我们现在参考的是研究人员拿出考古学家复原古代陶瓷碎片的毅力，将基督教徒留下的支离破碎的文字记录，重新进行整理归类后复原的内容。根据这些研究成果可以看出，对基督教的镇压政策也和戴克里先的其他改革政策一样，不但系统而且彻底。

一、所有基督教堂，都从地基开始彻底破坏。即使教堂使用的是私人住宅，也不得例外。

二、不问理由，严禁基督教徒集会。弥撒、洗礼、婚礼、葬礼皆适用本禁令。

三、《圣经》及一切类似书籍、弥撒所用的器具、十字架、基督像等，全部没收并销毁。

四、基督教徒中属于上流社会者，以往在被讯问时享有免于拷问等诸多特权，如今依法剥夺其全部特权。

五、承认身为基督教徒者，将丧失包括法庭辩护权在内的受罗马法律保护的一切权力。

六、没收由信徒捐赠积累的所有教会资产，交由拍卖行进行拍卖，所得资金分配给教会资产所在地的地方自治体，或与基督教徒无关的职业社团。

七、所有承认身为基督教徒者，开除一切公职。

这等于戴克里先向基督教发出的宣战通告，而且，所有的政策都由皇帝派遣军队严格执行。

这道敕令在其他地方的推广情况不得而知，不过在戴克里先直接管理的帝国东方，遭到了基督教徒的激烈反抗。从地图上也可以看出，帝国东方的基督教普及率要比西方高得多。在戴克里先定为首都的尼科美底亚，有一名基督教徒撕毁敕令，然后绕着广场边跑边喊“基督教必然胜利”之类的话。这名男子立即遭到逮捕，并被处以死刑，成为敕令发布后的第一个殉教者。

而且，这件事发生不久，尼科美底亚的皇宫就两次失火，而且是在很短的时间内发生了两次。第二次火灾的起火点，就在皇帝寝室附近。不用说，皇宫里的所有人从上到下都受到了严密的讯问。火灾的原因到底是意外还是恶意纵火，现在已经不得而知。不过在讯问之下，发现皇宫内有大量基督教徒存在。下层的用人只是被逐出皇宫，而上层人员则被处以死刑。可见，戴克里先没有忘记五年前在举行祭典时画十字的人。

根据记录，由这道敕令引发的基督教徒暴动，除了小亚细亚之外，还波及叙利亚。不过戴克里先毫不犹豫地派了大军前往镇压，使得这些暴动在扩散前就被镇压了。军方可是完全站在戴克里先这一边的。步子一旦迈出就绝不回头的戴克里先，很快就公布了第二道敕令，只不过，第一道敕令的对象是全体公民，而第二道敕令则是给各“县”长官的指令。

第二道敕令的扫荡对象，针对的是构成基督教会组织的中枢——主教、牧师、副牧师等神职人员。各“县”长官受命，必须将这些人逮捕入狱。

紧接着，戴克里先又棒打落水狗般地发布了第三道敕令。这道敕令仍然是发给各“县”长官的指令，里面强制要求在押的神职人员举行对罗马诸神的献祭仪式，并规定，接受者马上释放，抗拒者即刻

罗马帝国基督教徒分布推测图（公元3世纪末期）

处死。

这道敕令的实施结果是，只有四人被处死，其他全部被释放，只是不能确定这个数字是否包括罗马帝国全境的神职人员。

据研究人员表示，戴克里先在访问罗马并举行凯旋仪式之后，回到尼科美底亚，也就是公元 303 年年末才颁布第四道，即最后一道敕令。这道敕令依旧是给各“县”长官的指令，只是在四道敕令中，这道敕令最残酷，也最不符合罗马人的性格。

以前图拉真皇帝对基督教徒制定的政策，但凡非正式的控告、匿名控告皆不予受理。如今这项传统政策也成了过去式。现在即使无人控诉，只要传闻某人是基督教徒，当事人就会遭到政府的逮捕、讯问。这些教徒，无论男女老少，都要强制向罗马诸神行礼，抗拒者依令处以死刑或被判劳改。

不过，比起基督教徒来说，第四道敕令对于信仰罗马传统诸神的人，即基督教徒口中的“异教徒”（paganus），造成的影响更大。神职人员以传教为工作，另当别论，而一般的教徒只是信仰基督，并未对罗马社会造成任何损害。仅仅因为信仰基督教就要被处死或劳改，让肯定宗教信仰自由的多神教教徒看在眼里，觉得无法认同。很多的“异教徒”宁愿冒着违背皇帝及“县”长官意愿的风险，协助基督教徒藏匿。不过这种行为发展到什么程度就不得而知了，毕竟这种善行往往是私底下进行的，而且是个人进行的活动，所以外人无从正确把握全貌。

不管怎么说，至少在公元 303 年和 304 年这两年时间里，帝国境内的很多地方，尤其是东方，都在刮着迫害基督教徒的风暴。虽然其后态势有所减弱，但直到公元 309 年，以基督教徒为打击对象的敕令依然有效。不过有很多研究人员表示，如果把这称为“大迫害”的话，判处死刑的人未免也太少了。而且，基督教留下的记载显示，当公元 309 年禁令被解除后，社会情势如下：

一、大量的基督教徒从监狱或劳改中被释放出来，返回家中。

二、神职人员也被释放，回到原来的工作场所（重建的教堂，或以其为中心建立的基督教徒社区）。

三、弃教者痛改前非，乞求重新被社区接纳。

如果这些记载属实，那么皇帝戴克里先的“大迫害”，实际情况应该是这样的：

一、处死的人仅占总体的少数，其他大部分人，包括神职人员在内，被送进监狱或者在矿山、建筑工地劳改。

二、有很多改宗弃教的人存在。

在日本反基督教时期，有一个特有名词叫作“转向”，后来成为日本文学中一个深刻的主题。有趣的是，古代正宗的基督教社会反倒从人性的角度务实地看待这个问题。基督教徒也是人，自然也会“转向”。因此，真正应该思考的是当转向的教徒申请回来时应该如何处理的问题。

实际上，在公元 3 世纪后半期，罗马政府也零星地推出过镇压基督教徒的政策。当时的教会已经把允许弃教者回归的程序制成既定程序。比如，首先要在冬季穿着粗陋的短衣，跪在教会门口苦苦哀求，然后还必须一一经历一系列艰辛苛刻的体验。但至少地区教会允许弃教者回到社区之中。虽然我本人不是基督教徒，但也非常佩服古代基督教会的弹性，允许弃教者回归就是我佩服的弹性制度之一。不过，也有许多人觉得不该原谅曾经改宗弃教的人，是否允许弃教者回归，成了基督教会内部鹰派和鸽派对立的主要原因。

戴克里先浴场

现在的罗马有着短时间内参观不完的美术馆和博物馆。不久之前，在罗马中央车站附近罗马国家博物馆的特鲁美博物馆举办的希腊罗马艺术展上，展品的质量和数量甚至超过了梵蒂冈博物馆。之所以说“不久之前”，是因为这几年罗马国家博物馆将展品分成了四部分，分别放在马西莫宫、阿尔腾普斯宫、八角大厅及特鲁美博物馆展示。这真让人怀疑罗马国家博物馆将馆藏分成四份，是不是为了赚取四倍的门票收入呢？因为特鲁美博物馆面积宽阔，空间足以展示庞大的历史遗物和美术品。当年戴克里先皇帝为纪念凯旋仪式的举办以及自己在位 20 年，特向罗马公民致赠了一所大型公共浴场。后世意大利人在原浴场遗址上建立了这座博物馆。这座浴场建成后按照罗马传统的习惯，以建设者的姓名来命名，叫作“戴克里先浴场”（Thermae Diocletianae）。而戴克里先修建这座建筑的动机也是依照罗马传统，感谢社会给予自己发挥才干的机会，因此特别将利益回馈社会。自然，意大利语中的“特鲁美”（terme），也是从拉丁语的“浴场”（thermae）衍生而来。因此特鲁美博物馆也叫浴场博物馆。

这座戴克里先浴场于公元 295 年开工建设，公元 305 年完工，以罗马时代的建筑而言，花费 10 年时间来修建的，算是很少见，可能是由于这一建筑实在过于庞大了吧。在戴克里先动工之前，罗马最大的浴场是卡拉卡拉浴场，能够容纳 1 600 人同时进场。而戴克里先浴场的规模则能够容纳 3 000 人。当然，这个数字并不仅仅包括享受热水浴（calidarium）、温水浴（tepidarium）、冷水浴（frigidarium）等三温暖的人，应该还包括享受浴场内各项其他设施的人。因为罗马式浴场，特别是皇帝捐赠的浴场，必定会附带体育场、图书馆、画廊、音乐厅、游戏室、散步长廊等各项设施。

此外，冷水浴也代表使用者可以在中央的宽阔泳池里自由地泅水。在罗马式浴场中，冷水浴池的周围必定配有大理石雕刻的诸神裸像立在那里供人欣赏。如果在不满百年后发生的异教徒迫害风暴中，罗马的浴场没有遭到破坏，光是一座浴场就可以成为一座博物馆。难怪这座浴场在当时被罗马人称为“平民的宫殿”。

到了 1 800 年后的现代，卡拉卡拉浴场由于长年成为建材挖掘场，雕像、大理石遭人洗劫一空，成了一片废墟，但遗址的规模还在。这是因为罗马的市中心随时代的变迁而向北迁移，卡拉卡拉浴场所处的南区未被时代的潮流波及。而反观戴克里先浴场，到了引进铁路的 20 世纪之后，成为罗马的市中心。现在的浴场周边，三面被中央车站、财政厅以及罗马最高级的饭店包围。因此，戴克里先浴场没有像卡拉卡拉浴场一样，留下完整的遗址供后人凭吊。现在专用为博物馆的只是整体中的一个区域而已。不过，如果我们发挥想象力，还是可以感受到其曾经的宏伟和壮丽。

现在的特鲁美博物馆正门面朝中央车站方向，里面陈列着之前被分成四份后的四分之一的美术品以及众多的历史遗物。当我们买票进入之后，在馆内环绕一圈，会觉得步行距离相当长，其实这只是大浴场的一个区而已。

逛完一圈离开博物馆，沿着遗迹步行片刻，就到了一个叫作“共和广场”的地方，当地人习惯称之为“Piazza Esedra”（半圆形广场）。广场中央有一座喷泉，叫作娜雅蒂仙女喷泉。

在广场的一角有一座教堂。一般教堂的正面多为平面，但这座教堂的正面是凹进去的，呈弧形。因为这座教堂的墙面直接沿用了戴克里先浴场的“热水浴室”和“冷水浴室”的间隔墙，所以才有这么奇特的外形。

进入教堂内，就是原先的“温水浴室”。穿过这里往里走，会看到一片广阔的空间。教堂主体部分，可以说占据了昔日的整个“冷水浴室”。也正因为沿用原建筑，这座教堂并不像一般教堂那样呈纵向的十字形，而是呈横向的十字形。建筑内的 8 根圆柱从完工到现在也经历了 1 700 多年的岁月。这座教堂如此奇特的原因，在于米开朗基罗被当时的罗马教皇委以教堂建设任务后，打算尽可能将原有建筑的风貌保存下来。而教皇之所以想在这里建筑教堂，是因为传说建设戴克里先浴场时，曾经强迫 4 万名基督教徒在这里做劳工。这座浴场于公元 295 年开工，而镇压基督教徒的敕令却是在公元 303 年才开始颁布，所以这座巨大的浴场并非完全由基督教徒所建。不过在施工的 10 年中，最后两年的确是遇上了强制基督教徒劳动的时期，所以教堂的名字才会被称为“安杰利圣母堂”(Santa Maria Degli Angeli)。不过当时已进入文艺复兴时期，作为意大利文艺复兴的代表艺术家之一，米开朗基罗想要在修建基督教堂时，保留罗马的异教色彩，对他来说并不是什么为难的事情。

但是多亏了他的这一行为，我们这些后人又多了一处可以体验罗马人空间感觉的地方。另一处，自然就是哈德良皇帝修建的万神殿。也许还是有屋顶的建筑更适合人们去感受它的内部空间吧。

当我们蒙米开朗基罗的恩惠，体验过大浴场内部的空间感觉之后，就该走到外面去感受一下整个浴场的宏大规模了。出了教堂，穿过广场，走到呈半圆形环绕广场的长廊里。在 18 世纪重新开发此地为广场时，为了修筑国家大道，半圆形长廊的中央部分曾经被拆除。现在我们必须运用丰富的想象力，将眼前熙熙攘攘的人群和络绎不绝

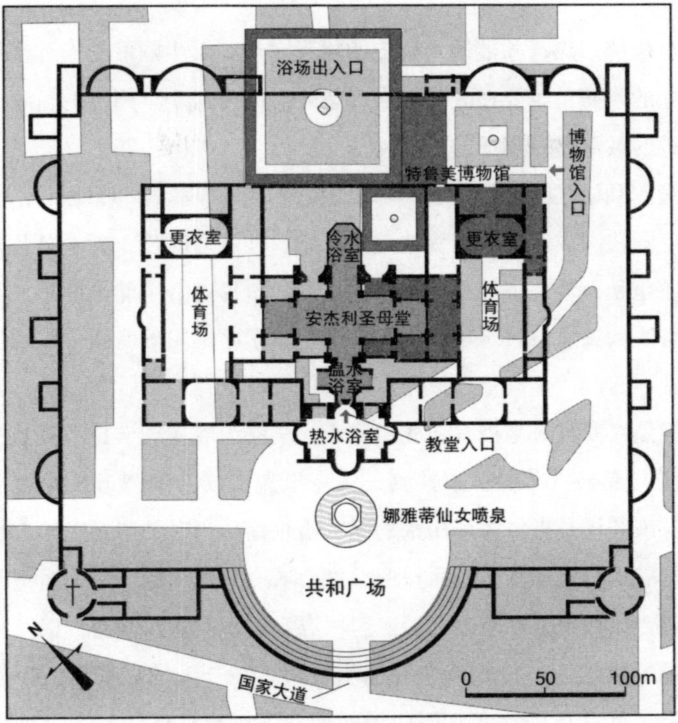

戴克里先浴场平面图

安杰利圣母堂入口

的汽车统统扫除，才能进入历史的时光隧道。而半圆形的长廊曾经遭到拆除的事实，也要在大脑中自动忽略。因为这个半圆形的长廊，正是广阔的戴克里先浴场的外围。

意大利语“esedra”源于罗马时代通用的希腊语“exedra”，意思是采用圆柱围成半圆形走廊的建筑形态。在罗马时代，无论是公共建筑，还是私人住宅，都很喜欢采用这种建筑形态。可能是罗马人觉得一条直线到头显得过于单调，而在墙上多了半圆形的曲线可以增加变化吧。

但是，罗马人是极其务实的民族。从沦为废墟的卡拉卡拉浴场遗址的研究成果，考古学家推测，戴克里先浴场的半圆形长廊地下部分，应该同样是提供浴场用水的巨大蓄水槽。当时的浴场工作人员应该是先取水烧成热水，然后按照温度要求，分别送到“热水浴室”输水管道，凉却至三四十度之后送至“温水浴室”输水管道，以及将未曾加温的水送至“冷水浴室”输水管道。在今天的广场上，喷泉周围满是来来往往的汽车，而广场的地底下，想必环绕着这三种输水管道。

“大浴场”和“神殿”“大礼堂”不同，完工后如果不勤加维护，就无法持续发挥功能。比如，一般浴场需要预备 30 天的常规用水，这就要求有足够大的蓄水设备，还要储备作为燃料用的木柴等。另外，还要配备固定的人员来保证设备的运转。这些准备工作虽然入浴者看不见，但不可缺少，甚至还很烦琐。就以其中的燃料为例，不是凑齐所需的用量就可以的。有些树木即使在充分燃烧之后还是会冒出浓烟。如果使用那些会冒浓浓黑烟的木柴，不仅浴室地下预留给热气流通的管道会积下烟灰，造成功能不畅，浓烟甚至会进入浴室，造成沐浴者呼吸困难，甚至发生窒息的危险。因此，浴室中严禁使用橄榄

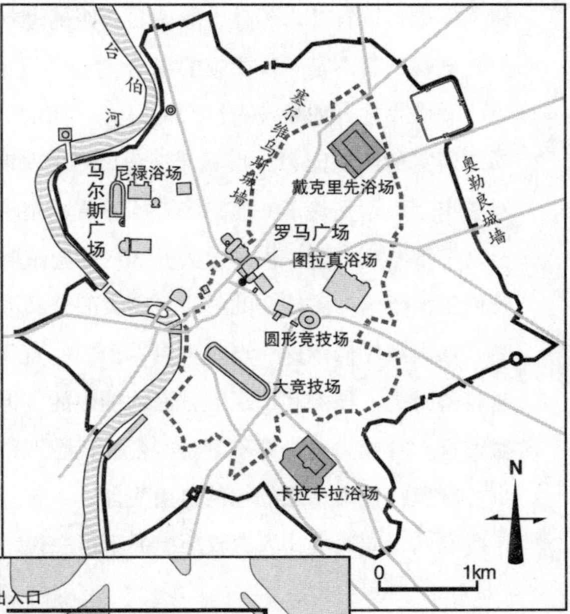

当时的罗马市区略图

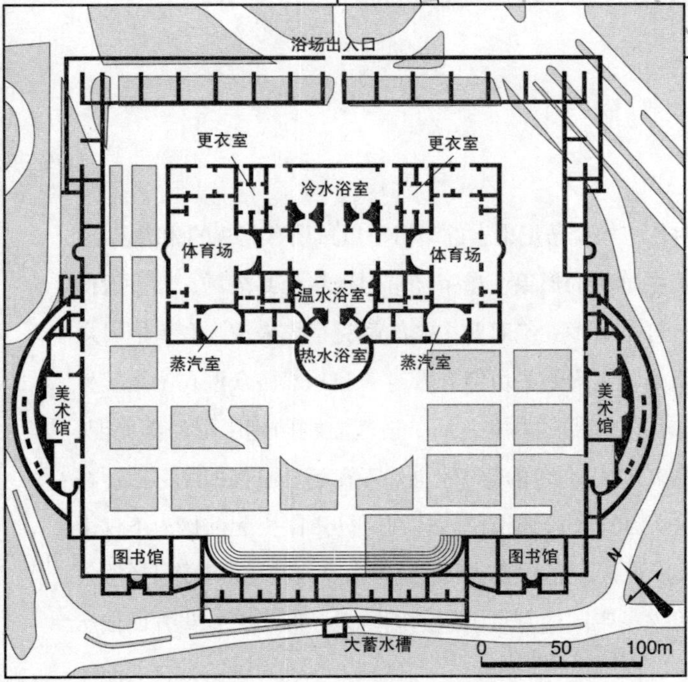

卡拉卡拉浴场平面图

树木，燃料以针叶木为佳，其中最高级的燃料是冷杉木。光是浴场的燃料准备，就不是一件简单的事情。

总而言之，如果没有巨大的财力、高水平的技术，以及有效发挥功能所需的组织能力，也就无法成就古罗马时代的大浴场。10年后，君士坦丁皇帝又建了一座浴场，不过规模很小，连戴克里先浴场的十分之一都不到。这样说来，公元305年建成的戴克里先浴场算是由皇帝修筑馈赠给公民社会的最后一座大型公共浴场。

从大浴场修建这一点也可以看出，一直到公元4世纪初，罗马还是具备财力、技术和组织三方面的能力的。但是仅仅在百年后，罗马被连这三种能力之一都不具备的蛮族任意践踏，肆意掠夺。站在半圆形长廊里，任由想象的翅膀自由飞翔，不仅让人感受着当年大浴场的广阔空间，同时也让人感叹历史的不可思议。

退位

在五贤帝时代，帕拉蒂尼山上的皇宫里虽然设有完善的沐浴设施，但是为了展示民主皇帝的形象，皇帝经常出现在公共浴场，和一般的民众裸体相对。可是对确立绝对君主制的戴克里先来说，和一般民众保持距离才是重点，因为绝不可能光着身子和一般民众混在一起。另外，在公元303年凯旋仪式办完之后，他就立刻回到了尼科美底亚，以他个人姓名命名的大浴场落成时他也并不在场。不仅如此，他还在大浴场完工的公元305年宣布退位。这在罗马帝国史无前例，不仅由皇帝自己主动要求退位，连共治皇帝马克西米安也被连带着拖下台。

尽管戴克里先是帝国绝对君主制的创始人，但是在有些方面依然积极效法五贤帝时代的做法。比如，在他结束自己 20 年主政生涯后，将皇位传给既定的继承人。还有，把女儿嫁给继承人，构建一个让大众容易接受的局面。这些方面都与五贤帝时代相同。

到公元 305 年，戴克里先在位已经掌权 20 年。与五贤帝不同的是，他们是因为过世才结束自己 20 年左右的统治生涯，而戴克里先退位之后还活在人间。也许从他的角度来说，帝国重建的所有改革已经实施完毕，自己已经尽到了所有职责。罗马皇帝是一个劳心费力、杂务庞多的职位，就连身体强健的图拉真、哈德良皇帝也在 20 年操劳之下油尽灯枯。戴克里先虽然还留有一条命，但应该也是疲惫不堪了。毕竟，他这时已是年逾六旬了。

由戴克里先创立的“四帝共治制”，除了分别设立四位皇帝分担国防守卫重任外，另一个目的是，通过事先设立“副帝”，避免因皇位继承问题引发内战。当然，戴克里先希望在自己有生之年看到从第一轮“四帝共治制”转变为第二轮“四帝共治制”，也是人之常情。因为如果权力能够平稳地实现过渡，也就成功避免了内战问题。

只是不知道戴克里先有没有考虑到这个问题。五贤帝时代的罗马帝国之所以能享受空前的和平和繁荣，原因之一是五人当中有四人都没有亲生儿子。五贤帝之一的哈德良皇帝曾经说过：儿子不能选择，但继承人可以挑选。那是因为他没有亲生儿子才这么说。五贤帝时代在马可·奥勒留身上终结，就是因为这位“哲学家皇帝”有一个已经成年的儿子，名叫康茂德，皇位就只能让他来继承。姑且不论这个康茂德适不适合做皇帝，被排除于皇位继承名单之外的皇室嫡子，无论当事人做何感想，都会是现任皇帝反对阵营最适合打出来作乱的招牌。也就是说，这会是内乱或内战的导火线。在这个皇权过渡平稳等于政局稳定的时代里，如果皇帝有亲生儿子却选择以实力为先的继位第一轮“四帝共治制”

西方	东方
正帝马克西米安 意大利·北非 	正帝戴克里先 东方全境 
 不列颠·高卢·西班牙 副帝君士坦提乌斯·克洛鲁斯	 巴尔干·希腊 副帝伽列里乌斯

方式，就必然要承担政局动荡的风险。

“正帝”戴克里先膝下只有一个叫作瓦莱利娅的女儿，没有儿子。

另一位“正帝”马克西米安膝下，按长幼顺序来说，首先是妻子再嫁时带过来的女儿狄奥多拉，以及亲生的儿子马克森提乌斯、女儿法乌斯塔。

在第一轮“四帝共治制”时，正帝戴克里先将女儿瓦莱利娅嫁给了伽列里乌斯，将其收为养子并任命为“副帝”。另一位正帝马克西米安将女儿狄奥多拉嫁给了君士坦提乌斯·克洛鲁斯，同样将其收为养子，立为“副帝”。如此构成了整个“四帝共治制”的框架体系。天下闻名的猛将伽列里乌斯当时33岁，正当壮年，在迎娶正帝的女儿时没有离婚的必要。但是，另一位副帝候选人君士坦提乌斯·克洛鲁斯当时已43岁，他在担任百夫长期间就已迎娶了小酒馆老板的女儿海伦娜，并生有一子。在“四帝共治制”成立时，其子君士坦丁已经18岁。而君士坦提乌斯·克洛鲁斯后来还是与海伦娜离婚了，与狄奥多拉再婚，获得了副帝的职位。在我看来，第一轮“四帝共治制”只是个勉强构建的体系。之所以能够维持22年，是基于以下两个原因：

第一，姑且不论将政体转变为凡事都实行高压专制是否值得，至少这20年里，无论是北方蛮族还是东方大国波斯都无法再入侵罗马帝国。

第二，马克西米安的亲生儿子，最有帝位继承资格的马克森提乌斯还只是个十来岁的少年。

但是到了公元305年，第二轮“四帝共治制”开始时，虽然为前妻所生，但身为正帝嫡子的君士坦丁已经年满30岁，而前任正帝的亲生儿子马克森提乌斯也已经27岁了。

第二轮“四帝共治制”

西方	东方
正帝君士坦提乌斯·克洛鲁斯  不列颠·高卢·西班牙	正帝伽列里乌斯  巴尔干·希腊
 意大利·北非 副帝塞维鲁	 东方全境 副帝马克西米努斯·代亚

君士坦丁

马克森提乌斯

			293 年	305 年	306 年	307 年	308 年	310 年	311 年	312 年	313 年	325 年	337 年
↑第一轮四帝共治		戴克里先	48 岁	60 岁	61 岁	62 岁	63 岁	65 岁	66 岁	67 岁	去世		
		马克西米安	43 岁	55 岁	56 岁	57 岁	58 岁	去世					
	↑第二轮四帝共治	伽列里乌斯	33 岁	45 岁	46 岁	47 岁	48 岁	50 岁	去世				
↓		君士坦提乌斯·克洛鲁斯	43 岁	55 岁	去世								
		塞维鲁	不详	不详	不详	去世							
	↓	马克西米努斯·代亚	23 岁	35 岁	36 岁	37 岁	38 岁	40 岁	41 岁	42 岁	去世		
		李锡尼	28 岁	40 岁	41 岁	42 岁	43 岁	45 岁	46 岁	47 岁	48 岁	去世	
		君士坦丁	18 岁	30 岁	31 岁	32 岁	33 岁	35 岁	36 岁	37 岁	38 岁	50 岁	去世
		马克森提乌斯	15 岁	27 岁	28 岁	29 岁	30 岁	32 岁	33 岁	去世			

说明：以上人员均出身于社会底层，因此生年不详。表中数字误差在 5 岁以内。

293 年——第一轮“四帝共治制”开始。

305 年——第二轮“四帝共治制”开始。

306 年——君士坦提乌斯去世，“四帝共治制”崩溃，6 位皇帝并立。

308 年——为消除混乱，在卡农图姆举行“首脑会谈”。

310 年——马克西米安被君士坦丁逼迫自杀。

311 年——伽列里乌斯病故。

312 年——君士坦丁打败马克森提乌斯，马克森提乌斯败亡。

313 年——李锡尼与君士坦丁两位皇帝共同发表承认基督教的《米兰敕令》。

325 年——李锡尼在与君士坦丁的对抗中兵败被处死。

337 年——君士坦丁作为唯一的皇帝在位 12 年后去世。

据说第二轮“四帝共治制”体系的人事任命，依然是由“四帝共治制”的创始人戴克里先主导的。

戴克里先与马克西米安两人退位后，“正帝”由东西方两位“副帝”直接升任补位。问题是，现在又需要补充两位新的“副帝”人选，戴克里先任命西方由塞维鲁、东方由马克西米努斯·代亚接手升任。

第一轮“四帝共治制”中的四人，加上第二轮“四帝共治制”中被任命为“副帝”的两人，这六位皇帝身上有很多的共同点：

一、他们都出生于被历史学家卡西乌斯·狄奥称为“罗马帝国国防能力测量仪”的多瑙河防线附近，相当于现在的巴尔干地区。

二、六个人都出身于罗马社会底层。

三、六个人同样都是年纪轻轻就入伍，在军队中苦熬出头。在第二轮“四帝共治制”中被任命为副帝的两个人，塞维鲁是君士坦提乌斯·克洛鲁斯任副帝时的得力下属，马克西米努斯·代亚是戴克里先在正帝任内的将领，在正帝西行时镇守东方有功。

从这两个人选的背景可知，无论是正帝还是副帝，戴克里先的选择标准还是以军事能力和经验为重。如此一来，获选人的年龄自然要比罗马社会规定的担任国家要职的最低年龄30岁超出许多。也正因如此，现任正帝之子君士坦丁和前任正帝之子马克森提乌斯两人，就被排除在了帝位继承者的行列之外。因为这两人的年龄和军事功绩都不满足条件。另外，戴克里先也不认同将帝位传给儿子的世袭制。偏偏在这种情况下，新任的两位副帝又没有像第一轮“四帝共治制”成立时那样迎娶正帝的女儿为妻，再由正帝收为养子，赋予其政治权威。实际上，当时即使想这样做也做不了。当时的正帝伽列里乌斯没有女儿可嫁，而君士坦提乌斯·克洛鲁斯的女儿还是个幼童。

第二轮“四帝共治制”在比第一轮更为牵强的情况下起步。但是戴克里先似乎倒是相信，第二轮会和第一轮一样，能保持帝国20年的安全和稳定。他退位禅让时，走得干净利落。在那些认为当权者就是紧抓权力死不放手的人看来，戴克里先绝对值得赞扬。宣布退位之后，戴克里先就离开了尼科美底亚的皇宫，回到故乡养老去了。当时是公元305年的春天，距离5月1日两位正帝分别在尼科美底亚和米兰发布正式退位宣言不久。

从住宅可以看出主人的个性。特别是这个人为养老送终修筑的房子，更能看出其性格特征。

戴克里先出生在达尔马提亚地区，面向亚得里亚海的小城市索罗那。而他选中养老的地方就在索罗那附近远离尘嚣的阿斯帕拉托斯。文艺复兴时期的威尼斯共和国曾以此为军事基地，因此按照意大利语改称为斯帕拉托。现在这个地区属于克罗地亚共和国，名字也照斯拉夫语系发音改称为斯普利特。

在当地的海岸边建有一座边长 100 米以上的方形建筑，这一庞大的建筑物既不能被称为“别墅”，又不像“宫殿”，看来只能叫它“城堡”了。这里也就是将罗马帝国由元首制转变为绝对君主制的戴克里先养老送终的地方。

仅从平面图来看，这里让人联想到罗马帝国的军团基地，但这里的建筑比军团基地还要坚固。即使到了 1 700 年后的今天，这栋建筑还留下了一部分。可以想见，在罗马帝国末期这里还是能够充分发挥建筑物的功能的，这也难怪当时每当蛮族入侵，附近的居民就会选择逃到这里避难。前任皇帝选择养老的斯普利特，原本连乡镇都算不上，它后来渐渐发展成城镇，也是因为逃入此地的居民在这里定居发展起来的。实际上，现在斯普利特老街有一半左右都是以前戴克里先宫殿遗址。这里已经不是古迹，而是一座城镇了。

到现在还能遗留下这么多遗迹，可能是因为整个建筑都用石头修建。这与罗马传统的修建方式——用砖瓦砌墙，外贴大理石板——是完全不同的。正因为如此，这栋建筑给人的感觉，说好听点是稳重，说难听点就是沉闷。宫殿占地宽广，尤其是西南角皇帝个人私用的部

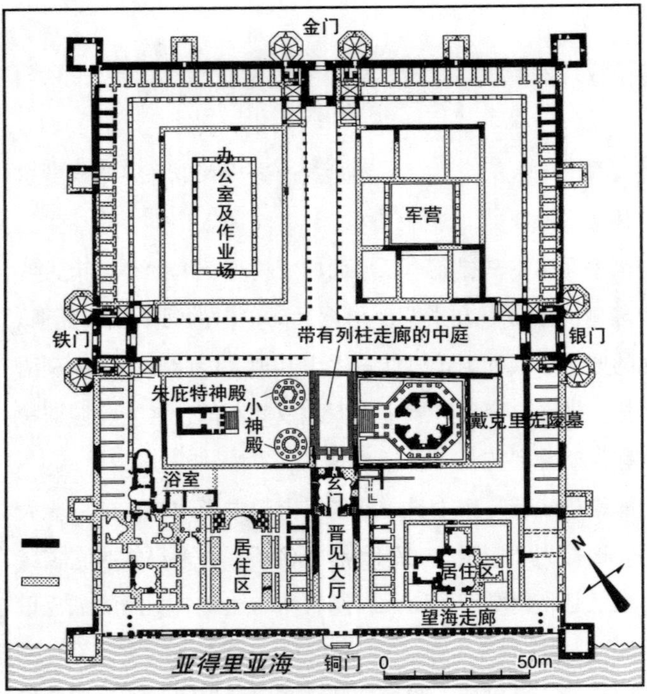

戴克里先宫殿平面图

戴克里先宫殿复原图

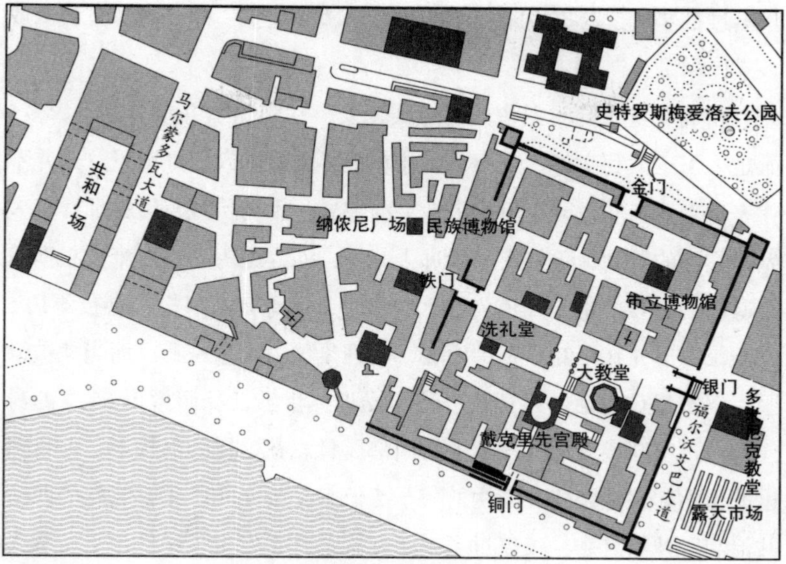

现在的斯普利特市区图

分面朝大海，想必光线充足，通风良好。临海的一面有一条 100 米长的直线走廊，就连散步也没有外出的必要了。

可是，参观完这栋建筑让人忍不住怀疑，住在这里是不是会感觉非常苦闷？毕竟，这里没有一件让人觉得优美的事物。和提比略皇帝在卡普里岛的别墅、哈德良皇帝在蒂沃利的别墅比起来，真让人怀疑以前在罗马帝国连皇帝都具有的审美意识，现在都跑到哪里去了？整座城市的气氛令人感到压迫、苦闷，喘不过气来，简直就是戴克里先改造成绝对君主制后的后期罗马帝国的真实写照。在这座城市的内部，与最高神朱庇特神殿相对的位置，建有戴克里先生前为自己修好的陵墓，这也证明了戴克里先将这座城堡式的宫殿当成送终的地方。

只不过百年后，这里也跟其他所有“异教”建筑一样，被基督教当成教堂使用了。

和戴克里先同时退位的马克西米安，在引退后并没有回到家乡，而是去了意大利南部一个小镇，住在很早以前购入的别墅里。这并不代表马克西米安与戴克里先个性上的差异，不会像戴克里先那样事先做好完善的计划，盖好房子搬进去养老，而是因为马克西米安根本没有退休的打算。也不知道为什么，这个人无论什么事情都会被年长 5 岁的戴克里先在不知不觉中说服，也许是他为人憨厚吧。而当他被说服、宣布退位之后，不但没办法享受退休生活，反而觉得 55 岁的身体精力过度旺盛，无法在意大利南部度日。在这样的前提下，他自然也就提不起兴趣修建养老用的房子。但是，公元 305 年第二轮“四帝共治制”开始之后，仅仅过了一年零两个月，发生了一件出乎所有人意料的事情。

第二章 君士坦丁时代

（306—377 年）

“四帝共治制”崩溃

公元 306 年 7 月，在不列颠指挥对北方蛮族防卫战的正帝君士坦提乌斯·克洛鲁斯驾崩。具体死因不得而知，不过可以明确的是，他既非战死，也非遭到暗杀，更不是长期卧病之后身故。据推测，可能是 56 岁的皇帝突然发生了脑部或者心脏方面的急性疾病。

这一发生在帝国最西北边境的突发事件，要传遍全帝国可是要花费些时间的。而且实行“四帝共治制”之后，首都罗马也不再像元首制时期那样，集大脑和心脏的功能于一身。如果功能集中于一处，信息自然也朝一处集中。以此为依据制定的政策，也就能从罗马传布到全国各地去。当时的信息传递无论是快马还是狼烟，全部仰赖罗马式大道。因此条条大道通罗马，也就意味着条条大道起于罗马，这一体系对于信息和指令的传达极有助益。

但是，“四帝共治制”剥夺了首都罗马的这一功能。随着皇帝增加到 4 名，首都也增加到了 4 处，罗马丧失了权威地位。当然，特里尔、米兰、西尔米乌姆、尼科美底亚这 4 座城市，也同样铺设了道路网，但是，并没有达到罗马那种四通八达的程度。遍布罗马帝国全境的罗马道路网，是罗马人历经 500 多年的努力的成果，不是短短十来年就可以模仿得来的。而且，第二轮“四帝共治制”也没有像第一轮时那样，存在戴克里先这样权力、权威都凌驾在另三位之上的皇帝。第二轮“四帝共治制”中的四帝之间的差距要比第一轮小得多。在这种情况下，即使信息传过了多佛尔海峡，传播速度依然缓慢。而获得信息之后身处异地的诸位皇帝又必须相互协商。经过这一系列程序，将最终协商的政令再传回发出信息的人的手边需要的时间，自然较过去要漫长得多。而且，以亲生儿子身份为父亲送终并将噩耗传给列位皇帝的君士坦丁，可不是那种会坐着等消息的人物。

后来被尊为“大帝”（拉丁语是“Magnus”，英语是“Great”）的君士坦丁，在父亲猝死那年 31 岁。虽然是正帝君士坦提乌斯的亲生子，而且在兄弟间年纪最大，但他当时的立场很微妙。因为他是君士坦提乌斯的前妻所生，他的生母海伦娜是小酒馆老板的女儿，出身低微。君士坦提乌斯与前正帝的女儿狄奥多拉生的两个儿子，即君士坦丁的同父异母的两个弟弟相比，身份较为不利。而实际上，当公元 293 年他的父亲与狄奥多拉结婚当上副帝时，就把他与母亲一起送回东方，免得留在身边会有麻烦。

但是，对君士坦丁来说，这反而是一件幸运的事情。他因此得到机会，在以尼科美底亚为中心的戴克里先皇帝帐下开始了自己的军旅生涯。从 18 岁到 30 岁，君士坦丁利用这一学习的最佳时期，积累了作为一位皇帝必需的军事经验。至于他具体在哪里，担任何种职务，指挥过多少士兵，现在已无从考证。但是，在父亲君士坦提乌斯升格为正帝的那一年，他回到父亲身边。而成为正帝之后责任更为重大的父亲，愿意将他视为武将赋予重任，证明他在东方的军事经历得到肯定，也给他带来了机会。另一件幸运的事情是，他能在父亲过世的前一年回到他的身边。

对于战争中的司令官来说，没有什么事情比得到有才能的武将更为难能可贵的。如果这名武将还是跟自己有血缘关系的人，当然再好不过，这样也就可以更放心地赋予重任。而君士坦丁也没有辜负身为总司令的父亲的殷切期待。在士兵当中，这名年轻武将的威望与日俱增。不仅如此，而且他还长得牛高马大，威风凛凛，外表上也颇具领袖气质。

只要是参战的官兵都心知肚明，那就是战争进行到一半失去总司令是一件多么不利的事情。当知道正帝君士坦提乌斯·克洛鲁斯去世的消息后，官兵们自然也就把寻求继任者的目光投在了年轻的君士坦丁身上。毕竟，他是正帝所有儿子中年纪最大的，再者他已经在战场上证明了自己的军事才能，而且君士坦丁本身也不是那种静待周边舆论成熟的人物。

在聚会的场合，要操控与会者的意见并非难事。只要事先安排好煽动者以及几个随声附和的人就可以办到。当带着正帝死讯的特使还在多佛尔海峡一带时，聚集在不列颠北部军团基地的官兵已经共同拥立君士坦丁为皇帝，而且不是"副帝"，是"正帝"。也许他们认为既然过世的是正帝，那么继位的自然也该是正帝。但是，这样一来，在帝国最西北边境的官兵就破坏了戴克里先制定的"四帝共治制"。

以往由士兵推举皇帝的恶习容易造成政局动荡，"四帝共治制"创立的目的，也包括排除这个恶习。但是，在这项制度创设13年后，即在第二轮"四帝共治制"开始仅仅一年之后，已经有一角开始崩溃，同时也为未来18年的动荡和内乱拉开了序幕。

现任东方正帝伽列里乌斯居住在多瑙河附近的西尔米乌姆。君士坦提乌斯·克洛鲁斯猝死的消息和官兵们拥立君士坦丁为正帝的消息传到他耳边，究竟相隔多长时间，我们无从得知。但可以确定的是，绝对不够他为正帝去世立下合适的应对政策。伽列里乌斯一直很尊重老长官戴克里先，因此他也希望能维持戴克里先创立的"四帝共治制"。问题是，这一既成事实也难以抹杀。因为经过戴克里先改革之后，罗马的军队性质已经不同以往。军队的精锐不再是元首制时期防守在帝国边境的军团，而是变成了皇帝的直属部队，即由皇帝亲自率领四处打击敌军的游击军团兵。拥立君士坦丁为正帝的就是这样的精锐士兵，且人数不下 5 万。现在要想当作什么事都没有发生，是不可能的。如果胆敢宣布他们拥立的皇帝无效，马上就会掀起一场内乱。

正帝伽列里乌斯决定采用妥协方案来维护“四帝共治制”。空缺的帝国西方正帝的职位由副帝塞维鲁升格担任，君士坦丁填补西方副帝的职位。君士坦丁也接受了这一妥协方案。毕竟这个大胆且懂得等待的年轻人才 30 岁出头。乍看之下，“四帝共治制”似乎成功得以维持存续，但实际上，这种局面仅仅维持了三个月不到的时间。

六位皇帝

公元 305 年，戴克里先和马克西米安两名正帝同时退位，拉开了第二轮“四帝共治制”的序幕。当时，身为皇帝之子却被排除在帝位继承体系之外的有君士坦丁和马克森提乌斯两人。但在短短一年之后，君士坦丁却成为副帝，回到帝位继承的轨道上来。依然被排除在外的只剩下马克森提乌斯一个人，而且他不但是前任正帝马克西米安的嫡子，还迎娶了现任正帝伽列里乌斯的女儿。而相对的，新任副帝君士坦丁的妻子并非皇室出身。此外，这两个人的年龄只差 3 岁。

公元 306 年 7 月 25 日，君士坦提乌斯·克洛鲁斯猝死于不列颠。

随后，君士坦丁宣布继承父亲的正帝职位。

正帝伽列里乌斯以向君士坦丁妥协的方案，暂时维持“四帝共治制”的存续。

三个月后，即公元 306 年 10 月 28 日，马克森提乌斯在罗马宣布登基称帝。

这并不表示马克森提乌斯对于自己一直被排除在帝位继承人选之外的愤怒，需要三个月的时间来引爆，而是他个人的不满，与他所在的首都罗马以及常年作为帝国核心的意大利人民对“四帝共治制”长期累积的不满相互融合，需要三个月的时间。

罗马，在国家（res publica）性质上，与希腊的雅典一样，是城邦。城邦与领土国家的区别，简单地说，就是城邦是先有首都，然后再渐渐向外发展领土。而领土国家则是先有领土存在，然后再决定首都所在。换句话说，城邦是以首都为先的。无论政体如何变化，君主制、共和制，哪怕是皇帝专政，对罗马帝国来说，首都罗马的地位都是毋庸置疑的。它不仅是孕育国家的母体，也是这个国家的大脑和心脏，建国的过程奠定了它无与伦比的地位。

但是，戴克里先设立的“四帝共治制”却把这项保持了 1 000 多年的传统打破了。

作为一国之首脑的皇帝，大本营却另在他方，只有在举行凯旋仪式时才会回到罗马。

元老院的作用也随之淡化。原本的元老院不仅是国家的立法机关，也承担着为国家各重要部门储备人才的任务，具有心脏般重要的作用。但是现在，法律改成了以“敕令”的方式，由皇帝的意志来决定，而且戴克里先严厉禁止元老院元老进入军队任职。如此一来，文官和武将完全分离。这一系列政策使得元老院元老的地位就如当时的讽刺诗里说的那样：“只需要在战车赛的竞技场上挥挥手帕宣布开始的指令就可以了。”

而在首都罗马，虽然已不再像元首制时期那样数以万计，但还是有为数不少的近卫军团士兵驻扎。第二代皇帝提比略建立的兵营依然矗立在首都的东北角。但现在这些人也同样无事可干。原先他们的任务是随皇帝御驾亲征，但现在的皇帝都带着自己的直属军队。加入近卫军团的士兵大多是出生在意大利本土的年轻人，但是老家在巴尔干的皇帝们率领的士兵当然以巴尔干人居多。这样，近卫军团的士兵们只能无所事事地等待退伍，心中自然会累积起诸多的不满。

普通民众对现状也同样怨声载道。以前，历代皇帝都坐镇首都罗马，总归要寻些名目给下面的人一些赏金，现在皇帝很少来，赏金自然也就没指望了。此外，罗马大角斗场举办角斗比赛的次数也必然随之减少。要知道，角斗比赛就跟战车赛一样，是一项花费不菲的竞技项目，以前大多是由皇帝举办的。现在就算修建了大型浴场，也无法洗刷人们心中的遗憾。

没有了这些好处不说，取而代之的却是重税。这些税收从戴克里先时开始征收，在以后的时间里只增不减。新税已经改成由国家制定税收数额，且不问收益一律依法课征。以前作为帝国发源地的意大利本土和尊为首都的罗马，长期以来一直免缴直接税，现在也不再享受这种优待，与帝国其他地方一样，全部要严格按规定缴税。

总而言之，现在时代变了，意大利和罗马的民众再也无法享受以前的优待了。而民众要从心理上接受这种转变，恐怕不是一件容易的事情。如果没有实权，当然也就称不上首都、本土。但是罗马作为首都、意大利半岛身为本土发源地的岁月，已经超过 1 000 年了。

即使在充满迷茫的公元 3 世纪，皇帝更换最频繁的时期，由士兵推举的帝位继承人，哪怕是事后追认，至少都会寻求元老院的承认。此外，将国家政策转化为法律时，皇帝也不可以跨过元老院决议的程序。但凡战事中取得的战果，也都要首先向元老院汇报。

虽然近卫军团的官兵多次卷入刺杀皇帝的行动中，但是也并未剥夺他们身为军人的固有职责。

对普通公民来说，首要的不满还是税收问题。开国皇帝奥古斯都创设的税制，以“广征收、薄税赋”为方针，以促进经济发展为目标，在元首制时期持续了200多年。如今的税收却是为了应付庞大的国家经费而征收。国家机构一旦制定了税赋就不大可能废除，所以关税、营业税也不可能消失。但是，这两种税赋已经不再以“二十分之一税”“百分之一税”来代称。这就意味着，其税率也已经不再是往年的5%和1%。而且，在戴克里先推行的新税制下，又要征收以往不需要缴纳的直接税了。

民众第二个不满的地方，在于戴克里先立法剥夺了迁徙和择业的自由。那个时代的人们应该还不至于像18世纪的人权主义者那样，认为这是侵害人权。但是，他们还是能感受到这种被约束的不自在。而且，随着农村人口的流失带来的城市人口过度密集，想必百姓周围的陌生面孔天天都在增加。

到公元4世纪初期，首都罗马的人口数量依然维持在百万以上，即使经历了险象环生的“3世纪危机”之后，人口数量并没有比五贤帝时代的公元2世纪有所减少，但是内情已大不相同。以前的人虽然抱怨大城市太喧嚣，但依然选择住在首都，是因为都市生活有其优点。但如今，迁徙和择业受到限制，加上经济状况不断恶化，想迁徙也无处可去，只好继续住在原地。而且，当时的治安状况也是日益恶化。如果没有足够的财力组织私人警卫，那么随时可能遭到残兵败将或者失业农民组成的强盗团伙的侵扰，根本无法悠闲地享受田园生活。这个时期首都罗马的百万人口，几乎都是对“四帝共治制”不满的人。支持马克森提乌斯的也就是这些人。我们也可以说，这是被时代抛弃的阶级做出的最后一次抵抗。

在“四帝共治制”体制下，意大利和罗马都归正帝塞维鲁管辖。首都罗马设有塞维鲁任命的“首都长官”。在这名长官及其几个部下被杀害之后，政变也就结束了。随后，马克森提乌斯向元老院请求正式承认其称帝即位。元老院已经很久没有被人这般表示过敬意了，很快就全票通过了这位 28 岁皇帝的任命案。近卫军团也向新皇帝宣誓效忠。当然，聚集在罗马广场的民众也大表欢迎。事情能进展得如此顺利，要归功于事前做出的周密准备。准备工作之一，是将马克森提乌斯的生父，前正帝马克西米安，重新推上了政治舞台。马克西米安虽然让戴克里先拖着一起退了位，但精力依然充沛，充沛的精力不知向何处发泄。与其说他这时出马是协助儿子，不如说他早就在等待发挥才干的机会了。

前正帝马克西米安的积极参与，在元老院、近卫军团乃至一般民众眼中，都无疑是一个重量级的砝码。毕竟，这个人可不仅仅是一年前的“正帝”这么简单，他还曾经担任帝国西方负责人 19 年，并且有 12 年直接负责意大利本土和北非的事务。比起长期待在不列颠和高卢的现任正帝塞维鲁，更受大众亲近。公元 303 年，让首都人民为之疯狂的凯旋仪式，就是由戴克里先和马克西米安两人共同举办。“戴克里先大浴场”虽然是由戴克里先决意修建，但实际负责具体建造事宜的，还是以米兰为根据地的马克西米安。想必在意大利半岛和首都罗马的居民看来，感觉只是一年前的皇帝又回到了身边。

而且，从战功来看，马克西米安也同样胜过第二轮“四帝共治制”中的任何一位皇帝。因此，马克西米安的意义可不仅仅是多了一名 56 岁的武将这么简单。相信马克森提乌斯也非常希望父亲能在这方面提供援助。但是，由于他已经辞掉公职，所以无法带兵。马克森

公元 306 年时的罗马帝国皇帝

西方	东方
正帝塞维鲁 意大利・北非 	正帝伽列里乌斯 巴尔干・希腊 
 不列颠・ 高卢・西班牙 副帝君士坦丁	 东方全境 副帝马克西米努斯

马克森提乌斯

前正帝马克西米安

提乌斯把紫袍献给父亲，请求他重新披上，意即复辟帝位。这件事不知道有没有得到元老院和罗马公民的承认。但是，第二轮“四帝共治制”刚刚开始一年，就变成了“六帝”。尤其是帝国西方，更是一片混乱。本该只有两位皇帝的地方，一下子变成了四位。

要收拾这么混乱的局面，只有西方正帝塞维鲁亲自出马了。毕竟事情发生在他直接管辖的意大利本土和首都罗马。而在目前的情况下，收拾局面的唯一方法就是以篡位的罪名讨伐马克森提乌斯。“四帝共治制”毁于公元306年。20年来，在戴克里先治下从未发生过的内战，在这一年又重新拉开了序幕。

正帝塞维鲁行事倒也是雷厉风行。虽然，当时正处于不适合作战的严冬季节，但他还是即刻率军离开根据地米兰，向南方的首都罗马挺进。不过，在这里要替他辩解几句，因为他当时的处境实在很不利。

当时，各位皇帝直属的游击军团都随时保有数万兵力。每当御驾亲征时都优先动用这些精锐部队。

但是，塞维鲁是君士坦提乌斯·克洛鲁斯任副帝时麾下的战将。也正因为如此，在公元305年，君士坦提乌斯·克洛鲁斯升任正帝之后，推举这位值得信赖的部下为副帝，并获得了戴克里先的首肯。因此，塞维鲁才得以成为管辖意大利本土和北非的副帝。

成为意大利本土和北非皇帝的塞维鲁，在前往首都米兰上任时，肯定只能带少数的心腹手下。因为与他在不列颠、高卢同甘共苦十几年的官兵们，必须留在正帝君士坦提乌斯·克洛鲁斯的身边。而另一方面，他在米兰接手的，是在前任正帝马克西米安手下作战了近20年的部队。

仅仅在一年之后，君士坦提乌斯·克洛鲁斯猝死。随后，去世的正帝之子君士坦丁被士兵们拥立为皇帝。面对既成事实，四巨头只好将塞维鲁升任为正帝，承认君士坦丁即位为副帝，以保持“四帝共治制”的存续。

在一连串的意外局势之下，仅仅担任副帝一年的塞维鲁就升格成了正帝。但是，他手下没有嫡系部队的不利条件依然存在。要将接手的部队转化为个人的手下，一年的时间实在太短了。而且武将要想把接手的部下转化成自己的手下，就必须率领部队外出作战，通过战场指挥让部下认可自己的能力。偏偏这一年当中，既没有蛮族的入侵，也没有需要皇帝亲自出马的大规模剿匪行动。基于以上事由，当塞维鲁带兵南下讨伐篡位的马克森提乌斯时，手下全是一年前还在前任正帝指挥下、与当时的总司令亲近的官兵。而如今，前任正帝马克西米安却在敌方阵营。再加上行军途中经过的意大利中部城市，都和首都罗马一样，对“四帝共治制”充满敌意。

塞维鲁的作战计划似乎是准备沿埃米利亚大道到达里米尼，再由此转向弗拉米尼亚大道进攻罗马。不过，他的先锋部队是否逼近罗马就不得而知了。现在已知的有两件事：一是行军途中，各城市在食宿方面都很不配合；二是主力部队走过埃米利亚大道后，并未进入弗拉米尼亚大道，而是逃到了里米尼北边的拉文纳。塞维鲁逃入拉文纳之后并没有继续行军，甚至才刚刚准备防御作战就沦为俘虏。这是因为率领马克森提乌斯军北上迎击塞维鲁大军的，正是马克森提乌斯的父亲马克西米安。塞维鲁率领的士兵一看到以前的老司令出现在战场上，就立刻丧失了斗志。正帝塞维鲁遭麾下官兵抛弃后沦为俘虏，被押送至罗马，以强迫自裁的方式遭到杀害。增加到六名的皇帝很快就少了一名。据记载，当时是公元 307 年 2 月。

知道正帝塞维鲁的悲惨下场之后，另一位正帝伽列里乌斯也无法袖手旁观。这次轮到伽列里乌斯亲自出马讨伐篡位者马克森提乌斯。帝国西方正帝的失败，原本大可委任西方的副帝来善后。但是，一旦身为帝国西方副帝的君士坦丁雪耻成功，那么整个帝国西方都会落入这位年轻的副帝手中。伽列里乌斯害怕这种情况发生，所以选择了亲自率军出击。

伽列里乌斯有获胜的自信，且这份自信也有相当的根据。他的直接管辖范围是巴尔干和希腊。巴尔干地区包含多瑙河，这是罗马帝国最重要的边防线。也正因如此，守卫多瑙河防线的士兵，早在元首制时期就以罗马军队中的精锐著称。正帝伽列里乌斯率领的正是这样一支部队。“四帝共治制”体制下的罗马皇帝全数出生在这里，也足以证明上述说法不假。当伽列里乌斯身为副帝时，率领叙利亚驻军与波斯作战，大败而归，而第二场作战却胸有成竹，胜利而归。当时之所以能“胸有成竹”，就在于伽列里乌斯调来了多瑙河防线的官兵，率领他们作战。

而且，伽列里乌斯有足够的时间将接手的士兵转化为自己的部队。在“四帝共治制”发挥功能的 13 年里，无论是担任副帝还是升格正帝，他的驻地都没有变更过。对伽列里乌斯而言，手下的官兵都是自己最忠实的亲兵。不过，弱点隐藏在伽列里乌斯自己身上。

公元 307 年，伽列里乌斯大约 47 岁。在元首制时期，这正是获得皇帝推举、取得元老院席位的年纪。出身贫贱而在军团中苦熬出头的人，一旦成为元老院元老，都必须前往首都罗马。这些新晋元老基于工作需要，都必须在罗马先学习一年政务，待一年以后再返回边境工作。因为当时文官生涯和武将生涯并未分离，罗马社会的精英阶层通常要交叉经历这两个领域的事务，累积经验。当时，军事领域的人事任命权掌握在皇帝手中，而政务领域的人事权则大多属于元老院。而且，皇帝在罗马，元老院也在罗马。因此，每当职务有所变更，多的是造访意大利本土和首都罗马的机会。

但这种情况仍让戴克里先打破了。恐怕伽列里乌斯直到47岁也没有踏足过意大利本土和首都罗马。他成为正帝以后也没有举办过凯旋仪式，自然也就没有必要前往除了举办凯旋仪式而没有其他用处的首都罗马。可是，这方面的无知让伽列里乌斯付出了高昂的代价。

对一个霸权国家的公民来说，当失去行使霸权的权力，也随之失去伴随霸权的特权之后，唯一剩下的就是“尊严”。只有“尊严”是外人想抢却抢不走的东西。如果连“尊严”也丧失了，那就真的没有未来了。不过，至少意大利半岛和首都罗马的居民还没有沦落到这个地步。偏偏伽列里乌斯却用对待帝国边境作乱部族的方式来对待这些人。

所有不协助塞维鲁作战的城市，全部遭到伽列里乌斯军队的烧杀劫掠。其行为已与入侵的北方蛮族的行径无异。偏偏这些暴行却是以击退蛮族为己任的正帝率领的罗马正规军所为，使得旁人已经没有为伽列里乌斯辩解的余地。这件事情使得整个意大利半岛都开始反对伽列里乌斯。而且，反对伽列里乌斯的气势还伴随着商船传到了北非，真可谓是坏事传千里。局势演变成这样，不管是多么精锐的部队也无法继续行军了。伽列里乌斯率领的部队面前因而竖起了一道看不见的城墙。

曾经就连外国人都认为“后勤是罗马军队制胜的法宝”。光士兵训练有素、士气高涨，并不一定就能取得军事成果。“后勤”，在字典上解释为战场后方的粮草及其他军需用品的供给、补充和运输工作。

不过这是狭义的含义。过去的罗马人对“后勤”的定义更为广泛，就连如何拉拢军事行动地区的居民，也是后勤的重要因素之一。这一点可以从“logisticus”一词的由来得到证明。拉丁语中表示狭义“后勤”的“logisticus”，其实是在帝国后期借用的希腊语。在罗马军队天下无敌的漫长岁月里，从来没有使用过“logisticus”这个词。在“后勤是罗马军队制胜的法宝”的年代里，表示“后勤”含义的拉丁语是“ars”。这个词相当于英语的“art”，这很容易让人误以为是仅跟艺术有关的技能。但实际上，这个词本来是指所有由人类发挥的“技术”。罗马军队真正强悍的地方，除了战斗行为以外，还有将人类所有发明的“技术”全部投入作战中。

早期的希腊语比罗马人使用的拉丁语更为成熟，因此有适当的用语时，罗马人会直接引用希腊语。如果自己想表达的意思找不到对应的希腊语，罗马人则会另行造字。对罗马人来说，后勤不只是希腊人观念里的“logisticus”，还具备更宽广的含义，因此适于用“ars”来表达。

试想一下，能够不经过战斗就引为同盟，已经算是政治手腕了。在希腊人当中，即使不算斯巴达人，其他国家在战斗方面的能力也不差。但是，和专精于战斗的斯巴达相比，雅典的综合国力要强盛得多，但就连雅典也不擅长这类外事政治。公元前 5 世纪雅典国势鼎盛之后急速衰退的原因之一，就是它连同盟国都得罪光了。也许正因为希腊人天性如此，所以他们观念中的后勤才会是狭义的。

简单来说，现在伽列里乌斯在进攻意大利本土的过程中，已经忘记了“ars”所代表的后勤意义。首都罗马听说正帝率领多瑙河防线的精锐部队前来进攻后，整修城墙准备打一场硬仗，结果却是空等一场。伽列里乌斯的部队根本没能接近首都，只在意大利北部兴风作浪一阵子，就返回了巴尔干地区。对伽列里乌斯来说，真是颜面扫地。他本人正是因为军事能力被肯定，才获得皇帝的位置。现如今这场在意大利本土战场的失利，已不仅仅是面子的折损，也连带着威胁到他目前的地位。

首脑会谈

根据记载，在公元 308 年秋天，正帝伽列里乌斯曾把戴克里先和马克西米安两位前任正帝请到卡农图姆（现在的佩特罗内拉）的军团基地开会。说是前任正帝，其实这两人也不过才下台三年，这次会谈应该算得上是首脑间的会谈吧。议题，不难想象，自然是关于如何处理塞维鲁殉职后的现状。

据说，58 岁的马克西米安一开始就极力劝说戴克里先回到皇位上来。他主张凭着两位正帝的权威，可以轻易地打破目前的局面。

但是，63 岁的戴克里先坚决反对这样做。不仅如此，他更要求昔日的同僚马克西米安也脱掉紫袍。既然他本人保持退位元首的身份，那么马克西米安也应该遵守退位时发表的公告行事。而且，他强烈主张继续维持“四帝共治制”。

戴克里先对“四帝共治制”的执着，倒不是因为年纪大了个性变得固执。召开会谈的地点卡农图姆位于多瑙河边，夹在同样起源于罗马军团基地的城市维也纳和布达佩斯之间。这一带可以称得上是罗马帝国的前线要地，首脑们能聚在这里举行会谈，说明连前线基地也是绝对安全的。戴克里先在位时向来以不惜一切代价守卫防线阻止外敌入侵为优先事项。“四帝共治制”就是为了实现这一目标而构思、推动的。公元3世纪危机距今不过50年，在国难空前的当时，卡农图姆被大举入侵的蛮族淹没，如同陆地上的孤岛。想必戴克里先认为，光是卡农图姆能够安全地让首脑们聚在这里召开会议，就足以证明“四帝共治制”的效果。他之所以强烈主张维持“四帝共治制”，也是因为有这些背景的支持。

一如往常，马克西米安再次让多年的好友、年长自己5岁的戴克里先说服。他脱下两年前重新披上的皇帝紫袍，并发誓以后不再插手国事。之后，两名前任正帝接受现任正帝伽列里乌斯的提议，决定由李锡尼填补由塞维鲁殉职后空缺出来的西方正帝的职位。卡农图姆的首脑会谈成为一场重新推动“四帝共治制”的会议。

李锡尼比伽列里乌斯小5岁，是伽列里乌斯的亲密好友。对于在意大利用兵失败而威信受损的伽列里乌斯来说，将多年的好友安插到西方做同事，想必心里放心很多。李锡尼也同样出身于巴尔干地区的社会底层，在军事方面的才能不得而知，但可以确定的是野心不小。

公元308年秋天，卡农图姆首脑会谈确定人选之后，开始了第四轮的“四帝共治制”。与延续了12年的第一轮“四帝共治制”相比，之后的“四帝共治制”都难以长久。公元305年开始的第二轮“四帝共治制”只维持了一年。因四帝之一的猝死，填补空缺之后开始的第三轮“四帝共治制”，甚至连一年都不到就宣告结束。制度无法长期维持，说明设计有缺陷，其中最大的问题在于每次都把自认为有权力继位的人排除在外。

公元308年，第四轮“四帝共治制”开始后有两个人极为不满：

一个是帝国东方的副帝马克西米努斯。他的不满在于，自己在副帝的位置上努力表现了三年却无人过问，而全无副帝经验的李锡尼却一下子坐上了帝国西方正帝的位置。不过马克西米努斯当时还年轻，才38岁，而且他具备副帝身份，还在帝位继承的轨道上。因此，马克西米努斯决心压下心中的不满，将精力放在自己直接负责的东方区域上以强化个人的权势。只是这么一来，“四帝共治制”已经不像当初戴克里先规划的，由4名将领分担帝国国防任务的制度，而是变成4位皇帝各据帝国一方、将国土划为私人领地的“四帝共治制”。

另一个则是再次被排除在“四帝共治制”之外的马克森提乌斯，他比马克西米努斯更加愤懑怨恨。

如今马克森提乌斯已经达到在罗马担任国家要职的年龄下限30岁。而且，他的身份不仅是前任正帝马克西米安的亲生儿子，他还迎娶了现任正帝伽列里乌斯的女儿。在卡农图姆的首脑会谈上，三名与会首脑中，他的生父与岳父就占了两席。结果这两人都没有试图将他的身份合法化，他依旧被排除在皇帝之外。这让马克森提乌斯感到极度愤恨。马克森提乌斯的不满和愤怒也不是全无道理。如果说马克森提乌斯被摈除在外的理由是因为没有战功，那李锡尼的登基又该如何解释呢？据说马克森提乌斯的父亲从卡农图姆回到罗马后，父子两人成天因此争闹不息。

尽管如此，30岁的马克森提乌斯还有足够的时间等待时机来临。虽然他的官方立场是篡位者，但至少意大利本土和北非实质上是由他掌控的。他决定以皇帝的身份进行统治，把目前的立场转变为既成事实。因此，他开始效仿元首制时期的皇帝，大力推动公共事业。

做父亲的马克西米安也不知道该如何结束这场父子争吵。本来他应该和戴克里先一样，戴克里先已经回到面朝亚得里亚海的城堡式宫殿里养老去了，他也应该回到位于意大利半岛鞋尖位置的卢卡尼亚的别墅里，重新开始自己的隐居生活。但是，他的精力实在过于旺盛，这让他难以安于隐居生活。而他也算是当时最不擅长控制自我活力的人，这也代表他极容易冲动行事。

要从意大利半岛南端向北前进，必须走罗马大道，这样一来，儿子马克森提乌斯自然就会察觉自己的行踪。马克西米安能神不知鬼不觉地来到高卢地区，应该是走海路，搭船往西北航行，斜跨地中海。不管真相如何，总之，马克西米安突然出现在了帝国西方副帝的根据地特里尔，并且马克西米安对前来迎接的副帝君士坦丁提议，要把女儿法乌斯塔许配给他。

至此，对 33 岁的君士坦丁来说，通往正帝宝座的所有条件都已齐备。首先，他虽然仅在位一年，但他的生父是帝国正帝；其次，手下有效忠于他的、质与量兼备的军事力量；再者，他本人在军事方面的成绩也不落人后；而且，他三年前就已担任副帝，卡农图姆会谈再次确认了他的地位。对君士坦丁而言，唯一欠缺的就是没有迎娶皇帝的女儿为妻。

君士坦丁爽快地答应了前正帝马克西米安的提议。虽然他膝下已有一子，但依然决定和妻子米纳维娜离婚，与法乌斯塔公主结合。婚礼、婚宴设在罗马时期的阿拉特，即现今的法国南部城市阿尔勒，并大举宴请全体市民观礼，极尽奢华隆重。一来君士坦丁个人爱讲排场，二来对身处他这种立场的人来说，结婚也是一种政治策略，因此必须办得豪华热闹，达到让人们长期津津乐道的效果。当然，年届六旬的马克西米安列席婚礼，但新娘的哥哥马克森提乌斯则没有受到邀请。戴克里先也曾将女儿嫁给后来的皇帝伽列里乌斯，在这场婚礼之后，马克西米安的姻亲条件也和戴克里先相同了。

如果说“冲动”一词是说不计后果、莽撞行事，那么用来形容马克西米安真是再贴切不过了。以副帝老丈人的身份游历高卢地区，不到一年就腻烦了。就在这个时候，居住在莱茵河东岸的蛮族又开始大举入侵帝国境内。莱茵河防线正是西方副帝君士坦丁的责任区域。君士坦丁接到消息后，立即率军北上御敌。

马克西米安得知副帝的直属部队已倾巢而出，企图利用这个机会发动政变。但做女婿的很快就知道了岳父的这一动向。

君士坦丁以接受对方所有条件的形式，与隔着莱茵河对阵的蛮族酋长达成休战协议。协议一成，他即刻率领部队向南折回。

由于君士坦丁超出预料提早返回，马克西米安功败垂成。走投无路的前正帝只好仓皇逃到当时叫作马西利亚的马赛，准备在那里打一场防卫战，但女婿没有给他足够的时间。

君士坦丁沿着陆地上的城墙将马赛团团包围，逼迫当地居民交出前任正帝。马赛居民别无选择，只好照办。不久，副帝君士坦丁公开宣布，前任正帝马克西米安自杀身亡。

我们不知道戴克里先在亚得里亚海对面宫殿里接到这项消息后会做何感想。从公元 286 年“两帝共治制”以来，马克西米安与他共事了 25 年。无论是“两帝共治制”时期，还是第一轮“四帝共治制”时期，他是唯一可以放心送上战场的人才。而且，马克西米安这辈子也从没有辜负过戴克里先的信赖。

也许要到得知多年同僚凄惨下场之后，戴克里先才能领悟到退位的真正含义吧。前任正帝只是一个称号，一旦没有了听命于自己的军队，对其他人也就再没有影响力可言了。失去地位也就代表着失去了权力。在斯普利特的宫殿内的确有宽广的兵营，但那里派驻的是保卫卸任皇帝的警卫兵，而不是在战场上冲锋陷阵的士兵。如果对付强盗之类的敌人，倒是绰绰有余，但还称不上军事力量。

公元310年开始，随着马克西米安的退场，有关戴克里先的记载也就很少看到了。不管正帝还是副帝，甚至被定为篡位者的马克森提乌斯，在公元310年之后，所有掌权者都开始恣意行事，不再理会戴克里先的意见。

再加上一年后，即公元311年，帝国东方正帝伽列里乌斯也去世了。当时他才51岁，据说是得了不治之症。

自戴克里先创设“四帝共治制”以来，东方正帝向来是四位皇帝中地位最高的，现在占有这个位置的伽列里乌斯也仓促地退出了舞台。再加上戴克里先已经失去影响力，“四帝共治制”今后的存续更加困难。

伽列里乌斯去世留下的帝国东方正帝的空缺，由西方正帝李锡尼横向填补。他与手下所有的宫廷人员一起迁入了多瑙河附近的西尔米乌姆。但是，原本由他占有的帝国西方正帝的位置，并没有让西方副帝君士坦丁升任。此外，帝国东方副帝马克西米努斯也依然处于副帝的地位。

曾经有人表示，如果李锡尼将君士坦丁升格为帝国西方的正帝，把由此造成的西方副帝的空缺交给五年来一直被排除在“四帝共治制”体系之外、由此背负篡位者污名的马克森提乌斯，那么“四帝共治制”就可以继续存续下去。但这也只是理论上有一定的可行性。

问题是，“四帝共治制”并非由四名掌权者讨论后创设的体制，而是当初登基成为罗马帝国唯一皇帝的戴克里先，在掌握绝对权力之后，决定把过半的权力，即军事力量分给其他三个人，并且利用他个人的权威和权力，换句话说在强制之下，才得以实现的体制。这不是合议的结果，而是专制的产物。在戴克里先失去影响力，而继承“四帝共治制”具有继承体制不可或缺的军事才能的伽列里乌斯也去世之

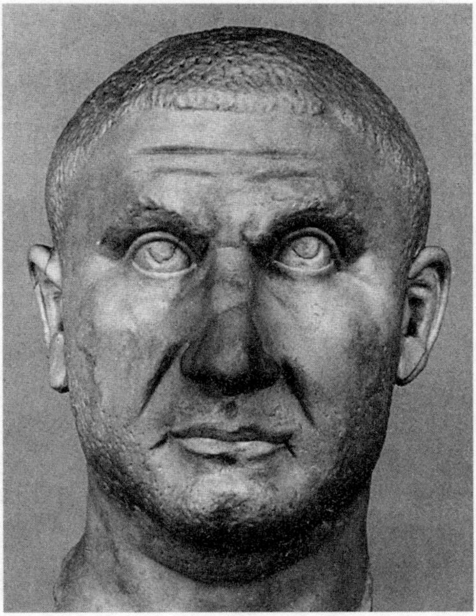
李锡尼

后，“四帝共治制”走向完结也就成了必然的结果。

公元311年5月，伽列里乌斯去世之后，情势演变成一名正帝、两名副帝的“三帝”和此时被判为“国家公敌”（hostis publicus）的马克森提乌斯四人逐鹿的状况。在这种局势下，除非当事人具备出类拔萃的才干，否则没有官方立场就很不利。而陷入不利的人自然容易招致其他对手的联合攻击。在正帝李锡尼的根据地西尔米乌姆和副帝君士坦丁的大本营特里尔之间，背着皮筒的信使策马往来的次数明显多了起来。

正帝李锡尼和副帝君士坦丁之间的同盟到底是谁先提出来的，我们不得而知。也许是军事上毫无建树的李锡尼，打算利用君士坦丁消灭马克森提乌斯。又或者是现已 36 岁的君士坦丁认为此刻是实现野心的大好时机，因此主动接近李锡尼。不管怎么说，分别是 46 岁和 36 岁的两位掌权者决定联手合作。

两人之间具体达成了哪些同盟协议，现已不详，仅知有下列内容：君士坦丁将同父异母的妹妹君士坦提娅嫁给李锡尼，而李锡尼则默许君士坦丁对马克森提乌斯动兵。婚礼的时间定在对马克森提乌斯的作战结束之后。

乍一看，这一同盟条件明显对李锡尼有利。因为缔结同盟时，对马克森提乌斯的作战尚未开始，结果还未可知。而李锡尼既不需要公开表示支持君士坦丁的行动，也不需要派遣任何兵力去支援，只要信守“按兵不动”的承诺即可。而这一承诺的回报却是获得正帝副帝都必须具备的条件，即迎娶公主为妻的机会。

君士坦提娅的母亲狄奥多拉是前任皇帝马克西米安的女儿，因此有皇家血统。君士坦丁这是以一年前在马赛逼死的政敌的外孙女作为同盟的政治筹码。不过他的妻子法乌斯塔也是马克西米安的女儿，想必对于这类政治联姻手段，他已经习以为常，而不会产生任何的感伤吧。

婚礼定在对马克森提乌斯的作战结束之后举行，这是同盟的当事双方都乐于接受的一项条件。从李锡尼的角度来看，如果君士坦丁一败涂地，他也方便否认同盟的存在。相对的，从君士坦丁的立场上来说，至少可以确保李锡尼会保持沉默到战争结束之后。

当然，君士坦丁一方承担的风险的确偏高。但要跨出决定性的一步，就必定要承担风险。而风险越高，成功后的回报也越大。要知道，事成之后，罗马帝国整个西部区域都会在他统治之下。

“国家公敌”马克森提乌斯

由于君士坦丁是第一个公开承认基督教的罗马皇帝，基督教徒对他的评价自然也高于其他任何皇帝。但因此带来的负面结果，是其他皇帝受到了不公平的过低评价，甚至可以说是责难。就连戴克里先也因为镇压基督教徒一事而饱受诟病，直到近几年才对其政绩进行客观的评价。

从史料角度来说，公元3世纪末到4世纪初这段时期也颇令人悲观。基督教会留下了相当多的史料，而与其持相反意见的“异教”一方留下的资料则相当稀少，或者说几乎没有。偏偏历史研究者们明知史料之中已经添油加醋，但是他们还是仅以残存的资料为依据下结论。正是这个原因，在当时乃至其后相当一段历史时期里，学界一直保持着除君士坦丁以外，其他人都是暴君的评价。在这些遭到批判的人物当中，最受指责的当属马克森提乌斯。因为他是君士坦丁第一个要消灭的政敌。

在展开对决的公元312年，马克森提乌斯34岁，他虽然算不上明君，但也绝非基督教徒形容的暴君。他实际担任皇帝的时间约为6年。在这6年里，他试图以自己心目中罗马皇帝的形象来统治由他控制的意大利本土和北非地区。

在施政时，马克森提乌斯特别注重公共设施的建设，只不过，现存的以他名字命名的公共建筑物只有圆形竞技场附近的“马克森提乌斯会堂”。其实他不仅新建了很多建筑，对于旧的建筑物修复工程也是不遗余力。

这里需要特别说明的是，在大量的公共建筑物修建和维修过程中，并没有将基督教徒入罪，强制他们劳动。戴克里先颁发的基督教徒镇压敕令集中在公元303年和304年，与马克森提乌斯宣布称帝仅仅相隔两三年。换句话说，在公元306年马克森提乌斯成为事实上的皇帝时，这些政令还发挥着作用。而且，当时正处于戴克里先刚刚退位的时期，向来做事彻底且不留情的戴克里先虽然退位了，但影响力还在。事实上，戴克里先主导修建的大浴场到公元305年才完工。有传言说，这项工程的后半期是强制基督教徒劳动兴建的。所谓传言，即没有史料依据的口头传说。然而在戴克里先大浴场完工之后，由马克森提乌斯修建的各项建筑却没有留下任何类似的传言。既然马克森提乌斯是受到基督教徒全力诋毁、极力批判的人物，如果他也像戴克里先一样，强制基督教徒劳动的话，基督教会一方自然不会保持缄默。想必不会放过任何一个细节，刨根究底也要挖出来作为给马克森提乌斯定罪的材料。既然没有任何材料留下，这说明马克森提乌斯这方面是"清白"的。不管怎么说，镇压基督教徒敕令迫使罗马主教殉教的时期，实际上是在马克森提乌斯掌权之前，而且在他统治罗马之后，就再也没有出现过殉教的例子。

话虽如此，也不是说马克森提乌斯对待基督教徒特别和善，他只是遵守罗马人的传统观念，尊重每个人的宗教信仰。实际上，他也没有对犹太教徒做任何处置。

不过，忠于罗马人的传统，意味着他在公共场合信仰传统的罗马诸神。在马克森提乌斯的主导下，神殿得以修复，恢复往日的光彩。在祭坛上燃烧牲畜之类供品的烟雾也多了起来。但是，他也并未以不参加罗马诸神的供奉仪式的名义，镇压宗教思想不同的人。

君士坦丁和马克森提乌斯之间的对决，在这样的背景下展开，并非如此前基督教徒传播的，是因基督教诲觉醒的人与活在黑暗异教下的人之间的决战。这场对决仅仅是领袖之间的较量。而在这场对决中，也终于出现了一位罗马史上暌违已久的、不将“后勤”当成狭义的“logisticus”而是广义的“ars”的领袖人物。

决战

与帝国其他地方相比，意大利本土的经济实力依然首屈一指。马克森提乌斯除了拥有意大利本土，还控制着土地肥沃的北非地区。当君士坦丁预期南下入侵时，马克森提乌斯组建的兵力之多，超过罗马史上任何一位皇帝。一说有17万名步兵和1.8万名骑兵。其中，重装步兵主力是罗马传统的近卫军团士兵。轻装的骑兵主力出生于北非的毛里塔尼亚，早在图拉真皇帝时代就以骁勇善战闻名于世。除此之外，还包括以意大利北部的拉文纳、意大利南部的米塞诺为基地的驻港海军。无论是军队数量还是战斗力，都不落人后。剩下的，就看马克森提乌斯能否灵活指挥运用了。

相对的，作为进攻一方的君士坦丁，其麾下拥有9万名步兵和8 000名骑兵，数量上只有马克森提乌斯的一半，而且还要留出部分守卫莱茵河防线来防止蛮族入侵。高卢海军肩负着莱茵河和多佛尔海峡的警备任务，自然也不可能调来地中海作战。

不过，君士坦丁手下的官兵，虽然在人数上落后，但在战斗力上略胜一筹。首先，司令官君士坦丁和麾下士兵一起同生共死过7年时光，而且这些年君士坦丁率军对抗北方蛮族，在大大小小的战斗中从未有过败绩。如此一来，君士坦丁和其麾下的士兵自然团结一致，上下一心。也许君士坦丁也深知这一点，所以在第一次与同胞罗马人开战时，决定仅率领4万名步兵和骑兵前往。当然，这4万人是绝对的精锐。

君士坦丁身为副帝，具有保卫高卢、不列颠及西班牙的责任，不能把派驻在当地的所有部队调离。即使形势允许，恐怕他也不会这么做。率领大军进攻自然会给迎击方造成更大的压力，但己方后勤补给方面的难度也会增加。君士坦丁要进攻的意大利本土地区，虽然现在由马克森提乌斯掌控，但在过去很长一段时间，都由前任正帝马克西米安直接统治。而这名前任正帝两年前才在马赛死于君士坦丁之手。对于君士坦丁来说，进攻意大利本土虽然名义上有讨伐篡位者的优势，但实际上与进攻敌人领地处境相同。从现实的角度来说，最好别指望当地的居民会乐于提供粮草。

在意大利和高卢之间横贯着阿尔卑斯山脉，共有四条道路可以穿越它。这四条道路早在帝国初期就已铺设成罗马式大道，大家可以将其看成现在的高速公路。

第一条路径，即最北边的路径，由意大利的奥斯塔北上，穿过大圣伯纳德山口进入日内瓦湖（法方称莱芒湖），经由日内瓦进入里昂。

第二条路径，同样以奥斯塔为起点，但不是北上，而是向西穿过小圣伯纳德山口，最后到达格勒诺布尔。

位于第二条路径南部的第三条路径，是由都灵出发后向西行，穿过苏萨峡谷后跨越阿尔卑斯山脉。跨越阿尔卑斯山脉之后，向北可以到达里昂，向西可以到达罗讷河河畔的瓦朗斯。

第四条路径，以热那亚为起点，经过尼斯进入法国南部，该路线主要沿着海岸挺进。

上述路径说明中以现代地名标注的所有城市，均起源于罗马时代，这一事实也证明这四条路径是罗马帝国统治高卢地区的关键道路。罗马人不仅将道路全线铺上石头，而且还沿路挑选适当的地点建

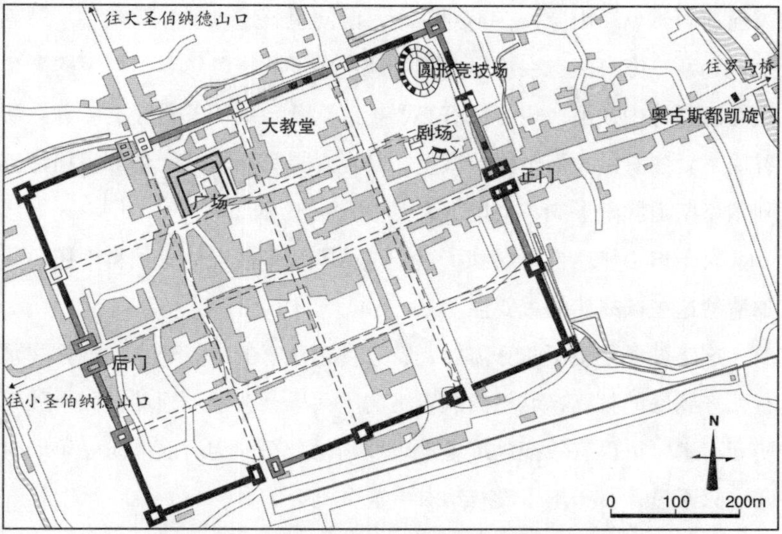

罗马时代的奥斯塔（与现代街道图重叠）

设城镇。这些城镇不仅供往来旅客休憩，打算向旅客做生意的人也渐渐迁入、定居。比如，有法国南珍珠美誉的尼斯，在罗马时代名叫尼卡亚（Nicaea）。尼斯是这个名称转为法语发音之后的新词。

在这四条路径中，当年尤里乌斯·恺撒在高卢战争中最常利用的是第三条。因为即使在冬天，这条路上的积雪也不多，而且直通高卢地区的中心。时隔370年之后，对从反方向行军而来的君士坦丁来说，还有另一个优势。只要军队到达苏萨峡谷，之后沿着横跨意大利北部的波河周边平原进军即可。也就是说，在君士坦丁的作战计划中，在进攻首都罗马之前，必须先拿下整个意大利北部地区。

我们不知道君士坦丁是在公元312年的何时，率军跨过了阿尔卑斯山脉，但从其后的战况来推测，他应该是一等春季来临，就立刻率军前往阿尔卑斯山脉，在不到一个月时间里就进入了苏萨峡谷。马克森提乌斯一方自然也在这里安排了迎击的部队。既然君士坦丁的来袭已在意料之中，那么想必没有必要把部队分散到四条路径上。苏萨峡谷原本就建有巨大而坚固的城堡，马克森提乌斯也计划在此阻挡跨越阿尔卑斯山脉南下的君士坦丁大军。

君士坦丁显然也预料到了这一点。不，应该说他比预料中还要更加清楚这一场战斗的重要性。

这座城堡是基于防守需要，特意挑选狭窄的山谷建立。就算驻军有死守到底的打算，城堡内能容纳的士兵毕竟有限。当然，如果驻军防守有术，可以有效拖延准备进攻罗马的敌军，为后面的防守争取时间。只不过，君士坦丁没有给对手这个机会。

我们不知道君士坦丁是否将 4 万兵力全数投入，总之在这场攻坚战中，他毫不犹豫地投入了手头大部分的兵力。而且，不知是不是运用了火箭之类的武器，逼得守城的士兵不得不出外作战。当双方作战条件相同时，兵力的多寡也就决定战斗的胜负。其结果不言而喻。但君士坦丁并没有全歼所有守军，有少数士兵逃离了战场。因为让败逃的士兵将第一场战斗的结果告知都灵、米兰的居民，对君士坦丁反而更有利。

从苏萨往东 50 公里，就是罗马时代被称作“奥古斯塔多灵”（Augusta Taurinorum）的都灵。由此地再往东，可以到达米兰、皮亚琴察、维罗纳。这些是意大利北部的重要城市，应该都有重兵把守。要攻打这些地方，哪怕是很小的城市，也必定要花费时间，而且，战争一定会给当地居民带来损害。君士坦丁避免攻城战的原因想必在此。遗憾的是，马克森提乌斯阵营里看出这一点的将领并不多。

开国皇帝奥古斯都在世时就将奥斯塔建为军事基地，预防敌人跨

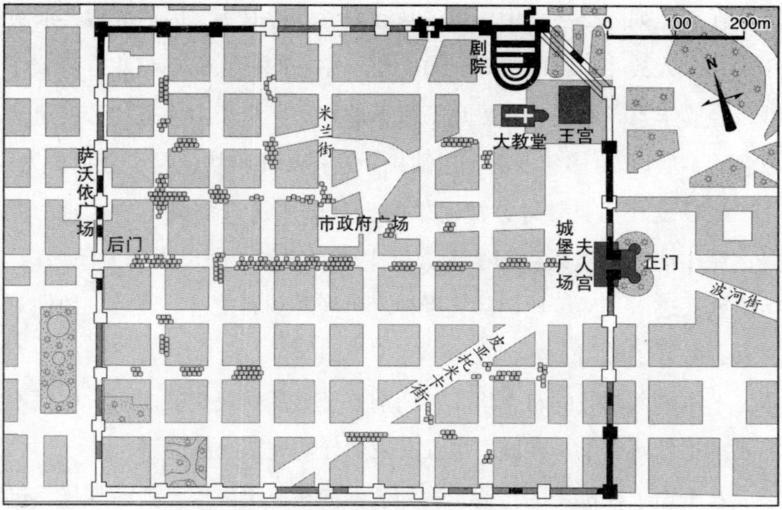

罗马时代的都灵（与现代街道图重叠）

越阿尔卑斯山脉经第一、第二条路径进攻意大利本土。2 000 年后的今天，当地依然随处可见如同军团基地形态的古城遗迹。而意大利境内针对第三条路径修建的防守基地都灵，如今已经是意大利北部仅次于米兰的第二大城市，没有留下多少罗马时代的遗物。但罗马时代的都灵，特别是在不断遭受蛮族侵略的公元 3 世纪之后，已经成为一座经得起长期攻防战的坚固城池。只要固守城池，就能将敌军长期钳制在此；如果事先战略方针明确，可以在守城期间等待周边基地的驰援。当年汉尼拔放弃攻击首都罗马的行动，就是担心在攻城时腹背受敌。只怕躲在首都罗马而未出现在前线的马克森提乌斯心中，并不具备布匿战争时罗马领袖们拥有的基本战略。因为马克森提乌斯派驻在都灵的将领居然带着部队出城，自行与君士坦丁的部队对决。

在平原列阵会战之中，由于敌我双方条件对等，因此胜败多取决于士兵个人战斗经验的多寡。君士坦丁率领的官兵长期与北方蛮族作战，经验丰富。而马克森提乌斯麾下的官兵，由于由他人代劳击退北方蛮族，所以 20 多年没有上过战场。这样战斗很快就见了分晓。

战场就在都灵郊外，被追杀的士兵试图逃进都灵城中避难。但是，城中居民对于残存部队人数过少感到绝望，所以选择紧闭城门，拒绝残兵进入。然后他们屏气凝神，听候胜利者发落。当然，他们对胜利者敞开了城门。

率军进入都灵的君士坦丁，向前来迎接的居民代表表示，居民不需要承担任何后果。在城里也没有发生任何烧杀劫掠的暴行。

君士坦丁在都灵的行为，犹如波河向东流进亚得里亚海那样，迅速传遍整个意大利北部。米兰、皮亚琴察、克雷莫纳，甚至海军基地所在的拉文纳居民都知道，只要对君士坦丁敞开大门，就能确保平安无事。即使马克森提乌斯一方的官兵还有旺盛的斗志，但能够坚守在城池中进行战斗的可能性已经越来越小。因为，以米兰为首的意大利北部诸城市，都在开战之前就站到了君士坦丁一边。不过，只有维罗纳例外。

维罗纳这座城市直到今天一直沿用着古罗马时代的名字。除了因每年夏天上演歌剧而为世人所知的圆形竞技场之外，还留有数量惊人的罗马时代的其他遗迹。罗马时代的奥斯塔和都灵是固守西阿尔卑斯路径的要地。相对的，罗马时代的维罗纳，则是意大利境内守卫跨越北阿尔卑斯地区通往多瑙河防线路径的重要据点。阿尔卑斯山脉由西向东呈半圆形环绕整个意大利半岛的北部，维罗纳正处在山脉要道的中心位置。如果从维罗纳北上，越过阿尔卑斯山脉，就可以到达多瑙河上游，进而直达现今的雷根斯堡。雷根斯堡在当时被罗马人称

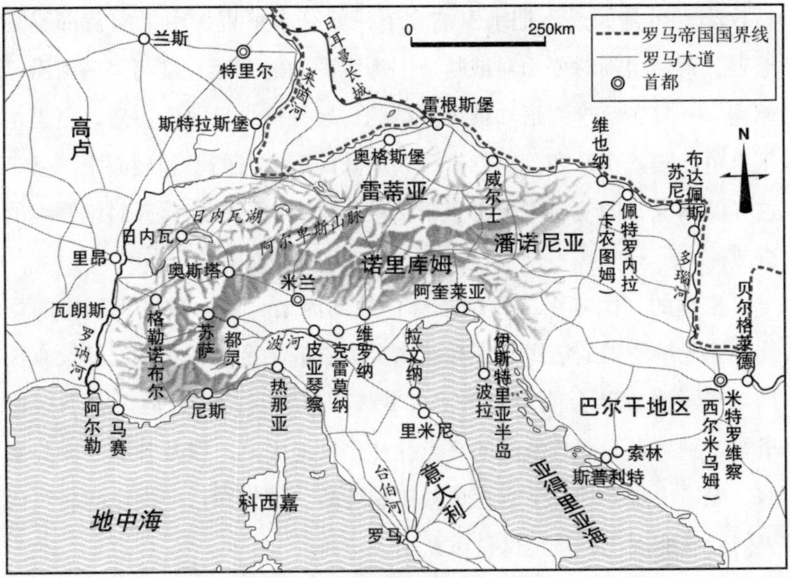

北意大利及其周边

为“雷根河畔的兵营”（Castra Regina），是雷蒂亚行省最主要的军事基地。

长年以来，维罗纳是派往多瑙河防卫的官兵必经之地。即使在公元260年，罗马帝国遭遇前所未有的国难时，加里恩努斯皇帝也没有忘记将维罗纳的城墙进行加固维修。而在公元312年负责维罗纳防卫任务的是“冥顽不灵”、让人觉得好像生错时代的庞培。这名武将无论在军中还是民间都具有很高的威望。现在，维罗纳是唯一敢在君士坦丁面前紧闭城门的城市。

对君士坦丁来说，这是进入意大利之后，第一次遇到有组织的抵抗。但如今他也不可能退却或弃之不理。防守严密的维罗纳固然不易攻陷，可是如果不把维罗纳拿下，就算率军直接南下向首都罗马逼近，背后也随时要面对威胁。因为维罗纳的交通直接与多瑙河沿岸相连，一旦正帝李锡尼知道维罗纳的勇猛抵抗之后改变主意，君士坦丁有可能陷入正帝和马克森提乌斯军队前后夹击的不利局面中。基于这样的情况，即使君士坦丁急于结束战争，也不可能放弃对维罗纳的进攻。

相对的，困守在维罗纳指挥作战的庞培，要面对更为现实的烦恼。无论维罗纳的居民和士兵多么英勇善战，意大利北部已经没有任何城市或者部队会前来支援。攻城战固然旷日持久，但没有后援迟早要走到终点。而攻城战的终点往往是城池失陷，以及其后的血腥屠城。庞培决定带领麾下官兵单独出城迎战。被告知这一决定的居民代表们，只能面色凝重地保持沉默。

一旦抱了必死的决心，缺乏战斗经验的士兵也会变得勇不可当。庞培麾下的士兵虽然人数不多，且训练不足，他本人却是一名优秀的指挥官。第一场战斗打到入夜，依然胜负难分。第二天进行的战斗同样打得难分难解。但君士坦丁方面在人数和战斗经验上都占优势，因此能渐渐掌握战局。当夕阳照在战场上时，平原上躺满了马克森提乌斯阵营的官兵，其中还找到了全身扎满标枪的庞培的尸体。

维罗纳的城门终于打开了。整个意大利北部都为维罗纳的未来捏着一把汗，然而胜利方君士坦丁却碰都没碰居民代表一下。当然，激烈战斗后常常发生的血腥暴行也没有发生。

这件事情不仅在意大利北部传开，也传遍了意大利中部。如今君士坦丁已没有任何后顾之忧，可以由着兴致，随时向罗马进军。这时已是公元 312 年的夏末。而君士坦丁也不是那种看到战况好转后就松口气躲在刚占领的维罗纳放松休息的人。

创造历史的战役

战争和战役是两个不同的概念。战争可能长达数年，而且发生于不同的地点，而战役则发生在一个地方，其结果一般很快就能揭晓。通常人们把不同时间、不同地点发生的战役集合在一起构成战争，将战役视为战争的一个部分。所以才会有“胜利的战役，失败的战争”这种说法存在。

但在历史上，有些战役不仅影响战争的局势，甚至改变了以后的历史。这就是所谓的“改变历史的战役”。比如，发生在古代的以下战役：

萨拉米斯海战——公元前480年，发生在希波战争中的一场决定性战役。当时波斯国王薛西斯率领30万大军进攻希腊，在希腊城邦联军陆战节节失利的情况下，这场海战的胜利彻底扭转了整个战场形势。指挥者是雅典杰出的海军统帅提米斯托克利。

波斯在这场海战大败之后撤军，之后不得不放弃侵略希腊本土的构想。如果这场战争的胜利方是波斯，那么也就不会出现后来的雅典“黄金时代”，也不会产生对当时乃至现代都有着重要影响的古希腊文明。说不定连爱琴海的名字都会改成波斯海。

伊苏斯战役——公元前333年秋，马其顿的年轻国王亚历山大率领的希腊军，与波斯国王大流士在可以瞭望东地中海的伊苏斯平原进行的会战。亚历山大以3万兵力对抗波斯15万大军，却以战死200人的微小代价取得完胜。不久后，希腊与波斯再次展开会战，但大流士未能挽回败局，波斯帝国因此灭亡。希腊人原本就有向海外扩张的强烈愿望，此后更是大举向亚历山大创建的帝国各地移民。其移民范围不仅涉及地中海沿岸的中东地区，甚至在波斯帝国的心脏美索不达米亚地区，相当于现在的伊拉克境内，也建设了不少希腊裔的城镇。

遗憾的是，亚历山大大帝英年早逝。之后，帝国被其手下将领瓜分，统治范围也止步于中东地区。尽管如此，由希腊经中东，最后延伸至埃及的整个东地中海世界，形成了被后世称为“希腊文化”（Hellenism）的希腊文明圈。后人常说的希腊罗马文明，代表亚历山大大帝的遗产，在希腊文化时代之后，被罗马人原封继承了下来。如果没有形成希腊文化圈，罗马人要在地中海世界扩张霸权，想必会更加困难。不过，罗马人也并非不劳而获地继承了亚历山大大帝的遗产，他们是凭自己的本事获得的。好比说，接下来要谈的罗马和迦太基之间进行的布匿战争。

扎马会战——发生于公元前202年北非的扎马平原上的会战。当时，那里属于迦太基境内。罗马军队的将领是年轻的西庇阿，而迦太基方面则是由之前对罗马的作战中百战百胜的名将汉尼拔担任总指挥。战斗的结果，罗马大获全胜。布匿战争前后持续了约一个世纪的时间，其中发生了三次战争。不过左右这场战争最后趋势的，还是第二次战争最后进行的“扎马会战”。在这场战役50年后发生的第三次战争，只是将预料中的结果化为现实而已。

“布匿战争”，由当时的罗马人命名，意为“与腓尼基人之间的战争”。迦太基是由中东的腓尼基人移民开创的国家，因此向来被视为东方国度。打败迦太基，意味着将东方势力逐出地中海西部。因此，对罗马而言，“扎马会战”也是将地中海世界转为希腊罗马世界的决定性战役。

阿莱西亚攻防战——这场战役发生于公元前52年，地点在现在的法国，当时的高卢中央地带阿莱西亚。由尤里乌斯·恺撒率领5万罗马军，对阵30万高卢各部族组成的联军。这也是恺撒在高卢战争中的一场决定性战役。

这场战役决定的可不仅仅是长达8年的高卢战争的胜败。长年来，罗马人称霸的范围仅以地中海及其周边地区为界。高卢战争让罗马人的视野跨过了阿尔卑斯山脉，延伸到了更远的北方。高卢战争让罗马人认识到了向北发展势力的可能性。“阿莱西亚攻防战”的胜利，是欧洲北部列入罗马世界的第一步，也是史学家们认为“欧洲由恺撒创造”的由来。如果“阿莱西亚攻防战”由高卢一方获胜的话，后世的法国、英国，想必与现在大为不同。

不管是“改变历史”还是“创造历史”，总之，这些战役的影响力大得惊人。而在公元312年发生的“米里维桥战役”，也具有同样的划时代意义。这场战役开启了其后长达千年的中世纪时代的大门，同时，也意味着人们向跨越中世纪及至今天依然发挥着重要影响力的基督教迈出了第一步。

不过，虽然米里维桥战役意义重大，但并没有在战争史上留下辉煌的一笔。原因如下：

第一，在战争史研究专家当中，以本书观点看待这场战争的人仅占极少数。

第二，这场战役中没有出现可以用如日月般璀璨之类华丽的辞藻来形容的半个名将。君士坦丁和马克森提乌斯虽然都是史上留名的人物，但还称不上战略战术上的高手。

第三，在米里维桥战役中，双方并未施展出让战争史专家感兴趣的或巧妙或高明的战略战术，整场作战表现笨拙。简单来说，这根本就是一场混战。甚至让人觉得，这样的一场战斗都能改变历史，真是难以接受。

战役发生在公元312年10月，进攻方君士坦丁37岁，防守方马克森提乌斯34岁。年龄上，两人相差不大，可以说同属年轻一代。但作为总司令官，在带领部队作战的能力上来说，可就是老手和新兵的差距了。

沿着弗拉米尼亚大道南下的君士坦丁心中最担心的莫过于遭遇马克森提乌斯坚守不出的布局，即敌军依靠35年前完工又经马克森提乌斯整修后更加坚固的城墙为盾牌，坚守罗马不外出作战的局面。这座城墙由奥勒良皇帝修建，全长31.5公里，将整个首都环绕在内。墙高6米，厚3.5米，城墙上每隔30米处都建有一座四方形的护城塔。城墙开有18道城门，每一道城门都采用双重门设计。仅靠4万兵力，要想攻破一座防守如此严密的城市是不可能的。作为防守一方，虽然要承担城内百万人口的供给压力，但是仅凭4万兵力不可能长期将如此规模的城池包围得水泄不通，因此这一点不是致命的缺点。君士坦丁要考虑的，是如何尽快诱敌于城外进行决战。

君士坦丁担心的另一点是，马克森提乌斯将17万名步兵和1.8万名骑兵，以何种形式，派驻在何处。这么大规模的部队，不可能全部驻扎的首都，至少应该有一半以上派驻在首都以外的地方。可是君士坦丁一方完全不知道这些部队派驻在哪里，每个据点有多少兵力。如此一来，在攻打城池的时候，随时有可能背后遭到攻击，风险很大。

此外，对君士坦丁来说，还有一个不可忽略的隐忧，那就是意大利北部和中部各城市的动向。这些城市的居民迫于君士坦丁的军事压力才表示恭顺，一旦他的军事力量遭到减弱，那么他们的态度马上就会有一百八十度的转变。如果发生这样的情况，到时君士坦丁在意大利半岛恐怕要成为瓮中之鳖了。而且，假如君士坦丁对马克森提乌斯的讨伐之战稍有不顺，在多瑙河畔观望的正帝李锡尼也极有可能改变当前偏向君士坦丁的政策。

要一举解决这些问题，只有一个办法，那就是尽早结束战争。没想到的是，这个机会竟然是马克森提乌斯主动提供的。

当君士坦丁沿着弗拉米尼亚大道向首都挺进的途中，接到斥候之类的侦察兵报告，说马克森提乌斯率领大军离开首都前来迎战时，想必心中要欢呼道："我赢了！"

对马克森提乌斯来说，保持长期作战是最有利的战略。至于他为什么一开始就选择正面出击，我们不得而知。不过，根据想象，应该有以下几种可能：一、对君士坦丁来说，尽早决战是打开局面的唯一方法。而对马克森提乌斯来说，还有其他退路可供选择，那就是一旦在首都罗马作战失利，还可以退到北非，在那里卷土重来。在罗马史上，当然有放弃罗马又重新反攻的成功例子，比如马略和苏拉。但是，失败的例子占了绝大多数。比如被恺撒追击、逃到希腊的庞培；或者被奥古斯都追击、同样逃到希腊的布鲁图。离开首都罗马的意义要远远超过放弃都灵或者维罗纳。对马克森提乌斯来说，因为有机会选择而带来的失误，最终酿成了致命伤。

二、马克森提乌斯年龄上仅比君士坦丁小 3 岁。两个人都有身为皇帝之子的条件，但是君士坦丁在仕途上总是领先于马克森提乌斯。换句话说，马克森提乌斯总是被君士坦丁踩在脚底下。当长期愤恨的对象攻打进来，也难怪会引发他激烈的对抗意识。

但是，在面对生死存亡的大决战时，如果被感情左右，就不可能冷静思考，制定有利的战略。这个时候的马克森提乌斯甚至应该把杀父之仇都要忘得干干净净。从这个层面上来讲，马克森提乌斯虽然已经 34 岁，但还不够成熟。

三、马克森提乌斯没有选择在城内防守，而是决定出外迎敌，也有可能是出于他心中对“世界首都”罗马的深厚感情。每当探访过去罗马帝国的重要城市时，我都忍不住感叹，有些地方虽然已经成为一国之都，规模远超以前的罗马，但是在罗马时代，无论是规模还是外观都要远逊于首都罗马。在探访这些地方的遗迹时，我总是一边在脑海里还原当时的风貌，一边想着：也许当时伦敦出生的年轻人第一次看到罗马时，心中的震撼就跟现在俄亥俄州的年轻人第一次站在纽约曼哈顿的街头一样吧。

如果长期居住在首都罗马，这种感动就会转变成热爱。也许马克森提乌斯并不希望看到罗马沦为战场。不过，如果真是这样的话，他应该重新制定新的作战方略。

米里维桥战役

历史上著名的米里维桥战役，发生在公元 312 年 10 月 27 日。马克森提乌斯率领的军队人数不详，但想必要比君士坦丁率领的 4 万人多得多。马克森提乌斯应该还没有愚蠢到将步兵骑兵合计将近 19 万人的部队全数出动的地步。但是，他大脑中缺乏战略概念，没有下令将剩余部队以军团为单位派驻各战略要地待命，这就是无可救药的愚蠢了。

由北进入首都罗马的道路中，作为首都大动脉的弗拉米尼亚大道可以说是干道中的干道。君士坦丁及其所率军队就是沿着这条大道挺进罗马的。马克森提乌斯犯下的另一个错误，是他也选择这条道路作为迎击敌人的路径。马克森提乌斯率领部队从现在依然被称为“弗拉

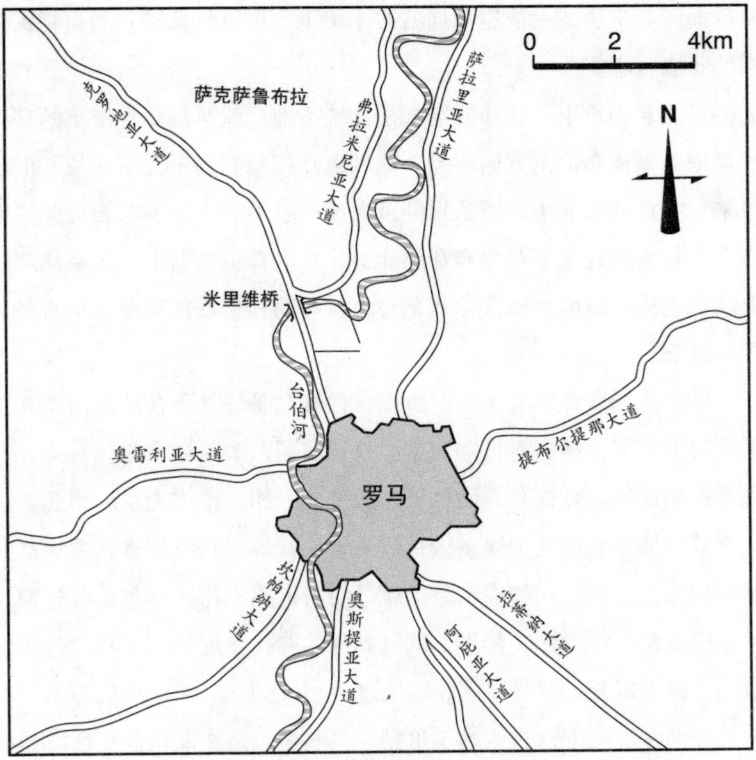

罗马及其近郊

米尼亚门”的城门出城，沿着弗拉米尼亚大道北上 3 公里之后，利用米里维桥渡过横亘在面前的台伯河，之后继续沿着弗拉米尼亚大道向北挺进 10 公里，以该地的平原作为战场。双方军队犹如南北相向开来的两辆大型卡车，就在战场中央正面对撞。

这一带如今依然叫作萨克萨鲁布拉（Saxa Rubra），是一片相当宽阔的平地，东边是蜿蜒如蛇形的台伯河。也许马克森提乌斯认为，既然率领大军前来，自然该挑选这种宽阔的地方作战。不过，向来个性冷静而且心中决意一战定乾坤的君士坦丁，可不打算顺着马克森提乌斯的意愿行事。

可能君士坦丁一获知战场会是这块平地，就早早命令手下的官兵尽量把敌军往台伯河方向驱赶。战场越宽阔越有利于大军作战，但反过来，一旦战场缩小，军队规模越大反而越不利。老手和新兵的区别就在于是否具有化不利为有利的能力。马克森提乌斯手下的军队就缺乏这种规模作战的经验，尤其是身为统帅的马克森提乌斯，军事经验更是匮乏。

尽管战场所在地属于首都范围，但毕竟是郊外。台伯河河岸并未建设河堤工程。蜿蜒蛇行的河岸湿地长满了芦苇，让人难以行走。马克森提乌斯的军队被驱赶到这里之后乱成一团，根本无法组织起来进行有效的战斗。混乱中很多士兵被杀害，其他士兵看到惨状之后都开始争相逃亡。而唯一的逃亡路径就是沿着道路向南跑，只要渡过南边的米里维桥，继续跑 3 公里，就可以到达弗拉米尼亚门。只要过了这道门，就可以躲进罗马坚固的城墙之中。

即使在混战中，君士坦丁也是一马当先，站在队伍的最前方指挥作战。而马克森提乌斯却是躲在队伍的后方发号施令，也因此才会被卷入溃败的官兵人潮当中。

现在我们乘坐直升机俯瞰下来，具有“干道中的干道”之称的弗拉米尼亚大道，由北向南几乎呈直线延伸，而且越接近罗马，车道、人行道也在逐渐加宽。不难想象，当时整个大道被败退的士兵人潮淹没会是怎样一个情景。罗马时代的桥梁，无论是修筑理念还是施工方法，都视为道路的延伸。向南延伸的弗拉米尼亚大道，在借由米里维桥渡过横贯的台伯河后，更是一马平川，直达罗马市中心，因此，“米里维桥”（意大利语“Ponte Milvio”）的设计和结构都是和弗拉米

米里维桥的现代遗址

尼亚大道一体的。桥梁长度接近 130 米，车道加上人行道的宽度合计 8 米。桥面也是比照大道，纯石头铺设。别说是整队的重装步兵团，就是载有沉重攻城器械的大车通过，也没有任何问题。但是，一下子涌过来数量如此众多的溃败士兵就要出问题了。要知道，即使是有秩序地撤退，大军要全体安全地通过一座桥梁也不是一时半会儿就能完成的事情，更何况现在要过桥的是四散逃命的残兵败将。不考虑周全就贸然选择萨克萨鲁布拉作为战场，马克森提乌斯本人要负很大的责任。如果他是打算切断退路、背水一战的话，就应该趁早抢得战场的主动权。遗憾的是，主动权却始终掌握在君士坦丁的手里。

大部分的溃逃士兵都涌向了 8 米宽的米里维桥。这已经不能称为战斗，而是一场大混乱。即使成功抵达桥头，也不见得就能活命。不少士兵刚开始过桥就让后头的人推倒，活活挤死在桥旁的石栏杆上。台伯河其实并不宽，可以游泳渡河。但是士兵们身上都穿着沉重的铠甲，而在人挤人的混乱中，根本没有办法脱下来。全副武装的士兵跳进河里后，大多都没有机会浮出水面，就葬身于河底了。而在岸边徘徊犹豫的士兵则被后面追击而来的君士坦丁的部队全数杀死。

骑马的指挥官们处境比步兵更为不堪。河底的淤泥会绊住马匹的腿脚，再加上身上沉重的盔甲和披风，使他们只有溺死的结局。马克森提乌斯也是因此结束了 34 岁的生命，遗体在第二天让人打捞上岸，斩首之后将首级挂在枪头上，成为君士坦丁率军进城时示众的警告。

战争史的研究专家认为不值一提的米里维桥战役，在基督教会眼中却是“具有划时代意义的一战”。在君士坦丁过世后，甚至开始出现下面一段传闻：

在米里维桥战役的前夜，君士坦丁在营帐中做了个梦。在梦里，耶稣基督告诉他，只要愿意遵循唯一真神的教诲，第二天就能胜利。同时建议他把希腊语中代表基督教徒的“X、P”两个字母合成“☧”的标记刻在士兵的盾牌上。君士坦丁按其吩咐一一照做，因而取得了第二天战斗的胜利。

不过，就算没有基督教神灵的庇佑，君士坦丁也照样能取得米里维桥战役的胜利。

罗马作为帝国首都，也是帝国境内唯一名副其实的首府。君士坦丁麾下的官兵们长年在高卢和不列颠值勤，想必这个时候才第一次亲眼见到首都的威容，就连君士坦丁本人也是第一次踏上首都的土地。不过，传说中阿拉伯人菲利普斯皇帝第一次造访罗马时，就为它的壮丽而感动，忍不住感叹自己居然能在有如此雄伟之都的帝国担任领袖。相形之下，巴尔干地区出身的君士坦丁则不会有这样的感叹，而且，他是以征服者的身份进入首都的。在这位征服者面前，元老院和罗马公民就好像从没有支持过马克森提乌斯一样，抢着卑躬屈膝。

元老院不仅接受这位征服者下达的每一道命令，甚至还主动做出没有受命的措施。

他们决议将君士坦丁由副帝升任为正帝。

尽管米里维桥战役属于罗马人之间的内战，但元老院依然决议要修建凯旋门赠送给获胜的君士坦丁。

马克森提乌斯的两个儿子在君士坦丁入城后，被下令处死。而有马克森提乌斯下令建造、以他的名字命名的公共建筑，自然也要改名，如“马克森提乌斯会堂”，以后要改名为“君士坦丁会堂”，而且在会堂内部还要摆设君士坦丁的巨大坐像。

近卫军团遭到解散，在米里维桥战役中，这些人大都阵亡了，所以没有人跳出来反对这项措施。不过这项措施使得由开国皇帝奥古斯都创立、拥有 300 年历史的精英军团，从此完全消失。

元老院还答应每年向君士坦丁缴纳一项特别税，实质上相当于战争赔款。

君士坦丁将定员 600 人的元老院元老，按照富裕程度分为四个等级，并规定每一等级缴纳的税金如下：

第一等级——8 罗马磅（libra）金块（约合 2 616 克）

第二等级——4 罗马磅金块（约合 1 380 克）

第三等级——2 罗马磅金块（约合 654 克）

第四等级——每年 7 枚金币（其中每枚金币中的含金量为 38 克）

自罗马帝国建国以来，在 1 000 多年的历史中，元老院一直是社会的最高阶层，可悲的是，到了公元 4 世纪，已经沦落至此。

在占领罗马期间，君士坦丁对手下官兵的统御能力值得特别一提。包括元老院元老在内的所有首都罗马居民，没有遇到任何暴力相向的事件。而居民一方也很现实地面对现状，接受了必须服从征服者的事实。

而君士坦丁也没有长时间逗留在气候温暖的罗马准备过冬，在处理完该处理的事情之后，就离开罗马，前往米兰。因为他与正帝李锡尼的会谈地点就定在米兰。米兰是君士坦丁的根据地，能够让年长 10 岁的正帝李锡尼亲自跑来谈判，可以想象，打败马克森提乌斯这件事，对增强君士坦丁的威望有着多大的贡献。如今 37 岁的君士坦丁，年纪轻轻就已经是帝国西方的“第一人”，是名义和实质上的正帝。

拼凑的凯旋门

君士坦丁凯旋门是建在圆形竞技场旁边的，意大利语为“Arco di Constantino”，而古罗马人用的拉丁语则称为“Arcus Constantini”。这是公元 312 年元老院决议赠送给胜利者君士坦丁的凯旋门。这道门直到今天依然完好如初，在 1960 年罗马奥运会时，还被选为马拉松比赛的终点。

元老院决议赠送凯旋门给获胜的君士坦丁，是在公元 312 年的秋末。不过现在他们要赶在公元 315 年时完工。因为这一年恰逢君士坦丁在位 10 周年，预定要在罗马举办庆祝典礼。凯旋门的馈赠仪式正是一连串活动的焦点。

这样一来，实际施工的时间只剩下两年。罗马人的工程向来以短期集中进行为特色，圆形竞技场、水道桥这样的工程也不过五六年就能完工。因此，仅建造一座凯旋门，有两年的施工时间已足够。不足的是当前拥有的实力。

君士坦丁凯旋门迄今依然是罗马名胜古迹中最负盛名的景点之一。可是这座建筑的敷衍粗糙，也最能反映公元4世纪首都罗马实力的衰落。

首先，既然修筑、馈赠这道门的目的，是请求君士坦丁原谅他们6年来支持马克森提乌斯的罪过，那么修筑的地点必然应该是上好的位置。凯旋门的地点定在由阿庇亚大道进入市中心后，向右转前往帕拉蒂尼山和西里欧山之间的圆形竞技场的路口。然而，这个施工地点并不是经过审慎研究后做出的决定，仅仅是因为这里有一道现成的凯旋门。

最新的研究显示，这个地方最初建造的凯旋门是献给哈德良皇帝的。科学调查的结果也证明，建设这道凯旋门的基础石材，并非成于公元4世纪初，而是公元2世纪前半期。

罗马人将拱形的建筑式样统称为“门”，这既是他们的发明，也是他们最喜爱的一种建筑形式。在罗马人眼中，门不仅仅是建筑的出入口，不单单是献给胜利者的凯旋门，还是可以在任何地方修建的装饰品。门还可以建在桥梁的两侧作为修饰，也可以修在院子的中央，爬满爬山虎，甚至有时候还会突然出现在笔直的大道上，目的是为了给单调的风景增加一点变化。

顺带提一句，拉丁语“Arcus”仅有“门”的意思，“凯旋门”是后人的意译。因此，从罗马人的角度来看，哈德良皇帝在位时，即便没有打过值得获赠凯旋门的胜仗，还是能够得到“门”以资纪念，这并不是什么不可思议的事情。那么在君士坦丁凯旋门的位置决定之后，是否要将现有的哈德良门拆除，再在原地重新修建呢？答案似乎是否定的。他们将哈德良门上不合适的装饰品拆掉，重新刻上献给君士坦丁的颂词，以及展示这位皇帝在意大利各地战斗场景的浮雕。不过，光这些还不足以装饰整个门，于是，只好又从罗马其他公共建筑物上拆下一些东西拼凑上去。

结果，罗马帝国的最后一件建筑杰作——君士坦丁凯旋门，本来应该是公元4世纪初期的作品，现在无论是主体还是装饰，都是由以前的作品集合起来的拼凑品。

图拉真皇帝时代——公元98—117年。

哈德良皇帝时代——公元117—138年。

马可·奥勒留皇帝时代——公元161—180年。

上述三个时代的作品，再加上公元313年到315年上半年完成的工程，就构成了君士坦丁凯旋门。

图拉真皇帝时代的雕像——排列在凯旋门正面和背面的最上层，共计8座俘虏达契亚人的雕像。这些雕像想必是从图拉真广场周边的回廊上拆下来再利用的。征服达契亚人的是图拉真皇帝，跟君士坦丁一点关系都没有。

哈德良皇帝时代的作品——门的主体，以及凯旋门正面和背面第二层上8片圆形的浮雕。这些浮雕的来源还没有定论，目前主要有两种说法：第一种说法，这些浮雕是原先立在此处的哈德良凯旋门上的装饰品；另一种说法，这些浮雕来自弗拉米尼亚大道通过弗拉米尼亚门之后通往市中心的路上。这条路现在称为“科索大道”，在路中央有一道纪念哈德良皇帝功绩的“门”，8片浮雕就是从门上拆下来的。

不管这些浮雕来自哪里，总之，跟君士坦丁没有半点关系。在浮雕中，哈德良皇帝或驱马追赶猎物，或为狩猎女神戴安娜举行献祭仪式，还有他将刚猎到的狮子置于脚旁、被一起狩猎的大臣环绕的情景，这些浮雕如同拍摄下来的纪念照片，栩栩如生地刻画出哈德良皇帝的形象。哈德良皇帝不仅是一位冷静的统治者，也是热爱一切美好事物的人。这一点与君士坦丁正好相反。

马可·奥勒留皇帝时代的浮雕——门的正面4片，背面4片，合计也是8片。每一片都刻画了有“哲学家皇帝”美称的马可·奥勒留的生前形象。有他站在讲坛上鼓励士兵的情景，也有他坐在罗马式折叠椅上接见投降的蛮族使者的样子。在这8片浮雕中，马可·奥勒留身边总是环绕着罗马军团的旗帜。因为他在与北方蛮族作战期间，病死于帝国的前线基地维也纳，再也无法回到故乡罗马。这些浮雕表现出当时的人们对这位哲学家皇帝的深切缅怀。只不过，这些情况同样与120年后的君士坦丁没有任何共同之处。

既然“门”是献给君士坦丁的，只是东拼西凑的作品未免太过失礼，因此，当时又另外制作了展现君士坦丁功绩的浮雕。这些公元4世纪初期制作的浮雕，设置于中央和左右两侧拱门入口的上端。其中刻画的有维罗纳攻防战中驱马向前的君士坦丁，有君士坦丁乘坐四驾马车进入罗马市区时的场面，还有罗马公民前来归顺时获得君士坦丁宽容接受的场景。当然，其中也少不了君士坦丁麾下士兵攻敌作战的描绘。只有这些浮雕才是这次施工时重新制作的作品。

虽说君士坦丁凯旋门是这样草草修建起来的，但还是有足够的资本使其直到今天依然名闻遐迩。最主要的原因就在于，它真的很美。凯旋门位于帕拉蒂尼山和西里欧山两侧中间的空地上，向前可以眺望圆形竞技场。其造型完美，与周边融为一体，仿佛要在这个地点修建建筑物，也就只有这种造型才能符合条件。可以说君士坦丁凯旋门是

君士坦丁凯旋门（从南面看到的凯旋门）

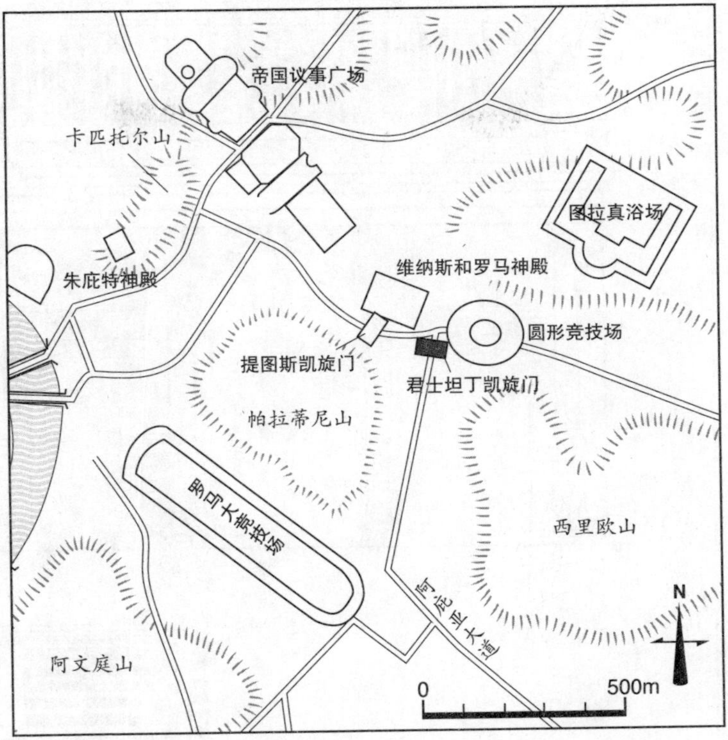

从北面看到的凯旋门

从西侧看到的凯旋门

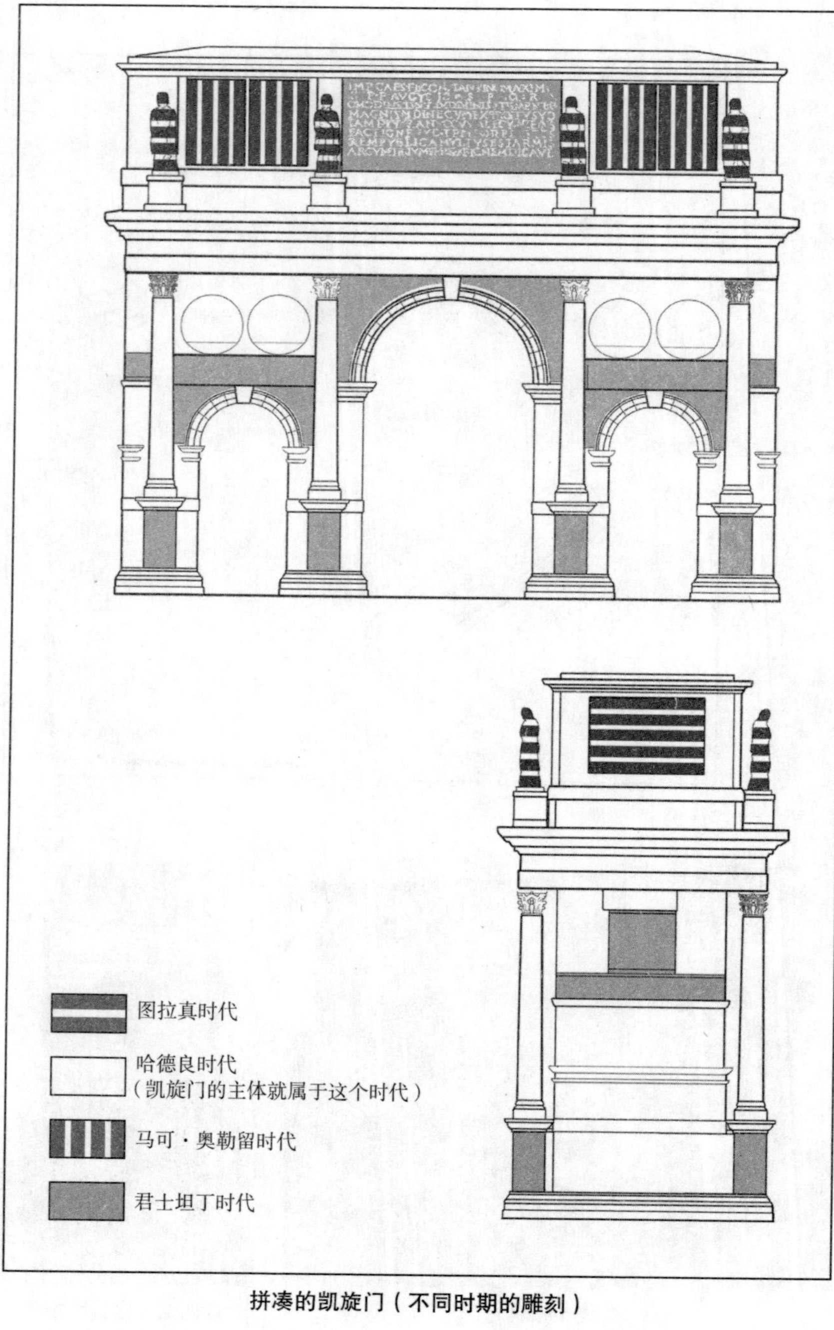

拼凑的凯旋门（不同时期的雕刻）

图拉真皇帝时代的雕刻（达契亚俘虏群像）

① 南面

② 南面

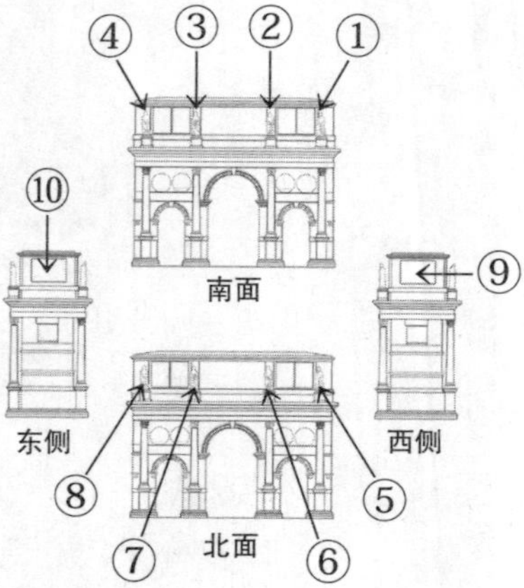

③ 南面

④ 南面

⑤ 北面

⑥ 北面

⑦ 北面

⑧ 北面

⑨ 西侧

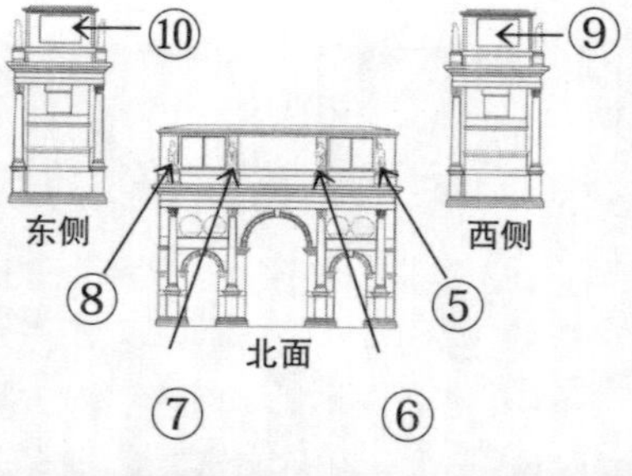

南面右上部

⑩ 东侧

哈德良皇帝时代的浮雕

① 出发去打猎的皇帝（南面）

② 森林之神西勒诺斯献祭仪式（南面）

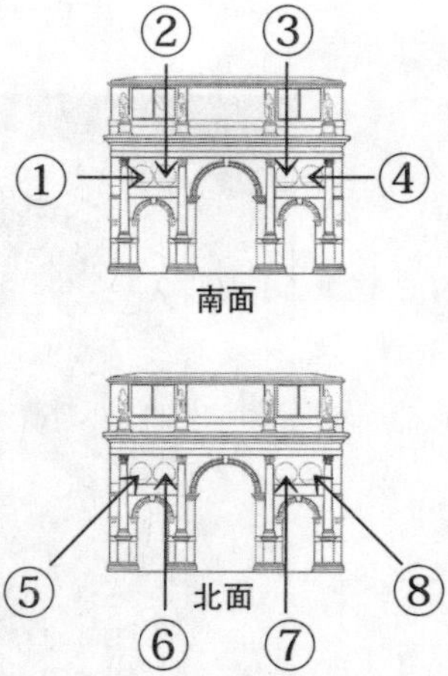

①—⑧ 依次构成皇帝远征时发生的狩猎和献祭仪式的故事

③ 皇帝猎熊的情景（南面）

④ 向狩猎女神戴安娜献祭仪式（南面）

⑤ 皇帝追猎野猪的景象（北面）

⑥ 向太阳神阿波罗献祭仪式（北面）

⑦ 皇帝及其脚下猎获的狮子（北面）

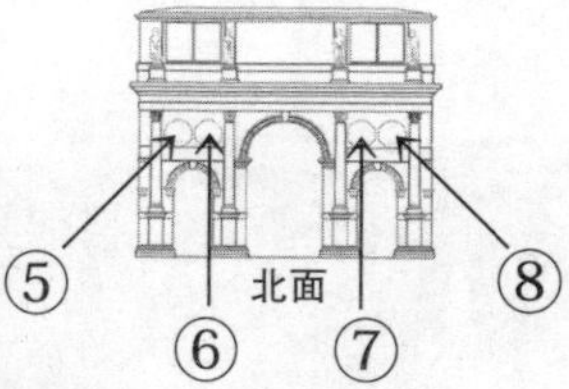

⑧ 向大力神赫拉克勒斯献祭仪式（北面）

① 接见蛮族使者的皇帝（南面）

马可·奥勒留皇帝时代的浮雕

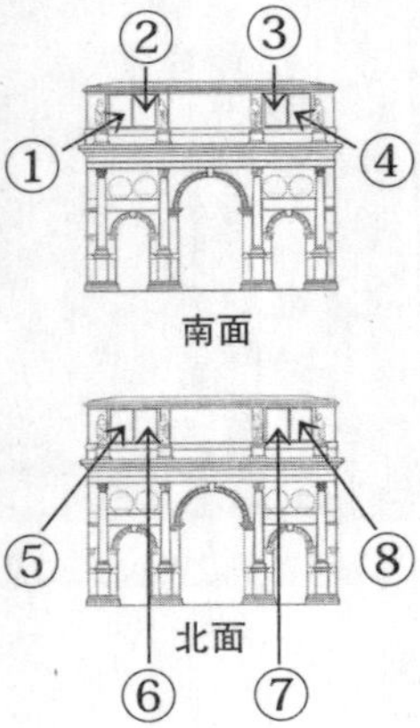

② 检视蛮族俘虏的皇帝（南面）

③ 演说中的皇帝（南面）

④ 献祭场景（南面）

⑤ 皇帝驾到（北面）

⑥ 皇帝出巡（北面）

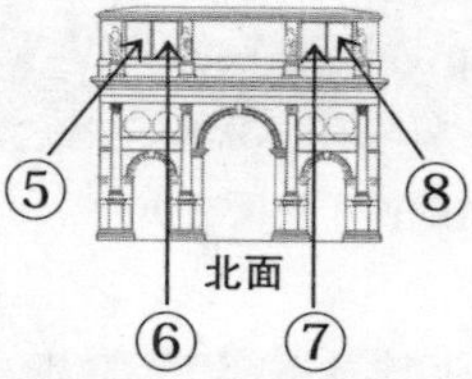

⑦ 宽容的皇帝（北面）

⑧ 投降的战败者（北面）

君士坦丁大帝时代的浮雕

① 米里维桥战役（南面右）

② 维罗纳攻城战（南面左）

③ 在广场上演说的君士坦丁（北面右）

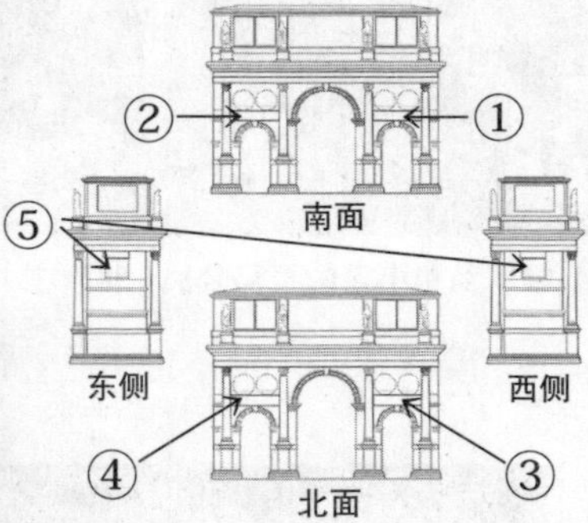

②
①
南面
⑤
东侧
西侧
④
③
北面

④ 领取免费小麦的罗马公民（北面左）

⑤ 东侧

⑤ 西侧

君士坦丁时代的浮雕和过去浮雕的对比

和平祭坛南面部分（公元前 9 年）

图拉真记功柱（公元 113 年）

格兰第·路德维希石棺（公元 251 年）

君士坦丁凯旋门（公元 315 年）

希腊罗马文明的代表元素之一，也是和谐与匀称美的化身。

不过，当我们走近跟前仔细观察，只怕一定会产生下面的想法，那就是公元 2 世纪，即五贤帝时代的浮雕和公元 4 世纪的作品相比，在造型能力上差距悬殊。五贤帝时代的作品类似于希腊雕刻，相对的，公元 4 世纪时期的浮雕风格，却接近于罗马帝国灭亡后中世纪的作品。后者的特点，简而言之，就是幼稚、笨拙。明明时代进步了，为什么造型能力反而退步了呢？

因为，这种“能力”会受到国力的影响。公元 2 世纪，可以说是贤君辈出的世纪，是罗马帝国最和平、最繁荣的时代。这个时代创造的作品，无论造型美术还是建筑艺术，都能达到最高水平，这是因为国力也正处在巅峰时期。而到了公元 4 世纪，罗马帝国已经不具备这种“实力”。这么看来，君士坦丁凯旋门也是能让人联想到国家兴衰的名胜古迹。

在这座凯旋门上留有献赠者刻下的赞词。赞词位于正面上端，夹在从图拉真广场拆下来的两尊达契亚俘虏雕像之间，用拉丁语这样写道：

> 罗马元老院与罗马公民，为庆祝胜利，特将此门呈献给皇帝·恺撒·弗拉维·君士坦丁·马克西穆斯（伟大的）·帕亚斯（慈悲为怀的）·腓力克斯（幸运的）·奥古斯都，并特此记录该皇帝以如同神灵般的敏锐感觉和伟大的意志力，率领军队展开正义之战，消灭了暴君。

这段话让人真切地感受到了什么叫“败者为寇”。昨天还是“皇帝”，今天就成了“暴君”。

承认基督教

对于喜欢历史的人来说，有些“年份”是非记不可的，公元313年就是这样的年份之一。不过，这并不是因为这一年名义上和实质上皆为西方正帝的君士坦丁，与帝国东方正帝李锡尼在米兰进行了会谈；也不是因为这一年李锡尼遵守密约，在马克森提乌斯战败后，与君士坦丁同父异母的妹妹举行了婚礼；而是因为，这一年罗马帝国的皇帝公开承认了基督教的合法地位。

不过，公元313年，并非罗马皇帝第一次承认基督教。两年前的公元311年，帝国东方正帝伽列里乌斯已经承认过了。尽管如此，罗马帝国皇帝承认基督教的时间，还是被认定为发布《米兰敕令》的公元313年6月。

这是不是因为基督教徒想把功绩归到至今依然被称为“大帝”的君士坦丁身上呢？

或者是，虽然伽列里乌斯的承认和君士坦丁发布《米兰敕令》之间只有两年的间隔，但是内容上有明显的差异？

关于这一点，我想将两道敕令翻译出来进行一番比较。不过在这之前，我觉得有必要谈一谈两巨头在米兰会谈的过程。因为这场会谈带来了承认基督教这一具有划时代意义的结果。每一个历史现象的产生，必然有其特定的背景。而且，这一年的米兰会谈也提供了很多线索材料，为研究日后的罗马史主角君士坦丁提供了依据。

马克森提乌斯败亡于公元312年的10月末。之后，君士坦丁以征服者而非胜利者的姿态进入了首都罗马。据说他在罗马滞留的时间不足两个月，那么，想必他在公元313年年初就已经到达了米兰。2月上旬，李锡尼也到了米兰。想必李锡尼与君士坦提娅的婚礼也在不久之后很快就举行了。因为李锡尼与君士坦丁共同签署的《米兰敕令》是在6月15日发布的，而在这份敕令发布的三个月之前，李锡尼就匆匆返回了东方。由此也可以看出，君士坦丁不是一位容易被胜利冲昏头脑或者贪图享受的人。换句话说，他懂得趁热打铁。君士坦丁在战场上擅长快攻，想必在政治上亦是如此。另一方面，他也具有等待时机成熟的慎重心态。

公元306年时多达六名的皇帝，在7年后的313年只剩下了三名，他们分别是君士坦丁、李锡尼，以及守卫帝国最东边的副帝马克西米努斯·代亚。罗马帝国处于一分为三的统治状态。不过，想必君士坦丁不会满足于现状。但是，现在趁着打败马克森提乌斯的气势去攻打李锡尼，并非良策。原因有两点：

第一，李锡尼麾下拥有罗马军中最负盛名的多瑙河防线守卫部队，这些人现在都只服从李锡尼的调遣。

第二，虽然李锡尼和马克西米努斯·代亚向来不合，但如果选择此时攻打李锡尼，很可能会迫使这两位帝国东方的正、副帝联手合作。

公元313年，李锡尼和君士坦提娅在米兰结婚后，李锡尼获益的不仅是迎娶了皇室成员，还为自身的势力镀了金。新娘是君士坦丁同父异母的妹妹，这一年应该刚满18岁。新郎虽然已经48岁左右，但在当时这种年龄差不算什么。不过，身为公主，到这个年纪还未出嫁的倒是少见。有可能是同父异母的哥哥君士坦丁，长期留着妹妹作为政治筹码。因为对巴尔干地区出身的贫民皇帝来说，与公主结婚，是将自身地位合法化的重要条件。

正因为如此，当君士坦丁和李锡尼先后都获得这项优势条件之后，马克西米努斯·代亚着急了。

马克西米努斯·代亚在慌乱之下，看上了两年前去世的伽列里乌斯皇帝留下的寡妇瓦莱利娅。她是“四帝共治制”的开创者戴克里先的独生女。马克西米努斯·代亚认为，只要能与她结婚，就可以和李锡尼、君士坦丁处在同等的政治条件下。但瓦莱利娅拒绝了他的求婚。恼羞成怒的马克西米努斯·代亚立刻派兵，不仅将这位先帝遗孀，还有恰巧在这个时期来探望女儿的戴克里先夫人一起逮捕，关进了大牢。

当时戴克里先身在亚得里亚海的海滨宫殿中，当得知这个消息后，立即派遣使者来到副帝跟前。除了对妻女受到的待遇表示抗议外，还要求副帝把两名女性交出来。副帝虽然将两人释放，却没收了一切财产，并流放东方。

马克西米努斯·代亚是戴克里先在公元 305 年退位时提拔为副帝的人，这样的行为真是恩将仇报。戴克里先退位释出权力，也才过了 8 年的时间。在公元 308 年第四轮“四帝共治制”开始时，戴克里先还能在人事方面发挥影响力，事隔 5 年，权势却衰落至此。我们实在不知道，当时已 68 岁的戴克里先是如何承受这种明知妻女在外过着流浪生活却无计可施的日子。这时已经没有任何人再理会退位老皇帝的意见了。

李锡尼仓促办完与公主的婚事后就急忙离开米兰的原因，是马克西米努斯·代亚因为对李锡尼和君士坦丁结盟感到紧张，所以率军侵占了本属于李锡尼势力范围的小亚细亚。李锡尼一路向东行军，沿途不断与紧急召集的各路军团会合，身边还带着新婚的妻子。也许李锡尼的这一举动，是打算以公主为人质，阻止君士坦丁在西方的动作。不过君士坦丁可不会在这个大好时机轻举妄动。这一次轮到君士坦丁隔山观虎斗了。

匆忙离开米兰的李锡尼，一边与沿途召集的部队会合，一边向东疾行。当他进入小亚细亚时，已经是公元313年的3月末。马克西米努斯·代亚率领的军队人数有7万，相形之下，李锡尼的官兵人数只有3万。不过，最后获胜的是李锡尼。这并不是双方指挥官的水平有差异，而是巴尔干地区出身的士兵和东方长大的士兵实力差距太大造成的。马克西米努斯·代亚在战败之后，逃到了位于小亚细亚东南方的塔尔苏斯。同年8月，不知是自杀，还是被手下官兵暗杀，总之马克西米努斯·代亚退出了人生舞台。曾经多达6人的皇帝，就这样一个个退出了政治舞台，如今只剩下两个人。不过，没有人会认为，这样的“两帝共治制”状态会延续下去。不，应该说，两位皇帝自身比谁都更清楚这一点。

帝国东方副帝马克西米努斯·代亚的退场在历史上虽然不是大事，却牵连出一场悲剧。当时遭马克西米努斯·代亚流放的瓦莱利娅和母亲普里斯卡认为，帝国东方由正帝李锡尼统一以后，自己的命运也会跟着好转。对前皇后瓦莱利娅来说，李锡尼是获得瓦莱利娅的丈夫伽列里乌斯、父亲戴克里先的同意，才在缺乏副帝经历的情况下，一举登上西方正帝宝座的人。李锡尼至今继位才5年，与伽列里乌斯又交情甚笃。这两位女性期待李锡尼能将她们遭没收的财产返还，并护送她们回到戴克里先的身边。当时李锡尼正趁着战胜马克西米努斯·代亚的气势向东行军，计划将整个东方国土牢牢控制在自己的掌心。这两位女性也前去参见李锡尼。

结果李锡尼根本就不打算接见这两名应该算是旧识的女人。无奈之下，这对母女只好继续流亡。为了尽可能地接近戴克里先，两人来到了希腊的塞萨洛尼基。而李锡尼派了一队军人在此，手里拿着死刑判决书在等她们。统领罗马帝国20年、创立“四帝共治制”的戴克里先的妻子和独生女，就在面对爱琴海的塞萨洛尼基中央广场被处死，尸体直接让人丢进了大海。我们不知道戴克里先在亚得里亚海海滨的斯普利特宫殿中接获消息时，心中会做何感想。

遗憾的是，没有任何关于记录戴克里先晚年心境的资料留存下来。在历任罗马皇帝中，戴克里先是唯一亲眼看着自己多年构建的政策陆续崩溃的人物。仅就基督教问题而言，从最初的强制镇压和迫害，10年后政策已经发生了一百八十度的大转变。至于“四帝共治制”，帝国中已经没有人相信它的好处。唯一幸运的是，这些年帝国内部没有遭到北方蛮族以及东方大国波斯的入侵。然而掌权者却借此大肆争斗。至于戴克里先究竟在公元313年的何时过世，专家们迄今依然无法给出统一的答案。因此，我们不知道他是否知道公元313年6月15日公布的《米兰敕令》的内容。不过，即便他没有活到6月15日，但是两年前伽列里乌斯公布敕令时，他应该已经察觉到帝国对基督教政策转变的征兆了。也就是说，早在两年前他就应该知道，自己推动的基督教政策即将崩溃。这一年公布的《米兰敕令》，只是彻底毁掉原有政策的最后一击。

公元311年4月，正帝伽列里乌斯颁布的敕令全文如下：

朕订立政策时，向来以帝国及居民之利益为基准。实施政策时，以恢复罗马传统与秩序为期望。基于上述观点，面对抛弃传统信仰的基督教徒时，朕尝试各种方法，以期他们能够再度回到我等身边。然而这些人并未停下固执愚蠢的行为，不但未予继承罗马伟大祖先之行止，反而自行订立社会规范，于帝国各地游说，成功聚集很多徒众。

因此，我等（戴克里先和伽列里乌斯）为了让这些人回归祖先的传统，决意采取强硬措施（此处指公元303年戴克里先颁布的一系列镇压基督教徒的敕令），使许多基督教徒改宗弃教。

尽管如此，却依然有很多固执己见、拒不弃教者存在。而弃教者当中亦有相当多的人是为政策所逼，不得已而为之，而非心悦诚服地放弃基督教。结果，他们虽然不再信仰基督教神灵，但也未因此恢复信仰罗马传统诸神。而此等现状，与我等罗马人传统中认同所有人生活方式的宽容精神不相符。

朕之期望在于恢复罗马人的传统与规律。经再三思考，朕得出结论，应将罗马人之宽容精神推广至基督教徒身上。

因此，从今日起，朕允许基督教徒重建其共同体（亦即允许信仰）。但在此要明文规定，必须在不违背帝国国法之限度内。

从基督教徒的角度来看，伽列里乌斯皇帝认可的信仰自由，简而言之，根本就是含糊其词。在罗马社会中，传统的罗马诸神依然占优势。而所谓的信仰自由，并不是完全的自由，还追加了“不违背帝国国法”的条件限制。

不过，在公元3世纪后半期，上台又下台的众多皇帝中，有些镇压过基督教徒，有些则没有。即使那些没有镇压、迫害过基督教徒的皇帝，他们心中对基督教徒的想法只怕也跟伽列里乌斯相同。

早在共和制时期，罗马就是一个多人种、多民族、多文化、多宗教的国家。即便在军队这样一个理应着装统一的地方也不例外。上了战场，罗马军中也常常能看到赤膊上阵的日耳曼士兵身旁站着身穿长衫的东方士兵。这是因为罗马人尊重各个民族在风俗习惯上的差异。

罗马人思想中的“宽容”（clementia）是，身为强者也不将自己的生活方式强加给弱者，尊重弱者有自己的生活方式。

罗马皇帝对基督教徒的镇压时有时无，即使进行也不彻底，原因就出在这种思想上。唯一彻底镇压的例子就是戴克里先发起的镇压政策。但这项政策真正严格执行，也只有两三年的时间。因为上至皇帝，下至地方上的行政长官，连这些罗马的行政人员，心中也不认同仅针对基督教徒信仰发起的镇压和迫害。

罗马人是多神教民族，而多神教是一种互相认同不同宗教信仰的生活方式。因此，认同其他神灵，唯独不认可基督教的想法，违背了多神教的精神，即单独排斥基督教徒的想法，违背了罗马人“宽容”的思想，所以不符合罗马人的性格。这是那些即使不信仰基督教的罗马人也无法彻底镇压基督教徒的原因所在。而反过来，罗马人承认基督教时也会含糊其词的原因也就在这里。

但是，仅仅在这道敕令颁布两年之后，君士坦丁发布了《米兰敕令》。不过，这道被公认为史上第一次承认基督教的《米兰敕令》，其内容恐怕也无法让基督教徒觉得十分满意吧。因为就连这道敕令也是立足于罗马的“宽容”思想上的。

由君士坦丁和李锡尼两位皇帝共同签署，于公元 313 年 6 月发布的《米兰敕令》，全文如下：

很久以来，我们二人（君士坦丁与李锡尼）始终认为信仰自由不应受到限制，每一个人都应该根据自己的信念和愿望，信奉自己选择的宗教。因此，在我们管辖的帝国西部，基督教早已得到承认，并允许基督教徒为加深其信仰而举办有关仪式。然而，这种意愿在法律实施时给执行者带来了困惑和混乱，为此，我们认为有必要将此问题做明文规定。

我们，正帝君士坦丁和正帝李锡尼，于米兰相聚，共商帝国大事。我们一致认为，在所有事关万民的大事中，首先应该做出规定，保证尊重对神的信仰。

无论基督教徒或信奉其他宗教的国民，个人选择宗教信仰的权利皆应得到完全的认可。无论哪一方天神，都应得到崇拜和尊重，只要它能为作为统治者的皇帝及其臣民带来和平与繁荣。从有利而且明智的角度出发，我们一致同意，我们二人属下的所有臣民都应该得到宗教自由的权利。

自今日起，无论是基督教徒还是其他教徒，都可以自由无条件地保留其虔诚的信仰，以及举行相关的宗教仪式，不受任何干扰和干预。无论是何等神明，我们都期望它以至高无上之存在，普降幸福于万民，引领帝国全体走上和平与融合之路。

从敕令的下文开始，内容从宣布国家新政转为具体指令，是给那些负责实际贯彻落实的帝国各地的行政长官的：

以上是我们二人之决定。故自今日起，以往颁布的有关基督教的所有法律规定（主要是指戴克里先皇帝制定的镇压基督教徒的诸法）一概无效，凡基督教信仰者可以无条件地保留其信仰，不受任何干扰。

给予基督教徒的信奉其宗教的绝对自由，同样也适用于信奉其他宗教的教徒。我们认为，全面承认宗教信仰之自由，有利于帝国的和平。而且，任何神明和宗教，其名誉和尊严都不容遭到诋毁。

基督教徒曾饱受不平的待遇。在此特别规定，基督教徒之前被没收的聚会祈祷的场所，必须立即予以归还。另外，那些曾经属于教会或者教区的资产，也即刻物归原主。依照上述规定，对那些以拍卖方式购买了教会资产的人，在交还后，国家将以公平的价格补偿其经济损失。

读完《米兰敕令》，我们可以清楚地知道，发布敕令的这两位皇帝中，君士坦丁并未表示要改信基督教。此外，这道敕令也没有给予基督教有别于其他宗教的特别优待。这只是一道全面认可罗马帝国公民享有宗教信仰自由并公之于众的法令。

尽管如此，《米兰敕令》依然有充分的理由被人们认定为具有划时代意义的历史文献。因为在公元313年，这道法令颁布后，罗马人持续了1 000多年的传统宗教观念被彻底打破了。

在这之前，罗马要求属于“共同体”的公民，不论个人信仰何种神灵，都必须对共同体的守护神——传统的罗马诸神，保持一定的敬意。在罗马军中，无论信奉基督教、密特拉教，还是太阳神，那都是官兵的个人信仰自由。但每年的1月1日，官兵必须聚集在军团基地的中央广场上，在举行给罗马诸神的献祭仪式之后，对身兼最高司令官的皇帝宣誓忠诚。这时就要求大家暂时将个人信仰放在一边，全体行动一致。

而在《米兰敕令》颁布以后，就再也没有这个必要了。这道敕令承认个人有完全的信教自由，却完全没有提到国家“共同体”的宗教。也不像伽列里乌斯敕令那样，在认同基督教徒信教自由的同时，也注明“必须在不违背帝国国法之限度内”一条。因此，《米兰敕令》是“无条件地完全认同”宗教信仰自由。

纵观从《米兰敕令》到今日的历史，由于宗教信仰自由是尊重人权的重要表现，我们甚至可以说，这道敕令为18世纪传遍欧洲的启蒙思想开辟了先河。特别是《米兰敕令》的前半段，让人觉得好像在听伏尔泰或狄德罗的言论。

罗马帝国要比启蒙思潮早1 400年，即便到了后期，依然是多人种、多民族、多宗教、多文化的帝国。在这个繁杂多样的大帝国内部，依靠着"罗马法""罗马皇帝"以及"罗马宗教"这个宽松的框框，才能保持统一。曾有英国学者评价，罗马帝国和第二次世界大战后诞生的联邦国家很相似。

《米兰敕令》一颁布，就把"罗马宗教"这个框框给去除了。这道敕令从内容上来说合情合理，无可批判，就连18世纪的启蒙主义者也必定会赞不绝口。问题是，提倡这项思想的君士坦丁本人，是否真的认为没有了宗教约束后照样有办法统治整个帝国呢？

而且，既然《米兰敕令》已经承认宗教信仰自由，为什么1 400年后的启蒙主义学者，又要跳出来大力主张呢？

答案很简单，因为在相当长的岁月里，宗教自由根本没有得到保障。

而让社会走上宗教信仰自由得不到保障这条路的，就是君士坦丁本人。

虽然君士坦丁和李锡尼两位皇帝共同在《米兰敕令》上署名，但两人的同盟关系在马克西米努斯·代亚败亡后，很快就面临危机。整个帝国版图出现了西方由君士坦丁、东方由李锡尼统治的"两帝共治制"局面。虽然形式上为"两帝共治制"，但实际上与公元285年的"两帝共治制"差了很多。

戴克里先与马克西米安的“两帝共治制”能够维持8年，是因为两位皇帝的权力和权威并不对等。负责西方事务的马克西米安，虽然形式上是戴克里先的同事，但帝国统治的主导权一直在戴克里先手里。在这种状态下，帝国能够发挥统治机制，在于武夫型的马克西米安对比自己年长5岁、政治判断精准的戴克里先心悦诚服，毫无二心。

相形之下，公元313年的“两帝共治制”，内情完全不同。公元313年，李锡尼48岁，君士坦丁38岁，两人相差10岁。两人之间可不像戴克里先和马克西米安那样，经常有人情味浓厚的感情交流。尽管李锡尼年长许多，在政治、军事才能上却无法获得君士坦丁的尊重。这样的两人关系仅仅是双方势力的对峙。因此，两人形成的“两帝共治制”局面，维持不到两年的时间就出现裂缝，也就不足为奇了。

事情的导火索是君士坦丁的亲戚惹祸以后逃到李锡尼手下，而李锡尼拒绝了君士坦丁的引渡要求。据说李锡尼的拒绝并非针对引渡，而是因为君士坦丁提出要求的方式太过傲慢。不管怎么说，君士坦丁因此获得了对李锡尼作战的正当理由。

如此一来，罗马帝国虽然成功阻止了外敌入侵，但在短短七年的时间里，却发生了三场内战，致使大片国土荒废，经济也一再衰退。而且公元315年的内战，是君士坦丁手下守护莱茵河防线的高卢兵对阵李锡尼麾下守卫多瑙河防线多年的巴尔干部队。这可是两支罗马军队中数一数二的精锐部队的正面冲突。当然，短期内还无法看出战斗的结果。

公元315年初秋发生的第一场战斗，地点在多瑙河附近，潘诺尼亚地区的小镇西巴莱。潘诺尼亚地区属于李锡尼的管辖区域，而西巴莱位于李锡尼的宫殿所在地西尔米乌姆西北70公里处，很明显是君

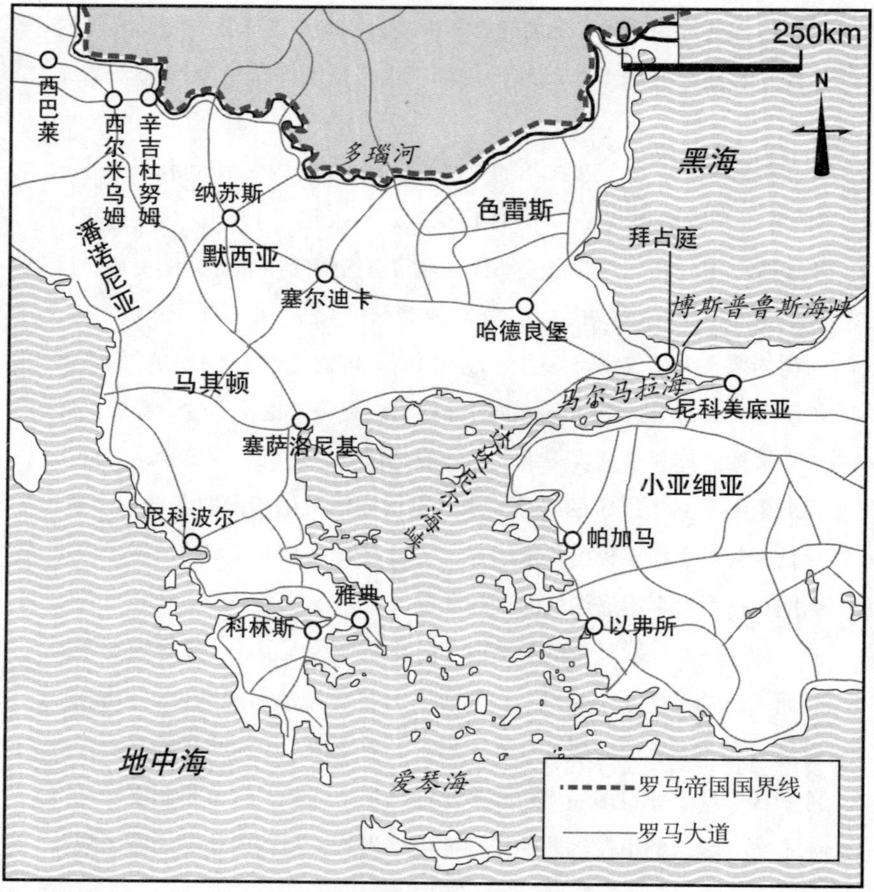

0
250km
N
西巴莱
西尔米乌姆
辛吉杜努姆
多瑙河
黑海
纳苏斯
色雷斯
拜占庭
潘诺尼亚
默西亚
塞尔迪卡
博斯普鲁斯海峡
哈德良堡
马其顿
马尔马拉海
尼科美底亚
塞萨洛尼基
达达尼尔海峡
小亚细亚
尼科波尔
帕加马
雅典
科林斯
以弗所
地中海
爱琴海
罗马帝国国界线
罗马大道

色雷斯及其周边

士坦丁主动发起的攻击。当时李锡尼能动员的兵力有3.5万人，而君士坦丁只有2万人的兵力。

君士坦丁要想以少胜多，尽早掌握战斗的主动权就显得尤为重要。当时君士坦丁亲自率领骑兵军团冲进敌军阵营，让人忍不住联想起当年亚历山大大帝如何率领大军冲向5倍于自己的波斯大军的情景。不过，罗马士兵的战斗力可不是波斯军能比的。这场激战一直持续到日落。君士坦丁能始终占据战场优势，倒不是因为官兵个人战斗力特别强，主要还是指挥者能力存在差距。

到了夜晚，李锡尼及其军队拔营向东逃走，当时李锡尼对士兵宣称是撤退而非败逃，可他甚至连首都西尔米乌姆都弃之不顾，就直接一溜烟地逃到了色雷斯地区。底下的士兵对局势自然也是心知肚明。途中部队人数从3.5万减少到2万，倒不是部下背叛，而是官兵抛弃了自己的首领。

第二场战斗，发生在色雷斯与其南边的马其顿交界的山区。

据说这一仗打得比第一场还要激烈。只不过，要想让有逃跑之意的官兵回心转意，并带来战斗的胜利，就必须有万里挑一的高级将领才行。敌军光是占据追击的立场，就已经处于优势地位。一如所料，第二场战斗李锡尼又落败了。

此时，两年前与李锡尼结婚的君士坦提娅，以当时妇女少见的意志和胆识，出来调停丈夫和兄长之间的斗争。可能是调停有效吧，两位皇帝在这一年的12月达成和解，条件是李锡尼必须退到小亚细亚以东。虽然不知道能维持多久，但罗马人之间的内战至少算是暂时平息了。

不过，君士坦丁不忍拒绝妹妹的恳求而选择和谈，这只是表面上的姿态，实际上，应该是君士坦丁盘算这次和谈对自己绝对有利才做出的决定。一旦李锡尼退到小亚细亚以东，就意味着他退出了多瑙河防线的守卫工作。不负责多瑙河防卫工作，也就代表他放弃了多瑙河部队的作战指挥权。

如此一来，君士坦丁麾下就拥有了莱茵河防卫部队和多瑙河防卫部队这两支罗马军中最强的军事力量。相对的，因为讲和而捡回一条命的李锡尼手下只剩下向来因软弱而被轻视的东方部队。对君士坦西来说，现在李锡尼已经算不上危险的竞争对手了。

君士坦丁的性格不是那种喜欢趁势一鼓作气爬到楼层最顶端的人，他具有每到楼梯口就停下脚步，回顾确认成果，之后再向下一个目标挺进的特质。这时他才 40 岁，不用担心健康问题，可能他也认为不必急于成事。恐怕君士坦丁这个人是与“躁进”一词最没有缘分的人。

而不躁进意味着这个人在不适宜仓促行事时，会一步一个脚印踏踏实实地为日后做准备。君士坦丁在公元 306 年刚刚登上权力舞台时，根据地位于莱茵河的支流摩泽尔河上游的特里尔，现在德国的最西边。在公元 312 年战胜马克森提乌斯之后，他把根据地迁到了意大利的米兰。在公元 315 年战胜李锡尼之后，他的根据地又移到了罗马帝国后期多瑙河防线的关键要地、靠近多瑙河的西尔米乌姆，现在的塞尔维亚和黑山共和国的米特罗维察。这些举动给人的感觉是他一步步将棋子向东方移动。也许仅从这件事情就可以推测出君士坦丁脑海中是如何勾画罗马帝国的形态的。但是，君士坦丁优秀的地方在于，树立大目标之后能将达成这一目标的路径分成很多小步骤，然后一步一个脚印认真执行完毕。

在与李锡尼暂时讲和之后，公元 316 年到 322 年这 7 年时间里，君士坦丁忙于击退北方蛮族的进攻。这段时间里，莱茵河东岸的法兰克和阿勒曼尼两个部族，以及多瑙河北岸的哥特人，时隔多年后再次突破了防线，攻入罗马境内。如果此时君士坦丁继续专注于对李锡尼的围剿，继续不断地向东进军，只怕蛮族会深入欧洲大陆内部，进行惨无人道的烧杀劫掠。就算君士坦丁真这么做，把李锡尼逼上绝路，登上唯一最高权力者的宝座，人民也不会忘记以排除异己为优先、容许蛮族入侵掠夺的事实。

身为罗马皇帝，首要职责是保障帝国及其边境居民的安全。正因为如此，皇帝才身兼罗马全军最高司令官的职务，并享有凯旋将军含义的“Imperator”称号。在罗马人的心目中，不管内政多么出色，任由外敌入侵的人是称不上“皇帝”的。

直到公元317年，君士坦丁才做好反击的准备。虽然北方蛮族突破防线的事情发生在上一年，但是要集合符合皇帝御驾亲征规模的大军，不是三两天就能完成的事情。一直到五贤帝时代为止，帝国的安全保障政策都是以强化防线为核心，努力构建一旦某处防线遭到突破立刻会有其他防线兵力驰援的体系。但是，自从戴克里先即位之后，帝国安全保障的主力不再是沿着防线密集布置的军团驻军，而是由每位皇帝直接率领的游击部队。而且既然是皇帝亲自率领，部队规模自然也要高达数万人。就算在现代，大批兵力会合也需要相当长的时间，这一点在古代也是一样。

由于这些因素的影响，反击战直到公元317年才正式开始。君士坦丁把战线分为莱茵河和多瑙河两处，并将莱茵河交由长子克里斯普斯负责，自己则负责多瑙河地区。这是因为突破莱茵河防线的敌军入侵了高卢地区，而突破多瑙河防线南下的敌军闯入了巴尔干地区。

克里斯普斯是君士坦丁第一次婚姻时生的长子，后来为了与具有皇家血统的法乌斯塔结婚，而与克里斯普斯的生母离婚。克里斯普斯作为君士坦丁与离婚的前妻生的长子这一点，与君士坦丁年轻时相同。不过，君士坦丁将重责大任交给年轻的克里斯普斯，并非因为想起自己年轻时的遭遇，对儿子产生同情。这纯粹是因为当时在皇室中只有克里斯普斯能够协助承担御驾亲征的任务需求。君士坦丁与法乌斯塔之间生的儿子，这时都还是幼儿。

此外，这个时期，克里斯普斯已经从父亲君士坦丁手中接下了“恺撒”的称号。这个时候的“恺撒”，不能像“四帝共治制”时期那样，译为“副帝”。“副帝”具有独立判断、发起军事行动的权力，而君士坦丁可没有给克里斯普斯这样的权力。因此，在“四帝共治制”之后的“恺撒”，应该恢复到公元 2 世纪元首制时期，是“帝位继承者”或者“皇太子”的含义，并依此进行翻译。君士坦丁会将克里斯普斯定为继承人，克里斯普斯已经年满 20 岁，而与具有皇家血统的法乌斯塔生的孩子，长子才 1 岁，次子刚出生。

不过，克里斯普斯与君士坦丁相似的地方还不只是出生和生长环境。虽然他才 20 岁出头，但领兵打仗已经颇有其父之风。

不过，这个年轻人和父亲不一样，是个表里如一的人。不知道是不是因为这一点，他一上战场就像猛虎出笼，显得特别威猛。克里斯普斯不但擅长快攻，还懂得运用谋略来有效推动战场形势。仅就战场上的才华来讲，他也许还在其父之上。法兰克人和阿勒曼尼人一遭到克里斯普斯的反击，马上就兵败如山倒。

不过，五贤帝时代的皇帝，特别是哈德良皇帝，会坚持以强化防线来扼制蛮族入侵，自然有充分的理由。这是因为一旦让蛮族侵入帝国内部，再要赶出去就不是那么容易了。

因为这些蛮族并不像罗马军队那样有组织和有纪律。他们一旦突破防线入侵之后，会为了获得更多的财物而四处活动。如果面对的是有组织的军队，只要击破其集团就可以达到目的。而对象是蛮族的话，这种作战方法就不管用了。唯一的办法，就是彻底搜寻分散在各地的蛮族小集团，逐一进行击破。而在完成各个击破之后，又轮到罗马军渡过莱茵河攻进对方的根据地。为了让蛮族刻骨铭心地记住入侵罗马会有什么样的下场，有时还必须做些残酷野蛮的行为。而在罗马的政策中，如果有任何部族愿意对罗马表示恭顺，愿意提供兵力构筑友好关系的话，罗马方面也会欣然接受。这也就难怪克里斯普斯要恢复高卢地区的和平，将不愿停止敌对行为的蛮族赶入莱茵河东岸以远，需要花费五年的时间。尽管如此，在这五年的时间里，从来没有发生过需要父亲君士坦丁出兵支援的情况。克里斯普斯作为年轻将领，第一次领兵打仗，可以说打得极为漂亮。

多亏有了克里斯普斯的英勇善战，君士坦丁才能将注意力集中在多瑙河地区。至于这条战线上的战斗究竟是何时开始的，没有明确的记录。但是这条战线上的敌人是北方蛮族中最为庞大、彪悍的哥特人。但也正因为如此，哥特人和其他蛮族不同，军队是有组织的行动。说不定哥特人和君士坦丁率领的罗马军队作战时，会采用两军在平原布阵会战的方式。

虽然说开战的年份不详，但结束战争的年份留下了记录。据说一直到公元 322 年的夏天为止，君士坦丁及其大军在多瑙河南岸的反击战中始终占据优势，而到了 11 月时，虽然要面临不利于战斗的季节，他们还是着手准备进攻多瑙河北岸。

所谓的准备，就是要让 200 多年前图拉真皇帝在多瑙河上修建的、长达 1 公里以上的石桥恢复通行。这座“图拉真桥”的 20 个桥墩是用坚固的石材建造的，但由石墩支撑的供应人马车辆通行的桥面，则是木结构。在公元3世纪后半期，罗马帝国放弃达契亚行省时，木造部分已被拆除。由于罗马帝国撤出由图拉真皇帝征服并行省化的达契亚地区（现在的罗马尼亚），这一段的多瑙河再次恢复边界最前线的地位。因此，军方出于防卫需求，将河流上的桥梁拆除。

君士坦丁计划的攻打多瑙河以北的方案，必须让大军渡河才能实现，因此必须建造桥梁。公元322年的准备工作就是征集大量的木材，投入大量官兵，将图拉真桥恢复到公元103年完工时的模样。不过工程本身肯定要比200多年前简单随意得多。毕竟，现在只要求这座桥能通行就行。等到在对岸击败哥特人、渡桥回来后，这座桥还是要当场放火烧掉的。

攻打多瑙河北岸的战斗最后胜利结束，被击败的哥特人只得向罗马求和。君士坦丁以将4万名哥特男子编入罗马军队为条件，答应了对方的和谈。这样，到公元322年，君士坦丁总算脱离了7年来纠缠不休的北方蛮族问题。这也意味着，对君士坦丁来说，从最后一个楼梯口一跃登上楼层最顶端的机会来了。

公元324年，李锡尼59岁，君士坦丁49岁。年轻10岁的君士坦丁再向李锡尼开战时，再也不需要打着什么幌子或者寻找借口了。这时他已经不需要隐瞒为争夺皇位而发动战争的事实。

李锡尼也早料到这一天迟早会来，所以他趁着君士坦丁集中精力与北方蛮族作战时，集结好大军严阵以待。

李锡尼在陆地上的兵力，包括15万名步兵，1.5万名骑兵。海上的军力，包括从埃及调来的130艘，塞浦路斯岛和叙利亚·巴勒斯坦各110艘，共计350艘的三层桨帆船。

相对的，君士坦丁这边的兵力，骑兵步兵合计有12万人。数量上虽然不占优势，但这些都是刚刚与蛮族作战过的士兵，可谓是久经沙场，战斗力非比寻常。除了这些陆上兵力，还从意大利和希腊召集了 200 艘三层桨帆船。

攻防双方都准备了军用桨帆船，是因为李锡尼的势力范围在小亚细亚以东，而君士坦丁的势力范围在巴尔干以西。双方势力的分界线正好是分隔欧洲和亚洲的博斯普鲁斯海峡、马尔马拉海，以及通过达达尼尔海峡向南可以看到的爱琴海。由于地势因素的影响，这场争夺帝国霸权的战斗成了一场海陆联合的大型作战。君士坦丁决定亲自指挥陆上作战，海上作战的指挥权则交给儿子克里斯普斯。

公元 324 年 7 月 3 日清早，双方部队在现代土耳其的主要城市之一的埃迪尔内附近相遇。这座城市是由哈德良皇帝兴建，所以在古代称为哈德良堡。埃迪尔内是这个名字转成土耳其发音之后的称呼。虽然位于色雷斯地区的最东边，但这个城市还在欧洲境内。第一场战斗发生在埃迪尔内附近，这说明是李锡尼一方攻入了君士坦丁的势力范围内。只是，不知道为什么，李锡尼没有让部队从哈德良堡继续向西前进。这一点使得君士坦丁有时间在希腊的海港塞萨洛尼基将陆上与海上兵力集结完毕。当部队集结完毕、接受君士坦丁的命令后，陆上部队取道东北，向哈德良堡进发。海上军队则从爱琴海北上，通过达达尼尔海峡前往马尔马拉海。

虽然敌我双方在广阔的平原上布好了阵型准备开打，但双方分别投入 16.5 万人和 12 万人的大军，这么宏大的规模不可能布阵完毕马上就进入全面冲突阶段。最初几天，双方都只是派出少量部队观察局势。后来君士坦丁领先对手一步，率先将试探性的交战转换成了全面的决战。

君士坦丁在这次作战中依然采用亲自率领骑兵团冲散敌军阵型的

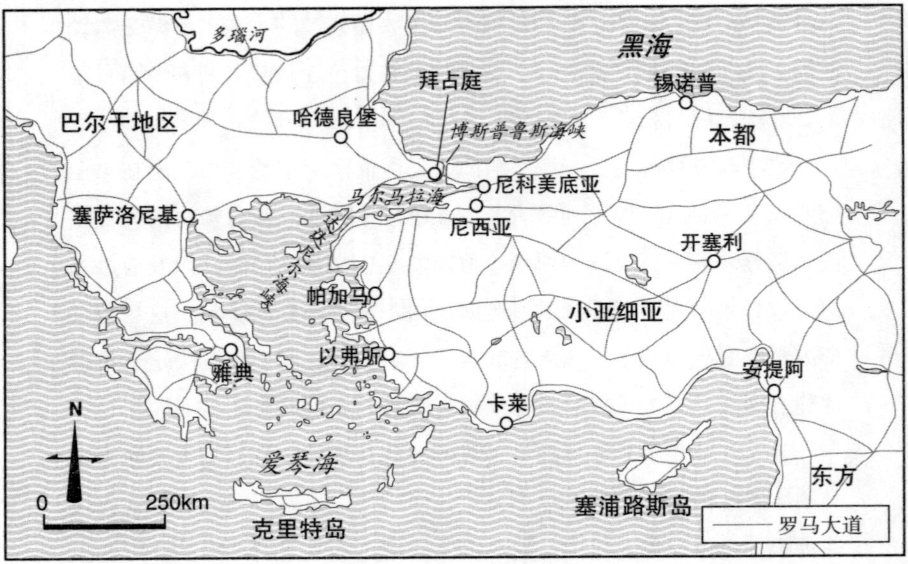

巴尔干、小亚细亚及其周边

粉碎式战法。他虽然大腿中箭，但依然毫不退缩。官兵们看着总司令亲自在战场的正中央冲锋陷阵，士气也变得更为高昂。

不过，君士坦丁虽然是一位勇敢的武将，但不是能在求取胜利的同时，将敌我损失减至最小的战略好手。这天他虽然获胜，但战斗一直持续到太阳下山，尸横遍野。李锡尼一方阵亡人数达到 3.4 万。君士坦丁这方的损耗虽然要少一点，但是也已经无法立刻追击败逃的李锡尼大军。在这种情况下还能够大获全胜，只能说李锡尼的战略战术实在太差劲。

在战斗前制定战略战术时，应该只制定几项基本的行动纲领，其他细节问题要等到上了战场，根据战况的发展随机应变。如果事先将细节都规定好，那么真正作战时就会缩手缩脚，无法应对战场上常常发生的意外。李锡尼可能是没有担任副帝的经历就直接升任正帝的缘故，缺乏战场经验。即使担任正帝以后，也是一再回避武力冲突。在生死攸关的决战之前，他应该也制订了细致的作战计划，但毕竟只是纸上谈兵。他率领的是多达 16.5 万人的大型军队，而且他还要求如此大规模的军队，必须按照事先制订的详细作战计划行事。在容易陷入混战的战场上，官兵们自然手忙脚乱，无所适从。一旦行动被限制，战士的直觉也就无法发挥作用。在这种情况下，数量上的优势反而会变成缺点。眼看败局已定，士兵们纷纷逃离战场，躲进附近的山里。后来他们没有追随李锡尼逃往拜占庭，而是选择了毫无反抗地投降。这次，李锡尼又被部下抛弃了。

这座位于博斯普鲁斯海峡出口位置的三角形城市，最初名叫“拜占庭”，后来改称“君士坦丁堡”，现在叫作“伊斯坦布尔”。这座城市两侧靠海，只有一侧是陆地，可以说是天然的要塞。李锡尼逃进拜占庭之后，一开始君士坦丁似乎打算采用海陆夹击的方式进攻。但后来实际战斗的地点是在海上，因此，第二场战斗的主角是克里斯普斯。

这场 350 艘对 200 艘桨帆船的海战结果，将决定拜占庭外围两侧的制海权的归属。李锡尼手下的 350 艘战船以小亚细亚一侧的港口为基地，而克里斯普斯率领的 200 艘战船则以欧洲一侧的港口为基地。双方犹如隔着海洋，一左一右地摆阵对峙。而且，两军的战舰在日出时分同时离开基地，朝对方疾驰而去，在海的正中央展开激战。

与帆船比，桨帆船作为军用船只的历史更为悠久。这是因为帆船只能依靠风吹动，而桨帆船除了帆以外，还配备了作用犹如马达的桨，能够按照人的意愿移动。而一般情况下，在战场上，无论有风没风，都会把帆降下，仅依靠人力划桨控制船只进行移动作战。另外，桨犹如现代的马达，所以没有风的时候也能驱动船只。如果遇上顺风，则可以同时使用帆和桨两种动力，进一步提高船速，增强对敌船的冲击力。

在拜占庭南部海面进行的第一场海战，敌我双方都没有遇到顺风。由于双方都靠桨驱动船只，因此局势一直对船只数量占优势的李锡尼军有利。不过虽然敌我双方损失都很惨重，但第一场战斗并没有分出胜负。

等到第二天早上第二场战斗开始时，克里斯普斯似乎发现拜占庭附近海域的风向有两种：靠近欧洲一侧的海域主要刮东南风，而进入亚细亚一侧的海域，则主要是由博斯普鲁斯海峡吹来的西北风占主导。

于是，克里斯普斯命令麾下的战船比前一天提早出港，天还没亮就出发。如此一来，就可以将海战的战场推到接近亚细亚一侧的海域。一切都如计划中想的那样，当双方开始战斗时，克里斯普斯的战船不仅顺风满帆，而且全力划桨，其冲击力比起在逆风中只能依靠摇桨移动的李锡尼军的战船要强数倍之多。从正面承受这股冲击力的敌军战船招架不住，只有被撞沉的份儿。最后，李锡尼军的沉船数量超过 130 艘。加上前一天损耗的船只，不知道李锡尼方面到底损失了多少船只。不过可以确定的是，制海权完全掌握在了君士坦丁的手中。

丧失制海权，对于两面环海的拜占庭来说，也就意味着补给通路被切断。李锡尼悄悄地离开处于孤立状态下的拜占庭，渡过博斯普鲁斯海峡，逃往小亚细亚。不过，这也没有争取到多少时间，君士坦丁率领的陆上部队很快就渡海来到了亚细亚。李锡尼手上最后一张牌，就是在亚细亚地区展开陆战。可惜，这场战斗又是由君士坦丁获胜。这场战斗李锡尼损失了 2.5 万人的兵力。

尽管局势恶化至此，李锡尼还是逃到了尼科美底亚。尼科美底亚位于马尔马拉海的小亚细亚一侧，是戴克里先皇帝长年视为首都的地方，也是李锡尼 8 年来的根据地。李锡尼逃入这座城市，打算争取作战时间。不过，君士坦丁已经决定要在这里将所有问题做个了结。

李锡尼的妻子，君士坦丁同父异母的妹妹君士坦提娅，这时再一次出面。至于胜利者和战败者这一次在哪里举行了会谈，我们不得而知。不过，据说李锡尼在妻子陪伴下，向君士坦丁下跪，并当面脱下了象征帝位的紫色披风。君士坦丁拉着李锡尼的手扶他起身，并提出之前与妹妹约定好的和谈条件。从今以后，李锡尼必须正式退位，进入自己的引退生活。这是饶李锡尼一命的条件。不过，李锡尼不得自行选择引退地点，君士坦丁规定他必须在塞萨洛尼基与妻子一起过着引退生活。这就是当年 60 岁的李锡尼的余生。

只不过，这个余生连一年都没能维持。第二年，突然有一队士兵闯入可以眺望爱琴海的塞萨洛尼基隐居地，声称李锡尼私下与哥特人联络，密谋反叛君士坦丁，然后在未经审判的情况下，将李锡尼处以死刑。还是少年的儿子也遭到杀害。据说，李锡尼的妻子君士坦提娅后来跟君士坦丁依然关系良好，但不久就改信基督教了。据说君士坦丁的母亲海伦娜也已经改信基督教，所以君士坦提娅成了皇室中第二个改信基督教的人。在《米兰敕令》发布以后，男性皇族成员基于政治上的原因，还难以接纳基督教，而女性则没有这个问题。至于改信基督教后的前皇后，在何处如何度日，后人无从知晓。

唯一的最高统治者

很多历史学家在叙述罗马史的时候，到君士坦丁时代就戛然而止，其理由是，此时的罗马帝国已经名存实亡。

的确，经过共和、帝政时期而形成的很多罗马“特征”，在君士坦丁统治之后，可以说是“彻底地”丧失了。但是，这些特征早在公元 3 世纪就开始崩溃，经过戴克里先改革之后，最终陷入无法挽回的境地。而君士坦丁的举措只是将罗马“特征”彻底葬送而已。如果从这个意义上来说，继续叙述罗马史的确没有什么意义。

但是，即使在罗马社会变得越来越不像“罗马”的时代里，罗马人当中依然有很多崇尚罗马“特征”的人存在。而我要写的正是这些“罗马人”的历史，而非罗马的历史。因此，只要有这类罗马人存在，我就有理由继续写下去。

此外，在君士坦丁时代，信仰基督教的人毕竟还是少数。除此之外的大多数人，在自由选择的前提下，依然属于尊重罗马传统诸神的人。正因为这部分人占了大多数，君士坦丁才有必要巧妙而坚决地将这部分人变得非罗马化。

君士坦丁是个知道需求不仅会自然产生也可通过人为唤起的“战略家”。而“strategy”（战略）一词的词源来自希腊语的“strategos”。

公元 324 年，是君士坦丁历经 18 年权力斗争后取胜的一年，也是他开启未来 13 年专制统治的第一年。如果从公元 284 年，即戴克里先即位那一年算起，是帝国重隔 40 年之后，再一次回到由一位皇帝进行统治的时代。

君士坦丁在历经千辛万苦得到最高权力之后，究竟想要实现什么

君士坦丁

样的理想呢?

那就是一个由新首都、新政体、新宗教构成的新罗马帝国。这称得上是一场革命，而他完成的方式主要分以下三种：

第一，在既有事物中，能够利用的事物或体系保留原样，继续使用。

第二，遇到不方便继续沿用的事物或者体系，则按照君士坦丁的构想进行改造，再继续使用。

第三，对于不方便继续使用而又无法改造的，则另创新的事物或体系。只不过，这种情况下，既有的不会遭到破坏，而是让其与“新生”体系并存，待到“既有”事物的人才或能量被“新生”体系吸收殆尽后，让其自然衰竭。

以下要叙述的君士坦丁的各项政治举措，很多实在难以按照年代顺序一一叙述。因为这些政治举措大部分是并行推动的。不过，在细细推敲其中的详细内容之后，我们不难发现，这些举措都可以归类到上述三种革命方法中去。

建设新首都

我们不知道君士坦丁为什么会选择无论在希腊史还是罗马史上都籍籍无名的拜占庭（希腊语称为拜占提欧）作为帝国的新首都。由于君士坦丁本人并未留下任何言论，同时代的人也未留下这方面的记载，所以只能通过后世的罗马史专家进行推测。而后人最容易想到的，就是地理上的优势。

拜占庭是个易守难攻的天险之地。三角形的一边面向马尔马拉海，另一边对面是被后世称为金角湾的海湾，只有剩下的最后一边连接陆地。在那个时代没有防止空中袭击的顾虑，两面都对着难以发起大军进攻的大海，是个很大的优势。金角湾受到从博斯普鲁斯海峡南下的潮流守护，只要用铁链连到对岸封锁港湾，受敌船袭击的风险也就接近为零。在这样的地形条件下，只要将主力投向连接陆地的一边即可。

只不过，防御再怎么完美，如果让人围得水泄不通，来个瓮中捉鳖可就惨了。但幸好拜占庭不是伸入大海中的孤岛。拜占庭与小亚细亚的距离较近，足以趁夜摸黑以小船往来，不大容易让人切断补给，落入瓮中捉鳖的困局。

而一旦脱离了以防御为重的战时状态，在平时，可以充分发挥海港城市的优势。拜占庭北通黑海沿岸一带，西往色雷斯地区，东面有小亚细亚，向南可以通过爱琴海诸岛直达埃及。有这样得天独厚的地理优势，一旦将周边海陆地区纳入掌中，就可以形成四面八方海陆物产和通商贸易的一大集散地。

不过，如果拜占庭的优势只有这些的话，也就无法解释君士坦丁在选择首都时，为什么会看中这样一座历史上从来没有作为重要城市出现过的地方。想必除了地理条件得天独厚之外，拜占庭还有其他在君士坦丁看来特别重要的优势存在吧。

这个优势只怕是因为罗马帝国原是拉丁语和希腊语并存的双语帝国，而拜占庭属于希腊语圈。首都罗马，不用说，自然是拉丁语圈的中心。《新约圣经》在一般民众中普及，也是在翻译成希腊语之后。而基督教徒也大多身在罗马帝国东方的希腊语圈之内。在十二使徒时代，神职人员还都是犹太人，现在则是希腊人占了大多数。而且，拜占庭不像叙利亚的安提阿那样完全属于东方，而是位于古代人心目中欧洲和亚洲的分界点上。这样，在君士坦丁看来，拜占庭正是最适合做新生罗马帝国首都的城市。

只不过，当君士坦丁将首都定在拜占庭之后，随之产生了一项让他烦恼、有时甚至要发发牢骚的问题，那就是帝国的中枢机构，开始由喜好议论的希腊人掌控。如果说罗马人是“多做少说”的话，希腊人则是典型的“先说再做”的民族。

君士坦丁看上拜占庭的另一个原因，恐怕正是因为这座城市以前不是罗马世界中的重要城市。帝国的每一个重要城市，其城市结构都极力模仿罗马，让人觉得好像是缩小版的罗马市。比如在城市内部构造上，各个城市除了都建有称为“forum”的大型公共广场、圆形竞技场、大竞技场、半圆形剧院、大浴场等公共建筑之外，最多的就是各类神殿。由于罗马人属于多神教民族，给每一位神灵都要修建神殿，所以在城里放眼望去，映入眼帘的是数不胜数的神殿。由于当时还是非基督教徒占多数，如果胆敢拆除这些神殿修建教堂的话，肯定会遭到公民强烈的反对和抵抗。按照君士坦丁的个性，他在言行举止上会尽可能避免刺激与自己意见相左的派系。从他的眼光来看，拜占庭只是一个小型的地方都市，神殿数量不多，即使拆除也不会引起大的反对，实在是一个上好的定都地点。

一个原先就没有传统建筑可言的地方，正适合用来重新建设。这些建设不仅包括神殿，也涵盖其他公共建筑。换句话说，拜占庭实质上就是一大片空地，君士坦丁可以按照自己的意愿，将拜占庭建设成一座新首都。在罗马市，罗马传统诸神的存在感毕竟太过强烈。在君士坦丁施政后期，也曾经在“异教”圣地罗马市建设教堂。不过，这些教堂都位于市郊。因为“异教”的神殿占满了市区的中心位置。在这个时代，拆除神殿在政治上还是不明智的做法。

据说新首都君士坦丁堡的建设工程，开始于公元 324 年。如果这项记载属实，那么开工时间应该是在打败最后一名对手李锡尼前后。建设新首都的计划，恐怕老早就在君士坦丁脑海中成形。而且，君士坦丁严命部下，必须突击赶工，尽快完成。最终，庆祝新首都落成仪式是在公元 330 年 5 月 11 日举办。如此算来，新首都的建设仅仅用了 6 年的时间。

为了建设新首都，君士坦丁从帝国各地征调建筑师、建筑工以及雕刻匠等必需人员。不过，他并没有采取强制征召的方式，而是利用提供工作、报酬，甚至提供可供全家居住的大房子这样优惠的条件来招贤纳士。一座新城市能否发展，与这座城市能吸引多少人才定居息息相关。正因为有优惠的政策，与帝国其他城市公共建设日益衰减的情况相反，新首都及其周边反而引发了一场小型的建筑潮。只因为君士坦丁要建设一座不输给首都罗马的新城市。永远的首都罗马，是建国千年以来人们一点一点建设而成的。几年的突击赶工不可能赶得上千年的成果。而拜占庭之所以能建设出一个及格的模样，在于专制君主坚忍的意志，以及无上限的资金投入。

现存的一份记录记载着新首都之中存在哪些建筑物。不过，这份记录的记载时间是新首都竣工百年后的公元 5 世纪初期，因此，不能拿来说明君士坦丁时代的城市模样。不过，还是可以窥探出下面几点：

第一，君士坦丁将这座新首都命名为“君士坦丁堡”（Constantinopolis），意为“君士坦丁的首都”。从这一点可以看出，罗马是罗马人的首都。相反，君士坦丁堡（英语“Constantinople”），则纯粹是皇帝君士坦丁个人的首都。

在罗马，皇帝公私两用的住处占满了整座帕拉蒂尼山丘。在共和时期，那里只是高级住宅区，进入帝国时期之后，皇家又花费一百多年的时间并购改建，才有了现在的规模。而新首都君士坦丁堡修建的第一座建筑就是皇宫。皇宫位置设在离陆地一面的城墙最远的地方，也许是认为面海的一带最为安全吧。实际上，这座城市在公元 1453 年落入伊斯兰势力手中之后，这一带就改建成了土耳其苏丹的宫殿。虽说新首都建设于罗马国力日渐衰落的公元 4 世纪，不过依旧按照以基础设施为重的罗马风格进行修建，从上下水道到市区道路，都规划得井井有条。现在可以追溯到的君士坦丁堡的市区地图，同样出自公元 5 世纪。而君士坦丁当时建设的首都，只有公元 5 世纪一半的规模。

尽管如此，新首都还是和罗马一样，将市区划分为 14 个行政区。

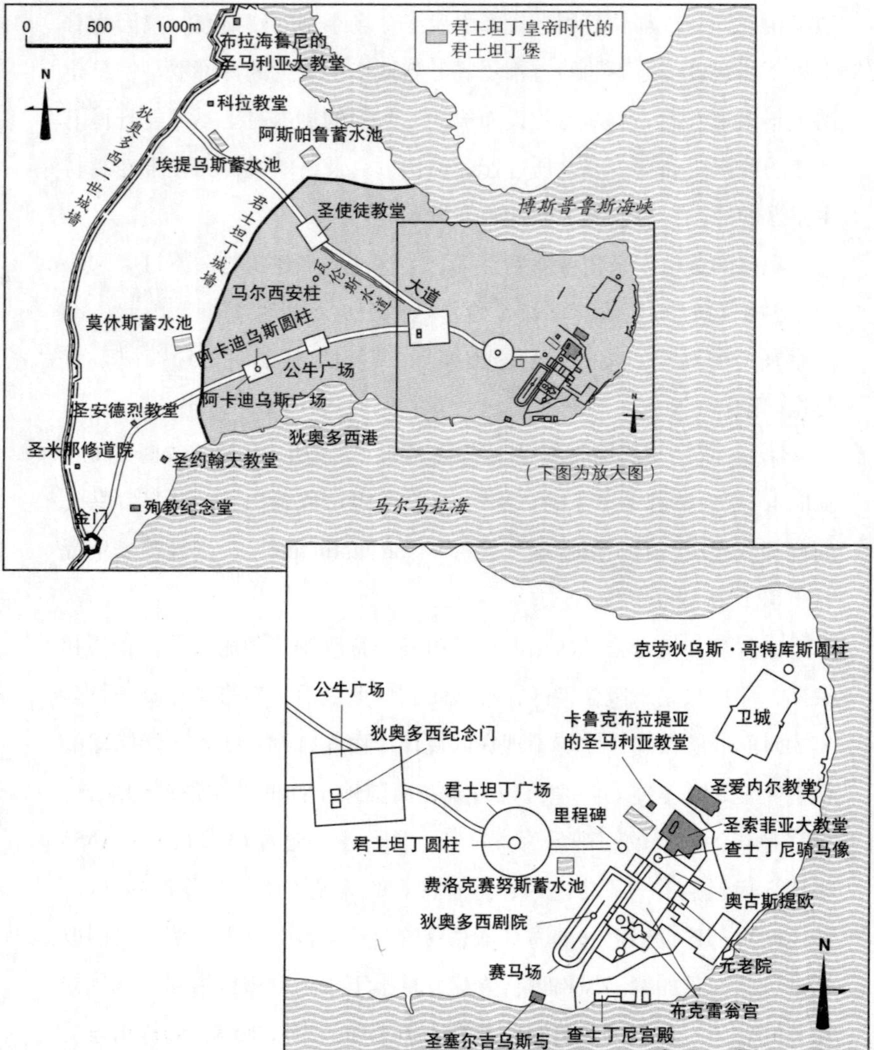
0 500 1000m
君士坦丁皇帝时代的君士坦丁堡
布拉海鲁尼的圣马利亚大教堂
N
科拉教堂
阿斯帕鲁蓄水池
狄奥多西二世城墙
埃提乌斯蓄水池
君士坦丁城墙
圣使徒教堂
博斯普鲁斯海峡
瓦伦斯水道
大道
马尔西安柱
莫休斯蓄水池
阿卡迪乌斯圆柱
公牛广场
阿卡迪乌斯广场
圣安德烈教堂
狄奥多西港
圣米那修道院
圣约翰大教堂
（下图为放大图）
殉教纪念堂
马尔马拉海
金门
克劳狄乌斯・哥特库斯圆柱
公牛广场
卫城
卡鲁克布拉提亚的圣马利亚教堂
狄奥多西纪念门
圣爱内尔教堂
君士坦丁广场
里程碑
圣索菲亚大教堂
君士坦丁圆柱
查士丁尼骑马像
费洛克赛努斯蓄水池
奥古斯提欧
狄奥多西剧院
N
元老院
赛马场
布克雷翁宫
圣塞尔吉乌斯与巴克乌斯教堂
查士丁尼宫殿
0 250 500m

帝政末期的君士坦丁堡

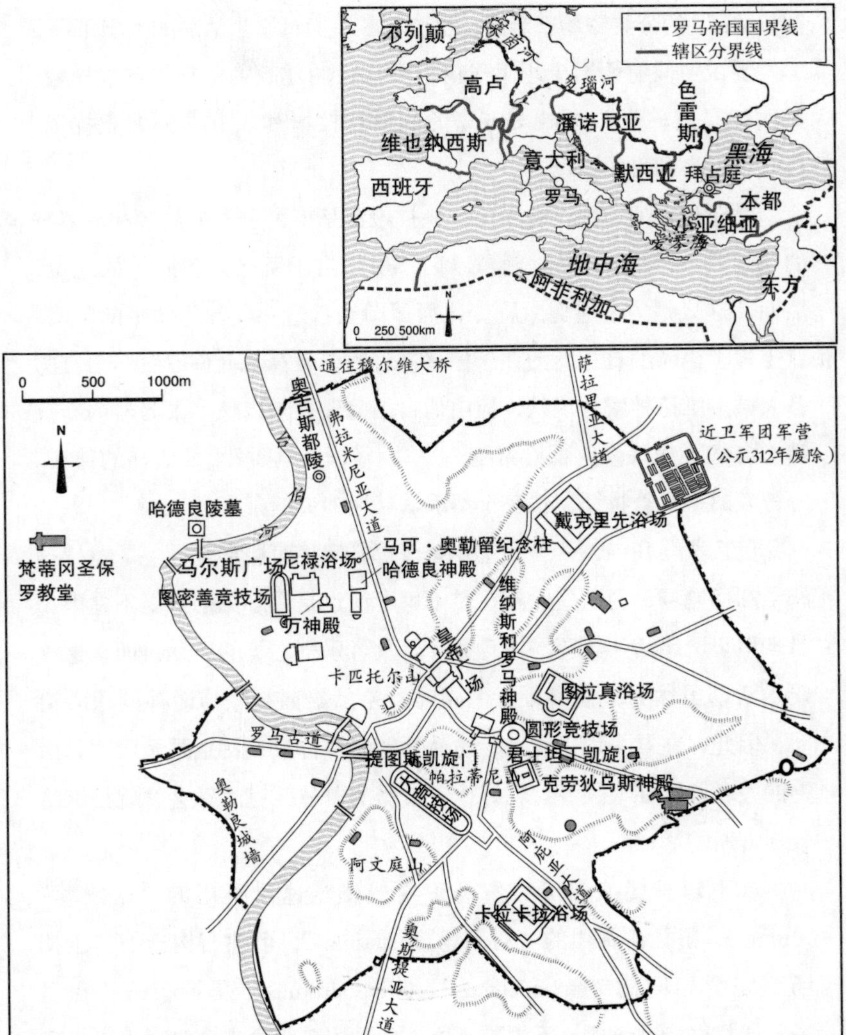

帝政末期的罗马（与上页君士坦丁堡地图同比例尺）

内部既有元老院，也有带长廊、被称为“forum”的广场，更有叫作“thermae”的公共浴场。当然，也少不了买卖日常生活品的大型市场。

要说罗马有而君士坦丁堡内没有建设的建筑物，自然首推神殿。其次就是通称为“Colosseum”的圆形竞技场和长方形的大竞技场。还有就是半圆形的剧场。

没有神殿的原因，在于每一座神殿都是市民个人献给多神教诸神的建筑物。《米兰敕令》颁布以后，虽然给予所有宗教同等的地位，然而，这只是为了避免急剧变化而试图先营造一段灰色地带的策略。君士坦丁当时的真正意图在于振兴基督教。就算他允许以罗马为首的各大城市维持神殿的现状，但由他自己兴建并冠以他个人名号的新首都，自然不允许修建献给希腊、罗马、叙利亚以及埃及诸神的神殿。一神教的最显著特征，就在于不承认其他神灵的存在。

包括罗马在内，帝国各主要城市都必定建有圆形竞技场、竞技场和半圆形剧场，而这些设施在君士坦丁堡也是看不见的。倒不是因为君士坦丁厌恶角斗比赛、体育竞赛以及音乐剧之类的活动，而是这些娱乐活动虽然为大众喜爱，但同时也是献给诸神、与诸神同乐的活动，因此，在君士坦丁看来，这些活动与多神教，特别是希腊罗马诸神的关联性实在太强了，就好比古希腊的奥林匹克运动会，就是献给天神宙斯的活动。

君士坦丁堡虽然没有罗马市内战车竞速比赛用的“竞技场”（circus）、田径比赛用的“运动场”（stadium），但建有构造与“竞技场”完全相同的“hippodromus”。“hippodromus”是希腊语“赛马场”的意思。这座建筑不用拉丁语，而是用希腊语来命名，想必是建在希腊语圈内的缘故吧。当然，我们不知道这座建筑是真的仅仅作为赛马场来使用，还是兼做罗马时代最受欢迎的双驾马车、四驾马车竞速的赛场。不过，这一类竞赛因为是古代奥林匹克运动会的比赛项目之一，所以也算是一种献给多神教神灵的活动。可能因为娱乐性比较强，也就不予计较了。在这座急速成形的新首都当中，到处可以见到这种模棱两可、不予计较的现象。

在搭建好公共建筑这个“外壳”之后，还需要一些装饰品来点缀。罗马人最喜爱的建筑装饰，就是在两侧立着圆柱，中间竖着雕像。由于新首都是突击赶工建设起来的，没有时间去雕刻数量如此庞大的雕像，于是君士坦丁皇帝一声令下，官员们开始在罗马境内征集现有的雕像。而这些征集的雕像，大多来自对这种征调行为抵触较小的东方地区。尽管如此，这些从神殿、公会堂和竞技场征集来的雕像中并不包括罗马共和时期、帝政时期的执政官、皇帝、名将的雕像。既然新生的罗马帝国要以基督教为支柱，这些人物的雕像也就没有存在的必要了。

如此一来，能够利用的就只剩下诸神与传说中的英雄人物裸体、半裸体雕像。如今这些雕像也已经不再是信仰或者崇拜的对象，而仅仅是建筑物的装饰品。这些雕像如今依然被人视为艺术品，君士坦丁可以说是开创这种观念的第一人。不同的地方在于，现代人连基督教的信仰对象也当成艺术品看待。

君士坦丁的这一做法或许还有这样一个作用，那就是淡化了人们对教会取代神殿这一时代变化的感觉。毕竟在新首都当中，除了与工程相关的建筑师和工人以外，还要有发挥首都功能不可或缺的其他职业人士定居。想必乍看之下，新首都君士坦丁堡给人的感觉跟旧首都罗马很相似。就连皇帝君士坦丁本人都声称，这是“新罗马”。新首都之中甚至连元老院都设置齐备，只不过性质已经完全不同了。

领导层的变化

“元老院”（senatus），和罗马大道一样，其最初的形态均出自其他民族，只是在发展过程中逐渐演变成罗马特有的事物。比如说，在波斯帝国老早就有一条石板铺设的大道，只不过是罗马人将它发展成道路网，变为向帝国各处输送血液的大动脉。在斯巴达和犹太也有长老会议，只不过罗马的元老院后来发展的方向与它们截然不同。

在王政时期，罗马还是数量众多的部族联合体。当时的政府聚集了多达 300 人的部族长老，设置了对国王提议或者劝谏的机构，这就是罗马“元老院”的起源。因此，元老院的历史要从罗马建国的公元前 753 年开始起算。

但是，到了公元前 509 年，罗马进入共和制时期后，元老院的作用也就完全不同了。带头废除王政的正是元老院的权威元老，因此在新的共和政体下，元老院也就必须担任主角。

此时的元老院已经不是聚集不同部族代表的长老机关，而是转变成有如现代国会的组织。只不过，不同的是，这个组织并非由选举产生的人选组成，而是来自权贵之后或者士绅家族。这些人只要年满 30 岁，无论身为贵族还是平民，都能取得元老院的席位。以维护平民权力为职责的护民官，在任期结束之后，也可获得元老院元老的席位。这是因为罗马不希望像雅典那样，形成平民和贵族两大政党对立的体系，因此，以通过吸收反对派系来维持政局稳定为优先政策。

如此一来，罗马元老院又多了一项储备人才之机构的含义。在共和时期，无论军政民政都是由公民大会选举产生，而候选人全部是元老院元老。这种情况类似于现代国会议员组成政府的政体。

除了上述功能，元老院还具有立法机构的功能。法案提出之后，要经过元老院表决通过，才能正式定为国家法律。

另外，元老院元老是没有薪水的。因为当时社会上普遍认为，在出身、财产和才能上享有优势的人，有义务借此为“共同体”奉献。因此，担任要职为国家无偿工作的人被视为“光荣的公职人员”。在罗马与迦太基展开殊死搏斗的布匿战争中，与古代首屈一指的名将汉尼拔对阵还能获胜，就是因为，即使一般士兵只需轮班服役一年，但那些被选举出来的元老院元老出身的将领，始终坚持战斗在最前线。而且，他们中大多数是没有机会活着看到战争获胜的。结果，司令官一级的折损率，反而比士兵一级的战死率还要大，这着实令人惊讶不已。但是，最重要的是，元老院把这个现象视为理所当然。共和时期的罗马在任何方面，无论政治、军事还是伦理方面的问题，都是由精英荟萃的“元老院”主导。

不过，任何组织都难免僵化变质。罗马在布匿战争获胜之后，走上地中海世界霸主的道路。这时元老院作为既得权力阶层的性质进一步强化。想必布匿战争的成功经验也产生了一些负面的作用。而且在这个时期，拥有选举权的罗马公民的人数开始激增，每年在首都聚会一次，选举产生国家要职的共和制根基开始出现松动迹象。毕竟选举制度要受到选民阶层规模的影响。

此外，在统治能力方面，600人（前不久已从300人扩充到600人）合议的统治体系也开始不适于治理日益庞大的领土。元老院主导体制适合于意大利半岛的统治，却不适合统治将领土扩大至整个地中海周围的罗马帝国。

局势发展至此，罗马人决意跨越“卢比孔河”，从共和制转为帝制，即罗马开始从元老院主导的时代逐渐转型为皇帝主导的时代。

只不过，罗马继承了“共同体”的观念，转型成帝制并不代表国家成为皇帝的私人物品。罗马依旧是以罗马公民和元老院为主权者的“国家”，皇帝只是主权者委托治理国家的领袖而已。由开国皇帝奥古斯都创立，贯穿公元1、2、3世纪的罗马帝国政体——元首制（principatus），就是由罗马公民权拥有者，即主权者当中的“第一人”（princeps，亦称“第一公民”）承担统治的最高责任。“第一公民”也称为“皇帝”，是因为其身兼军队最高司令官一职。

政体转换成由元首或者皇帝立于统治体系顶端之后，在寡头政治这种金字塔式统治体系下，元老院的角色也不得不发生改变。从某种意义上来说，是回到了王政时期那种对统治的最高责任人提出建议或者忠告的机构。

不过，元老院在长达500年的共和时期里发展出来的特质，并没有因为转变为帝政体制就完全废止。尽管现在政体由元老院主导转换成了由皇帝主导，但如果因此将“元老院”化为乌有，那就是在否定整个罗马史。当初尤里乌斯·恺撒打着反对元老院主导体系的旗号渡过卢比孔河时，反对的是“主导”而不是“元老院”。如果一项事物没有非变不可的必要，罗马人是不会去改变的。从这种意义上来说，罗马人可以说是个保守的民族。

进入帝政时期之后，元老院的作用如下所示：

第一，为国家培育、储备足以担当国家要职的人才。

第二，具有立法机构的功能。皇帝可以自由地制定法律，但这只能作为临时措施法。如果要让法令成为长期的国策，则必须经过元老院表决通过。而元老院通过的法律，即国策，最终将以“Senatus Consultum”，直译为“元老院劝告”的名义发布。元老院还具有货币铸造权，市场上流通量最大的塞斯特斯铜币的背面，刻有“SC”两个字母，也就是“Senatus Consultum”的首字母。

皇帝要治理国家，少不得有才华之人的辅佐，因此，必然要大力利用具有人才培育、储备功能机构的元老院。这并不表示皇帝在选派行省总督、军团长、救灾委员会负责人时，会仅止于利用出身于元老院世家、30 岁就能获得元老院席位的元老。在罗马社会中，因出身于社会底层而进入讲求实力的军团，在那里出人头地后获得皇帝推荐，进入元老院积累政治经验后，再回到前线工作的军人，比比皆是。这些苦熬出头的人在经历元老院元老的工作之后，回到前线必然会进一步升职。

如此，罗马帝国的领导阶层在文武官职之间来回调动。换句话说，这是在培养“全能人才”。元老院作为培育这类人员的“场所”是最合适不过了。正是有这样的运用目的存在，帝政时期的元老院存在理由就更为充足。

当然，皇帝和元老院之间关系恶化的时候也不少，但这并不表示元老院是帝政体系的反对者，相反，这正好说明元老院肩负着帝政监督机构的功能。就连向来仰慕共和制的史学家塔西佗也表示，要统治广大的帝国，还是帝政最为合适。元老院内的演讲和讨论，向来以“patres conscripti”为开头，这一惯例也象征了元老院的存在意义。“patres”，意为建国的前辈，是对出身元老院世家元老的称呼。相对的，“conscripti”则是指新取得元老院席位的人士，罗马人将这些人称为“Homo novicius”，即“新贵”。元老院常常借由这种吸纳新元老的方式，来为自己输入新的血液。这样一来，既可以维持组织的稳定，又可以避免僵化，一举两得。

经历共和制、存续到元首制时期的元老院，失去其固有功能的第一步，是公元 260 年加里恩努斯皇帝制定法律，禁止元老院元老调任军团司令官。

当时罗马面临现任皇帝遭波斯俘虏的空前国难，帝国随即陷入一分为三的局面。当时加里恩努斯皇帝为应对困境而焦头烂额，也难怪他会认为军事专家要比全能人才更重要。不过这项法律只是禁止外调司令官一级的人员，并非全面禁止元老转调军职。但实际上，元老院元老外调军职时的职务，往往是在接近帝国边境、具有重要军事地位的边境行省担任总督兼军团司令。因此，加里恩努斯的法律实际上就剥夺了文官精英积累军事经验的机会。

同时，在军团苦熬出头的人员，从此也失去了进入元老院积累政务经验的机会。在前途迷茫的公元3世纪，那些上台又下台的军人皇帝之所以在位时间都不长，原因只怕是他们虽是军事人才，却不懂得政务这一点吧。“全能人才”如果没有培育的机会，也就无从培养起。

比加里恩努斯皇帝的法律更彻底的，是戴克里先的帝国改造政策。由此规定的军务和政务完全分离的政策，使得元老院元老就此与安全保障这一国家头等事务完全搭不上边。当然，也就再也看不到在军中一路发展起来的人员进入元老院的事情。

此外，元老院作为立法机构的功能，也形同虚设。皇帝的想法不再通过元老院表决形成国策，而是以“敕令”的形式直接作为国策。拉丁语的用词虽然一样，但在元首制时期翻译为“临时措施法”的政令，现在则要译为“敕令”才符合实际。而且既然皇帝一个人能够决定国法，那么当皇帝觉得不合适时也可以自由地废除。从法治国家这个角度来说，罗马正在逐渐走向中世化，即非法治国家。

在戴克里先的改革事项中可以为自己所用的，君士坦丁也都沿袭下来，其中之一就是元老院政策。就好像虽然建设了新首都君士坦丁堡，但依然保持罗马首都的地位一样，君士坦丁在新首都也任命了元老院元老，为他们修建了名为“Curia”的议事厅，不过却没有拆除罗马的“Curia”。

因为此时的君士坦丁已经没有必要使出强硬的手段。只要剥夺了权力，其功能以及伴随这种功能而产生的自豪感，都会自然地消失。而现在只剩下“在战车竞速赛场上挥动白手帕宣布比赛开始”这项功能的元老院，只要放置不管就可以应对了。

此外，新首都君士坦丁堡的元老院，虽然也称为“元老院”，但实质已经完全不同。现在的元老院元老只是君士坦丁皇帝任命的、毫无实权的名誉称号而已。而元老院的情况也是最能象征后期罗马帝国的实例。要知道，罗马的元老院不仅在共和时期，就连帝政时期，也能按照罗马人的理念建构并发挥功能，在这一点上，等同于罗马这个国家本身。因此，专门研究罗马史的学者们认为，从戴克里先开始到君士坦丁奠定基础之后的罗马帝国，已经不再是“罗马”的理由也正在此。

军队的变化

安全保障体系的变化也是另外一项“罗马不再是罗马”的例子。

早在与北方蛮族斗争激烈的公元3世纪，罗马军方为了对抗以骑兵为主力的蛮族，不得不将军队主力由传统的重装步兵改为骑兵。这是因为虽然罗马军团兵在平原展开会战时，具有绝对的优势，可是面对神出鬼没的蛮族，难以预料对方何时、何地来袭，相较之下，机动性要差很多。步兵一天的行进距离是30公里，而骑兵的速度却是步兵的3到5倍。

如上所述，为了应对时代的需求，罗马军内骑兵的重要性与日俱增。而一直到戴克里先时代为止，只要一说到“防线”（limes），罗马人马上就会想到边境的防卫力量，可见罗马人对其的重视程度。虽然戴克里先时期，皇帝直属的机动军团的重要程度日益攀升，但是守卫防线的各个基地，其功能依然发挥着应有的作用。戴克里先也从未放松过连接各基地的军用道路的修整工作。

到了君士坦丁时代，边境军事力量和皇帝直属军力的比例才完全逆转。

这时被称为“limes”的防线的守卫兵已经完全沦为农民农闲时的兼职。在公元2世纪的哈德良皇帝时代，也有叫作“Numerus”的临时兵存在。但这些士兵的任务仅仅是在防线外修建的碉堡或要塞中监视敌军动态，并非冲锋陷阵的战斗人员。当时的战斗人员依旧是构成罗马军主力的军团兵。除了军团兵，军队里也有协同作战的辅助兵。这些辅助兵在农闲时由基地附近的农民兼职，对当地农民来说不失为一个赚外快的好机会。哈德良皇帝将这一习惯定为政策，也有助于稳定周边农民的生活。要知道，国防安全不是仅靠军事力量就可以一劳永逸的。

从这个角度来看，君士坦丁登基之后，边境警卫部队的兼职化显示出罗马帝国安全保障体系发生了重大的变化。这种兼职化必然带来边境守卫部队素质的下降。这说明作为罗马帝国安全保障最高责任人的罗马皇帝，已经放弃了由元首制时期的皇帝们建立的在帝国边境上阻止敌人入侵的安全保障理念。换句话说，现在的安全保障思路是要在敌人突破边防线之后，才由皇帝率领军队击退入侵的敌人。

在这个时期，得益于君士坦丁本人卓越的军事才能和他麾下英勇善战的皇家直属部队的战斗能力，这种新观念下的帝国国防基本也能取得令人满意的成果。只不过，即使在军力强大的君士坦丁时代，击退敌人的时机也要等到敌人突破边防线大肆劫掠，当地居民，主要是农民遭受重创之后。

如果肩负边防重任的人大多兼职农耕和兵役两项工作的话，那么首先会出现的现象就是士兵的高龄化。实际上，关于服役期满 20 年即退伍的记载，在这个时代已经完全消失。当然，由开国皇帝奥古斯都创立的在古代史无前例的退职金制度，也找不到记载了，估计这时也中断了。人员高龄化，再加上待遇下降，必然带来士兵素质低下的结果。而另一方面，与守卫边境的驻军相比，犹如机动部队的皇帝直属军，则因为待遇良好，聚集了一大批青壮年士兵。有一种说法认为，这些机动精锐部队中的人员在年满 45 岁退休时，虽然不再领取退职金，但取而代之可以获得耕地作为补偿，这样他们就转型成了半农半军的国防守卫兵。不管怎么说，在公元 4 世纪时，这些兼营农耕和军务的落魄男人，就是曾经被视为帝国国防安全的脊梁、将死守防线视为对“共同体”之职责、拥有无上荣誉的军团兵。虽然帝国要在百年之后才因蛮族入侵而灭亡，但在边界线就击退敌人进攻、象征国防安全的“防线”，早在百年前实质上就处于弃守状态了。在这个时期以后，元首制时期人们心目中的“limes”也就消失了。

对“国防”的理解与对作为居民共同体的“国家”的理解，是一回事。为什么这么说呢？因为国防是在个人能力所不及的情况下，由国家代为负责的头等大事。罗马人即使在帝政时期，依然对代表共同体含义的“res publica”这一概念情有独钟。整个帝国是一个大家庭，居住在里面的人都是罗马帝国这一大家庭（familia）中的一员。我倒觉得用“命运共同体”来代表罗马帝国更贴切，可惜罗马人的拉丁语中没有这个词，他们只是以“familia”来称呼。

如今，帝国对防线的弃守意味着去除了守护家门的外围的栅栏。在君士坦丁皇帝眼中，对于跨过围墙侵入家中的敌人，将从房屋中央戒备森严的高塔中派出士兵，进行剿灭。至于这个过程要花多长时间，以及这段时间内将产生多大的损失，都不在考虑范围内。

这样一来，“res publica”的理念也就失去了存在的意义。原先是一个大家庭的罗马帝国，换句话说，属于公共财产的罗马帝国，现在让皇帝转为私人物品了。如今国家保卫的对象不再是帝国的国民，而是掌握帝国的皇帝。从这个层面来讲，中世纪是从君士坦丁开始的。

到了罗马帝国后期，不仅军事人员专业化，就连行政人员也跟着专业化。换句话说，罗马帝国正在走向官僚大国的道路。在君主专制统治下，协助治国的人只要对君主唯命是从即可。在帝国后期，教授法律的私塾数量急剧增多，大家不是要学习法律当律师，而是因为对国家公务员来说，具备法律知识对以后的升迁比较有利。在皇帝的敕令等同于国法的时代里，以前用于各类审判的公会堂，现在顶多当成商业会谈的场所使用。

在戴克里先推行的改革当中，君士坦丁几乎照搬了其中关于行政和税制的改革方案。因为当时的行政改革适合于现在的绝对君主专制政体，而税制方面，不是按照税有多少就做多少事的观念，而是反过来，根据国家有多大需求就征多少税的理念来征收。显然，后一种理念对专制君主君士坦丁来说，是再好不过了。

只是，这个时期以后的税制详情，后人完全不得而知。也许是税制没有像元首制时期那样维持固定的税率，国家随需求金额征税，税率本身也随之一再变动的缘故。我们在现存的资料中偶尔会发现非全国性的而仅是针对某个地区的征税记录，而税率之高让人禁不住怀疑是不是眼睛出了问题。虽然如此，但目前关于帝国后期税制的研究还没有确切的成果呈现，因此这些资料的真伪还有待商榷。唯一可以确定的是，元首制时期的税收绝对比较低。

不过，在货币政策上，君士坦丁可就与戴克里先完全不同了。在当时，银币的价值正在无限度地向下探底，政府必须拿出一套根本性的改革方案。在这个方面，君士坦丁可以说是发起了强势的革命。按现代的说法，就是将银本位制换成了金本位制。

贫富差距

自开国皇帝奥古斯都建制以后，罗马帝国的货币 300 多年以来一直维持银本位制。这是一项以第纳尔银币为轴心货币的制度。帝国境内所有的物产和服务都是以“第纳尔银币”或者“塞斯特斯铜币”来标价，就足以证明这一点。

被称为奥里斯的金币，并非市场上常见的流通货币。因为是纯金打造，意义相当于现代的金条。而奥古斯都在确立帝国的货币制度时，也将各类货币之间的汇率固定为 1 奥里斯金币 = 25 第纳尔银币 = 100 塞斯特斯铜币 = 400 阿斯小铜币，并由国家负责监督，维持实际价值和面额的一致，以使汇率能够保持稳定。而在元首制时期，帝国也有这个经济实力来维持实际价值和面额的一致。然而，这股经济力量只能维持到公元 1 世纪和 2 世纪的 200 年间，到了公元 3 世纪之后就不可避免地衰落了，其结果就是造成货币的实际价值和面额的差距日益扩大。

从公元前 2 世纪布匿战争结束之后开始到公元 2 世纪这 400 年的

漫长岁月中，说到罗马的货币，首先想到的就是第纳尔银币，而且，这种银币的信用度要比古代其他国家发行的银币高得多。对罗马来说，东方出产的香料向来是大量进口的商品，而从原产地印度起，罗马以东挖掘出来的货币，大多数是第纳尔银币。这一点足以证明上述观点。到了公元 2 世纪末的五贤帝时代末期，银币的信用开始下滑，即面额和实际价值之间开始产生差距。总而言之，货币价值开始下滑。而下滑速度进一步加快则是发生在被称为“迷途帝国”的公元 3 世纪。作为罗马帝国轴心货币的第纳尔银币的实际价值，含银量低至 5%。所谓的银币，已经沦为仅是镀银的货币。

此时的皇帝并未置之不理，只是他们大多数忙于应对蛮族入侵的燃眉之急，分身乏术。不过，各位皇帝还是再三设法来改善货币问题，只是高含银量的优良货币铸造出来后，一投向市场就消失得无影无踪，就好像含金量 100% 的奥里斯金币一样，被民众当成宝物收藏了。在现代的古币市场上出现的奥里斯金币或第纳尔银币，大多数看不出有使用过的痕迹。即使是最新的，距今也有 1 700 多年的历史，可是看上去就好像昨天刚从铸造厂拿出来一样。每当拿起这些古币，给人感觉就好像拿着公元 3、4 世纪的罗马人的“私房钱”一样。

不过，这些明明是流通的货币，罗马人却藏在家中不拿到市场上去使用，这说明罗马人不再信任自己国家的货币。如果放任这种现象不管，就等于是放任帝国经济衰退。因此，从卡拉卡拉皇帝开始，到戴克里先皇帝为止，百年来历任皇帝都努力尝试恢复第纳尔银币的信用，遗憾的是通通都失败了。这些历史让君士坦丁认识到，如果继续执着于银币，就无法重建一套强势的轴心货币体系。

于是，君士坦丁皇帝舍弃了罗马传统的“银本位制”，转换成了今日所谓的“金本位制”。他决定将之前因为没有在市场上流通、含金量能维持在 100% 的金币作为帝国货币制度的轴心。对于试图建设新帝国、新首都、新宗教的君士坦丁来说，想必新的轴心货币也是一项听起来极为悦耳的事情。不知道是不是这个原因，新金币也从含义为光辉的“奥里斯”（aureus），改为“苏勒德斯”（solidus）。“苏勒德斯”的含义为稳固或者安定。

君士坦丁的货币改革，其特色在于以苏勒德斯金币来代替以往第纳尔银币强势时占据的主导地位。虽然金币取代了曾经的银币，但至少成功复兴了强势的轴心货币，为稳定货币制度奠定了基础。

罗马帝国金币、银币汇率变动

	奥古斯都（前 23— ）	尼禄（64— ）	卡拉卡拉（215— ）	加里恩努斯（265— ）	戴克里先（295— ）	君士坦丁（325— ）
金币	奥里斯 7.8 克（纯金）	奥里斯 7.3 克（纯金）	奥里斯 6.5 克（纯金）	奥里斯 6 克（纯金）	奥里斯 5.4 克（纯金）	苏勒德斯 4.5 克→4.0 克（纯金）
银币	第纳尔 3.9 克（纯银）	第纳尔 3.4 克（银 93% 铜 7%）	安东尼 5.5 克（银 50% 铜 50%）	安东尼 3 克（银 5% 铜 95%）	阿根图斯 3.4 克（纯银，因投入市场即消失而闻名）	阿根图斯 3.4 克（银，日益减少）
汇率	1 金币 = 25 银币		因处于危机四伏的公元 3 世纪而汇率不稳		1 奥里斯金币 = 1 200 银币	1 苏勒德斯金币 = 4 500 银币（4 世纪前半期）= 3 000 万银币（4 世纪后半期，据某派说法）

只不过，既然金币要作为广泛流通的首要“货币”，如果面额太高就无法发挥作用，因此必须尽量小型化。如上表所示，金币的重量削减至 4.5 克，之后又进一步减至 4 克。这就是说，苏勒德斯金币稳

定后，重量约相当于奥 古斯都时期的奥里斯金币的一半，而且含金量也没能维持 100%。现在的黄金制品有 24K 金和 18K 金之分，当时的苏勒德斯金币似乎也掺入了这个比例的杂质。一来掺入少量杂质可以增加金币的硬度，二来当时的金币已经不是保值用的金条，而是以市场流通为目的的货币。

我们拿起元首制时期的奥里斯金币、君士坦丁以后的苏勒德斯金币以及千年后佛罗伦萨共和国的弗罗林金币、威尼斯共和国的杜卡特金币进行比较，可以发现，在重量上，苏勒德斯金币比较接近中世纪文艺复兴时期的弗罗林金币，威尼斯的金币反而不像古罗马货币。研究硬币的专家表示："由君士坦丁皇帝转换的金本位制要比奥古斯都皇帝确立的银本位制更长寿。"而我们从货币的触感上也可以感觉出这一点。在纸币出现以前，金币一直是欧洲的轴心货币。即便现在，人们依然还会购买金条来保值，而除了加工用途外，恐怕没有人会购买银条。从这一点上来说，君士坦丁成功确立了在稳定货币制度上不可或缺的"强势货币"。

不过，君士坦丁将货币制度转为金本位制，却给公元 4 世纪罗马帝国的社会和经济带来诸多弊害。虽然君士坦丁成功将金币定为强势货币，但对于金币以外的银币、铜币的换算汇率放任为"变动制"，这将会造成怎样的后果呢？

比如，有一部分人领取的薪水是金币，这些人在购买日常必需品时就需要把金币兑换成银币或铜币。而相对的，一些销售商和提供服务的人获得的报酬却是银币或者铜币。这部分人在缴纳规定必须以金币支付的税金时，就必须前往兑换所将手头的银币或铜币换成金币。这种经济机制使得前者与后者的经济力量产生大幅差距。而且，时间越长，差距越大。这也是君士坦丁转型为"金本位制"带来的最大弊端。研究人员也表示，君士坦丁的改革直接冲击到社会中下层阶级。然而，问题还不仅如此。

薪水以价值稳定的金币给付的人，首推军事人员，尤其是皇帝直属部队里的官兵。如今守卫边境的虽然都是兼营农业的士兵，但领导这些农民兵的将领一级还必须是专业人员。这些专业人员的薪水想必也是用金币支付。

与军人相同，行政官员应该也属于领取金币当薪水的阶层。也就是说，军队和行政官员这类国家公务员，是领取价值下滑风险低的金币作为薪水，属于经济条件相对优渥的阶层。

除了这些人以外，为军方或政府提供物资的生产者，也属于条件优渥阶层，因为他们可以用实物来缴纳税金。特别是在军队里，如果军粮等军需用品供给不稳定，影响重大。因此，早在银币沦为镀银铜币的公元3世纪后半期，军需用品生产者就已经获准可以拿生产的货物来缴纳税赋。

上面所说的这些人，在银币、铜币价值不断下跌的罗马社会中，形成富裕阶层。相对的，那些没有成为国家公务员的人，则变得日益穷困。既不是军人也不是官僚，生产非军需品的业者，以及一般的民众，则形成了社会的贫困阶层。这些人无论多么努力地工作，到手的银币或铜币的价值还是在不断地萎缩。

于是农田被弃置，未遭弃置的则被大庄园吸收，商店陆续倒闭，手工业者纷纷转行生产军需用品。如今已经不需要蛮族袭击掠夺，金本位制已经代替蛮族将一切搜刮殆尽。在经济层面上，“共同体”的观念已经成为历史，只有苏勒德斯金币还在闪闪发光，就像帝国大多数民众贫困不堪，只有皇帝一个人富有一样。

家庭悲剧

看上去光芒耀眼的君士坦丁，却与家庭内部众多流血事件关系紧密。

首先，公元310年，他害死了岳父，前正帝马克西米安。两年后的公元312年，他又逼得大舅子马克森提乌斯败亡。而在公元325年，他在打败了同父异母的妹妹的丈夫，正帝李锡尼，并以密谋通敌的罪名将其处死。只是这三次事件中，虽然致死的对象分别是岳父、大舅子和妹夫，但同时这三个人也是和他争权夺利的对手。在你死我活的权力斗争中，即使对手是亲人，也要一一铲除。

然而，公元326年发生的这起事件并不属于这一类别。不知道是否因为如此，君士坦丁这边并未千方百计找出密谋通敌或图谋篡位之类可以名正言顺诉诸武力的理由。君士坦丁对于这起事件的态度只是沉默。

公元326年，副帝克里斯普斯突然遭到逮捕，并被秘密投入大牢。牢房位于亚得里亚海的伊斯特里亚半岛前端的波拉镇。在这间牢房里，日夜进行残酷至极的拷问，但被告始终坚持自己无罪。

公元326年，是君士坦丁将最后一名对手李锡尼处死、自己成为罗马帝国名副其实的唯一正帝的第二年，因此，这个时期的副帝克里斯普斯在罗马帝国的地位可以说是一人之下，万人之上。如果在元首制时期，他是不可能遭到拷问的。因为那个时候，不仅皇位继承人和元老院元老，法律规定只要是非奴隶身份的公民，在审案时都不得采用拷问手段逼其坦白。但是，到了绝对君主专制政体下，除了专制君主以外，从某种意义上来说，其他所有人算是一律平等了。所谓的君主专制政体，就是“皇帝和其他人等”构成的社会。因此，就算身为副帝，而且是正帝的亲生儿子，只要正帝不干涉，就要接受比元首制时期的奴隶还要残酷的拷问。

克里斯普斯的罪名是与皇后法乌斯塔私通。如果真是这样，为什么当克里斯普斯遭到逮捕、在波拉的监狱中遭受严刑拷打时，皇后在皇宫内的生活却一点变化也没有呢？既没有被打入牢房，也没有被软禁在宫中，只是，当克里斯普斯在波拉的监狱中喊叫着冤枉、结束29岁的生命时，对皇后的处置也定案了。

皇宫内的浴室是为皇帝及其家人修建的，因此，规模不会像卡拉卡拉浴场里的公共浴池那么大。而这个时期，新首都君士坦丁堡的皇宫还在修建当中，因此行刑的地点应该是在西尔米乌姆或者尼科美底亚的皇宫。这样一来，皇帝用的浴室应该和元首制时期富翁别墅里的设备差不多。将浴池里的温水烧成冒着蒸汽的热水，再让蒸汽充满整间浴室，应该不需要太长的时间。

当皇后发觉情况不对，平时在浴室内伺候的女奴也不见踪影时，打算走出浴室，可是浴室的大门已被反锁。不久政府发出公告，表示君士坦丁的皇后法乌斯塔于入浴时身亡。

也许皇后与继子之间真有不伦的情事发生也说不定。从兄长马克森提乌斯的年龄来推测，皇后法乌斯塔当时应该在40岁左右。她与政治婚姻的对象君士坦丁生有三个儿子。只是，与她生有三个儿子的丈夫，为了争夺政治权力，杀死了她的生身父亲与哥哥。法乌斯塔将一切痛苦深埋心底，以君士坦丁妻子的身份过了近20年。如果年轻10岁的克里斯普斯同情法乌斯塔皇后、温柔相待的话，又会发生什么事呢？中年女人的恋情不像年轻女孩那样充满幻想，而是多数源自绝望。即使当事人知道，如果事情曝光就只有死路一条。

不过，克里斯普斯应该深知自己微妙的立场。虽然是君士坦丁的儿子，但生身母亲身份低微。公元 317 年，君士坦丁打败马克森提乌斯，成为西方首脑没多久就任命克里斯普斯为副帝。因为当时克里斯普斯年满 20 岁，而君士坦丁与克里斯普斯的母亲离婚，迎娶具有皇家血统的法乌斯塔后生的长子此时才 1 岁。在当时，幼儿的死亡率很高，从君士坦丁的角度来说，具有充足的理由任命年满 20 岁的克里斯普斯担任具有皇位继承人意味的副帝。此外，一时间多达 6 人的正副帝权力抗争，在这时尚未结束。实力最强的竞争对手李锡尼当时正统治着帝国的东半部。而且，当时的局势还不允许君士坦丁疏忽身为皇帝的最大职责——派兵对付入侵的蛮族。

在这种情况下，既有军事才华又深受官兵爱戴的克里斯普斯，对君士坦丁而言，是个极为方便使用的人才。实际上，当任命克里斯普斯为副帝之后，君士坦丁就将自己在副帝任内肩负的以莱茵河为前线的高卢地区的防卫责任，交给了克里斯普斯。而这个年轻人也出色地完成了任务。克里斯普斯不仅在防卫作战时发挥出色，在公元 324 年与正帝李锡尼的决战中，指挥海军的克里斯普斯虽然年仅 27 岁，却能在关键性海战中获胜，为父亲君士坦丁东征做出贡献。而他因私通后母的罪行被处死，却是在短短两年后。

的确，从立功到被处死，仅仅两年。可是由皇家出身的法乌斯塔所生，即由血统高贵的妻子所生的三个儿子，这一年分别是 10 岁、9 岁及 6 岁。这个时代虽然幼儿死亡率很高，但社会普遍认为，脱离了幼儿期以后就可以顺利成长。而作为父亲的君士坦丁此时才 50 岁出头，身体健康，估计再活 20 年也没有问题。

虽说只有短短两年，但这两年有着重大的意义。

第一，最重要的是，经过多年权力斗争，君士坦丁终于打败所有对手，成为罗马帝国唯一的最高统治者。可以想象，在长年权力斗争后存活下来的人，对于可能成为新的竞争对手的潜在威胁，神经会特别敏感。而君士坦丁和克里斯普斯之间的年龄差只有 22 岁。

第二，对君士坦丁而言，此时的“副帝”已经不再是左右手，而是象征着继承自己帝位的人选。既然如此，10 岁的少年也没有什么不好。

第三，在让人加上私通罪名时，皇后法乌斯塔只怕已经过了能替君士坦丁继续生孩子的年纪。而且，通过她而获得的具有皇家血统的三个儿子，又已过了幼儿夭折率较高的危险年龄。对君士坦丁来说，法乌斯塔从某种角度来说，与克里斯普斯一样，都是失去利用价值的棋子。

这对母子是否真的产生恋情，还是两人都只是君士坦丁残酷阴谋下的牺牲品，真相已经无从得知。当时的记录均出自基督教徒之手。这些人正忙着感激君士坦丁，给他加上“大帝”的称号。这些人面对有损大帝形象的事情时，即使是事实，也会选择忽略不计，更别提去追根究底了。因此，这一事件直到今天依然是悬案。

不过，有一件事可以确定，那就是克里斯普斯在大牢惨死、法乌斯塔在浴室遇害后不久，君士坦丁与法乌斯塔生的三个儿子中较年长的两个，10 岁和 9 岁的儿子，被父亲任命为“恺撒”。而三个儿子中最年长的君士坦丁二世，以 10 岁的幼龄获得高卢司令官的职位。君士坦丁打造的新王朝正在一步步成形当中。

从君士坦丁的角度来说，也许克里斯普斯那段幼年生活和自己如出一辙的生母遭父亲遗弃的悲惨经历，也完全是不值一提的小事。

传说君士坦丁皇帝牛高马大，身材魁梧。与手下官兵在一起时，他在身高上也要高出众人一头，再加上他讨厌朴素的着装，从不放过任何一个可以穿着华丽衣服的机会。这让他无论身处何地，总是一个颇引人注目的存在。在元首制时期，只有东方王侯们才会穿戴的华丽服装和镶满宝石的皇冠，自戴克里先皇帝引入罗马后，现在成了君士坦丁的最爱。

不过，引起我注意的是另外一件事，那就是在雕像或者货币上刻画的君士坦丁头像，没有一幅是描写他年老时的样子。这个人登上历史舞台是30岁出头，去世时应该是65岁左右。这样在雕像或货币上刻画肖像的年龄层，按理应该贯穿青年、壮年、老年三个时期。但是，不仅我们后人，就连当时的人们也只能看到君士坦丁三十五六岁时的模样。当然，他身边的人自然可以看到他随着年龄的增长而渐渐变老的样子。我这里想说的，是他的“官方样貌”。另外，自哈德良皇帝以后，罗马帝国的皇帝肖像上都留有胡须。但到了君士坦丁登基之后，好像又回到了罗马开国皇帝时代那样，恢复了刮胡子的习惯。顺带说一句，把胡子刮干净的男人看起来显得年轻。

这让我想起了不到35岁就在罗马成功建立帝政、直到77岁去世、一个人统治罗马帝国40多年的开国皇帝奥古斯都，他也只给我们留下了青年时期的面容。

只是奥古斯都这么做，有着明确的理由，他是尤里乌斯·恺撒的养子。当初尤里乌斯·恺撒登上政治舞台的时间比较晚，雕像或货币上的肖像都是50多岁的模样。而奥古斯都想要用一切方法向世人展示他是恺撒的养子，是名正言顺的皇位继承人这一点。奥古斯都在恺撒遭暗杀后，能在残酷的权力斗争中胜出，首要原因就在于他是让深受民众爱戴的尤里乌斯·恺撒收为养子并定为继承人的青年。奥古斯都尤其注重在人们日常使用的银币、铜币上宣传自己是神君恺撒的儿子。

但是，君士坦丁应该有自己的理由。他同样只留下介于30岁到40岁之间的容貌，似乎是在强调自己与只留下壮年时期蓄须面容的戴克里先皇帝不同。因为，对公元4世纪的罗马人来说，20年前的罗马帝国最高统治者戴克里先，要比公元1世纪时的奥古斯都皇帝印象更为深刻。人们看到雕像或货币上年轻的君士坦丁之后，与奥古斯都比较之前，应该会先想到当时依旧四处流通因而经常有机会看到刻有戴克里先肖像的货币。相形之下，若是人们对君士坦丁的年轻印象深刻，那也意味着君士坦丁的形象作战成功了。

第三章　君士坦丁和基督教徒

君士坦丁皇帝将帝国首都君士坦丁堡献给圣母马利亚和幼儿耶稣
（伊斯坦布尔的圣索菲亚大教堂的镶嵌画）

君士坦丁被视为罗马史乃至世界史上的伟人，首要原因就在于他为振兴基督教做出了巨大贡献。提到中文译为“大帝”、英语称为“Great”的历史人物，我们马上可以举出三个人来，他们分别是亚历山大大帝、君士坦丁大帝和查理曼大帝。

除了生于公元前4世纪、希腊名字为亚历山大的年轻英雄之外，公元4世纪的君士坦丁和公元9世纪初期的查理曼都与基督教有着很深的关联。君士坦丁是承认基督教合法地位的人物。查理曼是法兰克人的国王，法兰克人是罗马帝国存续时期北方蛮族的一支。公元800年，查理曼从罗马教皇手里接过象征神圣罗马帝国皇位的皇冠。在罗马帝国灭亡后，欧洲陷入了无法摆脱的黑暗的中世纪。神圣罗马帝国的创设意图，是要建设一个高举基督教旗帜的强大帝国。法兰克国王查理曼之所以会让人加上“大帝”的称号，是因为对当时的基督教会来说，这个人是唯一的希望。现在位于布鲁塞尔的欧盟总部大楼也叫查理曼，不知道是不是和这件事有关。

神圣罗马帝国最终没有形成帝国就瓦解了，如果查理曼仅仅因为创始人的身份就可以被尊为“大帝”，那么君士坦丁就更有资格被封为“大帝”了。试问，如果君士坦丁没有大力扶持基督教会，基督教还会有后来的蓬勃发展吗？对于这个问题，相当一部分史学家的回答是，基督教会因为内部无休止的教理争论而萧条衰败，最终沦为一种地方性宗教。

这里我想按照时间顺序来论述君士坦丁和基督教的关系。这个方式也许不能马上得出结论，但是，探讨历史时论述的问题越重大，越适合按照时间顺序一步一步接近中心。

潜伏期

实际上，君士坦丁确切的出生年月至今无从考证，后世有很多说法可供参考，但至今并无定论。我在本书中采用的公元 275 年出生的说法，只是随机采纳的众多说法中的一种。这一点还请读者见谅。毕竟，当年君士坦提乌斯只是巴尔干地区贫民出身的众多百夫长之一，妻子又是小酒馆老板的女儿海伦娜。两人生的小孩便取“小君士坦提乌斯”之意，命名为“君士坦丁”。这个时期包括戴克里先在内的各位皇帝出生年月都不详，即使后来被尊为“大帝”的君士坦丁也不例外。

据说君士坦丁出生于现代塞尔维亚和黑山共和国境内靠近保加利亚边境的尼什。在罗马时代，这是一个叫作耐苏的小镇，因为位于罗马大道主干道沿线而获得发展。这条主干道起于多瑙河附近的西尔米乌姆，穿过辛吉杜努姆（现在塞尔维亚和黑山的首都贝尔格莱德）、塞尔迪卡（现在保加利亚的首都索非亚）、哈德良堡，经由拜占庭（后改为君士坦丁堡，自公元 1453 年起成为土耳其的伊斯坦布尔）到达小亚细亚，是连接帝国东西方的要道。由于这里也是行军必经之路，所以某位百夫长和小酒馆老板的女儿谈起恋爱也就不足为奇了。

君士坦丁出生于耐苏，想必是因为父亲的驻地调动频繁，母亲只好在娘家生产。他的幼年期也可能基于同样的原因，也是在耐苏度过的。不过作为父亲的君士坦提乌斯似乎是个正直的人，没有到处拈花惹草给家里增加人口。幼年的君士坦丁就在父母的呵护下成长，是个标准的独生子。

父亲君士坦提乌斯不仅个性正直，而且富有军事才华。随着独生子的成长，父亲的仕途也是步步高升。

自公元 285 年开始，帝国境内开始实行“两帝共治制”，戴克里先负责东方的防卫事务，马克西米安负责西方的防卫事务。君士坦提乌斯作为马克西米安的手下将领，从这一年起驻地也固定为以高卢为中心的帝国西方。由于马克西米安皇帝的根据地位于可以直达莱茵河防线的特里尔，按理皇帝手下将领们的妻小也应该被召集到那里同住。如果真是这样，那么君士坦丁应该从 10 岁开始，就移居到了摩泽尔河上游，现在德国的西部，开始了每天听着军马嘶鸣、看着官兵往来的少年生活。只不过，这种生活到了 18 岁就发生了重大的变化。

“四帝共治制”开始于公元 293 年。所谓“四帝共治制”，是在帝国东西方正帝之下各设一名副帝，由四个人分担帝国国防安全重任。恰巧，君士坦丁的父亲君士坦提乌斯被任命为“副帝”，协助“正帝”马克西米安处理帝国西方的国防事务。只不过，“四帝共治制”的创始人戴克里先针对副帝提了一项条件，就是必须与正帝的女儿结婚。

被任命为帝国东方“副帝”的伽列里乌斯，依照计划与“正帝”戴克里先的女儿瓦莱利娅结婚。而已经结婚的君士坦提乌斯为了迎娶马克西米安的继女狄奥多拉，只能与君士坦丁的母亲海伦娜离婚。

由于正帝马克西米安将首都移到了意大利的米兰，于是改由升为副帝的君士坦提乌斯继续留守特里尔。既然将根据地设在交通路线直达莱茵河防线的特里尔（罗马时代名为奥古斯都特里尔罗姆），显然副帝君士坦提乌斯的首要任务，就是守卫整个高卢地区不受蛮族侵略。此时，君士坦丁虽然年龄已经超过可以服兵役的最小年龄 17 岁，却不能留在特里尔，在父亲手下积累军事经验。由于君士坦提乌斯迎娶了正帝的女儿、具有皇家血统的狄奥多拉为妻，特里尔已经没有离婚后的海伦娜的栖身之地。而新的婚姻会带来添丁的机会，前妻的小孩君士坦丁也同样没有在特里尔栖身的机会。

这对母子走投无路时是东方正帝戴克里先伸出援手收留了他们。也有可能是无法将前妻和儿子留在身边的君士坦提乌斯委托上司代为照料。没有任何史料显示，这位父亲在离婚后就忘记了妻子和儿子。

戴克里先的首都位于小亚细亚西部的海港城市尼科美底亚。从18岁到30岁，君士坦丁在尼科美底亚度过了12年的时光。不过，既然他已经达到了服兵役的年龄，肩负帝国东方防卫重任的戴克里先，不可能让这个年轻人游手好闲。虽然没有确切的史料记载，不过君士坦丁似乎参加过在埃及的战斗。特别是由副帝伽列里乌斯担任总指挥的两次对波斯的战斗，他是肯定参加过的。这样，君士坦丁的军事经验不是在父亲跟前而是在戴克里先手下积累起来的。18岁到30岁，正是一个人为将来打基础的黄金学习期。顺带说一句，这个年轻人与收留他的皇帝之间有30岁的年龄差。

青年时期的君士坦丁待在戴克里先身边时还积累了另外一项经验，那就是亲眼看到这位最高统治者接连不断地发布敕令，一反罗马传统，系统而彻底地镇压基督教徒。公元303年起连续发布的敕令使得基督教会及其所属的信徒陷入迫害的风暴中。尼科美底亚位于小亚细亚。从小亚细亚到叙利亚—巴勒斯坦地区，从地图上可以清楚地看出，正是基督教势力最为强盛的地区。有人甚至说，这一带的基督教势力已经构成了国家中的国家。这一带，即戴克里先的脚底下，镇压和迫害工作也进行得最为严格，原因就在于这一带的新兴宗教势力比帝国其他任何地方都要强大。要知道，尼科美底亚的主教官邸就隔着广场建在皇宫的正对面。话虽如此，我们其实并不知道当时28岁的君士坦丁是如何看待这些镇压和迫害基督教徒的政策的。

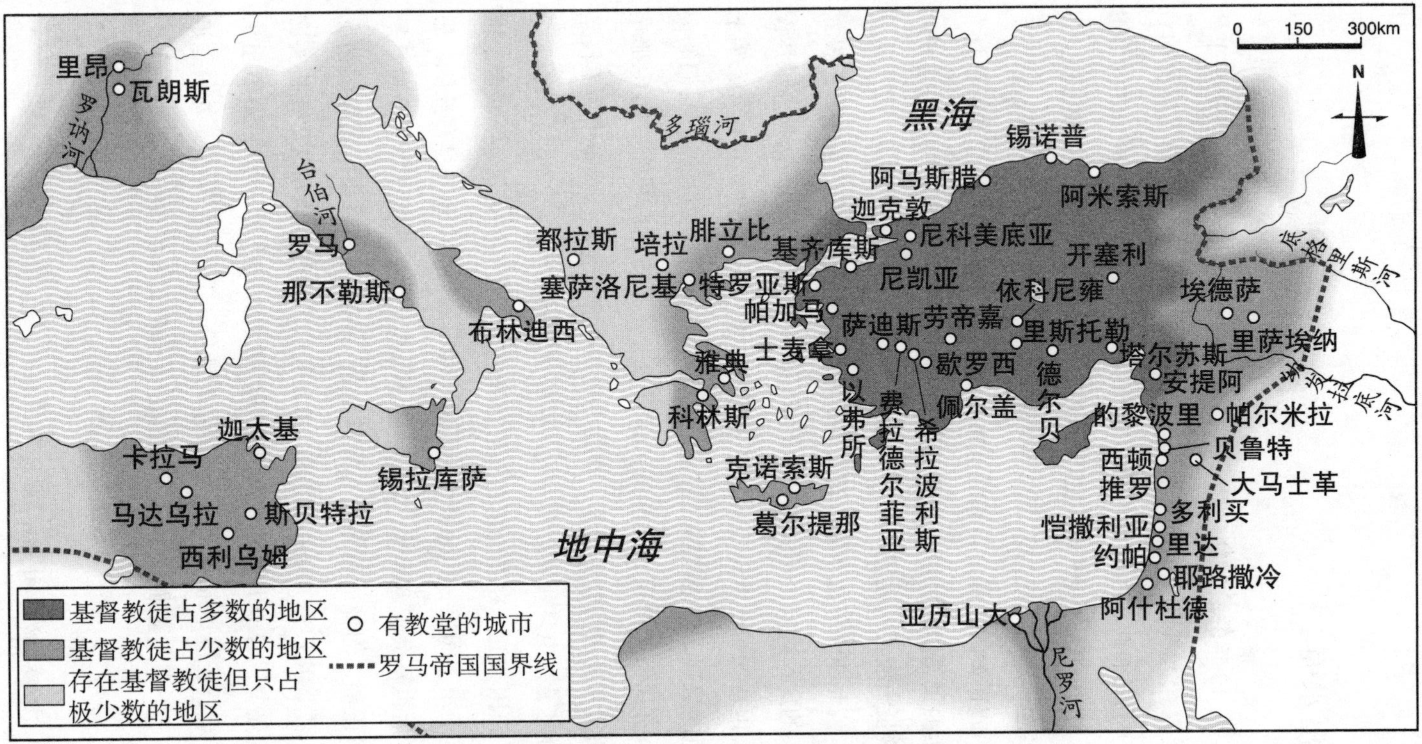

罗马帝国基督教徒分布推测图（公元3世纪末期）

浮出水面

在 12 年的潜伏期之后，戴克里先再一次间接决定了君士坦丁的命运。公元 305 年，戴克里先以在位届满 20 年为由表达了退位的意图。不仅如此，还马上付诸了实施。西方正帝马克西米安也同时退位，由此进入了第二轮“四帝共治制”时期。在两名正帝退位之后，两名副帝随即升格为正帝。当时西方副帝，君士坦丁的父亲，就登上了西方正帝的位置。得知消息的君士坦丁，向戴克里先申请前往身为正帝的父亲身边任职，并获得了准许。据说当时做父亲的满心喜悦地迎接长大成人的儿子。

公元 305 年这一年，君士坦丁离开长期居住的东方前往欧洲投靠父亲的这一决定，不仅正确，而且还是一个极其幸运的选择。虽然没有人预料到君士坦提乌斯会在一年后去世，但正是这一年在父亲手下出色的表现，使他能够在君士坦提乌斯驾崩后获得其手下官兵们的拥戴。官兵们都知道，无能的指挥官只会让手下白白送命。30 岁那年回到父亲身边的君士坦丁，在保卫帝国西方安全的官兵眼中，不仅是正帝之子，也是获得官兵一致认可的优秀指挥官。

正因如此，在君士坦提乌斯猝死之后，官兵们立刻毫不犹豫地推举君士坦丁即位。如果君士坦丁继续留在尼科美底亚的皇宫任职，想必日后也不会飞黄腾达。各位读者不要忘记，君士坦丁的父亲虽然是帝国正帝，但他的母亲没有贵族血统。在无法忽略血统优势的情况下，君士坦丁唯一的生存之道，就是凭实力获胜。而在这个比拼实力的过程中，君士坦丁也一直以冷静巧妙的方式进行。他在 30 岁出头的年纪就获得了帝国西方“副帝”的地位。下一个目标就是对付逼迫西方“正帝”塞维鲁自杀从而控制意大利和北非的马克森提乌斯。

公元308年秋天，三年前退位的前任正帝戴克里先、马克西米安与现任正帝伽列里乌斯三巨头在位于多瑙河沿岸的前线基地之一卡农图姆（现在的佩特罗内拉）进行会谈。这次会谈正式承认了君士坦丁“副帝”的合法地位。在父亲去世后，官兵们拥立君士坦丁为“正帝”，而非“副帝”。“君士坦丁，奥古斯都！”的欢呼声仍在耳边回响。因此，君士坦丁完全可以借此对卡农图姆“峰会”的决定提出抗议，但君士坦丁接受了这项降职任命。当初戴克里先构思设置“四帝共治制”，就是为了避免公元3世纪时官兵肆意拥立上司，导致短命皇帝频现的弊端。如今戴克里先虽已退位，对政治却依旧有影响力，想必不会轻易同意君士坦丁没有“副帝”的经历就由官兵直接拥立为“正帝”。因此，年仅33岁的未来“大帝”，决定要一步一步稳扎稳打，而不是一鼓作气登顶。话说回来，既然要一步一步稳扎稳打，那么为了达到最终目标，眼下就必须用上可以使用的一切手段。

从公元308年君士坦丁正式担任“副帝”起算，到与通往“正帝”宝座的最大障碍马克森提乌斯进行决战的公元312年为止，中间隔着4年的时间。在这4年里，君士坦丁尝试了许多在基督教徒眼中无法理解但对我这个非基督教徒而言很容易明白的措施。

尝试之一，声称自己的祖先可以追溯到当年的克劳狄乌斯皇帝。克劳狄乌斯皇帝，公元268年至270年在位，当时正值公元3世纪后半期，帝国处于风雨飘摇的迷茫状态。克劳狄乌斯皇帝因为征服北方蛮族之一的哥特人有功，获得元老院授予的“Gothicus”（哥特库斯，“哥特征服者”之意）称号。在公元3世纪后半期，有相当多的皇帝出生于古代称为伊利里亚、后来叫作巴尔干的北部地区。而“哥特征服者克劳狄乌斯”正是其中的领头羊，他是第一位出生于巴尔干地区的军人皇帝。他与其他军人皇帝不同的地方在于，虽然仅仅在位一年半的时间，但并非因为手下官兵发起政变，也不是遭到亲信暗杀，而是得了当时流行的瘟疫。就连这最后一点，都适合君士坦丁拿来冒充自己的祖先。

尝试之二，公开表示信仰太阳神。众所周知，继承克劳狄乌斯之位的皇帝，遭到亲信暗杀的奥勒良，信仰的就是太阳神。这位皇帝虽然仅在位 5 年，但他将因为时任皇帝沦为波斯俘虏的巨变而一分为三的帝国重新统一起来。由于他的军功卓越，谢世之后依然长久得到官兵的尊敬。在罗马帝国，皇帝个人享有充分的宗教信仰自由。但因为同时要身兼国家大祭司的职务，所以在国家官方祭典上，要履行向罗马传统诸神献祭的义务。不仅奥勒良，就连君士坦丁也没有放弃“大祭司”（Pontifex Maximus）的职务。

这个时期的君士坦丁想要复兴奥勒良皇帝以来的太阳神信仰的意图非常明显。首先，他发行了刻有“不败的太阳神”（sol invictus）的硬币。其后又规定，在太阳神的祭日，也就是后来的星期日，法院停止审理案件。站在犹太教、基督教等一神教的立场上来看，罗马人和罗马皇帝这种对个人信仰和国家宗教存在差异也不以为然的态度，叫作“诸神混乱主义”，应该大力批判。而这个时期的君士坦丁恐怕完全算得上是个诸神混乱主义信徒。

这个时期的君士坦丁，无论是将哥特征服者克劳狄乌斯列为祖先，还是推广奥勒良皇帝信仰的太阳神，真正的意图恐怕都是为了拢聚麾下官兵的人心。公元 4 世纪的罗马帝国，军队主力的位置由来自巴尔干地区的人占据，而克劳狄乌斯、奥勒良都是来自巴尔干地区的军人皇帝中的杰出人物。同样是来自巴尔干地区的君士坦丁，为了实现成为帝国唯一皇帝的终极目标，正在实施计划的第二个阶段，即由“副帝”升为“正帝”。对他来说，完成目标必不可少的因素就是部队

刻有“不败的太阳神”的硬币

官兵的支持。君士坦丁为了确保取得支持，就算宣称没有血缘关系的人为祖先，或者公开表示信仰太阳神，都不是什么难事。在决战前的4年里，想必君士坦丁一直都在准备和发展手头的军事力量，而且，这种“准备”还不仅是武器和训练方面。

《米兰敕令》

历史性的时刻，公元312年终于来临了。这一年，无论对君士坦丁，还是罗马帝国，都是决定未来命运的一年。

这一年，君士坦丁经过名为“米里维桥战役”的决战，取得胜利。

第二年，即公元313年，登上帝国西方正帝宝座的君士坦丁，与东方正帝李锡尼在米兰会晤。两位首脑在会谈之后以类似联合公报的形式发布的，就是有名的《米兰敕令》。这道敕令发布以后，虽然当时社会还处于诸神混乱的状态，但基督教已经能成为罗马帝国公认的宗教之一。对于信奉基督教的人来说，这是具有划时代意义的重大事件。

只是，在《米兰敕令》中也明确标注了以下内容：

> 自今日起，无论是基督教徒还是其他教徒，都可以自由无条件地保留其虔诚的信仰，以及举行相关的宗教仪式，不受任何干扰和干预。无论是何等神明，我们都期望它以至高无上之存在，普降幸福于万民，引领帝国全体走上和平与融合之路。

这段内容给人的感觉简直就像是18世纪启蒙运动《人权宣言》的先声。即使身处启蒙时代300多年后的21世纪的我们，读了这段话还是令人感慨万分。真想让那些打着宗教旗帜争斗不休的人好好看看这篇文章。而且，不知道是不是为了贯彻这项主旨，在《米兰敕令》后半篇，向身处帝国各地的地方行政长官下达指令的段落中又重复强调了一遍：

> 给予基督教徒的信奉其宗教的绝对自由，同样也适用于信奉其他宗教的教徒。我们认为，全面承认宗教信仰之自由，有利于帝国的和平。而且，任何神明和宗教，其名誉和尊严都不容遭到诋毁。

这简直就是自由精神的升华，无懈可击的理论。如果这种精神能够维持到现在，虽然民族间、国家间还是会有纷争，但至少不会打着宗教的旗帜进行。如果没有宗教这面冠冕堂皇的旗帜，那么所有的纷争将仅限于人与人之间的单纯的利益冲突。而双方在因发现争斗而会带来更大的利益损害时，自然就会停手。但如果以宗教为旗号，问题只会越来越复杂。

总而言之，如果《米兰敕令》的含意仅限于字面上的内容，还不至于让罗马帝国大幅转向。毕竟这道敕令只是承认基督教的合法地位，而不是把它定为国教。问题是公布这道敕令之后，君士坦丁的言行举止却让人觉得《米兰敕令》只是表象，其实他另有居心。君士坦丁的真正目的隐藏在敕令的最后部分，即规定归还由戴克里先镇压基督教徒时没收的教会资产这一段当中。内容如下：

> 对那些以拍卖方式购买了教会资产的人，在交还后，国家将以公平的价格补偿其经济损失。

在公元3世纪后半期上台又下台的皇帝中，有镇压基督教徒的皇帝，但没有镇压的占多数。在后者登基亲政之后，经常会将镇压基督教徒时没收的资产归还给基督教相关人员。但是，即便在这种情况下，国家也没有对竞拍时获得这些资产的人做过补偿。但《米兰敕令》不同，皇帝，即国家，保证会做出补偿。这样通过竞拍获得这些资产的人自然乐意遵从归还命令。

同时，基督教的教会人员想必也能发觉这条法令中隐藏的重大意义。因为这样的政策只有真正理解教会资产对基督教会的重要性的人才会颁布。

在一神教的宗教里，教祖的言行就是最重要的教理。但是这些教理必须通过专人解释说明，才能传达给一般的信徒。在没有教理存在的多神教中，没有专业的祭司或神职人员。而在一神教中，这类神职人员不可或缺，原因就在这里。

教会资产的必要性之一，在于培养并维持这些神职人员的存续。第二个必要性，当然就是为困难人群提供帮助。早在基督教渗透到社会之前，罗马人就有对他人提供帮助的慈善行为，他们称之为“博爱”（caritas）。直到现在，基督教相关人员依旧称呼从事这种非营利事业的行为为“博爱”。

总而言之，对教会而言，资产是左右教会活动的重要且不可或缺的因素。对于这些资产，君士坦丁不仅下达归还命令，还明文规定国家将做出补偿。如此一来，基督教徒的内心自然偏向了君士坦丁。

《米兰敕令》是由西方正帝君士坦丁和东方正帝李锡尼共同签名发布的。但是无论是在基督教史还是在世界史上，似乎都将这道具有划时代意义的敕令归到了君士坦丁一个人名下。这是因为在施政时，君士坦丁比李锡尼做得更为热心和彻底，原因可能是在他势力范围内的帝国西方，基督教势力渗透度不高，因此需要进行国家补偿的金额也不多。正如本书第 255 页的地图所示，在公元 4 世纪初期的罗马帝国境内，基督教势力的分布是，东方较强，西方较弱。在西方普及率较高的地区，是以北非迦太基为中心的一带。君士坦丁发出的国家补偿也集中在这个地区。

因此，如果李锡尼也以同样的态度来执行这项政策，那么帝国东方的国家补偿金额会比西方高出很多倍。没有任何史料显示，李锡尼乐于执行基督教资产归还的政策。也许李锡尼与热心于教会资产归还的君士坦丁的差异，就在于他把基督教问题当成宗教问题看待，而君士坦丁却把它凌驾于宗教问题之上，说白了，他是作为统治问题来看待的。正因为如此，君士坦丁在朝着成为罗马帝国唯一的皇帝这一目标一步步前进时，在处理基督教问题上，也是稳扎稳打，以争取人心的方式进行。从某种意义上来说，这是他在为将来的政治铺路。另一方面，也可以看成他在遥远的帝国西方，向尚未进入自己统治范围内的帝国东方的基督教徒们招手。也正因为如此，他等不及在公元324年将最后一名竞争对手李锡尼打败，成为罗马帝国唯一的皇帝，就迫不及待地制定了一系列相关政策并付诸实施。

基督教扶持政策

君士坦丁在《米兰敕令》颁布后不久，很快就推出了第二套与基督教相关的政策。这套政策对于提振帝国境内基督教势力同样具有莫大的助益。那就是，君士坦丁将皇帝的私有财产捐赠给基督教会。这里说明一下，在推行帝政300多年后的当时，伴随着自耕农的衰败，皇帝手中吸纳的农耕地已经广袤无边。换句话说，罗马皇帝已经是帝国境内最大的地主。

但是，皇帝将资产捐赠给基督教会的行为，彻底违背了《米兰敕令》的宗旨。敕令只是承认基督教和其他宗教一样，享有信仰和宗教活动的自由，并未将它列为国教。而皇帝的私有财产是在其登上罗马帝国皇位之后才被赋予使用之权力的，而不是个人可以随便处理的私有财产。正因为如此，从开国皇帝奥古斯都以后，皇帝的资产都是由下一任皇帝继承。换句话说，资产是与罗马皇帝这一地位捆绑在一起的，而不是皇帝个人的财产。在公元3世纪前半期，曾经出现过一位利用皇帝资产热心扶植特定宗教的埃拉伽巴路斯皇帝，人们纷纷抨击其滥用职权的行为，不仅如此，最后埃拉伽巴路斯还惨遭谋杀。

因此，君士坦丁将皇帝的资产赠予基督教会的行为，不仅违犯了《米兰敕令》，也违背了罗马皇帝身为公共人物应有的行为准则。问题是，他现在已经是事实上的最高掌权人。即使明知这个人玩起表里不一的两面手法，公元 4 世纪的非基督教徒也已经没有力量和气魄来指责了。

对于基督教会来说，虽然教堂是向天神祈祷时用的场地，但是要让教堂运作起来，可不是光靠祈祷就能办到的。姑且不论祈祷与否，光是弥撒之类的宗教仪式，还有救济贫民的各项活动，就需要一大笔钱。当然，获取金钱比较理想的方式是一般信徒的捐赠。不过，如果有人愿意提供大规模的经济基础作为后援，对于创造良好的信仰环境是再好不过的。这些经济基础，可以是教会周边广阔的农耕地、土地上饲养的家畜家禽、生产商品的工厂以及销售商品的店面等等。

总而言之，即便是宗教组织，不，也许正因为是宗教组织，资产的作用尤为重要。如果不能理解这一点，也就无法理解当君士坦丁将皇帝的资产捐赠给基督教会时，当时的基督教会人员为什么不仅感恩戴德，还永世不忘。知道了这一点也就不难理解，为什么君士坦丁会获得“大帝”的尊称。

有一项绝好的证据可以证明，君士坦丁的捐赠行为是如何长期停留在基督教会人员的记忆中的，这就是《君士坦丁捐赠书》。这份文书在漫长的中世纪长期束缚着欧洲君主王侯们的行动。因为这里面明确记载，君士坦丁皇帝已将整个欧洲捐献给了罗马教宗。天主教会举着这面金牌对王侯们表示：“你们所谓的领土，实际上都是由君士坦丁大帝捐赠、由基督教会持有的资产。你们只是受教会委托统治的人员而已。如果你们有任何忤逆土地真正所有人基督教会的行为，罗马教宗将有权立即收回委托权。”

一直到公元1440年，这份文书才被证明是彻底的伪造品。在文艺复兴时期，精通希腊语和拉丁语的人，被称为“人文主义者”。意大利出生的“人文主义者”洛伦佐·瓦拉在一字一句对行文整体进行严密的考查之后，得出一个惊人的结论：这份捐赠书并非出自君士坦丁在世的公元4世纪，而是公元10、11世纪基督教会内部人员伪造的赝品。这个发现使得世俗君主摆脱了束缚在身上1 000多年的枷锁。而这件象征文艺复兴精神的实例也告诉我们另一个事实，那就是有这样一件伪造文件出现，说明皇帝资产赠予基督教会的行为，对于基督教会来说，意义是多么重大。顺带说一句，这份伪造品《君士坦丁捐赠书》的原版，现在就收藏在巴黎国家图书馆里。

《米兰敕令》发布后，君士坦丁将表里不一展现得淋漓尽致。除了由国家补偿没收的资产、捐赠皇帝资产给教会外，还有一项意义重大、给后世带来深远影响的政策，那就是皇帝极力支持神职人员阶层的独立。

这一项政策也是以敕令的形式实施的。具体来说，就是承认决意将一生献给基督教神灵的人，有权不承担任何公务，包括国家公职、地方自治体政务，以及军队中的军务。换句话说，“神职人员”今后只要专心从事宗教事务即可。这意味着，罗马皇帝这一最高权力人正式承认了基督教神职人员阶层的独立。

基督教的神职人员，意大利语叫“clero”，来源于拉丁语“clerus”。不过“clerus”一词直到帝国后期才出现，语言学上也把它归入了“后期拉丁语”之列。要知道，无论是共和时期，还是进入帝政之后，在罗马人使用拉丁语的1 000多年历史里，都只有“祭司”（sacerdos）

一词，而没有“神职人员”（clerus）一词。因为罗马虽然有主持宗教仪式的人，但没有以传达神意给人民为职业的神职人员。既然没有实体存在，自然也就没有表达的名词。从“神职人员”一词开始出现在罗马社会中也可以看出，君士坦丁想要建立的帝国，和以前的罗马帝国完全不同。

对于免除神职人员一切公务的施政理由，君士坦丁自己是这么表示的：

> 神职人员应该不受其他诸多事务烦扰，专注于神圣的职务，方能对国家做出无法衡量的贡献。

公元4世纪的基督教徒自然对这项政策表示热烈欢迎。在君士坦丁时代，虽然基督教徒的信仰自由得到了承认，但其他的宗教依然存在，特别是罗马诸神依旧作为国家宗教而存在。在这个时代，从就任公职的立场上来说，公职人员必须常常参加官方祭典。对于决心仅向基督教唯一真神祈祷的信徒来说，参加献给罗马传统诸神的祭典本身就是一种痛苦。尤其在场的，不是被比喻为羊的一般信徒，而是以引导羊群为己任的牧羊人，即神职人员，那就更痛苦了。因为基督教的神与其前身犹太教的神一样，是“一”而非“多”。作为一神教，拒绝承认唯一真神以外的其他神灵的存在，正是其宗教的存在理由。

而君士坦丁所谓的“应该不受其他诸多事务烦扰”，等同于“应该不受其他诸多神灵烦扰”。这些“牧羊人”自然会欢天喜地地接受这项政策。

君士坦丁本人，既然身为罗马皇帝，也就身兼罗马宗教的领头人——“大祭司”。在官方祭祀活动中，他不仅要参加，还有领头率领众人举行祭祀仪礼的义务。姑且不论其内心做何感想，至少他并非基督教徒，也没有接受过洗礼。

政策也好，施政也罢，常常会在立案人意想不到的地方产生效果。这一道免除基督教神职人员公务的敕令，产生了一个恐怕连君士坦丁本人也未曾预料到的额外效果，那就是罗马社会的中间阶层，特别是其中文化层次较高的那一类人，开始纷纷涌进基督教会。

公元 4 世纪的罗马社会，列位皇帝相继推出的一连串政策，直接冲击了在元首制时期作为社会骨干的中产阶级，使他们没落至崩溃的边缘。

戴克里先皇帝推出的税制改革，将一直以来以间接税为主的税制转变成了以直接税为主，结果最受重税之苦的就是中产阶级。

君士坦丁直接继承了上述的税制，而且他还把传统的银本位制改成了金本位制。在这项改革之后，罗马社会分成了以价值稳定的金币为收入和以汇率不断变动的银币为收入的两类人。除了能以金币领薪的国家公务员和军方人员以外，其他被划到中间阶层的中产阶级，则被划为了后者。

在这样的背景下，大家自然会想到去从事国家行政事务或者去服兵役。但是，虽然伴随行政机构扩大而增加不少公务员，但既然是可以领取金币的热门职业，门槛自然很高。至于服兵役，由于当时是由来自巴尔干地区的人掌握大权，想必有人不愿意入门受欺凌。

也许有人会说，成为神职人员，不是要牵涉到宗教信仰问题吗？我在这里向大家说明两个现状：

第一，面对国势、威望日趋衰落的罗马帝国，罗马人悲叹他们已经被罗马诸神抛弃。在这个时代，即使对基督教没有皈依想法的人，罗马传统诸神的信仰也淡化了。而一神教的危害要到一年多以后才清晰地显现出来，多神教思想下的古罗马人根本不可能想象得到。对这些人来说，要应聘基督教会的神职人员，心理上自然也不会有太大的抵触。

第二，现实生活的困窘。人们一旦迫于需要而无计可施时，信仰问题就会摆在其次。实际上，为了挣一口饭吃而改信基督教的人不在少数。而且，在君士坦丁大力振兴基督教背景下，这些人的数量还在不断地增多。

而且这种现象还蔓延到罗马社会中属于上层中产阶级的地方议员阶层“decuriones”。只是，这些人转行为神职人员，并非纯因经济需要。由于所有的职业都转变成了世袭制，这些人也被绑在了地方议会的议席上。而在后期的罗马帝国，这项工作不仅没有任何乐趣可言，而且还要背上沉重的经济负担。在中央集权高度集中的罗马帝国后期，地方自治体以前能享受的诸多权力均被剥夺。元首制时期被誉为帝国“细胞”的地方自治体和殖民城市，如今都沦为单纯的地方行政区。身为地方议员之子，也没有选择职业的自由，只能继承家业，而且被视为富裕阶层，课以重税。这些税还必须兑换成金币缴纳。而每兑换一次，资产就要减少一分。

人们一旦成了神职人员，这些问题就会全部消失。最大的好处在于君士坦丁免除了神职人员纳税的义务。不仅如此，生活费用也会得到教会的资助。这也是教会需要资产的原因所在。

可能有人会说，禁止结婚的规定不会阻碍一般民众转变成神职人员吗？这里要说明的是，基督教会的神职人员必须履行单身义务的规定，是进入中世以后才开始的。耶稣基督的十二使徒大多有家室。初期基督教会的主教也大多有婚姻关系。也就是说，这一点不会成为人们变成基督教神职人员的阻碍因素。

就在这个时期，君士坦丁皇帝颁布敕令，将古代对单身人士不利的制度做了修改。很多研究人员认为，这也是扶持神职人员阶层的政策。但从另一个角度来说，这会不会是在给民间日益增多的转业神职人员的热潮踩刹车呢？因为君士坦丁在位早期就颁布了神职人员数量限制措施。无论主教或祭司，除非有空缺，否则不允许添加新人。

优西比乌主教在其著作《基督教会史》中痛心地写到，很多人入教是为利益而非信仰，深刻揭示了当时的现状。不过，基督教会一方却因为这一世俗的现象而获益，那就是神职人员素质因此大幅提高。以前主教或祭司大多由出身于社会底层的人担当，现在这个阶层文化层次提高很多。当时的基督教会得到君士坦丁这个难得的支持者，正在向罗马帝国中枢渗透。这个现象又使得教会获得操纵语言的有效才能，成为一项有力武器。《圣经》上说，起初是先有语言。

公元324年，君士坦丁打败最后一名竞争对手李锡尼之后，从这一年到公元337年的13年间，一直是罗马帝国唯一的最高统治者，独揽大权。这意味着他之前在帝国西方实行的基督教振兴政策，从此也开始适用于帝国东方。基督教势力原本在东方就很强大。从小亚细亚到叙利亚—巴勒斯坦，整个帝国东方的基督教会，自然会把君士坦丁看成十二使徒一样的存在进行崇拜。在这种情况下，罗马帝国越来越像基督教国家了。而君士坦丁发出的第一弹，就是在打败李锡尼之后马上开始的新首都君士坦丁堡的建设。

君士坦丁为了吸引人口，在新首都除了实行很多之前叙述过的振兴措施外，还要加上一项在他独揽大权后才实行的新政策，那就是将埃及产的小麦全部转运到新首都。以前埃及产的小麦都是首先确保首都罗马和意大利本土的需求，载着埃及产小麦的运输船大多数由地中海向西航行。如今虽然同样经由地中海运输，只不过航行的方向改成了向北。君士坦丁为了保障在新首都君士坦丁堡定居的社会底层阶级的福利，决定在此恢复以前在罗马和其他城市实施过的小麦免费配给政策。据说在君士坦丁堡免费领取小麦的人数有 8 万人。在开国皇帝奥古斯都时代的罗马，这个人数为 20 万。据此推断，新首都的规模大约是原首都罗马的四成。埃及产小麦与帝国全境小麦产量的比例，也是四成左右。不管怎么说，光从这件事就可以看出君士坦丁对于新首都付出的极大热情。而热情越大，与付出对象之间的关系也越深厚。因此，对基督教振兴付出极大热情和心血的君士坦丁，与基督教教义关系密切，也就不足为奇了。

尼西亚公会议

在尼西亚召开的公会议中，主教们如众星捧月般地将君士坦丁大帝围在中间的画面，正是中世纪已经开始的最佳象征。

这句话引自一位专门研究罗马帝国后期历史的英国学者的著作。众主教聚集在小亚细亚最西边的尼西亚召开公会议的时间，是公元 325 年，距离罗马帝国灭亡还有 150 年。

之前主教们也经常聚会，但并非由皇帝召集。西尼亚公会议是第一次由罗马皇帝正式召集的公会议。为什么君士坦丁要做出这样史无前例的行为呢？在这里我要再重复一次，当时的基督教虽然有最高统治者在背后大力支持，但依然只是诸多宗教之一。

一提到霸权国家，很多人脑海中就会浮现一个超级大国任意欺压其霸权下小国的场景。然而，无论是霸权国家，还是霸权皇帝，拥有霸权的同时，也伴随着责任和义务：第一，身负保卫霸权下的国家和人民的责任；第二，具有调解霸权下国家、民族间矛盾的义务。因为世间的很多纷争，往往当事双方因争执不下而迟迟无法解决，这时就需要一个拥有足够权力或权威且双方都信服的第三者来调停，才能有效地解决争端。

那么，对君士坦丁而言，非要在尼西亚召集主教来解决的问题，又是什么呢？

这个问题起源于七八年前的阿里乌斯派与亚他那修派的教理之争。君士坦丁曾派心腹何西乌主教前往调停，可惜徒劳无功。

如果仅仅是神职人员围绕教理展开争论，那么问题不需要皇帝介入，大可听之任之。可为什么君士坦丁要插手这件事情呢？因为如果置之不理，君士坦丁曾经大力扶持、现在依然努力协助的基督教会，有可能会走上分裂的道路。如果允许一次分裂，那么就会产生更多的分裂，其结果就是基督教最终走上凋敝没落的结局。

一般人可能会认为，君士坦丁位于世俗权力的顶端，他与宗教世界的分裂或灭亡可是八竿子打不着的关系，但当事人并不这么想。

为什么君士坦丁不这么想呢？这个问题远非三言两语就能说清楚。因为这个问题的答案与君士坦丁为什么如此热心地扶持基督教的问题答案相同。

尼西亚公会议在历史上意义重大。在基督教史上的地位就不用说了，作为世界三大宗教之一，这次会议在世界史上也是一件大事。因为尼西亚公会议上决定的基督教“形式”一直延续到现代，形成现今世界三大宗教之一的“基督教”。

也正因如此，光是近现代，研究这次公会议的文献就数不胜数。

不过我要写的是罗马史，而非基督教会史，所以在此仅做简略叙述。总之，君士坦丁因偏袒基督教而卷入了历代皇帝都不会介入的“教理”争端。

多神教就是人们去祭祀诸神以得到神灵的守护，因此没有“天神教诲的真理”，即“教理”（dogma）的存在，也不足为奇。然而以指导人类生存方式为目的的一神教，“教理”本身的存在正是宗教存在的理由。教理如此重要，因而对教理的解释仁者见仁，智者见智，也是很自然的事情。只是如果放任解释的差异而不进行调整，宗教组织就会冰消瓦解。而召集主教召开公会议，目的就在于调整解释内容之差异，避免组织崩溃。

那么谁拥有公会议的召集权呢?

由于罗马皇帝身兼大祭司职务，自然拥有这项权力。后来这项权力就落在了主教中有威望的人士身上，即由罗马教区主教接手，一直延续到今天。因此公会议的召集权在罗马教皇手中。从这一事实可以看出，公会议在教会史上的重要性从未降低过。毕竟“教理”是由活着的人来解释，一千个人就有一千种解释，因人而异再自然不过。而且，“教理”还有另外一个麻烦的特点，那就是解释还会随时代的变化而有所不同。

话题转回到尼西亚公会议上，逼着君士坦丁必须亲自召集公会议来处理的“教理”争议，简单来说，就是上帝与其子耶稣是同质还是不同质的问题。

事情的起因是在埃及的亚历山大地区做牧师的阿里乌斯，主张不同质的说法。阿里乌斯认为，上帝相当于哲学上的“单子”，是构成精神实体的基础和最后单位，是不可知的存在。而上帝之子耶稣基督既不与人同质，也不与神同质。也就是说，相对于上帝这一崇高、不可知的永恒存在，有着出生、成长、在十字架上死亡这一系列经历的耶稣，就不是神灵。

在我看来，这个学说很有意思，但是基督教会向来主张“三位一体”理论，即上帝、圣子耶稣、圣灵三者同质，因此属于一体。从教会的角度来看，阿里乌斯的学说属于异端邪说。因此，阿里乌斯的上司，三位一体派的亚他那修主教，开除了阿里乌斯，并将他驱逐出了亚历山大教区。

可是阿里乌斯在流亡途中陆续获得了许多支持者。比如说，巴勒斯坦地区主要城市恺撒利亚的主教优西比乌就是其中一位。这个人后来著有《基督教会史》《君士坦丁传》等。虽然他后来又转变成三位一体派，但一开始他是阿里乌斯派的支持者。

不过，阿里乌斯派最强有力的支持者是另一位同名主教——当时在信徒中拥有绝对影响力的尼科美底亚主教优西比乌。在帝国东方主教区中，势力最大的是埃及的亚历山大、叙利亚的安提阿和这里的尼科美底亚三大教区。亚历山大的主教和尼科美底亚的主教意见相左，意味着帝国东方的基督教势力分成了阿里乌斯派和亚他那修派两个派系。情况演变至此，已经不是争论教理的问题了，而是升级为教会分裂的危机。召集两派人物前往尼西亚，试图消除因教理解释不同而产生的对立局面，已经成为君士坦丁无法回避的责任。

据说当时在小亚细亚的地方城市尼西亚聚集的主教接近 300 人，其中帝国西方的主教仅有 10 人不到，其他均来自帝国东方教区。仅从这一点就可以看出帝国东西方基督教势力差距有多大。而且，正因为如此，出席尼西亚公会议的主教们大半是希腊人后裔。不知道是不是这个原因，主教们在皇帝面前大发议论，争执不休，迟迟无法得出最终结论。因为希腊人一直都有好辩论的习惯，常常让罗马人觉得受

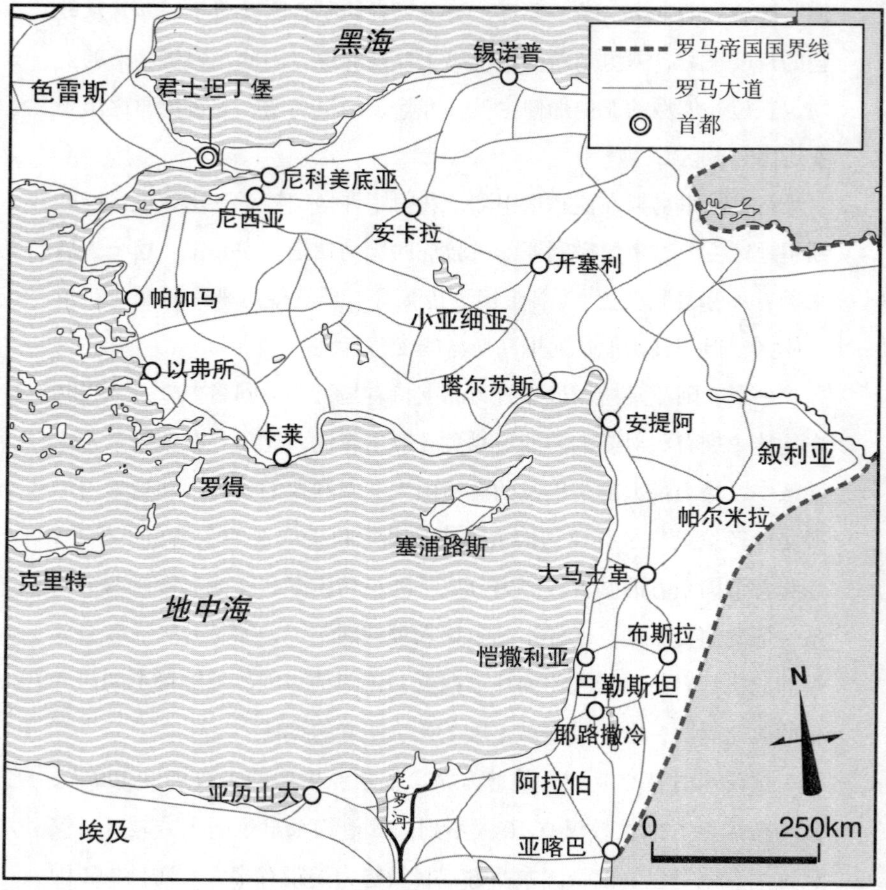

罗马帝国国界线
罗马大道
首都
黑海
锡诺普
色雷斯
君士坦丁堡
尼科美底亚
尼西亚
安卡拉
开塞利
帕加马
小亚细亚
以弗所
塔尔苏斯
安提阿
卡莱
罗得
叙利亚
帕尔米拉
塞浦路斯
克里特
地中海
大马士革
布斯拉
恺撒利亚
巴勒斯坦
耶路撒冷
阿拉伯
亚历山大
尼罗河
埃及
亚喀巴
N
0
250km

罗马帝国的东方

不了。

最终，作为会议主席的君士坦丁，不知是以某种回馈为条件，还是仅凭皇帝的权势施压，总之，他让会议达成了发表《联合公报》的共识。公报中再一次肯定了“三位一体”理论的正确性。从后来君士坦丁的言行推测，他本人似乎更认同阿里乌斯的观点。只不过若推翻一直被视为基督教会正统思想的“三位一体”学说，必然会在基督教内部引发地震狂潮，动摇基督教徒的信念。君士坦丁当时最为重视的，应该是基督教会组织的统一。

不过，一直到最后，阿里乌斯与追随他的两名神职人员都拒绝在《联合公报》上签名。于是，君士坦丁将这三人流放至远离东方的莱茵河畔。但几年后，又取消了这个处分。这一事实说明，在公元325年举行的尼西亚公会议中，基督教会并非全部支持“三位一体”理论。其后又经过了多番波折，特别是后来阿里乌斯派在北方蛮族中传教成功，使得这两派之间的争执持续了好几个世纪。

从理论上来说，宣称上帝与耶稣基督不同质的阿里乌斯学说更有说服力。就算最终死于十字架上，一个爱护人类、追求真理的耶稣，形象不也很完美吗?

话虽如此，虽然我不是基督教徒，但是可以体会基督教的神职人员选择三位一体学说时的心态。因为人活着并不满足于追求真理，他们更希望通过外力获得心灵的救赎。说到追求真理的人，历史上已经有一位苏格拉底。如果说耶稣死于十字架上就宣告一切的终结，那么在为真理献身这一点上，喝毒酒而亡的苏格拉底和耶稣没有区别。但是，死于十字架上的人耶稣，后来又复活升天，成为救赎的象征。耶稣要复活升天，成为“不可知”的存在，才能成为救赎的象征，即为那些希望获得救赎的人点燃希望。相反，苏格拉底则没有达到救赎的境界。因为他自始至终都是个“可知”的人。

柏拉图的介绍苏格拉底思想的《对话篇》和《新约圣经》一样都是畅销书，但在2 000年的历史里，其销售数量有着无法估量的巨大差距。这种差距也体现了对一般善男信女而言，追求真理的大道和期望获得救赎的需求之间的差距。

对于以信仰为基础的宗教组织而言，人们信奉与否的重要性要远高于真实与否。因此，公元4世纪时的基督教会摒弃阿里乌斯的观点，选择“三位一体”论，是一个合适的选择。不，应该说，正因为基督教采用了“三位一体”说，才打开了通往世界宗教的大门。而这一决断的形成，也要归功于君士坦丁召集的尼西亚公会议。

具体是谁不记得了，但有人说过这样一句话：

“罗马人曾经三次统治世界：第一次以军团，第二次以法律，最后则是以基督教。”

我认为说得很有道理。军事力量和罗马法是众所周知的史实，而基督教也在罗马人经手之后才获得了“国际竞争力”。耶稣基督和十二使徒都不是罗马公民，而是受罗马人统治的行省居民。但是，自卡拉卡拉皇帝废除了罗马公民和行省居民的差别后，曾经的“行省居民”也就成了“罗马公民”。出席尼西亚公会议的君士坦丁与诸位主教，从这个层面上来说，都是“罗马人”。罗马人采用了圣子耶稣与上帝同质的“三位一体”说，因而确立了死后救赎的观念。也就是把基督教改造成了我们现在看到的样子。即使这与当初耶稣基督的理念不同。

那么，君士坦丁为什么要花费这么大的力气去扶持基督教会呢？

基督教方面经常以“在基督教诲下醒悟”的说法来形容皈依基督教的人。如果套用这种说法，根据目前专家的推论，在遭受戴克里先皇帝彻底镇压、后又由君士坦丁转而大力扶持的公元4世纪初期，

“在基督教诲下醒悟”的人仅占帝国全部人口的5%左右。不过，也有学者表示，这个比例应该仅限于大城市，如果范围扩大到帝国全境，比例肯定会大幅度下滑。而且这里所谓的大城市，只是指小亚细亚的尼科美底亚、叙利亚的安提阿，以及埃及的亚历山大这一类帝国东方城市。同为大城市，在基督教徒眼中的异教圣地罗马，是难以达到5%的成绩的。

基督教方面，以一神教徒惯有的看法，将与自己持不同信仰的人统称为“异教徒”。汉语“异教徒”一词，在原文拉丁语中称之为“paganus”。研究人员称，是住在意为“村庄”的“pagus”里的人，也就是“村民”的意思。这也可以证明，公元4世纪时，基督教徒还是城市里多，乡下则比较少。

为什么城市里的基督教徒多，而乡下比较少呢？首先，应该是城市里容易形成追求新事物的潮流，而相对的，农村地区比较保守，这也是一个自古至今都相通的现象。其次，从公元3世纪开始，罗马帝国产生一个特殊的现象，即由于蛮族入侵而导致了乡村人口流失，城市人口过度集中。至于这一现象为什么会跟基督教势力扩增产生关联，我在《罗马人的故事12·迷途帝国》最后一章“罗马帝国与基督教”中有详细的论述，这里就不再重复了。不管怎么说，本书中提及的公元3、4世纪中“在基督教诲下醒悟”的人，占罗马帝国人口的比例仅为“绝对少数”，是毋庸置疑的事实。

那么，既然基督教徒只占“绝对少数”，为什么戴克里先还要这样彻底地进行镇压呢？

在戴克里先心目中，巩固帝国的安全防卫是他下定决心、不惜一切代价也要实现复兴的目标。具体来说，就是要阻止蛮族突破帝国防线，严防其深入帝国内部进行烧杀抢掠，将帝国居民从担惊受怕的状态中解放出来。要达成这一目标，设立帝位，保证领导层同心协力的体制固然重要，帝国境内普通大众一起保卫“共同体”的心意也是不可或缺的。坚决认定蛮族是敌人的思想，才是真正能稳固国家安全的“基础”。

可是在一神教当中，尤其在热心于对异族传教的基督教当中，有一股认同信仰同一宗教的信徒，更胜于认同住在同一社会的同胞的倾向。换句话说，比起幼时一起长大的朋友，基督教徒更注重临时拜访、信仰相同的信徒。

如此一来，对居住在罗马帝国的基督教徒来说，比起同住在帝国境内的同胞，如果蛮族信仰基督教的话，这些人反而会是更加亲近的同胞。“同胞”一词除了“同一国家的人民”之意以外，还可以表示“兄弟姐妹”的意思。而在基督教世界中，所谓的兄弟和姐妹，代表的是虽然没有血缘关系但是有共同的信仰的人，这是一种相当重要的关系。

戴克里先害怕的，并非基督教徒的实际数量，而是担心基督教普及之后，帝国的“防线”会被侵蚀。如果敌我不分，防卫对象也就不再明确，“防卫”的功能也就无法发挥。从这个意义上来说，戴克里先继承了元首制时期列位皇帝对基督教的观念。很多研究人员将戴克里先定位为罗马帝国的最后一位皇帝，也是从这个角度得出的结论。

另一方面，虽然中间隔着一段争权夺势的时期，但戴克里先的继任者实际上还是应该视为君士坦丁。只是，君士坦丁不仅转而承认基督教的合法地位，更成为第一位大力扶植基督教的罗马皇帝。话说回来，在君士坦丁时代，帝国境内基督教势力依旧是“绝对少数”的状态。不仅如此，在戴克里先大力镇压之后，数量比以前还要少。尽管如此，君士坦丁还是把前任皇帝的政策来了个一百八十度的大转变。为什么？

研究人员努力地、一字一句地研究君士坦丁遗留下来的文件和书信，试图探寻这个人在《米兰敕令》之前是否对基督教信仰持有亲近的态度。另外还举出在戴克里先向基督教宣战、数次发布的敕令发挥效力的时期，君士坦丁的父亲君士坦提乌斯统治的帝国西方，几乎没有镇压基督教徒的史实为证，说明从其父亲开始，君士坦丁家族一直对基督教保持宽容的态度。进而研究人员认为，受此影响，君士坦丁在政治上偏袒基督教，是理所当然的结果。换句话说，君士坦丁对基督教的偏袒，最终还是归结于他自身的信仰。

确实，在公元 324 年成为唯一的最高权力者之后，君士坦丁就建设了一个只有基督教堂、没有多神教神殿的新首都君士坦丁堡。就连在多神教圣地罗马，君士坦丁也修建了包括圣彼得大教堂在内的留存到现代的很多重要教堂。不仅如此，他还在基督教圣地耶路撒冷修建了对基督教徒而言无比重要的圣墓教堂。

可是，君士坦丁虽然如此公然地表露出亲基督教的行为，但同时也是按照传统罗马皇帝的风格行事的人。他发行的货币正面是他本人的侧脸雕像，背面则跟历代罗马皇帝一样，刻着罗马诸神的图案。而且，他也没有禁止举办官方祭祀活动。后来他的儿子继位，颁布禁止官方祭祀活动的敕令时，声称这是父亲的遗志。问题是，这种没有任何佐证的“遗志”，是最靠不住的史料。总之，君士坦丁虽然偏袒基督教，但至少表面上还是遵守着《米兰敕令》中宣称的宗教平等。这个人在位期间，帝国依然是“诸神混处”的状态。从这个意义上来说，罗马帝国依然是当初的罗马帝国。

阅读君士坦丁遗留下来的书信后，我发现，就连反对派也很难从字里行间挑出毛病。

虽然是书信，但用词造句都极为小心谨慎，颇有政治文章的文体特征，从字面上根本看不出一丁点儿与基督教信仰有关的蛛丝马迹。可见，君士坦丁实在是一个很高明的双面人。

至于他的父亲君士坦提乌斯在镇压基督教徒时态度消极一说，也只是因为帝国西方的基督教势力并不强盛。既然基督教徒力量薄弱，数量也不多，镇压和迫害的程度自然也会随之减弱。

至于君士坦丁个人是否对基督教有信仰之心，这个问题实在很难一口咬定是或否，因为有无信仰之心完全是个人问题。不过，可以肯定的是，君士坦丁对基督教绝无恶感。

君士坦丁的母亲海伦娜是个有名的基督教徒。当然，在戴克里先在位时，这件事肯定不能对外声张。海伦娜公开表示信仰基督教，恐怕要等到儿子的皇位稳固、发布承认基督教的《米兰敕令》之后。特别是在公元324年，君士坦丁成功扫除所有对手之后，身为皇太后的海伦娜备受尊崇，甚至完成了朝拜圣地耶路撒冷的旅行。

海伦娜是小酒馆老板的女儿，出身卑微。在“四帝共治制”下，由于副帝必须迎娶正帝的女儿，迫使她与结婚多年的丈夫离婚。身为儿子的君士坦丁一直与母亲相依为命，感情自然深厚。儿子总会同情母亲，尤其是遭遇不幸的母亲。如果儿子对母亲给予的同情与亲情，爱屋及乌地扩及母亲信仰的宗教，这也是为人子的常有心态，再正常不过了。

现在还剩一个问题，那就是君士坦丁为什么如此偏袒仅占绝对少数的基督教徒？因为君士坦丁既然身为政治人物，就该清楚如果硬行推动只有少量支持者的政策，会成为政治人物的致命伤。

有很多人认为，身为领导者或者统治者，应该了解其治下的人民内心所求，生活所需，并以满足人民所求、所需为己任。不过，这只是一种未经深入思考就囫囵吞枣地理解民主主义的观点。因为这种观点，很多政治家都以上述“任务”作为自己的行为准则。确实，这是从政人员的任务，但这只是一部分任务，而非全部。因为所谓需求，除了现有的，还有的需要人为去唤起。

如果君士坦丁只是一位认为统治者应该理解被统治者的需求并给予满足的领袖人物，他就不会大力推广只有 5% 支持者的新政。所以说，他是位理解需求可以借由人为唤起的领袖。

那么，这里又出现了一个问题，君士坦丁为什么要如此不辞辛劳地唤起人民的需求？这种将“少数”人的需求变成“多数”人需求的行为，无论其背后动机是什么，都是不可忽略的问题。换句话说，君士坦丁如此扶持基督教，能得到什么好处？

统治工具

罗马人历经了王政、共和、帝政等政体变迁，然而整个民族对世袭制度一直不太认同，或者说疑虑甚深。当初在王政时期，也是采用选举制。到了共和时期就更不用说了，类似于现代首相的执政官，也是经由公民大会选举产生。即便到了帝政时期，罗马帝国的官方主权者也不是皇帝，而是罗马公民权拥有者和罗马元老院。皇帝只是受主权者委托行使权力的存在。因此，一旦皇帝让人觉得不值得托付权力，就会遭到暗杀。因为皇帝和一年一任的执政官不同，是终身制，所以要换掉皇帝，只有将他的肉体消灭。

公元 3 世纪，罗马帝国深陷危机的首要原因，按现代的话来说，就是皇帝撤换太频繁导致国内政局不稳。为了改善这种状况，戴克里先构思实施了“四帝共治制”。遗憾的是，这一政策也很快夭折了。导致这一政策快速崩盘的人物之一，就是君士坦丁。君士坦丁想必早就看穿“四帝共治制”并不能消除政局动荡的现状。他野心勃勃，试图与元首制时期的皇帝一样，一个人统治整个帝国。

但是，如果要一个人统治国家，就必须另外构思一套不但有效而且能长期维持效力的新施政体系。这既不是已经证明无法发挥效力的“四帝共治制”体系，也不是随时可以通过暗杀方式撤换皇帝的元首制体系。

君士坦丁也知道，政局稳定是维持帝国存续的关键。可是他在任内，在军事力量分配上，不是以帝国边防线为重点，而是注重强化他个人领导的兵力。因为他视个人家族存续优于政局稳定、帝国利益，所以他才会被称为第一个中世纪君主。

如果托付权力给掌权者的是“人类”，那么拥有剥夺掌权者手中权力、罢黜掌权者权力的，自然也是“人类”。但是，如果这项权力不是为“人类”所有，而改由其他存在掌控，会是怎样的状况呢?

罗马传统诸神并不适合扮演这种角色。因为多神教的神灵只是护佑人类，并不指点人类如何生存。多神教和一神教的神灵，从性质上来说是不一样的。这样，能够满足君士坦丁需要的神灵，就只能从一神教当中去找。因为犹太教一直维持着犹太人的民族宗教地位，在公元 4 世纪时，能满足上述条件的一神教，只有以跨越民族差异为传教方针的基督教。而且在 270 年前，基督教势力还很微弱时，圣保罗就计划将基督教从犹太人的民族宗教发展为世界性的宗教。他留下了这样一段话：

每个人都必须遵从在上位者。在我们的教诲中，我们只认同上帝的权威。现实世界的权威都是受上帝指示形成。遵从他们，也就是遵从君临于现世权威之上的上帝。

不知道从什么时候起，君士坦丁身边多了一位宗教顾问，名叫何西乌。关于这个人我们只知道，他是西班牙南部城市科尔多瓦的主教，比君士坦丁年长，但具体年龄不详。目前没有任何文章或著作确定出自这个人之手，因此我们后人也无从得知这个人曾经以何种方式向皇帝提出过哪些建议。

话说回来，顾问能发挥的影响力也有限。顾问的建议如果不能获得采纳，那也只是纸上谈兵。建议能否实现，全凭掌权者的态度。如此一来，由谁提出何种建议，并不是大问题，真正的问题是掌权者能否接受这些意见。而在历史上，最终做出类似“渡过卢比孔河”这样重大决断、将古代和中世纪分隔开来的，还是君士坦丁本人。

君士坦丁的政治敏锐度令人惊叹，他能意识到在现实世界，即俗世之中，把赋予君主统治和领导权力的对象由“人类”转为“神灵”的有效价值。如此一来，委托和剥夺统治的权力，再也不是属于“可知”的人类所有，而是属于唯一“不可知”的上帝。

这种制度实际上等于把政权交给没有任何意志的神来决定。这样，就需要某些有资格听取神意的人，将神意传达给人类。在基督教制度里，神意是通过神职人员传达的。而且，传达崇高神意的神职人员，不是日常与信徒接触的牧师，也不是在孤独环境中探究信仰的修道士，而是在召开以解释、整理、统合教理为目的的公会议时有资格出席的主教。这样，在基督教制度上，只有主教可以向人类传达“神意”，表示天神是否决定赋予俗世君主统治权力。如此一来，这要让主教站在自己一边，“神意”自然也会维护自己。如此一来，问题就变得简单了，就看怎么把主教拉拢过来。

“主教”一词，在后期拉丁语中叫作“episcopus”，后期希腊语称之为“episkopos”。在基督教逐渐渗透到社会的罗马帝国后期，主教是最受世人瞩目的阶层。

当时的基督教会组织不像现在的天主教会那样，官僚制度高度组织化，因此，主教具有非常重要的地位。

主教被视为十二使徒的继承人，受托拥有传达耶稣基督和十二使徒的旨意、教育引导信徒、统领信徒等权力。而且，他们除了上述权力，还具有对有助于传播基督教或在传播基督教上做出贡献的人物，赋予其神圣正统性的权力。

在中世纪封建制度下的国王，大多是割据一方的领主协商之后，共同拥立其中一位领主为王。身兼主教的教皇与其他主教的关系，与封建时代的国王立场颇为相似。直到现代，罗马教皇依然是以引导身居罗马的信徒为第一要务的罗马主教。俗世中，与主教地位相似的职务，大概是州长吧。

简而言之，教区内的信徒要归主教管辖，因为主教是传达神意的人。现代的罗马教皇是由主教之上的枢机主教（俗称红衣主教）选举产生。理论上，枢机主教投的票，是由“三位一体”中的圣灵告知“神意”后，投给符合神意的人选。一切都是上天的旨意，与枢机主教本人的意愿无关。在基督教会中，一切都是按照神的意志行事。因此，对他们来说，现实世界交给获得神意的人掌管，也是理所当然的事情。而听取神意、传达给世人的，就是主教。

那么君士坦丁为了拉拢主教，采取了哪些措施呢？

身为组织的领袖，最重视的是巩固组织并维持其存续。对主教来说，就是如何确保人力和资产，以便在教区开展宗教活动、福利事业和教育事业。君士坦丁只要能保证这一点，并增加数量即可。

修建教堂赠送给教会。

捐赠资产作为教会活动的资金来源。

免除教会活动中在一线工作的神职人员的公务及赋税

解除对单身者不利的法令。因为那些不进入教会、以信徒身份积极参与福利活动的单身人士，对教会来说，也是重要的人力资源。

这些都是之前已经叙述过的优惠措施。除此之外，君士坦丁还赋予主教在教区内的司法权。罗马帝国再也不是法治国家了。原本司法应该与宗教毫无关系，但是现在就连在司法圈子里，基督教徒也占有有利地位。

而且除了上述项目，主教还成为那些不堪重赋的纳税人在请求皇帝的征税官手下留情时，唯一能请求斡旋的对象。这可不是君士坦丁制定的政策，只是既然主教的权力如此之大，想必人们都会认为，说不定主教有办法让税金减少一点。

除了与自然打交道的时间多过与人打交道的农村外，基督教渗透速度最慢的就数军队了。在罗马军中，原本信仰太阳神或密特拉神的官兵就不少，而罗马军团已经习惯在统一行动时将个人信仰置于一边，大家一起参加为守护罗马帝国的罗马诸神举办的祭祀仪式。

公元 324 年，在承认基督教合法地位的《米兰敕令》发布后的第 11 个年头，君士坦丁与李锡尼之间的内战，以君士坦丁的胜利告终。在这场战斗中，失败被俘的李锡尼一方的官兵，对着胜利者君士坦丁这样高喊道：

“君士坦丁皇帝，愿您获得诸神护佑！”

诸神，也就是传统的罗马诸神。这表示，即使在基督教被承认之后，对官兵而言，“诸神”还是比较亲近的存在。

在面对官兵时，君士坦丁没有表露出任何亲基督教的态度，也没有提出任何措施。因为君士坦丁知道，军队是维护皇帝权力的基础。如果做出有损军队支持的行为，会成为身兼最高司令官的皇帝的致命伤。

不过，君士坦丁还是做了个小动作，他允许信仰基督教的官兵以向上帝祈祷为由，在星期日放假。至于异教徒官兵，星期天也要和其他日子一样接受训练。

在这里重复一下，君士坦丁只是承认基督教的合法地位，并未将它列为罗马帝国的国教，也没有排除基督教以外的其他宗教。正因为如此，对公元4世纪的罗马人来说，基督教只是众多宗教之一。换句话说，即使有人因为星期天可以休假这样一个微不足道的理由改教，也不会有什么精神负担，没有我们这些后世之人看得这么严重。

因第一个书写《基督教会史》而声名远播的恺撒利亚主教优西比乌，曾经很痛心地写到，很多人入教是为利益而非信仰。但是，如果等待个人自然提升对基督教的信仰之心，想必要把信教者从“少数”发展为“多数”，又要花去不知道多少年的岁月。光是从耶稣基督死于十字架上，到基督教得到承认，就花了300年的时间。如果在其中随个人和行业掺杂些“利益”存在，不就可以让“少数”变为“多数”的时间大大缩短了吗？这些政策与笼络主教的政策相同，都是在深刻洞察人性的基础上设计出来的巧妙战术。这样卓越的政治手腕，说明君士坦丁满足了从政者最重要的条件，即对政治现实的敏锐。

自从统治和领导的权力不是由“人类”赋予而是由“神灵”赋予

之后，让历代罗马皇帝头痛不已的问题一下子都不见了。

身为皇权监督机构的元老院，从此失去了最重要的存在理由。因为掌管监督者的功能必须有赋予掌权者权力的资格才能拥有。

过去罗马公民作为权力者用来表达意见的圆形竞技场、大竞技场，从此以后也只是单纯的娱乐设施。

尽管罗马人一直对皇位世袭持怀疑态度，如今就算让多无能的儿子继承，也不需要费尽心思找理由了。

所有这一切，只要一句话就可以打发。“你们会受我和我儿子的统治，并非因为你们的意愿，这是你们信仰的至高天神的意愿。”换句话说，只要表示“一切都是天神的旨意”就好。

在绝对君主制盛行的17世纪，英国的詹姆士一世和法国的路易十四都大力提倡“君权神授”理论。如果将其换成“现世统治权神授说”，那么这个思想可以说是由比17世纪早了1 300年的君士坦丁播下的种子。

如果说这个思想的运用，仅从有血缘关系的子嗣继承来说，君士坦丁花费如此心力巩固的“统治权神授说”，在他儿子这一代就走到了尽头。然而这种“观念”却长久地被保留了下来，从某种角度来说，甚至一直延续到了法国大革命为止。这种“观念”能够如此长寿，归根结底，是因为对统治者来说，决定统治权力的不是人类而是天神的理论，对掌权者极为有利。

加冕仪式是最能体现国王特质的地方。国王屈膝跪在传达神意的主教面前，作为神的代理人的主教，把经由神正统化的象征权力的王冠，戴在屈膝跪地的国王头上。

元首制时期的罗马帝国并不认同统治权由神授予的思想，所以既没有皇冠，也不存在加冕仪式。

查理曼大帝加冕仪式（油画）

公元330年5月11日，庆祝新首都君士坦丁堡完工的落成典礼隆重举行。在全力兼程赶工之下，短短6年时间，这座城市至少初步具备了首都应有的外形。如果说罗马是多神教的罗马帝国首都，那么以皇帝君士坦丁之名命名、号称“新罗马”的君士坦丁堡，就是一神教的基督教罗马帝国首都了。君士坦丁认为，要重现罗马帝国的辉煌，必须依靠新政体、新首都、新宗教来完成。当然，从这一年起，首都的所有功能都从罗马转移到了君士坦丁堡。

权力的转移也会带来权力周边人口的转移。罗马的权力人士和富裕阶层纷纷移居到君士坦丁堡。在新首都完工的第二年发生的惨变，进一步加速了这种移居的进程。

这一年，北方蛮族大举入侵，突破了被称为“罗马帝国国防能力测量仪”的多瑙河防线。皇帝坐镇后方指挥罗马军队击破敌军，将投降的敌军编入罗马军中结束战争，这个过程共花了两年的时间。虽然获得最终的胜利，但这也表示君士坦丁无法阻止敌人突破国界侵入帝国内部的事实。

公元337年开春，君士坦丁率领大军离开君士坦丁堡，前往小亚细亚。因为在“四帝共治制”时期被罗马军队彻底击败而被迫讲和的波斯萨珊王朝，在事隔40年后再一次展开了反罗马的军事行动。虽然君士坦丁已经62岁，但对手是波斯国王，还是需要他亲自出马。君士坦丁与以私通罪名被处死的皇后法乌斯塔生有三个儿子，现在分别是21岁、20岁和17岁。这个年纪还不足以承担与波斯作战的重责大任。除了儿子以外，君士坦丁还有两个同父异母的弟弟，以及几个侄子。然而君士坦丁若希望自己的儿子继承皇位的话，就不可能让这些人有建功立威的机会。

但是，这时君士坦丁已经是花甲之年，加上30年来忙于争夺皇位和专制统治，将心力全数投入权力的取得和维持中，因而积劳成疾。结果一到位于小亚细亚西部的尼科美底亚，就卧床不起了。在病况没有好转的情况下，于5月22日过世，享年62岁。

君士坦丁的遗体没有按照传统进行火葬，而是直接运到君士坦丁堡，埋葬在他身前修建的“圣十二使徒教堂”。原本罗马是历代皇帝的埋骨之处，如今连这项功能也没有了。

据基督教史料记载，君士坦丁临终时接受了原先反对“三位一体”论的阿里乌斯派成员、尼科美底亚主教优西比乌的洗礼。不过留下这段记载的，不是为皇帝洗礼的当事人，即最佳目击证人——尼科美底亚主教优西比乌，而是同名但不在场的恺撒利亚主教优西比乌。

也就是说，这只是传闻。不过君士坦丁在临终前是否真的接受洗礼成为基督教徒，只怕没有那么重要。现代人也许会理解为，这是君士坦丁皇帝想在临终前对以前罪过进行忏悔的表现。不过，关于临终洗礼一事，还有其他的解释。1964 年，由牛津出版的《晚期的罗马帝国》（*The Later Roman Empire*）一书的作者、研究后期罗马帝国历史的世界级权威琼斯（A. H. M. Jones）这样写道：

> 君士坦丁只是遵循着大多数虔诚的基督教徒惯例罢了，即他在现世既然必须沾染在基督教教义中属于重罪的恶行，那么干脆把成为基督教徒所需的洗礼，延后到想干坏事也干不了的时候举行。

读了这段文字，我心里感到很愉快。原以为我已经充分理解古代基督教顺应时代的能力，以及在对应罗马人观念时表现出的弹性，在作品中也陆续提及，可是没想到还有这么有趣的一面。如果按照这种说法，本人自出道以来，一直都是用非宗教观点叙述历史，那如果我想得到基督的救赎，说不定也可以选择在临终时接受洗礼了。不过话说回来，一生忠诚于基督教的人，与临终前补票上车的人，最后审判的时候真的是平等的吗？

虽然说君士坦丁到最后才补票上车，但他生前大力扶持基督教发展，其成果不是颁赠“大帝”的称号就可以形容的。关于这一点，查理曼是远远不及他的。有一位研究人员曾这样表示：

> 如果没有君士坦丁，基督教会在教理解释问题上将陷入无休止的争论中，结果就是一再分裂，最后与古代大多数宗教一样

销声匿迹。

另外，也有其他研究人员，不仅针对君士坦丁，而且包括从戴克里先到君士坦丁时期，即正好是我在本书论述的年代，发表这样的观点：

罗马帝国有必要为了延续寿命做到这个程度了吗?

有很多研究人员认为，戴克里先和君士坦丁两位皇帝使罗马帝国获得了重生。可是，这两个人是把罗马帝国变成了另一个帝国，才维持了罗马帝国的名义。如果没有这两个人的存在，也许帝国早在公元3世纪末就走到了尽头。

然而，他们兴起的帝国也仅维持了不到百年的时间。如果这百年是与五贤帝时代相似的百年，那么付出多大的代价也值得。换句话说，如果这百年里，帝国边防线如铜墙铁壁，蛮族无法入侵；就连农民也能安心耕作，农业兴隆发达，百姓安居乐业；道路上的行人、车辆不用担心遭到盗贼袭击，治安良好；人员、物资在帝国境内自由交流；有选择职业的自由；社会阶层间的流动性高；选用人才的机制能发挥作用；政府广征薄赋；等等：那也无话可说。换句话说，就是享受百年的“罗马统治下的和平”。

可是，这之后的百年，社会并不是这个样子。“罗马统治下的和平”已经一去不复返。所以说，很多了解罗马从诞生到灭亡这段历史的人，心里都会浮现这样的疑问：“罗马帝国有必要为了延续生命做到这个程度吗？”尤其是在知道之后的中世纪是个怎样的时代之后，这种想法更甚。

大事年表

年份（公元）	罗马帝国		其他地方
	帝国东方（中东、小亚细亚、埃及、巴尔干、多瑙河流域）	帝国西方（意大利、莱茵河流域、高卢、不列颠、西班牙、北非）	
245	这一年，狄奥克莱斯（后来的戴克里先）出生在斯普利特附近的索罗那		日本弥生时代
260	瓦勒良皇帝被波斯国王沙普尔一世俘虏		
275	君士坦丁在现在的塞尔维亚和黑山共和国的耐苏出生		
283	夏，卡鲁斯皇帝在对波斯作战中遭雷击身亡。秋，卡鲁斯的儿子努梅里安在尼科美底亚身亡。皇帝警卫队队长狄奥克莱斯由麾下军团拥立为皇帝		中国西晋灭吴，统一中国（280年）
284	夏，努梅里安的弟弟卡里努斯战死。**狄奥克莱斯登基称帝，改名戴克里先**。秋，戴克里先任命**马克西米安为“恺撒”**，开始“两帝共治制”		
286	戴克里先在多瑙河防线击退蛮族后，转向东方强化防线	马克西米安着手强化北非防线	
288		元老院授予强化东方防线有功的戴克里先“Persicus Maximus”（波斯征服者）的称号。戴克里先赶往雷蒂亚	
290	戴克里先再次赶往东方，在叙利亚征讨萨拉森人强盗		
291	戴克里先造访埃及，击退从尼罗河上游袭来的原住民		中国“八王之乱”
292	戴克里先返回多瑙河防线，击退萨尔马提亚人		日本从公元3世纪后半期到4世纪初，从畿内到濑户内海沿岸出现古坟

（续表）

年份（公元）	罗马帝国		其他地方
	帝国东方（中东、小亚细亚、埃及、巴尔干、多瑙河流域）	帝国西方（意大利、莱茵河流域、高卢、不列颠、西班牙、北非）	
293	5月1日，展开第一轮“四帝共治制”：东方由正帝戴克里先和**副帝伽列里乌斯负责；西方由正帝马克西米安和副帝君士坦提乌斯·克洛鲁斯负责**。君士坦丁被送往东方，在戴克里先皇帝手下担任军职		
295	戴克里先大浴场开工。努米底亚青年马克西米里阿努斯因拒绝服兵役殉教		印度《摩诃婆罗多》《罗摩衍那》两大叙事诗完成。印度帕拉瓦王朝兴起（295年）
296	波斯大军入侵北美索不达米亚。东方副帝伽列里乌斯率兵迎击，大败		
297	伽列里乌斯大败波斯军，与波斯讲和，将美索不达米亚地区纳入控制之中		
301	戴克里先发布价格管制敕令		中国赵王司马伦篡位
303	2月24日，戴克里先发布镇压基督教徒敕令	11月20日，戴克里先与马克西米安共同在罗马举行凯旋仪式	
305	5月1日，戴克里先和马克西米安同时退位。戴克里先前往斯普利特，马克西米安前往南意大利隐居。第二轮“四帝共治制”开始：**东方正帝伽列里乌斯、副帝马克西米努斯·代亚，西方正帝君士坦提乌斯·克洛鲁斯、副帝塞维鲁**	戴克里先大浴场完工。君士坦丁前往西方，投靠父亲君士坦提乌斯·克洛鲁斯	日本古坟时代
306		7月，西方正帝君士坦提乌斯·克洛鲁斯病逝。君士坦提乌斯·克洛鲁斯的麾下官兵拥立君士坦丁为正帝。伽列里乌斯将塞维鲁推为正帝，君士坦丁被任命为副帝来平息事态。10月28日，马克西米安的儿子**马克森提乌斯在罗马称帝**	

（续表）

<table>
<tr><th rowspan="2">年份
（公元）</th><th colspan="2">罗马帝国</th><th rowspan="2">其他地方</th></tr>
<tr><th>帝国东方
（中东、小亚细亚、埃及、
巴尔干、多瑙河流域）</th><th>帝国西方
（意大利、莱茵河流域、高卢、
不列颠、西班牙、北非）</th></tr>
<tr><td>307</td><td></td><td>2月，西方正帝塞维鲁为征讨马克森提乌斯挥军罗马，遭前正帝马克西米安俘虏后自杀</td><td></td></tr>
<tr><td>308</td><td>秋，东方正帝伽列里乌斯邀请戴克里先和马克西米安在卡农图姆会谈，达成让李锡尼担任西方正帝的协议。第三轮“四帝共治制”开始</td><td>君士坦丁与马克西米安的女儿法乌斯塔结婚</td><td>中国汉王刘渊即位称帝</td></tr>
<tr><td>309</td><td>戴克里先颁布的镇压基督教徒的敕令被取消</td><td>蛮族越过莱茵河防线大举入侵，马克西米安借机发动政变，企图打倒君士坦丁</td><td></td></tr>
<tr><td>310</td><td></td><td>君士坦丁与蛮族和谈后发动反击，马克西米安自杀</td><td></td></tr>
<tr><td>311</td><td colspan="2">4月，东方正帝伽列里乌斯发布敕令，认同宗教自由。5月，伽列里乌斯去世，东方正帝李锡尼继位，西方正帝职位空缺</td><td></td></tr>
<tr><td>312</td><td></td><td>君士坦丁率军越过阿尔卑斯山脉，进军意大利，与马克森提乌斯决战。10月27日，君士坦丁在罗马近郊米里维桥作战获胜，马克森提乌斯战死。元老院决议将进入罗马的君士坦丁升格为正帝。君士坦丁凯旋门动工。近卫军团被解散</td><td></td></tr>
<tr><td>313</td><td>马克西米努斯·代亚将戴克里先之女、伽列里乌斯的遗孀瓦莱利娅及其母亲普里斯卡流放东方。马克西米努斯·代亚率军入侵李锡尼管辖下的小亚细亚。3月底，李锡尼击败马克西米努斯·代亚。马克西米努斯·代亚逃亡。6月15日，《米兰敕令》颁布，基督教得到承认。8月，马克西米努斯·代亚去世。同年，戴克里先去世</td><td>君士坦丁与李锡尼在米兰会谈，同意发布《米兰敕令》。李锡尼与君士坦丁的妹妹君士坦提娅结婚</td><td>朝鲜高句丽灭乐浪、带方郡</td></tr>
</table>

（续表）

年份（公元）	罗马帝国		其他地方
	帝国东方（中东、小亚细亚、埃及、巴尔干、多瑙河流域）	帝国西方（意大利、莱茵河流域、高卢、不列颠、西班牙、北非）	
315	君士坦丁凯旋门完工。秋，君士坦丁与李锡尼作战获胜。紧接的第二场战斗再次获胜。12月，君士坦丁与李锡尼讲和。李锡尼的势力范围被限制在小亚细亚以东		
316	君士坦丁展开击退北方蛮族的战争		中国西晋灭亡
317	君士坦丁正式开始迎击跨越防线入侵的蛮族。多瑙河防线由君士坦丁指挥，莱茵河防线由其子克里斯普斯指挥		中国司马睿即位晋王（东晋，318年）。刘曜以长安为都建立前赵（319年）。印度旃陀罗·笈多一世建立笈多王朝（320年）
322	君士坦丁率军渡过多瑙河，击败北方蛮族，与蛮族讲和，成功确保帝国北方安全		
324	7月3日，君士坦丁与李锡尼在埃迪尔内作战获胜。君士坦丁军在拜占庭再度战胜李锡尼军。李锡尼投降，退出正帝职位，隐居于塞萨洛尼基。**君士坦丁成为唯一的正帝**。君士坦丁将首都移至拜占庭，着手建设新首都		
325	李锡尼以勾结蛮族、密谋反叛罪被处死。君士坦丁在小亚细亚的尼西亚召集基督教主教召开公会议，确立“三位一体”论为正统，将阿里乌斯派斥为异端		
326		克里斯普斯以与继母法乌斯塔私通罪被逮捕，在伊斯特里亚半岛的波拉监狱里死去。法乌斯塔亦被谋杀	

（续表）

年份（公元）	罗马帝国		其他地方
	帝国东方（中东、小亚细亚、埃及、巴尔干、多瑙河流域）	帝国西方（意大利、莱茵河流域、高卢、不列颠、西班牙、北非）	
330	5 月 11 日，举行庆祝新首都君士坦丁堡竣工典礼		
337	为对抗波斯入侵之军事行动，君士坦丁率军前往东方。5 月 22 日，君士坦丁病逝于尼科美底亚		

参考文献

ALFOLDI, A., *Costantino tra paganesimo e cristianesimo*, Bari, 1976.

ARIÈS, P. & DUBY, G., *La vita privata. Dall'impero romano all'anno mille*, Bari, 1990.

BARNES, T.D., *Constantine and Eusebius, the New Empire of Diocletian and Constantine*, Cambridge, 1981.

BARROW, R.E., *Slavery in the Roman Empire*, London, 1928.

BLECKMANN, B., *Konstantin der Grosse*, Hamburg, 1996.

BROWN, P., *Società romana e impero tardo-antico*, Roma-Bari, 1986.

BRUUN, P.M., *Studies in Constantinian Chronology*, New York, 1961.

BUGNER, L. (ed.), *The Image of the Black in Western Art vol. I: From the Pharaohs to the Fall of the Roman Empire*, Harvard University Press, 1983.

BUONAIUTI, E., *Il Cristianesimo nell'Africa Romana*, Bari, 1928.

BURCKHARDT, J., *L'età di Costantino* (1853), Firenze, 1957.

BURY, J., *The Invasion of Europe by the Barbarians*, London, 1928.

CALDERONE, S., *Costantino e il cattolicesimo*, Firenze, 1962.

CAMERON, A., *The Later Roman Empire*, Harvard University Press, 1993.

CHARLESWORTH, M.P., *Trade Routes and Commerce in the Roman Empire*, Cambridge, 1924.

CORCORAN, S., *The Empire of the Tetrarchs: Imperial Pronouncement and Government, A.D. 284-324*, Oxford, 1996.

COSTA, G., *L'Opposizione sotto i Costantini*, Milano, 1925.

CRIVELLUCCI, A., *Storia delle relazioni tra lo stato e la chiesa*, Bologna, 1885.

DAGRON, G., *Naissance d'une capitale: Constantinopole et ses institutions de 330 à 451*, Paris, 1974.

DALLE SPADE, G., *Immunità ecclesiastiche nel diritto romano imperiale*, Venezia, 1940.

DANIELE, I., *I documenti costantini della Vita Costantini di Eusebio di Cesarea*, Roma, 1938.

De BROGLIE, A., *L'eglise et l'empire romain au IVe siècle.*

De GIOVANNI, L., *Costantino e il mondo pagano*, Napoli, 1977.

De MARTINO, F., *Storia economica di Roma antica*, Firenze, 1980.

De ROBERTIS, F.M., *Il diritto associativo romano. Dai collegi della Repubblica alle corporazioni del Basso Impero*, Bari, 1938.

DIEHL, Ch., *Constantinopole*, Paris, 1924.

DOWNEY, G., *A History of Antioch in Syria, from Seleucus to the Arab Conquest*, Princeton, 1961.

DUNCAN-JONES, R., *Money and Government in the Roman Empire*, Cambridge University Press, 1998.

EUSEBIUS, *Historia Ecclesiastica* & *Vita Constantini*, Berlin, 1909.

FISCHER-FABIAN, S., *I germani*, Bologna, 1985.

FRASCHETTI, A., *La conversione. Da Roma pagana a Roma cristiana*, Bari, 1999.

GARDNER, I. & LIEU, S.N.C. (eds.), *Manichaean Texts from the Roman Empire*, Cambridge University Press, 2004.

GIBBON, E., *The Decline and Fall of the Roman Empire*, with introduction of J. Bury, London, 1890-1900; *Declino e caduta dell'impero romano*, Milano, 1992.

GIOBBO, A., *Chiesa e Stato nei primi secoli del cristianesimo*, Milano, 1914.

GWATKIN, H.M. & WHITNEY, J.P. (eds.), *The Cambridge Mediaeval History vol. I: The Christian Roman Empire and the Foundation of the Teutonic Kingdoms*, Cambridge, 1936.

JACQUES, F. & SCHEID, J., *Roma e il suo impero. Istituzioni, economia, religione*, Roma-Bari, 1992.

JONES, A.H.M., *Constantine and the conversion of Europe*, London, 1964; *The Cities of the Eastern Roman Provinces*, Oxford, 1971; *The Later Roman Empire. 284-602*, Oxford, 1984.

KIDD, A., *A history of the Church to A.D. 461*, Oxford, 1922.

LEVI, A., *Itineraria Picta. Contributo allo studio della Tabula Peutingeriana*, Roma, 1967.

LOT, F., *Les invasions germaniques*, Paris, 1935.

MacMULLEN, R., *Soldier and Civilian in the Later Roman Empire*, Harvard University Press, 1963; *Constantine*, London, 1987.

MATTINGLY, H., ENSSLIN, W., BAYNES, N.H. & others, *The Cambridge Ancient History vol. XII: The Imperial Crisis and Recovery*, Cambridge Unirersity Press, 1939.

MAZZA, M., *Lotte sociali e restaurazione autoritaria nel III secolo dopo Cristo*, Roma-Bari, 1973.

MAZZARINO, S., *Antico, Tardo-antico ed era costantina*, Bari, 1980; *L'Impero Romano*, Bari, 1984; *La fine del mondo antico*, Milano, 1988.

MILLER, E., POSTAN, C. & POSTAN, M.M. (eds.), *The Cambridge Economic History of Europe from the Decline of the Roman Empire vol. II: Trade and Industry in the Middle Ages* (2nd Edition), Cambridge University Press, 1987.

MOMIGLIANO, A., *Il conflitto tra paganesimo e cristianesimo nel IV secolo*, Torino, 1971.

MONTI, G.M., *Le corporazioni nell'evo antico e nell'alto medioevo*, Bari, 1934.

NORWICH, J. J., *Bisanzio. Splendore e decadenza di un impero 330-1453*, Milano, 2000.

ORTIZ De URBINA, J., *La politica di Costantino nella controversia ariana*, Roma, 1939.

OSTROGORSKY, G., *Storia dell'impero bizantino*, Torino, 1968.

PARIBENI, R., *L'Italia imperiale. Da Ottaviano a Teodosio*, Milano, 1939; *Storia di Roma vol. III: Da Diocleziano alla caduta dell'Impero d'occidente*, Roma, 1941.

PARATORE, E., *La letteratura latina dell'età imperiale*, Milano, 1992.

POHLSANDER, H.A., *Crispus: Brilliant Career and Tragic End*, London, 1984; *The Emperor Constantine*, London, 1996.

POSTAN, M.M. (ed.), *The Cambridge Economic History of Europe from the Decline of the Roman Empire vol. I: Agrarian Life of the Middle Ages*, Cambridge University Press, 1966.

RÉMONDON, R., *La crise de l'Empire romain de Marc Aurelè à Anastase*, Paris, 1964.

ROMANO, G., *Le dominazioni barbariche*, Milano, 1940.

SALVATORELLI, L., *La politica religiosa e la religiosità di Costantino*, Roma, 1928.

SALZMAN, M.R., *The Making of a Christian Aristocracy: Social and Religious Change in the Western Roman Empire*, Harvard University Press, 2002.

SCHREIBER, H., *I goti*, Bologna, 1981; *I vandali*, Milano, 1984.

SEGRE, G., *Osservazione sulla costituzione dell'impero da Diocleziano a Giustiniano*, Roma, 1934.

STEIN, E., *Histoire du Bas-Empire,* Amsterdam, 1959.
TENNEY, F., *Economic Survey of Ancient Rome,* Baltimore, 1930.
VEYNE, P., *The Roman Empire,* Harvard University Press, 1997.
WELLS, C., *The Roman Empire* (2nd ed.), Harvard University Press, 1995.
WILLIAMS, S., *Diocleziano. Un autocrate riformatore,* Milano, 1995.

图片版权

银币图、铜币图、金币图　© Andreas Pangerl（www. romancoins. info）

p.004　伊斯坦布尔东方古代美术馆（伊斯坦布尔 / 土耳其）

© Erich Lessing / Pacific Press Service

p.012　柏林国家博物馆（柏林 / 德国）

© Hirmer Fotoarchiv München

p.053　大英博物馆（伦敦 / 英国）

© Copyright The Trustee of the British Museum

p.066　圣马可教堂（威尼斯 / 意大利）

© Erich Lessing / Pacific Press Service

p.068　（戴克里先）伊斯坦布尔东方古代美术馆（伊斯坦布尔 / 土耳其）

© Erich Lessing / Pacific Press Service

（伽列里乌斯）札那查尔国家博物馆（札那查尔 / 塞尔维亚和黑山）

© National Museum Zajecar, Serbia-Montenegro

p.068　（马克西米安）阿布鲁佐国家博物馆（基耶蒂 / 意大利）

© Deutsches Archäologisches Institut, Roma

（君士坦提乌斯·克洛鲁斯）新嘉士伯美术馆（哥本哈根 / 丹麦）

© Ny Carlsberg Glyptotek, Copenhagen

p.070　铃木美知摄

p.092　罗马文明博物馆（罗马 / 意大利）

© Archivo Iconografico, S.A. / CORBIS / CORBIS JAPAN

p.111　安杰利圣母堂（罗马 / 意大利）

© Scala Archive, Firenze

p.116　（戴克里先）伊斯坦布尔东方古代美术馆（伊斯坦布尔 / 土耳其）

© Erich Lessing / Pacific Press Service）

（伽列里乌斯）札那查尔国家博物馆（札那查尔 / 塞尔维亚和黑山）

© National Museum Zajecar, Serbia-Montenegro

（马克西米安）阿布鲁佐国家博物馆（基耶蒂 / 意大利）

© Deutsches Archäologisches Institut, Roma

（君士坦提乌斯·克洛鲁斯）新嘉士伯美术馆（哥本哈根 / 丹麦）

© Ny Carlsberg Glyptotek, Copenhagen）

p.118　（伽列里乌斯）札那查尔国家博物馆（札那查尔 / 塞尔维亚和黑山）

© National Museum Zajecar，Serbia-Montenegro

（马克西米努斯·代亚）埃及博物馆（开罗 / 埃及）

© Archivo Iconografico, S.A. / CORBIS / CORBIS JAPAN

（君士坦提乌斯·克洛鲁斯）新嘉士伯美术馆（哥本哈根 / 丹麦）

© Ny Carlsberg Glyptotek, Copenhagen

（塞维鲁）大英博物馆（伦敦 / 英国）

© Copyright the Trustee of the British Museum）

（马克森提乌斯）梵蒂冈博物馆（梵蒂冈）

© Deutsches Archäologisches Institut, Roma

（君士坦丁）卡匹托利尼博物馆（罗马 / 意大利）
© Araldo de Luca / CORBIS / CORBIS JAPAN
p.122 恩奈斯特·埃希拉绘 © AKG-Images
p.126 卡匹托利尼博物馆（罗马 / 意大利）
© Araldo de Luca / CORBIS / CORBIS JAPAN
p.135 （伽列里乌斯）札那查尔国家博物馆（札那查尔 / 塞尔维亚和黑山）
© National Museum Zajecar, Serbia-Montenegro
（马克西米努斯·代亚）埃及博物馆（开罗 / 埃及）
© Archivo Iconografico, S. A. / CORBIS / CORBIS JAPAN
（塞维鲁）大英博物馆（伦敦 / 英国）
© Copyright the Trustee of the British Museum）
（君士坦丁）卡匹托利尼博物馆（罗马 / 意大利）
© Araldo de Luca / CORBIS / CORBIS JAPAN
（马克西米安）阿布鲁佐国家博物馆（基耶蒂 / 意大利）
© Deutsches Archäologisches Institut, Roma
（马克森提乌斯）梵蒂冈博物馆（梵蒂冈）
© Deutsches Archäologisches Institut, Roma
p.147 梵蒂冈博物馆 © Musei Vaticani
p.167 米里维桥（罗马 / 意大利）
© Gianni Giansanti / Sygma / CORBIS / CORBIS JAPAN
pp.174—175 （照片）© Deutsches Archäologisches Institut, Roma
p.176 峰村胜子绘
pp.177—180 （照片：除 ⑩）© Fototeca Unione, AAR
（照片：⑩）© Deutsches Archäologisches Institut, Roma

pp.181—183 （照片：除⑤）© Deutsches Archäologisches Institut, Roma

（照片：⑤）© Fototeca Unione, AAR

pp.184—187 （照片）© Fototeca Unione, AAR

pp.188—191 （照片）© Deutsches Archäologisches Institut, Roma

p.192 上 和平祭坛博物馆（罗马 / 意大利）

© Archäologisches Institut, Philosophische Fakultät, Universität zu Köln

p.192 下 罗马文明博物馆 樱井绅二摄

p.193 上 罗马国家博物馆的阿特姆彼斯宫（罗马 / 意大利）

© Scala Archive, Firenze

p.193 下 同 p.174

© Deutsches Archäologisches Institut, Roma

p.219 拉特朗圣若望大殿（罗马 / 意大利）

© Bettman / CORBIS / CORBIS JAPAN

p.250 圣索菲亚大教堂（伊斯坦布尔 / 土耳其）

© Erich Lessing / Pacific Press Service）

p.259 大英博物馆（伦敦 / 英国）

© Copyright The Trustee of the British Museum

p.288 拉斐尔及其工作室制作 梵蒂冈博物馆（梵蒂冈）

© Scala Archive, Firenze

地图制作：综合精图研究所（p.002，p.023，p.027，p.031，p.039，p.059，p.068，p.105，p.111，p.113，p.122，p.123，p.153，p.155，p.157，p165，p.175 上，p.206，p.214，p.224，p.225，p.255，p.274）

图书在版编目（CIP）数据

罗马人的故事：全15册/（日）盐野七生著；计丽屏等译. -- 2版. -- 北京：中信出版社，2020.8（2025.1重印）

ISBN 978-7-5217-0750-2

Ⅰ.①罗… Ⅱ.①盐… ②计… Ⅲ.①古罗马—历史 Ⅳ.①K126

中国版本图书馆CIP数据核字（2019）第126892号

罗马人的故事（全15册）

著　者：[日]盐野七生
译　者：计丽屏　等
出版发行：中信出版集团股份有限公司
（北京市朝阳区东三环北路27号嘉铭中心　邮编　100020）
承 印 者：北京通州皇家印刷厂

开　本：787mm×1092mm　1/32　　印　张：182.25　　插　页：44　　字　数：4 500千字
版　次：2020年8月第2版　　印　次：2025年1月第9次印刷
京权图字：01-2010-4502　　审 图 号：GS（2019）2414号
书　号：ISBN 978-7-5217-0750-2
定　价：760.00元（全15册）

ローマ人の物語

罗马人的故事

14

キリストの勝利

基督的胜利

[日] 盐野七生 著 徐越 译

中信出版集团 | 北京

FELTEMPRE
PARATIO
Γ

银币故事

自从罗马帝国变为基督教徒的国度之后，帝国的执政者也从为民众治世变成为上帝服务。

理所当然，按照基督教的教义，皇帝是由上帝选定的，他的权力并不是罗马元老院与公民赋予的。无论是谁，总是对掌控自己命运的人言听计从。

成了基督教徒的罗马人也不能再像以前那样，坐在圆形竞技场里，向入场的皇帝发出嘘声，以示不满，彰显民意。

理所当然，民众可以向某个人发出抗议，却不能向一个接受了上帝旨意的人抗议。因为向他抗议，就等于向上帝抗议。

正因为如此，货币上的执政者的脸都显得那么无精打采。大家不妨对比一下帝国在基督教化之前的货币。

盐野七生

2010 年初夏于罗马

金币故事

尤里安被称为“叛教者”，时至今日，他仍然是基督教世界里的罪人。在罗马帝国逐渐走向基督教化的形势下，他是逆时代潮流而行的少数罗马人之一。

然而，他的抵抗在 19 个月之后就分崩瓦解了。即便是皇帝，也无回天之力。

不过，必须承认，正因为他年轻，才有这股英雄气概。倘若这枚奥里斯金币上的侧面像能有助于大家去理解这位在 1 700 年前匆匆走过一生的年轻人，实属幸事。

现在，我一手拿着金币，一手描写着仲夏夜之梦一般飘逝的尤里安的生涯……

盐野七生

2010 年初夏于罗马

金币故事

无论是在帝国基督教化之后，还是在此之前，金币、银币、铜币至少在形状上是相同的，始终都是代表罗马帝国的流通货币。然而，在帝国即将走向终结之际，我深深感悟到一点，那就是宗教并没有挽救经济的能力。

罗马帝国从多神教转变为一神教之后，衰退的经济状况依然毫无起色。尽管货币表面的颜色仍然呈金、银、铜三色，但其内在，即代表货币真正价值的材质，日益劣化。

在发掘出来的文物中，极少有这个时代的货币，这证明品质低劣的货币，大家都想赶紧用掉，而那些纯度高的货币就成了民众“压箱底”的宝贝。能在钱币市场上进行交易的，通常都是那些藏在罐子里长眠多年的硬通货。

盐野七生

2010 年初夏于罗马

目　录

致读者

从罗马市区前往郊外，只要30分钟左右的车程我们就可以看到许多古罗马时代留下来的别墅。有一些像“哈德良别墅”（Hadrian's Villa）那样，经过细致的考古研究之后，如今已成为著名的观光景点。还有一部分则因为特别的理由，比如原屋主赫赫有名、建筑规模宏大壮丽，或者是因为地板的花纹图案极其罕见、大理石圆柱的材料非常珍贵等，而被列为考古学的重要遗迹。这些地方由意大利以及西欧其他国家的考古队负责挖掘、整理，一般人根本无法靠近一探究竟，更别想随意地倚靠在旧石柱上缅怀一下往昔。

不过，名不见经传的遗迹仍然比比皆是。古罗马人对郊外的别墅与市内的住宅同样重视，应该说更偏重于后者。别墅其实是一个大自然环绕的农庄，“villa”（别墅）这个词语原本就带有“田园之家”的含义。

由于数量过多，纵使欧美所有大学的考古学者倾巢而出，也不可能将其逐一理清，所以有不少遗址被委托给地方政府负责观光的部门管理。然而，他们除了对遗迹做一些例行的灌木修剪以及清扫之外，并没有进行进一步的维护与管理。这些地方通常人烟稀少，寂寥幽静。近几年，我养成一个习惯，专门去看这些无人问津的遗址，并不是为了学术调查，仅仅是在这些历史废墟中做独自的冥思。

《罗马人的故事》丛书写到第12册《迷途帝国》时，我的视线和脚步伸展到古罗马帝国的整个疆土，它们涵括了欧洲、中东、北非等辽阔的地域。如今从罗马去那些地方，坐飞机不过60多分钟，即使是边境地区，时间也不会超过2个小时。每次前往这些地方，总让我不解的是：为何那些古罗马的精英能够抛弃首都罗马的舒适生活，义无反顾地奔赴这些条件恶劣的地区，担当起防卫和治理的任务？举例来说，寒冬腊月时我曾经前往多瑙河一带，被俗称匈牙利落山风的寒风冻得几乎全身麻木；相反，我去参观古代要塞、眺望撒哈拉沙漠时，又被灼热的烈日晒得晕头转向，根本无心再思考什么帝国边界线问题，一心只想仿效古罗马人做一盆清凉的冰沙来消暑解渴。

如今，我一边游走于帝国首都罗马附近的别墅遗迹之中，一边猜测着公元4世纪时住在这里的主人的心情。我仿佛跟随着古罗马人共同思考，一起走过了1 000多年，眼看着即将落幕的帝国结局。

眼前这座别墅的主人年龄在40多岁，属于元老院阶级的世家子弟，他本人也在元老院中占有席位。不过，他已经很久没有出现在位于古罗马广场的元老院会堂里，与元老们的交往仅仅维持在最低限度的接触。他将自己的位于罗马市内的宅邸卖给了因经营基督教会而发了财的新贵，房价由着对方，完全没有讨价还价、恋恋不舍的意思。他单身，无儿无女。像他这样的状况并非特例，在那个对帝国未来不抱希望的时代，许多人选择了终身独身。

原本度假用的别墅如今成了他的日常居所。别墅的规模不算很大，但还是有足够的面积将主人的居住区和仆人的活动场所隔开，保持一定的距离。别墅忠实地按照古罗马传统的设计，周边种着橄榄树以及其他果树，有专人悉心打理；边上是饲养家畜的牧场以及保证自家用的小麦田。农田附近有涓涓的清溪流过，再往后是茂密的森林，可享受打猎和采蘑菇的乐趣。顺便提一下，罗马人特别爱吃蘑菇。总之，只要不像公元 1 世纪的美食家卢库鲁斯（Lucullus）那般追求奢侈的盛宴，别墅基本可以做到自给自足。

不过，话说回来，即使主人有足够的心思和财力，想模仿早年的富豪们的做派，不远千里地寻来山珍海味，让宾客大开眼界、大快朵颐，在那个时代也没了这个可能。随着“罗马统治下的和平”（Pax Romana）的结束，大范围的经济活动圈已走向终结，曾经遍布帝国全境的道路网，变得支离破碎，蛮族以及强盗的频繁袭击，使得运输成本节节攀升，对于公元 4 世纪的罗马人而言，就算不想去刻意追求素朴的生活，现实也迫使大家不得不尽量保持自给自足的生活状态。

罗马式的别墅原本就是按照自给自足的理念建造的。别墅中有小型加工厂，除了一些需要特别高技术的东西，一般的产品以及加工用的工具都可以就地制作。

仆人是维持别墅正常运转的关键。他们虽然是奴隶，但都是在主人家出生、成长的家奴，其中一些人甚至是第二、第三代的世袭奴隶，已经成了主人家族的一员。但奴隶们不会过度地涉足主人的生活，主仆之间谨守礼仪，在和谐、温暖的气氛中共度郊外别墅的时光。

尽管过着世外桃源般的生活，主人家却不认为他是在弃世隐居或者逃避现实，他只是选择了离开而已。他也不打算奋起反抗，因为一切逆时代的作为都是徒劳。尽管已远离政治的旋涡，毕竟是来自世代担任国家要职的上层家庭，他仍然会不由自主地关注时代潮流的变迁，即世间的动态。虽然元老院元老的身份已徒有虚名，自幼接受的领导阶层必不可缺的“教养科目”教育造就了其敏感的政治触觉。

如果他生活在公元前1世纪的罗马，他或许会跟随着尤里乌斯·恺撒渡过卢比孔河；如果他生活在公元1世纪，他也许会成为奥古斯都的秘书官之一，为各项制度的改革及其巩固而劳心劳神，无暇回到别墅享受悠闲的田园生活；或者，如果他生活在再晚一点的时期，即身处公元2世纪，那么他可能会陪伴着哈德良皇帝在帝国的各个边境视察，重新探讨和部署辽阔的罗马帝国的国防安全以及统治制度，在年富力强时，为国家做出贡献。遗憾的是，他所处的是公元4世纪的罗马。

即使有满腔的热情愿意为国防安全尽一己之力，元老院也没有资格涉入军事。当时罗马皇帝的统治手段已逐渐趋向于东方国家的君主专制，对于这些接受过良好教育、来自罗马传统的元老院阶级的人而言，面前似乎立着一座无形的高墙，就算选择在皇帝手下做一名官员，也是前途莫测。这就是公元4世纪时罗马的现状。不过，像他这样知识渊博、精力充沛的男子，只要有心，即使在不尽如人意的形势下，仍然有一条光明之路可走。

他可以成为基督教会的神职人员。是否曾经接受过洗礼并不重要，事实上，许多人都是在担任了神职之后，才接受洗礼的。尤其是像他这样来自上层社会、具有良好的教养和渊博学识的人，甚至不需要从底层做起，直接就可以担任主教。

但是，他不愿意向现实再三妥协，这倒并不意味着他对罗马传统的多神教有强烈的信仰，只是不想皈依基督教而已。在那个时代，和他有着类似想法的人，大多会醉心于希腊哲学的某一神秘的教派。然而在他看来，那些东西不具备宣导、说服人民的力量，完全属于知识分子小圈子里的自我满足。他不喜欢与这类人物打交道，就算是聚餐闲聊，也是一件痛苦不堪的事情。

他做出了选择。既然现实如此，索性就做一个被基督教徒蔑视的“异教徒”，度过余生。无论世间如何变化，只要有这个别墅得以安身就好。

生活在时代变迁期间的人们有以下三种生存方式可以选择：

一、顺势而为。

二、逆流而上。

三、全身而退。

接下来在本书中，我要讲述的就是选择了这三种不同生存方式的男人们的故事。我会站在别墅主人的立场，即选择了全身而退的人的视角来展开论述。这并不是因为我已经知道了帝国即将终结的命运，刻意采用这个角度切入主题，而是与其他两种生存方式相比，我对第三种选择更有共鸣。

最后，请允许我再补充一点。

迄今为止，在《罗马人的故事》丛书的各册中，我都尽量多地向大家介绍一些“罗马人的脸”，希望大家先观察一下古人的脸，再进入故事。本书中介绍的罗马人与以往出现的各种面孔非常不同。大家看了或许会有所怀疑：这真是罗马人的长相吗？本书中挑选的是享有圣人之誉的米兰主教安波罗修。在公元4世纪的历史名人中，安波罗修是为数不多的出生于首都罗马的罗马人。与他出身背景相似的，还有《罗马人的故事01·罗马不是一天建成的》中的尤尼乌斯·布鲁图、《罗马人的故事02·汉尼拔战争》中的西庇阿·阿非利加努斯以及《罗马人的故事04·恺撒时代（上）》《罗马人的故事05·恺撒时代（下）》中的主人公尤里乌斯·恺撒。如果各位对安波罗修的容貌感到不可思议，不妨参考一下我以下的论述。

在描绘人物的相貌，尤其是统治者的相貌时，除了忠实于事实，作者更想传达的是他对笔下人物的观感。因此，出现在作品中的达官贵人或一朝天子，往往都是创作者心目中能够代表时代的人物形象。即使是最接近于事实的照片，它反映的内容也会因为摄影者的视角不同而产生背离现实的现象。手工制作的雕像或者镶嵌画之类的作品，就更容易掺入创作者主观的诠释。

我在作品中向大家推荐的，都是领导时代的风云人物的脸，它们都是艺术家们根据那个时代人民理想中的领袖形象制作而成。因此，迄今为止我介绍的“罗马人的脸”，是主人公实际的长相和人民期望的形象的混合体。

鉴于以上理由，安波罗修的面容才会和与他同样出生于首都罗马的西庇阿、恺撒在观感上有如此悬殊的差异。同样，出生于行省的图拉真、哈德良的风貌，也与出生于首都的公元 4 世纪的这位圣人千差万别。即使是君临天下的领袖，其容貌也不可避免地会打上时代的烙印。

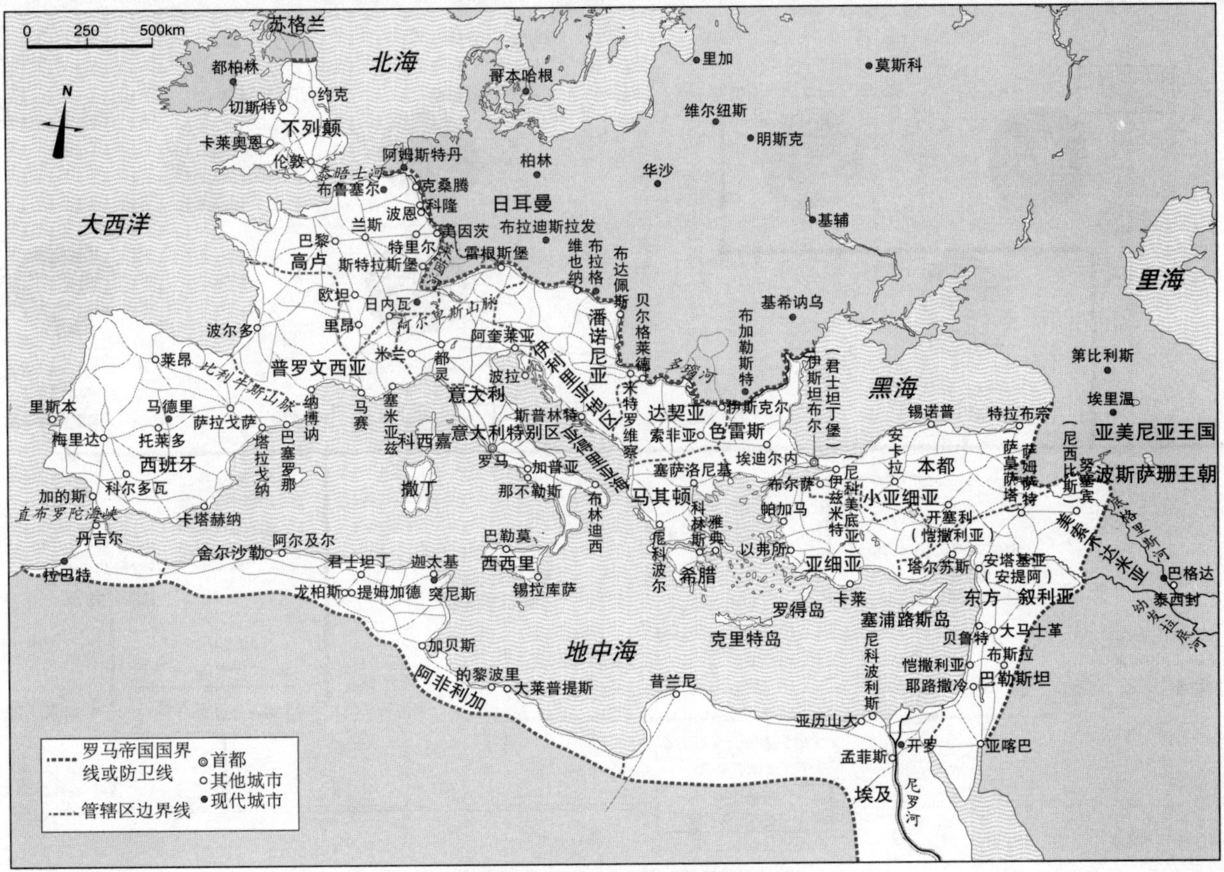

公元 4 世纪中叶的罗马帝国版图

君士坦丁王朝世系图

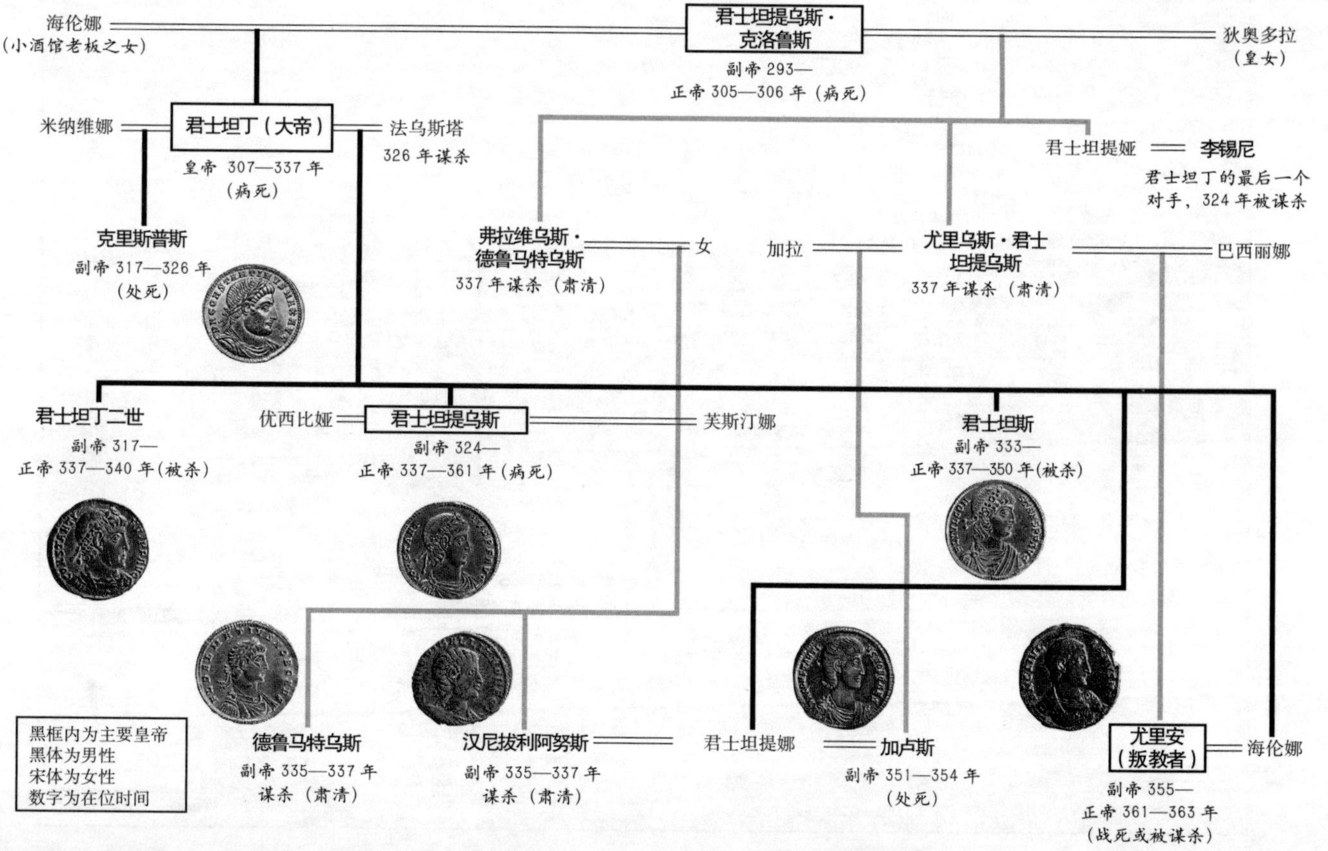
海伦娜
（小酒馆老板之女）
君士坦提乌斯·克洛鲁斯
副帝 293—
正帝 305—306 年（病死）
狄奥多拉
（皇女）
米纳维娜
君士坦丁（大帝）
皇帝 307—337 年
（病死）
法乌斯塔
326 年谋杀
君士坦提娅
李锡尼
君士坦丁的最后一个对手，324 年被谋杀
克里斯普斯
副帝 317—326 年
（处死）
弗拉维乌斯·德鲁马特乌斯
337 年谋杀（肃清）
女
加拉
尤里乌斯·君士坦提乌斯
337 年谋杀（肃清）
巴西丽娜
君士坦丁二世
副帝 317—
正帝 337—340 年（被杀）
优西比娅
君士坦提乌斯
副帝 324—
正帝 337—361 年（病死）
芙斯汀娜
君士坦斯
副帝 333—
正帝 337—350 年（被杀）
黑框内为主要皇帝
黑体为男性
宋体为女性
数字为在位时间
德鲁马特乌斯
副帝 335—337 年
谋杀（肃清）
汉尼拔利阿努斯
副帝 335—337 年
谋杀（肃清）
君士坦提娜
加卢斯
副帝 351—354 年
（处死）
尤里安
（叛教者）
副帝 355—
正帝 361—363 年
（战死或被谋杀）
海伦娜

第一章　皇帝君士坦提乌斯

（337—361年在位）

铲除异己

第一位承认基督教为合法宗教因而被后人尊称为“大帝”（Magnus）的罗马皇帝君士坦丁死于公元337年5月22日。当时，他亲自率军参加波斯战争，离开帝都君士坦丁堡（Constantinople，现在的土耳其的伊斯坦布尔）渡海到达小亚细亚的尼科美底亚（Nicomedia）之后不久，一病不起，最终与世长辞，享年62岁。君士坦丁的在位时间，如果从他早年争夺皇位时期算起，长达30年；若从他战胜了对手马克森提乌斯（Maxentius）、统治西罗马帝国之后开始计算，也有25年。而他击败了最后一名对手李锡尼（Licinius），成为罗马帝国独一无二的统治者，则有13年。可以说君士坦丁是在实现了他一生所有的野心之后离开了人世，因此，世间对他的死亡没有产生疑问，更没有阴谋、暗杀之类的传闻。

不算他最初负责军务的“恺撒”（副帝）时代，从他一手掌握了帝国军政两大权力，成为最高统治者的“奥古斯都”（正帝）的公元312年开始，君士坦丁的统治时期经历了四分之一个世纪，超过了以政权稳固而闻名的五贤帝。在历代的罗马皇帝中，他的在位时间仅次于在位40年的开国皇帝奥古斯都。皇帝统治时间的长久，意味着其制定的政策大多都能在其生前得到贯彻落实，想来君士坦丁应该是死而无憾。至于同大国波斯的战争，由于还没有正式开战，可以随时中止。当时的形势并非因受到波斯国王的攻击而不得不战，中止战争并不会给罗马带来不利。换言之，波斯王国对公元337年的罗马帝国而

君士坦丁大帝

言，根本构不成威胁，不过是期望开战的罗马因为最高司令官的死亡而将战争延期罢了。

虽然君士坦丁在前往波斯战争的战场途中死亡，却没有给人留下“出师未捷身先死”的遗憾印象。罗马帝国西起泰晤士河，东至幼发拉底河，北沿莱茵河、多瑙河，南到撒哈拉大沙漠的辽阔疆土，在他生前始终维持着统一的局面。即便不是基督教徒，罗马公民大概也不会反对授予他“大帝”的尊称。依照传统，他应该被授予“神君”（Divus）的称号，然而一神教的基督教非但不承认其他神灵，甚至就连近似神的存在也不认同，因此君士坦丁的尊称只能改为与英文“Great”同义的“Magnus”（大帝）。顺便提一下，君士坦丁在临终前接受了洗礼成了基督教徒，因此，他的遗体没有以罗马传统的方式火葬，而是遵照基督教的习惯进行了土葬。

对于最高执政者而言，其任期中最后一项重要的任务就是决定接班人，以及为权力平稳交接铺平道路。君士坦丁大帝生前对此也做了详细的部署。他在去世的前两年，已经将广阔的帝国划分为五个区域，选定了各个区域负责防卫与治理的统治者，并将此决定公之于世。这是君士坦丁为了避免在自己身后发生继承权之争采取的预防措施。他自己为了铲除对手，消耗了大半的壮年时期，个人的经历让他比任何人都清楚，内乱必须掐灭在萌芽期。不过，我还是要说一句，当年点燃内乱之火的，正是青年时期就野心勃勃的君士坦丁本人。

凭借着过人的本领登上权力最高峰的君士坦丁，膝下有四个亲生的儿子。不过，他与第一任妻子生的儿子克里斯普斯（Crispus），虽然获得了“恺撒”（副帝）的地位，却因为与继母、皇后法乌斯塔（Fausta）乱伦私通，被君士坦丁处死。同时被处死的法乌斯塔皇后生前与君士坦丁生有三个儿子，按照年龄顺序，依次是君士坦丁二世（Flavius Claudius Constantinus）、君士坦提乌斯（Flavius Iulius Constantius）、君士坦斯（Flavius Julius Constans）。君士坦丁去世时，他们分别是20岁、19岁和17岁，当时都已经拥有“恺撒”的称号。如果君士坦丁大帝将帝国交给自己的儿子们，似乎也很合乎常理，不过他没有这样做。

君士坦丁的父亲君士坦提乌斯·克洛鲁斯（Constantine Chlorus）在成为“副帝”之后，与第一任妻子、小酒馆老板之女海伦娜离婚，与时任“正帝”的马克西米安的女儿狄奥多拉再婚。对于君士坦丁而言，继母狄奥多拉生的孩子，是同父异母的弟弟。君士坦丁去世时，他的两个异母弟弟还健在，并且各自都有两个儿子，他们的这四个儿子与君士坦丁的三个儿子属于堂兄弟关系。

按照年龄的长幼，这四位堂兄弟分别是德鲁马特乌斯（Dalmatius）、汉尼拔利阿努斯（Hannibalianus）、加卢斯（Flavius Claudius Constantius Gallus）和尤里安（Flavius Claudius Julianus）。两个年长兄弟的具体年龄不详，似乎比君士坦丁的三个儿子稍大一些，年幼的加卢斯和尤里安，在君士坦丁去世时分别是 12 岁和 6 岁。

君士坦丁在去世前两年的公元 335 年，授予德鲁马特乌斯和汉尼拔利阿努斯“恺撒”的称号，这意味着他指定的治理以及保卫帝国的继承人，除了三个亲生儿子，还加上了两个侄子，一共五个人。引发内乱的原因，并非一定是继承人本人的野心所致，很多情况下，是被那些反对现有势力或对现状心存不满的人当成了煽动的幌子。德鲁马特乌斯和汉尼拔利阿努斯两人的“皇室血统”，比君士坦丁的三个亲生儿子更加纯正，君士坦丁大帝将一部分权力分给他们，想必是想借此消灭内讧的可能性。在君士坦丁去世的前两年，他们已经在各自的地区履行起统治者的职责。五位继承人各自拥有的地域如下：

长子君士坦丁二世——高卢、西班牙、不列颠
次子君士坦提乌斯——小亚细亚、叙利亚、埃及
三子君士坦斯——意大利本土、潘诺尼亚、北非
侄子德鲁马特乌斯——达契亚、色雷斯、马其顿、希腊
侄子汉尼拔利阿努斯——北美索不达米亚与亚美尼亚王国

当时的亚美尼亚是由亲罗马派的国王统治的独立王国。君士坦丁大帝远征波斯的真正用意，除了要战胜波斯王国，强化罗马在北美索不达米亚的势力之外，或许还希望彻底掌控亚美尼亚的统治权。因为

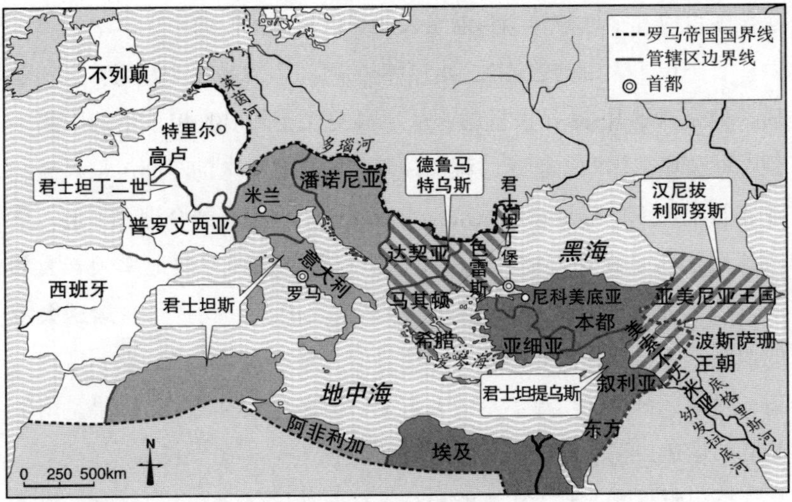

君士坦丁大帝的继位人事图

波斯王国对这个地区觊觎已久，这里经常成为罗马与波斯战争的导火线。

如果能够实现北美索不达米亚与其背后的亚美尼亚王国一体化，那么东方大国的心脏地带、富饶的美索不达米亚整个地区就尽在罗马掌控之下。按照现代的地理位置，这个地区是约旦、叙利亚以及土耳其三国，从地图上看，正好是从西、北两面包围住伊拉克的地形。君士坦丁大帝打算在这个战略目标实现之后，将这个地区交给侄子汉尼拔利阿努斯。为了加深与这位未来的亚美尼亚国王的关系，他将自己的女儿嫁给了汉尼拔利阿努斯。这样，未来的亚美尼亚国王不仅是罗马皇帝的侄子，还是他的女婿。

以上就是君士坦丁大帝继任者的人事安排。这项计划如果能够不折不扣地得到执行，君士坦丁大帝去世之后，就不会发生流血事件，皇位就可以和平地被转交到继承人儿子以及侄子们的手里。

君士坦丁大帝的遗体被运回帝都的时间大约是在5月底6月初前后。他是在5月22日去世的，从尼科美底亚到君士坦丁堡的距离不到100公里，因此，运送过程应该不需要花费太久的时间。尼科美底亚和君士坦丁堡都是临海城市，走海路似乎也很合情合理。不过，皇帝死后依然是光环人物，既然生前出行都要威风凛凛地率领着大部队，那么死后的葬礼势必也会声势浩大。因此，我觉得，运送大帝的遗体不太会选择便利但不引人注目的海路，而是选择陆路，穿越街道、村镇，行进在川流不息的大道上，引来众人的目光。如果是用牛车陆路运送，至少需要5天的时间。

据史料推测，君士坦丁的葬礼是在6月初举行的，自然是采用了基督教的形式。除了从安提阿赶回来的次子君士坦提乌斯，其他两个儿子都没能够出席。那时，长子君士坦丁二世正在莱茵河附近的特里尔，小儿子君士坦斯在多瑙河一带，由于距离君士坦丁堡路途遥远，又时值夏季，不宜拖得太久，最终，只有以下五位亲人出现在君士坦丁大帝壮观的葬礼上：

三位拥有“恺撒”称号、身兼副帝和皇位继承人身份的年轻人——大帝的次子君士坦提乌斯、侄子德鲁马特乌斯和汉尼拔利阿努斯。

德鲁马特乌斯和汉尼拔利阿努斯的生父，即已故大帝的同父异母的弟弟弗拉维乌斯·德鲁马特乌斯。

弗拉维乌斯·德鲁马特乌斯的同胞弟弟尤里乌斯·君士坦提乌斯（Julius Constantius）。他是12岁的加卢斯和6岁的尤里安的父亲。两个孩子可能因为年纪太小，没有出席葬礼。

在君士坦丁大帝统治期间，他的两位同父异母的兄弟都没有能够凭借皇室成员的特殊身份而获得显要的公职或者担当过重要的国务，似乎是一直待在皇宫里虚度人生。

按照惯例，先帝的葬礼结束之后，元老院就应该立即做出决议，将“恺撒”升格为“奥古斯都”，即副帝晋升为正帝。然而，不知何故，元老院没有在公元 337 年 6 月通过这个决议。时间一天一天地过去，正帝的问题却始终悬而未决。就在这个时候，帝都君士坦丁堡的皇宫内发生了一场血腥的惨案。由于没有任何历史记录，所以无法确定惨案发生的具体时间，根据推测大约在 7 月的某一天。

除了君士坦提乌斯之外，出席葬礼的皇室成员全部遇害。大帝的其他亲属中活下来的只有 12 岁的加卢斯和 6 岁的尤里安。或许是因为他们年纪太小，让凶手动了恻隐之心，也可能是这场惨案的幕后凶手下令要保全这两个孩子的性命。两个少年在无人保护的情况下能够躲过一劫，其中肯定有着不为人知的原因。

除了君士坦丁大帝的血亲，他生前的亲信也成了这场惨案的牺牲者，近卫军团长官阿布拉维乌斯便是其中一人。在公元 4 世纪的罗马，近卫军团长官虽属军职，实际却担任着相当于首相的职务，权力仅次于皇帝。与阿布拉维乌斯同时遇难的还有他手下的不少高官。

众多的位高权重者一夜之间死于非命，按常理判断，凶手必定在事前经过了周密的安排。如果背后没有一个清晰的指挥系统，皇宫内的屠杀行动是不可能顺利进行的。

然而，这场发生在帝国首都的皇宫内、死亡人数据说超过 50 人的血案，最终能够确认身份的只有四五个人而已。事情究竟发生在何月何日，直接行凶的到底是些什么人，一概不明。既然连这些基本的情况都不明不白，当然就更别想了解谁是真正的幕后主谋。即使众人心中存疑，在那个时代也只能噤声不语，更不敢留下只言片语。

包括两位副帝在内的大帝的四位亲属以及众多的重臣遭到了杀害，君士坦提乌斯终究不能够装聋作哑。毕竟，案发当日他在现场的事实众所周知。于是，这个 19 岁的年轻人发表了简短的声明。

声明表示，虽然他本人案发时在皇宫，但与此事件毫无关系。凶手是按照他们自己的意志发动了这场暗杀，因为他们认为罗马帝国的皇位应该由先帝的三个亲生儿子来继承。

自打一开始，大家就认定大屠杀的行凶者是君士坦提乌斯手下的官兵。但是这些人的姓名从未被公开，也没有任何人因此受到惩罚。灾难中幸免的 12 岁和 6 岁的两个少年被托付给了由尼科美底亚主教晋升为君士坦丁堡主教的优西比乌（Eusebius），正是他为临终前的君士坦丁大帝主持了受洗仪式。优西比乌是与三位一体派对立的阿里乌斯派（Arianism）的代表人物。他非常清楚，君士坦提乌斯将两位王子交给他，并不是希望他能够为他们提供良好的教育，而是要他监视这两位潜在的皇位竞争者。优西比乌日后对于两位王子的管教异常严格，这种执着似乎不像是出于对皇帝的忠诚，而是来自他个人对基督上帝虔诚的信仰。

尽管皇室半数的成员以及众多的高官在一夜之间惨遭杀害，世间的反应却表现得异常迟钝，准确地说是沉默。仿佛巨大的岩石落入湖中，却没有溅起半点水花，给人一种诡异的感觉。或许是因为事件之后需要一段冷静期，让那些双手沾满了鲜血、处于异常亢奋状态的刽子手逐渐恢复平静。尤其是这些人原本就以杀人为业，为了避免他们激烈的情绪进一步上扬而导致局势失控，必须加以严格管制。这对幕后主谋而言，是必不可少的事后处理。

血案的善后具体用了多少时间，不得而知。估计在一个月左右。因为 9 月之前，君士坦提乌斯离开了帝都，前往潘诺尼亚行省，他的

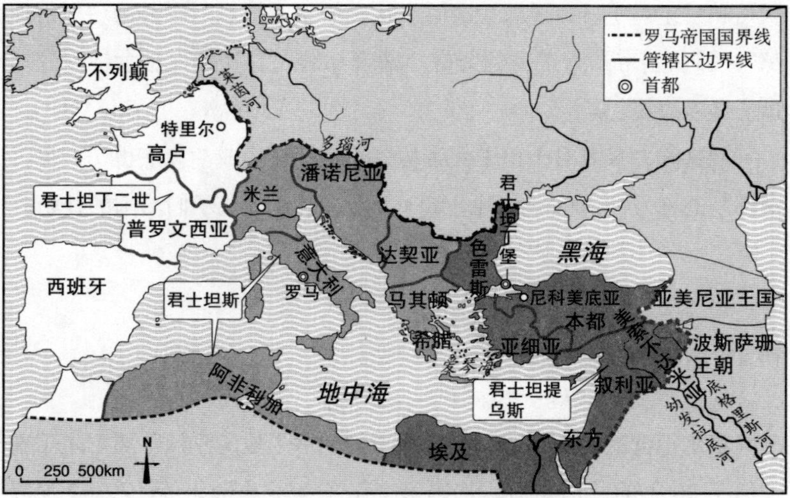

君士坦丁大帝的三个儿子分属的帝国领土

胞弟君士坦斯在那里等候他。同时，长兄君士坦丁二世也从高卢出发，来到这个濒临多瑙河中游的地区，这里军事基地的官兵人数远远超过了驻守帝都的部队人数。三个亲兄弟在大帝死后首次展开了会谈。

被官方认定为由士官们自作主张杀死的德鲁马特乌斯和汉尼拔利阿努斯所属的领地，三兄弟经过磋商之后重新将它们分割。原本属于德鲁马特乌斯的多瑙河下游地区，作为抵御北方蛮族的防线，处于极其重要的地理位置。如上图所示，被称为达契亚的多瑙河南岸以及南方的马其顿、希腊被划分到三弟君士坦斯的管辖之下，多瑙河汇入黑海的一带区域则归次子君士坦提乌斯所有。而原本属于汉尼拔利阿努斯的北美索不达米亚，理所当然地被君士坦提乌斯吞并。

三兄弟在领土分割问题上达成协议之后立即派人携带文书，前往罗马和君士坦丁堡，要求元老院承认他们从“恺撒”晋升为“奥古斯都”，即从副帝升为正帝的资格。两帝都的元老院毫无悬念地一致通过了这项决议。

就这样，只有君士坦丁大帝的三位嫡子最后成功地获得了“奥古斯都”的称号。这也是继君士坦丁大帝之后他的儿子们治国的开始。

帝国三分

卓尔不群的君士坦丁大帝的儿子们继承了他的皇位。君士坦丁在经历了 30 年的统治之后，把国家交给了年龄分别为 20 岁、19 岁以及 17 岁的三个年轻人，自然会有许多人对此感到忐忑不安。

“皇帝”一词来源于军事用语“凯旋将军”（Imperator）。由此可见，罗马皇帝的首要责任是保卫帝国全体民众的安全。换言之，就是抵御外敌，以防国土遭受侵略。然而，继承了皇位、正式成为“恺撒·奥古斯都·皇帝”的三兄弟都没有上过战场。对此或许可以解释说，他们刚到入伍的年龄，或者是在父皇君士坦丁大帝强硬统治的时期，他们的少年时代没有发生过足以威胁帝国安全的战争。

话说回来，将军的战绩通常取决于他在率兵打仗前建立起的人际关系。而探究一个人青少年时期的生活，往往有助于了解其成年后的人际关系。然而，在君士坦丁大帝生前，作为最高统治者的儿子，他们的私生活却完全不为人知。不知道这是不是帝国末期的一个特征：对神的关注度不断提升，而对人的兴趣却日益消退。

这三个同胞兄弟与亲信之间的关系非常之不同。长兄君士坦丁二世，在这方面完全不用心思，相反，次子君士坦提乌斯又用心过度，

长子君士坦丁二世

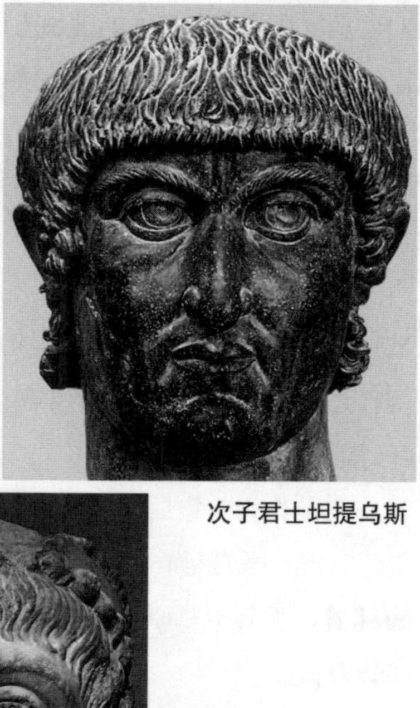

次子君士坦提乌斯

三子君士坦斯

他甚至偏执地认为一旦做了皇帝，就是与最亲近的人也必须保持一定的距离。他的性格谨慎但阴郁。而小儿子君士坦斯，则是典型的上流社会子弟的做派，一起打猎、吃喝聚会的玩伴就是这位 17 岁阳光少年的知己。

要说三兄弟的共同之处，除了都没有军事上的实际成绩之外，还有另外两点：首先，他们都没有真正的朋友；其次，他们都是在宦官把持的宫廷中成长的。“宦官”希腊语称为“Eunuchus”，他们不仅被用来伺候统治者的妻妾，由于生理上的缺陷，他们被认为没有正常男人的野心，所以他们还是放在统治者身边的理想人选。重用宦官原本是东方专制君主国家的习俗，西方的罗马国家不消说共和时代，就是进入了元首制时代，也从未出现过这种现象。

然而，罗马帝国从戴克里先（Diocletianus）时代开始，皇帝的作风趋向于东方君主，皇宫内开始出现了宦官。不过，当时宦官的职权还仅限于类似官邸内的管家，直到进入君士坦丁大帝时代，他们的权力才开始变大。从戴克里先皇帝开始的帝国后期，皇帝刻意与臣子拉开距离，而能够在两者之间穿针引线、为数不多的人物就是宦官，他们的重要性因此不断得到提升。

宦官们并没有放弃之前作为管家的权力，在君主专制的制度下，越是接近权力者，越能获得丰厚的利益。他们建立起了属于自己的集团和组织机构。这意味着，于公于私原本都应该属于皇帝的皇宫内，如今却布满了宦官的势力。

这股宦官势力较之其他的小圈子更具有强烈的排他性。虽然喜怒不言于表，但他们的内心都充满了对健全男人的仇恨。这种情绪发展的结果，自然就会在组织内部形成一种与憎恨互为表里的嫉妒情绪。嫉妒容易演变为阴谋，为了自保而建立起的排他性组织，最终往往会变成间谍组织。公元3世纪的罗马皇帝们如果对士兵的不满掉以轻心，就会引来杀身之祸；而在公元4世纪，皇帝们则要时常提防着宦官们的嫉妒之心。日趋东方化的皇宫若没有宦官就会陷入瘫痪，但过度听信他们的谗言，又可能会将国家的栋梁之材送上刑场。

一人退场

公元337年9月，在潘诺尼亚行省，三位"奥古斯都"（正帝）决定了分治帝国的方针。由于这是亲兄弟之间的协议，所以大家都认为能够持续长久。何况，当初会谈的气氛平和，没有发生过任何争执。可是在议席上爽快答应的一个人，不久之后就开始起了疑心，感觉自己吃了亏。这种事后反悔型的人，身边如果有人能及时地给予提醒，让他认识到自己的想法不过是一种被害妄想，那么事情可能也就到此结束了。可惜，君士坦丁二世的身边没有这样能够做出冷静判断的亲信，或者是因为这位才20岁出头、政治经验不足的年轻人，过度听信了宦官们的谗言。

兄弟三人的会谈结束了，从多瑙河中游一带回到莱茵河地区没过多久，长兄君士坦丁二世满脑子全是上当受骗的想法。二弟君士坦提乌斯不仅全盘收获了被杀的汉尼拔利阿努斯所属的领地，而且还将德鲁马特乌斯管辖的色雷斯也占为己有。三弟君士坦斯则接收了包括达契亚、马其顿以及希腊在内的德鲁马特乌斯所属的半数以上的区域，扩大了原本的势力范围。而君士坦丁二世作为长兄却没有任何的改变，这让他深感不满。按理说，如果有什么要求，应该在事情决定之前提出。不过，君士坦丁大帝的这个长子的性格似乎爱事后反悔。他

君士坦丁二世

向三弟提出了割让北非的要求，被君士坦斯一口拒绝。此刻，唯一能够介入兄弟之争的君士坦提乌斯又远在东方，波斯王国利用大帝死亡之际，正频频地发起挑衅，形势不容他返回西方调解兄弟间的纠纷。

于是，大哥与小弟之间就北非归属权问题争吵不断，小弟对大哥的要求好像没有完全当真，态度上有些敷衍了事，大哥终于忍耐不住了。

君士坦丁二世率军翻越阿尔卑斯山脉，攻入了意大利北部。这场军事行动尽管利用了君士坦斯前往达契亚、人不在军营的好机会，却没有在事前做好周密的部署。最初军队轻松地穿越了北意大利，但在前往君士坦斯的大本营潘诺尼亚的途中，遭到了君士坦斯部队的阻击。

这场发生在阿奎莱亚（Aquileia）附近的战斗，很快就决出了胜负。打了败仗的士兵四处逃散，无人护驾成了光杆司令的君士坦丁二世被俘，像一名小卒般地遭到杀害，遗体被扔进附近的河里。身在达契亚的君士坦斯是在事后才从手下那里得知了长兄率兵袭击以及战败身亡的消息。君士坦丁大帝的长子就这样早早地退出了政治舞台，年仅 23 岁。由于没有找到他的遗体，所以他身后连墓碑都没有。他没有接受过洗礼，基督教会对他的死也采取了不闻不问的态度。君士坦丁二世死于公元 340 年，与他父皇的辞世仅隔了三年。

君士坦丁二世死后，有关他所属区域的分割，剩下的两兄弟竟然没有经过协商，三弟君士坦斯名正言顺地接收了曾经属于长兄的不列颠、高卢以及西班牙。这个 20 岁的年轻人，如下图所示，占有了罗马帝国三分之二的疆域。作为二哥的君士坦提乌斯容忍了弟弟这种独断专行的做法，甚至没有做出口头上的抗议。

一方面，因为他要全力以赴对付步步紧逼的波斯国王，没有余暇去处理帝国西方疆土的问题；另一方面，他也希望避免亲兄弟之间的纷争。虽然不是出于单纯的亲情，可眼下最要紧的是维持父亲留下的帝国的稳定，不断重复上演手足相残的惨剧，绝不是一个明智的选择。轻率地挑起战争的长兄，在没有将整个帝国的西方卷入长期内战之前就离开了人世，站在维持帝国安定的立场来看，甚至可以说是一件幸事。而失去了统领的不列颠、高卢以及西班牙的全体军政要员，也非常不可思议地心甘情愿地臣服于新主子君士坦斯。

自此，罗马帝国三分之二的领土归属于君士坦斯，余下的三分之一由君士坦提乌斯管辖。这种局面从公元 340 年至 350 年，维持了 10 年，继位时年仅 20 岁的君士坦斯已经是 30 岁的成年人。

归属君士坦斯的帝国领土，按照现代地理位置，涵盖了西欧、中欧以至北非。一个年仅 20 多岁的年轻人竟然能够统治以及保卫着如此广大的地域，何况其中还包括了经常会遭受北方蛮族侵略的莱茵河

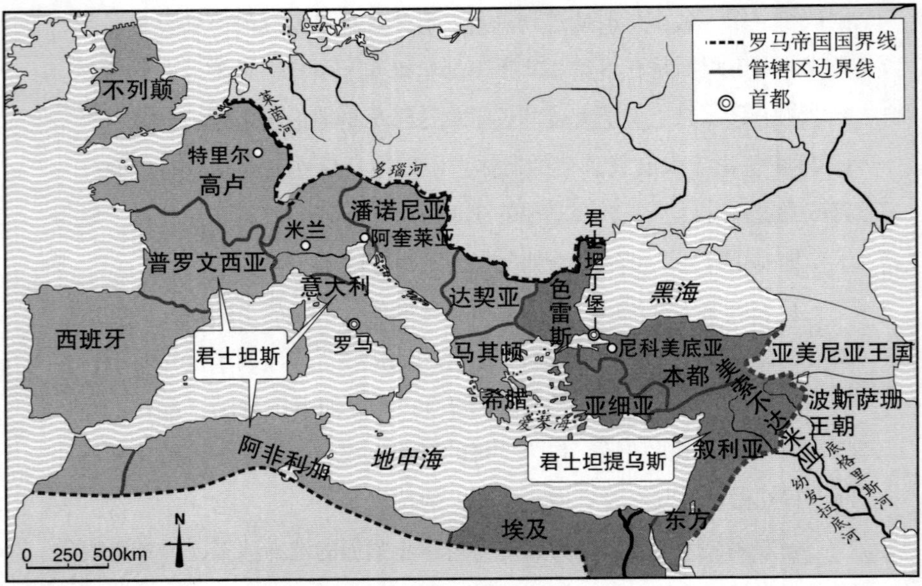

兄弟二人分治帝国

和多瑙河流域，这一点不得不让人钦佩。

君士坦斯并不像那些古代名将才华横溢，但在与入侵的蛮族对抗中，他还是获得了相当不错的战绩。其父皇君士坦丁大帝是一名优秀的战将，三兄弟中继承了父亲这份才华的，似乎只有君士坦斯。

包括属于危险地带的莱茵河以及多瑙河在内的罗马帝国三分之二的领土，在一位非军事天才的年轻皇帝的统治下，国土安全之所以能维持 10 年之久，其实另有原因。君士坦斯的手下有一批优秀的将领，这些人都是先帝君士坦丁留下的遗产。君士坦丁大帝在选拔军事人才上，彻底贯彻了实力主义。不仅对罗马人不问社会阶层，即便来自蛮族，同样也有晋升将军的机会。

这项政策的执行，使得罗马军团作战会议的大半席位都被那些一听名字就知道是蛮族出身的将领占有。当时的罗马军队延续了元首制时代的政策，异族出身的军人只要晋升为大队长，就能获得罗马公民权。若是掌握了罗马军的公用语拉丁语，这些异族人就是名副其实的罗马将军了。

但是，与公元1、2世纪时罗马军中那些行省出身的将领相比，公元4世纪的这些蛮族出身的军官，没有归属罗马帝国的强烈意识，可这并不代表他们仍然心系故乡。莱茵河以及多瑙河的对岸住着他们少年时的伙伴，阻击这些时常渡河入侵的同胞，正是他们的职责所在。而在执行任务时，他们往往要比那些纯正的罗马人更加勇猛善战。

如果将这些蛮族出身的官兵算作一类的话，那么投入罗马皇帝麾下的蛮族军人还有另外一类。前者属于独狼般的独行侠，后者则是由族长率领整个部落，成了罗马军团的雇佣军。他们与罗马皇帝签下契约，在罗马军官的指挥下执行任务。对罗马军团而言，这些人增强了军队的实力，是一支不可忽视的力量。然而，这些人在为罗马军团做出贡献的同时，也存在着负面的影响。由于他们是以部落为单位集体行动，所以如果不以明确的方式让他们感受到加入罗马军是一件有利可图的事情，一旦他们集体投向敌营，十有八九会导致罗马军失利。

也许有人会不解，在元首制时代，除了行省出身的将官，罗马军中不是同样也有来自蛮族的士兵吗？他们的情况与当下有何不同呢？其实，在那个时代，罗马军队有足够的实力向投诚的异族人提供各种他们乐于接受的条件。

第一，罗马军实力强大。虽然不能说百战百胜，但获胜的概率很高，这意味着军人活着服完25年兵役的可能性极大。

第二，主力军由拥有罗马公民权的士兵担任。行省以及蛮族出身的军人只作为辅助兵力。因此，即使这些异族人叛变投靠敌方，也不会给罗马军带来致命的打击。

第三，作为保卫帝国的报酬，向异族军人颁发的罗马公民权，在当时有着相当的魅力。

军团规定，由行省居民组成的辅助部队的大队长可以列席作战会议。或许是因为参加会议的人需要相应的身份，所以，他们在晋升大队长的同时立刻就能获得罗马公民权。就算是一名下等士兵，在服完25年的兵役退役之后，同样也可以得到罗马公民权。尽管后来卡拉卡拉（Caracalla）皇帝修改了政策，向除奴隶之外的帝国全境所有的自由民颁发了罗马公民权，不过，这项唯独军人才能享受的特权，一直延续到公元212年。对于行省或蛮族出身的人而言，仅仅是不用再缴纳占收入一成的行省税这一项优惠，罗马公民权就有足够的吸引力。

罗马在共和时代已经是“公民法”与“外国人法”并立的国家。公民权相当于现代人的国籍，因此，外国人一旦取得了罗马公民权，就意味着他与世代拥有罗马国籍的本地人拥有平等的地位。倘若有足够的实力和运气，甚至可以敲开元老院的大门，成为其中的一员。

至于第四点好处，是退役军人回归平民之后的生活得到一定的保障。这个保障来自开国皇帝奥古斯都制定的、在古代历史上唯有罗马帝国实施的军人退职金制度。即便只是一介士卒，退役时一样可以以现金或土地的方式获得退职金，这项制度既解决了退役军人可能沦落为社会边缘人的人道问题，又消除了社会不安定的因素。

然而，在元首制时代充分发挥了功效的以上四大优势，在公元4世纪的罗马帝国，完全适得其反。

其一，罗马军队获胜的机会很少。换句话说，打败仗已成为家常便饭，这意味着士兵战死或被俘的风险增大。

其二，行省或蛮族出身的军人成了主力军。

其三，罗马公民权不再限于有特定资格的人，帝国境内出生的人人人皆有，因此很少会有人为了获取公民权而冒死参军。

其四，由于退职金制度的瓦解，军人只希望尽可能长久地留在军中以获取俸禄。正规军 20 年的兵役期已经成为历史旧话。当然，还是会出现一部分被淘汰、不得不退役的军人，这些人最终的出路就是作奸犯科，成为社会的败类。

以上就是公元 4 世纪罗马军的状况。率领这样的军队作战，那个时代的罗马皇帝们面临的困境可想而知。只要稍有闪失，就可能陷入万劫不复之地。

第二个人的退场

公元 350 年，君士坦丁大帝留下的帝国在长子死后由次子和小儿子分治的局面，已经进入第 10 个年头。此时，负责管辖帝国东方的二哥君士坦提乌斯 32 岁，帝国西方的统治者、小弟君士坦斯也已经 30 岁。这 10 年，君士坦提乌斯是在应付波斯王国不断的攻击中匆匆度过的。而统治西方的君士坦斯，为击退北方蛮族周而复始的挑衅，几乎消耗了所有的精力。君士坦斯将这 10 年的战果归功于他个人的军事才华，得意忘形之际犯下了把内政交给他人管理的大错。所谓的他人，就是由宦官们结成的黑暗势力，他们像蜘蛛网一般布满皇宫。在君士坦斯统治的地区，征税者的利益不断膨胀，纳税人的生活每况愈下。这个地区可不是什么弹丸之地，而是占据了帝国三分之二的疆土。

留意到民众不满和绝望情绪的，是这10年来在君士坦斯皇帝麾下与蛮族人打仗同样也是来自异族的将领。在罗马军中服役的异族军人中，他们属于第一类，即很早就与自己的部落断绝了关系，天涯孤独，无牵无挂。他们可以毫无心理障碍地与同胞厮杀，但是无法忍受最高司令官完全无视他们做出的贡献。

虽然无法考证这些蛮族将官对皇帝的不满是在何时爆发，又是如何酝酿而成的，但可以明确的是君士坦斯手下蛮族出身的将领，同时也是主谋者的马格嫩提乌斯（Flavius Magnus Magnentius）在决定起兵造反时，得到了手下的支持。谋反成功与否的关键在于由谁来接替皇位。马格嫩提乌斯似乎预料到，如果由蛮族出身的他本人继位，会伤害到罗马民众的感情，因此他挑选了意大利本土出身、一直在君士坦斯手下担任行政官僚的马塞利努斯（Marcellinus）作为接位人。这个人好像世代都是罗马公民。

君士坦斯军队的主要任务是击退来袭的蛮族，因而不会长久地驻扎在一地，一旦发现敌情，必须立即开拔，因此，军队长年累月不停地在转换战场。公元350年，君士坦斯率领的队伍由里昂前往巴黎，向北行进了约三分之一的路程，中途在欧坦宿营休息。

那一夜，不知是由哪一位出面招待，皇帝手下的所有将官都收到了宴会的邀请。然而，宴席上却没有看到他们的长官——君士坦斯皇帝的身影。君士坦丁大帝的这位30岁的小儿子喜爱打猎，每当部队换防到达一个新地方，他做的第一件事就是骑着马去营地附近的山中寻找猎物。众人同食共饮的宴会原本是与手下进行交流的一个好机会，可是君士坦斯优先选择了满足自己的欲望。继承父位13年，屡屡击败蛮族发起的大规模侵略，也许是这些功绩让他产生了过度的自

君士坦斯

信，放松了警惕。

废除君士坦斯、拥立马塞利努斯继位，好像就是在那晚的宴会上决定的。宴会侍应的一个小奴隶听到将领们的对话，偷偷溜出会场，向君士坦斯做了通报。

得知消息的君士坦斯连夜逃跑。莱茵河附近的基地有其他的军团宿营，按理说他应该往东北方向逃，可不知为何他却选择了朝西南走。或许他打算越过比利牛斯山脉进入西班牙，沿着西班牙行省一路南下，渡过古代称为“赫丘利之柱”的直布罗陀海峡，抵达北非，然后以富饶的北非作为根据地，伺机卷土重来。

可是，君士坦斯在逃到比利牛斯山脉的山脚下时，被一队骑兵追上，骑兵队长大概接到了格杀勿论的指令，君士坦斯在被俘的同时遭到杀害。他的尸体被遗弃在山野中，成了野狗的食饵，这就是统治了帝国三分之二领土 10 年之久的罗马皇帝的最终命运。

10年前兄长被杀，10年后小弟重蹈覆辙。君士坦丁大帝的三个儿子，如今只有次子君士坦提乌斯还在人世。罗马历史上大多时期是由一位皇帝统治整个帝国，所以目前的状况也可以看作恢复了常态。君士坦提乌斯的父皇在位最后的13年，也是帝国独一无二的“奥古斯都”（正帝）。

刚开始，32岁的君士坦提乌斯也打算独自一人担当起治理及保卫整个帝国的大任。可是，形势又不允许他在中东和西欧同时树敌。一面与波斯王国开战，一面又要歼灭欧洲的皇位篡权者，他绝对是无能为力。就算是帝国鼎盛时期的五贤帝时代的皇帝们，都尽量避免在距离遥远的两地同时开战，何况公元4世纪的罗马根本就没有这个实力。

君士坦提乌斯决定向波斯国王沙普尔二世（Shapor II）提出休战，先解决大权被蛮族将军马格嫩提乌斯操控的帝国西方的问题。如果不解决蛮族人的叛乱，帝国西方的不列颠、高卢、西班牙以及意大利本土，毫无疑问会被日耳曼人占领。那么，大帝留下的罗马帝国在他儿子这一代就不得不失去西方的版图，只能屈尊为东罗马帝国。

我认为君士坦提乌斯优先解决西方问题的判断非常正确。这就像考试，先从那些易解的题目开始答起。对于公元350年的君士坦提乌斯皇帝而言，虽然同时面临东、西两面的敌人，但情况不可同日而语。

首先，东方之敌波斯王国虽然不断挑衅，却没有进一步侵略到罗马境内。两国开战的战场不是在长久以来作为罗马帝国与波斯王国疆界的幼发拉底河流域，而是在位于东面的底格里斯河附近。

相反，西方的敌人则是皇帝的手下，大多是蛮族出身的将领，因此是渗透到帝国内部的敌人，铲除他们是首要的任务。

沙普尔二世

其次，是战场的所在地。仗是在对方的地盘上打，还是在本国境内，情况大不相同。如果想解决波斯问题，势必要从美索不达米亚的北部向位于其中部的首都发起进攻，这意味着战场在敌方境内。与之相比，欧洲本土有着完整的后勤供给系统，在国内打仗拥有相对的优势。

还有一点是君士坦提乌斯作为皇帝拥有的优势，那就是皇帝有权以叛国罪惩处杀害正统皇帝君士坦斯的谋权篡位者，加上叛乱者是军队的将官，所以还可以对他们再追加一条反叛最高司令官的罪名。也就是说，这些人同时触犯了帝国法律的刑法和军法。因此，皇帝作为帝国司法和军事的最高执行者，率军西进讨伐叛逆者的行为名正言顺，足以获得帝国民众的认可。民众认可等同于支持。这代表战争期间皇帝的军队在军粮补给等各方面都不会有后顾之忧。

出乎意料的是，波斯国王沙普尔二世爽快地答应了君士坦提乌斯提出的停战协定。其中的一个原因是波斯军队向罗马最东端的城塞尼西比斯（Nisibis）发起的进攻接连失败，让亲自指挥战斗的沙普尔二世颜面扫地。古罗马时代的尼西比斯，现今是与叙利亚国境接壤的土耳其的努塞宾（Nusaybin）。公元 338 年，波斯军队曾经对这座城市发起了连续 60 天的进攻，之后在公元 346 年用了 80 天的时间以及眼下的公元 350 年消耗了百日以上，每每以失败告终。这主要归功于罗马军的顽强抵抗。然而，在波斯方面看来，12 年间发起三次进攻，都无法攻破尼西比斯这样一个小城塞，实属无能，沙普尔二世在宫廷内的地位变得岌岌可危。

战场失利的同时，波斯王国的东北部又遭到蛮族的入侵。这个地区如今位于伊朗和阿富汗的北部。如果罗马的边界多瑙河流域遭到蛮族的大举侵略，罗马帝国的皇帝无论人在罗马还是在君士坦丁堡，都不能坐视不理。同样，波斯国王沙普尔二世也无法对设在美索不达米亚中部（在今伊拉克境内）的首都的危机袖手旁观。特别是像波斯王国那种君主专制色彩浓厚的国家，心怀不满的臣子们经常会利用外敌入侵的机会推翻现有的政权。因此，对于波斯国王而言，对付侵略国土的北方蛮族是一件相当棘手的事情。

鉴于以上的原因，罗马皇帝提出的停战协议，对于波斯国王沙普尔二世而言是求之不得的好事。停战协议之所以能够迅速地签署，正是因为双方利害关系一致。这样，罗马皇帝无须担心东方的战情，可以集中精力对付西方的敌人，而波斯国王也可以心无旁骛地迎战来自北方的蛮族。

君士坦提乌斯皇帝率军西进的消息也传到了高卢的僭主马格嫩提乌斯那里。最初他考虑到自己是蛮族出身，恐怕引发民众的不满，推举了罗马的行政官僚马塞利努斯继位。可不久之后，这位傀儡皇帝便销声匿迹，最终还是由马格嫩提乌斯本人登基称帝。马格嫩提乌斯称帝之后，整个局势变得更加混乱和复杂。驻守在伊利里亚防卫多瑙河流域中部的军团，得知蛮族人称帝大为不满，进而也拥立了自己的司令官维特拉尼奥（Vetranio）为王。原本君士坦斯一人独占的地区，因此出现了两帝并立的情形。对形势深感不安的马格嫩提乌斯向正朝西压进的君士坦提乌斯提出了和谈的建议。

马格嫩提乌斯提出的条件是，任命他本人为“恺撒”（副帝），负责高卢、不列颠以及西班牙行省的统治和防卫。作为交换，他的军队绝不会越过阿尔卑斯山脉向东扩张。

君士坦提乌斯将马格嫩提乌斯派来谈判的使节团成员统统关进了大牢，只留下一个人，叫他把拒绝谈判的答复带给马格嫩提乌斯。第二天，君士坦提乌斯召集重臣，发表了一段讲话，他表示拒绝谈判是因为前一天晚上做了一个梦。君士坦提乌斯的这种手法让人不由得联想到，“托梦”曾是君士坦丁大帝生前最擅长的伎俩。

32 岁的皇帝是这样说的：

> 昨晚就寝之后，君士坦丁大帝的身影出现在我的面前。他双手抱着我惨遭杀害的弟弟君士坦斯，用他那熟悉的声音要求我，向杀害他儿子的人复仇，不得向任何人割让帝国的领土。他说，只要我听从父皇的忠告，他就会保佑我获得最后的胜利和不朽的荣光，戴上正义的冠冕。

在场的重臣们无人表示异议。既然是君士坦丁大帝托梦传达旨意，自然无法抗拒。君士坦丁大帝辞世 13 年，其荣威依然不减，而他儿子君士坦提乌斯正是巧妙地利用了这一点。

君士坦提乌斯虽然不打算与叛军妥协，但也没有立即出兵反击。他面前有两个敌人：一个盘踞在多瑙河中游地带，这个在后世被称为巴尔干的地区。这里在罗马时代盛产精兵猛将，君士坦丁大帝正是其中的代表人物之一。而另一个敌人尽管有着蛮族血统，但他目前拥有的资源足够弥补他先天的不足。这位马格嫩提乌斯占据了高卢、不列颠、西班牙，这些是帝国疆域中罗马化历史进程最长、最富裕的行省。再加上拥护他的官兵大多也来自蛮族，很容易吸引居住在帝国境内的原蛮族人，或者边境附近的异族部落加入，在兵源上也占有优势。可以说，马格嫩提乌斯手中握有的兵力完全不输给皇帝亲自率领的军队。

另外还有一个关键点，那就是马格嫩提乌斯的部下有着丰富的作战经验。公元 4 世纪的高卢已经成为一个饱受蛮族蹂躏的地区，既有渡过莱茵河从东而来的敌人，也有从北面的北海口逆流而上的。因此，负责这个地区防守的军人个个都是身经百战。拥有这样一支强大军队的马格嫩提乌斯，在遭到君士坦提乌斯拒绝和谈之后，剩下唯一的选择就是开战。他一声令下，军队即刻投入了备战状态，只等第二年，即公元 351 年开春之后，越过阿尔卑斯山脉，向东发起进攻。

如果在高卢的马格嫩提乌斯与在伊利里亚称帝的维特拉尼奥联手的话，君士坦提乌斯几乎没有胜算。因此，他决定先解决掉其中一个。他避开军事冲突，选择了外交谈判的方式。他准备谈判的对象是维特拉尼奥，此人具体年龄不详，能确定的是当时他已是一位年迈的老将。维特拉尼奥大半的军旅生涯似乎是在君士坦丁大帝麾下度过的，因此，32 岁的君士坦提乌斯皇帝再一次利用了父皇的影响力。

君士坦提乌斯向维特拉尼奥提出了直接见面的请求。两人会谈的场所选在古罗马时代称之为撒尔底迦（Sardica）的地方，即现在保加利亚的首都索非亚（Sophia）。老将维特拉尼奥率领2万名骑兵以及数量超过2万人的步兵，总计4万多人的军队出现在索非亚。另一方君士坦提乌斯也带着直系部队抵达会场。然而，庞大的军队不过是壮大声势的表面形式，首脑间真正的会谈通常都是在桌面下展开。在私下的交涉中，君士坦提乌斯不知道是否又言及了大帝托梦的内容，总之，老将很快就表明了态度，只要保证他引退后安全地生活，他愿意将军队完整地交还给君士坦提乌斯。

第二天早上，双方的军队聚集于索非亚的郊外，象征性地上演了一场集会仪式。首先由年轻的皇帝向老将喊话，要求他停止反抗皇帝的行为。紧接着，君士坦提乌斯手下的官兵们不停地欢呼、鼓掌，以示支持。受到气氛的感染，维特拉尼奥一方的士兵也开始加入呐喊的行列。见此情景，君士坦提乌斯手下的几名士兵高呼口号，带动全场同声高呼：

“誓死打倒篡位逆贼！祝大帝之子胜利！万岁！我们愿在他的旗帜之下，奋勇杀敌！”

等到场面达到最高潮时，老将维特拉尼奥这才走到前方，取下头戴的皇冠，放在了君士坦提乌斯的脚下。

集会前还拥戴维特拉尼奥皇帝的伊利里亚的4万名驻军，仪式一结束就并入了君士坦提乌斯的军队。从那以后，维特拉尼奥隐居于小亚细亚西部的城镇普鲁萨（Prusa），在享受了6年的安逸生活之后离开了人世。

君士坦提乌斯解决了一个敌人，还剩下另一个更强势的对手，这个人也是挑起内战的罪魁祸首。

马格嫩提乌斯似乎下定了决心，要与君士坦提乌斯死战到底。

他任命自己的弟弟德森提乌斯（Decentius）为“恺撒”（副帝），自封为“奥古斯都”（正帝）。另外，君士坦丁大帝的女儿君士坦提娜（Constantina）也与这位蛮族出身的篡位者保持着密切的关系。君士坦提娜在丈夫被杀之后，移居罗马，她可能是利用君士坦提乌斯远在巴尔干地区的机会，与在高卢的马格嫩提乌斯频频接触。

君士坦提娜的丈夫是原本要成为亚美尼亚国王的汉尼拔利阿努斯，在13年前的皇宫血案中遭到杀害。丈夫死后，君士坦提娜一直过着寡居的生活。她对杀害了丈夫、让她失去了亚美尼亚王后宝座的兄长，一直充满了仇恨。可能她认为嫁给称帝的马格嫩提乌斯，就可以成为帝国西方统治者的妻子，得到作为大帝之女原本应有的地位。至于她准备再嫁的这个男人，是不是杀害她另一位兄长君士坦斯的凶手，对她来说已经无关紧要。

对于君士坦提娜的示好，马格嫩提乌斯的态度显得十分积极。他非常清楚，自己即便称帝，毕竟出身不佳。若能与君士坦丁大帝的亲生女儿结婚，会给他带来莫大的利益。而对于君士坦提乌斯而言，他必须在妹妹的计谋得逞之前，歼灭马格嫩提乌斯。但是，这时候的君士坦提乌斯又面临着另一个让他烦恼的问题。

没人能够保证波斯国王沙普尔二世会坚守停战协议。按照以往的经验，一旦波斯国王成功地击退了从东北方入侵的蛮族，他的注意力势必又会转回西方。如果形势果真如此发展，那么驻守东方的罗马军，在最高司令官缺席的情况下，很难说能抵抗得住波斯军队的攻击。而西方的对手马格嫩提乌斯又气焰高涨，不知何时才能决出胜负。东方的安全问题让君士坦提乌斯始终放心不下。

终于，君士坦提乌斯决定要任命“恺撒”。他打算派副帝驻守叙利亚的安提阿，负责监视波斯王国的动向，治理和保卫帝国东方的领土。如果东方有副帝把持，那么他这个正帝就可以一心一意地对付西方的敌人。

可这个决定又让另一个新的问题浮上台面：帝国目前没有合适的副帝人选。

副帝加卢斯

公元351年，君士坦丁大帝的儿子中唯一在世的就剩下33岁的君士坦提乌斯。在研究史料的过程中，这个人物给我的印象，用一句话来形容，就是让人啼笑皆非。他的确不是一个深谋远虑的人，不过，这似乎也不能完全代表他的性格。他做事毛毛糙糙，顾头不顾尾，偏偏这又并非出于他的本意，所以才会让人啼笑皆非。在付诸行动之前，他通常会考虑再三，但最终的结果往往有违初衷。到头来，他不得不为自己一手造成的恶果而不停地补救。追溯此人的一生，真是苦笑连连。

由于没有确凿的历史资料，研究人员通常都会回避这个问题。如果不是从历史研究，而是从犯罪调查的角度分析，大帝死后不久，血洗皇宫的幕后凶手，可能性最大的就是君士坦提乌斯。大帝的这个当时19岁的次子，可能以为只要除掉两个堂兄弟，帝国就可以属于自己亲兄弟三人，所以他才会大开杀戒。但结果又如何呢？兄弟三人坐拥天下的局势维持了不到三年，长兄便死于非命，10年之后小弟又遭杀身之祸，只剩下他孤身一人留在人世。

如果父亲死后，他没有杀害两个堂兄弟的话，他们中的一人汉尼拔利阿努斯就会成为亚美尼亚王国的国王，那么当他在西方讨伐马格嫩提乌斯时，汉尼拔利阿努斯势必会代替他，担当起统治东方领土的职责。汉尼拔利阿努斯管辖下的北美索不达米亚以及亚美尼亚王国直接面临波斯王国的威胁，因此，击败波斯的最大获利者不是管辖整个帝国东方的君士坦提乌斯，而是汉尼拔利阿努斯。

同样，如果德鲁马特乌斯没有成为皇宫血案的牺牲者，处理效仿马格嫩提乌斯称帝的维特拉尼奥，或许就不需要君士坦提乌斯亲自出马。因为当初君士坦丁大帝分给德鲁马特乌斯的多瑙河下游地区，就在维特拉尼奥的军事基地的边上。

君士坦提乌斯杀了这两个有足够的条件和资格来与他分担治国大业的堂兄弟。结果，他为了全力对付西方的敌人，不得不与波斯国王缔结休战协议。其实当时的战况有利于罗马，对于士气高涨的罗马军和当地民众而言，中途停战是一个非常令人惋惜的决定。

但是，放弃了胜利在望的战果，并不等于波斯王国就一定会信守协议。如果皇帝及其军队长期滞留西方，免不了会造成无视东方的印象。杀了两个堂兄弟又失去了两个亲兄弟的君士坦提乌斯左右为难，偏偏身边又没有一个可以信赖的人。33 岁的君士坦提乌斯膝下无子，就算是选一位挂名的“恺撒”，也找不到一位与他有血缘关系的人。

一筹莫展的君士坦提乌斯终于想到了他要找的人。在他父亲死后遭到肃清的君士坦丁家族中，有汉尼拔利阿努斯和德鲁马特乌斯两位“恺撒”，以及他们的父亲和叔父。叔父的两个年幼的儿子在那场灾难中侥幸存活，他们后来被送往邻近亚美尼亚的小亚细亚山区，在基督教主教的严格看管下，过着实为囚徒的生活。没有任何史料可以证明，君士坦提乌斯曾经关心过这两个少年，看来他是到了走投无路的地步才想起了他们的存在。他杀了他们的父亲，现在却不得不提拔他们中的一人为自己的副手，君士坦提乌斯做出这个决定时心情一定是百般纠结。

公元 351 年，被擢升为副帝的加卢斯在帝国东方最大的城市安提阿，开始了与以往迥然不同的新生活。父亲被杀时年仅 12 岁的他，此时已经是一个 26 岁的年轻人。加卢斯成为“恺撒”的同时，也奉命娶了皇帝的胞妹为妻。此女子就是被杀的汉尼拔利阿努斯的未亡人君士坦提娜，她因为与马格嫩提乌斯关系密切而让其兄焦虑不安。君士坦提乌斯大概是在决定代替他本人负责帝国东方的人选时，就想好要将这个惹是生非的妹妹一并打发。加卢斯还有一个同父异母的弟弟——年届 20 岁的尤里安。加卢斯荣升副帝，让他也摆脱了禁闭的生活，获准在小亚细亚以及叙利亚附近做一名哲学门徒。

也许是因为放下了东方这块心中的大石头，君士坦提乌斯重新恢复了与马格嫩提乌斯决战到底的信心。总司令的态度感染了官兵们的情绪，春夏两季与敌方对峙相持不下、陷入胶着状态的军队重新燃起了斗志，跃跃欲试。

叛将马格嫩提乌斯

公元 351 年，在巴尔干地区与君士坦提乌斯对决的马格嫩提乌斯及其军队，曾经立下赫赫战功，可谓久经沙场。士兵的人数虽然不到 4 万，但是除了高卢人、西班牙人这些罗马军团中传统的异族军人之外，还有日耳曼人、法兰克人、撒克逊人。这些人对于公元 4 世纪的罗马人而言，是国界对面的野蛮民族。在元首制时代，罗马军团的主力军由罗马公民担任，如今则是由高卢、西班牙以及法兰克和撒克逊等异族人组成。原本由罗马人组成的军队清一色的深褐色头发和眼睛，现在出现了越来越多的金发碧眼。率领这支罗马人与蛮族人混合军队的，正是蛮族出身的马格嫩提乌斯。尽管军队在人数上处于劣势，实力却足以和数量在 2 倍以上的君士坦提乌斯的军队抗衡。对于这个事实，就是君士坦提乌斯手下的官兵也不得不承认。

两军对决，战场选在了由德拉瓦河（Drave）与多瑙河冲积而成的一块辽阔的平原，这里位于现在的匈牙利与克罗地亚共和国的交界处。君士坦提乌斯之所以执意挑选此地作为战场，是因为 24 年前，他父亲君士坦丁大帝就是在这里击败了其生命中最后一个对手李锡尼。水量充沛的德拉瓦河从这里注入宽阔的多瑙河，流域附近的平原正适合打仗。不愧是君士坦丁大帝，挑选战场的眼光也是一流的。

然而，君士坦提乌斯与他擅长快攻的父皇不同，做事小心谨慎。尽管手中拥有超过 2 倍于敌人的兵力，却迟迟不发出进攻的命令。两军在按兵不动、互相对峙的情况下度过了春夏两季，直到秋天，君士坦提乌斯的态度才发生了明显的转变，那是因为副帝加卢斯接手东方，消除了他的后顾之忧。这位才 30 岁出头的罗马帝国的最高统治者，不像是一位年轻人，心里稍有一点事，行动就会受到影响。他本质上是一个胆小怯懦的人。

所幸的是，他父亲去世 14 年，余威犹在。具体来说，就是军中还有不少君士坦丁大帝时代的老兵。其中一位法兰克人出身的骑兵团长官西尔瓦（Sylvanus）带着他的手下，抛弃马格嫩提乌斯，投奔了大帝之子君士坦提乌斯。马格嫩提乌斯的兵力因此减至 3.6 万人，相反，君士坦提乌斯的队伍则超过了 8 万人。

发生在公元 351 年 9 月 28 日的会战，没有如君士坦提乌斯所愿，在他父亲赢得最终胜利的幸运之地西巴莱（Cibalae）展开，而是在距离西巴莱以北 30 公里的穆尔萨（Mursa）平原上。马格嫩提乌斯的阵营从左面可以望到德拉瓦河，君士坦提乌斯的队伍则部署在相反的一侧。

按照惯例，总司令君士坦提乌斯向蓄势待发的士兵发表了一通激励军心的演讲，然后离开战场，退到后方的教堂，一边祈祷，一边等候战报。而他的对手马格嫩提乌斯则自始至终站在前沿阵地。

清晨太阳升起时，双方就开始列阵，但直到阳光照到头顶，仍然没有动静，两军就这么互相对峙着。

正午之后，按兵不动的局面终于结束，不清楚是哪一方先发起了进攻，会战这才正式开始。以往罗马军会战时，既能坚守一贯的战略，同时又有多种随机应变的战术。然而，这场会战却毫无组织性，士兵像一群脱缰的野马，乱冲乱撞。进入公元 4 世纪之后，罗马军的战斗风格似乎也偏离了传统，日趋蛮族化，仅依靠暴虎冯河的匹夫之勇，不讲求战斗技术和用兵法则。正因为如此，这场穆尔萨会战打到日落之后依然不分胜负，直到君士坦提乌斯的骑兵团打垮了马格嫩提乌斯的步兵部队，这才彻底地扭转了局势，输赢终于定局。

由于长时间的正面冲突，双方死伤惨重。马格嫩提乌斯 3.6 万人的手下有 2.4 万人战死，胜利一方的君士坦提乌斯 8.5 万人的军队也有 3 万人横尸沙场。两军合计总共损失了 5.4 万人。这是一场内战，死去的官兵都属于罗马军团，根据仅有的一些历史资料记载，他们大多是战场经验丰富的老兵。这就是为何一场内战却被后世视为导致罗马帝国军事力量根本衰退的原因。

尽管损失了三分之二的兵力，马格嫩提乌斯还是成功地率领着残余的部队逃离了战场。他们一路沿着德拉瓦河上游，翻越古今都称为“尤里安阿尔卑斯”（拉丁语，Alpes Iuliae；意大利语，Alpi Giulie）的山脉，进入意大利境内，一直逃到意大利半岛最北端的重要城市阿奎莱亚。如果以现代地理位置来说，马格嫩提乌斯一行等于是沿着匈牙利边境，横穿克罗地亚，经过斯洛文尼亚，最后抵达意大利。或许不能说马格嫩提乌斯是逃亡，而应该称之为撤退。他虽然是蛮族出身，但无疑是一位具有军事才华的将领。马格嫩提乌斯打算以这个意大利北部城市作为基地，准备东山再起。

而另一方，生性小心谨慎的君士坦提乌斯没有乘胜追击。话说回来，在当时的形势下，他这个决定是正确的。

君士坦提乌斯没有立即攻打马格嫩提乌斯盘踞的意大利北部，而是优先选择了夺回属于敌人势力范围的西班牙和北非。这就是所谓的“以迂为直，以患为利”。马格嫩提乌斯在意大利苦候一年，却无所作为，只能眼睁睁地看着皇帝的军队在夺回北非之后，又渡过直布罗陀海峡，收复了西班牙。

如果伊比利亚半岛再落入皇帝的手中，他势必会攻打到比利牛斯山脉一带。原计划在意大利北部迎击君士坦提乌斯军队的马格嫩提乌斯，明知自己的老巢高卢已岌岌可危，可还是决定返回，将根据地设在了里昂。

400 年前的公元前 1 世纪，尤里乌斯·恺撒征服了高卢，将它划归罗马版图。他对高卢采用了罗马式的统治，允许被征服的各部落（包括零星的小部落在内，数量超过了 100 个）在他们原来的居住地继续生活。之后，继承了恺撒遗志的奥古斯都，又在那里建设了类似于现代高速公路的罗马式道路网，将这些部落的根据地连接在一起。

因此，罗马时代的高卢地区即现代法国的主要城市，基本上都是在被恺撒征服之后，从原本的部落村庄发展成罗马式的城市。唯有里昂是一个例外，它完全是由罗马人兴建而成。最初这里似乎也有一些零散的部落，但规模很小，不能与占据高卢各地的其他族群相比。总之，里昂是按照罗马人的思路，从无到有打造出的一座新型城市。

打开在古罗马时期被称为“卢格杜努姆”（Lugdunum）的里昂地图，我们马上就能明白，罗马人为何会决定在此地建造新的城市。这里位于索恩河（Saone）与罗讷河（Rhone）的交汇处，两河之间的半岛面积超过了巴黎。在军事上具有防卫的意义，同时又能作为都市而发展。罗马人最喜爱这种概念上看似矛盾、实际上却能同时达到目的的地理环境。因此，罗马帝国时代的里昂，不仅是里昂行省的省会，还被视作整个高卢地区的首都。

在元首制时代被称作“防线”的莱茵河流域，沿线都设有军团基地，因此，在高卢内部的城市几乎看不到罗马士兵的踪影。只有里昂始终保持了一个大队的驻兵，大约有 1 000 人。在帝国西方的领地上，有军团大队常驻的城市，除了里昂之外，就是迦太基。迦太基是丰富的北非物产的集散地，有其特殊的重要性，而里昂则早在开国皇帝时代就建有钱币铸造厂，专门铸造管辖权属于皇帝的金币和银币。

元首制时代还有一个特别的现象，驻守莱茵河沿线的军队总司令官，如果冬季休战期间不返回罗马，就会回到里昂的总司令官的官邸过冬。第四代皇帝克劳狄乌斯就是在其父德鲁苏斯担任总司令期间于里昂出生的。公元 1 世纪至 2 世纪时期的里昂，重要性远远超过巴黎西人（Parisii）的根据地巴黎，也就是现在法国的首都。正因为如此，蛮族出身但极其熟悉高卢的马格嫩提乌斯才会决定坚守住里昂这个大本营，准备与皇帝的军队决一死战，只不过他的英雄气概没等到真正

卢格杜努姆（里昂）复原模型

发挥的那天就已灰飞烟灭了。

尽管高卢一些城市的人民曾经一度追随马格嫩提乌斯，但他们对局势变化非常敏感。首先是特里尔（Trier）变节，向被马格嫩提乌斯立为共同皇帝的德森提乌斯关上了城门，接着其他城市纷纷效仿，他们对马格嫩提乌斯本人的态度也不同以往。公元353年8月11日，回到高卢一年的马格嫩提乌斯对日益恶化的形势深感绝望，在里昂自杀。德森提乌斯闻讯后，在第二天的早晨，步兄长之后尘上吊自尽。

君士坦提乌斯皇帝用了3年的时间，终于平定了弟弟君士坦斯被杀后引发的内战，在35岁时像其父皇那样，成了罗马帝国独一无二的皇帝。他最后的对手是自杀身亡，可以说是不战而胜。然而，君士坦提乌斯对这个结果并不满足，在没有审判的情况下，就地处死了马格嫩提乌斯的所有部下，连将这些人关进大牢似乎都觉得是多此一举。整个行刑的过程残酷无情，完全彻底，其他一些非军职人员虽然幸免一死，却没有能够逃脱被流放以及没收家产的命运。像君士坦提乌斯这种生性怯懦的人，反而会有比常人更暴虐的一面。

经过这一彻底的肃清，高卢实质上变成了不设防地区。军队仅靠士兵的人数并不足以构成军事力量，必须要有指挥的将领。公元351年发生的穆尔萨会战以及公元353年进行的这场屠杀，使得驻守莱茵河以及在北海防线抵御北方蛮族侵略的罗马军团丧失了几乎所有中上级的将领。此时的君士坦提乌斯皇帝虽然一兵未发就成功地击败了敌人，可是情况并没有好转，高卢的形势还是和造成了5.4万人死亡的穆尔萨会战结束后一样，非常糟糕。接下来让他烦恼的，当然就是如何处理无防卫状态下的高卢的安全问题。

所谓的组织，规模无论是大如帝国，还是小至数名工匠组成的手工作坊，都有一个共同点，那就是必须要有协助者。因此，如何找到优秀的协助者，对于组织的领袖是一个极其重要的议题。追溯罗马的历史，可以发现统治者们在使用协助者时，通常会有以下两种不同方法：

一、如果第一次失败，还会再给第二次机会，并且发现对方的长处，给予发挥的机会。

二、只许成功不能失败，没有下一次，做不好即刻换人。尤其是罗马帝国后期的皇帝，统治手段趋向于东方君主专制国家，失败者通常都会被处死。

君士坦提乌斯自公元337年继承皇位到公元361年死去，在位24年。虽然最初的3年是兄弟三人分治，之后的10年与弟弟分担帝国的东西方，但他始终是正帝“奥古斯都”。因此作为皇帝，他统治国家的时间长达四分之一个世纪。他的父亲，享有大帝尊称的君士坦丁，在成为“奥古斯都”之后，治国时间也有25年，罗马帝国有半个世纪掌握在他们父子的手里。

父子二人统治国家的手段既有相同之处，也有不同之处。最明显的不同，可能就是对于协助者的态度。儿子君士坦提乌斯最擅长的就是使用上述的第二种方法。

公元353年夏天，蛮族出身的将领马格嫩提乌斯自杀身亡，这对君士坦提乌斯而言，既报了杀弟之仇，又收回了被占领的西方领土，性格阴郁的他也因为喜悦和安心而变得开朗。虽然花了3年的时间才解决了篡位者，但他毕竟没有对帝国西方的混乱局势置之不理，当初决定与波斯国王休战，优先解决西方问题，算是一个正确的选择。

然而，君士坦提乌斯虽然只有35岁，但他的精神年龄并不年轻。他思想僵化，不懂得随机应变，在他看来，所有的麻烦都可以用同样的手段来处理。

这种性格的人通常会将心中的不安隐藏起来，尽管大多数人都看不出来，但他身边的人可以察觉到。君士坦提乌斯皇帝比他父皇教导的更加遵守礼仪规范。他父亲生前始终与臣子们保持着一定的距离，而他则有过之而无不及。他与属下之间沟通，唯一的渠道就是高级宦官优西比乌，也就是说，臣子们要向君士坦提乌斯通报，都必须通过优西比乌。

由于宦官没有子嗣这类血亲，所以在视忠心高于才能的专制宫廷中被委以重任。同为权力者的手下，他们依附于主子的程度远远超过了其他正常的男子。

正因为命运掌握在他人手中，宦官们有着强烈的自我保护意识。最关键的就是操控主子的情绪，使之向有利于自己一方发展。而达到这个目的的最有效的方法，就是让主子始终心怀不安，只要烦恼不断，主子就会不断地听取他们的意见。宦官优西比乌尤其擅长此道。

他虽然长得肥头大耳，却心思缜密，手段巧妙，或许这是他唯一的生存方式。

兄弟之间

加卢斯是在公元 351 年 3 月 25 日就任“恺撒”（副帝）的，因此事情的原委要追溯到两年之前。当时帝国的东方缺少负责军事安全的统领，长年被强行幽禁的加卢斯，突然收到正帝君士坦提乌斯的召唤，不出几日，就被正式任命为“恺撒”。

君士坦提乌斯任用的加卢斯是 14 年前被他杀掉的叔叔之子。君士坦提乌斯将这位堂弟提拔到地位仅次于自己的副帝，完全是因为要全力以赴地对付马格嫩提乌斯而做出的无奈之举。君士坦丁大帝的血亲中还在世的只剩下当时 26 岁的加卢斯和他 20 岁的弟弟尤里安，所以这个任命并非基于当事人的能力。当然，临危受命的一方如果能够善用机会，有所发挥，也可以向世人证明自己的实力。可是，加卢斯似乎缺乏这种志向。

加卢斯的母亲在他年幼时就不在人世了。母亲死后，他父亲再婚，生下的孩子就是尤里安。14 年前，君士坦丁大帝死后不久发生的那场皇宫血案，兄弟俩虽然侥幸逃生，但是他们的父亲、伯父以及两个堂兄弟都死于非命。这对 12 岁和 6 岁的兄弟成了孤儿，而他们的监护人正是杀害他们父亲的凶手君士坦提乌斯。

父亲死后最初的六七年，他们在首都君士坦丁堡的某处生活，之后迁居尼科美底亚的外祖母家中。他们过着毫无自由的生活，不得做出任何违背监护人君士坦提乌斯意志的事情，甚至连读书的课本都没有自己选择的权利。按照君士坦提乌斯的指示，兄弟俩接受了基督教的教育。这位皇帝虽然没有受过洗礼，却是一位非常虔诚的基督教徒。

所幸的是，在尼科美底亚生活期间，两兄弟的教师除了严格的阿里乌斯派的圣教徒，还有一名名叫马多尼乌斯（Mardonius）的去势奴隶。马多尼乌斯是斯基泰人（Scyths），曾经是尤里安亡母幼时的家庭教师。相比于高高在上的神父，这名奴隶是一位和蔼可亲的教师。

古代被称为斯基泰的地区，位处现在乌克兰的南部。出生于斯基泰的马多尼乌斯怎么变成了去势奴隶，无从查考，他是在何时何地学习了希腊文化也不得而知。唯一清楚的，就是这名老奴隶尽心尽力将他热爱的希腊古典哲学和文学传授给了两位少年。马多尼乌斯向兄弟俩朗读古希腊哲学家们的作品，解释其中的含意，并且要求他们阅读和背诵荷马、赫西俄德、品达的作品。马多尼乌斯不仅要求他们阅读文学作品，而且希望通过背诵让孩子们完全沉浸到文学的世界里，充分享受文学带来的乐趣。两个学生中像海绵吸水般吸取知识的，是弟弟尤里安。这段学习经历使他没有成为一个跪拜在至高无上的基督脚下的教徒，而是在充满人性的希腊诸神的围绕下快乐成长。

在哥哥加卢斯十八九岁、弟弟尤里安十二三岁时，两人的生活发生了突变。由于没有确凿的史料，只能说他们大概是在这个年龄，从帝国东方屈指可数的大都市尼科美底亚，被转移到小亚细亚的山中古堡生活，其中缘由不得而知。有一种说法是因为受皇帝之命监视兄弟俩的主教的去世，也有人认为是收养他们的外祖母的亡故，更有甚者指出，这是宦官优西比乌向君士坦提乌斯皇帝进言，让这对兄弟留在人多嘴杂的尼科美底亚是一种危险。总而言之，从这个时期开始兄弟俩的生活环境一落千丈。

他们被遣送的地方是卡帕多西亚的马塞鲁（Macellum）。不过，1997 年普林斯顿大学出版社出版的《巴灵顿希腊罗马世界地图集》（*Barrington Atlas of the Greek and Roman World*）中并未记载此地。卡帕多西亚附近的恺撒利亚（Caesaria）是一座四条罗马大道交会的都市，但位于近郊的马塞鲁则是个王孙贵族们外出狩猎时才会去的地方，充其量算作一个比较热闹的村落。马塞鲁被认定是卡帕多西亚国王狩猎时用的城池，它在卡帕多西亚成为罗马行省之前应该就已经存在，有 300 余年的历史。这里在成为罗马行省之后，归属于罗马皇帝，但从没有一位罗马皇帝在这座古城堡中滞留，享受狩猎的乐趣。当年哈德良皇帝曾经前往邻接同盟国亚美尼亚王国的卡帕多西亚行省巡视边防线。热爱打猎的哈德良皇帝也没有挪步前往这个矗立在荒野中的马塞鲁古堡。虽然说这里四周没有郁郁葱葱的森林，但打猎并非一定要选个鸟鸣水清的地方。譬如说，在非洲的草原上，以猎杀猛兽为乐，而在古代中东人的定义中，打猎就是打老虎和狮子。

话题回到两个十几岁的少年。他们来到的古堡周围是荒山野岭，城堡内鲜有人烟，想必也是一片荒芜。负责监管他们的人，这次换成了卡帕多西亚的主教格奥尔吉乌斯，没有他的许可，少年们甚至不能前往邻近的城市恺撒利亚。

在这个与世隔绝的环境中，兄弟俩能够接触的就是负责警卫的一队士兵，以及打理家务的奴隶一家。原来的家庭教师马多尼乌斯没有获准与兄弟俩同行。多年之后，尤里安曾写下在马塞鲁的这段经历，他说，那是一段被监禁、隔离的岁月，远离学问，就连运动和竞技，也只有奴隶的孩子陪伴。

这就是当朝皇帝的血亲们遭遇的囚禁生活的实况。7 年时间，哥哥加卢斯从 18 岁长到 25 岁，弟弟尤里安从 12 岁长到 19 岁。兄弟俩一生中最多愁善感的时期就是在这样一个封闭的环境中度过的。即便是一个神经非常健全的人，也免不了会精神崩溃。

要在严酷的现实中生存又能保持精神上的安定，关键在于是否能创造一个远离现实、属于自己的世界。弟弟尤里安有幸受到马多尼乌斯的启蒙，能够沉浸于古希腊哲学和文学的世界之中。哪怕身边没有人指导，曾经背诵过的那些早已铭记于心的作品，像一个收满藏书的图书馆，占据了他的脑海。卡帕多西亚的主教虽然是一个比已故的尼科美底亚主教更为狂热的阿里乌斯派教徒，但同时他又是一个古书收藏爱好者，偶尔也会拿出少许的书籍借给尤里安阅读。

在那个时代可以称作“古籍”的，自然不是有关新兴基督教的书籍，而是流传了几百年的古希腊的作品。尤里安因为拥有另外一个世界，所以才避免了现实对精神的摧残。

然而，哥哥加卢斯却无法做到。当初身边有老奴隶悉心教导的那段时期，他对哲理、文学就没有太大的兴趣。一旦生活环境发生剧变，面临严酷的现实，他完全失去了得以支撑的精神世界。他喜欢带着士兵和年轻的奴隶们在荒野上策马奔驰，从而练得一副健壮的身体。可是在遭遇那些无形的压力时，他的心还是会受伤，那些肉眼看不见的伤口久久不能愈合，长期地留在了身体里。在父亲被杀之前，他是属于君士坦丁大帝一族的王子。与只做了 6 年王子的尤里安相比，享受过 12 年皇族待遇的加卢斯，对于过去，有着更多的眷恋和回忆。在被任命为副帝的时候，加卢斯的性格已经扭曲。

不过话说回来，担任副帝时加卢斯才 26 岁。如果他能在自己喜欢的领域中发挥所长，结果又会如何呢？比方说，波斯国王撕毁了停

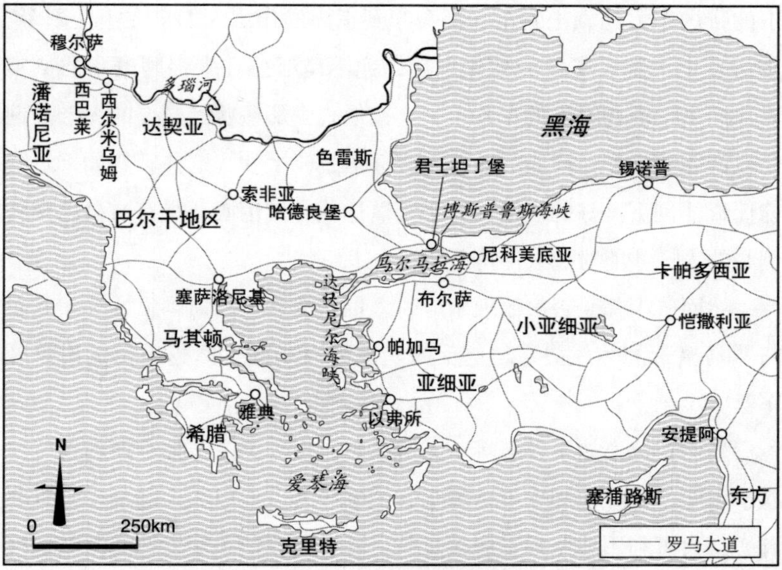

巴尔干、小亚细亚及其周边

战协议，大举进攻，欲抢夺北美索不达米亚，那么奔赴前线、率兵迎击、保卫半个世纪都属于罗马领土的北美索不达米亚的，一定是握有帝国东方罗马军总指挥权的加卢斯。

虽然正帝君士坦提乌斯离开东方西行，但大半的将领仍然留在原地。原本群龙无首的军队，如今有了加卢斯。这个年轻人尽管缺乏哲学和文学上的造诣，但是在山野中骑马打猎的技能毫不逊色。当然打猎与打仗不能混为一谈，不过它们基本上都属于动态的行为。

如果加卢斯是在战场上开始他的“恺撒”生涯，想必不爱静坐思考的他，会很快地适应这种生活。军旅生活，无论是对他追回失去的14年的光阴，还是提升个人的修养，维护自己的地位，以及他管辖下的帝国东方的领土安全，都会起到正面的作用。如果在担任副帝、生活发生了翻天覆地的变化之后，他不是居住在安提阿豪华的皇宫里，而是生活在野外的军营中，那么他心中那些曾经遭受的无形的创伤或许能够痊愈，扭曲的性格也会逐渐趋向平和，这些转变如果最终能促成他创下良好的战绩，势必可以让他重拾信心。只有对自己充满信心的人，才能对他人保持公平。

然而，不知是否由于疲于应付入侵的蛮族，波斯国王始终信守着与罗马皇帝的休战协定，这反而使得加卢斯的生活越来越远离野外军营。

当然，远离战场并不等于无所事事。作为副帝，加卢斯的地位仅次于正帝，是统治和保卫帝国东方的领导者。他以如今的身份，只要有心，大可利用波斯国王偃旗息鼓之际，前往位于幼发拉底河与底格里斯河之间的北美索不达米亚的前线基地寻访、视察，为国防安全尽心尽力。

可是，从卡帕多西亚的古城中移居到安提阿的皇宫，禁锢着加卢斯的那堵无形的高墙并没有就此消失。君士坦提乌斯皇帝原本就生性多疑，加上加卢斯又是被他杀害的叔叔之子。虽然迫于形势，擢升加卢斯为副帝，但他用尽一切手段，阻止副帝与其手下的官兵建立紧密的关系。君士坦提乌斯害怕加卢斯掌握军权后会举兵造反。作为皇帝近臣的宦官优西比乌，与掌握安提阿皇宫大权的宦官们暗中联手，变本加厉地隔断加卢斯与外界的联系。而加卢斯偏偏又不是一个有坚强的意志力可以打破这堵无形高墙的人。

在哥哥荣升副帝、移居安提阿不久，弟弟尤里安的生活也发生了很大的变化。不过，这个 20 岁的青年并没有得到任何公职，他被获准作为一名哲学研究的门徒，生活在小亚细亚西岸被称作爱奥尼亚的地区。这一带是希腊文明的发祥地，有很多像以弗所那样由希腊人建造的城市。这对尤里安来说真是万幸。哥哥加卢斯从卡帕多西亚的古堡移居到安提阿的皇宫，实际上仍然过着受监禁的生活，而尤里安则是名副其实地获得了自由。兄弟俩就这样天各一方，开始了不同的生活。

处死副帝

为击败篡位的马格嫩提乌斯而返回帝国西方的君士坦提乌斯皇帝，不断听到从东方的安提阿传来的坏消息。

副帝加卢斯与安提阿皇宫的那些老臣，事事针锋相对，关系十分恶劣。对于臣子们的进言，加卢斯一律当他们是假借皇帝之威，向他发出的警告。刚开始君士坦提乌斯对东方宫廷内的这种状况还装聋作哑，渐渐地就变得忍无可忍。副帝与大臣的不和不再是皇宫内部的问题，它已经成为安提阿上流社会中无人不知、无人不晓的事情。

男人之间的矛盾，哪怕只要有一个女人介入，马上就会从权力斗争演变为街头巷尾人们津津乐道的八卦。加卢斯在被任命为副帝的同时，娶了君士坦提娜为妻。这个女子是君士坦丁大帝的女儿、当朝皇帝君士坦提乌斯的妹妹。她的前任丈夫汉尼拔利阿努斯在大帝死后不久发生的那场血案中惨遭杀害，之后她又与蛮族将领马格嫩提乌斯暗中勾结，给其兄君士坦提乌斯带来不少的麻烦。最后，哥哥把这个妹妹嫁给了加卢斯。君士坦提娜好像比加卢斯年长几岁，她对他的影响力究竟有多大，我们不甚清楚，唯一可以肯定的是，在稳定年轻丈夫的情绪上，她没有给予过正面的帮助。上任后来到安提阿的加卢斯，基本上处于孤立无援的状态。

尽管加卢斯处境不佳，但毕竟身居高位，属于发号施令的人物。下达指令的人与执行指令的人交恶，绝对不利于国家政策的推行。安提阿是一个大都市，由于各种原因，市场上经常会发生粮食供给不足的问题，加卢斯担任副帝的时期，这个问题尤为严重，以致陷入绝望的民众发起了暴动。究其原因，主要是加卢斯制定的政策不得要领，而具体负责实施的部下疏忽怠慢，同样有着不可推卸的责任，但不管怎么说，决策者必须承担最终的责任。身在欧洲的正帝收到的呈报统统都是暗指副帝治国无能的内容。

随着皇宫生活日趋煎熬，加卢斯性格中残忍的一面逐渐地显露出来。对于那些居住在帝国东方的犹太教徒而言，目前以基督教为主流的生活环境反而不如以前信仰多神教的元首制时代。犹太教和基督教虽然都属于排他性的一神教，但是基督教与其前身的犹太教之间的关系极其复杂。基督教徒十分憎恨害死耶稣的犹太人，这种敌视情绪让犹太教徒深感不安，神经变得异常敏感，偏偏副帝加卢斯又不知出于什么理由，偏袒基督教一方。

引发事端的是犹太人集中的巴勒斯坦地区的某个城镇，发生了一场原因不明的暴乱。维持帝国东方内部局势稳定，是副帝职责所在。在加卢斯的指挥下，军队很快就平息了这场暴乱。问题是事后对叛乱者的处罚过于残酷。

加卢斯下令处死了所有的居民，无论他们是否参与了暴乱。整个城镇变成了尸骨累累的坟场，宛如死城。

君士坦提乌斯比其副帝加卢斯更倾向于基督教。有关他继承父亲的意志、不遗余力振兴基督教的事迹，我将会在以后的章节中展开论述。不过他在位的公元 4 世纪中叶，公元 312 年颁布的《米兰敕令》

依然有着法律效力。这意味着不管皇帝们多么厚待基督教，罗马帝国的人民无论是信仰基督教还是犹太教，或者其他的多神教，都享有平等的地位。

其他宗教一律被视作异教，基督教成为罗马帝国唯一合法的宗教，是公元4世纪末期之后的事情。因此，在公元4世纪中期，仅仅因为宗教信仰的不同，不能成为剥夺其生命的理由。即使为政者心中有所偏袒，但在这个时期，加卢斯下令屠杀了大量犹太教信徒，站在官方的角度，无论如何这是一件“不该发生的事情”，完全有足够的法律根据予以惩处。罗马帝国后期，敕令形同国法，对副帝同样有效。加卢斯再一次在政治上失了分。

安提阿皇宫的生活进入第三年的时候，加卢斯心中蓄积的仇恨已经严重到了无法克制的程度。宫廷中有两位官员最令他痛恨，其中一人是君士坦提乌斯派来的。加卢斯派一队士兵逮捕了这两位官员，在安提阿市中心游街示众后将他们杀害，尸体被扔进了城镇边的奥龙特斯河（Orontes River）。这已经不是可以用行为不当就能搪塞过去的事情。而加卢斯做出这个没有任何狡辩余地的疯狂举动之时，正是在西方三年的君士坦提乌斯彻底解决了马格嫩提乌斯的时期。29岁的加卢斯的命运因此而定，他已经失去了存在的必要性。

虽然君士坦提乌斯已经下定决心更换副帝，但在具体实施时，他采取了与他36岁年龄很不符合的异常谨慎的步骤。

首先，为了缓解加卢斯的不安，君士坦提乌斯以兄长的身份给堂弟写了一封充满手足之情的信。同时，他又在暗中布局，设法调离这三年来直属于加卢斯的军队。就在加卢斯眼睁睁地看着形势朝着对自己不利的方向发展，又无计可施之际，他收到了来自米兰的邀请信。重新收回西方失地的君士坦提乌斯，将大本营设在意大利北部的米兰。公元354年这一年，在米兰的罗马帝国的正帝向其副帝发出了邀请。

事已至此，加卢斯心里也很明白，这个邀请的真正用意是要遣送他回国。因此他让妻子先行一步，希望她能以妹妹的身份为他向皇兄求情。可是，君士坦提娜在从叙利亚前往意大利的长途跋涉中病倒，很快就离开了人世。

加卢斯在妻子启程之后不久也离开了安提阿，斜穿过小亚细亚，抵达了君士坦丁堡（现在的伊斯坦布尔）。他不仅带着军队随行，在君士坦丁堡滞留期间，还主办了一场运动会，在他离开首都君士坦丁堡的当日，元老院全体元老为他送行，可以说这一路上充分享受了作为罗马帝国副帝的待遇。不过，在他到达哈德良堡（Hadrianopolis，现在的土耳其埃迪尔内，Edirne）时，等待他的是一封来自皇帝的命令。

正帝命令加卢斯跟随着10辆国有邮政马车前往米兰。当时的政府要员公务远行时，通常会把国有邮政马车作为交通工具。加卢斯清楚，这个命令意味着他的身份已经从副帝降格为一介官员。他成了被押送的罪犯，而且押送的目的地也不知何时做了变更，不再是米兰，而是位于亚得里亚海深处的伊斯特里亚（Istria）半岛的波拉城堡。

时至21世纪的今日，波拉城中依然随处可以看到以圆形竞技场为代表的各种古罗马时代的遗迹。在罗马帝国的后期，这里以皇帝处置内亲的行刑地而闻名。28年前，君士坦丁大帝就是在波拉以通奸罪之名，对时任副帝的长子克里斯普斯执行了死刑。副帝加卢斯一到波拉，就被摘下副帝的徽章，强行脱去披风，身上只剩下一袭短袍。他被带进一个房间，在那里等着他的不是正帝君士坦提乌斯，而是宦官优西比乌。宦官没有按照罗马法规定的程序对加卢斯进行审讯，而是采用了类似于中世纪异端裁判所那样的拷问形式。加卢斯在刑讯逼供之下，承认了自己图谋杀害正帝君士坦提乌斯的罪名。这场非法的审判过程，一字不落地被记录下来，送到了坐镇米兰的君士坦提乌斯的手里。从米兰方面传来的回信是皇帝批准了审判官的裁决。

加卢斯双手被反绑在背后，双腿跪地，被处以斩首之刑。当年同样遭到斩首的克里斯普斯，至死都在为自己的清白大声辩护，而蒙受了不白之冤的加卢斯却在沉默中迎接了死亡。他死于公元 354 年 12 月，年仅 29 岁。

对于 36 岁的君士坦提乌斯而言，加卢斯既是自己的副帝，又是有着血缘关系的堂弟，他究竟是抱着怎样的心态下令处死加卢斯的，我们不得而知。或许他只是出于单纯的政治考虑，能力欠缺的人必须被淘汰，哪怕是自己的左右手。按照人之常情，加卢斯无论如何都是他还在世的仅有的几位亲人之一。不过，君士坦提乌斯是一个习惯了失去亲人和杀害亲人的人物。

公元 337 年，君士坦提乌斯在父亲君士坦丁大帝死后不久，虐杀了大批的亲属，其中包括当时的副帝汉尼拔利阿努斯和德鲁马特乌斯，这两位都膝下无子。

公元 340 年，君士坦提乌斯的长兄、年仅 23 岁的君士坦丁二世遭到杀害，他生前也没有诞下一男半女。

公元 350 年，弟弟君士坦斯被蛮族出身的叛军将领马格嫩提乌斯杀害，死时 30 岁，没有后代。

公元 354 年，29 岁的加卢斯被处以死刑，无后。

最后是这个君士坦丁大帝唯一健在的儿子君士坦提乌斯，他也没有孩子。36 岁的君士坦提乌斯虽然经历了两次婚姻，却从未诞下一男半女。哪怕贵为罗马帝国的最高统治者，在生子这件事上，似乎也是身不由己。

“恺撒”这个称号除了代表是皇位继承者，即皇太子之外，还有副帝的意义。副帝的意义是罗马帝国晚期、公元3世纪末到4世纪初的“四帝共治制”时代认定的。

然而，身为“奥古斯都”（正帝）的君士坦提乌斯似乎没有将“恺撒”视作自己的继承人，而是将之诠释为不遗余力执行自己意志的协助者。因此，协助者一旦不能为己所用，就立即排除；若稍有违抗之心，马上消灭，绝不手软。其实，这正是君士坦提乌斯失算之处，这种做法带来的后果，就是让他既找不到继承人，也没有协助者。要说继承人，还可以期待两年前迎娶的第二任妻子优西比娅（Eusebia）皇后为他生产，可是治国的协助者一刻不能等待。

加卢斯是在公元354年12月被处死的，他死后的第二年，即公元355年年初，其弟尤里安收到了来自正帝君士坦提乌斯的召见令。以哲学研究为业的尤里安此时23岁，他已听到兄长不幸的消息。这个时候接到君士坦提乌斯要他去米兰的指令，尤里安惶恐不安的心情可想而知。

哥哥加卢斯是以企图谋害正帝主凶之罪遭斩首的。身为弟弟，他不得不做好被当作共犯的心理准备。对于从监禁生活中被释放出来刚做了三年学者的尤里安而言，到目前为止的生活经验及其所处的环境，根本不可能想到皇帝需要一个新的协助者这种政治打算。何况那时的皇帝还没有决定是否有必要再立一位副帝。

从小亚细亚西岸的以弗所前往米兰，必须走与兄长生前走的相同的路径。不清楚皇帝是派来了专车，还是让他乘坐国有邮政的马车，总之，对这位23岁的年轻人来说，这一路心情沉重无比。在即将进入意大利境内时，马车如果此刻转道向左，那就意味着目的地将是位于伊斯特里亚半岛尖端的波拉。因此，当尤里安发现马车没有左转，而是继续往西的时候，一定是如释重负。至少这证明他的目的地是米兰。

可是，经过长途跋涉好不容易抵达米兰的尤里安，过了两个多月也没见到当初令他进宫的皇帝。被扔在皇宫一角的他见到的是以深受皇帝宠信而出名的宦官优西比乌。君士坦提乌斯皇帝似乎是想通过他来试探尤里安。其实，想要清楚地了解兄弟俩的不同之处，最好的办法还是皇帝本人亲自出马。何况对尤里安而言，再也没有比接受优西比乌的审查更危险的事情。因为这位宦官正是将他的兄长加卢斯送上刑场的“法官”。

困在米兰两个多月动弹不得的尤里安，究竟是会遭遇与兄长相同的命运，还是能够被无罪释放，可谓命悬一线。只要宦官向皇帝报告，说他怀有为兄长复仇之心，那么他立即就会被送往波拉城，步兄长之后尘。

最终，是皇后优西比娅救尤里安脱离了危机。优西比娅出身于希腊贵族之家，年轻，貌美，又有着极好的教养。虽然没有能够为求子心切的皇帝生下一男半女，但这丝毫没有影响皇帝对她的宠爱及尊重。生性胆怯、阴沉内向又残忍的君士坦提乌斯，唯有对优西比娅表现出难得的一份真情实意。

也许是优西比娅同情与自己年龄相仿的尤里安遭遇的不幸，向皇帝说了什么，在米兰皇宫内望眼欲穿等了两个多月的尤里安，终于得到了皇帝的召见。他在皇帝面前尽力为自己辩护，表示除了学问别无所求，又强调自己与兄长性格迥异，并非同母所生，兄弟之间并无深厚的感情。无论尤里安的表白是否言不由衷，谁都没有资格去指责这位 23 岁的年轻人。他面对的是一个可以毫不留情地残杀亲人的冷血动物，他不得不尽其所能让这位生性多疑的皇帝打消对自己的猜疑。何况，唯有这一天，他不用通过宦官优西比乌这层过滤网，直接向掌握着自己生杀大权的人辩白。

面对面的对话似乎真的产生了效果。那次会见以后，皇帝虽然没有和尤里安做进一步的接触，却同意他去希腊的雅典学习哲学。这个恩准足以让尤里安感到心满意足。可惜，在哲学圣地雅典尽情享受自由的日子，只有从春到秋短短的半年时间。就在秋天即将结束之时，他再一次收到了皇帝的召见令。

在尤里安去雅典的这半年中，君士坦提乌斯始终举棋不定，局势的变化使得设立副帝的必要性变得越来越迫切。

目前还算太平无事的，只有与波斯军队相互对峙、按兵不动的东方防线，而以多瑙河为防线的欧洲中部地区，随时随地都面临着河北岸的北方蛮族大举入侵的威胁。形势比多瑙河地区更令人绝望的是莱茵河一带，在那里被称作“防线”或“边墙”的“limes”已不复存在。

发源于阿尔卑斯山脉、流入北海的莱茵河，成为罗马帝国的领土防线是在公元前 1 世纪中叶，恺撒征服高卢之后，至今已经 400 多年。几百年以来，作为军事意义上的防线，莱茵河一直守护着广阔的高卢地区。这些地区按照现代地理位置划分，分别是荷兰的南部、比利时、德国西部、瑞士和法国。

当然，作为后人，我们非常清楚，莱茵河作为“防波堤”充分发挥其功效的历史只延续至公元 2 世纪。进入史称“3 世纪危机”的公元 3 世纪之后，莱茵河防线就不断地遭到蛮族的破坏。不过，尽管如此，一直到公元 3 世纪末的戴克里先皇帝时代，罗马还是尽力以莱茵河为防线，阻击外敌的侵略。

罗马彻底放弃固守莱茵河防线的战略，是在进入君士坦丁大帝时代之后。这一改变并不意味着君士坦丁大帝在军事上采取了新的策略，对来袭的敌人采用“请君入瓮”、各个击破的战术，而是在经历了整个公元3世纪之后，帝国已经丧失了固若金汤的防卫能力，只有在遭到敌人入侵之后才会出手反击。君士坦丁大帝不过是将这个不争的事实制定成罗马军的常规战略而已。这个军事战略上的改变使得那些在元首制时代莱茵河沿岸星罗棋布的军事基地，大多变成了无人之地。而那些还有士兵防守、不至于完全人去楼空的基地，也降格成了农军兼用的简陋要塞。此时的莱茵河沿岸已经沦落到不能再被称为“防线”的境地。

话说回来，君士坦丁大帝也并非完全放弃了军事防卫，而是在策略上做了调整。事实上，与军力逐渐减弱的基地成反比的，是直属皇帝的游击军团日益增强。原蛮族出身的罗马军人成为这支实力雄厚的游击军团的主力，就是从君士坦丁大帝时代开始的。尽管这些军人来自蛮族，但与其出身的部落几乎断绝了关系，因此，深得大帝的信任。

“化敌为友、为我所用”是一种领导才能，然而这种才能延续到第二代的例子少之又少。公元350年发生的原蛮族将领马格嫩提乌斯杀害大帝三子君士坦斯的事件，就是异族军人向身为最高司令官的皇帝宣泄不满的最典型的例子。就在罗马放弃了军事战略中最具代表性的“防线”的同时，军团内部的局势也日益动荡不安。

异族官兵的叛乱虽然在三年后因主帅马格嫩提乌斯的自杀而最终失败，但这三年的内战让罗马军损失了大量优秀的军人。这些阵亡的军人大多像马格嫩提乌斯那样来自蛮族，担当着罗马军的主力。他们的牺牲是导致罗马军力急速衰退的直接原因。

军力衰退最严重的当数莱茵河以西、曾经作为马格嫩提乌斯根据地的高卢地区。即使按照最保守的估计，高卢地区在三年内战中至少损失了3万人的兵力。要填补这3万精兵强将的空缺，实在不是一朝一夕可以达成的。正因如此，广阔的高卢地区的军事防卫力量才会发生根本性的衰退。不过，最早觉察到这个问题的，似乎并不是君士坦提乌斯皇帝，而是盘踞在莱茵河以东虎视眈眈地对着西岸的蛮族部落。

353年8月，马格嫩提乌斯在里昂自杀身亡，内战终结。

354年12月，副帝加卢斯遭斩首。

355年2月，尤里安应召前往米兰。5月起，在雅典求学。

355年11月，再次被召回米兰的尤里安，被君士坦提乌斯皇帝正式任命为“恺撒”（副帝）。

尤里安成为副帝

公元355年11月6日，这一天是尤里安24岁的生日。可是，没有人为他庆贺，甚至没有人记得他的生日。通常出身于罗马上流家庭的孩子，幼年时会有陪读的奴仆，成年后这些下人会继续陪伴左右，照顾其日常起居。可是，从6岁开始一直到20岁，经历了长期隔离生活的尤里安，连这样的贴身奴隶都没有。

这一天，从未在公共场合出现过的尤里安，作为副帝被介绍给了应皇帝之令而集结的罗马官兵。就在前一天，他还留着属于希腊哲学家招牌形象的长胡子，而此刻，已经被剃得干干净净，看上去就像一只刚被剪了毛的山羊。他的打扮也从平民百姓穿的天然色的托加长袍和皮凉鞋，换成了罗马将军的正装——白色的短袍外穿着皮质的铠甲，外披大红色的斗篷。可能是因为紫色的染料比较昂贵，紫色的斗篷只有正帝才能使用，而副帝和其他将军们按规定只能穿红色。

一身正装出现在罗马官兵面前的尤里安，既没有伟岸的身躯，也没有堂堂的气势，给人一种弱不禁风的印象。再加上他首次穿上军装，将士们对他的观感，与其说是觉得滑稽可笑，还不如说是惊讶万分。不管怎么说，这是他们的最高司令官皇帝的任命，士兵还是按照罗马军传统的方式，用持剑的右手敲打左手拿着的盾牌，以示拥戴。

尤里安就任副帝的同时奉命完婚。他的妻子是君士坦丁大帝的女儿、当今皇帝君士坦提乌斯的妹妹海伦娜。她似乎比 24 岁的尤里安年长许多。同年 11 月 3 日，上任不到一个月的副帝翻越白雪皑皑的阿尔卑斯山脉，前往高卢。

对于尤里安的副帝身份，以及就任后即刻被派往高卢一事，小说家通常将其描绘成是皇后优西比娅对皇帝的影响。顺便提一下，由于尤里安的一生充满了叛逆和戏剧性，所以有许多以他为主角的历史小说问世。日本作家辻帮生曾经写过一本《叛教者尤里安》，而美国作家戈尔·维达尔（Gore Vidal）著的《尤里安》（*Julian*）的内容更为精彩，不愧是畅销全球的作品。这些小说有一个共同之处，都描写了皇后优西比娅对尤里安的深切关怀，或者是对他怀有爱慕之心。

小说家们的观点也许是正确的。在不得不做出决定时，君士坦提乌斯的态度往往会表现出犹豫不决、举棋不定，爱妻的建言或许推动他朝前迈出了关键性的一步。

身着军装的皇帝

话说回来，即便没有爱妻的推举，君士坦提乌斯也有充分的理由需要找回尤里安，擢升这个唯一在世的血亲为副帝，并派往高卢。

所幸的是，帝国东方目前还安然无恙，无须担心波斯国王的进攻。让人担忧的是，日耳曼人的多个部落正从多瑙河的北面向南、从莱茵河的西面往东不断地压进。

以君士坦提乌斯一己之力无法承担多瑙河与莱茵河两条防线的任务，用现代地理位置来说明的话，就好像是在法国对抗肆虐的蛮族，同时又要在巴尔干地区击退入侵的敌人。很明显，君士坦提乌斯如果不借助他力，那么多瑙河、莱茵河两条防线都无法保全。君士坦提乌斯在是否选择尤里安做副帝这个问题上犹豫再三，足足用了半年的时间才做出决定。君士坦提乌斯再怎么踌躇不定，作为保卫帝国的最高责任者，他已别无选择。

君士坦提乌斯没有将多瑙河防线交给尤里安，而是让他负责莱茵河。这个决定很符合他一贯的行事作风，他把最困难的地区交给了副帝。所谓困难，并不是指敌人的数量庞大，而是自家军队的素质及数量都极其薄弱。尤里安被派去的地方正是因三年内战而损失了大批精兵强将的高卢。他不得不率领着一支缺乏战斗力的部队，迎战企图渡过莱茵河的蛮族，以及那些已经入侵到境内的蛮族。

按照小说家们的见解，这是因为君士坦提乌斯不希望看到尤里安成功，故意没有给他安排足够的兵力。我个人觉得这似乎对君士坦提乌斯有欠公平。君士坦提乌斯指挥下的多瑙河防线的防卫军团，尽管没有高卢损失严重，毕竟也因为三年内战而丧失了大量优秀的官兵。在对抗大举进攻的蛮族的同时，君士坦提乌斯还必须时刻关注着东方的局势，只要波斯国王那边稍有风吹草动，他必须立刻赶往东方应对。罗马帝国皇帝的首要责任在于保卫帝国全境的安全，与担当区域防卫的副帝不同，身兼军队最高司令官的正帝负有保卫整个帝国安全之责任。因此，君士坦提乌斯必须对帝国东西方的形势做全盘的考虑，他手中需要握有一支相当规模的军队。

另外，尤里安是一位新手，从未上过战场，也没有学过任何的战争理论，更没有接触过士兵，年仅 24 岁就成为高卢地区的罗马军总司令。如果要赌尤里安未来的前途，我相信绝大多数人会赌他失败。正帝君士坦提乌斯应该是在不抱任何希望的情况下，将尤里安送上了战场，自然也不会提供足够的兵力，更何况公元 355 年的君士坦提乌斯，确实也没有充裕的兵力可以调配。

当时的高卢地区，蛮族横行无阻，如入无人之境，而罗马军则东躲西藏，尽量避免直接与敌人遭遇。尤里安可谓是单枪匹马来到了这里。不受期待通常也意味着自由无羁。但是，成了副帝的他仍然需要避开正帝君士坦提乌斯怀疑的眼光，小心翼翼地利用着他的自由。

君士坦提乌斯与基督教

军事才能无法与父亲君士坦丁大帝相比的君士坦提乌斯，在对新兴宗教基督教的贡献上，称得上是优秀的接班人。他不仅忠实地沿着父亲既定的路线，而且将其发扬光大。

在具体叙述这条“路线”之前，我们必须重新回顾一下它的起跑点《米兰敕令》。《米兰敕令》于公元 313 年 6 月由君士坦丁大帝与当时还在世的李锡尼联署，在帝国全域颁发。尽管《米兰敕令》的全文，我在《罗马人的故事 13 · 最后一搏》中已经有所介绍，这里我仍然不想省略，再完整地复述一遍。这有助于我们去思考它的始作俑者的动机和思想。

很久以来，我们二人（君士坦丁与李锡尼）始终认为信仰自由不应受到限制，每一个人都应该根据自己的信念和愿望，信奉自己选择的宗教。因此，在我们管辖的帝国西方，基督教早已得到承认，并允许基督教徒为加深其信仰而举办有关仪式。然而，这种意愿在法律实施时给执行者带来了困惑和混乱，为此，我们认为有必要将此问题做明文规定。

我们，正帝君士坦丁和正帝李锡尼，于米兰相聚，共商帝国大事。我们一致认为，在所有事关万民的大事中，首先应该做出规定，保证尊重对神的信仰。

无论基督教徒或信奉其他宗教的国民，个人选择宗教信仰的权利皆应得到完全的认可。无论哪一方天神，都应得到崇拜和尊重，只要它能为作为统治者的皇帝及其臣民带来和平与繁荣。从有利而且明智的角度出发，我们一致同意，我们二人属下的所有臣民都应该得到宗教自由的权利。

自今日起，无论是基督教徒还是其他教徒，都可以自由无条件地保留其虔诚的信仰，以及举行相关的宗教仪式，不受任何干扰和干预。无论是何等神明，我们都期望它以至高无上之存在，普降幸福于万民，引领帝国全体走上和平与融合之路。

从敕令的下文开始，内容从宣布国家新政转为具体指令，是给那些负责实际贯彻落实的帝国各地的行政长官的：

以上是我们二人之决定。故自今日起，以往颁布的有关基督

君士坦提乌斯

教的所有法律规定（主要是指戴克里先皇帝制定的镇压基督教徒的诸法）一概无效，凡基督教信仰者可以无条件地保留其信仰，不受任何干扰。

给予基督教徒的信奉其宗教的绝对自由，同样也适用于信奉其他宗教的教徒。我们认为，全面承认宗教信仰之自由，有利于帝国的和平。而且，任何神明和宗教，其名誉和尊严都不容遭到诋毁。

基督教徒曾饱受不平的待遇。在此特别规定，基督教徒之前被没收的聚会祈祷的场所，必须立即予以归还。另外，那些曾经属于教会或者教区的资产，也即刻物归原主。依照上述规定，对那些以拍卖方式购买了教会资产的人，在交还后，国家将以公平的价格补偿其经济损失。

这道敕令有以下两个关键点：

一、承认基督教与其他宗教有同等地位。

二、归还基督教徒遭受迫害时被没收的财产，必要时国家给予补偿。

总之，这是罗马帝国史上一个史无前例的决定。敕令颁布10年以后，李锡尼战败身亡，敕令的主导人君士坦丁成了罗马世界唯一的统治者。

从表面上看，《米兰敕令》保证了所有宗教信仰的自由。仔细推敲还是可以从字里行间看出其真正的用意，即赋予基督教官方的地位。事实上，君士坦丁掌权之后，执行的就是以基督教为上的宗教路线。

君士坦丁拿出一部分所谓的皇帝财产，其实就是国库的资金，建造了教堂捐赠给教会。君士坦丁不仅在他建立的首都君士坦丁堡修建了教堂，帝国主要城市中的许多教堂，如罗马的圣彼得大教堂、耶路撒冷的圣墓教堂等都是由他兴建的。这意味着基督教徒聚会、向天神祈祷的场所，是由皇帝亲自提供的。

教会需要的不仅是场所，举办各种活动还需要经费。教会在经济上依靠的是教徒们的捐赠，这是一种不错的运作方式。不过，如果能建立起长期稳定的经济基础就更为理想了。在古代，最好的经济基础是土地，其次是从事原材料加工的手工业以及销售商品的店铺。君士坦丁将这些产业也捐赠给了教会。

有关这些产业对振兴基督教做出的巨大贡献，我在《罗马人的故事 13 · 最后一搏》中已做了详细说明，这里就不再赘言。我只想提醒大家注意一点：与传统的罗马宗教不同，基督教拥有专业的神职人员。因为神职人员没有其他的谋生渠道，所以保证他们生活来源的赞助者，对教会是极其宝贵的。

除此之外，君士坦丁大帝还立法，免除了基督教神职人员担任公职的义务。其依据是：

> 神职人员应该不受其他诸多事务烦扰，专注于神圣的职务，方能对国家做出无法衡量的贡献。

既然"神职人员应该不受其他诸多事务烦扰，专注于神圣的职务"，接下来的动作，自然就是给予神职人员免缴税金的权利。"神圣的职务"没有报酬可言，因此也不会产生什么纳税的问题。君士坦丁大帝对基督教的优惠政策，从免除公务和税金开始，最终发展到废除了元首制时代针对独身者制定的不利条款。君士坦丁力图通过扶植基督教，使之成为"统治者的工具"（instrumentum regni），因此扶持政策不断升级的趋势，属于情理之中的事情。

上述一系列政策得到落实之后，君士坦丁大帝将治国大任交到了儿子的手里。君士坦提乌斯处处喜欢效仿父亲，就连临终前受洗也与父亲如出一辙。权力交接之后，君士坦丁大帝生前制定的国策路线，正如某学者所言，"毫不动摇地继续推进"。

公元 346 年，继位 9 年多的君士坦提乌斯修改了其父制定的针对基督教的免税政策，免税对象从原本教会的主教、祭司、执事，扩大到为教会服务的农场、工厂以及商店等的周边人员。他们的名字从

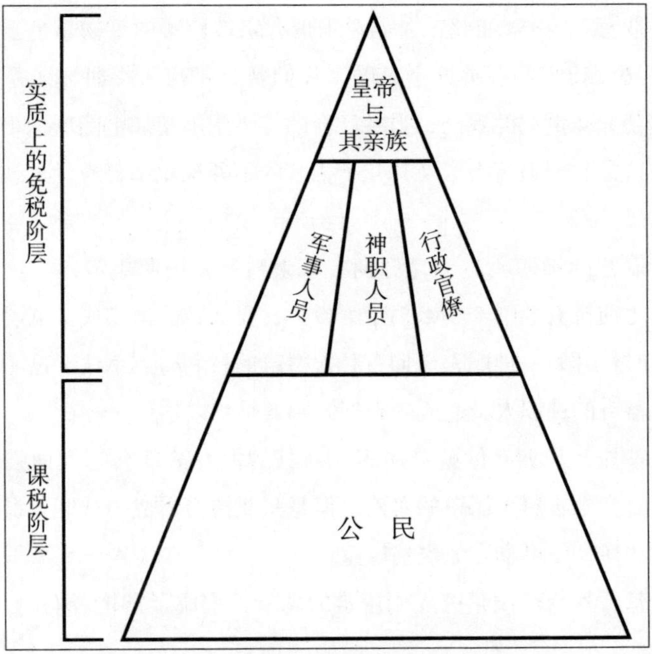

罗马帝国的社会结构图

“纳税人名单”（census）中消失了。当时罗马帝国的主要税赋包括人头税和地税两项，新政策决定免征教会相关人员的人头税。

皇帝日益加剧的偏袒行为，让教会的态度变得趾高气扬。在里米尼（Rimini）召开的大公会议上，有不少主教提出，应该一并免除地税。皇帝没有立即予以采纳，还是坚持了仅免除人头税的原则。不过仅仅两年之后他就颁布了新法令，实现了主教们的愿望。

尽管现代社会把政教分离看作文明国家的象征，但同样存在着宗教法人免税的制度。纵观人类社会长久的发展历史，我们可以发现，“神圣的职务”获得的经济利益往往会出乎意料地远远超过了非“神圣的职务”。尽管如此，人类对于带有宗教色彩的事物总会不由自主地妥协、让步。有关这个议题，我们暂且不深入探讨，还是回头看一下公元4世纪的罗马，当时社会的等级制度正如上图所示呈金字塔形。这是君士坦丁大帝及其儿子推行的不断深化基督教优惠政策带来的结果。

以往的神职人员不允许拥有私人财产，按照规定，一旦担任神职，之前持有的财产要么捐赠给教会，要么转让给亲属。从君士坦提乌斯时代开始，神职人员拥有私人财产的权利得到承认。这一法令对那些富有的神职人员造成的心理影响真是难以估计。

首先，人拥有的财产越多，对其的占有欲就会越发地强烈。其次，财产原本属于课税的对象，但是只要持有人成为神职人员，根据有关法律，便可享受免税的权益。

基督教会不仅是穷人们避难的场所，也成了富裕者们的“救赎”之地。

瞄准目标

由于君士坦提乌斯“毫不动摇地继续推进”先父的路线，所以他的亲基督教的政策势必会发展为排除其他宗教，尤其是敌视罗马自古以来的传统宗教。《米兰敕令》当初并不反对传统宗教，然而，随着皇帝们扶持基督教的政策风向日益明朗，形势发生了显著的变化。

首先，夜间的献祭仪式被禁止。传统宗教中屠宰并烧烤珍贵的家畜，在烟火中向天神祈祷的仪式，等同于基督教徒点燃蜡烛做祷告。如今，人们夜间不能再举行这种传统的宗教仪式。

紧接着，通常在白天举行的官方祭祀活动及其相关的献祭仪式也遭到了禁止。

不过，这两项禁令并没有收到预期的效果。三年之后，国家不得不再次发布禁令。第二次禁令明确规定，违法者将被处以死刑。

在同一时期，皇帝还颁布了一项禁止偶像崇拜的新法令。“偶像”是由希腊语或拉丁语的“想象”一词派生而来，根据词典的解释，偶像崇拜的定义如下：

一、尊崇象征宗教信仰的某具体物像。

二、尊敬象征绝对权威的某特定人物。

偶像崇拜的禁令将天神之王宙斯、海神波塞冬、智慧女神雅典娜以及神君恺撒、神君奥古斯都等都视作偶像，禁止崇拜。不过耶稣基督、圣母马利亚或者圣彼得以及天使们似乎就不在其列。顺便提一下，英语的“idol”（偶像）和“idiot”（笨蛋）都是源自意大利语的“idolo”。

偶像崇拜禁令颁布之后，紧接着皇帝又推出了关闭神殿的法令。除了希腊罗马诸神的神殿必须关闭之外，叙利亚的太阳神殿、埃及的伊希斯女神殿都在被禁之列。为反对关闭令，埃及亚历山大城的居民曾经发起过暴动，但伤害最严重的还是罗马国内那些在数量上占绝对多数的希腊罗马诸神的神殿。基督教徒口中所谓的“异教”，指的就是传统的希腊罗马的多神教。

遭到关闭的神殿毫无疑问很快便面临新的厄运，那就是破坏。尽管君士坦提乌斯没有明确下令拆毁异教神殿，却允许建筑用的材料可以从神殿中获取。很明显，这个许可令是为摧毁神殿而采取的第一步策略。试想一下，神殿的圆柱被拆走了，神殿还能存在吗？

不过，在公元4世纪中叶，虽然禁止偶像崇拜，但还未发展到损坏象征偶像的雕像的地步。

雕像没有立即被拆除是另有原因的，因为在君士坦丁大帝一手打造的帝国东方的首都君士坦丁堡，城内充斥着数以万计的“偶像”。在建都之初，君士坦丁就打算把这里建成基督教的首都，因此，没有建造一座奉献给希腊罗马天神的神殿。可是，在古代，尤其是古罗马人的观念中，没有雕像林立的地方，称不上是城市。欲将君士坦丁堡打造成“新罗马”的君士坦丁大帝，最终也从以希腊为中心的帝国东方境内，征集了大批的大理石雕像，用来装点新首都。君士坦丁堡这座基督教的首都，在建都的当初，应该是一座基督教会与希腊罗马天神共存的城市。希腊人相信裸体是世上最美的形象，这个最美的形象首先应该奉献给天神，因此希腊神像大多是以全裸或半裸的姿态出现。虽然对基督教而言，教堂与裸体的雕像比肩而立，是一件不可饶恕的事情。其实站在客观的人性角度，这是一个非常自然的景象。可惜，这些裸体神像只存在了不到半个世纪。

君士坦丁大帝及其儿子君士坦提乌斯，两代皇帝相继推动的以振兴基督教为目标的各项政策，依照时间顺序分为以下三个阶段：

第一阶段，承认基督教与其他宗教享有同等的地位。

第二阶段，推出有利于基督教的措施，政策走向发生了明显的改变。

第三阶段，目标明确，排挤打击罗马传统的宗教及其他形式的宗教。

第一阶段和第二阶段实质的部分是在君士坦丁大帝时代完成的，第二阶段余下的部分以及第三阶段则是在君士坦提乌斯继位后实施的。这个儿子虽然在很多方面都不如父亲，但是在推行基督教的政策上倒是坚定不移、贯穿始终。

凡界的君主态度如此坚定，按理说，圣界一方应该对此深表感激，不遗余力地支持君主，可事实并非如此。在基督教徒遭到迫害的公元 3 世纪后期，基督教会内部已经出现了相互争斗的局面，罗马皇帝对基督教的态度转变之后，内斗非但没有消失，反而愈演愈烈。

就在这个时期，以贤德而著名的基督教隐士圣安东尼在西奈半岛（Sinai Peninsula）的修道院，走完了他超过百年的漫长的人生。安东尼出生于埃及中部的赫拉克利奥波利斯（Herakleopolis），是基督教修道主义的创始者。或许是沙漠地区比较容易找到天然洞穴的缘故，在埃及以及叙利亚，修道主义信仰已经成为一种生活方式，人们住在山洞里祷告、冥想，过着与世隔绝的生活。

如果基督教会提供的历史资料准确无误的话，那么安东尼这位沙漠隐士应该生于公元 250 年，在公元 356 年去世。他的一生经历了基督教徒惨遭迫害的戴克里先皇帝时代以及鼓励扶持基督教的君士坦丁大帝时代。可是，在记录他一生言行的《圣安东尼传》中，他对于罗马皇帝，不管是反基督教的还是支持基督教的，总共只提到过一次。安东尼在红海附近建了修道院之后，前来拜访他的人络绎不绝，所以他不会孤陋寡闻，不清楚世间的局势。我们从《圣安东尼传》一书中也可以看出，他对帝国东方的基督教的发展形势有着相当的了解。

然而，这位沙漠隐士大声抨击的，并不是镇压基督教徒的罗马皇帝，而是基督教会内部的“异端”。

圣人安东尼憎恶的不是外敌，而是基督教会内部的敌人。相对于异教徒，更让他深恶痛绝的，是那些身为基督教徒却谬解教义的同门兄弟。有一次，安东尼离开他生活的沙漠地区，专程前往亚历山大城，当面斥责了掌管当地教会的阿里乌斯派的高级主教，称他们是最坏的异端，是反基督（Anti-Christ）的先锋。紧接着，他又告诫那些慕名而来见他的信徒，不要和阿里乌斯派的人来往，阿里乌斯派的思想完全违背了十二使徒宣导的教义，是恶魔的理论，是毫无根据凭空想象出来的东西。在其他场合，一向宣导提倡和平安详的信仰生活的安东尼，只要话题涉及异端，立即会变得暴跳如雷，他痛骂阿里乌斯派“连说出名字都嫌脏了嘴！”阿里乌斯派也不甘示弱，他们袭击、破坏了亚他那修派（Athanasius，主张三位一体，因而也被称为天主教）的教堂和修道院。在当时，各教派之间因对教义的解释不同而产生对立。这种相互敌视的情绪逐渐上升，最终演变为暴力的事件层出不穷。问题的关键是无论是阿里乌斯派还是亚他那修派，每一个教派都对自己的教义坚信不疑，而把对方的解释看成谬论。

我们翻译成“异端”的这一词语，词典的解释是：偏离了正统的宗教、思想、学说；“视为异端”，是指作为异端被排斥的事物。如果要追根求源，“异端”这个词源自希腊语，之后发展为拉丁语的“haeresis”。

然而，无论是希腊人还是罗马人使用这个词语时都意指“选择”。这代表着古代希腊人和罗马人的“异端”是指“深思熟虑之后选择的宗教、思想、学说”，而不是“偏离了正统”。既然“异端”只是一种选择，那么就不应该遭到排斥和打击。但是，随着一神教成为主流宗教，人们就失去了多种选择的可能性，结果只有两个，要么正确，要么错误，异端成了不堪入目的东西。如果异端意味着“选择”，那么大家就有共生的可能，承认对方有其一定的道理，做出让步。可是当“异端”代表了错误，那么就不存在什么共生、让步，只能在被排斥之前，先排斥对方。

互相视为异端，不仅发生在神职人员之间，平民百姓同样如此。中东地区是世界三大宗教中两大宗教的诞生地（尽管公元 4 世纪时伊斯兰教还未诞生）。在那里，就连市井小民也有着浓厚的宗教气息。难得有一位不受这种气氛感染的人，曾经就当时的社会现象做了以下的描述：

> 无论是在街角还是在广场，城镇的每一个角落都有人在热心地讨论着我们无法理解的问题。卖布料的、卖食品的、兑换钱的，人人参与其中。如果你想问商品的价格，那么你最好有个心理准备，在得到答案之前，你得先听一番他们对圣父、圣子、圣灵的观点。“这位客人，您认为子的地位次于父吗？”
>
> 如果你在浴室，问那里的下人水温如何，他可能会这样回答你：“您认为圣子是怎么诞生的？”如果你去买面包，店主会先高呼一声“啊！全能的天父”，再告诉你面包的价钱。

亚他那修派与阿里乌斯派的争论在于，前者主张圣父、圣子、圣灵是一个本体，即三位一体，而后者则认为圣父与圣子二者有别。以上是街头版的教派争论。

教会内部各派别之间相互敌视的状况，让一心想让基督教取代罗马传统多神教的皇帝伤透了脑筋。基督教只有全体一致、上下统一，才能成为帝国的支柱。尽管当初君士坦丁大帝在召开尼西亚公会议时，已经把三位一体定为正统的教义，不过，在教义争论的问题上，大帝的威信似乎只限于他在世期间，儿子君士坦提乌斯继位之后，就不得不经常召开大公会议，试图调解各派之间的矛盾。如果仔细推敲这些大公会议上的论战内容，我们就会发现，传达上帝旨意的高贵的主教们和那些平民信徒有一个共同之处——不肯倾听他人诉求的排他性。其实无论是三位一体派占了上风，还是阿里乌斯派最终获胜，其结果都是一样，因为一神教的本质就是排他。基督教势力不断壮大的罗马帝国也因此逐渐走向排他化。

以上就是《米兰敕令》颁布半世纪之后基督教会的现状。尤里安就是在这个时代登上了政治舞台。

高卢的尤里安

即便是平民，也会尽量避免在寒冬腊月时翻越阿尔卑斯山脉。至于军人，正如“冬营地”一词所示，冬季可以在营地休息，不用打仗。尤里安是地位仅次于“正帝”的罗马帝国的“副帝”。君士坦提乌斯在米兰任命这个年轻的堂弟为副帝的日子是公元 355 年 11 月 6 日。按照常理，尤里安可以等到第二年开春之后再去高卢赴任。何况他刚娶了正帝的妹妹海伦娜。虽然说这场婚姻是奉皇帝之命，但毕竟还在新婚期。可是，尤里安在 11 月 30 日就离开了米兰，并且没有带上新婚的妻子随行。当时的他没有行动上的自由，副帝上任未满一个月就前往高卢，可以说完全是正帝君士坦提乌斯的决定。与刚满 24 岁的尤里安同行的，只有 360 人的卫队。

这是因为高卢形势已经迫在眉睫，还是因为在君士坦提乌斯的心里多少有些置尤里安于死地的想法？

如果以上两种假设都不成立的话，那么尤里安严冬翻越阿尔卑斯山脉的理由或许是出于军事上的考虑。他为了开春后的战斗，利用冬季休战期进行军队的整编。

尤里安出生于君士坦丁堡，在小亚细亚长大。20 岁之后获得了一些行动的自由，不过活动范围仅限于小亚细亚、叙利亚以及希腊这些帝国的东方地区。他生平第一次体验到的欧洲，就是乌云笼罩的米兰的冬天，以及白雪皑皑的阿尔卑斯山脉。

从米兰出发，翻越过阿尔卑斯山脉，前往罗讷河沿岸的维埃纳（Vienne），有两条路可走。

之一，从米兰往西到奥斯塔（Aosta），翻过阿尔卑斯山脉到达格勒诺布尔（Grenoble）。从格勒诺布尔去维埃纳，一路上基本都是平坦的大道。

之二，首先从米兰到达都灵（Torino），经过苏萨（Susa）山谷的山道，越过阿尔卑斯山脉，下山后向前走，就是罗马时代称作格拉提亚诺波利斯（Gratianopolis）的格勒诺布尔。

想必在公元 355 年的冬天，奔赴高卢的尤里安走的就是其中一条路径。这两条道都是罗马式道路，相当于那个年代的高速公路。

"Infrastructure" 在日语里被翻译为社会基础、社会资本、下层结构等，它指的是规模超出了个人能力范围、须由国家或地方自治体施行的事业，用罗马人的话说，是"人类文明生活必需的大事业"。因此，它不是铺了路就万事大吉那么简单。罗马人概念中的社会基础设施，还包括提供路上行人安全和舒适的保证。从下图可见，即使是翻越阿尔卑斯山脉这样艰险的路线，沿途相关设施的齐全程度也足以和现代高速公路相媲美。

然而，只有在"罗马统治下的和平"时代，这些设施才能充分发挥其效能。我们根据遗留下来的史料可以发现，罗马道路能够维持定期维修的最后时期，正好与"罗马统治下的和平"终结的年代相重叠。之后，虽然对部分道路进行了数次维修，但仅持续到公元 375 年。以后，道路就处于无人管理的状态。

既然道路的状况每况愈下，那些依靠道路为生的，像公馆、驿

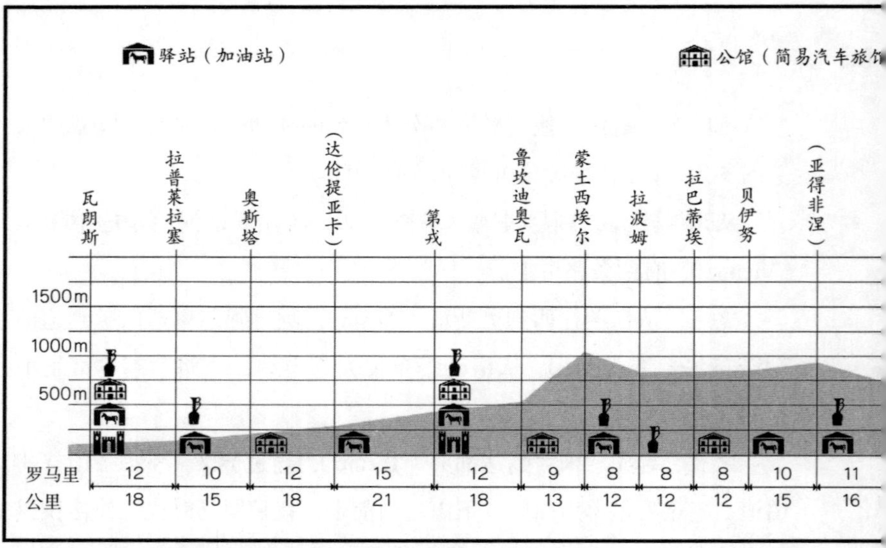

翻越阿尔卑斯山脉的罗马大道沿线的各种设施（瓦朗斯至都灵）

站、马车修理厂等周边设施，势必也是日渐凋零。换言之，与元首制时代相比，公元 4 世纪的罗马人出行的舒适度和安全度都大幅度地下降。

基础建设有一个特性，如果在建造当初，基础打得扎实的话，就算是之后无人打理，在一定时期内仍然能够自主地发挥功能。罗马时代的那些负责公共建设的工程师曾经留下豪言壮语，说他们建造的道路即使没有大规模的翻修，也能保证百年的品质。虽然罗马大道以及道路周边设施的服务质量有所下降，但是它们的功能还是可以维持相当长一段时间。上面附图就是根据公元 333 年，一位从高卢南部的波尔多出发前往巴勒斯坦的耶路撒冷的勇敢的朝圣者留下的记录制作而成。

由此可见，在“罗马统治下的和平”时代结束 150 年之后，当初建造的公共设施，尽管质量有所下降，但依旧能够正常运转。公

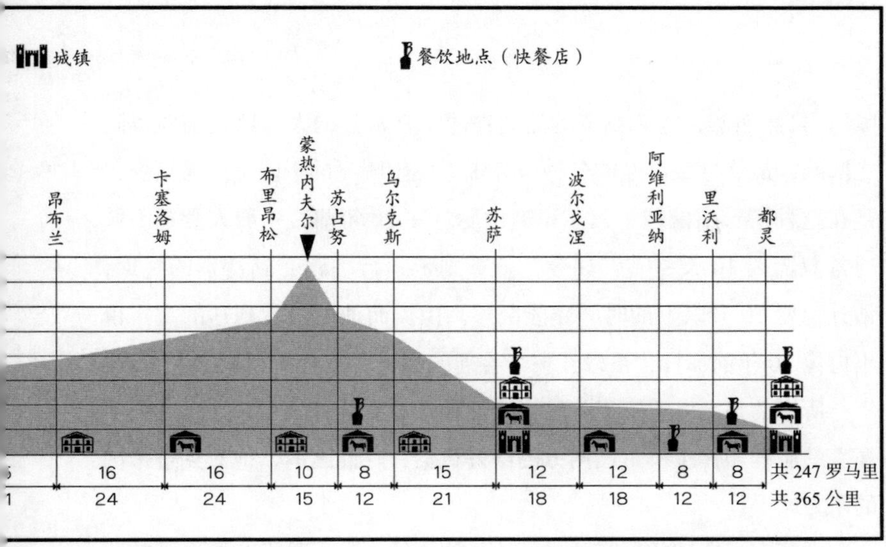

元 333 年，不过就比尤里安首次翻越阿尔卑斯山脉早了 22 年。当然，历史上的现象仅凭一些数字往往是无法追究其实质意义的。公元 333 年前后，大约是君士坦丁大帝去世前的 4 年，这位皇帝最大的功绩之一，就是他在统治时期，在抵御蛮族侵略上取得了较大的胜利。尽管无法与“罗马统治下的和平”时代相比，至少还是维持了“和平”（Pax）的局势。正因为如此，像上述朝圣者那样的平民百姓，才可能只身完成从西欧到中东的长途旅行。

可是，这种“和平”局势在公元 350 年发生了巨变。蛮族出身的将领马格嫩提乌斯叛乱，杀死了君士坦斯皇帝，紧接着马格嫩提乌斯与君士坦提乌斯皇帝打了三年的内战。在马格嫩提乌斯死后的两年中，罗马帝国因军事力量的削弱，遭到了蛮族大规模的侵略。在帝国境内，阿尔卑斯山脉西面的高卢被蛮族把持，东面的意大利则由罗马军防守。自此，阿尔卑斯山脉不再是一条“通道”，而是一道“屏障”。自然而然，人和物资的流通停滞了，常驻的人口以及马匹也随之削减，最终导致沿途的各种服务水平发生明显的下降。而尤里安正是在这种情形下翻越了阿尔卑斯山脉。在 20 年前，一般人翻越山脉通常只需要 10 天左右，如今，就算副帝一行一路受到特别的礼遇，估计也要 10 天以上的时间才能翻过高山。而他下山后到达的高卢也不再像 20 年前那样，可以让一个普通的朝圣者安全便利地旅行。

所幸的是，尤里安很年轻，因此他把这次翻越阿尔卑斯山脉前往高卢的旅程当作了解帝国西方的绝好机会，在此之前，他只到过帝国的东方。

掌管高卢全域的副帝的目的地是维埃纳，而不是由此北上沿着罗讷河 20 公里之外的里昂。从这一点我们就可以看出当时高卢的局势有多么糟糕。里昂在元首制时代曾经是整个高卢地区的首都，金币、银币的铸造厂就设在此地，可见它有着极高的安全性。但是 5 年前，马格嫩提乌斯在这里杀死了君士坦斯皇帝，挑起内战，之后始终混乱不断，以致罗马帝国的副帝也不敢把这里作为自己的大本营。

公元 355 年年末前后，尤里安到达了维埃纳。维埃纳在罗马时代称作维娜（Vienna），是从格勒诺布尔前往里昂途中的一个小镇。谁也没有料到，它竟然会取代里昂成为副帝的所在地。副帝所谓的皇宫徒有虚名，不过是一间较大的宅子而已，但对于只被允许带四个下人的他而言，这样的居所反而更符合目前的处境。

与尤里安随行的四个下人，包括两名侍从、一名御医和一名书童。御医与尤里安是知心好友，有他陪伴左右，至少不会太寂寞。尤里安离开米兰时携带了大量瞒过了检查的书籍（当时的书籍是卷轴装），负责管理这些书籍的就是书童。除此之外，书记员和秘书的工作也由书童兼任。在那个年代，皇帝出巡通常都会带着大批的随从，尤里安副帝那简陋的宫廷势必让那些来迎接他的人感觉到其无足轻重的地位。

在整个宫廷中，能让尤里安相信的就是他带来的四个随从。后来他又召了两名哲学家入宫，不过那是很久以后的事情。跟着尤里安来高卢的还有数名宫廷里的人，对尤里安而言，得将他们视作皇帝的密探，时刻提防着为好。在高卢，同样布满了宦官的人马，所以在维埃纳恭候副帝的那些大臣大多也是一丘之貉，尤里安必须随时保持警惕。

西尔瓦的悲惨下场就是一个最好的例子。法兰克人出身的西尔瓦原本是马格嫩提乌斯手下的一名大队长，穆尔萨会战前夕，他背弃了马格嫩提乌斯，带着手下投奔了君士坦提乌斯，因此，被君士坦提乌斯晋升为高卢地区的骑兵团长官。可是，这个骑兵团长官做了还不到四年，皇帝接到通报，说西尔瓦欲拥兵谋反，夺取皇位。君士坦提乌斯刚扳倒了一个蛮族出身的叛将，所以一听说又有异族将领谋反，顿时变得怒不可遏，对那些宦官的谗言深信不疑。被皇帝当成了第二个马格嫩提乌斯的西尔瓦别无选择，只有据守科隆举兵反抗。为了对付这位在帝国西方立下赫赫战功的勇将，皇帝不得不从东方调来同为罗马名将的乌尔希西努斯。就在尤里安到达高卢的三个月之前，西尔瓦被处决了。

西尔瓦的死亡使得罗马军队又损失了一名大将。不过对于生性多疑、封闭又绝对专制的君士坦提乌斯而言，这并不重要，最重要的是保证皇位的安全，因此，无论真实与否，一旦发觉端倪，立即将它掐灭。兄弟三人中唯有君士坦提乌斯能够长期在位，正是因为他不断地肃清任何可能成为他对手的人。父兄都遭此毒手的尤里安，最需要防备的就是不要落入这个年长他 13 岁的堂哥设的陷阱。

尤里安在周遭严密监视的情况下，开始了他在高卢的生活。很幸运，他遇到了一个凡事能够相谈、商量、不遗余力协助他的人。这个人名叫弗拉维乌斯·撒路斯提乌斯（Flavius Sallustius，又译萨路斯特），是一位高级军官，如果尤里安算高卢军队总司令的话，他就相当于实际担任军事指挥的副总司令。撒路斯提乌斯一向远离宫廷政治，是一位生性耿直的武将。就是他教导了尤里安如何将书本上学到的知识运用到实际的战场上。据说对军事一窍不通的尤里安，因为要来高卢，特地研究了尤里乌斯·恺撒写的《高卢战记》。多亏了这位刚正不阿的撒路斯提乌斯的帮助，24 岁的副帝不仅在军事上，对高卢的内政也有了一定的了解。

副帝尤里安管辖的地区包括高卢、不列颠以及西班牙三个行省。从军事防卫的角度来看，不列颠和西班牙的安全完全取决于高卢地区是否能够恢复安定。而威胁帝国这些行省安全的，就是越过高卢东部国界线莱茵河的北方蛮族。

事情轻重有别，不列颠和西班牙的问题可以暂且搁置，首先需要集中精力恢复高卢的安全。而发源于阿尔卑斯山脉、注入北海的大河莱茵河两岸则是重中之重。

最初将莱茵河定为“防线”的人，是征服了高卢的尤里乌斯·恺撒。之后，在恺撒的后继者奥古斯都引导下走向元首制的罗马，将莱茵河的西侧，以摩泽尔河（Moselle）为界，分成上、下游两部分。上游地区叫“高地日耳曼”（Germania Superior），下游地区叫“低地日耳曼”（Germania Inferior），这两个行省都冠以“日耳曼”之名，是因为在恺撒征服高卢时，莱茵河的西岸已经有不少入侵的日耳曼人定居在此。

鉴于以上的原因，罗马在公元 1 世纪进入元首制最初的时期，将莱茵河定为国界。罗马军团的基地通常都会沿着国界线建立。以莱茵河为例，低地日耳曼行省的军团基地设在克桑腾（Xanten）、诺伊斯（Neuss）、科隆以及波恩，而高地日耳曼行省的军团基地则设在美因茨（Mainz）、斯特拉斯堡（Strasbourg）。军团基地几乎是沿着国界线连成了一串。

到了公元 2 世纪时，黑森林（Schwarzwald）一带也被划入了莱茵河与多瑙河的上游地区。罗马人在此建起了日耳曼长城（Limes Germanicus），以抵御蛮族的入侵，因此，古代称为摩功提亚库姆（Mogontiacum）的美因茨以及叫作阿根图拉特（Argentorate）的斯特拉斯堡就不再是国界线上的军事重地。美因茨和斯特拉斯堡演变为罗马帝国的主要城市之后，以前的军营并没有消失。活用历史遗产，也是城市充分发挥其效能的手段之一。城中不仅仍然有军队驻守，而且还建起了连接日耳曼长城的道路网，一旦发现敌情，军队可以迅速到达战场。这些罗马式道路四通八达，因此，奔赴前线的军队能够顺利地通过终年不见天日的黑森林地带。这就是罗马人对基础建设的要求：要做就要做得有效、彻底。

日耳曼长城曾经在 150 年间发挥了完美的功效，直到后来发生了罗马当朝皇帝被波斯国王俘虏的前所未闻的大事件，本土处于危急状态，没有能力再去顾及其他地区的安全问题。受此影响，这个铜墙铁壁才被放弃。在放弃了日耳曼长城之后，公元 260 年美因茨和斯特拉斯堡再次成了军事重地，这意味着当地的居民又不得不再一次面临敌人的直接威胁。

然而，这里的防线也只维持到公元 350 年。公元 355 年年末，尤里安来到高卢时，这里的局势更加恶化。民众以前只是担心外敌的侵

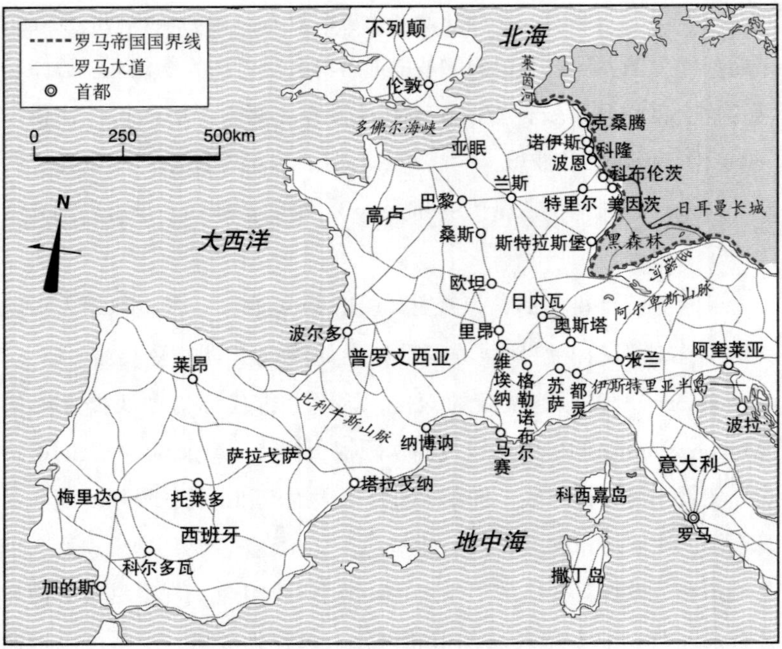

罗马帝国西方

略，而如今蛮族早已闯入家园，烧杀掠夺。这一切都要归咎于公元350年发生的杀死君士坦斯皇帝及其主谋者马格嫩提乌斯挑起的军事叛变。为了抵抗君士坦提乌斯皇帝率领的讨伐部队，马格嫩提乌斯的3.6万人的军队损失了2.4万人，这些人原本都是防守莱茵河防线的官兵。这个时期蛮族越过莱茵河入侵罗马境内尤其严重的原因，主要是高卢的防守兵力减少了三分之二。马格嫩提乌斯挑起的叛乱在公元353年以他自杀而告终。然而，平息战乱之后的高卢并没有能够恢复到战前的形势。这场罗马军队自相残杀的内战造成了高卢的防守军力严重削弱。

尤里安被派到的就是这样形势下的高卢，而且君士坦提乌斯皇帝以多瑙河的战事需要兵力为由，没有给他支援的兵力。虽然有一些招兵买马的军费，不过，皇帝批准的金额与实际的需要相差甚远。按常理判断，无论他如何努力，高卢地区最多也就是维持现状了。如果尤里安满足于身上那件副帝的斗篷，那么他只需小心谨慎，不引起正帝的猜疑，就能保住这个挂名总司令的位子，太平无事地坐守"政府"所在地维埃纳。万一发生不测，维埃纳地理位置良好，能确保他成功逃离。他可以翻过阿尔卑斯山脉进入意大利东部，也可以沿着罗讷河南下，到达古称"普罗文西亚"（Provinciàe），即现在法国的普罗旺斯地区，那里当时还没有受到蛮族的侵略。

积极作战

24 岁的尤里安放弃了所有可以让他安身保命的选择。第二年一开春，人和马匹刚开始有了精神，他就即刻离开了维埃纳，既不向东也不向南，而是直奔北边。

公元 356 年是尤里安就任副帝的第一个年头。这年他接获的第一个报告是：欧坦（Autun）遭蛮族大举侵犯。所幸的是，居住在当地的退役军人重新拿起武器，支援守备部队，避免了全城陷落的危机。当时尤里安手里只有一队弓箭手和一队重装骑兵，但他没有任何犹豫，带着军队开赴欧坦。

从维埃纳到里昂，如果走大路，只需要沿着罗讷河往北，从罗讷河与塞纳河交汇处的里昂继续北上就是欧坦。不过，大路行军容易暴露，总共才千余人的军队，要是遇上万人以上的敌人，必死无疑。尤里安决定放弃平地，改走直线距离较短但道路艰险的山路。势单力薄的小部队也有着机动灵活的便利之处。

欧坦在罗马时代被称为奥古斯托杜努姆（Augustodunum），四周城墙高筑，城防要塞处还建有监视塔。城内不但有模仿罗马斗兽场而建的圆形竞技场，还有两座半圆形的剧场。两条主干道在市中心广场交接，从这里经过四方形的城门，就是城外。欧坦的民宅按照罗马式的都市结构均匀地分布在城内各处，街道垂直交错，犹如围棋盘上的直线，一旦敌人来袭，军队可以毫无障碍地迅速集中，投入战斗。整个欧坦似乎就像一座罗马军团基地。虽然蛮族人多势众、勇猛顽强，但是他们缺乏战略，也就是说不懂得有效地运用兵力，而且在当时又尚未掌握多方进攻的战术，因此像欧坦这样一个兵力不多的中等规模城市，也能在敌众我寡的形势下成功地击退敌人。尤里安似乎也看到了这一点，只要没有遭到频繁的进攻，像欧坦这种小地方也可能靠仅有的兵力自保安全。既然如此，与其坐等敌人来袭，不如主动出击。尤里安决定一路向北追击敌人。他下令除了普罗文西亚之外，所有散布在高卢全境内，准确地说，是躲在高卢境内的残余部队，在兰斯（Reims）集合，他本人也离开欧坦前往兰斯。

兰斯古称杜罗科托鲁姆（Durocortorum）。古罗马时代，这里是七条罗马大道的交会处，在北高卢地区属于数一数二的重要城镇。散落在各地的军人来这里集合不仅便利，军队由此向东，经过连接着的罗马大道，就可以抵达目的地高地日耳曼行省。莱茵河上游以西的广大地区盘踞着大量的阿勒曼尼人（Alemanni），尤里安将他们定为第一个扫荡的目标。

据称，最终有 2 万名左右的罗马士兵在兰斯集结，这批人即将挑战的是日耳曼民族中最强大的一支——阿勒曼尼人。按照正常的思

柏拉图

维，尤里安的这种行为属于有勇无谋。然而年轻可以将不可能变成可能。不过，年轻人也容易动摇，上一刻还自信十足，下一刻就可能变得忐忑不安。这个时候，尤里安都会放声大喊，宣泄一下压力："啊！柏拉图！柏拉图！我这一介哲学门徒怎么能做这样的大事！"

在统称为北方蛮族的日耳曼人中，尤里安要面对的阿勒曼尼人属于人多势众、力量强大的一支。当时活动在莱茵河流域的蛮族，下游一带主要以法兰克人（Franken）为主，而中、上游地区就是阿勒曼尼人。而从北向南侵入多瑙河一带的日耳曼人主要是萨尔马提亚人（Sarmatia）、库瓦迪人（Quadi）以及强大的哥特人（Goth）。如果将他们视为威胁多瑙河防线的敌人的话，那么莱茵河一带要对付的日耳曼人就是法兰克人和阿勒曼尼人。

罗马帝国灭亡时，法兰克人将法国占为己有，法兰西的名称就是由此而来的。同一个时期阿勒曼尼人也占领了阿尔萨斯—洛林（Alsace-Lorraine）地区。这里后来成了德国与法国的兵家必争之地。“阿勒曼尼”这个名称带着浓厚的德意志色彩，而法兰克人则被视作法兰西人的祖先。不过追本溯源，这两个民族是来自日耳曼的同胞兄弟。因此，对于试图恢复高卢安全稳定的罗马帝国副帝尤里安而言，不管是阿勒曼尼人还是法兰克人，都是北方蛮族。

这两个部族一个从下游入侵，另一个从中上游入侵，虽然入侵的地点不同，但他们最后都越过了莱茵河，一路烧杀掠夺，沿岸的城市科隆、波恩、美因茨、斯特拉斯堡，以及摩泽尔河上游的特里尔，无一幸免，至于那些防卫能力无法和城市相比的乡村，最终只剩下一片无人的废墟。

因此，尤里安以古代称之为鲁特西亚（Lutetia）的巴黎为界，将高卢分为东、西两部分，把击退蛮族的战场选在界线以东的东高卢。他的这个战略是正确的，准确地说，是除此之外别无他选。

于是，24 岁的副帝率领着在兰斯集结的几乎全部的人马，向东搜寻敌人。然而，阿勒曼尼人长年出没于这一带，十分熟悉当地的情况，神出鬼没，难见踪影，而年轻且经验不足的尤里安又没有出奇制胜的战术。那一天，他们行走在乌云密布的丘陵上，队形拉得又细又长，仿佛在没有敌人出没的后方行军。

尤里安骑着马，走在队伍的前列，不断地给身边的士兵打气。而此时后面的队伍已经遭到了大批悄然而来的敌人的猛烈袭击。当他发现情况时，大部分的殿后官兵已经倒在了阿勒曼尼人的弓箭、标枪之下。根据记载，尤里安损失了 2 个军团。公元 4 世纪时一个罗马军团的规模，既不是共和时期的 4 000 人，更没有元首制时代的 6 000 人，最多也就在千人左右。即便如此，2 000 人的兵力损失，对尤里安而言仍然是一个极其沉重的打击。这次的教训让他深深地体会到，战场上光靠勇敢是不够的，谨慎和警戒才是关键。

尤里安了不起的地方在于他没有因首次出击不利而畏缩，而是坚持了以攻为主的战略方针。任何人都难免失败，但不是每个人都能够尽早地挽回失败。他率领的部队没有撤退到安全的兰斯，而是继续往东前行。与此同时，尝到了胜利滋味的阿勒曼尼人决定与罗马军展开正面交锋。

第二次战斗完全在罗马人的意料之中，因此他们采用了传统的会战方式，获得了胜利。尽管没能将敌人一举歼灭，但这次胜利让尤里安在军队中树立起了威信。当这位年轻的副帝下令继续朝莱茵河方向前进时，没有人提出反对。

历经 6 年左右的时间，罗马军终于重新回到了莱茵河沿岸。但是映入他们眼帘的科隆，是被敌人蹂躏之后倒塌在凄风苦雨中的一片废墟。不仅当地的罗马人逃离了这里，蛮族人在烧杀抢劫之后也弃之而去。科隆破落不堪的景象，让来到这里的罗马军人无言以对。

当时科隆正式的名字叫作“科隆尼亚阿格里皮内西姆”（Colonia Claudia Ara Agrippinensium），后人将拉丁语中意为“殖民都市”的“Colonia”转译成德语，才有了如今“科隆”这个名字。与前身是军团基地的美因茨、斯特拉斯堡不同，科隆的兴起与恺撒有关。当年恺撒在征服高卢之后，发现居住在莱茵河东侧的日耳曼人中的乌比人（Ubier）倾向于罗马，于是令他们集体迁移到莱茵河西岸，渐渐形成了科隆这一城市。科隆是在克劳狄乌斯皇帝时代才升格为“科隆尼亚”，即殖民都市。不过在此之前，它已经属于莱茵河防线的重镇，经常成为在前线越冬的司令官及其部队的冬营地。卡利古拉（Caligula）皇帝就是在其父的科隆军营中长大的。这里顺便提一句，与科隆相似的城市还有伦迪尼乌姆（Londiniensium，伦敦），因其重要的地理位置，取代了由军事基地发展而成的约克、切斯特，成了不列颠行省的首府。

寒冬不断逼近，冷雨潇潇中的科隆如死一般地沉寂。可就在不久之前，这里还是车水马龙、人和物产交流频繁的热闹城市。科隆沦为废墟，意味着莱茵河防线已经不复存在。站在废墟之上目睹惨状的尤里安，恐怕到这个时候才真正下决心，他要重建莱茵河防线，恢复周边惨遭破坏的地区。尤里安命令部队掉头向西，前往桑斯（Sens）越冬。可是，当部队平安抵达桑斯、士兵刚被送到冬营地不久，又遇到了阿勒曼尼人的袭击。

桑斯位于巴黎东南 100 公里、兰斯西南 150 公里处，这里也建有城墙，但城镇整体规模不及兰斯，因此冬营地只能建在附近的村镇。桑斯不像里昂或巴黎，有可以退守的沙洲，一旦敌人围城，很难坚守得住。当阿勒曼尼人袭击桑斯时，尤里安向在附近冬营地的骑兵团长官发出了紧急救援命令，可是左等右等不见援兵，他只能依靠手中仅有的兵力以及当地居民的协助，来打这场凶多吉少的仗了。

所幸的是，蛮族围攻 30 天未果，悻悻然退兵离去。他们虽然来自北方，习惯了寒冷的气候，但是寒冬腊月在毫无遮掩的平原上安营扎寨，毕竟还是太严酷了。30 天的保卫战再一次让尤里安赢得了声誉。在山穷水尽的情况下，他表现出的无所畏惧、坚持到底的精神，受到了官兵的赞赏。想来年轻的副帝也通过这次教训，学到了冬营地选址对于战争的重要性。

日耳曼民族

公元 357 年，春天来临之际，尤里安迎来了他在高卢的第二个年头。这一年他 25 岁。

在率军开拔之前，尤里安已经完成了一件重要的事情，他解除了原来的骑兵团长官马塞勒斯的职务，由经验丰富又勇敢擅战的老兵塞维鲁斯（Severus）取而代之。桑斯告急之际，尤里安给马塞勒斯发出了求援令，马塞勒斯百般搪塞，最终没有执行命令。因此，作为高卢地区总司令的尤里安以不服从命令为由，解除了马塞勒斯的官职。为了有效地击退频频来犯的北方蛮族，当时罗马军的主力已经从传统的重装步兵转为骑兵，骑兵团长官的角色可谓是重中之重。尤里安对马塞勒斯的处置，相当于总司令革了副总司令的职。

这种事情无论在什么时候都会引发震动，何况尤里安的这一举动势必会触怒宫廷。但他还是冒死做出了决定。高卢地区绝大多数的高官是由君士坦提乌斯皇帝钦定的，尽管作为副帝，尤里安握有高卢的人事权，解任手下合情合理，但他自己的脑袋能否保住，完全要看正帝乐不乐意了。

尤里安的兄长加卢斯，在担任副帝被派驻叙利亚期间，曾经以过激的手段除掉正帝派来的两位官员。他将这两个人像祭品般地丢在大庭广众之下，让情绪失控的民众活活地将他们杀死。加卢斯的行为正好给那些希望他倒霉的人制造了机会，而他的结局也证明了一点：胆敢违背正帝意志的人，一定会付出惨重的代价。

尤里安是加卢斯的弟弟。加卢斯最终是被斩首处死的，而下令杀死他的正是当下唯一的最高权力者君士坦提乌斯。因此，尤里安是冒着杀头的风险做出了以上人事决定的。

在维埃纳的时候，尤里安发现那些主管内政事务的官员虽然没有露骨的反抗，但对他始终是阳奉阴违。不仅是文官，在这一年的军事行动中，那些高级武官的行为多半也是消极怠慢。因此，尤里安拼死也要向所有的人表明自己的态度。

如果让这种消极的态度在军中继续蔓延，击退蛮族的目标就会化作泡影。尤里安杀鸡儆猴，解除马塞勒斯的官职，向全军显示了他的决心。

与兄长加卢斯不同，尤里安是以总司令的身份解除了骑兵团长官的职务，完全符合法律规定。虽然当初任命马塞勒斯的是君士坦提乌斯，但那是尤里安做副帝之前的事情。尤里安上任之后，高卢的人事权就属于他的权力范围。尤里安的行动证明，想从阴谋的旋涡中脱身，选择堂堂正正地从正面突破，大多要比察言观色、步步为营来得更有效。结果，尤里安曾经再三请求也没求到的援兵，这一次皇帝竟然欣然点头答应了。

尤里安决定延续前一年的做法，公元 357 年的军事行动也采取积极进攻的战略。不过，鉴于去年的失败教训，他在部署上做得更为谨慎。

首先是兵力。尤里安的军队精确的人数是 1.3 万人。在元首制时代，除指挥官之外，现役（juniors）军人的年龄定为 17 岁到 45 岁。帝国进入公元 3 世纪以后，20 年兵役期的规定已形同虚设。“老兵”（veteranus）在元首制时代，是退役军人的代名词，到了后帝国时代，兵役期限模糊不清，“老兵”的意思变成了现役军人中超龄的老战士。另一方面，利用非敌对的蛮族作为雇佣兵，已成了军队的常态。在规定的时间内当兵，退役之后恢复平民生活，这种罗马军人传统的生活形态，这些蛮族人几乎完全没有共鸣，因此也不存在退不退役的问题。

尤里安掌握的 1.3 万人的兵力，之所以说数字精确，不含水分，是因为这些人是按照元首制时代“现役”军人的概念挑选的。换言之，这 1.3 万人是实打实的精兵强将。

话说回来，就算是精兵强将，1.3 万人也只相当于元首制时代的 2 个军团。这种规模的军队交给军团长指挥即可，根本不需要总司令亲自出马。即便是局势最为稳定的“罗马统治下的和平”时期，如果皇帝亲自出征，至少要带 5 万人以上的军队。

不幸，主导世界的“罗马统治下的和平”时期已成为历史，进入了一个混乱不堪、无秩序的年代。罗马帝国的副帝不得不率领区区 1 万余人的军队亲自出征。5 年前，蛮族出身的将领马格嫩提乌斯率军对抗正帝君士坦提乌斯时，他手下都有 3.6 万人。这些人最终有 2.4 万人战死沙场，他们大多来自高卢。当下的罗马帝国，即使面临外敌的严重威胁，也没有能力再去补充因内战而损失的兵力。而阿勒曼尼人首领克诺多马（Chnodomar）此时正率领着 3.5 万人的大军，等候着尤里安这 1.3 万人的到来。

值得庆幸的是，这一年的战役尤里安得到了正帝君士坦提乌斯的支援，巴尔巴提奥（Barbatio）将军带着 3 万人马，已经从米兰开拔，往北行进。

尤里安与巴尔巴提奥联合作战的计划原本是这样的：

首先是尤里安率领 1.3 万人的军队从桑斯出发，向东直抵斯特拉斯堡。阿勒曼尼人在这两三年中，以攻占邻接莱茵河西岸的斯特拉斯堡为目标，将这里作为他们在罗马帝国境内的前线基地。

另一边，巴尔巴提奥率领的 3 万大军，从米兰出发，渡过阿尔卑斯山脉中的大小湖泊，穿越险境，到达斯特拉斯堡以北的莱茵河沿岸

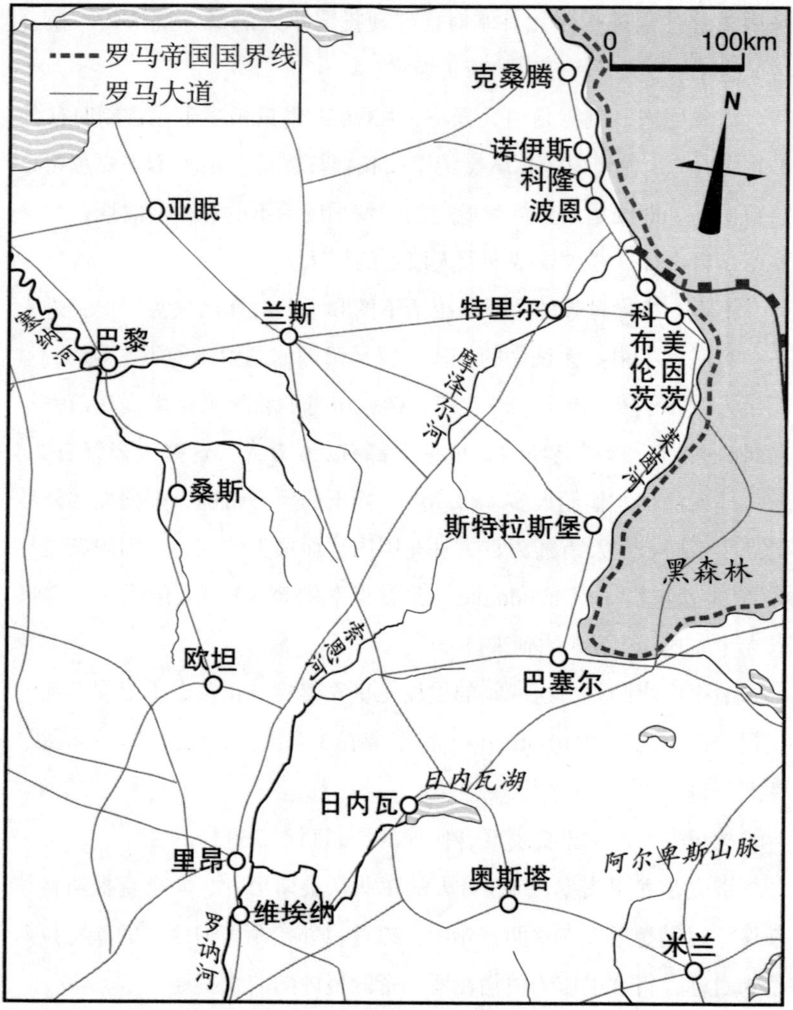
罗马帝国国界线
罗马大道
0
100km
N
克桑腾
诺伊斯
科隆
波恩
亚眠
兰斯
特里尔
科布伦茨
美因茨
塞纳河
巴黎
摩泽尔河
莱茵河
桑斯
斯特拉斯堡
黑森林
索恩河
欧坦
巴塞尔
日内瓦湖
日内瓦
里昂
奥斯塔
阿尔卑斯山脉
维埃纳
罗讷河
米兰

高卢东部

城市巴塞尔（Basil，罗马时代称为巴塞利亚，Basilea），从巴塞尔附近渡过莱茵河，向北进军。这一带原本属于日耳曼长城的内侧，如今已经成了阿勒曼尼人的大本营。

如果大本营失守，盘踞在斯特拉斯堡周边的阿勒曼尼人为了保卫后方家园，势必会渡过莱茵河往东撤退。这个时候尤里安就可以伺机领兵追击。尤里安虽然只有1.3万人，但足够用以追击节节败退的敌军。这次联合作战的目的就是通过南、西两面包抄，一举歼灭渡过了莱茵河在高卢内部肆虐的阿勒曼尼人，直捣他们的老巢。

可是，在行军前往斯特拉斯堡的途中，尤里安接到报告，说巴尔巴提奥的军队攻打到阿勒曼尼人的大本营附近，突然停了下来。部队在原地待命了数日之后，掉头回米兰去了。而且他们在待命期间，曾遇到阿勒曼尼人的一支分队，却完全没有行动，任由敌人扬长而去。

巴尔巴提奥为何做出这般让人不可思议的举动，其理由无人可知。根据后世的历史学家推论，可能是巴尔巴提奥猜想正帝君士坦提乌斯不希望看到尤里安建功，所以在他成为战争英雄之前，以“久候不至无奈撤兵”为由，撤回了米兰。所谓的猜测，是根据自己的想象去诠释他人的内心。君士坦提乌斯是一个从不肯暴露自己内心的人，而且还是一个绝对专制的君主。绝对专制的弊害之一，就是臣子需要去猜测主子的心思。总而言之，原本至少可以解决一半问题的联合作战，还没开始就灰飞烟灭了。

如果说这次事件还有什么影响的话，那就是让尤里安深刻地体会到，依靠他人的力量是一件多么徒劳的事情。25岁的副帝下定决心，以1.3万人的兵力去迎战3.5万人的敌军。

斯特拉斯堡大捷

在兵力悬殊的情况下，战争时间拖得越长，对弱势的一方就越不利。有一种战略是如果不能一战定乾坤，大获全胜，可以通过每一次的局部胜利累积战果，最终达到目的。但是每一次的胜利都会伴随着牺牲，结果是捷报连连，死伤惨重。这个现象欧洲人称之为“皮洛士的胜利”（Pyrrhic victory）。这句话的典故起源于希腊伊庇鲁斯（Epirus）国王皮洛士。公元前 3 世纪，罗马正在争夺意大利半岛的霸主地位，皮洛士是其强敌之一。尽管战场上皮洛士不断打败罗马人，但也为此付出了巨大的代价，最后不得不撤兵逃回伊庇鲁斯。罗马最终能够打败皮洛士这位军事天才，是因为它的社会制度发挥了功效，可以在短时间内弥补战争的损失。

然而，所谓尽快挽回损失的是最后赢家的理论，并不适合在敌占区作战的场合。在兵站不能充分发挥功效，即后勤供给不足的敌方打仗，将军们通常会采用速战速决的战术，在平原布阵，在士兵雄壮的呐喊声中拉开序幕的会战方式，就有这样的优点。

被后人推崇为名将的亚历山大大帝、汉尼拔以及恺撒都喜欢通过会战的方式一决雌雄。这并非他们天性喜好壮观的场面，而是因为都在敌方的根据地打仗。更重要的是，他们都非常明白小隙沉舟、滴水穿石的道理。即使少量的损失也可能造成严重的后果。

虽然说尤里安的仗是在国内打，但就各种实际情况而言，形同在敌方作战。这位 25 岁的总司令唯一的选择，就是一仗决胜负。

斯特拉斯堡古称阿根图拉特（Argentorate）。由此向西北约 30 公里处有一个名叫“托雷斯达维那”（意为路边小饭馆）的小镇，它是罗马大道沿线提供旅人落脚住宿的村镇之一。莱茵河的支流从这里经过，地势平坦，适合作为野战的战场。战役发生的具体时间没有记载，从后续的行动推测，应该是在春末夏初，气候上也有利于战情。

为了迎战罗马军，阿勒曼尼人的首领克诺多马带着1.5万人的兵力，从大本营出发，用了三天三夜的时间渡过莱茵河，到达斯特拉斯堡。当初他们从罗马人手中夺得这里，将它作为罗马境内的前线基地，因此他们势必会安排自己人在此驻守，加上这些人，克诺多马在战场上投入的实际兵力应该超过了4万人。

斯特拉斯堡作为罗马军团基地已经有350年的历史，高墙四起的军营占了半个城市，犹如城中之城。这里的军营建立于元首制时代，一个军团编制为6 000人。由于经济力量强大，军营造得坚固扎实，设施完备。因此，不管是哪一方拿下这座城镇，都会将此地作为前线基地。阿勒曼尼人自然亦是如此。由于阿勒曼尼人在人数上占了优势，所以，当老当益壮的首领克诺多马建议出城打野战时，所有的人都表示赞同。这对尤里安来说，是一个好消息，他要用1.3万人的军队去攻破那牢不可破的军营，可以说是绝对没有希望的。

罗马军编成两路密集的纵队，向着对面横向排列、人数在他们3倍以上的浩浩荡荡的阿勒曼尼大军主动发起了进攻。尽管队形狭窄，罗马军还是以传统的方式排成左翼、中央、右翼的阵势。左翼由塞维鲁斯指挥，总司令按照惯例负责中央，由辅助兵打头阵，主力军紧随其后。尤里安和他率领的200人的近卫队，站在前卫与后卫之间的位置。

在敌强我弱的形势下，首先要注意的是不能被敌人包围。斯特拉斯堡会战中，先发制人的是罗马军团右翼的骑兵团，位于中央的步兵团紧随其后往前冲锋，而塞维鲁斯指挥的左翼却按兵不动。他们必须等到躲藏在丘陵后面的敌人现出原形，才能发起攻击。

蛮族人的战术到了公元4世纪仍然非常原始，就是骑兵团冲锋在前，步兵大批人马紧随其后，一鼓作气冲进敌阵。这种单纯的作战方式，在斯特拉斯堡会战中也相当奏效，眼看着胜利在望。

双方骑兵的厮杀一开始蛮族人明显占了上风。罗马骑兵虽然顽强抵抗，但终究不敌，放弃了战场，逃回自己的阵地。与此同时，敌军的中间部队也突破了罗马军前卫的防线。

此刻的尤里安，从总司令变身为站在第一线冲锋陷阵的勇猛的战将，他带着200名骑兵策马扬鞭，一边呵斥着逃跑的骑兵，一边激励着乱了阵脚的前线步兵，及时地扭转了几乎败北的战局。所幸的是，骑兵团迅速地重整队伍，作为主力军的后卫面对大批压上来的敌人，没有丝毫退缩。而躲在丘陵后面的敌军右翼部队终于按捺不住，纷纷现身，正好被等候多时的塞维鲁斯指挥的左翼部队逮个正着。

形势至此，就是罗马军控制战局了。战场上的输赢往往不是看哪一方人多，而是看谁能掌控主导权。当1.3万人的罗马军发起全线进攻时，3.5万人的阿勒曼尼人的军队节节败退，仓皇逃命。他们企图越过莱茵河逃回对岸，罗马军则紧追不放，一直追到莱茵河边。

阿勒曼尼人包括首领克诺多马在内的大批官兵被俘；6 000余人战死沙场，还有很多人被莱茵河的激流卷走。罗马军方面牺牲了4名队长以及243名士兵。这次斯特拉斯堡会战是罗马帝国后期战史上少有的一次大获全胜的战役。

会战结束后，尤里安接见了被俘的克诺多马。年轻的副帝对这位老首领一直保持着彬彬有礼的态度。不过，他还是将克诺多马与胜利的战报一起送给了正帝君士坦提乌斯。克诺多马后来被转送到罗马，在西里欧山上的军营度过了余生。

斯特拉斯堡会战为尤里安带来了难以想象的威望。在官兵们的眼

尤里安

里，他是无上光荣的大英雄。尤里安觉得士气可用，趁着冬天未到，领兵渡过了莱茵河攻入敌境。所谓的敌境，原来是日耳曼长城的内侧地带，就在百年前，这里还属于罗马帝国的领土。当年罗马军留下的军营、要塞随处可见，如今已经是人去楼空。这一次由于时间和兵力上的限制，尤里安的军队没能彻底捣毁敌人的老巢。然而，年轻的副帝能够目睹帝国昔日的荣光，已不虚此行。打败蛮族、获得斯特拉斯堡大捷的尤里安，眼下成了名副其实的罗马帝国的“凯旋将军”。

副帝及其军队用比蛮族人更野蛮的方式破坏了阿勒曼尼人的根据地之后，随着秋天的到来，渡河回到了莱茵河西岸。准备在鲁特西亚的冬营地度过公元 357 年年末到 358 年年初的休战期。

公元 356 年以及 357 年，当副帝尤里安以莱茵河畔为舞台，勇敢对抗阿勒曼尼人的同时，在多瑙河沿线，正帝君士坦提乌斯也在积极应战，履行着罗马帝国皇帝保家卫国的职责。他的对手是萨尔马提亚人和库瓦迪人，早在元首制时代就不断地骚扰、威胁帝国边境。同为指挥官，君士坦提乌斯与始终战斗在前线的尤里安不同，他几乎一直待在远离战场的大后方米兰。

他们两人之间的这个差异，不仅是因为正帝与副帝的地位不同，更主要的是尤里安只有1.3万人的兵力，而君士坦提乌斯手里掌握着10万人的大军。因此，皇帝可以放心地将战场的指挥权交给手下的将军。不过，敌情吃紧的时候，他也会在战场上露个脸，给战士们打打气。这个事事效仿父亲的人，与他身先士卒的父亲不同，通常都是在战斗打到尾声时才会出现。当侵入多瑙河以南大片土地的蛮族被击退之后，他才亲自出马，率军渡过多瑙河北上追击。

或许是因为多瑙河沿线的战役胜利在望，正帝君士坦提乌斯在公元357年的春天首次造访了罗马，此行公开的目的是举行凯旋仪式。他的这个举动似乎也是模仿君士坦丁大帝。君士坦提乌斯及其随行人员从米兰出发，穿过埃米利亚大道到达亚得里亚海。他们渡海之后，沿着弗拉米尼亚大道直行，在4月28日到达罗马。39岁的君士坦提乌斯生平第一次目睹了这座不朽的城市。

罗马最后的凯旋仪式

帝国首都罗马的人民自公元312年君士坦丁大帝的凯旋仪式之后，45年来首次看到了皇帝的身影。罗马城作为帝国的首都已有1 110年的历史。但是，当70年前帝国走向君主专制之后，罗马这个“国家大脑”的角色也被他城取代。曾经被世人憧憬的“世界之都”，如今却沦为专制的君主为举行凯旋仪式，心血来潮过来看看的地方。

有关君士坦提乌斯在罗马的情形，我将引用一位军人的文章来代叙，从他当时所处的立场来看，可以说是一个名副其实的在场证人。

这位军人的名字叫阿米阿努斯·马尔塞利努斯（Ammianus Marcellinus），是来自叙利亚安提阿的希腊裔罗马人。他的出生年月不详，通常被认为是在公元 330 年。若真如此，那么他与尤里安同龄。在商业城市安提阿，那些社会地位高贵、经济基础良好的上流社会出身的人，通常都会选择经商。但阿米阿努斯选择了从军之路，他好像是刚成年就加入了罗马军团。

由于出身高贵，阿米阿努斯一入伍就获得了将官级的待遇，成为罗马帝国东方著名的战将乌尔希西努斯将军的幕僚。他跟随这位将军打过西方的多瑙河战役，也奔赴过东方的幼发拉底河战场……历经了几十年东征西战的戎马生涯，在 45 岁左右离开了军队。他引退的理由我们不得而知。之后，他游历帝国各地，也曾经在罗马小住。

做回一介平民的阿米阿努斯开始写作。他立下雄心壮志要续写塔西佗记述到公元 69 年的《历史》（*Historiae*，亦译作《罗马史》）。如果读希腊历史，我们会发现，这种接力赛式的记述方式，对古代的历史学家而言，似乎是稀松平常的事情。

与塔西佗的作品一样，阿米阿努斯著的《历史》（*Rerum Gestarum Libri*，亦译作《晚期罗马帝国史》。——译者注）也没有被完整地保留下来，最初的 13 卷不知下落，所幸的是，从公元 353 年的加卢斯副帝时代到公元 378 年哈德良堡战役大败 25 年间的文卷还在。这个时期，对阿米阿努斯而言，是他亲身经历的“当代史”，他留下的这段记录，正可谓是“同时代人的证言”。

尽管罗马帝国是一个双语国家，但对希腊裔的阿米阿努斯而言，希腊语才是他真正的母语。不过他著书时却使用了拉丁语。我认为其中有三个原因：其一是因为阿米阿努斯出身贵族，罗马上层社会的教育向来是要求同时掌握拉丁语和希腊语。其二，他要续写的是塔西佗的作品。塔西佗被称为拉丁散文第一人，既然是接力，那么就应该按照前者的语言续写历史。其三，阿米阿努斯曾经历过长年的军团生活，习惯了使用拉丁语。当时帝国皇帝颁布正式公告，采用了多种语言，帝国东方是希腊语，帝国西方则是拉丁和希腊双语。唯有罗马军团一律采用拉丁语。

这位武将出身的历史学家文笔不错。文体虽然不是精心雕琢，但文字简洁明了，很符合其军人的气质。因此，后人将他视作罗马帝国的最后一位史学家。

君士坦提乌斯皇帝访问罗马时，如果阿米阿努斯是随行之一的话，那么接下来的这段叙述，就是当年这位27岁的武将的亲身感受：

西方和东方的问题尚未解决。然而，雅努斯神殿的大门好像已经关闭；敌人似乎已经彻底被消灭，君士坦提乌斯打算在罗马举行凯旋仪式。所谓的凯旋，其实是马格嫩提乌斯之乱引发的罗马人之间的流血斗争的结束，依照罗马的传统，根本就没有资格举行这个凯旋仪式。他不是靠自己的能力打败了外敌，就算获胜，那也是他手下将军们的功绩。没有任何人在危险的战场上见到过他的身影。即便如此，他还是要举行凯旋仪式。……

为了这场凯旋仪式，君士坦提乌斯投入了大量的金钱和人力。从北而来的行列，距离罗马城墙还有130公里，却已经整好了随时可以冲锋的队形。全副武装的士兵延绵不断，占据了整个街道。看到这久违的景象，沿途的百姓不禁欢呼、鼓掌，欢迎他们的到来。当然，最引人注目的还是战车上的皇帝。

尽管皇帝的队伍还远在天边，元老院元老和罗马的贵族们全体出动，早早恭候在罗马城门前。这些只剩下昔日光环的人，对皇帝恭敬的态度和不遗余力的赞美，让他感到深深的满足。当他看到这些人后面的大批民众时，他没有掩饰住惊愕的表情。他终于明白，帝国没有一座城市能像罗马这样，容纳如此众多的民族和人种。

皇帝的战车穿过人群，一路前行。镶满了宝石的黄金战车，在阳光下熠熠生辉。绣着金龙的紫色皇帝旌旗，伴随在战车左右，迎风吹起的旗帜像一条不停扭动的长蛇。战车的两侧有两个纵队的士兵护驾，他们的头盔、胸甲和盾牌为了今天的凯旋仪式，特地磨得锃亮。全身穿着波斯式铁甲的骑兵队，看上去不像真人，宛如普拉克西特列斯（Praxiteles）制作的铜像。

被士兵簇拥着的君士坦提乌斯无视民众的欢呼，纹丝不动地站在战车上，自始至终维持着君主在臣民面前的威严形象。战车造得实在太高，穿过拱门时，连小个子的他也不得不低下头才能通过。罗马人喜欢用拱门来装饰街道，所以一路上他得不停地低下头去。这是他唯一的一个动作，战车上的皇帝始终眼望前方，目不斜视，似乎脖子得了不能转动的毛病。如果此时有谁说那不是真人，是尊雕像，相信所有在场的人都会深信不疑。

途中有一根车轴出了故障，车身突然倾斜，但这也没让君士坦提乌斯改变姿势，甚至脸上的表情。这一路上他没有吐过口水，没有摸过鼻子，没有动过嘴巴，连手指也没有动过一下。

这是性格封闭的他用来炫耀的方式。他相信这种伫立不动的姿势，是显示他至高无上地位的最直接、最佳的表现方式。在位期间，他从不与人同坐一辆马车，也绝不和任何人分享他占有的公权力。这些之前的皇帝都能做到的事情，他却因为那近乎病态的虚荣心而无法办到。

皇帝的队伍终于开进了罗马城，这个竭尽人类之能创造的帝国圣地。

队伍笔直地向城中心前行，穿过街道，进入了罗马广场。密密麻麻矗立在广场上的那些象征着罗马曾经辉煌和荣光的纪念碑，到底还是把君士坦提乌斯震撼得目瞪口呆。他的视线所到之处，都是承载着罗马历史的建筑物。注视着这些建筑，回顾成就它们的那些光辉时代，势必会让后人备感压力。

君士坦提乌斯先在位于广场一角的元老院会堂，对元老与权贵们发表了演说，又在会堂外的讲坛上，面对聚集的民众再次演讲。他在到达历代皇帝居住的帕拉蒂尼山时，也受到了热烈的欢迎。君士坦提乌斯面无表情的脸部，终于因得到了渴望已久的快乐而变得有些松弛。

接下来的数日，按照历代皇帝的惯例，君士坦提乌斯主办了竞技大会，颁布了几条利民的政策。这些利民政策事先做过周全的考虑，既取悦于民又没有过度放纵，以免百姓陷入毫无节制的生活。话说回来，皇帝对其他城市的人民的一些限制，并没有强加给罗马市民，想来是考虑到这座城市曾经的历史和现状做出的决定。

皇帝在罗马逗留期间，连日兴致勃勃地参观了这座由七座山丘组成的城市，不仅是城中，就连远离市区的郊外城墙都不落下。他似乎有一种今天不看明天可能就再也看不到这美好景象的紧迫感。不过，他的这种不安到了次日必定会被再次出现在眼前的壮观场面拭去。

矗立于帕拉蒂尼山之上、奉献给众神之神朱庇特的壮丽的神殿，令人深感天神之永恒和人类之有限；巨大的公共大浴场，仿佛可以容纳整整一个行省的人民；使用蒂沃利（Tivoli）产的巨石建造的圆形竞技场（Colosseum），规模之雄伟使人为之目眩神驰，献给天地诸神的万神殿（Pantheon）那令人叹为观止的穹顶以及柱身环绕浮雕，柱体内有螺旋楼梯直通柱顶的图拉真记功柱（Trajan's Column）和马可·奥勒留皇帝的纪念柱，还有众多的神殿、广场、半圆形剧场、音乐厅和竞技场……点缀“永恒之都”（urbis aeternae）的所有的景象，皇帝无一错过。

某一天，皇帝造访了图拉真广场（Forum Traiani），这个由人类创造、足以让诸神也赞叹不已的气势恢宏、独一无二的地方。君士坦提乌斯惊得哑口无言。他似乎觉得贵为皇帝只会赞叹有失身份，提出要效仿位于广场中心的图拉真皇帝的骑马像，为自己也建造一尊雕像。此时，站在他身边的流亡的波斯王子奥米斯达（Ormisda）回答说：“皇帝，在雕塑骑马像之前，何不建造一个不亚于这个广场的马厩？好让您骑的御马有足够的空间昂首阔步。”

奥米斯达的揶揄让君士坦提乌斯不得不闭上嘴巴。但他似乎又不肯服输，便反问奥米斯达这几日对罗马的观感。于是这位波斯的贵族说了下面这句话：

“当我想到创造出如此伟业的人们最终也不免一死，心情总算平静了一些。”

遍布于“永恒之都”的各种壮观的建筑物，在共和时期由凯旋将军、在帝制时代则是由皇帝兴建，献给人民，即献给国家。39岁的君士坦提乌斯感到，既然举行了凯旋仪式，也应该依循前例做些什么，但他不知道送什么东西好，罗马城中已应有尽有。他那个仿照矗立在图拉真广场中央的巨型图拉真皇帝骑马像的想法，不过是黄粱一梦，然而身为凯旋将军，不留下点儿什么作为纪念有违传统，就连他父皇君士坦丁大帝，也曾经在这里建造了一座规模较小的公共浴场。

经过反复思考，他决定在大竞技场边上立一座方尖碑（obelisk）。这座方尖碑原本是君士坦丁大帝令人从埃及内陆找来，打算立在君士坦丁堡的，因大帝病故而被一直放置在亚历山大港，现在君士坦提乌斯将它运到了罗马。大竞技场边上其实已经有一座方尖碑，那是开国皇帝奥古斯都在打败了安东尼—克娄巴特拉联军后，从埃及带回的战利品。能够容纳 15 万人的大竞技场（Circus Maximus）是为了战车竞赛而建，罗马人除了热衷于勇士斗剑之外，同样也热爱赛车。跑道的中央有一段横向延伸的、被称为脊梁的带状区域，君士坦提乌斯赠送的方尖碑就被安放在这里，与奥古斯都立的方尖碑并列而立。顺便提一下，奥古斯都的方尖碑后来被移到人民广场（Piazza del Popolo）保留至今，而君士坦提乌斯的那座，目前竖立在罗马四大教堂之一的圣乔万尼大教堂（San Giovanni in Laterano）的广场前。

在罗马逗留了一个多月之后，君士坦提乌斯皇帝动身前往北方。多瑙河前线再次告急，若放任不管，之前刚举行的凯旋仪式就变得毫无意义。幸好手下的将官们成功地阻击了来犯的蛮族，君士坦提乌斯得以回到米兰越冬。

另一方，在巴黎越冬的尤里安决定在下一年，即公元 358 年，将战线移至莱茵河的下游。从公元356年到357年，他用了两年的时间，狠狠打击了盘踞在莱茵河中上游地区的阿勒曼尼人，接下来打击的目标是法兰克人。这一次的准备已经不像最初时那般辛苦，在高卢第三次越冬的尤里安与他手下的官兵已经建立起了相互信任、同心协力的良好关系，对他们而言，下一场仗不过是之前战役的延续而已。这时候的副帝总算有了余力，将心思转到对高卢内部的治理。

高卢的复兴

半个世纪以来，罗马帝国的公职体系始终是担任行政的文官（civilian）与担任军事的武官（military）界限分明，各司其职。然而，作为国家最高统治者的皇帝，还是遵循了元首制时代的做法，同时身兼文武两职。这种安排是有道理的。如果生命安全得不到保障，日常生活就不可能维持。即使是在现代，军队的最高负责人通常都是由总统或总理兼任。在古罗马，无论是共和时代的执政官，还是帝制之后的皇帝，向来都是统揽军事和民事。

尤里安是副帝，所以他也不能将高卢的内政管理与军事防卫两项职责完全分开。当然，他可以根据季节的不同，做一些适当的调整。比如说，春秋两季把精力放在对付蛮族的战役上，秋末到第二年的开春之前这段不适合打仗的时期，则将工作的重心转移到内政事务上。这种机动性的调整，也只是一个大致上的安排，对于统领高卢、不列颠以及西班牙地区的尤里安而言，仍然需要同时关注着军事和内政的发展形势，否则会有其中一方拖垮另一方的危险。

在公元356年到357年最初的两年间，他集中精力歼灭了侵入莱茵河西岸的阿勒曼尼人；然后，从公元358年起，他将战线转移到莱茵河的下游地区。我们从他选择的越冬地点就可以大致了解他的策略，第一年在维埃纳，第二年北上前往桑斯，第三年继续往北，将冬营地定在巴黎。

尤里安选择巴黎越冬的目的，可能是他在彻底打败阿勒曼尼人、获得斯特拉斯堡会战胜利之后，想去解决不列颠的问题。不管怎样，事实上他一直带着军队和行政官员们，不断地将政府的根据地向北迁移，想来他是通过这种方式向手下明示自己的政策——先剿外，保障安全，然后着手整顿安全地区的内政，最终使高卢地区乃至整个帝国西方得到复兴。如此大业也只有身兼军、政两职的最高统治者皇帝才能胜任。

尤里安实施的第一项政策是重建遭到蛮族破坏的主要城市，包括里昂、欧坦、斯特拉斯堡、美因茨、波恩、科隆、诺伊斯和克桑腾。除了里昂和欧坦之外，其他地方都是从莱茵河沿岸的军事基地发展而成的城市。因此，重建这些城市，也就等于再次巩固了“防线”。除了上述的城市之外，尤里安还修建了十几处城防要塞，重新派驻军队进行把守。

消除了蛮族的威胁，民众的生活开始好转。虽然环境不比从前，但日常生活还是在一定程度得到了保证。统治者要做的就是提振人民重新投入生活的信心。为了达到这个目的，尤里安决定从公正执法和公平征税两方面着手进行改革。由于裁判制度已彻底瓦解，所以对公正执法的成效不能有过分的期待。好在皇帝同时也是最高裁判长，他可以通过监督，逐步进行改善，而对税赋制度，就必须推出十分明确的政策方针。

我在《罗马人的故事 13 · 最后一搏》中已提及，帝国后期的税制结构是与元首制时代背道而驰的。

如果把税制的认知看作一种哲学的话，那么元首制时代的罗马人

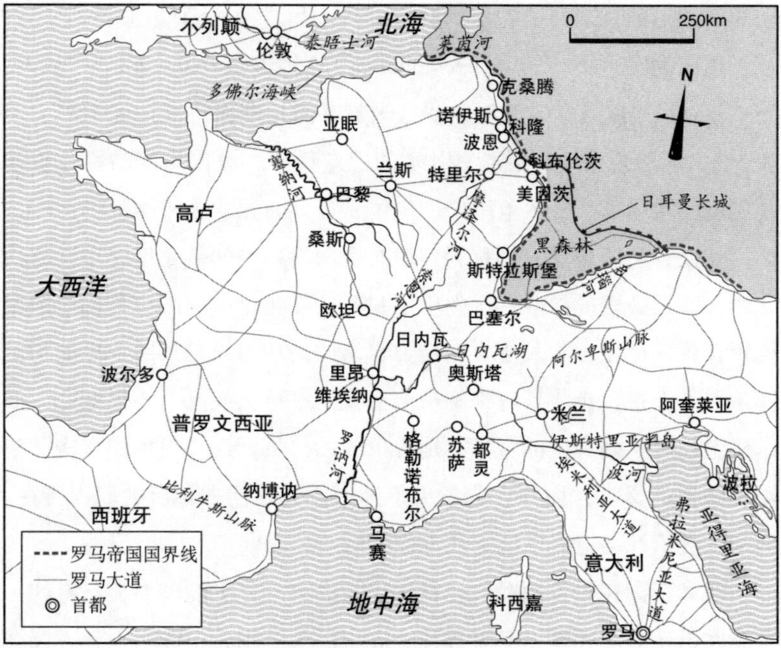

高卢及其周边

的税收哲学就是，“国家”根据税收金额，办力所能及的事情，“地方自治体”尽地方政府之责，这两个“公家机关”不曾涉及的领域，则交由私人打理。这个制度最好的例子就是遍布帝国各地的罗马道路网。国家建设的道路有 8 万公里，地方自治体建设了 15 万公里，由私人铺设的对外开放的道路则达 7 万公里，它们共同组成了罗马道路网。此外，道路的运行最重要的就是日常维护，这方面也是根据上述的三种形式进行的。打个比方，开国皇帝奥古斯都以身作则捐出私财，全面改建了通往北方的主干道之一弗拉米尼亚大道，某个由奴隶翻身成为新贵的人就会效仿皇帝，捐出一部分钱来，作为通往南方的阿庇亚大道的某个路段的维修费。

正因为实行了“国家”(res publica)、“地方”(municipia)、“私人”(privatus)三足鼎立的制度，罗马国家才能长期保持直接税10%、关税5%、消费税或者说营业税1%的稳定税率。奥古斯都的税收哲学是制度简单明了、征收范围广，但税赋轻，因此才能贯彻落实。

然而，从历史学家们称为“罗马帝国后期”的戴克里先皇帝时代开始，罗马帝国的税收制度发生了显著的变化。所有的税种都由国家统管，税额也做了相关规定。地方自治体的功能只是按照中央的指示向纳税人征税，再将征收来的税金上交国家机关而已。不仅如此，如果税金没有达到规定的金额，地方议会的议员们还必须承担自掏腰包填补缺口的义务，因为完成中央下达的任务是地方官员的职责所在。这个制度给社会造成了以下几方面的影响。

罗马帝国在元首制时代，行省出身的有志之士的理想，是有朝一日能成为元老院元老，而来自社会底层的人，则希望能当上地方议会的议员。尤里乌斯·恺撒制定的开放的人才政策，为那些退役军人以及解放奴隶开辟了担任地方公职的方便之门。然而，到了帝国后期，这些公职却让人们敬而远之。于是戴克里先皇帝及其后继者君士坦丁大帝实行了职业世袭制，规定必须子承父业，不得抗拒。这一政策从而衍生出一种帝国后期特有的逃税手段。

这个手段就是为了逃税而转行担任神职。公开承认基督教的君士坦丁及其儿子君士坦提乌斯两位皇帝，对基督教实施了免税的优惠政策。地方上的权贵们像雪崩一般纷纷加入基督教的真正原因正出于此。

帝国后期，士兵以及行政官僚的人数倍增，国家开支原本就庞大，如今又多了教会这样一个免税的特殊阶层。农业是古代国家的主要产业，而莱茵河、多瑙河沿岸一带，由于常年遭受蛮族的破坏，导致生产能力降低，最终结果就是税收不足。

但是，糟糕的现状并没有让皇帝改变税收制度。官员们在皇帝要求弥补税收不足的压力下，自然地就会巧立名目，以特别税、附加税等名义另外征税。

因此，罗马帝国后期的税收制度非但不是简单明了，反而日趋复杂，从广泛的薄赋变成了狭隘的重敛。在这种税制下，个人还怎么可能积极地去参与公益事业？公益事业昔日之所以是国家经济三大支柱之一，那是因为那些个人认为他们的成功缘自社会提供的机会，所以才会以捐赠的方式来作为报答。用现代语言讲，就是回馈社会。无论是凯旋将军还是皇帝，甚至解放奴隶，曾经都有着同样的回馈社会的理念。

尤里安为政时期，元首制时代的三大支柱体系已不复存在。他手上拿着的是官员呈报上来的增税提案，内容充满了官僚味，实质上就是一个名称好听的特别税。报告指出高卢的局势不稳，连带影响了不列颠地区的税收，要改善现状，除了增税别无他法。官员们试图逼迫副帝接受提案。

尤里安毅然决然地拒绝了增税案，并立即施行了以下几项政策：

第一，杜绝不必要的开支，节省目前的经费。政府机构中到处存在着浪费的现象。无论是军方还是行政部门，一旦机构扩张，就会产生自我保护的力量，开始增加无用的部门和费用。尤里安下令大幅度地精减人员和费用，他本人以身作则，坚持素朴的生活方式，他以适应高卢的冬天为由，拒绝在家中使用暖气。

第二，公正地征税。在征收的过程中，执行者往往会对有钱有势的人网开一面，却对低收入群体严厉苛责。尤里安以严惩的方式让执行人员不敢厚此薄彼。

第三，非但不增加特别税，还减轻现有的税赋。尤里安认为税收减少的主要原因，是高卢东部地区遭受蛮族的破坏使生产力降低。如果继续推行新的特别税政策，那么即便是击退了蛮族，恢复了和平，也无法带动地区经济的繁荣。相反，采取减税的政策会刺激当地人民积极劳作的意愿，一段时间以后，就可以看到税收增加的实际成果。这就是尤里安的税收哲学。

副帝的减税政策最先从“人头税”开始实施，从原本的 25 苏勒德斯（Solidus）减至 7 苏勒德斯，这可谓是一项大胆、创新的税制改革。相信它对激励民众的劳动意愿起到了正面的影响。

在大胆推行减税政策的同时，尤里安又下令整顿高卢东部的农耕地。土地本身并不能成为生产力，必须配以相关的灌溉渠道、防洪堤坝才能形成生产要素。由于蛮族的侵略和内战，这些农业基础设施的建设已经有 5 年以上无人问津。莱茵河西岸一带土壤肥沃，只要这些土地重新变回农耕地，就会出现丰硕的成果。在尤里安看来，振兴高卢的关键是恢复土地的生产能力。

元首制时代的繁荣归功于罗马帝国广大的经济商圈的形成，然而它的先决条件在于“罗马统治下的和平”。而如今的高卢，北方的蛮族不仅越过了莱茵河和多瑙河，更有部落从北海登陆。这些人拥有高超的行船技术，势力范围已经扩张到了高卢与不列颠之间的多佛尔海峡。高卢与不列颠之间的交流受阻，就是因为有这些蛮族海盗的出没。

尤里安下令建造了 600 艘新的船只，一半属于军用船，用来打击海盗，剩下的则作为运输船，将不列颠的物产重新运来高卢。歼灭横行在多佛尔海峡的蛮族，就等于连带铲除了从北海威胁高卢北部的敌人；把不列颠的物产运往莱茵河沿岸城市的通路，除了横贯高卢的陆上公路之外，如今又重新开启了北海—莱茵河的水路；莱茵河沿岸城市的重建，意味着莱茵河航线的安全得到了保证。尤里安的这一系列措施，用现在的话说，是通过刺激内需来拉动经济。

生活安定了，民心也随之安定。要重新恢复安全保障系统的功效，除了军事防卫之外，民心安定这股软实力也必不可缺。时隔 150 年，尤里安在高卢恢复了这个罗马人传统的综合安全保障的哲学。

当时坐镇米兰的君士坦提乌斯皇帝，对副帝的功绩颇为认可。作为援助，给他送去了 2 000 罗马磅（libra，相当于 650 公斤）的白银。尤里安用这些白银支付了拖欠士兵的薪饷。

另一方面，那些对尤里安拒绝征收特别税、干涉内政而深感不满的官员，不时地向君士坦提乌斯打小报告，搬弄是非，而君士坦提乌斯也愿意听取他们的谗言。

不久，撒路斯提乌斯的长官职务遭到解除，调回米兰。他是尤里安在军事和内政上最好的顾问，也是副帝在皇宫中能够信任的少数几个人之一。尤里安虽然保住了脑袋，却失去了左右手。这无疑是宦官们在背后操作，他们的手段一向阴险毒辣。对于这一股黑暗的宦官势力是放任还是制止，完全取决于君士坦提乌斯皇帝，可偏偏他又不是一个独立自主、勇于承担责任的人。世上有一类人，对别人做出的成绩总喜欢半褒半贬，他们借用这种方式来逃避自己应负的责任。换句话说，这是一群没有勇气的人，而君士坦提乌斯正是其中之一。

幸好尤里安不是这样的人。尽管失去了撒路斯提乌斯这位得力的助手，但他并没有退缩。公元 358 年到 359 年的尤里安又一次做出了显著的成绩。胜利之师永远不缺志愿者，他的军队从一年前的 1.3 万人增加到了 2.3 万人。这一次他们痛击了盘踞在莱茵河下游、频繁侵入高卢北部的法兰克人，将他们逐出高卢，退回到河对岸。不仅如此，法兰克人位于莱茵河东面的根据地也遭到了尤里安率领的罗马军团的致命性破坏，几乎尽毁。曾经称雄莱茵河东岸的阿勒曼尼人和法兰克人这两大部落，经历了罗马军团的大扫荡之后，彻底失去了战斗力，从此再也不敢靠近莱茵河。

尤里安的战略是先将侵入国内的敌人赶出国境，紧接着进攻到敌方境内，摧毁他们的根据地。从公元356年开始，他用了4年的时间达到了目的。莱茵河沿岸仿佛回到了元首制时代，再次成了罗马帝国牢不可破的"防线"。元首制时代被称为铜墙铁壁的"防线"，并不是单纯地仅靠士兵守住基地、击退来敌，罗马军在防守的同时，频频越过防线，攻入敌区，不断削弱对方的实力，才形成了所谓的铜墙铁壁。尤里安在公元357年、358年、359年的三年里，三度跨过莱茵河捣毁敌人的老巢，元首制时代的军事战略，多年之后得以重现。

这位年轻副帝的作为不仅在军中赢得了声誉，在民间同样深得人心。或许是人民对未来重新产生了希望，高卢地区甚至连出生率也节节攀升。

24岁时来到高卢的尤里安，在这里迎来了28岁的生日。他在20岁之前一直过着实为囚徒的生活，虽然兄长加卢斯成为副帝使他获得了自由，但只是做一名哲学门徒，不要说在战场上指挥打仗，就连带少量士兵的经验都没有。在政治方面他同样也是一个门外汉。为什么这样一个人能够在军事、政治两方面都获得成功？这个问题让很多史学家百思不解。为何一个没有任何经验的年轻人，在突然被擢升为副帝之后，能够做出超出人们想象的成就。对此，大多数人的观点是认为他潜藏的才华得到了发挥。通常要有一个强大的动机，才能引发深藏在体内的能量。那么，又是什么样的东西成就了他呢？

我个人认为，是对责任的自觉性以及在完成任务的过程中感受到的亢奋。那个时期的尤里安曾经给他学生时代的友人写过这样一封信：

作为柏拉图和亚里士多德的门徒，我还能做别的事情吗？我能将管辖下不幸的臣民弃之不顾吗？保证他们过上幸福的日子，是我的职责所在。我人在这里，就是为了达成这个目的。

难道我不应该责无旁贷地保护他们，让他们免遭皇宫内那些除了横征暴敛一无是处的强盗的伤害吗？战场上，一个放弃战斗的大队长会被处以死刑，剥夺为其举行葬礼的荣誉。拥有神圣高贵的地位和更为重要的责任的我，如果放弃了职责，应当受到如何的惩罚？如果是诸神赐予了我这个机会，那么我相信他们会引导我，守护我。如果我终必遭受苦难，我将会因为自己拥有一颗纯洁、正直的心而感到欣慰。

失去撒路斯提乌斯这样的顾问，的确让我苦不堪言。我现在只有一边尽责一边祈祷能有机会再遇到像他这样的人。不过，我连是否会有人来接替他都不清楚。如果他们认为应该派个人来，我很愿意与他同心协力。我也想尽可能地利用这段凡事必亲力亲为的特殊时期，多做些好事。现在我只身一人，可以自由地推动有益于民的政策。虽然这只是长年笼罩着的乌云露出一小块缺口的短暂之时。

尤里安的责任感以及他在履行职责的过程中感受到的亢奋，可能是他取得成功的原因之一。他在成为副帝之前，只是一个学习哲学的门徒。他因为喜爱哲学，才选择了这条路。24 岁之前，他肯定没有想过，有朝一日要成为副帝。

因为喜爱而做出的选择，只是忠实于个人的意愿而产生的一个结果，并没有包含他人的因素。也就是说，尤里安选择哲学，纯粹是为自己，而不是为他人。但是，在成为副帝之后，他第一次觉察到自己是一个他人依托的存在。人是一种社会性的动物，当一个人发现别人需要自己时，会感到十分欣喜。24 岁的尤里安首次尝到了这种喜悦。

亢奋感会给年轻人带来力量，做出那些做梦也没想到的事情。一介哲学门徒竟然可以打赢战争，曾经以为不可能的事情，其实是可能的。当年轻人意识到这一点时，他获得的喜悦和自信是无与伦比的。亢奋就是情绪高昂，这多发生在人生经验尚浅的年轻人身上。当他们发现自己可以做到看似不可能的事情，同时这些事情又为他人带来了幸福时，他们将会视之为使命。我想大概就是这杯责任感与亢奋感混合的鸡尾酒，让尤里安醉心于此。

原本只发生在阿尔卑斯山脉西面的尤里安奇迹，因为某个事件，延伸到了山脉的东面。事情发生在他赴任高卢第五年，即公元 360 年，24 岁成为副帝的尤里安，此时 29 岁。

第二章　皇帝尤里安
（361—363年在位）

古代的东方

古罗马人概念中的“Orient”（东方）是现代称为“中东”的地区。在共和及元首制时代，罗马帝国东方的国界线与称霸东方的大国帕提亚邻接。这意味着，那个时期罗马在东方的头号敌人是帕提亚王国。

这种状态从公元 227 年起开始发生了变化。这一年波斯萨珊王朝（Sassanid）击败了帕提亚，从此罗马的敌人不再是帕提亚，而变成了夺得中东霸主地位的波斯。这个大国的主要机构都集中于美索不达米亚地区。“美索不达米亚”意为两河之间的土地。无论是之前的帕提亚还是现在的波斯，都把首都设在这个被幼发拉底河与底格里斯河围绕的地区，也就是说，这里是政治和经济的中心。这个古代“东方”的中心，就是当今的伊拉克。

然而，帕提亚和波斯先后被罗马当作头号假想敌的真正理由，并不是因为美索不达米亚的土地肥沃，而是因为这里作为首都集聚了国家中枢机构的同时，其东面还有着相当于现代伊朗、阿富汗、巴基斯坦三个国家面积总和的广阔的腹地。古罗马人视为强敌的大国，面积等于现代的伊拉克、伊朗、阿富汗、巴基斯坦四个国家的总和。顺便提一下，如今的土耳其、叙利亚、黎巴嫩、耶路撒冷、约旦以及埃及，当时都在罗马帝国的境内，构成罗马帝国的东方。如今位于土耳其东端的地区，那时是罗马帝国的同盟国亚美尼亚王国；而现在的叙利亚与伊拉克的边界线，几乎就是罗马帝国东方与波斯萨珊王朝的边界线。这不知是纯粹的巧合，还是有其必然性。总而言之，在古代的确存在过一个相对于现代四个独立国家面积总和的东方大国。虽然它的统一性不如罗马帝国，但如果我们忽视了它的存在，就不能理解古希腊人以及古罗马人对“东方”的认识，当然，就更无法理解他们在东方的一系列举动。

有了这个概念，我们就可以从另外一个角度来看待公元前 4 世纪亚历山大大帝的东征。这个马其顿出身的年轻人立下了打败大流士王、征服波斯的志向，因此在击败大流士王之后，为了彻底征服这个幅员辽阔的大国，他必须不断地东进，一直打到印度边界的印度河为止。

不过，罗马与帕提亚以及波斯萨珊王朝之间的关系，同亚历山大所属的希腊城邦与它们的关系有很大的不同。在亚历山大之前的 200 年前，希腊就饱受波斯的侵略。正如历史学家希罗多德在其《历史》中所述，就连城邦的首都雅典，都曾经一度被波斯军队占领，招致毁灭性的破坏。亚历山大率军东征，对希腊人而言，是对波斯的反击战。尽管亚历山大手下的士兵大多来自马其顿，但他出征时军队用的还是希腊城邦联合军的旗帜。

而罗马对“东方”的战争并不存在反击或防卫的意义。在亚历山大登场前的半个世纪，罗马的首都也曾被敌人攻破，侵略者是来自北方的蛮族高卢人。罗马人没有退缩，犯我者必歼，最终由尤里乌斯·恺撒征服高卢，彻底解决了这个难题。因此，罗马不同于希腊，对帕提亚以及波斯萨珊王朝并不抱有恐惧以及复仇的感情。而且，罗马人从本质上来说是“Occident”（西方）民族。虽然“东方”人也制定了法律，建设了道路，但是将其功能网络化、系统化、扩大化以及长期化的，却是罗马人的独创。是否追求事物的合理性以及有效性，是“东方”与“西方”的一个分水岭。罗马之所以没有占领

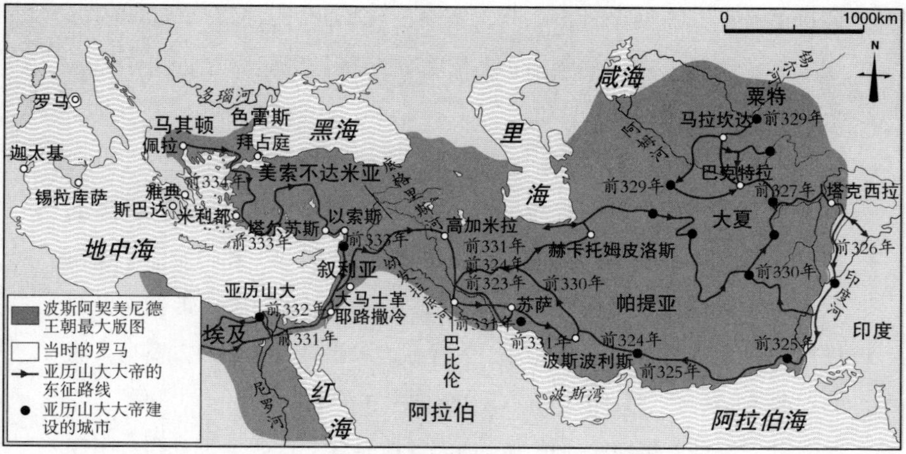

波斯阿契美尼德王朝的最大版图（公元前 500 年前后）与亚历山大大帝的东征路线

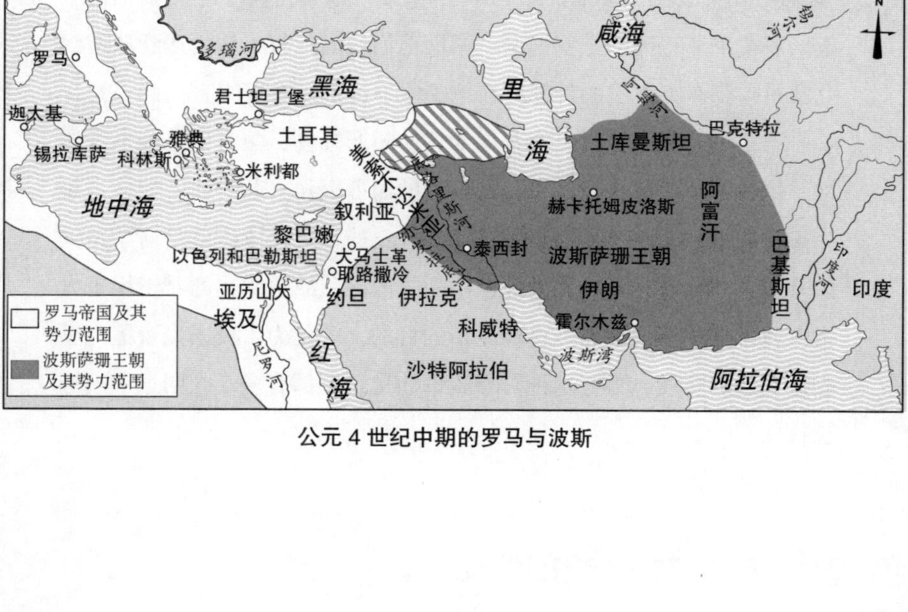

公元 4 世纪中期的罗马与波斯

印度的企图，有两个理由：一、罗马已称霸西方，拥有了辽阔的疆土；二、罗马人在计划领土扩张时，始终将是否能固守防线作为重要的判断标准。

当时罗马市内出售给旅行者的地图上标注的帝国疆土，西起不列颠，东至亚历山大也未曾涉足过的恒河、锡兰岛（Ceylon）。实际上那时罗马帝国东方的边境是叙利亚（现在的叙利亚）和阿拉伯（现在的约旦），地图上不仅包括了波斯，甚至延伸至东印度。带着这种地图出门，大概是会走入迷途的。美索不达米亚对大多数的古罗马人而言，恐怕是一个“只闻其名，不知其地”的存在。

到了罗马人将地中海称为“内海”的年代，这两个东、西大国变成了邻国，国界线的划分自然就成了至关紧要的问题。然而，罗马人并没有吞并这个强大的邻国的意图，他们采取的邻邦政策，大致可分为以下两种：

第一种是像奥古斯都、尼禄以及哈德良等皇帝那样，倾向于使用外交手段。首先，罗马把国界线定为幼发拉底河，以此作为帝国的“防线”并加以强化。同时，罗马不遗余力地支持位于北美索不达米亚的亚美尼亚王国的亲罗马派，帮助他们稳固王权，从而达到从西到北紧紧包围东方大国的首都所在地美索不达米亚的目的。

第二种是像图拉真、塞普提米乌斯·塞维鲁、戴克里先等皇帝那样，依靠军事手段强行占领，在有利的地形上建立起防线。恺撒当年如果没有遭到暗杀，如期出发远征帕提亚的话，他应该就是这条路线的开创者。除此之外，在远征途中病故而导致战争中止的君士坦丁大帝也属于战争派，他原本讨伐波斯的目的，就是为了巩固先帝戴克里先建立起的防线。喜好这种对外政策的皇帝们都有一个共同点——擅长打仗。

采用武力征服时的战略战术，主要是与亚美尼亚组成联合军，从西和北两个方向进攻美索不达米亚。在攻陷其首都泰西封（Taysifun）之后，要求战败者割让美索不达米亚的北部地区，将此地锁定为针对东方的最前线。

幼发拉底河与底格里斯河比邻，发源于美索不达米亚山区，在上游分流，沿着不同的路径，流向美索不达米亚平原。两河在中部的泰西封一带拉近距离，之后再次分道扬镳，最终汇入波斯湾。这两条大河在上游一条向东、一条向西分流的中间地带，就是北美索不达米亚。罗马之所以要将这里收为领地，是因为不管敌人是帕提亚还是波斯萨珊王朝，就在眼皮底下，一览无余。从军事战略角度而言，这里的确是绝佳的位置。

另一方面，罗马帝国如果控制了北美索不达米亚，亚美尼亚王国在战略上的重要性就会随之降低。亚美尼亚王国无论是文化还是文明，都接近于波斯。为了维持同盟国的关系，长年以来，罗马对亚美尼亚在各方面都是煞费苦心。一旦北美索不达米亚握在罗马手中，形势就会改变，罗马可以从西向北建立起完全由自己掌控的防御系统。换言之，罗马可以从西和北两面包围住敌人的中枢地带。

相反，站在波斯的角度来看，这是一个非常令人担忧的局势。萨珊王朝的沙普尔作为波斯王国的国王，对先王受到的耻辱绝不能视若无睹，无论如何他也要打破这个对国家安全极其不利的局势。

鉴于以上理由，北美索不达米亚注定要成为东西两大国的必争之地。罗马方面把它看作保卫帝国东方安全的关键，而首都功能集中于中部的波斯，当然也不能将这里置于随时遭受敌人侵袭的危险之中。总而言之，两国都是基于各自安全保障上的考虑。因此这个地区难以建立起国际秩序意义上的“和平”。

波斯萨珊王朝

如果将年代设定在公元 4 世纪中期的话，那么这个时期美索不达米亚的局势，是罗马占了上风。因为在公元 297 年，时任罗马帝国副帝的伽列里乌斯（Galerius）战胜了波斯国王，两国之间签署了至今仍然生效的和平条约。和平条约中最重要的是以下两项：

一、以尼西比斯及其东南的辛加拉（Singara）为最前沿，由此往西的幼发拉底河流域一带，即北美索不达米亚地区，由波斯割让给罗马帝国。古代的尼西比斯，现称为努塞宾，位于土耳其境内，紧邻叙利亚，而辛加拉如今是伊拉克的瑟奈尔（Senjar）。现在叙利亚与伊拉克的国界线就是从这两个小镇之间穿过。

这项割让条款，即使在古代也是意义非同一般。在和平条约签署的 9 年之前，戴克里先皇帝依仗着强大的军事力量与波斯谈判，在没动一刀一枪的情况下，迫使波斯默认了罗马对北美索不达米亚的控制权。然而，默认与割让的性质还是不同，默认只是将北美索不达米亚当作缓冲地带，罗马不能在此设立一系列的要塞，建立帝国的防线。但一旦割让给了罗马，那就是由罗马人自己说了算了。

二、位于底格里斯河东岸的五个地区的统治权，由波斯转交给罗马。

这意味着流向美索不达米亚平原的幼发拉底河与底格里斯河两大河的上游流域完全控制在罗马手中。按照现代地理位置，这个流域包括了约旦、叙利亚、土耳其三国，可以从西和北两面监控伊拉克。在防卫战略意义上，罗马帝国首次获得了绝对的胜利。

波斯国王不得不签下如此屈辱的合约，是因为他惨败给伽列里乌斯。自公元 297 年条约签订，直到君士坦丁大帝统治的末期为止，两大国之间的非战状态保持了40年，始终未被打破。这要归功于戴克里先皇帝，他不是那种会被胜利冲昏头脑的人。他不仅强化了这一地区的防卫力量，甚至重新加固了北美索不达米亚以南，即原本就属于罗马领地的叙利亚以及约旦的边防线。古罗马人非常清楚，“罗马统治下的和平”不是凭空而来的。

不过，面对这种状况，波斯不会就这么一直忍气吞声。当年君士坦丁大帝年过60岁还需要亲自率军前往波斯，说明40年之后的波斯显示出反攻的姿态。那时的波斯国王已经换成了性格强悍、手段高明的沙普尔二世。

君士坦丁大帝死后，罗马帝国交由他的三个儿子分治。负责帝国东方的是次子君士坦提乌斯。他一继位，就必须面对波斯咄咄逼人的反攻之势。

在大帝死后的第二年年初，沙普尔率领波斯军队，集中兵力攻打尼西比斯。尼西比斯位于底格里斯河以西，行军大约需要两天的时间，属于罗马领地最前沿的要塞。四周建有三层城墙，墙外有深水护城河。数万人的波斯军队包围尼西比斯，猛攻强打了60天，终究没有攻下这座城镇。

6年后，公元344年，沙普尔的军队对辛加拉发起攻击。辛加拉也是罗马的前沿要塞城镇，距离尼西比斯东南方100公里左右。这一年的战争，君士坦提乌斯亲自出征，在前线指挥了两天的战役。波斯军队听说罗马皇帝亲自参战，攻势越发猛烈，前半场战役打得非常漂亮，可是之后遭到了罗马军顽强的抵抗，结果波斯国王不得不撤兵放弃。

在这场辛加拉攻防战中，发生了一件罗马军团罕有的不光彩的事情。波斯一位年少的王子在激战中被俘，遭到一队罗马士兵严刑拷打，最终被杀。据说这些士兵是基督教徒，他们把波斯国王子视为邪教徒而凌虐至死。

两年之后，沙普尔率军再次攻打尼西比斯。这一次的攻城战长达 80 天，最终撤兵的还是波斯国王。

四年后的公元 350 年，波斯第三次攻打尼西比斯，甚至带来了印度的大象兵团。这一次的战役持续了 100 多天。尼西比斯坚固的城墙被打得千疮百孔，守城的罗马士兵被轰击得几乎睁不开眼睛。攻城的波斯一方也不能幸免，牺牲惨烈，死亡人数超过 2 万人。这位勇猛的 40 岁的波斯国王沙普尔，最后还是偃旗息鼓、罢战休兵。就在他率军在尼西比斯与罗马军决一死战的时候，来自亚洲的蛮族乘机大举进攻，侵入了波斯的东部边境。这让沙普尔深感不安。

另一方的罗马皇帝君士坦提乌斯，也面临着棘手的难题。其弟君士坦斯遭蛮族出身的将军马格嫩提乌斯杀害，高卢落入了叛军之手，他必须率兵讨伐叛军。公元 350 年，波斯国王能够与罗马皇帝很爽快地签署休战决议，是因为这两位在国内都有更麻烦的事情需要处理。当然，这也意味着等他们解决了国内的问题后，会再度回到对决的战场。这个对决的时间发生在公元 359 年，从阿米达（Amida）战役开始。

罗马与波斯，都是由多人种、多民族所构成的庞大帝国，但是两国的制度不同，军队的组织也不同。相对于拥有常备军的罗马，波斯的常备军数量甚少，大多数军人是从地方领主的军队招来的雇佣兵以及农奴。因此，一旦波斯招兵买马投入备战，立刻就会成为众人皆知的事情。罗马根本不需要派遣间谍打入敌人内部，只要向那些在东方做买卖的商人打听一下，基本上就能了解敌情。时隔 9 年，波斯国王

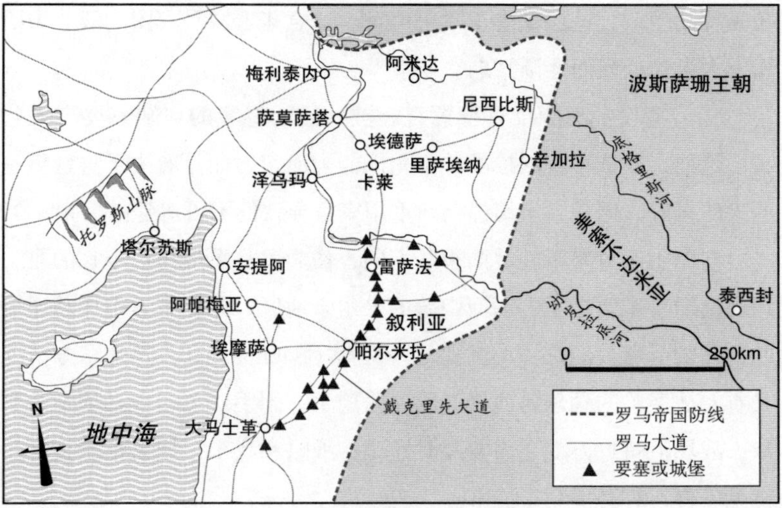

美索不达米亚及其周边

沙普尔集结兵力，准备再次大战，一雪前耻，这情报早就被罗马人获知。那时候的沙普尔即将50岁。在那个年代，50岁的人如果还没有什么成就，就意味着此生一事无成。按理说，君士坦提乌斯是应该预想到波斯国王誓死一战的决心，可是，这位比波斯国王年轻10岁的罗马皇帝不仅没有积极准备迎战，就连原本正常运作的帝国东方的基础防御系统，也像滚动的车轮下塞进一根木棒，被迫停了下来。主要问题有二：

一、在君士坦提乌斯的宫廷中，臣子们因遭中伤、毁谤而丧命的现象，已经成了家常便饭。这种状况在国家面临危机之时，依然持续。不少有才能的将领因被指控图谋暗杀皇帝而被处死。将军们的命运势必会影响到其手下的中层军官。缺少了中坚力量的组织是无法充分发挥功效的，这比缺少士兵更严重。这意味着罗马军团的战斗力因将官大批被处死而逐渐减弱。

二、实战中不能没有指挥官。被处死的将官的空缺需要有人代替。然而，挑选军官的标准并不是以能力而定，而是取决于宫廷里一些人的喜好。这是君士坦提乌斯重用宦官导致的不可避免的后果。

与国王亲自率军的波斯军队不同，作为罗马军最高司令官的君士坦提乌斯皇帝留在了多瑙河中游的巴尔干地区。派往东方担任总司令的，是颇受官员们好评的萨比尼阿努斯（Sabinianus），熟知东方情况又有实战经验的乌尔希西努斯则屈居副手。副手对总司令必须唯命是从，战场上瞬息万变，需要及时地调整战略和战术，如果正副长官的意见不合，势必不利于战事。

另一方的波斯沙普尔国王，在做好充分战斗准备的同时，也没有忘记大量搜集情报。他将一位投靠了波斯的安提阿商人安排在身边，从此人那里详细地了解到北美索不达米亚的情况。西靠幼发拉底河、东邻底格里斯河的北美索不达米亚的一些城市被罗马人改建成了要塞，它们最初是在亚历山大大帝东征时期由希腊人所建，是东西贸易往来的频繁之地。居住在安提阿的希腊裔罗马商人对这一带的情况自然是了如指掌。

沙普尔放弃了三次攻城未遂的尼西比斯，将目标改为其北面的阿米达。这是否与那位安提阿人的建议有关，不得而知，想必是有其原因的。

阿米达位于底格里斯河的上游，在现代称之为“迪亚巴克尔”（土耳其语“Diyarbakir”）。它是古代的一座重要城市，之后历经长时期的衰败，直到近代才恢复了其重要地位。一些虽已没落但曾经是历史重镇的城市，即便现在归属伊斯兰文化圈，通常都还会延续古代的地名，不会做太大的改变。比如说著名的历史古城安提阿，如今土耳其语称为“安塔基亚”（Antakya），两者只是发音上稍有不同而已。阿米达虽然战略地位不如尼西比斯，但仍有着特殊的价值。

君士坦提乌斯在他十几岁还担任副帝的时期，就将阿米达彻底改建成军事重镇。他甚至考虑过要更改地名，冠以自己的名字。阿米达位于山脚下，背靠险峻的山岩，流经城东的底格里斯河处于上游，水流湍急，本身就是一个很好的屏障，因此，只要牢牢守住西、南以及北三面，这里就是一个完美的防御之地。

对于波斯国王沙普尔而言，攻下阿米达城相当于给罗马皇帝一个狠狠的教训。沙普尔率领10万大军经过尼西比斯，没做任何停留，直奔北面的阿米达。显然，这一次他很有信心赢得胜利。

但是罗马方面没有看出沙普尔的用心。他们或许认为既然尼西比斯可以承受住波斯三度的猛攻，比尼西比斯防守更坚固的阿米达应该没有问题。军队最高司令官君士坦提乌斯皇帝留在了多瑙河附近的西尔米乌姆，派往东方的总司令萨比尼阿努斯，虽然渡过了幼发拉底河，但到了埃德萨（Edessa）之后，再也不肯往东多移一步。而成为敌人攻击目标的阿米达，就在距离埃德萨东北方150公里处。战斗的双方，一方是国王亲自出征，另一方不仅皇帝本人留在西方，连他任命的司令官也远离战场150公里。不过，萨比尼阿努斯以前线司令官的名义向部队下达了以下两道指示：

第一，阿米达一带实行焦土化战术，断绝敌人的粮草。强制转移附近的农民，让他们带上家畜到后方避难。

第二，派副司令乌尔希西努斯前往阿米达，不过，只有一支小分队同行。总司令的用意似乎不是让他们去支援前方，而是去侦察敌情。

从君士坦提乌斯担任副帝的年代开始，阿米达地区一直驻守着第五军团1 000人左右的兵力。在接到波斯军逼近的消息之后，又另外调来了6个军团总共6 000人左右的援军。这些人既不出生于中东，也没有在这一带打过仗，他们是原来在高卢执勤的罗马士兵，因为协助马格嫩提乌斯叛乱而受到惩处，执勤地从莱茵河沿线调至幼发拉底河，实际上就是流放。所幸的是，这些剽悍的日耳曼人的男子汉，并没有因完全陌生的东方气候、地形以及风俗习惯而丧失了勇猛的天性。

加上骑兵团，罗马军在阿米达的兵力有7 000人左右。如果再算上那些既有勇气也有能力上战场的当地居民，人数达2万左右。与北美索不达米亚的其他城市一样，这里的妇女和孩子早在听说敌人可能来袭时，就已撤退到安全的后方城市，埃德萨也是避难场所之一。这意味着，留守阿米达的2万人都是真正的战士。这2万人将要抵抗人数超过10万的波斯大军。

阿米达攻防战

一旦开战，敌人不仅会出现在前沿阵地，至少战场的方圆50公里左右，都会有侦察兵或调集粮草的军队出没。受命前往阿米达的乌尔希西努斯一行在途中就遭遇了敌军。他们虽然成功地脱身，却彻底地暴露了行踪。乌尔希西努斯判断，整个部队不可能进入已经被波斯军包围的阿米达城，他将队伍一分为二,一支由年轻的军官带领，继续向阿米达前进；他自己则带着剩余的部队，暂时先退回后方。

我想那时的乌尔希西努斯大概已经感觉到阿米达城难保。他是一位非常熟悉东方的将军，只要从远处眺望一下波斯军的阵势，看看有多少诸侯、豪绅的旗帜，就能估算出敌情。如果那些实力雄厚的地方霸主都参与其中，说明波斯是举国上下团结一致，共敌罗马。这些旗帜的多寡既可显示波斯国王作战的决心，又能预测守城的战势。所谓保卫战，是要敌人彻底放弃攻击、撤兵走人，才算赢得真正的胜利。

接下来的这部分内容属于我个人的想象。乌尔希西努斯可能想让司令官萨比尼阿努斯放弃消极守卫的战略，派出一部分军队绕到敌军的后方，打一场夹击战。否则，那位听从命令、率军前往阿米达的青年军官，起码有那么一瞬间会认为副司令是让他们去白白送死。但是，从史料中我们没有发现任何蛛丝马迹。年轻的军官毫不迟疑地执行了副司令的命令，后来他在攻防战中担当了防守的任务。

这里插一句，我们后人之所以能清楚地了解阿米达攻防战的整个经过，正是因为这位青年军官留下了详细的记录。这位军官就是在前文介绍君士坦提乌斯访问罗马时，我引用的文章的作者——出生于安提阿的希腊裔罗马人，阿米阿努斯·马尔塞利努斯。阿米达之战时，他大约 29 岁。

对阿米阿努斯而言，这不是他第一次面对波斯军。入伍之后，他一直跟着长官乌尔希西努斯四处征战。乌尔希西努斯是当时的罗马名将之一，除了一次被派往欧洲之外，戎马生涯几乎都是在罗马帝国的东方度过的。

看到波斯国王亲自率领的庞大的军队时，就连跟随乌尔希西努斯多年久经考验的阿米阿努斯也深感震惊。沙普尔大概是打算凭借强大的阵容，压垮守城的罗马军的气势，在阿米达城的周围布满了密密麻麻的波斯军。整个平原延伸至地平线，所见之处全是波斯的士兵、战马、印度的大象以及各家诸侯的旗号。国王率领众诸侯从建在平原正中的金碧辉煌的大帐篷出发，扬鞭策马向城墙进发。走向阿米达城门的沙普尔，头戴公羊模样的黄金头盔，头盔上镶满了宝石，在阳光下耀眼夺目。

波斯国王及其近卫队，还有那些诸侯组成的大队人马非常之大胆，他们靠近到弓箭射程的位置。从城墙上甚至可以看到公羊头盔下沙普尔脸上的皱纹。不过波斯人的示威行动未能得逞，守城的罗马军万箭齐发，逼得波斯国王无功而返，把决战延后到次日。

攻防城墙的首日之战从一开始就激战连连，直打到日落西山、夜幕降临，才鸣金收兵。两军都死伤惨重，而波斯一方因损失了一名诸侯之子，气氛更是乌云笼罩。这位刚成年的年轻武将，是波斯数一数二的名门之后。为了满足丧子之痛的父亲的心愿，沙普尔以举行葬礼、服丧为由提出了休战七天的请求，守城的罗马军接受了这个请求。

休战期结束之后，攻防战再次打响。对罗马军威胁最大的就是波斯军的攻城器械。这些器械都是波斯人以前从罗马的要塞、城市中掠夺而来的，罗马军等于面对自家武器的攻击。尽管如此，守卫的官兵和市民们依然斗志昂扬，城墙外的波斯军陈尸累累。

这个时候，乌尔希西努斯正在努力地说服司令官萨比尼阿努斯，将驻守幼发拉底河沿岸的军队调往底格里斯河附近的阿米达，从背后包围波斯军。但是，萨比尼阿努斯认为行动过于危险，不肯接受他的建议。乌尔希西努斯还是不肯放弃，萨比尼阿努斯拿出了君士坦提乌斯的手谕，上面清楚地写着只有在确保安全的情况下，才能调动军队。谕旨在此，乌尔希西努斯只能俯首听命。他被派往梅利泰内（Melitene）的军团基地。萨比尼阿努斯还特别指示，没有他本人的命令，不许调动驻军。

幼发拉底河与底格里斯河的发源地都在亚美尼亚的山岳，越往上游，两条大河就越接近。梅利泰内基地位于幼发拉底河沿岸，而阿米达则在底格里斯河附近，两地之间的直线距离不超过200公里，但乌尔希西努斯无法向阿米达派去一兵一卒。

无论在共和时代还是帝制时代，罗马军的前线司令官都被赋予极大的自主权。一是因为战情千变万化，需要随时做出调整；二是那个年代因交通等原因，向后方请示所需时间过久。对罗马军的这项传统，后世著名的政治哲学家马基雅弗利（Machiavelli）曾经赞赏不已。然而到了公元4世纪中期，这条规定被废止。在元首制时代，即使皇帝也不会对前线统帅的调兵遣将指手画脚，但进入公元4世纪之后，前线不能做出超越后方命令的任何事情。后方对前线自主权的限制，倒是给那些不愿承担责任的人一个极好的借口，他们不用主动去做决定。阿米阿努斯或许在进入阿米达之前就知道了乌尔希西努斯的夹击战计划，可是他在前方左等右等也不见乌尔希西努斯率领的援军。

那些在阿米达拼死抵抗的防卫军似乎深信援军不久将至，面对数量超过自己5倍以上的敌人，顽强不屈，抗争到底。其间有一名逃兵被波斯人抓获，供出了通向城门的地下通道的秘密。70名波斯士兵突然出现在城墙内，其中一人不停地挥舞着红披风。看到这潜入成功的信号，城外的波斯军队发起了猛攻。不过他们期待中的城门并没有被打开，那70名士兵还没有靠近城门，就倒在了罗马军的刀剑之下。

罗马军并没有被动地守在城中。那些天下无敌的高卢士兵经常乘着夜黑溜出城外，发动突然袭击，给波斯军带来了不少的损失。

然而，攻防战的时间拖得越长，牺牲越多，形势对兵力不足的一方就越发不利。当波斯军建造了高过城墙的攻城工事、从上至下压过来时，战斗就变成了肉搏战。城内既没有安置阵亡者的场所，也没有人手处理这些事情。城中尸体遍野，从而引发了疫情，战斗力一路衰退。最可怕的事情终于发生，城墙倒塌了。虽然倒塌的城墙只是一小段，但这好似堤坝决口，波斯军犹如狼入羊圈般地攻进城内，罗马军几乎全军覆没。

阿米阿努斯决定逃出城外，与他同行的只有两名士兵。三人在没有马匹的情况下，靠着双脚幸运地逃脱了。他们一直跑到阿米达城外15公里处靠近罗马大道边上的国有邮局，才算松了一口气。邮局已遭破坏，空无一人，所幸水井还在。由于汲水的工具也遭破坏，其中的一名士兵只好撕开绑在头盔下的布条，垂入井中，三人轮流吸吮着布条上的水解渴。

阿米阿努斯等三人沿着山岳地带一路逃跑，最后来到了幼发拉底河附近。在那里，他们遇到了一队巡逻的罗马骑兵，被带回梅利泰内基地，阿米阿努斯终于又见到了久违的老长官乌尔希西努斯。

经过波斯军73天的攻击，阿米达终于陷落。根据沙普尔的命令，城中一半人被杀，剩余的做了俘虏，被押送到美索不达米亚的中部地区。他们将作为修建苏萨城的劳役。除此之外，好像还有部分士兵也像阿米阿努斯一样成功地逃离了阿米达，但都下落不明。

当初阿米阿努斯在前往阿米达的途中曾经遇见过一名退役的罗马兵。他是鲁特西亚（巴黎）出身的高卢人，之前被派到叙利亚执勤。他自称是在沙漠行军中与大队走散，实际上可能是逃兵。罗马士兵在无法归队的情况下，大多会与在当地结识的波斯女子结婚，就此落户生根。那些参加阿米达攻防战、侥幸脱身的高卢士兵，有些人最终的命运可能会与这位巴黎出身的士兵相似。

阿米达城在2万名勇士的顽强奋战之下终究不敌。作为胜利一方的波斯军同样付出了惨重的代价。73天的攻城战，波斯军的阵亡人数据说达3万之多，这意味着，参战的每3名士兵中就有1人阵亡。不过话说回来，沙普尔国王不惜一切代价攻下阿米达城的决定是非常正确的。

占领阿米达意味着北美索不达米亚的罗马防线被撕开了一个口子。所谓的“防线”，要完整连接才能发挥其功效，哪怕只出现一个缺口，就不复存在。如果任由事态继续恶化，那么北美索不达米亚，这个戴克里先皇帝强迫波斯默许、君士坦丁大帝不顾高龄依然御驾亲征的军事战略重地，将在大帝的儿子君士坦提乌斯的手上再次易主。此刻的君士坦提乌斯再也无法悠然地待在米兰或多瑙河畔的城市里享清福了。

尤里安奋起

君士坦提乌斯听闻阿米达城陷落，决定亲自率军远征波斯。既然是皇帝亲征，又遭受了阿米达之战败北的奇耻大辱，那么这次战争的目的就不仅仅是单纯的收复失地。纵观以往的战争，皇帝们亲自率军的战役，在攻下波斯的首都泰西封、大肆破坏敌人的大本营之后，会主动撤军，最终目的是再度巩固以北美索不达米亚及其北方的亚美尼亚王国为最前沿的帝国东方的“防线”。打这种大规模的战役，首先要投入能够与敌军10万人马相匹敌的兵力，其次攻击的目标，即敌人的首都，位于美索不达米亚中部，因此事先必须安排好后勤供给线，这是在敌方作战必不可缺的条件。对于来自欧洲的罗马军队而言，在环境陌生的中东沙漠地带作战，有着先天不足的劣势。因此，准备 10 万大军，并非为了满足总司令官皇帝的虚荣心，的确是形势所迫。

如果君士坦提乌斯时代仍旧延续了由戴克里先皇帝创立、君士坦丁大帝继承的增兵政策，那么当时罗马军的总人数应该在 60 万人左右。就算除去防守各地所需的兵力，聚集 10 万大军远征东方，并非一件难事。

正因为如此，后世的史学家才会将君士坦提乌斯向尤里安借兵一事，看成是正帝故意打压副帝。事实上，公元 359 年抵达高卢的一纸谕令，的确让副帝尤里安错愕不已。皇帝要求他派往东方战场的兵力如下：

一、4 支辅助皇家卫队（Auxilia Palatina）。所谓的辅助皇家卫队，是指与罗马签约、以部落为单位的蛮族雇佣军。

二、其他部队每个单位选拔出 300 名士兵。

三、从专属副帝称为“Scholae”的近卫骑兵团中抽出两队。

皇帝要求的 4 支蛮族雇佣军，都明确地注明了部落名以及所属部队，他们以勇猛著称。除此之外，所谓的“选拔”，其实就是各部队中的精兵强将。最终被派往东方的人数，由于没有任何一位史学家可以提供准确的数字，我这里也只能做一个估算。估算的基准有二：其一，当时尤里安实际拥有 2.3 万人的兵力。其二，每一支部队在 1 000 人左右。根据这两个条件，正帝要的兵力大概在 9 700 人到 1 万人上下。

尤里安总共才 2.3 万人的军队，要被抽走 1 万人，而且都是精锐，剩下的 1.3 万人虽然不能说都是无用之才，但也不是最优秀的官兵。刚满 28 岁的尤里安面对如此状况，的确是要手足无措的。

这道下给罗马帝国第二号人物副帝的命令，并不是皇帝亲笔书写，也没有详细的说明。皇帝只派了一位低官阶的公证人前往高卢，由他向尤里安传达旨意。仅凭这一举动就可以看出，君士坦提乌斯并没有把尤里安看作副帝，只当他一介下臣。尤里安心中再不满，以他的身份也只能服从命令。

但是，被选出派往东方的士兵不打算从命，特别是 4 支蛮族部队，反应异常激烈。他们强调，当时与罗马军签订的契约中明文规定了勤务地在阿尔卑斯山脉的西侧，他们绝不会抛妻弃子、背井离乡地远赴东方。除了这些蛮族兵，其他的官兵也不乐意离开副帝，去听任正帝的指挥。4 年前，当时 24 岁的尤里安生平第一次穿上司令官的正装、出现在这些战士面前时，他们极力克制发出嘲笑之声，而如今，他们真心愿意在尤里安的麾下效忠尽职。战士们相信，皇帝这次的命令是他欺压副帝采用的一贯手段，大家对副帝充满了同情。

这个局面让尤里安陷入困境。如果顺从了士兵的心愿，就等于抗旨。可要是服从了皇帝的命令，又可能引发蛮族士兵的叛乱。尤里安每当举棋不定时，以往总能够帮忙商议对策的撒路斯提乌斯，此时已遭解任，现在他身边只有一些对军事一窍不通的希腊哲学家。

就在尤里安左右为难之时，那些蛮族士兵成群结队地在副帝的皇宫前静坐示威。所谓的皇宫，不过是尤里安在巴黎临时安置的大本营，既没有防止过激的士兵闯入宫内的设施，也没有充足的保安人员。

这种胶着状态持续了一个月。其间尤里安曾经数次出宫，企图说服那些静坐的士兵。他向士兵提议，如果他们不愿意与家人分离，可以用国有邮政马车将家属运往东方。不过士兵的抗议另有原因，面对这些习惯了野营的战士，尤里安几度交涉都以失败告终。

一个月就这样虚耗过去了。公元 360 年 2 月，形势突然发生了变化。像往常一样出现在士兵面前的尤里安，冷不防地被一队士兵抱上了盾牌，他们大叫着："尤里安·奥古斯都！"

士兵扛着坐在盾牌上的副帝，一边游行一边高呼："尤里安·奥古斯都！"呐喊声传遍了各个角落，随即全体战士发出了同一个声音。其中有一名士兵从脖子上摘下立功获得的金锁，仿佛给国王加冕似的，戴在了坐在盾牌上摇晃不定的尤里安的头上。就在这个瞬间，万众高呼"正帝尤里安"，震天动地的声音一直传到古罗马称为"塞夸纳"（Sequana）的塞纳河的对岸。

将自己的首领举在盾牌上游行，是尤里乌斯·恺撒征服高卢前当地人的习俗。历经了400年的罗马统治，高卢已经完全被罗马同化，连高卢人都不觉得自己是高卢人，而是罗马人。对那些来到高卢时日尚浅、驻扎在罗马行政当局被称为"日耳曼"的莱茵河西岸一带的日耳曼人士兵而言，尤里安是他们这4年来生死与共的战友。可能他们认为用这种高卢传统的方式更能表达自己的情感。总而言之，尤里安是第一位以蛮族人的方式被拥戴登基的罗马皇帝。不过，他那天显得异常惊慌，被人从盾牌上放下之后，直接逃进了皇宫，第二天也没出现在众人的面前。

事发当日，六神无主的尤里安事后却做了冷静思考。如果他接受官兵们的拥戴称帝，毋庸置疑，会被另一位正帝定为反叛罪。他仿佛看见了宦官优西比乌在君士坦提乌斯的耳边悄悄地说着什么，那双陷在一脸横肉里的小眼睛，闪烁着诡异的光芒。尤里安清楚，这是要让他步其兄之后尘。就在5年前，正是这位优西比乌将叛国的罪名套在了时任副帝加卢斯的头上，而且他本人还亲自前往波拉城的监狱，对加卢斯进行了严刑拷问，最后将其斩首。宦官身上那股独特的阴气，似乎漂到了塞纳河。曾经保护尤里安躲过宦官中伤的优西比娅皇后已不在人世，君士坦提乌斯的妹妹，尤里安的妻子海伦娜，也因两次流产，健康严重受损，在高卢病故。尤里安虽然不爱妻子，但对她还是十分尊重。他遵照妻子的生前愿望，将她的遗体送回罗马下葬。这两位女性的辞世，使得正帝与副帝之间的关系越发疏远。

终于，尤里安做出了决定。他出现在士兵面前，向大家宣告，他愿意接受“奥古斯都”的称号。时逢公元 360 年 2 月，24 岁之前只是一介哲学门徒的尤里安已经 29 岁。依照传统，为纪念登基，尤里安向官兵们发放了临时奖金。尽管具体金额不详，但无疑是罗马皇帝的登基方式。

同一天，尤里安提笔写信给君士坦提乌斯，开始了书面谈判。他试图通过辩解以及寻找折中之道，来取得君士坦提乌斯的认可。在信中他详细地说明了事情的来龙去脉，强调自己登基实属迫不得已。他恳求君士坦提乌斯能承认他为帝国西方的“正帝”。戴克里先皇帝的“四帝共治制”时代曾经有过帝国东西两帝并立的先例，尤里安希望能够遵循旧例，在帝国东方的“正帝”为上的前提下，维持两帝并立的“二帝共治制”。每次在信尾的署名，他都按照以往的习惯，谦称“恺撒”（副帝）。

说“每次”，是因为尤里安与君士坦提乌斯的书面谈判持续到了第二年。那时的君士坦提乌斯正在波斯战争的后方基地安提阿。地处叙利亚的安提阿与高卢距离遥远，就是快马加鞭，来回一趟也需要两个月的时间。不知道君士坦提乌斯是否看过这些信，反正，人在巴黎的尤里安从来没有收到过回信。他曾经一度将信交给君士坦提乌斯信仰的基督教阿里乌斯派的主教代转，希望他能从中斡旋，不过也是白费心思。

尤里安的书面谈判最终以失败告终。君士坦提乌斯根本没有打算同他谈判，而是把他视为篡位者，决定像对付蛮族出身的将军马格嫩提乌斯那样，出兵讨伐。这一年，为了西征尤里安，他同波斯国王沙普尔签订了休战协定。

对于休战协定，沙普尔究竟提出哪些条件，我们不得而知，但他最终表示同意，其中有两个原因：其一，罗马皇帝之间的内斗是波斯国王求之不得的好事；其二，波斯需要时间去巩固刚占领的阿米达以及北美索不达米亚平原的势力；其三，罗马大军离开东方的休战期间，正是威胁利诱亚美尼亚王国的最佳时机。

公元 361 年春天到来之际，君士坦提乌斯皇帝及其军队已经做好了返回西方、歼灭尤里安的战斗准备。

尤里安也并非把时间全用在给君士坦提乌斯写信、等待回音上。这一年，他不仅扫除了高卢境内的入侵蛮族，而且两次渡过莱茵河，袭击了阿勒曼尼人以及法兰克人的根据地。赢得胜利回到高卢之后，他又立即召集各地的行政官，积极地推动税制以及司法公正性的改革。就在一年快结束时，他接到消息，君士坦提乌斯的先遣部队已经离开安提阿，正奔西而来。

准备内战

尤里安再次陷入了抉择的困境。这一次不再是要不要接受士兵对他的拥戴登基称帝，而是在于是否应该为保住皇位，不惜打一场内战。根据他之后的行动表现，我估计那时候的尤里安是这样想的：既然君士坦提乌斯没有派出少数部队采用快攻的方式西征，那么就算没有将集结于东方的10万大军全部带上，规模也不会小。这批人马再与多瑙河的守卫军会合，那么总共才2.3万人的高卢军队绝对没有胜算的可能。尤里安能够做的，就是乘多瑙河守军还未与大部队会合之前，将他们争取过来。要达到这一目的，只有速战速决。

尤里安的想法是否如此，不得而知。事实上，他很快地做出了以下决定，并立即付诸行动：

一、与以阿勒曼尼人、法兰克人为首的日耳曼蛮族签订互不侵犯条约。这对于5年来遭受尤里安军队沉重打击的蛮族而言，是求之不得的事情，因此他们很爽快地就答应了。

二、从2.3万人中挑选1.3万人向东进军，准备在途中与君士坦提乌斯的大军作战。这1.3万人就是一年前以合约规定为由，不肯离开阿尔卑斯山脉西侧，离开家人远赴东方战场，在皇宫前静坐示威的蛮族部队。当他们得知这次东行牵系着尤里安未来的命运，似乎完全忘记了一年前他们“罢战”的起因，欣然受命。

1.3万人又分成两军，其中1万人由在罗马军中积累了丰富作战经验的法兰克人出身的内维塔（Nevitta）率领，从南高卢翻越阿尔卑斯山脉，穿越北意大利向东。这条路线虽长但安全，途中不会遭遇蛮族人的袭击。剩下的3 000人由尤里安亲自率领，冒着极大的危险穿过黑森林，以最短的距离抵达多瑙河的上游，在当地调集船只，沿河经过文多波纳（Vindobona，维也纳的古称）、阿昆库姆（Aquincum，布达佩斯的古称）等城市，一路顺流而下。

两军会合的地点定在多瑙河中游的城市西尔米乌姆（Sirmium）。西尔米乌姆是帝国后期的一个重要城市，位于贝尔格莱德（Belgrade）以西五六十公里处，现在称为米特罗维察（Mitrovica）。

由此可见，尤里安的目的是在君士坦提乌斯大军到达之前抢先控

尤里安（发行于西尔米乌姆的金币）

制多瑙河防线的军事基地米特罗维察，阻止皇帝的大军与这里的守军会合。无论对君士坦提乌斯还是尤里安来说，成败的关键就是看谁先到达西尔米乌姆。

尤里安的军队赢得了时间上的比赛。当 1.3 万人到达西尔米乌姆时，人数远远超过他们的多瑙河守军，表示愿意加入尤里安的阵营。预想中的内战不但没有发生，甚至没有流一滴血。

驻守多瑙河防线的官兵已经得知尤里安被拥戴称帝，但让他们做出决定的最关键的一个因素，是尤里安这 5 年来创下的辉煌战绩。他成功地打击了莱茵河沿岸的蛮族，也为东方的多瑙河防线战事带来了正面的影响。以往多次渡过莱茵河入侵的阿勒曼尼人以及法兰克人，在遭到打击势力衰减之后，那些以多瑙河为目标、从南而来的萨尔马提亚人、库瓦迪人也不敢再像以前那样胆大妄为。多瑙河的守军之所以轻而易举地投诚哗变，是因为他们敬佩尤里安现场指挥的能力。当然，要获得人心，前提是行动必须快于敌方。

君士坦提乌斯的性格，说客气些是慎重，他在判断以及行动上往往都表现得犹豫不决。他从安提阿出发，在抵达小亚细亚的奇里乞亚（Cilicia）时，得知尤里安已经到达西尔米乌姆，他并没有及时地采取对策，紧接而来的就是多瑙河守军全军哗变，以及尤里安率军离开西尔米乌姆，沿着东南主干道向东行进的消息。显而易见，尤里安的目的地是君士坦丁堡，他要占领帝国东方的首都。君士坦提乌斯维持了 24 年的皇位，如今岌岌可危。

君士坦提乌斯突然病倒了，御医们对他的病情深表绝望，束手无策。君士坦提乌斯和父亲君士坦丁大帝一样，在死前接受了洗礼，正式成为基督教徒。公元 361 年 11 月 3 日，君士坦提乌斯病逝。

君士坦提乌斯究竟死于何种疾病，至今没有结论。不过，一直以来都定调为因病自然死亡。尽管 43 岁的人生过于短暂，但他在位时间长达 24 年。罗马皇帝长年累月身负国家重任，积劳成疾，即使生逢太平盛世，在位时间最长也就是 20 年，五贤帝时代的皇帝们就是一个典型的例子。

君士坦提乌斯临终前不仅接受了洗礼，据说他还留下遗言，指定尤里安为继承人。如果此事属实，那么一定不是因为尤里安的才华，而是出于血缘上的考虑。无论君士坦提乌斯再怎么不乐意，他也只有尤里安这一位血亲。另一个理由，是他需要尤里安来照顾他即将诞生的孩子。一直为膝下无子而烦恼的君士坦提乌斯，直到最近，他的第三任妻子才刚为他怀上了孩子。这对于登基伊始便大肆屠杀血亲的君士坦提乌斯而言，实在是一个充满讽刺意味的人生结局。君士坦提乌斯的这个在父亲死后诞生的女儿，后来嫁给了格拉提安（Gratianus）皇帝。

尤里安在率军前往首都的途中接到快马送来的君士坦提乌斯的死讯。这简直是上天赐给他的好运，他手上不用沾一滴血就获得了皇帝的宝座。

尤里安命令部队继续向首都前进。另一方，先帝君士坦提乌斯的遗体也从东方运回首都。

公元 361 年 12 月 1 日，成为合法皇帝同时也是罗马帝国唯一最高统治者的尤里安，在民众的欢呼声中进入了君士坦丁堡。数日后，先帝君士坦提乌斯的遗体也被运回首都。前去迎接灵柩的尤里安，以皇帝的身份亲自为他举行了基督教的葬礼，然后将他的遗体安葬在圣使徒教堂内，其父君士坦丁大帝也长眠于此。

虽然尤里安抵达君士坦丁堡时受到了首都人民的热烈欢迎，不过，民众在最初对统治者都会给予欢呼和掌声。相对于留下失误的前任，继任者的最强之处，就是还没有做过任何的事情。因此，新官上任之初的好评是最没有价值的东西。无论是普通百姓还是宫廷的官员，对新主子向来都是先表示拥护，再静观其行。他们往往被简单地当作一群“被统治者”，殊不知，这些人也有其高明的求生之道。

针对这些被统治者，新上任的统治者的应对策略大抵分为以下两种：

第一，在不刺激既得利益者的情况下，加强和巩固自己刚到手的权力。这种做法，换句话说就是妥协。因此，之后也较难展开大规模的改革。

第二，获得权力后即刻实施改革，趁着既得利益者以及无利益者都还没搞清状况的时候，推出各种政策并立即付诸行动。

改革的困难之处是，当既得利益者发现改革对他们不利时，会表现出强烈的反对，而因改革最终会受益的非既得利益阶级，却一时半会儿不清楚新政策好在哪里，因此会采取观望或者阳奉阴违的态度。为了避免既得利益者的反对，当政者要像表演障眼法那样，迅速并且接二连三地采取行动。尤里安皇帝就是采用了第二种手段，想来他也是考虑到了这方面的问题。

很多人热衷于讨论，说喜爱哲学的尤里安没有权力欲。我个人觉得这种讨论一点意义没有。他在21岁之前过着幽禁的生活，根本就没有什么权力可言。其后4年学习哲学的生活，同样也过得战战兢兢，只要君士坦提乌斯一句话，他的脑袋随时不保。担任副帝的5年，他在履行职责的同时又要忍受皇帝的百般刁难。在这种环境下成长的尤里安，怎么会不懂得掌握权力的意义？

所谓的权力，是以自己的意志控制他人的一种力量。在众人共存的社会中，为了防止无秩序状态的发生，这种力量是必不可缺的。问题是善用还是滥用权力。30岁成为皇帝，获得至高无上权力的尤里安认为，不应该消极地去排斥权力，而应积极地予以善用，这并不违背希腊哲学的原理。

裁员大战

皇帝尤里安进入君士坦丁堡之后随即展开的宫廷改革，起因于下面这段小故事：

尤里安发现头发和胡子长了，于是他命令皇宫中的理发师来为他修剪。结果，仿佛高官云集般，一群穿着华服的人出现在他房的门口。尤里安以为自己的意思没有被正确传达，再次强调，他只需要一位理发师。这时，花团锦簇中最前列的衣着尤为显眼的人走出来禀报说，他就是理发师。尤里安问："那其他这些人是谁？"这位皇宫的理发师非常理直气壮地回答说："他们是我的助手。"

如果放任自流，官僚机构就会变得越来越臃肿。对官僚而言，没有比保住自己的地位更重要的事情。与其他领域不同，官僚并不是通过提升自己的能力来巩固地位，而是采用了拉帮结派，换言之，就是通过增加"寄生虫"的方式，来壮大自身的势力。因此，期待官僚主动进行内部改革完全是一种妄想。官僚机构的改革，只有能够实施"强制服从"的人才能办到。

尤里安决心对宫廷内部进行改革。不仅是理发师，甚至裁缝、厨子以及马夫，宫廷内各部门烦琐的分工，简直到了令人哑口无言的程度。他对宫廷所有的部门进行了精减。

以上文提到的那位理发师为例，他不仅能获得价值坚挺的金币的年薪，另外还有每天的补贴、维持 20 位助手的经费，甚至还拥有类似交通补贴的 20 匹马。在职务烦琐复杂的宫廷内，像他这样的人比比皆是。除此之外，还有一个职责不明却凡事都要插一手的宦官集团。这个集团内形成了一个完整的权力金字塔，站在塔尖的人物就是将加卢斯逼上死路并且始终与尤里安唱反调的君士坦提乌斯的宠宦优西比乌。这个以优西比乌为首、在宫廷内兴风作浪的宦官集团一年的花费，相当于那些在高卢浴血奋战的士兵年俸的总和。见此状况，尤里安已经不是目瞪口呆，而是勃然大怒。

宦官集团被解散，全部被赶出宫廷。皇宫内各部门所需的人手被控制在最小范围之内。那位理发师虽然没有失业，但他的助手都被扫地出门。因此，坊间盛传，巨大的皇宫变得空空如也。

皇宫原本是罗马皇帝执行任务的指挥本部，使它变成这样一个臃肿不堪、错综复杂机构的始作俑者，是戴克里先皇帝。他主张皇帝应该与被统治的国民拉开距离。从他开始罗马皇帝的作风趋于东方的专治政体，到了君士坦丁大帝时代，更是变本加厉。之后，君士坦提乌斯继续了父皇的治国路线，罗马皇宫东方化的历史长达77年之久。所谓的既得利益者，就是享受了77年特权的那些人。要推翻这个特权阶级并非易事，那些与权力无缘的市井小民，会为冷冷清清的皇宫感到有趣，而与皇宫密切相关的人就笑不出来了。

“叛教者”尤里安

历史上通常称尤里安为“Julianus Apostata”，我们翻译为“叛教者尤里安”。“Apostata”是由希腊语衍生出的一个拉丁词，它出现于基督教势力日益强大的罗马帝国后期，意为“抛弃信仰者”。因此，译成“叛教者”应该是准确的。

不过，如果要说抛弃，那么之前他必须信仰过基督教。公元361年11月3日，君士坦提乌斯病死，而后登上国家最高权力高峰的尤里安，利用手中的权力实施了一系列限制基督教扩张的措施。如果他以前不是一个基督教徒，应该不会背上一个带有明显侮辱色彩的“Apostata”之污名。那么，尤里安在30岁之前到底是不是一个基督教徒呢？

时值公元4世纪中期，希腊罗马多神教尚未被当作异教遭到排挤。公元313年颁布的正式承认基督教的《米兰敕令》中有以下这样一段文字：

> 以上是我们二人之决定。故自今日起，以往颁布的有关基督

教的所有法律规定（主要是指戴克里先皇帝制定的镇压基督教徒的诸法）一概无效，凡基督教信仰者可以无条件地保留其信仰，不受任何干扰。

给予基督教徒的信奉其宗教的绝对自由，同样也适用于信奉其他宗教的教徒。我们认为，全面承认宗教信仰之自由，有利于帝国的和平。而且，任何神明和宗教，其名誉和尊严都不容遭到诋毁。

说服正帝李锡尼颁布了《米兰敕令》的另一位皇帝，就是执政30年之久、身后被尊称为“大帝”的君士坦丁。之后其子君士坦提乌斯继承皇位，统治国家的时间也长达24年。大帝的这个儿子将执行父皇路线当作头等大事，因此，《米兰敕令》颁布以来的半个世纪，至少在官方场合，宗教信仰自由是得到保护的。事实上，军队以及政府官员的选拔没有仅限于基督教徒的类似规定，不少高官都是基督教眼中的异教徒。

不过，基督教会尊称君士坦丁为“大帝”，并非因为他颁布了《米兰敕令》，正式承认了基督教的地位。《米兰敕令》中所谓的信仰自由，不过是冠冕堂皇的官话，君士坦丁真正的用意在于振兴基督教。敕令颁布之后，他推出了一系列优待基督教会的政策，这才是基督教会赠予他“大帝”称号的真正原因。

君士坦丁死后的半个世纪，罗马帝国沿着“大帝”的路线继续前进，而尤里安也是大帝的亲属之一。尽管宗教信仰自由在公开场合得到承认，但从尤里安生长的环境来看，假扮成一名基督教徒应该会对他的安全比较有利。他是皇族的一员，6岁时因父亲被杀，过了14年实为囚禁的生活。在获得自由后的10年里，他仍处于君士坦提乌斯的淫威之下。在他担任副帝时期，如果他表现出任何一点反基督教的态度，恐怕早就落进了盼着他倒霉的优西比乌的圈套里。尤里安30年来，不得不战战兢兢地隐藏住真实的宗教信仰。如果知道自己被定义为“叛教者”，他一定会感到愤愤不平。

公元4世纪时，幼儿洗礼尚未普及。君士坦丁大帝及其儿子君士坦提乌斯都是在临终前才接受了洗礼。主教及神父们也都是在成年后接受洗礼成了神职人员。我在《罗马人的故事13·最后一搏》中曾提及，基督教能够普及的原因之一，就是它废除了犹太教的割礼。如果基督教像犹太教一样，规定在出生后的第28天要行割礼，勉强还能忍受，要是在成年之后再举行这样的仪式，那种疼痛是无法想象的。基督教将仪式改为朝头上洒水，真是一个令人赞叹的贤明之举。无论44岁时接受洗礼的安波罗修主教，还是32岁受洗的奥古斯丁（Augustinus）神父，如果入教时必须行割礼的话，真不知道他们还会不会成为基督教徒。正是因为在这个特殊的年代，临终前受洗才不会被当成特例。因此，尤里安在登基前很有可能没有接受洗礼。

然而，从基督教会的立场来看，尤里安之所以能成为皇帝，是因为他是亲近教会的大帝的血亲。如今他推出反对基督教的政策，就是对教会的背叛，因此，才会被愤怒地骂成是“叛教者”。

日本作家辻邦生曾经写过一本名为《叛教者尤里安》的历史小说，而美国作家戈尔·维达尔的小说名则用了尤里安的英文发音“朱里安”（Julian）。除了小说，历史学家的学术著作也多以“尤里安”“皇帝尤里安”为题，以“叛教者尤里安”为书名的作品为数甚少。因为“叛教者”是基督教对异己的蔑称，如果从不同于基督教的角度去描述尤里安的话，自然就不会使用“叛教者”这样的字眼。过帮生的小说，书名虽然用了“叛教者”，但内容并没有偏袒基督教的倾向。有着深厚的欧洲文学造诣的辻帮生，或许只是沿袭了以基督教为主流的欧洲人通常的习惯而已。

顺便说一下，我们翻译为“异教徒”的“paganus”一词，原本是基督教徒对希腊罗马多神教教徒的称呼，词意中含有“仍然相信迷信的乡巴佬”的贬义。因为相对于都市，基督教当时在乡村的普及率较低。“paganus”会成为历史学上的固有名词，与后来基督教在西方世界占主导地位有着一定的关联。“异教徒”一词虽然已经成为惯例无法改变，但追究其词源，有助于我们理解当时的时代背景。

尤里安是被后世学者称为“基督教与异教抗争的最后一个世纪”即公元 4 世纪的罗马帝国的一位人物，准确地说，他是那个时代的主人翁之一。

被污蔑为“叛教者”的尤里安推出的反基督教政策，用一句话来概括，就是让罗马帝国国民的宗教信仰重新回到《米兰敕令》颁布时的状态。

尤里安再次承认了所有信仰的存在，无论是希腊罗马多神教，还是埃及的伊希斯神以及起源于叙利亚的密特拉教（Mithraism）和犹太教，甚至是基督教内部因对教义解释不同而产生对立的三位一体说的亚他那修派及其反对派的阿里乌斯派等教派。总而言之，信什么都可以。宗教信仰的自由在完全得到保证的前提下，所谓的“叛教者”的蔑称、排斥异己的“异端”思想都全盘遭到否定。尤里安皇帝颁布的这道敕令，直译为“全面宽容”。

英语的“tolerant”以及意大利语的“toleranta”源自拉丁语“tolerantia”。我们只能一概翻译为“宽容”，词意指包容与自己看法不同的人。由此我们可以看出它与一神教的不同。

以基督教、犹太教以及之后诞生的伊斯兰教为代表的一神教的特征，是只承认一神存在。“摩西十诫”的第一条就是："除了我之外，你不可有别的神。”

而对多神教，词典中只是简单地解释为“相信众神存在，并对其崇拜的宗教”。这样的说明其实很容易引起误会。古代的多神教并非相信所有的神灵。像尤里乌斯·恺撒、奥古斯都以及哲学家西塞罗、历史学家塔西佗等，他们崇拜的是希腊罗马诸神以及家族保护神，并不信仰犹太教或者高卢、日耳曼的神灵。不过他们尊重与自己信仰不同的人。这好比是经过寺庙，可以不进去烧香拜佛，但不会做出失敬的行为。这种宽容是在多元化社会环境下产生的一种智慧（另一个是法律）。正因为眼看着这种智慧逐渐消失，尤里安才颁布了“全面宽容”的敕令。

尤里安不仅下令重新修建了遭基督教徒破坏的多座希腊罗马多神教的神殿，而且对耶路撒冷的犹太教大神殿也进行了整修，这座供犹太教徒寄托灵魂的神殿，在300年前遭到了罗马帝国的破坏。当年反对罗马的犹太教徒在这里抵抗到最后一刻。镇压叛乱的提图斯（Titus）皇帝下令摧毁了神殿，之后，神殿一直被禁止重建。尤里安的这道敕令让那些因基督教势力不断扩大而遭到排挤的犹太教徒，欣喜不已。

尤里安认为，既然承认所有宗教信仰具有同等的地位，那么国家就有义务为信仰迥异的人民提供平等生存的环境。《米兰敕令》颁布以来的这半个世纪，唯有基督教享受了特别的优惠，现在这些政策都必须废止。

30岁的皇帝决心扭转这50年来基督教迅速成长、势力范围不断扩大、逐渐走向国教化的局势。

对于尤里安为何要反对基督教一教独大的原因，我们已经有了一定的了解，但他是如何做到的，则是另一个议题。简单地说，尤里安无所畏惧，他没有什么害怕失去的东西。

君士坦丁大帝颁布《米兰敕令》，企图让基督教成为罗马帝国国教的理由，我在《罗马人的故事 13 · 最后一搏》“君士坦丁与基督教徒”的章节中曾经做出过假设。单纯地从个人的角度而言，信教可以作为“找到真正的信仰”来理解，但是，作为帝国的最高统治者，力图将基督教国教化一定有其特殊的原因。或者说，没有原因反而倒是问题。仅因为个人的信仰而改变共同体未来的命运，这是共同体的其他人不能接受的。因此，一定有其背后的动机。

我认为，君士坦丁决定基督教国教化，是他觉得，这于公于私都是一个良策。

从公的角度考虑，可以维持政局的稳定。君士坦丁出生于公元 275 年前后，他经历了被我称为“迷途帝国”的公元 3 世纪后期的乱世。那个时代死于非命的皇帝远远多于自然死亡的皇帝。每一次统治者的更替都会引发局势的动荡，因此戴克里先皇帝试图找到摆脱迷失的途径，其继承人君士坦丁同样也认为，政局稳定才是维持罗马帝国持续的关键。

对君士坦丁大帝而言，私利就是保证日后自己三个儿子的皇位安泰。与凭借自身实力获得帝位的他本人不同，他的儿子们的继位仅仅是因为血缘关系。因此，他需要获得世袭正当化的权力。但是，从表面上握有国家主导权的罗马公民（包括有罗马公民权的士兵）和元老院元老这样的“世俗之人”那里获得此权，似乎不利于罗马皇帝的形象。因为“世俗之人”在赋予皇帝权力的同时，也拥有杀死或者剥夺其权力的资格。

然而，基督教就不同了。在公元 1 世纪中叶，基督教势力还相当弱小，引导基督教脱离犹太教、转型走向世界性宗教的圣保罗曾经说过这样一段话：

> 在上有权柄的，人人当顺服。在我们的教诲中，不认同除上帝以外的权威。凡存在于现实世界里的权威，都是上帝所赐。服从权威，就是顺服君临权威之上的至高无上的天主。

这意味着赋予现实世界，即凡界支配权的不是人，而是神。君士坦丁能够从基督教的教诲中发现为我所用的元素，如此灵敏的政治嗅觉，真是令人惊叹。按照这种思想，无论是赋予权力，还是剥夺权力，决定者并非“可知”的人类，而是“不可知”的唯一的天神。

既然统治权是由在现实中不发表任何意见的天神决定，那就必须有某一个能够接受天意的人，将它的指示传达给人间。在基督教的教义中，上帝的指示是通过神职人员传达给普罗大众。而神职人员中充当这个通天媒介的，既不是日常生活中与信徒有频繁接触的神父，也不是孤独修炼的修道士，而是有资格出席大公会议，解释、整理及统一教义的主教。换言之，根据基督教会的制度，上帝是否赐予凡间君主统治权的意志，是由主教向人类传达的。因此，只要将主教拉入自己的阵营，就等于让上帝站在自己的一方。那么，接下来要做的事情就变得很简单，只要考虑如何拉拢主教即可。

君士坦丁大帝及其继承人君士坦提乌斯在半个世纪中实施了一系列基督教优惠政策，如建设教堂、不向教会资产及其服务人员私产课税、赋予主教在其教区的司法权等，其真正的目的就是通过拉拢“上帝”来取得皇位世袭的合法性。在他们看来，如果授予皇位的是上帝而不是凡人，那么就不会出现叛乱、谋杀皇帝的事情，政局因此得到稳定。

尤里安继位时，基督教优惠政策已经推行了 50 年。而他本人又是在通过实施恐怖政策维持统治地位 24 年的君士坦提乌斯时代下成长的。因此，他自然会对为了安定政局而不顾社会现状的国家政策深感怀疑，毕竟他只有 30 岁，还是一个充满理想的年轻人。

这个才 30 岁出头的年轻人，妻子病故后没有再婚，身边甚至见不到女人的影子。尤里安没有孩子，在这一点上，与为了传宗接代而结了三次婚的君士坦提乌斯又一次形成鲜明的对比。哈德良皇帝曾经说过，儿子不能选，但继承人可以选。想来尤里安也认同这个观点。

也许尤里安根本不相信政治世界中存在什么“上帝的旨意”。尽管君士坦丁大帝借由“上帝的旨意”确保了世袭的正统性，然而他的长子因为一时的冲动，轻易地就死在了一介大队长的手里，小儿子则因为手下蛮族出身的军人叛乱而死于非命。二儿子君士坦提乌斯虽然最后是死于病榻之上，但倒在了讨伐反叛的副帝的路途之中。纵观这一切，自然是很难让尤里安相信“上帝的旨意”存在的合理性。何况，他从来不是一个狂热的宗教信仰者，而是一个以怀疑为上的哲学门徒。

总而言之，尤里安不需要讨好传达上帝旨意的主教们，因此他毫不犹豫地废除了持续 50 年的基督教优惠政策，而且贯彻落实得非常之彻底。

向基督教宣战的诏书

根据尤里安的政策，一直利用国家财产资助教会活动的一切行为，遭到全面废止，如建造教堂以及向教会捐赠资产（包括附带农奴的耕地、配备工匠的手工业以及配备店员的商铺等）。

除此之外，教会财产及其从业人员的个人财产免税的特别优惠，也毫无例外地一律废除。从此以后，主教大人将与一般平民一样成为纳税人，原来以教会活动经费为名目而免税的教会财产，和其他的农工商行业一样，必须向国家缴纳税金。

不过，尤里安并没有下令没收这50年来由国家出资建造的教堂，也没有向教会及其人员追缴之前被免除的税金。虽然这让教会占了“先来先得”的便宜，不过尤里安的企图似乎只在于阻止基督教会继续扩张，而废除优惠政策已经可以达到目的。正如恺撒利亚主教优西比乌在《教会史》中指出的那样，公元4世纪的罗马帝国，有很多人因为私利私欲而改变信仰，成了基督教徒。

正如君士坦丁大帝颁布《米兰敕令》的真正动机在于振兴基督教会，尤里安皇帝的“全面宽容”敕令也有着表面和实质的两面性。他的真正目的，当然就是复兴基督教以外的其他宗教，尤其是被基督教认定为“异教”的希腊罗马多神教。

尤里安决定重建那些长年废弃、濒临崩溃边缘的神殿，并归还原属于神殿的土地。罗马人习惯把神殿建在市井之中，它不仅是参拜的场所，更是人们生活的一部分。与之相反，希腊人喜欢将神殿建在悬崖峭壁之上，即便是在大海上，也能眺望到崇高的神灵。或者是将神殿建在溪水潺潺、绿树丛林的大自然中，而神殿周边的土地，与其说是维持神殿所需的财源，不如说是奉献给天神的居所来得更有意义。

罗马帝国的东方在受到罗马人统治之后，通用语言仍然是希腊语，由此可见，这里始终属于希腊文化圈。要在帝国东方重建神殿，必须一并归还其周边的土地，否则就失去了原本的意义。同时，尤里安还制定了国策，恢复了在神殿举办官方祭祀的仪式。

罗马帝国的后期，皇帝颁布法令即敕令，无须等待元老院的审议、核准。因此，将恢复“异教”定为国家政策，并非一件难事，真正困难的是如何具体实施。尤里安颁布的几项法令就面临着贯彻落实的困境。

公元 313 年颁布的《米兰敕令》让一部分政治神经敏锐的人首先觉察到了形势的变化，而到了公元 324 年，击败宿敌李锡尼成了罗马帝国独一无二的皇帝的君士坦丁大举兴建基督教堂的行为，使得平民百姓都能够感觉到时代的变迁。在君士坦丁大帝去世的公元 337 年之前，优待基督教的一系列政策已经得到全面完善，原本对宗教并不热衷的人们，也能从中体会到顺应时代的好处。加入基督教有益，就意味着坚持做异教徒会非常不利。

大帝死后，他的三个儿子继承了皇位，分治天下。长子因被杀很早就退出了政治舞台。从公元 340 年开始，帝国由二儿子和小儿子两人共同统治。管辖帝国西方的小儿子君士坦斯，在公元 341 年就颁布了禁止异教祭祀活动的敕令，可是到了第二年的公元 342 年，他又发布了以下禁止首都罗马市民破坏神殿的命令：

> 尽管所有的迷信活动都必须遭到排除，但城外的神殿应该保留其现状。虽然战车竞赛以及田径运动起源于奉献神灵的仪式，但是破坏举行这些仪式的竞技场及其附属的神殿，就等于剥夺了人民长年以来享受的娱乐的权利。

比拳击运动更残酷的角斗比赛、堪比现代 F1 赛车的四轮或两轮战车的竞赛，以及在近代以奥林匹克运动会的方式恢复的田径比赛，最初的出现都是以奉献给希腊罗马诸神为目的。因此，在比赛之前，选手们照例要先去附属于竞技场的神殿参拜。从这个意义上来讲，不是神殿附属于竞技场，而是竞技场附属于神殿。因此，破坏神殿很可能会影响到竞技场，君士坦斯皇帝之所以提出保护神殿，是不想因娱乐场遭到破坏而得罪了天下百姓。

这段逸事发生在基督教渗透速度低于东方、狂热的基督教徒数量极少的帝国西方，而且是在被称为异教圣地的首都罗马。相比之下，帝国东方不仅基督教徒人数众多，而且三位一体派与阿里乌斯派因对教义的诠释不同而纷争不断，异教神殿面临的形势势必要比西方来得更为严峻。

事实上，若干年之后，因弟弟君士坦斯遇刺而成了罗马帝国唯一统治者的君士坦提乌斯，很快就颁布了夜间进行祭祀的禁令，紧接着白天的祭祀活动也遭到了全面禁止。由于《米兰敕令》规定了一切宗教信仰自由，所以君士坦提乌斯禁止异教公开祭祀的理由是："为了防止善良的人民因崇拜偶像而犯罪。"

在尤里安实施宗教改革之前，如果违犯禁令，举行或参加祭祀仪式的人将被处以死刑。除此之外，国家虽然不允许拆毁神殿，但默许民众将破损的神殿中的圆柱等材料拿去建造私宅。民众为了获取石材，往往会存心去破坏神殿。

总而言之，尤里安的宗教改革面临着巨大的困难，如果没有坚定的意志，根本无法实现。

先说重建神殿，由于神殿内部材料大多被人拿走，必须开山取石从头开始做起。

再讲那些神殿周围的土地。如果对神灵不存敬畏，那么这些地方

尤里安

就无异于其他土地。由于神殿多远离人烟，所以适合作为农田或墓地。既然不相信神灵的存在，那么土地转为它用，对使用者而言完全没有心理障碍。

就算是恢复祭祀仪式，实际上也没有想得那么容易。首先是因为长年以来的法律规定举办祭祀活动为死罪，加上希腊罗马多神教没有专门的祭司阶级，祭祀活动在久遭禁绝的情况下，以前那些兼任祭司的公民也因年事已高而陆续死去，人数不断减少。

尤里安还是哲学门徒时就有人对他的说话方式有所非议。说得客气一点，叫滔滔不绝，说得刻薄一点，就是修辞速度赶不上脑海中不断冒出的想法，口不择言。当了皇帝之后，他的这种习惯也没有改变。凡是这种说话方式的人，做事也容易急躁。

尽管年仅 30 岁就成了帝国最高统治者，但是尤里安似乎有一种莫名的紧迫感。或许是使命感让他觉得，如果不好好地利用现在的时机，就无法掌控未来的局势。他的焦虑的确是有事实根据的。何况他推行的改革在很多领域都受到了既得利益阶层的强烈反对，即使在一些没有遭到正面冲击的地方，也层出不穷地出现了消极怠工的情况。但是，尤里安并没有退缩。他在赶走了大批下人而变得空空荡荡的皇宫中，取消了登基庆典以及各种属于皇帝的奢华享受，接二连三地推出并实施了多项法律政策。

有一本古籍叫《狄奥多西法典》(Codex Theodosianus)。它是在公元 431 年由时任皇帝狄奥多西二世制定的法令大全。这部法典汇集了从君士坦丁大帝到狄奥多西二世百余年来历任皇帝签署的宪令。一个世纪后，查士丁尼（Justinian）大帝在此基础上，编纂了一部正式名称为《查士丁尼法典》的民法大全（Corpus Juris Civilis）。在《狄奥多西法典》成书的公元 431 年，基督教获得全面胜利，成为罗马帝国唯一合法宗教已经 30 年。《狄奥多西法典》汇集的是君士坦丁大帝时代以后的法律，因此，都是与基督教国家化相关的内容。

鉴于以上原因，尤里安制定的有关全面废除优惠基督教的法令，自然是不会出现在法典中。尤里安死后，君士坦丁大帝及其儿子君士坦提乌斯曾经实施的基督教优惠政策陆续恢复。我们后人就是通过这本《狄奥多西法典》才了解到优惠基督教的具体措施。

尤里安制定并实施的反基督教的政策，在他死后立即遭到了废止，因此这些相关法令自然是不会记载在案的。

不过，《狄奥多西法典》也收录了 52 项由尤里安签署的条令。被视为“叛教者”的人制定的法律之所以还能出现在法典中，按照研究人员的见解，主要是因为内容都是与基督教无关的行政法。在首都君士坦丁堡仅仅滞留了三四个月的尤里安，除了反基督教的相关政策，还制定了 52 项其他的法令，可见他是埋首于国家大事，心无旁骛，这也让人感觉到他争分夺秒的紧迫感。

在尤里安死后被废止因而没有收入《狄奥多西法典》的宪令中，有一条驱除信仰基督教的教师的规定。尤里安对此做了以下的注解：

教师的职责在于教书，而书本教材都是希腊语或拉丁语的作品。这些希腊以及罗马的作者对天神怀有敬爱和崇拜之心，其作品正是这种精神的结晶。然而，基督教将这些天神看成魔鬼，对此笃信不疑的教师如何指导学生去领会作品中蕴含的希腊罗马精神的真谛？

言下之意，将宙斯、波塞冬、阿波罗、雅典娜视为邪神的人，怎么能教群神登场的荷马的作品？据说他曾经讲过："信仰基督教的教师可以去教会教书，用他们深信不疑的《圣经》当教材。"

对于尤里安的上述言论，就连现代的罗马历史学家也认为"理论上相当正确"。对此，我倒是有点按捺不住，不禁想问问这些专家，作为热心的基督教徒，你们是否又能体会罗马精神的真谛呢？

话说回来，尤里安驱逐基督教徒教师的政策，却从意想不到的地方传出了反对的声音，反对者竟然是那些非基督教徒的教师。他们不赞成的理由是，基督教徒大多热心于孩子的教育，如果赶走信仰基督教的教师，家长们就不会再把孩子送到学校来。当时的学校以私塾为主，对教师而言，学生的学费是他们的生活来源。结果证明，这些教师的担心不过是虚惊一场，法律公布之后，基督教徒让孩子接受教育的热情并未因此而减弱。

根据罗马帝国的教育制度，在完成了读书、写字、算盘等初等教育之后，就要进入现代称之为"教养学科"（拉丁语"artes liberals"，英语"liberal arts"）的学习阶段。学生就读的年龄从八九岁开始一直到十六七岁，这期间他们会接受以下科目的教育：

拉丁语和希腊语的语法——准确且优美的叙述能力不可欠缺的基础。

修辞学——加强言辞或语句效果，恰当地表达思想所需的技能。

辩护学——说服与自己观点不同的人所需的论理性。

其他科目还有：数学、几何学、历史、地理。

以上这些科目使用的教材大多是前人的著作。在当时被认为是"classics"（古典）的著作，大约是从公元前8世纪的荷马到公元2世纪的塔西佗等人的作品。这些作品之所以适用于做课本，主要是因为其内容的完整性。

中上层社会的基督教徒大多属于新兴阶级，这些人热衷于对孩子们的教育。在公元4世纪时的罗马帝国还有一个现象，多数的家长都希望孩子将来能成为政府高官或律师。要达成这个愿望，首先必须接受教养学科的教育。因此，不管教师是不是基督教徒，家长们仍然愿意将孩子送到私塾学习。

被踢出校门的基督教徒教师们也曾试图做出一些反击。他们修改了教材，将原本出现在《荷马史诗》、希腊悲剧以及《苏格拉底对话录》中的诸神和人物，改为《圣经》里的人物。结果当然是以失败告终。世俗化的希腊罗马多神教文化背景下的神和人，与严格遵守教义、一丝不苟的基督教徒，实在是无法互换角色。

这件事情最终也就是一场闹剧。基督教徒们指责的所谓的异教徒，是即使自己不信也不会反对他人信仰的多神教的民众。在他们看来，仅仅是因为基督教徒就要被迫离开教坛这件事本身，就脱离了"宽容"的精神。因此，即使在基督教徒的学生数量没有减少的状态下，仍然有一些"异教徒"坚持反对尤里安的这项政策。这些人中包括军人出身的历史学家阿米阿努斯。不过，尤里安并没有听取他们的意见。他希望通过异教徒教师的教育，让那些来自基督教家庭的孩子了解到，这个世界除了基督教的理念之外，还有其他的价值观存在。

尤里安为阻止基督教势力的扩张，连续推出的一系列法规条例，大致可以分为以下两类：

第一，将帝国的社会秩序恢复到君士坦丁大帝之前的时代。比如说，禁止使用国家资源建造教堂，撤销教会财产以及神职人员私人财产免税的特惠等。

第二，在元首制时代完全不曾涉及的一些新政策。因为那时的基督教势力还很微弱，不需要制定专门法律予以治理。像上述禁止基督教徒担任教师的法令，就属于这一类型。接下来我要论述的另一项政策，性质也是如此，即这些法律都是尤里安独创的。

在尤里安看来，希腊罗马多神教陷于劣势的原因，主要是它没有一个专门的祭司阶级。与之相反，基督教的势力之所以能够不断地扩大，正是由于它有一个金字塔般的组织结构，各教区的主教位于塔尖，下面依次是祭司、副祭司。

身为皇帝的尤里安，同时也是大祭司。因此，他在各地任命了专职的祭司，祭司之下还配有专门的祭司。这样，罗马的传统宗教也能形成一个抗衡基督教会的类似的组织机构。

这些专职祭司的开支由国家承担，所以他们必须遵守帝国法律并信仰希腊罗马多神教。与以往民间人士兼职的祭司不同，他们的日常生活受到了严格的控制。

大祭司和祭司不得前往剧场、竞技场观赏戏剧、战车竞赛和角斗比赛，禁止与深受百姓喜欢的演员、竞赛选手等人物交往，也不能享受打猎的乐趣。对罗马人而言，这等于禁止过正常的公民生活。

尤里安推出的这些法令让人不得不怀疑他是否真正懂得罗马文明。

包括基督教在内的一神教，要求人们按照唯一真神的教诲去生活。然而，所谓神的教诲，就像占星术或者抽签卜卦那样，充满了随个人感受去自我诠释的内容。占星术、卜卦的内容可以随便说，但宗教不能放任信徒“随个人感受”去理解。放任意味着失去秩序，没有秩序就不能形成组织。

一神教之所以要形成一个独立的祭司阶级，就是因为需要有一批专业人员去调整、统一神的教诲，并将之传达给民众，避免教义“随个人感受”被任意诠释。

另一方面，多神教中的诸神并不具有引领人类生活的意义。他们充当的是帮助人类分忧解难的角色，从来也不存在什么神的教诲。因此，既没有解释教义的必要，更不需要有专门的人员来负责整合，并传达给信徒。罗马自建国以来始终没有形成一个专业的祭司阶层，正体现了忠实于多神教的罗马人的精神，也是罗马文明的精髓所在。即便是以抗衡基督教为目的，强行建立专业的祭司组织，终究是与罗马传统精神背道而驰的行为，这种政策自然是不可能深入人心、维系长久的。

不过，话说回来，尤里安这项政策的失败，并非这些理论上的原因，而是在实际中遭受到了以下的阻力：

第一，即使成了希腊罗马多神教的大祭司或祭司，这些人也不能享受私有财产免税的优惠待遇。尤里安废除基督教相关人员私产免税，目的就是为了保证宗教信仰的自由，因此所有的宗教团体都必须享受同等的社会待遇。既然皇帝大张旗鼓地推行这种自由平等的理念，也就无法对希腊罗马多神教另眼相看。

第二，几乎与基督教的修道士的清规戒律相同，大祭司以及祭司必须远离尘世。他们既不能去剧场看戏、出入赛车或田径的竞技场，也不能举行或出席宴会，与亲朋好友大快朵颐。这在世俗的罗马人观念中，简直不是人过的日子。尤里安自己过着清心寡欲的生活，就认为别人亦可如此，这位年轻皇帝对人性几乎是一无所知。

尤里安推行的对抗基督教会的各种法律中，还包括了与福祉有关的条令。他发现，基督教会主导的救济贫民以及孤儿寡母的活动，对于扩张势力有明显的帮助。

在他看来，基督教会之所以可以做这些慈善，主要是因为从君士坦丁大帝时代开始实施的用国家经费援助教会的政策。当然，教徒也会有个人捐赠，但是真正让教会确保慈善事业财源的，还是前朝皇帝们捐出的大笔钱财和大量耕地。尽管国家资助教会的禁令已经推出，但并未没收之前捐赠的资产。因此，基督教会依然有着雄厚的经济基础，可以一如既往地继续慈善事业。为了打破教会独占的局面，尤里安决定以国家名义开展福祉活动，也就是说，国家和教会争相救济贫民。不过，这项法律，除了尤里安亲自落实了两三条具体的措施，就再也没有后续的跟进。

导致尤里安的慈善事业最终失败的另一个要因，是没有足够的时间建立起组织架构。不过，更主要的是，这些政策没有得到“地方自治体”以及“个人”的支持。社会福利之所以能在元首制时代持续发挥功效，是因为它名为皇帝主导，实际上是由地方自治体实施。除此之外，公共事业还受到了愿意回馈社会的私人的支持。我个人认为，元首制时代的罗马帝国的架构是一个“小政府”，它巧妙地协调了中央集权与地方自治的平衡关系，因此“小政府”才能掌控如此庞大的一个国家。以罗马道路为例，正是由于“中央”“地方”“个人”三足鼎立的体系，道路网才能建设得如此完善，并且在相当长时间里维持了正常的运转。

然而，到了帝国后期，中央集权不断强化，地方自治早已是明日黄花。税制的改变也让个人捐赠财产、回馈社会的观念消失殆尽。

尤里安死后，由国家推动实施的社会福利法案遭到废除，统称为“caritas”的慈善事业再次被基督教会独占，这种状况在之后维持了很多年。

安提阿

公元 361 年 11 月 3 日，君士坦提乌斯皇帝的死亡让尤里安在不动刀兵的情况下和平登基，以帝国唯一的最高权力者的身份，于同年 12 月 1 日进入首都君士坦丁堡。他在君士坦丁堡究竟生活了多久，至今没有一个定论。有些专家认为是到公元 362 年 4 月左右，也有人认为可能更晚一些，大概到初夏前后。无论哪一种说法都证明尤里安前往东方之前，在首都的生活没有超过一年。

他离开首都向东移动的目的非常明确，与波斯王国再打一仗。这个时期罗马帝国的形势非常稳定，辽阔的疆土既没有受到蛮族的侵略，也没发生内战，正是皇帝亲自出征、歼灭宿敌、除去心头大患的好时机。

有一份以最初的所有者名字命名的古代地图，叫波伊廷格古地图（Tabula Peutingeriana）。如今被保存下来的是 11 世纪制作的复制品，原图是在公元 4 世纪中叶，即尤里安生活的那个时代制作而成。在这幅地图上用了有别于其他城市的特殊记号，标注了罗马帝国的三大都

波伊廷格古地图标注的安提阿

市：罗马、君士坦丁堡、安提阿。

在这三大都市中，罗马从古至今始终保持着世界大都市的地位；君士坦丁堡在公元1453年被奥斯曼土耳其攻陷后，改名为伊斯坦布尔，以后作为土耳其的首都，一直是一个活力四射、充满东方风情的城市。

与这两个古代大城相比，安提阿的生命未免过于短暂。现在，这里土耳其语称为安塔基亚，是一个距离叙利亚国界不到30公里的边境小镇。那些怀着对古城安提阿朝拜之心来到这里的人，想必是无一例外地失望而归。

无论是由纵横交错的街道形成的城市结构，还是长达几公里的中央大道，昔日的风貌荡然无存。街道两侧圆柱林立的中央大道，曾经赫赫有名，甚至成为波伊廷格古地图的记号，当安提阿与埃及的亚历山大城竞相争做东方第一都市的时代，最引以为自豪的就是这条中央大道。

安提阿的城市规模不如罗马，但远远超过了君士坦丁堡。它是在公元前3世纪由亚历山大大帝死后分裂帝国的武将之一塞琉古（Seleukos）所建。因此，相比公元前753年建城的罗马，历史较短，却比公元330年建都的君士坦丁堡悠久许多。塞琉古王朝遭罗马灭亡之后，安提阿失去了其首都的地位，但在罗马的统治下仍然继续保持着经济的繁荣，因为这里是东方贸易的中心。

首先，这里占有地理位置上的优势，是经过幼发拉底河从东方运送来的货物的最佳集散地。城附近由东北向西南流淌的奥龙特斯河（Orontes）适于航运，往下游行驶20公里，就是地中海的入口。因此，这里具备了作为贸易城市的所有条件。

其次，安提阿的居民结构非常国际化，很符合贸易城市的气氛。

上层以及中产阶级主要是希腊裔，而那些比其他民族更善于寻找商机的犹太人，很早之前就在这里形成了一个强大的犹太经济圈。居民地位处于中下层的，是可以算作原住民的闪米特人（Semites）。城市的东方风情其实并不太浓厚，这主要是因为城中到处都建有罗马人和希腊人喜好的圆柱，在罗马统治的时代，圆柱的数量竟然成了课税的基准。而象征着安提阿雄厚的经济实力的长达几公里的圆柱大街，在当时的地中海世界更是家喻户晓。如果加上奴隶的数量，安提阿的人口有百万之多，这一点，它同样也是劣于罗马，胜于君士坦丁堡。罗马帝国擅长巧妙地分配中央与地方的权力，因此也赋予这所东方大城市自治的权力。所有地方政府层面的政策方针等事项，全部由 200 名元老院元老组成的安提阿议会决定。

顺便提一下，那个武将出身的文人，因不向基督教妥协终身为异教徒而被称为“罗马最后的历史学家”的阿米阿努斯·马尔塞利努斯，就是在这座国际都市出生、成长的希腊裔安提阿人。

繁荣的安提阿出现明显的阴影，是在尤里安时代过去百年之后。当时它遭遇了波斯军队的侵略以及地震的重大伤害。但是，波斯军的烧杀抢劫以及地震带来的破坏并非都集中于公元 5 世纪。真正的问题是当地的人民已经失去了重建城市的信心和资金。虽然皇帝推出了修复城市的支援措施，不过，按照罗马人的思考方式，皇帝的作为并非万能，不过是为努力自救的地方自治体以及个人提供一些帮助而已。无论是天灾还是人祸，城市要克服过去的不幸重新崛起，最重要的是靠当地居民的意志力和财力。公元 5 世纪以后的安提阿已经没有了这些必备的条件。

逐渐走向没落的安提阿，在公元 638 年被伊斯兰教的阿拉伯人占领之后，彻底丧失了城市的机制。这里的重要性在于它是古代世界连

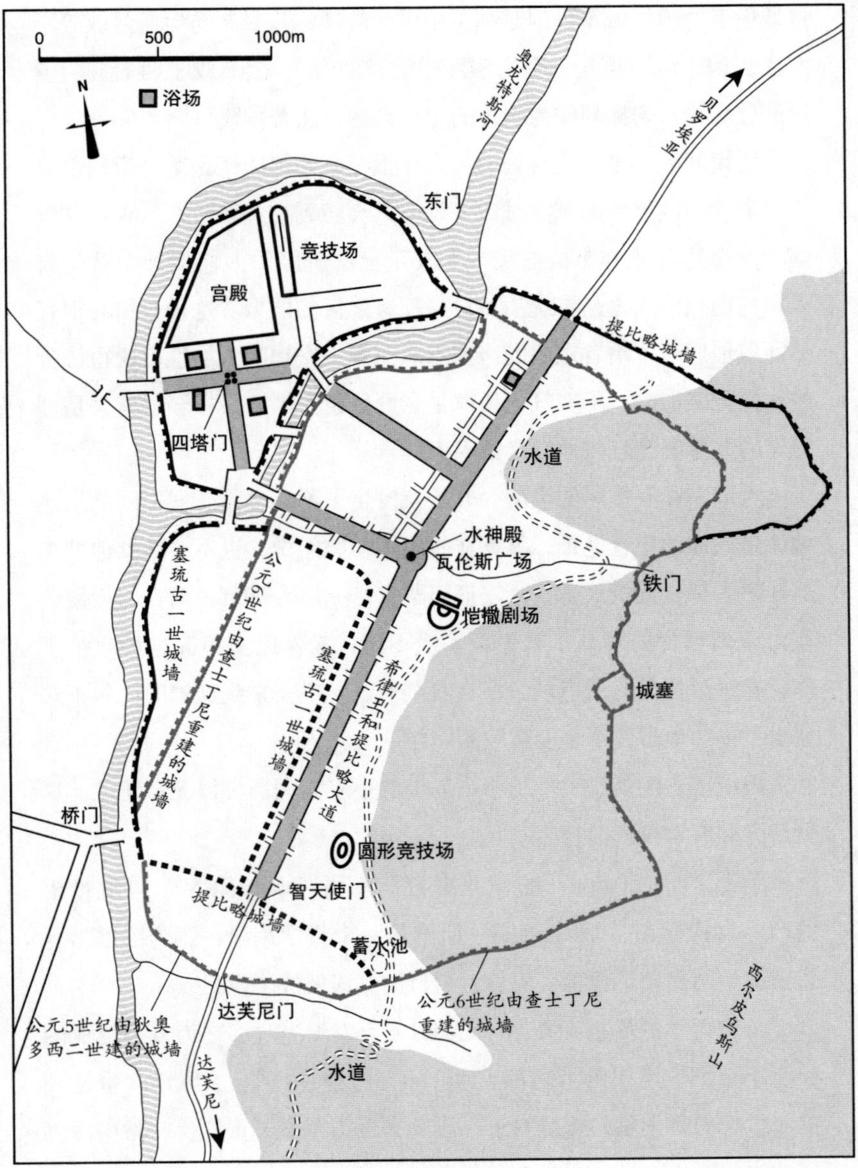
0
500
1000m
N
浴场
奥龙特斯河
贝罗埃亚
东门
竞技场
宫殿
提比略城墙
四塔门
水道
水神殿
瓦伦斯广场
铁门
恺撒剧场
塞琉古一世城墙
公元6世纪由查士丁尼重建的城墙
塞琉古一世城墙
希律王和提比略大道
城塞
桥门
圆形竞技场
智天使门
提比略城墙
蓄水池
达芙尼门
公元6世纪由查士丁尼重建的城墙
公元5世纪由狄奥多西二世建的城墙
西尔皮乌斯山
水道
达芙尼

古代安提阿

接地中海的内海城市。但是到了中世纪时期，基督教与伊斯兰教势不两立，地中海不再是一个文明圈中的“内海”，反而成了两大文明世界的分界线。安提阿作为城市的生命自然也随着古代一同消失。

话说回来，尤里安身处的公元 4 世纪，安提阿还是罗马帝国引以为自豪的一座繁荣的东方城市，没有人会想到它在百年之后将走向没落。这个国际化都市的居民，尤其是上层阶级的人们，天生就是商人。他们相信无论是谁统治，自己都有生活的能力。这种自信心很容易导致他们对统治者做出的努力不屑一顾。安提阿人的性格说得好听些，是务实清醒，不客气地说就是老奸巨猾。因此，年轻气盛又是理想家的尤里安注定与他们格格不入。

尤里安在安提阿的生活一开始就发生了不幸事件。安提阿的东北地区是当地的粮仓地带，就算在收成不佳的年份，也不会像其他城市那样陷入粮食危机。不过，安提阿毕竟是一座大都市，而且与行使公权力管理粮食的罗马、君士坦丁堡不同，确保民众粮源这种政治工作，在这里也是交由市场经济自我调节。尤里安来到这里的一年正好遇上了周边地带发生小麦歉收的问题。

收成不足的消息一传出，市场上的小麦立刻消失得无影无踪。这背后无疑有着投机的行为。

英语“speculation”的词源来自拉丁语“speculatio”，可见投机的行为自古存在。“speculatio”原本是一个哲学用语，意为“思索”。思索人生的真理是哲学，而思索赚钱的真谛就成了投机。

希腊哲学的鼻祖泰勒斯（Thales）出生于当时称之为爱奥尼亚的位于小亚细亚西岸的米利都（Miletus）。这位生活在公元前 7 世纪到前 6 世纪的哲学家，曾经有过一段既有现实意义又很能反映地中海民风的愉快经历。

话说有一天，边走边思考的泰勒斯不小心掉进了水沟里。路人见此情景，不禁捧腹大笑，说哲学家真是一个没用的东西。

泰勒斯决定用行动来反驳众人的偏见。我忘了他是用哪一种计算方式，反正他是以某个事物为基准，预测出这一年的橄榄将大获丰收。他事先租下了米利都周边所有的榨油场，业者想销售橄榄油，就必须到泰勒斯的榨油场榨油，否则就无法成品上市。也就是说，泰勒斯采用了垄断的手法，获得了莫大的利益。

首先，哲学通常会被认为是一门没有实用价值的学问。其实，哲学的精髓并不在于知识，而是思索。如同做体操活络筋骨一般，思索锻炼人的头脑。换言之，哲学就是让人们勤于思考。泰勒斯用他的行动证明，只要勤于思考，不管对象是哲学还是投机买卖，都能获得成功。也就是说，哲学是一个多面手。

这里要特别强调一下，泰勒斯真正关注的仍然是哲学，他只是在那一年关注了投机的生意。之后，他思索的对象再次回到哲学上。他不是一个投机高手，他是孕育了苏格拉底、柏拉图、亚里士多德这些巅峰人物的希腊哲学的开山鼻祖。

罗马皇帝尤里安也无时无刻不称自己是一个哲学门徒。然而，哲学对于生活在公元 4 世纪的他而言，并非像公元前 6 世纪泰勒斯追求的那种傲然独立、目空一切的思想，而是变成了灵魂的救赎，含有浓厚的神秘色彩。

尤里安身边围绕的都是他喜欢的哲学家，这些人是以利巴尼乌斯（Libanius）为首的公元 4 世纪时罗马帝国最杰出的学者。当然，他们都不是基督教徒。不过，这些著名的研究人员给人的印象是站在讲坛上向学生传授知识，像现在大学里的哲学系教授。当时的教授依靠学生交纳的“礼金”为生，皇帝之友的身份对广招弟子是很有帮助的。

阅读利巴尼乌斯等这些尤里安的友人留下的有关他的文章，无法让人感受到他们对尤里安怀有亲爱之情，甚至在尤里安死后，他们写的那些为其辩护之文，也因为对他的理解不足而缺乏说服力。

当时就有人刻薄地指出这些人是寄生虫，看来并非言过其实。成天与这些人在一起的尤里安想的自然都是与哲学有关的内容，他应该是从未思索过投机之类的事情。

私底下尤里安以哲学会友无可非议，不过作为皇帝，市场上小麦骤然消失、面包店无货可售的事态，他不能坐视不理。

尤里安向安提阿的市民呼吁，希望大家尽量节约，在事态缓和之前暂时忍受一下贫困的生活。他的这类呼吁以前在高卢遭受蛮族围城时曾经振奋过人心，然而对和平形势下的安提阿人民完全不起作用。于是，尤里安派遣特使前往小亚细亚和埃及购买了大量小麦，全部投入了市场，并且设定了最高售价的限制。

但是，现状并没有因此改善。那些紧急进口的小麦，在安提阿的外港换船装货时，就已经被一些巨贾全部买了下来。这些资金雄厚的商人几乎都是安提阿元老院的元老。

尤里安这才知道，原来掌握情报是获取暴利的关键。年轻的 31 岁的皇帝盛怒之下，将 200 名元老院元老统统关进了大牢，不过当天就释放了他们。无论如何，皇帝强硬的态度总算有了效果，那些商人终于愿意将囤积的小麦投放市场。市民的不满虽然得到了消解，但安提阿的上层阶级从此与皇帝结下了怨仇，而另一起事件的发生，让中下层人民也对皇帝表示出了敌意和反感。

安提阿以南不到 10 公里处，有一个森林葱郁、泉水潺潺叫作达芙尼（Daphne）的小镇，当地有一座自古以来就闻名遐迩的雄伟的阿波罗神殿。达芙尼就是以神殿为中心逐渐发展起来的。事情发生的起端是尤里安来这里参拜神殿。

要追溯被史学家称为“希腊罗马宗教与基督教决定胜负的最后一个世纪”的公元 4 世纪的世事变幻，有一件事情不能不提，那就是尤里安在位时期，《米兰敕令》已经颁布了半个多世纪。这意味着，表面上所有的宗教信仰自由得到承认，实际上皇帝偏向于基督教的政治路线已经持续了 50 多年。而另一面，罗马进入帝制时代以后，建造献给希腊罗马诸神的神殿主要出资人又是皇帝。被基督教视为“异教”的多神教，由于没有所谓的教义，所以不存在向信众传播、解释教义的神职人员阶级，因此也没有必要去建立财源，用以维持相关人员的生活以及举行弥撒、做慈善等。

以上状态在持续了很长一段时间之后，时代发生了变化。失去了皇帝以及地方自治体资助的希腊罗马多神教状况凄凉，原本还可以依靠一些私人援助，但帝国当时接连遭遇危机，人们心中充满了天神离他们而去的不安。希腊罗马的宗教不像基督教，没有什么“不幸是神赐予人类的试炼”这类应变的解释。

试想，在这种形势下，谁还会去关心天神不在的神殿，还有谁愿意主动充当祭司，自己花钱购买献祭用的家畜，来举行出席人数寥寥的献祭仪式。来到达芙尼的尤里安，看到的阿波罗神殿也是一片荒凉，迎接他的是听到皇帝御驾光临，急急放下手中的农活从田里慌张赶来的祭司。

在古代，阿波罗神殿一直人头攒动，参拜者络绎不绝。人们来此，倒不是因为这位天神对达芙尼的一片痴情。实在要说的话，大家倒是可能会对为了摆脱阿波罗紧追不舍、毅然化身为月桂树的达芙尼予以同情。阿波罗神殿之所以能聚集众多的信徒，正如德尔斐阿波罗神殿（Delphi Temple of Apollo）闻名于世的理由，是人们希

阿波罗和达芙尼雕像（贝尔尼尼作品，17 世纪）

望听到由女祭司传达的神谕。达芙尼的阿波罗神殿自古有名的原因同样如此。可是，来到这里的尤里安听说神殿已经听不到神谕的传达，这也是导致参拜者日益稀少的主要原因之一。神谕断绝的时间似乎与附近森林中建造基督教殉道者墓地的时代相重合，由于前往墓地巡礼的信徒多于去神殿参拜的人，因而惹得阿波罗神不高兴，“罢工”不再发神谕。

上一次那些冠冕堂皇坐在议席上、背后却大搞内部交易获取暴利的安提阿元老院元老激怒了皇帝，这一次因无法聆听神谕再次让皇帝勃然大怒。尤里安下令迁走基督教殉道者的墓地，大兴土木，重新修建阿波罗神殿，并且要求立即行动。

殉道者的遗骨在唱着赞美歌的信徒们的护送下，平安地移到异地。可是，达芙尼的事情并没有就此完结。

当阿波罗神殿的修建工程结束，第二天就可以开门接待参拜者，甚至可以迎接皇帝的前夜，发生了火灾，大火吞噬了整个阿波罗神殿。石造建筑通常会被认为耐火性较强，其实这完全是一个误解。尽管柱子、墙壁使用的是大理石或其他石材，但梁架等许多地方还是会用到木材。一旦支撑部分被火烧毁，即便是石造的建筑物一样也会坍塌。达芙尼的阿波罗神殿最终变成一堆废墟。

就在同一时期，正在顺利复建中的犹太教圣地耶路撒冷的神殿，也在夜间突然发生了火灾。这里是尤里安以保障所有宗教信仰自由的名义下令重新修建的。根据当时的记录，达芙尼的阿波罗神殿和耶路撒冷神殿发生火灾的原因，同样是“原因不明”。要说是偶然巧合，未免也太巧了。

尤里安认定，这一连串火灾事故背后的嫌犯就是基督教徒。他大概是想用大城市作为示范来杀一儆百，下令关闭了安提阿市内的所有基督教堂，皇帝的这一举动彻底惹恼了中下层阶级。

人们把皇帝叫作山羊，嘲笑他体格瘦弱，头脑欠佳。尤里安登基之后，无须再顾忌别人的眼光，恢复了以前当哲学门徒时的习惯，留起了当时可算作哲学家招牌形象的络腮胡子。他的体型普普通通，没有希腊雕塑般刚健有力的骨骼，百姓把他形容成当地随处可见的山羊，也不算太过分。总之，尤里安移居安提阿之后，与当地人民的关系日益恶化。

那个时期的尤里安曾经给他的友人写过以下这封信：

尤里安

> 我想以皇帝的身份去证明，那些加利利人（Galilean，对基督教徒的蔑称）祈求的事情，在人间也能达成。他们赞赏的教义属于穷人，而且认为只有在天国才能实现。我下了决心，一定要让我正在推动的公正

的统治以及无关宗教的福利事业，在我在位期间得到确切的落实，实现那些德行和幸福。

因此，任何人胆敢阻碍，我都会迎头反击，任何人胆敢捣乱，我都会将其绳之以法。不仅要没收他们的财产，还必须让他们承受铁与火的刑罚。

那个时期的帝国东方灾祸不断，上文提到的权贵们的投机造成安提阿的粮食危机，以及达芙尼阿波罗神殿和耶路撒冷大神殿的火灾，这些不过是其中的三例而已。尤里安来到安提阿之后，中东各地的形势，就像这个地区时常发生的地震，始终处在动荡不安之中。

首先，借着尤里安登基的势头，“异教徒”向基督教势力频频发起反击。也就是说，在君士坦丁大帝及其儿子君士坦提乌斯执政的50年中，被打压的反基督教的情绪终于得到爆发。尤里安只有31岁，那些反基督教的人想当然地相信，他会像前两位皇帝一样，统治天下20年以上。

其次，那些原本隶属于既得利益阶层、如今却被剥夺了利益的基督教会和教徒对皇帝产生敌意。另外，他们对犹太教的仇恨甚于对罗马皇帝的憎恶。

引发中东地区骚乱的第三个原因，来自基督教内部长久以来对教义的争议。自公元3世纪以来的有关教义的论争，大体分为两派：

主张神、基督、圣灵三位一体的亚他那修派，到了公元4世纪时，已经被称为天主教。尽管当初君士坦丁大帝在召开尼西亚公会议时，已经把“三位一体”定为正统的教义。然而，现实并非那么单纯。

主张基督不同于人也不等同于神的阿里乌斯派，在尼西亚公会议败北之后，一直努力在挽回局势。给临终的君士坦丁大帝施洗的就是阿里乌斯派的主教，大帝的儿子君士坦提乌斯在位的24年间，也始终偏袒阿里乌斯派。

接下来就是尤里安继位。他从尊重所有宗教信仰自由开始，继而进一步认同了基督教内部各宗派的信仰自由。君士坦丁大帝视教会为“统治的工具”，因此教会的统一非常关键，而尤里安却毫无此意，对于希望打破基督教优势的他而言，教会内部的分裂是求之不得的好事。

然而，皇帝这种开放的态度，使得在中东地区原本就占了上风的阿里乌斯派越发强势。各种类型的仇恨中，近亲之间的仇恨最容易激化。各教派不仅相互谩骂对方是“异教徒”，而且还频频发生暴力攻击对方主教的事件。名为教理的论争，实际上是为争夺主教的地位。

在基督教会的组织中，主教有自由使用其所属教区的教会财产的权力，并且掌握着教区的司法权。也就是说，主教是统治世间的权力者。正因为如此，天主教派与阿里乌斯派的争斗，在一方没有彻底败下阵之前，注定是不会停止的。

中东地区的面积不算大，但经济实力相当于半个帝国。统治帝国的尤里安皇帝，在这里亲手点燃了纷乱之火。这种局势下，安提阿这个中东的中心城市成为波斯战争坚强后盾的可能性也就成了泡影。尤里安继位之后早早迁居安提阿，就是期待能在准备充分之后，展开对波斯的战争，而现实让他满怀失望和愤怒。

尤里安在安提阿期间留下了许多书信和著作，其中有一篇题为《厌胡者》(*Misopogon*)的小品文，按照现代的排版方式，大约不到40页。文章特地使用了希腊语，因为它不是单纯的感怀，而是专门写给安提阿市民看的。一贯坚持双语制的罗马帝国，西方的通用语为拉丁语，在东方则是希腊语。这篇文章完成之后之所以能立即公之于世，正是因为安提阿的市民完全理解其内容。当然，这原本就是尤里安著文的目的。

历代罗马皇帝亲自撰写的著作如下：

尤里乌斯·恺撒的《高卢战记》和《内战记》

奥古斯都去世前写下的《神君奥古斯都功业录》

马可·奥勒留的《沉思录》

尤里安著的、包括上述《厌胡者》在内的作品集

恺撒把自己亲自指挥的战役刻画得栩栩如生；奥古斯都则轻描淡写地叙述了 40 年统治期间完成的业绩；马可·奥勒留在与北方蛮族作战期间，写下了自己的心灵感受，却对战争只字未提。而尤里安的《厌胡者》从头至尾充满了冷嘲热讽。

从以上这几位最高统治者的文风，我们可以看出他们各自迥异的性格特质。堪称拉丁散文之巅峰的恺撒的文采，姑且不谈，其他几位皇帝也都有相当不错的文采。即便是犹如目录般的奥古斯都的《功业录》，也充满了不轻忽现世中微小的幸福，脚踏实地、一步步成功达成“罗马统治下的和平”的自信。

同样是皇帝的著作，唯独尤里安的《厌胡者》被归类为讽刺文学。对此，我有异议。因为在这篇文章中缺乏讽刺文学必需的两大要素：强烈的批评性和让人忍俊不禁的幽默感。

《厌胡者》的确体现了尤里安视觉敏锐、擅长辩论以及对《圣经》的深刻理解力，但它充其量是一篇在长期压抑之下的泄愤之作。皇帝在文中对着其读者即安提阿的市民们，大声呵斥：“忘恩负义！”他愤愤不平地表白自己登基后一直致力于公平的统治，不但没有增加税赋，还减至原来的五分之一，可他得到的回报统统是不满和怨言。只会嘲笑皇帝是长着山羊脸的哲学家的安提阿，不配接待皇帝。市民的不满本应该归咎于那些掌控这座城市的富人的无所作为，而大家却为了一吐怨气而迁怒皇帝。尽管怒气冲天，尤里安还是没有忘记强调他尊重言论的自由，所有对他的非难或嘲笑都不会受到压制或处罚。

文章里还出现了他怀念副帝时代的段落："亲爱的鲁特西亚，这个属于巴黎士人的土地，高卢人如此称呼它。"这一段挺有趣，现在的法国人喜欢尤里安的原因说不定就源于此。不过话说回来，年轻的尤里安在文章中除了表现出他的愤怒与失望之外，并没有更深层的意义。当然，这也有好处，因为文章没有经过任何修饰，读者反而能够直接地感受到他的情绪。

我个人对这篇文章，除了感觉到尤里安的痛苦之外，没有什么太多的共鸣。其实，最高权力者应该很清楚，他从来都是批判的对象。对于无权者而言，批判是他们能够反击的唯一手段。然而，要让尤里安像伯里克利或者是尤里乌斯·恺撒那样，对这些非议一笑了之，恐怕是做不到的。毕竟与壮年时期的古希腊政治家以及古罗马将军的人生历练相比，尤里安才 30 岁出头。

当我阅读尤里安留下的书信和著作时，并不会联想到同为异教徒的伯里克利或者恺撒，反而是基督耶稣。当年年轻的耶稣对那些身处耶路撒冷大神殿之中仍然一心只想着生意的同胞深感愤怒，一气之下将神殿中的摊位砸个精光。被犹太商人激怒的耶稣与猛烈抨击安提阿的市民的尤里安，正好是差不多的年龄。

《厌胡者》的结尾处留下了一段令人玩味的文字：

提笔至此，我想说的话都已说完。这些不过是我本人的期待而已。

对于我的责难，理应由我承担，因为这些有利于你们的政策，正是由我本人立意推行，即使无法获得感谢，我也无权强制于民。我只能将大家对我的批评和指责归结于我的思考不周，我保证今后会更加谨慎行事。你们对我的“敬意”，诸神将会代我讨回。

尤里安不仅写下了《厌胡者》，而且将之公之于世，因此他离开这座城市出征波斯时，的确如文中所述，带着“不再踏上安提阿土地”的决意。他相信，诸神会为他从忘恩负义的安提阿人那里讨回公道，在神的庇佑之下，一定能战胜波斯国王，令安提阿的人民对他刮目相看。

波斯战争

公元 363 年 3 月 5 日，31 岁的尤里安离开安提阿，前往美索不达米亚中部，那里是波斯王国的中枢之地。临行当日，安提阿元老院的元老们恭送皇帝至城门外，皇帝向这些安提阿的权贵发表了感谢之言，但语气相当冷淡。既然他已经公开言明不再踏上安提阿的土地，自然是不会有好态度的。而那些权贵尽管表现得恭恭敬敬，却很明显是在应付场面。麻烦的人物离开了这里，想来他们心中甚感欢喜。

这里提一下，有关尤里安的波斯战争，我们后世之人能够有相当程度的了解，要归功于那位出生于安提阿的阿米阿努斯·马尔塞利努斯留下的详细记录。这个人在罗马军团经历了戎马生涯之后，改行成为历史学家。他和尤里安属于同一个时代，当时 32 岁。阿米阿努斯的老长官乌尔希西努斯并没有参加这次波斯战争，这位一人挑起帝国东方军队重任的罗马大将，没有出现在参战的名单上，估计已经自然死亡，因为事前没有关于他的任何消息。在波斯战争中，阿米阿努斯所属的部队及其军阶都不得而知，不过可以确定，他应该位居高位，或者接近于军中高层。

皇帝御驾亲征的仪式看似太平无事地结束了，但安提阿的权贵们以及在远处观望的民众，一定会对一件事情感到惊讶不已。沿用了半个世纪、人们早已熟悉了的带有“☧”符号的军旗不见了，取而代之的是顶端装饰着银鹫的军团旗。由“X”和“P”组成的“☧”符号代表了基督教徒，如果是这面军旗引领队伍，意味着这是一支基督教的军队。自公元 312 年君士坦丁大帝决定将“☧”符号放到军旗上之后，它一直作为罗马军的领军旗帜。尤里安把军旗改回从前的银鹫旗，是要向世人表明，他率领的是传统的罗马帝国军团，而不是基督教国教化后的罗马军。

据称，尤里安的军队超过了 6.5 万人。军队中包括了当年以契约规定勤务地仅限阿尔卑斯山脉西侧为由，拒绝了君士坦提乌斯皇帝出征东方之令，继而促成尤里安登基的关键角色高卢士兵，他们应该属于内维塔指挥的右翼部队。这些士兵曾经拒绝翻越阿尔卑斯山脉出征东方，结果却跟着反君士坦提乌斯的尤里安进入了君士坦丁堡，现在又一次在尤里安的率领下，出发去美索不达米亚。因为他们非常清楚，尽管尤里安如今成了帝国唯一的最高统治者，但是在紧要关头能够依靠的，还是他们这些曾经在高卢为驱逐蛮族并肩奋战了 5 年的战友。

罗马军离开安提阿之后，向东行军100公里左右，首先进入了贝罗埃亚（Beroea）。贝罗埃亚后来改名为阿勒颇（Aleppo），与如今只是土耳其边境小镇的安提阿不同，阿勒颇在后世逐渐发展为叙利亚的一个重要城市。不过在古代，这里只是连接地中海与幼发拉底河商路的一个中转站，属于安提阿周边的卫星城市之一。据说军队用了两天的时间到达阿勒颇，按此推算，一天的行军距离大约50公里。通常罗马军一天的行军距离在20 ~ 30公里，因为每天都有宿营歇脚的时间，两天行走100公里，可以说是急行军了。中东地区铺设的罗马式道路网，越是靠近地中海一带越是密集，道路的宽度及路况也更好。前往波斯的军队正好是逆向而行，逐渐远离地中海。开拔的最初几日实行急行军，想必不是因为形势紧迫，而是要把握机会，在路况较好的地区多走一些。

在阿勒颇迎接皇帝的是一位年老的豪绅，他是这个城镇实质的统领。此人是基督教徒，因此整个阿勒颇属于基督教的城市。有意思的是，这位老人的儿子却十分崇拜尤里安，因宗教信仰不同

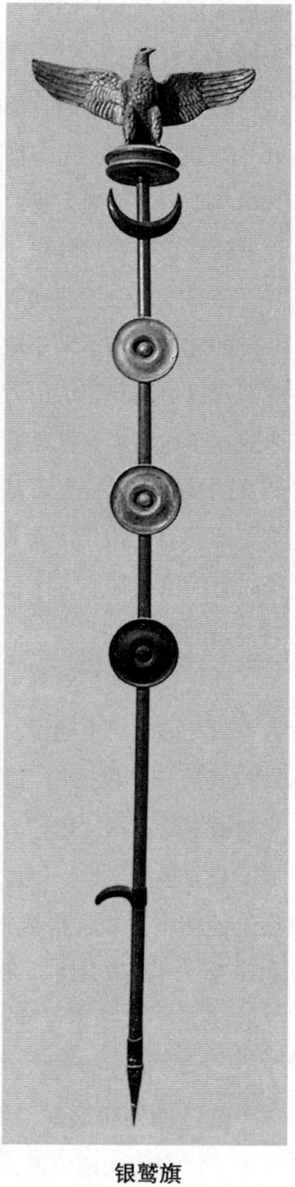
银鹫旗

而造成父子对立的情况，在公元3世纪以后的罗马帝国并不是一个罕见的社会现象。

离开阿勒颇之后，部队朝着东北方向，前往希拉波利斯。这里正好与阿勒颇相反，是著名的异教徒都市。可能是这个缘故，尤里安及其军队受到了当地人民的欢迎。在尤里安率领的军队中，估计有一半以上的士兵是基督教徒，这也是公元4世纪罗马帝国的特征之一。

罗马军从希拉波利斯渡过幼发拉底河，渡河之后直到底格里斯河一带的北美索不达米亚地区，基本上都是异教徒的城市。这些城市的起源可以追溯到亚历山大大帝东征及其身后的希腊化时代。美索不达米亚这个地名本身就是希腊语，意为两河之间的地带。不过，这些希腊裔的城镇中也存在着基督教社区，同样基督教的都市也生活着异教徒。即使君士坦丁大帝推行的基督教优惠政策执行了50年，罗马帝国东方的宗教形态，也没有变成清一色的基督教，仍然保持着不同宗教混杂的现状。

幼发拉底河是罗马人唯一没有建过永久性石桥的一条大河。罗马人可以在多瑙河上建桥，证明这不是技术上的问题。这主要是因为幼发拉底河长年以来担当着罗马帝国国界之河的角色，而北美索不达米亚被罗马占据之后，为夺回失去的土地，波斯频频发起攻击，这里成了双方争夺之地。因此，尤里安的军队渡河时将小船并列连接，再在上面铺上木板，搭成舟桥，等全军渡河完成之后即刻拆除。这并非代表罗马军准备决一死战、自断后路，而是因为在上游的萨莫萨塔（Samosata）基地正在建造大型的船队，留下舟桥，以后大船顺流而下时，它反而会成为障碍。

渡过幼发拉底河的军队先后经过了巴托纳耶、卡莱（Carrhae）等地，按现代地理位置，相当于由现在的叙利亚北端向土耳其的南端行军。

卡莱，就算是过了400年，罗马人也不会忘记这个地方。公元前53年，克拉苏及其部下就葬身于卡莱的近郊。当时有2万名罗马士兵战死，1万人做了俘虏，他们被押送到遥远的里海东部的山岳地带木鹿（Merv，今天的梅尔夫），终身服兵役，从此再也没有返回祖国，形同终身流放。另外一件惨痛的事件发生在公元260年，大约在尤里安统治时代的百年之前。时任罗马皇帝的瓦勒良（Valerianus）战败被俘，波斯人将俘虏送往波斯东北部服苦役，负责修建兼有桥梁功能的水坝，也没有罗马人能活着离开波斯。在那个时代，不管对手是东方的大国，还是北方的蛮族，一旦打输了仗，等待军人的就是残酷的命运，就算是一名小卒也能深切地体会到国破家亡的滋味。

卡莱的近郊也是卡拉卡拉皇帝远征东方途中遭到卫兵杀害的地方，这里似乎是罗马皇帝的鬼门关。然而人们总是相信自己能够避开不幸。何况，也不是所有的罗马皇帝都败走美索不达米亚，图拉真、马可·奥勒留、塞普提米乌斯·塞维鲁以及戴克里先皇帝的副帝伽列里乌斯都在这里获得过胜利。因此，尤里安皇帝有充分的理由相信他也能打赢这场战争。

无论哪一个年代，军人都比较迷信。为了消除士兵的不安，军中常会进行各种各样的占卜问卦，通常最后出现的结果都不会是偶然的，因为事前早已有人动了手脚。比方说，用动物内脏占卜时，会特地去挑选健康的动物，这样内脏的色泽看上去会比较鲜艳；用鸡占卜时，事前会让它饿着肚子，那么占卜时，鸡就会不停地啄食。如果是一名头脑清醒的司令官，他一定不会疏忽这些有助于提振军心的把戏。但是尤里安很当真，会跟着忧心忡忡的士兵一起，为出现的结果忐忑不安。或许是因为他信仰神秘哲学，对超自然的现象深信不疑。

话说回来，那时在卡莱的罗马官兵士气高涨，因为皇帝发放了临时奖金。

罗马军在卡莱兵分两路：

尤里安与内维塔率领的第一军，从卡莱南下至幼发拉底河，之后沿着河流向东南前进，最终目标是位于美索不达米亚中部的敌人的首都泰西封。第一军总共 1.5 万人，在萨莫萨塔建造完成的大型船队顺幼发拉底河南下时的护卫，也是他们的任务之一。这支大型的船队由 50 艘军用船、64 艘搭建舟桥用的小船、1 403 艘运输船编制而成。运输船装载了多种的军粮和武器，以及攻城用的重兵器。

由 3 万人组成的第二军从卡莱向东前进，首要目标是边防城市尼西比斯。第二军的主要任务有两项：第一，是将波斯的势力赶出北美索不达米亚，保证正向美索不达米亚中部行军的尤里安及其军队不会腹背受敌。第二，等待从北边过来的亚美尼亚国王的支援部队，两军会合后渡过底格里斯河，继续南下，在泰西封附近与尤里安的第一军会合，攻打波斯的首都。第二军的指挥官，一位是尤里安的亲戚普罗科皮乌斯（Procopius），另一位是长期驻守埃及、熟知东方情况、经验丰富的武将塞巴斯蒂安（Sebastian）。

罗马军的规模以及战前的准备都符合攻打大国波斯的作战标准。亚美尼亚国王答应派出 2 万名步兵和 4 000 人的骑兵团，加上这些人，参加战役的士兵总人数有 8.9 万。由此可见，尤里安是孤注一掷，赌上自己的未来命运来打这场仗的。其实，战役的成败关键在于从东南方向沿幼发拉底河而下的第一军与从北沿着底格里斯河向南的第二军是否能够成功地会合。在尤里安率领的第一军中出现了流亡的波斯国王子奥米斯达的身影，当年，先帝君士坦提乌斯造访罗马时他曾同行。

第一军与向东的第二军分道之后，向南行进，当他们到达幼发拉底河岸边时，自萨莫萨塔顺流而下的大船队已经布满了河面，整装待发。

有关第一军到达幼发拉底河的具体时间，史料上没有详细的记载。不过，从前后发生的事情来推测，行军大约用了20多天。陆军以及船队顺河而下，在4月7日进入了与波斯为邻的奇尔切西乌姆（Circesium）。军队从安提阿出发，仅用了一个月的时间就到达了边界，可谓是开局顺利。

不过，我个人认为，在这期间尤里安已经犯下以下几点过失：

一、事前对亚美尼亚国王的怀柔政策不足。

二、兵站即后勤补给完全依赖船队。

三、高估了波斯流亡王子的利用价值。

现在位于土耳其东部的古代亚美尼亚王国，是疆域辽阔的罗马帝国最东面的一个邻国。因此，它在帝国东方的防卫战略中占有极其重要的位置。纵使罗马的敌对国从帕提亚变成了波斯王国，亚美尼亚对于帝国的重要性依然不变。当年尼禄皇帝为了与帕提亚改善关系，曾付出了不少努力。他认为建立防卫体制是保证和平的先决条件，因此积极地与帕提亚邻国的亚美尼亚建立友好关系。亚美尼亚国王造访罗马时受到的礼遇如同大国的国君，又因为年龄相近，尼禄皇帝把他看作知己。

尼禄之后的历任皇帝延续了对亚美尼亚的特别优待政策。亚美尼亚是一个完全属于东方文明的国家，对于西方国家的罗马而言，必须提供有别于他国的特殊待遇，才能笼络住这个东方之国。正因为历代罗马皇帝的努力，亚美尼亚王国长久以来一直与罗马保持着友好的关系。

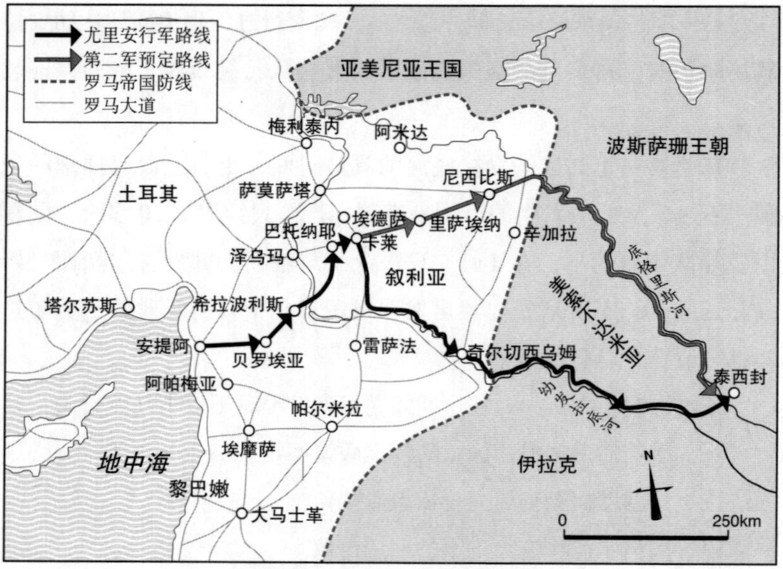

尤里安的行军路线以及第二军预定路线

罗马帝国进入基督教国教化时代之后，基于战略上的需要，对亚美尼亚仍然是另眼相看。君士坦丁大帝甚至打算让侄子，即他同父异母的弟弟的儿子汉尼拔利阿努斯成为亚美尼亚的国王。大帝死后，其子君士坦提乌斯屠杀皇族，汉尼拔利阿努斯遭受其害，大帝吞并亚美尼亚王国的计划才未能实现。不过，君士坦提乌斯也深知这个东方小国的重要性，他将原本要嫁给他本人的一位高官的女儿，嫁给了因汉尼拔利阿努斯之死侥幸保住王位的亚美尼亚国王，借此增强两国的关系。

为感谢罗马皇帝，亚美尼亚国王决定改宗信仰基督教，而且还选择了君士坦提乌斯笃信的阿里乌斯派。由于尼西亚公会议将三位一体派定为正统教派，鉴于皇帝立场，君士坦提乌斯不能公开承认自己的信仰，亚美尼亚的国王对他的善意可见一斑。两国君主的这种亲密关系也因此持续了30年以上。

而尤里安对于亚美尼亚国王而言，首先，他是举兵造反最终导致君士坦提乌斯死亡的罪人。

其次，他推行的一系列反基督教会的政策，在基督教徒的国王看来，完全是“叛教者”对基督教的迫害行径。和其他基督教徒一样，国王也把尤里安视为“基督教之敌”。

再次，亚美尼亚国王是出于一国之主的考虑。亚美尼亚国王的确允诺尤里安，他会亲自率领2.4万人的军队参加波斯战争。然而，正如后世的马基雅弗利所言，人与人之间能否信守约定是道义问题，国与国之间能否遵守协定则取决于国家利益。位于幼发拉底河上游的阿米达在波斯军队猛攻之下沦陷，这使得亚美尼亚国王不得不重新考虑迄今为止的亲罗马的外交政策。因为阿米达紧贴着亚美尼亚，而波斯的沙普尔二世誓死夺回亚美尼亚以南的北美索不达米亚的决心，又是众所周知的。

或许有人会产生疑问：亚美尼亚会投靠信仰琐罗亚斯德教（Zoroastrianism）的波斯吗？其实琐罗亚斯德教并不排他，不会强迫他人去改变信仰。另一方的罗马皇帝尤里安尽管不反对其他宗教，但明显地对基督教没有好感。亚美尼亚国王和出生于希腊的王妃据说都是虔诚的阿里乌斯派的信徒，想来他们的心中一定不是滋味。尤里安曾在邻近亚美尼亚的安提阿待了半年以上，但在对亚美尼亚政策上，似乎并没有特别用心，尽管这比他写《厌胡者》此类的文章远为重要。

我认为，尤里安的第二项过失是在军队的后勤问题上。他认为，1 500艘以上的大船装载物资，足以应付全军的供给。如果不发生意外，这些装备的确是够了。然而，只有一种选择，犹如危险的赌博，凡事本应多留些余地。罗马人不满足只有一条路的现状，才会建起四通八达的道路网络。始终保持多种选择，是罗马人的生活哲学。罗马军团之所以能够所向披靡，也正是因为既确保了后勤补给路线的充足，又将士兵情绪等不确切的因素考虑了进去。

图拉真皇帝时代是罗马军团史上最强盛的时期。图拉真皇帝也曾经攻打过美索不达米亚，成功地占领了泰西封。当时，在美索不达米亚中部作战的罗马军团，不仅利用水上的船只运送物资，中东一带的整个罗马道路网都配备了完善的兵站即后勤补给系统，成为军队的强大后盾。连他们的对手都不得不承认："罗马军是靠兵站取胜的。"尤里安难道没有考虑过补给路线水陆并用吗？当时中东地区的罗马式道路网依然存在，如果他真有此打算的话，无疑可以分散补给方面的危险。

尤里安带着流亡的波斯王子奥米斯达随行的目的，是为了在攻下泰西封、赶走沙普尔之后，让奥米斯达坐上王位。奥米斯达不知何故与沙普尔结下了怨仇，最后只能抛弃祖国远走罗马。他受到了君士坦提乌斯皇帝的热情欢迎，之后的20余年一直在罗马皇帝的身边，享受着国宾级的待遇。奥米斯达气质高贵，言语机智风趣，然而他之所以能赢得罗马皇帝的喜爱，并非因为他个人的魅力。对收容国而言，流亡人物在其祖国的地位越高，可利用的政治筹码就越大。只是君士坦提乌斯皇帝始终没有机会利用这张政治王牌，让奥米斯达在罗马皇宫中虚度了年华。

终于尤里安皇帝决定利用这张王牌。不过，奥米斯达并非被沙普尔抢了王位才流亡，也就是说，没有特别正当的理由。何况他离开祖国20余年，要扶持这样的人物登基，必须有一个绝对的前提，那就是当朝国王沙普尔犯下了不可饶恕的大错。只有出现这个结果，波斯的统治阶层才会同意将王位传给他人。然而，沙普尔二世因少年丧父而早早登基，并且成功地持续了50多年的统治。论战场上的才华，他并没有什么令人刮目相看的战略战术，却是一位内政的高手，始终能够维持国内局势的稳定。对外方面，自公元279年北美索不达米亚成为罗马领地之后，他一直雄心勃勃地欲夺回失地，陆续攻下阿米达以及辛加拉，正朝着最终目标一步步地前进。难道波斯的民众会赶走这样的君王，而将王位拱手让给一位在敌国生活了多年的流亡贵族吗？

罗马帝国早在元首制时代，就曾经有依靠军事武力攻占他国、让流亡在外的王子登上王位的经验，但每每以失败告终。因为维持王位的长期安稳，需要派出相当规模的军队驻守当地。之后，罗马接受了失败的教训，修正了外交政策，尝试着与新继位者建立友好关系。尤里安难道是对这些先例一无所知吗？还是说，他虽然知道，但未觉察到其重要性？

我认为，尤里安在波斯战争前的第三个过失，是没有带弗拉维乌斯·撒路斯提乌斯这位忠臣同行。

与尤里安共赴波斯战场的高官中，有一位负责帝国东方的长官叫塞孔杜斯·萨鲁提乌斯（Secundus Salutius）。不过，我这里要说的撒路斯提乌斯，是尤里安当年在高卢担任副帝时，给予他最多帮助的那位。尤里安登基掌握了人事大权之后，立刻将他无法亲自掌管的西方交给了撒路斯提乌斯管理。以高卢为中心的帝国西方，在这位贤能、公正的长官的治理之下，经历了一段安全、繁荣的时期。然而，这项人事决定却让尤里安在拿生涯当赌注、不惜与波斯一战的重要关头，身边少了一位能够全面信赖又富有军事和政治才华、敢于向皇帝直言不讳的忠臣。

参战的塞孔杜斯与尤里安有些相似，也是一位颇有哲学造诣的“异教徒”。大家一致公认他为人公道，做事深思熟虑，即使是基督教徒，对他的评价也相当不错。不过，像塞孔杜斯这样性格的人，为了表现自己的公正和谨慎的态度，通常都不太会吐露心声、直抒己见。面对皇帝，他同样也是采取了这种看似无懈可击的态度，结果就是说了也等于没说。对于随时都必须做出决定的人而言，这样的部下算不上是得力助手。

对自高卢时期就一同出生入死的内维塔将军，在军事指挥上，尤里安完全可以放心。不过，战场上同样需要对人的心理有高度的洞察力，而法兰克人出身的内维塔缺乏这种才能。

除了这些人以外，其余人都是先帝君士坦提乌斯时代成长起来的高官或将军，大多是基督教徒。对尤里安的反基督教政策，他们当然不能接受。不过，如今尤里安是皇帝，忠于皇帝是他们的职责，而且这些基督教徒的高官也愿意履行职责。

尤里安的一些哲学家朋友也跟随他参加了战役。他们唯一的用处就是在饭桌上陪皇帝聊聊天。

可以说，尤里安是在身边没有一个完全可以信任和依靠的部下的状况下，进入了美索不达米亚。在整个行军过程中，他不像一位稳如泰山的皇帝，而是骑着马四处奔跑，不断地给士兵打气，似乎是想通过这种方式，拭去心中的不安。或许他是不想一个人安静地思考，生怕自己会越想越不安，掉进恐惧的迷宫中，找不到出口。

“直言”在词典中的解释是“毫无保留地说出自己的想法”。然而，直言并非只有以书面或口述，即用语言的方式才能表达。领袖注定是孤独的，但仍然可以拥有一些无须言表就能心领神会的伙伴。西庇阿·阿非利加努斯、尤里乌斯·恺撒有这样的伙伴，奥古斯都和图拉真皇帝也有这样的挚友。如果萨鲁提乌斯不是身处莱茵河畔，而是在幼发拉底河附近，想必他会对军队进入波斯境内之后一路无阻的异常状况产生怀疑，并直言不讳地告诉尤里安。因为这位忠臣曾经特意从高卢写信给渡过幼发拉底河向东进发的皇帝，希望他暂缓远征波斯的计划。

波斯首都泰西封

幼发拉底河与底格里斯河两条大河，虽然在上游一带相隔甚远，但随后逐渐靠近，首都泰西封附近是两河之间距离最短之处。进入下游之后两河再度分流，最终合流注入波斯湾。无论国家、统治者还是宗教如何变化，两条大河相距最近的美索不达米亚中部一带，作为国家首都所在地的地位从来没有改变。顺便提一下，300 年后的公元 7 世纪兴起的伊斯兰教的都市巴格达，距离原来帕提亚以及波斯的首都泰西封往北不到 40 公里。攻打美索不达米亚，就意味着要占领这一带，因为由此向南至波斯湾的下游流域并非重要的战略之地。图拉真皇帝曾经到过下游的河口，不过那只是他在成功占领泰西封后的一时兴起。

罗马无论是在共和时期，还是之后的帝制时代，似乎从来都没有动过真格要彻底征服东方大国。其理由一如前述，无论是之前的帕提亚，还是之后的波斯萨珊王朝，其领土面积相当于现代的伊拉克、伊朗、阿富汗以及巴基斯坦四个国家的总和。如果要彻底征服这样一个东方大国并将之纳为行省，罗马就必须征服包括印度在内的整个地区。能够成就如此宏伟大业的，除了亚历山大大帝，别无他人。因此，罗马统治者采取了非常务实的政策，时不时地出兵东方打击一下，以挫败对方企图蚕食西方的野心。然而，古代男人们痴迷亚历山大大帝的神话，尤里安也是其中之一，在他的著作中无数次提及亚历山大大帝。

尤里安指挥的波斯战争进入 5 月之后，仍然可以用所向披靡来形容。虽然有一些躲在沙丘之中的盗匪会搞一些突然袭击，但遇害的仅是一些因疏忽大意而走散的小分队，整体而言，罗马军没有什么损失。军队沿着幼发拉底河顺流而下时，尽管沿途的城镇大多建有防护城墙，但这些地方要么立刻就缴械投降，要么是做一些轻度的抵抗，波斯国王似乎完全没有派兵来保卫的意图。

行军途中经过的各个城镇以及要塞，尤里安一开始并没有使用武力攻击。他会先让波斯的流亡王子奥米斯达和平喊话，希望当地人能够自己打开城门。可是，不管是一见到罗马军就举手投降的城镇民众，还是抵抗之后遭降服的要塞士兵，见到这位与国王有血亲关系的王子，都破口大骂："叛徒！""卖国贼！"坚决将他拒之于门外。

如上所述，波斯的首都泰西封是两大河相距最近的地带，毗邻底格里斯河的东岸。世界四大文明发祥地之一的美索不达米亚平原，为了充分利用土地资源，早在久远的年代就开凿出无数的运河以及沟渠。罗马军要攻打波斯首都，就得设法让装载着攻城器械、沿着幼发拉底河顺流而下的船队，尽量地靠近底格里斯河附近的首都一带。可是大型的船只根本无法通过那些运河和河渠。正当尤里安一筹莫展之际，军团的技师前来报告，说发现了当年图拉真皇帝远征时挖掘的运河的遗迹，只要稍做整修，船队就能通行。250 年前的旧址依然在，再次证明了古罗马人基础建设的完善和彻底。图拉真皇帝时代，又是罗马

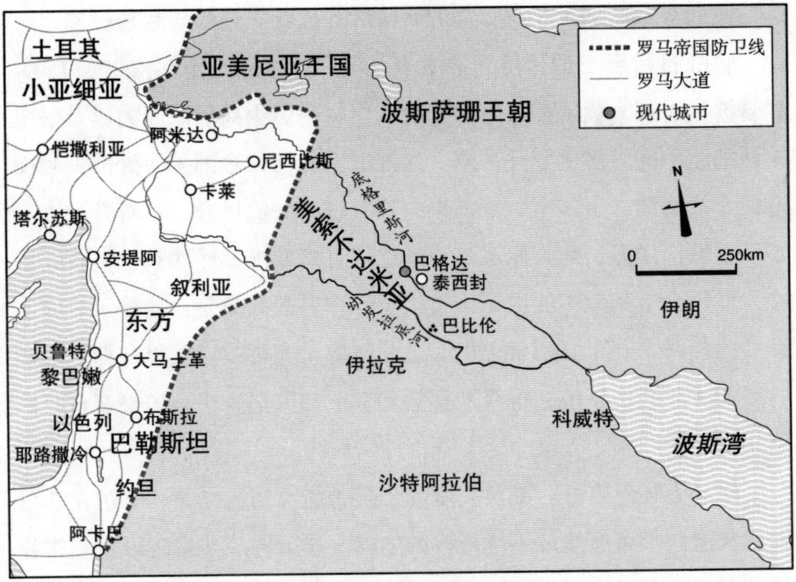

美索不达米亚及其周边地区

基础建设的黄金时期。事隔 250 年的运河只要稍做整修就能重新使用，由此可见，当年罗马军撤走之后的很长一段时间，帕提亚以及波斯都利用过这条运河。总而言之，得到这个情报之后，罗马军团士兵放下武器，转为工兵，全力整修河道。终于，尤里安的大型船队可以通过图拉真运河，将大型武器运送到了波斯首都附近的岸边。

5 月 27 日，在首都泰西封城门前，罗马军与波斯军正式展开了首次会战。攻城的罗马军总指挥是 31 岁的尤里安，而站在波斯军后方观望的是年龄长他一倍的沙普尔二世。1.5 万人的罗马军团将对决波斯 10 万大军。沙普尔似乎从一开始就计划好，要将尤里安引到首都附近，在波斯军最熟悉的地方与罗马军一决胜负。之前完全不见踪影的波斯军，此刻正守在首都的城墙后等待着罗马军的到来。

会战自始至终都打得异常激烈，但罗马军从头至尾占据了上风。尽管波斯军在人数上拥有绝对优势，但每一名士兵的战斗力以及整个军队的组织能力劣于罗马军团。这样的军队往往会因某一处的失利而造成全线崩溃。事实上，罗马军的确有过绝好的机会。眼看着敌人一步步往城门撤退，此刻原本该乘胜追击直捣城内，然而有一位将领担心入城后会遭到敌军的围剿，发出了停止追击的命令，这等于是应该踩油门却踩了刹车。如果尤里安是亚历山大大帝或者尤里乌斯·恺撒一般的天才武将，他会很快地察觉到部下的失误，快马扬鞭亲自赶到第一线，激励军心，命令全军强行冲进城内。

战场上瞬息万变，胜负关键在于是否能够当机立断，哪怕是 5 分钟的犹豫，都可能造成不可挽回的结局。这天的战斗最终以罗马军目送着波斯军撤入城内的形式而告终。尤里安白白地浪费了一个大好机会。

这一天双方阵亡的士兵人数，分别是罗马军 75 人，波斯军 2.5 万人。

看到这个数字，让人不得不相信，沙普尔在当天深夜派了密使向罗马求和的传说。同样，对于尤里安拒绝接见、赶走密使的说法也能够理解。然而，尤里安这天的大胜却决定了他未来的命运。

罗马军在首场会战中失去了绝好的机会，接下来只有展开攻城战了。不过，要攻下有数道坚固城墙的大城市，必须做好打长期战的准备。罗马当年攻打迦太基时，在后无敌情的形势之下，也用了 3 年的时间。如果面临敌军从背后袭击的危险，除非有着充足的兵力，可以同时应付两面夹攻，否则，再会打仗的军队，也很难成功地攻下城池。汉尼拔当年打到罗马城下却放弃了攻城，就是因为担心罗马会从意大利各地的殖民城市调来援兵，而他手中的兵力不足以对付城外和城内两边的敌人。

因此，亚历山大大帝以及恺撒都会极力避免攻城战，而是将敌人引出城外进行会战。这两位名将指挥过的战役几乎都是在敌区展开，而且兵力远远劣于对方。尤里安目前面临同样的局面，他没有在敌人阵脚大乱时趁势攻进泰西封城内，实在是太可惜了。

阿米阿努斯记述了当日的战况，指出了这个失误。然而一介武官的阿米阿努斯能够发现的事实，在罗马军的作战会议上，竟然没有一位高官或将军看到此事的严重性。话说回来，即使清楚也是木已成舟，以尤里安为中心的作战会议也只能围绕着接下来该怎么办的话题展开了。

普罗科皮乌斯指挥的第二军，原本应该与亚美尼亚军会合之后一起南下，却至今不见踪影。不可思议的是，如此重大的事情直到如今才第一次成为军中讨论的议题。

兵分两路的军队相互之间应该时刻掌握着对方的行踪，否则，就会失去分头行动的意义，只留下兵力分散的不利。很明显，那位除了是皇帝远亲一无所长的普罗科皮乌斯怠忽职守，没有及时地报告军情。不过，尤里安之前似乎也没有积极地去追踪第二军的行迹。两军自卡莱分开之后，已经超过了 50 天。难道在这 50 天里尤里安从来没有对两军在泰西封附近会合的约定产生过任何怀疑？

作战会议上，大家一致认为，仅靠第一军的 1.5 万人不可能攻下泰西封。其实，攻城不行，但对周边的城镇进行大规模的袭击，将敌军逼出城外，展开罗马军擅长的会战，与此同时寻找第二军，尽量拖延时间的战略还是可行的。奇怪的是，会议上没有任何人提出类似的建议。或许是皇帝在场，官员们俯首听命，不敢多言。总而言之，会议达成了以下的结论：

仅凭第一军 1.5 万人的军力无法攻城。

与第二军的 3 万人会合是攻打泰西封的先决条件。

问题是第二军行踪不明。

就算派遣侦察小队去寻找第二军，也不知道他们究竟何时能够到达美索不达米亚中部。

会议最终决定，以两军会师为先决条件，第一军暂时先撤离泰西封，全军 1.5 万人北上寻找第二军。

这个决定又引出了另一个问题：如何处理总数超过 1 000 艘的大小船只？由于图拉真运河的重新启用，船队已经集结于底格里斯河上。虽说底格里斯河以及幼发拉底河都是大河，但船下行容易，可逆流而上，除非是特别走运能够一路顺风，否则需要依靠众多的人手相助。当初建船的目的并非为航海之用，配备的船桨数量只够用于靠岸，船桨的功效相当于现代船只的马达，因此，逆流而行就必须在河的两岸用水牛以及人力来牵引。如果让大批的士兵去拉船，那么行军中的队伍肯定会遭遇敌人的袭击。

最后商议的结果，是留下 30 艘当舟桥用的小船，其余的全部烧毁。船上装载的物资也几乎全数焚烧。武器、攻城器械以及粮食的数量过于庞大，靠人工携带以及牛车运送是根本不可能的。

在将各种物资尽可能地分发给士兵之后，烧船行动开始。1 000 多艘船冒出的熊熊火焰，遮掩了夏日炽烈的阳光，笼罩着整个底格里斯河的河面。

面对如此景象，士兵目瞪口呆。那些基督教徒出身的士兵喃喃地发出怨语，说尤里安疯了，这是上帝给他的惩罚。如果不想让武器和粮草落到敌人的手里，除此之外别无对策。那些非基督教徒的士兵虽然理智上能够理解，但感情上仍然无法接受这个事实。对于在敌境作战的士兵而言，他们所需的物资都在这些船上。底格里斯河上漂满的船只是他们心灵的保障，是与祖国相连的命脉。如今，这一切都在眼前化为灰烬。烧毁船队给士兵的心理带来了沉重的打击。

如果尤里安能够像图拉真皇帝那样，水陆两路都配置了后勤补给的话，那么水上兵站被毁，最多让士兵感觉物资供给可能会吃紧，但不会影响到精神层面。保持多种选择，即有效地分散风险的意义正在于此。

北上底格里斯河

相较于不知手下队伍行踪的尤里安，波斯国王沙普尔掌握情报的能力似乎略胜一筹。他不仅对罗马军销毁船队、沿着底格里斯河东岸北上的动态了如指掌，而且不错过任何机会及时发起攻击。罗马军不得不边走边打，所幸每一次都能够成功脱身。

不过，沙普尔并不在乎他手下人的性命。对他而言，如果牺牲1 000名波斯军人能换来100名罗马兵的死，就是莫大的战绩。因此，罗马军的成功突围实属“皮洛士的胜利”。行军过程中，罗马军死伤人数不断增加，整个军团充斥着厌战的情绪。

随着罗马军逐渐向北撤退，波斯军轮番进攻的次数越来越密集。甚至在搭帐篷准备宿营时，听到敌军来袭，罗马军人也不得不扔下手中的锯子，拿起长剑迎敌，连睡一个安稳觉的时间都没有。

话说回来，沙普尔除了懂得搜集情报的重要之外，作为武将他并没有太多的才华。如果他能持续地发动轮番攻击，让对手不得安宁，

描绘沙普尔二世的银盘

阻止他们渡过底格里斯河以及幼发拉底河，那么陷入绝境的罗马军迟早会坐以待毙。沙普尔下令对底格里斯河左岸一带实施焦土化战术，这里是罗马军北上的必经之地。目的自然是断敌粮草。时逢夏季，又是中东地区，而罗马军的主力部队大多是来自北欧的士兵。

按理说，沙普尔占尽了天时地利。但是，他更希望立即看到辉煌的战果，而不是循序渐进地获取最终的胜利。不久前，他在泰西封城门前输给了罗马军，在人民面前失了颜面，他要一雪前耻，决心与罗马军打一场正规的会战。与前一次相同，波斯国王亲自率军，众多的王室成员参战，还特地从印度调来了战象。

尤里安毫不犹豫地接受了挑战。罗马军从皇帝到士兵，上下一心，既然已无路可退，不如拼死一搏。

两军对决发生在 6 月 16 日。战斗形式一旦变成了会战，就是罗马军的天下。连续激战的结果是，波斯军陈尸累累，最终不得不撤兵离去。据说在大量阵亡的波斯军人中，包括了代替国王担任前线指挥的司令官，以及沙普尔众多子嗣中的两个儿子。横死沙场的除了士兵，还有战象，它们巨大的身躯像小山一般矗立在战场上。

两次败北给沙普尔带来了沉重的打击，他又重新开始打游击战，继续搞轮番袭击。这对罗马军而言，简直是一场没完没了的苦行。原本以为只要渡过幼发拉底河就能回到罗马领地，如今别说是幼发拉底河，连眼前的底格里斯河都过不去。

官兵们对皇帝的看法开始有了变化，特别是那些基督教徒的态度尤为明显。如果设想一下他们信仰的教义，便能理解他们的心情。在基督教的教诲中，皇帝的威信和权力是上帝赐予的。而上帝已经用烧毁船队、阵前撤兵、烈日之下不断遭受敌军侵袭等方式，惩罚了皇帝，因此臣子们没有义务再服从皇帝。士兵的情绪变化对尤里安是一个极大的威胁。带着 3 万多人马集体撤退，困难程度远远高于正常的行军。

英年早逝

公元 363 年 6 月 26 日，这一天，盛夏灼热的阳光依然无情地照在遥望着底格里斯河西岸继续北上的罗马官兵的身上。这一天，波斯军照例在战象的引领下，向罗马军发起了猛烈的攻击。

还在主帅帐篷中的尤里安接到的第一个情报，是后卫遭到了敌军的突然袭击。皇帝连甲胄都没有穿，拿起骑兵用的圆盾和长剑，跳上战马，直奔队尾而去。跟随他的只有平日负责保护的近卫队。

根据阿米阿努斯的记载，皇帝没有穿甲胄是因为事情发生得紧急。不过，这让人有些难以释怀。毕竟，尤里安不是一介士卒，他既是最高司令官，又是皇帝。在戈尔·维达尔的小说里，将其原因归咎于信仰基督的侍从，是他故意破坏了皇帝甲胄上的扣环，又存心拖延着不去修理，无奈之下皇帝才铤而走险。尤里安不可思议的举动，让人不由得感觉小说家的这个假想似乎能够成立。

在罗马军团中，别说是皇帝，就连大队长级别的将官，身边都配有侍从或奴隶，负责照料日常起居。为主人准备武器以及平时的保养，是他们不能懈怠的工作。出战前，只要主人站直身体，侍从们立即就会替他戴上甲胄和护脚套。因此，尤里安在没有护甲的状况下出战，一定另有隐情。

罗马军人的甲胄是穿在短袍外面的，不佩戴甲胄出战就等于是穿着一件汗衫打仗，这有违军人上战场的仪容规范。如果尤里安只穿着短袍就跳上马背，那说明他身边所有的侍从都消极怠工，联手反抗皇帝。不管怎么说，事情的真相已成了千古之谜，我们无从知晓。

话说回来，被敌人的突然袭击打乱了阵脚的后卫部队，在尤里安的激励之下重新恢复了战斗力，成功地击退了来敌。就在此刻，传来了第二封报告，前卫部队又遭遇敌人袭击。

尤里安立即掉转马头，带着近卫队，直奔队伍的前方。与后卫部队一样，前卫也打得异常激烈，眼看着就要决出胜负了。

这时，不知从哪儿飞来一根标枪，深深地刺中了骑在马上的尤里安的腹部。他想用右手拔出标枪，手掌却被锋利的矛头割伤，可能是伤到了重要的部位，血不停地往外流。身上两处伤口造成了大量失血，失去知觉的尤里安从马背上摔下倒在了地上。顷刻间，白色的短袍被鲜血染得通红。

侍卫们抬起躺在血泊中的皇帝，回到帐篷，让他平躺在折叠式的行军床上。闻讯赶来的御医奥里巴西乌斯（Oribasius）查看皇帝伤势，这才发现已伤及内脏。在尤里安还是一介哲学门徒时，奥里巴西乌斯就与他相识相交，之后在高卢的5年始终陪伴左右，两人是亲密无间的朋友。面对伤势严重的皇帝，这位医术高明的希腊医生也无计可施，只能采取一些紧急止血的措施，用绷带包扎住伤口。

外面的喧嚣声传到了躺在床上的尤里安以及帐篷内其他人的耳朵里。大汗淋漓的传令兵进来报告，说战况有了转机，波斯军遭到重创，2名司令官以及50位以上的贵族阵亡。听到捷报，尤里安想起身下床，刚包扎好的伤口再度被撕开，又开始流血不止。

尤里安在半昏迷之中得到了罗马军取得最终胜利的消息。尤其是听到战斗结束后赶来的将军报告说，这次的战果远远超过了之前，忍受着流血和高烧双重痛苦的皇帝，脸上露出了一丝微笑。

皇帝的笑容并没有维持多久。当他发现站在他病榻前的高官和将军中少了一个熟悉的身影，便问安纳托里乌斯（Anatolius）在哪里，萨鲁提乌斯回答，他阵亡了。听闻此言，尤里安的脸上流下了一行眼泪。安纳托里乌斯的地位类似于现代的内阁长官，在尤里安因下令烧毁船队而陷入孤立之后，他是为数不多的仍然对皇帝忠心耿耿的高官之一。

夜幕降临，万籁俱寂，经过了一天激战的罗马军决定就地宿营。几乎全体高官都来到皇帝的面前。尤里安睡在床上，向臣子们交代后事：

> 告别人生的时刻好像到了。我一直希望能回报养育我的大自然，现在我做到了，备感欣慰。哲学说，生为苦，死为解脱，因

此是快乐。哲学还告诉我，死是神明赐给在现世建下功德之人的最后的奖励。

对于迄今为止的所为，我没有任何后悔。我从未有过谋杀及其他卑劣之举，这让我感到欣慰。

无论是与世隔绝的时期，还是日后集大权于一身，我始终忠实于自己，没有背叛自己的信念。我尽力顺应神明之期待而活，施善政兴利安民。遇战争，事前必深思熟虑，不得已才为之。尽管如此，结果未必尽如人意。像人间诸事，结果良善是神明之援助，欠佳则归咎于人之过失。

我坚信帝国存在之意义，在于保证人民的安全与繁荣，并为之付出努力。我可以问心无愧地断言，为政后我推行的一切政策，皆是为了实现这个目的。

说到这里，尤里安长长地吸了一口气，然后继续说道：

不能再多说了，我精力不济，感到死亡即将降临。唯有一事须做最后的交代。关于继任皇帝的人选，我不做提名。我的抉择可能考虑不够周延，或不够明智。若无法获得军队的支持，我的推荐会危及他的性命。人选委由诸位决定。我仅祝福罗马帝国的百姓，能在贤明的君主的统治下，过上安全幸福的生活。

尤里安留下皇帝的遗言之后，将哲学家利巴尼乌斯和普里斯库斯（Priscus）叫到床前，倾听着两位友人讲论生死之议题。午夜时分，他感到口渴，要饮冷水。侍从端着淡紫色的玻璃器皿到他面前，尤里安喝下一口水之后，安详地离开了人世，享年 31 岁零 7 个月，在位

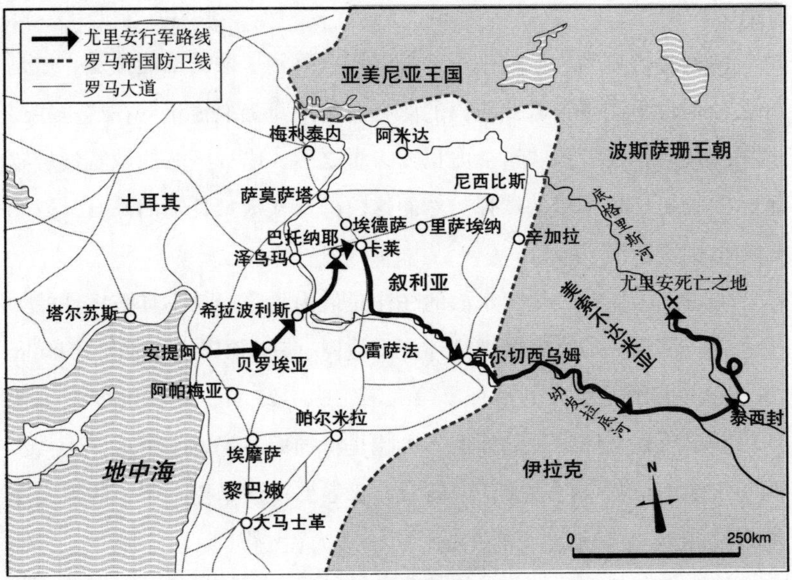

尤里安行军路线

1 年零 9 个月。

他去世的这一天，波斯战争开战 3 个月零 20 天，是罗马军烧毁船队向北撤退的第 25 天。

尤里安之后

尤里安过世之后，将领们立刻举行了会议，商议继位人选。会议上分成两派：一派是前朝君士坦提乌斯皇帝时代的人马，另一派则是尤里安登基后提拔的官员。前者大多是基督教徒，后者则多为异教徒。

两派势力相当，难分高下，最终焦点落到了两派都能接受，虽是异教徒但也不遭基督教徒疏离的萨鲁提乌斯身上。他正好在这一年与尤里安共同担任着执政官。尤里安去世之后，由另一名执政官递补空缺，的确是一个不错的选择。然而这位稳重又极富良知的高官，以年迈为由婉言拒绝了继位。

一旦陷入僵局，浮出水面的往往是最为平庸但最不具破坏性的一类人物。结果，虽有强健体格却毫无建树、在军中默默无闻的约维安（Jovian）成了尤里安的后任。第二天，6月27日，新任的罗马皇帝约维安出现在全体官兵的面前。可能是将领们事先做了指示，士兵步调一致地用长剑敲打盾牌，向新帝宣誓效忠。这里提一句，约维安是基督教徒。

约维安登基之后，军中传得沸沸扬扬的流言，像被大水彻底浇灭了的火焰一般，消失得无影无踪。传说中，插进尤里安腹部的那根标枪，不是来自波斯士兵，而是皇帝近卫队中的一名队员，从近距离射出的。说此话的士兵表示，那根标枪不是波斯军的武器，他从地上捡起时，发现上面刻着罗马骑兵团的标志。约维安之前的职务正是近卫队队长，他登基之后，这个传言自然就消失殆尽。

不知为何，偏偏在这个时候，第二军的3万人南下赶来会师。对于他们的延误，尤里安任命的两位长官普罗科皮乌斯和塞巴斯蒂安给出的解释是，为说服亚美尼亚国王参战消耗了大量的时间。三个月中音讯全无，理当死罪，何况亚美尼亚国王最终还是拒绝参战，选择了中立，白白地浪费了宝贵的时间。不过，事到如今，已无人再去追究两位将官的责任。无能的普罗科皮乌斯接受了新的任务，负责护送尤里安的遗体回罗马领地，而身为基督教徒的塞巴斯蒂安，因战场经验丰富，则继续留在军中。

尤里安不是基督教徒。他的遗体不需要土葬，更不用在入土前做任何保全的措施。想来应该是按照罗马传统的习俗，举行了火葬，因此，普罗科皮乌斯护送的是先帝的骨灰盒。尤里安墓地的选择让众人颇费了一番苦心。作为基督教首都而建立的君士坦丁堡，没有他的容身之处，可异教徒色彩浓厚的罗马又过于遥远，而距离较近的安提阿，他生前曾发誓从此不来，自然也不合适。

最后，位于小亚细亚东南的塔尔苏斯（Tarsus）成了尤里安长眠之地。这个城镇的人民对尤里安一直心怀善意。不过，在波斯军连日袭击的状况下，即使有护卫队保驾，还是无法让先帝的骨灰先行一步，早于大部队回到罗马的领地。结果，已经化为灰烬的尤里安与军队同行，和他们一起回到了罗马的土地。尤里安在塔尔苏斯下葬后没多久，他的坟墓就不知去向。塔尔苏斯是基督教圣人保罗的诞生地，在基督教会中，他与另一位圣人彼得拥有同样崇高的地位。在罗马帝国基督教国教化路线日益推进的形势下，塔尔苏斯终究不能成为“叛教者”尤里安的长眠之地。

我很纳闷，竟然会没有人提议将尤里安安葬于希腊。他是那么热爱希腊，生前总是称自己是一个哲学门徒。不过，公元4世纪的当时，宗教势力不断强大，而哲学却日渐式微，那些高官大概对他的话从来没有认真过吧。

缔结和约

两军会合后，罗马军团的总人数达到了6万以上。可是，在新皇帝约维安接任最高司令官以后，依然手足无措，被困在底格里斯河东岸动弹不得。

仅第一军 1.5 万人的撤退已饱受粮草不足的苦境，6 万人集体撤退，的确会带来诸多问题。不过，6 万人的军队大可分成几个纵队，声东击西，迫使波斯军分散兵力，再进行各个击破。至此罗马军尽管频频遭受波斯军的袭击，但每一次都能成功退敌。由此可见，他们的战斗力绝对超过了对手。战争胜败的关键在于能够承受多少牺牲。一旦下了决心，就必须以有限的兵力来获取最大的胜利。而如何充分地利用兵力，或者说能否采用出其不意的战术，需要意志坚强、足智多谋和当机立断。难道是因为尤里安死后，整个罗马军团彻底丧失了应敌的能力？还是因为迫不及待地想要脱身回国，没有余力考虑其他对策？

事情的真相似乎属于后者。尤里安死后的第 5 天，即约维安继位的第 4 天，在新帝以及全体将官出席的作战会议上，大家一致决定派遣使者，向波斯国王沙普尔求和。

萨鲁提乌斯被任命为皇帝特使。当初推辞了皇位的他，这一次没有拒绝。受命后的第二天，即 7 月 1 日，萨鲁提乌斯立刻与沙普尔派来的使节展开了交涉。

事实上，这根本称不上是谈判，因为罗马一方全盘地接受了波斯国王提出的条件。

不过，沙普尔似乎是一位公平游戏的爱好者。他除了要求罗马归还北美索不达米亚以及底格里斯河东岸的 5 个行省之外，没有提出更多的条件。66 年前，即公元 297 年，当时罗马帝国的副帝伽列里乌斯赢得战争后，强迫波斯国王割让了这些土地。对罗马而言，这个地区属于军事防卫的重地，对波斯亦是如此，更何况这里原本就属于波斯。

其实，这次战争是在波斯境内进行的，沙普尔完全可以以战争损失为由，向罗马索取赔款。此外，被俘的罗马兵一直对波斯国内的基础建设贡献甚大，他也可以要求罗马提供相关人员。然而，这位波斯国王除了提出归还失地之外，并无他求。也就是说，归还66年前被抢去的土地，罗马军即可平安无事地回国。对于这次和谈的结果，波斯方面大肆宣扬，称之为“沙普尔的宽容”。讲到宽容，立刻令人联想到“恺撒的宽容”。宽容曾是罗马人的专利品，而如今他们却要被波斯人宽容。

罗马军中仍然还是有不少人认为与波斯的和谈是奇耻大辱，其中包括记录下整个战争经过的阿米阿努斯。然而，以约维安皇帝为首的罗马高层一致决定接受波斯提出的条件，缔结和约。结果，波斯方面派出特使来到罗马的阵营，迅速地举行了签字仪式。新皇帝随后派出急使，前往第二天就要变成波斯领土的北美索不达米亚的各个城市，以及底格里斯河以东的5个行省，向那里的驻军及其相关人员传达撤军的命令。而当地的居民则可以自由地选择，或迁往罗马领地，或原地不动接受波斯的统治。曾经多次成功地抵御住波斯军猛烈攻击的尼西比斯的居民主张抗争到底，但他们的意见未被采纳。

缔结和约之后，罗马军终于能够渡过底格里斯河，抵达西岸。6万人马穿越美索不达米亚平原之后，究竟是在何时渡过幼发拉底河回到罗马领地，具体情况不详。撤退中的罗马军虽然不再遭遇波斯军队的袭击，但仍然会时不时地受到阿拉伯强盗团伙的骚扰。这些强盗既不隶属于波斯国王，也不接近罗马一方，夹在两大势力之间自谋生路。罗马军这一路走得并不顺利，似乎在初秋时节才到达安提阿。安提阿人不喜欢尤里安，就连非基督教徒的居民也把他的死讯看作好事，因此对于新皇帝的到来，全城上下表示了热烈的欢迎。

约维安皇帝在安提阿一直住到年底，看来这地方让他感觉不错。他滞留期间，前来陈情的人络绎不绝，为数最多的就是基督教会的神职人员。尤里安当政期间，自动隐身修道院的亚他那修，特地从埃及的沙漠地区长途跋涉来到叙利亚的安提阿觐见新皇帝。他对约维安皇帝说了这样一句预言："您对正统的宗教信仰虔诚，上天必定会赐予您长治久安的太平盛世。"

尤里安的前任君士坦提乌斯皇帝倾向于阿里乌斯派，而他的后任皇帝约维安正好相反，属于亚他那修派，即信仰三位一体说的天主教。因此，亚他那修所谓"正统的宗教"指的就是主张三位一体说的教派，不过，这位"正统宗教"的代表者的预言，完全落了空。

约维安在安提阿期间积极地颁布了一系列法令，所有内容都是用于废除先帝尤里安推行的政策。在尤里安颁布的各项法令中也有一部分被保留下来，后来收录进了《狄奥多西法典》，因为这些法令对基督教国教化不断深入的罗马帝国没有什么负面的影响。然而，能延续的都属于行政法，而其他那些以抑制基督教势力为目的的法律都遭到了废除。

废除的法令中还包括了减税法。事实上，尤里安通过大幅度的减税从而搞活经济的政策，已经在高卢地区成功地得到了证明，但这项政策似乎仍然被视作不利于基督教国教化的路线，遭到了废止。

经过了一连串的修法之后，一切又回到了尤里安执政之前的状态。这位年轻皇帝生前做出的所有努力，都付之于流水。

约维安完成了上述的各项改革之后，于公元 363 年的年末离开安提阿，前往君士坦丁堡。途中在小亚细亚的南岸，迎来了公元 364 年的元旦。随后，他按照尤里安之前的皇帝们的豪华排场，率领着大批人马，一路畅游。2月17日的早晨，在他留宿的某地方豪绅的公馆的一角，发现了他的尸体。官方公布的皇帝死因是由于前一天晚上的暴饮暴食。

虽然在位只有短短的7个月，但约维安完成了所有他应该做的事情。

首先是与波斯国王沙普尔缔结和约，给罗马帝国东方的安全保障带来了重大的影响，这无疑是要在罗马史上留下一笔的。

其次，废除了尤里安颁布的几乎所有的政策和法规。

我们可以换个角度来看约维安之死。这位前近卫队队长已经完成了他被赋予的任务，失去了利用价值，不能以皇帝的身份进入首都。

跟随约维安前往君士坦丁堡的高官们随即举行会议，决定继位的人选，这一次很快就得出了结论。由于约维安的亲基督教政策，异教徒一派元气大伤，势力不比上一次决定新帝的会议。

新选出来的皇帝叫瓦伦提尼安（Valentinianus），是一位武将，曾在多瑙河防线作战，建立了骁勇剽悍的名声。他出身于北方蛮族，也就是说日耳曼人成了罗马帝国的皇帝。正如当时的记录所述，至此为止的罗马皇帝中，虽然有人混杂着蛮族的血统，但像瓦伦提尼安这样纯种的异族人皇帝，还是史上第一位。

当年马格嫩提乌斯举兵造反，野心勃勃地欲称帝登基时，他的蛮族血统给他带来了诸多不利。不过才过去14年，与马格嫩提乌斯同样来自日耳曼的瓦伦提尼安，毫无障碍地当选为罗马帝国的皇帝。因为高官们一致认为，新任的皇帝只要信仰基督，哪怕来自蛮族也不是问题。

日耳曼人出身的新皇帝瓦伦提尼安，在尤里安当政时期没有受到冷遇，但也没得到特别的重用，所以他才被反尤里安一派视作自己人。

从此，这位在当时被称为“近乎纯蛮族”的瓦伦提尼安皇帝长达11年的统治时代正式开始。而所有的人似乎都希望尤里安治世的那19个月是一场从来没有发生过的梦幻。

尤里安皇帝的生与死

在还没有认真研究尤里安之前，我以为这位年轻的皇帝是一个“不合潮流的人”（Anachronism）的代表。他的所作所为似乎都那么不合时宜，一心逆时代潮流而行，思想简单。

现在，我不再持有这样的观点。我甚至会想，如果尤里安在位不是19个月，而是19年的话，之后的罗马帝国会变成怎样的一个国家。

在公元4世纪时，罗马帝国并不像后世认定的那样，充满了基督教的色彩。即使在基督教势力强大的帝国东半部，异教势力仍然不可小觑。有关这一点，从尤里安登基之后，各地频频发生的异教徒攻击基督教区的事件中，已经得到证明。何况，当时基督教会的内部矛盾也十分激烈，阿里乌斯派与亚他那修派之间的恶斗，让人不得不承认近亲相恶这个事实。甚至在同一教派内，也因为对教义的解释不同等一些小问题，不断地发生同人之间的抗争。令人玩味的是，这种现象在君士坦丁大帝承认基督教之后，反而越发严重。总而言之，公元4世纪时罗马帝国的宗教情势，基督教或者异教都有着独占鳌头的可能性。当时的基督教著作中也经常提到这个情况。这些著作中充满了强烈的危机意识。这些危机既来自异教，同时也来自教会内部的“异端”。

尤里安

尤里安就是向这样一个乱世投下了一颗探路石。如果他的统治时期不是19个月而是19年，那时他也不过才50岁，因此我的这个假设在理论上是成立的。假若他能做19年的皇帝，他应该会不断地丢出各种的探路石，历史的走向或许会因此而改变。罗马人或许不再认为做基督教徒可以从中得益，而宗教也可能脱离现世的利益，重新回到拯救人类灵魂的至高无上的存在。

尤里安强烈反对宗教支配现实世界，他可能是唯一发现一神教弊病的古人。

古代的有识之士之所以没能看出一神教的问题，是因为古代人信仰多神教，大家即使彼此信仰不同，也可以相互包容。没有经历过唯我独尊的宗教世界，当然也无法知道它的症结所在。在信仰多神教的古代社会中，唯有犹太教属于一神教。不过犹太教徒相信自己是神的选民，不会强行要求他人入教。那个时候，只有基督教才热衷于向观念不同的人传教布道。

而这些连罗马元首制时代的精英都没有看清的问题，却被尤里安发现了。这是因为他是致力于振兴基督教的君士坦丁大帝的亲戚，又在大帝之子君士坦提乌斯的执政时期成长，有机会近距离地观察这位堂兄的所作所为。正因为是近亲，所以才能看到旁人看不到的问题。从这个意义上来说，尤里安背负的如今已成为通称的“叛教者”之蔑称，其实背后隐藏了许多的意义。对于这位只活了31年的反叛者而言，或许这是一个最光彩的称呼。

第三章　安波罗修主教

（374—397年在任）

10年过去了。

这是从公元364年到374年的10年。

尤里安死后，继位的约维安也在7个月后猝死。紧接着瓦伦提尼安替补，成为罗马皇帝。公元374年，瓦伦提尼安迎来了在位的第10个年头。

这10年，罗马帝国的局势其实并不平静。一些在元首制时代少有发生、被视为非常状态，如今已成为常态。社会问题严重，积重难返。整个国家好像一道衰朽不堪的堤坝，哪里破了补哪里，刚补完这里抵御了洪流，别的地方又出现了裂口。帝国在这种状态下之所以还能撑过10年，一是由于强敌波斯的沙普尔国王年事已高，二是因为瓦伦提尼安皇帝是一位颇具才华的武将。

蛮族出身的皇帝

瓦伦提尼安虽然身上流着日耳曼人的血液，却是在罗马领地潘诺尼亚行省出生长大。他出生于公元321年前后，出生地点位于现在匈牙利或塞尔维亚和黑山一带的多瑙河流域。他的父亲是驻守多瑙河的罗马军人，作为长子，他在成年后很自然地就加入了军队。同时代的君士坦提乌斯在位的24年，正好与他的从军时间相重叠。瓦伦提尼安42岁时跟随尤里安皇帝远征波斯，经历了那一场充满荣光也饱受屈辱的战争。在当时的武将中，他应该是属于经验丰富的前线指挥官

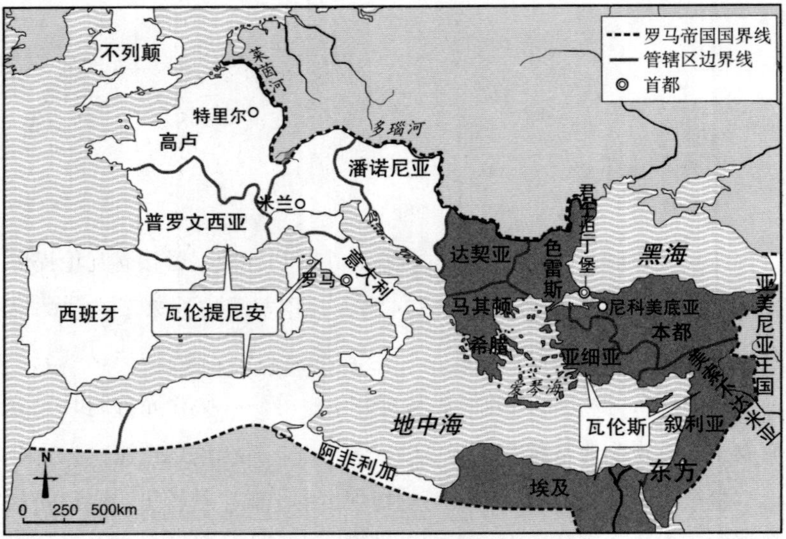

兄弟俩统治下的帝国版图

之一。瓦伦提尼安非常清楚，光凭战场上的经验，无法独自承担起整个帝国的重任。因此，登基刚满一个月，他就任命自己的弟弟瓦伦斯（Valens）为共治皇帝，而不是副帝。

比瓦伦提尼安小 7 岁的瓦伦斯，在 36 岁当上皇帝之前的经历不详，即使也是军人，也不能与曾经担任过北非以及不列颠司令官的长兄相比。对于瓦伦提尼安而言，只要这个弟弟能忠贞不贰就足够了。

如上图所示，帝国一分为二，由兄弟俩分治。兄长掌管帝国西方，东方则由弟弟负责。兄长分管西方的理由，纯粹是因为当时的主要问题都集中在这一边。对罗马皇帝而言的“问题”，最重要的就是防御外敌的侵略。

弟弟瓦伦斯为人厚道，但才华平平。他之所以能够担当起保卫帝

瓦伦提尼安

国东方的重任，理由只有一个：波斯国王沙普尔的斗志日渐衰退。

沙普尔的气势不断减弱，说来也是自然的结果。他已经实现了继位以来最大的心愿——从罗马人的手里夺回了被强占 70 年之久的北美索不达米亚。不仅如此，他趁着尤里安战死，继位的约维安的精力集中于复兴基督教之际，攻击了长年成为罗马与波斯争端的亚美尼亚，杀死国王，使之成了事实上的波斯附属国。亚美尼亚国王的王妃也被贬为奴隶，赐给了一位将军。她来自君士坦丁堡高贵的家族，曾经是君士坦提乌斯的未婚妻，后来嫁给了亚美尼亚国王。当初不肯听从尤里安皇帝的劝说，拒绝参加波斯战争而选择了中立的亚美尼亚国王，最终还是没有保住他的王位和国家。

波斯国王沙普尔二世是一位令罗马人难忘的人物。他的出生年月没有详细的历史记录。如果公元 309 年他继位时还是一个少年的说法无误的话，那么，他利用拖延战术，视尤里安如掌中之物时，应该已年近 70 岁。在他完成此生最大心愿，从罗马手中夺回失地时，已经过了 70 岁。在接下来的这 10 年中，他的战斗力不断减弱，的确属于正常现象。

北美索不达米亚以及亚美尼亚王国被波斯占领之后，罗马帝国东方的防卫机制变得支离破碎，正是由于波斯方面并没有做出任何侵略举动，罗马帝国的东方才能因此幸免。公元 379 年沙普尔二世去世，波斯王国就像一棵被掏空的大树，静静地倒了下来。要在统治国家 70 年之久的明君之后继位，对哪一位新主都是一个极大的挑战。沙普尔二世死后的波斯王国，王位争夺战不断，局势动荡，这对防卫机制濒临瓦解的帝国东方而言，的确是一件幸事。

与平静的帝国东方相反，这 10 年来西部纷扰不断。导致这个结果的原因，不是瓦伦提尼安皇帝治国的能力问题，而是对手的素质不同。

与东方的对手波斯不同，西方的敌人是来自北方的蛮族。无论罗马出手反击还是利诱拉拢，敌人的数量始终有增无减。贫穷的人向往富裕之地，属人之常情。北方气候严峻，当地人又不懂得土地的利用，生产力低下。与之相反，西南地区气候温和，土地利用完善，物产富饶，因此，北方民族向南迁移，是历史的必然规律。简单地说，人是会移动的。不仅如此，而且在迁移的过程中始终伴随着暴力。公元 4 世纪人们向往的移居地，东方是波斯王国，西方则是罗马帝国。

这种人口移动现象，往往会形成多米诺骨牌效应。一旦背后遭到后来者的推挤，那些原本早已定居在罗马边境附近的蛮族人，就不得不进一步向罗马国内移动。罗马帝国曾经成功地与居住在边境附近的蛮族维持着良好关系，却始终不能彻底解决北方蛮族的入侵问题。其理由就是因为进入公元 4 世纪之后，这种多米诺骨牌现象愈演愈烈。

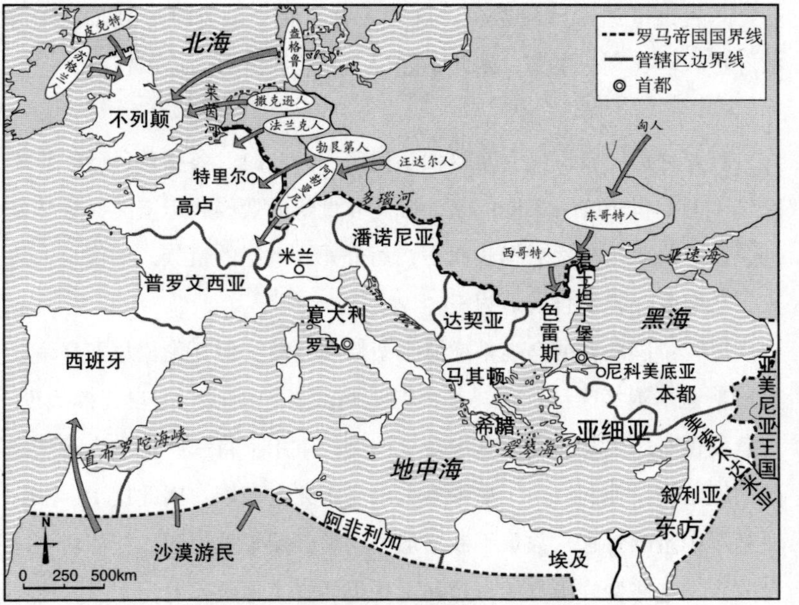

公元 4 世纪后期蛮族的分布及其入侵路线

瓦伦提尼安皇帝这 10 年来对付过的蛮族，按地域划分见下：

越过莱茵河入侵高卢的：法兰克人、勃艮第人（Burgundians）、汪达尔人（Vandal）、阿勒曼尼人。

从北海入侵不列颠行省的：皮克特人（Picts）、苏格兰人（Scots）、盎格鲁人（Angles）、撒克逊人（Saxons）。

越过多瑙河入侵的：哥特人。有时，东哥特人和西哥特人各自行动，有时候则是东、西两大族联手。在这条战线上，又新添了一个从亚洲迁移而来的匈人（Hun）。

入侵北非的：沙漠游民。这些人有时候会趁势渡过直布罗陀海峡，进入伊比利亚半岛，因此不能视之为散兵游勇而掉以轻心。

百年之后，帝国遭受蛮族大举侵略。而此时，各路角色已经纷纷登场。两个世纪唯一不同的是，公元 4 世纪的蛮族属于盗匪，突然发动袭击，烧杀抢掠之后扬长而去，而公元 5 世纪的蛮族，不仅杀人放火、巧取豪夺，而且占地为王。

尽管帝国西方的全境都遭遇了蛮族的侵略，但瓦伦提尼安皇帝还是成功地击退了来敌。他马不停蹄地转战各地前线，亲自指挥战役。一旦发现有用之才，不问其出身立即提拔重用，将一些他本人无法亲赴的地区交给他们。由于皇帝本人出身于北方蛮族，因此这 10 年来，罗马军中蛮族将官的数量不断增加。这里必须郑重说明，即使对手来自故乡，这些蛮族出身的将领和士兵仍然忠实地履行着保卫罗马帝国的职责，极少有人做叛军。

罗马在元首制时代，行省居民热衷于罗马化。而到了帝国后期，蛮族血统的人则希望成为真正的罗马人，瓦伦提尼安也是其中之一。罗马帝国的魅力究竟何在，这是值得我们深思的问题。

由于瓦伦提尼安长年驰骋于战场，有关他在政治方面的记录少之又少。当初约维安推翻尤里安的改革政策，恢复了旧制度，之后，帝国的体制始终维持不变，即一切回到了君士坦提乌斯时代。不过，瓦伦提尼安日理万机，无暇待在皇宫内搞什么阴谋诡计，皇帝及其周遭在这方面还是干干净净、稳重行事。皇宫内宦官们既没有横行霸道的机会，皇帝也没有时间去享受东方君主一般的奢侈生活。虽然瓦伦提尼安是一位基督教徒，不过，正如恺撒利亚的主教优西比乌悲叹的那样，他入教的动机似乎也是出于利益。正因为如此，他才会与教会保持着一定的距离，不愿卷入阿里乌斯派与亚他那修派之间的争斗。教会屡次恳请他召集各地的主教，举行大公会议，他一概拒绝，吩咐他们自行其是。瓦伦提尼安重新颁布了承认所有宗教信仰自由的《米兰敕令》，托这位蛮族出身的皇帝之福，异教徒们过上了一段神殿不遭破坏、祭祀活动不受禁止的安宁日子。

不过，瓦伦提尼安没有接受过教育，因此他对接受过教育，尤其是对受过高等教育的人极其厌恶。在那个时代，受过高等教育的人大半都不是基督教徒，而是所谓的“异教徒”，这些人心目中的“圣城麦加”就是罗马元老院。多位来自元老院世家的元老被控反叛罪，瓦伦提尼安皇帝用物理的方式让他们彻底消失。据称，罗马元老院的人数因此减少了三分之一。消失的这些人也并非统统都被处死，其中的大多数人眼看形势不利，便放弃代代相传的元老席位，做回一介平民。瓦伦提尼安的行为，从结果而言，对削减异教徒的势力，同样起到了推波助澜的作用。

即便出身蛮族，一旦成了皇帝，似乎也会考虑血统继位的问题。瓦伦提尼安与亡妻马利亚·赛维拉之间育有一子格拉提安（Gratianus）。瓦伦提尼安在位第10年时，这个男孩已经15岁。这位皇帝的长子很早就获得了“奥古斯都”（皇帝）的称号。为了淡化蛮族出身的印象，强调其正统性，瓦伦提尼安皇帝还让儿子迎娶了君士坦提乌斯的遗腹女。这位在父亲死后出生的公主，虽然只有12岁，但她是君士坦丁大帝的孙女——大帝唯一在世的血亲。

尽管没有教养的瓦伦提尼安厌恶知识阶层，其周边鲜有此类人物出现，但他找来了帝国西方屈指可数的专家当家庭教师，指导日后准备继位的儿子学习罗马人传统的教养学科。

然而，教育的成果往往取决于被教导的一方。格拉提安虽然热衷于罗马化，却倾心于基督教。这也难怪，对一个不知道共和时代以及元首制时代的蛮族人而言，他认知的罗马就是在君士坦丁大帝倡导之下，逐渐走向基督教国教化的罗马，要做一个真正的罗马人，就是成为基督教徒。

与只会说拉丁语的父亲不同，格拉提安还学习了希腊语，这一点算是意外的收获。当初瓦伦提尼安与胞弟瓦伦斯分治帝国，之所以将富饶的帝国东方交给弟弟，据说就是因为他不擅长东方通用的希腊语。

瓦伦提尼安与后妻之间还有一子，因为孩子是在他登基之后出生，所以与父亲同名，叫瓦伦提尼安二世。这个孩子在其父登基第10年，即公元374年，只有3岁。瓦伦提尼安二世深受母亲的影响，其母贾斯蒂娜（Justina）是一位狂热的基督教徒，而且笃信阿里乌斯派。

除了以上两个儿子之外，瓦伦提尼安皇帝还有一个女儿，叫加拉（Galla）。

瓦伦提尼安皇帝统治的罗马帝国，在一个相对安定的局势下走过了10年。然而，到了第11年时，形势突然发生了巨变。

公元375年11月17日，瓦伦提尼安皇帝猝死。这一年在与北方蛮族战斗中，皇帝率领的罗马军再次取得了胜利。事情发生在冬季休战期皇帝接见蛮族代表的时候。近年来蛮族人屡战屡败，除了向罗马投降别无生路。尽管如此，蛮族族长的态度依然十分桀骜不驯。也许是他觉得，眼前的这位罗马皇帝和自己一样都是日耳曼人。

不知道是不是看穿了族长的心思，瓦伦提尼安皇帝勃然大怒，脸涨得通红，站着的腿不停地发抖，突然间整个人倒了下去。昏迷不醒的瓦伦提尼安在当晚就离开了人世，享年54岁。

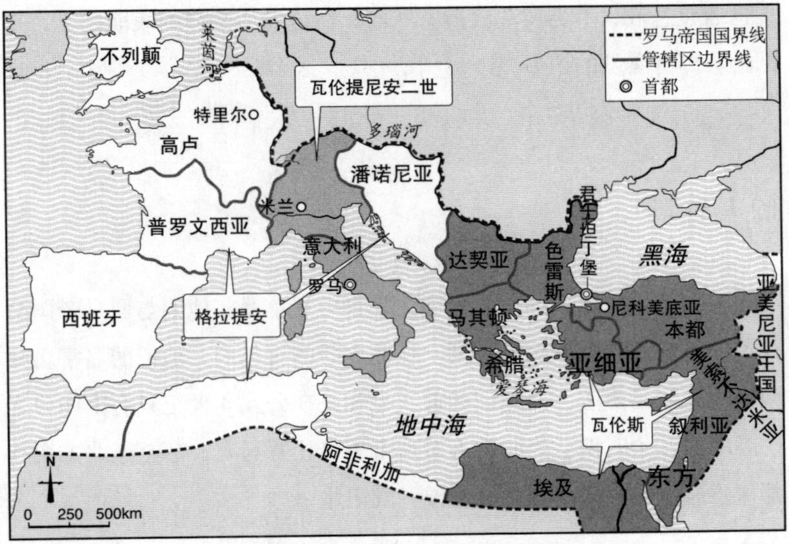

瓦伦斯皇帝及其两个侄子帝国分治图

如果说但凡继位多有纷争，那么这次皇位的继承不仅非常顺利，甚至可以称为光明正大。

47 岁的瓦伦斯，依旧维持其帝国东方皇帝的地位。

帝国西方则理所当然地由拥有“奥古斯都”称号的格拉提安继承。这位 16 岁的新皇帝又把“奥古斯都”的称号赐予了只有 4 岁的同父异母的弟弟瓦伦提尼安二世，并且将意大利本土从帝国西方分割出来，作为这位 4 岁的皇帝的领地。4 岁的孩子自然需要监护人，当瓦伦提尼安二世前往大本营米兰时，他的刚成为未亡人的母亲阿里乌斯派狂热信徒贾斯蒂娜也随之同行。

帝国西方的和平局势就这样又维持了两年。在国内，没有争夺皇位的内斗，对外，因先帝瓦伦提尼安 10 年奋战的结果，北方蛮族似乎也偃旗息鼓，不再发起攻击。然而，在这看似平静的表面之下，正酝酿着即将爆发的凶事。

匈人登场

一切都始于匈人的崛起。匈人来自中亚草原，他们与罗马帝国交往过的所有北方蛮族迥然不同。从此之后的百年内，他们的名字会频频出现在罗马史上，而他们的首次亮相是在公元 4 世纪只剩下四分之一时间的这个时期。当时的人对这个不仅让罗马人，甚至连北方蛮族都深感恐惧的民族，曾留下这样一段记述：

> 匈人是蛮族中的蛮族。他们不懂得用火烹煮食物，也不知道佐以其他食材。他们骑马时将肉夹在两腿之间，捂热后生吃。
>
> 他们身材矮小，但体格健壮，动作敏捷。他们的脸与其说是人类的面孔，不如说更像一块平坦的肉块。只有两个会动的黑点，才让人知道是一双眼睛。他们几乎没有胡须，大概是因为还在吃奶的时候就经常被用短剑刮脸，习惯了受伤和流血。
>
> 他们像祭拜神灵一般祭拜插在地上的剑。无论如何，他们是一群长成人样的动物，是从前住在森林中的恶魔与被赶出哥特族群的魔女媾和而生。
>
> 匈人的恶魔父亲教导他们如何去攻击哥特人。具体的做法是这样的：
>
> 几个匈人男子去附近的山上猎山猪。他们追赶着一头母猪，母猪一步步往后退，仿佛在诱惑这些男人。在追逐的过程中，男

人们自然而然地掌握了周围的地形，他们知道要袭击对岸的哥特人，该从哪里渡过莫提斯大沼泽（黑海北面的亚速海）而不至于溺死。看到男人们已经学会了本领，母猪便消失了踪影。这头神秘的猪就是哥特人的敌人——恶魔。

公元4世纪时，黑海西北部居住着哥特人的分支东哥特人。以上这段文字就是当时某个东哥特人留下的，可以称之为蛮族人的蛮族评论。我们也可以从中了解到，匈人刚出现就给其他族群带来了不小的威胁。

东哥特人遭到匈人袭击后往西南方向逃离。当然，他们不是和平撤退，而是随身携带着武器。这使得那些原本居住在多瑙河注入黑海流域的西哥特人失去了土地。

丧失了家园的西哥特人派遣特使去罗马，恳请罗马皇帝将属于罗马领地的多瑙河南岸划给他们居住。作为交换条件，他们愿意放下武器，适龄的男子加入罗马军队，其他人以及妇孺则会在这片土地上休养生息，辛勤耕作。

多瑙河下游地区属于帝国东方皇帝瓦伦斯管辖。西哥特人提出的条件对他极有吸引力。其理由见下：

第一，可以扩充防守多瑙河的罗马军的兵力。

第二，因长年遭受蛮族袭击而日益凋零的国界线一带，可以重新恢复为富饶的农耕地带。

被以上两大魅力吸引住的瓦伦斯皇帝，从叙利亚的安提阿皇宫向色雷斯的行政长官发出公文，批准西哥特人迁居罗马境内。这些蛮族人的迁居地就定在多瑙河以南的色雷斯行省内。

政治与行政不同。一些事情，即使在行政实施上难度极高，有时候也不得不服从政治。遇到这种特殊的情况，做决定的不应该是行政长官，而是掌管政治的领袖，也就是说，这属于政治上的决定。而当政策具体实施时，做出决定的一方必须始终留意着政策执行的情况。可是，瓦伦斯皇帝向色雷斯的行政长官发出公文后就以为万事大吉。事实上，大量的移民势必会引发一些意料之外的状况，而这些状况往往超出了一介地方长官能掌控的范围。

公元 376 年深秋之际，大批的西哥特人从北而下，渡过多瑙河，向南方迁移。多瑙河原本就是一条大河，到了下游，河床尤为宽阔。蛮族人乘坐的小船和木筏布满了河面，多达数公里。由于数量过于密集，造成小船、木筏相互间碰撞，不少船因此沉没。然而，蛮族人与文明人之间的差异之一，就是重视生命的程度。对于北方蛮族而言，少许的牺牲算不上什么。尽管有同胞葬身于河底，蛮族人使用小船以及木筏渡河的行动却没有因此而中断。

那时候哥特人的迁移究竟有多大规模，我们不得而知。不过，当初他们请求瓦伦斯皇帝批准他们移居罗马境内时，答应提供 1 万名成年男子参加罗马军，而当迁移结束之后，人数增加到 3 万人。蛮族人通常多产，如果说部落十分之一的人口符合参军条件，那么就有 30 万人左右的蛮族人进入了罗马境内。而最初估计的移民数量只在 10 万人左右。这意味着一些没有得到罗马皇帝移居许可的哥特人部落也混入其中。想来这也在情理之中，以前这些蛮族人只要接近多瑙河南岸，就会遭到阻击，现在罗马同意开放，周遭的部落自然不会错过机会。然而，大批蛮族人的到来，却使得色雷斯行省的收容机制彻底崩溃。

鉴于以上理由，北方蛮族向罗马帝国境内合法性的迁居行动，当然不会出现一个良好的趋势。

首先，蛮族人大规模的迁移发生在秋季。秋天是收割的季节，然而事前没有播种，自然是颗粒无收。因此，国家必须为这些移民提供整整一年的口粮，直到第二年开春播种再到秋季收割为止。不仅是口粮，政府还要为这些生活水平低下的蛮族人提供各种日常生活品。不知为何，移民们似乎总是希望能够与移居地的居民获得同等的待遇。或许是因为他们觉得自己是迫不得已离开祖国的难民吧。被匈人赶出家园的哥特人，的确称得上是难民，只不过他们是一群携带着武器的难民。

解除蛮族人武装的问题始终不能达到预期的目标。这是因为罗马帝国当初答应的生活保障迟迟不能到位。特别是入冬之后，生活条件越发恶化，眼看着妻儿们吃苦受难，男人们更不愿意交出武器。有研究者指出，问题在于实际操作的行政官员办事不力，我则认为，主要是因为移民的人口超出了预期的数量，当地政府应付意外状况的措施不够完善。而对此要负起责任的，就是当初轻率答应了蛮族移民的瓦伦斯皇帝。要接受大批移民，政府必须建立起相当规模的应对机制，然而，色雷斯管辖区既没有这样的机构，也没有从国家那里获得所需的特别经费。再加上那些负责移民生活物资的不良中介商人乘机敛财，使得事态不断恶化，影响不断扩大。提供给移民的物资不仅质量低劣，而且数量上也比当初承诺的少了很多。

哥特移民的不满情绪日益高涨。渐渐地，他们又恢复了原本打算放弃的蛮族精神。所谓蛮族精神，就是相对于吃苦耐劳、辛勤劳作的生活方式，宁愿选择抢夺他人的财产，占为己有。哥特移民回归蛮族精神的现象，首先从袭击周边的村落开始。紧接着，这股掠夺浪潮从色雷斯席卷西面的达契亚，直至南部的马其顿。此时此刻，罗马帝国的敌人不再是从北方越境入侵，而是已经在罗马境内向西及向南一路烧杀抢劫。当哥特人袭击色雷斯地区的主要城市马奇亚诺波利斯（Marcianopolis），突破了罗马军防线之时，这股掠夺潮的速度与气势达到了最高点。形势至此，罗马皇帝再也无法不闻不问、袖手旁观了。

哈德良堡战役大败

第二年，即公元 378 年开春之后，瓦伦斯皇帝终于有了动静。他动身离开叙利亚的安提阿，在 5 月底抵达了帝国东方的首都君士坦丁堡。这个行军速度实在称不上快捷，估计是一路在沿途招兵买马，消耗了时间。就在罗马军以缓慢的速度向色雷斯进军之际，哥特人也向留在多瑙河北岸的同胞喊话，增强战斗力。

即使自己没有做好充分的准备，也可以袭击敌方的薄弱之处，这是速攻的长处。而瓦伦斯皇帝在做好了万全之策的同时，也给敌人提供了充足的备战时间。

不过，罗马军仍然还有取胜之道，就是采用从东、西两面夹击的战术。哥特人想渡过多瑙河向北逃离，其实非常困难。因此，罗马军把守住东、西两方，夹击战必定有效。如果这个战术能在实战中得到运用，那么，瓦伦斯皇帝犯下的任凭形势恶化而无所作为以及行军速度迟缓浪费了宝贵时间等错误，都可以一笔勾销。而实施这个战术必须要有帝国西方格拉提安皇帝的协助。

瓦伦斯皇帝的侄子格拉提安虽然只有 19 岁，但在抗击越过莱茵河入侵高卢的蛮族人的战斗中，获得了不菲的战绩。而且，他为人善良，不会对叔父的请求置若罔闻。问题出在做叔叔的瓦伦斯身上。

瓦伦斯似乎不了解北方蛮族的情况，也不懂打仗。这个50岁的人从来没有指挥过战斗，在做皇帝之前，说不定连参战的经验都没有。对他个人来说，这样的经历是幸运，但作为最高司令官，就是一个悲剧。

经常是在这种时候，有害无益的虚荣心往往会跑出来作祟。色雷斯地区属于瓦伦斯的管辖范围，解决那里发生的问题是他的职责所在。恐怕就是这个想法促使瓦伦斯没有向年轻的侄子提出协助的请求。

不过，无论瓦伦斯皇帝是否开口求援，身在高卢的格拉提安皇帝还是会知道他的行动。帝国东方编组大军，连退役军人都重新召回的消息自然会传到阿尔卑斯山脉的西侧。格拉提安火速向叔叔派去了信使。他在信中表示，一旦击退阿勒曼尼人，他会立即赶去支援，在此之前，千万不要挑起战事。收到信件的瓦伦斯皇帝紧接着听到的消息，是比自己年轻30岁的侄子击退了蛮族的捷报。

就在罗马一方拖延之际，哥特人开始了行动，从色雷斯南下。不管双方是否有心一战，向东行军的罗马军与南下的哥特军注定要在哈德良堡的近郊遭遇。

瓦伦斯皇帝召集军中将领和高官，举行作战会议。他询问手下，是该等待格拉提安皇帝的援军，还是自己先发起攻击。众人的意见分成两派，皇帝本人也没有当机立断。就在瓦伦斯犹豫不决的当口，接到了两份内容截然相反的情报。

一份是来自侦察兵的报告，附近的敌军不超过1万人。

另一份，哥特人大王派来一位哥特基督教徒，表示愿意和平解决事端，并提出了相应的条件。

瓦伦斯

这让作为阿里乌斯派虔诚信徒的瓦伦斯皇帝再次犹豫不决。或许一方面他觉得解决 1 万人的敌军轻而易举，另一方面又被哥特人提出全体改宗信仰基督教的条件深深地吸引。不过，瓦伦斯皇帝与基督教徒特使的会谈并没有得出最终的结论，因为后来发现，派来特使的这位大王并不能代表全体哥特人，他只是众多部落中的一个部落的首领而已。虽然谈判未果，但瓦伦斯皇帝至少应该从中了解到，哥特人只是一个族群的总称，族群全体并非在某一个人的指挥下统一行动的。如果他真能学有所得，就会采取相应的战术。可是，瓦伦斯皇帝决定不再等待侄子的援兵，先发起进攻。而且，连作战方案都还没有制订，就向哥特人开战。

公元 378 年 8 月 9 日的早上，瓦伦斯及其麾下的军队离开哈德良堡（现在的土耳其的埃迪尔内），朝着西北方向一路寻找从色雷斯南下的敌军。就在太阳高照、气温不断上升的时候，他们发现了敌人。

哥特人使用他们的标准防御战术，用四轮战车围成一个圆阵，等待着罗马军。这些人只是哥特的一个部落，而罗马军打头阵的右翼部队，却在中央以及左翼部队到达之前就率先发起了攻击。

来自北方的日耳曼民族很少会出现统率全族的强势的领袖人物，大多情况下都是散沙一盘。各个部落倾向独自行动，几乎所有的战斗都是以部落为单位进行的。因此，与多部落组成的哥特人打仗时，只有两个办法：一是从四面八方压进，将他们逼到一处，一举歼灭；二是把大部队分散成几支，采取各个歼灭的方式。然而，在历史上留下重重一笔的“哈德良堡战役”中的罗马军，依然按照右翼、中央、左翼以及轻骑兵的传统的会战方式，而其对手哥特人则分散四处，伺机从不同的方向发起攻击。

光看两军的阵型就能预见胜负，何况，罗马军没有充分地调动起各部门的机制。虽然不乏英勇作战的官兵，可是仗还没打到太阳落山，输赢已成定局。

在这场战役中，罗马军损失了 2 位高官、35 名大队长，以及占整个部队三分之二人数的官兵。

瓦伦斯皇帝与几位大臣也葬身于火海。当时，他受了伤，被人搀扶着逃进了附近的小屋，紧追而来的哥特士兵不知屋里藏着的是罗马帝国的皇帝，因多次破门未果，一怒之下，放火烧了小屋。瓦伦斯皇帝享年 50 岁，在位 14 年。

出门作战时习惯带上全部身家的哥特人，以为罗马人也同样如此。当他们发现那些战败的罗马官兵身上除了武器，没有任何钱财时，大失所望。他们只好先从阵亡的罗马官兵身上剥下头盔和胸甲穿在身上，拿着缴获的枪和剑，准备攻打哈德良堡，他们相信罗马军把金银财宝都留在了那里。

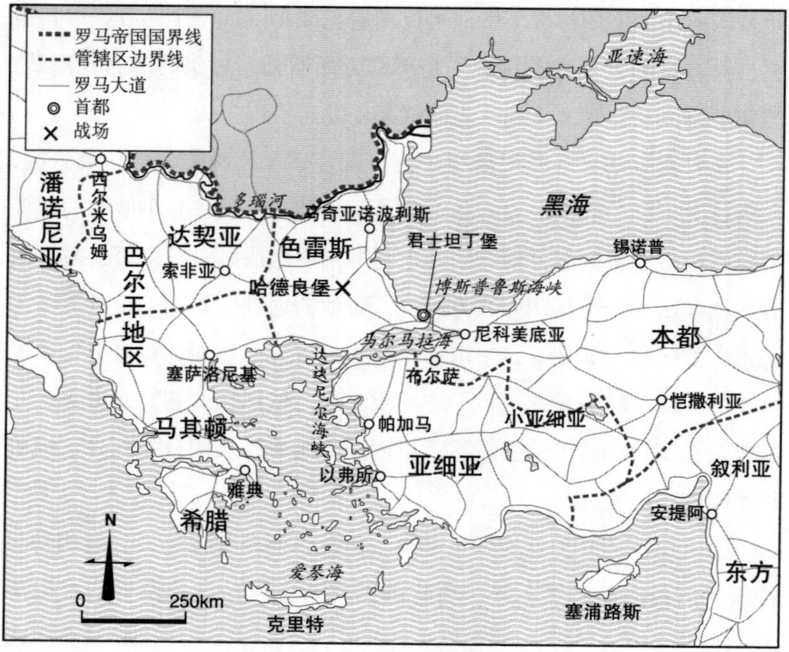

巴尔干、小亚细亚及其周边

站在第一线誓死保卫哈德良堡的，是侥幸脱身的剩余的三分之一罗马军。哥特人即便在野战获胜，但对于重新恢复了强盗本性的他们而言，这些罗马军人是一群很难对付的对手。蛮族人的另一个特征就是不擅长打持久战。最终，哥特人放弃了攻打哈德良堡，沿着罗马大道，朝着东南方向行进，目标转向君士坦丁堡。然而，君士坦丁堡是帝国东方的首都，无论在防御力量上还是地形上，罗马都占有绝对的优势。很快哥特人就放弃了攻城的计划，不过，他们原地不动地留在了多瑙河以南的帝国的中部。这就是说，由于中部地区盘踞着北方蛮族，罗马帝国被分割成东、西两块。

哈德良堡战役的惨败给许多住在罗马帝国境内的人民带来了强烈的冲击。

阿米阿努斯·马尔塞利努斯是出生于安提阿的希腊人，不信仰基督教。他在军中度过了前半生，后半生则专心于写作，由他撰写的涅尔瓦皇帝时代之后的罗马帝国通史，就是以哈德良堡战役作为最后的篇章。仿佛身为罗马帝国的一员，从此之后，再也没有值得叙述的历史。

除了阿米阿努斯，罗马哲学家、尤里安皇帝的老师利巴尼乌斯，得知哈德良堡战役战败的消息之后，写了以下这段文字：

> 请不要再抱怨罗马官兵胆怯、意志薄弱或者偷懒，也不想听到蛮族人更像优秀的士兵之类的言语。
>
> 我们不得不承认，在士气、战术以及精心备战上，敌人都达到了与我们同等的水准。而且，他们比我们更重视名誉，更渴望荣耀。他们能够忍受酷暑和饥渴，无论是刀枪剑戟还是熊熊烈火，都不能让他们放弃战斗。仿佛战死沙场比侥幸逃离是一件更美妙的事情。
>
> 这样的敌人总有一天会超越我们。他们不可一世的气焰，让我不由得想到，是不是那些被我们疏离、排挤的古代诸神中的某位天神，站在了蛮族一边，以示愤怒之意。

哈德良堡战役并非罗马人第一次被蛮族人打败。然而，总司令同时又是皇帝死于战场的惨败，还是首例。而且，皇帝的阵亡之地不是在敌国他乡，而是在自己的国土上。

百年前的德基乌斯皇帝，同样输给了哥特人。这场让皇帝及其儿子都丧命的战场，也在巴尔干地区。但是，罗马人一直是在遭到重创之后，一定会将敌人赶出境外，成功雪耻。然而，哈德良堡战役之后，情况有变。公元 378 年发生的这场战役，充分显示了罗马帝国日耳曼化的不可逆转的趋势。唯一的选择是在武力威胁下日耳曼化，还是和平地走向日耳曼化。无论如何，要将日耳曼人驱除出境，已经不可能了。

狄奥多西皇帝

作为有知识的人，可以冷静地分析现状，带着无可奈何的心情去观察世间的动态。这是因为有知识的人对社会的影响力并没有常人想象的那么大。在元首制时代，“言”“行”为一体，而到了帝国后期，“言”与“行”就分离了。发表意见的和实际做事的是不同的人，“热爱知识的人”的影响力一落千丈。

然而，掌握着他人命运的统治者却不能只会空发感叹。得知哈德良堡战役失败的格拉提安皇帝，必须承担起收拾残局的责任。

帝国东方的皇位因瓦伦斯皇帝之死而空缺。而曾经在瓦伦斯皇帝统治之下的西部地区巴尔干，如今被以哥特人为主的蛮族占据，连罗马皇帝也插不上手，几乎是处于无政府状态。这种时候应该站在政治与军事前沿阵地的皇帝，除了 19 岁的格拉提安，就只有刚满 7 岁的瓦伦提尼安二世。

格拉提安秘密派人去西班牙，命令他们把狄奥多西（Theodosius）带回罗马。

格拉提安与当时31岁的狄奥多西并非素不相识。狄奥多西的父亲是格拉提安的父亲瓦伦提尼安一世手下的武将，曾经多次立下赫赫战功。在瓦伦提尼安一世统治的10年间，每当高卢、不列颠、北非等地区发生问题，能够临危受命，并且在短时间内击退来敌、胜利完成任务的将官，只有他一人。因此，当他晋升到地位仅次于最高司令官的“骑兵团长官”时，军中没有出现任何反对的声音。

可是，当他被派到北非去执行任务时，虽然军事上获得了成功，却在政治上中了当地行政长官的奸计。这位行政长官控告他通敌，时间又不巧，正好碰上瓦伦提尼安一世猝死，刚满16岁的格拉提安继位。年轻的新皇帝在没有详细调查的情况下，就给这位为帝国立下汗马功劳的将军定了死罪。北非地方政府接到命令后立即执行了死刑。那是公元376年发生的事情。

跟随父亲一同征战的狄奥多西积累下丰富的军事经验。在29岁那年，他失去了守护他的父亲以及靠自己实力得来的地位。一无所有的狄奥多西只好返回位于西班牙北部的故乡考卡（Cauca），他没有因父亲之罪而受到牵连，已经算不幸中的万幸。

两年之后，狄奥多西受到了当初判他父亲死刑的那个人的召见。当然，格拉提安也没有忘记两年前的事情。他召回罪人之子的做法就够奇特，这位19岁的皇帝面对应召而来的31岁的狄奥多西说的话更有意思。

不知道年轻的皇帝有没有对狄奥多西讲了两年前的事情一笔勾销之类的话，但他很直率地提出，准备任命狄奥多西为与他地位同等的皇帝，将瓦伦斯先帝管辖的帝国东方托付给他，希望他能协助重建因哈德良堡战役而受到重创的帝国大业。当时狄奥多西已经结婚，皇

瓦伦提尼安皇帝世系图

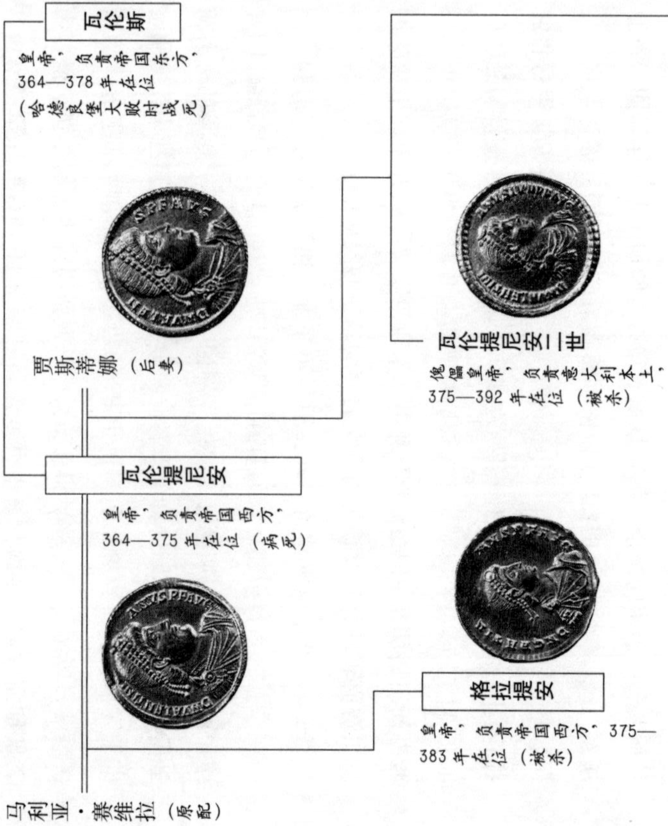

狄奥多西皇帝世系图

帝甚至没有提出让他与妻子艾丽娅（Aelia）离婚，改娶自己的妹妹加拉。狄奥多西是在艾丽娅死后才续弦娶了加拉。从他的第二个孩子霍诺里乌斯（Honorius）诞生的时间推算，他再婚至少是7年之后的事情。总而言之，哈德良堡战役大败的这一年，格拉提安皇帝在没有任何附加条件的情况下，把帝国的东半部交给了失业的前军官狄奥多西。何况这个人比自己年长12岁。这是普通人很难有勇气做出的决定，而且做得干净利落。

至于狄奥多西，同样也没有异议地接受了皇帝的请托，只提出了一个条件，要求为他含冤而死的父亲恢复名誉。格拉提安皇帝爽快地答应了他的要求，立即做了公开的声明。

罗马帝国不存在什么皇帝的加冕、登基等仪式。那个时期，基督教尚未全面国教化，因此，统治者的权力并非上帝所赐，仍然保持着传统的形式，来自帝国这个“国家共同体”的全体公民的授权。皇帝的治世也就是从“受托人”介绍给“委托人”的那一刻开始。

狄奥多西也是从他在多瑙河防线最重要的军事基地西尔米乌姆与官兵们见面的那一刻开始，正式成为东方皇帝。因为军人也是罗马公民、国家的主人。这一天是公元379年1月19日，中欧地区特有的冷风夹杂着冬雨的天气，刺得人皮肤一阵阵地发痛。这一天距离哈德良堡战役的战败过去了5个月。继君士坦丁大帝之后，另一位被基督教会奉为“大帝”的罗马皇帝正式登场。

由于狄奥多西皇帝曾经是罪人之子，所以他没有所谓的嫡系。这位最高司令官仿佛坐着降落伞，空降到官兵面前，而且他出生于西班牙行省，这个地区罗马化的历史与帝国的帝政时期同样久远。相比之下，整齐列队站在他面前的士兵，情况好一点的是罗马化的蛮族的第三代，差一些的是刚罗马化的蛮族人。他不得不带领这样一支军队打

哈德良堡战役后的罗马帝国

仗抗敌，而且还是一支彻底被哥特人打败了的军队。要让这些尚未走出阴影的士兵再次去和打赢自己的哥特人打仗，仅仅这一点就极其困难。

所幸的是，狄奥多西才 30 岁出头，还很年轻，而且从他被格拉提安钦点之前的生活状况来看，不管今后他怎么做，都没有什么害怕失去的东西。不仅如此，格拉提安也向他保证，无论他怎么决定，都会毫无条件地给予全面的支持。这三项条件让他成了一个果敢的男人，换言之，他在行使强权时，不会有任何的犹豫。

狄奥多西在他受托管辖的帝国东方全境张贴布告，募集现役士兵以及退役老兵的儿子。子承父业，职业世袭制的法令虽然已经出台很久，但一直没有贯彻到社会基层。不过，这次是皇帝亲自下令，形同征兵。

另外，他管辖的地区还包括多瑙河南岸一带。这里因为哈德良堡战役失去了大量的士兵，军队因人手不足而处于贫血状态。因此，当地的募兵对象分成两类：

第一，以没有服过兵役的罗马公民为对象，保证每年发放一次赏金。由于条件丰厚，应征者源源不断，从厨师、面包师到店铺伙计，来自各行各业。不过大多数愿意入伍的，还是因蛮族的侵害以及重税的负担，不得不放弃农耕的农民，以及那些由于主人家的经济状况难以维持而被解放的奴隶。

第二，以北方蛮族日耳曼人为对象。狄奥多西也向他们提供了一项相当不错的条件。只要他们能够找到接替自己的人，任何时候都可以退役，返回部落。

在优惠条件的吸引下，募兵的目的是达到了，不过遵守军纪的观念并非一朝一夕就能养成。这些人对最高司令官的皇帝既没有太多的忠诚心，也不怎么服从直属长官的命令，因此，军团内外常有问题产生。

狄奥多西发现，没有足够的时间通过训练来解决问题。因此，他打破以往的惯例，强制性地将在东方招募的士兵调往西部，同时把集结于西部的士兵派去东部。

士兵最不能忍受的就是被派遣到远离家乡的地方，但他们已经宣誓效忠皇帝，如果拒绝命令，立即会以反叛罪被处死。因此，军人们尽管心怀不满，还是开始了调防的行动。东西两拨人马在小亚细亚相遇时，曾经发生激烈的冲突，虽然事件很快得到了平息，但还是有人因此丧生。

狄奥多西管理军队，如果只有强行换防这一招，他不过就是一个

狄奥多西

暴君。然而，事实证明他并非如此。不管怎么说，一支情绪不稳定的军队是不可能频频赢得胜利的。虽然没有详细的史料记载，我认为，狄奥多西作为最高司令官，最终还是采用了最单纯也是最正当的手法，消除了士兵的不满情绪。那就是奖罚分明、公平以及打胜仗。战场上生死在一瞬之间，因此士兵对司令官的评价要比外人想象的更为严格。哪怕是侥幸存活，但如果被俘，不管对方是波斯人还是日耳曼人，都逃脱不了一生为奴、过猪狗不如的生活的悲惨命运。

公元 379 年，狄奥多西率领的军队创下了令人刮目相看的战绩。罗马军不仅攻打了哥特人盘踞的色雷斯和达契亚等位于多瑙河下游以南的广大地区，而且一路追击，一直打到伊利里亚。伊利里亚不属于狄奥多西的管辖范围，但他没有一丝放弃的意思。按照这个势头，罗马军完全有能力彻底地将哥特人赶回多瑙河北岸。

然而，这时的狄奥多西变得焦躁不安。因为就在这一年，历经

50年统治、创下辉煌业绩的波斯国王沙普尔去世。沙普尔死后的波斯王国进入了动荡不安的时期，不过这一情况要到之后才有所显示，当时狄奥多西则担心波斯王国会再出现一位与沙普尔同样强悍的国王，那么波斯军极有可能会越过幼发拉底河，侵入罗马境内。如果形势发展果真如此，狄奥多西就不能把时间和精力都花费在多瑙河地区了。

公认蛮族迁移

狄奥多西皇帝做出了决定，不是把哥特人赶回多瑙河的北岸，而是为他们在南岸提供居住地。这个决定得到了格拉提安皇帝的许可，所以这项措施是以两位皇帝的名义颁布的。

西哥特人获得了邻近多瑙河下游的色雷斯北部的地区，现在这里相当于保加利亚。

东哥特人虽然进入罗马境内的时间稍迟，但他们与西哥特人共同参与了哈德良堡战役。他们的定居地位于多瑙河中游的潘诺尼亚行省东部一带，相当于如今的塞尔维亚和黑山（塞黑已于2006年6月3日正式解体。——译者注）。

作为交换条件，两个部落保证会在指定地区居住，专心务农。同时，罗马帝国也做出承诺，在他们能够自给自足之前，会提供足够的粮食。

以上的条件与瓦伦斯先帝和哥特人缔结的条约内容一致，接下来是不同之处：

首先，哥特人的居住地获得了法律上的承认。拉丁语称之为

“foedus”，意为“同盟”。这些同盟部落在居住区内拥有完全的自治权。

由于只是同盟，并非帝国的子民，所以这些哥特人不必像其他居民那样，承担纳税的义务。但是如果从军，他们可以获得与其他士兵同等的俸禄。

罗马皇帝与哥特人签署的这份协定，无论是在短时期内还是长期，都给帝国带来了重大影响。

从短时期来讲，由于哥特人大量入伍，加速了罗马军蛮族化即日耳曼化的进程。在此之前，蛮族人加入罗马军，意味着彻底与其部落断绝关系。而从今以后，他们既可以保留部落一员的身份，同时又可以作为罗马士兵，享受军人才拥有的多种待遇。如此丰厚的条件，难怪哥特人会蜂拥而至地进入军队。

然而，这种状况对罗马皇帝而言，是喜忧参半。作为军队的最高司令官，的确是件好事，但作为帝国的最高统治者，则是忧心忡忡。

哥特人是日耳曼民族的一支。在罗马人眼里，日耳曼民族是未开化的蛮族。文明民族与野蛮民族的差别，不仅仅是前者身着布衣、住石头建造的房子，而后者披毛戴角、住木屋那么单纯。就算穿上布衣，住进了石造的房子，但在希腊人的定义里，不会说希腊语的外国人就是“蛮族”（希腊语“barbaros”，拉丁语“barbarus”）。罗马人与希腊人不同，他们衡量文明民族与野蛮民族的标准，不是会不会说拉丁语，而是看是否能接受多民族共存共荣所必需的规则，即接受法律，做一个遵纪守法的公民。换句话说，如果与邻人发生冲突，是依据法律还是凭借武力来解决问题。若要进一步分析其中的差异，就是生活方式的不同。文明人靠辛勤劳作为生，而野蛮人则是强取豪夺。

现在，哥特人也穿上了布衣，住进了石造的房子。不过，按上述标准衡量的话，他们仍然是蛮族。哥特人的文明化历史尚浅，因此，如果同时有务农和从军两个选择摆在他们面前，他们会毫不犹豫地选择后者。从手持武器这个行为上来看，掠夺和从军的确有相似之处。

正因为如此，留在那些皇帝特别赐予的土地上的，都是没有资格服兵役的老人、妇女和孩子。罗马方面原本希望通过哥特人的迁入，让国界线多瑙河附近地区荒芜已久的农耕地，重新恢复生产力，如今这希望成了泡影。

除此之外，土地有所收获，这些境内的哥特人的经济就可以独立，罗马也就无须再向他们提供援助。现在看来，罗马人的这个如意算盘也落了空。罗马当初承诺的粮食保障时间，是到农作物收获为止，结果却变成了年年都得援助的情形。罗马提供粮食援助的时间究竟维持了多久，由于缺乏详细的史料，没有精确的结论，只能依靠推理。从以后频频出现在协定书中的"保证会根据情况，提供相应的数量"的字眼推断，经济援助恐怕是变成了恒久性的。若真如此，那么罗马帝国不仅是允许日耳曼人迁入罗马境内，而且还负担了他们生活所需的费用。由于这种状况的持续，哥特人迁居给罗马带来的原本属于短时期的影响，就变成了长期的影响。

说到长期影响，还有一个更严重的问题，而且它不是靠金钱就能解决的。

罗马在元首制时代，就很积极地去建立与蛮族的友好关系，而且将它定为帝国外交政策的基本方针。因此，上述的经济援助并非史无前例。然而，这种友好的态度仅限于防线以外的蛮族人，并不是同意他们集体移民至防线以内，这好比是同围墙隔壁的邻居交好，但不会把邻人带回家里来住。何况，就算把邻人领进自家围墙内，墙外也不会就此变得冷冷清清，紧接着会有新的邻居搬迁而来，而且这墙内墙外的邻人都是日耳曼人。这种现象，后世的学者称之为“和平下的蛮族化”，不过，对当时的罗马人而言，大概会发出“多瑙河不再是国界线”的唏嘘。事实上，已经久未提及的“防线”（limes）这个概念，就是从这个时期之后彻底消失的。

那么，蛮族移民政策是否给帝国境内其他人民的生活带来了一些安定呢？回答是完全没有。虽然哥特人的袭击暂时告一段落，但多瑙河以北仍然居住着大批的日耳曼人，他们一如既往地继续着侵略行径。边境附近居民的生活依然苦不堪言，不管怎么辛苦劳作，收获的成果总是被蛮族人抢走，父母兄弟乃至帮工的奴隶还是不断地遭到绑架。

另一方面，无论换成哪一位皇帝，国家支出始终不减。当年尤里安皇帝实施的“裁员”政策犹如昙花一现，军事与行政这两大国家机构臃肿不堪，人浮于事，情况完全又回到了前文所述的君士坦提乌斯皇帝的时代。

在蛮族入侵和国家重税的双重压迫之下，农民的生活日益困苦。他们宁愿放弃自由之身，选择做一个被保护者，从农民变为农奴。

大家千万不要忘记，农业是古代的基础产业，农民形成了罗马社会的中产阶级。因此，不管是格拉古（Gracchus）兄弟，还是尤里乌斯·恺撒，都会如此重视《土地法》。《土地法》被重视，意味着农民的权益受到保护，罗马社会健全的状态得以维持。一个没有形成中产阶级的人类社会，不但不健全，而且不能维持正常的运转。

然而，当下的罗马社会，“agricultor”即“耕种自己土地的人”，已经销声匿迹，取而代之的是“colonus”，即“耕种他人土地的人”。他们既不算农民，也不是奴隶，是农奴。这个翻译真是绝妙。以前从事耕作的是奴隶，现在大多变成了自由民。他们从事的工作内容、法律上的地位一如奴隶。地主在出售土地时通常都会附带农奴一起变卖。

提笔至此，我渐渐地发现，罗马帝国灭亡，或者说罗马帝国崩溃等表现方式似乎并不贴切。如果要说灭亡或者崩溃，那么在此之前，必须要有一个罗马帝国存在，如果没有存在过，也就没有什么灭亡或者崩溃一说了。不过，我也不能接受分化、解体之类的表现方式。因为整体分解成个别物体之后，变小的只是规模，本质是应该不变的。

那么，是不是应该用溶解来形容呢？罗马帝国溶解了。

我认为，至少在宗教方面，“溶解”一词是妥当的。因为罗马人不是输给了基督教徒，而是变成了基督教徒。

不知是因为敌视罗马的波斯国王离世，还是引入蛮族移民措施有了效果，罗马帝国东西方人民都能维持着小康的生活。或许是政局比较稳定的缘故，格拉提安皇帝重新恢复了曾经因尤里安皇帝而一度中止的亲基督教、反异教的宗教路线。格拉提安的父亲瓦伦提尼安是一位形式上的基督教徒，而他则完全不同。紧随其后的是分管帝国东方的另一位皇帝狄奥多西。这两位皇帝有一个共同点，就是深受一位人物的影响，这是一个意志非常坚定的人。

亲基督教路线的恢复

米兰的斯卡拉歌剧院（Teatro alla Scala）演出季节的开幕式，定在每年的 12 月 7 日。因为这一天是米兰的守护神——圣安布罗吉奥的纪念日。安布罗吉奥（Ambrogio）是意大利语的叫法，原文拉丁语称安波罗修。

意大利语里有一句常用语："Uono di tutte le stagioni." 按照字面意思翻译是："适合任何季节的男子。" 其真正的含义，是指可以在任何时代和环境下生存，并且能取得不凡成就的人。每当我听到"安波罗修"这个名字，脑海中首先浮现的就是这句话。

安波罗修的全名叫什么，如今的我们已经不得而知。罗马人的名字由个人名（praenomen）、家门名（nomen）、家族名（cognomen）三部分组成，虽然他是一个出生在罗马的罗马公民，但被基督教会奉为圣人之后，只称呼其家族名。因此，历史上称他为圣安波罗修。他出生于公元 330 年，与尤里安皇帝属于同一时代。

安波罗修出身于罗马名门，祖上代代都是元老院元老。他的父亲曾经历任各地方长官，之后晋升为"首都长官"（praefectus urbi），一生都是帝国的高级官僚。

在元首制时代，首都长官的地位类似于警察局局长，到了帝国后期，由于皇帝经常不在首都，其职责逐渐转向皇帝的代理，这就是说，在首都罗马处于最高权威和权力的地位。作为首都长官长子的安波罗修，在接受了名门之后必需的教养科目的教育之后，很自然地走上了与父亲同样的仕途。

在他 43 岁那年，命运发生了转变。这一年，他担任意大利西北部的利古里亚（Liguria）和埃米利亚（Emilia）两行省的长官，米兰属于他的管辖区。在那里，阿里乌斯派与其敌对的三位一体派之间爆发了武装冲突。这样的冲突在当时并非罕见，不过，长年在阿里乌斯派的主教压制之下遭受冷遇的三位一体派，乘主教去世之际借机泄愤，发起了激烈的反击，整个米兰的中心陷入一片混乱。

安波罗修地位犹如州长，解决动乱是其职责所在。他按规矩办事，解决了问题，却不料受到了三位一体派的青睐。信徒们一致认为，唯有这个头脑清晰、擅长言辞又有执行力的人，才能保护他们的权益。为了不让阿里乌斯派横刀夺爱，三位一体派迅速召开了信徒大会，在众人的掌声中，“州长”被推选为主教。

安波罗修对此深感惊讶。最初他以不是基督教徒为由，婉言谢绝了主教的职位，基督教会是禁止俗人担任主教的。不过，三位一体派并没有轻易放弃，如果再让阿里乌斯派的人担任主教，他们将永无出头之日。他们表示，只要立即接受洗礼，就可以成为基督教徒。

当时的安波罗修40多岁，对古罗马的男人来说，正处于黄金时期。他对自己受到基督教徒拥戴的真实感受，我们完全不知。比他晚一代的圣奥古斯丁曾经写下他在壮年时期改宗的动机，但这位圣安波罗修没有留下过只言片语。奥古斯丁被称为教会之父，是解释教义的第一权威。以现代语言来说，属于学者型的宗教家。而给奥古斯丁带来深远影响的安波罗修，或许应该称为政治型的宗教家。因为以行动来证明自己思想的人，大多情况下是不会吐露心声的。

那时，力图阻止基督教势力扩大的尤里安皇帝已经去世10年，基督教的普及成为不可逆转的时代潮流。何况安波罗修所在的高级官僚圈子中，由于皇帝倾心于基督教，做基督教徒确实有助于仕途。不过，尽管异教徒再次处于社会劣势的状态，但安波罗修一直到42岁之前，都没有改变信仰。可是，当他得到主教的职位之后，立即成了基督教徒。因此，我们可以想象得到，他为何不能如实地坦白改宗的动机。

总而言之，安波罗修最终答应了三位一体派信徒们的要求。根据教会的规定，在成为主教之前，必须积累一些基层的经验，可又没有足够的时间。安波罗修接受洗礼之后，从副祭司开始做起，以飞快的速度通过了各个阶段，一口气登上了主教的位置，据说整个过程前后时间不到一周。公元 374 年 12 月 7 日，安波罗修就任主教的仪式在米兰举行。意大利虽属南国，但北方城市米兰此时依然寒风凛冽。斯卡拉歌剧院演出季节的开幕式定在 12 月 7 日，正是为了庆祝安波罗修就任主教。

成为主教后的安波罗修拥有了呼风唤雨的影响力。不过，他认为，在使用影响力之前，自己必须是一个无可非议的人。安波罗修出身于罗马名门，又曾经担任过至少 20 年的高级官僚，祖上的财产加上 20 年的薪酬，他应该是一个相当富裕的社会名流。根据君士坦提乌斯皇帝颁布的法令，神职人员有权拥有私人财产，但安波罗修担任主教之后，立即宣布，将所有的财产都捐给教会。

据说，当时最富有的教区是首都罗马。君士坦丁大帝为了在这个异教徒的首都振兴基督教，用足了心思。除了兴建圣彼得大教堂等诸多教堂送给教会之外，他还捐赠了农田、其他不动产以及服务人员，作为教区各种活动的经济来源。人一旦有了钱，就会想花钱。在这一点上，凡夫俗子与神职人员没有什么差异。事实上，罗马主教以奢侈生活而闻名。有一次，罗马当时最有钱的富豪对罗马主教说："如果能让我当罗马的主教，明天我就改信基督教。"

而就在距离罗马不远的米兰，新任主教安波罗修把所有的私产都捐给了教会，没留下一分一毫。他的这个举动让米兰的基督教徒不分阿里乌斯派和三位一体派，都站在了他的一边。

讲到这里，大家或许会提出疑问，为何米兰的主教可以对皇帝产生巨大的影响？有这个疑问实属正常。因为论信徒的人数，当属埃及的亚历山大、叙利亚的安提阿以及帝国东方的首都君士坦丁堡；论财力，帝国西方的首都罗马居首。无论在信徒的人数还是经济实力上，米兰教区都排在这些城市之后。

那么，这个问题的答案只有一个，那就是米兰教区的主教比那些大教区的主教有更多的机会接近皇帝。

埃及在历史上属于罗马皇帝的私人领地，由皇帝的代理人负责治理，因此罗马皇帝几乎没有前往首府亚历山大的必要。此外，亚历山大教区的主教亚他那修始终主张三位一体，该派在当地势力强大，这让倾向于阿里乌斯派的君士坦提乌斯皇帝和瓦伦斯皇帝根本不想到那里去。

叙利亚的安提阿，罗马皇帝不会在此停留，除了与波斯关系恶化的时期。因为一旦与波斯开战，这里会成为后方基地。

君士坦丁堡作为帝国东方的首都，当然是皇帝的大本营。不过，帝国东方管辖的地域，还包括多瑙河以南广大的巴尔干地区。这一带是直接遭受北方蛮族侵略最严重的地区。皇帝作为军队的最高司令官，首要任务是保卫国民的安全，必须经常奔赴前线，没有闲暇留在君士坦丁堡的皇宫里享清福。

至于首都罗马，其作为帝国首都的地位早已有名无实。长期以来，只有举行凯旋仪式时才能在这里见到皇帝的身影，而罗马军长期以来与胜利也失去了缘分。

话说回来，即使以上这些城市皇帝少有光顾，也不意味着米兰就是他们的常住地。帝国西方的皇帝在高卢特里尔的时间较长，而帝国东方的皇帝更多时候会留在西尔米乌姆。

君士坦提乌斯皇帝生前住在米兰的时间的确比较久。不过，并没有任何史料证明，这位忠实继承了父皇亲基督教路线的大帝之子，曾经受到过米兰主教的影响。当然，那时的米兰主教还不是安波罗修。

这就是说，米兰教区并不存在与皇帝保持亲密关系的绝对性，而是安波罗修个人拥有这个绝对的条件。

我们来观察一下安波罗修就任主教后的帝国动态。

公元 374 年：安波罗修就任主教。

公元 375 年：瓦伦提尼安皇帝猝死。同年，瓦伦提尼安之子格拉提安继位，出任帝国西方的皇帝。帝国东方继续由瓦伦斯皇帝统治。

公元 378 年：哈德良堡战役，罗马军惨败在哥特人手下，瓦伦斯皇帝战死。

公元 379 年：狄奥多西代替战死的瓦伦斯皇帝，担任帝国东方的皇帝。帝国西方仍然由格拉提安统治。格拉提安同父异母的弟弟瓦伦提尼安二世，虽然是意大利本土的皇帝，但因年纪尚幼，实际由其生母贾斯蒂娜摄政。这位前皇妃除了是阿里乌斯派狂热的信徒之外，别无所长，因此，年幼的皇帝并不具备政治上的意义。

因此，对米兰主教安波罗修而言，关键人物只有两位——帝国西方的皇帝格拉提安和帝国东方的皇帝狄奥多西。这两位皇帝排挤异教徒的态度趋向明朗化，是从公元 380 年开始的。以这一年为基准，主要政治人物的年龄分别是：

格拉提安皇帝：21 岁
瓦伦提尼安二世皇帝：9 岁
狄奥多西皇帝：32 岁
米兰主教安波罗修：50 岁

此外，还需要附加以下的条件：

格拉提安皇帝：这位年轻的罗马皇帝是罗马化蛮族的第三代，生长在罗马皇帝理当皈依基督教的时代。在当时，通常成人后才接受洗礼，因此不清楚他是否受过洗礼。他在年幼时就对基督教怀有好感，成为皇帝之后，更倾向于三位一体派。据说这也是因为三位一体派的安波罗修的影响。

狄奥多西皇帝：这一位原本并非基督教徒，他登基后的第一年在与蛮族作战时，可能是辛劳过度，入冬后得了重病。他在希腊的塞萨洛尼基（Thessalonica）过冬时，塞萨洛尼基的主教前来探望，就在他徘徊于生死边缘之际，主教紧握着他的手，为他施了洗。

我本人是一个不会被什么真神的教诲打动的顽固的无神论者，即便是被威胁说死后会下地狱，也不为所动，因为没有人见过地狱，又何以证明它的存在。不过，这对古代人来说，可能行不通。希腊人相信有一个阴暗冷寂的冥府存在，罗马人则相信，人死后灵魂会被两位天使抬着，升向天堂。对于习惯于这种思维的古人而言，下地狱受难是一个前所未闻的新概念。正因为以前没听说过，才会更有恐惧感。尽管在战场上狄奥多西是一位勇敢的总司令，但他毕竟还不到 33 岁，也许是死后下地狱的不安和恐惧，让他接受了主教巧妙的宣导。

总之，狄奥多西接受了洗礼，成了基督教徒，即成了上帝的“羔羊”。他必须听从主教这个“牧羊人”的引导，因为上帝赋予主教向信徒传达他的指示的资格。

此外，皇帝与主教的关系不同于一般信徒。在基督教的教义中，皇帝的权威和权力并非人类赋予，而是上帝所赐。而传达天意的资格又掌握在主教的手中。换言之，只要主教愿意，可以以上帝的名义更换皇帝。如果想避免这类事情发生，就得像君士坦丁大帝及其儿子君士坦提乌斯那样，临终前才接受洗礼。

可是，狄奥多西在 33 岁之前就接受了洗礼。不知真是上帝保佑，还是因为年轻体质好，他的身体没过多久就痊愈了。第二年又精神抖擞地投入治国大业的狄奥多西，深信这是因为受洗而蒙受了上帝的恩宠。

虽说形势良好，有利于安波罗修同帝国两位最高权力者建立起紧密的关系，但如果他只是坐享其成，就不会对两位皇帝产生太大的影响。安波罗修曾经担任高级官职 20 年，他非常清楚，应该从哪里下手才能深深地影响权力者，那就是找出权力者最需要的东西。在这一点上，他有着其他主教无法比拟的高超技艺。

在那个年代，即使贵为主教，也有不少人出身贫贱，没有接受过良好的教育和教养。在这些人中间，安波罗修简直就是鹤立鸡群。他不是凭借容貌，而是靠着良好的教养、清晰的头脑以及使用精妙的语言说服众人的能力。那个时代的皇帝们，除了尤里安之外，都是不靠书记官连一篇文章都写不了的人物。

这样的皇帝需要优秀的外交官。不管是向其他皇帝派遣使节，还是与反叛的军团长交涉，或者是和蛮族人的首领谈判，都需要优秀的人才，能让对方折服，从心底发出“不愧是罗马皇帝的特使”的感叹。而安波罗修在世俗之人的眼中，是立场中立的神职人员，再加上他 20 年的官僚经验，无论是作为使节出访，还是书面交涉，对他而言，不过是以前工作的延续，驾轻就熟。因此，他首先以担任外交使节的方式，向皇帝卖了个人情。

除此之外，统治者经常会面临定夺决断的情况。在决策前，最好能有一位既能给出意见但又不是家臣的人物。作为主教，安波罗修的立场脱离了世俗上的利害关系，是最适合的顾问人选。这项顾问工作，他同样做得得心应手。

从特里尔沿着摩泽尔河顺流而下，就可到达莱茵河。因此，长久以来，这里一直是莱茵河防线的后方基地。安波罗修有时候会去特里尔，拜访在那里的格拉提安皇帝，有时候又会前往西尔米乌姆，晋见狄奥多西皇帝。如果两位皇帝中的一位去米兰，安波罗修一定会亲自迎接大驾。只要皇帝开口，他会毫不迟疑地接下外交使节的任务。这就是两位皇帝与米兰主教之间的关系。不过，安波罗修与瓦伦提尼安二世皇帝之间没有形成如此紧密的关系。因为少年皇帝被信仰阿里乌斯派的母亲操控，对于一心想排除阿里乌斯派的安波罗修而言，见面也是白费功夫。

“异教”和“异端”

公元 380 年到 395 年的 15 年是基督教获得全面胜利的最后阶段。拉开这场胜利序幕的，就是被安波罗修操纵的格拉提安和狄奥多西皇帝，向“异教”和“异端”同时全面宣战。

有关“异教”，想来无须再做说明，就是基督教以外的其他所有的宗教。希腊罗马的传统诸神、诞生于叙利亚的太阳神以及同样起源于叙利亚的密特拉神（Mithras）、来自埃及的诸神、迦太基的坦尼特（Tanit）女神等，毫无疑问，都属于“异教”。除了这些多神教之外，一神教的犹太教在基督教眼中也属“异教”。

而“异端”则是指除了信仰三位一体说的天主教以外的基督教内部的其他宗派。一神教的教义就是神的旨意。然而，有多少人解释教义，就会出现多少种教派。聚集主教召开大公会议，目的就在于统一对教义的解释。然而，大公会议的决定并不能消除纷争，因为这不仅是信仰的问题，还涉及对教区支配权这种世俗权力的争斗。

因对教义的解释不同而产生的宗派数量众多，仅目前了解的就超过 10 个派系。其中势力最强大的，当属三位一体派和阿里乌斯派。

三位一体派从这个时期开始，改称天主教。它主张圣父和其儿子耶稣同质，再加上圣灵，合为三位一体。在公元 325 年召开的尼西亚公会议上，君士坦丁大帝将三位一体定为正统的教义。

另一派的阿里乌斯派，由阿里乌斯主教提出，认为耶稣接近于神的存在，但不是一个完全的神。在尼西亚公会议上，阿里乌斯派一败涂地，阿里乌斯及其同伙遭到流放，但其教派的势力并没有从此衰退，因为大帝的儿子君士坦提乌斯以及瓦伦斯等统治帝国东方的皇帝，都是阿里乌斯派的信徒。

但之后在帝国西方崭露头角的米兰主教安波罗修，属于三位一体派，而且当朝的两位皇帝——格拉提安和狄奥多西都深受他的影响。对这三位而言，首先要除去的“异端”，非阿里乌斯派莫属。

我个人认为，安波罗修加入三位一体派，并非出于他本人对教义的理解，认定三位一体说正确，阿里乌斯派是谬论。这位原本是高级官僚的主教试图以“牧羊人”的身份，引导帝国走向基督教国教化。要想达到目的，必须壮大基督教会的势力，而强化教会的关键就是内部的统一。他的这个想法，与君士坦丁大帝在尼西亚公会议上的态度相似。安波罗修选择三位一体教派，恐怕不是站在宗教的立场，而是以政治家的角度做出的决定。从此人一贯的言行来看，无论怎么分析，都找不到任何对宗教的狂热性。

基于上述原因，在阿里乌斯派占上风、当朝皇帝狄奥多西却是天主教徒的帝国东方，爆发了排除“异端”的行动。事件的导火线是自君士坦丁大帝以来，阿里乌斯派独占了半个世纪的君士坦丁堡主教的席位。

首先，狄奥多西皇帝逼迫这位阿里乌斯派的主教改宗，信仰三位一体。拒绝改宗的主教遭到流放。

可是，虽然如愿地赶走了阿里乌斯派的主教，却找不到三位一体派的人来接替位置。帝国东方传统上一直属于阿里乌斯派的阵营，三位一体派的信徒甚少，要找到一位适合担任帝国东方首都的主教人选，并非易事。结果一位元老院元老被选中，他匆忙接受洗礼后，像安波罗修一样，从教会金字塔的底部迅速登上顶端，坐上了主教的位子。

君士坦丁堡主教易主，意味着天主教在阿里乌斯派长期占有优势的帝国东方，重重地打下一根桩子。这也使得帝国东方不得不颠倒行动顺序，先排除“异端”，再对付“异教”。

排斥“异端”

狄奥多西皇帝视“异端”为破坏基督教会团结的罪魁祸首。从公元380年到395年的15年间，仅是针对排除“异端”，就颁布了15道敕令。根据研究人员的讲法，实际颁布的敕令应该远远超过这个数字。可见，他铲除“异端”的意志有多么坚定。

首先，他要求“异端”者改宗，当然是要求他们改信正统的天主教。但他面对的是一批对自己的信仰确信无疑的信徒，很少有人屈服于强权而改变信仰。狄奥多西皇帝不得不连发几道敕令，严厉惩罚违背者。

敕令中严令禁止的“罪状”，有以下几条：

传播异端教诲

聆听异端教诲

聚众聆听异端教诲

向聆听异端教诲的信徒提供场地

得知异端者聚会却知情不报（司法相关人员）

除以上几条之外，无论是“异端”还是“异教”，场合不分公开或私下，所有相关的弥撒或祭拜活动，一律禁止。违犯者将被没收所有的财产，上交国库。敕令公布之后，在实际中得到了严格的执行。

违法者不仅财产充公，而且还会遭到流放。不过神职人员和一般信徒的处罚形式有所不同。

对神职人员，主要是剥夺其免税等优惠待遇，以及流放远疆。针对一般的信徒，以罚金为主。一个人犯规一次，必须缴纳 10 罗马磅的黄金。但如果屡次违法，无论神职人员还是一般信徒，都会被处以死刑。随着法令的出台并实施，罗马社会渐渐出现了基督教徒遭受同门迫害甚至产生殉教的现象。

仅以上这些现象就让人不由得联想到中世纪，而实际情况更为严重。

敕令规定：不服法规者，禁止与他人交往，即断六亲。之后在中世纪横行猖獗的“破门令”，正是源自这道敕令。

另外一项，是设立了专门的机构，搜寻、告发和审判异端者。这个叫“圣公所”的机构就是在中世纪兴风作浪的进行异端审判和女巫审判的宗教裁判所的前身。与中世纪唯一不同的，就是当时的法官还不是神职人员。

这就是在狄奥多西统治下的帝国东方对“异端”打压和迫害的事实真相。阿里乌斯派虽然没有被彻底消灭，但受到致命的打击，彻底丧失了支配教会的势力。

另一方面，在格拉提安统治的帝国西方，基督教的渗透速度原本就比较缓慢，势力相对于东部较弱。在教会内部，各宗派围绕教义的抗争，始终是三位一体派处于优势。因此，帝国西方打压异己的行动，矛头直指“异教”。

这一切都是从格拉提安拒绝出任大祭司（Pontifex Maximus）开始的。

排斥“异教”

罗马人以及人民共同体罗马的三大守护神分别是最高神朱庇特、朱庇特之妻朱诺和智慧女神密涅瓦。而在主持罗马国家宗教活动的大祭司、祭司中，地位最高的就是大祭司。这个官职历史悠久，可以追溯到罗马建国时期。进入共和时期之后，唯有经历过所有其他公职的人，才有资格获得这个唯一的终身职务。共和时期的官职是复数制，即便是执政官也必须由两人担任，唯有大祭司是一个人担任的特殊职务，而且通常都是由德高望重、功成名就的老人担任。当年，刚满37岁的尤里乌斯·恺撒竞选此职并且当选时，元老院上下一片惊讶。大家惊讶，说明没有发现其中的特别之处。恺撒之所以要做大祭司，是他看到了它是唯一的终身职位，没有同僚，同时又站在管理罗马公民宗教意识的立场，非常有利于他在政治上的推进。

恺撒的政治谋略不折不扣地被开国皇帝奥古斯都继承。从他开始，罗马皇帝兼任大祭司成了传统。就连承认基督教合法地位、被教会尊奉为“大帝”的君士坦丁，在担任一国之君的同时也兼任大祭司。不仅如此，大帝的儿子君士坦提乌斯等亲基督教的皇帝们，无一

格拉提安

例外，都出任这个负责拜祭异教神的最高长官。因为，君士坦丁大帝之后的那些亲教会的皇帝，至少在公开场合，还是遵照《米兰敕令》的原则，承认所有宗教信仰的自由。

正因为如此，格拉提安皇帝拒绝出任大祭司的决定，具有特别重大的意义。

首先，在信奉多神教的古代世界，个人的信仰与个体组成的国家信仰是同时存在的。换言之，在古代没有不信仰神灵的个人，也不存在没有国家宗教的国家。

作为古代国家最高统治者的皇帝拒绝出任掌管国家宗教的大祭司，意味着这个宗教已经不再是国家的宗教，同时也代表皇帝要用其他宗教取而代之的决心。皇帝的这一举动推动社会向否定信仰自由的时代迈出了明确且关键性的一步。

虽然那时的格拉提安皇帝尚未发表宣言，将主张三位一体的天主教定为罗马帝国的国教，他只是用行动向世间表明，罗马传统的宗教不再是国教。不过，因为他的这个决定，基督教成为国教可以说是指日可待。

紧接着，格拉提安皇帝废除了自罗马建国以来就存在的女祭司制度。从此之后，维持女祭司体系所需的经费不再从国库中支出。这些将处子之身奉献给天神、备受人民尊重的女祭司，除了消失别无他途。与她们一起消失的，还有另外一件东西，那就是在古罗马广场中央一座圆形的小神殿中燃烧的“圣火”。它在经历了1 135年的岁月之后，终于熄灭了。

格拉提安皇帝针对“异教”的宣战没有就此收手，他又没收了“异教”神殿的经济来源。罗马的传统宗教没有专业的祭司阶层，大祭司、祭司都是由公民兼任，因此，它不像拥有专门的神职人员的基督教会那样，需要庞大的经费。传统宗教的基本经济来源主要是一些果园和葡萄园，就连这些不起眼的财产也统统遭到没收。

形势发展至此，接下来的目标就很显而易见。所有的神殿，不管祭拜的是哪一方神灵，一律关闭，就连街头巷尾的寺庙也无一幸免。那时还仅限于官方，即国家、地方自治体以及各行业工会等严禁举办祭祀仪式，尚未涉及私人，也就是说，允许个人在家中举办祭祀仪式，不过，这个许可也没能维持多久。

格拉提安皇帝以排除“异教”为目的实施的一系列政策的最后一项，是拆除胜利女神像。自共和时代开始，女神像就一直被放置在元老院议事厅的正前方。当初，君士坦提乌斯皇帝就想撤了这尊雕像，结果没有行动，就这样又过了30年。

根据史料的描述，女神站在圆形的地球上，伸展双翅，左手拿笏，右手握着长枪。每当元老院举行会议时，元老们先在这座象征罗马胜利的女神像前面，焚香祈祷，祭拜之后才正式开会。这项保持了至少500年的传统，如今要遭格拉提安皇帝废除。元老院元老上书请愿，请求皇帝撤销这个命令，可信并没有传到皇帝的手中。

公元383年，驻守不列颠的军团司令官马克西穆斯（Maximus）举兵造反，此时正好在巴黎的格拉提安皇帝在逃跑时遭遇叛军围攻，被杀身亡，年仅24岁。

帝国西方的皇位因格拉提安的死亡出现空缺，而有资格的继承人瓦伦提尼安二世只有12岁，帝国东西方事实上变成了由36岁的狄奥多西一个人统治的局面。这也意味着，帝国不分东西，全境都如安波罗修所愿，继续向基督教国教化的目标迈进。

公元383年，帝国西方的皇帝格拉提安被杀时，东方的皇帝狄奥多西36岁。12岁的瓦伦提尼安二世继承皇位，成了形式上的西方皇帝。这位少年皇帝一向软弱无能，最终被人赶出了意大利。他向东逃跑，打算向狄奥多西求救，在抵达希腊的塞萨洛尼基时，却因为一点小事，结果被家臣杀害。据传，与家臣激烈地争吵之后，皇帝进入卧室就寝。第二天早晨他被发现时尸体已冰冷。瓦伦提尼安二世死于公元392年，年仅21岁。这位4岁就坐上皇位的儿皇帝，一直在其母贾斯蒂娜的操控之下。而阿里乌斯派的狂热信徒贾斯蒂娜也因阿里乌斯派遭到打压和迫害，在几年前郁郁寡欢地离开了人世。

不少研究者认为，狄奥多西一人统管帝国全境的时期应该从瓦伦提尼安二世被杀的公元392年开始，到他去世的395年，总共3年时间。而我则认为，应该是从格拉提安被杀的公元383年到公元395年的12年。在不列颠发动叛乱并杀死了格拉提安皇帝的马克西穆斯将军及其手下势力，要到5年后，即公元388年才被歼灭，马克西穆斯被杀，叛乱事件正式告一段落。而当时率领军队镇压叛军的，是狄奥多西，而不是瓦伦提尼安二世。

狄奥多西尊重遇害的格拉提安生前的意志，没有夺取瓦伦提尼安二世的皇位，一直到公元 392 年，这位傀儡皇帝被杀之后，他才收获了西方皇帝的位子。话说回来，在这 9 年里，罗马帝国实际上掌握在狄奥多西一个人的手里。这也意味着，格拉提安皇帝生前实施的基督教国教化的政策并没有因他的死亡而中断，在狄奥多西的统治之下继续贯彻落实。前文提到的拆除元老院议事厅前的胜利女神像就是一个例子。围绕这个问题，公元 4 世纪末期，罗马帝国最有代表性的两位知识精英展开了正面的交锋，其中一位站在异教的立场，而另一位则站在基督教一边。

论战

昆图斯·奥勒里乌斯·叙马库斯（Quintus Aurelius Symmachus）于公元 340 年出生于首都罗马。他接受的教育以及公职经历与比他年长 10 岁的安波罗修极其相似。不过，我们知道他的全名，即个人名加家门名加家族名，这说明他与安波罗修不同，在任职期间没有被基督教会“挖角”，变成基督教徒。

他们两人有一点不同，安波罗修是在他担任高官的父亲的任职地特里尔出生的。而叙马库斯虽然出生在首都罗马，父亲却是高卢出身的高级官僚，用罗马人的说法，属于“高卢裔罗马人”。

不过，这种说法完全没有歧视之意。被同代人称为“黄金世纪”（Saeculum Aureum）、被后世称作“五贤帝时代”的公元 2 世纪的 5

位皇帝当中，有 4 位是行省出身。图拉真、哈德良、马可·奥勒留是“西班牙裔罗马人”，安敦尼·庇护则是“高卢裔罗马人”。因此，在罗马帝国，行省出身并不算什么大的缺陷。

与安波罗修出生于首都的父亲一样，叙马库斯的父亲最后也成了“首都长官”，这个职位在当时是高级官僚中的最高官阶。由于皇帝不常在首都，“首都长官”就成了皇帝的“代理人”（vicarius），也就是说，叙马库斯和安波罗修都是皇帝“代理人”的儿子。

当然，叙马库斯也接受了被后世称为“教养科目”的全套教育，之后走上公职之路。这是统治阶层出身的年轻人的必由之路。因为是良家子弟回馈社会，不取俸禄，所以，在共和时期以及元首制时代，他们都被称作“光荣的公职人员”。到了帝国后期，整个情况有所改变，以下是公元 4 世纪时，“光荣的公职人员”的仕途：

首先，在 20 多岁时，从财务监察官（Quaestor）开始，期满后进入元老院，成为元老院元老（Senator），之后竞选法务官（Praetor），当选后去地方上工作。在经历了意大利半岛内的州长（Governatore）职务之后，升任执政官（Consul）。尽管执政官这个位子如今已有名无实，不过，帝国的各个行省是由总督（Proconsul）统治的，而担任总督需要有当过执政官的经验，即获得“前执政官”的身份。经历了以上这一系列的公职之后，最后攀升至官阶的最高峰——首都长官。

安波罗修就是在意大利半岛内担任州长时被基督教会看中，“光荣的公职人员”的生涯因此中断。而没有被基督教看上的叙马库斯，在 44 岁时抵达了“光荣的公职人员”生涯的终点站，就任“首都长官”。不过，他还在 20 多岁担任财务监察官、尚未有资格进入元老院时就被皇帝看中了。如果只对比“光荣的公职人员”，叙马库斯的起步要比安波罗修来得光鲜亮丽。

被皇帝选中的叙马库斯担任的官职，拉丁语称为“Comes Tertii Ordinis”。“Comes”，原意是皇帝的友人，不过那时已经是一个类似“内阁幕僚”机构的代名词，所以他的职位大概相当于“内阁幕僚直属秘书”。尽管官阶不高，但随时能见到皇帝，皇帝去哪里，他就跟到哪里。

当年提拔年轻的叙马库斯的，是瓦伦提尼安一世皇帝。瓦伦提尼安一世将帝国东方交给弟弟瓦伦斯，自己负责动乱的西方，10 年的在位时间都是在与蛮族作战中度过。叙马库斯是在瓦伦提尼安一世在位最后的 6 年担任秘书的，因此，他经历过与蛮族对决的战争场面。不过，那时文官与武官职务分离的制度已经实施了 80 年，即便是上战场，他也是以文官的身份，因此没有率军打仗的经验。尽管如此，叙马库斯还是和从来没有见过战场的安波罗修不同，他在很年轻时就目睹了总称北方蛮族的日耳曼人起兵获胜、失败投降，乃至愿意与罗马人和平共存的情形。

叙马库斯与皇帝如影相伴的生活，最终也是由瓦伦提尼安一世给画上了句号。公元 373 年，33 岁的叙马库斯被任命为阿非利加行省总督，前往迦太基赴任。当时的北非正处于沙漠游民侵袭和居民叛乱的困难时期。军事上的问题需要被派来的狄奥多西的父亲去解决，而民政则是由担任总督的叙马库斯负责。

但是，30 多岁的叙马库斯在北非没待多久，瓦伦提尼安一世就猝死了。不知道是什么原因，年轻有为的他在卸任阿非利加行省总督之后，再也没受到重用。目前唯一清楚的，是他之后担任了卢卡尼亚布鲁蒂姆（Lucania Bruttium）州的州长，这个地区位于长筒靴形的意大利半岛的鞋尖。除此之外，他还担任过“大祭司”的宗教职务。格拉提安皇帝拒绝出任大祭司，导致祭司们的威信扫地。而叙马库斯不仅没有扔掉异教徒这件日渐破旧的外衣，而且还堂堂正正地把它穿在了身上。难怪他会被后人称为“罗马古老异教最后的荣耀之火”。

公元384年，44岁的叙马库斯被任命为首都长官。由于委任者是皇帝，狄奥多西只打算让叙马库斯做自己的“代理人”而已。不过，首都长官同时也是首都罗马的最高行政负责人，他必须顺应民意，实施政务。从叙马库斯上任后的表现来看，他似乎是努力去做一位行政官，而不是“代理人”。

首都长官叙马库斯与米兰主教安波罗修的论战，并不是两人同时站在狄奥多西皇帝的面前，唇枪舌剑地直接辩论，而是叙马库斯上书请愿，恳请皇帝将从元老院议事厅拆走的胜利女神像重新搬回原地。米兰主教安波罗修对此表示反对，也写信给皇帝。就这样，两人之间展开了一场论战。安波罗修在信中针对叙马库斯的陈述内容，一条一条地进行了反驳，可见，他通过某些渠道，事先得知了叙马库斯信的内容。

总之，这是一场公元4世纪罗马两位知识精英的论战。他们的出身背景、所受的教育以及前半生的经历，几乎完全一样。一位代表即将消失的文明，另一位代表正在蓬勃升起的文明，以言论为武器，开辟战场。我用“战场”而不是用“法庭”来形容，是因为在这次论战中，没有保持中立的裁判官。双方诉诸的对象都是皇帝，而这位皇帝又与类似检察官角色的安波罗修关系密切。

对两人的书信，我将省略开头的寒暄部分，全文介绍给大家。虽然内容冗长，但仅做简要介绍就失去了意义。只有对两人的论点以及修辞技巧做一个忠实的回顾，才能了解罗马帝国末期思想发展的状况。

以下是首都长官叙马库斯上书皇帝的信件内容：

除了对荣光的强烈追求之外，还有什么可以对我们祖先创立的法律、以法律为基准的卫国行为有所帮助？只要您不违背我们父辈们理解的事情，相信荣光将继续与您同在。

我们（罗马元老院）在此向您（皇帝）郑重请求，宗教是祖国长享荣光的重要原因之一，请您务必慎重考虑。

历代所有的皇帝都明确公开自己的宗教之心。从前的皇帝，像他们前任一样，尊敬传统之神。而近年的皇帝，即使对传统之神没有敬意，也不排斥。如果您不愿承袭过去的传统，那么依照近来的惯例行事，应该不是难事。

不尊重胜利女神象征的思想之人，如同蛮族。即使您不承认它的神性，也应该体恤我们长年以来对女神之敬意。恳请您归还神像，让其回归原本之地。

皇位安泰之根本，是对敌的胜利。这个事实将来也不会有所改变。看到胜利女神的微笑，相信也是您心中所盼。每一个人都希望胜利女神保佑自己，如果有机会向它祈求，谁都不会拒绝。既然是众人所望，那么无论是谁，都没有权力去妨碍和排斥。坚持拆除胜利女神像，会成为打击众人希望的挑衅之举。女神像作为元老院的象征，历史久远。无论您信奉与否，至少应该对长久以来慰藉我们祖祖辈辈心灵的神像，心存敬意。

我们上书，不仅是请求您撤销拆除神像的命令，也希望能够回到原来的生活状态，将幼年时父亲教导我们的事情，继续教给我们的孩子。对于期望终生行善者而言，没有比热爱传统更伟大的事情。我们虔诚地祝福您流芳百世，对于您做出的有伤名誉的决断，我们不能视而不见，必须高声疾呼，敬请改正。

胜利女神像不在的元老院，我们如何发誓忠于国法？以何等权威来震慑伪善之辈？如果人人都私自滥用权威，权威本身将毁于一旦，虚伪的誓言将充斥于世。解救我们脱离这种毫无权威的无政府状态的，就是胜利女神像。

即使在首都以外的帝国各地，人们也在奉献给这尊神像的祭坛前，相互承认各自的存在，个人向国家宣誓效忠，统治者为其政策赋予权威。没有比在祭拜前宣誓更有助于帝国的完整。

缺少了象征的元老院会场，迟早会变成虚伪与不公正的巢穴。集臣民敬意于一身的皇帝势必不愿见此情形。臣民对您的忠诚，要有所本才能有效。

根据传闻，最初考虑撤走神像的是君士坦提乌斯皇帝。然而，不是所有的前例都需要遵循。在君士坦提乌斯创下的业绩中，还有很多可以依循的政策，您不妨斟酌考虑。

例如，君士坦提乌斯没有取消女祭司享有的特惠。他视祭司为诸多公职中最高贵的职位，予以尊重。对罗马国教所需的费用，从不拒绝支付。他在访问首都罗马时，走遍了这永恒之都的每一个角落。他出席元老院会议，四处拜访神殿，朗诵神殿正面墙上刻着的天神的名字。他在拜访那些朝拜者络绎不绝的圣殿时，会问其渊源，对建造这些神殿捐赠给民众的先人，赞不绝口。他个人的信仰已经不是秘密。但他仍然决定，为了帝国的民众，有必要留下这些记载帝国荣光的纪念碑。

任何人都有自己的生活习惯，有相应的信仰对象。每座城市也有各自的守护神。正如每个人在出生时就具有独自的精神，各个民族都存在着不同的“神灵”（拉丁语“genius”），掌控着民族的命运。而国家宗教就是统合个人精神和各民族的神灵，引导它们通向至高无上的天神。

人的理性存在极限。除了回顾自己的历史，还有什么更好的方法来弥补理性的不足？要建立未来的繁荣，最好的方法就是回顾以往的成就。而这些光荣的过去，都是在我们的祖先敬仰的诸神的庇护之下功成名就的。

现在，所有的罗马人都希望您能深思熟虑，恳求您这位出类拔萃的皇帝、国家之父，尊重古往的历史。

这一切对我个人而言，意味着我可以继续奉行古老的仪式，作为一个自由的人，毫无遗憾和羞愧地走完人生。

罗马自古以来的宗教促进了帝国的统合。我们在信仰的支配下奉献牺牲，让汉尼拔远离罗马的城墙，将高卢人赶出卡匹托尔山。我在这样的教诲下长大成人，为何要在鬓白如霜的年纪否认自己的过去？即使这些想法不合时宜，但对我这样的人而言，如今改宗为时已晚，更不能忍受的是有损自尊心。

我向您乞求，让长年以来成为我们精神食粮的罗马诸神保留原样。我认为，只把一尊神作为所有人的精神食粮，不符合自然的人性。

我们所有人都生活在同一星空之下，受到同一个苍天的庇护，被同一个宇宙包围。生活在此之下的每一个人，即使赖以生存的精神支柱有所不同，又能造成多大的问题呢？我以为，光凭一条通道，不能解开如此巨大的生命秘密。

如果在天上的君士坦丁大帝，看到祭司们掉下的眼泪，不知会做何感想。会不会认为这违背了他曾经的宣言，一切宗教信仰平等的宽容精神受到了侮辱？如果大帝的儿子君士坦提乌斯，真的是第一个提出拆除胜利女神像的人，那么他一定是轻信了近臣的谗言，那些人不懂得女神像对元老院之意义。修正轻率的决断，是一个正确的举动，不会损害先帝之名誉。因为倾听公民的心声，修正以往的政策，是皇帝责任所在，也是我帝国优良的传统。

以上就是被称为“罗马古老异教最后的荣耀之火”的44岁的男人的心声。以后世的眼光来评判，他反对拆除胜利女神像的这番言论，似乎是陈词滥调，与公元4世纪罗马的现状格格不入。当时的罗马与胜利的缘分越来越少，而元老院已很久不问国政。让胜利女神一如元首制时代那样，继续站在元老院议事厅前，等着元老们祭拜，然后这些人再去讨论一些毫无实质性的话题，实在是太不合时宜了。

难道说叙马库斯不知道这是时代错误吗？其实他是知道的。但他明知如此，还是做了超出职责范围的事情，给皇帝写了信。因为他对拆除女神像的行径，如果置之不理，就等于是在最后一道堤防面临崩溃时袖手旁观。一旦决堤，滚滚洪水就会汹涌而来，所有的东西都将付诸东流。这是他奋笔疾书的动机，而他的这番心思被安波罗修彻底看透。

米兰主教的信是呈给瓦伦提尼安二世的。这位高官出身的人是不会不知道国家的大权实际掌握在谁的手里。因此，这封信名义上是写给12岁的傀儡皇帝，实际上是给当时掌权的36岁的狄奥多西皇帝看的。事实上，12岁的皇帝收到信后只字未读，而36岁的皇帝倒是真的看了全文。4年前，狄奥多西接受洗礼，正式成了基督教徒。当他听说身为引领教徒的“牧羊人”、传达天意的主教有书信呈上，他是不能置之不理的。当时54岁的米兰主教安波罗修写给皇帝的信件是这样开始的：

听闻声名显赫的首都长官阁下，以永远之都的名义向您请愿，哭诉着要坚守古代宗教，我也禁不住提笔。

首先，我想问他，当年是依靠什么神技守住了被汉尼拔围攻的罗马城？又是如何将高卢人赶出了卡匹托尔山？

再者，他列举了所谓的优秀宗教的有效性，却不言及其弱点。倘若真是那些天神与汉尼拔战斗，那么他们怎么会容忍汉尼拔攻打至首都罗马的城下？高卢人放弃卡匹托尔山，不是因为在他们准备进攻时，鹅的鸣叫声让罗马人发现了敌情吗？那时候守护神朱庇特在哪儿？难道说是朱庇特化身为鹅，保护了罗马？

退一步说，就算他们长年信仰的诸神帮助了罗马军团。可是，汉尼拔也信仰诸神中的一尊天神。这就是说，天神应该平等地保佑罗马和迦太基，为什么最终是罗马获胜，而迦太基失败了？

另外，他强调的所谓收到民众含泪请愿，没有什么事实根据。他完全不了解民众的心声。民众常问，为何每逢祭拜日都要将贵重的家畜用在那些毫无效力的牺牲仪式上？

胜利不是藏在那些成为祭品的家畜的内脏中，是战士们奋勇作战赢得的。它靠的不是诸神的保佑，而是坚强的意志。

把攻打卡匹托尔山的高卢人踢下悬崖，拔下他们插在卡匹托尔山上旗帜的，不是献祭仪式，而是当年罗马人的勇气。战胜汉尼拔，同样不是祈求诸神保佑的结果，是那个时代的罗马人大胆果断地进攻了汉尼拔的故国。

还有，叙马库斯的话题为何总是围绕着以往罗马如何伟大？

我可不想和尼禄皇帝信仰同一个神明。

此外，蛮族问题并非一日之寒。那些苦于蛮族入侵的皇帝，难道是他们因为藐视传统才受苦受难？其中一位瓦勒良皇帝成了敌国波斯的俘虏，另一位皇帝伽列里乌斯让帝国支离破碎。在那些不幸的日子里，伫立在元老院议事厅前的胜利女神又做了些什么？

我为自己的祖先犯下的过错感到羞耻。但更感羞耻的是不愿改变的心情。从失败中学习教训，永远不晚。然而，勇气有年龄之限制。一旦老化，就再也没有勇气去纠正错误。

他们举办的献祭仪式，不过是在祭坛上屠宰家畜，喷洒热血。似乎只有牺牲的家畜才能传达神的声音。

探求世界的秘密，应该交给创造世界的唯一真神，不能依靠对自身都一无所知的人类。

叙马库斯说，仅一条通道不足以探索世界的秘密。然而，他所谓的秘密对我们基督教徒而言，通过神的声音已知晓答案，不再是什么秘密。他们试图寻求的事实真相，我们在神的智慧和真理的赐教下已经明晰。他们异教徒和我们之间没有任何共同之处。他们向皇帝祈求，给予他们的神明安宁，我们则向基督祈祷，赐福和平给皇帝。这些人有资格谴责抛弃旧习的我们吗？

一日之始，不是立即就能获得阳光的恩惠，等到太阳渐渐升起，光芒灿烂，才备感温暖。四季之初，大地荒芜尚未播种，但只要我们沉住心神努力耕种，必有丰硕的收获。非难我们基督教徒的人总有一天会后悔不已，破灭的日子即将到来，因为太阳终会驱赶黑暗。

对基督教会而言，收获是满怀喜悦的希望，是圣人们讴歌的春天时代的开始。这般喜悦将传遍整个世界。

基督教信仰不能救赎无知的灵魂。相信法律代表真理的那个文明已走向没落，光明属于勇于改过自新的人们。

我不是基督教徒，因此对安波罗修的书信不做评判。只是有一个愉快的感觉，当初基督教会选中这位没有受洗过的高级官僚当领袖，的确是慧眼识人。不过，他这种强硬的论调也只有在事物刚起步尚未暴露缺点时才会有效。

至于这场“论战”的结果，相信不用说大家也清楚。狄奥多西采纳了安波罗修的意见，胜利女神像再也没有回到元老院。

这尊女神像至今下落不明，想必是在之后席卷整个帝国的破坏神像、雕像的风暴中，与其他物品一起遇难。不过，模仿地球制作的圆形雕像体积巨大，一个成年男子也很难抱起，它不是那么容易被破坏的，何况球形的物体非常坚固。说不定这个大圆球被遗弃在什么地方，至今还发挥着意义完全不同的功效。

从大竞技场（Circo Massimo，又译马西莫竞技场）的遗址前往台伯河的途中，会经过柯斯梅丁圣母教堂（Basilica di Santa Maria in Cosmedin，又译希腊圣母堂）。这座教堂和其他教堂一样是在公元4世纪末，由原来的公共建筑改为教堂的。教堂入口处的前廊墙上，有一个被称为“真理之口”的浮雕，据说撒谎的人把手伸进去，会被咬住不放。这个传说吸引了成千上万的游客来到这里，排着长队跃跃欲试。

其实，这原本是古罗马时代把积在青石路面上的雨水引入下水道的井盖，在这个大圆盘上雕刻着河神的头像，而河神的嘴巴在2 000

年后就变成了“真理之口”。元老院门前胜利女神站着的那个圆球，说不定如今也在哪个广场或教会前，默默无闻地度着漫漫岁月。在现代的罗马寻找古时代的踪影，是一个不错的休闲方式。

基督（对异教）的胜利

接下来的话题要回到公元 384 年。这一年发生的叙马库斯与安波罗修“论战”的最终结果，果真如叙马库斯担忧的那样发生了。元老院议事厅前的胜利女神像被拆掉，这意味着异教罗马的最后一道堤防决堤。米兰主教的言论促使狄奥多西皇帝做出了违犯君士坦丁大帝《米兰敕令》的决策，从另一个角度来说，在反异教、反异端的路上迈出了决定性的一步。

首先，原本被禁止的官方祭祀活动，对象扩大到个人，从此，私人也不得举行祭祀活动。罗马人聚集家族各分支，祭拜家族保护神、共同缅怀祖先的传统活动，在信仰一神教的基督教看来，是崇拜异教的集会。另外，罗马人的家中一定会在面对中庭的一角，搭建一个祭拜家族守护神以及祖先的场所，类似于我们的供台。它也被视为偶像崇拜，被强行拆除。如果有人敢于违抗，等待他们的是死刑。后人在庞贝古城遗址中挖掘出数量庞大的各种小神像，如果火山爆发的时间不是在公元 1 世纪，而是公元 4 世纪，肯定是找不到神像的。

以排除异教的名义颁布的各种敕令中还包括以下禁令：

在祭坛前点灯、焚香

在墙面装饰鲜花

花环装饰的浮雕（献祭的场面）

向诸神以及先祖们敬酒

罗马人特别喜欢花饰，他们用树叶和鲜花编织成花环，不是圆形的那种，而是长长的，呈带状，色彩斑斓的花环放在白色的大理石或灰色的墙壁上，显得异常耀眼。只要有机会，罗马人就会把花环装饰在各种地方，它不仅仅是用来装饰祭坛，从希腊化时代开始，祭拜活动必有花环。

违犯了以上这些禁令的人，虽然罪不及死，但会被处以罚金，而且必须用不受货币价值波动影响的黄金支付。

当年基督教会因君士坦丁颁布了《米兰敕令》而向他授予了“大帝”的尊称，他们又将此称号献给狄奥多西，因为他是首位将基督教以外的宗教，即所谓的“异教”定为“邪教”的皇帝。“异教”不过是与自己信仰的宗教不同的宗教，而“邪教”则是不当的、有害的、有违国家制度和道德而必须铲除的宗教。

尽管基督教日益盛行，但罗马人仍然是一个尊重法律的民族。狄奥多西颁布的反异教、反异端的敕令，在半个世纪后被收录进狄奥多西二世编撰的《狄奥多西法典》。由此可见，这些敕令是作为国法制定的。对于法制民族的罗马人而言，“违法”比“邪教”的概念更容易理解。因此，公元 4 世纪之后，那些曾经频繁出现于文学、美术作品上的希腊或罗马诸神，全变成了“不法者”（outlaw）。既然是“不法者”，那么警察就完全有理由抓他们。

祭拜的神明成了不法分子，神殿的命运也就有了定局。根据狄奥多西的敕令，所有的神殿一律变成教堂。围绕内堂的圆柱间的空隙部分，用墙堵上，改造成封闭的空间。由于改造的部分只限于圆柱间的部分，所以原本意为“长方形会堂”的“basilica”一词，一字不改地变成了“教堂”的意思。以往开庭审判的“basilica”，从此就是向上帝祈祷之地。

不过，在神殿改为教堂的事情上产生了一个问题。简单来说，就是供过于求。

罗马时代的诸神，其数量在罗马鼎盛时期多达 30 万尊左右。供奉这些神明的神殿数不胜数，再加上街头巷尾的那些小祠堂，数量更是惊人。

而另一方的基督教，由于信奉的是一神教，而且当时尚未发展到像以后那样全体公民皆是基督教徒的程度，所以，神殿改建成教堂之后，却没有足够的信徒，出现了空有建筑不见人影的情况。因此，狄奥多西皇帝同意拆毁那些无用的神殿。既然要打击非法分子，那么破坏他们的住所就是理所当然的了。

早在半个世纪之前，神殿内的材料就被允许挪作他用。然而，狄奥多西的这道敕令为这些事实上的破坏冠上了宗教正义的大名。那些遍及罗马帝国全域、令人叹为观止的壮丽的神殿，要么彻底消失了踪影，要么就是留下一个破落不堪的遗址。除了用来祭拜希腊罗马诸神的神殿之外，那些埃及、叙利亚的神殿同样也难逃厄运。

能够侥幸被保存下来的，是那些变成了基督教堂的神殿。其中，万神殿就是最好的一例。这座雄伟的神殿，堪称公元 2 世纪罗马建筑的顶峰之作。因为它是奉献给天地间所有的神灵，所以命名为“万神殿”。公元 4 世纪末之后，它也化身为献给一位天神的教堂。

神殿的命运如此，神像自然也是落得同样下场。在比公元 4 世纪末早 60 年的君士坦丁大帝时代，希腊罗马的各类神像，虽然已经渐渐地不再成为民众信仰的对象，但作为艺术品的价值还是得到认可的。

君士坦丁大帝建设了君士坦丁堡，将之打造成基督教的首都。因此在那里只有教堂，没有神殿。然而，大帝在建设这座冠以自己姓名的城市时，始终以罗马作为参照，甚至把它叫作“新罗马”。他希望君士坦丁堡能够像充满了神像雕塑的罗马城那样，到处洋溢着“古典之美”。根据当时的记录，他在整个帝国的东方搜罗了数以万计的雕像。原本安放在雅典帕特农（Parthenon）神殿中的雅典女神像，据说那时也被搬到了君士坦丁堡。这座女神像由菲狄亚斯（Phidias）制作，堪称希腊雕像的巅峰之作。可见，雕像即使不再是神的像，艺术价值还是得到充分肯定的。

但是，到了狄奥多西时代，一切都发生了转变。神像成了当时基督教会严禁的偶像崇拜的代表、邪教的象征，更是“不法者”的具体形象。

当时的基督教会禁止在公共场合出现裸体，而绝大多数的神像又都是裸体。在希腊人及其继承者罗马人的美学定义中，裸体是人体美的极致，因此，这个至高之美首先要奉献给诸神。除了神之外，也有裸体的罗马皇帝像，不过这要等他死后才会制作。过世的皇帝被神格化，所以与诸神拥有同等的资格。

基于上述原因，希腊罗马的雕像大多以全裸或半裸的形象出现，大街小巷简直就是裸体的长列，要将它们全数拆除，实在是一个浩大的工程。

削去神像的鼻子，算是比较温和的做法，大多雕像被打断了头颅和手腕，分解了四肢。连这样的作业都嫌麻烦时，人们会直接将雕像从山上往山下的岩石上摔，或从桥上扔进河里，增大销毁的数量和速度。罗马人喜欢到处摆放雕像，只要是两侧竖着圆柱，中间呈拱形的地方，一定会放上雕塑。如果没有雕像，那就说明此地是供人通行的过道，或者拉上薄纱，享受着吹来的西风，乘凉休息。

除神像之外，罗马人还重视历史，向来有纪念国家有功之臣的习惯。对于罗马男人而言，自己的雕像能够被放在公共场合，是人生最高荣誉。因此，这类雕塑的需求量也不少，不仅首都，在帝国其他主要城市也随处可见。它们属于安波罗修所谓的“应该纠正的过去”，对于正在走向基督教国教化的帝国而言，同样是必须排除、销毁的对象。一旦抱有这样的观点，所有的东西就没什么艺术价值可言了。

罗马依仗着军事武力征服了希腊，将之归为属下的行省。然而，罗马人从心里赞赏希腊伟大的文化和文明，甚至留下了“被征服的希腊征服了她野蛮的征服者”（Graecia capta ferum victorem cepit，出自贺拉斯。——译者注）之名言。然而，公元前 5 世纪到前 3 世纪为止的希腊古典时期的优秀作品，由于当时希腊的版图及其人口有限，无法满足罗马人的大量需求。

因此，罗马人除了模仿菲狄亚斯、普拉克西特列斯、利西波斯（Lysippos）等天才艺术家的作品之外，也尽量忠实地复制了那些并非出名的希腊艺术品。虽然是复制品，却也不是谁都能制作。想得到最高级的复制品，就得依靠一流的艺术家。尽管进入公元之后，希腊在政治和经济上的势力逐渐衰退，不过在制作复制品这个领域，希腊人始终独占鳌头。

罗马时代的复制技术极其高超，作品的质量已经超越了模仿的层次。这主要源自罗马人对希腊文化的热爱，以及长久以来始终保持的不问出身只看能力的宽容精神。正因为如此，在希腊古典时期的作品的真迹出世两千四五百年之后，我们现代人还能够有机会见识与欣赏。即使这些作品标着"罗马时代的仿作"，它们还是有充分的艺术价值，被摆放在世界各地的美术馆中，向世人展示。

罗马复制艺术品的技术，据说在哈德良时代达到了最高峰。然而，才过了200年，到了公元4世纪，同样是罗马人，却要将以往花费了大量金钱购买的极其珍贵的艺术品扔进河里，破坏殆尽。"宽容"（clementia）一词，词典解释为胸襟开阔，能够接受他人的想法。曾经是罗马人心目中德行之一的"宽容"，如今也随着艺术品一起，被丢弃，被毁灭。

在罗马中央车站附近，有一座被称为马西莫宫（Museo Nazion-ale Romano Palazzo Massimo alle Terme）的罗马国家博物馆，其中最精美的一件收藏品，就是哈德良时代复制的普拉克西特列斯的阿波罗神像。这尊神像虽然精美，但全身布满了现代技术也无法除去的暗斑。它在1891年从台伯河中被打捞起来时，已经在河底的污泥里沉睡了

1 500 年。全身的斑点就是这千年来的污垢造成的。

馆中其他的雕像大多是在以复古为旗帜的文艺复兴时期发现的。与阿波罗神像相比，它们苏醒的时间早了不少，但也在地下长眠了 1 000 多年。而我们现代人专门去博物馆的目的，就是为了观赏这些从长眠中苏醒的艺术品。至少现在，这些雕像就算不再是人们信仰的对象，也可以作为美的对象被大家欣赏。而且，我们不会因为有这种想法，就被异教异端审判所判处死刑。

长年以来，我一直有一个疑问：为何在这些沉睡千年后被挖掘的艺术品之中，有一部分作品会保存得如此完好？它们毫发无损、没有瑕疵、四肢健全地留存至今。而大多的雕像不是断了手臂，就是少了一条腿，都需要在后世修补复原。

罗马卡匹托利尼博物馆（Musei Capitolini）中展示的“卡匹托利尼的维纳斯”雕像就是最好的一例，而且维纳斯像并非唯一的特例。尽管大多数展品都有明显的破损痕迹，但还是有少量的作品保存完好，只要将各个部位组装起来，就能恢复原状，简直令人难以相信它们经历了千百年的岁月。

每次看到这些作品，我脑海中总会出现一个假设，假设在公元 4 世纪末，有一些人将这些艺术品藏在石棺内，深深地埋入地下。

作为邪教的象征，成了不法分子的神像，根据皇帝的命令必须全部废弃，违令者将被没收财产并处以死刑。但持有人又不忍破坏或丢弃这些精美的作品，于是就在家中的院子里深挖一个大洞，用布将它们包好，或者是放在上流家庭用来作为装饰的石棺中，然后放进洞内，盖上土，装着什么事情也没有发生，心中暗暗期待，这股宗教狂潮能够早日过去，杰作重见天日的时代能够早日到来。

不过，要举例证明我的这个假设非常困难。虽然说对古代遗迹的

阿波罗（马西莫宫收藏）

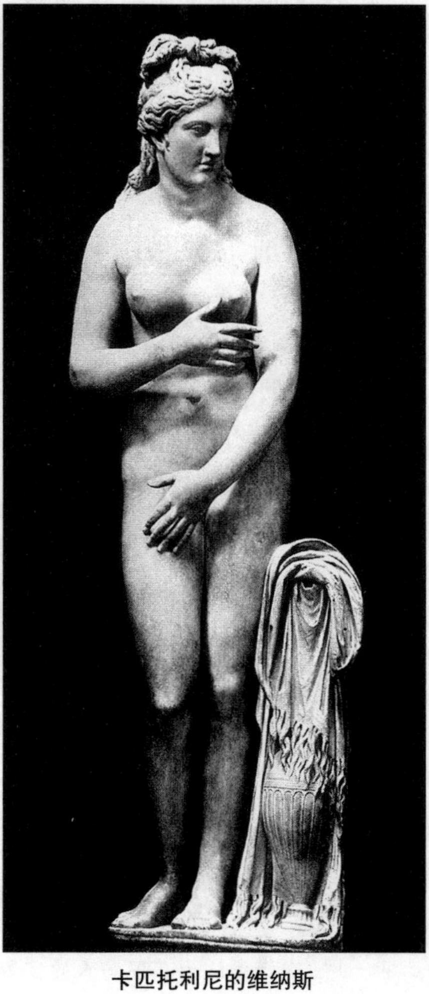

卡匹托利尼的维纳斯

挖掘从文艺复兴时期就已经开始，但在很长一段时期，挖掘工作都不是以学术性的态度在严谨的操作下进行的，所以没有留下古迹出土时的有关资料。一直要到20世纪之后，才对挖掘经过做详细的记录。要证明这个假设，只有留待将来，等到现代的考古学家幸运地挖掘到近乎完整的神像的那一天。在这一天到来之前，我们只能眺望着完好无损或者说鲜有瑕疵的雕刻，猜想它们为何能在近乎完整的状态下，度过千百年的时光。

基督教成为罗马国教

公元388年，是叙马库斯和安波罗修以上书狄奥多西皇帝的形式展开论战的4年之后。这一年，狄奥多西终于镇压了挑起内战、害死格拉提安皇帝的不列颠驻军司令马克西穆斯的叛军，结束了耗时5年的战争。自此，帝国东西方，完全掌握在狄奥多西一个人的手里。虽然当时少年皇帝瓦伦提尼安二世还在世，不过，当名义上属于他管辖的不列颠和高卢发生动乱时，他还是不得不向负责帝国东方的狄奥多西讨救兵。因此，帝国的东方和西方实质上都属于狄奥多西一个人的天下。

这一年，41岁的狄奥多西皇帝带着镇压叛乱、处死叛军将领马克西穆斯的功绩，首次造访了首都罗马。不过，与君士坦提乌斯皇帝不同，狄奥多西皇帝对观赏名胜古迹完全没有兴趣。抵达罗马后他直奔元老院，面对聚集一堂的元老们，以提问的形式，逼迫他们做出选择：

诸位认为，罗马人的宗教，应该信仰朱庇特神，还是基督？

叙马库斯好像当时不在现场。自4年前书信论战之后，尽管只有44岁，未到引退的年龄，但他依然辞去了所有的公职，全身而退。不过，那些与他出身背景、教育以及公职经历相似的高贵的元老院元老，全体接受了皇帝的接见。

当天讨论的过程究竟如何，我们不得而知。在元首制时代，元老院会议的详细内容，都会被记录在《元老院纪事》(*Acta Senatus*)中，并公之于世，然而这项制度已经废除了很多年。总而言之，无论元老们如何讨论，最终不得不给出一个让皇帝满意的答案，结果，元老们以压倒性的多数投票选择了“基督”。

1 000多年以来被罗马人奉为最高神的朱庇特，仿佛真人一般，被宣判有罪。从此以后，基督代替朱庇特坐上了罗马人信仰的宗教宝座，宣告基督教成为罗马帝国的国教。

这同时也意味着作为多神教最后一座城堡的元老院，彻底被基督教会攻陷。从建国初期以来，与罗马人民共同走过风风雨雨的元老院，历经1 411年的岁月之后，在基督教面前缴械投降。既然认输，那么掌控失败者命运的就是赢的那一方。投票结束之后，大多数的元老院元老按照皇帝的要求，抛弃了罗马传统的诸神，转身变为基督教徒。

在那天的元老院会议上出现了一个牺牲者，他的地位类似于元老院议长，是一个备受大家尊敬的人物。据说他选择了自杀。但不清楚他是死在投票前，还是投票之后。如果在投票之前，那么他是以死抗议，如果是在投票之后，是不堪屈辱，两者性质不同。不过，我们已经无法得知详情。

仅一名元老院元老自杀这个事实引发出另一个问题。当基督教徒被胁迫要求他们放弃信仰时，很多人誓死不从，宁可选择殉教。相比之下，希腊罗马的多神教却很少出现殉教者，这是为什么？

有关这个答案，不少的研究者认为，主要是异教徒对信仰不够虔诚。我个人觉得原因不仅于此。关键问题似乎不在信仰是否坚定，而是信仰的对象，即宗教的性质不同。

有关宗教的差异，简单来说，有以下几点：

一神教深信自己信仰的是正确的教义，所有人都应该信从。

相反，多神教则认为，尽管自己不信某类宗教，但只要有人相信，那么就应该承认它的存在。

"殉教"一词，正如字面所示，是为自己的信仰而死的殉道行为，以示誓死捍卫宗教的决心。

综观两者的不同，我们可以清楚地了解到，殉教只会发生在一神教信徒的身上，而多神教则很难接受这种行为。希腊人和罗马人在面临不得不放弃信仰时，他们最多就是选择脱身而出，远离时代的旋涡。

公元19世纪有一位叫布克哈特（Jacob Burckhardt）的历史学家，写过许多有关古希腊、君士坦丁大帝时代的罗马以及西欧文艺复兴时期的脍炙人口的著作。对于希腊罗马宗教的性质，他曾经说过：

> 如果从君士坦丁到狄奥多西等历代皇帝，没有立法承认基督教是唯一的宗教、将其他宗教视为邪教的话，或许希腊罗马多神教可以延续至今。

说到布克哈特，又让我想到另一件事情，因基督教的胜利而成了"牺牲者"的不仅有美术，还有文艺。罗马帝国境内数量繁多的图书馆，就是从那个时代开始，陆续遭到关闭，其中包括首都罗马的28所公共图书馆。罗马时代公共图书馆的藏书充分体现了帝国双语文化的社会状况，按照希腊语和拉丁语分门别类，公开展示。这些书籍的内容几乎全部是对异教世界的叙述，伴随着图书馆的关闭，藏书不断流失，古代文化遗产就这样消失殆尽了。这些散落的书籍同样也是要等到文艺复兴时期才重新被发现。

在异教与基督教抗争的历史上，除了公元388年发生了元老院判决朱庇特神有罪的事件之外，另外还在公元393年颁布了一条象征性的法律，那就是全面禁止奥林匹克运动会。禁止的理由是因为这个四年一次在希腊奥林匹亚举行的运动会的目的，是奉献给众神之王宙斯（拉丁语称作朱庇特）的。希腊城邦之间平素纷争不断，只有在一个特殊的时期，大家相聚奥林匹亚，不论战场上的输赢，以体育竞技的方式一比高下，这是古代奥林匹克的意义所在。据说第一次奥林匹克运动会是在公元前776年举行的。这项历史悠久的体育竞赛，也在1 169年后落下了帷幕。因此，西方历史上称公元393年为“希腊与罗马文明正式终结的一年”。

顺便提一句，近代奥林匹克运动会排斥战争中的国家以及战败国的选手，我认为这种行径完全违背了古代奥林匹克的精神。

基督（对皇帝）的胜利

形势的发展一切如米兰主教安波罗修所愿。受洗后的狄奥多西皇帝像一只温顺的小绵羊，在牧羊人安波罗修的引导下，利用皇帝特别的权力立法成章，将基督教定为罗马帝国的国教。

但这还不能让安波罗修满足。在信徒面前，明确上帝与皇帝从属关系的议题尚未解决。也就是说，必须保证基督教会高于皇帝权力之上的优势。为达到目的，安波罗修不惜超越了米兰教区主教的权限。

公元392年，21岁的傀儡皇帝瓦伦提尼安二世被杀，自此，狄奥多西名副其实地成了一人主宰帝国的罗马皇帝。那个时候的他似乎还心怀抱负，希望做一位对帝国公民公正无私的皇帝。一次事件的发生让他有机会表现出公正执法的态度。

在帝国东方的叙利亚东北部，天主教徒借着狄奥多西皇帝排除异教徒的势头，乘机放火烧毁了犹太教的犹太教堂（Synagogue）。狄奥多西命令当地的行政官严惩罪犯，同时，他要求当地的主教用教会的费用重建犹太教堂，捐赠给犹太教徒。

得知此事的米兰主教，立即向皇帝递上了严厉的抗议书。他在文中指出，使用基督教会的财产兴建异教设施的行为，是对基督教的冒犯，是对教会全体的侮辱。

然而，狄奥多西确信自己做出的是公正的裁决，不予理会。不久，他因事必须前往米兰，这下给米兰主教逮着了机会。

等狄奥多西在贵宾席上坐稳之后，米兰主教开始向挤满教堂的信徒们发表了猛烈抨击犹太教的演说。他说，因基督牺牲而获得救赎的不包括犹太教徒，因为他们是一群盲目的教徒。然后，他又用坚定的语气向狄奥多西强调，任何人都不能忘记上帝赐予的恩惠。“不能忘记上帝赐予的恩惠”，换句话说，就是“你靠谁才坐上了这个皇位”。

狄奥多西不得不撤回了严惩犯人以及用基督教会的财产重建犹太

教堂的命令，而且在撤回命令的公文中，还特地注明，这是听从了米兰主教忠告后做出的决定。这等于宣告，从今以后，罗马帝国的法律对非基督教徒的保障是有限制的。换言之，非基督教徒的罗马公民不能再期待与基督教徒公民获得同等的法律保护。不问宗教信仰保护全体公民的罗马法已成为过去。

主教对皇帝的威慑力日后在其他场合也有所表现。发生在希腊塞萨洛尼基的事件，又给安波罗修提供了机会。

事情的起因是，一名深受民众喜爱的赛车手，因一些小事而被捕入狱。大批的粉丝涌向警局，要求释放他们的偶像。在要求遭到拒绝之后，民众怒火冲天，情绪失控之下，杀害了包括塞萨洛尼基长官在内的多名行政官。

狄奥多西接到报告后，认定是民众的暴动，下令出兵武装镇压。暴动虽然成功地被压制下去，但许多人因此丧生。

安波罗修再一次给皇帝写了严厉的抗议书。他指出，军事行动超出了限度，手段残酷，造成大量无辜平民死亡，下达命令的皇帝理应为此负责。为了补偿犯下的过失，皇帝必须在公开场合表明赎罪的诚意，在此之前，不得接近祭坛。这就是说，如果不公开认罪，就禁止皇帝进入作为上帝居所的教堂。

狄奥多西皇帝接到信后，抵抗了 8 个月。不过，8 个月过去之后，他主动提出了和解。

犯错的人公开承认有罪，请求宽恕，基督教称为“公开忏悔”。必须经过这一关才能得到宽恕，重新有机会朝拜圣体。普通的信徒通常要用很久的时间才能完成这种忏悔，过程中必须做很多事情来证明赎罪之心。

狄奥多西

罗马帝国的皇帝狄奥多西，除去了身上所有象征皇帝的饰物，比如绣着皇印的衣服、头上的皇冠、镶嵌着宝石的长剑等，一身素衣出现在教会前，请求得到宽恕。他在门口等了一阵子之后，门才被打开，主教走了出来。安波罗修头戴镶满宝石的主教高冠，披着用金银丝线织成的豪华披风，一级大礼服的装束。主教走到跪着的罪人前面，问他是否有悔改之心，罪人用谦卑的口吻表达了自己的忏悔之意。仪式结束后，罪人再次得以进入“上帝之家”，在祭坛前，由主教赐给一小片面包，即朝拜圣体。

教会内外挤满了民众，观看着这场罗马皇帝与米兰主教之间上演的戏码。此时此刻，这里成了向世人展示上帝威力的最好舞台。

这个场景让人联想到中世纪发生的著名的事件“卡诺莎之辱”（Umiliazione di Canossa）。公元 1077 年，为了得到教宗格列高利七世（Gregory VII）的宽恕，神圣罗马帝国皇帝亨利四世（Heinrich IV）不得不前往意大利北部的卡诺莎，在雪中站立了三天三夜。这场史上称为“卡诺莎之辱”的前奏，原来早在 700 年前就开始了。

正因为皇帝可能会面临诸如此类的威胁，所以君士坦丁大帝及其儿子君士坦提乌斯，都是等到临死前才接受洗礼。可是狄奥多西在病魔缠身、意志薄弱的时候，受到塞萨洛尼基主教的劝诱，30 岁刚出头就接受了洗礼。一旦成为基督教徒，即使贵为皇帝，也还是上帝的一只羔羊。而“羔羊”是无论如何战胜不了“牧羊人”的。

米兰主教安波罗修势必是非常准确地把握了基督教与世俗皇权之间的关系。皇帝的地位及其权力，都是拜上帝所赐，而向人间传达上帝旨意的则是主教。因此即便是皇帝，也不能违背主教的意志。40 岁之后才受洗，从高级官僚变身为主教的安波罗修，能够透彻地看到两者间关系的真相，实属难得。或许正因为前半生的经历，他才具有如此敏锐的洞察力。

公元 395 年，48 岁的狄奥多西一世因病去世。即使在那个年代，48 岁死亡也算不上是享受天年。比皇帝年长 17 岁的安波罗修，写了一篇充满深情的祭文，大力赞颂了狄奥多西为基督教做出的贡献。阅读此文，让我禁不住苦笑。

当被自己操纵的玩偶死去之后，可以不留任何痕迹地将所有的功绩都归功于死者，不惜美誉，安波罗修的这篇祭文可谓是背后操纵者的最佳范文。这篇祭文也成了狄奥多西皇帝的“身份证明书”，因为

安波罗修

是米兰主教，这位公元 4 世纪末期基督教会的实际掌门人出面担保，所以教会毫不犹豫地将原本只赠予君士坦丁一个人的“大帝”称号，又送给了狄奥多西。

在狄奥多西皇帝去世后两年，米兰主教安波罗修在大批含着伤心泪水的信徒的目送之下，在他生活了 20 多年的大本营米兰，以 67 岁的高龄离开了人世。从他 44 岁被基督教会选中成为主教之后，坐拥了当时任何一位主教都无法保持的长达 23 年的至高地位。这位卓越的实干家在这 23 年中，不仅对皇帝产生了深刻的影响，之后许多成为基督教会基础的教规，也是由他一手奠定的。

虽然安波罗修促成了教会中的很多事情，但这一切并非他的原创，他不过是将原本就单独存在的东西重新整理、统合，建立了一个完整的架构。不过，必须承认，经过他改造之后，基督教会变成了一个崭新的组织机构。以下是他的主要事迹：

一、针对异端者，以及尚未成为异端但思想有异于基督教的人，制订了论争与斗争的方法。

这就像一本理论武装用的教战手册。自古至今，使用手册永远是一件便利的工具。曾经有位主教对圣母马利亚的处女之身表示怀疑，安波罗修就是根据这本手册狠狠驳倒了对方，印证了手册的实效性。

二、制订了修行的方法，提高神职人员伦理道德标准。

三、确立制度，将修道士和隐士编入教会组织。

四、针对普通民众，制订了宗教教育的方式。

五、汇总教会中各种形式的祭拜，确立了教会仪式制度。

六、重新调整了以无业人员以及孤儿为对象的教会慈善事业的架构。

七、确立了殉教者信仰的理论。

除上述内容外，最具独创性而且有助于基督教普及的，是安波罗修创立的圣人信仰。

人们在遇到问题时会求助于宗教。不过希望得到唯一真神帮助的，大多又是生活中的琐碎小事。以前，连夫妻吵架都有专门的保护神，只要向它祈求帮助就足够了。在一神教当道的眼下，负责调解夫妻矛盾的维里普拉卡女神也成了不法分子，民众为鸡毛蒜皮的小事祈求至高无上的天父及其儿子基督，似乎有些难以启齿，难道就没有更轻松开口求助的神明吗？

针对民众这个单纯合理的愿望，安波罗修想出了一套因应的方法。

基督教只承认一位神明，因此不可能让以前的诸神复活，所以必须找到新的保护神。虽然基督教被迫害时期殉教者的信仰开始得到承认，但过去历任罗马皇帝打压基督教的政策并没有持续性，而且也不彻底。唯一例外的是戴克里先皇帝。即使如此，也不过持续了三四年而已。因此，就算把所有的殉教者集中起来，也无法满足民众的各种愿望。

于是，安波罗修想出了一个方法：大量制造圣人。不过，升格为圣人，需要得到教会的认可，认可的标准当然是看此人是否能成为信徒们的表率。

由于这些人物是一神教世界崇敬的对象，所以不能像多神教时代那样，称他们为“保护神”，因而叫“守护圣人”（拉丁语“patronus”，又译主保圣人）。不管怎样，安波罗修通过这个手段，既成功地坚守住了一神教的信仰，又满足了民众的淳朴愿望。

随着时代的推进，圣人的数量逐渐增加，到了近代，甚至连老婆通奸的丈夫都有专门的守护圣人。由于圣人数量不断上升，就是把一年中的每一天都定为一位圣人的纪念日也不够。于是，教会定了一个专门的日子，纪念所有没能单独享受纪念日的圣人，那就是我们叫作“万圣节”的 11 月 1 日。

为教会打下良好基础之后，安波罗修离开了人世，想必他应该是走得非常安详。这位创建了圣人体系的非凡的实干家，身后不久便成了自创体系中的一员。鉴于他对教会做出的巨大贡献，教会奉他为圣人。因此，他的名字史称“圣安波罗修”。

因为与至尊的圣人展开论战而留名青史的叙马库斯，据说在他的对手安波罗修去世的 5 年之后死去。从他辞去公职到离世，已经有整整 14 年的时间。

叙马库斯生前应该知道元老院宣判最高神朱庇特有罪的决定，更清楚基督教成了帝国国教。至于罗马皇帝向一介主教屈膝下跪之事，势必也有所耳闻。而且，他还目睹了罗马帝国在狄奥多西死后分裂为东、西罗马帝国。

尽管最后一败涂地，但叙马库斯终究是捍卫希腊罗马文明的最后一名旗手。

他是怎样看待这一时代潮流变迁的，我们不得而知，因为他没有留下任何文字。虽然说信仰只能藏在心底，不过，即使说出来，那个时代也不会有人在意一个异教徒男人的感受。

与叙马库斯有关的东西，只留下了一块墓碑，是在“罗马七丘”之一的西里欧山中被发现的。石碑是叙马库斯去世后，他的儿子为纪念亡父所建。研究人员认为，叙马库斯的住宅可能就在西里欧山上。他长年远离政坛，又曾经给皇帝写过充满异教色彩的书信，他的纪念碑确实不会出现在公共场所。

这块墓碑如今被转移到了卡匹托尔山，放在卡匹托利尼博物馆的地下。此博物馆被罗马市政厅一分为二，市政厅的地下联结两馆的通道之处，有一个由古罗马时代的“古文书库”（Tabularium，又译罗马国家档案馆）改建的画廊，展示着大量的古石碑，叙马库斯的墓碑也在其中。不过，除了一些特别喜欢罗马史的人之外，一般人不会知道叙马库斯是何许人。因此，他的墓碑被放置在楼梯下的一个角落。从这里登梯往上走，最高处就是眺望罗马广场的大平台。当我的手触碰到那些冰冷的石碑时，似乎瞬间从现代回到了古代。寂静地竖立在一角的叙马库斯墓碑，让人越发感到恍如隔世。尤其是在秋天将尽，米兰的斯卡拉歌剧院即将开幕的季节，更是令人唏嘘不已。

Q AVR SYMMACHO VC
QVAEST PRAET PONTIFICI
MAIORI CORRECTORI
LVCANIAE ET BRITTIORVM
COMITI ORDINIS TERTII
PROCONS AFRICAE PRAEF
VRB COS ORDINARIO
ORATORI DISERTISSIMO
Q FAB MEMM SYMMACHVS
VC PATRI OPTIMO

叙马库斯墓碑

帝国东西分裂

在公元395年去世的狄奥多西皇帝，死前将帝国一分为二，分给了两个儿子。18岁的长子阿卡狄乌斯（Arcadius）继承了东罗马帝国，西罗马帝国则归年仅10岁的小儿子霍诺里乌斯（Honorius）所有。

这一次是罗马帝国真正的分裂。以往的皇帝们虽然分管东、西两地，但只是职务分工的不同，帝国还是完整的一个。因此，我不得不在文中反复强调“负责帝国东方的皇帝”“负责帝国西方的皇帝”等。不过，在叙述公元395年之后的历史时，我只需要直接写“东罗马帝

为纪念狄奥多西登基十周年制作的银盘
（自狄奥多西以后，罗马皇帝们的形象犹如圣人，头顶光环）

国皇帝”“西罗马帝国皇帝”。东罗马帝国和西罗马帝国虽然不是两个完全没有关联的国家，但已经失去了以往的衔接性，实质上成了两个独立的国家。就在帝国分裂的状态之下，时代来到了公元5世纪。对罗马帝国而言，这是最后一个世纪，同时也是皇帝的女儿嫁给蛮族首领的一个世纪。

大事年表

年份（公元）	罗马帝国		其他地方
	帝国东方（中东、小亚细亚、埃及、巴尔干、多瑙河流域）	帝国西方（意大利、莱茵河流域、高卢、不列颠、西班牙、北非）	
324	7月3日，在土耳其的埃迪尔内，君士坦丁的军队打败了李锡尼的军队，在拜占庭，君士坦丁军再次获胜，李锡尼投降，退出正帝的职位，隐居塞萨洛尼基，**君士坦丁成为唯一的正帝**。君士坦丁迁都拜占庭，着手进行新首都的建设		日本弥生时代
325	李锡尼以勾结蛮族、密谋反叛罪被处死。在小亚细亚的尼西亚，君士坦丁召集基督教会的主教，举行大公会议，将“三位一体”论定为正统，阿里乌斯派则被视为异端		
326		君士坦丁的长子克里斯普斯，因与继母法乌斯塔私通之罪遭逮捕，死于伊斯特里亚半岛的波拉城堡。法乌斯塔也遭谋杀	
330	5月11日，举行了新首都君士坦丁堡的落成典礼。安波罗修于罗马出生		
335	君士坦丁授予侄子德鲁马特乌斯与汉尼拔利阿努斯“恺撒”的称号		
337	5月22日，君士坦丁前往波斯战争的途中，在尼科美底亚病逝。君士坦丁堡皇宫发生血案，君士坦丁同父异母的兄弟及其儿子被杀。同父异母兄弟之一的尤里乌斯·君士坦提乌斯的儿子加卢斯和尤里安侥幸逃脱。9月，君士坦丁的三个亲生儿子在潘诺尼亚举行会谈。**君士坦丁二世、君士坦提乌斯、君士坦斯分别就任“奥古斯都”**。元老院追认了这个人事决定		中国慕容皝自立为燕王（前燕）

（续表）

年份（公元）	罗马帝国		其他地方
	帝国东方（中东、小亚细亚、埃及、巴尔干、多瑙河流域）	帝国西方（意大利、莱茵河流域、高卢、不列颠、西班牙、北非）	
340		君士坦丁二世与君士坦斯就北非归属权产生对立。君士坦丁二世率军前往潘诺尼亚，途中遭遇君士坦斯军队的阻击，战败身亡	中国东晋首度实施土断法（341年）。朝鲜高句丽遭受前燕的攻击，丸都城陷落
346	君士坦提乌斯将优待基督教会的免税范围扩大至所有教会相关人员		
350	君士坦提乌斯与波斯签订休战协议，率军向西方进军。伊利里亚驻军司令官维特拉尼奥被手下拥立称帝。君士坦提乌斯与维特拉尼奥在撒尔底迦（现在的保加利亚的索非亚）举行会谈。维特拉尼奥做出退让，其军队并入君士坦提乌斯的旗下	君士坦斯手下的将官马格嫩提乌斯反叛，拥立马塞利努斯为皇帝。君士坦斯在逃往西班牙的途中被捕遭到杀害。不久，**马格嫩提乌斯自封皇帝**	日本在奈良盆地一带兴建樱井茶臼山古坟、钵卷山古坟、景行陵古坟等大型前方后圆坟
351	3月，君士坦提乌斯任命堂弟加卢斯为“恺撒”，令其负责帝国东方的治理。9月28日，君士坦提乌斯及其军队在多瑙河畔的穆尔萨，与马格嫩提乌斯的军队展开会战。马格嫩提乌斯战败，逃往意大利本土。君士坦提乌斯重新夺回了西班牙及北非		
353		8月11日，马格嫩提乌斯在里昂自杀。君士坦提乌斯对马格嫩提乌斯派进行血腥清洗	
354		12月，君士坦提乌斯召加卢斯回米兰。加卢斯在前往米兰的途中，被转送到波拉城堡，以图谋杀害君士坦提乌斯的罪名被处死	
355	5月，尤里安在雅典开始了学者生活	2月，君士坦提乌斯命令尤里安来米兰接受召见。君士坦提乌斯平定驻高卢的骑兵团长官西尔瓦的叛乱，西尔瓦被处死。11月，君士坦提乌斯再次召回尤里安，任命其为“恺撒”。尤里安与君士坦提乌斯的胞妹海伦娜成婚。尤里安前往高卢的维埃纳赴任	

（续表）

年份（公元）	罗马帝国		其他地方
	帝国东方（中东、小亚细亚、埃及、巴尔干、多瑙河流域）	帝国西方（意大利、莱茵河流域、高卢、不列颠、西班牙、北非）	
356	君士坦提乌斯在多瑙河流域，击退萨尔马提亚人、库瓦迪人等日耳曼民族（—357 年）	尤里安从高卢北上，迎击跨过莱茵河侵入境内的蛮族	日本古坟时代
357		春天，尤里安在阿勒曼尼人的根据地斯特拉斯堡与阿勒曼尼人决战，在敌强我弱的情况下赢得胜利。阿勒曼尼人族长克诺多马被俘。4 月 28 日，君士坦提乌斯为举行凯旋仪式，进入罗马	
358		尤里安在莱茵河下游一带，战胜法兰克人（—359 年）	
359	波斯军进攻美索不达米亚的阿米达。罗马军顽强抵抗，终不敌，阿米达城失守。君士坦提乌斯命令尤里安派遣军团前往东方。尤里安遭军团反对，拒绝执行命令		
360		2 月，**尤里安被其麾下的军团拥立为“奥古斯都”，尤里安接受了众人的拥立**	
361	君士坦提乌斯离开安提阿，率军向西部进军，讨伐尤里安。尤里安向东部挺进，成功地召集整编了多瑙河防线的驻军。11 月 3 日，君士坦提乌斯死去，临终前指定尤里安为其继承人。12 月 11 日，尤里安进入君士坦丁堡。废除了一系列优待基督教的政策，力图复兴希腊罗马传统宗教		
362	为准备与波斯开战，尤里安离开君士坦丁堡，向东移动		

（续表）

<table>
<tr><th rowspan="2">年份
（公元）</th><th colspan="2">罗马帝国</th><th rowspan="2">其他地方</th></tr>
<tr><th>帝国东方
（中东、小亚细亚、埃及、
巴尔干、多瑙河流域）</th><th>帝国西方
（意大利、莱茵河流域、高卢、
不列颠、西班牙、北非）</th></tr>
<tr><td>363</td><td>尤里安进入安提阿，著《厌胡者》并公开发行。3月5日，尤里安离开安提阿前往美索不达米亚。尤里安二度击退波斯军，但因后勤补给不足，被迫撤军。6月26日，尤里安在行军途中遭遇波斯军的袭击而受伤，于当夜去世。在将军和高官出席的会议上，近卫队队长约维安被推举为皇帝。约维安皇帝与波斯缔结和约，割让北美索不达米亚给波斯。秋天，约维安进入安提阿，废除了尤里安制定的政策</td><td></td><td></td></tr>
<tr><td>364</td><td>约维安在前往君士坦丁堡的途中死去。日耳曼人出身的瓦伦提尼安将军当选为皇帝。瓦伦提尼安任命胞弟瓦伦斯为共治皇帝</td><td></td><td>日本倭国的斯摩宿称到卓淳国，派遣使者去百济</td></tr>
<tr><td>367</td><td>瓦伦提尼安授予长子格拉提安“奥古斯都”的称号</td><td></td><td></td></tr>
<tr><td>373</td><td></td><td>瓦伦提尼安任命叙马库斯为北非总督</td><td>朝鲜高句丽初定律令</td></tr>
<tr><td>374</td><td></td><td>12月7日，安波罗修当选米兰主教</td><td></td></tr>
<tr><td>375</td><td colspan="2">11月17日，瓦伦提尼安在接见蛮族代表时猝死。自此，帝国东方由瓦伦斯、西方由格拉提安统治。格拉提安的胞弟瓦伦提尼安二世被授予“奥古斯都”的称号，分管意大利本土</td><td>印度旃陀罗·笈多二世继位。笈多王朝迎来鼎盛时期</td></tr>
<tr><td>376</td><td>瓦伦斯皇帝同意西哥特人移居多瑙河南岸</td><td>格拉提安怀疑狄奥多西的父亲通敌，下令处死</td><td></td></tr>
<tr><td>377</td><td>西哥特人对移居后的生活深感不满，发起暴动</td><td></td><td></td></tr>
<tr><td>378</td><td>瓦伦斯为镇压暴乱的西哥特人，离开安提阿。8月9日，瓦伦斯在哈德良堡与哥特人的战争中大败，瓦伦斯被杀。西部皇帝格拉提安召见狄奥多西，任命他为帝国东方的正帝</td><td></td><td></td></tr>
</table>

（续表）

<table>
<tr><th rowspan="2">年份
（公元）</th><th colspan="2">罗马帝国</th><th rowspan="2">其他地方</th></tr>
<tr><th>帝国东方
（中东、小亚细亚、埃及、巴尔干、多瑙河流域）</th><th>帝国西方
（意大利、莱茵河流域、高卢、不列颠、西班牙、北非）</th></tr>
<tr><td>379</td><td>狄奥多西平定哥特人叛乱，与哥特人重新签订了移居多瑙河南岸的协议。波斯国王沙普尔二世去世。冬天，病中的狄奥多西接受了基督教的洗礼</td><td></td><td></td></tr>
<tr><td>380</td><td>格拉提安与狄奥多西正式启动了打压基督教以外的异教的政策</td><td></td><td></td></tr>
<tr><td>383</td><td>从这一年开始，狄奥多西成为帝国全境实质上的统治者</td><td>格拉提安遭叛乱的不列颠驻军司令官马克西穆斯杀害</td><td>日本古坟时代</td></tr>
<tr><td>384</td><td></td><td>叙马库斯担任首都罗马长官。围绕元老院议事厅前的“胜利女神像”的议题，叙马库斯与安波罗修通过各自向皇帝上书的形式，展开论战</td><td></td></tr>
<tr><td>388</td><td></td><td>狄奥多西平定马克西穆斯的叛乱，前往罗马。狄奥多西向元老院提出废除希腊罗马多神教的建议，元老院投票表示赞同</td><td></td></tr>
<tr><td>390</td><td>4月，因军方镇压塞萨洛尼基暴乱时，滥杀无辜，安波罗修要求狄奥多西公开谢罪。在完成赎罪前，禁止其进入教堂</td><td>12月，狄奥多西在米兰教会前公开向安波罗修谢罪</td><td></td></tr>
<tr><td>392</td><td colspan="2">瓦伦提尼安二世逃离意大利，前往东部投奔狄奥多西。途中，在希腊的塞萨洛尼基遭家臣杀害</td><td></td></tr>
<tr><td>393</td><td>奥林匹克运动会被废除</td><td></td><td></td></tr>
<tr><td>395</td><td colspan="2">狄奥多西病逝。其长子阿卡狄乌斯继承了帝国东方，小儿子霍诺里乌斯继承了帝国西方。之后，帝国东西两部正式分裂</td><td>百济、倭国联手攻打新罗。新罗请求高句丽救援(399年)</td></tr>
<tr><td>397</td><td></td><td>安波罗修去世</td><td></td></tr>
<tr><td>402</td><td></td><td>叙马库斯去世</td><td>高句丽向新罗派出援兵，击退了倭国</td></tr>
</table>

参考文献

一、原始资料

（同时代人的证言）

圣安波罗修（Ambrosius）：米兰主教。

De obitu Thecodosii，悼念狄奥多西皇帝的祭文以及 *Epistulae* 书信集，收录于 *Patrologia Latina* vol. XVI。

阿米阿努斯・马尔塞利努斯 (Ammianus Marcellinus)：出生于安提阿的罗马人。从军队退役后，着手撰写历史。与尤里安生于同一时代，是一位稳健的异教徒。

Rerum gestraum（*Res Cestae*）*96—378*（《罗马史，96—378 年》），但现存的只有公元 353—378 年的第 11 卷（Berlin，1910；Bologna，1974）。

奥勒里乌斯・维克托（Aurelius Victor）：北非出身的罗马元老院元老，公元 389 年担任首都长官。

Liber de Caesaribus，从奥古斯都到君士坦提乌斯为止的皇帝传记（Leipzig，1970）。

Epitome de Caesaribus，作者不详，约写于公元 4 世纪末期（Leipzig，1970）。

尤纳皮乌斯（Eunapius）：历史学家。

Historiae Fragmenta，目前仅有残篇留存。文章中引用了曾是尤里安

御医的奥里巴西乌斯的回忆录（失传），因而具有历史价值，收录于 *Historicorum Gracecorum* vol. IV（Paris，1885）和 *The Fragmentary Classicising Historians of the Later Roman Empire* I & II（Liverpool 1983）。

Vitae Sophistarum（被叫作"哲学家"们的生活实况写照）。

优西比乌（Eusebius）：叙利亚恺撒利亚的主教。从阿里乌斯派转为三位一体派。

Historia Ecclesiastica, 从基督死去到公元 4 世纪为止的教会史（Berlin，1909），译为《教会史》（1 ~ 3，秦刚平译，山本书店，1986—1988）。

Vita Costantini（Napoli，1985），译为《君士坦丁的生涯》（秦刚平译，西方古典丛书，京都大学学术出版会，2004）。

尤特罗匹乌斯（Eutropius）：历史学家。

Breviarium ad Urbe condita，为基督教阿里乌斯派的信徒撰写的从建国到公元 4 世纪的罗马简史（Stuttgart，1985）。

斐洛斯托杰乌斯（Philostorgius）：阿里乌斯派主教。

Historia Ecclesiastical，基督教会史。后因遭到查禁，仅有残篇留存，收录于 *Die Griechischen Christlichen Schriftsteller*（Berlin，1972）。

格列高利（Gregory）：纳西昂出生的主教，与尤里安同时代。在雅典修行时与尤里安是同窗。

Oratio IV & V，攻击、毁谤尤里安皇帝的文章，收录于 *Sources Chrétiennes*（Paris，1983）。

利巴尼乌斯（Libanius）：出生于安提阿的哲学家。尤里安的亲信和支持者。

Oratio XII，XIII，XV-XVIII，XXIV，写给尤里安的信件（Cambridge，Mass，1967）

马梅提努斯（Mamertinus）：公元 362 年的执政官。

《当选的执政官按惯例向皇帝致谢辞》，因为对象是尤里安，所以这份致谢辞具有历史价值，收录于 *Panegyrici Latini*（Oxford，1964）。

奥勒里乌斯·叙马库斯（Aurelius Symmachus）：异教的最后一位旗手。因与米兰主教安波罗修论战而留名青史。

Relationes（Berlin，1880）。

克劳狄乌斯·克劳狄安（Claudius Claudianus）：出生于埃及亚历山大的拉丁诗人。

现今留存的都是公元 395 年以后的作品。是在异教变成非法化后依旧保持着自由的个人灵魂的一例。但是以外表伪装成基督教徒，实际是异教徒的形式。与本书中的主角之一斯提利科关系密切，与这位将军同生共死。

圣哲罗姆（Hieronymus）：出生于北意大利（公元 347 年前后），死于伯利恒（公元 420 年）。以在中东沙漠地带创建修道院以及将《圣经》翻译成拉丁语而闻名。另外，他也是罗马上流社会贵妇们的偶像。

Epistolae，154 封书信（Wien，1918）。

与冷酷的圣安波罗修相比，圣哲罗姆比较能够激起文艺复兴时期以后的画家们的创作欲望，因此留下许多肖像画。曾经画过圣哲罗姆肖像的画家有：皮耶罗·德拉·弗兰切斯卡、洛伦佐·洛托、莱奥纳多·达·芬奇、吉兰达约、提香、卡拉瓦乔等。肖像中的圣哲罗姆都是以半裸体的姿态出现在洞穴里。

为基督教徒所著的圣人传（公元 3、4、5 世纪各一位代表人物）

Pontii，*Vita Cyprieni*（《西普里安传》，Milano，1975）。

Paulini，*Vita Ambrosii*（《安波罗修传》，Milano，1975）。

Possidii，*Vita Augustini*（《奥古斯丁传》，Milano，1975）。

尤里安皇帝（Iulianus）

著作选集，Jacques Fontaine 注解，收录有《给哲学家泰米斯丢斯的信》《大地母神的赞诗》《太阳神》《厌胡者》（Milano，1990）。

《政治・哲学相关著作集》（Genova，1988）。

《书简集》（Napoli，1991）。

泰米斯丢斯（Themistius）：从君士坦丁皇帝到狄奥多西皇帝时代最著名的哲学家，属于当权者喜欢的学者。

《皇帝赞辞集》（Torino，1995）。

苏格拉底（Socrates）：君士坦丁堡出生的基督教学者。

《基督教会史，306—439 年》（Berlin，1960）。

法律・行政関係の原史料

「Codex Theodosianus」テオドシウス二世によって438年発行。Mommsen, Th. & Meyer, P.M. 編纂版（Berlin, 1905）とKrueger, P. 編纂版（Berlin, 1923）：英訳は「The Theodosian Code and Novels and The Sirmondian Constitutions」（Princeton, 1952）

「Imp. Caesaris Flavii Claudii Juliani Epistulae Leges Poematia Fragmenta Varia」（Paris-Oxford, 1922）

「Corpus Iuris civilis」Mommsen, Krueger, Schoell 編纂（Berlin, 1922）

「Fontes iuris anteiustiniani」Riccobono他編纂（Firenze, 1900）

「Notitia Dignitatum」Seeck, O. 編纂（Berlin, 1876）

「Regesten der Kaiser und Papste」Seeck, O.（Stuttgart, 1919）

碑文史料

「Corpus Inscriptionum Latinarum」（Berlin, 1863）

「Inscriptiones Graecae」（Berlin, 1873）

「Inscriptiones christianae urbis Romae」(Roma, 1861)
「Sylloge inscriptionum graecarum」(Leipzig, 1924)
「Orientis graeci inscriptiones selectae」(Leipzig, 1905)
「Inscriptiones latinae selectae」(Berlin, 1916)
「Inscriptiones christianae latinae」(Berlin, 1922)
「Epigraphica」(Milano, 1939)

パピルス史料

「Manuale di Papirologia」Calderini, A.(Milano, 1938)

地理史料

「Grande atlante geografico, storico, fisico, politico, economico」Baratta, M.他編集(Novara, 1939)
「Barrington Atlas of the Greek and Roman World」(Princeton University Press, 2002)
「Tabula Peutingeriana」(Bologna, 1978)

通貨史料

「Description historique des monnaies frappées sous l'Empire Romain」Cohen, H.(Paris, 1892)
「Catalogue of the Imperial Byzantine Coins in the British Museum」Wroth, W.(London, 1908)
「I medaglioni romani」Gnecchi, F.(Milano, 1912)
「Roman Coinage」Crawford, M.H.(London, 1974～)
「Roma e la moneta」イタリア中央銀行発行(Roma, 1993)

二、后世研究资料

Andreotti, R., *Il regno dell'imperatore Giuliano*, Bologna, 1946.
Bidez, J., *La Vie de L'Empereur Julien*, Paris, 1930.
Bouffaritigue, J., *L'Empereur Julien et la culture de son temps*, Paris, 1992.
Bowder, D. (ed.), *Who Was Who in the Roman World*, Oxford, 1980.

Bowersock, G.W., *Julian the Apostate*, Cambridge (Mass.), 1978.

Braun, R. & Richer, J. (eds.), *L'Empereur Julien vol. I: De l'histoire à la légende (331-1715)*, Paris, 1978.

Browning, R., *The Emperor Julian*, London, 1975.

Burckhardt, J., *L'età di Costantino* (*1853*), Firenze, 1957 (伊訳).

Demandt, A., *Die Spätantike. Römische Geschichte von Diocletian bis Justinian 284-565*, München, 1989.

Dodds, E.R., *The Greeks and the Irrational*, Oxford, 1950.

Dodgeon, M.H. & Lieu, N.C., *The Roman Eastern Frontier and the Persian Wars (226-363)*, London-New York, 1991.

Étienne, R., *Flavius Sallustius et Secundus Salutius*, 《Revue des études anciennes》 65, 1963.

Fraschetti, A., *La conversione. Da Roma pagana a Roma cristiana*, Roma-Bari, 1999.

Geffcken, J., *Kaiser Julianus*, Leipzig, 1914.

Giardina, A. (ed.), *Società romana e impero tardoantico*, Roma-Bari, 1986.

Gibbon, E., *Declino e caduta dell'impero romano*, Milano, 1992 (伊訳).

Jones, A.H.M., *Constantine and the Conversion of Europe*, London, 1964; *The Cities of the Eastern Roman Provinces*, Oxford, 1971; *The Later Roman Empire 284-602*, Oxford, 1984.

Lane Fox, R., *Pagans and Christians*, London, 1986.

Liebeschuetz, J.W.H.G., *Antiochia. City and Imperial Administration in the Later Roman Empire*, Oxford, 1972.

Lieu, N.C., *The Emperor Julian. Panegyric and Polemic*, Liverpool, 1982.

MacMullen, R., *Paganism in the Roman Empire*, New Haven-London, 1981.

Marrou, H.I., *Histoire de l'education dans l'antiquité*, Paris, 1965.

Matthews, J.E., *The Roman Empire of Ammianus*, London, 1989.

Mazzarino, S., *Aspetti sociali del IV secolo. Ricerche di storia tardo-romano*, Roma, 1951; *L'impero romano* (3 vols.), Roma-Bari, 1984.

Momigliano, A. (ed.), *Il conflitto fra paganesimo e cristianesimo nel IV secolo*, Torino, 1971.

Monteserrat, D., *From Constantine to Julian*, London, 1996.

Murdoch, A., *The Last Pagan*, Stroud, 2003.

Paribeni, R., *Da Diocleziano alla caduta dell'Impero d'occidente.* 《Storia di Roma》 8, Bologna, 1941.

Piganiol, A., *L'Empire Chrétien*, Paris, 1972.

Pighi, G.B., *Studia Ammianea*, Milano, 1935; *Nuovi Studi Ammianei*, Milano, 1936; *I discorsi nelle storie di Ammiano Marcellino*, Milano, 1936.

Rochefort, G. & Lacombrade, C., *L'Empereur Julian*, Paris, 1963.

Smith, R., *Julian's Gods. Religion and Philosophy in the Thought and Action of Julian the Apostate*, London-New York, 1995.

Stallknecht, B., *Untersuchungen zur römischen Aussenpolitik in der Spätantike (306-395)*, Bonn, 1969.

Stein, E., *Histoire du Bas-Empire*, Paris, 1949.

Tantillo, I., *La prima orazionedi Giuliano a Costanzo*, Roma, 1997; *L'imperatore Giuliano*, Bari, 2001.

著者多数, *Cambridge Ancient History XII: The Imperial Crisis and Recovery A.D. 193-324; Cambridge Ancient History XIII: The Late Empire A.D. 337-425; Cambridge Mediaeval History: The Christian Roman Empire and the Foundation of the Teutonic Kingdoms.*

图片版权

银币图　© Andreas Pangerl（www.romancoins.info）

金币图　新潮社写真部摄

金币图　© Andreas Pangerl（www.romancoins.info）

p.008 （君士坦丁）个人收藏 © Akg-images

（其他）大英博物馆（伦敦 / 英国）

© The Trustee of the British Museum

p.010　卡匹托利尼博物馆 (罗马 / 意大利）

© Archivo Iconografico, S.A. / CORBIS / CORBIS JAPAN

p.012　卡匹托利尼博物馆

© Araldo de Luca / CORBIS / CORBIS JAPAN

p.021 （上）卡匹托利尼博物馆

© Archivio Fotografico dei Musei Capitolini

（中）同 p.010。© Archivio Fotografico dei Musei Capitolini

（下）大都会美术馆（纽约 / 美国）

© The Metropolitan Museum of Art, Rogers Fund, 1967(67.107）

Photograph, all rights reserved, The Metroppolitan Musemu of Art p.024　大英博物馆

© The Trustee of the British Museum

p.031　同上

p.033　同上

p.046　高卢—罗马文明博物馆 (里昂 / 法国)

© Christian THIOC-Muséeg gallo-romain de Lyon Fourvière

p.066　摘自 Cesare Vecellio, *Habiti antichi et moderni*（《服装今昔》）, 1860

p.070　同 p.010。© Archivio Fotografico dei Musei Capitolini

pp.082—083　峰村胜子绘

p.091　卡匹托利尼博物馆

© Gianni Dagli Orti / CORBIS / CORBIS JAPAN

p.103　大英博物馆

© The Trustee of the British Museum

p.122　卢浮宫美术馆（巴黎 / 法国）

© Ancient Art & Architecture Collection

p.146　大英博物馆

© The Trustee of the British Museum

p.162　同 p.122。© Hirmer Fotoarchiv

p.170　维也纳国家图书馆(维也纳 / 奥地利)

© Akg-image

p.178　波格赛美术馆（罗马 / 意大利）

© Archivi Alinari, Firenze

p.180　同 p.122。© Photo RMN / Herve Lewandowski / distributed by Sekai

Bunka Photo

p.187 罗马文明博物馆（罗马 / 意大利）

© Scala, Firenze

p.204 大英博物馆

© The Trustee of the British Museum

p.217 同 p.122。© Hirmer Fotoarchiv

p.220 圣安布罗吉奥教堂（米兰 / 意大利）

© Scala, Firenze

p.223 大英博物馆

© The Trustee of the British Museum

p.236 同上

p.242 （5 枚同属）大英博物馆

© The Trustee of the British Museum

p.246 同上

p.264 同上

p.279 梵蒂冈美术馆（梵蒂冈）

© Archivi Alinari, Firenze

p.285 右：卡匹托利尼博物馆

© Archivi Alinari, Firenze

左：罗马国家博物馆马西莫宫（罗马 / 意大利）

© Archivi Alinari, Firenze

p.292 圣费尔南多皇家美术学院（马德里 / 西班牙）

© Akg-images

p.294 同 p.220。© Scala, Firenze

p.298　卡匹托利尼博物馆

p.299　同 p.292。

地图制作:综合精图研究所（p.007，p.015，p.019，p.026，p.053，p.088，p.098，p.113，p.125，p.131，p.173，p.192，p.199，p.209，p.222，p.225，p.229，p.238，p.244）

图书在版编目（CIP）数据

罗马人的故事：全15册/（日）盐野七生著；计丽屏等译. -- 2版. -- 北京：中信出版社，2020.8（2025.1重印）

ISBN 978-7-5217-0750-2

Ⅰ.①罗… Ⅱ.①盐… ②计… Ⅲ.①古罗马—历史 Ⅳ.①K126

中国版本图书馆CIP数据核字（2019）第126892号

罗马人的故事（全15册）

著　　者：[日]盐野七生
译　　者：计丽屏　等
出版发行：中信出版集团股份有限公司
（北京市朝阳区东三环北路27号嘉铭中心　邮编　100020）
承 印 者：北京通州皇家印刷厂

开　　本：787mm × 1092mm　1/32　　印　　张：182.25　　插　　页：44　　字　　数：4 500千字
版　　次：2020年8月第2版　　印　　次：2025年1月第9次印刷
京权图字：01-2010-4502　　审 图 号：GS（2019）2414号
书　　号：ISBN 978-7-5217-0750-2
定　　价：760.00元（全15册）

货币反映国情

通过硬币看罗马帝国的变迁

（硬币以原尺寸大小刊印，标明尺寸者除外）

公元前 6 世纪至前 2 世纪共和政体的罗马及其周边国家的货币

公元前 6—前 5 世纪

铸有雅典娜女神的

希腊银币

公元前 4 世纪

铸有亚历山大国王的

马其顿金币

公元前 3 世纪

铸有坦尼特大地女神的

迦太基金币

公元前 3 世纪前后

罗马草创时期的铜币（宽 88mm，

高 193mm）正面（右）和背面（左）

公元前 3 世纪

铸有双面门神的罗马铜币

（直径 67mm）

公元前 3 世纪

铸有托勒密一世的埃及金币

公元前 3 世纪

铸有希腊神话中双子神狄俄斯库里兄弟的罗马德拉克马银币

公元前 3 世纪

铸有战神的罗马金币

公元前 3 世纪

铸有塞琉古一世的叙利亚银币

公元前 2 世纪

正面铸有朱庇特神、背面铸有罗穆路斯和雷穆斯兄弟的罗马银币

公元前 2 世纪

铸有米特拉达梯一世的帕提亚银币

公元前1世纪至公元6世纪罗马货币的变迁

公元前1世纪

尤里乌斯—克劳狄乌斯王朝

金币（奥里斯）

公元前50年前后的恺撒

奥古斯都
（公元前27年—公元14年在位）

银币（第纳尔）

公元前60年前后的庞培

公元前50年前后的恺撒
（直径19mm）

公元前80年前后苏拉发行的
铸有罗马女神的银币

奥古斯都

铜币（塞斯特斯）

恺撒与奥古斯都

公元前10年前后的杜路苏斯

公元前10年前后的阿格里帕

尼禄
（54—68 年在位）

克劳狄乌斯
（41—54 年在位）

卡利古拉
（37—41 年在位）

提比略
（14—37 年在位）

尼禄

克劳狄乌斯

卡利古拉

提比略

尼禄

卡利古拉

提比略

公元 1 世纪后半叶

弗拉维王朝

金币（奥里斯）

韦斯帕芗
（69—79 年在位）
（直径 19mm）

提图斯
（79—81 年在位）

图密善
（81—86 年在位）

银币（第纳尔）

图密善

韦斯帕芗

维特里乌斯
（69 年在位）

奥托
（69 年在位）

铜币（塞斯特斯）

韦斯帕芗

图密善

加尔巴
（68—69 年在位）

五贤帝时代

涅尔瓦
（96—98 年在位）

图拉真的生父与养父涅尔瓦
（98 年图拉真发行）

图拉真
（98—117 年在位）
（直径 19mm）

图拉真

涅尔瓦

图拉真

涅尔瓦

公元2世纪前半叶

五贤帝时代

金币（奥里斯）

安敦尼·庇护
（138—161年在位）

哈德良的养子
埃里乌斯·恺撒

哈德良
（117—138年在位）
（直径19mm）

银币（第纳尔）

安敦尼·庇护

哈德良

铜币（塞斯特斯）

安敦尼·庇护

埃里乌斯·恺撒

哈德良

康茂德
（180—192 年在位）

马可・奥勒留
（161—180 年在位）
（直径 19mm）

康茂德

马可・奥勒留

路奇乌斯・维鲁斯
（161—169 年在位）

马可・奥勒留

康茂德

路奇乌斯・维鲁斯

公元 2 世纪末至 3 世纪初

塞维鲁王朝 | **内乱时期**

金币（奥里斯）

塞普提米乌斯·塞维鲁
（193—211 年在位）
（直径 19mm）

狄第乌斯·尤利安
（193 年在位）

银币（第纳尔）

塞普提米乌斯·塞维鲁

亚尔比努斯
（193—197 在位）

尼戈
（193—194 在位）

柏提纳克斯
（192 年在位）

铜币（塞斯特斯）

塞普提米乌斯·塞维鲁

狄第乌斯·尤利安

公元 3 世纪初

亚历山大·塞维鲁

（222—235 年在位）

马克里努斯

（217—218 年在位）

卡拉卡拉

（211—217 年在位）

银币（安东尼）

埃拉伽巴路斯

（218—222 年在位）

盖塔

（211 年在位）

卡拉卡拉

（直径 19mm）

亚历山大·塞维鲁

卡拉卡拉

迷途时代

金币（奥里斯）

德基乌斯
（249—251 年在位）

阿拉伯人菲利普
（244—249 年在位）

戈尔迪安三世
（238—244 年在位）

银币（安东尼）

巴尔比努斯
（238 年在位）

普皮恩努斯
（238 年在位）

戈尔迪安一世
（238 年在位）

马克西米努斯 · 色雷库斯
（235 年—238 年在位）

埃米利安努斯
（253 年在位）

特雷波尼努斯 · 加卢斯
（251—253 年在位）

铜币（塞斯特斯）

德基乌斯

戈尔迪安二世
（238 年在位）

公元 3 世纪后半叶

克劳狄乌斯·塔西佗

（275—276 年在位）

克劳狄乌斯二世

（268—270 年在位）

加里恩努斯

（253—268 年在位）

瓦勒良

（253—260 年在位）

共治皇帝卡里努斯

（282—284 年在位）

和努梅里安

（282—283 年在位）

卡鲁斯

（282—283 年在位）

普罗布斯

（276—282 年在位）

高卢皇帝波斯图穆斯

（260—269 年在位）

弗洛里安努斯

（276 年在位）

奥勒良

（270—275 年在位）

昆提卢斯

（270 年在位）

高卢皇帝泰特里库斯

（271—273 年在位）

瓦勒良

公元3世纪末至4世纪初

复兴时代

金币（奥里斯）

君士坦丁
（307—337年在位）

马克森提乌斯
（306—312年在位）

君士坦提乌斯·克洛鲁斯
（305—306年在位）

马克西米安努斯
（268—305年，307—308年在位）

银币（安东尼）

君士坦丁

君士坦提乌斯·克洛鲁斯

戴克里先
（284—305年在位）
（直径19mm）

李锡尼
（308—324年在位）

铜币（富利斯）

塞维鲁二世
（306—307年在位）

伽列里乌斯
（305—311年在位）

金币（苏勒德斯）

君士坦丁皇帝及其继承者时代

君士坦丁二世
（337—340 年在位）

君士坦丁
（直径 19mm）

君士坦提乌斯二世
（337—361 年在位）

君士坦斯
（337—350 年在位）

约维安
（363—364 年在位）

尤里安
（360—363 年在位）
（直径 19mm）

尤里安

君士坦提乌斯二世

君士坦丁

（自公元 3 世纪中叶起铜币发行量减少）

公元 4 世纪后半叶至 5 世纪前半叶

金币（苏勒德斯）

瓦伦提尼安皇统

瓦伦提尼安二世

（375—392 年在位）

罗马帝国西部

格拉提安

（367—383 年在位）

罗马帝国东部

瓦伦斯

（364—378 年在位）

罗马帝国西部

瓦伦提尼安一世

（364—375 年在位）

西罗马帝国

霍诺里乌斯

（395—423 年在位）

东罗马帝国

阿卡狄乌斯

（395—408 年在位）

狄奥多西皇统

狄奥多西一世

（379—395 年在位）

（直径 19mm）

瓦伦提尼安三世

（425—255 年在位）

狄奥多西二世

（408—450 年在位）

银币（西里克）

阿卡狄乌斯

狄奥多西一世

瓦伦斯

（自公元 3 世纪中叶起铜币发行量减少）

公元 5 世纪后半叶

西罗马帝国最后的皇帝

塞维鲁三世
（461—465 年在位）

马约里安
（457—461 年在位）

阿维图斯
（455—456 年在位）

佩特罗尼乌斯·马克西穆斯
（455 年在位）

尤里乌斯·尼波斯
（474—475 年在位）

格利西里乌斯
（473—474 年在位）

奥利布里乌斯
（472 年在位）

安特米乌斯
（465—472 年在位）

罗穆路斯·奥古斯都
（475—476 年在位）

尤里乌斯·尼波斯

马约里安

塞维鲁三世

（自公元 3 世纪中叶起铜币发行量减少）

公元 5 世纪中叶至 6 世纪中叶

西罗马帝国终结前后的东罗马（拜占庭）帝国

金币（苏勒德斯）

阿纳斯塔修斯
（491—518 年在位）

芝诺
（474—491 年在位）

利奥
（457—474 年在位）

马尔基安
（450—457 年在位）

查士丁尼
（527—565 年在位）
（直径 19mm）

查士丁与查士丁尼
（527 年发行）

查士丁
（518—527 年在位）

银币（西里克、米里亚伦斯）

查士丁

利奥

查士丁尼

铜币（富利斯）

查士丁尼

公元 5 世纪至 6 世纪日耳曼人发行的货币

奥多亚克
（476 年前后）

根西里克
（455 年前后）

阿萨拉里克
（526 年前后）

狄奥多里克
（493 年前后）
（直径 19mm）

托提拉
（549 年前后）

狄奥达图斯
（527 年前后）

罗马货币的支柱

这是公元前 200 年前后的早期银币第纳尔。当时已经拥有铸造优质银币并使之广为流通的经济实力和技术能力。

公元前 1 世纪个人英雄主义趋势明显，人们开始在货币上刻铸执政者的肖像。恺撒以降，普及最高权力者的知名度成为一种政策。自开国皇帝奥古斯都起，皇帝的脸庞甚至出现在铸有罗马诸神侧面像的金币上。金币和银币的金属含量、厚度以及肖像雕刻等方面的质量，以看得见的形式反映了统治的稳定程度和国力、思想的变化。不久，罗马帝国开始衰退，货币的铸造技术也随之衰退。

ローマ人の物語

罗马人的故事

15

ローマ世界の終焉

罗马世界的终曲

[日]盐野七生 著 田建华 田建国 译

中信出版集团 | 北京

金币故事

一个民族的兴亡好似一个人从生至死。在写完一个民族的兴亡史之后，我深深地感到，亡国的悲剧并非由于人才的匮乏，而是缘于用人机制的失灵。

人才不只出现于鼎盛期，也出现于衰退期。人才也并非鼎盛期的就优秀，衰退期的就拙劣。在用人方面，鼎盛期和衰退期唯一的不同只是鼎盛期能够用好人，而衰退期却用不好人。

因此，我认为，亡国的悲剧可以说就是那些至死未能被用好的人才之悲剧。

写一个民族从诞生到死亡，在历史学上被称为写“通史”。我写着写着有件事情不会做了——我无法批判、裁定那些失败者。对那些生在空有一身能力却不知如何发挥的时代里的人，我们不能居高临下地批判他们，而只能将他们的故事如此这般地娓娓道来。这早已成为我面对历史人物的做法了。

盐野七生

2011 年初夏于罗马

CONOB

金币故事

出版社不会向人气很高的畅销书作家约稿写通史。因为通史是从诞生写到死亡，漫长的时间里既有时势好的时代，也有时势不好的时代。可是，读者中有人不愿看到时势衰退时代的到来，往往导致书的销量下跌。

福兮祸兮，我不曾做过人气高的畅销书作家。对于我这样的作家，不论你写什么，写多长，也不论因为载入许多地图等使书价昂贵，出版社都未予干预。这只是他们觉得销量尚差强人意，没有说什么而已。结果我便能写我之所想写，尽写我之所想写，地图和照片等得以大量载入书中。

从现在开始，您将阅读的是悲惨时代的罗马人的故事。当您并未放弃而读完故事时，我敢说，您会看懂罗马人之死。

盐野七生

2011 年初夏于罗马

CONOB

金币故事

在出版《罗马人的故事》丛书的时候，我希望让读者通过封面的人物肖像的变化来通观罗马史。而丛书封面上，我决定不用人物的肖像，而使用硬币图案。

我在这里想让读者关注的并不是货币的价值，这很难通过照片了解。我想让读者关注的是货币铸造技术的演变，这通过图片即可一目了然。读者一览本书所附的彩色硬币图谱就会了解到，铸造技术并非随着时代的逝去而发展。这一点实证了人类不一定随着时代的推移而进化这一事实。

在历史的长河中，既有进化的时代，也有退步的时代。如果没有面对这一切的思想准备，就不能玩味历史。我相信，没有“玩味”也就不能在真正意义上“得到教训”。

盐野七生

2011 年初夏于罗马

目　录

前　言

最古老的基督教堂——圣乔万尼大教堂坐落在罗马市区南端的拉特兰。公元 312 年，君士坦丁打败政敌马克森提乌斯，作为胜利者进入了罗马城。他最先建造的就是这座教堂。君士坦丁还建造了梵蒂冈的圣彼得大教堂，不过那已是在此 12 年之后的公元 324 年，在击败了残留的政敌李锡尼之后的事了。顺便提一下，君士坦丁是第一位得到基督教承认的罗马皇帝，因此他成了罗马帝国历史上第一位被尊称为“大帝”的人。圣乔万尼大教堂的建造比颁布承认基督教的《米兰敕令》仅早一年。

据说，基督教堂是建在誓死守教的殉教者墓地之上的，在被称为早期基督教时期的古代更是如此。圣彼得大教堂就建在被认为是使徒彼得殉教之所的梵蒂冈。圣保罗大教堂与圣彼得大教堂和圣乔万尼大教堂一样，同为罗马四大教堂之一，它也如其名——“城外的圣保罗大教堂”（Basilica di San Paolo Fuori le Mura）——所示的那样，是建在相传为保罗殉教处的城墙外大道旁。

然而，圣乔万尼大教堂却不一样。与城墙相接的拉特兰一角曾是马克森提乌斯皇帝麾下骑兵团的军营。马克森提乌斯在与君士坦丁的

现在的拉特兰的圣乔万尼大教堂

权力斗争中失败。摧毁反基督教仇敌的势力地盘，并在其上建造基督教堂，这是无与伦比的政治人物君士坦丁在以胜利者的姿态向马克森提乌斯派的罗马公民示威，也像一年后颁布《米兰敕令》的前奏曲。

这样一来，圣乔万尼大教堂就不是一座普通的教堂了，它是皇帝君士坦丁送给罗马主教的主教教堂，是指引“羊群”（信徒）的“牧羊人”的官邸和公馆。当时的罗马教皇于公元 314 年墙壁未干就早早地住了进去。此后 1 000 年间，圣乔万尼大教堂一直都是罗马教皇的居所，直到 14 世纪初发生以“阿维尼翁之囚”闻名的法国国王绑架教皇事件为止。

“阿维尼翁之囚”事件结束以后，教皇的居所迁到了圣保罗大教堂，但圣乔万尼大教堂作为罗马主教教堂的地位至今未变。罗马教皇同时也是罗马的主教，这个兼职至今仍在延续。事实上，教皇当选后最先去的地方就是圣乔万尼大教堂。

圣乔万尼大教堂已经历了 1 700 年的沧桑岁月。它在漫长的岁月中几经改造也是很自然的事。我们现在看到的教堂不论是外观还是内部，满眼都是 18 世纪巴洛克风格的威容。既然是教堂，那就是祈祷的场所，做弥撒的场所，也是举行洗礼、葬礼、婚礼等各种仪式的场所。如今，由于教堂正殿过大，朝拜者和观光客络绎不绝，往日教皇公馆的一部分好像也用于私人仪式了。在一次出席朋友女儿的婚礼时，我看到了一段文字。

对与新郎、新娘没有亲近关系的人来说，婚礼不会有什么特别的感慨之处。举行仪式的小型礼拜堂不常对参观者开放，一任好奇心的驱使，我将视线投在了墙面上。这时，面对祭坛的右侧墙壁上的文字映入我的眼帘：

CHRISTUS VINCUT
CHRISTUS REGNAT
CHRISTUS IMPERAT

就我这拉丁语翻译的水平，老师是一定会打红杠杠订正的。不过这些文字的意思是：

基督胜利了
基督君临了
基督统治了

我听不进祭司的说教了，满脑子都被某种思绪占据：如果把"CHRISTUS"替换成"ROMANUS"，那意思就变成了：

罗马人胜利了

罗马人君临了

罗马人统治了

主语改变了，战胜了谁，如何君临，用什么方法统治，当然也就改变了。我想，这些不同点不正是划分古代与中世纪的分水岭吗？

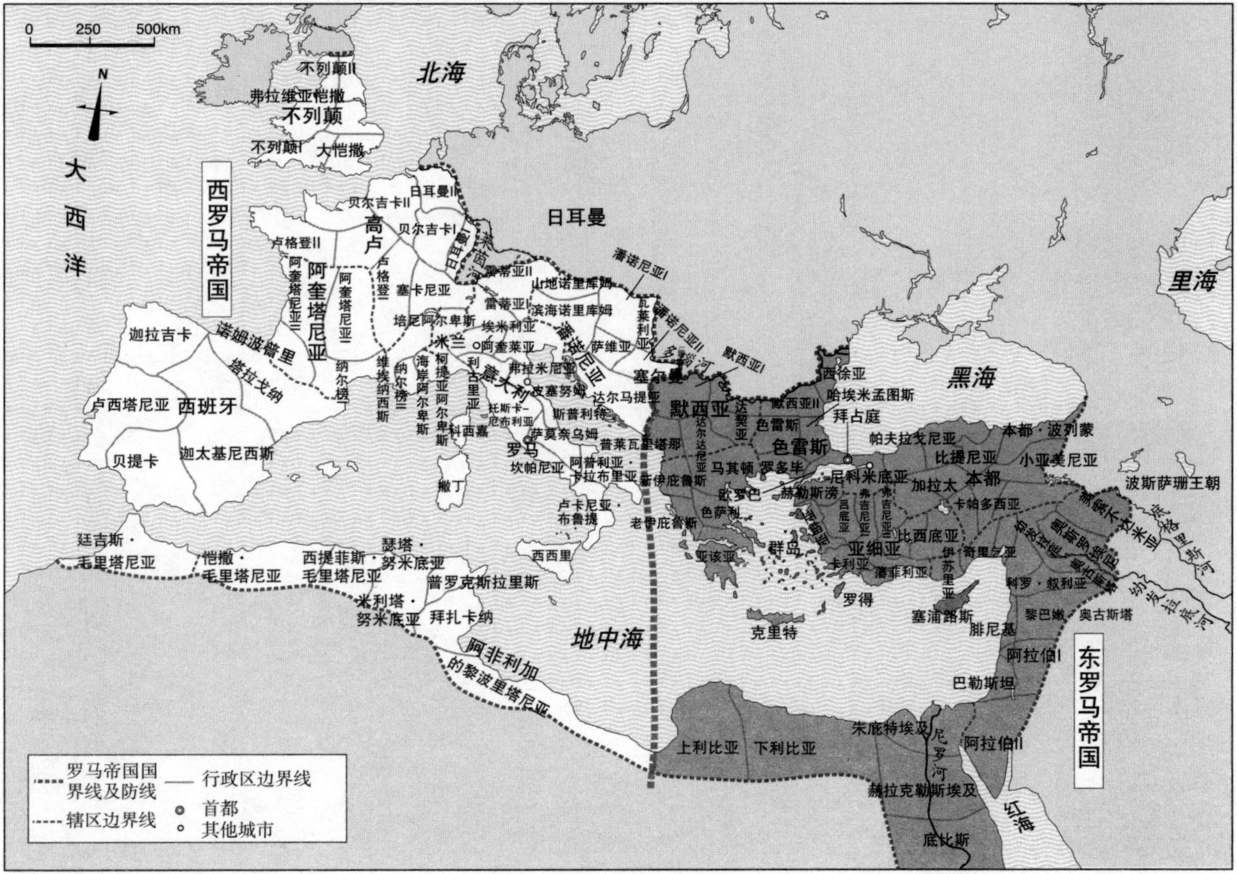

东西分裂后的罗马帝国版图

第一章　最后的罗马人
（395—410年）

斯提利科

东西分裂

公元395年1月，罗马皇帝狄奥多西去世，享年48岁，在当时也算是早逝。他不是战死，也不是被刺杀，而是病逝。在位的最初4年，他和格拉提安皇帝分治帝国东西，而接下来的12年，实际上由他一人统治。他的早逝是从事繁重的公务长达16年的结果。“皇帝”（Imperator）原本是授予承担率军保卫国土的“凯旋将军”的尊称。狄奥多西是最后一位无愧于这一称号的罗马皇帝。这16年来，广袤的罗马帝国从东到西，一旦有敌人来袭，他就要率军驰骋沙场。他病逝在米兰，是因为直到前一年的秋天，他都一直在指挥讨伐高卢王位篡夺者的战争。他死在1月，可能是他进入冬营地后突发劳疾的结果。

但是，为保国安民不惜亲自率军征战，这实在是非常罗马式的想法。在君士坦丁因承认基督教而获得“大帝”尊称之后，狄奥多西也被称为“大帝”，理由是他也为基督教的振兴尽了力。

君士坦丁是公元4世纪初的人，因至少在原则上像对其他宗教一样承认了基督教的信仰而被尊为“大帝”。而狄奥多西是公元4世纪末的人，他不承认并且彻底排斥、镇压一切异端异教，是强行推行一神教思想的“大帝”。影响巨大的米兰主教安波罗修实在是一位有能力的“牧羊人”。他在狄奥多西的葬礼上如是说教：

皇帝狄奥多西没有死！他附体在两个儿子身上。即使在天上，父亲的眼睛也会片刻不离地注视着地上的儿子，并保护着他们！将士们、公民们都要像对待先帝那样为两位年轻的继承者竭尽忠诚！

继承狄奥多西皇帝的是长子阿卡狄乌斯和次子霍诺里乌斯。阿卡狄乌斯 18 岁，霍诺里乌斯只有 10 岁。除了这两人之外，狄奥多西与和他一起当了 4 年皇帝的格拉提安皇帝的异母妹妹加拉之间还生有一个女儿。父亲去世时这个皇女才五六岁。

公元 395 年，伴随着狄奥多西之死，罗马帝国分裂成了东罗马帝国和西罗马帝国。这是历史上的定论，但这只是结果。我认为，狄奥多西起初并没有把帝国分裂为东西两部分，分别传给长子和次子的想法。

分治东西是从公元 3 世纪末“四帝共治制”时代就已开始的统治方法，这是在周边各蛮族一同入侵的时代用以应对外敌的苦肉计。因此，可以说狄奥多西把阿卡狄乌斯放在东部、把霍诺里乌斯放在西部的本意并不在于把帝国一分为二，变成东罗马帝国和西罗马帝国，而在于延续东西分工负责的传统做法。也许他认为，亲兄弟之间的分工应该比外人更能发挥作用。

事实上，狄奥多西皇帝临终时把两个儿子托付给了将军斯提利科一个人。如果他真有意分割帝国的话，就应该把两个儿子分别托付给不同的武将。这不正是狄奥多西生前并没有想过自己死后要把罗马帝国一分为二的证据吗？

但狄奥多西的遗志最终并未得到继承，罗马帝国的统治并未变成

狄奥多西王朝世系图（主要人物）

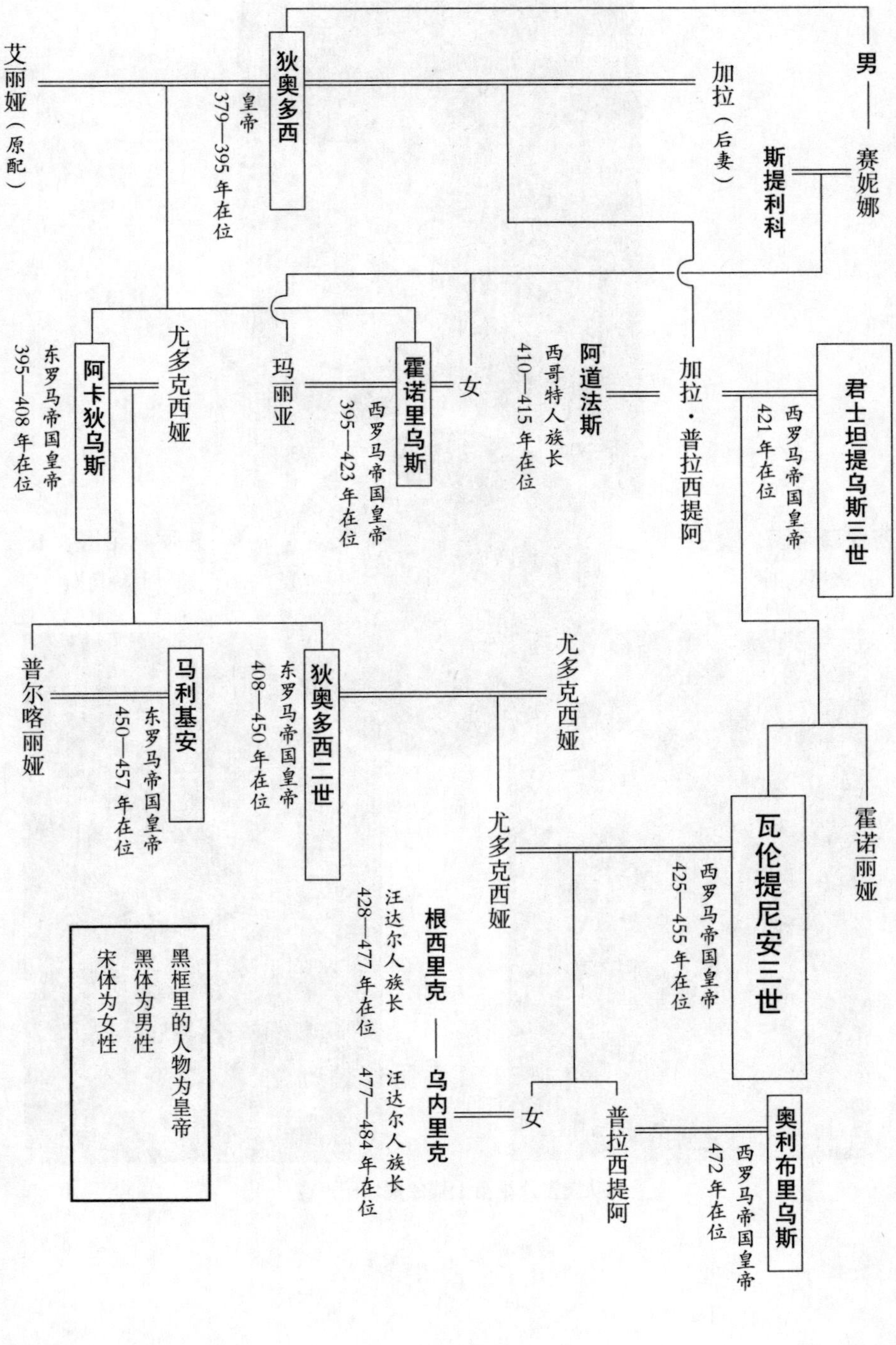

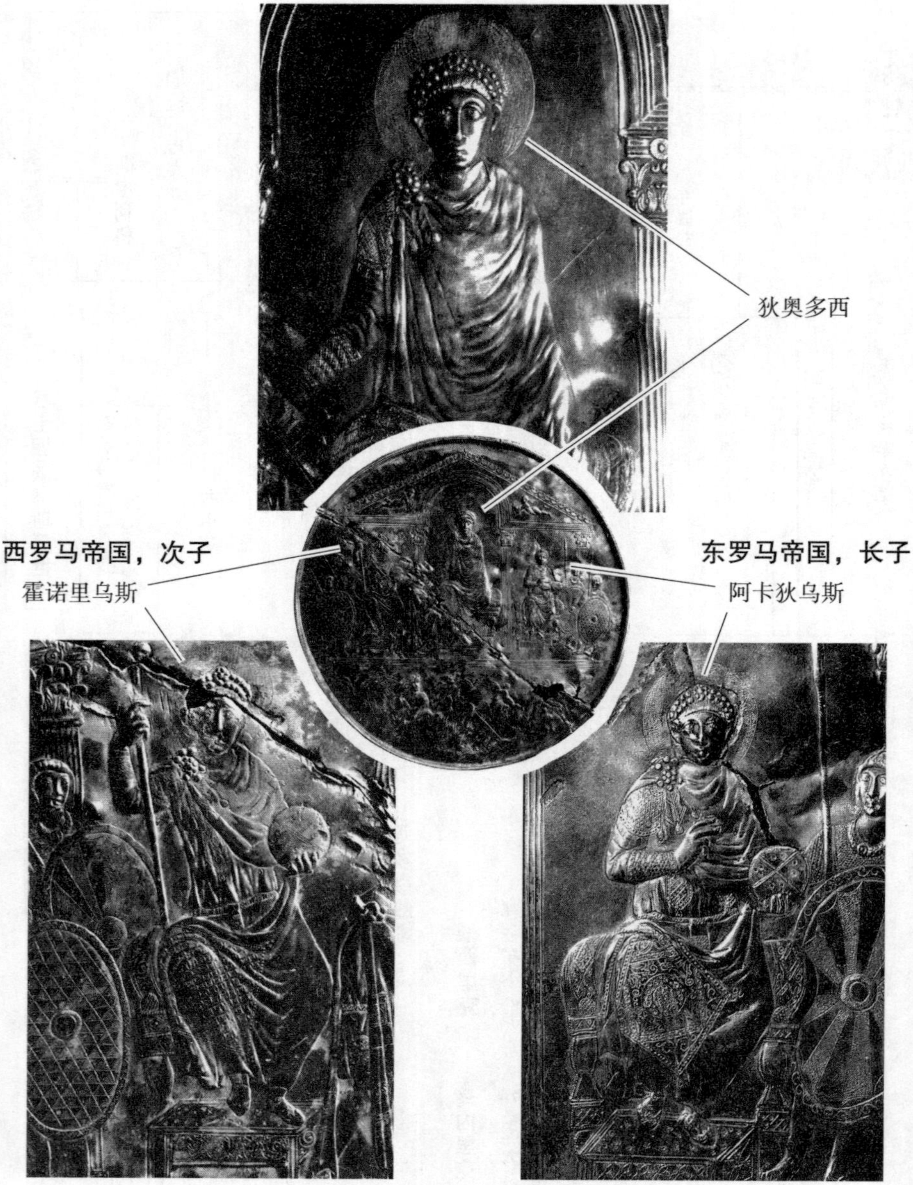

狄奥多西银盘上描绘的父子形象

分工制，而是走向了分裂。个中原因是：第一，即使是亲兄弟，关系也未见得就好；第二，西征前受托统治东部的长子阿卡狄乌斯的心腹之中，有很多高官希望从西部分离出来。但是，臣子必须首先遵从先帝的遗志。因此，帝国并不是在狄奥多西死后立即分裂的。东西罗马帝国的分裂起初是在暗中进行，是以渐进的方式逐步形成的。然而，这给当事人带来了许多不幸，其原因是在混沌不清的状态下行动时，双方极易发生误解。

狄奥多西虽然是一个热心的天主教徒，但他也是当了16年皇帝的人。他一定认为，死后仅仅通过主教之口给两个儿子带来神的恩宠，或是仅靠自己在天之眼的监督是不够的。于是他把两个儿子托付给了既有才干又忠心耿耿的左膀右臂斯提利科。

意大利罗马史研究者帕里贝尼这样评论18岁的阿卡狄乌斯和仅有10岁的霍诺里乌斯：

> 他们常年生活在宫廷里，远离民众，与民众没有任何接触。士兵们从未见过自己的最高司令官驱马统军。兄弟两人能即皇位，理由只有一个，那就是因为他们是先帝之子。

阿卡狄乌斯担任东罗马帝国皇帝13年，而霍诺里乌斯稳坐西罗马帝国皇位长达28年。可以想象，现世的最高权力者因神愿而能占据皇位，这种基督教的“君权神授”说对统治者是多么有利。已经不再是以前由精英荟萃的机构元老院和拥有罗马公民权的民众委托皇帝行使权力的时代了。

狄奥多西在位16年，几乎都是在统军作战。他也许生前就看透了两个儿子的天资并不适合领军打仗，这才在死前把他们托付给了斯提利科将军。可是斯提利科的出身门第在罗马史上并无来头。他是汪达尔人，在当时的罗马人眼中是蛮族出身。

罗马人与蛮族

公元 5 世纪是罗马帝国的最后一个世纪。这是一个“蛮族人”（barbarus）的重要性剧增的时代，不论这蛮族是不是日耳曼系。被统称为“barbarus”的蛮族人有三种类型：

第一种，出身于蛮族，至少从在罗马军队中从军的父亲一代就开始了与帝国的关系，可能还利用父亲的罗马公民权以及通过父亲获得的人际关系，在罗马帝国内部有了丰富的经历。模仿第二代移民的说法来说，他们该是第二代蛮族人吧。

第二种，从未离开自己出身的部族而一直担任统率同胞的部族长，但本部族与罗马帝国结成了“友好同盟”关系。所谓“友好同盟”，是指当时盛行的拉丁语“foederatus”的直译。

这种同盟关系是建立在下面这种约定之上的：罗马在帝国领域内给蛮族人居住地，而蛮族人要与罗马军队共同战斗，击退来犯的其他蛮族人。因为是一种佣兵关系，所以罗马方面要付军饷。蛮族人则因居住地和军饷得到保障而不再侵犯和掠夺罗马领域内的其他地域。

罗马帝国在势压周边的时代，经常可以看见蛮族人在皇帝亲任总指挥的军中从军。不过，那个时代不需要给予与罗马士兵一同作战的蛮族人集体聚居地，何况他们又约定不侵犯和掠夺罗马领域内的其他地域，不论是罗马人还是蛮族人，压根儿不会多虑。公元 3 世纪前的罗马和公元 4 世纪后的罗马，虽都称为罗马帝国，内在实质却有非常

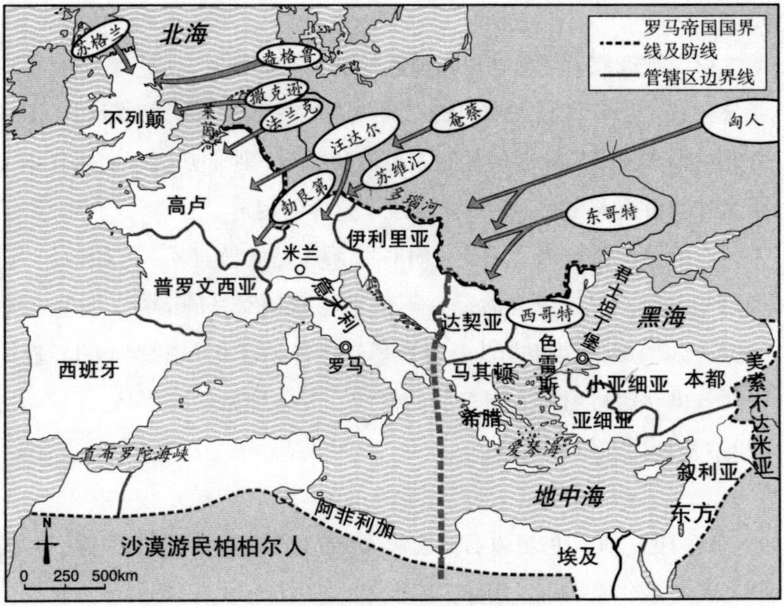

公元 4 世纪末的蛮族分布

大的不同。一言以蔽之，在公元 4 世纪以后的罗马史中，罗马人和蛮族人的地位已经攻守互易了。

第三种，对他们而言，罗马帝国只是侵略和掠夺的对象，所以与罗马的关系实在是很淡薄。他们来犯，掠夺财物，然后撤退。可是后来，他们来犯，蹂躏之后却久待不去，这对罗马来说就很难对付了。罗马人曾经遭到远自亚细亚西进而来的匈人的驱赶。匈人就属于这第三种非日耳曼系蛮族人。

到了这样的时代，宗教信仰上的不同就具有了重大意义。

在属于第一种蛮族人中，很多人是天主教派的基督教徒。这一教派亦称“三位一体教派”，在君士坦丁大帝主持的尼西亚公会议上被定为正统。

第二种蛮族人是由阿里乌斯派的基督教徒抱团而成。大概在尼西亚公会议之后，该教派被打成“异端”，其宗教活动受到阻碍。不仅如此，很多阿里乌斯派的神职人员遭到驱逐。他们热衷于向居住于帝国之外的蛮族人布教，因而才形成了这样的情形。

而第三种蛮族人，无论是日耳曼系还是亚细亚系，“异教徒”是他们的共同点。这些异教徒并不信奉希腊和罗马的诸神。日耳曼系的蛮族人继续信仰自古以来的日耳曼诸神。在北方蛮族人的异教徒之间，仍然流行用活人当祭品的做法，而这种做法因罗马人的厌恶，700年前即已在罗马绝迹。

我们把公元4世纪以后的蛮族人分成了这三种类型，但这三种类型后来并非一成不变。比如，属于第二种蛮族人的部族长，一旦因为某种原因心怀不满，就会摇身一变而为第三种蛮族人。这种事情时有发生。此外，原来的第三种蛮族人被赶出家园后，因无家可归而转为第二种的情况也不在少数。

所谓亡国，并不是默默地过日子，静静地面对国家末日的到来。正像被狂风掀起的巨浪，前后左右相互碰撞，扬起泡沫一样，亡国就是社会不受控制地汹涌流动的结果。尽管可能意识到这三种蛮族人在性质上有所区别，但这个帝国最后的主角大多有“蛮族人”的共性。

斯提利科将军

斯提利科属于被称为“罗马化的蛮族”的第一种蛮族人。他的父亲是汪达尔人，但母亲是罗马人。说不定斯提利科的母亲还是在“罗马统治下的和平”时代来到帝国边境附近定居的罗马人农庄主的子孙。罗马人自古并不反感与异族通婚生的混血儿。不过，昔日多是像图拉真皇帝那样的由罗马人官兵与异族女子结婚生下的混血儿。而公元4世纪以后，蛮族男子与罗马女子的结合占了绝大多数。这方面也是“攻守互易”了。

可是，罗马社会是父系社会。即使母亲是蛮族人，只要父亲是罗马人，他们的子女也就是罗马人。但如果母亲是罗马人，而父亲是蛮族人，他们的子女最终还是蛮族人。因此，即使给他冠以弗拉维乌斯·斯提利科这样一个罗马式的名字，也没有人把他视为罗马人。圣哲罗姆是意大利本土出生的罗马人，长年居住在巴勒斯坦地区，留下了拉丁语《圣经》译本和众多研究著作。他虽然没有把斯提利科定为“蛮族人”，却把他写成了“半蛮族人”（semi-barbarus）。这两人虽然栖身于不同的世界，却是同时代人。

然而这个“半蛮族人”却被后世的史学家们称为“最后的罗马人”，这多少有些讽刺的意味。话虽如此，如果尤里乌斯·恺撒以及其后的元首制时代的皇帝们知道了这一情况，又会做何评论呢？他们可都是毫不犹豫地起用、用好异族人才的皇帝。也许他们会说，帝国虽已日薄西山，唯有这样称呼，才能与多民族国家的罗马相称。

然而，斯提利科对帝国末期的罗马人而言终究是“蛮族人”，所以并未留下他出生在哪里的记录，只知道他的生年是公元360年前后。父母亲的名字也不为人知，人们只知道他的父亲从瓦伦斯皇帝时代起就在罗马军中统领骑兵团了，还有就是他的母亲是罗马人。尽管斯提利科不是军团司令的儿子，母亲也不是罗马名门之女，他这个“半蛮族人”却早早地崭露头角。他不是从军团中摔打锻炼出来的，军团出身的人在处于他那种环境而崭露头角的人物当中比较多见。他也没有在宫廷内部积累起行政官僚的深厚履历。实际上，完全没有人知道这位“半蛮族人”在23岁前的这段时间里究竟生活在哪里，做过何事。不过，他在这个时期得到了狄奥多西皇帝的认可，这可是事实。他并不缺少机会认识很长时间都与部队在一起的狄奥多西和他麾下将军的子弟。

只闻其名就可知道，这个汪达尔人出身的年轻人并不是罗马人。他在公元383年，即23岁那年走到了前台。这个年轻人的身影出现在派往与波斯交涉互不侵犯协约的使团里。有研究者认为，他是狄奥多西亲自任命的。如此年轻，大约不会位居首席吧。然而，正是这个23岁的年轻人，率领着全是由年长高官组成的使团，完成了这次困难的交涉。

在外交交涉中，需要使节在与对手之间寻找妥协点的灵活性。但是，一旦到了不可退让的底线，决不退让的毅然决然的态度也不可或缺。从那次出使以后，“灵活”和“毅然决然”就成了同时代人提到斯提利科时用的形容词。未做多大让步就与东邻的大国波斯达成了互不侵犯的约定，即使在问题较少的时期，这对罗马帝国而言也属难能可贵。这一年正是负责帝国西部的格拉提安皇帝被杀的年头，整个帝国的防御都落到了狄奥多西一人身上。难怪皇帝会喜形于色地迎接缔结协约后回到君士坦丁堡的斯提利科。

斯提利科一回来，狄奥多西皇帝就任命他为“近卫军长官”（Comes Domesticorum），作为对他功劳的回报。这已是格外提拔了。狄奥多西又把斯提利科迎进了皇帝家族。

狄奥多西有一个弟弟，去世后留下一个女儿。皇帝便把这个姑娘赛妮娜接到身边抚养。赛妮娜在君士坦丁堡的宫廷里宛如皇帝的女儿一般成长起来。那时，狄奥多西亲生的女儿加拉·普拉西提阿还没有出生。

狄奥多西皇帝正式收赛妮娜为养女，把她当作自己的亲生女儿嫁给了斯提利科。蛮族出身的年轻人就这样成了现任皇帝的家庭成员之一。罗马时代管这种关系叫“parens”（亲戚）。这个词是意大利语“parente”和英语“parent”的词源。在已经变成绝对君主政体的罗马帝国后期，成为君主的亲戚是超越私人意义而具有公共意义的事情。

皇帝与这个蛮族出身的年轻人之间在年龄上有13岁的差距。从心心相印的心态看，他们并不是父子关系，而更像年轻的伯父与侄子的关系。狄奥多西把侄女收为养女，又把她嫁给了斯提利科为妻，所以两人之间实际上也是伯父与侄子的关系。不光在“血缘”上，在“心态”上也成为“亲戚”了。当时狄奥多西36岁，斯提利科23岁。

被皇帝嫁给蛮族人为妻的赛妮娜和伯父一样出生于西班牙。她是一位苗条的美女，知书达理，直言不讳。在东方色彩浓厚的君士坦丁堡宫廷里，她是一位特异的女性。

在中近东、埃及和希腊出身的男子中间，斯提利科也独具异彩。他从父亲一方的日耳曼民族血统中继承了高大结实的体格，从母亲一方的拉丁民族血统中继承了品格高尚、气质开放和举止大方的风格。从斯提利科和赛妮娜后来的生活可以看出，两人之间存在着一种超越政治的男女之爱。这次婚姻留下了两个女儿和一个儿子。

儿子希拉克略跟狄奥多西皇帝的次子霍诺里乌斯年龄相仿，感觉上就像是皇子的同学。霍诺里乌斯出席的庆典他也会出席。霍诺里乌斯的母亲早逝，斯提利科的妻子赛妮娜似乎还代为照管过他。

当上近卫军长官以后，斯提利科便跟随狄奥多西四处奔波。跟在长期征战沙场的狄奥多西身边年头久了，没有从军经验的斯提利科也必不会缺少学习一般军事的机会。他积极参加实际战斗。28 岁那年，在与杀害格拉提安、篡夺皇位后统治高卢的马克西穆斯的战斗中，他受命率领的一支部队成为那天取胜的主要力量。罗马在迎击再次大举进犯的西哥特人的战斗中取得了辉煌战果，成功击退了来犯之敌，斯提利科居功至伟，那年他 31 岁。

狄奥多西皇帝提升斯提利科为“大元帅”（Magister Militum）之一。“大元帅”可以位列罗马帝国末期的“主角”行列，不仅可在最高司令官皇帝担任总指挥的战役中独当一面，很多时候都会担任皇帝派遣军的总指挥。以他的地位可以统率万人规模的兵士，是主力军的最高长官。皇帝给年方 30 岁且蛮族出身的年轻人如此待遇，只能说是破格拔擢。

谁都看得出，如此的晋升靠的是实力，但即便如此也会树敌。在帝国东部的首都君士坦丁堡的宫廷里，越来越多的高官对斯提利科心怀反感。如果用图来示意，我想大概会如下图那样。君士坦丁堡的宫廷受到东方专制君主宫廷的强烈影响。宫廷中的很多部门可以说就是官邸。很多官僚在那里负责行政工作。其中宦官（Eunuchus）为数不少。作为官邸的皇宫“深处”是皇帝一家的私人专用区域，在那里工作的人，如果是男性，可以说全部是宦官。

本来，行政人员对军事人员就有成见。如果行政人员是宦官，这种倾向就会更加明显。所谓宦官，就是被阉割的人，使其失去生殖能力，在宫廷内侍奉帝王，这与同性恋还不同。具有男子汉气概的男人不是宦官憧憬的对象，而是嫉妒的对象。嫉妒就是对比自己优越的人心怀憎恶。

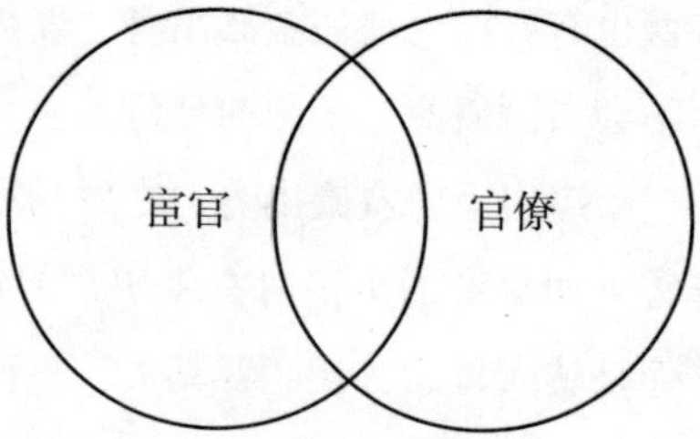

皇帝狄奥多西不论是从征战的需要还是从他的本性来看，都不会被深宫旋涡般的阴谋要弄。斯提利科也是跟随皇帝离开君士坦丁堡的时候多。他之所以没有直接陷入宫人们的反感和嫉妒之中，是因为在宫中的妻子赛妮娜利用自己是皇帝的养女以及代行皇位继承人母亲的角色，起到了“盾牌”的作用。

监护人

12 年就这样过去了，时光到了公元 395 年，这是决定斯提利科命运的一年。

狄奥多西进入冬营地时似乎悟到自己的死期已近。他做的第一件事就是任命斯提利科为“联军总司令”（Magister Utriusque Militiae）。“大元帅”有数人，可联军总司令整个帝国只有两人，另一人负责与波斯接壤的帝国东方的防御。接着，狄奥多西把两个儿子和他们即将肩负的罗马帝国托付给了将要迎来 35 岁的“半蛮族人”斯提利科。

这两件事是狄奥多西在围满将军和高官的病榻上办的。这样做既是为了向他们显示这是正式决定，是遗言，同时也是为了让将军和高官们为他给斯提利科的遗言当证人。

我认为狄奥多西对斯提利科是真心信任和期待的。不过，狄奥多西也有心计：就凭蛮族出身，斯提利科再守信义、再有能力，恐怕也不会去觊觎罗马帝国的皇位。

事实上，蛮族出身、在罗马军队里得到擢升的武将发动叛乱、杀害上司皇帝的事情时有发生，但这时他们往往也不是自己登上皇位，而是转入幕后，让“罗马人”自己去登皇位。那个时代，蛮族人想名副其实地成为最高统治者还是有强大阻力的。在这种情况下，斯提利科是托付两位皇子的理想人物。

其实，在公元395年1月17日，狄奥多西去世前嘱托后事时，斯提利科已经把罗马全军中数量众多的精锐部队置于自己的指挥之下。皇帝狄奥多西在决心一扫帝国西部之敌而整编部队时，趁着与波斯关系良好，从驻扎在帝国东方的将士中选拔优秀人员，掺入驻扎在西方的将士中，让他们一同作战。这些军队就这样被就任“联军总司令”的斯提利科接收了。

这样，斯提利科在公元395年掌握了当时罗马帝国最强的军队。这支军队正式的最高司令官是两位皇帝，一位18岁，另一位才10岁。只要斯提利科有心踢开18岁和10岁的皇帝，攫取皇位也有可能。至少把10岁皇帝分治的帝国西方弄到手，是确乎无疑能够办到的。这一年，斯提利科35岁，他还握有在这种情形下行之有效的王牌——先皇的养女赛妮娜是他的妻子。但斯提利科没有这样做，就连试探性的微细动作都没有。

这种男人不可能没有对他占据的地位和拥有的权力感到不快的敌人，而另一方面却又多有仰慕者相助。总之，他是一个能让其他男人敬佩的男人的典型。生于埃及的诗人克劳狄安就对这位斯提利科敬佩之至。

“现场见证人”

提到“诗”（poema），会有许多现代人认为，那就是作者主观叙述自身感动和情绪的韵文文学作品。于是，“诗人”（poeta）就是要弄用韵抒情诗的人。不过，所谓“诗”，原本是由抒情诗、叙事诗和诗剧构成的文学样式，不是仅有抒情诗才叫作“诗”。在古代，在剧场里表演的悲剧、喜剧也被视为“诗”的正统领域。换言之，所谓诗人，可以说就是选择以文章作为表现手段的人。克劳狄安尽管出生在埃及，热爱的却是希腊人荷马和罗马人维吉尔，而他们都是叙事诗人。

克劳狄安的生年不详，但他的创作活动期集中在公元 395 年到 404 年之间。可以想象，他与斯提利科是同时代人，或是介于狄奥多西与斯提利科之间的一代人。他的作品几乎全是讲述斯提利科的，但读不出年轻男人讲述年长者的味道，也看不出所谓宫廷诗人为谄媚主人而写作的文笔。斯提利科对这位诗人而言，是一位与蛮族出身等无关的英雄。对出生于埃及却坚信自己是罗马帝国公民的克劳狄安来说，斯提利科是保卫自己国家的“罗马帝国最后的盾牌”。

钟情于作品主人公的作者创作的作品缺乏客观性，这种评论应有几分正确。不过，如果诗人克劳狄安没有写给我们什么东西的话，背负逆贼的污名去世的斯提利科在历史上的评价，就只能有反对者一方的说法了。在给后世留下己方的而不仅仅是敌方的信息方面，克劳狄安的著作起到了中和的作用。不管怎么说，从公元 395 年到 404 年这 9 年间，克劳狄安的确一直跟随在这个时期的主人公斯提利科身边，是这位蛮族出身的将军所作所为的“现场见证人”。

狄奥多西皇帝死在米兰。公元 4 世纪的皇帝们把罗马帝国西方的大本营放在米兰，而不是罗马，其理由有二：

第一，蛮族的入侵多在莱茵河和多瑙河流域，率军赶赴延伸到两河中游的帝国防线，驻扎在位于意大利北部的米兰要比驻扎在位于南部的罗马更加有利。

第二，公元 4 世纪以后的皇帝们已经成为基督教徒。对他们而言，无论怎么说，罗马城的异教色彩都过于浓厚。

总之，他们都出生成长在帝国的“行省”。尽管伦敦、巴黎、维也纳、贝尔格莱德等后世都发展成为一国的首都或主要城市，但在罗马时代只不过是下属行省的地方城市。我有时会琢磨，如果只认识这些城市的人造访罗马，会生出怎样的感慨?！

在现代，这些城市都在精心地注意发掘保存那些罗马时代的遗迹。我每当看到这些遗迹总是感到，被称为“世界之都”的罗马与帝国的那些行省城市之间，在城市的规模和水准方面有巨大落差。这就类似于美国人从蒙大拿和俄亥俄的乡下走出来站在纽约曼哈顿时怀有的那种感慨。

按照常理，成为基督教徒之后大可去厌恶、蔑视过去基督教徒的敌人罗马了，可是人们做不到。罗马实质上已不再是首都，但它的存在感依然是压倒性的。到了帝国末期，罗马城年久失修，曾经的壮丽在依旧强烈的阳光下暗淡下来。可是自建造当初开始，罗马就是那样的罗马，建城就要漂漂亮亮、一丝不苟。公元 4 世纪中叶，君士坦丁皇帝驾临罗马后也惊得无话可说。即使到了帝国末期，罗马仍是异教文明首屈一指的都市。作为基督教徒，皇帝们也许都感到了罗马文明的强大压迫感。这些皇帝只是在举行非基督教式的凯旋仪式时才会移足罗马。

与罗马不同，意大利北部城市米兰就没有这种压迫感。帝国末期的米兰在才情横溢的领袖米兰主教安波罗修脚下，已经成为热情的基督教徒们的城市。对身为基督教徒的皇帝们而言，难道这里不是一座远比罗马更亲切的城市吗？

10岁丧父登上皇位的霍诺里乌斯也把皇宫安在了米兰。少年皇帝监护人斯提利科自然也把大本营放在了米兰。妻子赛妮娜也从这时开始离开君士坦丁堡，住到了米兰。可是，这也使得再也无人可以制止东方首都君士坦丁堡宫廷里反斯提利科派的行为了。失去了皇帝狄奥多西这位镇国之主，18岁的新皇帝又不问国事，从官僚层爬上来的宰相鲁菲努斯开始在君士坦丁堡的宫廷里肆意弄权。

西哥特人

有实力的皇帝死后，取而代之的是没有业绩和任何作为的新皇帝，这对企图入侵的人来说是个好机会。公元395年春，先皇死后不到三个月，西哥特人便早早行动了。

进入公元4世纪以来，哥特人屡屡侵犯罗马帝国的领土。世纪进入尾声的时候，哥特人分为西哥特人（Visigoto）与东哥特人（Ostrogoto），分别由两位领袖率领。西哥特人是罗马帝国的“友好同盟”，率领西哥特人的是阿拉里克，他曾在罗马军队里打过仗。既然有同盟关系，照理是不该侵犯同盟方的，但蛮族就是蛮族，一有机会就轻易撕毁协约。他们不在指定居住地色雷斯地区从事农业，而选择了掠夺这种快捷的赚钱方式。奸诈狡猾的阿拉里克避开斯提利科统率的罗马军驻扎的西部，把目标集中在已将精锐派至西部而防御薄弱的东部。他们离开多瑙河下游沿岸的色雷斯北部，大举南下。

南下宛如雪崩海啸。城寨、堡垒连准备迎战的时间都没有，就被打垮摧毁。历史研究者中有人主张，这种现象不是蛮族侵犯，而是民族大迁徙。但有如此暴戾的“迁徙”吗？

蛮族很少只以战斗人员——士兵来犯，几乎是以包括妇孺老人在内拖家带口的家庭集团形式来犯。这不同于只用战斗人员前来迎战的罗马军。当然，在战场上只有男人相向而战，家属则在后方，把货车摆成圆形，人在中间等待。

但是，家属只有两军布阵会战的时候才在后方待命，刚开始袭击或会战胜利后，妇孺老人也都积极参与杀戮和掠夺。人们很容易认为，这些羸弱人群的杀戮行为造成的牺牲和掠夺造成的损失都很小，但实际情况绝非如此，经常是妇孺的残酷甚于大男人。再者，士兵要听从指挥官命令，只要指挥官愿意，局面仍可控制。但女人、孩子不受这种束缚。这帮人在族长统领之下，其暴虐行为很难控制。

话虽如此，既然有妇女儿童，牺牲于罗马军队迎击之下的人中，他们的比例就会更多。不过，文明之人才会敏感于人的牺牲，而非文明之人常常对此无动于衷。这是蛮族的特质之一，也是他们凶悍的原因之一。所谓罗马帝国末期的“民族大迁徙”，就是由这样的一群人如此进行的。

考虑到他们携家带口的情形，阿拉里克率领西哥特人南下的速度是相当快的，迁徙未携带家当和牲畜，需要什么就抢什么。很快，位于现在保加利亚一带的色雷斯和达契亚全境遭到蹂躏，连现今土耳其西部的重要城市哈德良堡也被占领。罗马时代，哈德良堡这个取自建城皇帝之名的城市到君士坦丁堡的距离，沿古代“高速公路”罗马大道只有不到 200 公里。通往东罗马帝国首都的大门洞开。

同一时期在帝国西部，斯提利科为使新老皇帝的更迭不被蛮族利用，正在奔赴莱茵河上游地带，建立防御体系。在这里，斯提利科收到了巴尔干地区的重镇哈德良堡落入西哥特人之手的消息。他立刻把部队一分为二，让第一军留下继续建立高卢的防御体系，自己只率领由狄奥多西从东方带来的士兵组成的第二军奔巴尔干地区而去。

斯提利科已经被狄奥多西皇帝任命为“联军总司令”。这位 35 岁的武将认为，不仅帝国西方，东方的防御责任也落在了自己的肩上，与西方邻接的巴尔干地区就更是如此。他不等身在君士坦丁堡的皇帝阿卡狄乌斯发号施令就奔赴了巴尔干地区，因为他坚信这是自己当然的职责。

斯提利科和阿拉里克并非互不相识。这不是斯提利科的血管里流着汪达尔人的血而阿拉里克是西哥特人出身的缘故，而是因为阿拉里克曾率领过“友好同盟”西哥特的汉子们在狄奥多西手下从军。这位西哥特人头领的生年不详，但从死亡年份倒推，我想他与斯提利科应为同一代人。

这年初夏，在亚得里亚海沿岸城市萨洛内附近的平原上，这两个男人展开了正面对决。斯提利科始终占据优势，推进战斗，最终获胜。阿拉里克在战场上弃尸 3 000 后逃入山区。

斯提利科追击并包围敌人，打算在第二次战斗中彻底解决敌人，然而手头部队不够。他一直在等待事先就命令从莱茵河防线前来的部队，可这些部队直到盛夏过后才抵达。

预想不到的事情发生了。来自高卢的部队也已到达，在让他们进行必要的休整之后马上就要打响第二仗的时候，斯提利科接到了来自皇帝的命令，命令他前往希腊东北部港口城市塞萨洛尼基。皇帝之所以把这里作为集结地，是因为部队要取道水路自高卢而来。诗人克劳狄安这样描写当时的情形：

骑兵紧拉缰绳，战马斗志高昂；号手最后擦拭着将在战场上嘹亮响起的军号，等待着总司令下达出击的命令。就在这时，急使手持皇帝的命令飞驰而来。斯提利科立即宣读了皇帝的敕令，当即目瞪口呆。然后抑制不住的愤怒从他嘴里迸出："一定是那个胆小鬼混蛋搞的鬼！"

那人是谁，就是不说全体将士也都知道。他就是以辅佐皇帝为名、独揽大权的宰相鲁菲努斯。回到充作营寨的宫殿，斯提利科的脸因爆发愤怒后感到屈辱而扭曲……

阿卡狄乌斯皇帝的敕令是命令总司令斯提利科把狄奥多西皇帝带到东方去的部队，径直送到君士坦丁堡，自己则率领西方的部队向西折返。

斯提利科通过副官告诉即将发起进攻的士兵停止进攻。斯提利科进了宫殿谁都不见，过了好一阵才单把将军盖纳斯叫进来。盖纳斯虽哥特人出身，但长期在罗马军队中从军，在军内的升迁完全靠的是自己的才能。斯提利科委派他指挥送往君士坦丁堡的士兵。

已经完成进攻准备的部队突然被命令停止进攻，各回基地。万人规模的部队是不可能立即就掉转方向的。而且，军队有个特点，若不能基本自给自足，在军事方面就不能发挥作用。不要说进攻，哪怕是行军，也不是只要战士服从就办得到的。军队的各个方面都需要重新进行适应行军的准备。

这些准备用了多少天无人知道。总之，此次取道陆路回西方去的斯提利科和他的部队进入意大利时已是冬天；盖纳斯率领的东去部队到达君士坦丁堡郊外时也已是 11 月末了。

迎接归来的将士是军队最高司令皇帝的义务。阿卡狄乌斯皇帝要在离君士坦丁堡市区 1 罗马里（约 1.5 公里）的练兵场检阅归来的士兵。宰相鲁菲努斯当然也要出席。公元 395 年 11 月 27 日，在对国事满脸不在乎的 18 岁皇帝面前，指挥官盖纳斯一声令下，阅兵开始了。

仪式进行到将近一半时，队列行进到皇帝面前。突然一队士兵离开队列，冲向站在皇帝右边的鲁菲努斯。飞剑出鞘，边上的人还未及叫出声来，一切都已结束。在君士坦丁堡宫廷里夸耀权势的鲁菲努斯，在满脸苍白、全身颤抖的皇帝脚下，倒在血泊之中。

东罗马帝国一人之下万人之上的权贵被杀，却完全没有引起混乱，因为立即就有别的当权者取而代之了。这个人就是皇宫的侍卫长尤特罗庇乌斯。这个宦官平安无事地收拾了一切。

刺杀鲁菲努斯的士兵没有一个人受到处罚。

皇宫内的敌人是皇后和以与皇后狼狈为奸的侍卫长尤特罗庇乌斯为首的宦官们。皇宫外的敌人是民众，他们对严苛的重税感到绝望，而一有抗议就会被派来的军队无情镇压，痛苦不堪。总而言之，没有人为鲁菲努斯被杀而感到悲伤遗憾。人们不知道斯提利科是否与刺杀鲁菲努斯有关。后世的很多史学家都认为这里面是有关系的。

罗马帝国内部发生的这一系列事件，给了在夏季战斗中败给斯提利科而逃进山区的阿拉里克东山再起的充分时间。

阿拉里克

第二年，即公元 396 年的春天，阿拉里克再度率领西哥特人行动起来。斯提利科去了西部，巴尔干地区已无障碍。

君士坦丁堡有盖纳斯指挥的东方军队，但阿拉里克并不是要避开这支军队，而是要避开进攻大城市，因为攻城必然会导致持久战。

蛮族的入侵就这样自北向南席卷了希腊。祸害了马其顿之后进入亚该亚地区的西哥特人攻占了雅典，攻陷了科林斯。埃莱夫西纳这个以哈德良皇帝和马可·奥勒留皇帝在此参加依洛西斯秘密仪式而闻名的地方也遭到掠夺。蛮族的铁蹄甚至踏进了伯罗奔尼撒半岛最大的城市阿尔戈斯。

斯巴达地处伯罗奔尼撒半岛，素有“斯巴达式的严酷”之称，却自古与有钱人无缘，这样的穷地方也没有逃过蛮族的蹂躏。蛮族的目的是劫掳人口，主要是年轻人和孩子。富人们受到威胁后可以交出藏起来的金钱。不那么富有的人一想到要把自己的孩子卖为奴隶，就会不惜一切手段筹钱赎身。父母筹不到钱的孩子就只有被卖身为奴的命运了。

就这样，在那一年之中，阿拉里克率领的西哥特人在希腊全境如入无人之境，横行霸道，极尽暴戾。君士坦丁堡的宫廷明明知道实情，却只作壁上观。阿卡狄乌斯皇帝给盖纳斯将军下的命令只有一个：巩固首都防御！

在这样的情形下，即使是别人，也想大大利用一下这种机会，更何况是阿拉里克。只要想做，很快就能控制住希腊中南部。可是希腊的这一地区多山，耕地贫乏。正因为如此，古时希腊人才会在贸易和

刻在印章上的阿拉里克
肖像（印章上是反刻的）

迁徙海外方面气运旺盛。哥特人居住在多瑙河以北，在无物可抢、无人可掳的地方留着也是白留。于是，到了公元397年春天，阿拉里克率领的西哥特人为寻找有物可掠的地方向北开拔了。

他们北进的步伐恐怕和先前怒涛一般南下时不同，速度一定会慢下来，因为要带着抢来的财物和人口，何况这也不是和平形势下的迁徙。这次，希腊西岸地带从南向北遭到了彻底的破坏。

我们不知道斯提利科是否收到了阿卡狄乌斯皇帝的命令或要求，他开始出兵了。他亲自率军直奔希腊。他们从意大利半岛亚得里亚海一侧的港口出港，南下渡过亚得里亚海，进入爱奥尼亚海，在希腊西北部登陆，将一路向北的阿拉里克和西哥特人挡在了眼皮底下。

不过他们并没有立即开战。士兵们建起了一道长长的围栏，打算把包括女人和孩子在内的西哥特人赶进去。这次的作战目的是要消灭敌人。按我的想象，斯提利科似乎是等他欣赏的盖纳斯指挥的东罗马帝国军队到达后再开战。他们如果从北面和东面两面夹击，就有充分把握给西哥特人致命一击。

罗马军队传统上偏好一举投入大军迅速解决战斗的战法。共和政体时代是这样，进入帝政时代以后仍然一成不变。他们淡然无视那些“对微弱之敌不须投入大军”的批评。在公元1世纪的犹太战争中，拒绝投降、坚守马萨达要塞的犹太人只有区区500人。尽管马萨达要塞建在高耸的悬崖之上，易守难攻，但罗马军队竟对坚守这里的500人投入了6 000人的兵力。罗马人对渐次投入兵力，即间断性投入兵力的做法非常厌恶。那样做结果会演变成为持久战，要付出原本可以不用付出的牺牲。但是，这种作战方法与帝国衰落的程度相一致地被人忘却。公元397年春天，君士坦丁堡的部队终未现身。

相传公元4世纪初，戴克里先皇帝时代，整个罗马帝国的士兵总数为60万。但在其后的百年间，兵力逐渐减少。有研究者说，进入帝国的最后一个世纪公元5世纪时，这一数字已经减少到了三分之一，弄不好甚至到了四分之一。如果这是事实，那么就连联军总司令斯提利科能够率领出征的兵力顶多一两万人。这只相当于元首制时代的一个军团，这样的战斗力终究是不可能包围并消灭西哥特人的。

结果，斯提利科只能靠从意大利带来的兵力对付阿拉里克。不过这次战斗的胜利者依旧是斯提利科。阿拉里克再次败北，只得丢弃掠夺来的财物和人口，逃进了山区。

然而，君士坦丁堡对斯提利科的责难之声已经沸沸扬扬，说斯提利科也是蛮族出身，阿拉里克也是蛮族出身，同是蛮族，斯提利科在战斗中手下留情了。君士坦丁堡的元老院中甚至有人发出了应该

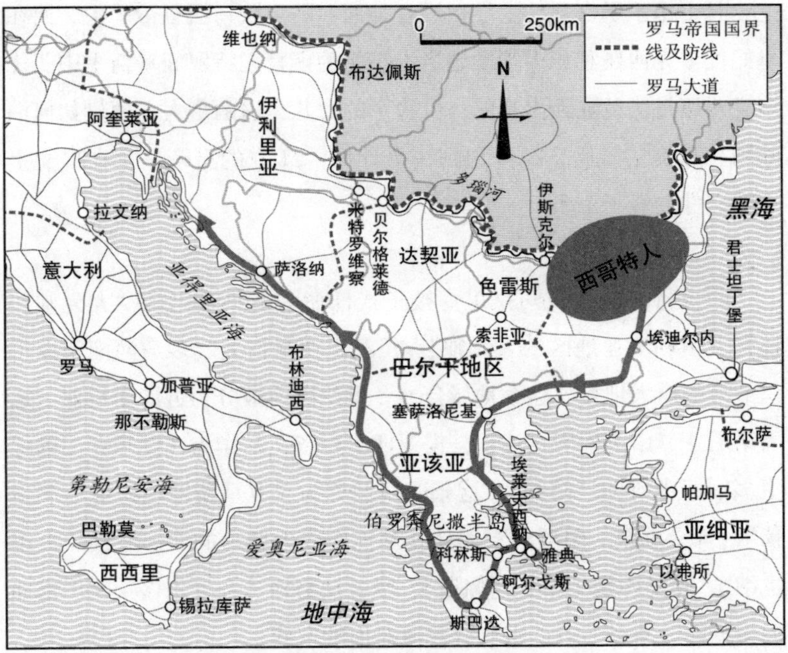

阿拉里克和西哥特人对巴尔干地区的入侵

把斯提利科定为“国家公敌”的声音。斯提利科心情大坏，他停止追击，直接率军返回了意大利本土。这又给了阿拉里克东山再起的大好机会。

阿拉里克率领西哥特人将暴行的舞台转移到了希腊西北部一带。是否可以认为，他们离开后，位于希腊东端的君士坦丁堡就安全了呢？完全不是那样。横穿希腊北部的埃格那提亚大道直接连接着曾经叫作拜占庭的君士坦丁堡。住在这座东罗马帝国首都的人们很快就会因为看到大道对面的西哥特人而恐惧得夜不能寐。

君士坦丁堡宫廷的主导权没有掌握在阿卡狄乌斯皇帝手中，而在皇妃优多克西娅和积极帮助她当上皇妃的宦官尤特罗庇乌斯手中。优多克西娅是法兰克人出身的一位将军的女儿。这两个人在商量如何消除阿拉里克的威胁，结果想到一个计策，21 岁的皇帝只是在提交上来的文件上签了个名。

西哥特人的族长阿拉里克被正式任命为罗马帝国的“大元帅”，还是“伊利里亚地区的大元帅”。伊利里亚是指北起多瑙河南至亚得里亚海的广大地域。这个地域公元 2 世纪以前被分为近潘诺尼亚、远潘诺尼亚、诺里库姆、达尔马提亚四个行省，是作为铁壁来守卫的保卫多瑙河中游的“防线”。这条防线被称为“罗马帝国国防能力测量仪”，备受重视。因罗马军团驻扎基地而成为城市的文多波纳（今维也纳）、阿昆库姆（今布达佩斯）、辛吉杜努姆（今贝尔格莱德）都面向多瑙河，罗马一直严密监视着河对面的蛮族。

这一区域对公元 4 世纪末的帝国防卫而言，地位极其重要。昨天还在掠夺帝国子民、焚烧破坏城市的人物，居然被任命为统领这一带的“大元帅”。而且，族长既已正式获封，其属下自然成为皇帝承认的“友好同盟者”。从此以后，再也用不着袭击掠夺了，只要下令，就可以要什么有什么。儿子被杀也好，妻子被奸也罢，现在都必须服从“大元帅”阿拉里克的命令，这是皇帝的旨意。

给阿拉里克的待遇并非特例。但是，过去都是在罗马方面战胜后，与被打得穷途末路的蛮族缔结同盟关系，蛮族要向罗马军队提供兵力才能成为自己人，才能被任命为“大元帅”，成为“友好同盟者”。对阿拉里克做法的不同在于，这样做把罗马帝国一受到威胁就屈服的事实揭示在光天化日之下。这个风潮蔓延到其他蛮族只是时间问题。

罗马帝国不但处于蛮族的袭击之中，还会处于蛮族的胁迫之下。

阿拉里克出任“伊利里亚地区的大元帅”，对西罗马帝国而言又面临了别的问题。

伊利里亚地区在众多史书记载东西分裂后的罗马地图上，明确属于西罗马帝国，但那是东西罗马帝国明确分裂之后的状况。眼下，狄奥多西皇帝死后尚不到 3 年，东西界线还没有那么明确。当初也只不过是狄奥多西皇帝给两个儿子分工，由长子负责东方，次子负责西方而已。狄奥多西遗言的本意是兄弟二人友好地统治帝国，所以他并没有认为要用一条明确的界线把东西罗马帝国完全分开。

狄奥多西皇帝在负责西方的格拉提安皇帝死后一个人统治、保卫帝国长达 12 年。他是来自西班牙的拉丁系罗马人，并没有同时代希腊系罗马人身上常见的那种轻视西方的倾向。罗马帝国的历代皇帝没有谁考虑和实施过把帝国分成东西两部分，狄奥多西也不可能强行分裂帝国。元首制时代的皇帝奥古斯都、图拉真、哈德良等人自是当然，就连帝国进入衰退期以后的皇帝戴克里先、君士坦丁大帝也都是让人分担防御，并没有把国土分给他们。

狄奥多西被称为罗马帝国最后一位亲自带兵的皇帝，他不会破坏罗马皇帝的传统。但他死后罗马帝国东西分裂了，主要原因是与西部分裂的想法在东部占据了主导地位。这个时期正好是君士坦丁堡的主人由拉丁系罗马人变为希腊系罗马人的时期，君士坦丁堡可被看作东罗马帝国政府所在地。

任命阿拉里克为“大元帅”，也是这种想法在君士坦丁堡宫廷里渐占上风的具体表现。他们的真意是把麻烦制造者从自家庭院中体面

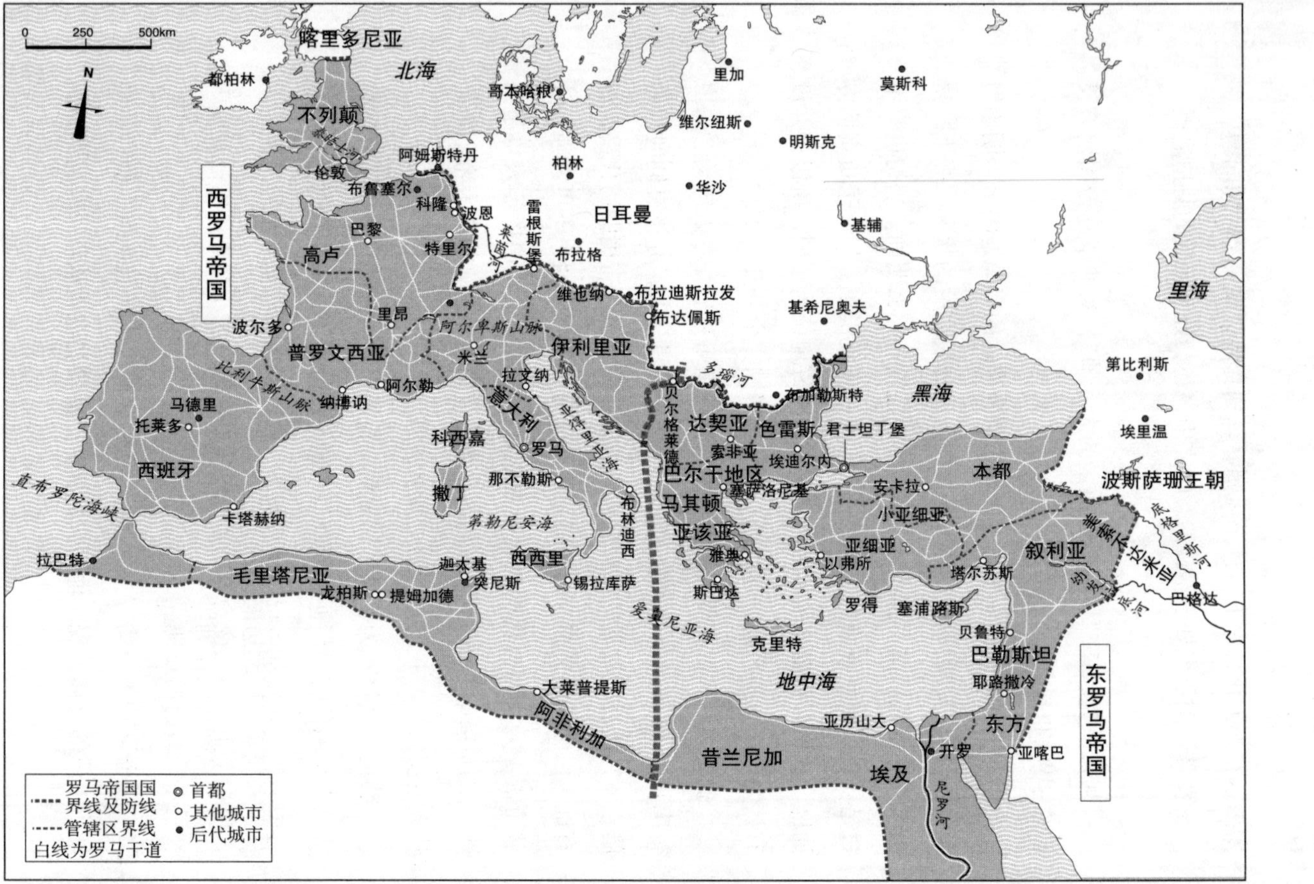

公元 5 世纪初的罗马帝国版图

地赶出去。被赶走的人去了别家院子，与赶走他的人并无关系。

但是，即使狄奥多西皇帝没有明确定下分界线，即使同样都与多瑙河相接，看看地图就能明了，达契亚、色雷斯属于东部，而伊利里亚属于西部。多瑙河被视为帝国最重要的防线。起自边界，沿着上游和中游沿岸的道路几乎都朝向本土意大利，也就是帝国西部。而起自多瑙河下游边界的道路则朝向君士坦丁堡，即帝国东部。

这在君士坦丁大帝建设君士坦丁堡之前就是这样。从叙利亚安提阿出发去意大利罗马的皇帝顺便视察多瑙河防线，再前往意大利的例子不在少数。当然，当时从东部行省叙利亚直通帝国本土意大利的道路，不论陆路还是海路都很畅通。从东部出发绕道多瑙河，再从那里前往本土意大利，走这一路径可能出于军事需要。皇帝可以因军事原因绕道，而行政官、商人则没有必要绕远路。

这样，起于多瑙河的罗马大道可以大致分为东南向和西向两种。而起于伊利里亚的道路几乎都是通往西部的。这个伊利里亚地区的大元帅由昨天还暴戾恣睢的阿拉里克担任，西罗马帝国方面的心情自然不能平静。

以现代的观点来看，古代的罗马世界不可理解。伊利里亚地区相当于现代的“中欧”南部。而意大利属于南欧。古代的罗马世界不但包罗了从中欧南部到西欧的地区，还包罗了从北非到中近东的地区。从伊利里亚地区北边的维也纳到意大利半岛东北入口的阿奎莱亚，其距离与从阿奎莱亚到罗马的距离相当。而且，伊利里亚地区南临亚得里亚海，出海到意大利半岛只需一天行程，现代的非法入境者用橡皮艇都能渡过。也许换成现代非法入境者的心境会更容易感受古代的罗马世界。

这个时期的东罗马帝国确实“搞不懂”西罗马帝国的防御。而且，不论是出于地理上还是出于防御上的理由，伊利里亚地区都当然地归属于西罗马帝国。把它送给蛮族是不负责任的，也是心术不正的做法。

罗马帝国的东西分裂，是“东部”分了出去。东罗马帝国被希腊人建成了单一基督教帝国，而西罗马帝国虽说也是拉丁人的基督教帝国，但异教时代的罗马色彩依然浓重。因此，东罗马帝国也许并没有视西罗马帝国与自己性质相同。这样一来，罗马世界分裂为东西两半就成定论了。

不过，还有一件事情也不应忘记。尽管罗马世界东西分裂了，但南北并未分离。用现代的观点看，这又是一个古代罗马帝国不可理解的地方。在这个问题上，我们如果也换成非法入境者的观点去考虑，就非常便于理解。同时也可以理解这样的情形：阿拉里克率领的西哥特人甚至侵入了与亚得里亚海隔海相望的现今的克罗地亚，这时实质上独自管理西罗马帝国的斯提利科却不得不暂且放下阿拉里克，去认真处理风云突变的北非问题。

地中海为“内海”的时代

公元前2世纪，罗马人攻破迦太基，把霸权扩张到了北非。已经被打败的迦太基人及其他许多民族久已定居在北非，其中，摩尔人就是一个主要居住在现今摩洛哥一带的民族。这个地方在罗马时代开始被称为毛里塔尼亚，因为那里居住着罗马人称之为“毛鲁”的毛里塔尼亚人。从拉丁语的“毛鲁”派生出了“摩尔”“摩洛”这样的称呼。

莎士比亚创作的悲剧和威尔第作曲的歌剧《奥赛罗》的主人公就是摩尔人。

摩尔人与同为北非民族但居住在沙漠里的游牧民族柏柏尔人不同，他们肤色浅亮，身材并不高大威猛。摩尔人是通商民族，不论是陆路还是海路，都颇具行动能力。

罗马人尽管是征服者，但总是会把被征服者当成自己的命运共同体，用罗马人的说法叫作“大家庭”的一员。他们将此作为自己帝国的基本政治方略。其实，罗马人认为的“帝国”本身就是多人种、多民族、多文化、多宗教的国家，“共存”是再当然不过的观点。在罗马人看来，连百年以来反复死斗的迦太基人都已被吸收，把摩尔人吸收到自己的社会中来也应理所当然。

古代北非还盛产良马，毛鲁人在罗马军队中多为骑兵，其中最为著名的是图拉真皇帝指挥的达契亚战争中的有功之臣卢修斯·昆图斯。“图拉真记功柱”至今仍矗立在罗马市内，利用浮雕“讲述”着那场战争。卢修斯·昆图斯是纯种的摩尔人，后来被选为执政官，姓名也改成了罗马式的。雕刻在这根圆柱上的战场人物图景中，出现次数最多的，除图拉真以外，就数他了。这个摩尔人当时率领毛里塔尼亚出身的骑兵在战场上纵横驰骋。

在罗马的威势行遍帝国全境的元首制时代，帝国内部的异民族也接受了与罗马人共存的状态。除了犹太民族，几乎没有发生过叛乱。这也证明了共存路线的作用。然而，如果在共存过程中得不到什么好处，异民族也会向离反的方向转向。在北非，这种“共存”的时间很长，已经超过了500年。不过，再怎么是“大家庭”的一员，假如火车失控狂奔，自己想要跳下去逃命也是人之常情。

在罗马帝国时代，“行省”的状态如实地反映了国家是否在发挥

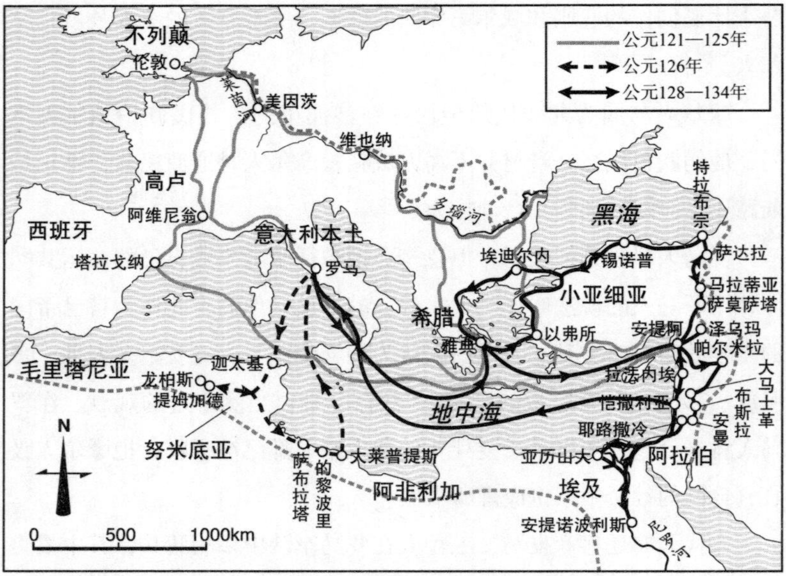

哈德良巡回视察路线

作用。在罗马，历代皇帝多有被授予“国父”尊称的。他们在某种意义上就是罗马帝国这个“大家庭”的“家长”。不过与流着相同血液的人组成的家庭不同，光坐着当不成多民族国家罗马帝国的家长。

我在《罗马人的故事 09·贤君的世纪》中曾讲述过图拉真皇帝的故事。我把他比作规规矩矩地回复每位职员电子邮件的公司董事长。这位皇帝不仅审阅受任统治行省的总督们发来的报告，还不惜时间认真而正确地回答他们提出的种种问题。

在同一册中叙述的哈德良皇帝，更是不坐等报告，而是亲自到各行省去巡察，在现场当即解决行省面临的问题。可能会有这样的跨国企业老总，他会在任职期间挨个儿视察分散在各国的海外企业。哈德良皇帝就很像这样的老总。这对被委以重任的人来说是一种责任，元首制时代的皇帝们尽管有几个例外，但都认为这是自己的责任。

可是，这样的“家长”在公元2世纪末以后消失了。公元3世纪，“大家庭”在蛮族的大举入侵下风雨飘摇。公元4世纪，“大家庭”这个共同体自身的含义也因基督教而改变。这两个世纪以后，“家长”已无余力照顾到所有的家庭成员了。行省的总督们成了断线的风筝。这种弊害在北非的表现比在其他任何地方都更加明显。

非洲叛乱

罗马人说到“非洲”，是指除埃及之外的非洲北部。罗马时代，从东向西排列着昔兰尼加、的黎波里、阿非利加直属领地（前执政官统治的阿非利加）、努米底亚、毛里塔尼亚·恺撒利亚、毛里塔尼亚·廷吉塔尼亚等六个行省，相当于现在的利比亚、突尼斯、阿尔及利亚、摩洛哥四国。北非的行政长官们比其他任何行省都更像“断了线的风筝”。因为在北非，以迦太基为中心的基督教会势力强盛，这些行政长官的统治也变得随心所欲。

在埃及的亚历山大、叙利亚的安提阿和君士坦丁堡成为罗马帝国东部强有力的教区的时代，帝国西部强有力的教区是罗马和迦太基。米兰主教安波罗修因影响巨大而闻名于世，但那靠的是他个人的才干，并非因为米兰教区很强大。所谓教区强大，是指信徒众多，教会资产雄厚，与当时的当权人物关系密切。当然，取得并维持这样的特权，若没有主教的才具发挥影响是办不到的。

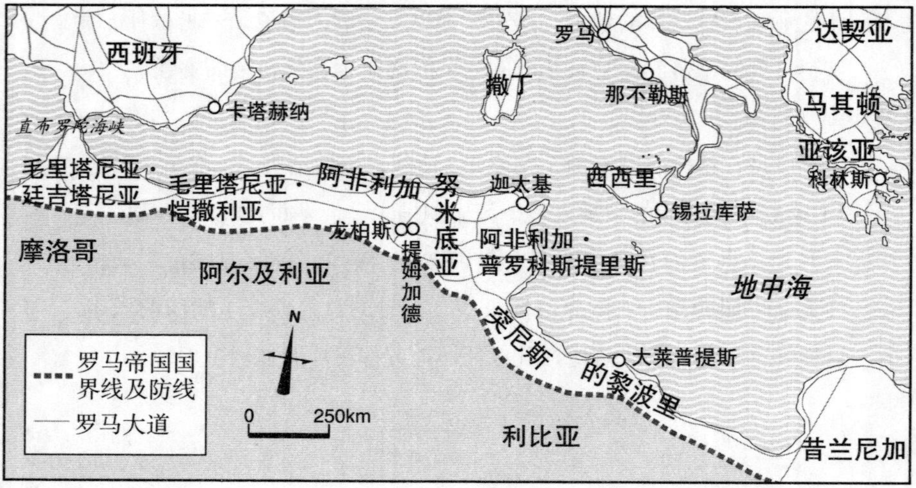

北非及其周边

尊敬、敬意和崇拜这些无形的感情有时也会转化为某种形式表现出来。既然宗教也是一种人类活动，就不会与这一现象无关。这极端类似于在金钱是绝对主角的金融世界里信用起的重要作用。以迦太基教区为核心的北非基督教会的强大受惠于这里卓越的神职人员，他们生于斯长于斯，又热心于宗教活动。

这样的神职人员中就有迦太基的主教西普里安。我在《罗马人的故事 12 · 迷途帝国》最后总结的那句话便是他说的。他完全不是狂热的信徒，如果他想逃避公元 3 世纪后半叶时常发生的皇帝对基督教徒的镇压，那么他一定可以逃脱。事实上，他曾经逃过一次。但想到自己是主教，他便自首而殉教了。

虽然自己最终殉教了，但他很宽容那些因受到镇压而离教的信徒重新皈依。也许他认为“牧羊人”有自身的责任，但向“羊”要求那么多则有悖于人性。我觉得，即使自己与他生于同一时代，听了他的说教，我也不会成为基督教徒。但我大概仍会毫不犹豫地称他为“时代的良心”。不过，他那些想法一旦传播开来，必定有人反对。同为北非主教的多纳图就谴责西普里安和他的支持者们太温和。于是，人们把不同于西普里安宽容派的强硬派称为“多纳图主义者”。

多纳图主义者认为，教会应该纯粹是由无罪的人组成的信仰组织。这里的罪并不是法律意义上的罪，而是信仰上的罪。犯了这种罪，光靠忏悔不行，必须重新洗礼，从头来过。现实生活中的天主教与多纳图主义者的区别，用一句话来说就是，天主教承认世俗机构——罗马帝国，而多纳图主义者不承认现有的组织，不论是罗马还是其他。

在基督教获得承认，尼西亚公会议决定三位一体教派即天主教派为正统后，多纳图主义者在罗马帝国自然就成为“异端”而受到排斥了。

可是，当时北非虔诚的基督教徒断比罗马的要多，多纳图主义者的数量也多于以天主教为主流的其他地方。这两派为寻求妥协点而召开了正式会议，双方出席的主教人数不分伯仲。这样我们甚至可以推测，天主教与多纳图主义者在北非的势力旗鼓相当。在这种状态之下，被打成“异端”的一方不可能默默退出。如果天主教是体制派，多纳图主义者就是反体制派，抗议行省政府的恶政，就成了他们的特色。于是，在北非这样的大环境中就会出现利用形势的野心家。摩尔人吉尔多就是这样的人。

多民族国家的罗马帝国对败给罗马接受罗马统治并融入罗马社会的人，即使是异民族出身，也是敞开门户的；它也认可希望以聚居的形式成为罗马帝国“大家庭”一员的部族。完全被罗马社会同化并产生过皇帝的旧迦太基人就是前一种情况的例子，而罗马时代被称为“毛鲁”的摩尔人则较倾向于后者。现代的摩洛哥和阿尔及利亚西部地区，在罗马时代被称为毛里塔尼亚，也是因为那里居住着很多摩尔人。

吉尔多出身于摩尔人的名门望族。在行省，实力家族的男人多在罗马军团中积累资历。吉尔多家族也有兄弟三人当过罗马军队的将官，他就是其中之一。

可是吉尔多的长兄菲尔穆斯不知何故对迦太基总督发起叛乱。行省政府一时未能采取措施断然镇压，叛乱的烈火瞬间蔓延。那时狄奥多西皇帝还在世，对北非叛乱不容放任。他从欧洲调军极力镇压，吉尔多则加入其中，箭射亲兄。

镇压行动以主谋菲尔穆斯被杀而告终。狄奥多西任命吉尔多为以后北非防御的负责人。罗马皇帝授予这个摩尔人的官位是“阿非利加大元帅”。在行省总督不能充分尽职的公元 4 世纪末，这实质上是北非全境一把手的地位。但吉尔多觊觎的是有名有实的北非最高地位。

狄奥多西皇帝之死给他带来了机会。继位的是狄奥多西的两个儿子，年龄都小，而继承北非所在的帝国西部皇位的霍诺里乌斯还只是个 10 岁的少年。

公元 395 年狄奥多西去世。当时，吉尔多还没有明确态度。两年后他迈出了野心家的第一步。他宣布，自己担任大元帅的北非不向身在米兰的皇帝霍诺里乌斯而向身在君士坦丁堡的皇帝阿卡狄乌斯宣誓效忠。大概他判断，“主人”在远方自己更能随心所欲。

紧接着他又迈出了第二步。如果吉尔多出生于公元 330 年的说法正确，那么他当时已经 67 岁。也许他觉得不能再耗时间了，于是迈出了这一步：北非向意大利禁运粮食，禁止满载小麦的所有商船从迦太基港口起航出港。

自从罗马战胜公元前 3 世纪以前一直绝对强于自己的迦太基，成为西地中海的霸主以来，罗马帝国的本土意大利，尤其是首都罗马的主食小麦就开始依赖海外进口，这已经成为持续了 550 年的传统。其直接原因是意大利半岛缺少大面积耕地，出产的小麦在价格上竞争不过拥有大片耕地的西西里和北非等地。于是罗马就把进口小麦变成了一种统治其霸权之下各国的政治策略。

人们往往由于军事上的失败而屈服于人，而一旦自己对霸主有用，对霸权的抵触感就会淡化。大概胜利者罗马觉得应该容忍失败者长年积累的某些东西，尊重失败者的心情，这样统治起来会更容易。

于是，对拥有地中海世界最高学府的希腊雅典和埃及亚历山大的做法，不是将其教育机构迁到罗马，而是让罗马的良家子弟前去留学。

而且，布匿战争开始很久以前，迦太基就有研究农耕的书籍，准确地说是农作手册。迦太基人是通商民族，同样也是高效的农场经营者。罗马攻破了迦太基，将他们的特点——通商与农耕完整地保留了下来。北非变成了罗马的粮仓，迦太基人的船只将以小麦为主的农产品运往意大利。迦太基人的商船公司甚至在罗马的外港奥斯提亚驻有分公司。征服者罗马也是通过购买尼罗河流域出产的小麦，使埃及成为罗马的粮仓，从而统治了这个拥有悠久历史的大国。自己独占一切，是统治策略中最低劣的做法。不过，主食依赖进口以后，保障粮食供应便成为历代皇帝的重要任务之一。皇帝们为储备小麦、维持其品质付出了心血，而把这些只作为内幕历史去讲述未免可惜。

意大利和北非之间的这种关系已历时550年。吉尔多似乎认为，停止向意大利出口小麦是手中的强大武器。他使用这一武器的目的，当然是要把北非从西罗马帝国分离出去。

把西罗马帝国置于军粮攻势之下，这种战略的着眼点确实高明。事实上，罗马民众知道消息后都争先恐后地冲向市场。

仅此一点，对西罗马帝国而言就是值得忧虑的事态。北非民众有近一半支持吉尔多，又使问题变得更加复杂。吉尔多拥有“大元帅”的正式地位，但他把一个世纪以来反抗天主教的多纳图主义者纳入了自己一方。

这些被称为“多纳图主义者”的人被天主教打成异端，长期受到排斥和镇压。粗略分类，我们可以说居住在被罗马同化较快的城市里的旧迦太基系居民信奉天主教，而在同化程度较低的农村则更多的是多纳图主义者。可见，多纳图主义者们一直被排斥在行省政治的主流之外。北非号称罗马帝国的粮仓，意大利半岛生意兴隆，但更多的利益落在了中间商而非生产者手里，这一点自古至今概莫能外。

这样来看，多纳图主义者在北非的势力变得不可小觑，是有着宗教上、政治上和经济上的诸多原因的。圣奥古斯丁后来被奉为基督教天主教派的“教父”，列为圣人。但不论他多么真心地说教，对多纳图主义者也未见效果。其真正原因就在于此。

一旦宗教介入进来，就不可能会有妥协。对北非的多纳图主义者而言，天主教徒是信仰错误教义的可憎敌人。同一个宗教内部的异端排斥比异教排斥更加阴险、更加残忍。这是一种历史事实，并非只表现为席卷中世纪的异端裁判。狂热的反体制反天主教的多纳图主义者，把自己的希望寄托在了吉尔多身上，因为他是摩尔人，与现有统治阶层有着距离。

这是即将进入公元5世纪时的北非实情。在这种情况下，名为霍诺里乌斯皇帝的辅佐实际上却统治着西罗马帝国的斯提利科当然要思考解决办法。最终，这位汪达尔人出身的“联军总司令”选择了果敢而慎重的解决办法，与他37岁的年龄十分相称。

他首先发出紧急命令，从高卢和西班牙大量进口小麦，以图平息市场风波。然后，估摸着这些小麦将要上市，他前往首都罗马的元老院，要求做出决议，认定大元帅吉尔多为“公敌”（hostis publicus）。面对远比自己年长的元老院元老们，年方37岁的他侃侃而谈：

我们的食物被一个摩尔人随心所欲地掌控着。这个人恣意妄为，他不是供应者，而是胁迫者。

仰慕斯提利科的诗人克劳狄安这样写道：

没有元老院的决议，军队不能进军，这是罗马人自古以来的做法。在经过了几个世纪后的今天，斯提利科恢复了罗马的这个好传统。元老院元老向将军下令，军队才能开始军事行动。这一做法使得罗马在战场上屡屡获胜。

打心里说，看到罗穆路斯以来的法度权威复活，武器服从元老院的决定，这多么令人喜悦……

所谓的仰慕者，有用却也有麻烦。首先，与生活在公元4世纪的这位埃及出身的罗马仰慕者认定的不同，政体已经历经了王政、共和政体和元首制的变化，而历史上，元老院却没有一次仅由文官组成。在罗马这个国家，文官和武官从来没有区别。直到进入公元 4 世纪后，这种情况才发生改变。而这时的罗马已不再是元首制，它已经变成了绝对君主政体的帝国。

最高权力者不再是“元首”或“第一公民”，而变成了“绝对君主”。最高权力者的辅佐机构、具有控制其权力作用的“元老院”地位下降也就理所当然。进入公元 4 世纪后，元老院的权威和权力急速下降，其中真正的原因是文官与武官有了明确分离。

没有实权不可能成为真正的权威。诗人怀念的昔日元老院是文官的，同时也是武官的。传统的罗马元老院是由通晓军事的政治家组成。正因为如此，元老院对是否宣战这样的重大问题也能做出在军事上合理的判断，打胜仗的概率很高。

斯提利科在以往的战斗中显示出了自己在军事方面的才能。他不可能一味地怀古，去向百年来从未上过战场的元老院元老征询是否能远征北非。他向元老院要的是自己这个“联军总司令”对原本是同僚的“大元帅”吉尔多开战的大义，要的是名分。尤其是他在罗马人眼里是蛮族出身，大义、名分就更为必要。不管怎样，对手是比汪达尔人早数百年就开始与罗马人共同战斗的摩尔人。

元老院颁布的“公敌”宣言将从侧面支持军事行动。如果战争的对象是公敌，军队就可以招募在大农庄干活的农奴充军打仗。如果农庄主不愿意，就会被课以每个农奴 25 枚苏勒德斯金币作为代偿。当然，这个代偿金会被作为佣兵费，用来雇用对在罗马军中服役感兴趣的蛮族人。这也是罗马帝国军队中蛮族兵数量增加的原因之一。

对斯提利科的请求，大农庄主占主流的元老院出于这一原因不肯发布“公敌”宣言。大农庄几乎任何东西都可以自给自足，即使来自北非的进口物品断绝，也不会像老百姓那样受到影响。当然，一旦粮食从市场上消失，就会发生民众暴动，大农庄就有遭到袭击的危险。但斯提利科的紧急进口已使市场平静了下来。

面对目光狭隘、只知利己的元老院元老，斯提利科不得不诉诸强硬手段。他请皇帝霍诺里乌斯从米兰来到罗马，在元老院会堂发表演说，陈述讨伐吉尔多的必要性。十二三岁的少年只是念念斯提利科写好的文章而已。这样就成功地使得远征北非成为皇帝、元老院共同参与的举国军事行动，而不是斯提利科的个人想法。在皇帝在场的情况下，元老院一致通过了把吉尔多定为“国家公敌”的宣言。

远征北非并非斯提利科亲往。应该说他不能亲往更正确。现在，阿拉里克这个甚至合法取得了大元帅地位的人正带着西哥特人属下盘踞在意大利半岛附近。在这样的形势下，意大利不能没人。他把远征军的指挥权交给了一位最适合代他讨伐吉尔多的武将。

这个人是吉尔多的亲弟弟马西泽尔。他在与哥哥吉尔多的争斗中败北，逃到了意大利。传说兄弟阋墙的原因是吉尔多为了实现野心，不惜与被打成异端的多纳图主义者联手，而虔诚的天主教徒马西泽尔反对这样的做法。因为宗教的掺和，争端越发激烈，马西泽尔的两个儿子被吉尔多杀死。马西泽尔不得不亡命意大利。弟弟对哥哥吉尔多的憎恶，又加上两个儿子的被杀之恨，狂热天主教徒的宗教热情支撑着马西泽尔，要打倒异端多纳图主义者！斯提利科选择他的理由也在于此。

马西泽尔率领的讨伐军规模称不上军团，士兵只有 5 000 人。但这 5 000 人不单是作战高手，还全部是狂热的天主教徒。斯提利科选拔这些士兵的意图很明确。敌方除了天主教徒士兵以外，还有为数不少的多纳图主义者士兵参战。派坚信自己是正统基督教徒的天主教徒去，就可以达到分裂敌军的目的。

这次作战大获全胜。马西泽尔率领 5 000 兵马在北非登陆。与之对峙的吉尔多军人数近乎他的 15 倍，达 7 万人之众。两军在平原上布阵完毕，马西泽尔独自一人挺出中军，大声喝道："这是一场正统基督教与异端的战斗！"真是一声定胜负。吉尔多方的天主教徒士兵扔掉武器，无心恋战。并非狂热基督教徒的摩尔人士兵见状也脚下不稳，只想逃跑。吉尔多军全线崩溃了，吉尔多也望风而逃。他不久被抓住，在马西泽尔面前被斩首。就这样，公元 398 年夏，讨伐军从比萨港出发不到半年，北非便再度回归西罗马帝国。

马西泽尔却未能作为胜利者进入迦太基城。传说他在去往迦太基城的途中过桥时坠入河中，因身着沉重盔甲而溺亡。他也是摩尔人，但他反吉尔多，反多纳图主义者。马西泽尔死后，立即就有别人继任指挥官。这人不是摩尔人，他事先被斯提利科派去讨伐吉尔多。斯提利科还委托他重新整顿吉尔多统治多年的北非。

北非问题迅速得到解决。不仅老百姓因为不用再担心主食小麦紧缺而欢喜，以前总是不配合的元老院也决定在古罗马广场建造斯提利科立像，承认他的功绩。能在罗马中心立像，从这里成为帝国的大脑和心脏时起，就是罗马男人的无上荣耀。

不过，斯提利科未被允许模仿共和时代罗马的领袖们，建造公共建筑赠送给罗马公民。帝政之后，沐浴胜利荣誉的是皇帝，建造公共建筑还礼的权力也在皇帝。

吉尔多的财产被悉数罚没，成为胜利者皇帝的所有。由于吉尔多擅权已久，财产数额巨大。斯提利科决定以东罗马帝国皇帝阿卡狄乌斯和西罗马帝国皇帝霍诺里乌斯的名义，将吉尔多的财产统统用于全面修复向罗马城输送新鲜水的水道工程。罗马帝国的公共建筑上当然都要镶嵌镌刻下令建设者姓名的石板，明确记载下令修缮修复者的姓名也属惯例。罗马人非常了解维修基础设施的重要性，形成了特有的惯例。公元 398 年，罗马人也遵从了这一惯例。镶嵌于耸立的水道桥壁面上的大理石板上有如下记载：

皇帝阿卡狄乌斯和皇帝霍诺里乌斯接纳尊敬的联军总司令斯提利科的进言，投入皇资，完成了此水道的修复工程。特记于此。

但是，年已 38 岁的斯提利科不会因为这点事情就得意忘形。他没有忘记元老院至今还在执拗地反对他。蛮族出身的背景经常困扰着他，他感到有必要巩固自己的地位。在这个时代，很多父母给女儿起名玛丽亚。斯提利科决定把女儿玛丽亚嫁给皇帝霍诺里乌斯。霍诺里乌斯 14 岁，玛丽亚似乎年纪略小。他们还是少男少女，不能指望他们马上生儿育女。但至少斯提利科成了皇妃的生父，同时也是皇帝的岳父。斯提利科认为，先帝狄奥多西托付自己辅佐少年皇帝，如果自己又成了皇帝的岳父，反对派就难以反对他了。

有人认为，即使没有这个地位，在公元 398 年迅速解决了北非问题之后，斯提利科的权威也是不断上升的。但是，权力和权威也会因为细小的原因而急转直下。38 岁的联军总司令希望在威势下滑之前更加巩固自己的地盘。从以后他要干的事情来看，他不能允许自己的地盘不稳。对他这个做任何事都有“蛮族出身”困扰的人来说，这更不能容许。

随着罗马历史走近尾声，我感到有一个想法在我头脑中慢慢地却是实实在在地膨胀着。人的走运与否不是与他自身的才干而是与他生活的时代密切相关。斯提利科的后半生不就是一个典型吗？生活在高速发展时期——共和时代和稳定发展时期——帝政即元首制时代的罗马帝国的人，不会去直面某些难题，而生活在帝国最后一个世纪的斯提利科却不得不去面对。

在罗马人眼中，斯提利科身上确实流着蛮族汪达尔人的血。如果他生活在坦然包容异民族的开放的罗马帝国，他的军事才能一定会得到认可，一定会被委以重任，保卫帝国的重要防线，一生都会生活在赞扬和名誉之中。可是，人类社会也会随着活力的劣化变得封闭起来。这与时代的进步完全无关。虽然在公元 5 世纪许多事情做起来比在公元 2 世纪以前方便得多。

公元 4 世纪以后，罗马帝国的最高统治者已不是表示“第一公民”的“元首”，而成为体现基督教上帝旨意的“绝对君主”。人事神定，人类不可随意加以改变。这个后人所谓“君权神授说”的体制是君士坦丁大帝首创的，此后过去了将近一个世纪。100 年的时间足以使一种体制稳固运行。即使公元 5 世纪上半叶的皇帝们平庸无能，他们却意外地享受到了帝国的长治久安。这证实了这个体制的有效性。

除了“君权神授”的天条以外，对斯提利科来说，还有一条保护霍诺里乌斯皇位的义务，那就是他在皇帝狄奥多西临死前当面的誓约。罗马人是崇尚法治的民族。这样的法治民族不仅认为签了名的誓约书具有效力，他们认为口头誓约也充分有效。用现代的说法，这是

“君子协定”。这是双方相互信赖而立下的约定，在日本叫作“男人的约定”。毁坏这种誓约而不感到羞耻，正是罗马人认为的蛮族人的做法。要做到比罗马人还罗马人的斯提利科根本不可能破坏誓约。

不过，尽管拥立了少年皇帝，斯提利科实际上仍得事必躬亲。这就是公元 5 世纪罗马帝国的实际情况。这时，罗马帝国的一切都与元首制时代完全相反了。

不论是否称为国家，人类社会大体由生产者和非生产者这两种人构成。二者很难严格区分，但如果要划分一下，应该是下述的情况：

所谓生产者，就是从事农、工、商的人们。有人会说“商”自己不生产，但出于流通连接着下一个生产环节的理由，我将其列为生产者。

所谓非生产者，就是负责政治、行政和军事的人们。他们自己不生产，其职务是建设能够让生产者专心于生产的环境。他们与农、工、商三者在这点上是相通的。

这两个阶层对人类社会而言都十分重要，不可或缺。但非生产者阶层的责任更重，因为他们的职责是在硬件、软件两个方面完善社会基础建设。我认为，基础建设依靠个人努力不可能做到，这样的事情应由社会来做。尽管个人可以做到每夜锁好自家房门，但外敌侵袭靠个人是防不胜防的。

从农民到农奴

在以农业为主要产业的古代，农民是生产者的代表。罗马帝国从公元3世纪到5世纪逐渐走进了衰退期。我们来简单回顾一下这期间农民的情况。

公元3世纪：农民面对频仍的蛮族入侵束手无策，卖掉或抛弃耕地，离开自己的土地，流入城墙包围的城市，于是出现了农村人口过疏化和城市人口过密化的状况。基督教因把拯救的希望带给了对未来绝望的人们，遂在城市里普及开来，城市人口过密化是其温床。

公元4世纪：为这个世纪上半叶添彩的两位专制君主戴克里先皇帝和君士坦丁大帝建立了职业世袭制度。生为农民就必须以农民终其一生。这个政策的强制实施，成功地降低了迅猛发展的农村人口过疏化的速度。然而，尽管迎击入侵蛮族的战斗取得了成功，罗马帝国的领土沦为战场却成为常态。“罗马统治下的和平”并没有得到恢复，被土地束缚的农民并没有再次得到和平和安全的保障。

公元5世纪：公元4世纪后半叶开始出现农民回归地方的现象。但回归的内涵与字面意义不同。参与军事、承担帝国防御的人数增加到了元首制时代的两倍之多，但未能保障帝国内部的和平与安全，使农民专心农耕。农民们尽管回归耕地，却不是以前的“自耕农”（agricultor）了。他们被大农庄包去干活儿，成为“农奴”（colonus）。格拉古兄弟和尤里乌斯·恺撒制定了《土地法》后，曾经努力培育和确立这项法律的罗马社会中坚力量已是明日黄花。这样，以自耕农为支柱的罗马军事力量在质与量两方面的式微便无可救药了。

然而，在批评从自耕农转变为农奴是罗马人活力的衰微之前，我们如果站在农民的立场上又会怎样看呢?

蛮族入侵频仍，不仅掠光了他们辛苦收获的农作物，连人的生命安全也难保。那种恐怖令农民日夜心惊肉跳。

曾经保障罗马帝国全境和平安全的“罗马统治下的和平”时代终结以后，不仅蛮族来袭，强盗也结伙肆虐。农民把农作物运往城里的途中被抢也成为家常便饭。

农民一向被视为最容易课税的职业，税种名目繁多。如果农民租种公有地，实质上相当于一种永久性的借款。过去，租金为收入的10%，现在，这一比例已经远远不够。据研究者计算，耕作自有农田的自耕农也得缴纳收入的25%到30%，而租种公有地或他人农田的农民，这一比例则要高达50%。税金必须用不受币值变动影响的金币支付。这可能得卖掉全部收成才能勉强做到。可见对农民的保障一直在降低。

如果去当农奴，压在自耕农肩上的这些重压几乎都会卸去。大农庄为了自卫组织了自卫团，即使不能抵抗大规模蛮族入侵，但可抵御小股蛮族或强盗团伙。农奴还不用担心销售，纳税和与官方机构打交道均由主人处理。自己和家属是农庄主的劳动力，对皇上征兵也不用像以前那样胆战心惊。大农庄的主人很多都是元老院元老或高官。个体农民没有办法的事，他们总会有逃避之道。

当然，农奴也会失去相应的自由和独立。不过，他们并非只被视为“工具”的奴隶。农庄被转卖时，在那里劳作的农奴通常也会一同被转卖。在职业世袭制度下，农民只能当农民。在那样的时代，安全和食物的保障比自由和独立更为优先。国力衰微给这些人带来的损害最大，他们不应再受到责备。

如果担心主人因遗产继承而更换，可以到属于基督教会教产的农庄去当农奴，那里不会发生这类问题。教会与时下当权者有着密切的关系，寄身于教堂和修道院拥有的农庄以保障安全和食物，这在当时是一个有效的选择。支撑中世纪农业的地方豪族和教会大农庄就这样产生了。

从自耕农转变为农奴的现象，用一句话来说，就是“背靠大树好乘凉”。“国家”（res publica）不能尽到应尽的责任，个人就只有靠自己寻找活路了。

对国家而言，农民即使变为农奴，只要能够维持生产力就还有救。可是生产力也在不断地下降，原因与前述自耕农生产力下降的道理一样，与“工”“商”的生产力低下相互影响，是与整个罗马帝国经济生产力低下相互关联的。

经济实力下降会导致人口减少。首先结不起婚的人增加了，这等同于出生率下降。营养不良会使身体的抵抗力下降，容易患病。此外，基督教不喜欢洗澡沐浴，基督教的普及导致保持身体洁净的生活习惯式微。即便未被蛮族和强盗杀死，因生病而死的人数也在不断增加。即使考虑到农民回归农村的情况，从公元 4 世纪末到 5 世纪，大城市也经历了一个戏剧性的人口减少的过程。

有研究者推测，传说公元 2 世纪有 150 万人口的首都罗马，进入公元 4 世纪时人口已经减少一半，到公元 4 世纪末又进一步减少，只剩约 30 万人。“世界之都”在人口方面也是日薄西山了。

非生产性人群的增加

公元 4 世纪后半叶到 5 世纪，罗马帝国面临的真正问题在于，非生产者的人数增加，而生产者人数减少，生产力下降。这两者成反比例关系。罗马国家必须养活军人和官僚这两大非生产者群体，还要养活基督教会人员，这些人不论在数量上还是在势力上都不差于前两者，因为基督教已完全成为罗马帝国的国教。这个新国教与传统罗马宗教最大的不同之处不在于是一神教还是多神教，而在于有无专职的神职人员阶层。

既然侍奉神是主要任务，就得有其他人来建设侍奉神的环境。有人会说修道院有田产，但在那里，生产不是目的，劳动本身才是目的。重体力劳动可能会给侍奉神带来不好影响，所以这样的活儿交给农奴去做。此外，教会的各项活动所需的费用能靠捐赠和教会资产运作维持最为理想，可是，现实中的教会组织已经庞大到仅靠这些无法维持的地步。

当然，国家并没有保证像给军人和官僚支付工资一样，向以主教为首的所有神职人员支付工资。神职人员的工资都是所属教区以教会活动经费的名目支付的。不过，教会的活动不仅包括弥撒和祈祷，还包括慈善、福祉、医疗、教育等。元首制时代以前的罗马，福祉由国家、地方自治体及富人们分担，医疗和教育则通过给从业人员免征直接税的特别待遇让民间承担，如果从业人员是行省居民，就会给他罗马公民权，从而免缴行省税。但是，帝国的衰退破坏了这些由“公”与“私”之间绝妙组合形成的系统。

这个系统因受到破坏形成了空洞，基督教便乘虚而入，形成了教会在原本擅长的慈善领域之外，又垄断了福祉、医疗和教育的局面。这样一来，作为世俗组织的国家也不得不以某种形式出来赞助或支持。罗马史研究者认为，有四类非生产人员给末期的罗马帝国带来重压，基督教神职人员位列军人和官僚之后的第三位。这就是其背景情况。

公德心的衰退

欧美的罗马史研究者及继承他们观点的学者中，有很多人把大农庄主占很大比例的元老院阶级列为四大非生产者的第四位。这个阶级获得莫大收入却只将其用于个人奢侈和豪华的观赏节目。他们以此为例，认为这体现了帝国末期公德心的阙如并加以谴责。他们的攻击对象不是东罗马首都君士坦丁堡的元老院元老和行省的大农庄主，而是西罗马的元老院阶级。后者比前者富裕却更缺少公德心，理应遭到谴责。我以前也有同样的想法，怀有同样的愤怒，认为是额头从不出汗的有钱阶级的利己主义毁掉了罗马帝国。

然而，现在我却对这种想法抱有巨大疑问。

首先，他们这些大农庄主是非生产者吗？公元前 1 世纪，罗马帝国在国外开始拥有行省。从那时起，大农庄支撑起了行省的农业。只有本土意大利半岛继承了共和政体时代的传统，农业以中小规模的自耕农为主力。城邦的农民也是公民，也有权决定国家的未来走向。从那个时代开始，元老院就已经被视为大农庄主的堡垒。相对于这个富裕者阶级，格拉古兄弟和尤里乌斯·恺撒则被视为民众派。他们格外热心于确立自耕农的权利，在培育罗马国家的中坚阶层这个大目的之外，这也是为支持自己的人谋利益。

即使是为某些人的利益，好政策就是好政策。因为有了这个优惠自耕农的政策，自耕农阶层在帝国本土意大利生存到了最后。不过，到了帝国末期，意大利的自耕农也都变成了农奴，被大农庄吸收。

这种社会现象用现代语言来说就是垄断。罗马帝国末期的农业也不能幸免于垄断带来的弊害，整个农业生产力下降。不过，并不是农产品上不了市。在“罗马统治下的和平”充分发挥作用的时代，农产品的流通能够得到保障，自耕农仍然健在，生产力也很高，所以上市的农产品数量充沛。不过，即使“罗马统治下的和平”和自耕农在公元 4 世纪末都已式微，历史上也没有大规模饥馑经常袭击罗马帝国的记载，甚至没有记载会使人很容易联想到的饥馑。即使价格高于以前，农产品仍然流通于市。我认为，这主要是大农庄在起作用。

如果确实如此，我们就不应把同时也是大农庄所有者的元老院阶级断定为非生产者。从本源上看，罗马人的“别墅”（villa）是田园之家的意思，是种田、饲养家畜、生产葡萄酒（vinum）等农产品的基地。只是到了帝国末期，本土意大利也与行省一样，小规模别墅变成了大规模农庄而已。到了自耕农消失而农奴令人注目的时代，大农庄开始成为主力，承担为整个国家提供“食”的重任。事实上，一旦连大农庄也深受亡国之害，食物也就会立即从市场上消失。

不过，随着历史渐渐走进公元 5 世纪，罗马元老院阶级也确实渐渐失去了公德心。斯提利科在派遣军队去北非时强烈希望元老院宣布吉尔多为“公敌”，就是因为，只有宣布这是非常事态，才能把大农庄的自卫团和在大农庄劳作的农奴征召为士兵。昔日的元老院元老中也有很多大土地所有者，但在那个时代，农庄主都亲率在自己农庄干活的男人驰骋沙场。而在今天，如果不提供农奴则必须为每人交 25 枚苏勒德斯金币，即使这样，农庄主也舍不得出钱。正如许多罗马史研究者所说，帝国末期元老院阶级的利己主义已经非常严重，甚至可以看作帝国末期征候之一。

当然，我们也不能以 1 500 年之后的 21 世纪的眼光来看这件事。那么以公元 5 世纪的眼光来看会是怎样的情况呢？

大农庄主们抵制对自卫团和农奴的征兵令。他们知道，只有这些人守在农庄里，才能保护自己的家庭和财产。换言之，他们已不再相信国家提供的安全保障。

公元前 1 世纪，尤里乌斯·恺撒考虑扩大首都罗马的市中心。他知道当时围着罗马的塞尔维乌斯城墙妨碍扩建，但他没有改变设计，而是拆除了城墙。要拆掉城墙这一公共建筑物，需要有相应的大义名分。恺撒这个人不论做什么都不会仅有一个目的。他宣布，罗马的国家安全保障应由“防线”即国界线来构筑，而不是依赖首都的城墙。城墙拆掉后便被放置在了那里。他的这个想法决定了罗马国家未来的走向，被后来的皇帝继承。因而，保护了共和政体时代罗马的塞尔维乌斯城墙便多处被截断，现今只剩下几处残垣断壁。

帝国首都罗马在没有城墙保护的情况下走过了 320 年。“防线”把广袤的罗马帝国坚固地围起，抵御了外敌，保卫了帝国。这期间不光是首都，帝国的其他城市也都只有仅用于夜间防盗的城墙。“罗马统治下的和平”划时代的意义在于，它不仅抵御国外敌人，还打击国内敌人来保障安全。如果前者是国土防御，后者就是公众安全保障。第二代皇帝提比略特别关心治安，因为有他，人们不论上街行走，还是居住在乡间，都非常安全。

我们看看罗马时代的别墅和后来中世纪时代领主房屋的形式和格局，便可感到这两者明显的不同。罗马时代的别墅缺少防御上的考虑。虽然有低矮的石墙围绕，我不禁要想，那种围墙，夜里防防森林里野兽出来骚扰村庄大概有点用处，但怎么能阻止强盗团伙的袭击呢？不过，提比略皇帝是会把强盗团伙首领绑在竞技场中央矗立的原木桩上活活地喂给猛兽，这是当时的极刑。

用罗马人的话说，就是国内外的“Securitas”（安全，“security”一词的语源）有了保障，才会有“Pax”（和平，“peace”一词的语源)。“罗马统治下的和平”的真正价值即在于此。而生活在其后时代的人们，就只能靠自己去保障“安全”与“和平”了。

我还认为，“共同体”与“个人”的利害不能一致，也是帝国末期症候之一。所谓公德心应该在个人的利害与自己所属共同体的利害联系在一起时才会发挥作用。

罗马帝国行将步入最后一个世纪。这时的帝国，尤其是西罗马帝国的元老院阶级，把国家防御置于脑后，生活依旧骄奢淫逸。这个事实为后世研究者所批判。

不过，如果站在当时而不是以后世的眼光来看这事，我们仍可为之辩护。

以前有一个时期，我曾为同样遭受蛮族入侵，而西罗马帝国灭亡东罗马帝国却得以幸存的情况做了下述假设：

西罗马帝国内的富裕阶级看到东罗马帝国更安全，便纷纷前去避难，导致西罗马帝国经济实力衰退，而经济实力衰退又导致防御费用减少，从而不能抵御蛮族入侵。这也就是说，东罗马帝国靠把从西罗马帝国迁徙而来的人和把钱投入防御工作而得以幸存。

然而，我现在完全抛弃了这一假设。我认识到，西罗马帝国富裕阶级的经济基础在于广袤的农田。土地是不能带走的。他们明知蛮族入侵的危险，却仍然留在了西罗马。根据学者们的说法，西罗马的首都罗马的元老院阶级的财力远大于东罗马的首都君士坦丁堡的元老院阶级，但他们只能留在罗马，留在意大利本土。

尽管他们留下了，但手中的金钱用在了召开竞技大会、角斗比赛和斗兽这些观赏节目上。这遭到了后世的谴责，认为这是缺乏公德心的表现。

不过，这难道不是民族文化的问题吗？

英国乡村绅士爱好狩猎，我这个日本人就不能理解。我认为众多猎犬、人和马一起追逐一只狐狸，这不公平。但他们大概也有自己的说法，第一是保护自然环境，第二是保护就业，第三是保护祖先传下来的文化。

对罗马帝国末期的元老院元老来说也同样如此。为了庆祝儿子担任公职，搞些战车比赛、斗兽来招待市民，对他们来说不过是继承了自古以来罗马精英的生活方式而已。严格区分文官和武官，参与国政的权利也被剥夺之后，元老院元老已经不允许参与国家的防御。找些名目办些娱乐节目招待市民，也许就是留给他们作为元老院元老仅有的荣耀了。我在《罗马人的故事 14 · 基督的胜利》接近尾声时曾经介绍过，叙马库斯曾经以异教的身份对米兰主教安波罗修进行过最后的论战。他在私信中也曾谈到为庆祝儿子就任公职举行比赛的事，担心所需的猛兽是否能从北非安全到达。读了这封私信，人们尽可以叹息帝国末期精英的堕落，但是，我们对留给他们的这个唯一的“生存理由”是否可以容忍一下呢？虽然这确实是一个时代错误，蛮族渐渐迫近，而他们却像罗马帝国鼎盛时期那样狂热于战车比赛。

前面所述的情况就是斯提利科一边拥着少年皇帝，一边却不得不面对西罗马帝国的实际状态。恕我不够清高，蛮族出身的斯提利科抛弃麻烦的罗马人而站到蛮族人一边，难道不是明智的选择吗？以斯提利科的武将之才和日耳曼民族的骁勇，打垮西罗马帝国还不是手到擒来的事吗？

然而，他也有他的“生存之道”。即使别人不能理解，对他而言，一旦失去了某种东西，他的生存价值就会随之消失。

从公元398年到401年这3年间，西罗马帝国享受了短暂的平安。发生粮食危机的北非问题没有加重西罗马帝国的衰微。在不到6个月的短短时间里，只派了5 000人的小部队，就成功地完成了对摩尔人首领吉尔多的讨伐。这样斯提利科暂时不用担心南方之敌了。这期间，斯提利科仍驻留在意大利北部，警惕着西部的高卢、北部的日耳曼和东部的巴尔干，阻止了经常渡过莱茵河和多瑙河来犯的北方蛮族的入侵行动。不过，西哥特人的统帅阿拉里克也推迟了入侵，利用这段时间巩固自己的势力。

阿拉里克被东罗马帝国皇帝正式任命为负责巴尔干地区的“大元帅”。他十二分地利用了这个职位赋予他的权力——可以自由使用储备在罗马帝国军用仓库里的武器、军服和粮食。这样，西哥特人的士兵就与其他蛮族士兵大不相同了。他们学会了使用高精端武器，身着防护功能强大的军服，营养充足。斯提利科只能默默地看着这一切。阿拉里克现在是东罗马帝国皇帝正式任命的“大元帅”，尽管地位在“联军总司令”斯提利科之下，但在军事上成了与他平起平坐的同僚。

公元401年，对斯提利科来说流年不利。位居东罗马帝国大元帅的盖纳斯失宠被杀。哥特人出身的盖纳斯将军在先皇狄奥多西手下资历雄厚。当初，斯提利科遵从了皇帝阿卡狄乌斯把从东罗马帝国带去的士兵带回东方的命令，斯提利科把这一任务托付给了盖纳斯。刺杀擅权宰相菲尔穆斯，没有盖纳斯的参与也是实现不了的。这在当时就传是斯提利科的谋略。

盖纳斯的失宠，是因为受到席卷东罗马帝国的排蛮运动的牵连。虽然现在站在罗马帝国一边，但盖纳斯是哥特人出身，而哥特人信奉的是阿里乌斯派基督教。东罗马帝国和西罗马帝国则都是信奉三位一体说的天主教派的基督教国家，信仰的热度东方要高于西方。东罗马帝国排斥蛮族，就是借民族歧视之名排斥异端。

盖纳斯之死对斯提利科而言不只是切断了连接东罗马帝国的脆弱纽带。在东方，以天主教主教为先锋，排斥蛮族的气焰高涨。在他们看来，纯粹的哥特人且信仰阿里乌斯派的盖纳斯和体内流着一半汪达尔人血液的天主教徒斯提利科一样，都是“蛮族人”。东罗马帝国主教们的说教狂热而激烈：

> 解放西部！要把帝国西部从蛮族和阿里乌斯派的专横之下解放出来！

东罗马帝国非但没有帮助被北方蛮族觊觎的西罗马帝国，相反，似乎想要亲手摧毁本属同胞的西罗马帝国。

再度入侵

公元401年秋天，随着盖纳斯之死，东西关系的冷淡接踵而至。居住在多瑙河上游一带北边的蛮族，再度大举进犯今天位于德国南部和奥地利西部的行省雷蒂亚。蛮族的入侵已不像从前那样，活不下去就侵入罗马帝国大肆劫掠，然后带着抢夺来的东西退回自己的领地。他们转而采取占领的形式，入侵之后就地盘踞。蛮族遭到其他蛮族侵袭，为寻找新的定居地而侵入罗马帝国，这一现象在公元2世纪末就已经开始出现。但在那个时期还属于同一个日耳曼民族部族之间“被赶来赶去”的形态。到了公元4世纪末，由于亚细亚民族匈人的出现，情况彻底地改变了。匈人凶猛剽悍，连日耳曼系的蛮族也为之恐惧，也称他们为“蛮族”，不想被杀就只能逃跑。进入公元5世纪后，蛮族大举入侵，打仗更动真格。因此，迎战的一方就需要多用心计。

接到北方蛮族占领雷蒂亚的报告后，“联军总司令”斯提利科好似恭候多时一般，迅即率军北上。那里已拥满了蛮族人，与意大利之间只隔着阿尔卑斯山脉。阿尔卑斯山脉从西向东呈弓形挡在意大利半岛北边。罗马人有好几条铺好的大道直通这一山脉。通往西面高卢方向有4条，通向北面多瑙河上游一带有3条，连接多瑙河中游的东部有2条，罗马人共计铺设了9条干线道路，即使在冬天到阿尔卑斯山脉也可以畅通无阻。

不消说基础设施，不论是公路、桥梁、公共建筑这样的硬件，还是法律、金融制度、医疗、教育这样的软件，没有维护保养这样的后期服务，就不会持续发挥功效。元首制时代并不缺乏维护，但自帝国进入迷茫的公元3世纪起，罗马用在这方面的心思和财力便一路衰减。

根据专门研究罗马大道的学者的说法，最后一次修缮工程完成于公元375年。道路，不论是新建还是修缮，实际上都是由士兵来完成。罗马大道原本就是为加快军团的行军速度而修建，军团兵放下手中之剑而携镐劳作早已成为传统。因此，只要使用士兵，就意味着这是真正的工程，哪怕只是铺路。如果这一真正的维护工程完成于公元 375 年，那么我们可以认为，在公元 401 年，罗马道路网还在发挥着相当的作用。这样，即使在平原上仍是秋天而山区却已是冬天的季节，前往迎战的罗马军队也可以轻易越过阿尔卑斯山脉。同样，全家出动、直奔南方的蛮族要翻过阿尔卑斯山脉，虽比军队行军困难，但也并非不可能。不要忘记，蛮族对人员的损失并不神经质，这是蛮族之所以为蛮族的理由。他们的可怕之处在于，不管是渡河时有人溺水，还是翻山时有人踩空跌落悬崖，他们都会继续前进。

没有人知道赶往多瑙河上游地方的斯提利科是如何击退蜂拥而来的蛮族人的，但他似乎成功地击退了蛮族人的入侵。因为他并未像钉子一样扎在雷蒂亚，而是得以回师意大利。这时，不只是德意志南部，意大利也陷入了危险之中。阿拉里克得知斯提利科去了多瑙河上游，便动员全体西哥特人，从东面翻过阿尔卑斯山脉，直奔意大利北部而来。

到意大利去

作为大元帅，阿拉里克负责的区域是罗马时代的伊利里亚地区，后来被称为巴尔干地区，位置紧挨着东西罗马帝国分割线的西侧。不管靠得多么紧，这里还是属于西罗马帝国的领土。被东罗马皇帝任命为大元帅以后，阿拉里克便成了东罗马帝国的高官。由于“东”“西”分割不明确，这里成了一个所谓“巴尔干式的”，即双方想法叠合的例子。

阿拉里克及其率领的西哥特人，在东罗马方面看来是蛮族人，信奉阿里乌斯派基督教，这在天主教眼里是异端。在得知排斥蛮族、排斥异端的狂潮正席卷东罗马帝国之后，阿拉里克认为与其把自己及部族的未来寄托于东罗马，不如寄托于西罗马。这也无可厚非。北方蛮族因被匈人赶出家园，遂渡过多瑙河入侵罗马，而西哥特人则是为躲避同为基督教却狂热信奉天主教的教徒而前来掠地。

理应以巴尔干防御为己任的阿拉里克侵占意大利，不仅是越境行为，身为东罗马帝国的大元帅，这还是越权行为。阿卡狄乌斯皇帝应该禁止这种行为。但东西关系因前述原因已至冰点，而且对东罗马帝国而言，阿拉里克及其麾下的西哥特人既是蛮族人，又是信仰阿里乌斯派的异端，他们自行出“东”入“西”正求之不得。

恐怕阿拉里克也预想到“东出”才会去攻占意大利。他们翻过古代称之为尤里安阿尔卑斯（Alpes Iuliae）的山脉大举入侵。这条山脉现在仍与古代同名，只是在意大利用意大利语发音，在斯洛文尼亚用斯拉夫语发音。阿拉里克随后立即开始进攻意大利半岛东北部的重要城市阿奎莱亚。这是公元 401 年 11 月下旬的事。

斯提利科同时两面受敌：一面是在多瑙河上游的雷蒂亚，一面是在意大利东北部的家门口。那年他 41 岁，既是“联军总司令”，也是执政官，军事和统治的双重责任压在他的肩上。

阿拉里克是位了不得的战略家。进攻次数再多，攻占围着城墙的城市也绝非轻而易举。于是他不断进攻，直到意大利北部居民无人不晓的阿奎莱亚遭到进攻的消息传遍整个意大利北部。但他并未执意要拿下这座城市，而是改变战略，首先横扫因阿奎莱亚危如累卵而风声鹤唳的意大利北部。意大利北方的冬天虽然寒冷，但不用担心大军的粮草，这可以靠抢夺得来。在波河横贯的意大利北部，农田丰饶，入冬时粮食已经收获进仓。

斯提利科在多瑙河上游收到了阿拉里克进攻意大利的报告。他没有立即返回意大利。他与阿拉里克5年前就已刀剑相交，而且两度获胜，当然知道如何作战可以取胜。但是，他在得知身在米兰的霍诺里乌斯皇帝已经吓得灵魂出窍时，便急忙带着少量骑兵翻过阿尔卑斯山脉，回到米兰。

西罗马帝国的皇帝霍诺里乌斯即位已经6年，年龄也到了16岁。他一想到阿拉里克马上就要开门现身，就夜不能寐。这位霍诺里乌斯只能说出一句话，就是逃往高卢南部（现在的法国南部）去。

见斯提利科回来，霍诺里乌斯又重复了那句话。面对这位不像皇帝的16岁孺子，41岁的斯提利科严厉地说道：

对罗马帝国来说，没有比皇帝出逃行省更大的耻辱了！

话虽如此，霍诺里乌斯生性懦弱，但对他认定的事往往会莽撞行事，让他继续留在米兰也很危险。斯提利科任命了一位心腹为“首都长官”，把避难去罗马的皇帝皇后的安全托付给他。皇后就是斯提利科的女儿玛丽亚，一直是总督之母的妻子赛妮娜也同行去罗马。他还命令首都长官搞好城墙的加固工程。

从罗马时代被称为米迪欧兰姆（Mediolanum）的米兰到罗马，通常的途径是，首先走埃米利亚大道到亚得里亚海沿岸的里米尼，再从这里走弗拉米尼亚大道到达罗马。可是，阿拉里克和西哥特人出没于此，如果他们向南横切意大利，埃米利亚大道就不能通行了。皇帝一行先从米兰到热诺瓦（现在的热那亚），再从那里走沿第勒尼安海南下的奥雷利亚大道去罗马。罗马人认为应该有多种选择，所以大道也建成了复线。这种做法在这个时候发挥了作用。

斯提利科没有为皇帝一行送行，在此之前就早早地动身北上了。隆冬的阿尔卑斯山脉不日往返，多瑙河方面的问题正等着他去处理。

渡过多瑙河上游侵占雷蒂亚的是苏维汇和奄蔡，这两个部族同属日耳曼系，都被匈人驱逐，同病相怜。对斯提利科来说幸运的是，率领这两个部族的是苏维汇人的君王。如果交涉对手握有实权，谈判、订约就都好办。斯提利科回到雷蒂亚后直接与这位君王进行了谈判。苏维汇人君王遭到了斯提利科率领的罗马军队的凌厉反击，他积极地响应了斯提利科的建议。

所谓谈判，就是缔结“同盟”（foedelatus）协约，蛮族得到居住的土地并承担相应的防御。这是一种佣兵合同。没有关于这次佣兵费用的记录。可以想象，因为以往的战斗都是罗马方面占绝对优势，这次不用付钱即可搞定。总之，斯提利科可以不用再去操心两面敌人中的一面了。他率领的去多瑙河上游的部队几乎全军回到意大利，下面要做的只是率领这些士兵与阿拉里克决战了。

往返于米兰和多瑙河上游地区时总要穿越阿尔卑斯山脉。山区分布着以科莫湖为主的许多湖泊，湖上经常停泊着渡船。穿越阿尔卑斯山脉时就从米兰到科莫，再从那里上船。罗马人在山区也并非全走大道，如有湖泊，便会把船队停泊在湖上，用船只运兵。遇到壁立的悬崖时并不勉强开凿道路。用这种方法，不仅利用了位于阿尔卑斯山脉下的科莫湖，也充分利用了阿尔卑斯山脉里为数众多的小湖泊。最初想到这个办法并予以实施的是公元前 1 世纪前半叶的尤里乌斯·恺撒。正如他设想的那样，以后 500 年间，罗马人的“防线”不是阿尔卑斯山脉，而是莱茵河和多瑙河。

不过，从意大利向北穿越阿尔卑斯山脉的道路不只有这些。公元402年2月，斯提利科率兵翻越阿尔卑斯山脉回到意大利的也不是这条路。公元前1世纪后半叶，奥古斯都当上了帝政后的开国皇帝，他在决心征服日耳曼时铺设了一条大道。斯提利科选择的路线就是位于东侧的这条大道。从意大利北部穿越阿尔卑斯山脉的道路中，这条路比其他三条路况更好。1 800年之后，以歌德为代表的憧憬着“君知啊，南国”意大利的德国人仍行走在这条大道上。罗马时代，因斯布鲁克被称为威尔第德纳。从这里南下，在布伦纳罗山口越过奥地利与意大利的国境，直下波尔查诺、特伦托，就可以到达维罗纳。在现代，走高速公路感觉只是一个跨步，但在罗马时代那可是北去的干线。

斯提利科选择这条路并非因为它是干线，而是因为阿拉里克和西哥特人指望开春进攻米兰，眼下正在米兰周边过冬。如果沿科莫湖南下，就必须分散兵力，各个击破冬营地中的敌人。与其如此，不如下到维罗纳之后转而西指米兰，这样就可以从阿拉里克所在的敌人大本营背后发起进攻。而且，阿拉里克的根据地位于东面的巴尔干地区，从东面进攻还可以断其退路。

决战

一切按照斯提利科的设想在推进。2月还是冬天。阿拉里克和西哥特人压根儿没有料到斯提利科敢于在冬季翻过阿尔卑斯山脉前来反击，他们失去了让妇女儿童躲避而由男人重新布阵的时间。米兰周边也没有妇女儿童避难的安全地方。米兰遭到了进攻，但未被占领。这

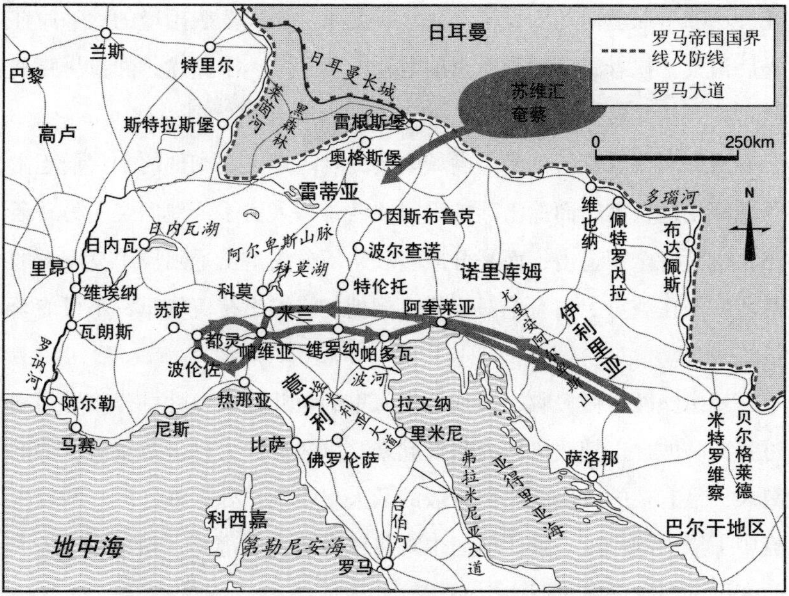

公元 401—402 年阿拉里克及北方蛮族入侵路线

样，阿拉里克和西哥特人极有可能受到东面逼来的斯提利科和坚守米兰的守军两面夹击。

阿拉里克决定逃跑。可是，北面阿尔卑斯山脉高耸壁立，阻断了去路，东面斯提利科步步紧逼。南面的热那亚也不能作为逃跑的去处。当时的热那亚只是一个小港，无法养活数万人规模的蛮族。结果，阿拉里克认为只有西面可退，尽管同样也有阿尔卑斯山脉横亘面前，他决定先攻陷都灵，趁势翻过阿尔卑斯山脉，逃往高卢。

解除米兰的包围之后，阿拉里克和西哥特人首先南下，直驱帕维亚，从那里取道向西，直指都灵。听着米兰居民摆脱困境的欢呼声在身后消失，拉着满载掠夺而来的财物的货车踏上了路途，阿拉里克和西哥特人从此转为颓势。

斯提利科没有听到米兰满城响起的欢呼声。他和他的士兵们连米兰城都没进，就转而追击阿拉里克和西哥特人去了，他们走了另一条路，也没有全军追击，而是分成多股队伍分头追击。阿拉里克率领的西哥特人在数量上占有绝对优势，但携妇将雏，拉着货车，不可能全员统一行动。

就像渔网广撒慢收，渐渐地把海里的鱼儿拢到一处一样，必须通过各部队的追击把西哥特人收拢起来。以劣势兵力打击数量占优势的敌人，最有效的方法就是把分散的敌人集中到一处一举歼灭。阿拉里克中了斯提利科这一计。他们本来应该向西直取都灵，却在途中大大改变了方向，偏向了西南方向。

波伦佐，今天不过是一个村落，人们只知道那里有 19 世纪意大利君王狩猎用的别墅。罗马时代，这里被称作波勒提亚，是一个手工业繁荣的小城市。直到今天，这个连地图上都不标的地方还残存着罗马时代的水道桥、神殿等遗迹，与小村庄极不相称。斯提利科与阿拉里克决战的战场就在波勒提亚附近的平原上。

公元 402 年 4 月 6 日，在波勒提亚的原野上两军对阵。西哥特人方面把女人、孩子和货车撤到后方，男人们在阿拉里克的指挥下准备战斗。斯提利科方面则采取了传统的罗马式布阵形式，步兵在中间，骑兵布在两翼。

不过，能看到两军全貌的人大概会说，阿拉里克率领的西哥特军队比斯提利科率领的罗马军队更像罗马军。斯提利科军的左翼是刚刚成为“同盟者”的奄蔡骑兵团，正半裸着身体待命，远远一望便知是日耳曼人。而敌方西哥特军却是用从罗马帝国军用仓库中拿出来的武器和厚重的军服武装起来的。

没有人知道阿拉里克在哪里指挥战斗。但斯提利科在中军阵后，一如既往地身板挺直地催马扬鞭，英姿飒爽。

人们并不清楚战况进展的细节，可能是记录战况的诗人克劳狄安对此并不关心。好像是斯提利科方面的骑兵团先发制人，迅速从两翼开始行动的。西哥特人的士兵被追杀到狭窄的平地，背靠溪流，无法腾挪，遂致大败。崩溃，被追，被杀，连阿拉里克的妻子和儿女也被俘虏，可见身处后方的士兵家属也并不安全。不过，阿拉里克和一半的军队还是成功地逃脱了。因此，这场战斗还不是斯提利科与阿拉里克的最后决战。

斯提利科追击向东逃窜的阿拉里克，战场移到了维罗纳。在维罗纳附近的战斗又是斯提利科获胜。西哥特人这次没能逃过彻底失败的命运。

但这次阿拉里克又成功逃脱了。不过，这次不像波勒提亚战役，既不是撤退，也不是退却，那状态只能是溃逃，只能逃回半年前刚刚离开的巴尔干地区。

阿拉里克和西哥特人的确遭到了一时半会儿无法重振的打击，阿拉里克在一段时间内没有成为意大利的威胁。

不仅是直接受害的意大利北部，意大利全境都因驱逐蛮族的喜悦而沸腾。不论是元老院元老还是老百姓，都松了一口气，沉浸在喜悦之中。这个时期再无人怀疑斯提利科会第二次故意放走阿拉里克。

抛弃高卢

多半人都因摆脱了蛮族的威胁而松了一口气，只有功臣斯提利科依旧清醒。他利用这个机会一个接一个地制定了平时人们并不欢迎的各项法律。戴克里先和君士坦丁大帝施行君主专制以后，罗马人习惯了“敕令”的形式。但斯提利科采用了元首制时代的立法程序，由立法机构元老院通过形成国法。在他看来，眼下有望获得人们支持，这正是通过不受欢迎的法律的好时机。

从公元 402 年秋天到 403 年秋天的一年中，斯提利科制定的法律大致可分成两类：首先是意大利本土的防御，其次是行省尤其是与意大利本土安全休戚相关的高卢南部的防御。这两类法律都是为了整顿和完善防御体系。

最先制定的法律规定，征兵权完全交给意大利半岛的“长官”，其次承认长官的运作机构。法律还加强了对入伍后无故离队者的惩罚。后来法律中的惩罚更为严厉，甚至规定开小差者被抓回后将当场处死。

这些法律在当时的情况下甚为需要，但遭到了社会上下的恶评。一百多年以来意大利半岛上就没有招过兵。本土男人被视为软弱，以可以耐受严酷条件和恶劣环境为理由，从高卢东部和巴尔干地区招募志愿兵已成常态。共和政体时代和元首制时代的罗马人如果知道居住在意大利半岛的男人逃避兵役，一定会感到愤慨。老百姓自残以逃避兵役的情况不断发生。大农庄主不愿意交出自己农庄的警卫和农奴。公德心一旦丧失再想恢复，实在是件难事。

人们不知道整顿和完善高卢防御体系是在何时，根据的又是什么法律。也许到了帝国末期，罗马帝国记载历史的热情也已衰退。且不说关于意大利的，就连行省的相关记载，量与质也都明显下降。今人还能知道的是，斯提利科将高卢全境罗马势力的根据地从过去的特里尔移到了阿尔勒。

特里尔过去是最重要的基地，它位于注入莱茵河的一条支流摩泽尔河的中游。不仅有摩泽尔河，还有 3 条大道从这里连接着罗马帝国的“防线”。这里被以开国皇帝奥古斯都之名冠名为“奥古斯都特来佛里”。斯提利科放弃了这个基地，把根据地转移到了靠近地中海、罗马时代称为“阿瑞拉特”即今日的阿尔勒。从现在来说，就是把在高卢的根据地从德国西端移到了法国南端。这足以使我们想象到斯提利科设想的高卢防线是怎么回事了。

这意味着斯提利科放弃了罗马人长期以来称为“长发高卢”的高卢中部和北部。公元前 1 世纪尤里乌斯 · 恺撒征服的高卢在 450 年后被抛弃了。放弃“长发高卢”意味着放弃了高卢防御不可或缺的、值得驻扎 3 个军团的不列颠地区。那么他为什么留下了高卢南部呢？

今法国南部被统称为普罗旺斯，在罗马人的母语拉丁语中为“Provincia”（普罗文西亚），是行省的意思，只不过法语念成“普罗旺斯”。公元前 3 世纪末，罗马在与迦太基的第二次布匿战争中战胜汉尼拔后，使这里成为行省。自推行元首制前的一个世纪开始，罗马道路网已自本土意大利向外大大扩张。横跨法国南部的道路在元首制前 100 年就已铺就，是连接意大利与第二次布匿战争中获得的西班牙之间的通道。高卢北部和中部在公元前 1 世纪中叶被恺撒纳为行省，

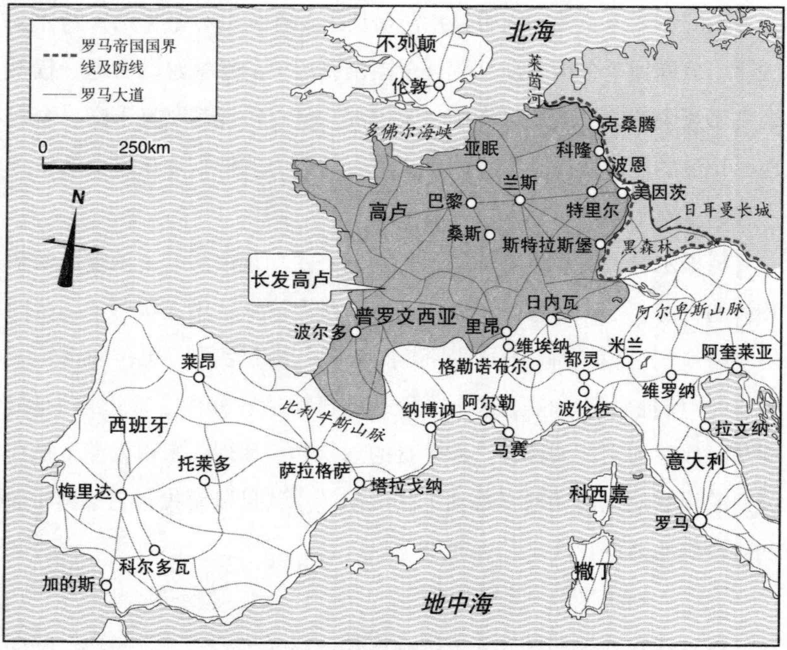

高卢与西班牙

而高卢南部则在此 150 年前即已成为行省。

因此，普罗文西亚对罗马人而言不单纯是行省，它已与罗马融为一体。“长发高卢”和不列颠出身的人没人登上过罗马帝国的皇位，法国南部却有这样的人，如五贤帝中的安敦尼·庇护。图拉真皇帝和哈德良皇帝虽然来自西班牙，但有着殖民者罗马公民的血统。与他们不同，罗马帝国鼎盛时期的皇帝之一安敦尼·庇护是被罗马征服的部族的后裔。元首制时代，像他这样罗马化的高卢人在帝国高级官员中比比皆是。

古代的普罗旺斯并非像我们这些后人想象的那样是法国的一部分。对古代罗马人而言，法国南部、西班牙和北非比法国北部、中部和英国更为亲近。我们不应忘记，不管是共和时代还是元首制时代，罗马都是一个地中海帝国。

斯提利科虽然身为日耳曼系的蛮族汪达尔人，但在这点上来看，他还是罗马人。舍弃不列颠和“长发高卢”而留下普罗文西亚，对他来说无疑是自然的选择。

然而，这次他又遭到恶评。对居住在意大利半岛的老百姓来说，阿尔卑斯山脉对面的高卢很遥远，他们对此没有像严厉的征兵制那样的切肤之感，因而并未引起什么反对。但是，斯提利科没能蒙住元老院元老。他们看清了把在高卢的罗马势力根据地从特里尔移到阿尔勒的真实意图。斯提利科当然没有公开说过一句要放弃高卢中部和北部的话，也没有撤回驻扎在不列颠的军团，但仅凭把根据地从莱茵河中游迁至地中海这一点，就足以看透斯提利科的本意。

在“元老院阶级”这个词包括的地位和财力上都属于罗马社会上层的人中间，开始萌生反斯提利科的倾向，他们对强使自己把自家大农庄里的警卫和农奴送去服兵役的斯提利科感到恼火。事实上放弃了“长发高卢”，让这些人感到自己祖先辛苦得来的荣耀被糟蹋，从而心生愤懑。何况做这事的居然是蛮族出身的人，这更使他们怒火中烧。

这种感情带有怀古情调，而正视严酷现实，要有勇气与过去一刀两断，但如此去说服他们，只怕是白搭。公元 5 世纪的上层罗马人也懂得这个“理”，但是，在国家瓦解过程中，强烈支配人们心灵的，与其说是“理”，不如说是“情”。

斯提利科也知道社会上下开始对他起了反感。他试图通过举行久违的凯旋仪式去化解这种反感。

举行凯旋仪式也师出有名，那就是两年前的胜仗。斯提利科在波勒提亚和维罗纳两度打败阿拉里克率领的进犯意大利北部的西哥特人，使阿拉里克狼狈逃回巴尔干地区。如果目的是与民同庆，凯旋仪式就应该在胜利的公元 402 年当年的秋天举行。斯提利科在公元 404 年秋天举行凯旋仪式是要拿庆祝胜利做幌子，其真实意图在于消解反对自己的呼声。

凯旋仪式

进入帝政时代以来，在首都罗马举行的凯旋仪式上，主角都是皇帝，即使胜利功臣另有人在，皇帝毕竟是罗马全军的最高统帅。在公元 404 年秋天举行的凯旋仪式上，坐在侍者驾驭的双驾战车上接受群众夹道欢呼的也是皇帝霍诺里乌斯。

凯旋仪式是罗马特有的祭典，与罗马人的传统深深地结合在一起，在基督教来看，其异教色彩过于强烈。凯旋仪式原本就与基督教国家相矛盾，民众也会因凯旋仪式而狂热，因此，罗马变身为基督教国家后虽然还保留着凯旋仪式，但色彩已与从前不同。

首先，由凯旋将军驾驭 4 匹白马拉的战车的形式完全消失了。马匹好像仍为白色，但已由 4 匹改为 2 匹，这 2 匹白马也由侍者驾驭，这已成了惯例。

其次，凯旋将军用红色颜料涂面的做法也消失了。把脸抹红在罗马是神的表示，这样做的意思是，凯旋将军因打败敌人保卫了大家的安全，因为这样的功绩可以在凯旋仪式这天当一天的“神”。然而，基督教是一神教，不允许唯一的神以外还有其他神的存在，哪怕只是一天。不过，因废止了“一日之神”，也就没有奴隶像以前那样站在接受民众欢呼的凯旋将军身后不断轻声重复“肉身当死，不可忘却”的情况了。即使一日为“神”，也不可忘记自己是“人”身，这种巧妙的平衡感正是基督教化以前罗马人的特质。可是罗马国家性质已变，不能再把这种平衡感视为必需。

作为胜利者象征的月桂树枝编的月桂冠也销声匿迹了。月桂冠曾经被戴在希腊奥林匹亚竞技优胜者和罗马皇帝的头上而光耀过，从而被看作异教的象征。实际上，在成为基督教国家以后，罗马的钱币上再也看不到头戴月桂冠的皇帝肖像了。

公元 404 年秋天，在罗马举行的凯旋仪式就是这种极力排斥异教色彩的仪式。在队伍最后压阵的胜利者乘坐的双驾战车上，除了霍诺里乌斯皇帝，还有斯提利科。当然，在前面接受民众欢呼的是霍诺里乌斯皇帝。可是，不论军装多么华丽，19 岁的霍诺里乌斯身材矮小，腿短体肥，毫无表情的脸上根本看不到击败入侵蛮族的男人的霸气。

相反，紧挨在他身后的斯提利科 40 来岁，正值壮年，有着男人的镇定和力量。他比霍诺里乌斯高出一头，肌肉健硕，目光锐利，远比主角皇帝更能吸引人们的视线。民众也都知道，3 年前霍诺里乌斯刚举办过成人礼，敌人袭来时即从米兰避难来到罗马，而前去迎敌的是斯提利科。元老院元老也不得不承认这一点。两人一同站在凯旋将军用的双驾战车上与民同庆，游行似乎取得了成功。

之后斯提利科又进一步利用了这个大好机会，他让皇帝霍诺里乌斯出席元老院会议，请他说明元老院元老先前阻挠制定的那些法律的必要性。霍诺里乌斯年纪轻轻却无精打采，他念的演讲稿一定是斯提利科写的。通过皇帝的说服而通过的一项法律规定，除以“国家公敌”宣言的形式宣布紧急状态的时期以外，大农庄主也有如下义务：

如果不交出指定数量的农奴服兵役，则每个人头须支付 25 枚苏勒德斯金币。这样一来，斯提利科整编新军的财源便有了保证，身为大农庄主的元老院元老几乎都选择支付金币而不愿提供警卫和农奴。

迁都拉文纳

这个时期，斯提利科把皇帝的居所从米兰迁到了拉文纳。霍诺里乌斯不听劝解，坚决不愿意再回危险的米兰，他甚至不愿意继续住在罗马。斯提利科遵从了他的意思，迁都拉文纳。

罗马太大，居民都很开放，习惯于在熟人簇拥下生活的霍诺里乌斯不适应这里的环境。而拉文纳城市小，且位于波河河口，水路成网，屏障四周。流经拉文纳南边的卢比孔河在共和时代是本土意大利与意大利北部行省的分界线，当时意大利北部行省的总督官邸就在这座城市。进入帝政以后，拉文纳城市也得到扩建，有了两个港口，400 年前开始成为帝国的两大军港之一，另一个军港是意大利南部的米塞诺。

把皇宫安在拉文纳，还可以让胆小的霍诺里乌斯放心，遇到危险时也可以取海路逃跑。迁都拉文纳就这样实现了。顺便一提，拉文纳与罗马和维罗纳一样，从古到今城市的名称从未变过。

斯提利科至此并未完成重整意大利半岛防御体系的工作，没有充分取得罗马人从上到下的合作是其原因，但更大的原因是罗马帝国国力的衰微。

公元 4 世纪初，戴克里先皇帝行使强权，使罗马全军的兵力倍增，发展到了 60 万人。其后的百年之间兵员逐渐减少。据研究者推测，到了公元 5 世纪初，兵力或已减少到原来的三分之一以下。随着帝国接近末期，历史记录的质量下降，甚至已无法弄清“联军总司令”斯提利科所率将士的数量。不过，他恐怕一次也没有统率过 10 万人以上的军队，人数顶多也就一两万。可是，来犯的蛮族动辄超过 10 万人！

与西罗马帝国防御力量相比，东罗马帝国虽然兵力也在减少，但程度不像西罗马帝国那样严重。

这并不是说东罗马帝国国力强于西罗马帝国，也不是说东罗马帝国的士兵比西罗马帝国同辈更勇敢。在这个时代，东罗马帝国的敌人是大国波斯。波斯军渡过幼发拉底河向西进犯，并不是波斯活不下去的掠夺行为。波斯军队曾经进攻过罗马帝国的领土，但那是在 700 年前败给亚历山大大帝之前，是 700 年前梦想复兴大波斯帝国的军事行动。当时的波斯物产丰富，如果打败波斯军队，东罗马帝国的士兵就可以缴获丰盛的战利品。

另外，西罗马帝国士兵打仗的对手是活不下去或被新来的蛮族驱赶而不得已入侵的蛮族，打败他们能够缴获的战利品少得可怜。

这样的差别表现在东西罗马帝国志愿当兵的人数上和每名士兵的战斗意志上，这或许也是衰退期“国家”与“个人”的利害关系趋于不一致的现象之一。元首制时代的罗马帝国处于鼎盛期，尽管那时打仗的对手同样是蛮族，也不能指望战利品，但当时军队在使用严格标准筛选优秀士兵方面并不困难。

不过，全盛时期的帝国政府为此也是出过几招的：

第一，保证罗马社会的平均收入与中产阶级相当。这在收入不固定的时代实在是极具魅力。

第二，保障士兵期满退役时的退职金。这在那一时代的其他国家也是做不到的。这使士兵在退役后开始第二人生时没有了后顾之忧，虽然有人想要耕地，而有人想要现金。皇帝奥古斯都为了保障这项财源，还新开征了前所未闻的遗产税。而且，对非直系亲属继承遗产课以 5% 的遗产税，让没有服兵役的公民也为保障国家安全做出贡献，这在培育公德心方面也发挥了作用。

这个待遇是给由拥有罗马公民权的人组成的罗马军队主力军团兵的。行省出身没有罗马公民权的辅助兵也能在 25 年期满退役时领到“退职金”——罗马公民权。行省居民只要为罗马帝国的防御做出了贡献，就有资格被授予与罗马公民同等的权利，这实在是一项出于罗马式思维的政策。授予医生、教师的公民权只限于一代人，而授予行省出身的士兵的公民权却是世袭的。也就是说，他们的子女不再是行省居民，而是在所有方面都与祖辈为罗马公民的人等同。

第三，尤里乌斯·恺撒开始的士兵退役后回归公民社会的政策也与此相当。我想正是因为中央集权与地方分权的绝妙配合，罗马帝国才充分发挥了作用。中央政府的最高领袖皇帝不是选举产生，但在“地方自治体”盛行选举。就任“终身独裁官”的恺撒行使强权断然推行了多项改革，其中之一就是搞活地方议会。他确定了可当选议员的三种年龄资格：

一、未服过兵役者 30 岁以上；

二、服兵役当过军团兵者 23 岁以上；

三、服兵役当过骑兵或百夫长者 20 岁以上。

在罗马，年满 17 岁方被视为成人，志愿兵也不接受更年轻的人。下一代皇帝奥古斯都时代形成了明确的制度，规定军团兵入伍后 20 年才能期满退役。这样一来，军团兵期满退役应该在 37 岁至 40 岁之间，士兵如果在23岁或20岁退役，原因只能是服兵役期间负伤或生病。尤里乌斯·恺撒作为最高司令官，没有忘记给因在战斗中负伤或在服兵役期间生病而不能享受期满退役待遇的士兵提供后续服务。

考虑到个体差异，公德心也好，战斗积极性也罢，都是不能量化的不确定因素。如果连这种不确定因素都想充分利用的话，保障军饷和退职金、回归社会等确定因素就更不可或缺了。人，大多是只有生活安心才会有干劲。只有这样，“国家”与“个人”的利害才会趋于一致。

然而，根据卡拉卡拉皇帝著名的《安东尼努斯敕令》，罗马在公元212年决定将罗马公民权授予除奴隶以外的居住在帝国领土内的全体人民。乍看这实在是一条人道的法律，但使罗马公民权的魅力丧失殆尽。这使得只有为国出力才会被授予的“期待权”变成了什么都不做只要出生在帝国领土内就能得到的“既得权”，也使兵役期、军饷、退职金等都变得模糊而不明确。武官和文官的分离又使得服过兵役者转职地方议会也化为梦想。

纵令有可能，又有没有人愿意担任地方自治体的要职呢？从公元4世纪起，罗马帝国变成了与以前元首制不同的君主专制型帝国，变成了中央集权制国家。地方议会只是中央的征税机构，议员们不得不在完不成规定税额时去填补空额，因此无人愿意当议员。但根据职业世袭法，议员的儿子生来就被绑在议席上。处于这种状态，国家与个人的利害也自然不相一致了。

可能有人会提出反驳，认为给士兵的种种优厚待遇是尤里乌斯·恺撒和开国皇帝奥古斯都确立的，又被后来的皇帝承袭，成为罗马帝国的基本政策，原因在于罗马是军事国家。我想对持这种观点的人说：在现代，文官控制国家已成金科玉律，但若从现代的情况出发去评判古代，就容易妨碍我们对古代的真正理解。

对出生于希腊城邦的公民而言，他的义务是抵御外敌，保卫自己的国家。尽此义务获得的权利是参与国家政治。因此，古代希腊城邦的公民都是自己持剑冲向敌人的，如哲学家苏格拉底、政治家伯里克利、悲剧作家索福克勒斯、作家色诺芬、历史学家修昔底德。罗马也是城邦。“公民”（civis）的义务是保卫国家，通过选举参与国政是他们的权利，这一点与希腊毫无二致。强调这种类似性，历史上才会有“希腊罗马时代”的称呼。这就是说，无论是在希腊还是在罗马，“公民”最重要的义务是保卫“国家”。罗马在公元前1世纪出于救济失业者的需要推行了募兵制，但在那以前一直实行全民皆兵的征兵制。即使在推行募兵制以后，服过兵役是否也是担任国家要职的必要条件，对此没有谁会提出异议。在共和时代罗马重要人物中，我们只能找到哲学家、律师并且曾当过执政官的西塞罗未被确认有过从军经历。皇帝们也几乎都有从军经历。交叉获得行省军事经历和本土文官经历是成为罗马国家精英的途径。

在罗马，文官与武官长期不分，无法产生文官主持军事这种概念。正因为文武的合二为一，发展出文武兼备的人才，产生了有利于罗马国家整体利益的结果。

进入公元4世纪以后，这种状况发生了变化，禁止元老院元老干预军事的相关法律成为国策，后来文官与武官完全分离，但二者的质量并没有得到提高。看看后来两者的实际成绩，认为其质量不升反降也许更加妥当。由于纵向的分割，人们得不到只有经历不同领域才能得到的刺激，即使军队总兵力增加到元首制时代的2倍，长期效果自然也要与期待相去甚远。公元4世纪初叶，罗马军队总兵力虽然从以前的30万人增加到60万人，但靠国家财政维持越来越难，兵力也逐渐减少，再次陷入北方蛮族随意入侵的境地。我认为，卡拉卡拉皇帝在公元3世纪初叶实施的将罗马公民权变为既得权的政策和公元4世纪初叶强行推行的文官与武官的完全分离政策，是导致罗马军事实力衰退的两大要因。

经历了这样的200年，罗马迎来了公元5世纪。在斯提利科承担防御全责的公元5世纪初叶，这种倾向经过200年已逐渐稳定，不可能再回头了。我不禁在想，如果元首制时代的领袖们看到现在的罗马帝国，一定会同情以一人之躯肩负起帝国的斯提利科。

公元404年秋天举行凯旋仪式后的小康状态只持续了一年。翌年，即公元405年即将入冬时，传来了蛮族大规模入侵的消息，这消息震惊了整个意大利。皇帝霍诺里乌斯已年满20岁，却不愿意走出拉文纳一步。斯提利科只得再次一个人替他扛起意大利防御的重任。

巨浪袭来

公元260年，当时的皇帝被波斯国王俘虏。在这个前所未闻的不幸事件中，罗马放弃了在保障帝国安全方面起到了极其重要作用的"日耳曼长城"，后来也未能恢复。第二代皇帝提比略早已注意到这座长城的重要性，大体搭建了框架。图密善皇帝围起了真正的墙壁。通过图拉真、哈德良、马可·奥勒留等五贤帝时代皇帝们的努力，日耳曼长城成为铜墙铁壁。皇帝们付出如此之努力自有其道理。北去的莱茵河和东去的多瑙河都发源于此。注入这两条大河的支流为数众多，如罗马时代称之为尼克尔的内卡河等。这一带西南部的“黑森林”被罗马人称为“未开垦的森林”（silva），即使罗马人修通了罗马式大道，这里的森林依然遮天蔽日，白昼阴森。

这里被罗马人称为“阿格里戴可美特”（agri decumates），受到莱茵河和多瑙河两河上游的两面包夹，又地处山区，难以防御。拉丁语“阿格里戴可美特”，直译是“什一税耕地”，意思是罗马帝国承认居住在这一带的日耳曼人为行省居民，他们的安全由帝国保障，相应地，他们要向帝国缴纳收益的十分之一。罗马人承认他们的居住权，与他们缔结同盟协议，为他们去打仗，为此他们要向帝国支付佣兵费用。这是公元 4 世纪以后罗马帝国与北方蛮族力量对比的体现。与此相比，罗马鼎盛时期的元首制时代，帝国与蛮族力量的悬殊让人印象深刻。不过，这也是罗马人借以击退进逼两河上游、山岳地带及黑森林地区之敌的日耳曼长城早于 150 年前即已消失的结果。

罗马放弃这一带以后，入侵的蛮族人蜂拥而至。这个事实证明了日耳曼长城曾经发挥的重要作用。公元 405 年秋的蛮族入侵不过是其中一例，但这次入侵的人数之多史无前例。

这次蛮族入侵帝国境内的原因也是被匈人驱赶，这是公元 4 世纪后半叶到公元 5 世纪前半叶蛮族入侵的特点。站在入侵者的立场上看，他们是“难民”。匈人当初从遥远的亚细亚向西进犯，首先赶走居住在多瑙河下游北侧的蛮族，这些蛮族接着转移到中游地区故伎重演。到了公元 5 世纪初叶，匈人打到了多瑙河上游。亚细亚系蛮族凶猛至极，日耳曼系蛮族亦不能敌。老的蛮族经常被这个新来的匈人驱赶出去。匈人凶猛剽悍，所向披靡，名震遐迩。

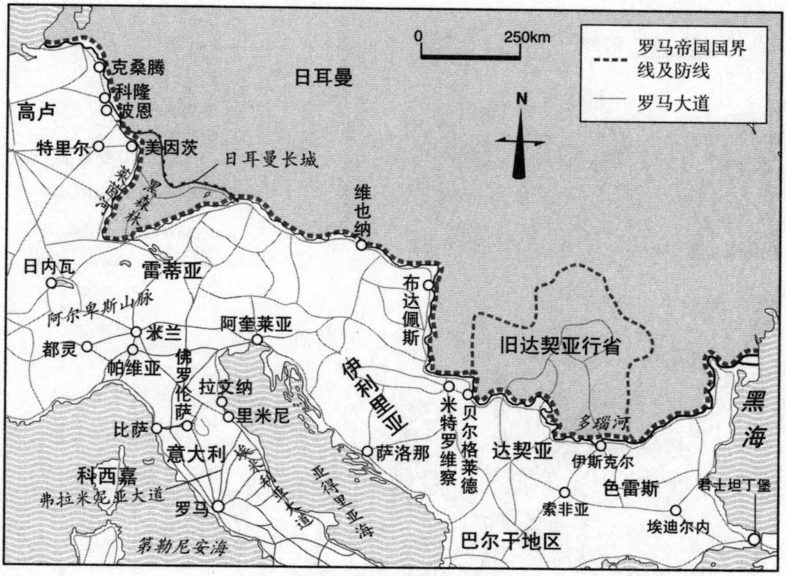

从莱茵河到多瑙河

“什一税耕地”听上去只是一个讽刺。这里为罗马帝国的势力所不及，蛮族被赶出去后，蜂拥进入位于莱茵河南边的行省雷蒂亚。他们并不是预谋入侵并在部族长统率下有组织的集团。东哥特人君王拉达盖苏斯是他们的领袖，但这时拉达盖苏斯也只是入侵而来的日耳曼系各部族联盟的代表。公元 405 年秋天，涌入西罗马帝国境内的除了拉达盖苏斯属下的东哥特人，还有苏维汇人、奄蔡人、勃艮第人等。他们都属日耳曼系，都是因匈人入侵而失去家园，不想被杀也不想当奴隶，逃亡是他们的共同目的。

尽管同为日耳曼系蛮族，他们与被天主教打成异端的阿里乌斯派基督教徒阿拉里克率领的“西哥特人”有所不同。拉达盖苏斯率领

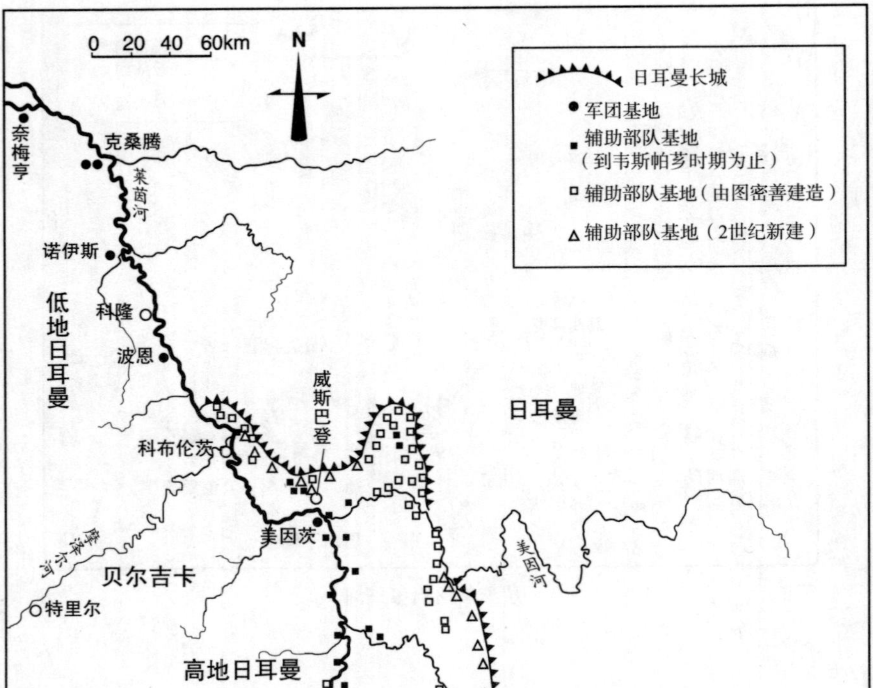

完成后的日耳曼长城

（摘自 *The Grand Strategy of the Roman Empire*）

的“东哥特人”是异教徒，与东哥特人共同行动的苏维汇、奄蔡、勃艮第各部族也和东哥特一样，信奉日耳曼民族的传统诸神，相信“森林是日耳曼之母”，都生活在罗马文明圈之外。罗马人也称这些人为“蛮族”。这次他们涌来的人数，包括妇女孩子在内，有40万人之众。

反观迎战的罗马方面，如果瓦格纳生活在当时，也许他的感觉会像是在聆听雄壮而充满野性的乐曲。多说一句，瓦格纳的代表作《尼伯龙根的指环》由《莱茵的黄金》《女武神》《齐格菲》和《诸神的黄昏》四部曲组成，其中的人物就是在罗马帝国末期一再入侵罗马的蛮族勃艮第人。德意志西部和南部古代时属于罗马帝国，瓦格纳的出生地莱比锡诞生于中世纪，位于日耳曼纵深处。罗马帝国曾想征服日耳曼，而后又放弃了这一想法。顺便一提，按照日耳曼与罗马这样的古代分类法，生于萨尔茨堡的莫扎特和生于波恩的贝多芬都属于罗马一方。瓦格纳的音乐让人产生日耳曼式的感觉，我想，也是因为有这样的历史背景。

如果伴着瓦格纳的乐曲行进，入侵罗马帝国的日耳曼民族一定会雄壮整齐。然而现实情况却是，人和家畜数量庞大，哪有什么队列，既无纪律，也不知目的地何在，只是一个劲地南下。

南下沿途所经之地，生灵涂炭。蛮族并非前来挑战，只是潮水般地涌来，抢夺劫掠，杀死反抗者，再一路走下去，所到之处宛如大片蝗虫过境。

迎战

这次来犯之敌在各个方面都出乎斯提利科的意料。在罗马军队中从过军的蛮族首领已经越来越多，但拉达盖苏斯并不在其中。他从未与罗马军交过手，罗马方面无从预测他在战场上的打法，罗马人甚至还不知道人数庞大的蛮族目标何在，也根本不清楚他们的路线。起初似乎他们去往高卢方向，直到公元 406 年春天，拉达盖苏斯和他的 40 万人马翻过阿尔卑斯山脉出现在北意大利，罗马人才知道意大利是其矛头所向。

斯提利科要迎战的就是这样完全不知底细的敌人，对他而言，集结士兵是最切实的做法。他于公元 405 年冬收到拉达盖苏斯率领日耳曼各部族从多瑙河上游入侵而来的报告。当时，他已向西罗马帝国所有行省发出命令，要求集结士兵，然而，没有一个行省集结兵力，应召前来。这不是因为行省要抛弃本土意大利。没有送兵的理由有二：其一，不列颠、高卢、西班牙、北非都忙于自身防御而派不出兵；其二，即使派兵，士兵在去意大利途中的安全得不到保障。我确信只有“和平”才是终极的基础建设。“罗马统治下的和平”的终结，影响了帝国抵御外敌、防御国内之敌及维护治安的功能。响应斯提利科的号召来到意大利的，只有高卢作为“同盟”在罗马一方从军的蛮族士兵，其中有原阿拉里克的部下萨罗率领的西哥特人的一支队伍和乌尔丁指挥的一支匈人队伍。

更为糟糕的是，在意大利半岛内的征兵也因大农庄主的消极抵抗而毫无进展。公元 406 年 5 月，斯提利科终于采取了罗马帝国史无前例的强硬手段，通过了可以征召奴隶的法律。这一时期的法律并不是国法，国法需要大农庄主占大多数的元老院通过。法律似乎是敕令，只要皇帝下令就能立刻生效，这就是临时措施法。不过，大敌当前，迅速应对高于一切。

给奴隶志愿兵的报酬是战斗结束后解除奴隶身份，并发给两枚苏勒德斯金币。既有奴隶，就该有主人，但给奴隶的主人什么报偿就不得而知了。总之，公元 406 年入夏以后，斯提利科总算有 3 万人的军队可以调遣了。

罗马帝国的实战能力

如果把元首制时代的罗马帝国分为东西两部分，那时常驻西部的兵力是 10 个军团 6 万人的主力（军团兵拥有罗马公民权）和与之数量相当的辅助兵力（行省士兵），共计 12 万人。这个数字经过公元 3 世纪的危机，到公元 4 世纪初叶增长了一倍，增员到 25 万人。公元 4 世纪上半叶的罗马帝国能够避免大规模的蛮族入侵，更多依靠的就是这种坚定的兵力倍增政策。可是，军事上的坚定政策不能不压迫到国家财政，到了公元 4 世纪后半叶，弊害便渐渐显现出来，造成了在此期间罗马帝国的防御力量不断衰退，无论是人力还是财力，国力都已不敷供给。

西罗马帝国的联军总司令甚至把手伸向了奴隶，才征召到 3 万人的兵力，这真令人惊愕。元首制时代的皇帝之下有 10 名司令官、军团长，3 万人只相当于其中一位率领的作战单位的人数。

优秀的司令官会思考尽可能减少手下士兵牺牲的战术，但他也知道不可能没有牺牲。不论是亚历山大大帝、汉尼拔，还是尤里乌斯·恺撒，他们都取得了战争的完胜，但也有自己的士兵牺牲在战场上，尽管数量较少。然而，公元 406 年的斯提利科连这点牺牲都不允许有了，他没有任何补充的途径。斯提利科还面临一个不利的情况，把手伸向征召而来的 3 万名奴隶，没时间经过充分训练就得面对敌人。

在这种状态下，留给总司令的就只有一条路。不允许损失士兵，就不能积小胜而后决战。这样，就只有待敌人集中一处时一举决战这一条战略了。

46岁的斯提利科在等待这个“时机”。为此，他眼睁睁地看着拉达盖苏斯和他身后的40万人像大片蝗虫过境一般把意大利北部啃食一空。

菲耶索莱战役

6月，拉达盖苏斯和他的40万人抛下了吸干榨净的意大利北部，转向意大利中部。如果他们的目标是罗马，经埃米利亚大道到达里米尼，再从那里经弗拉米尼亚大道去罗马，这是最快最容易的路径。但拉达盖苏斯以前没有接触过罗马帝国，也许并不很了解首都罗马的富庶和走罗马式大道的便捷。他们就像墨汁滴在纸上扩散一样从意大利北部逐渐渗到意大利中部。而且，在进入意大利中部后刚遇到第一座城市，就陷入了佛罗伦萨攻防战。他们刚刚翻过亚平宁山脉而来，粮草怕也已告罄。

罗马时代，佛罗伦萨被称为佛罗伦提亚（Florentia），是罗马人在起源于亚平宁山脉而注入第勒尼安海的阿尔诺河北岸建起的城市。此前居住在此地的是伊特鲁里亚人。伊特鲁里亚人生性喜欢在不太高的山丘上建城，他们选择的居住地就是菲耶索莱山丘，这座山丘现在盖满了别墅。征服并同化了伊特鲁里亚人的罗马人喜欢在平地上建城，沿阿尔诺河而建的佛罗伦萨起源于罗马时代。公元前 1 世纪，苏拉首先把这里选作手下兵士退役后的落脚点。可是，这位勇将的前下属非但没有落下脚，反而因参与“喀提林阴谋”而全军覆没。后来尤里乌斯·恺撒让自己手下的退役兵士到这个眼看就要成为无人之城的地方定居。据说从这时起，“花都”之意的佛罗伦提亚就成了这个城市的名字，后来以“文艺复兴之都”驰名的佛罗伦萨，其实在 1 500 年前就已存在。卡萨亚大道（Via Cassia）现在是国道 2 号线，至今仍发挥着作用，这条大道连接着首都罗马和佛罗伦萨。

文艺复兴时期，佛罗伦萨扩展到了阿尔诺河南侧。但在罗马时代，佛罗伦萨只在河的北侧，是夹在阿尔诺河和圣母百花大教堂之间的一个四边形的地方。现在出了市区直接走上缓坡就能到达菲耶索莱山丘，可是在罗马时代，佛罗伦萨与菲耶索莱相距甚远，其间广阔的平原都是耕地，两者之间的距离在古代比在文艺复兴时期要遥远得多。拉达盖苏斯率领 40 万人翻过亚平宁山脉之后，开始进攻佛罗伦萨，这片广阔的耕地就成了他们的“野营地”。

斯提利科放出了侦察兵，他知道“时机”已到。他的军营在北意大利的帕维亚，他一边瞄着拉达盖苏斯的动向，一边保持着距离，将 3 万人部队选择别的大道，从意大利北部插到了意大利中部。他们知道，敌人终于为进攻佛罗伦萨而集结在了佛罗伦萨与菲耶索莱之间的这片平原上。

斯提利科来到菲耶索莱背后，先与全力以赴进行防御的佛罗伦萨取得了联系。蛮族原本不善于进攻围着城墙的城市。佛罗伦萨又面对阿尔诺河，蛮族的包围也是漏洞百出，与市内取得联系并非难事。

斯提利科向佛罗伦萨的居民要求提供食物和人手，“食物”是供

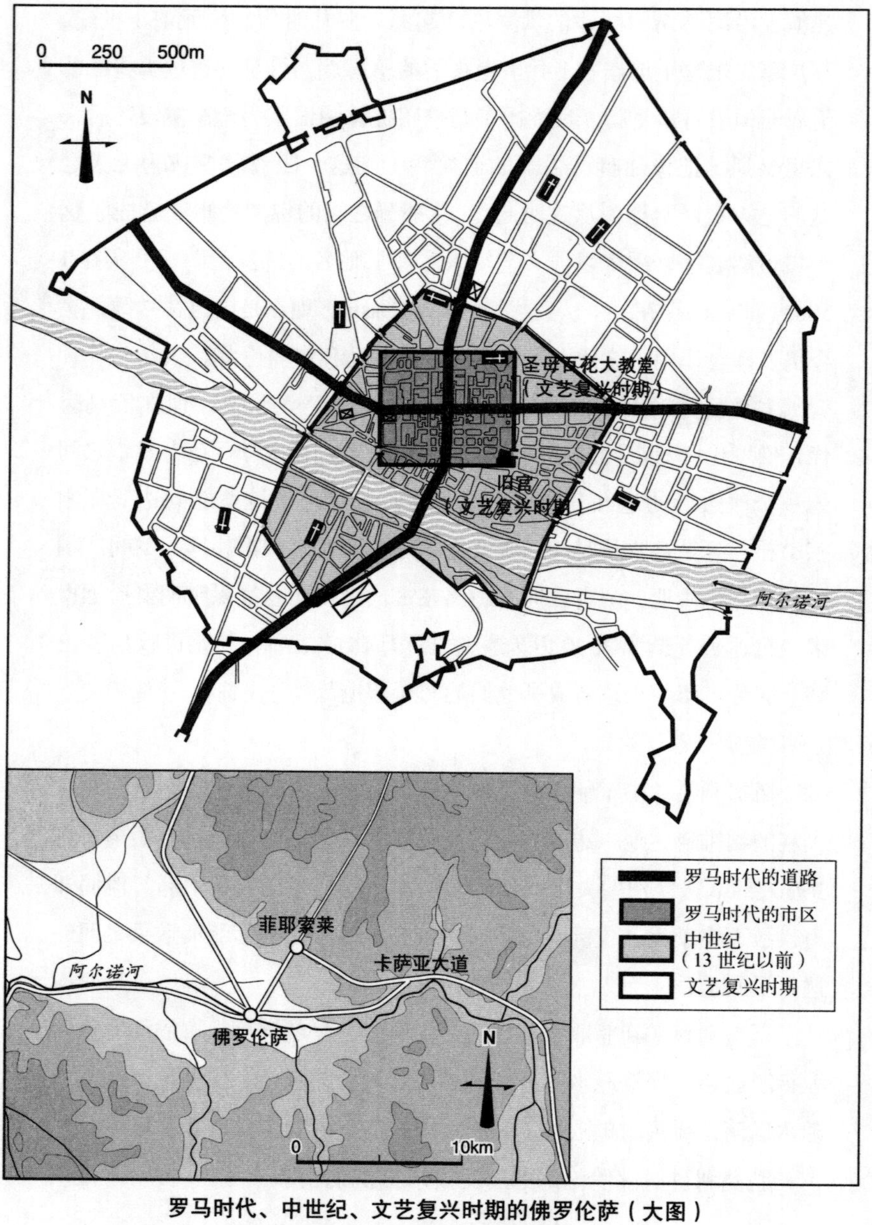

罗马时代、中世纪、文艺复兴时期的佛罗伦萨（大图）
及罗马时代的佛罗伦萨和菲耶索莱（小图）

给他带来的 3 万名兵士，“人手”是用于他构思的土木工程。佛罗伦萨的居民意识到靠自己的力量无望抵御蛮族，所以痛快地响应了斯提利科的要求。菲耶索莱居民的食物已经被蛮族抢劫一空，只剩下了一条命，但他们仍然痛快地响应了提供人手的要求。这样，用栅栏和壕沟把佛罗伦萨与菲耶索莱之间的开阔地全部围起来，把蛮族赶进去，宏伟的战略态势便告形成。

当然，罗马人经常需要派兵击退那些看到这个工事而来进攻的蛮族人，但因此损失的士兵数量与和 10 倍之敌正面作战的损失相比实在是九牛一毛。对那些看到了工事而逃跑的蛮族人也不用派兵拦截。人看到危险就会朝自己人所在的方向逃去。用栅栏和壕沟包围敌人，断绝其供水与食物的战斗，就在这盛夏的骄阳之下同时进行。

佛罗伦萨四周被丘陵包围，夏天不仅炎热，湿度也大。它位于罗马北面，但夏天比罗马炎热，冬天比罗马寒冷。佛罗伦萨与菲耶索莱之间的平原是典型的盆地，夏季尤其闷热，到了 8 月实在无法忍受。住在平原的佛罗伦萨人在周边丘陵地带建有别墅，也是为了躲避夏天的炎热。在盛夏的阳光下，这 40 万人已经断水绝粮，宛如被赶进围栏里的羊群，不断有人倒下、死去。这样的状态持续了将近一个月，斯提利科并不着急。那些刚从高卢过来成为他属下却并不了解意大利的蛮族士兵，那些一下从奴隶变成士兵的各族人等，没有一个人随意行动，简直就像斯提利科从小培养并在他手下作战多年的士兵，完全膺服于这位汪达尔人出身的罗马武将，这种情形令人不可思议。

即使坐视对手因饥渴而倒毙，40 万众也不知何时才能死完。于是 8 月过半，斯提利科把西侧包围圈撕开一角，故意让还能移动的蛮族人朝阿尔诺河方向逃跑，然后派兵从背后压向疯狂求水冲向阿尔诺河的蛮族人。这个计谋逼使饥渴的蛮族人不是倒在剑下，就是被水淹死。

然而，这个暑天断水断食的战役只是出于这样的一个假设：不足两个月的时间里不可能置20万人于死地，这并没有任何现场记录作为根据。一直崇拜斯提利科、相当忠实地记录这位蛮族人出身的武将言行的克劳狄安，从两年前开始就什么也不写了。这位比斯提利科年长几岁出生于埃及的诗人，在公元404年以后退出了历史舞台，无人知晓他是亡故还是患病回乡。后来成为圣人的奥古斯丁曾经提到过以“菲耶索莱战役”之名著称的这场战役，他当时在北非做主教，通过传闻知道了发生在意大利中部的这场战役。

由此可见，这场“菲耶索莱战役”虽然没有丰富的史料记载，但显然是历史事实。

8月23日，栅栏壕沟的围歼战开始尚不到两个月，战役就以生者投降而告结束。活下来的人数不详，不过，有人说沿阿尔诺河到比萨，有10万人逃往法国南部。当初率领40万人入侵意大利的拉达盖苏斯在逃亡途中被捕，被押解到斯提利科面前迅即斩首。投降的人当中年轻力壮的1.2万人被编入了斯提利科率领的罗马军队，除此之外的所有人均被卖为奴隶。由于数量过多，奴隶价格下跌，据说3个月前还是奴隶的士兵有生以来第一次买得起奴隶了。

从公元405年到406年，蹂躏意大利半岛北半部、使首都罗马颤抖的拉达盖苏斯及40万蛮族人，在夏日的太阳下来到菲耶索莱丘陵之麓便似蒸发了一般，踪影全无。

这是斯提利科的完美胜利。等待战机一举定乾坤，这个做法让人想起450年前尤里乌斯·恺撒的“阿莱西亚攻防战”。元老院得知“阿莱西亚攻防战”的胜利，登上卡匹托尔的山冈，感谢以朱庇特为首的诸神。而在450年后的罗马，长久以来一直保佑罗马人的诸神已以成为邪神。但是，如此巨大的欣喜怎么能不向谁表示感谢呢？这是人之常情。于是，公元5世纪初叶的善男信女们倾巢出动，来到圣彼得大教堂和圣乔万尼大教堂，把感谢奉献给了基督教之神。北非教区得知胜利消息后，圣奥古斯丁也说，这是神的恩宠创造的奇迹。

然而，意大利的人心完全没有因此倒向斯提利科一边。由于禁止基督教以外的其他宗教，在罗马元老院元老中，不少人表面上装作基督教徒，内心却依旧对罗马传统诸神感到亲近。但这些“隐性异教徒”倒也并未在自己家里偷偷地感谢诸神。有句谚语叫“好了伤疤忘了疼”，他们早忘记了整整半年的恐惧。同样忘记恐惧的还有21岁的皇帝霍诺里乌斯，他身兼执政官却不知道身先士卒、冲向敌人是执政官之责任。这帮人不但忘却了刚刚过去的恐惧，甚至开始责难斯提利科，他们以斯提利科让10万蛮族人逃往高卢为口实，谴责他靠牺牲高卢来解救意大利。

只有46岁的斯提利科没有被胜利冲昏头脑，也没有因这些非难而动摇。他虽然成功地捕捉到战机，一举获胜，但这一胜利毕竟不似恺撒那样，是在远离意大利的敌土之上取得，而是在蛮族人入侵深入意大利半岛之后才取得的。他深知二者之间的不同。这还不能说作为与皇帝霍诺里乌斯共同担任的执政官，自己已完成了职责，现在已不可能完全阻止蛮族人对西罗马帝国的侵犯，但至少得阻止蛮族人对本土意大利半岛的入侵。要做到这一点就不能忘记与意大利接壤的高卢的防卫，尤其是高卢南部的防卫。这个想法逐渐占据了斯提利科的大脑，对高卢的担心在菲耶索莱战役胜利之后不到4个月即成现实。

高卢的现实

公元 406 年 12 月，日耳曼系蛮族再次群起渡过莱茵河涌入高卢。这次也是由汪达尔、苏维汇、奄蔡、萨尔马提亚等各部族遭到匈人驱赶，大队人马侵入罗马境内。这与一年前拉达盖苏斯的情形相似。由于莱茵河下游已被法兰克人占领，为回避与同为日耳曼系蛮族但更为强大的法兰克人正面冲突，他们选择在莱茵河中游渡河。

被匈人驱赶无家可归的难民有 15 万人之众，他们手执武器奔袭而来。过去的军团基地现在已无力防御，连像样的抵抗都没有就一个接一个地陷落了。这次的蛮族集团由各部族组成，其中强大的部族有 4 个，但没有像拉达盖苏斯那样的统帅。

莱茵河畔的美因茨陷落了，特里尔被占领了，敌人转眼逼近兰斯。攻陷兰斯后的下一个目标是巴黎，随后是奥尔良。图尔、普瓦捷被攻占后，轮到了波尔多。蛮族的先头队伍已经到达图卢兹，比利牛斯山脉挡住了去路，他们这才停下脚步。蛮族人如同狂暴的飓风从东北向西南横扫高卢全境，给高卢造成了重大损失。与飓风不同的是，横扫之后蛮族人并未离开，而是到处落脚。这个时代，蛮族人来犯已经不是抢劫之后再回到莱茵河对岸，而是就地盘踞。给高卢居民造成灾难的还不仅是北方蛮族。

自元首制时代起，罗马就在不列颠长期驻有 3 个军团，随着时代的推移，驻军逐渐减少，进入公元 5 世纪时已只能勉强维持一半的兵力。这一半的兵力北边要抵御越过哈德良长城入侵的苏格兰人，东边要面对渡过北海入侵的蛮族盎格鲁人和撒克逊人。公元 4 世纪末，罗马帝国东西分治之后也没有正式放弃不列颠，但事实上，来自帝国的

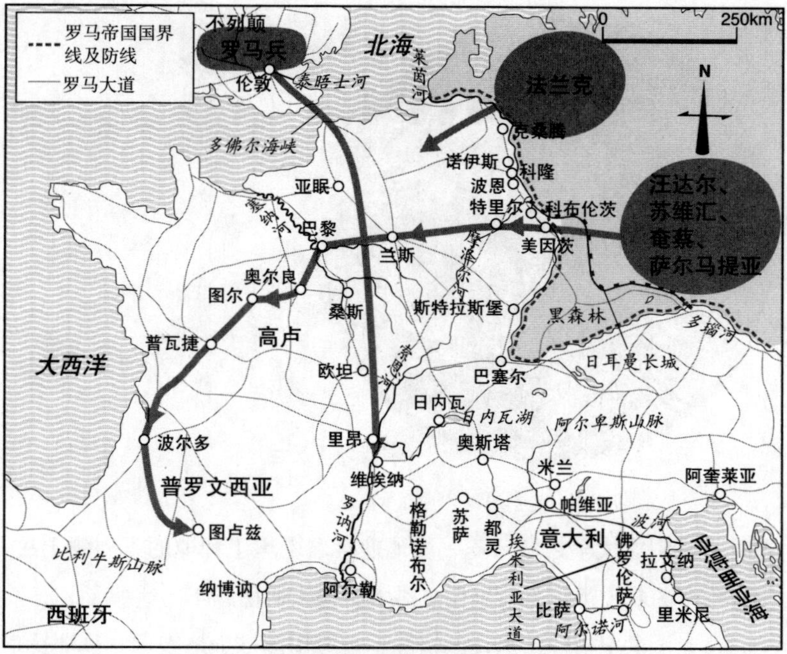

公元 5 世纪初叶的高卢

关照几乎让驻扎在那里的士兵感到自己已被皇帝遗忘。帝国已经腾不出手照料位于边境的不列颠了。

思想上感到被遗忘，军饷也经常停发，敌人却一刻不停地袭来，驻扎在不列颠的罗马军队中有人号召“到高卢去”。此人不过一介兵士，却能言善辩，士兵们拥他为皇帝，似乎是在向遗忘了自己的皇帝泄愤。这人被拥立为皇帝之后改名与君士坦丁大帝同名，号称君士坦丁三世。在他的率领下，驻扎在不列颠的罗马士兵全体渡过多佛尔海峡，攻占了高卢。

高卢居民从东北到西南遭到蛮族蹂躏，家园也遭侵占，正处绝望

君士坦丁三世

之时，他们像大旱之望云霓一般地迎接君士坦丁和他的不列颠士兵。擅自称帝的君士坦丁是篡皇位之贼人，但人们已顾不上这些了。

公元 5 世纪初叶，高卢的情况不可能用图准确地表示。日耳曼系各部族渡过莱茵河到达这里，他们盘踞的地带从东北到西南呈带状延伸。君士坦丁及其士兵渡过多佛尔海峡从不列颠来到这里，一边击溃遭遇到的蛮族，一边向东南挺进。拉达盖苏斯残部也逃进了高卢南部。如此混战状态，图示只能表示概貌。高卢唯一安静的地方是已有法兰克人定居的北部。斯提利科认为，意大利半岛防御的必要条件是高卢南部的防御，但这种想法既不现实，也无法一蹴而就。这就是公元 407 年的高卢现状。

然而，对支撑霍诺里乌斯皇帝的斯提利科而言，危险与其说是盘踞在高卢的北方蛮族，不如说是僭称皇帝的君士坦丁。

第一，既然霍诺里乌斯是皇帝，那么另一位皇帝就是皇位篡夺者，不可对此人置之不管。

第二，这个皇位篡夺者得到了高卢人的支持，所以隐含着高卢全境从西罗马帝国分离出去的危险。

第三，从西北向东南进攻高卢的君士坦丁决定以维埃纳为根据地。维埃纳位于里昂稍南，从那里沿罗讷河的大道南下，可以直插斯提利科确定的罗马军队在高卢的根据地阿尔勒，取道向东则可翻过阿尔卑斯山脉到达意大利。

公元 407 年秋，斯提利科要求元老院宣布皇位篡夺者君士坦丁为“国家公敌”。罗马元老院元老也反对两帝并立，这点得以顺利通过。紧接着，斯提利科让在手下参加过菲耶索莱战役的萨罗率领一队人马翻越阿尔卑斯山脉，进入高卢。萨罗是哥特人出身，英勇善战，击毙了两位号称君士坦丁左右手的将军。萨罗未能攻陷维埃纳，再次翻越阿尔卑斯山脉回到了意大利，尽管如此，他让君士坦丁领悟到觊觎意大利绝无好下场。

然而，高卢的现状并未得到改善。斯提利科手下包括蛮族和奴隶出身的人在内也只有 3 万人，靠这样的战斗力能不能完成意大利半岛的防御尚且是个疑问，根本没有余力再出兵高卢。

蛮族、奴隶在当时罗马社会均是虎狼之辈，他们在菲耶索莱战役之后仍能留在斯提利科麾下，这点非常不可思议。同时代人从下面的情形中找到了原因，这些同时代人大半在后来都反对斯提利科的政略。连反对派也赞赏，这原因也许就更可相信。

这个原因就是，斯提利科在任何事情上都非常公正。他对部下要求严格，不论是罗马公民、蛮族出身的人，还是原来的奴隶，完全一视同仁。他奖罚分明，不仅是获得赏罚的当事人，连没有受到奖惩的人也都心悦诚服。他虽然是西罗马帝国实际上的最高当权者，却没有一次中饱私囊的行为。

皇帝及其身边的人模仿东方专制君主一味奢华，高级官僚们滥用职权聚敛财富，就连基督教的主教都过着奢侈的生活，心存良知的人们为之侧目。在这样的时代，人们称颂斯提利科的清白廉洁，连反对他的人也不得不承认他的美德。他给部下分配战利品不仅宽松，甚至不会忘记考虑每一名士兵的情况。他对士兵们的伙食比对自己的更加上心。也许，斯提利科这种一贯的作风吸引了前来投奔的无亲无故的蛮族人和奴隶出身的士兵们。总之，斯提利科是位能得到属下将士全部信赖和忠诚的将军。然而，他手下仅有 3 万人马，能做的事情毕竟有限。

以毒攻毒

根据史学家吉本的说法，斯提利科与西哥特人君王阿拉里克的秘密交涉从公元 404 年就已开始。果若如此，时间应该是第二次打败阿拉里克在罗马举行凯旋仪式之后不久。

那年夏天，斯提利科与阿拉里克以意大利北部为舞台展开战斗。在战斗中，阿拉里克的妻儿被俘。敌将的妻儿在凯旋仪式上是不能缺少的角色，否则民众不答应。一直期盼的示众节目不能因此而减少。俘虏在罗马人的凯旋仪式上示众之后一般不会被杀，只有被视为极危险的人物、被认为活着将对罗马造成严重危险的人才会被杀。敌将的妻儿不是敌将，并不在此列。

说不定在凯旋仪式结束之后，斯提利科就指示将阿拉里克的妻儿秘密地送还给他。败给斯提利科逃回来的阿拉里克藏身于亚得里亚海对岸达尔马提亚的某处，离意大利是一昼夜的海路距离。狂热的凯旋仪式之后不久，斯提利科便冒险做了如此举动。阿拉里克对落入敌手的妻儿已经绝望，又忽然重逢，他的心情也许起了变化。斯提利科无条件放还妻儿，开启了极端秘密的交涉。

假设斯提利科与阿拉里克的接触从公元404年即已开始，那么公开这一交涉就花了4年的时间，大概斯提利科并不急于求成。在此期间，斯提利科致力于强化防御体系，采取等待时机的策略，一举击败了拉达盖苏斯的40万人的蛮族入侵。斯提利科的立场也不断强硬起来。在自己力量不断增强的时期不急于妥协，这是铁定的法则，但这也有到顶的时候。这个“时候”不就是公元407年到408年这个时期吗?

而阿拉里克方面想要与斯提利科在平等立场上交涉，4年是绝对需要的。阿拉里克两次与斯提利科对决都被彻底打败，只得仓皇逃回伊利里亚。收拾残兵，东山再起，4年时间并不算多。

为什么斯提利科选择的交涉对手是西哥特人的阿拉里克，而不是其他北方蛮族的族长呢？法兰克人反复从莱茵河下游地区入侵高卢并已在高卢北部定居。罗马帝国与之虽然不是同盟关系，但也不是敌对关系。那么为何选择连达尔马提亚战役在内已有4次交锋的阿拉里克呢?

因为阿拉里克是曾经交手且次次被打败过的对手。斯提利科确信只要愿意随时可以将其击败，所以选择了阿拉里克。阿拉里克虽然每每被斯提利科灌以苦酒，但作为凝聚、指挥属下的蛮族领袖非常能干。斯提利科打算让阿拉里克去收拾混战中的高卢，让同为日耳曼系的蛮族前去镇压正在祸害整个高卢的蛮族。

“以毒攻毒”的战略在罗马绝非这时才第一次使用。对罗马国家而言，不论是共和时代还是元首制时代，这都是长年惯用的政略和战略，实例不胜枚举。

公元前 3 世纪接近尾声时，迦太基名将汉尼拔盘踞意大利半岛达 16 年之久，罗马每战必败。年轻的西庇阿看破了汉尼拔胜利的重要原因在于其骑兵的战斗力，从而使战局逆转。使用重装步兵作为主力已是罗马军队的传统，罗马军团没有强大的骑兵。所谓传统，就是只要能支撑下去就不可以改变的事物，非传统就是纵令改变也无法期望获得多大效果的事物。西庇阿没有要求自己手下的步兵骑马，而是把迦太基的邻国、同处北非且有骑兵传统的努米底亚收编过来。汉尼拔是古代首屈一指的名将，扎马会战是他的唯一败绩，在这场战役中，西庇阿与努米底亚国王马西尼萨并肩作战，取得了完胜。

事实上的帝政创始人尤里乌斯·恺撒在所有领域里都是玩弄“以毒攻毒”的高手，无论是政治还是军事，甚至在个人举债方面。我们看他 8 年征服高卢的战后处理，就能明白他为什么会被 1 800 年后的历史学家蒙森赞誉为罗马史上唯一的独创性天才。

恺撒不但承认了昨天还是敌人的高卢部族长们以前的地位和权力，还授予他们罗马公民权，甚至煞有介事地给予他们罗马元老院席位。条件只有一个，那就是成为罗马的行省，支付行省税，而高卢的防御则由罗马军队承担。战后处理完毕，他离开了高卢。但这随即引发了与元老院的对立，罗马陷入内战。内战持续了 4 年，其间高卢没有参战。恺撒与元老院派的战斗是在远离高卢的希腊、北非和西班牙展开的。

当时的高卢人有足够的时间向罗马举起反旗。这 4 年是高卢人恢复独立的绝好时期，可是，高卢没有发生过一起叛乱，相反，他们甚至响应正在西班牙作战的恺撒之命为他送去了军粮。元老院派能从希腊、埃及筹集军费，恺撒却经常军费不足，而高卢却能一直按照恺撒确定的数额送来税款，令人不可思议。这也许是因为恺撒确定的“罗马宽松的统治”对高卢人并无不妥。高卢被誉为罗马化的典范并非没有道理。

恺撒之后的历代罗马皇帝，在利用他人之力达到自己的目的这一点上，都是他的忠实继承者。

后世史学家把这种关系称为“缓冲”，罗马人自己却称之为“朋友”(amicus)。罗马人的“防线”就是罗马帝国的国界。罗马帝国一贯重视与居住在国界外侧的人们建立友好关系，其对象，在帝国的东方以王国居多，在帝国的西方以蛮族居多，但罗马把它们都变成了“朋友”，由朋友进而形成“缓冲”。

这是一种紧密环绕罗马帝国的大的战略关系，要长期维持这种关系，就必须平等受授。帝国“授予”东方“同盟者”的是，在其受到周边强大国家进攻时，罗马承担防御责任；“授予”西方蛮族的是，向他们开放罗马境内的市场，购买他们的特产皮革和裘皮。毋庸赘言，罗马方面“接受”的是综合安全保障，平日里常与罗马人接触的蛮族一变而为手执武器的入侵之敌，这种概率是很低的。

直到元首制时代，罗马帝国的国界因为上述原因成为“开放的国界”，就连围着栅栏、开着壕沟的日耳曼长城都开了为数众多的城门，不光有罗马巡逻兵出入，近郊蛮族人也可以进来逛市场。

“以毒攻毒”的战略是一种赌博，而且是极其危险的赌博。罗马因为自身的强大能够一直赌赢，也没有必要害怕被“毒”，受到侵犯。斯提利科选择阿拉里克不也是为了规避这种危险吗？

进入最后一个世纪的西罗马帝国对兵源的渴望已经到了无以复加的程度，要解决这个难题，只有让蛮族加入同盟。用蛮族抵御蛮族，这即使是一种奇谈怪论，也只能如此。

转年到了公元 408 年入春时节，斯提利科首次公开了与西哥特人首领阿拉里克的同盟交涉。他召集元老院元老开会，在会上提请承认与阿拉里克的同盟协约。

任命阿拉里克担任西罗马帝国的“大元帅”，承担防御之一翼，使阿拉里克及其部下的西哥特人都担当起帝国的防御责任。作为报酬，按照阿拉里克的要求支付给他 4 000 罗马磅（约合 1 500 公斤）金条。

元老院元老们摇摆不定。自古以来，罗马的元老院就以其讨论混乱而闻名，往好里说是活跃，往坏里说就像被捅的马蜂窝。这次的讨论也是一样。只不过高声发言者都是反对的元老，赞成的元老都神色凝重，沉默不语。

阿拉里克为什么不要苏勒德斯金币而要求用黄金支付呢？一个世纪前，君士坦丁大帝把帝国的基本货币由元首制时代的第纳尔银币改成了苏勒德斯金币，希望通过把银本位变成金本位来阻止通货膨胀带来的货币剧烈贬值。尽管苏勒德斯金币的重量只有元首制时代奥勒留金币的一半，但没有改变百分之百足赤的纯金质地。日常使用的银币和铜币因浮动制而被弃之不用，作为帝国基本货币的信用都押在了苏勒德斯金币上。

此后过了还不到 100 年，蛮族就索要佣兵费 4 000 罗马磅金条，而不要相应的 37.5 万枚苏勒德斯金币，是因为纯金的苏勒德斯金币中掺有杂质吗？阿拉里克 20 年前曾在狄奥多西皇帝麾下从军，并领取以苏勒德斯金币支付的俸禄，他为什么会特意提出要求，指定用金条支付呢？这也许是我们生活在 21 世纪的人想多了。但我仍然不禁想到，假如产油国不要美元、欧元或者日元，而是要求以黄金支付石油货款的话……

阿拉里克索要 4 000 罗马磅金条，根据残缺不全的片段史料推测，似乎大大超过其他“同盟者”的要求。不过也可以想象，这个要求已经考虑到了对方的支付能力。

西罗马帝国有没有这个支付能力呢？连征召 3 万名士兵尚且千辛万苦，我们可以说国家没有这个能力。那么个人呢？关于西罗马帝国的富裕阶级，研究者们提出了以下推测，同样用以罗马磅为单位的金条数量来衡量。

大规模农庄主几乎都是元老院元老。假定元老院元老维持在元首制时代的数量，应该是 300 人。研究者们定为“大富豪”的人都是年收益总额超过 4 000 罗马磅金条，定为“中富豪”的人年收益在 1 000 到 1 500 罗马磅金条。

这些“大富豪”“中富豪”究竟有多少人呢？参考元老院元老长年在这方面的比例来看，300 人中有 3 到 5 人是“大富豪”，20 人左右是“中富豪”。此外的大半元老院元老可称为“富裕者”，至少也是“过着充裕生活的人”。代代相承的元老院元老很多，所以元老院元老不一定都是富人。

研究者们又说：仅就大中富豪而言，罗马元老院元老的财力就是君士坦丁堡元老院元老的两倍。我想，这原因恐怕在于财富积累程度上的差异。从推行王政开始，罗马元老院也已延续了 400 年以上，而君士坦丁堡的元老院只有100年的历史，而且元老完全是专制君主下的名誉职务，“积累财富的程度”产生差距亦属理所当然。

因此，罗马元老院元老的整体财力高于帝国的任何一处。我们可以看看一名属于“中富豪”的元老的生活。此人名为叙马库斯，是《罗马人的故事14·基督的胜利》接近末尾时叙述过的与米兰主教安波罗修展开论战的叙马库斯的儿子。叙马库斯家族是名门，家族中曾有人被誉为“罗马古老异教最后的荣耀之火”。虽然富裕程度处在中游水平，叙马库斯在罗马元老院中却是备受尊敬的元老之一。

我们再看看这位叙马库斯家中的资产。他在首都罗马市内拥有3处宅邸，在整个意大利拥有15处别墅。每处别墅都附有大片农庄，都是作为农业基地极为适合的典型罗马式别墅。这15处别墅产生的年收入相当于1 500罗马磅金条。

叙马库斯家在意大利半岛脚尖前方的西西里岛上也拥有别墅。被认为属于他家的这座别墅，位于地中海最大岛屿西西里中心的恩纳附近，现在仍在发掘调查中。人们已经知道，这座别墅建于公元4世纪初叶，一直使用到公元6世纪末。

这是一座田园别墅，占地甚广，有30个房间。家人生活空间“内庭”长36米，宽30米，周围排列着圆柱。东侧走廊宽5米，长60米。浴场宽敞明亮，温水浴室中配备有热水浴室和冷水浴室，这体现出沐浴在罗马式生活中不可或缺。接待客人用的大客厅有12米宽,24米长。此外还有一间大厅，是一个21米见方的客厅。从里面辟有3处半圆形空间看，墙面上肯定装饰着很多雕像，堪称“雕塑厅”。

残留在各个房间地面和墙壁上的镶嵌画美观漂亮，反映出了主人的情趣。这些镶嵌画中看不到基督教方面的主题，描绘的都是田园收获和狩猎生活。通向浴场的走廊长 21 米，里面的镶嵌画描绘了罗马大竞技场最有人气的战车比赛的场面。

别墅的豪华程度甚至超越了罗马鼎盛时期，生活在其中的却是基督教时期的人。怎么会有如此浓厚的异教色彩呢？在罗马自古以来的传统宗教被打成异教的时代，如果还悄悄对其心怀亲近，就会成为“隐异教徒”。但叙马库斯既是出自名门的元老院元老，又是“中富豪”，也许没有必要刻意隐藏，何况此处地处西西里岛深处，远离基督教天下的米兰和罗马。

另外我还想到，为了维持这座别墅，需要数十名用人；为了耕种别墅周围广阔的农田，需要数百名农奴。如果这是“中富豪”，那么“大富豪”过的又是怎样的生活呢？

的确，这座被认为属于叙马库斯家族的别墅位于意大利南部，尚未遭到北方蛮族的攻击。但即使考虑到这一点，帝国进入最后一个世纪后，西罗马帝国也是财富雄厚，不过感觉上是国穷民富，与帝国鼎盛期元首制时代完全相反。但罗马并不缺少财力雇用阿拉里克及其属下的 10 万名士兵。

面对斯提利科要求通过的与阿拉里克的同盟协约，元老院一片混乱。也许元老院元老的本意是不想出钱。以前，斯提利科在做道路修缮工程时，曾经要求在工程附近拥有农庄的元老院元老捐出其收入的三分之一。也许他们厌恶重复这种事情。

但是以钱说事，事关他们自认为是帝国精英的名誉，于是他们把罗马帝国的传统推到正面进行反驳。一个名叫兰巴迪乌斯的元老说道：

与阿拉里克的协约不是带来和平的协约，而是导致奴隶化的协约。

很多元老对这个发言表示赞成，但斯提利科并未退却。他解释说，给阿拉里克及其属下西哥特人的 4 000 罗马磅金条，并非作为年贡金来换取阿拉里克不再入侵意大利，而是给他们的从军报酬。也许有不少元老虽不是出自真心也不得不赞成斯提利科，元老院以多数赞成，承认了与阿拉里克的同盟协约。

但是，人们常常会憎恶那些把自己不想看到的现实摆在自己面前的人，憎恶的原因只在于这人这样做了。投反对票的元老自是当然，那些不得已投了赞成票的元老看斯提利科的眼神也与以前不一样了。那种看着自己联军总司令的眼神，好像是现在刚刚想起斯提利科也是蛮族出身一般。而且，他们为自己感到气恼，因为他们不得不在另一个蛮族人的说服下，同意与一个曾经企图入侵意大利的蛮族结为同盟。

狄奥多西皇帝也曾不但给昨天还是敌人的蛮族居住的土地，还支付了佣兵费，但是狄奥多西是皇帝，父母又都是罗马人。如果斯提利科是罗马人的皇帝则情况不得而知。然而，斯提利科虽是联军总司令，但他出身于蛮族，由他说教只有与蛮族共同奋斗才能拯救罗马帝国，而元老们却不得不同意，这种现实也是苦涩的。这个现实把元老们推向憎恨斯提利科的一面去了。元老们的感觉是，你一个蛮族人，怎么知道罗马精英的心情？

可是，只要稍稍一想就可以知道，这点根据也相当薄弱。公元 5 世纪的罗马元老院元老中没有一个出身于元首制时代传承下来的门第。叙马库斯家族被认为是公元 4 世纪到 5 世纪间的名门贵族，在

100 年前的公元 3 世纪也并不出名。这位称协约将导致奴隶化而反对到底的兰巴迪乌斯，也是这时首次登上罗马史的舞台，也许是最近刚刚进入元老院。

在罗马，不论是共和时代还是元首制时代，在元老院的发言并不是以“各位元老”开头的，惯例是以“各位父老，各位新贵”开始的。相当于现代国会的元老院不会由被王政时代尊为建国之父的 300 个家族的后代独占，是向“各位新贵”敞开门户的。这样可以经常给容易僵化的统治阶级注入新鲜血液。公元 5 世纪的元老院元老中加入新贵的概率也相当高。

元老院元老和斯提利科都是帝国统治阶层的新加入者，这一点他们之间没有不同。他们与当时很多罗马人一样，体内流淌的血液或许有一半是蛮族的，但元老院元老们的父亲是罗马人血统，而斯提利科虽然母亲是罗马人，但父亲是汪达尔人，这是元老院元老与斯提利科之间仅有的不同。这就像即使是与用人生的孩子，只要父亲是君王，他就是王子的情况一样。把《圣经》译成拉丁语的圣哲罗姆那样的有识之士把斯提利科称为“半蛮族人”，以区别于其他蛮族人。但在普通人看来，这个“半蛮族人”也是“蛮族人”。如今，元老院元老们第一次苦涩地体会到，自己已经被这个“蛮族人”事实上统治了长达 13 年之久。

孤立

投向斯提利科的敌意不只充斥在元老院的会场之内。斯提利科的妻子赛妮娜这个时期也逗留在罗马，近来，这位赛妮娜也开始反对丈夫。赛妮娜是先帝狄奥多西的侄女，被狄奥多西收为养女后嫁给斯提利科，夫妻二人育有二女一子。在东罗马帝国首都君士坦丁堡的宫廷里，因嫉妒而起的反斯提利科的阴谋犹如家常便饭，但都被赛妮娜用稳健的手段收拾在了萌芽状态。这看上去很理想的一对，也在婚后第25个年头出现了分歧。也许作为皇室的一员，赛妮娜认为，丈夫试图把蛮族纳为伙伴的政策就是蔑视帝国的政策。与身为天主教徒却一次都不曾镇压过异教异端的斯提利科不同，赛妮娜是一个虔诚的天主教徒，而丈夫试图与之结盟的阿拉里克和西哥特人却是信奉阿里乌斯派基督教的，这一教派被天主教派定为异端。这也许就是赛妮娜突然变心的真正原因。

较之于罗马，明确反对斯提利科、主张免谈与异端联手一事的是比任何地方都狂热的天主教城市米兰。也许是安波罗修生前的说教在这里起了作用吧。更糟糕的是，米兰居民的反斯提利科情绪并没有仅仅停留在内心想法上。

“联军总司令”斯提利科指挥的罗马军队在意大利的营地位于意大利北部的帕维亚。从帕维亚到北面紧挨着的米兰，距离不过30公里。给帕维亚驻军基地运送军粮的是米兰商人，士兵们在假日欢娱的去处也是米兰。认为与可憎的蛮族结盟就是反对基督教义的气氛在整个米兰弥漫开来，这种气氛侵袭到帕维亚只是时间问题。

斯提利科受到元老院阶级的敌视，又被妻子反对，还被占下属士兵半数的罗马兵说成是卖国贼，但那些蛮族和奴隶出身的士兵一如既往地对他奉献着忠诚。他们的营地在博洛尼亚。公元408年春天，留在斯提利科身边的自己人就是宿营在博洛尼亚的这些士兵和帕维亚军营的将官。身为军队高官平常却都在最前线，从他们身上人们已经看到了西罗马帝国防御力量的极限。

斯提利科（右）与他的妻子和儿子（左）

可是，在公元 408 年春天的这个时期，皇帝霍诺里乌斯究竟怎么看斯提利科还不明了。霍诺里乌斯已经 23 岁，但一直待在拉文纳闭门不出。他即位已经 13 年，事事按照斯提利科说的行动。正因为如此，找遍了当时的记录，人们也没有发现一句接近于他的想法的记载。也许他原本就没有什么想法。

不过，对斯提利科不利的状况已经出现。斯提利科的长女玛丽亚嫁给了霍诺里乌斯，但没有生子就去世了，之后，次女晋为妃子。玛丽亚是公元 408 年去世的，长女与次女的交替也一定是在这年春天完成的。霍诺里乌斯皇帝根本不愿与这位新妃同床，不过他并没有疏远新妃的父亲斯提利科。终于，有件事使霍诺里乌斯表明了态度。

东罗马帝国皇帝阿卡狄乌斯于 5 月初去世的消息传到了西罗马帝国。霍诺里乌斯和斯提利科在 7 月份得知了这一消息。

阿卡狄乌斯肉体上、精神上都很孱弱，身为皇帝却不能治人，反而受制于皇后及宫廷里的官僚。他也和弟弟霍诺里乌斯一样，只是一位坐在虚位上的皇帝，31 岁便走到了生命的尽头。但是，优多克西娅是一位干练的女性，她不单是个妃子，还正式取得了皇后的称号，并早早地确立 7 岁的儿子继承皇位，她自己则决定成为 7 岁的狄奥多西二世的摄政者。一切落实之后，这才把东罗马帝国皇帝去世的消息通知西罗马帝国。

接到消息，霍诺里乌斯难得地表明了自己的想法，主张去君士坦丁堡，帮助年幼的侄子进行统治。不过这只是表象，真实的意图是趁皇帝年幼，把东罗马帝国的皇位据为己有。

斯提利科反对这样做，反对的理由是，西罗马帝国正遇时艰，关键时刻皇帝不可不在。这个主张合情合理。但这也是表象，其本意在于当今反斯提利科的气氛甚嚣尘上，唯有霍诺里乌斯具有使斯提利科得到承认的力量。

霍诺里乌斯

皇帝能够维持皇位而与其能力无关，靠的是“君权神授说”，正如君士坦丁大帝洞察的那样，由谁即皇位乃神的意志而非人的意志。正因为如此，君士坦丁才承认并竭力振兴基督教。由于皇帝对凡人而言是“不可接触者”，无能的皇帝也能维持皇位的理由才会成立，不过，因此规避了皇帝更迭带来的政局不稳也是事实。由于这个原因，不管谁当皇帝都能成为“关键”人物，而与其能力如何并无关系。

然而，互相不说出本意而只靠面上的理由去应付对方，这样的人际关系即使能够解决问题，却不能不产生隔阂。斯提利科以理来驳，霍诺里乌斯不得不收回自己的说法，但他开始憎恨从10岁起就一直保护着自己的斯提利科。他原本懦弱，在有生以来第一次做主遭到反对后反倒强硬起来。这13年来一直处于良好状态的皇帝与联军总司令的关系，突然冷却了下来。而这个变化把机会和能量赐给了皇帝身边的宫廷官僚们，他们开始进攻长年难以对付的斯提利科。

计谋

单凭奥林庇乌斯这个名字就知道他有可能来自希腊，是奴隶出身的宦官。这人以前的经历全然不为人知，不知何时成了霍诺里乌斯宠幸有加的心腹。为了彰显自己是虔诚的基督教徒，他还特别热衷于慈善事业，受到被天主教徒尊为“教父”、后来被列为圣人的奥古斯丁的热情赞誉。这个奥林庇乌斯向皇帝的耳朵里吹风说，斯提利科致力于西罗马帝国的防御并不是为了保卫霍诺里乌斯，而是为了让自己的儿子当皇帝。

23 岁的皇帝想起了前几日的事情，斯提利科请求为自己的儿子迎娶皇帝同父异母的妹妹加拉·普拉西提阿为妻，依稀的疑惑已经变得肯定。数日后霍诺里乌斯离开罗马北上，经博洛尼亚去帕维亚。皇帝出发时公布的此行目的是前去激励博洛尼亚和帕维亚两个罗马军团基地的士兵，联军总司令斯提利科与皇帝同行到了博洛尼亚。奥林庇乌斯主张，其后的帕维亚之行皇帝可以单独前往，霍诺里乌斯也表示同意，斯提利科便留在了博洛尼亚。

皇帝霍诺里乌斯虽然意志薄弱，但不是坏人，没有迹象表明他事先知道在帕维亚等待他的是什么，也不像是他知道一切后才去的帕维亚。这些一定都是以奥林庇乌斯为首的宫廷官僚们设下的计谋。

公元 5 世纪初叶那个时期，意大利中部主要城市之一博洛尼亚（罗马时代的名字是博诺尼亚）是非正规军的宿营地。从那里沿埃米利亚大道向西北走，就能到达意大利北部的帕维亚（罗马时代的名字是提契努姆），这里是正规军的宿营地。这样的配置源自斯提利科首先在意大利北部迎战北边入侵的蛮族，接着在意大利中部将其完全击破的战略。因此，博洛尼亚的军队由斯提利科指挥，帕维亚的军队则由深得斯提利科信任的将军指挥。

这是霍诺里乌斯即位13年来首次访问军营。在帕维亚，从司令官到每名士兵都已万事俱备，整装以待。

兼任军队最高司令官的罗马皇帝访问军营，都要有高官随从左右，各部队将士以分列式行进，走过皇帝面前接受检阅。检阅完毕后，皇帝要向列队的将士训话，进行鼓励。这已成为惯例。霍诺里乌斯坐在高坛上的御座里，左边站着宫廷高级官僚，右边站着军营的司令官和大队长。

士兵们很快开始受阅。检阅到中间时，正在一边敬礼一边行进的一队士兵突然混乱起来，单手持剑，向并排站在皇帝右侧的司令官和大队长们袭来。

军队高官身上穿的不是实战用的防御功能完美的甲胄，而是更加重视美观的仪式用甲胄。在这场众多士兵发起的出乎意料的袭击中，军官们受到利剑突袭，无人能够护住自己的身体。骑兵总司令倒下了，步兵总司令也横在了血泊之中。军营的兵站最高首领也成为血祭者，甚至连基地的财务官也遭到杀害。帕维亚军营的高级军官全部被杀，这些人可个个都是斯提利科从小培养起来的。在其他士兵目瞪口呆根本无法出手的瞬间，在面色惨白、跌坐在御座上发抖的霍诺里乌斯面前，清洗斯提利科派的行动便已大功告成。然后，奥林庇乌斯面对士兵，替因恐惧而发不出声的皇帝传达了圣旨，他表示，被肃清的高官们正在策划暗杀皇帝的阴谋，打倒这些重罪犯的士兵受到赞赏。士兵们近来一直耳闻天主教徒非难斯提利科，听了奥林庇乌斯转达的圣旨，心里开始接受这样的事实。

这一事变立即被报告给了相距200公里的博洛尼亚。这一定是斯提利科派的某位队长成功逃脱，快马加鞭前去报告的。斯提利科越晚知道事变的情况，对奥林庇乌斯及其同党就会越有利。

我们完全不知道斯提利科得知这一消息后有怎样的感慨。以记录斯提利科言行为己任的诗人克劳狄安已经不在，斯提利科自己也没有留下只言片语，仅从反斯提利科派留下的片段记载推测，事情进展是这样的：

博洛尼亚军营的非正规军将士是蛮族出身的雇佣兵和奴隶出身的士兵，这些将士一致决定站在斯提利科一边。他们派出代表去见斯提利科，在难掩悲痛表情的斯提利科面前明确表示，如果与帕维亚军队作战，哪怕对手是皇帝的军队，他们也将在斯提利科手下战斗到最后一个人。

斯提利科没有回答，只是默默地听着，默默地回去。这位年届48岁、蛮族出身的罗马将军有生以来第一次直面重大问题。

帕维亚的部队清除了斯提利科派以后，已经群龙无首。如果斯提利科亲率博洛尼亚的军队前往，是很容易取胜的。但是，如果他贸然行事，那么他就不是罗马人了。

底线

13年前，斯提利科被悟到死期将至的狄奥多西皇帝叫到床边，受托保护身后17岁的阿卡狄乌斯和不满10岁的霍诺里乌斯，斯提利科向弥留之际的皇帝发下誓愿。如果他现在向皇帝霍诺里乌斯进军，就将违背当时的誓约。对属于领导层的罗马男人而言，遵守誓约是超越法律的“道德”（moral，词源是拉丁语“mores”）问题。当时，道德的重要性似乎已经下降到了无以复加的程度。可是，斯提利科视为楷模的不是与他同时代的罗马人，而是昔日的罗马人。

而且，作为部下，向自己曾发誓效忠的皇帝引弓，他就不成其为罗马武将了。罗马人最重视遵守誓约，因为他们相信，即使地位有高低之差，武将之间严守誓约是罗马军队区别于其他任何民族军队的特质。尽管这种情况也已经成为过去，但对斯提利科而言，这一点儿也没有过时。

紧跟其后的第三个问题对斯提利科而言尤感强烈，因其父亲是北方蛮族汪达尔人。

在身为罗马人母亲的身边接受罗马式教养，刚刚20岁出头，年纪轻轻就得到狄奥多西皇帝的提拔，此后25年如一日，他一直都是作为“罗马人”度过的。在狄奥多西死后的13年中，他一面守护着幼小的皇帝，一面致力于西罗马帝国的防御。他认为，自己比同时代任何罗马人还要“罗马人”，一直守护着他的罗马帝国。如果他现在举兵，就是要推翻罗马帝国。这意味着他不再是“罗马人”，这是“蛮族人”的所作所为。这一点他不能容忍，他不能忍受在做了48年“罗马人”之后再回去做“蛮族人”。

可是，如果不就此奋起，自己就将毁灭。是不奋起而灭亡，还是奋起而作为蛮族人活下去呢？

人总有一条绝对不可让步的底线。底线因人而异，没有客观性可言，既不能用法律去约束，也不能通过宗教去说教。这是每个人自认为好的生存方式，而不是探求普遍真理的哲学。用拉丁语说，这是“stilus”（范儿），也就是意大利语的“stile”、英语的“style”。有些东西在他人看来并不重要，但在自己看来比其他任何东西都重要。一旦他想改变这些东西，那他就不再是他自己了。

尤里乌斯·恺撒在他命运之日的3月15日以前一个多月，就已经知道自己已处于一种阴谋之中，只是不知道这个要推翻自己的事件会在何时何地发生。他在参加由他召集的定于3月15日开会的元老院会议时，没有采取任何自我防卫措施。元老院元老参加会议不佩短剑，在罗马是自古以来的传统。

在自己身边配备卫士，或对每位前来元老院的元老一一搜身，这些都是怀疑承担罗马国家职责的元老院元老人格的行为。况且，自己是绅士，就要把别人也当作绅士对待。与此相反的行为，即便是保护自己，尤里乌斯·恺撒也是绝对不会做的。

然而，就是在那一天，布鲁图和他那一派的14位元老院元老在镶有表示元老院元老身份的红边白色托加长袍下暗藏了短剑。这14个人用短剑袭击了恪守罗马元老院传统而毫无防备的恺撒。据说14人中有人因兴奋而不小心砍到了自己的手，也在恺撒身上留下了多达23处的伤口，但其中只有一剑是致命的。

作为武将，恺撒当即就意识到那是一剑致命伤。倒下之前他只做了一件事，就是用托加长袍的下摆裹住全身，他不愿在倒下时露出自己的惨状给人看。

这就是即使到了最后时刻，也不忘保持体面、保全自身品格之人的行为。

恺撒指定的继承人是罗马帝国开国皇帝奥古斯都。他的统治时间是恺撒的10倍，参加元老院会议的次数数不胜数，但他没有一次是单独到会的。他没有让“SP”（随扈）跟随左右，也没有让人对到会的元老进行搜身检查。他尊重罗马元老院的传统，只是没有数位对自己绝对忠诚且身强力壮的元老院元老的簇拥环绕，他绝对不到会。

恺撒在为数众多的人才中选定奥古斯都为接班人，是因为恺撒在尚未建功立业的年轻人中看出了奥古斯都具有而他人没有的天资。而且，奥古斯都也实际证实了自己是恺撒最好的接班人，证明了恺撒对自己的提拔不谬。说他们二人创立了罗马帝国是不会有错的。

这二人天赋相同，但“范儿”有所不同。我甚至认为，人与人之间的差异，与其说在于天资，不如说在于“范儿”，在于“如何生活下去的姿态”。正因为如此，“姿态”才是一个人的魅力所在，好似亚历山大大帝的魅力就在于他短暂却充实的活法。

死亡

是作为罗马人而死，还是回到蛮族而生？斯提利科难以抉择，苦恼不已。在得知皇帝霍诺里乌斯已经离开帕维亚回到了拉文纳后，他决定赌上一回。斯提利科自皇帝幼小时就十分了解他，无论如何不能想象霍诺里乌斯参与了在帕维亚清除斯提利科派的行动。斯提利科决定去拉文纳见霍诺里乌斯。

从博洛尼亚到拉文纳距离上虽然很远，但沿埃米利亚大道到里米尼，再从那里沿亚得里亚海北上，是用时最短的道路。斯提利科打算只带平时的卫兵前去，但将军们不同意，执意一同前往。这样，进入拉文纳就会引人注目。也许是担心刺激宫廷，斯提利科抵达拉文纳后没有回家，乞宿在教堂附属的主教馆舍，并派出了请求许可面见皇帝的使者。

使者带回的答复让人迷惑，究竟是许可面见霍诺里乌斯皇帝，还是单单许可进入皇宫。总之，似乎得到了许可，但条件是只允许斯提利科一个人进宫。

斯提利科来到皇宫，自己解下佩剑交给宫中仆人，这是以前13年中重复了无数次的动作。然而，那天在他的面前，皇帝房间的大门紧闭。

23岁的皇帝根本就没有打算接见48岁的忠臣。奥林庇乌斯出现在斯提利科面前。这位宫廷官僚冷冰冰地宣读了皇帝下达的死刑诏书，理由是斯提利科犯有与蛮族共谋推翻罗马帝国罪。叛国罪在元首制时代会有辩护人参加审判，但到了帝政时代后期已经不允许这样做，一律判为立即执行的死刑。公元408年8月23日那天，斯提利科被执行了斩首刑。

斯提利科的一生就这样终结了。他的遗体去向不明，也没有坟墓。后世一位史学家写道："在霍诺里乌斯长达28年的治世生涯中，这位皇帝自己决定的唯一一件事就是处死斯提利科。"

空白

奥林庇乌斯被任命担任因斯提利科死去而成为空缺的"联军总司令"。得知这一消息，斯提利科派的将士们认为，在罗马军队中已经没有自己的立足之地，便集体离开军营。斯提利科的长子如果还在的话大概会相伴而行。然而，霍诺里乌斯皇帝在对他的岳父斯提利科执行死刑后，便早早派人杀掉了这位与自己一道成长又是学友的年轻人。

斯提利科组建并与他共同作战的由蛮族人和奴隶出身的人组成的非正规军团，在斯提利科死后烟消云散。跟随斯提利科来到拉文纳的人，以及在博洛尼亚待命的士兵，在那天早晨全作鸟兽散，一个不剩地全部离去。

他们到哪里去了呢？自然是到欢迎接受自己的地方去了。他们投奔了西哥特人的阿拉里克。也许，他们不能让步的底线就是不能为杀害自己仰慕的斯提利科一方而战。

斯提利科死后一个月，阿拉里克开始行动。加上前来投靠的原斯提利科的将士，他不过拥兵3万，作为蛮族入侵，规模并不算大。但是，他们唯一害怕的人已经不复存在。

阿拉里克率领的西哥特人和其他士兵构成的混合军队翻过隔开意大利和巴尔干的阿尔卑斯山脉，入侵意大利半岛东北部。由于有在斯提利科手下积累了作战经验的老兵参战，阿拉里克军队的战法也更加合理。他们首先进攻意大利东北部的重镇阿奎莱亚。他们并不想完全占领城市，如果那样就不得不打持久战，他们抢得必需品后便移向下一个目标。阿拉里克的目的在于威慑，而不在于占领。

实际上，在攻陷阿奎莱亚之后，他们又一举攻克了康科迪亚，再过阿尔迪莫到达帕多瓦（罗马时代名为Patavium），从这里沿波比利亚大道再往南便可到达拉文纳，但因为无事需要找皇帝，他们甚至没有向拉文纳派出先头部队。他们没有继续南下，而是转而向西，在克雷莫纳（罗马时代也叫此名）渡过了波河。

阿拉里克在克雷莫纳派出使者给罗马的元老院送去一封信。信中要求履行元老院半年前通过的与阿拉里克结盟的协约，即要求罗马按协约规定支付4 000罗马磅金条。元老院通过这一协约后拖了半年还未履行，其原因是在这半年的时间里，提议与阿拉里克结盟的斯提利科的情况完全不同了。元老院认为斯提利科被处死，这份同盟协约就

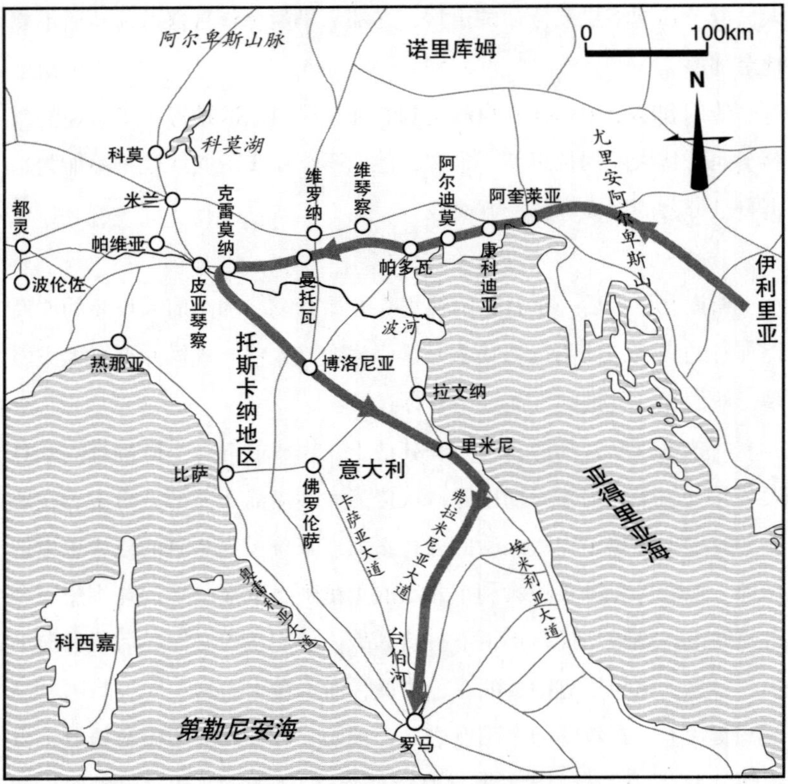

公元 408 年阿拉里克入侵意大利的路线

成为一张白纸。可是，协约既然经元老院通过，那就是国策，就不能因提议者之生死而作废。要想推翻协约，必须在元老院重新表决。这时，道理在蛮族阿拉里克一方。

阿拉里克和他的军队渡过了波河，似乎是在附近等待元老院的答复。如果是这样，他们应该宿营在离帕维亚的罗马军营不到 70 公里的地方。可是，帕维亚的罗马军队明知此事却并未行动。顶替斯提利科被任命为罗马军队总司令的奥林庇乌斯和身在拉文纳的皇帝霍诺里乌斯也同样屏息不动，而阿拉里克因答复不至而不耐烦，便再次开始行动。阿拉里克仿佛根本未把帕维亚的罗马军队当回事，抛开他们朝里米尼进发，从那里经弗拉米尼亚大道一路直指罗马。已经没有任何罗马人可以挡住他们的去路。

恐吓（一）

罗马曾被敌人直逼城下。那是在620年前第二次布匿战役中，迦太基名将汉尼拔兵临城下，宿营在距城墙只有四五公里的地方，但这种经历仅此一例。汉尼拔后来也打消了进攻罗马的念头。占领城市非经持久的包围战不能成功，但打包围战他又兵力不足。

仅被阿拉里克和他的3万兵马进逼，罗马没有必要动摇，但这次罗马恐慌起来。靠3万兵力不可能合围近20公里的城墙，阿拉里克实施的不是围攻，而是封锁。他在比较重要的12处城门重点布兵，使城里人不能出城。同时，他还派兵到周边之地，让他们抢夺运往首都的物资。他还在南北两头封锁住流经市内的台伯河。不过，围绕着罗马全城的城墙上总共开有18座城门，此外还有不少因内外地势形成的不难通行的地方。

与帝国鼎盛时期的公元2世纪相比，罗马城的人口已经锐减，但进入公元5世纪后人口仍不少于30万人。况且，元首制时代建造的仓库群仍在发挥作用，罗马城有很高的粮食储备能力。这样，只要预测到最坏事态，做好相应的准备，建立相应的组织，罗马城是经得住持久守城战的。因此，有无抵抗力不在物质方面，而在于居民的精神方面。

罗马人在城墙上扎堆儿观看逐渐挤满城下的蛮族人。他们的心情与其说是“恐惧”，不如说是面对未曾预料的事态感到的“惊愕”。不过惊愕过后，随之而来的不是“精神上的准备”，而是“愤慨”，觉得小小蛮族竟敢封锁永恒的罗马，简直是胆大妄为！

然而，他们惊愕之余，发生了粮食不足的情况。上市的粮食减少，价格暴涨，穷人最先受到冲击。

历史上没有留下封锁始于何时的史料。但从时间推移想象，阿拉里克的封锁战最短一个多月，最长也不过两个月。因为曾几何时的“世界之都”没有坚持到两个月。

元老院终于决定派两位元老去见阿拉里克，请求解除封锁，并愿意为此支付 4 000 罗马磅金条，亦即 1 500 公斤黄金，这个数量与元老院通过斯提利科提议的同盟协约时相同。这回阿拉里克可不答应了，也许他认为，作为“永恒之都”，罗马的赎金太便宜了。实际上，蛮族族长阿拉里克与两位元老院元老谈判的已经不是支付给同盟者的佣兵费，而是给恐吓者的赎金。

阿拉里克说：“罗马城内的所有金银，不管是国库中的还是在私人家中的都要统统交出来。金银以外的所有贵重物品也必须拿出来。并且要解放在城市公共机构和私人家中劳作的所有日耳曼裔奴隶。”

两位元老哑然，并回答说：“如果这是您的要求的话，那您给我们留下什么呢？”

西哥特人族长若无其事地答道：“给你们留一条命！”

不过，这两位元老院元老赢得了到元老院讨论通过为止这段时间的休战，台伯河和12座城门都解除了封锁。罗马居民可以松一口气了。这期间，难掩忧虑表情的元老院元老不断讨论并反复派人去阿拉里克营地交涉，但那都不过是讨价还价而已。

接近年底时双方达成协议，阿拉里克终于做出承诺。交换条件如下：

5 000 罗马磅（1 875 公斤）黄金

30 000 罗马磅（11 250 公斤）白银

4 000 件用从东方进口的丝绸做的长袍

3 000 匹绯红色手织薄外衣料

3 000 罗马磅（1 125 公斤）印度进口香料

当然，日耳曼裔奴隶也成为自由之身。不过他们似乎并未全部抛弃罗马投奔阿拉里克。

罗马人如此高昂的代价，只换来解除封锁。阿拉里克并没有同意成为罗马人的“同盟”，来担任罗马防御之一翼。这让人不禁想起阿拉里克向斯提利科索要的只是4 000罗马磅金条而已。

阿拉里克虽然在战斗中打不赢斯提利科，但在统率士兵方面强而有力，也只有斯提利科能想到利用阿拉里克。为了等待“赎金”，西哥特人拔寨而起，出发北去，整个过程真可以说有条不紊。罗马居民甚至感到惊讶，这时往往会发生零星的暴力行为，而他们却丝毫没有受到这种暴力的损害。但是，阿拉里克及其3万人的军队并非是撤退到阿尔卑斯山脉那边去，只是退到托斯卡纳地区，从那里可沿卡萨亚大道直逼罗马。他们要在那里过冬。

在阿拉里克撤退后的罗马，不论是元老院元老还是一般公民，都受到了难以名状的屈辱感的重击。这让他们想到若是斯提利科还活着的话……人们还不禁联想到，罗马被封锁，皇帝霍诺里乌斯竟一直龟缩在拉文纳作壁上观！这使人们将不满对准了皇帝。直到这时，拉文纳的皇宫才第一次发表了处死斯提利科的正式理由。想把死刑正当化，自然应该在行刑之后的8月末将原因公之于众。过了4个多月才公布，其本意遭到猜疑也无可奈何了。

皇帝主张把斯提利科作为“国家公敌”处以死刑，定罪依据是以下理由：

一、违背君士坦丁堡皇帝之意，反复采取行动，恶化东西罗马帝国之间的关系。

二、身任西罗马帝国公职却与敌人阿拉里克秘密勾结出卖国家。斯提利科生前享受之权力和财富均为与蛮族共谋所获得。

三、秘密策划使其子篡夺皇位。

既然是体现神意的皇帝明确所说，基督教会便不遗余力予以支持。皇帝的诏书刚刚发布，天主教会就发出了弹劾斯提利科的布告，将斯提利科定为无信仰之徒，说他身为天主教徒却袒护信仰异端阿里乌斯派的阿拉里克，图谋灭亡天主教国家罗马帝国。

斯提利科被世俗的权威皇帝弹劾为卖国贼，又被宗教的权威教会弹劾为无信仰之徒。但事情并未因此而结束，“记录抹杀刑”还在等着他。这是罗马的一种抹消相关人等所有记录的刑罚。公文自不必说，刻有此人功绩的碑文、为颂扬此人功绩而建于古罗马广场上的立像也都会被破坏。总之，关于此人的一切记录和记载都将被抹去。这就是“记录抹杀刑”。这个刑罚一直被珍视名誉的罗马人视为比斩首还要不名誉的惩罚。元首制时代被处以此刑的有卡拉卡拉、尼禄、图密善诸位皇帝。他们被打成恶帝。斯提利科也被处以与他们同样的刑罚。

历史的救赎就在于同时代人和我们后世的人中都会有人抱有怀疑，他们会问：为什么对这些人的恶评竟至于此？这些人也会留在历史中，但被破坏了的雕像则是无法复原了。由于这个原因，印有斯提利科面容的物件，存世的只有一块刻有他头像的小象牙板，收藏于米兰以北 10 公里的小镇莫迪查（现在的蒙扎）的教堂里。这物件看起来就像立在书桌上的照片架一样，制作时代是公元 5 世纪，很可能为同时代的某人所拥有，说不定还是斯提利科的妻子赛妮娜的藏品呢。

不过，赛妮娜做遗孀的时间也很短。赛妮娜离弃斯提利科后移居罗马皇宫，在公布丈夫斯提利科为“国家公敌”而处以死刑的理由之后不久，她也被打成“公敌”处以死刑。赛妮娜是皇帝的义妹，在丈夫被处死后并未被立即问罪，但现在也只能把头伸给了刽子手。

斯提利科的次女已是皇妃，但以未与霍诺里乌斯结婚为由，被迫隐居修道院。基督教不承认离婚，只能以未婚处理。

恐吓（二）

只要屈服一次，恐吓就会变本加厉。阿拉里克因恐吓罗马元老院得到了丰厚的资金而名声大振，其他蛮族人闻讯纷纷从各地而来。在公元 408 年到 409 年短短的时间内，阿拉里克的兵力就从 3 万人激增到了 10 万人。阿拉里克非常懂得如何使用暴增的军队。

公元 409 年春天，阿拉里克的使者造访罗马元老院，捎来了阿拉里克的话，称去年同意的是解除封锁的代偿金，而不是和平的代偿金。使者还带来阿拉里克的意向。怎样才能使之也成为和平的代偿金呢？阿拉里克希望自己被认作罗马的朋友，是和平的朋友。

西哥特人族长的意向实在很具体，他甚至规劝元老院将此方案拿到拉文纳去，请霍诺里乌斯皇帝批准：

一、正式任命阿拉里克为西罗马帝国的大元帅。

二、约定每年提供固定数量的金条和小麦作为阿拉里克及其士兵为罗马从事军务的报酬。

三、割让达尔马提亚和诺里库姆两个行省给阿拉里克，作为属下士兵和家属的定居地；把意大利半岛东北部的威内托地区分让给阿拉里克，作为其根据地。

四、把作为战略要地建在意大利北部到多瑙河地域的城寨要塞全部划归大元帅阿拉里克管辖。

这足以使阿拉里克和西哥特人在从北意大利到多瑙河一带建立独立王国了。

与蛮族头目一同前往拉文纳说服皇帝与蛮族结盟的，不仅有元老院元老，还有一位主教。霍诺里乌斯虽然与元老院关系淡薄，却是一位信仰笃深的天主教徒。

可是，这位主教担心去拉文纳途中的安全问题，拒绝同行。元老院为了让主教能够安心前往，请求阿拉里克负责途中安全。罗马人在自家意大利旅行，却需要哥特人士兵来保护。

迎接元老院元老和主教的拉文纳皇宫上下一片混乱，旁观者都觉得可怜。宰相兼联军总司令的奥林庇乌斯认为阿拉里克的要求有点过分，主张全面拒绝，可是阿拉里克在托斯卡纳地区陈兵 10 万。霍诺里乌斯皇帝虽已 24 岁，但仍无主见。他能想的，只是如何从拉文纳取海路逃往君士坦丁堡。遭到反对后，他居然说要雇用 1 万名匈人士兵，使人愕然不已。

拉文纳方面对阿拉里克的要求不知所措也在情理之中。这厢刚公布斯提利科犯有与阿拉里克共谋罪，不到 3 个月，那厢就要把阿拉里克迎进门来，这无论多么厚颜无耻也不能轻易办到。霍诺里乌斯皇帝为此而狂乱发飙，处死奥林庇乌斯后才好不容易把心绪稳定下来。处死奥林庇乌斯的原因没有公布。然而，就在拉文纳持续混乱期间，阿拉里克发起了行动。

公元 409 年夏天，阿拉里克第二次围攻罗马。与第一次不同，这次他改变了封锁的方式。阿拉里克没有像去年那样去封锁 12 座城门，而是改变方针，占领了罗马的外港奥斯提亚。沿卡萨亚大道南下而来的西哥特人没有围攻罗马，而是绕城一圈后，直扑奥斯提亚。

这样的战法就不是封锁了。罗马居民也许以为从北边和东边都能得到粮食补给。但那只是生鲜食品，对主食小麦一直依赖进口的罗马却不是这样的情况。这就是元首制时代的皇帝们长年致力于完善奥斯提亚港的原因所在。他们非常重视来自罗马世界的两大小麦产地——埃及和北非的小麦船队能够安全进港，高效卸货。虽然从君士坦丁大帝建都君士坦丁堡的 100 年前开始，埃及产小麦就转而运往君士坦丁堡，但罗马至今仍是北非产小麦的主要出口地。北非运来的小麦在奥斯提亚港卸货，阿拉里克把奥斯提亚港握在了手中。他即使不在每座城门布兵，也能卡住首都罗马的脖子。

满载粮食的船只不断驶入港口。阿拉里克把港口捏在手里，兵员增加到 10 万人，也不用担心食物。阿拉里克盘踞了下来，他甚至没

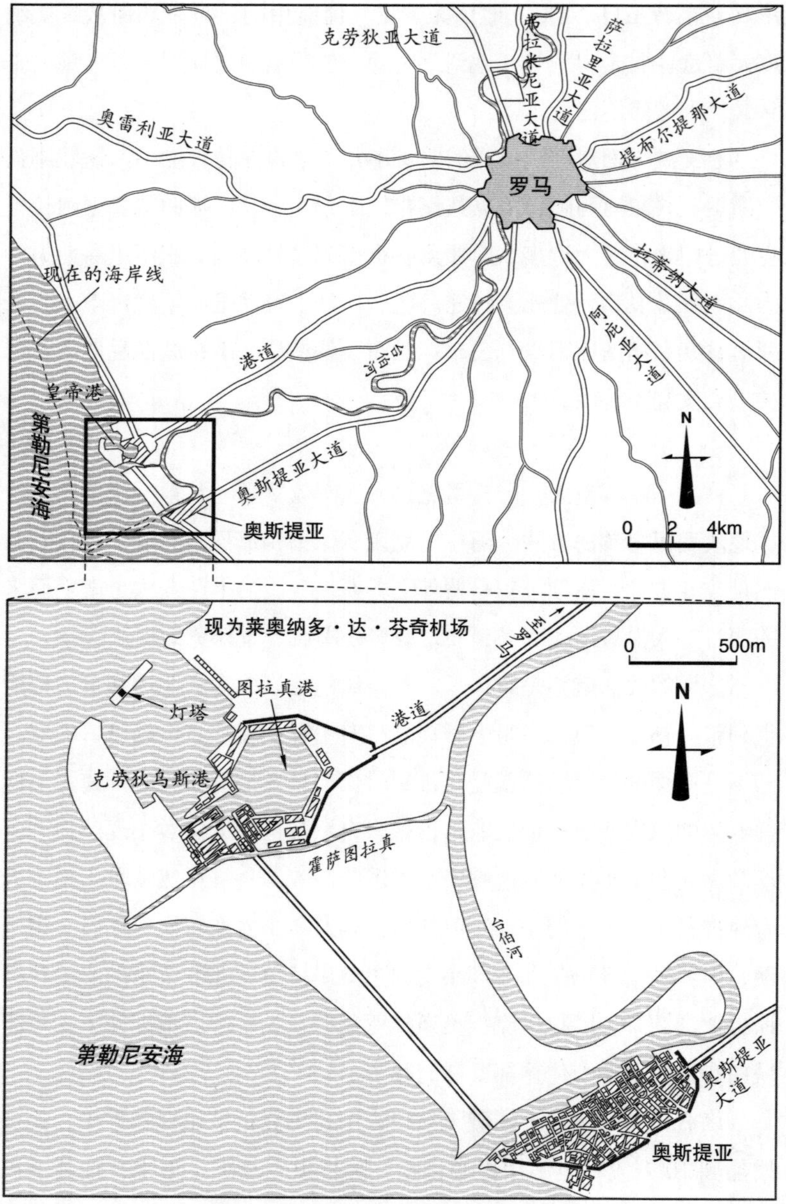

罗马及周边道路网（上图）以及经图拉真皇帝大规模改造后的奥斯提亚港（下图）

有沿连接奥斯提亚和罗马之间的两条大道派兵威胁首都居民，而是做出了更加嘲弄罗马的行为。

管理奥斯提亚港的长官由一个名为阿塔卢斯的人担任。阿拉里克任命阿塔卢斯为西罗马帝国的皇帝。阿塔卢斯被拉到士兵面前，蛮族士兵以剑击盾，以这种罗马的方式表示赞同他即位。然后，阿拉里克为阿塔卢斯配备了西哥特人卫队，把他送进了罗马。阿拉里克甚至还让他给元老院带去了推荐信，称希望元老院与这位皇帝合作，统治首都罗马。

阿塔卢斯随着哥特人卫队穿过古罗马广场，走进矗立在广场一角的元老院会堂，元老们起立迎接他的到来。这真是一出拙劣的闹剧。民众没有让他身陷咒骂声之中，而是用不可名状的表情看着这一切。

拙劣的闹剧不会有结果。阿拉里克试图通过阿塔卢斯间接统治罗马的企图彻底落空。这位西哥特人的头目十分恼火，他把阿塔卢斯抓来，附上一份书状，说他篡夺皇位，请随意处置。然后把他送往拉文纳的霍诺里乌斯那里。可怜的奥斯提亚长官从此不知所踪。公元409年在闹剧中结束了，阿拉里克和手下10万之众一直盘踞在离罗马只有20公里的奥斯提亚。

转眼到了公元410年上半年，应当有相当多的人从罗马逃逸。朝北的大道自不用说，就连朝南的阿庇亚大道和拉蒂纳大道也都畅通无阻，不会遇上敌人。即使不属于富裕阶层，没有大片农庄围绕的别墅，罗马人自古以来有着第二居所的置业习惯，这第二居所在相当程度上可以自给自足。可以想象，这些罗马人每月两次离开都市去享受田园生活，对离开罗马并没有那么强烈的抵触感。

但是也有很多人与第二居所无缘。此外，还有很多人虽然有地方可去，却根本不会想到罗马会被占领。奥勒良城墙建于公元275年，从那时计算，135年间罗马从未遭到敌人的践踏。大概很多人会想，过去没有的事，今后也不会发生。虽然从奥斯提亚运不进粮食，但食物并没有断绝。敌人已经进逼眼前，但还是有很多人留在了首都罗马。这些人不是无处可去，就是仍在做梦。

"罗马浩劫"

首都罗马落入敌手已经是时隔800年的事了。我真以为敌人围城激战后方能入城，敌人占领全市也是惨烈巷战以后的事。可是，事实完全不是这样。

公元410年8月24日清晨，阿拉里克率领的西哥特先头部队通过自罗马向北的萨拉里亚大道上的城门潜入了罗马，这很可能是市内有内应的结果。很快，萨拉里亚门左右6座城门都被打开。蛮族潜入了这座永恒之都的北部和东部，而居住在市中心的人们并未发现他们。

罗马建国于公元前753年，至今已经度过了1 163年。自古以来罗马人不能忘却的不幸事件是公元前390年凯尔特人对罗马的占领。

凯尔特人是希腊人起的名字，罗马人称之为"高卢人"。公元前390年，居住在意大利北部的一个高卢部族入侵罗马，那时共和政体尚未确立。

罗马的抵抗失败，传说罗马七丘只剩下卡匹托尔山了，其余全部被高卢人占领。所幸当时的敌人在抢掠后即撤离退去，罗马并未成为高卢的首都。这次“凯尔特入侵”成为罗马人不可忘却的不幸事件，被记入了罗马历史。王政时代构筑的“塞尔维乌斯城墙”自然也因此得到了加固。

然而，公元前390年以后一直守护罗马的“塞尔维乌斯城墙”在公元前45年遭到破坏。这不是因为敌人的入侵，而是罗马人自己破坏的。这个时期的最高当权者尤里乌斯·恺撒考虑扩建罗马的大脑和心脏——古罗马广场，并付诸实施。城墙的一部分阻碍了这项工程。是改变计划，还是拆去城墙，这一问题摆在了恺撒面前。他自然选择了后者，而且也没有在外围构筑新的城墙。

他毁弃了王政时代塞尔维乌斯国王建造的城墙，这座城墙700年来一直守护着罗马。他明确说明了他的理由：首都罗马的安全应由“防线”（国界）来保卫，而不该用围绕首都的城墙来保卫。这条理由后来逐渐演变为罗马帝国的基本防御战略。

后来在公元275年，奥勒良皇帝建造了一直留存至今的“奥勒良城墙”。这样，罗马有310年时间一直生存在没有城墙的环境中。如果有人问“罗马统治下的和平”起于何时终于何时，我会这样回答：那就是首都罗马没有城墙护卫的那段岁月。

公元275年奥勒良城墙建成后，罗马也有很长时间未遭兵燹。奥勒良皇帝知道帝国防御力量的现实，帝国已无余力向多瑙河以北布防，甚至撤出了达契亚（现在的罗马尼亚）。修筑保卫首都的长城，一定是他未雨绸缪的慎重对策。实际上，在后来长达135年的时间内并无敌人兵临城下。

敌人一旦逼近，城池瞬间陷落。这只能让人想起恺撒的观点，防御敌人靠的不是城墙。帝国首都罗马刚想着用城墙防卫，瞬间便陷落了。

无论如何，公元410年的“罗马浩劫”是历史上著名的“大事件”。阿拉里克事先向属下士兵发布过这样的命令：

一、不杀不抵抗者。

二、不碰基督教堂。

这样，就占领军众达10万人这点而言，其暴虐的程度还是相对较低的，这也是因为城内根本没有防守兵力。四处逃散的人群得知教堂安全，纷纷逃入教堂。尽管阿拉里克和西哥特人属于被天主教视为异端而遭到排斥的阿里乌斯派，但毕竟也是基督教徒。而罗马的很多教堂和为数众多的信徒也都是天主教派基督教徒，这一教派被尼西亚公会议定为正统基督教，主张三位一体说。不过，一般认为阿里乌斯派要比天主教派对“异端”更宽容。阿拉里克和西哥特人把罗马的天主教堂及其教徒都视为基督教徒，没有向他们动手。

然而，阿拉里克率领的并不仅是西哥特人。这短时间内由3万人激增到10万人的士兵当中，也有很多人信奉日耳曼民族的传统宗教，还混有亚细亚人种的匈人。这些人根本不问什么基督教，只要是建筑物和人，一概都是掠夺的对象。

蛮族都知道仅仅恐吓一下，罗马就拿出了5 000罗马磅黄金。他们断定，只要是罗马人，无论谁家都藏有金条。蛮族会闯入并非豪宅的一般市民的公寓，抓住什么人就逼他交代藏匿财宝的地方。很多人根本没有财宝，威胁、拷问也无从交代，因而被发怒的蛮族杀害。称公元410年为“罗马浩劫”之年绝不会有错。的确发生了蛮族的暴行、掠夺和杀戮，还发生了很多强奸妇女的事件，甚至修女也被侮辱。当时任北非主教的圣奥古斯丁在其著作《上帝之城》(*De Civitate Dei*)中写道，被强制而未经同意的性关系不构成犯罪。

公元410年的浩劫历时5天。这场浩劫时间如此之短，可能是因为这10万之众干得干净利落，而无人抵抗恐怕也是这场掠夺得以高效进行的重要原因。潜入罗马城后的第6天早晨，阿拉里克和他的10万名士兵裹挟着所有能拿的东西，南下而去。货车和无尽的人流挤满了阿庇亚大道。

离开罗马的不光是蛮族。蛮族还裹走了他们认为可获得高额赎金的有身份之人和富有之人，其中元老院元老也不在少数。囚犯中格外引人注目的是皇帝霍诺里乌斯的妹妹加拉·普拉西提阿的身影。

800年未曾陷落的、长久以来被赞颂为“世界之都”的罗马遭到浩劫，这在当时也是世界性的新闻。“罗马浩劫”对远在巴勒斯坦致力于把《圣经》翻译成拉丁语的圣哲罗姆也是一个沉重打击。他不但是基督教徒，而且出生于意大利本土，凭着在修道院的虔诚行为和翻译《圣经》的功劳被奉为圣人。他当时在给友人的信中写道：

> 西方传来了令世间恐怖的消息。罗马被围，人们被迫交出黄金以换取生命。被劫掠后再遭进攻，不光一无所有，甚至丧失生命。现在我正在口述此信，声音因悲痛而颤抖，泪如泉涌，咽喉哽咽，出声不得。
>
> 这座称霸世界、把全世界置于自己统治之下的城市，如今却屈膝在蛮族面前。啊，上帝啊！无信仰的暴徒把手伸向了您的遗产，冒渎了您建设的神殿！

圣哲罗姆（莱奥纳多·达·芬奇画）

没人知道阿拉里克离开罗马后会去何处。蛮族沿阿庇亚大道一路南下，沿途不断抢掠，在加普亚离开阿庇亚大道，去了诺拉。也许他们打算沿第勒尼安海到意大利南部，渡海前去盛产农产品的北非。

然而，时间已经不允许阿拉里克这样做了。他与斯提利科同辈，公元410年也应有五十开外。他一路南下，沿途观赏着呈现在右边的第勒尼安海，却在途中突然病倒，死神降临。据说他的葬礼是按照对待日耳曼民族酋长的方式进行的：截断河流，在河床上挖坑，安放装有遗体的棺材，埋葬后再使河水复流。当然，截流和挖坑的俘虏们在下葬后统统被杀，这是北方蛮族的风俗。

阿拉里克死后他的一位叫阿道法斯的亲戚继承了他的位置。这位阿道法斯似乎与罗马元老院之间有秘密交涉，制定了“打开僵局的政策”。也许罗马方面又付了钱。西哥特人的新头目阿道法斯停止向意大利南部挺进，带着属下人马掉头去了法国南部。在折回的路上，许多囚犯交付赎金后恢复了自由。但阿道法斯唯独没有放走皇帝的妹妹——加拉·普拉西提阿。进入高卢南部之后，他与这位公主结婚。不知何故，这位哥特人新郎是穿着罗马托加长袍出席的婚礼。

离开罗马的人们

公元410年的“罗马浩劫”也使幸存的人下决心离弃罗马。纳马提安努斯也是其中之一，他决定回到自己的故乡高卢去。

后世只知道鲁提利乌斯·纳马提安努斯是位诗人，他留下了一篇题为《回故乡》（*De reditu suo*）的长篇诗歌。他是行省出身的高卢人，来到罗马后曾任重要公职，是一位“公共人物”。他甚至出任过首都罗马的最高行政长官——“首都长官”（Praefectus Urbi）。他的情况并不算例外。行省出身者来到首都，历任公职，进而形成国家新的领导层，这在罗马帝国是自元首制时代以来的传统。

实际上，公元5世纪前半叶西罗马帝国的权势人物阿尼基亚家族和叙马库斯家族都是“新贵”（homo novus），在此前100年的罗马史中尚未登上历史舞台。阿尼基亚家族被认为是公元5世纪罗马首屈一指的富豪。传说只要他把储藏的小麦和葡萄酒卖掉，就会每年得到6 000罗马磅的金条。只要他愿意，在斯提利科提议时，以此收入可以雇用全部阿拉里克和西哥特人。与阿尼基亚家族相比，认为年收入约1 500罗马磅黄金的叙马库斯家族属于中等富豪也大体不错，而叙马库斯家族在教养方面堪可代表罗马。这两个人都是元老院元老，当过“首都长官”的纳马提安努斯理应也是元老院元老。说到财力，人们只知道他在高卢拥有大庄园；说到年龄，人们也只知道他40岁上下。

长篇诗歌《回故乡》如今只留下一些残篇，一读就知道作者是一个不折不扣的“隐异教徒”。此诗创作于公元416年，在确定基督教为唯一宗教、其他均为异教之后已经过去了20个年头。《回故乡》不惜笔墨讴歌了对罗马帝国的爱，却看不到基督教的一丝影子。这位高卢出身的精英，对自己是罗马人坚信不疑，并以此为荣。

鲁提利乌斯·纳马提安努斯留下的长诗《回故乡》具有“异教拉丁文学绝唱”的价值。诗歌名定为“回故乡”，是因为这首长诗是作者在回故乡的船上，怀想着消失在身后的罗马和意大利而创作的。还未到引退年龄的纳马提安努斯回故乡去，是为了重振他因西哥特人入侵而遭受巨大灾难的农庄。此时此刻，他对再见罗马只会感到绝望。

《回故乡》成为罗马人对罗马帝国的最后诀别之歌。让我给大家介绍几个残留的片段吧：

啊，罗马哟！你长久以来就是世界的女王。你是诸神之母，是众多优秀罗马男儿的母亲！

你崇高伟岸的身影，永远不会在人们心中消失，就像太阳永不消失一样。你赐予人们的文明，遍及罗马世界的每个角落，就像阳光普照大地一般。灼热的沙漠，冰冻的北海，不能遮挡你的光芒。无论何方，只要有人居住，罗马都会浸润其邦。

罗马哟！你统合了众多民族和部落，形成一个国家；你教会他们享受法律带来的公正。的确，当初我们被征服，可不久我们就切实感到生活在罗马的好处。你军力强大却不穷兵黩武，你更懂得如何有效地使用军力。居住在罗马帝国的人们，在罗马的法度之下，保持着自己的固有风俗，同时学会了与不同文化的其他民族共存。罗马帝国是会集多民族的联合国。

古往今来，几多帝国诞生灭亡，只有罗马帝国留给后世的伟大卓尔不群。罗马带来的和平，不是忘乎所以的自信所赐。罗马的荣耀不仅源于个人，而且源于整个帝国的才智。罗马成为统治者，是因为它具有统治的资质。

罗马在不久以前已无法从苦恼中站起。然而，有朝一日，罗马必将伤愈，力量必将重回四肢。逆境是兴盛的前奏，废墟是复兴的前夜。

罗马的敌人已然在高奏凯歌，但他们落魄的一天终将到来。连那汉尼拔终究也只能叹息自己的成功不再。

敌人也许想使罗马永为废墟，但终有一日罗马会涅槃般地获得重生。曾经丰饶而今荒芜的莱茵河畔哟，总有一天人们将回到你的身旁。尼罗河沿岸出产的小麦终将重新运往西方。那时节，意大利甚至全欧洲都会盛产葡萄美酒，质优而量多。

公元416年秋，诗人从奥斯提亚上船，一路经停奇维塔韦基亚、比萨和热亚那，驶向高卢南部。在航行的旅途中，这个四旬壮年汉子胸中思绪无限。诗人在高卢登陆后便不知所踪。

第二章　罗马帝国的灭亡
（410—476年）

进入罗马的 11 条水道之一的克劳狄亚水道桥

发生于公元410年夏天的“罗马浩劫”，震惊了西起不列颠、东至巴勒斯坦的整个罗马世界。当时的人们把这个事件感知为罗马帝国事实上的崩溃。“浩劫”过后，霍诺里乌斯皇帝立即向驻扎在西罗马帝国全境的全体总督、军队指挥官和法务官送去了如下内容的诏书：

> 阿拉里克及其属下的蛮族不仅烧毁了首都罗马辉煌的纪念碑，还实施暴行，抢走了居住在罗马的人们手中的一切。
>
> 因此，帝国已经没有经济和军事力量回应行省的请求。从今以后，各行省可以依赖的只有自己。朕相信，你们自有力量完成使命。

“罗马浩劫”刚过皇帝便立即发诏，这只是一种说法，至今没有发现史料可以确证此事。这也许是当时流布的一种传闻。但是，如果在当时确实发出了这份诏书，那么问题将非常严重。果若如此，从公元410年开始，西罗马帝国就已经不复为帝国了。

霸权国家的职责

帝国并不是因为拥有可以统治其保护伞下各民族的军事力量才成其为帝国的，只有尽到保卫霸权下的人民的职责，人民才会接受帝国的统治。无兵无钱，国家不能再尽保卫人民的职责，今后让人民自己保卫自己而抛弃人民，那么国家就不再是帝国了。西罗马帝国的崩溃是在公元 476 年，但在公元 410 年时实际上就已经崩溃了，生活在公元 410 年的人们大概已经感觉到了。正因为如此，即使离罗马很远的边远行省的人们也感同身受，并为这“永恒之都”的不幸而悲叹。

在 800 年的漫长岁月里，敌人未曾踏入罗马城一步，而这正是罗马帝国强大的象征。

公元 3 世纪以后，“罗马统治下的和平”不再发挥作用，帝国范围内的主要城市，不论是叙利亚的安提阿，还是埃及的亚历山大港，帝国西部则不论是不列颠的伦敦，还是高卢的巴黎、里昂，或者是日耳曼西部的波恩、科隆，都有过敌人侵袭市内、百姓涂炭的经历。东部被波斯和沙漠游民、西部被北方蛮族践踏暴虐的例子不一而足。在帝国本土的意大利，阿奎莱亚、米兰、维罗纳也无不受到伤害。建都不足百年的君士坦丁堡也曾受到因撕毁佣兵合同而暴怒的蛮族短暂侵略。只有罗马在公元 410 年之前的 800 年间一路走来，未受伤害。

进入帝国的最后一个世纪公元 5 世纪以后，罗马的人口也减少到公元 2 世纪鼎盛时期的五分之一。帝国的国境“防线”已是千疮百孔，几乎全被消灭，只有“世界之都”还在延续着安全神话。

公元 410 年浩劫之后不久，不少外出逃难的人回到罗马。大概他们认为，震惊世界的“罗马浩劫”只是单独偶发的事件。可是，不论是北方蛮族，还是本该是同胞的东罗马帝国，都成了敌人，他们一次次打来，肆意掠夺。到了这种时代，罗马城市的人口开始锐减，终于减少到了鼎盛时期的十分之一。

这时，“罗马浩劫”已经不再是世界新闻，而成为地方性新闻。

事情发展到这种地步会有一个时间过程。公元 410 年后不久的罗马人，还似乎认为阿拉里克和西哥特人对“永恒之都”的暴行是不幸的偶然事件。阿拉里克死后接班的阿道法斯和西哥特人已经离开意大利到法国南部去了，至今还未见到他们之后有蛮族南下的影子。

从处死斯提利科到“罗马浩劫”的两年中，皇帝霍诺里乌斯明知蛮族的洪流滚滚而下，直指罗马，却躲在拉文纳作壁上观，这时他也积极行动起来，要重建浩劫后的首都。

他首先决定紧急从北非进口小麦，供应给住在自己的城市却已成为难民的人，并立即付诸实施。

其次，在城内各处开始重建被破坏的公共建筑。但现在全体市民都是基督教徒。所谓的公共建筑重建工程，除了修补直接影响市民安全的城墙和城门之外，优先重建的是教堂及其附属宗教设施。

首都罗马采取了针对公元 410 年损害的复兴措施，这些做法也扩大到了阿拉里克和西哥特人经过的意大利中部和南部。

帝国决定对居住在这些地方的人 5 年内免征特别税。尽管帝国末期税制混乱，无从明确何为特别税，但毕竟免税了。地税和人头税等一般税种则在 5 年内税率减至五分之一。

此外，还允许邻近的农民耕种因主人未归而被闲置的耕地。这件事表明，蛮族所经之处有不少人失踪。

另外还决定，不再追究与阿拉里克军队合作而遭到谴责的人的罪责。这大概是受到武力胁迫不得已而与蛮族合作的人数量太多的缘故。

霍诺里乌斯皇帝本人在“浩劫”的两年之后，于公元 412 年访问了罗马。但他的访问不是为重建打头阵，而是为了接受元老院元老和市民对皇帝关心重建的感谢。

据说至少花了 7 年时间，罗马才从阿拉里克留下的惨状中重新站立起来。从公元 411 年到 417 年的 7 年间，霍诺里乌斯的皇位得以安泰，并不是因为霍诺里乌斯从 26 岁成长到 32 岁，改变了心态，尽到了皇帝的职责，而是因为比其他蛮族对意大利半岛安全威胁更大的高卢与入侵的蛮族之间形成了自相残杀的局面。

不断发展的蛮族化

高卢于 460 年前的公元前 1 世纪被尤里乌斯・恺撒征服，以后长期被称为罗马化的优等生，文明不断发展。可是进入公元 5 世纪以来，高卢一再被蛮族入侵，事实上帝国的统治鞭长莫及。莱茵河长期以来一直发挥着帝国“防线”的作用，现在却没有一个能够迎战蛮族入侵的军团基地。在波恩、科隆、美因茨、斯特拉斯堡，曾经挤满罗马兵的兵舍现在杂草丛生。入侵的蛮族对这些帝国边境城市不屑一顾。与其说是“不屑一顾”，还不如说是“无法一顾”更合适。他们也是被匈人这个新来蛮族逐出后才向西入侵的，如果渡过莱茵河就在附近落脚，就有再次被匈人轰赶之虞。于是，他们入侵高卢，把所有障碍全部毁掉，把一切能抢的东西全部抢走，然后向高卢纵深挺进。日耳曼民族系各部族都是如此。他们在各个不同的地方渡过莱茵河后，便在高卢内部发生了冲突。

从莱茵河下游入侵高卢的法兰克人把势力扩张到了整个高卢北部。

汪达尔人从莱茵河中游入侵高卢后，在广袤的高卢大地，从东北向西南横扫，边抢边走，终于翻过了高卢和西班牙分界线的比利牛斯山脉。

只有同样从莱茵河中游入侵的勃艮第人自知人数有限，在高卢东

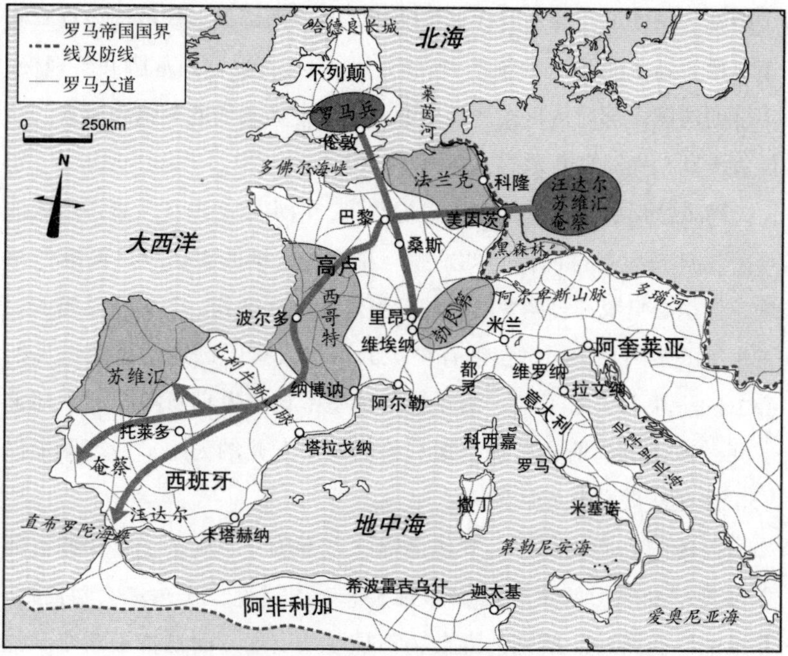

公元 410 年的西罗马帝国及蛮族分布

部落脚，就此定居下来。勃艮第地区的地名也许就来源于此。

苏维汇人居住在日耳曼，自元首制时代就以蛮族而闻名。他们在公元 5 世纪的蛮族大入侵的浪潮中也不甘落后。这个部族从莱茵河上游入侵罗马帝国境内，斜穿高卢，烧杀抢掠，与先到的蛮族之间发生了武力冲突。他们打败就逃，翻过比利牛斯山脉，来到了西班牙西北部。

稍稍一看便知，公元 5 世纪初叶的高卢充斥着蛮族，南部还遭到西哥特人的入侵，这个部族因“罗马浩劫”而名声大噪。阿拉里克死后的族长阿道法斯在纳博讷与罗马皇帝的妹妹加拉·普拉西提阿举行了婚礼。纳博讷在罗马时代称为纳博。高卢南部被后代被称为普罗旺斯，西哥特人是当时的统治者。不过他们在普罗旺斯落脚并不轻松。丰饶的法国南部对从气候严酷的德意志入侵而来的北方蛮族而言，就像意大利一样充满着诱惑。

阿道法斯想要比其他蛮族占据优势，请求霍诺里乌斯皇帝承认他与公主加拉·普拉西提阿的婚姻。身在拉文纳的霍诺里乌斯断然拒绝，他担心皇统通过西罗马帝国的皇妹转移到蛮族。与蛮族结婚的公主生了一个男孩，可这位拥有皇统的男孩夭折了，这让霍诺里乌斯心上的一块石头落了地。西罗马帝国皇帝霍诺里乌斯年届三十却无子嗣。霍诺里乌斯先后把斯提利科的两个女儿纳为妃子，却无福得子，他在斯提利科死后便一直单身。

在帝国末期的高卢，罗马皇帝已力不从心。混杂于此并拥有独立军事行动能力的蛮族部族却有 5 个：法兰克、汪达尔、勃艮第、苏维汇、西哥特。所谓的混杂，不是混杂定居，而是指不断变动位置、相互争霸的混战局面。

此外，来自不列颠的罗马军队也掺和进来，情况越加复杂。驻扎在不列颠的罗马兵面对渡过北海入侵而来的日耳曼系蛮族盎格鲁人和撒克逊人已力不能支，便打着把高卢从蛮族入侵中解救出来的旗号，在身处拉文纳的霍诺里乌斯未曾下达任何指令的情况下，渡过多佛尔海峡，进犯高卢。这些罗马军的一兵一卒都由僭越称帝的君士坦丁率领。而对拉文纳的霍诺里乌斯而言，这位君士坦丁是个篡夺皇位者。尽管不列颠来的罗马兵在蛮族混杂的高卢格外善战，这些兵仍是贼军。

不过，还有方法使他们不再为贼军。归还皇位就是这个与大帝同名的僭越者的一条出路，但是他的条件是霍诺里乌斯正式承认其高卢方面罗马军队大元帅的地位。跟随他离开不列颠的士兵中也有不少人不满皇位篡夺者的统率，只要霍诺里乌斯愿意，这样做还是有可能的。

可是，占据霍诺里乌斯大脑的只有自己这个正统皇帝被无视的屈辱感。于是，罗马军队中唯一在高卢与蛮族真刀真枪战斗的来自不列颠的士兵们，便作为贼军一直留在了高卢。帝国方面错过了利用他们的机会。如此这般，君士坦丁终于被爆发出不满的部将杀死。这是“罗马浩劫”一年之后的公元 411 年冬天发生的事情。

这个时期，蛮族各部族相互混战，不列颠来的罗马兵又插上一脚，高卢已然变为战场。在这种状态之下，“罗马浩劫”后的意大利自然会享受到哪怕是短暂的和平。蛮族自相残杀，也许根本没有想到要进攻意大利。由于霍诺里乌斯根本不关心重建军队，意大利半岛等于没有设防，如果这个时期蛮族进攻意大利，就可以轻易称霸。

然而，这一惨状可能因为一个人的出现而得救。这个人与不列颠的皇位篡夺者一样，是从一介士兵熬出头的武将。

此人名叫君士坦提乌斯，与因承认基督教而名垂青史的君士坦丁大帝一样，出生于塞尔维亚境内的尼什。从尼什出境后往东南方向便是保加利亚的首都索非亚。罗马时代尼什叫作纳伊苏斯，地处斜穿从多瑙河到君士坦丁堡的巴尔干中心的交通干线上。君士坦提乌斯出身低微，可能带有那个地方并不罕见的蛮族血统。不过，尽管他的母系情况不详，但至少父系是罗马人。斯提利科事件以来，霍诺里乌斯一直对任命带有蛮族血统的人担任罗马军队大元帅极度神经过敏，这次却毫不犹豫地把罗马军队交给他，把他送到了高卢。霍诺里乌斯大概是想用由正统皇帝从意大利派来的罗马军队填补皇位篡夺者被杀后的空白。他的另一个目的是把君士坦丁从不列颠带来的士兵吸收到正统罗马军队中来。

我们不知道西罗马帝国把君士坦提乌斯派到高卢托付了多少兵力给他。意大利依然如同没有设防。即使真想托付，也无兵可托。但这个熬出头的巴尔干人仍然行动积极。不列颠来的罗马兵多数都被吸收到了这位将军的麾下。但君士坦提乌斯的兵力似乎并没多少，起初的两三年没见什么效果。

但正如我们前面所说，高卢内部蛮族的自相残杀是罗马的运气。西哥特人在“罗马浩劫”以后掉头北上，把进攻方向改为法国南部，此时所受的打击比其他部落更重。君士坦提乌斯盯上了他们。他采用了从海上封锁其根据地纳博讷及其周边地区、断绝粮食来源的战略。

北面受到其他蛮族的攻击，南面受到海上封锁，西哥特人站不住脚了。不要忘记，他们要关心数万人的粮食供应。族长阿道法斯为娶到西罗马帝国皇帝的妹妹为妻而得意，却无法缓和手下士兵的不满。身在拉文纳的霍诺里乌斯非但不承认他与皇妹的婚姻，甚至对阿道法斯请求与西罗马帝国缔结“同盟”一事也不予理睬。阿道法斯进退维谷，终于翻过比利牛斯山脉，企图转移到西班牙。然而，汪达尔、苏维汇、奄蔡等部族已经渗透到了伊比利亚半岛。

最终，西哥特人杀掉了族长阿道法斯，谋求与罗马改善关系。

西哥特人的族长成功换人。阿道法斯被手下杀死，瓦里亚取而代之。罗马方面是否参与其事人们不得而知，这位瓦里亚提出了条件，把丈夫已死的加拉·普拉西提阿还给意大利，作为交换，罗马帝国向西哥特人援助粮食。从北非运来大量小麦到达的同时，西罗马帝国皇帝的妹妹出发去了意大利。公主在“罗马浩劫”后一直生活在蛮族中间，睽别意大利已达 5 年之久。

西哥特人利用这个机会成功地成为罗马帝国在高卢的“同盟者”。协约规定，他们在帝国境内受赐土地得以定居，而他们要追随罗马与蛮族作战。这个协约没有被留存下来。我们现在只知道，他们受赐的定居地是罗马帝国行政区划中的阿奎塔尼亚Ⅱ，这里位于高卢西部，西临大西洋。所谓“同盟”协约，换个说法就是佣兵关系，照理也应该有佣兵费的协议内容。由于没有留下任何记录，这方面的情况全然不详。

这样，西罗马帝国崩溃后与蛮族的共存体制——“三分之一体制”便登上了历史舞台。根据这个体制以往曾在高卢实施的记录，我认为还可能做这样的想象：此次西罗马帝国与西哥特人之间的协约就是其中的一例。

“三分之一体制”

所谓“三分之一体制”，只是我为了方便叙述而起的名称。这原来是斯提利科每次从高卢北部和中部撤军时使用的烟幕。尽管说给蛮族定居的地方，但既然在罗马境内，那里就已经住有罗马人，不可能把罗马人赶出去让蛮族住进来。如果强行这样做，必然招致帝国上下的反对。

不要忘记，公元 212 年颁布通称为《卡拉卡拉敕令》（正式名称为《安东尼努斯敕令》）的敕令以后，住在行省的所有人，只要不是奴隶，都拥有罗马公民权。因此，无论是高卢还是北非，住在那里的都是“罗马公民”。

于是斯提利科想出了一个体制：凡居住于被定为罗马“同盟者”的蛮族居住地的罗马人，一律将其拥有的资产，实际就是耕地的三分之一分给新来的蛮族居民。一旦这个体制推广开来，仅凭被统治者支付给统治者的地租，罗马人就不必支付大家反对的“佣兵费”了。拿出资产的三分之一以后，罗马人得到了抗击蛮族反复入侵的防御力量。当然，这所谓的防御力量也是蛮族。这是一种“以毒攻毒”的做法，其目的是通过让蛮族定居、稳定其生活基础来淡化这个“毒”。

可是，斯提利科不仅被处以死刑，还被处以“记录抹杀刑”，关于他的记录多被抹消，无法证实这个体制的真假。不过，如果与西哥特人的“同盟”协约是基于“三分之一体制”的话，协约中没有关于佣兵费的规定也就好理解了。称呼新成为邻人的蛮族为“客人”（hospitalis）的习惯，似乎是从这时开始形成的。这明显是伪善，但有时人也是需要伪善的。

公元415年达成的这个协约中还有一点令人深思。罗马并不认可把后世称为法国南方的高卢南部划给西哥特人作为定居地，而是指定了高卢西部。划给西哥特人的定居地是分布在罗马时代称为波图斯、南奈图斯和波尔蒂加拉，即今南特和波尔多之间的地域。

罗马人不想放手的只是高卢南部。西班牙也同高卢一样被蛮族渗透，但罗马势力还在其东部坚持着。北非还留在帝国境内。这样，意大利半岛和法国南部、西班牙东部和北非等地区仍在罗马势力范围内，这些地区包围着地中海的西半边。不列颠、高卢大部和西班牙西半部已被日耳曼系蛮族占领，但这些地方都在大西洋一侧。罗马人仍是地中海的子民。

君士坦提乌斯

回到罗马人身边不久，皇妹加拉·普拉西提阿与将军君士坦提乌斯举行了婚礼。霍诺里乌斯皇帝不仅承认这桩婚姻，还利用这个机会让出身低微的将军变成了贵族。公元 419 年，加拉·普拉西提阿生下了一个男孩，并取祖父瓦伦提尼安一世的名字为名。霍诺里乌斯皇帝没有子嗣，这个孩子迟早会当上西罗马帝国的皇帝。

君士坦提乌斯从贫农发迹，并迎娶了皇妹，还有了一个将成为皇位继承人的儿子。他的身份大变，的确是社会成功人士，但人们无法衡量他究竟具有多少军事才能。蛮族在高卢和西班牙忙于巩固各自的地位，腾不出手来染指意大利，君士坦提乌斯没有机会发挥军事才能。这个时期的意大利享受着和平。这可以归功于经常征战于高卢和西班牙、牵制了蛮族势力的君士坦提乌斯。猫在拉文纳从不出来的霍诺里乌斯似乎也明白这一点。这位生于巴尔干地区的贫农之子在公元 421 年出人头地，成为共治皇帝，地位与霍诺里乌斯相同，取得了所谓“奥古斯都”的身份。然而，共治皇帝只当了 8 个月，当年秋天，君士坦提乌斯突然死亡。并非死于暗杀或谋杀，他是自然亡故。

君士坦提乌斯没有出类拔萃的才能，却也忠诚，野心不大，领导着原本须由皇帝担负责任的军事行动。他的死似乎使年已 36 岁的霍诺里乌斯失去了平静。意志薄弱的人这时会变得焦躁，听不进周围人的劝说而失去正常判断力。皇帝的这种情绪就要影响到已故将军的 2 岁幼子瓦伦提尼安。曾为蛮人之妻、积累了人生经验的妹妹原本就不信任这位异母兄长。自己身为蛮族俘虏期间，这位兄长只是用信函要求蛮族归还妹妹，此外再未做任何事情。她对这位兄长并无多好的感情。加拉·普拉西提阿担心 2 岁的儿子，抱着他逃往君士坦丁堡，向东罗马帝国的皇帝求救去了。

皇妹和她的儿子没能在君士坦丁堡的皇宫里长住。不到两年，公元 423 年初秋，西罗马帝国皇帝霍诺里乌斯去世的消息传到了东罗马帝国的首都君士坦丁堡。霍诺里乌斯享年 38 岁，属于自然死亡。他 10 岁登基成为西罗马帝国皇帝，尽管几乎未做任何对他人有用的事情，却也在位 28 年。

新皇帝的继位应该没有问题。对死去的霍诺里乌斯而言，血缘最近的人就是外甥，其父亲君士坦提乌斯还当过“共治皇帝”，尽管在位仅有 8 个月时间。

但问题是新皇帝只是个 4 岁的幼童。霍诺里乌斯不能像父亲狄奥多西把自己托付给斯提利科那样，无人可以托付幼年登基的新皇帝，他甚至没有想到托付的事。

如果没有监护人，替新皇帝摄政的角色就是母亲加拉·普拉西提阿。霍诺里乌斯身边的宫廷官僚中似乎有不少人对此事有抵触，以致东罗马帝国甚至需要动用军队把新皇帝和他的母亲护送回西罗马帝国。但这也是在两年之后才好不容易实现的。

这样，西罗马帝国皇帝瓦伦提尼安三世的统治并非从先皇霍诺里乌斯去世的公元423年，而是从两年以后的公元425年开始的。即使这样，新皇帝才6岁，母亲的监护必不可少。据传，加拉·普拉西提阿生于公元390年，儿子当上皇帝的那一年，她才35岁上下。虽说西罗马帝国只领有环西地中海的带状地区，但毕竟成了女人统治的国家。不过，由女人统治国家却是始于东罗马帝国。

东罗马帝国

自狄奥多西去世的公元395年起，罗马帝国事实上就分裂为东西两部分。东罗马帝国尽管日益变为天主教国家，但更像其东方的专制君主国家。了解这两个国家的商人都认为，君士坦丁堡皇宫的奢华胜过波斯王的王宫。担任君士坦丁堡大主教之职的约翰·克里索斯托写下了如下的话语，较之元首制时代的皇帝，人们会想，这是同一个罗马帝国的皇帝吗？

> 皇帝出现的时候，头上总是戴着嵌满昂贵珍珠和宝石的皇冠。这顶皇冠和裹在身上的紫色皇袍，只有坐在神意所授的圣位上的皇帝才有权力穿戴，其他人不论再富裕，也禁止享用。披在衣服外面的大斗篷也由真丝织成，紫色质料上用金线绣着巨龙。皇帝的御座由黄金制成，中间灌满了金子，想要挪动它，一个人的力量是绝对办不到的。
>
> 皇帝绝少出现在民众面前，一旦出现，总是有大群的大臣、宫廷仆人和侍卫随从。大臣和宫廷仆人的服装争华斗艳，就连在

外围簇拥着他们的卫兵，也不输豪华。士兵们手持的矛和盾，他们身上穿的铠甲和护胸，一色地金光闪耀。就看那只盾牌，中央雕刻着漂亮的浮雕，周围一圈打着人眼形状的装饰钉。

牵引皇帝御辇的是没有一点杂色的纯白大马，两匹马都裹着金色的马衣。御者的衣服也是金色的，垂在马车左右随风飘动的帘子是薄薄的黄金色面料制成。民众惊叹，探出身子想一睹薄薄帘子后面身着紫衣的皇帝的尊容。随着御辇的晃动，黄金、各色宝石以及鲜艳的丝衣反射着阳光，更增辉煌。

这是皇帝的真身。与肖像画上描绘的皇帝本质上没有丝毫不同。蓝色的背景前，端坐在金色御座上的皇帝，面容与出现在民众面前时一样苍白而毫无表情。所不同的只是皇帝由骑在马上的一队卫兵簇拥，皇帝脚下跪着一群打了败仗被铁链锁在一起的波斯兵。

如此讽刺地描写皇帝的主教克里索斯托出身于安提阿的上流社会，年轻时学习希腊哲学，是当时从“异教徒”变身为“基督教徒”的知识分子之一。他学识精深，是一位在信徒中人望很高的神职人员。但是几年以后，他被赶下了君士坦丁堡大主教的宝座。东地中海世界非常“宗教化”，老百姓热衷于基督教的教理论争。这位知识分子主教下台的原因，除教理论争以外，还有宫廷内的阴谋。东罗马帝国的宫廷，不仅外观酷似东方专制君主的宫殿，内容也越来越相似，唯一的不同大概就是没有伊斯兰王室的后宫。拥有特权的人们会更加封闭，这是人性的宿命。在封闭的空间里，没有公权资格的人只要接近有公权的人便可以拥有权力。封闭状态下对皇帝的近亲，尤其对女人是一种理想的状态。

女人与权力

西罗马帝国皇帝霍诺里乌斯的亲哥哥阿卡狄乌斯连续做了 13 年东罗马帝国的皇帝，于公元 408 年去世。事实上，他的当政时期止于法兰克人出身的将军的女儿尤多克西娅成为皇后之时。继承阿卡狄乌斯皇位的是他们的儿子狄奥多西二世。这位皇帝一直统治帝国到公元 450 年，长达 42 年。在此期间，统治东罗马帝国的是皇帝的姐姐普尔喀丽娅。到后期，狄奥多西二世的妃子也参与其事。

一直独身的普尔喀丽娅似乎是一位相当有智慧的女人，她没有排斥新登场的“情敌”皇后，相反把她变成了自己人。据说，受到狂热天主教徒普尔喀丽娅的影响，皇后平常在君士坦丁堡的皇宫，每天都在祈祷中开始，又在祈祷中结束。皇帝穿戴得奢华无比，皇后却日日过着低调的修道院式的生活。这样的两极分化，对他们似乎并不是什么矛盾。

公元 395 年，帝国东西分裂以来，可以说是女人和辅佐她们的宫廷官僚一直统治着东罗马帝国。到了公元 425 年，西罗马帝国也成此状况。加拉 · 普拉西提阿以儿子瓦伦提尼安三世年纪尚幼需要辅佐为由登上了政治舞台。

至此，东西罗马帝国都成为女人统治的国家。不知何故，在女人掌握实权的国家，男人都软弱无力。狄奥多西二世的统治从公元 408 年到 450 年，长达 42 年。瓦伦提尼安三世的统治从公元 425 年到 455 年，长达 30 年。这两人都是六七岁登基，但统治都很长久。可是要问他们在位期间做了什么，回答是什么都没做。实际统治国家的是姐姐、妻子或母亲。在位达 28 年的霍诺里乌斯没有子嗣，狄奥多西二世去世时也没有儿子。真不知是因为女人意欲强烈使得男人软弱

狄奥多西二世

普尔喀丽娅

无力，还是因为男人无能，女人才活跃。但在罗马史上，这种现象无论是在鼎盛期的共和政体时代，还是在稳定发展期的元首制时代，都不曾见过。这一点明确无疑。

女人掌握权力没有任何不好，只是这女人必须具有行使权力的正当资格。皇帝的生母或监护人等并无此资格。不具资格的情况会给帝国的统治带来不可忽视的问题。

罗马的皇帝，其名称“Imperator”的本义是指率领军队承担保卫“国家”职责的人。如字面所示，这个职责首先在于国家的防御。马可·奥勒留是一位知识分子，被称为哲人皇帝，他连续驻留多瑙河前线达 10 年之久，最终死在那里。他准确地理解了罗马皇帝存在的理由。

但是，罗马皇帝名副其实的时代在狄奥多西一世时已经结束。他的儿子阿卡狄乌斯和霍诺里乌斯到了可以率兵作战的年龄也不上战场。皇权为神意所授，应该让这神圣的存在身居安全的深宫之中，而把危险的战场指挥交给将军，这样的时代已经到来。史学家们称罗马帝国最后的一个世纪为“大元帅们的世纪”，因为“大元帅”代替皇帝征战沙场。这种情况源于斯提利科。

于是，皇帝就没有上战场的义务了，女人以皇帝的名义行使权力也无不便了。不过，不论是否上战场，罗马皇帝是罗马全军的最高司令官，这点丝毫未变。也就是说，统率手下众多的大元帅也是皇帝的职责。

女人行使权力的问题即出于此。她们被要求具备才能去统率这些大元帅，为了帝国防御的大目标而善于调遣他们。身为女人这并不是问题，问题在于女人不能当皇帝，也就成不了最高司令官，不具有统率大元帅的公权资格。正因为如此，她们被要求具备相应的才能。

东罗马帝国先有阿卡狄乌斯的女儿，后有登上皇位的狄奥多西二世的姐姐。狄奥多西二世未留子嗣去世之后，则由姐姐普尔喀丽娅继任。她先把自己嫁给马利基安，再把他放上皇位。她们似乎在这方面都颇具才能。她们不仅实质上统治东罗马帝国长达 40 年以上，而且在此期间成功地防御了东方大国波斯的入侵。如此难事，不能调遣好众多的大元帅是不可能办到的。

加拉·普拉西提阿从公元 425 年开始统治西罗马帝国，直到 450 年去世，她真的有这样的才能吗？

大元帅们

加拉·普拉西提阿在这个时期可调遣的两位将军是波尼法提乌斯和埃提乌斯。这两人都在战场上崭露头角，而不是靠躲过宫廷阴谋而出人头地的。如果以加拉·普拉西提阿掌握实权的公元425年计算，两位武将都是35岁。35岁左右的女人能否驾驭同龄的两个男人，这本身就饶有兴味。这是关系到能否抵抗住潮水般入侵而来的蛮族，保卫好西罗马帝国的大事。

人们不知道波尼法提乌斯出生何处，父母是何许人也，只知道他大约生于公元390年。在公元414年与进攻马赛的西哥特人的战斗中，他是迫使阿道法斯率领的西哥特人放弃马赛、改攻纳博讷的功臣。年方24岁的他便脱颖而出。后来，他似乎在守卫法国南部的罗马军队中停留了一段时间，于32岁那年在西班牙与汪达尔人作战。此后不久，他渡过古代被称作“赫丘利之柱”的直布罗陀海峡，来到了北非。在这片土地上，他与向罗马举起反旗的毛里塔尼亚人战斗。在这个时期，他结识了后来被奉为圣人的天主教会首屈一指的理论家奥古斯丁。这次邂逅似乎给以前一直驰骋沙场的波尼法提乌斯留下了强烈的印象。他本来就是天主教徒，这时甚至想扔掉武器遁入修道院。

可是，他还有另外一次邂逅。那位女性也是基督教徒，却是一位被天主教派斥为异端的阿里乌斯派的教徒。波尼法提乌斯与她结婚，把新生女儿的洗礼托付给了阿里乌斯派的祭司。他似乎对宗教上的正统与异端并不敏感，大概天主教教理的旗手圣奥古斯丁一定会对此失望吧。

他也在这时认识了加拉·普拉西提阿。她与哥哥霍诺里乌斯关系恶化后，带着孩子逃往君士坦丁堡，波尼法提乌斯给了她资金援助。对在罗马军队从军的波尼法提乌斯而言，霍诺里乌斯不仅是皇帝，还是他的最高上司。即使如此，他还是毫不掩饰地公开伸出了援助之手。他在各方面都是一个令人愉快的汉子。

皇帝霍诺里乌斯去世后，他当然积极出力帮助加拉·普拉西提阿返回拉文纳。不少宫廷官僚和军队高官反对她辅佐年幼的新皇帝，从而掌握实权。加拉·普拉西提阿花了两年时间才把这些反对意见打压下去，返回拉文纳。仅此一点，波尼法提乌斯对加拉·普拉西提阿而言意义重大。

加拉·普拉西提阿成为皇宫的主人之后，立即任命波尼法提乌斯担任近卫军长官的重要职务。同时还任命他为“阿非利加方面大元帅”。这样，波尼法提乌斯的活动舞台仍在北非，与霍诺里乌斯时代一样。

波尼法提乌斯被认为是加拉·普拉西提阿派。与此相反，执掌西罗马帝国实权的母后与大元帅埃提乌斯的关系则属于敌对关系。

埃提乌斯出生在位于后来保加利亚的多瑙河下游。他是罗马人称之为“罗马化的蛮族”，父亲是率领罗马军队骑兵团的武将，名字叫高登提乌斯，母亲是意大利本土出身的罗马人。这点与汪达尔人出身的父亲和罗马人出身的母亲所生的斯提利科相似。单听姓氏就知道斯提利科是蛮族，而埃提乌斯有着罗马式的姓氏。斯提利科的父亲是“罗马化”的第一代，埃提乌斯的父亲也许是“罗马化”的第二代或第三代。不过，斯提利科年纪轻轻就得到皇帝的拔擢，其一生生活在帝国上层。而埃提乌斯则不同，他的人生从小就波澜起伏。

守卫帝国边境的罗马军队高官，不管是战时还是平时，因职务关系有很多接触蛮族的机会。而且，媾和与休战时，双方都要互换“人质”。这在与蛮族的力量对比逆转后的公元5世纪，也还司空见惯。骑兵团长官的儿子埃提乌斯作为“人质”再适合不过。一开始，他被送到西哥特人族长阿拉里克身边，接着在连日耳曼系蛮族都害怕并称之为“蛮族”的匈人那里，作为“人质”生活了10年之久。

加拉· 普拉西提阿（右）和她的孩子

乍听“人质”，往往会想到在严酷的环境中被迫过着悲惨生活的囚犯。然而实际情况绝非如此。

“人质”对将其作为人质的一方来说，在种某意义上也是非常重要的。他不仅起着保证对方遵守协约的作用，对增加自己的同情者也很重要。被认为是领导人后备队的上层出身的青少年“人质”最受欢迎。一旦“人质”被解放，回到祖国，还可通过他们构筑良好关系。

罗马帝国是利用“人质”方面的高手，蛮族大概也是向它学来的。

埃提乌斯成年时已对罗马的敌人蛮族的实情了然于胸。他在匈人那里做“人质”的岁月很漫长，与匈人尤其亲近。匈人的语言自不待言，传说他还与阿提拉相识，此人不久以后就令罗马人恐惧，提到他甚至连孩子都会吓得不敢哭出声来。

埃提乌斯从“人质”解放出来以后，一直没有断绝与长期做“人质”的地方的联系。他成年后在罗马军队中从军，并未断绝与“蛮族中的蛮族”匈人之间的关系。成人后的埃提乌斯一直在与被匈人驱赶入侵高卢的日耳曼系蛮族作战，年过三十才被委以一个军团的指挥重任。

不独32岁的埃提乌斯，罗马军队的所有指挥官都没有料到霍诺里乌斯皇帝会在公元423年去世。霍诺里乌斯才38岁，在拉文纳闭门不出，很多军官连皇帝的面都没有见过。继承皇位的新皇帝只有4岁，也就是不说，人们也知道何人在统治。那些不愿意被女人统治的男人试图推举某个自己人当皇帝，以此阻止儿皇帝登基。埃提乌斯也参与了这种事。为了帮助某人登基，埃提乌斯去匈人那里借兵。但是当他率领借到的匈人士兵回来时，被推上皇位的人已经死去。起来反对新皇帝的高官也借此机会全部倒向幼帝和母后。看来埃提乌斯也不得不与他们一样，在加拉·普拉西提阿面前低头悔过了。可是，埃提乌斯不是那种人。

埃提乌斯以带来的匈人兵力为后盾，通过宣示武力进行要挟，要求得到“大元帅”（Comes）的地位。加拉·普拉西提阿也知道不能使高卢成为真空状态，并且也没有其他合适的将领可以托付高卢防线。35岁的埃提乌斯并未低头却也获得了正式的罗马军大元帅的地位。加拉·普拉西提阿接受埃提乌斯要求的条件是解散由匈人士兵组成的军团，埃提乌斯同意了。当上正式的大元帅之后就不再需要这些匈人士兵了，他给即将回多瑙河北边去的匈人士兵足够的报酬，为的是以后也与他们维持良好关系。

经历了两年不安定状态之后，加拉·普拉西提阿终于立起了6岁的儿子瓦伦提尼安三世，也总算在良好的状态下开始了自己的统治。在关系到意大利半岛防御的高卢有埃提乌斯，在意大利半岛粮食来源的北非有波尼法提乌斯。他们都30多岁，年富力强，又都是打仗高手。加拉·普拉西提阿的摄政可圈可点。

有一句俗话叫"一山难容二虎"，是否能使不能并立的两员勇将并立建功，正是是否具有领导才具的试金石。然而，两年以后，加拉·普拉西提阿暴露出了女人经常会有的缺陷。

"大元帅"波尼法提乌斯

现在的摩洛哥和阿尔及利亚在罗马时代被叫作"毛里塔尼亚"（Mauretania），突尼斯和利比亚西部被称为"阿非利加"（Africa）。整个北非西部地方，在罗马帝国东西分裂之后属于西罗马帝国管辖，基本上与布匿战争之前的迦太基的领土重叠。现在的利比亚东部和埃及由东罗马帝国管辖，也就是罗马时代的"利比亚"（Libya）和"埃及"（Aegyptus）。拥有辉煌历史的埃及以及利比亚，再加上塞浦路斯岛，这些地方属于东罗马帝国管辖可以说是理所当然。

毛里塔尼亚和阿非利加划归了西罗马帝国。这一带，旧迦太基人与罗马人已完全同化，全然没有必要再去担心旧迦太基人还会成为霸权者罗马的敌对势力。布匿战争的殊死搏斗距今已过去350年，旧迦太基人中曾经出过罗马皇帝，还有很多旧迦太基人成为帝国要人。罗马帝国时代称呼“迦太基人”就像现代意大利人称呼米兰人。这样的“迦太基人”中有一位弗龙托，是五贤帝时代罗马屈指可数的知识分子。他是元老院元老，同时还是马可·奥勒留皇帝少年时代的家庭教师。他遗有一篇《代表迦太基人在元老院的致谢演说》。

于是，除埃及以外，北非全境的防御只需要一个罗马军团（6 000人），加上数量相当的辅助兵。这其中的原因不难理解。这个军团取创始人开国皇帝奥古斯都之名，叫作“第三奥古斯都军团”。仅此一个军团就保障了北非安全长达200多年！这个军团的基地位于现在的阿尔及利亚的龙柏斯。基地面南而建，以防御敌人来袭。他们的敌人不是国内之敌，而是外敌，在北非就是沙漠游民。

公元3、4世纪，随着帝国国力的衰退，北非的安全保障也发生了变化，频繁亮起红灯。基督教的普及使这一切变得更加致命，城市型宗教基督教从北非的行政、经济中心迦太基市向地方扩展。在当时的阿非利加基督教中，很多主教既有坚强信仰又富于智慧，其势力之盛甚至不输给君士坦丁大帝下气力抓振兴的罗马。但这反倒成为境内抗争的导火索。

在公元325年君士坦丁大帝召开的尼西亚公会议上，主张三位一体说的天主教派被确定为正统基督教，此外的各教派均被打成异端，一概受到排斥。阿里乌斯派被打成异端，以倡导者多纳图的名字称呼的“多纳图主义者”也被打成异端。在北非，这个“多纳图派”的势力却十分强大。

基督教普及以前，北非的罗马行省社会也与其他行省一样，分为上中下三个阶层。不过与帝国其他地方一样，各阶层之间的流动性很强，社会差别并不固定。然而，基督教普及之后，社会被分成了正统天主教派和被打成异端的多纳图主义者，并且固定下来。这样一来就丧失了社会阶层间流动的动力——自由竞争的精神，社会差别的原因已经不再是能力和运气，而是信仰的不同。

而且，信仰与阶层的关系在感觉上变成了天主教徒为上中层，多纳图主义者为下层。由于阶层的固化，反体制运动也必然抬头。阿非利加的多纳图派不仅成了基督教内部的起爆剂，而且也成为北非社会的起爆剂。圣奥古斯丁将其热情更多地奉献给了反对多纳图主义者的运动，但靠这位被誉为“教父”的人的学识和热情，并不能轻易说服在宗教和生活方面有着诸多不满的北非多纳图主义者。

在公元5世纪，仅靠一个常驻军团就能保障安全的时代早已过去，北非的统治由于上述原因变得非常艰难，而波尼法提乌斯却巧妙地统治着这样的北非。坦率地说，他对宗教的灵活态度，不过就是“不往心里去”。但他的这种态度，在情绪激昂的天主教派与多纳图派之间也许起到了润滑剂的作用。此外，他用兵巧妙，兵力在他指挥下形成的阵势颇有震慑效果。波尼法提乌斯30多岁，精力旺盛，处理任何事情都是快刀斩乱麻，从不浪费时间。

总之，在他统治下的北非，不需要身在拉文纳的8岁皇帝和他的母亲加拉·普拉西提阿有任何担心。然而，能够巧妙地统治这件事本身，在专制君主制之下会引起嫉妒和猜疑。

波尼法提乌斯图谋让阿非利加分裂独立的谣言开始充斥幼帝瓦伦提尼安三世及其母亲加拉·普拉西提阿居住的拉文纳皇宫。位于波河河口的拉文纳被纵横交错的运河网阻隔，完全可以防御来自陆地的进攻。面向亚得里亚海的军港装备完善。进攻拉文纳，不仅要突破陆地上的运河网，不施行海上封锁也不可能成功。姑且不论如何突破运河网，要封锁海港，海上战斗力不可或缺，而北方蛮族还不具备海上战斗力。因此，与米兰和罗马相比，拉文纳最适合防御缺乏海上战斗力的北方蛮族的攻击。

然而，完善的防御容易导致社会封闭。西罗马帝国拥有从元首制时代起就有的军港，照理说军港也会发挥与外部的“出入口”的作用，可是西罗马帝国与东罗马帝国一味地疏远。而且，港口仅是港口而已，并无商业港的历史和传统，所以也并未从商人这种情报转接手那里得到情报方面的益处。拉文纳由皇帝居住的宫殿、皇帝身边宫廷官僚的住宅和支撑他们日常生活的用人们的集体公寓构成，作为罗马时代的城市，一直是中等规模。这样，即使原本容易封闭的皇宫不那么封闭，城市本身也只会成为封闭的社会。

而且，事实上统治着西罗马帝国的加拉·普拉西提阿即使了解共同生活了 5 年的西哥特人，也不了解居住在北非的罗马人；即使了解君士坦丁堡和法国南部，也不了解北非。

只凭自己的经验思考的人，即使做上官，也成不了政治家。政治家需要用知识和想象力去“把握和理解”——用罗马人喜欢说的话，就是“comprehendere”——自己不曾经历过的事物。为此，情报也不可或缺。情报不是单一的，而是多方面的，这也是对情报的硬性要求。可是，拉文纳比意大利半岛的任何地方都不适合于满足这个要求。

人常常会对厚待他人而他人并不领情的事情感到失望和愤怒，随着这种情绪日益严重，许多正常的考虑便会被挤出大脑。加拉·普拉西提阿对厚待波尼法提乌斯并且任命他为阿非利加方面大元帅的懊悔和委屈，使自己成了瞎子。

母后以 8 岁儿子瓦伦提尼安三世的名义向波尼法提乌斯发出了召回命令。召回令是报到的命令，召回只是命令受遣在外的人回来而已。并没有解除阿非利加方面大元帅的记录，这也许只是命令波尼法提乌斯回到本土而已。但是，这次倒是波尼法提乌斯起了疑心。

不管是自己主动还是应召返回，去拉文纳的皇宫而不带军队就可能遭遇危险，这不用想斯提利科的先例便能知晓。波尼法提乌斯似乎编造了一个什么理由，没有响应以皇帝名义发出的召回令。

加拉·普拉西提阿更为愤怒，她既未花时间去冷处理，也未尝试从其他方面打开僵局，就突然向阿非利加派出了讨伐军。

面对两股军队的进攻，波尼法提乌斯遍布北非的防御网岿然不动。讨伐军被轻松击溃，逃回了意大利。加拉·普拉西提阿仍不改做法，再次派出了讨伐军。这次派出的是哥特人出身的将军率领的以蛮族兵为主体的罗马军队。

要成大事光有热情和精力是不够的，更要有冷静的态度，但是热情与冷静更多时候往往不能兼顾。波尼法提乌斯似乎也是热情有余而冷静不足。缺乏冷静性格的人常常会行动不稳。

对哥特人出身的将领率领的第二次讨伐军，波尼法提乌斯选择了怀柔而不是击溃的方针，并获得成功，但加拉·普拉西提阿并不想善罢甘休。波尼法提乌斯想加强自己在北非的力量，便请求在西班牙的对手汪达尔人派来士兵。波尼法提乌斯的意图几乎可以肯定，他只想像埃提乌斯向匈人借兵一样，借用一支部队而已。

可是，汪达尔人接到请求后，却表现出了在与其他蛮族争夺中受到压制时的相反心态。汪达尔人族长根西里克以整个部族，而不是一支部队，来响应西罗马帝国阿非利加方面大元帅波尼法提乌斯的借兵请求。他把这看成了汪达尔人放弃形势不利的伊比利亚半岛，在北非寻求定居之地的绝好机会。

汪达尔人

距离再短，要渡过直布罗陀海峡，而且是带领全体部族成员渡海，也需要相当数量的船只，但是北方蛮族汪达尔人并无海运能力，没有罗马方面提供船只就无法渡海。波尼法提乌斯似乎未能提供船只，是居住在西班牙的罗马人向汪达尔人提供了船只。在这些罗马人看来，侵犯自己长期居住之地西班牙的蛮族，哪怕只是一部分去到其他地方，也都是再好不过的。既然帝国不能保障他们的安全，就只能自己保卫自己了。

在公元 5 世纪的罗马帝国，大型船只停泊在港口的情形已难得一见，但在临海之地，小船却是要多少有多少。把号称 10 万人的汪达尔人全部渡过直布罗陀海峡去，花些时日并不是办不到。

居住在欧洲北部草莽深处的日耳曼民族之一汪达尔人，曾经渡过莱茵河，横穿高卢，翻过比利牛斯山脉，进入西班牙。公元 429 年春天，他们又马不停蹄地渡过直布罗陀海峡，登陆北非。对西罗马帝国来说，这就等于允许北方蛮族入侵与意大利关系密切而无比重要的“阿非利加”。

不愧是波尼法提乌斯，他注意到此事事关重大。于是他率领麾下部队，会合曾经讨伐他却被他怀柔的哥特人出身的将领和属下蛮族兵，全体出动前去迎击刚刚登陆的汪达尔人。但是，这时发生了波尼

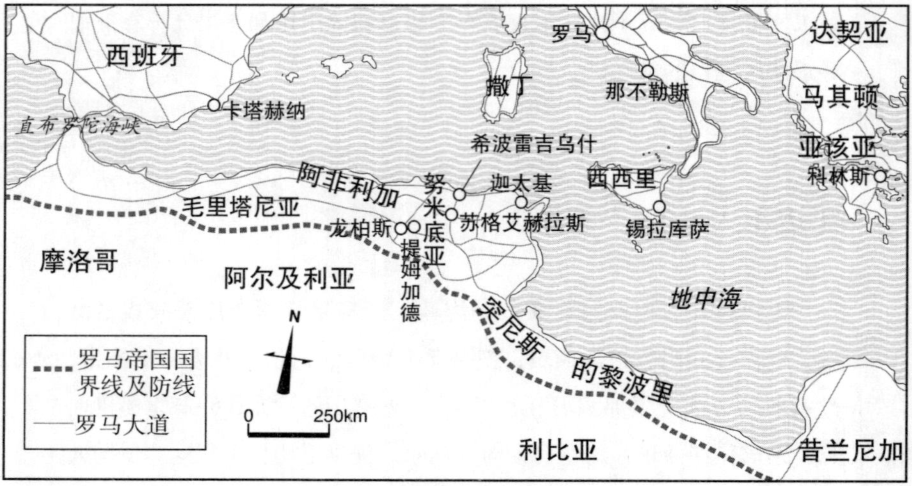

北非及其周边

法提乌斯不曾料想到的事态。

被天主教打成异端而遭歧视和排斥的多纳图派的基督教徒决定加入根西里克率领的汪达尔军队。汪达尔人也是基督教徒，但信奉的是被天主教派打成异端的阿里乌斯派。在多纳图主义者看来，汪达尔人的入侵是异端抗击天主教徒的好机会。

这样就形成了反体制运动。这种气氛扩散开来，因不是基督教徒而受到二等公民待遇的毛里塔尼亚人，即摩尔人，以及近来在临海城市常见到的沙漠游民柏柏尔人等都投奔了汪达尔人。

从这个时期西罗马帝国军队的规模推测，波尼法提乌斯可用之兵至多也只有 1 万人上下。靠这点兵力，波尼法提乌斯即使再英勇善战，也无法战胜异端异教的联合军队。居住在北非的罗马人也没有带头志愿承担防御的力量和意愿。与遭到北方蛮族入侵的欧洲不同，北非过去没有遭受过蛮族入侵，因而不适应与蛮族作战，没有悟到尽早奋起迎击蛮族的重要性。

根西里克率领汪达尔人军队渡过直布罗陀海峡之后，立即控制了毛里塔尼亚，接着迅速东进，转眼间逼近希波雷吉乌什（Hippo Regius）。希波雷吉乌什又叫伊波纳，是座濒临地中海的海港城市，与北非最大城市迦太基相距150公里，由一条罗马式大道相连接。波尼法提乌斯决定以希波雷吉乌什为后盾，阻止汪达尔人军队前进，在这里展开了长达14个月之久的攻防战。

现今阿尔及利亚城市博纳（Bona）西南2公里左右的地方留存有古代希波雷吉乌什的遗迹。公元430年，那里是居住着很多人口的城市。持续了14个月的攻防战期间，很多人一直待在城里。他们中间就有后来被奉为圣人的奥古斯丁，他是这座城市的主教。40岁的波尼法提乌斯统率士兵，指挥防御战。76岁的主教曾在几年前鼓励他保卫北非，现在又在安慰恐惧绝望的信徒们。他这样说教：“入侵的北方蛮族破坏和杀害的是地上的国家，我们基督教徒的安住之地是死后去的神的国度。”

圣奥古斯丁

奥古斯丁在天主教中非常重要，是被称为“教会之父”、被赞颂为“教父”的人物。他也是出生于北非的罗马人，一生中留下了许多著作，其中特别著名的作品是《忏悔录》和《上帝之城》。这两部著作都有日文译本出版。

用一句话来说，《忏悔录》是一部真实坦白自己在觉悟到真正的信仰之前是如何任性游乐，真实描写自己何时受到谁的启发而觉悟，后来生活又是如何改变的作品。

《上帝之城》据说是受到公元410年“罗马浩劫”的冲击而写的作品，告诉人们现实直面的地上国度的惨状不过是通往上帝之城途中的过程而已。异教徒认为，罗马帝国之所以沦落至此，是罗马人抛弃传统宗教改信基督教的缘故。《上帝之城》就是针对这种责难的反驳。我在读后感到，这本书的写作目的是让对“地上国度”的惨状感到绝望、对基督教的信仰有所动摇的人们着眼于“上帝之城”，从而使这些善男信女坚定信仰。很多关于信仰的书籍往往使没有共享这种信仰的人感到枯燥。然而，这些书籍在1 600年之后的今天仍在刊行，这不仅是因为这是天主教最伟大的理论家所写，还是因为奥古斯丁的文章卓越。他自孩提时代起就接受了曾为罗马精英必备的教养学科（拉丁语“artes liberales”，英语为“liberal arts”）的教育。

他于公元354年生于北非地方自治体之一的塔加斯特，这种自治体受中央政府派遣的行省总督统治。这座城市如今在阿尔及利亚境内，名为苏格艾赫拉斯。罗马时代的“municipia”，指被罗马征服而成为行省的地方城市，因此，奥古斯丁很有可能有迦太基人的血统。他的父亲是这座城市的地方议会议员，据说直到死前几年还在信仰罗马传统诸神，是一位异教徒。虽然那时君士坦丁大帝承认了基督教，但还远未到离狄奥多西确定基督教为唯一宗教而其他均为异教的公元4世纪末期。因此，奥古斯丁的青少年时期是在基督教得到承认但也可以自由信仰其他诸教的时代度过的。

奥古斯丁按照良家惯例，在父母身边接受初等教育后，自中等教育开始便早早离家，去了20公里外的另一座城市学习。少年时代，奥古斯丁的兴趣在拉丁文学，尤其喜好开国皇帝奥古斯都时代的叙事诗人维吉尔。后来，奥古斯丁去迦太基留学，学习雄辩术这种说服与自己想法不同的人的技能。可是在这座大都市里，他没有投身于学问，而是将时光抛掷于享受人生，不满18岁便成为未婚父亲。这可是使虔诚的基督教徒母亲莫妮卡深深哀叹的不吉之事。

不过，他并未荒废学业，在完成了迦太基留学的3年学业以后，他于20岁时返回了故乡塔加斯特。在故乡教授文法，并开设了相当于中等教育的私塾。但对这个刚满20岁、多愁善感又体验过大都市迦太基生活的年轻人而言，内陆小城市的生活太过枯燥。作为未婚父亲，他与女伴的关系并未断绝，两年之后又回到迦太基。在此后连续7年的岁月中，他在迦太基靠教授雄辩术为生。

他决定放弃在迦太基的生活去罗马的理由也很有趣，并不是为了究求学问，而是因为讨厌学生。迦太基的学生闹哄哄的，根本不听年轻老师的话，于是他想，在传统悠久的罗马接受素质教育的学生肯定要强些，便决定去罗马。

可是，罗马的学生有过之而无不及，很多人不但不集中精力学习，还会在支付月钱之前跑到别的私塾去，这对靠月钱生活的老师来说真是令人绝望。他虽然来到了曾经的“世界之都”，却不知如何是好。就在这时，当时的首都长官叙马库斯向年轻的奥古斯丁伸出了援手。

叙马库斯是元老院有实力的元老，还担任着“首都长官”。他亲自为奥古斯丁当推荐人，劝奥古斯丁参加“讲座资格”考试。

“讲座”一词来源于希腊语的“kathédra”，原意为“椅子”，转为拉丁语后写作“cathedra”，意思是具有教授学生的教席资格。这个词直到现代仍在使用。奥古斯丁顺利通过这个“讲座资

圣奥古斯丁（波提切利画）

格”考试，首都长官甚至要为他在米兰觅到一个职位。

叙马库斯这年44岁，正是他在公元384年与米兰主教安波罗修展开了史上留名的争论。他以一直处于攻势的基督教势力为对手，阐述罗马传统宗教存在的理由，被称为“罗马古老异教最后的荣耀之火”。他也许看出了30岁的奥古斯丁是这把“火”的继承人。后来成为天主教首屈一指的理论家的奥古斯丁，这时不过是一位失业的年轻古典学者。

前往米兰，为奥古斯丁的人生带来了一大转机。这个时期的米兰正处在主教安波罗修的绝对影响之下，我一直认为，这位主教是天主教会首推第一的实干家。一直以希腊罗马经典为教材教授雄辩术的奥古斯丁竟对将希腊罗马文明打成异教文明的基督教痴迷。主教安波罗修的说教给了32岁的奥古斯丁雷击一般的冲击。

他放弃了教师职业，断绝了与带着儿子的情人的长期关系，拒绝了母亲安排的婚姻，决心把以后的人生奉献给神。翌年，即公元387年4月，32岁这年的春天，奥古斯丁接受了洗礼，好像主教安波罗修也参加了他的洗礼。

奥古斯丁回到家乡塔加斯特，当起了一介修道僧。这位学识丰富的年轻修道僧无法不对周边产生影响，弟子们开始聚集在他的周围，自然而然地形成了修道院。这个时期，他的私生子去世了。

奥古斯丁的修道院生活持续了9年。公元397年，已经43岁的奥古斯丁被选为希波雷吉乌什主教。他原想一辈子做一名修道僧，但想到这也是神的意旨，便从修道院搬进了主教宅邸。

奥古斯丁当上主教以后，开始在成为天主教教理旗手的路上突飞猛进。他在希波雷吉乌什，曾经召开过几次公开会议来调整教理解释方面的差异。奥古斯丁当上主教后在教理方面极富战斗性，集中攻击被打成异端的多纳图主义者。以前，北非基督教徒中多纳图主义者占多数，但在天主教派的攻势面前一落千丈而成为少数派，这应归功于主教奥古斯丁。正因为如此，信奉多纳图派基督教的人们对他更加憎恨。公元430年，多纳图派基督教徒与北方蛮族汪达尔人共同行动，逼近希波雷吉乌什。也许，奥古斯丁比其他任何人都更有必要相信，真正的安居之地不在地上，而只能在“上帝之城”。

波尼法提乌斯放弃了希波雷吉乌什城的防御，载着他和手下士兵的船队从港口出发去了意大利。这座城市的命运由此决定。在城墙倒塌的轰隆声中，奥古斯丁76年的人生落下了帷幕。这天是公元430年8月28日。

尽管如此，这也比活着落入一直被视作异端的阿里乌斯派和多纳图派人手中幸运。过去曾经有些天主教徒为与奥古斯丁的说教保持一致而有过过激行为，杀死过主教，焚毁过教堂。如果奥古斯丁活着落入多纳图派之手，必定会被大卸八块。

大概是害怕发生这种情况，信徒们悄悄把奥古斯丁的遗骸装上船，运到撒丁岛上去避难。到了中世纪，遗骨被袭击该岛的撒拉森海盗抢走，得花“赎金”才能要回。有人付了赎金，遗骨回到了信徒手中，后被作为圣物保存在意大利北部帕维亚的教堂中，直到今天。

波尼法提乌斯抛弃了北非，也抛弃了以前仰慕的奥古斯丁，回到了意大利。可是，身在拉文纳皇宫的加拉·普拉西提阿既没有批评也没有责备这位阿非利加方面大元帅。她打算利用这位年届四十的武将，打掉活跃在高卢却与拉文纳皇宫保持距离的埃提乌斯。令人不解的是，北非正在不断失去，皇宫为什么还要削弱高卢的罗马势力。40 岁的母后只是因为埃提乌斯经常不服从自己的命令便认定他图谋把高卢从西罗马分裂出去。这与当初怀疑波尼法提乌斯图谋把北非分裂出去而派兵讨伐一样，只是对手从波尼法提乌斯换成了埃提乌斯。

且不说他们实际上是否图谋分裂，没有力量图谋分裂的人也没有能力防御，这在帝国的最后一个世纪，不论北非还是高卢都是一样。只有能够操纵具有这种力量的人，才配当最高司令。可是，代替 11 岁皇帝掌控西罗马帝国的加拉·普拉西提阿不具备这种能力。

人们不知道波尼法提乌斯个人是否有意与同辈埃提乌斯竞争。总之，回到本土的波尼法提乌斯不仅没有因放弃北非而被问罪，而且再次被任命为“大元帅”，还被授予“贵族”（patricius）之位。但是这次没有明确记载是负责哪方面的大元帅。也许加拉·普拉西提阿与波尼法提乌斯两人之间已经有了默契，战胜埃提乌斯后任命波尼法提乌斯担任高卢方面大元帅。

就这样，西罗马帝国失去了罗马军队已经撤出的不列颠，失去了高卢北部和中部，失去了东部沿海地区之外的西班牙大部，又失去了北非，目前仅有迦太基城及其周边一带还在罗马人手里。在这样的状态下，西罗马帝国又要开始浪费所剩无几的力量。被浪费的不光是人和钱，还有时间。埃提乌斯与波尼法提乌斯这两位罗马军队“大元帅”之间的这场内战，直到两年之后才结束。

公元 432 年，埃提乌斯的军队翻越阿尔卑斯山脉进入意大利，与正等着他们的波尼法提乌斯的军队在里米尼附近的平原相遇。里米尼离少年皇帝瓦伦提尼安三世和母后加拉·普拉西提阿所在的拉文纳不到 50 公里，其近郊成为罗马军队内战的战场。

虽说是罗马军队，但实质上蛮族兵居多。指挥他们的人都在 42 岁左右，年富力强。他们二人的军事才能也可以说是旗鼓相当，激战一场接着一场。不过，战况的进展却常常是波尼法提乌斯占据优势。波尼法提乌斯是优秀的战略家，也是优秀的战术家。

另一方埃提乌斯，与其说是战术家，毋宁说是战略家，看到战况进展如此，便看准波尼法提乌斯的脾性改变了方针。

埃提乌斯提议两位大将进行决斗，以此决定战斗的胜负。

波尼法提乌斯瞥了一眼使者送来的提议当即决断——同意。当晚，双方在各自的营寨里准备明天的决斗。侍者们忙于为主人加工武器。埃提乌斯的随从遵照主人的密令，对决斗的武器进行改良，加长了长矛。

决斗开始，两军士兵定睛注视着，大气不敢出。两位将军驱马飞奔，胜负已在激烈对冲的瞬间决定。波尼法提乌斯左腹部被长矛刺穿，倒栽葱似的跌下马来，动弹不得，5 天之后死于枪伤。埃提乌斯获胜后做的第一件事就是把波尼法提乌斯属下的将士编入自己的军队。哥特人出身的将军桑吉巴努斯趁此机会投向埃提乌斯。他原先被派去北非讨伐波尼法提乌斯，后来在波尼法提乌斯的怀柔下一直与其共同行动。在里米尼战斗中，他是波尼法提乌斯的副将。这样，除了死去的波尼法提乌斯，埃提乌斯收编了所有波尼法提乌斯的军队。完成这一切之后，埃提乌斯开始向加拉·普拉西提阿摊牌。

这实在是巧妙的“摊牌”。埃提乌斯率领军队来到拉文纳，让部队在拉文纳郊外待命，自己只带少数的几名将军进入皇宫，向由母亲陪伴着接见他的少年皇帝乞求原谅。

罗马人打败了罗马军队，埃提乌斯为此乞求原谅，这实在是荒唐可笑之事。但加拉·普拉西提阿并没有笑。皇帝拉住埃提乌斯的手让他站起身来，原谅了他，并正式任命他为“联军总司令”。

这个时期的埃提乌斯要想取代少年皇帝大概是很轻松的事，他一定会从陆上和海上两面夹攻拉文纳，但他连试也没试，这并不是因为他没有野心。埃提乌斯自己是天主教派的基督教徒，但娶了阿里乌斯派的哥特人女人为妻，且坦然生子。废掉被视为奉基督教的神意而坐上宝座的皇帝，并由自己取而代之，在埃提乌斯看来并不会刺伤他的宗教信仰。他之所以打消了实现野心的念头，是因为吃不准东罗马帝国会如何行动。

这个时期的东罗马帝国皇帝是狄奥多西二世，他虽然已过而立之年，却仍不热心于亲政，由姐姐普尔喀丽娅独揽大权，统治着东罗马帝国。东西罗马帝国均由女人统治，但统治才能有明显差距。东罗马帝国在普尔喀丽娅的领导下，与大国波斯维系着较为良好的关系，同时把北方蛮族入侵的祸水引向西罗马帝国，成功避免了两面受敌的事态。只要能够阻止外敌入侵，国内和平就能得到保障，自然国力也会增强。埃提乌斯害怕东罗马帝国把正规军派到西罗马帝国，那样他就会受到蛮族和罗马军队的两面夹击。

为了避免这种状况，他打了胜仗却向战败的一方乞求原谅，以换取皇帝正式承认他作为事实上的西罗马帝国全军最高司令官的地位。

“联军总司令”埃提乌斯

公元432年开始了持续22年的埃提乌斯时代。这意味着加拉·普拉西提阿走下了政治主角的宝座。

加拉·普拉西提阿是东西统一时代罗马帝国最后一位皇帝狄奥多西的女儿，是帝国东西分裂后西罗马帝国皇帝霍诺里乌斯的妹妹，曾经是蛮族族长的妻子，后来又是从一介士兵当上共治皇帝的君士坦提乌斯三世的妃子。她是皇帝瓦伦提尼安三世的母亲，统治西罗马帝国达 7 年之久，42 岁时被迫隐退。她仍跟从前一样继续住在拉文纳的皇宫里，为刚满 13 岁的皇帝摄政的地位也没有变，但埃提乌斯的力量超出了她能掌控的水平。

加拉·普拉西提阿后来又活了 18 年。这期间她做了两件事：完成了自己的儿子——西罗马帝国皇帝与东罗马帝国皇帝的女儿之间的婚事，以及把对埃提乌斯的憎恨灌输给儿子，挑起他复仇的念头。婚事在瓦伦提尼安三世成年的公元 437 年完成，复仇也将在她死后 4 年实现。但让这位只有母后身份的加拉·普拉西提阿担心的不是皇帝儿子，而是女儿霍诺丽娅。霍诺丽娅是皇帝的姐姐，这位公主胆大妄为，给西罗马帝国带来了诸多不安定的因素。也许在西罗马帝国的宫廷里，女人的血质比男人更富不安分的性质，尽管这从未有过好结果。

不少人拿西罗马帝国天字第一号的实力派人物埃提乌斯与 30 年前的头号实力派人物斯提利科相比较。这二位都认为不吸收蛮族就不能保卫西罗马帝国。然而，我却认为他们两人本质上是不同的。乍一看两个人似乎都采用了“以毒攻毒”之法，但其内容并不一样，甚至可以说是恰恰相反。

斯提利科虽是蛮族出身，但强烈地意识到自己体内流淌的是母方罗马人的血。在他看来，必须保卫的毕竟是西罗马帝国，而蛮族之

“毒”无论再有用，终归是“毒”，“以毒攻毒”只是达到保卫西罗马帝国这个目的的手段。于是，好用便是最重要的条件。正因为好用，是否抛弃不用也就取决于自己的需要。

斯提利科把目光盯在统率西哥特人的阿拉里克身上，也是因为自己曾 4 次打败过他，而且可以说放就放，收放自如。

这种心理作用不仅经常使阿拉里克感到压力，对其手下的西哥特人也是一种持续的压力。这种情况对与西哥特人并肩作战的罗马士兵也产生了一种良好影响。即便是并肩作战，罗马人与西哥特人的关系也并不对等，罗马人方面是强者，西哥特人方面是弱者。这样，“毒”的作用只局限于进攻其他的“毒”，而不用害怕它“毒”害母体。

埃提乌斯所用之“毒”是匈人。他选择匈人是基于个人的亲近感，他在匈人中间度过了自己的青少年时期，他与匈人之间的关系是一种依存关系，有事相求即可借兵。

但从结果上看，事实是在公元 432 年以后埃提乌斯大权在握的 20 年间，他的确守住了西罗马帝国。不过，在他的做法中看不出一以贯之的政略，只是权宜之计。比如，这次与这个蛮族联合打击别的蛮族，下次却又与被打的蛮族联手攻击上次的盟友。推测一下埃提乌斯的想法，我想他大概是想让从北方侵袭而来的蛮族在高卢和西班牙自相残杀的现状长久持续下去。

可是，埃提乌斯的战略蕴藏着巨大的危险。在依靠大将埃提乌斯对情况的判断而不断变更敌我，集中精力玩走钢丝一般的游戏时，罗马军队自身的力量却发生了决定性的衰退。人一旦习惯于依赖别人，自己也就站立不住了，那已不仅仅是“以毒攻毒”，连母体也为毒所攻了。自以为掌握着主动权，而主动权却在不知不觉中转移到了蛮族一方。

然而，埃提乌斯还是暂时延长了西罗马帝国的寿命。埃提乌斯时代在西罗马帝国持续 20 年之久的原因有三：

第一，尽管后来成为敌人，但在此之前一直被埃提乌斯引为盟友的匈人，是令所有北方蛮族都害怕的蛮族中的蛮族。

第二，北方蛮族各部族都在高卢、西班牙和北非为确保自己的领土而腾不出手来，没有余力入侵意大利。

第三，拉文纳的宫廷和罗马的元老院都无力威胁埃提乌斯的地位和权力。他们藏起自己的无能而把天下许给埃提乌斯的理由只有一个，与父亲是蛮族出身、母亲是罗马人的斯提利科不同，埃提乌斯父母都是罗马人。

可是，后世史学家都把蛮族出身的斯提利科写成“最后的罗马人”，却未把罗马人的埃提乌斯评价为“最后的罗马人”。也许他们认为，是不是罗马人不光要看结果，在导致结果的过程中的姿态也必须是“罗马人的”。“以毒攻毒”的方法本质上就是持续掌握主导权，这实在是一种罗马式的战略战术。

在帝国最后一个世纪公元 5 世纪接近中叶时，东西罗马帝国在分裂的道路上越走越远，甚至使人觉得，仅仅半个世纪前还属同一帝国的事实简直就是天方夜谭。

在东罗马帝国，持续了 42 年之久的狄奥多西二世的统治行将结束。皇帝是一个狂热的天主教徒，甚至传说他要把首都君士坦丁堡的皇宫改成修道院。除此之外，并无其他谈资来谈论这位皇帝。不过，取而代之掌控帝国的皇姐普尔喀丽娅的操舵水平却差强人意，东罗马帝国的内外安泰得以保障。

东罗马帝国也并非没有受到蛮族的威胁。在公元 5 世纪接近中期时，最急迫的问题就是匈人。稍早前匈人的族长去世，与稳健的兄长性格相反的弟弟阿提拉取而代之成为头领。

皇帝瓦伦提尼安三世统治西罗马帝国也长达30年。虽然皇帝的宝座还算稳定，但实情大不一样。东西罗马帝国的皇帝都形同虚设。不过，在西罗马辅佐皇帝的母后加拉·普拉西提阿早早地退出了前台，实权转到埃提乌斯手中之后也将过去四分之一世纪。埃提乌斯酷似走钢丝的做法，使蛮族从北方入侵的威胁有所减弱。这使得埃提乌斯将注意力集中在了欧洲。罗马时代，意大利半岛与北非的关系较其与高卢和西班牙代表的欧洲之间的关系要深厚得多。可是，北非在埃提乌斯的关心之外。真相也许是不去关心和无力关心各占一半。波尼法提乌斯如果还活着也许能有点作为，但他被西罗马帝国自己葬送了。

瓦解

即使10万人的部族倾巢出动去侵略，人数也绝对不会超过被侵略地的居民人数。现代人无法想象罗马时代的北非是何等的绿色盈野。正如“罗马粮仓”所示的那样，那里是一片人口众多的鱼米之乡。北非最大的港口是迦太基港。这个港口与罗马外港奥斯提亚之间的航线，可能是地中海上交通最为繁忙的海上干线。即便是在现代，两地之间的海底因海难而沉没的船只遗骸也是鳞次栉比，排列成一条海底大道。近年来已取得长足进步的海底考古，也因为这一带海洋太深而离目标尚远。人们在2 000多年后还能发现海底泥沙中露出身影的众多的海难沉船遗骸，可以想象出罗马时代北非与意大利的密切关系。

罗马与迦太基，这两个西地中海世界中数一数二的大都市之间的物产交流盛极一时，人员往来也十分频繁。特别是罗马帝国基督教化以后，天主教派在西方的中心就是罗马和迦太基。教会资产丰厚，靠着这些资源，宗教活动也十分活跃，主教中优秀人才辈出，仰慕他们的信徒人数日众。

中心城市的繁荣离不开附近强有力的“卫星城市”的支持。这个卫星城市对罗马而言，就是米兰，圣安波罗修任此地主教长达23年；对迦太基而言，就是希波雷吉乌什，圣奥古斯丁在这里的主教宝座上也坐了33年。

事实上，罗马人称霸北非，也只限于靠近地中海的地方，而没有涉足撒哈拉沙漠以南的地区。与后世的帝国主义国家不同，罗马起源于城市国家，转变为领土型的帝国之后，仍旧喜欢居住在他们称之为“内海”（mare internum）的地中海附近地区。罗马大道的网络在北非的分布情况如实地反映出了这一点。罗马大道所到之处，就是罗马人的罗马世界。

罗马人的传统做法是并非任何事情都要自己亲自去做。他们可能认为，如果想要沙漠南面出产的物产，与其征服那些地区纳为行省，不如坐等当地人运来更有效率。征服也是需要人和钱的，征服后的行省化则需要更多的人和钱。因此，即使在自己成为最强民族的时代，刺激罗马人征服欲的也只限于他们认为防御上的必需之地。

这样的历史过程使得罗马时代的北非，居民和财富都集中在接近地中海的带状地域。其中，行省总督官邸所在地迦太基一直起着“中枢”的作用。公元429年渡过直布罗陀海峡登陆北非的汪达尔人也是

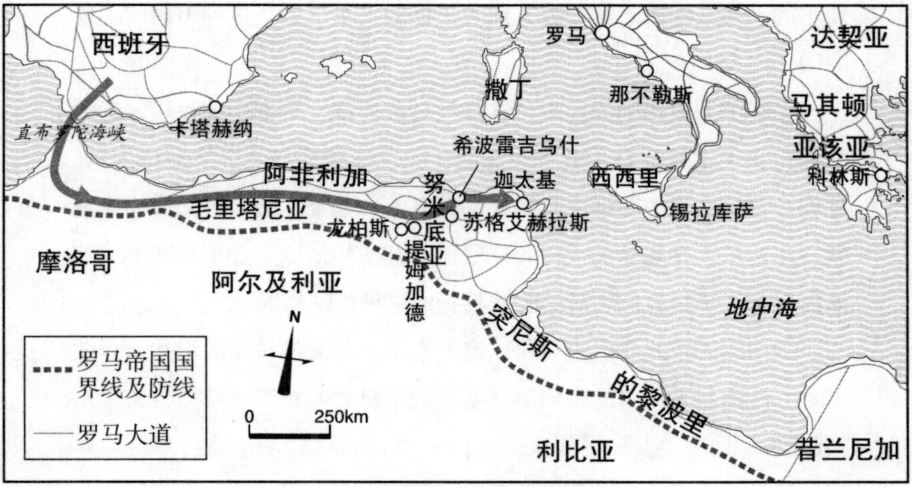

汪达尔人入侵北非的路线

一路东进，穿过毛里塔尼亚、努米底亚，一年后便逼近迦太基。波尼法提乌斯离开希波雷吉乌什后，北非就可说是处在无防御状态中了。汪达尔人的兵力加上摩尔人和多纳图派的基督教徒人数不过 5 万，但北非引以为豪的丰沛财力和能干的人才并不能形成防御力量。蛮族征服北非完全就像是刀切面包的感觉。

公元 439 年，在蛮族渡过直布罗陀海峡登陆北非的第十个年头，北非中枢迦太基终于陷落了。

在高卢和西班牙，进而在西罗马帝国灭亡后的意大利，少数征服者统治多数被征服者时，不得不在某些地方寻找相互共存的妥协点。胜利者少说也要统治数量 10 倍于己的失败者。蛮族的入侵也不再是打过来抢了东西就走，而是抢掠后就地定居。但汪达尔人入侵北非有所不同。多纳图派的基督教徒加入了征服大军可能是这种不同的主要原因。

多纳图派虽然同为基督教徒却被打成异端，一直受到镇压，对他们而言，天主教徒是不共戴天之敌。天主教徒社会及经济地位优越，他们对多纳图派的鄙视不只是在宗教方面。如今，天主教徒成为失败者。汪达尔人在北非的入侵和征服比在其他任何地方都更为残酷，其原因就在于基督教化之后的北非具有的这种特殊情况。

多纳图派在北非广为普及，也一直是北非天主教徒敌视和镇压的对象。汪达尔人信奉的是阿里乌斯派的基督教，在天主教徒看来也是“异端”。不过，我从阅读众多史料中得到的感觉是，严厉对待“异端”的是天主教徒，而阿里乌斯派则宽容得多。因此，如果征服北非的只是汪达尔人的话，我想，就没有必要将圣奥古斯丁的遗体移到撒丁岛避难去了。圣奥古斯丁生前是著名的弹劾多纳图派的旗手，转移他遗体的天主教徒很明白这一点。他们一定会预料到，一旦自己敬爱的人的遗骸落到多纳图派教徒之手，其下场将会如何。

这种情况使得汪达尔人对北非的占领比在其他任何行省都更加残酷，出现大量难民就是具体的表现。

迦太基港与罗马的外港奥斯提亚之间的航线可以说是运输干线，航行其间的船只越多，熟知这条海路的乘客也就越多。从迦太基到那不勒斯附近的商港波佐利的路程，顺风是两天；即使因为地中海风向多变不能经常遇到顺风，也就 5 天；根本不走顺风运，全靠划桨手划船，也只需 10 天。如果不登陆意大利半岛，到西西里仅需一昼夜的路程。这时的汪达尔人还不具海上战斗力，没有掌握制海权，他们的威胁尚未达及意大利南部、西西里和撒丁岛。

刚才提到的大量难民都是北非罗马社会的上层人士，处在社会中层的匠人、店主、自耕农等则无力远走他乡，而下层的农奴在老主人逃亡意大利后，只能在取而代之的新主人手下，过着比过去更加艰辛的劳作生活。留下来的这些人，连坚持天主教信仰都成为奢侈。

天主教会的中下层神职人员留了下来，他们只能在彻底变为多纳图派天下的社会里过着忍受镇压、屈辱和欺凌的日子。不光是圣奥古斯丁的遗体，连这位著名主教的著作——当时还是手抄本——也被制成卷轴，随同难民逃难去了。北非的天主教事实上已经崩溃。

汪达尔人最近30年一直居住在北欧的草莽深处，与罗马帝国的接触只限于像斯提利科的父亲那样在罗马军队服役的少数人。他们渡过莱茵河入侵高卢以后步伐迅速，从高卢翻过比利牛斯山脉，进入西班牙，如今渡过直布罗陀海峡，占领了北非。尽管他们初到北非，但对北非的统治颇成体系。几乎可以确定，这是因为接受了多纳图派人士的进言。迦太基等城市周边的大规模农场无一例外全被接收，居住在城市房屋里的人也被悉数赶出，动辄沦为奴隶。基督教不允许把信仰相同的“兄弟”变成奴隶，但信仰不同的人则不为“兄弟”。这样，不仅异教，就连异端也都成为信仰不同的人了。

被允许生存下去的不同信仰的人有士兵和中下级行政官僚。当然，士兵要接受汪达尔人的指挥，官僚也要对新主子唯命是从。此外，匠人、店主也被允许生存下去。不论社会如何变化，他们的职业总是需要的。

也有一些大农庄主没有背井离乡，他们的农庄都位于远离地中海沿岸的内陆深处。但无论如何，加上多纳图派，胜利者也是少数，不可能把居住在北非全境的所有人统统换掉。不过，内陆农庄出产的农产品已经不再运往意大利。汪达尔人不是农耕民族，霸占了大城市周边的耕地以后，产量远不及以前。在北非这个罗马时代丰饶的农耕地带，被征服者仅能养活征服者。

汪达尔人还把地中海南岸沿岸成串的海港城市几乎全部攫取到手，尽管它们并非“罗马粮仓”。北方蛮族汪达尔人控制海洋运力只是时间问题。蛮族控制海洋运力之后，会百分之百地用于海盗业。这样的海盗不只会袭击在海上遇到的船只，他们每到一处，就纷纷下船，摇身一变成为陆地强盗。他们乘船溯河而上，袭击沿河城市和乡镇的事情也屡见不鲜。

居住在西西里和南意大利的人们开始因遭受化为海盗的汪达尔人的袭击而发出哀鸣。拉文纳方面对此不能不闻不问，便向君士坦丁堡求援。东罗马帝国闻讯派来了一支称不上是部队的队伍，表现出了东罗马帝国对西罗马帝国的疏远。这支部队与汪达尔人稍一遭遇，便在被杀或被俘之前早早撤回了君士坦丁堡。

西罗马帝国的皇帝终于向汪达尔人族长根西里克派去了请求媾和交涉的使节。这意味着西罗马帝国正式承认自己身上的一块重要部分被人切走。媾和于公元 442 年达成协议，离汪达尔人渡过直布罗陀海峡入侵阿非利加只过了 13 年。

罗马在布匿战争中降服大国迦太基占领北非以来经过了 600 年的岁月。在这漫长的岁月里，罗马曾有过战败，但它以胜利者罗马的身份去同化曾经是迦太基领土的这片地方，创造了可歌可泣的超越迦太基统治时代的繁荣昌盛。现在，这个时代也终于结束了。从此开始的世界，不论统治者的人种和民族如何变换，再也不会有胜利者同化失败者的事情了。

匈人

一切不幸都源于匈人播下的种子。

尤里安努斯皇帝被基督教会弹劾为“叛教者”。阿米阿努斯·马尔塞利努斯将军在这位皇帝的治下，转战南北。皇帝去世后，他便隐退开始了写作生涯。他在100多年前的公元4世纪中叶就注意到了匈人的威胁。他是出身于叙利亚大城市安提阿上流阶层的希腊裔罗马人。这个阶层的人们都从事祖上传下来的工商业，而他却选择了在罗马军队中从军，这实属罕例。也许这种年纪轻轻就开始了征战的经历把他从一个善于抽象思维的希腊人变成了一个具象思维不在任何人之下的罗马人，重复这种具象思维，就能洞见以后的事物。在刚刚进入公元4世纪后叶的时期，罗马帝国不但没有与匈人有过直接接触，甚至鲜有人见过匈人。匈人还在离罗马帝国“防线”即国界十分遥远的彼方。

阿米阿努斯也和其他许多罗马人一样并没有亲眼见过匈人，但是只有他注意到了与匈人有直接接触的日耳曼系蛮族的动荡，他看到了他们背后受到匈人挤压的实情。所谓情报，具有这样一种性质，它会以某种感觉作为头绪，将诸多信息像磁石一般地吸引过来。正因为阿米阿努斯没有亲眼见过匈人，他才会热心于通过已经认识的北方蛮族搜集有关匈人的情报。

他这样描绘匈人：

与其说他们是用两脚走路的人，不如说他们是野兽。他们骑在马上，用马背和两腿夹运生肉，不烧就吃。扁平的面孔上嵌着两只小黑点一样的眼睛，胡须稀少，个子矮小但体格健壮。他们栖息于森林，身上裹着用麻绳把多张鼠皮连在一起的衣服。衣服从来不洗，一直穿到烂，总是散发着恶臭。鞋子也是用麻绳缝合起来的未经鞣制的羊皮做成，难以行走，不适合长时间步行。也许正是这个原因，他们不管去哪里，干什么都是骑马。在战场上他们也极度讨厌下马作战。不过，骑在马上的匈人人马一体，就像钉在马上一样，可以发挥出惊人的突击力。

他们住在两轮牛车里，在车棚里吃喝、交媾、生子，做所有的事情。也许因为在最本质的意义上他们是游牧民族，土地再肥沃，他们对耕作也完全没有兴趣。

连蛮族都害怕这样的匈人，而称之为“蛮族”。他们不但具有出类拔萃的骑马能力，还有在马背上一箭中的的高超技能。不过，在我看来，下面五项“无”字将他们区别于其他蛮族，这也是匈人强悍的原因：

一、无目的，无目的地。这就允许他们采用随机应变的战法。

二、对拥有房屋无兴趣。这显示出他们对财产和积累财富不感兴趣，但他们嗜好黄金和黄金制品。不仅是黄金，只要是发亮的，都喜欢。

三、无法律。因此，上面人的命令就是圣旨。

四、无家族守护神。这表现出他们没有家族观念，因而人质这种担保形式对他们不适用。

五、无确保未来食物的观念。只要有机会，不论何时何物，他们首先想到的就是抢夺。

阿米阿努斯的警告没有被当时的当政者听进去。半个世纪后的公元5世纪，罗马帝国终于也与匈人有了直接接触。被匈人驱赶的日耳曼系蛮族入侵罗马境内，就地盘踞。匈人出现在作为罗马边界的多瑙河也就顺理成章。这里几乎与现在的匈牙利相重叠，成为匈人的新根据地。

与匈人的正式接触是东罗马帝国先开始的。罗马帝国东西分裂后，多瑙河中下游归入了东罗马帝国，而匈人的新根据地正位于多瑙河中游。这就使得当时的东罗马帝国拥有的关于匈人，尤其是关于其头目阿提拉的情报绝对多于西罗马帝国。不过，西罗马帝国“大元帅”埃提乌斯曾在匈人中度过了他的青少年时期。

纵观匈人对东西罗马帝国的做法，我们可以知道，以公元444年为界，其前后截然不同。以前，阿提拉一直推兄长为族长，自己居于其次。公元444年，他替代了遭雷击（传闻如此）而死的兄长，开始一个人统率匈人。公元444年以前的匈人对被其驱赶的日耳曼系蛮族而言非常可怕，但对东西罗马帝国而言，他们还是容易抵御的对手。

东罗马帝国与阿提拉的兄长贝里达之间缔结了“同盟”协约，东罗马帝国每年向匈人支付700罗马磅（合263公斤）金条。名目上是佣兵费，实质上是不再渡过多瑙河入侵东罗马帝国的“代偿金”。

西罗马帝国与匈人之间的关系则完全建立在埃提乌斯与匈人的个人关系上，匈人可以响应埃提乌斯的请求借兵给他。由于没有正式的“同盟”协约，人们不知道埃提乌斯为此支付了多少报酬。

一般人认为，匈人对报酬还是基本满意的。因为根据留存的记录，到公元 444 年为止，匈人曾 4 次借兵给埃提乌斯：公元 429 年与竞争对手费利克斯作战、公元 432 年与波尼法提乌斯及其背后的加拉·普拉西提阿决战、公元 437 年对勃艮第人作战、公元 439 年对西哥特人作战。可见，决定埃提乌斯在西罗马帝国国内地位和权力的战斗几乎次次都有匈人参与其中。不过，与埃提乌斯个人亲近的是匈人重要人物之一，名叫阿斯帕尔，与现在匈人族长的阿提拉似乎关系不特别密切。

阿提拉

在组织不成熟又没有法律约束的匈人社会里，族长的命令具有绝对的权威。阿提拉是最适合于这种组织的领袖。

匈人在相当于今天匈牙利的多瑙河中游一带立足下来，阿提拉登上前台，再次开始行动，矛头直指南面广阔的东罗马帝国领土。阿提拉统率的匈人首先占领了罗马时代称之为费米拉孔，即今天的科斯托拉茨热。在这附近有座征服达契亚时图拉真皇帝让人建造的全长超过一公里的石桥，连接多瑙河南北两岸。

石桥其实只有桥墩是石头建造的，上面的桥梁却是木质的。公元 3 世纪后叶，罗马帝国从多瑙河以北的达契亚撤退时，桥梁遭到破坏。不过，排列在河里的 20 根桥墩却依旧屹立，显示着罗马人的高超技术。只要在桥墩上铺上木板变成临时桥梁，人马通行便绰绰有余。阿提拉把科斯托拉茨热作为第一个目标，也是因为匈人修复了这座桥梁，从这里渡过了多瑙河。无论造多少筏子，把人马全部渡过大河多瑙河，风险既大，费时也多。

阿提拉（16世纪浮雕）

阿提拉和匈人占领了科斯托拉茨热后，接着占领了距此向西不到100公里的辛吉杜努姆（现在的贝尔格莱德），然后又占领了锡尔米乌姆（现在的米特罗维察）。阿提拉的想法是，渡过多瑙河后迅疾占领这一带的重要据点，解除后顾之忧后再度南下。

在多瑙河被称为“罗马帝国国防能力测量仪”的时代，沿河军团基地、城寨和要塞以及用于监视的碉堡连绵不断，形成了罗马帝国的北面“防线”。其中，从上游顺流而下，后世称为雷根斯堡、维也纳、布达佩斯和贝尔格莱德的这四个地方被视为重要基地，得到巩固强化。这四地中间有三处后来成了“中欧”国家的首都。古代罗马人在城市建设中的布局感之灵敏令人惊叹。这四大重要基地与帝国各地之间自然都有大道连通。四地之中位于重要“防线”多瑙河最下游的贝尔格莱德，有通往帝国东部的干道。这条大道一路向东南，经过君士坦丁大帝出生的纳伊苏斯（现在的尼什）、塞尔迪卡（现在的保加利亚首都索非亚）、菲利波波利、哈德良皇帝建设的哈德良堡（现在的土耳其埃迪尔内），到达曾经被称为拜占庭的君士坦丁堡（现在的伊斯坦布尔），斜贯巴尔干地区。阿提拉现在就挺进在这条大道上。

阿提拉率领的匈人不光是行军挺进，他们就像狂怒之神一样袭击、掠夺、破坏、焚毁，然后扬长而去。给他们起的绰号“上帝之鞭”很快便在罗马帝国基督教徒中传开。传说在匈人退去之后，已听不见狗吠。不便带走的人已经悉数被杀，离去的匈人后面拖着长长的俘虏队伍，也是常见的景象。

匈人一路狂飙，离君士坦丁堡只有不足 100 公里了。从那里向东罗马帝国的皇帝送去了他们的要求：

一、把根据以前的“同盟”协约支付的每年 700 罗马磅金条提高 2 倍，每年支付 2 000 罗马磅（约合 787.5 公斤），另付临时金 6 000 罗马磅（约合 2.25 吨）金条。

二、归还匈人军队的开小差者。

三、如果希望恢复被匈人俘虏的罗马人的自由，每个人头支付 12 枚苏勒德斯金币。

面对这些要求，年已 46 岁的东罗马帝国皇帝狄奥多西二世只是全身颤抖。东罗马帝国实际统治者皇帝的姐姐普尔喀丽娅起初只想接受第二个条件——归还逃兵。

可这些逃兵却不是匈人。匈人把败给自己的日耳曼系蛮族男人也编进自己的军队。这些人不习惯匈人的生活，也不习惯匈人的残虐行

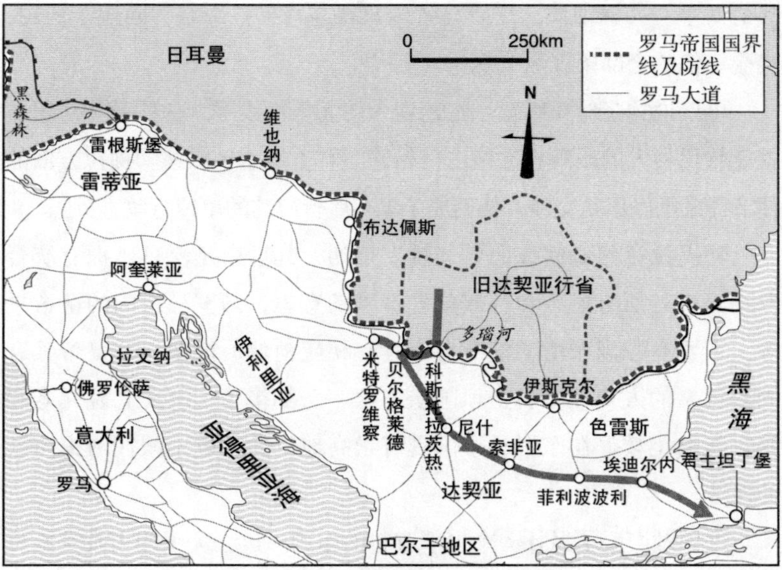

匈人入侵巴尔干地区的路线

为，纷纷投降了东罗马军队。阿提拉要求归还他们。东罗马帝国接受了这个要求，他们便成群地跟着东罗马将士回到了匈人的阵营。

阿提拉迎接他们的行动也很迅速。他命令这些人全体趴在地上，在他们身上盖上帐篷布，让匈人士兵骑着马一边欢呼一边在帐篷布上跑了好几个来回，把他们全部踩死，让目睹这一行径的东罗马将士哑然失色。

面对这一暴行，君士坦丁堡的宫廷人员吓得发抖，但也激起了敌意。与西罗马帝国军队一样，东罗马帝国军队中也有很多日耳曼系的蛮族。被匈人的马蹄残杀的士兵也是他们的同胞。这时，主战派终于占了上风，向阿提拉派出了部队。然而，日耳曼骑兵哪里是匈人士骑兵的对手，一触即溃。东罗马帝国只得与阿提拉缔结“同盟”协约，接受了他的全部条件。

可以说这是对亚细亚系蛮族匈人的无条件投降。送些豪华纺织品就能软化匈人的乐观看法被击得粉碎。君士坦丁堡派往阿提拉方面的使节任务已经不是交涉，他们成了忠实履行协约的单纯行政官员。

阿提拉竟然对使节的人选挑三拣四，其理由是，自己拥有统合罗马人以外所有民族和部族创立帝国的意志，与罗马帝国的皇帝平等，东罗马帝国派遣的使节也应具有相应地位，以便与和皇帝具有同等资格的人交涉。君士坦丁堡连这一条都接受了。元老院元老和基督教会主教等在东罗马帝国具有崇高地位的人成了派往阿提拉处的使节。

这样做产生了另外一个出乎意料的作用。过去关于匈人及其族长阿提拉的情报都只是通过第三者的传闻，现在自己成了当事人，所说之言成为现场证人的证言。既然使节都是地位崇高的人，肯定会有见多识广的秘书官与他们同行。

有一位人物，名字叫普里斯库斯，不知是使节之一还是使节的秘书官，他以教授修辞学为业，文章也写得好，著有《拜占庭帝国史》一书，该书有部分片段残留下来。他是公元 449 年被派往阿提拉处的。东罗马帝国与阿提拉的“同盟”协约缔结于公元 447 年，他被派遣表明协约的履行并非易事。阿提拉的要求没完没了，甚至要求东罗马帝国承认从纳伊苏斯到北多瑙河的整个地区为匈人的领土，这意味着要吞并达契亚和色雷斯两个行省。

公元 449 年普里斯库斯被派往阿提拉处，他这样描写当时的情形：

我们一行进了纳伊苏斯城。这座城市是君士坦丁大帝出生的地方，也是干道经过的地方，现在已被匈人的侵袭破坏殆尽，除了几个人在已是废墟的教堂聊避雨水霜露外，全城已是无人之境。纳伊苏斯附近流淌着摩拉瓦河，大道也沿着这条河通向西北。我们一行沿着摩拉瓦河行进在大道上。

大道周边尽是无人地带，许多被匈人杀死的人已成白骨，死者无人掩埋，被弃置在被害之处。

行走在大道的途中，伊利里亚军团的大元帅在等着我们，把 5 名逃兵托付给我们。这 5 个人将按皇帝在协约里约定的那样引渡给阿提拉。带着这 5 个人，我们一行渡过多瑙河，进入了阿提拉的根据地。

从渡过多瑙河开始，匈人的卫队就一直跟着我们。在他们的带领下，我们走了大约 13 公里，来到了阿提拉的大本营。在交割了 5 名逃兵后，我们得到许可会见阿提拉。

很多蛮族人麇集在阿提拉的帐篷周围。我们进入帐篷后马上认出了坐在木凳上的阿提拉，因为其他人都站着，只有他坐着。

我们站在离那张粗糙御座老远的地方，只有马克西米努斯走上前去，向阿提拉致意，转达了皇帝祝阿提拉和匈人更加繁荣的话，递上了皇帝的亲笔信。蛮族头领也祝愿皇帝和罗马人繁荣。

阿提拉在帐篷里被几名高官和武将围在中间。坦率地说，我对阿提拉本人衣着之朴素感到很震惊。与他不同，高官和武将们个个都穿着质地优良、色彩丰富的华丽服装，上面绣着大团的花鸟，一定是从中国人和波斯人那里抢来的。

在这位把从莱茵河到多瑙河的大片土地置于自己统治之下的部族族长的帐篷里，没有一件值钱的家具和有艺术价值的摆设。帐篷里也没有床，只有可能还值点钱的毛皮扔在地上，另有几把粗糙的木质椅子。阿提拉把弓和斧立在身旁，此外就再没有别的武器了。

阿提拉个头虽矮，但体格强壮。他面色暗黄，几乎没有胡须，脸型扁平得近乎奇妙。他两眼斜视，凹陷的黑眼睛像看稀罕物件似的盯着我们。

好像他吃饭、睡觉、见人都在这顶帐篷里。虽然没有餐桌，但有餐具，都是用金银做成，无疑也都是抢来的。

阿提拉是一个不停行动的人。我们尽管跟他保持着一定的距离，也还是得骑马跟着他各处行走。渡过几条河之后，终于到了他定为首都的城镇。与其叫城镇，不如说这只是个村庄。阿提拉木造的房子周围只围了一道根本起不到防卫作用的木栅栏。匈人二把手奥涅格西姆斯的略小一点的房子建在阿提拉的房子附近，周围也围着木栅栏。

阿提拉刚一进村，一群姑娘就唱着歌迎了出来。有几个人戴着白色面纱，其他人捧着面纱跟在后头。这时，奥涅格西姆斯的妻子带领着大群女奴出现了，向阿提拉奉上了食物和酒。这是匈人最高敬意的表示。

阿提拉从臣下们献上的银盘中捏起食物来吃，喝下了女人们献上的酒杯里的酒。整个过程他都骑在马上。

这就是公元449年时阿提拉与东罗马帝国之间的关系。这离阿提拉在兄长死后成为匈人的头领以来只不过5年时间。照此态势发展下去，东罗马帝国也许要比西罗马帝国先被阿提拉统率的蛮族联军消灭。可是，这种情况在第二年的公元450年因下面的两个原因发生了骤变。

公元450年7月28日，东罗马帝国皇帝狄奥多西二世去世，享年50岁。他在位期间没有做一件皇帝应该做的事情。虽然如此，在罗马帝国变为基督教国家以后，皇帝是依神意而定的。靠着这个对统治权世袭非常有利的规矩，狄奥多西二世仅因为是先帝之子就享受了长达42年的统治。也许是因为心里明白这一点，这位皇帝是一位热心的天主教徒，甚至传说他要把皇宫变成修道院。在没有留下男孩的皇妃死后，他对传宗接代也毫不热心。一直替弟弟掌管国家的姐姐普尔喀丽娅还得决定由谁来当下任皇帝。

她是一位天主教徒，虔诚程度不亚于弟弟，甚至被传为是住在皇宫里的修女。在目前情况下，人们通常会选择对自己的权力不会形成障碍的无能之辈充任下任皇帝。然而，她没有这样做，长年统治帝国的经验似乎没有白费。

君士坦丁堡元老院元老马利基安即位东罗马帝国皇帝。公元4世纪后，罗马元老院元老已不再看其是否具有军事经历了。但君士坦丁堡元老院则不同，元老职位是授予退役将军的，具有很强的名誉职务的色彩。元老院在罗马建国当初即已存在，到这时已有1 300年的历史。君士坦丁大帝130年前建都于君士坦丁堡，这位大帝以自己的名字命名首都，并要有像罗马一样的“元老院”（Senatus）。君士坦丁堡元老院即按此意而创设。时间一长，便会产生祖辈皆为元老院元老这种意义上的元老院阶级，但君士坦丁堡没有这个阶层。君士坦丁堡的元老院元老是武将和高级官僚退役后的一种名誉职务。

马利基安

新即皇位的元老院元老马利基安也在东罗马军队中积累了资历。他出生于多瑙河下游色雷斯地区（今保加利亚），这一带历来以盛产良马和优秀士兵而为世人所知。他非名门出身，也未受过高等教育，且已年过六旬，但惯于征战。

罗马帝国在成为基督教国家之前，凭此即能当上皇帝。而成为基督教国家以后，能否做皇帝不凭“人意”而凭“神意”，“神意”成了比什么都重要的必要条件。于是，已故皇帝的姐姐、先帝阿卡狄乌斯的女儿普尔喀丽娅这位与“神意”有缘的人便嫁给马利基安，从而使他得以即位。普尔喀丽娅提出的唯一条件是，因为自己是向神起誓的贞洁之身，所以不能同床。她已是年过五旬的女人，马利基安一定不会感到有什么不合适。

不愧是军人出身，马利基安万事积极。他登基后立即断然地全面毁弃与阿提拉的协约。根据与这个匈人头领的“同盟”协约，阿提拉的领土南起巴尔干地区的要地之一纳伊苏斯。这样，不仅一直被作为东罗马帝国领土的达契亚，就连连绵到其东面的色雷斯的大部分都成了匈人的领土。对色雷斯行省出身的马利基安来说，仅此一点就是一种屈辱。

新皇帝老当益壮，通知阿提拉毁弃协约的决定，同时着手加强东罗马军备，而且宣布自己统率军队。东罗马帝国皇帝连续两代连出君士坦丁堡都很罕见，相隔半个世纪之后又换成了征战沙场的皇帝。即使足不出首都，罗马皇帝也是军队的最高司令官。马利基安宣布自己要成为“名副其实”的最高司令官，并付诸行动。

马利基安皇帝把强化后的东罗马军队几乎全部投入西面的多瑙河流域。那时与波斯王国的关系大体处于良好状态，东面的幼发拉底河靠常规的防卫军即已足够。

阿提拉不可能没有注意到这个变化。就在这时，对阿提拉来说，好消息从天而降。

西罗马帝国皇帝瓦伦提尼安三世的姐姐霍诺丽娅，她的父亲是共治皇帝君士坦提乌斯三世，母亲是先帝狄奥多西一世的女儿加拉·普拉西提阿。霍诺丽娅公主皇统正宗，然而，自从罗马帝国成为基督教国家以后，公主在罗马帝国并不自由。既是先皇的女儿，又是现皇帝的姐姐，她就不能与“神意”无缘。她不能随便与人结婚。虽然不是现代的“核扩散”，但任何事物一旦“扩散”，其具有的力量就会弱化。因此，公主结婚只能是政治婚姻。可是，帝国认为可以让公主出嫁的对象并不常有。

接受“神意”者的女儿结婚生的孩子也能继承“神意”。皇女所生子女的“神意”继承分量与皇子所生子女并无多大差别，这很容易成为皇室内部纠纷即家庭纷争的原因。罗马帝国在成为基督教国家之

霍诺丽娅

前，皇帝的女儿也被用于政治婚姻。但因为没有“神意”干涉，并不存在没有合适的政治婚姻对象就不能结婚的情况。实际上，皇女可以很轻松地嫁给父亲属下的将军等，这一切在罗马帝国变成基督教国家之后完全改变了。先皇的女儿、现皇帝的姐妹没有合适的政治婚姻对象就终身不能结婚。最适合至死不婚的职业是把一生奉献给神的修女，没有政治婚姻对象的公主最终的去处只有修道院。

霍诺丽娅也是如此，30 岁还未能结婚，她也不想进修道院。恰巧就在此时，压制她内心不满的母亲加拉·普拉西提阿去世了。霍诺丽娅有了自作主张的条件。

公主霍诺丽娅把身边一个颇得信赖的宦官偷偷地派到阿提拉那里，让他带着书信和一看便知是属于公主所有的昂贵戒指。她在信中说，如果娶她，作为嫁妆阿提拉将得到西罗马帝国领土的一半。

阿提拉打算利用这个机会。东罗马帝国皇帝换成了马利基安，他采取了强硬路线，先头部队早已接近多瑙河，只等马利基安亲率的大军一到，决战即在眼前。

阿提拉派使节去西罗马帝国皇帝瓦伦提尼安三世那里，请求与皇姐霍诺丽娅结婚。瓦伦提尼安大惊失色，对姐姐处以监禁处分。但开弓没有回头箭，与身在高卢的联军总司令埃提乌斯讨论后，皇帝拒绝了阿提拉的请求。可是，阿提拉的目光已从东罗马帝国转向了西罗马帝国。匈人士兵也开始从根据地多瑙河中游地区向莱茵河移动。

西罗马帝国就这样成了阿提拉的目标。埃提乌斯这位西罗马帝国军队事实上的统帅不得不开始把以往长期处于亲密关系的匈人当作敌人。

香槟会战

阿提拉仅仅恣意横行了10年便留名于古代末期的西方历史上。他胆大妄为，一旦决定便毫不犹豫。他有卓越的统兵能力，而且无论属下的将军如何沉迷于奢侈生活，他个人却没有这方面的欲望，是最适合做蛮族头领的人物。但要如他自己所说，要统合日耳曼系蛮族在北欧创建一个大帝国，他还缺乏冷静透彻的合理战略。换句话说，他走哪算哪，并无规划。我甚至认为，这样的人能够青史留名，或许是因为基督教徒恐惧他，说他是“上帝之鞭”。

阿提拉不时做出进攻君士坦丁堡的姿态来威胁东罗马帝国，从而攫取了巴尔干地区的大半部分。尽管3年后被新上台的强硬派马利基安皇帝打得措手不及，但证明了以军事力量作为威慑，巧取豪夺的战略行之有效。如果这种方法也适用于西罗马帝国，阿提拉就应该首先把军队从多瑙河中游移驻到上游，在那里渡过多瑙河进入罗马领土，然后一路南下，翻越阿尔卑斯山脉，入侵意大利半岛北部，迅速包围皇帝所在的拉文纳。

拉文纳并非易守难攻，城市规模很小，只要实施海陆封锁，稳扎稳打，必可攻陷。因为蛮族不擅长海陆持续封锁的持久战，所以只有对手是蛮族，拉文纳才易守难攻。

阿提拉并无必要攻陷拉文纳。如果攻击皇帝所在的拉文纳，瓦伦提尼安三世必然会命令身在高卢的埃提乌斯返回。西罗马帝国军队总司令埃提乌斯既不能拒绝，也不能充耳不闻，虽然并非得已，他也得回来救驾。

埃提乌斯在高卢不败，并不是因为他统率着一支强大的罗马军队。他的胜利靠的是向少年时代就亲密交往的匈人借兵，或是因为成功地将某个在高卢自相残杀的北方蛮族化敌为友，可这样的情况根本不可能在意大利发生。

首先，匈人如今已成敌人而不能依靠。其次，不可能从高卢带某个蛮族来。他们正在高卢为保卫领土而针锋相对，对意大利并无兴趣，如果接受埃提乌斯的邀请去了意大利，就等于允许其他蛮族在他们不在时占领自己的领地。最终埃提乌斯只能率领自己直接指挥的士兵前来。

罗马军队也只是个名分，实质上不过是蛮族佣兵的乌合之众，有着佣兵固有的弱点。他们并不是在战场上会被迅速打垮，而是一见形势不利就逃之夭夭。与手下尽是这些士兵的埃提乌斯不同，阿提拉的匈人士士兵只要能抢到值钱的东西，就是挨刀劈也不会倒下。司令官个人的战术能力在这种情况下没有多大效力。因而，进攻拉文纳时，即使埃提乌斯回来，阿提拉也稳操胜券。况且，身在拉文纳的皇帝并

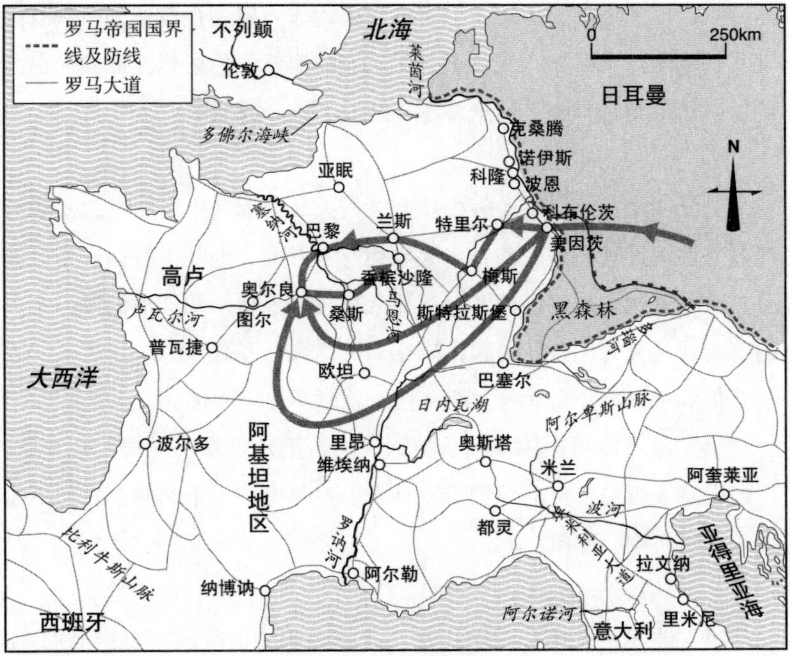

匈人入侵高卢的路线

没有面对不利形势坚持下去的坚强意志，惊慌之余，会轻易地把从多瑙河到意大利北部之间的土地拱手相让。

然而，阿提拉并没有渡过多瑙河剑指意大利，而是渡过莱茵河进入了高卢。据说这起因于下面这件事，真令人无语。法兰克人族长死后，其长子和次子兄弟阋墙，兄弟二人分别向阿提拉和埃提乌斯求援。阿提拉为此去了高卢。这不仅让拉文纳的皇帝松了一口气，也使身在高卢的埃提乌斯立场变得强硬起来。

原本日耳曼系蛮族是因为遭到匈人驱赶才入侵高卢并在那里建立自己领地的。他们在高卢寻求定居之地，也是因为匈人统治了日耳曼，自己已经回不去了。他们自然会把匈人入侵高卢看作关系到自己存亡的危机。阿提拉入侵高卢并无确定的愿景，他居然允许埃提乌斯的罗马军队与日耳曼系的众多蛮族结成了统一战线。

公元 451 年 4 月初，阿提拉率领匈人从莱茵河中游的美因茨附近渡过莱茵河涌进高卢。匈人士兵号称有 3 万人，但其中有他们带去的被打败的其他蛮族，因而实际战斗人员总数不得而知。他们渡过莱茵河就与法兰克人汇合在一起，战斗人员总数也许有 10 万。

他们进入高卢后兵分三路，使人感到军势浩大：

第一路军由阿提拉率领从美因茨向特里尔进发，经梅斯到兰斯，再经巴黎逼近奥尔良。他们沿罗马大道一路挺进，不到两个月就迅速突入了高卢中心部位。

第二路军沿着第一路军行军路线南边的大道行进，直指奥尔良。第三路军往南绕道，插向高卢中部，然后向奥尔良迂回包抄而去。他们没有伤害高卢北部，那里是法兰克人的领地。三路军队边走边烧杀抢掠，沿途所过，不论城市还是乡村，一概不能幸免。这是名副其实的“侵略”（invasion），英语这个词语的词源是拉丁语“invāsio”。顺便说一句，拉丁语的这个词据说产生于帝国后期。这大概是因为不论是在可称为高度成长期的共和政体时代，还是在可称为稳定发展期的元首制时代，罗马人都不需要靠“侵略”生存。

埃提乌斯是一个生活在“侵略”已是家常便饭的时代的罗马人。他这时在高卢南部的阿尔勒，那里是他的根据地。他得知阿提拉入侵高卢后，便马上向西哥特人的族长提出共同作战的请求。西哥特人正在西邻法国南部的阿奎塔尼亚地区（今阿基坦）不断扩张势力，这里尚在罗马的势力范围之内。年迈的西哥特人族长狄奥多里克送来了同意的答复。埃提乌斯同时还请求其他日耳曼系蛮族也一同参战。公元451年6月，埃提乌斯实现了这个反阿提拉联军的构想。

反阿提拉联军从南面和西面奔赴阿提拉正在进攻的奥尔良。蛮族并不擅长必须打持久战的城市攻坚。在罗马时代，奥尔良被称为凯纳布姆（Cenabum），是高卢中部的重镇，地处卢瓦尔河沿岸，围有坚固的城墙。我们不清楚阿提拉为什么会瞄上进攻起来明显棘手的奥尔良。阿提拉包围奥尔良果然久攻不下，这给了埃提乌斯准备反击的时间。

阿提拉在得知埃提乌斯已经逼近，决定解除对奥尔良的围攻后撤退。为何会考虑撤退也无人知晓。我们只知道，阿提拉似乎打算再次渡过莱茵河回日耳曼去，但这样在半道上就会被埃提乌斯追上。我们知道他们从奥尔良到了桑斯。之后他们大概想走两个月前来时的路回到兰斯、特里尔，然后在美因茨渡过莱茵河。可是，他们在到达兰斯之前就被埃提乌斯追上。

这一带在罗马时代被称为“坎帕尼亚”（Compania），后世称为“香槟”（Champagne），是沿马恩河两岸展开的平原地带，位于罗马时代会集了7条大道的大都市兰斯以南40公里左右的地方。

阿提拉被追上后在这里掉转方向，准备会战。他相信自己的骑兵天下无敌，只要以平原为战场，就能充分发挥骑兵的战斗力。

公元451年6月24日，是阿提拉与埃提乌斯以香槟平原为舞台展开会战的日子，这场会战在历史上留下了“卡塔洛尼平原（Campi Catalaunici）会战”之名。“卡塔洛尼”是高卢未被罗马化之前居住在这一带的凯尔特民族中一个部落的名字，用这个名字命名的“卡塔

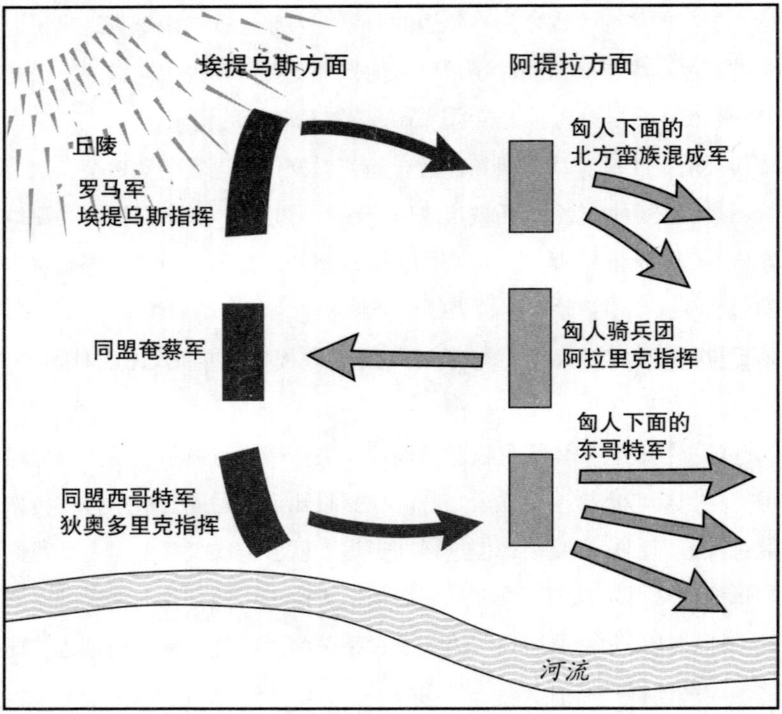

卡塔洛尼会战

洛尼”城就是现在的香槟沙隆。所以，后世也把这次会战称为“沙隆会战”。

埃提乌斯大概想降低匈人骑兵的速攻力，在山丘和河流之间的地带布下阵势。

老狄奥多里克率领的西哥特军队布在可以眺望到河流的右翼，中军集中了其他蛮族兵，埃提乌斯亲自率领的左翼则在山脚下布阵。全军呈弓形阵势。

阿提拉的军队左、中、右三军成直线排列，左翼的是东哥特人，他们可以望见河流。与埃提乌斯对阵的右翼是与东哥特人一样投靠阿提拉的蛮族兵。中军是阿提拉率领的匈人骑兵团。

从这个阵形可以看出，埃提乌斯的战术是即使中军被压制，僵持时左翼和右翼可以击退敌人的左右两翼，孤立中军的骑兵团。

而阿提拉的战法是用最具攻击力的骑兵击破罗马方面的中军，把敌人一分为二，再由自己军队的左翼和右翼分别收拾。但是，这个战术要想成功，阿提拉的左翼和右翼必须敢打敢拼，骑兵的猛攻也必须压制住埃提乌斯的中军。

只看布阵，那简直就是共和政体时代罗马军队战术的翻版，使人觉得这场会战打得宛如图上画的那样合理完美。然而，两军都为布阵耗费了太多工夫，时间流逝，战斗直到下午 3 点才终于打响。这哪里是什么玩弄战略战术的会战，简直就是一场比拼力气的混战。埃提乌斯和阿提拉的战术都未能奏效。

担任罗马军队右翼的西哥特人英勇善战，敢打敢拼，甚至拼到老族长狄奥多里克战死沙场。埃提乌斯指挥的左翼也把山丘围得铁桶一般，从敌人侧翼发起进攻，消灭了敌人的右翼。可是，埃提乌斯的中军没有经得住匈人骑兵团的猛攻。很明显，阿提拉方面也只有配置在中军的骑兵团打得如愿，左右两翼都已彻底崩溃。

战斗变成了混战，变成了白刃战。两军都未能按自己的战术作战，最终成为一场伤亡惊人的会战。太阳落山时分，阿提拉分割罗马军队的意图失败，他完全被压制住了。阿提拉回到自己阵地时神情沮丧，脱口说出“干脆一把火烧掉阵地，跳进火里死了算了”的话来。

想起来，如此令人畏惧的匈人也在正规战斗打响的瞬间败北，直让人觉得蛮族只是在袭击手无寸铁的民间百姓时才能逞强。

如果埃提乌斯愿意，让“上帝之鞭”的阿提拉在这场会战中化作香槟平原上的露水无影无踪，也是有可能的。西哥特人因老族长战死反倒燃起了战斗意志，老族长狄奥多里克之子托里斯蒙扬言，要马上攻进敌人阵地，不待明日。

埃提乌斯阻止了他，他劝这个西哥特年轻人说，要先回领地，重整老族长死后的西哥特人。战死的老狄奥多里克有4个儿子，托里斯蒙是其中之一。他担心父亲死后会有哪个兄弟出来独领全族，便听从了埃提乌斯的忠告，带着西哥特的士兵回阿基坦去了。他们走后，埃提乌斯光靠自己手下的士兵便无力追击阿提拉。

一度想自杀的阿提拉就这样安然渡过莱茵河，回到了日耳曼，看上去像是埃提乌斯救了他。

为什么要放走阿提拉？当时就有许多人抱有这样的疑问，是不愿意毁灭从少年时代起就亲密以待的匈人，还是怕消灭了匈人，西哥特人在高卢的力量过强？

没有人知道这时埃提乌斯的内心想法。但阿提拉和匈人受到重创、逃脱覆灭则是事实。令人恐惧的阿提拉在正规战斗打响时即告败北，入侵高卢不足三个月就再次渡过莱茵河，逃往东方。一般想来，不可一世的阿提拉会老实一阵了，可是事情并非如此。第二年他们就又来进犯意大利了。上次入侵高卢的理由是应法兰克人请求，而此次来犯的理由是为了与公主霍诺丽娅结婚。既然送来了戒指，那就是婚约，他要求实现这个约定——结婚。

要从多瑙河中游地区进军意大利，最稳妥的路线是从自西向东环抱北意大利的阿尔卑斯山脉的最东端进入。阿提拉率领匈人就从这条路线进入了意大利。他们首先进攻了像绊脚石一样挡在路上的阿奎莱亚。但是，和其他蛮族一样毫不例外，匈人也不善于打攻城战。香槟平原的会战结果也传到了意大利。从现在残留的遗迹根本无法想象，罗马时代的阿奎莱亚是位于亚得里亚海北端的意大利东北部首屈一指的海港城市，这里有防御力量常驻，居民的自我防御意识强烈。这已够阿提拉为难的了。比攻占阿奎莱亚更优先的是如何保障数万士兵的粮食和满足他们掠夺的欲望。

阿提拉只分出部分兵力参加阿奎莱亚的攻防战，而把剩下的大半兵力放出去掠夺整个意大利北部。匈人在意大利北部充分表现出了他们恣睢暴戾、狂暴无度的特点。康科迪亚陷落了，帕多瓦、维琴察，继而是维罗纳、克雷莫纳、皮亚琴察、帕维亚、米兰……惨剧上演了，可以说所有城市都被匈人的马蹄蹂躏，无一幸免。

每座城市都有高高的城墙围绕，但还是一个个地陷入敌手，其原因是居民没有选择抵抗，而是开门揖敌。帝国末期的罗马人已经不再指望只要顽强抵抗，皇帝的部队就会马上赶来救援。

威尼斯诞生

阿提拉向身在拉文纳的皇帝要求实现与公主霍诺丽娅的婚约，但未向拉文纳派兵。这也许是优先采用了他的惯用伎俩，首先让意大利北部全境陷入恐怖之中。但居住在意大利半岛北部的人们认为这正是上帝挥来的无情之鞭，直接导致了后来中世纪时代以海洋通商国家闻名于世的威尼斯共和国的诞生。在 25 年前出版的《海都物语》(中译本于 2016 年由中信出版社出版）一书中，我这样起笔道：

阿提拉要打过来啦！

匈人要冲过来啦！

阿奎莱亚遭到火攻。

听说连女人孩子也都被杀光！

蛮族可怕，抵抗与否统统被杀，献出财宝也不能幸免。匈人扫荡之后，寸草不留，满目疮痍。消息如旋风般传播开来。

这已到了罗马帝国的末期。这是蛮族反复入侵、人们已坠入恐怖深渊的时代。阿提拉的匈人暴戾无比，较之其他任何蛮族都更加令人恐怖。居住在意大利东北部威内托地区的人们，听说他们的主教教堂所在地阿奎莱亚遭到可怕的匈人袭击，大为惊慌。

“逃到哪里去呢？”

没有一个人想逃往山区。这一带是由多条流入亚得里亚海的河流冲击而成的平原，如果要逃到对面很远的山里，恐怕还没跑到就会被追杀。这谁都看得见。那么沿亚得里亚海海岸南下，逃到帕多瓦，或者更南面的拉文纳行不行呢？

可是，说这话的人马上就把话咽了回去。蛮族一定是冲着拉文纳或者罗马去的，在他们行进路线的前方想逃脱是不可能的。被人请示的牧师也说不出任何话来。牧师仰天举起双手，与其说是在向神祷告，不如说是在诉说无可奈何的绝望。

就在这时，天上传来一个声音：

“登上塔去，从那里看大海！你们的所见之处，便是你们今后的家园！”

0
100km
诺里库姆
阿尔卑斯山脉
N
尤里安阿尔卑斯山
科莫湖
科莫
米兰
克雷莫纳
维罗纳
维琴察
帕多瓦
阿奎莱亚
都灵
帕维亚
皮亚琴察
曼托瓦
波河
波比利亚大道
威尼斯
康科迪亚
波伦佐
埃米利亚大道
伊利里亚
热那亚
博洛尼亚
拉文纳
里米尼
比萨
佛罗伦萨
意大利
弗拉米尼亚大道
亚得里亚海
奥雷利亚大道
台伯河
科西嘉
第勒尼安海
罗马

匈人入侵意大利的路线

人们登上教堂的钟楼，从上面可以看到正好在退朝时现出的一片片沼泽地带。潮浸的土地上长满了繁茂的芦苇，却不见树木的影子。

神有启示啦。不论穷富，不论男女老幼，人们在牧师的带领下向那片土地移去。其他地方的人都带着财物和家具逃难，而这些人却得带去建造住房用的木材。在他们的新天地里，除了鱼之外一无所有，但至少命保住了。

上面所说的其实是威尼斯早期编年史中的所谓传说。实际上神大概什么都没说。不过，传说也许对研究历史科学的人来说没有什么可取的价值，但想象当时民众的心情，对那些希望在身边感受到神的人来说，却是不能轻易无视的史料。

现代的威尼斯是一座美丽的城市，一定有许多外国人也认为可以在那里落户。但是，在距今 1 500 多年前的古代，那些拥有高度文明的罗马帝国的子民不得不迁居到芦苇丛生的沼泽地，对他们而言，即使是为了躲避匈人的暴行，也需要非常之决心。如果不用神的启示这种想法让自己心悦诚服，大概是无法决然行事的。只有在种种不适合人居条件的土地上，他们才能保全性命。

根据编年史记载，这件事发生在公元 452 年。24 年之后，西罗马帝国灭亡。

从公元 452 年春天一直到秋天，整整半年时间，阿提拉率领的匈人在意大利北部极尽暴虐。这期间，埃提乌斯一直在高卢南部，没有任何行动。他是无法行动。高卢的蛮族对去意大利没有兴趣。结果，他并未能“以毒攻毒”，只是证实了他玩“毒”于股掌之间的巧妙技能。

罗马行动了。由两位元老院元老和罗马主教利奥三人组成了一个交涉团，去见身在曼托瓦的阿提拉。所谓交涉，实际上就是请求“付钱给你，请你回去”，交涉的重点也只是所付钱款的金额。大概是因为交涉太不体面而未留下记录，所以我们不知道妥协金额为何。于是阿提拉按照承诺，翻过阿尔卑斯山脉，回多瑙河对岸去了。

按我的想象，阿提拉这次轻易同意，可能出于以下三个理由：第一，他需要一大笔钱来满足部下；第二，他自己也已在肉体上疲惫不堪；第三，他在精神上也已厌倦。阿提拉已经完全丧失了坚持下去的意志。

这时一个传说流传起来。这与其说是民间传承下来的传说，不如说是基督教会一开始就有意散布的宣传。传说主教利奥得到圣彼得和圣保罗的神助，鼓起勇气，当面谴责阿提拉的暴虐，说教此后超脱和慈悲的重要。阿提拉被利奥的热情雄辩说服，离开了意大利。这个故事中没有一字提到付钱之事，只是强烈而深刻的信仰把基督教社会从蛮族的暴虐中拯救出来。西方天主教势力的两大领袖之一迦太基主教现已不复存在，罗马的基督教会需要强调幸存的罗马主教。从这时起，罗马主教开始被称为罗马教皇，成为全体西方基督教徒的精神支柱。

顺便一提，至今仍能在罗马梵蒂冈名为“拉斐尔画室”（Stanze di Raffaello）的一室中看到拉斐尔的壁画，描绘着教皇利奥一世说服阿提拉的情景。

半年以来使北意大利全境陷入恐怖深渊的阿提拉和匈人终于撤退而去。公元 452 年是以阿提拉的袭击开始又以阿提拉的退去结束的一年，这一年，33 岁的瓦伦提尼安三世蛰伏于拉文纳，而罗马帝国军

教皇（左边头戴三重冠骑马者）说服阿提拉从罗马撤兵（拉斐尔画）

队实际的最高负责人埃提乌斯也未曾离开法国南部一步。居住于意大利半岛的人们看此二人的目光自然逐渐冷淡下去。

公元453年，阿提拉的死讯与春天一起到来。听说这位匈人的王者——不仅他自称为王，其他蛮族的族长也都开始纷纷称王（rēx）——在一次宴会上突然大量吐血而亡。葬礼非常隆重，归入匈人旗下的日耳曼系蛮族的族长们都参加了葬礼。埋葬也按照匈人的传统方式进行，挖掘墓穴的奴隶随后立即被全部杀掉。

接班人之争旋即开始，匈人四分五裂。以前因抗不住阿提拉不得已接受其统治的其他蛮族见状纷纷借机离去。匈人将莱茵河到多瑙河的辽阔地域置于自己统治之下，逞强一时，这时也随着阿提拉之死灰飞烟灭。回想起来，匈人称雄尚不满 10 年。

不只是居住在意大利半岛的罗马人因阿提拉的死讯而欢欣鼓舞，这对正在高卢建立自己领地的其他蛮族也是喜报。阿提拉死后，在高卢全境以及与高卢只有比利牛斯山脉一山之隔的西班牙，北方蛮族各部族的势力发展更加迅猛。对他们而言，除去匈人的威胁，就再没有什么其他可怕的了。罗马帝国已经不值得害怕了。

自毁

第二年，即公元 454 年，瓦伦提尼安三世大概认为因阿提拉之死和匈人的消散已天下太平，便访问了首都罗马。这时，埃提乌斯也从高卢南部赶来，他有求于皇帝。

西罗马帝国的皇帝和西罗马帝国的联军总司令，在皇宫的一个大厅里见面了。这座皇宫建在帕拉蒂尼山上，是元首制时代皇帝们的办公场所和住宅。那天也跟往常一样，皇帝有宫廷官僚跟随左右，而埃提乌斯只带了随从。与皇帝进行的是私人会晤，埃提乌斯并未身着戎装，而是一身托加长袍打扮，连短剑都未佩带。皇帝因为地位关系佩带了一把剑，但那只是一把一次都不曾使用过的装饰着宝石的剑。

皇帝一定认为，联军总司令此次前来是为两年前阿提拉在意大利北部恣意施暴时自己置之不顾之罪祈求饶恕的。在那半年里，皇帝自己也躲在拉文纳，大气都不敢出。在不履行职责这一点上，皇帝与总司令同罪。在阿提拉于意大利北部极尽暴虐的半年里，更强烈地感受到恐怖的人，不是身在阿尔卑斯山脉彼侧法国南部的埃提乌斯，而是身处北意大利拉文纳的瓦伦提尼安。后世史学家吉本称他为“肉体成熟而头脑不成熟”的皇帝。尽管他完全没有尽到皇帝的职责，但坚信不疑地认为自己是皇帝，埃提乌斯只是臣下。所谓“神意”就是这样，让接受了它的人比其他任何人都固执地认为自己为“神意”所钟，绝不等同于自己任命的臣子。因此，臣下不仅要向神祈求饶恕自己的罪过，还要向受了“神意”的皇帝祈求饶恕。这样说也有它的道理。

可是，60 岁的埃提乌斯并没有这么做。也许埃提乌斯认为，当时就已经解释清楚了，根本没有考虑组建一支军队派往意大利，自己已经尽到了职责。于是，他并没有谢罪，而是请求皇帝把公主嫁给自己的儿子。

正因为胆小，反倒容易翻脸。神经总是紧张，只要稍加外力，极易绷断。而 4 年前才去世的母亲加拉·普拉西提阿曾长年向瓦伦提尼安灌输对埃提乌斯的仇恨。这时，皇帝下意识地从腰间拔出了短剑，发出异样的叫声扑向埃提乌斯。虽说是装饰用剑，剑锋仍很锋利。剑深深刺入身着托加长袍的埃提乌斯的胸部，鲜血很快浸湿了雪白的托加长袍。埃提乌斯一句话也没能说出就瘫倒下去。

是皇帝个人的想法引发了惨剧，还是哪个宦官设下的阴谋，当时众说纷纭。无论如何，22 年中基本阻止了蛮族入侵的埃提乌斯被刺身亡。

翌日，皇帝来到元老院，说明这次杀人是为了匡扶正义不得已而为之。一位元老院元老听后对瓦伦提尼安说道：

瓦伦提尼安三世

陛下，我不知道陛下的想法。但连我都懂得，您这是用左手砍下了右手。

新年来到，公元455年3月16日，正在圣乔万尼大教堂前广场上检阅军队的瓦伦提尼安皇帝，被突然离开队列冲过来的两名士兵刺杀。这两个人是蛮族出身的士兵，长年在半年前被杀的埃提乌斯手下从军。

公元408年，斯提利科被霍诺里乌斯皇帝处以死刑，退出了历史舞台。这导致了公元410年西哥特人发动“罗马浩劫”。公元454年瓦伦提尼安皇帝亲手杀害了埃提乌斯，又导致了公元 455 年 6 月汪达尔人发动的又一次“罗马浩劫”。蛮族似乎比罗马人更了解西罗马帝国失去得力左右臂的意义。

瓦伦提尼安三世没有留下子嗣，下一任皇帝的人选便任由元老院决定。元老院以多数赞成选出了佩特罗尼乌斯·马克西穆斯。他是一位元老院元老，出身于贵族阶层，属于号称罗马首富的阿尼基亚家族。年龄适中，不年轻也不太老，看上去是完美的罗马精英。他曾有两度担任执政官、三度担任首都长官的公职经历，尽管每一次的任期都是一年。他行事认真，便携式计时用滴漏不离手，以确定时间，开展工作，让人联想起五贤帝之一的安敦尼·庇护。如果是在罗马帝国运行良好的时代，他一定能够作为一位好皇帝而终其一生。可是，公元 5 世纪后半叶已然不是公元 2 世纪后半叶了。

罗马时代的西班牙（现在的西班牙）和毛里塔尼亚（现在的摩洛哥）之间，仅仅隔着一道罗马时代称之为“赫丘利之柱”的直布罗陀海峡。两岸相距 14 公里，只要有船就是一步之遥。公元前 3 世纪，迦太基在第一次布匿战争中败给罗马，放弃了因战败而被罗马接收的西西里，把西班牙变为自己的领土，并建设了一座城市（现在的卡塔赫纳）作为中心，取名为“迦太基诺瓦”（新迦太基）。在后来的第二次布匿战争中，罗马历经苦战才最终战胜名将汉尼拔，得到了整个西班牙。于是，罗马把目光投向北非。这是地缘政治学的当然归结。在第三次布匿战争中，罗马终于灭了迦太基，使古代人的梦想成真，让古希腊神话英雄赫丘利的左脚踏在了伊比利亚半岛，右脚踏在了北非。

在古代人的头脑中，欧洲南部和非洲北部是连为一体的。乍一听

佩特罗尼乌斯·马克西穆斯

到后人起的名字“直布罗陀海峡”，就给人一种强烈的两地隔离的印象，而且现今两岸的基督教国家与伊斯兰教国家仍在对峙。不过，在那尚未有这种对立关系的时代，人们航行在地中海上，头脑中会驰骋着这样的想象，左脚立在南欧、右脚立在北非的赫丘利正在保佑着他们。

生于古代终结之时的日耳曼系蛮族继承了古代地中海人的这种感觉。当初他们从生养自己的面临北海的日耳曼渡过莱茵河入侵高卢的时候，日耳曼与高卢的差别令人印象深刻。可是，自从南下高卢、西班牙，渡过“赫丘利之柱”，直到登陆北非，他们一定再也感觉不到什么区别了。两根“赫丘利之柱”中的任何一根都属于罗马世界这一共同的文明圈。

汪达尔人登陆北非是公元 429 年春天的事情。到了第二年，即公元 430 年的夏天，希波雷吉乌什陷落，汪达尔人再有一口气就能直逼迦太基了。可是，蛮族不擅打包围城市的攻坚战。结果，汪达尔人在

北非遗迹

剧场（大莱普提斯，现在的利比亚）

朱庇特神殿（斯贝特拉，现在的突尼斯）

圆形竞技场（艾尔迪约姆，现在的突尼斯）

北非出土的罗马鼎盛时期的镶嵌画

吹角笛的海神特里同

猎鹿的女神戴安娜

诗人维吉尔与两位缪斯

从船上卸货的人们

现在的摩洛哥到利比亚一带称霸10年之后，才于公元439年拿下这里的最大城市迦太基。

这10年给北非带来了巨大的变化，罗马的色彩在以迦太基为中心的北非被一扫而光。首先，以农庄主为主体形成的“罗马时代的北非”的上层都逃难去往西西里和意大利了。正因为农庄过去有机高效的经营，北非才得以成为罗马帝国的粮仓。现在，尽管耕地和气候与以前相同，即自然环境并没有发生变化，但北非也已经不再是有能力出口农作物的农业地区了。

其次是天主教派基督教的衰退。汪达尔人是阿里乌斯派基督教徒。在排斥北非天主教方面，同为异端的多纳图派基督教徒更加热心。作为异端，他们长年遭受天主教迫害，心怀仇恨。

但是，北非天主教会的衰退不仅仅是宗教界的问题，与这里知识分子的衰退也有关系。一直影响到后代的基督教天主教派论客几乎都出生于北非，更不用说我在《罗马人的故事12·迷途帝国》文末介绍的迦太基主教西普里安和本书介绍的希波雷吉乌什主教奥古斯丁了。这些高级神职人员中的许多人在被汪达尔人抓住之前就逃到意大利去了，这也导致了北非知识分子阶层的衰退。地中海对岸传来的声音又一次影响不到欧洲的天主教徒了。丧失了拥有经济实力的人和拥有智慧的人，是北非没有发生罗马人反对新统治者汪达尔人的抵抗运动的真正原因。

社会上层人士可以逃走，但没有避难地的中下层人群无从逃跑。他们要么放弃天主教，要么作为隐蔽的天主教徒活下去。他们中间不能忽视的是造船的匠人们。

这里一天到晚面对大海。迦太基曾经是西地中海第一号的海运国家，到了后来的罗马时代，又一直受到罗马的奖励，北非居民的造船技术也就一代代地传承了下来。这使得刚脱离森林、不知利用大海的汪达尔人开始亲近大海。和渡过北海入侵不列颠的盎格鲁人和撒克逊人一样，汪达尔人也了解乘船出海的作用了，尽管操纵航行要交给其统治之下的迦太基系罗马人船员。

出海也有两种方式：从事渔业或贸易，或者选择海盗业。罗马人和迦太基人选择的都是前者，而汪达尔人却选择了后者。他们渡过莱茵河之后在高卢、西班牙一直过着袭扰掠夺的生活，登陆北非后仍旧掠夺原住民。也许出海并不能改变他们袭扰掠夺的生活习惯。

居住在意大利半岛的罗马人刚刚因为阿提拉之死摆脱了北方匈人的威胁，马上又受到南来的汪达尔人的威胁。海盗不仅袭击在海上遇到的船只，抢人掠货，这只是他们工作的一小部分。海盗的主要工作是乘船沿海岸或溯河而上，袭击城镇村庄，杀人越货。袭击动态中的目标不如打击不动的目标更有效率。他们与山贼和盗贼的区别只是在于来自陆地还是来自大海，在袭击破坏、杀人越货方面毫无二致。

丧失制海权就是没有海军力量来压制海上的为所欲为、无法无天、横行霸道的行为，就意味着只能处于坐视的状态。人们听到制海权，往往会以为这仅限于军事方面。然而，失去制海权后最先受害且受害最深的通常都是一般人群。丧失制海权表示“罗马统治下的和平”在地中海也已完全成为过去。

然而，汪达尔人如果没有一位能力很强且长期掌权的领袖，他们就不会在登陆北非后 25 年、统治北非全境后 15 年这样短的时间里，使自己的势力发展到如此程度，也许已经像其他蛮族一样难免内讧，四分五裂，最终被北非的罗马社会吸收。

汪达尔人的族长根西里克是一位有能力、很强势而且长寿的领袖，光是动员10万之众放弃西班牙并把他们带到北非，就显示出他不是一位平庸的领袖。在北非登陆后，他通过反对北非罗马势力，把多纳图派基督教徒、非基督教徒的摩尔人，甚至未被罗马同化的沙漠游民柏柏尔人，都成功地召到了自己的麾下，与之共同战斗，而且他还成功地大体抑制了多纳图派的疯狂信仰、摩尔人独立擅行的倾向和柏柏尔人的狂暴个性。说“大体抑制”，是因为完全抑制这些情况对汪达尔人垄断统治权并非有利。

根西里克还致力于改善与东罗马帝国的关系。这完全不是因为他是一个和平主义者，而是为了避免不遗余力排斥阿里乌斯派的东罗马帝国派兵打到北非来。北非自汪达尔人入侵以来已逐渐变成了阿里乌斯派基督教国家，不过根西里克未能成功地改善与东罗马帝国的关系，不是因为他缺乏外交技能，而是东罗马帝国对北非动向的兴趣现已大为淡薄。

汪达尔人的王者根西里克虽然强势，却也是一个无道之人。汪达尔人离开伊比利亚半岛去了北非之后，西哥特人便在伊比利亚半岛逐步确立了自己的势力。虽然只是一海之隔，身在西班牙的西哥特人对直布罗陀海峡彼岸的北非并不感兴趣，这点对正在北非建立势力的根西里克极其重要。

根西里克请求西哥特人国王把女儿嫁给自己的一个儿子为妻。这样，汪达尔与西哥特两族便结成了姻亲关系。然而，自从与先王关系极差的人成为西哥特人国王以来，这种关系却变得十分不利。于是，根西里克把儿媳妇退回了娘家，在送回时还不是单纯的遣返，而是事前把她的鼻子割掉才送走。结果，西哥特与汪达尔两族之间的关系恶化更胜从前。这个时期，西哥特人正与苏维汇、奄蔡等蛮族抗争，争夺伊比利亚半岛的统治权。这样，才未发生直布罗陀海峡被大量运送蛮族的船只挤满的情况。

第二次“罗马浩劫”

到了公元455年，根西里克率领的汪达尔人并未突如其来地出现在罗马城下。对从北非要地迦太基出港的船只而言，最近的陆地是西西里岛和撒丁岛，当然还有其他小岛。但不管是潘泰莱里亚、马耳他，还是兰佩杜萨，都不过只要一天便能抢完。与这些小岛相比，西西里和撒丁才是地中海数一数二的大岛，不愧岛的称呼。汪达尔人的海盗就专门祸害这两座岛，但也没能入侵到岛的深处。汪达尔人已经把北非置于统治之下，没有更多的领土欲望，也没有足够的军事力量入侵到岛的内部。在地中海世界里，财富都集中在临海城市。军事力量有限的海盗集团通常只打那些袭击效率高的地方。

因此，汪达尔人一直挨家挨户地袭击西西里和撒丁的临海城市和村镇。然而不久以后，海盗们扩大“战场”的意识高涨起来。罗马进入了他们的视线。

从居住在西西里的人们那里传来的情报显示了汪达尔人的这个动向。居住在罗马的人们，尤其是在西西里拥有农庄的元老院元老们，不会不知道这一情况。然而，人总有一种倾向，只想看到自己想要看到的事物。这个时期罗马人的眼睛只看着阿提拉和匈人。看北面的时间长了，视线都不愿往南面转一下，这种情况使得根西里克率领的汪达尔人在奥斯提亚登陆，形成了对罗马人的突然袭击。印在罗马人脑海里的蛮族，是策马驰骋从陆上袭来的野蛮人，他们不会乘船渡海而来。

三年前阿提拉亡故，两年前匈人灰飞烟灭。西罗马帝国方面，一年前皇帝亲手杀死了左膀右臂埃提乌斯。到了今年，皇帝也被埃提乌斯的两个旧部刺杀，马克西穆斯继位才两个月。

根西里克肯定对这些了如指掌，尤其了解西罗马帝国失去了左膀右臂。把蛮族摆布于股掌之间的埃提乌斯在高卢活动的时间长达20年，不仅会匈人的语言，也懂其他蛮族的语言，在蛮族中赫赫有名。总之，公元455年由汪达尔人发动的“罗马浩劫”，并不是偶然因素积累造成的不幸。

有段时期，我对把“浩劫”这个词用于公元455年汪达尔人发动的“罗马浩劫”是否恰当感到疑惑。词典里对“浩劫”的解释是，威胁掠夺并不惜杀戮的行为。于是我想，被袭击的一方大概是做了抵抗的。

公元410年阿拉里克率领西哥特人发动“罗马浩劫”时，将罗马包围了三次。因此，罗马是做了抵抗的。而公元455年根西里克率领的汪达尔人发动“罗马浩劫”时，罗马未做任何抵抗。可是人员物资照样被抢，杀戮也照样发生，尽管情况没有上次浩劫那么厉害。从离罗马市内20公里的外港奥斯提亚登陆，溯台伯河而上进入罗马，或者经由奥斯提亚大道（Via Ostiensis）和港道（Via Portuensis）逼近罗马都很容易。即使看不见敌兵的影子，这种威胁也是存在的。

公元455年5月，根西里克在奥斯提亚登陆，立即占领了这座港口城市。但他并不着急。他把乘坐的许多船停泊在皇帝港（Portus

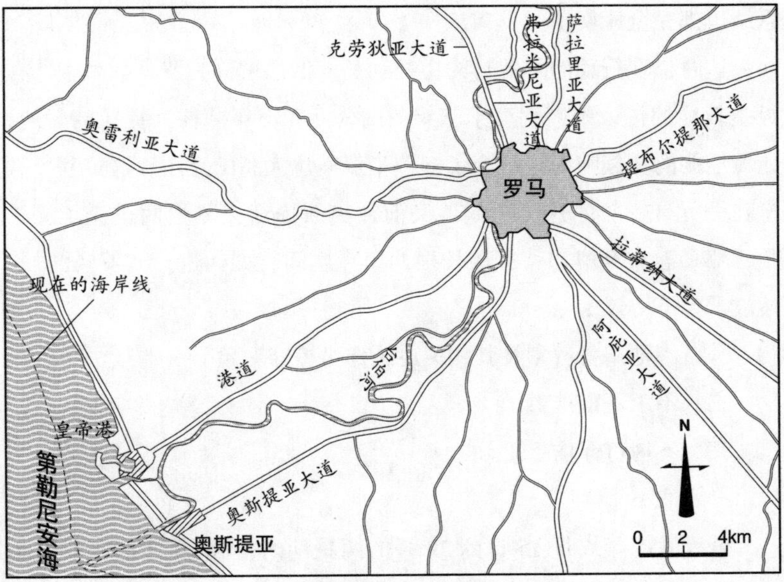

从罗马到奥斯提亚

Augustii）里以免遭遇风暴。这个港口因克劳狄乌斯皇帝建设、图拉真皇帝扩建而得此名。根西里克带来的士兵以汪达尔人为核心，顶多也只有 1 万人。尽管从第一次“罗马浩劫”以来人口外迁加剧，罗马市内的人口少说也有 20 万之众。可是他们知道蛮族在奥斯提亚登陆后大为惊恐，纷纷准备外逃。

两个月前当上皇帝的马克西穆斯企图让动摇的人们镇定下来。可是，民众也清楚，没有军事力量的皇帝起不到任何作用。马克西穆斯徒劳了一个月之后，被过于恐惧而激愤的民众杀害，在位尚不足三个月，此后皇位虚空达两个月之久。蛮族只是在外港登陆，罗马市内便激烈动荡，甚至无法考虑谁来继位。这何止是没有危机管理，连指挥系统也都完全瘫痪了。

这时仍在行动的是罗马的主教利奥，他已被称为罗马教皇了。在天主教徒的传说中，利奥于三年前的公元 452 年前往阿提拉的营地，让无信仰的蛮族阿提拉放弃了进一步侵略意大利的意图。这位利奥教皇在公元 455 年的这个时候，又前往奥斯提亚去见根西里克了。于是，罗马教皇利奥与蛮族族长根西里克之间就如何进行“罗马浩劫”达成了如下协议：

一、不把基督教堂及其相关设施作为掠夺对象。

二、不杀不抵抗者。

三、不拷打俘虏。

公元 455 年 6 月 15 日到 29 日的两星期内，“世界之都”罗马实际上遭到了有系统的掠夺。溯台伯河而来的船只一艘接着一艘靠上码头，装满预先运来集中于此的各种物品之后，成行成队地回到皇帝港。在那里，再把货物从内河船倒到海船上。汪达尔士兵甚至没有必要监视市民。主教传达了神意，主教的命令就是神的命令。市民们都是基督教徒，他们遵从利奥教皇的命令。

装上船的不仅仅是金币和珠宝首饰。青铜像自不必说，就连镂空雕刻的铜质桥栏杆、大门、门扇，也都统统被拆下运走。矗立在卡匹托尔山上的主神朱庇特神殿屋顶上的镀金铜瓦，也被拆下装船运走。

这些拆、卸、运、装的工作都是罗马市民自己做的。汪达尔人士兵只是在罗马市内转悠，时不时闯进房屋，喝三吆四，发号施令。

就这样，罗马被劫夺一空，但很少有人被杀。而不幸被杀的，不是想阻止掳走儿女的人，就是被误认为抵抗的人。与公元 410 年阿提拉率领西哥特人发动“罗马浩劫”时 5 天里牺牲的人数相比，在公元

455 年根西里克率领汪达尔人发动的长达 14 天的“罗马浩劫”中牺牲的人数则少得惊人。

教皇利奥通过献出与基督教没有关系的罗马，包括个人的住宅和集体公寓，拯救了居民的生命。但他没能阻止住汪达尔人对地位高的人或有钱人的绑架，这些人被认为能换取赎金而被拉上了船。教皇为了神职人员和修女不被带走已经精疲力竭。汪达尔人尽管属于阿里乌斯派基督教徒，与天主教徒是宿敌关系，但没有对天主教堂动手，遵守了与利奥教皇的约定。

以索要赎金为目的被带走的人中，还有先皇瓦伦提尼安的妃子和两个女儿。根西里克让两个公主中的一个与自己的儿子乌内里克结了婚。罗马帝国的公主与蛮族的族长或其儿子结婚已经不是什么稀罕事了。

公元 410 年的“罗马浩劫”是一个大新闻，甚至惊动了地中海的东岸。与之相比，公元 455 年的“罗马浩劫”甚至连新闻都不是。当时的有识之士中，竟没有一个人因此受到强烈打击，留下文字，哀悯“永恒之都”罗马的命运。难道因为这是第二次“浩劫”吗？因为这次是掠夺与被掠夺双方合作完成的“浩劫”吗？不管是什么原因，被掀掉顶瓦的朱庇特神殿在半个世纪以前便已经空空如也了。

最后 20 年

一个国家的最高权力者经常更迭，就像一个病痛难忍在床上不断翻身的病人。为什么西罗马帝国灭亡之后东罗马帝国仍能继续存在呢？对这个问题的答案尽在下面的表中。不是东罗马帝国没有问题，它的问题与西部一样多，但处理问题的人能够冷静对待，这点益处颇大，用现代的话说就是政局稳定。在现代，保证在选举中选出的总统和总理有 5 年到 7 年的任期，大约就是为了这一点。

掠夺来的财物多得把船都压得东倒西歪。汪达尔人带着这些财物回到了北非。一个月后，下任皇帝终于确定。他是一个罗马时代被称为“高卢系罗马人”的人，出生于高卢，在埃提乌斯手下积累了从军的资历。但他不是一个纯粹的军人。他在奥弗涅地区拥有广阔的农庄，说起来他是行省高卢的实力派人物。

如今的高卢事实上已经处在蛮族的统治之下。在高卢，可以根据蛮族如何对待逐渐握有统治权的地方实力派人物，即罗马帝国的既有阶级，将其分为两种：

第一种是把上层人士也和社会中下层一样当作被征服者对待，就像北非汪达尔人那样。第二种则是把那些既有阶级当成合作者，在自己的统治之下予以保留。当时的高卢，法兰克人正在北部逐步确立势力；西哥特人正在西部努力打拼，同时入侵西班牙。两个蛮族相互争霸。西哥特人属于第二种情况。为建立针对阿提拉匈人的共同战线，阿维图斯也曾在西罗马帝国军队总司令、自己的上司埃提乌斯与西哥特人族长狄奥多里克之间积极活动。

当地实力派人物是逃出还是留在蛮族统治之下的地方，体现了第一种做法和第二种做法之间的区别。汪达尔人征服后的北非有很多上层难民，而在西哥特人统治的高卢西部却看不到同样的现象。

阿维图斯在公元 455 年“罗马浩劫”后当上了西罗马帝国的皇

东罗马帝国和西罗马帝国皇帝一览表

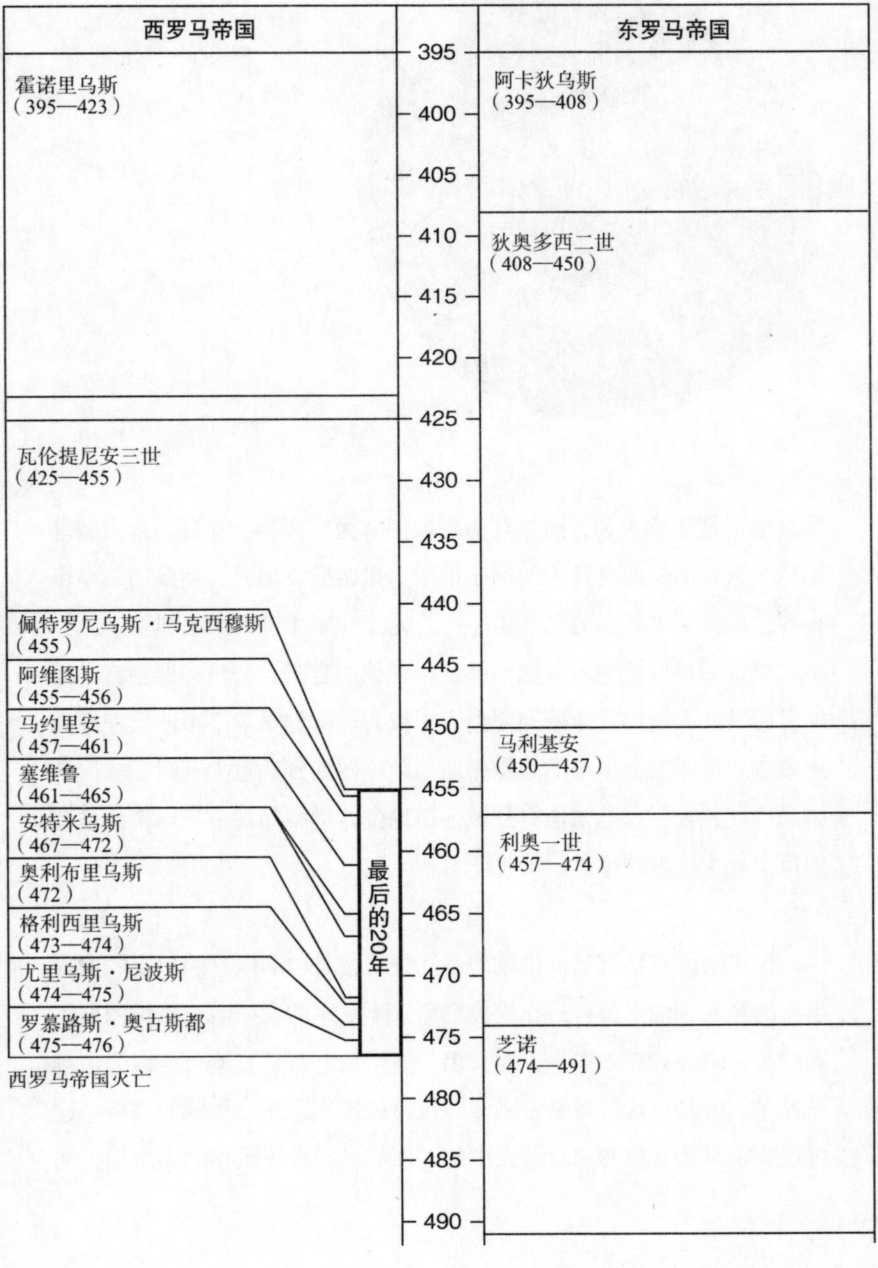

阿维图斯

帝。他不是在意大利，而是在高卢被拥立为皇帝的，并且不是由罗马军队士兵，而是西哥特人的国王推举为皇帝的。因此，阿维图斯皇帝在即位后过了半年多的第二年——公元 456 年才进入意大利。

皇帝一旦成为绝对专制的君王，在他的官邸、公馆，即皇宫工作的名为宫廷人员的官僚阶层便拥有了权力。他们根本不可能欢迎在高卢由蛮族推举当上皇帝的阿维图斯。阿维图斯到达意大利时，悲惨的结局也就到来了。起初他只是被强迫退位，最终却被杀死。蛮族推荐的皇帝就这样被除掉了。

拉文纳的宫廷官员们推选的下一任皇帝是位名叫马约里安的蛮族出身的军人，他也曾有过在埃提乌斯手下从军的经历。与阿维图斯不同的是，他是纯粹的军人，而且出身于蛮族，宫廷官僚可能以为他容易操纵。可是，这位新皇帝刚一即位就表现出了主动积极的性格。这可违背了宫廷官僚的初衷。宫中的官僚们已经形成既得利益阶层，而新皇帝马约里安开始实施的所有政策都触犯了他们的既得利益。

第一项政策是大赦。其实这是一项关于税收的政策，要一笔勾销未缴纳的税金，并承诺今后将公正地进行征税业务。没有什么比征税业务更能让官僚从中捞取好处的事情了。

第二项政策是恢复地方自治体。具体来说就是，原先的地方自治体（Municipia）在征税额不足中央规定的额度时，议会议员有义务自掏腰包填满不足额度，而今后将免除这一义务。因为这项义务的存在，越来越没有人想当地方自治体的议员。在罗马时代，地方自治体的要职按规定是由在议会中拥有议席的人兼任。

马约里安皇帝甚至还设立了一个直译叫作“都市护卫”的新机构。

城市，在罗马人的语言拉丁语中称作“civitas”，对起源于城邦的罗马帝国来说，一直是重要的核心。即使实行帝政之后，向主要由拥有罗马公民权的人居住的“城市”和被罗马征服的人居住的“地方自治体”授予权力，是历代皇帝的重要政策。换言之，中央集权与地方分权的绝妙和谐才是元首制时代民心安定的真正原因。马约里安皇帝的地方分权政策就是纠正戴克里先皇帝以来过于偏向中央集权的帝国之“轴”，使之回归到城市和地方自治体，从而恢复平衡。在这一点上，这个政策是完全正确的。

然而，自从戴克里先和君士坦丁大帝把舵扳到中央集权路线上来以后，已经过去了200年。即使政策正确，时代也不再接受，纵令没有皇宫官僚的反对，也不能指望收到什么效果。

皇帝也许为此着了急，宣布要远征北非。作为政策，这也是正确的。汪达尔人海盗暴行日益严重，就连濒临亚得里亚海的遥远的意大利南部，受到来自北非海盗危害的城市也在不断增加。进攻这些海盗的根据地北非，把人们从对海盗的恐惧中解放出来，有着充分的道义名分。

但是，这个政策并不符合时代要求。远征所需的费用如何筹措？高卢、西班牙和北非已经不向西罗马帝国纳税，在这样的状态下强行远征，不可能没有重大困难。

马约里安皇帝决定即便有“重大困难”也要远征。他以意大利南部的米塞卢姆（现在的米塞诺）军港和伊比利亚半岛的海港迦太基诺瓦（现在的卡塔赫纳）两地为中心，开始造船，数量多达300艘。一俟完成，将从意大利南部和西班牙西部两个方向进攻北非。

马约里安是公元457年当上皇帝的，同年开始在这两个港口建造船舶。进攻北非是马约里安皇帝悲壮的宏愿。他自己也经常前往卡塔赫纳，甚至到造船工程一线亲自指挥。

根西里克身在北非，以往了解的西罗马帝国总是行动迟缓，因此他对这次的变化似乎很震惊。根西里克向拉文纳派出了使节，请求北非汪达尔王国与西罗马帝国缔结建立友好关系的协约，理由是儿子乌内里克将要成为汪达尔人的下任国王，而他的妻子是瓦伦提尼安的女儿，两国之间建立友好关系顺理成章。拉文纳的宫廷官僚都劝谏接受这个请求，但马约里安皇帝断然拒绝了。

遭到拒绝后，根西里克改变了策略。他统率多达10万人之众的蛮族长达35年之久，率领他们完成了渡海到达北非的艰苦卓绝之大业。他还在和平状态下完成了被称为“罗马浩劫”的大掠夺，没有损失一兵一卒。文艺复兴时期的政治思想家马基雅弗利说，领袖需要兼具狮子和狐狸的资质。这位汪达尔人的国王在这点上一定是合格的。知道敌人建造了为数众多的船舶，他却没有加强防御，严阵以待，而

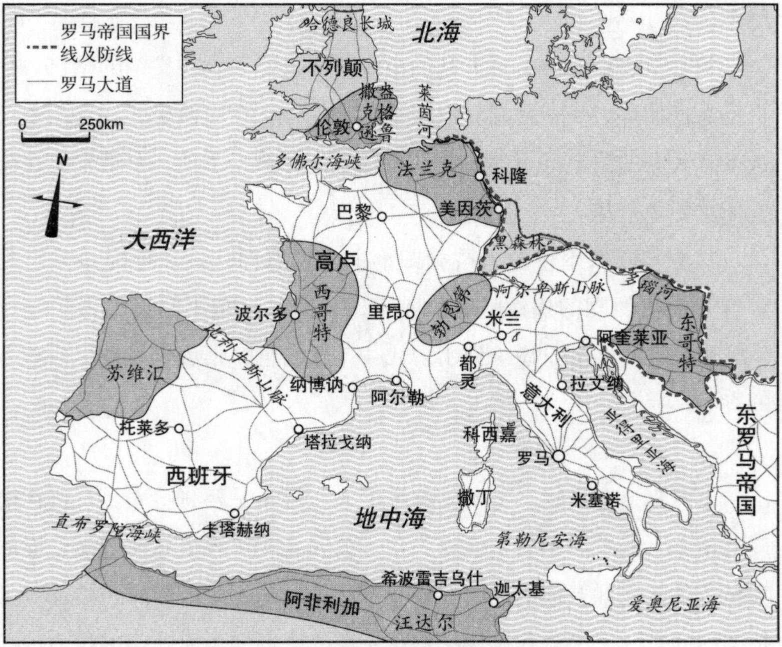

公元 5 世纪中叶西罗马帝国及其周边

是想出了与此迥异的对策，并付诸实施。他也一定掌握了卡塔赫纳比米赛诺造船更多的情况。

夏季的地中海，微风轻抚，海面平静。公元 461 年 7 月的一个夜晚，海面风平浪静，即使小船也可渡海。暗夜无月，没有人注意到几叶小舟像小黑点一样前行。小舟组成的船队潜入卡塔赫纳港后迅疾向四面八方散开，朝停泊在那里的每一艘船上射出了点着了火的箭矢。

哨兵发现时，所有的船上都已火舌升腾。正在那里逗留的马约里安皇帝也只能当一个茫然的看客。3 年的努力化作泡影。为此勉强凑出的经费也无半分回报。西罗马帝国的国库已经空空如也，令人绝望。

灰心沮丧地返回了意大利的皇帝甚至没能回到拉文纳的皇宫。一贯反对他的势力——宫廷官僚派来的士兵，正在由西班牙经法国南部进入意大利的路上等着他，并且抓住了他，杀害了他。事情发生在公元461年8月初。

一个名叫塞维鲁的人被立即推上皇位取而代之。他完全是宫廷官僚领袖里西默的傀儡，在位4年，我们却完全不知道他做了些什么，也许他什么都没做。他于公元465年去世，据说也是被里西默下的毒。

里西默这个人物，父亲是苏维汇人，母亲是西哥特人，自己在埃提乌斯手下的罗马军队中崭露头角。公元454年埃提乌斯被瓦伦提尼安皇帝杀死之后，他仍然留在罗马军队中，却不知道何时巧妙进入了拉文纳的宫廷之中，通过保护宫廷官僚的既得利益而获得了权力。据传马约里安之所以当上了皇帝，就是因为里西默看到自己是不折不扣的蛮族出身因而当不上皇帝，便满足于自己执宫廷之牛耳，让自己的朋友登上了皇位。

然而，“皇帝”却尽干些与“皇帝制造者”意愿背道而驰的事情。这种时候，既得利益阶层并不跳出来公开反击。他们一边暗中对皇帝的政策消极怠工，一边等待对手的失误。既得利益者有着等待需要的“体力”。

船队在卡塔赫纳遭到火攻，给了皇帝制造者更换皇帝的绝好机会。于是马约里安被杀害，塞维鲁取而代之。可是这个塞维鲁，4年后也变得碍手碍脚。西罗马帝国要向东罗马帝国求援，“西”的皇位就得由“东”希望的人来坐。蛮族出身、如今已然成为西罗马帝国第

马约里安

塞维鲁

一实力派人物的里西默领悟到，西罗马帝国仅靠自己已经做不了任何事情，只有与东罗马帝国共同奋斗才是生存之道。尽管里西默是北方蛮族出身，在中饱私囊方面不会输给任何人，但洞察时代潮流也许还是有点眼光的。

东西罗马帝国最后的并肩战斗

西罗马帝国转变方针，东罗马帝国也予以响应。但那不是因为希望西罗马帝国恢复元气。对“东”而言，“西”到底不过是比自己实力弱小的弟弟，罗马不可以超过君士坦丁堡。然而，让“西”作为一个实力略逊的国家继续存在下去，对“东”来说是件好事。

第一是军事上的理由。对“东”而言，“西”位于其与北方蛮族之间，起了缓冲器或吸收器的作用。第二是宗教上的理由。因为

“东”“西”同为天主教派基督教国家，而“西”与信奉日耳曼原始传统宗教或阿里乌斯派基督教的蛮族接壤，这对“东”而言比什么都好。

东罗马帝国的皇帝马利基安于公元457年自然死亡，由利奥接任皇帝。“东”“西”之间的共同奋斗在这位色雷斯出身的军人皇帝即位后顺利开始。

不受东罗马帝国承认的塞维鲁皇帝被毒杀之后，西罗马皇位虚空。西罗马请东罗马利奥皇帝安排他自己希望的人担任皇帝，利奥便让安特米乌斯去做西罗马皇帝。安特米乌斯是君士坦丁堡宫廷高官的儿子，也有丰富的军事经验，他娶了先皇马利基安的女儿为妻，是皇室的一员。

东罗马帝国皇帝利奥给安特米乌斯配备了军队。安特米乌斯于公元467年初夏带着军队进入罗马。罗马教皇为他举行了加冕礼，他也得到了罗马元老院的承认，他经过正统途径做了基督教国家西罗马帝国的皇帝。

当然，西罗马帝国实权者里西默不会白白地献上这顿大餐。作为合作的报酬，他被授予“贵族”称号，还当上了执政官，尽管已步入老年却迎娶了新皇帝的女儿为妻。这样，第二年，即公元468年，成为东西两个帝国正式共同承担西罗马帝国防御的第一个年头。

被视为敌人的是统治北非的汪达尔人。东西并肩战斗伊始便把这个蛮族视为敌人，这有两个理由：

第一是为了把濒临地中海的城镇村落从汪达尔海盗的掠夺中解放出来。汪达尔人的海盗船甚至已经在希腊的爱奥尼亚海出没，其活动已不仅限于意大利半岛西侧的第勒尼安海和东侧的亚得里亚海。

利奥

安特米乌斯

第二是出于宗教的理由。他们要攻击信奉阿里乌斯派基督教的汪达尔人——这一教派在尼西亚公会议以后一直被视为异端——从而把正统天主教徒从异端统治的桎梏中解放出来。汪达尔人不是异教徒，但虽同为基督教徒，却是比异教徒更需要排斥的异端。明确标明“十字军”的军事行动发生在600多年之后的中世纪，但其精神早在公元5世纪中叶就已萌生。十字军敌视、排斥信仰不同的人，或者信仰相同但信奉方式不同的人。只有一神教徒才会产生这种思想。

从东西两个方向进攻北非的军队规模十分庞大，尽管尚未打上十字军的标签，但事实上已经是十字军了。希腊人留下的数字经常夸张，不能盲信，但因为没有反证史料，权且记录如下：

总费用：黄金13万罗马磅（约合48 750公斤）。

军船、运输船总数：1 113艘。

士兵总数：10万人。

光靠西罗马帝国，能不能筹到五分之一都成问题，一定是东罗马帝国负担了其中的大半。东罗马帝国还制定了下面的战略：

首先，希拉克略将军率部从东埃及向西进军，经昔兰尼加逼近迦太基。

其次，马尔塞利努斯将军率部从北面达尔马提亚乘船南下亚得里亚海，迫近迦太基。

安特米乌斯皇帝则率军进攻法国南部和西班牙西部，从汪达尔人手中夺回西地中海的制海权，同时切断他们的退路。

然后，远征军大部队的大舰队从君士坦丁堡出港，除最小限度地停靠其他地方之外，一路直奔汪达尔人的根据地迦太基，迅疾占领港口。

如此一来，兼具狮子勇气和狐狸智慧的根西里克也该觉悟到自己已经是口袋里的老鼠了吧。

然而，对这支庞大的远征军来说，致命伤是总司令的人选。瓦西里斯科斯被任命为总司令。他只是利奥皇帝妃子的亲弟弟，年纪轻轻，又无战场经验，且虚荣心极强，最喜欢别人觉得他好。

汪达尔人国王根西里克自公元 428 年兄长死后当上族长以来，已经统治了 40 年，是个老手。他的生年不详，无人知道公元 468 年时他年龄几何，但可以肯定当年他已年近 70 岁，因为他已在战场上出生入死 40 年了。

半岛在迦太基港口东面的广阔海面上伸向大海。半岛的顶端，从罗马时代起就建有锚地。瓦西里斯科斯率领的大舰队进入海湾前也在这里停泊，等待从亚得里亚海南下的马尔塞利努斯的军队。有人来报说，马尔塞利努斯的军队已经离开了亚得里亚海，正在接近西西里。

根西里克向瓦西里斯科斯派出使者，带着自己的亲笔信。信的内容为：

> 我很想通过和平谈判满足阁下远征阿非利加之目的，但需要时间说服部下，因而请允准休战5天。其间阁下船队可停泊在迦太基湾（现在的突尼斯湾）内。

总司令瓦西里斯科斯上当了。他没有战场经验，不战而达目的比什么都有吸引力，而且，不用麻烦从东面陆路逼近的希拉克略和从海路迫近的马尔塞利努斯即可获胜的想法刺激了他的虚荣心。瓦西里斯科斯同意休战5天，而且没有附加任何条件，他让船队航行到迦太基湾内，停泊之后也未设特别警戒。

万事俱备，老狐狸根西里克逆转绝境便易如反掌，而且这次的舞台是在一切了然于胸的自家院子里。于是，7年前在卡塔赫纳港上演的火烧船队的大戏，这次在迦太基湾又重演了一遍。

但这次船只数量更多，不过这毕竟是在自家院子里。罗马士兵见左右船只着火便抱头鼠窜，汪达尔士兵见势登上罗马船，把罗马士兵扔进大海，捕获殆尽。他们不光点火，摇身一变成了轻车熟路的海盗。

船队仍有将近一半未被烧毁，但完全丧失战斗意志的总司令满脑子只想着如何逃回君士坦丁堡。听说他逃回君士坦丁堡后，一直躲在教堂里，直到做皇后的姐姐消解了利奥皇帝的怒气。

马尔塞利努斯将军率领的军队在从西西里向迦太基进发的途中遭到变为海盗的敌人的攻击，只能逃回西西里。如前所述，登陆作战的

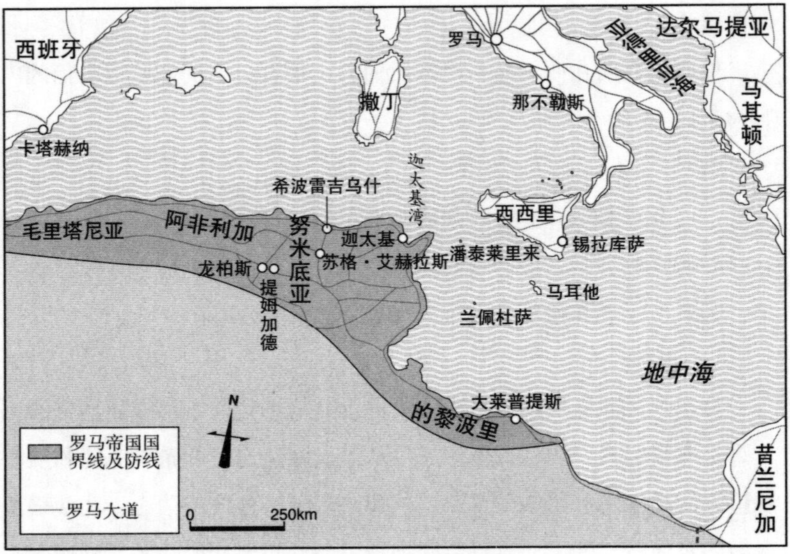

迦太基及其周边

也是海盗。火烧大船队后斗志正旺的汪达尔人登陆发起地面战，激战中将军也成了刀下鬼。马尔塞利努斯的部队全军覆没。

希拉克略率领部队从西面陆路进攻迦太基，也被迅疾出击的汪达尔人挡住去路。得知火烧船队的消息之后，希拉克略选择了撤退，而不是战斗。

如此这般，东西罗马帝国的联合作战，完败于北方的蕞尔蛮族汪达尔人。西罗马帝国皇帝安特米乌斯虽然毫发未伤，但他是东罗马过来的人。公元468年，东罗马放弃了西罗马。因此，他在西罗马帝国国内处境恶化也就理所当然了。

这年年底，东罗马帝国皇帝利奥与汪达尔人国王根西里克缔结了媾和协约。虽然其内容不详，但有一点很清楚，汪达尔人在希腊海域的海盗行为并没有任何收敛。

西罗马帝国比东罗马帝国受到更多的掠夺。除了内陆地区的罗马人还能以罗马方式生活以外，西西里、撒丁等近海地区全部处在了汪达尔人的统治之下。失去了对确保制海权至关重要的这两个岛，意味着伊比利亚半岛西侧以及高卢南部已经不再是罗马人的领土了。

汪达尔人的君王根西里克于9年后的公元477年去世。此前一年，西罗马帝国灭亡。

罗马帝国的灭亡

被东罗马帝国放弃后，西罗马帝国最先发生的是皇帝安特米乌斯与蛮族出身的实力派人物里西默之间的关系恶化。东西联手收复北非的战役失败后的第4年，两人的对立发展到了武力冲突的地步。我们用列大事记的方式来看看公元472年这一年的情况：

公元472年3月，里西默为对抗安特米乌斯，立部下奥利布里乌斯为新皇帝。

7月，奥利布里乌斯和里西默联军在罗马市内与安特米乌斯的军队沿台伯河开战。在长达40多天的时间里，罗马城成了西罗马帝国士兵自相残杀、血流成河的战场。拿着武器战斗的几乎全是蛮族出身的士兵，而四处逃散的则是罗马市民。

7月11日，安特米乌斯战死。

8月20日，里西默病死。

10月23日，奥利布里乌斯被暗杀。

此后，一个名叫格利西里乌斯的人当上了皇帝，但西罗马帝国远未脱离苦海。东罗马帝国不能弃之不顾，传过话来要让一位名叫尤里乌斯·尼波斯的将军当皇帝。

尼波斯将军当时是与意大利半岛仅有亚得里亚海一海之隔的达尔马提亚地区的大元帅。但是，地方长官不可能注意不到本国政府已放弃了西罗马帝国。也许是不乐意，尼波斯虽然当了皇帝，却根本不想到意大利半岛来。

这就助长了里西默死后依然残存的意大利国内反东罗马帝国派的势力。奥列斯特就是这派中的一员。

如果只听奥列斯特的名字，就会想到他会不会是希腊人。其实他是生于罗马时代潘诺尼亚（即后世的匈牙利）的罗马人。长期以来，潘诺尼亚一直是罗马帝国最重要

奥利布里乌斯

格利西里乌斯

尤里乌斯·尼波斯

的“防线”之一，进入公元5世纪时被亚细亚系蛮族匈人占领。阿提拉上台后，这里便成了令人恐惧的“蛮族中的蛮族”匈人的根据地了。奥列斯特的父亲是宁愿侍奉侵略者阿提拉也不愿当难民的罗马人之一。父亲死后，儿子也走了与父亲一样的道路。虽然是罗马人，奥列斯特却跟随阿提拉与罗马军队作战，进攻意大利，祸害意大利北部。

阿提拉死后，匈人灰飞烟灭。奥列斯特也失业了。失业后的奥列斯特自巴尔干南下，来到位于东罗马帝国的达尔马提亚，加入了罗马军队，不久便与在拉文纳侍奉西罗马帝国皇帝的高官的女儿结了婚，在西罗马帝国架起了一个向上爬的阶梯。可见他实在是一个投机取巧的处世高手。靠着这个婚姻，他迁到了拉文纳。又过了不久，他获得了“贵族”称号，这可是事实上相当于宰相的地位。

奥列斯特当上西罗马内部反东罗马派的头目，完全不是因为他有恢复西罗马帝国的意欲，而不过是因为他看透了自己与在达尔马提亚时的上司尼波斯将军之间关系恶化，只要尼波斯一直是西罗马帝国的皇帝，自己就没有出头之日。于是他出头当上了对根本不来意大利的尼波斯皇帝心怀不满的西罗马帝国高官们的领袖。

不过他没有自己觊觎皇位，而是企图把自己年纪尚幼的儿子罗穆路斯扶上皇位，自己掌握实权。

这个少年成了西罗马帝国最后一代皇帝。他与罗马开国皇帝同名，不过是偶然的巧合。奥列斯特不过是给儿子起了一个与亡父相同的名字而已。越是住在边境的罗马人，越是喜好使用罗马史上名人的名字。不过，奥列斯特在把儿子罗穆路斯扶上皇位时，还给他起了另外一个名字。由此，西罗马帝国最后的皇帝便与罗马帝国的开国皇帝同名了，叫作罗穆路斯·奥古斯都。

罗穆路斯·奥古斯都

公元475年10月31日，罗穆路斯·奥古斯都即位。罗马的元老院也承认了这位15岁的少年皇帝，尽管在与亚得里亚海一海之隔的达尔马提亚另有一位皇帝尼波斯。

反对的声音既不是来自尼波斯所在的达尔马提亚，也不是来自东罗马帝国皇帝所在的君士坦丁堡，而是来自附近的意大利北部。

这个反对的声音和改善与东罗马帝国的关系以及恢复西罗马帝国全然无关。反对源于在西罗马军队服役的蛮族出身的将军，他们要求得到可以自由处置的土地，但遭到了奥列斯特的拒绝。说起来这就像工会要求经营者改善劳动条件，而经营者拒绝了这个要求。于是，被拒绝的蛮族将军拥立奥多亚克为领袖，开始武力争斗。战斗打了两场，均以奥列斯特的失败而告终。在公元476年夏天的第二场战斗中，吃了败仗的奥列斯特被捕后当场被杀。当年9月，奥多亚克进入少年皇帝所在的拉文纳。罗穆路斯·奥古斯都被迫退位。奥多亚克虽然毫不手软地杀掉了奥列斯特，却对他的儿子很宽容。少年皇帝得到了每年 6 000 枚苏勒德斯金币的保障，隐居于那不勒斯近郊的别墅，似乎是在那里结束的一生。

罗马帝国就这样灭亡了。没有蛮族攻来和随后激烈的防御战，自然没有轰轰烈烈的死。既没有火焰，也没有惨叫，无声无息，无人注意到它的消失。少年皇帝退位后，奥多亚克既没有取而代之登上皇位，也没有把其他什么人扶上皇位。只是没了皇帝而已。半个世纪前的公元 410 年，发生"罗马浩劫"时整个帝国发出了悲叹痛惜之声，而在公元 476 年却是一片寂静。

今天全世界的教科书都把公元 476 年明确地记为西罗马帝国灭亡的年份。但是，不论哪本教科书，也不论哪位罗马史权威，即使记下了灭亡之"年"，却未记下"月"与"日"。原因很简单，无人知晓这"月"与"日"，充分发挥想象力，能说出 9 月也是极限了。

从被视为建国年份的公元前 753 年算起，1 229 年后罗马帝国灭亡了。相比于 622 年前迦太基于公元前 146 年的灭亡，这种终结方式是多么令人兴味索然啊!

《罗马人的故事 02 · 汉尼拔战记》是以史学家波里比阿叙述灭亡迦太基的罗马军队总司令小西庇阿（即西庇阿 · 埃米利乌斯）的文章结束的，在此我想再度回忆一下：

> 西庇阿 · 埃米利乌斯久久地凝视着脚下广阔的迦太基城。这个经历了建国以来 700 年的岁月、其间长期保持了极度繁荣的大都市，一陷入敌手，就化成了一堆堆小山一样的瓦砾。
>
> 在 700 年的漫长岁月里，迦太基拥有广阔的土地、众多的岛屿，以及属于其支配的海洋。迦太基所拥有的数量庞大的武器装

备、战船、象群以及雄厚的财富，与之前人类历史上任何一个强大的帝国相比，都毫不逊色。

而且，与任何一个强大帝国相比，迦太基人的勇气和气概更令人称道。他们在屈从于罗马人的要求、被迫交出全部武器和战船的情况下，还能够坚守三年，抵御罗马军对迦太基城的强大攻势。今天城市陷落，并遭受了彻底的破坏，迦太基城从地面上消失了。想到对手的这种命运，西庇阿·埃米利乌斯不禁潸然泪下。

西庇阿·埃米利乌斯心潮起伏，他此刻的思考已经超乎一个军事胜利者的惯常思维。他想到的是，不仅限于人类，城市也好，国家也好，包括强盛的帝国，谁都逃避不了灭亡的命运，特洛伊帝国、亚述帝国、波斯帝国，还有20年前的马其顿王国，无不遵循了历史展示给人们的“胜者必衰”的规律。

不知是有意还是无意，这位得胜之师的最高长官吟诵起《荷马史诗》中特洛伊主将赫克托耳的一句名言：

“归根结底，特洛伊大概也会随着国王普里阿摩斯和追随他的战士共同死亡吧！”

站在他背后的历史学家波里比阿询问他何出此言，西庇阿·埃米利乌斯回过头来，注视着波里比阿这个20年来的亲密朋友，拉着他的手回答：

“波里比阿，我们刚刚消灭了一个曾经盛极一时的帝国，赢来了这一‘伟大的瞬间’，但是现在充满我胸怀的，却不是胜利的喜悦，我反而有些伤感——我担心我们的罗马也会在某一时刻遭遇与此相同的命运！”

罗马在长达两倍于迦太基的漫长岁月中，对迦太基无法相比的广大地域，对生活在那里的无以计数的众多人民，产生了深远而重大的影响，但没有这个“伟大瞬间”。

燃烧了，但不是火焰引起的。

灭亡了，但没有惨叫声相伴。

罗马无声无息地灭亡了，没有人注意到。

我甚至想，如果穿越时光隧道，回到公元 476 年秋天的罗马，把麦克风对着过往的行人问：罗马帝国灭亡了，您有什么感想？我会得到怎样的回答呢？

也许有人会表情惊讶地说：

“灭亡了？什么时候？”

也许有人会嘴角挂着讽刺的笑容回答说：

“它不是还活着吗？”

历史学家也许会说罗马帝国的灭亡不是在公元 476 年，而是在公元 1453 年。但我要说，公元 476 年时的罗马人理所当然不会注意到帝国的灭亡。的确，东罗马帝国也好，西罗马帝国也罢，这些名称都是后世史学家为了方便而起的名字。现在，东罗马帝国仍在维系，这也是事实。

然而，没有了罗马这座城市，就没有了罗马帝国。不论罗马遭到怎样毁灭性的破坏，罗马人都会坚决反对迁都。罗马国家起源于城邦，首都对于城邦和对于领土型国家，其意义是不同的。前者源于城市，而后者是先有领土，然后在适合统治的地方建设首都。

没有雅典城就没有雅典城邦。同理，没有罗马城，也就没有罗马帝国。首都在君士坦丁堡，那已经不是罗马帝国了，更何况那里的语言不是拉丁语，而是希腊语。

在这种意义上，罗马帝国是灭亡于公元476年。盛极必衰，我想，罗马在众多“盛者”中别具一格，没有“伟大瞬间”的灭亡会更好些，这种“必衰”的方式至少与众不同。

罗马与后来历史中出现的其他帝国在另一点上也是完全不同的。其他帝国的崩溃是由于其统治下的殖民地纷纷独立而引起，只有罗马不是因为行省离反而崩溃的。在怒涛般袭来的北方蛮族面前，行省一直与本土命运与共。后代的帝国本土与殖民地之间的关系被严格区分为统治方与被统治方。与此不同，罗马人认为本土人民和行省人民同属一个命运共同体。罗马人把这种关系称为“familĭa”，这个词语把他们的帝国观表现得淋漓尽致。罗马人认为命运共同体就是一个大家庭。

这个意义上的帝国灭亡了，说不出准确的时间，也没有“伟大瞬间”。

第三章　“后帝国”时代

（476 年—　）

查士丁尼和臣子们

西哥特人的族长奥多亚克作为降下罗马帝国历史帷幕的人物而名垂青史。罗马史结束于公元1453年君士坦丁堡的陷落而非公元476年这一主张也因他而起。他逼迫少年皇帝退位后，既没有让任何人哪怕是傀儡登上皇位，也没有自己登基，而是要求东罗马帝国皇帝芝诺正式承认他的地位。

具体说来，他要求得到“patricius”的称号，这个词按字面直译是“贵族”的意思。在罗马帝国末期，这个词大致有两个意思：第一个是纯粹的名誉职务；第二个意味着宰相或代理，因此具有官方地位与实权。奥多亚克想要的就是第二个意义上的“贵族”称号。他要求正式任命他为“意大利地区皇帝代理官”。他这样做是承认东罗马帝国的权威。

不论是逐渐称霸高卢的法兰克人族长，还是在西班牙形成一大势力的西哥特人族长，或者是已经领有北非达半个世纪之久的汪达尔人族长根西里克，都没有向东罗马帝国皇帝提出过这样的要求。他们没有这样做，而是各自称“王”。他们没有像奥多亚克那样逼迫西罗马帝国皇帝退位，也没有奥多亚克特有的弱点。

奥多亚克

活跃在帝政末期的蛮族出身的领袖可以大致分为三种人：

第一种，从父辈起就在罗马军队中从军，然后子承父业，在罗马

奥多亚克

军中获得晋升的人。最好的例子是斯提利科。他的父亲是蛮族出身，母亲是罗马人。这种人与出身的部族基本没有关系。“罗马化的蛮族”是这类人的总称。

元首制时代也是如此称呼，但那时没有歧视的意思，即使是“蛮族人”，一旦获得罗马公民权，立即就被认为是“罗马人”（romanus）。然而，到了帝国末期，歧视的意味越来越浓。丧失自信的人常常会感到强调差别可以找回自信。

第二种，出身于部族的族长。公元410年发动“罗马浩劫”的西哥特人族长阿拉里克、法兰克人族长克洛维、率领汪达尔人称霸北非的根西里克都属于这一类。这些人出身于部族长家庭，成为族长不费什么事。

这些人都有率领部族突破罗马帝国“防线”、侵犯罗马领土的

"前科"，但帝国作为善后对策，亦即作为仅仅保住体面的策略，更多的是让他们与帝国之间缔结"同盟"协约。因此，他们只是由侵略者变成同盟者，相对于皇帝，独立程度很高。总之，这些人的强势之处只有一点——统率着自己的部族。

第三种，蛮族出身的领袖，一言以蔽之，就像是一匹狼，在现代来说，就像是外国雇佣军的士兵。他们与第二种人同样是蛮族出身，但第二种人都是大部族的族长。相比之下，他们是小部族的族长，或是因某种原因离开部族，志愿参加罗马军队，并获得晋升。奥多亚克是这类人的典型，公元476年，他42岁那年，灭亡了西罗马帝国。此前20多年，他一直在西罗马帝国军队里积累着他的从军资历。既是一匹狼，又得到了晋升，实力应该没有问题。但是，他没有可以指望跟随自己到底的部下。他没有这个福分。他是靠自己的才能吸引忠诚的部下，而不是靠来自家族或父辈的继承。

我们甚至无法确认奥多亚克出身的部族，也许他只是蛮族出身的狼群的领袖。在他的立场上，他希望得到皇帝承认的正式地位并非过分要求。

东罗马帝国皇帝芝诺对奥多亚克的请求态度暧昧，没有接受，却也没有拒绝。既然我们派去的西罗马帝国皇帝尼波斯在达尔马提亚，应该向他请求授予"贵族"称号才是。芝诺皇帝没有责备他逼迫罗穆路斯·奥古斯都退位，没有把罪魁祸首奥多亚克当作帝国的敌人来定罪。

采取这种暧昧态度的原因，不是芝诺皇帝同情尼波斯，在被派去当西罗马帝国皇帝却无勇气踏入意大利，因而未能巩固西罗马的皇

芝诺

位。原因实在很简单，芝诺因受国内争端影响于一年前被赶下台，在公元 476 年这一年刚刚重登皇位，目前正处在一个微妙的时期。他满脑子只想着自己的事，顾不上去管西罗马帝国。这件事充分表现了东罗马帝国对西罗马帝国的态度。“东”对“西”的关心只限于可能殃及自己的事情。

见君士坦丁堡态度暧昧，奥多亚克也做出了决定，与其抬出尼波斯，不如自己干。不过，他并没有除掉尼波斯自己来做“西方”的皇帝。他想象得出，如果强行其事，“东方”将如何出手。既然不能指望改善与尼波斯的关系，现实的做法是放弃意为“尼波斯代理人”的“贵族”称号。奥多亚克决定自己称“王”。“贵族”这个拉丁语词是与罗马帝国皇帝联系在一起的尊称，但“王”是源于日耳曼的尊称。他决定不当“意大利地区皇帝代理官”，而是称“意大利王”。

这样一来，与日耳曼系的“王”统治高卢、西班牙和北非一样，罗马帝国的本土意大利半岛也开始由日耳曼系的“王”统治了。东罗马帝国皇帝自认为只有自己才是罗马帝国的正统继承者，日耳曼系的“王”要使东罗马帝国皇帝承认自己对罗马帝国本土意大利半岛的统治就会很困难。没有正式的承认，就容易被视为敌人。这一点也是奥多亚克相比其他日耳曼系的王的弱点。

共存路线

少数胜者统治多数败者的法则是保存已有的统治阶层，即使想改造现有的统治阶层，也应该从长计议，眼下必须做的首要之事是使现有统治阶层安下心来。败者知道自己败在军事力量上，因而对胜者的到来心里会有更强更深的恐惧感。

进驻这一瞬间很重要。因为这一瞬间将决定少数胜者对多数败者的统治是否成功。如果胜者强制推行增加败者恐惧感的政策，绝望的败者就会疯狂奋起，拼死抵抗。这样一来，少数人对多数人的统治就将成为梦想，剩下的只是败者对胜者的顽强抵抗，胜者为镇压抵抗不得不采取军事行动而深陷泥沼。罗马史上有着防止这种状况的世所罕见的典范。

尤里乌斯·恺撒耗时 8 年征服了高卢全境，征服之后，却把保留现有各部族作为战后处理的基本方针。正是这些部族在长达 8 年的时间里抵抗了恺撒率领的 5 万人的罗马军队，失败后再举反旗。而恺撒不但完全原谅了他们，保留了他们，并且还承认了他们部族内部的自治，甚至同意他们像原来一样留在自己的根据地。同意保留根据地，

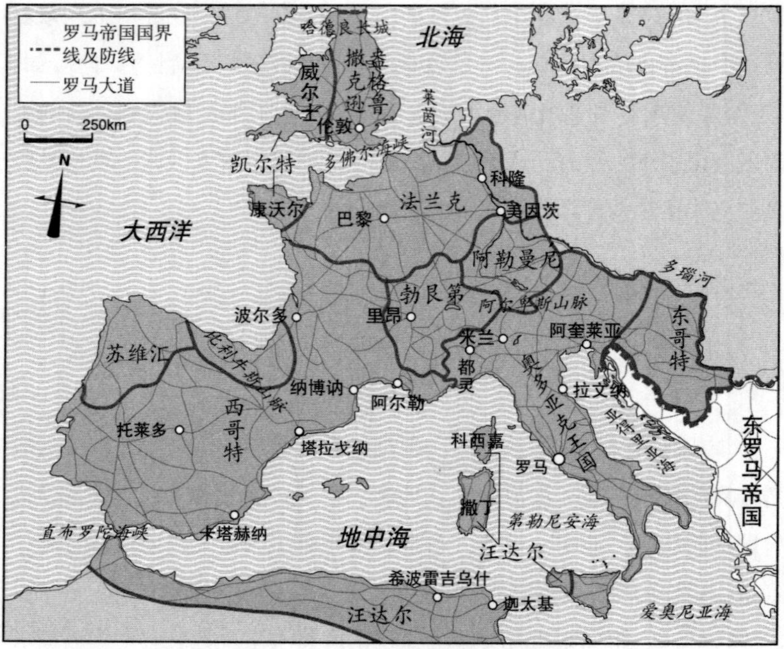

蛮族统治后的旧西罗马帝国领土

意味着承认他们在那块地盘上长年培植起来的部族内部统治体系。更有甚者，恺撒把罗马公民权授予刚刚投降罗马的昨日之敌的族长，还把自己家族的门第称号“尤里乌斯”授予他们，让他们成为自己家族的一员，并把罗马元老院的席位授予其中有实力的部族族长。回顾罗穆路斯以来的罗马史，恐怕是史无前例。

高卢战争刚刚结束，恺撒与力挺庞培的元老院派的对立表面化。他渡过卢比孔河，罗马进入内战状态。结束这场内战花了 4 年时间。

这期间，高卢没有罗马的一兵一卒。恺撒自己则转战在远离高卢的希腊、埃及和北非等地，这对刚刚被恺撒征服的高卢各部族摆脱罗马统治，是不可多得的好时机。然而，高卢各部族非但没有起事，还应正在西班牙与庞培派军队作战的恺撒之请，给他送去了军粮。我们只能认为，这里的原因是连同小部族在内的数以百计的高卢各部族族长都接受了恺撒的统治哲学。

恺撒说服他们道：众多部族相互攻击的高卢迟早会投降日耳曼民族。你们是选择把统治者和被统治者严格区分开来的日耳曼式统治呢，还是选择以胜者与败者共存为目标的罗马式统治呢？

奥古斯都继承了恺撒的统治哲学。他把用石头铺设的罗马道路网扩大到了行省。这个古代的高速公路网也铺到了高卢，把各部族的根据地相互连接起来。迄今为止的法国重要城市几乎都是从恺撒在2 000年前的古代征服的各部族根据地发展而来。罗马人建设的城市可能只有里昂。高卢有充分理由被称为罗马化的典范。

奥多亚克不是尤里乌斯·恺撒。对恺撒而言，征服高卢是为了罗马的防御，而不是为了确保罗马人的居住地。而对奥多亚克而言，占领意大利是为了给跟随自己而来的北方蛮族定居之地。然而，奥多亚克却模仿了历史上以“恺撒的宽容”（Clementia Caesaris）而闻名的罗马帝国的对外政策，并把它作为日耳曼人统治罗马人的政策。

当时，意大利的罗马人闻知了蛮族在不列颠、高卢、西班牙和北非等地的统治方法，他们担心、惧怕在奥多亚克的统治下自己也会遭到同样的命运，精神已被压垮。

“后帝国”时代的不列颠

罗马帝国自公元410年起就从不列颠撤了兵。那一年，西罗马帝国皇帝霍诺里乌斯向常驻那里达360年之久的3个军团发去了诏书，命令他们撤退。诏书内容为：

> 罗马帝国皇帝致所有总督、所有大元帅、所有法官：
>
> 蛮族阿拉里克发动罗马浩劫，不仅实施破坏、杀人放火，给首都带来极大灾难，还将帝国国库洗劫一空。帝国已无经济力量负担行省的防御和统治。因此，今后只能请诸位各自管好自己的事情。

所谓霸权国家，正是因为能够保障处于其霸权之下的地方和居住在那里的人民的安全才成其为霸权国家的。然而在不列颠，在西罗马帝国灭亡前半个世纪的公元410年，罗马帝国就已放弃了霸权国家的职责和义务。

不列颠在做了三个多世纪的帝国行省之后被抛弃了。罗马军团撤走以后，除了以前就跃跃欲试的北部苏格兰人之外，不列颠还受到了来自后来的德意志北部渡海而来的撒克逊人以及来自后来的丹麦渡海而来的盎格鲁人的更大威胁。罗马军团撤走以后，仅靠剩下的罗马化凯尔特系不列颠人已经抵抗不住外族入侵。他们只能逃往山地较多的威尔士和康沃尔。位于哈德良长城以南的原罗马帝国行省不列颠被日耳曼系的撒克逊人和盎格鲁人占领。不久，日耳曼系蛮族威胁到了康沃尔。失去居住地的凯尔特系不列颠人渡过大海，移居到高卢西北部。这个地方被称为布列塔尼，也是不列颠人定居于此的缘故。

继续称呼罗马时代的名称不列颠已经没有意义，历史进入了“英格兰”时代，“英格兰”意为盎格鲁人居住之地。传说亚瑟王和圆桌骑士们也都是罗马军团撤出不列颠后的乱世造就的英雄。也有说法认为，亚瑟王是在罗马驻不列颠军队中积累了军人资历的当地人，即罗马化的凯尔特人。在不列颠，甚至没有人尝试一下胜者盎格鲁人和撒克逊人与败者凯尔特系罗马人之间能否共存。

“后帝国”时代的高卢

高卢行省与不列颠只隔着多佛尔海峡。土地广阔的高卢，在公元454年瓦伦提尼安三世斩杀埃提乌斯之后，事实上也已与罗马帝国分离。马赛以东的普罗旺斯地区总算留在了罗马一方，除此之外的高卢全境则处于日耳曼系蛮族自相残杀的状态之中，其中一支蛮族法兰克人以高卢北部为基盘，不断扩大着自己的势力。法兰克人虽然与顽强留在高卢东部的勃艮第人时而并肩作战，时而相互争战，反复无常，但成功地把一度在高卢西部颇成气候的西哥特人赶到了比利牛斯山脉以南。高卢进入了“法兰西”时代，“法兰西”意为法兰克人的居住地。

法兰克人居住在莱茵河下游东侧即罗马帝国“防线”之外的日耳曼。他们不是拉丁民族，属于日耳曼民族。在日耳曼系北方蛮族大多抛弃祖传的日耳曼诸神、改信阿里乌斯派基督教之后，只有他们还在信仰日耳曼民族自古以来的传统诸神。在成为天主教派基督教徒近200年的罗马人看来，他们不是“异端”，而是“异教”之徒。

在信仰一神教的人中常见的现象是，他们最憎恨的不是异教徒，而是异端之徒。因为异教徒是尚未对基督的教诲有所觉悟的人，所以还有觉悟的可能。但是异端则已对基督的教诲有所觉悟但误解了基督的教诲，并且不承认误解，从而不信基督。既然他们坚信不疑，让他们对基督的真正教诲有所觉悟的可能便微乎其微了。

在高卢，胜者法兰克人是异教徒，而败者罗马化的高卢人是天主教派基督教徒。当然，在高卢也是胜者少，败者众。与不列颠不同，高卢地势变化小，必须向东或向西远行才有山地，败者无处可逃，只能留在原地。面对这样的高卢人，法兰克人在相当程度上行使了“胜者的权利”。抢夺败者的财物被认为是胜者的正当权利，所以尽管史料极度匮乏而脱不出想象的范畴，我们也可以认为，高卢人的财产遭受了相当惨重的损失。

不过，对败者而言，也不是毫无有利之处。第一个有利之处就是，胜者毕竟人少，败者的人数占压倒性多数。即使胜者想把败者全部抢光，这点人也办不到；即使想把败者全部变成奴隶，如果监视者人数不足，也只能作罢。

第二个有利之处是，对蛮族而言，抢了就走的时代已经终结，盘踞扎根的时代已经到来。这样，统治者需要向被统治者传达大量的命令，这时就产生了统治的必要。这种时候法兰克人只能使用拉丁语，于是也就需要能写拉丁语文章的人。即使是收税，也需要有人决定，也需要完善征收系统，否则税金收不上来。法兰克人完全不具备这种行政方面的技能，也只能依靠败者。法兰克人不得不认识到掠夺与统治是不同的，他们只能延续罗马帝国时代的行政机构，只能继承罗马帝国人的语言拉丁语，在这方面也只能依靠专业化的败者。

第三个有利之处，我认为在于宗教。法兰克人是日耳曼诸神信徒，而高卢人是天主教派基督教徒，各自信奉不同的神，而不是对同一神的教诲解释不同。高卢受法兰克人统治之后，记录中也没有任何对天主教派基督教徒的迫害和镇压的记载。处于异教徒而不是异端的统治之下，宗教反倒得以共存，尽管这个结果是始料未及的。

虽说成为败者，却仍有有利之处，其中的最后一点，不消说就是“安全”。高卢不必再为北方蛮族的入侵担惊受怕了，反复入侵的这个蛮族如今已换位到防守一方了。

少数人对多数人的统治总体上进展顺利，我想这里的原因在于，败者一方认为安全是最令人欢欣的事。有谁能责备他们呢？对统治者而言，没有比保障“和平”更大的职责了。帝国的灭亡，是统治者已经丧失尽此义务能力的结果。

20 年后，对居住在法兰克人统治的高卢的罗马人来说，环境得到了进一步改善。法兰克人自己改信了天主教。克洛维自公元 481 年至 511 年一直是法兰克人的国王，他于公元 493 年迎娶了勃艮第国王的女儿为妻。这个女人是虔诚的天主教徒。法兰克国王同意她生的两个儿子接受洗礼。改信宗教的环境具备了，最后突破却花了 3 年时间。根据图勒主教的记载，奇迹发生在与阿勒曼尼人的战斗中。这个奇迹与发生在君士坦丁大帝身上的奇迹莫名地相似，令人苦笑，但奇迹毕竟出现了。法兰克国王感激于这个奇迹，与手下 3 000 人一起接受了洗礼。

从异教徒一变而为天主教派基督教徒，这是蛮族最早的基督教皈依。这使得东罗马帝国欣喜异常。因为这一事件，东罗马帝国与法兰克的关系便与其他北方蛮族国家不同了，具有了同一个信仰，变成了“兄弟之情”（fraternitae）。然而，统治者的这个变化对被统治者——居住在高卢的罗马人——来说是一件更加令人欣喜的事情。在胜者和败者的身份渐渐远去这个意义上，我认为，这件事也给胜者与败者的共存带来了看不见的效用。顺便一提，克洛维是法兰克人最早的，也是北方蛮族最早的天主教国王，他还是最早把自己王国的首都定在巴黎的人。

“后帝国”时代的西班牙

除了居于西北部的苏维汇人、猫在比利牛斯山脉的巴斯克人之外，在罗马时代，伊比利亚半岛大部被称为西班牙，处于西哥特人的统治之下。西班牙成为罗马帝国行省的时间比高卢还要早 200 年。在罗马帝国全盛时期统治帝国的五贤帝中，西班牙就出了图拉真、哈德良、马可・奥勒留三位贤帝。战胜迦太基后，西班牙成为罗马帝国的行省，这里的罗马化历史比不列颠和高卢还要长。与罗马帝国命运与共的时代如此之长，与其称那里的人为西班牙人，不如把他们当作西班牙的罗马人更为贴切。

日耳曼系的西哥特人入侵伊比利亚半岛后在那里定居下来。他们也是基督教徒，却是被天主教派当作异端排斥的阿里乌斯派的基督教徒。

公元 430 年，蛮族已经开始统治这个地方，但几乎没有留下如何进行统治的记录。以面对地中海的西部为中心，罗马人奋起抵抗蛮族统治的次数不在少数。然而，直到灭亡，西罗马帝国也无力援助那里的同胞。

伊比利亚半岛地势复杂，与法兰西不同。法兰西一马平川，连滑雪都得去阿尔卑斯山脉。个人生活中都能实际感觉到在那里较易建立中央集权。可是比利牛斯山脉南边却做不到。可以想象，西哥特人的统治也不顺利，统治者与被统治者之间还有信仰上的不同，关系一定持续紧张。

不过，在这里统治者也是少数，被统治者是多数。居住在高卢的罗马人在法兰克人统治下所有的有利之处，居住在西班牙的罗马人也同样具有，其中最重要的当然是“安全”，不用再苦于蛮族的反复入侵了。尤其是在知道了胜者汪达尔人正在直布罗陀海峡一海之隔的北非把败者置于绝对统治之下的强硬做法之后，感觉更是如此。

“后帝国”时代的北非

如前所述，汪达尔人在北非根本不想搞胜者与败者共存的统治。胜者如果仅是信奉阿里乌斯派基督教的汪达尔人，情况可能不会糟于西哥特人统治伊比利亚半岛的状况。可是在北非，胜者中还有遭受天主教派迫害镇压长达 100 多年的多纳图派基督教徒。这使得成为败者的北非罗马人陷入了绝望的状态。他们是天主教派基督教徒，现在转变为被镇压、被迫害的一方。

高卢、西班牙基本没有出现难民，北非却有很多难民。在资产只限于耕地和房屋等不动产的时代，舍弃资产逃亡的人都在逃亡地拥有另外的耕地和房屋，在那里自然还是社会上层。即使没有耕地和房屋的社会“中层”，但若有可靠的地方和人可以投靠，在能力上也属于“上层”。

一般常识认为，如果让这种人逃走，社会就会瘫痪，生产力也难免降低。但对某种一意孤行的人来说，这个常识行不通。因为有比阻止社会功能和生产力下降更优先的事要做。这件事用现代的话说就是“民族净化”。在汪达尔人统治的北非出现了类似的现象。

以上就是西罗马帝国灭亡后，蛮族奥多亚克这位新统治者到来时，旧西罗马帝国的状态。奥多亚克是阿里乌斯派基督教徒，居住在意大利半岛的罗马人对他屏息以待自有道理。

“蛮族统治下的和平”

奥多亚克并非出身于部族族长家族，所以自己没有部下。尽管如此，他却聚集了众多的蛮族狼，居然组建了一大集团，可见他拥有相当的政治能力。

公元 476 年，他为西罗马帝国历史落下帷幕。当时他手下聚集的蛮族号称 10 万之众。这是连妇女儿童都合计在内的数字，打起仗来，战斗人员只有 2 万人，最多也不会超过 3 万人。罗马帝国也只是受到这充其量两三万人蛮族军队的威胁而已，并未在战斗中败北，但走上了灭亡之路。真是情何以堪!

然而，摆在胜者奥多亚克面前的是要以 10 万人之力统治 20 倍以上的败者。

奥多亚克把这个根本性的完全与败者共存的方针确定为基本政略。这个政略是统治高卢、西班牙，自然还有不列颠、北非的蛮族根本没有考虑过的。并且，奥多亚克没有止于提出问题，而是把这个政略化作具体政策付诸实施。

首先，他没有把蛮族与罗马人的关系定位为“蛮族”与“罗马人”，没有定位为日耳曼人与拉丁人，没有定位为胜者与败者，也没有定位为统治者与被统治者，而是规定为“客人”与“主人”。主人热情款待来访的客人，还把客人留宿在家中。从胜者与败者的实际情况看，也算是伪善到家了。这样的情况在拉丁语中叫作“hospitalitas”（好客，款待客人），说的是对客人的待遇。定位为主客关系，多少还有缓释败者一方屈辱感的效用吧。尽管如今破落了，但毕竟意大利半岛曾经是罗马帝国的本土。

但奥多亚克还有部下，他必须保障他们的生计之道。于是他决定把“主人”的资产拿出三分之一赠予“客人”，这个主意可以名之为“三分之一政策”，却并非奥多亚克首创。从前，斯提利科曾经决定拿出居住在高卢的罗马人财产的三分之一给蛮族，以此作为利用蛮族保卫高卢的手段。这两个政策何其相似，但是，斯提利科被冠以逆贼的污名而处死，还被处以“记录抹杀刑”，他生前的业绩多被抹消，无法确认这一政策的情况。但是，奥多亚克实施了这个“三分之一政策”却是事实。

乍看上去，这个“三分之一政策”像是胜者加给败者的严厉处置。无论如何，败者要被强行夺走三分之一的财产。但在实施阶段，这种严厉程度打了相当大的折扣。因为居住在意大利半岛和西西里岛的“主人”并非全部都得向“客人”提供三分之一的财产。首先，如果只拥有一间房屋或不很大的农庄，即使提供三分之一，得到这些资产的一方实际上也无法使用，手工作坊和街上的商店情况也一样。这样，拥有资产但只是小规模生产手段的人就被排除在这“三分之一政策”的对象之外了。

如果“上层”是火车头，“中层”和“下层”起的就是火车头赖以牵引车厢的车轮作用，是使社会发挥功能不可或缺的要素。保留社会中下层的政策确实是一项明智的占领政策。

但是，要保存社会“上层”的现有统治阶级，在意大利半岛就是要保留元老院阶级和天主教派基督教会，这两者都是大规模农庄的所有者。前者是从祖先继承而来，后者是由信徒贡献和赠予而来，都是“三分之一政策”的绝好对象。不过这时，“胜者权利”的意味已大为缓和了。

奥多亚克以防御完善为由也住进了西罗马帝国皇宫所在地拉文纳。对他而言，最理想的就是部下也住在附近。而且，对他们这些日耳曼民族而言，希望在异国意大利扎堆居住也是人之常情，因此，在意大利半岛名副其实地实施“三分之一政策”的地方都集中在北部。

如此一来，意大利中部和南部都会被排除在“三分之一政策”的对象之外，从而有失公平。不公在道义上固然不好，作为统治方法也很拙劣。于是，胜者采取了实际上以“地租”形式支付三分之一资产的方法。败者同样必须向胜者提供三分之一的资产，但实际上成为借用这部分资产的形式，败者可以通过支付“地租”后继续经营整个农庄。

由于没有记载，地租金额不详。这些租金似乎都付给了“意大利王”奥多亚克，成为他定期支付给属下士兵工资的财源。

可能有人会想，要支付以前不曾支付的“地租”，对大农庄主来说应该是经济上的打击。

请回想一下，以前由于西罗马帝国无力保护居民不受蛮族侵略，农庄主们只好自行组织自卫团自卫的事实。

如今，他们的安全由“客人”保障。虽然“地租”多少不详，但已无必要继续保留自卫团。即使保留自卫团，也并非针对大举来袭的大群蛮族，规模只要有能够应付人类社会时时处处都存在的盗贼就足够了。从目前已发现的史料来看，同样是大农庄主的元老院元老和基督教会人士，没有一个反对“三分之一政策”。

再说说税制。奥多亚克统治以来，西罗马帝国时代的税制原封未动。然而，西罗马帝国时代常常听到悲叹重税的声音，这在奥多亚克统治下却听不到了。这也许是被蛮族统治之后税负再重也不许发出悲叹之声，也许是征税的蛮族文明程度尚低，离奢侈尚远，尚未横征暴敛。总之，在奥多亚克及以后的狄奥多里克蛮族统治时期没有听到重税的悲叹声，而在后来收复意大利后的东罗马帝国时代却再度响起了这种声音。这一现象在历史上意味深长。

这样看来，日耳曼人奥多亚克成为“意大利王”之后对现存体制的保留是相当彻底的。

首先，他本人和部下是阿里乌斯派基督教徒，没有对信仰天主教派基督教的意大利人进行任何镇压和迫害。居住在意大利半岛的天主教徒与北非的兄弟不同，没有必要为了守教而当难民。意大利全境的教堂自然和以前一样照样举行天主教派的祭祀，天主教派教堂并没有因为建设阿里乌斯派教堂而遭到破坏。

而且，奥多亚克原封不动地保留了拉文纳的皇宫即现今王宫里的组织体系，以前的皇宫官僚改称王宫官僚便已足够。头目更迭，内部组织却保留了下来，官职名称也原封不动地使用拉丁语，甚至没有更换的必要。

首都罗马的行政仍由“首都长官”负责处理，没有变化。“首都长官”以下各行政方面的公务员，直到下级官员，也都和从前一样继续着同样的工作。

至于元老院，岂止是得到保留，连长期被剥夺的铜币铸造权也得到了承认。帝政以后的开国皇帝奥古斯都规定，金币和银币的铸造权归皇帝，铜币的铸造权留给元老院，这一做法一直延续到元首制时代终结。

货币铸造权本身就是权力，拥有货币发行权也是权力独立的象征之一。元首制时代的罗马帝国把与“防线”接壤的国家称为“amicis”（朋友）。这些国家在罗马帝国与位于外侧的敌对势力之间起着缓冲的作用。在罗马帝国看来，他们不只是“朋友”，还是属国。但光嘴上叫“amicis”也是没有用的。于是，成为事实上的属国之后，其货币铸造权也得到承认。此外，雅典和斯巴达由于过去的辉煌历史，并入罗马帝国之后被称为“自由城市”，享受着特别待遇，它们也一直保持着独立的货币铸造权。货币发行权是自治权的象征。

因此，在元首制时代，罗马帝国的基本货币奥里斯金币、第纳尔银币和塞斯特斯铜币都是材料价值与面额完美统一的优质货币，在罗马帝国全境有着为数众多的货币兑换所。这证明了罗马帝国不论自己的货币如何优质，也没有向其霸权之下的国家、城市和人民强制推行自己的货币。这与其说是尊重霸权之下的国家、城市和人民，不如说是因为尊重了这种自由会更加易于自己的统治。

但是，这样的罗马帝国在公元 4 世纪初叶以后彻底改变了。戴克里先和君士坦丁两位皇帝开始强化中央集权，元首制时代的中央集权与地方分权的绝妙平衡已成为过去。罗马帝国也与以前的元首制时代划清了界线，成为绝对君主专制国家。世道变了，货币兑换所也只能失业了。

又过去了250年，到公元5世纪后半叶，铜币的铸造权又回到了罗马元老院。铜币的背面明确铸有字母“SC”，证明是元老院发行的货币。很容易想象，元老院元老手拿刚从铸造厂运来的这些铜币会沉浸在怎样的感慨之中？

奥多亚克保留了农庄这个元老院阶级的经济基础，又给予元老院铜币铸造权，紧紧地抓住了败者中两大势力之一元老院阶级的心。同样，他通过保留农庄和手工业，保障信仰自由，笼络住了另一大势力天主教会。他还通过社会自上而下在全体败者中扫除对蛮族入侵的恐怖，抓住了败者的心。他把“蛮族统治下的和平”（Pax barbarica）带给了因失去“罗马统治下的和平”而痛苦的人们。

也许是因为奥多亚克对现存势力的保留太过彻底，罗马居民中甚至流传出一则笑话，说连贿赂官员的习惯也保留了下来。

分栖共存

奥多亚克毕竟不是罗马人，而是日耳曼人。他实施的少数胜者统治多数败者的政策不可谓不明智。但是，所有这些政策都是考虑与败者的“共存”，而并未想到“同化”败者，这一点清楚地表现在胜者日耳曼人与败者罗马人承担的工作方面。

这一点简单说来，就是军事由蛮族负责，行政和经济等其他各领域都由罗马人负责。日耳曼系蛮族即使拿到土地也不会专司农业，而是领取固定金额的工资，处于随召随到的待命状态。胜者为了保障被统治者的安全，保持常备军事力量是绝对需要的。他们靠武力取胜，并不想放弃武力，也不打算与败者罗马人分享武力。

对这种分工败者一方也无不满，反正罗马帝国军队有名无实，实际上士兵都出身于蛮族，这样的时代已持续很久。在罗马人中，躲避军务的想法已经根深蒂固。胜者决定军事由自己管理，这在罗马人看来，就等于把自己的安全托付给别人。但公元 5 世纪的罗马人忘记了这个决定意味的重要性，奥多亚克的决定反倒受到罗马人的欢迎。

在司法上，统治者和被统治者也有不同的法律。蛮族之间使用日耳曼法，罗马人之间使用罗马法。只是法律上罗马法相当完备，实际上极少案例用日耳曼法裁判。

如前所述，行政完全交给败者负责，因为蛮族没有这种组织，不得不全部交出行政权。胜者在行政方面并不插嘴，一定起到了使罗马人忘记自己是败者的作用。

以上就是西罗马帝国灭亡后胜者与败者“分栖共存”的实际情况。果若如此，共存就有可能。

可是，如果想起罗马人过去在共和政体时代实行的“同化败者”的路线，两者之间的区别就会令人印象深刻。罗马人让被征服者以辅助兵的名义，与正规军的军团兵一道参与军事，承担对国家来说最重要的安全保障任务。辅助兵如果服役期满，退役时可以拿到罗马公民权。公民权是世袭权利，他们的儿子就可以报名参加只有罗马公民权拥有者才有资格加入的军团兵。如果不选择从军，也可以享受与世代拥有罗马公民权的人完全同等的权利。

而且，如果出身于部族族长家族或有优秀才能，不必等到服役期满退伍时才能获得罗马公民权。如果当上辅助部队队长，立即就会被授予罗马公民权，可以出席大元帅和军团长主持的作战会议。即使昨天还是敌人，只要敌对关系结束，就会被视为自己人，对其中的优秀人才，还会获得与本国优秀人才平等竞争的机会。这样，仅在军事方面，同化败者做得就很彻底。罗马人在使用人才方面不分胜者败者。正因如此，罗马帝国统治下的希腊人、以《希腊罗马名人传》作者而闻名的普鲁塔克断言，罗马之所以强大的重要原因首先在于他们对败者的同化政策。

奥多亚克并非不懂利用败者的人才。在很多领域，西罗马帝国时代的组织和官员得到保留，亦即在这些领域工作的罗马人也在配合奥多亚克的统治。这与战败后日本当政者配合胜者美国的军政当局对日本进行统治的情况相类似。尽管双方为了在尽可能好的状态下“共存”而合作，但这并不是两者的“同化”。

这种不同似乎并不能归咎于奥多亚克一人。正如尤里乌斯·恺撒在《高卢战记》中指出的那样，众所周知，自古以来，日耳曼民族的统治方式就是在自己与被征服的其他民族的居住地之间设置荒地隔离带，除最小限度的需求之外不进行交流。因此，他们原本就不适应罗马人偏好的“同化”政策。话虽如此，我们很难一成不变地看待日耳曼民族，毕竟公元前 1 世纪的恺撒时代和与罗马人接触已成家常便饭的公元 5 世纪情形已经大不相同。

但是，一个民族的本性不会轻易改变也是事实。我们权且认为不变的部分有一半吧，那改变了的另一半大约就是在公元 5 世纪时日耳曼民族大多改信基督教这一点了。胜者奥多亚克及其部下信奉的是阿里乌斯派基督教，败者罗马人信奉的是天主教派基督教，两者都同为基督教这个一神教的信徒。

天主教派信奉神、耶稣基督、圣灵三位一体说。阿里乌斯派则认为耶稣无限接近神性但不是神。两派之间的相互责难不是针对“异教”，而是针对“异端”。换言之，这不是信奉的神不同，而是对神的解释不同，是追随同一个神的方式不同。在 200 多年前的尼西亚公会议上，天主教派被定为正统，阿里乌斯派被确定为异端。因为都相信自己的主张方为正统，形成了两派之间长期的敌对关系。

这样就根本没有可能“同化”。所谓信仰是各人内心的问题，或许只有多神教才有可能把信仰放在一边，在别的方面共同做点大家都能做的事。可以指望一神教徒的，也许“共存”就是极限了。在靠开放政策发展的时代，罗马人是多神教徒。普鲁塔克也是信奉多神教的希腊人，他积极地认可这种政策的效果。我在考虑，莫非“蛮族统治下的和平”远比“罗马统治下的和平”短命也是因为这种差别?

尽管如此，“蛮族统治下的和平”接力的第一棒奥多亚克对意大利的统治持续了 17 年。奥多亚克自己没有兵力，只能召集蛮族出身的士兵。蛮族集中居住在拉文纳及其附近的意大利东北部，意大利半岛其他地方连蛮族兵的影子都看不到。在这样的状态下，奥多亚克的统治居然持续了 17 年。在此期间，没有发生帝国其他行省常有的被统治者的叛乱，也没有关于难民从意大利东部逃入东罗马帝国的实例记录。

日耳曼人与罗马人的“共存”成功了。历史学家给这个时期起了一个名字：“日耳曼 - 罗马王国时代”。对奥多亚克而言，敌人不在国内，他的敌人正在意大利半岛之外逐渐形成。

狄奥多里克

狄奥多里克于公元 454 年生于东哥特人族长之家。他与奥多亚克的不同不仅在于年龄相差 20 岁，还在于他生来就拥有自己的兵力。

东哥特人当时居住于现在的德国南部多瑙河上游地区，与东罗马帝国之间缔结了“同盟”协约。所谓“同盟”就是认可其居住地，但需承担居住地及其附近的防御作为交换条件的制度。缔结这种协约时，作为惯例需要交出人质以为守约的保证。从前，埃提乌斯作为人质在匈人度过了青少年时期就是一个著名的例子。狄奥多里克从 8 岁到 18 岁的 10 年间，也是作为人质在东罗马帝国首都君士坦丁堡度过的。不过，在这种情况下，虽是人质，却与大英帝国时代殖民地实力人士的儿子到英国留学没有什么两样。狄奥多里克也是这样，他学文习武，磨砺政治感觉，了解东罗马帝国内情，度过了 8 岁到 18 岁这段对人格形成有最重要影响的时光。不仅如此，他还学到了东罗马帝国政策的本质，这就是，尽管与西罗马帝国是同胞关系，但对西罗马帝国命运的关切也只限于不危及自身的情况，一旦发现这种关切将成为弊害，就会立即舍弃西罗马帝国。

他 18 岁那年回到故乡，并非因为东罗马帝国与东哥特人之间的“同盟”破裂，而是因为他的族长父亲以自己年迈为由向皇帝提出请求，让儿子回到身边。两年之后父亲去世。日耳曼系蛮族东哥特人便有了一位 20 岁的年轻领袖。

东哥特人的年轻族长在东罗马帝国的地位和以前一样，保持了与皇帝的“同盟”关系。狄奥多里克的父亲始终是东罗马帝国的忠实“同盟者”，而狄奥多里克却不同。他在与邻近蛮族的战斗中不断取胜，一点点地扩大地盘。他首先入侵多瑙河中游，再把手伸向下游，成为东罗马帝国皇帝也不能小觑的“同盟者”。芝诺皇帝一度被放逐，但仅用一年就得以复位。狄奥多里克为芝诺皇帝夺回皇位助过一臂之力，从此，狄奥多里克的地位便更加稳固。芝诺皇帝因此功绩把“贵族”称号授予了年仅23岁的狄奥多里克。蛮族的年轻族长当上了东罗马帝国的“贵族”。听说皇帝还准许在首都君士坦丁堡建造狄奥多里克骑马雕像。

虽然年轻的族长对芝诺皇帝而言是优秀而忠实的同盟者，但也是一个不可掉以轻心的人物。狄奥多里克甚至曾经率兵从居住地多瑙河下游斜贯巴尔干地区，威逼首都君士坦丁堡。对芝诺皇帝而言，他一步步地转变为一种麻烦。狄奥多里克也不再满足于这样的现状。

地位再高也不过是东罗马帝国皇帝属下的一个家臣。公元487年前后，狄奥多里克心中萌生了独立的念头，他在33岁时便早早看透了自己在东罗马帝国的前途。

进攻意大利

狄奥多里克想进攻意大利，打倒奥多亚克。这个想法深深地吸引了芝诺皇帝，他一直没有给予奥多亚克正式地位。虽然奥多亚克自称意大利王，但在东罗马帝国看来，他不过是没有得到帝国正式承认而僭坐王位之人。而狄奥多里克则是东罗马帝国的“贵族”，30岁就当上了“执政官”，还是负责后世称之为巴尔干地区的东罗马帝国西部“大元帅”。狄奥多里克进攻意大利，是为了把西罗马帝国从蛮族统治中解放出来，是东罗马帝国承认的军事行动。说真心话，这件事的实质不过是狄奥多里克的“独立欲望”与芝诺皇帝要“赶走麻烦”的两相结合而已。但在表面上，这是把西罗马帝国本土意大利从蛮族统治之下解放出来的正义战争。

在日耳曼民族，最终的决定需要在部族集会上获得同意。公元488年，34岁的狄奥多里克得到了同意。东哥特人连同妇女儿童号称30万人，他们舍弃了房屋，牵着家畜，把眼下的必需品装上货车，一齐离开多瑙河，一路向西。30万人中能打仗的成年男子大概有五分之一吧。即使这样，与奥多亚克的兵力相比也多出一倍。但实际上并非如此。蛮族有很高的生育率，在统治意大利的15年间，奥多亚克的士兵数量也有所增加。双方兵力在数量上应该是势均力敌的。

进攻意大利定在第二年，即公元489年。进攻方狄奥多里克35岁，迎战方奥多亚克55岁。

狄奥多里克知道，只要打败了奥多亚克，整个意大利半岛就是他的。他还知道，奥多亚克的根据地在意大利北部，因此，他采取直捣意大利半岛东北部的打法。这种打法类似于只实施局部麻醉，并在麻醉的地方动刀的外科手术。这种战略显然也考虑到了将来胜利之后的情况。

两者之间最初的战斗发生于公元489年4月28日。阿尔卑斯山脉横亘在巴尔干与意大利之间，索查河从阿尔卑斯山脉的最东面流过。战斗在索查河两岸打响，获胜的是狄奥多里克一方。此战并不是决战，奥多亚克和他的大部分军队逃脱。

奥多亚克与其说是败逃不如说是撤退，他寄希望于在以维罗纳近郊为战场的第二场战斗中一雪前耻。可是，在一个月之后的第二场战斗中，奥多亚克又打了败仗。但他仍然没有遭到毁灭性打击，剩余兵力还很充足。

第二年，即490年8月11日，两者之间进行了第三场战斗，战场进一步西移。双方在发源于阿尔卑斯山脉、流经米兰注入波河的阿达河附近展开了激战。奥多亚克又一次败北。这样，狄奥多里克应该已经控制了从西向东横贯意大利北部的波河以北的地区。奥多亚克只能逃回离波河的亚得里亚海入海口南50公里左右的拉文纳。他打算在防御完备的拉文纳坚守不出，继续对狄奥多里克作战。

说起来像是一种悖论，奥多亚克比来犯的狄奥多里克战斗力略处劣势，但在这时也有诸多有利条件。

首先，狄奥多里克是在敌人地盘上作战，奥多亚克却是在自己的领地内作战，不仅占有粮食等物资补给之便，还因统治时间长达15年之久而占有熟稔意大利北部全境地势之地利。

其次，奥多亚克不必担心罗马人会把狄奥多里克和东哥特人的入侵看作摆脱统治的好机会而在各地一齐暴动。罗马人已经满足于“蛮族统治下的和平”，在“蛮族”之间发生这场战争时，既不会在奥多亚克手下参战，也不会对奥多亚克举起反旗做有利于狄奥多里克的事。不仅居住在已沦为蛮族斗争战场的意大利北部的罗马人抱有这种态度，在风闻战争已经打响的意大利中部和南部的罗马人也抱有这种态度。总之，如今即便是被统治者，居住在意大利半岛的罗马人人数也占绝对多数，他们的态度是静观其变。

拉文纳被沼泽和运河包围，固若金汤。狄奥多里克攻进意大利后不到一年，便称霸意大利北部的北半部分。然而，狄奥多里克凭一己之力要在短时间内占领拉文纳希望渺茫。蛮族不擅长打包围后再行攻城的持久战，这种战斗必须从保障补给线开始，而蛮族重视兵站的思

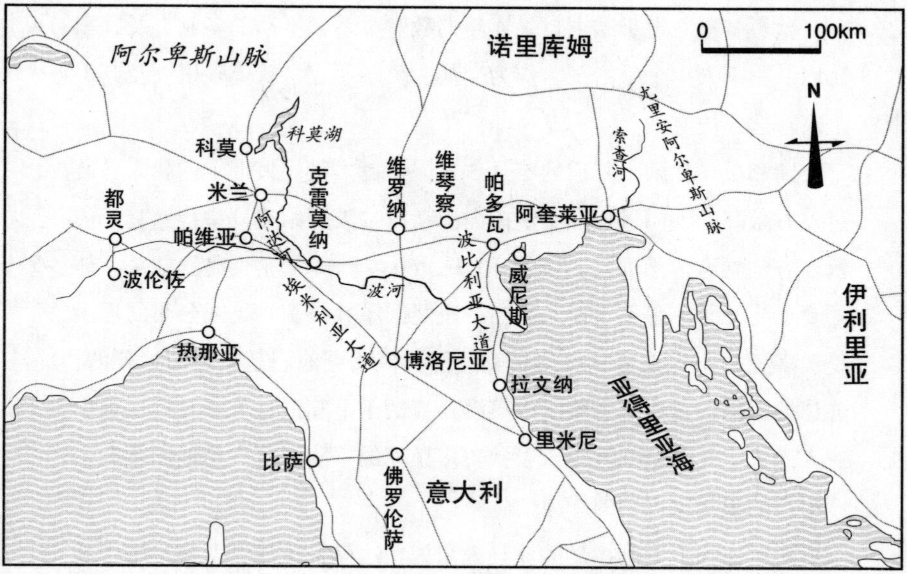

意大利北部

想尚不足，如果包围战久拖不决，不利的是攻城方，而不是守城方。尽管如此，东哥特人仍然紧跟狄奥多里克。他 20 岁就成为首领，此后又不断证明了自己的领袖能力。

拉文纳的攻防战实际上超过了两年。现实不允许狄奥多里克只考虑攻占拉文纳，他还必须保障 30 万东哥特人每日的吃住。将满 39 岁的狄奥多里克改变了战略。

双方于公元 493 年 3 月开始媾和，充当中间人的是拉文纳的主教。奥多亚克与狄奥多里克的媾和达成如下协议：

由奥多亚克和狄奥多里克共同统治意大利全境。

狄奥多里克发誓结束过去 4 年的敌对关系，不动奥多亚克及其家属以及手下人一个手指头。作为交换，奥多亚克将狄奥多里克及其手下高官迎入拉文纳。

媾和成功！两个月后的 5 月 5 日，狄奥多里克只带了一队人马通过左右敞开的大门进入拉文纳市内。从第二天开始连日举行盛宴，庆祝双方的融合。然而，到了第 10 天，60 岁的奥多亚克突然被杀。他的妻子、儿子、手下重要人物在一夜之间悉数被杀。正式公布的理由是奥多亚克阴谋杀害狄奥多里克。但奥多亚克他们是被当即处死的，连逮捕入狱的过程都省略了。奥多亚克的手下知道这个消息后，很少有人离去，几乎全部被编入了狄奥多里克的军队。也许是他们多为蛮族出身的狼无家可归的缘故吧。

对居住在意大利半岛的罗马人来说，这只是统治者变换。由于是“局部手术”，战场也只局限在意大利北部的东部地区，意大利半岛大部分地区没有遭受沦为战场的灾难。拉文纳被狄奥多里克原封不动地继续作为根据地，只不过是王宫的主人易人而已。

东哥特王国

从公元 493 年 39 岁除掉奥多亚克开始，到公元 526 年 72 岁去世为止，狄奥多里克的实际统治时间长达 33 年之久。他能够持续如此长的统治，是因为他虽然消灭了奥多亚克，却没有取消奥多亚克实施了 10 年以上的政策，而是予以全盘继承。这对居住在意大利半岛和西西里岛的罗马人来说，意味着仍然会继续生活在“蛮族统治下的和平”之下。

狄奥多里克全盘继承了奥多亚克的政治，但是人变了，政治色彩也会随之变化。用一句话点评，也许就是政治手段更加精练。

“客人”与迎进客人的“主人”，这种用“hospitalitas”一词来表现的统治者与被统治者的关系没有发生变化。“客人”们围绕自己的头目狄奥多里克居住的拉文纳周围，扎堆居住的情况也没有改变。对意大利中部和南部的被统治者来说，统治者仍旧是远方地主，与自己的交集只是向其支付三分之一耕地的地租而已。难道还有比不与胜者频繁接触更能减轻败者罗马人心理负担的事情吗？

狄奥多里克比奥多亚克更严厉地禁止被统治者拥有武器，连护身用的剑也禁止携带，只允许保有日常生活中使用的刀具之类。作为交换，狄奥多里克及其部下则要彻底保障意大利半岛和西西里岛的安全。狄奥多里克重新整编军队，抛弃了纯东哥特人血统主义，大力接纳日耳曼系民族中其他部族出身的人。但与各部族出身士兵混杂的奥多亚克的军队不同，狄奥多里克军队的主体归根结底还是东哥特人。因此，狄奥多里克会经常称手下人为“哥特人”，即使他不是哥特人出身。

一般情况下，“哥特人”士兵居住在分给他们的土地上从事畜牧和耕种。但因狄奥多里克平时也照常发饷，所以一旦发生情况，士兵有义务迅速参战。由于狄奥多里克保障了士兵的定居地和固定薪饷，且不采取纯东哥特人血统主义，当初不足 6 万人的兵力，10 余年间就增加到了 20 万人。这可不是在无所事事之间的自然增长，出于巩固意大利半岛防御的需要，狄奥多里克把军队扩充到了西部、北部和东部。这 20 万的数字是已除去了在西至法国南部、北至瑞士、东起布达佩斯直到克罗地亚一线扩张霸权损失后又增长的人数。仅就军事力量和凭此力量得到的地盘看，狄奥多里克的东哥特王国已经拥有比西罗马帝国末期更大的力量，将更广阔的领土置于自己的霸权之下，问题在于靠什么去维持凭武力获得的领土。在这方面，狄奥多里克也显示出了相当的才能。

狄奥多里克在意大利半岛的地位与奥多亚克一样，并未得到东罗马帝国的承认。除掉奥多亚克后不久，狄奥多里克也曾向取代芝诺登上皇位的阿纳斯塔修斯皇帝请求正式承认自己的地位。然而，东罗马帝国不希望意大利与自己分离而成为独立王国，但也没有拒绝狄奥多里克的请求，也许是看到了狄奥多里克是东罗马帝国的“贵族”，比奥多亚克温顺。但是，东罗马帝国依然没有承认狄奥多里克，所以他也只能和奥多亚克一样，僭称“意大利王”。

奥多亚克与东罗马帝国之间感觉上始终是相互无视，而狄奥多里克则一直对东罗马帝国皇帝采取尊重的态度。狄奥多里克在做人质期间就透彻地了解了东罗马帝国，他知道现在还不能小觑“东”的军事力量，不能给“东”以行使武力的口实。东罗马帝国人民的天主教信仰，由于热烈而易转为狂热，一旦爆发连皇帝也莫能相逆。如果逆潮流而动，皇位也就岌岌可危了。狄奥多里克必须采取一切手段来规避这种风险，以防危机被转嫁到自己统治的意大利来。

也是这个缘故，狄奥多里克对与东罗马帝国的关系尤为费心。他在长达 33 年的统治期间发行过多种货币，尽管都是由狄奥多里克的王国发行，但几乎所有货币正面铸刻的都是东罗马帝国皇帝的头像，只有看了背面的文字才知道，这是狄奥多里克下令铸造的。铸有狄奥多里克自己头像的货币至今只有一种得到确认。

此外，在与天主教派共存方面，狄奥多里克比奥多亚克花费了更多的心思。他自己一直是阿里乌斯派的基督教徒，却迎娶了改信天主

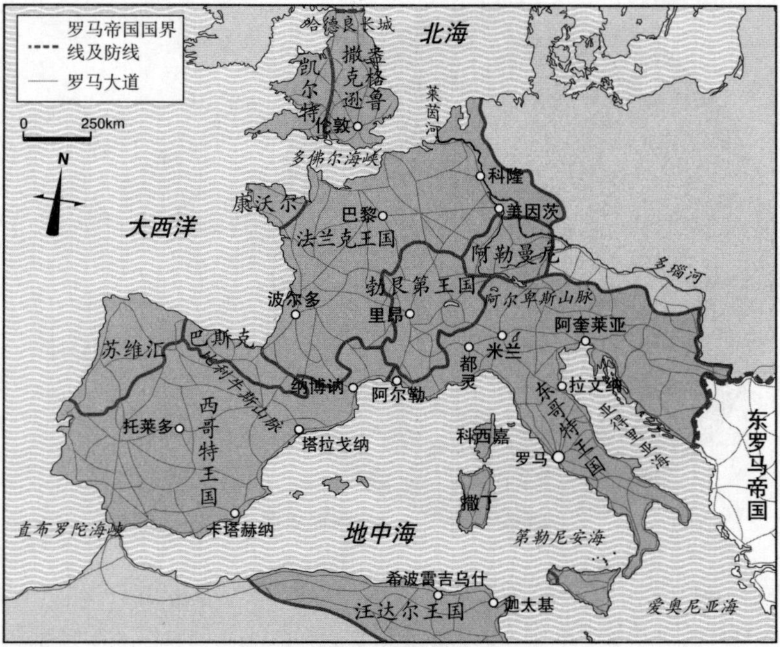

公元 500 年前后的旧西罗马帝国

教的法兰克国王的妹妹为妻。当然，他没有要求妻子改信阿里乌斯派基督教。此外，狄奥多里克的亲生母亲也跟着儿子住在拉文纳，并在那里受到主教的影响改信了天主教。对此，儿子也未加任何干涉。位于王宫的拉文纳主教宝座一直由天主教派占据。

表面做派一直像一个属于东罗马帝国的王国，对天主教派基督教徒也很宽容，这些都是狄奥多里克为了避免刺激东罗马帝国而采取的策略。这与奥多亚克没有得到承认后始终无视东罗马帝国的情况有所不同。

哥特人国王还注意建立与不断在旧西罗马帝国各地构筑独立王国

狄奥多里克

的日耳曼系其他蛮族国王们的关系。他自己娶了法兰克国王的妹妹为妻，他的妹妹和女儿中的两个，甚至还有侄女，都嫁给了这些蛮族王国的国王或王子等为妻。这样，狄奥多里克筑就了与高卢的法兰克和勃艮第、西班牙的西哥特、北非的汪达尔之间的姻亲关系。换成现代话语，这就等于与各蛮族王国之间缔结了“互不侵犯条约”。而且每当这些蛮族王国之间发生龃龉，他都自告奋勇地承担协调的角色，而且协调大多成功。

狄奥多里克一边努力维持与东罗马帝国之间的良好关系，一边试图在西部集结日耳曼民族，形成可称之为日耳曼民族王国联盟的强大势力。为此，狄奥多里克甚至以放弃决定西地中海制海权的西西里、撒丁、科西嘉三岛中撒丁、科西嘉两岛的领有权为代价，与汪达尔王国缔结了和平协约。由于这个“互不侵犯条约”，那些居住在西班牙和法国南部及意大利沿海、长期饱受汪达尔海盗之苦的人们，也享受到了“蛮族统治下的和平”的恩惠。

利用败者

如前所述，奥多亚克统治的成功，是因为保留了既有势力。很多历史学家认为，狄奥多里克的统治之所以长命，原因就在于他不仅原样继承了原有政策，而且执行起来更加彻底。

如果把王宫比作现代的日本首相官邸，那么，用现代话说，负责王宫内部组织的首脑就相当于日本的官房长官在狄奥多里克的整个统治过程中，这个首脑以及这个组织内部各部门的长官，都是由被征服者罗马人担任的。

意大利全境的行政首脑都由执政官担任，而执政官也一直由罗马人担任。于是，15 个行省的长官都由罗马人担任，也就没有什么不可思议的了。当时已经允许地方自治，负责自治事务的从上到下全部是罗马人。总之，军事以外的所有领域，全部让被征服者罗马人去管理。这就是说，进入狄奥多里克统治时代以后，负责军事的日耳曼人和负责行政的罗马人并未混杂在一起，而是分离并存的。

但这既不是混合，也不是同化，其证据如下：在元首制时代的罗马帝国，罗马人士兵与日耳曼、高卢或西班牙的女子结婚并非罕见，他们之间生下的混血儿作为罗马人养育成人。但在狄奥多里克的统治之下，听不到哥特人男子与罗马女子通婚的事。哥特人与罗马人和平共处，互不侵犯，井水不犯河水。

也许这就是日耳曼人认为的“共存”。在教育后代方面，狄奥多里克的态度与狂热的天主教徒毫无二致。

要提高解读能力、写作能力和理论能力，无论如何得用开发并完善了这些能力的希腊人和罗马人写的文章作为教材。但是，基督教徒中有很多人认为，孩子通过读这些异教精神产物的书籍学习有受到“污染”的危险。

但身为阿里乌斯派基督教徒的狄奥多里克并没有感到这种危险。狄奥多里克感到的危险，可能是因接触希腊罗马的书籍，日耳曼的民族精神会受到污染。他可能认为，为了规避这种污染，有必要扬“武”，因而牺牲“文”，这也是不得已之事。

狄奥多里克曾亲口说过这样的话：“很多哥特人希望被当成罗马人，却没有罗马人希望被当成哥特人。”

罗马人如今虽然成了被统治者，但他们从心底里蔑视统治者哥特人。狄奥多里克担心的是，如果哥特人子弟和罗马人接受同样的教育，他们就会变得罗马化，而非日耳曼化了。

就这样，东哥特人的子弟可以不用上学了。结果不难想象，连自己的名字都不会写的“统治者”越来越多。于是，为了不签名也能办事，狄奥多里克开始允许各用其“印”。他亲自示范，在公文上不签名只盖印，甚至让人误解他也是文盲。

可是，因为这条禁令，统治者东哥特人变得更加需要被统治者罗马人了。这实在是一个莫大的讽刺。离开能写文章的罗马人，哥特人什么事都办不成。历史的变化有时起因于只能付之以苦笑的无聊琐事，这里就是一例。

可见，罗马人在“蛮族统治下的和平”环境里的重要性，由于他们是败者而越发饶有兴味。卡西多里乌斯就是一个典型的例子。

忠臣卡西多里乌斯

卡西多里乌斯生于意大利半岛南端的卡拉布里亚地区，时间是西罗马帝国悄无声息地灭亡3年之后的公元479年。他的家族属于元老院阶级，是地方上的大农庄主，也是逼迫西罗马帝国灭亡的奥多亚克决定保留的既有势力中的一员。从父辈开始，这个家族就已经接受奥多亚克的旨意，为其统治提供合作。卡西多里乌斯的父亲在意大利北部的拉文纳王宫供职，长期没有回过位于意大利南部的家。

公元493年统治者变为狄奥多里克之后，卡西多里乌斯的父亲也没有改变与哥特王国合作的态度。他在狄奥多里克打退汪达尔人，确立在西西里岛的统治地位时开进西西里，全面重组了行政组织。以后，他继续配合狄奥多里克的统治，甚至担任了意大利南部的官选长官。

卡西多里乌斯出生时，西罗马帝国已不复存在。他有着那样的父亲，受到的教育与罗马帝国时代的精英一样，学的是使用希腊罗马教材的“素质教育”。也许和当时许多青少年一样，他在首都罗马接受了成为精英所必需的教养。

对如此成长起来的卡西多里乌斯来说，蛮族统治的现实从降生起就司空见惯，而且父亲又是一位与蛮族合作的人。因此，从年轻时起，卡西多里乌斯对蛮族统治就完全没有偏见。不仅是他，可以认为当时很多居住在意大利半岛的人也都一样。真正的问题不在于由谁统治，而在于如何统治。

公元500年，卡西多里乌斯20来岁，狄奥多里克的统治也进入了第7个年头。这年，狄奥多里克首次访问了首都罗马。元老院的元老们来到城门，迎接这位哥特人国王，市民们夹道欢迎，就像他们以前欢迎皇帝一样。

年已45岁的狄奥多里克也像是皇帝的做派。他向聚集在古罗马广场一角的元老院会堂的元老们发表演讲，然后来到外面，站在讲坛上对聚集而来的市民发表演说。他使用的是拉丁语，尽管也许不如希腊语那样擅长。而且，在长达6个月的逗留期间，他住在建在帕拉蒂尼山上、当时还足可使用的皇宫里，精力充沛地遍游了曾经的“世界之都”。

狄奥多里克不仅游览了古罗马广场，还游览了皇帝们的讲坛、图拉真记功柱、庞培剧场、罗马竞技场等。尽管自己是基督教徒，他还参拜了建于卡匹托尔山上的主神朱庇特神殿。当然，与其说是参拜，不如说是参观。他甚至远足郊外，参观水道桥。就像后世造访罗马的德国、英国的观光客一样，他充满了好奇心和探究心。

这些巡视不单单是走马观花，发表些感叹言论，在他认为有必要修复的地方，他便当场决定拨付所需经费。这些地方不是基督教的教堂，而主要是过去罗马皇帝都很重视的上下水道、港口、桥梁等基础设施。年轻的卡西多里乌斯受到感动。随着狄奥多里克在罗马逗留时间的流逝，一个地道罗马人当初对他的好奇变成了赞叹。

不过，过去的皇帝受到公民欢迎之后，要向公民提供以角斗比赛、战车比赛等为主的娱乐节目。狄奥多里克十分想继承这些传统，但自一百年前基督教决定人们的生活方式以来，通常在罗马竞技场进行的角斗比赛因过于残酷而不再进行。于是，他决定进行同样受老百姓欢迎的战车比赛。

但战车比赛也已经不似往日那样，是由豪华快速的四匹马拉战车赛跑定胜负的竞技了。到眼下这个时代，最好的也只是两匹马拉的战车了。地点也许像往日一样在大竞技场，也许在久已停止角斗比赛的罗马斗兽场。卡西多里乌斯没有留下明确的记载，人们不知道确切的地点。但战车比赛确实是在这二者中的一处举行的。这样一来，罗马老百姓对哥特国王的亲近感变得无以复加。

就在这一年，或是第二年，还只不过是年轻学子的卡西多里乌斯写了一篇赞美狄奥多里克的诗篇，赠给了这位国王。说白了，这就是一封“粉丝”写的信。狄奥多里克也许看到了这封信。狄奥多里克一打听，这人的父亲还是不遗余力与自己合作的人。不知是否与此有关，卡西多里乌斯 30 岁那年，狄奥多里克授予这位年轻人“贵族”的称号。形式上卡西多里乌斯位列“贵族”，但这强烈地意味着他被授予担任国家要职的资格。于是，从这时起到狄奥多里克去世的 17 年间，卡西多里乌斯将自己 30 岁到 47 岁这一段男人最宝贵的年华交给了大他 25 岁的狄奥多里克，为他的统治提供合作。在这 17 年中，卡西多里乌斯历任所有要职，包括担任执政官。

我们后世能够追溯卡西多里乌斯的任职经历，是因为他一直在狄奥多里克的身边担任秘书官。这个时期卡西多里乌斯的工作是记录哥特国王发出的种种口头指令并予以公布。这些口头指令日耳曼色彩太浓，需要通过改写，使之富有罗马色彩才能发布。卡西多里乌斯引退之后以“杂记”（*Variae*）为名把这些指令汇编成册，这才使我们在 1 500 年后的现代得以追忆往事。阅读此书可以使我们了解到，统治者的命令往往语气严厉生硬，而在卡西多里乌斯的笔下，这些布告会变得如此稳重温和。

这不过是一条让人把亚得里亚海深处伊斯特拉半岛的农产品送到狄奥多里克所在的拉文纳的命令，经卡西多里乌斯之手后成为下面所引的样子。顺便一提，当时接受命令的一方是威尼斯共和国。威尼斯人一百年前从侵占意大利的阿提拉率领的匈人手中逃亡出来，不得不在浅滩上建起了自己的城市，后来却成了海洋国家之雄。

众所周知，今年伊斯特拉半岛获得了丰收。请考虑将那里出产的葡萄酒和橄榄油运到拉文纳来。你们拥有众多船只，一定能够安全运送伊斯特拉居民交来的农产品。你们可与他们对半平分这件工作带来的收益。因为只有双方合作，这件事才能做好。

请你们马上开始这次短程航行吧。你们惯于远航，这次航行就像是在自己的国度，来往于各家各户之间。你们不一定要走海路。如果海里风大浪高，还有河川可走。根据你们的判断，选择你们认为更加安全的航路。

想到你们的家园是如何建成的，对我而言是多么美好的一种享受。威内托地区过去（指罗马帝国时代。——引者注）曾以涌现出许多才华横溢、品行高尚的人才而闻名。这里南接拉文纳和波河，东接亚得里亚海沿岸美丽的海滨。大海潮涨潮落，陆地时开时合。你们的家园就像水鸟，时而漂浮在海面，时而休憩于岩石之上。这些并非自然使然，而是人们努力的结果。

居住在那里的人们拥有的丰富食粮只有鱼儿，不分贫富，平等分食。你们的房子几乎都是同样的规模和造型。这些使你们远离羡慕邻居这样的世间之恶。

你们居住在威尼提亚（现在的威尼斯），开发盐田是你们的主业。别处的人们在田间挥锄舞镰，你们却是舂臼磨盐。没有黄金你们也能活下去。可是，谁都需要可以保存食物并使之鲜美的食盐。正因为如此，你们能够靠卖盐换取其他必需品。

来吧，准备好你们的船只。把船拴在你们的家门口，就像把家畜拴在屋边一样。我已经派遣精于此事的劳伦提乌斯去了伊斯特拉。他收集好农产品后，就请你们开始运输，希望不会因为什么障碍和经费等原因而有延误。希望全体人员共同努力，把农产品早日运到拉文纳。

不论政治、军事还是行政，人世间许多事情都与“苦”字如影随形。所以，要求民众做事的为政者所必需的资质，不是把“苦”花言巧语地说成“乐”，而是要设法让民众在虽“苦”尤乐的心情中做事。我认为，卡西多里乌斯是狄奥多里克统治的最高发言人。相对少数的日耳曼民族的统治得以持续，而相对多数的罗马人没有发生过一次叛乱。这里不仅仅因为统治的内容好，还因为统治的表达也好。不仅仅是录用人才，使用人才的能力也是为政者不可或缺的资质。这种资质是一个人的美德（virtus），与他所属的人种、民族和宗教无关。

“蛮族统治下的和平”在奥多亚克统治下持续了17年，在狄奥多里克的统治下又持续了33年，自西罗马帝国灭亡开始加起来已经持续了将近半个世纪。50年来，意大利半岛不再担心蛮族入侵，还能享受到令人满意的善政，自然在各个方面恢复了生气。虽说失去了三分之一的资产，但支付租金就能继续使用。因为要付地租，就不能像过去那样荒废土地。人口是减少了，但正因为如此，才会想着用好现有的人。这样就搞活了意大利半岛全境的人和耕地这两个要素，自然提高了生产率，靠着“蛮族统治下的和平”，农产品的流通也得到了恢复，意大利的经济再度上升。就连不断减少的人口，也恢复到两个世纪前的情形，呈上升趋势了。这证明了“和平”才是人类社会最根本的基础。

有一位名叫普罗柯比的人，与狄奥多里克是同时代人，但年龄要小 50 岁左右。他是希腊人，出生于巴勒斯坦的恺撒利亚。出生在巴勒斯坦的希腊人属于东罗马帝国的国民。从普罗柯比的角度看来，始终与东罗马帝国保持着微妙关系的狄奥多里克是“敌人”。普罗柯比是东罗马帝国的官僚，还是天主教徒，对他而言，狄奥多里克不放弃异端阿里乌斯派的信仰，在这层意义上他也是“敌人”。普罗柯比对狄奥多里克有下面的评价。

普罗柯比仰慕历史学家修昔底德，他自身也是一位重视历史叙述客观性的史学家。与其说他是公元 6 世纪拜占庭帝国首屈一指的历史学家，不如说他是古代的最后一位历史学家。他留下了《哥特战记》等众多著作。普罗柯比在狄奥多里克去世时这样写道：

> 东罗马帝国给他的名称只是专制君主，但实际上他是真正意义上的皇帝。他是一位比帝国后期登上皇位的任何人都有资格称为“皇帝”的领袖。他的统治富有人情味，不仅获得了同胞哥特人的信赖，而且获得了居住在意大利的罗马人的信赖。狄奥多里克去世时，不分统治者被统治者，也不分哥特人罗马人，大家都流下了哀伤的泪水。

狄奥多里克于公元 526 年 8 月 30 日在拉文纳去世，享年 72 岁，死后埋葬在事先建造的陵墓中，至今仍供人瞻仰。

但是，在狄奥多里克统治的 33 年中，并非始终一帆风顺。晚年的数年中，没有预料到的不顺事件让年老的国王烦恼不已。所谓不

位于拉文纳的狄奥多里克陵墓遗址

顺，固然有狄奥多里克自身变得过度焦虑的原因，但更多的原因是连具有他那样德行的人也无可奈何的历史背景。

“东边”的长手

西罗马帝国存在的时候，和东罗马帝国一样是天主教派基督教国家。西罗马帝国灭亡后，统治者奥多亚克、狄奥多里克是阿里乌斯派，而被统治者是天主教派，这种情况已持续了半个世纪。从信仰正统与否的意义方面来看，在长达半个世纪的时间里，被打成“异端”而一直受到排斥的人一直统治着这里。

要把自己信仰以外的所有宗教都打成“异端”予以排斥的想法，天主教派基督教徒要比阿里乌斯派基督教徒更为强烈。阿里乌斯派的奥多亚克、狄奥多里克对其统治下的意大利天主教徒的信仰未进行任何干涉。我认为，这里的原因是，虽然同为基督教徒，但阿里乌斯派有肚量承认与自己不同的信仰。北非属于例外。天主教国度北非在被阿里乌斯派的汪达尔人征服以后，一直受到天主教徒迫害的“异端”多纳图主义者加入了统治者一边，这是一种特殊情况。

西罗马帝国本土意大利半岛，因为彻底贯彻了米兰主教圣安波罗修的振兴措施，居民成了清一色的天主教派基督教徒。意大利半岛在帝国灭亡后成为“异端”统治的国家。不过，在意大利，身为天主教徒的罗马人却不遗余力地配合阿里乌斯派的“异端”蛮族进行统治。卡西多里乌斯也是一位身为天主教徒却一直与狄奥多里克合作的人。50 年过去了，上至元老院元老、国家公务员，下至老百姓，并没有对这种“正统”与“异端”的共存感到任何不便，甚至有过这样的事情：在选举罗马主教（现已是教皇）时，候选人之间发生纷争无法收场，天主教派的罗马教会请求狄奥多里克出面协调。于是，决定天主教主教的选举由于狄奥多里克的协调而得以顺利进行下去。

西罗马帝国灭亡后的半个世纪里，意大利没有任何人觉得这有什么奇怪。尽管这是为了不刺激天主教派势力强大的东罗马帝国而采用的策略，但天主教派与阿里乌斯派的共存是成功的。

然而，既然宗教、信仰之类是不属于理性范畴的事物，就必定会出现一些人，他们会认为仅仅“没有什么不便”的共存是违背神意的背信行为，必须予以弹劾。对持有这种想法的人来说，接受异端阿里乌斯派的统治就是背信行为，只有排除这种统治，回归到坚持基督教真正教义的天主教派的立场，才是接受神意的生活。

这种人在狄奥多里克统治的30年间一直存在，但没有一次成为多数派，在接受阿里乌斯派统治的天主教会中一直处于孤立地位。这并不是因为意大利的天主教徒不听他们的主张，而只是因为东罗马帝国优先处理自己的问题，根本没有余力考虑打着打倒阿里乌斯派的旗号进攻意大利。可是，到了狄奥多里克的统治接近尾声的公元525年前后，东罗马帝国的情况开始改变。现任皇帝查士丁的外甥、被视为下任皇帝的查士丁尼在东罗马帝国内部的势力越来越大。

有一个名叫波爱修斯的罗马人，和卡西多里乌斯一样不遗余力地配合狄奥多里克的统治，两人年龄也相差无几。但无论是出身还是资产，他都优于卡西多里乌斯。他属于罗马第一富豪阿尼基亚家族，与堪称罗马元老院阶级“门面”的叙马库斯家族关系深厚。他早年丧父后一直由叙马库斯家抚养，后来又娶了叙马库斯的女儿。总之，在成为被统治者的罗马人中，他是一位“代表选手”。

此外，他还是一位拥有符合其身份的学识和教养之人，虽然身为天主教徒，却有着穷究柏拉图和亚里士多德哲学的强烈欲望，在这方面著述颇丰。他也和卡西多里乌斯一样，被狄奥多里克封为“贵族”以后历任国家要职，一直是狄奥多里克信赖的有能力的家臣之一。

自称“意大利王”的狄奥多里克重视在与自称“法兰克王”“西班牙王”的日耳曼系蛮族出身的国王之间构筑友好关系。他听从波爱修斯的进言，选拔优秀的竖琴演奏家作为礼物送给法兰克王，又挑选日晷和滴漏赠送给勃艮第王。对狄奥多里克而言，波爱修斯是可胜任官房长官的重臣，同时也是负责外交的辅佐官。波爱修斯一方面协助这位蛮族出身的国王统治意大利，另一方面也花精力投入古典研究。卡西多里乌斯留有赞赏波爱修斯这方面研究成果的论文。对日耳曼系的国王狄奥多里克而言，罗马人卡西多里乌斯和波爱修斯是不可多得的优秀而值得信赖的合作者。

可是，延续了20年之久的良好关系到了公元525年突然瓦解。那年，有一位名叫亚尔比努斯的元老院元老被告发，说他私通东罗马帝国皇帝，策划为把意大利的天主教徒从阿里乌斯派的统治之下解放出来而进攻意大利。秘密调查者称发现了确凿证据。但证据及其真伪不详，甚至搞不清究竟亚尔比努斯只是在脑子里想过让东罗马帝国解放意大利的天主教会，还是已经与东罗马帝国有实际行动。

但是，由于事关元老院元老，就不能草草了事。狄奥多里克在统治意大利时把保留既有势力作为第一政略，而且坚信这一政略已获成功。对他而言，这个问题尤为重大。于是，全体重臣被召集到正在帕维亚的狄奥多里克身边，似乎要召开阁僚会议，讨论如何处理这一重大问题，而不像是要诉诸审判。事件就发生在这时。

当时有一个官名叫“Magister Officiorum”，地位类似于内阁官房长官。担任这个官职的是波爱修斯。我们不知道他究竟对这件事了解到什么程度，总之，这位波爱修斯在狄奥多里克面前为亚尔比努斯进行了大胆的辩护。他说：

如果亚尔比努斯有罪，那我也是同罪，全体元老院元老也都是同罪。而如果亚尔比努斯无罪，我和其他元老院元老也都无罪。

但是，波爱修斯接着说出了这样的话：

不过，就算我知道亚尔比努斯策划了这个所谓的阴谋，我可能也不会报告。

这句话激怒了年过七旬的狄奥多里克。我们不知道其中的原因，是因为他年老焦虑，还是因为被信赖的人背叛，或是因为对过去30年一直避免刺激东罗马帝国的努力就要因为一小撮狂热分子前功尽弃而感到愤怒，也许这些原因兼而有之。尽管这只是一个名叫基普里安的间谍带来的消息而已，这时却被当成了可信度极高的情报。

然而，结果朝着出乎意料的方向发展。不仅亚尔比努斯获罪，波爱修斯也被定为同罪，被幽禁在帕维亚的一座高塔中，既未审判，也没有立即处决。幽禁持续了一年。在幽禁中，波爱修斯撰写了题为《哲学的慰藉》（*De consolatione philosophiae*）的作品。在他为数众多的作品中，这部著作最为读者喜爱。

第二年，即公元526年，波爱修斯被处以斩首刑。这年8月末狄奥多里克也已去世，没有人知道对波爱修斯的死刑执行是在此前还是在此后。

45岁的波爱修斯思考着哲学的慰藉赴死，而狄奥多里克则是在33年的统治之后才走完了自己72岁的人生。可是，他死得安心吗？他步入老年还在担心东罗马帝国的态度。自己后继无人，这也在行将就木的狄奥多里克心中投下阴影。

狄奥多里克有女儿，却没有儿子。他把一个女儿阿玛拉桑夏嫁给一个同为东哥特人的男子，想把这个男子立为接班人。但这个名叫尤塔里克的男子偏好纯日耳曼血统主义，厌恶罗马人，且毫不掩饰。对靠与罗马人共存而生存的东哥特王国来说，他不可能是一个合适的继承者，这在一段时期里成了狄奥多里克的心病。幸而这个纯日耳曼血统主义者很早就过世了。可是，他与阿玛拉桑夏只有一个儿子，这个儿子将继承狄奥多里克，但他年纪尚幼，实际统治只能由母亲阿玛拉桑夏代劳。然而，哥特人非常厌恶女人统治。

继承人的重要性在于，他决定了以往成就的业绩今后是会发扬光大，还是会挥霍殆尽。可以想象到 72 岁去世时狄奥多里克内心的抑郁。他曾在君士坦丁堡做了 10 年的人质，尽管那时年纪尚幼，但已对东罗马帝国的一切了如指掌。正是这样，他也许早已看到了这只从“东边”渐渐伸过来的长手，尽管眼下还影影绰绰。这时，东罗马帝国的查士丁尼还只是一位对皇帝有影响的人。然而，狄奥多里克死后仅一年，他就正式登上了皇位。

“蛮族统治下的和平”的终结

卡西多里乌斯在长达 20 年的时间里，不遗余力地协助狄奥多里克进行统治。随着狄奥多里克的故去，这一切也结束了。但卡西多里乌斯没有回意大利南部的故乡，而是继续留在了北部的拉文纳，为的是帮助继承王位的狄奥多里克 10 岁的外孙子阿萨拉里克及其母亲阿玛拉桑夏进行统治。这个决断在因狄奥多里克的死而声势日隆的天主教徒中，也是相当需要勇气的。

作为回报，少年国王和他的监护人母亲也把王国最具实权的地位给了卡西多里乌斯。这个地位就是我意译为“内阁官房长官”的“Magister Officiorum”。波爱修斯被处死后，这个位置就一直空缺。

狄奥多里克临死前在病榻上向东哥特人重臣们表明了要让 10 岁的阿萨拉里克继位的意愿，并让他们宣誓效忠。新国王在狄奥多里克去世的 8 月 30 日即位，这件事通报了东罗马帝国皇帝查士丁及西方各蛮族王国的国王，并得到了东罗马帝国皇帝的承认，条件是要臣服于东罗马帝国。这样，尽管阿萨拉里克只有 10 岁，但他的王位在公的方面完全没有问题，问题发生在私的方面。但在哥特人的实力派人士看来，国王的事根本不是私事。

狄奥多里克的女儿阿玛拉桑夏是新国王的母亲，她想让儿子接受罗马式教育。所谓罗马式教育，就是以希腊罗马的经典为教材的素质教育，是成为精英必需的教养。然而，哥特人的重臣以狄奥多里克生前认为哥特人弟子没有必要上学为由，断然反对她这样做。他们认为哥特人国王只要习武就已足够，并把孩子与母亲分开。10 岁的少年国王被抛入了日耳曼式的蛮猛生活之中。也许是对这种生活的不适应和对母亲的依恋侵蚀了少年的心，不久，阿萨拉里克就得了心病，8 年后便像被遗忘一般地死去了。

尽管阿萨拉里克只是形式上的国王，可他一旦亡故，以他的监护人资格进行统治的阿玛拉桑夏便处境微妙。她成功地让哥特人的家臣们承认了她的女王地位。可以想象，她依靠的也许就是卡西多里乌斯这种政权内部尽心尽力的罗马人。不过，在厌恶女人掌权的社会中，

阿萨拉里克

狄奥达图斯

仅仅这样还不能让人放心。于是，阿玛拉桑夏与哥特人实力家族出身的狄奥达图斯再婚。

狄奥达图斯喜欢别人用罗马式的发音念自己的名字。在哥特人重臣当中，他是一位毫不掩饰自己喜好希腊哲学的罕见人物。据传，这就是 38 岁的女王阿玛拉桑夏选他为夫的原因。当时，38 岁的年龄已不能指望生儿育女。也许正是这个原因，阿玛拉桑夏不能完全信任这位丈夫而心怀不安，于是她便去接近东罗马帝国的皇帝。阿玛拉桑夏说不定也是从阿里乌斯教改信天主教的。狄奥多里克连自己亲生母亲改信天主教都没有当回事，对女儿改教可能也采取了同样的态度。

自己的女王接近东罗马帝国招来了哥特人重臣的愤慨。狄奥达图斯对他们的愤怒再不能熟视无睹，便将东哥特王国的正式女王、自己的妻子幽禁在湖心岛上，并指使人杀害了她。

很明显，这给已经即位的东罗马帝国皇帝查士丁尼提供了进攻意大利再好不过的借口。事前似乎未被告知的卡西多里乌斯赶紧忙于应对紧急事态。他说服了狄奥达图斯，让他派出急使，带去信函，发誓绝对效忠于东罗马帝国。卡西多里乌斯脑子里想的只是制止战争这一件事。为了使意大利半岛免遭兵燹之灾，他就像先前帮助阿玛拉桑夏一样，不遗余力地帮助杀害了阿玛拉桑夏的狄奥达图斯。

可是，哥特人内部对狄奥达图斯的非难四起，重臣们也都责难他腰杆不硬，士兵都认为东罗马帝国不足畏惧。狄奥达图斯被逼退位，维提吉斯被选为东哥特王国的国王。维提吉斯一直并不怎么出色，但在士兵中拥有极高的人气。这一事件发生在公元 536 年秋天，狄奥多里克已去世 10 年。

学园

此后，卡西多里乌斯似乎退出了与拉文纳王宫直接有关的公务活动。自从开始协助狄奥多里克统治的生涯以来，在长达 30 年的时间里，这位出生于意大利南部的罗马人精英一直生活在意大利北部。他好像已经参透皇帝不会再让自己做什么事了，于是回到了意大利南端，那里的太阳慷慨地把自己的光热洒向大地。他即将年届六旬。

他原本出身于一个拥有广阔领地的家庭，罗马时代的庄园也是农牧业的生产基地。他有足够的财力在田园农庄里欢度自己的余生。可是，卡西多里乌斯没有选择像一位同僚在西西里拥有的那种奢华的田园生活。引退后，卡西多里乌斯只是让人在领地斯奎拉切的山丘上建造了一座面积仅够自己和志趣相投的几个人生活之用的小修道院，在离开不远的地方又建造了一所取名为“Vivarium”的学园。

“Vivarium”的词义为苗圃或鱼塘，但里面培养的并不是草木和鱼，而是人。大家同食共寝，学习的内容涉及以希腊罗马经典为教材的素质教育的方方面面，这些都是领会自由精神必需的学问。城邦鼎盛时期的希腊人最早领悟到开办这种学园的必要性。拉丁语中的“schola”、意大利语中的“scuola”和英语中的“school”都来源于希腊语的“schole”。这个希腊语单词的原义，就是提高充分发挥每个人精神力量需要的技能。

卡西多里乌斯设立“鱼塘”，其目的也是成为这个意义上的“学园”。因此，这里的学习重点是文学、哲学和音乐，而不是其他学校重视的修辞学。也许是这里并未把培养能在公职社会中获得成功的人才作为目的的缘故。

我们不知道在这里为什么医学会受到重视，从希波克拉底到盖伦、塞尔苏斯都是学习的内容，就像一所培养有深厚教养的医生的学校。我甚至认为，这里是“universitas”（大学）发达以前，欧洲最早设立的医学院——“萨莱诺医学院”（Schola Medica Salernitana）的先声。顺便说一下，萨莱诺医学院里使用的语言有希腊语、拉丁语、阿拉伯语和希伯来语，教师与学生均无宗教与民族之别。即使在黑暗的中世纪，其光芒也会照耀到每个角落。

既然是“学校”，在卡西多里乌斯设立的“学园”里也有收藏卷轴的图书馆。在那个时代，只要有希腊文和拉丁文的书就足够了。卡西多里乌斯投入了全部私人财产，创立了发挥这些设施的功能不可或缺的财团组织。这也是度过了大半人生的一位实干家的创见。

修道院

在意大利中部，有一个出身于丘西乡下贵族家庭的人，名叫本笃，与卡西多里乌斯完全是同时代人。在历史上，他以“圣本笃”的名字广为人知。他年轻时就进了修道院，这意味着，即使在“蛮族统治下的和平”时期，他也可以不受妨碍地信奉天主教。在卡西多里乌斯设立“学园”的同时，本笃也在那不勒斯附近的卡西诺山上设立了修道院。不过，与卡西多里乌斯的“学园”不同，这里是纯粹的修道院，在绝对服从的前提下，修道士们每天祈祷和劳动，过着集体生活。

本笃是革命的，他颠覆了人们以往认为的整日冥想、与世隔绝的东方修道士形象，创造了积极与世俗接触的修道士形象。本笃认为，耶稣的十二门徒也重视劳动，各司其职，例如就有人以打鱼为业。他的这一认识也体现在修道院建于何处这件事上。

连接罗马与那不勒斯的大道有两条：阿庇亚大道和拉蒂纳大道。卡西诺山位于拉蒂纳大道沿线。如今，罗马至那不勒斯的普通列车仍然停靠卡西诺站。本笃把修道院建在沿干线公路的山丘上。后来，只要说到卡西诺山，意思就是本笃修道院。说是“山”，其实就是略高些的山丘，那里原来建有供奉罗马诸神的神殿。罗马人从来不在与人界隔绝的地方建造神殿。他们认为，只有人们方便参拜才是神殿。本笃在神殿的废墟上建修道院意图很明显，在与人界接触的地方，神殿成了修道院的教堂，仅此而已。此外，要出售农产品这些劳动成果，也需要与人界接触。

本笃不仅描绘了修道院应有的样子，还确定了修道院的全天作息时间。黎明起到上午 10 点是劳动时间。10 点开始到中午是高声祈祷的时间。其后便是简单的午餐，休息到下午 3 点。在这段时间里也允许祈祷，但只可默祷。下午 3 点到日落时分又是劳动时间。日落之后是晚餐时间，然后就寝。在点灯很昂贵的时代，日落而息在宗教界和

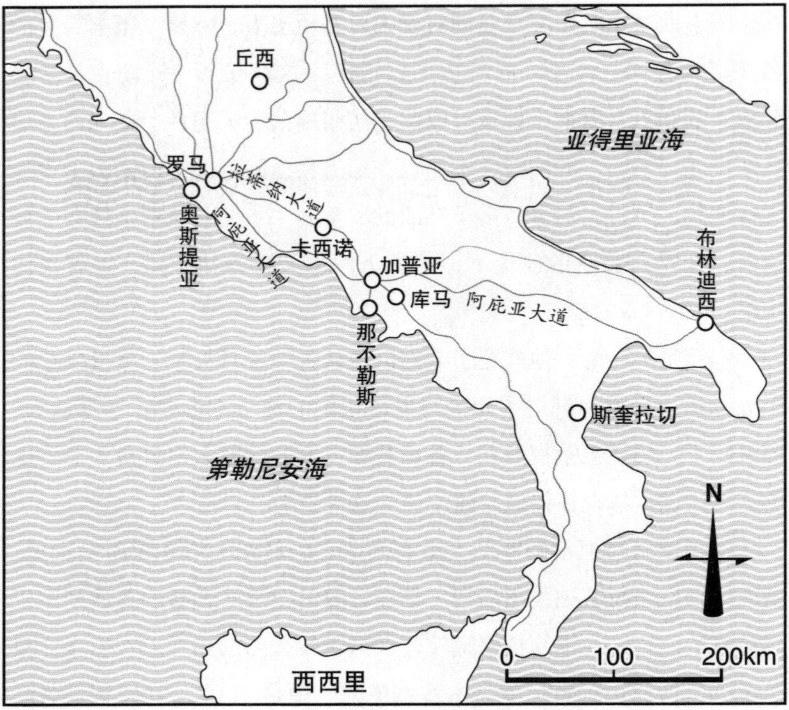

意大利南部

世俗界都是一样的。

“学园”和“本笃修道院”的日常生活都是禁欲主义的。但二者在以下几个方面有所不同：

第一是劳动。卡西多里乌斯学园的学生不靠劳动挣取自己的伙食费。正是为解决这一问题专门建立了财团组织。

第二是祈祷。在卡西多里乌斯的学园里，读书是名副其实的阅读书籍，而在本笃规定的修道院作息时间表上的“读书”，则是阅读

圣本笃（卡西诺山修道院的普列斯科画）

以《圣经》为主的与基督教相关的书籍，必须出声朗诵。这与其说是“读书”，不如说是“祈祷”，就像高声诵读《古兰经》的少年，他们并不是在读书，而是在祈祷。

第三个不同是，本笃修道院集体生活的大前提是“绝对服从”，这与卡西多里乌斯学园里的自由精神和在此基础上活跃的思想交流恰恰相反。

不过，本笃的这座修道院因有这些情况而特色明显，后来又把抄写希腊罗马的著作列为“劳动”，渐渐成为中世纪欧洲修道院的榜样。不仅在意大利，在欧洲各地也建了很多这样的修道院，成为中世纪精神的一大堡垒。

很多修道院一直延续到现代，与此相反，卡西多里乌斯的学园却在不知不觉中销声匿迹。这是因为本笃的修道院与时代契合，而卡西多里乌斯的学园却与时代不相吻合。

就在卡西多里乌斯建立“学园”、本笃建立“修道院”的同一个时期，东罗马帝国皇帝查士丁尼于公元 529 年宣布废除位于希腊雅典的学园（Academia）。

这座由柏拉图创建于公元前 4 世纪的哲学最高殿堂，在罗马时代已成为地中海世界首屈一指的最高学府，名声显赫，地位从未动摇过。就连罗马统治者的子弟也要去那里留学。至此这座雅典学园也结束了它长达 900 年的历史。那种认为怀疑是人类“美德”的时代已经过去，历史已无可挽回地进入了服从的时代。被查士丁尼大帝废除的学园不得不等到 1 000 年后的 15 世纪的文艺复兴时期，才由佛罗伦萨的科西莫 · 德 · 美第奇复兴。

查士丁尼大帝

假设伯父没有当上皇帝，东罗马帝国皇帝查士丁尼会不会成为被人称为“大帝”的历史人物呢？要回答这个问题并不简单。可是，如果要问他是否充分利用了伯父成为皇帝这个幸运机会，答案却很简单。查士丁尼出身于巴尔干地区的农民家庭，但他不必像出身于同样环境中的其他许多年轻人那样，想要出人头地就必须从军或者当官，他只要为当上皇帝的伯父帮帮忙就行了。

伯父查士丁似乎是因在军队里勤奋尽职，结果皇位从天而降。这位并未建立辉煌功勋的人之所以能够当上皇帝，是因为前任皇帝去世后候选人众多，这些高官之间的争斗不可调和。于是查士丁把皇位搞到了手，让人觉得他是钻了空子。称帝后，他立即把竞争者赶尽杀绝。

那年，侄子查士丁尼已经34岁。没有人知道他34岁之前的经历，很可能碌碌无为。他被刚刚称帝的伯父任命为可以说是秘书官的“随员”(comes)，从此，他在伯父身边如鱼得水。尽管查士丁的统治始于残酷杀戮全体竞争者，但他9年的统治安稳得出乎意料，据信这也有赖于侄子的谨慎照料。

查士丁尼是一位不可思议的人物，他没有从军经验，也毫无从政经验。他极不好动，可以说一步也不曾离开过首都君士坦丁堡。尽管如此，在必须对重要事件下决断时，他却能做出相当恰当的判断。伯父查士丁的统治从查士丁尼34岁开始到他45岁，一共9年时间。且不说前几年，据说后面6年的实际统治都是皇帝的侄子所为。

此外，查士丁尼身上还有不拘传统习惯的一面。他爱上一个名叫狄奥多拉的舞女。东罗马帝国禁止元老院元老与下层出身的女人结婚。查士丁尼也是元老院元老，但他竟为娶到美丽好强、魅力四射的女子而修改帝国法律。当上皇帝之后，他依然我行我素，不仅把狄奥多拉当作妻子，还强行将她立为几乎与皇帝同等资格的皇后，使重臣们瞠目结舌。

尽管这样，皇宫里的重臣和元老院元老对查士丁尼评价颇好。公元527年春，查士丁皇帝病倒。元老院和皇宫联合向卧病的皇帝请求，让他的侄子查士丁尼担任共治皇帝。4月4日，查士丁尼成为共治皇帝。8月1日，查士丁皇帝去世，查士丁尼成为独立皇帝，这年他已经45岁。皇帝生涯的开始似乎晚了些，但查士丁尼活到83岁，其长寿在当时的领袖中实属罕见，他的统治长达38年。

查士丁尼看上去不爱好学艺，但对罗马的历史抱有强烈的兴趣，不过那是“查士丁尼式的罗马史”。“伟大”可以引起他的兴趣，但他对这种“伟大”构筑在什么社会结构之上毫不关心，这一点他不像元首制时代的罗马皇帝。查士丁尼出生在欧洲与亚洲交界的巴尔干地区，以后也只知道君士坦丁堡，是一位东方式的皇帝。他脑子里的罗马帝国，终究是一个信奉天主教派基督教的所在。

罗马帝国的皇帝被后世尊称为“大帝”的只有君士坦丁、狄奥多西和查士丁尼三人。由于后世已是清一色的基督教时期，所以是基督教会给了他们“大帝”的尊称，这意味着这三位皇帝都得到了基督教会的喜爱和认可。

正如我在《罗马人的故事13·最后一搏》中所述，君士坦丁是最早正式承认基督教的罗马皇帝。没有他实行的众多优惠政策，就没有后来基督教的飞速发展。

正如我在《罗马人的故事14·基督的胜利》中所述，狄奥多西皇帝只把天主教派基督教当作正统，而把其他宗教统统列在“异教”名下加以排斥。他不仅把基督教中的阿里乌斯派和多纳图主义者的信仰当作“异端”，还要当作异教加以排斥。在被认定为唯一正统基督教的天主教徒看来，狄奥多西有足够的资格被授予“大帝”的尊称。

查士丁尼好像对这二人有着强烈的意识，但他们是罗马帝国东西分裂前的帝国皇帝，而查士丁尼是在西罗马帝国灭亡、西边被割给日耳曼系蛮族的王国之后，于公元6世纪当上皇帝的，统治的不过只是

查士丁尼

帝国的东部而已。

高中的历史教科书中在提到查士丁尼皇帝的功绩时，一般举出下面三项：

一、建造圣索菲亚大教堂。

二、编纂《罗马法典》。

三、收复旧西罗马帝国领土。

建在首都君士坦丁堡的圣索菲亚大教堂是献给圣母圣子的，其雄伟壮观是以往任何基督教堂不能比拟的。据说其规模宏大、美轮美奂，就连君士坦丁大帝建在罗马的圣彼得大教堂也大为逊色。15世纪东罗马帝国被土耳其人征服后，圣索菲亚大教堂被改成了清真寺。如今，它所在的城市已更名为伊斯坦布尔，这里既非清真寺也非基督教堂，而是历史遗迹，成为来到这座伊斯兰城市的访客必游之处。

在还是基督教堂的时代，圣索菲亚大教堂的墙上镶满了金光闪耀的壁画，其中一幅描绘的是两位皇帝分别向圣母马利亚和圣婴基督奉

圣索菲亚大教堂墙上的镶嵌画

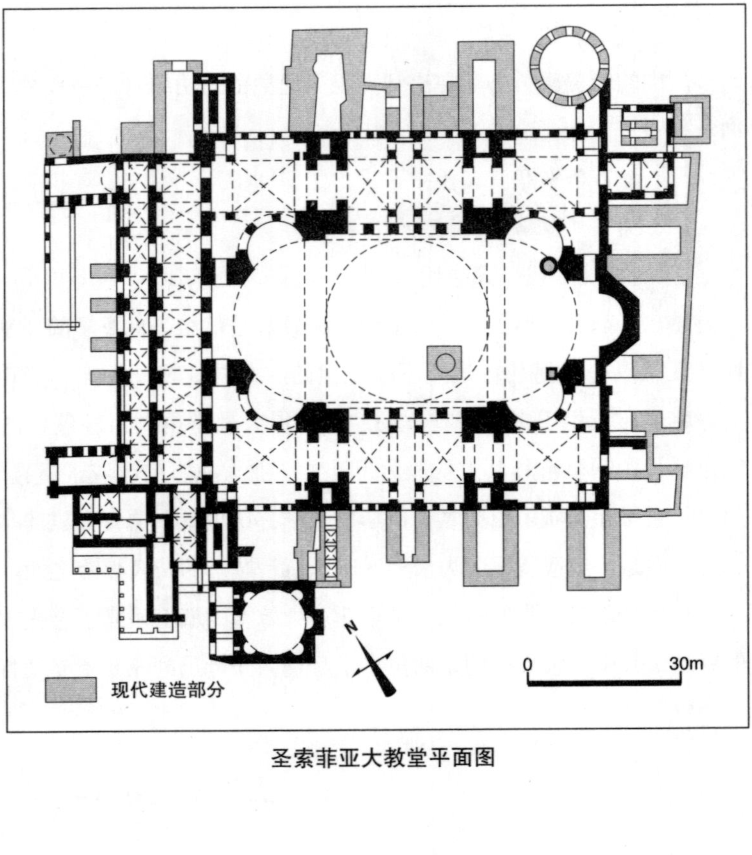

圣索菲亚大教堂平面图

献的情景，站在右边的是君士坦丁大帝，他奉献的是君士坦丁堡这座城市，站在左边的是查士丁尼，他奉献的是圣索菲亚大教堂。两位皇帝都与圣母圣子一样头上画有光环。君主对基督教徒而言是世俗的，是受神的旨意统治人类世界的人。他们不像基督教化以前时代的罗马皇帝那样是第一号的肉身人，而是介于非肉身的神与肉身的人之间，却离神更近。因此，即使皇帝是肉身的，也可以用光环来表现。

《罗马法典》

查士丁尼的功绩之二是编纂《罗马法典》。即使不是基督教徒，对他的编纂者身份恐怕也不会有异议。我认为，这项伟大事业是他留名后世的最大原因，他只有强烈意识到自己的罗马皇帝身份才能成就这项事业。耐人寻味的是，就在编纂对基督教帝国所需且有效的《罗马法典》的同时，查士丁尼下令废除了雅典的柏拉图学园。也许他认为，信奉基督教的国家需要法律，而不需要哲学。

《罗马法典》的正式名称是“Corpus Iuris Civilis”，很容易被认为是民法（Iuris Civilis）的总汇。但是，这部法典却是一部包罗了从刑法到所有法律的法律大全。关于编纂这部法典的意图，查士丁尼在亲自撰写的序言中这样写道：

> 以主耶稣基督的名义，我恺撒·弗拉维·查士丁尼·奥古斯都皇帝，愿对希望学习法律的年轻后世有所作为，决心着手编纂法典的伟大事业。仅诉诸战争不足以拓广皇帝的权力，和平时期的善政不可或缺。罗马皇帝不仅是战时的胜者，还应该是平时的

统治者，而没有法律实现不了正确良好的统治。

查士丁尼就这样宣布了汇集至此罗马人制定的法律的决定。从论述公法与民法意义的法律概论到实际审判的案例，他汇集了数量庞大的罗马法律。有趣的是，其中基督教化之前的罗马法律占据了大半。根据罗马法专家的说法，公元 6 世纪编纂的这部《罗马法典》的内容多为公元 2 世纪制定的法律。如果是这样，400 年前，也就是昔日五贤帝时代，罗马帝国处于鼎盛时期，这些法律就是此时制定的。

《罗马法典》又称《查士丁尼法典》，实际编纂者是 4 位当时大名鼎鼎的法学家，但仅仅 4 人在 6 年的短时间里便完成了编纂工作，想必有助手协助。如果一一搜罗 400 年来散失的法条，在如此之短的时间里大概不能完成这项工作，恐怕以前就有了汇总的法律集，编纂工作则以这些集子为中心展开。

首先，有一部名为《狄奥多西法典》的法律集，是公元 5 世纪前半叶东罗马帝国皇帝狄奥多西二世让人编纂的。这部集子汇集了君士坦丁大帝之后，亦即基督教化之后罗马帝国的法律。

还有收集基督教化以前罗马帝国法律的集子。这部集子是公元 2 世纪中叶哈德良皇帝让人编纂的，网罗了从共和时代到元首制时代的法律。

《罗马法典》的编纂仅靠 4 位法学家在短短 6 年时间里得以完成，大约是已有这两部相当完备的法律集的缘故吧。查士丁尼的《罗马法典》对法律专家自然有其作用，但像我这样与法律无关的人也不由得生出某种感慨。

第一，编纂法典的目的是汇集基督教化国家所需的法律，结果却是基督教化以前时代制定的罗马法居多。这个事实表明，社会由人集合而成，只要重视充分发挥社会的功能，罗马人制定的许多法律不论何时何地都是有效的，这与社会成员信仰什么宗教无关。我进而认为，只有这点可以成为“法的精神”。如果所想不谬，我们可以说，法律是罗马人创造的。

第二，查士丁尼的《罗马法典》，就像在他自己写序言中表明的那样，是在至此存在的众多罗马法中选出的仅为统治基督教国家东罗马帝国所需法律编纂而成。这就是说，不适合基督教国家的罗马法已被排除在这部《罗马法典》之外了。

如果是这样，按理就会有一些罗马法由于未被收入《罗马法典》而灭失，这里面说不定有除国教以外，承认个人信教自由的法律。至少这个假设是成立的。

后世近代国家制定法律时，受到了查士丁尼编纂的罗马法的影响。罗马人已经有过后来近代国家制定的若干法律也未可知，只是未被《查士丁尼法典》收录而已。所谓历史记录，往往有很多经过了记录者的过滤。罗马人制定的法律也不例外。

无论如何，单凭编纂《罗马法典》这一条，查士丁尼就有足够的资格被授予“大帝”的尊称。没有迹象表明他修习过学问，很难想象他有什么教养，只能说是不可思议，成了历史上屡屡出现的奇迹之一例。

可是，《罗马法典》本身并未用于查士丁尼统治的东方，它是用拉丁语写就的。因为法律为罗马人所写，自然使用他们的语言拉丁语。参加编纂的 4 位法律专家是希腊人，他们的专业既是法律，拉丁语水平也应该很高超。然而，在称为拜占庭帝国已更加合适的东罗马帝国，普及的却是希腊语。由于语言障碍，《罗马法典》在查士丁尼企图诉诸的对象那里却行不通。

除了这个不幸之外，还有时代剧变的不幸。在《罗马法典》完成后不满百年的公元 7 世纪，阿拉伯人打败了波斯人，将大半个拜占庭帝国伊斯兰化。对基督教国家行之有效的罗马法，对伊斯兰教各国是否仍然有效，这个问题只能留给伊斯兰专家了。

《罗马法典》用拉丁语写就，纵令经过了漫长的中世纪，其威力仍在西方得到重新认识。贯穿整个中世纪，拉丁语一直是欧洲的通用语，而且欧洲国家都是基督教国家。因为这一点，时至今日，欧洲人仍在赞颂查士丁尼，赞颂他复活了古代罗马法。2 000 年后的今天，各国大学都有研究罗马法的学科，这显示了《罗马法典》对人类起的作用远远超过只是历史陈迹的圣索菲亚大教堂。

圣战思想

《罗马法典》尚在编纂期间，有一位主教一直反复力促查士丁尼。查士丁尼是热情的天主教徒，天主教神职人员可以自由进出君士坦丁堡的皇宫。每逢有机会接近皇帝，这位主教就会重复这样的话：

> 把天主教徒从异端的统治下解放出来，是神赋予您的使命。神会亲自走在您的军队前头。士兵们将在神的带领下，打败敌人，让皇帝的旗帜再次飘扬在曾经处在异端统治下的土地上。您的敌人也是神的敌人。

查士丁尼动了心，但一时半会儿下不了决心。这个时期，拜占庭正与波斯萨珊王朝战斗，这种战斗已经成为无须特别着笔的常态。照例，这仍是一场波斯进攻、拜占庭迎战的战斗。查士丁尼投入了2.5万名士兵，让自己手下最优秀的将军率领。

战况是，拜占庭方面因英勇善战而占据有利形势，但还处于僵持阶段，未能决战。

东罗马帝国在家门口迎战，却只能投入2.5万人，着实使人吃惊。西罗马帝国灭亡时连自卫的军事力量都没有剩下。这样看来，东罗马帝国的军事力量也很孱弱。罗马帝国直到元首制时代，一直是在东方防线投入8个军团的4.8万军团兵和几乎同样数量的辅助兵，共计近10万人的军事力量。而公元6世纪的拜占庭帝国只有当时数量四分之一的兵力，无力在东方和西方两个方向同时作战。但对查士丁尼而言，他难以拒绝像君士坦丁和狄奥多西那样成为一统东西的帝国主人的诱惑。要进攻西方，就必须结束与波斯的战争。

查士丁尼向波斯国王库思老求和。库思老对受制于拜占庭军队的作战感到厌倦，放出话来说，如果用5 250公斤的金条作为交换，就接受求和。查士丁尼决定接受这个条件，从而停止了东方的战争。对波斯作战的功臣贝利撒留也被召回到君士坦丁堡。就这样，东罗马帝国的首都君士坦丁堡开始准备进攻北非汪达尔王国。

贝利撒留将军

贝利撒留和查士丁尼一样出生于巴尔干地区，但年龄要小18岁。他年轻时从军，在亚美尼亚和美索不达米亚的战争中崭露头角。查士丁尼即位后，立即任命他为负责东方军队的大元帅。

贝利撒留年仅27岁便成为一位将军。他能运用新颖大胆的战略

皇后狄奥多拉和女官们

战术以少胜多，在这一点上，没有一个武将会比贝利撒留更优秀。查士丁尼要把战线改向西方，也只能把贝利撒留从东方召回，派往西方。查士丁尼于公元 533 年发动了夺回旧西罗马帝国领土的战争，率领军队的总司令年方 33 岁。

查士丁尼皇帝深爱着出身低微但漂亮好强、心直口快的狄奥多拉。贝利撒留将军也爱着具有同样性格的安东尼娅，与这位有孩子的孀妇结婚，并终身相伴。狄奥多拉是舞女出身，安东尼娅是战车比赛的御者之女，同为下层出身，而且，两个人都是天生丽质，争强好胜，行为大胆。这样的两个人照理应该关系良好。然而，她们两人虽不敌对，但关系紧张，这可能是因为每次碰面，她们都觉得像在镜子里看到自己一样。

进攻北非的前一年，在首都君士坦丁堡爆发了以“尼卡（Nika）之乱”而闻名的暴动。战车比赛的蓝派粉丝和绿派粉丝之间起了争斗，市民也卷入其中，酿成暴动。3 万名暴徒进逼皇宫。年已 50 岁的查士丁尼吓得不知所措，听信了宫廷官僚们的进言，决定逃离皇宫。这时，狄奥多拉挡在他的面前。皇后训斥查士丁尼说，逃跑不是皇帝的做派，并让他命令贝利撒留镇压暴动，一步不退。贝利撒留果断应对，在暴动升级前将其镇压下去。

没有记录表明安东尼娅训斥过丈夫。但她非同小可，丈夫所到之处都有这位妻子的身影。她不单跟着丈夫，而是经常率领人马参战，支援丈夫作战。但她对丈夫手下的人事安排从不插嘴，而狄奥多拉却似乎多少要插插嘴。

在拜占庭帝国的历史上，最有名的皇帝是查士丁尼，最有名的将军是贝利撒留。在东方色彩越发浓重的东罗马帝国，女人大多血统纯正却性格暧昧，温柔而生育能力强，查士丁尼和贝利撒留迷上的却是狄奥多拉和安东尼娅这样的女人。

进攻阿非利加

公元 533 年 6 月，军队从君士坦丁堡出发了，目标是打倒北非汪达尔王国。载着 1.5 万名士兵的 500 多艘大船队出征了。皇帝和皇后祝贺出征，大主教承诺请天神祝福。尽管旗子上没有像后来的十字军那样印有十字，士兵的胸甲上也没有十字，进攻的对象也不是异教徒而是异端，但对他们而言这也是“圣战”。

在进攻远离祖国的敌方地盘时，因为补给问题，经常是使用少量的精兵比较有利。亚历山大大帝、汉尼拔、大西庇阿、苏拉、李锡尼、恺撒……这些古代名将的经历都证实了这一点。然而，1.5 万名士兵要在号称 20 万兵力严阵以待的北非登陆，兵力也太少了。也许凭东罗马帝国的军事力量也只能派出这点兵力，而这 1.5 万人的兵力也是不惜重金与波斯媾和后才得以派往西方的。这就要求只有这点兵力的贝利撒留采用比以往更新更大胆的战略。

普罗柯比写下了《哥特战记》，详细叙述了这场战争，使我们后世得以了解贝利撒留如何根据查士丁尼的筹谋，收复了旧西罗马帝国的领土。普罗柯比这个希腊人出生在巴勒斯坦的恺撒利亚，与贝利撒留同时代。据说从贝利撒留在美索不达米亚作战时起，他就开始担任贝利撒留的秘书官。公元 533 年起西进时他当然同行。对贝利撒留来说，就像是一位合适的随行记录者，而且不是一般的记录者。普罗柯比具备历史学家的素质，不仅有卓越的观察力，文章也写得好。贝利撒留也希望由他的妙笔来记录自己的业绩。

查士丁尼虽是政治家，却没有军事经验，也几乎没有离开过君士坦丁堡，不能说他很了解帝国各地的地形和人情现状。为此，贝利撒留不得不经常因这位上司的无理命令而抗争，有时甚至得冒着被撤换的风险去抗议。士兵们绝对支持贝利撒留，这也许是因为他们尊敬和同情这位有义务在困难情况下取得战果的年轻将军。身为秘书官又兼随军记者的普罗柯比的心情也是如此。

满载拜占庭帝国将士的 500 艘大船队从君士坦丁堡港出发，要渡过马尔马拉海，穿过赫勒斯滂海峡（今达达尼尔海峡），进入爱琴海，然后南下，绕过希腊的伯罗奔尼撒半岛南端，经西西里，再到汪达尔王国所在的北非登陆。即使经常停靠港口，全部航程也要航行半个地中海。之所以定在初夏出发，就是因为以多变闻名的地中海海风在夏季会平静一些。可未曾想，刚到伯罗奔尼撒半岛，就遇到了不幸。

船上的面包变质，食用后倒下的士兵和船员竟超过500人。长期航海用的面包必须是干面包。与其说是面包，不如说是饼干。两道烤制后，水分尽去，食用时得用水或葡萄酒浸泡才能吃。这次的面包是在君士坦丁堡烤制的，但略去了第二道烤制的过程，而且用烧公共浴室热水的温度来烤制，这些面包在航行中很快就变质腐败。

贝利撒留只得延长原定的靠港时间，动员附近的全部面包店，重新烤制长途航行用的面包。他把此事详细报告给了身在首都的查士丁尼，要求惩罚负责安排军粮的大臣。调查查明，那位大臣只用低温烤制了一道，并将省下的费用据为己有。

查士丁尼撤掉了那位大臣，却没有给予更重的惩罚。“粮草”可以说是前线士兵打仗的基本保障，没有带过兵的查士丁尼即使脑子能理解，也不会有切身体会。

500艘大船队的航行，除补给生鲜食粮和水以外，还需要经常靠港，等待每一支掉队的小船队，等船到齐形成大船队后再次起航。如果不耐心重复这种等待，就会有很多船只迷航。因而，船队只能沿海岸可以航行的水面前进，但也有些海域不能沿岸航行。贝利撒留的远征军要从希腊南端向西西里方向横渡爱奥尼亚海，如果顺风航程5天足矣。

可是，进入爱奥尼亚海后的几天，没了一点风，只能靠划桨来横渡这片海域，耗时达 16 天之久。虽然面包还有，但饮水告罄。这时，总司令妻子的远见起了作用。安东尼娅让人在船底藏了大量盛满水的罐子，这件事甚至没有让丈夫知道。士兵船员们都松了一口气。也许正是因为这种情况，才没有一名士兵不满贝利撒留让其妻子同行。

当时的西西里和意大利半岛一样，处在东哥特王国的统治之下，由哥特人士兵守卫。贝利撒留抵达西西里南部以后，立即向哥特人长官申请采购粮食和马匹的许可。由于统治意大利和西西里的东哥特王国国王花费心思要与东罗马帝国保持良好关系，驻西西里长官也非常合作，顺利完成了粮食和马匹的采购任务。贝利撒留考虑，单靠一份情报不足以正确把握形势，于是他一边采购粮食和马匹，一边派秘书官普罗柯比去西西里的第一大城市锡拉库萨，打探东哥特王国的内情，并由此了解到，批评狄奥多里克之后继位的国王——懦弱的维提吉斯的势力，已经比在君士坦丁堡传闻的更加强大。

贝利撒留被迫改变战略。他需要考虑一旦西西里不能用作进攻北非的后方基地将如何应对。这时更安全的方法应该是，假设这里不能用作后方基地而重新制定战略。大军必须尽早离开西西里向北非进发，并在可能补给军粮的地方断然登陆。

不知道是读过尤里乌斯·恺撒《内战记》的缘故，还是机缘巧合，贝利撒留选择的登陆地点不是敌方势力集中的迦太基，而是位于东南偏南方向远离迦太基的地方。这一带自古以来就是农业地区，与统治者汪达尔人集中居住的以迦太基为中心的北部地区不同，这一带允许经营农庄的罗马人长期居住。贝利撒留把登陆地点选在了敌方防御薄弱的地带。

汪达尔人的守备队在这一带形同虚设。9月初断然实施的登陆没有遇到任何障碍。这时正值秋收，登陆的士兵开始掠夺附近的农庄，这不过是沿用了在东方与波斯作战时的做法，但与贝利撒留的战略背道而驰。总司令集合全体士兵，开始训话：

> 在决定受命远征阿非利加、收复长期以来一直被蛮族统治的这片土地时，我就在想，对我来说，重要的不是所带军队的规模和士兵的熟练程度，而是要与这片土地自古以来的居民——罗马人建立友好关系，利用他们长年埋藏在心底的对汪达尔人的敌意。
>
> 然而，你们却想让我的这个想法泡汤。只要和气交涉就会廉价卖给我们的东西，为什么要费力去抢夺呢？如果你们不停止暴行，他们绝望后就只能投靠旺达尔人。我们就会变成侵略者，不要说真正的敌人，就连我们要从敌人手中解放出来的人也会跑到敌人一边去！

士兵们被33岁的总司令说服，人人羞愧，从此以后抢夺行为绝迹。其间，贝利撒留派往各地的部下也与农庄主们谈好了购粮事宜，贝利撒留解除了这方面的后顾之忧。贝利撒留还向各城市的行政官派出使节，告诉他们，大军将保证他们的地位和人身安全，请他们像以前一样继续办理行政事务，只有一个条件。

这个条件就是，以前以汪达尔国王名义做的事情，以后要以查士丁尼皇帝的名义去做。贝利撒留的做法转眼之间在周边一带传开，北上的贝利撒留军队所到之处，城镇村庄统统敞开了大门。贝利撒留向敌人的根据地进军，兵不血刃。部队走陆路北上，船队在他们右方的海上向敌人的根据地迦太基湾驶去。

汪达尔王国的覆灭

老练的国王根西里克死后，北非汪达尔王国陷入了长期的内部纷争。为争夺王位六亲不认，一旦失败，囚入大牢已是最好的下场，这样的状态不断持续。他们不是不知道贝利撒留率领的拜占庭军队正在步步逼近，可他们缺少一位强有力的统帅来集结所有的力量，形成迎战态势。他们的军力并不差，日耳曼系蛮族有很高的出生率，仅直接战斗兵力就能集结到十五六万人。

可是，支撑军力的经济力量却在一味衰弱。在汪达尔人征服的北非，没有实现“蛮族统治下的和平”，没有形成日耳曼人和罗马人共存的状态。罗马人文明程度高，才能卓越，却成为败者，纷纷选择成为难民的道路，离开了阿非利加。

北非在罗马时代基础设施完备，土地肥沃，气候温暖，文明程度高，人才济济。汪达尔人虽然把这样的北非弄到了手里，但这个曾经居住在日耳曼荒蛮之地的北方蛮族，自身却没有丝毫改变。

汪达尔人于公元 430 年征服北非。公元 533 年贝利撒留率领东罗马军队前来攻打。在罗马帝国的统治下比高卢更繁荣、文明程度更高的北非，已在汪达尔人的统治下度过了百年时光。汪达尔王国只与贝利撒留打了两仗，两仗皆败，便被轻而易举地灭掉了。

贝利撒留 6 月初离开君士坦丁堡，9 月初登陆北非，9 月 15 日进入迦太基城。他仅用了两周时间，就在相当于现在利比亚、突尼斯和阿尔及利亚的广大地域上把统治长达百年之久的汪达尔王国消灭了。尽管贝利撒留战略巧妙，真正的原因却是汪达尔人毫无作为地虚度了这 100 年。

北非又回到了罗马帝国的统治之下，尽管这次是东罗马帝国。但如果要问，这里是否又恢复到罗马时代那样丰饶的境况，答案却是否定的。土地和气候不能成为复兴的决定性因素。没有人才，条件再好的土地和气候也无法利用。被汪达尔人征服以后，北非开始了沙漠化的进程。查士丁尼夺回北非之后，沙漠化仍旧一如既往地发展着。

不要说与败者同化，汪达尔人的统治甚至拒绝与败者共存。但东罗马帝国派来负责行政的那些希腊人与汪达尔人并无两样，也把北非居民视为被统治者。兵不血刃地进入迦太基城后，贝利撒留曾立即发布告示说，汪达尔人作为统治者来到这里，而我们是解放者。现在，这也只能是一句空话了。

贝利撒留进入迦太基城后又在北非逗留了 8 个月。不过这段时间都被耗在纯粹的军事行动上，比如把汪达尔人余党赶出北非，允许难以消灭的毛里塔尼亚人（摩尔人）继续定居在现在的摩洛哥等地。贝利撒留还挟北非胜利之余威，威胁统治伊比利亚半岛的西哥特王国，成功地把直到直布罗陀海峡两岸的地带都纳入查士丁尼的统治之下。随着汪达尔王国的灭亡，撒丁岛被自动“收复”，西地中海也和东罗马帝国保持制海权的东地中海一样，被纳入了东罗马帝国圈。可以说，查士丁尼皇帝收复旧西罗马帝国领土的宏愿至此已完美实现。

然而，贝利撒留只被允许进行这些军事行动，而未被允许进行周密的战后处理来巩固军事行动的成果。拜占庭帝国承继了始于公元4世纪的帝政后期的政策，中央集权进一步发展，文官与武官的职务完全分离，战后处理属于行政官僚的文官职责范围。

乍一看，这似乎是一个更加合理而进步的体系。但是，赢得战争也是战前的大量情报搜集工作和基于这些情报正确深刻地洞察民情的成果。战斗打响后打仗的是士兵，但在此之前，总司令必须做大量的准备工作。于是乎，很多打了胜仗的统帅往往对敌人的心理理解颇深。

通观从共和政体到元首制的全部历史，罗马一以贯之的方针是，不仅把战斗的指挥权，还把战后与败者的媾和交涉以及对征服之地的战后处理事务，全部交给受命出征的司令官去处理。正因为这样，罗马的司令官习惯于亲自审问俘虏，而不是交给手下办理。如果只想了解事实，通过拷问，让俘虏交代就能办到。若要了解事实背后的情况，只有让关心此事的人去审问才能指望有效果。然而，罗马人长期坚持的这个习惯，公元4世纪以后也被忘却了。

知道贝利撒留进入迦太基城后，查士丁尼立即派来了以宦官为首的4位高级官僚。

被阉割的男人并非无能，相反，他们都是在阴谋旋涡的皇宫里出人头地的，这方面有足够的能力。但是，重用被阉割的男人，并不是为了像东方君主国家那样让他们去管理后宫，而是认为他们无法拥有家庭，便会把这份忠诚拿来孝敬主人。但这样也很容易使他们在处理行政时只看主人脸色而罔顾国民意愿。

正是这个缘故，人们都说，宦官的统治严厉而高压，征税毫不留情，而且行贿受贿成为家常便饭。一旦由人构筑的防范网薄弱了，人们就会热衷于中饱私囊。

贝利撒留成功地在短短两周时间内就结束了势必为“恶”的战争。但从他手中接过接力棒的行政官僚花了20年时间，也没能做好战后处理，将战后统治做到应该达到的“善政”的程度。这种现象不只是在北非，在东罗马帝国成功收复的所有地方都是一样。自然与人类的疲敝在北非表现为土地沙漠化。我甚至认为，自然与人类的这种疲敝，并没有因为查士丁尼对土地的“夺回”或“收复”而得到改善，相反加快了恶化的速度。

到了第二年，即公元534年秋天，贝利撒留凯旋。听说查士丁尼皇帝和狄奥多拉皇后专程到港口迎接，在君士坦丁堡大主教举行的弥撒仪式上，为把基督教徒从“异端”阿里乌斯派的桎梏中解放出来而感谢上帝。凯旋仪式只允许为皇帝举行，但贝利撒留成为例外。虽然凯旋将军骑马行进，而不是按照古制乘着4匹白马拉的战车，但市民们的狂热仍是真挚的。由皇帝推荐，贝利撒留被选为第二年即公元535年的执政官。对34岁的贝利撒留而言，这是他一生中最辉煌的一年。可是，查士丁尼皇帝丝毫没有打算让他干执政官的工作。

公元535年秋，享受久违的首都生活尚不满一年，贝利撒留再度被派往西方。查士丁尼下一个“收复”的目标是东哥特王国统治的意大利半岛。为此目的，仅仅考虑补给基地，也必须先制伏西西里。

进攻意大利

此次进攻意大利，皇帝只拨给贝利撒留7 500人的兵力。我甚至想这个数字是不是中世纪的笔误！即使加上贝利撒留的私家兵力 1 000 人马，也才 8 500 人，这只是收复北非兵力的一半。靠这点兵力，居然要去收复有 20 万名东哥特士兵严阵以待的意大利半岛！

况且，意大利半岛和北非的情况完全不同。意大利半岛在“蛮族统治下的和平”之下，统治者哥特人与被统治者罗马人的共存已经延续了 60 年。在汪达尔人统治之下，上层罗马人逃离了北非；而在哥特人统治之下，意大利半岛却没有出现难民。在阿里乌斯派的统治之下，天主教会也依然存在。

罗马人是天主教徒，他们大概与信奉阿里乌派基督教的哥特人一样，不会把天主教国家拜占庭的军队当作敌人，但也不能指望他们会帮助拜占庭军队，积极奋起，打倒哥特人。意大利的情况与北非截然不同。在北非，虽然已过去百年，居民的心中仍怀有反汪达尔的感情。要用攻打北非一半的兵力去进攻意大利，我在想，究竟是什么把这种想法灌进查士丁尼大脑的。

用少量兵力进行战争表面上看合理，但只投入少量兵力容易带来战争长期化的危险。在元首制时代的罗马帝国，打仗要准备 10 万人规模的军队，一次性投入战斗，这已经成为惯例。一次性投入 10 万军队，一年便能结束战争。战争不容置辩就是“恶行”，不得不行此“恶行”的军事人员必须植根于大脑的第一件事就是尽快结束战争。

由于东哥特人几乎未在西西里配置守军，贝利撒留轻松收复了西西里。要使西西里发挥后方基地的作用，他就必须安排守军驻守。留下守军后，剩下的兵力是 5 000 人。贝利撒留得靠这 5 000 人完成收复意大利半岛的作战。

贝利撒留在君士坦丁堡时就已明白，夺回东哥特王国统治下的意大利半岛与夺回汪达尔王国统治下的北非，不能采用同样的打法。他想兵分两路，同时进攻，完成收复意大利的作战。第一军以西西里为补给基地，在意大利半岛南端登陆后直接北上。第二军以亚得里亚海东岸的达尔马提亚作为补给基地，从那里横渡亚得里亚海，向东哥特王国王宫所在地拉文纳发起进攻。这样作战的目的，是要把号称 20 万人的敌方兵力一分为二。

查士丁尼也同意这个战略，甚至答应组建应在达尔马提亚集结的第二军。不过，这个允诺根本没有兑现。贝利撒留一开始就不得不以 5 000 对付 20 万。不懂战争的人当最高统帅，难免空费人力和时间。

普罗柯比在《哥特战记》中记载，这场战争，从轻松收复西西里，开始进攻意大利半岛的公元 536 年起，到公元 553 年哥特人国王最后战死为止，实际打了 17 年之久。这种长期战争受害最大的是居住在意大利半岛的罗马人，他们没有任何自卫能力，也不是战争的参与者。

收复西西里后不久，贝利撒留一边为进攻意大利做准备，一边尝试通过交涉解决问题。

考虑到只有 5 000 人的兵力，能通过交涉解决问题最好不过。

而且，狄奥达图斯虽然是东哥特人的国王，却是一个喜欢用拉丁文写自己的名字、仰慕希腊哲学、喜欢讲希腊语和拉丁语的人。贝利撒留向在罗马的狄奥达图斯派去了和平解决问题的使者。

拜占庭的部队威逼西西里，狄奥达图斯惊慌失措，对交涉非常积极。媾和条约的谈判极其顺利，连协约文本都已拟好：

一、东哥特王国国王承认罗马帝国皇帝（实际上是拜占庭帝国皇帝）的主权，正式表明其臣服地位。

二、作为象征，国王每年向皇帝赠送用 300 罗马磅（约合 120 公斤）黄金打造的皇冠。

三、国王承诺，皇帝凡有要求，将派遣 3 000 名士兵供其调遣，并承担全部费用。

四、未经请示皇帝旨意，国王不得以任何理由对天主教会神职人员和元老院元老处以死刑或没收财产。

五、未经皇帝许可国王不得任命元老院元老和“贵族”。

六、在公告和公文上，必须把皇帝的名字写在国王的前面；国王雕像的右边必须立有皇帝的雕像。

从没有课税及没有收回自卫权来看，只能说这个协约文本在一定程度上承认了东哥特王国的独立性。狄奥达图斯担心这个文本遭到拒绝，派出急使追上了携协约文本沿阿庇亚大道南下的东罗马帝国使节。接受邀请再次回到罗马的使节与哥特国王之间有下面一段对话：

“您认为皇帝会签署这个媾和协约吗？”

“我想大概会的。”

“如果拒绝了会怎样呢？”

“应该是战争吧。”

“那么这场战争是正确而合理的吗？”

“当然是。不过，这要从双方各自站的立场来看。”

“这话是什么意思呢？”

“您是哲学家，可查士丁尼是皇帝。对自诩为柏拉图弟子的人来说，一定会反对使众多百姓流血的战争。可是，对奥古斯都的继承者来说，收回赋予他的正当权力比什么都重要。对查士丁尼来说，这意味着即使使用武力也要收复被夺走的昔日领土。”

这个逸事的真实性并未在学术上得到证明。不过，这也许会像马基雅弗利所说，真实也会成为合理的谎言。我以为，以这种条件和平解决，贝利撒留会同意，查士丁尼皇帝也会批准。

可是，这个方案胎死腹中，不是因为拜占庭方面，而是因为东哥特方面的拒绝。狄奥达图斯被全体家臣斥为软弱，被迫退位。事情到此还没有完，不久他竟被杀害。主张对拜占庭强硬的维提吉斯，在哥特人的欢呼声中登上东哥特王国的王位。事到如此，贝利撒留只能以5 000兵力进攻意大利半岛了。

哥特战争

公元536年春天，贝利撒留开始行动。从西西里登陆意大利半岛只需渡过3公里宽的墨西拿海峡。区区5 000人渡海，不需要征集大量船只，只从附近搞了一些渔船就跨过了海峡。登陆之后，就像征服西西里一样，从意大利南部一路轻松地推进到那不勒斯。哥特人把兵力集中在意大利北部，南部是军事力量的真空地带。

普罗柯比写道，登陆之后，意大利南部居民用欢呼声迎接沿罗马大道北上的贝利撒留军队。对没有自卫能力的人们而言，权且表示欢迎也是一种处世之术。他们是天主教徒，贝利撒留的军队应该是救星，但普罗柯比的笔下没有提及义勇兵来投奔继续北上的贝利撒留军队，也没有其他人在这方面的记录。这与登陆北非时有所不同。

那不勒斯从这个时代起已渐渐成为意大利南部的第一大城市，这里只有800名哥特兵驻屯。当时的那不勒斯住着很多犹太人，其社团对市政有很大的影响力。犹太人知道查士丁尼皇帝是热心的天主教徒，正在东方迫害犹太教徒。他们担心向他的军队敞开城门之后自己的命运，于是在恐惧的心情中等待着。实际上，这时查士丁尼想把已经改信天主教的法兰克人也拉进对哥特的战争，给法兰克王国送去了内容如下的一封信：

哥特人侵犯、盘踞意大利已有半个世纪。居住在意大利的人们与我们共同拥有真正的基督教义。我有拥有意大利的正当权力。我要求哥特人归还他们非法占有的土地和非法统治的人民。然而，他们无礼的答复令人忍无可忍。我不得不向他们宣战。

此次战争的目的在于消灭异端阿里乌斯派。因此，这是一场正统信仰击退邪恶信仰的战争。我们两人（东罗马帝国皇帝和法兰克国王）都被神授予了捍卫正确信仰的责任。

查士丁尼呼吁法兰克人翻过阿尔卑斯山脉进攻意大利北部，与北上的贝利撒留组成共同战线，但这个劝说在当时未见成效。不过，这封给法兰克国王的信函昭示了查士丁尼进行哥特战争的本意。拜占庭皇帝既已决定不能容忍同为基督教徒的“异端”，自然不可能承认“异教”犹太教徒。居住在那不勒斯的犹太人的恐惧十分正常，贝利撒留在此第一次遭遇到像样的抵抗。

仅靠陆地方面的进攻不可能攻陷面临大海的城市。可是，贝利撒留没有可用于海上封锁的海上兵力，也没有充裕的时间沉下心来展开进攻。但不拿下那不勒斯就去不了罗马。贝利撒留想着如何速战速决正不得门路，这时有名士兵对他说，不妨尝试利用一下已经废弃不用的水道桥，这桥似可通到城里。

贝利撒留立即派队长指挥几名士兵，在夜幕下神不知鬼不觉地探察了一番。靠着微弱的灯火引导，一队人行进在高架水道内。他们发现水道桥通到城墙内的一座废屋里。

所谓废屋，不就是一座水塔（castellum）嘛，这种水塔的作用是把高架水道流过来的水暂时贮存起来，除去杂物，然后向市内各处配水。我想这座水塔应该是水道不能使用后才被废弃的。如果是“水塔”，就应在城墙之内，而且应该相当宽敞，作为穿过水道潜入市内的士兵隐蔽的场所再合适不过了。

这次哥特战争以后，水道这个与罗马大道齐名的由罗马人建造的两大基础设施之一就不复是水道，而成为历史遗迹了。这是由于为不断提供新鲜水源而建造的高架水道在军事上受到了注意的原因。水道桥在那不勒斯已经废弃不用，但在罗马，尚在使用中的水道桥转成了军事用途。让所有人都能用上足够的新鲜水，这本身就是高度的文明表征；建设水道只需考虑通水，这也是“罗马统治下的和平”的象征。

如果水道桥作为士兵潜入城市的通道而引起注意，罗马文明将无生存之地。首都罗马有 11 条水道相通，行省首府也有三四条，就连小城镇都必定通有一条水道。每次看到这些水道，我都会苦笑：“连这样的镇子都……”但时常向人们提供大量新鲜水这样最低限度却最重要的文明，哥特战争之后消失了。从公元前 312 年建设最古老的阿庇亚水道算起已有 850 年的历史，有记载的最新的安东尼亚娜水道建造以来也已有 320 年的历史。现在，把时常向普通人配水作为卓越政治的罗马文明死亡了。

贝利撒留制定了严密的作战方案。他决定让士兵们在夜里通过不再使用的水道潜入市内，隐蔽在水塔中，黎明时这些士兵出来袭击守卫近处城门的敌人，用夺来的钥匙从内侧打开城门。大队人马在夜幕掩护下靠近城墙，等待黎明时分城门从内侧打开。贝利撒留向士兵们宣布这个方案之后说：

> 就把抢夺金银当作对你们勇敢的犒赏吧。但是禁止杀戮居民，他们是天主教徒，是你们的同胞。

作战获得完美成功，但居民并非全体安全。拜占庭军队的士兵把总司令的话理解成为不杀不抵抗者。

于是，出于保护妻子孩子的市民和由于对天主教徒士兵的恐惧而忘我抵抗的犹太人，凡抵抗者都被杀掉。具有讽刺意味的是，知道不杀不抵抗者的 800 名哥特士兵却只是被俘而已。这 800 名士兵直接被编入了贝利撒留的部队。攻占那不勒斯耗时长达 20 天，牺牲者全是普通老百姓。蒙受伤害最大的是意大利人民，而他们却不是战争参与者，哥特战争的这个特征在那不勒斯已显露无遗。

从那不勒斯去罗马有两条路：一条是穿越平原的阿庇亚大道，另一条是蜿蜒穿过山岳地带的拉蒂纳大道。贝利撒留的军队沿这两条路北上。与其说贝利撒留这样做是分散风险，不如说他是想兵分两路同时行军，尽快到达罗马。那不勒斯到罗马之间不存在遭遇数量集中的哥特兵的危险。

贝利撒留率领沿拉蒂纳大道行进的部队，秘书官普罗柯比似乎沿阿庇亚大道前往罗马。尽管这条大道被弃置了 200 多年，从来没有维护过，现在仍然是石头相接，严丝合缝。这位巴勒斯坦出身的希腊历

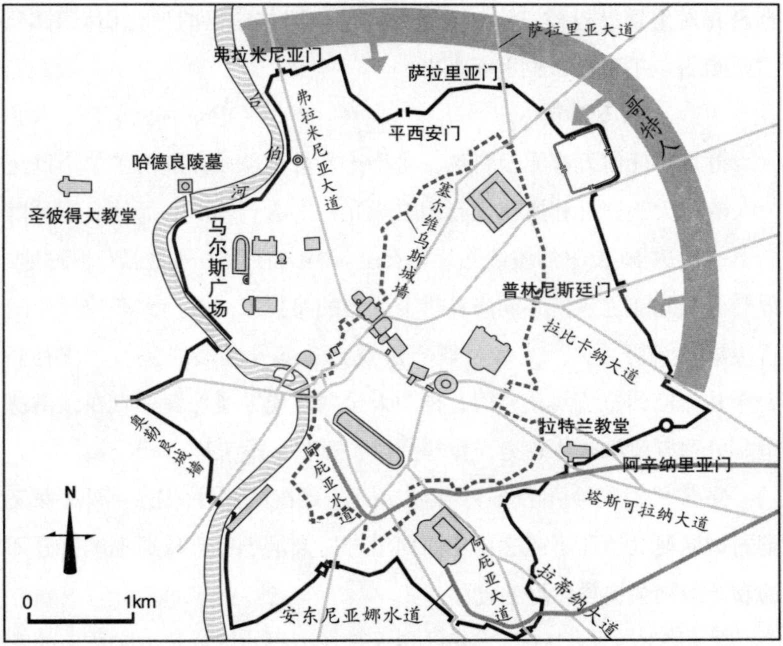

罗马市略图

史学家叙述这条“女王大道”（regina viarum）时充满了惊叹的心情。

罗马正在酝酿着罗马主教居间调停的对策，试图避免那不勒斯那样的攻防战。哥特方面也不认为在这个阶段进行彻底的抗战是一条良策。他们需要集结15万人以上的兵力，一旦需要还要返回意大利北部。

公元536年12月10日，哥特将士们列队雄赳赳地从罗马西北面的弗拉米尼亚门出城，而贝利撒留的将士们则欢呼着从罗马东南面的阿辛纳里亚门进城，就像换防一般。统治者进行了不流血的更迭，也没有发生暴虐行径，犹太人只要在他们居住集中的“台伯河对岸”（Trastiber）不造次，也平安无事。

可是，任何人都能预料到，哥特人不会轻易放弃统治了半个世纪之久的意大利。贝利撒留没有闲暇观光初次看到的罗马。什么都可以放下，长达 20 公里的城墙必须修补。哥特人在意大利北部有根据地，他们会从北面进攻，必须修补拱卫北方的弗拉米尼亚门到萨拉里亚门这段城墙。可是，天主教神职人员说，这部分城墙很完善，没有必要修补。贝利撒留问其原因，神职人员回答说，圣保罗一直在保佑这里。贝利撒留将这些意见当作耳旁风，抓紧实施工程。

36 岁的总司令不仅要修补城墙，还要在城墙外侧挖一圈又深又宽的护城河。他还不能忘记从西西里进口大量小麦，从那不勒斯近郊的农产地购买主食以外的食品。

公元 536 年与 537 年之交的冬天是在工程的锤音和人车往来的嘈杂声中度过的。市民们起初还用怀疑的眼光看着这 5 000 名士兵，后来他们发生了变化，开始一点点帮起忙来。贝利撒留决定给他们一个自卫军的名称，把他们组织起来，和拜占庭士兵一道担任防御。据说“自卫军”的人数达到 3 万，这对只统率着 5 000 人的贝利撒留来说，是再好不过的消息了。

罗马攻防战

在古代，传统上都是在 3 月份开始打仗。公元 537 年 3 月，哥特军队沿弗拉米尼亚大道和萨拉里亚大道两路南下，在罗马城墙前布阵。除掉狄奥达图斯后当上东哥特王国国王的维提吉斯担任总指挥。他拥有15万兵力，照理能够包围全市，但不知道为什么他没有这样做。从北面的弗拉米尼亚门到东面的普林尼斯廷门一带布满了哥特兵的帐篷。不知什么原因，台伯河以西、南侧阿庇亚大道和拉蒂纳大道的起点都不见哥特兵的身影。

贝利撒留把自己军队的大本营安在平西安门的内侧。也就是说，总司令亲临最前线。考虑到自己军队的兵力劣势，他把防御力量集中到敌人可能攻击最集中的各个城门。为了及时掌握各城门防守部队的情况，他还组织了专门士兵，在总司令与各部队之间进行联络。他要用3.5万人迎战15万人，必须采取能够想到的所有对策。

不过，贝利撒留也不是一无有利之处。他并无必要一定打胜，只要久拖不败，让敌人放弃即可。

对城市的攻防战，并不是两军隔着城墙的简单对峙。防守方不时会打开城门，冲出去打一仗，然后再撤回城里。这次的攻防战也是如此。尤其是贝利撒留擅长积极的战法，常常亲自指挥，冲出城墙战斗。这样，防守方的损失少得令人吃惊。贝利撒留自己解释了处在数量劣势的地位也可与敌人周旋，甚至经常给敌人造成重大损失的原因。他说，其中的原因在于哥特骑兵与拜占庭骑兵的不同。哥特人的骑兵是一边驱马一边用长矛刺击，而拜占庭骑兵则受到波斯弓箭兵战法影响，一边驱马一边射箭，可以远距离击倒敌人。

攻防战向有利于防守方的方向发展。罗马是一个大都市，尽管与鼎盛时期相比人口锐减，但现在仍应有15万人。战斗隔着北边城墙激烈展开，市民却仍旧过着极其平静的日子，尤其在南半部，日常生活气氛平静，令人无法想象攻防战正在进行。在台伯河西岸的圣彼得大教堂，参拜的信徒络绎不绝。进攻方哥特人是阿里乌斯派基督教徒，人们在长年的经验中了解到，他们不会动天主教派教堂一根手指头。这真是一场不可思议的战争。不过，这种情况是第一次，也是最后一次。

贝利撒留总能够打退敌人发动的总攻，而自己的军队每次出击都能打倒数量众多的哥特兵，安全返回。尽管这种状况一直持续，哥特方面却也一直没有放弃。你来我往之中，春去夏来。哥特方面使出了断水战法。他们在高架水道的每个桥拱下都挂了帐幕，用作兵舍。但为了这次断水作战，他们破坏了水道桥。由于水源未断，破坏之处一定会一片汪洋。哥特人大概也会想到不能让自己的阵营泡在水里。这给贝利撒留带来了两个担心：

第一，如何确保夏天的饮用水。

第二，敌人会通过遭到破坏而断水的水道桥潜入城内。

用水攻之法进攻有河流流经的城市，这个想法本身就很愚蠢。况且，出于处理罗马七丘渗水的需要，罗马的下水道比上水道建设得更早。于是，鼓励使用井水就解决了第一个问题。罗马人洗澡在热水里浸泡、清洗身体，是为了治病，而不是为了享乐。但在改信基督教之后，洗澡作为他们喜好的生活习惯也被保留了下来。这时，有人抱怨不能用足够的热水洗澡了。

贝利撒留采取了不怎么罗马式的方法解决了第二个问题。他首先破坏了不再来水的渠道，堆砌石块堵住破坏后的口子，再用灰浆涂抹加固。就这样，公元537年，已有850年历史的罗马水道不复存在了。

随着攻防战的延滞，存粮开始见底。虽然不久前实施了严厉的配给制度，但仍赶不上消耗的速度。要在粮食告罄之前制定出彻底的对策。

贝利撒留决定减少吃饭的“人口”。通往意大利南部的大道依旧安全。他派人在市内各处宣读命令老人妇女儿童前往意大利南部避难的总司令布告。他还决定让奴隶也一起撤走。

总之，他想要尽量减少不能打仗却要保证口粮的人口数量。阿庇亚大道和拉蒂纳大道挤满了前往那不勒斯及更南方去避难的人和车，而塔斯可拉纳大道和拉比卡纳大道则因前往罗马近郊农村去避难的人和车而混乱不堪。贝利撒留甚至拿出一部分配置在北面的兵力，来保证这些大道的通行安全，直到居民的避难告一段落。

可是，也有一些人对这种临战状态感到更大的不安，其中一人就是罗马主教兼教皇西尔维里乌斯。他曾经促成了贝利撒留兵不血刃地进入了罗马城，在贝利撒留到来以前早就与哥特方面的高官们相熟。

西尔维里乌斯是主教，住在主教宅邸，与罗马的主教教堂拉特兰的圣乔万尼大教堂毗邻。阿辛纳里亚门就在位于罗马南部的这座教堂附近。这位主教想出一条“拯救罗马的策略”，趁夜悄悄打开这座城门的锁，虚掩城门。他以为如果潜入城来的哥特士兵纵穿市内，从背后袭击正在防守北面的贝利撒留部队，就可以结束攻防战。

不知道是谁告的密，贝利撒留知道了这件事。可是，就算他是总司令，也不过是一介武将，既不能审问主教，也不能侦查主教是否已经私通哥特国王。他能做的只是把主教和参与其事的几名元老院元老押送到君士坦丁堡，交给查士丁尼去发落。

这件事让贝利撒留注意到罗马居民中开始形成厌恶拜占庭军队的气氛。也难怪贝利撒留要惹人生厌，罗马人在过去半个多世纪里一直与统治者共存，甚至没有觉得被宗教异端统治有什么不适。半个世纪后，拜占庭军队打着复国的旗号打过来，罗马人不得不忍受没完没了的攻防战。贝利撒留第一次感到自己正在逐渐成为不受欢迎的人。

他不再信任过去一直天真地信任着的罗马人。他决定，此后每月两次更换罗马城墙 15 座城门的门锁，把守城门的罗马人自卫队员也要经常换防，并且只限少数心腹知道这个决定。

哥特人与居住在意大利的罗马人之间的关系也发生了变化。正在进攻罗马的哥特国王维提吉斯下令杀掉在拉文纳的全部元老院元老。除了两个人逃脱之外，意大利北部上流阶级的人悉数被杀。也许是身在罗马的某位元老院元老向贝利撒留密告了主教西尔维里乌斯的计划。

日耳曼人与居住在意大利的罗马人之间的共存关系就这样被割断了。自西罗马帝国灭亡后的奥多亚克时代算起 60 年之后，自狄奥多里克把与被统治者共存作为统治的基本方针时算起 43 年之后，日耳曼民族与拉丁民族的共存关系宣告终结。日耳曼人开始把罗马人视为敌人，视为比敌人还要可恨的背叛者。

贝利撒留是武将。武将懂得没有比战斗开始后却又半途而废更愚蠢的事情。此外，厌恶拜占庭军队的空气尚未波及一般市民，“减少人口”的方法也开始奏效。

也许是知道了主教的策略，哥特方面开始向以前从不派兵的罗马南面和西面发起了进攻。

其中，敌人集中攻击的是 400 年前哈德良皇帝建造的陵墓（现在的圣天使堡）。如果这里被攻下，台伯河西岸一带就将落入敌手，有 9 座桥与之相连的东岸也将受到敌人来自西边的攻击。贝利撒留一声令下，当天的防御也集中到这一处。普罗柯比这样叙述那天的攻防战：

现在的圣天使堡（罗马时代的哈德良陵墓）

哈德良陵墓距离新奥雷利亚门只有一箭之遥。哈德良陵墓是建筑史上的杰作，只能用“出色”二字来形容。整个建筑用切成长方形的大石块严丝合缝地堆砌而成，不使用砂浆。外墙用帕罗斯岛出产的白色大理石装饰。建筑物自身呈正四边形，每个边都是抛石可达的长度。建筑物高于环绕城市的城墙，周围排列着白色大理石做的诸神和马的雕像，都是造型美妙的杰作。

哥特士兵不使用攻城器械。他们的战术是仗着人多不停地投掷石块，趁守方躲避的空隙架起云梯登城，把守城的士兵挑下城墙。哥特士兵数量惊人，梯子也多得吓人，他们云涌一般地冲过来，争先恐后地架起梯子。

一时间守城的士兵不知如何迎战，茫然地俯视着城下。不知谁下的命令，士兵们立即动起手来。他们拉倒诸神和马的雕像，并砸成碎石块，然后用双手举起碎石块朝敌人头上砸去。这招儿立即见效。敌人扔掉梯子，争先恐后地一溜烟逃开。

“大量杀戮”罗马帝国鼎盛时期建造的大理石雕像杰作，恐怕是不得已而为之。但不论是在共和政体时期，还是在帝政时期，罗马将军对出自希腊人之手的造型美术杰作的态度与对敌人重要俘虏的态度没有两样。罗马将军在必需时也会杀戮敌人，但没有杀戮过艺术作品。正因为胜者是如此尊重败者的遗作，我们这些生活在2 500年后的人才能在美术馆里欣赏到这些艺术品。离哈德良时代仅有400年的公元6世纪，时代变化了。贝利撒留是公元6世纪的武将，普罗柯比尽管理解希腊罗马文明，毕竟也是公元6世纪的历史学家。

哥特军队对罗马西面和南面的进攻没有因为进攻哈德良陵园失败而停止。他们攻占了罗马的外港奥斯提亚，贝利撒留甚至不得不亲自率兵前去夺回。阿庇亚大道和拉蒂纳大道也不再安全。如果通往意大利南部的道路被封锁，就不可能去那不勒斯筹措军粮和武器，普罗柯比曾被派去过好几次。

长期的攻防战也给进攻的哥特方面带来了许多不便。首先，士兵们被贝利撒留的巧妙战法折腾，牺牲不断增加。哥特人在意大利生活了半个世纪，已经不再是以前不懂文明生活的蛮族了。有人开始抱怨在水道桥拱下挂帐幕就地野营的不便。国王维提吉斯是靠着士兵们的支持当上国王的，他绝对不会允许放弃将近一年的进攻而撤军，但也不能无视士兵不断郁积起来的不满情绪。

现在已经不知道是哪一方提出的了，总之，双方都有了休战的愿望。休战而不求和，哥特国王维提吉斯便可以体面地撤军了。

公元 538 年 3 月，历时一年零九天之后，罗马攻防战暂时落下了大幕。普罗柯比没有描写全体坚守者欢欣沸腾的场面，也许他们连喜悦的气力也没有了。但 38 岁的贝利撒留从一开始就没想遵守休战协约。在开始追击撤走的哥特军的军事行动前，他给查士丁尼皇帝写了一封可以说是“御状”的信：

> 遵照陛下敕命，臣进攻哥特人统治之地，夺回西西里，称霸坎帕尼亚，并使罗马回到陛下手中。尽管师出有名，但也付出了惊人的牺牲。直到现在这个阶段，陛下的士兵们抗击了大群蛮族，英勇善战，给了敌人重大打击。
>
> 臣明白胜利靠的是神意。但王和将军的名声取决于他们制订的计划，取决于这计划的结果是好是坏。
>
> 请允许臣坦言，如果陛下希望士兵今后活下去，就请送粮食来；如果陛下希望他们勇敢战斗，继续收复失地，就请送武器、马匹和援兵来。
>
> 居住在意大利的罗马人当初把我们当作同胞和解放者来欢迎。但如果他们知道我们现在缺兵少粮，并由此认为我们辜负了他们当初对我们的期望，那么，他们的好意可能会直接转变成对我们的敌意。
>
> 就我个人而言，我的人生已经奉献给了陛下，如何调遣概由陛下决定。如果陛下认为我的死将有利于陛下的名誉和帝国的繁荣，我已做好准备，甘受一死。

简单地说，这只是一封“突然翻脸”的信，令人哑然失笑。我们不知道查士丁尼皇帝是如何解读这封信的。不过，他决定要派人支援。至于派什么人和怎么派，就只能是查士丁尼式的做法了。

1 600 名士兵渡过意大利半岛西面的第勒尼安海，在意大利南部泰拉奇纳登陆。7 000 名士兵沿意大利东面的亚得里亚海北上，在意大利中部皮切诺登陆。他们带去了大量金币和银币。当初开始意大利半岛收复战时只有 5 000 人，现在的支援可是下了大决心的。不过，查士丁尼还派来了另一位司令官，说是指挥那 7 000 人。

纳尔塞斯将军

我忘记了是拿破仑还是谁曾经说过，两位优秀的将军不敌一位平凡的将军。纳尔塞斯是宦官，与走宫廷官僚路线的许多宦官一样，他的出生地和出生年月不详，但传说公元 538 年时他已有 60 岁了。纳尔塞斯完全不是人们通常想象的“宦官”，他是一个别有特色的宦官。只有他不是那种脑满肠肥、做官能力出众但长于中饱私囊的宦官，也不是那种一心只想着借侍奉在皇帝身边的机会耍弄阴谋、陷害忠良的宦官。

从年轻时起，纳尔塞斯就一贯身材苗条，行动也与同僚不同，总是头脑清醒，精力充沛。他集皇帝和皇后的信任于一身，从皇宫的仆人做起，直到执掌整个宫廷。他被派到意大利来之前，业绩仅限于内政和外交，毫无指挥战斗的经验。他得到重用的原因在于他能在任何状态下解决问题。纳尔塞斯是一个充满自信的人。

派纳尔塞斯出来时，查士丁尼皇帝对他说：“在你认为对帝国有效时要听从贝利撒留的指挥。”没有比这更不懂战争的指示了。他把“对帝国有效”的判断权交给了纳尔塞斯。难道下这道指示的查士丁尼会认为自信满满的 60 岁的人会那么容易地听从 38 岁人的命令吗？

实际上，贝利撒留指挥的 6 500 人和纳尔塞斯指挥的 7 000 人是各自为政的。这时正处于罗马守军保住罗马、兵力倍增、趁势转入攻势的时期。两雄并立的状态导致了国家浪费了一年的时间和兵力。不，甚至造成了无法用兵力和时间衡量的巨大损失。

当时贝利撒留没有向查士丁尼皇帝告“御状”，但其手下将士的不满似乎也传到了君士坦丁堡。查士丁尼决定召回纳尔塞斯，把他指挥的 7 000 名士兵也划归贝利撒留指挥。

一位不平庸的将军何止胜过两位，简直胜过三位、四位将军。指挥系统一把抓的贝利撒留一改战略，决定直接攻击敌人的根据地拉文纳。他有四个理由这样做：

一、维提吉斯得到了喘息时间，已再次集结了号称 15 万人的哥特军队。如果各个击破，收复意大利半岛的原定目标势必后延。

二、查士丁尼劝诱法兰克国王共同战斗，但法兰克国王一直在观望，没有参战。如今哥特方面已经转为守势，法兰克国王便翻过阿尔卑斯山脉，开始进攻意大利北部。

三、米兰遭到哥特军队进攻，陷入毁灭状态的惨状如果传到意大利其他地方，就会出现意大利居民完全站到反拜占庭一边的危险。

四、哥特军队钻了拜占庭军队二将并立无法组成统一战线的空子，扩大了行动范围，使得意大利中部的居民遭受兵祸，陷入了悲惨境地。

关于第一点，战争的拖延对进攻的一方更加不利，如果有办法阻止拖延，就值得一搏。

关于第二点，法兰克王国决然进攻意大利，并不是因为他们听从了查士丁尼的劝诱，赞同所谓天主教徒共同合作，消灭异端阿里乌斯派的哥特王国的想法。在罗马时代，高卢被称为“阿尔卑斯山脉的那一边”（Transalpina），法兰克人称霸于此。对他们而言，“阿尔卑斯山脉的这一边”（Cisalpina）的意大利北部并非另外的世界，而是来往容易的同一个世界。因而，对贝利撒留而言，法兰克王国不是同盟者，纵令不是敌人，也必须时常对其动向保持警惕，必须在其势力扩大到此之前控制意大利北部。

第三是米兰事件。贝利撒留已经派去1 000人的兵力承担防卫。哥特人已经抛弃了狄奥多里克时代与罗马人共存的路线，把居住在意大利的罗马人视为敌人，他们袭击了米兰。普罗柯比这样写道：

> 守城兵和居民相信了哥特方面的承诺，打开了城门。所谓承诺，就是不杀不抵抗者，也不毁城。可是，哥特方面完全没有遵守这个承诺。首先，城市遭到完全破坏，被焚毁殆尽。其次，男人不论老幼全部被杀，人数达到30万。（这是相当夸大的数字。有研究者说，这个时期的米兰人口在15万以下。——引者注）女人也全部被当作奴隶，分给了为哥特方面参战的勃艮第士兵。
>
> 米兰的长官（praefectus）列帕拉图斯被俘后没有立即被杀，而是被活生生地大卸八块，然后切成小块喂狗。只有队长威尔简提努斯和少数士兵逃脱，横穿意大利北部之后终于逃到了达尔马提亚，在那里向皇帝报告了米兰的惨状。
>
> 后来，哥特军队轻而易举地攻下了被米兰惨剧吓破胆的周边城市，将意大利北部的西半部分再次置于自己的统治之下。

罗马成为有名无实的首都以后，米兰一直是意大利半岛事实上的首都。霍诺里乌斯皇帝把皇宫移到拉文纳只是出于防御上的原因。拉文纳位于波河河口湿地，不可能替代位于平原地带的米兰，仅干线就有4条罗马大道会集到米兰。

圣安波罗修致力于使天主教会更加组织化，他任米兰主教时间长达四分之一个世纪。受这位优秀宗教家的影响，米兰发展成为一座规格次于罗马而信仰之强烈却胜于罗马的天主教城市。米兰居民对查士丁尼皇帝收复旧西罗马帝国领土的反应比其他任何地方都敏感。正因为如此，贝利撒留在罗马攻防战休战时，立即派部将率1 000名士兵前去保卫米兰。

现在，米兰化作一片无人的废墟。拜占庭军队的安全保障如此无力，这就是最好的例证。

城市遭到彻底破坏，男人被杀，女人沦为奴隶被掳往勃艮第。人口仅次于罗马的都市米兰，竟连一个村庄都不复存在了。这样的境况持续着，米兰在数百年之间也未能再次崛起。在此期间，意大利西北部的中心移到了30公里以南的帕维亚。米兰城再次在历史上露脸已是进入中世纪后期的事了。

关于第四点，贝利撒留的秘书官普罗柯比这样叙述意大利中部的惨状，虽然行文略长，我还是把这部分全部译出。这是能让我们了解一旦家园化为战场人们境遇如何的最好史料：

> 那年（公元538年）夏天，田里小麦开始抽穗，却不是往年那样的丰收景象。农民数量不足，无法用牛拉犁耕地后播种，只能把种子撒在没有犁过的土地上。发芽成长的作物数量很少，能结果的就更少。

艾米利亚地区也是一样。农民连自食的小麦都收获不到，他们舍地弃屋，带着家人来到马尔凯地区。这里濒临亚得里亚海，拜占庭方面掌握着制海权，可以指望得到拜占庭送来的救援物资。

干农活的人口减少，农作物匮乏。托斯卡纳地区也发生了这种现象。托斯卡纳居民为躲避哥特军队多半逃进山区。可山里食物不足，他们只好采集橡树果磨粉，靠吃橡树果粉做成的面包活命。

粮食极端匮乏自是疾病的温床。很多人没有饿死，却死于疾病。据说仅马尔凯一地饿死的人数就不下5万，而意大利东北部的威内托，死者人数远远超过这一数字。

我亲眼看到了实情，我想写下他们的死亡过程。

人先是消瘦下来，脸色变黄。身体长期得不到食物补给时，要靠古人所说的“吃自己的肉”来维持生命。各种器官的功能都已低下，胆汁泛滥，侵蚀脏器，肤色脸色都变成茶褐色，看上去蜡黄一片。这样的状态不断发展，皮肤失去原有的水分，干燥得令人难以想象，皱纹深刻，就像没有鞣过的皮革裹在骨头上。

不久，茶褐色变为铅色，再变为黑色。到了这一步，人的身体会变得像被火烧得发黑的木烛台，眼睛不再注视什么，只是吃惊似的大睁着。人们大多在这样的状态下迎来死亡。

由于过分饥饿，体力极度衰弱，偶尔看到野草想过去吃，却无力靠近，以手伸向前方想去拔草的姿势倒伏在地上死去。

尸体被弃置原地，没有人还有体力掘墓埋尸，连贪吃的狗和啄尸的鸟都不会去看一眼这些被遗弃的尸体，那些尸身上连狗噬鸟啄的东西都没剩下。死神袭来时他们已饿得连自己的肉体都完全消耗殆尽。

纳尔塞斯被召回，贝利撒留成为唯一的司令，又像一年前那样可以一个人决定战略了。他绝对有必要利用这个机会逆转颓势，否则，3 年来为什么要吃这么多苦？进入公元 539 年后，贝利撒留攻势果敢，势如喷火。他必须扭转现状，而且必须尽快。

拉文纳陷落

在过去近 30 年中，拉文纳已经数度遭受攻击。西罗马帝国最后的皇帝们把皇宫放在这里，推翻这些皇帝的北方日耳曼系蛮族国王们也把王宫放在这里。水路成网，拉文纳便位于网络纵深处，只从陆地方向进攻则易守难攻。

贝利撒留从陆地和海上两个方向对拉文纳同时发起进攻。他填埋了陆地上的运河，又动员周边港口城市的船只封锁海上，他为此花去了半年时间。到了公元 539 年 12 月，东哥特王国的国王维提吉斯和全体手下将士一起接受了贝利撒留的劝降。

贝利撒留遵守了让对方投降做出的所有承诺，把国王及其家眷送到君士坦丁堡，查士丁尼皇帝接受了贝利撒留的进言，将保留他们的性命。东哥特人的财宝以及与国王一同保卫拉文纳的士兵也都被送往君士坦丁堡。

可是，皇帝在承诺保证全体哥特人和国王性命的信件中还有这样的内容：

> 我想，以后与哥特人的战争已经没有必要劳烦阁下这样的武将。皇帝急盼能早日亲见并赞美此次胜利的最大功臣，急盼听到

帝国最高将军亲口说出的高见。除了我们的将军，无人能够迎战东方波斯再次发动的攻势。

一言以蔽之，皇帝以“别人无可替代”为由命令贝利撒留从意大利撤回。的确，贝利撒留已经占领了王宫所在地拉文纳，国王及其手下重臣们也都被押上拜占庭的船，正准备出发前去君士坦丁堡。

然而，哥特兵大都还留在意大利半岛，那可是不下 10 万人的战斗力。查士丁尼召回了贝利撒留却没有派来替代的司令官。这意味着，要让一直在贝利撒留手下作战的 11 位大队长在他离开后继续清剿哥特军队。这次可不是二将并立，而是十一将乱立了。

贝利撒留没有说一句抗议的话，就连对心腹普罗柯比也没有吐露半点内心的想法。他什么都没说，上了开往君士坦丁堡的船。在船上，他聊其他事情，可绝口不提查士丁尼的信件。

在君士坦丁堡，没有为他举行收复北非时那样的凯旋仪式，我想这恐怕也是贝利撒留的意思。然而，老百姓由衷的敬爱都集中在刚满 40 岁的贝利撒留身上。查士丁尼也破例准许贝利撒留拥有 7 000 名家兵，给予他的地位大大高于作为臣下的将军，已近乎封建君主。尽管如此，对查士丁尼而言，贝利撒留终究不过是臣下，是将军。不到一年，贝利撒留便被派往东方，他的下一个任务是与波斯作战。

东哥特人的国王维提吉斯在君士坦丁堡的生活很自由，根本不像是战俘。他改信了天主教，他还被授予元老院席位，位列“贵族”，因为这位战俘已然成了皇帝的密友。虽然东哥特人的财宝被收归国库，但他衣食无忧。来到君士坦丁堡两年，他活得很悠然。和国王一起投降的哥特兵被编入了拜占庭军队。当然，他们也都改信了天主教。

战端再开

可以想见，国王被俘并遭到毁灭性打击的哥特军队由于贝利撒留的离开得以在意大利半岛东山再起。公元540年秋，贝利撒留离开还不到一年，托提拉被选为国王，哥特人又集结在他的麾下。拜占庭军队与哥特军队以意大利半岛为战场再开战端。对居住在那里的人们来说，就是米兰和皮切诺惨剧的易地重演。

这种状态持续了4年。哥特军队在托提拉的指挥下统一战略，协同作战，把11位指挥官各自为政的拜占庭军队玩弄于股掌之间。拜占庭方面不仅在军事上，在统治方面也一再失分。

拜占庭不能尽到保障安全这个为政者的第一职责。行政官们只热衷于横征暴敛，还把拜占庭帝国行政官僚贪污受贿的习惯带到了罗马。难怪意大利半岛居民们的感情开始倾向于哥特人一边了。

哥特国王托提拉利用了这一点，他把清廉与宽容放在首位。他不仅欢迎对待遇不满的拜占庭逃兵，还利用这些士兵去劝诱那些仍在拜占庭军队的士兵开小差。他严厉命令自己的哥特军队士兵不得袭扰农民和市民等民间百姓，还命令那些以前强抢在乡下避难的女人以索要赎金的人，免去赎金放人。托提拉亲自对士兵说，战胜拜占庭要靠端正的行为。

托提拉还致函罗马元老院。在信函中，这位哥特国王称罗马人为

托提拉

亲爱的朋友，并发誓哥特人将回到当年狄奥多里克实行的与罗马人共存的路线上。这个誓言不只是停留在语言上，还表现在行动上，连普罗柯比也不得不认可哥特方面的这种公正性。

哥特人这样做，不仅使自己的统治达到了现有的意大利北部，还进一步达到了意大利中部，甚至达到了那不勒斯以南的卢卡尼亚、普利亚和卡拉布里亚等地。这样，哥特将意大利南部地区也收归自己的统治之下，这些地方连狄奥多里克时代都不在日耳曼系蛮族的统治圈之内。他们留给拜占庭的，只是从拉文纳到罗马的带状地域。拜占庭受到挤压，唯一的优势是还保有亚得里亚海和第勒尼安海的制海权。

面对现状，就连不可一世的查士丁尼也必定感到有必要打开局面。这时浮现在皇帝脑海里的还是贝利撒留。贝利撒留在波斯前线收到皇帝的命令，他被再次派往意大利战线，感觉上只是顺便路过了一下君士坦丁堡似的。这时的贝利撒留已经 44 岁。

查士丁尼（左）与贝利撒留

这年秋天，贝利撒留到了拉文纳。他听取了自己不在的这 4 年中意大利战线的情况汇报，并亲自做了视察。我们不知道他在这之后做何感想。他给查士丁尼皇帝送去了下面这封信：

蒙神深深眷顾的至高无上的皇帝陛下：

再次回到意大利我才知道，我们甚至可以说没有士兵、马匹、武器和军费，我们缺乏进行战争需要的一切。

在来这里的途中，我路过了色雷斯和伊利里亚两地，边走边招兵。可是我只招到4 000人。这些人非但没有武装，而且完全没有接受过军事训练，甚至不知如何使用武器。

我军在意大利的所有士兵也因军粮不足、拖发军饷，不满情绪即将爆发。这4年来遭受的失败使他们丧失信心，如惊弓之鸟，一听到哥特军队，便会丢盔弃甲，逃之夭夭。

长久以来，在意大利已征不到税。能够征到税的地方都已处在蛮族的统治之下。征不到税便不能给士兵发饷。如此一来，我们指挥官便无从行使叱责士兵让他们服从命令的权力。

陛下，您可知道，我们的士兵已经有很多投降了哥特方面。

如果以我之死便能结束战争，这即刻可以办到。但是，如果陛下希望打赢战争，就不能不做许多准备。没有军事力量，将军不过是徒有虚名。

首先请允许我的私家军队前来意大利。要与哥特重新开战，我必须拥有最低限度的兵力。此外，根据来意大利途中在巴尔干获得的情报，匈人的骑兵团有意参战。如果能够雇用他们，将会帮上大忙。但是他们不见现金不会参战。这时必须金钱先行。

贝利撒留紧急派遣一位信得过的队长，带着这封信前往君士坦丁堡，严命他必须直接将信件交到皇帝手上。然而，不知道是查士丁尼没有理解贝利撒留直接上书的意义，还是认为没有必要，他亲切慰劳了送信的队长，甚至为他张罗结婚对象，却始终没有写回信。好像他钦准了7 000名私家兵前往意大利，也许他认为这已足够。

贝利撒留等不来军费、武器、马匹和士兵，只能依靠手上的兵力重新开战。这时，意大利半岛的大半已归哥特人统治，战役不可能像

8 年前攻占意大利南部时那样顺利。艰苦作战，疲于奔命，两年时间转瞬即逝。

司令官不能保障军饷、军粮和武器，指挥也就不灵。贝利撒留只拨给派去防守罗马的两名队长 3 000 名士兵。他们可能因此丧失了斗志，在哥特军队将要打过来之际，非但不专心准备防御，反而大肆倒卖军用物资。公元 546 年夏天，罗马再度遭到哥特军队的攻击。

在 9 年前的罗马攻防战中，敌人只集中攻击了一半的罗马城墙，还不能说是包围战，可是这次不一样了。托提拉指挥的哥特军队包围了包括台伯河西岸在内的整个罗马。台伯河上也拉起了牢固的铁锁链，从奥斯提亚来的船只完全进不了罗马城。从罗马南去的阿庇亚大道及其他大道也被全部封锁。尽管这个时期罗马市内的人口进一步减少，但仍留有近 10 万人，他们被完全封锁在罗马城内。

贝利撒留断然决定突围。他让人在奥斯提亚调集了 200 艘船，让步兵和武器上船，靠牛在两岸牵引和人力划桨沿台伯河逆流而上。骑兵团顺着奥斯提亚大道和港道这两条沿台伯河通向罗马的大道行进，护卫逆流而上的船队。贝利撒留想利用流经罗马市内的台伯河去增援已被包围的防守部队。

行进在前面的两艘船比其他船只要大，船头经过特别加固。两艘大船的任务是突破铁锁链，其他船只也为防备岸上敌人的攻击，在船腹围上了一圈厚板。

哥特方面一定预料到罗马方面会利用台伯河突破封锁，所以事先在河上拉起铁锁链。他们在拉起铁锁链的地方筑起高塔，派 200 名士兵把守。

贝利撒留站立船头，亲自指挥，断然实施突破，取得了圆满成功。两岸的两座高塔均被破坏，哥特士兵一个不剩，全部被杀。船队成功靠岸，沿阿庇亚大道而来的骑兵团也逼近了守在城外的哥特军队，已是面对面的距离了。

然而，尽管派出密使提前做了指示，防守罗马的拜占庭的两名队长和他们手下的 3 000 名士兵却按兵不动，至少没有像贝利撒留期待的那样行动。这样，贝利撒留和他的部队面临被关进包围中的罗马的危险。贝利撒留只得再次登上船，命令其他船只和士兵撤回奥斯提亚。

未能响应此次突围的不仅是罗马市内的拜占庭将士，罗马居民也没有组成自卫队奋起响应，这与上次的情形不同。他们在挨饿，饥饿不仅损害了他们的身体，也销蚀了他们的意志。

在进攻的哥特军队方面也能看到与前次攻防战的不同之处。他们并未像 9 年前那样不断发动进攻，而只是持续包围。这场攻防战很奇妙，感觉就是实施包围，从外部彻底封锁，等待市内的消耗。贝利撒留的秘书官普罗柯比看着这样的罗马写道：

> 被托提拉完全包围的罗马市内缺乏所有物资，其中食物匮乏最为严重，而且日益恶化。人们开始捕食平日绝不会去吃的东西。
>
> 被派去保卫这些罗马人的两位拜占庭将军和他们手下的士兵，非但没有奋起防御，反而热衷于向市民高价倒卖为他们特别储备的小麦。买得起的人极其有限，因为价格已经飙涨到了 1 摩第（约合 8.73 升）小麦需花 7 枚金币的地步。
>
> 更多的市民只得采集荨麻来吃。这种杂草生长在神殿、公共浴场和会堂等倒塌后的遗址上，是罗马市内唯一量大的东西。但

是这种草生有细刺，直接食用会伤及口腔和咽喉，需要煮炖，直到草刺变软。

但是，光吃荨麻体力就会下降。人们的身体随着包围日久逐渐消瘦，脸色也会变成铅色，宛若幽灵。人们嘴里嚼着荨麻，幽灵一般地走在路上，不时有人突然倒毙，而市内没有埋葬之处，尸体便被弃置路旁。

贝利撒留命令市内的队长疏散人口，但结果与9年前攻防战时完全不同。

9年前疏散人口时，大量的人、车挤满了南下的大道，人们都有避难的去处，车上装着家具、衣物和食物。然而，公元546年的难民却一无所有。普罗柯比这样写道：

拜占庭军队的两名将领最后允许市民离开罗马去各自希望去的地方逃难。只有少数人选择留下，大多数人选择了逃离罗马。

可是，这些人迈出打开的城门后，却一个接一个地倒在大道上。长期的饥饿使得他们体力衰竭，沿大道行走也成为重负。他们在路旁、在河边迎来了死亡。

哥特兵在等着走在前面的人。哥特兵根本不需要战斗，只要枪尖一挑，无力抵抗的难民便呜呼哀哉。

这就是世界上曾经人人憧憬的、光鲜无比的罗马市民现在的形象。

不久，哥特军队于12月进入罗马城。他们能做的只是等待，等待罗马从内部崩溃。被派来保卫罗马的拜占庭士兵已经在哥特人进城之前悄悄溜走了。

哥特国王托提拉首先参拜了耸立在台伯河对岸梵蒂冈的奉献给圣彼得的教堂。虽说是属于阿里乌斯派，但哥特人也是基督教徒。后来的托提拉与曾经发誓成为罗马人亲密朋友、回到狄奥多里克共存路线上来的自己已判若两人。自己已成为统治者，被统治者的命运则取决于自己。这种想法清楚地反映在他们的行动上。

首先，三分之一的城墙被毁。虽然被毁长度总和是城墙总长的三分之一，但城墙到处被截断，已被破坏得无法使用。留下来的罗马市民被迫对城墙进行了破坏。其次，留下来的元老院元老和他们的家属全部被俘，哥特军队走到哪里，就把他们带到哪里，直到赎金送到。可是，元老院元老的财产基础是大农庄，长期的哥特战争已使农庄荒芜。筹集赎金也不像哥特国王期待的那样顺利。这些被称为元老院阶级、权势显赫的元老院元老和他们的家人亲戚，就这样在肉体上被消灭了。没有被杀的人也都去向不明。

这就是自公元前753年罗马建国以来，一直与罗马国家共享荣光的“罗马元老院”的终结。

也许是哥特人觉得这座罗马城已经失去所有魅力，抢完能抢的东西，便押着元老院元老离开了此地。此后40天，这个曾被称为“世界之都”、广袤的帝国无人不晓的罗马，被抛弃在悲哀与荒凉之中，无人回头再看上一眼。这就是翌年2月贝利撒留再次夺到手的罗马。

贝利撒留从修复城墙着手，开始重建罗马。但查士丁尼没有给他这个时间，他命令贝利撒留把罗马防御交给别人，优先肃清意大利南部和西西里的哥特势力。查士丁尼这个时期的命令，不像是在了解意大利战况之后发出的，而好像是基于造访君士坦丁堡皇宫的人带来的情报和某些人的陈情。战线南移到意大利南部，也许就是某个在意大利南部或西西里拥有大型农庄的人陈情的结果。不管怎样，贝利撒留接到了皇帝的命令，只能挥师南下。

耗费一年时间，贝利撒留终于取得了夺取意大利南部的胜利，意大利南部和西西里的哥特势力被一扫而光。然而，在这一切告一段落后的公元 548 年秋天，送到贝利撒留手上的是查士丁尼皇帝的召回令。这次召回不是让他负责波斯战场。关于他回到君士坦丁堡后的任职地，命令中没有任何表述。

因而，人们感到这时的召回就是事实上的解职。在君士坦丁堡和意大利战场，人们都在传言，贝利撒留因未能结束哥特战争而被追究责任。

的确，他第二次被派到意大利战场即将 4 年。在此期间，哥特军队的势力未见衰退，国王托提拉也安然无恙。出于好意来评价，他取得的战绩也只能说是阻止了情况的进一步恶化。可是，考虑到贝利撒留回来时面临的局势和派给他的兵力，他不可能取得更好的战绩。

不过，在君主专制国家，君主做出决定，却不承担责任。臣下没有决定权，却不得不承担责任。尤其是在基督教国家，君主受神意而立，追究君主的责任就是追究神的责任。不能追究神的责任也就不能追究君主的责任。贝利撒留不过是臣子，查士丁尼大帝对他也不过是基督教国家的君主对待臣下而已。可是，查士丁尼召回了贝利撒留，却没有派人去顶替他。

查士丁尼这样做，是因为斯拉夫民族对巴尔干地区的入侵不断激化，拜占庭帝国不得不把注意力集中于此。巴尔干地区紧靠君士坦丁堡的西边，而意大利半岛对君士坦丁堡而言则是遥远之地。

贝利撒留离去后，意大利半岛的状况已不能用“悲惨”二字来形容。哥特军队与拜占庭军队在意大利半岛各地冲突不断。意大利天主教会的主教们看不下去，派代表去君士坦丁堡请愿，请求查士丁尼皇帝不要再在意大利打仗了。

可是皇帝没有理睬这个近似哀求的请求，但又不愿增派军队一决胜负。这样，又过去了 4 年。在此期间，贝利撒留有时会被派往多瑙河下游指挥与保加利亚或斯拉夫民族的战斗。除此之外，不管享有多高荣誉，在皇宫里有多高地位，他事实上一直处于“赋闲”状态。从 48 岁到 52 岁，这对男人来说是最后拼搏的时期，而贝利撒留却被放在闲职上虚度年华。

战争结束

公元 552 年，查士丁尼似乎终于下了决心要结束哥特战争。可是他没有任命 52 岁的贝利撒留，而是任命年过七旬的纳尔塞斯一个人担任总司令职务。不过，即使在这个年龄，纳尔塞斯也还保持着不输给壮年男人的智慧。

纳尔塞斯有着宫廷官僚的资历，而贝利撒留则只有军人资历。贝利撒留是一旦被任命就会立即奔赴战场战斗然后直接向最高司令官皇帝报告的一类人。纳尔塞斯却是若没有完全做好准备就不上战场的一类人。

公元552年，纳尔塞斯横跨巴尔干地区进入意大利北部。我们不清楚他率领了多少士兵去意大利，但加上尚在意大利的兵力，总数在3万人。收复意大利的战争以5 000人兵力开始，花了17年的岁月也未能结束，这次投入了当初6倍的兵力。纳尔塞斯一定对这些情况了如指掌。他决定用决战的形式一决胜负。这种打法就是引诱哥特军队进行会战，力求击毙敌方头目，一战定乾坤。

这个战略本身并不坏。但纳尔塞斯是一个为达目的不择手段的人。他带来的士兵中最引人注目的是人数过万的伦巴底人。

伦巴底人是起源于东北欧的蛮族，居住在当时已成为各方势力真空地带的多瑙河中游以南一带，在北方蛮族中是最新到来的部族。公元6世纪时，人们已开始犹豫是否还把已在高卢称霸的法兰克人和逐渐称霸西班牙的西哥特人继续称为“蛮族”。这时的伦巴底人却还只是名副其实的蛮族。

纳尔塞斯把武器交给伦巴底人，教他们如何使用，向他们支付佣兵费来使他们通过货币接触货币经济。他还把他们投入与哥特军队的战斗中，让他们积累实战经验。他把这群乌合之众造就成了出色的军人。然而，这样做很快就让意大利人和拜占庭人都吃了大苦头。伦巴底人即将成为因哥特战争而疲惫不堪的意大利半岛的下一个主人。

会战，就是以广阔的平原为战场，两军相对布阵，一声令下，两军士兵激烈冲撞，一战而决胜负。会战是战斗之花。两军的司令必须同时有会战的决心，会战才能进行，这应该是会战的一个缺点。不论纳尔塞斯如何想打会战，如果哥特国王托提拉不愿意，会战就打不成。自从贝利撒留被召回之后，哥特军队在战斗中一直处于优势，托提拉很是强硬。

公元552年夏，纳尔塞斯率领拜占庭军队沿弗拉米尼亚大道南下，托提拉率领哥特军队则沿同一条大道北上。两军接近，距离只有18公里。纳尔塞斯派使者给托提拉送去一封信，内容当然不是建议讲和，上面只写了一句话：“如果投降就饶恕你们！”

托提拉看了信，口头回答了使者。回答很简单，也只有一句话：“不战胜则战死。”使者问道：“何时开战？”托提拉的回答只有四个字：“8天以后。”

然而，第二天天一亮，哥特军队便发起了进攻。纳尔塞斯似乎预料到了这一点，他选在平原宿营，这样数量上占优势的己方军队能够展开，可以及早发现敌人的偷袭，并迅速布阵。这位老将并没有花时间做鼓舞士气的演说。他让人抬着许多准备奖赏给英勇作战的士兵的金链子从整齐的队列前面走过，展示给士兵看。

激烈的战斗一直持续到日头西斜。虽然伦巴底士兵的伤亡大于敌人，但他们死死守住了奉命坚守的阵地。而哥特军队有6 000人战死，国王托提拉一度逃出包围，但很快被追上，壮烈战死。

敌兵尸横遍野，获胜的纳尔塞斯跪在地上祈祷，感谢神、基督和圣母马利亚。战败的哥特人尽管属于阿里乌斯派，但也是基督教徒。然而正统天主教徒人人都坚信不疑，神与自己同在，而不在敌人一方。

祈祷之后，纳尔塞斯向为自己而战的伦巴底士兵支付佣兵费，然后把他们解散。伦巴底的士兵们沿弗拉米尼亚大道向北撤离，回阿尔卑斯山脉背面的故乡去了。他们在回乡途中一路抢掠，暴行连连。

纳尔塞斯率领剩下的拜占庭军队，踏着哥特士兵的尸体，继续沿弗拉米尼亚大道南下，以胜利者的姿态进入了贝利撒留离开后又被哥特人占领的罗马城。

命运多舛的罗马城也是意大利半岛命运的写照。

公元 536 年——贝利撒留入城。

公元 546 年——托提拉入城。

公元 547 年——贝利撒留入城。

公元 549 年——托提拉入城。

公元 552 年——纳尔塞斯入城。

这就是没有力量保卫自己的人不得不经历的命运历程。

意大利和居住在那里的人们因长达 17 年的哥特战争疲敝至极，而拜占庭军队和哥特军队也免不了消耗。哥特王国已经不再像以前那样拥有 15 万到 20 万兵力了。他们呼吁同为日耳曼系的阿勒曼尼人共同作战，结果反被戏弄，遭到攻击，不过他们尚存气力与拜占庭军队继续战斗。托提拉战死后，哥特人选出特阿斯接替托提拉，着手重组军队。

纳尔塞斯却不等他们做完这一切，当他得知哥特人重组军队所需资金藏在库马的神殿后，便立即进攻那不勒斯附近的这座古城。他料到特阿斯知道后会率兵赶来保卫库马，便设下了一个圈套。

就这样，第一次会战半年以后的公元 553 年春天，拜占庭与哥特在濒临第勒尼安海的意大利南部平原展开了激战。激战在第一天未能决出胜负，整整对决了两天。翌日，当落日的余晖把第勒尼安海染成金黄色的时候，东哥特王国的最后一位国王特阿斯与众多士兵一道战死沙场。这是英勇奋战之后壮丽的一死。

得知国王战死，哥特军队投降了，保命是唯一的条件。纳尔塞斯命令他们选择要么服从拜占庭皇帝的统治在意大利生活，要么离开意大利回到阿尔卑斯山脉北面去。哥特士兵多半选择了后者。

意大利之死

就这样，普罗柯比叙述的这场战争的第18个年头结束了。

《哥特战记》撰写至此，普罗柯比搁笔。从收复西西里算起，查士丁尼皇帝发动的收复意大利的战争长达18年，终于在公元553年结束。在罗马帝国存续期间，意大利半岛是帝国的本土。这片土地和居住在这里的人们，因持续了18年之久的这场战争而蒙受了意想不到的打击和损失。同样信奉天主教的拜占庭帝国发动的这场哥特战争，给意大利和居住在那里的人们的打击，比一个世纪前蛮族的反复入侵更加沉重，这是近现代许多历史研究者公认的事实。意大利人口锐减，土地荒废，引领复兴的领导层被消灭殆尽。

此外，哥特战争的幸存者也没有运气拥有光辉的明天。这次以“皇帝代理官”（exarch）之名负责统治意大利和西西里的纳尔塞斯，露骨地暴露出了他那君主专制国家官僚的本质。他知道身在君士坦丁堡的查士丁尼想要收回战争期间花掉的费用。纳尔塞斯对已是拜占庭帝国领土的意大利和西西里的居民横征暴敛，课以重税，而且是在人口锐减、土地荒废、生产凋敝的状态之下。纳尔塞斯似乎相当长寿，这位皇帝代理官连续统治意大利长达15年之久。意大利和西西里的居民在18年的战争之后，又在苛政之下痛苦挣扎了15年。扼杀帝国本土意大利和首都罗马的不是蛮族，而是同胞东罗马帝国。

翻译成农庄也好，别墅也罢，在整个罗马时代，“villa”（拉丁语原意有农场、农庄、村庄、乡间宅邸、别墅等义。——译者注）都是农业生产基地。近年来，整个意大利都在发掘它们的遗迹。规模大且分明是农业生产基地的“villa”，多在意大利南部和西西里。据从事发掘的考古学家说，很难证明到公元 6 世纪后半叶仍然有西罗马帝国延续下来的“villa”。他们说，从这个时期开始，宏伟壮观的“villa”都化为了废墟。

如果他们所言不谬，那么我们就可以认为，“villa”熬过了蛮族灭亡西罗马帝国，却未能熬过拜占庭帝国发动的战争和战后的苛政，而古代的大规模农庄就相当于现代的基础产业。

贝利撒留之死

就在纳尔塞斯在意大利独擅大权的公元 559 年，贝利撒留少有地被授权指挥在巴尔干地区与保加利亚人的作战，他获胜后回到了君士坦丁堡。这是年已 59 岁的他指挥的最后一场战争。之后，贝利撒留又被赋予闲职，在皇宫中闲晃。公元 561 年，在他身上发生了一件在绝对君主专制的国家里极易致命的事件。

当时，查士丁尼皇帝去世的流言在君士坦丁堡传得满城风雨。查士丁尼已经 79 岁，死亡并不足为奇。贝利撒留未经确认就信以为真，公然毫不掩饰地批判查士丁尼。查士丁尼闻讯后大为震怒。皇帝暴怒，盘踞皇宫的官僚便趁机搞起阴谋。这也是绝对君主政体国家必有的现象。贝利撒留的一个朋友被捕，交代说贝利撒留阴谋暗杀皇帝。

可是不知为何，对贝利撒留的“处罚”决定竟花了两年时间。公元 563 年判决下达，贝利撒留被没收全部财产，并被软禁在家。查士丁尼也许难下决心将 40 年来给帝国带来无数胜利的忠臣投入牢狱，这种状态持续了半年。半年后重新判决贝利撒留无罪，返还被没收的财产，恢复自由。

可是，贝利撒留仅有 8 个月的时间享受这一切。公元 565 年 3 月 13 日，拜占庭帝国历史上最伟大的武将病逝，享年 65 岁。

查士丁尼之死

公元 565 年 11 月 14 日，贝利撒留死后 8 个月，查士丁尼病逝，他 83 岁的天年亦属罕见。

他的统治长达 38 年。最后的 15 年让他颇多烦恼。老皇帝的忧虑大约有下述三点：

一、与波斯萨珊王朝的战争渐渐转为旷日持久的拉锯战，使拜占庭和波斯这两个东方强国疲敝至极。不久以后，波斯就在新兴的阿拉伯民族面前一下子崩溃了。这也可以说是波斯与拜占庭之间毫无收益的长期战争的余波。

二、拜占庭帝国很难阻止渡过多瑙河下游蜂拥进入巴尔干地区的斯拉夫人和保加利亚人的入侵。即使在查士丁尼和贝利撒留的出生之地，也是拜占庭帝国之祖君士坦丁大帝出生之地的巴尔干地区，帝国的力量也一直在衰退。

三、在东部、巴尔干，尤其是在西部，长期持续的哥特战争给拜占庭帝国的财政带来重创。查士丁尼的侄子，后来继位当上皇帝的查士丁二世在统治之初就明确说过：

> 在我面前打开的国库里，除了许多借款凭证以外，一无所有。帝国财政的现状令人绝望。缺乏军费，军事便会乏力，这样下去只会被蛮族欺凌。

这就是最大限度扩张领土、炫耀最高权势、号称最繁荣的查士丁尼时代的东罗马帝国乃至拜占庭帝国的形象。

这位被后世尊为大帝的查士丁尼死后 3 年，在意大利施以苛政的纳尔塞斯也去世了。这一年是公元 568 年，同年伦巴底人南下来犯。意大利已经再也无人无力抗击这个新来蛮族的入侵了。

东罗马帝国耗时 18 年赶走了哥特人，收复了意大利，却又在 15 年之后遭到伦巴底人的掠夺。伦巴底人的统治给意大利半岛留下了深刻而惨痛的创伤，甚至让人觉得哥特人的统治根本算不上什么。

此后 45 年过去，历史走到了公元 613 年。先知穆罕默德开始在阿拉伯半岛传教，此后 100 年间伊斯兰教势力迅速发展，不断蚕食着拜占庭帝国的领土。

公元 636 年，叙利亚被伊斯兰化。

公元 642 年，埃及被伊斯兰化。

公元 650 年，阿拉伯人进攻小亚细亚，一度逼近君士坦丁堡。

公元 670 年，北非被伊斯兰化。

公元 698 年，北非的心脏迦太基陷落。

进入公元 8 世纪后，伊斯兰教势力迅速波及伊比利亚半岛，他们

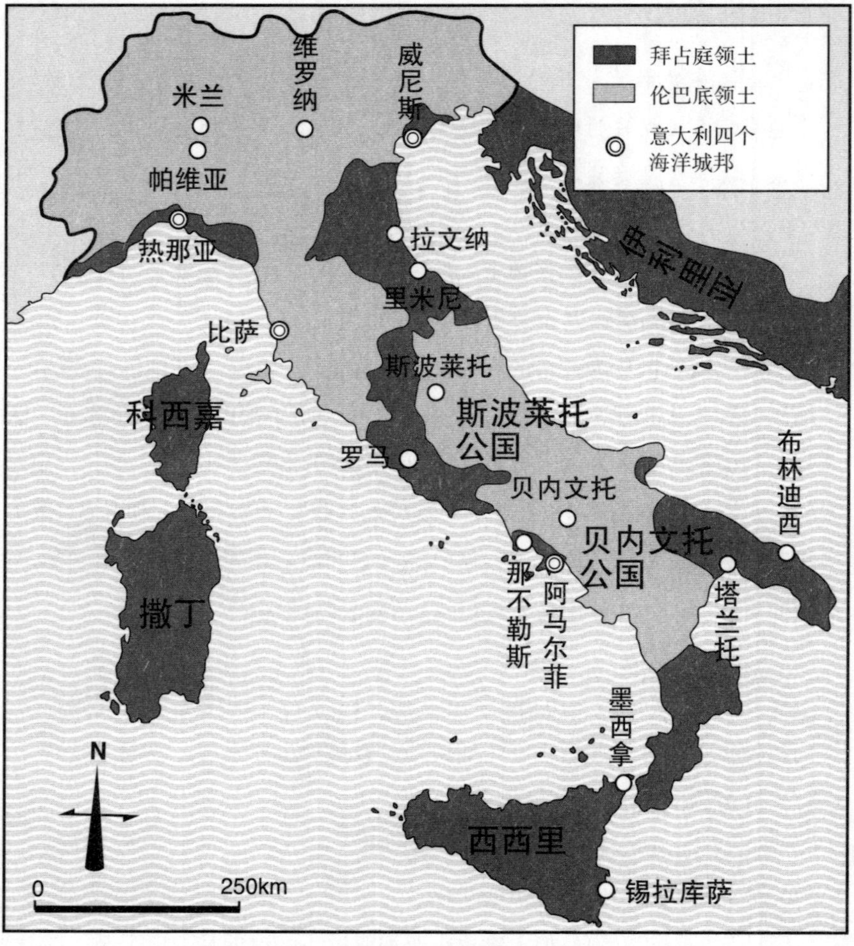

公元 6 世纪到 7 世纪的意大利半岛

（摘自 A. Giardina, G. Sabbatucci, V. Vidotto, Manuale di Storia, Vol. 1: II Medioevo）

甚至越过比利牛斯山脉，入侵法兰克王国。公元 732 年的普瓦捷战役阻止了这一攻势，但其时伊斯兰教势力已经成为覆盖从中东到北非，进而覆盖到伊比利亚半岛的巨大势力。

地中海的东、南、西三面均被伊斯兰教势力包围，基督教势力只残存于地中海的北面。中世纪就在这样的状态下过去了。

地中海已经不再是罗马人曾经称呼的“内海”，它已经变成了分隔异教和不同文明的界海。

从意大利首都罗马到突尼斯的首都突尼斯，如果乘飞机要比从罗马到巴黎还快。可是一出机场，你就会感到来到了不同的文化圈。没有“孰优孰劣”的问题，只是纯感觉上的“互不相同”。不过，如果你去美术馆欣赏罗马时代的雕像和镶嵌画，如果你移足郊外，站在残留至今的众多罗马时代遗迹面前，你一定会产生与身在罗马市内的古罗马广场和圆形竞技场中一样的感觉。

面对北非突尼斯和利比亚的遗迹，要比身在罗马更适合想象往昔的罗马时代。

这是因为由于文明的进步，残留在意大利等欧洲国家的遗迹给人一种感觉，好像它们被埋没在众多建筑中苟延残喘；而残留在因人们久不居住而沙漠化的北非的罗马遗迹，却完全没有这种感觉。

在利比亚的古城市遗址，人们可以 180 度地眺望地中海，天空湛蓝，阳光强烈，连筑城用的大理石也变得色彩柔和，赏心悦目。

北非的遗迹并不苟延残喘于现实生活的人群之中。曾经生活在这里的人们已经绝迹，而今天生活在这里的人们因文明迥异，根本不会去凭吊遗迹。于是，遗迹至今还在那里展现着自己的生命力。

一人独自站在那里，把身子靠在圆柱上，或是坐在半圆形剧场的石座上，你甚至会听见曾经生活于此的罗马人的声音。你甚至还能实际感受到，罗马时代的北非，其文明程度之高，内涵之丰富，比同时代的西班牙、高卢以及不列颠都更接近帝国的本土意大利。

在古代，地中海的南北两面属于同一个文明圈，直到公元 7 世纪以后才开始分离。过去是连在一起的，现今却已分开，那已经不是罗马人创造的罗马世界了。

罗马世界灭亡于地中海不再是“内海”之时，消失于地中海不再是连接人与人之间的通途，而变为隔离人与人的界海之时。

以后的地中海成了这样的一片海洋，海边崖顶必定建有通知人们撒拉森海盗来袭，让人们上山逃难的撒拉森塔（Torre Saraceno），海面上航行着满载十字军士兵东去的船只。

公元 1000 年逝去的时候，阿马尔菲、比萨、热那亚和威尼斯这些意大利海洋城市国家（城邦）与东方伊斯兰世界的交易日益兴旺，地中海渐渐成为贸易船只往返航行之海。再后来，地中海又成为高举古代复兴与人权复兴大旗的文艺复兴时期之海。

可能是盛者必衰、诸行无常的缘故吧。

我想，如果这就是历史之理的话，那么我们后人应该正冠整衣目送历史，这正是我们对先人孜孜不倦积累起来的历史应有的礼貌。

结 语

为什么要写罗马史，还要写上15册？回答简单之至。这与“历史的写法”“带着对现代的问题意识写史”之类全无关系，其发端只是“朴素的疑问”而已。

问到罗马史，答复都与“衰亡”相联系，这是以往的一般倾向。我想这是因为受吉本的《罗马帝国衰亡史》一书的影响。我的第一个疑问也是从这里开始的。既然有衰亡，那以前必定强盛过，那么人们为什么不关心强盛期，却只谈衰退期呢？

于是，我首先想知道罗马为什么又是如何强盛的。我在本丛书的第1册到第5册里写了罗马的强盛期。这5册中描写的罗马在对外战争中度过了这一时期，这一时期在罗马史上是“高速发展期”。也许这一时期开始于王政时代，其后共和政体一贯到底，因而近现代以这个时期的“共和政体的罗马”为题材的史书和研究著作汗牛充栋。也许是受法国大革命的影响，近现代的历史学家和研究者似乎都喜欢共和政体时代的罗马。

也许是因为上面的原因，随着共和制向元首制的转变，从面向一般读者的历史书籍到学术研究，无论是质的方面还是量的方面都在锐减。我考虑过这里的原因，我想这大概是因为帝政时代的罗马脱离了政治史的一般观念。政治史的一般观念是，王政以后是共和政体，这种亦称贵族政体的元老院主导的寡头政体之后，下面应该是民主政体。可是罗马却走向了被称为“元首制”的君主政体。这被视为是历史的倒退，换句话说，这是保守，是反动。

可是我生活在柏林墙倒塌之后的时代，知道政治意识形态是多么苍白无力。既然如此，我想抛开政治史的一般观念，而只考虑对一般人来说统治是否是善政。

这样一想，我觉得像过去那样轻视元首制下的帝政时代终究很可惜。首先，在长期而广泛地享受体味着强盛期获得的果实这个意义上，这一时代相当于罗马史上的“稳定发展期”。

在历史上生而又亡的国家，几乎都是在强盛之后立即走向衰退，鲜有能在强盛期与衰退期之间拥有长期稳定的发展期。也许因为这一点，长存的国家必定拥有稳定的发展期，无论是中世纪及文艺复兴时期的威尼斯共和国，还是古代的罗马帝国，无不如此。

其次，罗马帝国的第二个特色是“Pax”（和平）的形成。所谓“罗马统治下的和平”，就是“罗马主导的国际秩序”。由罗马主导的这种和平，时间持久而能够在地域辽阔的帝国全境得到维持，着实了不起。就说欧洲、北非和中近东长达 200 年没有战争这件事，虽已过去了 2 000 年还直让人感叹不已。

我认为，我们的目的是了解这种“和平”为什么会实现和怎样实现，这与政体是否为帝政并无什么关系。

本丛书的第 6 册到第 10 册这 5 册即聚焦于此。提出“罗马主导的国际秩序”这一思想的人是尤里乌斯·恺撒，撇开他的故事就无从展开。描写恺撒的第 4 册和第 5 册对了解帝政不可或缺。恺撒是罗马史从共和政体走向帝政，即从“高速发展期”走向“稳定发展期”的

"导演"，连罗马人也认为恺撒是罗马帝国事实上的第一位皇帝。苏埃托尼乌斯的《罗马十二帝王传》也是从恺撒写起。

本丛书的最后三分之一是始于第 11 册终于第 15 册。历史走到这里总算是步入了罗马史独有的衰亡期。

论述罗马衰亡的史书和研究著作多如海滨之沙粒。除了荒唐无稽的之外，多多少少都有正确之处。收集这些书籍，便有可能便捷地了解罗马衰亡的主要原因。但是，我没有心情在四处拾人牙慧的工作中耗费只有一次的人生。于是，在最后 5 册中，我把重点放在写"如何"衰亡，而未放在"为何"衰亡的阐述上。

一个国家的历史犹如一个人的一生，如果想彻底了解它，就只能从它的诞生一直追寻到它的死亡。

写从诞生到死亡的所谓通史，对我而言这是第二次。第一次是写以《海都物语》为书名的威尼斯共和国的历史，第二次就是这套《罗马人的故事》丛书。虽然这两个国家在享有 1 000 多年的漫长历史方面相类似，但若论及给同时代其他国家和后世的巨大影响，这两个国家却截然不同，不可比较。这就是《海都物语》两册而终，而《罗马人的故事》却写了 15 册的原因。不写上 15 册，就写不了罗马的历史。

写这部 15 册的《罗马人的故事》丛书，首先是因为我自己想了解罗马人。现在写完了，我可以由衷地说，我懂罗马人了！

如果读者也能在读完本书，掩卷之后觉得"我也懂了"，这对我来说便是无上的喜悦。所谓书籍，是靠作者写书、出版社出书、读者读书才能构成的媒体，连接这三者的红线就是"共享同一种想法"。

盐野七生

2006 年秋于罗马

附录一　罗马人用以自律的“基本道德”一览表

拉丁语	盐野译案	意大利语	英语	法语	西班牙语	德语	罗马人认知的意义及其解释
pietas	虔诚	pietà	piety	piété	piedad	Pietät	尊重永恒价值。对诸神意志心怀敬意。重视现实生活中的良好行为
humanitas	人性	umanità	humanity	humanité	humanidad	Humanität	重视人际关系，不管这种关系是家庭之间、朋友之间还是国家之间的
libertas	自由	libertà	liberty	liberté	libertad	Freiheit	尊重个人人格。保护自己及他人的人格意志
clementia	宽容	clemenza	clemency	clémence	clemencia	Nachsicht	宽容对待投降之敌。宽容对待不同宗教、文化和风俗
mores moralis	道德	morale	morality	morale	moralidad	Moral	道德是一种经过漫长岁月沉淀积累的智慧，它不是某个时代某个个人能单独形成的，因而是一种值得尊重的传统
autorita	权威	autorità	authority	authorité	authoridad	Autorität	不唯上司和权力者是从，而是服从智慧者和经验丰富者的价值观
fides	信义	féde	fidelity	fidélité	fidelidad	Treue	信义是认同罗马意志的人们之间应有的感情基础，并不限于朋友之间
disciplina	纪律	disciplina	discipline	discipline	disciplina	Disziplin	纪律是使家庭、社会、帝国等人类共同生活其间的各种组织发挥功能必不可少的。重要的是应该通过每天的训练使纪律得到遵守
severitas	严格	severità	severity	sévérité	severidad	Severität	这更是一种严于律己的纪律
gravitas	威严	gravità	graveness	gravité	gravedad	Gravetät	认清真正重要的事情，充满责任感地予以实施
constantia	一贯性	costanza	consistency	consistance	consistencia	Konsequenz	方针一旦确定便扎扎实实坚持到最后的、一以贯之的态度

注：罗马人认为这些对自身来说是基本道德，后来的民族也不应该有所改变。但是，同一个词语，所指的意思也会有变化。比如对基督教徒来说，同样的单词“fides”，意思就是“对神的信仰”。

附录二　拜占庭帝国（东罗马帝国）的盛衰（395—1453）

罗马帝国东西分裂之后延续了 1 000 多年，这点一直得到人们的赞赏。下面是这 1 000 多年的实况地图。

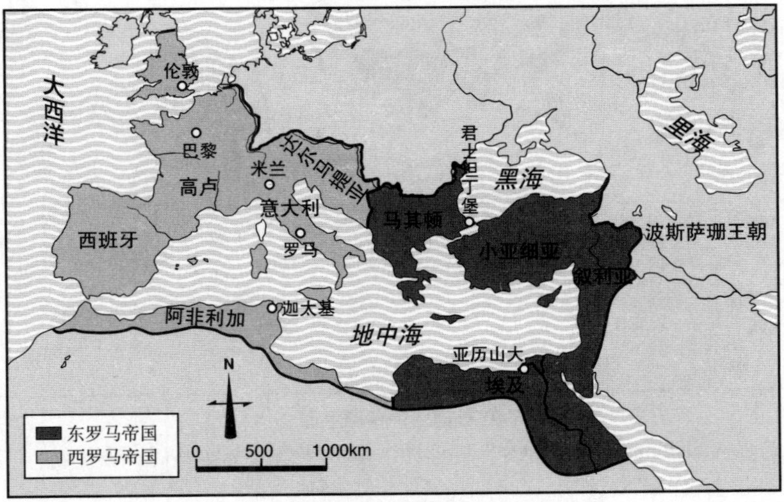

1. 公元 395 年前后的东罗马帝国

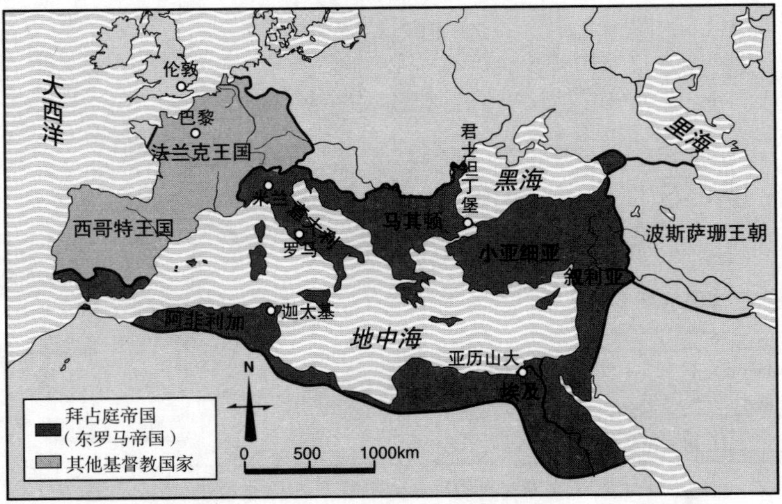

2. 公元 565 年查士丁尼大帝去世当年的拜占庭帝国（东罗马帝国）

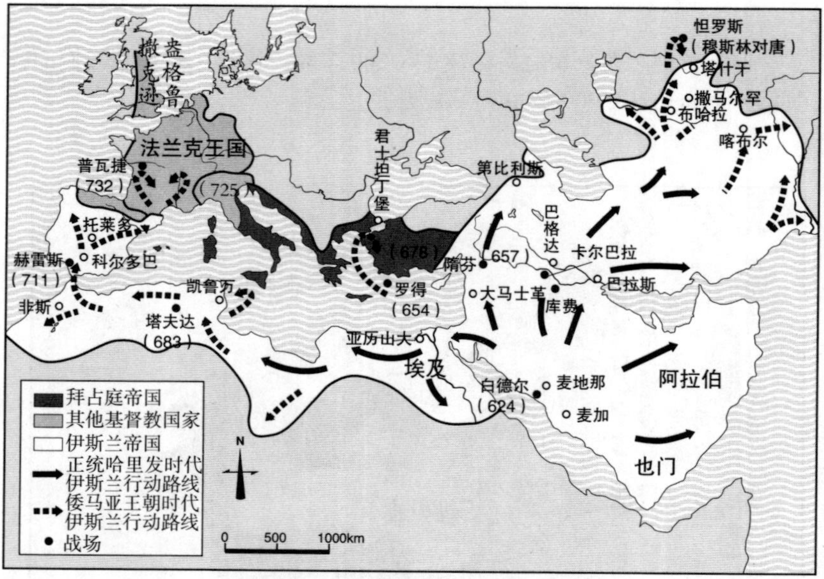

3. 公元 740 年前后的伊斯兰教势力范围

（选自 A. Giardina, G. Sabbatucci, V. Vidotto, *Manuale di Storia*, Vol.1: II Mideoevo）

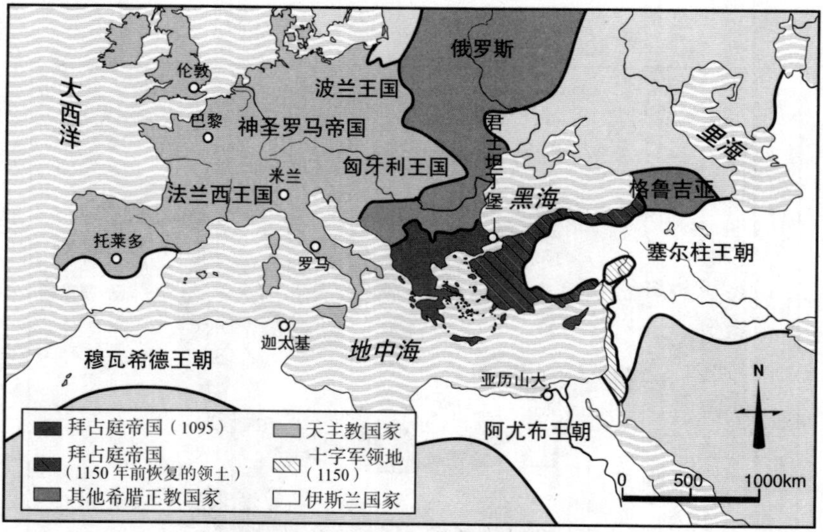

4. 十字军时代的拜占庭帝国（1180 年前后）

5. 公元 1340 年前后的拜占庭帝国

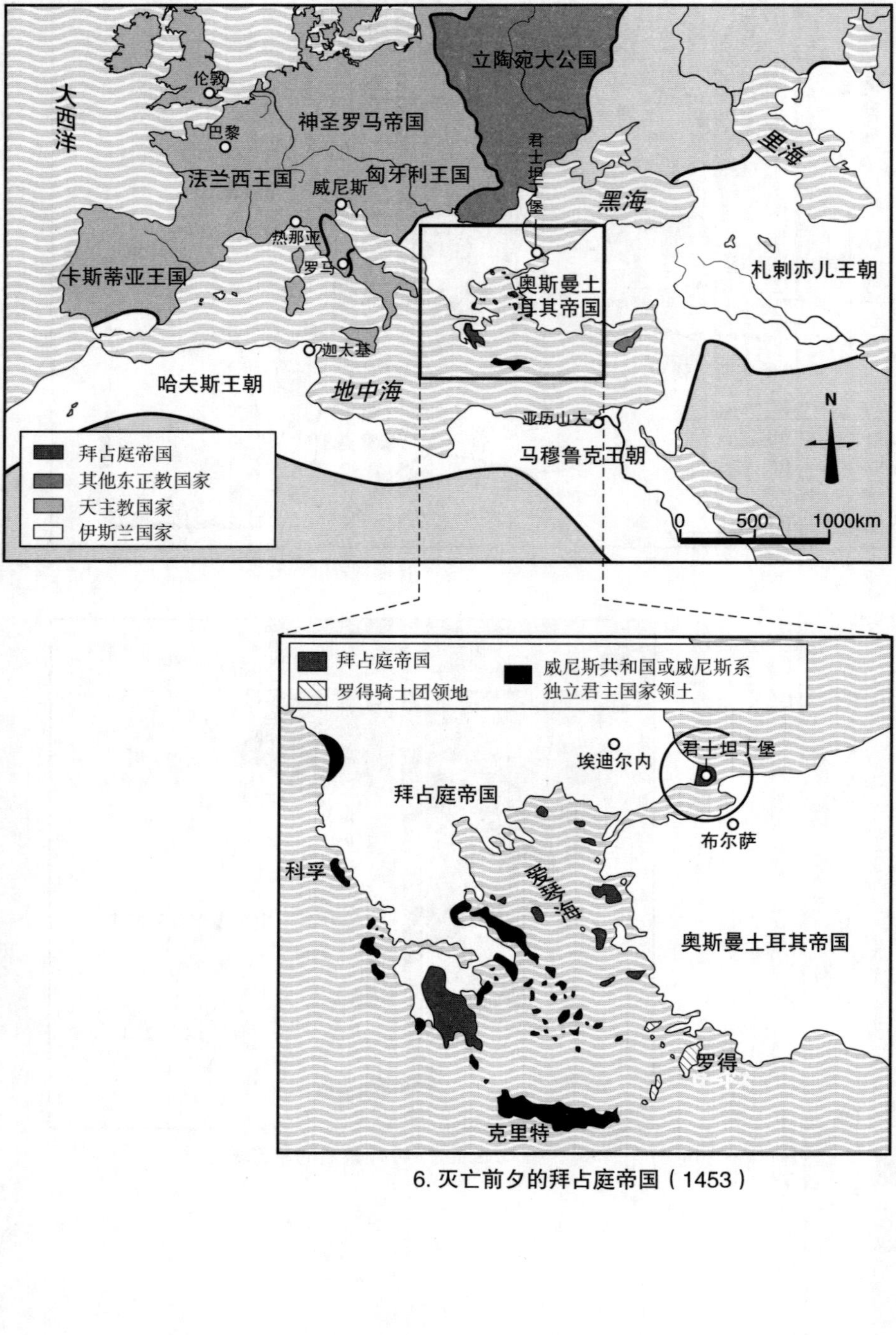

6. 灭亡前夕的拜占庭帝国（1453）

大事年表

<table>
<tr><th>年份
（公元）</th><th>西罗马帝国
（意大利、莱茵河流域、高卢、
不列颠、西班牙、北非）</th><th>东罗马帝国
（中东、小亚细亚、埃及、
巴尔干、多瑙河流域）</th><th>其他各国</th></tr>
<tr><td rowspan="2">395</td><td colspan="2">狄奥多西皇帝任命汪达尔人出身的斯提利科为军队总司令。1 月 7 日，狄奥多西皇帝逝世。帝国东方由长子阿卡狄乌斯、西方由次子霍诺里乌斯继承。自此，罗马帝国东西分裂。西哥特人以阿拉里克为统帅入侵巴尔干地区，斯提利科率罗马军队迎战，因东罗马帝国宰相鲁菲努斯作梗而退兵</td><td rowspan="2">日本古坟时代。朝鲜高句丽，好太王即位（391 年）</td></tr>
<tr><td></td><td>11 月 27 日，在君士坦丁堡的阅兵式上，鲁菲努斯被士兵刺杀</td></tr>
<tr><td>396</td><td></td><td>阿拉里克率兵再次入侵巴尔干地区，把侵略之手伸向希腊全境</td><td>朝鲜高句丽进攻百济，占领其北部（396 年）</td></tr>
<tr><td>397</td><td>奥古斯丁被选为北非希波雷吉乌斯主教。春，斯提利科率军从意大利出发，奔赴希腊。负责阿非利加的大元帅吉尔多宣誓效忠东罗马皇帝阿卡狄乌斯。北非禁止向意大利出口粮食。罗马元老院宣布吉尔多为国家公敌</td><td>斯提利科率西罗马军队击退阿拉里克。东罗马帝国皇帝阿卡狄乌斯任命逃过一死的阿拉里克为负责罗马帝国伊利里亚地区的大元帅</td><td></td></tr>
<tr><td>398</td><td>派遣吉尔多的亲弟弟马西泽尔讨伐吉尔多。吉尔多的部队战前投降，吉尔多被杀</td><td></td><td></td></tr>
<tr><td>401</td><td>秋，居住在多瑙河上游北边的蛮族入侵雷蒂亚行省。斯提利科率军前往击退入侵者。阿拉里克率西哥特人入侵意大利北部</td><td>帝国内部排斥蛮族、异端运动激化。哥特人出身的东罗马军队司令盖纳斯失势被杀</td><td></td></tr>
<tr><td>402</td><td>斯提利科回师意大利，致力于讨伐阿拉里克。4 月 6 日，斯提利科军在波伦佐与阿拉里克军会战。会战以斯提利科军获胜而告终，阿拉里克逃回巴尔干。斯提利科致力于完善防御体系直到翌年，把高卢的罗马军队根据地从特里尔移到法国南部的阿尔勒</td><td></td><td></td></tr>
<tr><td>404</td><td>秋，罗马举行纪念斯提利科战功的凯旋仪式。西罗马帝国皇帝的根据地从米兰移到拉文纳</td><td></td><td></td></tr>
<tr><td>405</td><td>秋，以拉达盖苏斯率领的东哥特人为首的日耳曼系蛮族入侵西罗马帝国</td><td></td><td></td></tr>
</table>

（续表）

年份（公元）	西罗马帝国（意大利、莱茵河流域、高卢、不列颠、西班牙、北非）	东罗马帝国（中东、小亚细亚、埃及、巴尔干、多瑙河流域）	其他各国
406	5月，斯提利科立法使征召奴隶士兵成为可能。6月，西罗马军队在意大利中部与拉达盖苏斯率领的蛮族对阵。斯提利科指挥的西罗马军队围攻蛮族军队。8月23日，蛮族军队投降，战斗以西罗马军队的胜利告终。12月，日耳曼系蛮族渡过莱茵河，再度入侵高卢		
407	僭称君士坦丁三世的一介兵士率领驻屯在不列颠的罗马士兵开始进入高卢。秋，斯提利科派遣讨伐军进入高卢		
408	斯提利科公布与西哥特人族长阿拉里克进行的同盟交涉。元老院经讨论，同意与阿拉里克的同盟协约。斯提利科的长女，霍诺里乌斯皇帝的皇后玛利亚去世。斯提利科将次女嫁给霍诺里乌斯续弦。霍诺里乌斯皇帝访问帕维亚军事基地时，当地的斯提利科派高级军官遇害。8月，斯提利科去拉文纳谒见霍诺里乌斯皇帝，被以叛逆罪处死。阿拉里克率领的西哥特人从巴尔干入侵意大利，封锁罗马，要求履行协约。罗马元老院同意支付巨额金银和物品，封锁解除	5月，阿卡狄乌斯皇帝去世。皇子狄奥多西二世继位，母亲优多克西娅摄政	
409	夏，阿拉里克率领西哥特人开始再度围攻罗马		
410	8月24日，西哥特人进入罗马市内，开始历时5天的“罗马浩劫”。霍诺里乌斯皇帝的妹妹加拉·普拉西提阿被西哥特人掳走。霍诺里乌斯皇帝下诏将行省防御交给各行省自理。阿拉里克在离开罗马前往意大利南部途中去世。阿道法斯继位，成为西哥特人族长。阿道法斯在高卢南部与加拉·普拉西提阿举行婚礼，霍诺里乌斯皇帝不予承认		
411	霍诺里乌斯皇帝开始复兴因浩劫而荒废的罗马（—417）。冬，进入高卢的君士坦丁三世被部下刺杀，不列颠兵陷入混乱		

（续表）

年份（公元）	西罗马帝国（意大利、莱茵河流域、高卢、不列颠、西班牙、北非）	东罗马帝国（中东、小亚细亚、埃及、巴尔干、多瑙河流域）	其他各国
412	霍诺里乌斯皇帝派君士坦提乌斯将军赴高卢，率不列颠士兵平定蛮族		
			朝鲜高句丽建好太王碑（414年）
415	西哥特人族长阿道法斯被杀。加拉·普拉西提阿回到意大利。君士坦提乌斯与加拉·普拉西提阿结婚。西罗马帝国与西哥特人结为同盟，决定让西哥特人定居高卢西部		
419	君士坦提乌斯与加拉·普拉西提阿生的儿子，被命名为瓦伦提尼安三世		
			中国南朝宋武帝刘裕灭东晋，兴宋（420年）
421	1月，霍诺里乌斯皇帝指名君士坦提乌斯为共治皇帝。8月,君士坦提乌斯去世。加拉·普拉西提阿携子瓦伦提尼安三世移居东罗马帝国		
423	秋，霍诺里乌斯皇帝去世		
425	瓦伦提尼安三世皇帝和母亲加拉·普拉西提阿回到西罗马帝国。加拉·普拉西提阿提拔波尼法提乌斯将军担任皇帝近卫军长官，同时担任阿非利加方面大元帅。任命埃提乌斯将军为高卢方面大元帅		
427	加拉·普拉西提阿向波尼法提乌斯发出召回令，波尼法提乌斯拒绝接受。加拉·普拉西提阿向北非派遣以哥特人为主的讨伐军		
429	波尼法提乌斯向汪达尔人请求援军。以根西里克为族长的汪达尔人从西班牙举族前往北非。波尼法提乌斯怀柔讨伐军，尝试共同迎战汪达尔人		

（续表）

年份（公元）	西罗马帝国（意大利、莱茵河流域、高卢、不列颠、西班牙、北非）	东罗马帝国（中东、小亚细亚、埃及、巴尔干、多瑙河流域）	其他各国
430	8月，汪达尔人攻陷北非主要城市希波雷吉乌斯。波尼法提乌斯逃往意大利。希波雷吉乌斯主教奥古斯丁去世		
432	波尼法提乌斯在意大利北部里米尼附近的平原与埃提乌斯对决。埃提乌斯获胜，波尼法提乌斯战死。加拉·普拉西提阿任命埃提乌斯为“联军总司令”		
437	瓦伦提尼安三世与东罗马帝国狄奥多西二世皇帝的女儿结婚		
439	迦太基陷落，汪达尔人统治北非全境		中国北魏统一长江以北。南北朝时期开始
442	西罗马帝国与汪达尔人媾和，汪达尔人占领北非得到承认		
444		匈人阿提拉因兄长之死而统帅整个部族。阿提拉率领匈人入侵东罗马帝国，直逼君士坦丁堡	
447		东罗马帝国缔结承认匈人为“同盟”的协约	
450	加拉·普拉西提阿去世。加拉的女儿、瓦伦提尼安三世的姐姐霍诺丽娅派使者前往阿提拉处求婚，阿提拉接受，瓦伦提尼安三世拒绝	7月28日，狄奥多西二世去世。事实上的最高权力者皇姐普尔喀丽娅指名元老院元老马利基安继位。普尔喀丽娅与马利基安结婚	
451	阿提拉率领匈人渡过莱茵河中游入侵高卢。埃提乌斯与以西哥特人为首的日耳曼各族交涉共同作战。6月24日，西罗马帝国军队在香槟平原与匈人会战（“沙隆会战”）。西罗马帝国获胜，匈人从高卢撤退。秋，匈人进攻意大利		

（续表）

年份（公元）	西罗马帝国（意大利、莱茵河流域、高卢、不列颠、西班牙、北非）	东罗马帝国（中东、小亚细亚、埃及、巴尔干、多瑙河流域）	其他各国
452	匈人掠夺意大利北部全境。秋，罗马主教利奥率元老院元老面见阿提拉，请求其退出意大利。阿提拉承诺，匈人回到多瑙河以北		
453	阿提拉去世		
454	埃提乌斯向瓦伦提尼安三世为自己的儿子与皇帝的女儿提亲。瓦伦提尼安三世震怒，刺死埃提乌斯		日本古坟时代
455	3月16日，瓦伦提尼安三世在罗马的阅兵式上遇刺。罗马元老院选出元老佩特罗尼乌斯·马克西穆斯继位。北非的根西里克率领汪达尔人在意大利登陆，压制奥斯提亚。6月，马克西穆斯皇帝被杀。6月15日，罗马主教利奥造访根西里克。汪达尔人发动“罗马浩劫”（直到29日）。阿维图斯在高卢被拥立为皇帝		
456	阿维图斯进入意大利被杀		
457	蛮族出身的军人马约里安被选为皇帝。马约里安意欲加强西班牙的海军力量，计划远征北非	马利基安皇帝去世。军人利奥被选为继任皇帝	
461	马约里安皇帝被杀。塞维鲁被选为继任皇帝		
465	塞维鲁皇帝去世。在宫廷官僚里西默操纵下，东罗马帝国前皇帝马利基安的女婿安特米乌斯登上皇位		
467	安特米乌斯皇帝进入罗马，举行加冕礼		
468	东西罗马帝国并肩作战，共派军队镇压北非的汪达尔人。罗马帝国军队中了根西里克的奸计，在迦太基全军覆没		
		利奥皇帝与根西里克缔结媾和协约	

（续表）

年份（公元）	西罗马帝国（意大利、莱茵河流域、高卢、不列颠、西班牙、北非）	东罗马帝国（中东、小亚细亚、埃及、巴尔干、多瑙河流域）	其他各国
472	3月，宫廷官僚里西默将奥利布里乌斯扶上帝位。7月，安特米乌斯的军队与奥利布里乌斯和里西默的军队在罗马市内决战。7月11日，安特米乌斯战死。8月20日，里西默病死。10月23日，奥利布里乌斯遭暗杀		
473	格利西里乌斯登上帝位		
474		东罗马帝国指名达尔马提亚大元帅尤里乌斯·尼波斯为西罗马帝国皇帝	
475	10月31日，宰相奥列斯特的儿子罗穆路斯·奥古斯都登上帝位	东罗马帝国皇帝芝诺被赶下皇位	
476	蛮族出身的奥多亚克将军反叛。9月，奥多亚克战胜皇帝的军队，奥列斯特被杀，罗穆路斯·奥古斯都被迫退位。**西罗马帝国灭亡**。奥多亚克称意大利王	芝诺重登帝位	
477	汪达尔人族长根西里克去世		
479			中国萧道成灭宋，建立齐国（479年）
481	克洛维任法兰克王（直到511年）		
488		狄奥多里克率东哥特人西进	
489	4月28日，奥多亚克军队与东哥特军队在意大利北部索查河作战。狄奥多里克率领的东哥特军队获胜		
490	8月11日，奥多亚克的军队与东哥特军队在米兰附近再次交战，奥多亚克战败后逃进拉文纳。东哥特军队开始对拉文纳发动攻城战		
493	5月，奥多亚克与狄奥多里克缔结媾和协约，其后奥多亚克被杀。狄奥多里克掌权意大利		
500	狄奥多里克访问罗马，受到市民欢迎		

（续表）

年份（公元）	西罗马帝国（意大利、莱茵河流域、高卢、不列颠、西班牙、北非）	东罗马帝国（中东、小亚细亚、埃及、巴尔干、多瑙河流域）	其他各国
			中国南齐灭亡，梁建国（502年）
525	元老院元老阿尔比乌斯被告发暗通东罗马帝国皇帝，企图在意大利清除包括狄奥多里克在内的阿里乌斯派。重臣波爱修斯为阿尔比乌斯辩护遭软禁		
526	波爱修斯被处死。8月，狄奥多里克去世		
527		4月4日，查士丁尼被伯父查士丁任命为共治皇帝。8月1日，查士丁皇帝去世。查士丁尼成为独立皇帝。《罗马法典》开始编纂	
529	本笃建立修道院		
533	9月15日，贝利撒留进入迦太基城。汪达尔王国灭亡	查士丁尼皇帝命令贝利撒留将军开始收复旧西罗马帝国领土。6月，贝利撒留及其部队从君士坦丁堡出发赴北非。秋，贝利撒留凯旋君士坦丁堡	
535		贝利撒留被选为执政官。秋，查士丁尼皇帝再次派遣贝利撒留去西罗马	
536	春，贝利撒留在意大利半岛登陆。贝利撒留攻占意大利南部城市。哥特人逃往意大利北部。12月10日，贝利撒留率领拜占庭军队进入罗马城。宫廷官僚卡西多里乌斯辞去公职，在意大利南部建 Vivarium 学园		
537	哥特人南下，开始进攻罗马城		
538	3月，贝利撒留守住罗马城，迫使哥特人媾和		日本在这个时期，佛教由百济传来

（续表）

年份（公元）	西罗马帝国（意大利、莱茵河流域、高卢、不列颠、西班牙、北非）	东罗马帝国（中东、小亚细亚、埃及、巴尔干、多瑙河流域）	其他各国
		查士丁尼皇帝把宫廷官僚纳尔塞斯作为将军派往意大利	
539	贝利撒留攻占拉文纳，东哥特国王维提吉斯投降。为应对波斯的紧张局势，贝利撒留被召回君士坦丁堡		
		贝利撒留被派往东方，指挥与波斯的战争	
540	秋，哥特人新选托提拉为国王，再度集结，开始入侵意大利半岛		
544		秋，查士丁尼皇帝再次派遣贝利撒留赴意大利	
546	哥特人占领罗马。贝利撒留率军从奥斯提亚逆台伯河而上，直逼罗马。12月，罗马城墙遭到破坏，哥特人侵入市内。元老院被废除		
547	2月，贝利撒留进入罗马。后奉查士丁尼皇帝之命进军意大利南部和西西里，肃清哥特人		
548	贝利撒留接到撤回君士坦丁堡的命令		
552	夏，纳尔塞斯率领以伦巴底人为主力的军队与哥特人决战并获胜	查士丁尼皇帝派纳尔塞斯赴意大利	
553	春，拜占庭与哥特决战。纳尔塞斯率领的拜占庭军队获胜，在意大利肃清哥特人		
			中国陈霸先灭梁，建陈（575年）
559		贝利撒留在巴尔干与蛮族作战并获胜，回到君士坦丁堡	
561		贝利撒留批评查士丁尼皇帝	
563	贝利撒留被判没收全部财产和在家监禁，半年后改判无罪		
565		3月13日，贝利撒留去世。11月14日，查士丁尼皇帝逝世	

（续表）

年份（公元）	西罗马帝国（意大利、莱茵河流域、高卢、不列颠、西班牙、北非）	东罗马帝国（中东、小亚细亚、埃及、巴尔干、多瑙河流域）	其他各国
568	纳尔塞斯去世。伦巴底人南下，攻取意大利		
			日本苏我马子杀物部守屋(587年)。中国陈灭，隋统一中国全境（589年）。日本圣德太子摄政（593年）
613		先知穆罕默德开始布教	
636		叙利亚伊斯兰化	
642		埃及伊斯兰化	
650		阿拉伯人入侵小亚细亚，直逼君士坦丁堡	
670	北非伊斯兰化		
698	迦太基被穆斯林攻陷		
1453		5月29日，君士坦丁堡被奥斯曼土耳其帝国攻陷。**东罗马帝国灭亡**	

参考文献

《原史料（同時代人の記述ないし著作）》

Ambrosius　アンブロシウス

De obitu Theodosii, Corpus Scriptorum Ecclesiasticorum Latinorum（CSEL）Vol. LXXIII; De obitu Valentiniani, CSEL Vol. LXXIII; Epistulae XL, Patrologia Latina（PL）Vol. XVI.

Augustinus　アウグスティヌス

De civitate Dei libri XXII, PL Vol. XLVIII; Epistulae, PL Vol. XXXIII など、手紙、説教を含む全著作。日本語訳は『神の国』（岩波文庫、1982-91年、服部英次郎他訳、全５冊：『告白』（岩波文庫、1976年、服部英次郎訳、全２冊）など

Symmachus, Aurelius　シンマクス

Monumenta Germaniae Historica, Auctores Antiquissimi（MGH, AA）Vol. VI（O. Seeck編）.

Victor, Aurelius　アウレリウス・ヴィクトル

Epitome de Caesaribus, Leipzig, 1911（Pichlmayer編）.

Cassiodoros　カシオドロス

Chronicon, MGH, AA Vol. XI（Th. Mommsen編）; Variae, MGH, AA Vol. XII（Th. Mommsen編）.

Chronica Minora saec. IV, V, VI, VII（3 vols.）, MGH, AA Vols. IX, XI, XIII, Berlin, 1892-98（Th. Mommsen編）.

Claudianus, Claudius　クラウディアヌス

Invectives contre Eutrope, MGH, AA Vol. X, Paris, 1933（Th. Birt編）; De bello Gildonico; De bello Pollentino sive Gothico; De consolatu Stilichonis; Epithalamium de niptiis Honorii Augustii; Fescennia da nupitiis Honorii Augustii; In Eutropium; In Rufinum; Panegyricus de quarto consolatu Honoriis Augusti; Panegyricus de sexto consolatu Honoriis Augusti, Panegyricus de tertio consolatu Honorii Augusti, MGH, AA Vol. X, Paris, 1892（Th. Birt編）.

Codex Theodosianus, Lyon, 1665（J.Gothofredus編）; 同書, Berlin, 1905（Th. Mommsen & P.M. Meyer編）.

Corpus Inscriptionum Latinarum (CIL), Berlin, 1863.
Corpus Iuris Civilis (Institutiones, Digesta, Codex Iustinianus, Novellae), Berlin, 1912-22, (Mommsen, Krueger, Schoell, Kroll編).
Corpus legum ab imperatoribus romanis ante Iustinianum latarum, Leipzig, 1857 (G. Haenel編).
Corpus Scriptorum Ecclesiasticorum Latinorum (CSEL) Vol. V, Wien, 1882 (Zangemeister編).
Epigraphica, 《Rivista italiana di epigrafia》, Milano, 1939-.
Eunapius エウナピウス
Fragmenta Historicorum Graecorum Vol. IV, Leipzig, 1870 (C. Mueller編).
Eusebius エウセビウス
Historia Ecclesiastica; Vita Constantini, Berlin, 1903-0 (E. Schwartz編). 日本語訳は『教会史』(山本書店、秦剛平訳、1986-88、全三冊)、『コンスタンティヌスの生涯』(京都大学学術出版会、秦剛平訳、2004)
Eutropius エウトロピウス
Breviarium ab Urbe condita, Leipzig, 1887 (F. Ruehl編).
Fragmenta Historicorum Graecorum (FHG) (5 Vols.), Paris, 1841-84 (C. Mueller & Th. Mueller編).
Georgius ゲオルギウス
Historia Francorum, MGH, Scriptores rerum Merovingicarum Vol. I, Paris, 1884 (W. Arndt編).
Heronimus ヒエロニムス
In Rufinum, PL Vol. XXIII; Epistolae (完録版) PL Vols. XXII-XXX, Vienna, 1910-18.
Isidorus イシドルス
Historia Vandalorum, MGH, AA Vol. XI; Historia vel Origo Gothorum, MGH, AA Vol. II.
Libanius リバニウス
R. Foerster, Libanii opera (12 vols.), Leipzig, 1903-27 (R. Foerster編).
Monumenta Germaniae Historiae, Auctores Antiquissimi (MGH, AA).
Marcellinus, Ammianus マルケリヌス
Rerum gestarum libri (Clark編), Berlin, 1910 (伊訳); Historiae, (A. Selem編), Milano, 1994.

Namatianus, Rutilius　ナマティアヌス
De reditu suo, Milano, 1992 (A. Fo編).
Orosius, Paulus　オロシウス
Historiae adversus paganos libri VII, Wien, 1882.
Panegyrici latini veteres, Leipzig, 1911 (E. Baehren編).
Patrologia Greca (PG), Paris, 1857 (J.P. Migne編).
Patrologia Latina (PL), Paris, 1878 (J.P. Migne編).
Paulus Diaconus　パウルス・ディアコヌス
Historia Langobardorum (羅伊対訳 Storia dei Longobardi, Milano, 1991).
ロンゴバルド族出身者がラテン語で書いたロンゴバルド族とその時代の歴史
Procopius　プロコピウス
Anecdota (伊訳 Storia segreta, Roma, 1972); Polemon (伊訳 Le guerre persiana, vandalica, gotica, Torino, 1977).
Regesten der Kaiser und Paepste fuer die Jahre 311 bis 476 n. Chr., Stuttgart, 1919 (O. Seeck編).
Rufius, Festus　ルフィヌス
Festi Breviarium rerum gestarum populi Romani, Leipzig, 1886 (C. Wagener編).
Sidonius Apollinaris　シドニウス・アポロナリス
Camina, MGH, AA Vol. VIII, Berlin, 1887 (C. Lütjohann編).
Socrates　ソクラテス (紀元4世紀—5世紀の教会史家)
Historia Ecclesiastica, PG Vol. LXVII.
Vegetius, Flavius　ヴェゲティウス
Epitoma rei militaris (羅伊対訳：L'arte della guerra romana, Milano, 2003).
Zosimus　ゾシムス
'Ιστορία νέα, Leipzig, 1887 (L. Mendelssohn編).
作者不明 (帝政末期の人)
De Rebus Bellicis (羅伊対訳 Le cose della guerra, Milano, 1989).

《後世の研究著作》

Aalberg, N., *Die Franken und Westgothen in der Völkerwanderungszeit*, Upsala, 1932.

Adriani, M., *Tolleranza e intolleranza religiosa nella Roma antica*, 《Studi Romani》 6, 1958; *Il concetto di tolleranza religiosa nella storia delle religioni*, 《Cultura e Scuola》 1, 1961.

Aegyptus, Rivista italiana di Egittologia e di Papirologia, Milano, 1920刊行開始.

Agnello, S.L., *Silloge di iscrizioni paleocristiane della Sicilia*, Roma, 1953.

Albertini, E., *L'Empire Romain*, Paris, 1929.

Albertoni, G., *L'Italia carolingia*, Roma, 1997.

Alföldi, A., *On the foundation of Constantinople, a few notes*, 《Journal of Roman Studies (JRS)》 37, 1947; *The conversion of Constantine and pagan Rome*, Oxford, 1948; *A conflict of ideas in the Later Roman Empire, the clash between the Senat and Valentinian I*, Oxford, 1952.

Alföldy, G., *Noricum*, London, 1974; *The Social History of Rome*, London, 1985.

Allard, P., *La persécution de Dioclétien*, Paris, 1908; *Storia critica delle persecuzioni*, Firenze, 1913-18 (伊訳).

Altheim, F., *Attila und die Hunnen*, Baden-Baden, 1951; *Römische Religionsgeschichte II*, Milano, 1960 (伊訳).

Amari, M., *Storia dei Musulmani in Sicilia* (3 voll.), Catania, 1933-39.

Amatucci, G.A., *Storia della letteratura romana*, Napoli, 1912-16; *Storia della letteratura latina cristiana*, Bari, 1929.

Amory, P., *People and Identity in Ostrogothic Italy*, Cambridge, 1997.

Andreoli, A., *Contributo topografico alla battaglia dei Campi Catalaunici*, 《Historia》 1, 1927.

Frank, T. (編), *An Economic Survey of Ancient Rome* (6 vols.), Baltimore, 1933-40.

Angenendt, A., *Studien zu Pirmin und den monastischen Vorstellungen des frühen Mittelalters*, München, 1972.

Anton, H., *Der König und die Reichskonzilien im westgotischen Spanien*, 《Historisches Jahrbuch》 92, 1972.

Arce, J., *El último siglo de la Hispania romana*, Madrid, 1986.

Arquillière, H., *L'Augustinisme politique. Essai sur la formation des théories poli-*

tiques du moyen âge, Paris, 1934.

Atti del IV Congresso Internazionale di Archeologia Cristiana, Città del Vaticano, 1940.

Ausenda, G. (編), *After Empire. Towards an Ethnology of Europe's Barbarians*, Woodbridge, 1995.

Azzara, C., *Gregorio Magno, i Longobardi e l'Occidente barbarico. Costanti e peculiarità di un rapporto*, 《Bullettino dell'Istituto storico italiano per il Medio Evo e Archivio muratoriano》97, 1991; *L'ideologia del potere regio nel papato altomedievale (secoli VI-VIII)*, Spoleto, 1997.

Balducci, C., *La politica di Valentiniano III*, Bologna, 1934.

Baratta, M., Fraccaro P. & Visintin, L., *Grande atlante geografico, storico, fisico, politico, economico*, Novara, 1939 (45枚の図版つき).

Barbagallo, C., *Lo Stato e l'istruzione pubblica nell'Impero Romano*, Catania, 1911; *Giuliano l'Apostata*, Genova, 1912; *Storia Universale, Vol. II-2: Roma antica. L'Impero*, Torino, 1932.

Barker, E., *L'Italia e l'Occidente dal 410 al 476*, 《Storia del mondo medievale》1, Milano, 1978.

Barnes, T.D., "*Patricii*" *under Valentinian III*, 《Phoenix》, 1975.

Baron, S.W., *Histoire d'Israel*, Paris, 1957.

Barra, G., *Acta Martyrum*, Torino, 1945.

Bartoli, A., *Il senato romano in onore di Ezio*, 《Rendiconti della pontificia accademia romana di archeologia》22, 1946-47.

Bartolini, E., *I barbari, Le invasioni barbariche nel racconto dei contemporanei*, Milano, 1982.

Bassett, S. (編), *The Origins of Anglo-Saxon Kingdoms*, London-New York, 1989.

Bayet, J., *Histoire politique et psychologique de la religion romaine*, Paris, 1959 (伊訳).

Bayless, W.N., *The Visigothic Invasion of Italy in 401*, 《Classical Journal》72, 1976.

Baynes, N.H., *Constantine the Great*, London, 1929.

Beaujeu, J., *La religion romaine à l'apogée de l'empire Vol. I: La politique religieuse des Antonins*, Paris, 1955.

Beck, H.G., *Kirche und theologische Literatur im byzantinischen Reich*, München,

1959; *Konstantinopel–das neue Rom,* 《Gymnasium》 71, 1964; *Konstantinopel. Zur Sozialgeschichte einer frü hmittelalterlichen Hauptstadt,* 《Byzantmische Zeitschrift》 58, 1965.

Beloch, J., *Der Verfall der antiken Kultur,* 《Historische Zeitschrift》 84, 1900.

Bertolini, O., *Roma di fronte a Bisanzio e ai Longobardi,* 《Storia di Roma》 4, Bologna, 1941; *Storia Universale Vol. III-1: I Germani, migrazioni e regni nell'Occidente già romano,* Milano, 1959-65.

Bloch, G., *L'empire romain. Evolution et décadence,* Paris, 1922.

Boak, A.E.R., *Manpower Shortage and the Fall of the Roman Empire in the West,* London, 1955.

Bognetti, G.P., *L'età longobarda* (4 voll.), Milano, 1966-68.

Boissier, G., *La fin du paganisme,* Paris, 1891.

Bouché-Leclercq, A., *L'intolerance religieuse et la politique,* Paris, 1911.

Brion, M., *La vie d'Attila,* Paris, 1933; *Theoderic,* Paris, 1935.

Brogiolo, G.P., & Gelichi, S., *La città nell'alto medioevo italiano. Archeologia e storia,* Roma-Bari, 1998.

Brown, P., *The World of Late Antiquity. From Marcus Aurelius to Muhammad,* London, 1971; *Religion and Society in the Age of Saint Augustine,* London, 1972.

Bühler, J., *Die Germanen in der Völkerwanderung,* Leipzig, 1922.

Bugiani, C., *Storia di Ezio generale dell'Impero sotto Valentiniano III,* Firenze, 1905.

Bulic, F., *L'imperatore Diocleziano,* Spalato, 1916

Buonaiuti, E., *Sant'Ambrogio,* Roma, 1926.

Burckhardt, J., *Das Zeit Constantins des Grossen,* Stuttgart, 1929.

Burns, T.S., *A History of the Ostrogoths,* Bloomington, 1984.

Bury, J.B., *A History of the Later Roman Empire from Arcadius to Irene,* London, 1889; *The Provincial List of Verona,* 《JRS》 13, 1923; *Later Roman Empire from the Death of Theodosius I to the Death of Justinian* (2 vols.), London, 1923; *The Invasion of Europe by the Barbarians,* New York, 1967.

Calderini, A., *Aquileia romana,* Milano, 1930; *Manuale di Papirologia,* Milano, 1938.

Calza, G., *La statistica delle abitazioni e il calcolo della popolazione in Roma imperiale,* 《Rendiconti dei Lincei》, 1917.

Cameron, A., *Theodosius the Great and the Regency of Stilicho,* 《Harvard Studies in

Classical Philology》73, 1969; *Claudian: Poetry and Propaganda at the Court of Honorius*, Oxford, 1970; *Circus Factions. Blues and Greens at Rome and Byzantium*, Oxford, 1976; *Il tardo impero romano*, Bologna, 1995; *Un impero, due destini. Roma e Costantinopoli fra il 395 e il 600 d.C.*, Genova, 1997.

Cantarelli, L., *Annali d'Italia dal 455 al 476*, 《Studi e Documenti di Storia e Diritto》, 1896; *La Diocesi Italiciana*, Roma, 1903.

Caravale, M., *Ordinamenti giuridici dell'Europa medievale*, Bologna, 1994.

Carcopino, J., *Aspects mystiques de la Rome païenne*, Paris, 1941.

Carraresi, G., *Cronologia generale dell'era volgare dall'anno 1 all'anno 2000*, Firenze, 1875.

Carrington, P., *The Early Christian Church*, Cambridge, 1957.

Carson, R.A.G., Kent, J. P. C. & Burnett, A. M., *The Roman Imperial Coinage X*, London, 1994.

Carson, R.A.G., Hill, P.V. & Kent, J.P.C., *Late Roman Bronze Coinage, A.D. 324-498*, London, 1965.

Cecchelli, C., *Mausolei imperiali e reali del Basso Impero e dell'alto Medioevo*, 《Atti del III Convegno Nazionale di Storia dell'Architettura》, Roma, 1941.

Cerfaux, L., & Tondriau, J., *Un concurrent du Christianisme*, Paris-Roma, 1956.

Cesa, M., *Impero tardoantico e barbari: la crisi militare da Adrianopoli al 418*, Como, 1994.

Cessi, R., *Marcellino e l'opposizione imperiale romana sotto il governo di Maioriano*, 《Atti del R. Istituto Veneto》, 1915-16; *La crisi imperiale degli anni 454-455 e l'incursione vandalica in Roma*, 《Archivio Società Romana di Storia Patria》 40, 1917; *Regnum e imperium in Italia*, Bologna, 1919.

Chadwick, N., *The Celts*, Harmondsworth, 1970.

Chastagnol, A., *Observations sur le consulat suffect et la préture du Bas-Empire*, 《Revue historique (RH)》 219, Paris, 1958; *La préfecture urbaine à Rome sous le Bas-Empire*, Paris, 1960; *Les fastes de la préfecture de Rome au Bas-Empire*, Paris, 1962; *Lesénat romain sous le règne d'Odoacre. Recherches sur l'epigraphie du Coliseé au V siècle*, Bonn, 1966; *Le Bas-Empire*, Paris, 1969; *L'evolution de l'ordre sénatorial aux III et IV siècles de notre ère*, 《RH》 496, Paris, 1970; *Le recrutément des sénateurs au IV siècle, in Recherches sur le structures sociales dans l'Antiquité classique* (Colloque de Caen, aprile 1969), Paris, 1971; *La fin du monde antique. De Stilicon à Justinien*, Paris, 1976.

Chenon, E., *Etude historique sur le defensor civitatis*, Paris, 1889.

Christlein, R., *Die Alamannen. Archäologie eines lebendigen Volkes*, Stuttgart-Aalen, 1979.

Chrysos, E.K., & Schwarcz, A., *Das Reich und die Barbaren*, Wien-Köln, 1989.

Ciccotti, E., *Il tramonto della schiavitù nel mondo antico*, Torino, 1899; *Motivi demografici e biologici nella rovina della civiltà antica*, 《Nuova Rivista Storica》, 1930.

Cilento, N., *L'Italia meridionale longobarda*, Milano-Napoli, 1966.

Claude, D., *Die byzantinische Stadt im 6. Jahrhundert*, München, 1969.

Clover, F.M., *Geiseric the Statesman: A Study of Vandal Foreign Policy*, Chicago, 1966.

Cohen, H., *Description historique des monnaies frappées sous l'Empire Romain*, Paris, 1880-92.

Contamine, Ph., *La guerre au Moyen Age*, Paris, 1980.

Costa, G., *Graziano il cristianissimo*, 《Religione e politica nell'Impero Romano》, Torino, 1923.

Costanzi V., *La rivolta di Pavia e la catastrofe di Stilicone*, 《Bull. della Società Pavese di Storia Patria》, 1904.

Courcelle, P., *Histoire littéraire des grandes invasions germaniques*, Paris, 1948.

Courtois, C., *Les Vandales et l'Afrique*, Paris, 1955.

Cracco Ruggini, L., *Economia e società nell'Italia annonaria. Rapporti fra agricoltura e commercio dal IV al VI secolo d.C.*, Milano, 1961; *Il paganesimo romano tra religione e politica (384-394 d.C.): per una reinterpretazione del Carmen contra paganos*, 《Atti della Accademia Nazionale dei Lincei. Rendiconti Classe di Scienze morali, storiche e filologiche》 376, Roma, 1979; *La fine dell'impero e le trasmigrazioni dei popoli*, La storia, Milano, 1993.

Cumont, F., *Les religions orientales dans le paganisme romain*, Paris, 1929.

Dagron, G., *La città bizantina, in Modelli di Città. Strutture e funzioni politiche* (Pietro Rossi編), Torino, 1987; *La romanité chrétienne en Orient. Héritages et mutations*, London, 1984.

Dalton, O.M., *Byzantine Art and Archaeology*, Oxford, 1911; *East Christian Art*, Oxford, 1925.

Daniel, N., *Gli Arabi e l'Europa nel medioevo*, Bologna, 1981.

De Bacci Venuti, T., *Dalla grande persecuzione alla vittoria del Cristianesimo*, Milano, 1913.

De Labriolle, P., *La réaction payenne. Étude sur la politique antichrétienne du I au VI siécle*, Paris, 1934.

Delbrück, H., *History of the Art of War. The Barbarian Invasion Vol. II*, Lincoln-London, 1980.

Delbrueck, R., *Antike Porphyrwerke*, Berlin, 1932.

De Lepper, J.L.M., *De rebus gestis Bonifatii comitis Africae et magistri militum*, Tillburg-Breda, 1941.

Delogu, P., Guillou, A., & Ortalli, G., *Longobardi e Bizantini*, Torino, 1980.

Demandt, A., *Die Kelten*, München, 1998.

Demougeot, E., *Note sur la politique orientale de Stilicon, de 405 à 407*, 《Byzantion》 20, 1950; *De l'unité à la division de l'Empire romain, 395-410. Essai sur le gouvernement impérial*, Paris, 1951; *La formation de l'Europe et les invasions barbares Vol. II*, Paris, 1969; *Constantin III, l'empereur d'Arles*, Montpellier, 1974.

De Regibus, L., *Politica e religione da Augusto a Costantino*, Genova, 1953.

De Rossi, G.B., *Inscriptiones Christianae Urbis Romae I-II*, Roma, 1857-88; *Roma sotterranea cristiana*, Roma, 1864-67; *Inscriptiones Christianae urbis Romae septimo saeculo antiquiores*, Roma, 1957.

Díaz Martinez, P.C., *El alcance de la ocupacíon sueva de Gallaecia y el problema de la germanización, in Galicia: da romanidade á xermanización. Problemas históricos e culturais*, Santiago de Compostela, 1992.

Diehl, E., *Inscriptiones Latinae Christianae Vol. I-III*, Berlin, 1925-31.

Dill, S., *Roman Society in the last Century of the Western Empire*, London, 1898.

Doehaerd, R., *Le Haut Moyen Age occidental: économies et sociétés*, Paris, 1971.

Duchesne, L., *Le dossier du Donatisme*, 《Mélanges de l'Ecole Française de Rome》, 1890.

Dudden, F.H., *The Life and Times of St. Ambrose*, Oxford, 1935.

Dufourcq, A., *Le Christianisme et l'Empire*, Paris, 1930.

Dvornik, F., *Byzance et la primauté romaine*, Paris, 1964.

Ensslin, W., *Gottkaiser und Kaiser von Gottes Gnaden*, Monaco, 1943; *Theodoric der*

Grosse, München, 1947.

Etienne, R., *Le culte impérial dans la péninsule Ibérique d'Auguste à Dioclétien*, Paris, 1958.

Fargues, P., *Claudien. Étude sur sa poesie et son temps*, Paris, 1933.

Ferrari Dalle Spade, G., *Immunità ecclesiastiche nel diritto romano imperiale*, 《Atti R. Istituto Veneto di Scienze, Lettere ed Arti》99, 1939-40.

Ferrero, G., *La rovina della civiltà antica*, Milano, 1926.

Ferril, A., *The Fall of the Roman Empire: the Military Explanation*, London, 1986.

Fliche, A. & Martin, V.（編）, *Histoire de l'Eglise, Vol. II: De la fin du II siécle à la paix Constantinienne; Vol. III: De la paix Constantinienne à la mort de Théodose*, Torino, 1938-40（伊訳）.

Follieri, E., *La fondazione di Costantinopoli: riti pagani e cristiani, in Roma, Costantinopoli, Mosca. Da Roma alla Terza Roma.*

Fournier, G., *Les Mérovingiens*, Paris, 1966.

Fracassini, U., *L'Impero Romano e il Cristianesimo. Da Nerone a Costantino*, Perugia, 1913.

Francovich, R., & Noyé, G., *La storia dell'alto medioevo italiano (VI-X secolo) alla luce dell'archeologia*, Firenze, 1994.

Frediani, A., *Gli itinerari alpini delle invasioni barbariche*, 《Archivio di Studi per l'Alto Adige》, Firenze, 1993; *Gli assedi di Roma*, Roma, 1997.

Freeman, E.A., *Aetius and Boniface, in Western Europe in the Fifth Century*, London, 1904.

Frey, I.B., *Corpus inscriptionum Iudaicarum*, Roma, 1936-52.

Gabba, E., *Iscrizioni greche e latine per lo studio della Bibbia*, Torino, 1958.

Gabotto, F., *Storia dell'Italia occidentale nel Medio Evo*, Torino, 1911.

Gabrieli, F., & Scerrato, U., *Gli Arabi in Italia. Cultura, contatti, tradizioni*, Milano, 1979.

Galdi, M., *La religione dei Romani, Storia delle religioni I*（Tacchi Venturi, P. 編）, Torino, 1954.

Galassi, G., *Roma o Bisanzio*, Roma, 1930.

Gallina, M., *Potere e società a Bisanzio. Dalla fondazione di Costantinopoli al 1204*, Torino, 1995.

Garcia Moreno, L.A., *Historia de España visigoda*, Madrid, 1989.

Garrucci, R., *Storia dell'arte cristiana nei primi otto secoli della Chiesa*, Prato, 1873-85.

Gasparri, S., *Prima delle nazioni. Popoli, etnie e regni fra Antichità e Medioevo*, Roma, 1997.

Gautier, E.F., *Genséric roi des Vandales*, Paris, 1933.

Geary, P., *Before France and Germany. The Creation and the Transformation of the Merovingian World*, Oxford-New York, 1988.

Geffcken, J., *Der Ausgang des griechisch-römischen Heidentums*, Heidelberg, 1920.

Gentili, R., *La rivalità tra Ezio, Felice e Bonifacio e l'invasione dei vandali in Africa*, 《Il Mondo Classico》5, 1935.

Gerosa, P., *S. Agostino e la decadenza dell'impero romano*, Torino, 1916.

Gibbon, E., *The Decline and Fall of the Roman Empire*, London, 1776-88; *A History of the Decline and Fall of the Roman Empire*, London, 1896-1900（J.B. Buryの解説つき）; 同伊訳, Torino, 1926-27; *Declino e caduta dell'impero romano*, Milano, 1986; *Storia della decadenza e caduta dell'impero romano*, Torino, 1987.

Gigli, G., *La crisi dell'impero romano*, Palermo, 1947.

Ginsburg. G., *Rome et la Judée*, Paris, 1928.

Ginzel, F., *Handbuch der mathematischen und technischen Chronologie*, Leipzig, 1906-14.

Giovanditto, A., *Teodorico e i suoi Goti*, Novara, 1993.

Giovannoni, G., *Nuovi contributi allo studio della genesi della basilica cristiana*, 《Atti Pont. Accad. di Archeologia》, 1920; *La tecnica della costruzione presso i Romani*, Roma, 1925.

Gitti, A., *Eudossia e Genserico*, 《Archivio Storico Italiano（ASI）》, 1925; *Ricerche sui rapporti tra i vandali e l'impero romano*, Bari, 1953.

Goffart, W., *Barbarians and Romans A.D. 418-584*, Princeton-Oxford, 1980.

Gordon, C.D., *The Age of Attila: Fifth Century Byzantium and the Barbarians*, Ann Arbor, 1960.

Goyau, G., & Cagnat, R., *Chronologie de l'empire romain*, Paris, 1891.

Graley, G., *Ces fameux Champs Catalauniques*, Troyes, 1964.

Grant, M., *The Fall of the Roman Empire: A Reappraisal*, London, 1976.

Grégoire, H., *Recueil des inscrip. grecques chrét. d'Asie Mineure*, Paris, 1922; *Les persécutions dans l'Empire romain*, Bruxelles, 1964.

Gregorovius, F., *Storia della città di Roma nel Medioevo*, Roma, 1912.
Grenier, A., *Le génie romain dans la religion, la pensee et l'art*, Paris, 1938.
Grisar, H., *Roma alla fine del mondo antico*, Roma, 1930 (伊訳).
Grossi Gondi, F., *Trattato di epigrafia cristiana latina e greca*, Roma, 1920.
Grumel, V., *L'Illyricum de la mort de Valentinien I (375) à la mort de Stilicon (408)*, 《Revue des études byzantines》 9, 1951.
Guarducci, M., *I graffiti sotto la Confessione di S. Pietro in Vaticano* (3 voll.), Città del Vaticano, 1959.
Gutermann, S.L., *Religious toleration and persecution in Ancient Rome*, London, 1951.
Gwatkin, H.M., *Studies on Arianism*, London, 1900.
Haarhoff, Th., *Schools of Gaul. A study of pagan and christian education in the last century of the Western Empire*, Oxford, 1920.
Hadrill, W., *Occidente barbarico*, Milano, 1963.
Halphen, L., *Les barbares*, Paris, 1926.
Hansen, A., *De vita Aetii*, Dorpat, 1840.
Hartmann, L., *La rovina del mondo antico* , Torino, 1904 (伊訳).
Heater, P., *Goths and Romans, 332-489*, Oxford, 1991; *The Goths*, Oxford, 1996.
Heering, W., *Kaiser Valentinian*, Magdeburg, 1927.
Hefele, K. J. & Leclercq, H., *Histoire des Conciles*, Paris, 1907-21.
Heitland, W.R., *The Roman Fate. An Essay of Interpretation*, Cambridge, 1922.
Hillgarth, J.N., *Christianity and Paganism, 350-750. The Conversion of Western Europe*, Philadelphia, 1986.
Hodgkin, T., *Italy and her Invaders Voll. I-II*, Oxford, 1880-90.
Homo, L., *Les empereurs romains et le Christianisme*, Paris, 1931; *Le haut Empire* 《Histoire Romaine》 3, Paris, 1933; *Topographie et démographie dans la Rome Imperiale*, 《Comptes Rendus de l'Acad. des Inscriptions》, 1933.
Hönn, K., *Konstantin der Grosse. Leben einer Zeitwende*, Leipzig, 1940.
Howald, E., *Kultur der Antike*, Potsdam, 1935.
Hübener, W. (編), *Die Alemannen in der Frühzeit*, Bühl-Baden, 1974.
Hughes, K., *The Church in Early Irish Society*, London, 1966.
Huttmann, M.A., *The Establishment of Christianity and the Proscription of Paganism*, New York, 1914.

Jalabert, L. & Mouterde, R., *Inscriptions grecques et latines de la Syrie*, Paris, I, 1929; II, 1939.

James, E., *The Franks*, Oxford, 1988.

Julien, Ch.A., *Histoire de l'Afrique du Nord*, Paris, 1931.

Juster, J., *Les Juifs dans l'Empire Romain*, Paris, 1914.

Kaegi, W.E., *Byzantium and the Decline of Rome*, Princeton, 1968.

Karsten, S., *Die Germanen*, Berlin, 1928.

Kollwitz, J., *Oströmische Plastik der theodosianischen Zeit*, Berlin, 1941.

Kornemann, E., *Das Problem des Untergangs der antiken Welt*, 《Vergangenheit und Gegenwart》, 1922.

Krautheimer, R., *Corpus Basilicarum christianarum Romae*, Città del Vaticano, 1937; *Three Christian Capitals. Topography and politics*, Berkeley-Los Angeles-London, 1983（伊訳）; *Tre capitali christiane. Topografia e politica*, Torino, 1987.

Lanciani, R., *Pagan and Christian Rome*, London, 1892; *Ruins and Excavations of Ancient Rome*, London, 1897.

Lanzoni, F., *Le Diocesi d'Italia dalle origini al principio del secolo VII*, Faenza, 1917.

Laqueur, R., *Eusebius als Historiker seiner Zeit*, Berlin, 1929.

Last, H., *The study of the persecutions*, 《JRS》 27, 1937.

Latouche, R., *Les grandes invasions et la crise de l' Occident au v.e siècle*, Paris, 1947.

Latte, K., *Die Religion der Römer und der Synkretismus der Kaiserzeit*, Tubingen, 1927.

Leciejewicz, L., *Gli slavi occidentali*, Spoleto, 1991.

Lemerle, P., *Les plus anciens recueils des miracles de S. Démétrius et la pénétration des Slaves dans les Balkans* (2 voll.), Paris, 1979-81.

Leon, J., *The Jews of Ancient Rome*, Filadelfia, 1960.

Le Patourel, J., *The Norman Empire*, Oxford, 1976.

Levi, M.A., *L'Impero romano*, Torino, 1963.

Lizérand, G., *Aetius*, Paris, 1910.

L'Occidente e l' Islam nell' alto Medioevo (2 voll.), Spoleto（研究会論文集）.

Lot, F., *De l'étendue et de la valeur du caput fiscal sous le Bas Empire*, 《Revue Historique de Droit》, 1925; *La fin du monde antique et le début du moyen âge*,

Paris, 1927; *Du régime de l'hospitalité*, 《Revue belge de philologie et d' histoire》 7, 1928; *L'impôt foncier et la capitation personnelle sous le Bas Empire*, Paris, 1928; *Les invasions barbares et le peuplement de l'Europe* (2 voll.), Paris, 1937.

Lot, F., Pfister, Ch. & Ganshof, F., *Les destinées de l'empire en Occident de 395 à 888*, Paris, 1928.

Lugli, G., *Aspetti urbanistici di Roma antica*, 《Rendiconti Pont. Accademia d' Archeologia》, 1937.

Maddalena, A., *Le fonti per la storia di Diocleziano e di Costantino*, 《Atti del R. Istituto Veneto》 45.

Maenchen-Helfen, O.J., *The World of the Huns*, Berkeley-Los Angeles, 1973.

Manaresi, A., *L'Impero Romano e il Cristianesimo*, Torino, 1914.

Marchesi, C., *Storia della letteratura latina*, Messina, 1932-33.

Marrou, H., *Μουσικὸς α'νήρ*, Grénoble, 1938; *St. Augustin et la fin de la culture antique*, Paris, 1938, *Decadenza romana o Tarda antichità? III-IV secolo*, Milano, 1979.

Martroye, F., *Une tentative de révolution sociale en Afrique. Donatistes et circoncellions*, 《Revue des questions historiques》 76, 77; *Genséric. La conquete vandale en Afrique et la destruction de l'empire d'Occident*, Paris, 1907.

Marucchi, O., *Epigrafia cristiana*, Milano, 1910.

Matagrin, A., *Histoire de la tolerance*, Paris, 1905.

Matthews, J., *Western Aristocracies and Imperial Court, A.D. 364-425*, Oxford, 1975.

Mattingly, H., *Christianity in the roman empire*, Dunedin, 1955.

Maurice, J., *Numismatique Constantinienne*, Paris, 1908-12.

Martindale, J.R., *Prosophography of the Later Roman Empire Vol. II*, Cambridge, 1980.

Mayr Harting, H., *The Coming of Christianity to Anglo-Saxon England*, London, 1972.

Mazzarino, S., *La politica religiosa di Stilicone*, 《Rendiconti R. Istituto Lombardo》 70, 1938; *Stilicone. La crisi imperiale dopo Teodosio*, Roma, 1942; *Serena e le due Eudossie*, 《Real. Ist. Stud. Rom》, Roma, 1946; *Antico, tardoantico, ed era costantiniana*, Bari, 1974; *Aezio, la "Notitia Dignitatum" e i Burgundi di*

Worms, Renania romana, Roma, 《Atti dei Convegni Lincei》 23, 1976; *Stilicone. La crisi imperiale dopo Teodosio*, Milano, 1990.

Mazzarino, S. & Giannelli, G., *Trattato di Storia romana Vol. II*, Roma, 1962.

Mazzolai, A., *Alarico*, Firenze, 1996.

McCormick, M., *Eternal Victory. Triumphal Rulership in late Antiquity, Byzantium and the early medieval West*, Cambridge, 1986.

Melucco Vaccaro, A., *I Longobardi in Italia. Materiali e problemi*, Milano, 1982.

Mochi, S., *Vescovi e città (sec. IV-VI)*, Bologna, 1933.

Momigliano, A., *La caduta senza rumore di un impero nel 476 d.C.*, 《Annali della scuola normale superiore di Pisa》 3, 1973.

Mommsen, Th., *Stilicho und Alarich*, 《Gesammelte Schriften》 4, Berlin, 1906; *Le province romane da Cesare a Diocleziano*, 《Romisch. Gesch.》 5, Torino-Roma, 1879 (伊訳).

Monumenta Asiae Minori Antiqua Voll. I-VIII, 1962.

Moorhead, J., *Theoderic in Italy*, Oxford, 1993.

Moreau, J., *La persécution du Christianisme dans l'empire*, Paris, 1956.

Moricca, U., *Storia della letteratura latina cristiana*, Torino, 1925.

Morpurgo, A., *Arbogaste e l'Impero Romano dal 379 al 394*, Trieste, 1883.

Musset, L., *Les invasions. Le second assaut contre l'Europe chretienne (VII-XI siècles)*, Paris, 1965; *Le invasioni barbariche*, Milano, 1989.

Nagl, M.A., *Galla Placidia*, Paderbon, 1908.

Negri, G., *L'imperatore Giuliano l'Apostata*, Milano, 1902.

Niel, J.C., *451. Attila dans les Gaules, La bataille de Troyes*, Guénange, 1951.

Nischer-Falkenhof, E., *Stilicho*, Vienna, 1947.

Oberziner, L,. *Le guerre germaniche di Flavio Giuliano*, Roma, 1896.

Obolensky, D., *Byzantium and the Slavs.* Collected Studies, London, 1971.

O' Flynn, J.M., *Generalissimos of the Western Roman Empire*, Edmonton, 1983.

Olivetti, A., *Sulle stragi di Costantinopoli del 337*, 《Rivista di Filologia》 43, 1915; *Osservazioni storiche e cronologiche sulla guerra di Costanzo contro i Persiani*, Torino, 1915.

Orlandis, J., *Historia social y economica de la España visigoda*, Madrid, 1975.

Ortega & Rubio, *Los Visigotos en España*, Madrid, 1903.

Ostrogorsky, G., *Geschichte des byzantinischen Staates*, München, 1963.

Palanque, J.R., *St. Ambroise et l'Empire Romain*, Paris, 1933.
Papini, M.A., *Ricimero, l'agonia dell'impero romano d'Occidente*, Milano, 1959.
Paredi, A., *S. Ambrogio e la sua età*, Milano, 1941.
Pareti, L., *Storia di Roma e del mondo romano Voll. IV-VI*, Torino, 1955, 60, 61.
Paribeni, R., *L'età di Cesare e di Augusto*, Bologna, 1950.
Parker, H.M.D., *The Legions of Diocletian and Constantin*, 《JRS》 23, 1933.
Paronetto, V., *La crisi politica in Africa alla vigilia dell'invasione vandalica*, 《Miscellanea greca e romana》 4, 1975.
Passerini, A., *Linee di storia romana in età imperiale*, Varese-Milano, 1949.
Pastorino, B., *La prima spedizione di Alarico in Italia*, Facoltà di Magistero dell'Università di Torino, 1975.
Pavan, M., *La politica gotica di Teodosio nella pubblicistica del suo tempo*, Roma, 1964.
Pepe, G., *Il medioevo barbarico in Italia*, Torino, 1941; *Il medioevo barbarico in Europa*, Milano, 1967.
Perrin, O., *Les Burgondes*, Neuchatel, 1968.
Pfister, K., *Der Untergang der antihen Welt*, Leipzig, 1940.
Picotti, G.B., *Il patricius nell'ultima età imperiale*, 《ASI》 4, 1928; *Sulle relazioni tra re Odoacre e il senato e la chiesa di Roma*, 《Rivista Storica Italiana》 4, 1939.
Pietri, Ch., *Roma christiana. Recherches sur l'Eglise de Rome, son organisation, sa politique, son idéologie de Miltiade à Sixte III (311-440) Vol. I-II*, Rome, 1976.
Piganiol, A., *L'impôt foncier des clarissimes et des curiales au Bas-Empire romain*, 《Mélanges d'archéologie et d'histoire》 27, 1907; *L'impôt de capitation sous le Bas Empire Romain*, Paris, 1916; *L'empereur Constantin*, Paris, 1932; *L'Empire chrétien (325-395)*, Paris, 1947.
Pincherle, A., *Cristianesimo e Impero romano*, 《Bull. Com. Int. Sc. Hist.》, 1933.
Pippidi, D.M., *Recherches sur le culte impérial*, Paris, 1939.
Pirenne, H., *Mahomet et Charlemagne*, Bruxelles, 1937.
Pohl, W., *Kingdoms of the Empire. The Integration of Barbarians in Late Antiquity*, Leiden-New York-Köln, 1997, *Die Germanen*, München, 1998.
Puech, H.Ch.（编）, *Histoire des religions*, Paris, 1970-76.
Ravegnani, G., *Giustiniano*, Teramo, 1993.
Rehm, W., *Der Untergang Roms in abendländischen Denken*, Leipzig, 1930.

Reinhart, W., *Historia general del reino hispánico de los Suevos*, Madrid, 1952.
Rougé, J., *Recherches sur l'organisation du commerce maritime en Méditerranée sous l'Empire romain*, Paris, 1966.
Ricciotti, G., *Storia d'Israele*, Torino, 1942.
Riché, P., *Les invasions barbares*, Paris, 1953.
Ridley, R.T., *Zosimus the Historian*,《Byzantinische Zeitschrift》65, 1972.
Rinaldi Tufi, S., *Archeologia delle province romane*, Roma, 2000.
Roberti, M., *Invasione vandalica dell' Africa Romana*,《Rivista di Storia del Diritto Italiano》, 1938.
Romano, R., *Le dominazioni barbariche in Italia (395-1024)*, Milano, 1910.
Rose, H.J., *Roman Religion 1910-1960*,《JRS》, 1960.
Ross Taylor, L., *The divinity of the Roman Emperor*, Middleton, 1931.
Rostagni, A., *Giuliano l'Apostata*, Torino, 1920.
Rostovtzeff, M., *The Social and Economic History of the Roman Empire*, London, 1926.
Rostowzew, M., *The Decay of the ancient World and its economic Explanations*,《The Economic History Review》, 1930.
Ruggini, L., "*De Morte Persecutorum*" *e polemica antibarbarica nella storiografia pagana e cristiana: a proposito della disgrazia di Stilicone*,《Rivista di storia e letteratura religiosa》4, 1968.
Runciman, S., *A History of the First Bulgarian Empire*, London, 1930.
Rusca, L., *Saggio sulle persecuzioni dei cristiani, in Plinio il Giovane, Carteggio con Traiano*, Milano, 1963.
Sabatier, I., *Description générale des médailles byzantines*, Paris, 1862.
Saitta, B., *Società e potere nella Spagna visigotica*, Catania, 1987.
Salvatorelli, L., *Costantino il grande*, Roma, 1928; *Storia della letteratura latina cristiana*, Milano, 1936; *L'Italia Medievale. Dalle invasioni barbariche agli inizii del sec. XI*, Milano, 1940.
Sant'Ambrogio nel XVI centenario della nascita. Raccolta di studii, Milano, 1940.
Schiavone, A.（编）, *Storia di Roma Vol. III-1-2: L'eta tardoantica*, Torino, 1993; *Il mondo tardoantico, Storia medievale Donzelli*, Roma, 1998.
Schmidt, L., *Geschichte der Vandalen*, Leipzig, 1901; *Geschichte der germanischen Frühzeit*, Bonn, 1925.

Schreiber, H., *Gli unni*, Milano, 1983; *I Vandali*, Milano, 1984.

Schultze, V., *Geschichte des Untergangs des griechisch-römischen Heidentums*, Jena, 1887-92.

Schurer, E., *Gesch. des jud. Volkes in Zeit. Jesu Christ*, Leipzig, 1901.

Scott, K., *The imperial Cult under the Flavians*, Stuttgart, 1939.

Seaver, J.E., *Persecution of the Jews in the Roman Empire (300-438)*, University of Kansas, 1952.

Senac, Ph., *Musulmans et Sarrasins dans le Sud de la Gaule du VIII au XI siècle*, Paris, 1980.

Sesan, V., *Kirche und Staat in römisch-byzantinischen Reiche seit Konstantin bis zum Falle Konstantinopels*, Czernovitz, 1911; *Die Religionspolitik der christlichen römischen Kaiser von Konstantin bis Theodosius*, Leipzig, 1911.

Simon, M., *Verus Israel*, Paris, 1948.

Sinnigen, W.G., *The officium of the urban prefecture during the Later Roman Empire*, 《Papers and Monographs of the American Academy in Rome》 17, Roma, 1957.

Solari, A., *Gli Unni e Attila*, Pisa, 1916; *La tradizione geografica sugli Unni, Sulle leggi di Costanzo II contro i Pagani*, 《Rendiconti Accad. di Bologna》 9, 1924-25; *Coerenza ideale nell'attività legislativa dell'imp. Giuliano*, 《Atti del III Congresso Studi Romani》, 1930, *La elezione di Gioviano*, 《Klio》, 1933; *La questione sociale nel dissidio tra Valentiniano ed Ezio*, 《L'Antiquite classique》 2, 1933; *Intorno alla reazione sociale del 408-410*, 《Klio》, 1935; *L'Impero romano* (4 voll.), Genova-Roma, 1940-47.

Sorel, G., *La ruine du monde antique*, Paris, 1923.

Spengler, L., *Der Untergang des Abendlandes*, Berlin, 1920-22.

Staccioli, R., *Guida di Roma antica*, Milano, 1986.

Stauffer, E., *Le Christ et les Césars*, Paris, 1956 (仏訳).

Stenton, F.M., *Anglo-Saxon England*, Oxford, 1943; *Angli e Sassoni al di qua e al di là del mare* (2 voll., Spoletoでの研究会論文集)

Straub, J., "*Parens Principum*": *Stilichos Reichpolitik und das Testament des Kaisers Theodosius*, 《Regeneratio Imperii》, 1972.

Tabacco, G., *La storia politica e sociale. Dal tramonto dell'Impero alle prime formazioni di Stati regionali*, Torino, 1974.

Teillet, S., *Des Goths à la Nation gothique. Les origins de l'idée de nation en Occident du V au VII siècle*, Paris, 1984.

Terzaghi, N., *Storia della letteratura latina da Tiberio a Giustiniano*, Milano, 1934.

Testini, P., *Archeologia cristiana*, Roma, 1959.

The Cambridge Ancient History Vol. X: The Augustan Empire, 44 B.C.-70 A.D., 1934; *Vol. XI: The imperial Peace, A.D.70-192*, 1936; *Vol. XII: The imperial crisis and recovery, A.D. 193-324*, 1939; *Vol. XII: The Imperial Crisis and Recovery A.D. 193-324*, 1939.

The Cambridge Mediaeval History Vol. I: The Christian Roman Empire and the Foundation of the Teutonic Kingdoms, 1936; *Vol. IV: The Byzantine Empire (1: Byzantium and its Neighbours; 2: Government, Church and Civilisation)*, 1966-67.

Thompson, E.A., *Storia di Attila e degli Unni*, Firenze, 1963; *The Visigoths from Fritigern to Euric*, 《Historia》 12, 1963; *The Early Germans*, Oxford, 1965; *The Goths in Spain*, Oxford, 1969; *Barbarians Invaders and Roman Collaborators*, 《Florilegium》 2, 1980; *Romans and Barbarians*, Madison, 1982.

Thouvenot, R., *Salvien et la ruine de l'Empire Romain*, 《Mélanges de l'Ecole Française de Rome》, 1920.

Todd, M., *The Early Germans*, Oxford-Cambridge (Mass.), 1992.

Toesca, P., *Storia dell'arte italiana Vol. I*, Torino, 1927.

Tomaselli, G., *Il crollo dell'impero romano in Occidente*, Messina-Firenze, 1973.

Tramontana, S., *La monarchia normanna e sveva*, 《Il mezzogiorno dai Bizantini a Federico II》, Torino, 1983.

Turchi, N., *La religione di Roma antica*, Bologna, 1939.

Vaccari, A., S. *Girolamo*, Roma, 1921.

Valentini, R. & Zucchetti, G., *Codex topographicus Urbis Romae I*, Roma, 1940.

Vàrady, L., *Stilicho proditor arcani Imperii*, 《A. Ant. Hung.》 16, 1968.

Vasiliev, V., *Histoire de l'empire byzantin I*, Paris, 1932.

Vassili, L., *La figura di Nepoziano e l'opposizione ricimeriana al governo imperiale di Maggioriano*, 《Athenaeum》, 1936.; *Rapporti fra regni barbarici e impero nella II metà del V secolo*, 《Nuova Rivista Storica》 21, 1937.

Vessel, C., *Inscriptiones Christianae Graecae veteres Occidentis*, Halle, 1936.

Villari, P., *Le invasioni barbariche in Italia*, Firenze, 1901.

Vlasto, A.P., *The Entry of the Slavs into the Christendom. An Introduction of the*

Medieval History of the Slavs, Cambridge, 1970.

Vogt, G., *Kaiser Julian und das Judentum*, Leipzig, 1939.

Wallace-Hadrill, J.M., *L'Occidente barbarico, 400-1000*, Milano, 1963.

Weber, W., *Die sozialen Gründe des Untergangs der antiken Kultur*, 《Die Wahrheit》, 1896.

Webster, G., *The Roman Imperial Army*, London, 1979.

Werner, H., *Der Untergang Roms. Studium zum Dekadenzproblem in der antiken Geistesgeschichte*, Stuttgart, 1939.

Wes, M.A., *Das Ende des Kaisertums im Westen des römischen Reichs*, The Hague, 1967.

Westermann, W., *The economic Basis of the Decline of ancient Culture*, 《American Historical Review》, 1915.

Wickham, C., *Early Medieval Italy. Central Power and Local Society, 400-1000*, London, 1981.

Wilcken, U. & Mitteis, L., *Grundzuge und Chrestomathie der griech. Papyrusurkunden*, Berlin, 1916-12.

Wilpert, G., *I sarcofagi cristiani antichi*, Roma, 1929.

Wilpert, J., *Roma fondatrice dell' arte monumentale paleocristiana e medievale*, 《Atti del X Congresso Internazionale di Storia dell'Arte》, Roma, 1912; *Die Mosaiken und Malereien der christlichen Bauten*, 1916.

Wolfram, H., *Geschichte der Goten bis zum Mitte des 6. Jahrhundert*, München, 1979; *Storia dei Goti*, Roma, 1985.

Wood, I., *The Merovingian Kingdoms, 450-751*, London-New York, 1994.

Wroth, W., *Catalogue of the Imperial Byzantine Coins in the British Museum*, London, 1908.

Zecchini, G., *Aezio: l'ultima difesa dell'Occidente romano*, Roma, 1983.

图片版权

金币图　© Andreas Pangerl (www. romancoins. info)

p.002　© Alinari Archive, Florence

p.008　圣乔瓦尼·巴蒂斯塔大教堂（意大利／蒙扎）

© Alinari Archive, Florence

p.012　（狄奥多西）圣费尔南德皇家美术学院（西班牙／马德里）

© Akg-image

（阿尔卡迪乌斯）圣费尔南德皇家美术学院

© Werner Forman / Art Recource, NY

（霍诺里乌斯银盘整体）圣费尔南德皇家美术学院

© Bridgeman Art Library

p.031　维也纳艺术史美术馆（奥地利／维也纳）

© Kunsthistorisches Museum, Wien

p.100　大英博物馆（英国／伦敦）

© The Trustree of the British Museum

p.113　圣乔瓦尼·巴蒂斯塔大教堂

© Alinari Archives, Florence

p.115　奥斯塔大教堂（意大利 / 奥斯塔）

© Alinari Archives, Florence

p.138　梵蒂冈美术馆（梵蒂冈）

© Photo SCALA, Florence

p.144　克劳狄亚水道桥（意大利 / 罗马近郊），铃木美知摄

p.155　大英博物馆

© The Trustee of the British Museum

p.160　同上

p.164　布雷西亚教区博物馆（意大利 / 布雷西亚）

© Alinari Archives, Florence

p.176　诸圣教堂（意大利 / 佛罗伦萨）

© Alinari Archives, Florence

p.195　加尔都西会修道院（意大利 / 帕维亚）

© Alinari Archives, Florence

p.202　大英博物馆

© The Trustee of the British Museum

p.204　同上

p.218　梵蒂冈美术馆（梵蒂冈）

© Alinari Archives, Florence

p.221　卢浮宫美术馆（法国 / 巴黎）

© Photo RMN / Christian Larrieu / AMF / Sebun Photo

p.223　大英博物馆

© The Trustee of the British Museum

p.224　（上、下）© Roger Wood / CORBIS / CORBIS JAPAN

（中）© José Fuste Raga / zefa / CORBIS / CORBIS JAPAN

p.225　（四件均为）巴多国家美术馆（突尼斯 / 突尼斯）

（右上、中左）© Vanni / Art Resource, NY

（中右、下）© Erich Lessing / PPS

p.236　大英博物馆

© The Trustee of the British Museum

p.241　同上

p.243　同上

p.248　同上

p.250　同上

p.256　圣维塔教堂（意大利 / 拉文纳）

© Alinari Archives, Florence

p.258　大英博物馆

© The Trustee of the British Museum

p.260　同上

p.288　罗马国家博物馆（意大利 / 罗马）

© Ministero per i Beni e le Attività Culterali-Soprinten-denza Archeologica di Roma

p.297　狄奥多里克陵墓（意大利 / 拉文纳）

© Akg-images

p.304　大英博物馆

© The Trustee of the British Museum

p.309　圣本笃修道院（意大利 / 卡西诺山）

© Akg-images

p.313　大英博物馆

© The Trustee of the British Museum

p.314　索菲亚大教堂（土耳其／伊斯坦布尔）

© Eric Lessing / PPS

p.320　圣维塔教堂

© Alinari Archives, Florence

p.343　圣天使城堡（意大利／罗马）

© Atlantide Phototrave / CORBIS / CORBISJAPAN

p.354　大英博物馆

© The Trustee of the British Museum

p.355　圣维塔教堂

© Alinari Archives, Florence

彩色照片提供：大英博物馆、菲茨·威廉美术馆（英国／剑桥）、国家印刷造币局（意大利／罗马）、罗马国家博物馆、那不勒斯国家考古博物馆（意大利／那不勒斯）、Brigeman Art Library（英国／伦敦）、Classical Numismatic Group. Inc.（英国／伦敦）、Coin Archives, LLC.（美国／纽约）、Dirty Old Coins（美国／华盛顿）、Joe Geranio、Andreas Pangerl

地图制作：综合精图研究所（p.005，p.015，p.033，p.036，p.040，p.042，p.071，p.076，p.087，p.088，p.094，p.099，p.124，p.132，p.149，p.172，p.187，p.197，p.207，p.210，p.215，p.231，p.239，p.246，p.262，p.283，p.287，p.308，p.314，p.337，p.370，pp.377—380）

图书在版编目（CIP）数据

罗马人的故事：全15册/（日）盐野七生著；计丽屏等译. -- 2版. -- 北京：中信出版社，2020.8（2025.1重印）

ISBN 978-7-5217-0750-2

Ⅰ.①罗… Ⅱ.①盐… ②计… Ⅲ.①古罗马–历史 Ⅳ.①K126

中国版本图书馆CIP数据核字（2019）第126892号

罗马人的故事（全15册）

著　　者：[日]盐野七生

译　　者：计丽屏　等

出版发行：中信出版集团股份有限公司

（北京市朝阳区东三环北路27号嘉铭中心　邮编　100020）

承 印 者：北京通州皇家印刷厂

开　　本：787mm × 1092mm　1/32　　印　　张：182.25　　插　　页：44　　字　　数：4 500千字

版　　次：2020年8月第2版　　印　　次：2025年1月第9次印刷

京权图字：01–2010–4502　　审 图 号：GS（2019）2414号

书　　号：ISBN 978-7-5217-0750-2

定　　价：760.00元（全15册）